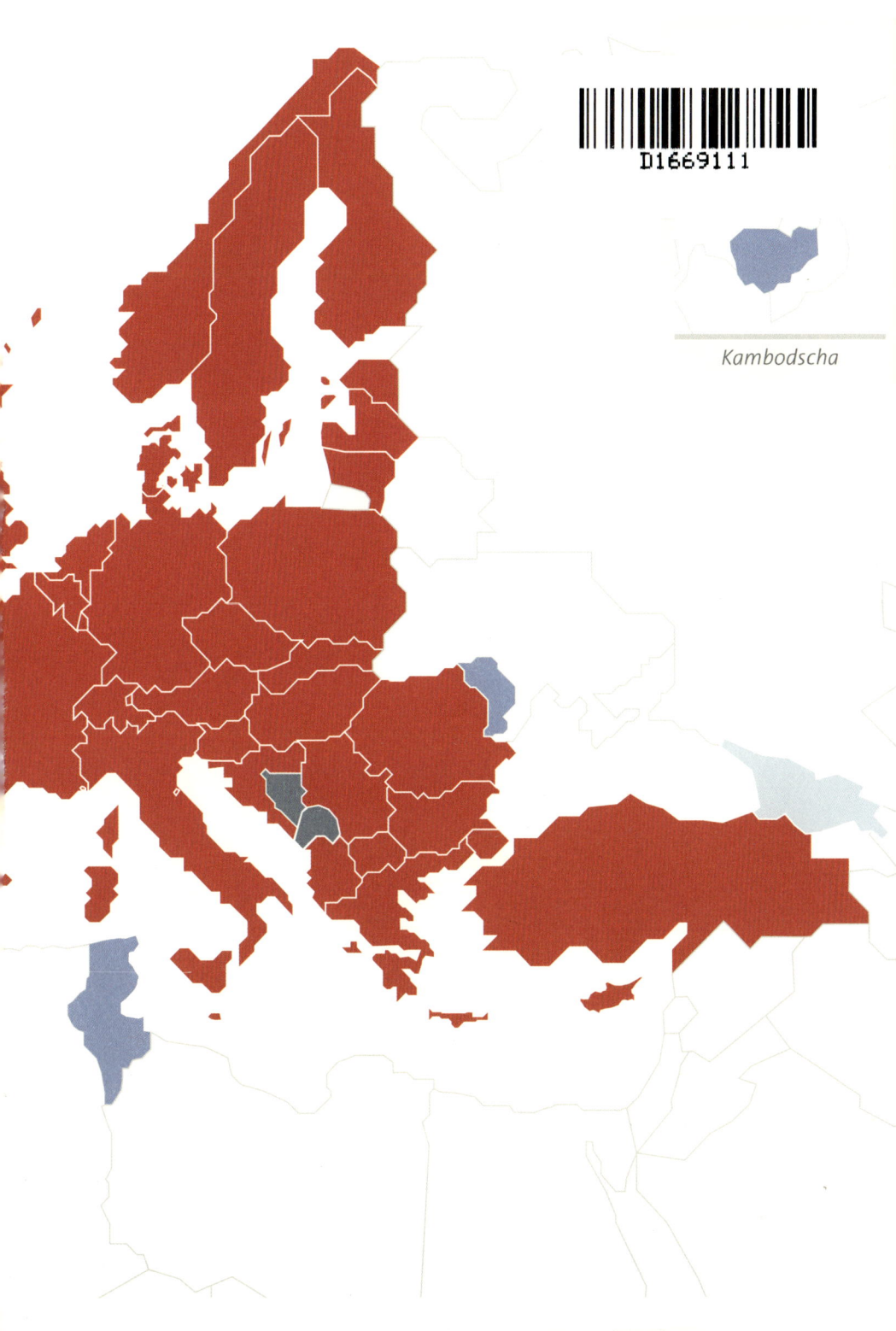

Kambodscha

Schulte   Patentgesetz mit EPÜ   11. Auflage

Heymanns Kommentare
zum gewerblichen Rechtsschutz

Patentgesetz
mit Europäischem Patentübereinkommen

Kommentar auf der Grundlage der deutschen und europäischen Rechtsprechung

herausgegeben von Dr. Rainer Schulte

11., vollständig überarbeitete und erweiterte Auflage

bearbeitet von

Dr. Rainer Moufang
Vorsitzender einer Technischen Beschwerdekammer und Mitglied der Großen Beschwerdekammer des Europäischen Patentamts i.R.

Dr. Rainer Schulte
Richter am Bundespatentgericht und Vorsitzender der Juristischen Beschwerdekammer des Europäischen Patentamts i.R.

Ilse Püschel
Richterin am Bundespatentgericht

Thomas Voit
Vorsitzender Richter am Bundespatentgericht

Dr. Ingo Rinken
Richter am Oberlandesgericht Düsseldorf

Dr. Daniel Voß
Vorsitzender Richter am Landgericht Düsseldorf (Patentstreitkammer)

Cornelia Rudloff-Schäffer
Präsidentin des Deutschen Patent- und Markenamts

Jürgen Schell
Richter am Bundespatentgericht

Carl Heymanns Verlag 2022

Zitierweise:
Schulte, PatG, 11. Auflage, Einl Rdn 361
Schulte/Moufang, PatG, 11. Auflage, § 1 Rdn 215
Schulte/Püschel, PatG, 11. Auflage, IntPatÜG Art II § 3 Rdn 21
Schulte/Rinken, PatG, 11. Auflage, § 140 Rdn 6
Schulte/Rudloff-Schäffer, PatG, 11. Auflage, § 25 Rdn 39
Schulte/Schell, PatG, 11. Auflage, § 123 Rdn 36
Schulte/Voit, PatG, 11. Auflage, § 81 Rdn 25
Schulte/Voß, PatG, 11. Auflage, § 139 Rdn 173

Bibliografische Information Der Deutschen Bibliothek

Die Deutsche Bibliothek verzeichnet diese Publikation in der Deutschen Nationalbibliografie; detaillierte bibliografische Daten sind im Internet über http://dnb.d-nb.de abrufbar.

(Heymanns Kommentare zum gewerblichen Rechtsschutz)

ISBN 978-3-452-29079-3

Das Werk einschließlich aller seiner Teile ist urheberrechtlich geschützt. Jede Verwertung außerhalb der engen Grenzen des Urheberrechtsgesetzes ist ohne Zustimmung des Verlages unzulässig und strafbar. Das gilt insbesondere für Vervielfältigungen, Übersetzungen, Mikroverfilmungen und die Einspeicherung und Verarbeitung in elektronischen Systemen.

Verlag, Herausgeber und Autoren übernehmen keine Haftung für inhaltliche oder drucktechnische Fehler.

Diesen Kommentar gibt es auch als elektronische online-Ausgabe (mit Volltexten verlinkter Entscheidungen).

www.wolterskluwer.de

© 2022 Wolters-Kluwer Deutschland GmbH, Wolters-Kluwer-Str. 1, 50354 Hürth.

Umschlagkonzeption: Martina Busch, Grafikdesign, Homburg Kirrberg
Satz: mediaTEXT Jena GmbH, Jena
Druck und Weiterverarbeitung: CPI, Deutschland

Gedruckt auf säurefreiem, alterungsbeständigem und chlorfreiem Papier.

Vorwort

Die 11. Auflage, die den Kommentar auf den neuesten Stand bringt, ist von dem bewährten Team der 10. Auflage bearbeitet. Die umfangreiche deutsche und europäische Rechtsprechung auf dem Gebiet des Patentrechts ist eingearbeitet. Darüber hinaus mussten gesetzliche Änderungen des Patentgesetzes berücksichtigt werden, insbesondere
- Gesetz zur Angleichung des Urheberrechts an die aktuellen Erfordernisse der Wissensgesellschaft (Urheberrechts-Wissensgesellschafts-Gesetz – UrhWissG) mit der Einfügung des neuen § 29a PatG;
- Gesetz zur Erweiterung der Medienöffentlichkeit in Gerichtsverfahren (EMöGG);
- Zweites Gesetz zur Vereinfachung und Modernisierung des Patentrechts (2. PatModG) mit den umfangreichen Änderungen von
  - Patentgesetz,
  - Gesetz über internationale Patentübereinkommen (IntPatÜG),
  - DPMA-Verordnung,
  - Verordnung über die elektronische Aktenführung bei dem Patentamt, dem Patentgericht und dem Bundesgerichtshof (EAPatV),
  - Verordnung über den elektronischen Rechtsverkehr beim Deutschen Patent- und Markenamt (ERVDPMAV),
  - Patentkostengesetz (PatKostG),
  - Patentkostenzahlungsverordnung,
  - DPMA-Verwaltungskostenverordnung,
  - Halbleiterschutzgesetz
- Gesetz über weitere Aufgaben des Deutschen Patent- und Markenamts und zur Änderung des Patentkostengesetzes mit der Einfügung von § 26a PatG.

Die chronologischen Register für Entscheidungen wurden in der Regel auf die letzten 10 Jahre beschränkt, um dem Umfang des Kommentars zu vermindern. Die Angaben für ältere Entscheidungen können den Vorauflagen entnommen werden.

Der Redaktionsschluss für die 11. Auflage war der 30.09.2021, Änderungen und Ergänzungen während der Korrektur bringen den Kommentar auf den neuesten Stand.

Mein Dank gilt in erster Linie allen Mit-Autoren, die durch ihren unermüdlichen Einsatz die 11. Auflage des Kommentars möglich machten. Bedanken möchte ich mich auch für die vielen und für uns immer wertvollen Hinweise aus dem Kreis der Benutzer und Kollegen, der Richter des BGH, des BPatG und des EPA, der Prüfer des DPMA, der Patentanwälte und Rechtsanwälte. Auch in Zukunft sind wir für Vorschläge und Verbesserungen dankbar, die uns am einfachsten über die unten angegebenen Email-Adressen erreichen.

Rainer Schulte

Kontakte zu den Autoren:
Rainer Moufang   rainer-moufang@t-online.de
Ilse Püschel   ilse.pueschel@bpatg.bund.de
Ingo Rinken   ingo.rinken@olg-duesseldorf.nrw.de

Vorwort

Cornelia Rudloff-Schäffer   rudloff-schaeffer@posteo.de
Jürgen Schell   juergen.schell@bpatg.bund.de
Rainer Schulte   rainer@schulte.net
Thomas Voit   thomas.voit@bpatg.bund.de
Daniel Voß   daniel.voss@lg-duesseldorf.nrw.de

Bearbeiter der 11. Auflage

Dr. Rainer Moufang
§§ 1-8, 15-16, vor § 17, §§ 17-21, 34-41, 59-63 PatG, Art 106-112a EPÜ (im Anhang zu § 73 PatG).

Ilse Püschel
§§ 65-73, 74-80, 86-99 PatG.

Dr. Ingo Rinken
§§ 9-14, 23-24, 33, 140, 140c, 142-143 PatG.

Cornelia Rudloff-Schäffer
§§ 25-32, 42-49, 50-58 PatG, Anhänge 10-11.

Jürgen Schell
§§ 16a, 49a, 123-138 PatG, Anhänge 15-17.

Dr. Rainer Schulte
Römische Seiten, Einleitung, Anhänge 2-9, 12-14, 18-21, Entscheidungsregister, Sachregister.

Thomas Voit
§§ 22, 64, 81-85a, §§ 110-122a PatG, Anhang 1.

Dr. Daniel Voß
§§ 100-109, 139, 140a-140b, 140d-141a, 144-147 PatG.

Bearbeiter der Vorauflagen

Dr. Thomas Kühnen:
§§ 6-16a (7.-8. Auflage), 22 (8. Auflage), §§ 23-24, 33, 39 (7.-8. Auflage), § 49a (8. Auflage), § 60 (7.-8. Auflage), §§ 81-85 (8. Auflage), §§ 100-122 (7.-8. Auflage), §§ 129-138 (8. Auflage), §§ 139-147 (7.-8. Auflage).

Ilse Püschel:
Anhang 1 (8.-10. Auflage).

Cornelia Rudloff-Schäffer:
§§ 17-20 (8. Auflage), § 34 Rdn 1-74 Rdn 403-446 (8. Auflage), §§ 49a (9. Auflage), 63 (8. Auflage), 124-128a (8. Auflage).

Dr. Rainer Schulte:
Gesamtwerk (1.-6. Auflage).
§§ 17-22, §§ 25-32 (1.-6. Auflage), §§ 25-32, § 34 Rdn 1-448, §§ 35-38, §§ 40-59, §§ 61-63 (7. Auflage), §§ 64-73, 74-80 (7.-8. Auflage), §§ 81-85 (7. Auflage), §§ 86-99, §§ 123-123a (7.-8. Auflage), §§ 124-138, Anhang 1 (7. Auflage).

Thomas Voit:
vor §§ 110-122a PatG (9. Auflage).

Inhalt

Vorwort V
Bearbeiter der 11. Auflage VII
Bearbeiter der Vorauflagen VIII
Benutzungshinweise XI
   Konkordanzen EPÜ / PatG
   A: Artikel EPÜ 2000 / EPÜ 1973 / PatG XIII
   B: Artikel EPÜ 1973 / EPÜ 2000 XIX
   C: Regeln EPÜ 2000 / EPÜ 1973 XXI
Internet-Links XXIII
Literatur
   Deutschland XXXI
   Europäisches Patentrecht XLVI
   Internationales Patentrecht LV
   Nationale Patentrechte Europas LXII
Abkürzungen LXXIII
Änderungen des Patentgesetzes seit 1999 XCI
Inhalt der §§ 1-147 PatG und Konkordanz PatG/EPÜ 2000 CI

Kommentar zum PatG und EPÜ
Einleitung 3
   I.   Verfahrensgrundsätze 4
   II. Verfahrenshandlungen 13
   III. Allgemeine Verfahrensbegriffe (alphabetisch) 22
Kommentar zu §§ 1-147 PatG 139

Anhänge
Übersicht 2337
1   IntPatÜG   Gesetz über internationale Patent-
                    übereinkommen 2339
2   EuGVVO   Verordnung (EU) Nr. 1215/2012 über die
                    gerichtliche Zuständigkeit und die Anerken-
                    nung und Vollstreckung von Entscheidungen
                    in Zivil- und Handelssachen 2389
3   *entfallen*   2409
4   ErstrG   Erstreckungsgesetz 2410
5   2. PatMoG   Zweites Gesetz zur Vereinfachung und Moder-
                    nisierung des Patentrechts 2419
6   BioPatRL   Richtlinie 98/44/EG über den rechtlichen
                    Schutz biotechnologischer Erfindungen 2421
7   BioPatG   Gesetz zur Umsetzung der Richtlinie über
                    den rechtlichen Schutz biotechnologischer
                    Erfindungen 2431

Inhalt

8	DurchsetzungsG	Gesetz zur Verbesserung der Durchsetzung von Rechten des geistigen Eigentums	2433
9	EPÜ-RevisionsG	Gesetz zur Umsetzung der Akte zur Revision des EPÜ	2336
10	DPMAV	Verordnung über das DPMA	2438
11	PatV	Patentverordnung	2447
12	PVÜ	Pariser Verbandsübereinkunft	2458
13	TRIPS	Übereinkommen über handelsbezogene Aspekte der Rechte des geistigen Eigentums	2463
14	PLT	Patent Law Treaty auf CD	2473
15	PatKostG	Patentkostengesetz	2474
16	DPMAVwKostV	DPMA-Verwaltungskostenverordnung	2548
17	PatKostZV	Patentkostenzahlungsverordnung	2555
18	BGH/BPatGERVV	Verordnung über den elektronischen Rechtsverkehr beim BGH und BPatG	2564
19	ERVDPMAV	Verordnung über den elektronischen Rechtsverkehr beim DPMA	2568
20	EAPatV	Verordnung über die elektronische Aktenführung bei dem Patentamt, dem Patentgericht und dem Bundesgerichtshof	2571
21	*entfallen*		2574

Entscheidungsregister		
Übersicht		2575
EuGH	chronologisch	2577
EGMR	chronologisch	2586
BVerfG	chronologisch	2587
BGH	chronologisch	2591
BPatG	chronologisch	2615
EPA	G: Große Beschwerdekammer	2636
	R: Anträge nach Artikel 112a EPÜ	2646
	J: Juristische Beschwerdekammer	2655
	T: Technische Beschwerdekammer	2658
Entscheidungsregister aller Gerichte nach Stichworten (alphabetisch)		2668

Sachregister/Index 2773

Benutzungshinweise

1. Paragraphen des PatG werden idR ohne den Zusatz »PatG« zitiert. Absätze eines §, eines Artikels oder einer Regel werden entweder mit einer römischen Ziffer oder einer arabischen Ziffer in Klammern gekennzeichnet. Eine nachfolgende arabische Ziffer verweist auf einen Satz des vorgenannten Absatzes, zB »§ 43 II 2« oder »§ 43 (2) 2« oder »Regel 56 (2) 2 EPÜ«.
Artikel und Regeln des EPÜ werden idR mit dem Zusatz »EPÜ« zitiert.

2. Entscheidungen in Entscheidungssammlungen werden mit Band und Seite zitiert, zB »BPatGE 46, 249«. Entscheidungen in Zeitschriften werden mit Jahr und Seite zitiert, zB »BGH GRUR 04, 268«.
Besondere Stellen in einer Entscheidung werden entweder durch Nennung der betreffenden Seite – zB »BGH Bl 77, 23, 25« – oder durch Angabe der Untergliederung, die die Entscheidung verwendet, kenntlich gemacht – zB »BGH BlPMZ 77, 23 (III c)« oder »T 0892/94 ABl 00, 1 (Nr 3.7)«. Auf eine spezielle Stelle einer Entscheidung wird auch durch Angabe der Textzahl (Tz) verwiesen, zB »BGH GRUR 07, 862 (Tz 33)«.
Entscheidungen des **BGH, EuGH, BVerfG, BPatG, EPA** und der Instanzgerichte (OLG und LG) werden mit dem jeweiligen »**Stichwort**« (*headword*) zitiert, zB »BGH GRUR 00, 498 *Logikverifikation*« oder »EPA GBK G 0002/97 ABl 99, 123 *Vertrauensschutz/UNILEVER*«.
Parallelfundstellen werden in den Fußnoten idR nicht angegeben. Die Zitate beschränken sich idR auf die Hauptfundstelle, also zB GRUR, BlPMZ, BPatGE oder ABl. Der Abdruck der gleichen Entscheidung in einer anderen Fundstelle kann über die chronologischen Entscheidungs-Register festgestellt werden.
EPA-Entscheidungen werden entsprechend der Praxis des EPA mit dem Aktenzeichen zitiert, zB Entscheidungen der Großen Beschwerdekammer des EPA: »EPA GBK G 0001/98 ABl 00,111 *transgene Pflanze/Novartis II*« oder Entscheidungen der Technischen Beschwerdekammern: »T 0685/98 ABl 99, 346«.
EPA-Entscheidungen, die nur in den Rechtsprechungs-Jahresberichten (*Annual Case Law Report*) veröffentlicht sind, die als jährliche Sonderausgabe zum ABl (*special edition of the OJ*) erscheinen, werden wie folgt zitiert: »T 0794/94 ABl 99 SonderA 79« (= Sonderausgabe zum ABl 1999 Seite 79).
EPA-Entscheidungen, die in »Rechtsprechung der Beschwerdekammern des EPA« (*Case Law of the Boards of Appeal of the EPO*) veröffentlicht werden, werden mit »RechtsprBK/EPA« und Auflage und Seite oder mit Jahr und Gliederungsnummer zitiert.
Auf Zusatzpublikationen des EPA-Amtsblatts wird mit der Abkürzung »Zuspubl« unter Angabe des Jahres, der Nummer der Zusatzpublikation und der Seite verwiesen, also z.B. »15 Zuspubl 4, 93«.
Seit dem Jahr 2014 wird im Online-Amtsblatt nicht mehr auf Seitenangaben verwiesen. Stattdessen erhält ab 2014 jeder Artikel eine Referenznummer beginnend mit dem Buchstaben »A«, etwa ABl. EPA 2014, A12.

Benutzungshinweise

3. Entscheidungs-Register: Die Entscheidungen des EuGH, EGMR, BVerfG, BGH, BPatG und des EPA sind in übersichtlichen Registern in chronologischer Reihenfolge mit Parallel- Fundstellen enthalten.

Da die Entscheidungen des EPA in der Praxis des EPA nach dem Aktenzeichen zitiert werden, sind diese nach dem Aktenzeichen geordnet. Dadurch ergeben sich jeweils gesonderte Register für die Große Beschwerdekammer (G und GR), die Juristische Beschwerdekammer (J) und die Technischen Beschwerdekammern (T).

Entscheidungsstichworte aller Entscheidungen werden mit der jeweiligen Zitatstelle im Kommentar in alphabetischer Folge im »Entscheidungsregister nach Stichworten« aufgeführt.

4. Geltungsbereich: Für jeden § oder Artikel werden in Rdn 1 im Kapitel »Geltungsbereich« die gesetzlichen Vorschriften zitiert, die den § oder den Artikel eingeführt oder geändert haben.

5. Sachregister enthält die Suchworte in deutscher und englischer Sprache. Paragraphenangaben ohne Angabe eines Gesetzes beziehen sich auf das Patentgesetz.

Konkordanz A
Artikel EPÜ 2000 / Artikel EPÜ 1973 / PatG

EPÜ 2000	Inhalt	EPÜ1973	PatG
Art 52	Patentierbare Erfindungen	Art 52 (1)-(3)	§ 1
Art 53a	Öffentliche Ordnung u gute Sitten	Art 53a	§ 2 (1)
Art 53b	Pflanzensorten u Tierrassen, biologische Züchtungsverfahren	Art 53b	§ 2a (1) Nr 1
Art 53c	Chirurgische oder therapeutische Behandlung, Diagnostizierverfahren	Art 52 (4)	§ 2a (1) Nr 2
Art 54 (1)-(3)	Neuheit	Art 54 (1)-(3)	§ 3 (1)-(2)
–	Anwendung von Abs 3: Vertragsstaatenbenennung	Art 54 (4)	–
Art 54 (4)	Stoffe oder Stoffgemische	Art 54 (5)	§ 3 (3)
Art 54 (5)	Stoffe oder Stoffgemische in Verfahren nach Art 53c		§ 3 (4)
Art 55	Unschädliche Offenbarungen	Art 55	§ 3 (5)
Art 56	Erfinderische Tätigkeit	Art 56	§ 4
Art 57	Gewerbliche Anwendbarkeit	Art 57	§ 5
Art 58	Recht zur Anmeldung europ Patente	Art 58	–
Art 59	Mehrere Anmelder	Art 59	–
Art 60 (1)-(2)	Recht auf das Europäische Patent	Art 60 (1)-(2)	vgl § 6
Art 60 (3)	Anmelderfiktion	Art 60 (3)	vgl § 7
Art 61	Anmeldung europ Patente durch Nichtberechtigte	Art 61 (1)-(2)	vgl § 7
Art 62	Recht auf Erfindernennung	Art 62	vgl § 63
Art 63	Laufzeit des europ Patents	Art 63	vgl § 16
Art 64	Rechte aus dem europ Patent	Art 64	vgl § 9
Art 65	Übersetzung des europ Patents	Art 65	vgl Art II § 3 IntPatÜG
Art 66	Wirkung der europ Patentanmeldung als nationale Anmeldung	Art 66	–

Konkordanz A   Artikel EPÜ 2000 / Artikel EPÜ 1973 / PatG

EPÜ 2000	Inhalt	EPÜ1973	PatG
Art 67	Rechte aus der europ Patentanmeldung nach Veröffentlichung	Art 67	–
Art 68	Wirkung des Widerrufs oder der Beschränkung des europ Patents	Art 68	–
Art 69	Schutzbereich	Art 69	§ 14
Art 70	Verbindliche Fassung einer europ Patentanmeldung oder eines europ Patents		
Art 71	Übertragung und Bestellung von Rechten	Art 71	vgl § 15
Art 72	Rechtsgeschäftliche Übertragung	Art 72	vgl § 15
Art 73	Vertragliche Lizenzen	Art 73	vgl § 15
Art 74	Anwendbares Recht	Art 74	vgl § 15
Art 75	Einreichung der europ Patentanmeldung	Art 75 (1)-(2)	–
Art 76	Europ Teilanmeldung	Art 76 (1)-(2)	vgl § 39
Art 77	Weiterleitung europ Patentanmeldungen	Art 77	–
Art 78	Erfordernisse der europ Patentanmeldung	Art 78	vgl § 34
Art 79	Benennung der Vertragsstaaten	Art 79	–
Art 80	Anmeldetag	Art 80	vgl § 35
Art 81	Erfindernennung	Art 81	vgl § 37
Art 82	Einheitlichkeit der Erfindung	Art 82	vgl § 34
Art 83	Offenbarung der Erfindung	Art 83	§ 34 (4)
Art 84	Patentansprüche	Art 84	§ 34 (3) Nr 3
Art 85	Zusammenfassung	Art 85	§ 36
Art 86	Jahresgebühren für die europ Patentanmeldung	Art 86	vgl § 17
Art 87	Prioritätsrecht	Art 87	vgl § 41
Art 88	Inanspruchnahme der Priorität	Art 88	vgl § 41
Art 89	Wirkung des Prioritätsrechts	Art 89	vgl § 41
Art 90	Eingangs- und Formalprüfung	Art 90 u 91	–
–	*Formalprüfung*	Art 91	–
Art 92	Erstellung des europ Rechercheberichts	Art 92	vgl § 43

Artikel EPÜ 2000 / Artikel EPÜ 1973 / PatG   Konkordanz A

EPÜ 2000	Inhalt	EPÜ 1973	PatG
Art 93	Veröffentlichung der europ Patentanmeldung	Art 93	–
Art 94	Prüfung der europ Patentanmeldung	Art 94	vgl § 44
–	Verlängerung der Frist zur Stellung des Prüfungsantrags	Art 95	–
–	Prüfung der europ Patentanmeldung	Art 96	–
Art 97	Erteilung oder Zurückweisung	Art 97	vgl §§ 48, 49
Art 98	Veröffentlichung der europ Patentschrift	Art 98	vgl § 58
Art 99	Einspruch	Art 99	vgl § 59
Art 100	Einspruchsgründe	Art 100	§ 21
Art 101	Prüfung des Einspruchs – Widerruf oder Aufrechterhaltung des europ Patents	Art 101 u 102	Vgl §§ 59 ff
–	Widerruf oder Aufrechterhaltung des europ Patents	Art 102	
Art 103	Veröffentlichung einer neuen europ Patentschrift	Art 103	vgl § 61 (3) 2
Art 104	Kosten	Art 104	vgl § 62
Art 105	Beitritt des vermeintlichen Patentverletzers	Art 105	vgl § 59 (2)
Art 105a	Antrag auf Beschränkung oder Widerruf	–	vgl § 64
Art 105b	Beschränkung oder Widerruf des europ Patents	–	vgl § 64
Art 105c	Veröffentlichung der geänderten europ Patentschrift	–	§ 64 (3) 4
Art 106	Beschwerdefähige Entscheidungen	Art 106	vgl Anhang zu § 73
Art 107	Beschwerdeberechtigte und Verfahrensbeteiligte	Art 107	vgl Anhang zu § 73
Art 108	Frist und Form	Art 108	vgl Anhang zu § 73
Art 109	Abhilfe	Art 109	vgl Anhang zu § 73
Art 110	Prüfung der Beschwerde	Art 110	vgl Anhang zu § 73
Art 111	Entscheidung über die Beschwerde	Art 111	vgl Anhang zu § 73

Konkordanz A   Artikel EPÜ 2000 / Artikel EPÜ 1973 / PatG

EPÜ 2000	Inhalt	EPÜ 1973	PatG
Art 112	Entscheidung oder Stellungnahme der Großen Beschwerdekammer	Art 112	vgl Anhang zu § 73
Art 112a	Antrag auf Überprüfung durch die Große Beschwerdekammer	–	vgl Anhang zu § 73
Art 113	Rechtliche Gehör und Grundlage der Entscheidungen	Art 113	vgl Einl Rdn 7 u 248
Art 114	Ermittlung von Amts wegen	Art 114	vgl Einl Rdn 16 ff
Art 115	Einwendungen Dritter	Art 115	vgl § 59 Rdn 148
Art 116	Mündliche Verhandlung	Art 116	vgl § 78; Einl Rdn 278
Art 117	Beweismittel und Beweisaufnahme	Art 117	vgl §§ 46 u 128
Art 118	Einheit der europ Patentanmeldung oder des europ Patents	Art 118	
Art 119	Zustellung	Art 119	vgl § 127
Art 120	Fristen	Art 120	vgl Einl Rdn 159
Art 121	Weiterbehandlung der europ Patentanmeldung	Art 121	§ 123a
Art 122	Wiedereinsetzung in den vorigen Stand	Art 122	§ 123
Art 123	Änderungen	Art 123	vgl §§ 21, 22 u 38
Art 124	Auskünfte über den Stand der Technik	Art 124	vgl § 34 (7)
Art 125	Heranziehung allgemeiner Grundsätze	Art 125	–
–	*Beendigung von Zahlungsverpflichtungen*	Art 126	–
Art 127	Europäisches Patentregister	Art 126	vgl § 30
Art 128	Akteneinsicht	Art 128	vgl §§ 31 u 99
Art 129	Regelmäßige Veröffentlichungen	Art 129	
Art 130	Gegenseitige Unterrichtung	Art 130	–
Art 131	Amts- und Rechtshilfe	Art 131	vgl § 128
Art 132	Austausch von Veröffentlichungen	Art 132	–
Art 133	Allgemeine Grundsätze der Vertretung	Art 133	–
Art 134	Vertretung vor dem EPA	Art 134	–

Artikel EPÜ 2000 / Artikel EPÜ 1973 / PatG   Konkordanz A

EPÜ 2000	Inhalt	EPÜ1973	PatG
Art 134a	Institut der beim EPA zugelassenen Vertreter	–	–
Art 135	Umwandlungsantrag	Art 135	–
–	*Einreichung und Übermittlung des Antrags*	Art 136	–
Art 137	Formvorschriften für die Umwandlung	Art 137	–
Art 138	Nichtigkeit europ Patente	Art 138	vgl §§ 22 u 81 ff
Art 139	Ältere Rechte und Rechte mit gleichem Anmelde- oder Prioritätstag	Art 139	
Art 140	Nationale Gebrauchsmuster und GebrauchsMusterzertifikate	Art 140	–
Art 141	Jahresgebühren für das europ Patent	Art 141	vgl § 17
Art 142	Einheitliche Patente	Art 142	–
Art 143	Besonderen Organe des EPA	Art 143	–
Art 144	Vertretung vor den besonderen Organen	Art 144	–
Art 145	Engerer Ausschuss des Verwaltungsrats	Art 145	–
Art 146	Deckung der Kosten für die Durchführung besonderer Aufgaben	Art 146	–
Art 147	Zahlungen aufgrund der für die Aufrechterhaltung des einheitlichen Patents erhobenen Gebühren	Art 147	–
Art 148	Die europ Patentanmeldung als Gegenstand des Vermögens	Art 148	–
Art 149	Gemeinsame Benennung	Art 149	–
Art 150	Anwendung des PCT – Euro-PCT-Anmeldungen mit der vorläufigen Prüfung beauftragte Behörde	Art 150	–
Art 151	Das EPA als Anmeldeamt	Art 151	–
Art 152	Das EPA als Int. Recherchenbehörde oder als	Art 152	–
Art 153	Das EPA als Bestimmungsamt oder ausgewähltes Amt	Art 153 u 156	–

Konkordanz A   Artikel EPÜ 2000 / Artikel EPÜ 1973 / PatG

EPÜ 2000	Inhalt	EPÜ1973	PatG
–	*Das EPA als Internationale Recherchenbehörde*	Art 154	–
–	*Das EPA als mit der int. Vorläufigen Prüfung beauftragte Behörde*	Art 155	–
–	*Das EPA als ausgewähltes Amt*	Art 156	–
–	*Internationaler Recherchenbericht*	Art 157	–
–	*Veröffentlichung der int, Anmeldung und ihre Übermittlung an das EPA*	Art 158	–
–	*Übergangsbestimmungen*	Art 159-163	–
Art 164	Ausführungsordnung und Protokolle	Art 164	–
Art 165	Unterzeichnung – Ratifikation	Art 165	–
Art 166	Beitritt	Art 166	–
–	*Vorbehalte*	Art 167	–
Art 168	Räumlicher Anwendungsbereich	Art 168	–
Art 169	Inkrafttreten	Art 169	–
Art 170	Aufnahmebeitrag	Art 170	–
Art 171	Geltungsdauer des Übereinkommens	Art 171	–
Art 172	Revision	Art 172	–
Art 173	Streitigkeiten zwischen Vertragsstaaten	Art 173	–
Art 174	Kündigung	Art 174	–
Art 175	Aufrechterhaltung wohlerworbener Rechte	Art 175	–
Art 177	Sprachen des Übereinkommens	Art 177	–
Art 178	Übermittlungen und Notifikationen	Art 178	–

Konkordanz B
Artikel EPÜ 1973 / Artikel EPÜ 2000

EPÜ 1973	EPÜ 2000
–	Art 4a / 4bis
Art 16 (Teile)	R 10
Art 18 (1) (Teile)	R 10
Art 52 (4)	Art 53(c)
Art 54 (4)	–
Art 54 (5)	Art 54 (4)
–	Art 54 (5)
Art 61 (1) (Teile)	R 16
Art 77 (Teile)	R 37
Art 78 (2)	R 38
Art 79 (2), (3)	R 39
Art 80	R 40
Art 88 (1) (Teile)	R 53
Art 91 (1)-(3)	Art 90 (3)-(5); R 57
Art 91 (5)	Art 90 (5); R 60
Art 92 (2)	R 65
Art 93 (2)	R 68
Art 94 (2), (3)	R 70
Art 95	–
Art 96 (1)	R 70
Art 96 (2), (3)	Art 94 (3), (4)
Art 99 (3)	R 75
Art 99 (4), (5)	Art 99 (3), (4)
Art 102 (1), (2)	Art 101 (2)
Art 102 (3)	Art 101 (3) (a)
Art 105 (Teile)	R 89
–	Art 105a–c
Art 106 (2)	R 98
Art 106 (4), (5)	R 97
Art 110 (2), (3)	R 100 (2), (3)

Konkordanz B — Artikel EPÜ 1973 / Artikel EPÜ 2000

EPÜ 1973	EPÜ 2000
–	Art 112a / 112bis
Art 115 (Teile)	R 114
Art 117 (2)	R 119
Art 117 (4)-(6)	R 120
Art 121 (2), (3)	R 135
Art 122 (2)-(5)	R 136
Art 126	–
Art 134 (8)	Art 134a / 134bis
Art 135 (2)	R 155
Art 136 (1), (2) (Teile)	R 155
Art 136 (2)	Art 135 (2), (4)
–	Art 149a / 149bis
Art 151 (1)	R 157
Art 152	R 157
Art 153 (2)	R 159
Art 154	Art 152
Art 155	Art 152
Art 156	Art 153 (1)
Art 157 (1)-(3)	Art 153 (6), (7)
Art 158	Art 153 (3)-(5)
Art 159	–
Art 160	–
Art 160 (2)	Art 11 (5)
Art 161	–
Art 162	–
Art 163 (1)-(4), (6)	Art 134 (3), (4), (7)
Art 163 (5), (7)	–
Art 167	–

Konkordanz C
EPÜ-Ausführungsordnung Regeln (geltende) / Regeln 1973

Diese Konkordanzliste kann in der Vorauflage eingesehen werden.

Internet-Links

Übersicht

Patentämter 1
Gerichte 10
Institutionen 23
Bibliotheken 37
Datenbanken 42
Periodika 53

Patentämter

Deutsches Patent- und Markenamt (DPMA) https://www.dpma.de 1

DPMAdirektPro: Neben der »klassischen« Anmeldung in Papierform, die per Post 2
oder per Fax eingereicht werden kann, bietet das DPMA auch die Möglichkeit einer
elektronischen Anmeldung: DPMAdirektPro: elektronische Anmeldung **mit Signaturkarte** für Patente, Gebrauchsmuster, Marken und Designs.
  DPMAregister . hier können die bibliografischen Daten sowie Rechts- und Verfahrensstandsdaten zu folgenden Veröffentlichungen recherchiert werden:
  Offengelegte sowie erteilte Patente und eingetragene Gebrauchsmuster ab 01.01.1981,
  Offengelegte sowie erteilte Patente der ehemaligen DDR ab 01.01.1981,
  Ergänzende Schutzzertifikate für Arzneimittel und Pflanzenschutzmitteln, Europäische Patente

DPMAprimo ist die Suchmaschine für die Bibliothek des DPMA. Das Portal ermöglicht die Recherche in gedruckter und elektronischer Literatur aus den Beständen des DPMA und weiteren lizensierten Quellen. Die automatische Einbindung eines externen Datenindexes erlaubt die Suche in einem riesigen Spektrum wissenschaftlicher Literatur mit mehreren hundert Millionen Datensätzen. 3

DEPATISnet bietet die Möglichkeit, online und kostenlos im elektronischen Dokumentenarchiv des DPMA zu recherchieren. Sie finden darin über 100 Millionen Patentveröffentlichungen aus aller Welt. DEPATISnet eignet sich vor allem für Recherchen zum Stand der Technik und Freedom-to-operate-Recherchen. 4

Patent Prosecution Highway (PPH) bezweckt die beschleunigte Bearbeitung von 5
Patentanmeldungen durch den Austausch und die gegenseitige Nutzung von Arbeitsergebnissen.

Europäisches Patentamt (EPA) http://www.epo.org 6
  Kostenlose Online-Patentdatenbanken des EPA:
  Espacenet – Patentrecherche: Über 70 Millionen Patentdokumente aus aller Welt mit Informationen zu Erfindungen und technischen Entwicklungen von 1836 bis heute.

Internet-Links

Europäischer Publikationsserver
Die amtliche Plattform und offizielle Quelle für Veröffentlichungen des EPA: europäische Patentanmeldungen, Patentschriften und berichtigte Dokumente.
Patent translate
Ein maschineller Übersetzungsdienst in Espacenet und im Europäischen Publikationsserver, speziell für komplexe Patenttexte geeignet.
Europäisches Patentblatt
Das wöchentliche Europäische Patentblatt enthält die gemäß EPÜ erforderlichen bibliografischen Daten und Rechtsstandsdaten zu europäischen Patentanmeldungen und Patenten. Das Europäische Patentblatt ist ein kostenloser Online-Dienst. Es wird wöchentlich am Mittwoch veröffentlicht.
Europäisches Patentregister
Online-Akteneinsicht und Informationen über europäische Patentanmeldungen in den verschiedenen Stadien des Erteilungsverfahrens (u. a. Erteilung, Einspruch, Schriftwechsel).
Registerüberwachung
Registerüberwachung informiert über Änderungen im Europäischen Patentregister bei bis zu 1 000 Akten freier Wahl.
Open patent services (OPS)
OPS liefert dieselben Informationen wie Espacenet und ermöglicht eine individualisierte Nutzung: Damit können Datenbanken erstellt, die Entwicklung des Rechtsstands von Patenten verfolgt und große Datenmengen heruntergeladen werden.

7 **Entscheidungen der Beschwerdekammern des EPA**
Die Datenbank enthält den Volltext aller von den Beschwerdekammern des EPA seit 1979 erlassenen Entscheidungen in der jeweiligen Verfahrenssprache (Deutsch, Englisch oder Französisch).
»Rechtsprechung der Beschwerdekammern des EPA« in der jeweils neuesten Auflage unter: http://www.epo.org/law-practice/case-law-appeals/case-law_de.html.

8 **US-Patent and Trademark Office (US PTO):** http://www.uspto.gov

9 **Amt der Europäischen Union für geistiges Eigentum (EUIPO)**
Avenida de Europa, 4, 03 008 Alicante (Spanien) https://euipo.europa.eu/ohimportal/de/home
(Früher: **Harmonisierungsamt für den Binnenmarkt (HABM)**

Gerichte

10 **Europäischer Gerichtsatlas für Zivilsachen** enthält
a) die Namen und Adressen aller in Zivil- und Handelssachen zuständigen Gerichte der Mitgliedstaaten sowie den Gebietsbereich, auf den sich ihre Gerichtsbarkeit erstreckt;
b) Formblätter für die Zustellung von Schriftstücken, eine Beweisaufnahme und die Anerkennung und Vollstreckung von Entscheidungen. Die Sprache der Formblätter kann vor dem Ausdrucken geändert werden.
http://ec.europa.eu/justice_home/judicialatlascivil/html/index

Internet-Links

Gerichtshof der Europäischen Union http://www.curia.eu.int 11
Gerichtshof der Europäischen Union ist eines der sieben Organe der Europäischen Union (Art. 19 EU-Vertrag). Seit dem Inkrafttreten des Vertrags von Lissabon wird das gesamte Gerichtssystem der Europäischen Union als Gerichtshof der Europäischen Union bezeichnet.
Es besteht aus:
Europäischer Gerichtshof (EuGH),
Gericht der Europäischen Union (EuG); früher (Europäisches) Gericht erster Instanz).
Rechtsprechung des EuGH und des EuG: seit 1997 kann recherchiert werden nach Aktenzeichen, Datum, Parteien, Sachgebiet oder einem Suchbegriff (Volltext).

Einheitliches Patentgericht (EPG) / Unified Patent Court (UPC) 12
(siehe unter Literatur/Europäisches Patentrecht, Seite LIII)

Europäischer Gerichtshof für Menschenrechte (EGMR) http://www.coe.int/T/D/ 13
Menschenrechtsgerichtshof/

Bundesverfassungsgericht (BVerfG) http://www.bundesverfassungsgericht.de/ Entscheidungen seit dem 1.1.98 in ungekürzter Form 14

Bundesgerichtshof (BGH) http://www.bundesgerichtshof.de enthält Entscheidungen des BGH seit dem 1.1.2000. 15

Beschwerdekammern des EPA siehe oben Rdn 7. 16

Bundespatentgericht (BPatG) http://www.bundespatentgericht.de/cms/ 17
Entscheidungen der Nichtigkeitssenate, des Juristischen Beschwerdesenats und der Technischen Beschwerdesenate im Volltext und Eilunterrichtungen mit Leitsätzen der Entscheidung.

Düsseldorfer Archiv 18
»Düsseldorfer Entscheidungen« wird bereitgestellt vom Zentrum für Gewerblichen Rechtsschutz der Heinrich-Heine-Universität Düsseldorf. Sie enthalten die Rechtsprechung der Landgerichte Braunschweig, Düsseldorf, München I und der Oberlandesgerichte Düsseldorf und Jena zu Patentverletzungsstreitigkeiten im Volltext. Abrufbar sind auch die Entscheidungen der 4. Zivilkammer des LG Düsseldorf von 1996-2000, die früher in Heftform von Prof. Dr. Meier-Beck herausgegeben wurden.
Das **Virtuelle Archiv für Marken- und Patentrecht (VAMP 2.0)** enthält eine Aufsatzdatenbank mit einer Übersicht über alle marken-, patent- und urheber-/geschmacksmusterrechtlichen Aufsätze.
http://www.duesseldorfer-archiv.de/

House of Lords http://www.supremecourt.gov.uk/decided-cases/index.html 19
Decided Cases will be published on this page the day after judgments have been handed down. Judgments are also available in HTML format on the BAILII website. For Judgments handed down before 31 July 2009 please refer to the House of Lords or BAILII websites.

Internet-Links

20 High Court (Patents Court) http://www.bailii.org/ew/cases/EWHC/Patents/
    This database contains decisions of the Patents Court of the English and Wales High Court. The database includes all decisions that have been made available to the Courts Service and the public.

21 US–Supreme Court http://www.supremecourtus.gov/

22 US–Court of Appeal for the Federal Circuit (CAFC) www.cafc.uscourts.gov.
    http://www.cafc.uscourts.gov/opinions-orders/0/all containing all Opinions and Orders of Merits and Motions Panels.

Institutionen

23 EU Europäische Union: http://europa.eu/index_de.htm
    EUR-Lex:. http://eur-lex.europa.eu/de/index.htm enthält EU-Rechtsprechung nach Datum und nach Nummer
    EU ABl, Amtsblatt EU: online-Ausgaben unter:
    http://eur-lex.europa.eu/oj/direct-access.html?locale=de

24 Europäisches Parlament: http://www.europarl.europa.eu/

25 Europarat (Council of Europe) http://www.coe.int

26 WIPO Weltorganisation für geistiges Eigentum: http://www.wipo.int
    WIPO Lex http://www.wipo.int/wipolex/en/ is a one-stop **search facility** for national laws and treaties on intellectual property (IP) of WIPO, WTO and UN Members. It also features related information which elaborates, analyzes and interprets these laws and treaties

27 WHO Welthandelsorganisation World Trade Organisation (WTO): http://www.wto.org

28 Deutscher Bundestag: http://www.bundestag.de
    Bundestags-Drucksachen und Bundestags-Plenarprotokolle sowie Stand der Gesetzgebung.

29 BMJ Bundesministerium der Justiz und für Verbraucherschutz: www.bmjv.de/
    Gesetze und Rechtsverordnungen können in ihrer geltenden Fassung abgerufen werden unter: http://www.gesetze-im-internet.de/. Sie werden durch die Dokumentationsstelle im Bundesamt für Justiz fortlaufend konsolidiert.

30 MIPW Max-Planck-Institut für Innovation und Wettbewerb
    Marstallplatz 1 80539 München www.ip.mpg.de/

31 Patentanwaltskammer: https://www.patentanwalt.de/

32 GRUR Deutsche Vereinigung für gewerblichen Rechtsschutz und Urheberrecht eV: http://www.grur.de

33 VPP Vereinigung von Fachleuten auf dem Gebiet des gewerblichen Rechtsschutzes: http://www.vpp-patent.de/

Internet-Links

Fraunhofer-Gesellschaft: http://www.pst.fraunhofer.de/ 34
Patentstelle für die Deutsche Forschung vertritt die FhG in allen patent- und lizenzrechtlichen Angelegenheiten. Weitere Tätigkeit: Akquisition und Vermarktung qualifizierter Erfindungen aus Hochschulen, Forschungseinrichtungen, Unternehmen und aus dem privaten Bereich, Technologieberatung und -vermittlung.

Europäische Patentakademie http://www.epo.org/about-us/office/academy_de.html 35
Die Europäische Patentakademie koordiniert die Gesamtheit der externen Aus- und Fortbildungsmaßnahmen des EPA.

BfJ Bundesamt für Justiz http://www.bundesjustizamt.de 36
ist seit 01.1.2007 zentrale Dienstleistungsbehörde der Bundesjustiz und u.a. zuständig für den europäischen und internationalen Rechtsverkehr sowie für Aufgaben der allgemeinen Justizverwaltung, welche in die Zuständigkeit des Bundes fallen.

Bibliotheken

Deutsche Bibliothek: http://www.ddb.de/ 37
Die Deutsche Digitale Bibliothek (DDB) bietet einen übergreifenden unentgeltlichen Zugang zu wissenschaftlichen Informationen in Deutschland. Die DDB umfasst digitale Kopien von Werken aller Art.

Deutsches Bibliotheksinstitut seit 01.1.2000 aufgelöst. 38

Library of Congress: http://www.loc.gov/ 39

British Library: http://www.bl.uk/ 40
»Patent Express«: Patent document delivery from the world's largest patent collection. Orders dispatched within 24 hours of receipt. Orders received by 14.30 (UK time) faxed back within 3 hours.

MPI-Bibliothek: Bibliothek des Münchner Max-Planck-Instituts für Immaterialgüter- und Wettbewerbsrecht verfügt über die größte Fachbibliothek auf dem Gebiet des deutschen, ausländischen und internationalen gewerblichen Rechtsschutzes. Der Katalog der Max-Planck-Gesellschaft und des MPI kann im Internet eingesehen werden unter http://www.ip.mpg.de/de/bibliothek.html 41

Datenbanken

Datenbanken des DPMA: 42
dpmadirekt, dpmaregister und dpmaKurier siehe oben Rdn 1 ff.

Datenbanken des EPA siehe oben Rdn 6. 43

Entscheidungen der Beschwerdekammern des EPA siehe oben Rdn 7. 44

WIPO Lex is a search facility for national laws and treaties on intellectual property (IP) of WIPO, WTO and UN Members. It also features related information which elaborates, analyzes and interprets these laws and treaties. It provides streamlined 45

Internet-Links

access to reference material of key importance for optimal information on the global IP System. http://www.wipo.int/wipolex/en/.

46 **WIPO Patentscope:** Search tool allowing to search published International Patent Applications and to view the latest information and documents available to the International Bureau. This facility features: full-text search in Descriptions and Claims; search using unlimited keywords; bibliographic search; Boolean operators; and graphical results. It provides links to the searchable patent databases of over 25 National Offices. http://www.wipo.int/patentscope/en/dbsearch/.

47 **Gesetze im Internet:** http://www.gesetze-im-internet.de/aktuell.html

48 **juris GmbH:** http://www.juris.de/
Juristisches Informationssystem für die Bundesrepublik Deutschland Online-Rechtsinformation und Entscheidungssammlung

49 **DWPI Derwent World Patents Index:** http://thomsonreuters.com/products_services/legal/legal_products/a-z/derwent_world_patents_index/ DWPI contains over 21.85 million patent families covering more than 45.2 million patent documents, with coverage from over 47 worldwide patent authorities. DWPI provides unparalleled access to the world's patent literature with full coverage of agricultural and veterinary medicine, electronic/electrical engineering, chemistry, pharmaceuticals and polymers.

50 **CAS Chemical Abstracts Service:** http://www.cas.org/
CAS, a division of the American Chemical Society, is the most authoritative and comprehensive source for chemical information.

51 **INPADOC:** The bibliographic and legal status databases form the basis of the EPO's raw data resources (INPADOC). In February 2008 the bibliographic data included about 60 million bibliographic data sets from almost 80 different countries. The legal status database contains a collection of more than 50 million legal events from 48 countries. Unlike the »*also published as*« feature in Espacenet, which only shows »equivalents«, i.e. almost identical documents, an INPADOC family search should retrieve all documents relating in any way to the root document. http://www.epo.org/searching/essentials/patent-families/inpadoc.html

52 **FIZ Karlsruhe** – Leibniz-Institut für Informationsinfrastruktur GmbH
http://www.fiz-karlsruhe.de/home Geschäftsfelder sind:
a) *STN International*, der weltweit führende Online-Service für wissenschaftlich-technische Forschungs- und Patentinformation. Das Angebot besteht aus den weltweit wichtigsten Datenbanken. STN wird in Kooperation zwischen FIZ Karlsruhe und CAS (Chemical Abstracts Service, Columbus/ Ohio) entwickelt und betrieben.
b) *KnowEsis* umfasst innovative e-Science-Solutions. Arbeitsschwerpunkte liegen in den Bereichen virtuelle Forschungsumgebungen, Hosting und Langzeitverfügbarkeit.
c) *Datenbanken und Informationsdienste* in folgenden Fachgebieten: i) Mathematik und Informatik; ii) Kristallographie und Chemie: ICSD (Inorganic Crystal Structure Database) ist die weltweit führende Datenbank zu anorganischen Kristallstrukturen.

Internet-Links

Periodika

ABlEPA: Amtsblatt des EPA erschien bis Dezember 2013 in Print-Form und ist ab Januar 2014 im HTML- und im PDF-Format verfügbar.
http://www.epo.org/law-practice/legal-texts/official-journal_de.html 53

ABlEU: Amtsblatt der EU:
http://eur-lex.europa.eu/oj/direct-access.html?locale=de 54

Blatt für Patent-, Muster- und Zeichenwesen: https://www.dpma.de/service/veroeffentlichungen/blattfuerpmz/ 55
Kostenloser Zugriff auf a) die aktuelle Monatsausgabe; b) auf die Jahresregister ab 2003; c) in ältere Ausgaben des BlPMZ.
Der Abruf der Dokumente ist kostenpflichtig.

BGBl: Bundesgesetzblatt (BGBl) unter: http://www.bgbl.de 56
Das Bundesgesetzblatt steht online ab der ersten Ausgabe von 1949 (BGBl Teil I) und ab 1951 (BGBl Teil II) im kostenlosen Bürgerzugang und als kostenpflichtiger Abonnentenzugang zur Verfügung.
BANZ: Bundesanzeiger unter: http://www.bundesanzeiger.de
Der amtliche Teil des Bundesanzeigers enthält die elektronische Veröffentlichung von Rechtsverordnungen und Bekanntmachungen des Bundes.

DIP: Dokumentations- und Informationssystem des Deutschen Bundestages 57
Bundestagsdrucksachen, Parlamentsmaterialien, Protokolle der Plenardebatten unter: http://dip.bundestag.de

GRUR, GRUR-RR und GRUR Int sind über die juris-Homepage und jurisweb der juris-GmbH, sowie über Beck-Online des Verlages C. H. Beck oHG recherchierbar. Aktuelle Hefte unter: 58
http://www.grur.org/de/zeitschriften/grur-zeitschriften/aktuelle-hefte/82013.html

IIC International Review of Intellectual Property and Competition Law. 59
Tables of Contents seit 1996 unter:
http://www.springer.com/law/international/journal/40319

Mitt Mitteilungen der deutschen Patentanwälte: einschl. elektronischer Zugriff für Abonnenten (Archiv ab Juni 2000) http://www.gewerblicher-rechtsschutz.jurion.de/meine-inhalte/mitteilungen-der-deutschen-patentanwaelte/ 60

NJW Neue Juristische Wochenschrift: Inhaltsverzeichnisse der aktuellen NJW zum Ausdrucken (pdf-Datei) oder zum Ansehen und Weiterklicken (html-Version) http://rsw.beck.de/cms/main?site=njw 61

NJOZ Neue Juristische Online Zeitschrift: Aktuelles Inhaltsverzeichnis unter: http://rsw.beck.de/cms/main?site=NJOZ 62

NRWE: In der Rechtsprechungsdatenbank (NRWEntscheidungen) stehen die Entscheidungen der Gerichte in Nordrhein-Westfalen im Volltext zur Verfügung, so ua auch die Entscheidungen der Patentstreitkammern 4a und 4b des Landgerichts Düssel- 63

Internet-Links

dorf und des Patentstreitsenats des Oberlandesgerichts Düsseldorf. http://www.justiz.nrw.de/Bibliothek/nrwe2/index.php; http://www.nrwe.de

64 **Patentblatt des DPMA** unter: http://register.dpma.de/DPMAregister/blattdownload/pat

65 **Transpatent**: http://www.transpatent.com

66 **VPP-Rundbrief**: Übersicht über die Inhalte der Rundbriefe des VPP unter: http://vpp-patent.de/03-Veroeffentlichungen-Rundbriefe.htm.

Literatur

Deutschland

Veröffentlichungen des DPMA
Tabu Gewerbl. Rechtsschutz wurde bis zur 2021 vom Deutschen Patentamt herausgegeben. Seit 2021 wird es als »**Taschenbuch des gewerblichen Rechtsschutzes**« vom Verlag Wolters Kluwer herausgegeben.
Patentblatt enthält: offengelegte Patentanmeldungen, erteilte Patente, Gebrauchsmuster, Europäische Anmeldungen und Patente mit Benennung der Bundesrepublik Deutschland, Internationale Patentanmeldungen (PCT), ergänzende Schutzzertifikate, Topografien.
https://register.dpma.de/DPMAregister/blattdownload/pat
Richtlinien für die Prüfung von Patentanmeldungen (2019)
https://www.dpma./docs/Formulare/patent/p2796.pdf
Blatt für Patent-, Muster- und Zeichenwesen (BlPMZ)
Kostenloser Online-Zugriff auf das aktuelle, monatlich erscheinende Heft
http://www.blatt-pmz.de/meine-inhalte/blatt-fuer-pmz/aktuelles-heft/
Kostenloser Online-Zugriff auf die Jahresregister ab 2003; einzelnen Dokumente ist kostenpflichtig
http://www.blatt-pmz.de/meine-inhalte/blatt-fuer-pmz/jahresregister/
Infoblätter zu den Internet-Diensten des DPMA
DEPATISnet
Weltweite Patentrecherche zum Stand der Technik
DPMAdatenabgabe
Abgabe maschinenlesbarer Schutzrechtsdaten
DPMAdirekt
Schutzrechte online anmelden
DPMAregister
Amtliche Publikations- und Registerdatenbank für Patente, Marken, Gebrauchsmuster und eingetragene Designs

Abegg-Vaterlaus	Die Patentverletzung durch additive Fertigung (3D Druck) HSP Band 10 2018
Adam, Simon	Die Harmonisierung von Patentverletzungs- und Patentnichtigkeitsverfahren Köln 2015 l Heymanns
Adam, Thomas	Der sachliche Schutzbereich des Patents in Großbritannien und Deutschland Köln 2003 Heymanns
Adler	US-discovery und deutscher Patentverletzungsprozess Berlin 2014
Adolphsen	Europäisches und Internationales Zivilprozessrecht in Patentsachen 2. Aufl. 2009
Adrian/Gennen/Trimborn	Grundriß Patent- und Gebrauchsmusterrecht Weinheim 1998
Adrian/Nordemann/Wandtke	Erstreckungsgesetz und Schutz des geistigen Eigentums Berlin 1992
Ahn	Second generation patents in pharmaceutical invention Baden-Baden 2014
Ahrens	Der Beweis im Zivilprozess Köln 2015
Albrecht/Hoffmann	Die Vergütung des Patentanwalts 4. Aufl 2020 Heymanns

Literatur Deutschland

Althammer	Das Deutsche Patentamt 1970
Althammer/Ströbele/Klaka	Markengesetz 6. Aufl 2000
Amschewitz	Die Durchsetzungsrichtlinie und ihre Umsetzung im deutschen Recht Tübingen 2008
Andermann	Territorialitätsprinzip im Patentrecht und Gemeinsamer Markt 1975
Ann	Patentrecht 8. Aufl 2020
Ann/Barona	Schuldrechtsmodernisierung und gewerblicher Rechtsschutz 2002
Ann/Hauck/Maute	Auskunftsanspruch und Geheimnisschutz im Verletzungsprozess München 2011
Ann/Westermann	Handbuch Know-how-Schutz. 2006
Ann/Loschelder/Grosch	Praxishandbuch Know-how-Schutz Heymanns 2010
Appel	Der menschliche Körper im Patentrecht Köln 1995
Asendorf, Frauke	Die Aufteilung des Schadensersatzes auf mehrere Verletzte im gewerblichen Rechtsschutz und Urheberrecht 2011 Heymanns
Balitzki	Patente und technische Normen. Zugangsmöglichkeiten für Normnutzer Marburg 2013
Banzhaf	Der Auskunftsanspruch im gewerblichen Rechtsschutz und Urheberrecht Heidelberg (Diss) 1989
Bardehle Pagenberg Dost Altenburg Geissler	Stammzellforschung – Quo Vadis? Heymann 2009
Bartenbach	Patentlizenz- und Know-How-Vertrag 7. Aufl. 2013
Bartenbach, Anja	Arbeitnehmerfindungen im Konzern 4. Aufl. 2018
Bartenbach/Volz	ArbEG Arbeitnehmererfindungsgesetz 6. Aufl 2019
Bartenbach/Volz	Arbeitnehmererfindungen. Praxisleitfaden mit Mustertexten 7. Aufl 2020
Bartenbach/Volz	Arbeitnehmererfindervergütung 4. Aufl 2017
Bauer	Patente für Pflanzen – Motor des Fortschritts? Düsseldorf 1993
Baumbach/Lauterbach/Albers/Hartmann	Zivilprozessordnung 69. Aufl 2011
Bamberger/Roth	Kommentar zum Bürgerlichen Gesetzbuch 3. Auflage 2012
Bausch	Nichtigkeitsrechtsprechung in Patentsachen 1./2. Band: BGH-Entscheidungen 1994-1998 (2000) 3. Band: BGH-Entscheidungen 1999-2001(2002) 4. Band BGH-Entscheidungen 1986-1993 (2007)
Bausen	Softwarepatente in den USA und Deutschland Hamburg 2013
Becher	Die Bedeutung der Pariser Verbandsübereinkunft für das Patentwesen Berlin 1967
Bechtold	Die Äquivalenzlehre als Mittel zur Bestimmung des Schutzumfangs im deutschen und europäischen Patentrecht München 1986
Beier	Produktpiraterie. Köln 1991
Bender/Schülke/Winterfeldt	50 Jahre Bundespatentgericht Heymanns 2011
Bendl/Weber	Patentrecherche und Internet 5. Aufl 2019
Beier/Schricker	From GATT to TRIPS (IIC Studies Vol 18) Weinheim 1996

Deutschland — Literatur

Benkard	Patentgesetz und Gebrauchsmustergesetz 11. Aufl 2015 Bearbeiter: *Asendorf* §§ 4,5 (mit *Schmidt*); *Bacher*: §§ 1, 1a; *Deichfuß*; Einl III, §§ 15, 146; GbmG §§ 6, 22, 30, 31; *Engel*; GbmG Vorbemerkung, §§ 1-5, 15-21, 28, 29; *Fricke*; §§ 100-109; *Goebel*: GbmG Vorbemerkung, §§ 1-5, 6a-10, 15-18, 21, 28, 29,31 (in der Vorauflage); *Grabinski*: §§ 16, 16a, 49a, 139-145 (mit *Zülch*) GbmG § 23, 24-27 (mit *Zülch*); *Hall*; §§ 81-85a; 110-122 (mit *Nobbe*); GbmG §§ 6a-10 (mit *Nobbe*); *Kober-Dehm*;§§ 21-24; *Melullis*: Vorwort, Einleitung I, II; §§ 2, 2a, 3, 6-8; *Nobbe*; §§ 81-85a, 110-122 (mit *Hall*), GbMG §§ 6a-10 (mit Hall); *Rogge*: Vorwort, Einl I, II; §§ 12, 21–24, 81–85, 100–122, 139–145 (mit *Grabinski*); GbmG §§ 19-20; 24-27 (mit *Grabinski*); (in der Vorauflage): *Schäfers*: Einl IV, V; §§ 17–20, 25–49, 50-80 (in der Vorauflage) §§ 86–99, 123–138, 147; *Scharen*: §§ 9-11, 13-14; GbmG §§ 11-14; *Schmidt*: §§ 4-5 (mit *Asensorf*); *Schramm*; PatKostG §§ 1-15; *Schwarz*; §§ 59-80; *Tochtermann*; Internationaler Teil; *Ullmann*: Einl III; Int. Teil; §§ 15, 146; GbmG §§ 6, 22, 30 (in der Vorauflage); *Zülch:* §§ 139-145 (mit *Grabinski*), GbmG §§ 24-27 (mit *Grabinski*)
Benyamini	Patent Infringement in the European Community Weinheim 1993
Berlit	Aufbrauchsfrist im gewerblichen Rechtsschutz und Urheberrecht München 1997
Bernau	Die Voraussetzungen und Umfang der Haftung des Patentlizenznehmers nach deutschem und US-amerikanischem Recht 1999
Berneke	Die einstweilige Verfügung in Wettbewerbsachen 2. Aufl 2003
Bernhardt	Die Bedeutung des Patentschutzes in der Industriegesellschaft 1974
Baumgartner/Mieth	Patente am Leben? Ethische, rechtliche und politische Aspekte der Biopatentierung Paderborn 2003
Bendl/Weber	Patentrecherche und Internet 2. Aufl 2004
Beurskens	Geistiges Eigentum und Wettbewerbsrecht 2. Aufl. 2018
Blaurock	Die Schutzrechtsverwarnung Diss Freiburg 1970
Bodenhausen	Pariser Verbandsübereinkunft zum Schutz des gewerblichen Eigentums 1971
Boeters	Handbuch Chemiepatent 2. Aufl Heidelberg 1989
Bopp, Kircher	Handbuch Europäischer Patentprozess 2019
Borges/Meents	Cloud Computing C.H.Beck 2015
Bosch	Medizinisch-technische Verfahren und Vorrichtungen im deutschen, europäischen und amerikanischen Patentrecht Köln 2000
Bossung	Grundfragen einer europäischen Gerichtsbarkeit in Patentsachen 1959
Brändel	Technische Schutzrechte Einführung 1995
Braitmayer/van Hees	Verfahrensrecht in Patentsachen 5. Aufl 2021
Brakhahn	Manipulation eines Standardisierungsverfahrens durch Patenthinterhalt und Lockvogeltaktik Frankfurt 2014
Bröcker/Czychowski/Schäfer	Praxishandbuch Geistiges Eigentum im Internet 2003
Bruchhausen/Nirk	Gewerblicher Rechtsschutz und Urheberrecht 10. Aufl 1975
Brückner	Ergänzende Schutzzertifikate mit pädiatrischer Laufzeitverlängerung 3. Aufl 2020 Heymanns
Bühling	Patent protection for second medical uses Alphen aan den Rijn 2016
Bühring/Braitmayer/Haberl	Gebrauchsmustergesetz 9. Aufl 2021
Büscher/Dittmer/Schiwy	Gewerblicher Rechtsschutz Urheberrecht Medienrecht 4. Aufl 2020

Literatur

Burghartz	Technische Standards, Patente und Wettbewerb; Schriften zum Technikrecht Bd. 10) Duncker & Humblot Berlin 2011
Busche/Stoll	TRIPs – Internationales und europäisches Recht des geistigen Eigentums Heymanns 2007
Busche/Trimborn/Fabry	Patent Infringement Worldwide Heymanns 2010
Busse	Patentgesetz 8. Aufl 2016 Herausgeber Alfred Keukenschrijver; Bearbeiter: *Engels* 59, 61-62, vor 73-80, 123, 127 § 11 PatKostG; *Hacker* 15-16a, 23-24, 24 Anh. I, 49a, 142a-142b; *Kaess* 140-140e, 143; *Keukenschrijver* vor 1-14, 20-22, 24 Anh. I u II, 25 -39, 42-49, 50-58, 63-64, 65 Anh., 81-85a, 100-122a, vor 123, 123a-126, 128-140, 140e-142, 144-147, GbmG, HalblSchG, ArbEG, IntPatÜG; *Schneider* Einheitspatent; *Schuster* 17-19, vor 65-72, vor 86-99, 147, § 23 GbmG, PatKostG; *Tochtermann* vor 40-41.
Cepl/Voß	Prozesskommentar zum Gewerblichen Rechtsschutz C.H.Beck 2. Aufl. 2018
Chrocziel	Die Benutzung patentierter Erfindungen zu Versuchs- und Forschungszwecken 1986
Chrocziel	Einführung in den gewerblichen Rechtsschutz und das Urheberrecht 3. Aufl. 2019
Chudziak	Mittel einer mittelbaren Patentverletzung nach § 10 PatG und Art. 26 EPGÜ – Kategorisierung und Bewertung Nomos 2017
Cohausz	Gewerblicher Rechtsschutz und angrenzende Gebiete 3. Aufl 2018
Czekay	Der Schutzbereich des Patents nach deutschem und französischem Recht 1986
Däbritz/Jesse/Bröcher	Patente 3. Aufl München 2009
Decker	Der Neuheitsbegriff im Immaterialgüterrecht 1989
Derlin	Vertriebslizenzen und Vertragshändlerverträge. Kartell- und haftungs-rechtliche Relevanz der Abgrenzung, GEW Bd 18 2009
Dölling	Rechtsschutz von Wissen am Beispiel von traditionellem medizinischen Wissen Berlin 2015
Dolder/Butler	Der Schutzbereich von Patenten Band 2: Chemie/Biotechnologie 2008
Dolder/Faupel	Der Schutzbereich von Patenten Band 1: Mechanik/Verfahrenstechnik 4. Aufl 2019
Dorner	Know-how-Schutz im Umbruch Heymanns 2013
Drexl	What is protected in a computer program? (IIC Studies Vol 15) Weinheim 1994
Dürig/Herzog/Scholz	Kommentar zum Grundgesetz, bis 2021 herausgegeben unter »Maunz/Dürig«
Dvorak	Der Lizenzvertrag im Fanchising Frankfurt 2006
Eigen	Zwangsvollstreckung in gewerbliche Schutzrechte Heymanns 2012
Eisenmann/Jautz	Grundriß Gewerblicher Rechtsschutz und Urheberrecht 9. Aufl 2012
Engels	Patent-, Marken- und Urheberrecht 11. Aufl 2020
Ensthaler	Gewerblicher Rechtsschutz und Urheberrecht, Einführung 3. Aufl 2009
Ensthaler/Wege	Management geistigen Eigentums. Die unternehmerische Gestaltung des Technologieverwertungsrechts Wiesbaden 2013
Erdmann/Rojahn/Sosnitza	Handbuch des Fachanwalts Gewerblicher Rechtsschutz Heymanns 3. Aufl 2018
Fabry/Trimborn	Arbeitnehmererfindungsrecht im internationalen Vergleich. Heymanns 2. Aufl 2016

Fackelmann	Patentschutz und ergänzende Schutzinstrumente für Arzneimittel im Spannungsfeld von Wettbewerb und Innovation 2009 MPI-Schriftenreihe Band 158
Färber	Patentfähigkeit angewandter Algorithmen München 2015
Fechner	Geistiges Eigentum und Verfassung. Schöpferische Leistungen unter dem Schutz des Grundgesetzes Tübingen 1999
Feller	FRAND-Verpflichtungserklärung 2019
Fingerhut	Vertrags- und Formularbuch 12. Aufl 2009 Heymanns
Fischer	Grundzüge des gewerblichen Rechtsschutzes 2. Aufl 1986
Fitzner	Der patentrechtliche Schutz mikrobiologischer Erfindungen Diss Berlin 1982
Fitzner	Der Patentanwalt – Beruf und Beratung im Gewerblichen Rechtsschutz 5. Aufl. 2020
Fitzner/Lutz/Bodewig (früher Klauer-Möhring)	Patentrechtskommentar 5. Aufl. 2019, *Herausgeber*: Uwe Fitzner, Raimund Lutz, Theo Bodewig. *Bearbeiter*: *Ahrens* 81-84 PatG, 64-70 EPÜ; *Beckmann* 41 PatG, 6-6a GbmG, 87-89 EPÜ; *Bodewig* Einführung; *Einsele* 1(1), 4-5, 20-22 PatG, 1(1) GbmG, II § 6 IntPatÜG, 52 (1), 56 EPÜ; *Eisenrauch* 4-4a, 8, 15-17 GbmG; *Ensthaler* 9-13, 11-12 GbmG; *Feuerlein* 26-33, 34a PatG, 29 GbmG; *Fischer* 16, 39, 40 PatG, 5, 23 GbmG, 63 EPÜ; *Fitzner* 1(2), 1a, 2, 2a, 6, 7, 9a-9c, 16a, 25 PatG; 1(2), 2, 28 GbmG; 1-59 PCT; 43, 53, 121, 133-134a EPÜ; *Gleiter* 39, 40 PatG, 5 GbmG, 76 EPÜ; *Grob* 75, 77-79 EPÜ; *Haertel* 113 EPÜ; *Hauck* 15 PatG, 22 GbmG; *Heinrich* 55, 57,59, 62, 71-74, 135, 137, 140-141 EPÜ; *Herrmann* 118-119, 131-132 EPÜ; *Hössle* 1(2)-(4) EPÜ; *Hofmeister* 52(2) EPÜ; *Hofmeister* vor 100, 100-109, 123-125, 126-128a PatG, 122 EPÜ; *Jensen* 81, 84, 86, 112-112a, 120 EPÜ;*Kessler* 90, 94, 97 EPÜ; *Kiefer* 138-139 EPÜ; *Kircher* 143-147 PatG, 19, 26-27, 30-31 GbmG; *Kubis* 73-80, 110-122a, PatG, 18 GbmG; *Loth* 14, 15 PatG, 7, 10, 12a, 13-14, 22, 25 GbmG; *Metternich* 17, 129-138 PatG; *Müller* 75, 77-79, 81, 82, 83, 84, 86, 90, 93, 94, 97, 98, 106-111, 112-112a, 116-119, 120, 123, 125, 127-132; *Münch* 3, 7 PatG, 54, 58-60 EPÜ; *Nieswand* 82, 93, 98 EPÜ; *Pitz* 139-140, 140c, 141a-142PatG, 24, 24a, 24c, 24g GbmG; *Rauch* 65-72, 86-97, 99 PatG; *Rinken* 140a, 141 PatG; *Schauwecker* 114-115, 124 EPÜ; *Schnekenbühl* 8, 59, 61-64 PatG, 61, 99-101, 103-105c EPÜ; *Sperlich* 116-117, 125 EPÜ; *Stortnik* vor 34, 34-38, 42, 44-46 PatG *Voß* 140b, 140d, 140e, 142a, 142b PatG; *Wickenhöfer* 47-58 PatG, 9 GbmG; *Wilhelmi* 23-24, 85-85a PatG, 20 GbmG; *Wilming* 83, 106-111 EPÜ.
Freund	Rechtsnachfolge in Unterlassungs-pflichten, GEW Band 14 2008
Fürniss	Chemiepatententscheidungen 1986
Gaul/Bartenbach	Handbuch des gewerblichen Rechtsschutzes 2 Ordner Loseblatt 1969 ff
Gaul/Bartenbach/Genne	Patentlizenz- und Know-how-Vertrag 5. Aufl 2001
Geißle	Der Umfang des Stoffschutzes für chemische Erfindungen 1972
Gilat	Experimental Use and Patents (IIC-Studies Vol 16) Weinheim 1995
Gleiss/Heide	Gewerblicher Rechtsschutz 2002
Gniadek	Die Beweisermittlung im gewerblichen Rechtsschutz und Urheberrecht 2011 Duncker & Humblot
Godendorff	Schadensersatz wegen unberechtigter Verwarnung im Immaterial- und Wettbewerbsrecht Göttingen 2007

Literatur Deutschland

Godt	Eigentum an Information. Patentschutz und allgemeine Eigentumstheorie am Beispiel genetischer Information Tübingen 2007
Goebel	Der erfinderische Schritt nach § 1 GebrMG 2005
Goebel	Das Patentgesetz in der Praxis des DPA 1984
Goertzen	Die Gesellschaftserfindung (Diss München) 1989
Götting	Gewerblicher Rechtsschutz und Urheberrecht 3. Beck 2020
Götting	Gewerblicher Rechtsschutz 11. Beck 2014
Götting/Hetmank/Schwipps	Patentrecht C.H.Beck 2014
Götz	Tatsachen- und Informations-beschaffung im Immaterialgüterrechtsprozess Heymanns 2012
Goldbach/Vogelsang-Wenke/Zimmer	Protection of Biotechnological Matter under European and German Law Weinheim 1997
Gottzmann	Sukzessionsschutz im gewerblichen Rechtsschutz und Urheberrecht GEW Band 17 2009
Gravenreuth, von	Das Plagiat aus strafrechtlicher Sicht 1986
Gravenreuth, von	Computerrecht von A–Z (dtv) München 1993
Gross/Ludwig/Sullivan	Biotechnology and pharmaceutical patents 2008
Groß	Know-how-Lizenzvertrag 4. Aufl 2004
Groß	Datenbank-Lizenzvertrag 1999
Groß, Michael	Mediation im gewerblichen Rechtsschutz und Urheberrecht München 2009
Groß, Michael	Der Lizenzvertrag 11. Frankfurt 2015 Computerprogramm-Lizenzvertrag 5. Aufl Frankfurt 2009
Groß, Michael	Handbuch Technologietransfer 2010 Verlag Recht und Wirtschaft
Groß/Rohrer	Lizenzgebühren 2003
Gruber	Gewerblicher Rechtsschutz und Urheberrecht 4. Aufl 2012
Grüneberg	Bürgerliches Gesetzbuch, bis 2021 herausgegeben unter »Palandt«
Grünewald/Reinhardt/Wurzer	Valuation of Patents 2012
Grützmacher/Laier/May	Der internationale Lizenzverkehr 8. Aufl 1997
Günzel	Territorial beschränkte Lizenzen bei parallelen Patenten im gemeinsamen Markt 1980
Haase	Geistiges Eigentum (steuerliche Behandlung) 2012 Dr.Otto Schmidt
Habersack	Deutsche Gesetze, bis 2021 herausgegeben unter »Schönfelder«
Hacker	Markenrecht 5. Aufl 2020
Hacker, Julian L.	Die fehlende Legitimation der Patentierungsausschlüsse Tübingen 2015
Haedicke	Patentrecht 4. Aufl 2018 Heymanns
Haedicke	Patente und Piraten Beck 2011
Haedicke, Stief, Bühler	Pharmaceutical, Biological and Chemical Patents Beck 2021
Haedicke/Timmann	Handbuch des Patentrechts 2.Aufl 2019
Haedicke/Timmann	Patent Law A Handbook Beck 2014
Hartel/Krieger/Rother	Arbeitnehmererfinderrecht 5. Aufl 2009
Hahn	Der Schutz von Erzeugnissen patentierter Verfahren 1968
Hallmann	PCT Vertrag 2. Aufl 1981
Hansen/Hirsch	Protecting Inventions in Chemistry Wiley-VCH 1997
Hartmann	Kostengesetze 37. Aufl 2007
Hasselblatt	Münchner Anwaltshandbuch Gewerblicher Rechtsschutz 4. Aufl München 2012
Haugg	Die Entwicklung des Einspruchsverfahrens im deutschen und Europäischen Patentrecht München 2000
Häußer	Die Gewährung von Einsicht in Patenterteilungsakten 1974
Heath/Petit	Patent enforcement worldwide 2.ed. Oxford 2005 IIC Studies Bd 23
Hellebrand/Rabe	Lizenzsätze für technische Erfindungen 5. Auflage 2017

Schulte

Henke	Die Erfindungsgemeinschaft. Köln 2005
Henn/Pahlow	Patentvertragsrecht Grundprinzipien – Vertragsformen – Rechtsgestaltung 6. Heidelberg 2017
Herdegen	Internationale Praxis – Gentechnikrecht Loseblatt
Herrlinger	Die Patentierung von Krankheitsgenen Schriftenreihe MPI Band 137 Köln 2005
Heydn/Schmid-Petersen/Vassilaki	Durchsetzung von Rechten des geistigen Eigentums Beck München 2009
Hilty	Der Schutzbereich des Patents 1990
Hirsch/Hansen	Der Schutz von Chemieerfindungen Weinheim 1995
Hötte	Die kartellrechtliche Zwangslizenz im Patentrecht; Wissenschaftliche Schriften der Westfälischen Wilhelms-Universität Münster Reihe III Bd 5; Monsenstein und Vannerdat Münster 2011
Hoffmann	Die Vergütung des Patentanwalts 3. Aufl. 2016
Hoppe	Lizenz- und Know-how-Verträge im internationalen Privatrecht. Frankfurt 1994
Hoppe/Oldekop	Geschäftsgeheimnisse Schutz von know-how und Geschäftsinformationen Heymanns 2020
Horn	Die unberechtigte Verwarnung aus gewerblichen Schutzrechten 1971
Hubmann/Götting	Gewerblicher Rechtsschutz 7. Aufl 2002
Huch	Die Industriepatentabteilung 1997
Hühnerbein	Rechtsvergleichende Untersuchung der Miterfinderschaft. München 2004
Huppertz/Cohausz	Das Patentsekretariat Heymanns 6. Aufl 2019
Ilzhöfer/Engels	Patent-, Marken- und Urheberrecht 6. Aufl 2010
Ingerl/Rohnke	Markengesetz München 2. Aufl 2003
Isay	Patentgesetz und Gebrauchsmustergesetz 6. Aufl 1932
Jaenichen/McDonell/Haley/Hosoda	From Clones to Claims 6. Aufl 2016
Jaffe/Lerner	Innovation and ist discontents Oxford 2004
Jentsch	Nießbrauch am Patent, eine Abgrenzung zur ausschließlichen Lizenz Baden-Baden: Nomos, 2016
Jessnitzer/Frieling	Der gerichtliche Sachverständige 12. Aufl 2006
Jestaedt	Kommentar zur Technologietransfer-Gruppenfreistellungsverordnung 1997
Jestaedt	Patentrecht. Ein fallbezogenes Lehrbuch 2. Aufl 2008
Jörin	Patent und Know-how-Lizenzvertrag im Konzern 2019
Kaestner	Missbrauch von Immaterialgüterrechten München 2005
Kaiser	Die Vertragsstrafe im Wettbewerbsrecht 1999
Kant	Cross-border patent infringement litigation within the European Union Groningen 2015
Kelbel/König/Schäfers	Patentanwaltsordnung 2. Aufl 2009
Kern, Kerstin	Ausschließliche Patentlizenzen im Europäischen Insolvenzrecht. Die Einordnung der ausschließlichen Patentlizenz unter die europäische Insolvenzverordnung auf der Basis des französischen und deutschen Patent- und Insolvenzrechts Frankfurt 2015
Kettler	Wörterbuch Gewerblicher Rechtsschutz und Urheberrecht Deutsch-Englisch Beck 2011
Keukenschrijver	Sortenschutzgesetz Kommentar, 2. Aufl. 2017
Keukenschrijver	Das Patentnichtigkeitsverfahren 6. Aufl 2016
Kiltzsch/Stockmair	The Protection of Technical Innovations and Designs in Germany 2. Auflage München 2001

Literatur Deutschland

Klauer-Möhring	Patentrechtskommentar 3. Aufl 1971 Bearbeiter: *Technau:* §§ 1, 2, 30–30g; *Nirk:* §§ 3, 4, 8–12, 14–16, 24 (3), (4), (6); – *Hesse:* §§ 5, 6 (Anm 72–175), 13, 13a, 24 (5), 41p–42m, 47–55; – *Wilde* § 6 (Anm 1–71); – *Neuhaus:* § 7; – *Wuesthoff*; §§ 17–23, 24 (1), (2), 25–30, 31–36a; – *Bendler* §§ 36b–41o, 43–46k
Klett/Sonntag/Wilske	Intellectual Property Law in Germany 2008
Klicznik	Neuartige Offenbarungsmittel des Standes der Technik im Patentrecht 2007 Schriftenreihe zum gewerblichen Rechtsschutz Band 152
Knobloch	Abwehransprüche für den Nehmer einer einfachen Lizenz KWI Band 10 2006
Koch, Martin Adrian	»Springboard« im Patentrecht HSP Band 4 2016
Koch/Ibelgaufts	Gentechnikgesetz Loseblatt 1994
Königer	Teilung und Ausscheidung im Patentrecht 2004
Kohler	Handbuch des Deutschen Patentrechts 1900
Kohler	Lehrbuch des deutschen Patentrechts 1908
Koikkara	Der Patentschutz und das Institut der Zwangslizenz in der Europäischen Union Tübingen 2010
Kramer	Patentschutz und Zugang zu Medikamenten 2007 Schriftenreihe zum gewerblichen Rechtsschutz Band 148
Kraßer/Ann	Patentrecht 7. Beck München 2016 (bis 4. Aufl Bernhardt/Kraßer)
Krefft	Patente auf human-genomische Erfindungen Schriftenreihe MPI Band 122 Köln 2003
Kropholler	Europäisches Prozessformularbuch, Kommentar zu EuGVÜ und LugÜ, 7. Aufl 2002
Kühnen	Die Teilung des Patents 2000
Kühnen	Handbuch der Patentverletzung 12. Aufl 2020 (bis 4. Aufl Kühnen/Geschke)
Kühnen	Patent Litigation Proceedings in Germany 7. edition Heymanns 2015
Kühnen/Geschke	Die Durchsetzung von Patenten in der Praxis 4. Aufl 2009
Kühnen/Kaess	Entscheidungen der Instanzgerichte zum Recht des geistigen Eigentums (InstGE) Heymanns Verlag
Kulhavy	Erfindungs- und Patentlehre Heymanns 2010
Kurtz	Grenzüberschreitender einstweiliger Rechtsschutz im Immaterialgüterrecht Göttingen 2004
Kurz	Vertraulichkeitsvereinbarungen und andere Vorfeldverträge 4. Aufl 2019
Kuss	Der Lizenzvertrag im Recht der USA 2005 Schriftenreihe zum gewerblichen Rechtsschutz Band 141
Kuta	Die Besichtigungsanordnung nach dem »Düsseldorfer Modell« Tübingen 2017
Lamping	Patentschutz und Marktmacht Heymann Köln 2010
Lehmann	Rechtsschutz und Verwertung von Computerprogrammen 2. Aufl 1993
Lendvai/Rebel	Gewerbliche Schutzrechte 7. Heymanns 2017
Leßmann/Würtenberger	Deutsches und europäisches Sortenschutzrecht 2009
Leupold, Wiebe, Glossner	IT-Recht 2020
Lieber/Zimmermann	Die einstweilige Verfügung im Gewerblichen Rechtsschutz Beck 2009
Lieck	Parallelhandel mit Arzneimitteln innerhalb der Europäischen Union unter arzneimittel-, marken- und patentrechtlichen Aspekten GEW Band 10 2008
Liedel	Das deutsche Patentnichtigkeitsverfahren 1979
Lindenmaier	Das Patentgesetz 6. Aufl 1973 Bearbeiter: *Weiss:* §§ 1–10, 47–50; – *Zeunert:* §§ 11–36a, 46a-k; – *Röhl:* §§ 36b–46, 51–55

Deutschland — Literatur

Lindstaedt/Pilger	Muster für Patentlizenzverträge 7. Aufl 2002
Linnebach	Erfindung und freier Wettbewerb – Zum Tatbestandsmerkmal des »Mittels« In § 10 PatG 1981 Heymanns Köln 2016
Lins	Das Prioritätsrecht für inhaltlich geänderte Nachanmeldungen. Die Regelungen der PVÜ, des deutschen PatG sowie des EPÜ. Frankfurt 1992
Loth	Neuheitsbegriff und Neuheitsschonfrist im Patentrecht 1988
Loth	Gebrauchsmustergesetz 2. Aufl. 2017 Beck
Lunze	Rechtsfolgen des Fortfalls des Patents Nomos 2007
Lutz	Patentschutz im Bereich der Biotechnologie Baden-Baden 2013
Maksymiw	Schutz technischer Erfindungen 2017
Markgraf	Ergänzende Schutzzertifikate – Patent Term Extensions Nomos 2015
Marly	Praxishandbuch Softwarerecht C.H.Beck 6. Aufl 2014
Maume	Der kartellrechtliche Zwangslizenzeinwand im Patentverletzungsprozess GEW Band 19 2010
Maunz/Dürig	Kommentar zum Grundgesetz, seit 2021 herausgegeben unter »Dürig/Herzog/Scholz«
Mes	Patentgesetz Gebrauchsmustergesetz Kommentar 5. Aufl 2020 Beck
Mes	Münchener Prozessformularbuch: Gewerblicher Rechtsschutz, Urheberrecht und Presserecht Beck 5. München 2018
Metzger/Nirk/Ullmann	Patentrecht 4. Aufl 2018
Metzger/Zech	Sortenschutzrecht Beck 2016
Meyer/Höver/Bach	JVEG 25. Aufl. Heymanns 2011
Moufang	Genetische Erfindungen im gewerblichen Rechtsschutz 1988
Müller-Stoy	Nachweis und Besichtigung des Verletzungsgegenstandes im deutschen Patentrecht GEW 2008
Musielak	Zivilprozessordnung Kommentar, 9. Aufl 2012
Nabrotzki	Lizenzen an Materialgüterrechten als Mittel der Kapitalaufbringung, GEW Band 13 2008
Nard	The law of patents Wolters Kluwer 2017
Neumeier	Sortenschutz und/oder Patentschutz für Pflanzenzüchtungen 1990
Nieder	Außergerichtliche Konfliktlösung im gewerblichen Rechtsschutz Weinheim 1998
Nieder	Die Patentverletzung München 2004
Nirk	Gewerblicher Rechtsschutz und Urheberrecht 1981
Nirk	Patentrecht mit Gebrauchsmuster- und Sortenschutzrecht 4. Heidelberg 2018
Nöthlichs	Bio- und Gentechnik, Kommentar zur Biostoffverordnung und zum Gentechnikgesetz, Loseblatt
Obergfell/Hauck	Lizenzvertragsrecht 2016
Ohl	Die Patentvindikation im deutschen und europäischen Recht 1987
Ohly,Hofmann, Zech	Fälle zum Recht des geistigen Eigentums 2. Aufl. 2018
Osterrieth	Patentrecht 6. Beck München 2021
Pagenberg	Die Bedeutung der Erfindungshöhe im amerikanischen und deutschen Patentrecht 1975
Pagenberg/Beier	Lizenzverträge/License Agreements 6. Aufl 2008
Pagenberg/Cornish	Interpretation of Patents in Europe. Application of Article 69 EPC 2006
Pahlow	Lizenz und Lizenzvertrag im Recht des Geistigen Eigentums Tübingen 2006
Pahlow	Patentvertragsrecht 6. Aufl. 2017
Palandt	Bürgerliches Gesetzbuch, ab 2021 herausgegeben unter »Grüneberg«

Literatur Deutschland

Pansch	Die einstweilige Verfügung zum Schutze des geistigen Eigentums im grenzüberschreitenden Verkehr Köln 2003
Paul	Lexikon Gewerblicher Rechtsschutz 2020
Pessers	The inventiveness requirement in patent law an exploration of its foundations and functioning Alphen aan den Rijn 2016
Peukert	Die Gemeinfreiheit. Begriff, Funktion, Dogmatik Mohr Siebeck Tübingen 2012
Pfaff/Nagel	Internationale Rechtsgrundlagen für Lizenzverträge im gewerblichen Rechtsschutz 1993
Pfaff/Osterrieth	Lizenzverträge 4. Aufl. 1 Beck München 2018
Pfanner/Sünner	Der gewerbliche Rechtsschutz im EURATOM-Vertrag 1958
Pfeiffer	Schutzrechte in kleinen und mittleren Unternehmen 2007
Pierson/Ahrens/Fischer	Recht des geistigen Eigentums 2. Aufl 2010
Pietzcker, E.	Patentgesetz Teil I (§§ 1–12) 1929
Pitz	Das Verhältnis von Einspruchs- und Nichtigkeitsverfahren nach deutschem und europäischem Patentrecht München 1994
Pitz	Patentverletzungsverfahren 2. Aufl 2010
Pitz/Kawada/Schwab	Patent Litigation in Germany, Japan and the United States Beck 2015
Plassmeier	Lizenzverträge in der anwaltlichen Praxis 2006
Poggemann	Das deutsche und das europäische Patentverfahren im Spannungsverhältnis von vollziehender Gewalt und Rechtsprechung Hamburg Kovač 2016
Pohl	Die Voraussetzungen der patentrechtlichen Zwangslizenz 2000
Possin	Die Abhilfemaßnahmen – Vernichtung, Rückruf und Entfernung KWI 2013
Prütting/Gehrlein	ZPO Kommentar, 13. Aufl. 2021
Prütting/Wegen/Weinreich	BGB Kommentar, 8. Aufl 2012
Reichardt	Internationale Zuständigkeit im Gerichtsstand der unerlaubten Handlung bei Verletzung europäischer Patente Frankfurt 2006
Reichel	Gebrauchsmuster- und Patentrecht – praxisnah 6. Aufl 2003
Reimer	Patentgesetz und Gebrauchsmustergesetz 3. Aufl 1968 Bearbeiter: *Nastelski*: §§ 1, 4, 6, 41p–42m, 47–55; – *Neumar*: §§ 2, 3, 5, 7, 8, 10–25, 36a, 37–41, 43–46k; – *E. Reimer*: § 9; – *Trüstedt*: §§ 26–36, 36l–36q, 41a–o
Reimer/Schade/Schippel	Das Recht der Arbeitnehmererfindung 8. Aufl 2007 Bearbeiter: *Himmelmann, Leuze, Rother, Trimborn*
Reinhard	Berufsrecht der Patentanwälte 7. Aufl. 2017
Reisner	Die Erschöpfung im Patentrecht Baden-Baden, 2017
Reitzle/Butenschön/Bergmann	Gesetz über Arbeitnehmererfindungen 3. Aufl 2007
Repenn	Umschreibung gewerblicher Schutzrechte 1994
Richter	Der Schutzbereich von Wirkstoffpatenten Köln 2016
Romandini	Die Patentierbarkeit von menschlichen Stammzellen – Eine vergleichende Betrachtung des europäischen, deutschen und italienischen Patentrechts GWR 2012
Rosenberger/Wündisch	Verträge über Forschung und Entwicklung 3. Aufl 2018
Ruhl	Unionspriorität. Art 4 PVÜ und seine Umsetzung im amerikanischen, europäischen und deutschen Recht Köln 2000
Ruster, Andreas	Patentschutz für menschliche Stammzellen. Eine rechtsvergleichende Untersuchung der ethischen und ökonomischen Grenzen der Patentierung pluripotenter Stammzellen Tübingen 2015 ISBN 978-3-16-154304-3
Sabellek	Patente auf nanotechnologische Erfindungen Tübingen 2014
Sack	Unbegründete Schutzrechtsverwarnungen, Schriftenreihe zum gewerblichen Rechtsschutz Band 144 2006

Deutschland — Literatur

Saint André	Das Dilemma der einschränkenden Erweiterung nach dem deutschen, europäischen, englischen und US-amerikanischen Patentrecht Berlin 2007
Saint André	Genetische Ressourcen und traditionelles Wissen Göttingen 2013
Schachenmann	Begriff und Funktion der Aufgabe im Patentrecht (Diss Zürich) 1986
Schacht, Hubertus	Therapiefreiheit und Patentschutz für die weitere Medikation; Schriften zum geistigen Eigentum und zum Wettbewerbsrecht Bd 66 Baden-Baden Nomos 2014
Schade/Frosch/Weinand	Patent-Tabelle. Übersicht über materielles und formelles Recht in 56 Ländern und regionalen Organisationen 10. Aufl Heymanns 2009
Schauwecker	Extraterritoriale Patentverletzungsjuris-diktion 2009, MPI-Schriftenreihe Band 157
Schennen	Die Verlängerung der Patentlaufzeit für Arzneimittel im Gemeinsamen Markt 1993
Scherf/Schmieszek/Viefhues	Elektronischer Rechtsverkehr 2006
Schickedanz	Die Formulierung von Patentansprüchen 2. Aufl München 2009
Schikora	Die Zwangslizenz im Patentrecht Dortmund 2018
Schiopu	Ergänzende Schutzzertifikate auf der Grundlage vorläufiger Zulassungen München 2014
Schiuma	Formulierung und Auslegung von Patentansprüchen nach europäischem, deutschem und italienischem Recht Köln 2001
Schlosser	EU-Zivilprozessrecht. Kommentar zu EuGVVO, EuEheVO, EuBVO, EuZVO 2. Aufl 2002
Schmidt, Alexander	Erfinderprinzip und Erfinderpersönlichkeitsrecht im deutschen Patentrecht von 1877-1936 Tübingen 2009
Schneider	Die Patentgerichtsbarkeit in Europa Schriftenreihe MPI Band 136 Köln 2005
Schönfelder	Deutsche Gesetze, seit 2021 herausgegeben unter »Habersack«
Schrader	Technizität im Patentrecht – Aufstieg und Niedergang eines Rechtsbegriffs, KWI Band 15 2007
Schramm	Der Patentverletzungsprozess 7. Aufl 2013 Heymanns
Schröder	Softwareverträge C.H.Beck 4. Aufl 2015
Schröder, Marta	Die Geltendmachung der Patentnichtigkeit im deutschen und US-amerikanischen Patentverfahrensrecht Hamburg 2020
Schulte	Patentgesetz mit EPÜ 10. Aufl. 2017
Schulte/Buchetmann	Schulte-Kartei. Rechtsprechungskartei Gewerblicher Rechtsschutz, Heymanns Verlag (Print-Ausgabe und CD)
Schulte/Just	Kartellrecht 2. Aufl. 2016 Heymanns
Schwarz/Kruspig	Computerimplementierte Erfindungen – Patentschutz von Software Heymanns 2. Aufl. 2018
Schweyer	Patentnichtigkeit und Patentverletzung und deren Beurteilung durch internationale private Schiedsgerichte München 1981
Sonnenberg	Die Einschränkbarkeit des patentrechtlichen Unterlassungsanspruchs Wiesbaden 2014
Spindler / Schuster	Recht der elektronischen Medien 4. Aufl. 2019
Stamm	Logik im Patentrecht 2002
Stauder	Patentverletzung im grenzüberschreitenden Wirtschaftsverkehr 1975
Stauder	Patent- und Gebrauchsmusterverletzungsverfahren in der Bundesrepublik Deutschland, Großbritannien, Frankreich und Italien 1989

Literatur

Stazi	Biotechnological inventions and patentability of life Cheltenham 2015
Steinbeiß-Winkelmann/Ott	Rechtsschutz bei überlangen Gerichtsverfahren Luchterhand 2012
Steinke	Die Verwirkung im Immaterialgüterrecht. Göttingen 2006
Stephan	Streitwertbestimmung im Patentrecht GEW Band 41 Heymanns 2016
Stief/Bromm	Vertragshandbuch Pharma und Life Sciences C.H.Beck 2014
Stief/Bühler	Supplementary Protection Certificates (SPC) Beck 2. Aufl 2021
Straus	Gewerblicher Rechtsschutz für biotechnologische Erfindungen 1987
Straus/Holzapfel/Lindenmeir	Genetic inventions and patent law München 2004
Straus/Moufang	Hinterlegung und Freigabe von biologischem Material für Patentierungszwecke 1989
Straus/Moufang	Deposit and release of biological material for the purposes of patent procedure 1990
Ströbele	Die Bindung der ordentlichen Gerichte an Entscheidungen der Patentbehörden 1975
Ströbele/Hacker/Thiering	Markengesetz 13. Aufl. 2020
Stumpf/Groß	Der Lizenzvertrag 8. Auf 2005
Stumpf/von Zumbusch	Der Know-how-Vertrag 4. Aufl 1997
Takenaka	Interpreting Patent Claims: The United States, Germany and Japan (IIC Studies Vol 17) Weinheim 1995
Teschemacher	Die mittelbare Patentverletzung 1974
Tetzner, H.	Das materielle Patentrecht der Bundesrepublik Deutschland 1972
Tetzner, V.	Leitfaden des Patent-, Gebrauchsmuster- und Arbeitnehmererfindungsrechts 3. Aufl 1983
Thomas/Putzo	Zivilprozessordnung 42. Aufl. 2021
Thums	Durchsetzung des patentrechtlichen Schutzes für die 2.medizinische Indikation unter Berücksichtigung des EWG-Vertrages München 1994
Timke	Die Patentierung embryonaler Stammzellen Nomos Baden-Baden 2014
Timmann	Das Patentrecht im Lichte von Art 14 GG Tübingen 2008
Treichel	Die Sanktionen der Patentverletzung und ihre gerichtliche Durchsetzung im deutschen und französischen Recht Köln 2001
Trimborn	Patente und Gebrauchsmuster 2003
Trimborn	Employees' Inventions in Germany Heymanns 2009
Troller	Immaterialgüterrecht Band I: 3. Aufl 1983; Band II: 3. Aufl 1985
Troller	Kurzlehrbuch des Immaterialgüterrechts 3. Aufl 1989
Uexküll	Wörterbuch der Patent- und Markenpraxis Deutsch/Englisch, Englisch/Deutsch 8. Aufl 2012
Ullrich/Lejeune	Der internationale Softwarevertrag nach deutschem und ausländischem Recht 2. Aufl 2006
Ulmer	Aufbau, Verfahren und Rechtsstellung der Patentämter 1960
Ulmer	Die Immaterialgüterrechte im internationalen Privatrecht 1975
Ulmer-Eilfort/Schmoll	Technologietransfer. Patent- und Know-how-Lizenzen. 2006
van Hees/Braitmayer	Verfahrensrecht in Patentsachen 4. Aufl 2010
Veddern	Immaterialgüterrechte in der europäischen Vertragsforschung zur Schaffung eines europäischen Forschungsraums am Beispiel der Forschungsrahmenprogramme der EG MPI-Schriftenreihe Band 156
van Venrooy	Patentrecht 1996
Vetter	Die fertige Erfindung GEW 2013

Deutschland   Literatur

Völp	Patentgerichtsverfahren 1961
Vollrath	Neuheitsbegriff und technischer Fachmann Regensburg 2014
Von Hellfeld	Verfahrensrecht im gewerblichen Rechtsschutz 2016
von Mühlendahl	Gewerblicher Rechtsschutz im vereinten Deutschland 1993
Wosgien	Verschuldenshaftung im Patentrecht Köln 2015
Wadle	Geistiges Eigentum Bausteine zur Rechtsgeschichte Weinheim 1996
Wagner	Know-how – Einordnung in das Zivilrecht KWI Band 31 2016
Walchner	Der Beseitigungsanspruch im gewerblichen Rechtsschutz und Urheberrecht 1998
Waldeck und Pyrmont	Patents and technological progress in a globalized world Berlin 2009
Wank	Die Auslegung von Gesetzen 3. Aufl 2005
Weber/Hedemann/Cohausz	Patentstrategien Heymanns 2007
Wehlau/Kalbfus	Die Schutzschrift – Rechtsgrundlagen, Prozesstaktik, Formulare Heymanns 2. Aufl 2015
Weitnauer/Mennenöh	Life Sciences Agreements in Germany C.H.Beck 2014
Wenzel	Analoge Anwendung der Verordnung über das ergänzende Schutzzertifikat für Arzneimittel auf Medizinprodukte? Baden-Baden,2017
Werner	Entnahme und Patentierung menschlicher Körpersubstanzen Tübingen 2008
Westermann	Handbuch Know-how-Schutz Beck 2007
Wieczorek	Die Unionspriorität im Patentrecht 1975
Wieczorek/Schütze	Großkommentar zur ZPO und zum GVG 3. Aufl Berlin 2005
Wiese	Die Entwicklung der Patentgerichtsbarkeit in Düsseldorf HSP Band 3 2016
Willnegger	Patents in the food sector Baden-Baden 2008
Windisch	Gewerblicher Rechtsschutz und Urheberrecht im zwischenstaatlichen Bereich 1969
Winzer	Der Lizenzvertrag C.H.Beck 2014
Wirtz	Verletzungsansprüche im Recht des geistigen Eigentums KWI 2011
Witte/Vollrath	Praxis der Patent- und Gebrauchsmusteranmeldung 6. Aufl 2008
Wolfrum	Patentschutz für medizinische Verfahrenserfindungen im Europäischen Patentsystem und im US-Recht Tübingen 2008
Wolters	Die Patentierung des Menschen. Zur Patentierbarkeit humanbiologischer Erfindungen aus dem Bereich der modernen Biotechnologie. Baden-Baden 2006.
Wosgien	Verschuldenshaftung im Patentrecht HSP Band 2 2015
Würtemberger	Technischer Sachverstand im modernen Patentprozess HSP Band 9 2018
Wuesthoff/Leßmann/Würtenberger	Handbuch zum deutschen und europäischen Sortenschutz Weinheim 1999 2. Aufl
Wunderlich	Die gemeinschaftliche Erfindung 1962
Wurzer/Reinhardt	Handbuch der Patentbewertung 2. Aufl 2010
Wurzer/Reinhardt/Grünewald	Valuations of Patents Heymanns 2012
Zahn	Die Herausgabe des Verletzergewinns 2005 Schriftenreihe zum gewerblichen Rechtsschutz Band 142
Zeunert	Offenbarung des beanspruchten Erfindungsgedankens und Schutzumfang des Patents 2. Aufl 1968
Zigann	Entscheidungen inländischer Gerichte über ausländische gewerbliche Schutzrechte und Urheberrechte München 2002
Zimmer/Zeman/Hammer/Goldbach/Allekotte	Protecting an Enforcing Life Science Inventions in Europe 2. Aufl 2015

Literatur Festschriften (chronologisch)

Zöller   Zivilprozessordnung 29. Aufl 2012
Zorr   Der Schutzbereich von Patenten auf eine zweite medizinische Indikation im Falle eines cross-label-use HSP Band 8 2018

Festschriften (chronologisch)

FS 50 Jahre deutsche Patentanwaltschaft München 1950
FS 75-jährigen Bestehen des Deutschen Patentamts GRUR 52, 260; Bl 52, 205
FS Werner vom Stein Karlsruhe 1961
FS Philipp Möhring 1965
FS Wilhelm Wendel München 1969
FS K. Nastelski Mitt 1969, 205
FS Günter Wilde München 1970
10 Jahre Bundespatentgericht 1971
FS Wolfgang Hefermehl Heidelberg 1971
FS Richard Moser von Filseck GRUR 72, 203
FS Eugen Ulmer GRUR Int 73, 207
FS Eugen Ulmer Mitarbeiterfestschrift München 1973
FS Philipp Möhring München 1975
FS 25 Jahre Bundesgerichtshof München 1975
FS 20 Jahre VVPP Köln 1975
FS Kurt Haertel München 1975
FS 100 Jahre Patentamt München 1977
FS Walter Oppenhoff GRUR 80, 333
FS Gerda Krüger-Nieland GRUR 80, 511
FS Werner Ballhaus GRUR 85, 575
FS W. Oppenhoff 1985
FS 25 Jahre Bundespatentgericht 1986
FS Rainer Klaka München 1987
FS Albert Preu München 1988
FS Otto-Friedrich Frhr v Gamm 1990
FS R. Lukes 1990
FS 100 Jahre GRUR Weinheim 1991
FS Rudolf Nirk München 1992
FS Dieter Gaul 1992
FS Karl Bruchhausen GRUR 93, 163
FS E. Deutsch 1993
FS Fritz Traub 1994
FS DPA 100 Jahre Markenamt 1994
FS Ralf Vieregge Berlin 1995
FS 10 Jahre Rechtsprechung der Großen Beschwerdekammer im EPA 1996
FS für Friedrich-Karl Beier Köln 1996
FS Friedrich-Karl Beier Köln 1996
FS Erich Brandner 1996
FS Walter Odersky Berlin 1996
FS Wolfgang Hefermehl GRUR 96, 515

Festschriften (chronologisch)

FS Lucas David Zürich 1996
FS Henning Piper 1996
FS H. Schippel 1996
FS 100 Jahre AIPPI 1897–1997 1997
FS Ulrich Krieger GRUR 98, 179
FS Wolfgang Fikentscher 1998
FS 50 Jahre DPMA GRUR 99, 781
FS W. Nordemann 1999
FS 50 Jahre BGH 2000
FS 50 Jahre BGH Festgabe der Wissenschaft 2000
FS Dieter Stauder IIC 2000, 625
FS D. Stauder Mélanges Collection CEIPI 2001
FS Rüdiger Rogge GRUR 01, 865
FS 40 Jahre BPatG GRUR 01, 545
FS Willi Erdmann 2002
FS Winfried Tilmann 2003
FS Günther Eisenführ 2003
FS Reimar König »Materielles Patentrecht« 2003
FS Rudolf Kraßer GRUR Int 2004, 695 ff
FS M.M. Boguslavskij Berlin 2004
FS K. Bartenbach 2005
FS für Gert Kolle und Dieter Stauder 2005 »… und sie bewegt sich doch!« – Patent Law on the MoveFS 50 Jahre VPP 2005
FS G. Schricker 2005
FS Jochen Pagenberg Carl Heymanns Verlag 2006
FS E. Ullmann 2006
FS Tilman Schilling »Gewerbliche Schutzrechte und ihre Durchsetzung« 2007
FS 10 Jahre sic! 2007
FS Rudolf Teschemacher GRUR Int 2008, 631
FS Joseph Straus »Patents and Technological Progress in a Globalized World« MPI Studies on Intellectual Property, Competition and Tax Law, Vol. 6, 2009
FS Thomas Reimann »Patentrecht« 2009
FS Peter Mes Verlag C.H.Beck München 2009
FS U. Loewenheim 2009
FS K.-J. Melullis GRUR 2009, 193
FS Wolfgang von Meibom München 2010
FS H.-D. Gesthuysen Mitt 2010, 145
FS R. Jacobs GRUR 2011, 1057
FS G. Rahn 2011
FS D. Stauder Nourriture de l'esprit 2011
FS Michael Loschelder Köln 2010
FS »50 Jahre Bundespatentgericht«, Herausgeber: Bender, Schülke, Winterfeldt Heymanns 2011
FS 200 Jahre Carl Heymanns Verlag »Recht im Wandel europäischer und deutscher Rechtspolitik 2015

Patent Enforcement Worldwide. Writings in Honour of Dieter Stauder, Editor Christopher Heath Third edition Oxford and Portland, Oregon 2015 ISBN 978-1-8494-6709-4
FS 80 Jahre Patentgerichtsbarkeit Düsseldorf, herausgegen von Thomas Kühnen, Heymanns 2016
FS Hans-Jürgen Ahrens Rechtsdurchsetzung, Rechtsverwirklichung durch materielles Recht und Verfahrensrecht 2016 Carl Heymanns Verlag
FS Liber Amicorum für Manfred Hecker Carl Heymanns Verlag 2016
FS 20 years of the boards of appeal at EUIPO Alicante 2017
FS 50 Jahre Patentanwaltsordnung herausgegeben von der Patentanwaltskammer und Malte Köllner Köln 2017
FS für Dirk Schroeder Europäisches, deutsches und internationales Kartellrecht Herausgeber Kokott Köln 2018
FS für Theo Bodewig Methodenfragen des Patentrechts Herausgeber Metzger Tübingen 2018
FS für Paul Ströbele Herausgeber Hacker und Thiering 2019.

Europäisches Patentrecht

Europäisches Patentübereinkommen Textausgabe in Deutsch, Englisch und Französisch
  http://www.epo.org/law-practice/legal-texts/epc_de.html?hp=stagel
  Datenbank mit den Entscheidungen der Beschwerdekammern
  Die Datenbank enthält den Volltext aller von den Beschwerdekammern des EPA seit 1979 erlassenen Entscheidungen in der jeweiligen Verfahrenssprache (Deutsch, Englisch oder Französisch).
  http://www.epo.org/law-practice/case-law-appeals_de.html
Rechtsprechung der Beschwerdekammern des Europäischen Patentamts
  9. Aufl. 2019
  Formate: gebundene Ausgabe sowie elektronisch im HTML- und PDF-Format. Die HTML-Version ist speziell auf die Online-Nutzung zugeschnitten, während die PDF-Version eine Volltextsuche ermöglicht und daher die beste Lösung für die Offline-Nutzung ist.
  http://www.epo.org/law-practice/case-law-appeals/case-law_de.html
  Im Kommentar mit »RechtsprBK/EPA« zitiert. In den Entscheidungsregistern für die Große Beschwerdekammer (Aktenzeichen G und R), der Juristischen Beschwerdekammer (Aktenzeichen J) und der Technischen Beschwerdekammern (Aktenzeichen T) angegeben.
Durchführungsvorschriften zum EPÜ
  http://www.epo.org/law-practice/legal-texts/epc_de.html?hp=stagel
Richtlinien für die Prüfung im EPA
  http://www.epo.org/law-practice/legal-texts/guidelines_de.html
Leitfaden zum europäischen Patent – Anmeldung eines europäischen Patents
  https://www.epo.org/applying/european/Guide-for-applicants/html/d/index.html
  München EPA 2020 20. Aufl. ISBN 978-3-89605-210-0
Formblätter und Veröffentlichungen des EPA
  ABl 2019, A8; www.epo.org/applying/forms-fees/forms_de.html
Terminologielehrbuch für zugelassene Vertreter
  http://www.epo.org/service-support/ordering_de.html

Symposien europäischer Patentrichter:

1. Symposium	München 1982	ABl 1982, 480; GRUR Int 1983, 195, 245
2. Symposium	Straßburg 1984	ABl 1984, 579; GRUR Int 1984, 646; 1985, 229

3. Symposium	Wien 1986	GRUR Int 1986, 665; 1987, 453
4. Symposium	Lausanne 1988	GRUR Int 1989, 437, 490
5. Symposium	Turin 1990	GRUR Int 1991, 403, 487
6. Symposium	Den Haag 1992	GRUR Int 1993, 351
7. Symposium	Newport/Wales 1994	GRUR Int 1996, 1079
8. Symposium	Stockholm 1996	GRUR Int 1998, 183
9. Symposium	Madrid 1998	Sonderausgabe zum ABl 1999
10. Symposium	Luxemburg 2000	Sonderausgabe zum ABl 2001
11. Symposium	Kopenhagen 2002	Sonderausgabe 2 zum ABl 2003
12. Symposium	Brüssel 2004	Sonderausgabe zum ABl 2005
13. Symposium	Thessaloniki 2006	Sonderausgabe 2 zum ABl 2007
14. Symposium	Bordeaux 2008	Sonderausgabe 1 zum ABl 2009
15. Symposium	Lissabon 2010	Sonderausgabe 1 zum ABl 2011
16. Symposium	Dublin 2012	Sonderausgabe zum ABl 2013
17. Symposium	Tallinn 2014	ABl 2015 Zusatzpublikation 5

EPOscript (Schriftenreihe des EPA):

Vol 1:	Eposium 1992: Genetic Engineering – The New Challenge 1993
Vol 2:	Tenth Anniversary of Trilateral Cooperation 1994
Vol 3:	Nutzung des Patentschutzes in Europa Repräsentative Erhebung im Auftrag des EPA 1994
Vol 4:	Sven J.R. Bostyn: Enabling Biotechnological Inventions in Europe and the United States 2001
Vol 5:	Eskil Waage: Principles of procedure in European Patent Law 2001
Vol 6:	Enforcement of Intellectual Property Rights and Patent Litigation Proceedings of the Symposium held from 10. to 14.09.01, EPO Munich.
Vol 7:	Catarina Holtz: Due process for European Patenting 2007

Literatur zum europäischen Patentrecht:

Ammendola	La brevettabilità nella Convenzione die Monaco Milano 1981
Artelsmair	Die Internationalisierung des europäischen Patentsystems im Spannungsfeld von Globalisierung, Regionalisierung und nationalen Interessen 2004
Beier/Haertel/Schricker/Straus (Herausgeber)	Europäisches Patentübereinkommen. Münchner Gemeinschaftskommentar, erscheint in Lieferungen seit 1984 Bearbeiter: *Art 1–3 Beier/Ohly; Art 4 Braendli; Art 5 Ballreich; Art 6–7 Haertel; Art 8 Kunz-Hallstein; Art 9 Kunz-Hallstein/Ullrich; Art 10–11 Braendli; Art 12 Ullrich; Art 13 Kunz-Hallstein/Ullrich; Art 14 Haertel; Art 16 Staab; Art 20 Dybdahl-Österborg; Art 21–24 Gori/Löden; Art 25 Bossung; Art 37–50 Dornow; Art 51 u GebO Gall; Art 52 Nack/Moufang; Art 53 Moufang; Art 55 Loth; Art 56–57 Pagenberg; Art 58-52 Heath; Art 64–65 U. Krieger; Art 70 Schneider; Art 75–81 Bossung; Art 82–84 Teschemacher; Art 85 Straus; Art 86 Gall; Art 90–91 Strebel; Art 92–93 Straus; Art 94–98 Singer; Art 106–112 Moser; Art 115 Teschemacher; Art 118 Strebel; Art 119 u 120 Schachenmann; Art 123 Pentheroudakis; Art 150–158 Gruszow; Art 159 Haertel; Art 160–162 Dornow; Art 163 Bernecker; Art 164–166 Ullrich; Anerkennungsprotokoll Stauder; Protokoll über Vorrechte und Immunitäten Kunz-Hallstein*
Benkard	Europäisches Patentübereinkommen. 3. München 2019 Herausgegeben von Jochen Ehlers und Ursula Kinkeldey Bearbeiter: *Adam* Präambel, 69; *Bacchin* 76; *Birken* 86, 127-134a, 141;

	Ehlers vor 90–100; *Fritsche* 82; *Grabinski* Präambel (mit Adam), 63, 71–74, 85, vor 87, 87–89, 148 *Günzel* 112, 112a; *Henke* 64, vor 142 (UPC), vor 164-178; *Irmscher* 5-14, 23, vor 26-36v; *Joos* vor 142, 142 (außer UPC).– 147, 149, 149a;; *Keussen* vor 106-111*Kinkeldey* 21, 22, 83-84 (mir Wieser), 111, 112a; *Kley* 37-51, 101-105c (mit Thums); *Kolle* 1–3; *Mellulis* 52-55, 58-62; *Osterrieth* 66-68, 70; *Quarch* 4, 4a, 65,77, vor 135-137, 149, 154-163; *Scharen* 69 (außer Vereinigtes Königreich), 138-140; *Sendowski* 123; *Thums* 15–20, 24, 25, 75, 78–80, 101–105c (mit Kley);; *Unland vor 113-122, 124-126, vor 150-153*; *Wieser* 83-84 (mit Kinkeldey).
Benussi	Die Geschichte der Großen Beschwerdekammer auf Grund der travaux préparatoires in: Fschr 10 Jahre Rechtsprechung der GBK im EPA 1996, 111
Benyamini	Patent infringement in the European Community 1993
Bertschinger/Münch/Geiger	Schweizerisches und europäisches Patentrecht. Basel 2002
Blumer	Formulierung und Änderung der Patentansprüche im europäischen Patentrecht Köln 1998
Bopp/Kircher	Handbuch Europäischer Patentprozess Beck 2019
Bosch	Medizinisch-technische Verfahren und Vorrichtungen im deutschen, europäischen und amerikanischen Patentrecht Köln 2002
Bossung	Grundfragen einer europäischen Gerichtsbarkeit in Patentsachen 1959
Bossung	Rückführung des europäischen Patentrechts in die EU GRUR Int 95, 923
Bossung	Gedanken zur Weiterbildung der Rechtsprechung der Großen Beschwerdekammer in: Fschr 10 Jahre Rechtsprechung der GBK im EPA 1996, 135
Bostyn	Enabling Biotechnological Inventions in Europe and the United States 2001
Brandi-Dohrn/Gruber/Muir	Europäisches und internationales Patentrecht 5. Aufl 2002
Bremi	The European Patent Convention and Proceedings before the European Patent Office (EPC 2000) 2008
Brinkhof	The desirability, necessity and feasibility of cooperation between courts in the field of European patent law in: Fschr 10 Jahre Rechtsprechung der GBK im EPA 1996, 49
Brinkmann/Tilmann	EPÜ-Handbuch 2. Aufl. 2009
Calame	Öffentliche Ordnung und gute Sitten als Schranken der Patentierbarkeit gentechnologischer Erfindungen. Eine Untersuchung des EPÜ und des schweizerischen Patentgesetzes. Basel 2001
Chandler/Meinders	C-Book How to write a successful opposition and pass paper C oft he European Qualifying Examination 5.edition 2016
CIPA	European Patents Handbook 6 Looseleaf volumes with 4 updating releases a year Sweet & Maxwell
CIPA	European Patents Sourcefinder 2 Looseleaf volumes Sweet and Maxwell
Clark/Jacob/Cornish Tappin/Hamer/May/Moody-Stuart	Encyclopedia of United Kingdom and European Patent Law 2 volumes looseleaf July 2015 Sweet & Maxwell
Cronauer	Das Recht auf das Patent im Europäischen Patentübereinkommen unter besonderer Berücksichtigung des deutschen und englischen Rechts 1988
Davies	Die Bedeutung der nationalen Rechtsprechung für die Praxis der Beschwerdekammern des Epa Abl 1999 SonderA 44
Dolder	Erfindungshöhe. Rechtsprechung des EPA zu Art 56 EPÜ Köln 2003
Düwel/Gabriel/Renz/Teufel	EPÜ- und PCT-Tabellen Heymanns 8. Aufl 2020
Dybdahl	Europäisches Patentrecht 3. Aufl 2009
Dybdahl-Müller	European Patents 2002
Engelhardt	Der Neuheitsbegriff des europäischen Patents mit einheitlicher Wirkung 2019
Fritz/Grünbeck/Hijazi	Schlüssel zum europäischen Patentübereinkommen München 2015
Fritz/Grünbeck/Hijazi	Clé pour la Convention sur le brevet européen München 2015

Europäisches Patentrecht Literatur

Fritz/Grünbeck/Hijazi	Schlüssel zum Europäischen Patentübereinkommen München 2013
Fritz/Grünbeck/Hijazi	Key to the European Patent Convention München 2015
Fuchs, Sebastian	Das europäische Recht im Wandel. Ein Rechtsvergleich des EP-Systems und des EU-Patentsystems Berlin 2016 ISBN 978-3-428-14 870-7
Gall/Weiss/ungler	Die europäische Patentanmeldung und der PCT in Frage und Antwort 9.Ausgabe Köln 2017
Goldbach/Vogelsang-Wenke/Zimmer	Protection of Biotechnological Matter under European and German Law Weinheim 1997
Gori	Remarks on the legal nature of proceedings before the Boards of Appeal of the EPO in: Fschr 10 Jahre Rechtsprechung der GBK im EPA 1996, 57
Griset	Das europäische Patent. Ein europäischer Erfolg im Dienste der Innovation EPA München 2013
Gruber/von Zumbusch/Haberl/Oldekop	Europäisches und internationales Patentrecht. Einführung zum EPÜ und PCT 7. Aufl 2012
Gruner/Großmann	Verfahrenspraxis EPÜ und PCT 4. Aufl. Heymanns 2020
Gruszow	L'accès au brevet européen par la voie internationale Paris 2002
Gruszow/Remiche	La protection des inventions, PCT, CBE, CBC Bruxelles 1978/1982
Haertel	Studie über die grundsätzlichen Probleme der Schaffung eines europäischen Patents, das neben die nationalen Patente tritt Bonn 1960
Hansen/Hirsch	Protecting inventions in Chemistry, Commentary on chemical case law under the EPC and the German patent law Weinheim 1997
Haugg	Die Entwicklung des Einspruchsverfahrens im deutschen und europäischen Patentrecht. München 2000
Heinrich, Peter	PatG/EPÜ. Kommentar zum Schweizerischen Patentgesetz und den entsprechenden Bestimmungen des EPÜ, synoptisch dargestellt 2. Aufl Bern 2010
Hess	Rechtsfolgen von Patentverletzungen im europäischen Patentrecht 1987
Hilty	Der Schutzbereich des Patents. Eine Untersuchung des EPÜ anhand des vergleichbaren schweizerischen Rechts Basel 1990
Holtz, Catarina	Due process for industrial property, European patenting under human rights control 2003
Jacob/Alexander/Lane	A guidebook to intellectual property London 2004
Jaenichen	The European Patent Office's case law on the patentability of biotechnological inventions 2. Aufl Köln 1997
Jaenichen/McDonell/Haley	From Clones to Claims 6. edition 2015
Keukenschrijver	Europäische Patente mit Wirkung für Deutschland GRUR 03, 177
Kober	Die Rolle des EPA im Spannungsfeld globaler Wirtschaftsentwicklungen GRUR Int 01, 493
Koch/Stauder	Vereinbarung über Gemeinschaftspatente 2. Aufl 1997
Kolle/Strebel	Europäisches Patentübereinkommen Textausgabe 3. Aufl 1998
Kortmann	Die Neuordnung der europäischen Patentgerichtsbarkeit Hamburg 2005
Kurz	Vertraulichkeitsvereinbarungen 3. Aufl 2013
Lafontaine	Die rechtliche Stellung des selbständigen Individualerfinders im europäischen Patentrecht Köln 2002
Lausmann-Murr	Schranken für die Patentierung der Gene des Menschen. »Öffentliche Ordnung« und »gute Sitten« im EPÜ Köln 2000
Lins	Das Prioritätsrecht für inhaltlich geänderte Nachanmeldungen. Die Prioritätsregelungen der PVÜ, des deutschen PatG sowie des EPÜ. Frankfurt 1992
Manley/Vickers	Navigating European pharmaceutical law
Mathély	Le droit européen des brevets d'invention Paris 1978
May, Christian	Das Wesen der Erfindung. Eine Auslegung des Art 52 EPÜ Mitt 2016, 111.

Meinders/Beckedorf/ Weiss	Overview oft he appeal proceedings according tot he EPC Haarlem 2013
Merz	La revendication en droit européen des brevets (Thèse) Zürich 1982
Messerli	Ein europäisches Gerichtssystem in Patentsachen Abl 1999 SonderA 128
Messerli	Die Überprüfung von Entscheidungen der Beschwerdekammern des EPA nach dem neuen Art 112a EPÜ GRUR 2001, 979
Muir/Brandi-Dohrn/ Gruber	European Patent Law. Law and Procedure under the EPC and PCT 3. ed Oxford 2002
Niioka	Klinische Versuche im Patentrecht Köln 2003
Nöth	Das Europatent 2. Aufl München 1982
Ohl	Die Patentvindikation im deutschen und europäischem Recht Weinheim 1987
Pagenberg/Cornish	Interpretation of Patents in Europe 2006 Application of Art 69 EPC. Köln 2008
Paterson	The European Patent System 2. edition London 2001
Paterson	Concise guide to European Patents, Law and Practice 1995
Paterson	Development of the procedure abd jurisdiction of the Enlarged Board of Appeal in: Fschr 10 Jahre Rechtsprechung der GBK im EPA 1996, 65
Payraudeau	Le refus de saisine de la Grande Chambre de recours par les chambres de recours in: Fschr 10 Jahre Rechtsprechung der GBK im EPA 1996, 149
Payraudeau	La Convention sur le Brevet Européen Litec 1999
Pedrazzini	Das neue europäische materielle Patentrecht nach dem Übereinkommen über die Erteilung europäischer Patente St. Gallen 1974
Persson	Some remarks on the activities of the Enlarged Board of Appeal in: Fschr 10 Jahre Rechtsprechung der GBK im EPA 1996,157
Pieters	Europees Octrooiverdrag 1978
Reich	Materielles Europäisches Patentrecht 2009
Reich	Gestaltung und Änderung europäischer Patentansprüche 2009
Reid	Sweet and Maxwell's European Patent Litigation Handbook London 1999
Reimer	Europäisierung des Patentrechts 1955
Rippe	Europäische und internationale Patentanmeldung 4. Aufl 2006
Rippe/Gough	European and international patent applications Cologne 2002
Römer	Die Patentierbarkeit von Pflanzenzüchtungen. In der rechtsprechung der Beschwerdekammern des EPA Saarbrücken 2014
Rudge	D-Book, How to answer legal questions, draft legal opinions and pass Paper D of the European Qualifying Examination 4th edition 2017
Ruhl	Unionspriorität. Art 4 PVÜ und seine Umsetzung im amerikanischen, europäischen und deutschen Recht. Köln 2000
Russo	The allowability of undisclosed disclaimers under a uniform concept of disclosure in the European patent convention Munich Intellectual Property Law Center, 2017
Sadlonova	Vorgaben des Acquis Communautaire für den Bereich des Patentrechts. München 2006.
Saint André	Das Dilemma der einschränkenden Erweiterung nach dem deutschen, europäischen, englischen und US-amerikanischen Patentrecht Berlin 2007
Scherr	Die internationale PCT-Anmeldung, das europäische Patent, das Gemeinschaftspatent 9. Aufl 1996/1997
Scheuchzer	Nouveauté et activité en droit europén des brevets Genève 1981
Schickedanz	Die Formulierung von Patentansprüchen. Deutsche, europäische und amerikanische Praxis. München 2000
Schiuma	Formulierung und Auslegung von Patentansprüchen nach europäischem, deutschem und italienischem Recht. Köln 2001
Schneider	Die Patentgerichtsbarkeit in Europa – Status quo und Reform Schriftenreihe MPI Band 136 Köln 2005
Schneider, Ingrid	Das Europäische Patentsystem; Wandel von Governance durch Parlamente und Zivilgesellschaft Campus Verlag 2010
Schulte	Patentgesetz mit Europäischem Patentübereinkommen 10. Aufl. 2017
Schulte	Die Zuständigkeit der Juristischen Beschwerdekammer in: Fschr 10 Jahre Rechtsprechung der GBK im EPA 1996, 73

Europäisches Patentrecht   Literatur

Seitz	Du principe de l'effet dévolutif du recours comme création prétorienne de la Grande Chambre de recours in: Fschr 10 Jahre Rechtsprechung der GBK im EPA 1996, 79
Singer, R.	Das neue europäische Patentsystem 1979
Singer, R.	Il brevetto europeo. Traduzione, e riferimenti alla legislazione italiana di Franco Benussi, Torino 1993
Singer, R./Lunzer	The Russland Patent Convention Revised English Edition by Raph Lunzer London 1995
Singer/Stauder/ Luginbühl	Europäisches Patentübereinkommen fortgeführt von *Stauder/Luginbühl* Kommentar 8. Aufl 2019 Bearbeiter: *Almer* Art 70–74; *Blumer* Art 123; *Bostedt* 99–105, 105a-105c; *Bremi* Art 58-62, 66, 87-89; *Brückner* Art 63; *Bühler* Art 106-112a, 113-117; *Haugg* Art 20, 127, 133-134a; *Hesper* Art 150, 151; *Klopschinski* Anh zu Art 8: *Kroher* Art 56, 118-122; *Kunz-Hallstein* Art 4, 5, 8; *Lindner* Art 54; *Luginbühl* Art 4a, 6-7, 10, 11, 14, 15, 64-65, 67-69, 124, 129; 130, 132, 138, 139, 142-149a; 166, 169; *Mathoi* Art 152; *Neumann* 90; *Plouard* Art 12; *Podbielski* Art 53b, 53c; *Preller* Art 86, 92-94, 97, 98, 164, 165, 167, 168, 170, 172-176; Anh 5 GebO; *Quarch* 153; *Schauwecker* Art 135, 137, 140, 141; *Schmitz* Art 24; *Stauder* Präambel, Art 1-3, 9, 14, 23, 25, 53a, 55, 57, 58-62, 69, 97, 98, 125, 128, 131, 138, 177, Anh 6, Anh 11; *Steinbrener* Art 52; *Teschemacher* Art 16-19, 21-22, 75-85; *Weiss* Art 26-36, 37-40, 42, 50, 51; *Zimmermann* 13.
Singleton	European intellectual property law 1996
Stamm	Vektorstruktur im EPÜ 2. Aufl 2019
Teschemacher	Der Beitrag des Präsidenten des EPA und Stellungnahmen Dritter im Verfahren vor der Großen Beschwerdekammer in: Fschr 10 Jahre Rechtsprechung der GBK im EPA 1996, 85
Ullrich	Standards of patentability for Russland inventions. Should an inventive act advance the art? Weinheim 1977
van Empel	The granting of european patents 1975
Von Uexküll/Ridderbusch	European SPCs Unravelled Zuidpoolsingel 2018
Viktor	Re-establishments of Rights, Proceedings at the EPO 2017
Visser	The annotated European Patent Convention 20. edition 2017
Waage	L'application de principes généraux de procédure en droit européen des brevets Litec 2000
Waage	Principles of Procedure in European Patent Law 2002
Wäckerlein	A-Book, How to draft claims and the introductory part of a European patent application and pass paper A of the European Qualifying Examination 1st edition 2015
Weiss/Ungler	Die europäische Patentanmeldung und der PCT in Frage und Antwort 9. Aufl Heymanns 2017
Zimmer	Protecting and enforcing life science inventions in Europe. Under EPC and EU Law Beck München 2015

Einheitliches Patentgericht (EPG) / Unified Patent Court (UPC)

Das Einheitliche Patentgericht (EPG) ist ein von 25 der teilnehmenden Mitgliedstaaten errichtetes internationales Gericht, das für Fragen der Verletzung und der Rechtsgültigkeit von Einheitspatenten und europäischen Patenten zuständig ist. Seine Entscheidungen gelten in allen Mitgliedstaaten, die das Übereinkommen über ein Einheitliches Patentgericht (EPG-Übereinkommen) ratifiziert haben.
Das Übereinkommen über ein Einheitliches Patentgericht vom 19.02.2013 (AblEU C 175/1 = AblEPA 2013, 287 = BGBl. 2021 II S. 850, 851) tritt nach seinem Art. 89 in Kraft, wenn 13 Ratifikationsurkunden hinterlegt sind, unter denen drei Mitgliedstaaten

sind, in denen es im Jahr vor dem Jahr der Unterzeichnung des Übereinkommens die meisten geltenden europäischen Patente gab, das sind nach dem Ausscheiden des United Kingdom Deutschland, Frankreich und Italien. Für sein Inkrafttreten bedarf es lediglich noch der Zustimmung durch die Bundesrepublik Deutschland.
Das Zustimmungsgesetz zum Abkommen über das Einheitliche Patentgericht (EPGÜZustG) hat das Bundesverfassungsgericht mit Beschluss vom 13.02.2020 – 2 BvR 739/17 (GRUR 2020, 506) für nichtig erklärt. Das Zustimmungsgesetz wurde vom Bundestag am 26.11.2020 erneut verabschiedet und hat am 16.12.2020 auch den Bundesrat passiert. Jedoch sind wiederum zwei Verfassungsbeschwerden beim Bundesverfassungsgericht eingelegt worden (Az. 2 BvR 2216/20 und 2 BvR 2217/20), die das BVerfG mit Beschluss vom 23.06.2021 (GRUR 21, 1157) abgelehnt hat.
Das Gesetz zur Anpassung patentrechtlicher Vorschriften auf Grund der europäischen Patentreform vom 20.08.2021 (BGBl 2021 I S. 3914) tritt nach seinem Art 3 an dem Tag in Kraft, an dem das Übereinkommen vom 19.02.2013 über ein Einheitliches Patentgericht (BGBl. 2021 II S. 850, 851) nach seinem Artikel 89 in Kraft tritt. Das Bundesministerium der Justiz und für Verbraucherschutz gibt den Tag des Inkrafttretens im Bundesgesetzblatt bekannt.
Brexit: Der EU-Austritt des Vereinigten Königreichs erfolgte am 31.01.2020 und ist durch das am 24.01.2020 unterzeichnete Austrittsabkommen (ABlEU 2019/C 384 I/01) geregelt. Es legt die Modalitäten für den geordneten Austritt des Vereinigten Königreichs aus der EU nach Art. 50 des Vertrags über die Europäische Union (ABlEU vom 26.10.2012 C 326/13) fest. Das Austrittsabkommen trat am 01.02.2020 in Kraft, nachdem es am 17.10.2019 vereinbart worden war. Seit dem 1. Januar 2021 ist das Vereinigte Königreich nicht mehr Teil des EU-Binnenmarktes und der Zollunion. Infolge des Brexit hat das Vereinigte Königreich seine Ratifikation des Übereinkommens über ein Einheitliches Patentgericht mit Wirkung vom 20.07.2020 zurück genommen. Für sein Inkrafttreten ist daher nach seinem Art. 89 die Ratifikation von 13 Staaten, darunter Deutschland, Frankreich und Italien, erforderlich.
Europäische Patente, die vom EPA auf Grund des EPÜ erteilt werden, sind vom Austritts Großbritanniens aus der EU nicht betroffen. Das EPÜ ist nämlich kein Unionsrecht, sondern es ist ein völkerrechtlicher Vertrag. Großbritannien bleibt daher am EPÜ weiterhin beteiligt.

Einheitspatent (Unitary Patent)

Zwei EU-Verordnungen bilden den rechtlichen Rahmen für das einheitliche Patentsystem:
Verordnung (EU) Nr. 1257/2012 (ABl. EPA 2013, 111 = ABlEU vom 31.12.2012 L 361/1) schafft ein »europäisches Patent mit einheitlicher Wirkung«, gemeinhin als »Einheitspatent« bezeichnet;
Verordnung (EU) Nr. 1260/2012 (ABl. EPA 2013, 132 = ABlEU vom 31.12.2012 L 361/89) legt die Übersetzungsregelungen für Einheitspatente fest.
Da einige EU-Mitgliedstaaten nicht am Projekt Einheitspatent teilnehmen wollten, hat der EU-Ministerrat beschlossen, eine Gruppe von Mitgliedstaaten zu ermächtigen, die »**Verstärkte Zusammenarbeit**« im Bereich des einheitlichen Patentschutzes nach Art. 20 des Vertrags über die Europäische Union umzusetzen. Daran nehmen alle EU-Mitgliedstaaten mit Ausnahme von Kroatien und Spanien teil. Die beiden EU-Verord-

nungen sind nach ihrer Genehmigung durch das Europäische Parlament und den Rat im Dezember 2012 am 20. Januar 2013 in Kraft getreten. Sie werden aber erst ab dem Tag des Inkrafttretens des EPG-Übereinkommens Anwendung finden.

Durchführungsordnung zum einheitlichen Patentschutz (DOEPS)
Rules relating to Unitary Patent Protection
ABlEPA 2016, A39.
In der DOEPS ist die Bildung einer Abteilung für den einheitlichen Patentschutz im EPA vorgesehen, und es werden die Einzelheiten zu allen Verfahren vor dem EPA gemäß den Verordnungen (EU) Nr. 1257/2012 und Verordnungen (EU) Nr. 1260/2012 geregelt. Die meisten DOEPS-Bestimmungen beziehen sich auf den Antrag auf einheitliche Wirkung, d. h. das Verfahren zur Erlangung eines Einheitspatents beim EPA.

Gebührenordnung zum einheitlichen Patentschutz (GebOEPS)
ABlEPA 2016, A40
Die an das EPA zu entrichtenden Gebühren, die Kompensation von Übersetzungskosten, die gemäß der Durchführungsordnung zum einheitlichen Patentschutz vom EPA an die Inhaber europäischer Patente mit einheitlicher Wirkung zu zahlen ist, sowie die Gebühren und Auslagen, die der Präsident des EPA Patentamts aufgrund des Art. 5 festsetzt, werden nach den Vorschriften der Art. 2 bis 6 GebOEPS erhoben bzw. gezahlt.

Haushalts- und Finanzvorschriften (HFV)
ABlEPA 2016, A41

Leitfaden zum Einheitspatent
1. age 2017 in DE, EN, FR
https://www.epo.org/law-practice/legal-texts/html/upg/d/index.html

Literatur (alphabetisch):

Augenstein/Agé/Wilson	Unified Patent Court Procedure Beck 2019
Bartenbach/Kunzmann	Die rechtsgeschäftliche Verwertung von Einheitspatenten und die Anwendung deutschen Rechts Festschrift 200 Jahre Heymanns 2015, 329
Bird & Bird	Unitary patent and the unified patent court London: 2016
Bopp/Kircher	Handbuch Europäischer Patentprozess Beck München 2017
Callens/Granata	The Unitary Patent in the Unified Patent Court Alphen aan den Rijn 2017
Dunlop	uropean Unitary Patent and Unified Patent Court 2. ed. London: CIPA, 2015
Engelhardt	Der Neuheitsbegriff des europäischen Patnes mit einheitlicher Wirkung 2019
Fedouop	Le brevet européen à effet unitaire Suresnes 2014
Garcia Vidal	El sistema de la patente europea con effetto unitario Cizur Menor (Navaa) 2014
Heinze/McGuire/Osterrieth	Einheitspatentrecht Beck München 2017
Hilty/Jaeger/Lamping/Ullrich	The Unitary Patent Package 2012
Hüttermann	Einheitspatent und Einheitliches Patentgericht Heymanns 2017
Ilardi	Il nuovo brevetto europeo. Il brevetto europeo con effetto unitario Bologna 2014

Literatur

Europäisches Patentrecht

Kaneko Daniel Kenji	EU-Einheitspatent und Schiedsverfahren Nomos Baden-Baden 2018
Klein	Einheitspatent: Der Konflikt von Verletzungs- und Nichtigkeitsurteil Köln 2018
Kunz-Hallstein	Zur Besetzung der Richterbank nach dem Übereinkommen über ein einheitliches Patentgericht Festschrift Bornkamm 2014, 691
Lamping/Ullrich	The Impact of Brexit on Unitary Patent Protection and its Court Munich 2018 (vgl dazu Tilmann GRUR Int 18, 1094)
McDonagh	European patent litigation in the shadow of the Unified Patent Court Cheltenham 2016
Paschold	Verfahrensprinzipien des Einheitlichen Patentgerichts Köln 2019
Pila/Wadlow	The Unitary EU patent system Oxford 2014
Pitz/Schubert/Rauh	Unitary Patent Enforcement Beck München 2019
Plesner	Den europæiske patentdomstol København 2017
Stjerna:	Die parlamentarische Historie des europäischen »Einheitspatents« Berlin 2015 ISBN 978-3-7375-8113-4
Tilmann	All's wellt hat ends well Festschrift Bornkamm 2014, 727.
Tilmann/Plassmann:	Einheitspatent, Einheitliches Patentgericht München Beck 2021
Tillmann/Plassmann	Unified patent protection in Europe Oxford: Oxford University Press, 2018
Yan	Das materielle Recht im Einheitlichen Europäischen Patentsystem und dessen Anwendung durch das Einheitliche Patentgericht Baden-Baden 2017
Lit in GRUR Int:	Battistelli 12, 328; Broß/Lamping 18, 907; Eck 14, 114; Grabinski 13, 310; Haedicke 13, 609; Hauck 13, 713; Kunz-Hallstein 17, 33; Luginbuehl 13, 305;Lutz 12, 331; U.Meyer 12, 332; Ohly/Streinz 17,1Reetz/Pecnard/Fruscalco/van der Velden/Marfé 15, 210; Romandini/Hilty/Lamping: 16, 554; Schröer 13, 1102; Tilmann 11, 499; 16, 409; 16, 753;Tilman Müller-Stoy / Florian Paschold 14, 646; Tochtermann 16, 721;Trüstedt 10, 1039; Ubertazzi 17, 301; Visscher 12, 214; Walz 16, 513;.
Lit in GRUR:	Ahrens 17, 323; Chudziak 15, 839; Kühnen/Claessen;13, 592; Leistner 16, 217; Meier-Beck 14, 144; 15, 929; Nieder 14, 627; 15, 728; 15, 936; 17, 38; Pagenberg 11, 32; 12, 582; Tilmann 15, 527; 16, 753; Vissel 15, 619
Lit in GRUR-Prax	Haberl/Schallmoser 11, 7; 11, 143
Lit in Mitt:	Bennett 15, 301; Hüttermann 14, 529; 15, 100, 498, 16, 212, 353; Hüttermann/Kupka 15, 6; Jestaedt 18, 381; Kiani/Springorum 16, 155; Köllner 13, 253; Lamping 11, 879; McGuire 15, 537; Nieder 15, 97; 16, 1; *Schallmoser/Grabinski 16, 425;* Stjerna 12, 54; Teschemacher 13, 153; 13, 253; Tilmann 14, 58; von Czettritz/Schallmoser 18, 319
Lit in IIC:	Brandi-Dohrn 12, 372; Miguel Asensio 14,868; Romandini/Klicznik 13, 524;
Lit in ZGE/IPJ:	Ohly 12, 419.
Lit in epi information	Mellet 14, 115.
Lit in EIPR	Aerts 14, 584; Dunlop 16, 595.
Lit in EuZW	Gaster 11, 394
Lit in ZGE/IPJ	Ohly 12, 419
Lit in NJW	Jaeger 13, 1998
Lit in JIPLP	England 18, 534

Internationales Patentrecht

WIPO

WIPO / OMPI	Weltorganisation für geistiges Eigentum / World Intellectual Property Organisation (WIPO) / Organisation mondiale de la propriété intellectuelle (OMPI) verwaltet PVÜ und PCTWIPO-Lex provides free of charge access to laws and regulations of some 200 countries https://wipolex.wipo.int/en/info Key questions on patent disclosure requirements for genetic resources and traditional knowledge Geneva 2017 Introduction to intellectual property 2. ed. 2017

PVÜ

Becher	Die Bedeutung der Pariser Verbandsübereinkunft für das Patentwesen 1967
Bodenhausen	Guide to the application of the Paris Convention 1968
Bodenhausen	Pariser Verbandsübereinkunft zum Schutze des gewerblichen Eigentums Köln 1971
Ricketson	The Paris Convention for the protection of industrial property (Commentary) Oxford 2015
Ruhl	Unionspriorität. Art 4 PVÜ und seine Umsetzung im amerikanischen, europäischen und deutschen Patentrecht Heymanns 2000
Troller	Die mehrseitigen völkerrechtlichen Verträge im int. Gewerblichen Rechtsschutz 1965
Wieczorek	Die Unionspriorität im Patentrecht MPI-Schriftenreihe Band 31 Köln 1975
Windisch	Gewerblicher Rechtsschutz und Urheberrecht im zwischenstaatlichen Bereich 1969
Lit in GRUR Int	*Ballreich* 83, 470; *Ballreich/Kunz-Hallstein* 77, 251; *Beier* 83, 339; *Beier-Katzenberger* 90, 277; *Beier/Moufang* 89, 869; *Beier/Straus* 91, 255; *Joos* 98, 456; *Kunz-Hallstein* 75, 261; 76, 64; 78, 183; 79, 369; 81, 137; 83, 548; *Pfanner* 59, 60; *Raible* 70, 137; *Ruhl* 02, 16; *Schricker* 67, 85; *Teschemacher* 83, 695; *Tönnies* 98, 451; *Wieczorek* 74, 172

PCT

PCT	Vertrag über die internationale Zusammenarbeit auf dem Gebiet des Patentwesens (Patentzusammenarbeitsvertrag) vom 19.6.1970, geändert am 02.10.1979, 03.2.1984 und 02.10.2001 (**www.wipo.int/pct/de/texts/index.htm** = Tabu Gewerbl. Rechtsschutz Nr. 900)
AusfOPCT	Ausführungsordnung zum Vertrag über die internationale Zusammenarbeit auf dem Gebiet des Patentwesens (**http://www.wipo.int/pct/de/texts/** = Tabu Gewerbl. Rechtsschutz Nr. 910)

PCT-Leitfaden für Anmelder	Band 1: Allgemeine Informationen für Benutzer des PCT (Internationale Phase) Band 2: Das Verfahren vor den Bestimmungsämtern und den ausgewählten Ämtern Loseblatt Ausgabe Herausgeber: DPMA Heymanns Verlag ISBN 978-3-452-22693-8
Euro-PCT-Leitfaden	Der Weg zum europäischen Patent Leitfaden für Anmelder 2. Teil PCT-Verfahren vor dem EPA 13. Aufl 2020 www.epo.org/applying/international/guide-for-applicants_de.html.

Literatur Internationales Patentrecht

Brandi-Dohrn/Gruber/Muir	Europäisches und internationales Patentrecht 5. Aufl 2002
Düwel/Gabriel/Renz/Teufel	EPÜ- und PCT-Tabellen 8. Aufl 2020 Heymanns
Gall/Weiss/Ungler	Die europäische Patentanmeldung und der PCT in Frage und Antwort 9.Ausgabe Köln 2017
Gruber/von Zumbusch/ Haberl/Oldekop	Europäisches und internationales Patentrecht, Einführung zum EPÜ und PCT 7. Aufl 2012
Gruner/Großmann	Verfahrenspraxis EPÜ und PCT 3. Aufl. Heymanns 2019
Gruszow	L'accès au brevet européen par la voie internationalle Paris 2002
Hallmann	PCT 2. Aufl. Köln 1981
Jones	Patent Cooperation Treaty Handbook (Loseblatt) 1997
Köllner	PCT-Handbuch 14. Aufl. 2020 Heymanns
Nilsson/Holtz	Patentlagen – en kommentar och en jämförelse med EPC och PCT Stockholm 2012
Nolff	TRIPS, PCT and Global Patent Procurement The Hague 2001
Rippe	Europäische und internationale Patentanmeldungen 4. Aufl 2006
Trinks	PCT in der Praxis Heymanns 3. Aufl 2012
Watchorn/Veronese	PCT Procedures and Passage into the European Phase München 2006
Weiss/Ungler	Die europäische Patentanmeldung und der PCT in Frage und Antwort 9. Aufl Heymanns 2017
WIPO (ed.)	Patent Cooperation Treaty (PCT) and Regulations under the PCT 2004
WIPO (ed.)	PCT Applicant's Guide Vol 1: General information (international phase), Vol 2: General information on the procedure before designated or elected Patent Offices (national phase). Yearly updates. WIPO Publication Number 432. www.wipo.int/pct/guide/en/
WIPO (ed.)	PCT Electronic Gazette contains data relating to PCT international applications: Bibliographic data, abstracts, drawings and images.

GPÜ, GPV und EPLA

GPÜ 1975	Übereinkommen über das europäische Patent für den gemeinsamen Markt vom 15.12.1975 Amtsbl Eur Gem 1976 Nr L 17, 1 = GRUR Int 76, 231
GPÜ 1989	Vereinbarung über Gemeinschaftspatente vom 15.12.1989 Amtbl Eur Gem 1989 L 401
GPV	Verordnung über das Gemeinschaftspatent Entwurf Dok KOM 2000/412
	Grünbuch über das Gemeinschaftspatent und das Patentschutzsystem in Europa vom 24.06.97 Dokument KOM 97/314 endg. Vgl dazu: http://europa.eu.int/scadplus/leg/de/lvb/l26051.htm
	Förderung der Innovation durch Patente – Folgemaßnahmen zum Grünbuch KOM (1999) 42 vom 04.02.99 GRUR Int 99, 335 = Abl 99, 197
	BMJ Bericht der Arbeitsgruppe vom 12.07.99 GRUR 00, 221 Binnenmarktrat vom 30.05.01 GRUR Int 01, 573
	Arbeitsdokument der Kommission zum Gerichtssystem des Gemeinschaftspatents vom 30.08.02 KOM (2002) 480endg
	Gemeinsamer politischer Standpunkt des Rates der EU zum Gemeinschaftspatent GRUR Int 03, 389
	Beschluss des Rates zur Übertragung der Zuständigkeit in Gemeinschaftspatentsachen auf den Gerichtshof vom 23.12.03 KOM(2003) 827 endg. http://europa.eu.int/eur-lex/de/com/pdf/2003/com2003_0827de01.pdf
	Beschluss des Bundesrates vom 02.04.04 zum Vorschlag für einen

Internationales Patentrecht — Literatur

	Beschluss des Rates zur Übertragung der Zuständigkeit in Gemeinschaftspatentsachen auf den Gerichtshof (KOM(2003) 827 endg.; Ratsdok. 5190/04) Bundesratsdrucksache 64/04 vom 02.04.
EPLA	European Patent Litigation Agreement (Übereinkommens über die Schaffung eines Streitregelungssystems für europäische Patente) http://www.epo.org/patents/law/legislative-initiatives/epla.html
Addor/Luginbühl	Die ersten Schritte zu einem fakultativen Protokoll über die Streitregelung GRUR Int 00, 733
Bossung	Unionspatent statt Gemeinschaftspatent GRUR Int 02, 463 und 575 (IIC 03, 1)
Bukow	Verletzungsklagen aus gewerblichen Schutzrechten 2003 Studien zur Rechtswissenschaft Band 121
Dreiss	Streitregelungsprotokoll EPLA GRUR Int 04, 712
Dreiss/Keussen	Zur Streitregelung beim Gemeinschaftspatent GRUR 01, 891
Foglia	Zum Verfahrensrecht des Gemeinschaftspatents GRUR Int 91, 465
Holder	Gemeinschaftspatent EIPR 04, 43
Holzer	Das Grünbuch der Europäischen Kommission ÖBl 98, 1
Kober	Die Rolle des EPA im Spannungsfeld globaler Wirtschaftsentwicklungen GRUR Int 01, 493
Koch/Stauder	Vereinbarung über Gemeinschaftspatente 2. Aufl. Köln 1997
Kortmann	Die Neuordnung der europäischen Patentgerichtsbarkeit 2005 Studien zum gewerblichen Rechtsschutz und zum Urheberrecht Band 7
Krieger, A.	Wann endlich kommt das europäische Gemeinschaftspatent? GRUR 98, 256 = IIC 98, 855
Laubinger	Die internationale Zuständigkeit der Gerichte in Patentstreitsachen in Europa 2005
Luginbühl	Streitregelungsübereinkommen vs. Gemeinschaftspatent? GRUR Int 04, 357
Leardini	Das Grünbuch der Europäischen Kommission über das Gemeinschaftspatent Mitt 97, 324
Nilsson/Holtz	Patentlagen – en kommentar och en jämförelse med EPC och PCT Stockholm 2012
Oser	European Patent Litigation Agreement GRUR Int 06, 539
Pagenberg	Streitprotokoll für Patentverletzungen und Gemeinschaftspatent GRUR Int 03, 718 Europäische Patentrichter fordern dezentrale europäische Patentverletzungsgerichte GRUR Int 06, 35
Schade	Gerichtliche Regelung der Patentstreitsachen in Europa GRUR 00, 101
Schäfers	Anmerkungen zu einem gemeinschaftsrechtlichen Gemeinschaftspatent GRUR 99, 820
Schneider	Die Patentgerichtsbarkeit in Europa – Status quo und Reform 2005 Schriftenreihe zum gewerblichen Rechtsschutz Band 136
Sichel	Das Gemeinschaftspatentübereinkommen und TRIPS Münster 2007
Tilmann	Gemeinschaftspatent mit einem zentralen Gericht GRUR Int 03, 381
Willems	IIC 02, 561; ABl 2003 Sonderausgabe Nr 2 S. 190.

TRIPS

TRIPS	Übereinkommen über handelsbezogene Aspekte der Rechte des geistigen Eigentums vom 15.4.94 BGBl 1994 II 1438, 1730 = Bl 95, 23 = Tabu Gewerbl. Rechtsschutz Nr 699a = abgedruckt im Anhang 13
EPA GBK	G 0002 und 0003/02 vom 26.04.04 Indische Prioritäten/ASTRAZENECA (Nr 5.1) ABl 04, 483
EuGH	Gutachten 1/94 vom 15.11.94 GRUR Int 95, 239 TRIPS-Kompetenz C-53/96 GRUR Int 98, 697 Hermès/Marketing Choice (zu Art 50

	TRIPS)
	C-300 u 392/98 GRUR Int 01, 327 = GRUR 01, 235 Dior/Tuk Consultancy
	C-89/99 GRUR Int 02, 41 Route 66 (zu Art 50 TRIPS)
Beier/Schricker	From GATT to TRIPS (IIC Studies Vol 18) Weinheim 1996
Blakeney	Trade related aspects of Intellectual Property Rights: A Concise Guide to the TRIPs Agreement London 1996
Busche/Stoll/Wiebe	TRIPs – Internationales und europäisches Recht des geistigen Eigentums Heymanns 2. Aufl 2013
Carvalho	The TRIPS Regime of patents and test data 5. ed. Alphen aan den Rijn 2018
Correa	Trade Related Aspects of Intellectual Property Rights A Commentary on the TRIPS Agreement, Oxford Univ. Press 2007
Elfring	Geistiges Eigentum in der Welthandelsordnung Köln 2007
Fromm-Russenschuck/Duggal	WTO und TRIPs 2004
Geisel	Das TRIPS-Übereinkommen in der WTO-Rechtsordnung Berlin Diss 2003
Gervais	The TRIPS Agreement 5. ed. Sweet & Maxwell London 2017
Hermes	TRIPS im Gemeinschaftsrecht. Zu den innergemeinschaftlichen Wirkungen von WTO-Übereinkünften Berlin 2002
Ibbeken	Das TRIPs-Übereinkommen und die vorgerichtliche Beweishilfe im gewerblichen Rechtsschutz Schriftenreihe MPI Band 131 Köln 2004
Keim	TRIPS-plus Patentschutzklauseln in bilateralen Freihandelsabkommen GWR Band 195 2017
Kreibich	Das TRIPS-Abkommen in der Gemeinschaftsordnung Frankfurt/M 2003
Kunisawa	The TRIPS agreementimplementation in Brazil Nomos Baden-Baden 2015
Lamping	Declaration on patent protection. Regulatory Sovereignty under TRIPS IIC 2014, 679.
Malbon	The WTO agreement on trade-related aspects of intellectual property rights, a commentary Cheltenham 2014
Mey	The legal duel: the TRIPS agreement and drug access issues Frankfurt 2013
Niemann	Geistiges Eigentum in konkurrierenden völker-rechtlichen Vertragsordnungen. Das Verhältnis zwischen WIPO und WTO/TRIPS. Berlin Heidelberg 2008.
Nolff	TRIPS, PCT and Global Patent Procurement The Hague 2001
Roffe	Resource book on TRIPS and development Cambridge 2005
Sasdi	Innovationsschutz im TRIPR-Übereinkommen. Unter besonderer Berücksichtigung der arneimittelbezogenen Aspekte der Rechte des geistigen Eigentums Berlin 2004
Rott	Patentrecht und Sozialpolitik unter dem TRIPS-Abkommen 2002
Sichel	Das Gemeinschaftspatentübereinkommen und TRIPS Münster 2007
Staehelin	Das TRIPS-Abkommen 2. Aufl Bern 1999
Straus	Der Schutz des geistigen Eigentums in der Welthandelsorganisation: Konsequenzen des TRIPs für die Europäische Gemeinschaft und ihre Mitgliedstaaten
	In: Müller-Graff: Die Europäische Gemeinschaft in der Welthandelsorganisation 2000, 157 ff (174)
Straus	Reversal of the burden of proof, the principle of »Fair and Equitable Procedures« and Preliminary Injunctions under the TRIPS Agreement. JWIP 00, 807
Straus	TRIPs, TRIPs-plus oder TRIPs-minus In Festschrift Schricker 2005, 197
Taubman	A handbook on the WTO TRIPS agreement Cambridge 2012
UNCTAD	The TRIPS Agreement and developing countries 1996

Internationales Patentrecht — Literatur

Westkamp	TRIPS Principles, Reciprocity and the Creation of Sui-Generis-Type Intellectual Property Rights for New Forms of Technology. In: The Journal of World Intellectual Property 2003, 827.
WIPO	Implications of the TRIPS Agreement on Treaties administered by WIPO Genf 1997
Xiong, Ping	An international law perspective on the protection of human rights in the TRIPS agreement. An interpretation of the TRIPS agreement in the relation to rioght to health. Leiden 2012
Yamane	Interpreting TRIPS 2. ed. Oxford 2015
Lit in GRUR Int:	*Brandi-Dohrn* **97**, 122; *Dörmer* **98**, 919; *Dreier* **96**, 205; *Drexl* **94**, 777; *Geller* **95**, 935; *Groh/Wündisch* **01**, 497;*Heath* **96**, 1169; *Heinemann* **95**, 535; *Henderson* **97**, 651; *Hestermeyer* **04**, 194; *Hilpert* **98**, 91; *Krieger, U.* **97**, 421; *Pacón* **95**, 875; *Pagenberg* **90**, 267; *Rott* **03**, 103; *Schäfers* **96**, 763; *Schäfers/Schennen* **91**, 849; *Soltysinski* **96**, 316; *Straus* **96**, 179; *Straus/Klunker* **07**, 91; *Ullrich* **95**, 623.
Lit in EIPR:	*Cook* **97**, 367; *Correa* **94**, 327; *Khlestov* **97**, 560; *MacGrath* **96**, 398.
Lit in Mitt:	*Rinnert* **01**, 403
Lit in IIC:	*Hashim* **13**, 656; *Otten* **07**, No 6; Lamping**14**, 679.
Lit in sic:	*Liebenau/Uhrich/Zech* **14**, 207

WTO

WTO	Übereinkommen zur Errichtung der Welthandelsorganisation (WTO) vom 15.4.94 BGBl 1994 II 1438 = Bl **95**, 19 = Tabu Gewerbl. Rechtsschutz Nr 699; Internet: http://www.wto.org
Blakeney/MacMillan	The WTO and the environment 2001
Elfring	Geistiges Eigentum in der Welthandelsordnung Köln 2007
Fromm-Russenschuck/ Duggal	WTO und TRIPs 2004
Hermes	TRIPS im Gemeinschaftsrecht. Zu den innergemeinschaftlichen Wirkungen von WTO-Übereinkünften Berlin 2002
Hestermeyer	Human rights and the WTO. The case of patents and access to medicines Oxford 2007
Hilf	WTO-Recht 3. Baden-Baden 2017
Hilpold	Die EU im GATT/WTO-System 4. Wien 2019
Hummer/Weiss	Vom Gatt '47 zur WTO '94 Baden-Baden 1997
Iglesias Prada	Los derechos de propiedad intelectual en la Organisación mundial del Comercio Madrid 1997
Metzler	Die Präambel der WTO Hamburg 2019
Mortensen	WTO, Governance and the limits of law London 2018
Reusch	Die Legitimation des WTO-Streitbeilegungsverfahrens Berlin 2007
Senti	WTO System und Funktionsweise der Welthandelsordnung 2. Berlin 2017
Straus	Der Schutz des geistigen Eigentums in der Welthandelsorganisation: Konsequenzen des TRIPs für die Europäische Gemeinschaft und ihre Mitgliedstaaten; In: Müller-Graff: Die Europäische Gemeinschaft in der Welthandelsorganisation 2000, 157 ff (174)
Watal	Intellectual property rights in the WTO and developing countries The Hague 2001
Lit in GRUR Int:	*Schäfers* **96**, 763; *Hestermeyer* **04**, 194

PLT

PLT	Patent Law Treaty/Patentrechtsvertrag/Traitésur le droit des brevets v 01.6.2000 (als Anhang 14 auf der CD). https://wipolex.wipo.int/en/text/288996

Literatur — Internationales Patentrecht

Beier/Schricker	Gatt or WIPO IIC-Studies Vol 11 1996
FS AIPPI 1997	Clark S 487; Santarelli S 207
FS Nirk 1992	Pagenberg S 809; Schäfers S 949
Wegner	The Hague Patent Harmonisation Treaty 1991
Wegner	Patent Harmonisation 1993
WIPO	Implication of the TRIPS Agreement on Treaties administered by WIPO 1997
WIPO	Records of the diplomatic coference fort he adotion of the Patent Law Treaty 2002
Lit in GRUR:	*Bardehle* **98**, 182; *Goldrian/Schulze/Steinen* **91**, 731
Lit in GRUR Int:	*Pagenberg* **90**, 267; *Schäfers/Schennen* **91**, 849
Lit in Mitt:	*Bardehle* **90**, 182; **91**, 146; **92**, 133; **93**, 29; **95**, 113
Lit in IIC:	*Bardehle* **98**, 876
Lit in EIPR:	*Khlestov* **97**, 560; *Worthy* **94**, 195
Lit in EuZW:	*Sack* **97**, 688

SPLT

SPLT	Substantive Patent Law Treaty / Abkommen zur Harmonisierung materieller Fragen des Patentrechts https://wipolex.wipo.int/en/text/288996
Lit in GRUR Int:	*Klicznik* **01**, 854; *Klunker* **06**, 497; *Pagenberg* **02**, 736; *Schneider* **03**, 350; *Straus/Klunker* **07**, 91, 93; *Prinz zu Waldeck und Pyrmont* **03**, 824; **04**, 840; **05**, 815; *Klunker/Waldeck und Pyrmont* **06**, 577; *von Lewinski* **06**, 626.

Budapester Vertrag

Budapester Vertrag	über die internationale Anerkennung der Hinterlegung von Mikroorganismen für die Zwecke von Patentverfahren vom 28.4.1977 BGBl 1980 II 1105 = BlPMZ 1981, 54 = Tabu Gewerbl. Rechtsschutz Nr 635, geändert am 26.9.1980 BGBl 1984 II 679 = BlPMZ 1984, 318 = Tabu Gewerbl. Rechtsschutz Nr 635 Text, Regulations and Guide: http://www.wipo.int/treaties/en/registration/budapest/ Siehe dazu § 34 Rdn 408 ff Ausführungsordnung zum Budapester Vertrag vom 28.4.1977 (BGBl 1980 II S 1122 = BlPMZ 1980, 59), zuletzt geändert durch Beschluss vom 01.10.2002 (BGBl. 2007 II S. 230 = BlPMZ 2007, 232 = Tabu Gewerbl. Rechtsschutz Nr. 636).

CBD

CBD	The Convention on Biological Diversity www.cbd.int/ Übereinkommen über die biologische Vielfalt vom 05.6.1992 (Rio-Konvention) idF vom 30.08.1997 (BGBl II 1741)
Lit in GRUR Int:	Beiträge **08**, 630 und **10**, 1111; *Götting* **04**, 731; **04**, 792; *Busch* **10**, 215
Lit in ZUR:	*Friedland/Prall* **04**, 193; *Godt* **04**, 202; *Czybulka* **08**, 241

Internationales Patentrecht — Literatur

EuGVÜ

Übereinkommen vom 27.9.1968 über die gerichtliche Zuständigkeit und die Vollstreckung gerichtlicher Entscheidungen in Zivil- und Handelssachen (BGBl 1972 II S. 773 = BlPMZ 1973, 127 = Tabu Gewerbl. Rechtsschutz Nr. 694).
Nach Art 68 EuGVVO tritt diese Verordnung grundsätzlich an die Stelle des Brüsseler Übereinkommens (EuGVÜ), es sei denn, die EuGVVO ist zeitlich (Art 66) oder räumlich nicht anwendbar (Art 68).

EuGGVO

Verordnung (EU) Nr 1215/2012 über die gerichtliche Zuständigkeit und die Anerkennung und Vollstreckung von Entscheidungen in Zivil- und Handelssachen (Neufassung) – (EuGVVO)
vom 12. Dezember 2012 ABl-EU L 351/1 vom 20.12.2012 Celex-Nr 3 2012 R 1215 = BlPMZ 2013, 303 = Tabu Gewerbl. Rechtsschutz Nr 694d,
geändert durch die Verordnung (EU) Nr 542/2014 des Europäischen Parlaments und des Rates vom 15. Mai 2014 zur Änderung der Verordnung (EU) Nr 1215/2012 bezüglich der hinsichtlich des Einheitlichen Patentgerichts und des Benelux-Gerichtshofs anzuwendenden Vorschriften (= Einfügung der Artikel 71a – 71d, die nach Art 2 der Verordnung (EU) Nr 542/2014 ab dem 10. Januar 2015 gelten) (ABl. EU Nr. L vom 29. Mai 2014 S 1),
zuletzt geändert durch 1. ÄndVO (EU) 2015/281 vom 26.11.2014 (ABl. L 54 vom 25.2.2015, CELEX Nummer 32 015R0281) mit Wirkung vom 26.2.2015.
EuGVVO ist abgedruckt im Anhang 2 mit Angabe der dazu ergangenen Literatur.

AVAG

Anerkennungs- und Vollstreckungsausführungsgesetz vom 19.02.01 in der Fassung vom 03.12.2009(BGBl I S. 3830 = BlPMZ 2009, 47 = Tabu Gewerbl. Rechtsschutz Nr. 694c), zuletzt geändert durch Art. 6 des Gesetzes vom 23.5.2011 (BGBl. I S. 898, berichtigt S. 2094)

Walter/Baumgartner Recognition and enforcement of foreign judgments outside the scope of the Brussles and Lugano Conventions. The Hague 2000
Lit in GRUR Int: *Stauder/von Rospatt* 97, 859; *Kieninger* 98, 280; *von Meibom/Pitz* 98, 765; *Brändle* 98, 854; *Grabinski* 98, 857; 01, 199; *Lundstedt* 01, 103;
Lit in EuZW: *Micklitz/Rott* 01, 325; 02, 15; *Dietze/Schnichels* 05, 552; *Wagner* 06, 425; *Schnichels/Stege* 11, 817; *von Hein* 11, 369.
Lit in MDR: *Finger* 01, 1394.
Lit in NJW: *Hub* 01, 3145; *Piltz* 02, 789; *Wagner/Gess* 09, 3481.
Lit in IPrax: *Jayme/Kohler* 90, 355; *Kohler* 91, 301; *Geimer* 02, 69; *Wagner* 02, 75; *Piepenbrock/Schulze* 03, 328; *Heiderhoff* 04, 99; *Rauscher* 04, 405; *Ringer* 07, 388; *Roth* 08, 501; 10, 154; *Hess* 11, 125.
Literatur siehe auch bei § 139 Rdn 208.

Wiener Übereinkommen über das Recht der Verträge vom 23.5.1969

Vienna Convention on the Law of Treaties, VCLT 1969
(BGBl 1985 II 926; 1990 II 1415) Art 31–33 abgedruckt Einleitung Rdn 127–129
EPA GBK G 0005/83 vom 05.12.84 2. medizinische Indikation/EISAI Abl 85, 64 (Nr 3)
G 0002 und 0003/02 vom 26.04.04 Indische Prioritäten/ASTRAZE-

	NECA Abl 04, 483(Nr 5.2)
Corten	The Vienna conventions on the law of treaties a commentary Oxford 2011
Dörr	Vienna Convention on the Law of Treaties A Commentary Berlin 2018
Villiger	Commentary on the 1969 Vienna Convention on the Law of Treaties Leiden 2009
Wetzel/Rauschning	Die Wiener Vertragsrechtskonvention Frankfurt 1978
Sinclair	The Vienna Convention on the Law of Treaties 2. ed. Manchester 1984

Wiener Übereinkommen über das Recht der Verträge zwischen Staaten und Internationalen Organisationen

Vienna Convention on the Law of Treaties between States and International Organisations, VC 1986 (noch nicht in Kraft getreten)

EPA GBK:	G 0002/02 und G 0003/02 ABl 2004, 483 (Nr 5.3) *Indische Prioritäten/AST-RAZENECA*
Dörr	Vienna Convention on the Law of Treaties A Commentary Berlin 2018
Lit in GRUR Int:	Schmitt 70, 361.
Lit in NJW:	Bothe 91, 2169

Nationale Patentrechte Europas

1 Nationale Patentgesetze CLEA – Collection of Laws for Electronic Access

Rechtstexte zum Schutz des gewerblichen Eigentums in englischer und französischer Sprache können aus dem internationalen Online-Archiv »Collection of Laws for Electronic Access (CLEA)« abgerufen werden.
http://clea.wipo.int
WIPO-Zeitschriften Intellectual Property Laws and Treaties (IPLT) und Lois et traités de propriété intellectuelle (LTPI)
Diese Zeitschriften sind seit 2002 nicht mehr als Papierausgabe erhältlich. Sie bestehen nur noch aus den Rechtsbeilagen, die regelmäßig in elektronischer Form auf der Website der WIPO veröffentlicht werden.
http://www.wipo.org/cfdiplaw/en/laws_treaties
Nationales Recht zum EPÜ
20. Aufl. 2019
Diese Veröffentlichung, die vom EPA herausgegeben wird, enthält eine Zusammenstellung nationaler Rechtsquellen in den Vertragsstaaten und Erstreckungsstaaten des EPÜ. Angegeben wird der offizielle Titel in der Amtssprache des betreffenden Staates mit einer Übersetzung in die Amtssprachen des EPA sowie die Originalfundstelle und Fundstellen etwaiger Übersetzungen in andere Sprachen, so zB in die deutsche Sprache im BlPMZ.
Die PDF-Datei entspricht der letzten druckfähigen Auflage (20. age, Oktober 2019). Sie eignet sich am besten zur Offline-Nutzung und ermöglicht eine Volltextsuche.
http://www.epo.org/patents/law/legal-texts/national-law-epc_de.html

2 Literatur zu nationalen Patentrechten Europas

Die Bibliothek des Münchner Max-Planck-Instituts für Immaterialgüter- und Wettbewerbsrecht (MPI) verfügt über die größte Fachbibliothek auf dem Gebiet des deutschen, ausländischen und internationalen gewerblichen Rechtsschutzes. Der Katalog der Max-Planck-Gesellschaft und des MPI kann im Internet eingesehen werden unter http://www.ip.mpg.de/de/pub/bibliothek.cfm.

Albanien (AL) *EPÜ-Vertragsstaat*
von Kohl   Albanien Beck München 1998
Belgien (BE) EPÜ-Vertragsstaat
Clerix/Pede/D'Halleweyn   Octrooien in Belgie Brugge 2020
(Kraft/Callens
Coppitters   Octrooien 1987
Delcorde   La protection des inventions Gand 1985
Foschi/Vermandele   Propriété industrielle Bruxelles 2006
Leherte   Guide pratique de la protection des inventions 1991
Remiche   Brevet, innovation et intéret general 2007
Remiche/Cassiers   Droit des brevets d'invention et du savoir-faire Brüssel 2010
Remouchamps   Octrooien 1969
van Reepinghen   Les brevet' d'invention 1987
Vancraesbeeck   Problemen van Octrooirecht 1994

Bosnien-Herzegowina (BA) *EPÜ-Erstreckungsstaat*
Lit in GRUR Int: Krneta 97, 826; 03, 54
Bulgarien (BG) *EPÜ-Vertragsstaat*
Badinska   Rechtlicher Schutz des gewerblichen Eigentums in **Bulgarien** Wien 1999
Borisow   (Geistiges Eigentum.Patente für Erfindungen und Gebrauchsmuster) Sofija 1999
Jotov   Pravo na intelektualna sobstvenost Sofia 1998
Maneva   Patentnoto narušenie (Patentverletzung) Sofia 2008
Sarakinow   Patentno pravo v Republika Bălgarija (Patentrecht der Republik Bulgarien) Sofia 2010
Stefanow   Die Durchsetzung von gewerblichen Schutzrechten in Bulgarien GRUR Int **03**, 336 (IIC **01**, 984)
Dänemark (DK) *EPÜ-Vertragsstaat*
Andersen   Patentretten 2. Aufl 1973
Andersen/Koktvegaard   Bioteknologi og patentret Kopenhagen 1990
Godenhielm   Patentskyddets 1994
Jorgensen   The ethics of patenting human genes and stem cells Copenhagen 2005
Koktvegaard   Immaterialretspositioner 1965
Koktvegaard/Schovsbo   Laerbog i Immaterialret 7. Aufl 2005
Koktvegaard/ Osterborg   Patentloven 2. Aufl 1979
Lindgren   Patentloven 2. Kopenhagen 2018
Nordberg   Patenting nanomedicine in Europe Copenhagen, 2017
Osterborg   GRUR Int 79, 7; IIC 79, 314
Riis   Intellectual property law in Denmark The Hague 2000
Ring   Opfindelssesbegrebets definition og patentskrifters formulering 1970
Ryberg et al   Grundlaeggende immaterialret Kopenhagen 2004
Sommer   Can law make life (too) simple? From gene patents tot he patenting of environmentally sound technologies Copenhagen 2013
Estland (EE) *EPÜ-Vertragsstaat*
Pisuke   The enforcement of industrial property rights in Estonia IIC **01**, 884
Redecker   Deutsch-estnische Rechtsfragen 2003
                           Koitel GRUR Int **99**, 1006; Nömmerga/Kaasik ROW **95**, 118 = RIW **96**, 109; Koitel WiRO **95**, 170; Kernu PatW **94**, 35

Finnland (FI) *EPÜ-Vertragsstaat*

Bruun	Intellectual property in Finland The Hague 2001
Norrgard	Patentin loukkaus (Patentverletzung) Helsinki 2009
Oesch/Pihlajamaa/Sunila	Patenttioikeus (Patentrecht) 3. Helsinki 2014

Frankreich (FR) *EPÜ-Vertragsstaat*

Boucourechliev-Mousseron	Les brevet' d'invention Paris 1973
Casalonga	Traité technique et pratique des brevet' d'invention 3 Bände Paris 1949, 1958
Chavanne et al.	Droit de la propriété industrielle Paris 6. Aufl. Paris 2006
Corbet	Les nouvelles fonctions du brevet Paris 2011
Dreier/Krasser	Das französische Gesetzbuch des geistigen Eigentums Weinheim 1994
Feldmann	Die Geschichte des französischen Patentrechts und sein Einfluss auf Deutschland Münster 1998
Foyer	Le droit des brevets Paris 1991
Galloux	Droit de la propriété industrielle 2. ed. Paris 2003
Gasnier/Bronzo	Les nouveaux usages du brevet d'invention Aix-en Provence 2014
Girard/Noiville	Biotechnologies végétales et propriété industrielle Paris 2014
Marcellin	La procédure française de délivrance des brevet' d'invention. Rosny-sous-Bois 1983
Marcellin (ed.)	Code des brevet' d'invention Paris 1997
Mathély	Le droit français des brevet' d'invention 1974
Mathély	Le Nouveau droit francais des brevet' d'invention Paris 1991
Mousseron	Traite des brevets' L'obtention des brevets 1984
Phelip	Brevet' d'invention. France – Etranger – Brevet europeen 3. ed. 1989
Mousseron	Traité des brevets' L'obtention des brevets Paris 1984
Pollaud-Dulian	Droit de la propriété industrielle Paris 1999
Schmidt-Szalewski/Pierre	Droit de la propriété industrielle 2. ed. Paris 2001
Vivant	Le droit des brevets Paris 1997
Véron	Der Patentverletzungsprozess in Frankreich Mitt 02, 386
Véron	Saisie-contrefaçon Paris 2015
Wagret	Brevet' d'invention marques et propriété industrielle 5. éd Paris1997
Wuylens	Défense nationale et breve' d'invention Paris 1999

Georgien (GE)

Dzamukašvili	Ochrana izobretenij v Gruzii vvoznymi patentami (Der Schutz von Erfindungen in Georgien mit Einführungspatenten) 2002

Griechenland (GR) *EPÜ-Vertragsstaat*

Argyriadis, A.	Euresitechnia (Das Patent) 4. Aufl Athen 1984
Beier	Das europäische Patentsystem und die Harmonisierung des griechischen Patentrechts GRUR Int 87, 736
Georgakopoulos	Egchiridio Emporikou Dikeou Athen 1984
Liakapoulos	Intellectual property law in Greece.The Hague 1999
Marino-Theodorus	Dikaio evresitechnias (Patentrecht) Athens-Thessaloniki 2013
Simites	To dikaioma epi tes efeuresios (Das Recht an der Erfindung) 1967 Lit in GRUR Int: Minoudis 80, 585; Beier 87, 736; – Lit in Mitt: Sinanioti 88, 23

Großbritannien siehe unter »Vereinigtes Königreich«

Irland (IE) *EPÜ-Vertragsstaat*

Cotter	Intellectual property law 2003
Murdoch	Invention and the Irish patent system 1971

Island (IS) *EPÜ-Vertragsstaat*

Lit in GRUR Int:	Sigurjonsson **92**, 608

Italien (IT) *EPÜ-Vertragsstaat*

Abriani	Diritto industriale Padova 2001
Andreolini	Brevetti per invenzioni, modelli e marchi 1984
Auteri et al	Diritto industriale Torino 2001
Banchetti et al	Brevetti e marchi Rom 1999

Jugoslawien–Luxemburg

Barbieri	Brevetti e proprietà industriale 2015
Benussi	La tutela del brevetto per invenzione (Ambito e limiti) Milano 1978
Di Cataldo	I brevetti per invenzione e per modello 3. ed. Milano 2012
Florida	Marchi, invenzioni, modelli. Codice e Commento delle riforme nazionali 2. ed. Milano 2000
Franceschelli	Il codice della proprietá intelletuale e industriale. Commentario con la giurisprudenza Piacenza 2001
Franzos'	L'invenzione 1965
Giambrocono/ Andreolini	Brevetti e proprieta industriale 1987
Guglielmetti	Le invenzioni e i modelli industriali Torino 1982
Magni	Brevettabilità e biodiversità Napoli 2008
Malaman	Brevetto e politica d'll'innovazione 1991
Musso	Brevetti per invenzione industriale e modelli di utilità Bologna 2013
Pedrazzini/Hilti	Europäisches und schweizerisches Patent- und Patentprozessrecht Bern 2008
Schiuma	Formulierung und Auslegung von Patentansprüchen nach europäischem, deutschem und italienischem Recht. Köln 2001
Scuffi	Diritto processuale dei brevetti edei marchi. Milano 2001
Sena	I diritti sulle invenzioni e sui modelli di utilità 4. Ed. Milano 2011
Sena	Codice dei brevetti 4. ed. Milano 1989
Sena/Frassi/ Giudici	Codice di diritto industriale 4. Aufl Milano 2004
Singer/Benussi	Il brevetto europeo. Traduzione, e riferimenti alla legislazione italiana die Franco Benussi Torino 1993
Sirotti Gaudenzi	Manuale pratico dei marchi e brevetti 7. Ed. 2019 2011
Vanzetti	Manuale di diritto industriale 4. ed. Milano 2003
Vohland	Die Voraussetzungen der patentfähigen Erfindung in Italien im Vergleich zum Münchner Patentübereinkommen 1980

Jugoslawien (YU)

Božić	Tehnologija i patenti sredstvo dominacije 2001
Dragovic	Der Patentschutz in den ehemaligen Ländern Jugoslawiens 2001
Markovic	Patentno pravo (Patentrecht) Belgrad 1997
Vukasović	Jugoslavija i evropski patentni sistem (**Jugoslawien** und das europäische Patentsystem) 1992

Kasachstan (Kas)

Eremenko	Ochrana prava promyšlennoj sobstvennosti v gosudarstvach SNG (Der Schutz des gewerblichen Eigentums in den GUS-Staaten) 1995

Kirgisistan (Kir)

	Patentgesetz vom 16.12.1997
'yl', V.	Kyrgyzskaja Respublika. Vremennoe položenie o promyšlennoj sobstvennosti Kyrgyzskoj Respubliki (Vorläufige Regelung des gewerblichen Eigentums der Republik Kirgisistan) 1994

Kroatien (HR) *EPÜ-Vertragsstaat*

Borić, Tomislav	Gesellschaftsrecht und Wirtschaftsprivatrecht in Kroatien 2000
Dragovic	Der Patentschutz in den ehemaligen Ländern Jugoslawiens 2001
Topi'c, Zeljko (ed.)	National strategy fort the development of the intellectual property system of the Republic of Croatia. Zagreb 2006

Lettland (LV) *EPÜ-Vertragsstaat*

Ancitis	The enforcement of industrial property rights in Latvia IIC 01, 900
Lippott	Die Strukturreform der Rechte an technischen Erfindungen beim Übergang zur Marktwirtschaft 1998

Liechtenstein (LI) *EPÜ-Vertragsstaat*

Müller	Immaterialgüterrecht in **Liechtenstein** SMI 1994, 21
Gey-Ritter	Internationalrechtliche und europarechtliche Aspekte des liechtensteinischen Immaterialgüterrechts 1999

Litauen (LT) *EPÜ-Vertragsstaat*

Mickiene	The enforcement of industrial property rights in Lithuania IIC 01, 913

Luxemburg (LU) *EPÜ-Vertragsstaat*

Kerschen	Code de la législation commerciale. Edition commenté par la jurisprudence luxembourgeoise publiée par le gouvernement (Loseblattausgabe) 1966 ff.
Freylinger	epi-information 98, 30

Malta (MT) *EPÜ- Vertragsstaat*

Veser:	Die Neuen in der EU Wien 2004.

Mazedonien (MK) *EPÜ-Vertragsstaat*
Ehemalige jugoslawische Republik Mazedonien (MK)

Stefanov	Developments in national patent law in Bulgaria, Romania and Macedonia IIC 01, 764

Moldavien (MD)

Tichoni	Patenthaja ėkspertiza v Moldove (Patentprüfung in Moldau) 2002

Monaco (MC) *EPÜ- Vertragsstaat*
Code monégasque Paris 2018
Mongolei (MN)

Delger, Uyanaga	Das Patentrecht in der Mongolei Heymanns Köln 2011

Montenegro (ME) *EPÜ-Erstreckungsstaat*
Niederlande (NL) *EPÜ-Vertragsstaat*

Brinkhof et al	Intellectuelle eigendom, artikelsgewijs commenta' S'Gravenhage Loseblatt VUGA 1995
Coppitters	Octrooien. Bescherming en kennis voor uw innovatie 1987
Drucker/ Bodenhausen	Kort begrip van het recht betreffende de intelectuele eigendom 8. Aufl 1989
Geerts	Bescherming van de intellectuele eigendom 9. ed. Deventer 2011
Gielen et al	Intellectuele eigendom. Tekst & commentaar Deventer 1998
Gubby	Developing a legal paradigm for patents The Hague 2012
Kantas	Rijksoctrooiwet 1995 Kommentar Deventer 2011
Pieroen	Beschermingsomvang van octrooien in Nederland, Duitsland en Engeland 1988
Stevenhagen et al	Octrooien 3. Aufl 1995
van Arkel	Rijksoctrooiwet 13. Aufl Zwolle 1985–1987
van Empel	Bescherming van de intellectuele eigendom Deventer 1992
van Nieuwenhoven et al	Industriele eigendom en Mededingingsrecht 8. Aufl 1989

Norwegen (NO) *EPÜ-Vertragsstaat*

Bryn, A.B.	Patentloven med kommentarer 1938
Bryn, T.	Norwegisches Patentgesetz und Praxis 1937
Knoph	Oversikt over Norges rett
Orstavik	Innovasjonsspiralen, Patentrettslige, kontraktrettslige Oslo 2011 ISBN 978-82-05-39550-3
Stenvik	Patentrett 3. utg. Oslo 2016
Stenvik	Patenters beskyttelsesomfang Oslo 2001
Stenvik	Patentloven Oslo 2003

Österreich (AT) *EPÜ-Vertragsstaat*

Burgstaller	Österreichisches Patentrecht. Kommentar und Entscheidungssammlung Wien 2012
Eypeltauer/Nemec	Diensterfindungsrecht 2. Wien 2015
Friebel-Pulitzer	Österreichisches Patentrecht. Das materielle Recht 2. Aufl 1972
Gräser	Erfindungs- und Lizenzrecht, Einführung in das österreichische Patentrecht 1987
Puchberger/Jakadofsky	Patentrecht 2. Aufl Wien 1996
Schönherr	Patentrecht Wien 1984
Schönherr	Gewerblicher Rechtsschutz und Urheberrecht, Allgemeiner Teil Wien 1982
Schönherr-Thaler	Entscheidungen zum Patentrecht Wien 1980
Stadler	Verfahren vor dem Patentamt Wien 2017
Stadler/Koller	Patentgesetz Linde Verlag Wien 2019
Weiser	Österreichisches Patentgesetz/Gebrauchsmustergesetz. 3. Wien 2016

Wiltschek	Patentrecht Sondergesetzausgaben Wien Manz 2010

Polen (PL) *EPÜ-Vertragsstaat*

Du Val	Prawo Patentowe 2. Warschau 2017
Fiolka	The enforcement of industrial property rights in Poland IIC 01, 923
Golat	Dobra niematerialne. Kompendium prawe (Kompendium zum Immaterialgüterrecht) Bydgoszcz (=Bromberg) 2005
Kepinski/Gorska	Rynek farmaceutycny a prawo wlasnosci intelektualne (Der Pharmaziemarkt und das Recht des geistigen Eigentums) Warszawa 2013
Kostanski	Die Schutzwirkung des Patents nach polnischem Recht Baden-Baden Nomos 2010
Kotarba	(Der Schutz des industriellen Eigentums in der polnischen Wirtschaft in Anpassung an die Erfordernisse der EU und der WHO). Warszawa 2000
Kotarba	(Die Patentierung biotechnologischer Erfindungen) Warszawa 2003
Kotarba/Miklasinki/Pyrza	Komentarz do prawa wynalazczego Warschau 1996
Nowinska/Tabor/ du Vall	(Das polnische Recht des geistigen Eigentums (Text Polnisch/Englisch) 2000
Sloboshanin/Gimbel	Aktuelles aus Russland und Polen Mitt. 2016, 387
Sztobryn	Ochrona programów komputerowych w prawie własności intelektualnej w Unii Europejskiej Warszawa 2015
Szymanek	(Zivilverfahren in Sachen gewerbliches und geistiges Eigentum) Warszawa 2001

Portugal (PT) *EPÜ-Vertragsstaat*

	Associacao Portuguesa de direito intellectual (ed) Direito industrial Vol 1 Coimbra 2001
Arnault/Mioludo/Guia	Marcas & patentes, Alfragide 2009
Maia, José Mota	Propriedade industrial Lisboa 1996
Oehen Mendes	Código da propriedade industrial Coimbra 1999
Olavo	Propriedade industrial 1997
INPI	Propriedade industrial em Vigor em Portugal Lisboa 1996
Lit in GRUR Int:	Ohrner 83, 839

Rumänien (RO) *EPÜ-Vertragsstaat*

Lazar	(Rechtsverletzungen gegen das Recht des geistigen Eigentums) Bucuresti 2002
	Lit in GRUR Int: Eminescu 92, 170; 93, 291; 96, 290: Lit in IIC: Strenc/Moraru 01, 975; Strenc 03, 603; Lit in JIBL: Alboiu 04, 255
Romiţan	Dreptul proprietatii intelectuale (Das Recht des Geistigen Eigentums. Ausgewählte Bibliographie) 2. Bukarest 2010

Russische Föderation (RU)

Agafonova, Belov, V. Soldatova	Kommentarij k Zakonu Rossijskoj Federatsii "O zaschite prav potrebitelej 2016
Blinnikow/Zellentin	Gewerbliche Schutzrechte in Russland und den GUS-Staaten Köln 2003
Blinnikow	Patent Moskau 2002
Butler	Intellectual property law in the Russian Federation 3. ed. London 2004
Cernickina	(Der Rechtsschutz von Gegenständen des gewerblichen Eigentums in der Russischen Föderation) 2001
Dzermakjan	Patentnoe pravo po grazdanskomukodeksu Rossijskoj Federacii (Patentrecht gemäß dem Zivilgesetzbuch der Russischen Föderation) Moskau 2014
Kaljatin	(Geistiges Eigentum – ausschließliche Rechte) Moskva 2000
Krašeninnikov	Patentnoe pravo (Patentrecht) Moskau 2010
Kuzmina	Voraussetzungen der Patentfähigkeit der Erfindung in Russland WiRO 03, 353
Matevosow	(Der Schutz des industriellen Eigentums) Moskva 2003

Rjabov/Morgunova	Pravo intellektual'nij sobstvenmosti (Das Recht des geistigen Eigentums) Moskva 2014
Schroeder	Die neuen Kodifikationen in Russland 2. Aufl Berlin 1999
Sergeev	(Recht des geistigen Eigentums in der Russischen Föderation) Moskva 2001
Skrobanek	Die Entwicklung vom Erfinderschein zum Patent in Russland Münster 2002
Sloboshanin/Gimbel	Aktuelles aus Russland und Polen Mitt. 2016, 387
Trachtengerc	Patentgesetzgebung. Normativakte und Kommentar 1994

San Marino *EPÜ-Vertragsstaat*
Marken- und Patentgesetz 1998
Schweden (SE) *EPÜ-Vertragsstaat*

	Ny patentlag. Slutbetänkande av Patentlagsutredningen (Neues Patentrecht) Stockholm 2015
	Patentlagen och det enhitliga europeiska patentsystemet Stockholm 2013 ISBN 978-91-38-23969-8
Bernitz	Immaterialrätt 9. Aufl Stockholm 2005
Bonthron	Immaterialrätt Stockholm 1998
Domeij	Patentavtalsrätt (Patentvertragsrecht) 2. Stockholm 2010
Jacobsson et al	Patentlagstiftningen – en kommentar Stockholm 1980
Karlsson/Lindgren	Patentlagen Stockholm 2013
Koktvedgaard/ Levin	Lärobok i immaterial rätt. Stockholm 8. Aufl Stockholm 2004
Levin/Nordell	Handel med immaterialrätt Stockholm 1996
Levin	Läkemedel & immaterialrätt Stockholm 2008
Nilsson/Holtz	Patentlagen – en kommentar och en jämförelse med EPC och PCT Stockholm 2012
Reiland et al	Patenthandboken. Om patentering och patentskydd i Sverige 3. Aufl Stockholm 1979
Westlander/ Törnroth	Patent Stockholm 1995
Lit in GRUR Int:	Törnroth 85, 615 (IIC 97, 878)

Schweiz (CH) *EPÜ-Vertragsstaat*

Abegg-Vaterlaus	Die Patentverletzung durch additive Fertigung (3D Druck) Köln 2018
Aebi, Martin	Patentfähigkeit von Geschäftsmethoden. Bern 2006
Bertschinger et al	Schweizerisches und europäisches Patentrecht. Basel 2002
Blum	Patent-, Marken-, Muster- und Modellschutz 2. Aufl 1965
Blum/Pedrazzini	Das schweizerische Patentrecht 4 Bände 2. Aufl, 1975
Bredies	Das Patentlizenzvertragsrecht in Deutschland, in der Schweiz und im Vereinigten Königreich Baden-Baden 2018
von Büren/David	Schweizerisches Immaterialgüter- und Wettbewerbsrecht Basel 2000
Calamé	Patentgerichtsgesetz Basel 2013
Cherpillod/Dessemontet (éd.)	Brevets d'invention. Quarante ans de jurisprudence fédéral. Lausanne 1996
David	Der Rechtsschutz im Immaterialgüterrecht 2. Aufl Basel 1998
Englert	PatG mit Kommentar 2. Aufl Zürich 1988
Gick-Komondy	Schweizerische Patentgerichtsbarkeit im Vergleich mit der europäischen Entwicklung Zürich 2010
Heinrich, Peter	PatG/EPÜ. Kommentar zum Schweizerischen Patentgesetz und den entsprechenden Bestimmungen des EPÜ, synoptisch dargestellt 3. Aufl 2018
Hilty	Der Schutzbereich des Patents Basel 1990
Hilty	Die Bestimmung des Schutzbereichs schweizerischer und europaeischer Patente 1993
Nocier	La propriété intellectuelle en droit international privé suisse Genf 1996
Pedrazzini	Patent- und Lizenzvertragsrecht 2. Aufl 1987
Pedrazini/Hilti	Europäisches und schweizerisches Patent-und Patentrecht Bern 3.Aufl 2008

Pedrazzini/ von Büren	Immaterialgüter- und Wettbewerbsrecht Bern 1998
Peter, Heinrich	PatG / EPÜ Kommentar zum Schweizerischen Patentgesetz und den entsprechenden Bestimmungen des EPÜ 2. Bern 2010
Schachenmann	Begriff und Funktion der Aufgabe im Patentrecht Zürich 1986
Schärli	Das ergänzende Schutzzertifikat für Arzneimittel. Unter besonderer Berücksichtigung von Schutzvoraussetzungen und Schutzbereich in der Schweiz und in der EU Zürich 2013
Schweizer/Zech	Patentgesetz (PatG) Bern 2019
Thomann	Immaterialgüter- und Wettbewerbsrecht 3. Aufl Zürich 2000
Troller	Immaterialgüterrecht Band I: 3. Aufl 1983, Band II: 3. Aufl 1985
Troller	Kurzlehrbuch des Immaterialgüterrechts 3. Aufl 1989
Troller	Manuel du droit suisse des biens immatériels. Tome I/II. 2. Aufl Bale 1996
Troller, Kamen	Précis du droit suisse des biens immatériels. 2. ed. Basel 2006
Troller, Kamen	Grundzüge des schweizerischen Immaterialgüterrechts. Basel 2001
Witt	Die mittelbare Patentverletzung nach deutschem und schweizerischem Recht Bern 2011
Zuberbühler	Die Erschöpfung von Patentrechten Bern 2012

Serbien (RS) *EPÜ- Vertragsstaat*
Wirtschaftskammer Österreich Lizenzvergabe und gewerblicher Rechtsschutz in Serbien Wien 2006
Slowakei (SK *EPÜ-Vertragsstaat*

Vojčík	(Bedingungen oder Kriterien der Patentfähigkeit) 1997
Vojčík	(Recht des gewerblichen Eigentums) Bratislava 1998
Vojčík	(Vorläufige und vollständige Prüfung der Patentanmeldung) 1999

Slowenien (SI) *EPÜ-Vertragsstaat*
Lit in GRUR Int: Straus 92, 520; – Lit in IIC: Pretnar 93, 50; 01, 963
Spanien (ES) *EPÜ-Vertragsstaat*

Arroyo Martinez	Ley de patentes, Madrid 2015
Bercovitz	Manual de propriedad intelectual Valencia 2001
Bercovitz Rodríguez-Cano	La nueva ley de patentes 2015
Casando Cervino	Propriedad industrial, Téoria y práctica Madrid 2001
Curto Polo	La materia biológica como invención patentable 2016
Diaz Velasco	Estudios sobre propriedad industrial Barcelona 1987
Dosterschill	Spanisches Patentrecht. Spanisch-deutsche Textausgabe mit Einführung 1989
Fernandez Novoa/Gomez Segade	La modernizacion del derecho espagnol de patentes – Ed Montecorvo Madrid 1984
Fernández de Córdoba	Derecho de patentes e investigación científica (Patentrecht und wissenschaftliche Forschung) Valencia 1996
Gómez Segade	La ley de patentes y modelos de utilidad 1988
Gómez Segade	Tecnología y derecho 2001
Jiménez Blanco	El dereche aplicable a la protección international de las patentes Granada 1998
Martinez Barrabés	La patente biotechnological y la OMC Madrid 2014
Oehen Mendes	Código da propriedade industrial 1999
Otero Lastres	Praxis mercantil Comentarios a la ley de patentes Barcelona 1987
Ortuno Baeza	Derecho de la propriedad intelectual e industrial Madrid 1999
Pedemonte Feu	Comentarios a la ley de patentes 2. Barcelona 1995
Retuerta	Nueva ley de patentes Madrid 1989

Tschechische Republik (CZ) *EPÜ-Vertragsstaat*

Jenerál	Internationale Abkommen im Patentrecht Prag 2016
Chloupek	Patentový zákon Prag 2017
Jezek	Právo prumyslového vlastnictvi (Recht des gewerblichen Eigentums) Prag 1996

Literatur Türkei–Vereinigtes Königreich

Kopecká (Der Schutz des industriellen Eigentums nach dem Beitritt der Tschechischen Republik zur Europäischen Union) 2003
Relec The enforcement of industrial property rights in the Czech Republic IIC 01, 935

Türkei (TR) *EPÜ-Vertragsstaat*
Atalay, Barış Patent hukukunda istem yazım teknikleri Istanbul 2017
Düger, Sirri Non-Patent protection of pharmaceuticals in Turkey Aachen 2012
Güneş Sınai mülkiyet kanunu ışığında uygulamalı patent ve faydalı model hukuku Ankara 2017
Jakl (Handbuch für die Praxis betreffende Anträge auf die Erteilung von Patenten und Gebrauchsmustern) Prag 2004
Kayakökü Patent başvurusu Ankara 2017
Karasu Fikri mülkiyet hukuku Ankara 2017
Köklü Das türkische Patentrecht. Badan-Baden 2006
Kratochvíl Evropský patent s jednotným účinkem a jednotný patentový soud Praha 2016
Noyan Patent hukuku (Patentrecht) 3. Aufl. Ankara 2015
Ortan Türkisches Patent- und Patentlizenzvertragsrecht 1993
Sanca Patent hukukunda farmasötik buluşların korunması Istanbul 2015
Sargin (Das auf internationale Patent- und Markenverträge anzuwendende Recht) Ankara 2002
Şehirali Patent hakkının korunması (Schutz des Patentrechts) Ankara 1998
Tamer, Ahmet Patent ve faydalı model hakkına aykırılığın sonuçları Ankara 2013
Topcu Patent lisans sözleşmeleri Ankara 2016
Turkish Patent Institute Legal Basis of patent protection in Turkey Ankara 1997
Yusufoğlu, Fülürya Patent verilebilirlik şartları Istanbul 2014
Yurtsever (Der Patentschutz und einschlägigge Gesetze) Ankara 1999
Lit in GRUR Int: Ortan **83**, 154; **96**, 709; Yüksel **87**, 89; Lührig **99**, 929; Pinar **99**, 120; Sehiralt **03**, 501

Ukraine (UA)
Androscuk/Rabotjagova (Patentrecht: Rechtsschutz von Erfindungen) 2. Aufl Kiev 2001
Cvjatoockij (Schutz des gewerblichen Eigentums in der Ukraine) Kiev 1999
Krajnev et al (Patentierung von Erfindungen in der Ukraine) Kiev 2000

Ungarn (HU) *EPÜ-Vertragsstaat*
Béresi The enforcement of industrial property rights in Hungary IIC 01, 950
Lontai (Rechte des geistigen Eigentums) Budapest 2001
Szabo TRIPS and the question of »invisible« Process Infringement. Relevant litigations in Hungary JWIP 01, 905
Vida/Hegyi 2. Reform des ungarischen Patentgesetzes GRUR Int **03**, 708
Vida/ Kowal-Wolk/Hegyi Ungarisches Patentrecht Köln 2001

Vereinigtes Königreich (Großbritannien und Nordirland) **(GB/UK)** *EPÜ-Vertragsstaat*
Adam Der sachliche Schutzbereich des Patents in Großbritannien und Deutschland Köln 2003
Armitage/Davis Patents and Morality in Perspective London 1994
Barnes, Philipp Infringement and validity London 2018
Blanco White Patents for inventions 5. ed. 1983
Blanco White et al Encyclopedia of UK and European Law 1977
Bredies, Loni Das Patentlizenzvertragsrecht in Deutschland, in der Schweiz und im Vereinigten Königreich Baden-Baden 2018
Calame Patent litigation a global guide from practical law 4. Edition London 2018
C.I.P.A. Guide to the Patents Act 9. ed. London 2019
C.I.P.A. European Patents Handbook Looseleaf
C.I.P.A. European Patents Sourcefinder Loseblatt
Clark et al Encyclopedia of United Kindom abd European Patent Law 2 volume looseleaf Sweet & Maxwell
Cook A User's Guide to Patents London 2002

Cornish/Llewelyn	Intellectual Property: Patents, Copyright, Trade Marks and Allied Rights 5. Aufl London 2003
Fysh/Thomas	The industrial property citator Vol 1 (1957–1982) Vol 2 (1982–96) London 1997 ff
Fysh, Michael	The modern law of patents 2.ed. London 2010
Johnson/Roughton/Cook	The modern law of patents London 2014
Reid	Sweet and Maxwell's European Patent Litigation Handbook London 1999
Reid	A practical guide to patent law 3. ed. 1999
Sievers	Das britische Patentrecht. Entwicklung und Grundzüge Münster 1998
Terrell	On the Law of Patents, 19. ed. London 2021 Authors: The Hon Mr Justice Colin Birss; Douglas Campbell, QC; Tom Hinchliffe, QC; Tom Mitcheson, QC; Justin Turner, QC; Andrew Waugh, QC.
Würtenberger	Technischer Sachverstand im modernen Patentprozess Köln 2018
Zorr	Der Schutzbereich von Patenten auf eine zweite medizinische Indikation im Falle eines »cross-label-use« Köln 2018

Weißrussland (BY)

Kuznecov	Patentoznavstvo ta avtors'ke pravo Kiew 2009
Vyškevič	Patentnyj sud Respubliki Belarus' i ego pravoprimenitel'naja dejatel'nost' (Das Patentgericht der Republik Weißrußland und seine Tätigkeit zur Rechtsdurchsetzung) 2002

Zypern (CY) *EPÜ-Vertragsstaat*

Theodulu	Intellectual property law in Cyprus 3. Aufl 2015 Verlag: Wolters Kluwer.

Abkürzungen

A

aA oder AA	anderer Ansicht
ABl (Abl)	Amtsblatt
AblEU	Amtsblatt der Europäischen Union (Elektronische Veröffentlichung gemäß VO(EU) Nr. 216/2013 vom 07.3.2013 Abl (EU) Nr L 69 vom 13.03.13 = BlPMZ 13, 139)
Abw	abweichend
AcP	Archiv für die civilistische Praxis
aE	am Ende
AE	Akteneinsicht
AEUV	Vertrag über die Arbeitsweise der Europäischen Union (ABl EU C 83 S. 47 = Tabu Gewerbl. Rechtsschutz Nr. 696)
AEUV Technolgietransfer	Verordnung (EU) Nr 316/2014 über Gruppen von Technologietransfer-Vereinbarungen (Tabu Gewerbl. Rechtsschutz Nr 697d)
AEUV Leitl 1	Leitlinien zur Anwendbarkeit auf Vereinbarungen über horizontale Zusammenarbeit (Tabu Gewerbl. Rechtsschutz Nr 697c)
AEUV Leitl 2	Leitlinien zur Anwendbarkeit auf Technologietransfer-Vereinbarungen (Tabu Gewerbl. Rechtsschutz Nr 697e)
aF	alte Fassung
AgrarR	Agrarrecht
AIPJ	Australian Intellectual Property Journal
AIPLA	American Intellectual Property Law Association
AIPPI	Association Internationale pour la Protection de la Propriété Intellectuelle (engl: IAPIP)
Aktz	Aktenzeichen
AMBA	Association of Members of the Boards of Appeal (EPO)
Amtl	amtlich
Anm	Anmerkung
AnsprÜbersV	Verordnung über die Übersetzungen der Ansprüche europäischer Patentanmeldungen (Tabu Gewerbl. Rechtsschutz Nr 130)
AnwBl	Anwaltsblatt
AO	Ausführungsordnung
AöR	Archiv des öffentlichen Rechts
ApostilleV	Verordnung über die Ausstellung der Apostille nach Art. 3 HLÜ (Tabu Gewerbl. Rechtsschutz Nr 692)
ArbEG	Arbeitnehmererfindungsgesetz (Tabu Gewerbl. Rechtsschutz Nr. 450)
Arg	argument
ARIPO	African Regional Industrial Property Organization, Harare, Zimbabwe
Art	Artikel
AS	Auslegeschrift
ASSINTEL	Association International des Sélectionneurs pour la Protection des Obentions Végétales
AT	Österreich
ATCC	American Type Culture Collection
AusfO	Ausführungsordnung
Ausst IntÜ	Übereinkommen über Internationale Ausstellungen (Tabu Gewerbl. Rechtsschutz Nr 698)
Ausst IntÜ Protokoll	Protokoll über Internationale Ausstellungen (Tabu Gewerbl. Rechtsschutz Nr 698a)
AVAG	Anerkennungs- und Vollstreckungsausführungsgesetz (Tabu Gewerbl. Rechtsschutz Nr 694c)
AWD	Außenwirtschaftsdienst des Betriebsberaters (jetzt RIW)

B

BAG	Bundesarbeitsgericht
BAGE	Amtliche Entscheidungssammlung des Bundesarbeitsgerichts
BAGE	Bundesamt für geistiges Eigentum, Bern
BAnz	Bundesanzeiger
Bausch	Nichtigkeitsrechtsprechung in Patentsachen, Bd 1+2 (2000), Bd 3 (2002)
BayObLGE	Entscheidungssammlung des Bayrischen Obersten Landesgerichts
BayVGH	Bayerischer Verwaltungsgerichtshof
BB	Betriebsberater
BBG	Bundesbeamtengesetz
BBM-BBDM	Bureaux Benelux des marques et des dessins ou modèles, 2585 EM La Haye, Pays-Bas

Abkürzungen

Bd	Band	BGHSt	Entscheidungen des BGH in Strafsachen
BDSG	Bundesdatenschutzgesetz		
BE	Belgien	BGHZ	Entscheidungen des BGH in Zivilsachen
BeckRS	Beck Rechtsprechungssammlung, Datenbank beck-online www.beck.de	BHO	Bundeshaushaltsordnung
		BIE	Bijblad bij De Industriele Eigendom (NL)
Begr	Begründung		
Beil	Beilage, insbes Beilage zum EPA-Amtsblatt »Die Rechtsprechung der Beschwerdekammern des EPA im Jahre 19.«	BioMatHintV	Biomaterial-Hinterlegungsverordnung (Tabu Gewerbl. Rechtsschutz Nr 105a)
		BioPatG	Gesetz zur Umsetzung der Richtlinie über den rechtlichen Schutz biotechnologischer Erfindungen (Anhang 7)
BeiordnungsG	Gesetz über die Beiordnung von Patentanwälten bei Prozeßkostenhilfe (Tabu Gewerbl. Rechtsschutz Nr 485)		
		BioPatRL	Richtlinie 98/44/EG über den rechtlichen Schutz biotechnologischer Erfindungen (Anhang 6) (Tabu Gewerbl. Rechtsschutz Nr 696r)
BFH/NV	Sammlung der Entscheidungen des BFH, die nicht in der amtlichen Sammlung des BFH veröffentlicht werden. (NV = Nicht Veröffentlicht). Zeitschrift des Rudolf-Haufe-Verlags		
		BK	Beschwerdekammer des EPA
		BlPMZ	Blatt für Patent-, Muster- u Zeichenwesen
		BMJ	Bundesjustizministerium
Bek	Bekanntmachung	BMVtdg	Bundesverteidigungsministerium
bes	besonders		
BEST	Bringing Search and Examination Together (Projekt des EPA)	BPatG	Bundespatentgericht
		BPatGE	Entscheidungen des Bundespatentgerichts (Band, Seite)
bestr	bestritten	BR	Bundesrat
BFH	Bundesfinanzhof	BRAGebO und BRAGO	Bundesrechtsanwaltsgebührenordnung, jetzt RVG
BfJ	Bundesamt für Justiz		
BfKD	Beauftragter für Klassifikation und Dokumentation	BRAK	Bundesrechtsanwaltskammer
		BRD	Bundesrepublik Deutschland
BGBl	Bundesgesetzblatt	BS	Beschwerdesenat
BGE	Entscheidungen des Schweizerischen Bundesgerichts, Lausanne	BSG	Bundessozialgericht
		BSHG	Bundessozialhilfegesetz
		Bsp	Beispiel
BGH	Bundesgerichtshof	BStBl	Bundessteuerblatt
BGH/BPat-GERVV	Verordnung über den elektronischen Rechtsverkehr beim BGH und BPatG (Anhang 18)	BT	Bundestag
		BudapesterV (BV)	Budapester Vertrag über die internationale Anerkennung der Hinterlegung von Mikroorganismen für die Zwecke von Patentverfahren (Tabu Gewerbl. Rechtsschutz Nr 635)
BGH-DAT	Rechtsprechungssammlung Zivilsachen, jetzt mit BGHR zusammen in BGHE		
BGHE	Rechtsprechung des BGH auf CD-ROM herausgegeben von Mitgliedern des Gerichts. Zusammenführung von BGH-DAT und BGHR		
		BudapesterV AusfO	Ausführungsordnung zum Budapester Vertrag (Tabu Gewerbl. Rechtsschutz Nr 636)
		BVerfG	Bundesverfassungsgericht
BGHR	Rechtsprechungssammlung Zivilsachen, herausgegeben von Richtern des BGH, jetzt mit BGH-DAT zusammen in BGHE	BVerfGE	Entscheidungen des BVerfG
		BVerfGK	Kammerentscheidungen des Bundesverfassungsgerichts
		BVerwG	Bundesverwaltungsgericht
BGHReport	Schnelldienst zur Zivilrechtsprechung des BGH	BverwGE	Entscheidungen des BVerwG

Abkürzungen

C

CAFC	Court of Appeals for the Federal Circuit (USA)
CBD	Convention on Biological Diversity http://www.biodiv-chm.de.
CEN	Comité Européen de Normalisation = Europäisches Komitee für Normung
CENELEC	Europäisches Komitee für elektrotechnische Normung
ChemIng Technik	Chemie-Ingenieur-Technik
CEIF	Council of Europeans Institutes of Patent Agents (franz: CIFE)
CEIPI	Centre d'Etudes Internationales de la Propriété Industrielle, Université Robert Schumann, 11 rue du Maréchal Juin, B.P. 68-67 046 Strasbourg Cedex
CH	Schweiz
CIFE	Conseil des Féderations Industrielles d'Europe (engl: CEIF)
CIOPORA	International Community of Breeders of Asexually Reproduced Ornemental and Fruit Fruit Tree Varieties
CIPA	Chartered Institute of Patent Agents
CIPO	Canadian Intellectual Property Office/Kanadisches Amt für geistiges Eigentum
CIPR	Chartered Institute of Public Relations, London
CJEU	Court of Justice of the European Union
CLEA	Collection of Laws for Electronic Access, WIPO-Datenbank, Adresse s unter »Internet«
CNCPI	Compagnie Nationale des Conseils en Propriété Industrielle (FR)
CNIPA	Committee of National Institutes of Patent Agents
COPAC	Common Patent Appeal Court
Coprice	Comité pour la Protéction de la Propriété Industrielle dans lea CEE
CPC	Community Patent Convention
CPCCI	Conférénce Permanente des Chambres de Commerce et d'Industrie de la CEE (deut: StKIHK)
CPVO	Gemeinschaftliches Sortenamt (Community Plants Variety Office), Angers
CR	Computer und Recht
CZ	Tschechische Republik

D

D	Aktenzeichen von Entscheidungen der EPA-Disziplinarkammer, zB D 0003/89
DB	Der Betrieb
DD	Patentanmeldungen und Patente mit Ursprung DDR
DE	Deutschland
DEPATIS	Patentinformationssystem
dgl	dergleichen
dh	das heißt
Dig	Digesten
DIN	Deutsches Institut für Normung
Diss	Dissertation
DK	Dänemark
DNS	Desoxyribonucleinsäure
DNS	Domain Name System
DöV	Die öffentliche Verwaltung
DPA	Deutsches Patentamt, jetzt DPMA
DPINFO	Elektronisches Schutzrechtsauskunftssystem im DPMA
DPMA	Deutsches Patent- und Markenamt
DPMAV	Verordnung über das Deutsche Patent- und Markenamt, abgedruckt im Anhang 10 (Tabu Gewerbl. Rechtsschutz Nr 300)
DPMAVw-KostV	Verordnung über Verwaltungskosten beim DPMA (Anhang 16) = Tabu Gewerbl. Rechtsschutz Nr 345
DRiG	Deutsches Richtergesetz
DS	Der Sachverständige – Fachzeitschrift für Sachverständige, Kammern, Gerichte und Behörden
DTD	Document Type Definition
DurchsetzungsRichtl	Richtlinie 2004/48/EG zur Durchsetzung der Rechte des geistigen Eigentums (Tabu Gewerbl. Rechtsschutz Nr 696q)
DurchsetzungsV HABM	Verordnung (EU) Nr 386/2012 zur Durchsetzung von Rechten des geistigen Eigentums auf das Harmonisierungsamt (Tabu Gewerbl. Rechtsschutz Nr 696w)

Schulte

Abkürzungen

Drürig/ Scholt/ Herzog	Kommentar zum Grundgesetz, erschien bis 2021 unter »Maunz/Dürig«	Einl	Einleitung. Die Einleitung vor § 1 PatG wird mit Einl und Randnummer zitiert, zB für die Schriftform mit »Einl Rdn 264«.
DVO	Durchführungsverordnung		
		Einspruchs-Richtl	Richtlinien für die Durchführung des Einspruchsverfahrens (Tabu Gewerbl. Rechtsschutz Nr 137)
E			
EA	Vertrag zur Gründung der Europäischen Atomgemeinschaft (vom EuGH empfohlene Abkürzung für die nach dem 1.5.99 geltende Fassung)	EIPR	European Intellectual Property Review (GB)
		ElSA	Elektronische Schutzrechtsakte (eingeführt am 01.6.2011)
		EMöGG	Gesetz über die Erweiterung der Medienöffentlichkeit in Gerichtsverfahren
EAPatV	Verordnung über die elektronische Aktenführung bei dem Patentamt, dem Patentgericht und dem Bundesgerichtshof (Anhang 20)		
		EMRK	Konvention zum Schutze der Menschenrechte und Grundfreiheiten
EAPO	Eurasische Patentorganisation		
EBAO	Einforderungs- u Beitreibungsordnung	Entw	Entwurf
		EPA	Europäisches Patentamt
EBE	Eildienst Bundesgerichtliche Entscheidungen	EP	Europäische Anmeldungen und Patente mit Benennung DE
ECHR	European Convention on the Protection of Human Rights and Fundamental Freedoms	EPA-E	Entscheidungen der Beschwerdekammern des EPA, Erscheinen eingestellt
ECHR	European Court of Human Rights	EPC	European Patent Convention
ed.	Edition	EPeW	Europäisches Patent mit einheitlicher Wirkung
EESR	Extended European Search Report/erweiterter europäischer Recherchenbericht	EPG	Einheitliches Patentgericht
		EPI	Institut der beim Europäischen Patentamt zugelassenen Vertreter
EFTA	Europäische Freihandelszone		
EG	Einführungsgesetz	epi	epi Information, Vierteljahresschrift des EPI
EG	Vertrag zur Gründung der Europäischen Gemeinschaft (vom EuGH empfohlene Abkürzung für die nach dem 1.5.99 geltende Fassung, GRUR Int 99, 197)		
		EPIDOS	Quarterly magazine for patent information users prepared by the Vieanna sub-office of the EPO
EG cells	Embryonic Germ cells	EPLA	European Patent Litigation Agreement
EGMR	Europäischer Gerichtshof für Menschenrechte		
EGVP	Elektronisches Gerichts- und Verwaltungspostfach	EPLP	European Patent Litigation Protocol
EGV Zwangslizenz	Verordnung (EG) Nr 816/2006 über Zwangslizenzen für Patente (Tabu Gewerbl. Rechtsschutz Nr 696u)	EPO	European Patent Organisation
		EPO	European Patent Office
		epoline®	Wort- und Bildmarke der Europäischen Patentorganisation, unter der online-Dienste angeboten werden. http://www.epoline.org
EGVVO	Verordnung (EG) Nr 44/2001 vom 22.12.00 über die gerichtliche Zuständigkeit und Anerkennung und Vollstreckung von Entscheidungen in Zivil- und Handelssachen (Tabu Gewerbl. Rechtsschutz Nr 694d)		
		EPOR	European Patent Office Reports, zitiert nach Jahr und Seite
		EPÜ 2000	Europäisches Patentübereinkommen idF vom 28.06.2001 (BlPMZ 2007, 384; 2008, 150 =Tabu Gewerbl. Rechtsschutz Nr 805)

Abkürzungen

EPÜ Art 65	Übereinkommen über die Anwendung des Art. 65 EPÜ (AB1EPA 2001, 549; 2008, 123 = Tabu Gewerbl. Rechtsschutz Nr 803)	ERVV	Verordnung über die technischen Rahmenbedingungen des elektronischen Rechtsverkehrs und über das besondere elektronische Behördenpostfach (Elektronischer-Rechtsverkehr-Verordnung) vom 24.11.17 (BGBl. I S. 3803 und 2018 I S. 200)
EPÜ AusfO	Ausführungsordnung zum EPÜ (BlPMZ 2007, 427; 2008, 150 (Tabu Gewerbl. Rechtsschutz Nr 815)		
EPÜ Auslegung	Protokoll über die Auslegung des Art. 69 EPÜ (Tabu Gewerbl. Rechtsschutz Nr 830)	ES	Spanien
		ESchG	Gesetz zum Schutz von Embryonen (Embryonenschutzgesetz)
EPÜ GebO	Gebührenordnung der Europäischen Patentorganisation (Tabu Gewerbl. Rechtsschutz Nr 840	esp@cenet	Europäisches Netz von Patentdatenbanken, http://de.espacenet.com
EPÜ GebO2000	Gebührenordnung der Europäischen Patentorganisation vom 07.12.2006 (Tabu Gewerbl. Rechtsschutz Nr 845)	ETS	European Treaties Series www.coe.int
		ETSI	European Telecommunications Standards Institute
		EU	Europäische Union
EPÜ Revision	Akte zur Revision des EPÜ BlPMZ 2007, 370 = Tabu Gewerbl. Rechtsschutz Nr 802	EU	Vertrag über die Europäische Union (vom EuGH empfohlene Abkürzung für die nach dem 1.5.99 geltende Fassung, GRUR Int 99, 197)
EPÜ VerfahrensO BK	Verfahrensordnung der Beschwerdekammern des EPA (Tabu Gewerbl. Rechtsschutz Nr 820)	EU-MS	EU Member State
		EU Observatory	European Observatory on infringements of intellectual Property Rights AB1EU vom 16.05.12 L 129/1
EPÜ VerfahrensO GrBK	Verfahrensordnung der Großen Beschwerdekammer des EPA (Tabu Gewerbl. Rechtsschutz Nr 821)	EuGH	Gerichtshof der Europäischen Gemeinschaften Gerichtshof der Europäischen Union
EPÜ Zentralisierung	Protokoll über die Zentralisierung des Europäischen Patentsystems und seine Einführung (Tabu Gewerbl. Rechtsschutz Nr 801)	EuGHVerfO	Verfahrensordnung des Gerichtshofs (Tabu Gewerbl. Rechtsschutz Nr 696n)
		EU-Grundrechtecharta	Charta der Grundrechte der Europäischen Union http://www.europarl.europa.eu/charter/pdf/text_de.pdf
ErfBenVO	Erfinderbenennungsverordnung aufgehoben und ersetzt durch §§ 7 und 8 PatV		
ErfPatÜbk	Übereinkommen zur Vereinheitlichung gewisser Begriffe des materiellen Rechts der Erfindungspatente	EuGRZ	Europäische Grundrechte-Zeitschrift
		EuGVÜ	Übereinkommen über die gerichtliche Zuständigkeit und die Vollstreckung gerichtlicher Entscheidungen in Zivil- und Handelssachen (Tabu Gewerbl. Rechtsschutz Nr 694)
ERJuKoG	Gesetz über elektronische Register und Justizkosten für Telekommunikation v 10.12.01 BGBl I 3422 = BlPMZ 02, 173		
ErstrG	Erstreckungsgesetz (Tabu Gewerbl. Rechtsschutz Nr 444 = Anhang 4)	EuGVÜ Protokoll	Protokoll zum EuGVÜ (Tabu Gewerbl. Rechtsschutz Nr 694a)
ERV	Elektronischer Rechtsverkehr		
ERVDPMAV	Verordnung über den elektronischen Rechtsverkehr beim DPMA (Anhang 19)		

Abkürzungen

EuGVVO	Verordnung (EU) Nr 1215/2012 vom 12.12.2012 über die gerichtliche Zuständigkeit und die Anerkennung und Vollstreckung von Entscheidungen in Zivil- und Handelssachen (Tabu Gewerbl. Rechtsschutz Nr 694d; siehe Anhang 2)	EuroFormÜ	Europäische Übereinkunft über Formerfordernisse bei Patentanmeldungen (Tabu Gewerbl. Rechtsschutz Nr 620)
EUIPO	European Union Intellectual Property Office Amt der Europäischen Union für Geistiges Eigentum (früher HABM/OHIM), zuständig für die Verwaltung der Unionsmarke und des eingetragenen Gemeinschaftsgeschmacksmusters Avenida de Europa, 4, 03008 Alicante (Spanien)	EuroLÜ	Europäisches Übereinkommen zur Befreiung der von diplomatischen oder konsularischen Vertretern errichteten Urkunden von der Legalisation (Tabu Gewerbl. Rechtsschutz Nr 693)
		EUROTAB	European Roundtable on Patent Practice (established in 1992)
EuPAG	Gesetz über die Tätigkeit europäischer Patentanwälte in Deutschland	EuZVO	Verordnung (EG) Nr. 1393/2007 vom 13. November 2007 über die Zustellung gerichtlicher und außergerichtlicher Schriftstücke in Zivil- oder Handelssachen in den Mitgliedstaaten (»Zustellung von Schriftstücken«) Tabu Gewerbl. Rechtsschutz Nr 694e)
EU-Patentpaket	EU-Patentpaket besteht aus der EU-Patentverordnung, der Sprachenverordnung und dem Übereinkommen zur Schaffung eines einheitlichen Patentgerichts		
EU EinheitspatentVO	Verordnung (EU) Nr 1257/2012 über die Umsetzung der Verstärkten Zusammenarbeit im Bereich der Schaffung eines einheitlichen Patentschutzes (Tabu Gewerbl. Rechtsschutz Nr 750)		
		EuZW	Europäische Zeitschrift für Wirtschaftsrecht
		EWCA	Court of Appeal for England and Wales
		EWIV	Europäische wirtschaftliche Interessenvereinigung
		EWS	Europäisches Wirtschafts- und Steuerrecht
		EWS	Europäisches Währungssystem
EU EinheitlPatentgericht	Übereinkommen über ein einheitliches Patentgericht (ABl EU Nr C 175 s.1) (Tabu Gewerbl. Rechtsschutz Nr 770)	EWGV	Vertrag zur Gründung der Europäischen Wirtschaftsgemeinschaft (Tabu Gewerbl. Rechtsschutz Nr 696)
EUGerichtsVO	Verfahrensordnung des Gerichts der Europäischen Gemeinschaften (Tabu Gewerbl. Rechtsschutz Nr 696m)	EWR	Europäischer Wirtschaftsraum, Abkommen über den EWR (BGBl 1993 II 266 = Bl 94, 70)
EUÜbersetzung	Verordnung (EU) 1260/2012 über die anzuwendenden Übersetzungsregelungen (Tabu Gewerbl. Rechtsschutz Nr 760)	**F**	
		FD-MedizinR	fachdienst medizinrecht
		FD-ZVR	Fachdienst-Zivilverfahrensrecht
EuRAG	Gesetz über die Tätigkeit europäischer Rechtsanwälte in Deutschland	FEMIPI	Fédération Européenne des Mandataires de l'Industrie en Propriété Industrielle
EURATOM	Vertrag zur Gründung der Europäischen Atomgemeinschaft (Tabu Gewerbl. Rechtsschutz Nr 695)	ff	folgende
		FI	Finnland
		FICPI	International Federation of Industrial Property Attorneys
		FN	Fußnote

Abkürzungen

FORUM	Institut für Management GmbH Postfach 105 060, 69 040 Heidelberg	GGsmV	Verordnung (EG) Nr 6/2002 über das Gemeinschaftsgeschmacksmuster (Tabu Gewerbl. Rechtsschutz Nr 677a
FR	Frankreich		
FRAND	Fair, Reasonable and Non Discriminatory terms	GKG	Gerichtskostengesetz (Tabu Gewerbl. Rechtsschutz Nr 350)
FS	Festschrift		
FSR	Fleet Street Reports (GB)	GmS-OGB	Gemeinsamer Senat der obersten Gerichtshöfe des Bundes
Fschr	Festschrift		
G		GMV	GemeinschaftsmarkenVO (jetzt UMV Tabu Gewerbl. Rechtsschutz Nr 651)
G	Gesetz		
G	Aktenzeichen von Entscheidungen der Großen Beschwerdekammer des EPA, zB G 0007/91	GoltdArch	Goltdammers Archiv für Strafrecht
		GPatG	Gemeinschaftspatentgesetz
		GPÜ	Gemeinschaftspatentübereinkommen
GATT	General Agreements on Tariffs and Trade	GPV	Vereinbarung über Gemeinschaftspatente vom 15.12.89 (BGBl 1991 II 1354 = Bl 92, 56)
GB	Vereinigtes Königreich		
Gbm	Gebrauchsmuster		
GbR	Gesellschaft bürgerlichen Rechts	GR	Griechenland
		GBK	Große Beschwerdekammer des EPA
GD	Generaldirektion des EPA		
GebO	Gebührenordnung	GRCh	Charta der Grundrechte der Europäischen Union ABlEU vom 30.03.2010 C 83, 389
GebOEPS	Gebührenordnung zum einheitlichen Patentschutz ABlEPA 2016, A40		
		GrSen	Großer Senat
GemKom	Münchner Gemeinschaftskommentar zum EPÜ	Grüneberg	Bürgerliches Gesetzbuch, bis 2021 unter »Palandt« erschienen
Geschäftsgeheimnisse-Richtl	Richtlinie EU 2016/943 über den Schutz vertraulicher Know-hows und vertraulicher Geschäftsinformationen (Tabu Gewerbl. Rechtsschutz Nr 696x)		
		GruppenfreistellungVO	Verordnung (EU) Nr 330/2010 über die Anwendung auf Gruppen von vertikalen Vereinbarungen und abgestimmten Verhaltensweisen (Tabu Gewerbl. Rechtsschutz Nr 696c
GeschmRG	Geschmacksmusterreformgesetz v 12.03.04 Bl 04, 207		
GEW	Geistiges Eigentum und Wettbewerb Schriftenreihe Carl Heymanns Verlag	Gruppenfreistellung FE	Verordnung (EU) Nr 1217/1210 über Gruppen von Vereinbarungen über Forschung und Entwicklung (Tabu Gewerbl. Rechtsschutz Nr 697a)
GG	Grundgesetz		
ggf	gegebenenfalls		
GGsmDV	Verordnung (EG) Nr 2245/2002 zur Durchführung der Verordnung (EG) Nr 6/2002 über das Gemeinschaftsgeschmacksmuster5 (Tabu Gewerbl. Rechtsschutz Nr 677b	Gruppenfreistellung Leitl	Leitlinien für vertikale Beschränkungen (Tabu Gewerbl. Rechtsschutz Nr 696e)
		Gruppenfreistellung Spezialisierung	Verordnung (EU) Nr 1218/2010 über bestimmte Gruppen von Spezialisierungsvereinbarungen (Tabu Gewerbl. Rechtsschutz Nr 697b)
GGsmGebV	Verordnung (EG) Nr 2246/2002 über die an das Harmonisierungsamt für den Binnenmarkt zu entrichtende Gebühren für die Eintragung von Gemeinschaftsgeschmacksmustern (Tabu Gewerbl. Rechtsschutz Nr 677c)		
		GRUR	Gewerblicher Rechtsschutz u Urheberrecht

Abkürzungen

GRUR Int	GRUR Internationaler Teil (Partner of JIPLP) Seit 1.1.2020 in englischer Sprache: GRUR International: Journal of European and International IP Law.	HFV	Haushalts- und Finanzvorschriften AblEPA 2016, A41
		HLÜ	Haager Übereinkommen zur Befreiung ausländischer öffentlicher Urkunden von der Legalisation (Tabu Gewerbl. Rechtsschutz Nr 690)
GRURPrax	Gewerblicher Rechtsschutz u Urheberrecht, Praxis im Immaterialgüter- und Wettbewerbsrecht	hM	herrschende Meinung
		HMA	Haager Übereinkommen über die internationale Hinterlegung gewerblicher Muster und Modelle (Tabu Gewerbl. Rechtsschutz Nr 670)
GRUR-RS	+ Jahr + Nummer der Entscheidung: Fundstelle in Beck-online Die Datenbank		
GRUR RR	Gewerblicher Rechtsschutz und Urheberrecht, Rechtsprechungs-Report vereinigt mit NJWE-WettbR	HMA AusfO	Ausführungsordnung HMA von 1986 (Tabu Gewerbl. Rechtsschutz Nr 671
		HMA AusfO Gemeinsame	Gemeinsame Ausführungsordnung zum HMA von 1999, 1960 und 1934 (Tabu Gewerbl. Rechtsschutz Nr 675a)
GrZS	Großer Zivilsenat		
GVG	Gerichtsverfassungsgesetz		
GvKostG	Gesetz über die Kosten der Gerichtsvollzieher (Schönfelder 123)		
		HMA EV	Stockholmer Ergänzungsvereinbarung zum HMA (Tabu Gewerbl. Rechtsschutz Nr 673
GVO	Genetisch veränderte Organismen		
GWB	Gesetz gegen Wettbewerbsbeschränkungen (Tabu Gewerbl. Rechtsschutz Nr 417)	HMA Genfer Akte	Genfer Akte 1999 zum HMA (Tabu Gewerbl. Rechtsschutz Nr 675
GWR	Schriftenreihe zum Gewerblichen Rechtsschutz Carl Heymanns Verlag	HMA Genfer Protokoll	Genfer Protokoll zum HMA (Tabu Gewerbl. Rechtsschutz Nr 674
		HR	Kroatien
H		HRR	Höchstrichterliche Rechtsprechung
Haager BeweisÜ	Haager Übereinkommen über die Beweisaufnahme im Ausland in Zivil- oder Handelssachen (BGBl 1977 II 1472)	HS	Halbsatz
		Hs	Halbsatz
		HSP	Heymanns Schriften zum Patentrecht
Haager LegalisationsÜ	Haager Übereinkommen zur Befreiung ausländischer öffentlicher Urkunden von der Legalisation (Tabu Gewerbl. Rechtsschutz Nr 690)	HTML	Hyper Text Markup Language
		http	Hyper Text Transfer Protocol
		HU	Ungarn
		HUDOC	Human Rights Documentation www.coe.int
Haager ZustellungsÜ	Haager Übereinkommen über die Zustellung gerichtlicher und außergerichtlicher Schriftstücke im Ausland in Zivil- und Handelssachen (BGBl 1977 II 1453)	HZÜ	Haager Übereinkommen über die Zustellung gerichtlicher und außergerichtlicher Schriftstücke im Ausland in Zivil- und Handelssachen (BGBl 1977 II 1453)
Habersack	Deutsche Gesetze, erschien bis 2021 unter »Schönfelder«		
HABM	Harmonisierungsamt für den Binnenmarkt (Marken, Muster und Modelle), Alicante, jetzt EUIPO	**I**	
		IAPIP	International Association for the Protection of Industrial Property (franz: AIPPI)
HccH	Haager Konferenz für Internationales Privatrecht www.hcch.net/index_de.php	IBR	Immobilien- & Baurecht

Abkürzungen

ICIREPAT	International Cooperation in Information Retrieval among Examining Patent Offices	IntPflanzÜ (1991)	Internationales Übereinkommen zum Schutz von Pflanzenzüchtungen 1991 (Tabu Gewerbl. Rechtsschutz Nr 684a)
idF	in der Fassung		
idR	in der Regel		
idS	in diesem Sinne	IntPflanzÜ (Genf)	Genfer Fassung des IntpflanzÜ (Tabu Gewerbl. Rechtsschutz Nr 684)
IE	Irland		
IEC	Internationale elektrotechnische Kommission		
IFIA	International Federation of Inventors Associations	IntPflanzÜ ZA	Zusatzakte zur Änderungderung des IntPfanzÜ (Tabu Gewerbl. Rechtsschutz Nr 683)
IGE	Eidgenössisches Institut für geistiges Eigentum		
IFG	Informationsfreiheitsgesetz	IPIC-Vertrag	Vertrag von Washington über den Schutz des geistigen Eigentums an integrierten Schaltkreisen
IIB	Institut International des Brevets		
IIC	International Review of Industrial Property and Copyright Law	IPC	International Patent Classification/Classification internationale des brevets
IL	Israel	IPEA	International Preliminary Examination Authority Internationale vorläufige Prüfungsbehörde
IndProp	Industrial Property, Monthly Review of the World Intellectual Property Organisation		
IndProp	Industrial Property, seit 1995 Industrial Property and Copyright, herausgegeben von WIPO	IPJ	International property Journal (= ZGE) Mohr Siebeck Verlag
		IPK	Internationale Patentklassifikation (Tabu Gewerbl. Rechtsschutz Nr 625)
INGRES	Institut für den gewerblichen Rechtsschutz (Zürich Schweiz)		
		IPK StraßburgerA	Straßburger Abkommen über die internationale Patentklassifikation (Tabu Gewerbl. Rechtsschutz Nr 625a)
INID	ICIREPAT Numbers for the Identification of Data		
INPADOC	Internationales Patentdokumentationszentrum	IPO	Intellectual Property Office (UK)
INPI	Institut Nationale de la propriété industrielle (Paris)	IPQ	Intellectual Property Quarterly London
InsO	Insolvenzordnung	IPRax	Praxis des Internationalen Privat- und Verfahrensrechts
int	international		
Int Anmeldung	internationale Anmeldung nach dem PCT	IPRB	Der IP Rechtsberater Verlag Dr. Otto Schmidt www.iprb.de
IntAusstÜ	Übereinkommen über Internationale Ausstellungen (Tabu Gewerbl. Rechtsschutz Nr 698)	IPTA	International Patent and Trademark Association USA
		IRB	Internationale Recherchenbehörde
IntAusstÜ Protokoll	Protokoll über Internationale Ausstellungen (Tabu Gewerbl. Rechtsschutz Nr 698a)	ISA	International Search Authority/Internationale Recherchenbehörde
IntPatÜG	Gesetz über internationale Patentübereinkommen (s Anhang 1 = Tabu Gewerbl. Rechtsschutz Nr 441)	iSd	im Sinne des
		ISO	Internationale Organisation für Normung
		IT	Italien
IntPflanzÜ	Internationales Übereinkommen zum Schutz von Pflanzenzüchtungen (Tabu Gewerbl. Rechtsschutz Nr 682)	ITU	Internationale Telecommunication Union
		iVm	in Verbindung mit
		iwS	im weiteren Sinne

Abkürzungen

J		KostO	Kostenordnung (Tabu Gewerbl. Rechtsschutz Nr 360)
J	Aktenzeichen von Entscheidungen der Juristischen Beschwerdekammer des EPA, zB J 0010/92	KostREuroUG	Gesetz zur Umstellung des Kostenrechts und der Steuerberaterverordnung auf Euro
JbeitrO	Justizbeitreibungsordnung (Tabu Gewerbl. Rechtsschutz Nr 363)	KostRMoG	Kostenrechtsmodernisierungsgesetz v 05.05.04 Bl 04, 321
JD Supra	JD Supra is a daily source of legal intelligence (www.jdsupra.com)	KS	Vertrag über die Gründung der Europäischen Gemeinschaft für Kohle und Stahl (empfohlene Abkürzung des EuGH für die nach dem 1.5.99 geltende Fassung)
JIBL	Journal of International Biotechnology (de Gruyter)		
JIPLP	Journal of Intellectual Property Law & Practice (Oxford University Press, Partner of GRUR Int)	KstlSchA	Internationales Abkommen über den Schutz der ausübenden Künstler, der Hersteller von Tonträgern und der Sendeunternehmen (BGBl. I 1965 II S. 1243)
JkomG	Gesetz über die Verwendung elektronischer Kommunikationsformen in der Justiz		
JMBl	Justizministerialblatt	KWI	Karlsruher Schriften zum Wettbewerbs- und Immaterialgüterrecht; Carl Heymanns Verlag
JP	Japan		
JPA	Japanese Patent Association		
JPO	Japan Patent Office/Japanisches Patentamt		
JPTOS	Journal of the Patent and Trade Mark Office Society	**L**	
JR	Juristische Rundschau	L	Leitsatz
JuMoG	Justizmodernisierungsgesetz	LES	Licensing Executives Society
JurBüro	Das Juristische Büro	LG	Landgericht
JurPC	Internet-Zeitschrift für Rechtsinformatik http://www.jurpc.de/	LI	Liechtenstein
		Liedl	Entscheidungen des BGH in Zivilsachen, Nichtigkeits-Klagen, herausgegeben von PA G. Liedl
JVEG	Justizvergütungs- und -entschädigungsgesetz		
JVKostV	Justizverwaltungskostenordnung (Tabu Gewerbl. Rechtsschutz Nr 362)	LKA (LocarnoK)	Abkommen von Locarno zur Errichtung einer internationalen Klassifikation für gewerbliche Muster und Modelle (Tabu Gewerbl. Rechtsschutz Nr 676)
JWIP	Journal of World Intellectual Property, Genf		
JZ	Juristenzeitung		
		Link	Verweisung in einem Hypertext-Dokument auf eine andere Textstelle (Datei, Adresse) im selben Dokument oder auf ein anderes Dokument (auf eine andere Datei oder Adresse)
K			
KG	Kammergericht		
Kinderarzneimittel	Verordnung (EG) Nr 1901/2006 über Kinderarzneimittel (Tabu Gewerbl. Rechtsschutz Nr 696c)		
		lit	litera/Buchstabe
		LM	Lindenmaier-Möhring, Nachschlagewerk des BGH
KIPO	Korean Intellectual Property Office/Koreanisches Amt für geistiges Eigentum	LMK	Kommentierte BGH-Rechtsprechung Lindenmaier-Möhring
KIT	Karlsruher Institut für Technologie		
KJ	Kritische Justiz		
KlassRichtl	Klassifizierungsrichtlinien (Tabu Gewerbl. Rechtsschutz Nr 134)		

Abkürzungen

LMK plus	Zeitschriftenmodul: Elektronischer Anmerkungsdienst zu BGH-Entscheidungen im Zivilrecht, im Gesellschaftsrecht und im Gewerblichen Rechtsschutz, beck-online, seit Juli 2005
LondonÜ	Londoner Übereinkommen über die Anwendung des Artikels 65 EPÜ (ABlEPA 2001, 549; 2008, 123 = Tabu Gewerbl. Rechtsschutz Nr 803)
lSp	linke Spalte
LT	Litauen
LU	Luxemburg
LUA	Lissaboner Abkommen über den Schutz der Ursprungsbezeichnungen und ihre internationale Registrierung (Tabu Gewerbl. Rechtsschutz Nr 685)
LUA AusfO	Ausführungsordnung zum LUA (Tabu Gewerbl. Rechtsschutz Nr 686)
LuganoÜ	Übereinkommen über die gerichtliche Zuständigkeit und die Anerkennung und die Vollstreckung von Entscheidungen in Zivil- und Handelssachen (Tabu Gewerbl. Rechtsschutz Nr 694b)
LV	Lettland

M

MarkenG	Markengesetz
Maunz/Dürig	Kommentar zum Grundgesetz, erscheint seit 2021 unter »Dürig/Scholt/Herzog«
MDR	Monatsschrift für Deutsches Recht
mE	meines Erachtens
MHA	Madrider Abkommen über die Unterdrückung falscher oder irreführender Herkunftsangaben (Tabu Gewerbl. Rechtsschutz Nr 680)
MHA StockholmerZV	Stockholmer Zusatzvereinbarung zum MHA (Tabu Gewerbl. Rechtsschutz Nr 680a)
MikroO	Mikroorganismus
Mitt	Mitteilungen der deutschen Patentanwälte
MittDPMA	Mitteilungen des Präsidenten des DPMA (Tabu Gewerbl. Rechtsschutz Nr 499)
MMR	Multimedia und Recht – Zeitschrift für Informations-, Telekommunikations- und Medienrecht
MPI	Max-Planck-Institut für Immaterialgüter- und Wettbewerbsrecht Marstallplatz 1 80539 München www.ip.mpg.de
MPJ	Medizinprodukte Journal
MPR	Zeitschrift für das gesamte Medizinprodukterecht
MS	Member State, zB EU-MS
MTA	Material Transfer Agreement (Materialübergabevereinbarung)
MuR	Medien und Recht. Zeitschrift für österreichisches Medien- und Kommunikationsrecht
Muster und Modelle EGRichtl	Richtlinie 98/71/EG über den rechtlichen Schutz von Mustern und Modellen (Tabu Gewerbl. Rechtsschutz Nr 677)
MuW	Markenschutz und Wettbewerb
mwN	mit weiteren Nachweisen

N

NATOInfÜ	Nato-Übereinkommen über die Weitergabe technischer Informationen zu Verteidigungszwecken
NATO GeheimÜ	Übereinkommen über die wechselseitige Geheimbehandlung verteidigungswichtiger Erfindungen, die den Gegenstand von Patentanmeldungen bilden
nF	neue Fassung
NIR	Nordisk Immateriellt Rättsskydd (SE)
NJOZ	Neue Juristische Online-Zeitschrift
NJW	Neue Juristische Wochenschrift
NJW-RR	NJW-Rechtsprechungs-Report
NL	Niederlande
NO	Norwegen
Nr	Nummer. Bei Entscheidungen Gliederungspunkt der Entscheidung oder der Entscheidungsgründe
NRW	Nordrhein-Westfalen
NRWE	Rechtsprechungsdatenbank NRW www.nrwe.de
NVwZ	Neue Zeitschrift für Verwaltungsrecht

Abkürzungen

NZA	Neue Zeitschrift für Arbeits- und Sozialrecht	PartGG	Partnerschaftsgesellschaftsgesetz
NZG	Neue Zeitschrift für Gesellschaftsrecht	PatAnmV	Verordnung über die Anmeldung von Patenten, aufgehoben und ersetzt durch PatV
NZBau	Neue Zeitschrift für Baurecht und Vergaberecht	PatAnwGebO	Patentanwaltsgebührenordnung (Tabu Gewerbl. Rechtsschutz Nr 366)
NZI	Neue Zeitschrift für das Recht der Insolvenz und Sanierung		
NZKart	Neue Zeitschrift für Kartellrecht	PatAnwO	Patentanwaltsordnung (Tabu Gewerbl. Rechtsschutz Nr 480)
NZS	Neue Zeitschrift für Sozialrecht	PatBl	Patentblatt
		PatentIn	Computerprogramm für die standardisierte Darstellung von Nucleotid- und Aminosäuresequenzen in europ Anmeldungen
O			
OAMI	Oficina de armonización del Mercado Interior (= HABM)		
OAPI	Organisation Africaine de la Propriété intellectuelle, Yaounde, Cameroun	PatG	Patentgesetz
		PatGÄndG	Gesetz zur Änderung des Patentgesetzes
Öbl	Österreichische Blätter für gewerblichen Rechtsschutz und Urheberrecht, Wien	PatGebG	Patentgebührengesetz, aufgehoben und ersetzt durch PatKostG (Anhang 15)
OGH	Oberster Gerichtshof (Österreich)	PatGebZV	VO über die Zahlung der Gebühren des DPMA und des BPatG, aufgehoben und ersetzt durch PatKostZV (Anhang 17)
OHIM	Office for Harmonisation in the Internal Market (= HABM)		
OHMI	Office de l'Harmonisation du Marché Intérieur (= HABM)	PatKostG	Gesetz über die Kosten des Deutschen Patent- und Markenamts und des Bundespatentgerichts (Patentkostengesetz) (Anhang 15)
OLGR	OLG-Report		
OLG-Rspr	Rechtsprechung der OLG und LG zum Zivilrecht		
OLGZ	Entscheidungen der Oberlandesgerichte in Zivilsachen	PatKostZV	Verordnung über die Zahlung der Kosten des Deutschen Patent- und Markenamts und des Bundespatentgerichts (Patentkostenzahlungsverordnung) (Anhang 17)
OMPI	Organisation Mondiale de la Propriété intellectuelle (engl: WIPO)		
Online	Zustand, bei dem eine laufende Verbindung zwischen einem System und einem Peripheriegerät oder zwischen zwei Systemen besteht	PatNovG	Gesetz zur Novellierung patentrechtlicher Vorschriften und anderer Gesetze des gewerblichen Rechtsschutzes
		PaTrAS	Patent and Trademark Application System
öPA	österreichisches Patentamt		
OJ	Official Journal of the EPO		
OLG	Oberlandesgericht	PatRModG	Gesetz zur Vereinfachung und Modernisierung des Patentrechts
ÖSGRUM	Österreichische Schriftenreihe zum gewerblichen Rechtsschutz, Urheber- und Medienrecht		
		PatV	Verordnung zum Verfahren in Patentsachen vor dem DPMA (Patentverordnung) (Anhang 11)
OS	Offenlegungsschrift		
		PatW	Patent World, London
P		PAVIS PROMA	CD mit Markenbeschlüssen des BPatG, HABM, BGH, EuGH, ausgewertet von Richtern des BPatG
PA	Patentamt		
PAK	Patentanwaltskammer		
Palandt	Bürgerliches Gesetzbuch, erscheint seit 2021 unter »Grüneberg«		

Abkürzungen

PCT	Patent Cooperation Treaty = Patentzusammenarbeitsvertrag (Tabu Gewerbl. Rechtsschutz Nr 900)	RBerG	Rechtsberatungsgesetz (Tabu Gewerbl. Rechtsschutz Nr 487)
PCT AusfO	Ausführungsordnung zum PCT (Tabu Gewerbl. Rechtsschutz Nr 910)	RBÜ	Berner Übereinkunft zum Schutz von Werken der Literatur und Kunst (Tabu Gewerbl. Rechtsschutz Nr 618a)
PDF	Dateiformat von Textdateien, die mit dem Acrobat Reader von Adobe gelesen werden können	RDG	Rechtsdienstleistungsgesetz
		Rdn	Randnummer (werkintern)
		Rechtspr	Rechtsprechung
Pekinger Abk	Pekinger Abkommen über audiovisuelle Darbietungen www.wipo.int/treaties/en/text.jsp?file_id=295837	RechtsprBK/EPA	Rechtsprechung der Beschwerdekammern des Europäischen Patentamts, herausgegeben vom EPA
PflZÜ	Internationales Übereinkommen zum Schutz von Pflanzenzüchtungen (Tabu Gewerbl. Rechtsschutz Nr 684a)	RG	Reichsgericht; Entscheidungen des RG in Zivilsachen
		RGBl	Reichsgesetzblatt
		RIW	Recht der Internationalen Wirtschaft
PharmR	Pharma-Recht	Rn	Randnummer (externe Werke)
PHOENIX	Elektronisches Aktensystem zur Aktenanlage, Aktenführung und Aktenaufbewahrung	RO	Rumänien
		Rom I VO	Verordnung (EG) Nr 593/2008 über das auf vertragliche Schuldverhältnisse anzuwendende Recht (Tabu Gewerbl. Rechtsschutz Nr 694f)
PIBD	Propriété industrielle bulletin documentaire (FR)		
PIZ	Patentinformationszentrum (Verzeichnis Tabu Gewerbl. Rechtsschutz Anhang II)		
PKHÄndG	Gesetz zur Änderung des Prozesskostenhilfe- und Beratungshilferechts (Anhang 21)	Rom II VO	Verordnung (EG) Nr 864/2007 über das auf außervertragliche Schuldverhältnisse anzuwendende Recht (Tabu Gewerbl. Rechtsschutz Nr 694g)
PL	Polen		
PLT	Patent Law Treaty (Anhang 14 Inhalt und Link)	ROW	Recht in Ost und West
PPH	Patent Prosecution Highway	R.P.C.	Reports of Patent, Design and Trade mark cases
Pr	Praxis		
Präs	Präsident	RPfl	Der Deutsche Rechtspfleger
PropInd	La Propriété industrielle et le Droit d'Auteur (OMPI)	RPflG	Rechtspflegergesetz (Tabu Gewerbl. Rechtsschutz Nr 306)
PrüfRichtl	Richtlinien für die Prüfung von Patentanmeldungen (Tabu Gewerbl. Rechtsschutz Nr 136)	rSp	rechte Spalte
		Rspr	Rechtsprechung
		RTW	Recht-Technik-Wirtschaft
PS	Patentschrift	RU	Russische Föderation
PT	Portugal	RVG	Rechtsanwaltsvergütungsgesetz
PTCJ	Patent Trademark & Copyright Journal		
PUDLV	Postuniversaldienstleistungsverordnung v 15.12.99 BGBl I 4258	**S**	
		s	siehe
		S	Satz, Seite
PVÜ	Pariser Verbandsübereinkunft (Anhang 12 = Tabu Gewerbl. Rechtsschutz Nr 610, 610a)	SA	Sonderausgabe zum Amtsblatt des EPA
		SACEPO	Standing Advisory Committee of the European Patent Office (Ständiger Beratender Ausschuss beim EPA)
R			
R	Regel der Ausführungsordnung zum EPÜ		

Abkürzungen

SatÜ	Übereinkommen über die Verbreitung der durch Satelliten übertragenen programmtragenden Signale (BGBl 1979 II 113, 816)	SortSchGeb	Verordnung (EG) Nr 1238/1995 über die zu entrichtenden Gebühren (Tabu Gewerbl. Rechtsschutz Nr 696k)
Schönfelder	Deutsche Gesetze, erscheint seit 2021 unter »Habersack«	SortSchVO	Verordnung (EG) Nr 874/2009 über das Verfahren vor dem Gemeinschaftlichen Sortenamt (Tabu Gewerbl. Rechtsschutz Nr 696l)
Schutzzertifikat Arzneimittel.	Verordnung (EG) Nr 469/2009 über das ergänzende Schutzzertifikat für Arzneimittel (Tabu Gewerbl. Rechtsschutz Nr 696f)	SSO	Standardisierungsorganisation
		st	ständig
Schutzzertifikat PflanzenSchutz	Verordnung (EG) Nr 1610/1996 über die Schaffung eines ergänzenden Schutzzertifikats für Pflanzenschutzmittel (Tabu Gewerbl. Rechtsschutz Nr 696p)	StdT	Stand der Technik
		StKIHK	Ständige Konferenz der Industrie- und Handelskammern der EWG (franz: CPCCI)
SE	Europäische Gesellschaft (Societas Europaea)	stPr	ständige Praxis
SE	Schweden	str	streitig
SEEG	Gesetz zur Einführung der Europäischen Gesellschaft	StraßburgerÜ (StraÜ)	Übereinkunft zur Vereinheitlichung gewisser Begriffe des materiellen Rechts der Erfindungspatente (Tabu Gewerbl. Rechtsschutz Nr 622)
SEP	Standardessentielles Patent		
sic!	Zeitschrift für Immaterialgüter-, Informations- und Wettbewerbsrecht (ab 1997, vorher SMI)	stRspr	ständige Rechtsprechung
		StZG	Gesetz zur Sicherstellung des Embryonenschutzes im Zusammenhang mit Einfuhr und Verwendung menschlicher embryonaler Stammzellen (Stammzellgesetz) v 28.06.02
SigG	Gesetz über Rahmenbedingungen für elektronische Signaturen (Signaturgesetz)		
SIPO	State Intellectual Property Office/Staatliches Amt für geistiges Eigentum der Volksrepublik China		
		T	
SK	Slowakei	T	Aktenzeichen von Entscheidungen einer Technischen Beschwerdekammer des EPA, zB T 0280/91
Sl	Slowenien		
Slg	Sammlung der Rechtsprechung des Gerichtshofs und des Gerichts 1. Instanz (EuGH), Luxemburg		
		Tabu Gewerbl. Rechtsschutz oder Tabu	Taschenbuch Gewerblicher Rechtsschutz, Loseblattsammlung bis 2021 herausgegeben vom DPMA, seit 2021 herausgegeben vom Verlag Wolters Kluwer
SME	Small and medium enterprise		
SMI	Schweizerische Mitteilungen über Immaterialgüterrecht (bis 1996, ab 1997 sic!)		
SMTP	Simple Mail Transfer Protocol	TBK	Technische Beschwerdekammer des EPA
SNP	single nucleotide polymorphism	TDG	Teledienstgesetz v 22.07.97 aufgehoben durch TMG
SOAP	Simple Object Access Protocol	TFEU	Treaty on the Functioning of the European Union
SonderA	Sonderausgabe zum Amtsblatt des EPA Zitiert zB »ABl 07 SonderA 3 S. 18«.	TIZ	Technisches Informationszentrum
SortSchV	EGV Nr 2100/94 über den gemeinschaftlichen Sortenschutz (Tabu Gewerbl. Rechtsschutz Nr 696j)	TKG	Telekommunikationsgesetz v. 22.6.2004 BGBl I 1190
		TMG	Telemediengesetz v 26.02.07 BGBl I 179
		TO	Topographien

Abkürzungen

TontrSchÜ	Übereinkommen zum Schutz der Hersteller von Tonträgern gegen die unerlaubte Vervielfältigung ihrer Tonträger (BGBl. II S. 1669)
TPG	Transplantationsgesetz. Gesetz über die Spende, Entnahme und Übertragung von Organen und Geweben vom 04.09.07 BGBl I 2206
TR	Türkei
TRIPS	Agreement on Trade-Related Aspects of Intellectual Property Rights, Übereinkommen über handelsbezogene Aspekte der Rechte des geistigen Eigentums (Anhang 13 = Tabu Gewerbl. Rechtsschutz Nr 699a)
Tz	Textzahl (verweist zB in BGH-Entscheidungen auf bestimmte Absätze)

U

u	und
Ü	Übereinkommen
UA	Ukraine
ÜBV	Übereinkommen über die biologische Vielfalt vom 05.06.92 BGBl 1993 II 1741
ÜbersV	Verordnung über die Übersetzung von europäischen Patentschriften (Tabu Gewerbl. Rechtsschutz Nr 114)
UEPIP	Union of European Practitioners in Industrial Property
ÜG	Überleitungsgesetz
UKIPO	United Kingdom Intellectual Property Office/Amt für geistiges Eigentum des Vereinten Königreichs
UklaG	Gesetz über Unterlassungsklagen bei Verbraucherrechts- und anderen Verstößen (Unterlassungsklagengesetz) Neugefasst durch Bek. V. 27.08.2022 (BGBl I 3422, 4346), zuletzt geändert durch G v. 31.05.2021 (BGBl I S. 1204)
UMV	Unionsmarkenverordnung (Tabu Gewerbl. Rechtsschutz Nr 651)
UNEPA	Union of European Patent Agents
UNICE	Union des Industries de la Communauté Européenne
UNION	Union europäischer Berater für den gewerblichen Rechtsschutz
UPC	Unified Patent Court
UPCA	Agreement on a Unified Patent Court
UPOV	Union Internationale pour la Protection des obtentions végétales (= Internationaler Verband zum Schutz von Pflanzenzüchtungen) (Tabu Gewerbl. Rechtsschutz Nr 682)
UrhG	Urheberrechtsgesetz
UrhWissG	Gesetz zur Angleichung des Urheberrechts an die aktuellen Erfordernisse der Wissensgesellschaft (Urheberrechts-Wissensgesellschafts-Gesetz – UrhWissG)
URL	Uniform Resource Locator, zeigt auf eine bestimmte Adresse im Internet
US	Vereinigte Staaten
USPTO	United States Patent and Trade Mark Office/US-amerikanisches Patent- und Markenamt
UWG	Gesetz gegen unlauteren Wettbewerb (Tabu Gewerbl. Rechtsschutz Nr 415)

V

v	von, vom
V	Verordnung
VAMP	Virtuelles Archiv für Marken- und Patentrecht, Bestandteil der »Düsseldorfer Entscheidungen«
VC	Vienna Convention on the Law of Treaties between States and International Organisations 1986
VCLT	Vienna Convention on the Law of Treaties 1969 http://untreaty.un.org/ilc/texts/instruments/english/conventions/1_1_1969.pdf
VEP	Vorschriften über die europäische Eignungsprüfung für die beim EPA zugelassenen Vertreter
VerfOBK	Verfahrensordnung der Beschwerdekammern (EPA) ABl 2007, 536 und ABl 2013 Beilage S. 38 http://www.epo.org/law-practice/legal-texts/html/caselaw/2010/d/clr_rpba.htm

Abkürzungen

VerfOGBK	Verfahrensordnung der Großen Beschwerdekammer (EPA) ABl 2007, 303 und ABl 2013 Beilage S. 28 http://www.epo.org/law-practice/legal-texts/html/caselaw/2010/d/clr_rpeba.htm	WO	internationale Patentanmeldungen (PCT) in deutscher Sprache
		WpHG	Gesetz über den Wertpapierhandel
		WPM	Wertpapiermitteilungen
		WPPT	WIPO-Vertrag über künstlerische Darbietungen und Tonträger (BGBl. 2003 II S. 754, 770, 2011 II S. 860)
VertrGebErstG	Gesetz über die Erstattung von Gebühren des beigeordneten Vertreters (Tabu Gewerbl. Rechtsschutz Nr 486)		
		WRP	Wettbewerb in Recht und Praxis
VerwArch	Verwaltungsarchiv	WTO	World Trade Organization, Welthandelsorganisation (Tabu Gewerbl. Rechtsschutz Nr 699)
VGH	Verwaltungsgerichtshof		
vgl	vergleiche		
VKH	Verfahrenskostenhilfe		
VLK	Vorschriften über das laufende Konto	WUA	Welturheberrechtsabkommen
		WWW	World Wide Web
Vol	Volume	WZG	Warenzeichengesetz
VPP	Vereinigung von Fachleuten auf dem Gebiet des gewerblichen Rechtsschutzes		
		X	
VPS	Virtuelle Poststelle	XML	Extensible Markup Language
VwVfG	Verwaltungsverfahrensgesetz		
VwGO	Verwaltungsgerichtsordnung	**Y**	
VwVerfG	Verwaltungsverfahrensgesetz	YU	Jugoslawien
VwZG	Verwaltungszustellungsgesetz (Tabu Gewerbl. Rechtsschutz Nr 325)		
		Z	
		ZAR	Zentrum für Angewandte Rechtswissenschaft
W		ZE	Ergänzende Schutzzertifikate für Arznei- und Pflanzenschutzmittel
WahrnV	Wahrnehmungsverordnung (Tabu Gewerbl. Rechtsschutz Nr 305)		
		ZEV	Zeitschrift für Erbrecht und Vermögensnachfolge
WCT	WIPO-Urheberrechtsvertrag (ww.wipo.int/treaties/en/ip/wct/)		
		ZGE	Zeitschrift für geistiges Eigentum (= IPJ) Mohr Siebeck Verlag
WienerA	Wiener Abkommen über den Schutz typographischer Schriftzeichen und ihre internationale Hinterlegung (Tabu Gewerbl. Rechtsschutz Nr 678)		
		ZHR	Zeitschrift für das gesamte Handelsrecht und Wirtschaftsrecht
		ZinsO	Zeitschrift für das gesamte Insolvenzrecht
WienerA AusfO	Ausführungsordnung zum Wiener Abkommen (Tabu Gewerbl. Rechtsschutz Nr 679a)	ZIP	Zeitschrift für Wirtschaftsrecht (bis 1982: Zeitschrift für Wirtschaftsrecht und Insolvenzpraxis)
WienerA Protokoll	Protokoll zum Wiener Abkommen (Tabu Gewerbl. Rechtsschutz Nr 679b)		
		ZJS	Zeitschrift für das juristische Studium
WIPO	World Intellectual Property Organization (franz: OMPI) (Tabu Gewerbl. Rechtsschutz Nr 601)	ZollDurchsetzung	Verordnung (EU) Nr 608/2013 zur Durchsetzung der Rechte geistigen Eigentums durch die Zollbehörden (Tabu Gewerbl. Rechtsschutz Nr 696s)
WiRO	Wirtschaft und Recht in Osteuropa		
WM	Zeitschrift für Wirtschafts- und Bankrecht, Wertpapiermitteilungen Teil IV	ZollDurchsetzungForm	Durchführungsverordnung (EU) Nr 1352/2013: Formblätter (Tabu Gewerbl. Rechtsschutz Nr 696t)

Abkürzungen

ZöR	Zeitschrift für öffentliches Recht	ZuSEntschG	Gesetz über die Entschädigung von Zeugen und Sachverständigen
ZPubl	Zusatzpublikation zum jeweiligen Jahrgang des ABl EPA	Zwangslizenz EGV	Verordnung (EG) Nr 816/2006 über Zwangslizenzen für Patente (Tabu Gewerbl. Rechtsschutz Nr 696u)
ZRHO	Rechtshilfeordnung für Zivilsachen		
ZRP	Zeitschrift für Rechtspolitik		
ZUM	Zeitschrift für Urheber- und Medienrecht	ZZP	Zeitschrift für Zivilprozess
		ZZPInt	Zeitschrift für Zivilprozess International
ZUR	Zeitschrift für Umweltrecht		
Zuspubl	Zusatzpublikation zum jeweiligen Jahrgang des ABl EPA		

Änderungen des Patentgesetzes seit 1999

Zu den Änderungen des Patentgesetzes von 1976–1999 siehe 6. Auflage Seite LXI.

Nr.	Änderndes Gesetz	Inkrafttreten	Betroffene §§ des PatG	Art der Änderung
1	Zustellungsreformgesetz vom 25.6.2001 (Art 2 (26)) BGBl I 1206 = Bl 01, 253	01.07.02	§ 127 (1) 1 u (1) Nr 4	Änderung
			§ 127 (1) Nr 2 u (2)	Neufassung
2	Zivilprozeßreformgesetz vom 27.7.2001 (Art 42) BGBl I 1887 = Bl 01, 303	01.01.02	§ 101 (2)	Neufassung
			§ 136 S 1	Einfügung
3	Schuldrechtsmodernisierungsgesetz vom 26.11.2001 (Art 5) BGBl I 3138 = Bl 02, 68	01.01.02	§ 33 (3), § 141	Neufassung
			12. Abschnitt, § 147	Anfügung
4	Kostenregelungsbereinigungsgesetz vom 13.12.2001 (Art 7) BGBl I 3656 = Bl 02, 14	01.01.02	Inhaltsübersicht, § 32(1)2, § 62(1)3, § 147(2) u (3).	Anfügung
			§ 13(3)3, § 16a(1)2, § 16a(2), § 17(1), § 23(2), § 23(5)3, § 27(5)2, § 30(2), § 30(4)1, § 31(1)2, § 32(5), § 34(7)2, § 34(9)2, § 39(2)2, § 42(1)2, § 43(1)1, § 44(4)2, § 47(2), § 54, § 58(3), § 63(1)2, § 63(4), § 67(1), § 73(3) u (4), § 80(3), § 81(1)2, § 130(1)2, § 130(4), § 143(5).	Änderung
			§ 17(3)-(6) § 18, § 19, § 23(5)2, § 28(2), § 30(5), § 34(6), § 43(2)4, § 44(3), § 49a(4), § 57, § 64(2)2, § 73(3), § 81(6), § 85(2)1, § 98.	Aufhebung
			§ 20(1) Nr 3, § 23(1), § 23(3)2, § 23(4), § 23(7)4, § 25, § 29(3), § 30(1)1, § 30(3), § 43(4)3, § 49a(3)1, § 130(5).	Neufassung
		01.01.05	§ 123a	Einfügung

Änderungen des Patentgesetzes seit 1999

Nr.	Änderndes Gesetz	Inkrafttreten	Betroffene §§ des PatG	Art der Änderung
	Transparenz- und Publizitätsgesetz vom 19.7.2002 BGBl I 2681 = Bl 02, 297	20.07.02	§§ 16a(1), 125a, 135(1)3, 147(3)3	Einfügung
			PatKostG §§ 3(1),7(1)2, 8(1) Nr 1	Änderung
6	OLG-Vertretungs-Änderungsgesetz vom 23.7.2002 (Art 3) BGBl I 2850 = Bl 02, 353	01.08.02	§ 143 (3) und (4) § 143 (5) wird § 143 (3)	Aufhebung
7	Geschmacksmusterreformgesetz vom 12.3.2004 BGBl I 390 = Bl 04, 207	01.06.04	§ 28	Neufassung
			§§ 44 (2), (4) 2, 102 (5) 4, 143(2)	Änderung
8	Kostenrechtsmodernisierungsgesetz vom 05.5.2004 (KostRMoG) BGBl I 718 = Bl 04, 321	01.07.04	§ 128a	Einfügung
			§ 143 (3)	Änderung
9	Gesetz zur Änderung des PatG und anderer Vorschriften des gewerblichen Rechtsschutzes vom 09.12.2004 (PatÄndG 2004) BGBl I 3232 = BlPMZ 05,3	15.12.04	§ 27 (4), § 147 (3)	Änderung
10	Gesetz zur Umsetzung der Richtlinie über den rechtlichen Schutz biotechnologischer Erfindungen vom 21.1.2005 (BioPatG) BGBl I 146 = BlPMZ 05, 93	28.02.05	§ 1 (2), § 1a, § 2a, §§ 9a – 9c,	Einfügung
			§ 11 Nr 2a, § 34a § 1 (2)-(3), § 16a (2), § 24 (2)-(6), § 39 (3), § 85 (1)	Änderung
			§ 2, § 9 (1)1,	Neufassung
11	14. Gesetz zur Änderung des Arzneimittelgesetzes Art 3 vom 29.08.2005 BGBl I 2570 = BlPMZ 05, 329	06.09.05	§ 11 Nr 2b	Einfügung

Änderungen des Patentgesetzes seit 1999

Nr.	Änderndes Gesetz	Inkrafttreten	Betroffene §§ des PatG	Art der Änderung
12	Art 1 des Gesetzes zur Änderung des patentrechtlichen Einspruchsverfahrens und des Patentkostengesetzes vom 21.6.2006 BGBl I 1318 = BlPMZ 06, 225	01.07.06	16a(2), § 21(3)2, § 31(1)2, § 62(1)1, § 127(1) Nr 3	Änderung
			§ 32 (5)	Streichung
			§ 59(3), § 62(2)3, § 67(1), § 80 (5), § 123(1)2, § 123a(3), § 133 S 2	Neufassung
			§ 59(4)	Anfügung
			§§ 60, § 147(2) u (3)	Aufhebung
			§ 61(2), § 100(1), Unterabschnitt 4 mit § 122a	Einfügung
13	Berichtigung des Gesetzes zur Änderung des patentrechtlichen Einspruchsverfahren vom 20.11.2006 BGBl I 2737 = BlPMZ 07, 1	01.07.06	§ 67 (1) Nr 2 c	Berichtigung
14	Art 2 des Gesetzes zur Umsetzung der Akte vom 29.11.2000 zur Revision des EPÜ vom 24.8.2007 BGBl I 2166 = BlPMZ 07, 362	13.12.07	§ 1 (1), § 2 (1), § 3(2) u (4), § 5 (1), § 14 (1), § 16a (2) u (3)	Änderung
			§ 2a (1), § 16a (3) S. 3 u 4	Neufassung
			§ 3 (4), § 64 (1), 131	Einfügung
			§ 5 (2)	Aufhebung
15	Art 40 des 2. Gesetzes über die Bereinigung von Bundesrecht im Zuständigkeitsbereich des BMJ vom 23.11.2007 BGBl I 2614 = BlPMZ 08, 1	30.11.07	§ 22 (2), § 26 (1)-(4), § 49a (1), § 65 (2) 3	Änderung
16	Art 15 (1) des Gesetzes zur Neuregelung des Rechtsberatungsrechts vom 12.12.2007 BGBl I 2840 = BlPMZ 08, 33	01.07.08	§§ 97, 102	Änderung

Änderungen des Patentgesetzes seit 1999

Nr.	Änderndes Gesetz	Inkrafttreten	Betroffene §§ des PatG	Art der Änderung
17	Art 12 (1) des 2. Gesetzes zur Änderung des Finanzverwaltungsgesetzes und anderer Gesetze vom 13.12.2007 BGBl I 2897= BlPMZ 08, 44	01.01.08	§ 142a (6)	Änderung
18	Art 2 des Gesetzes zur Verbesserung der Durchsetzung von Rechten des geistigen Eigentums vom 07.7.2008 BGBl I 1191 = BlPMZ 08, 274	01.09.08	Inhaltsübersicht; § 16a (2); §§ 140a-140e; § 142a (6) 1	Ersetzung
			§ 139 (1) u (2); § 142a (1)	Neufassung
			§ 141a; § 142b	Einfügung
19	Art 1 des Gesetzes zur Vereinfachung und Modernisierung des Patentrechts (PatRModG) vom 31.7.2009 BGBl I 2521 = BlPMZ 09, 301	01.10.09	§ 16a (1) 1 u (2), § 49a, § 65 (1) 1, § 81(2), § 82 (3), § 85, § 110, § 122 (1) 1, § 132 (2), § 136 S 2	Änderung
			§ 25 (2) 2, § 145	Aufhebung
			§ 30 (1) 2	Streichung
			§ 83, §§ 111-120, § 125a, § 127 (1) Nr 2	Neufassung
			§ 85a, § 147 (2)	Einfügung
20	Art. 13 des Gesetzes über den Rechtsschutz bei überlangen Gerichtsverfahren und strafrechtlichen Ermittlungsverfahren vom 24.11.2011 BGBl I 2302 = BlPMZ 12, 46	25.11.11	Inhaltsübersicht	Änderung
			§ 128b	Einfügung

Änderungen des Patentgesetzes seit 1999

Nr.	Änderndes Gesetz	Inkrafttreten	Betroffene §§ des PatG	Art der Änderung
21	Art. 1 des Gesetzes zur Novellierung patentrechtlicher Vorschriften und anderer Gesetze des gewerblichen Rechtsschutzes (PatNovG) vom 19.10.2013 BGBl 2013 I S 3830 = BlPMZ 13, 362	25.10.13 und 01.04.14	Inhaltsübersicht	Neufassung
			§ 2a (1) Nr 1	Einfügung
			§ 16 (1) 2, u (2)	Aufhebung
			§ 16a (1) 1	Änderung
			§ 17 (2)	Aufhebung
			§ 20 (1) u (2)	Änderung
			§ 23 (1) 2	Aufhebung
			§ 31 (3a) u (3b)	Einfügung
			§ 32 (1) 2 u 3	Anfügung
			§ 32 (3) 2	Neufassung
			§ 35 (1), (2) 2 u 3	Aufhebung
			§ 35 (2) u (3)	Anfügung
			§ 35a	Einfügung
			§ 37 (2) 2	Änderung
			§ 37 (2) 3 u 4	Aufhebung
			§ 39 (3)	Änderung
			§ 42 (2) 1	Änderung
			§ 42 (2) 1 Nr 4	Aufhebung
			§ 42 (2) 2	Aufhebung
			§ 42 (3) 1	Änderung
			§ 43	Neufassung
			§ 44	Neufassung
			§ 46 (1) 2 u 4	Änderung
			§ 59 (1) 1	Änderung
			§ 59 (3) 3 u 4	Anfügung
			§ 59 (4)	Einfügung
			§ 69 (1) 2	Änderung

Änderungen des Patentgesetzes seit 1999

Nr.	Änderndes Gesetz	Inkrafttreten	Betroffene §§ des PatG	Art der Änderung
			§ 125a (3) Nr 1	Neufassung
			§ 130 (1) 2, (6)	Änderung
			§ 147 (3) – (5)	Anfügung
22	Art 15 des Gesetzes zur Änderung des Prozesskostenhilfe- und Beratungshilferechts (PKHÄndG) vom 31.08.2013 BGBl 2013 I 2533 = BlPMZ 13, 332	01.01.14	§ 136 S 1 u 2	Änderung
			§ 137 S 1	Änderung
23	Art 2 des Gesetzes zur Modernisierung des Geschmacksmustergesetzes sowie zur Änderung der Regelungen über die Bekanntmachungen zum Ausstellungs-Schutz (DesignG) vom 10.10.2013 BGBl 2013 I S 3799 = BlPMZ 13, 382	01.01.14	§ 3 (5) 3	Änderung
24	Art 9 des Gesetzes zur Förderung des elektronischen Rechtsverkehrs mit den Gerichten vom 10.10.2013 BGBl 2013 I S 3786 = BlPMZ 13, 381	01.01.18	§ 125a	Änderung
25	Art 1 des Gesetzes zur Novellierung patentrechtlicher Vorschriften und anderer Gesetze des gewerblichen Rechtsschutzes vom 19.10.2013 BGBl I S 3830 = BlPMZ 13, 362	20.10.13 01.04.2014: Art 1 Nrn 3-8a, 9b, 10-18 und 21	Inhaltsübersicht, §§ 2a (1) Nr 1, 16, 16a, 17, 20, 31, 32, 35, 37, 39, 42, 43, 44, 46, 59, 69, 125a, 130, 147	Änderung
			§ 23 (1) 2	Aufhebung
			§ 35a	Einfügung

Änderungen des Patentgesetzes seit 1999

Nr.	Änderndes Gesetz	Inkrafttreten	Betroffene §§ des PatG	Art der Änderung
26	Art 204 der 10. Zuständigkeits-anpassungsverordnung vom 31.08.2015 BGBl I S 1474	08.09.15	§§ 3, 26,27,28,29, 34,35,41,43,63,66, 68,72,125a	Änderung statt »Justiz« jetzt »Justiz und für Verbraucherschutz«
27	Art 2 des Gesetzes zur Umsetzung der Verpflichtungen aus dem Nagoya_Protokoll, zur Durchführung der Verordnung (EU) Nr 511/2014 und zur Änderung des Patentgesetzes sowie zur Änderung des Umweltauditgesetzes vom 25.11.2015 BGBl I S 2092 = BlPMZ 16, 2	01.07.16	§ 34a	Änderung
28	Art 8 des Gesetzes zur Neuorganisation der Zollverwaltung vom 03.12.2015 BGBl I S 2178 = BlPMZ 16, 79	01.01.16	§ 142a (6) 1	Änderung
29	Art 2 des Gesetzes zur Änderung des Designgesetzes und weiterer Vorschriften des gewerblichen Rechtsschutzes vom 04.04.2016 BGBl I S 558 = BlPMZ 16, 161	01.07.16 01.10.16 für §§ 47 und 127 PatG	§§ 31 (2), 35a (4), 47 (1) u (2), 127 (1), 142a (1) 1, § 142 b	Änderung und Neufassung

Änderungen des Patentgesetzes seit 1999

Nr.	Änderndes Gesetz	Inkrafttreten	Betroffene §§ des PatG	Art der Änderung
30	Art 13 des Gesetzes zur Umsetzung der Berufsanerkennungsrichtlinie und zur Änderung weiterer Vorschriften im Bereich der rechtsberatenden Berufe vom 12.05.2017 BGBl 2017 I S. 1121 = BlPMZ 2017, 226	18.05.17	§ 25 (1)	Änderung
			25 (2)	Aufhebung
			§§ 25 (3) u (4) werden §§ 25 (2) u (3)	Änderung neu
	Art 5 enthält das Gesetz über die Tätigkeit europäischer Patentanwälte in Deutschland (EuPAG)		EuPAG	
31	Art. 9 des Gesetzes zur Änderung des Bundesversorgungsgesetzes und anderer Vorschriften vom 17.07.2017 BGBl 2017 I S. 2541 = BlPMZ 2017, 307	25.05.2018	§ 31 (3b) § 31a	Änderung Einfügung
32	Art 4 des Gesetzes zur Erweiterung der Medienöffentlichkeit in Gerichtsverfahren (EMöGG) vom 08.10.2017 BGBl I S. 3546 = BlPMZ 2018, 117, 2017, 341	18.04.2018	§ 59 (3) 4	Einfügung von »Abs 1« nach der Angabe »§ 169«
33	Art 3 des Gesetzes zur Angleichung des Urheberrechts an die aktuellen Erfordernisse der Wissensgesellschaft (Urheberrechts-Wissensgesellschafts-Gesetz – UrhWissG) vom 01.09.2017 BGBl 2017 I S. 3346 = BlPMZ 2017, 310	01.03.18	§ 29a	Einfügung

Änderungen des Patentgesetzes seit 1999

Nr.	Änderndes Gesetz	Inkrafttreten	Betroffene §§ des PatG	Art der Änderung
34	Art. 2 des Gesetzes zur Anpassung patentrechtlicher Vorschriften auf Grund der europäischen Patentreform Regierungs-Entwurf vom 20.06.2016 BT-Drucksache 18/8827, 18/9238, 18/9596 BR-Drucksache 280/16	wird im BGBl bekannt gemacht	§ 30 (1)	Anfügung von Satz 3
35	Art. 1 Zweites Gesetz zur Vereinfachung und Modernisierung des Patentrechts (2. PatMoG) vom 10.08.2021 BGBl I S. 3490	18.08.2021	Inhaltsübersicht, § 3 (2)1 Nr 1u3, § 16a (2), § 20, § 23, § 25, § 26, § 29, § 30, § 31, § 32, § 34, § 35, § 37, § 40, § 42(2) Nr 3, § 43, § 53, § 62(2), § 63, § 67(1)Nr 2c, § 79(3), § 82(1),(3), (4), § 83(1), § 85(3)2, § 125(1)-(2), § 128, § 130(5)1, § 147(2),	Änderung
			§ 28, § 31 (3b), § 61 (1),	Neufassung
			§ 30 (3) 2, § 32 (2)2, § 36 (2)3, § 46 (1)2, § 81(2)2 und (5)3, § 83 (1) 2-6, § 139(1)3-5, § 142(7), § 145a,	Anfügung

Änderungen des Patentgesetzes seit 1999

Nr.	Änderndes Gesetz	Inkraft-treten	Betroffene §§ des PatG	Art der Änderung
36	Art. 14 des Gesetzes zur Neuregelung des Berufsrechts der anwaltlichen und steuerberatenden Berufsausübungsgesellschaften sowie zur Änderung weiterer Vorschriften im Bereich der rechtsberatenden Berufe vom 07.07.2021 BGBL I S. 2363	01.08.2022	§ 130 (5) 2, § 135 (3) 2	Änderung
37	Art. 1 des Gesetzes über weitere Aufgaben des Deutschen Patent- und Markenamts und zur Änderung des Patentkostengesetzes vom 30.08.2021 BGBl. I 2021 S. 4074	01.01.2022	§ 26a	Einfügung

Inhalt der §§ 1–147 PatG
Konkordanz PatG / EPÜ 2000

PatG	EPÜ 2000	Inhalt
1. Abschnitt Das Patent §§ 1–25 PatG		
§ 1 (1)	Art 52 (1)	Patentierbare Erfindungen
§ 1 (2)	Regel 27 a	Biologisches Material
§ 1 (3)	Art 52 (2)	Nichterfindungen iSd PatG und des EPÜ
§ 1 (4)	Art 52 (3)	Ausschluss der Nichterfindungen als solche
§ 1a	Regel 29	Der menschliche Körper und seine Bestandteile
§ 2 (1)	Art 53 lit a	öffentliche Ordnung, gute Sitten
§ 2 (2)	Regel 28	Ausnahmen von der Patentierbarkeit (Klonen, Keimbahn, Embryonen, genetische Identität von Tieren)
§ 2a (1) Nr 1	Art 53 lit b S. 1	Pflanzensorten und Tierrassen, biologische Züchtungsverfahren
§ 2a (1) Nr 2	Art 53 lit c	Chirurgische oder therapeutische Behandlung, Diagnostizierverfahren
§ 2a (2) Nr 1	Regel 27 lit b	Pflanzen oder Tiere
§ 2a (2) Nr 2	Regel 27 lit c	Mikrobiologische Verfahren
§ 2a (3) Nr 1	Regel 26 (3)	Begriffsbestimmung »Biologisches Material«
§ 2a (3) Nr 2	Regel 26 (6)	Begriffsbestimmung »Mikrobiologisches Verfahren«
§ 2a (3) Nr 3	Regel 26 (5)	»Im Wesentlichen biologisches Verfahren«
§ 2a (3) Nr 4	Regel 26 (4)	Begriffsbestimmung »Pflanzensorte«
§ 3 (1) 1	Art 54 (1)	Definition der Neuheit
§ 3 (1) 2	Art 54 (2)	Stand der Technik
§ 3 (2)	Art 54 (3)	Patentanmeldungen mit älterem Zeitrang
§ 3 (3) u (4)	Art 54 (4) u (5)	Stoffe oder Stoffgemische zur Anwendung in Heilverfahren
§ 3 (5)	Art 54 (5)	Unschädliche Offenbarungen
§ 4	Art 56	Erfinderische Tätigkeit
§ 5	Art 57	Gewerbliche Anwendbarkeit
§ 6 Satz 1	Art 60 (1) Satz 1	Recht an der Erfindung
§ 6 Satz 2	Art 59	Mehrere Erfinder und Anmelder

Inhaltsübersicht PatG und Konkordanz PatG/EPÜ

PatG	EPÜ 2000	Inhalt
§ 6 Satz 3	Art 60 (2)	Mehrere unabhängige Erfinder
§ 7 (1)	Art 60 (3)	Anmelderfiktion
§ 7 (2)	–	Entnahmepriorität bei widerrechtlicher Entnahme
§ 8	–	Erfinderrechtliche Vindikation
§ 9	Art 64	Wirkung des Patents
§ 9a	–	Wirkung biologischer Patente
§ 9b	–	Erschöpfungsregelung für biologisches Material
§ 9c	–	Landwirteprivileg
§ 10	–	Wirkung des Patents: Verbot der mittelbaren Benutzung
§ 11	–	Beschränkungen der Wirkung des Patents
§ 12	–	Vorbenutzungsrecht
§ 13	–	Staatliche Benutzungsanordnung
§ 14	Art 69 (1)	Schutzbereich
§ 15 (1)	Art 71 u 72	Rechtsübergang durch Vererbung und Vertrag
§ 15 (2)	Art 73	Vertragliche Lizenzen
§ 16 (1) 1	Art 63 (1)	Patentdauer
§ 16 (1) 2 u (2)	–	Zusatzpatent
§ 16a	Art 63 (2) lit b	Ergänzendes Schutzzertifikat
§ 17	Art 86	Jahresgebühren
§ 18	–	*(aufgehoben)*
§ 19	–	*(aufgehoben)*
§ 20	–	Erlöschen des Patents
§ 21	Art 100	Einspruchsgründe
§ 22	Art 138	Nichtigkeitsgründe
§ 23	–	Lizenzbereitschaft
§ 24	–	Zwangslizenz
§ 25	*Art 133 (2)*	Inlandsvertreter

2. Abschnitt Patentamt §§ 26–33 PatG

§ 26	–	Mitglieder des Patentamts
§ 26a	–	Weitere Aufgaben des DPMA
§ 27	*Art 18, 19*	Prüfungsstelle, Patentabteilung

Inhaltsübersicht PatG und Konkordanz PatG/EPÜ

PatG	EPÜ 2000	Inhalt
§ 28	–	Verordnungsermächtigungen
§ 29	Art 25	Gutachten des DPMA, Auskünfte zum Stand der Technik
§ 29a	–	Interne urheberrechtliche Nutzung des Stands der Technik
§ 30	Art 127	Patentregister
§ 31	Art 128	Einsicht in Akten und Register
§ 32	Art 93 u 98	Offenlegungsschriften, Patentschriften, Patentblatt
§ 33	Art 67	Angemessene Entschädigung nach Offenlegung

3. Abschnitt Verfahren vor dem Patentamt §§ 33–64

PatG	EPÜ 2000	Inhalt
§ 34 (1)	Art 75	Patentanmeldung
§ 34 (2)	–	Anmeldung über Patentinformationszentrum,
§ 34 (3)	Art 78	Inhalt der Anmeldung
§ 34 (4)	Art 83	Offenbarung der Erfindung
§ 34 (5)	Art 82	Einheitlichkeit der Erfindung
§ 34 (6)	–	Ermächtigung für Patentverordnung
§ 34 (7)	Regel 42 (1) b	Angabe des Standes der Technik
§ 34 (8)	Regel 31 u 32	Hinterlegung von biologischem Material
§ 34a	–	Geographischer Herkunftsort biologischen Materials
§ 35 (1) 1	–	Fremdsprachige Anmeldung
§ 35 (1) 2	Regel 56	Fehlende Zeichnungen
§ 35 (2)	Art 80, Regel 40	Anmeldetag
§ 35a	–	Frist für Nachreichung deutscher Übersetzung
§ 36	Art 85	Zusammenfassung der Patentanmeldung
§ 37	Art 81	Erfinderbenennung
§ 38 Satz 1	Art 123 (1), Regel 137	Änderungen der Anmeldung
§ 38 Satz 2	Art 123 (2)	Unzulässige Erweiterung
§ 39	Art 76, Regel 36	Teilung der Anmeldung
§ 40 (1)	Art 87 (1) u (4)	Priorität einer nationalen Erstanmeldung, innere Priorität
§ 40 (2)	Art 88 (2)	Mehrere Prioritäten

Inhaltsübersicht PatG und Konkordanz PatG/EPÜ

PatG	EPÜ 2000	Inhalt
§ 40 (3)	Art 88 (3) u (4)	Offenbarung in der früheren Anmeldung
§ 40 (4)	Regel 52	Frist für Prioritätserklärung
§ 40 (5)	–	Fiktion der Rücknahme der früheren Anmeldung
§ 40 (6)	–	Abschrift der früheren Anmeldung
§ 41 (1)	Art 87 u 88, Regeln 52 u 53	Prioritätserklärung für eine frühere ausländische Anmeldung
§ 41 (2)	Art 87 (5)	Priorität für Nicht-PVÜ-Staaten
§ 42	–	Offensichtlichkeitsprüfung
§ 43	Art 92	Recherche
§ 44	Art 94, Regel 70	Prüfungsantrag
§ 45	Regel 71	Prüfungsbescheide
§ 46	Art 114 u 117, Regeln 115 ff	Ermittlungen, Anhörung, Niederschrift
§ 47	Regeln 111 u 125 ff	Begründung, Ausfertigung, Zustellung und Verkündung von Beschlüssen, Rechtsmittelbelehrung
§ 48	Art 97	Zurückweisung der Anmeldung
§ 49	Art 97	Patenterteilungsbeschluß
§ 49a	–	Prüfung des Antrags auf ergänzenden Schutz
§ 50	–	Geheimhaltungsanordnung
§ 51	–	Akteneinsicht des Bundesministers für Verteidigung
§ 52	–	Geheimanmeldung im Ausland
§ 53	–	Ausbleiben einer Geheimhaltungsanordnung
§ 54	–	besonderes Register für Geheimpatente
§ 55	–	Entschädigung für unterlassene Verwertung
§ 56	–	zuständige oberste Bundesbehörde
§ 57	Regel 71 (3)	Erteilungsgebühr (§ 57 PatG aufgehoben)
§ 58	Art 98 Regel 71	Veröffentlichung von Patenterteilung und Patentschrift, Eintritt der Wirkungen des Patents, Fiktion der Rücknahme der Anmeldung
§ 59 (1)	Art 99–104, Regel 75 ff	Einspruchsverfahren
§ 59 (2)	Art 105	Beitritt des vermeintlichen Patentverletzers

Inhaltsübersicht PatG und Konkordanz PatG/EPÜ

PatG	EPÜ 2000	Inhalt
§ 60	–	*Teilung des Patents im Einspruchsverfahren (aufgehoben)*
§ 61 (1) 1	Regel 77 ff	Beschluß über Aufrechterhaltung oder Widerruf des Patents
§ 61 (1) 2	Regel 84	Fortsetzung des Einspruchsverfahrens von Amts wegen
§ 62	Art 104, Regel 88	Kostenentscheidung, Verfahrenskosten, Kostenfestsetzung, Beschwerde
§ 63	Regel 73 (2)	Erfindernennung
§ 64	Art 105a–105b, Regel 90 ff	Antrag auf Beschränkung oder Widerruf

4. Abschnitt Patentgericht §§ 65–72

PatG	EPÜ 2000	Inhalt
§ 65	–	Bundespatentgericht
§ 66	–	Senate des BPatG
§ 67	–	Besetzung der Beschwerde- und Nichtigkeitssenate
§ 68	Regel 12	Präsidium, Geschäftsverteilung
§ 69	Art 116 (4)	öffentliche Verhandlung, Sitzungspolizei
§ 70	–	Beratung und Abstimmung
§ 71	–	Auftragsrichter und abgeordnete Richter
§ 72	–	Geschäftsstelle

5. Abschnitt Verfahren vor dem Patentgericht §§ 73–99 PatG

1. Beschwerdeverfahren §§ 73–80 PatG

PatG	EPÜ 2000	Inhalt
§ 73	Art 106, 108, 109	Beschwerde
§ 74	Art 107	Beschwerderecht
§ 75	Art 106 (1) 2	Aufschiebende Wirkung
§ 76	–	Erklärungen des Präsidenten des DPMA im Beschwerdeverfahren
§ 77	–	Beitritt des Präsidenten des DPMA zum Beschwerdeverfahren
§ 78	Art 116	Mündliche Verhandlung
§ 79	Art 111	Entscheidung über die Beschwerde
§ 80	–	Kosten des Beschwerdeverfahrens

Inhaltsübersicht PatG und Konkordanz PatG/EPÜ

PatG	EPÜ 2000	Inhalt
2. Nichtigkeits- und Zwangslizenzverfahren §§ 81–85 PatG		
§ 81	–	Erhebung der Klage, Sicherheitsleistung
§ 82	–	Zustellung der Klage, Säumnisverfahren
§ 83	–	Widerspruch, mündliche Verhandlung
§ 84	–	Urteil, Zwischenurteil, Kosten
§ 85	–	einstweilige Verfügung, vorläufige Vollstreckbarkeit
3. Gemeinsame Verfahrensvorschriften §§ 86–99 PatG		
§ 86	Art 24	Ausschließung und Ablehnung
§ 87	Art 114 (1)	Ermittlung von Amts wegen, Vorbereitung der mündlichen Verhandlung
§ 88	Art 117, Regel 119 ff	Beweiserhebung
§ 89	–	Terminbestimmung und Ladung
§ 90	–	Gang der Verhandlung
§ 91	–	Erörterung der Sach- und Rechtslage
§ 92	Regel 124	Protokoll
§ 93	Art 113	Beweiswürdigung, rechtliches Gehör
§ 94	–	Verkündung, Zustellung, Begründung
§ 95	Regel 140	Berichtigung offenbarer Unrichtigkeiten
§ 96	–	Tatbestandsberichtigung
§ 97	–	Vertretung, Vollmacht
§ 98	–	*(aufgehoben)*
§ 99	–	Anwendung von GVG und ZPO, Akteneinsicht
6. Abschnitt Verfahren vor dem Bundesgerichtshof §§ 100–122a PatG		
1. Rechtsbeschwerdeverfahren §§ 100–109 PatG		
§ 100	–	zugelassene und zulassungsfreie Rechtsbeschwerde
§ 101	–	Beschwerdeberechtigung, Rechtsbeschwerdegründe
§ 102	–	Frist, Form und Begründung der Rechtsbeschwerde, Anwaltszwang, Gerichtskosten

Inhaltsübersicht PatG und Konkordanz PatG/EPÜ

PatG	EPÜ 2000	Inhalt
§ 103	–	aufschiebende Wirkung
§ 104	–	Verwerfung als unzulässig
§ 105	–	mehrere Beteiligte, Zustellung, Gegenerklärung
§ 106	–	Anwendung der ZPO
§ 107	–	Entscheidung über die Rechtsbeschwerde, Umfang der Nachprüfung
§ 108	–	Zurückverweisung und Bindung des BPatG
§ 109	–	Kostenentscheidung und -festsetzung

2. Berufungsverfahren §§ 110–121 PatG

§ 110	–	Berufung, Berufungsschrift, Berufungsfrist
§ 111	–	Berufungsbegründung, Vertretungszwang, technischer Beistand
§ 112	–	Zustellung, beglaubigte Abschriften, Berufungserwiderungund Stellungnahme dazu
§ 113	–	Entscheidung über Zulässigkeit der Berufung
§ 114	–	Terminsbestimmung
§ 115	–	Untersuchungsgrundsatz
§ 116	–	mündliche Verhandlung
§ 117	–	verspätetes Vorbringen, rechtliches Gehör
§ 118	–	Nichterklärung und Nichterscheinen
§ 119	–	Niederschrift
§ 120	–	Verkündung und Zustellung des Urteils
§ 121	–	Streitwertfestsetzung, Kosten des Verfahrens

3. Beschwerdeverfahren § 122 PatG

§ 122	–	Beschwerde gegen Urteile nach § 85

4. Gemeinsame Verfahrensvorschriften § 122a

§ 122a	–	Anhörungsrüge

7. Abschnitt Gemeinsame Vorschriften §§ 123–128 PatG

§ 123	Art 122, Regel 136	Wiedereinsetzung

Inhaltsübersicht PatG und Konkordanz PatG/EPÜ

PatG	EPÜ 2000	Inhalt
§ 123a	Art 121, Regel 135	Antrag auf Weiterbehandlung
§ 124	–	Wahrheitspflicht
§ 125	–	Einreichung neuheitsschädlicher Druckschriften, Übersetzung
§ 125a	–	Einreichung elektronischer Dokumente
§ 126	–	Amts- und Gerichtssprache
§ 127	Art 119, Regeln 125 ff	Zustellung
§ 128	–	Rechtshilfe, Ordnungs- und Zwangsmittel gegen Zeugen
§ 128a	–	Zeugenentschädigung und Sachverständigenvergütung

8. Abschnitt Verfahrenskostenhilfe §§ 129–138 PatG

PatG	EPÜ 2000	Inhalt
§ 129	–	Verfahrenskostenhilfe (VKH), Ausländer
§ 130	–	VKH im Erteilungsverfahren
§ 131	–	VKH im Beschränkungsverfahren
§ 132	–	VKH für Einspruchs-, Nichtigkeits-, Zwangslizenzverfahren
§ 133	–	Beiordnung eines Vertreters
§ 134	–	Hemmung von Zahlungsfristen
§ 135	–	Verfahren für VKH-Bewilligung
§ 136	–	Anwendung der ZPO
§ 137	–	Aufhebung der VKH
§ 138	–	VKH im Rechtsbeschwerdeverfahren

9. Abschnitt: Rechtsverletzungen §§ 139–142b PatG

PatG	EPÜ 2000	Inhalt
§ 139	–	Unterlassung, Schadensersatz, Beweiserleichterung bei Verfahrenspatenten
§ 140	–	Aussetzung bei Entschädigungsansprüchen nach § 33, Frist für Prüfungsantrag
§ 140a	–	Vernichtungsanspruch für patentverletzende Erzeugnisse und Vorrichtungen
§ 140b	–	Anspruch auf Auskunft über Herkunft und Vertriebsweg

Inhaltsübersicht PatG und Konkordanz PatG/EPÜ

PatG	EPÜ 2000	Inhalt
§ 140c	–	Vorlage- und Besichtigungsanspruch
§ 140d	–	Vorlage von Bank-, Finanz- und Handelsunterlagen
§ 140e	–	Öffentliche Bekanntmachung des Urteils
§ 141	–	Verjährung
§ 141a	–	Ansprüche aus anderen gesetzlichen Vorschriften
§ 142	–	Strafen
§ 142a	–	Beschlagnahme und Einziehung durch Zollbehörde
§ 142b	–	Vereinfachte Vernichtung

10. Abschnitt Verfahren in Patentstreitsachen §§ 143–145 PatG

PatG	EPÜ 2000	Inhalt
§ 143	–	Patentstreitsachen
§ 144	–	Streitwertherabsetzung
§ 145	–	Zwang zur Klagenkonzentration
§ 145a	–	Anwendung der §§ 16 bis 20 des Gesetzes zum Schutz von Geschäftsgeheimnissen

11. Abschnitt Patentberühmung § 146 PatG

PatG	EPÜ 2000	Inhalt
§ 146	–	Auskunft bei Patentberühmung

12. Abschnitt Übergangsvorschriften § 147

PatG	EPÜ 2000	Inhalt
§ 147	–	Übergangsvorschriften (Verjährung)

Kommentar

Einleitung

Das deutsche Patentgesetz und das Europäische Patentübereinkommen werden im Kommentar weitgehend gemeinsam erläutert. Daher werden die deutsche und die europäische Rechtsprechung – soweit das nationale und das europäische Patentrecht übereinstimmen – gemeinsam zitiert.

Die Konkordanzen zwischen den Vorschriften des PatG, des EPÜ 2000 und des EPÜ 1973 ergeben sich aus folgenden Tabellen:

PatG/EPÜ 2000: Inhalt der §§ 1–147 PatG	Seite CI
Artikel EPÜ 2000/Artikel EPÜ 1973/PatG	Seite XIII
Artikel EPÜ 1973/Artikel EPÜ 2000	Seite XIX
Regeln EPÜ 2000/Regeln EPÜ 1973	Seite XXI

Die dem deutschen und europäischen Patentrecht gemeinsamen Verfahrensgrundsätze sowie die Verfahrensbegriffe, die für Verfahren sowohl nach dem PatG wie nach dem EPÜ von allgemeiner Bedeutung sind, werden nachstehend zusammenfassend erläutert. Zur Vermeidung von Wiederholungen wird in der Kommentierung jeweils auf diese gesonderte Erläuterung verwiesen, beispielsweise für die Erläuterungen zum Untersuchungsgrundsatz mit »vgl Einl Rdn 16« oder zur Schriftform mit »siehe Einl Rdn 352«.

Schulte

Übersicht

	Einleitung		1
I.	**Verfahrensgrundsätze**		1
1	Antragsgrundsatz		4
1.1	Gegenstand des Antrags		6
1.2	Bindung an den Antrag		7
1.3	Verstoß gegen Antragsprinzip		9
2	Verfügungsgrundsatz oder Dispositionsmaxime		11
3	Untersuchungsgrundsatz oder Amtsermittlung		16
3.1	Prüfung von Amtswegen		18
3.2	Umfang des Untersuchungsgrundsatzes		19
3.2.1	Grundsatz		19
3.2.2	Erteilungsverfahren		20
3.2.3	Einspruchsverfahren		21
3.2.4	Beschwerdeverfahren		28
3.2.5	Nichtigkeitsverfahren		29
3.2.6	Grenzen des Untersuchungsgrundsatzes		30
3.2.7	Verletzung des Untersuchungsgrundsatzes		40
II.	**Verfahrenshandlungen**		41
1	Voraussetzungen der Wirksamkeit von Verfahrenshandlungen		41
1.1	Parteifähigkeit		41
1.2	Prozessfähigkeit		44
1.3	Gesetzliche Vertretung		49
1.4	Vollmacht		51
1.5	Postulationsfähigkeit		52
1.6	Form		54

Einleitung *Antragsgrundsatz*

1.7	Frist	55
1.8	Bedingungslosigkeit	56
1.9	Rechtsschutzbedürfnis	59
1.10	Bestimmtheit der Verfahrenserklärung	60
1.11	Begebung der Verfahrenshandlung	63
1.12	Wirkung nur für die Instanz	64
2	Wirksamwerden von Verfahrenshandlungen	65
2.1	Zeitpunkt	65
2.2	Falsche Adressierung	69
2.2.1	BPatG statt DPMA	70
2.2.2	EPA statt DPMA und DPMA statt EPA	71
3	Berücksichtigung von Verfahrenshandlungen durch Amt und Gericht	73
3.1	In Verfahren mit mündlicher Verhandlung oder Anhörung	76
3.2	Im schriftlichen Verfahren	77
4	Auslegung von Verfahrenshandlungen	81
III.	**Allgemeine Verfahrensbegriffe (alphabetisch)**	82

I. Verfahrensgrundsätze *(procedural principles)*

1 **Verfahrensrecht** soll gesetzmäßige, richtige und gerechte Entscheidungen ermöglichen. Gemessen an diesem Ziel ist es Zweckmäßigkeitsrecht, nicht Selbstzweck.[1] Dementsprechend ist es auszulegen (s Rdn 132).

Neues Verfahrensrecht ist – wenn nichts anderes bestimmt ist – auf anhängige Verfahren anwendbar.[2]

2 **Verfahrensökonomie** ist ein dem Verfahrensrecht immanenter, allgemeiner Grundsatz,[3] der garantiert, dass Verfahren sachdienlich, zweckmäßig, wirtschaftlich und effektiv durchgeführt werden, so dass Parteien schnell und billig zu ihrem Recht kommen *(delayed justice is denied justice)*, unnötige Verfahren vermieden werden,[4] ein Streit möglichst in einem Verfahren entschieden wird.[5]

Anspruch auf effektiven Rechtsschutz gewähren allen Personen in der EU – auch juristischen Personen – Art 6 und 13 EMRK sowie Art 47 EU-Grundrechte-Charta.[6]

3 Drei Grundsätze beherrschen die Verfahren nach dem PatG und dem EPÜ vor DPMA, BPatG und EPA:
a) Antragsgrundsatz (siehe Rdn 4),
b) Verfügungsgrundsatz oder Dispositionsmaxime (s Rdn 11),
c) Untersuchungsgrundsatz oder Amtsermittlungsmaxime (s Rdn 16).

1 Antragsgrundsatz *(request determines the extent of the proceedings)*

4 Die in PatG und EPÜ geregelten Verfahren setzen einen Antrag voraus, können also nicht von Amts wegen begonnen werden. Das gilt auch, wenn das Gesetz nicht aus-

---

1 BGHZ 10, 359; T 0002/89 ABl 91, 51, 56; BPatG 15.01.07 – 25 W (pat) 72/05 BeckRS 08, 11593 *my EDI*.
2 BVerfGE 39, 167; BGH NJW 78, 427; 91, 1686; BPatGE 33, 223; BPatG Mitt 92, 297; T 0544/88 ABl 90, 428; T 1012/03 GRUR Int 08, 241 (No 55); abw: T 0210/89 ABl 91, 433 (Nr 12).
3 Vgl Hofmann ZZP 13, 83.
4 RGZ 151, 65, 69.
5 BGHZ 83, 12, 15 = NJW 82, 1598.
6 Vgl Jarass NJW 11, 1393.

drücklich einen Antrag verlangt, wie zB für den Einspruch gemäß § 59 PatG und **Regel 76c EPÜ**[7] (s § 59 Rdn 80). Eine Ausnahme vom Antragserfordernis sieht § 123 (2) 3 PatG vor. Danach kann Wiedereinsetzung auch ohne Antrag von Amts wegen gewährt werden.

Das durch Antrag entstandene Verfahren wird von Amts wegen durchgeführt, aber nur im Rahmen des Antrags und grundsätzlich nur solange der Antrag wirksam ist. Wird der Antrag vom Antragsteller zurückgenommen oder wird sein Erlöschen gesetzlich fingiert, wird damit das Verfahren beendet. Eine Fortsetzung des Verfahrens von Amts wegen trotz Wegfall des Antrags ist nur möglich, wenn das ausnahmsweise gesetzlich vorgesehen ist, wie zB bei Rücknahme des Einspruchs (§ 61 (1) 2 und Regel 84 (2) 2 EPÜ) oder des Prüfungsantrags (§ 44 (5) und Regel 70 (1) 2 EPÜ).

1.1 Gegenstand des Antrags (object of request) Gegenstand des Antrags kann sein, was PatG oder EPÜ als dessen Inhalt vorsieht. Ohne ausdrückliche Bestimmung ferner solche Tatbestände, die in einem engen Sachzusammenhang zum Zuständigkeitsbereich von DPMA, BPatG und EPÜ stehen.[8] Dazu gehören Anträge auf Schadensersatz wegen angeblicher Fehler des Patentamts nicht.[9]

1.2 Bindung an den Antrag *(request and its binding effect)*

Aus dem allgemein anerkannten Grundsatz »ne ultra petita«[10] folgt, dass einer Partei nicht etwas zugesprochen werden kann, was sie nicht beantragt hatte (vgl § 308 (1) ZPO). Diesem Grundsatz entsprechend bestimmt Art 113 (2) EPÜ ausdrücklich, dass das Patentamt sich an die vom Anmelder oder Patentinhaber vorgelegte oder gebilligte Fassung der Anmeldung oder des Patents zu halten hat. Bei der Entscheidung kann daher DPMA, BPatG und EPA vom gestellten Antrag nicht abweichen.[11] Es kann nur dem Antrag entsprechen oder ihn zurückweisen, nicht aber mehr, weniger oder gar ein **aliud** zusprechen.[12] Wird der Antrag nicht – zumindest hilfsweise – auf das Gewährbare beschränkt, kann nur der Antrag insgesamt zurückgewiesen werden.[13] Ein vom Haupt- oder Hilfsantrag abweichendes Patent kann weder erteilt noch im Einspruchs- oder Nichtigkeitsverfahren aufrechterhalten werden.[14] Infolge der Antragsbindung darf auch ein Patent nicht ohne Einwilligung des Patentinhabers geän-

---

7   EPA GBK G 0009/91 ABl **93**, 408 *Prüfungsbefugnis/ROHM AND HAAS*; G 0010/91 ABl **93**, 420 *Prüfung von Einsprüchen/Beschwerden*.
8   Vgl BPatGE **21**, 112.
9   J 0014/87 ABl **88**, 295 = GRUR Int **88**, 936.
10 EPA GBK G 0009/92 ABl **94**, 875 (Nr 1) *Nicht-beschwerdeführender Beteiligter/BMW*.
11 BGH BlPMZ **62**, 141 *Atomschutzvorrichtung*; BPatGE **26**, 191 (Gbm); **28**, 26 (Gbm); T 0032/82 ABl **86**, 354 (Nr 19); zulässig sind nur rein redaktionelle Berichtigungen: BPatGE **25**, 141, 143; BPatG v 18.06.08 – 10 W (pat) 46/06 BeckRS **08**, 13126 *Befestigungsanordnung*.
12 *BGH 20.10.20 – X ZR 158/18* Rn 41 GRUR **21**, 571 *Zigarettenpackung*; BGH 21.06.11 – X ZR 43/09 GRUR **11**, 1003 Rn 28 *Integrationselement*; BGH 06.08.13 – X ZB GRUR **13**, 1135 Rn 27 *Tintenstrahldrucker*; BGH 17.02.15 – X ZR 161/12 GRUR **15**, 573 Rn 53 *Wundbehandlungsvorrichtung*; BPatGE **45**, 149, 153 *Valaciclovir*.
13 BGH BlPMZ **85**, 324 = GRUR **66**, 85 (II2) *Aussetzung der Bekanntmachung*; BPatGE **16**, 130; T 0186/83 EPOR **86**, 11.
14 BGH GRUR **82**, 162 (II3c) *Zahnpasta*; **66**, 488 (II1) *Ferrit*; BGH Mitt **67**, 16 *Nähmaschinenantrieb*.

dert werden.¹⁵ Wird nur eine von mehreren Lehren des Patentanspruchs angegriffen, kann nicht der gesamte Anspruch für nichtig erklärt werden.¹⁶

Im Einspruchsverfahren darf DPMA das Patent nur in einer geänderten Fassung aufrechterhalten, wenn der Patentinhaber ausdrücklich oder konkludent sein Einverständnis erklärt¹⁷

8   **Reihenfolge der Anträge** bindet Amt und Gericht für die Entscheidung. Einem nachrangigen Antrag kann erst entsprochen werden, wenn die vorgehenden Anträge begründet zurückgewiesen worden sind (s Rdn 208).

9   **1.3 Verstoß gegen Antragsprinzip:** Weicht die Entscheidung ohne Einwilligung des Antragstellers vom gestellten Antrag ab, so stellt das einen wesentlichen Verfahrensmangel dar.¹⁸ Das gilt auch, wenn der Antrag – obwohl rechtzeitig eingereicht – nicht vor der Entscheidung zur Akte gelangte.¹⁹ Auf die Verletzung des Antragsprinzips kann sich nur der Antragsteller berufen, nicht dagegen ein Dritter.²⁰

Ein Verstoß gegen § 308 ZPO ist von Amts wegen zu beachten.²¹

10 **Fehlen eines Antrags:** Wer nichts beantragt, kann auch nichts erhalten. Dem soll gleich stehen, wenn eine Patenterteilung pauschal mit allen für notwendig erachteten Änderungen begehrt wird²² (bedenklich).

2 Verfügungsgrundsatz²³ oder Dispositionsmaxime   *(principle of party disposition)*

11 Nach dem Verfügungsgrundsatz, der als allgemeines Verfahrensprinzip sowohl für Verfahren nach dem PatG wie nach dem EPÜ²⁴ gilt, sind die Verfahrensbeteiligten insofern Herr des Verfahrens, als sie über Beginn, Umfang und Beendigung des Verfahrens bestimmen können. Ihrer Verfügung unterliegen:

12 a) **Beginn des Verfahrens** durch Einreichung von Antrag, Anmeldung, Einspruch, Beschwerde oder Klage;

13 b) **Umfang des Verfahrens** durch Einreichung bestimmter Patentansprüche, beschränkter Anträge für Einspruch oder Nichtigkeitsklage oder beschränkte Verteidigung des Patents (s § 59 Rdn 166 und § 81 Rdn 116);

---

15 BGH GRUR 89, 103 *Verschlußvorrichtung für Gießpfannen*.
16 BGH GRUR 13, 363 Tz 23 *Polymerzusammensetzung*.
17 BGH GRUR 17, 54 (Tz 19) *Ventileinrichtung*; BGH GRUR 89, 103, 104 *Verschlußvorrichtung für Gießpfannen*; 07, 862 (Rn 20) *Informationsübermittlungsverfahren I*.
18 J 0019/84 RechtsprBK/EPA 16, III.B.3.1; IV.E.8.3; T 0647/93 ABl 95, 132.
19 T 0543/92, T 0089/94 ABl 95 SonderA 79.
20 BGH GRUR 89, 494 *Schrägliegeeinrichtung*.
21 BGH GRUR 13, 363 Tz 23 *Polymerzusammensetzung*; BGH NJW-RR 89, 1087 *Antragsbindung des Gerichts*; 02, 257 Tz 25 *Kinderhörspiele*.
22 BPatG Mitt 06, 28 L *Farbbildröhre*.
23 Eskil Waage: L'application de principes généraux de procédure en droit européen de brevets Litec 2000 S 147; *Lit in* **GRUR**: Teschemacher 01, 1021; *Lit in Mitt*: Ballhaus 61, 161, 163.
24 EPA GBK G 0002/91 ABl 92, 206 (Nr 6.1) *Beschwerdegebühren/KROHNE*; G 0007/91 ABl 93, 346 (Nr 5) *Rücknahme der Beschwerde/BASF*; G 0008/91 ABl 93, 346 *Rücknahme der Beschwerde/BELL*.

c) Beendigung des Verfahrens durch Rücknahme von Antrag, Anmeldung, Einspruch, Beschwerde oder Klage. Eine Fortsetzung des Verfahrens von Amts wegen kommt nur in gesetzlich vorgesehenen Ausnahmefällen in Betracht, wie der Rücknahme des Prüfungsantrags (§ 44 (5) und Regel 70 (1) 2 EPÜ) oder des Einspruchs (§ 61 (1) 2 und Regel 84 (2) 2 EPÜ).

14

Verfahrensgang ist der Disposition des Antragstellers grundsätzlich entzogen.[25] Ein begonnenes Verfahren ist nach den gesetzlichen Vorschriften durchzuführen, auch wenn der Beteiligte damit nicht einverstanden ist. Sein Widerspruch ist unbeachtlich, es sei denn, darin liegt eine Rücknahme.

15

3 Untersuchungsgrundsatz[26] oder Amtsermittlung *(principle of ex officio examination or examination by the Patent Office of its own motion)*

Der Untersuchungsgrundsatz betrifft die Feststellung eines Sachverhalts von Amtswegen in einem Verfahren, das durch einen Antrag eingeleitet wurde. Dadurch unterscheidet sich ein Verfahren mit Amtsermittlung von einem Offizialverfahren, das auch von Amts wegen eingeleitet wird.

16

Besteht am Ausgang eines Verfahrens kein öffentliches Interesse, gibt es keinen Anlass, die Wahrheit und Vollständigkeit von Tatsachen, die für die Entscheidung wesentlich sind, zu ermitteln. Es kann vielmehr den Parteien überlassen werden, die Tatsachen vorzutragen, die für die Gestaltung ihrer privaten Rechtsbeziehungen bedeutsam sind (*Verhandlungs- oder Beibringungsgrundsatz*). Werden aber öffentliche Interessen berührt, so verpflichtet das Gesetz zur Ermittlung des Sachverhalts von Amtswegen (*Untersuchungsgrundsatz*). Durch die Erteilung oder Aufrechterhaltung eines Patents werden die Interessen der Öffentlichkeit besonders berührt, weil der Patentinhaber Dritten verbieten kann, den Gegenstand des Patents zu benutzen. Das ist der einleuchtende Grund für die Vorschriften der §§ 46 (1) 1 und 87 (1) PatG und des Art 114 (1) EPÜ, die DPMA, BPatG und EPA verpflichten, den Sachverhalt von Amts wegen zu ermitteln.

17

3.1 Prüfung von Amtswegen (ex officio examination)
Prüfung von Amtswegen und Amtsermittlung (examination by the Patent Office of its own motion) sind zwei verschiedene Begriffe. Die Amtsermittlung bezieht sich auf die Feststellung sämtlicher für eine Entscheidung erheblicher Tatsachen (zB des Standes der Technik). Die Prüfung von Amts wegen befaßt sich mit der Feststellung, ob die gesetzlichen Voraussetzungen für die Durchführung oder Fortsetzung eines Verfahrens vorliegen (zB Zulässigkeit der Verfahrenshandlung, Prozessfähigkeit, gesetzliche Vertretung,[27] Rechtsschutzinteresse, Verstoß gegen Treu und Glauben[28] etc). Die Prüfung von Amts wegen gibt es in Verfahren mit und ohne Untersuchungsgrundsatz. Über ihren Gegenstand können die

18

---

25 BGH BlPMZ **65**, 324 (II3) *Aussetzung der Bekanntmachung*; **72**, 291 (IVc) *Ausscheidung in der Beschwerdeinstanz*; BPatGE **18**, 13 = BlPMZ **75**, 119.
26 Eskil Waage: L'application de principes généraux de procédure en droit européen de brevets Litec 2000 S 89; **Lit in GRUR:** Schulte **93**, 300; Teschemacher 01, 1021; **Lit in Mitt:** Ballhaus **61**, 161, 162.
27 BGHZ **40**, 197.
28 BPatGE **32**, 54, 61.

Einleitung
Untersuchungsgrundsatz/
Principle of ex officio examination

Parteien nicht verfügen. Sie erfolgt jederzeit – auch in letzter Instanz –, da Prozessvoraussetzungen bei Erlaß der Entscheidung vorliegen müssen.

3.2 Umfang des Untersuchungsgrundsatzes

19 **3.2.1 Grundsatz:** Der Untersuchungsgrundsatz gilt grundsätzlich gleichermaßen in allen Verfahren vor DPMA, BPatG und EPA. § 87 (1) PatG und Art 114 (1) EPÜ unterscheiden für die Geltung des Untersuchungsgrundsatzes nicht zwischen Erteilungs- (s Rdn 20), Einspruchs-(s Rdn 21), Beschwerde- (s Rdn 28) oder Nichtigkeitsverfahren (s Rdn 29) und auch nicht zwischen Verwaltungsverfahren der 1. Instanz (DPMA und Generaldirektionen 1 und 2 des EPA) und gerichtlichen Verfahren der 2. Instanz (BPatG und Beschwerdekammern des EPA).

20 **3.2.2 Erteilungsverfahren:** In Verfahren, die durch die Anmeldung einer Erfindung zum Patent eingeleitet werden, den sogenannten Ex-parte-Verfahren, gilt der Untersuchungsgrundsatz uneingeschränkt, also sowohl für die 1. wie die 2. Instanz. Hatte der Prüfer die Anmeldung wegen Grund A zurückgewiesen, so kann die Beschwerdeinstanz – wenn sie feststellt, dass Grund A einer Erteilung nicht entgegensteht – bei ihrer Entscheidung Gründe B, C, D etc oder neuen Stand der Technik berücksichtigen, auch wenn diese die 1. Instanz nicht in Betracht gezogen hatte. Stellt einer der neuen Gründe eine neue Entgegenhaltung ein Patenthindernis dar, kann die Beschwerdeinstanz eine eigene Sachentscheidung erlassen oder die Sache an die 1. Instanz zurückverweisen (§ 79 PatG und Art 111 EPÜ).

21 **3.2.3 Einspruchsverfahren:** Anders als im Erteilungsverfahren unterscheidet die Rechtsprechung[29] für das Einspruchsverfahren, dass der Untersuchungsgrundsatz in Verfahren 1. und 2. Instanz einen unterschiedlichen Umfang hat.

22 Die **1. Instanz** (Patentabteilung des DPMA) prüft die von den Einsprechenden genannten Einspruchsgründe und nach pflichtgemäßen Ermessen von Amts wegen anstelle dieser Gründe oder zusätzlich weitere Widerrufsgründe des § 21 PatG oder des Art 100 EPÜ. Diese umfassende Prüfungsbefugnis entspricht der Zielrichtung des Einspruchsverfahrens, das Patent in einem unmittelbar an seine Erteilung anschließenden, einfach gestalteten Verfahren zu überprüfen[30].

Die Einspruchsabteilung des EPA kann nach Regel 81 (2) EPÜ von Amts wegen auch vom Einsprechenden nicht geltend gemachte Einspruchsgründe prüfen, wenn diese der Aufrechterhaltung des europäischen Patents entgegenstehen würden.

---

29 BGH GRUR **95**, 333 *Aluminium-Trihydroxid*; EPA GBK G 0009/91 ABl **93**, 408 *Prüfungsbefugnis/ROHM AND HAAS*; G 0010/91 ABl **93**, 420 *Prüfung von Einsprüchen/Beschwerden*.
30 BGH GRUR **17**, 54 (Tz 21) *Ventileinrichtung* mit Verweis auf BGH GRUR **95**, 333,336 *Aluminium-Trihydroxid*.

Untersuchungsgrundsatz/ Principle of ex officio examination **Einleitung**

Dagegen ist die **2. Instanz** (BPatG[31] und Beschwerdekammern des EPA[32]) nicht 23 befugt, im Einspruchsbeschwerdeverfahren von Amts wegen neue Widerrufsgründe, die nicht Gegenstand des Verfahrens in 1. Instanz waren, zu berücksichtigen.
Innerhalb des geltend gemachten Widerrufgrundes gilt der Untersuchungsgrundsatz. Das Gericht kann – soweit dazu Anlass besteht – entgegenstehenden Stand der Technik durch eine Recherche von Amts wegen selbst ermitteln[33] oder es verweist nach seinem Ermessen an die 1. Instanz zurück[34].
Die Beschränkung der Prüfungskompetenz der 2. Instanz auf den Widerrufsgrund in 1. Instanz wird mit der Natur der Beschwerde als echtem Rechtsmittel begründet, das der gerichtlichen Instanz die Sache nur in dem Umfang unterbreite, der Inhalt der angefochtenen Entscheidung ist[35] (vgl § 59 Rdn 196). Daher werde der Gegenstand des Beschwerdeverfahrens durch die Widerrufsgründe bestimmt, die Gegenstand des Einspruchsverfahrens vor DPMA waren

Kritik[36]: Die Rechtsprechung des BGH und der GBK des EPA betont zu Recht die 24 gerichtliche Qualität des Einspruchsbeschwerdeverfahrens, dessen Gegenstand durch die Anträge der Parteien bestimmt wird. Daraus folgt aber nicht zwingend, dass das Gericht anders als die 1. Instanz nicht befugt ist, im Rahmen der gestellten Anträge Widerrufsgründe zu berücksichtigen, die die 1. Instanz ihrer Entscheidung nicht zugrunde gelegt hatte.

Der Gesetzgeber hatte guten Grund, den Untersuchungsgrundsatz generell für 25 Beschwerdeverfahren vorzusehen, also nicht nur für Ex-parte-, sondern auch für Interpartes-Verfahren, denn in beiden Verfahren besteht gleichermaßen das anzuerkennende Interesse der Öffentlichkeit, dass nur Patente aufrechterhalten werden, die auch rechtsbeständig sind. Dieses Interesse besteht unabhängig davon, ob die Anmeldung oder das Patent im einseitigen oder mehrseitigen Verfahren vom Prüfer oder vom Richter geprüft wird.

Die Rechtsprechung des BGH und der GBK führt dazu, dass das Gericht »sehenden 26 Auges« Patente aufrechterhalten muss, die die gesetzlichen Patentierungsvoraussetzungen offensichtlich nicht erfüllen. Das läßt sich nicht mit dem Hinweis rechtfertigen, dass es viele vernichtbare Patente gebe, die aber bestehen bleiben, weil sie nicht angegriffen werden; denn diese Scheinrechte stören die Öffentlichkeit offensichtlich nicht.

---

31 BGH GRUR **95**, 333 *Aluminium-Trihydroxid*; **93**, 655 *Rohrausformer*; **98**, 901 *Polymermasse*; BPatGE **43**, 276 *Schnappbefestigung*; BPatG 02.01.03 – 21 W (pat) 43/02 BeckRS **12**, 08128 *Steuervorrichtung für eine Pflegebetthubvorrichtung*; **aA** zu Recht: BPatG 18.05.04 – 6 W (pat) 44/02 BeckRS **12**, 22746 *zusammenhängende Decke für Straßen und Flugplätze*; BPatG Bl **15**, 380 *elektrische Fahrradgangschaltung*; Iü vgl zur Kritik Rdn 24.
32 EPA GBK G 10/91 ABl **93**, 420 *Prüfung von Einsprüchen/Beschwerden*; G 1/95 ABl **96**, 615 *Neue Einspruchsgründe/DE LA RUE*; G 7/95 ABl **96**, 626 *Neue Einspruchsgründe/ETHICON*; T 1900/07 ABl 11 SonderA 2, 104.
33 BGH 04.10.07 – X ZB 21/06 BeckRS **07**, 17497 *Niveau eines Fahrzeugaufbaus*.
34 BPatG 18.12.15 – 15 W (pat) 13/13 BeckRS **16**, 01482 *Verfahren zum Einstelllen eines Gießspaltes*.
35 BGH GRUR **17**, 54 (Tz 22) *Ventileinrichtung*.
36 Vgl hierzu eingehend Sedemund-Treiber GRUR Int **95**, 390; van Hees Verfahrensrecht in Patentsachen 4. Aufl 2010 Rn 526; Busse/Keukenschrijver § 79 Rn 30.

Ein Gericht zu verpflichten, ein in vollem Umfang angegriffenes, aber klar rechtsunbeständiges Patent aufrechtzuerhalten, nur weil die Partei oder die 1. Instanz einen nicht zutreffenden Widerrufsgrund angenommen oder den zutreffenden außer acht gelassen haben, ist mit einem rechten Verständnis des Untersuchungsgrundsatzes schwer in Einklang zu bringen. Es ist gerade der Sinn des Untersuchungsgrundsatzes, dass Amt und Gericht im Interesse der Rechtssicherheit den Sachverhalt im Rahmen der Anträge von Amts wegen erforschen, damit – soweit möglich – die Öffentlichkeit nicht Patente zu respektieren hat, die in Wahrheit ungültig sind. Hiervon die Beschwerdeinstanz auszunehmen gibt es keinen Grund, der schwerer wiegen würde, als das mit dem Untersuchungsgrundsatz angestrebte Ziel der möglichsten Rechtssicherheit.

27 Andererseits wäre es mit dem Sinn des Untersuchungsgrundsatzes ebenso unvereinbar, wenn er im Beschwerdeverfahren dazu benutzt würde, das Verfahren 1. Instanz zu wiederholen (re-examination). Zwischen diesen Extremen gibt es eine angemessene, vermittelnde Lösung. Das Gericht sollte in Ausnahmefällen, nämlich wenn das Patent offensichtlich (prima facie) die gesetzlichen Patentierungsvoraussetzungen nicht erfüllt, auf Grund des Untersuchungsgrundsatzes befugt sein, auch andere als die in 1. Instanz geltend gemachten Einspruchsgründe bei seiner Entscheidung von Amts wegen zu berücksichtigen.

Letztlich führen die Rechtsprechung des BGH und die hier vertretene Auffassung in der Praxis in aller Regel zum gleichen Ergebnis. Lässt nämlich BPatG im Rechtsgespräch mit den Parteien seine vorläufige Rechtsauffassung erkennen, dass der in 1. Instanz vom Einsprechenden geltend gemachte und vom DPMA geprüfte Widerrufsgrund der Aufrechterhaltung des Patents nicht entgegen stehe, aber ein anderer Widerrufsgrund dem Patent möglicherweise ganz oder teilweise gefährlich werden könne, dieser aber vom BPatG gemäß der Rechtsprechung des BGH nicht von Amts wegen aufgegriffen werden dürfe, dann wird wohl regelmäßig der Einsprechende diesen neuen Widerrufsgrund geltend machen, wozu er nach der Rechtsprechung des BGH berechtigt ist[37].

Es steht im Ermessen des BPatG, die angefochtene Entscheidung aufzuheben und die Sache an die 1. Instanz zurückzuverweisen, wenn die 1. Instanz – aus ihrer Sicht berechtigt – weitere Widerrufsgründe unberücksichtigt gelassen hat, weil sie das Patent aus einem Widerrufsgrund (z.B. unzulässiger Erweiterung) widerrufen hat, den aber BPatG nicht für gegeben hält. Damit ist auch gewährleistet, dass der Rechtsbestand des angegriffenen Patents in 2 Instanzen geprüft wird.

28 **3.2.4 Beschwerdeverfahren:** Die Beschwerde dient nicht nur der Überprüfung der angefochtenen Entscheidung, sondern bringt das Begehren des Beschwerdeführers vor Gericht, das darüber wie die 1. Instanz entscheidet. Auf Grund des Untersuchungsgrundsatzes hat das Gericht im ex-parte-Verfahren bei seiner Entscheidung daher alle Gründe zu berücksichtigen, auch wenn diese nicht Gegenstand der angefochtenen Entscheidung waren[38].

---

37 BGH GRUR **17**, 54 (Tz 39) *Ventileinrichtung*; BGH NJW 01, 226; NJW-RR **12**, 516 Rn 17.
38 BGH Bl **92**, 496 (II3a) *Entsorgungsverfahren*; BPatGE **11**, 179, 181; BPatG 17.02.88 – 5 W (pat) 20/87.

Dagegen schränkt die Rechtsprechung den Untersuchungsgrundsatz für das inter-partes-Verfahren ein, vgl dazu Rdn 23.

3.2.5 Nichtigkeitsverfahren: Der Untersuchungsgrundsatz erlaubt es dem Gericht, ihm bekannte Gründe oder ihm bekanntes Material zu berücksichtigen, auch wenn die Parteien sich darauf nicht berufen haben[39]. 29

3.2.6 Grenzen des Untersuchungsgrundsatzes Der Umfang des Untersuchungsgrundsatzes wird begrenzt durch: 30

a) **Antrag:** Nur innerhalb der gestellten Anträge findet eine Amtsermittlung statt. Der Untersuchungsgrundsatz verpflichtet nicht zur Formulierung von Anträgen von Amts wegen.[40] *Keine Bindung an Vorbringen und Beweisanträge* besteht für DPMA, BPatG und EPA bei erforderlichen Ermittlungen innerhalb der gestellten Sachanträge[41] (§ 87 (1) 2 PatG und Art 114 (1) EPÜ). 31

b) **Anhängigkeit eines Verfahrens:** Ist kein Verfahren anhängig oder ist ein anhängig gewesenes Verfahren durch Rücknahme der einleitenden Verfahrenshandlung (zB Antrag, Einspruch[42] oder Beschwerde[43]) beendet worden, so kommt eine Amtsermittlung nicht oder nicht mehr in Betracht, es sei denn, das Gesetz sieht ausnahmsweise eine Fortsetzung des Verfahrens vor (§ 61 (1) 2 und Regel 84 (2) EPÜ). 32

c) **Entscheidungserheblichkeit** der zu ermittelnden Tatsache. 33

d) **Unzumutbarkeit:** DPMA und EPA haben die Ermittlungen – soweit sie erforderlich sind – grundsätzlich selbst durchzuführen, auch wenn sie Aufwand und Zeit kosten.[44] Eine Ermittlung von Amts wegen kann nur unterbleiben, wenn dazu bei sorgfältiger Überlegung kein Anlaß (mehr) besteht[45] oder wenn der Aufwand an Zeit und Kosten im Verhältnis zum zu erwartenden Erfolg unvertretbar wird[46] oder wenn die zu ermittelnden Umstände in der Sphäre eines Beteiligten liegen und einer Amtsermittlung nicht ohne weiteres zugänglich sind[47] oder wenn die bis zum Fristablauf verfügbare Zeit unzureichend ist.[48] Es bedarf bestimmter Anhaltspunkte, die Nachforschungen in eine bestimmte Richtung lenken oder sinnvoll erscheinen lassen können und die nicht erst ermittelt werden müssen, sondern sich aus dem Vorbringen ergeben.[49] Ermittlungen ins Blaue sind nicht geboten. 34

---

39 BGH Mitt **04**, 213 L *Gleitvorrichtung*; BGH GRUR **99**, 920 IIc(ee) *Flächenschleifmaschine*; BPatG 21.03.06 – 1 Ni 18/04 (EU) BeckRS **07**, 13751 *Vorrichtung zur Herstellung von Aufgussgetränken*; BPatG 25.03.10 – 2 Ni 17/09 BeckRS **12**, 13841 *Sensoreinrichtung*.
40 BPatGE **16**, 130; **20**, 33; BlPMZ **83**, 182 (1c); vgl T 0804/92 ABl **94**, 862.
41 BGH BlPMZ **74**, 348 (III2) *St.Pauli-Nachrichten* (WZ); **88**, 186 (III3) *Wie hammas denn?* (WZ); **99**, 311 (II2c ee) *Flächenschleifmaschine* (Gbm).
42 EPA GBK G 0008/93 ABl **94**, 887 *Rücknahme des Einspruchs/SERWANE II* (Rücknahme durch Einsprechenden, der einziger Beschwerdeführer ist).
43 EPA GBK G 0008/91 ABl **93**, 346 *Rücknahme der Beschwerde/BELL*.
44 BGH BlPMZ **99**, 311 (II2c ee) *Flächenschleifmaschine* gegen BPatG Mitt **78**, 191, 193.
45 BGHZ **16**, 378 = MDR **55**, 347, 349 lSp; BPatGE **24**, 1.
46 BPatGE **15**, 122, 128 = BlPMZ **73**, 339; T 0129/88 ABl **93**, 598 (Nr 3.2).
47 BPatGE **48**, 77 = BlPMZ **05**, 30 *Acesal*.
48 BPatGE **39**, 186 Keine Ermittlung der Nr eines Patents am letzten Tag der Einspruchsfrist.
49 BGH GRUR **88**, 211 (III3) *Wie hammas denn?*; BlPMZ **99**, 311 (II2c ee) *Flächenschleifmaschine*.

35	e) **Unterlassen notwendiger Mitwirkung**: Die Beteiligten an einem Verfahren vor DPMA und BPatG sind zu sachgemäßer und sorgfältiger Verfahrensführung verpflichtet. Diese allgemeine **Verfahrensförderungspflicht** gilt auch in Verfahren mit Amtsermittlung, also im Erteilungs-, Einspruchs- und Nichtigkeitsverfahren.[50] Sie verpflichtet die Beteiligten, ihnen *bekannte Umstände* nicht aus verfahrenstaktischen Gründen zurückzuhalten. Ermittlung dem Beteiligten *nicht bekannter Umstände* muss dieser nur unter ganz besonderen Umständen anstellen,[51] zB wenn eine Pflicht zur Erleichterung der Beweisführung durch die nicht beweisbelastete Partei besteht (s unten Rdn 159).
36	Wer eine zumutbare Mitwirkung unterlässt, gibt damit zu erkennen, dass er einen für ihn günstigen Sachverhalt nicht für feststellbar hält. Dann besteht idR auch für Amt und Gericht kein Anlass, von Amts wegen zu ermitteln, so zB bei der ohne Mithilfe der Beteiligten schwierigen Aufklärung der Umstände einer behaupteten offenkundigen Vorbenutzung[52] oder einer mündlichen Beschreibung[53] *(limited duty to examine).* Eine Partei kann sich nicht auf die unterlassene Mitwirkung des Gegners berufen, wenn für diesen eine über die Wahrheitspflicht hinausgehende Pflicht zur Mitwirkung nicht bestand.[54]
37	f) **Fehlen eines schlüssigen Vortrags.** Die Amtsermittlung dient nicht dazu, einen Vortrag durch Ermittlung von Tatsachen zu ergänzen, die den gestellten Antrag erst schlüssig machen würden.[55]
38	g) **Zurückweisung verspäteten Vorbringens**, soweit diese zulässig ist, vgl dazu Rdn 237.
39	h) **Unaufklärbarkeit eines Sachverhalts:** Kann DPMA oder EPA von Amts wegen einen bestimmten Sachverhalt nicht ermitteln, so darf es diesen Sachverhalt nicht zur Grundlage seiner Entscheidung machen. Die Unaufklärbarkeit eines Sachverhalts geht zu Lasten dessen, der aus ihm Rechte herleiten will[56] (vgl Rdn 154). Werden entgegengesetzte Behauptungen über Tatsachen aufgestellt und kann DPMA und EPA nicht feststellen, welche Tatsachen richtig ist, so können sich der Anmelder im Erteilungsverfahren sowie der Patentinhaber und die Einsprechenden im Einspruchsverfahren auf die ihnen günstige Tatsache nicht berufen, zB über die (Nicht-)Ausführbarkeit einer Erfindung,[57] die (Nicht-) Zugehörigkeit eines Doku-

---

50 BGH GRUR 04, 354 (1e) *Crimpwerkzeug;* BPatGE **48**, 77 = BlPMZ 05, 30 *Acesal.*
51 BGH NJW 03, 200 *Ermittlung unbekannter Umstände.*
52 BPatGE **14**, 47; **24**, 1; GRUR **78**, 358; EPA T 0129/88 ABl **93**, 598; T 0830/90 ABl **94**, 713 (Nr 2).
53 EPA T 0034/94 ABl **95** SonderA 127; T 0060/89 ABl **92**, 268 (Nr 3.1.1).
54 BGH BlPMZ **99**, 311 (II2b cc) *Flächenschleifmaschine.*
55 BPatG BlPMZ **72**, 262, 263 rSp; T 0182/89 ABl **91**, 391.
56 BGH BlPMZ **99**, 311 (II2d) *Flächenschleifmaschine;* T 0219/83 ABl **86**, 211, T 0209/85 EPOR **87**, 235; EPA GBK G 0003/97, G 0004/97 ABl **99**, 245 (Nr 5) *Einspruch in fremdem Auftrag/ GENENTECH.*
57 T 0016/87 ABl **92**, 212; T 0182/89 ABl **91**, 391; BGH BlPMZ **99**, 311 (II2c cc) *Flächenschleifmaschine* (Gbm).

ments zum Stand der Technik[58] oder das Bestehen eines allgemeinen Rechtsgrundsatzes gemäß Art 125 EPÜ.[59]

3.2.7 Verletzung des Untersuchungsgrundsatzes Der Untersuchungsgrundsatz wird verletzt, wenn auf eine notwendige Sachaufklärung nicht hingewirkt worden ist, obwohl ein Hinwirken auf Ermittlungen sich hätte aufdrängen müssen.[60] Wird in einem Einspruchsverfahren das Patentbegehren geändert, so wird durch Absehen von einer neuen Recherche der Untersuchungsgrundsatz nur dann verletzt, wenn auf Grund des Vortrags der Beteiligten oder aus anderen Erkenntnissen gewichtige Anhaltspunkte sich ergeben, die die Annahme nahelegen, dass dem geänderten Begehren bisher nicht ermittelter Stand der Technik entgegensteht.[61]

II. Verfahrenshandlungen *(procedural acts)*

1 Voraussetzungen der Wirksamkeit von Verfahrenshandlungen:

1.1 Parteifähigkeit (capability of being a party) Parteifähig ist, wer aktiv oder passiv an einem Verfahren teilnehmen kann. Nach § 50 (1) ZPO ist parteifähig, wer rechtsfähig ist. Rechtsfähig ist, wer Träger von Rechten und Pflichten sein kann.

Parteifähig sind:
a) jeder *Mensch* (§ 1 BGB);
b) jede *juristische Person des privaten und öffentlichen Rechts*, deren Parteifähigkeit mit ihrem Erlöschen (= ihrer Vermögenslosigkeit), nicht schon mit ihrer Auflösung oder Registerlöschung endet;[62]
c) *OHG und KG* (§ 124 I, 161 II HGB) als Gesellschaft, nicht deren Gesellschafter;[63]
d) *ausländische Handelsgesellschaften* gemäß dem Recht ihres tatsächlichen Verwaltungssitzes;[64]
e) *Eingetragener Verein*, §§ 21 ff BGB;
f) *Europäische wirtschaftliche Interessenvereinigung (EWIV)* als supranationale Vereinigungsform mit ihrer Eintragung;[65]
g) *Partnerschaftsgesellschaften* nach dem PartGG,[66] in der sich Angehörige Freier Berufe zur Ausübung ihrer Berufe zusammenschließen.
h) *Politische Parteien* gemäß § 3 PartG[67] einschließlich ihrer Landesverbände[68] sowie der Fraktionen in Bund und Ländern.[69] Die Fraktion der Grünen im Europäischen

---

58 T 0160/92 ABl **95**, 35.
59 T 0843/91 ABl **94**, 832.
60 BVerwG NJW **97**, 3328 mwN.
61 BGH BlPMZ **92**, 496 *Entsorgungsverfahren*; BGH v 04.10.07 – X ZB 21/06 BeckRS **07**, 17497 *Niveau eines Fahrzeugaufbaus*.
62 Vgl BGHZ **74**, 213; **94**, 108; BGH NJW **95**, 196; **96**, 2035.
63 BGHZ **62**, 132, 133.
64 BGHZ **97**, 271 u **134**, 118 = NJW **86**, 2194 u **97**, 658.
65 EWGV Nr 2137/85 EG-Bl Nr L 199, 1.
66 Vom 25.07.94 BGBl I 1744.
67 Vom 03.03.89 BGBl I 328.
68 § 3 S 2 PartG; BGHZ **73**, 277.
69 LG Bremen NJW-RR **92**, 447.

Einleitung *Verfahrenshandlungen(Wirksamkeit)/ procedural acts(requirements)*

Parlament kann durch einen ordnungsgemäß bestimmten gemeinsamen Vertreter auftreten.[70]

i) *Gesellschaft des bürgerlichen Rechts gemäß §§ 705 ff BGB (GbR)* besitzt Rechtsfähigkeit, soweit sie durch Teilnahme am Rechtsverkehr eigene Rechte und Pflichten begründet. Sie ist aktiv und passiv parteifähig, kann also vor Gericht im eigenen Namen klagen und verklagt werden,[71] so dass nicht mehr wie früher[72] Klage aller Gesellschafter und gegen alle Gesellschafter erforderlich ist.
Werden fälschlich die Gesellschafter als Partei aufgeführt, ist das Rubrum zu berichtigen.[73]
Vor DPMA ist die Schutzrechts-, Anmelde- und Registerfähigkeit der GbR anerkannt.[74] Anzugeben sind: Name der Gesellschaft, deren Sitz und mindestens ein vertretungs-berechtigter Gesellschafter mit Namen und Anschrift.
Der Regierungsentwurf zum Gesetz zur Modernisierung des Personengesellschaftsrechts (MoPeG)[75] sieht die Schaffung eines neuen Gesellschaftsregister für Gesellschaften bürgerlichen Rechts vor (§§ 707–707d BGB-RegE). Eine eingetragene GbR ist verpflichtet, den Zusatz »eingetragene Gesellschaft bürgerlichen Rechts« oder »eGbR« zu führen (§ 707a Abs. 2 S. 1 BGB-RegE).

k) *Nicht rechtsfähiger Verein* besaß nach früherer Rechtsprechung nur die passive, nicht die aktive Parteifähigkeit,[76] so dass nur alle Mitglieder zusammen anmelden konnten (§ 54 BGB, § 50 (2) ZPO). Eine von ihm erhobene Nichtigkeitsklage war nicht unzulässig, die Angabe der Namen der Vereinsmitglieder konnte jederzeit nachgeholt werden.[77] BGH hält nunmehr den nicht rechtsfähigen Verein wie die Gesellschaft bürgerlichen Rechts auch für aktiv parteifähig.[78] Seit 30.09.09 sind nicht rechtsfähige Vereine gemäß § 54 (2) ZPO aktiv und passiv parteifähig.

43 Nicht parteifähig sind:
a) *Nicht rechtsfähige Verbände*.[79]
b) *Zweigniederlassung* als solche. Der Unternehmensinhaber kann aber unter der Firma der Zweigniederlassung klagen und verklagt werden[80] und er kann unter der Firma seiner Zweigniederlassung in das Patentregister eingtragen werden[81].

---

70 EPA GBK G 0003/99 ABl 02, 347 *Zulässigkeit eines gemeinsamen Einspruchs bzw. einer gemeinsamen Beschwerde/HOWARD FLOREY*.
71 BGHZ 146, 341 = Mitt 01, 176 = NJW 01, 1056 *GbR parteifähig*; BGH NJW 09, 1610 *Inlandsübergewicht*.
72 Vgl BGHZ 80, 227; BGH NJW 91, 101; BGH GRUR 00, 1028 *Ballermann*.
73 BGH NJW-RR 06, 42 *Rubrumsberichtigung*.
74 MittDPMA Nr 4/05 BlPMZ 05, 2; BPatGE 48, 242 *Markenregisterfähigkeit einer GbR*.
75 https://www.bmjv.de/SharedDocs/Gesetzgebungsverfahren/DE/Personengesellschaftsrecht.html.
76 BGHZ 109, 15 = NJW 90, 186 *Nichtrechtsfähiger Verein*.
77 BGH Mitt 61, 199.
78 BGH NJW 08, 69 = Mitt 07, 525 L *Nicht-rechtsfähiger Verein*.
79 OLG München NJW 69, 617 (Verband Deutscher Studentenschaften); OLG Koblenz NJW-RR 93, 697 (Burschenschaft).
80 BGHZ 4, 62 = NJW 52, 182 *Zweigniederlassung*.
81 BPatG Mitt 20, 188 *Kolloidalmischer*.

Zweigniederlassungen nach Art 7 Nr 5 Brüssel Ia-VO (Siehe Anhang 2) können vor deutschen Gerichten verklagt werden[82]. Eine Zweigniederlassung in diesem Sinne setzt einen Mittelpunkt geschäftlicher Tätigkeit voraus, der auf Dauer als Außenstelle des Stammhauses hervortritt, eine Geschäftsführung hat und sachlich so ausgestattet ist, dass sich Dritte zum Betreiben von Geschäften nicht unmittelbar an das Stammhaus zu wenden brauchen[83]

c) *Firma des Einzelkaufmanns.* Der eingetragene Kaufmann kann unter seiner Firma klagen und verklagt werden. Partei ist dann der Firmeninhaber, nicht die Firma.

d) *Mehrere Personen, die nicht in Rechtsgemeinschaft stehen (plurality of persons acting in common),* können grundsätzlich nur jeder für sich handeln und es muss jeder die Zulässigkeitsvoraussetzungen seiner Verfahrenshandlung erfüllen. Ausnahmsweise können sie gemeinsam eine Verfahrenshandlung (zB Nichtigkeitsklage oder Einspruch) vornehmen, **i)** wenn sie durch einen gemeinsamen Verfahrensbevollmächtigten vertreten sind, **ii)** wenn sie gemeinsam Schriftsätze einreichen und **iii)** ihr Begehren auf denselben Grund stützen.[84] – Sind diese Voraussetzungen erfüllt, bedarf es für die gemeinsam vorgenommene gebührenpflichtige Verfahrenshandlung (zB Beschwerde, Nichtigkeitsklage) nur der Entrichtung einer Gebühr.

e) *Erbengemeinschaft,*[85] die *Gemeinschaft* (§ 741 BGB), der *Nachlass* und die *Insovenzmasse.*

1.2 Prozessfähigkeit (capability of participating in proceedings) Prozessfähig ist, wer Verfahrenshandlungen selbst oder durch selbst bestellte Vertreter wirksam vornehmen kann. Nach § 52 ZPO ist eine Person insoweit prozessfähig, als sie sich durch Verträge verpflichten kann, also grundsätzlich alle natürlichen Personen. Grundsätzlich sind alle Menschen geschäftsfähig, Ausnahmen regelt § 104 BGB.

Ausländer sind vor DPMA prozessfähig, wenn sie nach ihrem Heimatrecht oder nach deutschem Recht prozessfähig sind (§ 55 ZPO).[86]

Prozessunfähig sind:

a) **Geschäftsunfähige**, nämlich Kinder unter 7 Jahren (§ 104 Nr 1 BGB) und in der Geistestätigkeit dauernd krankhaft Gestörte (§ 104 Nr 2 BGB);

b) **Minderjährige** über 7 Jahren, die gemäß § 106 BGB nur beschränkt geschäftsfähig sind, soweit nicht § 112 oder § 113 BGB zutrifft;

c) **juristische Personen** und Handelsgesellschaften als solche, sie können nur durch ihre gesetzlichen Vertreter handeln;

d) **an sich Prozessfähige** in Verfahren, in denen sie durch einen Betreuer oder Pfleger gemäß § 53 ZPO vertreten werden.

---

82 BGH 20.04.21 X ZR 40/19 GRUR **21**, 1049 *Zahnimplantat.*
83 EuGH NJW-RR **19**, 684 *Ryanair*; EuGH 25.02.21 –.c-804/19 NJW **21**, 1152 *Markt 24*; BGH 20.04.21 – X ZR 40/19 GRUR **21**, 1049 *Zahnimplantat.*
84 So für die Nichtigkeitsklage: BGH GRUR **87**, 348; BPatGE **28**, 225; **32**, 204; für Gbm-Löschungsantrag: BPatGE **42**, 233; aA für den Einspruch: BGH GRUR **82**, 414 *Einsteckschloß*; **84**, 36 *Transportfahrzeug I*; Aufgabe dieser Rspr angedeutet in BGH GRUR **87**, 348 *Bodenbearbeitungsmaschine.*
85 BGH NJW **06**, 3715 *Erbengemeinschaft.*
86 BGH NJW **03**, 1607 = BGHZ **153**, 353 *Rechtsfähigkeit einer US-Gesellschaft*; BlPMZ **99**, 311 (II2c ee) *GEDIOS Corporation.*

e) **Betreute** nur in Verfahren, die ihr Betreuer als gesetzlicher Vertreter im Rahmen seines Aufgabenkreises führt (§§ 1896 (1), 1902 BGB); sonst sind sie prozessfähig, da sie ihre Geschäftsfähigkeit nicht verlieren.

47 **Prüfung der Partei- und Prozessfähigkeit** erfolgt bei hinreichenden Anhaltspunkten für alle Prozessvoraussetzungen von Amtswegen (§ 56 ZPO).[87] Ein als partei- oder prozessunfähig Behandelter kann dagegen wirksam Rechtsmittel einlegen.[88]

48 **Verlust der Prozessfähigkeit** während des Verfahrens führt zur Unterbrechung (§ 241 ZPO) oder Aussetzung (§ 246 ZPO).[89] Ihr Fehlen macht Verfahrenshandlungen von oder gegenüber dem Prozessunfähigen unwirksam.[90] Wird der Mangel nicht behoben – zB durch Genehmigung des gesetzlichen Vertreters –, so wird die Verfahrenshandlung als unzulässig verworfen. Werden begründete Zweifel nicht innerhalb einer gesetzten Frist ausgeräumt, so soll in freier Beweiswürdigung entschieden werden können, zB die Beschwerde eines Querulanten als unzulässig zu verwerfen.[91]

Prozessunfähigkeit eines Vertreters führt nicht analog § 244 ZPO zu einer Unterbrechung.[92] Zustellungen an einen prozessunfähigen Vertreter sind unwirksam.[93]

49 **1.3 Gesetzliche Vertretung (legal representation)** Ist der Beteiligte prozessunfähig, muss der gesetzliche Vertreter handeln. Er wird durch Gesetz oder staatliche Bestellung bestimmt. Gesetzliche Vertreter sind: Eltern,[94] Vormund, Pfleger, Betreuer, Vorstand (für rechtsfähigen Verein, AG und Genossenschaft), Geschäftsführer (GmbH), geschäftsführender Gesellschafter bei OHG und KG (§§ 125, 161 (2) HGB). Zum Konkurs- und Insolvenzverwalter s Rdn 228 und 193.

50 Die gesetzliche Vertretungsmacht ist von Amts wegen zu prüfende Verfahrensvoraussetzung.[95] Für Ausländer gilt ihr Heimatrecht.[96]

51 **1.4 Vollmacht (authorisation)** Wenn wirksam für einen Dritten gehandelt werden soll, ist eine Vollmacht erforderlich, die prozessuale Vertretungsmacht verleiht. Vgl dazu näher Rdn 481 ff und Rdn 513 ff für EPA.

---

87 BGH NJW 04, 2523; **69**, 1574; BPatGE **52**, 207 = BlPMZ 11, 255 *Unterbekleidungsteil*: Mangel der Prozessfähigkeit und der gesetzlichen Vertretungsmacht sind nicht ohne weiteres von Amts wegen zu berücksichtigen.
88 BGH NJW **57**, 989 *Streit über Parteifähigkeit*; **93**, 2943 *Rechtsmittelbefugnis*; 00, 289 *Prozessunfähigkeit*; BPatG Mitt **06**, 574 L; BPatGE **51**, 55 = BlPMZ 08, 451 *Gegenstandswertfestsetzung durch das DPMA*.
89 BPatGE **41**, 160: GmbH verliert Beteiligtenfähigkeit erst mit Eintragung der Löschung im Handelsregister, nicht bereits mit ihrer Auflösung.
90 BGHZ **110**, 296.
91 BPatG v 16.12.92 – 20W(pat)137/90 GRUR **94**, 412 FN 171 *Querulant*.
92 BPatG 07.05.73 – 34 W (pat) 21/71 in juris *Prozessunfähiger Vertreter I*.
93 BPatG 18.07.73 – 4 W (pat) 40/73 und 31.10.73 – 7 W (pat) 137/71 in juris *Prozessunfähiger Vertreter II u III*.
94 Wird das Kind durch einen Beistand vertreten, ist die Vertretung durch den sorgeberechtigten Elternteil nach § 53a ZPO ausgeschlossen.
95 BGH NJW **60**, 523; **83**, 996; 00, 738.
96 BGHZ **40**, 197.

1.5 Postulationsfähigkeit (capability to present procedural acts) Vor DPMA, BPatG und EPA besitzt jede prozessfähige Person Postulationsfähigkeit, da es keinen Anwaltszwang gibt. 52

Postulationsfähigkeit fehlt: **a)** durch Eröffnung des Insolvenzverfahrens;[97] **b)** bei Unfähigkeit zur sachgerechten Darstellung des Sach- und Streitverhältnisses, wenn den in § 79 (2) Nr 1–3 ZPO genannten Bevollmächtigten (ua Beschäftigte der Partei, volljährige Familienangehörige, Volljuristen, wenn diese unentgeltlich tätig werden) durch unanfechtbaren Beschluss gemäß § 79 (3) 3 ZPO[98] die weitere Vertretung untersagt wird. § 79 (3) 3 ZPO ist auf Anwälte nicht anwendbar, da sie nach § 79 (2) 1 ZPO vertretungsberechtigt sind; **c)** bei Ausschluss von der Verhandlung nach § 177 GVG, wenn eine Partei den zur Aufrechterhaltung der Ordnung getroffenen Anordnungen nicht Folge leistet; **d)** vor EU-Gerichten für Syndikusanwälte.[99] 53

1.6 Form: Verfahrenshandlungen bedürfen der Schriftform, soweit keine anderen Verkörperungen zugelassen sind, wie zB gemäß *§ 34 (7)* PatG (vgl dazu § 34 Rdn 46). Zur Schriftform siehe unter Rdn 352 und Unterschrift siehe Rdn 374. 54

1.7 Frist (time limit): Außerhalb gesetzlicher Fristen vorgenommene Verfahrenshandlungen sind grundsätzlich – vorbehaltlich einer Wiedereinsetzung – unwirksam oder gelten kraft gesetzlicher Fiktion als nicht vorgenommen. Befristungen machen eine Verfahrenshandlung unwirksam. 55

1.8 Bedingungslosigkeit[100] *(procedural declaration must not be subject to any condition)*

Generell dürfen Verfahrenserklärungen nicht an eine Bedingung geknüpft werden[101], da im Interesse der Rechtssicherheit klar sein muss, ob die Erklärung (insbesondere verfahrenseinleitende, wie zB Klage oder Beschwerde[102], Fristverlängerung durch Gericht[103]) oder die Einreichung von Schriftsätzen oder Dokumenten[104] wirksam ist oder nicht.[105] Daher sind Verfahrenshandlungen, die von einem außerprozessualen Ereignis abhängig gemacht werden, unwirksam oder unzulässig,[106] weil die Wirkung 56

---

[97] OLG Stuttgart Justiz **04**, 513 = BeckRS **04**, 05 355.
[98] Ersetzt den früheren § 157 (2) ZPO.
[99] EuGH 06.09.12 – C-422/11 und C-423/11 P Mitt **13**, 97 *Syndikusanwälte vor EU-Gerichten*.
[100] **Lit in GRUR:** Hövelmann **03**, 203.
[101] BGH X ZR 33/19 GRUR **20**, 327 TZ 21 *Akteneinsicht XXIV*.
[102] J 0016/94 ABl **97**, 331 *Beschwerdeschrift/XXX*; BGH NJW-RR **12**, 755 *Unbedingte Einlegung eines Rechtsmittels*; BPatG v 14.12.16 – 17 W (pat) 28/16 BeckRS **16**, 130001 *Beschwerde unter Bedingung*.
[103] BGH NJW **17**, 3006 *Fristverlängerung unter Bedingung*.
[104] BGH X ZR 33/19 GRUR **20**, 327 TZ 21 *Akteneinsicht XXIV*.
[105] EPA GBK G 0002/04 ABl **05**, 549 Nr 3.2.1 *Übertragung des Einspruchs/HOFFMANN-LA ROCHE*.
[106] BGH X ZR 33/19 GRUR 20, 327 TZ 21 *Akteneinsicht XXIV*; Vgl BPatGE **15**, 160 (Rücknahmeerklärung); **26**, 120, 122; (Erteilungsantrag); BPatG GRUR **93**, 634 FN 23 (bedingter Hilfsantrag im Nichtigkeitsverfahren); J 0027/94 ABl **95**, 831 (Zustimmung gemäß R 51 (4) unter Vorbehalt der Einreichung einer Teilanmeldung).

auf das Verfahren niemals ungewiß sein darf.[107] Daher ist eine hilfsweise eingelegte Beschwerde unzulässig.[108]

Entsprechend diesen Grundsätzen kann grundsätzlich nicht davon ausgegangen werden, dass eine Partei Dokumente zu einem Gerichtsverfahren einreichen will, wenn sie deren Weiterleitung an den Gegner von einer Bedingung abhängig macht[109]. Sind die bedingten Dokumente nicht an den Gegner weitergeleitet, kann in sie keine Akteneinsicht gewährt werden.

Zulässig sind Bedingungen, die von einem innerprozessualen Vorgang abhängig sind[110]: **a)** Abhängigkeit der Verfahrenshandlung vom Erfolg oder Misserfolg der eigenen oder einer fremden Verfahrenshandlung, wie zB Haupt- und Hilfsantrag (s Rdn 206); **b)** Rücknahme der Anmeldung unter der Bedingung, dass eine Veröffentlichung der Offenlegungsschrift unterbleibt.[111]

57 **Die Rücknahme eines Rechtsmittels** ist bedingungsfeindlich und kann auch nicht von einer innerprozessualen Bedingung abhängig gemacht werden[112]

58 Akzeptiert das Amt eine an sich unzulässige Bedingung, so kann es sich nach den Grundsätzen des Vertrauensschutzes (Rdn 458) nicht später auf die Unzulässigkeit der Verfahrenshandlung berufen.[113]

59 **1.9 Rechtsschutzbedürfnis** (vgl dazu Rdn 345): Fehlt es, ist die Verfahrenshandlung nicht unwirksam, sondern unzulässig.

60 **1.10 Bestimmtheit der Verfahrenserklärung (unambiguous declaration)** Ist der Inhalt einer Verfahrenserklärung unbestimmt oder mehrdeutig und kann der Mangel auch nicht durch Auslegung (s unten Rdn 130) beseitigt werden, dann fehlt ihr die erforderliche Bestimmtheit und ist deshalb unwirksam, weil im Interesse der Rechtssicherheit nicht offen bleiben kann, was Gegenstand des Verfahrens ist oder werden soll.[114] Eine bloße Absichtserklärung oder eine reine Ankündigung einer Verfahrenshandlung oder die bloße Zahlung einer Gebühr ist keine wirksame Verfahrenshandlung.[115] Eine ausreichende Bestimmtheit der Erklärung kann sich auch durch Auslegung ergeben.[116]

61 Eine Verfahrenshandlung kann zwar von einem außerprozessualen Ereignis abhängig gemacht werden (Hilfsantrag, s unten Rdn 206), sein Inhalt selbst muss aber unzweideutig bestimmt sein. Daher ist ein Antrag wegen Unbestimmtheit unwirksam, wenn gerade sein Inhalt vom Eintritt einer Bedingung abhängig gemacht wird, zB vom unge-

---

107 RGZ **144**, 73; BGH GRUR **96**, 109 (IV1a) *Klinische Versuche I*; J 0027/94 ABl **95**, 831.
108 BPatG 29.05.12 – 12 W (pat) 14/12 GRUR 13, 550 FN 59 *Automatische Döner- und Gyrosmesser.*
109 BGH X ZR 33/19 GRUR **20**, 327 TZ 21 *Akteneinsicht XXIV.*
110 BGH GRUR **00**, 892 *MTS*; BPatGE **45**, 4 = Mitt **02**, 79 *Neuronales Netz.*
111 BPatG **45**, 4 = Mitt **02**, 79 *Neuronales Netz.*
112 BGH NJW-RR **08**, 85 = Mitt **08**, 44 L *bedingte Rechtsmittelrücknahme.*
113 J 0027/94 ABl **95**, 831.
114 J 0011/94 ABl **95**, 596 (Nr 2.2); J 0027/94 ABl **95**, 831.
115 BPatG 19.04.05 – 23 W (pat) 65/04 BeckRS 11, 27786 *Beabsichtigte Beschwerdeeinlegung.*
116 BPatG Mitt **13**, 347 *Schrumpfkappe* (für Verzichtserklärung).

wissen Ausgang eines Verfahrens[117], Beschwerde nur, wenn keine weiteren Kosten entstehen[118].

Klageantrag muss nach § 253 (2) Nr 2 ZPO bestimmt sein. Er muss den erhobenen Anspruch nach Inhalt und Umfang so konkret und deutlich bezeichnen, dass der Streitgegenstand klar umrissen ist, sich der Beklagte erschöpfend verteidigen kann und nicht dem Vollstreckungsgericht die Entscheidung überlassen bleibt, was dem Beklagten verboten ist.[119] 62

1.11 Begebung der Verfahrenshandlung: Sie muss mit Willen des Erklärenden in Verkehr gebracht sein. Darauf erstreckt sich die Beweisregel des § 146 ZPO, so dass der die Beweislast trägt, der sich auf die Unwirksamkeit der Begebung beruft.[120] 63

1.12 Wirkung nur für die Instanz (statements during 1. instance proceedings not applicable in subsequent appeal proceedings): Verfahrenshandlungen, die in 1. Instanz abgegeben wurden, gelten nicht ohne weiteres auch für die 2. Instanz, sondern bedürfen der Wiederholung,[121] zB Antrag auf mündliche Verhandlung. 64

2 Wirksamwerden von Verfahrenshandlungen *(effectiveness of procedural acts)*

2.1 Zeitpunkt:

a) **Mündliche Erklärungen** werden mit ihrer Abgabe in einer Anhörung oder mündlichen Verhandlung wirksam; telefonisch können Erklärungen nur angekündigt werden. 65

b) **Schriftliche Erklärungen** werden durch Begründung der Verfügungsgewalt (Gewahrsam) von DPMA, BPatG oder EPA mit Willen des Erklärenden wirksam,[122] wenn nicht vorher oder gleichzeitig ein Widerruf zugeht (§ 130 BGB). Die Einreichung eines fristwahrenden Schriftstücks ist eine einseitige Verfahrenshandlung, die zu ihrer Wirksamkeit der Mitwirkung eines Bediensteten grundsätzlich nicht bedarf,[123] so zB bei Einwurf in den Nachtbriefkasten oder bei Übermittlung im Wege der Telekommunikation. Für die Entgegennahme persönlich überreichter Eingaben ist die Annahmestelle zuständig, nicht die innerhalb der Behörde für die Bearbeitung zuständige Stelle[124] oder ein beliebiger Angehöriger der Behörde.[125] 66

Uhrzeit ist für das Wirksamwerden einer Verfahrenshandlung maßgebend,[126] weil es nach § 130 BGB auf den Zeitpunkt ihres Zugehens ankommt. Das ist bei einer Über- 67

---

117 BGH BlPMZ 96, 351 (CII3) *Lichtbogen-Plasma-Beschichtungssystem.*
118 BPatG 14.12.16 – 17 W (pat) 28/16 *Beschwerde unter einer Bedingung* BeckRS 16, 130001.
119 BGH GRUR 13, 623 Tz 7 *Preußische Gärten und Parkanlagen II*; 11, 345 *Hörgeräteversorgung II*; 03, 958 *Paperboy*; BGH NJW 09, 2528; 99, 954.
120 BGH VersR 03, 229; Mitt 03, 234.
121 T 0034/90 ABl 92, 454; T 0501/92 ABl 96, 261.
122 BGH NJW 79, 2032; J 0012/95 ABl 97 SonderA 75 (Übermittlung eines Fax gegen Willen des Vertreters).
123 BVerfGE 69, 381; BPatG BlPMZ 92, 361 (IIb) *Einspruch bei EPA statt DPA.*
124 BPatGE 8, 188; BVerfG NJW 80, 580 *Fristgebundener Schriftsatz.*
125 BGHZ 2, 31; 23, 307, 310; BGH NJW 73, 1082.
126 BPatGE 33, 200, 203; T 0517/97 ABl 00, 515.

mittlung per Fax der Zeitpunkt des vollständigen Ausdrucks.[127] Ist die Uhrzeit des Eingangs von Verfahrenshandlungen feststellbar, so bestimmt die Uhrzeit die Reihenfolge ihres Eingangs.[128] Für den Eingang von Patentanmeldungen ist der Anmeldetag die kleinste Zeiteinheit, weil § 35 (2) ausdrücklich auf den Tag ihres Eingangs, nicht auf den Zeitpunkt ihres Eingangs abstellt (vgl § 35 Rdn 14).

68 **Verspätet beim EPA eingegangene Schriftstücke:** Die Einhaltung einer Frist wird nach Regel 133 EPÜ fingiert, sofern ein verspätet eingegangenes Schriftstück mindestens 5 Kalendertage vor Ablauf der Frist bei der Post oder einem vom Präsidenten des EPA allgemein anerkannten Übermittlungsdienst (Chronopost, Deutsche Post Express, DHL, Federal Express, LTA, TNT, SkyNet oder UPS) mit Einschreiben (außerhalb Europas per Luftpost) aufgegeben wurde und nicht später als drei Monate nach Ablauf der Frist eingegangen ist.[129]
Zur Einreichung von Patentanmeldungen vgl § 34 Rdn 30 ff und § 35 Rdn 27.

69 **2.2 Falsche Adressierung** Eine falsche Adresse kann zu einem Rechtsverlust führen, wenn dadurch eine Frist versäumt wird. Sie ist dann unschädlich, wenn die Eingabe vom falschen Adressaten noch innerhalb der Frist an DPMA weiter geleitet wird.[130]

70 **2.2.1 BPatG statt DPMA:** Die frühere gemeinsame Annahmestelle für DPA und BPatG ist am 30.4.91 aufgehoben worden.[131] Falsch adressierte Eingaben können daher nur mit entsprechendem Zeitverlust der jeweils zuständigen Behörde zugeleitet werden. Dem könnte eine Vereinbarung zwischen BPatG und DPMA vorbeugen.

71 **2.2.2 EPA statt DPMA und DPMA statt EPA:** Die Verwaltungsvereinbarung zwischen DPMA und EPA über den Zugang von Schriftstücken und Zahlungsmitteln[132] regelte das Problem von Irrläufern, um Rechtsverluste der Beteiligten zu vermeiden, wenn eine Eingabe versehentlich dem falschen Amt zugeht.[133] Diese Vereinbarung ist durch rechtskräftige Entscheidung des BPatG[134] als rechtswidrig erkannt worden, weil nach § 28 (1) PatG (früher § 22 (1)) für die »Form des Verfahrens« (= Feststellung des Eingangstages) nur BMJ durch Rechtsverordnung, nicht aber DPMA durch Verwaltungsvereinbarung bestimmen könne. Daher wendet DPMA die Vereinbarung seit 01.03.05 und EPA seit 01.09.05 nicht mehr an.[135] Spätestens seit Bekanntgabe der Nichtanwendung kann ein Vertrauensschutz nicht mehr geltend gemacht werden.

---

127 BGH NJW 87, 2587; **94**, 2097.
128 BPatGE **33**, 200; T 0517/97 ABl 00, 515.
129 EPAPrüfRichtl Teil E VIII 3 1.7; Beschluss PräsEPA ABl **03**, 283.
130 BPatGE **18**, 68; BPatG v 12.12.06 – 14 W (pat) 311/04 BeckRS **07**, 07244 *Hydraulisches Bindemittel.*
131 MittDPA Nr 1/91 BlPMZ **91**, 145.
132 Vom 29.6.1981 (BlPMZ **81**, 278 = ABl **81**, 381), geändert am 13.10.89 (BlPMZ **89**, 373 = ABl **91**, 187).
133 EPA GBK G 0005/88, G 0007/88, G 0008/88 ABl **91**, 137 (Nr 2.5 u 2.6) *Verwaltungsvereinbarung/MEDTRONIC.*
134 BPatG BlPMZ **05**, 183 = GRUR **05**, 525 = Mitt **05**, 119 *Irrläufer;* vgl auch BPatG BlPMZ **92**, 361.
135 *MittDPMA* Nr 23/05 BlPMZ **05**, 273 = Tabu Gewerbl. Rechtsschutz. Nr 499; MittEPA ABl **05**, 444.

Beide Ämter leiten weiterhin ersichtlich fehlgeleitete Schriftstücke dem zutreffenden 72
Amt zu, um weiteren Zeitverlust durch Rücksendung zu vermeiden. Eingangstag ist
aber nicht mehr der Tag des Eingangs beim falschen Amt, sondern der Tag des tatsächlichen Eingangs beim zutreffenden Amt. Eine falsche Adressierung kann somit zu
Fristversäumnissen führen, deren Rechtsnachteil durch Anträge auf Weiterbehandlung
(§ 123a) oder Wiedereinsetzung beseitigt werden kann, sofern die dafür erforderlichen
gesetzlichen Voraussetzungen erfüllt sind.

3 Berücksichtigung von Verfahrenshandlungen durch Amt und Gericht *(taking into consideration of procedural acts by the Office and the court)*

Mit der Einreichung wird die Verfahrenshandlung wirksam, auch wenn sie der zuständigen Stelle im Amt oder Gericht erst später vorgelegt wird.[136] Eine Entscheidung 73
ohne Beachtung der normalen inneramtlichen Vorlagezeit kann den Anspruch auf
rechtliches Gehör verletzen.[137]

Im Verfahren einer Patentanmeldung sind – soweit nicht gesetzlich ausgeschlossen (vgl 74
zB § 38 Satz 1 PatG) – alle Verfahrenshandlungen zu berücksichtigen, die eingereicht
werden zwischen Anmeldetag und Erledigung der Anmeldung, die eintritt durch **a)**
erklärte oder fingierte Rücknahme der Anmeldung oder **b)** Entscheidung über die
Anmeldung, sei es durch Patenterteilung oder Zurückweisung der Anmeldung.

Maßgebender Zeitpunkt, bis zu dem Verfahrenshandlungen berücksichtigt werden 75
müssen, ist:

3.1 In Verfahren mit mündlicher Verhandlung oder Anhörung: Schließung der 76
mündlichen Verhandlung oder Anhörung (vgl § 91 (3) 1) und vor EPA die Beendigung der sachlichen Debatte (closing of the debate).[138] Nach diesem Zeitpunkt können
Verfahrenshandlungen wirksam nur vorgenommen werden, wenn die mündliche Verhandlung wieder eröffnet wird (vgl dazu § 91 Rdn 6) oder dem Beteiligten die Einreichung eines Schriftsatzes nachgelassen war;

3.2 Im schriftlichen Verfahren: Herausgabe der Entscheidung durch die 77
Geschäftsstelle an die interne Postabfertigungsstelle.[139] Nach diesem Zeitpunkt eingehende Verfahrens-handlungen können unberücksichtigt bleiben,[140] ohne dass darin
ein Verstoß gegen die Gewährung rechtlichen Gehörs liegen würde. Dieser Zeitpunkt
wird den Parteien zwar nicht vorher mitgeteilt, da sie aber im schriftlichen Verfahren
jederzeit mit dem Erlaß einer Entscheidung rechnen müssen, obliegt es ihnen, eine
etwaige Änderung ihres schriftlich gestellten Antrags so zeitig kundzutun, dass sie
noch bei der Entscheidung in Betracht gezogen werden kann.[141] Vor EPA liegt der

---

136 BGH BlPMZ **74**, 123 *Aktenzeichen*; BPatGE **8**, 188; **12**, 151; **13**, 65, 69; **14**, 191; **17**, 241.
137 BVerfG DRiZ **73**, 203; BPatGE **12**, 151; **14**, 191.
138 EPA GBK G 0012/91 ABl **94**, 285 (Nr 9.2) *Endgültige Entscheidung/NOVATOME II*.
139 BGH GRUR **67**, 435 *Isoharnstoffäther*; **82**, 406 *Treibladung*; **97**, 223 *Ceco*; **00**, 688 (II2c) *Graustufenbild*; BGH NJW-RR **04**, 1575 *Zeitpunkt der Entscheidung*. EPA GBK G 0012/91 ABl **94**, 285 *Endgültige Entscheidung/NOVATOME II*; T 0631/94 ABl **96**, 67; BPatGE **34**, 224; **40**, 259, 260.
140 ZB Teilung der Anmeldung (BPatGE **40**, 259) oder Beitritt (T 0631/94 ABl **96**, 67).
141 BPatGE **40**, 259, 263.

Zeitpunkt immer 3 Tage vor dem Datum, das auf der Entscheidung aufgestempelt ist.[142]

Nach Beschlussfassung, aber vor Herausgabe des nicht verkündeten Beschlusses eingehender Schriftsatz ist zu berücksichtigen.[143]

78 Die Nichtberücksichtigung von Verfahrenshandlungen, die nach dem maßgebenden Zeitpunkt eingehen, bedeutet nicht, dass sie unwirksam sind. So kann zB nach diesem Zeitpunkt bis zum Ablauf der Rechtsmittelfrist eine Anmeldung zurückgenommen (vgl § 34 Rdn 461) oder geteilt werden (§ 39 Rdn 21).

79 War eine Frist gesetzt, darf erst entschieden werden, wenn zuverlässig feststeht, dass eine am letzten Tag eingegangene Eingabe entsprechend der internen Amtslaufzeit vorliegt.[144] Zur Wartefrist im Einspruchsverfahren s § 59 Rdn 218.

An Verkündungs-statt zugestellte Entscheidungen ergehen auch auf Grund mündlicher Verhandlung, so dass danach eingehende Schriftsätze – wenn ihre Nachreichung nicht nachgelassen war (siehe § 78 Rdn 34) – unberücksichtigt bleiben können.[145]

80 Beschwerde: Verfahrenshandlungen, die nach dem maßgebenden Zeitpunkt (s oben Rdn 75) vorgenommen worden sind, sind aber zu berücksichtigen, wenn gegen die erlassene Entscheidung eine zulässige Beschwerde erhoben wird. Sind sie entscheidungserheblich, sollte die angefochtene Entscheidung im Wege der Abhilfe aufgehoben werden. Eine unzulässige Beschwerde eröffnet nicht die Möglichkeit, Verfahrenshandlungen für die Anmeldung wirksam vorzunehmen.

81 **4 Auslegung von Verfahrenshandlungen** siehe unten Rdn 130.

82 **III. Allgemeine Verfahrensbegriffe (alphabetisch)** *(legal terms of procedure; alphabetically)*

Übersicht

A
abandonment . . . . § 34 Rdn 431
administrative act 471
affidavit 85
Aktenzeichen 86
Amtsermittlung 16
Amtsübung 459
Amts wegen, Prüfung von – 18
Anfechtung wegen Irrtums 89
Anscheinsbeweis 165
Antragsbindung 7
Antragsgrundsatz 4
application
   binding effect of – 7
   prosecution only upon – 4
arbitrariness, prohibition of – 203

Aufklärungspflicht (§ 139 ZPO) 114
Auslegung
   des Gegenstands einer Erfindung . . 122
   richtlinienkonforme 140
   von Verfahrenshandlungen 130
   von Verfahrensrecht 132
   von internationalem Recht 136
   von unbestimmten Rechtsbegriffen . 421
Ausnahmevorschriften 111
Aussetzung (§ 148 ZPO)
   vor DPMA 142
   vor EPA (Regel 14 u 78 EPÜ) . . . 148
authorisation 481
auxiliary request 206
   order of requests 208
avoidance on the ground of error . . . 89

---

142 EPA GBK G 0012/91 ABl **94**, 285 (Nr 9.1) *Endgültige Entscheidung/NOVATOME II.*
143 BGH Mitt. **12**, 475 = NJW-RR **12**, 1533 *Später Schriftsatz.*
144 BPatGE **16**, 39.
145 BPatGE **43**, 77, 80 *VISION.*

B

Bedingungslosigkeit 56
Beibringungsgrundsatz 17
Berichtigung einer Verfahrenserklärung . . 151
Beweislast 154
   Ablehnung eines Beweisangebots . . 163
   Anscheinsbeweis 165
   Ausnahme von der Regel 158
   Einspruchsverfahren . . . . s § 59 Rdn 209
   freie Beweiswürdigung 155
   Pflicht zur Erleichterung der – . . . 159
   Umkehr der Beweislast 157
   Vorweggenommene Beweiswürdigung 164
Beweisvereitelung 160
Beweisverfahren, selbständiges 161
Bindung an den Antrag 7
burden of proof 154
   anticipated evaluation of evidence . 164
   free evaluation of evidence 155
   prima facie evidence 165
   shift of burden of proof 157

C

Chancengleichheit 166
Computer-Fax 385
conclusiveness 351
consolidation 443
conversion 423

D

Darlegungslast 396
declaration, unambiguous – 58
discretion 173
Dispositionsmaxime 11
Doppelanmeldungen . . . . . . s § 34 Rdn 25
dpmadirekt 370

E

Eidesstattliche Versicherung
   Beweismittel . . . . s § 46 Rdn 46
   Glaubhaftmachungsmittel 199
Eigenschaftsirrtum 98
Eigentumsgarantie 171
Elektronische Signatur . . . . 376 ff
Elektronischer Rechtsverkehr
   im bürgerlichen Recht 354
   im Verfahrensrecht 359
   vor DPMA, BPatG, BGH 363
   vor EPA 371
Elektronisches Dokument 319, 359–364
Email 172
equality
   before the Law 203
   of opportunities 166
Erklärungsirrtum 96
Ermessen 173
Error 227
   avoidance on the ground of – 89
   disclosure and – . . . . § 34 Rdn 328
   inventive step and – . . . . . . § 4 Rdn 118
   representative and – 107
   revocation and – 544
   state of the art and – . . . . . § 3 Rdn 116
   validity of a patent and – . § 139 Rdn 104
estoppel 476
EuGH-Vorabentscheidung 537
evidence
   anticipated evaluation 164
   burden of proof 154
   denial of a motion for the admission of – 163
   furnishing prima facie – 199
   prima facie evidence 165
exceptional provisions 141
ex officio examination 16

F

faires Verfahren 458
falsa demonstratio 131
falsche Adresse 69
Fax 398
Feiertage 188
Fernschreiben 414
Forfeiture 476
Fristberechnung 185
   Fristbeginn 186
   Fristende 187
   Sonn- u Feiertage (§ 193 BGB) . . . 188
   vor EPA 191

G

Garantenstellung 194
Gesetzeslücke 195
Gesetzlicher Richter 197
Gesetzlicher Vertreter 49
Glaubhaftmachung 199
Gleichheitssatz 203
good faith 418
guarantor position 194
guter Glaube 418

H

Hilfsantrag 206
   Reihenfolge 208
   Zahl 209
   Verfahren 210
   EPA-Beschwerdeverfahren 213

I

in dubio pro reo 214
Informationelle Selbstbestimmung 215
Inhaltsirrtum 96
Insolvenz 216
interlocutory decision 521
intermediate
   generalisation 127
   restriction 127
interpretation
   of international law 136
   of procedural acts 130
   of procedural law 132
interruption of proceedings 424
Irrtum
   Anfechtung 89

Einleitung

Allgemeine Verfahrensbegriffe/ legal terms of procedure

erfinderische Tätigkeit und –....... s § 4 Rdn 118	
Erklärungsirrtum	96
Inhaltsirrtum	96
Motivirrtum	105
Offenbarung und – ...... s § 34 Rdn 328	
Rechtsbestand des Patents und – ...... s § 139 Rdn 104	
Stand der Technik und – . . s § 3 Rdn 116	
Übermittlungsirrtum	97
Vertreter und –............	107
Widerruf und –............	543

K
Konkurs.................	228
Kosten.......... s PatKostG Anhang 15	
late submission.............	244
Art 114 (2) EPC	247
R. 137 (= R 86aF) EPC......	256
R. 80 (= R 57a) EPC	262
R. 116 (= R 71a) EPC.......	269
Art 13 VerfOBK..........	274
Art 12 VerfOGBK.........	275

L
Lateinische Rechtsregeln..........	349
legitimate	
expectation	462
interest to take legal action......	345
loophole, legal –.............	195

M
Material Transfer Agreement (MTA) . .	230
Motivirrtum	105

N
Nebenintervention	231
Neues Vorbringen.............	237
new submission..............	237
Normenkontrollverfahren (BVerfG)....	532

O
Obiter dictum	276
Obliegenheit	277
Offizialverfahren	16

P
Parteifähigkeit	41
party	
capability of being a party	41
capability of participating in proceedings...............	44
capability to present procedural acts	52
party disposition	11
Postulationsfähigkeit	52
prima facie–Beweis	165
principles, procedural –	
ex officio examination........	16
party disposition	11
prosecution only upon application. .	4
proportionality, principle of –........	454
Prozessfähigkeit	44
Prüfung von Amtswegen..........	18

R
ratio legis	132

Rechtliches Gehör............	284
Anspruch auf Rücksprache......	290
Anwendungsbereich..........	288
Dauer.................	293
Folge von Verstößen.........	321
Gelegenheit zur Stellungnahme . . .	306
Inhalt	297
mündliche Verhandlung........	314
Personen...............	289
Rechtsbehelfe.............	325
Schweigen...............	312
Verfahren...............	305
verspätetes Vorbringen.........	313
von Amts wegen...........	305
Wiederholung.............	310
Rechtskraft................	340
Rechtsprechung, Änderung........	460
Rechtsschutzinteresse............	345
relevance of new submission........	249
reopening of the case...........	546
representation	
authorisation	513
common representative ..... § 34 Rdn 19	
legal –................	49
res judicata	340
resumption of proceedings.........	546
retraction	543
revocation.................	543
Richtlinienkonforme Auslegung	140
right to be heard.............	284
Römisches Recht	349
Rücknahme der Anmeldung... § 34 Rdn 454	
Ruhen des Verfahrens	350

S
Scannen	385
Schlüssigkeit	351
Schriftform	352
elektronische –	356
Textform	357
Unterschrift	374
EPA	391
Schweigen.................	393
signature	374
scanned –..............	385
silence...................	393
Sonntag	188
Substantiierung	396
Statutory declaration	85
stay of proceedings.............	385
Streithilfe	231
submission	
late –.................	244
of documents	435
suspension of proceedings.........	148
sworn statements in writing	85

T
Telebrief..................	397
Telefax...................	398
Computer-Fax	385

Telefon	412	EPA u -	462
Telegramm	414	Verwaltungsakt	471
Telekopie	399	Verwirkung	476
Treu und Glauben	418	Verzicht	§ 34 Rdn 431
U		Videokonferenz	478
Übermittlungsirrtum	97	Vollmacht	481
Überraschungsentscheidung	115, 285	*Allgemeine Vollmacht*	485
Umdeutung	423	*Allgemeiner Vertreter*	488
Unbestimmter Rechtsbegriff	421	*Erlöschen*	489
Untätigkeit	§ 73 Rdn 13	*Erteilung*	481
Unterbrechung des Verfahrens	424	*Heilung*	506
DPMA	424	*Mangel der Vollmacht*	501
EPA	429	*Nachweis*	497
Unterschrift	374	*Prüfung der –*	501
eingescannte –	385	*Untervollmacht*	484
Untersuchungsgrundsatz	16	*Vorlage der –*	497
Urkundenvorlegung	435	Vollmacht vor EPA	513
V		Vollmachtloser Vertreter	502
venire contra factum proprium	418	Vorab- oder Zwischenentscheidung	521
Verbindung	443	*BVerfG (Normenkontrolle)*	532
EPA u -	447	*DPMA und BPatG*	522
Verfahrenshandlung		*EPA*	Anh. § 73 Art 106, 27
allgemeine Voraussetzungen	39	*EuGH Art 267 AEUV*	537
Auslegung	130	Vorlage	
Berücksichtigung	73	*von DPMA an BPatG*	s § 73 Rdn 130
Wirksamwerden	65	*an BVerfG*	532
Verfahrensordnung der Beschwerdekammern Art 13	274	*an EuGH*	537
		Vorlegung von Urkunden	435
Verfahrensordnung der Großen Beschwerdekammer Art 12	275	Vorweggenommene Beweiswürdigung	164
		W	
Verfassungsbeschwerde	450	Waffengleichheit	542
Verfügungsgrundsatz	11	Widerruf	543
Verhältnismäßigkeit	454	Wiederaufnahme des Verfahrens	546
Verhandlungsgrundsatz	17	Wiener Übereinkommen Art 31–33	136
Verspätetes Vorbringen	238	Willkürverbot	203, 549
DPMA und BPatG	238	Wirksamwerden von Verfahrenshandlungen	65
EPA	244	*withdrawal of an application*	§ 34 Rdn 454
Art 114 (2) EPÜ	247	*written form*	352
R. 137 (= R 86 aF) EPÜ	256	**Z**	
R.l 80 (= R 57a aF) EPÜ	262	Zustellung	552
R. 116 (=R 71a aF) EPÜ	269	Zwischenbeschränkung	127
Relevanz	249	Zwischenentscheidung	521
Vertragsstrafeversprechen	457	Zwischenverallgemeinerung	127
Vertrauensschutz	468		

Abandonment siehe § 34 Rdn 431. 83

Administrative act siehe unten Rdn 471. 84

Affidavit Abgabe einer schriftlichen Erklärung unter Eid[146] *(sworn statements in writing) ist* nach Art 117 (1) g *EPÜ* ein zulässiges Beweismittel für den Nachweis von Tatsachen[147], nicht dagegen für Schlussfolgerungen aus Tatsachen, zB dem Vorliegen 85

---

146 **Lit in Mitt:** Rau 00, 223, 226.
147 EPA GBK G 0003/89 ABl **93**, 117 *Berichtigung nach R 88 S 2 EPÜ*; G 0011/91 ABl **93**, 125 *Glu-Gln*.

erfinderischer Tätigkeit. Unter Art 117 (1) g EPÜ fallen die aus dem anglo-amerikanischen Rechtskreis bekannten Affidavits oder *statutory declarations*, die unter Eid vor einer zuständigen Stelle (*commissioner of oaths*) abgegeben werden, die den Erklärenden über die Strafbarkeit einer unrichtigen Erklärung wegen Meineids (*perjury*) belehrt. Sie unterliegt wie alle Beweismittel der freien Beweiswürdigung[148]. Die Tatsache der Eidesleistung verleiht ihr nicht automatisch einen höheren Beweiswert. Vielmehr steht es im pflichtgemäßen Ermessen von DPMA, BPatG und EPA, ob sie der beschworenen Erklärung mehr Gewicht beimessen will als einer unbeschworenen Erklärung (*unsworn statement*). Das hängt von den Umständen des Einzelfalls und der gewonnenen Überzeugung von Amt und Gericht ab.

Unter Art 117 (1) g EPÜ fällt eine deutsche eidesstattliche Versicherung nicht[149], weil sie nicht unter Eid abgegeben ist.

- **Aktenzeichen** *(file number)*

86   Aktenzeichen dient der sicheren und schnellen Zuordnung eines Schreibens zu einem existierenden Vorgang. Es ist nach § 17 (1) 1 DPMAV auf allen Anträgen und Eingaben schriftlicher oder elektronischer Art anzugeben. Auch in elektronischen Nachrichten an BPatG und BGH ist das Aktenzeichen – soweit bekannt – anzugeben.

Die Angabe des Aktenzeichens ist eine Obliegenheit des Verfahrensbeteiligten. Fehlt es, ist es unrichtig oder unvollständig, so ist damit die Eingabe nicht unwirksam, sofern die Zuordnung durch andere Umstände hergestellt werden kann, zB auf Grund des Namens des Einsenders oder des Vertreters, der Bezugnahme auf eine Anmeldung oder einen amtlichen Vorgang oder der Erwähnung der zuständigen Stelle innerhalb einer Behörde.[150] Zu einem Rechtsverlust – zB Fristversäumnis – kann das Fehlen des Aktenzeichens ausnahmsweise dann führen, wenn die Zuordnung trotz eines zumutbaren Aufwands unmöglich ist.

87   **Amtsermittlung** siehe Rdn 16.

88   **Amts wegen, Prüfung von –** siehe Rdn 18.

- **Anfechtung wegen Irrtums**[151] *(avoidance on the ground of error)*

89   Jede Verfahrenshandlung kann jederzeit mit Wirkung ex nunc zurückgenommen werden, so dass sie für die Zukunft keine Wirkung mehr entfaltet, es sei denn, das Gesetz bestimmt etwas anderes, wie zB in § 23 (7) oder in § 44 (5). Bis zu ihrer wirksamen Rücknahme bleibt die wirksam vorgenommene Verfahrenshandlung wirksam.

90   Eine rückwirkende Rücknahme (ex tunc) einer Verfahrenshandlung sieht das Gesetz grundsätzlich nicht vor. Sie ist nur möglich, soweit ein Widerruf einer Verfahrenshand-

---

148 Vgl T 0674/91, T 0839/92 ABl **96** SonderA 72; T 0327/91 RechtsprBK/EPA **16** III 2.3; T 0804/92 ABl **94**, 862 (vom Amt vorformulierter Text); J 0004/97 ABl **98**, SonderA 73; T 0728/98 ABl **01**, 319 (Nr 3.2.1.3).
149 **T 0770/91 RechtsprBK/EPA 19, 826,884.**
150 BPatG BlPMZ **06**, 293 *Fördereinrichtung.*
151 **Lit:** Beier-Katzenberger in: 10 Jahre BPatG 1971, 251; Arens Willensmängel im Zivilprozess *1968;* Gaul AcP **172**, 342; G. Winkler Mitt **98**, 401; **99** 148; Witte GRUR **62**, 497; Kraßer Lehrbuch 5. Aufl § 25 VII Nr 3 (= S 556).

lung zulässig ist (vgl dazu Rdn 543). Ist auch ein Widerruf unzulässig, kann eine Verfahrenshandlung rückwirkend allenfalls durch Anfechtung beseitigt werden. Eine Anfechtung sieht das Gesetz aber nur im BGB in den §§ 119 ff für Willenserklärungen vor, dagegen nicht im Verfahrensrecht für Verfahrenshandlungen, die daher grundsätzlich nicht anfechtbar sind.

1. Nicht anfechtbare Verfahrenshandlungen: a) Rechercheantrag gemäß § 43; **b)** Prüfungsantrag gemäß § 44;[152] **c)** Beschwerdeerklärung;[153] **d)** Rücknahme der Beschwerde;[154] **e)** Einspruch und dessen Rücknahme; **f)** Ausscheidungs- und Teilungserklärung;[155] **g)** Antrag auf, Beschränkung des Patents gemäß § 64; **h)** Rechtsmittelverzicht;[156] **i)** Rücknahme des Widerspruchs gegen Gbm-Löschungsantrag.[157]   91

2. Doppelnatur: Ist eine Rechtshandlung gleichzeitig Verfahrenshandlung und bürgerlich-rechtliche Willenserklärung, ist sie also sowohl prozessualer wie materiellrechtlicher Natur, so ist die Einheit aus beiden nach der Rechtsprechung anfechtbar.   92

3. Wegen Doppelnatur anfechtbar: a) Rücknahme einer Anmeldung;[158] **b)** Verzicht und Teilverzicht;[159] **c)** Lizenzbereitschaftserklärung;[160] **d)** Verfügung, die einer Gebührenzahlung zugrundeliegt, zB bei Zahlung einer Jahresgebühr[161] oder einer Prüfungsantragsgebühr[162] sowie die Tilgungsbestimmung bei Zahlung einer Gebühr,[163] zB bei fälschlicher Angabe des Gebührentatbestandes; **e)** gerichtlicher Vergleich.[164] Auf Grund des Vergleichs bereits vorgenommene Verfahrenshandlungen, zB Rücknahme der Nichtigkeitsklage, werden von der Anfechtung nicht erfaßt.   93

4. Wirkung einer Anfechtung: Die Anfechtung beseitigt gemäß § 142 (1) BGB rückwirkend die angefochtene Rechtshandlung, nicht dagegen selbständige Rechtshandlungen, die vor der Anfechtung auf Grund der angefochtenen Handlung vorgenommen wurden. Die Anfechtung setzt nicht eine andere Erklärung an die Stelle der angefochtenen.   94

5. Ausschluss der Anfechtung: Eine Erklärung, die den Inhalt einer Anmeldung betrifft, ist nicht mehr anfechtbar, wenn die Erklärung Grundlage einer Entscheidung geworden ist, die Wirkung nach außen entfaltet.[165] Daher kann nach Erlaß des Ertei-   95

---

152 BPatGE 11, 219.
153 BPatGE 21, 20.
154 BPatGE 6, 183; 17, 90, 92.
155 BPatGE 8, 28, 34.
156 BPatGE 15, 153, 155.
157 BPatGE 34, 64.
158 BGH BlPMZ 77, 171 *Rücknahme der Patentanmeldung*; 72, 354 (III2) *Akustische Wand*; BPatGE 1, 21; 8, 28; 9, 15; 12, 128, 131; 16, 11; PA BlPMZ 54, 49; BPatG Mitt 16, 423 L = BeckRS 16, 10743 *Versehentliche Rücknahmeerklärung*
159 BGH BlPMZ 66, 127, 131 *beschränkter Bekanntmachungsantrag*; BPatGE 2, 56; 25, 63; 38, 224.
160 Vgl BPatGE 9, 147; 13, 159 f; PA BlPMZ 55, 58.
161 BPatGE 1, 25; 2, 17, 19; BlPMZ 72, 262.
162 BPatG Mitt 86, 174.
163 Vgl BGHZ 106, 163.
164 BGHZ 28, 171; 41, 310.
165 BGH BlPMZ 77, 305 *Metalloxyd*.

96 6. **Irrtum iSd § 119 BGB** kann sein: **a)** Erklärungsirrtum = irrige Vorstellung über die Erklärungshandlung, zB Versprechen, Verschreiben; **b)** Inhaltsirrtum = irrige Vorstellung über die inhaltliche Tragweite oder rechtliche Bedeutung der Erklärung. Unterschied: Bei a) sagt der Erklärende etwas, was er nicht sagen will, bei b) will er nicht, was er sagt.

lungsbeschlusses ein früher erklärter Verzicht nicht mehr angefochten werden,[166] da das zu einer Wiederaufnahme des Anmeldeverfahrens führen würde, was aus Gründen der Rechtssicherheit gegenüber der Öffentlichkeit nicht zugelassen werden kann.[167]

97 7. **Übermittlungsirrtum** (§ 120 BGB) berechtigt nur zur Anfechtung, wenn der übermittelnde Dritte nicht eine eigene Willenserklärung abgibt, sondern als Werkzeug (zB Bote, Dolmetscher, Post) benützt wird.[168] Ein Anwalt ist kein Bote.[169]

98 8. **Eigenschaftsirrtum** berechtigt nach § 119 (2) BGB zur Anfechtung bei einem Irrtum über solche Eigenschaften, die im Verkehr als wesentlich angesehen werden. Ihre Zulässigkeit ist bei einem anhängigen Erteilungsverfahren umstritten,[170] wird aber für den Verzicht auf ein erteiltes Patent zugelassen.[171] Läßt man aber die Anfechtung von Verfahrenshandlungen überhaupt zu, so erscheint ein Ausschluß der Anfechtung nach § 119 (2) BGB nicht überzeugend. Die Unsicherheit der Allgemeinheit über die Gültigkeit von Verfahrenshandlungen ist in den Fällen des § 119 (1) und (2) BGB nicht unterschiedlich.

99 9. **Verkehrswesentliche Eigenschaft** iSd § 119 (2) BGB ist nicht der Wert der Anmeldung selbst, sondern die Faktoren, die den Wert unmittelbar wesentlich zu bestimmen pflegen, wie a) technische Verwertbarkeit, b) Stand der Technik, c) Bestehen eines Lizenzvertrags,[172] d) Qualifikation der Anmeldung als Arbeitnehmererfindung,[173] e) Patentfreiheit der auf einer patentierten Maschine hergestellten Erzeugnisse.

100 10. **Keine verkehrswesentliche Eigenschaft** ist a) die nicht vorhersehbare, künftige Gestaltung des Verfahrensablaufs,[174] wie zB die Verhinderung der Offenlegung nach erklärter Rücknahme, b) Erwartung einer bestimmten Verwertbarkeit des Patents[175] oder der Patenterteilung auf eine Anmeldung.[176]

---

166 BGH BlPMZ 77, 305 *Metalloxyd* insoweit unter Aufgabe von BGH BlPMZ 66, 127 *beschränkter Bekanntmachungsantrag*.
167 BGH BlPMZ 77, 305; vgl BPatGE 25, 63, 64.
168 Vgl BPatGE 18, 196, 200.
169 BPatGE 9, 15, 17.
170 Dafür: Seetzen Verzicht im Immaterialgüterrecht 1969 S 24; Witte GRUR 62, 497, 500; dagegen: PA BlPMZ 54, 49 = GRUR 54, 118; BPatGE 8, 28, 36 f; offengelassen: BGH BlPMZ 77, 171 (III4a) *Rücknahme der Patentanmeldung*.
171 BPatGE 25, 63 u 38, 224 = BlPMZ 83, 221 u 98, 368.
172 BPatGE 25, 63 = BlPMZ 83, 221.
173 Offengelassen von BPatGE 38, 224, 227.
174 BGH BlPMZ 77, 171 (III4a) *Rücknahme der Patentanmeldung*.
175 RGZ 33, 103; vgl PA GRUR 52, 232.
176 Vgl BGH GRUR 82, 481 *Hartmetallkopfbohrer*.

11. Voraussetzungen einer Anfechtung:

11.1. Vorliegen einer wirksamen Erklärung: Daran fehlt es, wenn die Erklärung   101
überhaupt auf einem Willen des Erklärenden nicht beruht (Handlungswille) oder wenn
ihm der Wille fehlte, etwas rechtlich Bedeutsames zu erklären (Erklärungswille);[177]
Beispiel: Ungewolltes Absenden eines dazu nicht bestimmten Briefes durch einen
Dritten.

11.2. Anfechtungserklärung: Sie muss erkennen lassen, dass die Erklärung rückwir-   102
kend nicht gelten soll; Angaben des Anfechtungsgrundes innerhalb der Frist ist nicht
erforderlich.[178] Sie ist bedingungsfeindlich, »vorsorgliche« Anfechtung jedoch wirksam, da unbedingt unter einer Rechtsbedingung erklärt.[179]

11.3. Frist: Unverzüglich nach Kenntnis vom Anfechtungsgrund = ohne schuldhaftes   103
Zögern (§ 121 BGB). Das bedeutet: Nicht sofort, angemessene Überlegungsfrist.[180]
Unverzügliche Absendung der Anfechtungserklärung genügt.[181]

11.4. Inkongruenz zwischen Wille und Erklärung: Inkongruenz liegt dann nicht   104
vor, wenn die Erklärung durch Auslegung in Übereinstimmung zum wahren Willen
gebracht werden kann. Anfechtung ist daher unnötig, wenn das DPMA trotz der unrichtigen Erklärung den wahren Willen entweder aus dem Wortlaut oder aus den besonderen Umständen hätte entnehmen können.[182] Entscheidend ist, was für DPMA als Empfänger der Erklärung bei verständiger Würdigung als wahrer Wille erkennbar war.[183]
In diesen Fällen ist eine Berichtigung der Erklärung gemäß dem wahren Willen
zulässig.

Inkongruenz zwischen Wille und Erklärung berechtigt zur Anfechtung nur, wenn ein   105
Fehler in der Willensäußerung oder Willensübermittlung, nicht wenn er in der Willensbildung vorliegt. Deckt der Wille die Erklärung, ist er nur auf fehlerhafter Grundlage
gebildet (= Irrtum im Beweggrund, Motivirrtum), so ist die Anfechtung ausgeschlossen. Grund: Es genügt, dass jemand will; warum er will, ist gleichgültig.

Beispiele aus der Rechtsprechung für Motivirrtum: a) Irrtum über Auftrag des Man-   106
danten;[184] b) Irrtum über Auftrag des Korrespondenzanwalts;[185] c) Irrtum über die
Anwendbarkeit von Rechtssätzen und über die Bestandskraft einer richterlichen Entscheidung;[186] d) Irrtum darüber, dass die Erklärung von einem Mitarbeiter stamme
und von diesem gebilligt wird;[187] e) Abgabe einer Erklärung im Vertrauen auf die

---

177 Folge nach hM Nichtigkeit, vgl Wieacker JZ **67**, 385, 389; Thiele JZ **69**, 405, 407.
178 BPatG BlPMZ **72**, 262 mwN.
179 BGH NJW **68**, 2099.
180 RGZ **124**, 118; RG HRR **31**, 584.
181 BGH NJW **75**, 39.
182 PA Mitt **34**, 50 u 106; **42**, 183; BlPMZ **51**, 192; **54**, 223.
183 PA Mitt **34**, 50 u 106; **42**, 183; BlPMZ **51**, 192; **54**, 223.
184 BPatGE **9**, 15, 17; **12**, 128, 131; BlPMZ **72**, 262, 263 rSp.
185 BGH BlPMZ **72**, 354 (III2) *Akustische Wand*; BPatGE **12**, 128, 132; **16**, 11, 14; BPatG BlPMZ **72**, 262, 263 rSp.
186 PA (1. BS) BlPMZ **56**, 375.
187 PA (1. BS) BlPMZ **54**, 223.

Richtigkeit der Information eines Mitarbeiters;[188] **f)** Abgabe der Erklärung in der irrigen Annahme eines bestimmten technischen Inhalts einer Anmeldung;[189] **g)** Verzichtserklärung in der irrigen Annahme, Erfinder sei an Übernahme des Patents nicht interessiert.[190]

107 **11.5. Vorliegen des Irrtums beim Erklärenden:** Das ist entweder der Verfahrensbeteiligte selbst oder dessen Vertreter. Hat ein Vertreter (zB Inlandsvertreter) eine Erklärung abgegeben, so muss dieser sich geirrt haben (§ 166 (1) BGB). Auf einen etwaigen Irrtum beim Vertretenen, einem Zwischenvertreter oder einem Korrespondenzanwalt kommt es nicht an.[191] Das gilt aber nur, wenn der Vertreter selbständig im Rahmen der ihm erteilten Vollmacht handelt. Gibt er dagegen die Erklärung auf eine direkte Weisung des Vollmachtgebers ab (zB »Nehmen Sie Anmeldung A zurück«, obwohl B gemeint war), dann ist der Vollmachtgeber – wenn er sich in einem relevanten Irrtum gemäß § 119 BGB befand – in entsprechender Anwendung des § 166 (2) BGB zur Anfechtung berechtigt, denn § 166 (1) und (2) BGB ist der Rechtsgedanke gemeinsam, dass es bei der Willensbildung auf die Person ankommt, auf dessen Entschließung die Erklärung maßgeblich beruht.[192]

108 **11.6. Zeitpunkt:** Irrtum des Erklärenden muss im Zeitpunkt der Abgabe der Erklärung vorgelegen haben.[193] Deckten sich ursprünglich Erklärung und Sachverhalt, so wird nicht dadurch ein Irrtum begründet, dass sich der Sachverhalt später unvorhersehbar ändert.

109 **11.7. Ursächlichkeit** zwischen Irrtum und Erklärung sowie Feststellung, dass die Erklärung bei Kenntnis der Sachlage und bei verständiger Würdigung des Falles nicht abgegeben worden wäre.

110 **11.8. Beweislast:** Anfechtender muss alle Voraussetzungen des Anfechtungsrechts darlegen; ohne schlüssigen Sachvortrag keine Ermittlung von Amts wegen.[194]

111 **Anscheinsbeweis** siehe unten Rdn 165.

112 **Antragsbindung** siehe oben Rdn 7.

113 **Antragsgrundsatz** siehe oben Rdn 4.

- **Aufklärungs- und Hinweispflicht**[195] *(obligation to give information or duty to investigate the matter)*

§ 139 ZPO Materielle Prozessleitung
114   (1) ¹Das Gericht hat das Sach- und Streitverhältnis, soweit erforderlich, mit den Parteien nach der tatsächlichen und rechtlichen Seite zu erörtern und Fragen zu stellen. ²Es hat dahin zu wirken,

---

188 PA (1. BS) BlPMZ **54**, 139 lSp.
189 BPatGE **8**, 28, 35.
190 BPatGE **38**, 224, 226.
191 BGH BlPMZ **72**, 354 (III2) *Akustische Wand*; BPatGE **12**, 128; **6**, 11, 13.
192 Vgl BGHZ **51**, 141 (zu § 123 BGB) und G. Winkler Mitt **98**, 401 mwN; abw: BPatGE **12**, 128; **16**, 11.
193 BGH BlPMZ **77**, 171 (III4b) *Rücknahme der Patentanmeldung*.
194 BPatG BlPMZ **72**, 262, 263 rSp.
195 **Lit in NJW:** Piekenbrock 99, 1360; Zuck 05, 3753; **Lit in ZZP:** Reischl 116, 81 (2003); Stürner Richterl Aufklärung 1982.

dass die Parteien sich rechtzeitig und vollständig über alle erheblichen Tatsachen erklären, insbesondere ungenügende Angaben zu den geltend gemachten Tatsachen ergänzen, die Beweismittel bezeichnen und die sachdienlichen Anträge stellen.
(2) ¹Auf einen Gesichtspunkt, den eine Partei erkennbar übersehen oder für unerheblich gehalten hat, darf das Gericht, soweit nicht nur eine Nebenforderung betroffen ist, seine Entscheidung nur stützen, wenn es darauf hingewiesen und Gelegenheit zur Äußerung dazu gegeben hat. ²Dasselbe gilt für einen Gesichtspunkt, den das Gericht anders beurteilt als beide Parteien.
(3) Das Gericht hat auf die Bedenken aufmerksam zu machen, die hinsichtlich der von Amts wegen zu berücksichtigenden Punkte bestehen.
(4) ¹Hinweise nach dieser Vorschrift sind so früh wie möglich zu erteilen und aktenkundig zu machen. ²Ihre Erteilung kann nur durch den Inhalt der Akten bewiesen werden. ³Gegen den Inhalt der Akten ist nur der Nachweis der Fälschung zulässig.
(5) Ist einer Partei eine sofortige Erklärung zu einem gerichtlichen Hinweis nicht möglich, so soll auf ihren Antrag das Gericht eine Frist bestimmen, in der sie die Erklärung in einem Schriftsatz nachbringen kann.

§ 139 ZPO ist in Verfahren vor DPMA und BPatG entsprechend anwendbar, denn wenn schon ein Richter im Zivilprozess, in dem der Beibringungsgrundsatz gilt (s Rdn 17), zur Aufklärung und zu Hinweisen an die Parteien verpflichtet ist, so gilt das um so mehr in den Verfahren mit Untersuchungsgrundsatz vor DPMA und BPatG, in denen der Sachverhalt von Amts wegen zu erforschen ist. Sinn des § 139 ZPO ist es, ein faires Verfahren mit einer sachgerechten Entscheidung zu gewährleisten. Daher ist darauf hinzuwirken, dass die Parteien sich zu allen erheblichen Tatsachen vollständig erklären[196]. Der Hinweis muss gezielt den entscheidungserheblichen Mangel, zB. Sachvortrag, nennen[197]. 115

Überraschungsentscheidungen macht § 139 ZPO unmöglich (s unten Rdn 285). In Verfahren mit mehreren Beteiligten ist die Aufklärungs- und Hinweispflicht durch die Pflicht zur Unparteilichkeit und Gleichbehandlung der Beteiligten begrenzt.[198] Daher kein Hinweis zur sachdienlichen Änderung der materiell-rechtlichen Grundlagen der Entscheidung.[199]

Technische Sachverhalte, von deren Verständnis die Entscheidung abhängt, bedürfen sorgfältiger Aufklärung. Reicht die eigene Sachkunde nicht aus, muss ein Sachverständiger gehört werden.[200] Zur Beweislast im Einspruchsverfahren s § 59 Rdn 209. 116

Verantwortlichkeit des Anmelders oder Patentinhabers für seine Anträge, insbesondere die gewährbare Formulierung der Patentansprüche und der Unterlagen der Anmeldung oder des Patents, wird durch die Aufklärungspflicht von Amt und Gericht nicht berührt.[201] Ob und in welcher Weise den gegebenen Hinweisen Rechnung getra- 117

---

196 BGH GRUR 10, 314 *Kettenradanordnung II*; 11, 656 *Modularer Fernseher*.
197 BGH Mitt. 14, 199 *Richterlicher Hinweis*.
198 BVerfG NJW 79, 1925; 76, 1391; BGH NJW 04, 164; GRUR 12, 1044 Tz 18 *Neuschwanstein*; EPA GBK G 0001/86 ABl 87, 447 *Wiedereinsetzung des Einsprechenden/VOEST ALPINE*; EPA GBK G 0009/91 ABl 93, 408 (Nr 2) *Prüfungsbefugnis/ROHM AND HAAS*; EPA T 1072/93 ABl 98 SonderA 114; BPatGE 53, 158 *Führen eines Leiterpfades für eine Schiebetür*.
199 BGH GRUR 12, 1044 Tz 18 *Neuschwanstein*.
200 BGH GRUR 70, 408 (III 6 f) *Anthradipyrazol*; 78, 162 (B 2b) *7-chlor-6-demethyltetracyclin*; BGH GRUR 04, 413 *Geflügelkörperhalterung*.
201 EPA GBK G 0001/93 ABl 94, 541 (Nr 13 aE) *Beschränkendes Merkmal/ADVANCED SEMICONDUCTOR PRODUCTS*; BPatGE 16, 30; 20, 33 (Gbm); 35, 119, 122; BPatG BlPMZ 83, 182.

gen wird, hängt von der Entscheidung des Anmelders oder Patentinhabers ab, die Amt oder Gericht ihm weder abnehmen können noch sollen.

118 **Aktenkundig** sind die Hinweise nach § 139 ZPO zu machen. Fehlt es daran, ist gemäß § 139 (4) ZPO bewiesen, dass ein Hinweis nicht erteilt wurde. Zur Anordnung einer Urkundenvorlegung gemäß § 142 ZPO siehe Rdn 435.

119 **Aufklärungspflicht bejaht: a)** für Hinwirken auf sachgerechte Anträge,[202] Hilfsanträge und gewährbare Unterlagen, deren endgültige Formulierung dem Beteiligten obliegt;[203] **b)** wenn ohne Hinweis die Gefahr besteht, dass das rechtliche Gehör nicht ausreichend gewährt wird (s Rdn 310). Eine beschwerende Entscheidung darf erst erlassen werden, wenn der Beteiligte alle wesentlichen rechtlichen und tatsächlichen Gründe dafür kennt. Daher ist auf rechtliche Gesichtspunkte hinzuweisen, die entscheidungserheblich sein können, aber von den Beteiligten bisher nicht in Erwägung gezogen worden sind;[204] **c)** wenn Patent im beantragten Umfang nicht, aber in einem anderweiten Umfang aufrechterhalten werden könnte;[205] **d)** für Hinweise, die auf Grund des Vertrauensschutzes erwartbar sind (s Rdn 461); **e)** für Hinweis auf ergänzungsbedürftige Angaben einer beantragten Wiedereinsetzung (s § 123 Rdn 38); **f)** für Hinweis auf falsche Nr einer Entgegenhaltung in einem Einspruch;[206] **g)** wenn Gericht einem Sachverständigengutachten nicht folgen will.[207]

120 **Aufklärungspflicht verneint: a)** für Hinweis auf fehlerhafte Angaben in der Prioritätserklärung (s § 41 Rdn 85); **b)** für Hinweis auf offenkundige Mängel von Telekopien;[208] **c)** wenn Anmelder oder Vertreter an einer Sacherörterung nicht mitwirken[209] oder sich auf eine Hilfestellung von Amt oder Gericht verlassen;[210] **d)** wenn die Zulässigkeit von Änderungen der Patentansprüche erörtert wurde und neue Ansprüche eingereicht werden, bedarf es keines erneuten Hinweises, dass auch die Zulässigkeit dieser Ansprüche zweifelhaft ist, auch wenn die Partei von ihrer Zulässigkeit ausgegangen und zu weiteren Änderungen bereit war;[211] **e)** für Hinweise zur Änderung der materiell-rechtlichen Grundlagen der Entscheidung;[212] **f)** für Hinweis, dass eine Zeichnung nur schematisch und nicht maßstabsgerecht ist;[213] **g)** für Anmahnung einer fehlenden Beschwerdebegründung.[214]

---

[202] BGH GRUR **86**, 803 (I7c) *Formstein* (für an die Verletzungsform angepaßten Unterlassungsantrag); GRUR **12**, 1044 Tz 18 *Neuschwanstein*.
[203] BPatGE **16**, 30; **20**, 33 (Gbm); **35**, 119, 122; BlPMZ **83**, 182.
[204] BGH GRUR **67**, 592 *Gesunder Genuß*; DPA BlPMZ **52**, 325; BPatGE **41**, 231.
[205] BGH GRUR **07**, 862 (Tz 33) *Informationsübermittlungsverfahren II*.
[206] BPatGE **24**, 44 = GRUR **82**, 34.
[207] BVerfG 14.05.07 – 1 BvR 2485/06 BeckRS **07**, 23761 *Sachverständigengutachten und rechtliches Gehör*.
[208] BPatGE **33**, 24 = BlPMZ **92**, 427.
[209] BPatGE **17**, 80, 83.
[210] BPatGE **42**, 195 = BlPMZ **00**, 292 *Neuro-Vibolex*.
[211] BGH GRUR **00**, 792 *Spiralbohrer*.
[212] BGH GRUR **12**, 1044 Tz 18 *Neuschwanstein*, für die Sachdienlichkeit der Einschränkung des Warenverzeichnisses.
[213] BGH GRUR **12**, 1242 *Steckverbindung*.
[214] BPatG 29.09.10 – 6 W (pat) 87/07 BeckRS **10**, 24874 *fehlende Beschwerdebegründung*.

Verstoß gegen § 139 ZPO ist ein Verfahrensmangel und kann den Anspruch auf recht- 121
liches Gehör verletzen (siehe Rdn 284 ff). Folge: a) eine mündliche Verhandlung muss
gemäß § 156 (2) Nr 1 ZPO wiedereröffnet werden, wenn der Verstoß nach Schluss der
mündlichen Verhandlung, aber vor Verkündung der Entscheidung festgestellt wird; b)
der Verstoß kann mit der Beschwerde und der zulassungsfreien Rechtsbeschwerde
gemäß § 100 (3) Nr 3 gerügt werden; c) Rückzahlung der Beschwerdegebühr kann
gerechtfertigt sein.[215]

- **Auslegung des Gegenstands einer Erfindung** *(interpretation of an object of invention)*

Eine Auslegung des Gegenstands einer Erfindung darf sich nicht auf den Wortlaut 122
seiner Beschreibung beschränken, sondern muss sich am Wortsinn (= Sinngehalt) der
beanspruchten technischen Lehre unter Heranziehung von Beschreibung und Zeichnungen orientieren, und zwar aus der Sicht des Fachmanns, an den sich die Erfindung
richtet. Das gilt gleichermaßen für das Erteilungs-,[216] Einspruchs-,[217] Beschwerde-,[218]
Nichtigkeits-[219] und Verletzungsverfahren.[220]

Eine gesonderte Wertung einzelner Merkmale eines Anspruchs genügt nicht, viel- 123
mehr ist auf den technischen Gesamtzusammenhang im Sinne der beschriebenen technischen Lehre abzustellen und der Beitrag zu bestimmen, den die einzelnen Merkmale
zum Leistungsergebnis der Erfindung liefern.[221] Dabei sind die in der Beschreibung
gebrauchten Begriffe nicht wissenschaftlich abstrakt zu werten, sondern gemäß dem
konkreten Verständnis der jeweiligen Beschreibung, und zwar so, als ob die Beschreibung für die in ihr verwendeten Begriffe ein eigenes Lexikon enthielte.[222]

Für das Verständnis entscheidend ist die **Funktion**, die das einzelne technische Merk- 124
mal für sich und im Zusammenwirken mit den übrigen Merkmalen des Patentanspruchs bei der Herbeiführung des erfindungsgemäßen Erfolgs hat.
  Dabei sind Beschreibung und Zeichnungen heranzuziehen, die die technische Lehre
des Patentanspruchs erläutern und veranschaulichen.[223]

Grundlage der Auslegung eines Patents ist allein die **Patentschrift.** Der Patentanspruch 125
darf nicht nach dem Sinngehalt der Ursprungsunterlagen ausgelegt werden. Ein Vergleich mit der veröffentlichten Patentanmeldung kommt nur in Betracht, wenn bei
Widersprüchen zwischen Beschreibung und Patentanspruch ein Vergleich zur Klärung

---

215 BPatGE **24,** 241.
216 Siehe § 34 Rdn 325.
217 BGH GRUR **07,** 859 (Tz 13) *Informationsübermittlungsverfahren I.*
218 BGH GRUR **07,** 859 (Tz 13) *Informationsübermittlungsverfahren I.*
219 BGH GRUR **01,** 232 (I) *Brieflocher;* **99,** 909 *Spannschraube;* **12,** 1124 Tz 27 *Polymerschaum.*
220 BGH GRUR **04,** 845 (I3) *Drehzahlermittlung;* **02,** 115 *Schneidmesser I;* **00,** 1005 *Bratgeschirr;*
 88, 896 *Ionenanalyse;* **06,** 311 *Baumscheibenabdeckung;* **12,** 1124 Tz 27 *Polymerschaum.*
221 BGH GRUR **04,** 845 *Drehzahlermittlung;* GRUR **07,** 410 18f *Kettenradanordnung I;* GRUR
 07, 859 Rn 13 f *Informationsübermittlungsverfahren I;* GRUR **07,** 1059 Rn 38 *Zerfallszeitmessgerät;* GRUR **10,** 858 Rn 13 *Crimpwerkzeug III;* **12,** 1124 Tz 27 *Polymerschaum.*
222 BGH GRUR **99,** 909 *Spannschraube.*
223 BGH GRUR **10,** 858 Rn 13 *Crimpwerkzeug III;* **12,** 1124 Tz 27 *Polymerschaum.*

des Umfangs einer Beschränkung des geschützten Gegenstands beitragen kann, die bei der Patenterteilung oder im Einspruchsverfahren vorgenommen wurde.[224]

126 Zur Auslegung des Gegenstands einer Erfindung kann das Gericht **Sachverständige** zu Rate ziehen, denen die Aufgabe obliegt, Fachwissen zur richterlichen Beurteilung von Tatsachen und fachliche Kenntnisse zu vermitteln, damit das Gericht die technische Lehre verstehen und die im Patentanspruch definierte Lehre selbst auslegen kann.[225] Die festgestellte Lehre auszulegen ist nur Aufgabe des Gerichts, nicht des Sachverständigen.

127 **Zwischenverallgemeinerung** *(Intermediate generalisation)*[226] oder **Zwischenbeschränkung** *(intermediate restriction)*[227] ist eine allgemeine Kombination ausgewählter Merkmale, die in der Patentanmeldung oder in dem Patent im Anspruch, der Beschreibung, den Zeichnungen oder den Ausführungsbeispielen genannt sind, zu einem von dem bisher Beanspruchten abweichendem Begehren.[228]

Die Zulässigkeit einer begehrten Zwischenverallgemeinerung darf wie jede andere Änderung nicht über den Inhalt der ursprünglichen Anmeldung oder des erteilten Patents hinausgehen (§ 21 (1) Nr 4, 38 PatG, Art 100c, 123 (2) EPÜ). Diese Voraussetzung ist nur erfüllt, wenn ein Fachmann die begehrte Zwischenverallgemeinerung mit seinem Fachwissen aus den bisherigen Unterlagen eindeutig und zweifelsfrei entnehmen kann.[229] Daraus folgt, dass nicht jede denkgesetzlich mögliche Kombination ursprünglicher Merkmale als zulässige Zwischenverallgemeinerung anerkannt werden kann.[230] Die ursprüngliche Offenbarung ist nicht ein Reservoir, aus dem nach Belieben Merkmale neu kombiniert werden könnten.[231] Vielmehr sind nur solche Zwischenverallgemeinerungen zulässig, die der zuständige Fachmann dem ursprünglichen Inhalt explizit oder implizit, aber unmittelbar und eindeutig entnimmt. Für diese Entscheidung gibt es folglich kein einheitliches Schema, vielmehr bedarf es in jedem Einzelfall einer wertenden Beurteilung.[232]

128 **Beispiele für zugelassene Zwischenverallgemeinerungen:** a) Einführung von Merkmalen aus einer Ausführungsform, die nicht in einem funktionalen Zusammenhang stehen;[233] b) wenn der Fachmann aus der ursprünglichen Anmeldung zweifelsfrei erkennen kann, dass die aus einem detaillierten Ausführungsbeispiel entnommenen Merkmale nicht in engem Zusammenhang mit den übrigen Merkmalen des Beispiels stehen, sondern sich unmittelbar und eindeutig auf den allgemeineren Kontext bezie-

---

224 BGH GRUR 11, 701 Rn 25 *Okklusionsvorrichtung*; 10, 602 Rn 20 *Gelenkanordnung*; 12, 1124 Tz 27 *Polymerschaum*.
225 BGH GRUR 07, 410 *Kettenradanordnung II*; BGH GRUR 08, 779 *Mehrgangnabe*.
226 Vgl hierzu: EPAPrüfRichtl Teil H Kap V 3.2.1; Lit in GRUR Int: Pentheroudakis 08, 699.
227 So T 461/05 ABl 08 SA 55; T 879/09 ABl 10 SA 2, 37 und ABl 11 SA 2, 50.
228 T 1408/04 ABl 08 SA 53: »Zwischenverallgemeinerung ist eine Kombination von ausgewählten Merkmalen, die irgendwo *zwischen* einer ursprünglichen breiten Offenbarung und einer beschränkteren spezifischen Offenbarung liegt«.
229 T 962/98 ABl 10 Sa 2, 38.
230 EPA GBK G 2/10 ABl 12, 376 Nr 4.5.3 *Disclaimer/SCRIPPS*.
231 BGH GRUR 08, 60 Tz 31 *Sammelhefter II*.
232 EPA GBK G 2/10 ABl 12, 376 Nr 4.5.4 *Disclaimer/SCRIPPS*.
233 T 0300/06 ABl 08 SonderA S 56.

hen;[234] c) Zusätzliche Aufnahme eines von mehreren Merkmalen aus einem Ausführungsbeispiel, wenn die daraus entstehende Kombination für den Fachmann den ursprünglichen Unterlagen als mögliche Ausgestaltung der Erfindung zu entnehmen ist.[235]

Beispiele für unzulässige Zwischenverallgemeinerungen: a) Herausnahme offenbarter Merkmale aus der Beschreibung, die dort aber in einem bestimmten technischen Kontext stehen;[236] **b)** Anspruch auf Verfahren gemäß den Beispielen, die aber dem Fachmann keine einheitliche Lösung erkennen lassen;[237] **c)** Beschränkung auf einen Gegenstand, der aber ursprünglich nur in Kombination mit anderen Merkmalen offenbart war;[238] **d)** Aufnahme von einigen Merkmalen aus einer offenbarten Ausführungsform, wenn für deren Funktion wesentliche Merkmale weggelassen werden.[239]

129

- **Auslegung von Verfahrenshandlungen** *(interpretation of procedural acts)*

Ist eine Verfahrenshandlung eindeutig, kommt eine Auslegung nicht in Betracht.[240] Objektiv mehrdeutige Verfahrenshandlungen sind unwirksam, weil ihre Tragweite aus Gründen der Rechtssicherheit klar sein muss.[241] Das gilt nicht, wenn der unklaren Verfahrenshandlung im Wege der Auslegung ein bestimmter Sinn zugeordnet werden kann. Dabei ist nicht am Wortlaut zu haften, sondern der wirkliche Wille zu erforschen[242] (vgl § 133 BGB). Zu berücksichtigen ist, was nach der Rechtsordnung und der Interessenlage des Erklärenden vernünftig ist.[243] Eine ausreichend bestimmte Verzichtserklärung kann sich aus den Umständen des Einzelfalls ergeben.[244]

130

Einreichung einer Patentanmeldung ist als Verfahrenshandlung insgesamt der Auslegung zugänglich, so zB eine unrichtige oder ungenaue Bezeichnung des Anmelders.[245] Lässt ein Einspruch die Person des Einsprechenden offen, kann diese aus dem objektiven Erklärungsinhalt ermittelbar sein.[246]

---

234 T 0879/09 ABl 11 SA 2, 50.
235 BGH GRUR 08, 60 Tz 31 *Sammelhefter II*.
236 T 0166/04 ABl 09 SonderA 2, S 43 = EPOR 08, 293.
237 T 0200/04 RechtsprBKEPA 19, 226, 875.
238 T 1164/04 BeckRS 06 30683867.
239 T 0461/05 ABl 08 SonderA S 55.
240 RGZ **158**, 124; BGHZ **25**, 319; BPatGE **41**, 127 *Fensterbeschlag*; BPatG 04.09.19 – 23W(pat)31/18 BeckRS **19**, 22739 *Auslegung unklarer Verfahrenshandlung*.
241 J 0011/94 ABl **95**, 596 (Nr 2.2); J 0027/94 ABl **95**, 831; BPatG 04.09.19 – 23W(pat)31/18 BeckRS **19**, 22739 *Auslegung unklarer Verfahrenshandlung*.
242 BGH VersR **79**, 323; GRUR **93**, 892, 894 *Heizkörperkonsole*; BPatG 04.09.19 – 23W(pat)31/18 BeckRS **19**, 22739 *Auslegung unklarer Verfahrenshandlung*.
243 BGH NJW-RR **96**, 2110; BGH GRUR 01, 1036 *Kauf auf Probe*; BPatGE **45**, 149, 152; BPatG 04.09.19 – 23W(pat)31/18 BeckRS **19**, 22739 *Auslegung unklarer Verfahrenshandlung*.
244 BPatG Mitt **13**, 347 *Schrumpfkappe* (für Verzichtserklärung).
245 BGH NJW-RR 06, 1569 = Mitt 06, 381 L *Parteibezeichnung auslegungsfähig* BPatG BlPMZ 00, 219 *Ringmodelle II*; 00, 285 *Identifizierbarkeit des Anmelders*; BPatG v 06.09.07 – 10 W (pat) 58/03 BeckRS 07, 16476 *Montageeinheit*.
246 BPatGE **51**, 119 = BlPMZ 09, 271 *Patentanwalt als Einsprechender*.

131 Voraussetzungen einer Auslegung:
a) Zweifel am Sinn kann nicht durch eine *Aufklärung* beim Beteiligten beseitigt werden[247] (s Rdn 114).
b) nur Umstände, die im *Zeitpunkt des Zugangs* für den Erklärungsempfänger erkennbar waren, können für die Auslegung herangezogen werden.[248] Für *fristgebundene Verfahrenshandlungen* können nur Umstände berücksichtigt werden, die innerhalb der Frist erkennbar waren.[249]
c) ein klar erkennbarer *Mißgriff im Ausdruck* ist unschädlich, wenn feststellbar ist, was gemeint war *(falsa demonstratio non nocet)*. Unter dieser Voraussetzung ist zB unschädlich: **i)** unrichtige Bezeichnung einer Partei;[250] **ii)** falsche Angabe der Nr einer PS im Einspruch, wenn aus anderen Angaben die richtige PS ermittelbar ist.[251]
d) *Gesamtverhalten des Erklärenden* und die *Umstände des Falles* ergeben, dass eine bestimmte Verfahrenshandlung gewollt war. Ein Einspruch richtet sich idR gegen das ganze Patent, weil eine Beschränkung auf einen Teil ungewöhnlich ist.[252]
e) das *allgemeine Wissen* der Behörde (nicht des einzelnen Bediensteten) ist bei der Wertung zu berücksichtigen, wenn es einen sicheren Schluß auf den objektiven Erklärungswert zuläßt. Dazu gehören zB die Kenntnisse aus Beiakten[253] (nicht aller Akten der Behörde) oder aus öffentlichen Dokumenten (zB PS oder jedermann zugänglichen Registern, über die die Behörde verfügt (zB in seiner Bibliothek)[254] (s § 41 Rdn 77).
f) Vorzug gebührt im Zweifel der Auslegung, die *die Nichtigkeit des Rechtsgeschäfts vermeidet*.[255]

- **Auslegung von Verfahrensrecht** *(interpretation of procedural law)*

132 Nach dem Grundsatz »in claris non fit interpretatio« kommt eine Auslegung nur in Betracht, wenn Wortlaut oder Sinn nicht eindeutig sind.[256] Das gilt auch dann, wenn die eindeutige gesetzliche Regelung nicht optimal[257] oder unzweckmäßig[258] ist oder wenn es eine objektiv bessere Regelung gibt.[259] Das bedeutet aber nicht, dass am Wort-

---

247 BPatGE **45**, 149, 152 *Valaciclovir*.
248 BGH GRUR **96**, 747 (CII2b) *Lichtbogen-Plasma-Beschichtungssystem*.
249 BGHZ **21**, 168, 173; BlPMZ **74**, 210; **65**, 314 *Patentrolleneintrag*.
250 BGH NJW-RR 06, 1569 = Mitt 06, 381 L *Parteibezeichnung auslegungsfähig*; BGH NJW-RR 08, 582 = Mitt 08, 188 L *Auslegung der Parteibezeichnung*; BPatG BlPMZ 00, 219 *Ringmodelle II*; 00, 285 *Identifizierbarkeit des Anmelders*; BPatG v 06.09.07 – 10 W (pat) 58/03 *Montageeinheit* BeckRS 07, 16476; BPatG BlPMZ 08, 333 *Firmenbriefkopf* (zutreffender Einsprechender ergibt sich aus genannter Allgemeiner Vollmacht).
251 BPatGE **27**, 84 (unrichtige Nummer); **37**, 135 (*Zahlendreher*); T 0344/88 ABl **92** SonderA 65; EinspruchsAbt ABl **84**, 118.
252 EPA GBK G 0009/91 ABl **93**, 408 (Nr 8) *Prüfungsbefugnis/ROHM AND HAAS*.
253 BGH BlPMZ **65**, 314 *Patentrolleneintrag*; **74**, 210 *Warmwasserbereiter*.
254 BPatG BlPMZ **74**, 172 (II2b) *Elektronenstrahlsignalspeicherung*.
255 StRspr: BGH GRUR 03, 349 *Anwalts-Hotline*; **11**, 946 *KD*.
256 J 0004/91 ABl **92**, 402, 408.
257 EPA GBK G 0002/90 ABl **92**, 10, 15 *Zuständigkeit der Jur Beschwerdekammer/KOLBEN-SCHMIDT* (»andere denkbare Regelungen bieten Vorteile«).
258 BGH GrZS **80**, 152.
259 EPA GBK G 0010/92 ABl **94**, 633 *Teilanmeldung*; BPatG BlPMZ **96**, 27 = Mitt **96**, 121.

laut zu haften wäre. Vielmehr ist die Vorschrift nach **Sinn und Zweck** (ratio legis) anzuwenden. Diese teleologische Interpretation orientiert sich für Verfahrensvorschriften insbesondere an Sachdienlichkeit, Praktikabilität, Prozessökonomie und Kostenersparnis.

Für die Auslegung maßgeblich ist der in der Vorschrift zum Ausdruck gekommene objektivierte Wille des Gesetzgebers wie er sich aus Wortlaut und Sinnzusammenhang ergibt.[260] Zu beginnen ist bei der Auslegung mit dem Wortlaut, weil das nach dem Wortlaut sprachlich Mögliche die Grenzen absteckt, innerhalb deren ein vom Gesetz verwendeter Begriff überhaupt ausgelegt werden kann.[261] 133

Dabei ist zu berücksichtigen, dass Verfahrensvorschriften kein Selbstzweck sind,[262] sondern der Wahrung der materiellen Rechte der Bürger dienen. Im Zweifel sind sie daher so auszulegen, dass sie eine Entscheidung über die materielle Rechtslage ermöglichen und nicht verhindern.[263] Förmliche Voraussetzungen dürfen nicht zu »förmlichen Stolpersteinen« oder »Fallstricken« für den Rechtsschutz des Bürgers werden.[264] Der Grad der zu fordernden Formenstrenge richtet sich nach dem jeweiligen Sinn der Verfahrensvorschrift.[265] Allgemeine Rechtsgrundsätze, wie zB die Chancengleichheit aller Beteiligten an einem Verfahren, können zur Auslegung des geschriebenen Rechts beitragen.[266] Bleiben nach einer Analyse von Sinn und Zweck Zweifel, können die Materialien zum EPÜ herangezogen werden.[267] 134

Rechtsfortbildung: Die Anpassung des geltenden Rechts an veränderte Verhältnisse gemäß Sinn und Zweck des Gesetzes gehört zu den anerkannten Aufgaben und Befugnissen der Gerichte.[268] Anlass zu richterlicher Rechtsfortbildung besteht, wenn Programme ausgefüllt, Lücken geschlossen, Wertungswidersprüche aufgelöst oder besonderen Umständen des Einzelfalls Rechnung getragen werden soll.[269] Jedoch darf ein Richter sich nicht aus der Rolle des Normanwenders in die einer normsetzenden Instanz begeben.[270] 135

---

260 BVerfGE **1**, 299, 312; **8**, 274, 307; **10**, 234, 244; **11**, 126, 130; **19**, 354, 362; BGH GRUR 00, 698 (II3b) *Schutzdauer bei Gebrauchsmusterabzweigung*; BGHZ **33**, 321, 330; **36**, 370, 377; **37**, 58, 60; **46**, 74, 76.
261 BGHZ **46**, 74, 76 = NJW **67**, 343 *Schallplatten*; BGH BlPMZ 00, 218 *Schutzdauer bei Gebrauchsmusterabzweigung*.
262 BPatG 15.01.07 – 25 W (pat) 72/05 BeckRS 08, 11593 *my EDI*.
263 BGHZ **75**, 348 und NJW 00, 2340; BGHZ **10**, 359; **101**, 137; **105**, 201; T 0002/89 ABl **91**, 51, 56.
264 BGH NJW **91**, 1834.
265 BVerfGE **15**, 192; BGHZ **75**, 348; **101**, 137.
266 EPA GBK G 0001/86 ABl **87**, 447 (Nr 12 f) *Wiedereinsetzung des Einsprechenden/VOEST ALPINE*.
267 EPA GBK G 0001/94 ABl **94**, 181 (Nr 7 u 8) *Beitritt/ALLIED COLLOIDS*.
268 BVerfG GRUR 06, 1049 *Werbekampagne mit blauem Engel*; zu den verfassungsrechtlichen Anforderungen an eine richterliche Fortbildung vgl BVerfG NJW **11**, 836; **11**, 1723; zur richtlinienkonformen Auslegung vgl BGH NJW 09, 427 *Quelle*; **13**, 220 *Granulat*; zur Rechtsfortbildung durch Einheitliches Patentgericht Haedicke GRUR Int **13**, 609.
269 BVerfG NJW **10**, 3422 *Honeywell*; **12**, 669 Tz 45 *richtlinienkonforme Auslegung*.
270 BVerfG NJW **93**, 996; **12**, 669 Tz 45 *richtlinienkonforme Auslegung*.

Gesetzeslücke s Rdn 195, **Ausnahmevorschriften** s Rdn 141, **Treu und Glauben** s Rdn 418.

- **Auslegung von internationalem Recht** *(interpretation of international Law)*

136 Das **Wiener Übereinkommen über das Recht der Verträge** v 23.5.69 (BGBl 1985 II 926) regelt die Auslegung von internationalem Recht. Dieses Übereinkommen ist auch für die Auslegung des EPÜ anwendbar,[271] obwohl es nach seinem Art 4 nur für Verträge nach seinem Inkrafttreten gilt.[272] Seine Art 1–33 lauten:

Art 31 Allgemeine Auslegungsregel

137
1. Ein Vertrag ist nach Treu und Glauben in Übereinstimmung mit der gewöhnlichen seinen Bestimmungen in ihrem Zusammenhang zukommenden Bedeutung und im Lichte seines Zieles und Zweckes auszulegen.
2. Für die Auslegung eines Vertrags bedeutet der Zusammenhang außer dem Vertragswortlaut samt Präambel und Anlagen
    a) jede sich auf den Vertrag beziehende Übereinkunft, die zwischen allen Vertragsparteien anlässlich des Vertragsabschlusses getroffen wurde;
    b) jede Urkunde, die von einer oder mehreren Vertragsparteien anlässlich des Vertragsabschlusses abgefaßt und von den anderen Vertragsparteien als eine sich auf den Vertrag beziehende Urkunde angenommen wurde.
3. Außer dem Zusammenhang sind in gleicher Weise zu berücksichtigen
    a) jede spätere Übereinkunft zwischen den Vertragsparteien über die Auslegung des Vertrags oder die Anwendung seiner Bestimmungen;
    b) jede spätere Übung bei der Anwendung des Vertrags, aus der die Übereinstimmung der Vertragsparteien über seine Auslegung hervorgeht;
    c) jeder in den Beziehungen zwischen den Vertragsparteien anwendbare einschlägige Völkerrechtssatz.
4. Eine besondere Bedeutung ist einem Ausdruck beizulegen, wenn feststeht, dass die Vertragsparteien dies beabsichtigt haben.

Art 32 Ergänzende Auslegungsmittel

138 Ergänzende Auslegungsmittel, insbesondere die vorbereitenden Arbeiten und die Umstände des Vertragsabschlusses, können herangezogen werden, um die sich unter Anwendung des Art 31 ergebende Bedeutung zu bestätigen oder die Bedeutung zu bestimmen, wenn die Auslegung nach Art 31:
a) die Bedeutung mehrdeutig oder dunkel läßt oder
b) zu einem offensichtlich sinnwidrigen oder unvernünftigen Ergebnis führt.

Art 33 Auslegung von Verträgen mit zwei oder mehr authentischen Sprachen

139
1. Ist ein Vertrag in zwei oder mehr Sprachen als authentisch festgelegt worden, so ist der Text in jeder Sprache in gleicher Weise maßgebend, sofern nicht der Vertrag vorsieht oder die Vertragsparteien vereinbaren, dass bei Abweichungen ein bestimmter Text vorgehen soll.
2. Eine Vertragsfassung in einer anderen Sprache als einer der Sprachen, deren Text als authentisch festgelegt wurde, gilt nur dann als authentischer Wortlaut, wenn der Vertrag dies vorsieht oder die Vertragsparteien dies vereinbaren.
3. Es wird vermutet, dass die Ausdrücke des Vertrags in jedem authentischen Text dieselbe Bedeutung haben.[273]
4. Außer in Fällen, in denen ein bestimmter Text nach Absatz 1 vorgeht, wird, wenn ein Vergleich der authentischen Texte einen Bedeutungsunterschied aufdeckt, der durch die Anwendung der Art 31 und 32 nicht ausgeräumt werden kann, diejenige Bedeutung zugrunde gelegt, die unter

---

271 EPA Große Beschwerdekammer G 01/07 ABl **11**, 134, 167 *Chirurgische Behandlung/MEDI-PHYSICS*.
272 EPA GBK G 0001/83 ABl **85**, 60 (Nr 3 u 4) *2. medizinische Indikation/BAYER*; J 0008/82 ABl **84**, 155, 161; T 0128/82 ABl **84**, 164.
273 Vgl hierzu BPatG GRUR **89**, 496.

Berücksichtigung von Ziel und Zweck des Vertrags die Wortlaute am besten miteinander in Einklang bringt.

Richtlinienkonforme Auslegung: Nach ständiger Rechtsprechung des EuGH sind nationale Gerichte auf Grund des Umsetzungsgebots gemäß Art. EGV Artikel 249 (3) EGV (= Art 288 (3) AEUV) und des Grundsatzes der Gemeinschaftstreue gemäß Art 10 EGV verpflichtet, die Auslegung des nationalen Rechts unter voller Ausschöpfung des Beurteilungsspielraums, den ihnen das nationale Recht einräumt, soweit wie möglich am Wortlaut und Zweck der Richtlinie auszurichten, um das mit der Richtlinie verfolgte Ziel zu erreichen.[274] Die Pflicht zur gemeinschaftsrechtskonformen Auslegung darf aber nicht für eine Auslegung des nationalen Rechts contra legem dienen.[275]

140

- **Ausnahmevorschriften** *(exceptional provisions)*

Nach dem allgemeinen Rechtsgrundsatz »singularia non sunt extendenda« sind Ausnahmevorschriften generell eng auszulegen.[276] Daher ist eine Ausdehnung im Wege der Analogie nur selten zulässig,[277] nämlich nur dann, wenn der Ausnahmeregelung ein Grundgedanke entnommen werden kann, der auf ähnliche Fälle anwendbar ist.[278] Dann kann eine planwidrige Lücke im Gesetz durch das im Gesetz zum Ausdruck gekommene Prinzip ausgefüllt werden,[279] sofern der nicht geregelte Fall nur unwesentlich von dem gesetzlich geregelten Fall abweicht.[280]

141

- **Aussetzung des Verfahrens** *(suspension)*

Vor DPMA und BPatG ist gemäß § 148 ZPO, der entsprechend anwendbar ist (stRspr),[281] eine Aussetzung möglich. Sinn: § 148 ZPO bezweckt die Vermeidung widersprechender Entscheidungen in parallel geführten Verfahren. Er dient nicht dem Wunsch von Amt und Gericht, nach ihrem Belieben Verfahren prozessökonomisch zu gestalten.[282] Gegen den Willen der Parteien darf daher nur ausgesetzt werden, wenn die gesetzlichen Voraussetzungen des § 148 ZPO erfüllt sind. Daher ist auch eine »kalte Aussetzung« durch Unterlassen der Bearbeitung oder Nicht-Anberaumung einer beantragten mündlichen Verhandlung bei fehlender Vorgreiflichkeit unzulässig.[283] Ein Stillstand des Verfahrens kann – wenn die Voraussetzungen des § 148 ZPO nicht vorlie-

142

---

274 EuGH NJW **84**, 2021 Tz 26, 28 *von Colson und Kamann*; NJW **04**, 3547 Tz 113 *Pfeiffer*; BGH NJW **09**, 427 *Quelle*; BVerfG NJW **12**, 669 Tz 46 *richtlinienkonforme Auslegung*.
275 EuGH Slg **09** I 6653 *Mono Car Styling*; BVerfG NJW **12**, 669 Tz 47 *richtlinienkonforme Auslegung*.
276 EuGH NJW **89**, 663 = IPRax **89**, 159 *Hoffmann* zu Art 27 Nr 1 EuGVÜ; T 0320/87 ABl 90, 71 (Nr 6); T 0019/90 ABl **90**, 476 (Nr 4.5); T 0356/93 ABl **95**, 545 (Nr 8); BPatGE **36**, 258, 261; Weinsheimer NJW **59**, 566.
277 BGH BlPMZ **97**, 396 (B3) *Drahtbiegemaschine*.
278 BGHZ **11**, 231, 244 = NJW **54**, 385.
279 BGHZ **131**, 185, 188 = NJW **96**, 466 *greifbare Gesetzwidrigkeit*; BGHZ **99**, 162, 165 = NJW **87**, 1408.
280 BGHZ **61**, 394, 399 = NJW **74**, 107; BFHE **175**, 451, 453.
281 Vgl zB BPatGE **15**, 32, 34; **15**, 57; **15**, 114; **23**, 272, 276; **24**, 54; **28**, 4; **41**, 134; **43**, 225.
282 AA für Nichtigkeitsverfahren BPatGE **41**, 134.
283 BVerfG NJW **00**, 797 = Mitt **02**, 34 *Angemessene Zeit*: es muss in angemessener Zeit entschieden werden.

gen – nur im Einverständnis mit allen Parteien durch die Anordnung des Ruhens des Verfahrens gemäß § 251 ZPO erreicht werden.

143 **Voraussetzung: Vorgreiflichkeit**, das heißt, die Entscheidung muss von einem Rechtsverhältnis abhängen, das im auszusetzenden Verfahren Vorfrage ist und das Gegenstand eines anderen anhängigen Verfahrens ist. Daher keine Aussetzung, wenn die Entscheidung in dem anderen Verfahren dahingestellt bleiben kann[284] oder wenn die bloße Möglichkeit widersprechender Entscheidungen (zB gleiche Rechtsfrage ist auch in einem anderen Verfahren Gegenstand[285]) oder nur die Aussicht besteht, dass das Verfahren durch eine anderes Verfahren gegenstandslos werden könnte (zB 2 Nichtigkeitsklagen gegen dasselbe Patent, vgl dazu § 81 Rdn 163).

144 **Aussetzung zulässig: a)** wenn eine Vorlage gemäß Art 100 GG an BVerfG[286] (siehe unten Rdn 532) oder eine Vorabentscheidung des EuGH[287] gemäß Art 267 AEUV (siehe Rdn 537) in Betracht kommt, weil eine anzuwendende Norm für verfassungswidrig gehalten wird oder eine Auslegung von EG-Recht erforderlich ist. Eine Verpflichtung zur Aussetzung besteht aber nicht;[288] **b)** für eine Zusatzanmeldung bis zur Erteilung des Hauptpatents;[289] **c)** im Verfahren einer vor dem 1.1.78 eingereichten Anmeldung wegen einer iSd § 4 (2) aF älteren Anmeldung;[290] **d)** für eine Gbm-Hilfsanmeldung gemäß § 2 (6) 1 GbmG aF bis zur Erledigung einer deutschen oder europäischen Patentanmeldung in deutscher Sprache;[291] **e)** gemäß § 149 ZPO wegen des Verdachts einer Straftat einer Partei oder eines Zeugen, deren Ermittlung für die Entscheidung von Einfluss ist, insbesondere für die Beweiswürdigung.

145 **Aussetzung unzulässig: a)** Im Verfahren einer nach dem 1.1.78 eingereichten Anmeldung wegen einer Anmeldung mit älterem Zeitrang, da diese nach § 3 (2) nF als Stand der Technik gilt (s § 3 Rdn 21); **b)** bei Streit über Vorliegen einer Diensterfindung; **c)** wegen einer Klage nach § 8;[292] **d)** für Anmelde- oder Einspruchsverfahren vor DPMA wegen eines europ Erteilungs- oder Einspruchsverfahrens;[293] **e)** für Einspruchsverfahren über Zusatzpatent, weil Einspruchsverfahren über Hauptpatent noch anhängig ist;[294] **f)** bei mehreren Nichtigkeitsklagen gegen dasselbe Patent (vgl § 81 Rdn 165); **g)** bei mehreren Löschungsanträgen gegen dasselbe Gbm;[295] **h)** für Gbm-Löschungsantrag, wenn Nichtigkeitsklage gegen übereinstimmendes Patent anhängig ist.[296]

---

284 BPatGE **23**, 272, 276.
285 BPatGE **12**, 141.
286 BGH GRUR **07**, 859 (Tz 25) *Informationsübermittlungsverfahren I*; BGH GRUR **05**, 615 *Aussetzung wegen Parallelverfahren*; BGH NJW **98**, 1957.
287 BPatGE **43**, 225 = Mitt **01**, 206; BPatGE **45**, 89 = GRUR **02**, 734 *grün/grau*; BPatG GRUR Int **13**, 35 *Clothianidin*.
288 BGH GRUR **07**, 859 (Tz 25) *Informationsübermittlungsverfahren I*.
289 BPatGE **8**, 157; **15**, 32; Mitt **71**, 77; **72**, 30.
290 BPatGE **15**, 57; **23**, 272.
291 BPatGE **22**, 268.
292 BPatGE **24**, 54 = BlPMZ **82**, 159.
293 BPatGE **28**, 4 = BlPMZ **86**, 150.
294 BPatG Mitt **92**, 28.
295 PA BlPMZ **58**, 188; GRUR **58**, 513.
296 PA Mitt **58**, 242.

Beweislast/burden of proof **Einleitung**

Grundsatz der freien Beweiswürdigung *(principle of the free evaluation of evidence)* 155
gilt vor DPMA und BPatG gemäß § 286 ZPO und ebenso vor EPA.[312] Nach diesem Grundsatz besteht keine Bindung an feste Beweisregeln, so dass entsprechend der gewonnenen Überzeugung entschieden werden kann, wobei die einzelnen Beweismittel frei beurteilt werden können. Es darf zB einem Beteiligten mehr geglaubt werden als einem beeideten Zeugen. Die Grundlagen der Überzeugungsbildung müssen dargelegt werden. Dafür genügt – da eine absolute Gewissheit nicht zu erreichen ist – ein für das praktische Leben brauchbarer Grad von Gewissheit, welcher Zweifeln Schweigen gebietet, ohne sie völlig auszuschließen.[313] Es müssen aber alle relevanten Umstände einzeln und in einer Gesamtschau gewürdigt werden.[314]

Die 2. Instanz kann entgegen der 1. Instanz die Glaubhaftigkeit eines Zeugen verneinen, wenn dies konkrete Zweifel gebieten[315].

Einer erneuten Vernehmung eines Zeugen bedarf es, wenn dessen Glaubwürdigkeit anders als bisher beurteilt werden soll. Verstoß verletzt das rechtlichen Gehör[316].

Law of evidence before EPO: Proof of material facts beyond all reasonable doubt is 156
not required. The EPO must decide having regard to the available evidence, on the balance of probabilities, i.e. it must decide what is more likely than not to have happened.[317] This degree of satisfaction which in human experience verges on certainty applies in ex parte, inter partes and appeal proceedings. A proof »up to the hilt« (= voll und ganz) is applied especially in cases of public prior use[318]. The colloquial term »up to the hilt« is an equivalent to the term »beyond reasonable doubt«.

Zur Beweislast im Einspruchsverfahren vgl § 59 Rdn 209 und im Nichtigkeitsverfahren vgl § 81 Rdn 152.

Umkehr der Beweislast *(shift of burden of proof)*: Haben Amt oder Gericht aus dem 157
Vortrag einer Partei die Überzeugung gewonnen, dass ein bestimmter Sachverhalt gegeben ist, so ist es Aufgabe der anderen Partei, mit belegten Tatsachen, diese Überzeugung zu widerlegen.[319]

---

312 EPA GBK G 0003/97 ABl **99**, 245 (Nr 5) *Einspruch in fremdem Auftrag/INDUPACK*; G 0004/97 ABl **99**, 270 *Einspruch in fremdem Auftrag/GENENTECH*; G 0001/12 ABl 2014, A 114 *Zulässigkeit der Beschwerde/ZENON TECHNOLOGY PARTNERSHIP*.
313 BGHZ **53**, 245, 256; NJW **93**, 935; **94**, 1348; NJW-RR **94**, 567; BGH GRUR **01**, 730 (III Abs 5 u 9) *Trigonellin*.
314 BGH NJW **89**, 2974; NJW-RR **96**, 665; BGH GRUR **04**, 936 (2b cc) *Barbara*.
315 BGH BlPMZ **16**, 17 *Yttrium-Aluminium-Granat*
316 BGH NJW-RR **12**, 704; NJW-RR **20**, 1519 *Unterlassen erneuter Zeugenvernehmung*; BGH 27.01.21 – XII ZR 21/20 NJW-RR **21**, 718 *erneute Zeugenvernehmung*.
317 *Established EPO case law, see*: J 0020/85 ABl **87**, 102 (Nr 4); D 0005/86 ABl **89**, 210; T 0128/ 87 ABl **89**, 406; T 0381/87 ABl **90**, 213 (Nr 4.4); T 0182/89 ABl **91**, 391; T 0270/90 ABl **93**, 725; T 0409/91 ABl **94**, 653; T 0296/93 ABl **95**, 627 (Nr 5.2); T 0326/93 EPOR **95**, 297; T 0939/92 ABl **96**, 309; T 0343/95 ABl **98** SonderA 60.
318 EPA T 2451/13 EPOR **16**, 258 *Sensoric imprinting/N.V. NUTRICIA mwN*.
319 BGH NJW **88**, 2611; **96**, 315, 317; BPatG v 14.08.97 – 3 Ni 51/95 BeckRS **16**, 19757 *Beweislastumkehr*; EPA T 0109/91 EPOR **92**, 163 = ABl **93** SonderA 53, 75.

Einleitung   *Beweislast/burden of proof*

158 **Ausnahmetatbestände:** Darlegungs- und beweispflichtig ist, wer sich darauf beruft, zB auf eine Erschöpfung des Patentrechts.[320] Wer sich auf eine **Ausnahme von der Regel** beruft, ist für deren Bestehen beweispflichtig, wenn Amt oder Gericht diese nicht feststellen können.[321]

159 **Pflicht zur Erleichterung der Beweisführung** durch die nicht beweislastete Partei kann sich nach Treu und Glauben ergeben, wenn und soweit die notwendigen Informationen der beweisbelasteten Partei nicht oder nur unter unverhältnismäßigen Erschwerungen zugänglich sind, ihre Offenlegung dem Gegner aber ohne weiteres möglich und zumutbar erscheinen.[322]

160 **Beweisvereitelung**[323]**:** Von einer Beweisvereitelung kann nur ausgegangen werden, wenn eine Partei dem beweisbelasteten Gegner die Beweisführung schuldhaft unmöglich macht oder erschwert, indem sie vorhandene Beweismittel vernichtet, vorenthält oder ihre Benutzung erschwert. Deshalb ist eine Beweisvereitelung nicht anzunehmen, wenn es der beweisbelasteten Partei möglich gewesen wäre, den Beweis – etwa im Wege eines selbstständigen Beweisverfahrens (siehe Rdn 161) – zu sichern.

Kann einer Partei der Vorwurf gemacht werden, sie habe den vom Prozessgegner zu führenden Beweis vereitelt, führt dies nicht dazu, dass eine Beweiserhebung gänzlich unterbleiben kann und der Vortrag der beweispflichtigen Partei als bewiesen anzusehen ist. Vielmehr sind zunächst die von der beweispflichtigen Partei angebotenen Beweise zu erheben. Stehen solche Beweise nicht zur Verfügung oder bleibt die beweisbelastete Partei nach dem Ergebnis der Beweisaufnahme beweisfällig, ist eine Beweislastumkehr in Betracht zu ziehen und den Beweisangeboten des Prozessgegners nachzugehen.

161 **Selbständiges Beweisverfahren** gemäß §§ 485 ff ZPO dient der vorsorglichen Beweiserhebung vor Beginn eines möglichen Verfahrens. Daher ist es grundsätzlich nicht als Geltendmachung eines Anspruchs anzusehen, sondern als vorgelagerte Prüfung, ist also noch keine Berührung[324]. Eine Berührung liegt erst vor, wenn der Antragsteller trotz Abschluss des selbständigen Beweisverfahrens weiterhin geltend macht, er halte seine Ansprüche für begründet.

162 **Bestreiten mit Nichtwissen** ist nach § 138 (4) ZPO nur über Tatsachen zulässig, die weder eigene Handlungen der Partei (oder ihrer gesetzlichen Vertreter) noch Gegenstand ihrer Wahrnehmung gewesen sind. Es ist unzulässig für Tatsachen, für die die Partei darlegungsund beweispflichtig ist.[325] Die Partei ist verpflichtet, Informationen

---

[320] BGH GRUR 76, 579 (II3a bb) *Tylosin*; 00, 301 (III1) *Karate*.
[321] EPA GBK G 0003/97 *Einspruch in fremdem Auftrag/INDUPACK* u G 0004/97 *Einspruch in fremdem Auftrag/GENENTECH* ABl 99, 245 (Nr 5); EPA T 0990/96 ABl 98, 489 = GRUR Int 98, 988.
[322] BGH GRUR 93, 980 (II3d bb) *Tariflohnunterschreitung*; BGH GRUR 95, 693 (III) *Indizienkette*; BGH GRUR 04, 268 *Blasenfreie Gummibahn II*; BGH NJW-RR 17, 1140 = Mitt. 17, 518 Sekundäre Darlegungslast; OLGDüsseldorf Mitt 06, 471 L *Strangpressprofil*.
[323] BGH GRUR 16, 88 *Deltamethrin*.
[324] BGH vom 02.10.2018 – X ZR 62/16 GRUR 19, 110 *Schneckenköder*.
[325] BGH WM 88, 1494, 1496.

Berichtigung/correction **Einleitung**

Wirkung: Aussetzung unterbricht den Lauf einer Frist und verhindert den Beginn einer neuen Frist. Nach Beendigung beginnt die volle Frist (zB Prüfungsantragsfrist) neu, § 249 ZPO. § 249 ZPO ist auf Fristen zur Entrichtung von Jahresgebühren mit Rücksicht auf den Sinn und Zweck ihrer Erhebung nicht anwendbar.[297] 146

Verfahren: Anordnung der Aussetzung ist Ermessensentscheidung.[298] Sie ergeht von Amts wegen, nur für das gesamte Verfahren, unter Gewährung des rechtlichen Gehörs.[299] Der Beschluss kann nach § 128 (4) ZPO ohne mündliche Verhandlung ergehen[300] und muss nachprüfbar die Berechtigung der Aussetzung, insbesondere die Wahrung pflichtgemäßen Ermessens darlegen. Dagegen Beschwerde zulässig, zuständig: Jur Beschwerdesenat.[301] Ende der Aussetzung tritt ein durch: Erledigung des vorgreiflichen Verfahrens oder Aufhebungsbeschluss gemäß § 150 ZPO. Die Fortsetzung des Verfahrens ist den Beteiligten mitzuteilen.[302] 147

Zur Aussetzung im **Nichtigkeitsverfahren** s § 81 Rdn 163 und im **Verletzungsverfahren** siehe § 139 Rdn 297.

Aussetzung vor EPA (*suspension of proceedings*): Nach Regel 14 EPÜ setzt das EPA das Verfahren aus, wenn ein Dritter dem EPA nachweist, dass er ein Verfahren gegen den Anmelder eingeleitet hat, in dem der Anspruch auf Erteilung des europäischen Patents ihm zugesprochen werden soll, es sei denn, dass der Dritte der Fortsetzung des Verfahrens zustimmt. Mit der Aussetzung oder später kann EPA einen Zeitpunkt zur Fortsetzung des Verfahrens festsetzen. Dieser Zeitpunkt kann später geändert werden.[303] Die Aussetzung bewirkt, dass das Erteilungsverfahren unverändert in dem Stadium verbleibt, in dem es sich zum Zeitpunkt der Aussetzung befand.[304] Ein Einspruchsverfahren kann nach Regel 78 EPÜ ausgesetzt werden, wenn ein Dritter die Einleitung eines Verfahrens nach Art 61 (1), Regel 16 EPÜ wegen mangelnder Berechtigung des Patentinhabers nachweist. 148

Bedingungslosigkeit siehe oben Rdn 56. 149

Beibringungsgrundsatz siehe oben Rdn 17. 150

- **Berichtigung einer Verfahrenserklärung:**

Mangelhafte Verfahrenshandlungen können grundsätzlich mit Wirkung ex nunc jederzeit geändert, ergänzt, zurückgenommen und neu vorgenommen werden (Ausnahmen: §§ 38, 44 (5) PatG). Berichtigung ist nicht mehr möglich, wenn die Verfahrenserklärung bereits Grundlage einer Entscheidung von Amt oder Gericht geworden ist[305] (s Rdn 73). Eine Berichtigung mit Rückwirkung kann ausnahmsweise durch Anfechtung (s Rdn 89) oder Widerruf (s Rdn 543) erreicht werden. Durch Auslegung (s Rdn 130) 151

---

[297] BPatGE **15**, 114.
[298] BPatGE **6**, 20, 25; **6**, 53; **10**, 131, 137 f; **15**, 57; OLG Düsseldorf NJW **85**, 1966.
[299] BPatGE **19**, 111 = BlPMZ **77**, 160; BPatGE **28**, 4 = BlPMZ **86**, 150.
[300] BGH GRUR-RR **12**, 48 L *Sportwettenerlaubnis*.
[301] Vgl BGH BlPMZ **72**, 266 *Zuständigkeitsstreit*; aA BPatGE **8**, 205.
[302] BPatGE **7**, 33; **8**, 157.
[303] T 0146/82 ABl **85**, 267.
[304] J 0038/92 ABl **96** SonderA 85, 86.
[305] EPA T 0824/00 ABl **04**, 5.

Einleitung — Beweislast/burden of proof

kann eine Verfahrenserklärung mit dem wirklichen Willen in Einklang gebracht werden.

Berichtigung einer Anmeldung s § 38 Rdn 46, eines **Beschlusses** s § 47 Rdn 21 und § 95.

152 Beweis (proof)
Beweis ist das (positive) Ergebnis eines Beweisverfahrens, das auf der Feststellung von Tatsachen gerichtet ist. Er ist ein wichtiges Mittel der richterlichen Überzeugungsbildung bei der Feststellung des (rechtserheblichen) Sachverhalts.

153 Beweismittel sind Sachverständigengutachten (§§ 402n ff ZPO), Augenschein (§§ 371 ff ZPO), Parteivernehmung, Urkunden (§§ 415 ff ZPO), Zeugen (§§ 373 ff ZPO).

Parteivernehmung ist ein subsidiäres Beweismittel und ist von Amts wegen nach § 448 ZPO nur zulässig, wenn zuvor alle angebotenen Beweismittel ausgeschöpft worden sind und keinen vollständigen erbracht haben[306].

Einer Partei steht es grundsätzlich frei, die Beweismittel auszuwählen, mit denen sie eine Behauptung beweisen möchte[307]. Ein möglicherweise geringerer Beweiswert im Vergleich zum Zeugenbeweis ist im Rahmen der Beweiswürdigung zu berücksichtigen.

Ein **Indizienbeweis** ist nur dann geführt, wenn die vorgetragenen Indiztatsachen zutreffen und diese mit Gewissheit darauf schließen lassen, dass die unter Beweis gestellte Haupttatsache zutrifft. Zu prüfen ist, ob der Indizienbeweis schlüssig ist, ob also die Indizien – ihre Richtigkeit unterstellt – die Haupttatsache ergeben.[308]

- **Beweislast**[309]   *(burden of proof)*

154 Im Verfahren vor DPMA, BPatG und EPA gilt der Untersuchungsgrundsatz (s oben Rdn 16). Eine Pflicht des Beteiligten zur Führung eines Beweises für eine bestimmte Tatsache wie im Zivilprozess (Beweisführungslast) gibt es daher nicht, weil der Sachverhalt von Amts wegen erforscht wird.[310] Läßt sich eine Tatsache im Wege der Amtsermittlung mit zumutbarem Aufwand nicht feststellen (s oben Rdn 39), so trifft dieser Nachteil den Beteiligten, der sich auf diese behauptete Tatsache stützt (materielle Beweislast).[311]

---

306   BGH 12.12.19 – III ZR 198/18 NJW **20**, 776 *Parteivernehmung Subsidiarität*.
307   BGH 17.11.20 – X ZR 132/18 GRUR **21**, 574 *Kranarm*.
308   BGH 12.03.19 – X ZR 32/17 GRUR **19**, 713 *Cer-Zirkonium Mischoxid I*; BGH NJW-RR **13**, 743 Rn 26; BGHZ **193**, 159 Rn 45.
309   Lit: Baumgärtel/Laumen/Prütting: Handbuch der Beweislast 3. Aufl 2016; Ahrens: Der Beweis im Zivilprozess Köln 2015; Kather FS Eisenführ 2003, 177; Stieper ZZP **10**, 27.
310   BGH BlPMZ **99**, 311 (II2d) *Flächenschleifmaschine*.
311   BGH GRUR **84**, 339 (Nr 4) *Überlappungsnaht*; **91**, 522, 523 rSp *Feuerschutzabschluß*; Mitt **99**, 362 (III2c bb) *Herzklappenprothese*; BlPMZ **91**, 159, 161 *Haftverband*; **99**, 311 (II2d) *Flächenschleifmaschine*; T 0219/83 ABl **86**, 211; T 0209/85 EPOR **87**, 235; EPA GBK G 0003/97 ABl **99**, 245 (Nr 5) *Einspruch in fremdem Auftrag/INDUPACK*; G 0004/97 ABl **99**, 270 *Einspruch in fremdem Auftrag/GENENTECH*.

in ihrem Unternehmen und von Personen einzuholen, die unter ihrer Anleitung, Aufsicht oder Verantwortung tätig sind.[326]

Ablehnung einer Beweiserhebung[327] (*denial of a motion for the admission of evidence*) ist nur zulässig, a) wenn der Antrag lediglich der Ermittlung von Beweisen dienen soll (Ausforschungsbeweis); b) wenn die zu beweisende Tatsache nicht entscheidungserheblich ist; c) wenn das Beweismittel auf Dauer unerreichbar ist; d) wenn das Beweisangebot in sich unschlüssig ist; e) wenn der Beweisantrag rechtsmissbräuchlich ist, der Beteiligte selbst nicht an die Richtigkeit seiner Behauptung glaubt, sondern sie »ins Blaue hinein« aufgestellt hat;[328] f) wenn der völlige Unwert des Beweismittels von vorneherein feststeht;[329] g) wenn die Tatsache so ungenau bezeichnet ist, dass ihre Erheblichkeit nicht beurteilt werden kann.[330] 163

Nach der ständigen Rechtsprechung des BGH[331] können die Ablehnungsgründe gemäß § 244 (3) – (5) SiPO entsprechend angewendet werden: a) Unzulässigkeit der Beweiserhebung[332]; b) Überflüssigkeit wegen Offenkundigkeit (§ 291 ZPO); c) Tatsache ist bereits erwiesen[333], keine Ablehnung, weil das Gegenteil bereits bewiesen sei[334] d) Ungeeignetheit des Beweismittels[335]; e) Unerreichbarkeit des Beweismittels[336]; f) Prozessverschleppung[337]; g) Tatsache kann als wahr unterstellt werden[338]; h) Ablehnung eines Sachverständigengutachtens, weil Gericht über erforderliche Sachkunde verfügt[339].

Vorweggenommene Beweiswürdigung (*anticipated evaluation of evidence*), zB Beweiserhebung wird nach aller Erfahrung kein brauchbares Ergebnis liefern oder Beweisantrag beruht auf reinen Vermutungen oder Zeuge kann nur über Wahrnehmungen Dritter aussagen,[340] ist unzulässig und ein wesentlicher Verfahrensfehler.[341] Der Untersuchungsgrundsatz berechtigt über das Sach- und Beweisvorbringen der Parteien hinauszugehen, gestattet aber nicht erhebliche Beweisantritte zu übergehen.[342] 164

---

326 BGH GRUR 02, 190 *DIE PROFIS*.
327 Ullenboom: Die Ablehnung von Beweisanträgen im Zivilprozess ZZP **20**, 103.
328 BGH GRUR **75**, 254, 256 lSp *Ladegerät II*; **99**, 920 (II2c dd) *Flächenschleifmaschine*; BGH v 01.10.91 – X ZR 31/91 Schulte-Kartei PatG 3.2 Nr 24 *Erzeugung eines Wärmestaus*; BPatGE **52**, 246 = Mitt **11**, 236 *Tintenpatrone*.
329 BGH NJW **72**, 1576.
330 BGH Mitt **13**, 298 L *Nichtberücksichtigtes Beweisangebot*.
331 BGH NJW **70**, 946 (TZ 228) = BGHZ **53**, 245 *Anastasia*; BGH NJW-RR **13**, 9 (TZ 14); NJW-RR **15**, 1151; BGHZ **121**, 266 = NJW **93**, 1391 (TZ 15).
332 BGH NJW **82**, 277; NJW **13**, 2668.
333 BGH NJW-RR **17**, 22 (TZ 29).
334 BGH FamRZ **14**, 749 = NJOZ **15**, 309 (TZ 11) *Gegenteil bereits bewiesen.*
335 BVerfG NJW **93**, 254; BGH 30.01.13 – 2 StR 468/12 BeckRS **13**, 4403.
336 BGH NJW-RR **15**, 1151 (TZ 13).
337 BGH NJW **18**, 1171.
338 BGH 24.09.15 – IX ZR 266/14 BeckRS **15**, 17442.
339 BGH NJW **18**, 2730.
340 BGH GRUR **75**, 254, 256 lSp *Ladegerät II*.
341 BGH NJW **94**, 1348; BPatGE **24**, 1; **32**, 11, 15; EPA T 0142/97 ABl **00**, 358 = GRUR Int **00**, 913.
342 BGH GRUR **81**, 185 *Pökelvorrichtung*; NJW **09**, 2139 *Rechtsverweigerung*.

Einleitung *Eigentumsgarantie*

Eine Beweisantizipation ist auch im Verfahren der Verfahrenskostenhilfe nur ganz begrenzt zulässig.[343]

165 **Anscheinsbeweis** (prima facie-Beweis; *prima facie evidence*) erlaubt bei sog. typischen Geschehensabläufen von einer feststehenden Ursache auf einen bestimmten Erfolg oder von einem feststehenden Erfolg auf eine bestimmte Ursache zu schließen.[344] Geht der Erfolg nach der Lebenserfahrung regelmäßig auf eine bestimmte Ursache zurück, so kann, wenn die Ursache feststeht, der regelmäßige Erfolg zur Grundlage der Entscheidung gemacht werden, es sei denn, dass von einem anderen Beteiligten die ernsthafte Möglichkeit eines Verlaufs eingewendet wird, der vom Gewöhnlichen abweicht; die bloße Behauptung eines atypischen Verlaufs reicht dafür nicht aus,[345] es muss auch dargetan werden, dass er ernsthaft in Betracht kommt.[346]

- **Chancengleichheit** *(equality of opportunities)*

166 Im Verfahrensrecht ist die Chancengleichheit ein anerkanntes Prinzip,[347] dessen Verletzung eine Entscheidung anfechtbar macht. Das Prinzip folgt aus der Gleichheit aller vor dem Gesetz.[348] Allen Beteiligten müssen grundsätzlich dieselben Verfahrensrechte eingeräumt werden.[349] Zur Gleichbehandlung im Einspruchsverfahren vgl § 59 Rdn 216, zur Waffengleichheit s Rdn 542.

167 **Computerfax** siehe Rdn 385.

168 **Dispositionsmaxime** siehe oben Rdn 11.

169 **Doppelanmeldungen** siehe § 34 Rdn 25.

170 **Eidesstattliche Versicherung** zur Glaubhaftmachung siehe Rdn 199, als Beweismittel siehe § 46 Rdn 46, schriftliche Erklärung unter Eid und Affidavit siehe Rdn 85.

- **Eigentumsgarantie**

171 Die Eigentumsgarantie des Art 14 GG erstreckt sich nur auf Rechtspositionen, die dem Rechtsträger durch den Gesetzgeber zugeordnet sind.[350] Dazu gehören das allgemeine Erfinderrecht,[351] die Erfindung, die Anmeldung[352] das erteilte Patent[353] sowie die ver-

---

343 BVerfG NJW **97**, 2745 *Maßstab für Prozesskostenhilfe*; **08**, 1060 *Prozesskostenhilfe bei ungeklärten Rechtsfragen*.
344 BGHZ **4**, 144; **100**, 31, 33; BGH NJW **96**, 1828; BGH GRUR **00**, 301 (III2) *Karate*.
345 BPatGE **32**, 109 = BlPMZ **91**, 349 *Hochspannungstransformator* für Verteilungsabsicht eines Prospekts.
346 BGH NJW **78**, 2032.
347 EGMR NJW **95**, 1413 *Dombo Beheer*.
348 EPA T 0210/89 ABl **91**, 433.
349 EPA GBK G 0001/86 ABl **87**, 447 (Nr 13) *Wiedereinsetzung des Einsprechenden/VOEST ALPINE*.
350 BGH GRUR **95**, 338, 341 *Kleiderbügel*.
351 BVerfG Mitt **99**, 61 (III) = NJW **98**, 3704.
352 BVerfG GRUR **74**, 142, 144 *Offenlegung von Patent-Altanmeldungen*; BGH GRUR **82**, 95 *Pneumatische Einrichtung*; **01**, 43 *Human-Immuninterferon*; **12**, 605 *Antimykotischer Nagellack*BPatGE **6**, 20, 23; BPatG BlPMZ **70**, 49.
353 BPatG Mitt **91**, 243 (IV1).

mögenswerten Ergebnisse der schöpferischen Leistung des Patentinhabers und seine Freiheit, darüber in eigener Verantwortung verfügen zu können.³⁵⁴

Die fortdauernde Inlandsvertretung gemäß § 25 (3) PatG (früher § 25 (4) PatG) trotz Niederlegung des Mandats stellt keinen Verstoß gegen die durch Art 14 GG gewährleistete Freiheit der wirtschaftlichen Betätigung dar.³⁵⁵

- **Email:**

DPMA: info@dpma.de Vgl § 34 Rdn 43; 172
BPatG: bundespatentgericht@bpatg.bund.de;
EPA: info@epo.org.
Anmeldungen und Verfahrenshandlungen können per Email nicht wirksam eingereicht werden, da § 3 PatV nur die schriftliche oder elektronische Einreichung zulässt.³⁵⁶

Nachricht im Anhang einer Email ist erst dann in schriftlicher Form bei Gericht eingereicht, sobald bei dem Gericht ein Ausdruck der den vollständigen Schriftsatz enthaltenden PDF-Datei vorliegt³⁵⁷. Die Einhaltung einer Frist bereits mit dem vollständigen Empfang der Signale – wie beim Telefax (siehe Rdn 405) – gilt für Email nicht.³⁵⁸

- **Ermessen³⁵⁹** *(discretion)*

Wenn das Gesetz Amt oder Gericht für die Gestaltung des Verfahrens ein Ermessen 173 einräumt, so steht für die Entscheidung ein gewisser Spielraum zur Verfügung. Das bedeutet nicht, dass die Entscheidung im Belieben stünde. Ermessen heißt vielmehr, dass innerhalb einer angemessenen Bandbreite von mehreren in Betracht kommenden Möglichkeiten eine ausgewählt werden kann. Jede Entscheidung, die sich innerhalb des Freiraums hält, den das gesetzliche Ermessen einräumt, ist richtig und kann deshalb nicht auf Beschwerde aufgehoben und durch eine andere, ebenfalls im Freiraum liegende ersetzt werden.³⁶⁰

Nur wenn der eingeräumte Ermessensspielraum überschritten wird, liegt ein Ermessensfehlgebrauch oder Ermessensmißbrauch vor, der zur Aufhebung einer angefochtenen Entscheidung führt. Wie groß der Freiraum ist, hängt vom Sinn und Zweck der jeweiligen gesetzlichen Regelung ab. Er ist am weitesten bei freiem Ermessen.³⁶¹ Nor- 174

---

354 BVerfG GRUR 01, 43 *Klinische Versuche.*
355 BPatG BlPMZ 07, 421 *Inlandsvertreter.*
356 Für EPA MittEPA ABl 00, 458.
357 BGH NJW 15, 1527; BGH NJW 19, 2096 *PDF*; BGH 04.02.20 – X ZB 11/18 BeckRS 20, 4237 *pdf-Datei.*
358 BGH 08.05.19 – XII ZB 8/19 NJW 19, 2096 *PDF.*
359 Eskil Waage »Beyond The Harmonisation of Statute Law: Adapting The National Courts' Exercise of Discretion to The Practice of The EPO« in FS »...und sie bewegt sich doch!« – »Patent Law on the Move« Heymanns 2005; Di Fabio »Ermessensreduzierung« VerwArch 1995 Bd **86**, 214; Groß »Die deutsche Ermessenslehre im europ Kontext« 2006 ZöR Bd **61**, 625; Hufen »Ermessen und unbestimmter Rechtsbegriff« ZJS 10, 603.
360 Vgl EPA GBK G 0007/93 ABl **94**, 775 *verspätet beantragte Änderungen/WHITBY II*; T 0640/91 ABl **94**, 918.
361 Vgl zB BPatG BlPMZ **85**, 193 *Verbindung von Anmeldungen*; BPatGE **27**, 84 (Ablehnung einer Zwischenentscheidung über Zulässigkeit eines Einspruchs).

Einleitung *Ermessen/discretion*

malerweise ist das Ermessen pflichtgemäß auszuüben[362] (appropriate exercise of discretion). Da keine Ermessensentscheidung völlig ungebunden ist, bedarf ihr Erlaß wie ihre Ablehnung einer Begründung, damit sie auf die Einhaltung der gesetzlichen Voraussetzungen (zB Ausschluss von Willkür, s Rdn 549) überprüfbar ist.[363]

175 **Nachprüfbar** sind somit Ermessensentscheidungen darauf: a) ob es überhaupt ausgeübt wurde;[364] b) ob die Voraussetzungen für seine Ausübung vorlagen; c) ob die Grenzen eingehalten worden sind.[365]

176 **Beispiele für Ermessensentscheidungen:** a) Anordnung einer Aussetzung nach § 148 ZPO, nicht dagegen nach Regel 14 EPÜ (s Rdn 147); b) Erlaß einer Zwischenentscheidung (s Rdn 521); c) Verbindung von Anmeldungen (s Rdn 443); d) Zuziehung von Sachverständigen zur Aufklärung des technischen Sachverhalts;[366] e) Zurückverweisung an die 1. Instanz (s § 79 Rdn 17 und Art 111 Rdn 8 im Anhang zu § 73); f) Wahl der Zustellungsart (s § 127 Rdn 22); g) Berücksichtigung verspäteten Vorbringens.[367] War das Ermessen gemäß Art 114 (2) EPÜ[368] fehlerhaft ausgeübt, so kann in 2. Instanz das als verspätet zurückgewiesene Vorbringen (zB ein weiterer Einspruchsgrund) geprüft werden;[369] h) Zulassung von Änderungen gemäß Regel 137 (3) EPÜ;[370] i) Berücksichtigung von Widerrufsgründen, die Einsprechender nicht geltend gemacht hat, durch die 1. Instanz;[371] k) Zulassung von Ausführungen der Begleitperson eines Vertreters in der mündlichen Verhandlung.[372]

177 **Keine Ermessensentscheidungen** sind a) die Ausfüllung unbestimmter Rechtsbegriffe (s Rdn 421), wie gute Sitten, Billigkeit, öffentlich zugänglich machen, Naheliegen für einen Fachmann etc; b) Rückzahlung von Gebühren.[373]

178 **Faires Verfahren** siehe unten Rdn 458.

179 ***falsa demonstratio*** siehe oben Rdn 131.

180 **Falsche Adresse** siehe oben Rdn 69.

181 **Fax** siehe unter Telefax, siehe unten Rdn 398.

---

362 Vgl zB BVerfG NJW 87, 2499 (Berücksichtigung von Rechtspr u Lit); BGH GRUR 81, 183 *Heuwerbungsmaschine I* (Zulassung verspäteten Vorbringens); 81, 533 *Vorpreßling für Hohlglaskörper* (erneute Vernehmung eines Zeugen); BPatGE 23, 146 (Nachfristgewährung); 27, 84 (Erlaß einer Zwischenentscheidung); 35, 195 (Gegenstandswert einer Anmeldung).
363 T 0182/88 ABl 90, 287.
364 BGH NJW 94, 1143.
365 BGH NJW-RR 92, 866.
366 Vgl BGH BlPMZ 78, 254 (B2b) *7-chlor-6-demethyltetracyclin.*
367 EuGH GRUR 07, 504 = GRUR Int 07, 516 *HABM/Kaul.*
368 Vgl EPA GrBG G 0004/95 ABl 96, 412 (Nr 4) *Vertretung/BOGASKY.*
369 T 0986/93 ABl 96, 215.
370 EPA GBK G 0007/93 ABl 94, 775 *verspätet beantragte Änderungen/WHITBY II* zu Regel 86 (3) EPÜ aF.
371 EPA GBK G 0009/91 ABl 93, 408 *Prüfungsbefugnis/ROHM AND HAAS*; G 0010/91 ABl 93, 420 *Prüfung von Einsprüchen/Beschwerden*; BGH GRUR 95, 333 *Aluminium-Trihydroxid.*
372 EPA GBK G 0002/94 ABl 96, 401 *Vertretung/HAUTAU II.*
373 J 0020/87 ABl 89, 67 (zu Art 10 GebO); T 0041/82 ABl 82, 256 (Beschwerdegebühr).

Fristberechnung/calculation of time limits **Einleitung**

Feiertage siehe Rdn 188. 182

• **Fernschreiben** s Rdn 414. Sie werden mit ihrem Eingang in der Fernschreibstelle wirksam, auch wenn sie außerhalb der Dienststunden eingehen.[374] 183

Freie Beweiswürdigung siehe Rdn 155. 184

• **Fristberechnung**

Die Berechnung von Fristen bestimmt sich nach den §§ 222 ZPO iVm 187 ff BGB. 185

1. **Fristbeginn: a)** ist ein Ereignis (zB Zustellung) oder ein Zeitpunkt im Laufe des Tages für den Fristbeginn maßgebend, so wird dieser Tag nicht mitgerechnet (§ 187 (1) BGB); 186
   b) ist der Beginn eines Tages (Jahresgebühr, vgl § 17 Rdn 24) als Fristbeginn maßgebend, so wird dieser Tag in die Frist eingerechnet (§ 187 (2) BGB).

2. **Fristende** (§ 188 BGB): **a) Tagesfristen:** Mit Ablauf des letzten Tages (24 Uhr); 187
   b) Wochenfristen: Mit Ablauf des Tages, der dem Tag der vorangegangenen Woche entspricht; im Fall der Nr 1a: Von Dienstag zu Dienstag, im Fall der Nr 1b: Von Dienstag zu Montag.
   c) Monats- und Jahresfristen: im Fall der Nr 1a: Mit Ablauf des Tages, der durch seine Benennung oder Zahl dem Tag des Ereignisses entspricht; zB: 6. Mai – 6. Juni, 31.1. – 28.2. (24 Uhr); 28.2. – 28./29.3.;[375] Jahr: 6.5.73 – 6.5.74; im Fall der Nr 1b: Mit Ablauf des Tages, der den durch seine Benennung oder Zahl entsprechenden Anfangstag vorhergeht; zB: 6. Mai–5. Juni, 6.5.73 – 5.5.74.
   Art 35 (1) EMRK: Läuft eine Frist an einem Tag ab, der nicht Werktag ist, so verlängert sich die Frist nicht auf den folgenden Werktag.[376]

3. **Sonn- und Feiertage, Sonnabende** (§ 193 BGB): fällt der letzte Tag einer Frist, an dem eine Willenserklärung (Antrag) abzugeben oder eine Leistung (Gebühr) zu bewirken ist, auf einen Sonn- oder Samstag oder auf einen am Erklärungs- oder Leistungsort (vgl § 17 Rdn 25) staatlich anerkannten allgemeinen Feiertag, so ist der nächste Werktag maßgebend. Fällt Fristende auf einen Samstag oder Sonntag, so läuft Frist am Montag ab, eine Fristverlängerung würde am nächstfolgenden Werktag (zB Dienstag) beginnen (§ 224 (3) ZPO).[377] § 193 BGB gilt nur für Fristende, nicht für Fristbeginn.[378] 188
   § 193 BGB ist auch auf die Unionsprioritätsfrist nach Art 4 PVÜ sowie die Neuheitsschonfrist anwendbar, so dass sie wirksam am nächsten Werktag in Anspruch genommen werden können, wenn der letzte Tag dieser Fristen auf einen Sonnabend, Sonn- oder Feiertag fällt.[379]

---

[374] PräsDPA BlPMZ **76**, 355; BGHZ **65**, 10.
[375] BGH NJW **84**, 1358.
[376] EGMR 29.06.12 NJW **12**, 2943 *Sabri Günes/Türkei.*
[377] Vgl BGH NJW **56**, 1278; **06**, 700; NJW-RR **08**, 76,77; **10**, 211 *Verlängerung der Berufungsbegründungsfrist.*
[378] BPatGE **11**, 23, 24; **26**, 32, 33; BFH Mitt **11**, 262 Fristbeginn an einem Sonnabend.
[379] BPatGE **28**, 90 = BlPMZ **86**, 340.

Einleitung   *Fristberechnung/calculation of time limits*

189 **Feiertage**[380] in München, Berlin und Jena sind: Neujahr (1.1.), Karfreitag, Ostermontag, 1. Mai, Christi Himmelfahrt, Pfingstmontag, Tag der Deutschen Einheit (3.10.), 1. u 2. Weihnachtsfeiertag.

Zusätzliche Feiertage **a)** in München: Heilige Drei Könige (6.1.), Fronleichnam, Mariä Himmelfahrt (15.8.), Allerheiligen (1.11.); **b)** in Jena: Reformationstag (31.10.).

190 **Annahme von Geschäftssachen** durch DPMA findet an jedem Tag des Jahres (Werktag, Samstag, Sonntag und staatlich anerkannte Feiertage) statt. § 13 (2) DPAV 1968, der die Annahme an Sonntagen und staatlich anerkannten Feiertagen ausschloss, ist mit Wirkung vom 1.1.87 gestrichen.[381] Damit kann an jedem Tag eines Jahres beim DPMA ein Anmelde- und Prioritätstag begründet werden. Anmeldungen, die an Sonntagen und staatlich anerkannten Feiertagen in den Nachtbriefkasten des DPMA eingeworfen werden, erhalten das Datum des Einwurftags.[382]

191 **Fristberechnung vor EPA** bestimmt sich nach Art 120 und Regel 131 EPÜ. Für den Fristbeginn ist der Tag maßgebend, der auf den Tag folgt, an dem ein Ereignis (zB Anmeldung, Antrag, Zustellung) eingetreten ist. Das Fristende ist jeweils der Tag, der durch seine Benennung oder Zahl dem Tag entspricht, an dem das Ereignis eingetreten ist.[383] Ist an diesem Tag eine der Annahmestellen des EPA (= EPA in München, Den Haag oder Berlin, nationale Patentämter gemäß Art 75 (1) b EPÜ) zur Entgegennahme von Schriftstücken (durch die Post oder technische Einrichtungen zur Nachrichtenübermittlung) nicht geöffnet[384] oder wird an diesem Tag dort die Post nicht zugestellt, so erstreckt sich nach Regel 134 EPÜ die Frist auf den nächstfolgenden Tag, an dem alle Annahmestellen des EPA geöffnet sind[385] und an dem die Post zugestellt wird. Ist also nur eine Annahmestelle des EPA zur Entgegennahme von Schriftstücken nicht geöffnet (geschlossene Tage), so erstrecken sich nach Regel 134 Fristen auf den nächstfolgenden Tag, an dem alle Annahmestellen geöffnet sind. Welche Tage die Annahmestellen des EPA und die nationalen Patentbehörden geschlossen sind, wird im ABl veröffentlicht.

192 **Regel 133** (= Regel 84a aF) EPÜ: Ein verspätet eingegangenes Schriftstück gilt als rechtzeitig eingegangen, wenn es 5 Tage vor Ablauf der Frist per Einschreiben – außerhalb Europa per Luftpost – aufgegeben wurde[386] (vgl Rdn 68).

193 **Fristverlängerung** siehe § 123 Rdn 126.

194 • **Garantenstellung (guarantor position):** Wer nichts unternimmt, um einen rechtswidrigen Sachverhalt zu verhindern, macht sich selbst haftbar, wenn er rechtlich dafür einzustehen hat, dass der Tatbestand nicht eintritt. Diese Verpflichtung zum Tätigwerden folgt aus der Garantenpflicht, die auf Gesetz, Vertrag, einer Rechtsstellung oder einem Vertrauensverhältnis beruhen kann.

---

380 MittDPA Nr 8/99 BlPMZ **99**, 121 = Tabu Gewerbl. Rechtsschutz Nr 499 S 445.
381 1. ÄndV zur DPAV v 19.12.86 BlPMZ **87**, 41.
382 MittDPA Nr 4/87 BlPMZ **87**, 3.
383 EPA J 0014/86 ABl **88**, 85.
384 MittPräsEPA ABl **11**, 506 für 2012.
385 *EPA J 0001/81 ABl **83**, 53; J 0030/89 ABl **90** SonderA 45.*
386 EPAPrüfRichtl Teil E VIII3 1.7; BeschlussPräsEPA ABl **03**, 283.

Ein Organ haftet für Verletzungshandlungen seiner Gesellschaft, wenn er daran entweder durch positives Tun beteiligt war oder wenn er sie auf Grund einer nach allgemeinen Grundsätzen des Deliktsrechts begründeten Garantenstellung hätte verhindern müssen[387]. Pflichten des Organs gegenüber seiner Gesellschaft (zB § 43 GmbHG, § 93 (1) 1 AktG) begründen allein keine Garantenstellung zugunsten Dritter. Eine Eigenhaftung besteht dagegen, wenn das Organ persönlich verpflichtet ist, Rechte Dritter vor Gefährdung oder Verletzung zu schützen, wie bei der Prüfung, ob die eigenen Erzeugnisse oder Verfahren in den Schutzbereich fremder Rechte fallen[388].

- **Gesetzeslücke** *(legal loophole)*

Eine Lücke im Gesetz ist gegeben, wenn das Gesetz, gemessen an seinem eigenen Regelungsplan, unvollständig ist.[389] Keine Gesetzeslücke liegt also vor, wenn sie vom Gesetzgeber planmäßig gewollt ist.[390] Ist sie planwidrig entstanden[391] – ist sie unter Berücksichtigung des Normzwecks (= Wille des Gesetzgebers)[392] und der Gebote der Prozessökonomie zu schließen,[393] und zwar grundsätzlich durch die sachnächste Regelung.[394] Zur Ausfüllung können aber auch ein dem Gesetz zu entnehmendes Prinzip[395] sowie allgemeine Rechtsgrundsätze[396] und eine eindeutige Gesetzesbegründung[397] herangezogen werden. Rechtsfortbildung contra legem oder zur Erzielung einer sachgerechteren Regelung ist nicht statthaft.[398] Zu Ausnahmevorschriften siehe oben Rdn 141.

195

Lücken im EPÜ, die Vorschriften für das Verfahren – nicht das materielle Recht – betreffen, schließt EPA nach **Art 125 EPÜ**, indem es die in den Vertragsstaaten im Allgemeinen anerkannten Grundsätze des Verfahrensrechts berücksichtigt,[399] wozu

196

---

387 BGH BGHZ 201, 344 = GRUR 14, 883 *Geschäftsführerhaftung*; NJW 09, 2139 *Videospiel-Konsolen II*.
388 BGH GRUR 58, 288, 290 *Dia-Rähmchen I*; 77, 598, 601 *Autoskooter-Halle*; **86**, 803, 806 *Formstein*; BGH GRUR **16**, 257 *Glasfasern II*.
389 Larenz Methodenlehre 1979 4. Aufl S 354 ff.
390 BGH GRUR 13, 427 *Doppelvertretung im Nichtigkeitsverfahren*; BPatGE **51**, 225, 229 *Doppelvertretungskosten im Nichtigkeitsverfahren III*; BPatGE **53**, 173, 175 *Doppelvertretungskosten im Nichtigkeitsverfahren VIII*, jeweils zu § 143 (3) PatG.
391 BGH GRUR 97, 890 (B3) *Drahtbiegemaschine*; BGH NJW 07, 3124 (Tz 11) *planwidrige Regelungslücke*; 09, 427 *Richtlinienkonforme Auslegung*; BPatGE **36**, 258, 261; BPatG BlPMZ 06, 372 (IIA3b) *Frequenzsignal*; BPatG BlPMZ 08, 62 = Mitt 07, 478 *Doppelvertretung im Nichtigkeitsverfahren*; BPatG BlPMZ 08, 451 *Gegenstandswertfestsetzung durch das DPMA*.
392 BVerfG GRUR 02, 238, 240 *Nachbau-Auskunftspflicht*; 06, 1049 *Werbekampagne mit blauem Engel*.
393 BGH GRUR 94, 724 (II2b) *Spinnmaschine*; J 0005/91 ABl **93**, 657 (Nr 5.5).
394 BGH GRUR 97, 119 (II1a) *Schwimmrahmen-Bremse*.
395 BGHZ **61**, 394, 399; BFHE **175**, 451, 453; BGH GRUR 97, 890 (B3) *Drahtbiegemaschine*.
396 EPA GBK G 0001/86 ABl **87**, 447 (Nr 12) *Wiedereinsetzung des Einsprechenden/VOEST ALPINE*.
397 BGH NJW 09, 427 *Richtlinienkonforme Auslegung*.
398 BPatG BlPMZ 96, 27 = Mitt 96, 121.
399 EPA GBK G 1/97 ABl 00, 322 Nr 3a *Antrag auf Überprüfung/ETA*; G 1/99 ABl 01, 381 *reformatio in peius/3M*; J 15/86 ABl **88**, 417 Nr 11; T 905/90 ABl **94**, 306 Nr 5; T 669/90 ABl **92**, 739 Nrn 2.3. u 2.4; T 73/88 ABl **92**, 557 Nr 1.2; zu Einzelfällen Singer/Stauder Art 125 Rn 7.

Einleitung   *Glaubhaftmachung*

auch das römische Recht gehört (s Rdn 349). Art 125 EPÜ dient nur der Ergänzung eines bestehenden Verfahrens, nicht der Schaffung eines neuen Rechtsmittels.[400]

- **Gesetzlicher Richter**   *(legal judge)*

197 Art 101 (1) 2 GG (= § 16 GVG) – »Niemand darf seinem gesetzlichen Richter entzogen werden« – garantiert, dass der Richter unabhängig und unparteilich entscheidet und den Beteiligten neutral und unvoreingenommen gegenübertritt[401]. Eine Entscheidung darf nicht dadurch beeinflusst werden, dass Richter für einen bestimmten Einzelfall ausgewählt werden.[402] Daher müssen allgemeine Regeln bestehen, welches Gericht und welcher Richter zur Entscheidung des jeweiligen Einzelfalls berufen ist.[403] Dem haben Geschäftsverteilungspläne des Präsidiums (§ 21e GVG) und bei überbesetzten Spruchkörpern abstrakt-generelle Mitwirkungspläne[404] zu entsprechen (§ 21g (2) GVG, vgl § 67 Rdn 4).

Überbeanspruchung eines Richters verstößt nicht gegen den Anspruch auf den gesetzlichen Richter.[405]

EuGH ist auch gesetzlicher Richter. Es verstößt daher gegen Art 101 (1) 2 GG, wenn die Vorlagepflicht gemäß Art 267 (3) AEUV verletzt wird.[406]

Prüfer ist als Beamter kein gesetzlicher Richter. Er kann auf allen technischen Gebieten tätig sein, ist nicht auf sein Fachgebiet beschränkt.[407] Entscheidungen einer unzuständigen Stelle sind unwirksam, zB Angestellte statt Prüfer.[408]

198   **Gesetzlicher Vertreter** s oben Rdn 49.

- **Glaubhaftmachung**   *(furnishing prima facie evidence)*

§ 294 ZPO:
199   (1) Wer eine tatsächliche Behauptung glaubhaft zu machen hat, kann sich aller Beweismittel bedienen, auch zur Versicherung an Eides statt zugelassen werden.
(2) Eine Beweisaufnahme, die nicht sofort erfolgen kann, ist unstatthaft.

200 **Begriff**: Glaubhaftmachung verlangt für das Vorliegen einer Tatsache anstelle der vollständigen Überzeugung von Prüfer oder Richter einen geringeren Grad von Wahrscheinlichkeit. Sie ist nur zulässig, wenn das Gesetz sie ausnahmsweise gestattet, so zB §§ 31 (1) 1, 37 (2), 85 (1), 123 (2) 2 PatG, § 104 (2) 1 ZPO.

201 **Präsente Beweismittel** sind für eine Glaubhaftmachung erforderlich. Es werden nur solche Beweismittel berücksichtigt, die sofort gewürdigt werden können (zB eidesstatt-

---

400 EPA GBK G 1/97 ABl 00, 322 Nr 3a *Antrag auf Überprüfung/ETA*.
401 BVerfG 21.11.18 – 1 BvR 436/17 NJW **19**, 505 *Vorbereitungshandlung*.
402 BVerfGE **17**, 294, 299; **48**, 246, 254; **82**, 286, 296; **95**, 322, 327; NJW **12**, 2334 Tz 11 *Doppelvorsitz am BGH*.
403 BVerfGE **2**, 307, 319; **19**, 52, 60; **21**, 139, 145; **95**, 322, 327; NJW **12**, 2334 Tz 11 *Doppelvorsitz am BGH*.
404 BVerfGE **95**, 322, 328 = NJW **97**, 1497 *Überbesetzter Spruchkörper*; BGH GRUR **99**, 369 *interne Mitwirkungsgrundsätze*.
405 BVerfG NJW **12**, 2334 Tz 14 *Doppelvorsitz am BGH*.
406 BVerfG GRUR **10**, 999 Tz 45 *Drucker und Plotter*; BVerfG 04.03.21 – 2 BvR 1161/19 NJW-RR **21**, 617 *Vorlage an EuGH*.
407 BGH GRUR **63**, 129 = BlPMZ **63**, 41 *Kunststofftablett*.
408 BPatG v 16.07.09 – 10 W (pat) 27/06 BeckRS **09**, 24521 *Verteilung von Informationen*.

liche Versicherungen[409] (vgl dazu § 46 Rdn 46), Urkunden, gestellte Zeugen, die sofort vernommen werden können). Eine Verweisung auf erst einzuholende Beweismittel ist kein Glaubhaftmachen. Reichen die Beweismittel zur Glaubhaftmachung nicht aus, ist DPMA oder BPatG zur Erforschung des Sachverhalts von Amts wegen nicht verpflichtet.

Glaubhaftmachen im Erteilungsverfahren bedeutet einen für die Patenterteilung wesentlichen Umstand (zB Ausführbarkeit, Vorteile, Wirkungen, Bedürfnis nach einem weiteren Mittel, Eigenschaften von Stoffen) dem DPMA und BPatG so darlegen, dass der sachverständige Prüfer oder Richter entweder aus dem Vortrag allein oder iVm Erfahrungssätzen die Überzeugung gewinnt, dass der Umstand vorliegt.[410] Bleiben begründete Zweifel, so müssen zur Erhärtung des behaupteten Umstands weitere Nachweise erbracht werden,[411] zB durch Versuche, Vorführungen, Gutachten. 202

- **Gleichheitssatz** *(equality before the law)*

Gleichheitssatz des Art 3 (1) GG bindet nach Art 1 (3) GG als unmittelbar geltendes Recht, Gesetzgebung, Verwaltung (DPMA) und Rechtsprechung.[412] Er enthält das Gebot, bei steter Orientierung am Gerechtigkeitsgedanken Gleiches gleich und Ungleiches seiner Eigenart entsprechend verschieden zu behandeln.[413] Er ist verletzt, wenn evident ist, dass sich für die gesetzliche Regelung, die Anwendung materiellen Rechts oder die Handhabung des Verfahrensrechts sachlich zureichende, plausible Gründe nicht mehr finden lassen (Willkürverbot, *prohibition of arbitrariness*).[414] Art 3 (1) GG schützt nicht vor jeder Ungleichbehandlung, sondern nur vor ungerechtfertigter Verschiedenbehandlung[415] 203

Nur Willkür (s Rdn 549), auf der die Entscheidung beruht, verletzt Art 3 (1) GG (vgl Rdn 549). Dagegen nicht ein Abweichen, für das sich ein hinlänglicher Grund finden lässt, und zwar selbst dann, wenn eine andere Auslegung dem Gleichheitssatz möglicherweise besser entspräche.[416] Einen Anspruch auf Beibehaltung einer langjährigen Amtsübung oder Rechtsprechung[417] oder gar auf Fehlerwiederholung gibt Art 3 (1) GG nicht.[418] Nur eine fehlerhafte Anwendung des einfachen Rechts, die bei verständiger Würdigung nicht mehr verständlich ist und sich daher der Schluss aufdrängt, dass sie auf sachfremden Erwägungen beruht, verstößt gegen das Willkürverbot.[419] Einen 204

---

409 Wehlau/Kalbfus Mitt **11**, 165.
410 BGH BlPMZ 71, 131, 136 *Anthradipyrazol*; 70, 21 (B2) *Rote Taube*.
411 BPatG GRUR **83**, 240, 241 lSp.
412 BVerfGE **9**, 137, 149; **34**, 325, 328; BPatG GRUR **07**, 329 *Schwabenpost* für DPMA-Prüfer.
413 BVerfGE **27**, 175, 178.
414 BVerfGE **3**, 58, 135; BVerfG NJW **14**, 3147 *Verstoß gegen Willkürverbot*; BVerfG NJW **15**, 175 *Effektiver Rechtsschutz*.
415 BGH GRUR **07**, 862 (Tz 10) *Informationsübermittlungsverfahren II*; BVerfG 11.12.19 – 1 BvR 3087/14 *DÖV* 20, S. 246 = BeckRS 19, 32392 *Ungleichbehandlung*.
416 BVerfG NJW **76**, 1391; **83**, 809; **94**, 2279.
417 EuGH GRUR **06**, 229 (Nr 47) *BioID*; GRUR **06**, 233 (Nr 48) *Standbeutel*.
418 BPatGE **40**, 270, 273 = GRUR **99**, 569 *Beschluss-Zustellung*.
419 BVerfGE **4**, 1, 7 = BlPMZ **64**, 381, 384; **62**, 189, 192; **67**, 90, 94; **70**, 93, 97; **96**, 189, 203; BVerfG NJW **09**, 3293 *Videoüberwachung*.

solchen Verstoß hat die Rechtsprechung auf dem Gebiet des Patentwesens bisher nicht festgestellt.[420]

Zur Gleichbehandlung im Einspruchsverfahren vgl § 59 Rdn 216.

205 **Guter Glaube** s »Treu und Glauben« Rdn 418 und »Vertrauensschutz« Rdn 458.

• **Hilfsantrag** *(auxiliary request)*[421]

206 Verfahrenshandlungen sind – weil bedingungsfeindlich (s Rdn 56) – unwirksam, wenn sie von einem außerprozessualen Ereignis, nicht dagegen, wenn sie von einer innerprozessualen Bedingung – dem Erfolg oder Mißerfolg einer eigenen oder fremden Verfahrenshandlung abhängig gemacht werden.[422]

207 **Hilfsantrag zulässig** für a) Erteilung eines Patents gemäß beschränkter Patentansprüche; wird auf die objektiv gewährbare Fassung nicht zumindest ein Hilfsantrag gerichtet, so kann wegen der Bindung an den Antrag ein Patent nicht erteilt oder aufrechterhalten werden (vgl oben Rdn 7); b) Ausscheidung (s § 34 Rdn 250); c) Teilung der Anmeldung (s § 39 Rdn 19) oder des Patents gemäß § 60 aF (siehe 8. Auflage § 60 Rn 20); d) Antrag auf Anhörung (s § 46 Rdn 9) oder mündliche Verhandlung (s § 78 Rdn 12); e) Antrag auf Weiterbehandlung gemäß Art 121 EPÜ.

208 **Reihenfolge** *(order of requests)*, die der Anmelder gewählt hat, ist für das Verfahren bindend.[423] Art 113 (2) EPÜ bestimmt ausdrücklich, dass EPA sich an die vom Anmelder oder Patentinhaber vorgelegte oder gebilligte Fassung zu halten hat und damit auch an eine etwaige Reihenfolge der Anträge.[424] Das bedeutet, dass ein Patent auf einen Hilfsantrag erst erteilt werden kann, wenn der Hauptantrag und alle vorrangigen Hilfsanträge begründet zurückgewiesen worden sind.[425] Die Zurückweisung des Hauptantrags ohne Eingehen auf (früher gestellte) Hilfsanträge ist nur zulässig, wenn die nachrangigen Hilfsanträge vorher vom Anmelder zurückgenommen worden waren.[426] Mit (einem ausdrücklich oder stillschweigend erklärten) Einverständnis des Anmelders oder Patentinhabers kann ohne Eingehen auf vorrangig gestellte Hilfsanträge einem nachrangig gestellten Hilfsantrag entsprochen werden, wenn dieser sachlich weniger beschränkt ist als die vorrangig gestellten Hilfsanträge.[427]

209 **Zahl der Hilfsanträge** ist nicht beschränkt. Vor DPMA und BPatG können Hilfsanträge nach Erörterung der Sach- und Rechtslage auch noch in der mündlichen Verhandlung gestellt werden, so dass kein zwingendes Bedürfnis für die vorsorgliche Ein-

---

420 Vgl BVerfG BlPMZ **74**, 147 (Vorlage des BPatG BlPMZ **70**, 49; Mitt **70**, 47: Offenlegung von Altanmeldungen); BVerfG BlPMZ **64**, 381 (Akteneinsicht in fallengelassene Ansprüche); BPatGE **8**, 55; **12**, 34; **12**, 45, 51; **14**, 31, 35; **17**, 200.

421 EPA-Rechtsauskunft Nr 15/84 ABl **84**, 491; **Lit in GRUR:** Hövelmann **98**, 434; 09, 718; **Lit in Mitt:** Papke **82**, 161; Völcker **72**, 141; Witte **97**, 293.

422 RGZ **144**, 73; **157**, 379; BGH NJW **56**, 1478 u 65, 440 für Hilfswiderklage; BPatGE **37**, 82, 85.

423 BGH NJW **57**, 575; BPatGE **25**, 37 = BlPMZ **83**, 46; BPatG BlPMZ **99**, 40 (Nr III1c); T 1105/96 ABl **98**, 249 (Nr 1).

424 T 484/88 EPOR **97**, 256; T 169/96 EPOR **97**, 209 = RechtsprBK/EPA **16**, III.I.2.

425 BPatGE **24**, 149 = BlPMZ **82**, 212; T 0234/86 ABl **89**, 79.

426 *T 0005/89 ABl* **92**, 348; *T 0785/91 ABl* **94** SonderA 87.

427 BPatGE **34**, 230.

reichung vieler Hilfsanträge besteht. Vor EPA ist die Zulassung von weiteren Änderungen im Erteilungsverfahren von der Zustimmung gemäß Regel 137 (3) 2 EPÜ abhängig, die im Ermessen des EPA steht (s Rdn 256), so dass es verständlich ist, wenn der Anmelder sich von vorneherein durch eine Reihe von Hilfsanträgen abzusichern sucht. Im Einspruchsverfahren sind dagegen nach Regel 80 EPÜ Änderungen des Patents, die durch einen der Einspruchsgründe des Art 100 EPÜ veranlasst sind, nicht von der Zustimmung des EPA abhängig, so dass insoweit keine Notwendigkeit für prophylaktische Hilfsanträge besteht.

Verfahren: Ein Hilfsantrag ist nur für den Fall gestellt, **a)** dass über den Hauptantrag oder einen vorrangigen Hilfsantrag negativ entschieden wird oder **b)** wenn Hauptantrag für erledigt erklärt wird und es daher zu keiner Entscheidung über den Hauptantrag kommt.[428]

210

Die Gewährbarkeit eines Anspruchs kann nicht von dem Verzicht auf vorrangige Ansprüche abhängig gemacht werden.[429] Über Haupt- und Hilfsanträge sollte aus Gründen der Prozessökonomie möglichst in einem einheitlichen Beschluss entschieden werden,[430] denn eine **Teilentscheidung** nur über den Hauptantrag oder einen Hilfsantrag führt zu einer vermeidbaren Verzögerung des Verfahrens und zwingt den Anmelder oder Patentinhaber, mehrfach Beschwerde einlegen zu müssen.

211

Zwar ist ein Teilbeschluss nur über den Hauptantrag verfahrensrechtlich zulässig,[431] jedoch aus Gründen der Verfahrensökonomie nur in besonders begründeten Ausnahmefällen.[432] Der Anmelder darf nicht unnötig durch mehrere Teilbeschlüsse zu wiederholten Beschwerden gezwungen werden, obwohl sein gestellter Hilfsantrag entscheidungsreif war.[433]

Verspätet eingereichte Hilfsanträge können zurückgewiesen werden.[434] Erfordern sie eine Vertagung, kann das zur Auferlegung der Kosten für den 2. Termin führen.[435]

Rechtsschutzinteresse kann für inhaltlich übereinstimmende Haupt- und Hilfsanträge fehlen.[436] Die Patenterteilung auf einen Hilfsantrag kann auf Beschwerde gegen die Zurückweisung des Hauptantrags nicht geändert werden, wenn die Beschwerde unbegründet ist.[437]

---

428 BGH GRUR 03, 903 *ABC der Naturheilkunde*.
429 T 1105/96 ABl **98**, 249 (Nr 1).
430 BPatGE **23**, 48 u **24**, 149 (= BlPMZ **81**, 214 u **82**, 212); BPatG BlPMZ **99**, 40 (Nr III1b); 07, 80 (II1) *Aceclofenac*; aA: BPatGE **27**, 1 (= BlPMZ **85**, 47).
431 BGH GRUR **06**, 748 *Mikroprozessor*.
432 BPatG v 28.04.08 – 17 W (pat) 73/07 BeckRS **08**, 09361 *DMA-Mechanismus*.
433 BPatG BlPMZ **11**, 308 *Teilbeschluss*; BPatG Mitt **09**, 286 L *Southbridgegerät*; BPatG v 28.04.08 – 17 W (pat) 87/07 *Retry-Mechanismus* BeckRS **08**, 09362 und v 28.04.08 – 17 W (pat) 73/07 BeckRS **08**, 09361 *DMA-Mechanismus*.
434 EGMR GRUR Int **10**, 840 *Rambus/Deutschland*.
435 BPatG v 05.10.06 – 6 W (pat) 93/01 Mitt **07**, 383 L *Kostenauferlegung für 2. Verhandlungstermin*.
436 BGH GRUR **82**, 291 *Polyesterimide*.
437 BGH BlPMZ **90**, 131 *Weihnachtsbrief*.

212 Unteransprüche[438] und Nebenansprüche[439] bedürfen keiner Prüfung, wenn der Hauptanspruch nicht patentfähig ist und ein Hilfsantrag nicht gestellt ist. Nur wenn die Erteilung oder Aufrechterhaltung mit einem der Gegenstände eines Unter- oder Nebenanspruchs hilfsweise beantragt ist, muss die Entscheidung zu den Unter- und Nebenansprüchen, auf die sich der Hilfsantrag bezieht, Stellung nehmen und ihre Nichtgewährbarkeit begründen.

Es ist Sache des Anmelders oder Patentinhabers zu entscheiden, wofür er ein Patent erhalten möchte. Auf eine Frage, ob Hilfsanträge gestellt werden sollen, kann deren Stellung der Partei nur anheimgestellt werden.[440] Im Rahmen ihrer Aufklärungspflicht (s Rdn 114) werden Amt und Gericht auf sachdienliche Anträge hinweisen. Vor einer Entscheidung ist zu allen Hilfsanträgen rechtliches Gehör zu gewähren.[441]

213 **Hilfsanträge im Beschwerdeverfahren vor EPA**: Nach Art. 12 (4) VOBK steht es im Ermessen der Kammer, Anträge nicht zuzulassen, die bereits im erstinstanzlichen Verfahren hätten vorgebracht werden können oder dort nicht zugelassen worden sind. Sinn: Es soll kein gänzlich neuer Fall geschaffen werden[442]. Gibt es einen guten Grund für die späte Einreichung eines Hilfsantrags, wie Entgegnung zu neuen Beweismitteln oder Einwänden[443], dann ist der späte Hilfsantrag zuzulassen. Die Ausübung des Ermessens darf nicht kleinlich gehandhabt werden, um jeden Verstoß gegen den Anspruch auf rechtliches Gehör gemäß Art. 113 EPÜ zu vermeiden. Verfahrensökonomie ist kein Grund für die Nichtzulassung eines Hilfsantrags[444].

- **in dubio pro reo**

214 Weisen Umstände darauf hin, dass ein Verfahrensverstoß vorliegen könnte, so kann zur Begründung, dass ein Verfahrensverstoß nicht mit letzter Sicherheit festgestellt werden kann, der Grundsatz herangezogen werden, dass »im Zweifel zugunsten des Beteiligten« zu entscheiden ist.[445]

- **Informationelle Selbstbestimmung**

215 ist Teil des allgemeinen Persönlichkeitsrechts und garantiert, dass der Einzelne befugt ist, grundsätzlich selbst darüber zu entscheiden, wann und innerhalb welcher Grenzen persönliche Lebenssachverhalte preisgegeben und persönliche Daten verwendet werden.[446] Es trägt Gefährdungen und Verletzungen der Persönlichkeit Rechnung, die sich für den einzelnen, insbesondere unter den Bedingungen moderner Datenverarbeitung, aus informations-bezogenen Maßnahmen ergeben[447].

---

438 BGH GRUR **83**, 171 *Schneidhaspel*; **92**, 36 (III4) *Chinesische Schriftzeichen*.
439 BGH GRUR **97**, 120 *Elektrisches Speicherheizgerät*.
440 BPatGE **53**, 158 *Führen eines Leiterpfades für eine Schiebetür*.
441 T 0951/97 ABl **98**, 440; T 0488/94 ABl **98** SonderA 71.
442 T 356/08 RechtsprBK/EPA **19**, 1373, 1396 *Antriebsstrang/BOSCH*.
443 R 1/13 ABl **14** Zuspubl 146 *Petition for review/NTT*; T 2485/11 ABl **15** Zuspubl 4, 144 *Lubricant composition/LUBRIZOL*; T 93/11 RechtsprBK/EPA **19**, 1418 *Razor Blades/GILLETTE*.
444 R 1/13 ABl **14** Zuspubl 146 *Petition for review/NTT*.
445 J 0022/92 ABl **95** SonderA 90; J 0016/93 ABl **96** SA 63.
446 BVerfG NJW **96**, 771 f *ICD 10*.
447 BVerfG 1 BvR 142/15 NJW **19**, 827 *Kraftfahrzeugkennzeichenkontrollen*.

Insolvenz/insolvency **Einleitung**

Dieses Recht ist bei der Gewährung von Akteneinsicht zu berücksichtigen.[448] IdR wird das Allgemeininteresse an der Einsicht höher zu bewerten sein, wenn die Einsicht der Klärung des Rechtsbestands von Schutzrechten dient. Das Recht auf informationelle Selbstbestimmung kann eingeschränkt werden, aber nur auf gesetzlicher Grundlage.[449]

- **Insolvenz** *(insolvency)*[450]

Die Insolvenzordnung (InsO)[451] ist mit Wirkung vom 1.1.99 an die Stelle von Konkursordnung, Vergleichsordnung und Gesamtvollstreckungsordnung getreten. 216

Eintragung eines Insolvenzverfahrens in das Patentregister sieht § 30 (2) DPMAV vor. Dem Antrag[452] des Patentinhabers oder des Gläubigers sind die erforderlichen Nachweise beizufügen: a) Insolvenzeröffnungsbeschluss; b) für Antragsteller: Name, Sitz und Zustellanschrift; c) Vollmacht eines Vertreters; d) für Insolvenzverwalter: Bestallungsurkunde in Ausfertigung oder beglaubigter Kopie. 217
Zuständig für die Eintragung der Eröffnung oder die Beendigung eines Insolvenzverfahrens ist nach § 1 (1) Nr 7c WahrnV der gehobene Dienst.
EPA: Art 127 und Regel 143 EPÜ sehen eine Eintragung der Insolvenz nicht vor.[453] Jedoch werden nach Regel 23 (1) auf Antrag Zwangsvollstreckungsmaßnahmen gegen eine europäische Patentanmeldung eingetragen.

Insolvenzgründe sind Zahlungsunfähigkeit (§ 17 InsO), drohende Zahlungsunfähigkeit (§ 18 InsO) und Überschuldung (§ 19 InsO). Insolvenzfähig sind alle natürlichen und juristischen Personen sowie Gesellschaften ohne Rechtspersönlichkeit, wie zB OHG, KG, Gesellschaft bürgerlichen Rechts (§ 11 InsO). 218

Vorläufige Sicherungsmaßnahmen kann Insolvenzgericht nach § 21 InsO anordnen, insbesondere einen vorläufigen Insolvenzverwalter bestellen und dem Schuldner ein allgemeines Verfügungsverbot auferlegen. Fehlt es an letzterem, ist der vorläufige Insolvenzverwalter lediglich Berater des Schuldners. 219

Insolvenzeröffnungsbeschluss enthält Tag und Stunde der Eröffnung und ist öffentlich bekanntzumachen und im Bundesanzeiger zu veröffentlichen (§ 30 (1) InsO). Zwei Tage danach gilt die Bekanntmachung als bewirkt (§ 9 (1) 3 InsO). Er hat folgende Wirkungen: a) auf den Insolvenzverwalter geht das Recht des Schuldners über, das zur Insolvenzmasse gehörende Vermögen zu verwalten und über es zu verfügen (§ 80 220

---

448 BGH BlPMZ 07, 322 *MOON.*
449 BVerfG NJW 84, 419; 08, 1505; 09, 3293 *Videoüberwachung.*
450 Wiedemann: Lizenzen und Lizenzverträge in der Insolvenz RWS Verlag 2006; Kellenter in FS Tilmann 03, 807; Witz in FS Schilling 07, 339; Kern: Ausschließliche Patentlizenzen im Europäischen Insolvenzrecht Frankfurt 2015; **Lit in GRUR**: Berger 04, 20; 13, 321; Schmoll/Hölder 04, 743; Scholz 09, 1107; **Lit in GRUR Prax**: Klawitter 12, 425; Lit in Mitt: Zeising 00, 206 u 353; 01, 60, 240, 287 u 411; Ullmann 08, 49; Schrader 08, 69; Fitzner 13, 101; **Lit in IIC**: Dybdahl 98, 387, 401; **Lit in NZI**: Cepl 00, 357; Abel 03, 121.
451 www.gesetze-im-internet.de/inso/index.html = Schönfelder/Habersack Nr 110; EGInsO = www.gesetze-im-internet.de/eginso/index.html = Schönfelder/Habersack Nr 110a.
452 Formular P 3200 5.11 unter: www.dpma.de/formulare/p3200.
453 Vgl Dybdahl IIC **98**, 387, 401.

InsO). Seine Umschreibungsbewilligung ist für die Umschreibung eines Patents auf einen Dritten erforderlich; **b)** Verfügungen und Verfahrenserklärungen des Schuldners nach (oder am Tage) der Eröffnung sind unwirksam (§ 81 InsO); **c)** Rechte an den Gegenständen der Insolvenzmasse können nach der Eröffnung des Insolvenzverfahrens nach § 91 InsO nicht erworben werden. Daher ist ein Rechtserwerb ausgeschlossen, wenn zwar die Verfügung vor der Eröffnung liegt, der Verfügungserfolg aber erst danach eintritt; **d)** eine Vollmacht, die der Schuldner erteilt hat und die sich auf das zur Insolvenzmasse gehörende Vermögen bezieht, erlischt gemäß § 117 (1) InsO. Sie gilt nur als fortbestehend, wenn sonst mit dem Aufschub Gefahr verbunden ist und der Insolvenzverwalter keine Fürsorge treffen kann. Kannte der Bevollmächtigte die Eröffnung des Verfahrens ohne Verschulden nicht, haftet er nicht nach § 179 BGB; **e)** gesetzlicher Parteiwechsel tritt ein. Er kann Aktivprozesse nach § 85 und Passivprozesse nach § 86 InsO aufnehmen. Die Ablehnung der Aufnahme gilt als Freigabe aus der Masse.

221 **Insolvenzverwalter**[454] ist Partei kraft Amtes.[455] Er tritt in die Rechte und Pflichten des Schuldners (Anmelder, Patentinhaber, Einsprechender,[456] Kläger) ein. Dieser verliert nicht seine Rechts- und Geschäftsfähigkeit, nur die Verwaltungs- und Verfügungsbefugnis über die Insolvenzmasse, so dass er zB nach Eröffnung Anmeldungen einreichen kann, die aber zur Insolvenzmasse gehören (§ 35 InsO). Verletzungsklage kann gegen Insolvenzverwalter erhoben werden.[457]

Für Klagen gegen den Insolvenzverwalter ist nach § 19a ZPO der allgemeine Gerichtsstand der Sitz des Insolvenzgerichts. Für Klagen des Insolvenzverwalters gilt § 19a ZPO nicht.[458]

222 **Insolvenzmasse** umfasst alle Vermögenswerte des Schuldners zZ der Eröffnung sowie das Vermögen, das der Schuldner im Laufe des Insolvenzverfahrens erlangt (§ 35 InsO). Dazu gehören Patentanmeldungen, Patente, Verfahrensstellung als Einsprechender[459] oder Nichtigkeitskläger,[460] Vorbenutzungsrecht,[461] Rechte gemäß § 15 PatG

223 **Wirkung:** Insolvenz des Rechtsinhabers unterbricht grundsätzlich alle Verfahren vor DPMA und BPatG. Die justizförmige Ausgestaltung der Verfahren vor DPMA rechtfertigt eine analoge Anwendung der §§ 239 ff ZPO auf die patentrechtlichen Verfahren vor DPMA, also Anmelde-, Einspruchs- Beschränkungs- und Widerrufsverfahren,[462]

---

454 Lit: Laukemann: Die Unabhängigkeit des Insolvenzverwalters Tübingen 2010.
455 BPatG BlPMZ 08, 26 (IIA1a) *Zustellung an Verfahrensbevollmächtigten des Insolvenzverwalters.*
456 BPatGE 26, 23; DPMA Mitt 99, 68.
457 BGH GRUR 75, 652 *Flammkaschierverfahren* für Konkursverwalter.
458 BGH NJW 03, 2916.
459 Vgl BPatGE 26, 23; **38**, 131, 134; BPatGE **40**, 227.
460 Vgl BGH GRUR 95, 394 *Aufreißdeckel* zum Konkursverfahren.
461 Vgl dazu BGH GRUR 66, 370 *Dauerwellen II* zum Konkursverfahren.
462 Insolvenz bewirkt nach der Rechtsprechung keine Unterbrechung in markenrechtlichen Eintragungsverfahren (BPatG BlPMZ **99**, 265; BPatG v 19.04.04 – 30 W (pat) 222/03 BeckRS 09, 00613 *Ginkgo-Blatt* und in Widerspruchsverfahren (BPatG BlPMZ 08, 26 *COMTECH*), wohl dagegen in Widerrufsverfahren (Richtl BlPMZ **98**, 1) und in Löschungsverfahren (BPatG GRUR **97**, 833 *digital*).

sowie auf Nebenverfahren, wie zB Akteneinsicht, Weiterbehandlung, Wiedereinsetzung, Kostenfestsetzung.[463] Frist zur Zahlung einer Jahresgebühr gemäß § 7 PatKostG wird durch die Eröffnung des Insolvenzverfahrens nicht unterbrochen.[464] Bei unverschuldeter Versäumung kann der Insolvenzverwalter Wiedereinsetzung beantragen.

Unterbrechung des Verfahrens[465] tritt nach § 240 ZPO ein **a)** mit dem Tag der Insolvenzeröffnung über Vermögen des Patentanmelders, Patentinhabers (im Einspruchs-[466] und Nichtigkeitsverfahren), des Einsprechenden[467] oder des Nichtigkeitsklägers.[468] Auf die Kenntnis der Parteien von der Eröffnung kommt es nicht an; **b)** wenn die Verwaltungs- und Verfügungsbefugnis auf den vorläufigen Insolvenzverwalter übergeht (§ 22 (1) 1 InsO), dem Schuldner also ein allgemeines Verfügungsverbot auferlegt wurde (§ 21 (2) Nr 2 InsO). 224

Voraussetzung für eine Unterbrechung ist, dass das Verfahren, an dem der Insolvenzschuldner beteiligt ist, die Insolvenzmasse betrifft. Das trifft für Anmelde-, Einspruchs-, Nichtigkeits-, Verletzungsverfahren zu. Zur Folge der Unterbrechung s Rdn 424. Im markenrechtlichen Anmeldeverfahren ist § 240 ZPO nicht anwendbar.[469]

Ende der Unterbrechung tritt ein **a)** durch Aufhebung des Insolvenzverfahrens (§§ 200, 258 InsO); **b)** Aufhebung des Eröffnungsbeschlusses (§ 34 (3) InsO); **c)** Einstellung des Insolvenzverfahrens (§§ 207, 211–213 InsO); **d)** Aufnahme durch den Insolvenzverwalter oder den Einsprechenden[470] gemäß § 86 InsO oder durch den Gegner oder den Schuldner, wenn der Verwalter die Aufnahme ablehnt (= Freigabe aus der Masse, § 85 (2) InsO). Verwalter kann auf Antrag des Gegners zur Aufnahme des Verfahrens geladen werden; erscheint er nicht, kann die Aufnahme als zugestanden gelten.[471] 225

Europäische Insolvenzverordnung (EuInsVO)[472] soll grenzüberschreitende Insolvenzverfahren für ein reibungsloses Funktionieren des Binnenmarktes noch effizienter abwickeln. Sie gilt nach ihrem Anhang A für die deutschen Konkurs-, Vergleichs- und Gesamtvollstreckungsverfahren. Nach Art. 15 EuInsVO kann ein Europäisches Patent mit einheitlicher Wirkung in ein Verfahren nach Art. 3 (1) miteinbezogen werden. Hat ein Gericht ein Insolvenzverfahren eröffnet, ist es auch für eine Insolvenzanfechtungs- 226

---

463 BGH Mitt **12**, 474 L *Unterbrechung des Kostenfestsetzungsverfahrens*; BGH 29.06.05 – XII ZB 195/04 MDR **06**, 55 *Unterbrechung und Kostenfestsetzung*.
464 BGH GRUR **08**, 551 = BlPMZ **08**, 218 *Sägeblatt* (gegen BPatG BlPMZ **07**, 350 L *Sägeblatt*); Wie BGH: BPatG v 21.03.06 – 27 W (pat) 70/04 *City-Boy* BeckRS **07**, *08956* für Frist zur Zahlung der Verlängerungsgebühr.
465 Kraßer/Neuburger GRUR **10**, 588.
466 BPatGE **53**, 153, 156 *Akustischer Mehrschichtenabsorber*.
467 So für Konkurs: BPatGE **38**, 131, 134; **40**, 227; vgl BPatGE **26**, 23; BPatG v 05.12.95 – 23 W (pat) 54/93 GRUR **97**, 487 FN 100 *Konkurs des Einsprechenden*; **aA**: BPatG 22.11.11 – 23 W (pat) 352/05 GRUR **13**, 545 FN 4 *Schalldämpfungsvorrichtung*.
468 BGH GRUR **95**, 394 *Aufreißdeckel* (wenn Kl Gewerbetreibender ist); BPatGE **38**, 131 (für Löschungsantragsteller); RGZ **141**, 427.
469 BPatGE **41**, 75 = BlPMZ **99**, 265 *Konkurs*.
470 BPatGE **53**, 153, 157 *Akustischer Mehrschichtenabsorber*.
471 BPatGE **40**, 227 *Konkurs I*.
472 VO (EU) Nr. 2015/848 vom 20.05.15 EU ABl L 141, S.19.

klage zuständig, wenn der Kläger Wohnsitz in einem anderen Mitgliedstaat hat[473]. Art. 102c EGInsO[474] regelt die Durchführung der EuInsVO über Insolvenzverfahren. Ein ausländisches Insolvenzverfahren erfasst auch das im Inland befindliche Vermögen des Schuldners. Das im Ausland eröffnete Insolvenzverfahren unterbricht ein inländisches Verfahren, wenn das ausländische Insolvenzverfahren eine entsprechende Unterbrechung vorsieht.[475]

- **Irrtum** *(error)*

227 Anfechtung wegen Irrtums s Rdn 89 ff. Erklärungs- und Inhaltsirrtum s Rdn 96. Übermittlungsirrtum s Rdn 97. Eigenschaftsirrtum s Rdn 98. Motivirrtum s Rdn 105. Irrtum und Widerruf s Rdn 543. Irrtum des Anmelders in der Offenbarung s § 34 Rdn 328. Irrtum über den Stand der Technik s § 3 Rdn 116 oder den Schutzbereich oder den Rechtsbestand eines Patents s § 139 Rdn 103. Irrtum und erfinderische Tätigkeit s § 4 Rdn 118. Irrtum des Vertreters s Rdn 107.

- **Konkurs**

228 Konkursordnung galt bis 31.12.98, ab 1.1.99 gilt InsolvenzO (s Rdn 216).
Mit der KO-Eröffnung geht nach § 6 KO die Befugnis zur Verwaltung und Verfügung vom Gemeinschuldner auf den Konkursverwalter über. Sie bewirkt einen gesetzlichen Parteiwechsel und unterbricht das Verfahren[476] (s Rdn 424). Der Gemeinschuldner kann keine Verfahrenserklärungen mehr wirksam abgeben, eine von ihm erteilte Vollmacht erlischt.[477] Nur der Konkursverwalter kann als Partei kraft Amts[478] das Verfahren im eigenen Namen fortführen (gesetzliche Prozessstandschaft). Da der Gemeinschuldner nicht mehr Partei ist, kann er Zeuge sein; sein Tod unterbricht das Verfahren nicht. Der Konkursverwalter kann persönlich als Patentverletzer in Anspruch genommen werden.[479]

229 **Auslandskonkurs** wirkt auch im Inland, so dass der ausländische Konkursverwalter Inlandsvermögen zur Konkursmasse ziehen kann.[480] Er unterbricht ein inländisches Verfahren, wenn das ausländische Recht eine Unterbrechung vorsieht.[481] Die Rechts- und Handlungsfähigkeit sowie die Vertretung durch Organe einer ausländischen Person kann durch den Auslandskonkurs berührt werden.[482]

Kosten: Vgl dazu die Erläuterungen zum PatKostG im Anhang 15, zur DPMAVwKostV im Anhang 16 und zur PatKostZV im Anhang 17.

---

473 EuGH NJW 14, 610.
474 Vom 05.10.94 BGBl 94, 2866.
475 *So zu § 240 ZPO aF:* BGH NJW 97, 2525 u 98, 928; OLG München NJW-RR 96, 385; *aA:* BGH NJW 88, 3096; GRUR 76, 204 (I) *Eiskonfekt II*; BPatGE 25, 33 u 39; Mitt 97, 160.
476 BGH GRUR 95, 394 *Aufreißdeckel* (für Ni-Kläger).
477 BPatGE 16, 161.
478 BGHZ 38, 282; 49, 16; 68, 17.
479 BGH GRUR 75, 652 *Flammkaschierverfahren*.
480 BGHZ 95, 256 = NJW 85, 2897 *Auslandskonkurs*.
481 BGH NJW 97, 2525 u 98, 928; OLG München NJW-RR 96, 385; aA: BGH NJW 88, 3096; GRUR 76, 204 (I) *Eiskonfekt II*; BPatGE 25, 33 u 39; vgl Mitt 97, 160.
482 BPatGE 26, 23.

- **Material Transfer Agreement (MTA)** Materialübergabevereinbarung[483] 230
Gegenstand einer MTA ist idR die Übertragung von biologischem/chemischem Material zu Forschungszwecken.[484]

- **Nebenintervention** *(Streithilfe)*

Wer ein rechtliches Interesse daran hat, dass in einem zwischen anderen Personen 231
anhängigen Rechtsstreit die eine Partei obsiege, kann nach § 66 ZPO dieser Partei zum Zwecke ihrer Unterstützung beitreten. Der Begriff des rechtlichen Interesses ist weit auszulegen.[485] Es ist gegeben, wenn die Rechtsstellung des Nebenintervenienten durch ein für die unterstützte Partei ungünstiges Urteil rechtlich verschlechtert oder durch ein günstiges Urteil rechtlich verbessert wird. Eine Rechtsbeziehung zwischen Nebenintervenienten und dem von ihm Unterstützten muss nicht bestehen, ausreichend ist die positive oder negative Beeinflussung geschäftlicher Tätigkeiten als Wettbewerber.[486] Ein rein wirtschaftliches oder tatsächliches Interesse oder der bloße Wunsch, eine Partei möge gewinnen, reicht jedoch nicht aus.[487]

Demgemäß ist eine **Nebenintervention zulässig**: a) für den Einzelrechtsnachfolger des 232
Patentinhabers in einem Einspruchsverfahren;[488] b) für einen Dritten zugunsten des Einsprechenden;[489] c) für einen Dritten zugunsten des Patentinhabers in einem Nichtigkeitsverfahren;[490] d) für einen Dritten zugunstenn des Klägers im Nichtigkeitsverfahren[491] e) im markenrechtlichen Widerspruchsverfahren[492] und im Verfahren der Anmelderbeschwerde.[493]; f) im Rechtsbeschwerdeverfahren[494].

Der Nebenintervenient darf sich nicht in Widerspruch zur Hauptpartei setzen. Solange 233
sich ein gegenteiliger Wille der Hauptpartei nicht feststellen lässt, liegt kein Widerspruch vor.[495] Unter dieser Voraussetzung kann der Nebenintervenient nach § 67 ZPO alle Verfahrenshandlungen wirksam vornehmen, zB Beschwerde einlegen und begründen oder einen Wiedereinsetzungsantrag stellen (s § 123 Rdn 20).

---

483 **Lit in Mitt:** Czychowski/Engelhard/Nordemann **13**, 108.
484 Muster für MTA unter:
www.uni-muenchen.de/einrichtungen/zuv/uebersicht/dez_i/ref_i6/aufgaben/material/index.html.
485 BGH GRUR 06, 438 *Carvedilol I*; 11, 557 Tz 10 *Parallelverwendung*; BGHZ **165**, 358 Tz 8 *Nebenintervention Zulässigkeit*.
486 BGH GRUR 06, 438 *Carvedilol I*; 08, 60 Tz 44 *Sammelhefter II*.
487 BGH GRUR 06, 438 Tz 7 *Carvedilol I*; 11, 557 Tz 10 *Parallelverwendung*.
488 BGH GRUR 08, 87 = BlPMZ 07, 459 *Patentinhaberwechsel im Einspruchsverfahren*.
489 BPatGE **51**, 95 *Kindersitzerkennung*; anders früher für den Einsprechenden BPatGE **10**, 155 und zugunsten des Anmelders BPatGE **1**, 122; **2**, 54; **12**, 153, 157.
490 BGH GRUR **79**, 145 *Aufwärmvorrichtung*.
491 BGH GRUR 08, 60 *Sammelhefter II*; BPatGE **51**, 98 *Nebenintervention im Patentnichtigkeitsverfahren*.
492 BGH GRUR **98**, 940 *Sanopharm*.
493 BGH GRUR 00, 892 *MTS*.
494 BGH GRUR **68**, 86, 87 *landwirtschaftliches Ladegerät*.
495 BGHZ **165**, 358, 361 = NJW 06, 773 *Nebenintervention Zulässigkeit*.

Einleitung *Verspätetes Vorbringen/late submission*

Eine Klageänderung des Nebenintervenienten ist im Nichtigkeitsverfahren unzulässig[496].

234 Ein Nebenintervenient, für den die Rechtskraft des Urteils auf sein Rechtsverhältnis zum Gegner wirksam ist, gilt nach § 69 ZPO als Streitgenosse und kann daher auch gegen den Willen der Hauptpartei Rechtsmittel einlegen.[497] Sein Rechtsmittel kann er zurücknehmen,[498] nicht das der Partei.

235 **Mehrere Anmelder** sind notwendige Streitgenossen (§ 34 Rdn 16). Über deren Anmeldung kann nur einheitlich entschieden werden, so dass Entscheidung nur gegen einen Streitgenossen ausgeschlossen ist.[499] **Mehrere Kläger** einer Nichtigkeitsklage oder von mehreren Klagen gegen dasselbe Patent, die verbunden worden sind, sind notwendige Streitgenossen[500].

236 Zwischenurteil über Nebenintervention ist anfechtbar, es sei denn, es ist vom LG als Rechtsmittelgericht oder vom OLG erlassen.[501]

• **Neues Vorbringen** *(new submission)*

237 Die Beteiligten an einem Verfahren vor DPMA, BPatG und EPA können solange das Verfahren anhängig ist, neues Vorbringen geltend machen, zB Anträge stellen oder ändern, Patentansprüche neu formulieren, neue Entgegenhaltungen, Beweismittel oder Argumente nennen. Zeitpunkt, nach dem neues Vorbringen ohne Verletzung des rechtlichen Gehörs nicht mehr berücksichtigt zu werden braucht, ist der Schluß der mündlichen Verhandlung (closing of the debate) oder im schriftlichen Verfahren die Herausgabe der Entscheidung durch die Geschäftsstelle an die Postabfertigungsstelle (handing over to EPO postal service).[502]

Aus dem Untersuchungsgrundsatz (s Rdn 16) folgt, dass auch spätes Vorbringen, wenn es erheblich ist, grundsätzlich nicht übergangen werden darf. Das gilt ausnahmsweise nicht, wenn das Gesetz es gestattet, Vorbringen als verspätet zurückzuweisen. Hier unterscheiden sich PatG (s Rdn 238 ff) und EPÜ (s Rdn 244 und Rdn 269).

• **Verspätetes Vorbringen vor DPMA und BPatG:**

238 Das PatG sieht eine Zurückweisung späten Vorbringens im Nichtigkeitsverfahren vor in:
a) **§ 117 PatG** für den BGH. Werden Angriffs- oder Verteidigungsmittel nicht innerhalb der Berufungsbegründungsfrist vorgebracht, dann sind sie nach § 530 iVm § 296 ZPO nur zuzulassen, wenn nach der freien Überzeugung des BGH ihre

---

496 BPatG Bl **14**, 323 *Abdeckung*; 09, 493 *Nebenintervention im Nichtigkeitsverfahren*; **10**, 278 L *Cetirizin*; BPatG BlPMZ **16**, 29 L = Mitt **16**, 85 *Systeme zur Platzierung von Material in Knochen.*
497 BGH NJW-RR **12**, 233 *Unfallmanipulation*; BGHZ **92**, 275, 276 = NJW **85**, 386.
498 BGH NJW-RR **99**, 285 *Nebenintervention in der Berufung.*
499 BPatGE **40**, 276 *Verstellvorrichtung*; **49**, 219 *Überwachungssystem.*
500 BGH GRUR **16**, 361 *Fugenband.*
501 BGH GRUR **13**, 535 *Nebenintervention Anfechtbarkeit.*
502 BGH GRUR **67**, 435 *Isoharnstoffäther*; **82**, 406 *Treibladung*; **97**, 223 *Ceco*; **00**, 688 (II2b) *Graustufenbild*; EPA GBK G 0012/91 ABl **94**, 285 *Endgültige Entscheidung/NOVATOME II.*

Zulassung die Erledigung des Rechtsstreits nicht verzögern würde oder wenn die Partei die Verspätung genügend entschuldigt.[503] Die Vorlage eines Privatgutachtens vor BGH ist neu, wenn ein sehr allgemein gehaltener Vortrag erstmals substantiiert wird, dagegen nicht, wenn bisheriges Vorbringen konkretisiert, verdeutlicht oder erläutert wird.[504]

b) **§ 83 (4) PatG.** Danach kann BPatG Vorbringen, das erst nach Ablauf einer nach § 83 (2) gesetzten Frist, vorgebracht wird, zurückweisen, wenn die Vertagung eines bereits anberaumten Termins erforderlich würde und die Verspätung nicht genügend entschuldigt ist. Das gilt auch, wenn das späte Vorbringen erst in einer mündlichen Verhandlung die Anberaumung einer neuen mündlichen Verhandlung erforderlich machen würde[505] (iü vgl die Erläuterungen zu § 83 PatG).

Für andere Verfahren vor DPMA und BPatG sieht das PatG keine Zurückweisung verspäteten Vorbringens vor[506]. a) §§ 83 (4) und 117 PatG können auch nicht analog angewendet werden, da es sich um Ausnahmevorschriften für Verfahren mit Untersuchungsgrundsatz handelt; b) §§ 530, 296 ZPO: eine analoge Anwendung scheidet aus, weil diese Bestimmungen auf dem Beibringungsgrundsatz beruhen und daher in den Verfahren mit Untersuchungsgrundsatz vor DPMA und BPatG nicht anwendbar sind. Wenn jedoch das späte Vorbringen einen Rechtsmissbrauch darstellt (zB Verschleppungsabsicht[507]), kann es – wie jede andere rechtsmissbräuchliche Verfahrenshandlung auch – unberücksichtigt bleiben. 239

Verfahren: Spätes Vorbringen ist grundsätzlich auf seine sachliche Relevanz für die Entscheidung zu prüfen und kann nicht ohne diese als verspätet übergangen werden.[508] Ist es erheblich, muss es der Entscheidung zugrunde gelegt werden. Ist es entscheidungsunerheblich, kann seine Nichtberücksichtigung allein mit der Fristüberschreitung begründet werden, ohne dass es eines sachlichen Eingehens auf das späte Vorbringen in der Entscheidung bedarf. Die Nichtberücksichtigung erheblichen Vorbringens, das, ohne rechtsmissbräuchlich zu sein, – aus welchen Gründen auch immer – erst kurz vor der Entscheidung eingeht, wäre ein wesentlicher Verfahrensmangel iSd § 79 (3) Nr 2. Eine notwendig werdende Vertagung kann zur Auferlegung der Kosten für den 2. Termin führen.[509] 240

Neue Argumente sind grundsätzlich zulässig. Eine Partei ist nicht verpflichtet, ihre Rechtsauffassung von vorneherein auf alle denkbaren Gesichtspunkte zu stützen, insbesondere mit einer Vielzahl unterschiedlicher Argumentationslinien zu begründen.[510] Das würde sie unnötig behindern, ihre Rechte wirksam wahrzunehmen. 241

---

503 BGH GRUR 12, 1236 *Fahrzeugwechselstromgenerator.*
504 BGH GRUR 12, 1236 *Fahrzeugwechselstromgenerator.*
505 BPatGE 53, 40 *Wiedergabeschutzverfahren.*
506 BPatG 16.07.19 – 23 W (pat) 50/17 BeckRS 19, 29771 Keine Verspätung eines Dokuments im Einspruchsverfahren.
507 BPatGE 2, 195, 196; 16, 211, 218.
508 Vgl BGH BlPMZ 77, 277 (III 1c bb) *Gleichstromfernspeisung* (für verspätetes Vorbringen eines Einsprechenden); BPatGE 24, 1 (für Beweisangebote).
509 BPatG v 05.10.06 – 6 W (pat) 93/01 Mitt 07, 383 L *Kostenauferlegung für 2. Verhandlungstermin.*
510 BGH GRUR 12, 1236 Tz 38 *Fahrzeugwechselstromgenerator.*

Einleitung *Verspätetes Vorbringen/late submission*

Neue Druckschrift im Einspruchsverfahren kann nicht als verspätet zurückgewiesen werden[511], es sei denn, es liegt Rechtsmissbrauch vor, zB weil eine Partei ein ihr bekanntes Dokument in der klaren Absicht sehr spät nennt, das Verfahren zu verschleppen[512].

242 **EPA**: Dazu vgl Rdn 244 ff sowie EPAPrüfRichtl Teil E V 2. Die Zurückweisung verspätet eingereichter Hilfsansprüche im Einspruchsbeschwerdeverfahren vor EPA hat der EGMR gebilligt.[513]

243 **HABM**: Die Berücksichtigung verspäteten Vorbringens steht im Ermessen der Beschwerdekammer, wobei Relevanz und Rechtssicherheit, nämlich Verhinderung des Entstehens fehlerhafter Rechte, zu berücksichtigen sind.[514]

- **Verspätetes Vorbringen vor EPA** *(late submission before the EPO)*

244 Lit: Teschemacher in Festgabe f F-K Beier 1996, 195; Waage L'application de principes généraux de procédure en droit eurpéen des brevets 200; **Lit in GRUR**: Schulte 93, 300; **Lit in GRUR Int**: Bardehle 79, 393; Kockläuner 88, 831; Kraßer 92, 699; Schulte 93, 460; **Lit in Mitt**: Bardehle 93, 208; Kern 94, 169; Liesegang 97, 290; Koch 97, 286; Hansen/Bachelin 99, 307; **Lit in epi-information**: Liesegang 98, 26; Depelsenaire/Mousseron 99, 87; **Lit in IIC**: Depelsenaire/Mousseron 99, 135; – **Lit in VPP Rundbrief**: Teschemacher 01, 1; – **Lit in EIPR**: Tootal 95, 415; Person et al 01, 501;– **Lit in ABl**: Lewenton 99 Sonderausgabe S 202; Günzel 2007 SonderA 2 S 30; Nathanael 2007 SonderA 2 S 48; Ohan 2007 SonderA 2 S 66.

EPA Richtlinien für die Prüfung Teil E Kapitel V 2:
http://www.epo.org/law-practice/legal-texts/html/guidelines/d/index.htm

245 Das EPÜ regelt die Behandlung späten Vorbringens in:
a) **Art 114 (2) EPÜ** für verspätet vorgebrachte Tatsachen und Beweismittel (s Rdn 247);
b) **Regel 137 EPÜ** (= Regel 86 EPÜ aF) für Änderungen im Erteilungsverfahren (s Rdn 256);
c) **Regel 80 EPÜ** (= Regel 57a EPÜ aF) für Änderungen im Einspruchsverfahren (s Rdn 262);
d) **Regel 116 EPÜ** (= Regel 71a EPÜ aF) für Tatsachen und Beweismittel sowie Unterlagen von Anmeldung und Patent, die nach einem Zeitpunkt eingereicht werden, den EPA bestimmt hatte (s Rdn 269).
e) **Art 13 Verfahrensordnung der Beschwerdekammern** (s Rdn 274)
f) **Art 12 Verfahrensordnung der Großen Beschwerdekammer** (s Rdn 275).

246 **Grundsatz**: Gemeinsames Ziel dieser Bestimmungen ist es, ein verlässliches Verfahren zu schaffen, das in angemessener Zeit zu einer sachgerechten Entscheidung führt. Oberstes Ziel muss es sein, dass der Erfinder seinen gerechten Lohn erhält. Daher kann ein Anmelder oder Patentinhaber, der sich redlich bemüht, den Erfordernissen des Verfahrens zu entsprechen, erwarten, dass seine relevanten (Hilfs-)Anträge, Tatsa-

---

511 BPatG 16.07.19 – 23 W (pat) 50/17 BeckRS 19, 29771 Keine Verspätung eines Dokuments im Einspruchsverfahren.
512 BGH 24.01.19 – VII ZR 123/18 NJW-RR 19, 695 *Verschleppungsabsicht.*
513 *EuGH GRUR 07, 504 HABM/Kaul.* EGMR GRUR Int 10, 840 *Rambus/Deutschland.*
514 EGMR GRUR Int 10, 840 *Rambus/Deutschland.*

chen, Beweismittel und Argumente berücksichtigt werden, auch wenn sie dem zeitlichen Rahmen nicht voll entsprechen. Diese Toleranz gilt nicht im gleichen Maße für den Angreifer eines Patents, dem das Gesetz eine großzügig bemessene Frist von 9 Monaten für seinen Angriff einräumt. Im Zweifelsfall sollte materielle Gerechtigkeit prozessualer Schnelligkeit immer vorgehen.

1. Art 114 (2) EPÜ Art 114 (2) EPÜ erlaubt die Nichtberücksichtigung verspätet vorgetragener Tatsachen und Beweismittel (facts and evidence). Art 114 (2) EPÜ gestattet nicht, neue Anträge,[515] neue Patentansprüche, neue Argumente[516] oder neue Rechtsfragen[517] als verspätet zurückzuweisen. Gemäß Art 123 (1) EPÜ gilt für die Änderung von Anmeldungen die lex specialis der Regel 137 (3) EPÜ (s Rdn 256) und für die Änderung des Patents die Regel 80 EPÜ (s Rdn 262). Rechtsausführungen fallen nicht unter Art 114 (2) EPÜ, wie sich aus dem englischen Text klar ergibt, der arguments in Art 114 (1) EPÜ erwähnt, in Art 114 (2) EPÜ aber nicht. 247

Ermessen räumt Art 114 (2) EPÜ dem EPA bei der Entscheidung ein, verspätete Tatsachen und Beweismittel nicht zu berücksichtigen.[518] Demgegenüber ist gemäß Art 114 (1) EPÜ die Ermittlung des Sachverhalts von Amts wegen eine Pflicht des EPA. Diese Pflicht besteht im Interesse der Öffentlichkeit, dass EPA nur Patente erteilt oder aufrechterhält, von deren Rechtsgültigkeit es überzeugt ist. Im Zweifel gebührt daher Art 114 (1) EPÜ Vorrang vor Art 114 (2) EPÜ.[519] 248

1.1. Kriterien für die Behandlung späten Vorbringens vor EPA:

1.1.1. Relevanz (relevance)[520]: Das späte Vorbringen wird von EPA darauf geprüft, ob es für die Entscheidung erheblich ist. Erheblich ist ein Vorbringen, wenn seine Berücksichtigung möglicherweise eine Entscheidung anderen Inhalts zur Folge hätte, so wenn einem neuen Dokument gegenüber dem bisher genannten Stand der Technik eine größere Bedeutung zukommt. Ist das neue Vorbringen in diesem Sinne nicht relevant – weil zB die verspäteten Entgegenhaltungen keinen zusätzlichen Stand der Technik enthalten[521]–, dann wird das verspätete Vorbringen mit der alleinigen Begründung der Verspätung zurückgewiesen, ohne dass auf seine sachliche Bewertung des Näheren eingegangen wird. Eine Relevanzprüfung erübrigt sich, wenn das späte Vorbringen mißbräuchlich ist. 249

1.1.2. Verfahrensmissbrauch (procedural abuse): Ein Beteiligter, der entgegen dem Grundsatz von Treu und Glauben gegen seine Pflicht, das Verfahren zu fördern, gröblich verstößt und absichtlich Vorbringen spät einreicht, obwohl er es früher hätte ein- 250

---

515 T 0598/88 ABl 90 SonderA 43; T 0038/89 EPOR 91, 129.
516 T 0092/92 ABl 94 SonderA 81; T 0861/93 RechtsprBK/EPA 16, IV.C.1.2.3.a.; EPA-Prüf-Richtl E V 2.
517 T 101/87 ABl 91 SonderA 56; T 124/87 ABl 89, 491; T 92/92 ABl 94 SonderA 81; T 861/93 RechtsprBK/EPA 19, 1373, 1396; T 998/99 ABl 05, 229.
518 So auch EuGH GRUR 07, 504 *HABM/Kaul* zum Beschwerdeverfahren vor HABM.
519 T 0156/84 ABl 88, 372; T 0347/95 ABl 98 SonderA 90.
520 Vgl T 0156/84 ABl 88, 372; T 0258/84 ABl 87, 119; T 0326/87 ABl 92, 522.
521 T 0560/89 ABl 92, 725; T 0611/90 ABl 93, 50.

Einleitung *Verspätetes Vorbringen/late submission*

reichen können, dessen Vorbringen kann ungeachtet seiner möglichen Relevanz wegen Verfahrensmißbrauch zurückgewiesen werden.[522]

251 **1.1.3. Übermäßige Verzögerung des Verfahrens (excessive delay of proceedings)** kann als Zurückweisung späten Vorbringens in Betracht kommen, wenn die Sache entscheidungsreif ist und der Beteiligte die Verspätung nicht angemessen entschuldigen kann.[523]

252 **1.1.4. Einspruchsverfahren:** Der Einsprechende hat seinen Angriff gegen das Patent grundsätzlich innerhalb der Einspruchsfrist vollständig und abschließend zu substantiieren. Nach Fristablauf werden in 1. Instanz weitere Tatsachen und Beweismittel zur Stützung des geltend gemachten Einspruchsgrunds zugelassen, wenn sie der Aufrechterhaltung des Patents offenbar entgegenstehen.[524] In 2. Instanz ist das eher die Ausnahme, nämlich wenn das verspätete Material hochrelevant erscheint und deshalb das Patent beschränkt oder widerrufen werden muss.[525]

253 Rechtliches Gehör ist den anderen Beteiligten zu spätem, aber wesentlichem Vorbringen in ausreichendem Maße zu gewähren. Je nach dem Schwierigkeitsgrad kann dafür eine angemessene Unterbrechung der mündlichen Verhandlung, die Einräumung einer Schriftsatzfrist[526] oder eine erneute mündliche Verhandlung erforderlich sein. Eine Schriftsatzfrist ist zu gewähren, wenn eine Partei zu einem in der mündlichen Verhandlung erteilten Hinweis des Gerichts nicht abschließend Stellung nehmen kann[527]. Dadurch entstehende zusätzliche Kosten können dem spät Vortragenden auferlegt werden.[528]

254 **1.1.5. Rechtfertigung für späte Vorlage (justification for late submission)** Verspätung allein – also Vortrag nach Ablauf der Fristen für Einspruch und Beschwerde oder in einem fortgeschrittenen Verfahrensstadium – reicht für eine Nichtberücksichtigung nicht aus Die Verspätung muss dem Beteiligten auch vorgeworfen werden können. Gibt es aus der Sicht des Beteiligten eine verständliche Rechtfertigung, so ist das späte Vorbringen zuzulassen, es sei denn, dem steht der Grundsatz der Fairness entgegen.

255 **Gründe für Zulassung späten Vorbringens** sind zB: a) Reaktion auf Ereignisse im Verfahren, wie Änderung des Patentanspruchs,[529] Feststellungen im angefochtenen Beschluss,[530] Erwiderung auf Vortrag des Gegners[531] oder auf einen Zwischenbescheid; b) Vorlage zum Nachweis behaupteten allgemeinen Fachwissens[532] oder zur

---

522 T 0534/89 ABl **94**, 464; T 0017/91, T 0211/90 ABl **94** SonderA 82; EPA GBK G 0004/92 ABl **94**, 149 (Nr 7) *Rechtliches Gehör.*
523 T 0951/91 ABl **95**, 202.
524 T 1002/92 ABl **95**, 605.
525 T 1002/92 ABl **95**, 605.
526 BPatGE **52**, 246 *Tintenpatrone.*
527 BGH BlPMZ **18**, 133 *PLOMBIR.*
528 T 0117/86 ABl **89**, 401 (Nr 6); T 0323/89 ABl **92**, 169; T 0326/87 ABl **92**, 522; T 0611/90 ABl **93**, 50.
529 T 0101/87 ABl **91** SonderA 54.
530 T 0238/92 ABl **94** SonderA 81; T 0049/85 RechtsprBK/EPA 16, IV.C.1.3.6.a.
531 T 0705/90 RechtsprBK/EPA 16, IV.C.1.3.6.a.
532 T 0215/88 RechtsprBK/EPA 19, 1456.

Stützung der Aussage eines bereits zitierten Dokuments;[533] c) Einverständnis des Gegners;[534] d) das verspätet genannte Dokument war tatsächlich schwer auffindbar.[535]

2. Regel 137 EPÜ (= Regel 86 EPÜ aF)

Regel 137 EPÜ regelt den zeitlichen Rahmen für Änderungen der europäischen Patentanmeldung (Beschreibung, Ansprüche und Zeichnungen). Vor Erhalt des Recherchenberichts kann der Anmelder grundsätzlich nicht ändern (Regel 137 (1) EPÜ). Zusammen mit Stellungnahmen, Berichtigungen oder Änderungen, die in Erwiderung auf Mitteilungen des EPA nach R 70a (1) oder (2) oder R 161 (1) vorgenommen werden, kann der Anmelder von sich aus gemäß Regel 137 (2) Beschreibung, Ansprüche und Zeichnungen ändern. Weitere Änderungen bedürfen der Zustimmung der Prüfungsabteilung (Regel 137 (3) 2 EPÜ), die sie nach pflichtgemäßem Ermessen erteilt. Im Einspruchsverfahren gilt die lex specialis der Regel 80 (siehe unten Rdn 262). 256

Ausübung des Ermessens (appropriate exercise of discretion) erfolgt unter Abwägung des Interesses des Anmelders, ein rechtsbeständiges Patent zu erhalten, gegen das allgemeine Interesse von Öffentlichkeit und EPA, das Verfahren abzuschließen.[536] Da ein materielles Interesse gegen ein prozessökonomisches Interesse abzuwägen ist, sollte jede Kleinlichkeit zuungunsten des Anmelders vermieden werden. 257

Zu berücksichtigen sind:

2.1. Stadium des Verfahrens. Je fortgeschrittener es ist, um so gewichtiger wird das prozessökonomische Interesse am Abschluß des Verfahrens Hat der Anmelder bereits gemäß Regel 71 (= Regel 51 (4) EPÜ aF) sein Einverständnis mit der Erteilung erteilt, so muss er triftige Gründe für die gewünschte Änderung nennen. Eine Änderung ist ausnahmsweise auch noch nach Absendung der Mitteilung gemäß Regel 71 (3) EPÜ (= Regel 51 (6) EPÜ aF) möglich,[537] und zwar bis zum Erlaß der Endentscheidung;[538] 258

2.2. Inhalt der Änderung. Je umfangreicher die beantragte Änderung ist, je eher wird die Zustimmung versagt werden können, es sei denn, ihre Gewährbarkeit ist ohne größeren Aufwand feststellbar. Regel 137 (5) EPÜ läßt geänderte Ansprüche für nicht recherchierte Gegenstände, die mit der ursprünglich beanspruchten Erfindung uneinheitlich sind, nicht zu. Sie können nur in einer Teilanmeldung weiter verfolgt werden. Änderungen, die Unstimmigkeiten, Widersprüche, Schreibfehler oder Verstöße gegen das EPÜ beseitigen sollen, sind idR zuzulassen; 259

2.3. Grund der Änderung. Kann der Anmelder die späte Änderung plausibel erklären, so ist sie zuzulassen. Je fortgeschrittener das Verfahren ist, je gewichtiger müssen die Gründe des Anmelders sein, zB Auffinden eines neuen Standes der Technik, der eine Erteilung im bisher beanspruchten Umfang nicht zuläßt, durch den Anmelder oder einen Dritten gemäß Art 115 EPÜ. 260

---

533 T 0324/88; T 0559/88; T 0149/89.
534 T 0149/89.
535 T 0326/87 ABl **92**, 522 (Nr 5: DDR-Patent); T 0384/94 EPOR **00**, 469 (Nr 2: magazine without a proper indexing system).
536 EPA GBK G 0007/93 ABl **94**, 775 *verspätet beantragte Änderungen/WHITBY II*.
537 EPA GBK G 0007/93 ABl **94**, 775 (Nr 2.5) *verspätet beantragte Änderungen/WHITBY II*.
538 T 0556/95 ABl **97**, 205.

261 **Verfahren:** Rechtliches Gehör ist den Parteien vor einer Zulassung oder vor einer Zurückweisung des verspäteten Vorbringens zu gewähren. Im schriftlichen Verfahren ist daher ein begründeter Bescheid erforderlich, der mit der Beschwerde anfechtbar ist. Die Beschwerdeinstanz prüft, ob der Ermessensspielraum (proper limits of discretion) eingehalten ist.[539]

3. Regel 80 EPÜ (= Regel 57a EPÜ aF), R 80 abgedruckt bei § 59 Rdn 16.

262 Regel 80 EPÜ regelt die Zulässigkeit von Änderungen des europäischen Patents im Einspruchsverfahren. Anders als nach Regel 137 (3) 2 EPÜ ist die Zulässigkeit nicht von einer Zustimmung des EPA abhängig. Es steht daher nicht im Ermessen des EPA, eine Änderung des Patents zuzulassen oder abzulehnen, zB mit der Begründung, die Änderung sei »nicht ohne weiteres gewährbar« (»not clearly allowable«).[540]

263 Einzige Voraussetzung ist, dass die Änderungen durch einen der Einspruchsgründe des Art 100 EPÜ veranlasst sind. Keine Voraussetzung ist, dass der Einspruchsgrund vom Einsprechenden geltend gemacht worden ist oder von der Einspruchsabteilung von Amts wegen geprüft wird.

264 Kann der Patentinhaber dartun, dass aus seiner Sicht die nicht unbegründete Gefahr besteht, dass ein Einspruchsgrund der Aufrechterhaltung seines Patents in dem erteilten Umfang entgegenstehen könnte, so ist seine beantragte Änderung zulässig, weil sie dann durch einen Einspruchsgrund »veranlasst« (*occasioned*) ist.

265 Für die Zulässigkeit der Änderung ist nicht erforderlich, dass die Änderung dem Einspruchsgrund, der Anlaß für die Änderung war, voll Rechnung trägt. Räumt die Änderung den Einspruchsgrund nicht vollkommen aus, kann die Einspruchsabteilung gemäß Art 114 (1) EPÜ von Amts wegen zu einer sachgerechten Beschränkung des Patents auffordern.

266 Änderungen, die älteren nationalen Rechten Rechnung tragen, sind nach Regel 138 EPÜ, die Regel 80 EPÜ unberührt läßt, zulässig.[541]

267 **Unzulässige Änderungen, die nicht durch Einspruchsgründe** veranlasst werden, sind a) Änderungen, die den Bestand des Patents unberührt lassen, wie sprachliche Klarstellungen,[542] kosmetische Korrektur einer Zeichnung,[543] Hinzufügung eines neuen Unteranspruchs;[544] b) Streichung eines überflüssigen Beispiels;[545] c) Zweiteiliger statt einteiliger Patentanspruch;[546] d) Beseitigung formaler Mängel.[547]

268 **Zeitpunkt**, bis zu dem Änderungen zulässig sind, bestimmt Regel 80 EPÜ nicht. EPA kann aber Änderungen unberücksichtigt lassen, wenn der Patentinhaber mit ihrer Ein-

---

539 EPA GBK G 0007/93 ABl **94**, 775 (Nr 2.6) *verspätet beantragte Änderungen/WHITBY II*.
540 Vgl T 0577/97 RechtsprBK/EPA **19**, 1423, 1424 zu Regel 86 EPÜ aF.
541 Vgl MittEPA v 1.6.1995 ABl **95**, 409, 417.
542 Vgl T 0422/90.
543 Vgl T 0040/92 (Nr 6.1).
544 Vgl T 0317/90 (Nr 3) RechtsprBK/EPA **19**, 1256.
545 Vgl T 0127/85 ABl **89**, 271.
546 *Vgl T 0565/88 (Nr 9)* ECLI:EP:BA:1990:T056588.19901217.
547 Vgl T 0360/88 (Nr 8) ECLI:EP:BA:1990:T036088.19900801.

reichung gröblich gegen seine Pflicht zur Verfahrensförderung verstößt. Das ist der Fall, wenn die Einreichung der Änderung rechtsmißbräuchlich ist, zB nur der Verschleppung des Verfahrens dient oder ohne einleuchtenden Grund erst sehr spät erfolgt.[548]

4. Regel 116 EPÜ (= Regel 71a EPÜ aF)

Mit der Ladung zu einer mündlichen Verhandlung bestimmt EPA einen Zeitpunkt, bis zu dem Schriftsätze eingereicht werden können. Nach diesem Zeitpunkt brauchen vorgebrachte neue Tatsachen und Beweismittel nicht berücksichtigt zu werden, soweit sie nicht wegen einer Änderung des Sachverhalts, der dem Verfahren zugrunde liegt, zuzulassen sind.

269

Regel 116 EPÜ ist Ausdruck des in allen gerichtlichen Verfahren geltenden Konzentrationsgrundsatzes (vgl zB §§ 272, 273 ZPO). Das Verfahren soll möglichst mit einer mündlichen Verhandlung abgeschlossen werden können. Dem dient eine sachgerechte Vorbereitung der mündlichen Verhandlung durch EPA, das mit der Ladung auf erörterungsbedürftige Punkte (points needed to be discussed) hinweist und einen Zeitpunkt bestimmt, bis zu dem eingereicht werden können a) Schriftsätze zur Vorbereitung der mündlichen Verhandlung und b) überarbeitete Unterlagen der Anmeldung oder des Patents (Ansprüche, Beschreibung, Zeichnungen), die den Erfordernissen des EPÜ genügen und den Gründen Rechnung tragen, die Erteilung oder Aufrechterhaltung entgegenstehen und die dem Anmelder oder Patentinhaber mitgeteilt worden sind. Der Hinweis mit der Ladung ist zwingend vorgeschrieben,[549] kann aber – wenn die Diskussionspunkte bereits von den Parteien klar dargestellt sind – in einem Verweis auf (bestimmte) Schriftsätze der Beteiligten bestehen.

270

Ermessen (discretion): Regel 116 ist – bezogen auf den vom EPA bestimmten Zeitpunkt – ein Unterfall der Behandlung verspäteten Vorbringens gemäß Art 114 (2) EPÜ, dem die Regel auch im Wortlaut nachgebildet ist. Es gelten daher grundsätzlich die gleichen Kriterien wie für die Behandlung verspäteten Vorbringens gemäß Art 114 (2) EPÜ (s Rdn 247). Die Nichtberücksichtigung neuen Vorbringens gemäß Regel 116 EPÜ muss ausreichend begründet werden, ein Hinweis auf die Verspätung allein reicht dafür nicht.[550]

271

Voraussetzungen der Nichtberücksichtigung gemäß **Regel 116 EPÜ**:
a) *nur Tatsachen und Beweismittel*, nicht Anträge, Ansprüche oder Argumente können zurückgewiesen werden;
b) *Identität des maßgebenden Sachverhalts* vor und nach dem vom EPA bestimmten Zeitpunkt. Eine *Änderung des Sachverhalts* im Sinne der Regel 116 (1) 4 EPÜ liegt vor, wenn
   i) Ansprüche, Beschreibung oder Zeichnungen inhaltlich (nicht nur formal) geändert werden und die Änderung gemäß Regeln 80 und 137 (3) EPÜ zulässig ist;

272

---

548 Vgl T 0132/92 ABl 97 SonderA 105 und T 0463/95 ABl 98 SonderA 101.
549 EPA GBK G 0006/95 ABl **96**, 649 (Nr 5) *Auslegung der Regel 71a (1) EPÜ/GE CHEMICALS* (R 71a = R 116 (1) EPÜ).
550 T 0755/96 ABl 00, 174 zu Regel 71a EPÜ.

ii) neues entscheidungserhebliches Material in das Verfahren eingeführt wird – sei es von den Beteiligten, sei es vom EPA[551] – und das Material trotz später Nennung berücksichtigt werden muss (s dazu Rdn 247).

273 **Geltungsbereich der Regel 116 EPÜ**: Nach dem Wortlaut gilt Regel 116 EPÜ für alle Verfahren vor EPA, in denen eine mündliche Verhandlung stattfindet. Nach der Entscheidung G 0006/95[552] der Großen Beschwerdekammer gilt für Beschwerdeverfahren die Regel 71a aF (= Regel 116) nicht.[553] Eine Mitteilung von Ansichten über die Beurteilung sachlicher oder rechtlicher Fragen an die Beteiligten steht im Ermessen der Kammer (vgl Art 14 der Verfahrensordnung der Großen Beschwerdekammer[554]).

Artikel 13 Verfahrensordnung der Beschwerdekammern (VerfOBK)
274 *Änderungen des Vorbringens eines Beteiligten*
(1) Es steht im Ermessen der Kammer, Änderungen des Vorbringens eines Beteiligten nach Einreichung seiner Beschwerdebegründung oder Erwiderung zuzulassen und zu berücksichtigen. Bei der Ausübung des Ermessens werden insbesondere die Komplexität des neuen Vorbringens, der Stand des Verfahrens und die gebotene Verfahrensökonomie berücksichtigt.
(2) Die anderen Beteiligten sind berechtigt, zu geändertem Vorbringen Stellung zu nehmen, das von der Kammer nicht von Amts wegen als unzulässig erachtet worden ist.
(3) Änderungen des Vorbringens werden nach Anberaumung der mündlichen Verhandlung nicht zugelassen, wenn sie Fragen aufwerfen, deren Behandlung der Kammer oder dem bzw. den anderen Beteiligten ohne Verlegung der mündlichen Verhandlung nicht zuzumuten ist.

Neuer Hilfsantrag nach Anberaumung der mündlichen Verhandlung wurde zugelassen, wenn **a)** es stichhaltige Gründe für die Einreichung dieses Antrags in einem so fortgeschrittenen Stadium des Verfahrens gibt; **b)** der Hilfsantrag den durch die Beschwerdebegründung und die Erwiderung des Beschwerdegegners abgesteckten Diskussionsrahmen nicht ausdehnt, sondern bereits diskutierte Sachverhalte konvergent fortführt[555] **c)** der Hilfsantrag eindeutig oder offensichtlich gewährbar ist (d. h., für die Kammer muss ohne großen Ermittlungsaufwand sofort ersichtlich sein, dass die vorgenommenen Änderungen der aufgeworfenen Frage erfolgreich Rechnung tragen, ohne ihrerseits zu neuen Fragen Anlass zu geben).[556]

Neues Argument eines Beteiligten, das sein Vorbringen ändere, kann, auch wenn es auf bereits im Verfahren befindlichen Tatsachen und Beweismitteln beruhe, nur nach Ermessen der Beschwerdekammer gemäß Art 13 VOBK in das Verfahren eingeführt werden. Die allgemeine Zulässigkeit neuer Argumente gemäß G 4/92[557] sei durch die neue VOBK modifiziert worden.[558] Das ist bedenklich, da weder die AusfO gemäß Art 164 (2) EPÜ noch die VOBK Art 114 (2) EPÜ ändern kann, der nicht zulässt, dass spät vorbebrachte Argumente unberücksichtigt bleiben. Neue Argumente sind keine Tatsachen oder Beweismittel iSd Art 114 (2) EPÜ, sondern dienen der »Untermaue-

---

551 T 0951/97 ABl **98**, 440.
552 G 0006/95 ABl **96**, 649 *Auslegung der Regel 71a (1) EPÜ/GE CHEMICALS*.
553 Vgl dazu die 7. Auflage Einl Rn 207 und 208.
554 VerfOGBK idF vom 07.12.06 ABl **07**, 303 = ABl **13** Beilage 1 S 35.
555 T 1474/06 RechtsprBK/EPA 19, 1416, 1419 = BeckRS **08**, 30692298.
556 T 1634/09 ABl **12** SA S 158.
557 G 4/92 ABl **94**, 149 *Rechtliches Gehör*.
558 T 1621/09 ABl **12** SA S 112; T 1069/08 ABl **12** SA S 114; T 1488/08 ABl **12** SA S 114.

rung der bereits vorgebrachten Tatsachen und Rechtsgründe«.[559] Sie können daher während des gesamten Verfahrens vorgebracht werden.[560] Das gilt nicht, wenn das neue Argument einen verfahrensrechtlichen Missbrauch darstellt, zB **a)** wenn im Gewande des Arguments eine neue Tatsache oder ein neues Beweismittel vorgetragen wird;[561] **b)** wenn das neue Argument den Rahmen des bisherigen Vorbringens vollkommen verlässt und erst sehr spät (zB in der mündlichen Verhandlung) unerwartet eine gänzlich völlig neue Basis der Entscheidungsgrundlage schafft, so dass ein neuer Fall – *a new case* – entsteht.[562]

In der Praxis ist es häufig einfacher und für die Parteien überzeugender, auf ein verspätetes Argument sachlich einzugehen, als den Rechtsmissbrauch zu begründen.

Artikel 12 Verfahrensordnung der Großen Beschwerdekammer (VerfOGBK)
Neues Vorbringen nach Fristablauf in Verfahren nach Artikel 112a EPÜ
(1) Unbeschadet der Regel 109 Absatz 3 EPÜ kann die Kammer neues Vorbringen des Antragstellers nach Ablauf der Frist für die Einreichung des Antrags auf Überprüfung berücksichtigen, wenn besondere Gründe dies rechtfertigen.
(2) Entsprechendes gilt im Verfahren in der Besetzung nach Regel 109 Absatz 2 b) EPÜ für neues Vorbringen der anderen Beteiligten nach deren Erwiderung.

275

- **Obiter dictum**

Obiter dicta sind Ausführungen in einer Entscheidung, die nicht zur ratio decidendi gehören, die vielmehr nur beiläufig erwähnt werden, zB um die Behandlung ähnlicher, nicht zur Entscheidung stehender Rechtsfälle zu erörtern. Sie binden weder das entscheidende Organ noch die Parteien des anhängigen Verfahrens. Im Einzelfall kann die Unterscheidung zwischen obiter dictum und ratio decidendi nicht eindeutig sein. Zur Vermeidung von Rechtsunsicherheit hält daher die Große Beschwerdekammer des EPA eine Vorlage des Präsidenten des EPA gemäß Art 112 (1)b EPÜ auch dann für zulässig, wenn die Abweichung auf einem obiter dictum beruht (vgl Art 112 EPÜ Rdn 45 im Anhang zu § 73 PatG).

276

- **Obliegenheit**

ist eine Verbindlichkeit, die vom Verpflichteten nicht erzwungen werden kann, deren Nichtbefolgung aber einen Rechtsverlust oder einen Rechtsnachteil herbeiführen kann, wie zB das Unterlassen eines fristgerechten Antrags, das Unterlassen der Einzahlung einer nicht beitreibbaren Gebühr oder die Nicht-Nennung des Aktenzeichens in Eingaben (s Rdn 86). Einer Obliegenheit zu entsprechen, liegt also im eigenen Interesse des Verpflichteten.

277

Parteifähigkeit siehe Rdn 41.

278

Perpetuatio fori siehe Rdn 349.

279

Postulationsfähigkeit siehe Rdn 52.

280

---

559 G 4/92 ABl **94**, 149 Nr 10 *Rechtliches Gehör*
560 T 92/92 ABL **94** SA 3 S 81; T 861/93 Nr 12 RechtsprBK/EPA **19**, 1247, 1248, 1392; T 131/01 ABl 03, 114 Nr 4.2; T 386/01 (Nr 2) RechtsprBK/EPA **19**, 1248, 1277, 1355; T 604/01 Nr 6.1 RechtsprBK/EPA **19**, 574, 1247, 1479.
561 Vgl T 85/93 ABl **98**, 183 Nr 1.1.
562 T 1069/08 ABl **12** SA 114.

Einleitung *Rechtliches Gehör/right to be heard*

281   Prima facie – Beweis   siehe Rdn 165.
282   Prozessfähigkeit   siehe Rdn 44.
283   Prüfung von Amts wegen   siehe Rdn 18.

- **Rechtliches Gehör**   *(right to be heard)*

284   Art 103 (1) GG, Art 112a (2) c und 113 (1) EPÜ, Art 6 EMRK und Art 47 (2) der Europäischen Grundrechte-Charta garantieren den Anspruch auf rechtliches Gehör. Wegen seiner Bedeutung als »prozessuales Urrecht« wiederholt der Gesetzgeber den Anspruch auf rechtliches Gehör in §§ 42 (3) 2, 48 Satz 2 und 93 (2) PatG.

285   **Sinn:** »Der Einzelne soll nicht nur Objekt der richterlichen Entscheidung sein, sondern vor einer Entscheidung, die seine Rechte betrifft, zu Wort kommen, um als Subjekt Einfluss auf das Verfahren und sein Ergebnis nehmen zu können. Rechtliches Gehör sichert den Parteien ein Recht auf Information, Äußerung und Berücksichtigung, so dass sie ihr Verhalten im Verfahren gestalten können«.[563] Dieser Sinn schließt jede **Überraschungsentscheidung** aus,[564] wenn diese sich auf einen Gesichtspunkt stützt, mit dem auch ein gewissenhafter Beteiligter nicht zu rechnen brauchte[565].

286   Die Rechtsschutzgarantie ist nicht auf Akte der vollziehenden Gewalt beschränkt, sondern gilt auch für die Überprüfung einer behaupteten Verletzung des Anspruchs auf rechtliches Gehör durch ein Gericht.[566] Die frühere Ansicht, dass das Grundgesetz Rechtsschutz durch den Richter, aber nicht gegen den Richter gewährleiste, hat das BVerfG aufgegeben.[567]

287   Die Rechtsschutzgarantie garantiert keinen Rechtsmittelzug, die einmalige Möglichkeit, eine gerichtliche Entscheidung einzuholen, genügt.[568] Ein Gehörverstoß ist vom judex a quo im Wege der Selbstkorrektur zu beseitigen.[569] Zur Anhörungsrüge gemäß § 321a ZPO s Rdn 330.

288   **1. Anwendungsbereich:** Rechtliches Gehör ist in allen Verfahren vor DPMA, BPatG, BGH und EPA zu gewähren, also nicht nur im Erteilungs-, Einspruchs-,[570] Beschwerde-, und Nichtigkeitsverfahren, sondern auch vor Entscheidungen, die Rechte Beteiligter berühren können, wie zB Aussetzung des Verfahrens (s Rdn 142),

---

563   BVerfG (Plenum) BVerfGE 107, 395 = NJW 03, 1924 Abs Nr 38 *Rechtsschutz gegen den Richter I*.
564   BVerfG (Plenum) NJW 03, 1924 *Rechtsschutz gegen den Richter I* AbsNr 44; BVerfGE **84**, 188, 190; **86**, 133, 144; EPA GBK G 0002/99 (Nr 2.5.3) ABl 01, 83 *Sechsmonatsfrist/DEWERT* zu Art 6 EMRK; BPatGE **53**, 158 *Führen eines Leiterpfades für eine Schiebetür*.
565   BGH 24.09.19 – VI ZR 418/18 NJW-RR **20**, 188 *Überraschungsentscheidung*.
566   BVerfG (Plenum) BVerfGE 107, 395 = NJW 03, 1924 AbsNr 14 u 15 *Rechtsschutz gegen den Richter I*.
567   BVerfG (Plenum) BVerfGE 107, 395 = NJW 03, 1924 AbsNr 22 *Rechtsschutz gegen den Richter I*.
568   BVerfG (Plenum) BVerfGE 107, 395 = NJW 03, 1924 AbsNr 15, 18, 19, 32, 46 *Rechtsschutz gegen den Richter I*.
569   BVerfG (Plenum) BVerfGE 107, 395 = NJW 03, 1924 AbsNr 46, 49 *Rechtsschutz gegen den Richter I*.
570   BPatGE **53**, 158 *Führen eines Leiterpfades für eine Schiebetür*.

Rechtliches Gehör/right to be heard **Einleitung**

Akte des Rechtspflegers,[571] Kostenfestsetzung,[572] Akteneinsicht, Wiedereinsetzung[573], Umschreibung im Patentregister,[574] Verfahrenskostenhilfe, Ablehnung eines Richters (vgl § 44 (3) ZPO siehe bei § 86 Rdn 21).

2. Personen: Alle Beteiligten an einem Verfahren, deren Rechte durch die Entscheidung berührt werden können, haben Anspruch auf rechtliches Gehör. Das sind die Parteien selbst oder an ihrer Stelle ein von ihnen bestellter Vertreter,[575] ein Nebenintervenient, Verfahrensbeteiligte kraft Gesetzes (*party as of right*, vgl Art 107 Satz 2 EPÜ), der gesetzliche Vertreter für Prozessunfähige (s Rdn 49), Zeugen, wenn ihnen Kosten oder Ordnungsgeld auferlegt werden sollen (§ 380 ZPO). Nicht anspruchsberechtigt sind Dritte, die nicht am Verfahren beteiligt sind, deren Interessen aber mittelbar vom Ausgang des Verfahrens betroffen sein können (zB Lizenznehmer, Rechtsnachfolger, Dritte, die Einwendungen gemäß § 43 (3) 3 und Art 115 EPÜ erheben). 289

Vertreter üben stellvertretend für den Beteiligten dessen Recht auf Gehör aus, müssen daher wie dieser Stellung nehmen. Einen generellen Anspruch auf Rücksprache mit dem Mandanten vor einer Äußerung,[576] zB zu neuen Entgegenhaltungen oder beschränkten Ansprüchen, gibt es nicht. Zur Vermeidung unnötiger Hilfsanträge empfiehlt sich eine kurze Unterbrechung der Verhandlung. 290

Ausländer – auch ausländische juristische Personen des Privatrechts – haben Anspruch auf rechtliches Gehör.[577] 291

Juristische Personen aus Mitgliedstaaten der EU genießen die materiellen Grundrechte des Grundgesetzes,[578] so auch den Anspruch auf rechtliches Gehör. 292

Juristische Personen genießen Grundrechte nicht schon deshalb, weil ihnen Selbstverwaltungsrechte zustehen.[579]

3. Dauer: Das Recht auf rechtliches Gehör besteht bis zur Beendigung der Verfahrensbeteiligung durch Erklärung des Beteiligten oder durch rechtskräftige Entscheidung. 293

Zeitpunkt, bis zu dem Äußerungen der Beteiligten berücksichtigt werden müssen:

a) für mündliche Äußerungen: Schluß der mündlichen Verhandlung (*closing of the debate*); 294

b) für schriftliche Äußerungen: Herausgabe der Entscheidung durch die Geschäftsstelle an die interne Postabfertigungsstelle (*date the decision to be notified is handed* 295

---

571 BVerfGE **28**, 10, 14 *Erinnerung gegen Kostenfestsetzung*.
572 BVerfG BVerfGE **81**, 123 = NJW 90, 1104 *Rechtliches Gehör, mehrere Anwälte*.
573 BVerfG NJW 08, 2167 *Keine Überspannung bei Wiedereinsetzungsanträgen*.
574 Vgl BGH GRUR **69**, 43 (III3b) *Marpin*.
575 BPatGE **34**, 207 = BlPMZ **95**, 262.
576 BPatGE **17**, 80; **34**, 207.
577 StRspr: BVerfGE **12**, 6,8; 21, 362,373; BVerfG 14.05.07 – 1 BvR 2485/06 BeckRS 07, 23761 *Sachverständigengutachten und rechtliches Gehör*.
578 BVerfG GRUR **12**, 53 *Le-Corbusier-Möbel*.
579 BVerfG Mitt 09, 180 *IKK-Nordrhein-Westfalen*.

over to the postal service).⁵⁸⁰ Maßgebend für die notwendige Berücksichtigung ist der Eingang bei Amt oder Gericht, nicht der Zeitpunkt der Vorlage an die für die Entscheidung zuständige Stelle.⁵⁸¹ Daher muss bei fristgebundenen Äußerungen die inneramtliche Vorlagezeit in Rechnung gestellt werden.⁵⁸²

296 **Zeitraum für Stellungnahmen** bemisst sich nach den Umständen des Einzelfalles Dem Beteiligten ist eine ausreichende Bedenkzeit einzuräumen, die sich nach dem Schwierigkeitsgrad der Materie, zu der eine Äußerung erforderlich ist (Inhalt einer neuen Entgegenhaltung, Versuchsergebnisse), und der Fähigkeit des betroffenen Beteiligten richtet (Einzelerfinder, Firma mit Patentabteilung, Vertretung durch Patentanwalt). Im schriftlichen Verfahren ist eine angemessene Frist zur Stellungnahme zu setzen. Eine mündliche Verhandlung ist für angemessene Zeit zu unterbrechen⁵⁸³ oder neu anzuberaumen⁵⁸⁴ oder es ist dem Beteiligten eine befristete schriftliche Stellungnahme einzuräumen.⁵⁸⁵

297 **4. Inhalt:** Der Anspruch auf rechtliches Gehör garantiert:

298 a) *Recht zur Äußerung* durch Vortrag von Tatsachen und Rechtsauffassungen vor Amt und Gericht;

299 b) *Effektive Verwirklichung des Anspruchs*, das heißt, der Beteiligte muss ungehindert in der Lage sein, »dass seine Sache in billiger Weise gehört wird« (Art 6 (1) EMRK);

300 c) *Bereitschaft von DPMA, BPatG und EPA zur Kenntnisnahme und Berücksichtigung* des Vorbringens der Beteiligten⁵⁸⁶ *(principle that grounds put forward are taken into consideration*⁵⁸⁷*)*, auch wenn es am letzten Tag einer Frist eingeht.⁵⁸⁸ Diese Pflicht bezieht sich nicht nur auf vorgetragene Tatsachen und angebotene Beweise,⁵⁸⁹ sondern auch auf Rechtsausführungen, mit denen die Entscheidung sich auseinanderzusetzen hat.⁵⁹⁰ Es muss zumindest ersichtlich sein, dass der Vortrag bei der Entscheidung *in Erwägung gezogen* worden ist,⁵⁹¹ dann ist es unschädlich, wenn die Entscheidung nicht ausdrücklich darauf eingeht⁵⁹² oder nicht alle

---

580 BGH GRUR 67, 435 *Isoharnstoffäther*; 82, 406 *Treibladung*; 97, 223 *Ceco*; 00, 688 (II2b) *Graustufenbild*; EPA GBK G 0012/91 ABl 94, 285 *Endgültige Entscheidung/NOVATOME II*.
581 BGH BlPMZ 74, 123; BPatGE 8, 188; 12, 151; 13, 65, 69; 14, 191; 17, 241.
582 BVerfG DRiZ 73, 203; BPatGE 12, 151; 14, 191.
583 T 0783/89 ABl 92 SonderA 79 (10 Minuten zu wenig); T 0566/91 ABl 95 SonderA 84 (½ Stunde ausreichend); T 0484/89 ABl 94 SonderA 76; T 0951/97 ABl 98, 440 (Nr 4.1: ½ Stunde f wissenschaftl Artikel zu wenig); vgl BPatGE 17, 80, 84.
584 T 0248/92 ABl 94 SonderA 75; T 0484/89 ABl 94 SonderA 76.
585 BGH NJW-RR 07, 412 = Mitt 07, 92 L *frühzeitige Hinweise*: T 0248/92 ABl 94 SonderA 75; T 0411/92 ABl 94 SonderA 76 (2 Monate).
586 BVerfGE 86, 133 = NJW 92, 2877 *Anspruch auf rechtliches Gehör*.
587 T 0094/84 ABl 86, 337.
588 BVerfG NJW 82, 30; 83, 1453.
589 BVerfG NJW-RR 96, 183.
590 BVerfG NJW 96, 3202 *Änderung der Rechtsauffassung*; NJW-RR 95, 1033 *Nichterörterung entscheidungserheblicher Frage*.
591 BVerfG NJW 93, 1314.
592 BVerfGE 28, 378; 96, 205, 216; BGH BlPMZ 07, 322 (III2c aa) *MOON*.

Einzelheiten des Vorbringens erwähnt.[593] Grundsätzlich ist davon auszugehen, dass entgegengenommenes Vorbringen auch zur Kenntnis genommen und erwogen worden ist[594] (vgl dazu § 100 Rdn 44 ff), auch wenn Gericht zu einzelnen Punkten schweigt.[595] Auf Nichtberücksichtigung lässt aber schließen, wenn auf wesentlichen Tatsachenvortrag nicht eingegangen ist.[596]

d) **Stützung der Entscheidung nur auf Gründe, zu denen rechtliches Gehör gewährt wurde.** Dieser Grundsatz, der sich aus Art 103 (1) GG ergibt und den Art 113 (1) EPÜ ausdrücklich erwähnt, ist verletzt, wenn die Entscheidung auf Gründen beruht, zu denen die Beteiligten sich nicht oder nicht in der prozessual vorgesehenen Weise (zB in einer beantragten mündlichen Verhandlung[597]) äußern konnten. Das gilt auch, wenn die Verletzung unverschuldet ist (zB Übersehen eines nicht rechtzeitig zur Akte gelangten Antrags oder Vortrags). 301

Gründe der Entscheidung in diesem Sinne sind alle für die Entscheidung wesentlichen Erwägungen tatsächlicher oder rechtlicher Art.[598] Dazu gehören alle entscheidungserheblichen Überlegungen, die Basis der Entscheidung sind, also alle maßgebenden Tatsachen,[599] Beweismittel,[600] Beweisergebnisse, relevante Dokumente, Sachverständigengutachten,[601] Privatgutachten,[602] von Amts wegen angestellte Ermittlungen,[603] neue Patentansprüche oder Argumente sowie Rechtsfragen[604] (vgl § 278 (3) ZPO) oder eine beabsichtigte Änderung einer bisherigen Rechtsansicht.[605] 302

e) **Rechtsauffassung** des BPatG oder DPMA oder voraussichtliche Würdigung des für die Entscheidung wesentlichen Sachverhalts[606] bedarf grundsätzlich keines Hinweises an die Beteiligten vor der Entscheidung,[607] sofern gewährleistet ist, dass die Beteiligten bei Anwendung der zu erwartenden Sorgfalt erkennen können, auf welche rechtlichen Gesichtspunkte es ankommt.[608] Auf eine abweichende Wertung 303

---

593 BVerfGE **42**, 364; **60**, 1, 5; NJW **76**, 747; **78**, 989; **80**, 278; **82**, 1453; **85**, 1149.
594 BGH GRUR **99**, 919 *Zugriffsinformation*, **00**, 140 *Tragbarer Informationsträger*.
595 BGH BlPMZ **07**, 322 (III2c aa) *MOON*; BGH v 07.07.05 – X ZR 15/04 NJOZ **05**, 3387 *Anhörungsrüge 02*.
596 BGH GRUR **07**, 862 (Tz 31) *Informationsübermittlungsverfahren II*; BGHR ZPO (1.1.2002) § 544 Abs 7 *Sachvortrag 1*.
597 T 0209/88 RechtsprBK/EPA **16**, III.B.2.6, III.B.2.8.
598 BVerfG NJW **96**, 3202 *Änderung der Rechtsauffassung*; NJW-RR **95**, 1033.
599 BGH BlPMZ **97**, 359 (III2b bb) *Top Selection*: grundsätzlich auch offenkundige Tatsachen iSd § 291 ZPO.
600 EPA GBK G 0004/92 ABl **94**, 149 *Rechtliches Gehör*; J 0020/85 ABl **87**, 102.
601 BVerfG 14.05.07 – 1 BvR 2485/06 BeckRS **07**, 23761 *Sachverständigengutachten und rechtliches Gehör*.
602 BGH GRUR **98**, 366 (II2) *Ladewagen*, **00**, 138 *Knopflochnähmaschinen*.
603 J 0003/90 ABl **91**, 550.
604 BVerfG NJW **96**, 3202 *Änderung der Rechtsauffassung*; NJW-RR **95**, 1033 *Nichterörterung entscheidungserheblicher Frage*; BPatGE **41**, 231.
605 BPatGE **41**, 231 = GRUR **00**, 398 *Abamectin*.
606 BGH GRUR **09**, 91 *Antennenhalter*.
607 BVerfGE **74**, 1, 6; BGH BlPMZ **66**, 234 (II2b) *Abtastverfahren*; **77**, 237 (IV1) *Leckanzeigeeinrichtung*; BGH BlPMZ **00**, 324 (II2b bb) *Micro-PUR*; BPatG v 16.3.98 – 19 W (pat) 29/96 GRUR **99**, 455 FN 127 *Rundsteuersender*.
608 BVerfG NJW **96**, 3202 *Änderung der Rechtsauffassung*.

einer Entgegenhaltung ist hinzuweisen.[609] Ein Anwalt muss eine gefestigte Rechtsprechung kennen.[610] Vertretbare rechtliche Gesichtspunkte muss ein Verfahrensbeteiligter grundsätzlich von sich aus in Betracht ziehen.[611]

304 Widerspruch zwischen gerichtlichem Gutachten und späteren Privatgutachten erfordert zumindest eine ergänzende Stellungnahme des gerichtlichen Sachverständigen, wenn dem Gericht die eigene Sachkunde fehlt.[612]

5. Verfahren bei Gewährung rechtlichen Gehörs:

305 **5.1. Von Amts wegen** haben Amt und Gericht das rechtliche Gehör zu gewähren, eines Antrags der Beteiligten bedarf es dazu nicht. Auf das Recht kann nicht im voraus verzichtet werden.

306 **5.2. Gelegenheit zur Stellungnahme** muss für die Beteiligten bestanden haben. Das setzt voraus:

307 a) **Kenntnis der Beteiligten** von allen Umständen durch Mitteilung in der mündlichen Verhandlung oder durch Zustellung. Darüber muss vor der Entscheidung ein Nachweis vorliegen (Zustellungsurkunde, Empfangsbekenntnis oder Erwiderung des Betroffenen).[613] Eine Vermutung für den Zugang formlos übermittelter Schreiben besteht nicht.[614] Das Risiko eines Verlustes trägt nicht der Bürger;

308 b) **Verständliche Information**, dass der Beteiligte zu erkennen vermag, auf welche tatsächlichen und rechtlichen Umstände es für die Entscheidung ankommt;[615]

309 c) **Angemessene Frist** muss vor der Entscheidung eingeräumt sein. Dazu genügt es, dass eine angemessene Frist vor der Entscheidung abgewartet worden ist. Eine Setzung einer bestimmten Äußerungsfrist ist zur Gewährung des rechtlichen Gehörs nicht erforderlich.[616] Frist zur Stellungnahme zu patentrechtlichen oder technischen Fragen beträgt im schriftlichen Verfahren idR 2 Monate. Zur mündlichen Verhandlung siehe Rdn 314.

310 **5.3. Wiederholung** der Gewährung von rechtlichem Gehör ist nach Art 103 GG und Art 113 (1) EPÜ so lange notwendig, bis zu allen tatsächlichen und rechtlichen Punkten, die in der Entscheidung verwendet werden sollen, ausreichend Gelegenheit zur Stellungnahme bestand. Art 96 (2) und 101 (2) EPÜ wiederholen diesen Grundsatz. Danach ist »so oft wie erforderlich« (as often as necessary) zur Stellungnahme aufzufordern. Ein Hinweis muss nicht wiederholt werden, wenn die Partei auf ihn nicht eingegangen ist.[617] Ein Hinweis auf eine mögliche beschränkte Verteidigung des

---

609 BGH GRUR *11*, 656 *Modularer Fernseher.*
610 BPatG BlPMZ 08, 63 *Ablehnung des techn. Mitgliedes des Gbm-Beschwerdesenats.*
611 BVerfGE **74**, 1, 5; **86**, 133, 145; BVerfG NJW-RR **96**, 253 f; BGH BlPMZ 00, 324 (II2b bb) *Micro-PUR.*
612 BGH GRUR 2000, 138 *Knopflochnähmaschinen.*
613 BVerfG NJW **93**, 2095; 91, 2757; 74, 133; BPatG Mitt **79**, 178; BPatGE **34**, 212 = BlPMZ **95**, 172; BPatGE **47**, 21 = BlPMZ 03, 245 *Reversible Krawattenbefestigung.*
614 BVerfG NJW 91, 2757; 95, 2095.
615 BVerfG NJW **93**, 2229; BPatGE **30**, 40 = BlPMZ **89**, 163 zu Gründen der Unzulässigkeit eines Einspruchs.
616 BGH GRUR **97**, 223 (III1c) *Ceco.*
617 BGH NJW 08, 2036 *Hinweis auf Rechtsprechung.*

Patents verpflichtet nicht zu weiteren Hinweisen, wenn der Gegenstand für nicht patentfähih gehalten wird.[618]

Vertagung einer mündlichen Verhandlung ist erforderlich, wenn die Partei erstmals mit neuen Tatsachen oder Rechtsfragen konfrontiert wird, zu denen sie sich »aus dem Stand« – auch nach einer Unterbrechung – angemessen nicht äußern kann[619] (s § 89 Rdn 8). 311

5.4. Schweigen: Wer die gebotene Gelegenheit nicht ergreift, also innerhalb einer 312 angemessenen Frist keine Stellungnahme abgibt oder in einer mündlichen Verhandlung von einer Äußerung absieht, der begibt sich seines Rechts.[620] Ihm ist, da er Gelegenheit hatte, rechtliches Gehör gewährt. Unterbleibt ein vom Gericht angebotener Hinweis zur Einreichung einer Beschwerdebegründung vor Beginn der Bearbeitung, so verletzt eine gleichwohl ergehende Entscheidung den Anspruch auf rechtliches Gehör.[621]

5.5. Verspätetes Vorbringen: Auch zu verspätetem Vorbringen ist vor einer Zurück- 313 weisung als verspätet (vgl dazu Rdn 237 ff) rechtliches Gehör zu gewähren, damit die Beteiligten prüfen können, ob eine Verspätung vorliegt und ob sie trotz der Verspätung für eine Berücksichtigung sind. Ein Beteiligter kann nicht darauf vertrauen, dass ein später Vortrag wegen Verspätung zurückgewiesen wird, weil dem dessen Relevanz, die von Amts wegen zu beachten ist, entgegenstehen kann.

5.6. Mündliche Verhandlung: Der Anspruch auf rechtliches Gehör gibt keinen 314 Anspruch auf eine mündliche Verhandlung,[622] weil dieser auch im schriftlichen Verfahren erfüllt wird.
Die mündliche Verhandlung dient der Schaffung der Entscheidungsgrundlage durch mündliche Erörterung des gesamten Streitstoffs Lässt sich ein anwesender Beteiligter oder sein Vertreter auf die Diskussion von neu vorgetragenem Material ein, ohne auf einer Unterbrechung oder Vertagung einer mündlichen Verhandlung oder der Einräumung einer Schriftsatzfrist zu bestehen, dann kann er sich nicht darauf berufen, dass ihm kein ausreichendes rechtliches Gehör gewährt worden sei.[623] Zur ausreichenden Bedenkzeit s Rdn 296.
Rücknahme des Antrags auf mündliche Verhandlung ist jederzeit zulässig. Eine mündliche Verhandlung wird gleichwohl durchgeführt, wenn sie für sachdienlich erachtet wird (§ 78 Nr 3 PatG)[624]

Abwesenheit in mündlicher Verhandlung *(failing to appear at oral proceedings)*: Wer 315 freiwillig zu einer mündlichen Verhandlung nicht erscheint, der verzichtet auf die Wahrnehmung seines Anspruchs auf rechtliches Gehör in mündlicher Form. Er muss damit rechnen, dass in seiner Abwesenheit gemäß dem ihm bekannten Sachverhalt oder

---

618 BGH GRUR 08, 1128 L = GRUR-RR 08, 456 *Installiereinrichtung*.
619 BGH GRUR 04, 354 *Crimpwerkzeug*.
620 T 0055/91 ABl **95** SonderA 84.
621 BGH BlPMZ 08, 354 *Tramadol*.
622 BVerfGE **5**, 9, 11; 6, 19, 20; 36, 85, 87; BGH BlPMZ 00, 187 *COMPUTER ASSOCIATES*; BGH BlPMZ 00, 324 *Micro-PUR*; BPatGE **47**, 224, 231 *Mikroprozessor*.
623 T 0195/84 ABl **86**, 121; BPatGE **8**, 40, 42.
624 BPatGE **54**, 128 *Präzisionskoaxialkabel*.

der ihm mitgeteilten Bedenken entschieden wird.[625] Er kann sich auch nicht darauf verlassen, dass nur mündlich erörtert wird, was bisher schriftlich dargelegt wurde. Das würde der mündlichen Verhandlung ihren eigentlichen Sinn nehmen. Deshalb wird er in der Ladung zur mündlichen Verhandlung gemäß § 89 (2) PatG und Regel 115 EPÜ darauf hingewiesen, dass bei seinem Ausbleiben auch ohne ihn verhandelt und entschieden werden kann.

316 Der fernbleibende Beteiligte muss daher mit einer Änderung der Entscheidungsgrundlage rechnen. Möglich ist zB a) Stellung neuer Anträge;[626] b) Formulierung neuer Patentansprüche;[627] c) Stellung neuer Hilfsanträge;[628] d) Wertung schriftsätzlich geänderter Ansprüche als unzulässige Erweiterung;[629] e) Nennung neuer Entgegenhaltung;[630] f) mangelnde Gewährbarkeit aus bisher nicht erörterten Gründen.[631]

Nur wenn der entscheidungserhebliche tatsächliche Sachverhalt (nicht dessen rechtliche Bewertung) auf eine gänzlich neue, relevante Grundlage gestellt wird, die so fernliegend ist, dass damit ein Beteiligter nicht zu rechnen brauchte, dann ist es fair, ihm vor einer negativen Entscheidung eine zusätzliche Gelegenheit zur Stellungnahme einzuräumen, weil dann der Grundsatz des rechtlichen Gehörs höher steht als das prozessökonomische Interesse am Abschluß des Verfahrens.

317 **EPA**: Nach der Stellungnahme der Großen Beschwerdekammer G 0004/92[632] (die sehr weitgehend erscheint, wenn man sie nur nach dem Leitsatz beurteilt) darf zuungunsten eines Beteiligten, der trotz ordnungsgemäßer Ladung der mündlichen Verhandlung ferngeblieben ist, eine Entscheidung nicht auf erstmals in dieser mündlichen Verhandlung vorgebrachte Tatsachen gestützt werden. Neue Beweismittel können nur berücksichtigt werden, wenn sie vorher angekündigt waren und lediglich die Behauptungen des Beteiligten bestätigen, der sich auf sie beruft. Neue Argumente dürfen dagegen in der Begründung der Entscheidung aufgegriffen werden.

318 Dadurch soll dem Grundrecht auf rechtliches Gehör Geltung verschafft werden. Dieser Zweck ist vollkommen erreicht, wenn der Beteiligte vor der mündlichen Verhandlung mitteilt, dass er – aus welchen Gründen auch immer – an der mündlichen Verhandlung nicht teilzunehmen gedenke. Das gleiche muss gelten, wenn der ordnungsgemäß Geladene schweigt und nicht kommt. Denn wenn es aus seiner Sicht Gründe gibt, die einer ausreichenden Gewährung des rechtlichen Gehörs in der vorgesehenen mündlichen Verhandlung entgegenstehen, so ist er auf Grund seiner Stellung als Verfahrensbeteiligter verpflichtet, diese mitzuteilen.

319 Hat somit der Nichterschienene ausdrücklich oder eindeutig konkludent zum Ausdruck gebracht, dass er nicht kommen und sich nicht mehr an dem weiteren Verfahren

---

625 BPatGE **46**, 86 *Zahnrad-Getriebe*; T 0055/91 ABl **95** SonderA 84; T 0986/00 ABl **03**, 554.
626 T 0414/94 ABl **99** SonderA 42.
627 T 0202/92 ABl **95** SonderA 83.
628 T 0133/92 ABl **95** SonderA 83 = EPOR **97**, 558.
629 T 0341/92 ABl **95**, 373.
630 BPatGE **8**, 40.
631 BPatGE **46**, 86 *Zahnrad-Getriebe*.
632 EPA GBK G 0004/92 ABl **94**, 149 *Rechtliches Gehör*; vgl T 0501/92 ABl **96**, 261.

beteiligen werde, so hat er damit auf die Gewährung des rechtlichen Gehörs in der angesetzten mündlichen Verhandlung verzichtet,[633] so dass grundsätzlich neue Tatsachen und neue Beweismittel, die in der mündlichen Verhandlung vom Amt oder Gericht oder einem Beteiligten vorgetragen werden, berücksichtigt und einer Entscheidung zuungunsten des Nichterschienenen zu Grunde gelegt werden dürfen. Sonst hätte es ein Beteiligter in der Hand, durch sein Nichterscheinen zumindest den Erlaß einer Entscheidung zu verzögern, was »im Interesse einer ordnungsgemäßen Rechtspflege vermieden werden muss«.[634]

Nach Abschluß der mündlichen Verhandlung dem Amt oder Gericht bekannt gewordene Umstände dürfen zur Begründung der Entscheidung nicht verwendet werden, es sei denn, den Beteiligten ist zuvor eine zusätzliche Möglichkeit zur Stellungnahme eingeräumt worden.[635] 320

5.7. Folge von Verstößen: Die Versagung rechtlichen Gehörs ist – auch wenn unverschuldet – immer ein wesentlicher Verfahrensverstoß, der zur Aufhebung der angefochtenen Entscheidung und zur Rückzahlung der Beschwerdegebühr führt. Voraussetzung ist, dass die Entscheidung auf dem Verstoß beruht *(Kausalität)*, sie also möglicherweise anders gelautet hätte, wenn das Gehör gewährt worden wäre.[636] Das Gericht kann den Mangel durch nachträgliche Gewährung heilen und dann in der Sache selbst entscheiden.[637] Nach **Art 112a (2) c** EPÜ kann auf einen schwerwiegenden Verstoß gegen Art 113 EPÜ ein Antrag auf Überprüfung durch die Große Beschwerdekammer gestellt werden (vgl Art 112a Rdn 20 im Anhang zu § 73 PatG). 321

Eine offenkundige Verletzung des rechtlichen Gehörs in einer formell rechtskräftigen Entscheidung, die also mit einem Rechtsmittel nicht mehr anfechtbar ist, kann das Gericht **im Wege der richterlichen Selbstkontrolle** überprüfen und seine Entscheidung aufheben, die sonst auf Verfassungsbeschwerde vom BVerfG aufgehoben werden würde.[638] Diese Möglichkeit besteht für BGH und die Beschwerdekammern des EPA, nicht für BPatG, da § 100 (3) Nr 3 für diesen Fall die Rechtsbeschwerde vorsieht. 322

Beispiele für Verstöße aus der Rechtsprechung: 1. Entscheidung ohne mündliche Verhandlung, obwohl diese (hilfsweise) beantragt war[639] 2. Entscheidung vor Fristab- 323

---

633 T 0892/94 ABl 2000, 1.
634 EPA GBK G 0004/92 ABl 94, 149 (Nr 4) *Rechtliches Gehör*; T 0892/94 ABl 2000, 1 (Nr 2.4).
635 BGH GRUR **98**, 817 *DORMA*.
636 BVerfGE **13**, 132, 144.
637 BPatGE **31**, 176 = GRUR **91**, 123 *offenkundige Vorbenutzung II*.
638 BVerfG (Plenum) BVerfGE **107**, 395 = NJW **03**, 1924 Abs Nr 8, 45, 49 *Rechtsschutz gegen den Richter I*; BVerwG NJW **94**, 674; vgl BVerfGE **73**, 322, 326 = NJW **87**, 1319; vgl House of Lords In Re Pinochet: »In principle it must be that your Lordships, as the ultimate court of appeal, have power to correct any injustice caused by an earlier order of this House. There is no relevant statutory limitation on the jurisdiction of the House in this regard and therefore its inherent jurisdiction remains unfettered ... However, it should be made clear that the House will not reopen any appeal save in circumstances where, through no fault of a party, he or she has been subjected to an unfair procedure«.
639 BGH GRUR **03**, 1067 (II2a) *Bach-Blüten-Ohrkerze*; BGH Mitt **06**, 450 *Rossi/ROSSI*.

lauf (verfrühte Entscheidung);[640] **3.** Entscheidung ohne angemessene Wartezeit, wenn Schriftsätze ohne Fristsetzung zugestellt waren[641] (zur Wartefrist im Einspruchsverfahren s § 59 Rdn 218); **4.** Unterlassen der unverzüglichen Übersendung von Schriftsätzen[642] mit deren Anlagen[643] (vgl dazu § 73 Rdn 108 u 153) und § 59 Rdn 219); **5.** Ablehnung eines begründeten Fristverlängerungsgesuchs;[644] **6.** Begründung stützt sich auf Entgegenhaltungen, zu denen die Beteiligten sich nicht äußern konnten;[645] **7.** Zurückweisung einer Anmeldung ohne vorherige Beanstandung der Mängel, auf die die Entscheidung gestützt ist[646] (s § 48 Rdn 14); **8.** Im Einspruchsverfahren muss den Beteiligten zu allen für die Entscheidung wesentlichen Erwägungen rechtlicher und tatsächlicher Art rechtliches Gehör gewährt werden (vgl dazu § 59 Rdn 214 ff); **9.** Entscheidung über Wiedereinsetzung unter Zugrundelegung einer eigenen Erkenntnis des Gerichts, ohne den Betroffenen dazu zuhören;[647] **10.** Entscheidung der 1. Instanz nach Zurückverweisung ohne Gelegenheit zur Stellungnahme zu neuem Beweismaterial, auch wenn dazu bereits in 2. Instanz Stellung genommen wurde;[648] **11.** wenn den Beteiligten unterschiedlich oft Gelegenheit zur Stellungnahme gegeben wird;[649] **12.** Erlaß einer Entscheidung ohne Anhörung mit der Begründung, Anmelder habe früher mangelnden guten Willen gezeigt;[650] **13.** Unterlassen der Anhörung eines Anmelders vor Entscheidung über Antrag eines Dritten auf Aussetzung gemäß Regel 14 (= Regel 13 EPÜ aF[651]); **14.** wenn zwar ein Bescheid zugestellt wird, dieser aber unverständlich oder mehrdeutig ist (Verstoß gegen elementare Regeln der Grammatik[652]); **15.** Ablehnung eines begründeten Antrags auf Verlegung oder Vertagung einer mündlichen Verhandlung,[653] nicht dagegen eines unbegründeten Antrags;[654] **16.** Verwendung von Erkenntnissen, die erst nach Abschluß der mündlichen Verhandlung gewonnen wurden;[655] **17.** keine Gelegenheit zur Äußerung zu einer eigenen Erkenntnis des Gerichts, die der allgemeinen Lebenserfahrung nicht entspricht;[656] **18.** Unterlassen einer Antwort

---

640 BVerfG NJW 88, 1773; BVerfGE 12, 110, 113; **42**, 243; BGH Mitt **12**, 475 L *Später Schriftsatz*; BPatGE **18**, 21, 23; **20**, 263; T 0804/94 ABl 95 SonderA 114; BPatG BlPMZ **08**, 451 *Gegenstandswertfestsetzung durch das DPMA*.
641 BPatGE **21**, 102 = BlPMZ 79, 182.
642 BGH BlPMZ 77, 277 *Gleichstromfernspeisung*; BPatGE **5**, 21, 23; **22**, 61; **24**, 144, 148; Mitt 70, 176; 77, 196; DPMA-EinspruchsRichtl 4.3 BlPMZ 07, 49 = Tabu Gewerbl. Rechtsschutz Nr 137; Regel 81 (2) EPÜ; EPA-PrüfRichtl D VI 3. 3.1; abw (überholt): BPatGE **11**, 216.
643 BVerfGE **19**, 148, 149; BPatG Mitt 77, 196.
644 BPatGE **22**, 61, 62; BlPMZ **83**, 21.
645 BPatGE **14**, 22, 30; T 1101/92 ABl 97 SonderA 123; aA T 0893/90 ABl **94** SonderA 126, wenn die Begründung zu den Entgegenhaltungen, zu denen eine Äußerung möglich war, die Entscheidung allein trägt.
646 Vgl BPatGE **14**, 194; **23**, 2; Mitt 71, 137; **72**, 219; **74**, 95; **79**, 174.
647 BVerfG NJW 95, 2546 *Postlaufzeit*.
648 T 0892/92 ABl 94, 664.
649 T 0682/89 ABl **94** SonderA 78.
650 T 0640/91 ABl **94**, 918.
651 J 0028/94 ABl 97, 400.
652 T 0181/95 RechtsprBK/EPA **19**, 326–328, 1141.
653 BSG Mitt **04**, 44 L;BVerwG NJW 91, 2097; OLG Hamm Mitt **93**, 27.
654 BGH GRUR 98, 362 (II3) *Rechtliches Gehör II*; BVerfGE **14**, 195 f.
655 *BGH GRUR* **98**, *817 DORMA*.
656 BVerfG NJW 95, 2546 *Postlaufzeit*.

auf mehrere Anfragen des Anmelders;[657] **19.** Unterlassen einer sachdienlichen Anhörung;[658] **20.** Unterlassen der Einführung von entscheidungserheblichen Verwendungsbeispielen in das Verfahren;[659] **21.** Nichtberücksichtigung wesentlichen Sachvortrags[660]; **22.** Ablehnung eines Antrags auf Terminsverlegung[661]. **23.** Wenn kein Sachverständigengutachten eingeholt wird, obwohl es zusätzlicher externer Sachkunde bedarf[662]

Keine Verletzung des rechtlichen Gehörs: 1. Ablehnung, einen gerichtlichen Sachverständigen zuzuziehen;[663] **2.** Unterlassen der Auseinandersetzung mit einem Vortrag, der entscheidungsunerheblich ist;[664] **3.** wenn die Partei nicht darlegt, dass die angefochtene Entscheidung auf dem Verstoß beruht, sie also nicht ausführt, was sie auf einen Hinweis vorgetragen hätte;[665] **4.** Unterlassen eines Hinweises, dass Zeichnung nur schematisch, nicht maßstabsgerecht ist;[666] **5.** wenn BPatG nach Schluss der mündlichen Verhandlung eine Entscheidung an Verkündungs Statt (§ 79 (1) 3 MarkenG) zustellt, ohne zu klären, ob noch weiterer Vortrag beabsichtigt ist.[667] **6.** Wenn Partei bei ausreichender Postlaufzeit Schriftsatz nicht auch per Fax übermittelt oder nicht telefonisch fristgerechten Eingang nachfragt[668].   324

5.8. Rechtsbehelfe:

a) **Beschwerde** gegen Beschluss des DPMA gemäß § 73.   325
b) **Zulassungsfreie Rechtsbeschwerde** gemäß § 100 (2) Nr 3 PatG (= § 83 (3) Nr 3 MG), wenn einem Beteiligten das rechtliche Gehör versagt war. Überprüft wird aber nur die Einhaltung des Verfassungsgrundsatzes, nicht die Richtigkeit der Entscheidung;[669]   326
c) **Verfassungsbeschwerde** siehe dazu Rdn 450.   327
d) **Individualbeschwerde an den Europ Gerichtshof für Menschenrechte (EGMR)** bei Verletzung von Konventionsrechten gemäß Art 34 der Konvention zum Schutze der Menschenrechte und Grundfreiheiten (EMRK)[670] (European Convention on the Protection of Human Rights and Fundamental Freedoms, ECHR) innerhalb einer Frist von 6 Monaten nach der letzten innerstaatlichen Entscheidung, mit der die innerstaatlichen Rechtsbehelfe erschöpft sind;[671]   328

---

657 BPatG BlPMZ 02, 229.
658 BPatGE 47, 224, 231 *Mikroprozessor*; BPatG BlPMZ 06, 372 (IIC) *Frequenzsignal*.
659 BGH GRUR 04, 76 *turkey & corn*; 04, 77 *PARK & BIKE*.
660 BGH NJW-RR 05, 1603.
661 BVerfG 25.05.2016 – 1 BvR 1094/16 BeckRS 16, 47125 *Terminsverlegung*.
662 BGH 07.05.19 – X ZB 15/17 *Reinigung von Abwässern* BeckRS 19, 10853; BGH GRUR 14, 1235 *Kommunikationsrouter*.
663 BGH GRUR 02, 957 *Zahnstruktur*.
664 BGH Mitt 03, 514 *Energieketten*.
665 BGH GRUR 08, 1126 *Weisse Flotte*.
666 BGH GRUR 12, 1242 *Steckverbindung*.
667 BGH GRUR 12, 89 *Stahlschluessel*.
668 BGH 20.08.19 – X ZB 13/18 NJW-RR 19, 1392 *Verlängerung der Frist zur Berufungsbegründung*.
669 BGH GRUR 99, 500 *DILZEM*.
670 Geltende Fassung: http://conventions.coe.int/Treaty/ger/Treaties/Html/005.htm.
671 Vgl Meyer-Ladewig NJW **95**, 2813.

329 e) **Gegenvorstellung** beim iudex a quo, wenn nur eine gerichtliche Instanz vorgesehen ist,[672] zB bei Gewährung von Wiedereinsetzung ohne rechtliches Gehör (s § 123 Rdn 14). Frist für eine Gegenvorstellung bei BGH 2 Wochen ab Zustellung der Entscheidung.[673] Eine Gegenvorstellung, mit der die Verletzung rechtlichen Gehörs gerügt wird, ist unzulässig, da hierfür die Anhörungsrüge zur Verfügung steht.[674]

330 f) Geltendmachung **greifbarer Gesetzwidrigkeit**.[675]

331 g) **Anhörungsrüge gemäß § 321a ZPO:** Ein Verstoß gegen den Anspruch auf rechtliches Gehör ist zunächst mit den normalen Rechtsmitteln oder Rechtsbehelfen geltend zu machen. Nur wenn diese nicht oder nicht mehr gegeben sind, kann der subsidiäre Rechtsbehelf der Anhörungsrüge geltend gemacht werden, so dass BGH, BPatG oder DPMA im Wege der Selbstkorrektur einen Verstoß korrigieren können, ohne dass der Betroffene vor das BVerfG ziehen muss. Verfahrenskostenhilfe ist auch für das Verfahren über die Anhörungsrüge zulässig.[676]

332 **Begründung der Anhörungsrüge** muss substantiiert darlegen, worin die Gehörsverletzung liegen soll und warum sie entscheidungserheblich ist. Allgemeine Hinweise genügen nicht. Fehlt es an einer eigenständigen Auseinandersetzung mit der angegriffenen Entscheidung, ist die Rüge unzulässig,[677] z.B. weil sie sich auf eine wiederholende Darstellung oder Rechtfertigung des vermeintlich übergangenen Vorbringens beschränkt[678]. In der Anhörungsrüge muss vielmehr zugleich anhand des angegriffenen Urteils näher herausgearbeitet werden, dass darin ein Rechtsstandpunkt eingenommen worden ist, bei dem das als übergangen gerügte Vorbringen schlechthin nicht unberücksichtigt bleiben konnte und seine Nichtberücksichtigung sich deshalb nur damit erklären lässt, dass es nicht zur Kenntnis genommen worden ist[679].

333 **Die Rüge ist zulässig:** 1. wenn ein **Rechtsmittel oder ein anderer Rechtsbehelf** (zB Beschwerde, Rechtsbeschwerde, Nichtzulassungsbeschwerde nach § 544 ZPO) gegen die angegriffene Entscheidung nicht oder nicht mehr gegeben ist; 2. wenn sie **schriftlich** (s dazu Einl Rdn 352) bei BGH, BPatG oder DPMA (judex a quo) erhoben wird; 3. wenn sie innerhalb einer **Notfrist von 2 Wochen** nach Kenntnis von der Verletzung des rechtlichen Gehörs erhoben wird. Maßgebend sind: positive Kenntnis sowie der Zeitpunkt, zu dem Unkenntnis und Irrtum aufhören unverschuldet zu sein. Kenntnis eines Vertreters steht der Kenntnis des Beteiligten gleich (§ 85 (2) ZPO); 4. wenn der **Zeitpunkt der Kenntniserlangung glaubhaft gemacht** ist (s dazu Einl Rdn 199). Das

---

672 BVerfG (Plenum) BVerfGE 107, 395 = NJW 03, 1924 AbsNr 50 *Rechtsschutz gegen den Richter I*; BVerfGE 9, 89, 107; 63, 77, 79; 73, 322, 327.
673 BGH GRUR 04, 1061 *Kosmetisches Sonnenschutzmittel II*.
674 BGH Mitt 08, 45 L = NJW 07, 3786 *Anhörungsrüge statt Gegenvorstellung*.
675 BGH (Plenum) BVerfGE 107, 395 = NJW 03, 1924 AbsNr 4 *Rechtsschutz gegen den Richter I*; BGHZ 119, 372; **121**, 397; **130**, 97.
676 BGH 13.03.12 – X ZR 7/11 BeckRS **12**, 07174 *Prozesskostenhilfe und Anhörungsrüge*.
677 BGH NJW 08, 378, 379; 09, 1609 Tz 4 *Begründung der Anhörungsrüge*; NJW 09, 1609 *Anforderungen an Anhörungsrüge*; BGH 16.03.10 – X ZR 169/07 BeckRS **12**, 07174 *Unzulässige Anhörungsrüge*.
678 BGH Mitt. **17**, 94 L *Darlegungsanforderungen an Anhörungsrügen*.
679 BGH Mitt **17**, 94 L *Darlegungsanforderungen an Anhörungsrügen*.

ist auch nach Fristablauf möglich, da die Notfrist von 2 Wochen nur für die Erhebung gilt; **5.** wenn ein Jahr seit Bekanntgabe der angegriffenen Entscheidung noch nicht abgelaufen ist. Als materielle Ausschlussfrist ist eine Wiedereinsetzung in die Jahresfrist – ebenso wie bei § 123 (2) 4 PatG und § 234 (3) ZPO – ausgeschlossen; **6.** wenn die angegriffene **Entscheidung so bezeichnet** ist, dass der Adressat sie in zumutbarer Weise feststellen kann; **7.** wenn die **Entscheidungserheblichkeit** des Verstoßes dargelegt ist. Entscheidungserheblich ist eine Verletzung, wenn nicht ausgeschlossen werden kann, dass es ohne die Verletzung zu einer anderen Entscheidung für den Rügenden gekommen wäre[680]; **8.** gegen **Unanfechtbare Beschlüsse des BPatG**, die mit keinem Rechtsmittel zum BGH angefochten werden können (s § 99 Rdn 11); **9.** für die Gegenpartei bei Gewährung der Wiedereinsetzung.[681]

Die Rüge ist unzulässig: 1. wenn die **Entscheidung nicht unanfechtbar** ist, also ein Rechtsmittel oder Rechtsbehelf gegeben ist; **2.** wenn es sich um eine **der Endentscheidung vorausgehende Entscheidung** handelt (§ 321a (1) 2 ZPO), wie Beweisbeschluss, Zwischenurteil, Zurückweisung eines Ablehnungsgesuchs wegen Besorgnis der Befangenheit[682] oder Entscheidung über Richterablehnung, es sei denn, diese Entscheidungen sind abschließend, für das weitere Verfahren bindend und können im weiteren fachgerichtlichen Verfahren nicht mehr korrigiert werden;[683] **3.** wenn sie mit einem **unzutreffenden Vortrag begründet** ist.[684]; **4.** Gegen einen eine Anhörungsrüge verwerfenden Beschluss[685]. 334

Verfahren: Ist die Rüge unstatthaft oder unzulässig, wird sie verworfen. Ist sie unbegründet, wird sie zurückgewiesen. Auf eine **Anhörung des Gegners** kann verzichtet werden, wenn diese nicht erforderlich ist, zB wenn die Rüge verworfen oder zurückgewiesen wird. Die Entscheidung über die Rüge ist unanfechtbar und soll kurz begründet werden. Einer zulässigen und begründeten Rüge helfen BGH, BPatG oder DPMA ab, indem sie das **Verfahren fortführen**, soweit dies auf Grund der Rüge geboten ist, dh, es wird nur mit dem Streitgegenstand erneut verhandelt, der von der Verletzung des Anspruchs auf rechtliches Gehör betroffen ist. Insoweit können die Beteiligten auch neues Vorbringen geltend machen. 335

Eine erfolgreiche Rüge durchbricht eine bereits eingetretene Rechtskraft.[686] § 321 ZPO eröffnet nicht die Möglichkeit der Selbstkorrektur anderer Verfahrensverstöße als der Verletzung des rechtlichen Gehörs.[687] 336

Anhörungsrüge vor BGH ist nur zulässig, wenn sie von einem beim BGH zugelassenen Anwalt eingelegt wird.[688] 337

---

680 BGH Mitt. **16**, 527 *materielle Beschwer*.
681 BGH NJW-RR **09**, 642 *Anhörungsrüge und Wiedereinsetzung*.
682 BGH Mitt **08**, 45 L = NJW **07**, 3786 *Anhörungsrüge statt Gegenvorstellung*.
683 BVerfG NJW **09**, 833 *Richterablehnung*; BVerfGE **119**, 292 *Anhörungsrüge und Richterablehnung*.
684 BGH 21.02.06 - X ZR 171/01 BeckRS **06**, 03434 *Anhörungsrüge: unzutreffender Vortrag*.
685 BGH 26.01.21 - VI ZR 354/19 Mitt **21**, 239 L *Anhörungsrüge zum Quadrat*.
686 BGH NJW **05**, 1432 = Mitt **05**, 393 (IIIc) *Entscheidung über Gehörsrüge*.
687 BGH GRUR **08**, 932 *Gehörsrügenbegründung*.
688 BGH NJW **05**, 2017 *Anhörungsrüge 01*.

338 Verfahrenskostenhilfe kann auch für das Verfahren über die Anhörungsrüge gewährt werden[689]

339 **Kosten:** Wird die Rüge in vollem Umfang verworfen oder zurückgewiesen, so fällt nach Nr 1700 GKG eine Gebühr von 50 € an. Die Rüge ist also gerichtskostenfrei, wenn sie auch nur teilweise begründet ist. Ein Anwalt erhält nach Nr 3330 RVG eine Verfahrensgebühr von 0,5.

340 • **Rechtskraft (RK) (res judicata)** Man unterscheidet formelle und materielle RK. Die formelle RK bedeutet, dass eine Entscheidung mit einem Rechtsmittel nicht mehr angegriffen werden kann. Die materielle RK besagt, dass der Inhalt der Entscheidung für die Parteien und das Gericht in späteren Verfahren mit gleichem Gegenstand maßgebend ist. Sie dient dem Rechtsfrieden, denn jeder Streit muss ein Ende haben, selbst wenn die Entscheidung unrichtig sein sollte. Sie tritt auch ein, wenn über den Antrag hinausgegangen sein sollte, zB ein weiteres Patent als beantragt erteilt wurde (vgl § 49 Rdn 13). Gegenstand der RK bezieht sich nur auf den geltend gemachten Anspruch, nicht auf die zur Begründung gegebenen rechtlichen und tatsächlichen Feststellungen.[690]

341 Der materiellen RK fähig sind für die BRD Entscheidungen deutscher Gerichte. Entscheidungen ausländischer Gerichte der Vertragsstaaten der EU werden in den anderen Vertragsstaaten nach Art 36 EuGVVO[691] automatisch anerkannt, ohne dass es hierfür eines besonderen Verfahrens bedarf (ipse iure). Im Verhältnis zu den EFTA-Staaten gilt das weitgehend identische LugÜ.[692] Die Frage, ob eine Entscheidung anzuerkennen ist, kann nach Art 26 (2) Gegenstand eines selbständigen Anerkennungsverfahrens sein. Jedoch darf die ausländische Entscheidung nach Art 29 keinesfalls in der Sache selbst nachgeprüft werden.

342 **Entscheidungen des EPA** sind der Rechtskraft fähig (res judicata, Art 111 Rdn 30 im Anhang zu § 73). Das EPÜ verleiht ihnen keine RK in den Vertragsstaaten und sie sind auch nicht nach der EuGVVO automatisch anerkannt, da das EPA der EuGVVO nicht angehört. Die nationalen Gerichte sind daher an die Entscheidungen des EPA nicht gebunden,[693] es sei denn, das nationale Recht bestimmt das, wie zB in Österreich.[694] Bedauerliche Folge: jedes endgültige Urteil eines erstinstanzlichen Gerichts eines Vertragsstaats wird anerkannt, die letztinstanzlichen Gerichtsentscheidungen der Beschwerdekammern des EPA dagegen nicht. Das deutsche IntPatÜG sieht eine Bindung an EPA-Entscheidungen nicht vor. Ein europ Patent kann daher im deutschen Nichtigkeitsverfahren auch dann angegriffen werden, wenn der Sachverhalt (zB Stand der Technik) identisch ist mit dem, den das EPA im Einspruchs- oder Einspruchsbeschwerdeverfahren bereits gewürdigt hatte.[695]

---

689 BGH 13.03.12 – X ZR 7/1 Schulte Kartei PatG 35.1 Nr 472 *Prozesskostenhilfe und Anhörungsrüge*.
690 Vgl BGHZ 93, 335; GRUR 97, 612 (II) *Polyäthylenfilamente*.
691 ABl EG Nr L 12 vom 16.01.01 = Tabu Gewerbl. Rechtsschutz Nr 694d = Anhang 2.
692 BGBl 1994 II 2658 = BlPMZ 95, 305 = Tabu Gewerbl. Rechtsschutz Nr 694b.
693 BGH GRUR 96, 757 *Zahnkranzfräser*; House of Lords GRUR Int 96, 825 (Nr 4) *Terfenadin*.
694 § 11 österreich Patentverträge-EinführungsG öBGBl Nr 52/1979, 475 = BlPMZ 79, 165.
695 BGH GRUR 96, 757 *Zahnkranzfräser*; 98, 895 *Regenbecken*.

Rechtsschutzinteresse/
legitimate interest to take legal action **Einleitung**

Durchbrechung der Rechtskraft ist ausnahmsweise möglich: a) durch Wiedereinsetzung (vgl § 123 Rdn 9); b) durch eine Wiederaufnahme des Verfahrens (siehe unten Rdn 545); c) im Fall der Sittenwidrigkeit, wenn die Voraussetzungen des § 826 BGB vorliegen;[696] d) bei spezieller gesetzlicher Regelung;[697] e) ausnahmsweise im Wege der gerichtlichen Selbstkontrolle für eine formell rechtskräftige Entscheidung, die also mit einem Rechtsmittel nicht mehr anfechtbar ist, wenn die Entscheidung unter offenkundiger Verletzung des rechtlichen Gehörs ergangen ist.[698]   343

- **Rechtsmissbrauch** *(abuse of procedural rights)*

Eine Verfahrenshandlung kann ausnahmsweise rechtsmissbräuchlich und damit unzulässig sein, wenn für sie unter keinem Aspekt ein Rechtsschutzinteresse besteht (siehe Rdn 345). Die Rechtsordnung stellt keine Verfahrenshandlungen für die Verfolgung verfahrensfremder Ziele zur Verfügung, zB für wissenschaftliche Zwecke oder die Befriedigung von Neugier.[699] Das gilt auch für Popularverfahren,[700] für die es nicht des Nachweises eines individuellen oder öffentlichen Interesses bedarf.   344

Verwaltungsakte können Art 2 (1) verletzen, wenn das mit der Klage verfolgte Ziel gegen unverzichtbare Grundsätze eines freiheitlichen Rechtsstaates verstößt[701].

- **Rechtsschutzinteresse oder Rechtsschutzbedürfnis** *(legitimate interest to take legal action)*

Rechtsschutzinteresse ist Voraussetzung für jede Rechtsverfolgung.[702] Niemand ist befugt, Behörden und Gerichte unnütz in Anspruch zu nehmen[703] oder ein gesetzlich vorgesehenes Verfahren zur Verfolgung nicht schutzwürdiger Ziele auszunutzen.[704] Es darf nicht engherzig beurteilt werden,[705] nur einer offensichtlich nicht schutzwürdigen Rechtsverfolgung kann das Bedürfnis nach Rechtsschutz abgesprochen werden, nicht dagegen bereits einer mutwilligen oder aussichtslosen Rechtsverfolgung,[706] denn das Rechtsschutzbedürfnis ist eine Prozessvoraussetzung, die nicht mit fehlender sachlicher Begründetheit verneint werden kann.[707] Die Besorgnis, Ansprüchen Dritter möglicherweise ausgesetzt zu werden, genügt.[708] Es muss im Zeitpunkt der Entscheidung   345

---

696 Vgl BGHZ **26**, 396; **40**, 130; NJW **86**, 1751, 2047.
697 RGZ **147**, 389.
698 BVerwG NJW **94**, 674; vgl BVerfGE **73**, 322, 326 = NJW **87**, 1319.
699 BPatG BlPMZ **13**, 28 *RDM* für Markenlöschungsantrag.
700 BGH GRUR **97**, 747 *Cirkulin*; 05, 1047 *Otto*; BPatG BlPMZ **13**, 28 *RDM*.
701 BVerfG NJW **07**, 3709 *Rechtsmissbräuchliche Zustellung von Sammelklagen*; BVerfGE **108**, 238 *napster class action*.
702 BGH BlPMZ **95**, 442 (II 2 b aa) *Tafelförmige Elemente*; Vgl BPatGE **15**, 134 (II2); vgl **15**, 97, 100; **15**, 253, 257; **17**, 14, 15; **25**, 141, 142; **29**, 39; BPatG 09.05.11 – 10 W (pat) 16/08 BeckRS **11**, 141779 *Rechtsschutzinteresse für jede Rechtsverfolgung.*
703 BPatGE **47**, 224 *Mikroprozessor*; BPatG 09.05.11 – 10 W (pat) 16/08 BeckRS **11**, 141779 *Rechtsschutzinteresse für jede Rechtsverfolgung.*
704 BGH BlPMZ **71**, 163 (II2) *Fungizid*; **71**, 374 (F2) *Trioxan*; **97**, 320 (II2c) *Vornapf.*
705 BGH BlPMZ **82**, 226 (1) *Bauwerksentfeuchtung*; **74**, 60 (I) *Schraubennahtrohr.*
706 BGH BlPMZ **74**, 60 (I) *Schraubennahtrohr*; **95**, 442 (II2b aa) *Tafelförmige Elemente*; BPatGE **25**, 141, 142; BPatG GRUR **12**, 679 FN 87; abw: BPatGE **29**, 39.
707 BGH BlPMZ **74**, 60 (I) *Schraubennahtrohr.*
708 BGH GRUR **95**, 342 (II2b aa) *Tafelförmige Elemente*; **81**, 515 *Anzeigegerät*; BPatGE **36**, 110, 114.

Einleitung   *Rechtsschutzinteresse/ legitimate interest to take legal action*

noch bestehen.[709] Seine Verneinung muss iSd § 100 (3) Nr 6 PatG mit Gründen versehen sein.[710]

Zum Rechtsschutzbedürfnis bei **Patentanmeldungen** siehe § 34 Rdn 23 und zu **Patentansprüchen verschiedener Kategorien** siehe § 34 Rdn 239, für Nichtigkeitsklagen s § 81 Rdn 41.

346 **Fehlen des Rechtsschutzbedürfnisses** führt zur Unzulässigkeit der Verfahrenshandlung, ist aber kein Widerrufs- oder Nichtigkeitsgrund.[711] Ist das Patent erloschen, muss es vom Einsprechenden und Nichtigkeitskläger für einen Antrag auf Widerruf oder Nichtigerklärung ex tunc dargetan werden (vgl § 59 Rdn 54 und § 81 Rdn 42). Fehlt Rechtsschutzbedürfnis nach Ablauf der Patentdauer, ist eine Beschwerde des Anmelders als unzulässig zu verwerfen.[712]

347 **Rechtsschutzbedürfnis wurde bejaht:** a) für eine deutsche Anmeldung, wenn bereits vorher ein europäisches Patent für dieselbe Erfindung erteilt wurde[713] oder wenn im Zeitpunkt der Entscheidung über die Patenterteilung die Patentdauer gemäß § 16 (1) 1 abgelaufen war;[714] b) zur **Beseitigung eines Rechtsscheins**, zB weil ein nicht entstandenes Patent gleichwohl im Register eingetragen ist;[715] c) für ein Rechtsmittel, wenn eine Verletzung des Gebots der Gleichbehandlung des Art 3 (1) GG möglich erscheint;[716] d) für eine Nichtigkeitsklage, wenn das deutsche Patent wegen des Doppelschutzverbots nach Art II § 8 (1) IntPatÜbkG im Hinblick auf die bestandskräftige Erteilung eines europäischen Patents keine Wirkung mehr hat.[717]

348 **Rechtsschutzbedürfnis wurde verneint:** 1. für Antrag des Anmelders, Prüfungsantrag eines Dritten als unzulässig zurückzuweisen;[718] 2. für Antrag eines Dritten, ein fremdes Patent im Register zu löschen;[719] 3. für ein Scheinverfahren, für Verfahren zur Erlangung einer theoretischen Rechtsauskunft oder im Falle von Schikane;[720] 4. für sinn- und zwecklose Erfindungen, denen jede Sozialnützlichkeit fehlt;[721] 5. für rückwirkende Vernichtung eines Schutzrechts, wenn eine Inanspruchnahme ernstlich nicht mehr in Betracht kommt;[722] 6. für Verfahrenserzeugnis, das auf bestimmte Art herge-

---

709 BGH NJW-RR 04, 1365 *Zeitpunkt der Beschwer.*
710 BGH GRUR 85, 376 *Werbedrucksache.*
711 BGH GRUR 91, 376 *Beschußhemmende Metalltür;* 07, 578 *Rückspülbare Filterkerze;* vgl BGH GRUR 84, 797 *Zinkenkreisel.*
712 BPatG GRUR 08, 96 *Rauchbarer Artikel;* BGH NJW-RR 04, 1365 *Zeitpunkt der Beschwer.*
713 BPatGE 28, 113 u 29, 214 = BlPMZ 86, 343 u 88, 259.
714 BPatGE 12, 119; 42, 256 *Benutzerleitende Information.*
715 Für Gbm: BGH GRUR 00, 1018 (II3a) *Sintervorrichtung;* BPatGE 44, 209 *Nutmutter.*
716 BPatG BlPMZ 08, 181 *Rechtsschutzbedürfnis für Defensivbeschluss – InfoVoice.*
717 BGH v 12.11.2002 – X ZR 118/99 BeckRS 03, 00461 *Knochenschraubensatz;* BGH 08.09.09 – X ZR 15/07 BeckRS 09, 28358 *Wiegevorrichtung;* BGH 20.07.10 – X ZR 17/07 BeckRS 10, 26766 *Erwärmen von Brauchwasser.*
718 BPatGE 15, 134, 139.
719 BPatGE 17, 14, 15.
720 BGH BlPMZ 74, 60 (I) *Schraubennahtrohr.*
721 BPatGE 29, 39 *Scheintotenentlarvungssystem.*
722 BGH BlPMZ 95, 442 (2b aa) *Tafelförmige Elemente;* BGH GRUR 20, 1074 Rn 28 *Signalübertragungssystem;* BGH GRUR 21, 42 Rn 7 *Truvada;* BGH 26.01.21 – X ZR 24/19 GRUR 21, 696 *Phytase.*

stellt wird, wenn das Herstellungsverfahren bereits patentiert ist[723] (bedenklich, vgl § 34 Rdn 236); **7.** für einen Hauptantrag, der inhaltlich mit einem Hilfsantrag übereinstimmt, wenn der Hauptantrag Auslegungsschwierigkeiten aufweist, der Hilfsantrag dagegen nicht;[724] **8.** für Arbeitgeber an der Nichtigerklärung des Patents nach dessen Erlöschen, auch wenn Streit über die Vergütung besteht;[725] **9.** für Unterlassungsantrag, wenn der Kläger ein Vertragsstrafeversprechen des Klägers zurückweist;[726] **10.** für Unterlassungsklage des Verwarnten, wenn Verletzungsklage erhoben und nicht mehr zurückgenommen werden kann;[727] **11.** wenn ein Erteilungsantrag sich auf eine mehrfache Patentierung ein und desselben Gegenstands richtet, unbeachtlich ist dagegen die Übereinstimmung im Schutzbereich von Patentansprüchen;[728] **12.** für eine weitere, mit der ersten inhalts- und prioritätsgleiche Patentanmeldung desselben Anmelders[729] (bedenklich vgl § 34 Rdn 25); **13.** Für einen im wesentlichen unbrauchbaren Teil der angemeldeten Lehre;[730] **14.** Für die Verfolgung verfahrensfremder Ziele.[731]

- **Römisches Recht** *(Roman Law)*

Richter bedienen sich auch heute noch gern lateinischer Rechtsregeln zur Begründung für die Lösung eines rechtlichen Problems. Insbesondere das EPA greift zur Ausfüllung von Gesetzeslücken im EPÜ auf römisches Recht zurück.[732] Nach Art 125 EPÜ berücksichtigt das EPA – soweit das EPÜ keine Vorschriften über das Verfahren enthält – die in den Vertragsstaaten im Allgemeinen anerkannten Grundsätze des Verfahrensrechts. Im Rahmen der Anwendung der Generalklausel des Art 125 EPÜ liegt es nicht fern, das römische Recht mit in Betracht zu ziehen, das cum grano salis die Wurzel des nationalen Rechts der Vertragsstaaten ist.

349

Lateinische Rechtsregeln, alphabetisch unter Angabe der Fundstelle im römischen Recht, in der nationalen und europäischen Rechtsprechung und im Kommentar:

A jure nemo recedere praesumitur § 34 Rdn 440
Von niemandem wird vermutet, er verzichte auf sein Recht.
Accessio cedit principali Dig. 34, 2, 19 § 13; EPA G 0004/88 ABl 89, 480 (Nr 6)
Das Beiwerk weicht der Hauptsache, es teilt ihr rechtliches Schicksal.
Cessante ratione legis cessat ipsa lex Glosse zu Dig. 35, 1, 72 EPA G 0001/86 ABl 87, 447 (Nr 10); G 0002/08 ABl 10, 456 (Nr 7.1.2) *Dosierungsanleitung.*
Fällt der Sinn eines Gesetzes weg, so entfällt das Gesetz selbst.
Delegatus non potest delegare EPA T 0390/86 ABl 89, 30 (Nr 7)
Übertragene Gewalt wird nicht übertragen.
Error communis facit jus Inst.Justinian 2, 10 § 7; EPA J 0004/87 ABl 88, 323

---

723   BPatGE 33, 153.
724   BGH GRUR **82**, 291 *Polyesterimide.*
725   BGH GRUR **81**, 516 *Klappleitwerk.*
726   BGH GRUR **78**, 192 *Hamburger Brauch*; **67**, 362, 365 *Spezialsalz*; OLG München GRUR **80**, 1017.
727   BGH GRUR **59**, 152, 154 *Berliner Eisbein*; OLG Frankfurt GRUR **89**, 705.
728   BGH GRUR **06**, 748 *Mikroprozessor.*
729   BPatGE **14**, 185; **21**, 223 *inhaltsgleiche Anmeldungen.*
730   BGH GRUR **91**, 518 *Polyesterfäden.*
731   BPatG BlPMZ **13**, 28 (II1) *RDM.*
732   Vgl dazu Bossung in FS Preu 1988 Seite 219.

Einleitung Römisches Recht/Roman Law

Ein gemeinsamer Irrtum schafft Recht.
Ex praecedentibus et consequentibus fit optima interpretatio
Die beste Auslegung gewinnt man aus dem Vorangegangenen und dem Folgenden.
EPA T 0860/93 ABl 95, 47 (Nr 5.1)
Expedit rei publicae ut finis sit litium
Es dient dem Wohl der Allgemeinheit, dass Rechtsstreitigkeiten enden.
Cod.Just. 7, 52, 2; EPA T 0133/92 EPOR 96, 558; T 0167/93 ABl 97, 229 (Nr 2.3)
Expressum facit cessare tacitum
Ausgedrücktes lässt stillschweigend Erklärtes zurücktreten.
Dig. 28, 6, 39 § 1; EPA T 0226/93 ABl 95 SonderA 134.
Fumus boni juris EPA D 0003/89 BeckRS 89, 112965
Der Anschein (»Geruch«) guten Rechts.
In claris non fit interpretatio siehe Einl Rdn 132
In klaren Fällen findet eine Auslegung nicht statt.
In dubio pro reo iudicandum est Dig. 44, 7, 47; siehe Einl Rdn 214
Im Zweifel ist zugunsten des Angeklagten zu entscheiden.
Ne ultra petita siehe Einl Rdn 7; § 73, 70; Art 107, 29; Art 110, 12
Der Richter darf nicht über das Begehren hinausgehen.
Nulla poena sine culpa
Keine Strafe ohne Schuld. Dieser Grundsatz hat Verfassungsrang BVerfGE 20, 323 = GRUR 67, 213; 120, 224 (II1a) = NJW 08, 1137 vgl § 139 Rdn 412
Nulla poena sine lege Dig. 50, 16, 131, 244
Keine Strafe ohne Gesetz.
BVerfG NJW 90, 3140; 95, 248; 97, 929; EuGH NJW 07, 2237 *Europ Haftbefehl*.
Pacta sunt servanda Dig. 2, 14, 7 § 7
Verträge müssen eingehalten werden.
EPA GBK G 2 u 3/02 Abl 04, 483, 494 (Nr 5.5) Priorities from India/ASTRAZENECA
Perpetuatio fori
Eine einmal begründete Zuständigkeit bleibt grundsätzlich bestehen[733] (§ 261 (3) Nr 2 ZPO).
Qui tacet consentire videtur ubi loqui debuit Dig. 19, 2, 13 § 11; siehe Einl Rdn 393.
Wer schweigt, scheint zuzustimmen, wenn er hätte sprechen müssen.
Reformatio in peius judici appellato non licet
Der Rechtsmittelrichter darf die angefochtene Entscheidung nicht zu Lasten des Anfechtenden ändern.
Dig. 49, 1, 1; § 73 Rdn 74, 182; Art 107 Rdn 26; Art 110 Rdn 12
Singularia non sunt extendenda Dig. 40, 5, 23 § 3 u 41, 2, 44 § 1; Einl Rdn 141
Sonderbestimmungen dürfen nicht ausgedehnt werden.
Summum jus summa injuria Cicero De officiis 1 § 33
G 0002/08 ABl 10, 465 (Nr 2.3) *Dosierungsanleitung/ABBOTT RESPIRATORY*

---

[733] BGH GRUR 07, 862 *Informationsübermittlungsverfahren II*; BPatGE **49**, 173 *Rundsteckverbinder/perpetuatio fori*; **49**, 238 *Gehäuse/perpetuatio fori*; **49**, 233 *Einspruchszuständigkeit*; aA zu Unrecht: BPatGE **49**, 224 *Gesetzlicher Richter*.

Ubi lex non distinguit, nec nos distinguere debemus
Glossen Pretium zu Dig. 6, 2, 8. EPA GBK G02/08 (Nr 5.9.1.1) ABl 10, 456, 479.
Wo das Gesetz nicht unterscheidet, dürfen wir auch nicht unterscheiden.
Venire contra factum proprium (nemini licet) Dig. 1, 7, 25; Einl Rdn 418 lit c
Niemandem ist es erlaubt, sich in Widerspruch zu seinem eigenen Verhalten zu setzen.

- **Ruhen des Verfahrens** *(stay of proceedings)*

In Verfahren mit Untersuchungsgrundsatz kommt ein Ruhen des Verfahrens selten in Betracht. In zweiseitigen Verfahren kann die Anordnung des Ruhens zweckmäßig sein, wenn alle Beteiligten sie beantragen und eine gütliche Regelung zwischen den Parteien erwartet werden kann[734] (§ 251 ZPO analog). Das Verfahren kann auf begründeten Antrag einer Partei wieder aufgenommen werden. 350

- **Schlüssigkeit** *(conclusiveness)*

Schlüssigkeit ist gegeben, wenn die vorgetragenen Tatsachen – ihre Richtigkeit unterstellt – das Begehren rechtfertigen. Ein schlüssiger Antrag ist daher erfolgreich, wenn der Gegner schweigt und von Amts wegen zu berücksichtigende Umstände nicht entgegenstehen. Ein nicht schlüssiger Vortrag führt somit zur Zurückweisung als unbegründet, nicht als unzulässig.[735] Unzulässig ist ein Begehren, wenn der Vortrag auf Schlüssigkeit gar nicht geprüft werden kann, weil es am Tatsachenvortrag überhaupt fehlt oder er den gesetzlichen Anforderungen (zB der Substantiierung gemäß § 59 (1) 4[736] nicht entspricht). Ist ein Einspruch substantiiert, rechtfertigen aber die vorgetragenen Tatsachen den Widerruf des Patents nicht, so ist er unbegründet und nicht wegen Fehlens der Schlüssigkeit unzulässig[737] (s § 59 Rdn 90). 351

- **Schriftform** *(written form)*

Das Erfordernis der Schriftform dient der Rechtssicherheit. Es darf für Amt, Gericht und Verfahrensbeteiligte nicht zweifelhaft sein, dass eine bestimmte Verfahrenshandlung mit bestimmtem Inhalt zu einem bestimmten Zeitpunkt von einer bestimmten Person gewollt ist.[738] Daher bedürfen alle Verfahrenshandlungen – sofern nicht etwas anderes zugelassen ist (wie zB die Aufzeichnung als elektronisches Dokument gemäß § 130a ZPO und § 125a PatG) – der Schriftform,[739] auch wenn das Gesetz sie nicht ausdrücklich vorschreibt. Andere, nicht zugelassene Verkörperungen einer Verfahrenshandlung, zB auf Tonband,[740] erfüllen die Schriftform nicht. Schriftform setzt voraus, dass die Verfahrenserklärung in lesbarer Form, ohne einer besonderen Übertragung (zB aus Kurzschrift) zu bedürfen, (hand- oder maschinen-) schriftlich abgefasst ist. 352

---

734 EPA J 0040/92 BeckRS **94** 30489530 *Ruhen des Beschwerdeverfahrens/BINDER.*
735 BGH GRUR **85**, 371 *Sicherheitsvorrichtung;* BPatG GRUR **82**, 550; aA: BPatGE **23**, 144.
736 BGH GRUR **72**, 592 *Sortiergerät.*
737 BGH GRUR **93**, 651 *Tetraploide Kamille.*
738 BVerfG Mitt **03**, 211 L = NJW **02**, 3534 *Schriftform für Einspruch.*
739 Vgl BPatGE **25**, 141, 143 *Bestätigung von Änderungen;* **34**, 151 *Rechtliches Gehör.*
740 BGH GRUR **79**, 109 *Tonbandbeschreibung.*

353 Schriftform steht gleich a) Erklärungen zu Protokoll (§§ 129a, 496 ZPO); b) Erklärungen bei einer Anhörung oder einer mündlichen Verhandlung, die zu Protokoll genommen werden; c) Form einer deutschen Patentanmeldung, die § 34 (6) iVm der Patentverordnung zulässt (s § 34 Rdn 46); d) elektronische Form (s Rdn 354 ff); e) Textform, deren Verwendung aber PatG nicht vorschreibt (s Rdn 357); f) elektronisches Dokument (s Rdn 359, 363 ff).

1. Elektronisches Dokument   *(electronic document)*

354 Lit: Scherf/Schmieszek/Viefhues: Elektronischer Rechtsverkehr 2006; Spindler/Schuster: Recht der elektronischen Medien C.H.Beck 2008.

Begriff des elektronischen Dokuments verwenden § 126a BGB, § 130 a ZPO und § 125a PatG ohne ihn zu definieren. Ein elektronisches Dokument ist jede dauerhafte Fixierung von Daten auf einem Datenträger unter Einsatz elektronischer Datenverarbeitung durch Digitalisieren (Umwandlung in einen Binärcode). Ein elektronisches Dokument muss für den Rechtsverkehr so beschaffen sein, dass jederzeit sein Inhalt in lesbarer Form auf Papier wiedergegeben werden kann.

2. Elektronischer Rechtsverkehr im bürgerlichen Recht

§ 126 BGB Schriftform

355 (1) Ist durch Gesetz schriftliche Form vorgeschrieben, so muss die Urkunde von dem Aussteller eigenhändig durch Namensunterschrift oder mittels notariell beglaubigten Handzeichens unterzeichnet werden.
(2) Bei einem Vertrag muss die Unterzeichnung der Parteien auf derselben Urkunde erfolgen. Werden über den Vertrag mehrere gleichlautende Urkunden aufgenommen, so genügt es, wenn jede Partei die für die andere Partei bestimmte Urkunde unterzeichnet.
(3) Die schriftliche Form kann durch die elektronische Form ersetzt werden, wenn sich nicht aus dem Gesetz ein anderes ergibt.
(4) Die schriftliche Form wird durch die notarielle Beurkundung ersetzt.

§ 126a BGB Elektronische Form

356 (1) Soll die gesetzlich vorgeschriebene schriftliche Form durch die elektronische Form ersetzt werden, so muss der Aussteller der Erklärung dieser seinen Namen hinzufügen und das elektronische Dokument mit einer qualifizierten elektronischen Signatur nach dem Signaturgesetz versehen.
(2) Bei einem Vertrag müssen die Parteien jeweils ein gleichlautendes Dokument in der in Absatz 1 bezeichneten Weise elektronisch signieren.

§ 126 b BGB Textform

357 ¹Ist durch Gesetz Textform vorgeschrieben, so muss eine lesbare Erklärung, in der die Person des Erklärenden genannt ist, auf einem dauerhaften Datenträger abgegeben werden. ²Ein dauerhafter Datenträger ist jedes Medium, das
1. es dem Empfänger ermöglicht, eine auf dem Datenträger befindliche, an ihn persönlich gerichtete Erklärung so aufzubewahren oder zu speichern, dass sie ihm während eines für ihren Zweck angemessenen Zeitraums zugänglich ist, und
2. geeignet ist, die Erklärung unverändert wiederzugeben.

§ 127 BGB Vereinbarte Form

358 (1) Die Vorschriften des § 126, des § 126a oder des § 126b gelten im Zweifel auch für die durch Rechtsgeschäft bestimmte Form.
(2) ¹Zur Wahrung der durch Rechtsgeschäft bestimmten schriftlichen Form genügt, soweit nicht ein anderer Wille anzunehmen ist, die telekommunikative Übermittlung und bei einem Vertrag der Briefwechsel. ²Wird eine solche Form gewählt, so kann nachträglich eine dem § 126 entsprechende Beurkundung verlangt werden.
(3) ¹*Zur Wahrung der durch Rechtsgeschäft bestimmten elektronischen Form genügt, soweit nicht ein anderer Wille anzunehmen ist, auch eine andere als die in § 126a bestimmte elektronische Signa-*

tur und bei einem Vertrag der Austausch von Angebots- und Annahmeerklärung, die jeweils mit einer elektronischen Signatur versehen sind. ²Wird eine solche Form gewählt, so kann nachträglich eine dem § 126a entsprechende elektronische Signierung oder, wenn diese einer der Parteien nicht möglich ist, eine dem § 126 entsprechende Beurkundung verlangt werden.

3. Elektronischer Rechtsverkehr im Verfahrensrecht

Die für eine Übermittlung elektronischer Dokumente erforderlichen Angaben sollen nach § 130 Nr. 1a ZPO in den vorbereitenden Schriftsätzen enthalten sein, sofern eine solche möglich ist.

359

§ 130a ZPO Elektronisches Dokument[741],[742]
(1) Vorbereitende Schriftsätze und deren Anlagen, schriftlich einzureichende Anträge und Erklärungen der Parteien sowie schriftlich einzureichende Auskünfte, Aussagen, Gutachten, Übersetzungen und Erklärungen Dritter können nach Maßgabe der folgenden Absätze als elektronisches Dokument bei Gericht eingereicht werden.
(2) ¹Das elektronische Dokument muss für die Bearbeitung durch das Gericht geeignet sein. ²Die Bundesregierung bestimmt durch Rechtsverordnung mit Zustimmung des Bundesrates die für die Übermittlung und Bearbeitung geeigneten technischen Rahmenbedingungen.
(3) Das elektronische Dokument muss mit einer qualifizierten elektronischen Signatur der verantwortenden Person versehen sein oder von der verantwortenden Person signiert und auf einem sicheren Übermittlungsweg eingereicht werden.
(4) Sichere Übermittlungswege sind
1. der Postfach- und Versanddienst eines De-Mail-Kontos, wenn der Absender bei Versand der Nachricht sicher im Sinne des § 4 Absatz 1 Satz 2 des De-Mail-Gesetzes angemeldet ist und er sich die sichere Anmeldung gemäß § 5 Absatz 5 des De-Mail-Gesetzes bestätigen lässt,
2. der Übermittlungsweg zwischen dem besonderen elektronischen Anwaltspostfach nach § 31a der Bundesrechtsanwaltsordnung oder einem entsprechenden, auf gesetzlicher Grundlage errichteten elektronischen Postfach und der elektronischen Poststelle des Gerichts,
3. der Übermittlungsweg zwischen einem nach Durchführung eines Identifizierungsverfahrens eingerichteten Postfach einer Behörde oder einer juristischen Person des öffentlichen Rechts und der elektronischen Poststelle des Gerichts; das Nähere regelt die Verordnung nach Absatz 2 Satz 2,
4. sonstige bundeseinheitliche Übermittlungswege, die durch Rechtsverordnung der Bundesregierung mit Zustimmung des Bundesrates festgelegt werden, bei denen die Authentizität und Integrität der Daten sowie die Barrierefreiheit gewährleistet sind.
(5) ¹Ein elektronisches Dokument ist eingegangen, sobald es auf der für den Empfang bestimmten Einrichtung des Gerichts gespeichert ist. ²Dem Absender ist eine automatisierte Bestätigung über den Zeitpunkt des Eingangs zu erteilen.
(6) ¹Ist ein elektronisches Dokument für das Gericht zur Bearbeitung nicht geeignet, ist dies dem Absender unter Hinweis auf die Unwirksamkeit des Eingangs und auf die geltenden technischen Rahmenbedingungen unverzüglich mitzuteilen. ²Das Dokument gilt als zum Zeitpunkt der früheren Einreichung eingegangen, sofern der Absender es unverzüglich in einer für das Gericht zur Bearbeitung geeigneten Form nachreicht und glaubhaft macht, dass es mit dem zuerst eingereichten Dokument inhaltlich übereinstimmt.

---

741 Seit dem 01.01.18 kann nach §130a ZPO alles, was in schriftlicher Form von den Parteien, ihren Bevollmächtigten und Dritten eingereicht werden kann, als elektronisches Dokument übermittelt werden. Die technischen Rahmenbedingungen regelt die Elektronische-Rechtsverkehr- Verordnung (ERVV) vom 24.11.17 (BGBl I S. 3803 und BGBl 18 I S. 200).
742 **Lit:** Scherf/Schmieszek/Viefhues: Elektronischer Rechtsverkehr 2006;); Spindler/Schuster: Recht der elektronischen Medien 3. Aufl. 2015 C.H.Beck.
Lit in GRUR: Engels/Morawek **GRUR 14**, 409, 415 (h) ELSA.
Lit in NJW: Bacher **15**, 2753; Müller **17**, 2713; Jost/Kempe **17**, 2705; Kesper/Ory **17**, 2709; Ulrich/Schmieder **19**, 113.
Lit in MDR: Bacher **19**, 1. Effer/Uhe **19**, 69.

§ 130 b ZPO Gerichtliches elektronisches Dokument

361 ¹ Soweit dieses Gesetz dem Richter, dem Rechtspfleger, dem Urkundsbeamten der Geschäftsstelle oder dem Gerichtsvollzieher die handschriftliche Unterzeichnung vorschreibt, genügt dieser Form die Aufzeichnung als elektronisches Dokument, wenn die verantwortenden Personen am Ende des Dokuments ihren Namen hinzufügen und das Dokument mit einer qualifizierten elektronischen Signatur versehen. ² Der in Satz 1 genannten Form genügt auch ein elektronisches Dokument, in welches das handschriftlich unterzeichnete Schriftstück gemäß § 298a Absatz 2 übertragen worden ist.

§ 371a ZPO Beweiskraft elektronischer Dokumente[743]

362 (1) ¹Auf private elektronische Dokumente, die mit einer qualifizierten elektronischen Signatur versehen sind, finden die Vorschriften über die Beweiskraft privater Urkunden entsprechende Anwendung. ²Der Anschein der Echtheit einer in elektronischer Form vorliegenden Erklärung, der sich auf Grund der Prüfung nach dem Signaturgesetz ergibt, kann nur durch Tatsachen erschüttert werden, die ernstliche Zweifel daran begründen, dass die Erklärung vom Signaturschlüssel-Inhaber abgegeben worden ist.
(2) Hat sich eine natürliche Person bei einem ihr allein zugeordneten De-Mail-Konto sicher angemeldet (§ 4 Absatz 1 Satz 2 des De-Mail-Gesetzes[744]), so kann für eine von diesem De-Mail-Konto versandte elektronische Nachricht der Anschein der Echtheit, der sich aus der Überprüfung der Absenderbestätigung gemäß § 5 Absatz 5 des De-Mail-Gesetzes ergibt, nur durch Tatsachen erschüttert werden, die ernstliche Zweifel daran begründen, dass die Nachricht von dieser Person mit diesem Inhalt versandt wurde.
(3) ¹Auf elektronische Dokumente, die von einer öffentlichen Behörde innerhalb der Grenzen ihrer Amtsbefugnisse oder von einer mit öffentlichem Glauben versehenen Person innerhalb des ihr zugewiesenen Geschäftskreises in der vorgeschriebenen Form erstellt worden sind (öffentliche elektronische Dokumente), finden die Vorschriften über die Beweiskraft öffentlicher Urkunden entsprechende Anwendung. ²Ist das Dokument von der erstellenden öffentlichen Behörde oder von der mit öffentlichem Glauben versehenen Person mit einer qualifizierten elektronischen Signatur versehen, gilt § 437 entsprechend. ³Das Gleiche gilt, wenn das Dokument im Auftrag der erstellenden öffentlichen Behörde oder der mit öffentlichem Glauben versehenen Person durch einen akkreditierten Diensteanbieter mit seiner qualifizierten elektronischen Signatur gemäß § 5 Absatz 5 des De-Mail-Gesetzes versehen ist und die Absenderbestätigung die erstellende öffentliche Behörde oder die mit öffentlichem Glauben versehene Person als Nutzer des De-Mail-Kontos ausweist.

VERORDNUNG (EU) Nr. 910/2014[745] über elektronische Identifizierung und Vertrauensdienste für elektronische Transaktionen im Binnenmarkt regelt in Art 13 Haftung und Beweislast der Vertrauensdiensteanbieter.

4. Elektronisches Dokument vor DPMA, BPatG und BGH:

363 § 125a (1) PatG verweist für die Schriftform von Anmeldungen, Anträgen oder sonstigen Handlungen in Verfahren vor dem DPMA auf § 130a (1) Satz 1 und 3 sowie Abs. 3 der ZPO (siehe oben Rdn 359).

Damit der Absender klar authentifiziert werden kann, ist das elektronische Dokument gemäß § 2 (4) ERVDPMA (siehe Anhang 19) mit einer qualifizierten elektronischen Signatur (s Rdn 376) zu versehen. Zugelassene Signaturkartenanbieter siehe unter www.bundesnetzagentur.de. Zusätzlich zugelassen ist die Smart Card des EPA.

---

743 Bacher NJW 15, 2753, 2759; Wagner JuS 16, 29, 32.
744 DE-Mail-G v 28.04.11 (BGBl I S 666) reguliert die De-Mail-Diensteanbieter, um einen sicheren, vertraulichen und nachweisbaren Geschäftsverkehr für jedermann im Internet sicherzustellen.
745 EU-ABl 2014 Nr L 257 S 73, EU-ABl 2015 Nr L 23 S 19.

Vor BPatG und BGH sind in Verfahren nach dem Patentgesetz elektronische Dokumente nach § 2 (2a) BGH/BPatGERVV (s Anhang 18) mit einer qualifizierten elektronischen Signatur zu versehen.

Zeitpunkt, von dem an elektronische Dokumente eingereicht werden können, wird nach § 130a (2) ZPO und § 125a (3) PatG durch Rechtsverordnung bestimmt. Ergangen sind: 364

4.1. ERVDPMAV: Verordnung über den elektronischen Rechtsverkehr beim DPMA s Anhang 19. Danach können beim DPMA elektronische Dokumente eingereicht werden für Anmeldungen nach PatG und IntPatÜG, Einsprüche, Beschwerden, Rechercheanträge und Prüfungsanträge. Für die elektronische Patentanmeldung gilt nach 311 000 und 311 050 PatKostG (s Anhang 15) eine ermäßigte Gebühr. Die Form der Einreichung regelt § 3 ERVDPMAV (s Anhang 19). Das elektronische Dokument muss mit einer qualifizierten elektronischen Signatur versehen sein. 365

4.2. BGH/BPatGERVV = Verordnung über den elektronischen Rechtsverkehr beim BGH[746] und BPatG[747] (s Anhang 18). Danach können elektronische Dokumente in Verfahren nach dem PatG beim BGH und BPatG eingereicht werden. Das elektronische Dokument muss mit einer qualifizierten elektronischen Signatur versehen sein. 366

4.3. Eingang elektronischer Dokumente bei BGH, BGH und DPMA: Ein elektronisches Dokument ist wirksam eingegangen, wenn es auf dem eingerichteten Empfänger-Intermediär im Netzwerk für das elektronische Gerichts- und Verwaltungspostfach (EGVP) gespeichert worden ist, auch wenn für den Empfang eingerichtete Rechner das Dokument nicht in das Postfach der Behörde gelegt hat[748], denn es ist unerheblich, ob das im EGVP gespeicherte Dokument von dort rechtzeitig an andere Rechner weitergeleitet wurde.[749] 367

4.4. Zustellung durch Behörde: Ein Dokument kann von der Behörde nach § 5 (4) VwZG an Rechtsanwälte und Patentanwälte auch elektronisch gegen Empfangsbekenntnis zugestellt werden. Nach § 5 (5) VwZG kann ein elektronisches Dokument auch elektronisch zugestellt werden, soweit der Empfänger hierfür einen Zugang (= objektiv bestehende technische Kommunikationseinrichtung) ausdrücklich oder konkludent eröffnet hat. Es ist elektronisch zuzustellen, wenn auf Grund einer Rechtsvorschrift ein Verfahren auf Verlangen des Empfängers in elektronischer Form abgewickelt wird. Die Hausverfügung Nr 10 des DPMA erwähnt diese Zustellungsart nicht.[750] 368

Nach § 174 (1) ZPO kann an Anwälte gegen Empfangsbekenntnis zugestellt werden. Ein elektronisches Dokument kann nach § 174 (3) ZPO auch an Anwälte zugestellt werden. Anderen Verfahrensbeteiligten nur, wenn sie der Übermittlung elektronischer Dokumente zugestimmt haben.

---

746 Verfahren siehe unter www.bundesgerichtshof.de/erv.html.
747 Verfahren siehe unter www.bundespatentgericht.de/bpatG/erv.html.
748 BGH 14.05.20 – X ZR 119/18 GRUR **20**, 980 *Aktivitätsüberwachung*.
749 Müller NZA **19**, 1120 f.
750 Hausverfügung Nr 10 v 1.2.2006 Schulte-Kartei PatG 124–128a Nr 68.

Im elektronischen Rechtsverkehr mit dem DPMA regelt die Zustellung elektronischer Dokumente § 5 ERVDPMAV, abgedruckt in Anhang 19.
Im Verfahren vor EPA ist eine elektronische Zustellung möglich.[751]

369 **4.5. Elektronische Nachrichten** Ist die Einreichung elektronischer Nachrichten (zB E-Mail) gemäß § 130a ZPO und § 125a PatG nicht eröffnet, sind sie rechtlich wirkungslos, können insbesondere keine Fristen wahren. Ausnahmsweise genügt eine solche elektronische Nachricht der Schriftform, wenn Gericht oder Amt sich ausdrücklich bereit erklärt, die elektronische Nachricht, der ein Schriftsatz (zB Berufungsbegründung) als Bilddatei (zB PDF-Datei) angehängt ist, entgegenzunehmen, auszudrucken und mit einem Eingangsvermerk zu versehen, denn damit wird eine neue Form der schriftlichen Einreichung geschaffen.[752]

Vor EPA können per Email Unterlagen für die Durchführung von Rücksprachen und von mündlichen Verhandlungen als Videokonferenz eingereicht werden, ausgenommen Vollmachten.[753]

370 **4.6. DPMAdirekt:** Folgende Anmeldungen und elektronischen Dokumente können mit DPMAdirekt eingereicht werden:
a) Patentanmeldungen (deutsch, europäisch und PCT)
b) Einleitung der nationalen Phase einer PCT-Anmeldung für die Erteilung eines Patents oder Eintragung eines Gebrauchsmusters
c) Nachreichen von Unterlagen zu einer Patent- oder Gebrauchsmusteranmeldung (DE)
d) Prüfungsantrag- und Rechercheantrag
e) Beschreibung, Ansprüche, Zusammenfassung, Zeichnungen Erwiderungen auf Bescheide mit Anlagen (geänderte Ansprüche, Beschreibung, Zeichnungen)
f) Reinschrift geänderter Anmeldungsunterlagen
g) Prioritätsbelege/(einfache) Abschrift einer früheren Anmeldung
h) Nichtpatentliteratur
i) Vertretervollmacht oder -anzeige
j) Übersetzung zur fremdsprachigen Anmeldung
k) Erfinderbenennung
l) Antrag auf Fristverlängerung
m) Erklärendes Anschreiben zu den Unterlagen
n) Einsprüche in Patentverfahren
o) Beschwerden in Patentverfahren

Zu den technischen Voraussetzungen, der digitalen Signatur, der Datenschutzerklärung, der virtuellen Poststelle und den Bearbeitungsvoraussetzungen gemäß § 4 ERVDPMAV siehe für den jeweils neuesten Stand www.dpma.de/dpmadirekt.

---

751 PräsEPA ABl **12**, 486.
752 BGH GRUR **08**, 838 *Berufungsbegründung per E-Mail*.
753 PräsEPA ABl **12**, 348.

5. Elektronischer Rechtsverkehr vor EPA: 371

Regel 2 EPÜ 2000: Einreichung von Unterlagen; Formvorschriften
(1) Im Verfahren vor dem Europäischen Patentamt können Unterlagen durch unmittelbare Übergabe, durch Postdienste oder durch elektronische Einrichtungen zur elektronischen Nachrichtenübermittlung eingereicht werden. Der Präsident des Europäischen Patentamts legt die näheren Einzelheiten und Bedingungen sowie gegebenenfalls besondere formale und technische Erfordernisse für die Einreichung von Unterlagen fest. Er kann insbesondere bestimmen, dass eine Bestätigung nachzureichen ist. Wird diese Bestätigung nicht rechtzeitig eingereicht, so wird die europäische Patentanmeldung zurückgewiesen; nachgereichte Unterlagen gelten als nicht eingegangen.
(2) Wo im Übereinkommen bestimmt ist, dass ein Schriftstück zu unterzeichnen ist, kann dessen Authentizität durch eigenhändige Unterschrift oder andere geeignete Mittel bestätigt werden, deren Benutzung vom Präsidenten des Europäischen Patentamts gestattet wurde. Ein Schriftstück, das durch solche anderen Mittel authentifiziert worden ist, erfüllt die rechtlichen Erfordernisse der Unterschrift ebenso wie ein handschriftlich unterzeichnetes Schriftstück, das in Papierform eingereicht wurde.

372

Europäische und PCT-Anmeldungen können mithilfe der Software für die Online-Einreichung des EPA, die kostenlos auf der Website des EPA zur Verfügung steht (www.epo.org) bei den Annahmestellen des EPA in München, Den Haag und Berlin in elektronischer Form[754] eingereicht werden. Mit Ausnahme von Vollmachten und Prioritätsbelegen können Unterlagen auch per Fax eingereicht werden[755] (siehe Rdn 411). Nicht zulässig ist die Einreichung per E-Mail,[756] auf Diskette, per Teletex, Telegramm oder Fernschreiben oder auf vergleichbare Weise.[757] Für elektronische Anmeldungen wird die Anmeldegebühr ermäßigt. Es müssen keine Papierunterlagen zur Bestätigung eingereicht werden[758].

373

Mit der **Online-Einreichung (CMS)** können:
a) EP-, Euro-PCT-und internationale (PCT-)**Anmeldungen** online beim EPA eingereicht werden;
b) **Unterlagen** zu europäischen Patentanmeldungen nachgereicht werden[759] (auch im Rahmen von Einspruchs- und Beschwerdeverfahren);
c) **Unterlagen** zu internationalen (PCT-)Anmeldungen nachgereicht werden. einschließlich Anträge nach Kapitel II PCT;
d) **Gebühren** für Patentanmeldungen bezahlt werden.

Online-Einreichung gilt nicht für Prioritätsunterlagen, es sei denn sie sind von der ausstellenden Behörde digital signiert und die Signatur wird vom EPA anerkannt.[760]

Zugang: epo.org/new-online-filing-registration; epo.org/new-online-filing

Als **Unterschrift** ist zulässig[761]: Faksimile-Abbildung (facsimile signature), Zeichenkette zwischen 2 Schrägstrichen (text string signature), fortgeschrittene elektronische Signatur (enhanced electronic signature).

---

754 Richtl. A-II, 1.3; ABl. 15, A91; ABl. 17, A59; ABl. 07, Sonderausgabe Nr. 3, A.5.
755 Beschluss vom 20.02.19 ABl 19, A18 und A19.
756 EPAPrüfRichtl A-II, 1.4; ABL 15, A28.
757 PräsEPA ABl 07 SonderA Nr 3 S 7; 09, 182; ABl 13 Beilage S 88; EPAPrüfRichtl A-II 1.4; Abl 15, A28.
758 ABl 15, A 27, A91; ABl 14, A98.
759 PräsEPA ABl 12, 486.
760 PräsEPA ABl 09, 182 Art 3.
761 PräsEPA ABl 09, 182 Art 7 und ABl 12, 348 Art 3.

Elektronische Zustellung durch EPA ist möglich.[762] Unterschrift von Entscheidungen der Beschwerdekammern kann durch elektronische Mittel als authentisch bestätigt werden.[763]

Per Email können Unterlagen eingereicht werden bei der Durchführung von Rücksprachen und von mündlichen Verhandlungen als Videokonferenz, ausgenommen Vollmachten.[764] Alle Informationen zur Durchführung einer Videokonferenz erhält der Antragsteller per E-Mail.[765]

Mailbox ist ein zentraler Posteingang für elektronische Mitteilungen des EPA an zugelassene Vertreter, Rechtsanwälte (Art. 134 (8) EPÜ) oder Anmelder mit Wohnsitz oder Sitz in einem EPÜ-Vertragsstaat. Der Dienst ist unternehmensbezogen, d. h. Mitteilungen werden nicht direkt an Einzelpersonen zugestellt, sondern an die Mailbox des Unternehmens. Auf die Mailbox zugreifen können alle Smartcard-Inhaber des Unternehmens, die vom Verwalter Zugriffsrechte erhalten haben.

Beschwerdeverfahren: Unterlagen (Mitteilungen, Ladungen und Entscheidungen) werden elektronisch über die EPA-Mailbox zugestellt, sofern der Empfänger diesen Dienst aktiviert hat (vgl ABl 21 A37).

374 **6. Unterschrift (signature)** Unterschrift gehört zur Schriftform und ist daher nach hM ein Wirksamkeitserfordernis für eine Verfahrenshandlung. Mit ihr übernimmt der Unterzeichnende die Verantwortung und stellt damit klar, dass es sich nicht um einen Entwurf handelt.[766] Sie muss daher den ganzen Inhalt der Verfahrenshandlung decken.[767]

375 **Eigenhändige Unterschrift** (signature manu propria) verlangt § 126 BGB zur Erfüllung der gesetzlichen Schriftform. § 126 BGB gilt nicht im Verfahrensrecht.[768] Die herrschende Rechtsprechung begründet das Erfordernis der eigenhändigen Unterschrift im Zivilprozess[769] und auch für das Verfahren vor DPMA[770] mit dem als zwingend anerkannten Gebot der Rechtssicherheit im Verfahrensrecht.[771] Die eigenhändige Unterschrift stellt klar, dass die Verfahrenshandlung prozessual gewollt ist und dass der Unterzeichnende für ihren gesamten Inhalt die Verantwortung übernimmt.[772]

376 **Qualifizierte Elektronische Signatur** ersetzt die eigenhändige Unterschrift. Sie wird mit Hilfe einer Chipkarte, einem Lesegerät, einer in dem betreffenden Computer ins-

---

762 Regel 127; EPA-PrüfRichtl E II 2 2.4; PräsEPA Art. 9 ABl **12**, 486.
763 Vizepräsident GD 3 ABl **12**, 14 und 13 Beilage S 61.
764 EPAMitt. ABl 18, A 96; PräsEPA ABl **12**, 348.
765 EPAMitt. ABl 00, 458.
766 BGH NJW **76**, 966; GRUR **89**, 506 *Widerspruchsunterzeichnung*; BPatGE **19**, 72, 76; BPatG BlPMZ 05, 183 *Irrläufer*; **12**, 356 (IIa) *Fehlende Unterschrift unter Zurückweisungsbeschluss*.
767 BGH GRUR **88**, 754 (II2) *Spulenvorrichtung*; BPatG BlPMZ **87**, 207.
768 BGHZ **24**, 300; 75, 340, 348; 101, 134, 137; BGH BlPMZ **67**, 225, 226 rSp *Rohrhalterung*; BPatGE **32**, 158, 160; 36, 167, 168.
769 Großer Zivilsenat RGZ 151, 82; BGH NJW **75**, 1704; 79, 2570; **80**, 291; **87**, 2588; **88**, 210.
770 BGH GRUR **62**, 453 *elektromagnetische Hörvorrichtung*; 66, 50 *Hinterachse*; **67**, 586 *Rohrhalterung*; 89, 506 *Widerspruchsunterzeichnung*; BPatGE **19**, 72; **32**, 130, 132.
771 Dazu kritisch: Vollkommer Formenstrenge u proz Billigkeit 1973; Späth VersR **74**, 625; 78, 605; Schneider MDR **79**, 1.
772 GmS-OGB NJW **00**, 2340, 2341 *Eingescannte Unterschrift*; BGH NJW-RR **98**, 574; BPatGE **45**, 14, 17 *Dichtigkeitsprüfung*; BPatG GRUR **12**, 679 FN 75 *Beschwerde Schriftform*.

tallierten Software und unter Verwendung eines geheim zu haltenden persönlichen Identifikationscodes (PIN) auf dem elektronischen Dokument (PDF) angebracht und dann an den elektronischen Briefkasten der damit ausgestatteten Behörde übersandt.

Sie ist ein Äquivalent der eigenhändigen Unterschrift. § 130a (1) 2 ZPO bestimmt zwar, dass das einzureichende elektronische Dokument mit einer qualifizierten elektronischen Signatur nach dem Signaturgesetz versehen werden »soll«. Trotz dieses Wortlauts handelt es sich nicht um eine bloße Ordnungsvorschrift. Vielmehr müssen elektronische Dokumente, die bestimmende Schriftsätze enthalten, mit einer qualifizierten elektronischen Signatur versehen sein.[773]. § 130a (3) ZPO bestimmt ab 1.1.2018, dass das elektronische Dokument mit einer qualifizierten elektronischen Signatur versehen sein muss (s Rdn 360). 377

§ 125a PatG verweist nicht auf § 130a (1) 2 ZPO. Nach § 2 (2a) BGH/BPatGERVV (s Anhang 18) und nach § 3 (3) ERVDPMAV (s Anhang 19) »sind« elektronische Dokumente mit einer qualifizierten elektronischen Signatur zu versehen.

Fehlen einer qualifizierten elektronischen Signatur hat die gleiche Folge wie das Fehlen einer Unterschrift: die gesetzlich vorgeschriebene Schriftform ist nicht erfüllt, so dass die Verfahrenshandlung unwirksam ist. Eine nachgeholte Unterschrift oder Signatur wirkt in diesem Fall nicht zurück (s Rdn 390). 378

Mängel der qualifizierten elektronischen Signatur: Nach § 130a (1) 2 ZPO hat die »verantwortende Person« das Dokument mit einer qualifizierten elektronischen Signatur zu versehen. Die Signatur ist somit personengebunden. Die Verwendung der Signaturkarte durch ihren Inhaber stellt sicher, dass er den Inhalt des Dokuments geprüft und sich zu eigen gemacht hat. Mit ihrer Verwendung können daher ebensowenig Dritte betraut werden, wie mit der Leistung einer Unterschrift für eine Eingabe, die schriftlich oder per Fax eingereicht wird. Wird daher die Signatur nicht vom Anwalt, sondern von einer Anwaltsgehilfin unter Verwendung der Signaturkarte des Anwalts vorgenommen, ohne dass sie dazu im jeweiligen Einzelfall ausdrücklich angewiesen war, so fehlt es an einer rechtsgültigen qualifizierten elektronischen Signatur.[774] Die im EGVP-Verfahren eingesetzte qualifizierte Container-Signatur genügt § 130a ZPO[775]. 379

Wiedereinsetzung scheidet aus, wenn ein Anwalt mit der Verwendung der Signatur generell Dritte beauftragt hatte, denn darin würde ein Organisationsfehler liegen, den sich der Vertretene als Verschulden des Vertreters zurechnen lassen muss (§ 85 (2) ZPO).[776] Nur wenn ein sonst zuverlässiger Angestellter weisungswidrig die Signaturkarte verwendet hat, käme – wenn alle sonstigen Voraussetzungen erfüllt sind – eine Wiedereinsetzung in Betracht. 380

Voraussetzungen einer wirksamen eigenhändigen Unterschrift:
 a) handschriftlicher Vollzug; **b)** natürliche Person hat unterschrieben; **c)** Schriftzug mit individuellen, charakteristischen Merkmalen, der die Identität des Unterzeichnen- 381

---

773   BGHZ **184**, 75 = NJW **10**, 2134 *Qualifizierte Signatur.*
774   BGHZ **188**, 38 = NJW **11**, 1294 = Mitt 11, 148 *Elektronische Signatur.*
775   BGH NJW **13**, 2034 *Container-Signatur.*
776   BGHZ **188**, 38 = NJW **11**, 1294 Tz 11 *Elektronische Signatur.*

den ausreichend kennzeichnet sowie die Wiedergabe eines Namens und die Absicht einer vollen Unterschriftsleistung erkennen läßt.[777] Eine besondere Strenge ist unangebracht.[778] Lesbarkeit ist nicht erforderlich,[779] es muss nur ein Schriftgebilde als gewollte Wiedergabe des vollen Namens wahrnehmbar sein[780] auch wenn kein Buchstabe als solcher erkennbar ist.[781]

382 **Ausnahme von der Eigenhändigkeit** gilt für die Übermittlung durch Telekommunikationsmittel, mit denen eine eigenhändige Unterschrift nicht übertragbar ist (Telegramm und Fernschreiben s Rdn 414), insbesondere wenn mit der Verfahrenshandlung eine Frist eingehalten werden soll, also für Einspruch,[782] Beschwerde,[783] Berufung,[784] Wiedereinsetzung,[785] Erinnerung,[786] Inanspruchnahme einer Priorität.

383 Telegramm und Fernschreiben sind aber nur von der Eigenhändigkeit der Unterschrift, nicht von der Unterschrift der handelnden natürlichen Person befreit,[787] die in Druckbuchstaben angegeben sein muss. Eine Nachholung der fehlenden Eigenhändigkeit ist nicht erforderlich.[788]

384 Ausnahme von der Eigenhändigkeit gilt nicht:
   a) für Telekommunikationsmittel, die technisch eine eigenhändige Unterschrift übertragen können. Ein Fax muss daher die Wiedergabe der eigenhändigen Unterschrift enthalten (s Rdn 398);
   b) für rechtsgeschäftliche Willenserklärungen, deren Wirksamkeit gemäß § 126 BGB zu beurteilen ist und die daher der Schriftform nebst eigenhändiger Unterschrift bedürfen.[789] Für sie gelten die Erleichterungen in der Übermittlung für fristgebundene Verfahrenshandlungen grundsätzlich nicht, so zB nicht für Patentverzicht,[790] Lizenzbereitschaftserklärung[791] oder deren Rücknahme,[792] Verzicht auf Priorität,[793] Telex-Erklärung einer Unterlassungsverpflichtung,[794] Gegendarstellung.[795] Solche Erklärun-

---

777 BGH GRUR 68, 108 *Paraphe*; BlPMZ 85, 141 *Servomotor*, BGH NJW 82, 1467; 94, 55; BGH NJW-RR 12, 1140 *unleserliche Unterschrift*; BPatG BlPMZ 12, 356 (III a) *Fehlende Unterschrift unter Zurückweisungsbeschluss*.
778 BVerfG NJW 98, 1853 rSp; BGH NJW 05, 3775 *Identität des Unterschreibenden*.
779 BGH NJW 75, 1704; 82, 1467; 85, 1227 = BlPMZ 85, 141 *Servomotor*.
780 BGH NJW 89, 588; 92, 244.
781 BGH NJW 92, 243; aber BGH BlPMZ 85, 141 *Servomotor*; BPatGE 16, 150, 151; 24, 132, 133.
782 BPatGE 19, 72, 75.
783 BGH BlPMZ 65, 311 *Hinterachse*; 66, 131 *Stromrichter*.
784 BGH BlPMZ 54, 276 *Breithaltevorrichtung*.
785 BPatGE 14, 139.
786 BPatG Mitt 84, 195.
787 BGH BlPMZ 66, 131 *Stromrichter*; BPatGE 14, 139, 141.
788 BPatG Mitt 84, 195.
789 BGHZ 24, 208; für Bürgschaftserklärungen: BGHZ 24, 297; 121, 124; BGHR BGB § 126 Telefax 1.
790 BPatGE 12, 81, 84; 13, 15, 18; 36, 167, 170.
791 BPatGE 6, 10; 32, 158, 160; 36, 167.
792 Offen gelassen: BPatGE 36, 167, 170.
793 BPatGE 17, 216.
794 *KG GRUR* 88, 566 u 568.
795 OLG Hamburg CR 90, 463.

gen werden nicht dadurch zu fristgebundenen Verfahrenshandlungen, dass mittelbar Rechtsnachteile entstehen, wenn sie nicht vor einem bestimmten Zeitpunkt vorgenommen sind, wie zB Ausschluß der Rückzahlung oder der Ermäßigung einer Jahresgebühr, Fälligwerden einer Gebühr.[796]

Computer-Fax wird vom PC direkt an Empfänger gesendet, kann also nicht wie das Normalfax eigenhändig unterzeichnet werden, weil es ein Original in Papierform nicht gibt. Für das Unterschriftserfordernis genügt es bei einem Computerfax daher, **a)** wenn das Schriftstück mit einem Bild der eigenhändigen Unterschrift versehen wird (eingescannte Unterschrift[797]); **b)** wenn das Schriftstück mit dem maschinenschriftlich geschriebenen Namen des Absenders versehen ist;[798] **c)** wenn eine Unterschrift zwar fehlt, aber aus dem Schriftstück oder den Umständen klar ersichtlich ist, von wem die Erklärung herrührt und dass kein bloßer Entwurf vorliegt, so dass keine vernünftigen Zweifel bestehen, dass das Schriftstück mit Wissen und Wollen des Absenders dem Adressaten zugeleitet wurde[799] (dazu vgl Rdn 389). 385

Ist a – c nicht erfüllt, so ist eine durch Computerfax vorgenommene Verfahrenshandlung unwirksam.[800] Eine eingescannte Unterschrift ist nicht ausreichend, wenn der Schriftsatz mit Hilfe eines normalen Faxgeräts und nicht unmittelbar aus dem Computer versandt wurde.[801]

Als Unterschrift nicht ausreichend: **1.** Faksimilestempel;[802] **2.** Paraphe (»Dr.Y.«);[803] **3.** Handzeichen (zB »Zn«);[804] **4.** gekrümmte Linie;[805] **5.** Arkardenbögen;[806] **6.** Druckbuchstaben;[807] **7.** Angabe »gez…«;[808] **8.** Unterzeichnung mit »i.A.«,[809] wenn der Erklärende nur Bote sein will;[810] **9.** Firmenname einer juristischen Person[811] oder Kurzbezeichnung einer Firma;[812] **10.** Herstellung des Namenszuges durch Lichtpause, (Foto)- 386

---

796   BPatGE **12**, 81, 85; **13**, 15, 18; **17**, 216, 221; **36**, 167, 70.
797   GmS-OGB BGHZ **144**, 160 = NJW **00**, 2340 für bestimmende Schriftsätze in Prozessen mit Vertretungszwang. Auf diesen konkreten Fall ist aber der zulässige Ersatz der eigenhändigen Unterschrift nicht beschränkt: BVerfG NJW **02**, 3534 Abs Nr 25 *Schriftform für Einspruch*.
798   BVerfG NJW **02**, 3534 AbsNr 24 *Schriftform für Einspruch*.
799   BVerfG NJW **02**, 3534 *Schriftform für Einspruch* AbsNr 23; BGH GRUR **03**, 1068 (II3) *Computerfax* (für Beschwerde vor BPatG); BGH NJW **05**, 2086 *Computerfax und Unterschrift*.
800   BPatGE **46**, 105 *sms4u* Beschwerde durch Computerfax ohne jede Unterschrift.
801   BGH NJW **06**, 3784 *Eingescannte Unterschrift per Fax*; abw: BGH GRUR **08**, 838 *Berufungsbegründung per E-Mail*.
802   BGH BlPMZ **62**, 244, 246 (2c) *elektromagnetische Hörvorrichtung*; BGH NJW **76**, 966 u VersR **92**, 76.
803   BGH BlPMZ **68**, 133 *Paraphe*; BGH NJW-RR **07**, 351 = Mitt **07**, 92 *Paraphe 2*; BPatG BlPMZ **09**, 130 *Unterschriftsmangel*.
804   BGH BlPMZ **72**, 142 *Dosiervorrichtung*; BGH NJW **82**, 1467.
805   BGH NJW **74**, 1090; **75**, 1705.
806   BPatGE **16**, 150.
807   BGH ZZP **68**, 186, 188.
808   BPatGE **19**, 72, 75.
809   BGH NJW-RR **12**, 1269 *Unterzeichnung »i.A.«*, es sei denn ein Anwalt wird in Ausführung des ihm erteilten Mandats tätig.
810   BGH NJW **88**, 210; **93**, 2056.
811   BGH BlPMZ **66**, 131 *Stromrichter*.
812   BGH BlPMZ **67**, 225 *Rohrhalterung*.

Kopie[813] oder im Transparentverfahren, weil sie von einem Dritten bewirkt sein kann;[814] **11.** Unterschrift auf einem Scheck, der der nicht unterzeichneten Verfahrenshandlung beigefügt war;[815] **12.** bloßer maschinenschriftlicher Vermerk »l.+k. Patentanwälte«;[816] **13.** Unterschrift eines Fax, das durch Boten überbracht wird;[817] **14.** Blankounterschrift, wenn der Inhalt der Verfahrenshandlung nicht ausreichend vom Anwalt fixiert war;[818] **15.** eine »Ober«schrift anstelle einer Unterschrift;[819] **16.** Schleifenförmiges Gebilde.[820] **16.** Ausgeschnittene und auf Fax geklebte Unterschrift[821]

387 **Als Unterschrift ausreichend: 1.** Verwendung eines Teils eines Doppelnamens;[822] **2.** Objektiv unzureichendes Gebilde, wenn dieses längere Zeit nicht beanstandet wurde;[823] **3.** Blankounterschrift, wenn Inhalt der Verfahrenshandlung einer Anweisung des Unterzeichners entspricht;[824] **4.** Unterschrift mit Zusatz »i.V.«;[825] **5.** zweifelhafter Schriftzug, dem aber der Name in Maschinen- oder Stempelschrift beigefügt ist;[826] **6.** Unterschrift unter Beglaubigungsvermerk der beigefügten Abschrift;[827] **7.** im Durchschreibeverfahren hergestellte Unterschrift, weil jedes Exemplar ein Original ist.[828] **8.** Wenn eine PDF-Datei durch Einscannen eines von dem Beschwerdeführer oder seinem Bevollmächtigten handschriftlich unterzeichneten Schriftsatzes hergestellt ist[829]; **9.** Verkürzter, nicht lesbarer Namenszug, der bisher unbeanstandet war.[830] **10.** Firmenstempel und Unterschrift des Gesellschafters[831], **11.** Unleserlicher Schriftzug, wenn dieser bei einer Gesamtwürdigung den Aussteller erkennen lässt[832].

388 **Fehlen der Unterschrift** hat zur Folge, dass die vorgeschriebene Schriftform nicht erfüllt und damit die Verfahrenshandlung unwirksam ist. Für die Verfahrenshandlung gezahlte Gebühren sind – da ohne Rechtsgrund entrichtet – zurückzuzahlen.[833]

---

813 BPatG BlPMZ 06, 183, 184 lSp *Irrläufer*; BPatG GRUR 12, 679 FN 75 9 *Beschwerde Schriftform.*
814 BGH BlPMZ 62, 244 (Nr 2c) *elektromagnetische Hörvorrichtung*; BPatGE 13, 198 (für Beschwerde); 25, 41 (für Prioritätserklärung); aA BPatGE 17, 244.
815 BGH GRUR 89, 506 (Nr II2) *Widerspruchsunterzeichnung*; BPatGE 30, 164.
816 BPatGE 31, 15.
817 BPatGE 23, 132.
818 BGH Mitt 05, 524 *Blankounterschrift*.
819 BGH NJW 91, 487; BPatG v 10.03.08 –11 W (pat) 4/08 BeckRS 08, 05735 *Ober- statt Unterschrift*.
820 BPatG BlPMZ 12, 356 (II1a) *Fehlende Unterschrift unter Zurückweisungsbeschluss*.
821 BGH NJW 15, 1258 *ausgeschnittene Unterschrift*.
822 BGH NJW 96, 997.
823 BVerfGE 78, 123 = NJW 88, 2787; BGH NJW-RR 91, 511.
824 BGH ZZP 80, 315; NJW 66, 351; 05, 2709, 2710; BAG NJW 83, 1447; OLG München NJW 89, 1166.
825 Vgl BGH NJW 88, 210; 93, 2056, NJW-RR 12, 1140 *Unleserliche Unterschrift*.
826 BGH NJW 92, 243.
827 BGH NJW 56, 990; NJW-RR 87, 395; BAG NJW 73, 1343; BFH NJW 74, 1582; BGH LM § 519 ZPO Nr 14.
828 J 0018/84 ABl 87, 215 (Nr 5.3); vgl OLG Karlsruhe FamRZ 88, 82.
829 BGH GRUR 08, 838 *Berufungsbegründung per E-Mail*; NJW 15, 1527 *Einscannen*
830 BGH NJW-RR 15, 699 *Vereinfachte Unterschrift*.
831 BGH NJW 13, 1082 *Firmen-Stempel*.
832 *BGH NJW-RR 10, 358; NJW-RR 12, 1140 Unleserliche Unterschrift.*
833 BPatGE 32, 130, 132 = BlPMZ 91, 396.

Fehlen der Unterschrift ist unschädlich, wenn aus anderen Anhaltspunkten eine der Unterschrift vergleichbare Gewähr für Urheberschaft und Rechtsverkehrswillen besteht,[834] so dass keine vernünftigen Zweifel bestehen, dass das Schriftstück mit Wissen und Wollen des Absenders dem Adressaten zugeleitet wurde.[835] Solche Anhaltspunkte können sein:

a) Unterschrift ist auf einem anderen, mit eingereichten Schriftstück;[836]
b) Unterschrift unter einem späteren, rechtzeitigen Schriftsatz, der auf den nicht unterschriebenen Bezug nimmt;[837]
c) handschriftliche Absenderangabe auf Umschlag;[838]
d) Hinweis, dass für nicht unterschriebene Verfahrenserklärung eine Gebühr entrichtet wurde, zB durch Beifügung eines Zahlungsbeleges oder Erteilung einer Abbuchungsermächtigung;[839]
e) Hinweis auf Fernschreibanschluss der Personen, die die Unterschrift hätten leisten sollen;[840]
f) Nennung von Daten, die idR allein dem Beteiligten bekannt sind,[841] wie persönliche Daten des Beteiligten oder Aktenzeichen und Datum der Entscheidung.[842]

389

Nachholung fehlender Unterschrift erfüllt das Schriftformerfordernis nicht rückwirkend, sondern erst mit deren Vornahme.[843] War die Verfahrenshandlung fristgebunden (zB Einspruch Beschwerde, Berufung), kann die Unterschrift wirksam nur innerhalb der Frist nachgeholt werden.[844] Wird die Unterschrift erst nach Fristablauf nachgeholt, kann nur noch Wiedereinsetzung helfen. Ein nicht unterschriebener Beschluss ist unwirksam (s § 47 Rdn 11).

390

7. Unterschrift vor EPA:

Bestimmt EPÜ, dass ein Schriftstück zu unterzeichnen ist, so kann nach Regel 2 (2) EPÜ 2000 dessen Authentizität durch eigenhändige Unterschrift oder andere geeignete Mittel bestätigt werden, deren Benutzung vom Präsidenten des EPA gestattet wurde. Ein Schriftstück, das durch solche anderen Mittel authentifiziert worden ist, erfüllt die rechtlichen Erfordernisse der Unterschrift ebenso wie ein handschriftlich unterzeichnetes Schriftstück, das in Papierform eingereicht wurde.

Nach Regel 50 (3) EPÜ sind Schriftstücke (mit Ausnahme von Anlagen), die nach der Anmeldung eingereicht werden, zu unterzeichnen. Fehlt die Unterschrift, fordert

391

---

834 BVerwG NJW 89, 1175, 1176 rSp; BGH NJW 05, 2086 *Computerfax und Unterschrift*; BPatGE **31**, 15 (12. Senat); **33**, 24 (4. Senat); offen gelassen: **32**, 130, 132 (25. Senat).
835 BVerfG NJW 02, 3534 AbsNr 24; BGH GRUR 03, 1068 *Computerfax*.
836 BGH NJW **57**, 990; ZZP **67**, 312; BAG NJW **73**, 1329; BPatGE **45**, 14 *Dichtigkeitsprüfung*.
837 BGH LM §§ 338, 339 Nr 1; BGH BB 05, 1470, 1472.
838 BVerwG NJW 74, 1262; abw: RGZ 110, 168.
839 BGH GRUR 03, 1068 (II3) *Computerfax*; BPatGE **31**, 15, 16; aA: BPatGE **46**, 105 *sms4u* (überholt).
840 BPatGE **31**, 15, 17 *Beschwerde per Fernschreiber*.
841 BVerfG NJW 02, 3534 AbsNr 24 *Schriftform für Einspruch*.
842 BGH GRUR 03, 1068 (II3) *Computerfax*.
843 BPatGE **24**, 132, 134 = GRUR 82, 364; BPatG BlPMZ **12**, 356 (II1a) *Fehlende Unterschrift unter Zurückweisungsbeschluss*.
844 BPatG BlPMZ 06, 183, 184 lSp *Irrläufer*.

EPA zur Unterzeichnung innerhalb gesetzter Frist auf. Wird das Schriftstück rechtzeitig unterzeichnet, behält es nach Regel 50 (3) 3 EPÜ den ursprünglichen Tag des Eingangs, sonst gilt es als nicht eingegangen. Ein Einspruch ist daher rechtzeitig, wenn er zwar nicht in der Einspruchsfrist, aber innerhalb der gemäß Regel 50 (3) gesetzten Frist unterschrieben wird.[845] Eine Unterschrift fehlt iSd Regel 50 (3) auch dann, wenn eine Verfahrenshandlung zwar eine Unterschrift trägt, diese aber von einem Nichtberechtigten (zB einer Sekretärin) stammt.[846]

392 **8. Patentanmeldungen ohne Unterschrift** Sie führen für deutsche, europäische und internationale Anmeldungen nicht zum Verlust des mit dem Eingang begründeten Anmeldetages (vgl § 35 Rdn 25).

- **Schweigen** *(silence)*

393 Im Verfahrensrecht kann Schweigen einer stillschweigenden Erklärung gleichkommen, **a)** wenn zwar keine ausdrückliche Erklärung vorliegt, diese sich aber konkludent aus den Umständen oder dem schlüssigen Verhalten ergibt;[847] **b)** wenn der Schweigende verpflichtet gewesen wäre, seinen gegenteiligen Willen zu äußern.[848] Qui tacet, consentire videtur, ubi loqui debuit atque potuit. Wer bloß schweigt, ohne reden zu müssen, dem kann keine Erklärung zugeordnet werden.

Wer schweigt, weil er sich sonst möglicherweise Ansprüchen Dritter aussetzt, dem kann das Schweigen nicht als belastendes Indiz gegen ihn verwendet werden[849]

- **Sequestration**

394 Sequestration einer Sache oder eines Rechts durch einstweilige Verfügung (§ 938 (2) ZPO) dient der Sicherstellung, Verwahrung und Verwaltung.[850] Der Sequester ist befugt, in Vertretung des Patentinhabers wirksam geänderte Patentansprüche zu billigen sowie Beschwerde einzulegen.[851]

395 **Streithilfe** siehe unter »Nebenintervention«.

396 **Substantiierung** Der Darlegungslast wird mit dem Vortrag schlüssiger (Rdn 351) Tatsachen genügt, also wenn Tatsachen vorgetragen werden, die in Verbindung mit einem Rechtssatz geeignet sind, das geltend gemachte Recht als in der Partei entstanden

---

845 T 0665/89 ABl **92** SonderA 67.
846 EPA GBK G 0003/99 ABl **02**, 347 (Nr 20) *Zulässigkeit eines gemeinsamen Einspruchs bzw. einer gemeinsamen Beschwerde/HOWARD FLOREY*.
847 J 0010/93 ABl **97**, 91, 97; BPatGE **53**, 167 *Maßstabträger* für die rügelose Einlassung nach einem Beteiligtenwechsel.
848 EPA GBK G 0001/88 ABl **89**, 189 (Nr 2.1) *Schweigen des Einsprechenden/HOECHST*; T 1449/05 GRUR Int **07**, 527 (Nr 2.9).
849 BVerfG 06.09.16 – 2 BvR 890/16 NJW-Spezial **16**, 633 = JZ **16**, 1113 *Schweigen* (für Strafrecht).
850 BGHZ **146**, 17, 20 = NJW **01**, 434 *Haftung bei Sequestration*.
851 BGH GRUR **08**, 87 *Patentinhaberwechsel im Einspruchsverfahren*; BPatGE **44**, 95 = GRUR **02**, 371 *Pressform*.

erscheinen zu lassen[852]. Für Geschehnisse im Bereich der Partei gilt eine gesteigerte Darlegungslast[853].

- **Telebrief**

Telebrief ist ein Fax an ein Postamt, das das Fax dem Empfänger als Brief übermittelt. Es genügt wie ein Fax der Schriftform, wenn die eigenhändige Unterschrift wiedergegeben ist.[854]   397

- **Telefax (facsimile)** Computerfax siehe Rdn 385   398

Lit in GRUR: Albrecht 99, 649; Karst 95, 3278; Unger/Sell NJW 93, 24; **Lit in NJW:** Wolf 89, 2592; Ebnet 92, 2985; Pape/Notthoff 96, 417; Müller 98, 497; Henneke 98, 2194; **Lit in MDR:** Mellulis 94, 109; **Lit in CR:** Tschentscher 91, 141; Zielinski 95, 286; **Lit in JurPC:** Gerwin Web-Dok 23/1998

Ein Telefax ermöglicht die elektronische Übertragung einer schriftlichen Originalvorlage von einem Sendegerät zu einem Empfangsgerät, das die empfangenen Signale in einen Internspeicher aufnimmt und daraus eine identische Kopie (Telekopie) ausdruckt. Erfüllte die Originalvorlage das Erfordernis der Schriftform (Schriftlichkeit und eigenhändige Unterschrift), so genügt die identische Wiedergabe[855] auf der ankommenden Telekopie ebenfalls der Schriftform. Das gilt aber nur für Verfahrenserklärungen, nicht dagegen für rechtsgeschäftliche Willenserklärungen, die der Form des § 126 BGB bedürfen und daher in dem für den Adressaten bestimmten Original eigenhändig unterschrieben sein müssen. Die Übermittlung fristwahrender Schriftsätze per Fax ist uneingeschränkt zulässig.[856]   399

Fax zulässig für: 1. Patentanmeldung;[857] **2.** Einspruch;[858] **3.** Beschwerde;[859] **4.** Klage;[860] **5.** Berufung;[861] **6.** Revision;[862] **7.** Erinnerung;[863] **8.** Abmahnung;[864] **9.** Verzichtserklärung;[865] **10.** Übermittlung bestimmender Schriftsätze, insbesondere wenn,   400

---

852   BGH NJW **16**, 3024; BGH NJW-RR **16**, 1423; BGH 29.04.19 – X ZB 5/17 *Offenbare Unrichtigkeit im Tenor* BeckRS **19**, 10863.
853   BGH NJW **99**, 714.
854   BGH NJW **83**, 1498.
855   Wird die blasse Unterschrift auf dem Original nicht auf die Telekopie lesbar übertragen, dann ist § 130 Nr 6 ZPO nicht erfüllt BGH 31.01.19 – III ZB 88/18 NJW-RR **19**, 441 = Mitt **19**, 374 *Unterschrift auf einer Telekopie.*
856   GmS-OGB NJW **00**, 2340 (III2) *Eingescannte Unterschrift*; BVerfG NJW **96**, 2857 *Schriftsatz per Telefax*; BGH NJW **93**, 3141; **98**, 762.
857   § 11 DPMAV; für europ Anmeldungen PrüfRichtl A II 1. 1.2; BeschlPräsEPA ABl **07** SonderA Nr 3 S 7; J 0020/84, J 0023/85 ABl **87**, 95.
858   BGH GRUR **88**, 754 *Spulenvorrichtung* (Einspruch per Telex); BPatGE **29**, 30 u **33**, 24 = BlPMZ **87**, 359 u **92**, 427.
859   BGH GRUR **81**, 410 (II3d) *Telekopie*; BGHZ **87**, 63.
860   BFH NJW **91**, 2927.
861   BGH NJW **89**, 589; **90**, 188; **92**, 244.
862   BGH NJW **90**, 188; BVerwG NJW **88**, 2814.
863   BPatG Mitt **84**, 195.
864   OLG Düsseldorf GRUR **90**, 310.
865   BPatG Mitt **13**, 347 *Schrumpfkappe* (für Verzichtserklärung).

mit ihnen eine Frist gewahrt werden soll;[866] **11.** Fristverlängerungsantrag;[867] **12.** Erteilung einer Vollmacht,[868] nicht dagegen der Nachweis der (per Fax) erteilten Bevollmächtigung, wenn deren Mangel gemäß §§ 88 ZPO 97 (3) PatG, § 15 (4) DPMAV gerügt wird.[869]

401 **Fax unzulässig für: 1.** Lizenzbereitschaftserklärung;[870] **2.** empfangsbedürftige Willenserklärungen, die der Schriftform bedürfen;[871] **3.** Patentverzicht;[872] **4.** Nachweis der schriftlichen Vollmacht gemäß §§ 80 ZPO, 97 (3) PatG, § 15 (4) DPMAV;[873] **5.** Vorlage einer Vollmachtsurkunde gemäß § 174 BGB;[874] **6.** Bürgschaftserklärung sowie Vollmacht zur Übernahme einer Bürgschaft.[875]

402 Voraussetzungen für wirksame Verfahrenserklärung per Fax:

403 a) Wahrung der vorgeschriebenen *Schriftform*, dh Schriftlichkeit mit bildlicher, lesbarer[876] *Wiedergabe der eigenhändigen Unterschrift*,[877] deren Original auf der Vorlage sein muss. Name des Erklärenden in Druckbuchstaben oder Wiedergabe eines im Original verwendeten Faksimilestempels[878] genügen nicht.
Nachreichen des Originals, das eigenhändig unterschrieben ist, ist nicht erforderlich,[879] da das Fax mit der Wiedergabe der eigenhändigen Unterschrift der Schriftform genügt. Berechtigte Zweifel an der Echtheit der Unterschrift auf dem zugegangenen Fax sind wie bei der Unterschrift unter einem Schriftsatz durch Beweisaufnahme zu klären, zB durch Vorlage des Originals, das zur Übermittlung diente.[880] Ein eigenhändig unterschriebenes Bestätigungsschreiben ist für die Rechtsgültigkeit einer durch Fax abgegebenen Verfahrenserklärung ebensowenig notwendig wie für eine schriftsätzlich abgegebene Verfahrenserklärung.[881]
Wiederholung der Übermittlung oder *Einreichen des Originals* kann DPMA nach § 11 (2) DPMAV (Anhang 10) verlangen, wenn begründete Zweifel an der Vollständigkeit der Übermittlung oder der Übereinstimmung von Original und Fax

---

866 BVerfG NJW-RR **95**, 441, 442; NJW **96**, 2857 (BII2) = Mitt **96**, 281 *Schriftsatz per Telefax*; BGH NJW-RR **97**, 250.
867 BGH NJW **93**, 732.
868 BGH NJW **94**, 2298; **93**, 1498.
869 BGH NJW **94**, 2298; BB **91**, 2363, 2364; abw: BFH BB **94**, 1702; LSG Essen CR **91**, 232.
870 BPatGE **6**, 10 (Telex); **32**, 158; **36**, 167.
871 BGHZ **121**, 224; OLG Hamburg NJW **90**, 1613; OLG Frankfurt NJW **91**, 2154.
872 BPatGE **12**, 81 für Telex.
873 BGH NJW **94**, 2298; BB **91**, 2363, 2364; BFH BB **96**, 1263; **97**, 517, 518; abw: BFH BB **94**, 1702; LSG Essen CR **91**, 232.
874 OLG Hamm NJW **91**, 1185.
875 Vgl BGH NJW **96**, 1469.
876 BGH 31.01.19 – III ZB 88/18 NJW-RR **19**, 441 = Mitt **19**, 374 L *Unterschrift auf einer Telekopie*.
877 BVerfG Mitt **03**, 211 L = NJW **02**, 3534 *Schriftform für Einspruch*; BGH BlPMZ **81**, 416 *Telekopie*; BGH NJW **90**, 188; **94**, 2097; **98**, 3649; BPatGE **29**, 30; **33**, 24; **44**, 209; BPatG BlPMZ **03**, 165 L.
878 VG Wiesbaden NJW **94**, 537.
879 BPatGE **44**, 209 = BlPMZ **02**, 220 *Nutmutter*; MittDPMA Nr 2/02 BlPMZ **02**, 10; abw: BPatGE **42**, 200 *Eigenhändige Unterschrift*.
880 *BPatGE* **42**, *200 Eigenhändige Unterschrift*.
881 BPatGE **44**, 209 = BlPMZ **02**, 220 *Nutmutter*; MittDPMA Nr 2/02; abw BPatGE **42**, 200.

besteht oder wenn die Qualität der Wiedergabe nicht ausreichend ist. Stimmen ursprüngliches und wiederholtes Fax überein, ist der Eingang des ursprünglichen Fax maßgebend. Für Teile des wiederholten Fax, die im ursprünglichen Fax nicht enthalten oder nicht nicht lesbar waren, gilt nur der Eingang des wiederholten Fax. Zum **Computer-Fax** und zur **eingescannten Unterschrift** siehe oben Rdn 385.

b) *Direkte Übermittlung* vom Sendegerät des Erklärenden oder eines Dritten[882] zum Empfangsgerät des Adressaten. Eine Zwischenschaltung eines Dritten als Empfänger des Fax, der es dem Adressaten übermittelt, genügt nicht;[883]   404

c) bei fristgebundenen Verfahrenserklärungen *Zugang beim Empfänger vor Fristablauf*. Ein Fax ist rechtzeitig, wenn es bis 24 Uhr des letzten Tages der Frist ausgedruckt ist[884] oder der Internspeicher des ankommenden Signale empfangen hat, daraus einen vollständigen Ausdruck aber erst nach Fristablauf fertigt;[885] das gilt nicht für eine Übermittlung per E-Mail[886], weil für Email § 130a ZPO, für Fax dagegen § 130 ZPO gilt. Per Email übersandte Schrift gilt erst dann bei Gericht schriftlich eingereicht, wenn ein Ausdruck der den vollständigen Schriftsatz enthaltenden PDF-Datei vorliegt[887]   405

d) *Sorgfalt des Senders* ist erfüllt,[888] wenn er i) ein funktionsfähiges Sendegerät nutzt; ii) die Empfängernummer korrekt eingegeben hat; iii) die Übermittlung so rechtzeitig beginnt, dass unter normalen Umständen mit ihrem Abschluß bis 24 Uhr zu rechnen ist.[889]   406

Sender muss sich also nicht vergewissern (zB per Telefon), dass Übermittlung erfolgreich war,[890] es sei denn, es liegt ein konkreter Anlaß zur Sorge vor, dass Übermittlung gestört ist.[891]   407

Störungen, die eine rechtzeitige Übermittlung verhindern, gehen nicht zu Lasten des Senders, wenn sie auf einer Leitungsstörung (zB Überlastung) oder einer Störung des Empfangsgeräts (zB Papierstau;[892] Gerät ist ständig besetzt) beruhen, weil solche Störungen in der Sphäre von Amt und Gericht liegen, auf die der Sender keinen Einfluss hat.[893] Mit solchen Störungen muss der Sender nicht rechnen.[894]   408

---

882 BFH NJW 91, 2927; BAG NJW 89, 1822.
883 ZB durch Boten: BGH GRUR 81, 410 *Telekopie*; vgl BPatGE 23, 132; zulässig aber: Fax des Anwalts an seine Kanzlei, die dieses Fax an Gericht weiterfaxt (BGH NJW 98, 762).
884 BGH NJW 94, 2097.
885 BVerfG NJW 96, 2857 (B.I.) = Mitt 96, 281 *Schriftsatz per Telefax*; BGHZ 105, 40, 44; 167, 214; BGH NJW 94, 1881; BGH NJW 19, 2096.
886 BGH 08.05.19 – XII ZB 8/19 NJW 19, 2096 *Anforderungen an E-Dokument.*
887 BGH NJW 15, 1527 *ausgedruckte PDF-Datei*; BGH 04.02.20 – X ZB 11/18 BeckRS 20, 4237 *pdf-Datei.*
888 BVerfG NJW 96, 2857 (BII2) = Mitt 96, 281.
889 BFH NJW 01, 991.
890 VGH Mannheim NJW 94, 538.
891 BGH NJW 97, 1311, 1312.
892 BGH Mitt 05, 137 *Papierstau.*
893 BVerfG NJW 96, 2857 = Mitt 96, 281; BGH NJW-RR 97, 250.
894 OLG Düsseldorf GRUR 90, 310.

409 Treten solche Störungen auf, ist der Sender nicht verpflichtet, eine andere Übermittlungsart (zB Telegramm) zu versuchen.[895] Kann die Fehlerquelle nicht festgestellt werden, obliegt dem Sender der Nachweis, dass sein Sendevorgang fehlerfrei war (Sendeprotokoll, Zeugen, anwaltliche oder eidesstattliche Versicherung).[896] Ist die Absendung bewiesen, besteht für den Zugang ein Anscheinsbeweis.[897] DPMA weist auf etwaige Fehler hin.[898] Eine Aufklärungspflicht gemäß § 139 ZPO soll sich daraus aber nicht ableiten lassen[899] (vgl dazu Rdn 461). Läßt sich bei unvollständigem Fax nachträglich der vollständige Inhalt feststellen und lag der Fehler in der Sphäre des DPMA, so gilt der vollständige Inhalt als eingegangen.[900]

410 Störungen des eigenen Geräts: Ein Anwalt muss organisatorische Anweisungen treffen, dass die Frist durch Wiederholung der Übermittlung oder andere Maßnahmen gewahrt werden kann.[901]

411 **Telefax vor EPA**: Per Telefax können eingereicht werden: Europäische Patentanmeldungen, internationale Patentanmeldungen, andere Schriftstücke mit Ausnahme von Vollmachten und Prioritätsbelegen[902]. Bildlich Wiedergabe der Unerschrift ist ausreichend. Auf Aufforderung des EPA sind Anmeldungsunterlagen und eingereichte Schriftstücke, die der Ausführungsordnung entsprechen, nachzureichen. Für per Telefax eingereichte internationale Anmeldungen sind formgerechte Anmeldungsunterlagen gleichzeitig per Post einzureichen. Den Empfang von Anmeldungen oder Schriftstücken bestätigt EPA.

412 • **Telefon** Der Schriftform genügt telefonische Übermittlung nicht,[903] auch wenn hierüber eine amtliche Notiz gefertigt wird. Daher können Verfahrenshandlungen (zB Verzicht auf mündliche Verhandlung[904]) telefonisch nicht abgegeben, sondern nur angekündigt werden.[905] Telefonische Verfahrenserklärungen werden erst mit schriftlicher Bestätigung wirksam, so zB das Einverständnis mit einer Änderung der Unterlagen der Anmeldung,[906] es sei denn, es handelt sich um Änderungen rein redaktioneller Art Die telefonische Erarbeitung erteilungsreifer Unterlagen ist zur Beschleunigung sehr nützlich.[907] Das erzielte Endergebnis muss aber aus Gründen der Rechtssicherheit schriftlich (zB per Fax) bestätigt werden.

---

895 BVerfG NJW 96, 2857 (BII2) = Mitt 96, 281; aA früher BGH NJW 95, 1431, 1432; VersR 97, 84, 85.
896 BGH NJW 93, 732; BPatGE 33, 24, 27 f; vgl DPA Mitt 90, 102; OLG Düsseldorf GRUR 90, 310.
897 OLG München NJW 94, 527; abw: BGH CR 95, 144.
898 Anordnung des PräsDPMA zitiert von BPatGE 33, 24, 30.
899 BPatGE 33, 24, 30.
900 BGH GRUR 88, 754 *Spulenvorrichtung* (für Telex); BGH NJW 94, 1881 = Mitt 95, 56.
901 BGH NJW-RR 98, 1361.
902 Beschluss vom 20.02.2019 ABl 19, A18 und A19.
903 BGH NJW 65, 174; BFH NJW 65, 174.
904 Vgl BVerwG NJW 81, 1952; 83, 189.
905 Vgl BFH NJW 65, 174.
906 BPatGE 25, 141 u 34, 151 = BlPMZ 84, 137 u 95, 38.
907 PrüfRichtlPat 2.6.3 Tabu Gewerbl. Rechtsschutz Nr 136.

Telefonische Übermittlung eines Telegramms durch die Post wahrt eine Frist, wenn der zuständige Adressat zur Entgegennahme befugt war[908] und darüber eine Notiz anfertigt.[909]   413

• **Telegramm und Fernschreiben (telegram and telex or teleprinter message)** Sie weisen anders als das Fax keine Wiedergabe der eigenhändigen Unterschrift auf, weil das technisch nicht möglich ist. Gleichwohl erkennt die Rechtsprechung die Schriftform als erfüllt an, um den Bürger insbesondere bei fristgebundenen Verfahrenshandlungen am technischen Fortschritt der Telekommunikation teilnehmen zu lassen.[910] Telegramm und Fernschreiben können daher ebenso wie ein Fax für Verfahrenshandlungen schriftformwahrend verwendet werden, nicht dagegen für gemäß § 126 BGB schriftformbedürftige rechtsgeschäftliche Willenserklärungen (vgl dazu Rdn 398).   414

Unterschrift in Druckbuchstaben der natürlichen, verantwortlich handelnden Person[911] müssen Telegramm und Fernschreiben aufweisen, sie muss – weil nicht möglich – nur nicht eigenhändig sein.[912] Eine eigenhändige Unterschrift muss auch nicht später nachgeholt werden[913] und ist auch für das Aufgabetelegramm nicht erforderlich, so dass es fernmündlich aufgegeben werden kann.[914] Zur telefonischen Zusprache s Rdn 412.   415

Vor EPA können Anmeldungen und Verfahrenshandlungen nicht per Telegramm eingereicht werden.[915]

Telekopie siehe unter Telefax Rdn 398.   416

• **Territorialität**

Das Territorialitätsprinzip besagt, dass ein inländischer Gesetzgeber Handlungen im Ausland nicht verbieten kann, auch nicht durch Verleihung subjektiver Rechte. Ein Patent gilt daher nur für den Staat, für den es vom DPMA oder EPA erteilt worden ist.[916] Ein für die BRD erteiltes Patent verleiht keinen Schutz gegen eine Benutzung im Ausland,[917] ein ausländisches Patent keinen Schutz gegen eine Benutzung im Inland.   417

• **Treu und Glauben (good faith)** Treu und Glauben beherrscht das gesamte Recht, auch das Verfahrensrecht,[918] denn zur Redlichkeit ist jeder nicht nur im täglichen   418

---

908 BGHZ 65, 11; BPatGE 25, 141, 144.
909 BGH LM § 518 Nr 10.
910 BVerfG NJW 80, 2067; BGHZ 75, 349 und NJW 00, 2340 (III2).
911 Unzureichende Angabe einer Sozietät: BPatGE 19, 165 = BlPMZ 77, 232; BAG DB 84, 1688; BFH DB 85, 2388.
912 BGH BlPMZ 66, 131 *Stromrichter*; BPatGE 14, 139, 141.
913 BPatG Mitt 84, 195; 86, 150.
914 BGH MDR 56, 52; NJW 74, 1090.
915 MittEPA ABl 00, 458; EPA-Richtl A IX 2.5.
916 BGH GRUR 68, 195 *Voran*.
917 BGH GRUR 03, 328 *Sender Felsberg*; 05, 845 *Abgasreinigungsvorrichtung*.
918 StRspr vgl BGHZ 20, 206; 31, 83; 48, 354; 99, 398; 112, 349; BGH Mitt 97, 364 (II4b) *Weichvorrichtung II*; EPA GBK G 0005/88, G 0007/88, G 0008/88 ABl 91, 137 (Nr 3.2) *Verwaltungsvereinbarung/MEDTRONIC*; G 0002/97 ABl 99, 123 (Nr 1) *Vertrauensschutz/UNILEVER*.

Rechtsleben, sondern auch in Verfahren vor Amt und Gericht verpflichtet. Aus dem Grundsatz von Treu und Glauben kann sich ergeben:
a) *Verwirkung einer Verfahrenshandlung*, die vorwerfbar rechtsmißbräuchlich ist (s Rdn 476), zB *querulatorische Eingaben*,[919] wiederholte Gesuche um Verfahrenskostenhilfe bei unveränderter Sach- und Rechtslage;
b) *Unzulässigkeit einer Verfahrenshandlung*, wenn eine Verfahrenshandlung (Einspruch oder Nichtigkeitsklage) gegen eine Nichtangriffsabrede verstößt (vgl § 59 Rdn 60, § 81 Rdn 48) oder sich eine Nichtangriffsverpflichtung ausnahmsweise aus Treu und Glauben ergibt;[920]
c) *Unzulässige Rechtsausübung*, wenn jemand einen Vertrauenstatbestand geschaffen hat, auf den ein anderer sich zu Recht verlassen durfte, dann ist er gehindert, sich in Widerspruch zu seinem früheren Verhalten zu setzen, wenn darin ein Rechtsmißbrauch liegt (*nemini licet venire contra factum proprium*);[921]
d) *Auskunftsanspruch*, wenn der Anspruchsberechtigte in entschuldbarer Weise über das Bestehen oder den Umfang seines Rechts im Ungewissen ist, der Verpflichtete aber in der Lage ist, unschwer die zur Beseitigung dieser Ungewissheit erforderliche Auskunft zu erteilen[922]
e) *Vertrauensschutz* des Beteiligten gegenüber Amt und Gericht, dazu vgl Rdn 458.

419 Die Berufung auf Treu und Glauben versagt idR gegenüber zwingenden Form- und Fristvorschriften,[923] weil sie Rechtssicherheit garantieren sollen.

420 **Umschreibung** ist die Änderung von Eintragungen in Schutzregistern des DPMA. Im Patentregister sind nach § 30 (1) 1 PatG Name und Wohnort des Anmelders oder Patentinhaber sowie der Sitz einer Firma einzutragen, wenn sie dem DPMA nachgewiesen sind (§ 30 (§) 1 PatG). Die Umschreibungs-Richtlinien[924] sollen ein einheitliches und zügiges Verfahren gewährleisten, haben aber keinen Rechtsnormcharakter[925], so dass in besonders gelagerten Fällen von ihnen abgewichen werden kann.

Wirkung der Umschreibung: Die Eintragung im Patentregister hat keinen Einfluss auf die materielle Rechtslage. Sie wirkt weder rechtsbegründend noch rechtsvernichtend; ihre Legitimationswirkung ist beschränkt auf die Befugnis zur Führung von Rechtsstreitigkeiten aus dem Patent[926]. Aber ihr kommt im Rechtsstreit eine erhebliche Indizwirkung zu.[927] Hatte der bisherige Inhaber der Umschreibung zugestimmt, so begründet das eine hohe Wahrscheinlichkeit, dass die Eintragung im Patentregister die materielle Rechtslage zuverlässig wiedergibt.

---

[919] Vgl KG JW **36**, 1542; OLG Köln OLGZ **80**, 351; BPatG GRUR **94**, 412 FN 171 *Querulant*.
[920] BGH GRUR **87**, 900 *Entwässerungsanlage*; BPatG Mitt **07**, 467 *Gasflammenbehandlungsvorrichtung*.
[921] BVerfGE **78**, 126; BGH Mitt **97**, 364 (II4b) *Weichvorrichtung II*; BGH 03.11.20 – X ZR 85/19 GRUR **21**, 462 Rn 44 *Fensterflügel*; BPatGE **32**, 54, 64; J 0004/87 ABl **88**, 323.
[922] BGH GRUR **86**, 66 *GEMA-Vermutung II*; **01**, 841 *Entfernung der Herstellungsnummer II*; **07**, 532 *Meistbegünstigungsvereinbarung*.
[923] BGH BlPMZ **72**, 142 (III2 f) *Dosiervorrichtung*; BPatGE **12**, 133, 139; **32**, 54, 61.
[924] Tabu Gewerbl. Rechtsschutz Nr 313.
[925] BPatG 08.11.19 – 7 W (pat) 9/19 BeckRS **19**, 29772 *Feuerbeständiges System*.
[926] BGH GRUR **13**, 713, 717 *Fräsverfahren*
[927] OLG Düsseldorf 22.03.19 – 2 U 31/16 GRUR **19**, 725 L *Improving Handovers*. Vgl dazu Springorum Mitt **19**, 529.

- **Unbestimmter Rechtsbegriff (undefined law concept)**[928] Unbestimmter Rechtsbegriff ist ein Begriff in einer Norm, der nicht einen fest umrissenen Sachverhalt umschreibt, sondern der bei der Rechtsanwendung einer Präzisierung im Einzelfall bedarf (zB erfinderische Tätigkeit, gute Sitten,[929] öffentliche Ordnung, öffentliches Interesse,[930] eigenes schutzwürdiges Interesse[931]). Für die Auslegung eines unbestimmten Rechtsbegriffs besteht kein Ermessensspielraum,[932] vielmehr handelt es sich um eine gebundene Entscheidung,[933] die für die Anwendung des unbestimmten Rechtsbegriffs nur eine richtige Entscheidung zulässt. Der unbestimmte Rechtsbegriff ist daher allein nach der gesetzlichen Norm auszulegen und nicht gemäß einer früheren Entscheidungspraxis.[934] Auf das Gleichbehandlungsgebot kann sich daher eine Partei nicht berufen.

421

Die Auslegung eines unbestimmten Rechtsbegriffs durch DPMA ist durch BPatG voll überprüfbar.[935]

Untätigkeit siehe unter Untätigkeitsbeschwerde § 73 Rdn 13.

422

- **Umdeutung** *(conversion)*

Umdeutung einer unwirksamen Verfahrenshandlung in eine andere, wirksame ist (analog § 140 BGB) möglich,[936] wenn a) Auslegung wegen fehlender Eindeutigkeit ausscheidet; b) die andere Verfahrenshandlung bei Kenntnis der Unwirksamkeit gewollt sein würde; c) die Voraussetzungen zur Wirksamkeit der anderen erfüllt sind; d) schützenswerte Interessen Dritter nicht entgegenstehen.

423

- **Unterbrechung des Verfahrens** *(interruption of proceedings)*

Unterbrechung vor DPMA und BPatG Es gelten die §§ 239 ff ZPO. Der Untersuchungsgrundsatz steht dem nicht entgegen,[937] wie sich aus der Geltung der §§ 239 ff ZPO in anderen Verfahren mit Untersuchungsgrundsatz ergibt (zB § 173 VwGO). DPMA ist zwar eine Verwaltungsbehörde, jedoch sind die patentamtlichen Verfahren gerichtsähnlich ausgestaltet, so dass eine Anwendung der §§ 239 ff ZPO gerechtfertigt ist (s Rdn 223 und § 7 PatKostG Rdn 3 im Anhang 15).

424

1. Eintritt der Unterbrechung Unterbrechungm tritt ein durch: a) Tod des Anmelders, Patentinhabers, Einsprechenden,[938] Beschwerdeführers, Klägers, Marken-

425

---

928 Hufen »Ermessen und unbestimmter Rechtsbegriff« ZJS 10, 603.
929 BGH GRUR 98, 945 *Co-Verlagsvereinbarung*.
930 BGH GRUR 96, 190 (II1) *Polyferon*; BPatGE 13, 113; 32, 184.
931 BPatGE 49, 199 *Verfahrenskostenhilfe für Einsprechenden*.
932 GmS-OGB BVerwGE 39, 355, 365 f; BGHZ 124, 327; BPatGE 13, 113, 117; 42, 180, 185.
933 EuGH GRUR 06, 229 (Nr 47) *BioID*; GRUR 06, 233 (Nr 48) *Standbeutel*; BPatGE 49, 188 = BlPMZ 07, 236, 238 *CASHFLOW*.
934 EuGH GRUR 06, 229 (Nr 47) *BioID*; GRUR 06, 233 (Nr 48) *Standbeutel*.
935 BPatGE 42, 180, 185 *Verfahrenskostenhilfe*; BPatGE 49, 188 = BlPMZ 07, 236, 238. *CASHFLOW*; BVerwGE 15, 207.
936 BGH NJW 01, 1217 f; BPatG Mitt 65, 211; BPatG v 15.01.07 – 25 W (pat) 72/05 BeckRS 08, 11593 *my EDI*.
937 Busse/Keukenschrijver vor § 34 Rn 126; aA: BPatGE 1, 1; 41, 75 *Konkurs* (zu § 240 ZPO).
938 BPatGE 38, 44 (Übergang auf Erwerber); 40, 227; BPatG GRUR 97, 494 FN 100 *Konkurs des Einsprechenden*.

Löschungsantragsteller[939] (§ 239 ZPO für zweiseitige Verfahren; analoge Anwendung von Regel 142 (= Regel 90 EPÜ aF) iVm § 239 ZPO für einseitige Verfahren[940]); zur Legitimation des Erben siehe § 30 Rdn 51; **b)** Eröffnung von Konkurs (s Rdn 228) oder Insolvenz[941] (s Rdn 216); **c)** Verlust der Prozessfähigkeit (§ 241 ZPO); **d)** Wegfall des gesetzlichen Vertreters (§ 241 ZPO) oder einer Partei kraft Amts.

426 **Keine Unterbrechung** tritt ein: **a)** in den Fällen a), c) und d), wenn ein Verfahrensbevollmächtigter bestellt ist (§ 246 ZPO),[942] dessen Vollmacht nicht erlischt (§ 86 ZPO). Auf seinen Antrag kann aber Aussetzung des Verfahrens angeordnet werden. Eine spätere Niederlegung der Vertretung unterbricht nicht;[943] **b)** Wegfall des Verfahrensbevollmächtigten durch Tod (sofern nicht ein allgemeiner Vertreter bestellt ist[944]), Verlust der Prozessfähigkeit, Erlöschen der Zulassung. Unterbrechung durch Anwaltsverlust nach § 244 ZPO gilt nur bei Anwaltszwang,[945] also nur im Fall des § 97 (1) 2 PatG; **c)** Tod des Inlandsvertreters;[946] **d)** nach der früheren Rechtsprechung bei Konkurs oder Insolvenz im Ausland (vgl dazu Rdn 216 u 200); **e)** nach der Rechtsprechung unterbricht eine Insolvenzeröffnung nicht **i)** ein markenrechtliches Eintragungsverfahren;[947] **ii)** ein markenrechtliches Widerspruchsverfahren;[948] **iii)** eine Frist zur Einzahlung einer Verlängerungsgebühr;[949] **iv)** die Frist zur Zahlung einer Jahresgebühr gemäß § 7 PatKostG.[950]

427 **2. Wirkung der Unterbrechung** Unterbrechung bewirkt (§ 249 ZPO): **a)** Lauf einer jeden gesetzlichen oder richterlichen Frist (nicht die uneigentliche Frist des § 123 (2) 4 PatG) hört auf und beginnt nach Ende der Unterbrechung voll neu; **b)** Handlungen von DPMA und BPatG mit Außenwirkung sind unwirksam, zB Zustellung, Ladung. Zulässig sind Berichtigungen nach § 95 PatG; **c)** Handlungen einer Partei sind der anderen Partei gegenüber unwirksam (§ 249 (2) ZPO), aber heilbar. Die Partei kann sich auf die Unwirksamkeit ihrer eigenen Handlung nicht berufen;[951] **d)** während der Unterbrechung ergangene Entscheidungen sind wirksam, aber anfechtbar. Verkündung nach Eintritt der Unterbrechung ist zulässig.

428 **3. Ende der Unterbrechung** Unterbrechung endet: **a)** durch Aufnahme des Verfahrens durch den Rechtsnachfolger einer verstorbenen Partei (§ 239 (1) ZPO); **b)** durch Beendigung des Insolvenzverfahrens (s Rdn 216); **c)** bei Konkurs durch dessen Aufhebung oder durch Aufnahme des Konkursverwalters; **d)** im Falle des Todes des gesetzli-

---

939 BPatGE **38**, 131.
940 Abw Papke Mitt **88**, 201.
941 BGH GRUR **10**, 861 *Schnellverschlusskappe*.
942 BGH GRUR **13**, 196 Tz 9 *Playboy am Sonntag*.
943 BPatGE **26**, 126.
944 BGHZ **61**, 84; NJW **82**, 2324.
945 Also nicht vor DPMA: BPatG 31.10.73 – 7 W (pat) 137/71 iin juris *Prozessunfähiger Vertreter III*.
946 BGH GRUR **69**, 437 *Inlandsvertreter*.
947 BPatG BlPMZ **99**, 265 *Konkurs*.
948 BPatG BlPMZ **08**, 26 (IIA1a) *Zustellung an Verfahrensbevollmächtigten des Insolvenzverwalters*.
949 BPatG v 21.03.06 – 27 W (pat) 70/04 BeckRS **07**, 08956 *City-Boy*.
950 BGH GRUR **08**, 551 *Sägeblatt* (gegen BPatG BlPMZ **07**, 350 L *Sägeblatt*).
951 BGHZ **4**, 314, 320; **50**, 397.

chen Vertreters oder des Verlustes der Prozessfähigkeit der Partei mit der Anzeige des gesetzlichen Vertreters über seine Bestellung (§ 241 ZPO).

Unterbrechung vor EPA Regel 142 (= Regel 90 EPÜ aF) regelt die Unterbrechung vor EPA.   429

1. Eintritt der Unterbrechung Unterbrechung tritt ein durch a) Tod oder fehlende Geschäftsfähigkeit[952] des Anmelders oder seines gesetzlichen Vertreters; b) gegen Vermögen des im Patentregister eingetragenen Anmelders[953] (nicht Dritter, zB Lizenznehmer) gerichtetes Verfahren, das aus rechtlichen Gründen den Anmelder hindert, das Verfahren fortzusetzen;[954] c) Vertreter ist aus rechtlichen Gründen wegen der Umstände gemäß a und b verhindert, das Verfahren fortzusetzen. Geschäftsunfähigkeit bedeutet hier, Unfähigkeit seinen beruflichen Pflichten gegenüber dem Mandanten und dem EPA nachzukommen;[955] d) im Fall von a auf Antrag des nach Art 134 EPÜ bestellten Vertreters.   430

2. Keine Unterbrechung Unterbrechung tritt nicht ein, wenn der Anmelder, der verstorben ist oder seine Geschäftsfähigkeit verloren hat, einen Vertreter nach Art 134 EPÜ bestellt hatte und dieser eine Unterbrechung nicht beantragt (Regel 142 (1) a Satz 2 EPÜ).   431

3. Wirkung Alle Fristen (auch die des Art 122 (2) EPÜ[956]) sind unterbrochen. Von der Wiederaufnahme des Verfahrens an beginnen sie voll neu zu laufen, die Fristen für Prüfungsantrag und Jahresgebühren jedoch nur für die verbliebene Zeit.   432

4. Wiederaufnahme Wiederaufnahme des unterbrochenen Verfahrens tritt ein a) im Fall 1a und b: mit entsprechender Anzeige des Berechtigten oder mit Ablauf einer vom EPA dem Berechtigten gesetzten Frist (Regel 142 (2) EPÜ); b) im Fall 1c: mit Anzeige der Bestellung eines neuen Vertreters oder mit Zustellung einer Mitteilung des EPA an den Anmelder, wenn dieser nach Art 133 (2) EPÜ nicht durch einen zugelassenen Vertreter vertreten sein muss (Regel 142 (3) EPÜ).   433

5. Verfahren: Eine Unterbrechung ist von Amts wegen zu beachten.[957] Sie kann jedoch dahingestellt bleiben, wenn Wiedereinsetzung gewährt werden kann.[958]   434

- **Urkundenvorlegung** *(submission of documents)*

§ 142 ZPO Anordnung der Urkundenvorlegung
(1) ¹Das Gericht kann anordnen, dass eine Partei oder ein Dritter die in ihrem oder seinem Besitz befindlichen Urkunden und sonstigen Unterlagen, auf die sich eine Partei bezogen hat, vorlegt. ²Das Gericht kann hierfür eine Frist setzen sowie anordnen, dass die vorgelegten Unterlagen während einer von ihm zu bestimmenden Zeit auf der Geschäftsstelle verbleiben.   435

---

[952] Ausreichende ärztliche Bescheinigung erforderlich: J./87 ABl **88**, 177.
953 J 0009/90 ABl **93** SonderA 62.
954 J 0007/83 ABl **84**, 211 (Vergleichsverfahren); J 0009/94 RechtsprBK/EPA **19**, 748,749. (Handlung gegen Vermögen kann rechtlicher oder tatsächlicher Natur sein).
955 J./85 ABl **85**, 159; J./86 ABl **87**, 528.
956 J./87 ABl **88**, 177; zweifelnd T 0315/87 (Nr 4) ABl **90** SA 48 = EPOR 01, 368.
957 J./87 ABl **88**, 177.
958 T 0315/87 ABl **90** SA 48 = EPOR 01, 368.

Einleitung
Verbindung/consolidation

(2) ¹Dritte sind zur Vorlegung nicht verpflichtet, soweit ihnen diese nicht zumutbar ist oder sie zur Zeugnisverweigerung gemäß den §§ 383 bis 385 berechtigt sind. ²Die §§ 386 bis 390 gelten entsprechend.
(3) ¹Das Gericht kann anordnen, dass von in fremder Sprache abgefassten Urkunden eine Übersetzung beigebracht werde, die ein nach den Richtlinien der Landesjustizverwaltung hierzu ermächtigter Übersetzer angefertigt hat. ²Eine solche Übersetzung gilt als richtig und vollständig, wenn dies von dem Übersetzer bescheinigt wird. ³Die Bescheinigung soll auf die Übersetzung gesetzt werden, Ort und Tag der Übersetzung sowie die Stellung des Übersetzers angeben und von ihm unterschrieben werden. ⁴Der Beweis der Unrichtigkeit oder Unvollständigkeit der Übersetzung ist zulässig. ⁵Die Anordnung nach Satz 1 kann nicht gegenüber dem Dritten ergehen.

436 § 142 ZPO[959] ist im Verfahren vor DPMA und BPatG anwendbar, denn die Vorschrift dient – wie der Untersuchungsgrundsatz (s Rdn 16) der vollständigen Unterrichtung von DPMA und BPatG, um eine sachgerechte Entscheidung zu gewährleisten. Eine Anordnung nach § 142 (3) ZPO liegt im Ermessen des Gerichts. Dabei ist auf die Sprachkenntnisse des Gerichts, nicht die der Parteien abzustellen.[960] Eine Anordnung kann auch der Bereitstellung von Beweismitteln dienen.[961]

437 **Urkunden und Unterlagen** können sein: Zeichnungen, Pläne, Fotos, Schriftwechsel. **Voraussetzung**: eine der Parteien muss sich auf die Urkunde oder die Unterlage ausdrücklich oder sinngemäß bezogen haben und die Vorlage muss entscheidungserheblich sein.[962] **Adressat**: jede Partei und jeder Dritte. Dritte können Vorlage verweigern, wenn sie **unzumutbar** ist, zB weil sie mit zu hohem Zeitaufwand oder Kosten verbunden, wegen Krankheit unmöglich ist oder wenn sie die Offenbarung eines Kunst- und Gewerbegeheimnisses bedeuten würde (§ 384 Nr 3 ZPO).

438 **Nichtbefolgung**: Vorlage kann nach § 142 ZPO nicht von den Parteien (Würdigung gemäß § 286 ZPO), nur von Dritten erzwungen werden. Gegen Dritte kann nach § 390 ZPO Ordnungsgeld und -haft festgesetzt werden.

439 **Patentverletzungsprozess**: Das Gericht ist allenfalls dann verpflichtet, gemäß § 142 ZPO die Vorlage einer Urkunde durch die nicht beweisbelastete Partei anzuordnen, wenn die Voraussetzungen für einen entsprechenden Anspruch des Gegners aus § 140c PatG erfüllt sind.[963]

440 **Unterschrift** siehe Rdn 374.

441 **Untersuchungsgrundsatz** siehe Rdn 16.

442 **venire contra factum proprium, nemini licet** – siehe Rdn 418.

- **Verbindung** *(consolidation)*

443 Verbindung von Anmeldungen ist gem § 147 ZPO möglich. Sie ist lediglich verfahrensrechtlicher Natur (dient insbesondere der Verfahrensökonomie), entfaltet aber keine

---

959 Lit: Kapoor: Die neuen Vorlagepflichten für Urkunden und Augenscheinsgegenstände in der ZPO, 2009; **Lit in ZZP**: Rühl **12**, 25.
960 BPatG 25.07.12 – 5 Ni 19/11 BeckRS **12**, 18664 *Bildaufzeichnungssystem*.
961 BGH NJW **07**, 155 *Vorlage von Beweismitteln*.
962 *BGH NJW* **00**, 3488 *Ausforschung* und § 142 ZPO.
963 BGH GRUR **06**, 962 Tz 36 *Restschadstoffentfernung*; BGH GRUR **13**, 316 *Rohrmuffe*.

materiell-rechtliche Wirkung.⁹⁶⁴ Hat sie zu einer unzulässigen Erweiterung oder zur Uneinheitlichkeit geführt, muss wieder getrennt werden. Grundsätzlich kann jede Anmeldung mit einer anderen Anmeldung verbunden werden, nicht nur Stamm- und Trennanmeldung.⁹⁶⁵

Voraussetzungen⁹⁶⁶: **a)** Einverständnis des Anmelders wegen der Bindung an seinen Antrag (siehe oben Rdn 7); **b)** Anhängigkeit beider Anmeldungen, und zwar vor derselben Instanz (DPMA oder BPatG);⁹⁶⁷ **c)** gleicher Anmelde- oder Prioritätstag; **d)** Einheitlichkeit der verbundenen Anmeldungen; **e)** keine unzulässige Erweiterung durch die Verbindung, zB durch eine bisher nicht offenbarte Kombination.⁹⁶⁸   **444**

Verfahren: Verbindung ergeht durch Beschluss, dessen Erlass in freiem Ermessen steht⁹⁶⁹ und nur auf Ermessensmissbrauch nachprüfbar ist. Sie ist abzulehnen, wenn die Voraussetzungen zu a – e nicht vorliegen, und kann abgelehnt werden, wenn sie verfahrensunökonomisch ist. Die Ablehnung ist nicht selbständig beschwerdefähig.⁹⁷⁰   **445**

Die Verbindung wird wie bei der Prozessverbindung durch den Beschluss bewirkt, nicht durch den Eingang des Antrags.⁹⁷¹ Nur eine Teilungserklärung bewirkt abweichend von § 145 ZPO mit ihrem Eingang die Teilung, weil § 39 (1) wie Art 4 G (2) PVÜ dem Anmelder nur das Recht einräumt, »von sich aus« zu teilen, nicht aber das Recht, »von sich aus« zu verbinden.

Soll ein Teil einer Teilanmeldung mit der Stammanmeldung wieder vereinigt werden, bedarf es einer Teilungserklärung in der Teilanmeldung und eines Antrags auf Verbindung von Stamm- und zweiter Teilanmeldung.

Wirkung. Vom Zeitpunkt der Verbindung zweier Verfahren besteht nur noch ein Verfahren, das künftig einheitlich geführt wird und für das gesetzliche und anwaltliche Gebühren nur noch einmal anfallen.⁹⁷²   **446**

Verbindung vor EPA: Wenn EPÜ- und PCT-Vertragsstaaten nicht identisch sind, ergibt sich die Notwendigkeit, neben der Euro-PCT-Anmeldung eine europäische Anmeldung für die EPÜ-Staaten einzureichen, die nicht dem PCT angehören. Diese beiden Anmeldungen können zur einheitlichen Prüfung verbunden werden.⁹⁷³   **447**

---

964 BGH BlPMZ **67**, 299 *Kaskodeverstärker*; BPatGE **12**, 15, 16; **14**, 185; **20**, 68, 72; **21**, 78; **27**, 82.
965 BGH GRUR **86**, 531 *Schweißgemisch*.
966 BGH GRUR **86**, 531 *Schweißgemisch*.
967 AA BPatGE **23**, 104; wenn Teilanmeldung nur einen echten Unteranspruch enthält; wie hier BPatG BlPMZ **91**, 195.
968 Abw wohl BPatG BlPMZ **91**, 195.
969 BPatG BlPMZ **85**, 193.
970 BPatGE **27**, 82 = BlPMZ **85**, 270.
971 BPatG BlPMZ **85**, 193; aA: BPatGE **21**, 78; **23**, 104, 107.
972 BGH GRUR **68**, 447 (III4) *Flaschenkasten*.
973 J 17/92 ABl **98** SA 86, 125; Rechtsauskunft Nr 10/92 ABl **92**, 662 nicht mehr relevant: ABl **12**, 446.

Einleitung   *Verfassungsbeschwerde*

448 **Voraussetzungen**[974]: **a)** gleicher Anmelde- und Prioritätstag; **b)** Beschreibung, Ansprüche und Zeichnungen sind identisch[975] oder werden durch Erklärung identisch gemacht; **c)** identische Verfahrenssprache, ggfls identische ursprüngliche Sprache, die nicht EPA-Amtssprache ist; **d)** Antrag des Anmelders oder der Anmelder beider Anmeldungen; **e)** Art 22 und 39 PCT müssen erfüllt sein; **f)** wirksamer Prüfungsantrag für beide Anmeldungen.

449 **Folge: i)** Durchführung eines einheitlichen Erteilungsverfahrens; **ii)** Rückerstattung einer Prüfungsgebühr, wenn Antrag auf Verbindung gestellt wurde, bevor Prüfungsabteilung zuständig wurde; **iii)** Rückerstattung von Jahresgebühren, die nach dem Zeitpunkt fällig werden, zu dem die Voraussetzungen a) –f) erfüllt sind.

- **Verfassungsbeschwerde**

450 Die Verfassungsbeschwerde ist ein außerordentlicher Rechtsbehelf, mit dem der Träger des vermeintlich verletzten Rechts Eingriffe der öffentlichen Gewalt abwehren kann.[976] Mit der Verfassungsbeschwerde kann geltend gemacht werden: a) die Verletzung von Grundrechten (Art. 1–19 GG), b) die Verletzung von grundrechtsgleichen Rechten (Art. 93 (1) Nr.4a GG), c) die Verletzung von europäischen Unionsgrundrechten der europäischen Grundrechtecharta[977] (GRCh[978]).

Die Verfassungsbeschwerde ist nach § 90 (2) BVerfGG gemäß dem Grundsatz der Subsidiarität[979] erst nach Erschöpfung des Rechtswegs zulässig. Dazu gehören außer den Rechtsmitteln Wiedereinsetzung[980] und Wiederaufnahme,[981] nicht dagegen außerordentliche Rechtsbehelfe wie die Gegenvorstellung[982] und das Anhörungsrügeverfahren, wenn mit der Verfassungsbeschwerde Verletzung des rechtlichen Gehörs nicht geltend gemacht wird.[983]

Die Verfassungsbeschwerde kann nicht per De-Mail eingereicht werden.[984]

Die Verletzung der prozessualen Waffengleichheit kann mit der Verfassungsbeschwerde geltend gemacht werden.[985]

451 Die Verfassungsbeschwerde ist nach § 93 BVerfGG binnen eines Monats nach Zustellung der Entscheidung zu erheben[986] und zu begründen. Wiedereinsetzung ist nach

---

974 Rechtsauskunft Nr 10/92 ABl 92, 662.
975 Vgl dazu J 0017/92 ABl 98, SonderA 86 *Consolidation/WARNER-LAMBERT*.
976 BVerfG (Plenum) BVerfGE 107, 395 = NJW 03, 1924 AbsNr 55 *Rechtsschutz gegen den Richter I*.
977 BVerfG 06.11.2019 – 1 BvR 16/13 GRUR 20, 74 *Recht auf Vergessen I*; BVerfG 06.11.2019 – 1 BvR 276/17 GRUR 20, 88 *Recht auf Vergessen II*; BGH 27.07.20 – VI ZR 405/18 GRUR 20, 1331 *Recht auf Vergessenwerden*.
978 ABlEU 2010/C 83/389; Meyer: Charta der Grundrechte der EU 5.Aufl. 2019; Jarass EU-Grundrechte 2.Aufl. 2019.
979 BVerfGE 70, 180 *Rüge Verletzung rechtlichen Gehörs vor Verfassungsbeschwerde*.
980 BVerfG NJW 76, 1839.
981 BVerfG NJW 92, 1030 *Subsidiarität, Wiederaufnahme*.
982 BVerfG (Plenum) BVerfGE 107, 395 = NJW 03, 1924 AbsNr 63–66 *Rechtsschutz gegen den Richter I*.
983 BVerfG NJW 13, 3506 *Rechtswegerschöpfung*.
984 BVerfG 1 BvR 2391/18 NJW 19, 355 *Keine Verfassungsbeschwerde per Email*.
985 BVerfG NJW 18, 3631 *Die F.-Tonbänder*.
986 BVerfG GRUR 10, 56 *Digitale Privatkopien*.

Grundsatz der Verhältnismäßigkeit/
principle of proportionality **Einleitung**

§ 93 (2) BVerfGG möglich. Die Verfassungsbeschwerde bedarf nach § 93a BVerfGG der Annahme. Stellt die Einlegung der Verfassungsbeschwerde einen Missbrauch dar (zB wahrheitswidriger Vortrag[987]), kann das BVerfG nach § 34 (2) BVerfGG eine Gebühr bis zu 2600 € auferlegen.[988]
Die Verfahrensvollmacht für das verfassungsgerichtliche Verfahren muss den Anforderungen des § 22 Abs. 2 BVerfGG genügen[989]

Verfassungsbeschwerde ist unzulässig: **a)** gegen Einigungsvorschlag der Schiedsstelle für Arbeitnehmererfindungen;[990] **b)** gegen Entscheidung einer EPA-Beschwerdekammer;[991] **c)** für die Überprüfung einer Entscheidung über die Auslegung eines Patents[992]; **d)** für jur. Personen des Privatrechts, wenn diese von der öffentlichen Hand beherrscht werden oder wenn diese öffentliche Aufgaben wahrnehmen und sie ihre Grundrechtsfähigkeit nicht näher darlegen[993]. 452

Die Auslegung eines Patents ist eine Rechtsfrage, die vom angerufenen Gericht eigenständig vorgenommen werden muss. Weder das Anhörungsrügen-, noch das Verfassungsbeschwerdeverfahren dienen der Überprüfung dieser Entscheidung. Ob die Rechtsmeinung des Gerichts fachrechtlich zutrifft, ist, jedenfalls im Rahmen der Rüge einer Verletzung von Art 103 I GG, nicht vom Bundesverfassungsgericht zu überprüfen.

Verfügungsgrundsatz siehe oben Rdn 11. 453

• **Grundsatz der Verhältnismäßigkeit** *(principle of proportionality)*

Der verfassungsrechtliche Grundsatz der Verhältnismäßigkeit besagt, dass eine Maßnahme zur Erreichung des angestrebten Zweckes geeignet und erforderlich sein muss; sie ist geeignet, wenn der gewünschte Erfolg mit ihrer Hilfe gefördert werden kann, und erforderlich, wenn der Gesetzgeber kein gleich wirksames, aber das betreffende Grundrecht nicht oder doch weniger fühlbar einschränkendes Mittel hätte wählen können. Der Eingriff muss in angemessenem Verhältnis zu dem Gewicht und der Bedeutung des Grundrechts stehen und den Betroffenen nicht übermäßig oder unzumutbar belasten[994]. 454

Der Grundsatz der Verhältnismäßigkeit folgt aus dem Recht auf ein faires Verfahren (s Rdn 458). Eine prozessuale Sanktion sollte nicht weiter gehen, als es für die Erreichung des angestrebten Zwecks notwendig ist.[995] Ist sie unverhältnismäßig, dann tritt

---

[987] BVerfG, 01.07.2009 – 2 BvR 498/07 BeckRS 09, 38655 *wahrheitswidriger Vortrag.*
[988] Vgl zB BVerfG NJW 08, 838; 04, 2959; 96, 1273; BVerfG v 24.08.10 – 1 BvR 1584/10 BeckRS 10, 52890 *Missbrauchsgebühr gegen Rechtsanwalt*(500 €).
[989] Vgl dazu BVerfG 17.09.19 – 2 BvR 309/15 NJW **19**, 3509 *Vollmacht vor BVerfG.*
[990] BVerfG (Plenum) BVerfGE **107**, 395 = NJW 03, 1924 AbsNr 63–66 *Rechtsschutz gegen den Richter I.*
[991] BVerfG GRUR **10**, 1031 Tz 19 *Automatische Holzschneidemaschine.*
[992] BVerfG GRUR **10**, 56 *Gerichtliche Patentauslegung.*
[993] BVerfGE **128**, 226 = NJW 11, 1201; BVerfG vom 2.11.15 – 1 BvR 1530/15 BeckRS **15**, 56099 *Grundrechtsfähigkeit jur. Personen.*
[994] BVerfGE **92**, 262; BVerfGE **143**, 246 = NJW **17**, 217 Rn. 281; BGH GRUR **16**, 1031 *Wärmetauscher;* BGH 14.07.20 – X ZB 4/19 GRUR **20**, 1121 (TZ 41) *Druckstück.*
[995] T 0111/92 ABl **93** SonderA 62.

ein Rechtsverlust nicht ein.[996] Bei Fristüberschreitungen, die kraft Gesetzes zum Rechtsverlust von Anmeldung oder Patent führen, vermag der Grundsatz der Verhältnismäßigkeit allein nicht zu helfen, weil sonst Fristen immer bedeutungslos wären. Er kann jedoch unterstützend, zB bei einer Wiedereinsetzung,[997] herangezogen werden.[998]

Der Grundsatz der Verhältnismäßigkeit ist auch dann zu beachten, wenn eine Interessenabwägung erforderlich ist, zB vor Erlass einer einstweiligen Verfügung oder bei Erteilung einer Zwangslizenz zwischen dem Ausschließlichkeitsrecht des Patentinhabers und dem öffentlichen Interesse.[999]

In der EU ist der Grundsatz der Verhältnismäßigkeit anerkannt, weil Vorschriften der Mitgliedstaaten für die Verwirklichung des angestrebten Ziels geeignet sein müssen und nicht über das zur Erreichung dieses Ziels erforderliche Maß hinausgehen dürfen.[1000]

455   **Verhandlungsgrundsatz**   s Rdn 17.

456   **Verspätetes Vorbringen**   s Rdn 238.

457   • **Vertragsstrafeversprechen (contractual penalty)** ist eine in Geld bestehende Leistung, die der Schuldner für den Fall der Nichterfüllung oder nicht gehörigen Erfüllung verspricht. Sie ist ein Druckmittel des Gläubigers und erspart ihm den Schadensbeweis[1001]. Sie unterliegt der Inhaltskontrolle nach § 307 BGB[1002] und ist unwirksam, wenn die Vertragsstrafe der Höhe nach bereits auf den ersten Blick außer Verhältnis zu dem mit der Vertragsstrafe sanktionierten Verstoß und den Gefahren steht, die mit möglichen zukünftigen Verstößen für den Unterlassungsgläubiger verbunden sind[1003]. Eine unangemessene Benachteiligung liegt vor, wenn der Verwender der Klausel missbräuchlich eigene Interessen auf Kosten des Vertragspartners durchzusetzen versucht, ohne die des Vertragspartners von vornherein hinreichend zu berücksichtigen[1004] Unterwerfungserklärungen nach Schutzrechtsverletzungen bezwecken, dass der Schuldner vor weiteren verstößen zurückschreckt. Daher muss die Vertragsstrafe so hoch sein, dass sich ein Verstoß für den Verletzer nicht mehr lohnt[1005]. Sie ist daher nur unwirksam, wenn sie auf den ersten Blick außer Verhältnis zu dem mit der Vertragsstrafe sanktionierten Verstoß steht[1006].

---

[996] BVerfGE **61**, 126, 134; **69**, 126, 137; **75**, 302, 318; BGHZ **98**, 372; T 0869/90 Mitt **92**, 255 = EPOR **94**, 581.
[997] J 0022/92 ABl **95** SonderA 90.
[998] J 0011/93 ABl **97** SA 80, 91.
[999] BGH GRUR **96**, 190 (AI1d) *Human-Immuninterferon*; BPatGE **32**, 184, 190.
[1000] Vgl Art 7 Richtlinie (EU) 2018/958 EU ABl **18**, L 173; Art 3 (2) Richtlinie 2004/48/EG EU ABl **04**, L 157 S.45.
[1001] BGHZ **49**, 89; **63**, 259; **85**, 312; **105**, 27.
[1002] BGHZ **121**, 15, 19 *Fortsetzungszusammenhang*; GRUR **06**, 233 (Nr 48) *Vertragsstrafenklausel*.
[1003] BGH GRUR **14**, 595 *Vertragsstrafenklausel* (Abgrenzung zu BGH GRUR **09**, 181 Rn 41 *Kinderwärmekissen*)
[1004] BGH GRUR **14**, 595 *Vertragsstrafenklausel* mwN.
[1005] OLG Hamm WRP **78**, 395, 397; KG WRP **87**, 322.
[1006] BGH GRUR **14**, 595 (II1dd (2) *Vertragsstrafenklausel*.

- **Vertrauensschutz** *(principle of good faith; protection of legitimate expectation)*

Das anerkannte **Recht auf ein faires Verfahren**[1007] und das **Grundrecht auf effektiven Rechtsschutz**[1008] berechtigt den Bürger, auf die Richtigkeit und Vollständigkeit amtlicher Feststellungen vertrauen zu dürfen.[1009] Diese darf er zur Grundlage seines Handelns machen, ohne dass er dadurch einen Rechtsverlust erleidet.[1010] Das gilt nicht, wenn die amtliche Feststellung vorbereitender Natur ist, sie also keine abschließende Regelung enthält,[1011] wenn sie ohne Gewähr erteilt wurde oder wenn die Fehlerhaftigkeit ohne weiteres erkennbar war.[1012] Einen Anspruch auf Beibehaltung einer Amtsübung gibt es nicht.[1013] Auf eine telefonische Auskunft des Prüfers soll ein Anwalt sich nicht ohne zusätzliches Studium der Gesetzesbegründung und von Kommentaren verlassen dürfen.[1014] Das dürfte aber nur gelten, wenn jeder Dritte naheliegende Zweifel an der Richtigkeit der Auskunft gehabt hätte.

458

Amtsübung: Auf die Rechtsbeständigkeit einer Verfahrenshandlung, die im Einklang mit einer bisherigen Amtsübung bei Formerfordernissen steht, darf man vertrauen.[1015] Natürlich führt auch eine langjährige Amtsübung nicht zu einer Selbstbindung der Verwaltung, sie ist vielmehr frei, jederzeit ihre bisherige Amtsübung aus guten Gründen zu ändern.[1016] Der Grundsatz des Vertrauensschutzes bewahrt aber den Bürger vor Rechtsverlusten, wenn er sich im berechtigten Vertrauen auf die bisherige Amtsübung verlassen hat.

459

Änderung der Rechtsprechung bedarf keiner Ankündigung. Sie kann aber einem Bürger nicht entgegengehalten werden, wenn er sich loyal nach der bisherigen Rechtsprechung gerichtet hat.

460

Hinweise an den rechtssuchenden Bürger auf offensichtlich versehentliche Mängel einer Verfahrenshandlung, die ohne weiteres erkennbar und leicht innerhalb der Frist behebbar sind, sollten zur Vermeidung eines versehentlichen und ungewollten Rechtsverlusts nach dem Grundsatz des Vertrauensschutzes für DPMA – ebenso wie für EPA (s Rdn 462) – eine Pflicht sein, mit der Folge, dass das Unterlassen eines pflichtgemäßen Hinweises keinen Rechtsverlust eintreten läßt. BPatG bejaht nur, dass ein Hinweis zwar einer angemessenen Sachbehandlung entspricht, dazu aber keine Rechtspflicht

461

1007 BVerfGE **46**, 210; **51**, 156; **52**, 143, 207 u 389; **57**, 250, 275; **75**, 183, 191; **75**, 318, 328; **78**, 126; NJW **91**, 3140 *Berufung, Urteilsbezeichnung*; BGH NJW **08**, 1890 *beschleunigte Aktenvorlage*; BGH GRUR **12**, 1044 Tz 18 *Neuschwanstein;* – vgl House of Lords »In Re Pinochet« zitiert oben in Rdn 322; – EPA GBK G 0002/99 ABl **01**, 83 (Nr 2.5.3) *Sechsmonatsfrist/DEWERT*.
1008 BVerfGE **46**, 334; **49**, 325; **51**, 156; **60**, 253; **75**, 318, 326; **77**, 275, 284; BVerfG NJW **91**, 29 *nicht leichtfertige Behauptungen*; BVerfG NJW **15**, 175 *Effektiver Rechtsschutz*.
1009 BPatG BlPMZ **92**, 361 zu Verwaltungsvereinbarung über Behandlung falsch an EPA adressierter Eingaben.
1010 BVerfG NJW **88**, 1773 *Rechtliches Gehör, Beweisantrag*: unzulässige Fristsetzung.
1011 BGH BlPMZ **72**, 354 (III 3 u 4) *Akustische Wand*.
1012 BGH GRUR **95**, 50 *Success*.
1013 BPatG **40**, 270, 273 = GRUR **99**, 569 *Beschluss-Zustellung*.
1014 BPatGE **50**, 90 *Weiterbehandlung*.
1015 BPatGE **11**, 60, 63 f.
1016 BPatGE **33**, 92 = BlPMZ **93**, 30.

besteht.¹⁰¹⁷ Diese Rechtspflicht hat EPA im Wege der richterlichen Rechtsfortbildung geschaffen (s Rdn 462).

- **Vertrauensschutz vor EPA**¹⁰¹⁸ *(principle of good faith before EPO; protection of legitimate expectation)*

462 Der Grundsatz des guten Glaubens ist als Rechtsquelle in der Rechtsprechung des EPA anerkannt.¹⁰¹⁹ Er beherrscht das Verhältnis zwischen EPA und den Parteien (Anmelder, Patentinhaber und Einsprechende¹⁰²⁰) und besagt, dass sowohl EPA wie die Parteien sich so zu verhalten haben, dass Rechtsverluste, die vermeidbar sind, nicht eintreten.¹⁰²¹ Das bedeutet, dass einerseits die Parteien alles tun, um einen Rechtsverlust zu vermeiden, und dass andererseits das EPA das berechtigte Vertrauen (reasonable expectation) der Parteien nicht verletzen darf.¹⁰²² Die wohlwollende Berücksichtigung legitimer Interessen des Anmelders wird gelegentlich als bloße »Anmelderfreundlichkeit (user-friendliness)« mißverstanden.

463 Aus dem Vertrauensschutz folgt:

464 a) Partei darf kein Nachteil daraus erwachsen, dass sie sich auf eine *falsche Auskunft*¹⁰²³ oder einen *mißverständlichen Bescheid*¹⁰²⁴ des EPA verlassen hat. Administrative Standardmitteilungen (zB über zugeteiltes Aktenzeichen) enthalten keine Wertung und können daher nicht irreführen;¹⁰²⁵

465 b) Ein vernünftiger Adressat darf sich auf den Inhalt *freiwilliger Serviceleistungen (courtesy services)* verlassen. Auf diese besteht zwar kein Anspruch, werden sie aber erteilt, so führt ein darauf zurückzuführendes Mißverständnis nicht zu einem Rechtsverlust;¹⁰²⁶

466 c) EPA kann sich auf einen Rechtsverlust des Anmelders nicht mehr berufen, wenn es selbst über längere Zeit davon ausgegangen ist, dass ein Rechtsverlust nicht eingetreten ist und so beim Anmelder den begründeten Glauben an die Existenz seiner Rechtsposition erweckt hat; denn auch *EPA unterliegt dem Verbot des venire contra factum proprium*¹⁰²⁷ (siehe dazu Rdn 418);

1017 BPatGE 33, 24, 30; vgl 40, 42, 45.
1018 Lit: Eskil Waage Principles of procedure in European Patent Law 2001; Catarina Holtz Due process for industrial property, European patenting under human rights control 2003; **Lit in GRUR Int**: Bruchhausen 83, 205, 209; Singer 90, 788; **Lit in IIC**: Bruchhausen 83, 732, 740; Waage 98, 641.
1019 EPA GBK G 0005/88, G 0007/88, G 0008/88 ABl 91, 137; G 0002/97 ABl 99, 123 (Nr 1); J 0010/84 ABl 85, 71.
1020 T 0161/96 ABl 99, 331.
1021 EPA GBK G 0002/97 ABl 99, 123 (Nr 4.2) *Vertrauensschutz/UNILEVER*.
1022 EPA GBK G 0005/88, G 0007/88, G 0008/88 ABl 91, 137 (Nr 3.2) *Verwaltungsvereinbarung/MEDTRONIC*; G 0002/97 ABl 99, 123 (Nr 1) *Vertrauensschutz/UNILEVER*.
1023 EPA GBK G 0002/97 ABl 99, 123 (Nr 4.1) *Vertrauensschutz/UNILEVER*; J 0002/87 ABl 88, 330; J./87 ABl 88, 323.
1024 EPA GBK G 0002/97 ABl 99, 123 (Nr 4.1) *Vertrauensschutz/UNILEVER*; J 0003/87 ABl 89, 3; T 0343/95 EPOR 00, 452.
1025 EPA GBK G 0002/97 ABl 99, 123 (Nr 5.2) *Vertrauensschutz/UNILEVER*.
1026 EPA GBK G 0002/97 ABl 99, 123 (Nr 5.1) *Vertrauensschutz/UNILEVER*; J 0012/84 ABl 85, 108; J 0001/89 ABl 92, 17; J 0027/92 ABl 95, 288.
1027 J 0014/94 ABl 95, 824; J 0018/96 ABl 98, 403 (Nr 4.3).

d) EPA hat dem Anmelder einen *Hinweis auf einen drohenden Rechtsverlust* zu 467
geben, wenn ein solcher Hinweis nach Treu und Glauben erwartet werden darf[1028]
(*if such warning of any loss of rights can be expected in all good faith*). Wird ein
solcher Hinweis unterlassen, so tritt ein Rechtsverlust nicht ein, wenn dieser auf
Grund eines Hinweises vermieden worden wäre. Erwartbar ist ein solcher Hinweis, wenn: **i)** der Mangel im Rahmen der normalen Bearbeitung des Falls für EPA
leicht erkennbar ist, *und* **ii)** die Partei den *Mangel noch fristgerecht beheben* kann,
und **iii)** EPA aus den Umständen ohne weiteres erkennen konnte, dass die Partei
versehentlich einen ungewollten Rechtsverlust erleiden wird, wenn es nicht aufklärend tätig wird.

Anlass für einen aufklärenden Hinweis besteht für EPA, a) wenn die Partei im 468
Zusammenhang mit ihrer Verfahrenshandlung eine konkrete Anfrage stellt;[1029] **b)**
wenn aus der Verfahrenshandlung der Partei selbst ohne weiteres erkennbar ist, dass
ein Rechtsverlust eintreten wird. Beispiele: **i)** wenn den eingereichten Unterlagen zu
entnehmen ist, dass ein Teil, der eingereicht werden sollte, fehlt;[1030] **ii)** wenn auf einen
beiliegenden, aber fehlenden Scheck verwiesen wird;[1031] **iii)** wenn die wahre Natur
eines Antrags (zB Wiedereinsetzung oder Antrag auf Entscheidung) zweifelhaft ist;[1032]
iv) wenn die Partei offensichtlich von einem unrichtigen Verständnis des EPÜ ausgeht, zB die Nachholung der versäumten Handlung entsprechend nationalem Recht
nach Gewährung der Wiedereinsetzung für ausreichend hält.

Kein Anlass für einen Hinweis besteht für EPA, a) wenn es sich um Mängel innerhalb 469
des eigenen Zuständigkeitsbereichs des Beteiligten handelt (area of the party's own
responsibility), weil eine Partei ihre Verantwortung für die ordnungsgemäße Erfüllung
von Verfahrenshandlungen nicht auf EPA abwälzen kann;[1033] **b)** bei Eingang einer
gebührenpflichtigen Verfahrenshandlung, wenn diese die Art der Entrichtung der
Gebühr gemäß Art 5 (1) GebO offen läßt.[1034]

Eine **einzelne Kammerentscheidung** begründet nicht die berechtigte Erwartung, dass 470
in ähnlichen Fällen ebenso entschieden wird. Dazu bedarf es vielmehr einer gefestigten
Praxis auf Grund der Entscheidung[1035] (s Art 111 Rdn 42 im Anhang zu § 73).

1028 EPA GBK G 0002/97 ABl **99**, 123 (Nr 4.1) *Vertrauensschutz/UNILEVER*; J 0012/94 ABl
97 SonderA 61; J 0013/90 ABl **94**, 456; J 0025/92 RechtsprBK/EPA **19**, 659 = EPOR **94**, 298;
T 0014/89 ABl **90**, 432.
1029 J 0002/94 ABl **96** SonderA 53 = EPOR **98**, 195; J 0041/92 ABl **95**, 93 (Nr 2.3).
1030 EPA GBK G 0002/97 ABl **99**, 123 (Nr 3.3) *Vertrauensschutz/UNILEVER*; T 0128/87 ABl
89, 406.
1031 EPA GBK G 0002/97 ABl **99**, 123 (Nr 4.1) *Vertrauensschutz/UNILEVER*; T 0128/87 ABl
89, 406.
1032 EPA GBK G 0002/97 ABl **99**, 123 (Nr 4.1) *Vertrauensschutz/UNILEVER*; J 0015/92 ABl
94 SonderA 72.
1033 EPA GBK G 0002/97 ABl **99**, 123 (Nr 4.2) *Vertrauensschutz/UNILEVER*; J 0041/92 ABl
95, 93 (Nr 2.4); T 0690/93 ABl **96** SonderA 53; T 0161/96 ABl **99**, 331.
1034 EPA GBK G 0002/97 ABl **99**, 123 (Nr 3.3) *Vertrauensschutz/UNILEVER*; J 0002/94 ABl
96 SonderA 53; vgl J xx/87 ABl **88**, 177.
1035 J 0027/94 ABl **95**, 831.

- **Verwaltungsakt (VA)** *(administrative act)*

471 VA ist eine hoheitliche Maßnahme, die eine Behörde zur Regelung eines Einzelfalles auf dem Gebiet des öffentlichen Rechts trifft und die auf unmittelbare Rechtswirkung nach außen gerichtet ist (vgl § 36 VwVerfG). Entscheidungen des DPMA sind trotz des justizförmig ausgebildeten Verfahrens Verwaltungsakte, so auch die Patenterteilung.[1036]

472 **Nichtigkeit eines VA:** Für VA gilt der Grundsatz der **Vermutung der Gültigkeit**. Ein VA entfaltet Rechtswirkungen auch dann, wenn er fehlerhaft ist. Das gilt ausnahmsweise nicht, wenn der VA offenkundig mit einem derart schweren Fehler behaftet ist, dass die Rechtsordnung ihn nicht tolerieren kann[1037] (Evidenztheorie, vgl § 44 VwVerfG). EuGH[1038] bezeichnet diese VA als inexistente Rechtsakte. Sie können, um den Anschein des Rechts zu beseitigen, angefochten werden.

473 **Unterschrift in Verfahren vor DPMA für VA** ist dann erforderlich, wenn der VA eine wertende Beurteilung und Entscheidung zum Inhalt hat, so bei allen anfechtbaren Entscheidungen iSd § 47.[1039] Ohne Unterschrift liegt nur ein Entwurf vor.[1040]

474 Liegt dem VA keine wertende Beurteilung zugrunde, ist eine Unterschrift entbehrlich. Dann genügen nach § 20 (2) DPMAV der gedruckte oder gestempelte Name oder der Abdruck des Dienstsiegels des DPMA. Die Wahl der Form steht im Ermessen des DPMA. Ohne Unterschrift wirksam: Gebührennachrichten, mit Hilfe elektronischer Datenverarbeitungsanlagen gefertigte VA,[1041] Steuerbescheide.[1042]

475 **Widerruf oder Rücknahme eines VA** durch DPMA ist nicht möglich, da seine VA infolge des justizförmig ausgebildeten Verfahrens Bestandskraft (ungenau Rechtskraft) genießen.

Zugang des VA hat die Behörde zu beweisen, wenn der Adressat behauptet, den VA nicht erhalten zu haben. Im Zweifel ist zugunsten des Adressaten zu entscheiden[1043]

- **Verwirkung** *(forfeiture or estoppel)*[1044]

476 Eine Verwirkung ist auch im Verfahrensrecht möglich, wenn seit der möglichen Vornahme der Verfahrenshandlung eine lange Zeitspanne verstrichen ist und (!) besondere Umstände hinzutreten, aus denen sich für den Gegner ein selbständiger prozessualer Vertrauensschutz ergibt, der das Interesse des Berechtigten an der sachlichen Prüfung

---

1036 BVerwG GRUR **59**, 435; BGH GRUR **55**, 393 *Zwischenstecker II*; **68**, 447 *Flaschenkasten*; 03, 47 *Sammelhefter I*.
1037 BVerwGE 19, 284, 287; BPatGE **21**, 176.
1038 EuGH C-137/92 Slg **94**, 2555 = EuZW **94**, 436 *Kommission/BASF AG*.
1039 BGH BlPMZ **71**, 196 *Hopfenextrakt*.
1040 BPatG BlPMZ **90**, 34; BPatGE **38**, 16.
1041 BVerwG NJW **74**, 2101.
1042 Vgl BFHE **62**, 263, 265 f; **75**, 425, 431 f.
1043 EPA J 3/14 ABl **15** Zusatzpublikation S 85 *Proof of receipt of communication*.
1044 Vgl Beier u Wieczorek GRUR **76**, 566; Knecht-Kleber Die Verwirkung im Immaterialgüterrecht Wien 2008.

seines Anspruchs überwiegt, so dass es demgegenüber zurücktreten muss.[1045] Verwirkt werden können nicht-fristgebundene und solche fristgebundene Verfahrenshandlungen, deren Frist – zB wegen mangelhafter Zustellung – nicht zu laufen begonnen hat.[1046] Immer muss aber ein Verstoß gegen Treu und Glauben und damit ein Rechtsmißbrauch vorliegen.[1047]

Ansprüche wegen Patentverletzung[1048] (siehe § 9 Rdn 111), **Bereicherungsansprüche**[1049] sowie **Gestaltungsrechte**[1050] können verwirkt werden, wenn sich der Schuldner über einen gewissen Zeitraum hin wegen der Untätigkeit seines Gläubigers darauf einrichten durfte und auch eingerichtet hat, dieser werde sein Recht nicht mehr geltend machen, und deswegen die verspätete Geltendmachung gegen Treu und Glauben verstößt. 477

- **Videokonferenz**[1051]

Nach § 128a ZPO können im Einverständnis mit den Parteien im Wege der Bild- und Tonübertragung Verfahrenshandlungen vorgenommen und eine Beweisaufnahme durchgeführt werden. § 128a ZPO gilt gemäß § 99 (1) PatG auch vor BPatG.[1052] **Voraussetzung: a)** Antrag eines Beteiligten; **b)** Anordnung durch Beschluss.[1053] 478

EPA[1054]: Die Durchführung mündlicher Verhandlungen als Videokonferenz ist nur im Ex-parte-Verfahren vor einer Prüfungsabteilung zulässig, nicht dagegen im Einspruchsverfahren, bei Fällen nach Kapitel II PCT oder bei der mündlichen Beweisaufnahme. Die Prüfungsabteilung sollte dem Antrag in der Regel stattgeben, es sei denn besondere Gründe sprechen dagegen. 479

- **Vollmacht** *(authorisation)* 480

Übersicht

1	Erteilung	481
2	Erlöschen	489
3	Nachweis der Vollmacht	497
4	Zustellungen	500
5	Prüfung der Vollmacht	501
6	Heilung	506
7	Anwaltszwang	512

1045 BGH BlPMZ 74, 60 (III2) *Schraubennahtrohr*; BGH GRUR 01, 323 *Temperaturwächter* (für Ansprüche wegen Patentverletzung und aus Bereicherung).
1046 Vgl BGHZ 43, 289, 292.
1047 Vgl BGH GRUR 66, 375 *Meßmer-Tee II*.
1048 BGH GRUR 01, 323 (II1a) *Temperaturwächter*.
1049 BGH GRUR 01, 323 (III1b) *Temperaturwächter*.
1050 BGH GRUR 02, 280 (II3a) *Rücktrittsfrist*.
1051 Lit: Glunz: Psychologische Effekte beim gerichtlichen Einsatz von Videotechnik Tübingen 2012.
1052 BPatGE 45, 227 = BlPMZ 03, 29 = GRUR 03, 176 *Leiterplattennutzen-Trennvorrichtung/Videokonferenz*.
1053 Die Neufassung des § 128a ZPO (BGBl 2013 I S 935) enthält nicht mehr das Einverständnis der Parteien als Voraussetzung.
1054 EPA PrüfRichtl E II 11. 11.2.

8 Vollmacht vor EPA 513
Vollmacht vor BPatG siehe § 97 PatG

481 **1. Erteilung** Eine Vollmacht wird durch einseitige, formlose Erklärung erteilt. Die Vollmachtsurkunde dient nur dem Nachweis Sie kann daher auch stillschweigend, zB durch schlüssiges Verhalten erteilt werden.[1055] Erteilung ist Verfahrenshandlung, deren Voraussetzungen (vgl dazu Rdn 41 ff), insbesondere Prozessfähigkeit,[1056] Vollmachtgeber daher erfüllen muss. Die Vollmacht für eine Sozietät erstreckt sich im Zweifel auch auf später eintretende Sozien.[1057]

482 **Inhalt**: Vollmacht muss sich auf Vertretung vor DPMA, BPatG oder EPA beziehen. Vollmacht für Verfahren vor EPA allein gilt nicht auch für Verfahren vor DPMA und BPatG.[1058] Vollmacht kann nach § 83 (2) ZPO auf bestimmte Verfahrenshandlungen (zB Zustellungen, Terminwahrnehmung) beschränkt werden. Eine Terminsvollmacht gilt auch für nachgelassene Schriftsätze (zB zur Anpassung der Beschreibung).[1059]

483 **Wirkung**: Innen- und Außenverhältnis sind zu unterscheiden (= Abstraktheit der Vollmacht). Im Innenverhältnis liegt idR ein Geschäftsbesorgungs-, Dienst- oder Arbeitsvertrag oder Auftrag zugrunde. Im Außenverhältnis wirken die vom Bevollmächtigten vorgenommenen Verfahrenshandlungen unmittelbar für und gegen den Vertretenen (§ 85 (1) ZPO). Seine Kenntnis von tatsächlichen Umständen (§ 166 BGB analog) und sein Verschulden sind der Partei zuzurechnen (§ 85 (2) ZPO).

484 **Untervollmacht** (sub-authorisation) kann gemäß § 81 ZPO für einzelne Verfahrenshandlungen (zB Terminswahrnehmung) oder für das Beschwerdeverfahren (= Instanzvollmacht) erteilt werden. Keine Untervollmacht zur Vertretung für das Verfahren im ganzen neben dem bestellten Vertreter.[1060] Anwaltssozien haben im Zweifel Untervollmacht zur Entgegennahme von Zustellungen.[1061] Allgemeine Vollmachten und Angestelltenvollmachten gestatten Erteilung von Untervollmachten nur, wenn diese eine Einzelvollmacht für ein einzelnes Schutzrechtsverfahren ist.[1062]

485 **Allgemeine Vollmachten**[1063] zur Hinterlegung beim DPMA ermächtigen zur Vertretung in allen Angelegenheiten, die zum Geschäftskreis des DPMA gehören. Sie schließt die Bestellung zum Inlandsvertreter gemäß § 25 PatG ein. Die Erteilung von Untervollmachten ist nur zulässig, wenn die Untervollmacht eine Einzelvollmacht für ein einzelnes Schutzrechtsverfahren ist. Sie muss dem amtlichen Text entsprechen,[1064] Änderungen, Hinzufügungen oder Streichungen sind nicht zulässig. Vollmacht für einen Zusammenschluss (zB Sozietät oder Partnerschaft) ist zulässig.

1055 BGH FamRZ **95**, 1484.
1056 BGH NJW **87**, 440.
1057 BGH NJW **94**, 257.
1058 MittDPA Nr 4/84 BlPMZ **84**, 117 = ABl **84**, 275.
1059 BPatGE **19**, 131.
1060 BGH NJW **81**, 1727; BPatGE **28**, 230 = **29**, 11.
1061 BGH NJW **80**, 999.
1062 MittDPMA Nr 6/06 BlPMZ **06**, 165.
1063 *MittDPMA* Nr 6/06 BlPMZ **06**, 165.
1064 Jeweiliger Text hinterlegt unter: www.dpma.de.

Int. PCT-Anmeldungen vor DPMA als Anmeldeamt: DPMA verzichtet grundsätz- 486
lich auf die Vorlage einer Abschrift der allgemeinen Vollmacht, es sei denn, a) der
Verteter ist weder ein in der BRD ansässiger und zugelassener PA oder RA noch ein
Staatsangehöriger der EU und des EWR, der gemäß § 25 (2) 1 PatG berechtigt ist; b)
es bestehen berechtigte Zweifel.[1065]

Angestelltenvollmachten[1066] werden unter den gleichen Voraussetzungen wie Allge- 487
meine Vollmachten registriert (s Rdn 485).

Allgemeiner Vertreter gemäß § 46 PatAnwO (vgl § 53 BRAO): Ihm stehen nach § 46 488
(7) PatAnwO die patentanwaltlichen Befugnisse des Patentanwalts zu, den er vertritt.
Er weist seine Vertretungsbefugnis durch Vorlage seiner Bestellung gemäß § 46 (2)
PatAnwO sowie die Vollmacht der Partei an den zu vertretenden Anwalt nach.

2. Erlöschen (termination) Vollmacht erlischt: 489

a) mit **Beendigung des Verfahrens** (einschließlich Kostenfestsetzung und Wiederauf- 490
nahme), für das Vollmacht erteilt war;

b) mit **Mandatsentziehung**, also der Kündigung des zugrundeliegenden Vertrags 491
(§ 168 S 1 BGB). War in Verfahren ohne Anwaltszwang die Bevollmächtigung
DPMA, BPatG oder dem Gegner mitgeteilt, erlischt sie erst, wenn diesen *Anzeige
der Mandatsbeendigung* mitgeteilt ist (§ 87 (1) ZPO).[1067] Bis dahin kann der
Bevollmächtigte wirksam Verfahrenshandlungen für die kündigende Partei vorneh-
men[1068] und sind Zustellungen an ihn zu richten. Eine Kündigung wird mit der
Anzeige der Kündigung wirksam, nicht erst mit der Bestellung eines anderen
Anwalts.[1069] Im Anwaltsprozess wird die Kündigung einer Vollmacht dem Gegner
und dem Gericht gegenüber erst mit der Anzeige der Bestellung eines neuen
Anwalts wirksam.[1070]

c) mit **Mandatsniederlegung** in Verfahren ohne Anwaltszwang zu dem unter b) 492
genannten Zeitpunkt. Über wirksame Zustellungen an ihn muss er die Partei unterrichten,[1071] auch wenn er angewiesen war, in der Sache nichts mehr zu unternehmen.[1072] Niederlegung durch einen Sozius gilt idR für alle Mitglieder der Sozietät.[1073] Ein Inlandsvertreter bleibt nach einer Mandatsniederlegung gemäß § 25 (3)
PatG (früher § 25 (4) PatG) aktiv wie passiv (zB für Zustellungen) zur Vertretung
legitimiert.[1074] Nimmt der bisherige Bevollmächtigte Zustellungen für den Vertretenen entgegen, ist die Zustellung wirksam.[1075]

1065 MittDPMA Nr 19/05 BlPMZ **05**, 217.
1066 MittDPMA Nr 6/06 BlPMZ **06**, 165.
1067 BGH NJW **91**, 295.
1068 BGHZ **31**, 32, 35; **43**, 135.
1069 Vgl BPatGE **1**, 31; **1**, 32; **2**, 19; Mitt **68**, 239.
1070 BGH Mitt **07**, 386 L = NJW **07**, 2124 *Anwaltswechsel.*
1071 BGH NJW **80**, 999.
1072 Vgl BPatGE **15**, 52.
1073 MittDPA Nr 2/94 BlPMZ **94**, 1.
1074 BPatG BlPMZ **07**, 421 *Inlandsvertreter.*
1075 BGH NJW **08**, 234 = Mitt **08**, 45 L *Zustellung nach Mandatsniederlegung.*

493 d) in **Verfahren mit Anwaltszwang** (§§ 102 (5) 1, 111 (4) 1) im Falle der Kündigung oder Niederlegung des Mandats gemäß § 87 ZPO mit der Anzeige der Bestellung eines anderen Anwalts;[1076]

494 e) mit **Konkurs**[1077] und **Insolvenz** des Vollmachtgebers (§§ 115–117 InsO; s Rdn 216 u 200);

495 f) **Tod** des Bevollmächtigten (§§ 168, 673 BGB).

496 **Kein Erlöschen** einer wirksam erteilten Vollmacht tritt ein durch
 a) Tod des Vollmachtgebers (§ 86 ZPO). Die Erben treten an seine Stelle;
 b) Verlust der Prozessfähigkeit des Vollmachtgebers (§ 86 ZPO) vor oder nach Vornahme einer Verfahrenshandlung;[1078]
 c) Änderung der gesetzlichen Vertretung des Vollmachtgebers;
 d) Auflösung einer jur Person (zB GmbH[1079]);
 e) Anordnung einer Nachlaßverwaltung oder Eintritt der Nacherbfolge (§ 246 ZPO);
 f) Beendigung der Instanz.

497 **3. Nachweis der Vollmacht** Vollmacht wird durch Vorlage der schriftlichen Vollmachtsurkunde nachgewiesen. Die Vollmacht kann zwar formlos erteilt werden, ihr Nachweis bedarf aber nach § 80 (1) ZPO, § 15 DPMAV und § 97 (5) 1 PatG der Schriftform. Die Vollmachtsurkunde muss vom Vollmachtgeber (Zeichnung mit Firma zulässig) oder dessen Vertreter (der seine Vertretungsberechtigung nachweisen muss) eigenhändig (s Rdn 375) unterschrieben sein. Fax genügt daher nicht[1080] (s Rdn 398). Sie muss auf eine prozessfähige[1081] mit ihrem bürgerlichen Namen bezeichnete Person lauten[1082] (§ 15 (3) DPMAV). Datum ist entbehrlich. Der Schriftform stehen gleich: öffentliche Urkunden (§ 415 ZPO), Erteilung zu Protokoll. Die Vertretungsmacht ist lückenlos bis auf die vertretene Partei nachzuweisen, bei einer Untervollmacht auch die Vertretungsmacht der Person, von der er die Untervollmcht ableitet[1083]

498 **Keine besondere Vollmachtsurkunde** müssen vorlegen: Generalbevollmächtigte, Prokuristen, Handlungsbevollmächtigte,[1084] gesetzliche Vertreter, geschäftsführender Gesellschafter. Ihre Vertretungsbefugnis müssen sie, wenn begründete Zweifel bestehen, durch Vorlage geeigneter Urkunden (Handelsregisterauszug, Handlungsvollmacht, Angestelltenvollmacht, notarielle Bescheinigung, schriftliche Bestätigung des Vertretenen) nachweisen. Dieser Nachweis kann jederzeit erfolgen, auch noch nach Fristablauf der vorgenommenen Verfahrenshandlung (zB Einspruch).[1085] Ein Handlungsbevollmächtigter bedarf vor DPMA und in Beschwerdeverfahren (nicht in Nich-

---

1076 BGH GRUR **94**, 360 *Schutzüberzug für Klosettbrillen*; **96**, 757 rSp *Tracheotomiegerät*; BGH v 16.1.96 – X ZR 64/93 JurionRS 96, 15618 *Schlauchaufwickelvorrichtung*.
1077 BPatGE **16**, 161.
1078 BGH NJW **93**, 1654.
1079 BPatGE **31**, 146.
1080 BGH NJW **94**, 2298; BB **91**, 2363, 2364; abw: BFH BB **94**, 1702; LSG Essen CR **91**, 232.
1081 BGH BlPMZ **60**, 65.
1082 BGHZ **30**, 112; PA BlPMZ **51**, 192 (GmbH).
1083 BGH NJW-RR **86**, 1252; 02, 933 *Nachweis der Bevollmächtigung*; BPatG 10.07.2014 – 23 W (pat) 4/11 GRUR 15, 523 FN 85 *Leistungshalbleitermodul*.
1084 *BPatGE* **17**, 211; **19**, 156; **30**, 182.
1085 BPatGE **30**, 182.

tigkeitsverfahren) vor BPatG keiner allgemeinen Übertragung der Prozessführung iSd § 54 (2) HGB, weil diese Verfahren keine Prozesse im Sinne dieser Vorschrift sind.[1086]

Int. PCT-Anmeldungen vor DPMA als Anmeldeamt: DPMA verzichtet grundsätzlich auf die Vorlage gesonderter Vollmachtsurkunden und der Vorlage einer Abschrift der allgemeinen Vollmacht, es sei denn, a) der Verteter ist weder ein in der BRD ansässiger und zugelassener PA oder RA noch ein Staatsangehörigen der EU und des EWR, der gemäß § 25 (2) 1 PatG berechtigt ist; b) es bestehen berechtigte Zweifel; c) es handelt sich um einen Gemeinsamen Vertreter.[1087]   499

4. Zustellungen Zustellungen sind an den bestellten Bevollmächtigten auch dann zu richten, wenn er noch keine schriftliche Vollmacht zu den Akten gereicht hat.[1088]   500

5. Prüfung der Vollmacht Die Vollmacht wird grundsätzlich von Amts wegen geprüft. Davon ist DPMA nach § 15 (4) DPMAV befreit, wenn ein Rechts- oder Patentanwalt, ein Erlaubnisscheininhaber oder ein Patentassessor auftritt. BPatG braucht nach § 97 (6) 2 PatG nicht zu prüfen, wenn ein Rechts- oder Patentanwalt (nicht ein Erlaubnisscheininhaber[1089]) auftritt (ebenso § 88 (2) ZPO). Der Mangel der Vollmacht kann in jeder Lage des Verfahrens formlos geltend gemacht werden. Wird er vom Gegner oder Nebenintervenienten gerügt, haben DPMA und BPatG auch die Vollmacht eines Rechts- oder Patentanwalts zu prüfen. Für diese Prüfung gilt der Grundsatz der freien Beweiswürdigung.   501

5.1. Bewusst vollmachtloser Vertreter Gibt dieser zu erkennen, dass er (noch) keine Verfahrensvollmacht hat, kann nach § 89 ZPO nach freiem Ermessen einstweilen zugelassen werden,[1090] und zwar durch unanfechtbaren Beschluss mit Frist zur Vorlage der Vollmacht. Nach fruchtlosem Fristablauf wird der vollmachtlose Vertreter durch beschwerdefähigen Zwischenbeschluss oder in der Entscheidung über die von ihm vorgenommene Verfahrenshandlung zurückgewiesen.[1091] Kosten können ihm gemäß § 89 (1) 3 ZPO auferlegt werden.[1092] Von ihm entrichtete Gebühren werden nicht zurückgezahlt. Einseitige Rechtsgeschäfte des vollmachtlosen Vertreters sind nichtig, da nach § 180 S 1 BGB unzulässig, und daher nicht genehmigungsfähig.[1093]   502

5.2. Vermeintlich berechtigter Vertreter Wer aufgrund einer angenommenen, aber unwirksamen Vollmacht handelt, dessen Verfahrenshandlungen sind unwirksam, weil die Prozesshandlungsvoraussetzung der Vollmacht fehlt und eine einstweilige Zulassung nach § 89 ZPO ausscheidet, da § 89 ZPO nur für den bewusst vollmachtlosen Vertreter gilt. Da seine Verfahrenshandlungen unwirksam sind, müssen von ihm entrichtete Gebühren zurückgezahlt werden.[1094] Entscheidungen ergehen auf den Namen   503

1086 BPatGE **19**, 156.
1087 MittDPMA Nr 19/05 BlPMZ **05**, 217; BPatG BlPMZ **08**, 26 *Zustellung an Verfahrensbevollmächtigten des Insolvenzverwalters*.
1088 BGH BlPMZ **91**, 420 *Zustellungsadressat*.
1089 BPatGE **29**, 242, 243.
1090 BPatGE BlPMZ **85**, 114.
1091 BPatGE **28**, 230 = **29**, 11, 13 = BlPMZ **87**, 324 = GRUR **87**, 812 *Unterbevollmächtigter*.
1092 BPatGE **22**, 37; **28**, 230, 234 = **29**, 11, 16.
1093 Vgl BPatGE **5**, 5, 7; **24**, 41, 43.
1094 BGH GRUR **84**, 870 *Schweißpistolenstromdüse II*; dazu krit Fenger NJW **87**, 1183.

der Partei, da die Unwirksamkeit der Vollmacht den Vertreter nicht zur Partei macht. Etwaige Kosten sind dem aufzuerlegen, der den Mangel der Vollmacht veranlasst hat.

504 **5.3. Bevollmächtigter Vertreter ohne Vorlage der Vollmachtsurkunde** Legt ein Bevollmächtigter keine Vollmachtsurkunde vor, so kann er ebenso wie ein vollmachtloser Vertreter (oben Rdn 502) nach § 89 ZPO einstweilen zugelassen werden. Da er bevollmächtigt ist, sind von ihm vorgenommene einseitige Rechtsgeschäfte nicht gemäß § 180 Satz 1 BGB unzulässig, können aber dadurch unwirksam werden, dass sie gemäß § 174 Satz 1 BGB unverzüglich zurückgewiesen werden.[1095] Eine zurückgewiesene Erklärung kann nicht rückwirkend genehmigt werden.

505 **5.4. Fehlen der Vollmacht** Fehlt eine Vollmacht endgültig, ist also der Vollmachtsmangel nicht behebbar oder wird er nicht behoben, so ist eine Klage,[1096] eine Beschwerde[1097] oder ein Einspruch[1098] als unzulässig zu verwerfen.

506 **6. Heilung des Mangels der Vollmacht** Durch (ausdrückliche oder stillschweigende) Genehmigung der vertretenen Partei wird ein Mangel der Vollmacht geheilt. Dabei ist es gleichgültig, worauf der Mangel beruht. Die Vollmacht kann nicht oder nicht wirksam erteilt, sie kann erloschen oder überschritten oder sie kann nicht nachweisbar sein. Die nachträgliche Genehmigung wirkt zurück auf den Zeitpunkt der vollmachtlos vorgenommenen Verfahrenshandlung.[1099]

507 Die Genehmigung kann nur bis zur Entscheidung, durch die die vollmachtslos vorgenommene Verfahrenshandlung als unzulässig verworfen wird, mit rückwirkender Kraft erfolgen.[1100] Hatte DPMA eine Verfahrenshandlung (zB Einspruch) bereits wegen fehlender Vollmacht als unzulässig verworfen, kann der Mangel nicht mehr im Beschwerdeverfahren vor BPatG mit Rückwirkung durch Genehmigung beseitigt werden. Vor der Entscheidung, die Verfahrenshandlung als unzulässig zu verwerfen, ist dem Vertretenen eine angemessene[1101] Frist zu setzen.

508 **Fristen**, die für die vollmachtslos vorgenommene Verfahrenshandlung gelten (zB Einspruchsfrist), gelten nicht für die Beibringung der Genehmigung. Für diese gilt nur die gemäß § 89 (1) 2 ZPO zu setzende Frist. Wegen ihrer Rückwirkung braucht die Genehmigung nicht innerhalb der Frist erklärt zu werden, die für die genehmigte Verfahrenshandlung gilt.[1102] Daher bedarf es auch keiner Wiedereinsetzung, weil eine Frist wegen der Rückwirkung der Genehmigung nicht versäumt ist.

[1095] BPatGE 6, 10; **30**, 130.
[1096] BGH NJW **84**, 2149; BayObLG NJW **87**, 136.
[1097] BPatG 27.10.11 – 21 W (pat) 6/07 BeckRS **12**, 01425 *Überwachung des Leistungsverlustes*; BPatG 08.08.07 – 32 W (pat) 144/04 BeckRS **07**, 14635 *GRÜNE HARMONIE*.
[1098] BPatG 09.02.09 – 9 W (pat) 361/05 BeckRS **09**, 8158 *Dichtungsprofil* und 29.07.10 – 21 W (pat) 322/05 BeckRS **10**, 20915 *Mehrkanalbauteile*.
[1099] BGH GRUR **95**, 333 (I1) *Aluminium-Trihydroxid*; **84**, 870 *Schweißpistolenstromdüse II*.
[1100] BGHZ **91**, 111 = NJW **84**, 2149.
[1101] BFH DB **80**, 2020.
[1102] HM: BGH GRUR **95**, 333 (I1) *Aluminium-Trihydroxid*; BGHZ **91**, 114; BPatGE **30**, 20; **30**, 148; **33**, 218 (= BlPMZ **89**, 33; **89**, 285; **93**, 27); BPatG BlPMZ **92**, 473; **92**, 499 (= GRUR **92**, 309) – Die aA des 31. Senats in BPatGE **29**, 198; Mitt **87**, 14 u GRUR **91**, 120 u 201 ist überholt.

Ein Einspruch ist somit zulässig, wenn er vom vollmachtlosen Vertreter fristgerecht eingereicht wurde, die Vollmacht dem DPMA aber erst nach Ablauf der Einspruchsfrist, aber vor einer Verwerfung des Einspruchs als unzulässig eingereicht wird.[1103] Der Einspruch darf erst verworfen werden, wenn die gemäß § 89 (1) 2 ZPO gesetzte Frist für die Beibringung der Genehmigung fruchtlos verstrichen ist.   509

Die Genehmigung kann sich nur auf die gesamte Verfahrensführung beziehen, es können nicht einzelne Verfahrenshandlungen ausgenommen werden.[1104]   510

Einseitige Rechtsgeschäfte (zB Patentverzicht[1105]) sind nicht genehmigungsfähig, da für sie eine Vertretung ohne Vertretungsmacht nach § 180 S 1 BGB unzulässig ist. Eine Erklärung der Lizenzbereitschaft des Bevollmächtigten ohne Vorlage der Vollmachtsurkunde ist unwirksam, wenn DPMA sie gemäß § 174 S 1 BGB unverzüglich zurückweist.[1106]   511

7. Anwaltszwang besteht vor Landgerichten, Oberlandesgerichten und dem BGH (§ 78 ZPO), nicht dagegen vor BPatG und EPA. Findet eine Partei keinen Rechtsanwalt, so kann ihr ein Rechtsanwalt zur Wahrnehmung ihrer Rechte beigeordnet werden, wenn die Rechtsverfolgung oder Rechtsverteidigung nicht mutwillig oder aussichtslos erscheint (§ 78b ZPO). Das Nichtfinden ist nachzuweisen[1107] durch vergebliches Ersuchen bei mehreren Anwälten, vor BGH von mindestens 4 zugelassenen Anwälten[1108]. Keine Beiordnung nach einer von der Partei zu vertretenden Mandatsniederlegung[1109].   512

8. Vollmacht vor EPA *(authorisation before EPO)*

Die Vertretung vor dem EPA kann nach Art 134 (1) EPÜ nur durch zugelassene Vertreter (professional representative) und nach Art 134 (8) EPÜ durch Rechtsanwälte (legal practitioners) wahrgenommen werden. Anträge von Personen, die nicht zur Vertretung nach Art 134 EPÜ berechtigt sind, sind unwirksam.[1110] Werden sie später in die Liste der zugelassenen Vertreter eingetragen, müssen sie den unwirksamen Antrag genehmigen oder wiederholen.   513

Untervollmacht (sub-authorisation) eines zugelassenen Vertreters an einen Dritten, der selbst kein zugelassener Vertreter ist, ist ungültig.[1111]   514

Formblatt für eine Vollmacht (Form 1003) ist abrufbar unter www.epo.ord/index_de.html »Erteilungsverfahren«, »Formblätter«.   515

1103 BGH GRUR **95**, 333 (I1) *Aluminium-Trihydroxid*; vgl GmS OGB NJW 84, 2149 *Mangel der Vollmacht.*
1104 BGHZ *92, 137* = GRUR **84**, 870 *Schweißpistolenstromdüse II*; BGH NJW 87, 130.
1105 BPatGE 5, 5.
1106 BPatGE 24, 41.
1107 BGH NJW **14**, 3247.
1108 BGH MDR **15**, 540; BGH 11.08.20 – X ZR 96/18 GRUR-RS **20**, 26720 *Beiordnung eines Notanwalts.*
1109 BGH BauR **17**, 2207.= BeckRS **17**, 124479.
1110 J 0028/86 ABl **88**, 85.
1111 T 0227/92 ABl **94** SonderA 91.

516 **Nachweis der Vollmacht:** Nach R 152 (1) bestimmt der Präsident des EPA, in welchen Fällen die Vertreter vor dem EPA eine unterzeichnete Vollmacht einzureichen haben. Nach dem Beschluss vom 12.07.07[1112] ist in folgenden Fällen eine unterzeichnete Vollmacht einzureichen:
   a) Bei zugelassenen Vertretern **i)** wenn ein Vertreterwechsel zwischen zugelassenen Vertretern angezeigt wird und das Erlöschen der Vertretungsmacht des bisherigen Vertreters nicht mitgeteilt wird; **ii)** wenn die besonderen Umstände des Einzelfalles dies erfordern, insbesondere bei Zweifeln über die Vertretungsbefugnis Sonst braucht ein zugelassener Vertreter keine Vollmacht einzureichen.
   b) von Rechtsanwälten, die nach Art 134 (8) EPÜ vertretungsberechtigt sind.
   c) von Angestellten, die für einen Beteiligten gemäß Art 133 (3) 1 EPÜ handeln und keine zugelassenen Vertreter sind.

517 Wird eine Vollmacht nicht eingereicht, fordert EPA mit Fristsetzung dazu auf. Wird die Vollmacht nicht rechtzeitig eingereicht, gelten die Handlungen des Vertreters mit Ausnahme der Einreichung Patentanmeldung nach Regel 152 (6) EPÜ als nicht erfolgt.[1113] Antrag auf Weiterbehandlung nach Art 121, Regel 135 EPÜ ist möglich.

518 **Allgemeine Vollmachten**[1114] (general authorisation), die den Vertreter zur Vertretung in allen Patentangelegenheiten eines Beteiligten bevollmächtigen, sind nach Regel 152 (4) zulässig. Registrierung erfolgt durch die Rechtsabteilung,[1115] die die Vertretungsbefugnis des in einer allgemeinen Vollmacht benannten Bevollmächtigten prüfen kann.[1116] Die bloße Einreichung einer allgemeinen Vollmacht ist – wenn ein Bezug zu einem bestimmten Verfahren nicht angegeben wird – keine Bestellung eines zugelassenen Vertreters.[1117]

519 **Mehrere Bevollmächtigte** (several representatives) können gemeinsam und einzeln handeln. Abweichende Bestimmungen sind gegenüber EPA nach Regel 152 (10) EPÜ unwirksam. Die Bevollmächtigung eines **Zusammenschlusses von Vertretern** (association of representatives) gilt nach Regel 152 (11) EPÜ als Bevollmächtigung für jeden Vertreter. Ein Zusammenschluss kann aus freiberuflich und nicht freiberuflich[1118] tätigen zugelassenen Vertretern bestehen. Zusammenschließen können sich Rechtsanwälte, Patentanwälte sowie Rechts- und Patentanwälte.[1119]

520 **Erlöschen der Vollmacht** (termination of authorisation): Nach Regel 152 (8) EPÜ wird der bisherige Vertreter weiter als Vertreter angesehen, bis das Erlöschen der Vertretungsmacht dem EPA angezeigt worden ist. Mit dem Tod des Vollmachtgebers erlischt die Vollmacht gegenüber EPA nicht, sofern die Vollmacht nichts anderes bestimmt (Regel 152 (9) EPÜ).

1112 ABl 07 SonderA 3 S 128.
1113 ZB die Stellung eines Prüfungsantrags J 0003/87 ABl 89, 3.
1114 Editierbares Formblatt 1004 unter: http://documents.epo.org/projects/.
1115 BeschlPräsEPA ABl 07 SonderA 3 S 113.
1116 J 0009/99 ABl 04, 309 = GRUR 04, 859.
1117 EPA J 0017/98 ABl 00, 399 = GRUR Int 00, 907.
1118 J 0016/96 ABl 98, 347 gegen Auslegungsbeschluss des EPO-Verwaltungsrats v 19. – 21.12.78 Dok CA/PV 4.
1119 AA für Sozietät von RA + PA Rechtsabteilung v 25.4.89.

Vorab- oder Zwischenentscheidung/
interlocutory decision **Einleitung**

- **Vorab- oder Zwischenentscheidung** *(interlocutory decision)*
  1. Verfahren vor DPMA und BPatG siehe Rdn 522.   **521**
  2. Vorlage an Bundesverfassungsgericht siehe Rdn 532.
  3. Zwischenentscheidung vor EPA siehe Rdn 536.
  4. Vorabentscheidung des EuGH siehe Rdn 537.

1. DPMA und BPatG Grundsätzlich haben DPMA und BPatG ein Verfahren durch   **522**
eine einheitliche, einzige Endentscheidung abzuschließen.[1120] Ausnahmsweise kann
eine Vorab- oder Zwischenentscheidung erlassen werden, wenn das Gesetz sie vorsieht
oder der Sinn des Verfahrens sie erfordert. Der Sinn einer VorabE besteht in der Entlastung des Verfahrens in der Sache über den eigentlichen Streitgegenstand (Anmeldung, Patent), der noch nicht entscheidungsreif ist, von Zwischenstreiten über prozessuale Fragen, die entscheidungsreif sind (§ 303 ZPO) und von denen die Entscheidung
in der Sache abhängt. Ihrem Wesen entsprechend hat eine Zwischenentscheidung feststellenden Charakter.

1.1. Voraussetzungen für den Erlaß einer Zwischenentscheidung:

a) **Verfahrensrechtliche Frage** ist streitig, zB Zulässigkeit von Verfahrenshandlungen. Über einzelne materiell-rechtliche Streitpunkte kann nicht vorab entschieden   **523**
werden. Daher keine VorabE über *einzelne Elemente der Begründetheit*,[1121] wie
zB über einzelne Elemente der Neuheit (Umfang des Standes der Technik, offenkundige Vorbenutzung, ältere Anmeldung) oder der erfinderischen Tätigkeit
(Fachmann, Beweisanzeichen), oder über einzelne Patenthindernisse gemäß §§ 1
(2), 2 und 5 (2) PatG und Art 52 und 53 EPÜ oder über einzelne Angriffs- oder
Verteidigungsmittel;

b) **Hauptsache ist nicht entscheidungsreif.** Daher keine VorabE, wenn bereits in der   **524**
Sache selbst abschließend entschieden werden kann. Das gebietet die Prozessökonomie und die Folge, dass sonst DPMA willkürlich durch die Wahl der Entscheidungsart bestimmen könnte, ob für eine Beschwerde gegen seine Entscheidung der
juristische oder der technische Beschwerdesenat des BPatG zuständig ist;[1122]

c) **Antrag einer Partei** ist nicht erforderlich,[1123] weil die positive Entscheidung, eine   **525**
VorabE zu erlassen, im *pflichtgemäßen Ermessen*[1124] und die negative Entscheidung, keine VorabE zu erlassen, im *freien, nicht nachprüfbaren Ermessen*[1125] von
DPMA und BPatG steht. Einen Anspruch auf Erlaß einer VorabE gibt es nicht,
ein gleichwohl gestellter Antrag ist lediglich eine Anregung;

d) **Erforderlichkeit der Vorabentscheidung:** das Gesetz muss sie entweder ausdrücklich vorsehen oder der Sinn des Verfahrens muss sie erfordern,[1126] dh die   **526**
VorabE muss für den Fortgang des Verfahrens in der Hauptsache bedeutsam sein,

---

1120 BPatGE **17**, 228, 232; **23**, 48.
1121 BGHZ **8**, 383 = NJW **53**, 702.
1122 BPatGE **2**, 56, 59; **22**, 153, 154.
1123 Ausnahme: § 71 (1) ZPO Antrag auf Zurückweisung einer Nebenintervention.
1124 BGH BlPMZ **85**, 53 *Ausstellungspriorität*; BPatGE **27**, 84, 86.
1125 BPatGE **15**, 134, 137; **17**, 226, 227; **27**, 84, 86; **37**, 95, 97.
1126 BPatGE **2**, 56, 59; **3**, 8, 10; **17**, 226, 227; **17**, 228, 232; **22**, 268; **29**, 65, 67; **37**, 95, 97.

zB wenn davon abhängt, ob, in welcher Richtung oder mit welchen Anträgen das Verfahren in der Hauptsache fortzuführen ist;[1127]

527 e) **Mündliche Verhandlung** ist für Zwischenurteile gemäß § 303 ZPO zwingend erforderlich, für Zwischenbeschlüsse dagegen nicht obligatorisch.[1128]

528 **1.2. Bindung:** DPMA und BPatG sind für ihre Instanz an ihre VorabE gemäß § 318 ZPO gebunden.[1129] Eine erneute Prüfung der entschiedenen Vorfrage ist ausgeschlossen. Keine Bindung, wenn VorabE unzulässig war.[1130]

529 **1.3. Rechtsbehelfe: a)** Zwischenurteil gemäß § 303 ZPO ist nur zusammen mit dem Endurteil anfechtbar (§§ 512, 548 ZPO); **b)** VorabE als Zwischenbeschluss ist selbständig beschwerdefähig,[1131] sofern nicht ausgeschlossen, wie in §§ 27 (3) 3, 46 (1) 5, 123 (4), 135 (3) PatG; **c)** Keine Beschwerde gegen Ablehnung einer VorabE;[1132] **d)** Rechtsbeschwerde gegen eine Zwischenentscheidung ist statthaft.[1133]

530 **VorabE ist zulässig für: 1.** Feststellung der Zulässigkeit[1134] oder Unzulässigkeit[1135] eines Einspruchs; **2.** Feststellung eines ausreichenden Rechtsschutzinteresses des Einsprechenden nach Wegfall des Patents;[1136] **3.** Feststellung der Nichterledigung des Einspruchsverfahrens nach Ablauf der Schutzdauer;[1137] **4.** Feststellung der Wirksamkeit eines Prüfungsantrags;[1138] **5.** Feststellung der Zulässigkeit eines Wiedereinsetzungsantrags;[1139] **6.** Feststellung der Verwirkung einer Unionspriorität (s § 41 Rdn 88); **7.** Feststellung, ob die Inanspruchnahme einer Unionspriorität (s § 41 Rdn 88) oder einer inneren Priorität (s § 40 Rdn 33) formell (nicht materiell) zu Recht erfolgt ist; **8.** Eintritt der Rücknahmefiktion des § 40 (5) (s § 40 Rdn 33); **9.** Entscheidung über Zulässigkeit einer Beschwerde;[1140] **10.** Feststellung der Zulässigkeit eines Beitritts gemäß § 59 (2);[1141] **11.** Feststellung der förmlichen Voraussetzungen für die Inanspruchnahme einer Ausstellungspriorität;[1142] **12.** abweichende Festsetzung der Vollstreckungssicherheit gemäß § 718 ZPO;[1143] **13.** für die Frage, wer Verfahrensbeteiligter ist und ob die Beschwerdeeinlegung wirksam war.[1144]

1127 BGH BlPMZ **67**, 294 (II2a) *UHF-Empfänger II*.
1128 BGH BlPMZ **67**, 294 (II2b) *UHF-Empfänger II*; BPatGE **21**, 50, 51.
1129 BGH BlPMZ **67**, 294 (II2b) *UHF-Empfänger II*.
1130 BGHZ **8**, 383.
1131 BGH BlPMZ **67**, 294 *UHF-Empfänger II*; BPatGE **17**, 228, 231; **29**, 65, 67.
1132 BPatGE **15**, 134; PA BlPMZ **55**, 216.
1133 BGH BlPMZ **85**, 298 *Wärmeaustauscher*.
1134 BPatGE **27**, 84; aA: **17**, 228.
1135 BPatGE **19**, 29; BPatG BlPMZ **85**, 16.
1136 BPatGE **29**, 65, 67 = BlPMZ **87**, 400.
1137 BPatGE **29**, 65.
1138 Vgl BPatGE **15**, 134, 137.
1139 BGH LM ZPO § 238 Nr 2.
1140 BPatGE **21**, 50 = GRUR **78**, 533; T 0152/82 ABl **84**, 301.
1141 BPatGE **29**, 194 = BlPMZ **88**, 257.
1142 BGH GRUR **85**, 34 *Ausstellungspriorität*.
1143 BGH Mitt **96**, 204 *Sicherheitsleistung*.
1144 BPatGE **44**, 95 = GRUR **02**, 371 *Pressform*.

VorabE ist unzulässig: 1. wenn bereits in der Sache selbst abschließend entschieden werden kann;[1145] **2.** über Zulässigkeit einer Ausscheidungserklärung (s § 34 Rdn 268);[1146] **3.** über unrichtigen Anmeldetag[1147] (s § 35 Rdn 39); **4.** für Feststellung der Rechtmäßigkeit einer Gebührennachricht gemäß § 17 (3);[1148] **5.** für die Feststellung der materiellen Berechtigung einer inneren Priorität (s § 40 Rdn 33) oder einer Unionspriorität (s § 41 Rdn 88) oder einer formell zulässigen Teilungserklärung (s § 39 Rdn 64). 531

2. Vorlage an Bundesverfassungsgericht (»Normenkontrollverfahren«) Art 100 GG verpflichtet ein Gericht zur Aussetzung des Verfahrens und zur Einholung der Entscheidung des BVerfG, wenn das Gericht ein Gesetz für verfassungswidrig hält, auf dessen Gültigkeit es bei der Entscheidung ankommt. Die Verfassungswidrigkeit ist substantiiert zu begründen.[1149] 532

Vorlagepflicht besteht, **a)** für Gesetze einschließlich Rechtsvorschriften der EWG,[1150] nicht für Rechtsverordnungen[1151] oder Gewohnheitsrecht; **b)** wenn Gesetz mit GG für unvereinbar gehalten wird (wegen Verwerfungskompetenz des BVerfG), nicht dagegen, wenn es für vereinbar gehalten wird (wegen Vereinbarkeitskompetenz des Gerichts); bloße Bedenken reichen nicht;[1152] **c)** wenn Gültigkeit des Gesetzes für die Entscheidung erheblich ist. An die Rechtsansicht des vorlegenden Gerichts ist BVerfG – sofern haltbar[1153] – gebunden. Erheblichkeit besteht nicht, wenn schon Verfahrenshandlung unzulässig[1154] oder der Sachverhalt konstruiert ist.[1155] Entfällt die Erheblichkeit später auf Grund objektiver Umstände (nicht der Änderung der Rechtsansicht des vorlegenden Gerichts), ist der Vorlagebeschluss aufzuheben.[1156] 533

Rechtsmittel gegen Vorlagebeschluss oder dessen Ablehnung ist nicht gegeben. Bindung an Entscheidung des BVerfG, die nach § 31 (2) BVerfGG Gesetzeskraft hat, umfasst Tenor und tragende Gründe. 534

Beispiele: a) Vorlage bejaht, für Verfassungsmäßigkeit der Offenlegung von Patentanmeldungen;[1157] **b)** Vorlage abgelehnt **i)** für Gültigkeit eines europäischen Patents, das nicht vollständig in deutscher Sprache abgefaßt ist;[1158] **ii)** für Rücknahmefiktion des § 40 (5) PatG;[1159] **iii)** für Vereinbarkeit von § 123 (4) PatG mit GG.[1160] 535

1145 BPatGE **22**, 153, 154.
1146 BPatGE **17**, 226.
1147 BPatGE **50**, 275 = BlPMZ 08, 219 *Brennstoffe*.
1148 BPatGE **3**, 8, 11; **37**, 95.
1149 BVerfGE **127**, 335 *Vorlage nach Art 100 (1) GG*; BVerfG v 21.12.2016 – 1 BvL 10/14 BeckRS **16**, 111566 *Unzulässige Richtervorlage*.
1150 BVerfGE **37**, 271 = NJW 74, 1697.
1151 BVerfGE **1**, 184; **17**, 210.
1152 BVerfGE **1**, 184; **17**, 210; BPatG BlPMZ **86**, 255.
1153 BVerfGE **7**, 171, 175; **15**, 211.
1154 BVerfGE **67**, 26 = NJW 84, 1805.
1155 BVerfGE **66**, 226.
1156 BGH FamRZ **74**, 180.
1157 BPatG BlPMZ **70**, 49; Mitt **70**, 47.
1158 BPatG BlPMZ **86**, 255.
1159 BPatGE **26**, 60, 64 = BlPMZ **84**, 237, 238.
1160 BPatG Mitt **91**, 63, 64 rSp.

Einleitung
*Vorab- oder Zwischenentscheidung/
interlocutory decision*

536   **3. Zwischenentscheidungen vor EPA (interlocutory decisions)** Zwischenentscheidungen schließen ein Verfahren gegenüber einem Beteiligten nicht ab (Art 106 (2)). Sie sind nur zusammen mit der Endentscheidung anfechtbar, sofern nicht in der Entscheidung die gesonderte Beschwerde zugelassen ist. Im einzelnen vgl Art 106 EPÜ Rdn 30 im Anhang zu § 73 PatG.

4. Vorabentscheidung des EuGH

537   **Artikel 267 AEUV (= Art 234 EGV)**
(1) Der Gerichtshof der Europäischen Union entscheidet im Wege der Vorabentscheidung
a)   über die Auslegung der Verträge,
b)   über die Gültigkeit und die Auslegung der Handlungen der Organe, Einrichtungen oder sonstigen Stellen der Union,
(2) Wird eine derartige Frage einem Gericht eines Mitgliedstaats gestellt und hält dieses Gericht eine Entscheidung darüber zum Erlass seines Urteils für erforderlich, so kann es diese Frage dem Gerichtshof zur Entscheidung vorlegen.
(3) Wird eine derartige Frage in einem schwebenden Verfahren bei einem einzelstaatlichen Gericht gestellt, dessen Entscheidungen selbst nicht mehr mit Rechtsmitteln des innerstaatlichen Rechts angefochten werden können, so ist dieses Gericht zur Anrufung des Gerichtshofs verpflichtet.

Sinn des Art 267 AEUV ist es, dass das Gemeinschaftsrecht einheitlich ausgelegt und angewendet wird.[1161]

538   Vorlagebefugt ist jedes Gericht, also BPatG[1162] und BGH[1163] (nicht DPMA), bei dem sich eine Frage der Auslegung stellt und das eine Entscheidung darüber zum Erlass seines Urteils für erforderlich hält. Allein das Gericht bestimmt, ob eine Frage und welche Frage vorzulegen ist. Die Parteien können dazu nur Anregungen geben.

539   Vorlagepflicht besteht nach Art 267 (3) AEUV, wenn sich die Frage der Auslegung der Verträge in einem anhängigen Verfahren vor einem nationalen Gericht stellt, dessen Entscheidungen mit nationalen Rechtsmitteln nicht mehr angefochten werden können. Keine Vorlagepflicht besteht daher in Nichtigkeitsverfahren wegen der Möglichkeit der Berufung und in Beschwerdeverfahren, in denen die Rechtsbeschwerde zugelassen wird, wegen der Möglichkeit der Rechtsbeschwerde. Keine Rechtsmittel iSd Art 267 (3) AEUV sind die Verfassungsbeschwerde an das BVerfG und (mE) die nicht zugelassene Rechtsbeschwerde, weil beide nicht zu einer vollen Überprüfung in der Sache führen. In Beschwerdeverfahren ist daher die Vorlagepflicht zu beachten, wenn die Rechtsbeschwerde nicht zugelassen wird. Eine Verletzung kann das Recht auf den gesetzlichen Richter verletzen.[1164] Von einer Vorlage kann abgesehen werden, wenn EuGH die Frage in einem gleichen Fall bereits behandelt hat[1165] oder wenn kein ernsthafter Zweifel an der Auslegung besteht (acte-clair-Doktrin).[1166] Insoweit besteht ein angemessener Beurteilungsrahmen.[1167]

1161   EuGH Slg **74**, 33, 38 *Rheinmühlen Düsseldorf* EuGH **81**, 1191, 1215 *SPA ChemicalCorp*.
1162   Vgl Vorlage BPatGE **39**, 177 = ABl **98**, 267.
1163   Vgl BGH GRUR **98**, 363 *Idarubicin* (zur Schutzzertifikatsverordnung).
1164   BVerfGE **73**, 339, 366; **75**, 223, 245.
1165   EuGH Slg **63**, 61, 80 *Da Costa/Administratie der Belastingen*.
1166   BGH NJW **86**, 659; BVerwGE **66**, 29, 38; NJW **69**, 999.
1167   BVerfG GRUR **05**, 52 *Unvollständige EuGH-Rechtsprechung*.

Vorab- oder Zwischenentscheidung/
interlocutory decision **Einleitung**

Verfahren vor EuGH[1168] ist ein Zwischenstreit,[1169] an dem die Parteien des Ausgangsverfahrens nicht beteiligt sind.[1170] Sie können daher das Verfahren nicht beeinflussen, erhalten aber – ebenso wie die Mitgliedstaaten und die Kommission – Gelegenheit zu schriftlicher und mündlicher Äußerung. Gegenstand des Verfahrens ist allein die abstrakt zu formulierende Frage nach der Gültigkeit oder Auslegung von Gemeinschaftsrecht, die EuGH – wenn die Frage unrichtig gestellt ist – umformuliert. EuGH ist nur für die Auslegung zuständig, die Anwendung des ausgelegten Gemeinschaftsrechts auf den konkreten Fall obliegt dem nationalen Gericht,[1171] ebenso die Feststellung der Tatsachen und deren Würdigung, die nicht der Kontrolle des EuGH unterliegt.[1172]

Das Verfahren ist gerichtskostenfrei. Alle Instanzen, die mit der Sache befasst sind, sind nach Art 267 AEUV an die EuGH-Entscheidung förmlich gebunden. Für andere Gerichte gilt nur eine faktische Bindungswirkung, sie müssen erneut vorlegen, wenn sie der EuGH-Auslegung nicht folgen wollen.[1173]

540

Vorlegung von Urkunden siehe »Urkundenvorlegung« Rdn 435.

541

• **Waffengleichheit** *(equality of opportunities)*

Der Grundsatz der Waffengleichheit der Beteiligten ist ein im Verfahrensrecht anerkanntes Prinzip,[1174] und gehört zum verfahrensrechtichen ordre public[1175]. Seine Verletzung macht eine Entscheidung anfechtbar. Der Grundsatz der prozessualen Waffengleichheit sichert verfassungsrechtlich die Gleichwertigkeit der prozessualen Stellung der Parteien vor dem Richter, der den Parteien gleichermaßen die Möglichkeit einzuräumen hat, alles für die gerichtliche Entscheidung Erhebliche vorzutragen und alle zur Abwehr des gegnerischen Angriffs erforderlichen prozessualen Verteidigungsmittel selbständig geltend zu machen[1176].

542

Die prozessuale Waffengleichheit gilt auch in einstweiligen Verfügungsverfahren[1177]. Die Einbeziehung der Gegenseite ist grundsätzlich auch dann erforderlich, wenn wegen besonderer Dringlichkeit eine Entscheidung ohne mündliche Verhandlung ergehen darf[1178].

Die Verletzung der prozessualen Waffengleichheit kann mit der Verfassungsbeschwerde geltend gemacht werden[1179]. Jedoch kann icht jede Verletzung prozessualer

---

1168 Hinweise des EuGH zur Vorlage Amtsblatt der EU C 143/1 v 11.06.05 = http://www.curia.europa.eu/de/instit/txtdocfr/autrestxts/txt8.pdf.
1169 EuGH Slg **73**, 269, 275 *Bollmann/Hauptzollamt*.
1170 EuGH Slg **63**, 60, 81 *Da Costa/Administratie der Belastingen*; EuGH Slg **73**, 269, 274 *Bollmann/Hauptzollamt*.
1171 EuGH Slg **64**, 107 *Lassalle/Europ Parlament*; **87**, 3589, 3607 *J. Coenen/Office National des Pensions*.
1172 EuGH GRUR Int **12**, 43 *PepsiCo/HABM*.
1173 BGH GRUR **94**, 794 *Rolling Stones*.
1174 EGMR NJW **95**, 1413 *Dombo Beheer*; BVerfG NJW **01**, 2531 *Vier-Augen-Gespräche*; BGH GRUR **99**, 367 *Vieraugengespräch*; BPatGE **53**, 178 *Bearbeitungsmaschine*; vgl Kwaschik: Die Parteivernehmung und der Grundsatz der Waffengleichheit Tübingen 2004.
1175 So für Schiedsverfahren BGH 23.07.20 – I ZB 88/19 GRUR **21**, 118 *Schiedsverfahren*.
1176 BVerfG GRUR **18**, 1291 *Steuersparmodell eines Fernsehmoderators*.
1177 BVerfG 30.09.18 – 1 BvR 1783/17 GRUR **18**, 1288 *Die F.-Tonbänder*.
1178 BVerfG 03.06.20 – 1 BvR 1246/20 GRUR **20**, 773 *Personalratswahlen bei der Bundespolizei*.
1179 BVerfG NJW **18**, 3631 *Die F.-Tonbänder*.

Rechte unter Berufung auf die prozessuale Waffengleichheit im Wege einer auf Feststellung gerichteten Verfassungsbeschwerde geltend gemacht werden, wenn kein hinreichend gewichtiges Feststellungsinteresses besteht[1180].
Chancengleichheit s Rdn 166.

- **Widerruf** *(retraction)*

543 Widerruf ist die rückwirkende Beseitigung einer Verfahrenshandlung. Widerruf ist grundsätzlich möglich,[1181] aber ausgeschlossen für Bewirkungshandlungen, die unmittelbar die Verfahrenslage beeinflussen, und ist begrenzt möglich für Erwirkungshandlungen, durch die eine Entscheidung erst herbeigeführt werden soll. Diese können bis zum Erlass der beantragten Entscheidung widerrufen werden, sofern dadurch nicht Rechte Dritter beeinträchtigt werden können. In analoger Anwendung von § 130 (1) und (3) BGB wird eine Verfahrenshandlung nicht wirksam, wenn der Behörde vorher oder gleichzeitig ein Widerruf zugeht.[1182] Eine Änderung einer fristgebundenen Verfahrenshandlung ist auch noch nach Fristablauf zulässig.[1183]

544 Ausschluß des Widerrufs:
   a) Widerruf ist *gesetzlich ausgeschlossen*, wenn eine Erklärung als unwiderruflich bezeichnet wird, wie zB in § 23 (7) PatG oder in §§ 40 (2) 4 und 46 (3) 4 MarkenG;
   b) wenn durch den Widerruf *Rechte Dritter beeinträchtigt* werden können;
   c) der *Widerruf eines Widerrufs* ist ausgeschlossen. Darin kann aber die Neuvornahme der ursprünglich widerrufenen Verfahrenshandlung liegen. Der Widerruf der Rücknahme einer Patentanmeldung kann nicht als Neuanmeldung behandelt oder in eine solche umgedeutet werden;[1184]
   d) *Widerruf der Rücknahme einer Patentanmeldung* ist nach der deutschen Rechtsprechung ausgeschlossen,[1185] so dass nur die Irrtumsanfechtung bleibt (vgl dazu oben Rdn 89). Das aber ist unbefriedigend, weil ein Irrtum im Beweggrund allenfalls im Rahmen des § 119 (2) BGB berücksichtigt werden kann und der Irrtum der vertretenen Partei oder ihres Zwischenvertreters grundsätzlich unbeachtlich ist, weil der Erklärende sich geirrt haben muss (s dazu oben Rdn 106). Die moderne Prozessrechtslehre lehnt zu Recht eine Anwendung der §§ 119 ff BGB auf Verfahrenshandlungen ab.[1186] Daher sollte der Widerruf der Rücknahme einer Anmeldung – wie vor EPA (s unten Rdn 545) – zulässig sein, wenn das Versehen entschuldbar ist, der Widerruf unverzüglich erklärt wird und ein überwiegendes Interesse der Allgemeinheit nicht entgegensteht;
   e) Widerruf der *Rücknahme einer Beschwerde*;[1187]

1180 BVerfG 27.07.20 – 1 BvR 1379/20 GRUR **20**, 1119 *Zahnabdruckset*.
1181 Zb BGH GRUR **02**, 287 *Widerruf der Erledigungserklärung*.
1182 BPatGE **33**, 200 = BlPMZ **93**, 271: »vorher« iSd § 130 bedeutet der Uhrzeit nach zeitlich vor der Erklärung.
1183 BGH GRUR **97**, 272 (I) *Schwenkhebelverschluß*.
1184 BGH GRUR **85**, 919 (III4) *Caprolactam*.
1185 BGH GRUR **77**, 485 *Rücknahme der Patentanmeldung*; **85**, 919 *Caprolactam*.
1186 Vgl hierzu: Beier-Katzenberger in 10 Jahre BPatG 1971, 251; Zöller ZPO 21. Aufl Rn 21 vor § 128; BGHZ **80**, 391 = NJW **81**, 2193; BPatGE **16**, 11, 14 f; Schweiz. BG GRUR Int **77**, 124.
1187 BPatGE **38**, 71 für irrtümliche Rücknahme (Markensache).

f) der Widerruf eines Prüfungsantrags ist bedeutungslos, da nach § 44 (5) die Prüfung fortgesetzt wird;
g) für die Rücknahme des Widerspruchs gemäß § 17 GbmG.[1188]

EPA: Ein Widerruf der Rücknahme einer Anmeldung ist – ähnlich wie ein Widerruf der Rücknahme der Benennung eines Vertragsstaats[1189] – ausnahmsweise zulässig, wenn folgende Voraussetzungen erfüllt sind: 545
a) die Rücknahme beruht auf einem entschuldbaren Versehen *(due to an excusable error)*, das mit Nachweisen eindeutig belegt ist;
b) Interesse der Öffentlichkeit wird durch den Widerruf nicht beeinträchtigt. Diese Voraussetzung ist erfüllt, wenn der Widerruf vor Verlautbarung der Rücknahme der Anmeldung im Patentregister und im Patentblatt erklärt wird[1190] und ein anzuerkennendes Vertrauen Dritter auf die Rücknahme durch ein Weiterbenutzungsrecht entsprechend Art 122 (5) EPÜ geschützt ist;
c) wenn die Rücknahmeerklärung noch nicht Gegenstand einer Entscheidung des EPA geworden ist[1191] (vgl Einl Rdn 73). Ein evtl Antrag auf Berichtigung der versehentlich abgegebenen Rücknahmeerklärung könnte nur bis zur Übergabe der Entscheidung an die Postabfertigungsstelle berücksichtigt werden.[1192]

- **Wiederaufnahme des Verfahrens** *(resumption of proceedings or reopening of the case)*

Wiederaufnahme des Verfahrens findet nach dessen rechtskräftigem Abschluss auf Antrag statt, a) durch **Nichtigkeitsklage,** wenn die in § 579 ZPO genannten schweren Verfahrensmängel vorliegen oder b) durch **Restitutionsklage,**[1193] wenn die Entscheidung auf einer unrichtigen Grundlage beruht, nämlich den in § 580 ZPO genannten Restitutionsgründen, wie ua i) nach **§ 580 Nr 6 ZPO,** wenn das Patent, auf welches das Urteil des Verletzungsgerichts gegründet ist, vor dem Urteil vorzeitig rechtskräftig[1194] weg gefallen ist, also im Einspruchsverfahren widerrufen, im Nichtigkeitsverfahren für nichtig erklärt worden ist[1195] oder infolge Verzichts vorzeitig erloschen ist;[1196] ii) nach **§ 580 Nr 7b ZPO** das Auffinden oder Benutzen einer anderen Urkunde (nicht eines anderen Beweismittels wie Fotografie[1197] oder eines besseren Standes der Technik[1198]), die eine günstige Entscheidung herbeigeführt haben würde, deren Existenz oder Verbleib dem Antragsteller bis zum rechtskräftigen Abschluss des Verfahrens unverschuldet unbekannt war. 546

1188 BGH GRUR **95,** 210 *Lüfterkappe;* **97,** 625 (II 3a cc) *Einkaufswagen.*
1189 J 0010/87 ABl **89,** 323.
1190 J 0004/97 ABl **98** SonderA 73; J 0015/86 ABl **88,** 417.
1191 EPA T 0824/00 ABl 04, 5 *Widerruf der Zurücknahme eines Antrags/SUMITOMO.*
1192 EPA T 0824/00 ABl 04, 5 (Nr 8).
1193 Lit in Mitt: Schneider **13,** 162.
1194 OLG Düsseldorf GRUR-RR **11,** 122; Kühnen FS Reimann 09,287, 304.
1195 BGH GRUR **10,** 996 Tz 12 *Bordako;* **12,** 753 *Tintenpatrone III.*
1196 BGH GRUR **10,** 996 *Bordako.*
1197 BGH NJW **76,** 294 *Fotografie.*
1198 RG **48,** 375, 377 = JW **01,** 228 *Tropfenzähler.*

Einleitung

547 Die §§ 578 ff ZPO finden auf rechtskräftig abgeschlossene Erteilungsverfahren vor DPMA, BPatG und BGH entsprechend Anwendung.

Zulässig ist ein Wiederaufnahmeantrag nach § 586 ZPO nur, wenn er innerhalb eines Monats seit positiver, sicherer Kenntnis vom Wiederaufnahmegrund, frühestens seit Eintritt der Rechtskraft, gestellt ist.[1199] Für den Fristbeginn ist der Rechtsakt entscheidend, der die Bindung des Verletzungsgerichts an die Erteilung des Klagepatents beseitigt.[1200]

548 Ein Restitutionsantrag ist nur zulässig, wenn der Restitutionsgrund im früheren Verfahren nicht hätte geltend gemacht werden können.[1201] Gegen eine antragsgemäß beschlossene Patenterteilung findet mangels Beschwer keine Wiederaufnahme statt.[1202] Ein Zwischenbenutzer wird gemäß § 123 (5) geschützt. – An einen Wiederaufnahmebeschluss bleibt BPatG gebunden.[1203]

- **Willkür** *(arbitrariness)*

549 Objektiv willkürlich ist ein Richterspruch nach der ständigen Rechtsprechung des Bundesverfassungsgerichts[1204] dann, wenn er unter keinem denkbaren Aspekt rechtlich vertretbar ist und sich daher der Schluss aufdrängt, dass er auf sachfremden Erwägungen beruht. Fehlerhafte Rechtsanwendung allein macht eine Gerichtsentscheidung jedoch nicht willkürlich. Willkür liegt vielmehr erst dann vor, wenn eine offensichtlich einschlägige Norm nicht berücksichtigt, der Inhalt einer Norm in krasser Weise missverstanden oder sonst in nicht mehr nachvollziehbarer Weise angewendet wird. Vgl Rdn 204.

550 **Zwischenentscheidung** siehe unter »Vorabentscheidung« oben Rdn 521.

551 **Zwischenverallgemeinerung (intermediate generalisation)** siehe Rdn 127.

Zustellung

552 Zustellung ist die Bekanntgabe eines Schriftstücks an eine Person, so dass diese eine angemessene Gelegenheit hat, von diesem Schriftstück Kenntnis zu nehmen, und damit ihr rechtliches Gehör (Art. 103 (1) GG) gewährleistet ist. Das Verfahren bei Zustellungen ist in §§ 166 ff ZPO geregelt. Nicht jeder Verstoß gegen die gesetzlichen Zustellungsvorschriften, macht eine Zustellung unwirksam. Vielmehr nur ein Verstoß, wenn der Zweck der verletzten Verfahrensvorschrift dies erfordert[1205].

Heilung eines Zustellungsmangels ist möglich durch a) tatsächlichen Zugang gemäß § 189 ZPO[1206] b) Rückwirkende Genehmigung des Zustellungsadressaten;

1199 BPatGE **27**, 206, 209 = BlPMZ **86**, 202.
1200 BGH GRUR **10**, 996 Tz 14 *Bordako*; **12**, 753 Tz 15 *Tintenpatrone III*.
1201 BPatG Mitt **93**, 144.
1202 BPatGE **25**, 147, 152.
1203 BPatGE **25**, 97.
1204 BVerfGE **89**, 1, 13; **96**, 189, 203; BVerfGK **16**, 294 *Verletzung des Willkürverbots*.
1205 BGH NJW **12**, 2588; BGH BJW **01**, 1653.
1206 BGH NJW **17**, 2472.

c) Verzicht der Partei auf Befolgung oder fehlende Rüge des Mangels (§ 295 ZPO) **d)** erfolgreiche Übermittlung einer elektronischen Kopie, eines Telefaxes, einer Fotokopie oder eines Scans[1207]

Keine Heilung durch bloße mündliche Überlieferung oder eine handschriftliche oder maschinenschriftliche Abschrift des zuzustellenden Originals.[1208]

[1207] BGH 12.03.20 – I ZB 64/19 GRUR **20**, 776 *Heilung eines Zustellungsmangels.*
[1208] BGH 12.03.20 – I ZB 64/19 GRUR **20**, 776 *Heilung eines Zustellungsmangels.*

1. Abschnitt   Das Patent
(the patent)

§ 1   Patentfähige Erfindungen
(patentable inventions)

(1) Patente werden für Erfindungen auf allen Gebieten der Technik erteilt, sofern sie neu sind, auf einer erfinderischen Tätigkeit beruhen und gewerblich anwendbar sind.

(2) [1]Patente werden für Erfindungen im Sinne von Absatz 1 auch dann erteilt, wenn sie ein Erzeugnis, das aus biologischem Material besteht oder dieses enthält, oder wenn sie ein Verfahren, mit dem biologisches Material hergestellt oder bearbeitet wird oder bei dem es verwendet wird, zum Gegenstand haben. [2]Biologisches Material, das mit Hilfe eines technischen Verfahrens aus seiner natürlichen Umgebung isoliert oder hergestellt wird, kann auch dann Gegenstand einer Erfindung sein, wenn es in der Natur schon vorhanden war.

(3) Als Erfindungen im Sinne des Absatzes 1 werden insbesondere nicht angesehen:
1. Entdeckungen sowie wissenschaftliche Theorien und mathematische Methoden;
2. ästhetische Formschöpfungen;
3. Pläne, Regeln und Verfahren für gedankliche Tätigkeiten, für Spiele oder für geschäftliche Tätigkeiten sowie Programme für Datenverarbeitungsanlagen;
4. die Wiedergabe von Informationen.

(4) Absatz 3 steht der Patentfähigkeit nur insoweit entgegen, als für die genannten Gegenstände oder Tätigkeiten als solche Schutz begehrt wird.

Rainer Moufang

Übersicht

Entstehung der Vorschrift und Geltungsbereich		1
Europäisches Patentrecht		2
	Art 52 EPÜ	2
	R 26 (1) und (2) EPÜ	4
	R 27 a) EPÜ	5
	Änderungen durch EPÜ 2000	6
Kommentierung zu § 1 PatG		
I.	Patent und Patenterteilung	8
1	Das Patent	9
2	Voraussetzungen einer Patenterteilung	10
II.	Erfindung	12
1	Begriff der Erfindung	14
2	Technische Lehre	16
2.1	Technizität erfindungsimmanent	16
2.2	Definition des Begriffs Technik	18
2.3	Prüfung auf Technizität	25
3	Lehre zum Handeln	28
4	Naturkräfte außerhalb menschlicher Verstandestätigkeit	31
5	Beherrschbarkeit der Naturkräfte	33

5.1	Realisierbarkeit der Erfindung	33
5.2	Wiederholbarkeit der Erfindung	36
6	**Aufgabe und Lösung**	**41**
6.1	Angabe von Aufgabe und Lösung	42
6.2	Objektive Aufgabe	44
6.3	Formulierung der Aufgabe	45
6.4	Stand der Technik und Aufgabe	50
6.5	Änderung der Aufgabe	51
6.6	Bedeutung der Aufgabe	53
6.7	Lösung	55
6.8	Beste Ausführungsform	56
7	**Technische und nicht-technische Merkmale**	**57**
7.1	Überblick	57
7.2	Lehre ohne technische Merkmale	58
7.3	Vorhandensein nicht-technischer Merkmale	59
7.4	Keine Gewichtung von technischen und nicht-technischen Merkmalen	60
7.5	Keine isolierte Betrachtung des technischen Beitrags	61
7.6	EPA: Genügen irgendeines technischen Merkmals	62
7.7	BGH: Lösung eines konkreten technischen Problems mit technischen Mitteln	63
7.8	Auswirkung nicht-technischer Merkmale bei Prüfung auf erfinderische Tätigkeit	65
7.9	Weitere Erwägungen	69
III.	**Ausgeschlossene Nicht-Erfindungen**	**71**
1	**Allgemeines**	**72**
2	**Entdeckungen**	**77**
3	**Wissenschaftliche Theorien**	**80**
4	**Mathematische Methoden**	**81**
5	**Ästhetische Formschöpfungen**	**87**
6	**Pläne, Regeln und Verfahren für gedankliche Tätigkeiten, für Spiele oder für geschäftliche Tätigkeiten**	**90**
6.1	Gedankliche Tätigkeiten	90
6.2	Spiele	100
6.3	Geschäftliche Tätigkeiten	101
7	**Programme für Datenverarbeitungsanlagen**	**107**
7.1	Sinn des Gesetzes und rechtspolitische Bestrebungen	108
7.2	Urheberrechtsschutz	110
7.3	Begriff des Computerprogramms	111
7.4	Ausschluss der »Computerprogramme als solche«	113
7.5	Softwareentwicklung und Interaktion mit Computer	122
7.5.1	Programmieren	123
7.5.2	Üblicher Einsatz eines Computers	125
7.5.3	Auswirkungen auf innere Funktionsfähigkeit von Computer	126
7.6	Einbindung des Programms in externe technische Abläufe	127
7.7	Automatisierung geistiger und geschäftlicher Tätigkeiten	128
7.7.1	Automatisierung mathematischer und geometrischer Methoden	129
7.7.2	Automatisierung gedanklichen Ordnens und Datenbanken	130
7.7.3	Künstliche Intelligenz	131
7.7.4	Computersimulationen	132
7.7.5	Planen, Design und Modellieren	133
7.7.6	Textverarbeitung und elektronische Dokumente	134
7.7.7	Informationsdarstellung auf Bildschirm	135
7.7.8	Computerimplementierte Geschäftsmethoden	136
7.7.9	Automatisierung von Verwaltungstätigkeiten	137
8	**Wiedergabe von Informationen**	**138**
9	**Sonstige nicht technische Gegenstände**	**144**
10	**Rechtsvergleichende Hinweise, insbesondere US-Recht**	**145**

IV.	Gebiete der Technik	147
1	Allgemeines	147
2	**Biotechnologische Erfindungen**	149
2.1	Überblick	150
2.2	Die Richtlinie 98/44/EG	151
2.3	Übereinkommen über die biologische Vielfalt vom 5.6.1992 (Rio-Konvention)	158
2.4	Grundsätzliche Patentierbarkeit von Erfindungen auf dem Gebiet der Biotechnologie	159
2.5	Gegenstand einer biotechnologischen Erfindung	161
2.6	Biologisches Material	163
2.7	Vorhandensein in der Natur	165
2.8	Patentvoraussetzungen bei biotechnologischen Erfindungen	168
2.9	Offenbarung biotechnologischer Erfindungen	169
2.10	Schutzwirkungen biotechnologischer Patente	170
3	**Chemische Erfindungen**	171
4	**Pharmazeutische Erfindungen**	172
5	**Medizinische Erfindungen**	176
6	**Nanotechnologie**	178
7	**Umweltschutz**	179
8	**Künstliche Intelligenz (KI)**	180
V.	**Patentkategorien**	181
1	**Bedeutung der Einteilung in Kategorien**	182
2	**Übersicht über Kategorienarten**	184
3	**Wahl der Patentkategorie**	185
4	**Mischung von Kategorien**	189
5	**Änderung der Patentkategorie**	191
6	**Erzeugniserfindungen**	197
6.1	Begriff des Erzeugnisses	197
6.2	Arten von Erzeugnissen	200
6.3	Kennzeichnung des Erzeugnisses	206
6.4	Zweck-, Wirkungs- und Funktionsangaben bei Erzeugnissen	207
6.5	Stoffschutz für chemische Stoffe	213
6.5.1	Absoluter Stoffschutz	214
6.5.2	Aufgabe einer Stofferfindung	216
6.5.3	Offenbarung des chemischen Stoffes	218
6.6	Zwischenprodukte	225
6.7	Naturstoffe	228
6.8	Stoffe für medizinische Verfahren, insbesondere Arzneimittel	231
6.8.1	Überblick	232
6.8.2	Uneingeschränktes Erzeugnispatent für medizinischen Stoff	236
6.8.3	Zweckgebundenes Erzeugnispatent für die 1. medizinische Indikation	240
6.8.4	Zweckgebundenes Erzeugnispatent für die zweite (oder weitere) medizinische Indikation	244
6.9	Nahrungs- und Genussmittel	246
6.10	Legierungen	247
7	**Verfahrenserfindungen**	250
7.1	Patente für Herstellungsverfahren	252
7.2	Arbeitsverfahren	255
7.3	Verwendungspatente	256
7.4	Verwendungspatente für 2. medizinische Indikation von Arzneimitteln	259
7.5	Gebrauchsanweisung	265
VI.	**Charakterisierung von Erfindungen in Hinblick auf Stand und Entwicklung der Technik**	266
1	Überblick	266
2	**Abhängige Erfindung**	267
3	**Standardessentielle Erfindung**	268

4	Kombinationserfindung	269
5	Aggregation	276
6	Funktionserfindung	277
7	Übertragungserfindung	279
8	Analogieverfahren	281
9	Auswahlerfindung	283
VII.	Alphabetikum spezieller Erfindungen	287

1 **Entstehungsgeschichte und Geltungsbereich:** § 1 geht auf Art IV Nr 1 IntPatÜG zurück. Das BioPatG vom 21.1.2005 (abgedruckt im Anhang 7), mit dem die BioPatRL (abgedruckt im Anhang 6) umgesetzt wurde, führte einen neuen Abs 2 ein, so dass die bisherigen Abs 2 und 3 zu Abs 3 und 4 wurden. Durch Art 2 Nr 1 EPÜ-RevisionsG (= Anhang 9), das nach Art 5 am 13.12.2007 in Kraft getreten ist, wurde Abs 1 neu gefasst, um – wie das EPÜ 2000 – die TRIPS-Formulierung »auf allen Gebieten der Technik« aufzunehmen. Mangels relevanter Übergangsbestimmungen gilt die neue Fassung auch für Entscheidungen über Anmeldungen und Patente, die vor Inkrafttreten des BioPatG und des EPÜ-RevisionsG eingereicht bzw. erteilt worden sind.

2 **EPÜ-Vorschriften**
Art 52 EPÜ Patentierbare Erfindungen
  (1) Europäische Patente werden für Erfindungen auf allen Gebieten der Technik erteilt, sofern sie neu sind, auf einer erfinderischen Tätigkeit beruhen und gewerblich anwendbar sind.
  (2) Als Erfindungen im Sinne des Absatzes 1 werden insbesondere nicht angesehen:
  a) Entdeckungen, wissenschaftliche Theorien und mathematische Methoden;
  b) ästhetische Formschöpfungen;
  c) Pläne, Regeln und Verfahren für gedankliche Tätigkeiten, für Spiele oder für geschäftliche Tätigkeiten sowie Programme für Datenverarbeitungsanlagen;
  d) die Wiedergabe von Informationen.
  (3) Absatz 2 steht der Patentierbarkeit der dort genannten Gegenstände oder Tätigkeiten nur insoweit entgegen, als sich die europäische Patentanmeldung oder das europäische Patent auf diese Gegenstände oder Tätigkeiten als solche bezieht.

3 **Art 52 EPC Patentable inventions**
  (1) European patents shall be granted for any inventions, in all fields of technology, provided that they are new, involve an inventive step and are susceptible of industrial application.
  (2) The following in particular shall not be regarded as inventions within the meaning of paragraph 1:
  a) discoveries, scientific theories and mathematical methods;
  b) aesthetic creations;
  c) schemes, rules and methods for performing mental acts, playing games or doing business, and programs for computers;
  d) presentations of information.
  (3) Paragraph 2 shall exclude the patentability of the subject-matter or activities referred to therein only to the extent to which a European patent application or European patent relates to such subject-matter or activities as such.

R 26 EPÜ Allgemeines und Begriffsbestimmungen
4 (1) Für europäische Patentanmeldungen und Patente, die biotechnologische Erfindungen zum Gegenstand haben, sind die maßgebenden Bestimmungen des Übereinkommens in Übereinstimmung mit den Vorschriften dieses Kapitels anzuwenden und auszulegen. Die Richtlinie 98/44/EG vom 6. Juli 1998 über den rechtlichen Schutz biotechnologischer Erfindungen ist hierfür ergänzend heranzuziehen.
  (2) »Biotechnologische Erfindungen« sind Erfindungen, die ein Erzeugnis, das aus biologischem Material besteht oder dieses enthält, oder ein Verfahren, mit dem biologisches Material hergestellt, bearbeitet oder verwendet wird, zum Gegenstand haben.
  (3)–(6) ... *(abgedruckt bei § 2a Rdn 5)*

Art 52 EPÜ *Patentfähige Erfindungen/patentable inventions* § 1

R 26 EPC General and definitions
(1) For European patent applications and patents concerning biotechnological inventions, the relevant provisions of the Convention shall be applied and interpreted in accordance with the provisions of this Chapter. Directive 98/44/EC of 6 July 1998 on the legal protection of biotechnological inventions shall be used as a supplementary means of interpretation.
(2) »Biotechnological inventions« are inventions which concern a product consisting of or containing biological material or a process by means of which biological material is produced, processed or used.
(3)–(6) ... *(abgedruckt bei § 2a Rdn 5)*

R 27 EPÜ Patentierbare biotechnologische Erfindungen
Biotechnologische Erfindungen sind auch dann patentierbar, wenn sie zum Gegenstand haben:
a) biologisches Material, das mithilfe eines technischen Verfahrens aus seiner natürlichen Umgebung isoliert oder hergestellt wird, auch wenn es in der Natur schon vorhanden war;
b) und c) ... *(abgedruckt bei § 2a Rdn 6)*

Rule 27 EPC Patentable biotechnological inventions
Biotechnological inventions shall also be patentable if they concern:
a) biological material which is isolated from its natural environment or produced by means of a technical process even if it previously occurred in nature;
b) and (c) ... *(abgedruckt bei § 2a Rdn 6)*

Änderungen durch EPÜ 2000 gegenüber bisheriger Rechtslage und Geltungsbereich:
Art 52 (1) EPÜ wurde neu gefasst, um die TRIPS-Formulierung »auf allen Gebieten der Technik« aufzunehmen. **Art 52 (4)** EPÜ aF wurde aus systematischen Erwägungen in Art 52 EPÜ gestrichen und als Buchstabe c) in Art 53 EPÜ überführt. **R 26** und **27** EPÜ stimmen überein mit den früheren R 23b und 23c, die infolge der Umsetzung der BioPatRL in die AusfO gelangt sind (s Rdn 152).
Übergangsbestimmungen: Art 52 EPÜ 2000 ist ab dem 13.12.2007 auch auf Anmeldungen und Patente, die vor seinem Inkrafttreten eingereicht bzw. erteilt worden sind, anzuwenden (Art 1 Nr 1 VR-Beschluss vom 28.6.2001 über Übergangsbestimmungen, ABl 01 SonderA Nr 4, 139).

Konkordanz zwischen PatG, BioPatRL und EPÜ ergibt sich aus folgender Tabelle:

PatG	BioPatRL	EPÜ	Gegenstand:
§ 1 (1)	–	Art 52 (1)	Patentfähige Erfindungen
§ 1 (2) S 1	Art 3 (1)	R 26 (2)	Biotechnologische Erfindungen
§ 1 (2) S 2	Art 3 (2)	R 27 a)	Bio-Naturstoffe
§ 1 (3)	–	Art 52 (2)	Nicht-Erfindungen
§ 1 (4)	–	Art 52 (3)	Nicht-Erfindungen »als solche«

I. Patent und Patenterteilung

Lit: Machlup: An economic review of the patent system 1958, 19 ff; **Lamping:** Patentschutz und Marktmacht 2010; **Reiss:** Patente und Produktmarktwettbewerb 2011; **Granstrand:** Evolving properties of intellectual capitalism – patents and innovations for growth and welfare 2020; **Lit in GRUR:** Tönnies GRUR 13, 796; Busche 21, 157; **Lit in IIC:** Kur/Harhoff 14, 617; **Lit in IPQ:** Dent 17, 245; **Lit in Mitt:** Hüttermann 13, 181; Melullis 16, 433; Pregartbauer 16, 486.

1 Das Patent

Das Patent für eine Erfindung entsteht anders als das Urheberrecht nicht bereits mit der Schöpfung des Immaterialguts, sondern durch einen nationalen oder europäischen

Erteilungsakt.[1] Der Verwaltungsakt der Patenterteilung des DPMA und des EPA bringt ein privates Immaterialgüterrecht zur Entstehung, das dem Erfinder als Gegenleistung gebührt, weil er seine Erfindung nicht geheim hält, sondern der Öffentlichkeit offenbart. Das Recht aus dem Patent ist ein absolutes Recht, das keinen Schuldner kennt.[2] Es fällt unter die Eigentumsgarantie des Art 14 GG.[3] Sein wirtschaftlicher Wert kann außerordentlich hoch sein.[4] Das Patent erhält der Erfinder[5] als

- **Anerkennung** seiner besonderen Leistung im Bereich der Technik,
- **Ansporn** für weitere Leistungen,
- **Belohnung**, weil er den technischen Fortschritt und das technische Wissen der Allgemeinheit bereichert hat.

Zum Erfinderpersönlichkeitsrecht, dem Recht an der Erfindung und dem Recht auf das Patent vgl die Erläuterungen zu § 6.

2 Voraussetzungen einer Patenterteilung

10 § 1 PatG und Art 52 EPÜ nennen die Erfordernisse für eine Patenterteilung abschließend.[6] Sind die dort genannten vier Voraussetzungen erfüllt und besteht keine Patentierungsausnahme nach §§ 1a (1), 2 oder 2a, so muss ein Patent erteilt werden. Dieses *Gebot einer Patentierung*[7] kommt besonders deutlich im englischen Text des Art 52 (1) EPÜ zum Ausdruck: »patents *shall be granted*...«. Für eine Patenterteilung müssen daher nur folgende vier Grundvoraussetzungen erfüllt sein:

- **Vorliegen einer Erfindung**: Zum Begriff der Erfindung im Sinne des PatG und des EPÜ s Rdn 12 ff.
- **Neuheit** der Erfindung, s Erläuterungen zu § 3 PatG und Art 54 EPÜ.
- **Erfinderische Tätigkeit** (*inventive step*), auf der die Erfindung beruht, s Erläuterungen zu § 4 PatG und Art 56 EPÜ.
- **Gewerbliche Anwendbarkeit der Erfindung** (*industrial application*), s Erläuterungen zu § 5 PatG und Art 57 EPÜ.

11 **Technischer Fortschritt** (*advance in the art or technical progress*) war früher im deutschen Recht bis zum Inkrafttreten des IntPatÜG im Jahre 1978 eine eigene Voraussetzung der Patenterteilung. Bei der Harmonisierung des PatG mit dem europäischen Recht, das den Fortschritt als Patentierungsvoraussetzung nicht kennt, hat der deutsche Gesetzgeber bewusst auf diese Voraussetzung verzichtet.[8] Patente können daher

---

1 BGH GRUR 74, 146 (III1) *Schraubennahtrohr*; BPatGE 1, 1, 4.
2 BGH v 24.11.2020 KZR 35/17 GRUR 21, 585 *FRAND-Einwand II* (Rn 131) unter Verweis auf RGZ 127, 197, 205.
3 BGH GRUR 15, 573 (Rn 51) *Wundbehandlungsvorrichtung*; **Lit:** Timmann: Das Patentrecht im Lichte von Art 14 GG, 2008.
4 Zur DIN-Norm 77 100 (Patentbewertung – monetäre Bewertung von Patenten) s Mitt **12**, 486; **Grünewald/Wurzer:** Monetäre Patentbewertung nach DIN 77 100, mit Anwendungsfällen für die praktische Bewertung 2012; vgl ferner **de Vries:** Leveraging Patents Financially 2011; **Wurzer/Grünewald/Reinhardt:** Valuation of patents 2012; Wurzel Mitt **13**, 221.
5 BGH GRUR **66**, 312 (II3) *Appetitzügler I*; **69**, 534 (IIA) *Skistiefelverschluss*; **87**, 231 (II3c) *Tollwutvirus*; **96**, 109 (III5) *Klinische Versuche I*; vgl BPatGE **26**, 38, 43.
6 Amtl Begr zum IntPatÜG BlPMZ **76**, 332 zu Nr 1 Abs 1 (1).
7 GrBK G 0001/83 ABl **85**, 60 (Nr 21 Abs 3) 2. *medizinische Indikation/*BAYER.
8 Amtl Begr zum IntPatÜG BlPMZ **76**, 332 zu Nr 1 Abs 1 (2).

von DPMA und EPA auch dann erteilt werden, wenn ein technischer Fortschritt nicht feststellbar ist.[9] Zum technischen Fortschritt als Beweisanzeichen für erfinderische Tätigkeit vgl § 4 Rdn 108.

II. Erfindung *(invention)*

Lit: Ochmann in FS Nirk 1992, 759; Ullmann in FS Brandner 1996, 507; **Nack:** Die patentierbare Erfindung unter den sich wandelnden Bedingungen von Wissenschaft und Technologie 2002; **Schrader:** Technizität im Patentrecht KWI Band 15 2007; **Kulhavy:** Erfindungs- und Patentlehre 2010; **Pila:** The requirement for an invention in patent law 2010; **Bakels:** The technology criterion in patent law 2012; Zech in Methodenfragen des Patentrechts (FS Bodewig) 2018, 137.
Lit in epi information: Fischer 18/3, 22; **Lit in GRUR:** Beier 72, 214; Beyer 90, 399; van Raden/Wertenson 95, 523; Eichmann 00, 751; Kraßer 01, 959; Anders 04, 461; Schölch 06, 969; Haedicke/Zech Beilage 1/14, 52; Nack 14, 148; Ensthaler 15, 150; **Lit in GRUR Int:** Godenhielm 96, 327; Baldus GRUR Int 21, 957; **Lit in IIC:** Pila 05, 755; 10, 906; **Lit in JIPLP:** Baldus 20, 219; **Lit in Mitt:** Jander 88, 227; 94, 33; 96, 1; Stamm 95, 121; 97, 6; Adrian 95, 329; Schar 98, 322; Bunke 09, 169; Stortnik 12, 437; Stadler 15, 165; May 16, 111; Baldus/Barth 18, 529; **Lit in ZGE:** Hetmank 16, 460.

12

Erfindungen lassen sich in unterschiedlicher Weise charakterisieren und klassifizieren. Neben der Einteilung nach technologischen Bereichen (zB chemische oder biotechnologische Erfindungen, s Rdn 147 ff) und einer Einteilung in sog. Kategorien (zB Erzeugnisse oder Verfahren, s Rdn 181 ff) steht die Einteilung nach dem Kern der jeweiligen erfinderischen Leistung (zB Auswahlerfindung, Aufgabenerfindung, Übertragungserfindung, s Rdn 266 ff). Zunächst ist jedoch zu klären, was eine Erfindung und was eine Nicht-Erfindung ist. Denn nur für eine Erfindung ist gemäß § 1 (1) PatG und Art 52 (1) EPÜ ein Patent zu erteilen.

13

1 Begriff der Erfindung *(concept of invention)*

PatG und EPÜ definieren nicht positiv, was eine Erfindung ist, sondern schreiben lediglich negativ vor, dass für bestimmte Gegenstände keine Patente erteilt werden, weil sie nicht als Erfindungen iSd Gesetzes angesehen werden (§ 1 (3) PatG und Art 52 (2) EPÜ, vgl dazu Rdn 71 ff).[10] Dies bedeutet nicht, dass alles patentierbar ist, was vom Katalog der Nicht-Erfindungen unerfasst bleibt.[11] Allerdings lassen sich aus der vom Gesetzgeber vorgenommenen negativen Abgrenzung wichtige Anhaltspunkte gewinnen, wie der Begriff der Erfindung und der ihn ausfüllende Begriff der Technizität (s Rdn 16) positiv zu bestimmen sind.

14

PatG und EPÜ überlassen die Ausfüllung des *unbestimmten Rechtsbegriffs* der Erfindung der Rechtsprechung und der Lehre.[12] Das ermöglicht es, den Begriff der Erfindung dem jeweils neuesten Stand der Erkenntnisse in der Wissenschaft anzupassen.[13] Der Begriff der Erfindung ist also nicht historisch auf Grund der Vorstellungswelt des jeweiligen Gesetzgebers von PatG und EPÜ zu interpretieren,[14] denn die

---

9 BGH GRUR 15, 983 (Rn 31) *Flugzeugzustand;* BPatGE 22, 139; T 0181/82 ABl 84, 401 (Nr 4); T 0647/93 ABl 95, 132 (Nr 4.2).
10 Auch wenn eine Erfindung vorliegt, kann eine Patenterteilung aus anderen Gründen explizit ausgeschlossen sein (s §§ 1a (1), 2 u 2a PatG; Art 53, R 28 u 29 (1) EPÜ).
11 BPatGE 29, 24; 30, 85.
12 Vgl bereits Bundesratsdrucksache Nr 14 1876/77 zu § 1.
13 BGH GRUR 69, 672 (IIA1) *Rote Taube.*
14 BGH GRUR 69, 672 (IIA1) *Rote Taube.*

Anwendung eines Gesetzes ist nicht auf die Fälle beschränkt, die dem Gesetzgeber bei seinem Erlass bekannt waren.[15]

15 Definition
Eine Erfindung im Sinne des Patentrechts ist eine technische[16] Lehre. Dies setzt voraus, dass sie eine konkrete Handlungsanweisung gibt,[17] einen praktischen Nutzen hat,[18] in wiederholbarer Weise[19] realisierbar[20] ist und unter Einsatz von Naturkräften[21] eine technische Aufgabe[22] in technischer Weise löst.[23]

2 Technische Lehre *(technical character of the invention)*

16 **2.1 Technizität erfindungsimmanent:** PatG und EPÜ bestimmen zwar nicht ausdrücklich, dass die Erfindung technischer Natur sein muss. Allerdings enthalten § 1 (1) PatG und Art 52 (1) EPÜ in ihrer jetzigen Fassung – Art 27 (1) 1 TRIPS[24] folgend – die Formulierung, dass Patente für Erfindungen *auf allen Gebieten der Technik* zu erteilen sind. Die Eigenschaft der *Technizität einer Erfindung* als Voraussetzung für eine Patenterteilung ergibt sich darüber hinaus aus folgenden Gründen:

- Technischer Charakter ist dem *Begriff der Erfindung* in § 1 (1) PatG und Art 52 (1) EPÜ bereits *immanent*.[25]
- *Geschichte des Patentrechts* zeigt, dass in der Vergangenheit stets nur technische Erfindungen als patentfähig angesehen wurden.[26]
- *§§ 3 und § 4 PatG sowie Art 54 und 56 EPÜ* verlangen, dass eine Erfindung gegenüber dem Stand der *Technik* neu und erfinderisch sein muss. Diese Voraussetzung kann eine Erfindung nur erfüllen, wenn sie selbst technisch ist.
- Der *Negativkatalog des § 1 (3) PatG und des Art 52 (2) EPÜ* nimmt gerade solche Lehren vom Begriff der Erfindung aus, denen der technische Charakter fehlt[27] oder die kein konkretes technisches Problem mit technischen Mitteln lösen.[28]
- *Besetzung von DPMA, BPatG und EPA*: Weil technische Lehren zu beurteilen sind, werden damit vornehmlich technisch vorgebildete Mitglieder betraut (vgl §§ 26 (2), 65 (2) PatG und Art 18 (2), 19 (2), 21 (3) und (4) EPÜ).

---

15 GrBK G 0001/98 ABl 00, 111 (Nr 5.3) *transgene Pflanze/NOVARTIS II*.
16 Vgl Rdn 16.
17 Vgl Rdn 28.
18 Vgl Rdn 29.
19 Vgl Rdn 36.
20 Vgl Rdn 33.
21 Vgl Rdn 31.
22 Vgl Rdn 41.
23 Ähnlich die Definition der Eidgenössischen Rekurskommission für geistiges Eigentum v 16.2.2005 sic! 05, 589, wonach eine Erfindung eine wiederholbare und mitteilbare Regel für das Handeln unter Einsatz von Stoff, Kräften oder von Information im Hinblick auf einen bestimmten Erfolg ist, der bei Anwendung der Regel automatisch eintritt.
24 Abgedruckt im Anhang 13.
25 T 0854/90 ABl 93, 669; T 0931/95 ABl 01, 441 (Nr 6).
26 T 0022/85 ABl 90, 12 (Nr 3); Beier GRUR 72, 214, 216.
27 T 1173/97 ABl 99, 609 (Nr 5 u 7); T 0022/85 ABl 90, 12 (Nr 2); T 0163/85 ABl 90, 379 (Nr 2).
28 So die BGH-Rechtsprechung, s hierzu Rdn 63.

- Bezugnahme auf den Begriff *Technik* in §§ 34 (7), 36 (2), 43 (1) PatG und in Art 25, 85, R 41–44, 48 EPÜ.
- *Einzig brauchbares Abgrenzungskriterium* für die Erfindung gegenüber andersartigen geistigen Leistungen des Menschen, die zum Teil durch andere Gesetze geschützt werden (UrhG, DesignG, GemeinschaftsgeschmacksmusterV (EG) Nr 6/2002,[29] GeschGehG,[30] UWG[31]), ist der Begriff der Technik.[32] Eine Patentierung nicht-technischer Erfindungen, zB von Dienstleistungen,[33] könnte nur der Gesetzgeber vorsehen, denn das Patent ist nach geltendem Recht kein Auffangbecken für Ideen und Leistungen, für die das Rechtssystem keinen sonstigen Schutz vorsieht.

Fazit: Patentschutz wird nur für Innovationen auf dem Gebiet der Technik gewährt.[34] Eine Erfindung muss technischen Charakter besitzen: es muss sich um eine technische Lehre handeln.[35]

2.2 Definition des Begriffs Technik *(definition of technical character)* ist *nicht abschließend* möglich, weil er von dem jeweiligen, sich wandelnden Erkenntnisstand des Menschen abhängig ist und im Wandel der Zeit einer unterschiedlichen Wertung durch die Gemeinschaft unterliegen kann. Der Technikbegriff ist daher **nicht statisch**, sondern Modifikationen zugänglich, um ihn der jeweiligen technologischen Entwicklung anzupassen.[36] Die Entscheidung, ob eine Lehre technisch ist, beruht daher idR auf einer Wertung, was dem Patentschutz zugänglich sein soll.[37] Wichtige Anhaltspunkte dafür, wie das normative Kriterium der Technizität zu verstehen ist, lassen sich aus der vom Gesetzgeber aufgestellten Negativliste der Nicht-Erfindungen in § 1 (3) und Art 52 (2) EPÜ gewinnen.

Immer noch grundlegend ist die Definition des **BGH** aus dem Jahre 1969 in der Entscheidung Rote Taube:[38]

---

29 Abl EG 02, 1 = BlPMZ 02, 152 = GRUR Int 02, 221.
30 S hierzu Reinfeld: Das neue Gesetz zum Schutz von Geschäftsgeheimnissen 2019; Rehaag/Straszewski Mitt **19**, 249.
31 Ergänzender wettbewerbsrechtlicher Leistungsschutz (s § 4 Nr 3 UWG) ist allerdings auch bei technischen Erzeugnissen denkbar, die nicht (mehr) unter Sonderrechtsschutz stehen, s BGH GRUR **02**, 275 *Noppenbahnen*; v 15.12.2016 I ZR 197/15 GRUR **17**, 734 *Bodendübel*; sowie Fischer GRUR **15**, 1160; Mroß: Technische Funktionalität im Recht des geistigen Eigentums sowie im Wettbewerbsrecht – Entwicklung eines einheitlichen Schutzausschlusses 2015; Koch GRUR **21**, 273.
32 BGH GRUR **77**, 96 *Dispositionsprogramm*.
33 Lit in **GRUR**: Cohausz **89**, 797; van Raden/Wertenson **95**, 523.
34 S zB BGH GRUR **92**, 36 (III3d) *Chinesische Schriftzeichen*; **00**, 498 (II4d) *Logikverifikation*; **00**, 1007 (III c bb (1)) *Sprachanalyseeinrichtung*; GrBK G 0002/07 ABl **12**, 130 (Nr 6.4.2.1) *Broccoli/PLANT BIOSCIENCE*; T 1173/97 ABl **99**, 609 (Nr 5.1 u 6); T 0931/95 ABl **01**, 441.
35 GrBK G 0001/19 ABl **21**, A77 = GRUR **21**, 940 L = BeckRS **21**, 6335 (Nr 24) *Fußgängersimulation*.
36 BGH GRUR **69**, 672 (IIA1) *Rote Taube*; **00**, 498 (II4h) *Logikverifikation*; GrBK G 0002/07 ABl **12**, 130 (Nr 6.4.2.1) *Broccoli/PLANT BIOSCIENCE*.
37 BGH GRUR **00**, 498 (II4f) *Logikverifikation*; **00**, 1007 (IIIc bb(1)) *Sprachanalyseeinrichtung*.
38 StRspr seit BGH GRUR **69**, 672 *Rote Taube*.

»Technisch ist eine Lehre zum planmäßigen Handeln unter Einsatz beherrschbarer Naturkräfte zur Erreichung eines kausal übersehbaren Erfolgs«.

Dies wurde später dahin gehend präzisiert, dass die menschliche Verstandestätigkeit nicht zu den beherrschbaren Naturkräften im Sinne der Definition zählt.[39] Ab 1977 verengte der BGH zeitweilig den Technikbegriff, indem er zusätzlich forderte, dass der kausal übersehbare Erfolg ohne Zwischenschaltung menschlicher Verstandestätigkeit die *unmittelbare* Folge des Einsatzes beherrschbarer Naturkräfte sein muss.[40] Diesen restriktiven Technikbegriff gab der BGH jedoch 2000 wieder auf.[41] Auf die *Unmittelbarkeit* des Einsatzes von beherrschbaren Naturkräften wurde verzichtet:

»Eine Erfindung ist technischer Natur, wenn sie durch eine Erkenntnis geprägt ist, die auf technischen Überlegungen beruht, auch wenn die Lehre nicht die Erreichung eines kausal übersehbaren Erfolgs bezweckt, der unter Einsatz beherrschbarer Naturkräfte **unmittelbar** ohne Zwischenschaltung menschlicher Verstandestätigkeit herbeigeführt wird«.

20   In ähnlicher Weise formulierte das **BPatG** in einer älteren Definition:

»Technisch ist jeder durch die Einwirkung des Menschen entstandene Gegenstand, soweit er der Welt der (in Raum und Zeit vorhandenen) Dinge angehört; das Gebiet des Untechnischen umfasst demgegenüber, abgesehen von den Gegenständen der Natur, die Welt der Vorstellungen«.[42]

21   Die Beschwerderechtsprechung des **EPA** geht ebenfalls von einem weiten Technikbegriff aus. Eigene Versuche einer Definition des Technischen wurden lange Zeit vermieden.[43] Die GrBK hat aber 2011 – in einer Entscheidung zum Ausschluss der im Wesentlichen biologischen Pflanzenzüchtungsverfahren – auf die Technikdefinition des BGH in der Rote-Taube-Entscheidung (s oben Rdn 19) verwiesen und sie als einen Standard bezeichnet, der auch heute noch Gültigkeit besitzt und im Einklang mit dem Erfindungskonzept des EPÜ steht.[44] Menschliche Mitwirkung zur Erzielung eines Ergebnisses unter Nutzung der Kräfte der Natur gehört folglich zum Kern dessen, was unter einer Erfindung verstanden wird.[45]

22   Ein starkes Indiz für die Technizität einer Erfindung ist es, wenn die erfindungsgemäße Lösung der Aufgabe *technische Überlegungen* erforderlich macht.[46] Allerdings reichen

---

[39] BGH GRUR 77, 96 *Dispositionsprogramm*.
[40] Vgl BGH GRUR 77, 152 *Kennungsscheibe*; 80, 849 *Antiblockiersystem*; 81, 39, 41 lSp *Walzstabteilung*; 86, 531, 533 lSp *Flugkostenminimierung*.
[41] BGH GRUR 00, 498 (II4h) *Logikverifikation*.
[42] Vgl BPatGE 8, 121, 132; 10, 1; 15, 106, 110; Mitt 64, 97, 99.
[43] So noch GrBK G 0003/08 ABl 11, 10 (Nr 9.2) *Computerprogramme*: »Die Kammer wird nicht versuchen, den Begriff 'technisch' zu definieren.«.
[44] GrBK G 0002/07 ABl 12, 130 (Nr 6.4.2.1) *Broccoli/PLANT BIOSCIENCE*. Zurückhaltend mit einer Definition demgegenüber GrBK G 0001/19 ABl 21, A77 = GRUR 21, 940 L = BeckRS 21, 6335 (Nr 75) *Fußgängersimulation*.
[45] *GrBK G 2/07 ABl 12, 130 (Nr 6.4.2.1) Broccoli/PLANT BIOSCIENCE*.
[46] T 0769/92 ABl 95, 525; T 0110/90 ABl 94, 557; T 1173/97 ABl 99, 609 (Nr 7.3).

solche Überlegungen allein noch nicht aus: kann eine Lehre rein gedanklich ausgeführt werden, mangelt es ihr an technischem Charakter, selbst wenn sie die Planung oder das Design eines technischen Gegenstands betrifft (s auch Rdn 91 u 133).[47] Technischer Charakter kann aus der technischen Umsetzung des Verfahrens entstehen, durch die es eine konkrete technische Wirkung erzielt, etwa indem es einen daraus resultierenden Gegenstand hervorbringt oder technische Mittel verwendet.

Die **untechnische Wirkung** (*non-technical effect*) einer Erfindung steht ihrer technischen Natur nicht entgegen, wenn das untechnische Resultat das Ergebnis einer technischen Lehre ist. Daher können Wirkung, Gebrauchszweck oder Nutzeffekt des Gegenstands einer Erfindung auch nicht-technischer Natur sein, zB auf geschmacklichem, ästhetischem, betriebswirtschaftlichem, kaufmännisch-organisatorischem, medizinischem oder pädagogischem Gebiet liegen.[48] Wird aber das untechnische Resultat nicht durch technische Mittel erzielt, die für die Lösung des Problems notwendig sind, so liegt keine technische Lehre vor.[49]

23

Wirkungsangaben (*statements of effects*): Angaben über Wirkung, Zweck oder Funktion dienen bei Erzeugnispatenten bisweilen lediglich dem besseren Verständnis der Erfindung.[50] Sie können aber auch zur Definition der Erfindung beitragen, indem sie das Erzeugnis auf ein für den genannten Zweck geeignetes beschränken oder die räumlich-körperliche Ausgestaltung einer Sache umschreiben[51] (vgl Rdn 207). Bei Zweifeln, ob es sich um eine technische Erfindung handelt, kann sich daher aus Wirkungsangaben die Technizität der Erfindung ergeben.

Nach der früheren EPA-Rechtsprechung setzte technischer Charakter voraus, dass die Erfindung einen *Beitrag* zum Stand der Technik auf einem vom Patentschutz nicht ausgeschlossenen Gebiet leistet, der in dem zu lösenden Problem, den zu seiner Lösung eingesetzten Mitteln oder in den durch die Lösung erzielten Wirkungen liegen konnte.[52] Die neuere Rechtsprechung hat diesen sog. »Beitrags«-Ansatz im Zusammenhang mit dem Erfindungsbegriff aufgegeben und ihn in die Prüfung der Patentierungsvoraussetzungen Neuheit und erfinderische Tätigkeit verschoben (für Details Rdn 61 u 67).

24

2.3 Prüfung auf Technizität erfordert die Feststellung, dass die Erfindung folgende Voraussetzungen erfüllt:

25

---

47 GrBK G 0003/08 ABl 11, 10 (Nr. 13.3) *Computerprogramme*: »Das Entwickeln eines Fahrrads geht eindeutig mit technischen (...) Überlegungen einher, aber es ist ein Prozess, der zumindest anfänglich im Kopf des Ingenieurs stattfinden kann, d. h. es kann eine gedankliche Tätigkeit sein und wäre insoweit von der Patentierbarkeit ausgenommen.« S auch T 0914/02 EPOR 06, 142.
48 BGH GRUR 66, 249 *Suppenrezept*; 67, 590 *Garagentor*; 75, 549 *Buchungsblatt*; 77, 96 (II3b aa) *Dispositionsprogramm*; 78, 420 *Fehlerortung*; 88, 290 *Kehlrinne*; BPatG BlPMZ 00, 55.
49 BPatG BlPMZ 99, 75.
50 BGH GRUR 66, 249, 250 *Suppenrezept*; 77, 152, 153 *Kennungsscheibe*; 86, 531, 532 *Flugkostenminimierung*; 88, 290, 293 rSp *Kehlrinne*; BGH v 7.2.1995 X ZR 58/93 BeckRS 95, 31061440 *3-Isothiazolonzubereitung*.
51 BGH GRUR 79, 149 *Schießbolzen*; 81, 259 (II2a) *Heuwerbungsmaschine II*; BGH v 4.5.1999 X ZR 55/97 BeckRS 99, 30058038 *Stützimplantat*.
52 Vgl T 0022/85 ABl 90, 12 (Nr 3); T 0110/90 ABl 94, 557, 568; T 0769/92 ABl 95, 525 (Nr 3.3).

- Vorliegen einer konkreten Lehre zum Handeln (s Rdn 28). Rein abstrakte oder theoretische Erkenntnisse, die sich noch nicht zu einer konkreten Lehre verdichtet haben, sind nicht patentfähig.
- Planmäßige Benutzung von Naturkräften, die im weitesten Sinne zu verstehen sind, insbesondere auch die biologischen Kräfte umfassen. Im Gegensatz zur Naturkraft steht die reine menschliche Verstandestätigkeit, die eine Geisteskraft ist (s Rdn 31).
- Beherrschbarkeit der Naturkräfte, also die Ausnutzung einer erkannten oder angenommenen Gesetzmäßigkeit zwischen Ursache und Wirkung. Dies erfordert Realisierbarkeit und Wiederholbarkeit (s Rdn 33 u 36).
- Vorliegen einer technischen Lösung einer technischen Aufgabe (s Rdn 41).

26 Die **sprachliche Fassung** (*version of disclosure*) der Offenbarung einer Erfindung ist nicht entscheidend, vielmehr allein ihr sachlicher Gehalt.[53] Daher kann eine Erfindung technisch sein, obwohl sie sprachlich technische Merkmale nicht erwähnt,[54] und sie kann nicht-technisch sein, obwohl zu ihrer Ausführung vordergründig technische Merkmale angegeben sind.[55]

Ein Irrtum des Erfinders über die Technizität ist unbeachtlich. Es kommt nur auf die objektive Beurteilung an.[56]

Die Technizität einer Erfindung kann nur verneint werden, wenn ihr nicht-technischer Charakter eindeutig feststellbar ist. Verbleibende Zweifel reichen zur Verneinung des technischen Charakters nicht aus.

27 Der **Stand der Technik** spielt für die Prüfung auf Technizität grundsätzlich keine Rolle.[57] Die Frage der Technizität darf nicht von dem Ergebnis der Recherche abhängig sein. Wenn ein technisches Merkmal bekannt ist, bedeutet dies nicht, dass es nicht zu den prägenden Anweisungen der Lehre gehören kann.[58]

3 Lehre zum Handeln (*practical teaching*)

28 Der Begriff der Erfindung setzt voraus, dass eine Lehre zum konkreten Handeln gegeben wird, die zu einem feststellbaren Erfolg führt. Reine *abstrakte oder theoretische Erkenntnisse*, die zB über Naturgesetze oder wissenschaftliche Zusammenhänge aufklären, genießen zwar allgemeine Wertschätzung (zB durch Verleihung des Nobelpreises), sie sind aber als solche keine Erfindungen. Erst wenn auf ihrer Grundlage eine Lehre gegeben wird, einen bestimmten Erfolg herbeizuführen, kann eine Erfindung vorliegen. Dieses immanente Merkmal des Erfindungsbegriffs rechtfertigt die Aufnahme der Entdeckungen und wissenschaftlichen Theorien in den Negativkatalog des

---

53 BGH GRUR 77, 96 *Dispositionsprogramm*; 77, 657 *Straken*; 78, 102 *Prüfverfahren*.
54 T 0769/92 ABl 95, 525: implizierte technische Aufgabe, die durch implizite technische Merkmale gelöst wird.
55 In der jüngeren EPA-Rechtsprechung wird der Erfindungscharakter in solchen Fällen allerdings regelmäßig bejaht und die Nicht-Technizität der maßgeblichen Merkmale im Rahmen der erfinderischen Tätigkeit berücksichtigt.
56 Vgl BGH GRUR 94, 357 *Muffelofen*.
57 BGH GRUR 92, 33 (II5d) *Seitenpuffer*; GrBK G 0002/07 ABl **12**, 130 (Nr 6.4.1) *Broccoli/ PLANT BIOSCIENCE*.
58 BGH GRUR 04, 667 (II3b(1)) *Elektronischer Zahlungsverkehr*.

§ 1 (3) und Art 52 (2) EPÜ (s Rdn 77 und 80). Reine Ideen sind, wenn sie nicht zu einem technisch greifbaren Ergebnis führen, nicht patentfähig,[59] so zB die reine Geistestätigkeit eines Programmierers.[60]

Praktischer Nutzen *(practical usefulness)*: Dem Begriff der Erfindung als einer technische Lehre ist es immanent, auf einen konkreten praktischen Nutzen abzuzielen.[61] Nutzbringend in diesem Sinne ist jede Lehre, die irgendein bestehendes oder künftiges wie immer geartetes Bedürfnis zu befriedigen sucht.[62] Der Nützlichkeit und damit einer praktischen Lehre zum Handeln entbehren zB gänzlich sinnlose Vorschläge. Sie sind – auch wenn sie neu und wegen ihrer Skurrilität oder Abwegigkeit möglicherweise auch als erfinderisch anzusehen sind – wegen Fehlens einer Lehre, die einen praktischen Nutzen bezweckt, nicht patentfähig. **Technische Kuriosa** sind dagegen nicht unnütz, da sie immerhin der menschlichen Unterhaltung dienlich sein können.[63] Gegenstände oder Tätigkeiten können aber auch dann nach § 1 (3) und Art 52 (2) EPÜ vom Patentschutz ausgeschlossen werden, wenn sie einen praktischen Nutzen haben.[64] Eine besondere spezielle Nützlichkeit kann ein *positives Beweisanzeichen* für erfinderische Tätigkeit sein.[65]

29

Brauchbarkeit[66] *(usability)*: Jede Erfindung muss brauchbar, dh für den angegebenen Zweck tauglich sein.[67] Daran fehlt es, wenn eine Lehre die Aufgabe nicht lösen kann.[68] Eine Regel, die eine neue Brauchbarkeit einer bekannten Vorrichtung lehrt, ist eine Lehre zum technischen Handeln und nicht etwa als nicht-technische Gebrauchsanweisung (s Rdn 265) vom Patentschutz ausgeschlossen.[69] Der Schutzbereich eines Sach- oder Stoffpatents umfasst alle Brauchbarkeiten, mögen diese vom Patentinhaber erkannt sein oder nicht.[70]

30

4 Naturkräfte außerhalb menschlicher Verstandestätigkeit

Die menschliche Verstandestätigkeit *(human mental activity)* bedient sich zwar der Naturkräfte, gehört aber selbst nicht zu den beherrschbaren Naturkräften im Sinne der Definition des Begriffs der Technik (s Rdn 19) und kann daher die Technizität

31

---

59 ZB die Programmidee für die Darstellung arabischer Schriftzeichen: T 0158/88 ABl **91**, 566; Verfahren führt zu keiner physikalischen Erscheinung: T 0453/91 ABl **95** SonderA 15; s auch BPatGE **48**, 53.
60 Vgl zB T 0204/93 ABl **94** SonderA 17; T 0833/91 ABl **94** SonderA 16.
61 BGH GRUR **56**, 77 (IIa) *Rödeldraht*; **96**, 109 (III4a) *Klinische Versuche I*. Engl Court of Appeal GRUR Int **98**, 419 hält nutzlose Erzeugnisse für nicht gewerblich anwendbar, weil es für deren Herstellung kein Gewerbe gebe.
62 Verneint zB von BPatGE **19**, 86: *Erzeugung eines künstlichen Bewusstseins*; **29**, 39, 42: *Scheintotenentlarvungssystem*; BPatG GRUR **98**, 42, 46: offenbar nutzlos.
63 ZB brit PS 360 253 (Teekanne mit 2 Tüllen); US-PS 5 562 248 (Grußvorrichtung für Hüte).
64 T 0388/04 ABl **07**, 16.
65 BPatGE **35**, 5.
66 Lit: Anders in FS König 2002, 1.
67 Vgl BGH GRUR **81**, 338 *Magnetfeldkompensation*. Vgl hierzu auch BPatGE **49**, 262.
68 BGH BlPMZ **85**, 117 *Offensichtlichkeitsprüfung*.
69 BGH GRUR **77**, 96 (II3b cc) *Dispositionsprogramm*.
70 BGH GRUR **72**, 541 (E2c) *Imidazoline*.

einer Erfindung nicht begründen.⁷¹ Dies wird durch den Negativkatalog des § 1 (3) und Art 52 (2) EPÜ bestätigt, der ua wissenschaftliche Theorien, mathematische Methoden, Pläne, Regeln und Verfahren für gedankliche Tätigkeiten und die Wiedergabe von Informationen als Nichterfindungen ausschließt (s Rdn 80, 91 und 138). Wendet sich daher eine Erfindung *nur* an die menschliche Verstandestätigkeit oder wird sie beim Einsatz beherrschbarer Naturkräfte so zwischengeschaltet, dass die Lehre auf ihr beruht, also der Erfolg nicht mehr das Ergebnis der verwendeten technischen Merkmale ist, so ist dies nicht technisch.

32 Der Technizität steht nicht entgegen, wenn die Lehre ua *auch* die menschliche Verstandestätigkeit einschaltet.⁷² Bedient sich die Lehre dagegen *allein* menschlicher Verstandestätigkeit (zB gedanklicher Maßnahmen zum Ordnen von Daten) und lediglich mittelbar gegenständlicher Merkmale, so ist sie nicht-technisch.⁷³

5 Beherrschbarkeit der Naturkräfte

33 **5.1 Realisierbarkeit der Erfindung** *(invention capable of being realized)*: Eine Erfindung liegt nicht vor, wenn die Lehre objektiv nicht realisierbar ist. Daran fehlt es, wenn die Lehre gegen anerkannte physikalische Gesetze verstößt (zB perpetuum mobile)⁷⁴ oder wenn sie ein bloßes spekulatives Desideratum enthält, das entweder überhaupt nicht oder jedenfalls zurzeit nicht verwirklicht werden kann.

34 Von dieser objektiv fehlenden Möglichkeit der Realisierung der Erfindung (= *Ausführbarkeit im weiteren Sinne*) ist zu unterscheiden die Ausführbarkeit gemäß § 34 (4) PatG und Art 83 EPÜ (= *Ausführbarkeit im engeren Sinne*). Fehlt die Realisierbarkeit der Erfindung überhaupt, so ist dies ein Mangel des Anmeldegegenstands. Ist dagegen die Erfindung zwar objektiv realisierbar, aber nicht so deutlich und vollständig offenbart, dass ein Fachmann sie ausführen könnte (vgl dazu § 34 Rdn 314 ff), dann ist das ein Mangel der Patentanmeldung oder des Patents.⁷⁵ Objektiv fehlende Realisierbarkeit sollte an sich mit dem Einspruchs- und Nichtigkeitsgrund der fehlenden Patentfähigkeit (§ 21 (1) Nr 1 und Art 100 a) EPÜ), mangelnde Ausführbarkeit im engeren Sinne mit dem Einspruchs- und Nichtigkeitsgrund der mangelnden Offenbarung (§ 21 (1) Nr 2 und Art 100 b) EPÜ) geltend gemacht werden. Die EPA-Praxis behandelt allerdings idR undifferenziert beide Arten der Ausführbarkeit unter Art 83 EPÜ.

Zum *Zeitpunkt* der Ausführbarkeit s § 34 Rdn 355 und zu Einzelfällen zur Frage der Ausführbarkeit vgl die Zusammenstellung bei § 34 Rdn 345 f u 353 f.

---

71 Vgl BGH GRUR **77**, 152 *Kennungsscheibe*; BPatGE **29**, 98. Die genaue Grenzlinie ist strittig, s für Details insbesondere Rdn 141.
72 BGH GRUR **00**, 1007 (II1c bb(4)) *Sprachanalyseeinrichtung*; Mitt **02**, 176 *Gegensprechanlage*; BPatGE **33**, 87 (automat Überwachung des Prüfablaufs); **36**, 77 (Einparkhilfe); **40**, 250 (grenzzeichenfreie Räumung); **41**, 171 (automatische Absatzsteuerung); BPatG BlPMZ **00**, 55 (Doppelmotivkarte).
73 BGH GRUR **92**, 36 *Chinesische Schriftzeichen*; T 0022/85 ABl **90**, 12; T 0158/88 ABl **91**, 566; T 0603/89 ABl **92**, 330.
74 BGH BlPMZ **85**, 117 (II2) *Energiegewinnungsgerät* und BPatGE **40**, 243 nennen die fehlende Ausführbarkeit mangelnde technische Brauchbarkeit. Vgl hierzu auch BPatGE **49**, 262.
75 Vgl BPatGE **41**, 120, 124; BPatGE **34**, 1 u 175 lassen die Frage offen, ob die Ausführbarkeit ganz oder teilweise eine materielle Patentierungsvoraussetzung ist.

Eine *bloße Spekulation* ist noch keine Erfindung, es liegt allenfalls eine unfertige 35
Erfindung vor. Aus der Anmeldung muss für den Fachmann deutlich werden, dass die
technische Lehre ausführbar und nicht nur eine Spekulation ist. Dies ist sowohl bei
der Frage, ob die Anmeldung die Erfindung in ausführbarer Weise beschreibt, zu
beachten (s § 34 Rdn 346 lit b) als auch bei der Frage, ob die für die erfinderische
Tätigkeit zugrunde zu legende Aufgabe tatsächlich gelöst wurde (s § 4 Rdn 40 lit f),
ebenso wie bei der Frage der gewerblichen Anwendbarkeit (s § 5 Rdn 11). Nur eine
fertige Erfindung ist ausführbar im patentrechtlichen Sinn. Bei pharmazeutischen
Erfindungen ist aber idR nicht der Nachweis klinischer Versuche in der Anmeldung
erforderlich.[76]

5.2 Wiederholbarkeit der Erfindung *(repeatability of an invention)*: Aus dem Begriff 36
der Erfindung als einer Lehre zum technischen Handeln mit einem konkreten Erfolg
ergibt sich, dass eine Lehre, um eine Erfindung im Sinne des Gesetzes zu sein, nicht
nur ausführbar sein muss (s oben Rdn 33), sondern auch ausführbar bleiben muss, so dass
der Erfolg praktisch – nicht nur theoretisch – und gezielt, dh nicht zufällig, jederzeit wiederholbar erreichbar ist. Mit einem Patent wird ein Erfinder nur belohnt, wenn
seine Erfindung auf Dauer die Technik bereichert.

Wiederholbarkeit ist erfüllt a) wenn der Weg des Erfinders zum erfindungsgemäßen 37
Ergebnis für jeden Dritten *beliebig oft nachvollziehbar* ist;[77] **b)** wenn zwar nicht der
Weg des Erfinders zum erfindungsgemäßen Ergebnis nachvollziehbar ist, aber Dritten
ein *anderer Weg*, der zum gleichen erfindungsgemäßen Ergebnis führt, offenbart oder
bekannt ist;[78] **c)** wenn zwar weder der Weg des Erfinders noch ein anderer Weg zur
Erlangung des erfindungsgemäßen Ergebnisses für einen Dritten nachvollziehbar ist,
aber das erfindungsgemäße Ergebnis selbst jedem Dritten unbeschränkt und frei zur
Verfügung steht, zB durch *Hinterlegung von biologischem Material* (vgl § 34
Rdn 478 ff); **d)** wenn bestimmte *Ausgangsmaterialien nicht verfügbar* sind (zB DNS),
um eine beschriebene Variante zu erhalten, aber der Fachmann genügend andere kennt,
um das Ziel der Erfindung ohne weiteres zu erreichen;[79] **e)** wenn die *Fehlerquote* bei
der Nacharbeitung der Erfindung dem Erreichen des Erfolgs der Erfindung nicht im
Wege steht, weil zB ein Fachmann sich von *Fehlschlägen* nicht entmutigen lässt oder
ein erhaltener Ausschuss aussonderbar ist.

Wiederholbarkeit fehlt a) wenn die *einmal geglückte Lehre* objektiv weder für den 38
Erfinder noch für einen Dritten ein weiteres Mal ausführbar ist und das erfindungsgemäße Ergebnis auch nicht frei und unbeschränkt verfügbar ist, zB Züchtung einer
roten Taube;[80] **b)** wenn die Lehre nur der Erfinder, *nicht aber ein Dritter ausführen*
kann, zB mit biologischem Material, das nur der Erfinder besitzt, dessen Herstellung
Dritten nicht möglich ist und ihnen mangels Hinterlegung oder Freigabe nicht zur
Verfügung steht; **c)** wenn es nur *einen theoretischen* Weg zur Erlangung des erfin-

---

76 T 1023/02 RechtsprBK/EPA **19**, 431.
77 BGH GRUR **69**, 672 *Rote Taube*; **87**, 231 (II3a) *Tollwutvirus*; **93**, 651 (III3c) *Tetraploide Kamille*.
78 BGH GRUR **87**, 231 (II3c) *Tollwutvirus*.
79 T 0292/85 ABl **89**, 275; vgl BGH GRUR **91**, 518 (II2) *Polyesterfäden*.
80 BGH GRUR **69**, 672 *Rote Taube*.

dungsgemäßen Ergebnisses gibt, dessen Fehlerquote aber so untolerierbar hoch ist, dass das Ergebnis der Erfindung nicht gezielt erreicht werden kann, weil es sich allenfalls zufällig einstellt; **d)** wenn ein Fachmann anhand der Patentschrift am fertigen Produkt *nicht feststellen kann, ob die Aufgabe gelöst* ist.[81]

39 **Wiederholbarkeit bei Erzeugniserfindungen** ist gegeben, wenn für den Fachmann die Sache oder der Stoff herstellbar ist. Für die Erfindung einer Sache oder eines Stoffs genügt idR die Beschreibung des Erzeugnisses und seiner Beschaffenheit.[82] Wird der Fachmann bei der Nacharbeitung der Erfindung nicht vor unangemessene Probleme gestellt, so ist es unschädlich, wenn kein Weg zur Herstellung des Erzeugnisses angegeben ist. Kennt der Fachmann keinen Herstellungsweg, so genügt die Angabe eines einzigen Herstellungsweges (auch wenn es mehrere Wege der Herstellung gibt), um den umfassenden Schutz eines Erzeugnispatents zu erlangen. Dabei muss es sich nicht gerade um den Weg handeln, auf dem dem Erfinder die Herstellung erstmals gelungen ist. Es genügt vielmehr, wenn dem Fachmann irgendein beliebiger Weg zur Verfügung steht, der für die Herstellung des beschriebenen Erzeugnisses objektiv geeignet ist. Kennt der Fachmann einen solchen Weg, ist somit die Angabe eines konkreten Herstellungsweges für die Patentierbarkeit entbehrlich.

40 *Herstellung des Erzeugnisses* durch den Erfinder ist keine Voraussetzung der Wiederholbarkeit einer Erzeugniserfindung.[83] Auch der Erfinder eines chemischen Stoffs braucht diesen nicht vor dem Anmeldezeitpunkt »in der Hand gehabt« zu haben. Die Tatsache, dass er über ihn verfügt, kann aber ein Beweis dafür sein, dass der chemische Stoff auf dem von ihm angegebenen Weg herstellbar ist.

6 Aufgabe und Lösung *(problem and solution)*

41 **Lit:** Bruchhausen in FS 25 Jahre BPatG 1986, 125; **Schachenmann:** Begriff und Funktion der Aufgabe im Patentrecht 1986; Keukenschrijver in FS Bornkamm 2014, 677.
Lit in EIPR: White 86, 387; Szabo 86, 293; 87, 32 u 99, 42; Cole 98, 214; **Lit in epi information:** Knesch 94, 95; Hagel/Mienes 95, 14; Jehan 95, 66; Portal 95, 69; Teschemacher 97/3, 25; **Lit in GRUR:** Hesse 81, 853; Schmieder 84, 549; Graf 85, 247; Niedlich 88, 749; 89, 794; Brodeßer 93, 185; **Lit in GRUR Int:** Singer 85, 234; U. Krieger 90, 743; Szabo 96, 723; **Lit in IIC:** Singer 85, 293; **Lit in Mitt:** Gernhardt 81, 235; Jeser 85, 143; Balk 86, 230; Beyer 88, 129; Szabo 94, 225; May 20, 315.

Eine Lehre zum technischen Handeln bedarf der verständlichen Darstellung, die die Entscheidung ermöglicht, ob es sich bei der Lehre um eine Erfindung im Sinne des Gesetzes handelt. Technische Lehren werden durch die Angabe von Aufgabe und Lösung verständlich. Die Aufgabe nennt das Ziel oder den angestrebten Erfolg der Handlung, und die Lösung zeigt die Mittel oder den Weg zu diesem Ziel.

---

81 BPatGE **41**, 120.
82 BGH GRUR **87**, 231 *Tollwutvirus.*
83 BGH GRUR **78**, 696 α-*Aminobenzylpenicillin.*

In diesem Sinne sind Aufgabe und Lösung notwendige Bestandteile der Darstellung einer Erfindung.[84] Daher ist es zutreffend, wenn die Rechtsprechung[85] für eine technische Erfindung verlangt, dass mit bestimmten technischen Mitteln zur Lösung einer technischen Aufgabe ein technisches Ergebnis erzielt wird. So ist Erfindungsbesitz gegeben, wenn »die sich aus Aufgabe und Lösung ergebende technische Lehre« objektiv fertig ist und subjektiv erkannt worden ist, dass die tatsächliche Ausführung der Erfindung möglich ist.[86]

6.1 Angabe von Aufgabe und Lösung *(determination of problem and solution)* kann entweder *ausdrücklich oder implizit* erfolgen. Für eine ausreichende Darstellung einer Erfindung genügt es, wenn aus ihr die Aufgabe und ihre Lösung verstanden werden können. Eine Lehre zum technischen Handeln, die eine Aufgabe nicht nennt, kann daher eine ausreichende Darstellung einer Erfindung sein, sofern nämlich aus der geschilderten Lehre zum technischen Handeln die Aufgabe entnehmbar ist. Ist das aber nicht möglich, so mag eine wertvolle wissenschaftliche Abhandlung vorliegen, nicht aber die Darstellung einer Erfindung. 42

Aufgabe und Lösung müssen in der Darstellung der Erfindung angegeben oder aus ihr zumindest entnommen werden können. Eine bloße Aufgabe ist ebenso wie eine bloße Lösung keine ausreichende Darstellung einer Erfindung, es sei denn, aus der bloßen Angabe der Aufgabe kann auch deren Lösung (sog *Aufgabenerfindung*;[87] *problem invention*) und aus der bloßen Angabe der Lösung kann auch deren Aufgabe verstanden werden. Eine Darstellung einer Erfindung ist daher nur dann ausreichend, **a)** wenn sie sich nicht in der Umschreibung der Aufgabe erschöpft,[88] die der Erfindung zu Grunde liegt, und **b)** wenn sie sich nicht auf eine bloße Schilderung eines technischen Sachverhalts beschränkt, dem auch im Wege der Interpretation keine Aufgabe zugeordnet werden kann. 43

6.2 Objektive Aufgabe *(problem based on objective criteria)*: Aufgabe oder *Problem* definieren die Zielvorstellung, mit der dargestellten Erfindung auf dem Gebiet der Technik einen bestimmten Erfolg herbeiführen zu wollen. Nicht maßgebend ist die subjektive Vorstellung des Erfinders, sondern eine *objektive Definition anhand des* 44

---

84 St Rspr des EPA, insbesondere zum Aufgabe- und Lösungskonzept bei Prüfung auf erfinderische Tätigkeit, vgl etwa T 0068/95, T 0644/97, T 0747/97 u T 0946/00, alle zitiert in RechtsprBK/EPA **19**, 219; *abw* BGH GRUR **84**, 194 *Kreiselegge*: »Die Erfindung kann nur in ihrer Lösung liegen«. Dazu krit mit Recht Keukenschrijver in Busse § 1 Rn 78.
85 Vgl BGH BlPMZ **58**, 232 *Wettschein*; **65**, 281, 282 rSp *Typensatz*; BPatGE **10**, 55, 57; **18**, 170, 172; GrBK G 0001/19 ABl **21**, A77 = GRUR **21**, 940 L = BeckRS **21**, 6335 (Nr 24) *Fußgängersimulation*.
86 BGH GRUR **12**, 895 *Desmopressin*.
87 Vgl BGH BlPMZ **55**, 69, 70 lSp *Strahlentransformator*; **98**, 899 (IIC1) *Alpinski*; BPatGE **7**, 15; T 0002/83 ABl **84**, 265; T 0119/82 ABl **84**, 217; T 0268/89 ABl **94**, 50; W 0006/90 ABl **91**, 438 (Nr 3.4).
88 BGH GRUR **85**, 31 (II2e) *Acrylfasern*.

tatsächlichen Erfolges der Erfindung.[89] Das technische Problem ist aus dem zu entwickeln, was die Erfindung tatsächlich leistet.[90]

45 6.3 Formulierung der Aufgabe richtet sich objektiv allein nach dem tatsächlich Erfundenen. Maßgeblich bestimmt wird die Aufgabe durch das erreichte Ziel, also nach dem, was die beanspruchte Erfindung für den Fachmann erkennbar gegenüber dem Stand der Technik leistet.[91]

46 Eine korrekt formulierte Aufgabe darf daher nicht enthalten:
   a) was *Teil der Lösung* ist oder auf sie hindeutet, wie zB Lösungsansätze, Lösungsprinzipien oder Lösungsgedanken;[92]
   b) was von der *Lösung nicht erreicht* wird, weil die Aufgabe nichts versprechen darf, was die Erfindung nicht leistet. Tut sie das, ist sie an die tatsächliche Lösung anzupassen;[93]
   c) eine *theoretische oder wissenschaftliche Begründung* für die gefundene Lösung. Sie kann für die Frage der Ausführbarkeit bedeutsam sein, nicht aber für die Formulierung der Aufgabe;
   d) die Angabe von *Ursachen für die Nachteile* des Standes der Technik;
   e) die Angabe von *Wirkungsursachen oder -zusammenhängen* für den tatsächlich erreichten Erfolg.[94]

47 Grundlage für die Formulierung der Aufgabe sind:
   a) der *Stand der Technik*, den die Erfindung zu verbessern trachtet (s unten Rdn 50). Das muss nicht zwingend der nächstliegende Stand der Technik sein,[95] der nach dem Aufgabe-Lösungs-Konzept in der EPA-Rechtsprechung für die Beurteilung der erfinderischen Tätigkeit als Ausgangspunkt gewählt wird (vgl dazu § 4 Rdn 35);
   b) die *Vorteile der Erfindung*,[96] die in der Anmeldung oder dem Patent ausdrücklich erwähnt sind oder die ein Fachmann der Darstellung der Erfindung entnimmt. Aus nicht erreichten oder nicht belegten Vorteilen[97] kann eine Aufgabe nicht gebildet werden;

---

89 BGH GRUR **81**, 186 *Spinnturbine II*; **91**, 522 (III) *Feuerschutzabschluss*; **91**, 811 *Falzmaschine*; Mitt **00**, 105 *Extrusionskopf*; T 0910/90 ABl **94** SonderA 32.
90 BGH GRUR **10**, 602 *Gelenkanordnung*; **16**, 921 (Rn 14) *Pemetrexed*; BGH v 9.1.2018 X ZR 14/16 GRUR **18**, 390 (Rn 32) *Wärmeenergieverwaltung*.
91 BGH GRUR **86**, 803 *Formstein*; **91**, 522 *Feuerschutzabschluss*; BGH v 9.12.1997 X ZR 87/95 *Laminierte Metalldichtung*.
92 BGH GRUR **91**, 811 *Falzmaschine*; **91**, 522 (III) *Feuerschutzabschluss*; BlPMZ **91**, 159 *Haftverband*; BPatGE **41**, 78; T 0229/85 ABl **87**, 237; T 0099/85 ABl **87**, 413; T 0800/91 ABl **97** SonderA 29: Keine tendenziöse Aufgabenformulierung.
93 BPatGE **37**, 235.
94 BGH v 9.12.1997 X ZR 87/95 *Laminierte Metalldichtung*.
95 BPatGE **41**, 78.
96 BGH GRUR **67**, 194 (II2a) *Hohlwalze*. Nach neuerer Auffassung des BGH sollen aber Vorteile, die sich erst durch die Erfindung als erreichbar herausgestellt haben, bei der Bestimmung des der Erfindung zugrundeliegenden Problems außer Betracht zu bleiben, s BGH GRUR **15**, 356 (Rn 9) *Repaglinid*; v 21.1.2020 X ZR 65/18 GRUR **20**, 603 (Rn 12) *Tadalafil*.
97 T 0020/81 ABl **82**, 217; T 0186/83 EPOR **86**, 11; T 0124/84 EPOR **86**, 297.

c) die *Nachteile* vorbekannter Lösungen;[98]
d) die technischen Anforderungen auf dem jeweiligen technischen Gebiet.[99]

Nichtssagende Aufgaben, wie Absicht der Bereicherung der Technik, Schaffung eines Gegenstands oder Bereitstellung eines Stoffs (vgl dazu unten Rdn 216 u § 34 Rdn 382), sind ungeeignet, eine Erfindung zu definieren, da sie keinerlei Aussagekraft haben. 48

Auch das *EPA* geht zunächst von der in Anmeldung oder Patent formulierten Aufgabe aus. Ergibt sich aber, dass die gestellte Aufgabe nicht gelöst wird oder dass ein unzutreffender Stand der Technik zur Definition der Aufgabe verwendet wurde, dann wird eine objektiv zutreffende Aufgabe formuliert.[100] Bei der Beurteilung der erfinderischen Tätigkeit im Rahmen des Aufgabe-Lösungskonzepts wird die Aufgabe im Lichte des nächstliegenden Standes der Technik präzisiert oder umformuliert (s § 4 Rdn 40). 49

6.4 Stand der Technik und Aufgabe: Eine Aufgabe muss nicht neu sein. In dieser Hinsicht spielt der Stand der Technik für die Bestimmung der Aufgabe keine Rolle.[101] Da aber jede Erfindung (ausgenommen Pioniererfindungen) auf eine Verbesserung des Standes der Technik gerichtet ist, kommt für die Formulierung der Aufgabe dem einschlägigen Stand der Technik eine wesentliche Bedeutung zu.[102] Nur wenn der Stand der Technik berücksichtigt wird, ist eine objektive, der Erfindung gerecht werdende Formulierung der Aufgabe möglich. Würde der Stand der Technik außer Betracht gelassen, könnte das zu völlig beliebigen Formulierungen der Aufgabe führen. Zentrale Bedeutung hat der Stand der Technik für die Formulierung der Aufgabe nach dem Aufgabe-Lösungs-Konzept, das das EPA für die Prüfung auf erfinderische Tätigkeit in ständiger Rechtsprechung anwendet (vgl dazu § 4 Rdn 27 ff). 50

6.5 Änderung der Aufgabe *(reformulation of the problem)*: Ist der Anmelder von dem ihm bekannten Stand der Technik ausgegangen und wird ihm im Erteilungs-,[103] Einspruchs-[104] oder Nichtigkeitsverfahren neuer Stand der Technik entgegengehalten oder ergibt sich, dass das in der Aufgabe umrissene Ziel nicht im gesamten Bereich erreichbar ist[105] oder löst die beanspruchte Erfindung nicht die Aufgabe,[106] so darf der Anmelder oder Patentinhaber seine Aufgabe dementsprechend anpassen (vgl dazu § 4 Rdn 41 und § 34 Rdn 365). Nur darf die Änderung der Aufgabe nicht zu einer unzulässigen Erweiterung des Inhalts der ursprünglichen Anmeldung führen.[107] 51

---

98 BGH GRUR **67**, 194 (II2a) *Hohlwalze*.
99 BPatGE **41**, 78.
100 S etwa T 0644/97, T 0747/97 u T 0946/00; alle zitiert in RechtsprBK/EPA **19**, 219.
101 T 0092/92 ABl **94** SonderA 33; T 0588/93 ABl **97** SonderA 30.
102 AA ohne Begründung BGH GRUR **89**, 103 (III2e) *Verschlußvorrichtung für Gießpfannen*: »Der StdT ist kein Prüfungsmaßstab bei der Ermittlung des technischen Problems«.
103 T 0184/82 ABl **84**, 261; T 0013/84 ABl **86**, 253; T 0162/86 ABl **88**, 452; T 0419/93 ABl **96** SonderA 24.
104 BGH GRUR **89**, 103 (III2e) *Verschlußvorrichtung für Gießpfannen*; T 0039/93 ABl **97**, 134; T 0910/90 ABl **94** SonderA 32.
105 T 0039/93 ABl **97**, 134 (Nr 5.3.2).
106 BPatGE **37**, 235.
107 BPatGE **20**, 133 (Gbm); T 0530/90 RechtsprBK/EPA **19**, 221, 571.

52 *Patentverletzungsverfahren:* Der Verletzungsrichter ist an das erteilte Patent gebunden und damit auch an die Aufgabe, die sich aus der Patentschrift ergibt.[108] Ein nach der Patenterteilung aufgefundener Stand der Technik ist daher in einem Verletzungsverfahren ohne Einfluss auf das technische Problem, das einer geschützten Erfindung zugrunde liegt.[109] Nur in einem Beschränkungs- oder Nichtigkeitsverfahren kann der neue Stand der Technik patentbeschränkend, zB auch durch eine Änderung der Aufgabe des Patents, berücksichtigt werden.

53 **6.6 Bedeutung der Aufgabe** *(significance of the problem):* Da die Aufgabe Bestandteil einer jeden Erfindung ist, kommt ihr eine herausragende Bedeutung zu, insbesondere
   a) für die Offenbarung einer Erfindung;
   b) für das richtige Verständnis der Merkmale in den Patentansprüchen;[110]
   c) zur Erfassung einer Problemlösung, die das Wesen einer Erfindung bestimmt;[111]
   d) für die Prüfung des Offenbarungsgehalts einer Entgegenhaltung;
   e) für die Prüfung auf erfinderische Tätigkeit, insbesondere nach dem Aufgabe- und Lösungskonzept (s § 4 Rdn 27);
   f) als Beweisanzeichen für erfinderische Tätigkeit (s § 4 Rdn 79);
   g) für die Beurteilung einer unzulässigen Erweiterung, wenn die Aufgabe geändert wird;[112]
   h) für die Bestimmung des Schutzbereichs des Patents;
   i) für die Prüfung der Identität zweier Erfindungen.[113]

54 **Im Rechtsbeschwerdeverfahren** lehnt es der BGH ab, die Aufgabe als selbständiges Angriffs- und Verteidigungsmittel anzuerkennen, weil die Aufgabe »keine von den Merkmalen der Patentansprüche losgelöste selbständige Bedeutung« habe.[114]

   6.7 Lösung *(solution)*

55 Die Lösung besteht in der Angabe der Mittel oder des Weges, mit denen der Erfolg, der mit der Aufgabe angestrebt wird, erreicht werden soll. Sie kann *konkret oder allgemein* gehalten sein, muss aber einen Fachmann in die Lage versetzen, die in der Lösung dargestellte Erfindung auszuführen.[115] Ist diese Voraussetzung erfüllt, kann die Lösung bestehen aus:
   a) den notwendigen gegenständlichen Merkmalen zur Beschreibung einer Sache oder eines Stoffs;
   b) den notwendigen Maßnahmen, um ein Verfahren durchzuführen oder eine Verwendung zu verwirklichen;

---

108 BGH GRUR **87**, 280 (III2c) *Befestigungsvorrichtung I*; **88**, 444 *Betonstahlmattenwender*; **91**, 811 *Falzmaschine*.
109 BGH GRUR **88**, 444 *Betonstahlmattenwender*; **91**, 811 *Falzmaschine*.
110 BGH GRUR **90**, 33 (II2a) *Schüsselmühle*; **10**, 602 *Gelenkanordnung*.
111 BGH GRUR **91**, 811, 814 lSp *Falzmaschine*.
112 BPatGE **20**, 133 (Gbm); **28**, 12; T 0013/84 ABl **86**, 253; T 0530/90 RechtsprBK/EPA **19**, 221, 571.
113 BGH GRUR **81**, 186 (II2) *Spinnturbine II*.
114 BGH GRUR **63**, 645 (IV) *Warmpressen*; **77**, 214 *Aluminiumdraht*; **90**, 33 (II2a) *Schüsselmühle*.
115 Zu den Voraussetzungen einer ausreichenden Offenbarung vgl § 34 Rdn 288 ff.

c) einer abstrakten Darstellung, zB der Angabe eines Lösungsprinzips;[116]
d) der Angabe von Zweck, Wirkung, Funktion, Vorteilen oder wertvollen Eigenschaften;[117]
e) der Kombination von Elementen.

6.8 Beste Ausführungsform *(best mode)* ist keine Voraussetzung einer ausreichenden Lösung (vgl dazu § 34 Rdn 320). Eine Lösung ist auch dann ausreichend, wenn noch vollkommenere Gestaltungen[118] oder weniger aufwendige Wege zum Erfolg[119] denkbar sind.

7 Technische und nicht-technische Merkmale *(technical and non-technical elements)*

7.1 Überblick

Lehren, die in ihrer Gänze außerhalb des Gebiets der Technik angesiedelt sind und allein aus nicht-technischen Merkmalen bestehen, sind in der Patentrechtspraxis selten (s Rdn 58).

Die Prüfung des Technizitätserfordernisses erfolgt daher idR in Situationen, in denen die angemeldete Lehre sowohl technische Merkmale als auch nicht-technische Merkmale aufweist. Wie hier zu verfahren ist, wurde und wird auch unter der Geltung des harmonisierten europäischen Patentrechts nicht völlig einheitlich beurteilt. Die von den Gerichten hierauf angewandten Prüfungsmaßstäbe und Grundsätze haben sich im Laufe der Zeit erheblich weiterentwickelt. Zwischen der deutschen und der EPA-Rechtsprechung bestehen dabei trotz Annäherung in den letzten Jahren gewisse Unterschiede.[120]

Das Vorhandensein nicht-technischer Merkmale genügt nicht, um einem Anmeldegegenstand die Erfindungsqualität abzusprechen (s Rdn 59). Es kommt auch nicht auf eine Gewichtung der technischen und nicht-technischen Merkmale an (s Rdn 60). Da die Prüfung auf Technizität grundsätzlich unabhängig vom Stand der Technik erfolgt, wird die Beitragstheorie heute ebenfalls abgelehnt (s Rdn 61). Während nach der EPA-Rechtsprechung jegliches technische Merkmal genügt, um die Technizität einer Lehre zu bejahen (s Rdn 62), wird in der BGH-Rechtsprechung danach differenziert, ob die Lehre die in § 1 (3) ausgeschlossenen Gegenstände tangiert oder nicht. Ist ersteres der Fall, liegt eine Erfindung nur vor, wenn ein konkretes technisches Problem mit technischen Mitteln gelöst wird (s Rdn 63).

Die Abgrenzung technisch/nicht-technisch ist aber nicht nur für die Entscheidung darüber bedeutsam, ob ein Anmeldegegenstand eine Erfindung ist oder als Nicht-Erfindung nicht patentiert werden darf, sondern auch für die Beurteilung, welche Merkmale bei der Prüfung auf erfinderische Tätigkeit unberücksichtigt zu bleiben

---

116 Vgl *BGH GRUR 80*, 849 (II5) *Antiblockiersystem*; 81, 186 *Spinnturbine II*; BPatGE 7, 15 mwN; 31, 230; 35, 172.
117 Vgl BGH GRUR 72, 707 *Streckwalze*; BlPMZ 84, 211 *Optische Wellenleiter*; 85, 117 *Anzeigevorrichtung*; BPatGE 7, 12.
118 BGH GRUR 94, 357 (II3) *Muffelofen*.
119 T 0223/92 ABl 95 SonderA 56; T 0412/93 ABl 96 SonderA 35 u 37.
120 Noch größere Unterschiede bestehen zu den Prüfungsmaßstäben der englischen Gerichte (s Rdn 61).

haben (s Rdn 65). Der Schwerpunkt der Prüfung auf Nicht-Technizität hat sich in der Rechtspraxis weitgehend vom Erfindungsbegriff gelöst und in die erfinderische Tätigkeit verlagert.

7.2 Lehre ohne technische Merkmale *(teaching without technical features)*

58 Ein Anmeldegegenstand, der keinerlei technische Merkmale aufweist, ist keine Erfindung. Zu berücksichtigen ist aber, dass es weniger auf die sprachliche Fassung des Anspruchs als auf seinen sachlichen Gehalt ankommt.[121] Daher kann eine Erfindung technisch sein, obwohl sie sprachlich technische Merkmale nicht erwähnt.[122]

In der Praxis häufiger sind Fälle, in denen die Beschreibung zwar auch technische Merkmale nennt, die anspruchsgemäße Definition der Lehre aber kein derartiges Merkmal zwingend voraussetzt. Eine untechnische Lehre wird nicht dadurch technisch, dass zu ihrer Realisierung technische Hilfsmittel eingesetzt werden können. Gegenstände oder Tätigkeiten, die nach § 1 (3) und (4) sowie Art 52 (2) und (3) EPÜ vom Patentschutz ausgeschlossen sind, bleiben auch dann ausgeschlossen, wenn sie die Möglichkeit implizieren, dass nicht angeführte technische Mittel verwendet werden.[123] Die *Verwendung technischer Mittel muss* gemäß der Definition der Erfindung im Anspruch *notwendig sein*, es reicht nicht aus, wenn ihre Verwendung nur zweckmäßig oder sinnvoll ist.[124] Umfasst ein Anmeldegegenstand neben etwaigen technischen Ausführungsarten auch nicht technische Ausführungsarten, ist das Erfordernis des technischen Charakters nicht erfüllt.[125]

7.3 Vorhandensein nicht-technischer Merkmale *(presence of non-technical features)*

59 Besteht eine Lehre sowohl aus technischen wie auch aus nicht-technischen Merkmalen, so steht dies einer Patentierung grundsätzlich nicht entgegen.[126] Die keine Technizität aufweisenden Tatbestände des § 1 (3) und des Art 52 (2) EPÜ sind nach § 1 (4) und Art 52 (3) EPÜ nur »*als solche*« vom Patentschutz ausgeschlossen, nicht dagegen ihre Kombination mit technischen Elementen (s Rdn 74). Wird einer der ausgenommenen Tatbestände mit einer technischen Lehre verknüpft, die der Lösung eines konkreten technischen Problems dient, so ist eine Patenterteilung nicht ausgeschlossen (s Rdn 63).[127]

Weder PatG noch EPÜ verlangen somit, dass eine Erfindung ausschließlich oder überwiegend technischer Natur sein müsste.[128] Die Rechtslage bei Prüfung des Erfin-

---

121 Vgl auch BGH GRUR 77, 96 *Dispositionsprogramm*; 77, 657 *Straken*; 78, 102 *Prüfverfahren*.
122 T 0769/92 ABl 95, 525: implizierte technische Aufgabe, die durch implizite technische Merkmale gelöst wird.
123 T 0388/04 ABl 07, 16 (Nr 3).
124 BGH GRUR 78, 420 *Fehlerortung*; T 0388/04 ABl 07, 16; T 0306/04 v 2.3.2007.
125 T 0619/02 ABl 07, 63 (Nr 2.2); T 0914/02 EPOR 06, 142; T 0471/05 v 6.2.2007; T 0930/05 ABl 07 SonderA 6, 14.
126 BGH GRUR 92, 430 *Tauchcomputer*; 11, 125 *Wiedergabe topographischer Informationen*; 11, 707 (Rn 18) *Dentalgerätesatz*; 17, 57 (Rn 530) *Datengenerator*; DPMA-Prüfungsrichtlinien Nr 2.3.3.2.1. Ebenso st EPA-Rspr seit T 0026/86 ABl 88, 19; T 0059/93 ABl 95 SonderA 14; T 1002/92 ABl 95, 605 (Nr 2.6).
127 BGH GRUR 02, 143 (IIIb cc) *Suche fehlerhafter Zeichenketten*.
128 BPatGE 30, 85; 31, 269, 271; T 0026/86 ABl 88, 19; T 0209/91 EPOR 92, 289.

dungsbegriffs in § 1 und Art 52 EPÜ unterscheidet sich insoweit grundlegend von derjenigen bei der Prüfung des Ausschlusses bestimmter medizinischer Verfahren in § 2a (1) Nr 2 und Art 53 c) EPÜ, der schon dann vorliegt, wenn ein Verfahren eine Mischung aus nicht-medizinischen und medizinischen Merkmalen aufweist (s § 2a Rdn 63).[129] Eine Lehre ist daher auch dann technisch, wenn sie zur Erreichung des Erfolgs notwendigerweise nicht-technische Mittel oder die menschliche Verstandestätigkeit (s Rdn 31) einsetzt.[130] Eine patentfähige Erfindung kann daher zB auf einer Entdeckung aufbauen, eine ästhetische Wirkung zum Ziel haben oder einen Algorithmus,[131] ein Computerprogramm oder ein Denkschema verwenden.

7.4 Keine Gewichtung von technischen und nicht-technischen Merkmalen *(no balancing of technical and non-technical features)*

Die Gewichtung der technischen und nicht-technischen Merkmale ist nicht entscheidend,[132] es kommt allein auf den Gesamtcharakter einer Erfindung an.[133] Er kann auch dann technischer Natur sein, wenn die nicht-technischen Merkmale überwiegen sollten.[134] Für die patentrechtliche Beurteilung im Rahmen von § 1 ist die Erfindung in ihrer Gesamtheit zu Grunde zu legen, es darf *nicht ihr Kern isoliert* gewertet werden.[135] Zwar müssen nach einer BGH-Entscheidung die prägenden Anweisungen der beanspruchten Lehre zur Lösung eines konkreten technischen Problems dienen.[136] Jedoch schließt die Bekanntheit eines technischen Merkmals nicht aus, dass es zu den prägenden Anweisungen der Lehre gehören kann.[137]

60

7.5 Keine isolierte Betrachtung des technischen Beitrags *(no isolated consideration of technical contribution)*

Nach der sog. *Beitragstheorie*, die in der früheren EPA-Rechtsprechung zur Anwendung kam und auch heute noch in einzelnen Vertragsstaaten, insbesondere in Großbritannien,[138] von den Gerichten zugrunde gelegt wird, fehlt es an der Technizität einer Lehre, wenn sie keinen technischen Beitrag zum Stand der Technik leistet. Sowohl vor den deutschen Gerichten als auch vor den EPA-Beschwerdekammern hat sich jedoch

61

---

129 T 0769/92 ABl **95**, 525.
130 BGH GRUR **92**, 430 *Tauchcomputer*; BPatGE **33**, 87 (automat Überwachung eines Prüfablaufs).
131 BPatGE **36**, 92 (Verdrahtungsalgorithmus); **36**, 174 (Viterbi-Algorithmus).
132 BGH GRUR **09**, 479 (Rn 10) *Steuerungseinrichtung für Untersuchungsmodalitäten*; BPatGE **40**, 62, 67; T 0026/86 ABl **88**, 19.
133 BPatGE **29**, 131; **31**, 269, 271; **36**, 92.
134 T 0366/87 EPOR **89**, 131.
135 BGH GRUR **92**, 430 (II5b) *Tauchcomputer*; **09**, 479 (Rn 10) *Steuerungseinrichtung für Untersuchungsmodalitäten*; Schwed ObVerwGericht GRUR Int **91**, 303 = ABl **93**, 94; abw die frühere Kerntheorie des BGH, vgl BGH GRUR **86**, 531 *Flugkostenminimierung*; Ablehnung der Kerntheorie durch T 0026/86 ABl **88**, 19 (Nr 3.4).
136 BGH GRUR **02**, 143 (III1b aa) *Suche fehlerhafter Zeichenketten*; vgl auch BPatG BlPMZ **05**, 207.
137 BGH GRUR **04**, 667 (II3b(1)) *Elektronischer Zahlungsverkehr*.
138 Engl Court of Appeal RPC **07**, 117 = Mitt **07**, 19 *Aerotel Ltd v Telco Holdings Ltd and Macrossan's Patent Application*; RPC **09**, 1 *Symbian Ltd v Comptroller-General of Patents*; [2013] EWCA Civ 451 *HTC Europe Co. Ltd v Apple Inc*; RPC **15**, 441 *Lantana Ltd v Comptroller General*.

die Auffassung durchgesetzt, dass die Beurteilung der Technizität nicht vom Stand der Technik abhängen darf.[139] Dies hat zur Ablehnung der Beitragstheorie geführt.[140] Ein Ausschlusstatbestand des § 1 (3) und Art 52 (2) EPÜ greift somit nicht schon dann ein, wenn der Beitrag, den die Erfindung gegenüber dem Stand der Technik leistet, in isolierter Betrachtung unter ihn fallen würde. Dies lässt sich auch damit rechtfertigen, dass die ausgeschlossenen Gegenstände nur »als solche« vom Gesetzgeber als Nicht-Erfindungen qualifiziert werden (s § 1 (4) u Art 52 (3) EPÜ).

7.6 EPA: Genügen irgendeines technischen Merkmals *(any-technical-feature approach)*

62 Die Rechtsprechung des EPA ist dazu übergegangen, jegliche technische »Einkleidung« einer Lehre genügen zu lassen, um sie aus dem Anwendungsbereich der Ausschlusstatbestände zu bringen. Enthält der Anspruch nur irgendein technisches Merkmal (wie zB »computergestützt«), wird der Erfindungsbegriff als erfüllt angesehen. Sogar das Schreiben mit Stift und Papier soll technischen Charakter haben und nur mangels Neuheit nicht patentiert werden können.[141]

Kritik: Es überdehnt den patentrechtlichen Erfindungsbegriff, ihn zB auf ein Gedicht, das in einem Computer gespeichert ist, oder auf das Schreiben eines Gedichts anzuwenden. Stellt man hingegen auf die prägenden Anweisungen der angemeldeten Lehre ab[142] und versteht man eine Erfindung als die technische Lösung einer technischen Aufgabe (s oben Rdn 41 ff), ist in einem derartigen Fall die Patentfähigkeit zu verneinen. So bleibt dem Erfindungsbegriff zumindest die Funktion eines Vorfilters erhalten.

7.7 BGH: Lösung eines konkreten technischen Problems mit technischen Mitteln *(solving a concrete technical problem by technical means)*

63 Die BGH-Rechtsprechung ähnelt in den Fällen, in denen keiner der Ausschlusstatbestände des § 1 (3) oder Art 52 (2) EPÜ berührt ist, der EPA-Rechtsprechung. Ist jedoch eine solche Berührung gegeben, so wird zur Anerkennung der Erfindungsqualität nicht nur gefordert, dass die Lehre auf einem technischen Gebiet liegt, d.h. Technizität im weiteren Sinne besitzt, sondern darüber hinaus, dass sie Anweisungen enthält, ein konkretes technisches Problem mit technischen Mitteln zu lösen.[143] Dabei genügt es, wenn wenigstens einem Teil der Lehre ein konkretes technisches Problem zugrunde liegt.[144] Die Prüfung auf Erfindung hat in dieser Situation somit zweistufig zu erfolgen. Sie dient einer Art Grobsichtung zur Ausfilterung derjenigen Fälle, in denen ein Patentanspruch überhaupt keine technische Anweisung enthält, die sinnvollerweise der Prüfung auf erfinderische Tätigkeit zugrunde gelegt werden kann.[145]

---

139 DPMA-Prüfungsrichtlinien Nr 3.2.3.
140 St Rspr des EPA, s T 0154/04 ABl 08, 46.
141 T 0258/03 ABl 04, 575 (Nr 4.6).
142 BGH GRUR 02, 143 (III1b aa) *Suche fehlerhafter Zeichenketten*.
143 DPMA-Prüfungsrichtlinien Nr 3.2.3.
144 BGH GRUR 05, 141 (II4b) *Anbieten interaktiver Hilfe*; BPatG GRUR 07, 133 (II3b).
145 BGH GRUR 11, 125 *Wiedergabe topografischer Informationen*; DPMA-Prüfungsrichtlinien Nr 3.2.3.

Dem Negativkatalog der ausgeschlossenen Nicht-Erfindungen wird so eine zusätzliche, über das allgemeine Technizitätserfordernis reichende Bedeutung beigemessen. Allerdings darf jeder Ausschluss nur so weit reichen, als der zu prüfende Anspruchsgegenstand kein technisches Problem löst (s unten Rdn 64).[146]

Wird ein konkretes technisches Problem mit technischen Mitteln gelöst, greift folglich der in Betracht kommende Ausschlusstatbestand nicht mehr ein, auch wenn die Lehre an sich unter ihn subsumiert werden könnte. Es ist dann zB unerheblich, ob der Patentanspruch auch auf die Verwendung eines Algorithmus, einen im geschäftlichen Bereich liegenden Zweck oder den Informationscharakter des Verfahrensergebnisses oder der beanspruchten Sache abstellt.[147]

Die unterschiedliche Prüfungsmethodik des BGH, je nachdem ob der Ausschluss einer Nicht-Erfindung iS von § 1 (3) und Art 52 (2) EPÜ tangiert ist oder nicht, lässt sich an einem Beispiel skizzieren: Wird ein programmbezogenes Verfahren beansprucht, das auf einem Computer eingesetzt wird, so liegt eine Erfindung nur dann vor, wenn auch ein konkretes technisches Problem gelöst wird. Wird hingegen eine Vorrichtung, auf der das Programm abläuft, als Erzeugnis beansprucht, so sollen Technizität und Vorliegen einer Erfindung unmittelbar zu bejahen sein (s Rdn 116). Die Frage, welches technische Problem gelöst wird, stellt sich dann erst bei der Prüfung auf erfinderische Tätigkeit (s Rdn 117).

64

Kritik: Gute Gründe sprechen dafür, die Lösung eines konkreten technischen Problems als notwendige Voraussetzung einer Erfindung anzusehen. Dies trifft allerdings nicht nur auf solche Anmeldegegenstände zu, die einen der Ausschlusstatbestände berühren. Die sprachliche Einkleidung des Gegenstands sollte nicht entscheidend sein.[148] Darüber hinaus erschwert die Zweistufigkeit in der Technizitätsprüfung die rechtspolitische Rechtfertigung der Negativliste. Das Technizitätsgebot sollte als ein normatives Kriterium verstanden werden, das durch die Ausschlusstatbestände der Negativliste mitgeprägt wird (s Rdn 74).

7.8 Auswirkung nicht-technischer Merkmale bei Prüfung auf erfinderische Tätigkeit *(impact of non-technical features on inventive step assessment)*

Die Grenzlinie zwischen Merkmalen, die zur Technizität beitragen, und solchen, die dies nicht tun, ist auch dann von großer Bedeutung, wenn der beanspruchte Gegenstand insgesamt als eine Erfindung zu betrachten ist und nicht unter den Ausschluss der Nicht-Erfindungen gemäß § 1 (3) und Art 52 (2) EPÜ fällt. Denn *nur solche Merkmale, die zur Technizität beitragen, können Neuheit*[149] *und erfinderische Tätigkeit*[150]

65

---

146 BGH GRUR 09, 479 (Rn 11) *Steuerungseinrichtung für Untersuchungsmodalitäten*; 10, 613 (Rn 22) *Dynamische Dokumentengenerierung*; 11, 610 (Rn 15) *Webseitenanzeige*.
147 BGH CR 05, 619 *Aufzeichnungsträger* (BIV1) unter Berufung auf BGH 05, 143 *Rentabilitätsermittlung*; T 1194/97 ABl 00, 525.
148 Vgl auch BPatG GRUR 07, 133 (II3b).
149 T 0717/04 v 28.2.2007.
150 BGH GRUR 11, 125 *Wiedergabe topographischer Informationen*; 13, 275 *Routenplanung*; 13, 909 *Fahrzeugnavigationssystem*; st Rspr des EPA, s zB T 0641/00 ABl 03, 352; T 0619/02 ABl 07, 63 (Nr 4.2.2); grundsätzlich gebilligt in GrBK 0003/08 ABl 11, 10 *Computerprogramme*; G 0001/19 ABl 21, A77 = GRUR 21, 940 L = BeckRS 21, 6335 (Nr 84) *Fußgängersimulation*. S ferner Hütermann/Storz Mitt 12, 107.

begründen. In der EPA-Rechtsprechung wird dieser Grundsatz als Comvik-Ansatz (*Comvik approach*) bezeichnet.[151] Die Abschichtung des Technischen vom Nicht-Technischen hat sich daher in der jüngeren Rechtsprechung zunehmend vom Erfindungsbegriff auf die Ebene der Patentierungsvoraussetzungen verlagert.

66 In der Praxis werden daher viele Anmeldegegenstände, die eine Mischung technischer und nicht-technischer Merkmale enthalten, trotz Bejahung ihrer grundsätzlichen Patentfähigkeit wegen *Fehlens der erfinderischen Tätigkeit* zurückgewiesen.[152] *Zwei mögliche Ansätze* finden hierfür in der EPA-Rechtsprechung Verwendung:[153] **(a)** Betrachtung der erfinderischen Tätigkeit allein anhand der zur Technizität beitragenden Merkmale des Anspruchs; diese Methode eignet sich insbesondere für Geschäftsmethoden, die mittels konventioneller Computer-Hardware implementiert werden;[154] **(b)** Durchführung des üblichen Aufgabe-Lösungs-Ansatzes, wobei jedoch entweder **(i)** die nicht-technischen Merkmale in die Formulierung des zu lösenden Problems aufgenommen werden[155] oder **(ii)** zwar sämtliche Unterschiede gegenüber dem nächsten Stand der Technik festgestellt werden, von diesen aber nur solche, die zum technischen Charakter beitragen, bei der anschließenden Frage des Nichtnaheliegens Berücksichtigung finden.[156] Beide Ansätze sollten zum gleichen Ergebnis führen.

In ähnlicher Weise ist nach der BGH-Rechtsprechung immer dann, wenn nicht bereits das Vorliegen einer Erfindung zu verneinen ist, die Prüfung auf Neuheit und erfinderische Tätigkeit des Anmeldegegenstands derart durchzuführen, dass nur diejenigen Anweisungen berücksichtigt werden, die die Lösung eines konkreten technischen Problems mit technischen Mitteln bestimmen oder zumindest beeinflussen.[157]

67 Ob ein technisches Merkmal vorliegt, dh ob ein Merkmal einen technischen Beitrag leistet, ist im Lichte des allgemeinen Technizitätserfordernisses und der Ausschlussstatbestände des § 1 (3) und Art 52 (2) EPÜ zu bestimmen. Die Aussage, dass ein Merkmal keinen technischen Beitrag leistet, bedeutet zwar noch nicht, dass die Lehre insgesamt keinen technischen Charakter hat, ist aber oftmals **vorentscheidend für** die **Prüfung** des Anmeldegegenstands **auf Neuheit und erfinderische Tätigkeit**.

68 Diese besondere Ausgestaltung des Kriteriums der erfinderischen Tätigkeit, die nicht in Widerspruch zum TRIPS-Übereinkommen steht,[158] wurde von der GrBK des EPA als konsistent und praktikabel angesehen[159] und hat auch in der deutschen Rechtsprechung Akzeptanz gefunden. Bei der folgenden Erläuterung der einzelnen Ausschluss-

---

151 Benannt nach der Leitentscheidung T 0641/00 ABl 03, 352 *Zwei Kennungen/COMVIK*. S hierzu kritisch Baldus JIPLP **20**, 219 u GRUR Int **21**, 957.
152 Kritisch hierzu der engl Court of Appeal RPC **07**, 117 = Mitt **07**, 19 *Aerotel Ltd v Telco Holdings Ltd and Macrossan's Patent Application*: »The Lord giveth it, the Lord taketh it«.
153 T 756/06 EPOR **10**, 480.
154 Vgl zB T 1616/08 v 11.11.2009 (Nr 4.3).
155 So zB T 0164/06 EPOR **10**, 315; T 1235/07 v 17.3.2011 BeckRS **11**, 146302 (Nr 10).
156 So zB T 0928/07 ABl **12** SonderA 42 = EPOR **12**, 428. Vgl ferner die grundsätzlichen Ausführungen in T 0697/17 v 17.10.2019 BeckRS **19**, 29364 (Nr 4.3).
157 BGH GRUR **11**, 125 *Wiedergabe topografischer Informationen*; GRUR **11**, 610 *Webseitenanzeige*.
158 T 0528/07 EPOR **10**, 488.
159 GrBK G 0003/08 ABl **11**, 10 *Computerprogramme*.

tatbestände des § 1 (3) und Art 52 (2) EPÜ ist daher zu berücksichtigen, dass sich aus ihnen auch entscheidende Indizien dafür gewinnen lassen, welche Merkmale bei der Prüfung auf erfinderische Tätigkeit als technisch und welche als nicht-technisch anzusehen sind. **Frühere Rechtsprechung**, die unter Zugrundelegung der Beitragstheorie oder der Kerntheorie einem Anmeldegegenstand aufgrund seiner nicht-technischen Merkmale den Erfindungscharakter abgesprochen hat, bleibt insofern weiterhin von **Relevanz**.

7.9 Weitere Erwägungen

Eine genaue Analyse des Anspruchs ist notwendig, um zu vermeiden, dass ein potentiell zum technischen Charakter beitragendes Merkmal übersehen wird.[160] Es kommt nicht darauf an, ob bestimmte Merkmale für sich genommen technisch sind und ein technisches Problem lösen, sondern ob sie im Kontext der erfindungsgemäßen Lehre zur Lösung des dieser zu Grunde liegenden Problems beitragen.[161] Auch ein als solches nicht-technisches Merkmal wie ein Algorithmus, ein mathematisches Verfahren oder eine Entdeckung kann so mit technischen Merkmalen verknüpft sein, dass es selbst einen technischen Beitrag leistet. 69

Das Vorhandensein nicht-technischer Merkmale rechtfertigt nicht allein die Nichtdurchführung einer Recherche nach R 63 EPÜ.[162] Dies ist nur möglich in seltenen Ausnahmefällen, wenn alle Anspruchsgegenstände eindeutig keinen technischen Charakter aufweisen oder alle ihre technischen Merkmale notorisch bekannt sind.[163] 70

III. Ausgeschlossene Nicht-Erfindungen *(excluded non-inventions)*

Lit: Nack: Die patentierbare Erfindung unter den sich wandelnden Bedingungen von Wissenschaft und Technologie 2002; **Carvalho:** Patently outdated – Patents in the post-industrial economy: the case for service patents 2012; **Goikolea:** Human and Machine Rights – Limits of Patent Protection in Europe 2013; **Willoughby:** What can be patented? Confronting the confusion in patent law about eligible subject matter 2014; **Lit in EIPR:** Fox/Corbett 14, 569; **Lit in GRUR:** Kraßer 01, 959; **Lit in JIPLP:** Steinbrener 18, 13 u 103; **Lit in Mitt:** Wertenson 93, 269; Stamm 97, 6; **Lit in IIC:** Pila 05, 755; Hashim 13, 656. S ferner Lit bei Rdn 77, 80, 81, 87, 90, 101, 107 und 138. 71

1 Allgemeines

§ 1 (3) PatG und Art 52 (2) EPÜ zählen Gegenstände auf, die kraft gesetzlicher Fiktion nicht als Erfindungen iS von § 1 (1) PatG und Art 52 (1) EPÜ angesehen werden. Für sie können daher keine Patente erteilt werden. Der gemeinsame Grund für ihren Ausschluss liegt in ihrem fehlenden technischen Charakter (s Rdn 14 u 18).[164] 72

»*Insbesondere*« werden die in § 1 (3) und Art 52 (2) EPÜ genannten Gegenstände ausgenommen, die Negativliste ist also beispielhaft und nicht abschließend. Daher können auch andere Lehren, denen die Technizität fehlt, von der Patenterteilung ausge- 73

---

160 T 756/06 EPOR **10**, 480.
161 BGH GRUR **17**, 57 (Rn 30) *Datengenerator*.
162 T 0690/06 EPOR **07**, 373.
163 T 1242/04 ABl **07**, 421; T 0313/10 EPOR **12**, 579.
164 T 0022/85 ABl **90**, 12 (Nr 2); T 0163/85 ABl **90**, 379 (Nr 2); T 0930/05 ABl **07** SonderA 6, 14.

schlossen sein, selbst wenn sie nicht unter die Negativliste fallen[165] (s Rdn 144). Es geht um die Abgrenzung von Lehren zum konkreten technischen Handeln vom Bereich sonstiger geistiger Leistungen. Ausgeschlossen bleiben insbesondere abstrakte Gegenstände, rein gedankliche Tätigkeiten,[166] menschliche Wahrnehmungsphänomene[167] sowie Lehren, die sich nicht notwendigerweise technischer Mittel bedienen.[168]

74   Die keine Technizität aufweisenden Tatbestände des § 1 (3) und Art 52 (2) EPÜ sind nach § 1 (4) und Art 52 (3) EPÜ nur »*als solche*« vom Patentschutz ausgeschlossen. Dies ist ein gewichtiges Argument für eine **enge Auslegung** der einzelnen Ausnahmetatbestände. Es ist jeweils zu prüfen, ob die beanspruchte Erfindung sich tatsächlich in einem ausgeschlossenen Gegenstand erschöpft. Wird einer der ausgenommenen Gegenstände mit einer technischen Lehre verknüpft, so ist eine Patenterteilung nicht ausgeschlossen (s Rdn 59).[169] Rechtsmethodologisch handelt es sich um eine **teleologische Reduktion der Ausschlusstatbestände**, die dadurch gerechtfertigt ist, dass der Negativkatalog zwar der Veranschaulichung des übergeordneten Technizitätserfordernisses dient, jedoch gleichzeitig einschränkend in dessen Lichte auszulegen ist. Andernfalls wären die Ausschlüsse weder mit dem TRIPS-Übereinkommen noch mit dem StraßburgerÜ vereinbar.

75   Im Unterschied zur EPA-Rechtsprechung verlangt der BGH zur Überwindung eines Ausschlusstatbestands nicht nur Technizität im weiteren Sinn, sondern darüber hinaus die Lösung eines konkreten technischen Problems mit technischen Mitteln (s Rdn 63). In jedem Fall aber gilt der Grundsatz, dass selbst dann, wenn eine Lehre dem Erfindungsbegriff genügt, ihre nicht-technischen Aspekte bei der Prüfung auf erfinderische Tätigkeit auszuscheiden haben (s Rdn 65). Die Nicht-Technizität ist auch in diesem Zusammenhang im Lichte der einzelnen Ausschlusstatbestände des § 1 (3) und Art 52 (2) EPÜ zu bestimmen.

76   Für die Frage der Patentfähigkeit kommt es letzten Endes immer entscheidend darauf an, ob die angemeldete Lehre einen erfinderischen Beitrag technischer Natur aufweist. Tut sie dies nicht, ist es – vom Ergebnis einer möglichen Patenterteilung her gedacht – zweitrangig, ob sie bereits daran scheitert, dass sie nicht als Erfindung anzusehen ist, oder ob ihr die erfinderische Tätigkeit abgesprochen wird (s auch Rdn 66).

Bei der Betrachtung der einzelnen Ausschlusstatbestände ist zu beachten, dass bisweilen mehrere von ihnen durch ein und denselben Anmeldegegenstand berührt sein können, zB bei computer-implementierten Geschäftsmethoden oder bei der Anzeige von Informationen auf Benutzeroberflächen.

2 Entdeckungen *(discoveries)*

77   **Lit: Beier/Straus:** Der Schutz wissenschaftlicher Forschungsergebnisse 1982; **Lit in GRUR**: Koenigsberger **62**, 280; Braune **63**, 105; Weiß **66**, 113; Schickedanz **71**, 192; **72**, 161; Beier/Straus **83**, 100; **Lit in IPQ:** Odell-West 11, 304; **Lit in Mitt:** Axster **59**, 224; Kronz **83**, 26.

---

165 BPatGE **29**, 24; BPatGE **30**, 85.
166 T 0914/02 EPOR 06, 142.
167 T 0619/02 ABl 07, 63 (Geruchsauswahl).
168 T 0388/04 ABl 07, 16.
169 BGH GRUR 02, 143 (III1b cc) *Suche fehlerhafter Zeichenketten.*

§ 1 (3) Nr 1 und Art 52 (2) a) EPÜ schließen Entdeckungen von der Patenterteilung 78
aus. Entdecken ist das Auffinden von etwas Vorhandenem, das bisher nicht bekannt
war (zB Röntgenstrahlen). Sie ist reine Erkenntnis, während die Erfindung eine
bestimmte Regel zum Handeln gibt. Ein Entdecker wird zum Erfinder, wenn er auf
Grund seiner Erkenntnis eine zweckgerichtete Anweisung zu bestimmtem Handeln
gibt (zB Verwendung von Röntgenstrahlen in der Medizin oder Isolierung eines in der
Natur vorkommenden Stoffes). Die einer Erfindung zugrunde liegende Entdeckung
mag einen wichtigen Beitrag zum wissenschaftlichen Kenntnisstand darstellen, muss
aber in Form einer Lehre mit konkreter technischer Wirkung beansprucht werden, um
als technischer Beitrag zum Stand der Technik zu gelten.[170] Die Entdeckung einer
bisher unbekannten Aufgabe ist nur patentfähig, wenn auch eine Lösung offenbart
wird.[171]

Vorhandensein in der Natur steht einer Patenterteilung nicht entgegen, es sei denn,
die Erfindung erschöpft sich in dem Hinweis, dass der Stoff in der Natur vorkomme
(vgl unten Rdn 166 und 228). Eine Lehre zum technischen Handeln, die die Nutzung
einer Entdeckung zur Herbeiführung eines bestimmten Erfolgs lehrt, ist dem Patentschutz unabhängig davon zugänglich, ob die Lehre über die zweckgerichtete Nutzung
des aufgedeckten naturgesetzlichen Zusammenhangs hinaus einen »erfinderischen
Überschuss« enthält.[172] Dies gilt auch für die Bereitstellung einer für ein Humanpro-
tein codierenden Nukleinsäuresequenz.[173]

Funktionsentdeckung ist das bloße Auffinden einer neuen Brauchbarkeit, eines neuen 79
Vorteils oder eines weiteren Nutzens eines bekannten Gegenstands. Erschöpft sich die
Lehre in der Mitteilung dieser neuen Eigenschaft, die der Gegenstand – wenn auch
unerkannt – schon immer hatte, so ist sie als Entdeckung nicht patentfähig.[174] Wird
aber auf der Grundlage dieser Entdeckung eine technische Lehre offenbart, die den
Stand der Technik bereichert, zB eine neue Verwendung lehrt oder eine gezielte Wiederholung nunmehr ermöglicht, so ist diese Lehre patentfähig.[175] Eine bloße Entdeckung ist dagegen die reine Erkenntnis von Gesetzmäßigkeiten, die bisher empirisch
befolgt wurden.[176] Entscheidend ist mithin, ob die Entdeckung dazu führt, dass der
beanspruchte Gegenstand technische Merkmale enthält, mit denen er sich vom Stand
der Technik unterscheidet.[177] Ist dies nicht der Fall, fehlt ihm die Neuheit. Dies gilt
grundsätzlich auch bei Verwendungserfindungen im medizinischen[178] und nichtmedi-

---

170 Vgl T 0241/95 ABl 01, 103: Erkenntnis, dass ein Wirkstoff einen Rezeptor selektiv belegt,
reicht nicht aus, um hierauf einen Anspruch zu richten, der keine tatsächliche Behandlung
eines pathologischen Leidens definiert.
171 T 0002/83 ABl **84**, 265.
172 BGH GRUR **16**, 475 *Rezeptortyrosinkinase*.
173 BGH GRUR **16**, 475 *Rezeptortyrosinkinase*.
174 BGH GRUR **56**, 77 (IIa) *Rödeldraht*; **96**, 753 (II2b bb) *Informationssignal*; BPatGE **24**, 177.
175 Vgl BGH GRUR **60**, 542 *Flugzeugbetankung I*; **62**, 83 *Einlegesohle*; GrBK G 0001/88 ABl
90, 93 (Nr 8) *Reibungsverringernder Zusatz/MOBIL OIL III*.
176 BPatGE **22**, 105.
177 GrBK G 0001/88 ABl **90**, 93 (Nr 7.2–8) *Reibungsverringernder Zusatz/MOBIL OIL III*;
T 0154/04 ABl **08**, 46 (Nr 9).
178 S zB BGH GRUR **11**, 999 *Memantin*; für Details s § 3 Rdn 151 i).

zinischen[179] Bereich. Allerdings stellt die Angabe eines neuen Zwecks einer Verwendung idR ein funktionelles technisches Merkmal dar.

Beruht eine Erfindung auf einer Entdeckung, so sind beide in aller Regel so miteinander verknüpft, dass auch bei der Beurteilung der erfinderischen Tätigkeit die in der Entdeckung liegende Leistung berücksichtigt werden muss. Es ist daher auch in diesem Zusammenhang unzulässig, die Entdeckung gleichsam »herauszurechnen« und nur auf einen »erfinderischen Überschuss« abzustellen.

3 Wissenschaftliche Theorien   (scientific theories)[180]

80 § 1 (3) Nr 1 und Art 52 (2) a) EPÜ nehmen ferner wissenschaftliche Theorien von der Patenterteilung aus, weil sie reine Erkenntnis sind und keine Lehre zum technischen Handeln geben. Sie können aber Basis für eine patentfähige Erfindung sein, nämlich wenn die wissenschaftliche Erkenntnis praktisch verwertet wird. Der Ausschluss der wissenschaftlichen Theorien ist somit ähnlich beschränkt wie derjenige der Entdeckungen (s Rdn 78).

Eine nachfolgende wissenschaftliche Erklärung einer bisher empirisch befolgten Lehre ist nicht patentfähig,[181] auch wenn sie einen bisherigen Irrtum aufklärt. Die Lehre würde sich darin erschöpfen, weiterhin so zu verfahren wie bisher. Patentfähigkeit kann dagegen bejaht werden, »wenn ein bisher nur zufällig und unbewusst erzielter Erfolg auf Grund der neuen Erkenntnis einer Gesetzmäßigkeit nunmehr bewusst und planmäßig erreicht werden kann«.[182]

4 Mathematische Methoden   (mathematical methods)[183]

81 Als Nicht-Erfindungen ausgeschlossen sind außerdem nach § 1 (3) Nr 1 und Art 52 (2) a) EPÜ mathematische Methoden, da sie auf geistigem, nicht aber technischem Gebiet liegen. Sie sind insofern den ebenfalls ausgeschlossenen gedanklichen Tätigkeiten (s Rdn 91 ff) verwandt.

82 Mathematische Methoden sind dem Patentschutz nicht zugänglich, wenn sie losgelöst von einer konkreten technischen Umsetzung beansprucht werden.[184] Sie sind aber patentierbar, wenn sie der Lösung eines konkreten technischen Problems mit technischen Mitteln dienen.[185] Der grundlegende Unterschied zwischen einer mathematischen Methode und einem technischen Verfahren besteht darin, dass eine mathematische Methode oder ein mathematischer Algorithmus idR mit Zahlen, die etwas Beliebiges darstellen können, ausgeführt wird und zu einem in Zahlen ausgedrückten Ergebnis führt.[186] Die mathematische Methode oder der Algorithmus ist insofern nur ein abstraktes Konzept, das beschreibt, wie mit diesen Zahlen zu verfahren ist, so dass durch die Methode als solche kein unmittelbares technisches Ergebnis erzielt wird.

---

179 Für Details s § 3 Rdn 180.
180 **Lit in GRUR Int:** Gupta 14, 1022; **Lit in Mitt:** Schickedanz 00, 173.
181 Vgl RG GRUR **39**, 533.
182 BGH GRUR **56**, 77 (IIa) *Rödeldraht*.
183 **Lit: Färber:** Patentfähigkeit angewandter Algorithmen 2015; Schickedanz Mitt 00, 173; Herrmann epi-information 19/2, 19.
184 BGH GRUR **02**, 143, 145 *Suche fehlerhafter Zeichenketten*; **15**, 983 (Rn 21) *Flugzeugzustand*.
185 BGH GRUR **15**, 983 (Rn 21) *Flugzeugzustand*.
186 T 0208/84 ABl **87**, 14.

Eine Lehre, die lediglich Angaben zu einem mathematischen Verfahren enthält, löst kein konkretes technisches Problem. Wird eine mathematische Methode hingegen in einem Verfahren eingesetzt, in dem mit technischen Mitteln auf eine physikalische Erscheinung eingewirkt und diese verändert wird, ist das Verfahren nicht allein wegen der mathematischen Methode ausgeschlossen.[187] Das Gleiche gilt, wenn der Einsatz der mathematischen Methode aufgrund zuverlässigerer Auswertung von Messdaten bessere Erkenntnisse über physikalische Zustände erlaubt.[188] Wird ein konkretes technisches Problem gelöst, ist es unschädlich, dass die der Erfindung zugrunde liegende Idee in einer mathematischen Methode liegt. Diese ist dann auch bei der Prüfung auf erfinderische Tätigkeit miteinzubeziehen.[189]   83

Patentfähigkeit wurde verneint für: **a)** Lehre, diskrete Prozessgrößen einer mathematischen Abbildung nach dem Kohonen-Algorithmus zu unterziehen;[190] **b)** Verfahren zur Durchquerung eines Partitionsbaums als Teil eines »Ray Tracing«-Verfahrens unter Einsatz eines Dekrementierungsalgorithmus.[191]   84

Patentfähigkeit wurde bejaht für: **a)** Verfahren zur digitalen Verarbeitung von Bildern in Form zweidimensionaler Datenfelder bzw. Daten-Arrays mit in Zeilen und Spalten angeordneten Elementen, die mit einer Operatormatrix gefaltet werden;[192] **b)** Ermittlung und Auswertung diskreter Messwertfolgen physikalischer Größen mittels einer mathematischen Methode;[193] **c)** Verfahren zur Kapazitätsberechnung eines Layouts einer integrierten Schaltung, das unter Berücksichtigung der konkreten Randbedingungen des technischen Umfelds entwickelt wurde;[194] **d)** Einsatz einer mathematischen Methode, um anhand von Messwerten zuverlässigere Erkenntnisse über den Zustand eines Flugzeugs zu gewinnen und damit die Funktionsweise des Systems, das der Ermittlung dieses Zustands dient, zu beeinflussen.[195]   85

Als zum technischen Charakter der Erfindung beitragend wurde erachtet: mathematische Bestimmung der Zuverlässigkeit der Methode zur Analyse von genetischem Material.[196]   86

Als nicht zur erfinderischen Tätigkeit beitragend wurden erachtet: **a)** mathematisches Modell als Grundlage eines Verfahrens zum Management einer Rinderherde;[197] **b)**

---

[187] T 0208/84 ABl 87, 14; ausdrücklich gebilligt in GrBK G 0001/88 ABl 90, 93 (Nr 8) *Reibungsverringernder Zusatz/MOBIL OIL III.*
[188] BGH GRUR 15, 983 *Flugzeugzustand*; BPatG GRUR 07, 133; aA für einen Fall, in dem die analysierten Messdaten nicht näher spezifizierte technische Systeme betrafen, BPatGE 46, 1 (rechnergestützte Klassifizierung von Zuständen eines dynamisch veränderlichen technischen Systems unter Verwendung von Fuzzy Clustering).
[189] Vgl zB BPatG GRUR 07, 133 (II5).
[190] BPatG Mitt 02, 76.
[191] BPatG GRUR 05, 1027.
[192] T 0208/84 ABl 87, 14.
[193] BPatG GRUR 07, 133.
[194] BPatGE 48, 53.
[195] BGH GRUR 15, 983 *Flugzeugzustand.*
[196] T 2050/07 ABl 14 ZPubl 5, 36.
[197] T 0365/05 v 19.6.2007.

Rechenschritte zur Bestimmung eines Genotyps aufgrund von ermittelten Reaktionswerten;[198] c) Klassifikationsalgorithmus.[199]

5 Ästhetische Formschöpfungen *(aesthetic creations)*[200]

87 § 1 (3) Nr 2 und Art 52 (2) b) EPÜ nehmen ästhetische Formschöpfungen vom Patentschutz aus. Dabei handelt es sich um Werke, die den durch das Auge vermittelten ästhetischen Formen- oder Farbensinn anzuregen bestimmt oder geeignet sind. Es muss also eine äußerlich wahrnehmbare Formgestaltung vorliegen, die auf das Geschmacksempfinden zielt. Sie sind als solche nicht patentfähig. Patentfähig bleiben aber solche Erfindungen, bei denen technische Mittel eingesetzt werden, um einen besonderen ästhetischen Effekt zu erreichen.[201] Das ästhetische Endprodukt ist uU designschutzfähig, der technische Weg dorthin, nicht die ästhetische Formschöpfung als solche, kann patentfähig sei. Ästhetische Merkmale eines technischen Gegenstands können auch nicht zur erfinderischen Tätigkeit beitragen.[202] Der Schutzfähigkeit eines Erzeugnisses als Geschmacksmuster steht es aber nicht entgegen, dass für dasselbe Erzeugnis ein technisches Schutzrecht beantragt oder erteilt wurde.[203]

88 *Rechtsprechungsbeispiele für ästhetische Formschöpfungen*: **a)** farbige Plattenhülle;[204] **b)** Mattierung zum Verdecken von Fehlern zur Verbesserung des Aussehens eines Informationsträgers;[205] **c)** Musterkollektionstafel für geschmacklich zusammengestellte Teppich- und Vorhangmuster;[206] **d)** harmonische Anordnung von Pflanzen.[207]

89 *Keine ästhetischen Formschöpfungen* sind zB: **a)** Kochrezept für die Herstellung einer Suppe;[208] **b)** Verbesserung des Aussehens eines Garagentores;[209] **c)** Verfahren zur Herstellung einer Rauhreifkerze;[210] **d)** Abdeckung für Kehlrinnen zwischen geneigten Dachflächen;[211] **e)** Herstellung gefärbter Verbindungen mit hoher Farblagerqualität;[212] **f)** Kunstwerk nach Art einer Glasmalerei, wenn die funktionellen Angaben die technischen Merkmale definieren;[213] **g)** Lehre, Ansichtskarten auf der Bildseite eine individuelle Note zu geben.[214]

---

198 T 784/06 ABl 11 SonderA 2, 39.
199 T 1784/06 EPOR **13**, 73; T 1358/09 RechtsprBK/EPA **19**, 277 = BeckRS **14**, 118277.
200 **Lit: Fröhlich:** Düfte als geistiges Eigentum 2008; Hernandez-Marti Perez EIPR **14**, 665.
201 Vgl BGH GRUR **66**, 249 *Suppenrezept*; **67**, 590 *Garagentor*; **88**, 290 *Kehlrinne*; Mitt **72**, 235 *Rauhreifkerze*; T 1689/07 EPOR **10**, 178.
202 T 0928/03 ABl 07 SonderA Nr 6, 26 (Gestaltung eines graphisches Anzeigers); T 0050/07 EPOR **10**, 182 (Gestaltung der Veränderung eines Bildschirmfensters); T 2258/10 EPOR **12**, 191.
203 BGH GRUR **66**, 681, 683 *Laternenflasche*; BGH v 7.10.2020 I ZR 137/19 GRUR **21**, 473 *Papierspender*.
204 T 0119/88 ABl **90**, 395.
205 T 0962/91 ABl **94** SonderA 19 (bedenklich).
206 BPatGE **15**, 184 (Gbm).
207 BPatG GRUR **99**, 414.
208 BGH GRUR **66**, 249 *Suppenrezept*.
209 BGH GRUR **67**, 590 *Garagentor*.
210 BGH Mitt **72**, 235 *Rauhreifkerze*.
211 BGH GRUR **88**, 290 *Kehlrinne*.
212 T 0228/90 EPOR **93**, 309.
213 T 0686/90 ABl **94** SonderA 19.
214 BPatG BlPMZ **00**, 55 (II2a).

6 Pläne, Regeln und Verfahren für gedankliche Tätigkeiten, für Spiele oder für geschäftliche Tätigkeiten[215] *(schemes, rules and methods for performing mental acts, playing games or doing business)*

6.1 Gedankliche Tätigkeiten *(mental acts)*

§ 1 (3) Nr 3 und Art 52 (2) c) EPÜ, die inhaltlich R 39.1 iii) PCT entsprechen, schließen Lehren als Erfindungen im Sinne des Gesetzes aus, wenn diese sich in gedanklichen Tätigkeiten *(mental acts)* erschöpfen. Sie decken sich in etwa mit dem früher gebräuchlichen Begriff der »Anweisungen an den menschlichen Geist«.[216] Diese gedanklichen Tätigkeiten sind schon deshalb nicht patentfähig, weil sie keine praktische Lehre zum technischen Handeln vermitteln, sondern nur die menschliche Verstandestätigkeit *(human mental activity)* einsetzen (vgl Rdn 31), also wesentlich in Regeln für die geistige Tätigkeit eines anderen bestehen.[217] Sie wollen etwas Wissenswertes mitteilen[218] oder erschöpfen sich in einem ihnen zugeschriebenen Symbolgehalt oder Bedeutungsinhalt (Zuordnungsvorschriften).[219]

90

Das Ergebnis einer technischen Erfindung wirkt unmittelbar auf die Außenwelt ein,[220] während die nicht patentfähigen Pläne, Regeln und Verfahren des § 1 (3) Nr 3 und des Art 52 (2) c) EPÜ sich an den menschlichen Geist wenden, ohne dessen begreifende Zwischenschaltung sie in ihrer Bedeutung nicht erkannt werden. Die bloße Einbeziehung gedanklicher Tätigkeiten führt noch nicht ohne weiteres zur Nichtpatentfähigkeit.[221] Ist aber ein Verfahren so breit beansprucht, dass es auch allein geistig ausgeführt werden kann, ist es ausgeschlossen (s auch Rdn 31).[222] Wird für einen Gegenstand Schutz beansprucht, der nur eine Reihe abstrakter Konzepte formuliert, ohne eine physische technische Implementierung zu verlangen, handelt es sich um einen rein gedanklich ausführbaren Entwurf, nicht um eine Erfindung.[223]

91

Hilfserwägung für die Abgrenzung: Der Benutzer einer Erfindung erhält von selbst (automatisch) den angestrebten Erfolg, wenn er entsprechend der technischen Lehre die Naturkräfte einsetzt. Bei reinen Anweisungen an die menschliche Verstandestätigkeit muss der Benutzer durch seine eigene Denktätigkeit den Erfolg herbeiführen, zB den Symbolgehalt richtig interpretieren.[224] Andererseits ist zu berücksichtigen, dass es nicht ungebräuchlich ist, technische Veränderungen der Außenwelt abgekürzt durch den dabei erzielten immateriellen Erfolg (zB Lesbarkeit, Sichtfreiheit) wiederzugeben,

92

---

215 Lit in EIPR: Blok 17, 69; Lit in GRUR: Hetmank/Lauber-Rönsberg 18, 574; Lit in Mitt: Schickedanz 00, 173; Lit in ZGE: Hauck/Cevc 19, 135.
216 S zB Mediger GRUR 59, 449; Wertenson GRUR 72, 59.
217 BPatGE 4, 3, 5; 13, 101.
218 BPatGE 4, 110.
219 BPatGE 4, 3; 6, 145, 147; 13, 101; 15, 175.
220 BGH GRUR 75, 549 *Buchungsblatt.*
221 T 0643/00 RechtsprBK/EPA EPA 19, 261; T 0049/04 EPOR 07, 293; engl Patents Court FSR 07, 26 *Cappellini's Application, Bloomberg LLP's Application.*
222 T 0914/02 EPOR 06, 142.
223 T 0471/05 v 6.2.2007 (Design eines optischen Systems).
224 BPatGE 15, 166, 169.

dh durch Anführen der Funktion[225] oder Definition eines Gegenstandes anhand vorgegebener, sich möglicherweise ändernder Normwerte.[226]

93 *Beispiele für Regeln und Verfahren für gedankliche Tätigkeiten:* Unterrichtsmethoden, Verbesserung einer Lehrmethode,[227] Notenschrift,[228] Kurzschrift, Farbgebung mit bestimmter Bedeutung;[229] Prozessieren von Umweltinformationen.[230]

94 *Farbige Markierungen* sind dann technischer Natur, wenn sie ihrer Art und der Methode ihrer Anordnung nach geeignet sind, als Bedeutungsträger zu dienen (zB Kennungsscheibe,[231] Spielwürfel,[232] Badezellen-Verschlussvorrichtung[233]) und sich die Farbgebung nicht in dem ihr zugeordneten Bedeutungsinhalt erschöpft.

95 Nicht-technisch sind *Flächenmuster*, die in einer bestimmten Anordnung von Linien, Schriftzeichen etc bestehen und damit eine räumliche Aufgliederung bewirken, wie zB Wettschein,[234] Buchungsblatt,[235] Formulare,[236] Rastereinteilung,[237] Einteilung der Felder eines Brettspiels,[238] Aufdruck auf einer Samentüte;[239] dagegen kann die technische Art und Weise der Anbringung der Linien etc patentfähig sein.[240]

96 *Zuordnungsvorschriften* für zu speichernde Informationen sind gedankliche Bedeutungsmuster.[241] Nicht-technisch ist das Aufbringen einer kodierten Kennzeichnung auf einen Gegenstand.[242]

97 *Skalen*, wenn ihr Inhalt oder Symbolgehalt beansprucht wird, sind auf gedankliche Tätigkeiten gerichtet. Entsprechendes gilt für *Rechenschieber*, soweit ihr Bedeutungsinhalt in Frage steht,[243] oder für die *Lineatur* der Innenblätter auf Umschlag eines Schreibhefts.[244] Dagegen können Material und Form eines Skalenträgers, die Art der Anbringung, die Anzeigevorrichtung oder die Ausbildung der Marken technischen Charakter haben.[245]

---

225 BGH BlPMZ 65, 281, 283 *Typensatz*; BPatGE 15, 106, 113.
226 OLG Karlsruhe GRUR 87, 892.
227 T 0603/89 ABl 92, 230 (numerische Markierungen in Notenblättern und auf Tasteninstrument)
228 PA Mitt 56, 237.
229 BPatGE 10, 246; 11, 66.
230 T 1147/05 EPOR 08, 392; vgl auch T 1029/06 EPOR 10, 128.
231 BGH GRUR 77, 152 *Kennungsscheibe*.
232 BPatGE 2, 109.
233 PA Mitt 60, 17.
234 BGH GRUR 58, 602 *Wettschein*.
235 BGH GRUR 75, 549 *Buchungsblatt*.
236 PA BlPMZ 55, 150.
237 PA Mitt 55, 60.
238 BPatGE 1, 156.
239 BPatGE 1, 151.
240 BGH GRUR 69, 184 *Lotterielos* (Aufdruck mit einer Auslauffarbe).
241 BPatGE 24, 4.
242 T 0051/84 ABl 86, 226.
243 Vgl BPatGE 4, 3, 5; 13, 101, 104.
244 BPatGE 20, 47.
245 Vgl BPatGE 4, 3; 6, 145; 13, 101; 15, 175.

Dosisempfehlungen oder Therapiepläne für die Verwendung eines Wirkstoffs zur Behandlung einer Krankheit sind keine gedanklichen Tätigkeiten, sondern gewerblich anwendbare Lehren zum technischen Handeln (s § 2a Rdn 66; § 3 Rdn 151).[246]

Viele Tätigkeiten, die früher gedanklich ausgeführt wurden, werden heute durch den Computer unterstützt und teilweise oder vollständig durch ihn ausgeführt. Nach der EPA-Rechtsprechung liegt dann – wie etwa bei einem am Computer ausgeführten *Produktdesign-Verfahren* – keine gedankliche Tätigkeit als solche vor,[247] während es nach der BGH-Rechtsprechung darauf ankommt, ob durch das Verfahren ein konkretes technisches Problem mit technischen Mitteln gelöst wird. Bei der Beurteilung der erfinderischen Tätigkeit ist in jedem Fall zu klären, welche Merkmale des Verfahrens zu seinem technischen Charakter beitragen. Die bloße Automatisierung gedanklicher Tätigkeit kann die erfinderische Tätigkeit idR nicht begründen (s Rdn 128 u § 4 Rdn 83).[248]

Zunehmende Bedeutung erlangt das Gebiet der künstlichen Intelligenz. Auch hier gilt, dass Merkmale, die nur die Übertragung bestimmter gedanklicher Tätigkeiten auf den Computer enthalten, als nicht-technisch zu betrachten sind (für Details s Rdn 131).

6.2 Spiele *(playing games)*

Spiele sind Beschäftigung zur Unterhaltung aus Freude an ihr selbst ohne praktische Zielsetzung. Erschöpft sich die Lehre in der Beschreibung eines Spiels, zB durch Spielregeln oder die bloße Einteilung der Felder für ein Brettspiel,[249] so fehlt ihr die technische Natur. Werden zur Erreichung des Spielzwecks technische Mittel auch nur teilweise eingesetzt, so handelt es sich nicht mehr um Pläne oder Regeln für Spiele als solche im Sinne einer rein gedanklichen Tätigkeit.[250] So begründen ergonomische Verbesserungen, um ein ermüdungsfreies Spielen zu ermöglichen, einen technischen Beitrag.[251] Spielregeln und Spielideen können aber die erfinderische Tätigkeit nicht stützen;[252] ebenso wenig die Bestimmung der Performance von Spielern.[253]

6.3 Geschäftliche Tätigkeiten *(doing business)*

Lit: Aebi: Patentfähigkeit von Geschäftsmethoden 2006; **Ntouvas:** Patentierbarkeit computerimplementierter Geschäftsmethoden 2010; **Moglia:** Die Patentierbarkeit von Geschäftsmethoden 2011; **Lit in ABl:** Prüfung computerimplementierter Erfindungen im EPA unter besonderer Berücksichtigung computerimplementierter Geschäftsmethoden 07, 594; Rader 11 SonderA 1, 103; **Lit in EIPR:** Bender 01, 375; Zhang/Yu 08, 412; **Lit in epi-information:** Hanneman 00, 16; Bloch 02, 83; Engel-

---

246 BPatG GRUR **96**, 868 abw von BPatGE **24**, 16 u 210.
247 T 0887/07 EPOR **09**, 463.
248 T 0497/11 v 22.6.2016 BeckRS **16**, 122110.
249 BPatGE **1**, 156 (Gbm).
250 AA BPatGE **18**, 170 für ein Puzzlespiel, aufgegeben von BPatG BlPMZ **00**, 55. Vgl ferner T 0717/05 EPOR **07**, 35 (Patentfähigkeit bejaht); T 1023/06 EPOR **07**, 312 (Pokervideospielautomat); T 0012/08 EPOR **09**, 306.
251 T 1375/11 v 31.3.2016 BlPMZ **16**, 119827 (Spieleinsatzanzeige für Roulette).
252 BPatGE **48**, 276 (Jackpotzuwachs); T 1482/05 EPOR **08**, 399; T 1023/06 EPOR **07**, 312 (Pokervideospielautomat); T 1543/06 ABl SonderA 19; T 0336/07 GRUR Int **08**, 598 (Elektronischer Mehrfach-Poker); T 0859/07 CIPA **08**, 462; T 1782/09 EPOR **11**, 501; T 2449/10 v 23.9.2011; s auch T 2127/09 v 12.5.2011; T 1769/10 ABl **12** SonderA 36 (erfinderische Tätigkeit bejaht).
253 T 0042/10 ABl **14** ZPubl 5, 43.

friet 06, 69; Fischer 20/2, 24; **Lit in GRUR:** Anders 01, 555; Jänich 03, 483; **Lit in GRUR Int:** Maier/Mattson 01, 677; Schauwecker 10, 1, 115; **Lit in IIC:** Liu 11, 395; **Lit in JWIP:** Zekos 04, 693; **Lit in Mitt:** Esslinger/Hössle 99, 327; Harris 07, 491; Schwarz/DeWitt 07, 494; Tucker/Lee 16, 218; **Lit in sic!:** Thouvenin 07, 664.

102 § 1 (3) Nr 3 und Art 52 (2) c) EPÜ nehmen geschäftliche Tätigkeiten nicht generell von der Patentierung aus, sondern nur, wenn diesbezügliche Pläne, Regeln und Verfahren beansprucht werden. Unter den Begriff »geschäftliche Tätigkeiten« fallen Neuerungen auf kaufmännischen oder wirtschaftlichem Gebiet, die sich zB beziehen können auf: Buchhaltung,[254] Organisation, Finanzierung, Bankgeschäfte, Versicherung, Marketing, E-commerce, Lagerhaltung, Abrechnung, Geschäftsführung, Werbung. Für Geschäftsmethoden typische Aktivitäten sind die Übermittlung und Sammlung von Informationen, die Festlegung von Zielen und die Entscheidung darüber, was ausgehend von den verfügbaren Informationen zu tun ist.[255]

103 Verfahren für derartige geschäftliche Tätigkeiten sind von einer Patenterteilung aber nur dann ausgeschlossen, wenn sie *als solche* beansprucht werden. Werden dagegen technische Mittel zur Durchführung des Verfahrens beansprucht, so steht deren Patentierung nicht entgegen, dass der Erfolg der Erfindung sich in der Verbesserung des Verfahrens für eine geschäftliche Tätigkeit zeigt.

Geschäftliche Verfahren werden häufig im Rahmen einer computerimplementierten Erfindung beansprucht (s auch Rdn 136). Dies genügt in der EPA-Rechtsprechung ohne weiteres zur Begründung des technischen Charakters des Anmeldegegenstands,[256] nach der BGH-Rechtsprechung jedoch nur, wenn ein konkretes technisches Problem gelöst wird. Aber auch wenn das Vorliegen einer Erfindung bejaht wird, haben Merkmale bei der Prüfung auf erfinderische Tätigkeit insoweit unberücksichtigt zu bleiben, als sie (nur) auf die Verbesserung eines geschäftlichen Verfahrens abzielen.

Die bloße Möglichkeit der Verwendung eines nicht angeführten Computers zur Durchführung bestimmter Verfahrensschritte reicht nicht aus, um die Technizität zu begründen.[257] Auch macht die Umgehung eines technischen Problems einen geschäftlichen Verfahrensschritt noch nicht zu einem technischen Mittel.[258]

104 *Patentfähigkeit wurde verneint für:* **a)** bloßes Verfahren zur Verkehrsflussregulierung ohne Angabe technischer Mittel;[259] **b)** Verfahren für eine elektronische Selbstbedienungsmaschine (zB Bankautomat) mittels einer beliebigen maschinenlesbaren Karte;[260] **c)** computergestütztes Verfahren zur inhaltlichen Bewertung von Dokumenten;[261] **d)** Verfahren zur gesicherten Durchführung einer Transaktion im elektronischen Zah-

---

254 Vgl BGH GRUR 75, 549 *Buchungsblatt*.
255 T 0388/04 ABl 07, 16 (Nr 2).
256 T 0258/03 ABl 04, 575 (trotz nicht-technischer Merkmale Erfindungscharakter bejaht, aber erfinderische Tätigkeit verneint) unter Aufgabe früherer EPA-Rechtsprechung, s zB T 0931/95 ABl 01, 441; aA aber die englische Rechtsprechung Court of Appeal RPC 89, 569 = GRUR Int 91, 42 *Merrill Lynch*: Automatisiertes System für Wertpapierhandel; *Raytheon Co's Application* RPC 93, 427.
257 T 0388/04 ABl 07, 16 (Nr 3).
258 T 0258/03 ABl 04, 575; T 0506/08 Mitt 13, 499.
259 T 0016/83 EPOR 88, 65.
260 T 0854/90 ABl 93, 669.
261 BPatGE 45, 120.

lungsverkehr;[262] e) Verfahren zur senderseitigen Bearbeitung einer Mitteilung eines Postdienstes über die Unzustellbarkeit einer Postsendung;[263] f) Auflisten von Aufgaben in einem industriellen Verfahren;[264] g) Verwendung von Flächen oberhalb von Gleisanlagen;[265] h) Verfahren zum Ermitteln der Rentabilität eines medizinischen Geräts:[266] ungeachtet des technischen Charakters des Geräts, dessen Rentabilität ermittelt werden sollte, und der Technizität der zur Datenverarbeitung verwendeten Systemkomponenten fehle es an einem technisches Problem, das mit den Merkmalen des beanspruchten Verfahrens gelöst wurde;[267] i) Wertprognose für ein wetterabhängiges strukturiertes Finanzprodukt.[268]

Patentfähigkeit wurde bejaht für: **a)** Computersystem einer Finanz- und Bestandsverwaltung, bei dem für unterschiedliche Verarbeitung bestimmte Daten mittels eines einheitlichen Formats in Form eines »Buchungsbelegs« eingegeben werden können;[269] **b)** Vorrichtung mit mehreren Systembauteilen (Warenummer-Vergabeeinheit, Wähleinheit, Terminals, Informationseinheit und Computermittel) für die Festlegung der Reihenfolge der Bedienung von Kunden;[270] **c)** Automatische Absatzpreisberechnung bei Verkaufsautomaten;[271] **d)** Sicherheitssystem für Ausgabe von Postgebühren;[272] **e)** Verwendung eines Identifizierungscodes im elektronischen Zahlungsverkehr.[273]   105

Folgende Merkmale wurden in der EPA-Rechtsprechung bei Prüfung auf erfinderische Tätigkeit als keinen technischen Beitrag leistend angesehen: **a)** Abfassung und Verwaltung von Finanzierungsverträgen;[274] **b)** neuer Algorithmus für statistische Berechnungen von Verkaufsaktivitäten;[275] **c)** Regeln für eine Versteigerung;[276] **d)** im Wesentlichen auf einem mathematischen Modell und einer Datenbank basierendes Verfahren zum Management einer Rinderherde;[277] **e)** Idee der Reduzierung von Schritten für eine Einkaufsbestellung;[278] **f)** Ausgestaltung eines Kundenprämienprogramms;[279] **g)** Ausarbei-   106

---

262 BPatGE 46, 265; ebenso (nach Aufhebung und Zurückverweisung durch BGH GRUR 04, 428 *Elektronischer Zahlungsverkehr*) BPatG Mitt 05, 363.
263 T 0388/04 ABl 07, 16.
264 T 0306/04 v 2.3.2007.
265 Corte di Cassazione GRUR Int 05, 855 *Geschäftsidee*.
266 BGH GRUR 05, 143 *Rentabilitätsermittlung*.
267 BGH GRUR 05, 143 (III4c) *Rentabilitätsermittlung*.
268 T 1798/13 v 25.5.2020 GRUR-RS 20, 12024.
269 T 0769/92 ABl 95, 525.
270 T 1002/92 ABl 95, 605.
271 BPatGE 41, 171.
272 BPatG Mitt 02, 78.
273 BPatGE 45, 133.
274 T 1284/04 v 7.3.2007 BeckRS 07, 30689156 (method and apparatus for creating a financial instrument and administering an adjustable rate loan system).
275 T 0154/04 ABl 08, 46.
276 T 0258/03 ABl 04, 575; T 0688/05 EPOR 08, 215; T 0506/08 Mitt 13, 499.
277 T 0365/05 v 19.6.2007; s aber auch T 0547/14 v 29.1.2020 GRUR-RS 20, 1500 (Vorhersage von Schimmelpilzbildung).
278 T 1244/07 GRUR Int 11, 952 *1-Click/AMAZON*; s Gautschi sic! 11, 74.
279 T 0164/06 EPOR 10, 315.

tung eines maßgeschneiderten Folgeangebots beim Telemarketing anhand neuer und archivierter Kundendaten;[280] h) objektive Berechnung von Wertpapierratings.[281]

7 Programme für Datenverarbeitungsanlagen *(programs for computers)*

107 Lit (ab 2005):[282] **Steinbrener** in FS Bartenbach 2005, 313; **Moufang** in FS Kolle/Stauder 2005, 225 u in Technology and Competition (FS Ullrich) 2009, 233; **Dogan:** Patentrechtlicher Schutz von Computerprogrammen 2005; **Vanek et al:** Software + Patente 2005; **Bodenburg:** Softwarepatente in Deutschland und der EU 2006; **Le Vrang:** Die Patentierbarkeit computerimplementierter Erfindungen in der EU 2006; **Stobbs:** Software Patents Worldwide 2007; **Böcker:** Computerprogramme zwischen Werk und Erfindung 2009; **Keller:** Softwarebezogene Patente und die verfassungsrechtlichen Eigentumsrechte der Softwareautoren aus Art 14 GG 2009; **Closa/Gardiner/Giemsa/Machek:** Patent Law for Computer Scientists 2010; **v. Engelhardt:** Coexisting Intellectual Property Right Regimes – The Case of Open and Closed Source Software 2010; **Ensthaler** in FS 50 Jahre BPatG 2011, 199; **Hanske/Hetkamp** in Nourriture de l'esprit (FS Stauder) 2011, 84; **Straub:** Softwareschutz 2011; **Eimer:** Arenen und Monopole – Softwarepatente in den USA und in Europa 2011; **Stauder** (Hrsg): Welchen Rechtsschutz braucht Software? 2011; **Rosenberg/Apley:** Business method and software patents 2012; **Bausen:** Softwarepatente in den USA und Deutschland 2013; **Schuler:** Software Patente in Europa 2015; **Färber:** Patentfähigkeit angewandter Algorithmen 2015; **Schwarz/Kruspig:** Computerimplementierte Erfindungen – Patentschutz von Software? 2. Aufl 2017; **Strenc:** European software directives and European software patents 2017; **Marly:** Praxishandbuch Softwarerecht 7. Aufl 2018; **Hughes:** The Patentability of Software: Software as Mathematics 2019.
Lit in ABl: Steinbrener u Anders 05 SonderA 82 u 92; Prüfung computerimplementierter Erfindungen im EPA unter besonderer Berücksichtigung computerimplementierter Geschäftsmethoden 07, 594; Rees 11 SonderA 1, 93; **Lit in CR:** Kamlah 10, 485; Hössle 10, 559; **Lit in EIPR:** Davies 07, 87; Cook/Lees 07, 115; Ming Ho Hsi 07, 247; Moon 09, 396; Bakels 09, 514; Deschamps 11, 103; Choudhary 11, 435; Onslow 12, 710; Guarda 13, 445; Blok 17, 69; Noto La Diega 17, 173; Utku/Strowel 17, 489 u 582; Dhenne 18, 295 u 20, 136; **Lit in epi information:** Pfeiffer 05, 59; Fischer 17/4, 30 u 19/1, 43; Herrmann 18/1, 19; Herrmann/Hermann 21/1, 30; Heiske 21/3, 20; **Lit in GRUR:** Wiebe 06, 577; Schölch 06, 969; Ensthaler 10, 1 u 13, 666; Klaiber 10, 565; Schwarz 14, 224; Hetmank/Lauber-Rönsberg 18, 574; **Lit in GRUR Int:** Laub 06, 629; v. Hellfeld 08, 1007; Schauwecker 10, 1 u 115; Moufang 18, 1146; **Lit in IIC:** Ghidini/Arezzo 05, 159; Pila 05, 176; Rummler 05, 225; Hilty/Geiger 05, 615; Weyand/Haase 05, 647; Xiang/Shan 07, 659; Maggiolino/Montagnani 11, 804; Guarda 13, 494; AIPPI German Group 17, 713; **Lit in IPQ:** Booton 07, 92; **Lit in JWIP:** Esteve 06, 276; Laub 06, 344; Zekos 06, 426; Sterckx/Cockbain 10, 366; **Lit in Mitt:** Reichl 06, 6; Bulling 07, 1; Brimelow 08, 481; Teufel 08, 196; 09, 249; 10, 405; 11, 497; Schwarz 10, 57; May 12, 259; Tucker/Lee 16, 218; Meitinger 20, 6; **Lit in MMR:** Pesch 19, 14 u 223; **Lit in NIR:** Virtanen 08, 108; 10, 1; 11, 363; 12, 141; Mylly 12, 375; **Lit in Propriété industrielle:** Dhenne 19/11, étude 25; Dhenne/Jimenez/Khatab 20/3, étude 4; **Lit in sic!:** Weibel 05, 514; Thouvenin 07, 664; AIPPI Swiss Group 17, 672; **Lit in ZGE:** Leistner/Kleinemenke 10, 273; Hauck/Cevc 19, 135.

7.1 Sinn des Gesetzes und rechtspolitische Bestrebungen

108 § 1 (3) Nr 3 ist Art 52 (2) c) EPÜ nachgebildet, um sicherzustellen, dass für die Patentierung von computerbezogenen Erfindungen national und europäisch die gleichen Voraussetzungen gelten.[283] Man ging offenbar davon aus, dass Computerprogrammen typischerweise ein technischer Inhalt fehlt und ein adäquater Schutz über das Urheberrecht zu erreichen ist. Deshalb wurden sie in den Negativkatalog von § 1 (3) und Art 52 (2) EPÜ aufgenommen. Die Auslegung der Ausschlussbestimmung wurde aber

---

280 T 0588/05 EPOR 10, 121.
281 T 0144/11 v 14.8.2018 BeckRS 18, 24549.
282 *Für ältere Literatur s* Voraufl § 1 Rn 104.
283 Amtl Begr zum IntPatÜG BlPMZ 76, 322, 332 lSp.

bewusst der Rechtsprechung überlassen, weil eine klare Definition des Computerprogramms damals nicht möglich erschien.²⁸⁴

Bestrebungen, auf EU-Ebene eine Rechtsharmonisierung herbeizuführen, sind gescheitert. Der von der EU-Kommission am 20.2.2002 vorgelegte Entwurf einer Richtlinie über die Patentierbarkeit computerimplementierter Erfindungen²⁸⁵ (für Details s 7. Aufl § 1 Rn 163 ff) verfolgte das Ziel, computerimplementierte Erfindungen in den EU-Mitgliedsstaaten wirksam und einheitlich zu schützen, um Entwicklern und Nutzern von Computerprogrammen ein optimales Umfeld zu schaffen. Das Europäische Parlament hat sich auf der Grundlage eines Berichts am 24.9.2003 in erster Lesung mit dem Entwurf befasst und zahlreiche, zT weitreichende Änderungsanträge beschlossen. Am 7.3.2005 legte der Rat der EU einen Gemeinsamen Standpunkt fest.²⁸⁶ Der Richtlinienentwurf wurde vom Europäischen Parlament am 6.7.2005 endgültig abgelehnt. Ein neuer Entwurf der EU-Kommission ist derzeit nicht mehr zu erwarten. Allerdings enthält Art 27 (k) EPGÜ eine Bestimmung, die sich an Art 6 des Richtlinienentwurfs anlehnt und die Schutzwirkung eines Patents in entsprechender Weise wie die Schutzwirkung eines Urheberrechts nach der Richtlinie 2009/24/EG (s unten Rdn 110) beschränkt, insbesondere in Bezug auf Dekompilierung und Interoperabilität.²⁸⁷ 109

7.2 Urheberrechtsschutz²⁸⁸

Computerprogramme gehören nach § 2 (1) Nr 1 UrhG zu den urheberrechtlich geschützten Werken. Sie sind nach § 69a UrhG und Art 1 der Richtlinie 2009/24/EG,²⁸⁹ die eine Neukodifizierung der früheren Richtlinie 91/250/EWG²⁹⁰ darstellt, Programme in jeder Gestalt, einschließlich des Entwurfsmaterials. Sie werden nach § 69a UrhG geschützt, wenn sie individuelle Werke in dem Sinne darstellen, dass sie das Ergebnis der eigenen geistigen Schöpfung ihres Urhebers sind. Zur Bestimmung ihrer Schutzfähigkeit sind keine anderen Kriterien, insbesondere nicht qualitative oder ästhetische, anzuwenden. Eine besondere Gestaltungshöhe ist daher nicht erforderlich. Der Urheberrechtsschutz lässt die Erteilung von Patenten für Computerprogramme unberührt (§ 69g (1) UrhG). 110

Der Urheberrechtsschutz gilt für alle Ausdrucksformen eines Computerprogramms. Ideen und Grundsätze, die einem Element eines Computerprogramms zugrunde liegen, einschließlich der den Schnittstellen zugrundeliegenden Ideen und Grundsätze, sind allerdings nicht geschützt. Geschützte Ausdrucksform ist weder die Funktionali-

---

284 Berichte der Münchner Diplomatischen Konferenz M/PR/I S 28 Rn 17; vgl BGH GRUR 02, 143 (III1b dd) *Suche fehlerhafter Zeichenketten*.
285 Dok KOM(2002) 92 endg. vom 20.2.2002, Text, Begründung und Erwägungsgründe, ABl EG C 151 E vom 25.6.2002, S 129.
286 ABl EU C 144 v 14.6.2005, S 9. Abgedruckt in 10. Aufl § 1 Rn 125.
287 S hierzu Mylly NIR **12**, 375.
288 **Lit: Drexl**: What is protected in a computer program? 1994; **Lit in CR:** Dreier **91**, 577; Ullmann **92**, 641; Spindler **12**, 417; **Lit in GRUR:** Weyand/Haase 04, 198; Bullinger/Czychoswki **11**, 19; Marly **12**, 204; **12**, 773; **Lit in GRUR Int:** Vinje **92**, 250; Broy/Lehmann **92**, 419; **Lit in Mitt:** Groß **93**, 58; Teufel **93**, 73; Raubenheimer **94**, 309.
289 Richtlinie des Europäischen Parlaments und des Rates vom 23.4.2009 über den Rechtsschutz von Computerprogrammen ABlEU Nr L 111 v 5.5.2009 = GRUR Int 09, 677.
290 Vom 14.5.1991 Abl EG Nr L 122, 42 = BlPMZ **91**, 343 = GRUR Int **91**, 545.

tät eines Computerprogramms noch die Programmiersprache oder das Dateiformat, die im Rahmen eines Computerprogramms verwendet werden, um bestimmte Funktionen des Programms zu nutzen.[291] Das Urheberrecht bietet daher nur einen lückenhaften Schutz.

Datenbankwerke[292] sind dem Urheberrechtsschutz nach § 4 (2) UrhG zugänglich.[293] Das sind Sammelwerke, deren Elemente systematisch oder methodisch angeordnet und einzeln mit Hilfe elektronischer Mittel oder auf andere Weise zugänglich sind. Ein zur Schaffung des Datenbankwerks oder zur Ermöglichung des Zugangs zu dessen Elementen verwendetes Computerprogramm ist nicht Bestandteil des Datenbankwerkes.

7.3 Begriff des Computerprogramms

111   Ein Computerprogramm ist eine Folge von Anweisungen in einer Programmiersprache, die ein Computer abarbeiten kann und die der Steuerung in einem Rechner dienen, um eine bestimmte Aufgabe zu lösen. Zu diesem Zweck enthält ein Programm ein der Software zugrundeliegendes *gedankliches Konzept*[294] (Programmidee, Programminhalt, Programmcode oder Programmlisting), das zu seiner Wirksamkeit der *Umsetzung* bedarf, damit der Computer gezielt angesteuert und der elektrische Zustand in seinem Speicher verändert werden kann. Diese Umsetzung von mathematischen Größen des Programms in elektrische Signale, die die Datenverarbeitungsanlage abarbeiten kann, erfolgt durch Naturkräfte, insbesondere elektromagnetische oder optische Kräfte. Je nach Blickwinkel lässt sich das Definieren eines Computeralgorithmus verstehen entweder als rein mathematisch-logisches Vorgehen oder aber als Festlegung eines Verfahrens, das bewirkt, dass eine Maschine eine bestimmte Aufgabe ausführt.[295]

112   Ein Computerprogramm lässt sich in unterschiedliche Patentkategorien einbetten. Wird es ausgeführt, liegt ein (Arbeits-)verfahren vor.[296] Ist es auf einem Speichermedium aufgezeichnet, stellt es ein Erzeugnis dar, mit dem ein Arbeitsverfahren ausgeführt werden kann (»Computerprogrammprodukt«). Es kann ferner in vorrichtungsmäßiger Einkleidung beansprucht werden, nämlich als wesentliches Merkmal eines Vorrichtungsanspruchs (zB »Computer, auf dem das Programm X ausgeführt wird« oder »Computer, der zur Ausführung des Programms X eingerichtet ist«).

7.4 Ausschluss der »Computerprogramme als solche«

113   Nach § 1 (3) Nr 3 und Art 52 (2) c) EPÜ sind Computerprogramme nicht als Erfindungen anzusehen. Diese Ausnahme steht aber der Patentfähigkeit gemäß § 1 (4) und Art 52 (3) EPÜ nur dann entgegen, wenn für das Computerprogramm »als solches«

---

291   EuGH (Große Kammer) GRUR **12**, 814 *SAS Institute*; s hierzu Spindler CR **12**, 417; Gervais/Derclaye EIPR **12**, 565.
292   **Lit:** Ullmann in FS Brandner 1996, 507; Rieger: Der rechtliche Schutz wissenschaftlicher Datenbanken 2010.
293   S auch Richtlinie 96/9/EG über den rechtlichen Schutz von Datenbanken.
294   S dazu Anders GRUR **90**, 498, 499; Melullis GRUR **98**, 843, 851.
295   GrBK G 0003/08 ABl 11, 10 (Nr 13.5.1) *Computerprogramme*.
296   *Nichtsdestoweniger* besteht ein Unterschied zwischen einem Computerprogramm und dem Verfahren, in dem es abläuft, s GrBK G 0003/08 ABl 11, 10 (Nr 11.2.3) *Computerprogramme*.

Schutz begehrt wird. Computerprogramme sind daher schon nach dem Wortlaut des Gesetzes *nicht schlechthin vom Patentschutz ausgenommen*.[297]

Den Gegenständen des Negativkatalogs des § 1 (3) und des Art 52 (2) EPÜ ist gemeinsam, dass ihnen der technische Charakter fehlt, wenn sie »als solche«, also losgelöst von einer konkreten Umsetzung beansprucht werden.[298] Wird hingegen ein konkretes technisches Problem gelöst, so steht es der Patentierung nicht entgegen, dass der Anmeldegegenstand (auch) einen Gegenstand betrifft, der als solcher ausgeschlossen ist (s Rdn 63). Diese einschränkende Auslegung gilt auch für den Ausschluss der Computerprogramme, der daher nur dann greift, wenn das Programm keinen technischen Charakter aufweist.[299] Computerimplementierte Erfindungen einschließlich technischer Computerprogramme sind somit patentfähig.[300]

Die Prüfungskriterien, die in der BGH-Rechtsprechung für alle Ausschlusstatbestände des § 1 (3) und Art 52 (2) EPÜ herangezogen werden (s Rdn 63), gelten auch für den Ausschluss der Computerprogramme. Eine programmbezogene Lehre ist nur dann als Erfindung anzusehen, wenn sie das allgemeine Technizitätserfordernis des § 1 (1) und Art 52 (1) EPÜ erfüllt. Zusätzlich muss sie, wenn der Ausschluss des § 1 (3) Nr 3 und Art 52 (2) c) EPÜ in Bezug auf Computerprogramme berührt ist, ein konkretes technisches Problem mit technischen Mitteln lösen (= zweistufige Prüfung).

Da eine programmbezogene Lehre auf den Einsatz eines Computers, dh eines technischen Geräts, gerichtet ist, wird sie normalerweise nicht am allgemeinen Technizitätserfordernis scheitern. Das Erfordernis ist bereits dann erfüllt, wenn ein Verfahren beansprucht wird, das durch die Abarbeitung von Verfahrensschritten mit Hilfe elektronischer Datenverarbeitung die Nutzung von Komponenten eines Computers zumindest implizit voraussetzt.[301] Eine Spezifizierung dieser Komponenten im Anspruch ist dabei nicht erforderlich.[302] Auch ein Verfahren, das der Verarbeitung, Speicherung oder Übermittlung von Daten mittels eines technischen Gerätes dient oder das unmittelbare Zusammenwirken der Elemente eines Datenverarbeitungssystems betrifft, erfüllt dieses allgemeine Technizitätserfordernis.[303] Einer Vorrichtung (Datenverarbeitungsanlage), die in bestimmter Weise programmtechnisch eingerichtet ist, kommt bereits aufgrund ihrer gegenständlichen Ausbildung ohne Weiteres technischer Charakter zu, selbst wenn die Vorrichtung erfindungsgemäß zB der Textbearbeitung dient.[304]

---

297 BGH GRUR 02, 143 (III1b aa) *Suche fehlerhafter Zeichenketten*.
298 BGH GRUR 02, 143 (III1b cc) *Suche fehlerhafter Zeichenketten*; T 1173/97 ABl 99, 609 (Nr 5–7).
299 T 1173/97 ABl 99, 609 (Nr 5.3); ähnlich engl High Court RPC 08, 339 = Mitt 08, 124 *Astron Clinica*.
300 Offenbar aA BT-Drucksache 17/13086 v 16.4.2013: »Wettbewerb und Innovationsdynamik im Softwarebereich sichern – Patentierung von Computerprogrammen effektiv begrenzen«; hierzu Ensthaler GRUR 13, 666. Sehr kritisch gegenüber der Patentierbarkeit von Computerprogrammen auch TGI Paris v 18.6.2015 RG 14/05 735 *Sté Orange v. Stés Free et Freebox*.
301 DPMA-Prüfungsrichtlinien Nr 3.2.3.1.
302 DPMA-Prüfungsrichtlinien Nr 3.2.3.1.
303 DPMA-Prüfungsrichtlinien Nr 3.2.3.1.
304 DPMA-Prüfungsrichtlinien Nr 3.2.3.1.

117 Ist der Anspruch ein echter Programmanspruch (dh richtet er sich auf das Computerprogramm als eine Folge von Anweisungen), kommt die zweite Stufe der Prüfung ins Spiel, da der Ausschlusstatbestand des § 1 (3) Nr 3 betroffen ist: die Lehre muss dann, um patentfähig zu sein, der Lösung eines konkreten technischen Problems dienen. Dies gilt auch dann, wenn der Anspruch auf ein Speichermedium (»Computerprogrammprodukt«) gerichtet ist, auf dem das Computerprogramm aufgezeichnet ist. Denn das Speichermedium hat als solches nur wie ein Blatt Papier die Funktion eines Informationsträgers.[305] Die gleiche Sichtweise gilt bei softwarebezogenen Verfahrensansprüchen, da auch hier der Ausschluss der Computerprogramme berührt ist.

Die zweite Stufe der Prüfung ist jedoch dann entbehrlich, wenn das Computerprogramm in vorrichtungsmäßiger Einkleidung (s Rdn 112) beansprucht wird.[306] Nach der BGH-Rechtsprechung ist in einem solchen Fall der Ausschluss der Computerprogramme nicht berührt, so dass es für das Vorliegen einer Erfindung nicht auf die Lösung eines technischen Problems ankommt. Zwar findet sich in BGH-Entscheidungen die Formulierung, dass auch bei vorrichtungsmäßiger Einkleidung einer Lehre, die sich der EDV bedient, die Patentfähigkeit nur dann zu bejahen ist, sofern hierbei die Lösung eines konkreten technischen Problems gelehrt wird.[307] »Patentfähigkeit« soll hierbei aber offenbar im allgemeinen Sinne, also unter Einbeziehung des Erfordernisses der erfinderischen Tätigkeit, verstanden werden.[308]

118 In der EPA-Rechtsprechung wird Technizität nicht zweistufig geprüft. Im Falle eines echten Programmanspruchs können die bei Ausführung der Programmbefehle auftretenden physikalischen Veränderungen bei der Hardware nicht per se den technischen Charakter begründen.[309] Denn der technische Charakter kann nicht allein aus den Merkmalen abgeleitet werden, die allen Computerprogrammen gemeinsam sind. Andernfalls würde das Patentierungsverbot völlig gegenstandslos werden. Die Technizität des Gegenstands eines echten Programmanspruchs setzt somit voraus, dass die zugrundeliegende Lehre über das normale physikalische Zusammenspiel von Programm und Computer hinausgeht.[310]

Demgegenüber erfüllt ein Computerprogramm*produkt* nach der EPA-Rechtsprechung bereits ohne jede weitere Voraussetzung das allgemeine Technizitätsgebot und wird als Erfindung angesehen. Die gleiche Sichtweise besteht bei softwarebezogenen Verfahrensansprüchen. Wird ein Programm in üblicher Weise auf einem Computer ausgeführt, so verleiht dies einem hierauf bezogenen Verfahrensanspruch bereits technischen Charakter, so dass der Erfindungsbegriff erfüllt ist.[311] Technizität ist auch dann unmittelbar zu bejahen, wenn ein Programm in vorrichtungsmäßiger Einkleidung (s Rdn 112) beansprucht wird.[312] Eine Vorrichtung (Datenverarbeitungsanlage), die in

---

305 BGH GRUR 02, 143 (III2b) *Suche fehlerhafter Zeichenketten*;
306 BGH GRUR 00, 1007 (II1c bb) *Sprachanalyseeinrichtung*; BGH v 27.3.2018 X ZB 11/17 BeckRS 18, 8809 (Rn 13); BPatG BlPMZ 07, 214.
307 BGH GRUR 05, 141 *Anbieten interaktiver Hilfe*; 05, 143 *Rentabilitätsermittlung*.
308 Klarstellend BGH v 27.3.2018 X ZB 11/17 BeckRS 18, 8809 (Rn 13); s auch BPatG BlPMZ 07, 214.
309 T 1173/97 ABl 99, 609 (Nr 6.2).
310 T 1173/97 ABl 99, 609 (Nr 6).
311 StRsp seit T 0258/03 ABl 04, 575.
312 Ständige EPA-Rspr seit T 0931/95 ABl 01, 441.

bestimmter Weise programmtechnisch eingerichtet ist, wird ohne weiteres als Erfindung betrachtet.

Kritik: Fehlt dem Computerprogramm die Technizität oder löst es kein konkretes technisches Problem, sollte es unerheblich sein, ob es in Form eines echten Programmanspruchs, als Programmprodukt oder als Arbeitsverfahren beansprucht wird. Auch eine vorrichtungsmäßige Einkleidung sollte nicht ohne weiteres zur Begründung der Technizität ausreichen. 119

Die Schlüsselfrage beim Rechtsschutz programmbezogener Erfindungen ist es, den technischen Beitrag der angemeldeten Lehre zu ermitteln. Fehlt ein solcher Beitrag, so führt dies zum Scheitern der Patentierung, sei es bereits auf der Ebene des Erfindungsbegriffs, sei es – wie zumeist – erst auf der Ebene der erfinderischen Tätigkeit. Selbst wenn ein technischer Beitrag besteht, sind in der Lehre enthaltene nicht-technische Aspekte abzusondern, da sie die erfinderische Tätigkeit nicht begründen können. Allerdings ist immer zu berücksichtigen, dass auch Merkmale, die als solche nicht-technisch sind, in Verknüpfung mit anderen Merkmalen zum technischen Charakter beitragen können (s Rdn 69). 120

Angesichts der universellen Einsatzmöglichkeiten elektronischer Datenverarbeitung, die die heutige Technik nahezu vollständig durchdrungen hat, sind die Fallkonstellationen, in denen sich für softwarebezogene Erfindungen die patentrechtliche Abgrenzung des Technischen vom Untechnischen zu vollziehen hat, äußerst vielfältig. In der Rechtsprechung hat sich eine überaus reiche und schwer zu überblickende Kasuistik entwickelt. In einer Grobgliederung lassen sich drei Bereiche unterscheiden, nämlich Softwareentwicklung und Interaktion mit Computer (s Rdn 122), Einbindung von Programmen in computerexterne technische Abläufe (s Rdn 127) und Automatisierung intellektueller und geschäftlicher Tätigkeiten (s Rdn 128). 121

7.5 Softwareentwicklung und Interaktion mit Computer

Der die Patentfähigkeit begründende technische Beitrag einer programmbezogenen Lehre kann in ihrer besonderen Interaktion mit einem Computer liegen. Allerdings ist nicht allen Aspekten in diesem Bereich technischer Charakter zuzubilligen. 122

7.5.1 Programmieren

Aufgrund der Nähe zu gedanklichen Tätigkeiten ist es umstritten, unter welchen Umständen das Programmieren, also die mit der Konzeption und Entwicklung von Computerprogrammen verbundene Tätigkeit, technischen Charakter besitzt. Programmierung wird überwiegend als eine gedankliche Tätigkeit des Programmierers erachtet. Zwar geht jede Computerprogrammierung mit technischen Überlegungen einher, da sie auf die Festlegung eines von einer Maschine ausführbaren Verfahrens gerichtet ist.[313] Dies allein reicht aber nicht aus, um dem aus der Programmierung hervorgehenden Programm technischen Charakter zu verleihen. Dazu muss der Programmierer technische Überlegungen angestellt haben, die über das »bloße« Ermitteln eines Com- 123

---

[313] GrBK G 0003/08 ABl 11, 10 (Nr 13.5) *Computerprogramme*; T 1177/97 v 9.7.2002 BeckRS 02, 30684643.

puteralgorithmus zur Ausführung eines Verfahrens hinausgehen. Die Tätigkeit des Programmierers im Sinne des Formulierens von Programmcode ist ein mentaler Vorgang, wenigstens soweit sie nicht im Rahmen einer konkreten Anwendung oder Umgebung in kausaler Weise der Erzielung einer technischen Wirkung dient.[314] Dass beim Programmieren idR technische Überlegungen notwendig sind, steht hiermit nicht in Widerspruch.[315]

124 In der Rechtsprechung als nicht-technisch angesehen wurden a) an Programmierer gerichtete, konzeptionelle Entwicklung von Anwendungs- oder Benutzerprogrammen für Computer;[316] b) Datenflussplan und Programmablaufplan, aus dem sich nicht zwangsläufig ein bestimmter hardwaremäßiger schaltungstechnischer Aufbau ergibt;[317] c) Betriebs- und Anwenderprogramme für ein elektronisches Übersetzungsgerät, die nur eine geschriebene Folge von Anweisungen darstellen;[318] d) Erstellen von Programmen auf Rechenanlagen, also die genaue Beschreibung des in einem Flussdiagramm aufgezeigten Algorithmus, sowie die Umwandlung unterschiedlicher Anwenderprogramme unter Zuhilfenahme einer Rechenanlage aufgrund eines Flussdiagramms in ein fertiges, ablauffähiges Programm;[319] e) Erzeugung konkreter, in einer bestimmten Programmiersprache geschriebener Softwareprogramme;[320] f) Programmcode und dessen Aufzeichnung auf einem Speichermedium;[321] g) Abwandlung eines Programms zur Fehlerkontrolle einer programmgesteuerten EDV-Anlage;[322] h) Definition und Bereitstellung einer Programmiersprache oder programmiersprachlicher Mittel;[323] i) Übersetzung natürlicher Sprache in abstrakte formale Sprache zwecks weiterer Übersetzung in verschiedene Maschinensprachen;[324] j) Programmiersprachenkonstrukte.[325]

7.5.2 Üblicher Einsatz eines Computers

125 Wird bei Ablauf des Programms ein Computer in an sich üblicher Weise eingesetzt, so kann hierin kein erfinderischer technischer Beitrag liegen. Beispiele aus der Rechtsprechung betrafen a) die bloße Einspeicherung von Daten in den Speicher eines Computers sowie Änderung des Magnetisierungszustandes oder von Schaltzuständen;[326] b) ein bekanntes Logikgatter, bei dem die Eingangs- und Ausgangsgrößen begrifflich zu Vektoren zusammengefasst und bestimmte Vektoren als gültig oder ungültig definiert werden;[327] c) ein Betriebsprogramm, das mit sog. höherwertiger Betriebssoftware ein sich innerhalb des Computers stellendes gerätetechnisches Problem löst.[328]

---

314 T 1539/09 v 18.7.2013 BeckRS 16, 6959 (Nr 4.2).
315 GrBK G 0003/08 ABl 11, 10 (Nr 13.5.1) *Computerprogramme*.
316 T 0833/91 ABl 94 SonderA 16.
317 BPatGE 24, 187.
318 BPatGE 28, 77.
319 BPatGE 28, 210 = ABl 88, 51.
320 T 0204/93 ABl 94 SonderA 17.
321 BPatGE 43, 35.
322 BGH GRUR 78, 102 *Prüfverfahren*; s auch BGH GRUR 78, 420 *Fehlerortung*.
323 T 1539/09 v 18.7.2013 BeckRS 16, 6959 (Nr 4.3).
324 T 2825/19 v 19.3.2021 GRUR-RS 21, 9118.
325 T 0790/14 v 12.1.2018.
326 BPatGE 19, 102.
327 BPatGE 37, 87.
328 BPatG BlPMZ 88, 293.

Demgegenüber wurde ein Verfahren zum Vorabspeichern von Informationen aus einem Computernetzwerk für patentfähig erachtet.[329]

7.5.3 Auswirkungen auf innere Funktionsfähigkeit von Computer

Aspekte, die die innere Funktionsfähigkeit des Computers verbessern oder verändern und das unmittelbare Zusammenwirken seiner Elemente regeln, leisten in aller Regel einen technischen Beitrag.

Technizität wurde anerkannt zB für a) bessere Ausnutzung des Arbeitsspeichers durch kürzere Speicherzugriffszeiten;[330] b) Fourier-Transformationsanordnung, bei der eine hardwaremäßige Verknüpfung von Bauelementen vorgesehen ist, die durch einen Algorithmus beschrieben ist;[331] c) Erstellung einer Datei größeren Umfangs von Bearbeitungsdaten durch eine Bearbeitungsdaten-Vorbereitungsvorrichtung mit Arbeitsspeicher und Speichereinrichtung, für die eine Auseinandersetzung mit dem Aufbau und der Arbeitsweise des Computers erforderlich ist;[332] d) Datenverarbeitungssystem zur Koordinierung und Steuerung der internen Kommunikation zwischen Programm und Dateien;[333] e) Hervorbringung eines Computerprogrammprodukts, das beim Ablauf auf einem Computer einen weiteren technischen Effekt oder das Potential zur Erzeugung dieses Effekts bewirkt, der über die normale Wechselwirkung von Programm und Computer hinausgeht.[334]

7.6 Einbindung des Programms in externe technische Abläufe

Ein Programm kann ein konkretes technisches Problem dadurch lösen, dass es in technische Abläufe eingebunden ist, etwa dergestalt, dass es Messergebnisse aufarbeitet, den Ablauf technischer Einrichtungen überwacht oder sonst steuernd oder regelnd nach außen wirkt.[335]

Patentfähigkeit wurde in der Rechtsprechung daher anerkannt für a) rechnergesteuerte Produktionsverfahren wie Verfahren zur Verdrahtung in einer automatischen Halbleiterschaltungsanordnung nach einem Algorithmus;[336] b) computergestütztes Arbeitsverfahren, bei dem ein Computertomograph mit spezieller Auswerteschaltung verwendet wird;[337] c) Röntgeneinrichtung mit einem Computer, der nach einem Ablaufprogramm arbeitet, das die Röntgenröhren so steuert, dass eine optimale Belichtung ohne Überlastung erzielt wird;[338] d) Betrieb eines Tauchcomputers;[339] e) Rollladensteuerung mit Hilfe eines Programms für einen Computer;[340] f) elektronisches Stellwerk, das eine flexible Fahrstraßenbildung mit Hilfe eines Programms für einen

---

329 BPatGE 46, 76.
330 BGH GRUR 92, 33 *Seitenpuffer*.
331 BPatGE 30, 78.
332 BPatGE 37, 228.
333 T 0006/83 ABl 90, 5.
334 T 1173/97 ABl 99, 609; T 0935/97 EPOR 99, 301.
335 BGH GRUR 80, 849 *Antiblockiersystem*; GRUR 02, 143 (IIIb bb) *Suche fehlerhafter Zeichenketten*.
336 BPatGE 36, 92.
337 BPatG CR 87, 366 = ABl 88, 50 L.
338 T 0026/86 ABl 88, 19.
339 BGH GRUR 92, 430 *Tauchcomputer*.
340 BPatGE 30, 26.

Computer ermöglicht;[341] g) Vorrichtung zum Steuern der Temperatur einer Flächenheizungsanlage;[342] h) Verwendung eines Computerprogramms zur Überwachung des technischen Zustands in einer Maschine zu Warnzwecken;[343] i) Herstellungs-Prüfungsverfahren für ein elektronisches Gerät, bei dem eine Information, die den jeweiligen Prüfungsschritt dokumentiert, in einem Speicherelement dauerhaft abgespeichert wird und dort erfindungsgemäß zur Steuerung nachfolgender Herstellungs- und Prüfungsschritte dient;[344] j) Programm zur Prüfung und zum Vergleich von Daten, wenn damit ein Zwischenschritt für die Herstellung technischer Gegenstände erfolgt und die Lösung auf technischen Überlegungen beruht.[345]

Einen technischen Beitrag leistet idR auch die Verwendung von Programmen in der Telekommunikation – wie etwa eine Lehre mit einem Algorithmus zum Empfang von Signalen, die über einen gestörten Kanal übertragen werden[346] – und in der Bildverarbeitung – wie etwa ein Verfahren zur digitalen Filterung eines zweidimensionalen Datenfeldes.[347]

Keine ausreichende Technizität wurde demgegenüber angenommen für ein Arbeitsverfahren, aus Walzstäben bestimmte Teillängen zu schneiden, da es sich um ein rechnergesteuertes Produktionsverfahren handelte, bei dem mit Hilfe einer üblichen EDV-Anlage ein Herstellungs- und Bearbeitungsvorgang mit bekannten Steuerungsmitteln unmittelbar beeinflusst wird.[348]

7.7 Automatisierung geistiger und geschäftlicher Tätigkeiten

128 Ein weiterer wichtiger Bereich, in dem softwarebezogene Erfindungen eine ständig wachsende Bedeutung besitzen, betrifft die Automatisierung geistiger und geschäftlicher Tätigkeiten. Beide Arten von Tätigkeiten sind als solche gemäß § 1 (3) Nr 1 u Nr 3 und Art 52 (2) a) u c) EPÜ mangels technischen Charakters von der Patentierung ausgenommen (s Rdn 81, 90 u 101). Gleichwohl kann der Einsatz technischer Mittel ein Verfahren, das einem Menschen eine geistige Tätigkeit abverlangen würde, aber aufgrund Automatisierung ganz oder teilweise ohne menschliche Eingriffe vonstattengeht, zu einem technischen Vorgang machen. Wenn aber die Realisierung der technischen Mittel nur die unmittelbare Anwendung herkömmlicher technischer Verfahren ist, dann liegt in den Schritten, mit denen das Verfahren zur Durchführung der betreffenden gedanklichen oder geschäftlichen Tätigkeit definiert wird, kein technischer Beitrag.[349] Die bloße Automatisierung gedanklicher Tätigkeit ist daher idR nicht erfinderisch.[350] Hinzu kommt, dass Innovationen, die die gedanklichen oder geschäftlichen

---

341 BPatGE 29, 131.
342 BPatGE 31, 269.
343 T 0042/87 EPOR 97, 236.
344 BPatGE 33, 87 = ABl 93, 701.
345 BGH GRUR 00, 498 (II4g) *Logikverifikation*. Vgl hierzu aber auch Rdn 132.
346 BPatGE 36, 174.
347 T 0208/84 ABl 87, 14.
348 BGH GRUR 81, 39 *Walzstabteilung*.
349 T 0038/86 ABl 90, 384: Sobald die Schritte des Verfahrens zur Durchführung der betreffenden gedanklichen Tätigkeit definiert waren, erforderte die Realisierung der technischen Mittel nur die unmittelbare Anwendung herkömmlicher technischer Verfahren.
350 T 0497/11 v 22.6.2016 BeckRS 16, 122110.

Tätigkeiten selbst betreffen, nur sehr selten einen als technisch zu qualifizierenden Beitrag leisten können.

7.7.1 Automatisierung mathematischer und geometrischer Methoden

Da mathematische Methoden als solche gemäß § 1 (3) Nr 1 und Art 52 (2) a) EPÜ nicht als Erfindungen anzusehen sind (s Rdn 81), kann allein der Umstand, dass sie mit Hilfe eines Computers ausgeführt werden, keinen technischen Beitrag begründen.

In der Rechtsprechung wurde daher die Patentfähigkeit verneint für **a)** Programm für eine EDV-Anlage zur Berechnung einer Linienschar zur Beschreibung der Oberfläche eines Körpers (Straken), da das Rechenprogramm ein abstraktes Denk- und Rechenschema war und dessen technische Anwendung nicht Gegenstand der Erfindung war;[351] **b)** die Lehre, eingegebene Zahlenwerte mit Hilfe eines Computers so zu verarbeiten, dass sie für ein elektronisches Kurvenzeichengerät geeignet sind;[352] **c)** Methode, mit einem digitalen Computer eine Datenanalyse des zyklischen Verhaltens einer Kurve zu erzeugen.[353]

7.7.2 Automatisierung gedanklichen Ordnens und Datenbanken

Gedankliches Ordnen, Einteilen und Zuordnen ist grundsätzlich nicht-technischer Natur (s Rdn 96). Dies ist zu berücksichtigen, wenn Automatisierung in diesem Bereich den Gegenstand von Patentanmeldungen bildet.

In der Rechtsprechung wurde nicht als patentfähig angesehen: **a)** Verfahren zur Eingabe chinesischer Zeichen in ein Textsystem, da es auf einem Ordnungssystem gedanklicher Art beruhte;[354] **b)** Zuordnungsvorschrift, in bestimmten Bereichen eines Informationsspeichers bestimmte Informationen und in anderen Bereichen andere zu speichern.[355]

Demgegenüber weisen elektronische Datenbanken bezüglich Aufbau, Managementsystemen und Suche (Datenabfrage) vielfältige Aspekte auf, in denen Erfindungen einen technischen Beitrag leisten können.[356] Bejaht wurde die Patentfähigkeit zB für eine computergestützte Suchmethode mittels Erstellung einer Indexierungsdatei.[357]

7.7.3 Künstliche Intelligenz

Die neue Schlüsseltechnologie der Künstlichen Intelligenz (KI) und des Maschinellen Lernens birgt zahlreiche Fragen für die Technizität softwarebezogener Lehren.[358] Sie basiert auf Rechenmodellen und Algorithmen zur Klassifizierung, Bündelung, Regression und Dimensionalitätsreduktion wie zum Beispiel neuronalen Netzen, genetischen Algorithmen, Support Vector Machines, k-Means, Kernel-Regression und Diskrimi-

---

351 BGH GRUR **77**, 657 *Straken*.
352 BPatGE **29**, 24 = ABl **88**, 58.
353 T 0953/94 ABl **97** SonderA 12.
354 BGH GRUR **92**, 36 *Chinesische Schriftzeichen*.
355 BPatGE **24**, 4.
356 S etwa T 0697/17 v 17.10.2019 BeckRS **19**, 29364.
357 T 1351/04 v 18.04.2007 BeckRS 07, 30690424.
358 **Lit:** Luginbuehl in: Transition and Coherence in Intellectual Property Law (FS Kur) 2021, 191; **Lit in EIPR:** Blok **17**, 69; Baldus **19**, 750; **Lit in EIPR:** Blok **17**, 69; Baldus **19**, 750; **Lit in GRUR:** Hetmank/Lauber-Rönsberg **18**, 574; Hacker **20**, 1025; **Lit in Mitt:** Baldus **20**, 51; **Lit in ZGE:** Hauck/Cevc **19**, 135.

nanzanalyse.³⁵⁹ Solche Rechenmodelle und Algorithmen sind per se von abstrakter mathematischer Natur, unabhängig davon, ob sie anhand von Trainingsdaten »trainiert« werden können.³⁶⁰ In der Rechtsprechung verneint wurde die Patentfähigkeit von Programmmitteln für Datenverarbeitungsanlagen, die unter Benutzung von gespeichertem Expertenwissen Schlüsse ziehen.³⁶¹

Wird aber durch Einsatz von KI ein konkretes technisches Problem gelöst, insbesondere durch Einbindung der KI in externe technische Abläufe (s Rdn 127), ist ein technischer Beitrag zu bejahen. Dies gilt etwa für die Verwendung eines neuronalen Netzes in einem Herzüberwachungsgerät zum Identifizieren unregelmäßiger Herzschläge³⁶² oder für eine selbst lernende Insulinpumpe, die auf der Grundlage eines kontinuierlich aktualisierten nutzerspezifischen Profils kontrolliert wird.³⁶³

7.7.4 Computersimulationen

132 Rechtsfragen in Zusammenhang mit computerunterstützten Simulationen³⁶⁴ haben die Rechtsprechung wiederholt beschäftigt³⁶⁵ und führten kürzlich zu einer bedeutenden Grundsatzscheidung der GrBK des EPA.³⁶⁶

Für derartige Verfahren ist es charakteristisch, dass sie primär auf einen Erkenntnisgewinn ausgerichtet sind, ohne dass notwendigerweise ein realer Gegenstand hervorgebracht oder in einen realen Vorgang eingegriffen wird. Die lediglich virtuelle Nach- oder Vorbildung realer Systeme mittels mathematischer Modellierung ihrer wichtigen Aspekte ermöglicht eine Erprobung, die abgesehen vom Einsatz des Computers auf die Verwendung von Material und Energie verzichtet.³⁶⁷ Die daraus gewonnenen Informationen lassen sich vielfältig einsetzen, etwa im Rahmen des Entwurfsprozesses für industrielle Produkte wie Motoren und Halbleiterchips oder für die Steuerung eines realen Systems, zB eines Reaktors.

Computerunterstützte Simulationen können einen erfinderischen technischen Beitrag leisten durch die Art und Weise der konkreten Implementierung oder durch den Einsatz der so gewonnenen Informationen bei der Herstellung realer Gegenstände und Steuerung realer Verfahren und Systeme. Problematisch ist aber, ob ein technischer Beitrag auch dann vorliegt, wenn das Simulationsverfahren abstrakt beansprucht wird, dh losgelöst von einer konkreten Implementierung und dem etwaigen nachfolgenden Einsatz seiner Ergebnisse. Insbesondere stellt sich die Frage, ob die Technizität des

---

359 EPA-PrüfRichtl G-II 3.3.1.
360 EPA-PrüfRichtl G-II 3.3.1. Vgl auch T 2026/15 v 17.4.2018 BeckRS **18**, 10370 (mangelnde Klarheit der beanspruchten Trainingsmethode).
361 BPatG GRUR **08**, 330.
362 T 0598/07 v 15.5.2010.
363 T 1779/14 v 16.3.2018 BeckRS **18**, 6215.
364 **Lit**: Vallone: Patentierung von Simulationen 2020; Moufang GRUR Int **18**, 1146; Vallone sic! **19**, 659; Bennett sic! **20**, 240; Herrman/Hermann epi infomation **21**/1, 30; Heiske epi information **21**/3, 20.
365 Als Leitentscheidungen galten bislang BGH GRUR **00**, 498 *Logikverifikation* und T 1227/05 ABl **07**, 754. Das Gesamtbild der Rechtsprechung war aber uneinheitlich. Eine Patentierung wurde abgelehnt zB in T 0988/12 v 17.7.2018 BeckRS **18**, 34439 (Simulation von Szenarien für 4G-Breitbanddienst), während eine Patentierung zB bejaht wurde in T 0625/11 v 19.1.2017 BeckRS **17**, 110300 (Simulation eines Kernreaktors).
366 GrBK G 0001/19 ABl **21**, A77 = GRUR **21**, 940 L = BeckRS **21**, 6735 *Fußgängersimulation*.
367 Vgl Kraßer GRUR **01**, 959, 963.

simulierten Systems bereits die Technizität der Simulation impliziert. Während dies sowohl vom BGH[368] als auch teilweise in der früheren EPA-Rechtsprechung[369] bejaht worden ist, lässt sich aus der kürzlich ergangenen Entscheidung der GrBK[370] nunmehr jedenfalls für den Regelfall eine verneinende Antwort herauslesen.

7.7.5 Planen, Design und Modellieren

Für die computergestützte Durchführung von Planungen oder rechnerunterstütztes Konstruieren (computer-aided design = CAD) gelten ähnliche Grundsätze wie bei Computersimulationen.[371] Auch wenn ein Designverfahren normalerweise eine kognitive Tätigkeit darstellt, können im Falle einer Computerimplementierung Merkmale eines solchen Verfahrens, abhängig vom konkreten Einzelfall, einen technischen Beitrag leisten.[372]

Ein technischer Beitrag wurde anerkannt für a) computerimplementiertes Verfahren zur Erzeugung einer Vorlagebrettzeichnung mit einer zweidimensionalen Darstellung eines dreidimensionalen Kabelbaums zur Montage des Kabelbaums in einer Ebene;[373] b) Layout von mikrominiaturisierten integrierten Halbleiterschaltungen;[374] c) Verfahren zum Entwurf eines Chips sowie seiner materiellen Herstellung.[375]

Ein technischer Beitrag wurde verneint für a) CAD/CAM-Einrichtung, bei der eine zielgerichtete Information zu Daten eines dreidimensionalen Körpers zum Aufbau einer hierarchischen Struktur zwischen den Daten vorgesehen ist;[376] b) Computerprogramm für Planung einer Bahnstrecke.[377]

7.7.6 Textverarbeitung und elektronische Dokumente

Da sich Texte durch Wiedergabe von Informationen an den menschlichen Geist richten, können Textverarbeitungsprogramme sowohl technische als auch nicht-technische Merkmale enthalten.

Kein technischer Beitrag wurde gesehen in folgenden Aspekten: a) Zusammenfassen eines Dokuments, das Speichern der Zusammenfassung und ihre Wiederauffindung auf eine Abfrage hin;[378] b) automatische Erkennung und Substitution sprachlicher Ausdrücke, die ein bestimmtes Verständlichkeitsniveau überschreiten und in einer Liste erfasst

---

368 BGH GRUR 00, 498 *Logikverifikation*. Ebenso engl Patent Court (Birss J) v 5.10.2011 [2011] EWHC 2508 (Pat) *Halliburton Energy Services Inc. v. Comptroller-General of Patents*.
369 T 1227/05 ABl 07, 754; T 625/11 v 19.1.2017 BeckRS 17, 110300. Kritisch aber T 1842/10 v 30.4.2014 BeckRS 16, 297.
370 GrBK G 0001/19 ABl 21, A77 = GRUR 21, 940 L = BeckRS 21, 6335 (Nr 98) *Fußgängersimulation*.
371 **Lit:** Schölch GRUR 06, 969.
372 GrBK G 0001/19 ABl 21, A77 = GRUR 21, 940 L = BeckRS 21, 6335 (Nr 143) *Fußgängersimulation*.
373 BPatGE 45, 103.
374 BPatGE 37, 270.
375 T 0453/91 ABl 95 SonderA 15.
376 BPatGE 38, 31.
377 BPatG BlPMZ 06, 156.
378 T 0022/85 ABl 90, 12: Die eigentliche Aufgabe bestehe darin, ein Regelwerk für die Zusammenfassung und das Wiederauffinden von Dokumenten anhand der Texteigenschaften des zu bearbeitenden Dokuments zu erstellen. Dies falle unter die nicht-technische Kategorie der Pläne, Regeln und Verfahren für gedankliche Tätigkeiten.

sind, unter Verwendung eines Computerprogramms;[379] c) reine Überarbeitung von Sprachtexten (Textredaktion);[380] d) Editieren von Text an Computerbildschirm;[381] e) computergestützte Textkorrektur.[382]

Ein technischer Beitrag wurde für folgende Aspekte anerkannt: a) Umwandlung von Steuerzeichen (für Drucker), die zu einem bestimmten Textverarbeitungssystem gehören, in Steuerzeichen, die zu einem anderen gehören, in einem in digitalisierter Form vorliegenden Text;[383] b) elektronisches Dokumentensystem aus mehreren Prozessoren oder workstations, die Dokumente in Form eines Datenstroms empfangen und übermitteln, wobei die Daten auch Informationen über die Art der Verarbeitung des Dokuments enthalten;[384] c) Analyse und Unterteilung eines Textes zur Verbesserung seiner Lesbarkeit auf einem Display.[385]

7.7.7 Informationsdarstellung auf Bildschirm

135 Da die Wiedergabe von Informationen als solche aufgrund von § 1 (3) Nr 4 und Art 52 (2) d) EPÜ als nicht-technisch anzusehen ist (s Rdn 138), stellen sich auch für softwarebezogene Erfindungen im Bereich automatisierter Benutzeroberflächen (GUIs = graphical user interfaces)[386] auf Ausgabebildschirmen und sonstiger Informationsdarstellungen schwierige Abgrenzungsfragen bei der Ermittlung ihres technischen Gehalts.

Kein technischer Beitrag wurde gesehen in: a) Darstellungseinrichtung zum Darstellen eines Volumendatensatzes mit Vielzahl von Volumendatenelementen;[387] b) Verfahren zur Darstellung von (zB arabischen) Schriftzeichen auf einem Datensichtgerät;[388] c) Abweichung zwischen einer normalen und einer geänderten Wiedergabe von Informationen in einem Schaubild;[389] d) Anweisung, für ein Auswahlmenü auf einem Bildschirm eine Darstellungsart zu wählen, die die angezeigten Menüpunkte und den

---

379 T 0038/86 ABl 90, 384: Sobald die Schritte des Verfahrens zur Durchführung der betreffenden gedanklichen Tätigkeit definiert waren, erforderte die Realisierung der technischen Mittel nur die unmittelbare Anwendung herkömmlicher technischer Verfahren (s Rdn 99).
380 BGH GRUR 00, 1007 (III1c bb(3)) *Sprachanalyseeinrichtung.*
381 T 95/86 v 23.10.1990 BeckRS 90, 30515161: Da linguistische und das Layout betreffende Aspekte im Mittelpunkt stünden, sei die Aufgabe im Wesentlichen nichttechnischer Art. Die im Editieren eines Texts bestehende Tätigkeit falle als solche in die Kategorie der Pläne, Regeln und Verfahren für gedankliche Tätigkeiten. Ebenso bereits T 0186/86 v 5.12.1989 BeckRS **89**, 30536214 (displaying and editing spatially related data in an interactive text processing system).
382 BGH GRUR 02, 143 *Suche fehlerhafter Zeichenketten;* BPatGE **45**, 109 (nach Rückverweisung); T 0121/85 ABl 90 SonderA 17 (automatisches System zur Überprüfung der Rechtschreibung und Durchführung von Berichtigungen); T 0065/86 ABl 90 SonderA 18 = EPOR 90, 181 (automatische Erkennung und Korrektur kontextueller Homophonenfehler unter Verwendung eines Computers).
383 T 0110/90 ABl 94, 557: Merkmale seien maßgebend für die technische Arbeitsweise des Textverarbeitungssystems, das im Stapelbetrieb arbeite und eine erste aufbereitungsfähige Dokumentform in eine zweite umwandle (unter Hinweis auf die Farbfernsehsignale betreffende Entscheidung T 0163/85).
384 T 0071/91 ABl 94 SonderA 14 = CR **95**, 205.
385 T 0049/04 EPOR **07**, 293: keine Wiedergabe von Informationen als solche.
386 Vgl hierzu AIPPI German group GRUR Int **17**, 723; AIPPI Swiss Group sic! **17**, 765.
387 BPatG BlPMZ **07**, 214.
388 T 0158/88 ABl **91**, 566.
389 T 0790/92 ABl **94** SonderA 18.

Umstand, dass möglicherweise noch weitere Punkte verfügbar sind, besonders anschaulich zu präsentieren sucht.[390]

Hingegen wurde ein technischer Beitrag für folgende Aspekte anerkannt: a) Analyse und Unterteilung eines Textes zur Verbesserung seiner Lesbarkeit auf einem Display;[391] b) automatische optische Anzeige von Ereignissen in einem Textverarbeitungssystem unter Verwendung eines Computerprogramms;[392] c) Verfahren zur Eingabe eines Drehwinkelwerts in ein interaktives System zum grafischen Zeichnen;[393] d) benutzerfreundliche Gestaltung der Hilfe-Funktion eines Computerprogramms.[394]

7.7.8 Computerimplementierte Geschäftsmethoden

Geschäftsmethoden sind als solche nach § 1 (3) Nr 3 und Art 52 (2) c) EPÜ von einer Patentierung ausgeschlossen (s Rdn 101, zur Rechtslage in den USA s Rdn 146). Hieraus folgt, dass bei einer computerimplementierten Geschäftsmethode diejenigen Aspekte, die die Geschäftsmethode als solche betreffen, keinen technischen Beitrag leisten können und daher jedenfalls für die erfinderische Tätigkeit außer Betracht zu bleiben haben. Auch hier ist es von zweitrangiger Bedeutung, ob zudem ein Patentierungsausschluss als Nicht-Erfindung besteht, der gemäß der EPA-Rechtsprechung[395] nur für das Programm selbst, gemäß der BGH-Rechtsprechung aber auch für das Computerprogrammprodukt (Speichermedium) und das vom Computer ausgeführte Verfahren in Betracht kommt (s Rdn 117).

136

Beispiele aus der Rechtsprechung, in denen eine Patentfähigkeit abgelehnt wurde: a) Verfahren zum Ermitteln von Veränderungen einer Vielzahl von Hauptgrößen und Teilgrößen mit Hilfe einer EDV-Anlage, von der zur Lösung betrieblicher Dispositionsaufgaben der bestimmungsgemäße Gebrauch gemacht wird;[396] b) Anbieten interaktiver Hilfe beim Online-Shopping;[397] c) Rentabilitätsermittlung eines medizinischen Geräts;[398] d) Implementierung einer geschäftlichen Methode mit gängigen Datenverarbeitungsmitteln;[399] e) Verfahren zur Steuerung eines Geschäftsprozesses mit Hilfe eines Computersystems;[400] f) Verfahren für wirtschaftsorientierte Konzeptionen, auch wenn für diesen nicht-technischen Zweck technische Mittel der Datenverarbeitung ein-

---

390 BGH v 14.1.2020 X ZR 144/17 GRUR 20, 599 *Rotierendes Menü*.
391 T 0049/04 EPOR 07, 293.
392 T 0115/85 ABl 90, 30.
393 T 0059/93 ABl 95 SonderA 14.
394 T 0887/92 ABl 95 SonderA 14.
395 Durch T 0258/03 ABl 04, 575 (Nr 4.6) wurde die frühere Rechtsauffassung aufgegeben, die dem Patentierungsausschluss eine größere Reichweite zumaß; s hierzu T 0931/95 ABl 01, 441; engl Court of Appeal RPC 89, 569 = GRUR Int 91, 42 *Merrill Lynch* (automatisiertes System für Wertpapierhandel); *Raytheon Co's Application* RPC 93, 427.
396 BGH GRUR 77, 96 *Dispositionsprogramm*.
397 BGH GRUR 05, 141 *Anbieten interaktiver Hilfe*.
398 BGH GRUR 05, 143 *Rentabilitätsermittlung*: es sei ohne Belang, dass die im Rahmen eines Verfahrensschritts verarbeiteten Gerätedaten »technische Daten« sein mögen. Denn die beanspruchte Lehre befasse sich nicht mit der Frage, wie diese Daten ermittelt werden können, sondern lehre lediglich, dass diese Daten – ihrer betriebswirtschaftlichen Relevanz wegen – ermittelt werden sollen.
399 BPatGE 46, 265.
400 BPatG Mitt 02, 461.

gesetzt werden, zB Steuerung eines Pensionssystems;⁴⁰¹ **g)** Einsatz eines Computers für Mailingkampagnen durch Erstellen einer Adressenliste;⁴⁰² **h)** Auswertung von Bedienhandlungen des Kunden bei der Abwicklung von Geschäften;⁴⁰³ **i)** computerimplementierte Methode zur steuerlichen Berechnung von Transaktionen mit möglichem Rückgriff auf Ersatzsystem.⁴⁰⁴

Beispiele aus der Rechtsprechung, in denen eine Patentfähigkeit bejaht wurde: **a)** Verfahren zur automatischen Absatzsteuerung, auch wenn diese von einem üblichen Rechner nur den bestimmungsgemäßen Gebrauch macht;⁴⁰⁵ **b)** Warteschlangensystem, das die Reihenfolge der Bedienung von Kunden bestimmt;⁴⁰⁶ **c)** Kundenauthentifizierungsverfahren mittels auf separatem Server installierten Plug-ins zur Kommunikation zwischen Online-Händlern und Kreditkartenunternehmen.⁴⁰⁷

7.7.9 Automatisierung von Verwaltungstätigkeiten

137 Ähnlich wie geschäftliche Tätigkeiten sind auch administrative Tätigkeiten grundsätzlich nicht-technischer Natur. Im Falle der Automatisierung von Verwaltungstätigkeiten gelten daher die gleichen Grundsätze wie bei computerimplementierten Geschäftsmethoden.

Als nicht patentfähig wurden in der Rechtsprechung angesehen: **a)** Vorrichtung zur automatischen Ermittlung von Postgebühren mit Hilfe einer üblichen EDV-Anlage;⁴⁰⁸ **b)** zentralisierte Software-Verwaltung in virtuellen Maschinen.⁴⁰⁹

Als patentfähig wurden in der Rechtsprechung angesehen: **a)** Sicherheitssystem für die Ausgabe von Postgebühren;⁴¹⁰ **b)** Bereitstellung einer Benutzeroberfläche, die unabhängige Finanz- und Bestandsverwaltungssysteme durch eine gemeinsame Eingabevorrichtung so verbindet, dass eingegebene Daten für beide Systeme verwendbar sind;⁴¹¹ **c)** Bildwiederauffindungsgerät mit einem Aufzeichnungsträger, auf dem funktionelle Daten (für die Synchronisation codierter Bildzeilen, Zeilennummern und Adressen) aufgezeichnet sind.⁴¹²

8 Wiedergabe von Informationen *(presentations of information)*⁴¹³

138 § 1 (3) Nr 4 und Art 52 (2) d) EPÜ sind aus R 39.1 v PCT übernommen. Dort versteht man darunter Tabellen, Formulare, Schriftanordnungen etc.⁴¹⁴ Im Einklang hiermit ist der Ausschluss auf solche Informationen zu beschränken, die sich direkt an den menschlichen Geist richten. Denn informationelle Einwirkung auf den Menschen gilt

---

401 T 0931/95 ABl 01, 441.
402 BPatGE **44**, 266.
403 BPatGE **47**, 54.
404 T 1082/13 v 31.1.2019 BeckRS **19**, 28707.
405 BPatGE **41**, 171.
406 T 1002/92 ABl **95**, 605.
407 T 1463/11 v 29.11.2016 Mitt **17**, 340.
408 BPatGE **32**, 114.
409 BPatG v 15.11.2011 17 W (pat) 1/08 BeckRS **12**, 2965.
410 BPatG Mitt 02, 78.
411 T 0769/92 ABl **95**, 525.
412 T 1194/97 ABl 00, 525 (betr Datenträger mit Synchronisationssignal).
413 **Lit:** Campbell *EIPR* **10**, 369; Herrmann epi-information **18**/1, 19.
414 Records of the Washington Diplomatic Conference on PCT 1979, S 572.

grundsätzlich als untechnisch (s oben Rdn 31). Auch bei der Prüfung der erfinderischen Tätigkeit haben daher Anweisungen, die die Vermittlung bestimmter Inhalte betreffen und damit darauf zielen, auf die menschliche Vorstellung und Verstandesfähigkeit einzuwirken, als solche außer Betracht zu bleiben.[415]

Wird hingegen ein konkretes technisches Problem mit technischen Mitteln gelöst, so greift der Ausschluss *nicht*.[416] Dies gilt etwa bei Informationen, die sich an technische Vorrichtungen richten und von diesen weiterverarbeitet werden, wie zB Farbfernsehsignale,[417] elektrische Signale[418] oder elektronische Nachrichten,[419] oder bei genetischer Information, die innerhalb einer Zelle abgelesen und zur Proteinsynthese genutzt wird.[420] Auch Datenträger, auf denen derartige funktionelle Informationen gespeichert sind, unterfallen nicht dieser Ausschlussbestimmung.[421] 139

Als patentierbar angesehen wurden daher Datenträger, auf denen funktionelle Daten gespeichert sind, die technische Merkmale eines Systems definieren, in dem der Datenträger eingesetzt wird,[422] und Aufzeichnungsträger, die durch funktionelle Struktur gekennzeichnet waren und mit einer Wiedergabeeinrichtung zusammenwirkten.[423] 140

Aber auch die **Wiedergabe kognitiver Information** ist nicht schlechthin als nichttechnisch anzusehen.[424] So wird man der automatischen optischen Anzeige von Zuständen, die in einem Gerät oder System herrschen, grundsätzlich technischen Charakter zubilligen müssen.[425] Die Grenze zur Nicht-Technizität ist aber dann überschritten, wenn der erfinderische Beitrag nicht in der Automatisierung der Anzeige, sondern nur in ihrer ergonomischen Gestaltung,[426] erhöhten Übersichtlichkeit[427] oder ästhetischen Gestaltung liegt.[428] 141

---

415 BGH GRUR 15, 1184 *Entsperrbild*.
416 BGH GRUR 05, 749 *Aufzeichnungsträger* (BIV1). Siehe auch oben Rdn 64.
417 T 0163/85 ABl 90, 379.
418 AA T 0026/86 ABl 88, 19 (Nr 3.3) für elektrische Signale in einem Computer. Krit dazu T 1194/97 ABl 00, 525 (Nr 3.7.4). Vgl. ferner T 0121/06 v 25.1.2007 (Datenstrom eines patentierbaren Computerprogramms nicht unter Art 52 (2) d) EPÜ ausgeschlossen).
419 T 0858/02 EPOR 06, 44.
420 Moufang: Genetische Erfindungen 1988, S 177 ff.
421 BGH GRUR 05, 749 *Aufzeichnungsträger* (BIV1): Aufzeichnungsträger mit in bestimmter Weise erzeugter Informationsstruktur mit Folgen von Kanalbitzellen. Allerdings kann im Einzelfall der Ausschluss der Computerprogramme als solcher greifen, s oben Rdn 107 ff.
422 T 1194/97 ABl 00, 525.
423 BPatG Mitt 02, 458.
424 Einschränkend aber UK High Court RPC 10, 10 *Gemstar-TV Guide International Inc v Virgin Media Ltd*; s Campbell EIPR 10, 369.
425 T 0115/85 ABl 90, 30; T 0362/90 ABl 93 SonderA 14 = Mitt 94, 126 (automatische optische Anzeige des eingelegten und des günstigsten Ganges eines LKW).
426 BPatG GRUR 07, 316. S aber auch T 0651/12 v 14.4.2016 BeckRS 16, 120080 (technischer Beitrag durch ergonomische Vorteile einer Kartendarstellung aus Vogelperspektive für Autofahrer).
427 BGH GRUR 111 125 *Wiedergabe topographischer Informationen*: Auswahl einer für die Navigation eines Fahrzeugs zweckmäßigen (zentralperspektivischen) Darstellung positionsbezogener Informationen bildet eine nichttechnische Vorgabe, die bei der Prüfung auf erfinderische Tätigkeit außer Betracht zu bleiben hat. Kritisch hierzu Teufel Mitt 11, 497, 503. Vgl ferner BGH GRUR 13, 909 *Fahrzeugnavigationssystem*.
428 Vgl für Details einerseits T 0198/06 v 14.11.2007; andererseits T 1143/06 EPOR 10, 109.

142 Die genaue Grenzlinie ist allerdings strittig,[429] insbesondere bei Benutzeroberflächen[430] (graphical user interfaces = GUIs) (s auch Rdn 135). Einerseits wurde Technizität verneint für eine visuell attraktive Menü-Anordnung[431] oder eine Diagrammgestaltung, mit der Information besonders attraktiv, klar oder logisch präsentiert wurde.[432] Andererseits haben Entscheidungen die Technizität bejaht für eine Menügestaltung, die dem Benutzer eine effizientere Ausführung einer technischen Aufgabe ermöglicht,[433] und die Analyse und Unterteilung eines Textes zur Verbesserung seiner Lesbarkeit auf einem Display als nicht von Art 52 (2) d) EPÜ erfasst angesehen.[434]

Nach Auffassung des BGH dienen Anweisungen, die zwar die (visuelle) Informationswiedergabe betreffen, bei denen aber nicht die Vermittlung bestimmter Inhalte oder deren Vermittlung in besonderer Aufmachung im Blickpunkt steht, sondern die Präsentation von Bildinhalten in einer Weise, die auf die physische Gegebenheiten der menschlichen Wahrnehmung und Aufnahme von Informationen Rücksicht nimmt und darauf gerichtet ist, die Wahrnehmung der gezeigten Informationen überhaupt erst zu ermöglichen, zu verbessern oder zweckmäßig zu gestalten, der Lösung eines technischen Problems mit technischen Mitteln.[435] Keinen technischen Beitrag leistet hingegen die Anweisung, für ein Auswahlmenü auf einem Bildschirm eine Darstellungsart zu wählen, die die angezeigten Menüpunkte und den Umstand, dass möglicherweise noch weitere Punkte verfügbar sind, besonders anschaulich zu präsentieren sucht.[436]

143 Wird kognitive Information ohne Beziehung zu oder Interaktion mit einem technischen System wiedergegeben, so ist dies nicht-technisch.[437] Beispiele aus der Rechtsprechung für **nicht-technische Gegenstände oder Merkmale: 1.** farbige Plattenhülle,[438] **2.** Bilderbuch für Kinder;[439] **3.** Informationen über die Töne der Tasten eines Tasteninstruments;[440] **4.** Anzeige von Daten bei Programmierung eines Computers;[441] **5.** Visualisierung zusammengefasster Teile eines Dokuments;[442] **6.** Meldung einer Abweichung zwischen einem Ist- und einem Soll-Schaubild;[443] **7.** »knowledge repository« mit Informationen, die lediglich Verfahren zur Produktentwicklung oder Dienst-

---

429 Für eine eingehende Diskussion der jüngeren Rechtsprechung s T 1562/11 v 3.6.2015 BeckRS 15, 119798.
430 Hierzu Herrmann epi-information 18/1, 19. Zum Bereich der sog Augmented Reality s Hilgert CR 17, 472.
431 T 0244/00 RechtsprBK/EPA 19, 262; ähnlich T 1741/08 EPOR 13, 46.
432 T 0125/04 RechtsprBK/EPA 19, 266; s auch T 0198/06 v 14.11.2007; T 1143/06 EPOR 10, 109; T 0756/06 EPOR 10, 480.
433 T 0643/00 RechtsprBK/EPA EPA 19, 263 (Nr 16). S auch T 1715/11 v 22.7.2015.
434 T 0049/04 EPOR 07, 293.
435 BGH GRUR 15, 660 *Bildstrom*.
436 BGH v 14.1.2020 X ZR 144/17 GRUR 20, 599 *Rotierendes Menü*.
437 T 1361/05 v 22.11.2006 BeckRS 06, 30690602. Vgl. ferner T 0163/85 ABl 90, 379: Daten, die »Information per se« darstellen, können nicht Grundlage einer Erfindung sein. Zustimmend T 0273/02 v 27.4.2005 BeckRS 05, 30554717 (Nr 8.3).
438 T 0119/88 ABl 90, 379.
439 T 0144/90 v 3.12.1991 BeckRS 91, 30526269.
440 T 0603/89 ABl 92, 230.
441 T 0833/91 ABl 94 SonderA 16.
442 T 1086/07 EPOR 12, 186.
443 T 0790/92 ABl 94 SonderA 18.

leistung beschreiben;⁴⁴⁴ **8.** computerisierte Neugewichtung eines Aktienindexes;⁴⁴⁵ **9.** Anzeige bestimmter Informationen für Bus-Fahrgäste;⁴⁴⁶ **10.** Beschreibung und Klassifizierung von Diamanten;⁴⁴⁷ **11.** Anzeige von Daten eines Navigationssystem, um Fahrer deren Bearbeitung zu ermöglichen.⁴⁴⁸

Unterschiedliche Merkmale, die auf einem mathematischen Modell beruhen, lösen kein technisches Problem.⁴⁴⁹ Eine Gebrauchsanweisung auf einem Produkt ist bloße Wiedergabe von Informationen, so dass Produkt mit der Gebrauchsanweisung zwar technischen Charakter hat, die Gebrauchsanweisung aber bei der Prüfung auf Neuheit nicht zu berücksichtigen ist.⁴⁵⁰

9 Sonstige nicht technische Gegenstände

Da die Negativliste des § 1 (3) und des Art 52 (2) EPÜ beispielhaft und nicht abschließend ist (s Rdn 73), können auch nicht unter die Liste fallende Lehren, denen die Technizität fehlt, von der Patenterteilung ausgeschlossen sein. Dies gilt etwa für Lehren auf dem Gebiet der Psychologie,⁴⁵¹ des Marketing, der Semantik,⁴⁵² des Rechts⁴⁵³ oder der menschlichen Geschmackswahrnehmung. Nicht technisch ist zB die von ästhetischen und emotionalen Aspekten beherrschte Auswahl von Parfums.⁴⁵⁴ Auf nicht-technischen Lehren basierende Merkmale können nicht zur erfinderischen Tätigkeit beitragen.⁴⁵⁵

144

10 Rechtsvergleichende Hinweise, insbesondere US-Recht

Nach 35 US Code § 101 kann ein Patent erlangen »whoever invents or discovers any new and useful process, machine, manufacture, or composition of matter«. Ein allgemeines Technizitätserfordernis hat sich hieraus im US-Patentrecht nicht entwickelt, vielmehr ist der Erfindungsbegriff geraume Zeit erheblich ausgedehnt worden. Dies wurde dadurch begünstigt, dass das US-amerikanische Recht keine Patentierungsausschlüsse enthält, die denjenigen des deutschen oder europäischen Rechts vergleichbar sind. Grundsätzlich galt »anything under the sun that is made by man«⁴⁵⁶ als patentfähig. Auch computerimplementierte Geschäftsmethoden konnten in vielen Fällen paten-

145

---

444 T 1361/05 v 22.11.2006 BeckRS **06**, 30690602 (unter Art 56 EPÜ entschieden).
445 T 1161/04 v 6.12.2006 BeckRS **06**, 30683605 (unter Art 56 EPÜ entschieden).
446 UK Patents Court RPC **06**, 345 *Crawford's Application*.
447 T 0619/05 v 28.2.2008 BeckRS **08**, 30614656.
448 BGH GRUR **13**, 275 *Routenplanung*; s auch T 2035/11 v 25.7.2014 BeckRS **16**, 17096.
449 T 0365/05 v 19.6.2007 BeckRS **07**, 30571997.
450 T 553/02 ABl **05** SonderA 16.
451 Vgl T 0688/05 v 19.7.2007 BeckRS **07**, 30625160 (Nr 4.6).
452 T 0309/05 v 27.10.2006 BeckRS **06**, 30562011.
453 T 1461/12 v 4.8.2015 (essential feature relying on licensing scheme). Im Einzelfall ist es jedoch nicht ausgeschlossen, rechtliche Begriffe wie »licence« oder »term and conditions« im Lichte des Anspruchs als technische Merkmale auszulegen; s T 1658/06 EPOR **11**, 220.
454 T 0619/02 ABl **07**, 63 (Nr 2 u 3).
455 T 0619/02 ABl **07**, 63 (Nr 4); T 0309/05 v 27.10.2006 BeckRS **06**, 30562011; T 1954/08 RechtsprBK/EPA **19**, 26.
456 US Supreme Court GRUR Int **80**, 627 *Diamond v Chakrabarty*.

tiert werden,[457] so zB für eine Investmentfonds-Strategie,[458] für die unterschiedliche Vergebührung von Ferngesprächen[459] oder für Ein-Klick-Einkaufen im Internet.[460]

Allerdings ist, wie die Entwicklung in der jüngeren Vergangenheit gezeigt hat, auch das US-Recht keineswegs schrankenlos.[461] Ausnahmen gelten etwa für Naturgesetze (*laws of nature*), Naturerscheinungen (*natural phenomena*) und abstrakte Ideen (*abstract ideas*) wie Rechenregeln;[462] ferner muss eine Erfindung unter eine der vier genannten Grundkategorien des § 101 fallen.[463]

146   Mehrere neuere US Supreme Court-Entscheidungen haben gezeigt, dass diese Beschränkungen durchaus beträchtliche Wirkung entfalten können.[464] Viele Patente auf computerimplementierte Geschäftsmethoden und auf andere als abstrakte Ideen[465] angesehene Gegenstände sind daher in den letzten Jahren widerrufen und vernichtet worden.[466] Eine allgemeine Geschäftsmethode, die nur eine Anweisung an den menschlichen Geist darstellt, ist jedenfalls nicht patentfähig.[467] Auch mathematische Algorithmen als solche können in den USA nicht patentiert werden.[468]

---

457   CAFC GRUR Int **99**, 633 *State Street Bank v Signature Financial Group*; CAFC GRUR Int 00, 174 *AT&T v Excel*.
458   CAFC GRUR Int **99**, 633 *State Street Bank v. Signature Financial Group*.
459   CAFC GRUR Int 00, 174 *AT&T v. Excel*.
460   CAFC 239 F.3d 1343 (2001) *Amazon.com v Barnesandnoble.com*.
461   Siehe insbesondere die Entscheidungen des US Supreme Court *Bilski v Kappos* 95 USPQ2d 1001 (2010), *Mayo Collaborative Services v Prometheus Laboratories Inc* 101 USPQ2d 1961 (2012) = GRUR Int **12**, 582 und *Alice Corporation Pty Ltd v CLS Bank International et al* 110 USPQ2d 1976 (2014) = GRUR Int **14**, 1140; vgl ferner CAFC 84 USPQ2d 1670 (2007) = GRUR Int **08**, 167 *In re Comiskey*: allgemeine Geschäftsmethode als geistige Anweisung nicht patentfähig (dazu Schwarz/DeWitt Mitt 07, 494) und CAFC 105 USPQ2d 1960 (2012) *PerkinElmer Inc v Intema Ltd*: pränatales Screening-Verfahren zur Bestimmung des Down-Syndrom-Risikos nicht patentfähig.
462   US Supreme Court (1981) 450 U.S. 175 *Diamond v Diehr*.
463   Dies hat etwa zur Verneinung der Patentfähigkeit eines Signals geführt, s CAFC 84 USPQ2d 1495 (2007) *In re Nuijten*; vgl demgegenüber BGH GRUR **04**, 495 *Signalfolge*, wonach eine Signalfolge nicht als Verfahren, sondern als Erzeugnis zu qualifizieren ist und daher nicht unter den Ausschluss des § 2 Nr 3 GebrMG fällt. Abstrakte Ansammlungen von Informationen werden in den USA gleichfalls nicht als patentfähig angesehen, s *Digitech Image Techs., LLC v Elecs. for Imaging, Inc et al.* 111 USPQ2d 1717 (2014).
464   US Supreme Court 95 USPQ2d 1001 (2010) = GRUR Int **10**, 781 (Zsfg) *Bilski v Kappos*; 101 USPQ2d 1961 (**2012**) = GRUR Int **12**, 582 *Mayo Collaborative Services v Prometheus Laboratories Inc* (s hierzu Stern EIPR **12**, 502); 110 USPQ2d 1976 (2014) = GRUR Int **14**, 1140 *Alice Corporation Pty Ltd v CLS Bank International et al.*
465   Vgl Reitboeck Mitt **18**, 537.
466   S insbesondere folgende CAFC-Entscheidungen: 84 USPQ2d 1670 (2007) = GRUR Int **08**, 167 *In re Comiskey*: allgemeine Geschäftsmethode als geistige Anweisung nicht patentfähig; 103 USPQ2d 1425 (2012) *Bancorp Services LLC v Sun Life Assurance Co. of Canada*: computerimplementierte Verwaltung und Wertberechnung von Lebensversicherungspolicen nicht patentfähig; 112 USPQ2d 1750 (2014) *Ultramercial, LLC v Hulu*; 91 PTCJ 524 (2016) *Vehicle Intelligence & Safety LLC v Mercedes-Benz USA, LLC*.
467   *Bilski v. Kappos* 95 USPQ2d 1001 (2010) = GRUR Int **10**, 781 (Zsfg); ebenso bereits CAFC 84 USPQ2d 1670 (2007) = GRUR Int **08**, 167 *In re Comiskey*. Dazu Schwarz/DeWitt Mitt 07, 494.
468   *Ex parte Gutta* 84 USPQ2d 1536 (POBAI 2007).

Der Federal Court of *Australia* (Full Court) hat die Patentierung von Geschäftsmethoden abgelehnt,[469] der Federal Court of *Canada* bejaht.[470]

IV. Gebiete der Technik

1 Allgemeines

Patentschutz steht nach § 1 (1) und Art 52 (1) EPÜ für Erfindungen auf allen Gebieten der Technik (s Rdn 16) zur Verfügung. Dieser Grundsatz wird in weiteren Bestimmungen für besondere Technikbereiche zur Klarstellung wiederholt. Hierzu zählen § 1 (2) sowie R 26 (2) und 27 a) EPÜ für biotechnologische Erfindungen, § 2a (2) sowie Art 53 b), 2. Halbsatz und R 27 b) u c) EPÜ für Pflanzen und Tiere im Allgemeinen und mikrobiologische Erfindungen und § 2a (1) Nr 2 S 2 sowie Art 53 c) S 2 EPÜ für Arzneimittel und andere medizinische Erzeugnisse. Andererseits erfährt der Grundsatz auch Einschränkungen, insbesondere in § 2a (1) Nr 1 sowie Art 53 b), 1. Halbsatz und R 28 (2) EPÜ für bestimmte Erfindungen der Pflanzen- und Tierzüchtung und in § 2a Nr 2 und Art 53 c) EPÜ für bestimmte medizinische Verfahrenserfindungen. 147

Auch wenn der Gesetzgeber die Frage der Patentfähigkeit für nahezu alle Gebiete der Technik bejaht, kann die Anwendung allgemeiner patentrechtlicher Vorschriften bei Erfindungen auf bestimmten Gebieten je nach betroffener Technik Besonderheiten aufweisen. Ferner bestehen, insbesondere bei biotechnologischen Erfindungen, die einzelnen patentrechtlichen Bestimmungen übergreifende Gesichtspunkte, etwa was die gesetzgeberischen Grundlagen angeht. Dies lässt eine zusammenfassende Übersicht wichtiger Erfindungsgebiete sinnvoll erscheinen.[471] 148

2 Biotechnologische Erfindungen *(biotechnological inventions)*

Lit (ab 2005):[472] **Han:** Der Patentschutz biotechnologischer Erfindungen 2005; **Schieble:** Abhängige Genpatente und das Institut der Zwangslizenz 2005; **Herrlinger:** Die Patentierung von Krankheitsgenen 2005; **Wolters:** Die Patentierung des Menschen – Zur Patentierbarkeit humanbiologischer Erfindungen aus dem Bereich der modernen Biotechnologie 2006; **Kunczik:** Geistiges Eigentum an genetischen Informationen 2007; **Godt:** Eigentum an Information: Patentschutz und allgemeine Eigentumstheorie am Beispiel genetischer Information 2007; **Van Overwalle** (Hrsg): Gene Patents and Public Health 2007; **Eichholz:** Der Schutzumfang geistigen Eigentums, insbesondere von Biopatenten, in der BRD unter Berücksichtigung der Grundrechte, des TRIPS-Übereinkommens und der EU-Richtlinie 98/44/EG 2008; **Rimmer:** Intellectual Property and Biotechnology – Biological Inventions 2008; **Kewitz:** Der gemeinschaftsrechtliche Patentschutz für biotechnologische Erfindungen 2008; **Palombi:** Gene Cartels – Biotech Patents in the Age of Free Trade 2009; **Schmidt:** Die Grenzen der Patentierbarkeit humangenetischer Erfindungen 2009; **Straus/Ganea/Shin** (Hrsg): Patentschutz und Stammzellforschung 2009; **Van Overwalle:** Gene Patents and Collaborative 149

---

469 IIC 07, 605 *Grant v. Commissioner of Patents.*
470 Mitt 11, 72 *Amazon.com v. Canada.*
471 **Lit für weitere Erfindungsgebiete**: Begemann: Die Rolle von Patenten in der zivilen **Luftfahrtindustrie** aus historischer und rechtsvergleichender Sicht, 2008; *zum 3D-Druck:* Baumgärtel DGRI-Jahrbuch **15**, 135; Michau: L'impression 3D – Défis et opportunités pour la propriété intellectuelle 2016; Leupold/Glossner: 3D Printing – Recht, Wirtschaft und Technik des industriellen 3D-Drucks 2017; Osborn: 3D Printing and intellectual property 2019; **Lit in EIPR:** Ballardini/Norrgard **16**, 519; Owoeye/Adeale **16**, 697; **Lit in GRUR:** Schmoll et al **15**, 1041; Blanke-Roeser **17**, 467; **Lit in IIC:** Bechtold **16**, 517; Van Overwalle/Leys **17**, 504; **Lit in Mitt:** Graf Ballestrem **16**, 358; *zu Hologrammen:* Jougleux/Synodinou EIPR **16**, 492.
472 Für Literatur vor 2005 s Vorauf § 1 Rn 135.

Licensing Models 2009; **Mills:** Biotechnological Inventions: Moral Restraints and Patent Law 2010; **Schneider:** Das europäische Patentsystem – Wandel von Governance durch Parlamente und Zivilgesellschaft 2010; **Schuster:** Patenting Proteomics 2010; **Arezza/Ghidini** (Hrsg): Biotechnology and Software Patent Law 2011; **Gruss:** Patentrechtliche Abhängigkeit und funktionsgebundener Stoffschutz bei biotechnologischen Erfindungen 2011; **Bucknell** (Hrsg): Pharmaceutical, Biotechnology and Chemical Inventions – World Protection and Exploitation 2011; **Fitzner** in FS 50 Jahre BPatG 2011, 209; **Rai** (Hrsg) Intellectual Property and Biotechnology 2011; **Wegner** in Patent Practice in Japan and Europe 2011, 169; **Hübel et al:** Biopatent Law 2012; **Liang:** Dealing with Anti-Commons of Genetic Patents in the Biopharmaceutical Industry 2012; **Lindenmeir:** The Patenting and the Enforcing of the Patent Rights for the DNA Microarray-Technologies 2012; **Zwiker-Stöckli:** Patente auf DNA-Sequenzen 2012; **Hübel et al:** Limits of Patentability – Plant Sciences, Stem Cells and Nucleic Acids 2013; **Sideri:** Bioproperty, Biomedicine and Deliberative Governance: Patents as Discourse on Life 2014, 204; **Storz et al:** Biopatent Law: European vs. US Patent Law 2014; **Stazi:** Biotechnological Inventions and the Patentability of Life – The US and European Experience 2015; **England:** Intellectual Property in the Life Sciences: A Global Guide to Rights and their Applications, 2. Aufl 2015; **Zimmer et al** (Hrsg): Protecting and enforcing life science inventions in Europe 2. Aufl 2015; **Jaenichen et al:** From Clones to Claims – The EPO's Case Law on the Patentability of Biotechnology Inventions in Comparison to the US and Japanese Practice, 6. Aufl 2016; **Matthews/Zech** (Hrsg): Research Handbook on Intellectual Property and the life sciences 2017; **Wu:** Der Schutz biotechnologischer Erfindungen in der V. R. China unter Berücksichtigung internationaler Entwicklungen 2018; **Yang:** Aegis or Achilles Heel: The Dilemma of Homology in Biopatents in the Wake of Novozymes 2018; **Krusche:** DNA und ihre Verwendung als Gegenstand patentierbarer Erfindungen 2019; **Thörner:** Die Schutzwirkungen von Patenten auf biotechnologische Erfindungen 2019; **Schnettler:** Die Patentierung des Genome-Editing-Verfahrens CRISPR/Cas9 2019; **Berg et al** (Hrsg): Patents on Life 2020.
Lit in ABl EPA: Galligani 07 SonderA 2, 148; Pezard 07 SonderA 2, 162, Lutz 07 SonderA 2, 170; Arnold 13 SonderA 1, 199; Wieser 13 SonderA 1, 218; **Lit in EIPR**: Crespi 06, 569; Kariyawasam 09, 37; Hüttermann/Storz 09, 589; Lawson 09, 244; Chen 10, 9; Sharples 11, 72; Minssen/Nilsson 12, 689; Kurts 13, 629; Aerts 14, 88; Verlinden et al 16, 1; Hawkins 16, 83; Rourke 17, 79; Perera/Sugden 17, 334 u 403; Aerts 19, 541; Wisniowska 20, 707; **Lit in epi information:** Kawczyńska/Meier 21/1, 17; **Lit in GRUR**: Feldges 05, 977; Kilger/Jaenichen 05, 984; Schneider/Walter 07, 831; Loschelder 15, 970; Kunze 16, 252; Zech 18, 881; Schacht 20, 133; Keßler/Palzer 20, 1017; **Lit in GRUR Int**: Kock/Porzig/Willnegger 05, 183; Hartmann 06, 195; Stolzenburg et al 06, 798; Jaenichen 07, 104; Sattler de Sousa e Brito 07, 712; Walter 07, 284; Fitt/Nodder 10, 649; Laimböck/Dederer 11, 661; Roca 21, 349; **Lit in GRUR-Prax**: Wolfram 12, 502; **Lit in IIC**: Kock et al 06, 135; van Overwalle 06, 889; Sommer 07, 30; 08, 139; Bucher 08, 35; Aerts 08, 282; Warren-Jones 08, 638; Minssen 08, 886; Heath 09, 940; Hawkins 12, 641; Godt 16, 960; **Lit in IPQ**: Harmon 06, 378; Liddell et al 08, 286; Odell-West 11, 304; Thambisetty 14, 13; Verlinden et al. 15, 106; Schwartz/Minnsen 15, 189; Thikkavarapu 18, 181; McMahon 20, 161; **Lit in JIPLP**: Nordberg 15, 19; Straus 17, 576; **Lit in JWIP**: Straus 08, 229; Palombi 09, 371; Tvedt/Jorem 13, 150; Lai 14, 129; Karky 18, 140; **Lit in Mitt**: Haedicke 05, 241; Krauß 05, 490; 07, 250; Hoeren/Hoffmann 09, 386; Fabry/Fischer 10, 346; Krauß 11, 54, 279; Barlow 12, 114; Czychowski et al. 13, 108; Ruttekolk 15, 434; Richter 19, 545; **Lit in PharmaR**: Trips-Hebert/Grund 07, 397; **Lit in QMJIP**: Aerts 16, 287; **Lit in sic!**: Kohler 06, 451; Wildhaber 12, 687; **Lit in ZGE/IPJ**: Zech 15, 1.

150   **2.1 Überblick:** Biotechnologische Erfindungen lassen sich definieren als Erfindungen, die ein Erzeugnis, das aus biologischem Material besteht oder dieses enthält, oder ein Verfahren, mit dem biologisches Material hergestellt, bearbeitet oder verwendet wird, zum Gegenstand haben (R 26 (2) EPÜ, s auch § 1 (2) Satz 1). Sie schließen damit insbesondere genetische Erfindungen[473] ein, zu denen Innovationen moderner Gentechnologie und Mikrobiologie ebenso zählen wie solche in Pflanzen- und Tierzüchtung.

---

473 Zur Definition s Moufang: Genetische Erfindungen im gewerblichen Rechtsschutz 1988, S 21: *Erfindungen, deren Kern in der Bewahrung, Veränderung oder Weitergabe genetischer Information besteht.*

Der Patentschutz biotechnologischer Erfindungen ist durch eine EU-Harmonisierungsrichtlinie, die BioPatRL (s Rdn 151), stark beeinflusst worden. Auch Normkomplexe außerhalb des Patentrechts wie der Sonderschutz für Pflanzenzüchtungen, der international durch das UPOV-Übereinkommen, europäisch durch die EU-SortSchVO und national durch das SortSchG geregelt wird (s § 2a Rdn 14), und die Rio-Konvention (s Rdn 158) sind zu beachten.

Die Patentfähigkeit biotechnologischer Erfindungen ist grundsätzlich anerkannt, jedoch von Ausnahmen betroffen (s Rdn 159). Die Prüfung der Patentierungsvoraussetzungen (Neuheit, erfinderische Tätigkeit und gewerbliche Anwendbarkeit) ist durch einige Besonderheiten geprägt (s Rdn 168). Für das Offenbarungserfordernis bestehen teilweise sogar gesetzliche Spezialregelungen (s Rdn 169). Das Gleiche gilt für die Schutzwirkungen von Patenten für biotechnologische Erfindungen (s Rdn 170).

2.2 Die Richtlinie 98/44/EG über den rechtlichen Schutz biotechnologischer Erfindungen vom 6.7.1998 (BioPatRL, abgedruckt im Anhang 6)[474] ist am 30.7.1998 in Kraft getreten. Eine Nichtigkeitsklage der Niederlande, unterstützt durch Italien, gegen die Richtlinie hat der EuGH zurückgewiesen.[475] Die BioPatRL wurde 2003 auch in Anhang XVII des EWR-Abkommens übernommen.[476]

151

Das europäische Patentrecht wurde durch Beschluss des Verwaltungsrats der Europäischen Patentorganisation vom 16.6.1999 an die BioPatRL angepasst.[477] Dabei wurde ein neues Kapitel »Biotechnologische Erfindungen« (jetzt R 26 bis 34) in die AusfO zum EPÜ eingefügt. Die neuen Bestimmungen traten am 1.9.1999 in Kraft und gelten auch in nationalen Nichtigkeitsverfahren hinsichtlich europäischer Patente (vgl Art 138 (1) EPÜ).

152

Die Frist für die Umsetzung der BioPatRL in die nationalen Rechtsordnungen lief am 30.7.2000 ab. Nachdem die Umsetzung auch erheblich später noch nicht in allen EU-Mitgliedstaaten erfolgt war,[478] kam es zur Einleitung von Vertragsverletzungsverfahren durch die EU-Kommission.[479] Bereits vor ihrer formellen Umsetzung war die BioPatRL aber insoweit im deutschen Patentrecht zu beachten, als sie die Auslegung bereits vorhandener Normen des PatG konkretisierte.

153

Gemäß Kabinettsbeschluss vom 18.10.2000 wollte die Bundesregierung in Brüssel auf eine Verbesserung und Präzisierung der BioPatRL hinwirken. Die Reichweite des Stoffpatents für biotechnologische Erfindungen sollte überprüft werden, insbesondere die Voraussetzungen für eine Patentierbarkeit von Genen, Gensequenzen und Teilen

154

---

474 EG-ABl L 13 v 30.7.1998, S 13 = GRUR Int **98**, 675 = BlPMZ **98**, 458 = ABl EPA **99**, 101, abgedruckt im Anhang 6.
475 EuGH C-377/98 GRUR Int **01**, 1043 *Biotechnologie-Richtlinie*.
476 Vgl Beschluss des Gemeinsamen EWR-Ausschusses vom 31.1.2003, ABl. EU L 94 v 10.4.2003, S 82.
477 ABl **99**, 437; s auch MittEPA vom 1.7.1999, ABl **99**, 573.
478 Anfang Juli 2004 hatte nahezu die Hälfte aller EU-Mitgliedstaaten die Richtlinie noch nicht umgesetzt.
479 Mehrere EU-Mitgliedstaaten (ua auch Deutschland) wurden durch den EuGH wegen Nichtumsetzung verurteilt. Die ersten Urteile betrafen Frankreich, Belgien und Luxemburg (Rs C-448/03, C-454/03 und C-450/03).

von Gensequenzen, die von menschlichen und tierischen Lebewesen, Pflanzen oder Mikroorganismen stammen. Die EU-Kommission setzte 2002 eine Sachverständigengruppe ein, die sich mit der Reichweite des Schutzes von Genpatenten und der Patentierbarkeit menschlicher Stammzellen befasste.[480] Rechtspolitische Neuanstöße haben sich hieraus aber nicht ergeben.

155 Durch Gesetz zur Umsetzung der Richtlinie über den rechtlichen Schutz biotechnologischer Erfindungen vom 21.1.2005 (= **BioPatG**, BGBl I 2005, 146, abgedruckt im Anhang 7) wurde die BioPatRL schließlich in das deutsche Recht umgesetzt. Dies führte zur Einfügung der §§ 1 (2), 1a, 2a, 9a, 9b, 9c, 11 Nr 2a und 34a PatG und zur Neufassung der §§ 2, 9 (1) 1 und 24 PatG. Ferner wurde der Gebrauchsmusterschutz für biotechnologische Erfindungen beseitigt (Art 2 Nr 1 BioPatG).

156 Die Regelung der Reichweite des Schutzes von menschlichen Gensequenzen erwies sich bei der Umsetzung in das deutsche Recht als besonders kontrovers. Der rechtspolitische Kompromiss in dieser Frage findet sich in Absatz 4 des neuen § 1a, der zu einer Einschränkung des absoluten Stoffschutzes bei menschlichen Genen geführt hat (s § 1a Rdn 27).

157 Durch Art 1 Nr 2 PatNovG vom 19.10.2013 wurde ferner § 2a (1) Nr 1 PatG dahingehend ergänzt, dass ein Patentierungsverbot auch für Pflanzen und Tiere besteht, die ausschließlich durch ein im Wesentlichen biologisches Züchtungsverfahren gewonnen werden (s § 2a Rdn 1 u 44).

158 **2.3 Übereinkommen über die biologische Vielfalt vom 5.6.1992 (Rio-Konvention)** in der Fassung der Bekanntmachung vom 30.8.1997 BGBl II 1741. Die Ziele der Rio-Konvention sind die Erhaltung und nachhaltige Nutzung der biologischen Vielfalt sowie die gerechte und faire Teilhabe an den Vorteilen, die sich aus der Nutzung der genetischen Ressourcen ergeben. Bedeutung des geistigen Eigentums und Notwendigkeit eines Technologietransfers werden anerkannt. Die BioPatRL lässt gemäß Art 1 (2) die Verpflichtungen der EU-Mitgliedstaaten aus der Rio-Konvention unberührt. Vgl ferner Kommentierung zu § 34a PatG (auch zum Nagoya-Protokoll).

159 **2.4 Grundsätzliche Patentierbarkeit von Erfindungen auf dem Gebiet der Biotechnologie** ergibt sich explizit aus § 1 (2) Satz 1 PatG und R 26 (2) EPÜ in Übereinstimmung mit Art 3 BioPatRL. Das ist gerechtfertigt, weil sich Erfindungen nicht nur auf tote Materie, sondern auch auf die belebte Natur und biologische Substanzen beziehen können, zB auf Pflanzen,[481] Tiere,[482] Mikroorganismen,[483] Viren,[484] Gene und sonstige DNA-Sequenzen.[485]

---

480 Vgl Bostyn: Patenting DNA Sequences (Polynucleotides) and Scope of Protection in the European Union: An Evaluation – Background Study for the European Commission 2004.
481 Vgl zB GrBK G 0001/98 ABl 00, 111 *transgene Pflanze/NOVARTIS II*.
482 Vgl zB BGH GRUR **69**, 672 *Rote Taube*; T 0315/03 ABl **06**, 15 (genetisch manipulierte Tiere).
483 Vgl zB BGH GRUR **75**, 430 *Bäckerhefe*.
484 *Vgl zB BGH GRUR* **87**, 231 *Tollwutvirus*.
485 Vgl zB T 0281/86 ABl **89**, 202.

Ausnahmen von der Patentierbarkeit biotechnologischer Erfindungen enthalten: 160
§ 1a PatG und R 29 EPÜ für den menschlichen Körper und seine Bestandteile (siehe Kommentierung zu § 1a),
§ 2 PatG, Art 53 a) und R 28 EPÜ für Verstöße gegen die öffentliche Ordnung oder die guten Sitten, insbesondere die in § 2 (2) PatG und R 28 (1) EPÜ aufgeführten Beispiele (siehe Kommentierung zu § 2),
§ 2a (1) Nr 1 PatG, Art 53 b) und R 28 (2) EPÜ für Pflanzensorten und Tierrassen sowie im Wesentlichen biologische Pflanzen- und Tierzüchtungsverfahren und hierdurch gewonnene Pflanzen und Tiere (siehe Kommentierung zu § 2a Rdn 9 ff),
§ 2a (1) Nr 2 PatG und Art 53 c) EPÜ für medizinische Verfahren (siehe Kommentierung zu § 2a Rdn 56 ff).

2.5 Gegenstand einer biotechnologischen Erfindung: Eine biotechnologische 161
Erfindung kann jeder Patentkategorie angehören, kann also ein Erzeugnis, ein (Herstellungs- oder Arbeits-)Verfahren oder eine Verwendung zum Gegenstand haben.

Eine biotechnologische Erfindung muss sich nicht ausschließlich auf biologisches 162
Material beziehen. Sie kann auch eine **Mischung aus belebter und toter Materie** zum Gegenstand haben. Das stellen § 1 (2) 1 PatG und R 26 (2) EPÜ klar. Danach kann ein Erzeugnis aus biologischem Material bestehen oder dieses (unter anderem) enthalten.

2.6 Biologisches Material definieren § 2a (3) Nr 1 PatG, R 26 (3) EPÜ (siehe § 2a 163
Rdn 5) und Art 2 (1) a BioPatRL (siehe Anhang 6) übereinstimmend so umfassend, dass alle Bestandteile der belebten Natur dem Patentschutz grundsätzlich zugänglich sind. Grundvoraussetzung ist die Vermehrbarkeit. Diese kann sich ergeben aus: **a)** immanenter Fähigkeit des biologischen Materials, sich selbst zu reproduzieren (zB Pflanze, Tier oder deren Bestandteile) oder **b)** Fähigkeit zur Reproduktion mit Hilfe eines Wirts, wenn dem Material selbst die Fähigkeit zur Selbstreproduktion abgeht. Viren oder Bakteriophagen sind zwar von sich aus zur Reproduktion nicht fähig, besitzen aber diese Fähigkeit, wenn sie in ein geeignetes biologisches System – wie zB eine Zelle – gelangen. Das gleiche gilt für Gene und sonstige DNA-Sequenzen.

Auf die Größe des Materials kommt es nicht an, solange eine genetische Information 164
vorhanden ist, die weiter gegeben werden kann.

2.7 Vorhandensein in der Natur *(previous occurrence in nature)*: Nach § 1 (2) 2 165
PatG, R 27 a) EPÜ und Art 3 (2) BioPatRL ist auch biologisches Material, das in der Natur schon vorhanden war, grundsätzlich patentfähig. Für Gensequenzen folgt dies zudem aus den speziellen Vorschriften der § 1a (2) PatG, R 29 (2) EPÜ und Art 5 (2) BioPatRL. Der Gesetzgeber erkennt damit für den Bereich biotechnologischer Erfindungen ausdrücklich an, dass – wie in der Rechtsprechung bereits seit langem etabliert – auch Erfindungen, die sog. Naturstoffe betreffen, patentiert werden können (vgl allgemein zu Naturstoffen Rdn 228). Diese Frage wird jedoch in anderen Rechtssyste-

men, insbesondere in den USA, teilweise anders beurteilt.[486] S auch Rdn 78 sowie § 1a Rdn 6.

166 Voraussetzung ist aber wie bei jeder Erfindung, dass eine technische Lehre offenbart wird. Der bloße Hinweis auf die Existenz biologischen Materials in der Natur ist eine nicht patentfähige Entdeckung. Erforderlich ist, dass das Material entweder aus seiner natürlichen Umgebung isoliert oder mit Hilfe eines technischen Verfahrens hergestellt worden ist. Kann biologisches Material, das lediglich durch seine Eigenschaften charakterisiert ist, von einem Fachmann nur zufällig mit Glück, dh ohne Erfolgsgarantie, aufgefunden werden, ist keine ausreichende technische Lehre offenbart.[487]

167 Patentfähigkeit ist auch in den Fällen anzunehmen, in denen das isolierte oder technisch hergestellte biologische Material mit dem natürlichen in seinem Aufbau identisch ist. Es ist also unschädlich, wenn das Isolierungsverfahren das biologische Material in seiner Substanz unverändert lässt oder wenn das Herstellungsverfahren zu einem naturidentischen Stoff führt.

168 **2.8 Patentvoraussetzungen bei biotechnologischen Erfindungen:** Hinsichtlich der Patentvoraussetzungen der Neuheit und der erfinderischen Tätigkeit von biotechnologischen Erfindungen gelten die allgemeinen Kriterien (§§ 3 und 4, Art 54–56 EPÜ), da PatG und EPÜ diesbezüglich keine spezifische Regelung vorsehen. Aus § 1 (2) 2 PatG, R 27 a) EPÜ und Art 3 (2) BioPatRL folgt allerdings, dass die bloße Tatsache der Existenz eines Stoffes in der Natur, sofern sie dem Fachmann unbekannt war, für sich allein nicht neuheitsschädlich sein kann (s § 3 Rdn 174). Für die erfinderische Tätigkeit im Bereich der Biotechnologie (s § 4 Rdn 89) ist vor allem zu beachten, dass – wie bei allen Gebieten, die sich rasch entwickeln – die Zurückversetzung in den Prioritätszeitpunkt schwierig sein kann, aber gleichwohl besonders wichtig ist. Hinsichtlich der gewerblichen Anwendbarkeit verlangen § 1a (3) und R 29 (3) EPÜ eine konkrete Beschreibung in der Anmeldung (s § 1a Rdn 22); ferner haben spekulative Offenbarungen in manchen biotechnologischen Anmeldungen die Rechtsprechung zu einer genauen Überprüfung ihrer gewerblichen Anwendbarkeit veranlasst (s § 5 Rdn 11).

169 **2.9 Offenbarung biotechnologischer Erfindungen** unterliegt nicht nur den allgemeinen Kriterien (§ 34 (4) und Art 83 EPÜ), sondern ist darüber hinaus durch eine Reihe von Besonderheiten geprägt. So kann die bei manchen biotechnologischen Erfindungen bestehende Schwierigkeit einer ausreichenden Darstellung in der Beschreibung durch die Hinterlegung biologischen Materials bei anerkannten Hinterlegungsstellen überwunden werden. Die Voraussetzungen, Modalitäten und Wirkungen einer Hinterlegung werden in § 34 (8) iVm BioMatHinV und R 31–34 EPÜ geregelt (s § 34 Rdn 478 ff).

Außerdem besteht im Falle der Angabe von Nukleotid- und Aminosäuresequenzen in der Beschreibung das Erfordernis, zusätzlich ein Sequenzprotokoll einzureichen,

---

[486] Vgl US Supreme Court 106 USPQ2d 1972 (2013) *Association for Molecular Pathology v. Myriad Genetics, Inc.*: isolierte natürliche DNA-Sequenzen nicht patentfähig; US CAFC 110 USPQ2d 1668 (2014) *In re Roslin Institute (Edinburgh)*: geklonte Säugetiere nicht patentfähig.
[487] Vgl T 0727/95 ABl 01, 1.

das einem präzise festgelegten Standard entsprechen und auch in elektronischer Form zur Verfügung gestellt werden muss (s § 34 Rdn 472). Damit soll die Prüfung der Anmeldung, insbesondere die Recherche, erleichtert werden.

Für biologisches Material pflanzlichen oder tierischen Ursprungs sollen ferner in der Anmeldung Angaben zum geographischen Herkunftsort des Materials gemacht werden (s Kommentierung zu § 34a).

2.10 Schutzwirkungen biotechnologischer Patente sind über die allgemeinen Vorschriften hinaus in einigen Sondervorschriften (s §§ 9a-9c und 11 Nr 2a) geregelt; ferner enthält § 24 (3) eine spezifische Zwangslizenzbestimmung im Bereich der Pflanzenzüchtung. Durch diese Vorschriften wird zum einen der spezifischen Eigenschaft biologischer Materie, sich selbst reproduzieren zu können, Rechnung getragen, zum anderen die Überlappung von Patentrecht und Sortenschutz im Bereich der Pflanzenbiotechnologie berücksichtigt.

3 Chemische Erfindungen

Lit: Boeters: Handbuch Chemiepatent 1989; **Hansen/Hirsch:** Der Schutz von Chemie-Erfindungen 1995 = Protecting inventions in chemistry 1997; **Bucknell** (Hrsg): Pharmaceutical, Biotechnology and Chemical Inventions – World Protection and Exploitation 2011; Ahn: Patentability of Chemical Selection Inventions 2011; **Grubb/Thomsen:** Patents for Chemicals, Pharmaceuticals, and Biotechnology 6. Aufl 2016. Vgl. ferner **Lit** bei Rdn 213.
Chemical Abstracts Service (CAS) (s http://info.cas.org). Databases Chemical Abstracts (CA) and REGISTRY include about 54 million document records and more than 180 million substance records respectively. Databases of chemical reactions, commercially available chemicals, listed regulated chemicals and compounds claimed in patent.

Die Chemie ist seit mehr als einem Jahrhundert eines der wichtigsten technischen Gebiete, auf denen Patentschutz erlangt werden kann. Weder das PatG noch das EPÜ enthalten diesbezügliche Sondervorschriften, abgesehen von der Möglichkeit ergänzender Schutzzertifikate für chemische Wirkstoffe, die als Pflanzenschutzmittel zugelassen sind (s § 16a Rdn 6 und § 16a Anhang 2). Insbesondere ist seit der **Abschaffung des früher bestehenden Stoffschutzverbots** durch das Vorabgesetz 1967 anerkannt, dass neuen und erfinderischen Erzeugnissen auf dem Gebiet der Chemie Patentschutz in vollem Umfang zur Verfügung steht (für Details zum Stoffschutz s Rdn 213 ff). Die im EPÜ ursprünglich enthaltenen Übergangsvorschriften, die Vertragsstaaten für eine begrenzte Zeit einen Vorbehalt für einen Ausschluss von Stoffschutz erlaubten (s Art 167 (2) a) EPÜ 1973), sind obsolet geworden und in der revidierten Fassung des EPÜ 2000 nicht mehr enthalten. Die Möglichkeit, Patentschutz bei Stoffschutzerfindungen auf indirekte Weise und in abgeschwächter Form zu erlangen (wie etwa durch Patente auf sog. Analogieverfahren, s Rdn 281 f), hat daher erheblich an praktischer Bedeutung verloren.

4 Pharmazeutische Erfindungen

Lit: Doepner: Zwangslizenzen unter Berücksichtigung des Pharmabereichs 2008; **Eiland:** Patenting Traditional Medicine 2008; **Keßler:** Verfügbarkeit innovativer patentgeschützter Medikamente für die Weltgesundheit 2008; **Lieck:** Der Parallelhandel mit Arzneimitteln 2008; **Fackelmann:** Patentschutz und ergänzende Schutzinstrumente für Arzneimittel im Spannungsfeld von Wettbewerb und Innovation 2009; **Law:** Patents and Public Health 2009; **Dieners/Reese:** Handbuch des Pharmarechts 2010; **Kuanpoth:** Patent Rights in Pharmaceuticals in Developing Countries 2010; **Martin:** Auswirkungen des Patentablaufs bei Arzneimitteln und Strategien der Pharmaindustrie 2010; **Pogge** (Hrsg): Incentives for Global Public Health – Patent Law and Access to Essential Medicines 2010;

Raasch: Der Patentauslauf von Pharmazeutika als Herausforderung beim Management des Produktlebenszyklus 2. Aufl 2010; **Berthold:** Evergreening von Arzneimittelpatenten 2011; **Bucknell** (Hrsg): Pharmaceutical, Biotechnology and Chemical Inventions – World Protection and Exploitation 2011; **De Beer:** Brevet, santé publique et accès aux médicaments essentiels 2011; **Guesmi:** Le médicament à l'OMC – Droit des brevets, et enjeux de santé 2011; **Ho:** Access to Medicine in the Global Economy – International Agreements on Patents and Related Rights 2011; **Kiene:** The Legal Protection of Traditional Knowledge in the Pharmaceutical Field 2011; **Kraemer:** Die Vergütung von (Arbeitnehmer-)Erfindungen am Beispiel von Arzneimitteln, historisch, de lege lata und de lege ferenda 2011; **Philipp:** Intellectual Property Related Generic Defense Strategies in the European Pharmaceutical Market 2011; **Shadlen** (Hrsg): Intellectual Property, Pharmaceuticals and Public Health – Access to Drugs in Developing Countries 2011; **Yamane:** Interpreting TRIPS – Globalisation of Intellectual Property Rights and Access to Medicines 2011; **Hansen** in Patent Practice in Japan and Europe (FS Rahn) 2011, 627; **Souto** (Hrsg): Patenting nanomedicines 2012; **Storz et al:** Intellectual property issues – Therapeutics, vaccines and molecular diagnostics 2012; **Ghosh:** Identity, Invention, and the Culture of Personalized Medicine Patenting 2013; **Hein/Moon:** Informal Norms in Global Governance – Human Rights, Intellectual Property Rules and Access to Medicines 2013; **Drexl/Lee** (Hrsg): Pharmaceutical Innovation, Competition and Patent Law 2013; **Ahn:** Second generation patents in pharmaceutical innovation 2014; **Duttwiler:** Der Zugang zu Medikamenten im Spannungsfeld zwischen dem internationalen Patentschutz und dem Recht auf Gesundheit 2014; **Kilic:** Boosting Pharmaceutical Innovation in the post-TRIPS Era 2014; **Li:** Health Technologies and International Intellectual Property Law: A Precautionary Approach 2014; **Dölling:** Rechtsschutz von Wissen am Beispiel von traditionellem medizinischen Wissen 2015; **Bühling** (Hrsg): Patent Protection for Second Medical Uses 2016; **Grubb/Thomsen:** Patents for Chemicals, Pharmaceuticals, and Biotechnology 6. Aufl 2016; **Mercurio/Kim** (Hrsg): Contemporary issues in pharmaceutical patent law 2017; **Nonaka:** FTO (Freedom to Operate) in the pharmaceutical industry 2018; **Athanasiadou:** Patent Settlements in the Pharmaceutical Industry under US Antitrust and EU Competition Law 2018; **Sundaram:** Pharmaceutical patent protection and world trade law 2018; **Chatterjee:** Evergreening – Voraussetzungen der Patentfähigkeit im deutschen, europäischen und indischen Patentrecht 2019; **Meier/Ridderbusch** (Hrsg): Antibody patenting – A practitioner's guide to drafting, prosecution and enforcement 2019; **WIPO** (Hrsg): Promoting access to medical technologies and innovation, 2. Aufl 2020; **Steinlin:** Patentschutz für Arzneimittel 2020; **Fausch:** Personalized medicine as a challenge for patent law 2020.
Lit in EIPR: Matthews 05, 420; Vaver/Basheer 06, 282; England 09, 614; Matilal 10, 268; Wakely 11, 299, 756; Tuominen 12, 541; Bonadio 12, 719; Li 13, 516; Gloglo 13, 527; Pusceddu 14, 790; Owoeye 15, 232, 359 u 782; Matthews/Gurgula 16, 661; Minn 16, 718; 18, 16; Ariyarathna/Kariyawasam 20, 108; Mulder et al 20, 556 u 643; Gurgula 21, 381; **Lit in EuZW:** Schmidt/Sule 12, 369; **Lit in GRUR:** v. Falck et al 15, 1050; Ackermann 18, 772; Metzger/Zech 20, 561; Weiden 21, 1036; **Lit in GRUR Int:** Böttger 08, 881; Lederer et al (AIPPI-Bericht) 08, 916; Engelke/Stahlmann 10, 31; Klopschinski 11, 993; Ingram/Smyth 13, 193; Snodin 17, 560; Kunst/Kaufmann 20, 1105; **Lit in IIC:** Schneider 08, 511; Parthasarathy/Goddar 09, 38; Lin 09, 152; Odermatt 09, 173; Kirby 11, 251; Shadowen et al 11, 698; Utomo 11, 759; 12, 499; Bertoni 12, 771; Acquah 14, 256; Papadopoulou 16, 891; Gurgula 17, 385; 20, 1062; Mercurio 20, 330; Oser 21, 846; **Lit in IPQ:** Wadlow 08, 355; Arup/Plahe 10, 15; Broes et al 16, 19; Oke 19, 43; Thambisetty 19, 284; Bostyn 20, 227; **Lit in JIPLP:** Minn 17, 408; **Lit in JWIP:** Tetteh 11, 202; **Lit in Mitt:** Beyerlein 10, 1; **Lit in QMJIP:** Ajibo/Ndubisi 18, 89.
S ferner Lit zu Rdn 231

Die wirtschaftliche Bedeutung von pharmazeutischen Erfindungen ist außerordentlich groß. Patentschutz auf dem Gebiet der Pharmazie ist äußerst wichtig, weil die Forschungs- und Entwicklungskosten hier idR sehr hoch, die Imitationskosten aber vergleichsweise niedrig sind. Patente auf Arzneimittel können allerdings den Zugang zu Arzneimitteln, der für Menschen häufig von existenzieller Bedeutung ist, aufgrund der hiermit verbundenen Kosten erheblich einschränken und die öffentliche Gesundheitsversorgung beeinträchtigen. Der Gesetzgeber behandelt daher pharmazeutische Erfindungen in mancher Hinsicht anders als sonstige Erfindungen.

Einerseits wird die Erlangung von Patentschutz als Mittel zur Innovationsförderung auf diesem Gebiet grundsätzlich bejaht und sogar erleichtert: Ebenso wie im Bereich der Chemie (s Rdn 171) wurde das Stoffschutzverbot bereits 1967 beseitigt, und das revidierte EPÜ enthält keinerlei Übergangsregelung mehr für entsprechende Vorbehalte seiner Vertragsstaaten. § 3 (3) und (4) sowie Art 54 (4) und (5) EPÜ privilegieren pharmazeutische Erfindungen bei der Prüfung auf Neuheit und erfinderische Tätigkeit (s § 3 Rdn 141 ff) und wirken damit gleichzeitig dem Ausschluss bestimmter medizinischer Verfahren in § 2a Nr 2 und Art 53 c) EPÜ entgegen. Ferner können zur Verlängerung der effektiven Patentlaufzeit ergänzende Schutzzertifikate für Arzneimittel erlangt werden (s Kommentierung zu § 16a). 173

Andererseits unterliegt die Reichweite des Patentschutzes für Arzneimittel gewissen Einschränkungen. So beschränken § 11 Nr 2b und 3 die Wirkungen des Patens bei Studien und Versuchen für die Erlangung arzneimittelrechtlicher Genehmigungen sowie bei der Einzelzubereitung von Arzneimitteln in Apotheken. § 13 sieht die Möglichkeit einer staatlichen Benutzungsanordnung im Interesse der öffentlichen Wohlfahrt vor, daneben kann die allgemeine Zwangslizenzbestimmung des § 24 bei Arzneimittelpatenten relevant werden.[488] 174

Auch außerhalb des Patentrechts finden sich Regelungen weiterer Aspekte, die für die Erlangung und die Ausübung von Rechtsschutz für pharmazeutische Erfindungen bedeutsam sind. Hierzu zählen etwa der Schutz von klinischen Daten gemäß Art 39.3 TRIPS,[489] die arzneimittelrechtliche Vermarkungsexklusivität nach § 24b AMG,[490] die Orphan-Drug-Verordnungen, die begrenzte Ausschließlichkeitsrechte bei Innovationen von Medikamenten für seltene Krankheiten vorsehen,[491] sowie kartellrechtliche Rechtsbehelfe.[492] 175

5 Medizinische Erfindungen

Lit: Eisenkolb: Die Patentierbarkeit von medizinischen, insbesondere gentherapeutischen Verfahren 2008; **Wolfrum**: Patentschutz für medizinische Verfahrenserfindungen im europäischen Patentsystem und im US-Recht 2008; **Ventose**: Medical Patent Law – The Challenges of Medical Treatment 2011; Nordberg NIR **12** 316; Booton IPQ **13**, 187. S auch Lit bei § 2a Rdn 56. 176

Um die ärztliche Behandlungsfreiheit in ihrem Kern zu sichern, schließt § 2a Nr 2 ebenso wie Art 53 c) EPÜ bestimmte medizinische Verfahren in der Diagnostik, Chirurgie und Therapie vom Patentschutz aus (s § 2a Rdn 56). Die Rechtsprechung hat die Bedeutung dieser Ausschlussbestimmung jedoch erheblich reduziert. Hinzu kommt, dass der Gesetzgeber für den Bereich, in dem sich medizinische und pharmazeutische Erfindungen (s Rdn 172) überschneiden, die grundsätzliche Patentfähigkeit aufgrund der Sondervorschriften des § 3 (3) und (4) sowie Art 54 (4) und (5) EPÜ

---

488 Lit: Doepner: Zwangslizenzen unter Berücksichtigung des Pharmabereichs 2008; Böttger GRUR Int **08**, 881.
489 Hierzu Wadlow IPQ **08**, 355; Matilal EIPR **10**, 268; Andanda IIC **13**, 140.
490 Hierzu Nack/Kühne GRUR Int **18**, 1152.
491 Hierzu EuGH C-138/15 GRUR Int **16**, 651 *Teva Pharma et al/European Medicines Agency,* sowie Hagn: Analyse der Orphan-Drug-Verordnungen – Wirtschaftlichkeitsbetrachtungen unter Bezugnahme auf fünf ausgewählte seltene Krankheiten 2011.
492 S Beyerlein Mitt **10**, 1.

anerkannt und sogar erleichtert hat (s § 3 Rdn 141 ff). Auf Medikamente bezogene Dosierungsanleitungen und Therapiepläne können, soweit sie neu und erfinderisch sind, daher ebenfalls in den Genuss von Patentschutz kommen (s § 3 Rdn 151).

177 *Kontrazeption:* Methoden der Empfängnisverhütung fallen nur ausnahmsweise unter die durch § 2a Nr 2 und Art 53 c) EPÜ ausgeschlossenen therapeutischen Verfahren (s § 2a Rdn 76), können allerdings uU wegen Mangels an gewerblicher Anwendbarkeit nicht patentierbar sein (s § 5 Rdn 9). Empfängnisverhütende Mittel (Kontrazeptiva) sind als Erzeugnisse patentfähig (s § 2a Rdn 77). Die Sondervorschriften zur Neuheit der ersten und zweiten medizinischen Indikation kommen bei Kontrazeptiva nur ausnahmsweise zur Anwendung (§ 3 Rdn 145).

6 Nanotechnologie

178 **Lit: Cisneros**: Patentability Requirements for Nanotechnological Inventions 2009; **Koepsell**: Innovation and Nanotechnology 2011; **Sutton**: Nanotechnology Law and Policy 2011; **Brazell**: Nanotechnology Law – Best Practices 2012; **Souto** (Hrsg): Patenting Nanomedicines 2012; **Sabellek**: Patente auf nanotechnologische Erfindungen 2014; **Escoffier et al** (Hrsg): Commercializing Nanomedicine: Industrial Applications, Patents, and Ethics 2015; **Fischer**: Upstream-Patente in der Nanotechnologie 2019. **Lit in EIPR**: Silva 09, 300; Helwegen 10, 341; **Lit in GRUR**: Huebner 07, 839; Uhrich/Zech 08, 768; **Lit in GRUR Int**: Schauwecker 09, 27; **Lit in JWIP**: Schellekens 10, 47; **Lit in NIR**: Nordberg 10, 225.

Nanomaterialien und Nanostrukturen weisen vielfach bemerkenswerte überraschende Eigenschaften gegenüber ihren makroskopischen Äquivalenten auf. Sie können in die Kategorie der Auswahlerfindungen (s Rdn 283) fallen, wenn aus einem bereits bekannten Bereich eine Auswahl hinsichtlich bestimmter Raumdimensionen getroffen wird.

7 Umweltschutz

179 **Lit: Kim**: The role of the patent system in stimulating innovation and technology transfer for climate change 2011; **Rimmer**: Intellectual property and climate change – inventing clean technologies 2011; **Lane**: Clean tech intellectual property – eco-marks, green patents and green innovation 2011; **Brown** (Hrsg): Environmental technologies, intellectual property and climate change 2013; **Aranda Sales**: The role of intellectual property for clean technology innovation in the context of EU environmental policies 2015; **Sarnoff** (Hrsg): Research handbook on intellectual property and climate change 2016; **Chuffart-Finsterwald**: Optimizing environmental technology diffusion under intellectual property constraints – a legal analysis 2016; **Zhuang**: Intellectual property rights and climate change – interpreting the TRIPS Agreement for environmentally sound technologies 2017; **EPA** (Hrsg): Green technologies and renewable energies – innovating and patenting (Conference proceedings, Oslo 20.11.18); **Brown**: Intellectual property, climate change and technology 2019; **Lit in EIPR**: Derclay 09, 168, 227; Islam/Zamam 10, 643; Rimmer 12, 576; **Lit in GRUR Int**: Heinze 21, 554; **Lit in IIC**: Derclay 09, 249; **Lit in JWIP**: Rimmer 15, 271; **Lit in WIPO J**: Meeûs/Strowel 12, 178.

Technologien zur Verfügung zu stellen, die die Belange der Umwelt stärker berücksichtigen als bisherige und Umweltschäden vermeiden, verringern oder beseitigen (»green technologies«), ist eine globale Herausforderung. Diese Technologien zu fördern, ist ein dringendes Anliegen des Patentschutzes. Rechtspolitische Anstöße zielen insbesondere auf eine Privilegierung dem Umweltschutz dienender Erfindungen im Erteilungsverfahren (Beschleunigung, Gebührenermäßigung). Die präzise Abgrenzung solcher Erfindungen bereitet allerdings gewisse Schwierigkeiten.

8 Künstliche Intelligenz (KI)

Bengi/Heath in: Intellectual Property Law and the Fourth Industrial Revolution (Hrsg Heath et al.) 2020, 127; **Luginbuehl** in: Transition and Coherence in Intellectual Property Law (FS Kur) 2021, 191; **Lit in EIPR:** Blok 17, 69; Baldus 19, 750; **Lit in epi-information:** Free 18/4, 43; Hagel 20/4, 22; **Lit in GRUR:** Volkmer et al 17 Newsletter Nr 2, 3; Hetmank/Lauber-Rönsberg 18, 574; Ménière/Pihlajamaa 19, 332; Nägerl et al 19, 336; Dornis 19, 1252; Hacker 20, 1025; **Lit in GRUR Int:** Garde 18, 1132; Kim 20, 443; Engel 20, 1123; Stierle 20, 918 u 21, 115; **Lit in IPQ:** Bonadio 21, 48; **Lit in Mitt:** Abbott 17, 429; Rektorscheck 17, 438; Baldus 20, 51; Landscheidt/Bethge 20, 381; Dornis 20, 436 u 477; **Lit in ZGE:** Hauck/Cevc 19, 135.

180

Künstliche Intelligenz (KI) und Maschinelles Lernen (ML) gelten als moderne Schlüsseltechnologien und bergen zahlreiche neue Herausforderungen für das Patentrecht. Vorrangig stellen sich Fragen nach ihrer Schutzfähigkeit, die sich aus der Abgrenzung von Technizität und Nicht-Technizität ergeben (s § 1 Rdn 131), und nach ihrer ausreichenden Offenbarung, da die präzise Arbeitsweise eines KI-gestützten Verfahrens nicht immer ohne Schwierigkeiten beschreibbar ist und häufig auf einer großen Menge konkreter Trainingsdaten basiert.[493] Außerdem ist zu erwarten, dass die Möglichkeiten der KI langfristig Auswirkungen auf den Erfinderbegriff (s § 6 Rdn 18) und die Patentierungsvoraussetzung der erfinderischen Tätigkeit (s § 4 Rdn 83) haben werden.

V. Patentkategorien *(patent categories)*

Lit in GRUR: Schmied-Kowarzik 73, 115; Belser 79, 347; Bruchhausen 80, 364; von Falck 93, 199; **Lit in Mitt:** Hesse 69, 246; Walenda 77, 68.

181

1 Bedeutung der Einteilung in Kategorien

Neben der Einteilung der Erfindungen nach technologischen Bereichen (s Rdn 147 ff) und nach dem Kern der jeweiligen erfinderischen Leistung (s Rdn 266 ff) steht die Einteilung in sog. Kategorien (zB Erzeugnis oder Verfahren). Sie ist eine für die Zwecke des Patentrechts äußerst wichtige Typologisierung, da sie sowohl im Rahmen des Erteilungsverfahrens bei der Definition des Erfindungsgegenstands mittels Ansprüchen als auch bei der Auslegung des Schutzgegenstands im Rahmen der Schutzwirkungen des Patents große Bedeutung hat:

182

- *Im Erteilungsverfahren* sind Patente mit klaren Patentansprüchen zu erteilen, wozu auch die Wahl der zutreffenden Patentkategorie(n) gehört, um spätere Zweifel über den Schutzbereich des Patents zu vermeiden;
- im *Einspruchs- und Nichtigkeitsverfahren* kann die Kategorie des erteilten Anspruchs nur geändert werden, wenn dadurch der Schutzbereich des Patents nicht unzulässig erweitert wird;
- die *Schutzwirkungen* (s Rdn 184 sowie § 9 Rdn 53 ff) und der *Schutzbereich* eines Patents (vgl dazu § 14 Rdn 98 ff) werden durch die Kategorie mitbestimmt.

183

2 Übersicht über Kategorienarten

Aus § 9 PatG, Art 25 GPÜ 1989 und Art 25 EPGÜ, die die Schutzwirkung eines Patents betreffen, folgt die – auch unter dem EPÜ anerkannte[494] – grundsätzliche

184

---

[493] S hierzu T 161/18 v 12.5.2020 GRUR-RS 20, 13002 sowie Hagel epi-information 20/4, 22.
[494] GrBK G 0002/88 ABl 90, 93 *Reibungsverringernder Zusatz/MOBIL OIL III*; G 0006/88 ABl 90, 114 (Nr 2.2) *Mittel zur Regulierung des Pflanzenwachstums/BAYER*; EPA-PrüfRichtl F-IV 3.1.

Unterscheidung von Erzeugnissen und Verfahren. Daher gibt es zwei grundlegende Patentkategorien:
- *Ansprüche für Erzeugnisse (products)* und
- *Ansprüche für Verfahren (processes)*.

Beide Hauptkategorien sind im weitesten Sinn zu verstehen und lassen sich in Subkategorien weiter untergliedern. So zählen zu den Erzeugnissen zB Sachen, Stoffe, Vorrichtungen und Zusammensetzungen (s Rdn 200) und zu den Verfahren Herstellungsverfahren, Arbeitsverfahren und Verwendungen (s Rdn 250). Letztere werden bisweilen als eigene Hauptkategorie angesehen.

3 Wahl der Patentkategorie *(choice of category)*

185 Sie wird bestimmt durch den sachlichen Offenbarungsgehalt der Erfindung und das Patentbegehren des Anmelders. Dieser ist grundsätzlich berechtigt, für alle Erscheinungsformen seiner Erfindung Patentansprüche aufzustellen. Er kann die Erteilung des Patents in der Ausgestaltung verlangen, die der neuen technischen Lehre entspricht.[495] Er hat das Recht,
- *eine bestimmte Kategorie zu wählen*, wenn die Erfindung sich in mehrere Kategorien einordnen lässt;[496]
- *alle Kategorien zu wählen*, in die seine Erfindung nach ihrem technischen Inhalt gehört.[497]

In einem Patent sind also **mehrere Kategorien nebeneinander** zulässig, um die Erfindung in jeder Ausprägung wirksam unter Schutz zu stellen. Der Anmelder kann zB Erzeugnis-, Verfahrens- und Verwendungsansprüche miteinander kombinieren (vgl dazu § 34 Rdn 236).

186 Nur ausnahmsweise kann das Rechtsschutzinteresse an der Beanspruchung in mehreren Kategorien fehlen, wenn aus besonderen Gründen keinerlei Interesse erkennbar ist, insbesondere wenn das Verlangen missbräuchlich ist.[498] Ein solches Interesse an Ansprüchen in mehreren Kategorien fehlt aber nicht schon dann, wenn der Anspruch der einen Kategorie der anderen nichts an Schutzwirkung hinzufügt.[499] Deshalb ist zB neben einem Sachanspruch idR ein Verwendungsanspruch zulässig, obwohl ein Sachanspruch auf Grund des absoluten Schutzes (s § 14 Rdn 100 ff) bereits alle Verwendungen umfasst. Nur wenn sicher ist, dass keinerlei Rechtsschutzinteresse besteht, kann es verneint werden.

187 Das Interesse kann vielfältig sein, zB zusätzliche Anspruchskategorie als Auffangposition bei Wegfall des Anspruchs der anderen Kategorie oder Erleichterung einer künftigen Rechtsverfolgung aus dem Patent, weil zB eine bestimmte Verwendung in einem Anspruch konkret genannt ist.

---

495 BGH GRUR 70, 601, 602 *Fungizid*; 79, 461, 462 *Farbbildröhre*; 98, 130 (II3) *Handhabungsgerät*.
496 BGH GRUR 67, 241 *Mehrschichtplatte*; 86, 163 *borhaltige Stähle* (beansprucht wird nur die Herstellung, nicht das neue Erzeugnis); 98, 130 (II3) *Handhabungsgerät*.
497 BGH GRUR 72, 638 (IVa) *Aufhellungsmittel*; 98, 130 (II3) *Handhabungsgerät*.
498 BGH GRUR 70, 601 (II2) *Fungizid*; 98, 130 (II3) *Handhabungsgerät*; BPatGE 33, 153.
499 BPatGE 29, 177; 40, 219.

Zum Erfordernis der Einheitlichkeit bei mehreren Kategorien siehe § 34 Rdn 236. **188**

4 Mischung von Kategorien *(mixture of categories)*

Die Mischung von Kategorien innerhalb eines Patentanspruchs ist im Erteilungsverfahren nach Möglichkeit zu vermeiden, weil durch solche Mischformen die Gefahr besteht, dass unklar ist, welcher Kategorie der Anspruch letztlich angehört, und damit zweifelhaft sein kann, welcher Schutzbereich diesem Anspruch zukommt.[500] **189**

Kategoriefremde Merkmale in einem Anspruch sind zulässig, wenn durch ihre Verwendung die Eindeutigkeit der Kategorie des Anspruchs nicht berührt wird oder eine andere Kennzeichnung des Gegenstands der Erfindung nicht möglich ist.[501] Daher zulässig: **190**

a) Kennzeichnung eines Erzeugnisses durch das Verfahren seiner Herstellung (*product by process*, vgl § 34 Rdn 149) oder durch Rückbeziehungen auf einen Verfahrensanspruch;[502]

b) Kennzeichnung eines Erzeugnisses durch eine Vorrichtung (*product by apparatus*);[503]

c) Kennzeichnung eines Erzeugnisses durch Zweck-, Wirkungs- oder Funktionsangaben (vgl unten Rdn 207);

d) Kennzeichnung eines Verfahrens durch Merkmale einer Vorrichtung[504] oder eines Erzeugnisses;[505]

e) Kennzeichnung eines Gegenstands, wenn durch die kategoriefremden Merkmale der Gegenstand für den Fachmann übersichtlicher oder verständlicher dargestellt werden kann.

5 Änderung der Patentkategorie[506] *(change of patent category)*

Beschränkung innerhalb der Kategorie ist kein Kategoriewechsel, wenn also die Kategorie der Anmeldung oder des Patents beibehalten und lediglich in ihrer Reichweite vermindert wird, denn dadurch wird der Patentschutz nicht verlagert, sondern nur eingeschränkt.[507] Der Schutzbereich wird daher durch eine Änderung nicht erweitert, wenn sie in der Beschränkung auf ein Erzeugnis, ein Verfahren oder eine Verwendung von mehreren besteht oder wenn ein Anspruch auf Erzeugnis A ersetzt wird durch einen Anspruch auf Erzeugnis B, das Erzeugnis A enthält oder einschließt.[508] **191**

---

500 BPatGE 8, 136; 16, 200; vgl BPatG Mitt 97, 368.
501 Vgl BPatG GRUR 05.
502 BPatGE 41, 112.
503 BGH BlPMZ 79, 351 *Farbbildröhre.*
504 BPatGE 20, 12; BPatG Mitt 71, 156; 76, 238 u 239; 77, 133.
505 BGH GRUR 86, 163 *borhaltige Stähle.*
506 Lit: Trüstedt Mitt 78, 181; Schulte GRUR Int 89, 460 = IIC 89, 323; von Falck GRUR 93, 199.
507 Von Falck GRUR 93, 199.
508 T 579/01 ABl 05 SonderA 65: Schutzbereich von »Pflanzenzelle X« schließt »Pflanze (mit Pflanzenzellen X)« ein; T 0547/08 (Nr 3.2) ABl 12 SonderA 64: Schutzbereich von »Benutzerschnittstelle und Bildschimanzeigevorrichtung« schließt Dialyseapparat mit diesen Merkmalen ein; aA T 1898/07 v 17.6.2010 (Nr 18–26): Schutzbereich von »Kit mit Spritze mit Flüssigkeit A« weiter als von »Flüssigkeit A«.

192 **Umdeutung** (*conversion*) in eine andere Kategorie ist ausnahmsweise möglich, wenn erkennbar ist, dass ein Fehlgreifen in der Ausdrucksweise vorliegt, die dem wahren Wesen der Erfindung nicht gerecht wird.[509] Das setzt voraus, dass einem Fachmann die zutreffende Kategorie des Patents auf Grund ihrer Beschreibung klar war.

193 Eine **echte Änderung der Kategorie** muss den allgemeinen Anforderungen, die an die Änderungen von Patentanmeldungen und Patenten gestellt werden, entsprechen:
Vor Patenterteilung kann die ursprünglich gewählte Kategorie durch eine andere ersetzt werden, wenn diese der ursprünglichen Offenbarung der Erfindung entspricht.
- Unzulässig ist daher der Wechsel vom Erzeugnisanspruch zum Anspruch für dessen Herstellungsverfahren,[510] wenn nur das Erzeugnis, nicht aber die beanspruchte Herstellung ursprünglich offenbart war. Der absolute Schutz eines Erzeugnisses ist zwar unabhängig von der Art seiner Herstellung, die Offenbarung eines Erzeugnisses offenbart aber nicht sämtliche Verfahren zu seiner Herstellung. Daher kann von einem Erzeugnis nicht auf ein beliebiges Herstellungsverfahren gewechselt werden.

194 Zusätzlich kann **nach Patenterteilung** die Kategorie des erteilten Patents in einem Einspruchs- oder Nichtigkeitsverfahren nur dann geändert werden, wenn dadurch nicht der Schutzbereich des Patents unzulässig erweitert wird.[511]

195 **Keine Schutzbereichserweiterung** liegt bei folgenden Kategorienwechseln vor:
- von Erzeugnis zu Verwendung des Erzeugnisses;[512] anders aber bei Wechsel von Erzeugnis zu Verwendung nur eines Teils des Erzeugnisses.[513]
- von Erzeugnis zu Herstellung des Erzeugnisses;[514]
- von Herstellungsverfahren zu Verwendung des Verfahrenserzeugnisses;[515]
- von (Boden-)Behandlungsverfahren unter Einsatz von X zu Verwendung von X zur (Boden-)behandlung;[516]

---

509 BGH GRUR **67**, 25 *Spritzgussmaschine III* (keine Umwandlung von Vorrichtungs- in Verfahrenspatent); **88**, 287, 289 lSp (*Abschlussblende*); T 0378/86 ABl **88**, 386; T 0426/89 ABl **92**, 172 (Auslegung eines Verfahrens zum Betreiben eines Herzschrittmachers als Sachanspruch Herzschrittmacher; vgl dazu die aA von T 0082/93 ABl **96**, 274).
510 Vgl BGH GRUR **67**, 25 (VII) *Spritzgussmaschine III* (kein Wechsel von Vorrichtungs- zu Verfahrenspatent); Schulte GRUR Int **89**, 460, 464.
511 GrBK G 0002/88 ABl **90**, 93 *Reibungsverringernder Zusatz/MOBIL OIL III*.
512 BGH GRUR **88**, 287 *Abschlussblende*; **98**, 1003 *Leuchtstoff*; Mitt **12**, 119 *Notablaufvorrichtung*; BPatGE **19**, 116; **32**, 93; BPatG BlPMZ **89**, 284; GrBK G 0002/88 ABl **90**, 93 *Reibungsverringernder Zusatz/MOBIL OIL* (Wechsel von Stoff zu dessen Verwendung); T 0912/91 ABl **96** SonderA 45; T 0134/95 ABl **98** SonderA 49.
513 BPatG v 10.3.2016 4 Ni 12/13 (EP) BeckRS **16**, 7105; v 18.7.2019 4 Ni 49/17 (EP) BeckRS **19**, 16010 = BlPMZ **19**, 345 L.
514 T 0423/89 EPOR **94**, 142 (Wechsel von product by process-Anspruch zu Anspruch für Herstellungsverfahren); T 0762/90 EPOR **93**, 296; T 0554/98 EPOR **00**, 475 (Nr 5.1.1); tendenziell aA T 0402/89 EPOR **93**, 81, 86; aA ferner BPatG GRUR **15**, 60 L = BeckRS **14**, 17353 unter Verweis auf § 12 PatG.
515 BPatGE **2**, 192, 194; **30**, 45, 47; T 0795/06 v 18.3.2010; abw BPatGE **12**, 119; T 0098/85 RechtsprBK/EPA **19**, 597; T 1286/05 ABl 09 SonderA 2, 23.
516 T 0420/86 RechtsprBK/EPA **19**, 597.

- von Verwendung von A zur Herstellung von B zu Herstellung von A aus B[517] und umgekehrt;
- von Mittel (zweckgebundener Sachanspruch) zu einem Patent für die Verwendung;[518]
- von Verfahrensanspruch zu Verfahrensverwendungsanspruch.[519]

Schutzbereichserweiterung und damit Unzulässigkeit liegen dagegen bei folgenden Kategorienwechseln vor: **196**
- von einem Herstellungsverfahren zum hergestellten Erzeugnis,[520] weil nach § 9 S 2 Nr 3, Art 25 c) GPÜ 1989 und Art 25 c) EPGÜ der Schutzbereich des Verfahrenspatents sich zwar auf das unmittelbar hergestellte Erzeugnis erstreckt, aber nur insoweit, als es durch das patentierte Verfahren hergestellt wird, während das Erzeugnispatent das Erzeugnis unabhängig von der Art und Weise seiner Herstellung schützt;
- von einem Herstellungsverfahren, das nur Schritte enthält, die der abschließenden Fertigung einer Vorrichtung vorausgehen, zu einem Herstellungsverfahren, dass auch Merkmale enthält, welche die Fertigung der Vorrichtung lehren; denn letzteres erstreckt sich erstmals aufgrund § 9 S 2 Nr 3 auf die so gefertigte Vorrichtung;[521]
- von Arbeitsverfahren zu Vorrichtung,[522] sofern nicht ausnahmsweise eine Umdeutung möglich ist (s oben Rdn 192);
- von Zwischenprodukt zu Verwendung für die Herstellung eines Endprodukts;[523]
- von einem Mischanspruch aus Vorrichtung und Verfahren zu einem Vorrichtungsanspruch;[524]
- von einem Verwendungsanspruch auf einen Herstellungsanspruch in schweizerischer Anspruchsfassung oder auf einen verwendungsbeschränkten Erzeugnisanspruch.[525]

6 Erzeugniserfindungen *(product inventions)*

6.1 Begriff des Erzeugnisses: Unter »Erzeugnis« werden Gegenstände im weitesten Sinne verstanden (s unten Rdn 200 ff).[526] **197**

Ein Erzeugnis muss nicht aus einem *singulären Gegenstand*, sondern kann auch aus **198** *mehreren Bestandteilen* bestehen (zB den Elementen einer Kombination oder den Tei-

---

517 Vgl T 0279/93 ABl **98** SonderA 50.
518 BPatG Mitt **82**, 57.
519 BGH GRUR **13**, 1121 (Rn 53) *Halbleiterdotierung*.
520 BPatG v 12.4.2018 4 Ni 7/17 (EP) GRUR **19**, 606 (VI.2.1): jedenfalls wenn Erzeugnis nur Zwischenprodukt im Herstellungsverfahren ist; T 0020/94 ABl **00** SonderA 32 für Wechsel von Verfahrens- zu product by process-Anspruch.
521 BPatG v 10.3.2016 4 Ni 12/13 (EP) BeckRS **16**, 7105.
522 T 0082/93 ABl **96**, 274 (von »Verfahren zum Betreiben eines Geräts« zu »Gerät«).
523 BGH GRUR **84**, 644 *Schichtträger*.
524 T 0082/93 ABl **96**, 274.
525 T 1635/09 ABl **11**, 542 (Nr 14.2 und 15.1).
526 Vgl auch Petri/Böck Mitt **12**, 103 (iZm § 9 S 2 Nr 3).

len einer Vorrichtung), die auch räumlich oder zeitlich getrennt sein können.[527] Es genügt, dass der Erfindungsgedanke die mehreren Bestandteile verbindet. Die Anspruchsformulierung, dass ein Gegenstand bestimmte Elemente »enthält« (»comprises«), wird im Unterschied zur Formulierung, dass er aus diesen Elementen »besteht« (»consists of«) idR offen verstanden, dh er kann auch noch weitere Elemente enthalten.[528]

199 *Dauerhafte Existenz* ist kein Charakteristikum eines Erzeugnisses.[529] Erzeugnis kann auch ein Gegenstand sein, der nur kurzfristig existiert, aber zuverlässig herstellbar ist.

6.2 Arten von Erzeugnissen

200 • **Sachen:** bewegliche oder unbewegliche körperliche Gegenstände mit bestimmten Eigenschaften.

201 • **Vorrichtung** (*apparatus*):[530] Eine besondere Art von Sachen sind Vorrichtungen. Dies sind idR Arbeitsmittel zur Durchführung von Herstellungs- oder Arbeitsverfahren.[531] Sie bestehen aus mehreren Einzelteilen, die durch eine bestimmte Arbeitsweise gleichzeitig oder nacheinander in Wirkung gesetzt werden[532] und damit funktionell zu einer Einheit verbunden sind.[533]

202 Die *Arbeitsweise* (= der Funktionsablauf) der Vorrichtung ist eines ihrer Kennzeichen und – sofern nicht gesondert beansprucht – kein Verfahren. Die mit der Vorrichtung erzeugten Produkte genießen daher keinen abgeleiteten Erzeugnisschutz nach § 9 S 2 Nr 3 und Art 64 (2) EPÜ. Folgerichtig kann auch ein Vorrichtungspatent grundsätzlich nicht in ein Verfahrenspatent umgedeutet werden.[534]

203 • **Anordnungen oder Schaltungen**[535] (*connections; circuits*) bestehen aus räumlich und zeitlich nebeneinander wirkenden Arbeitsmitteln, die nicht notwendig ein körperliches Substrat hervorbringen müssen. Eine elektrische Schaltung veranschaulicht ein technisches Prinzip (Schaltschema), wie bestimmte Elemente schaltungstechnisch oder mechanisch miteinander verbunden sind. Sie verweist somit mittelbar auf räumlich-körperliche Merkmale. Die Anordnung gehört daher zur Kategorie der Sacherfindungen.[536]

---

527 T 0009/81 ABl **83**, 372 (Kit of parts); BPatGE **26**, 38 (Reaktionsgemische) abw von BPatGE **12**, 112 (Reaktionslack); Mitt **12**, 119 (Reparaturmaterial).
528 BGH GRUR **11**, 1109 *Reifenabdichtmittel*; T 0429/10 v 13.6.2012 (Nr 3); vgl auch § 38 Rdn 20 Nr 24.
529 BGH GRUR **04**, 495 *Signalfolge*: kein Gbm-Ausschluss von Signalfolge, da als Erzeugnis und nicht als Verfahren zu qualifizieren (zweifelhaft); BGH GRUR **12**, 1230 (Rn 22) *MPEG-2-Videosignalcodierung*. S hierzu Hoppe-Jänisch Mitt **13**, 51. Der US CAFC hat die Patentfähigkeit eines Signals verneint, 84 USPQ2d 1495 (2007) *In re Nuijten*.
530 Lit in **GRUR Int:** Bruchhausen **91**, 413 (= IIC **91**, 863); Paterson **91**, 407 (= IIC **91**, 852). Lit in **Mitt:** Keil **83**, 136.
531 BPatGE **8**, 136, 139 ff.
532 BPatGE **8**, 136, 139 ff.
533 Ebenso BPatG BlPMZ **07**, 285 (II 3.2 a).
534 BGH GRUR **67**, 25 *Spritzgussmaschine III*.
535 Kunze BlPMZ **52**, 258.
536 BGH GRUR **65**, 234 *Spannungsregler*; **65**, 239 *Verstärker*; **65**, 247 *UHF-Empfänger I*.

- **Stoffe** (*chemical substances*) sind Erzeugnisse auf dem Gebiet der Chemie. Die 204
Bezeichnung macht deutlich, dass ein Stoffpatent die Sache nicht wegen ihrer äußeren
Gestaltung, sondern wegen der ihr eigenen inneren Beschaffenheit schützt. Zum Stoff-
schutz vgl näher Rdn 213.

- **Mittel-Patent** unterscheidet sich vom Stoffpatent durch die Angabe der Zweckbe- 205
stimmung, zB Stoff zum Zwecke der Bekämpfung einer Krankheit,[537] eines Schäd-
lings,[538] von Pilzen,[539] der Korrosion von Metallen.[540] Ist die Zweckangabe an sich
überflüssig, handelt es sich um ein reines Stoffpatent, sonst um einen zweckgebundenen Sachanspruch oder einen Verwendungsanspruch. Zur Zweckangabe vgl Rdn 207,
zum Arzneimittelanspruch vgl Rdn 231.

6.3 Kennzeichnung des Erzeugnisses muss so erfolgen, dass die Gestaltung des 206
Gegenstands in seiner äußeren oder inneren Beschaffenheit[541] für einen Fachmann eindeutig identifiziert ist und vom Stand der Technik unterschieden werden kann. Der
Gegenstand wird – soweit möglich – durch bestimmte räumlich-körperliche Merkmale
gekennzeichnet.[542] Das kann mittelbar geschehen auch durch Angabe von Zweck, Wirkung oder Funktion (s unten Rdn 207), durch Angabe des Verfahrens seiner Herstellung (*product by process*, vgl § 34 Rdn 149) oder der zur Herstellung verwendeten
Vorrichtung (*product by apparatus*),[543] nicht aber durch die bloße Angabe des technischen Problems.[544]

6.4 Zweck-, Wirkungs- und Funktionsangaben bei Erzeugnissen[545] können je nach 207
Auslegung folgende Bedeutungen haben:
a) Erleichterung des Verständnisses der Erfindung,[546] zB zur klarstellenden Erläuterung der funktionalen Eignung von Merkmalen[547] oder zur Vermeidung einer
sonst schwer verständlichen Aneinanderreihung von konstruktiven Elementen;[548]

---

537 BGH GRUR 77, 652 *Benzolsulfonylharnstoff*.
538 BGH GRUR 70, 361 *Schädlingsbekämpfungsmittel*.
539 BGH GRUR 70, 601 *Fungizid*.
540 BGH GRUR 72, 644 *Gelbe Pigmente*.
541 BGH GRUR 85, 31 (II2e) *Acrylfasern*.
542 BGH GRUR 79, 149 (III1) *Schießbolzen*; 91, 436 *Befestigungsvorrichtung II*.
543 BGH GRUR 79, 461 *Farbbildröhre*.
544 BGH GRUR 85, 31 *Acrylfasern*.
545 **Lit in ABl EPA**: Moufang 11 SonderA 1, 116; Floyd 11 SonderA 1, 129; **Lit in EIPR**: Mac-
Leod 11, 499; **Lit in GRUR**: von Hellfeld 98, 243; **Lit in GRUR Int**: Bruchhausen 91, 413
(= IIC 91, 863); Paterson 91, 407 (= IIC 91, 852).
546 BGH GRUR 66, 249, 250 *Suppenrezept*; 91, 436 (IV2c) *Befestigungsvorrichtung II*; 10, 1081
(Rn 11) *Bildunterstützung bei Katheternavigation*.
547 BGH GRUR 79, 149, 151 lSp *Schießbolzen*; 10, 918 (Rn 14) *Klammernahtgerät* (nur
Zuschreibung einer Wirkung).
548 BGH Liedl **61/62**, 468, 480; GRUR 72, 707 (I3) *Streckwalze I*.

b) mittelbare Umschreibung der äußeren räumlich-körperlichen Ausgestaltung von Sachen oder der inneren Beschaffenheit von Stoffen,[549] die für den genannten Zweck geeignet sein müssen;[550]
c) Erleichterung einer künftigen Rechtsverfolgung;[551]
d) Kennzeichnung der Erfindung als Verwendungserfindung.

In der Beschreibung hervorgehobene **Vorteile** eines Gegenstands können idR nicht als mittelbare Umschreibung von Sacheigenschaften in den Patentanspruch hineingelesen werden.[552]

208 **Offenbarung:** Ein Erzeugnis wird grundsätzlich durch die Darstellung seiner Beschaffenheit ausreichend offenbart. Werden dieser ausreichenden Offenbarung Zweck-, Wirkungs- oder Funktionsangaben hinzugefügt, beschränken diese die offenbarte Lehre nicht. Sind die Angaben erforderlich, um den Gegenstand der Erfindung zu offenbaren, müssen sie ursprünglich in der Anmeldung enthalten sein und können nicht später nachgebracht werden (vgl § 34 Rdn 423).

209 **Neuheit:** Die Angabe eines neuen Zwecks oder einer neuen Wirkung oder Funktion verleiht dem Erzeugnis selbst, wenn dieses bekannt ist, keine Neuheit.[553] Eine Ausnahme gilt nach § 3 (3) und (4) sowie Art 54 (4) und (5) EPÜ für die 1. und weitere medizinische Verwendung bekannter Stoffe (vgl unten Rdn 240 u 243). Diese Ausnahme kann aber nicht ausdehnend auf andere Tatbestände angewendet werden.[554]

210 **Schutzbereich eines Erzeugnispatents** wird durch Zweck-, Wirkungs- und Funktionsangaben grundsätzlich nicht beschränkt, und zwar unabhängig davon, ob die Angaben lediglich dem besseren Verständnis oder der notwendigen Definition des Erzeugnisses dienen (vgl § 14 Rdn 101). Einem Erzeugnis, das mit Hilfe von Zweckangaben näher definiert wird, wird dadurch nicht der absolute Schutz genommen,[555] und zwar auch dann nicht, wenn die erfinderische Tätigkeit auf der Zweckangabe beruht. Das durch die Zweckangabe definierte Erzeugnis genießt absoluten Schutz, selbst wenn der neue Zweck, der die Patentfähigkeit allein begründet, im Einzelfall tatsächlich nicht genutzt wird.[556]

---

549 BGH GRUR **79**, 149, 151 lSp *Schießbolzen*; **91**, 436 (IV2c) *Befestigungsvorrichtung II*; v 4.5.1999 X ZR 55/97 *Stützimplantat*.
550 BGH GRUR **09**, 837 *Bauschalungsstütze*; BlPMZ **12**, 346 *Elektronenstrahltherapiesystem*; v 3.11.2020 X ZR 85/19 GRUR **21**, 462 *Fensterflügel*. So auch die EPA-Rechtsprechung, s Moufang ABl 11 SonderA 1, 116; T 0116/14 v 26.3.2019 (Nr 4.2.6).
551 BGH GRUR **77**, 212 (II3a) *Piperazinoalkylpyrazole*.
552 BGH BeckRS **10**, 12084 (Rn 20) *Sprühdose*.
553 BGH GRUR **72**, 541 *Imidazoline*; BPatGE **32**, 93; T 0198/84 ABl **85**, 209 (Nr 7); T 0523/89 RechtsprBK/EPA **19**, 197; T 0015/91 ABl **94** SonderA 31.
554 BGH v 7.2.1995 X ZR 58/93 BeckRS **95**, 31061440 *3-Isothiazolonzubereitung*; v 4.5.1999 X ZR 55/97 *Stützimplantat*; T 0227/91 ABl **94**, 491 (Nr 5.2); T 0523/89 RechtsprBK/EPA **19**, 197.
555 BGH GRUR **91**, 436 (IV2c) *Befestigungsvorrichtung II*.
556 BGH GRUR **79**, 149 (III2) *Schießbolzen*; **56**, 77, 78 *Spann- u Haltevorrichtung*; **69**, 265 (II3c bb) *Disiloxan*.

Eine schutzbeschränkende Wirkung haben Zweckangaben nur, wenn durch sie in 211
Wahrheit nicht ein Erzeugnis-, sondern ein Verwendungspatent definiert wird.[557] Bei
einem *zweckgebundenen Stoffschutz* bildet die Zweckverwirklichung einen wesentlichen Bestandteil der Erfindung, weil sie als finales Element Teil der Erfindung ist.[558]

Zweckangaben, die nicht schutzbeschränkend sind: 1. Hinweis auf Anwendung als 212
fotografischer Schichtträger;[559] 2. Angabe pharmazeutische Zubereitung;[560] 3. Schießbolzen zum Festhalten an beliebiger Stelle des Laufs;[561] 4. Bakterienkonzentrat zur
Herstellung von fermentiertem Fleisch;[562] 5. ortsfester Anschlag zur Anlage des
Exzenterbolzens und Endstücks, das quer schwenkbar ist;[563] 6. Erreichen eines niedrigen Gehalts von Nitrosaminnebenproduktverunreinigung;[564] 7. Verwendung einer
Vorrichtung als Dilatator oder Stützimplantat.[565]

6.5 Stoffschutz für chemische Stoffe *(chemical substances)*

Lit: **Geißler**: Der Umfang des Stoffschutzes 1972; **Kraßer** in FS 25 Jahre BPatG 1986, 159 u FS 50 213
Jahre BPatG 2011, 343; **Bruchhausen** in FS Preu 1988, 3 u FS 100 Jahre GRUR 1991, 323; **Boeters**:
Handbuch Chemiepatent 1989; **Jung** in FS Nirk 1992, 507; **di Cataldo** in FS Beier 1996, 11; **Hansen/Hirsch** Protecting inventions in chemistry 1997; **Keukenschrijver** in FS Tilmann 2003, 475;
Grubb/Thomsen: Patents for Chemicals, Pharmaceuticals, and Biotechnology, 6.Aufl 2016;
Uhrich: Stoffschutz 2010; **Gruss**: Patentrechtliche Abhängigkeit und funktionsgebundener Stoffschutz bei biotechnologischen Erfindungen 2011; **Merenyi**: Der Stoffbegriff im Recht – Eine interdisziplinäre Studie zum Stoffrecht unter Berücksichtigung des auf Stoffe gerichteten Patentwesens 2019.
Lit in EIPR: Leung 10, 165; **Lit in GRUR**: Bruchhausen 72, 226 u 89, 153; Heyer/Hirsch 75, 632;
Vossius 76, 165; Hirsch 78, 263; 89, 5; Utermann 81, 537; Dörries 84, 90; Hüni 86, 461; 87, 663;
Wolfrum 86, 512; Reuschl/Egerer 95, 711; 98, 87; Hansen 96, 943; 00, 496; Lederer 98, 272; Féaux
de Lacroix 06, 625; Götting 09, 256; Moufang 10, 89; Haedicke 10, 94; Kühnen/Grunwald 15, 35;
Kühne 18, 456; **Lit in GRUR Int**: Hüni 90, 425; Bruchhausen 91, 413 (= IIC 91, 863); Paterson 91,
407 (= IIC 91, 852); von Pechmann 96, 366; Stellmach 05, 665; Hansen 08, 891; Stellmach 19, 321;
Lit in IIC: Lederer 99, 275; **Lit in Mitt**: Balk 82, 140; Christ 87, 121; 88, 221; von Füner 89, 225;
Zeiler 93, 190; Dinné/Stubbe 04, 337; Hüttermann/Storz 11, 1; Krauss 11, 54; **Lit in ZGE**: Merenyi
20, 42.
Chemical Abstracts Service (CAS) (http://info.cas.org). Databases Chemical Abstracts (CA) and
REGISTRY include about 54 million document records and more than 180 million substance
records respectively. Databases of chemical reactions, commercially available chemicals, listed regulated chemicals and compounds claimed in patent.

6.5.1 Absoluter Stoffschutz

Wie jedes Erzeugnispatent (s § 14 Rdn 100) schützt auch ein Stoffpatent den chemi- 214
schen Stoff absolut,[566] das heißt, der Patentschutz ist im Prinzip zweckfrei. Der Inhaber eines Stoffpatents »kann jedweden gewerbsmäßigen Gebrauch der erfindungsge-

---

557 BGH GRUR **91**, 436 (IV2c) *Befestigungsvorrichtung II*.
558 BGH GRUR **87**, 794 *Antivirusmittel*.
559 BGH GRUR **84**, 644 (II2a) *Schichtträger*.
560 BGH GRUR **77**, 212 *Piperazinoalkylpyrazole*.
561 BGH GRUR **79**, 149 *Schießbolzen*.
562 BGH GRUR **81**, 263 *Bakterienkonzentrat*.
563 BGH GRUR **91**, 436 *Befestigungsvorrichtung II*.
564 BGH v 7.2.1995 X ZR 58/93 BeckRS **95**, 31061440 *3-Isothiazolonzubereitung*.
565 BGH v 4.5.1999 X ZR 55/97 *Stützimplantat*.
566 BGH GRUR **72**, 541 (E2c) *Imidazoline*; **96**, 190 (II2a) *Polyferon*; GrBK G 0002/88 ABl **90**,
93 (Nr 5) *Reibungsverringernder Zusatz/MOBIL OIL*.

mäßen chemischen Stoffe untersagen, mag eine solche Verwendung von ihm erkannt sein oder nicht. Selbst dann, wenn ein Dritter eine nicht naheliegende und deshalb erfinderische Verwendung auffindet, darf er diese nicht ohne Einwilligung des Patentinhabers gewerbsmäßig ausüben«.[567] Eine neue und erfinderische Verwendung einer Verbindung, für die ein Stoffpatent bereits erteilt ist, führt zu einem abhängigen Patent (s § 14 Rdn 100). Eine Einschränkung des absoluten Stoffschutzes ergibt sich allerdings für Genpatente aus der Vorschrift des § 1a (4), die im EPÜ keine Entsprechung hat (s § 1a Rdn 29), und lässt sich ferner aus einem Urteil des EuGH[568] zu den Schutzwirkungen eines Patents in der Pflanzengentechnologie ableiten.

215 Für das EPÜ ist anerkannt, dass ein Stoffpatent absoluten Schutz gewährt, »also für jede bekannte oder unbekannte Verwendung«.[569]

6.5.2 Aufgabe einer Stofferfindung

216 BGH[570] sieht die Aufgabe für eine Stofferfindung in der *Bereitstellung eines neuen chemischen Stoffes*. Aus dem absoluten Stoffschutz wird gefolgert, dass »Angaben über den technischen oder therapeutischen Effekt nicht zum Gegenstand der Stofferfindung gehören«. Infolgedessen müssen sie nicht in die Aufgabe aufgenommen werden. Daher können Angaben über die Verwendung des Stoffes, zB ein therapeutischer Effekt, nachgereicht, geändert und ausgewechselt werden.[571] Das *Anwendungsgebiet*, auf dem die Stoffe sinnvoll verwendet werden sollen, muss aber ursprünglich offenbart sein.[572]

217 EPA[573] verlangt die Angabe einer *zielgerichteten Aufgabe*, die in der Bereitstellung bestimmter chemischer Verbindungen mit einer bestimmten angestrebten (zB herbiziden) Wirkung besteht. Der technische Beitrag zum Stand der Technik kann nur dann sinnvoll beurteilt werden, wenn der technische Grund genannt wird, weshalb gerade diese und nicht andere, ebenso denkbare Stoffe bereitgestellt werden. Die reine Bereitstellung eines Stoffes erschöpft sich in der bloßen Vermehrung der Kenntnis über die bisher unbekannte Existenz von Verbindungen, lässt aber das eigentliche Ziel der Erfindung, nämlich wozu der bereitgestellte Stoff dienen soll, offen. Gegenstand einer Stofferfindung ist daher nicht die bloße Bereitstellung neuer Stoffe ohne Rücksicht auf ihre nützlichen Eigenschaften, sondern die Bereitstellung eines Stoffes zu einem bestimmten Zweck. Eine bloß potentielle Bereicherung der Chemie ist aber nicht patentwürdig.[574] Das entspricht auch dem wirklichen Interesse eines jeden Chemikers, der nicht an Stoffen schlechthin (also einer rein potentiellen Bereicherung der Chemie,[575] einer sog *Beilstein-Bereicherung*), sondern an Stoffen mit bestimmten wertvol-

---

567 BGH GRUR 72, 541 (E2c) *Imidazoline*; 96, 190 (II2a) *Polyferon*.
568 EuGH C-428/08 ABl EPA 10, 428 = GRUR 10, 989 = GRUR Int 10, 843 *Monsanto/Cefetra (Sojamehl)*. Dazu Hüttermann/Storz Mitt 11, 1; Krauss Mitt 11, 54.
569 GrBK G 0002/88 ABl 90, 93 (Nr 5) *Reibungsverringernder Zusatz/MOBIL OIL*.
570 BGH GRUR 72, 541 (E2b) *Imidazoline*.
571 BGH GRUR 72, 541 *Imidazoline*: überraschende blutdrucksenkende Wirkung, die ursprünglich nicht offenbart war, war Grundlage für die Anerkennung der erfinderischen Tätigkeit.
572 BPatGE 17, 192.
573 T 0939/92 ABl 96, 309 (Nr 2.6).
574 T 0022/82 ABl 82, 341 (Nr 6).
575 T 0022/82 ABl 82, 341 (Nr 6).

len Eigenschaften interessiert ist. Da diese den eigentlichen Wert einer Stofferfindung ausmachen, müssen sie auch ursprünglich offenbart sein. Ein Nachreichen einer ursprünglich nicht offenbarten Wirkung, die die Patentfähigkeit des Stoffes begründen soll, nach dem Anmeldetag ist eine unzulässige Erweiterung iSd Art 123 (2) EPÜ, weil sie den Inhalt der ursprünglichen Anmeldung wesentlich verändern würde.

6.5.3 Offenbarung des chemischen Stoffes

Identifizierung des Stoffes: Der beanspruchte Stoff muss so ausreichend offenbart sein, dass es für einen Fachmann – den zuständigen Chemiker, Biochemiker oder Gentechniker – unter zumutbaren Bedingungen möglich ist, den Stoff in die Hand zu bekommen. Unter dieser Voraussetzung ist ausreichend (für Details s § 34 Rdn 383 ff): 218

- Angabe der Strukturformel: Soll sich der Stoff von Stoffen gleicher Konstitution unterscheiden, bedarf es der Angabe ausreichender Parameter, die die beanspruchte Erscheinungsform als Individuum ausweisen.[576] 219
- Angabe von Parametern: Kann der Stoff nicht explizit beschrieben werden, zB durch Angabe seiner Konstitution, so genügt die Angabe zuverlässig feststellbarer (messbarer) Charakteristiken (Parameter), die den beanspruchten Stoff zuverlässig definieren.[577] 220
- Beschreibung durch Herstellungsverfahren (product-by-process): Kann ein chemischer Stoff oder ein biologisches Erzeugnis[578] weder explizit noch durch Parameter ausreichend definiert werden oder ist eine solche Kennzeichnung gänzlich unpraktisch, so können sie sowohl nach deutschem[579] wie nach europäischem[580] Recht durch ihr Herstellungsverfahren gekennzeichnet werden. Das Herstellungsverfahren muss nacharbeitbar sein und zuverlässig zum beanspruchten Stoff führen. Wenn es für den Fachmann zur Gewinnung des beanspruchten Stoffes erforderlich ist, sind neben dem Verfahren die Ausgangsstoffe, Reaktionsbedingungen sowie die Aufarbeitung des Reaktionsgemischs anzugeben.[581] Ein product-by-process-Anspruch ist ein echter Erzeugnisanspruch und richtet sich auf das Erzeugnis per se, unabhängig von der Art seiner Herstellung.[582] Zu den Voraussetzungen und der Formulierung eines product-by-process-Anspruchs s im Detail § 34 Rdn 149 ff. 221

Wahl der Definitionsart – Konstitution, Parameter, product-by-process – steht nicht im Belieben des Anmelders, sondern hat nach objektiven Kriterien zu erfolgen, vgl dazu § 34 Rdn 103. 222

---

576 BPatGE 20, 6.
577 BGH GRUR 72, 80 *Trioxan*; 00, 591 (III) *Inkrustierungsinhibitoren*; T 0094/82 ABl 84, 75; T 0452/91 ABl 96 SonderA 39.
578 BGH GRUR 93, 651 (IV4b) *Tetraploide Kamille*; T 0320/87 ABl 90, 71 (Nr 3); T 0130/90 ABl 92 SonderA 17.
579 BGH GRUR 72, 80 (F) *Trioxan*; 85, 31 *Acrylfasern*; 93, 651 (IV4b) *Tetraploide Kamille*; BPatGE 13, 44; 23, 253; 25, 79.
580 T 0150/82 ABl 84, 309; T 0130/90 ABl 92 SonderA 17; T 0552/91 ABl 95, 100.
581 T 0552/91 ABl 95, 100 (Nr 5.2).
582 Anders jedoch die Rechtsprechung in den USA, s *Abbott Laboratories v. Sandoz* (CAFC 2009) GRUR Int 09, 787 (Zsfg), hierzu Thot Mitt 09, 317 und Fabry GRUR Int 09, 803, und in Japan, s Sekiguchi Mitt 12, 213; vgl rechtsvergleichend Finnie/Bennett epi information 08, 26 und Grant/Smyth EIPR 10, 635.

223 Neuheit eines chemischen Stoffs s § 3 Rdn 164.

224 Erfinderische Tätigkeit bei Stofferfindungen s § 4 Rdn 92.

6.6 Zwischenprodukte *(intermediates)*

225 **Lit: Hansen/Hirsch:** Protecting inventions in chemistry 1997, 234 ff; **Lit in GRUR:** Zumstein 72, 631; Vossius 74, 64; Heyer/Hirsch 75, 634; Schmied/Kowarzik 84, 310; **Lit in Mitt:** Feder 71, 105.

226 Zwischenprodukte (Zwpr) sind Stoffe, deren Eigenschaften bei einer unmittelbaren Verwendung keine Patentfähigkeit begründen könnten, die vielmehr dazu bestimmt sind, zu Endprodukten weiterverarbeitet zu werden, die ihrerseits wertvolle Eigenschaften aufweisen, die auf den Zwpr beruhen. Dem Anmelder steht es frei, den Patentschutz dort zu beanspruchen, wo der technische Fortschritt begründet wird (= Zwpr), oder dort, wo er in Erscheinung tritt.[583]

227 Zu den Voraussetzungen der Offenbarung von Zwpr s § 34 Rdn 429; zum Erfordernis der Einheitlichkeit bei Zwpr s § 34 Rdn 246; zu Zwpr als Stand der Technik s § 3 Rdn 57; zur Neuheit von Zwpr s § 3 Rdn 171; zur erfinderischen Tätigkeit bei Zwpr s § 4 Rdn 177.

6.7 Naturstoffe *(natural substances)*

228 **Lit in GRUR:** Hüni 70, 9; Schmied-Kowarzik 72, 261; Utermann 77, 1; 78, 240; Bunke 78, 132; **Lit in GRUR Int:** Marcus 68, 143, 146; **Lit in Mitt:** Schmied-Kowarzik 68, 126; Tauchner 79, 84.

PatG und EPÜ schließen Naturstoffe vom Patentschutz nicht aus. Sie können nur dann nicht patentiert werden, wenn keine Erfindung, sondern nur eine Entdeckung iSd § 1 (3) Nr 1 und des Art 52 (2) a) EPÜ vorliegt (vgl oben Rdn 77). Dies ist der Fall, wenn die Erfindung sich in dem Hinweis auf die Existenz des Materials in der Natur erschöpft. Mit der Ausnahme solcher Lehren vom Patentschutz ist dem Anliegen ausreichend Rechnung getragen, dass Stoffe, die in der Natur frei vorkommen, für jedermann frei verfügbar bleiben.[584] Einem Erfinder, der einen wertvollen, der Fachwelt aber bisher nicht bekannten Naturstoff für einen interessanten Zweck bereitstellt, verdient ebenso Patentschutz wie der Erfinder, der das gleiche Ziel auf rein technischem (zB synthetischem) Wege erreicht.

229 *Biologisches Material*, das eine Erfindung zum Gegenstand hat, ist nach § 1 (2) 2, R 27 a) EPÜ und Art 3 (2) BioPatRL patentierbar, wenn es mit Hilfe eines technischen Verfahrens aus seiner natürlichen Umgebung isoliert oder hergestellt wird, auch wenn es in der Natur schon vorhanden war. Für Details vgl Rdn 165.

230 *Beispiele für Patente mit Naturstoffen:* **a)** Erfindungen, die biologisches Material (zB Mikroorganismen) zum Gegenstand haben (s Rdn 165); **b)** cyclisches Dekapeptid Antamanid aus dem grünen Knollenblätterpilz;[585] **c)** Menthonthiole aus dem Naturprodukt Buccublätteröl zur Nachahmung des Cassis-Aroma;[586] **d)** Verfahren zur

---

583 BGH GRUR 69, 265 *Disiloxan*.
584 BGH GRUR 69, 672 (A4b) *Rote Taube*; 75, 430 (IIB4) *Bäckerhefe*.
585 BPatGE 20, 81 = IIC 10, 494.
586 BPatG GRUR 78, 702.

Gewinnung von menschlichem H2-Relaxin und der dafür codierenden DNA;[587] e) Beanspruchung von Organismen, die bei der Sauerkrautgärung vorkommen.[588]

Zur Neuheit und erfinderischen Tätigkeit im Zusammenhang mit Naturstoffen s § 3 Rdn 174 und § 4 Rdn 136.

6.8 Stoffe für medizinische Verfahren, insbesondere Arzneimittel *(medicaments)*

Lit (s auch Rdn 172): **Domeij:** Läkemedelspatent (Arzneimittelpatent) Stockholm 1998; **Eiland:** Patenting Traditional Medicine 2008; **Gassner** (Hrsg): Gewerblicher Rechtsschutz für Medizinprodukte 2010; **Richter:** Der Schutzbereich von Wirkstoffpatenten – Soll und kann eine Umgehung über Prodrugs verhindert werden? 2016; **Rehmann:** Arzneimittelgesetz (AMG) 5. Aufl 2020; **Fuhrmann et al:** Arzneimittelrecht 3. Aufl 2020. **Lit in EIPR:** Vaver/Basheer 06, 282; Sterckx 10, 294; **Lit in GRUR:** Nirk 77, 356; Utermann 81, 537; Wolfrum 86, 512; Schermer 09, 349; **Lit in GRUR Int:** Klöpsch 82, 102; Deutsch 83, 489; Gruber/Kroher 84, 201; Panchen, Smets, Lançon 91, 420, 425, 428 (= IIC 91, 879, 888, 893); Koenig/Engelmann/Sander 01, 919; Schrell 10, 363; **Lit in IIC:** Gaumont 82, 431; Klöpsch 82, 547; Schneider 08, 511; **Lit in IPQ:** Sterckx/Cockbain 10, 88; **Lit in Mitt:** Ackermann 21, 197; **Lit in PharmaR:** Beyerlein 07, 271; 09, 105.

231

6.8.1 Überblick

PatG und EPÜ räumen Stoffen für medizinische Verfahren, zu denen insbesondere Arzneimittel zählen, in mancherlei Hinsicht eine Sonderstellung ein. Ein Arzneimittel ist ein Stoff oder eine Stoffzusammensetzung, der oder die als Mittel zur Heilung von oder zur Verhütung von Krankheiten eingesetzt wird.[589] Sein wichtigster Bestandteil ist der Wirkstoff.[590]

232

Für Arzneimittel und andere Stoffe, die in medizinischen Verfahren iS von § 2a (1) Nr 2 und Art 53 c) EPÜ angewandt werden, kommen folgende Ansprüche in Betracht:
1. Uneingeschränkter Erzeugnisanspruch, wenn der beanspruchte Stoff neu und erfinderisch ist (s Rdn 236);
2. Zweckgebundener Erzeugnisanspruch, wenn der beanspruchte Stoff zwar bekannt ist, nicht jedoch auf dem Gebiete der Medizin (sog. *1. medizinische Indikation*) (s Rdn 240);
3. Zweckgebundener Erzeugnisanspruch, wenn der beanspruchte Stoff zwar bereits auf dem Gebiet der Medizin bekannt ist, jedoch die Erfindung eine weitere spezifische Verwendung auf diesem Gebiete lehrt (sog. *2. medizinische Indikation*) (s Rdn 244);
4. Verfahrensanspruch zur Herstellung eines Arzneimittels (s Rdn 254);
5. Verwendungsanspruch, wenn die Verwendung eines auf dem Gebiet der Medizin bereits bekannten Stoffes in anderer medizinischer Weise, also zB zur Behandlung anderer Krankheiten, neu und erfinderisch ist (sog. *2. medizinische Indikation*) (s Rdn 259).

233

---

587 EPA EinspruchsAbt ABl **95**, 388.
588 BPatGE **21**, 43: *Lactobacillus bavaricus.*
589 Zur arzneimittelrechtlichen Definition s EuGH C-319/05 EuZW **08**, 56; C-27/08 GRUR **09**, 790 *BIOS Naturprodukte/Saarland*; C-140/07 GRUR **09**, 511 *Hecht-Pharma/Gewerbeaufsichtsamt Lüneburg*; Müller EuZW **09**, 603. Zur Abgrenzung gegenüber Lebensmitteln s Rdn 246.
590 Zum Begriff des Wirkstoffs s BGH BlPMZ **09**, 73 *Doxorubicin-Sulfat* sowie § 16a Rdn 9.

234 Wahl der Patentkategorie für eine Arzneimittelerfindung oder sonstige medizinische Stofferfindung steht dem Erfinder grundsätzlich frei. Er kann ein Verwendungspatent beanspruchen, obwohl ein Erzeugnispatent möglich wäre, oder er kann sich auf den Schutz der 2. medizinischen Indikation beschränken, obwohl ein Patent für die 1. medizinische Indikation möglich wäre.[591]

235 Den erweiterten Möglichkeiten zur Schutzrechtserlangung für medizinische Stofferfindungen stehen besondere Beschränkungen auf der Ebene der Schutzrechtswirkungen gegenüber, wie z.B. Erleichterung von Zwangslizenzen[592] oder das Privileg des § 11 Nr 2b, wonach Studien und Versuche für die arzneimittelrechtliche Zulassung erlaubt sind[593] (s auch Rdn 173).

236 **6.8.2 Uneingeschränktes Erzeugnispatent für medizinischen Stoff** setzt voraus:

237 a) *Absolute Neuheit* des beanspruchten Stoffes, er darf also weder auf dem Gebiet der Medizin noch auf einem anderen Gebiet zum Stand der Technik gehören. Unterscheidet er sich von bekannten Stoffen ausreichend durch technische Merkmale,[594] zB eine neue Formulierung,[595] Dosierung oder synergistische Kombination,[596] so ist die Neuheit gegeben. Wird einer bekannten Substanz (zB Zubereitung aus Stoff X in Pulverform) lediglich ein nicht definierter Hilfsstoff hinzugefügt, liegt Neuheit nur vor, wenn der Fachmann weiß, welchen Hilfsstoff er konkret beimischen soll.[597]

238 b) *Erfinderische Tätigkeit*: Sie ist gegeben, wenn ein Fachmann das neue Arzneimittel oder den sonstigen medizinischen Stoff nicht geschaffen hätte, weil er dessen vorteilhafte Wirkungen nicht erwartet hätte.

239 Der *Schutzbereich* umfasst alle Herstellungs- und Verwendungsarten, auch solche außerhalb der Medizin (absoluter Stoffschutz, vgl § 14 Rdn 100).

240 **6.8.3 Zweckgebundenes Erzeugnispatent für die 1. medizinische Indikation:** § 3 (3) und Art 54 (4) EPÜ gestatten die Erteilung eines zweckgebundenen »gebietsbeschränkten« Erzeugnispatents, wenn der Stoff als solcher (zB als Farbstoff oder Düngemittel) zwar bekannt ist, seine Anwendung auf dem Gebiet der Medizin aber nicht zum Stand der Technik gehört.

241 Die Möglichkeit der Erteilung eines zweckgebundenen Sachpatents für die 1. medizinische Indikation ist vom Gesetzgeber als zusätzlicher Anreiz für den Arzneimittelerfinder geschaffen worden, da es für die Leistung des Erfinders eines Arzneimittels

---

591 T 0143/94 ABl **96**, 430.
592 Vgl. Art 31 TRIPs; Verordnung (EG) Nr 816/2006 vom 17.5.2006 über Zwangslizenzen für Patente an der Herstellung von pharmazeutischen Erzeugnissen für die Ausfuhr in Länder mit Problemen im Bereich der öffentlichen Gesundheit, ABl EG 06 L 157 1 = GRUR Int **06**, 1001, s Barona Mitt **06**, 402; Krauß Mitt **07**, 250; Vaver/Basheer EIPR **06**, 282.
593 S § 11 Rdn 18.
594 GrBK G 0001/83 ABl **85**, 60 (Nr 20) *2. medizinische Indikation/BAYER*.
595 BGH GRUR **82**, 548 *Sitosterylglykoside*; BPatG Mitt **88**, 207, 211; GrBK G 0001/83 ABl **85**, 60 (Nr 20) *2. medizinische Indikation/BAYER*;.
596 BPatG GRUR **80**, 169 (Mehrschichtendragee). GrBK G 0001/83 ABl **85**, 60 (Nr 20) *2. medizinische Indikation/BAYER*; T 0009/81 ABl **83**, 372.
597 T 0080/96 ABl **00**, 50.

keinen entscheidenden Unterschied macht, ob der Stoff absolut neu oder nur auf dem Gebiet der Medizin unbekannt ist. Eine Übertragung dieser Ausnahme auf andere Gebiete[598] ist ebenso wenig möglich wie die Anwendung auf andere Erzeugnisse wie zB Geräte.[599]

Voraussetzungen eines Stoffpatents für die 1. medizinische Indikation (s auch § 3 Rdn 144): 242
a) Stoff gehört auf nicht-medizinischen Gebieten zum Stand der Technik, zB als Farbstoff;
b) Stoff ist erstmalig[600] zur Anwendung in einem chirurgischen, therapeutischen oder diagnostischen Verfahren gemäß § 2a (1) Nr 2 und Art 53 c) EPÜ bestimmt;
c) die Anwendung gemäß b) ist neu, dh der Stand der Technik enthält keine hinreichend konkreten Angaben, die den zuständigen Fachmann in die Lage versetzen würden, die Eigenschaft des Stoffes als Arzneimittel zu erkennen. Die Neuheit des gebietsbeschränkten Stoffanspruchs für die 1. medizinische Indikation wird also aus der neuen pharmazeutischen oder sonstigen medizinischen Verwendung abgeleitet.[601] Ist der Stoff als Arzneimittel oder in sonstiger Weise medizinisch einsetzbar bereits bekannt, schied ein Stoffpatent unter der früheren Rechtslage aus,[602] es war dann nur ein Verwendungspatent für die 2. medizinische Indikation möglich (s Rdn 259). Unter dem geltenden Recht wird auch ein zweckgebundener Stoffanspruch für die 2. medizinische Indikation gewährt (s Rdn 244);
d) der Patentanspruch enthält eine generelle therapeutische Zweckbestimmung, die nicht spekulativ ist. Eine Beschränkung auf die spezifisch offenbarte therapeutische Wirkung kann nicht verlangt werden;[603]
e) es war für einen Fachmann nicht naheliegend, dass der Stoff überhaupt eine therapeutische Wirkung besitzen würde, geschweige denn die spezifisch offenbarte.

Schutzbereich des zweckgebundenen Stoffanspruchs für die erste Indikation umfasst 243 die Herstellung und Verwendung für alle Zwecke auf dem Gebiet der Medizin, während Herstellung und Verwendung des Stoffs auf anderen Gebieten frei ist. Der Schutz ist nicht auf die speziell offenbarte therapeutische Verwendung beschränkt,[604] sondern erstreckt sich auf das gesamte Gebiet der Medizin. Dies gilt für unter dem neuen Recht erteilte Patente allerdings nur, wenn der Anspruch keine Einschränkung auf eine besondere Verwendung enthält. Andernfalls läge die nunmehr für die zweite medizinische Indikation charakteristische Anspruchsfassung vor, deren Schutzumfang erheblich geringer ist.

---

598 BGH v 7.2.1995 X ZR 58/93 BeckRS **95**, 31061440 *3-Isothiazolonzubereitung*.
599 T 0227/91 ABl **94**, 491 (Lasersystem für chirurgische Zwecke).
600 T 0303/90, T 0401/90 ABl **93** SonderA 22.
601 GrBK G 0001/83 ABl **85**, 60 (Nr 21) *2. medizinische Indikation/BAYER*.
602 T 0303/90 u T 0401/90 ABl **93** SonderA 22.
603 T 0128/82 ABl **84**, 164; T 0036/83 ABl **86**, 295 (Nr 5.1).
604 T 0128/82 ABl **84**, 164; T 0036/83 ABl **86**, 295 (Nr 5.1).

6.8.4 Zweckgebundenes Erzeugnispatent für die zweite (oder weitere) medizinische Indikation

244 **Lit:** Jaenichen/Meier/Hölder in FS Straus 2008, 255; **Bühling** (Hrsg): Patent Protection for Second Medical Uses 2016; **Lit in GRUR:** Schermer 09, 349; **Lit in IIC:** Cockbain/Sterckx 11, 257; **Lit in IPQ:** Sterckx/Cockbain 10, 88.

Seit Inkrafttreten des EPÜ 2000 (13.12.2007) ermöglicht das Gesetz durch § 3 (4) und Art 54 (5) EPÜ die Gewährung eines zweckgebundenen Erzeugnispatents auch dann, wenn der Stoff auf medizinischem Gebiet, also insbesondere als Arzneimittel, bereits bekannt war, die Erfindung aber eine neue und erfinderische *spezifische* Verwendung lehrt.

245 Ziel der Neuregelung ist es, die unter dem PatG ebenso wie unter dem EPÜ seit langem im Richterrecht anerkannte Schutzfähigkeit der zweiten medizinischen Indikation gesetzgeberisch abzusichern[605] (s Rdn 259 und § 3 Rdn 147). Erfindungen, die bislang im deutschen Recht mittels Verwendungsansprüchen (s Rdn 260 und § 2a Rdn 66) oder im europäischen Recht mittels Herstellungsverwendungsansprüchen (sog. schweizerische Anspruchsfassung, s Rdn 261 und § 3 Rdn 156) geschützt werden konnten, wird nunmehr ein zweckgebundener Erzeugnisanspruch gewährt. Die neuen Bestimmungen ähneln in ihrem Wortlaut den Bestimmungen über die erste medizinische Indikation (§ 3 (3) und Art 54 (4) EPÜ (= Art 54 (5) EPÜ aF).

Was als eine *spezifische Verwendung* anzusehen ist, ist anhand der Grundsätze zu beantworten, die in der Rechtsprechung unter dem bisherigen Recht für die zweite medizinische Indikation entwickelt worden sind (s Rdn 259 ff, für Details s § 3 Rdn 147).

246 **6.9 Nahrungs- und Genussmittel**[606] waren durch den früheren § 1 (2) Nr 2 vom Patentschutz ausgenommen, der durch Art 1 Nr 1 PatÄndG 1967 aufgehoben worden ist. Patentfähig sind daher die Nahrungs- und Genussmittel selbst, Herstellungsverfahren (zB Rezepte),[607] Verwendungen sowie Formgebungen.[608] Die Abgrenzung zwischen Lebensmittel und Arzneimittel kann im Einzelfall schwierig sein.[609] Eine besondere ästhetische Wirkung kann die Erfindungshöhe begründen, jedoch nicht, wenn nur eine geschmackliche Abwandlung vorliegt.

6.10 Legierungen *(alloys)*

247 **Lit:** Bayer-Schwarzmaier-Zeiler in 10 Jahre BPatG 1971, 201; **Lit in Mitt:** Hillinger 72, 102; König 92, 236; Spiekermann 93, 178; Zeiler 93, 190.

248 Legierungen sind Stoffgemische eines Metalls mit mindestens einem weiteren Metall oder einem anderen Element mit bestimmten Eigenschaften, die durch den qualitativen

---

605 Denkschrift zur Revisionsakte BlPMZ 07, 406, 410.
606 **Lit:** Willnegger: Patents in the food sector 2008; Heide GRUR Int 10, 296 (insbes zum Unterlagenschutz nach der Health Claims-Verordnung); Mastrelia EIPR 15, 455; Yamthieu EIPR 16, 551.
607 BGH BlPMZ 66, 164 *Suppenrezept*; PA BlPMZ 59, 14 (Käsegericht).
608 BGH GRUR 75, 367 *Schokoladentafel*.
609 Vgl hierzu unter arzneimittelrechtlichem Blickwinkel BGH GRUR Int 09, 442 *L-Carnitin II*; 09, 438 *HMB-Kapseln*; GRUR 10, 259 *Zimtkapseln* sowie Groß EuZW 06, 172.

und quantitativen Aufbau bestimmt sind. Die Legierung wird durch bestimmte Mengenbereiche der (Muss und Wahl-)Komponenten definiert. Die große Zahl der Einzellegierungen innerhalb der angegebenen Grenzwerte macht einen strengen Maßstab für die Offenbarung erforderlich. Im Unterschied zur Rechtspraxis des EPA steht allerdings die bisherige deutsche Rechtsprechung Auswahlerfindungen bei Legierungen ablehnend gegenüber (s § 3 Rdn 130). Alle innerhalb der Bereiche liegenden Variationen gelten als offenbart und damit als nicht mehr neu, sofern die charakteristischen Eigenschaften der Legierung gewahrt bleiben.[610] Grenzwertangaben eines Mengenbereichs von Komponenten einer Legierung haben für den Techniker häufig die Bedeutung eines kritischen Werts in dem Sinne, dass bestimmte technische Eigenschaften außerhalb des Bereichs nicht mehr gegeben sind; im Patentrecht haben sie nur die Bedeutung, den beanspruchten Schutzbereich abzugrenzen.[611] Deshalb werden alle innerhalb der Grenzwerte liegenden Zwischenwerte und alle daraus gebildeten Teilmengen offenbart.[612] Ein Sachpatent für eine Auswahlerfindung (vgl Rdn 283), die sich auf einen engeren Bereich bezieht, scheidet daher aus; möglich bleibt ein Herstellungspatent für einen neuen und besseren Weg zu einer bekannten Legierung[613] oder ein Verwendungspatent.

EPA: In der Praxis des EPA werden bei Angaben von Bereichen die nicht genannten Zwischenwerte nur unter bestimmten Voraussetzungen als offenbart angesehen (vgl § 3 Rdn 131). Das gilt auch für Legierungen.[614] Daraus folgt, dass die Beschränkung eines offenbarten Bereichs einer Legierung auf nicht genannte Mittelwerte idR nicht möglich ist, es sei denn, dass der Fachmann den nicht genannten Mittelwert aus anderen Umständen als hinreichend offenbart erkennt. Dem entspricht es, dass der Anmeldung einer Legierung mit präzisierten Werten idR ein Stand der Technik nicht als neuheitsschädlich entgegengehalten werden kann, der eine Legierung nach Bereichen definiert, in die der präzisierte Wert fällt. Zur Auswahlerfindung s Rdn 283.

7 Verfahrenserfindungen *(process inventions)*

Es gibt im Wesentlichen drei Arten von Verfahren:
- Verfahren zur Herstellung eines Erzeugnisses (Herstellungsverfahren, siehe Rdn 252)
- Verfahren zur Erreichung eines bestimmten Arbeitszieles (Arbeitsverfahren, siehe Rdn 255);
- Verwendung einer Sache oder eines Verfahrens (siehe Rdn 256).

Der Schutzbereich der verschiedenen Arten von Verfahrenserfindungen ist nicht identisch, weil bei einem Herstellungsverfahren sich der Schutz gemäß § 9 S 2 Nr 3 und Art 64 (2) EPÜ auch auf das unmittelbar hergestellte Erzeugnis bezieht, bei einem Arbeitsverfahren oder einer Verwendung – weil kein Erzeugnis hergestellt wird – dagegen idR nicht. Ferner erstreckt sich nach der Rechtsprechung des BGH der Schutzbe-

---

610 BGH GRUR **92**, 842 *Chrom-Nickel-Legierung.*
611 BGH GRUR **92**, 842 *Chrom-Nickel-Legierung.*
612 BGH GRUR **92**, 842 *Chrom-Nickel-Legierung.*
613 BGH BlPMZ **73**, 170 *Legierungen.*
614 Vgl T 0201/83 ABl **84**, 481; T 0265/84 EPOR **87**, 193; T 0075/87 EPOR **94**, 475.

reich eines Verwendungsanspruchs auch auf die sinnfällige Herrichtung der Sache für die geschützte Verwendung, bei einem sonstigen Verfahrensanspruch dagegen nicht (vgl § 14 Rdn 116).

Zweck-, Wirkungs- oder Funktionsangaben in Verfahrensansprüchen müssen sich nicht zwangsläufig auf den Gegenstand des Anspruchs oder auf dessen einzelne Merkmale beziehen, sondern können auch nur dem besseren Verständnis bei der Erfassung der technischen Lehre dienen.[615] In der EPA-Rechtsprechung[616] wird zwischen zwei Arten von Zweckangaben unterschieden: Zweckangaben, die die spezifische Anwendung eines Verfahrens definieren und daher bestimmte zusätzliche Schritte implizieren, stellen eine echte technische Beschränkung des Verfahrens dar. Demgegenüber haben Zweckangaben, die eine Wirkung definieren, die sich aus den Verfahrensschritten zwangsläufig ergibt, keinen beschränkenden Charakter.

252 **7.1 Patente für Herstellungsverfahren** *(process of manufacture)* sind gekennzeichnet durch eine Einwirkung auf ein Substrat (= Ausgangsmaterial) zum Zweck der Veränderung (oder Bearbeitung) des Substrats oder der Hervorbringung eines vom Substrat unterschiedlichen Erzeugnisses. Das Substrat kann fest, flüssig, gasförmig, eine Energieform, eine Welle etc sein. Die Einwirkung kann mechanisch, physikalisch oder chemisch erfolgen (Bsp: fräsen, schmieden, lochen, auspressen, ziehen, stanzen, schweißen, schmelzen, sintern).[617] Das Herstellungsverfahren kann eine Änderung der äußeren Gestaltung oder der inneren Beschaffenheit (zB eines chemischen Stoffes) bewirken. Die Lehre zum technischen Handeln besteht in der Beschreibung der beiden eigentlichen Verfahrensmaßnahmen, nämlich der Wahl der Ausgangsstoffe und der Art der Einwirkung auf diese Stoffe.[618]

253 Herstellungsverfahren haben somit im Unterschied zu Arbeitsverfahren (vgl Rdn 255) als Ergebnis ein Erzeugnis, zB Sache, Vorrichtung, Stoff, biologisches Material. Der Schutzbereich eines Herstellungsverfahrenspatents umfasst das Verfahren sowie gemäß § 9 Satz 2 Nr 3 und Art 64 (2) EPÜ das unmittelbar hergestellte Erzeugnis[619] (s § 9 Rdn 94). Zur Neuheit, erfinderischen Tätigkeit und Offenbarung von Herstellungsverfahren s § 3 Rdn 178, § 4 Rdn 115 und § 34 Rdn 394.

254 Herstellungsverfahren für Arzneimittel sind patentierbar,
a) wenn das Verfahren selbst neu und erfinderisch (eigenartig) ist. Dann kann der hergestellte Stoff neu oder (allgemein oder auf dem Gebiet der Medizin) bekannt sein. Ein neues und erfinderisches Herstellungsverfahren für ein Arzneimittel bedarf zur Patentierbarkeit nicht der Angabe einer bestimmten medizinischen Indikation. Der Herstellungsanspruch kann auch formuliert werden als Verwen-

---

615 BGH GRUR 10, 1081 (Rn 11) *Bildunterstützung bei Katheternavigation*.
616 T 1931/14 ABl 20 ZPubl 4, 13 = ÖBl 18, 229; s aber auch T 1930/14 v 28.11.2019.
617 BPatGE 8, 136.
618 BGH GRUR 86, 163 *Borhaltige Stähle*; v 27.3.2018 GRUR 18, 605 (Rn 21) *Feldmausbekämpfung*.
619 Lit: Mes GRUR 09, 305; Greiner-Wittner: Schutz von Informationen als unmittelbare Verfahrenserzeugnisse? 2020; Prado Ojea GRUR 18, 1096. Vgl ferner BGH GRUR 12, 1230 (Rn 21) *MPEG-2-Videosignalcodierung*: Unkörperliche Datenfolge als unmittelbares Verfahrenserzeugnis.

dung eines Stoffes zur Herstellung eines Arzneimittels ohne Einschränkung auf eine Indikation.[620] Eine etwaige medizinische Zweckbestimmung kann aber ein den Verfahrensanspruch beschränkendes technisches Merkmal sein, wenn sie ein funktionelles Merkmal ist;[621]
b) wenn chemisch nicht eigenartige Verfahren (Analogieverfahren s Rdn 281) zu neuen Arzneimitteln mit überraschenden Effekten führen;
c) wenn die Gestaltung des Arzneimittels (zB Formulierung) neu und erfinderisch ist.

7.2 Arbeitsverfahren[622] *(method of working)*

Sie sind gekennzeichnet durch die Einwirkung auf ein Substrat (= Ausgangsmaterial) durch technische Arbeitsschritte *(operating steps)* zur Erreichung eines bestimmten Arbeitszieles, ohne dass dabei ein Erzeugnis hervorgebracht oder das Substrat verändert würde.[623] Beispiele: fördern, wenden, ordnen, zählen, reinigen, messen, gefriertrocknen, analytische und diagnostische Untersuchungsverfahren,[624] Regeln einer Förderleistung,[625] verfahrensmäßiger Funktionsablauf in einer Vorrichtung,[626] prozessualer Ablauf zur Erzeugung einer Datenbank.[627] Enthält ein solcher Verfahrensanspruch eine Zweckbestimmung (»Verfahren zur ...« oder »Verfahren für ...«), so ist es eine Frage des Einzelfalls, ob diese als ein funktionelles Merkmal zu verstehen ist und den Anspruch entsprechend beschränkt.[628]

255

7.3 Verwendungspatente *(patents for a use)*[629]

Eine Erfindung, die sich auf eine Verwendung bezieht, ist weder auf die Herstellung eines Erzeugnisses noch auf das Erzeugnis als solches gerichtet, sondern macht ein Erzeugnis oder ein Verfahren durch Verfahrensmaßnahmen für eine neue Verwendung geeignet. Verwendungen gehören grundsätzlich in die Kategorie der Verfahrenspatente[630] (vgl oben Rdn 184), weil sie eine bestimmte Tätigkeit beinhalten, obwohl sie diese Tätigkeit von einem bestimmten Erzeugnis aus definieren. Insofern ist das Verwendungspatent eine Unterart der Patentkategorie Verfahren. Nach neuerer Auffassung des BGH enthalten Ansprüche auf medizinische Verwendungen allerdings Elemente

256

---

620 T 0080/96 ABl 00, 50.
621 T 0893/90 ABl 94 SonderA 55.
622 Hierzu Féaux de Lacroix Mitt 07, 10 unvr Erörterung von BGH Mitt 05, 502 *Abgasreinigungsvorrichtung*.
623 BGH BlPMZ 98, 81 (II3b) *Handhabungsgät*; 06, 150 *Arzneimittelgebrauchsmuster*; T 0378/86 ABl 88, 386 (Nr 3.1.7).
624 Vgl BPatGE 2, 1, 2.
625 T 0378/86 ABl 88, 386 (Nr 3.1.7).
626 BGH BlPMZ 98, 81 (II3b) *Handhabungsgät*.
627 BPatG Mitt 06, 30 L (betr Gbm).
628 T 1283/15 v 2.10.2018 mwN.
629 **Lit:** Brandi-Dohrn in FS König 2002, 33; enführ in FS Schilling 2007, 99; **Lit in EIPR:** Paterson 91, 16; **Lit in GRUR:** Sieckmann, 85; Féaux de Lacroix 03, 282; **Lit in GRUR Int:** Jacob 96, 1088; Paterson 96, 1093; **Lit IIC:** Jacob 96, 170; Paterson 96, 179; **Lit in Mitt:** Koschmieder 07, 400 (betr Rechtslage US: grundsätzliche Unzulässigkeit von Verwendungsansprüchen).
630 BGH GRUR 72, 638 (IVb) *Aufhellungsmittel*, 508, 510 *Spreizdübel*.

von Erzeugnisansprüchen und sind mit ihnen verwandt.[631] Hiermit in Einklang steht, dass nach der deutschen Rechtsprechung ein Patent, das die Verwendung einer Sache zu einem bestimmten Zweck betrifft, bereits solche Handlungen erfasst, bei denen die Sache zu der betreffenden Verwendung sinnfällig hergerichtet wird.[632]

257 Das Verwendungspatent hat idR nicht die Herstellung eines Erzeugnisses zum Ziel, sondern ist auf einen abstrakten Handlungserfolg gerichtet, der nicht als ein unmittelbar hergestelltes Erzeugnis im Sinne des § 9 S 2 Nr 3 und des Art 64 (2) EPÜ anzusehen ist.[633] Eine Ausnahme gilt im Fall der auf die Verwendungsherstellung gerichteten sog. schweizerischen Anspruchsfassung im medizinischen Bereich.[634]

258 Die angestrebte Wirkung (*technical effect*) ist bei einer Verwendungserfindung ein funktionelles technisches Merkmal, das geeignet ist, die Erfindung vom Stand der Technik zu unterscheiden.[635] Besteht die Lehre zum technischen Handeln in der neuen Art der Verwendung, handelt es sich um eine reine Verwendungserfindung. Soll durch die Wirkungsangabe dagegen ein Erzeugnis näher gekennzeichnet werden, so handelt es sich in Wirklichkeit um ein Erzeugnispatent, dessen absoluter Schutz durch die Wirkungsangabe nicht beeinträchtigt wird (s oben Rdn 210). Welche Qualität die Wirkungsangabe hat, ist im Einzelfall durch Auslegung zu ermitteln.

Zu den Erfordernissen der Neuheit, der erfinderischen Tätigkeit und der Offenbarung bei Verwendungserfindungen § 3 Rdn 180, § 4 Rdn 159 und § 34 Rdn 422.

7.4 Verwendungspatente für 2. medizinische Indikation von Arzneimitteln

259 **Lit:** Kraßer in 25 Jahre BPatG 1986, 159; Szabo in 10 Jahre Rechtspr der GrBK im EPA 1996, 11; v. Falck/Gundt in Patent Practice in Japan and Europe (FS Rahn) 2011, 611; **Lit in EIPR:** White 85, 62; **Lit in GRUR:** Denninger 84, 627; Utermann 85, 813 (IIC 85, 41); Günzel 01, 566; **Lit in GRUR Int:** Bruchhausen 85, 239 (IIC 85, 306); Hansen 85, 557; 88, 379 (IIC 85, 772); Pagenberg 86, 376; Hüni 90, 425; Thums 95, 277; **Lit in IIC:** Cockbain/Sterckx 11, 257; **Lit in Mitt:** Suchy 82, 88 (IIC 82, 471); Dinné 84, 105; **Lit in ÖBl:** Wiebe 05, 154; Schultes 10, 172.

260 Verwendungserfindungen im medizinisch-pharmazeutischen Bereich haben eine Sonderstellung, da ein reiner Verwendungsanspruch als ein nach § 2a (1) Nr 2 und Art 53 c) EPÜ ausgeschlossenes medizinisches Verfahren angesehen werden kann. Dies entspricht der unter dem EPÜ herrschenden Rechtsauffassung, die bereits früh durch die GrBK festgelegt worden ist.[636] Demgegenüber hat die deutsche Rechtsprechung den Ausschluss der medizinischen Verfahren, der bis 2007 im Zusammenhang mit dem Erfordernis gewerblicher Anwendbarkeit geregelt war, teleologisch reduziert: Die Verwendung einer chemischen Substanz zur therapeutischen Behandlung des menschlichen Körpers setze deren »augenfällige Herrichtung« als Arzneimittel voraus, die sich im industriellen Bereich vollziehe, und werde daher nicht vom Ausschluss

---

631 BGH BlPMZ 06, 150 *Arzneimittelgebrauchsmuster*. Dazu Quodbach GRUR 07, 357, 361.
632 BGH GRUR 83, 729 *Hydropyridin*; 9005 *Geschlitzte Abdeckfolie*; 12, 373 (Rn 10) *Glasfasern*.
633 BGH GRUR 90, 508, 510 *Spreizdübel* auch T 1179/07 v 10.3.2009 (Nr 2.1.3).
634 Hierzu § 3 Rdn 161.
635 GrBK G 0002/88 ABl 90, 93 *Reibungringernder Zusatz/MOBIL OIL*.
636 GrBK G 0001/83 ABl 85, 60 *2. medische Indikation/BAYER*.

erfasst.⁶³⁷ Reine Verwendungsansprüche für eine medizinische Indikation, insbesondere für eine zweite (oder weitere) Indikation, sind daher nur vor dem DPMA, nicht aber vor dem EPA gewährbar.

Zur Schließung der andernfalls bestehenden Schutzlücke hat die GrBK allerdings Verwendungsherstellungsansprüche in sog. schweizerischer Anspruchsfassung für gewährbar erachtet (für Details § 3 Rdn 154 ff).⁶³⁸ Hierzu wurde eine richterrechtliche Ausnahme vom allgemeinen Neuheitserfordernis geschaffen und die Neuheit der Verwendung eines Stoffes bei der Arzneimittelherstellung aus der neuen medizinischen Anwendung, für die er bestimmt ist, abgeleitet. Dies geschah in Analogie zu der Ausnahmeregelung des Art 54 (5) EPÜ aF, der Art 54 (4) EPÜ nF entspricht und einen gebietsbeschränkten Stoffschutz gewährt, wenn ein bereits bekannter Stoff für eine medizinische Verwendung erstmals bereit gestellt wird. 261

Diese begrenzte Ausnahme vom allgemeinen Neuheitserfordernis hat allerdings infolge der Einführung des zweckgebundenen Erzeugnisanspruchs durch Art 54 (5) EPÜ ihre Rechtfertigung verloren und kann nach Ablauf einer *Übergangsfrist* bis zum 28.1.2011 (s § 3 Rdn 155) auf Neu-Fälle nicht mehr angewendet werden. Die Verwendungsherstellung nach schweizerischer Anspruchsfassung bleibt aber weiterhin für zahlreiche Alt-Fälle von großer Bedeutung. 262

Zum Offenbarungserfordernis bei Verwendungsansprüchen s § 34 Rdn 422. 263

Schutzbereich des europäischen Verwendungsherstellungsanspruchs ist mit dem Schutzbereich des (deutschen) Verwendungsanspruchs nahezu identisch (s § 3 Rdn 160), da der europäische Anspruch sich nur auf solche Verfahrenserzeugnisse beziehen kann, die die neue und erfinderische therapeutische Wirkung aufweisen, nicht dagegen auf Erzeugnisse für eine andere therapeutische Verwendung⁶³⁹ und weil die Verwendung zur Herstellung des Mittels für einen therapeutischen Zweck im Wesentlichen der sinnfälligen Herrichtung des Mittels iSd deutschen Rechtsprechung entspricht.⁶⁴⁰ Die Erteilung eines **ergänzenden Schutzzertifikats** ist bei einem Grundpatent, das eine weitere medizinische Indikation schützt, möglich⁶⁴¹ (s auch § 16a Rdn 75). 264

7.5 Gebrauchsanweisung *(directions for use)* ist eine Vorschrift, die lehrt, wie eine Vorrichtung ihrer Bestimmung entsprechend zweckmäßig gehandhabt wird. Sie enthält zwar eine Lehre zum technischen Handeln,⁶⁴² der aber Neuheit oder Erfindungshöhe fehlen, wenn ihr Inhalt sich für den Fachmann aus der technischen Vorrichtung selbst ergibt. Wird aber eine neue Brauchbarkeit gelehrt, dh wird entweder die bisherige Bestimmung geändert oder überraschend verbessert,⁶⁴³ so ist eine solche Gebrauchsan- 265

---

637 BGH GRUR **83**, 729 *Hydropyridin*; ebenso BPatGE **32**, 93, 97; BPatG GRUR **96**, 868.
638 GrBK G 0001/83 ABl **85**, 60 *2. medizinische Indikation/BAYER*.
639 Vgl auch öst OGH GRUR Int **10**, 1080 *Isoflavon*.
640 BGH GRUR **01**, 730 (I2) *Trigonellin*.
641 EuGH GRUR Int **12**, 910 *Neurim Pharmaceuticals*; vgl Schell GRUR Int **13**, 509.
642 BGH GRUR **77**, 96 (II3cc) *Dispositionsprogramm* unter Ablehnung von RGZ **51**, 142, 144.
643 Vgl RG BlPMZ **1906**, 42, 44.

weisung patentierbar, zB als neues Arbeitsverfahren oder im Rahmen einer Verwendungserfindung, nicht aber als bloße Wiedergabe von Informationen.[644]

VI. Charakterisierung von Erfindungen in Hinblick auf Stand und Entwicklung der Technik

1 Überblick

266 Erfindungen lassen sich auch dadurch charakterisieren und einteilen, dass man auf ihre Stellung in der Entwicklung der Technik abstellt (zB »abhängige« Erfindung oder »standardessentielle« Erfindung, s Rdn 267 f) oder den Kern der erfinderischen Leistung in Hinblick auf den einschlägigen Stand der Technik in den Blick nimmt (zB »Kombinationserfindung« oder »Auswahlerfindung«, s Rdn 269 ff).

2 Abhängige Erfindung[645]

267 Abhängig ist eine Erfindung, wenn für ihre Benutzung notwendigerweise von der Lehre eines Patents mit älterer Priorität Gebrauch gemacht wird. Die Frage der Abhängigkeit wird im Erteilungs-, Einspruchs- oder Nichtigkeitsverfahren nicht geprüft, sondern stellt sich vor allem in Verletzungsverfahren (s § 9 Rdn 8). § 24 (2) stellt besondere Bedingungen für die Erteilung von Zwangslizenzen für abhängige Erfindungen auf (s § 24 Rdn 16).

3 Standardessentielle Erfindung[646]

268 Standardessentiell ist eine Erfindung, wenn von ihr Gebrauch gemacht werden muss, um einen Industriestandard zu befolgen. In vielen technischen Gebieten (zB Telekommunikation) werden Standards und Normen von Ausschüssen ausgearbeitet, in denen die interessierten Industriekreise idR breit vertreten sind. Häufig besteht eine Verpflichtung aller Beteiligten, auf eigene einschlägige Patente und Patentanmeldungen vor Festlegung des Standards hinzuweisen und ihren Wettbewerbern diesbezügliche Lizenzen zu fairen, angemessenen und nicht-diskriminierenden Bedingungen (»FRAND«)[647] zu gewähren. Wird in solchen Fällen die Lizenzierung verweigert,

---

644 Vgl. T 553/02 v 14.7.2004 ABl 05 SonderA 16.
645 **Lit: Schieble:** Abhängige Genpatente und das Institut der Zwangslizenz 2005; **Krusemarck:** Die abhängige Schöpfung im Recht des geistigen Eigentums 2013; **Körner** GRUR 09, 97.
646 **Lit: Fräßdorf:** Rechtsfragen des Zusammentreffens gewerblicher Schutzrechte, technischer Standards und technischer Standardisierung 2009; **Park:** Patents and Industry Standards 2010; **Appl:** Technische Standardisierungen und geistiges Eigentum 2012; **Körber:** Standardessentielle Patente, FRAND-Verpflichtungen und Kartellrecht 2013; **Brakhahn:** Manipulation eines Standardisierungsverfahrens durch Patenthinterhalt und Lockvogeltechnik 2014; **Rajewski:** Der Patenthinterhalt im Standardisierungsverfahren 2016; **Lit in ECLR:** Välimäki 08, 686; Rotondo 13, 40; Jakobs/Hübener 16, 33; Picht 16; 365; **Lit in EIPR:** Zhang 10, 402; Stern 15, 549; **Lit in epi information:** Stellbrink 10, 91; Sendrowski 10, 129; **Lit in EZW:** Palzer 15, 702; **Lit in GRUR:** Fröhlich 08, 205; Jestädt 09, 801; Blind/Pohlmann 14, 713; Heinemann 15, 855; **Lit in GRUR Int:** Straus 11, 469; Hauck/Kamlah 15, 620; Bodewig 15, 626; Hilty/Slowinski 15, 781; **Lit in IIC:** Chronopoulos 09, 782; Ullrich 10, 337; Zhang 10, 380; Henningsson 16, 438; **Lit in IWR:** Babey 14, 245; **Lit in Mitt:** Melullis 16,433; **Lit in WuW:** Barthelmeß/Gauß 10, 626. Vgl ferner Lit bei § 15 Rdn 30 (aE).
647 FRAND = Fair, reasonable and non-discriminatory.

kann im Verletzungsprozess ein sog. kartellrechtlicher Zwangslizenzeinwand begründet sein.[648]

4 Kombinationserfindung *(combination invention)*

Als Kombinationserfindung wird eine Lehre zum technischen Handeln bezeichnet, wenn mehrere Elemente zur Erreichung eines technischen Gesamterfolgs zusammenwirken sollen. Demgegenüber wird bei einer Aggregation (s Rdn 276) Bekanntes lediglich ohne einen synergistischen Effekt addiert. Eine Kombination weist eine *funktionelle Wechselwirkung* ihrer Elemente auf *(functional connection; interplay or reciprocity of elements)*.

Elemente der Kombination *(elements of a combination invention)*: Die Erfindung muss mehrere Elemente, nicht bloß Einzelteile (wie zB Räder, Schrauben) miteinander kombinieren, das heißt, den Elementen muss eine gewisse Selbständigkeit eigen sein, ohne dass es erforderlich wäre, dass sie außerhalb der Kombination allein verwendbar wären. Elemente sind nur die Teile einer Kombination, in denen sich der Erfindungsgedanke unmittelbar verwirklicht.[649] Die Elemente können neu oder bekannt sein, sie müssen aber alle technischer Natur sein.[650]

Zusammenwirken der Elemente *(functionally linked elements)*: Die vereinigten Elemente müssen gemeinsam auf ein einheitliches Ziel wirken, also kooperieren. Sie müssen sich gegenseitig beeinflussen, fördern, ergänzen und dadurch den Gesamterfolg herbeiführen. In diesem Sinn ist der Begriff der sogenannten funktionellen Verschmelzung *(functional connection)* zu verstehen.[651] Es bedarf dagegen keiner gegenseitigen Abhängigkeit der miteinander wirkenden Elemente.[652] Die Bedeutung der einzelnen Elemente für die Kombination kann unterschiedlich sein.[653] Sie müssen nicht gleichzeitig tätig werden, eine zeitliche Aufeinanderfolge genügt. Bei Kombinationspräparaten, deren Heilmittel räumlich nebeneinander bestehen, genügt die zielgerichtete Verwendung.[654]

Technischer Gesamterfolg *(technical synergistic effect based on a combination of individual measures)*: Der einheitliche technische Erfolg, der auf den Wirkungen der Elemente beruht, ist die unverzichtbare Klammer für eine patentfähige Kombination.[655] Bringt dagegen jedes Element nur isolierte Einzelergebnisse hervor, die nicht durch einen Kombinationsgedanken zu einem einheitlichen Ziel zusammengefasst sind, so liegt keine patentfähige Kombination vor. Ist ein einheitlicher Erfolg gegeben, so können der Kombination mehrere *Teilaufgaben* zugrunde liegen.[656] Die Lösung der Teil-

---

648 Für Details s § 24 Rdn 47 ff sowie EuGH C-170/13 GRUR **15**, 764 *Huawei Technologies/ZTE*.
649 BGH BlPMZ **51**, 319 *Tauchpumpensatz*; **51**, 322 *Mülltonne*.
650 BPatGE **1**, 151, 153; 4, 3, 7.
651 BGH GRUR **60**, 542 *Flugzeugbetankung I*; BPatG BlPMZ GRUR **83**, 501.
652 BGH BlPMZ **79**, 151 *Etikettiergerät II*.
653 BGH GRUR **59**, 22, 24 *Einkochdose*.
654 T 0009/81 ABl **83**, 372.
655 BGH BlPMZ **56**, 280 *Wasch- und Bleichmittel*; **63**, 365 *Schutzkontaktstecker*; **79**, 151 *Etikettiergerät II*.
656 BGH BlPMZ **60**, 87, 88 rSp *elektromagnetische Rühreinrichtung*.

aufgaben muss aber auf einer einheitlichen Idee beruhen, das heißt, die Teilaufgaben dürfen technisch nicht voneinander unabhängig sein.[657]

273 **Unterkombination (Teillehre)** s § 34 Rdn 407. Durch **Rückbeziehungen** in Ansprüchen denkgesetzlich entstehende Merkmalskombinationen sind nur dann ausreichend deutlich offenbart, wenn sie in der Beschreibung eine ausreichende Stütze finden.[658] Ein nur aus der Zeichnung ersichtliches Merkmal, das in der Beschreibung der Kombination keinerlei Berücksichtigung findet, ist idR nicht als zur Kombination gehörig offenbart[659] (vgl dazu § 34 Rdn 299).

274 **Oberbegriff und Kennzeichnungsteil** eines Patentanspruchs können die einzelnen Merkmale einer Kombination enthalten, ohne dass die Verteilung der Merkmale für die Frage der Zugehörigkeit zur Kombination[660] oder für den Patentschutz[661] von Belang wäre.

275 Zur Neuheit von Kombinationserfindungen s § 3 Rdn 184, zu ihrer erfinderischen Tätigkeit s § 4 Rdn 123 und zu ihrer Offenbarung § 34 Rdn 397.

5 Aggregation *(aggregation of features)*

276 Aggregation und Kombination haben gemeinsam, dass sie mehrere Elemente miteinander vereinigen. Sie können beide patentfähig sein, wenn sie eine neue und erfinderische technische Gesamtwirkung erzielen.[662] Das ist bei der Aggregation seltener, da sie nur Bekanntes ohne zwingende Notwendigkeit nebeneinander wiederholt, zB bei einer losen Aneinanderreihung bekannter Maßnahmen, die ohne einen synergetischen Effekt ihre charakteristischen Wirkungen entfalten.[663] Die Kombination (vgl dazu Rdn 269) stellt dagegen eine organische Verbindung ihrer Elemente her. Zur erfinderischen Tätigkeit bei Aggregationen s § 4 Rdn 72.

6 Funktionserfindung[664] *(invention of a new function)*

277 Wird eine neue Wirkungs- oder Arbeitsweise (= Funktion) einer bekannten Sache (zB Vorrichtung) oder eines bekannten Verfahrens aufgefunden (= Funktionsentdeckung), so kann diese patentfähig sein, wenn dafür eine neue Lehre zum technischen Handeln gegeben wird.[665] Die Funktion ist isoliert für sich nicht patentfähig. Im Grunde handelt es sich bei der Funktionserfindung um eine Verwendungsfindung, denn es wird eine neue Brauchbarkeit von etwas Bekanntem aufgezeigt. Das Wesen der Funktionserfindung liegt in dem bestimmten, bisher unbekannten Verwendungszweck. Die neuartige Funktion muss daher offenbart sein.[666]

---

657 T 0130/89 ABl 91, 514; T 0597/93 ABl **98** SonderA 29; T 0711/96 ABl **99** SonderA 20.
658 T 0042/92 ABl **95** SonderA 24; vgl Werner Mitt **89**, 81.
659 BGH GRUR **82**, 406 *Verteilergehäuse*.
660 BGH BlPMZ **60**, 87 (I4) *elektromagnetische Rühreinrichtung*.
661 BGH GRUR **62**, 80 (II3) *Rohrdichtung*; **71**, 115 (IIIA4) *Lenkradbezug I*.
662 BPatGE **4**, 111, 114, 116.
663 T 0410/91 ABl **94** SonderA 35; T 0130/89 ABl **91**, 514 (Nr 5.7).
664 **Lit in GRUR**: Weiss **66**, 113.
665 BGH BlPMZ **56**, 46 *Rödeldraht*.
666 BGH BlPMZ **62**, 139 *Einlegesohle*.

Nicht patentfähig ist die Funktionserfindung, wenn sie sich in der Lehre erschöpft, 278
wie bisher vorzugehen, um einen bisher immer, jedoch unbewusst erreichten Erfolg
zu erlangen. Hier ist die Funktionserfindung reine Erkenntnis ohne neue technische
Lehre. Dagegen kann sie patentfähig sein, wenn der bisher nur zufällige Erfolg nunmehr
regelmäßig erreicht wird.[667] Zur Verwendungserfindung s Rdn 256.

7 Übertragungserfindung

Eine Übertragungserfindung liegt vor, wenn auf einem technischen Gebiet bereits 279
Bekanntes (zB Mittel, Verwendung oder Verfahren) auf ein anderes technisches Gebiet
übertragen und dort verwendet wird. Bei der Übertragungserfindung werden also mit
identischen Mitteln unterschiedliche Aufgaben gelöst.

Neuheit kann dann fraglich sein, wenn in Wirklichkeit keine zwei Fachgebiete, sondern 280
ein einheitliches Gebiet besteht, es sich also um eine einheitliche Aufgabe mit bekannter
Lösung handelt. *Erfinderische Tätigkeit* ist gegeben, wenn die Übertragung das
Können eines Durchschnittsfachmanns des Gebiets übersteigt, auf das die bekannte
Lösung übertragen wird (für Details § 4 Rdn 152).

8 Analogieverfahren[668] *(chemical processes of analogy)*

Unter einem Analogieverfahren versteht man »ein chemisch nicht eigenartiges Verfahren 281
zur Herstellung eines neuen chemischen Stoffes, bei dem – im Vergleich zu
bekannten Verfahren – zwar andere Ausgangsstoffe, aber Ausgangsstoffe analoger
Konstitution mittels der gleichen Arbeitsweise (oder gleiche Ausgangsstoffe mittels
analoger Arbeitsweise) zur Einwirkung aufeinander gebracht und dadurch erwartungsgemäß
zwar neue Stoffe, aber Stoffe analoger Konstitution gewonnen werden«. Ein
Analogieverfahren ist patentfähig, wenn es »einen neuen technischen Effekt mit sich
bringt« oder wenn es zu »Stoffen mit neuen, überraschenden und technisch wertvollen
Eigenschaften führt«.[669] Das Erfinderische liegt also in der Tatsache, auf einem Wege
zu einem unerwarteten Ergebnis zu kommen, der nach dem Stand der Technik bekannt
war, aber keine über die Analogie hinausgehenden Ergebnisse versprach.

Das Ergebnis eines Analogieverfahrens kann ein Endprodukt oder ein Zwischenprodukt[670] 282
(s Rdn 225) sein. Neben einem Stoffanspruch ist auch ein Verfahrensanspruch
für ein chemisches Analogieverfahren zulässig.[671] Die Patentfähigkeit beider Ansprüche
ist nach den gleichen Kriterien zu beurteilen.[672]

Zur erfinderischen Tätigkeit und Offenbarung von Analogieverfahren s § 4 Rdn 76
und § 34 Rdn 362.

---

667 BGH BlPMZ **56**, 46 *Rödeldraht*; GRUR **60**, 542 *Flugzeugbetankung I*.
668 **Lit in GRUR**: Schmied-Kowarzik **72**, 255, 257; **Lit in Mitt**: Trüstedt **69**, 237; Stellmach **07**, 5.
669 BGH GRUR **69**, 265 (II2a) *Disiloxan*; **66**, 312 (II3) *Appetitzügler I*; BPatGE **7**, 1; T 0065/82 ABl **83**, 327 (Nr 6); T 0119/82 ABl **84**, 217 (Nr 11).
670 BPatG GRUR **71**, 561.
671 BPatG GRUR **72**, 648, 651.
672 BPatG GRUR **71**, 352.

9 Auswahlerfindung *(selection invention)*

283 **Lit: Ahn:** Patentability of Chemical Selection Inventions 2011; **Lit in GRUR:** Bruchhausen 72, 226; Windisch 71, 550; Beil 71, 53 u 382; Schickedanz 71, 192; Röhl 72, 467; Klöpsch 72, 625; Schmied-Kowarzik 76, 630; Vossius 76, 165; Güthlein 82, 481; Schmied-Kowarzik/Heimbach 83, 109; Dörries 84, 90 u 91, 717; Pietzcker 86, 269; Güthlein 87, 481; Hüni 87, 663; Jochum 92, 293; Rogge 96, 931, 938; Huebner 07, 839; Lenz 08, 1042; Sendrowski 09, 797; **Lit in GRUR Int:** Szabo 89, 447; Vivian 89, 451; Turrini 91, 447, 449; Spangenberg 98, 193; Hansen 08, 891; **Lit in Mitt:** Pfab 72, 8; 73, 8; Hillinger 72, 102; Christ 86, 101; 98, 408; **Lit in IIC:** Rogge 97, 343; Spangenberg 97, 808; **Lit in VVP-Rundbrief:** Schneider 10, 19.

284 *Begriff*: Auswahlerfindung ist eine Lehre, die aus einem größeren Bereich einen nicht ausdrücklich erwähnten Teilbereich oder ein Individuum gezielt auswählt, für den oder für das im Vergleich zum größeren Bereich besondere Wirkungen, Eigenschaften, Vorteile oder Effekte geltend gemacht werden.

285 *Neuheit der Auswahl* hängt davon ab, was der Stand der Technik einem Fachmann zugänglich gemacht, also offenbart hat. Dazu ist nicht erforderlich, dass das Dokument aus dem Stand der Technik den Gegenstand der Auswahl ausdrücklich nennt. Entscheidend vielmehr ist, ob der Fachmann den expressis verbis nicht genannten Gegenstand der Auswahl in der Entgegenhaltung als mitoffenbart erachtet, ihn also technisch eingesetzt und damit zwangsläufig dessen Vorteile erhalten hätte.

286 Für Details zur Neuheit von Auswahlerfindungen, insbesondere zu allgemeinen Begriffen, einseitig offenen und geschlossenen Bereichen s § 3 Rdn 117 ff. Vgl ferner zum Offenbarungsgehalt einer Entgegenhaltung, insbesondere zu stillschweigenden, zufälligen und impliziten Offenbarungen, zwangsläufigen Ergebnissen und Äquivalenten § 3 Rdn 95 ff.
Zur erfinderischen Tätigkeit bei Auswahlerfindungen s § 4 Rdn 80.

VII. Alphabetikum spezieller Erfindungen *(alphabetical list of special inventions)*

287 Aus der nachfolgenden Übersicht sind die Randnummern ersichtlich, die spezielle Arten und Typen von Erfindungen behandeln:

- **Abhängige Erfindung** *(dependent invention)*: s Rdn 267
- **Aggregation** *(aggregation of features)*: s Rdn 276
- **Analogieverfahren** *(chemical processes of analogy)*: s Rdn 281
- **Auswahlerfindung** *(selection invention)*: s Rdn 283
- **Biotechnologische Erfindungen** *(biotechnological inventions)*: s Rdn 149
- **Chemie-Erfindungen** *(chemical inventions)*: s Rdn 171
- **Chemische Stoffe** *(chemical substances)*: s Rdn 213
- **Computerprogramme** *(computer programs)*: s Rdn 107
- **Empfängnisverhütung** *(contraception)*: s Rdn 177
- **Funktionserfindung** *(invention of a new function)*: s Rdn 277
- **Gebrauchsanweisung** *(directions for use)*: s Rdn 265
- **Herstellungsverfahren** *(process of manufacture)*: s Rdn 252
- **Kombinationserfindungen** *(combination invention)*: s Rdn 269
- **Legierungen** *(alloys)*: s Rdn 247
- **Mikrobiologie** *(microbiology)*: s § 2a Rdn 47
- **Nahrungsmittel** *(food products)*: s Rdn 246
- **Nanotechnologie** *(nano-technology)*: s Rdn 178

- Naturstoffe *(natural substances)*: s Rdn 228
- Pflanzensorten/Pflanzenzüchtungen *(plant varieties/plant breeding)*: s § 2a Rdn 14
- Programme für Computer *(computer programs)*: s Rdn 107
- Stoffschutz für chemische Stoffe *(chemical substances)*: s Rdn 213
- Tierrassen/Tierzüchtungen *(animal races/animal breeding)*: s § 2a Rdn 26
- Übertragungserfindung: s Rdn 279
- Verfahren *(process)*: s Rdn 250
- Verwendungserfindung *(invention of use)*: s Rdn 256
- Vorrichtung *(apparatus)*: s Rdn 201
- Zwischenprodukte *(intermediates)*: s Rdn 225

§ 1a Der menschliche Körper und seine Bestandteile
(the human body and its elements)

(1) Der menschliche Körper in den einzelnen Phasen seiner Entstehung und Entwicklung, einschließlich der Keimzellen, sowie die bloße Entdeckung eines seiner Bestandteile, einschließlich der Sequenz oder Teilsequenz eines Gens, können keine patentierbaren Erfindungen sein.

(2) Ein isolierter Bestandteil des menschlichen Körpers oder ein auf andere Weise durch ein technisches Verfahren gewonnener Bestandteil, einschließlich der Sequenz oder Teilsequenz eines Gens, kann eine patentierbare Erfindung sein, selbst wenn der Aufbau dieses Bestandteils mit dem Aufbau eines natürlichen Bestandteils identisch ist.

(3) Die gewerbliche Anwendbarkeit einer Sequenz oder Teilsequenz eines Gens muss in der Anmeldung konkret unter Angabe der von der Sequenz oder Teilsequenz erfüllten Funktion beschrieben werden.

(4) Ist Gegenstand der Erfindung eine Sequenz oder Teilsequenz eines Gens, deren Aufbau mit dem Aufbau einer natürlichen Sequenz oder Teilsequenz eines menschlichen Gens übereinstimmt, so ist deren Verwendung, für die die gewerbliche Anwendbarkeit nach Absatz 3 konkret beschrieben ist, in den Patentanspruch aufzunehmen.

Rainer Moufang

Übersicht

	Gesetzesentwicklung	1
	Europäisches Patentrecht	2
	Literatur	5
	Kommentierung zu § 1a PatG	
1	Allgemeines	6
2	Nichtpatentfähigkeit des menschlichen Körpers	7
2.1	Grundsatz	7
2.2	Phasen der Entstehung und Entwicklung	9
2.3	Den menschlichen Körper betreffende Verfahren	12
3	Bestandteile des menschlichen Körpers	14
3.1	Begriff des Bestandteils	14

3.2	Bloße Entdeckung eines Bestandteils	15
3.3	Technisch gewonnener Bestandteil	16
4	Beschreibung der gewerblichen Anwendbarkeit einer Gensequenz	22
4.1	Reichweite	22
4.2	Präzisierung allgemeiner Vorschriften	23
4.3	Funktionsangabe	24
4.4	Zeitpunkt	26
5	Aufnahme der konkreten Verwendung in Anspruch	27
5.1	Reichweite des Stoffschutzes	27
5.2	Menschliche Gensequenzen	28
5.3	Konkrete Verwendung	29

1 **Gesetzesentwicklung:** § 1a ist durch Art 1 Nr 2 des BioPatG vom 21.1.2005 (abgedruckt im Anhang 7) in das PatG eingefügt worden und entspricht in seinen Absätzen 1 bis 3 nahezu wörtlich Art 5 BioPatRL (abgedruckt im Anhang 6). Absatz 4 geht über die Vorgaben der BioPatRL hinaus. In Ermangelung von Übergangsbestimmungen ist § 1a grundsätzlich auch auf Patentanmeldungen und Patente anzuwenden, die vor seinem Inkrafttreten eingereicht bzw. erteilt worden sind.

2 **Europäisches Patentrecht:** Die BioPatRL wurde bereits mit Wirkung zum 1.9.1999 in das EPÜ implementiert (s § 1 Rdn 152). § 1a PatG und R 29 EPÜ (= R 23e aF) stimmen in ihren Absätzen 1 bis 3 nahezu vollständig überein. Allerdings sind in § 1a (3) nach dem Wort »konkret« zusätzlich die Worte »unter Angabe der von der Sequenz oder Teilsequenz erfüllten Funktion« enthalten. § 1a (4) PatG findet keine Entsprechung im EPÜ.

3 **Konkordanz** zwischen § 1a, der BioPatRL und dem EPÜ ergibt sich aus folgender Tabelle:

PatG	BioPatRL	EPÜ
§ 1a (1)	Art 5 (1)	R 29 (1)
§ 1a (2)	Art 5 (2)	R 29 (2)
§ 1a (3)	Art 5 (3)	R 29 (3)
§ 1a (4)	–	–

R 29 EPÜ Der menschliche Körper und seine Bestandteile

4 (1) Der menschliche Körper in den einzelnen Phasen seiner Entstehung und Entwicklung sowie die bloße Entdeckung eines seiner Bestandteile, einschließlich der Sequenz oder Teilsequenz eines Gens, können keine patentierbaren Erfindungen darstellen.

(2) Ein isolierter Bestandteil des menschlichen Körpers oder ein auf andere Weise durch ein technisches Verfahren gewonnener Bestandteil, einschließlich der Sequenz oder Teilsequenz eines Gens, kann eine patentierbare Erfindung sein, selbst wenn der Aufbau dieses Bestandteils mit dem Aufbau eines natürlichen Bestandteils identisch ist.

(3) Die gewerbliche Anwendbarkeit einer Sequenz oder Teilsequenz eines Gens muss in der Patentanmeldung konkret beschrieben werden.

R 29 The human body and its elements

(1) The human body, at the various stages of its formation and development, and the simple discovery of one of its elements, including the sequence or partial sequence of a gene, cannot constitute patentable inventions.

(2) An element isolated from the human body or otherwise produced by means of a technical process, including the sequence or partial sequence of a gene, may constitute a patentable invention, even if the structure of that element is identical to that of a natural element.

(3) The industrial application of a sequence or a partial sequence of a gene must be disclosed in the patent application.

5 **Lit: Stoll** et al: *Die Gewährleistung freier Forschung an und mit Genen und das Interesse an der wirtschaftlichen Nutzung ihrer Ergebnisse* 2002; **Krefft:** Patente auf humangenomische Erfindun-

gen 2003; **Keukenschrijver** in FS Tilmann 03, 475; **Straus et al:** Genetic Inventions and Patent Law – An Empirical Survey 2004; **Intellectual Property Institute:** Patents for Genetic Sequences: The Competitiveness of Current UK Law and Practice 2004; **Bostyn:** Patenting DNA Sequences (Polynucleotides) and Scope of Protection in the European Union: An Evaluation, Background Study for the European Commission 2004; **Herrlinger:** Die Patentierung von Krankheitsgenen 2005; **Wolters:** Die Patentierung des Menschen – Zur Patentierbarkeit humanbiologischer Erfindungen aus dem Bereich der modernen Biotechnologie 2006; **Kunczik:** Geistiges Eigentum an genetischen Informationen 2007; **Godt:** Eigentum an Information: Patentschutz und allgemeine Eigentumstheorie am Beispiel genetischer Information 2007; **Werner:** Entnahme und Patentierung menschlicher Körpersubstanzen 2008; **Gruss:** Patentrechtliche Abhängigkeit und funktionsgebundener Stoffschutz bei biotechnologischen Erfindungen 2011; **Lishchuk** in Medienrecht im Medienumbruch (Hrsg Specht et al) 2017, 175.
Lit in ABl EPA: Galligani 07 SonderA Nr 2, 148; Pezard 07 SonderA Nr 2, 162; Lutz 07 SonderA Nr 2, 170; **Lit in EIPR:** Jacobs/van Overwalle 01, 505; Schertenlieb 03, 125; Aerts 04, 249; Hawkins 16, 83; Perera/Sugden 17, 334 u 403; **Lit in GRUR:** Straus 98, 314 u 01, 1016; Rogge 98, 303; Meyer-Dulheuer 00, 179; Feuerlein 01, 561; Schrell 01, 782; Sellnick 02, 121; van Raden/von Renesse 02, 393; Spranger 02, 399; Köster 02, 833; Ahrens 03, 89 u 850; Krauß 03, 985; Tilmann 04, 561; Feldges 05, 977; Kilger/Jaenichen 05, 984; Schneider/Walter 07, 831; Dederer/Girschick 19, 1229; **Lit in GRUR Int:** Moufang 93, 439; Oser 98, 648; Spranger 99, 595; Koenig/Müller 00, 295; Walter 07, 284; **Lit in IIC:** Moufang 94, 487; Straus 95, 920; van Overwalle 00, 259; Wee Loon 02, 393; Howlett/Christie 03, 581; Sommer 07, 30; Aerts 08, 282; Heath 09, 940; **Lit in Mitt:** Goebel 95, 153; Vossius/Grund 95, 339; Dörries 01, 15; Nieder 01, 97 u 238; Krauß 01, 396; Hansen 01, 477; Krauß 05, 490 u 11, 54; **Lit in IPQ:** Odell-West 09, 373; **Lit in JWIP:** Herdegen 02, 145; **Lit in JIPLP:** Kock 10, 495; **Lit in sic!:** Wildhaber 12, 687.

1 Allgemeines

§ 1a übernimmt in seinen Abs 1 bis 3 die Vorgaben der BioPatRL[1] nahezu wörtlich, geht aber in seinem Abs 4 über diese hinaus. Die Vorschrift enthält mehrere heterogene Elemente. Der in Abs 1 geregelte Ausschluss des menschlichen Körpers von der Patentfähigkeit folgt aus allgemeinen rechtsethischen Prinzipien und ist eine Konkretisierung des § 2 (1). Die in den Abs 1 und 2 gezogene Grenze zwischen entdeckten und erfundenen Körperbestandteilen präzisiert den allgemeinen Ausschluss von Entdeckungen als solchen gemäß § 1 (3) Nr 1 und (4). Abs 3 konkretisiert die Anforderungen an Offenbarung und gewerbliche Anwendbarkeit bei Erfindungen, die sich auf Gene beziehen. Ungeachtet der Überschrift des § 1a betrifft Abs 3 nicht nur menschliche Gene (s Rdn 22). Abs 4 schränkt das Prinzip des absoluten Stoffschutzes für bestimmte Gen-Ansprüche ein.

6

2 Nichtpatentfähigkeit des menschlichen Körpers *(non-patentability of the human body)*

2.1 Grundsatz

Nach elementaren Prinzipien der Rechtsordnung ist der Mensch Rechtssubjekt und nicht Rechtsobjekt. Verfassungsrechtlich gebietet dies die Unverletzlichkeit der Menschenwürde (Art 1 (1) GG und Art 1 EU-Grundrechtecharta). Es ist eine rechtsethische *Selbstverständlichkeit* und folgt aus der Einheit der Rechtsordnung, dass es keine Patente auf Menschen geben kann. Der Mensch darf nicht zum bloßen Objekt der Technik degradiert werden.

7

---

1 Abgedruckt im Anhang 6.

8   Dies schließt auch Patente auf den menschlichen Körper als strukturelle Gesamtheit aus,[2] da der Körper zu Lebzeiten untrennbar zum Menschen als Rechtsperson gehört. Dieses Verbot folgte bislang unmittelbar aus dem Ausschluss ordre-public- und sittenwidriger Erfindungen (§ 2 (1) und Art 53 a) EPÜ, s § 2 Rdn 29).[3] Über die Frage der Patentfähigkeit hinaus ist es, wie sich aus § 9a (3) S 2 ergibt, auch von Bedeutung für die Schutzwirkung eines Patents.

2.2 Phasen der Entstehung und Entwicklung

9   Der Begriff des menschlichen Körpers ist weit auszulegen. Nach dem expliziten Wortlaut der Vorschrift umfasst er den Körper in allen Phasen seiner Entstehung und Entwicklung.

10 Der Zeitpunkt, ab dem von einem menschlichen Körper gesprochen werden kann, ist vom Gesetzgeber sehr weit nach vorne verlagert worden. In Anlehnung an Erwägungsgrund 16 BioPatRL stellt § 1a (1) explizit fest, dass auch die Keimzellen als menschlicher Körper anzusehen sind. Daher sind nicht nur menschliche Embryonen bereits in ihren frühesten Stadien, etwa als befruchtete Zygote oder als Blastocyste, von einer Patentierung ausgenommen, sondern auch unbefruchtete menschliche Keimzellen in vitro. Dem steht nicht entgegen, dass die Keimzellen zuvor aus einem Menschen isoliert worden sind. Abs 1 des § 1a und der R 29 EPÜ geht insoweit Abs 2 vor.

11 Auch nach dem Tode liegt weiterhin ein menschlicher Körper vor. Leichen sind aufgrund des fortwirkenden Persönlichkeitsrechts des Verstorbenen zivilrechtlich idR als res extra commercium anzusehen.[4] Erzeugnisansprüche auf in bestimmter Weise präparierte (zB plastinierte) Leichen sollten nicht gewährbar sein.[5] Zu isolierten Bestandteilen des menschlichen Körpers wie etwa menschlichen Organen s Rdn 14 ff.

2.3 Den menschlichen Körper betreffende Verfahren

12 Seinem Wortlaut nach betrifft das Patentierungsverbot keine Verfahren. Die Patentierung am Menschen vorgenommener Verfahren kann aber aufgrund anderer Vorschriften ausgeschlossen sein. Zur Verwendung von Embryonen und zu Eingriffen in die Keimbahn s § 2 Rdn 34 und 37, zu medizinischen Verfahren § 2a Rdn 56 ff.

13 § 1a (1) und R 29 (1) EPÜ sind allerdings zu beachten bei solchen Verfahrenserfindungen, deren unmittelbares Erzeugnis ein Mensch oder ein menschlicher Körper ist, also etwa bei Verfahren der in-vitro-Fertilisation. Die Rechtsordnung kann keine Patente hinnehmen, deren Schutzwirkung aufgrund § 9 Satz 2 Nr 3 oder Art 64 (2) EPÜ den Menschen oder den menschlichen Körper iSd § 1a (1) und R 29 (1) EPÜ erfassen würde. Die Rechtslage unterscheidet sich hier wegen der besonderen rechts-

---

2   EuGH GRUR Int 01, 1043 (Nr 71) *Biotechnologie-Richtlinie*. Art 3 (2) EU-Grundrechtecharta (Text: ABl EG C 364/1 v 18.12.00, http://www.europarl.europa.eu/charter/default_de.htm) verbietet die Kommerzialisierung des menschlichen Körpers. Ebenso Art 21 der – von der Bundesrepublik Deutschland bislang nicht ratifizierten – Biomedizin-Konvention des Europarats (Text: https://dejure.org/gesetze/MRK).
3   Ebenso amtl Begr zum BioPatG, BlPMZ 05, 95.
4   Für Details s Münchner Kommentar zum BGB, Bd 1, 8. Aufl 2018 § 90 Rn 29.
5   Ahrens GRUR 03, 850, 854 bejaht allerdings die Möglichkeit eines urheberrechtlichen Schutzes.

ethischen Dimension von anderen auf bestimmte Erzeugnisse gerichteten Patentierungsausnahmen.⁶ Ein bereits erteiltes Patent auf ein Verfahren zur In-vitro-Fertilisation ist in seiner Schutzwirkung in Analogie zu § 9a (3) S 2 einzuschränken.

3 Bestandteile des menschlichen Körpers *(elements of the human body)*

3.1 Begriff des Bestandteils

Bestandteile sind alle Elemente, aus denen sich der menschliche Körper zusammensetzt, zB Organe, Körperflüssigkeiten, Gewebe, Zellen, Proteine und Gene. Sequenzen und Teilsequenzen von Genen werden in § 1a (1) u (2) sowie in R 29 (1) u (2) EPÜ ausdrücklich genannt. Erfasst werden auch sonstige DNA-Sequenzen, etwa Regulatorsequenzen. Unerheblich ist, ob der Bestandteil in jedem Menschen vorkommt oder, wie etwa sog SNPs (single nucleotide polymorphisms), nur für bestimmte Menschen charakteristisch ist.

14

3.2 Bloße Entdeckung eines Bestandteils

Gemäß den allgemeinen Bestimmungen des § 1 (3) Nr 1 u (4) und des Art 52 (2) a) u (3) EPÜ können Entdeckungen als solche nicht patentiert werden, da sie mangels technischen Charakters nicht als Erfindungen anzusehen sind (s § 1 Rdn 77). Dies gilt auch, wie § 1a (1) und R 29 (1) EPÜ ausdrücklich feststellen, für die bloße Entdeckung eines Bestandteils des menschlichen Körpers. Die Strukturaufklärung eines Bestandteils, wie etwa die Sequenzierung eines DNA-Abschnitts, bereichert als solche nur das Wissen, bietet aber noch keine technische Lehre. Nach Erwägungsgrund 22 BioPatRL enthält ein einfacher DNA-Abschnitt ohne Angabe einer Funktion keine Lehre zum technischen Handeln und stellt deshalb keine patentierbare Erfindung dar.

15

In den USA hat der Supreme Court 2013 aufgrund der sog. Naturstoffdoktrin die Patentfähigkeit von Genen verneint, wenn sich die beanspruchte DNA-Sequenz nicht von in der Natur vorkommenden DNA-Sequenzen unterscheidet.⁷ Damit ist die Möglichkeit der Patentierung biotechnologischer Erfindungen für einen wichtigen Teilbereich erheblich eingeschränkt worden.

3.3 Technisch gewonnener Bestandteil

Nach Abs 2 können menschliche Körperbestandteile patentfähig sein, wenn sie durch ein technisches Verfahren gewonnen werden. Dies ist nach Auffassung des EuGH mit der Menschenwürde vereinbar, da sichergestellt ist, dass ein Bestandteil des menschlichen Körpers in seiner natürlichen Umgebung nicht Gegenstand einer Aneignung sein kann.⁸ Ein gewisses Spannungsverhältnis besteht gleichwohl zu Art 3 (2) EU-Grundrechtecharta, wonach Teile des menschlichen Körpers nicht kommerzialisiert werden dürfen.⁹ Eine etwaige Anwendung des § 2 (1) bzw Art 53 a) EPÜ im Einzelfall ist

16

---

6 Vgl zum Verbot der Pflanzensorten GrBK G 0001/98 ABl 00, 111, 137 *transgene Pflanze/ NOVARTIS II* (keine Auswirkungen auf Verfahrensschutz).
7 US Supreme Court 106 USPQ2d 1972 (2013) *Association for Molecular Pathology v Myriad Genetics, Inc*; aA noch die Vorinstanz: CAFC v 16.8.2012, 103 USPQ2d 1681 (2012) *Association for Molecular Pathology v USPTO*.
8 EuGH GRUR Int 01, 1043 (Nr 73) *Biotechnologie-Richtlinie*.
9 Ebenso Art 21 der – von Deutschland bisher nicht ratifizierten – Biomedizin-Konvention des Europarats (s oben Rdn 8).

jedenfalls nicht dadurch ausgeschlossen, dass die betreffende Erfindung von § 1a (2) oder R 29 (2) EPÜ erfasst wird.

17 Den wichtigsten Unterfall der technischen Gewinnung stellt die Isolierung aus dem menschlichen Körper dar. Sie kann insbesondere durch Entnahme von Körperflüssigkeiten oder Gewebeproben erfolgen. Unerheblich ist, ob das Entnahmeverfahren als chirurgisches oder diagnostisches Verfahren selbst aufgrund von § 2a (1) Nr 2 S 1 oder Art 53 c) EPÜ nicht patentfähig ist. Die Wiederholbarkeit der Gewinnung des Materials kann auch durch Hinterlegung bei einer anerkannten Hinterlegungsstelle sichergestellt werden (s § 34 Rdn 478 ff).

18 Eine lediglich vorübergehende Trennung eines Körperbestandteils (wie etwa Blut zur Dialysebehandlung oder eine extra corpus befruchtete Eizelle) ist keine Isolierung iSd § 1a (2) und R 29 (2) EPÜ. Denn im Falle einer nur temporären Trennung erstrecken sich Persönlichkeitsrecht und Schutz der Menschenwürde auch auf den abgetrennten Teil.

19 Patentfähigkeit ist auch dann anzunehmen, wenn der technisch gewonnene Bestandteil mit dem natürlichen in seinem Aufbau identisch ist. Eine solche Identität wird im Fall der Isolierung eines Körperbestandteils regelmäßig gegeben sein. § 1a (2) und R 29 (2) EPÜ konkretisieren insofern die sich allgemein aus § 1 (2) S 2 und R 27 a) EPÜ ergebende Patentfähigkeit von biologischem Material, das bereits in der Natur vorhanden war. Im Patentanspruch bedarf es daher keiner Kennzeichnung einer Gen- oder Proteinsequenz als isoliert oder durch ein technisches Verfahren gewonnen.[10]

20 Nach Erwägungsgrund 26 BioPatRL muss bei Patentanmeldungen, die biologisches Material menschlichen Ursprungs betreffen, die Person, bei der Entnahmen vorgenommen werden, zugestimmt haben. Dieses Erfordernis ergibt sich nicht unmittelbar aus § 1a (2) und R 29 (2) EPÜ, seine Nichteinhaltung kann jedoch einen Sittenverstoß nach § 2 (1) und Art 53 a) EPÜ begründen.[11]

21 § 1a und R 29 EPÜ enthalten keine Regelung für Verfahrenserfindungen, die menschliche Körperbestandteile betreffen, also insbesondere Verfahren zu deren Gewinnung oder Verwendung. Ihre Patentfähigkeit kann aber durch andere Vorschriften, insbesondere § 2 (1) oder Art 53 a) EPÜ und § 2a (1) Nr 2 oder Art 53 c) EPÜ eingeschränkt sein.

4 Beschreibung der gewerblichen Anwendbarkeit einer Gensequenz *(disclosure of industrial application of a gene sequence)*

4.1 Reichweite

22 Ungeachtet ihres systematischen Kontexts[12] sind § 1a (3) und R 29 (3) EPÜ nicht nur auf menschliche Gene, sondern auf Gene insgesamt anzuwenden. Dies ergibt sich

---

10 BGH GRUR **16**, 475 *Rezeptortyrosinkinase*.
11 Vgl Odell-West IPQ 09, 373; wohl aA T 1213/05 ABl 08 SonderA 20 (Nr 46–51).
12 Die Überschrift des § 1a und der R 29 EPÜ kommt in Art 5 BioPatRL nicht vor. Aus ihr lässt sich daher kein Argument für den Willen des Richtlinien-Gesetzgebers ableiten.

sowohl aus dem Wortlaut als auch aus teleologischen Erwägungen. Es ist kein zureichender Grund ersichtlich, zwischen menschlichen und nicht-menschlichen Genen in Hinblick auf die gewerbliche Anwendbarkeit zu differenzieren. Nach § 2a (2) S 2, der keine Entsprechung im EPÜ hat, soll die Bestimmung jedenfalls analog auf pflanzliche oder tierische Gene angewendet werden. Ferner dürften § 1a (3) und R 29 (3) EPÜ auch auf DNA-Sequenzen wie Regulatorsequenzen erstreckt werden können, die kein Gen darstellen. Die Rechtsprechung hat sie sogar bereits auf Proteinsequenzen angewandt.[13] Diese Analogie erscheint gerechtfertigt.

4.2 Präzisierung allgemeiner Vorschriften

Gewerbliche Anwendbarkeit ist nach § 5 und Art 57 EPÜ allgemeine Voraussetzung der Patentierbarkeit. Ist sie am Anmeldetag nicht gegeben, kann kein Patent erteilt werden. Nach § 10 (2) Nr 5 PatV und R 42 (1) f) EPÜ ist in der Beschreibung anzugeben, in welcher Weise der Gegenstand gewerblich anwendbar ist, wenn es sich aus der Beschreibung oder der Art der Erfindung nicht offensichtlich ergibt. Diese Voraussetzungen werden durch § 1a (3) und R 29 (3) EPÜ dahingehend präzisiert, dass es für Produktansprüche auf DNA-Sequenzen immer der konkreten Beschreibung ihrer gewerblichen Anwendbarkeit unter Angabe der von der Sequenz erfüllten Funktion bedarf.[14]

4.3 Funktionsangabe

Der europäische Richtliniengesetzgeber hat der Funktionsangabe bei DNA-Sequenzen eine hohe Bedeutung beigemessen. Nach Erwägungsgrund 23 BioPatRL liegt bei fehlender Funktionsangabe keine technische Lehre vor. Nach Erwägungsgrund 24 BioPatRL setzt die gewerbliche Anwendbarkeit einer Gensequenz, die zur Herstellung eines Proteins verwendet wird, voraus, dass angegeben wird, welches Protein hergestellt wird *und*[15] welche Funktion es hat.

Die Funktion einer Gensequenz ist als technische Funktion zu verstehen.[16] Sie kann sich aus der natürlichen biologischen Funktion ergeben, ist jedoch nicht notwendigerweise deckungsgleich mit dieser. So kann sie zB auch in der Eignung als Sonde oder diagnostisches Mittel bestehen.[17] Die biologische Funktion ihrerseits kann auf molekularer, zellulärer oder allgemeiner Ebene bestimmt werden.[18]

4.4 Zeitpunkt

Die konkrete Beschreibung gemäß § 1a (3) und R 29 (3) EPÜ hat bereits in der Anmeldung zu erfolgen. Dies stellt eine Abweichung von den Grundsätzen dar, die nach der

---

13 T 0870/04 ABl 06 SonderA 37.
14 So auch Mitt des EPA v 1.7.1999 ABl 99, 573, 581. In den USA wurden exprimierte DNS-Sequenzen (ESTs) ohne Funktionsangabe wegen fehlender spezifischer Nützlichkeit für nicht patentfähig erachtet, CAFC GRUR Int 06, 160 *In re Fisher*.
15 In der englischen Fassung »or«, in der französischen »ou«.
16 Für Details s Krauß Mitt 01, 396.
17 T 1213/05 (Nr 60–70) ABl 08 SonderA 20 = BeckRS 07, 30686962 *Breast and ovarian cancer/ UNIVERSITY OF UTAH*.
18 Vgl T 0898/05 GRUR Int 07, 152.

überkommenen BGH-Rechtsprechung für Stofferfindungen gelten.[19] Diese Abweichung ist konsequent, wenn man unter Berücksichtigung von Erwägungsgrund 23 BioPatRL davon ausgeht, dass die Bereitstellung einer Gensequenz als solche noch keine vollständige technische Lehre darstellt. Hieraus ergibt sich, dass die Beschreibung nicht später um Angaben über die gewerbliche Anwendbarkeit von Gensequenzen, insbesondere um Funktionsangaben ergänzt werden kann, ohne den Gegenstand der ursprünglichen Anmeldung zu erweitern.

5 Aufnahme der konkreten Verwendung in Anspruch

5.1 Reichweite des Stoffschutzes

27 Bereits die in § 1a (3) und R 29 (3) EPÜ enthaltene gesetzgeberische Einschränkung der Imidazoline-Rechtsprechung wirft die Frage auf, ob sich hieraus auch eine Einschränkung des absoluten Stoffschutzes[20] bei Gensequenzen ergibt. Zu dieser heftig umstrittenen Frage hat eine umfangreiche Diskussion stattgefunden. Der deutsche Gesetzgeber hat sie in § 1a (4) für menschliche Gensequenzen entschieden, indem er die Aufnahme der beschriebenen konkreten Verwendung in den Patentanspruch verlangt (vgl auch § 14 Rdn 48). Diese Vorschrift geht über die Vorgaben der BioPatRL hinaus und findet keine Entsprechung im EPÜ. Allerdings hat der EuGH aus Art 9 BioPatRL gefolgert, dass er eine abschließende Harmonisierung vornimmt und einer nationalen Regelung entgegensteht, die einen absoluten Schutz der DNA-Sequenz als solche vorsieht, unabhängig davon, ob sie ihre Funktion in dem Material, in dem sie enthalten ist, erfüllt oder nicht[21] (s § 9a (3) u § 9a Rdn 15).

5.2 Menschliche Gensequenzen

28 § 1a (4) greift ein für Gensequenzen, deren Aufbau mit dem Aufbau einer natürlichen Sequenz oder Teilsequenz eines menschlichen Gens übereinstimmt. Dies erfordert zwar schon wegen der Möglichkeiten von Punktmutationen (SNPs = single nucleotide polymorphisms) keine vollständige Sequenzhomologie zwischen der beanspruchten und der menschlichen Sequenz. Es setzt jedoch eine sehr weitgehende Übereinstimmung der Sequenzen voraus. Denn es ist zu berücksichtigen, dass sich die Gensequenzen von Mensch und anderen Säugetieren häufig nur geringfügig unterscheiden.

5.3 Konkrete Verwendung

29 Da die nach § 1a (3) und R 29 (3) EPÜ anzugebende Funktion einer Gensequenz als technische Funktion zu verstehen ist (Rdn 25), lässt sich aus ihr idR ohne weiteres die konkrete Verwendung ableiten. Die vorgeschriebene Aufnahme in den Anspruch führt dazu, dass die Sequenz für die jeweilige konkrete Verwendung seinen Schutzgegenstand bildet. Die Situation ähnelt derjenigen, die bei Ansprüchen auf Stoffe für eine weitere pharmazeutische Indikation nach § 3 (4) und Art 54 (5) EPÜ besteht (s § 3

---

19 Nach BGH GRUR 72, 541, 545 *Imidazoline* können Angaben zur gewerblichen Anwendbarkeit bei Stofferfindungen nachgereicht werden; vgl § 1 Rdn 216.
20 Zum absoluten Stoffschutz im Allgemeinen s § 1 Rdn 214 ff. Vgl Keukenschrijver in FS Tilmann 03, 475; Tilmann GRUR 04, 561.
21 EuGH C-428/08 ABl EPA 10, 428 = GRUR 10, 989 = GRUR Int 10, 843 *Monsanto/Cefetra (Sojamehl)*. Vgl auch Heath IIC 09, 940; Hüttermann/Storz Mitt 11, 1; Krauss Mitt 11, 54.

Rdn 147). Die allgemeinen Grundsätze des absoluten Stoffschutzes werden somit hinsichtlich der Schutzwirkungen von Patenten auf menschliche Gensequenzen eingeschränkt (s § 14 Rdn 47).

§ 2 Verstoß gegen öffentliche Ordnung oder die guten Sitten
(violation of ordre public or morality)

(1) ¹Für Erfindungen, deren gewerbliche Verwertung gegen die öffentliche Ordnung oder die guten Sitten verstoßen würde, werden keine Patente erteilt; ein solcher Verstoß kann nicht allein aus der Tatsache hergeleitet werden, dass die Verwertung durch Gesetz oder Verwaltungsvorschrift verboten ist.

(2) ¹Insbesondere werden Patente nicht erteilt für
1. Verfahren zum Klonen von menschlichen Lebewesen;
2. Verfahren zur Veränderung der genetischen Identität der Keimbahn des menschlichen Lebewesens;
3. die Verwendung von menschlichen Embryonen zu industriellen oder kommerziellen Zwecken;
4. Verfahren zur Veränderung der genetischen Identität von Tieren, die geeignet sind, Leiden dieser Tiere ohne wesentlichen medizinischen Nutzen für den Menschen oder das Tier zu verursachen, sowie die mit Hilfe solcher Verfahren erzeugten Tiere.

²Bei der Anwendung der Nummern 1 bis 3 sind die entsprechenden Vorschriften des Embryonenschutzgesetzes maßgeblich.

Rainer Moufang

Übersicht

	Gesetzesentwicklung	1
	Konkordanz	2
	Europäisches Patentrecht	3
	Kommentierung zu § 2 PatG	
1	Allgemeines	9
2	Öffentliche Ordnung und gute Sten	16
2.1	Nationaler und europäischer Maßtab	16
2.2	Öffentliche Ordnung	18
2.3	Gute Sitten	22
3	Konfliktsituationen	24
3.1	Verstoß infolge Veröffentlichung	24
3.2	Verstoß infolge Verwertung	26
4	Einzelfälle	29
4.1	Klonierung menschlicher Lebewes	30
4.2	Eingriff in menschliche Keimbahn	34
4.3	Verwendung menschlicher Embryn	37
4.4	Qualzüchtungen von Tieren	45
4.5	Sonstiges	48

§ 2 *Öffentliche Ordnung, gute Sitten* Art 53 a), R 28 EPÜ

1   **Gesetzesentwicklung**: § 2 wurde durch Art 1 Nr 3 **BioPatG** vom 21.1.2005 neu gefasst. Abs 1 entspricht weitgehend dem früheren § 2 Nr 1, der als § 1a Nr 1 1976 durch Art IV Nr 2 IntPatÜG eingefügt worden war, und Art 6 (1) BioPatRL. Abs 2 Satz 1 entspricht Art 6 (2) BioPatRL. Abs 2 Satz 2 findet keine Entsprechung in der BioPatRL. Durch Art 2 Nr 2 **EPÜ-RevisionsG** (= Anhang 9), das nach Art 5 am 13.12.2007 in Kraft getreten ist, wurden in § 2 (1) 2. HS die Wörter »Verwendung der Erfindung« durch »Verwertung« ersetzt. Mangels relevanter Übergangsbestimmungen gilt die neue Fassung auch für Entscheidungen über Anmeldungen und Patente, die vor Inkrafttreten des BioPatG und des EPÜ-RevisionsG eingereicht bzw. erteilt worden sind.[1]

2   **Konkordanz** zwischen § 2 PatG, der BioPatRL und dem EPÜ ergibt sich aus folgender Tabelle:

PatG	BioPatRL	EPÜ	Gegenstand
§ 2 (1)	Art 6 (1)	Art 53 a)	Öffentliche Ordnung, gute Sitten
§ 2 (2) Nr 1	Art 6 (2) a)	R 28 (1) a)	Klonen menschlicher Lebewesen
§ 2 (2) Nr 2	Art 6 (2) b)	R 28 (1) b)	Eingriff in menschliche Keimbahn
§ 2 (2) Nr 3	Art 6 (2) c)	R 28 (1) c)	Verwendung menschlicher Embryonen
§ 2 (2) Nr 4	Art 6 (2) d)	R 28 (1) d)	Qualzüchtung von Tieren

3   **Europäisches Patentrecht**: Art 53 a) EPÜ entspricht weitgehend § 2 (1), R 28 (1) EPÜ entspricht § 2 (2) und Art 6 (2) BioPatRL.

Art 53 EPÜ Ausnahmen von der Patentierbarkeit
4   Europäische Patente werden nicht erteilt für:
a)   Erfindungen, deren gewerbliche Verwertung gegen die öffentliche Ordnung oder die guten Sitten verstoßen würde; ein solcher Verstoß kann nicht allein daraus hergeleitet werden, dass die Verwertung in allen oder einigen Vertragsstaaten durch Gesetz oder Verwaltungsvorschrift verboten ist;
b)   und c) ... *(abgedruckt bei § 2a Rdn 4)*

Art 53 EPC Exceptions to patentability
5   European patents shall not be granted in respect of:
a)   inventions the commercial exploitation of which would be contrary to »ordre public« or morality; such exploitation shall not be deemed to be so contrary merely because it is prohibited by law or regulation in some or all of the Contracting States;
b)   und c) ... *(abgedruckt bei § 2a Rdn 4)*

R 28 EPÜ Ausnahmen von der Patentierbarkeit
6   (1) Nach Artikel 53 a) werden europäische Patente insbesondere nicht erteilt für biotechnologische Erfindungen, die zum Gegenstand haben:
a)   Verfahren zum Klonen von menschlichen Lebewesen;
b)   Verfahren zur Veränderung der genetischen Identität der Keimbahn des menschlichen Lebewesens;
c)   die Verwendung von menschlichen Embryonen zu industriellen oder kommerziellen Zwecken;
d)   Verfahren zur Veränderung der genetischen Identität von Tieren, die geeignet sind, Leiden dieser Tiere ohne wesentlichen medizinischen Nutzen für den Menschen oder das Tier zu verursachen, sowie die mit Hilfe solcher Verfahren erzeugten Tiere.
(2) ... *(abgedruckt bei § 2a Rdn 7)*

---

1   BGH GRUR 10, 212 *Neurale Vorläuferzellen* (Rn 19).

Moufang

Art 53 a), R 28 EPÜ *Öffentliche Ordnung, gute Sitten* § 2

R 28 EPC Exceptions to patentability
(1) Under Article 53 (a), European patents shall not be granted in respect of biotechnological inventions which, in particular, concern the following:
(a) processes for cloning human beings;
(b) processes for modifying the germ line genetic identity of human beings;
(c) uses of human embryos for industrial or commercial purposes;
(d) processes for modifying the genetic identity of animals which are likely to cause them suffering without any substantial medical benefit to man or animal, and also animals resulting from such processes.
(2) ... *(abgedruckt bei § 2a Rdn 7)*

Entwicklung des EPÜ: R 28 (1) wurde 1999 als R 23d bei der Implementierung der BioPatRL in das EPÜ eingefügt (s § 1 Rdn 152) und ist auch auf »Altfälle« anwendbar.² Auf der Diplomatischen Konferenz 2000 wurde Art 53 EPÜ neu gefasst. Mit Inkrafttreten der Revisionsakte am 13.12.2007 wurden in Art 53 lit a EPÜ die Worte »Veröffentlichung oder Verwertung« durch die Worte »gewerbliche Verwertung« ersetzt. Ferner enthält Art 53 des EPÜ 2000 nunmehr als Buchstabe c) den bislang in Art 52 (4) Satz 1 enthaltenen Ausschluss der medizinischen Verfahren. Die revidierte Fassung ist auch auf Anmeldungen und Patente, die vor seinem Inkrafttreten eingereicht bzw. erteilt worden sind, anzuwenden (Art 1 Nr 2 VR-Beschluss vom 28.6.2001 über Übergangsbestimmungen, ABl 2001 SonderA Nr 4, 139).

1 Allgemeines

Lit: Calame: Öffentliche Ordnung und gute Sitten als Schranken der Patentierbarkeit gentechnologischer Erfindungen 2001; **Meiser:** Biopatentierung und Menschenwürde 2002; **Barton:** Der »Ordre public« als Grenze der Biopatentierung 2004; **Wolters:** Die Patentierung des Menschen 2006; **Plomer/Torremans** (Hrsg): Embryonic Stem Cell Patents – European Law and Ethics 2009; **Schmidt:** Die Grenzen der Patentierbarkeit humangenetischer Erfindungen 2009; **Mills:** Biotechnological Inventions: Moral Restraints and Patent Law – Revised Edition 2010; **Romandini:** Die Patentierbarkeit von menschlichen Stammzellen 2012; **Häckl** in Ethik und Recht 2013 (Hrsg. Vöneky et al) S 299; **Ang:** The moral dimensions of intellectual property rights 2013; **Timke:** Die Patentierung embryonaler Stammzellen 2014; **Ruster:** Patentschutz für menschliche Stammzellen 2015; **Hacker:** Die fehlende Legitimation der Patentierungsausschlüsse 2015; **Melullis** in FS Ahrens 2016, 387; **O'Sullivan:** Biotechnology, patents and morality 2020; **Bartels:** Ethik und Patentrecht 2020; **Nordberg** in: Fairness, morality and ordre public in intellectual property (Hrsg: Gervais) 2020, 243. **Lit in ABl EPA:** Meier-Beck 11 SonderA 1, 85; **Lit in EIPR:** Curley/Sharples 02, 565; Thomas/Richards 04, 97; 06, 57; Warren-Jones 06, 26; Davies 12, 4; Min 12, 261; Burke 12, 237; Bonadio 12, 433; O'Sullivan 14, 155; Mahalatchimy 15, 25; Becker/Worthington 16, 193; **Lit in epi information:** Schlich 13, 103; Brack 16/1, 20; **Lit in GRUR:** Säger 91, 207; Wiebe 93, 88; Beyer 94, 541; Straus 96, 10, 14; Rogge 98, 303; Vorwerk 09, 375; **Lit in GRUR Int:** Straus 90, 913; Schatz 97, 588; 06, 879; Spranger 99, 595; Koenig/Müller 00, 295; Herdegen 00, 859; Timke 15, 319; **Lit in IIC:** Spranger 00, 373; Stazi 15, 740; Nordberg/Minssen 16, 138; McMahon 17, 42; Bartels 21, 44; **Lit in IPQ:** Warren-Jones 08, 193; Farrand 16, 260; **Lit in IPRB:** Seifert/Wortmann 16, 277; **Lit in JIPLP:** O'Sullivan 12, 680; **Lit in JWIP:** Haugen 09, 345; Tvedt/Forsberg 17, 160; **Lit in Mitt:** Dolder 84, 1; 03, 349; Baumbach/Rasch 92, 209; Goebel 95, 153; 99, 173; **Lit in NIR:** Minssen/Nordberg 15, 493; **Lit in sic!:** Calame 07, 771; Stauder 14, 251; **Lit in ZGE:** Bartels 19, 1.

§ 2 (1) und Art 53 a) EPÜ gehen auf Art 2 StraßburgerÜ zurück und enthalten ein Patentierungsverbot für den Fall, dass die gewerbliche Verwertung der Erfindung gegen die öffentliche Ordnung oder die guten Sitten verstößt.

Die gesetzlichen Bestimmungen nehmen Bezug auf generalklauselartige Begriffe (öffentliche Ordnung, gute Sitten) und bilden damit Einfallstore für übergeordnete rechtliche und ethische Normen. Das **Patentsystem** als Teil der Rechtsordnung kann

---

2 GrBK G 0002/06 ABl 09, 306 *Verwendung von Embryonen/WARF* (Nr 12–14); T 0315/03 ABl 06, 15 (Nr 5.12).

nicht wertneutral sein. Hinzu kommt, dass das Schutzrecht erst durch den Erteilungsakt staatlicher oder internationaler Behörden entsteht. Obwohl diese amtliche Mitwirkung keine Billigung der Erfindung oder ihrer Verwertung bedeutet, stellt sie doch einen positiven Akt zugunsten des Anmelders dar. Ein solcher Akt hat zu unterbleiben, wenn die Erfindung mit fundamentalen rechtsethischen Postulaten kollidiert.

12 Die Patentierungsschranke des § 2 (1) und des Art 53 a) EPÜ ist daher ein **unverzichtbares Element des materiellen Patentrechts**. Seine Bedeutung wurde vom europäischen Gesetzgeber im Rahmen der BioPatRL unterstrichen[3] und vom EuGH ausdrücklich gewürdigt.[4] Auch Art 27 (2) TRIPS erkennt die Berechtigung entsprechender nationaler Patentierungsverbote grundsätzlich an (s aber auch Rdn 24).

13 Allerdings gewährt ein Patent **lediglich Ausschlussbefugnisse**, nicht aber das Recht, die Erfindung ohne Berücksichtigung etwaig bestehender rechtlicher Gebote und Verbote zu benutzen. Daher greift die Patentierungsschranke nach ihrem ausdrücklichen Wortlaut nicht bereits bei jeder Verletzung irgendeiner Rechtsnorm (s Rdn 20). Es ist somit grundsätzlich nicht Aufgabe der Patentbehörden und -gerichte zu untersuchen, ob und in welchem Maße sich durch die Ausführung und Verwertung der erfinderischen Lehre Rechtsverstöße ergeben können. Vielmehr hat sich die Prüfung der Patentfähigkeit primär auf die technologische Bewertung der Erfindung auszurichten. Der Anwendungsbereich der Vorschrift ist daher trotz ihrer generalklauselartigen Formulierung begrenzt. Der methodisch zweifelhafte Auslegungsgrundsatz, Ausnahmevorschriften eng zu interpretieren,[5] braucht hier nicht bemüht zu werden.

14 In der **Biotechnologie** hat das Patentierungsverbot bei Verstößen gegen die öffentliche Ordnung oder die guten Sitten besondere Bedeutung gewonnen. Zum einen entstammen wichtige Grundsatzentscheidungen[6] diesem Bereich, zum anderen hat der europäische Gesetzgeber in Art 6 (2) BioPatRL einen speziellen Katalog ausgeschlossener Gegenstände formuliert. Dieser Katalog wurde in § 2 (2) und R 28 (1) EPÜ übernommen.

15 **Änderungen der Beurteilungsmaßstäbe im Laufe der Zeit** ist von den Patentämtern und Gerichten sowohl zum Vorteil als auch zum Nachteil des Anmelders oder Patentinhabers Rechnung zu tragen. Der maßgebliche Zeitpunkt für die Prüfung eines möglichen Konflikts ist daher nicht der Anmeldetag, sondern der Tag, an dem die Entscheidung über die Erteilung oder Aufrechterhaltung des Patents getroffen wird.[7]

---

3 Art 6 (1) u Erwägungsgründe 16, 36–45 BioPatRL. Die Betonung der ethischen Dimension des Patentrechts war, wie die Gesetzgebungsgeschichte verdeutlicht, ein Kernanliegen des Europäischen Parlaments.
4 EuGH GRUR Int 01, 1043 (Nr 76 u 77) *Biotechnologie-Richtlinie*.
5 Vgl zB T 0356/93 ABl 95, 545 (Nr 18.5).
6 T 0019/90 ABl 90, 476; T 0356/93 ABl 95, 545.
7 BGH GRUR 10, 212 (Rn 20) *Neurale Vorläuferzellen* mwN; aA T 0315/03 ABl 06, 15 (Nr 10.9); offen gelassen in GrBK G 0002/06 ABl 09, 306 (Nr 31, s aber auch Nr 33) *Verwendung von Embryonen/WARF*.

2 Öffentliche Ordnung und gute Sitten *(ordre public and morality)*
2.1 Nationaler und europäischer Maßstab

Im Rahmen von Art 53 a) EPÜ sind öffentliche Ordnung und gute Sitten unter Zugrundelegung der Wertmaßstäbe der europäischen Rechtsordnung zu bestimmen.[8] Die Wertungen einzelner nationaler Rechtsordnungen sind zu berücksichtigen, aber als solche nicht entscheidend.[9] Auch wenn die Erfindung in einigen Vertragsstaaten als anstößig angesehen wird, in anderen aber nicht, kann Art 53 a) EPÜ als europäisches Einheitsrecht nur einheitlich ausgelegt werden. Dies bedeutet, dass das EPA keine differenzierende Entscheidung treffen darf, das europäische Patent für bestimmte Vertragsstaaten zu erteilen bzw. aufrechtzuerhalten, für andere Vertragsstaaten aber zu versagen oder zu widerrufen. Das Gebot der einheitlichen Auslegung des Art 53 a) EPÜ ist auch in nationalen Nichtigkeitsverfahren zu beachten. Ein mit einem europäischen Patent befasstes deutsches Gericht kann daher seine Nichtigkeitsentscheidung nicht auf einen strengeren nationalen Maßstab stützen.[10]

16

Für § 2 (1) waren hingegen bis vor Inkrafttreten der BioPatRL die Wertmaßstäbe der deutschen Rechtsordnung ausschlaggebend. Sie konnten im Einzelfall milder oder strenger als die europäischen sein. Für eine solche Differenzierung bietet sich jedoch angesichts der Harmonisierungswirkung des Art 6 (1) BioPatRL, der europäisch autonom auszulegen ist, kaum noch Raum. Öffentliche Ordnung und gute Sitten sind daher nunmehr auch im Rahmen des § 2 (1) europäisch einheitlich zu bestimmen.[11]

17

2.2 Öffentliche Ordnung

Der Begriff der öffentlichen Ordnung ist im Sinne von ordre public zu verstehen. Letzterer Begriff wird in der englischen und französischen Fassung des Art 53 a) EPÜ verwandt und besitzt eine lange Tradition im Internationalen Privatrecht.[12] Ordre public umfasst die tragenden Grundsätze einer Rechtsordnung,[13] also alle Normen, die der Verwirklichung und dem Schutz von solchen Gütern dienen, welche für das Leben in der Gemeinschaft eine essentielle Bedeutung haben.[14] Derartige Normen finden sich vornehmlich im Verfassungsrecht, insbesondere in den dort gewährleisteten Grundrechten, können aber auch in formal niederrangigen Rechtsquellen enthalten sein.

18

---

8   T 0356/93 ABl **95**, 545 (Nr 6); wohl auch EuGH GRUR **11**, 1104 (Erwg 25) *Brüstle/Greenpeace:* Vorschriften des Unionsrechts grundsätzlich einheitlich und autonom auszulegen; offen gelassen in GrBK G 0002/06 ABl **09**, 306 (Nr 31) *Verwendung von Embryonen/WARF*; vgl auch HABM Mitt **00**, 304 zu Art 7 GMV: maßgebend sind europäische Standards.
9   T 0356/93 ABl **95**, 545 (Nr 7).
10 Die Nichtigkeitsgründe, die gegen ein europäisches Patent geltend gemacht werden können, sind – mit Ausnahme älterer nationaler Rechte (Art 139 EPÜ) – in Art 138 EPÜ abschließend aufgeführt.
11 AA Schatz GRUR Int **06**, 879.
12 Vgl die Kommentarliteratur zu Art 6 EGBGB.
13 Materialien zum EPÜ Dok IV/2767/61 S 45.
14 BGHZ **28**, 376, 385; **42**, 7, 13; **50**, 370, 375.

19 Besondere Beachtung im europäischen Kontext verdienen die EMRK,[15] die EU-Grundrechtecharta[16] und die Biomedizin-Konvention des Europarats (s § 1a Rdn 8). Zum ordre public gehören etwa das Recht auf Leben (Art 2 EMRK), die Unantastbarkeit der Menschenwürde[17] (Art 3 EMRK) und die physische Unversehrtheit des Individuums als Mitglied der Gesellschaft, aber auch der Schutz der Umwelt.[18]

20 Ein Verstoß gegen ein *Gesetzesverbot* oder eine *Verwaltungsvorschrift* ist nicht gleichbedeutend mit einem Verstoß gegen die öffentliche Ordnung. Dies stellen § 2 (1) 2. HS ebenso wie Art 53 a) 2. HS EPÜ ausdrücklich klar. Nur wenn der Rechtsverstoß gleichzeitig tragende Grundsätze der Rechtsordnung verletzt oder gefährdet, besteht ein Patenthindernis.[19] Auch aus Art 4^{quater} PVÜ[20] ergibt sich, dass bloße Vertriebsbeschränkungen kein Patentverbot rechtfertigen können.

21 Ist die Verwertung einer Erfindung ausdrücklich gesetzlich erlaubt, kommt ein Verstoß gegen den ordre public kaum in Betracht.[21]

2.3 Gute Sitten

22 Sie stellen einen Bewertungsmaßstab dar, der sich in mehreren wichtigen Generalklauseln des Zivilrechts (§§ 138, 826 BGB) findet und häufig formelhaft mit dem »Anstandsgefühl aller billig und gerecht Denkenden«[22] umschrieben wird. In der EPA-Rechtsprechung werden die guten Sitten definiert als die allgemein anerkannten Normen des europäischen Kulturkreises.[23] Bei ihrer Ermittlung fließen nicht nur rein ethische »außerrechtliche« Gesichtspunkte, sondern auch rechtsimmanente Postulate ein, insbesondere solche, die sich aus dem verfassungsrechtlich verankerten Wertesystem ergeben. Eine präzise Abgrenzung von ordre public und guten Sitten ist weder möglich noch nötig. Vielmehr können die gleichen Tatbestände unter beide Begriffe fallen.

23 Ein Verstoß gegen die guten Sitten ist anzunehmen, wenn die beanspruchte Erfindung eine ethisch fundierte Norm von zentraler Bedeutung, die allgemein als verbindlich angesehen wird, verletzt. Generelle Gültigkeit ist allerdings nicht identisch mit Anerkennung durch jedermann. Extrempositionen – etwa bei der Embryonenforschung oder der Euthanasie – sind auszuklammern. Der zu ermittelnde europäische Standard (s Rdn 16) darf nicht nur als kleinster gemeinsamer Nenner verstanden werden.

---

15 Auf sie verweist Erwägungsgrund 43 BioPatRL ausdrücklich.
16 BGH GRUR 10, 212 (Rn 28) *Neurale Vorläuferzellen.*
17 BGHZ 48, 327, 330 = NJW 68, 354 *Verfahrensrechtlicher ordre public.*
18 T 0356/93 ABl 95, 545 (Nr 5). Vgl auch Art 27 (2) TRIPS.
19 BGH GRUR 10, 212 (Rn 28) *Neurale Vorläuferzellen;* GRUR 03, 707 (III1) *DM-Tassen;* BPatGE 46, 170 (2a); vgl T 0356/93 ABl 95, 545 (Nr 5).
20 Abgedruckt im Anhang 12.
21 Siehe BGH GRUR 10, 212 (Rn 28) *Neurale Vorläuferzellen.* Nach T 0356/93 ABl 95, 545 (Nr 7) soll die Anwendung von Art 53 a) EPÜ aber sogar dann möglich sein, wenn sämtliche nationalen Gesetze der Vertragsstaaten die Verwertung gestatten.
22 Vgl zB BGHZ 10, 228, 232.
23 T 0356/93 ABl 95, 545 (Nr 6).

3 Konfliktsituationen

3.1 Verstoß infolge Veröffentlichung

Nach früher geltendem Recht griff das Verbot der Patentierung schon dann ein, wenn die Veröffentlichung der Erfindung zu einem Konflikt mit dem ordre public oder den guten Sitten führt. In Übereinstimmung mit Art 27 (2) TRIPS und Art 6 (1) BioPatRL, die in einem solchen Fall keinen Patentierungsausschluss vorsehen, ist diese Alternative in § 2 (1) und im revidierten Art 53 a) EPÜ 2000 nicht mehr enthalten. 24

Unabhängig von Art 53 a) EPÜ darf eine Patentanmeldung gemäß R 48 (1) a) EPÜ[24] keine Angaben oder Zeichnungen enthalten, die gegen die öffentliche Ordnung oder die guten Sitten verstoßen. In einem solchen Fall ist das Patentamt gemäß § 32 (3) 3[25] und R 48 (2) befugt, die anstößigen Angaben bei der Veröffentlichung auszuschließen. 25

3.2 Verstoß infolge Verwertung

Das Patentierungsverbot greift nach der jetzigen Rechtslage nur dann ein, wenn die »gewerbliche Verwertung« der Erfindung gegen den ordre public oder die guten Sitten verstoßen würde. 26

Bei der Beurteilung, ob ein solcher Verstoß vorliegt, ist nicht auf die bloße Möglichkeit eines Missbrauchs abzustellen,[26] sondern auf den bestimmungsgemäßen Gebrauch der Erfindung, wie er sich aus der Beschreibung und den Ansprüchen objektiv ergibt. Besteht der Anmeldegegenstand zB in einem Kopiergerät, das eine hervorragende Farbqualität der Kopien erzielt, so steht seiner Patentfähigkeit nicht entgegen, dass es theoretisch auch zur Herstellung von Falschgeld eingesetzt werden kann.[27] Enthält die Beschreibung keinen Hinweis auf einen derartigen Einsatz, so müssen die Ansprüche nicht eine diesbezügliche Beschränkung (Disclaimer) enthalten. 27

Etwas anderes gilt jedoch, wenn Beschreibung und Ansprüche eine Anwendungsform der Erfindung nahe legen, die dem ordre public oder den guten Sitten widersprechen würde. In einem solchen Fall reicht es nicht aus, dass es auch Anwendungsformen ohne einen solchen Verstoß gibt.[28] Vielmehr muss der Anmelder seine Ansprüche entsprechend beschränken.[29] In der Praxis des EPA wird daher etwa bei Ansprüchen auf Tiere ein Disclaimer bezüglich Menschen gefordert. Die GrBK hat die Berechtigung 28

---

24 Ebenso R 9.1 PCT.
25 Die Vorschrift wurde erst durch Art 1 Nr 13 des 2. PatRModG v 10.8.2021 (BGBl I 3490) in das PatG eingefügt.
26 BGH GRUR 73, 585 *IUP*.
27 GrBK G 0001/98 ABl 00, 111 (Nr 3.3.3) *transgene Pflanze/NOVARTIS II*.
28 BGH GRUR 10, 212 (Rn 23) *Neurale Vorläuferzellen* unter Hinweis auf Rogge GRUR 98, 303, 306 f; BGH GRUR 13, 272 *Neurale Vorläuferzellen II*. Nach der älteren deutschen Rechtsprechung zum Verbot gesetzwidriger Erfindungen sollte eine Patentierung möglich sein, wenn es neben mehreren gesetzwidrigen Benutzungsmöglichkeiten auch nur eine gab, die zulässig war; vgl BGH GRUR 72, 704, 707 *Wasser-Aufbereitung*; BGH GRUR 73, 585 *IUP*.
29 BGH GRUR 13, 272 *Neurale Vorläuferzellen II*. Ebenso EPA EinsprAbt ABl 03, 473 (Nr 10); Mitt 03, 502 (Nr 2.5); T 0329/06 v 3.9.2009.

derartiger Disclaimer anerkannt, die das Ziel verfolgen, eine Erfindung aus dem Anwendungsbereich des Art 53 a) EPÜ zu nehmen.[30]

4 Einzelfälle

29 § 2 (2) und R 28 (1) EPÜ listen in Übereinstimmung mit Art 6 (2) BioPatRL vier spezielle Tatbestände auf, bei denen ein Verstoß gegen den ordre public oder die guten Sitten zwingend zu bejahen ist.[31] Dieser Katalog ist nicht abschließend.[32] Außerhalb der Biotechnologie finden sich weitere Anwendungsbeispiele vor allem im Bereich der Gefahrenabwehr. Auch das Verbot der Patentierung des menschlichen Körpers, das in § 1a (1), R 29 (1) und Art 5 (1) BioPatRL enthalten ist (s § 1a Rdn 7), basiert im Kern auf rechtsethischen Gesichtspunkten. Patente auf Menschen oder auf Vorrichtungen, die Menschen umfassen,[33] können nicht gewährt werden.

4.1 Klonierung menschlicher Lebewesen *(cloning human beings)*

30 Lit: Entschließung des Europäischen Parlaments zum Klonen von Menschen vom 7.9.2000, ABl EG C 135/263 vom 7.5.2001; Koenig/Müller EuZW 99, 681; Herdegen GRUR Int 00, 859; Frankenberg KJ 00, 325; Taupitz NJW 01, 3433.

31 § 2 (2) Nr 1 und R 28 (1) a) EPÜ schließen Verfahren zum Klonen von menschlichen Lebewesen aus. Hierunter fällt jedes Verfahren, das ein menschliches Lebewesen erzeugen soll, welches im Zellkern die gleiche Erbinformation besitzt wie ein anderes lebendes oder verstorbenes menschliches Lebewesen.[34] Dazu zählen auch Verfahren der Embryonenspaltung. Unerheblich ist, ob die Erbinformation außerhalb des Zellkerns (mitochondriale DNS) identisch mit derjenigen des anderen Lebewesens ist.

32 Der Gesetzeswortlaut bietet keine Handhabe, zwischen reproduktivem und therapeutischem Klonen zu differenzieren. Es ist daher unbeachtlich, dass therapeutisches Klonen in einzelnen Rechtsordnungen der EPÜ-Vertragsstaaten (zB Großbritannien) unter strengen Kautelen für zulässig erachtet wird.[35]

33 Keine Klonierung liegt vor, wenn lediglich einzelne Zellen, die keine Totipotenz aufweisen, in vitro vermehrt werden. Dies gilt auch für (pluripotente) Stammzellen. Insofern können aber andere Ausschlusstatbestände anwendbar sein (s Rdn 34 und 37).

4.2 Eingriff in menschliche Keimbahn *(modifying the germ line genetic identity of human beings)*

34 Lit: **Bender:** Eingriff in die menschliche Keimbahn 2000; **Lit in GRUR Int:** Spranger 99, 595; Koenig/Müller 00, 295.

---

30 GrBK G 0001/03 ABl 04, 413 (Nr 2.4.1) *Disclaimer/PPG*. Ebenso T 2464/10 ABl 14 ZPubl 5, 67.
31 EuGH GRUR Int 01, 1043 (Erwg 39) *Biotechnologie-Richtlinie*; GRUR 11, 1104 (Erwg 26) *Brüstle/Greenpeace*: kein Beurteilungsspielraum.
32 So ausdrücklich Erwägungsgrund 38 BioPatRL.
33 T 0149/11 v 24.1.2013 betr device (for processing a slaughtered object) comprising at least one *observer* positioned along the slaughter line.
34 Erwägungsgrund 41 BioPatRL.
35 Der Umstand, dass EU-Grundrechtecharta und Bioethik-Konvention des Europarats nur das reproduktive Klonen explizit ausschließen, erlaubt keinen Gegenschluss.

§ 2 (2) Nr 2 und R 28 (1) b) EPÜ schließen Verfahren zur Veränderung der genetischen 35
Identität der Keimbahn des menschlichen Lebewesens aus. Hintergrund der Regelung
ist, dass genetische Modifikationen von Zellen der Keimbahn, dh insbesondere von
(haploiden) Geschlechtszellen, aber auch von embryonalen Keimbahn-Stammzellen
(»EG cells«), in erster Linie die Nachkommen des Individuums, dessen Zellen verändert werden, betreffen. Die sog. Keimbahn-Gentherapie ist im Unterschied zur somati-
schen Gentherapie, die sich nicht auf künftige Generationen auswirkt, abzulehnende
Eugenik und darüber hinaus zur Zeit in ihren Konsequenzen völlig unübersehbar.

Die Vorschrift dürfte auch greifen, wenn die genetische Modifikation nicht in vivo, 36
sondern an isolierten menschlichen Geschlechtszellen außerhalb des menschlichen
Körpers in vitro durchgeführt wird.

4.3 Verwendung menschlicher Embryonen *(use of human embryos)*

Lit: Stellungnahme Nr 16 der European Group on Ethics in Science and New Technologies (EGE) 37
vom 7.5.2002 (http://ec.europa.eu/archives/bepa/european-group-ethics/docs/avis16_en.pdf); Treichel Jb f Wiss. und Ethik 04, 279; Trips-Hebert/Grund PharmR 07, 397; **Straus/Ganea/Shin**
(Hrsg): Patentschutz und Stammzellforschung – internationale und rechtsvergleichende Aspekte
2009; **Plomer/Torremans** (Hrsg): Embryonic Stem Cell Patents – European Law and Ethics 2009;
Maksymiw in FS 50 Jahre BPatG 2011, 393; **Briske:** Die Patentierbarkeit von menschlichen embryonalen Stammzellen 2012; **Romandini:** Die Patentierbarkeit menschlicher Stammzellen 2012; **Seyhan
Ugurlu:** Bioethics and the patent eligibility of human embryonic stem cells-related inventions in
Europe 2014; **Timke:** Die Patentierung embryonaler Stammzellen 2014; **Ruster:** Patentschutz für
menschliche Stammzellen 2015.
Lit in CML Rev: Varju/Sándor 12, 1007; Spranger 12, 1197; **Lit in EIPR:** Laurie 04, 59; Sterckx
08, 535; Rowlandson 10, 67; Paton/Denoon 11, 590; Burke 12, 346; Bonadio 12, 433; O'Sullivan 14,
155; Hitchcock/Sattler de Sousa e Brito 14, 390; Mahalatchimy 15, 25; **Lit in EPI information:**
Mitchell/Schlich 09, 11; epi Position Paper 12, 9; Brack 13, 54 u 16, 20; Schlich 13, 103; **Lit in
GRUR:** Krauß/Engelhard 03, 985; Dederer 13, 352; **Lit in GRUR Int:** Herdegen 00, 859; Hartmann
06, 195; Sattler de Sousa e Brito 07, 712; Straus 10, 911; Laimböck/Dederer 11, 661; Batista 13, 514;
Taupitz 12, 1; **Lit in IIC:** Warren-Jones 08, 638; Treichel 09, 450; Schuster 12, 626; Stazi 15, 740;
Nordberg/Minssen 16, 139; **Lit in IPQ:** Sterckx 08, 478; Farrand 16, 260; Odell-West 20, 1; **Lit in
Jura:** Uhrich 12, 172; **Lit in JWIP:** Wong/Mahalatchimy 18, 326; Prifti 19, 2; **Lit in Mitt:** Grund/
Keller 04, 49; Grund/Burda 10, 214; Hübel 11, 494; **Lit in NIR:** Minssen/Nordberg 15, 493; **Lit in
sic!:** Addor/Bühler04 383; Fehlbaum/Mund/Hansmann 12, 55; Stauder 14, 251; **Lit in ZGE/IPJ:**
Schneider 11, 475.

Von der Patentierung ausgeschlossen ist ferner gemäß § 2 (2) Nr 3 und Regel 28 (1) c) 38
EPÜ die Verwendung menschlicher Embryonen zu industriellen oder gewerblichen
Zwecken. Hiervon betroffen ist insbesondere die sog. verbrauchende Embryonenfor-
schung.

Der Begriff »Embryo« ist europarechtlich autonom und einheitlich zu bestimmen,[36] so 39
dass dem Verweis in § 2 (2) S 2 auf das EmbryonenschutzG letztlich keine Bedeutung
zukommt.[37] Der Begriff »Embryo« ist nicht restriktiv, sondern weit auszulegen.[38]
Unter Embryo iS der Bestimmung ist werdendes menschliches Leben von der Befruchtung bis zur Geburt zu verstehen. Zwar unterscheidet die medizinische Terminologie

---

36 EuGH GRUR 11, 1104 (Erwg 26) *Brüstle/Greenpeace.*
37 BGH GRUR 10, 212 (Rn 32) *Neurale Vorläuferzellen.*
38 EuGH GRUR 11, 1104 (Erwg 34) *Brüstle/Greenpeace;* GrBK G 0002/06, ABl 09, 306 (Nr 20)
    Verwendung von Embryonen/WARF.

zwischen Embryo (etwa bis zum Beginn des 3. Schwangerschaftsmonats) und Fötus; da letzterer aber zumindest die gleiche Schutzwürdigkeit aufweist, ist auch seine Verwendung von der Vorschrift erfasst.

40 Für eine Abgrenzung Embryo/»Präembryo« gibt die Regelung keinen Anhaltspunkt.[39] Jede menschliche Eizelle vom Stadium ihrer Befruchtung, und darüber hinaus aber auch jede unbefruchtete menschliche Eizelle, in die ein Zellkern aus einer ausgereiften menschlichen Zelle transplantiert worden ist, ist als menschlicher Embryo anzusehen.[40] Hingegen ist eine unbefruchtete menschliche Eizelle, die durch Parthenogenese zur Teilung und Weiterentwicklung angeregt worden ist, dann kein menschlicher Embryo, wenn sie als solche im Lichte der gegenwärtigen wissenschaftlichen Erkenntnisse nicht die inhärente Fähigkeit hat, sich zu einem Menschen zu entwickeln.[41] In diesem Punkt modifizierte der EuGH auf Vorlage des englischen Patents Court, der neuere naturwissenschaftliche Erkenntnisse ins Felde führte, seine zuvor in der *Brüstle*-Entscheidung geäußerte Rechtsauffassung.

Auch nach § 8 (1) des deutschen EmbryonenschutzG, auf das § 2 (2) S 2 verweist, gilt die befruchtete, entwicklungsfähige Eizelle vom Zeitpunkt der Kernverschmelzung an als Embryo. Eine Stammzelle, die von einem menschlichen Embryo im Stadium der Blastozyste gewonnen wird, ist demgegenüber aufgrund des Verlusts der Totipotenz nicht mehr selbst ein Embryo.[42]

41 Industrielle oder gewerbliche Zwecke dürften idR vorliegen, wenn eine Patentanmeldung auf die Verwendung von Embryonen gerichtet ist.[43] Dies gilt jedenfalls dann, wenn sie das Kriterium der *gewerblichen* Anwendbarkeit erfüllt. Nach Erwägungsgrund 42 BioPatRL soll die Vorschrift sich nicht auf solche Verwendungen beziehen, die therapeutische oder diagnostische Zwecke verfolgen und dem medizinischen Nutzen des Embryos dienen. Hier dürfte allerdings regelmäßig der Ausschluss der medizinischen Verfahren (§ 2a (1) Nr 2, Art 53 c) EPÜ) greifen.

42 Die Gewinnung embryonaler Stammzelllinien stellt eine Verwendung von Embryonen dar und kann daher nicht patentiert werden.[44] Nach Auffassung der GrBK des EPA gilt dies auch für Erzeugnisansprüche auf embryonale Stammzellen, jedenfalls dann,

---

39 EuGH GRUR 11, 1104 (Erwg 34) *Brüstle/Greenpeace*; GrBK G 0002/06, ABl 09, 306 (Nr 20) *Verwendung von Embryonen/WARF*.
40 EuGH GRUR 11, 1104 (Erwg 35–36, 38) *Brüstle/Greenpeace*.
41 EuGH GRUR 15, 154 *ISCO/Comptroller* mit Anm Dederer = GRUR Int 15, 138 mit Anm Böhm/Jung.
42 BGH GRUR 13, 272 *Neurale Vorläuferzellen II*. So auch Generalanwalt Bot in seinen Schlussanträgen in *Brüstle/Greenpeace* vom 10.3.2011. Offengelassen und dem nationalen Gericht zur Beurteilung überlassen aber in EuGH GRUR 11, 1104 (Erwg 37–38) *Brüstle/Greenpeace*.
43 EuGH GRUR 11, 1104 (Erwg 39–46) *Brüstle/Greenpeace*; GrBK G 0002/06, ABl 09, 306 (Nr 20) *Verwendung von Embryonen/WARF*; vgl ferner T 1836/10 ABl 14 ZPubl 5, 26; aA Varju/Sándor CML Rev 12, 1007, 1019.
44 EPA EinsprAbt Mitt 03, 502 (Nr 2.5). Die European Group on Ethics in Science and New Technologies (EGE) differenziert demgegenüber in ihrer Stellungnahme Nr 16 vom 7.5.2000 zwischen unmodifizierten und modifizierten Stammzellen, wobei die Erzeugung und Verwendung der letzteren ethisch zulässig sein soll. In Deutschland ist gemäß dem StammzellG v 28.6.2002 die Gewinnung embryonaler Stammzellen verboten, und ihre Einfuhr und Verwendung sind nur unter engen Voraussetzungen zugelassen.

wenn sie zum Anmeldezeitpunkt nur unter Verwendung und Zerstörung menschlicher Embryonen hergestellt werden können. Es kommt dabei nicht auf den expliziten Wortlaut der Ansprüche, sondern auf die gesamte technische Lehre der Anmeldung im Hinblick darauf an, wie die Erfindung auszuführen ist.[45] Die GrBK hat ausdrücklich offengelassen, ob das Patentierungsverbot auch andere Erfindungen trifft, die menschliche Stammzellen oder Stammzellkulturen zum Gegenstand haben.[46]

Der EuGH ist in seiner *Brüstle*-Entscheidung,[47] die er auf Vorlage des BGH[48] getroffen hat, noch weiter als die GrBK gegangen. Danach ist das Verbot des Art 6 (2) c) BioPatRL, auf dem § 2 (2) Nr 3 und Regel 28 (1) c) EPÜ beruhen, auch auf solche Erfindungen anzuwenden, die selbst nicht die Verwendung menschlicher Embryonen zum Gegenstand haben, aber ein Erzeugnis betreffen, dessen Herstellung die vorhergehende Zerstörung menschlicher Embryonen erfordert, oder sich auf ein Verfahren beziehen, für das ein durch Zerstörung von Embryonen gewonnenes Ausgangsmaterial benötigt wird.[49] Dass die Zerstörung uU in einem Stadium weit vor der Verwertung der Erfindung erfolgt, ist insoweit ohne Bedeutung sein.[50] Der BGH ist der Rechtsauffassung des EuGH gefolgt und hat – ebenso wie bereits das BPatG[51] – die erteilte Anspruchsfassung des Brüstle-Patents als gegen § 2 verstoßend erachtet, insofern es Zellen und die Herstellung von Zellen umfasst, die unter Zerstörung menschlicher embryonaler Stammzellen gewonnen werden.[52] Hingegen wurde ein eingeschränkter Hilfsantrag auf Zellen, die ohne solche Zerstörung gewonnen werden, als mit § 2 vereinbar angesehen.

43

Die weite Auslegung des Patentierungsverbots durch GrBK und EuGH ist im Schrifttum stark kritisiert worden.[53] Diese Kritik ist zumindest insofern berechtigt, als beide Entscheidungen keine wirklich überzeugende Begründung dafür geben, weshalb Erfindungen, deren Ausführung in zahlreichen europäischen Rechtsordnungen einschließlich der deutschen, wenn auch unter einschränkenden Voraussetzungen, rechtmäßig ist, dem europäischen ordre public widersprechen können und ihr Patentierungsausschluss mit Art 27 (2) TRIPS vereinbar ist.

44

Für die Rechtspraxis des EPA hat sich die Problematik allerdings dadurch erheblich entschärft, dass menschliche embryonale Stammzellen und ihre Verwendung dann nicht unter das Patentierungsverbot fallen sollen, wenn i) die technische Lehre der Anmeldung unter Verwendung von menschlichen embryonalen Stammzellen umgesetzt werden kann, die aus parthenogenetisch aktivierten menschlichen Eizellen

---

45 GrBK G 0002/06, ABl 09, 306 (Nr 22) *Verwendung von Embryonen/WARF*.
46 GrBK G 0002/06, ABl 09, 306 (Nr 22) *Verwendung von Embryonen/WARF*; vgl ferner T 0522/04 ABl 10 SonderA 2, 15 = EPOR 09, 450; T 0329/06 v 3.9.2009; T 1176/09 v 16.10.2012.
47 EuGH GRUR 11, 1104 *Brüstle/Greenpeace*.
48 BGH GRUR 10, 212 *Neurale Vorläuferzellen*.
49 So auch T 2221/10 ABl 15 ZPubl 4, 19 = IIC 14, 455 L; T 1808/13 v 26.2.2015 BeckRS 15, 113994.
50 EuGH GRUR 11, 1104 (Erwg 47–52) *Brüstle/Greenpeace*.
51 BPatGE 50, 33.
52 BGH GRUR 13, 272 *Neurale Vorläuferzellen II*.
53 S insbesondere Spranger CML Rev 12, 1197; Straus GRUR Int 10, 911 u 11, 1048; Varju/Sándor CML Rev 12, 1007; s ferner epi Position Paper, epi information 12, 9.

gewonnen wurden, und ii) das wirksame Datum der Anmeldung nicht vor dem Stichtag des 5.6.2003[54] liegt.[55]

4.4 Qualzüchtungen von Tieren *(suffering of animals through genetic modification)*

45 **Lit:** Bartels GRUR Int 21, 44.

Verfahren zur Veränderung der genetischen Identität von Tieren sind, sofern sie nicht im Wesentlichen biologisch sind, grundsätzlich dem Patentschutz zugänglich (s § 2a Rdn 32 und 41). Nur wenn diese Verfahren geeignet sind, Leiden der Tiere ohne wesentlichen Nutzen für den Menschen oder das Tier zu verursachen, sind sie durch § 2 (2) Nr 4 und Regel 28 (1) d) EPÜ vom Patentschutz ausgeschlossen. Dies entspricht weitgehend dem in der EPA-Rechtsprechung vor Inkrafttreten der Bestimmung entwickelten Abwägungsprinzip (*balancing approach*).[56] Mit dem Harmonisierungsziel des Gesetzgebers ist es kaum vereinbar, beide Überprüfungstests getrennt voneinander anzuwenden.[57]

46 Es bedarf also einer wertenden Prüfung, ob der medizinische Nutzen das Leiden der Tiere rechtfertigt. Ist der medizinische Nutzen nicht unwesentlich, dann kann uU ein Leiden der Tiere – auch wenn es beträchtlich sein sollte – in Kauf genommen werden und ein Patent erteilt werden.[58] Vorschriften über den **Tierschutz** können Entscheidungshilfe sein, insbesondere die EU-Richtlinie 2010/63 zum Schutz der für wissenschaftliche Zwecke verwendeten Tiere.[59]

47 Erstreckt sich die in den Ansprüchen definierte Erfindung auf zahllose Tierarten, deren Einsatz als Versuchstier aus tierschutzrechtlichen Gründen nicht in Betracht kommt, so verstößt sie gegen den ordre public.[60] Es muss dann eine Beschränkung der Ansprüche erfolgen.[61]

Auch außerhalb des Bereichs genetischer Veränderungen sind solche Erfindungen ausgeschlossen, die Leiden von Tieren ohne wesentlichen Nutzen für den Menschen oder das Tier verursachen. Dies ist in der Rechtsprechung etwa für Medikamente angenommen worden, die mittels einer schmerzhaften Prozedur und mit nur geringer Ausbeute aus der Haut von Kaninchen gewonnen wurden und die zudem lediglich eine Alternative gegenüber ähnlichen Medikamenten darstellten.[62]

---

54 An diesem Tag wurde eine PCT-Anmeldung, die ein nacharbeitbares Verfahren zur Erzeugung menschlicher parthenogenetisch hergeleiteter embryonaler Stammzellen beschrieb, als WO 2003/046141 veröffentlicht.
55 T 0385/14 v 11.9.2019 BeckRS 19, 29623 (Nr 3–5); EPA-PrüfRichtlinien G-II 5.3 (iii).
56 Vgl T 0019/90 ABl 90, 476: Erzeugung eines transgenen Säugetiers mit erhöhter Neigung zur Entwicklung von Neoplasmen durch Einschleusung einer aktivierten Onkogen-Sequenz im Embryonalstadium.
57 So aber T 0315/03 ABl 06, 15 (Nr 10.5–10.8).
58 T 0315/03 ABl 06, 15 (Nr 12.2, 13.2); T 1262/04 v 13.7.2012 (Nr 19–24).
59 Vom 22.9.2010, EU ABl L 276/33 v 20.10.2010.
60 EPA EinsprAbt ABl 03, 473 (Nr 10); T 0315/03 ABl 06, 15 (Nr 12.2, 13.2); vgl ferner T 0869/05 v 21.11.2006 BeckRS 06, 30651064; T 1384/06 v 26.6.2007 BeckRS 07, 30691006.
61 So in T 0682/16 v 5.6.2020 GRUR-RS 20, 14848 (s auch Bescheid der Kammer v 20.12.2019). Hierzu Bartels GRUR Int 21, 44.
62 T 1553/15 v 28.9.2020 GRUR-RS 20, 39009. Vgl auch Trigg JIPLP 19, 206.

4.5 Sonstiges

Erwägungsgrund 38 BioPatRL nennt als weiteres biotechnologisches Beispiel einer sittenwidrigen Erfindung die Herstellung von **Mensch-Tier-Chimären**[63] aus totipotenten Zellen. Auch das **Euthanasie**-Verbot dürfte zum europäischen ordre public zu zählen sein. Eine fehlende Einwilligung für die Benutzung aus dem menschlichen Körper gewonnener Substanzen (zB Zellen) soll hingegen patentrechtlich unbeachtlich sein.[64]

48

Waffen, Gifte und Sprengstoffe sind grundsätzlich patentierbar, da die Möglichkeit eines Missbrauchs als solche keinen Verstoß gegen § 2 (1) und Art 53 a) EPÜ impliziert (s Rdn 27). Etwas anderes gilt jedoch für Waffen, deren Herstellung oder Verwendung gegen völkerrechtliche Verbote verstößt, also etwa Waffen zur atomaren, biologischen oder chemischen[65] Kriegsführung oder Landminen im Sinne des Übereinkommens von Ottawa.[66]

49

Die Patentierung ist zu versagen, wenn die Erfindung bestimmungsgemäß der Erleichterung von Straftaten oder Ordnungswidrigkeiten dient (zB Mittel zur Beseitigung denaturierender oder kennzeichnender Zusätze, die Alkohol oder Mineralöl zu Zwecken der Abgabenerhebung beigemischt werden; Vorrichtungen, die Verkehrsteilnehmer vor Radaranlagen zur Geschwindigkeitsüberwachung warnen; Diebstahlsicherungen mit Selbstjustizcharakter). Ein die Schutzfähigkeit ausschließender Verstoß liegt nicht zwangsläufig in der Verwertung einer Erfindung, die mit Leuchtdioden in Form des Europäischen Symbols angeordnet ist.[67]

50

Auf dem Gebiet der Sexualmoral haben sich früher bestehende rigide Anschauungen beträchtlich gelockert. Daher wird bei der patentrechtlichen Würdigung in diesem Bereich ein Sittenverstoß nur noch in Ausnahmefällen zu bejahen sein.[68] Mittel zur Empfängnisverhütung werden heute einhellig als patentfähig angesehen.

51

---

63 Hierzu Burke EIPR **12**, 237.
64 Erwägungsgrund 26 BioPatRL; T 1213/05 v 27.7.2007 (Nr 47–51); s aber Odell-West IPQ **09**, 373.
65 So auch BMJ DB **79**, 490 f.
66 Vgl EPA-PrüfRichtl G-II 4.1.
67 BPatG GRUR **03**, 142 *Europaemblem* (Gbm).
68 Vgl BPatGE **46**, 224 (Geschmacksmuster in Form von Vibratoren).

§ 2a Pflanzensorten und Tierrassen, Züchtung von Pflanzen und Tieren, medizinische Verfahren, mikrobiologische Verfahren, Begriffsbestimmungen
(plant and animal varieties, production of plants and animals, medical processes, microbiological processes, definitions)

(1) ¹Patente werden nicht erteilt für
1. Pflanzensorten und Tierrassen sowie im Wesentlichen biologische Verfahren zur Züchtung von Pflanzen und Tieren und die ausschließlich durch solche Verfahren gewonnenen Pflanzen und Tiere;
2. Verfahren zur chirurgischen oder therapeutischen Behandlung des menschlichen oder tierischen Körpers und Diagnostizierverfahren, die am menschlichen oder tierischen Körper vorgenommen werden. ²Dies gilt nicht für Erzeugnisse, insbesondere Stoffe oder Stoffgemische, zur Anwendung in einem der vorstehend genannten Verfahren.

(2) ¹Patente können erteilt werden für Erfindungen,
1. deren Gegenstand Pflanzen oder Tiere sind, wenn die Ausführung der Erfindung technisch nicht auf eine bestimmte Pflanzensorte oder Tierrasse beschränkt ist;
2. die ein mikrobiologisches oder ein sonstiges technisches Verfahren oder ein durch ein solches Verfahren gewonnenes Erzeugnis zum Gegenstand haben, sofern es sich dabei nicht um eine Pflanzensorte oder Tierrasse handelt.

²§ 1a Abs 3 gilt entsprechend.

(3) Im Sinne dieses Gesetzes bedeuten:
1. »biologisches Material« ein Material, das genetische Informationen enthält und sich selbst reproduzieren oder in einem biologischen System reproduziert werden kann;
2. »mikrobiologisches Verfahren« ein Verfahren, bei dem mikrobiologisches Material verwendet, ein Eingriff in mikrobiologisches Material durchgeführt oder mikrobiologisches Material hervorgebracht wird;
3. »im Wesentlichen biologisches Verfahren« ein Verfahren zur Züchtung von Pflanzen oder Tieren, das vollständig auf natürlichen Phänomenen wie Kreuzung oder Selektion beruht;
4. »Pflanzensorte« eine Sorte im Sinne der Definition der Verordnung (EG) Nr 2100/94 des Rates vom 27. Juli 1994 über den gemeinschaftlichen Sortenschutz (ABl. EG Nr L 227 S 1) in der jeweils geltenden Fassung.

Rainer Moufang

Übersicht

Gesetzesentwicklung	1
Konkordanz	2
Europäisches Patentrecht	3
Art 53 b) u c)	4
R 26 (3) – (6)	5
R 27 b) u c)	6
R 28 (2)	7

		Entwicklung des EPÜ	8
Kommentierung zu § 2a PatG			
1		Ausschluss bestimmter Erfindungen der Pflanzen- und Tierzüchtung	9
1.1		Allgemeines	9
1.2		**Pflanzensorten**	14
1.2.1		Sinn des Ausschlusses	14
1.2.2		Unterschiede zwischen Patent- und Sortenschutz	16
1.2.3		Begriff der Pflanzensorte	17
1.2.4		Enge Auslegung des Ausschlusses	19
1.2.5		Beispiele	25
1.3		**Tierrassen**	26
1.3.1		Tierrassen/Tierarten	26
1.3.2		Sinn des Ausschlusses	27
1.3.3		Begriff der Tierrasse	29
1.3.4		Reichweite des Ausschlusses	30
1.3.5		Beispiele	31
1.4		**Im Wesentlichen biologische Pflanzen- und Tierzüchtungsverfahren**	32
1.4.1		Grundsatz	32
1.4.2		Pflanzen- und Tierzüchtung	33
1.4.3		Im Wesentlichen biologisch	35
1.4.4		Beispiele patentfähiger Verfahren	41
1.4.5		Unmittelbares Erzeugnis eines Züchtungsverfahrens	42
1.4.6		Ausschließlich durch im Wesentlichen biologische Züchtungsverfahren gewonnene Pflanzen oder Tiere	44
1.5		**Mikrobiologische/technische Verfahren und deren Erzeugnisse**	47
1.5.1		Sinn und Zweck	47
1.5.2		Begriff des mikrobiologischen Verfahrens	49
1.5.3		Beispiele für mikrobiologische oder sonstige technische Verfahren	52
1.5.4		Erzeugnisse mikrobiologischer oder sonstiger technischer Verfahren	53
2		**Chirurgische, therapeutische und diagnostische Verfahren**	56
2.1		**Zweck**	57
2.2		**Anwendungsbereich**	61
2.2.1		Enge Auslegung	62
2.2.2		Mischung aus nicht-medizinischen und medizinischen Merkmalen	63
2.2.3		Mehrstufige Verfahren	64
2.2.4		Anwendungen von Arzneimitteln für eine therapeutische Behandlung	65
2.2.5		Menschlicher oder tierischer Körper	67
2.3		**Chirurgische Verfahren**	68
2.4		**Therapeutische Verfahren**	72
2.4.1		Umfang des Begriffs Therapie	73
2.4.2		Mischformen	74
2.4.3		Mehrstufige Verfahren	75
2.4.4		Empfängnisverhütung	76
2.4.5		Beispiele aus der Rechtsprechung	78
2.5		**Diagnostizierverfahren**	80
2.6		**Erzeugnisse für medizinische Verfahren**	84

1 **Gesetzesentwicklung:** Das Patentierungsverbot des § 2a (1) Nr 1 geht auf eine Bestimmung zurück, die 1976 als Teil des § 1a (später § 2) durch Art IV Nr 2 IntPatÜG eingefügt und durch Art 3 des 1. Gesetzes zur Änderung des Sortenschutzgesetzes vom 27.3.1992 (BGBl I 727 = BlPMZ 92, 262) geändert wurde. Durch das **BioPatG** vom 21.1.2005 (abgedruckt im Anhang 7) wurde das Patentierungsverbot zu § 2a (1) verselbständigt und um die Absätze 2 und 3 ergänzt, mit denen Vorgaben der **BioPatRL** entsprochen wurde. Dabei wurde der Begriff »Tierart« durch »Tierrasse« ersetzt. Durch Art 2 Nr 3 EPÜ-RevisionsG (= Anhang 9), das nach Art 5 am 13.12.2007 in Kraft getreten ist, wurde der in § 5 (2) aF enthaltene Ausschluss der medizinischen Verfahren in § 2a (1) als neue Nr 2 integriert. Mangels relevanter Übergangsbestimmungen gilt die revidierte Fassung auch für Entscheidungen über Anmeldungen und Patente, die vor Inkrafttreten des BioPatG und des EPÜ-RevisionsG eingereicht bzw. erteilt worden sind. Durch Art 1 Nr 2 PatNovG vom 19.10.2013 wurde § 2 (1) Nr 1 dahingehend ergänzt, dass das Patentierungsverbot auch die Pflanzen und Tiere erfasst, die ausschließlich durch ein im Wesentlichen biologisches Züchtungsverfahren gewonnen werden.

2 **Konkordanz** zwischen § 2a PatG, der BioPatRL und dem EPÜ ergibt sich aus folgender Tabelle:

PatG:	BioPatRL:	EPÜ:	Gegenstand:
§ 2a (1) Nr 1	Art 4 (1)	Art 53 b) 1. HS R 28 (2)	Pflanzensorten, Tierrassen; im Wesentlichen biologische Züchtungsverfahren und ausschließlich hierdurch gewonnene Pflanzen und Tiere
§ 2a (1) Nr 2	–	Art 53 c)	Medizinische Verfahren
§ 2a (2) S 1 Nr 1	Art 4 (2)	R 27 b)	Pflanzen oder Tiere[1]
§ 2a (2) S 1 Nr 2	Art 4 (3)	Art 53 b) 2. HS, R 27 c)	Mikrobiologisches Verfahren oder Erzeugnis
§ 2a (3) Nr 1	Art 2 (1) a)	R 26 (3)	»Biologisches Material«
§ 2a (3) Nr 2	Art 2 (1) b)	R 26 (6)	»Mikrobiologisches Verfahren«
§ 2a (3) Nr 3	Art 2 (2)	R 26 (5)	»Im Wesentlichen biologisches Verfahren«
§ 2a (3) Nr 4	Art 2 (3)	R 26 (4)	»Pflanzensorte«
§ 2a (2) S 2	–	–	Gensequenzen

3 **Europäisches Patentrecht:** Art 53 b) und c) und R 28 (2) EPÜ entsprechen § 2a (1). Die in R 26 (3) bis (6) EPÜ enthaltenen Definitionen basieren auf Art 2 (1) bis (3) BioPatRL und entsprechen den Definitionen in § 2a (3). R 27 b) und c) basieren auf Art 4 (2) und (3) BioPatRL und entsprechen § 2a (2) Nr 1 und 2.

---

1 Die BioPatRL enthält kein explizites Patentierungsverbot für ausschließlich durch ein im Wesentlichen biologisches Züchtungsverfahren gewonnene Pflanzen und Tiere.

Art 53 EPÜ Ausnahmen von der Patentierbarkeit
Europäische Patente werden nicht erteilt für:
a) ... *(abgedruckt bei § 2 Rdn 4)*
b) Pflanzensorten oder Tierrassen sowie im Wesentlichen biologische Verfahren zur Züchtung von Pflanzen oder Tieren. Dies gilt nicht für mikrobiologische Verfahren und die mithilfe dieser Verfahren gewonnenen Erzeugnisse;
c) Verfahren zur chirurgischen oder therapeutischen Behandlung des menschlichen oder tierischen Körpers und Diagnostizierverfahren, die am menschlichen oder tierischen Körper vorgenommen werden. Dies gilt nicht für Erzeugnisse, insbesondere Stoffe oder Stoffgemische, zur Anwendung in einem dieser Verfahren.

Art 53 EPC Exceptions to patentability
European patents shall not be granted in respect of:
a) ... *(see § 2 Rdn 5)*
b) plant or animal varieties or essentially biological processes for the production of plants or animals; this provision shall not apply to microbiological processes or the products thereof;
c) methods for treatment of the human or animal body by surgery or therapy and diagnostic methods practised on the human or animal body; this provision shall not apply to products, in particular substances or compositions, for use in any of these methods.

R 26 EPÜ Allgemeines und Begriffsbestimmungen
(1) und (2) ...... *(abgedruckt bei § 1 Rdn 4)*

(3) »Biologisches Material« ist jedes Material, das genetische Informationen enthält und sich selbst reproduzieren oder in einem biologischen System reproduziert werden kann.

(4) »Pflanzensorte« ist jede pflanzliche Gesamtheit innerhalb eines einzigen botanischen Taxons der untersten bekannten Rangstufe, die unabhängig davon, ob die Bedingungen für die Erteilung des Sortenschutzes vollständig erfüllt sind,
a) durch die sich aus einem bestimmten Genotyp oder einer bestimmten Kombination von Genotypen ergebende Ausprägung der Merkmale definiert,
b) zumindest durch die Ausprägung eines der erwähnten Merkmale von jeder anderen pflanzlichen Gesamtheit unterschieden und
c) in Anbetracht ihrer Eignung, unverändert vermehrt zu werden, als Einheit angesehen werden kann.

(5) Ein Verfahren zur Züchtung von Pflanzen oder Tieren ist im Wesentlichen biologisch, wenn es vollständig auf natürlichen Phänomenen wie Kreuzung oder Selektion beruht.

(6) »Mikrobiologisches Verfahren« ist jedes Verfahren, bei dem mikrobiologisches Material verwendet, ein Eingriff in mikrobiologisches Material durchgeführt oder mikrobiologisches Material hervorgebracht wird.

R 26 EPC General and definitions
(1) and (2) ... *(see § 1 Rdn 4)*

(3) »Biological material« means any material containing genetic information and capable of reproducing itself or being reproduced in a biological system.

(4) »Plant variety« means any plant grouping within a single botanical taxon of the lowest known rank, which grouping, irrespective of whether the conditions for the grant of a plant variety right are fully met, can be:
(a) defined by the expression of the characteristics that results from a given genotype or combination of genotypes,
(b) distinguished from any other plant grouping by the expression of at least one of the said characteristics, and
(c) considered as a unit with regard to its suitability for being propagated unchanged.

(5) A process for the production of plants or animals is essentially biological if it consists entirely of natural phenomena such as crossing or selection.

(6) »Microbiological process« means any process involving or performed upon or resulting in microbiological material.

R 27 EPÜ Patentierbare biotechnologische Erfindungen
Biotechnologische Erfindungen sind auch dann patentierbar, wenn sie zum Gegenstand haben:
a) ... *(abgedruckt bei § 1 Rdn 5)*

b) unbeschadet der R 28 (2) Pflanzen oder Tiere, wenn die Ausführung der Erfindung technisch nicht auf eine bestimmte Pflanzensorte oder Tierrasse beschränkt ist;
c) ein mikrobiologisches oder sonstiges technisches Verfahren oder ein durch diese Verfahren gewonnenes Erzeugnis, sofern es sich dabei nicht um eine Pflanzensorte oder Tierrasse handelt.

R 27 EPC Patentable biotechnological inventions
Biotechnological inventions shall also be patentable if they concern:
(a) ... *(see § 1 Rdn 5)*.
(b) without prejudice to R 28 (2), plants or animals if the technical feasibility of the invention is not confined to a particular plant or animal variety;
(c) a microbiological or other technical process, or a product obtained by means of such a process other than a plant or animal variety.

R 28 EPÜ Ausnahmen von der Patentierbarkeit

7 (1) ... *(abgedruckt bei § 2 Rdn 6)*
(2) Nach Art 53 b) werden europäische Patente nicht erteilt für ausschließlich durch ein im Wesentlichen biologisches Verfahren gewonnene Pflanzen oder Tiere.

R 28 EPC Exceptions to patentability
(1) ... *(see § 2 Rdn 6)*.
(2) Under Art 53(b), European patents shall not be granted in respect of plants or animals exclusively obtained by means of an essentially biological process.

8 **Entwicklung des EPÜ:** Auf der Diplomatischen Konferenz 2000 wurde Art 53 EPÜ neu gefasst und erhielt als Buchstabe c) den bislang in Art 52 (4) Satz 1 enthaltenen Ausschluss der medizinischen Verfahren. Ferner wurde in der deutschen Fassung des Art 53 b) der Begriff »Tierarten« durch »Tierrassen« ersetzt. Art 53 EPÜ 2000 ist seit seinem Inkrafttreten am 13.12.2007 auch auf zu diesem Zeitpunkt anhängige Anmeldungen und erteilte Patente anwendbar (s Art 1 Nr 1 VR-Beschluss v 28.6.2001 über Übergangsbestimmungen).[2] R 26 und 27 EPÜ wurden 1999 bei der Implementierung der BioPatRL als R 23b und 23c in die AusfO eingefügt (s § 1 Rdn 152). Durch VR-Beschluss v 29.6.2017[3] wurde R 27 b) modifiziert und R 28 (2) eingefügt.

1 Ausschluss bestimmter Erfindungen der Pflanzen- und Tierzüchtung

1.1 Allgemeines

9 **Literatur: Moufang:** Genetische Erfindungen im gewerblichen Rechtsschutz Köln 1988; **Neumeier** Sortenschutz und/oder Patentschutz für Pflanzenzüchtungen Köln 1990; **Wuesthoff/Leßmann/ Wendt:** Sortenschutzgesetz 3. Aufl 1999; **Straus** in FS 100 Jahre GRUR **91,** 363; **Teschemacher** in FS Nirk 1992, 1005; **Bauer:** Patente für Pflanzen 1993; **van der Kooij:** Introduction to the EC regulation on plant varieties protection 1997; **Goebel:** Pflanzenpatente und Sortenschutzrechte 2001; **Llewelyn/Adcock:** European Plant Intellectual Property 2006; **Haedicke** in FS Schilling 2007, 237; **Leßmann/Würtenberger:** Deutsches und europäisches Sortenschutzrecht 2. Aufl 2009; **van Overwalle** in Technology and Competition (FS Ullrich) 2009, 311; **Röder-Hitschke** in Nourriture de l'esprit (FS Stauder) 2011, 223; **Porscha:** Auswirkungen von Patenten auf die Nutztierproduktion in Europa unter besonderer Berücksichtigung der Art 52 ff. EPÜ 2011; **Gebreselassie:** The sustainability of plants and plant intellectual property rights 2012; **Sterckx/Cockbain:** Exclusions from Patentability 2013; **Herring:** Biopatentierung und Sortenschutz 2013; **Feindt et al:** Patenrecht und landwirtschaftliche Tierzucht 2014; **Römer:** Die Patentierbarkeit von Pflanzenzüchtungen 2014; **Würtenberger et al:** European Union plant variety protection 2. Aufl 2015; **Hacker:** Die fehlende Legitimation der Patentierungsausschlüsse 2015; **Metzger/Zech:** Sortenschutzrecht – SortG, GSortV, PatG, EPÜ 2016; **Petrack:** Patentierbarkeit im Agrarsektor – Eine rechtsdogmatische, rechtssystematische und rechtspraktische Untersuchung im Bereich der Nutztiere 2016; **Brandl/ Schleissing** (Hrsg): Biopatente – Saatgut als Ware und als öffentliches Gut 2016; **Berlincourt-Heinecke:** Chancen und Risiken von Pflanzeninnovationen im Recht 2017; **Keukenschrijver:** Sortenschutz – Deutsches und europäisches Sortenschutzrecht, Kommentar 2. Aufl 2017; **Bienert:** Euro-

---

[2] *GrBK G 0002/07 ABl 12,* 130 (Nr 2.1) *Broccoli*/PLANT BIOSCIENCE.
[3] ABl 17, A56.

Art 53 b)
R 26-28 EPÜ   Pflanzen- und Tierzüchtung   § 2a

päische Regulierungsagenturen – Demokratische Legitimation und rechtsstaatliche Kontrolle am Beispiel des Amtes der EU für geistiges Eigentum und des Sortenamtes 2018.
Lit in ABl EPA: Wieser 13 SonderA 1, 218; **Lit in EIPR:** Kariyawasam 09, 37; Bostyn 09, 549; Hübel, 11, 328; Sanderson 12, 387; Cockbain/Sterckx 12, 422; Bostyn 13, 383; Sterckx/Cockbain 15, 193; Humphries 15, 210; Salami 18, 630; Martínez López 20, 19; **Lit in epi-information:** National laws on the patentability of plants (update 25 January 2019) 19/1, 18; Sendrowski 19/2, 26 u 19/3, 12; **Lit in GRUR:** Straus 92, 252; 93, 794; 96, 10; Wiebe 93, 88; Lange 93, 801; Papier 95, 241; Tilmann 04, 561; 09, 361; Amicus curiae-Stellungnahme der GRUR-Vereinigung in G 0002/07 08, 315; Würtenberger 09, 378; GRUR-Stellungnahmen 15, 970 u 16, 574; Metzger 16, 549; Kock/Zech 17, 1004; Würtenberger/Kunze 19, 803; Kock/Vollenberg 20, 154; Würtenberger 21, 397; **Lit in GRUR Int:** Straus 90, 913; 98, 1; Beier 90, 219; 93, 137; 96, 586; Savignon 90, 766; von Pechmann/Straus 91, 507; Jaenichen 92, 312; Kinkeldey 93, 294; Di Cerbo 93, 399; Häußer 96, 330; Schatz 97, 588; Moser 98, 209; Thomsen 98, 212; Klett 98, 215; Willnegger 03, 815; Kock/Porzig/Willnegger 05, 183; Aerts 18, 721; Kraßer 18, 1138; Koch 20, 1027; Granieri 21, 744; **Lit in GRUR-Prax:** Walter 10, 329; **Lit in IIC:** Greengrass 89, 622; Moufang 89, 823; 92, 328; Thomsen 97, 850; Kock/Porzig/Willnegger 06, 135; Sommer 08, 139; Metzger 16, 515; Chapman/Sherman 18, 579; Godt 18, 512; **Lit in JWIP:** Tvedt/Finckenhagen 08, 203; Sterckx 10, 1; Bostyn 13, 105; Cockbain/Sterckx 20, 679; **Lit in Mitt:** Anderson/Tilmann 00, 192; Grund 00, 328; von Renesse/Tanner/von Renesse 01, 1; Haedicke 05, 241; Krauß 08, 254; 11, 279; 15, 245; Hüttermann/Storz 09, 277; Fabry 10, 60; Knapowski 11, 447; Dolder 17, 1; Krauß/Kuttenkeuler 17, 305; Haedicke/Popp 18, 1; Hüttermann 20, 255; **Lit in NVwZ:** Gersteuer 08, 370; **Lit in QMJIP:** Lightbourne 21, 219; **Lit in sic!:** Stirner et al 17, 611; **Lit in ZGE:** Metzger/Bartels 18, 123.

§ 2a enthält seit seiner Neufassung durch das EPÜ-RevisionsG **zwei verschiedene Gruppen von Patentierungsausschlüssen.** Einerseits werden nach Abs 1 Nr 1, der durch die Absätze 2 und 3 näher präzisiert wird, für bestimmte genetische Erfindungen der Pflanzen- und Tierzüchtung keine Patente erteilt (Rdn 11 ff), andererseits schließt Abs 1 Nr 2, der den Regelungsinhalt des § 5 (2) aF übernommen hat, bestimmte medizinische Verfahren aus (Rdn 56 ff). Weitgehend die gleichen Patentierungsausschlüsse finden sich in Art 53 b) iV mit R 26, 27 u 28 (2) EPÜ und in Art 53 c) EPÜ, der dem früheren Art 52 (4) EPÜ entspricht. 10

§ 2a (1) Nr 1 und Art 53 b) S 1 EPÜ verbieten die Patentierung von Pflanzensorten und Tierrassen sowie von im Wesentlichen biologischen Pflanzen- und Tierzüchtungsverfahren. § 2a (2) Nr 2 und Art 53 b) S 2 erklären andererseits mikrobiologische Verfahren und deren Erzeugnisse für patentfähig. Die Bestimmungen stehen in Einklang mit Art 27 (3) b) TRIPS (abgedruckt im Anhang 13). 11

Die BioPatRL[4] hat diese Patentierungsausnahmen, die zahlreiche Auslegungsfragen aufgeworfen und zu Divergenzen in der Rechtsprechung und damit zu einer Beeinträchtigung des Rechtsschutzes biotechnologischer Erfindungen geführt haben, bestätigt und sie gleichzeitig durch mehrere Auslegungsbestimmungen und Definitionen präzisiert. Letztere haben Eingang in § 2a (2) und (3) und in R 26 und 27 EPÜ gefunden. Durch weitere Gesetzesänderungen wurden zudem Pflanzen und Tiere, die ausschließlich durch ein im Wesentlichen biologisches Pflanzen- oder Tierzüchtungsverfahren gewonnen werden, von der Patentierung ausgeschlossen (s § 2a (1) Nr 1, letzte Alternative und R 28 (2) EPÜ). 12

Die Vorschrift schließt nur einen Teilbereich genetischer Erfindungen von der Patentierung aus. Biotechnologische Anmeldegegenstände, die ihr nicht unterfallen, bleiben 13

---

4 S § 1 Rdn 151.

grundsätzlich patentfähig. Auch Pflanzen und Tiere sind daher, wie § 2a (2) Nr 1 und R 27 b) EPÜ ausdrücklich klarstellen, nicht allgemein ausgeschlossen (s Rdn 19 und 30). § 34a ist zu beachten.

1.2 Pflanzensorten *(plant varieties)*

14 **1.2.1 Sinn des Ausschlusses:** Für Pflanzensorten steht mit dem Sortenschutzrecht ein spezielles Schutzsystem außerhalb des Patentrechts zur Verfügung. Dieses Schutzsystem ist national,[5] europäisch[6] und international[7] ausgebildet. Der Patentgesetzgeber hat sich vor diesem Hintergrund entschlossen, für Pflanzensorten keinen alternativen oder kumulativen Schutz durch das Patentsystem vorzusehen.

15 Das früher bestehende internationale Doppelschutzverbot ist zwar durch die UPOV-Revision 1991 aufgehoben worden, findet sich jedoch auf europäischer Ebene in modifizierter Form in Art 1 EU-SortSchVO wieder. Danach ist der Sortenschutz die einzige und ausschließliche Form des gewerblichen Rechtsschutzes für Pflanzensorten. Nach Art 92 EU-SortSchVO können ferner keine Patente für Sorten erteilt werden, die Gegenstand eines gemeinschaftlichen Sortenschutzes sind.

1.2.2 Unterschiede zwischen Patent- und Sortenschutz

16 a) **Schutzgegenstand:** Während der Patentschutz eine technische Lehre voraussetzt, die üblicherweise ein gewisses Maß an Abstraktheit aufweist, knüpft der Sortenschutz an die pflanzenzüchterische Erzeugung einer konkreten Pflanzensorte an. Dies hat zur Folge, dass eine Erfindung in der Regel in einer Vielzahl von Pflanzensorten verwirklicht werden kann.

b) **Schutzvoraussetzungen:** Beide Schutzsysteme stellen das Erfordernis der Neuheit auf, regeln es aber unterschiedlich. So ist nach § 6 (1) SortG erst das Inverkehrbringen der Sorte (nicht ihr Bekanntsein) neuheitsschädlich, weil erst dann vermehrungsfähiges Material zur Verfügung steht. Den Patentvoraussetzungen der erfinderischen Tätigkeit und gewerblichen Anwendbarkeit entsprechen im Sortenschutzrecht die Erfordernisse der Unterscheidbarkeit (am Antragstag),[8] Homogenität und Beständigkeit.

---

5 SortSchG vom 11.12.1985 BGBl I 2170 = BlPMZ **86**, 129, geltende Fassung in Tabu Gewerbl. Rechtsschutz Nr 405.
6 Verordnung (EG) Nr 2100/94 über den gemeinschaftlichen Sortenschutz vom 27.7.1994 ABl Nr L 227 v 1.9.1994 = GRUR Int **96**, 918 = BlPMZ **95**, 353; zuletzt geändert durch Verordnung (EG) Nr 15/2008 v 20.12.2007; konsolidierte Fassung unter: https://eur-lex.europa.eu/legal-content/DE/TXT/PDF/?uri=CELEX:01994R2100-20080131.
Vgl ferner Verordnung 1238/95 v 13.5.1995 (Gebühren) BlPMZ **95**, 396; **00**, 158; Verordnung (EG) Nr 874/2009 v 17.9.2009 (Verfahren) BlPMZ **09**, 468; Verordnung (EG) 1768/95 (Nachbau) ABl L 173/14 v 25.7.1995 (vgl hierzu EuGH GRUR **13**, 60 *Raiffeisen-Waren-Zentrale Rhein-Main*); L 328/6 v 4.12.1998. Zu den genannten Verordnungen sind zahlreiche Änderungsverordnungen ergangen.
7 **UPOV-Ü** oder **IntPflanzÜ**: Internationales Übereinkommen zum Schutz von Pflanzenzüchtungen v 2.12.1961, revidiert am 10.11.1972, 23.10.1978 und 19.3.1991 (BGBl 1998 II 258 = BlPMZ **98**, 232 = GRUR Int **91**, 538 = Tabu Gewerbl. Rechtsschutz Nr 682. Denkschrift BlPMZ **98**, 240). Auch bei Unvereinbarkeit mit UPOV-Ü ist eine nationale Regelung aber anwendbar, s BPatGE **53**, 277.
8 BPatGE **31**, 248; EuGH GRUR Int **10**, 591 *Ralf Schräder.*/. Gemeinschaftliches Sortenamt *[SUMCOL 01 II]*.

c) **Offenbarung und Wiederholbarkeit:** Anders als für Patente gemäß § 34 (4) ist für die Erlangung eines Sortenschutzes keine Offenbarung eines wiederholbaren Züchtungsvorgangs oder eines sonstigen Wegs zur Ausführung der Erfindung erforderlich, weil es auf die Nutzbarkeit der gezüchteten Pflanze (zB durch Vermehrung) und nicht auf die Nacharbeitbarkeit der Züchtung ankommt.

d) **Schutzumfang** des Sortenschutzes erstreckt sich vorrangig auf das Erzeugen und Inverkehrbringen von Vermehrungsmaterial[9] einer Sorte, während der Patentschutz aus §§ 9, 9a-9c und 10 verleiht, also auch die Erzeugung und das Inverkehrbringen von Verarbeitungs- und Konsumware umfassen kann. Der Sortenschutz enthält ein weitreichendes Züchterprivileg hinsichtlich der Benutzung von geschützten Sorten zur Erzeugung von neuen Sorten, das im Patentrecht nach allgemeinen Grundsätzen nicht bestehen würde und erst durch die Einfügung des § 11 Nr 2a eine Nachbildung erfahren hat.

1.2.3 Begriff der Pflanzensorte

§ 2a (3) Nr 4 verweist zur Definition des Begriffs Pflanzensorte auf die EU-SortSchVO in der jeweils geltenden Fassung. Eine Änderung der Definition in der EU-SortSchVO erstreckt sich damit automatisch auf das PatG. R 26 (4) EPÜ (s Rdn 5) übernimmt wörtlich die derzeit geltende Definition aus Art 5 (2) EU-SortSchVO. Aus ihr ergibt sich, dass eine Pflanzensorte durch ihr gesamtes Genom gekennzeichnet wird, das der einzelnen Sorte Individualität verleiht und sie von anderen Sorten unterscheidbar macht.[10]

17

Eine Pflanzengesamtheit, die erfindungsgemäß nicht durch ihr gesamtes Genom, sondern nur durch ein bestimmtes Gen oder einige wenige Gene gekennzeichnet wird, erfüllt nicht die gesetzlichen Voraussetzungen einer Pflanzensorte[11] und ist daher dem Sortenschutz nicht zugänglich. Durch die Einschleusung eines einzelnen fremden Gens in das Genom einer Pflanze wird ihr nämlich idR nur eine erwünschte Eigenschaft verliehen, aber noch nicht ohne weiteres eine neue Sorte geschaffen.

18

1.2.4 Enge Auslegung des Ausschlusses

Zur Vermeidung von Schutzlücken zwischen Patent- und Sortenschutzsystem ist die patentrechtliche Ausnahmevorschrift eng auszulegen.

19

Eine pflanzengenetische Erfindung ist nur dann von der Ausschlussbestimmung erfasst, wenn sich ihr Gegenstand grundsätzlich zur Erlangung eines Sortenschutzrechts eignet, dh wenn die Ausführung der Erfindung technisch auf eine bestimmte Pflanzensorte begrenzt ist. § 2a (2) Nr 1 und R 27 b) EPÜ sehen daher in Übereinstimmung mit Art 4 (2) BioPatRL vor, dass Pflanzen oder Tiere patentiert werden können,

20

---

9 *Die Zweckbestimmung, zur Vermehrung zu dienen, muss nicht im Zeitpunkt der Erzeugung oder des Vertriebs objektiv erkennbar sein;* BGH GRUR **88**, 370 *Achat.* Vgl ferner EuGH v 19.12.2019 C-176/18 GRUR **20**, 176 *CVVP/Sanchis,* wonach der Begriff »Verwendung von Sortenbestandteilen der geschützten Sorte ohne Zustimmung« in Art 13 VO (EU) 2100/94 den Anbau der Sorte und die Ernte ihrer Früchte erfasst.

10 GrBK G 0001/98 ABl 00, 111 (Nr 3.8) *transgene Pflanze/NOVARTIS II*; T 1242/06 ABl **13**, 42 (Nr 25–32).

11 Erwägungsgrund 31 BioPatRL (abgedruckt in Anhang 6); s auch T 0775/08 EPOR **11**, 288.

wenn sich die Ausführbarkeit der Erfindung nicht auf eine bestimmte Pflanzensorte beschränkt. Dabei sollte »eine« als unbestimmter Artikel, nicht als Zahlwort verstanden werden.[12]

21 Ein »Patent für Pflanzensorten« im Sinne des § 2 (1) Nr 1 und des Art 53 b) EPÜ liegt nur vor, wenn der beanspruchte Gegenstand auf Pflanzensorten gerichtet ist. Wird in einem Erzeugnisanspruch keine bestimmte Pflanzensorte individuell angegeben, ist der Gegenstand der beanspruchten Erfindung nicht auf eine oder mehrere Pflanzensorten gerichtet. Die bloße Tatsache, dass der Schutzumfang des Patentanspruchs *auch* Pflanzensorten zu erfassen vermag, genügt nicht für die Anwendung der Ausschlussbestimmung.[13] Es besteht ein patentrechtlicher Unterschied zwischen Schutz*gegenstand* und Schutz*umfang*. Pflanzengesamtheiten, die keine Sorte darstellen, sind somit nicht als solche ausgeschlossen (s aber auch Rdn 24).

22 Wird allerdings eine Pflanzensorte beansprucht, so kann sie nicht patentiert werden, unabhängig von der Art des Verfahrens, durch das sie erzeugt wird[14] (§ 2a (2) Nr 2, R 27 c) EPÜ; s auch Rdn 54). Der Ausschluss kann auch nicht dadurch umgangen werden, dass der Anspruch auf Pflanzenteile wie zB Früchte einer Sorte gerichtet wird.[15]

23 Der Ausschluss der Pflanzensorten betrifft **nur Erzeugnisansprüche**. Er hat keine Auswirkungen auf die Schutzwirkungen eines Verfahrensanspruchs, der die Erzeugung einer Pflanzensorte betrifft. Diese Schutzwirkungen können sich infolge § 9 Satz 2 Nr 3 und Art 64 (2) EPÜ auch auf eine Pflanzensorte erstrecken. Denn der Schutz eines Verfahrenspatents erstreckt sich idR selbst dann auf das unmittelbare Verfahrenserzeugnis, wenn das gewonnene Erzeugnis als solches nicht mittels eines Sachanspruchs patentierbar ist.[16]

24 Auch für Pflanzen oder Pflanzenteile, die nicht unter den Ausschluss der Pflanzensorten fallen, können sich allerdings Einschränkungen ihrer Patentfähigkeit dann ergeben, wenn sie ausschließlich durch ein im Wesentlichen biologisches Pflanzenzüchtungsverfahren gewonnen wurden (für Details s Rdn 44).

1.2.5 Beispiele

25 a) **Pflanzen als solche** sind patentfähig, wenn sich die Erfindung nicht auf eine oder mehrere *konkrete* Pflanzensorten bezieht und die Pflanzen nicht ausschließlich durch ein im Wesentlichen biologisches Züchtungsverfahren gewonnen wurden.
b) **Teile des Genoms von Pflanzen**, zB einzelne pflanzliche Gene (s hierzu aber auch § 1a Rdn 22) oder Chromosomen, sind patentfähig.

---

12 Entscheidend ist die Individualisierung der Pflanzensorte(n), nicht ihre Anzahl als solche.
13 GrBK G 0001/98 ABl 00, 111 *transgene Pflanze/NOVARTIS II*; s auch T 1854/07 v 12.5.2010.
14 GrBK G 0001/98 ABl 00, 111 (Nr 5.3) *transgene Pflanze/NOVARTIS II*; s ferner T 1208/12 v 7.2.2017 BeckRS 17, 146045 (hybrider Pflanzensamen).
15 T 1242/06 ABl 13, 42 (Nr 27).
16 GrBK G 0001/98 ABl 00, 111 (Nr 4) *transgene Pflanze/NOVARTIS II*; Denkschrift zum 1. GPÜ BlPMZ 79, 325, 333 (zu Art 29); schweiz BG GRUR Int 96, 1059 (1d) Tetraploide Kamille II.

c) **Pflanzenteile wie Früchte, Samen, Zellen:** Hier ist zu differenzieren. Werden sie als zu einer bestimmten Pflanzensorte gehörig beansprucht, sollten sie ausgeschlossen sein. Werden sie in allgemeinerer Weise beansprucht, fallen sie nicht unter das Patentierungsverbot der Pflanzensorten.[17]
d) **Pflanzengruppen ohne ausreichende Homogenität und Beständigkeit**, um die Definition einer Pflanzensorte zu erfüllen, fallen nicht unter das Verbot.[18]
e) **Sortenübergreifende Pflanzenmehrheiten**, also etwa eine Art oder Gattung, fallen nicht unter das Patentierungsverbot der Pflanzensorten, da sie nicht der untersten taxonomischen Rangstufe angehören.

1.3 Tierrassen *(animal varieties)*

1.3.1 Tierrassen/Tierarten: Sowohl § 2a (1) Nr 1 und (2) Nr 1 als auch Art 53 b) und R 27 b) EPÜ 2000 gebrauchen in Übereinstimmung mit Art 4 (1) BioPatRL, aber im Unterschied zum früheren Gesetzeswortlaut nicht mehr den Begriff »Tierarten«, sondern »Tierrassen«. Damit ist jedoch keine inhaltliche Veränderung verbunden, da auch der früher verwendete Begriff im Sinne von Tierrasse auszulegen war. Dies folgte insbesondere aus der englischen und französischen Fassung von Art 53 b) EPÜ (animal variety, race animale), da diese bereits in Art 2 StraßburgerÜ enthalten war und Englisch und Französisch die für die Auslegung des StraßburgerÜ verbindlichen Vertragssprachen sind. Denn es war nicht davon auszugehen, dass der deutsche Gesetzgeber vom Regelungsgehalt des EPÜ abweichen wollte. 26

1.3.2 Sinn des Ausschlusses ist schwer nachvollziehbar, da aus der Systematik des Tierreichs willkürlich eine bestimmte taxonomische Einheit von der Patenterteilung ausgenommen wird. Einen einleuchtenden Grund dafür gibt es nicht. Vor Einführung der Ausnahmebestimmung hatte der BGH die Patentfähigkeit tiergenetischer Innovationen grundsätzlich unter der Voraussetzung bejaht, dass die Wiederholbarkeit der technischen Lehre sichergestellt ist.[19] 27

Anders als für Pflanzensorten steht für Tierrassen kein Sonderschutzrecht zur Verfügung.[20] Daher ist der Ausschluss auch verfassungsrechtlich bedenklich,[21] weil Pflanzen- und Tierzüchter ohne Grund ungleich behandelt werden. Schon aus diesem Grund bedarf er einer engen Auslegung. 28

1.3.3 Begriff der Tierrasse: Eine vergleichbare gesetzliche Definition, wie sie das Sortenschutzrecht für die Pflanzensorte enthält, gibt es für den Begriff der Tierrasse im gewerblichen Rechtsschutz nicht. In der Zoologie und Tierzüchtung wird entsprechend dem Grad der Verwandtschaft, den der gleiche oder ähnliche Bauplan bestimmt, 29

---

17 Vgl T 0049/83 ABl **84**, 112 (mit einem Oximderivat behandeltes, genetisch nicht verändertes Saatgut von Kulturpflanzen als patentfähig angesehen); T 0694/92 ABl **97**, 408 (Patentfähigkeit von *Pflanzenzellen* bejaht); T 1242/06 ABl **13**, 42 (Nr 27).
18 T 0320/87 ABl **90**, 71.
19 BGH GRUR **69**, 672 (IIB) *Rote Taube*.
20 Zu Bemühungen um ein Tierzüchterschutzrecht vgl: BTDrs 11/8520 S 46; Looser GRUR Int **86**, 27; Kräußlich GRUR Int **87**, 340. Vgl ferner **Petrack:** Patentierbarkeit im Agrarsektor – Eine rechtsdogmatische, rechtssystematische und rechtspraktische Untersuchung im Bereich der Nutztiere 2016.
21 Hesse GRUR **71**, 101; von Pechmann GRUR Int **87**, 344, 475, 480.

das Tierreich in absteigender Reihenfolge wie folgt klassifiziert: Art (= species), Rasse (= subspecies oder Unterart), Schlag, Stamm, Zucht (= Herde), Familie und Individuum. Eine Tierrasse ist somit eine Gruppe von tierischen Lebewesen, die sich durch gemeinsame Erbanlagen von anderen Artangehörigen unterscheiden.

30 **1.3.4 Reichweite des Ausschlusses:** Der Ausschluss der Tierrassen darf nicht mit einem Patentierungsverbot von Tieren im Allgemeinen gleichgesetzt werden.[22] Erfindungen, die Tiere zum Gegenstand haben, sind gemäß § 2a (2) Nr 1, R 27 b) EPÜ und Art 4 (2) BioPatRL patentfähig, wenn die Ausführung der Erfindung nicht auf eine bestimmte Tierrasse beschränkt ist. Dies bedeutet insbesondere, dass gentechnologisch veränderte Tiere idR patentfähig sind.[23] Auch im Übrigen gelten hier ähnliche Erwägungen wie beim Ausschluss der Pflanzensorten (Rdn 19 ff). So ist auch hier die Erstreckung des Verfahrensschutzes auf das unmittelbar erzeugte Verfahrensprodukt (Tierrasse) möglich.

1.3.5 Beispiele

31 a) **Tiere als solche** sind patentfähig, wenn sich die Erfindung nicht auf eine oder mehrere *konkrete* Tierrassen bezieht und die Tiere nicht ausschließlich durch ein im Wesentlichen biologisches Züchtungsverfahren (s Rdn 44) gewonnen wurden.
b) **Teile des Genoms von Tieren**, zB einzelne tierische Gene (s hierzu aber auch § 1a Rdn 22) oder Chromosomen, sind patentfähig.
c) **Teile und Produkte von Tieren** sind patentfähig, wenn sie nicht als zu einer bestimmten Tierrasse gehörig beansprucht werden, also insbesondere auch dann, wenn die Erfindung eine bestimmte Verbesserung (Fleischqualität, Fellfarbe, Ertragssteigerung) ohne genetische Veränderung herbeiführt.
d) **Rassenübergreifende Tiergruppen und** höhere taxonomische Einheiten sind patentfähig.

1.4 Im Wesentlichen biologische Pflanzen- und Tierzüchtungsverfahren
(essentially biological processes for the production of plants or animals)

32 **1.4.1 Grundsatz:** Der Ausschluss bezieht sich allein auf genetische Verfahren der Pflanzen- und Tierzüchtung. Auch diese sind aber nur zu einem Teil ausgeschlossen, nämlich dann, wenn sie das einschränkende Merkmal »im Wesentlichen biologisch« erfüllen.

33 **1.4.2 Pflanzen- und Tierzüchtung:** Der Terminus »Züchtung« ist im Sinne von genetischer Modifikation zu verstehen. Verfahren, die lediglich die äußeren Lebensbedingungen von Pflanzen oder Tieren verändern und verbessern, fallen nicht unter die Patentierungsausnahme. Nichtgenetische Methoden des Gartenbaus und der Landwirtschaft sind daher selbst dann patentfähig, wenn sie im Einzelfall im Wesentlichen biologisch sind.

34 Die Vorschrift betrifft ferner nur Verfahren zur Züchtung von »Pflanzen oder Tieren«. Verfahren zur Züchtung von Mikroorganismen sind daher von dem Ausschluss nicht

---

22 T 0019/90 ABl 90, 476; T 0315/03 ABl 06, 15.
23 T 0315/03 ABl 06, 15.

Art 53 b)
R 26-27 EPÜ *Im Wesentlichen biologische Züchtungsverfahren* § 2a

erfasst. Die Vorschrift darf aber nicht gegen ihren Wortlaut so eng ausgelegt werden, dass sie sich nur auf die Züchtung von Pflanzensorten und Tierrassen erstreckt.[24]

1.4.3 Im Wesentlichen biologisch: Dieser Begriff ist im Zusammenhang mit Pflanzen- und Tierzüchtungsverfahren äußerst unklar[25] und verursacht große Auslegungsschwierigkeiten. Fraglich ist ua, ob der Gesetzgeber »biologisch« in Abgrenzung zu »technisch« oder als Charakterisierung eines technischen Gebiets (wie »chemisch«, »physikalisch« etc.) verstanden wissen wollte und was in diesem Zusammenhang als »im Wesentlichen« anzusehen ist. Weiter verdunkelt wird die Auslegung dadurch, dass es – im Unterschied zum Verbot der Patentierung von Pflanzensorten – schwer fällt, eine rechtspolitische Rechtfertigung des Ausschlusses zu finden; denn das Sondersystem des Sortenschutzes kennt keinen Verfahrensschutz, so dass es nicht zu denselben Abgrenzungsproblemen wie bei Erzeugnisansprüchen kommen kann.

Die Auslegungsschwierigkeiten werden auch nicht durch die Bestimmungen des § 2a (3) Nr 3, R 26 (5) EPÜ und Art 2 (2) BioPatRL beseitigt. Danach soll ein im Wesentlichen biologisches Züchtungsverfahren nur dann vorliegen, wenn es vollständig auf natürlichen Phänomen wie Kreuzung[26] und Selektion[27] beruht. Die Auslegungsbestimmungen sind jedoch in sich widersprüchlich, da Kreuzung und Selektion nicht natürlich sind, sondern auf menschlicher Einwirkung beruhen. Gleichwohl zeigen sie das Bestreben des Gesetzgebers, die Reichweite des Ausschlusses auf ein Minimum zu reduzieren, da kaum neue und erfinderische technische Lehren vorstellbar sind, die *vollständig* auf Kreuzung und Selektion beruhen.

Unter dem EPÜ ist allerdings zu beachten, dass R 26 (5) normhierarchisch unter Art 53 b) steht. Da nach Art 164 (2) EPÜ im Falle eines Konflikts zwischen Artikeln und Regeln ersteren der Vorrang gebührt, erschien es zweifelhaft, ob die Auslegungsbestimmung der R 26 (5) eine so weitgehende Inhaltsentleerung des Ausschlusses bewirken kann. Dieses Problem, das sich unter dem PatG wegen der normhierarchisch gleichen Ebene von § 2a (1) Nr 1 und (3) Nr 3 nicht in dieser Schärfe stellt, obgleich es auch bei Nichtigkeitsverfahren gegen europäische Patente auftreten kann, veranlasste eine EPA-Beschwerdekammer in zwei Verfahren zu Vorlagen von Rechtsfragen an die GrBK.[28]

---

24 GrBK G 0002/07 ABl **12**, 130 (Nr 6.1.1) *Broccoli/PLANT BIOSCIENCE*.
25 Nach GrBK G 0002/07 ABl **12**, 130 (Nr 6.1.3) *Broccoli/PLANT BIOSCIENCE* ist daher eine wörtliche Auslegung zwecklos.
26 **Kreuzung** bringt aus genetisch unterschiedlichen Elternformen neue Individuen (Hybride) hervor, die mischerbig (heterozygot) sind. Dabei werden in der Pflanzenzüchtung die weiblichen Fruchtblätter mit dem Pollen der männlichen Staubblätter bestäubt. Bei Selbstbefruchtern (autogame Arten, zB Weizen, Gerste) wird die Samenanlage durch den eigenen Pollen befruchtet (Linienzüchtung), bei Fremdbefruchtern (allogame Arten, zB Roggen, Gräser) durch Pollen anderer Individuen (Populationszüchtung).
27 **Selektion** beruht – in der Regel nach durchgeführter Kreuzung – auf gezielter Auswahl nach vorgegebenen Kriterien (Zuchtwahl) aus einer oder mehreren Generationen. Die erwünschten Individuen werden isoliert und getrennt weiter vermehrt, die unerwünschten eliminiert, so dass durch höheren Fortpflanzungserfolg in den Folgegenerationen Individuen mit besserer Merkmalsausprägung erzielt werden.
28 T 0083/05 ABl **07**, 644 und T 1242/06 ABl **08**, 523.

38 Nach Auffassung der GrBK sind Normtext und Entstehungsgeschichte von Art 2 (2) BioPatRL und R 26 (5) EPÜ sogar so unklar und widersprüchlich, dass sie keinerlei Hilfe bei der Interpretation bieten und daher auch keinen Konflikt nach Art 164 (2) EPÜ verursachen können. Art 53 b) EPÜ müsse somit alleine für sich ausgelegt werden.[29] Ob die nationalen Gerichte sich dieser durchaus radikalen Rechtsauffassung anschließen werden, ist noch offen.

Die Abgrenzung der nach Art 53 b) EPÜ ausgeschlossenen Verfahren hat nach der GrBK – ebenso wie die Abgrenzung nichttechnischer Gegenstände nach Art 52 (2) EPÜ – ohne Rückgriff auf Kriterien zu erfolgen, die vom relevanten Stand der Technik abhängig sind.[30] Es ist daher nicht maßgebend, ob ein technischer Schritt eine neue oder eine bekannte Maßnahme ist, ob er unwesentlich ist oder eine grundlegende Änderung eines bekannten Verfahrens darstellt, ob er in der Natur vorkommt oder vorkommen könnte oder ob darin das Wesen der Erfindung liegt.[31]

Aus der historischen Auslegung von Art 53 b) EPÜ ergibt sich, dass der Gesetzgeber diejenigen Pflanzenzüchtungsverfahren ausschließen wollte, die zur damaligen Zeit die herkömmlichen Verfahren zur Züchtung von Pflanzensorten waren. Hierzu gehörten insbesondere Verfahren auf Basis der geschlechtlichen Kreuzung geeigneter Pflanzen und der anschließenden Selektion der Pflanzen mit einem oder mehreren gewünschten Merkmalen. Der Einsatz technischer Mittel oder andere Formen menschlicher Mitwirkung waren bereits üblich. Die Verfahren zeichneten sich dadurch aus, dass die Merkmale der aus der Kreuzung hervorgehenden Pflanzen durch das natürliche Phänomen der Meiose determiniert wurden.

39 Die GrBK gelangte zu folgenden Ergebnissen:

a) ein nicht mikrobiologisches Verfahren zur Züchtung von Pflanzen, das die Schritte der geschlechtlichen Kreuzung ganzer Pflanzengenome[32] und der anschließenden Selektion von Pflanzen umfasst, ist »im Wesentlichen biologisch« und somit grundsätzlich von der Patentierbarkeit ausgeschlossen;

b) ein solches Verfahren entgeht dem Ausschluss nicht allein schon deshalb, weil es als weiteren Schritt oder als Teil eines der Schritte der Kreuzung und Selektion einen technischen Verfahrensschritt enthält, der dazu dient, die Ausführung der Schritte der geschlechtlichen Kreuzung ganzer Pflanzengenome oder der anschließenden Selektion von Pflanzen zu ermöglichen oder zu unterstützen;

c) nicht ausgeschlossen ist jedoch ein solches Verfahren, wenn es innerhalb der Schritte der geschlechtlichen Kreuzung und Selektion einen zusätzlichen technischen Verfahrensschritt enthält, der selbst ein Merkmal in das Genom der gezüchteten Pflanze einführt oder ein Merkmal in deren Genom modifiziert, so dass die Einführung oder Modifizierung dieses Merkmals nicht durch das Mischen der Gene der zur geschlechtlichen Kreuzung ausgewählten Pflanzen zustande kommt.

---

29 GrBK G 0002/07 ABl 12, 130 (Nr 5) *Broccoli/PLANT BIOSCIENCE*. Ebenso die am gleichen Tag ergangene und in ihrem Entscheidungstext übereinstimmende Entscheidung GrBK G 0001/08 ABl 12, 206 (Nr 5) *Tomaten/STAAT ISRAEL*.
30 GrBK G 0002/07 ABl 12, 130 (Nr 6.4.1) *Broccoli/PLANT BIOSCIENCE*. So bereits HandelsG Bern GRUR Int 95, 511, 517.
31 GrBK G 0002/07 ABl 12, 130 (Nr 6.4.1) *Broccoli/PLANT BIOSCIENCE*.
32 Vgl dazu auch T 2435/13 v 5.7.2018 BeckRS 18, 37673 (Embryorettung).

Art 53 b)
R 26-28 EPÜ *Im Wesentlichen biologische Züchtungsverfahren* § 2a

Die Entscheidung der GrBK definiert den Umfang des Patentierungsverbots nicht 40
abschließend,[33] da die zu beantwortenden Vorlagefragen nur solche Verfahren betrafen, die die Schritte der Kreuzung und Selektion enthalten. Der Logik der Entscheidung folgend dürften aber wohl auch solche Pflanzen- und Tierzüchtungsverfahren ausgeschlossen sein, die nicht beide Schritte zusammen, sondern nur einen von ihnen enthalten.[34] Das Gleiche gilt für auf vegetativer Vermehrung beruhende Techniken der traditionellen Pflanzenzüchtung.

1.4.4 Beispiele patentfähiger Verfahren: Keine im Wesentlichen biologischen Pflan- 41
zen- oder Tierzüchtungsverfahren und damit patentierbar sind:
a) Gentechnologische Verfahren, zB Mikroinjektion[35] und Transformation mit einer rekombinanten DNA,[36] sofern der Anspruch keine zusätzlichen Schritte der Kreuzung und Selektion enthält oder die Kreuzung und Selektion transgener Pflanzen betrifft;[37]
b) Behandlung von Pflanzen mit mutagenisierendem Mittel;[38]
c) Pollination zur Erzeugung von Früchten ohne Meiose;[39]
d) Nichtgenetische Behandlung von Pflanzen oder Tieren zu einem angestrebten Zweck, wie zB Steigerung des Ertrags,[40] Pflanzenschutz,[41] Wachstumsförderung oder Resistenz gegen Schädlinge,[42] weil mit solchen Verfahren das pflanzliche oder tierische Genom nicht beeinflusst wird und daher kein Züchtungsverfahren iS des Gesetzes vorliegt (s Rdn 33);
e) Züchtung von Mikroorganismen, da diese weder Pflanzen noch Tiere sind (s Rdn 47);
f) Ungeschlechtliche Vermehrungsverfahren, die auf der Regeneration ganzer Pflanzen aus einzelnen Pflanzenzellen beruhen und daher als mikrobiologische Verfahren anzusehen sind (s Rn 48).

1.4.5 Unmittelbares Erzeugnis eines Züchtungsverfahrens: Ist ein Züchtungsver- 42
fahren nicht von der Patentierung ausgeschlossen, so erstreckt sich sein Schutz nach § 9 Satz 2 Nr 3 und Art 64 (2) EPÜ auf die mit diesem Verfahren unmittelbar hergestellten Erzeugnisse,[43] auch wenn diese selbst nicht patentfähig sind, zB wegen fehlender Neu-

---

33 GrBK G 0002/07 ABl **12**, 130 (Nr 6.1.2) *Broccoli/PLANT BIOSCIENCE*; T 1729/06 v 17.9.2014 (Nr 19–21) ABl **15** ZPubl 4, 21.
34 AA für reine Selektionsverfahren aber T 1199/08 v 3.5.2012 BeckRS **12**, 215817 (Nr 26–28); T 0015/10 v 14.10.2013 (Nr 9); vgl ferner HandelsG Bern GRUR Int **95**, 511 (planmäßige Selektion). Auch die erstinstanzliche Praxis des EPA tendiert dazu, bei reinen Selektionsverfahren die Patentfähigkeit zu bejahen, sofern nicht wegen Fehlens eines erfindungswesentlichen Merkmals ein Verstoß gegen Art 84 EPÜ vorliegt.
35 T 0019/90 ABl **90**, 476 (Nr 4.9.1).
36 T 0356/93 ABl **95**, 545 (Nr 40.1); T 0915/10 v 11.6.2015 BeckRS **15**, 119873.
37 T 2323/11 v 24.1.2017 BeckRS **17**, 116177.
38 GrBK G 0002/07 ABl **12**, 130 (Nr 6.4.2.2) *Broccoli/PLANT BIOSCIENCE*; T 1360/08 v 8.7.2010 (Nr 23).
39 T 1729/06 (Nr 23–33) ABl **15** ZPubl 4, 21.
40 PA BlPMZ **59**, 71 (Eierproduktion); T 0249/88 EPOR **96**, 29 (Milchleistung).
41 T 0049/83 ABl **84**, 112 (Nr 4) (Widerstandsfähigkeit gegen Agrarchemikalien).
42 T 0231/85 ABl **89**, 74 (Bekämpfung von Pilzen, Beeinflussung des Wachstums).
43 AA Knapowski Mitt **11**, 447 mit dem Argument, Züchtungsverfahren seien idR bloße Arbeitsverfahren.

heit. Das gilt grundsätzlich auch, wenn das patentierte Züchtungsverfahren zu einer Pflanzensorte oder Tierrasse führen sollte, die als solche dem Erzeugnisschutz nicht zugänglich ist. Die sich daraus ergebende Problematik ist nicht von DPMA und EPA, sondern von den dafür zuständigen Verletzungsgerichten zu beurteilen. Bei der Prüfung eines Anspruchs für ein Verfahren zur Züchtung einer Pflanzensorte ist daher § 9 Satz 2 Nr 3 und Art 64 (2) EPÜ vom Patentamt nicht zu berücksichtigen.[44]

43 Auf das unmittelbare Produkt Sorte oder Rasse eines nicht im Wesentlichen biologischen Züchtungsverfahrens kann aber kein eigener Sachanspruch gerichtet werden, weil dem der Ausschluss der Pflanzensorten und Tierrassen entgegensteht. Dies stellen § 2a (2) Nr 2 und R 27 c) EPÜ ausdrücklich klar.[45]

1.4.6 Ausschließlich durch im Wesentlichen biologische Züchtungsverfahren gewonnene Pflanzen oder Tiere

44 Nach Implementierung der BioPatRL in das deutsche und europäische Recht wurde die Rechtsfrage virulent, ob der Ausschluss der im Wesentlichen biologischen Züchtungsverfahren eine negative Auswirkung auf Erzeugnisansprüche für so erzeugte Pflanzen oder Tiere haben kann.[46]

45 Für das PatG wurde diese Rechtsfrage 2013 durch eine Gesetzesänderung entschieden: Art 1 Nr 2 PatNovG ergänzte § 2a (1) Nr 1 dahingehend, dass das Patentierungsverbot auch die Pflanzen und Tiere erfasst, die ausschließlich durch ein im Wesentlichen biologisches Züchtungsverfahren gewonnen werden. Die Gesetzesmaterialien zeigen die Auffassung des Gesetzgebers, nach Sinn und Zweck von Art 4 BioPatRL müsse der Patentierungsausschluss zwingend für derartige Pflanzen und Tiere gelten.[47] Die Nichtpatentierung herkömmlicher Züchtungsverfahren könne sonst unschwer umgangen werden. Im Interesse der Züchter und Landwirte sei daher klarzustellen, dass die unmittelbar aus ihrer konventionellen Züchtung stammenden Pflanzen und Tiere nicht von Patenten Dritter erfasst werden, die sich auf umfassende Erzeugnisansprüche berufen.[48]

Dem Begriff »Pflanzen oder Tiere« unterfallen nach dem Willen des deutschen Gesetzgebers auch das zu deren Erzeugung bestimmte Material wie zB Samen (Saatgut) bzw bei Tieren Samen (Sperma), Eizellen und Embryonen. Allerdings sollen die aus solchen Pflanzen und Tieren abgeleiteten Erzeugnisse (wie zB Pflanzenöle) bei Erfüllung der übrigen Patentierungsvoraussetzungen patentierbar bleiben.[49]

---

[44] GrBK G 0001/98 ABl 00, 111 *transgene Pflanze/NOVARTIS II*.
[45] Vgl Mitt des EPA v 1.7.1999 ABl 99, 573 (Nr 24).
[46] Vgl (zunächst bejahend, später verneinend) die Entscheidungen des Bezirksgerichts Den Haag v 31.1.2012 (IIC 12, 604) und v 8.5.2013 ABl 15 ZPubl 2, 26.
[47] BT-Drucksache 17/14 222 (Bericht des Rechtsausschusses) v 26.6.13, IV, zu Nr 1 (Änderung des § 2a PatG).
[48] BT-Drucksache 17/14 222 (Bericht des Rechtsausschusses) v 26.6.13, IV, zu Nr 1 (Änderung des § 2a PatG).
[49] BT-Drucksache 17/14 222 (Bericht des Rechtsausschusses) v 26.6.13, IV, zu Nr 1 (Änderung des § 2a PatG).

Art 53 b)
R 26-28 EPÜ *Im Wesentlichen biologische Züchtungsverfahren* § 2a

Auch unter dem **EPÜ** besteht seit 2017 ein explizites Patentierungsverbot für solche 46
Pflanzen oder Tiere, die ausschließlich durch im Wesentlichen biologische Züchtungsverfahren gewonnen wurden.
 Zuvor hatte die GrBK, als sie in den Beschwerdeverfahren »Tomate« und »Broccoli« ein zweites Mal mit Vorlagefragen[50] befasst worden war, die gegenteilige Auffassung vertreten:[51] Der Verfahrensausschluss in Art 53 b) EPÜ dürfe sich nicht negativ auf die Gewährbarkeit von Erzeugnisansprüchen auswirken. Insbesondere stehe die Tatsache, dass das einzige am Anmeldetag verfügbare Verfahren zur Erzeugung des beanspruchten Gegenstands ein in der Patentanmeldung offenbartes im Wesentlichen biologisches Verfahren zur Züchtung von Pflanzen und Tieren sei, der Gewährbarkeit eines Anspruchs nicht entgegen, der auf Pflanzen oder Pflanzenmaterial gerichtet ist, bei denen es sich nicht um eine Pflanzensorte handelt. Es sei auch nicht relevant, dass sich der durch den Erzeugnisanspruch verliehene Schutz auf die Erzeugung des beanspruchten Erzeugnisses durch ein im Wesentlichen biologisches Verfahren für die Züchtung von Pflanzen erstreckt, das nach Art 53 b) EPÜ als solches nicht patentierbar ist.
 Die Rechtsauffassung der GrBK stieß jedoch auf erhebliche Kritik[52] und führte zu einer raschen rechtspolitischen Reaktion.[53] Durch Beschluss des Verwaltungsrats der Europäischen Patentorganisation vom 29.6.2017[54] wurde die AusfO EPÜ mittels Modifizierung von R 27 b) und Einfügung von R 28 (2) so geändert, dass nunmehr auch im europäischen Recht ein Patentierungsverbot besteht.[55] Zwar wurde diese Änderung zunächst in der Beschwerderechtsprechung als in Widerspruch mit Art 53 b) EPÜ (wie von der GrBK ausgelegt) stehend und daher aufgrund von Art 164 (2) EPÜ für nicht anwendbar erachtet.[56] Die GrBK hat jedoch 2020 in einer weiteren Entscheidung,[57] die auf eine Präsidentenvorlage hin erging, ihre frühere Auffassung von 2015 revidiert und in (weiser?)[58] richterlicher Selbstbeschränkung dem Tätigwerden des Verwaltungsrats mit dem Stichwort »dynamische Auslegung« Tribut gezollt. Die Auswirkungen des nunmehr bestehenden Patentierungsverbots werden allerdings dadurch etwas abgemildert, dass die GrBK aus Gründen der Rechtssicherheit und des Vertrauensschutzes eine zeitliche Übergangsregelung[59] festgesetzt hat: Das Verbot gilt

---

50 T 1242/06 ABl 13, 42; T 0083/05 ABl 14, A39.
51 GrBK G 0002/12 ABl 16, A27 *Tomaten II/STAAT ISRAEL*; G 0002/13 ABl 16, A28 *Broccoli II/PLANT BIOSCIENCE*; s hierzu Krauß Mitt 15, 245; Sterckx/Cockbain EIPR 15, 193; Metzger IIC 16, 515.
52 S zB Mitteilung der EU-Kommission v 3.11.2016 ABl EU v 8.11.2016, C 411/3. Hierzu Aerts GRUR Int 18, 721.
53 S Mitt PräsEPA v 24.11.2016 ABl 16, A104, wonach das EPA die Auswirkungen der Mitteilung der EU-Kommission auf seine Prüfungspraxis sowie etwaige erforderliche Folgemaßnahmen mit den Vertretern der EPO-Mitgliedsstaaten erörtern werde und alle erstinstanzlichen Verfahren anhalte, in denen die Entscheidung allein von dieser Rechtsfrage abhinge.
54 ABl 17, A56; s hierzu auch EPA-Mitteilung vom 3.7.2017 über die Wiederaufnahme von Verfahren ABl 17, A62.
55 Hierzu Stirner et al. sic! 17, 611; Metzger/Bartels ZGE 18, 123.
56 T 1063/18 v 5.12.2018 ABl 20 ZPubl 4, 4 = Öbl 19, 132; s hierzu Beetz Öbl 19, 57; Martínez López EIPR 20, 19. Vgl ferner Haedicke GRUR Int 19, 885; Hüttermann GRUR Int 19, 896.
57 GrBK G 0003/19 ABl 20 A119 *Paprika*.
58 Kritisch zB Koch GRUR Int 20, 1027. S ferner Hüttermann Mitt 20, 255.
59 Entgegen Art 3 VR-Beschluss v 29.6.2017 ABl 17, A56.

nicht für vor dem 1.7.2017 erteilte europäische Patente und vor diesem Tag eingereichte anhängige europäische Patentanmeldungen.

1.5 Mikrobiologische/technische Verfahren und deren Erzeugnisse

47 **1.5.1 Sinn und Zweck:** Aus § 2a (2) Nr 2 und Art 53 b) 2. HS EPÜ ergibt sich, dass mikrobiologische Verfahren und deren Erzeugnisse grundsätzlich patentfähig sind. Dies ist lediglich als gesetzgeberische Klarstellung zu verstehen, da der Ausschluss der Pflanzensorten, Tierrassen und im Wesentlichen biologischen Pflanzen- und Tierzüchtungsverfahren das Gebiet der Makrobiologie betrifft und sich daher ohnehin nicht auf mikrobiologische Erfindungen erstrecken kann. Mikroorganismen bilden ein selbstständiges Reich des Lebendigen und sind weder Pflanzen noch Tiere.

48 § 2a (2) Nr 2 und R 27 c) EPÜ bestimmen ferner, dass technische Verfahren und deren Erzeugnisse nicht von der Patentfähigkeit ausgeschlossen sind. Diese Klarstellung erscheint überflüssig, da technische Verfahren ohnehin nicht von dem Ausschluss der im Wesentlichen biologischen Züchtungsverfahren betroffen sein können (s Rdn 41).

49 **1.5.2 Begriff des mikrobiologischen Verfahrens:** Ein Verfahren ist nach § 2a (3) Nr 2 und R 26 (6) EPÜ mikrobiologisch, wenn a) bei ihm mikrobiologisches Material verwendet oder b) ein Eingriff in mikrobiologisches Material durchgeführt oder c) mikrobiologisches Material hervorgebracht wird. Erfüllt ein Verfahren auch nur eine dieser Voraussetzungen, ist es als mikrobiologisches anzusehen. Auch Verfahren, deren Erzeugnis nicht der Mikrobiologie angehört, können daher mikrobiologisch sein.

50 Ein mikrobiologisches Verfahren kann mehrstufig sein, dh aus mehreren Verfahrensschritten bestehen.[60] Diese müssen nicht alle mikrobiologischer Natur sein. § 2a (3) Nr 2 und R 26 (6) EPÜ verlangen weder, dass das Verfahren rein mikrobiologisch noch dass es im Wesentlichen mikrobiologisch sein muss. Ein mikrobiologisches Verfahren kann daher aus verschiedenen Elementen bestehen, die technischer, biologischer, nicht-technischer und mikrobiologischer Natur sein können.[61]

51 Der Begriff »mikrobiologisch« ist – ähnlich wie der Begriff der Technik (s § 1 Rdn 18) – nicht aus der historischen Sicht des Gesetzgebers, sondern nach dem Stand des Wissens im Zeitpunkt der Entscheidung zu definieren.[62] Dazu gehören nicht nur traditionelle Fermentations- und Biotransformationsverfahren, sondern insbesondere auch die gentechnische Manipulation von Mikroorganismen und kultivierten Zellen.

52 **1.5.3 Beispiele für mikrobiologische oder sonstige technische Verfahren:** a) Herstellung von Primär- und Sekundärmetaboliten, zB Essigsäure oder Antibiotika durch

---

60 Beispiele: **a)** T 0019/90 ABl 90, 476: Insertion einer aktivierten Onkogen-Sequenz in ein Plasmid + Mikroinjektion in Mäuseeier im Einzellstadium + Aufzucht der Tiere + Analyse des inserierten Gens; **b)** T 0356/93 ABl 95, 545 (Nr 38): Transformation von Pflanzenzellen oder -gewebe mit rekombinanter DNA + Regeneration von Pflanzen aus den transformierten Pflanzenzellen oder dem transformierten Gewebe + Vermehrung des Pflanzenmaterials.
61 In T 0356/93 ABl 95, 545 (Nr 38) wurde vor Inkrafttreten von R 26 (6) EPÜ eine engere Auslegung vertreten.
62 T 0356/93 ABl 95, 545 (Nr 32).

Fermentationsprozesse;[63] **b)** Biotransformation, wie Erzeugung von Biomasse, enzymatische Reaktionen;[64] **c)** Erfindungen, die sich auf Mikroorganismen beziehen,[65] wie zB Bakterien, Hefen,[66] Pilze, Algen, Protozoen, menschliche, tierische und pflanzliche Zellen,[67] Plasmide,[68] Viren;[69] **d)** Gentechnische Verfahren zur Manipulation von Mikroorganismen;[70] **e)** Fusionsverfahren für Mikroorganismen;[71] **f)** Herstellung oder Veränderung von Erzeugnissen in rekombinanten Systemen;[72] **g)** Gentechnische Verfahren an Pflanzenzellen;[73] **h)** Einbau einer aktivierten Onkogen-Sequenz in das Genom nicht-menschlicher Säuger;[74] **i)** Herstellung monoklonaler Antikörper;[75] **j)** Kryopräservation von Sperma nach Geschlechtsauswahl.[76]

1.5.4 Erzeugnisse mikrobiologischer oder sonstiger technischer Verfahren: Für die Erzeugnisse der genannten Verfahren steht Produktschutz zur Verfügung, also nicht nur Erstreckung des Verfahrensschutzes auf die unmittelbaren Verfahrenserzeugnisse gemäß § 9 Satz 2 Nr 3 und Art 64 (2) EPÜ. Der Gesetzgeber hätte die Möglichkeit des Produktschutzes nicht ausdrücklich hervorheben müssen, da sie bereits aus allgemeinen Vorschriften folgt.

Das Verbot der Patentierung von Pflanzensorten und Tierrassen geht allerdings vor (§ 2a (2) Nr 2, R 27 c) EPÜ).[77] Eine Pflanzensorte oder Tierrasse kann daher nicht patentiert werden, auch wenn sie das Erzeugnis eines mikrobiologischen oder technischen Verfahrens ist.

Grundsätzlich patentfähig sind dagegen alle anderen Erzeugnisse eines mikrobiologischen oder sonstigen technischen Verfahrens, mögen sie mikrobiologischer oder makrobiologischer Natur sein, wie zB Mikroorganismen, Pflanzen, Tiere oder sonstiges biologisches Material.

2 Chirurgische, therapeutische und diagnostische Verfahren *(surgery, therapy and diagnostic methods)*

Lit: Visser in FS Kolle/Stauder 2005, 469; **Eisenkolb**: Die Patentierbarkeit von medizinischen, insbesondere gentherapeutischen Verfahren 2008; **Wolfrum**: Patentschutz für medizinische Verfahrenserfindungen im europäischen Patentsystem und im US-Recht 2008; **Ventose**: Medical Patent Law – The Challenges of Medical Treatment 2011; **ders.:** Patenting Medical and Genetic Diagnostic

---

63 T 0356/93 ABl **95**, 545 (Nr 33–35).
64 T 0356/93 ABl **95**, 545 (Nr 33–35).
65 T 0356/93 ABl **95**, 545 (Nr 33–35).
66 BGH GRUR **75**, 430 *Bäckerhefe*; T 0470/90 EPOR **93**, 459; T 0455/91 ABl **95**, 684.
67 T 0081/87 ABl **90**, 250; T 0923/92 ABl **96**, 564; T 0223/92 ABl **95** SonderA 40, 44.
68 T 0162/86 ABl **88**, 452; T 0281/86 ABl **89**, 202; T 0269/87 ABl **90** SonderA 40; T 0816/90 ABl **94** SonderA 53; T 0386/94 ABl **96**, 658.
69 BGH GRUR **87**, 231 *Tollwutvirus*; T 0181/87 v 29.8.1989 (Hepatits-B-Virus).
70 T 0356/93 ABl **95**, 545 (Nr 33–35).
71 T 0356/93 ABl **95**, 545 (Nr 33–35).
72 Vgl zB T 0281/86 ABl **89**, 202; T 0301/87 ABl **90**, 335; T 0412/93 ABl **96** SonderA 35.
73 T 0356/93 ABl **95**, 545 (Nr 33–35).
74 T 0019/90 ABl **90**, 476.
75 T 0130/90 EPOR **96**, 46; T 0495/89 GRUR Int **92**, 457; T 0299/86 ABl **90** SonderA 30.
76 T 1199/08 v 3.5.2012 (Nr 16–31).
77 Ebenso GrBK G 0001/98 ABl **00**, 111 (Nr 5.3) *transgene Pflanze/NOVARTIS II*. Insoweit ist T 0019/90 ABl **90**, 476 (Nr 4.10) als überholt anzusehen.

Methods 2013 (zum US-Recht); **Moufang** in Drexl/Lee (Hrsg): Pharmaceutical Innovation, Competition and Patent Law 2013, 54; **Hacker:** Die fehlende Legitimation der Patentierungsausschlüsse 2015; **Nordberg:** Patenting nanomedicine in Europe 2017; **Fausch:** Personalized medicine as a challenge for patent law 2020.
Lit in ABl EPA: Mandel 11 SonderA 1, 66; Günzel 11 SonderA 1, 66; Meier-Beck 11 SonderA 1, 85; **Lit in EIPR:** White 80, 364; Feros 01, 79; Bostyn 05, 412; Sims 07, 43; Bostyn 07, 238; Odell-West 07, 492; 08, 102; Ventose 08, 11, 145, 509; **Lit in epi information:** Richter 18/4, 40; **Lit in GRUR:** Wagner 76, 673; Säger 91, 267; Straus 96, 10; Meier-Beck 09, 300; Kato 21, 242; **Lit in GRUR Int:** Moufang 92, 10 (= IIC 93, 18); Thums 95, 277 (= IIC 96, 423); Bublak/Coehn 06, 640; Straus/Herrlinger 05, 869; **Lit in IIC:** Thomas 03, 847; Ono 06, 196; Ventose 07, 884; 08, 51; Cockbain/Sterckx 11, 257; **Lit in IPQ:** Ventose 08, 58; Booton 13, 187; Bostyn 16, 151 u 203; **Lit in JPTOS:** Noonan 95, 651; **Lit in NIR**: Nordberg 10, 224; **Lit in sic!**: Detken 10, 741; Addor/Vetter 14, 245.

2.1 Zweck

57   § 2a (1) Nr 2 und Art 53 c) EPÜ schließen aus sozialethischen und gesundheitspolitischen Gründen[78] bestimmte **medizinische Verfahren** (*medical treatment*) von der Patentierbarkeit aus. Das Gebiet der Medizin, das mit Chirurgie, Therapie und Diagnose umschrieben wird, soll von Verfahrenspatenten (nicht von Erzeugnispatenten, vgl § 2a (1) Nr 2 S 2 und Art 53 c) S 2 EPÜ) frei gehalten werden, damit man in der Medizin (zB der Arzt) in der Wahl des Verfahrens frei ist, also nicht durch Verfahrenspatente behindert wird.[79] Die Krankheit des Menschen soll nicht kommerzialisiert werden, damit der Arzt jederzeit frei ist, die ihm geeignet erscheinenden Maßnahmen anzuwenden, um eine Krankheit zu beseitigen oder durch Untersuchungsmethoden zu erkennen.[80]

58   Dieses Ziel wurde früher durch die in § 5 (2) aF und Art 52 (4) EPÜ aF enthaltene gesetzliche Fiktion erreicht, dass die genannten medizinischen Verfahren als nicht gewerblich anwendbar galten. Selbst wenn im Einzelfall die gewerbliche Anwendbarkeit iSd § 5 (1) aF und Art 57 EPÜ festgestellt werden konnte, griff die Fiktion ein, da ihr Vorrang vor den allgemeinen Vorschriften gebührte.[81]

59   Die Revision des EPÜ 2000 hat den Ausschlusstatbestand aus seinem negativen Bezug zur gewerblichen Anwendbarkeit gelöst und systematisch richtig als ein Patentierungsverbot unter Art 53 formuliert. Eine sachliche Änderung war damit aber nicht beabsichtigt.

60   **Rechtspolitische Kritik:** Der Zweck des Gesetzes erfordert keinen Ausschluss von der Patentierung, da das Ziel ausreichend wirksam durch eine Benutzungsanordnung nach § 13 oder rechtspolitisch durch Einführung eines vergütungspflichtigen Benutzungs-

---

78   BGH GRUR **68**, 142 (II3a) *Glatzenoperation*; GrBK G 0001/07 ABl **11**, 134 *Chirurgische Behandlung/MEDI-PHYSICS* (Nr 3.3.2.1); T 0024/91 ABl **95**, 512 (Nr 2.4).
79   GrBK G 0001/07 ABl **11**, 134 *Chirurgische Behandlung/MEDI-PHYSICS* (Nr 3.2.3.2 und 3.3.6); T 0385/86 ABl **88**, 308 (Nr 3.2); BPatGE **32**, 93, 97.
80   BGH GRUR **68**, 142 *Glatzenoperation*; **01**, 321 (II2b(1)) *Endoprotheseeinsatz*; GrBK G 0001/83 ABl **85**, 60 (Nr 22) *2. medizinische Indikation/BAYER*; T 0116/85 ABl **89**, 13 (Nr 3.7); T 0329/94 ABl **98**, 241 (Nr 3).
81   BGH GRUR **01**, 321 (II2b(3)) *Endoprotheseeinsatz*; T 0116/85 ABl **89**, 13 (Nr 3.5); T 0329/94 ABl **98**, 241 (Nr 3 u 4); T 0035/99 ABl **00**, 447. AA BGH GRUR **83**, 729 (II3d) *Hydropyridin*, wonach § 5 (2) aF nur eine »Verdeutlichung und Klarstellung« von § 5 (1) sein sollte.

rechts erreicht werden könnte.⁸² Es ist schwer einsehbar, dass ein Erfinder, dessen Erfindung der menschlichen Gesundheit dient, materiell wie ideell leer ausgeht, während jeder andere Erfinder mit einem Patent belohnt und damit ua auch seine Erfinderehre anerkannt wird. Bei der EPÜ-Revision fand jedoch der Vorschlag, das Verbot aufzugeben,⁸³ keine Mehrheit.

2.2 Anwendungsbereich

Die Entscheidung, ob ein Verfahren patentierbar ist oder ob es sich um ein nicht patentierbares medizinisches Verfahren handelt, hat sich am Zweck des Gesetzes zu orientieren (s Rdn 57). Ob das Verfahren oder ein wesentlicher Teil üblicherweise von einem Arzt durchgeführt wird, soll nach der jüngeren EPA-Rechtsprechung kein entscheidendes Abgrenzungskriterium sein,⁸⁴ dürfte jedoch häufig eine Indizwirkung entfalten. Ist die Mitwirkung eines Arztes nicht erforderlich, so deutet das idR darauf hin, dass das Verfahren vom Patentschutz nicht ausgeschlossen ist. Allerdings können auch Verfahren, bei denen ein Arzt nicht unmittelbar mitwirkt, nach dem Gesetzeszweck ausgeschlossene medizinische Verfahren sein.⁸⁵ 61

2.2.1 Enge Auslegung: Die Ausschlusstatbestände des § 2a (1) Nr 2 und Art 53 c) EPÜ werden in der Rechtsprechung eng ausgelegt.⁸⁶ Dies gilt insbesondere für das Verbot der Patentierung von Diagnostizierverfahren. Zur Begründung taugt allerdings kaum der »Grundsatz«, Ausnahmebestimmungen seien eng auszulegen.⁸⁷ Überzeugender ist der Rekurs auf materiale Wertungsgesichtspunkte, wie sie in der jüngeren Entscheidungspraxis herausgearbeitet wurden. 62

Vom Patentschutz werden nur Verfahren ausgenommen, die *ausschließlich* zu medizinischen Zwecken angewendet werden.⁸⁸ Ist das Verfahren auch zu anderen Zwecken durchführbar, ist es insoweit patentfähig,⁸⁹ wenn die mögliche sonstige Anwendbarkeit von dem medizinischen Verfahren iSd § 2a (1) Nr 2 und Art 53 c) EPÜ klar und objektiv abgrenzbar ist.⁹⁰ Das kann durch die Aufnahme eines *Disclaimer* erreicht werden, wenn dieser die Erfindung eindeutig auf den nicht medizinischen Bereich beschränkt.⁹¹ Allerdings muss das Verfahren auch in diesem Bereich ursprünglich offenbart sein.⁹²

---

82 Vgl Bruchhausen FS Möhring 1975, 451; Wagner GRUR 76, 673.
83 Dok. CA/PL 7/99 v 2.3.1999.
84 GrBK G 0001/04 ABl 06, 334 *Diagnostizierverfahren*; G 0001/07 ABl 11, 134 *Chirurgische Behandlung/MEDI-PHYSICS* (Nr 3.2.4).
85 Vgl BPatGE **51**, 15 (für Verfahren zur Selbstdiagnose).
86 GrBK G 0001/04 ABl 06, 334 *Diagnostizierverfahren*; T 0385/86 ABl **88**, 308; T 0144/83 ABl **86**, 301; T 0082/93 ABl **96**, 274.
87 So aber GrBK G 0001/83 ABl **85**, 60 (Nr 22) *2. medizinische Indikation/BAYER*.
88 BGH GRUR **83**, 729 (II3d) *Hydropyridin*; BPatGE **32**, 93, 97; T 0780/89 ABl **93**, 440.
89 T 0036/83 ABl **86**, 295; T 0144/83 ABl **86**, 301.
90 BGH GRUR **01**, 321 (II2b(2)) *Endoprothese*; T 0116/85 ABl **89**, 13; T 0780/89 ABl **93**, 440; T 0290/86 ABl **92**, 414; T 0329/94 ABl **98**, 241 (Nr 3).
91 GrBK G 0001/07 ABl 11, 134 (für chirurgische Verfahren); BPatG GRUR **85**, 125: »ausgenommen chirurg oder therapeut Behandlung«; T 0774/89 ABl 93 SonderA 15: Aufnahme des Merkmals »nicht-therapeutisch«; T 0036/83 ABl **86**, 295 (Nr 6.4): Beschränkung auf »kosmetisch«. Einschränkend aber T 1172/03 ABl 06 SonderA 23 (Bezeichnung als »kosmetisch« nicht ausreichend, wenn dies kein inhärentes technisches Merkmal ist, sondern nur eine subjektive Absicht ausdrückt).
92 BPatG v 18.3.2020 18 W (pat) 5/19 GRUR-RS **20**, 12288 (Hornhautschnitt).

Kann die Erfindung nicht eindeutig auf sonstige Anwendungsfälle beschränkt werden, umfasst sie also auch chirurgische, diagnostische oder therapeutische Anwendungen, so ist sie vom Patentschutz ausgeschlossen.[93]

63 **2.2.2 Mischung aus nicht-medizinischen und medizinischen Merkmalen** ist im Gegensatz zu Mischungen aus technischen und nicht-technischen Merkmalen (s dazu § 1 Rdn 59) nicht patentierbar,[94] weil in § 2a (1) Nr 2 und Art 53 c) EPÜ eine dem § 1 (4) und Art 52 (3) EPÜ entsprechende Bestimmung fehlt. Fällt auch nur ein Merkmal unter die Ausschlussbestimmung des § 2a (1) Nr 2 und des Art 53 c) EPÜ, so ist der ganze Anspruch nicht gewährbar.[95]

64 **2.2.3 Mehrstufige Verfahren,** bei denen eine notwendige Stufe ein chirurgisches, therapeutisches oder diagnostisches Verfahren ist, ist als Ganzes nicht patentierbar.[96]

65 **2.2.4 Anwendungen von Arzneimitteln für eine therapeutische Behandlung:** Die GrBK des EPA[97] und ihr folgend viele EPÜ-Vertragsstaaten[98] halten Ansprüche auf die Verwendung eines Stoffs zur therapeutischen Behandlung des menschlichen Körpers ebenso wie Ansprüche auf ein Verfahren zur therapeutischen Behandlung für unzulässig. Zulässig sind vor EPA aber, soweit eine Anmeldung beim Inkrafttreten des EPÜ 2000 noch anhängig ist oder erst nach diesem Zeitpunkt eingereicht ist, Ansprüche auf Stoffe für eine spezifische medizinische Verwendung (s § 1 Rdn 244; § 3 Rdn 147). Unter dem früheren Recht wurden Ansprüche auf die Verwendung eines Stoffes zur Herstellung eines Arzneimittels für eine therapeutische Anwendung gewährt (vgl dazu § 1 Rdn 261; § 3 Rdn 154 ff).

66 BGH[99] hielt demgegenüber unter dem bisherigen Recht Ansprüche auf die Verwendung eines Stoffs zur Behandlung einer Krankheit für zulässig, weil bereits die augenfällige Herrichtung des Arzneimittels die gewerbliche Anwendbarkeit begründe (vgl dazu § 1 Rdn 260). Der Rechtsprechung des BGH folgend sah BPatG[100] auch *Therapiepläne und Dosisempfehlungen* zur Behandlung einer Krankheit als patentierbar an (s für Details § 3 Rdn 157). Diese können unter dem neuen Recht in Gestalt von zweckgebundenen Stoffansprüchen geschützt werden[101] (s § 3 Rdn 148).

67 **2.2.5 Menschlicher oder tierischer Körper** iSd § 2a (1) Nr 2 S 1 und Art 53 c) S 1 EPÜ ist der *lebende* Körper. Die *Tötung* eines Tieres[102] selbst ist weder Chirurgie

---

93 T 0158/13 v 17.11.2016 ABl 18 ZPubl 3, 3 = BeckRS 16, 122502 (Befreiung von Schläfrigkeit, Ermüdungsgefühl und Inaktivität durch stimulierende Duftstoffzusammensetzung).
94 Vgl T 0769/92 ABl 95, 525; T 0082/93 ABl 96, 274.
95 T 0082/93 ABl 96, 274; T 0820/92 ABl 95, 113.
96 GrBK G 0001/07 ABl 11, 134 *Chirurgische Behandlung/MEDI-PHYSICS*; T 0182/90 ABl 94, 641; T 0035/99 ABl 00, 447; T 0566/07 EPOR 11, 1 (Nr 3.11); T 1075/09 (Nr 31) ABl 15 ZPubl 4, 25.
97 GrBK G 0001/83 (Nr 10) ABl 85, 60 *2. medizinische Indikation/BAYER*.
98 **GB:** High Court (1985) RPC 545 = ABl 86, 175 = GRUR Int 86, 408; **S:** Patentbeschwerdegericht ABl 88, 198 = GRUR Int 88, 788; **CH:** Bundesamt für geistiges Eigentum GRUR Int 84, 768; **NL:** Octrooiraad ABl 88, 405 = GRUR Int 89, 588.
99 BGH GRUR 83, 729 *Hydropyridin*.
100 BPatG GRUR 96, 868 unter Aufgabe von BPatG GRUR 82, 554 u 81, 902.
101 GrBK G 0002/08 ABl 10, 456 *Dosierungsanleitung/ABBOTT RESPIRATORY*.
102 Die Tötung eines Menschen ist nach § 2 und Art 53 a) EPÜ vom Patentschutz ausgeschlossen.

noch Therapie. Sie kann aber eine mittelbare Behandlung des Körpers sein, zB bei der Tötung von Parasiten.[103] Ist bei einem mehrstufigen Verfahren die Tötung wesentlicher Teil oder notwendig impliziert, fällt das ganze Verfahren nicht unter § 2a (1) Nr 2 und Art 53 c) EPÜ.[104] Den Körper betrifft ein Verfahren auch dann, wenn es sich teilweise außerhalb des Körpers vollzieht. Patentfähig ist jedoch die Verwendung von Geweben und Flüssigkeiten, die – insbesondere zu Diagnosezwecken – nach deren Entnahme aus dem Körper erfolgt, ohne dass sie dem Körper wieder zugeführt werden.[105]

2.3 Chirurgische Verfahren *(surgery)*

Chirurgische Verfahren sind Methoden, die einen konservativen (unblutigen) oder operativen (blutigen) Eingriff in den Körper darstellen mit dem Ziel der Heilung, der Linderung von Beschwerden, der Veränderung des äußeren Erscheinungsbildes (Kosmetik, Korrektur körperlicher Fehler, Verfahren für die Einbringung von Prothesen oder deren Entfernung aus dem menschlichen Körper) oder der Herstellung eines erwünschten Zustands für einen chirurgischen Eingriff (Desinfektion, Asepsis, Antisepsis, Anästhesie, Narkose).[106]

Nach der neueren Rechtsprechung des EPA setzen sie ferner idR voraus, dass ihre Durchführung medizinische Fachkenntnisse erfordert und dass sie, selbst wenn sie mit der erforderlichen professionellen Sorgfalt und Kompetenz ausgeführt werden, mit einem erheblichen Gesundheitsrisiko verbunden sind.[107] Eine nicht unerhebliche Einwirkung auf die Struktur eines Organismus genügt hierfür noch nicht ohne weiteres.[108] Routineeingriffe in der Medizin sollen patentierbar sein, selbst wenn sie invasiver Natur sind. Dies bedeutet, dass einige der in der früheren Praxis als chirurgisch angesehenen Verfahren patentierbar geworden sind (zB Diathermiebehandlung zur Entfernung von Warzen und Leberflecken;[109] kosmetisches Verfahren zur Straffung einer Hautoberfläche durch tief eindringende elektromagnetische Energie[110] oder Verfahren zur Körperhaarentfernung mittels optischer Strahlung[111]). Allerdings muss ein chirurgischer Eingriff nicht notwendigerweise invasiv sein oder Gewebe durchdringen.[112]

Chirurgisch ist ein Verfahren auch dann, wenn in einem mehrstufigen Verfahren nur ein notwendiger Schritt chirurgischen Charakter aufweist (siehe oben Rdn 64). Das Verfolgen eines unmittelbaren Heilzwecks bildet keine Voraussetzung dafür, dass das

---

103 T 0116/85 ABl **89**, 13.
104 GrBK G 0001/07 ABl **11**, 134 (Nr 3.3.5) *Chirurgische Behandlung/MEDI-PHYSICS*; T 0182/90 ABl **94**, 641; T 1262/04 v 13.7.2012 BeckRS **12**, 216363 (Nr 29–32).
105 EPA-Richtl G-II 4.2.1. Vgl hierzu umfassend Mueller (Hrsg): Global patent protection and enforcement of in vitro diagnostic inventions 2020.
106 BGH GRUR **01**, 321 (II2b(2)) *Endoprotheseeinsatz*; T 0182/90 ABl **94**, 641; T 0035/99 ABl **00**, 447.
107 GrBK G 0001/07 ABl **11**, 134 *Chirurgische Behandlung/MEDI-PHYSICS*.
108 So allerdings die frühere EPA-Rechtsprechung, vgl. zB T 0182/90 ABl **94**, 641 (Nr 2.2 und 2.3).
109 Vgl Moufang GRUR Int **92**, 10 (IV 1).
110 Vgl. T 1172/03 ABl **06** SonderA 23.
111 GrBK G 0001/07 ABl **11**, 134 *Chirurgische Behandlung/MEDI-PHYSICS* (Nr 3.4.2.2). So aber zuvor T 0383/03 ABl **05**, 159.
112 GrBK G 0001/07 ABl **11**, 134 *Chirurgische Behandlung/MEDI-PHYSICS* (Nr 3.4.2.5) unter Hinweis auf T 0005/04 v 17.1.2006 (Nr 2).

Verfahren als ausgeschlossen anzusehen ist.[113] Eine Ausnahme soll allerdings gelten, wenn ein mehrstufiges an Labortieren vorgenommenes Verfahren deren Tötung einschließt (s oben Rdn 67).[114]

Der Patentausschluss greift nicht, wenn der chirurgische Schritt in zulässiger Weise aus dem Anspruch gestrichen wird[115] oder wenn vom Patentanspruch umfasste chirurgische Ausführungsformen durch einen zulässigen Disclaimer ausgenommen werden.[116] Eine Erfindung, die nur das Betreiben eines implantierten Geräts betrifft, ist nicht als chirurgisches Verfahren ausgeschlossen.[117] Ferner verbietet die Vorschrift nicht die Patentierung von Verfahren, die im Zusammenhang mit der Ausführung eines chirurgischen Verfahrens angewendet werden können.[118] Der Ausschluss greift daher nicht schon dann, wenn ein Verfahren Daten liefert, anhand derer ein Chirurg unmittelbar über das weitere Vorgehen entscheiden kann.[119]

70 **Patentierbarkeit zu bejahen: 1.** *Tätowieren*,[120] Ohrlochstechen, Schneiden von Haaren und Nägeln;[121] **2.** *Abschleifen der Haut* (Mikrodermabrasion)[122] **3.** *Injektionen*, zB Verfahren zur Einführung eines Röntgenkontrastmittels in die menschliche Blutbahn;[123] *Entnahme von Blutproben*;[124] **4.** Betriebsverfahren für eine Vorrichtung, die die Durchblutung für eine *Blutextraktion* erleichtern soll;[125] **5.** Verfahren mittels eines bereits *implantierten Dosiergeräts*;[126] **6.** Verfahren zur Speicherung von Signalen in einem *implantierbaren medizinischen Gerät*;[127] **7.** Verwendung eines medizinischen Geräts zum *Zertrümmern von Konkrementen* im Körper eines Lebewesens;[128] **8.** *Herzschrittmacher* definiert durch die Funktion seiner Bestandteile;[129] **9.** Verwendung eines menschlichen Sehnengewebeschnittes als *Homotransplantat* für die Schichtkera-

---

113 GrBK G 0001/07 ABl 11, 134 *Chirurgische Behandlung/MEDI-PHYSICS* (die Gegenauffassung in T 0383/03 ABl 05, 159 ist damit überholt).
114 T 0182/90 ABl 94, 641.
115 GrBK G 0001/07 ABl 11, 134 *Chirurgische Behandlung/MEDI-PHYSICS* (Nr 4.3); vgl. T 0992/03 v 4.10.2010 BeckRS 10, 147314 (Nr 5.1); s aber auch T 0923/08 ABl 12 SonderA 20.
116 GrBK G 0001/07 ABl 11, 134 *Chirurgische Behandlung/MEDI-PHYSICS* (Nr 4.2).
117 GrBK G 0001/07 ABl 11, 134 *Chirurgische Behandlung/MEDI-PHYSICS* (Nr 4.2).
118 BGH GRUR 10, 1081 (Rn 17) *Bildunterstützung bei Katheternavigation*; vgl. auch T 0826/06 v 27.1.2011 BeckRS 11, 146100 (Nr 2.3–2.6) (Verwendung eines Farbstoffs zur Erleichterung der Linsenextraktion bei Katarakt).
119 GrBK G 0001/07 ABl 11, 134 *Chirurgische Behandlung/MEDI-PHYSICS* (Nr 5); vgl. auch T 0836/08 v 12.05.2011 BeckRS 11, 146807 (Nr 3): Ermittlung der Position eines Knochenführungsdrahts sowie der Ausrichtung des Röhrenkanals in einem Knochen mittels optischen Tracking- und Navigationssystems (patentfähig).
120 GrBK G 0001/07 ABl 11, 134 *Chirurgische Behandlung/MEDI-PHYSICS* (Nr 4.3.2).
121 BPatGE 30, 13,.
122 GrBK G 0001/07 ABl 11, 134 *Chirurgische Behandlung/MEDI-PHYSICS* (Nr 3.4.2.2).
123 T 0663/02 ABl 12 SonderA 17; s aber auch T 1075/06 ABl 12 SonderA 18.
124 Die tendenziell aA in T 0329/94 ABl 98, 241 (Nr 4 u 8) ist durch GrBK G 0001/07 ABl 11, 134 *Chirurgische Behandlung/MEDI-PHYSICS* überholt.
125 T 0329/94 ABl 98, 241.
126 T 0245/87 ABl 89, 171 (Nr 3).
127 BPatGE 41, 84.
128 BPatGE 32, 93.
129 T 0426/89 ABl 92, 172.

toplastik;[130] **10.** *Entnahme von Organen aus toten Körpern*, wenn diese in einer Organbank konserviert werden;[131] **11.** Mehrstufiges Verfahren, das zwar in einer Stufe eine chirurgische Behandlung des Tieres vorsieht, aber das Tier erfindungsgemäß durch *Tötung* opfert;[132] **12.** *Bildunterstützungsverfahren bei Navigation eines Katheters;*[133] **13.** *Zurückziehen des Zahnfleischs* vom Zahn, um geeigneten Abdruck für Herstellung einer Krone zu ermöglichen.[134]

Patentierbarkeit idR zu verneinen: 1. chirurgisch-kosmetisches Verfahren zur Veränderung des äußeren Erscheinungsbildes,[135] etwa zur Heilung der *Glatzenbildung* bei Männern,[136] wie zB ein Verfahren zum *Implantieren von Haarbündeln* in die Kopfschwarte;[137] 2. *Einrenken gebrochener Knochen* oder verrenkter Glieder;[138] 3. *Anästhesieverfahren;*[139] 4. *Katheterisierung,*[140] etwa Verfahren zur Herz-Katheterisation;[141] 5. *Einführung von Geräteteilen in den Körper,*[142] *Ausrichtung eines chirurgischen Bohrers*[143] oder *die Entfernung in den Körper eingeführter Prothesen* (wie zB ein Verfahren zum Entfernen von Einsätzen aus der Hüftgelenkendoprothese durch ein Werkzeug)[144]; 6. Mischanspruch für ein Verfahren zum Betreiben eines *Schrittmachers* entsprechend der unter Belastung erforderlichen Herzleistung, bei dem an einer bestimmten Stelle des menschlichen Körpers ein Wert abgeleitet wird, der den output des Schrittmachers steuert;[145] 7. *Implantation eines menschlichen oder tierischen Embryos;*[146] 8. *Transplantation von Organen*[147] und Austausch von großen Blutmengen;[148] 9. Geschlechtsumwandlungen, Sterilisationen und Kastrationen;[149] 10. *Injektion von bioabbaubarem Füllmaterial* zwischen Prostata und Rektum zur Prophylaxe bei Strahlentherapie;[150] 11. Vorrichtung (zur *Desynchronisation der rhythmischen Aktivität von krankhaft aktiven Hirnarealen*) mit einem Merkmal, das nur durch einen chirurgischen

---

130 BPatGE **26**, 104.
131 BPatGE **26**, 104, 107.
132 T 0182/90 ABl **94**, 641.
133 BGH GRUR **10**, 1081 *Bildunterstützung bei Katheternavigation.*
134 T 2699/17 v 22.1.2019 ABl 20 ZPubl 4, 6 = BeckRS **19**, 6264.
135 BPatGE **30**, 134; engl Patents Court (1983) RPC 219, 228 = GRUR Int **84**, 308.
136 So bereits BGH GRUR **68**, 142 *Glatzenoperation* (unter dem früheren Recht ergangen).
137 BPatGE **30**, 134.
138 BPatGE **30**, 134.
139 So bereits DPA GRUR **53**, 172 für ein Verfahren zur Überwachung der Narkosetiefe.
140 GrBK G 0001/07 ABl **11**, 134 *Chirurgische Behandlung/MEDI-PHYSICS* (Nr 3.4.2.5); wohl auch BGH GRUR **10**, 1081 (Rn 15) *Bildunterstützung bei Katheternavigation.*
141 T 0035/99 ABl **00**, 447 (Perikardialzugang).
142 GrBK G 0001/07 ABl **11**, 134 *Chirurgische Behandlung/MEDI-PHYSICS* (Nr 3.4.2.5); T 0923/08 ABl **12** SonderA 20.
143 T 2438/11 v 7.10.2015 BeckRS **15**, 119917.
144 BPatG BlPMZ **00**, 254 L.
145 T 0082/93 ABl **96**, 274 (Nr 1.5).
146 GrBK G 0001/07 ABl **11**, 134 *Chirurgische Behandlung/MEDI-PHYSICS* (Nr 3.3.7); Comptroller (UK) GRUR Int **85**, 120 = IIC **85**, 216.
147 GrBK G 0001/07 ABl **11**, 134 *Chirurgische Behandlung/MEDI-PHYSICS* (Nr 3.3.7).
148 T 1075/06 ABl **12** SonderA 18; T 1695/07 ABl **12** SonderA 21.
149 GrBK G 0001/07 ABl **11**, 134 *Chirurgische Behandlung/MEDI-PHYSICS* (Nr 3.3.7).
150 T 1758/15 v 11.7.2017 ABl **18** SonderA 3, 10 = BeckRS **17**, 138539.

Schritt erzeugt wird;[151] **12.** *Präparieren von Zähnen* am Patienten mit Entfernung von Körpergewebe.[152]

2.4 Therapeutische Verfahren

72 Therapeutische Verfahren zur Behandlung des menschlichen oder tierischen Körpers sind Verfahren, die dem Schutz oder der Verbesserung des menschlichen oder tierischen Lebens dienen. Sie haben die Erhaltung oder Wiederherstellung der Gesundheit, die Linderung von Leiden, Schmerz oder Beschwerden, die Beeinflussung von Funktionsstörungen oder Funktionsschwächen oder die Steigerung der körperlichen Leistungsfähigkeit zum Ziel, wobei der Erfolg in der Gegenwart wie in der Zukunft liegen kann.

73 **2.4.1 Umfang des Begriffs Therapie:** *Therapie gemäß* § 2a (1) Nr 2 und Art 53 c) EPÜ umfasst: **a)** Behandlung von *Krankheiten*; **b)** Behandlung von *Befindlichkeitsstörungen*,[153] wie zB bei Menstruation,[154] Schwangerschaftsbeschwerden, hohem Alter,[155] Erschöpfung,[156] Kopfschmerzen;[157] **c)** *Prophylaxe und Prävention*, weil Vorbeugung gegen Krankheiten auch Therapie ist,[158] zB Impfung;[159] **d)** *indirekte Beeinflussung des Körpers*, wenn auf den Körper mittelbar durch ein Verfahren eingewirkt werden soll, das sich unmittelbar auf andere Gegenstände bezieht, zB vorbeugende Desinfektion von Ställen oder Tötung von Parasiten;[160] **e)** *Art der Verabreichung eines Arzneimittels*, die für eine medizinische Behandlung wesentlich ist.[161]

74 **2.4.2 Mischformen:** Aufgrund der engen Auslegung der Ausnahmebestimmungen des § 2a (1) Nr 2 und Art 53 c) EPÜ sind Verfahren, die als solche sowohl nicht medizinisch anwendbar sind als auch medizinische Verfahren darstellen, dann patentierbar, wenn der medizinische Bereich vom Patentschutz eindeutig ausgenommen ist (s Rdn 62), zB durch Aufnahme eines *Disclaimer*.[162] Bildet dagegen der nicht-therapeutische Effekt (zB Erhöhung der Fleischproduktion)[163] und die therapeutische Wirkung (zB Prophylaxe gegen bestimmte Infektionen)[164] eine Einheit, so ist das Verfahren als Ganzes nicht patentierbar.[165] Sind beide Wirkungen untrennbar, ist zB das gewerblich

---

151 T 1731/12 v 15.2.2019 ABl 20 ZPubl 4, 7 = BeckRS **19**, 14046.
152 T 1631/17 v 31.7.2020 = GRUR-RS **20**, 27198.
153 Öst OGH GRUR Int **10**, 1080 *Isoflavon.*
154 T 0081/84 ABl **88**, 207.
155 T 0081/84 ABl **88**, 207.
156 T 0081/84 ABl **88**, 207.
157 T 0081/84 ABl **88**, 207.
158 T 0019/86 ABl **89**, 24; T 0820/92 ABl **95**, 113 (Nr 5.2); T 1002/09 EPOR **10**, 427 (Förderung der Darmgesundheit).
159 T 0019/86 ABl **89**, 24.
160 T 0116/85 ABl **89**, 13.
161 T 0051/93 v 8.6.1994 BeckRS **94**, 30505491.
162 BPatG GRUR **85**, 125: »ausgenommen chirurgischer oder therapeutischer Behandlung«; T 0774/89 ABl **93** SonderA 15: Aufnahme des Merkmals »nicht-therapeutisch«; T 0036/83 ABl **86**, 295 (Nr 6.4): Beschränkung auf »kosmetisch« genügt.
163 T 0780/89 ABl **93**, 40.
164 T 0780/89 ABl **93**, 40.
165 T 0820/92 ABl **95**, 113; T 1649/06 v 10.5.2007 BeckRS **07**, 30693498.

anwendbare Ergebnis Sekundärerfolg der therapeutischen Behandlung,[166] dann verhilft auch ein Disclaimer nicht zur Patentierbarkeit. Mit einem Disclaimer kann das Patentierungsverbot nicht umgangen werden, wenn sich aus Anmeldeunterlagen ergibt, dass ein Verfahren ausschließlich der therapeutischen Behandlung dient.[167]

2.4.3 Mehrstufige Verfahren sind als Ganzes nicht patentierbar, wenn eine notwendige Stufe eine therapeutische Behandlung ist.[168]

2.4.4 Empfängnisverhütung *(contraception)* ist als solche idR nicht therapeutisch, weil Schwangerschaft *(pregnancy)* keine Krankheit ist.[169] Kontrazeptive Verfahren sind aber dann therapeutisch, wenn sie einer möglichen gesundheitlichen Gefährdung durch eine ungewollte Schwangerschaft vorbeugen. Insoweit erscheint ein Disclaimer erforderlich. Ferner ist es therapeutisch, einem Verhütungsmittel einen Stoff beizugeben, um dessen nachteilige Folgen zu verhindern oder abzuschwächen,[170] oder die Dosierung so gering zu wählen, dass Nebenwirkungen vermieden oder gering gehalten werden.[171] Verfahren zur Empfängnisverhütung, die allein im privaten, persönlichen Bereich eines Menschen angewendet werden, sind im Übrigen schon deshalb nicht patentfähig, weil ihnen bereits die gewerbliche Anwendbarkeit gemäß § 5 und Art 57 EPÜ fehlt[172] (s § 5 Rdn 9).

Stoffe mit kontrazeptiver Wirkung sind als Erzeugnisse patentierbar; zur Begründung der Neuheit kommen § 3 (3) und (4) sowie Art 54 (4) und (5) allerdings nur insofern in Betracht, als der kontrazeptive Einsatz ausnahmsweise therapeutischer Natur ist.[173]

2.4.5 Beispiele aus der Rechtsprechung:

Therapie und daher nicht patentierbar sind:

1. *Tötung von Parasiten*, um dadurch mittelbar eine Krankheit (Schweineräude) zu bekämpfen;[174] 2. Silikoseverhütendes *Inhalationsverfahren*;[175] 3. Linderung von *Menstruationsbeschwerden*;[176] 4. Entfernung von *Zahnbelag* zur Kariesvorbeugung, auch wenn dadurch ein kosmetischer Effekt erzielt wird;[177] 5. allgemeine *Immunstimulierung* oder Stimulierung körpereigener Abwehrkräfte zur Prophylaxe gegen Infektio-

---

166 T 0780/89 ABl **93**, 440.
167 BPatG BlPMZ 07, 335 (Verfahren zur passiven Gymnastik).
168 GrBK G 0002/08 ABl **10**, 456 *Dosierungsanleitung/ABBOTT RESPIRATORY* (Nr 5.6); T 0820/92 ABl **95**, 113; T 0082/93 ABl **96**, 274; T 1075/09 (Nr 31) ABl **15** ZPubl 4, 25.
169 T 0074/93 ABl **95**, 712 (Nr 2.2.3); T 1635/09 ABl **11**, 542 (Nr 3.1); ebenso bereits Patents Appeal Tribunal (UK) 1971 RPC 337, 344; vgl auch Appellationsgericht Paris PIBD 1984 III 251. Wohl aA T 0303/90 u T 0401/90 ABl **93** SonderA 22 (Gewährung einer schweiz Anspruchsfassung für kontrazeptive Verwendung).
170 T 0820/92 ABl **95**, 113.
171 T 1635/09 ABl **11**, 542 (Nr 3).
172 T 0074/93 ABl **95**, 712.
173 Nicht differenzierend die 8. Auflage unter Verweis auf T 0303/90 u T 0401/90 ABl **93** SonderA 22.
174 T 0116/85 ABl **89**, 13.
175 BPatGE 7, 83.
176 T 0081/84 ABl **88**, 207.
177 T 0290/86 ABl **92**, 414; Patents Appeal Tribunal (UK) 1977 RPC 612.

nen, auch wenn mittelbar dadurch die Fleischproduktion erhöht wird;[178] **6.** *Betriebsverfahren für Herzschrittmacher* zum Beenden einer Tachykardie;[179] entscheidend ist, ob zwischen dem beanspruchten Verfahren und den Wirkungen des Geräts auf den Körper ein funktioneller Zusammenhang besteht;[180] **7.** Behandlung des menschlichen oder tierischen Körpers mit *pharmazeutischen Stoffen* oder Stoffgemischen (vgl Rdn 65); **8.** Behandlung mit einem Steroid zur *Vermeidung möglicher schädlicher Folgen* eines gleichzeitig verabreichten empfängnisverhütenden Mittels;[181] **9.** Züchtungsverfahren zum Zwecke einer *Gewichtszunahme* und der *Heilung* der Ruhr;[182] **10.** Abtragen von Teilen einer auf die Hornhaut aufgesetzten *künstlichen Linse* mittels Laser;[183] **11.** Behandlung von dem Körper entnommenen Flüssigkeiten oder Geweben, die demselben Körper wieder zugeführt werden, zB *Dialysebehandlung von Blut*;[184] **12.** Behandlung von *Haarausfall*;[185] **13.** Befreiung von Schläfrigkeit und *Ermüdungsgefühl* durch stimulierende Duftstoffzusammensetzung.[186]

79 **Keine Therapie und daher patentfähig** sind zB:
1. *Kosmetische Verfahren*, zB Haarfärbe-[187] und Dauerwellverfahren,[188] Wachstumsstimulierung und Regenerierung des Haares,[189] topische Behandlung von Akne,[190] Nagellackierung, Verfahren zur Gewichtsverminderung durch Anwendung eines Appetitzüglers zur Verbesserung der körperlichen Erscheinung infolge Gewichtsverlusts;[191] ist ein Verfahren sowohl therapeutisch wie kosmetisch anwendbar, muss der Anspruch auf Kosmetik beschränkt sein;[192] **2.** Beeinflussung der *Pansenfermentation* durch Verwendung eines Antibiotikums[193] oder die Zugabe von Efomycinen *zur Erhöhung der Milchproduktion* eines Wiederkäuers;[194] **3.** Verhinderung des *Erdrückens von Ferkeln* durch das Muttertier;[195] **4.** Verwendung einer Substanz zur Behandlung *störenden (nicht gesundheitsschädigenden) Schnarchens*;[196] **5.** Verfahren zur Durchflussmessung kleiner Flüssigkeitsmengen durch ein *implantiertes Medikamentendosiergerät*;[197] **6.** Behandlung von *Geweben und Flüssigkeiten*, die nach deren Entnahme

---

178 T 0780/89 ABl 93, 440.
179 T 0426/89 ABl 92, 172.
180 GrBK G 0001/07 ABl 11, 134 *Chirurgische Behandlung/MEDI-PHYSICS* (Nr 4.3.2) mwN.
181 T 0820/92 ABl 95, 113 (Nr 5.2).
182 T 0438/91 ABl 95 SonderA 18.
183 T 0024/91 ABl 95, 512.
184 T 1075/06 ABl 12 SonderA 18; T 0170/07 v 11.11.2009 (Nr 2.4); EPA-Richtl G-II 4.2.1.
185 T 0143/94 ABl 96, 430 (Nr 3).
186 T 0158/13 v 17.11.2016 ABl 18 ZPubl 3, 3 = BeckRS 16, 122502.
187 PA BlPMZ 50, 352.
188 S bereits schweiz BG GRUR 51, 283.
189 Vgl BPatG GRUR 85, 125.
190 T 0036/83 ABl 86, 295.
191 T 0144/83 ABl 86, 301.
192 T 0036/83 ABl 86, 295 (Nr 6.4).
193 T 0582/88 ABl 91 SonderA 19.
194 T 0774/89 ABl 93 SonderA 15.
195 T 0058/87 EPOR 89, 125.
196 T 0584/88 EPOR 89, 449.
197 BGH GRUR 01, 321 (II2b(2)) *Endoprotheseneinsatz*; T 0245/87 ABl 89, 171; s auch T 0044/12 v 11.1.2017 ABl 18 ZPubl 3, 4 = BeckRS 17, 125045 (Erkennen einer Okklusion in Fluidleitung eines medizinischen Pumpsystems).

aus dem Körper erfolgt, ohne dass sie dem Körper wieder zugeführt werden;[198] **7.** *Therapiepläne und Dosisempfehlungen* hält BPatG[199] in Anwendung der BGH-Rechtsprechung[200] wegen gewerblicher Anwendbarkeit für nicht ausgeschlossen; **8.** *Optimierung des Energieverbrauchs eines Herzschrittmachers;*[201] **9.** *Verwendung eines Brillenglases* zur Korrektur einer Fehlsichtigkeit, sofern keine therapeutische Einwirkung (wie z.B. Verminderung der Myopieprogression) vorliegt.[202]

2.5 Diagnostizierverfahren

Ausgeschlossene Diagnostizierverfahren sind Verfahren am lebenden menschlichen oder tierischen Körper zu *medizinischen Zwecken*, die der Erkennung, Lokalisierung oder dem Ausschluss *pathologischer* Zustände dienen und deren Ergebnisse eine Grundlage für die Entscheidung sind, ob eine chirurgische oder therapeutische Behandlung erforderlich ist. In der Rechtsprechung wurde bereits früh überwiegend die Auffassung vertreten, dass ein ausgeschlossenes Diagnostizierverfahren nur dann vorliegt, wenn das Verfahren die technische Untersuchungsmaßnahme *und* die schlussfolgernde Wertung des Arztes anhand der Ergebnisse der Untersuchung umfasst.[203] Daraus wurde gefolgert, dass Verfahren, die ohne ärztliche Teilnahme lediglich *Zwischenergebnisse* liefern, die sodann Grundlage für die Beurteilung durch den Arzt sind, keine Diagnostizierverfahren iS des Gesetzes sind und daher patentiert werden können.[204] Als diese Auffassung auf Widerspruch stieß,[205] nahm die GrBK des EPA aufgrund einer Präsidentenvorlage[206] zu mehreren einschlägigen Rechtsfragen Stellung.[207]

80

Nach Auffassung der GrBK hat ein Diagnostizierverfahren mehrstufigen Charakter. Es enthält insbesondere auch die Diagnose als deduktive human- oder veterinärmedizinische Entscheidungsphase. Ferner umfasst es die vorausgehenden Schritte, die für das Stellen der Diagnose konstitutiv sind. Ein Verfahren, das nur für die Diagnose relevante Zwischenergebnisse liefert, ist kein Diagnostizierverfahren iS des Gesetzes und daher nicht ausgeschlossen. Ferner greift der Ausschluss nur dann, wenn sämtliche Schritte des Verfahrens (mit Ausnahme des notwendigerweise geistigen Deduktivschrittes) am menschlichen oder tierischen Körper vorgenommen werden. Auf eine besondere Art oder Intensität der Wechselwirkung mit dem Körper kommt es dabei nicht an, solange nur die Anwesenheit des Körpers notwendig ist. Die GrBK hat damit den Ausschluss der diagnostischen Verfahren in seiner Bedeutung erheblich zurückge-

81

---

198 EPA-Richtl G-II 4.2.1.
199 BPatG GRUR 96, 868 unter Aufgabe von BPatGE 24, 16 u 210.
200 BGH GRUR 83, 729 *Hydropyridin*; 90, 505 *Geschlitzte Abdeckfolie*.
201 T 0789/96 ABl 02, 364.
202 T 2420/13 v 8.12.2016 BeckRS 16, 112847.
203 BPatGE 26, 110, 112; 35, 12; schweiz BG GRUR Int 83, 316.
204 T 0385/86 ABl 88, 308; T 1165/97 ABl 01 SonderA Nr 3, 19; BPatGE 35, 12.
205 T 0964/99 ABl 02, 4.
206 Vorlage des PräsEPA v 29.12.2003 ABl 04, 229.
207 GrBK G 0001/04 ABl 06, 334 *Diagnostizierverfahren*. Hierzu Bublak/Coehn GRUR Int 06, 640; Bostyn EIPR 07, 238.

schnitten. Diese Auslegung hat Zustimmung in der nationalen Rechtsprechung erfahren.[208]

82 Verneint wurde Vorliegen eines Diagnostizierverfahrens durch Rspr für:
1. *Untersuchungsverfahren* zur Feststellung eines physikalischen Zustands *zu anderen als Heilzwecken*;[209] 2. *Untersuchungsverfahren*, die neben therapeutischen *auch nicht-therapeutische Verwendungen* ermöglichen,[210] zB Eignungsprüfungen, Feststellung der Belastbarkeitsgrenze, Befunderhebung bei kosmetischen Verfahren;[211] 3. *Verfahren zur nicht-invasiven Ermittlung* chemischer oder physikalischer Daten aus dem lebenden Organismus mittels Diagnosegeräten, die diese Daten aufzeichnen oder in Bildform wiedergeben, wenn alle Schritte von einem Techniker – also nicht unbedingt von einem Arzt – durchgeführt werden können;[212] 4. Untersuchungsverfahren, die *keinen Hinweis auf die Diagnose als Untersuchungsergebnis* enthalten;[213] 5. Verfahren *zur Gewinnung von Diagrammen*, die aus Resonanzsignalen des menschlichen Körpers gewonnen werden, wenn Normabweichungen aus den Diagrammen festgestellt werden;[214] 6. elektrochemische Methode zur *Bestimmung von Zucker* in Körperflüssigkeiten;[215] 7. Verfahren und Anordnung zur *Überwachung der Atemfunktion* von Lebewesen;[216] 8. Verfahren zur *Speicherung von Signalen in einem implantierbaren Gerät*, wenn zwischen dem Verfahren und der Wirkung, die das Gerät auf den Menschen hat, kein Zusammenhang besteht;[217] 9. *Feststellung oder Ausschluss einer Arrhythmie* durch implantierbares Herztherapiegerät;[218] 10. Auswertung einer Folge von diskreten Messwerten physikalischer Größen (ua bei *Elektrokardiogrammen*).[219]

83 Bejaht wurde Vorliegen eines Diagnostizierverfahrens durch Rspr für: 1. Verfahren zur *Ermittlung von Knochendichte* zur Auswertung einer Röntgenaufnahme eines Knochens;[220] 2. *NMR-Abbildungsverfahren*, bei dem ein Kontrastmittel intravenös injiziert wird, dessen Wirkung von medizinisch geschultem Personal überwacht werden muss;[221] 3. *Feststellung einer glaukomatösen Schädigung* des Sehsystems;[222] 4. Verfahren zum *Diagnostizieren von Alzheimer*;[223] 5. *Bestimmung der Lungenfunktion*.[224]

---

208 BGH GRUR 10, 1081 (Rn 23) *Bildunterstützung bei Katheternavigation*; BPatGE 51, 15 (Verfahren zur gesundheitlichen Orientierung).
209 BPatGE 26, 110.
210 BPatG v 13.7.1970 23 W (pat) 90/70: Verfahren zum Aufzeichnen der Augenbewegung, zit v BPatGE 26, 110, 114.
211 BPatGE 26, 110.
212 T 0385/86 ABl 88, 308.
213 T 0208/83 v 20.8.1984 BeckRS 84, 30541007.
214 T 0400/87 ABl 91 SonderA 47.
215 T 0083/87 EPOR 88, 365.
216 BPatGE 35, 12.
217 BPatGE 41, 84.
218 T 0807/98 ABl 03 SonderA Nr 3, 14.
219 BPatG GRUR 07, 133 (II3c).
220 T 0775/92 ABl 94 SonderA 20.
221 T 0655/92 ABl 98, 17.
222 T 1197/02 ABl 07 SonderA Nr 6, 19 = EPOR 07, 85.
223 T 0143/04 ABl 07 SonderA Nr 6, 19.
224 T 0125/02 v 23.5.2006 BeckRS 06, 30522231.

6. *Feststellung einer neurodegenerativen Erkrankung* durch Detektieren von Lichtsignalen, die von einer bestimmten Region der Augenlinse emittiert werden.[225]

2.6 Erzeugnisse für medizinische Verfahren

§ 2a (1) Nr 2 Satz 2 und Art 53 c) Satz 2 EPÜ erklären im Wege der Klarstellung Erzeugnisse für patentierbar, die zur Anwendung in einem chirurgischen, therapeutischen oder diagnostischen Verfahren bestimmt sind.

Erzeugnisse iSd § 2a (1) Nr 2 Satz 2 und Art 53 c) Satz 2 EPÜ sind zB: **1.** Stoffe und Stoffgemische, insbesondere *Arzneimittel* (vgl § 1 Rdn 231 ff), auch Kombinationspräparate;[226] **2.** *Instrumente oder Vorrichtungen*, die für die Durchführung chirurgischer oder therapeutischer Verfahren bestimmt sind, wie Insulindosiergerät,[227] resorbierbares Nahtmaterial,[228] Herzschrittmacher;[229] **3.** *Prothesen*[230], *künstliche Organe*; wird aber eine Endoprothese erst mit Hilfe eines chirurgischen Verfahrens zusammengesetzt und in ihre endgültige Form gebracht, so soll auch ein Erzeugnisanspruch nicht »gewährbar sein«;[231] **4.** *Hör- und Sehhilfen*, zB künstliche Linsen. Die Korrektur einer auf die Hornhaut aufgesetzten künstlichen Linse ist aber ein nach § 2a (1) Nr 2 und Art 53 c) EPÜ nicht patentierbares Verfahren.[232]

§ 3 Neuheit, ältere Anmeldungen, unschädliche Offenbarungen
(novelty, prior applications, non-prejudicial disclosures)

(1) ¹Eine Erfindung gilt als neu, wenn sie nicht zum Stand der Technik gehört. ²Der Stand der Technik umfasst alle Kenntnisse, die vor dem für den Zeitrang der Anmeldung maßgeblichen Tag durch schriftliche oder mündliche Beschreibung, durch Benutzung oder in sonstiger Weise der Öffentlichkeit zugänglich gemacht worden sind.

(2) ¹Als Stand der Technik gilt auch der Inhalt folgender Patentanmeldungen mit älterem Zeitrang, die erst an oder nach dem für den Zeitrang der jüngeren Anmeldung maßgeblichen Tag der Öffentlichkeit zugänglich gemacht worden sind:
1. der nationalen Anmeldungen in der beim Deutschen Patent- und Markenamt ursprünglich eingereichten Fassung;
2. der europäischen Anmeldungen in der bei der zuständigen Behörde ursprünglich eingereichten Fassung, wenn mit der Anmeldung für die Bundesrepublik

---

[225] T 1016/10 v 11.4.2014 BeckRS 16, 1755.
[226] T 0009/81 ABl **83**, 372; BPatG GRUR **80**, 169.
[227] T 0245/87 ABl **89**, 171.
[228] BPatGE **2**, 1, 5.
[229] T 0426/89 ABl **92**, 172.
[230] T 1798/08 (Nr 3.2) ABl **14** ZPubl 5, 30.
[231] T 0775/97 BeckRS 01, 30637751; s auch T 1731/12 v 15.2.2019 ABl **20** ZPubl 4, 7 = BeckRS **19**, 14046: Ein durch einen chirurgischen Schritt definiertes Erzeugnis kann ohne diesen gar nicht existieren, so dass der chirurgische Schritt zum beanspruchten Erzeugnis dazugehört.
[232] T 0024/91 ABl **95**, 512.

Deutschland Schutz begehrt wird und die Benennungsgebühr für die Bundesrepublik Deutschland nach Art 79 Abs 2 des Europäischen Patentübereinkommens gezahlt ist und, wenn es sich um eine Euro-PCT-Anmeldung (Art 153 Abs 2 des Europäischen Patentübereinkommens) handelt, die in Art 153 Abs 5 des Europäischen Patentübereinkommens genannten Voraussetzungen erfüllt sind;
3. der internationalen Anmeldungen nach dem Patentzusammenarbeitsvertrag in der beim Anmeldeamt ursprünglich eingereichten Fassung, wenn für die Anmeldung das Deutsche Patent- und Markenamt Bestimmungsamt ist.

²Beruht der ältere Zeitrang einer Anmeldung auf der Inanspruchnahme der Priorität einer Voranmeldung, so ist Satz 1 nur insoweit anzuwenden, als die danach maßgebliche Fassung nicht über die Fassung der Voranmeldung hinausgeht. ³Patentanmeldungen nach Satz 1 Nr 1, für die eine Anordnung nach § 50 Abs 1 oder 4 erlassen worden ist, gelten vom Ablauf des achtzehnten Monats nach ihrer Einreichung an als der Öffentlichkeit zugänglich gemacht.

(3) Gehören Stoffe oder Stoffgemische zum Stand der Technik, so wird ihre Patentfähigkeit durch die Absätze 1 und 2 nicht ausgeschlossen, sofern sie zur Anwendung in einem der in § 2a Abs 1 Nr 2 genannten Verfahren bestimmt sind und ihre Anwendung zu einem dieser Verfahren nicht zum Stand der Technik gehört.

(4) Ebenso wenig wird die Patentfähigkeit der in Absatz 3 genannten Stoffe oder Stoffgemische zur spezifischen Anwendung in einem der in § 2a Abs 1 Nr 2 genannten Verfahren durch die Absätze 1 und 2 ausgeschlossen, wenn diese Anwendung nicht zum Stand der Technik gehört.

(5) ¹Für die Anwendung der Absätze 1 und 2 bleibt eine Offenbarung der Erfindung außer Betracht, wenn sie nicht früher als sechs Monate vor Einreichung der Anmeldung erfolgt ist und unmittelbar oder mittelbar zurückgeht
1. auf einen offensichtlichen Missbrauch zum Nachteil des Anmelders oder seines Rechtsvorgängers oder
2. auf die Tatsache, dass der Anmelder oder sein Rechtsvorgänger die Erfindung auf amtlichen oder amtlich anerkannten Ausstellungen im Sinne des am 22. November 1928 in Paris unterzeichneten Abkommens über internationale Ausstellungen zur Schau gestellt hat.

²Satz 1 Nr 2 ist nur anzuwenden, wenn der Anmelder bei Einreichung der Anmeldung angibt, dass die Erfindung tatsächlich zur Schau gestellt worden ist und er innerhalb von vier Monaten nach der Einreichung hierüber eine Bescheinigung einreicht. ³Die in Satz 1 Nr 2 bezeichneten Ausstellungen werden vom Bundesminister der Justiz und für Verbraucherschutz im Bundesanzeiger bekannt gemacht.

Rainer Moufang

Übersicht

Gesetzesentwicklung	1
Europäisches Patentrecht	2
Art 54 EPÜ	3
Art 55 EPÜ	4
Art 54 (4) EPÜ aF	5

		R 23a EPÜ aF	6
Literatur			7
Kommentierung zu § 3 PatG			
I.		Allgemeines	8
1		Absoluter Neuheitsbegriff	8
2		Unwiderlegliche Vermutung	9
3		Fachmann	10
4		Allgemeines Fachwissen	11
5		Zeitpunkt der Neuheit	12
5.1		Anmelde- oder Prioritätstag	12
5.2		Zeitpunkt der Beurteilung früherer Dokumente	13
II.		Stand der Technik	14
1		Der Öffentlichkeit zugängliche Informationen	15
1.1		Arten der Informationsvermittlung	15
1.1.1		Schriftliche Beschreibungen	17
1.1.2		Mündliche Beschreibungen	18
1.1.3		Benutzung	20
1.1.4		Sonstige Informationsvermittlung	22
1.2		Öffentlichkeit	23
1.2.1		Unbegrenzter Personenkreis	26
1.2.2		Geheimhaltungspflicht (confidentiality)	27
1.3		Zugänglichkeit	32
1.3.1		Zugänglichkeit schriftlicher Beschreibung	36
1.3.2		Zugänglichkeit mündlicher Beschreibungen	47
1.3.3		Öffentliche Zugänglichkeit durch Benutzung	50
1.3.3.1		Allgemeines	50
1.3.3.2		Erkennbarkeit der Erfindung	51
1.3.3.3		Möglichkeit der Kenntnisnahme für die Öffentlichkeit	59
2		Ältere Patentanmeldungen	65
2.1		Zweck	66
2.2		Voraussetzungen der Neuheitsschädlichkeit älterer Anmeldungen unter PatG	67
2.2.1		Nationale Anmeldungen	67
2.2.2		Europäische Anmeldungen	68
2.2.2.1		Einreichung der Anmeldung	69
2.2.2.2		Benennung der BRD	70
2.2.2.3		Zahlung der Benennungsgebühr	71
2.2.2.4		Erfüllung des Art 153 (5) EPÜ im Falle einer Euro-PCT-Anmeldung	72
2.2.3		PCT-Anmeldungen	73
2.2.4		Älterer Zeitrang	74
2.2.5		Veröffentlichung der älteren Anmeldung	77
2.2.6		Anhängigkeit der älteren Anmeldung	79
2.3		Maßgebender Inhalt der älteren Anmeldung	80
2.3.1		Ursprünglich eingereichte Fassung	80
2.3.2		Gesamter Inhalt	81
2.3.3		Abgrenzung	82
2.4		Erfinderische Tätigkeit	83
2.5		Selbstkollision	84
2.6		Aussetzung	85
2.7		EPÜ und ältere Anmeldungen	86
2.7.1		Ältere europäische Anmeldungen	86
2.7.2		Ältere internationale Anmeldungen	87
2.7.3		Ältere nationale Anmeldungen	88
2.7.4		GPÜ und EPatVO	90
3		Maßgebender Inhalt einer Entgegenhaltung	91
3.1		Offenbarungsgehalt einer Entgegenhaltung	95
3.1.1		Auslegung einer Entgegenhaltung	98
3.1.2		Fehler in einem Dokument	101

3.2	Stillschweigende Offenbarung	102
3.2.1	Zwangsläufige Ergebnisse	104
3.2.2	Implizite Offenbarung	105
3.3	Schutzbereich, Äquivalente und fachnotorische Austauschmittel	108
3.4	Zufällige Offenbarungen	112
3.5	Kombination von Merkmalen	113
3.6	Patentschriften als Entgegenhaltung	115
3.7	Irrtum über den Stand der Technik	116
3.8	Allgemeine und spezifische Begriffe – Auswahlerfindungen	117
3.8.1	Grundsätzliches	118
3.8.2	Prüfung der Auswahl auf Neuheit	120
3.8.3	Auswahl aus Verbindungsklassen und allgemeinen Formeln	121
3.8.4	Auswahl aus einseitig offenen Bereichen	125
3.8.5	Auswahl aus geschlossenen Bereichen	127
3.8.6	Auswahl in sonstigen Fällen	134
3.9	Weitere Beispiele aus der Rechtsprechung zur Neuheit im Allgemeinen	135
III.	**Neuheitsprüfung**	137
1	Durchführung der Neuheitsprüfung in folgenden Schritten	137
2	Einzelvergleich	138
IV.	**Neuheit bei bestimmten Arten von Erfindungen**	140
1	Überblick	140
2	Stoffe für medizinische Verfahren, insbesondere Arzneimittel (§ 3 (3) u (4) PatG = Art 54 (4) u (5) EPÜ)	141
2.1	Grundsätzliches	142
2.2	Stoffschutz für erste medizinische Indikation (§ 3 (3) PatG = Art 54 (4) EPÜ)	144
2.3	Zweckgebundener Stoffschutz für weitere medizinische Indikation (§ 3 (4) PatG = Art 54 (5) EPÜ)	147
2.4	Schutz der weiteren medizinischen Indikation unter dem früheren Recht	154
2.4.1	Reine Verwendungsansprüche	159
2.4.2	Europäischer Verwendungsherstellungsanspruch für Arzneimittel	161
3	**Chemische Stoffe**	164
3.1	Parameter	166
3.2	Allgemeine Formel	167
3.3	Product-by-process	168
3.4	Neue Verwendung	169
3.5	Reinheit	170
3.6	Neuheit von Zwischenprodukten	171
3.7	Vorbenutzung	172
3.8	Legierungen	173
4	**Naturstoffe**	174
5	**Biotechnologische Erfindungen (s § 1 Rdn 149 ff)**	175
6	**Herstellungsverfahren**	178
7	**Verwendungen**	180
8	**Kombinationserfindung**	184
V.	**Unschädliche Offenbarungen innerhalb von 6 Monaten vor dem Anmeldetag**	185
1	Unschädliche Offenbarung der Erfindung	185
1.1	Der Öffentlichkeit zugängliche Information	186
1.2	Ältere Anmeldung	187
2	Rückrechnung der 6-Monatsfrist	188
3	Zurückgehen	191
3.1	Missbrauchstatbestand (§ 3 (5) Nr 1, Art 55 (1) a EPÜ) (evident abuse)	192

3.2 Internationale Ausstellung (§ 3 (5) Nr 2 und Art 55 (1) b EPÜ) (international exhibition) 194

Gesetzesentwicklung: § 3 wurde geprägt durch das **IntPatÜG** v 21.6.1976 (= Anhang 1). **2. PatGÄndG** hat durch Art 2 Nr 1b in § 3 (2) Satz 1 Nr 2 mit Wirkung vom 1.11.1998 die Worte eingefügt: »und die Benennungsgebühr für die Bundesrepublik Deutschland nach Art 79 Abs 2 EPÜ gezahlt ist«. Art 2 Nr 4 **EPÜ-RevisionsG** (= Anhang 9), das nach Art 5 am 13.12.2007 in Kraft getreten ist, schuf durch Einfügung des neuen Abs 4 eine explizite gesetzliche Grundlage für die Schutzfähigkeit der weiteren medizinischen Indikation und nummerierte den bisherigen Abs 4 um zu Abs 5. Ferner erfolgten formale Änderungen in Abs 2 Satz 1 Nr 2 und Satz 3 sowie in Abs 3. Das **GeschmacksmustermodernisierungsG** ersetzte 2013 in Abs 5 Satz 3 »Bundesgesetzblatt« durch »Bundesanzeiger«. Durch Art 204 der **10. ZustAnpV** v 31.8.2015 (BGBl I 1474) wurde die frühere Bezeichnung »Bundesminister der Justiz« in Abs 5 Satz 3 in »Bundesminister der Justiz und für Verbraucherschutz« geändert. Art 1 Nr 2 des **2. PatRModG** v 10.8.2021 (BGBl I 3490) änderte in Abs 2 Nr 1 u 3 die Bezeichnung des Deutschen Patentamts in »Deutsches Patent- und Markenamt«.

Europäisches Patentrecht: Die Neuheit ist in PatG (§ 3) und EPÜ (Art 54 und 55) im Wesentlichen identisch geregelt. Abweichungen bestehen lediglich a) bei der Behandlung älterer Anmeldungen (s Rdn 65 ff) und b) für Geheimanmeldungen (§ 3 (2) Satz 3 PatG), die es vor EPA nicht gibt. Die EPÜ-Revision 2000, die am 13.12.2007 in Kraft getreten ist, hat die bisher in Art 54 (4) aF enthaltene Regelung unterschiedlicher Staatenbenennung in älterer und jüngerer Anmeldung beseitigt, Art 54 (5) aF zu Art 54 (4) umnummeriert und durch Einfügung des neuen Art 54 (5) eine explizite gesetzliche Grundlage für die Schutzfähigkeit der weiteren medizinischen Indikation geschaffen.[1] Der Vorschlag, in diesem Zusammenhang das Wort »Patentfähigkeit« durch das Wort »Neuheit« zu ersetzen, fand auf der Diplomatischen Revisionskonferenz keine Zustimmung. Außerdem erforderte die Neuverankerung der nunmehr in Art 53 c) EPÜ (statt durch Art 52 (4) EPÜ aF) ausgeschlossenen medizinischen Verfahren entsprechende formale Änderungen in Art 54 EPÜ.
Im Wesentlichen entsprechen sich die Bestimmungen des PatG und des EPÜ wie folgt:
PatG § 3 Absatz 1 Satz 1 entspricht Art 54 (1) EPÜ
PatG § 3 Absatz 1 Satz 2 entspricht Art 54 (2) EPÜ
PatG § 3 Absatz 2 entspricht Art 54 (3) EPÜ
PatG § 3 Absatz 3 entspricht Art 54 (4) EPÜ
PatG § 3 Absatz 4 entspricht Art 54 (5) EPÜ
PatG § 3 Absatz 5 entspricht Art 55 EPÜ.

Artikel 54 Neuheit

(1) Eine Erfindung gilt als neu, wenn sie nicht zum Stand der Technik gehört.
(2) Den Stand der Technik bildet alles, was vor dem Anmeldetag der europäischen Patentanmeldung der Öffentlichkeit durch schriftliche oder mündliche Beschreibung, durch Benutzung oder in sonstiger Weise zugänglich gemacht worden ist.
(3) Als Stand der Technik gilt auch den Inhalt der europäischen Patentanmeldungen in der ursprünglich eingereichten Fassung, deren Anmeldetag vor dem in Abs 2 genannten Tag liegt und die erst an oder nach diesem Tag veröffentlicht worden sind.
(4) Gehören Stoffe oder Stoffgemische zum Stand der Technik, so wird ihre Patentierbarkeit durch die Abs 2 und 3 nicht ausgeschlossen, sofern sie zur Anwendung in einem in Art 53 c) genannten Verfahren bestimmt sind und ihre Anwendung in einem dieser Verfahren nicht zum Stand der Technik gehört.
(5) Ebenso wenig wird die Patentierbarkeit der in Abs 4 genannten Stoffe oder Stoffgemische zur spezifischen Anwendung in einem in Art 53 c) genannten Verfahren durch die Absätze 2 und 3 ausgeschlossen, wenn diese Anwendung nicht zum Stand der Technik gehört.

---

1 Vgl Diez Schlereth Mitt 08, 488.

§ 3   *Neuheit*   **Art 54, 55 EPÜ**

Article 54 EPC Novelty
(1) An invention shall be considered to be new if it does not form part of the state of the art.
(2) The state of the art shall be held to comprise everything made available to the public by means of a written or oral description, by use, or in any other way, before the date of filing of the European patent application.
(3) Additionally, the content of European patent applications as filed, the dates of filing of which are prior to the date referred to in paragraph 2 and which were published on or after that date, shall be considered as comprised in the state of the art.
(4) Paragraphs 2 and 3 shall not exclude the patentability of any substance or composition, comprised in the state of the art, for use in a method referred to in Art 53 (c), provided that its use for any such method is not comprised in the state of the art.
(5) Paragraphs 2 and 3 shall also not exclude the patentability of any substance or composition referred to in paragraph 4 for any specific use in a method referred to in Art 53 (c), provided that such use is not comprised in the state of the art.

Artikel 55 Unschädliche Offenbarungen
4   (1) Für die Anwendung des Art 54 bleibt eine Offenbarung der Erfindung außer Betracht, wenn sie nicht früher als sechs Monate vor Einreichung der europäischen Patentanmeldung erfolgt ist und unmittelbar oder mittelbar zurückgeht:
a) auf einen offensichtlichen Missbrauch zum Nachteil des Anmelders oder seines Rechtsvorgängers oder
b) auf die Tatsache, dass der Anmelder oder sein Rechtsvorgänger die Erfindung auf amtlichen oder amtlich anerkannten Ausstellungen im Sinn des am 22. November 1928 in Paris unterzeichneten und zuletzt am 30. November 1972 revidierten Übereinkommens über internationale Ausstellungen zur Schau gestellt hat.
(2) Im Fall des Abs 1 b) ist Abs 1 nur anzuwenden, wenn der Anmelder bei Einreichung der europäischen Patentanmeldung angibt, dass die Erfindung tatsächlich zur Schau gestellt worden ist, und innerhalb der Frist und unter den Bedingungen, die in der Ausführungsordnung vorgeschrieben sind, eine entsprechende Bescheinigung einreicht.

Article 55 EPC Non-prejudicial disclosures
(1) For the application of Art 54, a disclosure of the invention shall not be taken into consideration if it occurred no earlier than six months preceding the filing of the European patent application and if it was due to, or in consequence of:
(a) an evident abuse in relation to the applicant or his legal predecessor, or
(b) the fact that the applicant or his legal predecessor has displayed the invention at an official, or officially recognised, international exhibition falling within the terms of the Convention on international exhibitions signed at Paris on 22 November 1928 and last revised on 30 November 1972.
(2) In the case of paragraph 1 (b), paragraph 1 shall apply only if the applicant states, when filing the European patent application, that the invention has been so displayed and files a supporting certificate within the time limit and under the conditions laid down in the Implementing Regulations.

5   Die **Übergangsbestimmungen für das EPÜ 2000** sehen vor, dass Art 54 (4) aF noch auf alle vor dem 13.12.2007 anhängige Anmeldungen und bereits erteilte Patente anzuwenden ist (s VR-Beschluss v 28.6.2001 über die Übergangsbestimmungen nach Art 7 der Revisionsakte, ABl 01 SonderA Nr 4, 139). Die Vorschrift kann daher immer noch Bedeutung haben. Sie lautet:
     Art 54 (4) EPÜ (1973)
     Absatz 3 ist nur insoweit anzuwenden, als ein für die spätere europäische Patentanmeldung benannter Vertragsstaat auch für die veröffentlichte frühere Anmeldung benannt worden ist.
     Art 54 (4) EPC (1973)
     Paragraph 3 shall be applied only in so far as a Contracting State designated in respect of the later application, was also designated in respect of the earlier application as published.

6   R 23a EPÜ aF ist in der mit der EPÜ-Revision in Kraft getretenen geänderten Ausführungsordnung nicht mehr enthalten, muss jedoch trotz der etwas unklaren Übergangsbestimmung (Art 2

VR-Beschluss v 7.12.2006 zur Änderung der AusfO EPÜ) in Alt-Fällen, auf die Art 54 (4) aF weiterhin anzuwenden ist (s Rdn 5), ebenfalls Anwendung finden.² R 23a EPÜ aF lautet:

»Eine europäische Anmeldung gilt nur dann als Stand der Technik nach Art 54 Abs 3 und 4, wenn die Benennungsgebühren nach Art 79 Abs 2 wirksam entrichtet worden sind.«

Lit: Loth: Neuheitsbegriff und Neuheitsschonfrist 1988; **Scheuchzer:** Nouveauté et activité inventive en droit des brevets Genf 1981; **Klicznik:** Neuartige Offenbarungsmittel des Standes der Technik im Patentrecht 2007; **Henn:** Defensive Publishing 2010; **Bendl/Weber:** Patentrecherche und Internet 4. Aufl 2013; Ballhaus in FS H. Kirchner 85, 1; Nieder in FS Preu 88, 29; Lederer in FS Vieregge 95, 547; Anders in FS 50 Jahre BPatG 11, 95; **Vollrath:** Neuheitsbegriff und technischer Fachmann im Lichte geltender Rechtsnormen zum deutschen und europäischen Patentrecht 2014; **Kurz:** Vertraulichkeitsvereinbarungen und andere Vorfeldverträge 4. Aufl 2019.
Lit in EIPR: White 90, 315; Paterson 91, 16; **Lit in epi information:** Griebling 07, 61; Bjorkman et al. 13, 107; Kallenbach/Vallazza 4/17, 36; de Lange 20/4, 11; **Lit in GRUR:** von Pechmann 80, 436; Papke 80, 775; Bauer 81, 312; Bardehle 81, 687; Pagenberg 81, 690; Bruchhausen 82, 641; Ochmann 84, 235; Dörries 84, 240; Hirsch 84, 243; Bühling 84, 246; Singer 85, 789; Pietzcker 86, 269; Müller 87, 484; 91, 717; Gesthuysen 93, 205; Vossius 94, 472; Rogge 96, 931; 98, 186; Vollrath 97, 721; Gramm 98, 240; Lederer 98, 272; Huebner 07, 839; Brüntjen/Ruttekolk/Teschemacher 13, 897; Blind et al. 13, 1197; Hetmank 15, 227; Ackermann/Vissel 16, 641; Bühling 21, 154; **Lit in GRUR Int:** Kolle 71, 63, 78; Bossung 75, 272, 333; 78, 381; Klöpsch 82, 102; Pagenberg 83, 560; Bruchhausen 85, 239; Hüni 87, 851; Szabo 89, 447; Vivian 89, 451; Aschert 89, 836; Bossung 90, 690; Gronning-Nielsen 91, 445; Turrini 91, 447; Straus 94, 89; Held/Loth 95, 220; Jacob 96, 1088; Paterson 96, 1093; Auz-Castro 96, 1099; Mandel 96, 1104; **Lit in IIC:** Stieger 82, 137; Szabo 89, 295; Vivian 89, 303; Aldous 90, 539; Auz-Castro 96, 190; Jacob 96, 170; Paterson 96, 179; Mandel 96, 203; Rogge 97, 443; 97, 794; Lederer 99, 275; **Lit in JIPLP:** England 17, 739; **Lit in Mitt:** Schönherr 81, 49; Merz 82, 224; von Füner 89, 225; Schwanhäusser 92, 233; Stamm 94, 85; Eisenführ 97, 268; Maiwald 97, 272; Dänner 99, 47; Götting 99, 81; Bardehle 99, 126; Dinné/Stubbe 04, 337; Niedlich 04, 349; Rößler 06, 98; Schrader 13, 1; Hüttermann 14, 72; Friedrich 14, 304; Hetmank 15, 494; Seifert/Wortmann 17, 257; **Lit in sic!:** Gautschi 13, 106.

I. Allgemeines

1 Absoluter Neuheitsbegriff

§ 3 und Art 54 EPÜ gehen vom absoluten Neuheitsbegriff aus. Das bedeutet, dass eine patentfähige Erfindung gegenüber allen technischen Lehren neu sein muss, die irgendwann, irgendwo, in irgendeiner Weise vor dem maßgebenden Zeitpunkt der Anmeldung (Anmelde- oder Prioritätstag) der Öffentlichkeit zugänglich gemacht worden sind. Grund: Die Belohnung mit einem Patent verdient nicht, wer bekannte Lehren, die angesichts der modernen Kommunikationsmittel jedermann öffentlich zugänglich sind, anmeldet.³ Die zeitlichen und räumlichen Beschränkungen des früheren nationalen Rechts (öffentliche Druckschriften aus den letzten 100 Jahren, inländische Vorbenutzungen) gelten nicht mehr.

2 Unwiderlegliche Vermutung

Gehört eine Lehre zum Stand der Techn, so gilt eine Erfindung kraft der gesetzlichen Fiktion des § 3 (1) 1 und des Art 54 (1) EPÜ unwiderleglich nicht als neu.⁴ Es kommt nicht darauf an, ob der einzelne Erfinr die neuheitsschädliche Tatsache wirklich

---

2 T 1926/08 ABl 12 SonderA 24; aA Griebling epi information 07, 61.
3 Amtl Begr z IntPatÜG zu Nr 3 Abs 1 BlP. 76, 333.
4 Vgl BGH BlPMZ 62, 280, 283 rSp *Drahtverbindung*; 68, 196 *Halteorgan*; 55, 300 (III1) *Zwischenstecker II*.

kannte oder überhaupt hätte kennen können. Ist eine Lehre öffentlich zugänglich gewesen, so ist jeder Gegenbeweis des Erfinders, dass sie ihm nicht bekannt war, unbeachtlich.

3 Fachmann *(person skilled in the art)*

10 § 3 und Art 54 EPÜ bestimmen nicht ausdrücklich, wer darüber entscheidet, ob eine Erfindung zum Stand der Technik gehört. Da sich jede Lehre an den zuständigen Fachmann wendet, ist er der Maßstab für den Umfang des Standes der Technik, also dafür, was der Öffentlichkeit zugänglich gemacht worden ist.[5] Der Fachmann als Adressat garantiert im Interesse der Rechtssicherheit einen einheitlichen Maßstab für die Beurteilung, was Stand der Technik ist. Was er mit seinem Wissen der Offenbarung einer technischen Lehre entnimmt, ist nicht mehr neu. Der zuständige Fachmann ist der durchschnittliche Sachverständige des einschlägigen technischen Gebiets, der die übliche Vorbildung genossen und praktische Erfahrungen gesammelt hat. Ausnahmsweise wird er sich zum besseren Verständnis auch an einen Spezialfachmann wenden, wenn das Dokument dazu Veranlassung gibt.[6] Für Details s § 4 Rdn 43 ff.

4 Allgemeines Fachwissen *(common general knowledge)*

11 Ein Fachmann versteht eine technische Lehre nicht gemäß ihrem reinem Wortlaut, sondern zieht zum Verständnis das allgemeine Fachwissen und die besonderen Kenntnisse seines Fachgebiets heran. Das allgemeine Fachwissen umfasst die Kenntnisse, über die ein Techniker auf Grund seiner Vorbildung und praktischen Erfahrung verfügt (vgl § 34 Rdn 339). Es ermöglicht eine zutreffende technische Interpretation einer bestimmten Entgegenhaltung. Das allgemeine Fachwissen selbst ist keine Entgegenhaltung, sondern die Basis zur Erfassung von Entgegenhaltungen. Dass etwas zum Stand der Technik gehört, kann daher nicht auf ein bloß behauptetes allgemeines Fachwissen gestützt werden, es sei denn, es wird in substantiierter Weise konkretisiert und für die Parteien nachprüfbar belegt.[7]

5 Zeitpunkt der Neuheit *(decisive date of novelty)*

12 **5.1 Anmelde- oder Prioritätstag** *(filing or priority date)* der Anmeldung oder des Patents, deren Neuheit zu prüfen ist, ist maßgebend. Unerheblich ist, zu welcher Stunde oder Minute die Einreichung an diesem Tag erfolgt ist. Der Anmeldetag ist auch dann entscheidend, wenn die Anmeldung infolge verzögerter Postbeförderung beim Patentamt später eingeht.[8] Ein Stand der Technik, der *vor* diesem Zeitrang liegt, ist neuheitsschädlich. Kenntnisse, die den gleichen Zeitrang haben (Entgegenhaltungen[9] oder Anmeldungen vom gleichen Tag[1]) stehen der Neuheit nicht entgegen.

---

5 BGH GRUR **95**, 330 *Elektrische Steckverbindung*; GrBK G 0001/92 ABl **93**, 277 (1.4) *Öffentliche Zugänglichkeit*; T 0164/92 ABl **95**, 305.
6 T 0164/92 ABl **95**, 305.
7 BPatGE **30**, 250, 253; **37**, 155, 178; T 0157/EPOR **89**, 221; T 0939/92 ABl **96**, 309 (Nr 2.3); aA T 1090/12 (Nr 6) ABl **18** ZPubl 3, 5.
8 BGH GRUR **89**, 38 *Schlauchfolie*.
9 BGH BlPMZ **63**, 244 *Trockenschleuder*; BGE **33**, 200.
10 BGH GRUR **65**, 473 *Dauerwellen I*; BPaGRUR **71**, 115; zur Wirkung prioritätsgleicher Patente s Ohly Mitt **06**, 241.

Umstritten ist, wie sich Unterschiede in den Zeitzonen zwischen dem Ort des Anmeldeamts und den Orten, an denen Veröffentlichungshandlungen erfolgen und an denen Kenntnisse zugänglich werden, auf den genannten Zeitrang auswirken. Dies kann insbesondere für Internet-Veröffentlichungen erhebliche Bedeutung erlangen, da diese gleichzeitig in allen Zeitzonen zugänglich werden.[11] Nach der Rechtsprechung wird eine Entgegenhaltung in diesen Fällen noch nicht deshalb zum Stand der Technik, weil sie in irgendeiner Zeitzone am Tag vor dem Anmelde- oder Prioritätstag im Internet abrufbar gewesen und damit der Öffentlichkeit zugänglich gemacht worden ist.[12] Englische Gerichte haben als Referenz für die Bestimmung des Zeitpunkts einer öffentlichen Zugänglichmachung auf die am Ort des Amtes der Patent- oder Prioritätsanmeldung geltende Zeitzone abgestellt.[13] Der BGH bevorzugt hingegen als Maßstab die Zeitzone, die an dem Ort gilt, an dem die Handlung erfolgt ist, mit der die technische Lehre der Öffentlichkeit zugänglich gemacht worden ist. Bei Internet-Veröffentlichungen ist dies der Ort, an dem die technischen Informationen auf einen Webserver hochgeladen wurden.[14]

Im *Prioritätsintervall* – also zwischen Einreichung der Prioritätsanmeldung und Anmeldetag der Nachanmeldung – liegende Kenntnisse (Veröffentlichungen, Benutzungen, Patentanmeldungen etc) können der Nachanmeldung als Stand der Technik nicht entgegen gehalten werden, insoweit **a)** die Priorität wirksam in Anspruch genommen worden ist (s § 41 Rdn 61) und **b)** Identität der Erfindung zwischen Prioritäts- und Nachanmeldung besteht[15] (s § 41 Rdn 32). Zu Teil- und Mehrfachprioritäten s § 41 Rdn 45 und 42.

5.2 Zeitpunkt der Beurteilung früherer Dokumente: Zur Feststellung des Offenbarungsgehalts einer Entgegenhaltung ist zunächst von der Warte ihres Veröffentlichungszeitpunkts auszugehen.[16] Ein früheres Dokument ist so zu werten, wie es der damalige Fachmann verstanden hat, dh die technischen Aussagen und die verwendeten

---

11 Werden Informationen zB in Deutschland, wo die mitteleuropäische Zeit (MEZ) gilt, auf einen Webserver hochgeladen, werden sie damit auch an Orten mit anderen Zeitzonen (etwa in Hawaii oder Alaska) zugänglich, in denen der Tag erheblich später anbricht. Würde man bei der Neuheitsprüfung das Datum in solchen anderen Zeitzonen berücksichtigen, kann dies im Einzelfall dazu führen, dass die Informationen bereits am Vortag des Datums des Hochladens in Deutschland zugänglich geworden wären. Eine mögliche Konsequenz wäre, dass Veröffentlichungshandlungen, die erst nach Einreichen einer Anmeldung beim Patentamt vorgenommen werden, zum Stand der Technik werden können.
12 BGH v 4.9.2018 X ZR 14/17 GRUR **19**, 271 (Rn 91 u 94) *Drahtloses Kommunikationsnetz*; engl Court of Appeal *Unwired Planet International Ltd. v Huawei Technologies Co. Ltd. et al.* [2017] EWCA Civ 266 (Rn 156 ff).
13 Engl Court of Appeal *Unwired Planet International Ltd. v Huawei Technologies Co. Ltd. et al.* [2017] EWCA Civ 266 (Rn 156 ff). Ebenso der Patents Court (Birss J) als Vorinstanz und EPA-Einspruchsabteilung v 31.7.2013 betr. Anmeldenr 03012734.4.
14 Hierzu tendiert BGH v 4.9.2018 X ZR 14/17 GRUR **19**, 71 (Rn 93) mit dem Argument, dass andernfalls praktische Schwierigkeiten hinsichtlich des Nachweises der genauen Uhrzeit einer Veröffentlichung auftreten können.
15 BGH GRUR **75**, 131 *Allopurinol*; **79**, 621 *Magnetbohrständer*; GrBK G 0003/93 ABl **95**, 18 *Prioritätsintervall* (gegen T 0301/87 ABl **90**, 335); T 0441/91 ABl **93** SonderA 45; T 0620/94 ABl **96** SonderA 51.
16 EPA-Richtl G-VI.3; T 0233/90 ABl **93** SonderA 18; T 0965/92 ABl **96** SonderA 16; T 0590/94 ABl **97** SonderA 16.

Fachbegriffe sind im Kontext des damaligen technischen Wissens zu verstehen. Eine spätere Änderung der Fachterminologie darf nicht dazu führen, dem Dokument einen Inhalt zu entnehmen, den es zu seinem Veröffentlichungsdatum nicht hatte.

Da aber die Erfindung nicht nur zum Zeitpunkt der Veröffentlichung der früheren Entgegenhaltung, sondern auch an ihrem Anmelde- oder Prioritätstag neu sein muss, kann das an diesem späteren Tag bestehende Wissen des Fachmanns nicht völlig ausgeklammert werden. Das historisch interpretierte Dokument liest der moderne Fachmann mit seinem allgemeinen Fachwissen vom Anmelde- oder Prioritätstag der späteren Erfindung.[17] Das kann dazu führen, dass er der Erfindung die Neuheit abspricht, so zB wenn er Fehler und Irrtümer in der alten Entgegenhaltung mühelos erkennt und sie mit seinem modernen Wissen ohne weiteres richtig stellt (s Rdn 116). Diese Einbeziehung des modernen Fachwissens widerspricht auch nicht dem Prinzip des Einzelvergleichs (s Rdn 138), da das allgemeine Fachwissen selbst keine Entgegenhaltung, sondern die Basis für das Verständnis der einzelnen technischen Lehre ist.

II. Stand der Technik *(state of the art)*

14   Nach der Legaldefinition des § 3 (1) 2 und des Art 54 (2) EPÜ umfasst der Begriff des Standes der Technik alle technischen Lehren,[18] die irgendwo in der Welt in irgendeiner Weise der Öffentlichkeit zugänglich gemacht worden sind. Der Begriff ist allumfassend, Beschränkungen in gegenständlicher, räumlicher oder zeitlicher[19] Hinsicht bestehen nicht.

1 Der Öffentlichkeit zugängliche Informationen *(information available to the public)*

1.1 Arten der Informationsvermittlung

15   Jede Manifestation einer technischen Lehre kann eine neuheitsschädliche Tatsache sein, wenn durch sie die technische Lehre der Öffentlichkeit zugänglich gemacht worden ist. § 3 (1) 2 und Art 54 (2) EPÜ nennen nur beispielhaft die schriftliche oder mündliche Beschreibung sowie die Benutzung, lassen aber jede andere Möglichkeit zu (»in sonstiger Weise«). Die neuheitsschädlichen Kenntnisse können daher in körperlicher wie in unkörperlicher Form vorliegen, ein bestimmter Informationsträger wird nicht vorausgesetzt.

16   **Informationsträger** kann jedes beliebige Material sein, das in der Lage ist, eine technische Lehre so wiederzugeben, dass sie von Dritten durch die menschlichen Sinne (Auge, Ohr, Tastsinn) wahrgenommen werden kann. In welcher Form die technische Lehre festgelegt ist, ist gleichgültig. Eine dauerhafte Beständigkeit des Informationsträgers ist nicht erforderlich, denn selbst mündliche Beschreibungen, die keinen dauerhaf-

---

17 BGH GRUR 74, 332 (II3) *Cholinsalycilat*; T 0074/90 ABl **92** SonderA 22; T 0694/91 EPOR **95**, 384.
18 Ob auch nicht-technische Lehren zum Stand der Technik zählen können, ist strittig. S einerseits (verneinend) T 0172/03 v 27.11.2003, andererseits (bejahend) T 2101/12 v 24.1.2018 BeckRS 18, 6681 = Öbl **18**, 228.
19 Ein über ein Jahrhundert altes Dokument kann sogar den nächstliegenden Stand der Technik bilden, s schweiz BG v 4.10.2018 4A_282/2018 *Balancier de montre*.

ten Informationsträger voraussetzen, sind ausreichend. Nur muss ein unbeständiger Informationsträger die Lehre der Öffentlichkeit auch zugänglich gemacht haben.

1.1.1 Schriftliche Beschreibungen *(written descriptions)* sind nicht nur alle Erzeugnisse der Druckerpresse, der Schreibmaschine, des Computer-Druckers und der Handschrift, sondern auch andersartige Vervielfältigungsstücke, gleich auf welchem Wege sie hergestellt sind, soweit sie nur objektiv zur Weiterverbreitung geeignet sind.[20] Ort und Sprache[21] der Veröffentlichung sind ohne Belang. Die Beschreibung braucht nicht mehr zu existieren, sofern ihre frühere Existenz und ihr Inhalt nachgewiesen werden können. Was einmal Stand der Technik war, bleibt es auch.[22] 17

Zur *Zugänglichkeit* s Rdn 36.

Beispiele: OS, AS, PS des In- und Auslandes, der Akteneinsicht zugänglicher Inhalt von Patentanmeldungen, Unterlagen eingetragener Gebrauchsmuster,[23] Veröffentlichungen eingetragener Designs,[24] alle Sprachwerke iSd § 2 (1) Nr 1 UrhG, Bücher, Zeitschriften, Zeichnungen (auch isoliert und ohne erklärenden Text[25]), Schaltbilder, Diagramme, Manuskripte, Kataloge, Prospekte, Briefe, Reklame, Fotokopien, Lichtbilder, Lichtpausen, (Mikro)Filme, Filmnegative, in einem Prozess eingereichte Schriftsätze,[26] Firmenschriften,[27] Werbeprospekte,[28] Betriebshandbuch (Manual),[29] abstracts.[30]

1.1.2 Mündliche Beschreibungen *(oral descriptions)* können sein: Vorträge,[31] Vorlesungen, Reden, Gespräche oder Erläuterungen zB bei Werksbesichtigungen, Führungen, Messen, Radio- und Fernsehsendungen, Werbeveranstaltungen, mündliche Erörterungen eines Problems zwischen beteiligten Firmen. 18

Zur *Zugänglichkeit* s Rdn 47.

Nachweis: Einer behaupteten mündlichen Vorbeschreibung ist auf Grund des Amtsermittlungsgrundsatzes dann nachzugehen, wenn der behauptete Inhalt, der Zeitpunkt und die öffentliche Zugänglichkeit der mündlichen Vorbeschreibung substantiiert dargetan sind. Im Fall des Bestreitens sind geeignete Beweismittel zu benennen. Diese können zB sein: Vorlage des einem Vortrag zugrundeliegenden, aber nicht öffentlich zugänglichen Manuskripts, Einreichung eines Tonbandes, Benennung von Zeugen, firmeninterne Anweisungen zur mündlichen Information von Kunden, Dokumente, 19

---

20 BGH GRUR **71**, 214 (2a) *customer prints.*
21 Zur steigenden Bedeutung des Informationswerts fremdsprachiger Dokumente infolge maschineller Übersetzungen s Larroyed IIC **18**, 763.
22 BGH GRUR **85**, 1035 (II 3) *Methylomonas.*
23 Vgl PA GrSen BlPMZ **53**, 336; BGH BlPMZ **55**, 300 *Zwischenstecker II*; **57**, 293 *Schleudergardine*; T 355/07 ABl **10** SonderA 2, 19.
24 BGH v 20.4.2021 X ZR 40/19 GRUR **21**, 1049 (Rn 36) *Zahnimplantat.*
25 BPatGE **15**, 12, 14; **14**, 23, 27; **24**, 177; T 0204/83 ABl **85**, 310.
26 BPatGE **28**, 22.
27 BPatGE **30**, 40; **32**, 109.
28 BGH GRUR **10**, 712 (Rn 72) *Telekommunikationseinrichtung*; BPatGE **32**, 109; BPatG v 4.6.2019 4 Ni 71/17 (EP) BlPMZ **19**, 403 L = GRUR-RS **19**, 17498; T 0523/14 v 17.2.2017 BeckRS **17**, 115218.
29 BPatGE **33**, 18; T 2056/13 v 22.2.2018 BeckRS **18**, 6258.
30 T 0077/87 ABl **90**, 280; T 0160/92 ABl **95**, 35.
31 Vgl BPatGE **16**, 96.

die nach dem Prioritätstag liegen, aus denen sich aber eine mündliche Offenbarung vor dem Prioritätstag ergibt.[32]

Als Stand der Technik kommt nur in Betracht, was tatsächlich mündlich offenbart wurde. Bleibt das zweifelhaft, scheidet die behauptete mündliche Offenbarung als StdT aus.[33] Es gibt keine Vermutung, dass der Inhalt einer mündlichen Offenbarung notwendiger Weise mit einer späteren Veröffentlichung identisch ist.[34]

20 **1.1.3 Benutzung** *(use)* ist »jede Handlung, die ihrer Art nach geeignet ist, das Wesen der Erfindung kundbar zu machen«.[35] Voraussetzung ist also, dass die Benutzung den Erfindungsgedanken erkennbar werden lässt. Der Begriff der Benutzung in § 3 geht über die Benutzungshandlungen des § 9 (= Herstellen, Inverkehrbringen, Anbieten, Gebrauchen) hinaus[36] und umfasst auch solche Kundgaben, die ohne Verletzungshandlungen nach § 9 zu sein, den Erfindungsgedanken erkennen lassen (zB private Ausstellung, Vorführung zu Versuchszwecken etc).[37]

21 Die *tatsächliche Benutzung genügt. Gewerbsmäßigkeit* ist nicht erforderlich, ein einziger Benutzungsfall kann genügen.[38] Der Benutzer selbst braucht den Erfindungsgedanken nicht erkannt zu haben,[39] jedoch muss seine Benutzung einem Durchschnittsfachmann die Nachbenutzung ermöglichen.[40] Neuheitsschädlich ist diese nur bei »Wesensgleichheit des vorbenutzten Gegenstandes mit den Merkmalen der Erfindung«;[41] ferner muss die Erfindung fertig sein (§ 34 Rdn 346 unter b), die Benutzung unfertiger Erfindungen (zB durch Versuch) kann idR keine ausführbare technische Lehre vermitteln. Auf die Befugnis zur Benutzung kommt es nicht an.

Beispiele für Benutzung: Ausstellung in einem Museum,[42] einer Kunstgewerbeschule,[43] einer Leistungsschau,[44] einer Messe; Vorführung zu Demonstrationszwecken; Wiedergabe in einer Fernsehsendung, Anbieten eines Gegenstands zum Kauf,[45] auch wenn dieser noch nicht hergestellt worden ist;[46] Übersenden von Zeichnungen an zwei Empfänger;[47] bei *Verfahren*: Lieferung einer Vorrichtung zur Durchführung eines Ver-

---

32 T 0316/86 EPOR 90, 217. Wohl zu weitgehend T 0400/97 vom 24.5.2000 BeckRS 00, 30578290 und T 1212/97 ABl 02 SonderA 17, wonach Beweismaterial des Vortragenden allein grundsätzlich ungenügend sein soll.
33 T 0877/90 EPOR 93, 6.
34 T 0086/95 EPOR 00, 54.
35 BGH BlPMZ 56, 121 *Handschuh*; 62, 164 *Fischereifahrzeug*; 65, 94 *Bierabfüllung*; BPatGE 3, 167, 169; **16**, 96.
36 BGH GRUR 70, 358, 359 rSp *Heißläuferdetektor*; BPatGE 3, 167, 169.
37 BGH GRUR 75, 254, 256 *Ladegerät II*.
38 T 0482/89 ABl 92, 646; T 1022/99 ABl 02 SonderA 19; T 0738/12 RechtsprBK/EPA **16**, 102; T 0072/16 v 20.2.2020 (Nr 7).
39 RG GRUR **38**, 865, 867.
40 RG GRUR **38**, 865, 867.
41 BGH BlPMZ 63, 181, 182 rSp *Stapelpresse*.
42 BGH BlPMZ 56, 121 *Handschuh*; 62, 164 *Fischereifahrzeug*; 65, 94 *Bierabfüllung*; BPatGE 3, 167, 169; **16**, 96.
43 BGH BlPMZ 56, 121 *Handschuh*; 62, 164 *Fischereifahrzeug*; 65, 94 *Bierabfüllung*; BPatGE 3, 167, 169; **16**, 96.
44 BGH GRUR 70, 358, 359 rSp *Heißläuferdetektor*; BPatGE 3, 167, 169.
45 BGH BlPMZ 62, 311, 313 lSp *Blitzlichtgerät*.
46 BGH BlPMZ 59, 127 *Heißpressplatte*; vgl aber auch BGH GRUR 08, 885 (Rn 23) *Schalungsteil*.
47 BGH BlPMZ 62, 164 *Fischereifahrzeug*.

fahrens, wenn dieses aus ihr unmittelbar erkennbar ist;[48] Vertrieb der Erzeugnisse, wenn aus ihnen das angewendete Verfahren entnehmbar ist.[49]

Zur *Zugänglichkeit* von Informationen aufgrund *offenkundiger Vorbenutzung* s Rdn 50.

1.1.4 Sonstige Informationsvermittlung *(other means of information)*: Durch die Einbeziehung von Kenntnissen in den Stand der Technik, die in »sonstiger Weise« der Öffentlichkeit zugänglich gemacht worden sind, können alle Manifestationen einer technischen Lehre – also nicht nur eine schriftliche oder mündliche Beschreibung oder eine Benutzung – neuheitsschädlich sein. Eine Beschränkung auf bestimmte Arten von Informationsträgern besteht nicht; vielmehr kommen alle möglichen Festlegungen körperlicher oder nichtkörperlicher Art in Betracht.

Beispiele: Aufzeichnungen auf Bild- oder Tonträgern (Schallplatte, Tonband, Filme, Videokassette, magnetische Aufzeichnung), Fernsehsendungen, Festlegungen zur Steuerung von Schreibautomaten oder automatischen Setzmaschinen, Einspeicherung in frei abfragbare Datenanlagen.

1.2 Öffentlichkeit *(public)*

Eine öffentliche Zugänglichkeit ist gegeben, wenn ein *unbegrenzter Personenkreis* die Möglichkeit der Kenntnisnahme hat oder hatte.[50] Nicht erforderlich ist, dass die neuheitsschädliche Tatsache der gesamten Allgemeinheit zugänglich ist. Es genügt vielmehr, dass über einen eng eingegrenzten Kreis von bestimmten Personen hinaus eine nicht überschaubare Vielzahl von Interessenten Zugang hat.[51]

Es muss nach der Lebenserfahrung die *nicht zu entfernte Möglichkeit* eröffnet worden sein, dass *beliebige Dritte* und damit *auch Sachverständige* eine zuverlässige, ausreichende Kenntnis von der neuheitsschädlichen Tatsache erhalten, mag dies unmittelbar dadurch geschehen, dass ein unbegrenzter Personenkreis die neuheitsschädliche Tatsache direkt selbst wahrnimmt oder wahrnehmen kann, oder mittelbar dadurch, dass sie nur Einzelne wahrnehmen, unter denen sich nicht zur Geheimhaltung verpflichtete Personen befinden und bei denen die Möglichkeit besteht, dass ihre Kenntnis an beliebige Dritte weiter dringt.[52] Es kann daher die Kenntnisnahme durch eine einzige Person, die ihre Kenntnis weitergeben kann, genügen, wenn dadurch die Fachwelt so weitgehend informiert wird, dass sich die verbreitete Kenntnis nicht mehr eingrenzen lässt.

»Öffentlichkeit« in § 3 (1) und Art 54 (2) EPÜ bedeutet also nicht »breite Öffentlichkeit«[53] oder gar »Mann in der Straße«.

Unerheblich ist es, wenn die *Zahl der Informationsempfänger* natürlicherweise auf die Personen *beschränkt* ist, die an dem Inhalt der neuheitsschädlichen Tatsache überhaupt

---

48 BGH BlPMZ **65**, 94 *Bierabfüllung*.
49 PA Mitt **38**, 148 u 173; **64**, 72.
50 BGH GRUR **14**, 251 *Bildanzeigegerät*.
51 BGH BlPMZ **71**, 230 *customer prints*.
52 BGH GRUR **53**, 384, 385 lSp *Zwischenstecker I*; **73**, 263, 264 rSp *Rotterdam-Geräte*; GRUR 08, 885 (Rn 23) *Schalungsteil*; BPatGE **12**, 1, 4.
53 T 0877/90 ABl **93** SonderA 17.

interessiert sind.[54] Die Möglichkeit der Kenntnisnahme durch beliebige Dritte genügt; ob Dritte tatsächlich Kenntnis erlangt haben, ist ohne Belang.[55] Hingegen reicht die abstrakte Gefahr, dass Dritte sich unerlaubt Zugang zu einer Information – wie etwa dem Inhalt einer über das Internet versandten *e-mail* – verschaffen können, nicht aus, um die Information als öffentlich zugänglich anzusehen.[56]

26 **1.2.1 Unbegrenzter Personenkreis:** Dem Begriff »Öffentlichkeit« ist ein finales Element eigen, dh die neuheitsschädliche Tatsache muss für die Öffentlichkeit bestimmt sein.[57] Daran fehlt es, wenn die Möglichkeit der Kenntnisnahme auf bestimmte Personen beschränkt ist und entweder sichergestellt ist, dass die Kenntnis über diesen eingegrenzten Personenkreis (zB Lizenznehmer,[58] befreundete Wissenschaftskollegen,[59] Mitarbeiter eines Verlags[60]) nicht hinausdringt,[61] oder zumindest nach der Lebenserfahrung die berechtigte Erwartung bestand, dass die ausgewählten Empfänger die mitgeteilten Kenntnisse nur für den beabsichtigten Zweck verwenden (zB für den gegenseitigen wissenschaftlichen Informationsaustausch;[62] im Rahmen von Forschung, Gutachten oder Beratung[63]). Ist also der Personenkreis auf Grund der Zweckbestimmung eingrenzbar, dann fehlt es an der Öffentlichkeit iSd § 3 und des Art 54 EPÜ, weil nicht beliebige Personen Kenntnis nehmen können. Das gilt auch dann, wenn im Einzelfall der Personenkreis relativ groß ist.[64] Je größer allerdings der bezeichnete Personenkreis ist, desto größer die Gefahr, dass die explizit oder implizit ausgesprochene Zweckbestimmung nicht eingehalten wird. Ein etwaiger Vertrauensbruch macht die mitgeteilte Kenntnis öffentlich. Ein solcher Vertrauensbruch muss aber festgestellt werden, eine bloße Wahrscheinlichkeit reicht dafür nicht aus. Ein praktisch nicht feststellbarer Personenkreis, zB Angehörige eines Staates, ist gegenüber dem Begriff Öffentlichkeit kein beschränkter Personenkreis.[65] Kann sich jeder Interessierte eine bestimmte Information besorgen, so ist sie selbst dann öffentlich zugänglich, wenn er die Information nicht weitergeben darf.[66]

27 **1.2.2 Geheimhaltungspflicht (confidentiality)** kann die öffentliche Zugänglichkeit ausschließen, wenn durch sie Dritte zuverlässig von der Kenntnisnahme ausgeschlossen werden. Die Geheimhaltungsverpflichtung kann beruhen auf: Ausdrücklicher Verein-

---

54 BGH GRUR **61**, 24, 25 *Holzimprägnierung*.
55 BGH BlPMZ **62**, 311, 313 *Blitzlichtgerät*.
56 T 0002/09 Mitt **12**, 355 (auszugsweise) = EPOR **12**, 431 *Public availability of an e-mail transmitted via the Internet/PHILIPS*.
57 BGH GRUR **93**, 466 *Fotovoltaisches Halbleiterbauelement*.
58 T 0300/86 ABl **90** SonderA 25.
59 BGH GRUR **93**, 466 *Fotovoltaisches Halbleiterbauelement*.
60 BPatGE **35**, 122.
61 Das ist nicht der Fall bei einer typischerweise nicht vertraulich zu behandelnden Mitarbeiterzeitschrift, s BPatG Mitt **06**, 370; T 1267/05 v 21.6.2007 BeckRS 07, 30688778.
62 BGH GRUR **93**, 466 *Fotovoltaisches Halbleiterbauelement*.
63 BPatGE **34**, 145.
64 BGH GRUR **73**, 263, 265 *Rotterdam-Geräte*; T 0308/86 ABl **90** SonderA 25 = EPOR **94**, 339; T 0838/97 ABl **02** SonderA 18 (Gordon Research Conference).
65 *BPatGE* **30**, 1.
66 T 0050/02 ABl **05** SonderA 24.

barung⁶⁷ (zB im Anstellungsvertrag oder speziell vor Werksbesichtigungen) oder stillschweigender Vereinbarung.⁶⁸ Letztere ist gegeben, wenn auf Grund eines Treue- oder Vertrauensverhältnisses eine Verschwiegenheit erwarten werden kann.⁶⁹ Urheberrechtliche Beschränkungen, auf die etwa ein Copyright-Vermerk auf einer Bedienungsanleitung oder einer technischen Zeichnung hinweisen mag, genügen hierfür idR nicht.⁷⁰ Besteht eine Geheimhaltungspflicht, kommt es nicht auf ein gegenteiliges Verständnis des Empfängers der Information an.⁷¹

Berechtigte Erwartung der Verschwiegenheit ohne besondere Absprache kann sich insbesondere ergeben aus: **a)** dem Zweck, dem die Kenntnisnahme durch Dritte dient, zB der Entwicklung eines erfolgversprechenden Erzeugnisses, der Stärkung der Wettbewerbsfähigkeit, der beabsichtigten Anmeldung von Schutzrechten; **b)** geschäftlichen oder vertraglichen Beziehungen, zB bei einem Joint-Venture-Vertrag;⁷² **c)** Spezialanfertigung eines Herstellers für einen Kunden;⁷³ **d)** Herstellung patentgemäßer Gegenstände durch ein Drittunternehmen;⁷⁴ **e)** Gepflogenheit oder Brauch;⁷⁵ **f)** sonstigen Umständen des Einzelfalles. 28

Gemeinsame Entwicklungstätigkeit *(joint technical development)*: Bei einer technischen Entwicklung, zu der mehrere Beteiligte beitragen, ist auf Grund des gemeinsamen Interesses eine vertrauliche Behandlung zu erwarten,⁷⁶ weil nach der Lebenserfahrung nicht damit zu rechnen ist, dass ein Beteiligter, der von dem gemeinsamen Projekt direkt oder indirekt profitiert, Kenntnisse über diese Entwicklung an beliebige Dritte weiter verbreiten wird.⁷⁷ Im Regelfall kann daher ohne Hinzutreten besonderer Umstände nicht von öffentlicher Zugänglichkeit der erlangten Kenntnisse ausgegangen werden.⁷⁸ Das gilt auch dann, wenn im Rahmen der Gesamtentwicklung für bestimmte Herstellungsschritte Dritte mit der Weiterentwicklung betraut werden⁷⁹ oder wenn ein Vertragspartner ein gemeinsam entwickeltes Erzeugnis im Rahmen eines Kaufvertrags an den anderen Vertragspartner liefert.⁸⁰ Der bloße zeitliche Ablauf einer Geheimhal- 29

---

67 Umfassend hierzu **Kurz:** Vertraulichkeitsvereinbarungen und andere Vorfeldverträge 4. Aufl 2019.
68 BGH GRUR **62**, 518, 521 *Blitzlichtgerät*; **66**, 484, 487 lSp *Pfennigabsatz*; T 0830/90 ABl **94**, 713, 722.
69 BGH BlPMZ **63**, 181, 183 lSp *Stapelpresse*.
70 T 2056/13 v 22.2.2018 BeckRS **18**, 6258.
71 AA aber T 0939/14 v 23.5.2019 BeckRS **19**, 21673.
72 T 0472/92 ABl **98**, 161.
73 BGH v 20.6.2000 X ZR 17/98 BeckRS **00**, 7419 *hydraulische Spannmutter*.
74 BGH GRUR **01**, 819 (IV) *Schalungselement*.
75 BGH GRUR **93**, 466 *Fotovoltaisches Halbleiterbauelement*: üblicher Informationsaustausch unter Wissenschaftlern durch Übersendung von Vorabdrucken, sog *preprints*.
76 BGH GRUR **62**, 518, 520 *Blitzlichtgerät*; **78**, 297 *Hydraulischer Kettenbandantrieb*; **96**, 747 (II5b) *Lichtbogen-Plasma-Beschichtungssystem*; BPatGE **31**, 174, 175; **42**, 221, 223; BPatG Mitt **88**, 207; T 0830/90 ABl **94**, 713.
77 BPatGE **24**, 145.
78 BGH Mitt **99**, 362 (III2a) *Herzklappenprothese*; BlPMZ **99**, 311 (II2c ee) *Flächenschleifmaschine*; tendenziell aA aber schweiz BG GRUR Int **17**, 135 *Neuheitsschädliche Veröffentlichungen – Entwicklungszusammenarbeit*.
79 BGH Mitt **99**, 362 (III2a) *Herzklappenprothese*; BlPMZ **99**, 311 (II2c ee) *Flächenschleifmaschine*; T 1085/92 ABl **95** SonderA 27.
80 BGH v 21.4.2020 X ZR 75/18 GRUR **20**, 833 (Rn 35) *Konditionierverfahren*.

tungspflicht macht die geheim gehaltenen Informationen noch nicht ohne eine gesonderte Handlung zugänglich.[81] Werden für die Entwicklung von Medikamenten klinische Studien durchgeführt, ist die Sicherung von Geheimhaltung aufgrund gestiegener Transparenzgebote nur noch selten möglich.[82]

30 **Geheimnisverrat** (*breach of confidence*) oder Bruch eines bestehenden Vertrauensverhältnisses macht die neuheitsschädliche Tatsache öffentlich zugänglich.[83] Möglich bleiben Schadenersatzansprüche und die Einrede der unzulässigen Rechtsausübung im Verletzungs- oder Nichtigkeitsverfahren.[84]

31 **Beweislast** (*burden of proof*): Wer seinen Angriff gegen ein Patent darauf stützt, dass eine bestimmte Information öffentlich zugänglich war, zB durch offenkundige Vorbenutzung, den trifft die materielle Beweislast hierfür.[85] Es ist nicht Sache des Patentinhabers darzulegen, dass er die notwendigen Geheimhaltungsmaßnahmen getroffen habe.[86] Dazu ist er nur im Falle der Umkehr der Beweislast verpflichtet[87] (s Einl Rdn 157). Räumt ein Nichtigkeitskläger die nach den Umständen ernsthaft in Betracht zu ziehende Möglichkeit einer konkludenten Geheimhaltungspflicht nicht aus, so geht dies zu seinen Lasten.[88] Auch für den Informationsgehalt einer mündlichen Vorbeschreibung oder einer Vorbenutzung ist der Angreifer beweisbelastet.[89]

1.3 Zugänglichkeit (*availability*)

32 Die tatsächliche Existenz einer bestimmten technischen Kenntnis lässt diese noch nicht zum Stand der Technik werden, sie muss der Öffentlichkeit auch zugänglich gemacht worden sein. Zugänglich machen heißt die *objektive Möglichkeit* schaffen, dass Fachleute das *Wesen der Erfindung zu erkennen vermögen* und mit ihrem Fachwissen die technische Lehre ausführen können.[90] Bestand diese Möglichkeit objektiv, so ist es unerheblich, ob von ihr tatsächlich Gebrauch gemacht worden ist. Das objektive Zurverfügungstehen, das tatsächliche Erreichbarsein für Sachverständige genügt.[91]

---

81 T 1081/01 ABl 05 SonderA 25.
82 Vgl T 0239/16 v 13.9.2017 BeckRS 17, 146633; hierzu Kallenbach/Vallazza epi information 17/4, 36.
83 BGH BlPMZ **62**, 311, 313 *Blitzlichtgerät*; GRUR **93**, 466 *Fotovoltaisches Halbleiterbauelement*; **96**, 747 (II5b) *Lichtbogen-Plasma-Beschichtungssystem*.
84 RGZ **167**, 339, 357 = GRUR **42**, 57.
85 T 0160/92 ABl **95**, 35.
86 BGH Mitt **99**, 362 (III2c bb) *Herzklappenprothese*. Wohl aA T 0473/13 v 11.5.2016 BeckRS **16**, 120358 (Beweislast bei Einsprechendem erst, nachdem Patentinhaber Gründe für implizite Geheimhaltungspflicht dargetan hatte) sowie T 2037/18 v 16.10.2019 ABl **20** ZPubl 4, 65 = BeckRS **19**, 32043 (Beweislast zunächst bei Patentinhaber für Geheimhaltungsabrede bei Verkauf eines Schienenfahrzeugs an Bahnbetreibergesellschaft).
87 Vgl T 1054/92 ABl **98** SonderA 17.
88 BGH GRUR **01**, 819 (IV) *Schalungselement*.
89 In der Rechtsprechung werden die Beweisanforderungen häufig sehr hoch bemessen, vgl T 0400/97 vom 24.5.2000 BeckRS **00**, 30578290.
90 BPatGE **34**, 38.
91 GrBK G 0001/92 ABl **93**, 27 *Öffentliche Zugänglichkeit*: Möglichkeit der Analyse der Zusammensetzung eines erhältlichen Erzeugnisses genügt, unabhängig davon, ob es einen Anlass für eine Untersuchung gibt; *aA*: T 0093/89 ABl **92**, 718; vgl dazu Rdn 53.

Dieser Begriff des Zugänglichmachens[92] gilt unterschiedslos für alle neuheitsschädlichen Handlungen, also schriftliche und mündliche Beschreibungen etc. Das Fehlen der Zustimmung des Berechtigten ist unbeachtlich.[93]

33

Dauer der Zugänglichkeit muss für eine mögliche Kenntnisnahme durch Dritte ausreichen. Dann ist ein späterer **Wegfall der Zugänglichkeit** ohne Einfluss, denn was einmal Stand der Technik war, bleibt es auch.[94]

34

Gegenbeweis: Wird nachgewiesen, dass tatsächlich niemand von der neuheitsschädlichen Tatsache Kenntnis genommen hat, so schließt das noch nicht aus, dass gleichwohl eine öffentliche Zugänglichkeit gegeben war, da es nur auf die objektive Möglichkeit der Kenntnisnahme ankommt. Der Gegenbeweis kann aber den Schluss nahelegen, dass die neuheitsschädliche Handlung im konkreten Einzelfall nicht geeignet war, diese objektive Möglichkeit zu schaffen.

Körperliche Festlegung des Schriftwerkes ist nicht erforderlich, sofern es auf Anforderung alsbald angefertigt und ausgehändigt wird.[95] Dann genügt die *Kundgabe der Bereithaltung* zur Verteilung an einen unbestimmten Empfängerkreis.[96] Die Kundgabe braucht genaue Einzelheiten nicht zu enthalten.[97] Die bloße Zusage, sich mit einem Problem zu befassen, genügt nicht.[98]

35

1.3.1 Zugänglichkeit schriftlicher Beschreibung (s Rdn 17)

36

Zugänglich gemachter Inhalt ist die Information der schriftlichen Beschreibung, die ein Fachmann ihr entnimmt, der für das Verständnis sein Fachwissen mit heranzieht. Im Sinne des § 3 (1) 2 und des Art 54 (2) EPÜ wird nicht zugänglich gemacht, was in einer Entgegenhaltung verborgen oder geheim (*hidden or secret*) enthalten sein mag. Solche *inhärenten Informationen* mögen rein denkgesetzlich aus einer Schrift ableitbar sein, sie sind aber nicht zugänglich gemacht.

37

Zugänglichkeit einer schriftlichen Beschreibung ist gegeben, wenn ein unbegrenzter Personenkreis in der Lage ist, das Schriftwerk kennenzulernen. Dazu bedarf es keines besonderen Hinweises auf die Existenz des Schriftwerkes, sofern nur tatsächlich die Möglichkeit der Kenntnisnahme für Dritte besteht.

38

Das ist bei Druckschriften nicht der *Tag des Eingangs des Manuskripts* bei der Redaktion, weil es damit nur einem begrenzten Personenkreis bei Verlag, Druckerei, Binderei und Vertrieb bekannt wird.[99] Der *Tag des Eingangs bei einer Bibliothek* ist maßgebend, wenn an diesem Tag Dritte die Schrift einsehen konnten,[100] also wenn die Schrift an diesem Tag in die Freihandbibliothek eingereiht wurde (auch wenn darauf nicht

39

---

92 Vgl Papke GRUR **80**, 775.
93 BGH GRUR **66**, 255 *Schaufenstereinfassung*.
94 BGH GRUR **85**, 1035 (II3) *Methylomonas*.
95 BGH BlPMZ **71**, 230 *customer prints*.
96 BGH BlPMZ **71**, 230 *customer prints*.
97 BGH BlPMZ **71**, 230 *customer prints*.
98 BGH BlPMZ **73**, 27 *Einstellbare Streckwalze*.
99 Ballhaus in FS Kirchner 1985, 1; BPatGE **35**, 122.
100 BPatG Mitt **84**, 148; T 1050/12 v 22.1.2018 ABl 20 ZPubl 4, 11 = BeckRS **18**, 10362.

besonders hingewiesen wurde)[101] oder wenn an diesem Tag in einem Katalog oder Register darauf hingewiesen wurde, dass die Schrift existiert (zB in den Archiven) und zur Verfügung steht. Zweifelhaft ist, ob bereits der Bibliothekar, der den Eingang der Schrift vermerkt, als Mitglied der Öffentlichkeit zu gelten hat.[102]

40 Der Tag der Zugänglichkeit der Schrift muss zur Überzeugung von DPMA oder EPA *feststellbar* sein. Ist es nicht möglich festzustellen, dass der Veröffentlichungstag vor dem Anmelde- oder Prioritätstag liegt, dann kann die Druckschrift nicht als Stand der Technik gewertet werden.

41 Das *Internet* ist eine äußerst wichtige Quelle technischer Informationen geworden. Auch Offenbarungen im Internet gehören daher grundsätzlich zum Stand der Technik, jedenfalls dann, wenn sie genügende Zeit zugänglich blieben, um mit Hilfe einer üblichen Suchmaschine aufgefunden zu werden.[103] Aufgrund der Funktionsweise des Internets, insbesondere der leichten Aktualisierbarkeit von Webseiten, ist es jedoch oft schwierig, exakt zu ermitteln, wann und mit welchem Inhalt eine bestimmte Information der Öffentlichkeit zugänglich wurde.[104]

In der Rechtsprechung wird häufig ein strenger Maßstab für den Nachweis von Internet-Veröffentlichungen angelegt. So ist nach einer Entscheidung des BPatG das Internet idR nicht geeignet, Stand der Technik hinreichend sicher zu ermitteln.[105] Dies soll auch bei Rückgriff auf sog. Internetarchive wie zB http://www.archive.org gelten.[106] Eine ähnlich strenge Sichtweise fand sich zunächst auch in mehreren Beschwerdeentscheidungen des EPA,[107] hat sich jedoch in der jüngeren Rechtsprechung zunehmend gelockert[108] und gilt nunmehr als überholt.[109]

Nach einer 2009 veröffentlichten Mitteilung des EPA über die Anführung von Internet-Dokumenten reicht es bei der Prüfung aus, dass sich die öffentliche Zugänglichkeit nach Abwägung der Wahrscheinlichkeit ergibt.[110] Dann soll die Beweislast auf den Anmelder übergehen, der nun das Gegenteil nachzuweisen habe. Abwägen der Wahrscheinlichkeit in diesem Sinne bedeutet jedoch nicht, dass es genügt, dass der behauptete Sachverhalt (zB der Veröffentlichungstag) lediglich wahrscheinlich ist; vielmehr

---

101 T 0381/87 ABl 90, 213.
102 So allerdings T 0834/09 ABl 14 ZPubl 5, 31. Offengelassen in T 1050/12 v 22.1.2018 ABl 20 ZPubl 4, 11 = BeckRS 18, 10362.
103 T 1553/06 EPOR 12, 383. Vgl umfassend Klicznik: Neuartige Offenbarungsmittel des Standes der Technik im Patentrecht 2007. Für das US-Recht vgl CAFC GRUR Int 13, 128 *Voter Verified v. Premier Election Solutions*.
104 S MittEPA über die Anführung von Internet-Dokumenten ABl 09, 456.
105 BPatGE 46, 76; vgl Niedlich Mitt 04, 349. S aber auch BPatG BeckRS 10, 16272: Öffentliche Zugänglichkeit eines Fotos in einem Internet-Blog ausreichend nachgewiesen.
106 S auch BPatG v 4.3.2020 19 W (pat) 46/18 GRUR-RS 20, 5792: Veröffentlichung durch Internet-Archiv jedenfalls wegen mangelnder Abrufbarkeit nicht nachgewiesen.
107 T 1134/06 ABl 07 SonderA Nr 6, 20; T 1875/06 EPOR 08, 348; T 0019/05 EPOR 12, 285; vgl aber auch T 0990/09 v 3.7.2012 (Nr 10–17) (Abwägung der Wahrscheinlichkeit als Maßstab für Zugänglichkeit eines Produkts aufgrund einer archivierten Website mit Produktinformationen).
108 T 0990/09 RechtsprBK/EPA 19, 101; T 2339/09 ABl 12 SonderA 31; T 0286/10 ZPubl zu ABl 4/15, 26; T 2227/11 v 18.2.2016 BeckRS 16, 120012.
109 T 1711/11 v 9.11.2016 ABl 18 ZPubl 3, 47 = BeckRS 16, 125749.
110 ABl 09, 456 (Nr 3.2 und 3.3).

muss das entscheidende Organ darüber hinaus von seiner Richtigkeit überzeugt sein.[111] Zur Auswirkung unterschiedlicher Zeitzonen auf das Datum der Zugänglichkeit von Internet-Veröffentlichungen s oben Rdn 12.

Da Druckschriften nach der Lebenserfahrung in unmittelbarem Anschluss nach der Herstellung auch verteilt zu werden pflegen,[112] kann grundsätzlich davon ausgegangen werden, dass der auf der Druckschrift angegebene Zeitpunkt (*copyright notice*) mit der öffentlichen Zugänglichkeit identisch ist,[113] es sei denn, dass konkrete Umstände des Einzelfalls zu Zweifeln Anlass geben. Der Prima-facie-Beweis kann im Einzelfall entkräftet werden, zB durch den glaubhaften Vortrag, dass die Druckschrift bei solchen Stellen tatsächlich nicht verfügbar war, bei denen sie nach einer Verteilung hätte vorhanden sein müssen.[114] Der bloße Vortrag unsubstantiierter Bedenken reicht nicht aus.[115] Wer sich auf eine eigene Beschreibung (zB Prospekt) bezieht, muss auch deren öffentliche Zugänglichkeit nachweisen. 42

Deutsche, europäische und internationale Patentanmeldungen werden mit dem Zeitpunkt ihrer Offenlegung oder Veröffentlichung Stand der Technik, unabhängig davon, in welcher Sprache die Veröffentlichung erfolgt. Hat eine Offenlegung der Anmeldung vorher nicht stattgefunden (vgl § 32 (2) 2), so wird ein deutsches Patent erst mit der Veröffentlichung der Patenterteilung im Patentblatt der Öffentlichkeit zugänglich, nicht bereits mit Zustellung des Erteilungsbeschlusses.[116] 43

Eine ausländische nationale Patentanmeldung, die frühzeitig veröffentlicht wird, weil die jeweilige Rechtsordnung eine Veröffentlichung vor Patenterteilung vorsieht, wird ebenfalls ab diesem Zeitpunkt Stand der Technik. Sieht die Rechtsordnung die erstmalige Veröffentlichung erst nach Patenterteilung vor,[117] so wird die Anmeldung idR erst durch die Veröffentlichung des Hinweises auf die Patenterteilung der Allgemeinheit zugänglich.

Das Datum der ersten Veröffentlichungen von Patentanmeldung und Patentschriften wird nach einer ICIREPAT-Empfehlung mit einem INID-Symbol gekennzeichnet, und zwar durch (43) bei ungeprüften Anmeldungen (= OS), durch (44) bei geprüften Anmeldungen (= AS) und durch (45) bei erteilten Patenten (= PS). Die INID-Symbole 44

---

111 So zu Recht EPA-PrüfRichtl G-IV 7.5.2; ausführlich hierzu T 0545/08 v 24.03.2017 ABl 18 ZPubl 3, 46 = BeckRS 17, 115753.
112 BPatGE 32, 109; BPatG v 4.6.2019 4 Ni 71/17 (EP) BlPMZ 19, 403 L = GRUR-RS 19, 17498; T 0184/11 RechtsprBK/EPA 19, 93.
113 T 0287/86 EPOR 89, 214; T 1384/05 v 16.10.2007 (Nr 2.1) BeckRS 07, 30690995 (bei Vorliegen weiterer Indizien).
114 T 0182/00 v 7.1.2004 (Nr 2–9) BeckRS 04, 30535365.
115 BPatGE 32, 109.
116 BPatG BlPMZ 95, 324; T 0877/98 ABl 01 SonderA Nr 3, 20.
117 Bis 1999 wurden in den USA nationale Anmeldungen bis zur Patenterteilung idR geheim gehalten. Seit einer Gesetzesreform von 1999 erfolgt nunmehr auch in den USA grundsätzlich eine Veröffentlichung nach 18 Monaten ab Prioritätsdatum. Eine Ausnahme ist aber für den Fall vorgesehen, dass der Anmelder keine Anmeldungen außerhalb der USA tätigt, durch die es zu einer frühzeitigen Veröffentlichung kommen würde. Vgl Mayer/Bulter/Molnia, Das US-Patent 5. Aufl 2017 A.III.3.

(41) und (42) kennzeichnen ferner das Datum der Einsehbarkeit bei ungeprüften und bei geprüften Anmeldungen.

45 **Zugänglichkeit bejaht für: a)** Schriften (zB Dissertation,[118] Diplomarbeit,[119] Manuskript eines Artikels »placed on the shelves of a library«[120]), die **in einer Bibliothek zur Einsicht** ausliegen, auch wenn darauf nicht ausdrücklich (zB in einem Register) hingewiesen ist;[121] **b)** Unterlagen eines ausländischen Patents, wenn die **Einsichtsmöglichkeit allgemein bekannt** ist, darauf aber für das einzelne Patent in einem Register oder Amtsblatt nicht hingewiesen ist;[122] **c) Patentschriften**, auch wenn sie in einer falschen oder nur in einer allgemeinen[123] Klasse der Patentklassifikation eingeordnet sind; **d) customer prints**, für die bekanntgegeben wurde, dass sie zur Verteilung bereitgehalten werden;[124] **e)** Druckschriften idR ab **copyright- oder Editionsvermerk**[125] (s Rdn 42); **f)** nachträgliche Aufnahme eines Beispiels in ein Patentdokument, das bereits öffentlich zugänglich war;[126] **g) Versendung von Spezifikationen** für die Holzimprägnierung an interessierte Dritte durch die Postverwaltung;[127] **h) Diplomarbeit**, die nur dem Fachpublikum eines Staates zugänglich ist;[128] **i)** in kleiner Auflage in Kopenhagener Vorort vertriebenes **Anzeigenblatt**;[129] **j) Normungsvorschläge** an Mitglieder einer Arbeitsgruppe eines internationalen Normungsausschusses.[130]

46 **Zugänglichkeit verneint für: a)** Vervielfältigungsstücke, die ihrem Charakter nach zum **internen Gebrauch** bestimmt sind und deren Kenntnisnahme auf einen begrenzten Personenkreis (mag er auch groß sein) beschränkt ist;[131] **b) firmeninterne Rundschreiben**;[132] **c)** getipptes Vortragsmanuskript für 20 ausgewählte Teilnehmer einer Chemiedozententagung;[133] **d) Werkstattzeichnungen**, es sei denn, dass sie von den Adressaten weiter verbreitet oder vom Hersteller selbst in an sich unüblicher Weise verwendet worden sind, wie zB Werkstattzeichnungen zu Zwecken der Werbung;[134] **e)** Broschüre einer Firma, wenn das **Datum ihrer Verteilung an Kunden zweifelhaft** ist;[135] **f)** getippten Report mit Schaltungsdiagrammen, der einer großen Zahl von Lizenznehmern unter der Auflage der Geheimhaltung für deren **vertraulichen**

---

118 BPatG Mitt **84**, 148.
119 BPatGE **30**, 2.
120 T 0381/87 ABl **90**, 213.
121 T 0381/87 ABl **90**, 213.
122 BGH BlPMZ **71**, 286 *Tragplatte*; BPatGE **19**, 122; **41**, 265 (für IT-Gbm).
123 T 0195/84 ABl **86**, 121, 126.
124 BGH BlPMZ **71**, 230 *customer prints*.
125 BGH BlPMZ **71**, 230 (II 2c) *customer prints*; T 0287/86 EPOR **89**, 214.
126 T 0444/88 EPOR **91**, 94.
127 BGH GRUR **61**, 24 *Holzimprägnierung*.
128 BPatGE **30**, 1.
129 T 0165/96 ABl 01 SonderA Nr 3, 20.
130 BPatG v 12.2.2020 5 Ni 50/16 (EP) GRUR-RS **20**, 47322 (Rn 54) betr ITU-Meeting; T 0202/97 ABl 00 SonderA 14; T 2239/15 v 19.6.2019 ABl **20** ZPubl 4, 11 = BeckRS **19**, 23295.
131 T 0300/86 ABl **90** SonderA 25.
132 RG MuW **27/28**, 215.
133 BPatG Mitt **70**, 17.
134 BPatGE **23**, 27; T 0082/90 ABl **92** SonderA 35 = BeckRS **92**, 30512278.
135 T 0308/87 EPOR **91**, 464.

Gebrauch überlassen wurde;[136] **g) Firmenschriften**, die zwar hergestellt wurden, von denen aber nicht feststeht, dass sie verteilt wurden;[137] **h)** Übersendung von **preprints** an befreundete Wissenschaftskollegen im Rahmen des wissenschaftlichen Informationsaustausches vor dem zeitlich nachhinkenden Abdruck in einer Zeitschrift;[138] **i)** Übersendung eines Artikels an einen Verleger nebst **Zustimmung zur Veröffentlichung**, weil darin erst die Erlaubnis zum Zugänglichmachen, nicht aber das tatsächliche Zugänglichmachen liegt;[139] **j)** Ausliegen einer Diplomschrift, die nur durchgeblättert, aber **nicht eingehend studiert werden kann**;[140] **k) Aufnahme einer Diplomarbeit in das Archiv** einer Fachbereichsbibliothek, wenn mangels Katalogisierung die Öffentlichkeit nicht von ihrer Existenz erfährt;[141] **l) betriebsinterne Montage- und Bedienungsanleitung.**[142]

1.3.2 Zugänglichkeit mündlicher Beschreibungen

Eine mündliche Beschreibung wird der Öffentlichkeit zugänglich, wenn ein unbegrenzter Personenkreis die Möglichkeit der Kenntnisnahme durch eigene Teilnahme oder indirekt durch Mittelspersonen hatte. Ist durch geeignete Vorkehrung sichergestellt, dass die mündlich verbreiteten Kenntnisse nicht über den angesprochenen Personenkreis hinausdringen und wird die Verpflichtung oder Erwartung zur Geheimhaltung von den Teilnehmern beachtet, so fehlt die freie Zugänglichkeit. Auf die Größe des ausgewählten Publikums kommt es für die Bejahung der Zugänglichkeit grundsätzlich nicht an, es muss nur nach der Lebenserfahrung mit der Erwartung zu rechnen sein, dass beliebige Dritte eine ausreichende Kenntnis erlangen können; ob sie es tatsächlich erlangt haben, ist dann ohne Belang. Ist die mögliche Verbreitung der Kenntnis ausgeblieben, so kann das ein Indiz für eine nicht ausreichend freie Zugänglichkeit sein. An den Nachweis des Informationsgehalts einer mündlichen Vorbeschreibung werden strenge Anforderungen gestellt.[143]

47

Zugänglichkeit bejaht: a) für **Vortrag** anhand von Zeichnungen vor 80 Chemikern, denen mit der Einladung eine Kurzfassung des Vortrags ausgehändigt wurde;[144] b) für **Vortrag** auf einer Konferenz, dessen Manuskript verteilt wurde;[145] c) für **Vortrag** vor ausgewählten Eingeladenen, wenn diese nicht zur Geheimhaltung verpflichtet wurden.[146]

48

---

136 T 0300/86 ABl 90 SonderA 25.
137 BPatGE 30, 40; T 0082/90 v 23.7.1992 BeckRS 92, 30512278.
138 BGH GRUR 93, 466 *Fotovoltaisches Halbleiterbauelement*.
139 BPatGE 35, 122; T 0842/91 v 11.5.1993 BeckRS 93, 30647154.
140 BPatGE 34, 38.
141 T 0414/99 ABl 02 SonderA 17.
142 BPatG Mitt 06, 512.
143 S zB T 0843/15 v 21.11.2017 BeckRS 17, 146606 (Zugänglichkeit eines Installationsschemas nicht zweifelsfrei nachgewiesen durch Kopie einer Power-Point-Präsentation des Vortragenden). Zu weitgehend T 0400/97 vom 24.5.2000 BeckRS 00, 30578290 und T 1212/97 ABl 02 SonderA 17, wonach Beweismaterial des Vortragenden allein grundsätzlich ungenügend sein soll.
144 BPatGE 16, 96.
145 T 0534/88 EPOR 91, 18.
146 T 0877/90 ABl 93 SonderA 17 = EPOR 93, 6.

49 **Zugänglichkeit verneint für: a) Vortrag** vor 20 ausgewählten Kursteilnehmern einer Chemiedozententagung, deren Unkosten ein Unternehmen übernahm;[147] **b) interne Versuchsergebnisse,** die auf einer Fachtagung bekanntgegeben werden, wenn zur Erkenntnis eines Problems eine Anlage erforderlich ist, die dem Fachmann nicht zur Verfügung stand, weil sie erst 22 Tage vor dem Anmeldetag vorgestellt wurde;[148] **c)** mündlichen Vortrag vor **Personen, die nicht in der Lage sind, die technischen Darlegungen zu verstehen;**[149] **d) Vortrag** vor ca. 100 renommierten Experten, wenn diese durch Tagungsveranstalter darauf hingewiesen worden waren, dass Informationen nicht ohne Genehmigung des Urhebers benutzt werden dürften.[150]

1.3.3 Öffentliche Zugänglichkeit durch Benutzung[151] *(public availability by prior use)*

50 **1.3.3.1 Allgemeines:** Eine Benutzung iSd § 3 (1) 2 und des Art 54 (2) EPÜ (zum Begriff s Rdn 20) macht eine technische Lehre der Öffentlichkeit zugänglich, wenn die Handlung geeignet war, das Wesen dieser Lehre einer beliebigen Zahl von Personen kundbar zu machen. Was einmal der Öffentlichkeit zur Verfügung stand, soll durch Erteilung eines Patents nicht wieder aus der »domaine public« herausgenommen werden.[152] Zur »domaine public« wird eine technische Lehre nicht allein durch ihre bloße Benutzung in der Öffentlichkeit, sie muss auch durch die Benutzung der Öffentlichkeit zugänglich gemacht worden sein. Eine Erfindung ist für Dritte aufgrund einer Benutzung zugänglich, also zur Verfügung gestellt (*made available*), wenn die Erfindung aus der Benutzung erkennbar war und Dritte die Benutzung wahrnehmen und aufgrund der Kenntnisnahme die Erfindung erkennen konnten. Für den Nachweis der Vorbenutzung und ihres Offenbarungsgehalts wird idR ein strenger Beweismaßstab angelegt.[153] Dies gilt insbesondere dann, wenn sich alle Beweismittel im Einflussbereich des Einsprechenden befinden.[154]

51 **1.3.3.2 Erkennbarkeit der Erfindung:** Wie bei schriftlichen oder mündlichen Beschreibungen ist auch die Benutzung neuheitsschädlich, wenn sie dem Fachmann die Information über die Erfindung vermittelt.[155] Dazu muss die technische Lehre anhand der Benutzung objektiv erkennbar sein, ohne dass es weiterer Erläuterungen für den Fachmann bedarf.

52 **Erzeugnisse** werden durch eine Benutzung nicht nur in ihrer Existenz, sondern auch mit ihrer durch einen Fachmann feststellbaren Beschaffenheit offenbart. Was feststellbar ist, hängt von der Art der Benutzungshandlung ab.[156] Wird eine Vorrichtung zB

---

147 BPatG Mitt 70, 17.
148 BPatGE 32, 206.
149 T 0877/90 ABl 93 SonderA 17 = EPOR 93, 6.
150 T 0838/97 ABl 02 SonderA 18 (Gordon Research Conference).
151 **Lit:** Günzel in FS Nirk 92, 441; Lederer in FS Vieregge 95, 547; **Lit in GRUR Int:** Auz-Castro 96, 1099 (= IIC 96, 190); Mandel 96, 1104 (= IIC 96, 203); **Lit in GRUR:** Reimann 98, 298; Nirk 01, 984; **Lit in Mitt:** Rößler 06, 98.
152 GrBK G 0001/92 ABl 93, 277 *Öffentliche Zugänglichkeit.*
153 Vgl zB T 1029/96 ABl 02 SonderA 20.
154 Vgl zB T 0971/11 v 4.3.2016 BeckRS 16, 122153.
155 GrBK G 0001/92 ABl 93, 277 *Öffentliche Zugänglichkeit.*
156 Noch nicht differenzierend die Voraufl.

nur auf einer Messe oder bei einer Betriebsbesichtigung gezeigt oder vorgeführt, so sind nur solche Merkmale offenbart, die bei dieser Gelegenheit für den Besichtigenden oder Zuschauer erkennbar waren.[157] Anders verhält es sich bei solchen Vorbenutzungen, bei denen ein Gegenstand in die Verfügungsgewalt eines Mitglieds der Öffentlichkeit gelangt. Dann werden nicht nur der Stoff als solcher, sondern idR auch bestimmte Merkmale, insbesondere seine Zusammensetzung und Struktur, zugänglich, wenn der Fachmann diese feststellen kann.[158] Hierbei sind allerdings mehrere Einschränkungen zu beachten.

Eine **erste Einschränkung** betrifft die Art der Merkmale, die durch eine solche Benutzung offenbart werden. Merkmale, die sich nur zeigen, wenn das Erzeugnis in Wechselwirkung mit gezielt gewählten äußeren Bedingungen, z. B. Reaktanten oder ähnlichem, gebracht wird, um eine bestimmte Wirkung oder ein bestimmtes Ergebnis herbeizuführen oder mögliche Ergebnisse oder Fähigkeiten zu entdecken, hängen von bewussten Auswahlentscheidungen ab und weisen daher über das Erzeugnis als solches hinaus.[159] Solche sog. extrinsischen Merkmale *(extrinsic features)* werden durch ein vorbenutztes Erzeugnis nicht offenbart.[160] Typische Beispiele hierfür sind die Anwendung eines bekannten Stoffes oder Stoffgemisches als Arzneimittel (s unten Rdn 141 ff) und die auf einer neuen technischen Wirkung beruhende nicht-medizinische Verwendung eines bekannten Stoffes für einen bestimmten Zweck (unten Rdn 58). Grundsätzlich gilt, dass Benutzungen, in denen eine technische Lehre verborgen ist (hidden uses), diese Lehre nicht der Öffentlichkeit zugänglich machen,[161] denn die Benutzung muss die Erfindung Dritten offenbaren, also über sie informieren. Das tut sie nicht, wenn die Erfindung in ihr zwar inhärent enthalten ist, der Fachmann sie aber mit seinem Fachwissen nicht zu erkennen vermag, so zB wenn die Erfindung in einem komplexen Ganzen so versteckt enthalten ist, dass ein Fachmann nicht auf die Idee kommen würde, sie in dem benutzten Gegenstand zu vermuten.[162]

53

Eine **zweite mögliche Einschränkung** betrifft die Frage, ob der Fachmann neben der Gelegenheit auch einen Anlass zur Untersuchung des vorbenutzten Erzeugnisses haben muss, wenn die in ihm enthaltene technische Lehre nur so ermittelt werden kann. Auf einen solchen Anlass ist in der älteren Rechtsprechung häufig abgestellt

54

---

157 Für Beispiele aus der Rechtsprechung s Rdn 63 Nr 7–9, 13 u 15 sowie Rdn 64 Nr 7, 12, 14 u 16.
158 BGH GRUR **86**, 372 *Thrombozyten-Zählung* für nicht deklarierte Eigenschaften eines Reagenz; BPatGE **53**, 66 für Vertrieb eines pharmazeutischen Erzeugnisses; GrBK G 0001/92 ABl **93**, 277 (Nr 1.4) *Öffentliche Zugänglichkeit*; T 0406/86 (Nr 4.2) EPOR **89**, 338 für chemische *Zusammensetzung*; T 0390/88 EPOR **90**, 417 (Nr 4) für Zusammensetzung eines Films; s auch T 2068/15 ABl **18** ZPubl 3, 8; T 1452/16 v 20.9.2017 BeckRS **17**, 146618.
159 GrBK G 0001/92 ABl **93**, 277 (Nr 3) *Öffentliche Zugänglichkeit*.
160 GrBK G 0001/92 ABl **93**, 277 *Öffentliche Zugänglichkeit*; T 1409/16 v 19.4.2018 ABl **20** ZPubl 4,10 = BeckRS **18**, 12767.
161 GrBK G 0002/88 ABl **90**, 93 (Nr 10.1) *Reibungsverringernder Zusatz/MOBIL OIL III*; brit House of Lords GRUR Int **96**, 825 (Nr 8b) *Terfenadin*.
162 T 0461/88 ABl **93**, 295 für Programm auf einem Mikrochip; T 0301/87 ABl **90**, 335, 349 für DNA-Sequenz in einer Gen-Bank.

worden,[163] selbst wenn man grundsätzlich davon ausgehen kann, dass aus Wettbewerbsgründen ein Interesse daran besteht, analysierbare Erzeugnisse, die ohne Angabe ihrer Struktur auf dem Markt sind, auch zu analysieren. Weist etwa der benutzte Gegenstand interessante Eigenschaften auf[164] – zB deutliche Vorteile gegenüber dem bisherigen Stand der Technik oder Möglichkeit der billigeren Herstellung bei gleicher Leistung –, so wird ein Wettbewerber alles daran setzen, die Ursache für die Vorteile des benutzten Gegenstands mit Hilfe eines Fachmanns festzustellen.

Demgegenüber ist, insofern es um die Zusammensetzung und innere Struktur eines Erzeugnisses geht, nach der Rechtsprechung der GrBK des EPA[165] ein Anlass für die Untersuchung entbehrlich. Dies wurde für die chemische Zusammensetzung eines Erzeugnisses explizit entschieden und gilt darüber hinaus für alle Arten von Erzeugnissen wie etwa mechanische und elektronische.[166] Wenn aber jeglicher Grund für eine Untersuchung bestimmter Details der unbekannten Zusammensetzung eines Produkts fehlt, dann ist seine Zusammensetzung ausnahmsweise nicht zugänglich gemacht; dann handelt es sich um eine verborgene Benutzung. So offenbart ein chemisches Erzeugnis, das kommerziell erhältlich ist, nicht alle darin enthaltenen Verunreinigungen, nur weil diese durch analytische Mittel identifiziert und quantifiziert werden können.[167]

55 Eine **dritte Einschränkung** kann sich aus dem Aufwand ergeben, der erforderlich ist, um die relevanten Merkmale durch Untersuchung festzustellen. Grundsätzlich hängt die Neuheit nicht von der Mühe ab, die ein Fachmann aufwenden muss. Ist durch die Tatsache der Benutzung sein Interesse geweckt, so ist die benutzte Lehre auch dann öffentlich zugänglich gemacht, wenn ihre Feststellung einigen Aufwand erfordert.[168] Eine Ausnahme ist jedoch dann machen, wenn der zur Ermittlung notwendige Aufwand unzumutbar ist (*undue burden*, s § 34 Rdn 350).[169]

56 **Zusätzlich** wird in der EPA-Rechtsprechung für die Neuheitsschädlichkeit verlangt, dass das vorbenutzte Erzeugnis hinreichend sicher identisch und ohne unzumutbaren Aufwand reproduziert werden kann.[170] Dies sollte aber dann nicht gelten, wenn ein Erzeugnis allgemein kommerziell erhältlich ist. In einem solchen Fall wird, wie in der BGH-Rechtsprechung mehrfach hervorgehoben, das Erzeugnis dadurch mit allen seinen Eigenschaften zugänglich, unabhängig, ob bestimmte Eigenschaften der Fachwelt durch Veröffentlichungen bekannt oder durch Analysen ermittelbar waren.[171] Da bei kommerzieller Verfügbarkeit des Erzeugnisses jeder Fachmann es sich besorgen kann,

---

163 BGH GRUR **86**, 372 (II3b); **66**, 484 (II5c) *Pfennigabsatz*; **56**, 73 *Kalifornia-Schuhe*; T 0093/89 ABl **92**, 718.
164 BGH GRUR **86**, 372 (II3b) *Thrombozyten-Zählung*; T 0270/90 EPOR **92**, 365.
165 GrBK G 0001/92 ABl **93**, 277 *Öffentliche Zugänglichkeit*: gegen T 0093/89 ABl **92**, 718; s auch BGH GRUR **13**, 51 *Gelomyrtol*.
166 GrBK G 0001/92 ABl **93**, 277 (Nr 1.1) *Öffentliche Zugänglichkeit*.
167 T 2048/12 v 19.1.2016 ABl **18** ZPubl **3**, 7 = BeckRS **16**, 121503.
168 BGH GRUR **86** 372 *Thrombozyten-Zählung*.
169 So wohl GrBK G 0001/92 ABl **93**, 277 (Nr 1.4) *Öffentliche Zugänglichkeit*; aA aber mit ausführlicher Begründung T 0952/92 ABl **95**, 755.
170 T 0977/93 ABl 01, 84.
171 BGH GRUR **71**, 129 *Fentanyl-TTS*; **15**, 1091 (Rn 32) *Verdickerpolymer I*; offengelassen in *BGH GRUR* **3**, 51 (Rn 16) *Gelomyrtol*; s auch T 2440/12 ע וכן פסיקה של בי״ד 4, 5 = BeckRS **15**, 19888.

kommt es für die Frage der Neuheitsschädlichkeit dann nicht darauf an, ob er das Erzeugnis selbst herstellen konnte.[172] Dieser Umstand ist allenfalls bei der Prüfung auf erfinderische Tätigkeit zu berücksichtigen, zB wenn die Frage zu beantworten ist, ob der Fachmann ein abgewandeltes Erzeugnis hergestellt hätte.

Verfahren: Durch die Benutzung eines Verfahrens werden alle Verfahrensstufen, Zwischenprodukte[173] und das Endprodukt der Öffentlichkeit zugänglich, wenn der Fachmann in der Lage war, aufgrund der Benutzung diese zu erkennen. Auch die Benutzung eines Erzeugnisses kann das Verfahren zu seiner Herstellung zugänglich machen, wenn der Fachmann das Verfahren anhand einer Untersuchung des Erzeugnisses feststellen kann.[174] 57

Verwendung eines bekannten Erzeugnisses macht nur diese Verwendung zugänglich, nicht aber andere Verwendungen, selbst wenn die Realisierung der neuen Verwendung sich technisch von der früheren Verwendung nicht unterscheidet.[175] 58

1.3.3.3 Möglichkeit der Kenntnisnahme für die Öffentlichkeit ist gegeben, wenn beliebige Dritte, die aufgrund ihres Wissensstandes die Erfindung zu erkennen vermögen, von der Erfindung hätten Kenntnis nehmen können. Die Möglichkeit der Kenntnisnahme durch Sachverständige ist objektiv nach der Lebenserfahrung zu bewerten.[176] Dabei muss es sich um *eine nicht zu entfernte Möglichkeit* handeln.[177] Rein theoretische Möglichkeiten haben außer Betracht zu bleiben.[178] Die Schlussfolgerung, dass nach der allgemeinen Lebenserfahrung die nicht nur entfernte Möglichkeit bestanden hat, dass beliebige Dritte und damit auch Fachkundige durch eine Vorbenutzung zuverlässige Kenntnis von der Erfindung erhalten, setzt voraus, dass wie etwa bei einem Angebot oder einer Lieferung mindestens ein Kommunikationsakt feststeht, an den ein Erfahrungssatz anknüpfen kann.[179] 59

---

172 AA aber T 1833/14 v 7.12.2017 RechtsprBK/EPA 19, 110 = Öbl 18, 228 = BeckRS 17, 146475. Der in dieser Entscheidung gezogene Umkehrschluss aus dem Leitsatz 1 in GrBK G 0001/92 ABl 93, 277 *Öffentliche Zugänglichkeit* ist mE nicht zwingend. Würde man dieser Auffassung folgen, hätte ein Patentanmelder die Möglichkeit, Patentschutz für ein Erzeugnis selbst noch nach langjähriger eigener Vermarktung zu erlangen. Dies wäre mit der inneren Rechtfertigung des Patentschutzes (s § 1 Rn 9) schwer vereinbar. Kommerziell allgemein erhältliche Erzeugnisse sollten nicht nachträglich mit Patentschutz belegt werden können. So wäre es zB unangemessen gewesen, demjenigen, der erstmals ein Verfahren zur künstlichen Herstellung von Diamanten offenbarte, einen auch natürliche Diamanten umfassenden Erzeugnisschutz mit der Begründung zu gewähren, dass man Diamanten zwar auf dem Markt erhalten, aber nicht neuherstellen konnte.
173 Vgl BGH GRUR 09, 1034 *Schleifkorn* (dazu auch Rdn 104).
174 BGH GRUR 56, 73 *Kalifornia-Schuhe*.
175 GrBK G 0002/88 (Nr 9.1) ABl 90, 93 *Reibungsverringernder Zusatz/MOBIL OIL III*; G 0006/88 (Nr 7.1) ABl 90, 114 *Mittel zur Regulierung des Pflanzenwachstums/BAYER*; T 0231/85 ABl 89, 74.
176 BGH GRUR 75, 254, 256 *Ladegerät II*; 13, 367 Messelektronik für Coriolisdurchflussmesser.
177 BGH GRUR 66, 484, 486 *Pfennigabsatz*; 86, 372 Thrombozyten-Zählung; 96, 747 (II5b) *Lichtbogen-Plasma-Beschichtungssystem*; T 1410/14 v 14.10.2015 ABl 17 ZPubl 4, 5 = BeckRS 15, 119504.
178 BGH v 21.4.2020 X ZR 75/18 GRUR 20, 833 (Rn 44) *Konditionierverfahren*.
179 BGH GRUR 15, 463 *Presszange*.

60 Es bedarf keiner Feststellung, dass von der gegebenen Möglichkeit auch Gebrauch gemacht worden ist; die Eröffnung der Möglichkeit der Kenntnisnahme reicht aus.[180] Kann festgestellt werden, dass Dritte tatsächlich keine Kenntnis von der benutzten Erfindung genommen haben, so kann das ein Indiz dafür sein, dass die Erfindung nicht frei zugänglich war.[181]

61 Die Kenntnisnahme durch Laien reicht nur dann aus, wenn diese in der Lage sind, die Erfindung aufgrund ihrer Benutzung zu verstehen, so dass sie Fachleute darüber informieren könnten.[182]

62 **Geheimhaltung** verhindert die freie Zugänglichkeit, **Geheimnisbruch** macht die Erfindung frei zugänglich (vgl dazu Rdn 30 ff).

63 *Zugänglichkeit einer Benutzung bejaht:* **1. Einziger Verkauf** eines erfindungsgemäßen Erzeugnisses;[183] **2. Lieferung eines Gegenstands an Dritte**, zB an Labor einer Uni[184] oder wenn der Gegenstand zur Weiterverarbeitung für Dritte bestimmt war;[185] **3.** für nicht beschriebene Zusammensetzung und Struktur eines verfügbaren Erzeugnisses, auch wenn es keinen besonderen Grund für eine Analyse des Stoffes gibt;[186] **4.** für Stoff, der zwar nicht beschrieben ist, der sich aber **bei Nacharbeit seines beschriebenen Verfahrens ergibt;**[187] **5.** für chemische, physikalische, biochemische und galenische Eigenschaften eines Reagenzes, die der Vertreiber nicht deklariert hatte, auch wenn für deren Feststellung **zeit- und arbeitsaufwändige Untersuchungen** erforderlich sind;[188] **6.** für Herstellungsverfahren aufgrund der Untersuchung eines benutzten Schuhs, auch wenn dieser dabei zerstört werden muss;[189] **7. Besichtigung** einer im Aufbau nicht komplizierten Stapelpresse durch Baustoffhändler;[190] **8. Vorführung**, die die Erfindung ausreichend erkennbar macht und zu der jeder Zutritt hat (zB Messe, Werbeveranstaltung); Vorführung vor **ausgewählten Personen**, wenn diese sich zur Weitergabe befugt halten;[191] Vorführung **mit Erläuterungen** der technischen Einzelheiten, die für die Herstellung durch andere Fachleute erforderlich sind.[192] **9. freie Inaugenscheinnahme** eines nicht zu komplizierten Gegenstandes (zB auf einen Fabrikhof oder Zechengelände[193]), ein Schild »**Zutritt verboten**« reicht nicht, wenn Betriebsfremde gleichwohl besichtigen können;[194] **10. Geheimhaltungspflicht nur für**

---

180 BGH BlPMZ **62**, 311, 313 *Blitzlichtgerät;* T 0482/89 ABl **92**, 646.
181 Vgl BGH GRUR **66**, 484 *Pfennigabsatz.*
182 BGH BlPMZ **63**, 181, 183 *Stapelpresse.*
183 T 0482/89 ABl **92**, 646; T 0953/90 ABl **93** SonderA 16; T 1464/05 EPOR **10**, 1; schweiz BG GRUR Int **92**, 293 *Stapelvorrichtung.*
184 BPatG Mitt **91**, 118.
185 BGH GRUR **99**, 976 *Anschraubscharnier.*
186 GrBK G 0001/92 ABl **93**, 277 *Öffentliche Zugänglichkeit;* BGH GRUR **11**, 129 *Fentanyl-TTS;* **15**, 1091 (Rn 32) *Verdickerpolymer I.*
187 BGH GRUR **80**, 283 *Terephthalsäure;* **09**, 1034 *Schleifkorn;* T 0012/81 ABl **82**, 296, 302.
188 BGH GRUR **86**, 372 *Thrombozyten-Zählung.*
189 BGH GRUR **56**, 73 *Kalifornia-Schuhe.*
190 BGH GRUR **63**, 311 *Stapelpresse.*
191 BPatGE **12**, 1, 5.
192 BGH v 16.1.1996 X ZR 64/93 (III) *Schlauchaufwickelvorrichtung.*
193 PA Mitt **69**, 178.
194 BGH BlPMZ **63**, 181, 182 rSp *Stapelpresse.*

einen Teil der Kunden genügt nicht;[195] 11. Übersenden von Gebrauchsanweisungen oder Zeichnungen an zwei Interessenten;[196] 12. Angebot eines noch nicht hergestellten, aber eindeutig beschriebenen Gegenstandes;[197] 13. Ausstellung eines Zubehörteils, zB eines am Auto angebrachten Spiegels;[198] 14. Vertrieb eines medizinischen Diagnostikums, das analysierbar ist, auch wenn es wettbewerbsrechtlich als Betriebsgeheimnis gilt;[199] 15. Vorstellung eines Tauchcomputers auf einer Diplomausstellung;[200] 16. Verkauf eines Geräts an nicht geheimhaltungsverpflichteten Käufer trotz nachfolgenden Einbaus in geheimen industriellen Prototyp[201]: 17. Verkauf eines KFZ-Teils an KFZ-Hersteller trotz Anpassung bzgl Dimensionen an Wünsche des Herstellers;[202] 18. Klinische Tests von Medikamenten ohne Vertraulichkeitsvereinbarung.[203]

Zugänglichkeit einer Benutzung verneint: 1. **Verwendung in einem abgeschlossenen Bereich** des Benutzers ohne Zugang für Dritte (zB eingezäunte Schiffswerft),[204] auch wenn der Bereich groß ist (zB Bahngelände);[205] 2. **Herstellung des patentgemäßen Gegenstandes** durch Dritte ohne Hinzutreten besonderer Umstände;[206] 3. Mitteilung unter **Geheimhaltungspflicht** oder ohne diese, wenn Geheimhaltung aus anderen Gründen, zB eigenes Interesse des Dritten, zu erwarten ist (s Rdn 27–29); 4. **Austausch von technischen Vorschlägen** zwischen Lieferanten und einem Unterlieferanten;[207] 5. **Übergabe eines Musters** während laufender, noch nicht abgeschlossener Vertragsverhandlungen;[208] 6. Übergabe von Datenblättern an Geschäftspartner **zur Erprobung;**[209] 7. **Abnahme einer Maschine** durch Besteller;[210] 8. Auftrag zur **Durchführung klinischer Versuche** für noch nicht zugelassene Pharmazeutika;[211] 9. **Benutzung durch einen Laien** eines Pfennigabsatzes, der nicht in die Hände von Sachverständigen gelangt war;[212] 10. Spezifische **DNA-Sequenz in** einer genomischen **Genbank**;[213] 11.

---

195 BGH BlPMZ 63, 181, 182 rSp *Stapelpresse.*
196 BGH BlPMZ 62, 164 *Fischereifahrzeug.*
197 BGH BlPMZ 59, 127 *Heizpressplatte*; BPatGE 3, 167, 169; einschränkend aber BGH GRUR 15, 463 *Presszange*: Angebot an mögliche Vertragspartner nur dann offenkundige Vorbenutzung, wenn die Weiterverbreitung an beliebige Dritte nach der Lebenserfahrung naheliegen hat. Ist das Angebot auf die Herstellung eines erst noch zu entwickelnden Gegenstands gerichtet, kann dies nicht ohne weiteres angenommen werden. S aber auch BPatG BlPMZ 16, 348: keine Vertraulichkeit bei Standardinformation im Vorfeld einer sich anbahnenden Zusammenarbeit.
198 BPatGE 21, 24.
199 BPatGE 28, 73.
200 BPatGE 34, 38.
201 T 1022/99 ABl 02 SonderA 19.
202 T 1510/06 v 25.9.2008 (Nr 4.2).
203 T 0007/07 (Nr 3) ABl 12 SonderA 26.
204 T 0245/88 EPOR 91, 373.
205 PA GRUR 34, 108; **53**, 526.
206 *BGH Mitt* 99, 362 *Herzklappenprothese*; GRUR 99, 976 (I3) *Anschraubscharnier.*
207 BGH BlPMZ 59, 127 *Heizpressplatte.*
208 BGH BlPMZ 62, 311, 314 lSp *Blitzlichtgerät.*
209 BPatG Mitt 79, 230.
210 BPatG Mitt 82, 150; 84, 115.
211 BPatG Mitt 88, 207.
212 BGH GRUR 66, 484 *Pfennigabsatz.*
213 T 0301/87 ABl 90, 335, 349.

Programm für Steuerungsverfahren auf einem **Mikrochip**;[214] **12. Vorführung** eines Erzeugnisses, wenn dessen Bestandteile so angeordnet sind, dass ihr Vorhandensein für einen Fachmann nicht offensichtlich ist;[215] **13. für eine spezielle Blendenmachart**, wenn die Kunden – die in erster Linie auf Aussehen und Haltbarkeit der Ware Wert legen – die Machart oder das Herstellungsverfahren anhand der Ware nicht erkennen konnten und sich auch nicht dafür interessierten und der Herstellungsbetrieb der Ware außer für eigene Arbeiter nur für Monteure, Lieferanten oder Handwerker zugänglich war;[216] **14. Vorführung** eines funktionsuntüchtigen Elements, das den beabsichtigten Mechanismus nicht erkennen lässt;[217] **15. für ein öffentlich zugängliches Handelsprodukt**, bei dessen Reproduzierung durch den Fachmann eine hohe Wahrscheinlichkeit von Abweichungen besteht;[218] **16. Verwendung von Bauelementen**, deren nähere Gestaltung durch bloßen Augenschein nicht erkennbar war, **auf der Baustelle** eines mit dem Herstellerbetrieb wirtschaftlich verbundenen Unternehmens;[219] **17.** Lieferung, Installation und **Inbetriebnahme einer Anlage** bei einer nicht geheimhaltungspflichtigen Abnehmerin, wenn aufgrund der besonderen Umstände (Zutrittsbeschränkungen, Wartung der Anlage nur durch Lieferanten etc) keine hinreichende, sondern nur eine theoretische Möglichkeit besteht, dass Dritte die Anlage untersuchen können.[220]

2 Ältere Patentanmeldungen *(prior patent applications)*

65 **Lit:** Straus in FS Loschelder 2010, 379; **Engelhardt:** Der Neuheitsbegriff des Europäischen Patents mit einheitlicher Wirkung – Probleme und Lösungen neuheitsschädlicher nationaler Nachveröffentlichungen 2019; **Lit in GRUR:** Teschemacher 75, 641; Gesthuysen 93, 205; Rogge 98, 186; Stjerna 10, 795; Ackermann/Vissel 16, 641; **Lit in GRUR Int:** Kraßer 67, 285; Bossung 78, 381; Straus 94, 89; **Lit in Mitt:** Bossung 74, 114; Habersack 73, 41; Bremi 09, 206; Drope 11, 406; **Lit in epi information:** Griebling 07, 61; **Lit in sic!:** Sutter/Münch 08, 665.

Ältere Anmeldungen können sein: **a) vor DPMA** nach § 3 (2) nationale, europäische oder internationale Anmeldungen (s Rdn 67–85); *keine älteren Rechte* sind: Nationale Auslandsanmeldungen, europ Anmeldungen ohne Benennung BRD, Gebrauchsmuster- und Topographieanmeldungen; **b) vor EPA** nach Art 54 (3) EPÜ nur europäische und nach Art 153 (5) EPÜ internationale Anmeldungen (s Rdn 86–88).

Der Inhalt einer älteren Anmeldung wird nur bei der Prüfung auf Neuheit, nicht dagegen bei der Prüfung auf erfinderische Tätigkeit berücksichtigt (§ 4 Satz 2 und Art 56 Satz 2 EPÜ). Zum maßgebenden Inhalt einer älteren Anmeldung s Rdn 80 ff.

2.1 Zweck

66 Nach Art 4 (3) und 6 StraßburgerÜ soll verhindert werden, dass etwas patentiert wird, was bereits Gegenstand eines anderen Patents ist oder werden könnte. Das wurde bis zum 1.1.1978[221] durch das Verbot der Doppelpatentierung in § 4 (2) aF PatG

---

214 T 0461/88 ABl 93, 295.
215 T 0363/90 ABl 93 SonderA 17.
216 BPatGE 33, 207, 216.
217 BGH v 25.1.1994 X ZR 71/91 *Schubkasten*.
218 T 0977/93 ABl 01, 84.
219 BGH GRUR 01, 819 (IV) *Schalungselement*.
220 BGH v 21.4.2020 X ZR 75/18 GRUR 20, 833 (Rn 39) *Konditionierverfahren*.
221 Inkrafttreten des IntPatÜG, seitdem ist § 4 (2) aF unanwendbar: BGH GRUR 91, 376 *Beschußhemmende Metalltür*.

erreicht.[222] Die Identität der Gegenstände beider Rechte wurde anhand der Ansprüche geprüft (»*prior claim approach*«), wobei der gesamte mögliche Schutzbereich zu berücksichtigen war. § 3 (2) und Art 54 (3) EPÜ gehen nicht mehr von einem solchen Verbot der Doppelpatentierung[223] aus, sondern nehmen von der Erteilung eines Patents alles aus, was ein älterer Anmelder bereits früher offenbart hat, mag er es auch nicht beansprucht haben (»*whole contents approach*«). Durch die nochmalige Offenbarung von bereits früher Offenbartem wird die Technik nicht bereichert, so dass der jüngere Anmelder insoweit keine Belohnung durch ein Patent verdient. Dieses Ziel wird durch die Fiktion erreicht, dass der Inhalt der älteren Anmeldung als Stand der Technik gilt.

2.2 Voraussetzungen der Neuheitsschädlichkeit älterer Anmeldungen unter PatG

2.2.1 Nationale Anmeldungen iSd § 3 (2) S 1 Nr 1 sind alle inländischen Anmeldungen beim DPMA. 67

2.2.2 Europäische Anmeldungen sind als Stand der Technik zu werten, wenn folgende Voraussetzungen erfüllt sind: 68

2.2.2.1 Einreichung der Anmeldung bei der zuständigen Behörde (EPA München, Zweigstelle Den Haag, Dienststelle Berlin oder bei zuständiger nationaler Behörde gemäß Art 75 (1) b EPÜ). 69

2.2.2.2 Benennung der BRD gemäß Art 79 EPÜ, denn damit wird Schutz für die BRD iSd § 3 (2) S 1 Nr 2 begehrt. Nach Art 79 (1) EPÜ in der revidierten Fassung gelten im Erteilungsantrag alle Vertragsstaaten als benannt, die dem EPÜ bei Einreichung der Anmeldung angehören. Wird die Benennung nach Art 79 (3) EPÜ zurückgenommen, dann scheidet die europ Anmeldung als älteres Recht aus, wenn sie noch nicht gemäß Art 93 EPÜ veröffentlicht war. War sie bereits veröffentlicht (und die Benennungsgebühr gezahlt worden, s unten c), bleibt sie Stand der Technik, auch wenn danach die Benennung für die BRD zurückgenommen wird. 70

2.2.2.3 Zahlung der Benennungsgebühr für die BRD nach Art 79 (2) EPÜ.[224] Unter dem EPÜ galt früher das System einzelner Benennungsgebühren für jeden benannten Vertragsstaat (wobei mit Entrichtung des siebenfachen Betrags dieser Gebühr alle Vertragsstaaten als benannt galten). Dieses System gilt aber nicht mehr für ab dem 1.4.2009 eingereichte europäische Patentanmeldungen. Für diese ist eine *pauschale Benennungsgebühr* zu entrichten, mit der alle Vertragsstaaten benannt sind, sofern nicht einzelne Benennungen ausdrücklich zurückgenommen werden.[225] 71

Die Benennungsgebühr kann innerhalb von 6 Monaten nach der Veröffentlichung des Hinweises auf den europäischen Recherchenbericht im Europ Patentblatt entrich-

---

222 Vgl BGH BlPMZ **64**, 282 *Erntemaschine*.
223 Zur Frage, ob mangelndes Rechtsschutzbedürfnis einer Doppelpatentierung durch denselben Anmelder entgegensteht s § 34 Rdn 25.
224 Art 79 (2) lautet: »Für die Benennung eines Vertragsstaats ist die Benennungsgebühr zu entrichten. Die Benennungsgebühren sind innerhalb von sechs Monaten nach dem Tag zu entrichten, an dem im Europäischen Patentblatt auf die Veröffentlichung des europäischen Recherchenberichts hingewiesen worden ist.«
225 MittEPA v 26.1.2009 über die Gebührenstruktur 2009 ABl 09, 118 (Nr 3.3).

tet werden (vgl R 39 (1) sowie R 17 (3) und 36 (4) EPÜ). Im Fall einer Euro-PCT-Anmeldung ist die Benennungsgebühr innerhalb von 31 Monaten nach dem Anmelde- oder Prioritätstag zu zahlen, wenn die Frist nach R 39 (1) EPÜ früher abläuft (R 159 (1) d EPÜ).

Auch das EPÜ hatte bis zum Inkrafttreten seiner revidierten Fassung bestimmt, dass die europ Anmeldung nur dann als Stand der Technik gilt, wenn die Benennungsgebühren wirksam entrichtet worden sind. Die maßgebliche Vorschrift (R 23a EPÜ aF) ist jedoch in der revidierten Ausführungsordnung nicht mehr enthalten (s Rdn 86).

Wird die pauschale Benennungsgebühr nicht rechtzeitig entrichtet, so gilt die europäische Anmeldung nach R 39 (2) als zurückgenommen. Die Nichtzahlung der Benennungsgebühr hat zwar grundsätzlich nur zur Folge, dass die Fiktion der Rücknahme der Anmeldung ex nunc – also nicht rückwirkend – eintritt;[226] gleichwohl fehlt bei Nichtzahlung eine der Voraussetzungen, unter denen die europäische Anmeldung nach § 3 (2) Nr 2 zum Stand der Technik zu zählen ist.

72 **2.2.2.4 Erfüllung des Art 153 (5) EPÜ im Falle einer Euro-PCT-Anmeldung:** Nach Art 153 (5) iVm R 165 EPÜ müssen, wenn EPA Bestimmungsamt (Art 22 PCT) oder ausgewähltes Amt (Art 39 PCT) ist, innerhalb von 31 Monaten ua folgende Handlungen vorgenommen werden: i) Einreichen einer Übersetzung in einer Amtssprache des EPA, wenn die internationale Anmeldung in einer anderen Sprache veröffentlicht wurde (Art 153 (4) EPÜ), ii) Entrichtung der Anmeldegebühr. Zur weiteren – auch bei Euro-PCT-Anmeldungen gemäß § 3 (2) Nr 2 bestehenden – Voraussetzung der Entrichtung der (pauschalen) Benennungsgebühr nach R 159 (1) d EPÜ s Rdn 71.

73 **2.2.3 PCT-Anmeldungen** in der beim Anmeldeamt ursprünglich eingereichten Fassung sind nach § 3 (2) S 1 Nr 3 iV mit Art III § 8 (3) IntPatÜG Stand der Technik, wenn a) DPMA Bestimmungsamt ist; b) die Anmeldung in deutscher Sprache oder eine Übersetzung gemäß Art III § 4 (2) IntPatÜG eingereicht ist; c) die Anmeldegebühr gemäß PatKostG iVm Art III § 4 (2) IntPatÜG entrichtet ist. Sie gilt – wenn das DPMA Anmeldeamt ist – nach Art III § 4 (2) 2 IntPatÜG mit der Übermittlungsgebühr als entrichtet. Übersetzung und Anmeldegebühr müssen – nach Inkrafttreten der Neufassung von Art III § 4 (2) IntPatÜG durch das 2. PatRModG am 1.5.2022 – innerhalb von 31 Monaten (bisher 30 Monate) seit dem Prioritätsdatum vorliegen (s auch Art 22 (1) PCT).[227] Wiedereinsetzung ist nach Art 48 (2) PCT iVm § 123 PatG möglich.[228] Sind die Voraussetzungen a – c nicht fristgerecht erfüllt, wird die internationale Anmeldung erst mit ihrer Veröffentlichung Stand der Technik.

74 **2.2.4 Älterer Zeitrang:** Der Anmelde- oder Prioritätsrang der älteren Anmeldung muss vor dem Anmelde- oder Prioritätstag der jüngeren Anmeldung liegen. Bei gleichem Anmelde- oder Prioritätstag gilt keine der beiden Anmeldungen als Stand der Technik.[229]

---

226 So GrBK G 0004/98 ABl 01, 131 *Benennungsgebühren* für den Fall der früher vorgesehenen Wirkung der Rücknahme der Benennung.
227 In Art 22 (1) PCT wurde die frühere Frist von 20 Monaten ab dem 1.4.2002 durch eine 30-Monate-Frist ersetzt.
228 BPatGE **25**, 8.
229 BPatG GRUR **71**, 115; zur Wirkung prioritätsgleicher Patente s Ohly Mitt **06**, 241.

§ 3 (2) 2 hat klarstellende Bedeutung. Für den Zeitpunkt der Neuheitsschädlichkeit einer älteren Anmeldung ist der Prioritätstag nur insoweit maßgebend, als die ursprüngliche Fassung der Nachanmeldung nicht über den Inhalt der Voranmeldung hinausgeht. Der Prioritätstag gilt also in dem Umfang, in dem sich Voranmeldung und ursprüngliche Fassung der Nachanmeldung decken. Enthält der Inhalt der ursprünglich eingereichten Nachanmeldung mehr als die Voranmeldung, so gilt für dieses Mehr nicht der Prioritätstag der Voranmeldung, sondern der Anmeldetag der Nachanmeldung.

Im Fall einer durch Teilung entstandenen Anmeldung ist analog § 3 (2) 2 nicht allein auf den der Stammanmeldung entsprechenden formalen Anmeldezeitpunkt, sondern auch auf den Inhalt der ursprünglichen Anmeldung abzustellen. Erst nach dem Anmeldezeitpunkt des angegriffenen Patents hinzugekommene Merkmale sind nicht neuheitsschädlich.[230]

2.2.5 Veröffentlichung der älteren Anmeldung: Eine ältere Anmeldung gehört dann zum Stand der Technik, wenn sie im Rahmen des Anmeldeverfahrens[231] am oder nach dem Anmelde- oder Prioritätstag der jüngeren Anmeldung der Öffentlichkeit zugänglich gemacht worden ist. Das geschieht für nationale Anmeldungen durch die Veröffentlichung im Patentblatt gemäß § 32 (5) (Offenlegung). Von diesem Zeitpunkt an ist die ältere Anmeldung durch die freie Akteneinsicht nach § 31 (2) öffentlich zugänglich, selbst wenn eine OS fehlen sollte.

Die europäische Anmeldung iSd § 3 (2) 1 Nr 2 wird gemäß Art 93 iVm R 67–69 EPÜ, die internationale Anmeldung iSd § 3 (2) 1 Nr 3 wird gemäß Art 21 iVm R 48 PCT durch Herausgabe einer Schrift veröffentlicht.

Geheimanmeldungen, für die eine Geheimhaltungsanordnung nach § 50 (1) oder (4) erlassen worden ist, werden zwar nicht veröffentlicht, gelten 18 Monate nach dem Anmeldetag aber kraft der gesetzlichen Fiktion des § 3 (2) 3 als der Öffentlichkeit zugänglich gemacht. Sie können daher trotz fehlender Offenlegung oder Bekanntmachung ältere Anmeldungen iSd § 3 (2) 1 Nr 1 und damit Stand der Technik sein.[232]

2.2.6 Anhängigkeit der älteren Anmeldung: Die ältere Anmeldung muss bis zu ihrer Veröffentlichung (Offenlegung) anhängig sein, denn nur dann liegt eine »Patentanmeldung mit älterem Zeitrang« iSd § 3 (2) 1 vor. Ein Erlöschen der älteren Anmeldung, zB durch Zurücknahme, Zurückweisung, Versagung oder Fiktion der Rücknahme *nach* ihrer Veröffentlichung ändert nichts an der Rechtslage, die vorher kraft der gesetzlichen Fiktion des § 3 (2) 1 eingetreten ist.[233] Erlischt dagegen die ältere Anmeldung vor ihrer Veröffentlichung, so kann sie nicht mehr als ältere Anmeldung Stand der Technik werden.[234] Wird sie gleichwohl versehentlich veröffentlicht, so gehört sie

---

230 BPatGE **46**, 242.
231 Wird sie auf andere Weise veröffentlicht, etwa im Verfahren eines aus der älteren Anmeldung abgezweigten Gebrauchsmusters, gilt sie nicht als Stand der Technik nach § 3 (2), s BPatG BlPMZ **10**, 76.
232 Vgl Bericht des Rechtsausschusses z IntPatÜG V 4 (Abs 3), BlPMZ **76**, 350.
233 BGH GRUR **16**, 166 *PALplus*.
234 BPatGE **33**, 171; J 0005/81 ABl **82**, 155, 157; engl Patents Court vom 12.4.2002 *Woolards's Application* CIPA J. 02, 261.

mit dem Tage ihrer Veröffentlichung, nicht mit ihrem Anmelde- oder Prioritätstag zum Stand der Technik.

2.3 Maßgebender Inhalt der älteren Anmeldung

80 **2.3.1 Ursprünglich eingereichte Fassung** der älteren Anmeldung ist für den Umfang des Standes der Technik iSd § 3 (2) und Art 54 (3) EPÜ allein maßgebend. Auf einen abweichenden Inhalt von OS oder PS kommt es nicht an. Das bedeutet, dass der gesamte Inhalt der ursprünglichen Anmeldung auch dann Stand der Technik ist, wenn i) OS oder PS mit einem geringeren Umfang veröffentlicht werden, zB infolge späterer Beschränkung, Ausscheidung oder Teilung; ii) OS oder PS mehr als die ursprüngliche Anmeldung enthalten, zB infolge einer unzulässigen Erweiterung; das Mehr von OS oder PS wird erst mit dessen Veröffentlichung Stand der Technik; iii) die Anmeldung gemäß § 35a (1) in einer fremden Sprache oder gemäß Art 14 (2) EPÜ in einer Nicht-EPA-Amtssprache (s § 35a Rdn 24) eingereicht ist. Die notwendige *Übersetzung* einer fremdsprachigen Anmeldung gehört nicht zum »Inhalt der Anmeldung« iSd § 3 (2) und des Art 54 (3) EPÜ und wird erst mit dem Zeitpunkt ihrer öffentlichen Zugänglichkeit Stand der Technik. Bei einer Teilanmeldung kommt es zusätzlich auf die ursprünglich eingereichte Fassung der Stammanmeldung an.[235]

81 **2.3.2 Gesamter Inhalt** der urspünglichen Fassung der älteren Anmeldung ist maßgebend (*whole contents approach*).[236] Der Gesetzgeber des § 3 (2), des Art 54 (3) EPÜ, des Art 4 (3) und des Art 6 StraßburgerÜ wollte verhindern, dass etwas ein zweites Mal patentiert wird, was bereits Gegenstand eines Patents mit älterer Priorität ist oder werden könnte. Soweit die Offenbarung der älteren Anmeldung reicht, besteht kein Anlass zu einer Belohnung des jüngeren Anmelders. Außerdem sollen unerwünschte (partielle) Doppelpatentierungen vermieden werden. Um diese Ziele zu erreichen und weil bei der Prüfung auf erfinderische Tätigkeit die ältere Anmeldung nach § 4 Satz 2 und Art 56 Satz 2 EPÜ nicht zu berücksichtigen ist, darf bei der Neuheitsprüfung der *Offenbarungsgehalt einer älteren Anmeldung* nicht zu eng bemessen werden.

Umfang des Offenbarungsgehalts eines älteren Rechts ist:
(i) das *wörtlich Beschriebene*;
(ii) *Abwandlungen* des konkret Offenbarten, die ein Fachmann ohne weiteres auf Grund seines allgemeinen Fachwissens erkennt und mitliest;[237] zu Äquivalenten s Rdn 108 f;
(iii) nur der Inhalt der ursprünglich eingereichten Anmeldung (einschließlich der Merkmale, die durch eine wirksame Verweisung Teil der Offenbarung sind, s § 34 Rdn 417). *Zusammenfassung* nach § 36 und Art 85 EPÜ, *Prioritätsunterlagen, Übersetzungen* fremdsprachig eingereichter Anmeldungen (s Rdn 80) gehören als solche grundsätzlich nicht zum Inhalt der Anmeldung (s § 35a Rdn 24);
(iv) *andere Entgegenhaltungen* dürfen bei der Bestimmung des Offenbarungsgehalts nicht mosaikartig einbezogen werden (s Rdn 138).

---

235 BPatGE 46, 242, s Rdn 76.
236 Vgl dazu GrBK G 0001/03 ABl 04, 413 (Nr 2.1.1) *Disclaimer/PPG*.
237 BGH v 22.11.1994 X ZR 115/92 *Optisches Speichermedium*.

2.7.4 GPÜ und EPatVO: Das nicht in Kraft getretene GPÜ (1989) hatte in seinem 90
Art 36 (1) (= Art 37 (1) GPÜ 1975) vorgesehen, dass gegenüber einem Gemeinschaftspatent eine prioritätsältere deutsche Anmeldung, die der Öffentlichkeit zugänglich gemacht worden ist, für die Bundesrepublik die gleiche neuheitsschädliche Wirkung besitzen sollte wie eine veröffentlichte europäische Anmeldung, in der die Bundesrepublik benannt ist. Nach Art 56 (1) f GPÜ 1989 (= Art 57 (1) f GPÜ 1975) konnte die prioritätsältere deutsche Anmeldung Grund für eine territorial beschränkte Nichtigkeit des Gemeinschaftspatents sein.

Nach Art 3 (1) 2 EPatVO kann ein europäisches Patent, das mit unterschiedlichen Ansprüchen für verschiedene Mitgliedstaaten erteilt wurde, keine einheitliche Wirkung haben. Ein Anmelder, der von der Möglichkeit der R 138 EPÜ in Anbetracht ihm bekannter älterer nationaler Anmeldungen Gebrauch machen möchte, kann somit nicht in den Genuss der einheitlichen Wirkung kommen. Dies wäre ihm nur dann möglich, wenn er seinen Schutz in einer – unter dem Blickwinkel des EPÜ – unnötig engen Weise begrenzt.[246] Schwierige und noch völlig ungelöste Rechtsfragen werden für Patente mit einheitlicher Wirkung zudem entstehen, wenn ältere nationale Anmeldungen im Rahmen eines Einspruchsverfahren vor dem EPA und im Nichtigkeitsverfahren vor dem EPG ans Tageslicht kommen. Die Probleme ergeben sich aus der Kollision zwischen Art 139 (2) EPÜ und der EPatVO, die eine territoriale Begrenzung des Patents mit einheitlicher Wirkung nicht zulässt. Die Nichtigerklärung von Patenten mit einheitlicher Wirkung aufgrund einer nationalen älteren Anmeldung in nur einem Mitgliedstaat erscheint derzeit nicht ausgeschlossen.[247]

3 Maßgebender Inhalt einer Entgegenhaltung *(decisive content of a citation)*

Lit in GRUR: Bruchhausen 72, 226; **82**, 641; Teschemacher 75, 641; Preu 80, 691; Ochmann **84**, 91
235; Dörries **84**, 240; **91**, 717; Hirsch **84**, 243; Bühling **84**, 246; Singer **85**, 789; Rogge **96**, 931; Vollrath **97**, 721; **Lit in GRUR Int:** Spangenberg **98**, 193; **Lit in Mitt:** Bossung 74, 141; Friedrich **14**, 304; **Lit in IIC:** Rogge **97**, 443; Spangenberg **97**, 808.

Prüfung auf Neuheit und erfinderische Tätigkeit sind streng zu unterscheiden. Die 92
Prüfung auf erfinderische Tätigkeit schließt **Naheliegendes** bei einer Gesamtschau des Standes der Technik, die Neuheitsprüfung dagegen **Bekanntes** gegenüber jeder einzelnen Entgegenhaltung aus. Bei der Entscheidung, was aus einer Entgegenhaltung bekannt wird und damit nicht mehr neu ist, ist der Grundgedanke des § 3 und des Art 54 EPÜ zu berücksichtigen, dass ein Patent nichts aus der *domaine public*, dem Bereich der Gemeinfreiheit, herausnehmen darf.[248] Niemand soll durch die Erteilung eines Patents daran gehindert werden, das zu tun, was er bereits vorher getan hatte oder jederzeit hätte tun können.

Das Kriterium der Neuheit stellt weitgehend sicher, dass **Doppelpatentierungen** 93
(*double patenting*) vermieden werden. Gegenüber älteren Anmeldungen, die fiktiv zum

---

246 S Ackermann/Vissel GRUR **16**, 641, 643.
247 Für Details s Engelhardt: Der Neuheitsbegriff des Europäischen Patents mit einheitlicher Wirkung – Probleme und Lösungen neuheitsschädlicher nationaler Nachveröffentlichungen 2019; s ferner Hüttermann Mitt **14**, 72; Ackermann/Vissel GRUR **16**, 641, 643.
248 GrBK G 0001/92 ABl **93**, 277 (Nr 2.1) *Öffentliche Zugänglichkeit*; T 0012/81 ABl **82**, 296 (Nr 5).

Stand der Technik gehören, ist die Neuheit das einzige Erfordernis, das eine Abgrenzung gewährleistet, da ältere Anmeldungen bei der Prüfung auf erfinderische Tätigkeit gemäß § 4 Satz 2 und Art 56 Satz 2 EPÜ außer Betracht bleiben.

94 Was eine Entgegenhaltung einem Fachmann offenbart, ist nicht mehr neu. Der Begriff der Offenbarung ist der gleiche wie in § 34 (4) und Art 83 EPÜ.[249] Was Stand der Technik ist, beurteilt sich nach dem **Gesamtinhalt des Dokuments**[250] (s auch § 34 Rdn 322 ff).

95 **3.1 Offenbarungsgehalt einer Entgegenhaltung** *(disclosure of a citation)* ist nicht auf ihren *Wortlaut* beschränkt (sog fotografische Neuheit). Vielmehr ist für das Verständnis ein *Fachmann* maßgebend (s Rdn 10), der die Entgegenhaltung mit seinem *allgemeinen Fachwissen* (s oben Rdn 11 und § 34 Rdn 339) zur Kenntnis nimmt.

96 Was ein Fachmann einem Dokument über den Wortlaut hinaus entnimmt, ist Tatfrage im Einzelfall. Generell ist nach der ständigen Rechtsprechung des **EPA**[251] der Gegenstand einer jüngeren Erfindung nur dann nicht neu, wenn er in der Vorveröffentlichung *unmittelbar und eindeutig* offenbart ist. Nach **BGH**[252] gehört zum Gegenstand einer Entgegenhaltung alles, »was zwar nicht ausdrücklich erwähnt ist, aus der Sicht des Fachmanns jedoch nach seinem allgemeinen Fachwissen für die Ausführung der Lehre selbstverständlich oder nahezu unerlässlich ist« und »ferner solche *Abwandlungen*, die nach dem Gesamtzusammenhang der Schrift für den Fachmann derart nahe liegen, dass sie sich bei aufmerksamer, weniger auf die Worte als ihren erkennbaren Sinn achtenden Lektüre ohne weiteres erschließen, so dass er sie in Gedanken gleich mitliest«.

97 Jedoch ist eine Erkenntnis, die sich erst unter Heranziehung von weiterem Fachwissen ergibt, nicht eindeutig und unmittelbar offenbart.[253] Ferner ist eine Offenbarung nur dann neuheitsschädlich, wenn die offenbarte Lehre ausführbar ist.[254] So muss, um die Neuheit eines Erzeugnisses mit bestimmten Eigenschaften zu verneinen, der Entgegenhaltung unmittelbar und eindeutig eine konkrete technische Lehre zu entnehmen sein, mit der sich die beanspruchten Eigenschaften erreichen lassen.[255] Hinsichtlich der Anforderungen an die Ausführbarkeit der Vorveröffentlichung im Rahmen der Neuheitsprüfung gelten prinzipiell die gleichen Grundsätze wie im Rahmen von § 34 (4) (s Erläuterungen zu § 34 Rdn 332 ff).[256] Allerdings genügt es für die Neuheitsschäd-

---

[249] BGH GRUR **81**, 812 *Etikettiermaschine*.
[250] BGH GRUR **74**, 148 (II2c) *Stromversorgungseinrichtung*; BPatG BlPMZ **96**, 459; T 0124/87 ABl **89**, 491; T 0056/87 ABl **90**, 188.
[251] EPA-Richtl G-VI.2; T 0204/83 ABl **85**, 310 (Nr 4); T 0450/89 EPOR **94**, 326 (Nr 3.11); T 0465/92 ABl **96**, 32 (Nr 8.4).
[252] BGH GRUR **95**, 330, 332 lSp *Elektrische Steckverbindung*; **14**, 758 *Proteintrennung*.
[253] BGH v 8.7.2010 Xa ZR 124/07 GRUR **10**, 910 (Rn 62) *Fälschungssicheres Dokument*; v 20.10.2020 X ZR 158/18 GRUR **21**, 571 (Rn 29) *Zigarettenpackung*; v 26.1.2021 GRUR **21**, 696 (Rn 75) *Phytase*.
[254] BGH GRUR **80**, 283 *Terephthalsäure*; **88**, 447 *Fluoran*; **01**, 1129 *zipfelfreies Stahlband*; BPatG v 18.12.2018 3 ZA (pat) 41/18 zu 3 Ni 28/09 (EU) BlPMZ **19**, 141; schweiz BG v 8.5.2018 4A_541/2017 sic! **18**, 651 *Fulvestrant*.
[255] BGH v 6.4.2021 X ZR 54/19 GRUR **21**, 1043 (Rn 40) *Cerdioxid*.
[256] Öst OGH GRUR Int **06**, 347 *Paroxat*.

lichkeit nicht, dass die Entgegenhaltung lediglich einen Weg für die Verwirklichung einer Ausführungsform mit anderen Eigenschaften aufzeigt.[257] Der in der deutschen Rechtsprechung anerkannte Grundsatz, wonach es für die ausführbare Offenbarung einer technischen Lehre nicht erforderlich ist, für jede denkbare Ausführungsform einen gangbaren Weg zu deren Verwirklichung aufzuzeigen, ist somit bei der Neuheitsprüfung nicht anwendbar.[258]

3.1.1 Auslegung einer Entgegenhaltung *(interpretation of documents)* hat zunächst aus der Sicht ihres Offenbarungstages zu erfolgen (s Rdn 13). Ein ihr fehlender Gedankeninhalt darf nicht vom Standpunkt jüngerer Erkenntnis in sie hineininterpretiert werden.[259] *Weiterbildungen* der fortschreitenden Technik sind ebenso unberücksichtigt zu lassen wie der etwaige *Bedeutungswandel* verwendeter Begriffe.[260] Einzelaussagen sind nach dem *Gesamtinhalt der Entgegenhaltung* zu werten.[261] Zur Vermeidung einer rückschauenden Betrachtungsweise darf ein einzelner technischer Gesichtspunkt, der in einer Entgegenhaltung als mögliche Abwandlung angesprochen wird, nicht isoliert in den Blick genommen werden.[262] Funktional zusammengehörende Merkmale dürfen nicht auseinander gerissen werden.[263] Erkennbare Ungereimtheiten, Irrtümer, Druckfehler, Zeichenfehler etc können aus dem gesamten Inhalt richtiggestellt, lückenhafte Angaben aus ihm ergänzt werden (s Rdn 101). 98

Das so interpretierte alte Dokument liest der Fachmann mit seinem modernen allgemeinen Fachwissen vom Anmelde- oder Prioritätstag der zu prüfenden Anmeldung. Was der Fachmann auf diese Weise dem alten Dokument ohne weiteres entnimmt, ist nicht mehr neu (s Rdn 13). 99

Besagt der Stand der Technik, dass eine mögliche Auslegung nicht in Betracht kommt (zB wegen technischer Unausführbarkeit), so ist diese *negative Lehre* kein Stand der Technik.[264] Ein Dokument, das von einer Lehre ablenkt oder von ihr gar ausdrücklich abrät, macht diese Lehre einem Fachmann nicht zugänglich.[265] 100

3.1.2 Fehler in einem Dokument *(mistakes in a document)* gehören grundsätzlich mit ihrer technischen Aussage zum Stand der Technik, es sei denn, der Fachmann erkennt den Fehler und korrigiert ihn ohne weiteres.[266] Dann ist das Dokument nur in der berichtigten Fassung Stand der Technik.[267] Bei erkennbaren Widersprüchen zwischen Originaldokument und Referenzdokument (zB chemical abstracts) geht das Ori- 101

---

257 BGH v 6.4.2021 X ZR 54/19 GRUR **21**, 1043 (Rn 41) *Cerdioxid*.
258 BGH v 6.4.2021 X ZR 54/19 GRUR **21**, 1043 (Rn 44) *Cerdioxid*.
259 BGH BlPMZ **71**, 347, 351 rSp *Funkpeiler*; GRUR **89**, 899 *Sauerteig*.
260 BGH BlPMZ **66**, 201 lSp *Appetitzügler I*.
261 BGH BlPMZ **74**, 208, 209 lSp *Stromversorgungseinrichtung*; T 0124/87 ABl **89**, 491; T 0056/87 ABl **90**, 188.
262 BGH v 19.3.2019 X ZR 11/17 GRUR **19**, 925 (Rn 18) *Bitratenreduktion II*.
263 BPatGE **38**, 122.
264 BGH GRUR **64**, 612, 615 f *Bierabfüllung*; BGH v 12.12.2000 X ZR 121/97 BeckRS **01**, 1742 (II2) *Kniegelenk-Endoprothese*.
265 Vgl T 0310/88 ABl **91** SonderA 21.
266 T 0591/90 ABl **93** SonderA 18; T 0410/99 vom 20.1.2003 BeckRS **03**, 30580116.
267 BGH GRUR **74**, 148 (II2c) *Stromversorgungseinrichtung*; T 0077/87 ABl **90**, 280; T 0591/90 ABl **93** SonderA 18.

ginaldokument vor.[268] Die Beweislast dafür trägt derjenige, der sich auf die Behauptung stützt.[269]

102   **3.2 Stillschweigende Offenbarung** *(silent disclosure)*: Ein Fachmann liest eine technische Information aufmerksam und sorgfältig, klammert sich nicht an ihren Wortlaut, sondern interpretiert sie mit dem Fachwissen, das der Autor bei ihrer Abfassung mit Fug und Recht voraussetzen konnte und über das der Fachmann im Zeitpunkt der jüngeren Erfindung gemeinhin verfügt. Eine Entgegenhaltung offenbart also einem Fachmann stillschweigend mehr, als mit Worten ausgedrückt ist. Dass es auf die konkret verwendeten Worte allein nicht entscheidend ankommt, zeigt die Neuheitsschädlichkeit von Benutzungen, bei denen eine Beschreibung gänzlich fehlen kann. Verborgene oder geheime Benutzungen offenbaren einem Fachmann stillschweigend nichts (s Rdn 53).

103   **Ergänzungen** (*supplementing details not expressly presented*) nicht ausdrücklich dargestellter Einzelheiten sind für einen Fachmann nichts Außergewöhnliches, sofern diese für ihn vom richtig verstandenen Inhalt der Entgegenhaltung mitumfasst sind. Ein Fachmann ergänzt nicht nur Selbstverständlichkeiten, sondern auch solche Mittel, die ihm als üblich bekannt und für den angegebenen Zweck notwendig erscheinen.

104   **3.2.1 Zwangsläufige Ergebnisse** *(inevitable results)*, die sich bei der Nacharbeitung der dargestellten Lehre ergeben, sind für einen Fachmann auch dann offenbart, wenn sie in der Entgegenhaltung nicht erwähnt werden.[270] Ist ein Verfahren beschrieben, nicht aber die Produkte, die bei der Durchführung des Verfahrens anfallen (einschließlich etwaiger Zwischenprodukte[271]), so ist ein Verfahren nicht mehr neu, das nunmehr ein anfallendes Produkt exakt benennt.[272] Das gilt auch dann, wenn die Vorveröffentlichung auf besondere Vorteile, die den Nacharbeiter überraschen mögen, nicht hinweist, sofern sie nur bei unveränderter Durchführung des beschriebenen Verfahrens ohne weiteres eintreten.[273] Das sich zwangsläufig einstellende Resultat soll aber dann nicht neuheitsschädlich sein, wenn die Vorveröffentlichung (fälschlich) lehrt, dass die erzielte chemische Verbindung eine abweichende Zusammensetzung aufweist.[274] Kann ein Stoff erst nach Abänderung von Parametern des vorbeschriebenen Herstellungsverfahrens erzeugt werden, ist er nicht neuheitsschädlich offenbart.[275] Dem Ergebnis eines nach dem Prioritätstag durchgeführten Versuchs kann für die Beurteilung der Frage, welchen Stoff der Fachmann vor dem Prioritätstag durch Nacharbeitung eines im

---

268   T 0077/87 ABl 90, 280; T 1080/99 ABl 02, 568.
269   T 0160/92 ABl 95, 35.
270   BGH BlPMZ 97, 398 (III3) *Polyäthylenfilamente*; GRUR 15, 768 *Coenzym Q10*; GrBK G 0002/88 ABl 90, 93 (Nr 10) *reibungsverringernder Zusatz/MOBIL OIL*; T 0793/93 ABl 96 SonderA 75; vgl auch T 0666/89 ABl 93, 495 (Nr 6); zur Beweislast T 0885/02 v 15.12.2004 BeckRS 04, 30653309.
271   BGH GRUR 09, 929 (Rn 42) *Schleifkorn*.
272   BGH GRUR 78, 696 α-*Aminobenzylpenicillin*.
273   BGH GRUR 80, 283 (II3c) *Terephthalsäure*; vgl auch BGH BlPMZ 85, 373 *Klebstoff*; T 0012/81 ABl 82, 296 (Nr 7–10).
274   T 0310/88 ABl 91 SonderA 21.
275   Engl Court of Appeal RPC 03, 769.

Stand der Technik offenbarten Verfahrens erhalten hätte, nur Indizwirkung zukommen.[276]

3.2.2 Implizite Offenbarung *(implicit disclosure)*: Unter diesen Begriff wird in der Rechtsprechung des EPA zusammengefasst, was in einer Entgegenhaltung zwar nicht explizit enthalten ist, was aber ein Fachmann dem Dokument auf Grund seines Fachwissens gleichwohl entnimmt. Zum Inhalt eines Dokuments gehört für einen Fachmann nicht nur das detailliert Beschriebene, sondern jede Information, die sich beim Studium oder der Nacharbeitung als ausführbar ergibt, und zwar selbst dann, wenn ihn das Ergebnis der Nacharbeitung überraschen sollte.[277] Anderseits darf für einen Fachmann Naheliegendes nicht als implizit offenbart angesehen werden, da diese Bewertung in die Prüfung auf erfinderische Tätigkeit gehört.[278]

Als implizit erwähnt wurde zB angesehen: **a)** ein funktionales Merkmal eines Erzeugnisses, zB dass eine Verbindung tatsächlich eine bestimmte Wirkung erzielt;[279] **b)** die Zusammensetzung und Struktur eines auf dem Markt zugänglichen Handelsprodukts, auch wenn für den Fachmann kein *Anlass* zu einer Untersuchung bestand[280] (s Rdn 53); alle weiteren Eigenschaften eines Handelsprodukts, die sich erst zeigen, wenn das Erzeugnis bestimmten äußeren Bedingungen unterworfen wird, gelten nicht als implizit offenbart;[281] **c)** ein objektiv verwirklichtes Vorrichtungsmerkmal, unabhängig davon, ob die Aufmerksamkeit des Fachmanns genau auf dieses Merkmal gelenkt wurde oder nicht;[282] **d)** was für einen Fachmann evident oder auf der Hand liegt[283] oder für ihn zum täglichen Rüstzeug (*everyday experience*) gehört;[284] **e)** ein Verfahrensschritt (Gefriertrocknung), der für den offenbarten Zweck (therapeutischer Einsatz in größerem Umfang) allgemein als erforderlich angesehen wurde.[285]

Als nicht implizit offenbart wurde angesehen: **a)** ein nicht erwähntes Merkmal, dessen Beitrag zur Überwindung eines Nachteils allgemein bekannt ist, wenn der Nachteil in dem Dokument nicht angesprochen ist;[286] **b)** die spezifische Konfiguration eines chemischen Stoffes, wenn diese im Dokument nicht erwähnt ist, sondern nur begrifflich unter eine Klasse möglicher Konfigurationen fällt.[287]

---

276 BGH v 12.3.2019 I X ZR 32/17 GRUR **19**, 713 *Cer-Zirkonium-Mischoxid*.
277 T 0012/81 ABl **82**, 296 (Nr 7–10); s auch T 2517/11 v 12.10.2016 ABl **17** ZPubl 4, 13 = BeckRS 16, 122108.
278 Vgl T 0763/89, T 0572/88 ABl **92** SonderA 23; T 0071/93 ABl **94** SonderA 23.
279 GrBK G 0002/88 ABl **90**, 93 (Nr 9) *Reibungsverringernder Zusatz/MOBIL OIL*; G 0006/88 ABl **90**, 114 (Nr 7) *Mittel zur Regulierung des Pflanzenwachstums/BAYER*.
280 So sehr weitgehend GrBK G 0001/92 ABl **93**, 277 *Öffentliche Zugänglichkeit*: gegen T 0093/89 ABl **92**, 718. Ein wie immer gearteter Anlass sollte Voraussetzung für die Zugänglichkeit sein, vgl BGH GRUR **66**, 484, 487 rSp *Pfennigabsatz*; **86**, 372 (II3b) *Thrombozyten-Zählung*.
281 GrBK G 0001/92 ABl **93**, 277 (Nr 3) *Öffentliche Zugänglichkeit*; T 0472/92 ABl **98**, 161.
282 T 1456/14 v 15.6.2018 ABl **20** ZPubl 4, 13.
283 Vgl T 0640/91 ABl **94**, 918 (Nr 2).
284 Vgl T 0119/88 ABl **90**, 395 (Nr 3.2).
285 BGH GRUR **14**, 758 (Rn 51–52) *Proteintrennung*.
286 T 0071/93 ABl **94** SonderA 23.
287 T 0296/87 ABl **90**, 195; T 1048/92 ABl **95** SonderA 32.

108 **3.3 Schutzbereich, Äquivalente und fachnotorische Austauschmittel** *(extent of protection, equivalents and alternative options well-known to experts)*: Um Doppelpatentierungen im weiteren Sinn gänzlich zu vermeiden, müsste der neuheitsschädliche Bereich einer Entgegenhaltung auf ihren gesamten denkbaren Schutzbereich unter Einschluss aller Äquivalente ausgedehnt werden.[288] Das ist aber mit dem Charakter der Neuheitsprüfung nicht vereinbar, weil damit praktisch Elemente der Prüfung auf erfinderische Tätigkeit und eines künftigen Verletzungsstreits in die Prüfung auf Neuheit einbezogen würden. Zudem ist das Patentamt als Erteilungsbehörde für die Bestimmung des Schutzbereichs weder zuständig[289] noch in der Lage, den Schutzbereich für die Zukunft abschließend exakt zu bestimmen.

109 Über den Wortlaut einer Entgegenhaltung hinaus können daher nur solche Abwandlungen *(variations)* berücksichtigt werden, »die nach dem Gesamtzusammenhang der Schrift für den Fachmann derart naheliegen, dass sie sich bei aufmerksamer, weniger auf die Worte als auf ihren erkennbaren Sinn achtenden Lektüre ohne weiteres erschließen, so dass er sie gewissermaßen in Gedanken gleich mitliest, auch wenn er sich dessen nicht bewusst ist« (s Rdn 96).[290] Diese Abwandlungen werden auch mit dem vom BPatG verwendeten plastischen Begriff fachnotorische Austauschmittel *(alternative options well-known to experts)* umschrieben.[291]

110 Weitere Äquivalenzüberlegungen, wie sie bei der Bestimmung des Schutzbereichs eines erteilten Patents maßgebend sein können, gehören nicht in die Neuheitsprüfung.[292] Die frühere Unterscheidung von *glatten und nichtglatten Äquivalenten*[293] hat der BGH bewusst aufgegeben.[294]

111 Das **EPA** berücksichtigt Äquivalente ebenfalls grundsätzlich nicht bei der Neuheitsprüfung, sondern erst bei der Prüfung auf erfinderische Tätigkeit.[295] Allerdings rechnen auch die EPA-Richtlinien fachnotorische Austauschmittel (Beispiel: Gummi/elastisches Material) zu den ausdrücklich zwar nicht genannten, aber für den Fachmann vom Inhalt mitumfassten Merkmalen.[296] Die Praxis wertet äquivalente Abwandlungen bisweilen auch als implizit offenbart (s Rdn 105). S auch T 0952/92: »For a claimed invention to have been made available to the public in the sense of Art 54 (2), information *equivalent* to the claimed invention must have been accessible to a skilled person«.[297]

---

288 So Bossung Mitt **74**, 141, 144; GRUR Int **78**, 381, 384; differenzierend Rogge GRUR **96**, 931, 936 = IIC **97**, 443.
289 T 0442/91 ABl **95** SonderA 58.
290 BGH GRUR **95**, 330 (II2c) *Elektrische Steckverbindung*.
291 BPatGE **30**, 6; **30**, 188; **31**, 230; **35**, 172.
292 BGH GRUR **95**, 330 (II2c) *Elektrische Steckverbindung*.
293 Vgl dazu BGH GRUR **53**, 29 *Plattenspieler I*; BlPMZ **73**, 257; Mitt **86**, 69.
294 Rogge GRUR **96**, 931, 936 rSp = IIC **97**, 443.
295 EPA-Richtl G VI.2; T 0167/84 ABl **87**, 369; T 0517/90 ABl **93** SonderA 21; T 0928/93 v 23.1.1997.
296 *EPA-Richtl G VI.2.*
297 T 0952/92 ABl **95**, 755 (Nr 2.1).

3.4 Zufällige Offenbarungen *(accidental disclosure)*, also Lösungen in einem bekannten Dokument, die »zufällig« auch die ganz andere Aufgabe der jüngeren Erfindung lösen,[298] sind dann nicht neuheitsschädlich, wenn der Anspruchsgegenstand (etwa in Form eines Verwendungsanspruchs) auf die Aufgabenlösung gerichtet ist und die Erkenntnis, dass die alte Lösung für die neue Aufgabe geeignet ist, sich für einen Fachmann erst nachträglich ergibt, er also ohne Kenntnis der jüngeren Erfindung dem alten Dokument nicht entnommen hätte, dass die alte Lehre für die Lösung der neuen Aufgabe brauchbar ist. Zufällige Offenbarungen können durch einen Disclaimer vom beanspruchten Gegenstand ausgenommen werden.[299]

112

3.5 Kombination von Merkmalen *(combination of features)*, die *innerhalb* einer Entgegenhaltung separat dargestellt sind, sind nur dann offenbart, wenn entweder das Dokument selbst auf eine Verbindung dieser Merkmale hinweist[300] oder ein Fachmann einen Zusammenhang ohne weiteres erkennt. Dazu gehört nicht die nicht erwähnte Kombination von Merkmalen, die sich gedanklich aus Anspruchsrückbeziehungen ergibt.[301]

113

Kombinationen mit Merkmalen *außerhalb* des Dokuments, zB mit Merkmalen aus dem allgemein zitierten Stand der Technik, sind in der Regel nicht mit offenbart,[302] es sei denn, das Dokument verweist für eine bestimmte Gestaltung ausdrücklich auf eine andere Vorveröffentlichung und macht sie damit zum Inhalt des Dokuments selbst[303] oder ein Fachmann würde beide Dokumente ausnahmsweise zusammen lesen.[304] Keine unzulässige Kombination ist es, wenn der Fachmann sein allgemeines Fachwissen zu Rate zieht oder übliche Nachschlagewerke benutzt.[305]

114

3.6 Patentschriften als Entgegenhaltung *(patent specifications as citations)*: Patentschriften gehören mit ihrem gesamten Inhalt zum Stand der Technik, unabhängig davon, ob das für den Fachmann erkennbare Merkmal im Anspruch,[306] der Beschreibung oder der Zeichnung enthalten ist. Auch ein nur beschriebenes oder nur gezeichnetes oder nur im Anspruch enthaltenes Merkmal ist neuheitsschädlich, wenn es dort für den Fachmann ausreichend deutlich dargestellt ist. Unter dieser Voraussetzung gilt:
a) Ein beschriebenes Merkmal bedarf keiner besonderen Hervorhebung, auch wenn mehrere Möglichkeiten nebeneinander erwähnt werden;[307]
b) Das offenbarte Merkmal muss nicht in den Schutzbereich der Ansprüche fallen;[308]

115

---

298 Vgl T 0161/82 ABl **84**, 551; T 0601/92 ABl **96** SonderA 15.
299 GrBK G 0001/03 ABl **04**, 413 (Nr 2.2) *Disclaimer/PPG*; G 0001/16 ABl **18**, A70 (Nr 45) *Zulässigkeit nicht offenbarter Disclaimer/PRINCETON UNIVERSITY*.
300 T 0931/92 ABl **94** SonderA 23.
301 T 0042/92 ABl **95** SonderA 24.
302 T 0291/85 ABl **88**, 302.
303 T 0153/85 ABl **88**, 1.
304 T 0793/93 ABl **96** SonderA 75 = EPOR **96**, 104.
305 T 0288/90 v 1.12.1992 BeckRS **92**, 30557749 = RechtsprBK/EPA **19**, 145.
306 Allerdings darf eine Merkmalskombination in einem Anspruch nicht isoliert von der Beschreibung betrachtet werden, s T 1658/12 v 6.4.2017 Mitt **17**, 344 L = BeckRS **17**, 115378.
307 BGH GRUR **80**, 283 (3c) *Terephthalsäure*.
308 BGH GRUR **81**, 812 *Etikettiermaschine*; **85**, 214 (2d) *Walzgut-Kühlbett*; T 0004/83 ABl **83**, 498, 501; T 0206/83 EPOR **86**, 232; T 0081/87 ABl **90**, 250.

c) Der Offenbarungsgehalt einer umfassenden Anspruchsfassung wird nicht dadurch beschränkt, dass dieser in Beschreibung und Zeichnung nur anhand einer konkreten Ausführungsform erläutert wird;[309]
d) Die deutliche Darstellung eines Merkmals in der Zeichnung ist neuheitsschädlich, auch wenn es in der Beschreibung nicht erwähnt ist,[310] es sei denn, dass eine solche Wertung im klaren Widerspruch zur beschriebenen technischen Lehre stehen würde;[311] aus schematischen Darstellungen können konkrete Angaben nicht hergeleitet werden;[312]
e) Das Merkmal in einer anderen Druckschrift ist in den Offenbarungsgehalt miteinzubeziehen, wenn darauf ausreichend deutlich verwiesen ist;[313]
f) Eine Kombination von Merkmalen ist nur neuheitsschädlich, wenn diese der Fachmann der Patentschrift entnommen hätte, obwohl sie explizit nicht erwähnt ist.[314]

116 **3.7 Irrtum über den Stand der Technik** *(error about state of the art)* ist grundsätzlich unschädlich, da sich der Umfang des Standes der Technik nach den objektiven Sachlage und nicht nach den subjektiven Vorstellungen des Erfinders beurteilt.[315] Daher bewirkt die irrtümliche Angabe, bestimmte Merkmale seien bekannt, die Mitteilung eines sog. internen Stands des Technik[316] oder die irrtümliche Aufnahme von Merkmalen in den Oberbegriff statt richtig in das Kennzeichen eines Patentanspruchs[317] nicht, dass diese Merkmale zum Stand der Technik zu rechnen wären.[318] Aus derartigen Angaben kann allenfalls uU geschlossen werden, dass das Patentbegehren sich auf diese Merkmale nicht erstrecken soll (s § 34 Rdn 330). Das Amt kann jedoch bei der Prüfung zunächst von dem Stand der Technik ausgehen, den der Anmelder als bekannt angegeben hat, solange sich der Anmelder nicht von diesen Angaben distanziert.[319]

3.8 Allgemeine und spezifische Begriffe – Auswahlerfindungen *(generic and specific disclosures, selection inventions)*

117 **Lit: Ahn:** Patentability of Chemical Selection Inventions 2011; Langfinger in FS 50 Jahre BPatG 2011, 379; **Lit in GRUR:** Schmied-Kowarzik/Heimbach **83**, 109; Dörries **84**, 90 u **91**, 717; Pietzcker

---

309 BPatGE **30**, 207.
310 BPatGE **15**, 12, 14; **24**, 177; BPatG BlPMZ **89**, 392; T 0204/83 ABl **85**, 310.
311 T 0056/87 ABl **90**, 188; T 0170/87 ABl **89**, 441; T 0571/89 v 22.5.1990 BeckRS **90**, 30606700.
312 T 0170/87 ABl **89**, 441. Nur ausnahmsweise kann eine Zeichnung maßstäblich sein, s. T 658/07 v 5.10.2010 (Nr 4.1.3); vgl ferner T 2296/09 EPOR **12**, 322 (spezifische Dimensionen trotz akkurater Zeichnung nicht entnehmbar).
313 BGH GRUR **80**, 283 (3 f) *Terephthalsäure*; BlPMZ **85**, 373 *Offenbarungsgehalt einer PS*; BPatG v 26.11.1992 3 Ni 51/91; T 0153/85 ABl **88**, 1.
314 BGH GRUR **54**, 107 *Mehrfachschelle*; T 0291/85 ABl **88**, 302.
315 BGH GRUR **71**, 115 (IV) *Lenkradbezug I*; **73**, 263 (III 11) *Rotterdam-Geräte*; **94**, 357 (II 1b) *Muffelofen*; T 0006/81 ABl **82**, 183; T 0028/87 ABl **89**, 383; T 0022/83 EPOR **88**, 234.
316 T 0654/92 v 3.5.1994 BeckRS **94**, 30620013; T 0691/94 v 13.5.1996 BeckRS **96**, 30625534; T 0211/06 GRUR Int **07**, 927 = EPOR **07**, 40 (Hinweis auf »laboratory practice« in Anmeldung kein geeigneter Ausgangspunkt für die Prüfung); s T 0730/05 v 10.7.2007 BeckRS **07**, 30631250.
317 BGH GRUR **94**, 357 (II 1b) *Muffelofen*.
318 BGH GRUR **71**, 115 (IV) *Lenkradbezug I*; **73**, 263 (III 11) *Rotterdam-Geräte*; **94**, 357 (iiII 1b) *Muffelofen*; T 0006/81 ABl **82**, 183; T 0028/87 ABl **89**, 383; T 0022/83 EPOR **88**, 234.
319 T 0730/05 v 10.7.2007 BeckRS **07**, 30631250 = RechtsprBK/EPA **19**, 87; T 0431/08 ABl **11** SonderA **2**, 26.

86, 269; Güthlein 87, 481; Hüni 87, 663; Jochum 92, 293; Rogge 96, 931, 938; Huebner 07, 839; Lenz 08, 1042; Sendrowski 09, 797; **Lit in GRUR Int:** Szabo 89, 447; Vivian 89, 451; Turrini 91, 447, 449; Spangenberg 98, 193; Hansen 08, 891; Ehlers et al 09, 834; **Lit in Mitt:** Christ 86, 101; 98, 408; Hetmank 15, 494; **Lit in IIC:** Rogge 97, 343; Spangenberg 97, 808; Tilmann 10, 149; **Lit in VVP-Rundbrief:** Schneider 10, 19.

3.8.1 Grundsätzliches:[320] a) Ein *allgemeiner Begriff* offenbart stillschweigend nicht alle darunter fallenden Begriffe.[321] Eine generische Offenbarung umfasst allerdings häufig auch kleinere Bereiche, die ebenfalls generisch definiert sind und sich mit dem größeren Bereich überschneiden.[322] b) Ein *spezieller Begriff* nimmt den ihn umfassenden allgemeinen Begriff neuheitsschädlich vorweg.[323]

118

Aus diesen Grundsätzen folgt die – international weitgehend anerkannte[324] – grundsätzliche Patentfähigkeit von Auswahlerfindungen. Hierunter versteht man Lehren, die aus größeren Bereichen, Gruppen oder Formeln nicht ausdrücklich erwähnte Teilbereiche, kleinere Gruppen oder Individuen (s Rdn 121 ff) gezielt auswählen, für die besondere Wirkungen, Eigenschaften, Vorteile oder Effekte geltend gemacht werden (s auch § 1 Rdn 283).

119

Allerdings gelten die Grundsätze nicht ausnahmslos.[325] Eine *Offenbarung* ist für einen speziellen Begriff dann neuheitsschädlich, wenn dem Fachmann beim Lesen des allgemeinen Begriffs sogleich ein bestimmter spezieller Begriff vor Augen steht, weil dieser sich nach dem Gesamtzusammenhang des Dokuments aufdrängt, obwohl er nicht ausdrücklich genannt ist.[326]
In der Beurteilung von Auswahlerfindungen bestanden lange Zeit erhebliche Unterschiede zwischen der tendenziell deutlich strengeren deutschen und der europäischen Rechtsprechung. Seit der Olanzapin-Entscheidung des BGH,[327] die sich deutlich von der früheren Fluoran-Entscheidung abgesetzt hat, sind die Positionen jedoch – jedenfalls für ein wichtiges Teilgebiet der Auswahlerfindungen – beträchtlich angenähert.

3.8.2 Prüfung der Auswahl auf Neuheit: Was ein Fachmann einer Entgegenhaltung über deren Wortlaut hinaus entnimmt, ist *Tatfrage* in jedem Einzelfall. Eine schematisierende Beurteilung sollte daher vermieden werden. Für die Entscheidung, ob eine Auswahl neu ist, können je nach Sachlage folgende Umstände von Bedeutung sein:
a) *Fähigkeiten des zuständigen Fachmanns* für das jeweilige Gebiet und wie er diese üblicherweise einsetzt;
b) *Charakter des beschriebenen Bereichs,* aus dem ausgewählt wurde, insbesondere seine Größe, Überschaubarkeit oder Heterogenität;

120

---

320 GrBK G 0001/03 ABl 04, 413 (Nr 2.2.2 Abs 3) *Disclaimer/PPG*; EPA-Richtl G-VI.5.
321 BGH GRUR 00, 296 (IIIa) *Schmierfettzusammensetzung* (für »synthetische Ester«); T 0651/91 ABl 94 SonderA 24; T 0296/87 ABl 90, 195 (Nr 6.1).
322 T 0012/90 ABl 91 SonderA 22; T 0124/87 ABl 89, 491.
323 T 0508/91 ABl 94 SonderA 24 (Gemüse/Speisefrüchte u Pflanzen).
324 Für AT s öst OGH GRUR Int 10, 430 (Nr 3.4) *Nebivolol;* für US s CAFC GRUR Int 12, 676 *ClearValue v. Pearl River Polymers;* für CA s Supreme Court of Canada FSR 09, 335 *Apotex Inc. v. Sanofi-Synthelabo Canada Inc.*
325 Rogge GRUR 96, 931, 937 = IIC 97, 443.
326 Vgl T 0187/91 ABl 94, 572 zu Art 123 (2) EPÜ.
327 BGH GRUR 09, 382 *Olanzapin.*

c) *Charakter des ausgewählten Gegenstands*, zB seine Größe oder seine Qualität, die auf einer Auswahl aus einem rein numerisch begrenzten Bereich (*simple selection*) oder aus unterschiedlichen Parametern beruht (*multiple or combined selection*);[328]
d) Vorliegen einer *gezielten Auswahl (purposive selection)*, das heißt, der ausgewählte Bereich darf nicht willkürlich gewählt sein (*arbitrary choice*);[329]
e) *Verhältnis von bekanntem und ausgewähltem Bereich*: Ist der bekannte Bereich präzise definiert, werden zB seine Mitglieder oder die von ihm umfassten Unterbegriffe namentlich genannt oder in allgemein üblicher Weise durch einen allgemeinen Begriff zusammengefasst dargestellt (zB Halogen), wird ein Fachmann kaum Schwierigkeiten haben, sich auch die nicht ausdrücklich genannten, aber gängigen Vertreter des Bereichs als geeignet vorzustellen. Das Gegenteil gilt, wenn der bekannte Bereich undifferenziert umschrieben ist (zB durch eine umfangreiche allgemeine Formel), so dass ein Fachmann Individuen, die zwar denkgesetzlich unter die Entgegenhaltung fallen, nicht in Betracht ziehen würde. Das kann insbesondere der Fall sein, wenn ein Individuum ausgewählt wird:
   i) aus einer umfangreichen *allgemeinen Formel*,[330]
   ii) aus einer allgemeinen Angabe einer Gruppe chemischer Verbindungen (zB Ester[331]),
   iii) durch Kombination aus mehreren *umfangreichen Listen* (*principle that a substance resulting from the reaction of a specific pair from two lists of some length could be regarded as new*).[332] Grundsätzlich gilt, je größer der bekannte Bereich und je gezielter die Auswahl, desto eher wird die Neuheit des Teilbereichs bejaht werden können;[333]
f) wenn ein Fachmann nicht ernsthaft erwogen hätte, anhand der Entgegenhaltung den Gegenstand der Auswahl technisch zu verwenden, kann dies ein Indiz dafür sein, dass der Gegenstand der Auswahl der Fachwelt nicht zugänglich gemacht worden ist.[334] Die bloße Feststellung, dass der Teilbereich logisch unter den bekannten größeren Bereich subsumierbar ist, reicht allein nicht für die Feststellung aus, dass ein Fachmann den Gegenstand der Auswahl der Entgegenhaltung entnommen hätte.

3.8.3 Auswahl aus Verbindungsklassen und allgemeinen Formeln: Eine allgemeine chemische Strukturformel offenbart noch nicht jede einzelne unter sie fallende Verbindung.[335] Um sie dem Fachmann iS der Neuheitsprüfung an die Hand zu geben, bedarf

---

328 Vgl zB T 0012/90 ABl **91** SonderA 22; T 0653/93 ABl **97** SonderA 24.
329 Vgl zB T 0198/84 ABl **85**, 209; T 0007/86 ABl **88**, 381; T 0279/89 ABl **92** SonderA 20.
330 GrBK G 0001/03 ABl **04**, 413 (Nr 2.2.1 u 2.2.2) *Disclaimer/PPG*; T 0085/87 EPOR **89**, 24; T 0133/92 ABl **95** SonderA 30, 32; T 0012/90 ABl **91** SonderA 22.
331 BGH GRUR 00, 296 (IIIa) *Schmierfettzusammensetzung*.
332 Vgl zB T 0012/81 ABl **82**, 296; T 0007/86 ABl **88**, 381 (für Auswahl einzelner Substituenten aus einem polysubstituierten Stoff); T 0401/94 ABl **95** SonderA 32; T 0366/96 v 17.2.2000 BeckRS 00, 30572113 (keine Neuheit, wenn Wahl aus 1. Liste zwangsläufig zum Individuum der 2. Liste führt).
333 Vgl zB BPatG BlPMZ **82**, 360; BPatGE **32**, 104.
334 T 0666/89 ABl **93**, 495; T 0279/89 ABl **92** SonderA 20. Kritisch zu diesem Kriterium aber engl Court of Appeal *Jushi Group v OCV Intellectual Capital* [2018] EWCA Civ 1416 = GRUR Int **18**, 1166.
335 BGH GRUR 10, 123 (Rn 31) *Escitalopram*.

es idR weitergehender Informationen insbesondere zu ihrer Individualisierung.[336] Denn die Fähigkeit des Fachmanns, mit Hilfe bekannter Verfahren und seines sonstigen Fachwissens eine mehr oder weniger große Anzahl von Einzelverbindungen herzustellen, die unter eine offenbarte Strukturformel fallen, darf nicht mit der Offenbarung dieser Einzelverbindungen gleichgesetzt werden.[337]

Als offenbart kann eine nicht ausdrücklich genannte Einzelverbindung nur dann gelten, wenn der Fachmann sie bei der Lektüre der Vorveröffentlichung »mitliest«, etwa weil sie ihm als die übliche Verwirklichungsform der genannten allgemeinen Formel geläufig ist und sich ihm daher sofort als jedenfalls auch gemeint aufdrängt, wenn er die allgemeine Formel liest.[338] Hierzu reicht es nicht aus, dass der Fachmann die Einzelverbindung durch Schlussfolgerungen ermitteln kann.[339]

Neuheit einer Auswahl wurde in der Rechtsprechung bejaht für **1.** eine Verbindung, die zwar unter eine vorbekannte allgemeine Formel fällt, aber *nicht konkret beschrieben* ist;[340] **2.** einen *konkreten Stoff*, der unter eine bekannte Stoff-Familie fällt, die durch eine allgemeine Strukturformel definiert ist, der aber in der Entgegenhaltung nicht ausdrücklich beschrieben ist;[341] **3.** *spezifische Raumformen* (D- und L-Enantiomere) gegenüber durch Strukturformeln bekannten Racematen[342] oder gegenüber einer Verbindung derselben Formel, die alle optisch aktiven Formen einschließt;[343] **4.** die *spezifische Konfiguration* eines chemischen Stoffes, wenn diese im Dokument nicht erwähnt ist, sondern nur begrifflich unter eine Klasse möglicher Konfigurationen fällt;[344] **5.** *spezifische Ester* aus der allgemein angegebenen Gruppe synthetische Ester,[345] **6.** *Stoffgruppe*, die in Entgegenhaltung in einem zahlenmäßig umfangreichen, nicht homogenen Kollektiv genannt und im Streitpatent bezüglich ihres strukturellen Aufbaus durch numerische Bereichsangaben gekennzeichnet ist.[346]

Neuheit einer Auswahl wurde in der Rechtsprechung verneint für: **1.** chemische Verbindungen, die zwar nicht expressis verbis beschrieben sind, die aber unter eine bekannte *allgemeine Formel oder Gattungsbezeichnung* fallen, wenn ein an Abstraktion gewöhnter Chemiker sie aufgrund seines Fachwissens ohne weiteres als existent, herstellbar und nach ihren Eigenschaften überschaubar erkennt;[347] **2.** eine *Stoff-Familie*, die sich teilweise mit einer bekannten Stoff-Familie deckt;[348] **3.** eine *Klasse von*

---

336 BGH GRUR 09, 382 *Olanzapin*; 10, 123 (Rn 31) *Escitalopram*.
337 BGH GRUR 10, 123 (Rn 31) *Escitalopram*.
338 BGH GRUR 09, 382 *Olanzapin*; 10, 123 (Rn 32) *Escitalopram*.
339 BGH GRUR 09, 382 *Olanzapin*; 10, 123 (Rn 32) *Escitalopram*.
340 BPatGE 13, 1, 7.
341 T 0007/86 ABl 88, 381; T 0012/90 EPOR 91, 312.
342 BGH GRUR 10, 123 *Escitalopram*; T 0296/87 ABl 90, 195 (Nr 6); T 0773/03 v 8.10.2004; s aber auch BPatG v 12.9.2019 4 Ni 73/17 (IV1.2.2) BlPMZ 20, 206 L: Enantiomer in concreto implizit offenbart.
343 T 1046/97 ABl 01 SonderA 3, 26.
344 T 1048/92 ABl 95 SonderA 32.
345 BGH GRUR 00, 296 (III a) *Schmierfettzusammensetzung*.
346 BPatG BlPMZ 07, 278.
347 BGH GRUR 88, 447 *Fluoran*; vgl Bruchhausen GRUR 72, 226.
348 T 0012/90 ABl 91 SonderA 22; BPatG BlPMZ 82, 360.

Verbindungen, die sich mit einer beschriebenen Klasse von Verbindungen überschneidet, deren Mitglieder eine beliebige Kombination von Werten bestimmter Parameter sind und die alle von einem Fachmann hergestellt werden können.[349]

125 **3.8.4 Auswahl aus einseitig offenen Bereichen** *(parameters open at one end):* Solche Bereiche offenbaren dem Fachmann stillschweigend nicht ausdrücklich genannte Werte, die für ihn innerhalb einer üblichen Bandbreite liegen. Bei Angaben wie »höchstens ...«, »mindestens ...«, »über ...« oder »unter ...« *(not more than ..., at least ..., over ..., below ...)* wird er nicht jeden Wert als offenbart ansehen, der in der angegebenen Richtung liegt, sondern nur solche Werte, die sich in angemessenem Rahmen zum ausdrücklich erwähnten Wert halten. Eine praktische Beschränkung des offenen Bereichs kann sich für den Fachmann aus dem Zusammenwirken mit anderen Parametern ergeben.[350]

126 *Beispiele:* a) ein Zahlenindex von 100 oder darüber offenbart nicht jeden beliebigen Wert über 100, sondern nur knapp über 100 liegende Werte, zB 110;[351] b) »mindestens 2 Schichten« soll bei Filmen zwar 3 Schichten umfassen, jedoch nicht konkret lehren, wenn alle Beispiele des Dokuments nur 2 Schichten zeigen[352] (zweifelhaft).

127 **3.8.5 Auswahl aus geschlossenen Bereichen** *(closed numerical parameters):* Ist eine Menge, Größe, Dauer etc *numerisch* durch einen Anfangs- und einen Endpunkt präzise definiert, so sind nach **BGH** die zwischen diesen Punkten liegenden Werte mitoffenbart, »denn entsprechend den Regeln der Arithmetik stellt die Nennung eines Mengenbereichs eine vereinfachte Schreibweise der zahlreichen möglichen, zwischen dem unteren und dem oberen Grenzwert liegenden Zwischenwerte dar«.[353] Geschlossene, durch Grenzwerte definierte Mengenbereiche umfassen sämtliche innerhalb der angegebenen Grenzen möglichen Variationen und Zwischenwerte und alle daraus beliebig gebildeten Teilmengen.[354] *Die Neuheit einer Verwendung* eines Teilbereichs, der als bekannt zu gelten hat, obwohl er selbst in der Entgegenhaltung nicht benannt ist, macht diesen Teilbereich noch nicht neu: er selbst muss es sein (s § 1 Rdn 209).

128 Ausnahmen von diesem Grundsatz sind vom Anmelder oder Patentinhaber zu beweisen. Tut er das nicht, bedarf es keiner Prüfung, ob ein Fachmann einen Ausschnitt aus dem genannten Bereich für die Zwecke des Patents als geeignet entnehmen konnte.[355]

129 **Neuheit einer Auswahl wurde in der deutschen Rechtsprechung bejaht:** für den Bereich r > R/2, wenn nach der Entgegenhaltung r eine beliebige Größe innerhalb des gesamten denkbaren Bereichs zwischen O und R sein kann.[356]

---

349 T 0124/87 ABl **89**, 491.
350 Vgl T 0129/88 ABl **93**, 598.
351 T 0124/87 ABl **89**, 491 (Nr 3.3).
352 T 0763/89 ABl **92** SonderA 21.
353 BGH GRUR **90**, 510 (III3d) *Crackkatalysator I*; **00**, 591 (IV1b) *Inkrustierungsinhibitoren*.
354 BGH GRUR **92**, 842 *Chrom-Nickel-Legierung*. Vgl aber auch PatG BlPMZ **82**, 360; BPatGE **32**, 104, wonach die Neuheit einer Auswahl aus einem größeren, bekannten Bereich voraussetzt, dass der ausgewählte Teilbereich im Stand der Technik nicht ausdrücklich genannt ist.
355 BGH GRUR **00**, 591 (IV1b) *Inkrustierungsinhibitoren*.
356 BGH GRUR **81**, 812 *Etikettiermaschine*.

Neuheit einer Auswahl wurde in der deutschen Rechtsprechung verneint: 1. für 130
Legierungen mit konkret genannten Komponenten, wenn diese alle vollständig im
Mengenbereich der vorbekannten Legierung liegen;[357] **2.** für ein *Gemisch zweier Verbindungen* im Verhältnis 0,6–1,5: 1, wenn die Entgegenhaltung Gemische zweier Gruppen nennt und die beanspruchten Verbindungen unter 20 Verbindungen der ersten
Gruppe und unter 60 Verbindungen der zweiten Gruppe im Mischungsverhältnis von
1: 99 und 99: 1 namentlich aufgeführt sind;[358] **3.** für *enge Verfahrensparameter* (zB
150–180 Grad C und 25–30 bar), wenn sie in den Bereich bekannter, weiter gefasster
Verfahrensparameter fallen (zB 100–400 C und 10–100 bar); **4.** wenn ein *Gesamtbereich*
beansprucht wird, von dem vorbekannte Verfahren bereits teilweise Gebrauch
machen.[359]

Nach der Rechtsprechung des **EPA** sind nicht ohne weiteres alle Zwischenwerte eines 131
geschlossenen Bereichs, die rein denkgesetzlich in diesen Bereich fallen, offenbart, sondern nur solche Werte, die von der Entgegenhaltung ausreichend individualisiert dargestellt sind.[360] Dem liegt der Gedanke zugrunde, dass ein Fachmann ein technisches
Dokument nicht wie ein Philologe oder Jurist liest, sondern als ein Praktiker auf seinem Fachgebiet, der eine bestimmte technische Lehre realisieren will. Ein solcher hält
sich an die praktischen Anweisungen der Entgegenhaltung, aus denen sich ergibt, wie
die technische Lehre mit Erfolg ausgeführt werden kann. Decken die praktischen
Anweisungen für ihn den gesamten theoretischen Bereich ab, so ist der gesamte Bereich
offenbart. Ist aber der theoretische Bereich sehr groß, beziehen sich die praktischen
Anweisungen zur Ausführung dagegen nur auf einen kleinen Bereich, so wird ein
Fachmann auch nur diesen kleineren Bereich als vom Verfasser in Wahrheit gemeint
betrachten. Daher ist durch die Entgegenhaltung nicht der gesamte theoretische
Bereich, sondern nur der ausreichend individualisierte Bereich iSd Art 54 (2) EPÜ
zugänglich gemacht. Das wird in Entscheidungen mit dem Hinweis umschrieben, dass
ein Fachmann nicht ernsthaft erwogen (*seriously contemplated*) hätte, die Lehre aus
dem bekannten Dokument in dem rein theoretischen Bereich anzuwenden.[361]

Beispiele aus der EPA-Rechtsprechung: *Neuheit der Auswahl bejaht:* **1.** wenn der 132
ausgewählte *Teilbereich eng* ist, genügenden *Abstand* vom belegten bekannten Bereich
hat und *nicht willkürlich* ausgewählt ist;[362] **2.** für den **Bereich** 0,02 bis 0,2 Mol %
gegenüber einem Bereich > 0 und < 100 Mol %, der durch Beispiele 2–13 Mol %
belegt ist.[363]

---

357 Vgl Bayer-Schwarzmaier-Zeiler in 10 Jahre BPatG 1971, 201.
358 BPatG BlPMZ **82**, 360.
359 BGH GRUR **82**, 610 *Langzeitstabilisierung*.
360 T 0181/82 ABl **84**, 401 (Nr 8); T 0296/87 ABl **90**, 195 (Nr 6.1).
361 StRspr des EPA: T 0026/85 ABl **90**, 22; T 0255/91 ABl **93**, 318 (Nr 2.1.3); T 0666/89 ABl **93**,
 495; T 0279/89 ABl **92** SonderA 20; T 0366/90 ABl **93** SonderA 19; ablehnend die deutsche
 Rechtsprechung: BGH GRUR 00, 591 (IV1b) *Inkrustierungsinhibitoren*.
362 T 0279/89 ABl **92** SonderA 20; T 0198/84 ABl **85**, 209. In der neueren EPA-Rechtsprechung
 wird jedoch auf dieses dritte Kriterium der gezielten, dh nicht willkürlichen Auswahl (*purposive selection*) zunehmend verzichtet, s T 0261/15 v 7.2.2018 BeckRS **18**, 7464 = RechtsprBK
 EBA **19**, 162, 164 mwN.
363 T 0198/84 ABl **85**, 209.

133   *Neuheit verneint:* **1.** für einen Bereich, wenn die Entgegenhaltung Beispiele enthält, die in ihm liegen, auch wenn diese durch Disclaimer ausgenommen werden, sofern der Fachmann sie *nicht nur punktförmig, sondern als Bereiche versteht;*[364] **2.** für einen Bereich (4–8), in den der *Vorzugsbereich* (6,67–31,6) einer Entgegenhaltung hineinreicht, auch wenn die Ausführungsbeispiele der Entgegenhaltung knapp außerhalb liegen, dem Fachmann aber zeigen, dass er *im gesamten beanspruchten Bereich arbeiten kann;*[365] **3.** für einen *Temperaturbereich* von 85–115, wenn 80–170 bekannt waren;[366] **4.** für bloße Auswahl eines kleineren Bereichs aus einem bekannten *größeren Kollektiv,* wenn diese sich in einer bloßen Kopie von Bekanntem erschöpft;[367] **5.** für *Mitglieder einer beschriebenen Klasse* von Verbindungen, deren Mitglieder sich aus einer beliebigen Kombination von Werten bestimmter Parameter ergeben, die durch Zahlenbereiche definiert sind;[368] **6.** wenn ein Fachmann unter Berücksichtigung aller ihm bekannten technischen Gegebenheiten *ernsthaft erwogen* hätte, die technische Lehre aus dem bekannten Dokument anzuwenden.[369]

3.8.6 Auswahl in sonstigen Fällen

134   Auswahlerfindungen sind nicht auf die Fälle beschränkt, in denen aus einer allgemeinen Strukturformel oder einem allgemeinem Bereich ausgewählt wird. Der Grundsatz, dass das Allgemeine idR nicht das Spezielle offenbart, hat vielmehr weithin Gültigkeit.

So wurde in der Rechtsprechung die **Neuheit** einer Auswahl etwa **bejaht: 1.** für die *gesetzmäßige Bestimmung von Stoffanteilen* der einzelnen Legierung, wenn die Entgegenhaltung nur allgemeine Legierungsgruppen nennt;[370] **2.** für einen wörtlich nicht beschriebenen Stoff, dessen Erstellung zwar denkgesetzlich unter ein beschriebenes Verfahren fällt, bei dem aber die *Anzahl der als möglich miteinander zu kombinierenden Ausgangsstoffe* so groß ist, dass die konkrete Kombination von Ausgangsstoffen zu seiner Herstellung nicht als beschrieben gelten kann.[371]

Die **Neuheit** einer Auswahl wurde hingegen **verneint** für: **1.** für eine *Einstellungsregel,* wenn und soweit Legierungen mit denselben qualitativen und quantitativen Bestandteilen zum StdT gehören, bei deren Herstellung die beanspruchte Einstellungsregel, wenn auch *unerkannt,* eingehalten worden ist;[372] **2.** für *Gemische aus Stoffen* von 4 Stoffgruppen, die jede mehrere Einzelstoffe umfassen, wenn jeder Einzelstoff als besonders geeignet herausgestellt ist.[373]

---

364   T 0188/83 ABl **84**, 555.
365   T 0017/85 ABl **86**, 406 (Nr 7.2).
366   T 0247/91 ABl **94** SonderA 30.
367   T 0012/90 EPOR **91**, 312.
368   T 0124/87 ABl **89**, 491.
369   T 0666/89 ABl **93**, 495; T 0279/89 ABl **92** SonderA 20.
370   BGH BlPMZ **73**, 170 *Legierungen.*
371   T 0012/81 ABl **82**, 296.
372   BGH GRUR **86**, 163 *borhaltige Stähle.*
373   BPatGE **32**, 104.

3.9 Weitere Beispiele aus der Rechtsprechung zur Neuheit im Allgemeinen

Zum Stand der Technik gehören: a) das *tatsächlich Beschriebene*, mag es auch noch 135 nicht ausgeführt sein;[374] **b)** Kenntnisse, die der Fachmann der Entgegenhaltung *ohne weiteres*, dh ohne besonderes Nachdenken *zu entnehmen* vermag[375] oder die sich für ihn beim Lesen des Dokuments zweifelsfrei ergeben;[376] **c)** Kenntnisse, die die Entgegenhaltung iVm dem *allgemeinen Fachwissen* vermittelt;[377] **d)** *fachnotorische Äquivalente* (siehe oben Rdn 108); **e)** Kenntnisse, die dem Fachmann bei der Nacharbeitung unmittelbar und *zwangsläufig offenbar* werden, zB Erhalt eines reinen Produkts,[378] einer ungenannten stereospezifischen Form eines Stoffes,[379] einer hohen Ausbeute in einstufigem Verfahren[380] oder Einhaltung einer Bemessungsregel,[381] selbst wenn diese Ergebnisse unbewusst oder unerkannt, aber regelmäßig erreicht werden[382] oder den Nacharbeitenden überraschen[383] (s Rdn 104); **f)** *Bezugnahme auf eine weitere Druckschrift*, wenn sie damit zum Inhalt der Entgegenhaltung gemacht ist;[384] **g)** *Ergänzung lückenhafter Angaben*, die der Fachmann ohne weiteres vornimmt;[385] **h)** *fehlende Angaben*, die der Fachmann aber ohne weiteres aus seinem Fachwissen ergänzt;[386] **i)** alle dem Fachmann *selbstverständlichen Abwandlungen*;[387] **k)** Zeichnung auch ohne Beschreibung[388] (vgl Rdn 115 lit d); **l)** ein *allgemeiner Begriff*, wenn der darunter fallende spezielle Begriff bekannt ist;[389] **m)** eine *chemische Verbindung*, wenn die Entgegenhaltung sie als chemisches Individuum bezeichnet und sie herstellbar ist, mag sie auch *noch nicht hergestellt* sein und mögen dem Fachmann auch ihre chem und physikalischen Eigenschaften unbekannt sein;[390] **n)** ein bekanntes Erzeugnis, auch wenn eine *neue Verwendungsweise* desselben offenbart wird (s § 1 Rdn 209); **o)** *implizit Offenbartes*,[391] zB dem beschriebenen Verfahren vorausgehende Stufen[392] oder die Verwendung eines Gegenstands, wenn lediglich deren Ergebnisse beschrieben sind[393] (s Rdn 105); **p)** ein *Verfahren* kann durch das *Angebot einer Vorrichtung* zur Durchführung des Verfahrens beschrieben sein, wenn die Vorrichtung das Wesen des Verfahrens

---

[374] BGH GRUR **78**, 696 α-*Aminobenzylpenicillin*; BlPMZ **85**, 373 *Offenbarungsgehalt einer PS*; GRUR **88**, 447 *Fluoran*.
[375] BGH GRUR **74**, 148 (2c) *Stromversorgungseinrichtung*; **74**, 332 *Cholinsalycilat*.
[376] T 0006/80 ABl **81**, 434.
[377] BGH GRUR **74**, 148 (2c) *Stromversorgungseinrichtung*; **74**, 332 *Cholinsalycilat*.
[378] BGH GRUR **78**, 696 (II3) α-*Aminobenzylpenicillin*.
[379] T 0012/81 ABl **82**, 296.
[380] BGH GRUR **80**, 283 (3c + d) *Terephthalsäure*.
[381] BGH BlPMZ **85**, 373 *Offenbarungsgehalt einer PS*; GRUR **86**, 163 *borhaltige Stähle*.
[382] BGH GRUR **86**, 163 *borhaltige Stähle*.
[383] BGH GRUR **78**, 696 (II3) α-*Aminobenzylpenicillin*; **80**, 283 (3c + d) *Terephthalsäure*.
[384] BGH GRUR **80**, 283 (3 f) *Terephthalsäure*; BlPMZ **85**, 373 *Klebstoff*; BPatG v 26.11.1992 3 Ni 51/91; EPA T 0153/85 ABl **88**, 1.
[385] BGH GRUR **74**, 148 (2c) *Stromversorgungseinrichtung*.
[386] BGH GRUR **74**, 332 *Cholinsalycilat*.
[387] BGH GRUR **62**, 86, 89 *Fischereifahrzeug*.
[388] BPatGE **15**, 12, 14; **23**, 27; **24**, 177; T 0204/83 ABl **85**, 310.
[389] EPA-Richtl G-VI.5.
[390] BGH GRUR **78**, 696 α-*Aminobenzylpenicillin*; BlPMZ **85**, 373 *Offenbarungsgehalt einer PS*; GRUR **88**, 447 *Fluoran*.
[391] T 0099/85 ABl **87**, 413.
[392] T 0004/83 ABl **83**, 498, 501.
[393] T 0114/86 ABl **87**, 485.

kundbar macht, zB weil die Vorrichtung für die Durchführung nur dieses Verfahrens geeignet ist;[394] daran fehlt es, wenn die Vorrichtung auch für andere Verfahren geeignet ist oder wenn nicht die gesamte Vorrichtung angeboten wird;[395] q) Sind *Bereiche, Kollektive oder allgemeine Formeln* beschrieben, so gehören die *Zwischenwerte* zum Stand der Technik, wenn die Angabe des Bereichs eine vereinfachte Schreibweise der Zwischenwerte darstellt, mit denen das erstrebte Ergebnis erkennbar zu erreichen ist[396] (vgl oben Rdn 121 und 126).

136   *Zum Stand der Technik gehört nicht:* a) was der Fachmann nur aufgrund besonderer, *näherer Überlegungen* als Weiterbildung aus der Lehre der Entgegenhaltung ableiten kann; b) rein *theoretische Überlegungen*, die noch nicht als eine positive Lehre zum technischen Handeln angesehen werden können;[397] c) eine *spezielle Lehre*, wenn diese einer allgemeinen Umschreibung nicht hatte entnommen werden können, so zB bestimmte Ausgangsstoffe, wenn die Entgegenhaltung eine Vielzahl von Verbindungen für ein Verfahren als geeignet erwähnt;[398] d) wenn die Lehre der Entgegenhaltung nicht auf dem *gleichen Gebiet* der Technik wie die spätere Lehre liegt;[399] e) eine ersichtlich *fehlerhafte Darstellung*, die ein Fachmann ohne weiteres erkennt und im Sinn der Druckschrift richtig stellt (s Rdn 101); f) *aus dem Zusammenhang* gerissene Aussagen; g) erkennbare *Ungereimtheiten, Irrtümer, Druckfehler, Zeichenfehler*, die ein Fachmann ohne weiteres richtig stellt;[400] h) ein *spezieller Begriff*, wenn die Entgegenhaltung einen allgemeinen Begriff offenbart, es sei denn, der Fachmann kennt beide als äquivalent;[401] i) die Offenbarung der Erfindung in einer *anderen Kategorie* (zB Erzeugnis und Verfahren), es sei denn, beide stimmen für einen Fachmann überein;[402] k) wenn das Ergebnis der Erfindung nach der Entgegenhaltung nur *zufällig*, aber nicht gezielt erreichbar ist;[403] l) eine Bemessungsregel, wenn sie einen Ausschnitt aus einem bekannten, aber undifferenzierten Gesamtbereich darstellt;[404] m) *Datenflussplan*, aus dem sich der Aufbau eines Geräts nicht zwangsläufig ergibt;[405] n) ein *chemischer Stoff*, dessen Formel und Herstellungsweise zwar angegeben sind, wenn der Fachmann aber nicht weiß, wie er sich die notwendigen Ausgangs- und Zwischenprodukte verschaffen kann;[406] eine *chemische Verbindung*, nur weil sie unter eine vorveröffentlichte Formel fällt, es muss jedenfalls hinzukommen, dass der Fachmann den Stoff ohne weiteres in die Hand bekommen kann;[407] o) Abweichungen von angegebenen Größen auf Grund von *Messungenauigkeiten oder Fehlergrenzen*, es sei denn, diese sind im Dokument

---

394   BGH GRUR **64**, 612, 616 *Bierabfüllung.*
395   BGH GRUR **88**, 755 *Druckguss.*
396   BGH GRUR **92**, 842 *Chrom-Nickel-Legierung*; **93**, 651 (IV2) *Tetraploide Kamille*; BPatGE **31**, 96.
397   BGH BlPMZ **55**, 307 *optische Teile*; **73**, 170 (IV6) *Legierungen.*
398   BGH GRUR **76**, 299 *Alkylendiamine I.*
399   BGH GRUR **63**, 568 *Wimpernfärbestift.*
400   BGH GRUR **74**, 148 (2c) *Stromversorgungseinrichtung.*
401   EPA-Richtl Teil G-VI.5.
402   BGH Liedl **65/66**, 115, 124.
403   BGH BlPMZ **73**, 170 (IV6) *Legierungen.*
404   BGH GRUR **81**, 812 *Etikettiermaschine.*
405   BPatGE **24**, 187.
406   T 0206/83 ABl **87**, 5.
407   BGH GRUR **88**, 447 *Fluoran.*

erwähnt oder sie sind dem Fachmann geläufig;[408] **p)** Maße, die sich erst aus dem *Nachmessen* von Diagrammen ergeben;[409] **q)** bloße *Spekulationen*, die ein Fachmann als solche erkennt.[410]

III. Neuheitsprüfung *(test for novelty)*

1 Durchführung der Neuheitsprüfung in folgenden Schritten *(steps to examine novelty)*

a) Feststellung des Offenbarungsgehalts der Anmeldung (s § 34 Rdn 288);
b) Feststellung des vom Anmelder Beanspruchten: was nicht beansprucht wird, wird nicht auf Neuheit geprüft;
c) Feststellung des Zeitrangs der Anmeldung (Anmeldetag s § 35 Rdn 10, Priorität §§ 40, 41);
d) Ermittlung der einschlägigen neuheitsschädlichen Kenntnisse (s oben Rdn 14);
e) Feststellung, dass die Entgegenhaltungen vor dem Altersrang der Anmeldung liegen;
f) Feststellung des maßgebenden Inhalts der Entgegenhaltung (s oben Rdn 91);
g) Einzelvergleich jeder Entgegenhaltung mit der zu prüfenden Anmeldung (s unten Rdn 138);
h) Abgrenzung der Anmeldung gegenüber jeder einzelnen Entgegenhaltung, so dass das künftige Patent sich nicht auf vorbeschriebene (Teil-)Lehren erstreckt, evtl durch Aufnahme eines Disclaimers (s § 34 Rdn 146).

137

2 Einzelvergleich *(consideration of individual documents in isolation)*

Nach § 3 (1) 1 und Art 54 (1) EPÜ gilt eine Erfindung nicht als neu, wenn sie als solche zum Stand der Technik gehört, dh die konkrete Erfindung muss in einer in sich geschlossenen Entgegenhaltung vorliegen. Daher ist jede Entgegenhaltung einzeln mit der Erfindung zu vergleichen;[411] *keine Mosaikarbeit*. Eine Zusammenfassung aus mehreren[412] Entgegenhaltungen (sowie von mehreren Merkmalen eines einzelnen Dokuments, deren Zusammengehörigkeit nicht erkennbar ist)[413] ist bei der Neuheitsprüfung unzulässig (s Rdn 113), sie kann nur zur Verneinung der erfinderischen Tätigkeit führen (s § 4 Rdn 18).

138

Neu ist eine Erfindung, wenn die beanspruchte Lehre bereits in *einem* Merkmal von den Merkmalen einer Entgegenhaltung abweicht;[414] dann ist die Feststellung aller weiteren Unterschiede überflüssig.[415] Das abweichende Merkmal ist ausdrücklich zu

139

---

408 T 0267/91 ABl 94 SonderA 49.
409 T 0521/88 EPOR **96**, 449; ähnlich T 0004/00 ABl 03 SonderA Nr 3, 17.
410 T 1229/03 v 23.11.2006 BeckRS **06**, 30687667.
411 BGH GRUR **53**, 120 *Rohrschelle*; **74**, 148 (4c) *Stromversorgungseinrichtung*; **80**, 283 (3b) *Terephthalsäure*; BPatG BlPMZ **83**, 308; T 0153/85 ABl **88**, 1; T 0233/90 ABl **93** SonderA 18; span Tribunal Supremo v 13.7.2017 GRUR Int **18**, 247 *Derprosa Film*.
412 BPatG BlPMZ **83**, 308: lediglich redaktionell getrennte Beiträge eines Verfassers in einer Zeitschrift können als Einheit gewertet werden; ähnlich T 0176/89 ABl **91** SonderA 24.
413 T 0305/87 ABl **91**, 429; T 0095/90 ABl **93** SonderA 26.
414 T 0857/90 EPOR **96**, 432.
415 BGH GRUR **84**, 797 (IV1) *Zinkenkreisel*.

benennen, die bloße Mitteilung des Gesamtergebnisses der Neuheitsprüfung genügt nicht.[416]

Eine Ausnahme gilt, wenn das unterscheidende Merkmal keinen technischen Charakter hat. So ist etwa ein Erzeugnis mit einer nicht-technischen Gebrauchsanweisung bereits dann nicht neu, wenn das Erzeugnis ohne Gebrauchsanweisung zum Stand der Technik zählt[417] (s § 1 Rdn 143).

Bekannt ist eine Erfindung, wenn *alle* Merkmale der beanspruchten Lehre in *einer* Entgegenhaltung enthalten sind. Werden Merkmale alternativ beansprucht, so genügt es aber für die Neuheitsschädlichkeit, wenn der Anspruchsgegenstand in einer seiner Alternativen zum Stand der Technik gehört.[418] Der Stand der Technik muss nachprüfbar angegeben werden,[419] die bloße Behauptung, die beanspruchte Lehre sei Teil des allgemeinen Fachwissens, genügt nicht.

IV. Neuheit bei bestimmten Arten von Erfindungen

1 Überblick

140 Abgesehen von der Privilegierung, die Arzneimittel und sonstige Stoffe für medizinische Verfahren durch die Sondervorschriften der § 3 (3) und (4) und Art 54 (4) und (5) erfahren (s Rdn 141 ff), differenziert das Gesetz bei der Ausgestaltung des Neuheitserfordernisses nicht zwischen verschiedenen Arten von Erfindungen. Gleichwohl wird die Anwendung der allgemeinen Neuheitsbestimmung durch die Art der zu prüfenden Erfindung mitgeprägt. Daher werden einige Besonderheiten der Neuheitsprüfung bei bestimmten Erfindungsarten übersichtsweise zusammengefasst (s Rdn 164 ff).

2 Stoffe für medizinische Verfahren, insbesondere Arzneimittel (§ 3 (3) u (4) PatG = Art 54 (4) u (5) EPÜ)   *(substances for medical treatment)*

141 **Lit: Domeij:** Läkemedelspatent (Arzneimittelpatent) Stockholm 1998; **Eiland:** Patenting Traditional Medicine 2008; **Jaenichen et al** in: Patents and Technological Progress in a Globalized World (FS Straus) 2008, 255; **Gassner (Hrsg): Gewerblicher Rechtsschutz für Medizinprodukte** 2010; **Schacht:** Therapiefreiheit und Patentschutz für die weitere medizinische Indikation 2014; **Bühling (Hrsg):** Patent Protection for Second Medical Uses, 2. Aufl 2020; **v. Falck/Gundt** in: 80 Jahre Patentgerichtsbarkeit in Düsseldorf 2016, 91; **Perino:** Second medical use Patente und ihre Bedeutung für die Marktteilnahme von Generikaherstellern im Arzneimittelrabattvertragssystem 2020. **Lit in CIPA J: Cordery/Willis** 17/4, 24; **Lit in EIPR:** White 85, 62; Vaver/Basheer 06, 282; Sterckx 10, 294; Fischer 17, 547, 639, 705; **Lit in epi information:** Letzterer 15, 57; Rüting 1/16, 25; **Lit in GRUR:** Utermann 81, 537; Bruchhausen 82, 641; Denninger 84, 627; Utermann 85, 813 (= IIC 86, 41); Wolfrum 86, 512; Günzel 01, 566; Schermer 09, 349; Bühling 14, 107; Hufnagel 14, 123; Schäffner 18, 449; Stief/Zorr 19, 260; Bayerl 19, 368; **Lit in GRUR Int:** Stieger 80, 203 (IIC 82, 137); Klöpsch 82, 102; Deutsch 83, 489; Gruber/Kroher 84, 201; Bruchhausen 85, 239 (= IIC 85, 306); Hansen 85, 557; 88, 379 (IIC 88, 772); Pagenberg 86, 376; Hüni 90, 425; Panchen, Smets, Lançon 91, 420, 425, 428 (= IIC 91, 879, 888, 893); Thums 95, 277; Koenig/Engelmann/Sander 01, 919; Schrell 10, 363; Albrecht et al. 15, 1; Meyer et al. 16, 109; England 16, 714; Schmidt/Oser 19, 737; **Lit in IIC:** Gaumont 82, 431; Klöpsch 82, 547; Schneider 08, 511; Cockbain/Sterckx 11, 257; Cuonzo/Ampollini 18, 895; **Lit in IPQ:** Sterckx/Cockbain 10, 88; **Lit in JIPLP:** Goginashvili 21, 136; **Lit in Mitt:** Suchy 82, 88 (IIC 82, 471); Dinné 84, 105; Höffe/Weigelt 10, 515; Sergheraert/

---

416   BGH GRUR 89, 494, 495 *Schrägliegeeinrichtung.*
417   T 553/02 ABl 05 SonderA 16. Hierzu v. Hellfeld GRUR Int 08, 1007.
418   BGH GRUR 15, 1091 (Rn 31) *Verdickerpolymer I*; 16, 1143 (Rn 16) *Photokatalytische Titandioxidschicht.*
419   BPatGE 30, 250.

Elze 21, 55; **Lit in NIR:** Papadopoulou 15, 479; **Lit in ÖBl:** Wiebe 05, 154; **Lit in PharmaR:** Beyerlein 07, 271; von Czettritz/Thewes 18, 433; Schneider/Lindenthal 18, 461; **Lit in sic!:** Escher 10, 548; Hess-Blumer 14, 339; Hess-Blumer/Stäuber 15, 622; Lai 16, 175; Willi 19, 405.

2.1 Grundsätzliches

Gehört ein Stoff weder auf dem Gebiet der Medizin noch auf einem anderen Gebiet zum Stand der Technik, so kann für ihn nach allgemeinen Neuheitsgrundsätzen ein uneingeschränkter Erzeugnisschutz erlangt werden. Insoweit ist es unerheblich, dass der neue Stoff erfindungsgemäß als Arzneimittel oder in sonstiger Weise in einem medizinischen Verfahren eingesetzt werden soll. Arzneimittel und als Diagnostika eingesetzte Stoffe sind wie alle anderen chemischen Stoffe patentierbar, da nach § 2a (1) Nr 2 (= Art 53 c) EPÜ) zwar Therapie- und Diagnostizierverfahren ausgeschlossen werden, Stoffe zur Anwendung in diesen Verfahren nach § 2a (1) Nr 2 Satz 2 (= Art 53 c) Satz 2 EPÜ) aber patentierbar sind.

142

Die absolute Neuheit eines Stoffes oder Stoffgemisches kann durch jedes technische Merkmal begründet werden,[420] zB durch eine neue Formulierung,[421] Dosierung oder synergistische Kombination.[422]

Ist jedoch der Stoff bereits als solcher außerhalb der Medizin bekannt, käme ein Erzeugnisschutz nach allgemeinen Neuheitsgrundsätzen eigentlich nicht mehr in Betracht. Jedoch privilegiert der Gesetzgeber Erfindungen, die einen Stoff oder ein Stoffgemisch[423] erstmals überhaupt zum Einsatz auf medizinischem Gebiet offenbaren oder die erstmals eine spezifische medizinische Anwendung aufzeigen, durch die Spezialvorschriften der § 3 (3) und (4) sowie Art 54 (4) und (5) EPÜ. Für sie kann gebietsbeschränkter (s Rdn 144) oder verwendungsbeschränkter (s Rdn 147) Erzeugnisschutz erlangt werden. Vor Einführung von Art 54 (5) EPÜ nF gewährte die EPA-Rechtsprechung zudem in Analogie zu Art 54 (5) EPÜ aF (= Art 54 (4) EPÜ nF, s Rdn 2) die Möglichkeit, Schutz für die zweite oder weitere medizinische Indikation in Form sog. Herstellungsverwendungsansprüche zu erlangen (s Rdn 161).

143

2.2 Stoffschutz für erste medizinische Indikation (§ 3 (3) PatG = Art 54 (4) EPÜ)

§ 3 (3) und Art 54 (4) EPÜ erweitern den Erzeugnisschutz für bestimmte medizinisch einsetzbare Stoffe, insbesondere Arzneimittel, indem sie die Erteilung eines gebietsbeschränkten Patents auf an sich bekannte Stoffe für das Gebiet der Medizin eröffnen. Die entscheidende Voraussetzung ist, dass die Anwendung des an sich bekannten Stoffes in einem medizinischen Verfahren nach § 2a (1) Nr 2 oder Art 53 c) EPÜ nicht zum Stand der Technik gehört.

144

Die Ausnahmeregelung wirkt nicht nur für die Beurteilung der Neuheit, sondern auch für die Prüfung der erfinderischen Tätigkeit, da § 3 (3) und Art 54 (4) EPÜ den

---

420 GrBK G 0001/83 ABl **85**, 60 (Nr 20) *2. medizinische Indikation/BAYER*.
421 GrBK G 0001/83 ABl **85**, 60 (Nr 20) *2. medizinische Indikation/BAYER*; BGH GRUR **82**, 548 *Sitosterylglykoside*; BPatG Mitt **88**, 207, 211.
422 GrBK G 0001/83 ABl **85**, 60 (Nr 20) *2. medizinische Indikation/BAYER*; T 0009/81 ABl **83**, 372; BPatG GRUR **80**, 169 (Mehrschichtendragee).
423 In der nachfolgenden Kommentierung wird für beide Alternativen zusammenfassend der Begriff des »Stoffes« verwendet. Sie bezieht sich also grundsätzlich auch auf »Stoffgemische«.

relevanten Stand der Technik beschränken und sich daher auch auf § 4 und Art 56 EPÜ auswirken.

Diese Sonderregelung ist auf andere Gebiete der Technik nicht entsprechend anwendbar.[424] Auch eine Übertragung der Ausnahme vom allgemeinen Neuheitserfordernis auf andere medizinische Erzeugnisse wie zB Geräte ist nicht möglich.[425] Die Abgrenzung von Stoffen gegenüber anderen Erzeugnissen kann allerdings im Einzelfall Schwierigkeiten bereiten. In der Rechtsprechung wurde die Sonderregelung nicht nur auf Medikamente im engeren Sinn angewendet, sondern auch auf Immunoglobulin-Liganden zur Reinigung von Patientenplasma an einer Säule,[426] nicht aber auf eine Dialysemembran,[427] auf einen Stent[428] oder auf in den Körper injiziertes Füllmaterial, das Schädigungen von gesundem Gewebe beim Einsatz einer Bestrahlungstherapie vorbeugt.[429] Diese Rechtsprechung stellt maßgeblich darauf ab, ob eine pharmazeutische/chemische Wirkung eintritt.

145 Voraussetzungen für die Neuheit eines Stoffes gemäß § 3 (3) und Art 54 (4) EPÜ:
a) Stoff oder Stoffgemisch (= Wirkstoff ohne übliche Zusatzmittel, vgl § 1 Rdn 237) gehört zum Stand der Technik, zB als Farbstoff.
b) Stoff ist zur Anwendung in einem medizinischen Verfahren iSd § 2a (1) Nr 2 und Art 53 c) EPÜ bestimmt.[430] Dabei ist zu beachten, dass das Patentierungsverbot der medizinischen Verfahren in mancher Hinsicht sehr eng ausgelegt wird, insbesondere in der Diagnostik. Diese enge Auslegung führt dazu, dass Anwendungsbereich und Schutzmöglichkeit von § 3 (3) und Art 54 (4) EPÜ entsprechend eingeschränkt sind.[431]
c) Die Anwendung des Stoffes in einem von der Patentierbarkeit ausgeschlossenen medizinischen Verfahren gehört nicht zum Stand der Technik. Zugehörigkeit zum Stand der Technik setzt voraus, dass die Vorbeschreibung oder Vorbenutzung dem Fachmann den Stoff und seine Anwendung in einem medizinischen Verfahren so deutlich und vollständig offenbart, dass er eine bestimmte Krankheit erfolgreich behandeln kann. Allgemeine Angaben, dass ein Stoff zur Anwendung auf dem Gebiet der Medizin oder Pharmazie zur Behandlung von Krankheiten geeignet sei, reichen mangels Bestimmtheit nicht aus.[432] Wie konkret und präzise die Angaben sein müssen, richtet sich nach den durchschnittlichen Fähigkeiten des zuständigen Fachmanns.

---

424 BGH v 7.2.1995 X ZR 58/93 BeckRS **95**, 31061440 *3-Isothiazolonzubereitung*.
425 BPatG v 12.3.2019 4 Ni 60/17 (EP) BlPMZ **19**, 346 L = BeckRS **19**, 16275; v 12.8.2020 6 Ni 9/19 (EP) GRUR-RS **20**, 35046 Rn 82 (Wundreinigungstuch); T 0227/91 ABl **94**, 491 (Lasersystem für chirurgische Zwecke); T 2369/10 v 13.11.2015 (Neurostimulator); aA Höffe/Weigelt Mitt **10**, 515; Schmidt/Oser GRUR Int **19**, 737; vgl hierzu auch Ventose EIPR **08**, 11; Meyer et al. GRUR Int **16**, 109.
426 T 2003/08 ABl **14** SonderA 5, 39.
427 T 0773/10 v 24.10.2014 BeckRS **14**, 118254 = RechtsprBK/EPA **19**, 182.
428 T 1069/11 v 14.3.2013 BeckRS **16**, 8912.
429 T 1758/15 v 11.7.2017 ABl **18** ZPubl 3, 10 = BeckRS **17**, 138539.
430 T 0655/92 ABl **98**, 17.
431 Dies gilt auch für Kontrazeptiva, die idR nicht zur Anwendung in einem therapeutischen Verfahren bestimmt sind (s § 2a Rdn 76 f)
432 Bruchhausen GRUR **82**, 641.

Die Lehre, den Stoff in einem bestimmten medizinischen Verfahren anzuwenden, muss auf erfinderischer Tätigkeit beruhen, zB wegen des Effekts des konkret erreichten Heilerfolgs.

Schutzbereich des gebietsbeschränkten Stoffanspruchs für die 1. Indikation umfasst die Herstellung und Verwendung für alle medizinischen Verfahren, die § 2a (1) Nr 2 und Art 53 c) EPÜ von der Patentierbarkeit ausnehmen, während Herstellung und Verwendung des Stoffs auf anderen Gebieten frei ist. Der Schutz ist nach der Rechtsprechung nicht auf die speziell offenbarte therapeutische Verwendung beschränkt,[433] sondern erstreckt sich auf das gesamte Gebiet der ausgeschlossenen medizinischen Verfahren. Dies gilt für unter dem neuen Recht erteilte Patente allerdings nur, wenn der Anspruch keine Einschränkung auf eine besondere Verwendung enthält. Andernfalls liegt die nunmehr für die 2. medizinische Indikation charakteristische Anspruchsfassung vor, deren Schutzumfang erheblich geringer ist.

2.3 Zweckgebundener Stoffschutz für weitere medizinische Indikation (§ 3 (4) PatG = Art 54 (5) EPÜ)

Seit dem Inkrafttreten des EPÜ 2000 (13.12.2007) ermöglicht das Gesetz durch § 3 (4) und Art 54 (5) EPÜ die Gewährung eines zweckgebundenen Erzeugnisanspruchs auch dann, wenn die Verwendung des Stoffes in einem von der Patentierung ausgeschlossenen medizinischen Verfahren (insbesondere als Arzneimittel) bereits bekannt war, die Erfindung aber eine neue und erfinderische *spezifische* medizinische Anwendung lehrt. Art 54 (5) EPÜ ist nicht nur auf europäische Anmeldungen, die nach seinem Inkrafttreten eingereicht werden, anzuwenden, sondern auch auf solche, die bei seinem Inkrafttreten anhängig waren, soweit zu diesem Zeitpunkt noch keine Entscheidung über die Erteilung des Patents ergangen war (Art 1 Nr 3 VR-Beschluss vom 28.6.2001 über die Übergangsbestimmungen nach Art 7 Revisionsakte).[434]

Ziel der Neuregelung ist es, die unter dem EPÜ seit langem im Richterrecht anerkannte Schutzfähigkeit der zweiten (und jeder weiteren) medizinischen Indikation gesetzgeberisch abzusichern.[435] Statt dem Herstellungsverwendungsanspruch der sog. schweizerischen Anspruchsfassung wird nunmehr ein zweckgebundener Erzeugnisanspruch gewährt. Der Schutzbereich beider Anspruchsfassungen ist ähnlich, aber nicht identisch.[436] Die neuen Bestimmungen ähneln in ihrem Wortlaut den Bestimmungen über die erste medizinische Indikation (§ 3 (3) und Art 54 (4) EPÜ). Was als eine *spezifische Anwendung* anzusehen ist, ist anhand der Grundsätze zu beantworten, die in der Rechtsprechung unter dem bisherigen Recht für die zweite medizinische Indikation entwickelt worden sind (s auch Rdn 154 ff)

---

433 GrBK G 0002/08 ABl 10, 456 (Nr 5.8, 5.9.1 und 5.10.3) *Dosierungsanleitung/ABBOTT RESPIRATORY*; T 0128/82 ABl 84, 164; T 0036/83 ABl 86, 295 (Nr 5.1).
434 ABl 01 SonderA Nr 4, 139.
435 Denkschrift zur Revisionsakte BlPMZ 07, 406, 410.
436 GrBK G 0002/08 ABl 10, 456 *Dosierungsanleitung/ABBOTT RESPIRATORY*. Ein Doppelpatentierungsverbot (s § 34 Rn 23) besteht daher diesbezüglich nicht; s T 1780/12 u T 0879/12 ABl 15 ZPubl 4, 69. Der Wechsel von der schweizerischen Anspruchsfassung zum zweckgebundenen Erzeugnisschutz verletzt Art 123 (3) EPÜ; s T 1673/11 v 20.10.2015.

Voraussetzungen eines Stoffanspruchs für eine zweite oder weitere medizinische Indikation gemäß § 3 (4) und Art 54 (5) EPÜ sind somit:

149 a) Anspruch muss auf einen *Stoff oder* ein *Stoffgemisch* gerichtet sein.
150 b) Der Stoff muss anspruchsgemäß für eine *spezifische therapeutische*[437] *oder sonstige medizinische Anwendung* bestimmt sein. Erforderlich ist idR die Angabe der zu behandelnden Krankheit,[438] also einer richtungsweisenden Indikation.[439] Nicht genügend ist die Angabe, dass ein Stoff selektiv an einen bestimmten Rezeptor bindet.[440] Auch muss der verwendete Stoff direkt auf den menschlichen oder tierischen Körper einwirken.[441]
151 c) Die spezifische Anwendung muss *neu* sein. Neuheit fehlt, wenn eine Entgegenhaltung die Anwendung trotz fehlender in-vivo-Daten in plausibler Weise offenbart.[442] Eine neue therapeutische Anwendung kann sich ergeben aus:
 i) Behandlung einer Krankheit mit einem als Medikament bekannten Stoff, der zur Behandlung dieser Krankheit bisher nicht eingesetzt wurde. Neuheit kann aber fehlen, wenn lediglich ein spezieller Aspekt (zB Verhütung von Hautatrophie) beansprucht wird, der ersichtlich Teil der bekannten Verwendung (zB Behandlung von Dermatosen) ist,[443] oder wenn nur ein Wirkungsmechanismus einer an sich bekannten Verwendung aufgedeckt wird.[444]
 ii) Behandlung derselben Krankheit bei einer anderen Patientengruppe.[445]
 iii) Bekämpfung der gleichen Krankheit mit dem gleichen Arzneimittel wie bisher, jedoch unter Änderung der Art der Behandlung (*regimen for treatment*) oder der Verabreichung des Medikaments (*administration of the drug*), die sich eindeutig von dem bekannten Stand der Technik unterscheiden.[446] Die Patentierbarkeit neuer Dosierungsanleitungen und Applikationsformen war früher im Zusammenhang mit der schweizerischen Anspruchsfassung sehr umstritten, wurde jedoch 2009 durch die GrBK für verwendungsbeschränkte Stoffansprü-

---

437 Zur Abgrenzung therapeutisch/nicht-therapeutisch vgl T 0454/08 v 8.12.2008 (Nr 4.1); T 0495/10 EPOR **13**, 23.
438 Vgl T 0004/98 ABl **02**, 139 (zu Anspruch in schweiz Fassung).
439 BGH GRUR **87**, 794 (A4d; B2a) *Antivirusmittel*.
440 T 0241/95 ABl **01**, 103 (zu Anspruch in schweiz Fassung).
441 T 0611/09 v 18.10.2011 (Nr 4.1.1) (zu Anspruch in schweiz Fassung).
442 T 1050/12 v 22.1.2018 (Nr 5.5) ABl **20** ZPubl 4, 11 = BeckRS **18**, 10362.
443 T 0254/93 ABl **98**, 285; ebenso T 0892/94 ABl **2000**, 1 (»X als Hemmstoff für Y produzierende Mikroorganismen« gegenüber »Deodorisierung«); vgl Rdn 181.
444 BGH GRUR **11**, 999 *Memantin*; **14**, 54 *Fettsäuren*; T 0406/06 ABl **09** SonderA 25; T 1652/06 v 13.3.2008; wohl anders und zweifelhaft T 1229/03 v 23.11.2006 BeckRS **06**, 30681310.
445 BGH GRUR **14**, 461 (Rn 23 f) *Kollagenase I*. Relevante EPA-Rechtsprechung zu Ansprüchen in schweiz Fassung: T 0019/86 ABl **89**, 25 (Anwendung auf neue Gruppe von Ferkeln); T 0893/90 v 22.7.1993 BeckRS **93**, 30654339; T 1642/06 v 23.8.2007 BeckRS **07**, 30693456; einschränkend bei Überlappung von Patientengruppen T 0233/96 ABl **01** SonderA Nr 3, 27; dagegen aber T 1399/04 v 25.10.2006 BeckRS **06**, 30691307 (zweifelhaft).
446 GrBK G 0002/08 ABl **10**, 456 *Dosierungsanleitung/ABBOTT RESPIRATORY* (im Zusammenhang mit Art 54 (5) EPÜ nF); T 0290/86 ABl **92**, 414 (Entfernen von Zahnbelag); T 0051/93 BeckRS **94**, 30505491 (subkutane Verabreichung); T 0143/94 ABl **96**, 430 (Nr 7.1 u 7.6) (perorale Einnahme, kapselierte Form des Mittels); T 1020/03 ABl **07**, 204.

che bejaht.⁴⁴⁷ Dies steht in Einklang mit der überwiegenden Rechtsprechung anderer EPÜ-Vertragsstaaten.⁴⁴⁸
Auch der BGH hat anerkannt, dass die Neuheit einer medizinischen Verwendung auf einer Dosierungsanleitung beruhen kann.⁴⁴⁹ Die spezifische Anwendung iS von § 3 (4) und Art 54 (5) EPÜ kann sich darüber hinaus auch durch sonstige Parameter ergeben, die auf die Wirkung des Stoffs Einfluss haben und damit für den Eintritt des mit der Anwendung angestrebten Erfolgs von wesentlicher Bedeutung sein können.⁴⁵⁰ Wegen des Ausschlusses der therapeutischen Verfahren (§ 2a (1) Nr 2) können aber therapiebezogene Anweisungen nur dann zur Patentfähigkeit beitragen, wenn sie objektiv darauf abzielen, die Wirkung des Stoffs zu ermöglichen, zu verstärken, zu beschleunigen oder in sonstiger Weise zu verbessern, nicht aber, wenn sie Therapiemaßnahmen betreffen, die zusätzlich und unabhängig von den Wirkungen des Stoffs geeignet sind, die in Rede stehende Krankheit zu behandeln.⁴⁵¹ Ein solcher die Patentfähigkeit begründender Zusammenhang liegt zB in der Anweisung, einen Körperteil unmittelbar nach der Injektion eines Medikaments für eine bestimmte Zeit ruhigzustellen, um ein Ausbreiten in andere Körperteile zu verhindern.⁴⁵²

d) Nicht erforderlich ist, dass nachgewiesen wird, dass der beanspruchte Stoff oder eine 1. medizinische Indikation bekannt ist,⁴⁵³ da der Erfinder in der Wahl der Patentkategorie frei ist.

152

Ein Stoff für eine spezifische medizinische Verwendung muss, auch wenn er aufgrund von § 3 (4) und Art 54 (5) EPÜ als neu gilt, darüber hinaus auf erfinderischer Tätigkeit beruhen.⁴⁵⁴ Diese liegt vor, wenn es dem Fachmann anhand des Standes der Technik nicht möglich war, die neue therapeutische Anwendung zu finden. Nicht erfinderisch sind – wenn nicht überraschende Wirkungen erzielt werden –:

153

a) Verwendung einer bisher nicht angewandten Applikationsform, die dem Fachmann als solche aber geläufig ist (zB Tablettenform);⁴⁵⁵
b) Vorschlag, zwei bisher getrennt verabreichte Medikamente für dieselbe Krankheit nunmehr gleichzeitig zu verwenden.⁴⁵⁶

---

447 GrBK G 0002/08 ABl 10, 456 *Dosierungsanleitung/ABBOTT RESPIRATORY*.
448 Engl Court of Appeal RPC 08, 631 *Actavis UK Ltd v Merck & Co Inc.* unter Aufgabe seiner früheren Rechtsprechung (RPC 01, 1 *Brystol-Myers Squibb v Baker Norton*); schweiz BG GRUR Int 12, 183 *Merck & Co../. Mepha Pharma [Dosierschema]*; aA französ Tribunal de grande instance de Paris PIBD 10 Nr 930 III 815.
449 BGH GRUR 14, 461 (Rn 16) *Kollagenase I*.
450 BGH GRUR 14, 461 (Rn 27) *Kollagenase I*.
451 BGH GRUR 14, 461 (Rn 31) *Kollagenase I*.
452 BGH GRUR 14, 464 *Kollagenase II*.
453 T 0143/94 ABl 96, 430.
454 Zur erfinderischen Tätigkeit bei Dosierungsanleitungen s UK Supreme Court *Actavis v ICOS* [2019] USKC 15.
455 T 0080/96 ABl 00, 50.
456 T 0317/95 ABl 00 SonderA 11.

2.4 Schutz der weiteren medizinischen Indikation unter dem früheren Recht

154 Bereits unter der früheren Rechtslage, die für Alt-Fälle weiterhin relevant ist, war die Patentierung einer zweiten (und jeder weiteren) medizinischen Indikation für eine andere therapeutische Verwendung, wenn diese neu und erfinderisch ist, anerkannt.[457] Die Begründung erwies sich jedoch als schwierig, da ein (zweckgebundener) Erzeugnisanspruch nur für die erste medizinische Indikation möglich war und Verfahren zur therapeutischen Behandlung des menschlichen Körpers als nicht gewerblich galten und daher nicht patentierbar waren (§ 5 (2) aF = Art 52 (4) EPÜ aF).

155 Die **in der Rechtsprechung entwickelten Lösungen** sind trotz der Neuregelung in § 3 (4) und Art 54 (5) **weiterhin von Bedeutung**, da a) die Neuregelung für Alt-Fälle, dh für bereits erteilte Patente, nicht zur Verfügung steht und b) auch in Neu-Fällen Verwendungsansprüche neben zweckgebundenen Erzeugnisansprüchen im deutschen Recht gewährbar sein können. Für das europäische Recht stellt sich die Rechtslage anders dar, da die sog. schweizerische Anspruchsfassung (s Rdn 161) eine begrenzte Ausnahme vom allgemeinen Neuheitserfordernis darstellte, die durch die Schaffung des zweckgebundenen Erzeugnisanspruchs ihre Rechtfertigung verloren hat. Die GrBK hat daher ausdrücklich festgestellt, dass es nach Ablauf einer *Übergangsfrist* nicht mehr zulässig ist, die Neuheit eines in schweizerischer Anspruchsfassung gekleideten Gegenstands aus der neuen medizinischen Verwendung herzuleiten.[458] Die Übergangsfrist lief am 28.1.2011 ab: Anmeldungen mit einem späteren Anmelde- oder (bei Prioritätsbeanspruchung) Prioritätstag können sich auf die von der früheren Rechtsprechung entwickelte Ausnahme vom allgemeinen Neuheitserfordernis nicht mehr berufen.[459] Eine Kumulierung beider Arten von Ansprüchen in einem Patent ist in der EPA-Rechtsprechung abgelehnt worden.[460]

156 Nach der Rechtsprechung der **GrBK**[461] und mehrerer EPÜ-Vertragsstaaten[462] fällt unter den Ausschluss der therapeutischen Verfahren auch die Verwendung eines Stoffes zur Behandlung einer Krankheit, da sie sich durch nichts von einem Verfahren zur therapeutischen Behandlung des menschlichen Körpers unterscheidet. Daher sind *reine Verwendungsansprüche* für einen Stoff zur Behandlung einer Krankheit vor EPA und den meisten EPÜ-Vertragsstaaten nicht gewährbar. Dagegen konnten Patente für Ansprüche erteilt werden, die sich auf die *Verwendung eines Stoffes zur Herstellung eines Arzneimittels für eine therapeutische Anwendung* beziehen[463] (s Rdn 161).

---

457 GrBK G 0001/83 ABl 85, 60 (Nr 22) *2. medizinische Indikation/BAYER*.
458 GrBK G 0002/08 ABl 10, 456 *Dosierungsanleitung/ABBOTT RESPIRATORY*.
459 EPA-Mitteilung v 20.9.2010 über die Unzulässigkeit der schweizerischen Anspruchsfassung für die zweite oder jede weitere medizinische Verwendung infolge der Entscheidung G 2/08 der Großen Beschwerdekammer ABl 10, 514.
460 T 1570/09 ABl 15 ZPubl 4, 33 (zweifelhaft).
461 GrBK G 0001/83 ABl 85, 60 *2. medizinische Indikation/BAYER*.
462 **CH:** Rechtsauskunft des BAGE GRUR Int 84, 768 = ABl 84, 581; **GB:** High Court RPC 85, 545 = ABl 86, 175 = GRUR Int 86, 175; **SE:** Patentbeschwerdegericht ABl 88, 198 = GRUR Int 88, 788; **NL:** Octrooiraad ABl 88, 405 = GRUR Int 89, 588.
463 AA FR Cour de Cassation ABl 95, 252 = PIBD 1994 Nr 557 III 1.

Der **BGH**[464] sah demgegenüber in § 5 (2) PatG aF (= Art 52 (4) EPÜ aF) lediglich »Verdeutlichungen und Klarstellungen, nicht aber eine Einschränkung« des § 5 (1) PatG aF (= Art 57 EPÜ), so dass nur die Verfahren zur therapeutischen Behandlung des menschlichen Körpers vom Patentschutz ausgenommen seien, die sich *ausschließlich* in einem nicht gewerblichen Bereich vollziehen. Die Verwendung einer chemischen Substanz zur therapeutischen Behandlung des menschlichen Körpers setze deren »**augenfällige Herrichtung**«[465] als Arzneimittel voraus (Formulierung des Wirkstoffs als Arzneimittel, Konfektionierung, Dosierung, gebrauchsfertige Verpackung, Beipackzettel mit neuem Verwendungshinweis). Diese vollziehe sich im industriellen Bereich, so dass wegen dieses gewerblichen Teilbereichs die Verwendung eines Stoffs zur therapeutischen Behandlung gewerblich anwendbar und damit patentierbar sei.

157

Die weitere medizinische Indikation war somit auch unter dem früheren Recht patentierbar, in Europa nur durch den Verwendungsherstellungsanspruch (s Rdn 161), in Deutschland sowohl durch den reinen Verwendungsanspruch wie durch den europäischen Verwendungsherstellungsanspruch, da beide Ansprüche einen ähnlichen Schutzbereich aufweisen (s Rdn 160 und Rdn 163).

158

2.4.1 Reine Verwendungsansprüche für die weitere medizinische Indikation (zB Verwendung von Stoff X zur Behandlung der Krankheit Y) sind nur in Deutschland zulässig gewesen (s Rdn 157) und dürften auch unter dem neuen Recht zulässig sein, obwohl aufgrund des nunmehr erlangbaren zweckgebundenen Stoffschutzes (s Rdn 147) für sie wohl kein wirkliches Bedürfnis mehr besteht. Allerdings darf der Verwendungsanspruch keine Elemente enthalten, die als solche – wie die Verabreichung eines für die Behandlung einer bestimmten Krankheit vorgesehenen Arzneimittels – Bestandteile eines therapeutischen Verfahrens sind.[466]

159

Schutzbereich[467] umfasst die gewerbsmäßige Herrichtung im Inland zur geschützten Verwendung, das Anbieten, Inverkehrbringen, Gebrauchen, Dosieren und Besitzen des hergerichteten Stoffs. Der Verwendungsschutz beginnt erst, wenn der Stoff objektiv in einer Weise hergestellt wird, die ihn nur für die geschützte Verwendung geeignet macht, also mit der augenfälligen Zurichtung des bekannten Stoffs für den geschützten Zweck. Die vorausgehende Herstellung des verwendeten Stoffs wird vom Verwendungspatent nicht umfasst.

160

2.4.2 Europäischer Verwendungsherstellungsanspruch für Arzneimittel: Der Schutz einer 2. oder weiteren medizinischen Indikation konnte vor dem EPA grundsätzlich nur mit Patentansprüchen erteilt werden, die auf die *Verwendung eines Stoffes zur Herstellung eines Arzneimittels* für eine bestimmte neue und erfinderische therapeutische Anwendung gerichtet waren[468] (sog schweizerische Anspruchsfassung, *swiss*

161

---

464 BGH GRUR **83**, 729 *Hydropyridin*; ebenso BPatGE **32**, 93, 97; BPatG GRUR **96**, 868.
465 BGH GRUR **83**, 729 *Hydropyridin*; **90**, 505 (I3a) *Geschlitzte Abdeckfolie*; **92**, 305 (II4a) *Heliumeinspeisung*; **01**, 730 (I2) *Trigonellin*.
466 BGH GRUR **07**, 404 *Carvedilol II*. Hierzu Krauß Mitt **07**, 309.
467 Vgl Kraßer in 25 Jahre BPatG 1986,159.
468 GrBK G 0001/83 ABl **85**, 60 *2. medizinische Indikation/BAYER*.

162 **Beispiel für Anspruchsformulierung**: »Verwendung von X zur Herstellung eines Mittels, das das Wachstum von Tumorzellen hemmt«. Zulässig auch, weil der Gegenstand der beanspruchten Erfindung derselbe bleibt: »Verfahren zur Herstellung eines Mittels, das das Wachstum von Tumorzellen hemmt, dadurch gekennzeichnet, dass als wesentlicher Bestandteil dieses Mittels X verwendet wird«.[472]

163 **Schutzbereich** des europäischen Verwendungsherstellungsanspruchs ist mit dem Schutzbereich des (deutschen) Verwendungsanspruchs nahezu identisch (s Rdn 160), da der europäische Anspruch sich nur auf solche Verfahrenserzeugnisse beziehen kann, die die neue und erfinderische therapeutische Wirkung aufweisen, nicht dagegen auf Erzeugnisse für eine andere therapeutische Verwendung und weil die Verwendung zur Herstellung des Mittels für einen therapeutischen Zweck im Wesentlichen der sinnfälligen Herrichtung des Mittels iS der deutschen Rechtsprechung entspricht.[473] Auch ein formal als Nahrungsergänzungsmittel in den Verkehr gebrachtes Produkt kann unter den Anspruch fallen, wenn es die beanspruchte präventiv-therapeutische Wirkung hat.[474]

3 Chemische Stoffe

164 Die Neuheit eines chemischen Stoffs (s § 1 Rdn 213) ist dann nicht gegeben, wenn er vor dem Zeitrang der Anmeldung der Öffentlichkeit zugänglich gemacht worden war. Dazu muss der Stoff so *konkret beschrieben* sein, dass ein Fachmann ihn ohne weiteres der Beschreibung entnehmen und herstellen kann. Eine *allgemeine Vorbeschreibung* nimmt darunter fallende Vertreter dann nicht neuheitsschädlich vorweg, wenn der Fachmann aus der allgemeinen Angabe nicht die Erkenntnis gewinnt, dass damit spezielle Vertreter gemeint sind (s oben Rdn 121).[475] Nicht erforderlich ist, dass der Stoff im Prioritätszeitpunkt bereits hergestellt war.[476]

---

469 Sie geht zurück auf die Auskunft v 30.5.1984 des Schweizer Bundesamts für geistiges Eigentum GRUR Int **84**, 768 = ABl **84**, 581.
470 Da dieses Merkmal nur erforderlich war, um dem Ausschluss der medizinischen Verfahren zu entgehen, konnte das Herstellungsverfahren als solches bekannt sein, musste also nicht neu oder erfinderisch sein; s T 0143/94 ABl **96**, 430 (Nr 3.2).
471 Vgl T 0566/07 EPOR **11**, 1.
472 T 0958/94 ABl **97**, 241.
473 BGH GRUR 01, 730 (I2) *Trigonellin*.
474 Öst OGH GRUR Int **10**, 1080 *Isoflavon*. Dazu Schultes ÖBl **10**, 172.
475 BGH GRUR 00, 296 (IIIa) *Schmierfettzusammensetzung*.
476 BGH GRUR 78, 696 α-*Aminobenzylpenicillin*.

EPA:[477] Ein Stoff ist nicht mehr neu, wenn er in der Vorveröffentlichung *unmittelbar* 165
und eindeutig offenbart ist (vgl oben Rdn 118 ff).

3.1 Parameter: Ist ein Stoff durch *Parameter* beschrieben, so genügt es für die Neu- 166
heit, wenn sich der beanspruchte Stoff von bekannten strukturell ähnlichen Stoffen
durch einen charakteristischen Parameter unterscheidet,[478] der für einen Fachmann
feststellbar sein muss.[479] Die Feststellung der Strukturformel für den durch Parameter
vorbeschriebenen Stoff oder seine Definition durch andere Parameter[480] verleiht keine
Neuheit, sofern die unterschiedlich definierten Stoffe identisch sind. Benutzt der
Anmelder einen ungewöhnlichen Parameter zur Definition des beanspruchten Erzeugnisses, trägt er die Beweislast dafür, dass sich das Erzeugnis aufgrund dieses Parameters
von bekannten Erzeugnissen unterscheidet.[481]

3.2 Allgemeine Formel: Fällt ein Stoff unter eine vorveröffentlichte *allgemeine For-* 167
mel, so fehlt ihm damit nicht automatisch die Neuheit (zur Auswahlerfindung s oben
Rdn 117 ff). Das setzt vielmehr voraus, dass der Fachmann ihn bei der Lektüre der
Vorveröffentlichung »mitliest«, etwa weil der Stoff ihm als die übliche Verwirklichungsform der genannten allgemeinen Formel geläufig ist und sich ihm daher sofort
als jedenfalls auch gemeint aufdrängt, wenn er die allgemeine Formel liest[482] (vgl oben
Rdn 122).

3.3 Product-by-process: Ist ein Stoff als *product-by-process* gekennzeichnet, so wird 168
ein beanspruchter Stoff nicht dadurch neu, dass er durch ein anderes Verfahren hergestellt oder für ihn nunmehr die exakte Strukturformel angegeben wird, vorausgesetzt,
die Identität beider Stoffe steht fest. Wird das Verfahren, das einen Stoff kennzeichnet,
abgewandelt, so bedarf es des Nachweises, dass die Abwandlung zu anderen Erzeugnissen führt.[483]

3.4 Neue Verwendung eines bekannten Stoffes macht diesen nicht neu, für sie ist 169
aber ein Verwendungspatent möglich (s § 1 Rdn 209).

3.5 Reinheit des Stoffes vermochte nach überwiegender EPA-Rechtsprechung nicht 170
die Neuheit zu begründen, wenn konventionelle Reinigungsverfahren für den im Stand
der Technik enthaltenen unreinen Stoff zur Verfügung standen.[484] Dem ist jedoch nunmehr eine neuere Entscheidung mit ausführlichen und mE überzeugenden Gründen
entgegengetreten.[485] Danach soll die Offenbarung eines Stoffes in einer Entgegenhal-

---

477 EPA-Richtl G-VI 2; T 0204/83 ABl **85**, 310 (Nr 4); T 0056/87 ABl **90**, 188 (Nr 3.1); T 0450/
89 EPOR **94**, 326 (Nr 3.11); T 0465/92 ABl **96**, 32 (Nr 8.4). Vgl Dinné/Stubbe Mitt **04**, 337.
478 BGH GRUR **72**, 80; BPatGE **15**, 1, 10; **20**, 6, 8; T 0286/87 ABl **90**, 195.
479 BGH GRUR **00**, 591 (III) *Inkrustierungsinhibitoren*.
480 T 0248/85 ABl **86**, 261 (Nr 6.4); T 0380/88 EPOR **96**, 537.
481 T 1746/06 ABl **11** SonderA 2, 29.
482 BGH GRUR **09**, 382 *Olanzapin*; **10**, 123 (Rn 32) *Escitalopram*.
483 T 0205/83 ABl **85**, 363.
484 T 0990/96 ABl **98**, 489; T 0728/98 ABl **01**, 319; ebenso schweiz BG sic! **07**, 641 *Citalopram*
I; einschränkend T 0100/00 vom 7.3.2003 BeckRS **03**, 30516395; T 0112/00 ABl **03** SonderA
Nr 3, 19; T 0786/00 ABl **03** SonderA Nr 3, 18; T 90/03 v 17.3.2005 BeckRS **05**, 30514204
(Nr 8–16).
485 T 1085/13 v 9.11.2018 BeckRS **18**, 37213 = ABl **20** ZPubl 4, 14 = Öbl **19**, 81.

tung nur dann neuheitsschädlich sein, wenn sich seine Reinigung aus ihr zumindest implizit ergibt. Auch die Zugehörigkeit von Reinigungsverfahren zum allgemeinen Fachwissen kann demnach erst im Zusammenhang mit der erfinderischen Tätigkeit, nicht aber der Neuheit, relevant sein.

171 **3.6 Neuheit von Zwischenprodukten** (zum Begriff § 1 Rdn 226): Zu berücksichtigen ist der Zwischenprodukt-nahe (s auch oben Rdn 57) wie der Endprodukt-nahe Stand der Technik.[486] Auch Analogieverfahren zur Herstellung von Zwischenprodukten können patentfähig sein.

172 **3.7 Vorbenutzung** eines Stoffes, vgl dazu Rdn 52.

173 **3.8 Legierungen**, vgl. dazu § 1 Rdn 247.

4 Naturstoffe

174 **Neuheit eines Naturstoffs** (s § 1 Rdn 228 ff) fehlt, wenn die Kenntnis seiner Existenz zum maßgebenden Prioritätszeitpunkt öffentlich zugänglich gemacht worden war (s oben Rdn 23) und er in wiederholbarer Weise bereitgestellt werden konnte. Die Bekanntheit eines Naturstoffs nimmt dem beanspruchten Stoff die Neuheit nur, wenn es sich tatsächlich um den gleichen Stoff handelt.[487]

Die bloße Tatsache der Existenz eines Stoffes in der Natur, die aber dem Fachmann unbekannt war, ist für sich allein nicht neuheitsschädlich. Deshalb steht es der Neuheit nicht entgegen, wenn erst nach dem Anmelde- oder Prioritätstag nachgewiesen wird, dass der beanspruchte Stoff tatsächlich in der Natur vorkommt. Folglich ist auch die Verwendung eines Naturprodukts vor dem Anmeldetag, das unter anderen einen bisher unbekannten Stoff enthält, keine neuheitsschädliche Vorbenutzung.[488]

Die mangelnde Neuheit – also auch die Identität der Stoffe – hat das Patentamt dem Anmelder nachzuweisen, Vermutungen genügen nicht.[489]

5 Biotechnologische Erfindungen (s § 1 Rdn 149 ff)

175 Ist zur Offenbarung biologischen Materials eine Hinterlegung erforderlich, so wird seine Beschreibung erst dann Stand der Technik, wenn das hinterlegte Material frei der Öffentlichkeit zugänglich ist.[490] War biologisches Material einmal öffentlich zugänglich (zB durch Hinterlegung), so gehört es zum Stand der Technik, auch wenn seine Zugänglichkeit später entfällt.[491]

176 Weist das beanspruchte biologische Material (zB Plasmid) ausreichende Übereinstimmungen mit einem öffentlich zugänglichen (zB hinterlegten) biologischen Material auf, so kann bis zum Beweis des Gegenteils von der Identität beider ausgegangen werden.[492] Es müssen so viele Übereinstimmungen nachgewiesen werden, dass für einen Fachmann der Schluss gerechtfertigt ist, dass genetische Identität besteht. In diesem

---

486 T 0065/82 ABl **83**, 327.
487 Vgl BPatGE **15**, 1 (III4).
488 BPatG GRUR **78**, 702.
489 BPatG v 28.10.1974 16 W (pat) 99/72, zit v Heyer/Hirsch GRUR **75**, 632 FN 11.
490 BPatG BlPMZ **71**, 190 Nr 40.
491 BGH GRUR **85**, 1035 (II3) *Methylomonas*.
492 T 0109/91 EPOR **92**, 163.

Fall kann sich der Patentinhaber im Einspruchsverfahren nicht mehr darauf beschränken, die Nicht-Identität zu behaupten,[493] er muss die Identität vielmehr substantiiert bestreiten.

Einem Verfahren zum Nachweis einer bestimmten Antigen-Antikörper-Reaktion fehlt es nicht an Neuheit, wenn eine Vorveröffentlichung zwar eine spezifische Immunreaktion beschreibt, jedoch weder Antigen noch Antikörper näher charakterisiert.[494]

6 Herstellungsverfahren *(process of manufacture)* (s § 1 Rdn 252)

Ein Herstellungsverfahren ist neu, wenn es sich in Ausgangsstoffen oder Arbeitsweise von bekannten Verfahren unterscheidet. Werden diese nicht verändert, so wird ein Verfahren auch nicht dadurch neu, dass der Erfinder auf ein bisher nicht erkanntes Ergebnis hinweist, das sich bei unveränderter Ausführung des bekannten Verfahrens von selbst einstellt, wie zB die Reindarstellung eines chemischen Stoffes.[495] Das gleiche gilt, wenn lediglich eine neue Wirkung eines bekannten Verfahrens erkannt wird, die bei dem bekannten Verfahren bereits bisher erzielt, aber nur noch nicht erkannt worden ist.[496] Solche Lehren erschöpfen sich in der Anweisung, so zu verfahren wie bisher.

Besteht ein Verfahren aus mehreren technologisch zusammengehörigen (also nicht bloß aneinandergereihten) Stufen, so kommt es nur auf die Neuheit des Gesamtverfahrens an, während das Bekanntsein der einzelnen Stufen für sich die Neuheit nicht beeinträchtigt.[497]

7 Verwendungen *(uses)*[498] (s § 1 Rdn 256)

Neuheit der Verwendung ist gegeben, wenn der offenbarte Zweck (Funktion,[499] Effekt, Wirkung) bisher der Öffentlichkeit nicht zugänglich gemacht worden war.[500] Für die Neuheit genügt die Angabe des neuen Zweckes, zB eines neuen funktionellen technischen Merkmals. Die verwendete Sache selbst kann bekannt sein, ebenso ihre Verwendung zu anderen Zwecken.[501] Bekanntheit einer Eigenschaft von Zusammensetzungen (zB antimikrobielle Aktivität) nimmt nicht eine spezifische Verwendung (zB maschinelle Desinfektion von Gegenständen) neuheitsschädlich vorweg.[502] Werden die bekannte (zB Wachstumsregulator) und die neue Verwendung (zB Pilzbekämpfung)

---

493 T 0109/91 EPOR **92**, 163.
494 BGH v 19.4.2016 X ZR 148/11 GRUR **16**, 1027 *Zöliakiediagnoseverfahren*; v 17.1.2017 X ZR 11/15 GRUR **17**, 493 (Rn 49) *Borrelioseassay*.
495 BGH GRUR **78**, 696 α-*Aminobenzylpenicillin*.
496 T 0188/83 ABl **84**, 555.
497 Vgl PA BlPMZ **55**, 329.
498 **Lit in GRUR:** Bühling **21**, 154; **Lit in GRUR Int:** Jacob **96**, 1088 (= IIC **96**, 170); Paterson **96**, 1093 (= IIC **96**, 179).
499 Zur Funktionserfindung § 1 Rdn 277.
500 BGH GRUR **12**, 373 *Glasfasern I*; BGH v 23.2.2017 X ZR 99/14 GRUR **17**, 681 *Cryptosporidium*. Hierzu Bühling GRUR **21**, 154. Einschränkend T 0706/95 ABl 01 SonderA Nr 3, 28 (keine Neuheit, wenn nur zusätzlich erzielbare Wirkung für den gleichen bekannten Verwendungszweck aufgezeigt wird).
501 Vgl BGH BlPMZ **73**, 257 *Herbicide*; BPatGE **30**, 45.
502 T 1385/15 v 3.12.2019 GRUR-RS **19**, 37759.

technisch in gleicher Weise realisiert (Besprühen von Nutzpflanzen), so berührt das nicht die Neuheit der neuen Verwendung.[503]

181 *Erstmals festgestellte technische Effekte* verleihen einer bekannten Verwendung, deren technische Lehre unverändert beibehalten wird, dann keine Neuheit, wenn die neu festgestellten Effekte für den Fachmann – obwohl nicht eigens beschrieben – tatsächlich integrierender Bestandteil des im Stand der Technik beschriebenen Effekts sind.[504] Dann erschöpft sich die beanspruchte Lehre (zB X als Hemmstoff für Y produzierende Mikroorganismen) praktisch in einer technisch interessanten Erklärung des bisher bekannten Effekts (zB Deodorisierung).[505]

182 Wird eine Sache für einen bestimmten Zweck verwendet und tritt dabei zwangsläufig ein *anderer* Erfolg ein (sog. *inhärente Benutzung/inherent use*), so ist dieser nur dann neuheitsschädlich, wenn der Fachmann den Eintritt dieses Erfolgs auch erkennen konnte. Eine verborgene oder geheime Verwendung (*hidden or secret use*) gehört nicht zum Stand der Technik[506] (s Rdn 53). Verwendungspatente für unterschiedliche Zwecke bei gleicher technischer Realisierung mögen ebenso wie Patente für mehrere medizinische Indikationen schwieriger durchsetzbar sein, jedoch berührt das nicht deren Neuheit.

183 Bei der *ersten und* – seit Inkrafttreten des EPÜ 2000 – *weiteren medizinischen Indikation* verleiht die Neuheit der Verwendung dem Arzneimittel als zweckgebundenem Erzeugnis die Neuheit (s oben Rdn 144 und 146).

8 Kombinationserfindung *(combination invention)* (zum Begriff s § 1 Rdn 269)

184 **Neuheit der Kombination**: Die Prüfung muss sich auf die Gesamtkombination beziehen, das heißt, die vorgeschlagene Verbindung der Funktion der Elemente muss als solche neu sein. Auch die erstmalige Kombination ausschließlich bekannter Elemente ist neu. Es ist daher nicht neuheitsschädlich, wenn einzelne oder alle Elemente oder Unterkombinationen einer Kombination isoliert für sich als bekannt nachgewiesen werden können.[507] Da bei der Neuheitsprüfung ein Einzelvergleich mit jeder Entge-

---

503 GrBK G 0002/88 ABl 90, 93 *Reibungsverringernder Zusatz/MOBIL OIL*; G 0006/88 ABl 90, 114 *Mittel zur Regulierung des Pflanzenwachstums/BAYER*; T 0231/85 ABl 89, 74; T 0059/87 ABl 89, 561; T 0208/88 ABl 92, 22; einschränkend für Verwendung eines Verfahrens aber T 0684/02 v 12.10.2007 BeckRS 07, 30624512.
504 T 0254/93 ABl 98, 285: Verhütung von Hautatrophie als spezieller Aspekt der Behandlung von Dermatosen; BPatGE 41, 202. In BGH v 23.2.2017 X ZR 99/14 GRUR 17, 681 *Cryptosporidium* wurde die Deaktivierung von Cryptosporidien durch UV-Behandlung von Trinkwasser als ein neuer Zweck gegenüber der bekannten Behandlung gegen andere schädliche Organismen (Bakterien und Viren) angesehen. Kritisch hierzu Bühling GRUR 21, 154.
505 T 0892/94 ABl 00, 1.
506 T 0112/92 ABl 94, 192 (neue Verwendung von X als Stabilisator naheliegend gegenüber bekannter Verwendung als Verdickungsmittel); T 0059/87 ABl 91, 561 (neue Verwendung von X als reibungsverringernd naheliegend gegenüber bekannter Verwendung als rosthemmend). Vgl auch T 0189/95 u T 1073/96 ABl 01 SonderA Nr 3, 28 u 29.
507 BGH BlPMZ 53, 227 *Rohrschelle*; 60, 87 (II) *elektromagnetische Rühreinrichtung*; GRUR 11, 707 *Dentalgerätesatz*; T 0271/84 EPOR 87, 23.

genhaltung vorzunehmen ist, muss die Kombination, um neuheitsschädlich zu sein, in ihrer Gesamtheit aus einer Entgegenhaltung hervorgehen.[508]

V. Unschädliche Offenbarungen innerhalb von 6 Monaten vor dem Anmeldetag[509] *(non-prejudicial disclosures)*

1 Unschädliche Offenbarung der Erfindung

Die Spezialbestimmungen des § 3 (5) und Art 55 EPÜ nehmen bestimmte Offenbarungen der Erfindung, die nach den allgemeinen Bestimmungen zum Stand der Technik zählen würden, hiervon aus. Eine Offenbarung der Erfindung liegt vor, wenn sie dem Durchschnittsfachmann gerade die ausführbare Lehre zum technischen Handeln vermittelt, die in der späteren Anmeldung beansprucht wird. 185

Eine solche Offenbarung kann sein:

1.1 Der Öffentlichkeit zugängliche Information iSd § 3 (1) und des Art 54 EPÜ, also schriftliche oder mündliche Beschreibung, Benutzung oder sonstige Entgegenhaltung (s Rdn 15 ff). 186

1.2 Ältere Anmeldung iSd § 3 (2) und Art 54 (3) EPÜ. Ihr Anmelde- oder Prioritätstag[510] muss innerhalb der 6-Monatsfrist vor dem Anmeldetag, ihre Veröffentlichung muss am oder nach dem Anmeldetag der späteren Anmeldung liegen (s Rdn 77 ff). Eine auf Grund widerrechtlicher Entnahme (§ 7 (2)) früher angemeldete Erfindung kann daher als Stand der Technik ausscheiden, sofern der Missbrauchstatbestand der Nr 1 gegeben ist (s Rdn 192). Das ist dann bedeutsam, wenn dem Verletzten kein Anspruch gemäß § 7 (2) zusteht (s § 7 Rdn 9) oder er diesen nicht geltend machen will. 187

2 Rückrechnung der 6-Monatsfrist

Sie erfolgt von dem Zeitpunkt der »Einreichung der Anmeldung« der zu prüfenden Anmeldung, also von ihrem Anmeldetag, nicht ihrem Prioritätstag aus.[511] Begründet wird dies insbesondere mit Art 89 EPÜ, der den Prioritätstag als Anmeldetag nur für Art 54 (2) u (3) sowie Art 60 (2), nicht aber für Art 55 fingiert. Schonfrist und Prioritätsfrist können daher nicht kumuliert werden.[512] 188

Offenbarungen sind nicht neuheitsschädlich, wenn sie »nicht früher als 6 Monate«[513] vor dem Anmeldetag der zu prüfenden Anmeldung erfolgt sind. Maßgebender Zeit- 189

---

508 BGH GRUR 54, 107 *Mehrfachschelle*.
509 Lit: **Loth** Neuheitsbegriff und Neuheitsschonfrist 1988; Günzel in FS Nirk 1992, 441, 450; **Straus** Grace Period and the European and International Patent Law 2001; **Lit in epi-information:** Neuburger/Rubio-Sierra 11, 67; Kilchert et al 16/4, 36; **Lit in GRUR Int:** Straus 94, 89; Kraßer **96**, 345; **Lit in IIC:** Wan Xiaoli 09, 182; **Lit in IPQ:** Moore 02, 75; **Lit in Mitt:** Eisenführ **97**, 268; Bardehle 03, 245; 04, 289.
510 BGH BlPMZ **69**, 247 *Zugseilführung*.
511 BGH GRUR **71**, 214 *customer prints*; **96**, 349 *Corioliskraft II*; GrBK G 0003/98 *Sechsmonatsfrist/UNIVERSITY PATENTS* ABl 01, 62; G 0002/99 *Sechsmonatsfrist/DEWERT* ABl 01, 83; BPatGE **8**, 190; schweiz BG GRUR Int **92**, 293 = ABl 93, 170; aA: Hoge Raad GRUR Int **97**, 838 (Nr 3.3.2).
512 Dazu krit Kraßer/Ann Patentrecht § 16 VI u GRUR Int **96**, 345; Loth GemKom Art 55 Rn 57 ff.
513 Eingefügt durch Münchner Diplomat Konferenz, Bericht 1977 S 30; vgl dazu Straus GRUR Int **94**, 89, 91; Kraßer GRUR Int **96**, 345 (Nr 6).

190 punkt ist die Zugänglichkeit der jeweiligen Offenbarung für die Öffentlichkeit (Rdn 15 ff), bei inhaltlich neuheitsschädlichen früheren Anmeldungen deren Anmelde- oder Prioritätstag.[514]

190 Im deutschen Patentrecht ist die Sonn- und Feiertagsregelung des § 193 BGB auch auf den Ablauf der Schonfrist anwendbar.[515]

3 Zurückgehen

191 Die vorzeitige Offenbarung der Erfindung muss unmittelbar oder mittelbar auf die Tatbestände des § 3 (5) oder Art 55 EPÜ zurückgehen. Das setzt voraus, dass die Offenbarung auf dem Ergebnis der geistigen Tätigkeit des Anmelders beruht.[516] Seine Erfindung braucht im Zeitpunkt der vorzeitigen Offenbarung noch nicht fertig vorge- legen zu haben.[517] Ist das Wissen durch Dritte vermittelt, so muss der Anmelder eine lückenlose Kette der Wissensvermittler nachweisen. Der interne Weg innerhalb einer Firma muss nicht dargelegt werden.[518] Die Offenbarung kann zurückgehen auf:

192 **3.1 Missbrauchstatbestand (§ 3 (5) Nr 1, Art 55 (1) a EPÜ) (evident abuse):** Eine Immunität gegenüber einer vorzeitigen Offenbarung wird nicht bereits dann gewährt, wenn die Offenbarung objektiv auf der Erfindung des Anmelders beruht, es muss darüber hinaus ein offensichtlicher Missbrauch zu dessen Nachteil vorliegen.

193 Ein *offensichtlicher Missbrauch* liegt insbesondere vor, »wenn der Dritte die Kenntnis von der Erfindung in einer Weise erlangt oder an die Öffentlichkeit weitergegeben hat, die eine vertragliche oder gesetzliche Pflicht gegenüber dem Erfinder oder seinem Rechtsnachfolger verletzt«.[519] Offensichtlich missbräuchlich ist es, wenn der Offenba- rer in Schädigungsabsicht oder in Kenntnis seiner Nichtberechtigung unter Inkauf- nahme eines Nachteils für den Anmelder oder unter Verletzung eines zwischen beiden bestehenden Vertrags- oder Vertrauensverhältnisses gehandelt hat,[520] zB wenn ein in der Forschung Angestellter seinem Arbeitgeber eine Erfindung bewusst vorenthält oder sie publiziert oder selbst anmeldet. Die objektive Widerrechtlichkeit einer Ent- nahme genügt nicht, sie muss offensichtlich missbräuchlich sein, also gegen den erkennbaren und berechtigten Willen des Anmelders gerichtet sein. Guter Glaube schließt den Missbrauch nicht aus (str).[521]

194 **3.2 Internationale Ausstellung (§ 3 (5) Nr 2 und Art 55 (1) b EPÜ) (international exhibition):** Eine Schaustellung durch den Anmelder oder seinen Rechtsvorgänger ist nur dann eine unschädliche Offenbarung, wenn sie in der 6-Monatsfrist auf einer Aus-

---

514 BGH GRUR **96**, 349 *Corioliskraft II*; BGH v 13.7.2010 Xa ZR 10/07 BeckRS **10**, 17869 (Rn 43) *Proteintrennung*.
515 BPatGE **28**, 90.
516 BGH BlPMZ **69**, 247 *Zugseilführung*.
517 BGH BlPMZ **69**, 247 *Zugseilführung*.
518 BPatG Mitt **88**, 207 (B).
519 Bericht des Rechtsausschusses z IntPatÜG V 4 (Abs 4) BlPMZ **76**, 350; vgl auch Denkschrift zum StraßburgerÜ BlPMZ **76**, 339 rSp.
520 T 0173/83 ABl **87**, 465, s aber auch T 0041/02 v 19.1.2006 BeckRS **06**, 30503384 (Nr 2.2).
521 Loth GemKom Art 55 Rn 94.

stellung iSd IntAustA vom 22.11.1928[522] erfolgt ist. Hierbei handelt es sich um Weltausstellungen und internationale Fachausstellungen, die jeweils vom BMJV im Bundesanzeiger, bis 2013 (s Rdn 1) im BGBl bekanntgegeben werden. Auf die Schaustellung muss bereits bei Einreichung der Anmeldung hingewiesen werden, eine spätere Angabe ist wirkungslos. Innerhalb von vier Monaten nach dem Anmeldetag ist über die Schaustellung eine Bescheinigung einzureichen. Diese muss von der zuständigen Stelle ausgestellt sein und die tatsächliche Schaustellung der Erfindung bestätigen. Dazu muss sie eine Darstellung der Erfindung enthalten und den Tag der erstmaligen Offenbarung angeben (vgl R 25 EPÜ).

Eine Schaustellung liegt nur vor, wenn die Erfindung auf der Ausstellung der Allgemeinheit der Besucher, nicht nur ausgewählten Kunden, zugänglich gemacht worden ist.[523] *Vorbereitungshandlungen* für die Schaustellung werden von der Immunität mitumfasst.[524] Wiedereinsetzung in die 4-Monatsfrist ist zulässig.

195

§ 4 Erfinderische Tätigkeit (Erfindungshöhe)
(inventive step)

[1]Eine Erfindung gilt als auf einer erfinderischen Tätigkeit beruhend, wenn sie sich für den Fachmann nicht in naheliegender Weise aus dem Stand der Technik ergibt. [2]Gehören zum Stand der Technik auch Unterlagen im Sinne des § 3 Abs 2, so werden diese bei der Beurteilung der erfinderischen Tätigkeit nicht in Betracht gezogen.

Rainer Moufang

Übersicht

	Entwicklung der Gesetzgebung	1
	Europäisches Patentrecht	2
	Literatur	5
	Kommentierung zu § 4 PatG	
I.	Allgemeines	6
1	Zweck	6
2	Begriff	7
3	Beurteilungsgrundsätze	8
II.	Stand der Technik	12
1	Umfang des Standes der Technik	12
2	Ältere Anmeldungen	17
3	Vergleich mit dem Stand der Technik	18
4	Vergleichszeitpunkt	23
III.	Methode der Prüfung	25
1	Aufgabe- und Lösungskonzept	25
2	Ermittlung der Aufgabe	33
3	Nächstliegender Stand der Technik	35

522 BlPMZ 57, 346; 68, 346; 74, 248; 91, 157 = Tabu Gewerblicher Rechtsschutz Nr 698.
523 BGH BlPMZ 77, 342 *Pinguin*.
524 BGH GRUR 75, 254 *Ladegerät II*.

	4	Präzisierung der Aufgabe	40
IV.		Fachmann	43
1		Allgemeines	43
2		Wissen und Können des Fachmanns	46
3		Zuständiger Fachmann	52
4		Hinzuziehung eines 2. Fachmanns	54
5		Nachbargebiete	56
V.		Naheliegen	59
1		Begriff	59
2		Nachweis des Naheliegens	61
3		Could-would-test	64
VI.		Hilfskriterien/Beweisanzeichen für erfinderische Tätigkeit	67
1		Bedeutung der Hilfskriterien/Beweisanzeichen	68
2		Alphabetikum der Beweisanzeichen und besonderer Fälle	70
•		Abkehr	70
•		Äquivalente	71
•		Aggregation	72
•		Alter der Entgegenhaltung	73
•		Alternativen	74
•		Analoger Einsatz	75
•		Analogieverfahren	76
•		Arzneimittel	77
•		Aufgabenstellung	78
•		Auswahlerfindung	80
•		Automatisierung	83
•		Bedürfnis	84
•		Bemessungen	87
•		Bemühungen der Fachwelt	88
•		Biotechnologische Erfindungen	89
•		Bonus-Effekt	90
•		Brauchbarkeit	91
•		Chemische Stoffe	92
•		Disclaimer	97
•		Effekt	98
•		Einbahnstraßensituation	99
•		Einfachheit	100
•		Entwicklung der Technik in anderer Richtung	101
•		Entwicklungsraffende Leistung	103
•		Erfolg	104
•		Erfolgserwartung	105
•		Fehlvorstellung	106
•		Forschung	107
•		Fortschritt	108
•		Glücklicher Griff	113
•		Handwerkliches Können	114
•		Herstellungsverfahren	115
•		Hoffnung auf gutes Gelingen	116
•		Imitation	117
•		Irrtum in einer Entgegenhaltung	118
•		Junges Gebiet der Technik	119
•		Kategorien einer Erfindung	120
•		Kaufmännische Leistungen	121
•		Kinematische Umkehrung	122
•		Kombinationserfindungen	123
•		Konstruktive Maßnahmen	126
•		Lizenzvergabe	127
•		Lob der Fachwelt	128
•		*Massenartikel*	129
•		Materialwahl	130

- Mehrere Schritte 131
- Mehrfacherfindung 132
- Mitbenutzungsrechte. 133
- Nachahmung 134
- Nachteile 135
- Naturstoffe 136
- Neuer Weg 137
- Neues Gebiet der Technik 138
- obvious to try.................................... 139
- one-way-street situation........................... 140
- Optimierung 141
- Routine 142
- Schwierigkeiten 143
- Standard 144
- Stoffaustausch 145
- Stofferfindungen 147
- Technizität....................................... 148
- Trial and error 149
- Überraschung 150
- Übertragungserfindung 152
- Verbesserung 153
- Verbilligung 154
- Vereinfachung 155
- Vergebliche Versuche 156
- Vergleichstest 157
- Versuche 158
- Verwendungserfindung 159
- Vorteile 160
- Vorurteil 163
- Wirtschaftlicher Erfolg 167
- Zahl der Entgegenhaltungen 170
- Zeitfaktor (lapse of time) 171
- Zufall 175
- Zwangsläufige Ergebnisse 176
- Zwischenprodukte................................ 177

Entwicklung der Gesetzgebung: § 4 stimmt wörtlich mit § 2a idF des IntPatÜG überein. 1

Europäisches Patentrecht: Art 56 EPÜ entspricht § 4. Die EPÜ-Revision 2000 hat Art 56 unverändert gelassen. 2

Art 56 EPÜ Erfinderische Tätigkeit

¹Eine Erfindung gilt als auf einer erfinderischen Tätigkeit beruhend, wenn sie sich für den Fachmann nicht in naheliegender Weise aus dem Stand der Technik ergibt. ²Gehören zum Stand der Technik auch Unterlagen im Sinn des Art 54 Abs 3, so werden diese bei der Beurteilung der erfinderischen Tätigkeit nicht in Betracht gezogen. 3

Article 56 EPC Inventive step

An invention shall be considered as involving an inventive step if, having regard to the state of the art, it is not obvious to a person skilled in the art. If the state of the art also includes documents within the meaning of Article 54, paragraph 3, these documents shall not be considered in deciding whether there has been an inventive step.

Art 54 (3) EPÜ ist bei § 3 Rdn 3 abgedruckt. 4

Lit: Bruchhausen in FS v Gamm 1990, 353; **Schachenmann:** Begriff und Funktion der Aufgabe 5
1986; **Pagenberg:** Bedeutung der Erfindungshöhe 1975; **Scheuchzer:** Nouveauté et activité inventive
1981; **Eisenführ** in FS Preu 1988, 13; **Dolder:** Erfindungshöhe – Rechtsprechung des EPA zu

Art 56, 2003; **Anders** u **Einsele** in FS 50 Jahre BPatG 2011, 95 u 193; **Slopek:** Die Ökonomie der Erfindungshöhe 2012; **Übler:** Die Schutzwürdigkeit von Erfindungen – Fortschritt und Erfindungshöhe in der Geschichte des Patent- und Gebrauchsmusterrechts 2014; **Schröder:** Die Beurteilung der erfinderischen Tätigkeit aus europäischer und nationaler Sicht 2017.
Lit in GRUR: Papke 80, 147; Pagenberg 80, 766; **81,** 151; Pakuscher **81,** 1; Hesse **82,** 514; Wächtershäuser **82,** 591; Völcker **83,** 83; Beier **85,** 606; Dörries **85,** 627; Ochmann **85,** 941; Keil **86,** 12; Daus **89,** 362; Dreiss **94,** 781; Schickedanz **01,** 459; Jestaedt **01,** 939; Féaux de Lacroix **06,** 625; Dolder/Ann/Buser **11,** 177; Gröning **21,** 206; Heselberger **21,** 226; König **21,** 277.
Lit in GRUR Int: Singer **85,** 234; Kroher/Pagenberg **85,** 756; Pagenberg **86,** 83; Welch **90,** 284; Szabo **96,** 723; Holtz **08,** 650; Koch **08,** 669; Bardehle **08,** 632; Ehlers/Haft/Königer **10,** 815; Ehlers/Bopp/Haug **11,** 1019; Ingram/Smyth **13,** 193; England **13,** 1190; Leber **16,** 337; Exner/Hüttermann **18,** 97; Ackermann **21,** 3.
Lit in Mitt: Häußer **81,** 135; Bruchhausen **81,** 144; Schick **81,** 147; FICPI **85,** 179; Schreiber **86,** 48; Lewinsky **86,** 41; Danner **86,** 43; Brauns **86,** 107; Schick **90,** 90; Szabo **94,** 225; Vollrath **94,** 292; Anders **00,** 41; Niedlich **00,** 281; Meier-Beck **05,** 529; Stellmach **07,** 5; Dolder/Ann/Buser **07,** 49; Goebel **08,** 301; König **09,** 159; Kulhavy **11,** 179; Hüttermann/Storz **12,** 107; Gruber/Schallmoser **12,** 377; Wuttke **15,** 489; Ackermann **18,** 256; **20,** 309; Abbott **19,** 488; **20,** 54; May **21,** 331.
Lit in CIPA: Cadman **83,** 274, 279; MacDonald-Brown/Ashby **07,** 380; **Lit in EIPR:** Szabo **86,** 293, **87,** 32 u **99,** 42; White **86,** 387; Cole **98,** 214 u 267; Leber **10,** 191; England **10,** 259, 467; Moir **13,** 125 u 246; **Lit in epi-information:** Knesch **94,** 95; Hagel/Mienes **95,** 14; Jehan **95,** 66; Portal **95,** 69; Teschemacher 3/97, 25; Kumm **98,** 23; Nevant **99,** 96; Raths **14,** 68; Kennington 1/16, 28; 2/16, 26, 3/16, 21; Fischer 1/18, 29; De Corte/Ward 1/19, 33; Kulhavy 2/21, 21; **Lit in IIC:** Singer **85,** 293; Szabo **95,** 457; Leber **08,** 795; Minssen **08,** 886; Deepak **10,** 410; Fabris **20,** 685; **Lit in JIPLP:** England **18,** 534; **Lit in VVP-Rundbrief:** Gruber/Schallmoser **11,** 165.

I. Allgemeines

1 Zweck

6   Da nicht für jede neue technische Lehre ein Patent erteilt werden soll, muss nach Art 5 StraßburgerÜ, § 4 PatG und Art 56 EPÜ für die Erteilung eines Patents das über die Neuheit hinausgehende Erfordernis der erfinderischen Tätigkeit erfüllt sein. Patente sind eine Anerkennung für besondere technische Leistungen und als *Ansporn für weitere Leistungen* eine *Belohnung für die Bereicherung des technischen Wissens* der Allgemeinheit.[1] Sie sollen daher nur für solche neuen Erfindungen erteilt werden, die einem Fachmann nicht ohne weiteres möglich gewesen wären. Zwischen dem Stand der Technik und einer patentfähigen Erfindung liegt somit ein *patentfreier Zwischenraum,* der für die stetige Weiterentwicklung der Technik vom Patentschutz freizuhalten ist.[2]

2 Begriff

7   Bei dem Ausdruck »erfinderische Tätigkeit« (*inventive activity* oder *inventive step*) handelt es sich um einen *objektiven Begriff,* der nicht auf die *subjektive Leistung* des Erfinders, sondern objektiv auf das Erfindungsergebnis abstellt. Das folgt aus der gesetzlichen Fiktion, nach der der (objektive) Fachmann der Maßstab für die Beurteilung ist. *Subjektive Elemente* wie die individuelle Leistung des Erfinders (Professor oder Vorarbeiter als Erfinder) sind ebenso unbeachtlich wie der *Werdegang der Erfin-*

---

1   BGH GRUR **87,** 231 (II 3c); **96,** 109 (II 5) *Klinische Versuche I;* **97,** 454 (6a) *Kabeldurchführung;* Mitt **97,** 253 (III 5c) *Klinische Versuche II;* ähnlich EuGH GRUR Int **74,** 454 = Slg **74,** 1147, 1163 *Negram II* (Centrafarm).

2   T 0106/84 ABl **85,** 132 (Nr 8.2). Nicht grundsätzlich anders ist die Rechtslage im Gebrauchsmusterrecht: BGH GRUR **06,** 842 *Demonstrationsschrank;* s hierzu Goebel GRUR **08,** 301; Keukenschrijver GRUR Int **08,** 665; Wenzel GRUR **13,** 140.

dung (Zufall oder intensive Forschung).³ Unerheblich ist, ob dem Erfinder die Erfindung in den Schoß gefallen oder das Ergebnis langjähriger Versuche ist. Bewertet wird das objektive Erfindungsergebnis, also der Abstand zwischen Erfindung und Stand der Technik.

Das Erfordernis der erfinderischen Tätigkeit ist ein **unbestimmter Rechtsbegriff**, der der Ausfüllung durch eine eindeutige Entscheidung bedarf.⁴ Es handelt sich um eine Rechtsfrage, keine Tatfrage.⁵ Ein Ermessen besteht insoweit nicht. Vielmehr gibt es vom Grundsatz her nur eine richtige Entscheidung.

3 Beurteilungsgrundsätze

Die Beurteilung, ob die Erfindung auf erfinderischer Tätigkeit beruht, ist ein Akt wertender Entscheidung,⁶ denn sie hängt nach § 4 PatG und Art 56 EPÜ von drei Kriterien ab: dem Stand der Technik, dem Fachmann und dem Naheliegen. Vor einer Entscheidung über die erfinderische Tätigkeit sind daher zu ermitteln: der für die Erfindung einschlägige Stand der Technik, der für sie zuständige Fachmann sowie dessen Können auf Grund seines Fachwissens. Zur Beurteilung der erfinderischen Tätigkeit hat sich der maßgebliche Fachmann in die Ausgangslage zu versetzen, die bestand, als der Erfinder seine technische Lehre zum Patent anmeldete. Hätte ein Fachmann zu diesem Zeitpunkt in Kenntnis des Standes der Technik allein unter Anwendung seines Fachwissens – also ohne erfinderisch tätig werden zu müssen – dieselbe Lehre entwickelt wie der Erfinder, so hat die Erfindung nahe gelegen. Nach der gesetzlichen Fiktion beruht eine solche Erfindung nicht auf erfinderischer Tätigkeit.

8

Gegenstand der Beurteilung ist die Erfindung in ihrer Gesamtheit⁷ (*consideration of an invention in its entirety*). Sie darf also gedanklich nicht in ihre Bestandteile zerlegt werden, sondern ist als Einheit zu werten.⁸ Das ist insbesondere bedeutsam für Erfindungen, die mehrere Merkmale kombinieren (s § 1 Rdn 269) oder die mehrere Teilaufgaben lösen. Die Prüfung muss sich auch insofern auf die ganze Erfindung beziehen, als sie die bekannten Merkmale (im Oberbegriff des Patentanspruchs) und die neuen Merkmale (im Kennzeichen des Anspruchs) gemeinsam wertet.⁹ Außer Betracht haben nur solche Merkmale zu bleiben, die zur Lösung der Aufgabe eindeutig nichts beitragen.¹⁰

9

Besteht die Erfindung aus einer Mischung von technischen und nicht-technischen Elementen, so können Merkmale, die keinen technischen Beitrag leisten, nach ständiger

10

---

3 BPatGE 5, 78, 80.
4 T 0554/98 EPOR 00, 475 (Nr 6).
5 BGH GRUR 06, 663 *Vorausbezahlte Telefongespräche*; 06, 842 (III.2) *Demonstrationsschrank*.
6 BGH GRUR 95, 330 (II 2c) *Elektrische Steckverbindung*; 04, 411 *Diabehältnis* (nicht Aufgabe des Sachverständigen!); 06, 663 *Vorausbezahlte Telefongespräche*.
7 BGH GRUR 81, 341 *piezoelektrisches Feuerzeug*; 93, 651 *Tetraploide Kamille*; 01, 730 (III) *Trigonellin*; BPatGE 45, 133; 48, 154; EPA-Richtl G-VII.7.
8 BGH GRUR 07, 1055 *Papiermaschinengewebe*.
9 BGH GRUR 94, 357 *Muffelofen*.
10 BGH GRUR 01, 730 (III) *Trigonellin*; T 0037/82 ABl 84, 71 (Nr 3); T 0175/84 ABl 89, 71 (Nr 5.1).

Rechtsprechung sowohl des BGH[11] als auch des EPA[12] die erfinderische Tätigkeit nicht begründen. Ob ein Merkmal einen solchen Beitrag leistet oder nicht, ist vor dem Hintergrund des Ausschlusskatalogs des § 1 (3) und Art 52 (2) EPÜ zu bestimmen. Daher wird für diesen Aspekt der Prüfung der erfinderischen Tätigkeit auf die Kommentierung von § 1 verwiesen (s § 1 Rdn 65).

11 Der BGH hat in seinen Beweisbeschlüssen[13] die Frage an den Sachverständigen zur Beurteilung der erfinderischen Tätigkeit häufig wie folgt formuliert: »Für die Beurteilung der erfinderischen Tätigkeit kommt es darauf an, ob sich die Lehre gemäß dem Hauptanspruch des Streitpatents für einen Fachmann in naheliegender Weise aus der Gesamtheit aller Kenntnisse ergab, die vor dem Prioritätstage durch Beschreibung, durch Benutzung oder in sonstiger Weise der Öffentlichkeit zugänglich gemacht worden sind. Dazu sind folgende Fragen zu beantworten:
a) Welche Schritte musste der Fachmann vollziehen, um zu der Lehre des Streitpatents zu gelangen?
b) Hatte der Fachmann Veranlassung, Überlegungen in dieser Richtung anzustellen?
c) Was spricht im Einzelnen dafür oder dagegen, dass der Fachmann auf Grund solcher Überlegungen zur Lösung des Streitpatents gelangt wäre?«

II. Stand der Technik (state of the art)

1 Umfang des Standes der Technik

12 § 4 und Art 56 EPÜ verwenden den Begriff »Stand der Technik«, den § 3 (1) 2 und Art 54 (2) EPÜ definieren. Für die Prüfung auf Neuheit und erfinderische Tätigkeit ist daher insoweit der gleiche Stand der Technik zu Grunde zu legen.[14] Nur die älteren Anmeldungen, die nach § 3 (2) und Art 54 (3) EPÜ bei der Neuheitsprüfung als Stand der Technik berücksichtigt werden, sind gemäß § 4 S 2 und Art 56 S 2 EPÜ bei der Prüfung auf erfinderische Tätigkeit nicht in Betracht zu ziehen.

13 *Alle Entgegenhaltungen aus dem Stand der Technik*, also alle Dokumente und sonstige Veröffentlichungen (wie zB Vorbenutzungen) aus der Neuheitsprüfung (ohne die älteren Anmeldungen) sind daher auch bei der Prüfung auf erfinderische Tätigkeit zu berücksichtigen.[15] Es dürfen nicht einzelne Dokumente ausgenommen werden, **a)** weil die Fachwelt sie nicht gelesen oder wieder vergessen habe,[16] **b)** weil es sich nur um *papierenen Stand der Technik* handele, den also die Praxis nie realisiert habe, **c)** weil es sich um eine ungewöhnliche Veröffentlichungsquelle handele oder weil eine Ausfüh-

---

11 BGH GRUR 11, 125 *Wiedergabe topographischer Informationen*; **13**, 275 *Routenplanung*; **13**, 909 *Fahrzeugnavigationssystem*. S ferner Hüttermann/Storz Mitt **12**, 107.
12 T 0931/95 ABl 01, 441 (Nr 8); T 0641/00 ABl 03, 352 (Nr 6); T 0619/02 ABl 07, 63 (Nr 4.2.2); grundsätzlich gebilligt in GrBK G 0003/08 ABl 11, 10 *Computerprogramme*; G 0001/19 ABl **21**, A77 = GRUR **21**, 940 L = BeckRS 21, 6335 (Nr 84) *Fußgängersimulation*.
13 Vgl Jestaedt GRUR 01, 939, 942; BGH GRUR **13**, 164 *Führungsschiene*.
14 BGH GRUR **69**, 271 (II 2) *Zugseilführung*; EPA-Richtl G-VII.2.
15 *BGH GRUR* **69**, 271 (II 2) *Zugseilführung*; EPA-Richtl G-VII.2.
16 RG GRUR **41**, 465, 468 f.

rungsform nicht besonders hervorgehoben sei,[17] d) weil das Dokument ua *auch* eine negative Beurteilung der technischen Lehre enthält.[18]

Unterschiedlich kann die Würdigung sein, da es im Unterschied zur Neuheitsprüfung bei der Prüfung auf erfinderische Tätigkeit auf ein Naheliegen für den Fachmann ankommt. Würde ein Fachmann ein Dokument des Standes der Technik aus überzeugenden Gründen für die Lösung der Aufgabe nicht in Erwägung ziehen, dann scheidet es für die Prüfung auf erfinderische Tätigkeit aus. 14

Stand der Technik iSd § 4 und des Art 56 EPÜ ist nur der objektive StdT, nicht aber ein in der Anmeldung unzutreffend angegebener StdT.[19] Dieser kann, wenn sich die Angabe als unrichtig erweist, nicht zum Nachteil des Erfinders gewertet werden.[20] Zum *Irrtum* über den StdT s § 3 Rdn 116 und § 34 Rdn 328. 15

Nachveröffentlichter Stand der Technik kann für die Beurteilung der erfinderischen Tätigkeit wertvolle Hinweise geben, zB: a) zum besseren Verständnis eines Dokuments des StdT;[21] b) für den Nachweis eines überraschenden, unvorhersehbaren Fortschritts;[22] c) zur Verdeutlichung des vor dem Anmeldetag bestehenden Wissensstandes des Fachmanns;[23] d) zum Nachweis von Beweisanzeichen, zB dass die technische Entwicklung in andere Richtung verlief (Rdn 101), über Lob der Fachwelt für den Erfinder (Rdn 128) oder von Nachahmungen der Erfindung (Rdn 134). 16

2 Ältere Anmeldungen *(prior applications)*

Ältere Anmeldungen können nach § 3 (2) und Art 54 (3) EPÜ für eine jüngere Anmeldung neuheitsschädlich sein (s § 3 Rdn 65 ff), aber sie können ihr nach § 4 Satz 2 und Art 56 Satz 2 EPÜ nicht die erfinderische Tätigkeit nehmen.[24] Wird also gegenüber einer älteren Anmeldung die Neuheit einer jüngeren Anmeldung bejaht, dann ist ihr gesamter Gegenstand, auch soweit er in der älteren Anmeldung beschrieben ist, auf erfinderische Tätigkeit zu prüfen, also nicht etwa nur der Teil, der über die ältere Anmeldung hinausgeht.[25] Wird die erfinderische Tätigkeit der jüngeren Anmeldung gegenüber dem StdT unter Ausschluss der älteren Anmeldung verneint, kann die Frage der Neuheit gegenüber der älteren Anmeldung dahingestellt bleiben. 17

3 Vergleich mit dem Stand der Technik

Die Erfindung ist gegenüber dem gesamten Stand der Technik auf erfinderische Tätigkeit zu prüfen.[26] Anders als bei der Neuheitsprüfung, bei der man die Erfindung mit jeder Entgegenhaltung gesondert vergleicht, ist die erfinderische Tätigkeit auf Grund 18

---

17 T 0024/81 ABl **83**, 133.
18 BGH v 12.12.2000 X ZR 121/97 BeckRS **01**, 1742 (II2) *Kniegelenk-Endoprothese.*
19 T 0029/87 ABl **89**, 383; T 0248/85 ABl **86**, 261.
20 T 0029/87 ABl **89**, 383; T 0248/85 ABl **86**, 261.
21 T 0757/89 ABl **91** SonderA 25.
22 BGH BlPMZ **73**, 257 (B 3b) *Herbicide.*
23 T 0573/90 ABl **94**, 154 (Nr 4.2); T 0137/83 EPOR **87**, 15.
24 Vgl zB BGH GRUR **88**, 896 (II 2b) *Ionenanalyse.*
25 BGH GRUR **84**, 272 *Isolierglasscheibenrandfugenfüllvorrichtung.*
26 BGH BlPMZ **53**, 227 *Rohrschelle*; **64**, 167, 168 rSp *Schreibstift*; **74**, 208, 209 rSp *Stromversorgungseinrichtung.*

einer *Gesamtschau des Standes der Technik* zu prüfen.[27] Verschiedene Dokumente des Standes der Technik können miteinander kombiniert werden.

19 Basis für die Prüfung kann sein: Verknüpfung von **a)** mehreren Dokumenten; **b)** Teilen mehrerer Dokumente;[28] **c)** verschiedenen Teilen desselben Dokuments.[29] Voraussetzung ist immer, dass für einen Fachmann die *Verknüpfung naheliegend* war,[30] er also zur Lösung der Aufgabe die Dokumente oder deren Teile kombiniert hätte. Dazu bedarf es ausreichender sachlicher Anhaltspunkte. Nach R 65.1 PCT werden Kombinationen von Entgegenhaltungen bei der Prüfung berücksichtigt, wenn sie für den Fachmann offensichtlich sind.

20 Eine *Bezugnahme auf ein anderes Dokument* wird ein Fachmann selten unberücksichtigt lassen. Dagegen sind Verbindungen von Dokumenten mit offenkundigen Vorbenutzungen eher fernliegend. Rein künstliche Synthesen ex post sind unzulässig.

21 **Kombination von Dokumenten wurde abgelehnt: a)** Verbindung eines sehr alten Dokuments (50 Jahre), das die Technik nicht bestimmt hat und moderner Auffassung eher widerspricht, mit dem nächstkommenden Stand der Technik,[31] **b)** für nicht naheliegende Verbindung zweier Dokumente, obwohl sie derselben IPK-Klasse angehören;[32] **c)** für zwei Dokumente mit widersprüchlichen Lehren.[33]

22 **Kombination von Dokumenten oder Dokumententeilen wurde bejaht: a)** für Verbindung verschiedener Textstellen desselben Dokuments, wenn ein Fachmann davon nicht abgehalten sei,[34] sowie von Beispielen mit der Beschreibung, die die Offenbarung repräsentativ erläutern;[35] **b)** für Verbindung eines Dokuments mit mehreren Teilaufgaben mit verschiedenen Dokumenten, die sich mit der Lösung dieser Teilaufgaben befassen;[36] **c)** für die Verknüpfung von Teilen einer FR- und einer JP-Patentschrift;[37] **d)** für zwei Dokumente, die von denselben Erfindern und derselben Untersuchungsreihe stammen.[38]

4 Vergleichszeitpunkt

23 Zeitpunkt des Vergleichs mit dem Stand der Technik ist der für die Anmeldung maßgebende Anmelde- oder Prioritätstag.[39] Der Fachmann hat sich in den Wissensstand dieses Tages zurück zu versetzen, also alles Fachwissen auszuscheiden, das erst nach diesem

---

27 BGH BlPMZ **53**, 227 *Rohrschelle*; **54**, 24 *Mehrfachschelle*; **74**, 208, 209 rSp *Stromversorgungseinrichtung*.
28 T 0239/85 EPOR **97**, 171.
29 S aber schweiz BG v 1.5.2020 4A_570/2019 GRUR Int **21**, 280 *Sandoz v Eli Lilly* (keine Kombination zweier Kapitel eines Dokuments bei Widersprüchen).
30 T 0002/83 ABl **84**, 265; T 0552/89 ABl **92** SonderA 26.
31 T 0261/87, T 0366/89, T 0404/90 ABl **95** SonderA 45.
32 T 0745/92 ABl **95** SonderA 45.
33 T 0176/89 ABl **91** SonderA 24.
34 T 0095/90 ABl **93** SonderA 26.
35 T 0095/90 ABl **93** SonderA 26.
36 T 0552/89 ABl **92** SonderA 26.
37 T 0239/85 EPOR **97**, 171.
38 T 0176/89 ABl **91** SonderA 24.
39 T 0024/81 ABl **83**, 133; EPA-Richtl G-VII.4.

Zeitpunkt entstanden ist. Eine rückwärtsschauende Betrachtungsweise des Standes der Technik aus der Sicht der Erfindung *(Ex-post-Analyse)* ist unzulässig.[40]

Beim Vergleich mit dem Stand der Technik dürfen Kenntnisse aus der Erfindung nicht in den Stand der Technik hinein interpretiert werden.[41] Die Prüfung erfolgt *vorwärtsschauend*, basierend auf einer Gesamtschau des Standes der Technik (prospektiv) und *nicht retrospektiv* mit dem Wissen aus der Erfindung.[42]

Es gibt keine Karenzzeit zwischen Tag der Zugänglichkeit des Standes der Technik und dem Anmelde- und Prioritätstag, zB weil der Fachmann für das Verständnis einer schwierigen technischen Lehre einen gewissen Zeitraum benötige. Das ist durch die gesetzliche Fiktion des § 3 (1) iVm § 4 Satz 1 und Art 54 (2) iVm Art 56 Satz 1 EPÜ ausgeschlossen. War die Lehre zugänglich, dann muss sie bei der Beurteilung der erfinderischen Tätigkeit auch dann berücksichtigt werden, wenn sie nur einen Tag vorher zur Verfügung stand.[43] Maßgebend ist nicht der Zeitpunkt der Existenz einer Lehre, sondern ihre tatsächliche Zugänglichkeit für einen Fachmann. Wird eine vor dem Anmeldetag existente Lehre erst nach dem Anmeldetag zugänglich, gehört sie zum StdT erst von diesem späteren Zeitpunkt an.[44] 24

III. Methode der Prüfung (methodology of assessment)

1 Aufgabe- und Lösungskonzept (problem and solution approach)

Lit in CIPA: Cadman 83, 274, 279; White 07, 515; Stellmach 09, 674; **Lit in EIPR:** Szabo 86, 293; 87, 32; 99, 42; White 86, 387; Cole 98, 214 u 267; Stellmach 07, 42; Leber 10, 191; **Lit in epi-information:** Knesch 94, 95; Hagel/Mienes 95, 14; Jehan 95, 66; Portal 95, 69; Teschemacher 3/97, 25; Fischer 3/16, 34; 4/16, 29; 01/18, 29; de Lange 02/21, 18; **Lit in GRUR:** Brändle 21, 147; Gröning 21, 206; **Lit in GRUR Int:** Singer 85, 234; Szabo 96, 723; **Lit in IIC:** Singer 85, 293; **Lit in Mitt:** Szabo 94, 225; Niedlich 00, 281; Stellmach 07, 5, 542; **Lit in sic!:** Kulhavy 08, 69. 25

Die Entscheidung, ob die Erfindung auf erfinderischer Tätigkeit beruht, hängt vom Stand der Technik ab, wie ihn der Fachmann versteht. Da der Stand der Technik, nach dem die Erfindung zu beurteilen ist, logischerweise in Kenntnis der Erfindung ermittelt werden muss, besteht die Gefahr einer *Ex-post-Betrachtung*.[45] Diese gilt es zu vermeiden, denn dem Fachmann ist zwar die Kenntnis des für die Erfindung maßgeblichen Standes der Technik zu unterstellen (s Rdn 12), nicht jedoch die Kenntnis, die nur die Erfindung vermittelt (s Rdn 23). 26

Im Interesse einer objektiven Beurteilung der Erfindung, die einer rückschauenden Betrachtungsweise vorbeugen soll, ist in der Rechtsprechung des EPA[46] das Aufgabe- 27

---

40 BGH GRUR 80, 100, 103 *Bodenkehrmaschine*; 89, 899, 902 *Sauerteig*; T 0005/81 ABl 82, 249 (Nr 11); T 0002/81 ABl 82, 394 (Nr 4.3); T 0229/85 ABl 87, 237 (Nr 5); vgl aber Schickedanz GRUR 01, 459.
41 BGH GRUR 89, 899 (1e) *Sauerteig*.
42 T 0181/82 ABl 84, 407 (Nr 4); s auch Gröning GRUR 21, 206.
43 Vgl T 0729/91 ABl 95 SonderA 28 = EPOR 00, 60: Zeitschrift 4 Tage vor Anmeldetag in einer Bibliothek verfügbar.
44 Vgl BPatGE 32, 206.
45 Vgl dazu T 0465/92 ABl 96, 32; T 0970/00 ABl 05 SonderA 37.
46 Ständige Rspr: G 0001/19 ABl 21, A77 = GRUR 21, 940 L = BeckRS 21, 6335 (Nr 26) *Fußgängersimulation*; T 0001/80 ABl 81, 206; T 0020/81 ABl 82, 217; T 0024/81 ABl 83, 133; T 0248/85 ABl 86, 261; T 0254/86 ABl 89, 115; T 0939/92 ABl 96, 309; T 0967/97 ABl 03 SonderA Nr 3, 21; zur Entwicklung Teschemacher epi information 3/97, 25.

und Lösungskonzept (*problem and solution approach*) entwickelt worden. Es hat sich in der Praxis für den Normalfall bewährt und wird daher in der Praxis des EPA regelmäßig angewendet.[47] Eine unbegründete Nichtanwendung kann zur Aufhebung der angefochtenen Entscheidung und Zurückverweisung führen.[48]

28 Das Konzept geht davon aus, dass jede technische Erfindung aus Aufgabe und Lösung besteht (s § 1 Rdn 41). Die Entscheidung, ob die Erfindung auf erfinderischer Tätigkeit beruht, hängt daher von der Beurteilung ihrer Aufgabe und Lösung ab. Das ist auch der Grund für die Vorschriften des § 10 (2) Nr 3 PatV und der R 42 (1) c EPÜ, nach denen die Erfindung so darzustellen ist, dass die technische Aufgabe und deren Lösung zumindest verstanden werden können. Nur ein solches Verständnis ermöglicht eine sinnvolle Prüfung auf Patentfähigkeit, die das Ziel des Aufgabe- und Lösungskonzepts ist.

29 Die Prüfung nach dem Aufgabe- und Lösungsansatz vollzieht sich in logischer Reihenfolge in folgenden Schritten:
a) Feststellung des *technischen Ergebnisses der Erfindung*;
b) Feststellung der *Aufgabe, die sich der Erfinder zur Erzielung des technischen Ergebnisses gestellt hat*;
c) Ermittlung des *Standes der Technik*, der für die Erfindung nach Aufgabe und Lösung einschlägig ist;
d) Feststellung des *nächstliegenden Dokuments* des Standes der Technik (s Rdn 35);
e) *Präzisierung der Aufgabe* gegenüber dem nächstliegenden Dokument (s Rdn 40);
f) Prüfung, ob die Erfindung für einen Fachmann *ausgehend vom nächstliegenden Dokument nahe gelegen hat*;
g) *Prüfung der weiteren Entgegenhaltungen*, ob sie allein oder gemeinsam mit dem nächstliegenden Dokument dem Fachmann eine Anregung gegeben hätten, das technische Ergebnis der Erfindung ohne erfinderisches Zutun zu erreichen.[49]

30 Das Aufgabe- und Lösungskonzept ist allerdings auch in der EPA-Rechtsprechung keine Norm, die ausschließlich anzuwenden wäre, sondern eine *Richtschnur*, die gewährleisten soll, dass die erfinderische Tätigkeit so objektiv wie möglich beurteilt wird. Kann das Naheliegen oder Nichtnaheliegen auf andere Weise besser begründet werden, so steht dem nichts im Wege.[50] Insbesondere ist auf ein entsprechendes Vorbringen der Parteien substantiiert einzugehen. Das gilt insbesondere für die Auswahl des nächstliegenden Dokuments (s Rdn 35) und die Formulierung der Aufgabe (s Rdn 33 u 40).

31 Die *nationale Rechtsprechung* der EPÜ-Vertragsstaaten bietet hinsichtlich des Aufgabe- und Lösungskonzepts kein einheitliches Bild. Während ihm in einigen EPÜ-

---

47 EPA-Richtl G-VII 5.
48 T 0248/85 ABl **86**, 261 (Nr 10).
49 T 0939/92 ABl **96**, 309 (Nr 2.4.3).
50 Vgl zB T 0465/92 ABl **96**, 32 und dazu T 0939/92 ABl **96**, 309 (Nr 2.4.4). S auch schweiz BG sic! 05, 825 *Insert for a drywall.*

Vertragsstaaten gefolgt wird,[51] wendet die Rechtsprechung es in anderen nicht oder nur in modifizierter Form an. So prüfen etwa die englischen Gerichte die erfinderische Tätigkeit idR im Rahmen eines strukturierten Ansatz, der durch die Entscheidungen *Windsurfing*[52] und *Pozzoli*[53] geprägt wurde,[54] greifen aber bisweilen durchaus auch auf das Aufgabe-Lösungskonzept des EPA zurück.[55]

Die *BGH-Rechtsprechung* lässt einige Skepsis gegenüber der in der EPA-Rechtsprechung entwickelten Prüfungsmethodik erkennen und modifiziert sie in bestimmten Aspekten.[56] Dies betrifft vornehmlich die obigen Schritte d) und e) des Aufgabe-Lösungs-Konzepts, dh die *Bestimmung des nächstliegenden Stands der Technik* und die *Präzisierung der Aufgabe* gegenüber dem nächstliegenden Dokument. Nichtsdestoweniger sollte man die Differenzen zwischen der europäischen und der deutschen Rechtsprechung nicht überzeichnen, da sich nicht nur die Ergebnisse, sondern auch die konkreten Überlegungen, die bei Prüfung auf erfinderische Tätigkeit angestellt werden, im Regelfall ähneln.

32

2 Ermittlung der Aufgabe

Für die Beurteilung der erfinderischen Tätigkeit ist Klarheit über das technische Ergebnis der anspruchsgemäß definierten Erfindung zu gewinnen und die Aufgabe zu ermitteln, die der Erzielung dieses Ergebnisses zugrunde liegt. Dies ermöglicht eine Eingrenzung des relevanten Stands der Technik (s Rdn 29, Schritte a-c).

33

Die Aufgabe ist nicht die Fragestellung, von der der Erfinder subjektiv ausgegangen sein mag, sondern das technische Problem, das für den Fachmann erkennbar durch die Erfindung tatsächlich objektiv gemeistert wird.[57] Anders formuliert: Das technische Problem ergibt sich aus dem, was die Erfindung tatsächlich leistet.[58] Eine sinnvoll formulierte Aufgabe muss demnach auf die Lösung zielgerichtet sein. Sie darf auf der einen Seite nicht zu abstrakt sein und muss auf der anderen Seite alle Elemente vermeiden, die zur Lösung gehören oder auf sie hindeuten.

---

51 Für AT s öst OGH v 22.5.2015 4 Ob 17/15a *Gleitlager*; OLG Wien v 11.4.2018 133 R 96/17 s Öbl **18**, 279; für ES s span Tribunal Supremo v 20.5.2016 TS 334/2016 *Accord Healthcare et al v AstraZeneca.*
52 Engl Court of Appeal v 31.1.1984 RPC **85**, 59 *Windsurfing International Inc v Tabur Marine (Great Britain) Ltd.*
53 Engl Court of Appeal v 22.6.2007 [2007] EWCA Civ 588 *Pozzoli SPA v BDMO SA.*
54 Er besteht aus folgendem Prüfungsschema:
(1) (a) Identify the notional »person skilled in the art«;
(b) Identify the relevant common general knowledge of that person;
(2) Identify the inventive concept of the claim in question or if that cannot be readily done, construe it;
(3) Identify what, if any differences exist between the matter cited as forming part of the »state of the art« and the inventive concept of the claim or the claim as construed;
(4) Viewed without any knowledge of the alleged invention as claimed, do those differences constitute steps which would have been obvious to the person skilled in the art or do they require any degree of invention?
55 So engl Court of Appeal [2010] EWCA Civ 82 *Actavis UK Ltd v Novartis AG*
56 S zB Gröning GRUR **21**, 206 ff.
57 BGH GRUR **87**, 510, 511 rSp *Mittelohr-Prothese*; **91**, 522 (III) *Feuerschutzabschluss.*
58 BGH GRUR **10**, 602 *Gelenkanordnung*; **16**, 921 (Rn 14) *Pemetrexed*; BGH v 9.1.2018 X ZR 14/16 GRUR **18**, 390 (Rn 32) *Wärmeenergieverwaltung.*

Bei Definition des technischen Problems darf nicht ohne Weiteres unterstellt werden, dass für den Fachmann die Befassung (nur) mit einer bestimmten Aufgabenstellung angezeigt war.[59] Vielmehr ist das technische Problem so allgemein und neutral zu formulieren, dass sich die Frage, welche Anregungen der Fachmann durch den Stand der Technik insoweit erhielt, ausschließlich bei der Prüfung der erfinderischen Tätigkeit stellt.[60] Allerdings scheidet ein Merkmal nicht nur deshalb, weil es im Anspruch vorkommt, automatisch für die Formulierung der Aufgabe aus, insbesondere dann nicht, wenn es nicht zum technischen Charakter der Erfindung beiträgt.[61]

34 Für die Ermittlung der Aufgabe ist grundsätzlich von der *in Anmeldung oder Patent genannten Aufgabe* auszugehen.[62] Ist das technische Problem in der Patentschrift ausdrücklich genannt, so kommt es darauf an, was der die Patentschrift studierende Durchschnittsfachmann dieser Angabe unter Einbeziehung des genannten Standes der Technik und unter Zugrundelegung seines allgemeinen Fachwissens als objektive Erkenntnis über das durch die Erfindung tatsächlich Erreichte entnehmen kann.[63] Auch der weitere Inhalt der Beschreibung kann hilfreich sein.[64] Nur wenn diese Aufgabe zu allgemein[65] oder ohne Bezug zum technischen Ergebnis der Erfindung ist[66] oder von der Erfindung nicht gelöst wird[67] oder künstlich und technisch unrealistisch ist,[68] ist sie entsprechend anzupassen; auch darf nicht außer Acht gelassen werden, dass die Erfindung ausgehend von einer dem Fachmann sich ebenfalls stellenden (anderen) Aufgabe nicht nahegelegen haben darf.[69] Zur Anpassung der Aufgabe in Hinblick auf den nächstliegenden Stand der Technik in der EPA-Rechtsprechung s Rdn 41.

3 Nächstliegender Stand der Technik

35 Um die Beurteilung der erfinderischen Tätigkeit zu objektivieren und zu vereinfachen, rückt das Aufgabe-Lösungskonzept des EPA den sog. nächstliegenden Stand der Technik in den Mittelpunkt. Es wird davon ausgegangen, dass ein Fachmann als *Ausgangspunkt* für seine Überlegungen, wie er die Aufgabe der Erfindung lösen soll, nicht ein beliebiges Dokument des einschlägigen Standes der Technik wählen wird, sondern das Dokument, das das erfolgversprechendste Sprungbrett (*the most promising spring-*

---

59 BGH GRUR 15, 352 *Quetiapin*; 16, 1038 *Fahrzeugscheibe II*; BGH v 13.3.2018 X ZR 44/16 BeckRS 18, 15109 *Feuerfeste Zustellung einer Gießpfanne*.
60 BGH GRUR 15, 352 *Quetiapin*; 16, 1038 *Fahrzeugscheibe II*; v 21.1.2020 X ZR 65/18 GRUR 20, 603 (Rn 12) *Tadalafil*.
61 T 0641/00 ABl 03, 352 (Nr 7) *Zwei Kennungen/COMVIK*.
62 T 1000/92 ABl 95 SonderA 38 = EPOR 00, 66 (Nr. 4.3).
63 BGH GRUR 81, 186 *Spinnturbine II*; GRUR 91, 811 *Falzmaschine*.
64 Vgl BPatG v 24.1.2017 3 Ni 3/15 (EP) Mitt 17, 551: Danach war die Aufgabe das Auffinden einer weiteren Indikation einer bekannten Verbindung, nicht die Auswahl aus einer Vielzahl von Verbindungen. Ebenso BPatG v 12.5.2020 3 Ni 34/17 (EP) GRUR-RS 20, 20899 (Rn 28).
65 T 0910/90 ABl 94 SonderA 32; T 0334/92 ABl 95 SonderA 39.
66 T 0910/90 ABl 94 SonderA 32; T 0419/93 ABl 96 SonderA 24.
67 BGH Mitt 03, 116 *Rührwerk*; R 0018/12 (Nr 5) ABl 15 ZPubl 4, 149; T 0939/92 ABl 96, 309 (Nr 2.4); T 0419/93 ABl 96 SonderA 24.
68 *T 0495/91, T 0741/91,* T 0246/91 ABl 94 SonderA 33.
69 BGH GRUR 11, 607 *Kosmetisches Sonnenschutzmittel III*.

board) zur Lösung dieser Aufgabe ist.[70] Aus der Zahl der Entgegenhaltungen wird demgemäß das Dokument ausgewählt, das ein Fachmann aus wohlüberlegten Gründen als erstes herangezogen hätte,[71] weil er der Ansicht ist, von diesem Dokument aus das Problem der (ihm unbekannten) Erfindung am ehesten lösen zu können. Insofern verhält sich ein Fachmann, der mit der Aufgabe konfrontiert wird, ein technisches Problem zu lösen, nicht anders als ein Fachmann, der eine patentierte Erfindung angreifen möchte. Auch dieser Fachmann wird nicht von einer beliebigen Entgegenhaltung ausgehen, sondern von dem erfolgversprechendsten Sprungbrett für seinen Angriff, also dem nächstliegenden Stand der Technik.

Nach der *BGH-Rechtsprechung* kommt es für die Frage, ob sich dem Fachmann ein bestimmter Stand der Technik als möglicher Ausgangspunkt seiner Bemühungen anbot, nicht darauf an, dass eine Entgegenhaltung als nächstliegender Stand der Technik zu qualifizieren ist.[72] Die Einordnung eines bestimmten Ausgangspunkts als – aus Ex-post-Sicht – nächstkommender Stand der Technik sei weder ausreichend[73] noch erforderlich.[74] Dem BGH ist insoweit zuzustimmen, als die Bestimmung eines nächstliegenden Standes der Technik nur die Prüfung der erfinderischen Tätigkeit vereinfachen soll und es keineswegs ausschließt, die erfinderische Tätigkeit ausgehend von einem anderen in Betracht kommenden Stand der Technik zu verneinen.[75] Dies wird auch in der jüngeren EPA-Rechtsprechung nicht anders gesehen und deutlich gemacht, dass der Begriff des nächstliegenden Stands der Technik im Sinne von geeignetem Ausgangspunkt (*appropriate starting point*) zu verstehen ist.[76] Ist der zu prüfende Anmeldegegenstand von einem solchen Ausgangspunkt nicht erfinderisch, kann dieses Ergebnis nicht mit dem Argument in Frage gestellt werden, von einem vermeintlich näheren Stand der Technik ausgehend liege erfinderische Tätigkeit vor. Vielmehr zeigt ein solcher vordergründiger Widerspruch nur, dass der letztere Stand der Technik in Wirklichkeit nicht der nähere war.[77]

Die Fokussierung auf den nächstliegenden Stand der Technik in der EPA-Rechtsprechung dient nicht zuletzt dem Ziel, solche fernliegenden Ausgangspunkte auszuscheiden, die nur in Kenntnis der Lösung der Erfindung in unzulässiger Ex-post-Betrach-

---

[70] T 0254/86 ABl **89**, 115 (Nr 15); T 0644/97 ABl **00**, 21. Nach T 1450/16 v 17.1.2020 GRUR-RS **20**, 11310 soll nicht der Fachmann, sondern das entscheidende Organ den nächstliegenden StdT bestimmen (zweifelhaft).
[71] T 1000/92 ABl **95** SonderA 38 = EPOR **00**, 66.
[72] BGH v 31.1.2017 X ZR 119/14 GRUR **17**, 498 *Gestricktes Schuhoberteil*.
[73] BGH v 16.12.2008 X ZR 89/07 GRUR **09**, 382 (Rn 51) *Olanzapin*.
[74] BGH v 18.6.2009 Xa ZR 138/05 GRUR **09**, 1039 (Rn 20) *Fischbissanzeiger*; v 31.1.2017 X ZR 119/14 GRUR **17**, 498 *Gestricktes Schuhoberteil*.
[75] So zu Recht schweiz BPatG sic! **15**, 642 *Desogestrelum*; s auch Brändle GRUR **21**, 147.
[76] T 1742/12 v 22.6.2016 BeckRS **16**, 120569; sehr deutlich auch T 1087/15 v 4.7.2019 BeckRS **19**, 16828 (Nr 1.1.1): »…'closest' prior art is merely a label given to the piece of prior art from which an inventive step attack starts and which is considered to be the most promising. In many cases it may indeed not be possible to identify whether one piece of prior art is necessarily 'closer' than another piece of prior art, and doing so may well artificially restrict inventive step considerations using the problem/solution approach.«.
[77] T 0824/05 v 28.9.2007 BeckRS **07**, 30644902 (Nr. 6.2); T 1742/12 v 22.6.2016 BeckRS **16**, 120569 (Nr 6.5).

tung relevant erscheinen, sich bei näherer Betrachtung aber als für den Fachmann unrealistisch erweisen. Hiermit in Einklang steht die in der deutschen Rechtsprechung wiederholt hervorgehobene Mahnung, dass die Wahl einer bestimmten Entgegenhaltung oder Vorbenutzung als Ausgangspunkt für die Lösung eines technischen Problems grundsätzlich der Rechtfertigung bedarf.[78]

37 *Kriterien für die Auswahl des nächstliegenden Dokuments* (im Sinne von geeignetem Ausgangspunkt) sind somit:
a) das Dokument weist die *größten Gemeinsamkeiten* mit der Erfindung auf;
b) das Dokument bietet sich gemessen an der *Zielrichtung der Erfindung*, insbesondere der erreichten Wirkung, als aussichtsreicher Ausgangspunkt an. Dann verdient dieses Dokument den Vorzug, auch wenn es merkmalsmäßig geringere Gemeinsamkeiten mit der Erfindung hat als ein anderes. Dokumente, die keinen Bezug zum technischen Problem der Erfindung haben, kommen als nächstliegender Stand der Technik nicht in Betracht, auch wenn beiden viele Merkmale gemeinsam sind[79] oder sie äußerlich große Ähnlichkeiten aufweisen;[80]
c) *Kenntnisse, die erst die Erfindung vermittelt*, zB über bestimmte Nachteile oder Unzulänglichkeiten des Standes der Technik, dürfen generell bei der Auslegung und Bewertung eines bekannten Dokuments nicht in dieses hineininterpretiert werden.[81] Das gilt erst recht für die Auswahl des nächstliegenden Dokuments;
d) sehr *alte Dokumente* zieht ein Fachmann erfahrungsgemäß seltener als Ausgangspunkt in Betracht, insbesondere wenn Nachteile dieser alten Lehre allgemein geläufig sind;[82]
e) gibt es *mehrere Dokumente*, die alle gleichermaßen als Ausgangspunkt geeignet erscheinen, je nachdem, unter welchem Blickwinkel die Erfindung betrachtet wird, so ist jedes dieser Dokumente als Ausgangspunkt bei der Prüfung zu berücksichtigen;[83]
f) der *in der Anmeldung oder in dem Patent genannte nächstliegende Stand der Technik* wird idR zugrunde gelegt werden können,[84] es sei denn, ein anderes Dokument wird vom Fachmann mit guten Gründen als realistischere Basis angesehen;
g) bei *Nichtausführbarkeit* der Lehre eines Dokuments kommt es idR nicht als nächstliegender Stand der Technik in Betracht.[85]

---

78 BGH GRUR 09, 382 (Rn 51) *Olanzapin*; 17, 148 (Rn 42) *Opto-Bauelement*.
79 T 0686/91 v 30.6.1994 BeckRS 94, 30624758; T 0325/93 v 11.9.1997 BeckRS 97, 30564982; T 0835/00 ABl 03 SonderA Nr 3, 23.
80 T 0506/95 v 5.2.1997 BeckRS 97, 30596329.
81 T 0970/00 ABl 05 SonderA 37.
82 T 0334/92 ABl 95 SonderA 38; T 1000/92 ABl 95 SonderA 38; T 0479/00 ABl 03 SonderA Nr 3, 24 (65 Jahres altes Dokument). Einschränkend T 0113/00 ABl 03 SonderA Nr 3, 23.
83 T 0591/04 v 11.9.2007 BeckRS 07, 30610131 (Nr 4.1); T 0021/08 v 2.9.2010 (Nr 1.2.3); T 1742/12 ABl 17 ZPubl 4, 14; T 1570/13 v 23.3.2017 BeckRS 17, 122845; T 0405/14 v 25.9.2019 GRUR-RS 19, 34429 (mit eingehender Begründung); s aber auch T 1760/11 v 13.11.2012 BeckRS 12, 213830 (Nr 10.3.7) und hierzu R 0005/13 ABl 15 ZPubl 4, 35: BK nicht verpflichtet, Einsprechenden Gelegenheit zu geben, erfinderische Tätigkeit ausgehend von einem Dokument zu erörtern, das BK nicht als nächstliegenden StdT ansieht (zweifelhaft).
84 T 0439/92 ABl 95 SonderA 36.
85 Hierzu schweiz BG v 8.5.2018 4A_541/2017 sic! 18, 651 *Fulvestrant*.

Das als nächstliegender Stand der Technik vom Fachmann gewählte Dokument bleibt 38
es grundsätzlich für die gesamte Dauer der Prüfung auf erfinderische Tätigkeit,[86] es
sei denn, eine während des Verfahrens gewonnene bessere Erkenntnis ergibt, dass ein
anderes Dokument der Erfindung näher steht.[87] Eine willkürliche Änderung des Ausgangspunktes könnte das Ergebnis der Prüfung verfälschen.

Das nächstliegende Dokument des Standes der Technik dient *nur als Ausgangspunkt* 39
der Prüfung, die sich nicht etwa auf die Prüfung dieses Dokuments beschränkt.[88] Das
nächstliegende Dokument ist mit den weiter ab liegenden Dokumenten in einer
Gesamtschau des Standes der Technik zu würdigen. Erst wenn diese Gesamtbetrachtung ergibt, dass die Erfindung nicht nahelag, beruht sie auf erfinderischer Tätigkeit (s
Rdn 18).

4 Präzisierung der Aufgabe

Es ist für den Aufgabe-Lösungs-Ansatz des EPA charakteristisch, dass die Aufgabe 40
der Erfindung, die zunächst ermittelt wurde, um Zugang zum relevanten Stand der
Technik zu gewinnen (s Rdn 33), anhand des nächstliegenden Standes der Technik
weiter präzisiert oder sogar neuformuliert wird. Dem liegt die Überlegung zugrunde,
dass das, was die Erfindung tatsächlich leistet, bei objektiver Betrachtung den Ausgangspunkt berücksichtigen sollte, den ein Fachmann zur Erreichung des Zieles der
Erfindung gewählt haben würde. Eine Prüfung auf erfinderische Tätigkeit sollte nicht
mit einer Aufgabe durchgeführt werden, die keinen Bezug zum tatsächlichen Stand der
Technik hat. Im Rahmen des Aufgabe- und Lösungskonzepts wird die Aufgabe daher
nach folgenden Kriterien präzisiert:
a) die Aufgabe muss *technischer Natur* sein;[89] die Wirkung der Erfindung kann nicht-technischer Natur sein (s § 1 Rdn 23);
b) die Aufgabe muss auf das *Resultat der Erfindung* abgestellt sein;[90]
c) die Aufgabe muss den der Erfindung *nächstliegenden Stand der Technik* berücksichtigen;[91]
d) die Aufgabe muss *frei von Lösungsansätzen* sein;[92]
e) die Aufgabe kann nur an solchen Problemen orientiert werden, die durch die Erfindung *tatsächlich gelöst* werden;[93]

---

86 Vgl T 0570/91 ABl **95** SonderA 35; T 1105/92 ABl **95** SonderA 36.
87 BPatGE **47**, 1.
88 T 0939/92 ABl **96**, 309 (Nr 2.4.).
89 T 0939/92 ABl **96**, 309 (2.4); EPA-Richtl G-VII 5.2.
90 T 0910/90 ABl **94** SonderA 32.
91 T 0184/82 ABl **84**, 261 (Nr 5); T 0254/86 ABl **89**, 115 (Nr 15); T 0939/92 ABl **96**, 309 (2.4.3).
92 T 0422/93 ABl **97**, 24; T 0229/85 ABl **87**, 237; T 0099/85 ABl **97** SonderA 29: Keine tendenziöse Aufgabenformulierung. Vgl auch BGH GRUR **91**, 522 (III) *Feuerschutzabschluss*; **15**, 356 (Rn 9) *Repaglinid*; v 21.1.2020 X ZR 65/18 GRUR **20**, 603 (Rn 12) *Tadalafil*; BPatGE **41**, 78.
93 T 0162/86 ABl **88**, 452 (Nr 7); T 0939/92 ABl **96**, 309 (2.6); vgl auch BPatGE **47**, 163.

f) die Aufgabe kann nur anhand solcher *Vorteile oder Wirkungen* gebildet werden, die die Erfindung tatsächlich erreicht und die ausreichend belegt sind;[94] die Anmeldung selbst muss es zumindest glaubwürdig (plausibel) machen, dass die Aufgabe gelöst worden ist;[95] wird ein bestimmter Bereich beansprucht, so müssen die Vorteile und Wirkungen im gesamten Bereich erreicht werden;[96]

g) *Kenntnisse, die erst nach dem Anmelde- oder Prioritätstag* entstanden sind, dürfen für die Bildung der Aufgabe nicht herangezogen werden;[97]

h) *Nicht-technische Vorgaben,* die der Fachmann von seinen Auftraggebern erhält, sind der Aufgabe, nicht der Problemlösung zuzurechnen: bei einer mit technischen Mitteln umgesetzten Geschäftsmethode darf die Geschäftsidee selbst nicht der Lösung der Aufgabe zugerechnet werden.[98]

41 Nach diesem Konzept ist eine **Neuformulierung der Aufgabe** (*reformulation of the problem*) dem Anmelder oder Patentinhaber immer gestattet – auch noch im Beschwerdeverfahren[99] –, wenn neuer, näher kommender Stand der Technik ermittelt wird.[100] Die Neuformulierung der Aufgabe muss sich allerdings im Rahmen der ursprünglichen Offenbarung halten, darf also zu keiner unzulässigen Erweiterung der ursprünglichen Anmeldung oder des Schutzbereichs des Patents führen.[101] Vgl auch § 34 Rdn 364.

42 Demgegenüber wird in der *Rechtsprechung des BGH* betont, dass die einer Patentanmeldung oder einem Patent zugrunde liegende Aufgabe nur aus der Patentschrift zu ermitteln sei. Ein nach der Patenterteilung aufgefundener Stand der Technik könne zwar für die erfinderische Tätigkeit Bedeutung erlangen, verändere aber nicht das der geschützten Erfindung zugrunde liegende Problem.[102] Daher gebe es auch keine Veranlassung, die Aufgabe im Lichte neu ermittelten Standes der Technik umzuformulieren.

---

94 T 0020/81 ABl **82**, 217; T 0186/83 EPOR **86**, 11; T 0124/84 EPOR **86**, 297. Nach Auffassung des BGH haben aber Vorteile, die sich erst durch die Erfindung als erreichbar herausgestellt haben, bei der Bestimmung des der Erfindung zugrundeliegenden Problems außer Betracht zu bleiben, s BGH GRUR **15**, 356 (Rn 9) *Repaglinid;* v 21.1.2020 X ZR 65/18 GRUR **20**, 603 (Rn 12) *Tadalafil.*

95 Plausibilität verneint in: T 1329/04 ABl **06** SonderA 31; T 1306/04 ABl **06** SonderA 31; T 0710/05 v 22.2.2007 BeckRS **07**, 30628362; Plausibilität bejaht in: T 0665/05 v 10.10.2006 BeckRS **06**, 30621726; T 0472/06 v 7.12.2006 BeckRS **06**, 30590763. Vgl Stolzenburg et al epi information **06**, 15; England GRUR Int **13**, 1190; Kutik/Jenken epi information **19**/03. Zur Frage der Plausibilität wurden kürzlich Rechtsfragen der GrBK vorgelegt (Vorlageentscheidung: T 0116/18 v 11.10.2021; Vorlage anhängig unter G 0002/21). Im Ausgangsverfahren kommt es für die erfinderische Tätigkeit entscheidend auf die Plausibilität der synergetischen Wirkung einer Insektizidmischung an. Kritisch zum Konzept der Plausibilität Ackermann GRUR Int **21**, 3.

96 Öst OGH v 22.5.2015 4 Ob 17/15a *Gleitlager;* T 0626/90 EPOR **96**, 194; T 0939/92 ABl **96**, 309; T 0694/92 ABl **97**, 408 (Nr 6).

97 T 0268/89 ABl **94**, 50.

98 Vgl auch BGH GRUR **10**, 44 (Rn 14) *Dreinahtschlauchfolienbeutel.*

99 T 0268/89 ABl **84**, 261 (Nr 5); T 0162/85 ABl **88**, 452.

100 T 0184/82 ABl **84**, 261.

101 T 0013/84 ABl **86**, 253; T 1422/13 EPOR **13**, 445.

102 BGH GRUR **87**, 280, 282 *Befestigungsvorrichtung;* GRUR **88**, 444, 445 *Betonstahlmattenwender;* GRUR **91**, 811 *Falzmaschine;* GRUR **03**, 693 *Hochdruckreiniger.*

Die richtige Formulierung der Aufgabe ist von großer Bedeutung, ja oftmals vorentscheidend für die Beurteilung der erfinderischen Tätigkeit. Die Auffassung des BGH birgt die Gefahr, eine Aufgabe zugrunde zu legen, die sich als zu abstrakt erweist[103] oder sich zu weit von derjenigen entfernt, vor die sich ein Fachmann realistischerweise gestellt sieht. Bei der Präzisierung der Aufgabe im Rahmen des Aufgabe-Lösungs-Ansatzes muss demgegenüber darauf geachtet werden, die Aufgabe nicht aufgrund rückschauender Betrachtungsweise zu eng zu fassen und mit Elementen der Lösung zu verquicken.

IV. Fachmann[104] *(person skilled in the art)*

1 Allgemeines

Der Fachmann ist der Maßstab für die erfinderische Tätigkeit. Was er kann oder was er aus dem Stand der Technik hätte entwickeln können, ist nicht erfinderisch. Er sollte daher im konkreten Einzelfall bestimmt werden, um die Prüfung korrekt durchführen zu können.[105] Diese fiktive Person[106] ist ein normaler Sachverständiger, der auf dem Gebiet der Erfindung tätig ist[107] und über durchschnittliche Kenntnisse, Erfahrungen und Fähigkeiten verfügt,[108] also ein *Durchschnittsfachmann (skilled practitioner)*.[109] Es ist der gleiche Fachmann, auf den es ankommt, wenn zu entscheiden ist, ob eine Erfindung ausreichend offenbart[110] (s § 34 Rdn 333) oder ob sie neu ist (s § 3 Rdn 10).

43

Fachmann iSd § 4 und Art 56 EPÜ ist daher *nicht* ein überragender oder hervorragender Sachkenner, ein Wissenschaftler von Rang, ein gewiefter[111] Fachmann, *a highly specialised and outstanding scientist*[112] oder gar ein Nobelpreisträger[113] und vor allem kein Erfinder.[114]

44

Der Fachmann muss nicht eine Einzelperson sein. Wenn sinnvoll, wird der zuständige Fachmann (s Rdn 52) einen 2. Fachmann zuziehen oder im Team arbeiten (s Rdn 55).

45

---

103 Vgl Gröning GRUR 21, 206, 210 (»anämisch«).
104 Hierzu **Pagenberg:** Bedeutung der Erfindungshöhe 1975 S 149; Niedlich in FS König 2003, 399; **Lit in GRUR:** Osterrieth 21, 310; **Lit in GRUR Int:** Kolle 71, 63; Pagenberg 78, 143, 148; Ehlers/Haft/Königer 10, 815; **Lit in Mitt:** Papke 80, 147; Meier-Beck 05, 529; **Lit in sic!:** Comte 00, 661; Kulhavy 11, 223.
105 Dies geschieht in der nationalen Rechtsprechung der EPÜ-Vertragsstaaten ganz überwiegend und wird teilweise sogar für unverzichtbar erachtet, s FR Cour de Cassation v 20.11.2012 PIBD Nr 975, III-857; in der EPA-Rechtsprechung erfolgt dies idR jedoch nur implizit.
106 BGH GRUR 04, 1023 *Bodenseitige Vereinzelungseinrichtung*; 06, 663 *Vorausbezahlte Telefongespräche*; T 1462/14 v 1.10.2019 BeckRS 19, 29437 (Nr 14).
107 Vgl BGH GRUR 78, 37 *Börsenbügel*; BPatG Mitt 84, 213; T 0026/98 ABl 03 SonderA Nr 3, 26.
108 BGH BlPMZ 91, 159 (III 3d) *Haftverband*.
109 BGH BlPMZ 89, 133 (II 3) *Gurtumlenkung*; EPA-Richtl G-VII 3.
110 T 0060/89 ABl 92, 134.
111 BGH BlPMZ 91, 159 (III 3d) *Haftverband*; T 1312/09 v 26.5.2011 (Nr 2.7).
112 T 0249/88 EPOR 96, 29.
113 T 0060/89 ABl 92, 268.
114 T 0039/93 ABl 97, 134.

2 Wissen und Können des Fachmanns *(level of knowledge of the skilled person)*

46 Bei der Beurteilung der erfinderischen Tätigkeit ist der gesamte Stand der Technik zu berücksichtigen (s Rdn 13), jedoch ist Maßstab für die Beurteilung der Fachmann. Dieser ist nicht allwissend, kennt sich aber auf seinem Spezialgebiet aus.[115] Der Umfang seines Wissens und Könnens wird bestimmt durch:

47 a) Kenntnis des gesamten **Stands der Technik seines Fachgebiets**;[116] der Fachmann besitzt also nicht ein umfassendes Wissen über den Stand der Technik auf *allen* Gebieten der Technik.[117] Er hat Zugang zu allen Dokumenten seines Gebiets, sowie zu den Dokumenten des Recherchenberichts[118] oder einer Literaturrecherche,[119] wenn er dazu einen Anlass sieht, zB zu seiner weiteren Orientierung. Dokumente oder Erkenntnisse, die der Fachmann mit zumutbaren Mitteln nicht auffinden kann, bleiben außer Betracht.[120] Von Dokumenten, die dem Fachmann fiktiv als bekannt unterstellt werden, macht er im Rahmen seiner Fähigkeiten und Kenntnisse Gebrauch. Es ist daher möglich, dass er ein Dokument, das im Lichte der Erfindung relevant erscheint, als ungeeignet verwirft, weil ihm die Idee des Erfinders fehlt.

48 b) **Fachwissen**, das ihn als Fachmann auf seinem Gebiet ausweist[121] und das ihn befähigt, seinen Fachbereich selbst weiter zu entwickeln. Allerdings belegt der Umstand, dass die Kenntnis eines technischen Sachverhalts zum allgemeinen Fachwissen gehört, noch nicht, dass es für den Fachmann nahegelegen hat, sich bei der Lösung eines bestimmten technischen Problems dieser Kenntnis zu bedienen.[122] Dies wird allerdings idR zu bejahen sein, wenn nach dem allgemeinen Fachwissen ein Mittel für eine Vielzahl von Anwendungsfällen in Betracht kommt und seine Nutzung im Kontext der Erfindung objektiv sinnvoll und zweckmäßig erscheint, ohne dass es besondere Umstände gibt, die die Nutzung des Mittels prima facie nicht angeraten erscheinen lassen.[123] Solche Umstände liegen aber vor, wenn die Anwendung einer zum Standard-Repertoire zählenden technischen Lösung im Widerspruch zu der Lehre steht, die der Fachmann als Ausgangspunkt für eine Problemlösung heranzieht.[124]

49 c) **technisches Allgemeinwissen** *(common general knowledge)*, über das jeder Techniker verfügt; zum Umfang und den Quellen, aus denen ein Fachmann dieses Wis-

---

115 BGH v 29.2.2000 X ZR 166/97 BeckRS 00, 4931 (III 1) *Warenregal.*
116 BGH BlPMZ **89**, 133 (II 3) *Gurtumlenkung*; **91**, 159 (III 3d) *Haftverband*; EPA-Richtl G-VII 3.
117 BGH BlPMZ **89**, 133 (II 3) *Gurtumlenkung*; T 0206/83 ABl **87**, 5 (Nr 5).
118 EPA-Richtl G-VII 3.
119 BPatGE **34**, 264; T 0654/90 ABl **92** SonderA 33.
120 BGH BlPMZ **91**, 306, 307 *Überdruckventil* (Fehlen eines einschlägigen Fachmanns); T 0654/90 ABl **92** SonderA 33 (intensive Recherche); T 0206/83 ABl **87**, 5 (comprehensive research); BPatGE **34**, 264 (entlegene Fundstelle).
121 BGH BlPMZ **91**, 159 (III 3d) *Haftverband.*
122 BGH GRUR 09, 743 *Airbag-Auslösesteuerung*; BGH v 27.3.2018 X ZR 59/16 BlPMZ **18**, 247 *Kinderbett.*
123 BGH GRUR 14, 647 *Farbversorgungssystem*; BGH v 13.7.2020 X ZR 90/18 GRUR **20**, 1074 (Rn 49) *Signalübertragungssystem*; v 15.6.2021 X ZR 58/19 *Führungsschienenanordnung.*
124 BPatG BlPMZ **16**, 311.

sen schöpft, vgl § 3 Rdn 11 und § 34 Rdn 339. Ein ungeschriebenes geistiges Rüstzeug (*unwritten mental furniture*) sollte idR nur herangezogen werden, wenn es belegbar ist.[125]

d) Kenntnisse auf **Nachbargebieten** (*neighbouring fields*) (s Rdn 56) und auf *übergeordneten allgemeinen technischen Gebieten*[126] (*non-specific general fields*) (s Rdn 58) sowie die Fähigkeiten eines etwa zuzuziehenden 2. Fachmanns (*additional specialist*) (s Rdn 54) werden dem Fachmann zugerechnet, wenn die Art der Aufgabe der Erfindung dem zuständigen Fachmann eine entsprechende Orientierung nahe legt. Eine traditionell bestehende gedankliche Kluft ist kein Hindernis, wenn sie durch neue Entwicklungen am Prioritätstag bereits teilweise überwunden war.[127] 50

e) Kenntnisse, die er aus **routinemäßigen Arbeiten und Versuchen** (*routine work and experimentation*) gewinnen kann.[128] Solche Versuche unternimmt er aber nur, wenn dafür ein konkreter Anlass besteht, zB weil ein dringendes Bedürfnis für die Lösung eines bestimmten technischen Problems besteht oder weil Dritte eine interessante neue technische Lehre benutzen[129] oder weil er eigene Wissenslücken schließen möchte.[130] Aus reiner Neugier wird er nicht tätig.[131] Immer handelt es sich um normale Experimente, die in der Praxis jeder Fachmann zu seiner Orientierung durchführen würde. Wissenschaftliche Forschung oder eine Recherche in unerforschten oder technisch problematischen Gebieten wird von ihm nicht erwartet.[132] Erkenntnisse, die nur unter großen Schwierigkeiten oder nur zufällig ohne vorherige Misserfolge gewonnen werden können, werden dem Wissen des Fachmanns nicht zugerechnet.[133] 51

3 Zuständiger Fachmann *(appropriate skilled person)*

Der zuständige Fachmann ist der Fachmann des technischen Gebiets, auf dem die Erfindung liegt, also der Fachmann, dem üblicherweise die Lösung der gestellten Aufgabe übertragen wird,[134] zB der Hersteller, Planer, Entwicklungsingenieur. Interessenten, Abnehmer, Anwender oder Auftraggeber geben dem Fachmann, an den man sich nach allgemeiner Übung wendet, Anregungen und Wünsche, sind aber nicht selbst die zuständigen Fachleute.[135] 52

Der zuständige Fachmann ist objektiv gemäß der technischen Aufgabe der Erfindung (s Rdn 33) zu bestimmen, die subjektive Annahme des Erfinders ist nicht maßgeblich.[136] Da die Definition des Fachmanns gerade dazu dient, eine fiktive Person

---

125 T 0939/92 ABl **96**, 309 (Nr 2.3); aA BPatGE **51**, 9.
126 BGH BlPMZ **89**, 133 (II 3) *Gurtumlenkung*; T 0195/84 ABl **86**, 121.
127 BGH GRUR **10**, 712 (Rn 86) *Telekommunikationseinrichtung*.
128 EPA-Richtl G-VII 3.
129 BGH GRUR **86**, 372 (II 3b) *Thrombozyten-Zählung* (für ein Präparat auf dem Markt, das erst analysiert werden muss).
130 T 0886/91 ABl **95** SonderA 44.
131 T 0939/92 ABl **96**, 309 (Nr 2.4.2).
132 T 0500/91 EPOR **95**, 69; T 0223/92 ABl **95** SonderA 40 u 44.
133 BGH GRUR **80**, 166 *Doppelachsaggregat*.
134 BGH GRUR **78**, 37 *Börsenbügel*.
135 BGH GRUR **62**, 290 *Brieftaubenreisekabine II*.
136 T 0422/93 ABl **97**, 24.

festzulegen, aus deren Sicht das Patent und der Stand der Technik zu würdigen sind, kann sie nicht auf Erwägungen zur Auslegung des Patents oder zur erfinderischen Tätigkeit gestützt werden.[137]

53 **Beispiele für die Bestimmung des maßgebenden Fachmanns: a)** Zuständiger Fachmann ist zB der **qualifizierte Handwerker**, wenn die Herstellung überwiegend in Kleinbetrieben erfolgt,[138] nicht dagegen, wenn ein Handwerksbetrieb durch automatische Produktionsmethoden rationalisiert werden soll;[139] **b)** ein **Entwicklungsingenieur**;[140] **c)** ein speziell ausgebildeter **Chemiker**, nicht der Zahnarzt[141] oder der Friseur;[142] **d) bei wenig erforschtem Gebiet** nicht nur die wenigen auf diesem Gebiet tätigen Spezialisten;[143] **e)** der **Förderfachmann**, der die Probleme in Bergbau und Landwirtschaft kennt;[144] **f) Hersteller chirurgischer Instrumente**, nicht der anwendende Chirurg;[145] **g)** ein wissenschaftliches **Forschungsteam**,[146] wenn die Problematik der zu lösenden Aufgabe das erfordert oder wenn das auf dem Gebiet – zB der Gentechnik – üblich ist; **h)** ein **handwerklich geschulter Techniker** für Kleideraufhänger[147] oder für Bohrmaschinengestelle;[148] **i) Ingenieur mit Fachhochschulausbildung** mit Kenntnissen in der Strömungstechnik, nicht der Möbelschreiner, für Mauerkasten einer Dunstabzugshaube;[149] **j) Fachhochschulingenieur** der Fachrichtung Bauwesen mit Berufserfahrung für Schalungselemente für Mantelbetonbauweise;[150] **k) berufserfahrener Glasbautechniker**, nicht ein mit Beleuchtungsfachleuten zusammenarbeitender Festkörperphysiker für eine Schaufensterbeleuchtung;[151] **l) Konstrukteur** mit Erfahrungen bei der Entwicklung von Angelgeräten, nicht ein Angler für Entwicklung eines Fischbissanzeigers.[152]

4 Hinzuziehung eines 2. Fachmanns *(consulting of a specialist)*

54 Die Hinzuziehung eines zweiten Fachmanns kann erwartet werden, wenn das zu lösende Problem ersichtlich ein 2. Fachgebiet berührt[153] oder der zuständige Fachmann

---

137 BGH v 9.1.2018 X ZR 14/16 GRUR 18, 390 (Rn 31) *Wärmeenergieverwaltung*.
138 BGH Liedl **56/58**, 605, 612 *Gemüsehobel*.
139 BGH GRUR **62**, 290 *Brieftaubenreisekabine II*.
140 BGH Liedl **67/68**, 204, 218 *Hemmvorrichtung*.
141 BGH GRUR **65**, 138 *Polymerisationsbeschleuniger*.
142 BGH GRUR **65**, 473 *Dauerwellen I*.
143 BGH GRUR **55**, 283 *Strahlentransformator*.
144 BGH Liedl **59/60**, 32, 40 *Dungförderanlage*.
145 BGH Liedl **63/64**, 172 *Hüftgelenkprothese*.
146 T 0223/92 ABl **95** SonderA 40; T 0500/91 EPOR **95**, 69; T 0412/93 ABl **96** SonderA 26.
147 BGH GRUR **79**, 224 *Aufhänger*.
148 BGH GRUR **79**, 621 (2b bb) *Magnetbohrständer*.
149 BGH GRUR **87**, 351 *Mauerkasten II*.
150 BGH GRUR **01**, 819 (II1) *Schalungselement*.
151 BGH GRUR **10**, 41 *Diodenbeleuchtung*.
152 BGH GRUR **09**, 1039 *Fischbissanzeiger*.
153 BGH GRUR **78**, 37 *Börsenbügel*; **10**, 41 *Diodenbeleuchtung*; BGH v 9.1.2018 X ZR 14/16 GRUR **18**, 390 (Rn 35) *Wärmeenergieverwaltung*; T 0607/90 EPOR **91**, 569; T 0424/90 ABl **93**, 27.

erkennen konnte, dass er eine Lösung auf einem anderen Gebiet finden kann,[154] auf dem seine Kenntnisse nicht ausreichend sind.[155] Dann ist die Summe des Fachwissens beider Fachleute das Wissen und Können des zuständigen Fachmanns.[156] Die Zuziehung eines 2. Fachmanns entfällt, wenn für die Aufgabe auf dem anderen Fachgebiet Lösungen nach dem Urteil des zuständigen Fachmanns nicht zu erwarten waren oder wenn es einen eigenen Fachmann für das Spezialgebiet nicht gibt.[157]

Ein **Team**, das sich aus unterschiedlichen Fachleuten zusammensetzt, ist zur Beurteilung der erfinderischen Tätigkeit dann maßgebend, wenn es sich um gebietsübergreifende Entwicklungen handelt[158] oder auf diesem Gebiet üblicherweise in Gemeinschaft geforscht wird, zB Gentechnik[159] oder Lasertechnologie.[160] Den Fachleuten eines solchen Teams können im Einzelfall sogar sehr spezielle Kenntnisse und Erfahrungen zugerechnet werden.[161] 55

5 Nachbargebiete *(neighbouring fields)*

Nachbargebiete sind solche Gebiete, die sich mit dem Gebiet, auf dem die Erfindung liegt, technologisch berühren.[162] Ein Fachmann wird daher die Entwicklung auf solchen Gebieten beobachten, wenn auch mit geringerer Intensität als auf seinem eigenen Fachgebiet. Kann er dort eine Hilfe für die Lösung seines Problems erwarten, so wird er auch das Wissen dieses Gebiets heranziehen. Das hängt ab von der technologischen Nähe der beiden Gebiete, der Art der Aufgabe[163] und der Fähigkeit des Fachmanns zu erkennen, dass es sinnvoll ist, dort nach einer Lösung seines speziellen Problems zu suchen. Sind diese Voraussetzungen im Einzelfall erfüllt, sind die Kenntnisse aus dem Nachbargebiet dem Fachmann zuzurechnen.[164] 56

---

154 BGH GRUR **86**, 372 *Thrombozyten-Zählung*; **86**, 798 *Abfördereinrichtung für Schüttgut*; BlPMZ **89**, 133 (II 3) *Gurtumlenkung*; T 0032/81 ABl **82**, 225; T 0164/92 ABl **95**, 305: Zuziehung eines Programmierers.
155 BGH v 19.12.2019 X ZR 143/17 Mitt **20**, 218 (Rn 13) *Gaseinspritzsystem*; hierzu Wallinger Mitt **20**, 205.
156 BGH GRUR **86**, 798 *Abfördereinrichtung für Schüttgut* (dazu kritisch Eisenführ in FS Preu **88**, 13 u Dreiss GRUR **94**, 781); BPatGE **46**, 239; BPatG v 24.1.2017 3 Ni 3/15 (EP) Mitt **17**, 551.
157 BGH BlPMZ **91**, 306, 307 *Überdruckventil*.
158 T 0460/87 ABl **90** SonderA 27; T 0057/86 v 19.5.1988 BeckRS **88**, 30506714; T 0099/89 v 5.3.1991 BeckRS **91**, 30516133; schweiz BG SMI **94**, 349, dazu Stieger SMI **95**, 63.
159 T 0223/92 ABl **95** SonderA 40; T 0412/93 ABl **96** SonderA 26.
160 T 0222/86 v 22.9.1987 BeckRS **87**, 30544047.
161 S etwa BGH v 7.7.2020 X ZR 150/18 GRUR **20**, 1178 (Rn 44) *Pemetrexed II*: Team aus Pharmakologen mit Spezialisierung auf dem Gebiet der Wirkmechanismen von Antifolaten *bei der* Behandlung von Krebs und Mediziner mit Spezialisierung auf dem Gebiet der Onkologie und langjähriger Erfahrung in der chemotherapeutischen Behandlung von Krebspatienten mit Antikrebswirkstoffen wie Antifolaten.
162 BGH BlPMZ **63**, 365, 366 lSp *Schutzkontaktstecker*; GRUR **69**, 182 (IV 1) *Betondosierer*; **10**, 41 (Rn 29) *Diodenbeleuchtung*; T 0455/91 **95**, 684 (Gentechnik); T 0454/87 ABl **90** SonderA 27; T 0647/88 v 6.6.1990 BeckRS **90**, 30618919.
163 T 0032/81 ABl **82**, 225.
164 BGH BlPMZ **89**, 133 (II3) *Gurtumlenkung*; BPatGE **21**, 32; T 0176/84 ABl **86**, 50; T 0195/84 ABl **86**, 121.

57 Kenntnisse des Nachbargebiets sind dem Fachmann nicht zuzurechnen, wenn er sich aus seiner damaligen Sicht hat abhalten lassen, Erkenntnisse des Nachbargebiets für die Lösung seines Problems zu verwenden, etwa durch ein Vorurteil, durch eingebildete technische Schwierigkeiten, eine zurückhaltende Vorsicht oder eine Scheu vor Risiken.[165] Zur erfinderischen Tätigkeit bei *Übertragungserfindungen* siehe Rdn 152.

Besondere Spezialkenntnisse des Nachbargebiets gehören idR nicht zum Wissen des Fachmanns.[166] Unschädlich ist es, wenn der Erfinder irrtümlich ein Gebiet als benachbart bezeichnet.[167]

58 *Übergeordnetes allgemeines Gebiet* hat ein Fachmann zu berücksichtigen, wenn er auf seinem speziellen Gebiet mit allgemeinen technischen Problemen befasst ist.[168]

Entfernte Gebiete (remote technical fields) haben mit dem Gebiet der Erfindung keinerlei technologische Berührung.[169] Ihren Stand der Technik berücksichtigt daher der einschlägige Fachmann nicht;[170] auch dann nicht, wenn beide Gebiete auf der Vertriebsstufe zusammentreffen.[171] Ausnahmsweise kann ein entferntes Gebiet in Betracht zu ziehen sein, wenn dort dieselbe Aufgabe der breiten Öffentlichkeit durch ausgedehnte Diskussionen wohlbekannt ist[172] oder wenn es sich um einen Gegenstand des täglichen Lebens handelt.[173]

V. Naheliegen *(obviousness)*

1 Begriff

59 Nach § 4 und Art 56 EPÜ ist eine Erfindung nur dann patentfähig, wenn sie sich für einen Fachmann nicht in naheliegender Weise aus dem Stand der Technik ergibt. Der Begriff »*in naheliegender Weise*« umfasst solche Fortbildungen, die einem Fachmann mit seinem Fachwissen in Kenntnis des Standes der Technik möglich sind. Der Begriff »Naheliegen« nimmt also die normale technologische Weiterentwicklung, die sich folgerichtig aus dem Stand der Technik ergibt, vom Patentschutz aus.[174]

60 Der Begriff »Naheliegen« ist aus Art 5 StraßburgerÜ in Art 56 EPÜ und von dort nach § 4 PatG übernommen worden. »Naheliegen«, »*obvious*« und »*évident*« sind synonyme Begriffe, die das gleiche aussagen.[175] »*Obvious*« darf daher nicht mit »offensichtlich« und »évident« nicht mit »eindeutig« gleichgesetzt werden.[176]

---

165 T 0455/91 ABl **95**, 684.
166 T 0422/93 ABl **97**, 24.
167 T 0028/87 ABl **89**, 383.
168 BGH BlPMZ **89**, 133 (II 3) *Gurtumlenkung;* T 0195/84 ABl **86**, 121 (Maschinenbau/Flugzeugbau); T 0176/84 ABl **86**, 50.
169 BGH Mitt **96**, 204 (Spielbahn/Hubschrauber); T 0647/88 v 6.6.1990 BeckRS **90**, 30618919 (Tapete/Verpackung).
170 T 0008/83 EPOR **86**, 186; T 0419/88 v 5.5.1990 BeckRS **90**, 30581586.
171 BPatGE **25**, 54.
172 T 0560/89 ABl **92**, 725.
173 Vgl hierzu T 1043/98 ABl **01** SonderA Nr 3, 31 mwN.
174 T 0106/84 ABl **85**, 132 (Nr 8.2); EPA-PüfRichtl G-VII 4.
175 BPatGE **30**, 107.
176 Vgl schweiz BG GRUR Int **96**, 1224 *Resonanzetikette.*

2 Nachweis des Naheliegens

Aufgrund der gesetzlichen Definition setzt eine Patenterteilung also voraus, dass die Erfindung nicht nahe gelegen hat. Diesen Nachweis einer negativen Voraussetzung führt der Erfinder durch die Darstellung seiner Erfindung mit ihren Vorteilen gegenüber dem Stand der Technik. Es ist dann im Erteilungsverfahren Aufgabe des Patentamts, und im Einspruchs- und Nichtigkeitsverfahren des Einsprechenden und Nichtigkeitsklägers, nachzuweisen, aus welchen Gründen sich ein Naheliegen der Erfindung ergibt. Nur wenn zweifelsfrei feststellbar ist, dass die Erfindung nahe gelegen hat, scheidet eine Erteilung oder Aufrechterhaltung des Patents aus.[177]

Nicht-Naheliegen kann bestehen in: **a)** der Lösung einer bisher ungelösten Aufgabe; **b)** der besseren Lösung einer bereits gelösten Aufgabe; **c)** der Bereicherung der Technik durch eine weitere, zusätzliche Lösung (Alternative); **d)** der Konzeption des Grundgedankens, dessen Verwirklichung dann nicht mehr schwierig ist;[178] **e)** Erkenntnis der Ursachen der Nachteile des Standes der Technik, die dann mit geläufigen Maßnahmen abgestellt werden;[179] **f)** sinnlos oder rückschrittlich erscheinenden Vorschlägen, weil für einen Fachmann, der an Verbesserungen interessiert ist, solche Vorschläge nicht nahe liegen;[180] ihre Patentierbarkeit scheitert aber möglicherweise am Fehlen der Nützlichkeit oder der technischen Brauchbarkeit[181] (s § 1 Rdn 29, 30); auch kann die bloße Inkaufnahme vorhersehbarer Nachteile die erfinderische Tätigkeit nicht begründen (s Rdn 135).

Umschreibungen für Nicht-Naheliegen: **a)** die Erfindung enthält eine entwicklungsraffende[182] oder sprunghafte[183] Verbesserung; **b)** die neue Lehre verlässt die vorgezeichneten Bahnen so weit, dass sie von einem Fachmann, wenn ihm die Aufgabe vorgelegt worden wäre, nicht hätte erwartet werden können; **c)** die Erfindung stellt eine schöpferische Leistung, nicht eine normale handwerksmäßige oder fachmännische Weiterentwicklung dar; **d)** die Erfindung erhebt sich über den normalen technischen Fortschritt;[184] **e)** die Erfindung weist einen deutlichen Abstand zum Stand der Technik auf.[185]

3 Could-would-test[186]

Eine Erfindung ist nicht schon naheliegend, wenn ein Fachmann aufgrund des Standes der Technik zur Lehre des Erfinders *hätte kommen können*, sondern grundsätzlich

---

177 Vgl BPatGE **37**, 235.
178 BGH Liedl **61/62**, 618, 644 f; T 0002/83 ABl **84**, 265
179 BGH GRUR **85**, 369 (III1) *Körperstativ*; BPatGE 3 25; T 0002/83 ABl **84**, 265.
180 Vgl T 1027/93 EPOR **96**, 188.
181 BPatGE **35**, 5.
182 BGH BlPMZ **55**, 66 *Polsterkörper Latex*.
183 BGH GRUR **91**, 120, 121 *Elastische Bandage*.
184 BGH BlPMZ **74**, 346 *Chinolizine*.
185 BGH GRUR **72**, 707, 708 *Streckwalze*.
186 S Leber EIPR **10**, 191.

nur dann, wenn er die neue Lösung der technischen Aufgabe auch *vorgeschlagen haben würde*.[187]

Dazu bedarf es der Feststellung eines Anlasses oder bestimmter Anhaltspunkte oder Anregungen, die den Fachmann dazu geführt haben würden, das technisch prinzipiell Mögliche auch tatsächlich zu realisieren.[188] Beachtlich hierfür sind nicht nur ausdrückliche Hinweise im StdT, vielmehr ist eine Gesamtbetrachtung aller maßgeblichen Sachverhaltselemente notwendig.[189] Hat der in einer Vorveröffentlichung aufgezeigte Weg erkennbar Nachteile, wird der Fachmann Anlass haben, andere Wege zu beschreiten.[190] Der mit der Bereitstellung eines Stoffes für einen bestimmten Einsatzzweck betraute Fachmann hat Anlass abzuklären, welche Lösungswege unter rechtlichen Aspekten hinreichende Aussicht auf erfolgreichen Einsatz am Markt haben. Dies kann nicht nur zum Ausschluss einzelner theoretisch denkbarer Ansätze führen, sondern auch dazu, eine Maßnahme aufzugreifen, die ausdrücklich als rechtlich zulässig hervorgehoben wird.[191]

Die Zugehörigkeit eines technischen Sachverhalts zum Fachwissen belegt noch nicht, dass es für den Fachmann nahegelegen hat, sich bei der Lösung eines bestimmten technischen Problems dieser Kenntnis zu bedienen (s Rdn 48).[192] Auch der Einsatz eines allgemein verfügbaren Werkzeugs kann auf erfinderischer Tätigkeit beruhen, wenn sich die mit dem Gegenstand der Erfindung angestrebten und realisierten Vorteile hierdurch nicht ohne weiteres einstellen und der Fachmann aus dem Stand der Technik keine hinreichenden Anregungen erhält, dass das Werkzeug für die Erreichung des angestrebten Zwecks geeignet und ohne Schwierigkeiten einsetzbar ist.[193]

65 Für einen Fachmann ist ein zielgerichtetes Handeln typisch. Er tut nichts ohne konkreten technischen Grund, handelt also nicht aus reiner Neugier (s Rdn 51).[194] Was der Fachmann getan hätte, hängt daher sehr wesentlich davon ab, welches technische Ergebnis er sich realistischerweise zum Ziel gesetzt hatte.[195] Zur korrekten Formulierung der Aufgabe vgl Rdn 33 u 40.

66 Nachträglich kann ein Gedanke leicht als naheliegende Selbstverständlichkeit erscheinen, einen solchen Gedanken aber erstmals gehabt zu haben, zeichnet den Erfinder aus.[196] Es kommt nicht darauf an, ob die Einzelelemente dem Stand der Technik ent-

---

187 BPatGE **38**, 122, 126; T 0002/83 **ABl 84**, 265; T 0007/86 **ABl 88**, 381; T 0274/87 EPOR **89**, 207; T 0061/90 **ABl 94** SonderA39; T 0203/93 **ABl 95** SonderA 43; engl Court of Appeal RPC **91**, 195.
188 BGH GRUR **09**, 746 *Betrieb einer Sicherheitseinrichtung*; **10**, 407 *Einteilige Öse*; **11**, 37 *Walzgerüst II*; **13**, 363 (Rn 27) *Polymerzusammensetzung*; T 1014/07 v 2.7.2012 (Nr 7) RechtsprBK/EPA **19**, 226.
189 BGH GRUR **12**, 378 *Installiereinrichtung II*.
190 BGH BlPMZ **11**, 192 *Gleitlagerüberwachung*.
191 BGH GRUR **14**, 349 *Anthocyverbindung*.
192 BGH GRUR **09**, 743 (Rn 38) *Airbag-Auslösesteuerung*; BGH v 27.3.18 X ZR 59/16 BlPMZ **18**, 247 *Kinderbett*.
193 BGH v 17.12.19 X ZR 115/17 GRUR **20**, 521 *Autoantikörpernachweis*.
194 T 0939/92 **ABl 96**, 309 (Nr 2.4.
195 T 0939/92 **ABl 96**, 309 (Nr 2.4.
196 BGH v 16.6.1994 X ZR 22/91 *Farbbandkassette*.

nommen werden können, sondern ob die Lehre im Stand der Technik so angelegt war, dass ein Fachmann sie durch naheliegende Abwandlungen hätte finden können.[197] Bietet der Stand der Technik dem Fachmann eine **beliebige Auswahl** an gleichwertigen Möglichkeiten, so hilft der Could-would-test für die Auswahl einer bestimmten Alternative logischerweise nicht.[198] Es muss nicht zwangsläufig immer nur eine Handlungsalternative naheliegend sein.[199] Beschreitet der Erfinder einen von mehreren zur Verfügung stehenden Lösungswegen, von denen jeder spezifische Vor- und Nachteile hat, reicht dies als solches für erfinderische Tätigkeit nicht aus.[200]

VI. Hilfskriterien/Beweisanzeichen für erfinderische Tätigkeit *(secondary indicia/circumstantial indications in determining inventive step)*

Lit: Pagenberg: Bedeutung der Erfindungshöhe 1975 S 87 ff; **Schachenmann:** Begriff und Funktion der Aufgabe 1986; **Lit in GRUR:** Pagenberg **80**, 766; **81**, 151; Pakuscher **81**, 1; Hesse **82**, 514; Wächtershäuser **82**, 591; Schmieder **84**, 549; Graf **85**, 247; Ochmann **85**, 941; Keil **86**, 12; Daus **89**, 362; Féaux de Lacroix **06**, 625; **Lit in Mitt:** Kulhavy **81**, 50; Bruchhausen **81**, 144; Schick **81**, 147; Lewinsky **86**, 41; Danner **86**, 43; Schreiber **86**, 48; Brauns **86**, 107; **Lit in GRUR Int:** Pagenberg **78**, 143, 190; **86**, 83; Kroher/Pagenberg **85**, 756.

67

1 Bedeutung der Hilfskriterien/Beweisanzeichen *(significance of secondary indicia)*

Erfinderische Tätigkeit ist ein Rechtsbegriff. Sie lässt sich daher nicht wie eine Tatsache beweisen. Es bedarf vielmehr einer wertenden Entscheidung, ob die Erfindung für einen Fachmann nahe gelegen hat (s Rdn 8). Für diese Entscheidung des Prüfers oder Richters können das Urteil von Fachleuten sowie das Vorliegen objektiver Anhaltspunkte, die für oder gegen ein Naheliegen der Erfindung sprechen, von Bedeutung sein. Beweisanzeichen, auch *Indizien* oder *Hilfserwägungen* bzw Hilfskriterien[201] genannt, erlauben keinen zwingenden Schluss, dass die Erfindung auf erfinderischer Tätigkeit beruht.[202] Die Prüfung auf Beweisanzeichen kann nicht die technisch-fachmännische Bewertung der Erfindung gegenüber dem Stand der Technik ersetzen.[203] Beweisanzeichen können jedoch diese Entscheidung positiv oder negativ beeinflussen,[204] vorausgesetzt, es besteht ein schlüssiger Zusammenhang zwischen dem Beweisanzeichen und dem Wert der Erfindung (*a nexus between the merits of the invention and the secondary factor*). In der europäischen, aber auch in der jüngeren deutschen Rechtsprechung ist die Bedeutung von Beweisanzeichen gesunken.[205] Hilfskriterien sollen nur im Einzelfall Anlass geben können, bekannte Lösungen besonders kritisch

68

---

197 BGH v 29.10.1991 X ZR 81/88 *Wärmehärtbare Überzugsmasse*; T 0203/93 ABl **95** SonderA 43.
198 BGH GRUR **04**, 47 (III3c) *blasenfreie Gummibahn I*; **08**, 56 *injizierbarer Mikroschaum*.
199 BGH GRUR **15**, 356 (Rn 31) *Repaglinid*; T 1045/12 ABl **20** ZPubl 4, 22.
200 BGH GRUR **12**, 261 *E-Mail via SMS*; BPatG BlPMZ **14**, 323.
201 BGH GRUR **10**, 44 (Rn 28) *Dreinahtschlauchfolienbeutel*.
202 BGH GRUR **79**, 619 (2c) *Tabelliermappe*; T 0270/84 EPOR **87**, 357; T 1072/92 ABl **95** SonderA 49; T 0351/93 ABl **96** SonderA 32.
203 BGH GRUR **07**, 997 *Wellnessgerät*; **10**, 44 (Rn 28) *Dreinahtschlauchfolienbeutel*; T 0024/81 ABl **83**, 133; T 0055/86 EPOR **88**, 285.
204 T 1077/92 ABl **96** SonderA 32.
205 In den USA ist die Bedeutung demgegenüber nach wie vor hoch, vgl zB *Transocean Offshore Deepwater Drilling Inc. v. Maersk Drilling USA Inc.* 104 USPQ2d (CAFC 2012) 1785.

darauf zu überprüfen, ob sie tatsächlich hinreichende Anhaltspunkte für ein Nichtnaheliegen bieten und nicht erst aus Ex-post-Sicht eine zur Erfindung führende Anregung zu enthalten scheinen.[206]

69 Da alle Umstände bei der Beurteilung der erfinderischen Tätigkeit zu berücksichtigen sind, dürfen aber auch Beweisanzeichen nicht übergangen werden.[207] Ist allerdings die Bewertung auf Grund des Standes der Technik so eindeutig, dass Beweisanzeichen – ihre Richtigkeit unterstellt – daran nichts ändern würden, bedarf es keines Eingehens darauf in der Entscheidung, weil es dann auf sie nicht mehr ankommt.[208] Nichtabhandlung in der Entscheidung erlaubt idR nicht den Schluss, das ein vom Patentinhaber angeführtes Beweisanzeichen nicht geprüft worden ist.[209]

2 Alphabetikum der Beweisanzeichen und besonderer Fälle (*alphabetical list of secondary indicia and special cases*)

70 • **Abkehr** von technisch Üblichem, von eingefahrenen Wegen[210] (*departure from the beaten track*), insbesondere von einer bislang gebräuchlichen technischen Entwicklung,[211] ist ein Indiz für erfinderische Tätigkeit, auch wenn gegen den Trend auf eine frühere Entwicklung, die als überholt galt, zurückgegriffen wird.[212]

71 • **Äquivalente** (*equivalents*): Zur (Nicht-)Berücksichtigung bei der Neuheitsprüfung s § 3 Rdn 108. Erschöpft sich die Erfindung darin, Äquivalente zu verwenden, so wird idR erfinderische Tätigkeit fehlen, da gleichwirkende Mittel dem Fachmann geläufig sind. Das setzt voraus, dass das eingesetzte Mittel die gleiche Funktion ausübt und zu dem erwarteten gleichartigen Ergebnis führt.[213]

72 • **Aggregation** (*aggregation; juxtaposition*) (s § 1 Rdn 276). Die bloße Addition von Maßnahmen macht eine Aggregation nicht erfinderisch, sofern nicht gerade die Hinzufügung des weiteren Elements besonders schwierig war oder besonders vorteilhaft gelöst ist oder ein technisches Vorurteil zu überwinden war.[214] Auch eine etwa erforderliche mosaikartige Zusammenstellung bekannter Elemente ist nicht erfinderisch, insbesondere wenn sich die Zusammenfassung aus der Aufgabenstellung von selbst ergibt.[215]

73 • **Alter der Entgegenhaltung** siehe unter »Zeitfaktor« (Rdn 171).

74 • **Alternativen:** Da ein Fachmann stets um die Beseitigung von Nachteilen und die Verbesserung von Bekanntem bemüht ist, wird er, wenn ihm neue Vorschläge bekannt

---

206 BGH GRUR 10, 44 (Rn 29) *Dreinahtschlauchfolienbeutel*.
207 BGH GRUR 91, 120 (II3) *Elastische Bandage*.
208 T 0351/93 ABl 96 SonderA 32; T 0754/89 ABl 92 SonderA 29.
209 BGH GRUR 07, 997 *Wellnessgerät*.
210 BGH GRUR 99, 145 *Stoßwellen-Lithotripter*.
211 BGH GRUR 09, 746 *Betrieb einer Sicherheitseinrichtung*; BPatGE 41, 78; T 0221/86 v 17.9.1987 BeckRS 87, 30543821.
212 T 0229/85 ABl 87, 237 (Nr 7); ähnlich auch BGH BlPMZ 12, 346 *Elektronenstrahltherapiesystem*.
213 T 0697/92 ABl 95 SonderA 46.
214 BGH BlPMZ 63, 365, 366 rSp *Schutzkontaktstecker*.
215 BGH BlPMZ 60, 87, 91 lSp *elektromagnetische Rühreinrichtung*.

werden, sich insbesondere der Entwicklung von Alternativen widmen.[216] Bei alternativen Lösungen ist es vielfach so, dass sie dem Durchschnittsfachmann keine Schwierigkeiten beim Auffinden bereiten.[217]

- **Analoger Einsatz** siehe unter »Materialwahl« (Rdn 130) und »Stoffaustausch« (Rdn 145).

- **Analogieverfahren** (s § 1 Rdn 281): Analogieverfahren sind auf Grund ihrer Analogie zu bereits bekannten chemischen Verfahren für den Fachmann grundsätzlich naheliegend. Patentwürdig werden sie erst dann, wenn statt der zu erwartenden neuen Produkte analoger Konstitution Erzeugnisse mit unerwartet wertvollen Eigenschaften gewonnen werden, deren Überlegenheit im Vergleich zu bekannten Stoffen analoger Konstitution nach dem Stand der chemischen Wissenschaft und Erfahrung zur Zeit der Anmeldung nicht erwartet werden konnte, sondern überraschend war.[218] Beweisanzeichen kann ein besonderer, technischer Fortschritt sein; dieser kann bestehen in a) »der Bereitstellung eines weiteren (nicht notwendig besseren) Mittels oder der Eröffnung eines zweiten (nicht notwendig besseren) Weges«, wenn »trotz des Bekanntseins mehrerer (oder vieler) Mittel noch das Bedürfnis für ein weiteres Mittel zum gleichen Zweck besteht«; b) in der überlegenen Wirkung des neuen Mittels gegenüber allen wirkungsmäßig vergleichbaren Mitteln. Das kann glaubhaft erscheinen, wenn der Vergleich mit einem anerkannt gut wirkenden Mittel gleicher Wirkungsrichtung überzeugt.[219]

- **Arzneimittel** *(medicament)*

Erfinderische Tätigkeit einer Arzneimittelerfindung (s § 1 Rdn 231) ist gegeben, wenn ein Fachmann das neue Arzneimittel oder den sonstigen medizinischen Stoff nicht geschaffen hätte, weil er dessen vorteilhafte Wirkungen nicht erwartet hätte. Für den Fachmann, der eine Zusammensetzung mit vorteilhaften Wirkungen auf gesundheitliche Risikofaktoren bereitstellen möchte, liegt es idR nahe, sich zunächst mit für diese Wirkungen bekannten Zusammensetzungen zu befassen, deren Wirkstoffe zu ermitteln und diese anzureichern, insbesondere wenn Anhaltspunkte für eine Verbesserung der Wirkung durch eine höhere Wirkstoffdosis bestehen.[220]

Die Bereitstellung einer kristallinen Form einer bekannten pharmazeutisch wirksamen Verbindung ist nicht erfinderisch, sofern kein technisches Vorurteil zu überwinden war und keine unerwartete Eigenschaft vorliegt.[221]

Bei der Prüfung, ob eine spezifische Anwendung eines Medikaments auf erfinderischer Tätigkeit beruht, sind auch Handlungsweisen zu berücksichtigen, die dem Fachmann deshalb nahegelegt waren, weil sie am Prioritätstag zum ärztlichen Standard-Repertoire gehörten.[222] Die Ankündigung eines klinischen Versuchs in einer Fachzeit-

---

216 T 0455/91 ABl **95**, 684.
217 OLG Wien v 26.9.2018 133 R 39/18 k Öbl **19**, 133.
218 Vgl RG PatBl 1889, 209 *Kongorot*; BGH GRUR **66**, 312 *Appetitzügler I*; **69**, 265 *Disiloxan*; BPatGE 7, 1.
219 BGH GRUR **70**, 408 *Anthradipyrazol*.
220 BGH GRUR **10**, 607 *Fettsäurezusammensetzung*.
221 T 0777/08 ABl **11**, 633.
222 BGH GRUR **14**, 464 *Kollagenase II*.

schrift legt idR die entsprechende medizinische Verwendung oder pharmazeutische Formulierung zumindest nahe.[223] Hatte der Fachmann am Prioritätstag Anlass, zu irgendeinem, gegebenenfalls auch späteren Zeitpunkt vollständige Studien zur Dosis-Wirkungs-Beziehung eines bestimmten Wirkstoffs anzustellen, ist eine Dosierung, die sich aufgrund einer solchen Studie als vorteilhaft erweist, durch den Stand der Technik nahegelegt.[224]

- **Aufgabenstellung**[225] *(perception of the problem)*

78 Da die Aufgabe Bestandteil jeder Erfindung ist (s § 1 Rdn 41), kann die erfinderische Tätigkeit auch in der Aufgabenstellung liegen. Theoretisch könnte die erfinderische Leistung allein in der Formulierung der Aufgabe liegen, sofern danach die Lösung für jeden Fachmann selbstverständlich ist.[226] Diese sogenannte Aufgabenerfindung kommt aber in der Praxis nicht vor. In der bloßen Aufgabe kann daher keine Erfindung liegen.[227]

79 Die Aufgabenstellung kann aber gemeinsam mit der Lösung die erfinderische Tätigkeit *unterstützend* begründen, zB wenn die sinnvoll nicht anders formulierbare Aufgabe bereits eine Tendenz in Richtung der Lösung aufweist oder Mittel ausscheidet, die für die Lösung ungeeignet sind[228] oder gar Lösungsansätze enthält (zur Formulierung der Aufgabe s § 1 Rdn 45). Aber auch wenn die Aufgabe frei von Lösungselementen ist, kann sie ein Beweisanzeichen für erfinderische Tätigkeit sein,[229] wenn nämlich ihre Schöpfung einem Fachmann, der alle üblichen Aufgaben kennt, nicht ohne weiteres möglich gewesen wäre.[230] Daher *kann* eine neue Aufgabe die erfinderische Tätigkeit mitbegründen. Eine Aufgabe ist nicht mehr neu, wenn der Fachmann sie dem Stand der Technik entnimmt, auch wenn sie dort expressis verbis nicht erwähnt ist.[231] Dem Fachmann geläufige Probleme, wie Mängel zu beseitigen,[232] Arbeit und Material zu ersparen[233] oder gegebene Größen zu optimieren,[234] vermögen nie erfinderische Tätigkeit mitzubegründen. Für alltägliche Wünsche bedarf es keines ausdrücklichen Nachweises im Stand der Technik; sie zu beachten, gehört zum normalen Handeln des Fachmanns.[235] Vgl auch Rdn 33, § 1 Rdn 41 und § 34 Rdn 364.

80 - **Auswahlerfindung** (s § 1 Rdn 283 u § 3 Rdn 117 ff): Erfinderische Tätigkeit bei einer Auswahl kann darin liegen, dass der ausgewählte Bereich gegenüber dem bekann-

---

223 T 0725/11 ABl 18 ZPubl 3, 11: keine bloße Spekulation.
224 BGH v 21.1.2020 X ZR 65/18 GRUR 20, 603 (Rn 12) *Tadalafil*.
225 Hierzu Hesse GRUR 81, 853; Schmieder 84, 549; Graf 85, 247; Szabo EIPR 86, 293.
226 Vgl BGH GRUR 55, 283 *Strahlentransformator*; 61, 529, 533 *Strahlapparat*; BPatGE 7, 15; T 0002/83 ABl 84, 265.
227 BGH GRUR 84, 194 *Kreiselegge*; 85, 31 (II2e) *Acrylfasern*.
228 BGH GRUR 78, 98 *Schaltungsanordnung*.
229 BGH GRUR 78, 98 *Schaltungsanordnung*.
230 BPatGE 21, 43, 47; 32, 25, 28; T 0225/84 EPOR 86, 263; T 0645/88 v 16.3.1990 BeckRS 90, 30618579; T 0301/89 v 27.1.1992 BeckRS 92, 30560344.
231 T 0142/84 ABl 87, 112.
232 T 0109/82 ABl 84, 473.
233 Vgl BGH GRUR 78, 37 *Börsenbügel*; T 0015/81 ABl 82, 2.
234 T 0036/82 ABl 83, 269.
235 BPatGE 45, 18.

ten Bereich wertvolle Eigenschaften besitzt, zB eine bisher unbekannte oder überlegene Wirkung hat, die der Fachmann nicht erwartet hätte.

Als erfinderische Auswahl wurde angesehen: a) die **Auswahl einer einzelnen Verbindung** aus einer Klasse chemischer Verbindungen, die nur durch eine Strukturformel mit mindestens 2 variablen Gruppen definiert ist;[236] b) die **Auswahl einer Verbindung**, die an einer ganz bestimmten Stelle durch Chlor substituiert ist, wenn eine große Zahl von Variationsmöglichkeiten offen standen und mehrere gedankliche Schritte erforderlich waren;[237] c) wenn zur Auswahl eines geeigneten Enzyms viel **Geschick und Herumexperimentieren** nötig war;[238] d) die Auswahl geeigneter, plasmidhaltiger Streptomyces-Stämme, wenn der Stand der Technik keinen konkreten Hinweis gibt, **wo innerhalb der Gattung mit Erfolg zu suchen ist**.[239]

81

Als nicht-erfinderisch wurde eine Auswahl angesehen: a) eine **willkürliche Auswahl** aus einer Fülle von Möglichkeiten, wenn der Auswahlbereich über die gleichen Eigenschaften verfügt wie der Gesamtbereich;[240] b) wenn aus einer **beschränkten Zahl von Möglichkeiten** (hier: 7), die sich in ihrer Wirkung nur graduell unterscheiden, eine ausgewählt wird;[241] c) die **Auswahl einer bestimmten Alternative**, wenn alle Alternativen erkennbar zur Lösung des technischen Problems geeignet sind, weil für einen Fachmann andere Lösungen besser geeignet oder vorteilhafter erscheinen;[242] d) die **Auswahl einer Alternative**, auch wenn ein Fachmann voraussichtlich zunächst eine andere Alternative ausprobiert hätte;[243] e) wenn die **Auswahl** in der Verwendung eines bestimmten Mittels besteht, für das dem Fachmann **keine Alternativen geläufig** sind, selbst wenn ein unerwarteter Extra-Effekt eintritt;[244] f) der **Einsatz eines ausgewählten bekannten Materials** in bekannter Weise, ohne dass unerwartete Wirkungen eintreten;[245] g) wenn aus einer Vielzahl prinzipiell geeigneter Mittel das für eine bestimmte Tablettenart **günstigste Sprengmittel empirisch durch übliche Versuche** ermittelt wird;[246] h) **Auswahl aus 2 Methoden**, deren Vor- und Nachteile bekannt sind.[247]

82

- **Automatisierung** von Geschehensabläufen gehört zum allgemeinen Trend in der Technik und kann daher allein als solche die erfinderische Tätigkeit nicht begründen.[248] Dies gilt auch für den zunehmenden Einsatz von künstlicher Intelligenz.[249]

83

---

236 T 0007/86 ABl **88**, 381.
237 T 0296/87 ABl **90**, 195 (Nr 16).
238 T 0060/89 ABl **92**, 268 (Nr 2.2.4 u 3.2.5).
239 T 0162/86 ABl **88**, 452 (Nr 10.3 u 10.4).
240 T 0939/92 ABl **96**, 309 (Nr 8.5.3); T 0198/84 ABl **85**, 209 (Nr 7).
241 T 0220/84 EPOR **97**, 242.
242 BGH GRUR **96**, 857 *Rauchgasklappe*.
243 BGH v 18.2.1997 X ZR 25/95 *Vorrichtung zum Zerstäuben*.
244 T 0192/82 ABl **84**, 415 (Nr 16).
245 T 0130/89 ABl **91**, 514 (Nr 6.2.4).
246 BGH GRUR **92**, 375 (II3 u 5) *Tablettensprengmittel*.
247 BPatGE **40**, 179.
248 T 0775/90 ABl **93** SonderA 28.
249 T 0161/18 v 12.5.2020 GRUR-RS **20**, 13002 (Nr 3.6).

- **Bedürfnis** *(satisfaction of a long-felt need or want)*

84 Lag im Prioritätszeitpunkt seit langem ein ungelöstes dringendes Bedürfnis für die Lösung des mit der Erfindung gelösten Problems vor, ohne dass die Fachwelt in der Lage war, dieses zu befriedigen, so ist das ein Beweisanzeichen für erfinderische Tätigkeit.[250] Nicht erforderlich ist, dass das Problem in der Fachwelt bereits nachweisbar diskutiert wird (zB im Schrifttum), da nach der Lebenserfahrung die Kenntnis des Problems in Fachkreisen unterstellt werden kann.[251] Das Bedürfnis eines einzelnen Fachmanns reicht nicht aus.[252] Aus Veröffentlichungen *nach* dem Prioritätstag kann auf ein Bedürfnis vor der Anmeldung geschlossen werden.[253]

85 Das Bedürfnis muss einen angemessenen Zeitraum, der sich nach der Art des Gegenstands der Erfindung richtet, bestanden haben. Hat sich das Bedürfnis erst kurz vor der Anmeldung ergeben, ist die Annahme, dass die Erfindung auf einer erfinderischen Tätigkeit beruht, weniger naheliegt.[254] Wird dagegen eine Produktion kurz vor der Anmeldung ohne Verwirklichung der Erfindung aufgenommen, so spricht das für eine erfinderische Tätigkeit.[255]

86 Ein lange unbefriedigtes Bedürfnis ist für sich allein dann kein positives Beweisanzeichen, wenn die Erfindung durch den Stand der Technik nahegelegt war, so dass für die Überwindung besonderer technischer Schwierigkeiten kein Anhalt bestand.[256] Kombiniert die Erfindung seit langem bekannte Elemente oder Unterkombinationen, so ist das bei großem Bedürfnis ein positives Beweisanzeichen.[257] Bei langlebigen und teuren Wirtschaftsgütern braucht ein langer Zeitablauf noch keine erfinderische Tätigkeit zu indizieren.[258]

- **Bemessungen** *(dimensions)*

87 Hat die Erfindung die Veränderung von Dimensionen zum Gegenstand, so mag das die Technik bereichern, kann aber allein die Erfindungshöhe nicht begründen.[259] Es müssen andere Indizien hinzutreten, um ein Nichtnaheliegen annehmen zu können. Dies kann zB gegeben sein, wenn die Änderung der bisherigen Dimensionen zunächst nachteilig erscheint, aber die zusätzlichen Vorteile unerwartet die zu erwartenden Nachteile überwiegen[260] oder wenn bei einer Änderung Schwierigkeiten zu überwinden waren oder wenn sie einem Durchschnittsfachmann nicht ohne weiteres möglich waren, etwa bei Erfindungen in der Nanotechnologie.[261]

---

250 BGH BlPMZ **53**, 227, 228 *Rohrschelle*; **73**, 257, 258 rSp *Herbicide*; GRUR **70**, 289, 294 rSp *Dia-Rähmchen IV*; T 0765/85 EPOR **87**, 125.
251 BGH BlPMZ **73**, 257, 259 lSp *Herbicide*.
252 T 0605/91 ABl **94** SonderA 43.
253 BGH BlPMZ **73**, 257, 259 lSp *Herbicide*.
254 BGH GRUR **69**, 182 (IV2c) *Betondosierer*; **78**, 98 *Schaltungsanordnung*; BPatGE **3**, 3; T 0024/81 ABl **83**, 133.
255 BGH GRUR **79**, 619 (III2c) *Tabelliermappe*; **53**, 120 *Rohrschelle*; BPatGE **6**, 145.
256 BGH BlPMZ **64**, 121, 123 *Wimpernfärbestift*.
257 BGH BlPMZ **53**, 227 *Rohrschelle*; **54**, 24 *Mehrfachschelle*.
258 BGH Mitt **62**, 74 *Braupfanne*.
259 BGH GRUR **10**, 814 (Rn 25) *Fugenglätter*; BPatG Mitt **84**, 75.
260 BPatGE **3**, 153, 156.
261 Vgl auch Huebner GRUR **07**, 839 (zur Neuheit nanotechnologischer Erfindungen).

- **Bemühungen der Fachwelt** *(efforts of experts)*

Wenn sich die Fachwelt um die Lösung eines Problems bisher vergeblich bemüht hat, so spricht das für ein Nichtnaheliegen.[262] Das setzt voraus, dass vergebliche Versuche von Mitbewerbern oder anderen Fachleuten nachgewiesen werden, zB durch Aufsätze, Forschungsberichte, ältere Patente,[263] die sich mit dem gleichen Problem befassen, aber die erfindungsgemäße Lösung nicht enthalten oder statt dessen abweichende Möglichkeiten empfehlen, die aber den Erfolg der Erfindung nicht oder nur unvollkommen oder auf aufwändigere Weise erreichen. Dass erfolglose Versuche stattgefunden haben, kann auch die Existenz zahlreicher Lösungen auf dem Gebiet der Erfindung, die aber deren Vorteile nicht aufweisen,[264] zeigen.[265]

88

- **Biotechnologische Erfindungen**

Bei der Beurteilung von Erfindungen auf Gebieten, die sich rasch entwickeln, wie dem der Biotechnologie in ihren Anfangsjahren, ist die Zurückversetzung in den Prioritätszeitpunkt besonders wichtig.[266] Gerade auf jungen Gebieten der Technik wird jeder Forscher mit der »Hoffnung auf gutes Gelingen« *(hope to succeed)* arbeiten. Das steht aber der Annahme einer erfinderischen Tätigkeit nicht entgegen. Nur wenn am Anmeldetag eine objektive Erfolgserwartung *(reasonable expectation of success,* s Rdn 105) bestand, also wenn ein Fachmann begründet vorhersagen konnte, dass ein gestecktes Ziel alsbald erreichbar sein wird, kann erfinderische Tätigkeit verneint werden.[267] Maßstab der Beurteilung für biotechnologische Erfindungen ist vielfach ein sinnvoll zusammengesetztes Team, das die aufwändigen und zeitraubenden Forschungen durchführt.[268]

89

- **Bonus-Effekt** siehe unter »Vorteile« (Rdn 160).

90

- **Brauchbarkeit** einer Erfindung für die Menschheit kann – wenn sie das normale Maß überragt (zB wesentliche Erhöhung der Straßenverkehrssicherheit) – ein Indiz für eine erfinderische Leistung sein.[269]

91

- **Chemische Stoffe**

Ihre erfinderische Tätigkeit wird idR durch die überraschenden Eigenschaften und Wirkungen (= **Effekt**) begründet, die der neue Stoff gegenüber vergleichbaren bekannten Stoffen aufweist und die der Fachmann nicht erwarten konnte.[270] Dieser patentbegründende Effekt muss hinlänglich glaubhaft sein und muss – wenn berechtigte Zweifel

92

---

262 BGH GRUR **53**, 120 *Rohrschelle*; **53**, 120 *Glimmschalter*; **61**, 572 *Metallfenster*.
263 BGH GRUR **70**, 289 (IV) *Dia-Rähmchen IV* (72 Patente, 443 Gbm, 207 Muster auf dem Markt für Dia-Rähmchen).
264 BGH GRUR **57**, 488 *Schleudergardine*; **57**, 543 *Polstersessel*.
265 BGH GRUR **70**, 289 (IV) *Dia-Rähmchen IV* (72 Patente, 443 Gbm, 207 Muster auf dem Markt für Dia-Rähmchen).
266 T 0500/91 EPOR **95**, 69.
267 T 0296/93 ABl **95** SonderA 43; T 0149/93 ABl **96** SonderA 26, 27; T 0412/93 EPOR **95**, 629; T 0386/94 ABl **96**, 658.
268 T 0500/91 EPOR **95**, 69; T 0223/92 ABl **95** SonderA 40; T 0412/93 ABl **96** SonderA 26.
269 BPatGE **35**, 5.
270 BGH GRUR **69**, 265 (II2b) *Disiloxan*; **70**, 408 (III4) *Anthradipyrazol*.

bestehen – nachgewiesen werden. In besonderen Fällen kann die erfinderische Tätigkeit sich aber auch daraus ergeben, dass für den Fachmann zwar die Existenz eines Stoffes (zB eines Enantiomers) nahelag, er aber ihn nicht ohne große Schwierigkeiten herstellen konnte.[271]

93 Bei einer Mehrheit von Stoffen ist der patentbegründende Effekt für alle Stoffe nachzuweisen, wenn berechtigte Zweifel bestehen, dass die für einige Stoffe nachgewiesene Wirkung auch bei anderen Stoffen, die unter den Anspruch fallen, eintritt.[272] Nachweise für eine behauptete Wirkung können also dann gefordert werden, wenn in Fachmann ernsthaft zweifeln würde, ob der Effekt eintritt. Dabei ist zu berücksichtigen, dass die Struktur selten eine sichere Prognose für die Eigenschaften ähnlicher Stoffe zulässt.[273] Allerdings ähneln sich die Eigenschaften zweier Verbindungen umso mehr, je ähnlicher ihre Struktur ist.[274]

94 Ein **Vergleichstest** (*comparative test*) dient zum Nachweis des behaupteten patentbegründenden Effekts, insbesondere einer überraschenden Wirkung im Vergleich zum Stand der Technik. Der Vergleichstest muss daher gegenüber dem nächsten Stand der Technik durchgeführt werden,[275] auch wenn dieser nicht als handelsübliches Produkt auf dem Markt verfügbar ist.[276] Grundsätzlich muss die Überlegenheit gegenüber allen konstitutionell vergleichbaren Stoffen (= größtmögliche Strukturnähe)[277] und allen bekannten Mitteln gleicher Wirkungsrichtung[278] gezeigt werden. Dazu gehören auch Produkte, die sich aus einem Verfahren ergeben, selbst wenn sie nicht eigens beschrieben sind.

95 Der Vergleich nur mit einem anerkannt gut wirkenden bekannten Mittel gleicher Wirkungsrichtung kann genügen, wenn damit die Überlegenheit gegenüber allen bekannten Stoffen glaubhaft erscheint.[279] Ist das Ergebnis des Vergleichstests teils negativ, teils positiv, so kann erfinderische Tätigkeit bejaht werden, da eine Erfindung nicht in jeder Beziehung besser sein muss,[280] die positiven Ergebnisse die Technik aber um wertvolle Eigenschaften bereichern.[281] Werden mehrere Stoffe beansprucht, so ist der Beleg des Effekts für einen Stoff ausreichend, wenn er auf die anderen Stoffe übertragbar erscheint.[282]

---

271 BGH GRUR 10, 123 *Escitalopram*.
272 T 0742/89 v 2.11.1992 BeckRS 92, 30632882; T 0939/92 ABl 96, 309.
273 T 0020/83 ABl 83, 419; T 0852/91 ABl 95 SonderA 45.
274 T 0181/82 ABl 84, 401 (Nr 5).
275 BPatGE 54, 249 (II4); T 0164/83 ABl 87, 149; T 0055/84 EPOR 87, 53.
276 BGH GRUR 00, 296 (II2e) *Schmierfettzusammensetzung*; T 0172/90 v 6.6.1991 BeckRS 91, 30533062.
277 T 0181/82 ABl 84, 401.
278 BGH GRUR 70, 408 *Anthradipyrazol*; 72, 541 *Imidazoline*.
279 BGH GRUR 70, 408 *Anthradipyrazol*; BPatGE 19, 83; BPatG GRUR 71, 352 u 512; T 0164/83 ABl 87, 149.
280 T 0254/86 ABl 89, 115.
281 T 0057/84 ABl 87, 53.
282 BPatG GRUR 71, 352 u 512.

Der Vergleich muss zeigen, dass der vorteilhafte Effekt gerade auf dem Unterschied zum Bekannten und nicht auf anderen Parametern beruht.[283] Bestehen Bedenken gegen die Aussagekraft eines Vergleichstests, so können weitere Tests gefordert werden, sofern diese einige Aussicht auf Erfolg versprechen. 96

- **Disclaimer:** Ist eine Erfindung auf Grund des Standes der Technik naheliegend, so kann sie idR nicht allein dadurch erfinderisch werden, dass von der insgesamt nicht erfinderischen Lehre ein Teil durch einen Disclaimer ausgenommen wird.[284] Vgl § 34 Rdn 146. 97

- **Effekt** siehe unter »Fortschritt« (Rdn 108), »Überraschung« (Rdn 150) und »Chemische Stoffe« (Rdn 92). 98

- **Einbahnstraßensituation** *(one-way-street situation)*

Eine neue technische Lehre liegt nahe, wenn der Fachmann aufgrund des Standes der Technik oder seines allgemeinen Fachwissens den Erfolg erwarten konnte und er wegen des Fehlens von Alternativen oder von mehreren anderen Möglichkeiten nicht vor eine Wahl gestellt war.[285] Der erreichte Vorteil ist dann ein *Bonus-Effekt*, der die erfinderische Tätigkeit nicht begründen kann, weil er die Folge einer erwartbaren Entwicklung ist (s Rdn 162). Allerdings ist bei der Annahme einer Einbahnstraßensituation Vorsicht geboten, da sich bei nachträglicher Analyse der vom Erfinder eingeschlagene Weg als mehr oder weniger zwangsläufig darstellt.[286] 99

- **Einfachheit** *(simple solution)* der Lösung einer Aufgabe spricht für erfinderische Tätigkeit, insbesondere wenn sie kompliziertere Lehren ersetzt[287] oder eine einfachere Technik gleiche Leistung erbringt.[288] Gerade einfache Lösungen, auf die die Fachwelt bisher nicht kam, verdienen die Belohnung mit einem Patent, denn oft ist eine einfache Lösung schwieriger als eine komplizierte.[289] Nur ex post erscheinen sie leicht naheliegend.[290] Liegen sie auf bedeutenden oder stark bearbeiteten Fachgebieten[291] oder haben sie sich in der Praxis bereits gut bewährt,[292] so ist das ein zusätzliches positives Indiz. 100

- **Entwicklung der Technik in anderer Richtung** *(real technical development)*

Die stetige Entwicklung der Technik zum Besseren beruht noch nicht auf erfinderischer Tätigkeit. Ein Erfinder bereichert die Technik sprunghaft, nicht in kleinen Schrit- 101

---

283 T 0197/86 ABl 89, 371.
284 T 0170/87 ABl 89, 441; T 0597/92 ABl 96, 135; T 0839/90 EPOR 97, 320; GrBK G 0001/03 ABl 04, 413 (Nr 2.4.1) *Disclaimer/PPG*.
285 T 0002/83 ABl 84, 265 (Nr 6); T 0192/82 ABl 84, 415 (Nr 16).
286 BGH GRUR 09, 746 *Betrieb einer Sicherheitseinrichtung*.
287 Vgl BGH Mitt 78, 136 *Erdölröhre*; BlPMZ 79, 151 *Etikettiergerät II*.
288 BGH GRUR 99, 145 *Stoßwellen-Lithotripter*.
289 T 0234/91 ABl 94 SonderA 44.
290 T 0106/84 ABl 85, 132; T 0020/84 EPOR 86, 197.
291 T 0009/86 ABl 88, 12; T 0229/85 ABl 87, 237 (Nr 7).
292 BGH GRUR 59, 22 *Einkochdose*.

ten. Der »Sprung« kann aber in mehreren, gleichzeitig vollzogenen Schritten bestehen.[293]

102 Als positives Beweisanzeichen für Erfindungshöhe kann es gewertet werden, wenn vor dem Anmeldetag die Entwicklung der Technik tatsächlich in einer anderen Richtung verlief,[294] insbesondere wenn von der Erfindung weg führende Wege beschritten wurden[295] oder wenn eine Produktion aufgenommen wurde, die die vorteilhafte Erfindung nicht verwendete,[296] oder wenn eine erfolgreiche Abkehr von einem bisher üblichen technischen Konzept vorgeschlagen wird.[297] Ein einzelnes Dokument des Standes der Technik kann aber nicht als ein Trend gewertet werden.[298]

- **Entwicklungsraffende Leistung**

103 Wird ein alter Stand der Technik durch die Erfindung weitergeführt, so spricht das – wenn auch ein entsprechendes Bedürfnis danach bestand – für erfinderische Tätigkeit,[299] insbesondere dann, wenn der alte Stand der Technik bereits Anregungen in Richtung auf die Erfindung enthielt, die aber niemand aufgegriffen hat. Das gilt auch, wenn sämtliche Merkmale einer Kombination als solche seit langem bekannt waren, aber trotz eines großen Bedürfnisses nicht vereint wurden.[300]

104 - **Erfolg** s unter »wirtschaftlicher Erfolg« (Rdn 167).

105 - **Erfolgserwartung** *(reasonable expectation of success)*:[301] Kann ein Fachmann realistisch mit einem Erfolg rechnen, ist die Lehre idR naheliegend,[302] wenn nicht andere Beweisanzeichen die erfinderische Tätigkeit indizieren. Erfolgserwartung darf aber nicht mit »Hoffnung auf gutes Gelingen« (*hope to success*) verwechselt werden, mit der jeder Forscher arbeitet und die daher der Annahme einer erfinderischen Tätigkeit nicht entgegensteht.[303] Anderseits bedeutet Erfolgserwartung nicht, dass der Fachmann sicher mit einem Erfolg zu rechnen hat.[304] In manchen Situationen, insbesondere bei hohem Anreiz, wird ein Fachmann auch Versuche durchführen, von denen er weiß, dass sie fehlschlagen können.[305] Eine solche »*try and see*«-Haltung ist insbesondere dann angebracht, wenn weder die Umsetzung noch die Erprobung eines im Stand

---

293 BGH GRUR **78**, 98 *Schaltungsanordnung*.
294 BGH Mitt **72**, 18 *Trockenrasierer*; BGH v 12.12.2000 X ZR 121/97 BeckRS **01**, 1742 (IV am Ende) *Kniegelenk-Endoprothese*.
295 BGH GRUR **96**, 757 *Zahnkranzfräser*.
296 BGH GRUR **79**, 619 (III2c) *Tabelliermappe*; BPatGE **6**, 145.
297 BGH GRUR **99**, 145 *Stoßwellen-Lithotripter*; T 0229/85 ABl **87**, 237 (Nr 7); T 0221/86 v 17.9.1987 BeckRS **87**, 30543821.
298 T 0080/88 EPOR **91**, 596.
299 BGH GRUR **54**, 391 *Polsterkörper Latex*.
300 BGH BlPMZ **53**, 90 *Glimmschalter*; **54**, 24, 26 lSp *Mehrfachschelle*.
301 S hierzu BGH GRUR **12**, 803 (Rn 49) *Calcipotriol-Monohydrat*; BlPMZ **17**, 16 *Yttrium-Aluminium-Granat*.
302 BGH GRUR **01**, 730 (III Abs 10) *Trigonellin*; T 0060/89 ABl **92**, 268 (Nr 3.2.5); T 0412/93 EPOR **95**, 629; T 0386/94 ABl **96**, 658.
303 T 0296/93 ABl **95** SonderA 43; engl Court of Appeal *Teva UK Ltd et al v Leo Pharma A/S* RPC **16**, 299.
304 T 0062/16 v 14.2.2019 BeckRS **19**, 8198 (Durchführung klinischer Versuche durch Tierversuche nahegelegt).
305 T 0688/14 v 24.7.2019 BeckRS **19**, 23878.

der Technik vorgeschlagenen oder nahegelegten Ansatzes irgendwelche besonderen technischen Schwierigkeiten mit sich bringt.[306] Die Anforderungen an eine angemessene Erfolgserwartung sind eine Frage des Einzelfalls und unter Berücksichtigung des Fachgebiets, der Größe des Anreizes für den Fachmann, des erforderlichen Aufwands für das Beschreiten und Verfolgen eines bestimmten Ansatzes und der gegebenenfalls in Betracht kommenden Alternativen sowie ihrer jeweiligen Vor- und Nachteile zu bestimmen.[307]

Beispiele: a) Bei der Entwicklung einer Formulierung für einen Humanarzneimittelwirkstoff ist es idR nicht maßgeblich, ob der Fachmann erwarten kann, ein für eine klinische Studie geeignetes Ergebnis zu finden. Die angemessene Erfolgserwartung kann sich vielmehr schon aus der Möglichkeit ergeben, Wirksamkeit und Verträglichkeit einer Formulierung in einem Tierversuch mit hinreichendem Vorhersagewert für die therapeutische Verwendung beim Menschen zu verifizieren.[308] b) Ein Abstract über noch nicht abgeschlossene Forschungsarbeiten, der nur wenige Informationen enthält, legt es dem Fachmann nicht notwendigerweise nahe, sich um die Nacharbeitung der berichteten Forschungsergebnisse zu bemühen.[309] Vgl auch Rdn 89 und Rdn 139.

- **Fehlvorstellung** s unter »Vorurteil« (Rdn 163).   106

- **Forschung** *(research work)*

Forschung[310] und methodisches Vorgehen[311] sind hinsichtlich der Erfindungshöhe nicht negativ zu werten. Im Gegenteil zeigt die Notwendigkeit einer Forschung idR, dass die Lösung nicht nahegelegen haben kann, insbesondere wenn die Entwicklung eine längere Zeit benötigte oder große finanzielle Mittel eingesetzt worden sind, um ein bestehendes Bedürfnis zu befriedigen. Eine übliche große Zahl von Versuchen, zB auf dem Gebiet der Chemie, genügt für sich allein nicht.[312]   107

- **Fortschritt** *(technical progress)*

Ein technischer Fortschritt ist zwar keine Voraussetzung der Patentfähigkeit (s § 1 Rdn 11),[313] kann aber ein gewichtiges Hilfskriterium für das Nichtnaheliegen der Erfindung sein;[314] denn man kann unterstellen, dass sich sonst jeder andere Fachmann der vorgeschlagenen Lösung bedient hätte, die ihm einen größeren Nutzen bei relativ   108

---

306 S zB T 0259/15 v 25.7.2017 BeckRS **17**, 138557.
307 BGH v 15.5.2012 X ZR 98/09 GRUR **12**, 803 (Rn 46) *Calcipotriol-Monohydrat*: v 16.4.2019 X ZR 59/17 GRUR **19**, 1032 (Rn 31) *Fulvestrant*; v 7.7.2020 X ZR 150/18 GRUR **20**, 1178 (Rn 108) *Pemetrexed II*.
308 BGH v 16.4.2019 X ZR 59/17 GRUR **19**, 1032 (Rn 32) *Fulvestrant*: im Ergebnis wurde erfinderische Tätigkeit verneint entgegen der Entscheidung T 1680/17 v 24.1.2019 BeckRS **19**, 6211, die keine angemessene Erfolgserwartung erkennen konnte.
309 BGH GRUR **16**, 1027 *Zöliakiediagnoseverfahren*.
310 BGH BlPMZ **55**, 69 *Strahlentransformator*.
311 BPatGE **3**, 95, 97 (durchgerechnetes Objektiv); BPatG GRUR **78**, 702, 705 (planmäßiges Vorgehen bei Aromastoffen).
312 BGH BlPMZ **55**, 153 (IV) *Holzschutzmittel*.
313 BGH GRUR **15**, 983 (Rn 31) *Flugzeugzustand*.
314 BGH BlPMZ **89**, 215 *Gießpulver*; BPatGE **32**, 93 (III2c); **33**, 93, 97; BPatG Mitt **87**, 10; T 0181/82 ABl **84**, 401 (Nr 4); T 0095/83 ABl **85**, 75; T 0164/83 ABl **87**, 149 (Nr 8); schweiz BG GRUR Int **96**, 1224 *Resonanzetikette*.

gleichem Aufwand bietet. War aber die Lehre als solche nahegelegt, dann ist es auch ein durch sie erreichter großer technischer Fortschritt.[315]

109 *Voraussetzungen des Fortschritts:* Eine Erfindung ist fortschrittlich, wenn sie die *Technik bereichert,* dh »wenn sie der Technik ein neues Mittel zur Herbeiführung eines für die Allgemeinheit nützlichen Erfolgs an die Hand gibt«.[316] Die Technik wird durch Erfindungen bereichert, für deren Lösung ein **Bedürfnis** besteht. Das ist bei *besseren Lösungen* immer gegeben, aber auch bei der *Vermehrung technischer Möglichkeiten,* »um der Menschheit auszuhelfen, wenn etwa die anderen versagen oder Hindernisse finden sollten, welche ihren Gebrauch beeinträchtigen«,[317] so dass der Fachmann zwischen mehreren Möglichkeiten nach Zweckmäßigkeitsgründen wählen kann.[318] *Reservemittel,* Alternativen sowie ein *weiterer neuer Weg* können daher die Technik bei entsprechendem Bedürfnis bereichern.[319]

Der Erfolg braucht nicht auf technischem Gebiet zu liegen, er muss nur auf eine Lehre zum technischen Handeln zurückgehen (s § 1 Rdn 23).

110 **Beispiele für Fortschritt:** Verbesserung, Leistungssteigerung, Vorteile, Verbilligung,[320] Vereinfachung,[321] Ersparnis an Zeit, Material, Arbeitsstufen, Kosten oder schwer beschaffbaren Rohstoffen,[322] erhöhte Zuverlässigkeit, Beseitigung von Fehlern, Qualitätshebung, Wartungsfreiheit,[323] größere Effektivität,[324] höhere Ausbeute,[325] wertvolle oder überlegene Eigenschaften eines Stoffes,[326] Vermehrung technischer Möglichkeiten,[327] Bereitstellung eines weiteren (nicht notwendig besseren) Mittels,[328] Eröffnung eines zweiten (nicht notwendig besseren) Weges,[329] Eröffnung eines neuen Gebiets,[330] erstmalige Lösung einer Aufgabe,[331] Reservemittel,[332] Alternativen, Möglichkeit der Rationalisierung,[333] Automatisierung[334] oder Miniaturisierung, besondere ästhetische Wirkung,[335] Bereicherung des Arzneimittelschatzes.[336]

---

315 BGH GRUR **94**, 36 *Messventil*; BGH v 21.2.1995 X ZR 129/92 *Triarylphosphite.*
316 BGH BlPMZ **71**, 131 *Anthradipyrazol.*
317 Kohler Handb d deut PatR 1900, 123 zit von BGH BlPMZ **71**, 131 (III3b) *Anthradipyrazol.*
318 BGH BlPMZ **71**, 131 *Anthradipyrazol.*
319 BGH BlPMZ **71**, 131 *Anthradipyrazol.*
320 BGH BlPMZ **66**, 164, 166 *Suppenrezept*; BPatGE **3**, 1; BPatG GRUR **78**, 702, 704 (2b).
321 BGH GRUR **72**, 704, 706 *Wasser-Aufbereitung*; **72**, 707 f *Einstellbare Streckwalze.*
322 BGH BlPMZ **66**, 164, 166 *Suppenrezept.*
323 BGH GRUR **72**, 704, 706 *Wasser-Aufbereitung.*
324 Vgl BGH Mitt **78**, 136, 137 lSp *Erdölröhre.*
325 BPatGE **9**, 150, 157; T 0038/84 ABl **84**, 368.
326 BGH BlPMZ **66**, 201 *Appetitzügler I*; **69**, 251 *Disiloxan*; **71**, 131 *Anthradipyrazol*; **72**, 319 *Imidazoline.*
327 BGH BlPMZ **71**, 131 *Anthradipyrazol.*
328 BGH BlPMZ **71**, 131 *Anthradipyrazol.*
329 BGH BlPMZ **71**, 131 *Anthradipyrazol.*
330 BGH BlPMZ **71**, 131 *Anthradipyrazol.*
331 BGH BlPMZ **71**, 131 *Anthradipyrazol.*
332 BGH BlPMZ **71**, 131 *Anthradipyrazol.*
333 Rationalisierungsentschluss allein ist nicht erfinderisch, s BGH GRUR **78**, 37 *Börsenbügel.*
334 BGH GRUR **64**, 676 *Läppen.*
335 BGH BlPMZ **66**, 164 *Suppenrezept*; GRUR **67**, 590 *Garagentor*; Mitt **72**, 235 *Rauhreifkerze.*
336 BGH BlPMZ **71**, 131, 135 *Anthradipyrazol*; **76**, 192, 195 *Alkylendiamine I.*

Fortschritt und Stand der Technik: Nicht jede geringfügige Verbesserung ist bereits fortschrittlich. Als Indiz für erfinderische Tätigkeit kann nur ein solcher Fortschritt gewertet werden, der die Technik in besonderer Weise fördert. Diese Förderung muss gegenüber dem Stand der Technik in seiner Gesamtheit gegeben sein. 111

Nachweis des Fortschritts durch Vorlage nachprüfbarer Belege ist erforderlich, wenn der behauptete Erfolg nicht glaubhaft erscheint. Der Nachweis kann geführt werden durch: Vorführung, Vorlage von Gutachten[337] oder Versuchsberichten, Anhörung eines Sachverständigen,[338] Hinweis auf bestimmte Erfahrungssätze,[339] Vorlage von Vergleichsversuchen.[340] Ein positiver Vergleich mit guten Produkten auf dem Markt kann nicht den Nachweis gegenüber dem nächsten Stand der Technik ersetzen.[341] Für chemische Stoffe s Rdn 94. 112

- **Glücklicher Griff** *(special choice)*

Der sogenannte glückliche Griff hat vieles mit dem Zufall gemeinsam und ist wie dieser patentwürdig, wenn er einen nicht selbstverständlichen Erfolg erzielt.[342] Wird aus einer Vielzahl von Möglichkeiten eine bestimmte gewählt, deren Ergebnis nicht vorausgesagt werden konnte, so handelt es sich um einen patentwürdigen glücklichen Griff.[343] Das gilt umso mehr, wenn die Suche nach der gewünschten Möglichkeit als Glücksspiel bezeichnet werden kann.[344] Aber auch bei Kombinationserfindungen kann der glückliche Griff aus einer Vielzahl von Varianten Anzeichen für erfinderische Tätigkeit sein,[345] und zwar auch dann, wenn es sich um die Vereinigung vorbekannter Elemente handelt.[346] Kann jedoch aus einer Vielzahl prinzipiell geeigneter Mittel das jeweils günstigste durch übliche Versuche ermittelt werden, fehlt es an einem glücklichen Griff.[347] 113

- **Handwerkliches Können** *(workshop improvements)*

Erschöpft sich die Erfindung im Vorschlag von handwerklichen Maßnahmen, so wird sie nahegelegen haben, weil handwerkliches Können in den Griffbereich eines Durchschnittsfachmanns gehört. Daher sind übliche Maßnahmen eines Handwerkers oder Ingenieurs, wie Auswahl des als geeignet bekannten Werkstoffs[348] oder optimale Konstruktion nach hergebrachten Regeln, nicht patentwürdig. Anders verhält es sich, wenn die Lösung eine überdurchschnittliche konstruktive Begabung erforderte.[349] 114

---

337 BPatG Mitt **68**, 14.
338 BGH BlPMZ **71**, 131 *Anthradipyrazol.*
339 BGH BlPMZ **71**, 131 *Anthradipyrazol.*
340 BGH BlPMZ **71**, 131 *Anthradipyrazol.*
341 T 0164/83 ABl **87**, 149.
342 BGH GRUR **96**, 757 *Zahnkranzfräser.*
343 BGH GRUR **84**, 580 *Chlortoluron;* BPatGE **9**, 150, 156.
344 BGH GRUR **84**, 580 *Chlortoluron;* BPatGE **9**, 150, 156.
345 BGH GRUR **65**, 473, 478 *Dauerwellen I.*
346 BGH GRUR **59**, 22 *Einkochdose.*
347 BGH GRUR **92**, 375 (II3 u 5) *Tablettensprengmittel.*
348 BGH BlPMZ **62**, 183, 184 rSp *Dreispiegel-Rückstrahler;* GRUR **62**, 80 *Rohrdichtung.*
349 BGH GRUR **53**, 120, 123 *Glimmschalter.*

- **Herstellungsverfahren** *(process of manufacture)*

115 Erfinderische Tätigkeit eines Herstellungsverfahrens (s § 1 Rdn 252) kann durch die günstige Wahl der Ausgangsstoffe (zB bei Misch- oder Analogieverfahren) oder in der besonderen Gestaltung der Arbeitsmethode bestehen. Die erfinderische Leistung kann darin bestehen, dass ein bekanntes Erzeugnis durch eine vorteilhaftere Verfahrensweise (zB Wegfall oder Ersatz von bisher üblichen Verfahrensstufen, nicht dagegen bloße Umkehr von Verfahrensschritten[350]) erhalten wird oder dass das Verfahren zu Endprodukten mit neuen und wertvollen Eigenschaften führt. Bei einem Mehrstufenverfahren ist das Gesamtverfahren, also die Kombination der einzelnen Stufen zu bewerten.[351]

116 - **Hoffnung auf gutes Gelingen** siehe unter »Erfolgserwartung« (Rdn 105).

117 - **Imitation** siehe unter »Nachahmung« (Rdn 134).

118 - **Irrtum in einer Entgegenhaltung** *(error in a citation)* kann bei der Prüfung auf erfinderische Tätigkeit nur berücksichtigt werden, wenn die falsche technische Angabe tatsächlich zum Stand der Technik gehört; vgl dazu § 3 Rdn 101.

119 - **Junges Gebiet der Technik:** Liegt eine Erfindung auf einem noch wenig erforschten Gebiet, muss bei ihrer Beurteilung berücksichtigt werden, dass am Anmeldetag noch keine gesicherten Erkenntnisse auf dem Gebiet vorhanden waren.[352]

120 - **Kategorien einer Erfindung:** Besteht eine Erfindung aus Gegenständen unterschiedlicher Patentkategorien (Erzeugnis, Verfahren, Verwendung), so muss jeder Gegenstand, auf den ein Anspruch gerichtet ist, erfinderisch sein. Ist das Verfahren erfinderisch, ist es damit nicht automatisch auch das hergestellte Erzeugnis. Eine solche automatische Rückstrahlung von einer Kategorie zur anderen gibt es regelmäßig nicht.[353]

121 - **Kaufmännische Leistungen,** die lediglich im Erkennen von Bedürfnissen von Mitbewerbern oder Konsumenten bestehen, können die erfinderische Tätigkeit einer technischen Lehre nicht begründen.[354] Wer nur Wünsche und Vorgaben zusammenstellt[355] oder als erster einen Stand der Technik erfolgreich auf dem Markt verwirklicht,[356] ist noch kein Erfinder.

122 - **Kinematische Umkehrung** ist ein Unterfall der technischen Äquivalenz und liegt daher in der Regel nahe, zB wahlweise Verwendung von beweglichen oder unbeweglichen Getriebegliedern.[357]

---

350 T 0001/81 ABl 81, 439.
351 T 0022/82 ABl 82, 341; T 0163/84 ABl 87, 301 (Nr 7). Ähnlich BGH BlPMZ **12**, 304 *Transhydrogenase* zu den Voraussetzungen, unter denen der Fachmann bei mikrobiologischen Fermentationsverfahren eine Veränderung eines bestimmten Teilvorgangs im Rahmen des Stoffwechselnetzwerks in Betracht gezogen hätte.
352 T 0500/91 EPOR 95, 69.
353 T 0251/85 v 19.5.1987 BeckRS 87, 30550048.
354 BGH GRUR **90**, 594 *Computerträger*.
355 BGH GRUR **90**, 594 *Computerträger*.
356 BGH GRUR **91**, 120 *(II3) Elastische Bandage*.
357 RG BlPMZ **1902**, 154.

• **Kombinationserfindungen** *(combination invention)* (s § 1 Rdn 269): Erfinderische Tätigkeit einer Kombination ist gegeben, wenn der Stand der Technik dem Durchschnittsfachmann keine Anregung gab, gerade diese Elemente zusammenwirken zu lassen. Dann ist es unschädlich, wenn einzelne, mehrere oder alle *Elemente der Kombination für sich bekannt sind oder naheliegen*.[358] Die Prüfung auf Erfindungshöhe muss sich daher auf das Naheliegen der vorgeschlagenen Kombination beziehen und darf sich nicht auf die Betrachtung der Einzelelemente oder Unterkombinationen beschränken[359] (vgl Rdn 9). Die erfinderische Tätigkeit fehlt demnach nur, wenn auch der Durchschnittsfachmann die Elemente kombiniert hätte.[360] Sie ist aber gegeben, wenn der Fachmann nur möglicherweise zur Erfindung gelangt wäre.

123

Erfinderische Tätigkeit wurde bejaht: a) wenn der erzielte *Gesamterfolg unerwartet* war, zB qualitativ oder quantitativ eine anders geartete Wirkung,[361] ein *synergistischer Effekt*[362] entsteht; **b)** wenn bereits ein *einzelnes Merkmal oder Element der Kombination* nicht naheliegend ist;[363] **c)** wenn kein Fachmann die vorteilhafte Kombination vorgeschlagen hat, obwohl *alle Merkmale seit langem bekannt* waren;[364] **d)** wenn die durch den Stand der Technik *nicht verwirklichten Vorteile* es nahe legen, in der Lehre eine Kombination vorteilhafter Maßnahmen zu sehen;[365] **e)** wenn die Kombination bekannter Ausführungsformen für einen Fachmann nicht angeregt und zusätzlich deren Änderung erforderlich war;[366] **f)** wenn eine *Kombination zweier unterschiedlicher Lösungen*, die sich in der Praxis bewährt haben, vorgeschlagen wird, und dadurch ein besonderer Vorteil erreicht wird.[367]

124

Erfinderische Tätigkeit wurde verneint: a) wenn sich die Erfindung in der fachmännischen *Addition* der Wirkung der Elemente erschöpft;[368] **b)** wenn die Erfindung eine dem Fachmann mögliche *mosaikartige Zusammenstellung* aus dem Stand der Technik ist;[369] **c)** wenn sich die Notwendigkeit der Zusammenfassung bereits aus der Aufgabe ergibt;[370] **d)** wenn alle Merkmale der Kombination bekannt sind *und* festgestellt werden kann, dass die Kombination dieser bekannten Merkmale für einen Fachmann naheliegend war,[371] zB weil lediglich ein *erwartetes Ergebnis erzielt* wird;[372] **e)** wenn die Erfindung zwei *voneinander unabhängige Teilaufgaben* löst, die sich nicht funktionell

125

---

358 BGH GRUR **69**, 182 (IV2) *Betondosierer*; **81**, 736 (V2) *Kautschukrohlinge*; **99**, 145 *Stoßwellen-Lithotripter*; T 0388/91 ABl **92** SonderA 28; T 0055/93 ABl **95** SonderA 28; T 0818/93 ABl **97** SonderA 33.
359 BGH GRUR **80**, 984 (II3c) *Tomograph*; **81**, 341 (IV) *piezoelektrisches Feuerzeug*; **81**, 732 (IV2c) *First- u Gratabdeckung*; **81**, 736 (V2 u 3) *Kautschukrohlinge*; T 0037/85 ABl **88**, 86.
360 T 0274/87 EPOR **89**, 207; engl Court of Appeal RPC **03**, 13 *SABAF SpA v Meneghetti SpA*.
361 T 0040/83 EPOR **86**, 20; T 0130/89 ABl **91**, 514 (Nr 6); T 0597/93 ABl **98** SonderA 29.
362 S hierzu De Corte/Ward epi information 19/01, 33.
363 T 0167/82 EPOR **86**, 137; T 0163/84 ABl **87**, 301 (Nr 7).
364 T 0330/92 ABl **95** SonderA 28.
365 BGH GRUR **96**, 757 (IV3) *Zahnkranzfräser*.
366 BPatG GRUR **98**, 653.
367 BPatGE **41**, 78.
368 BGH GRUR **56**, 317 *Wasch- und Bleichmittel*.
369 BGH BlPMZ **63**, 365, 366 rSp *Schutzkontaktstecker*.
370 BGH BlPMZ **60**, 87 (IV) *elektromagnetische Rühreinrichtung*.
371 BPatG GRUR **98**, 653.
372 BPatGE **40**, 179.

beeinflussen und die jede für sich betrachtet naheliegend ist;[373] f) wenn in einer Kombination eine Komponente verwendet wird, die mit ihren relevanten Eigenschaften zum Stand der Technik gehört *(analoger Ersatz);*[374] g) wenn zwei kennzeichnende Merkmale völlig unabhängig voneinander funktionieren, so dass sich keine direkte Wechselbeziehung ergibt.[375]

126 • **Konstruktive Maßnahmen** *(constructions)* liegen idR nahe, da sie zum Können eines fachlich ausgebildeten Konstrukteurs gehören, es sei denn, dass besondere Schwierigkeiten oder wegführende Vorstellungen bei den einzelnen Konstruktionsschritten zu überwinden waren,[376] ein neues Konstruktionsprinzip gefunden wurde[377] oder eine Vielzahl konstruktiver Überlegungen erforderlich war.[378]

• **Lizenzvergabe** *(licensing)*

127 Ist die Erfindung Gegenstand von Lizenzverträgen, so kann das ebenso wie der wirtschaftliche Erfolg für den Wert der Erfindung sprechen; denn wer glaubt, dass die Erfindung nicht patentfähig ist, wird kaum Lizenzgebühren zahlen,[379] es sei denn, er ist vom Lizenzgeber wirtschaftlich abhängig oder die Höhe der Lizenz fällt nicht ins Gewicht. Vgl auch »Mitbenutzungsrechte« (Rdn 133).

• **Lob der Fachwelt** *(praise of experts)*

128 Wird die technische Lehre der Erfindung von maßgeblichen Fachleuten positiv beurteilt, so kann das zeigen, dass die Erfindung nicht nahegelegen hat.[380] Das setzt voraus, dass das Lob tatsächlich aus Fachkreisen kommt, die Patentierungsvoraussetzungen nicht außer Acht lässt und in Kenntnis des Standes der Technik abgegeben wird;[381] dann ist es angezeigt, dass sich Prüfer und Richter der nicht bestrittenen Meinung der Fachwelt anschließen.

• **Massenartikel** *(mass produced article)*

129 Bei Massenartikeln kann idR ein erhöhtes Bedürfnis nach fortschrittlichen Lösungen unterstellt werden. Daher können auch kleinere Verbesserungen auf erfinderischer Tätigkeit beruhen, wenn durch sie ein besonderer wirtschaftlicher Erfolg erzielt wird.[382] Allein die Tatsache, dass die Erfindung sich auf einen Massenartikel bezieht, kann die erfinderische Tätigkeit nicht begründen.[383]

---

373 T 0388/89 ABl **92** SonderA 24.
374 T 0192/82 ABl **84**, 415; T 0119/86 EPOR **88**, 290; T 0324/94 EPOR **97**, 146.
375 T 0711/96 ABl **99** SonderA 20.
376 BGH Mitt **72**, 18 *Trockenrasierer;* GRUR **87**, 351 *Mauerkasten II.*
377 BPatGE **3**, 95.
378 BGH BlPMZ **79**, 151 *Etikettiergerät II.*
379 BGH v 12.12.2000 X ZR 121/97 BeckRS 01, 1742 (IV am Ende) *Kniegelenk-Endoprothese;* BPatG GRUR **80**, 816 lSp Nr 4; T 0351/93 ABl **96** SonderA 32 für Mitbenutzungsrechte.
380 T 0106/84 ABl **85**, 132; T 0677/91 ABl **94** SonderA 43.
381 T 0521/90 EPOR **93**, 558.
382 Vgl BGH BlPMZ **55**, 66 *Polsterkörper Latex;* **58**, 114, 115 rSp *Polstersessel;* T 0074/90 v 1.10.1991 BeckRS **91**, 30510501.
383 BGH GRUR **82**, 406, 409 lSp *Verteilergehäuse.*

- **Materialwahl** *(selection of appropriate material)*

Die Eigenschaften und Wirkungen eines bekannten Materials kennt der Fachmann. Es ist daher naheliegend, ein bestimmtes Material entsprechend seinen bekannten Eigenschaften oder Wirkungen zu verwenden, sog. analoger Einsatz *(analogous use)*.[384] Das gilt auch, wenn der Fachmann die Eigenschaften zwar selbst nicht kennt, es für ihn aber naheliegend war, sie von einem Spezialfachmann zu erfragen.[385] Von der Wahl des günstigsten Materials lässt sich der Fachmann auch nicht abhalten, wenn ein einzelnes Dokument ein anderes Material ohne nähere Begründung bevorzugt.[386] Ein analoger Einsatz kann aber erfinderisch sein, wenn damit eine ablehnende Haltung der Fachwelt, ein Vorurteil oder besondere technische Schwierigkeiten überwunden werden. Bekannte Eigenschaften einer Gruppe chemischer Verbindungen wird der Fachmann auf eine andere Gruppe nur übertragen, wenn das zum allgemeinen Fachwissen gehört.[387] Vgl dazu auch unter »Stoffaustausch« (Rdn 145). 130

- **Mehrere Schritte** *(series of steps):* Gelangt man zum Ergebnis der Erfindung nicht durch einen Schritt, sondern ist eine Reihe aufeinander folgender Überlegungen notwendig, so ist das ein deutliches Anzeichen dafür, dass die Erfindung nicht nahe gelegen haben kann,[388] es sei denn, sowohl jeder einzelne Schritt als auch die gewählte Abfolge ist für den Fachmann reine Routine,[389] zB wenn mehrere Schritte rein schematisch aufgezählt werden.[390] 131

- **Mehrfacherfindung** *(multiple invention)*

Wird eine Erfindung in kurzer Zeit mehrfach gemacht, so kann das dafür sprechen, dass die Lösung in der Luft gelegen hat, es also nicht sehr schwer gewesen sein kann, sie zu finden.[391] Dieser Schluss ist aber nicht zwingend, weil mehrere Personen unabhängig voneinander auch zufällig gleichzeitig dieselbe erfinderische Idee haben können.[392] 132

Folgen einer Erfindung nach ihrem Bekanntwerden mehrere Anmeldungen, die sich ihrer bedienen, so zeigt das ihren Wert.[393] Das Gleiche gilt, wenn Parallelanmeldungen vor Bekanntwerden der Erfindung abweichende Lösungen[394] oder umständlichere Anordnungen[395] vorschlagen.

---

384 T 0192/82 ABl **84**, 415; T 0130/89 ABl **91**, 514.
385 BGH GRUR **62**, 350 (Nr 5) *Dreispiegel-Rückstrahler*.
386 T 0021/81 ABl **83**, 15; T 0306/93 v 30.7.1996 BeckRS **96**, 30561366.
387 T 0989/93 ABl **98** SonderA 28.
388 BGH GRUR **78**, 98, 99 *Schaltungsanordnung*; **81**, 190, 193 *Skistiefelauskleidung*; **85**, 369 (III1) *Körperstativ*; T 0113/82 ABl **84**, 10; einschränkend BGH Mitt **04**, 69 *Ankerwickelmaschine*; GRUR **06**, 903 *Mikrotom*.
389 BGH Mitt **04**, 69 *Ankerwickelmaschine*.
390 BGH v 10.7.2007 X ZR 240/02 BeckRS **07**, 12832 (Rn 24) *Klappschachtel*.
391 BGH GRUR **53**, 384 *Zwischenstecker I*; **81**, 341 *piezoelektrisches Feuerzeug*.
392 BGH GRUR **53**, 120 *Glimmschalter*.
393 BGH GRUR **65**, 473, 477 *Dauerwellen I*; T 0292/85 ABl **89**, 275 (Nr 6.10).
394 BGH GRUR **60**, 427 *Fensterbeschläge*.
395 BGH GRUR **53**, 120 *Glimmschalter*; **53**, 384 *Zwischenstecker I*.

133 • **Mitbenutzungsrechte:** Bemühen sich Konkurrenten um Mitbenutzungsrechte, so kann das als positives Beweisanzeichen gewertet werden.[396] Vgl auch »Lizenzvergabe« (Rdn 127).

134 • **Nachahmung** *(imitation; copying)* in Kenntnis des Patents kann für den Wert der Erfindung sprechen, wenn der Verletzer eine Ausführungsform benutzt, von der er annehmen muss, dass sie unter das Patent fällt. Wird ein neues, technisch überlegenes Produkt von mehreren Mitbewerbern imitiert, die zuvor überkommenen technischen Vorstellungen verhaftet geblieben sind, so spricht das für erfinderische Tätigkeit.[397] Das Anzeichen versagt, wenn die Erfindung durch den Stand der Technik nahegelegt war[398] oder die Mitbewerber sich nur einem kaufmännischen Markterfolg anhängen wollen.[399]

135 • **Nachteile** *(disadvantages)* einer Erfindung führen nicht grundsätzlich zur Verneinung der erfinderischen Tätigkeit, da eine Erfindung nicht in jeder Beziehung besser als der Stand der Technik sein muss.[400] Daher stehen Nachteile der Annahme einer erfinderischen Tätigkeit nicht entgegen, wenn die Vorteile überwiegen,[401] die Nachteile erkennbar behebbar sind[402] oder die Nachteile wegen der Verbesserung einer interessanten anderen Eigenschaft hingenommen werden können.[403] Eine erfinderische Tätigkeit fehlt, wenn die Verbesserung durch unzumutbare Nachteile aufgehoben wird,[404] wenn der erreichte Vorteil (Vereinfachung) durch den damit verbundenen Nachteil (Leistungsminderung) kompensiert wird,[405] wenn vorhersehbar mit der Lösung verbundene Nachteile – oder ein handwerklicher Rückschritt[406] – einfach in Kauf genommen werden[407] oder wenn bei einer als solche nicht erfinderischen Weiterentwicklung trotz erkennbarer Nachteile verharrt wird.[408]

• **Naturstoffe** *(natural substances)*

136 Erfinderische Tätigkeit für Naturstoffe (s § 1 Rdn 228) kann sich wie bei chemischen Stoffen aus wertvollen Eigenschaften ergeben, die – wenn sie fehlen – eine Patenterteilung nicht rechtfertigen.[409] Der Herstellungsweg braucht nicht erfinderisch zu sein, er kann ein übliches Isolier- und Syntheseverfahren sein.

---

396 T 0351/93 ABl 96 SonderA 32.
397 BGH GRUR 91, 120 *Elastische Bandage*; 87, 351 *Mauerkasten II*; BGH v 28.1.1997 X ZR 43/94 *Rückblickspiegel*.
398 BGH BlPMZ 64, 121, 123 *Wimpernfärbestift*.
399 BGH GRUR 91, 120 (II3) *Elastische Bandage*.
400 T 0254/86 ABl 89, 115.
401 BGH GRUR 58, 177 *Aluminiumflachfolien*; BPatG GRUR 83, 240.
402 BPatGE 1, 4.
403 T 0061/88 ABl 90 SonderA 28.
404 T 0254/86 ABl 89, 115.
405 T 0061/88 ABl 90 SonderA 28; vgl auch BGH GRUR 06, 903 *Mikrotom*.
406 BPatG BlPMZ 14, 60 L.
407 BGH GRUR 96, 857 (III2c) *Rauchgasklappe*; v 24.4.2018 X ZR 50/16 GRUR 18, 1128 *Gurtstraffer*; T 0069/83 ABl 84, 357, 365 (Nr 4); vgl BPatGE 37, 102.
408 BGH GRUR 13, 160 *Kniehebelklemmvorrichtung*.
409 BGH GRUR 69, 531 *Geflügelfutter*.

- **Neuer Weg** *(new way to a known object)*
Die Aufzeigung eines neuen Weges ist ein Unterfall des Fortschritts, der wie dieser für Erfindungshöhe sprechen kann. Ist der neue Weg mindestens ebenso gut wie die bekannten Lösungen, so bereichert er die Technik um eine neue Möglichkeit. Bleibt er hinter dem Ergebnis des Standes der Technik zurück, so muss dieser Nachteil durch andere Vorteile wettgemacht werden. Um das Begehen eines neuen Wegs nicht nur als möglich, sondern nahegelegt anzusehen, bedarf es idR über die Erkennbarkeit des technischen Problems herausreichender Anstöße, Hinweise oder sonstiger Anlässe dafür, die Lösung auf dem Weg der Erfindung zu suchen.[410]   137

- **Neues Gebiet der Technik** siehe unter »Junges Gebiet« (Rdn 119).   138

- **obvious to try** (vgl auch Rdn 105): Hat ein Fachmann ausreichenden Anlass anzunehmen, dass er einen bestimmten Erfolg, der bisher im Stand der Technik noch nicht beschrieben ist, erreichen kann, so wird er einen Versuch unternehmen, diesen vermuteten Erfolg zu realisieren. Dabei ist von einem normalen Fachmann auszugehen, nicht von einem Wissenschaftler, der unbewiesenen Annahmen eher zurückhaltend gegenübersteht.[411] Abgehalten wird ein Fachmann von einem Versuch durch ein Vorurteil, durch einen anderen Trend[412] oder wenn eine größere Zahl von Experimenten erforderlich ist.[413]   139

- **one-way-street situation** siehe unter »Einbahnstraßen-Situation« (Rdn 99).   140

- **Optimierung** *(optimisation)* zwischen zwei oder mehreren Parametern, die sich bekanntermaßen gegenläufig beeinflussen, gehört zum normalen Können eines Fachmanns,[414] wenn er den optimalen Wert entweder berechnen oder durch Versuche feststellen kann. Handelt es sich dagegen nicht um einen bloßen Kompromiss zwischen sich gegenseitig beeinflussenden Parametern, sondern um eine gezielte Wahl, deren Ergebnis nicht erwartbar war, so liegt erfinderische Tätigkeit vor.[415]   141

- **Routine** *(routine work)*, also ein Vorgehen, das sich im gewohnten Rahmen der Tätigkeit eines Fachmanns bewegt, ist nicht erfinderisch. Bei Routinearbeiten entstehende normale Schwierigkeiten wird ein Fachmann meistern.[416]   142

- **Schwierigkeiten** *(difficulties)*

Überwindet die Erfindung technische Schwierigkeiten, die bisher der vorgeschlagenen Lösung entgegenstanden, so spricht das für Erfindungshöhe, insbesondere dann, wenn nicht nur eine einzelne Schwierigkeit zu überwinden, sondern eine Reihe schwieriger   143

---

410   BGH GRUR 09, 746 *Betrieb einer Sicherheitseinrichtung*.
411   BGH GRUR 01, 730 (III Abs 10) *Trigonellin*; T 0249/88 EPOR **96**, 29 (Nr 8); T 0060/89 ABl **92**, 268 (Nr 3.2.5).
412   T 0253/85 EPOR **87**, 198, 204.
413   T 0348/86 EPOR **88**, 159.
414   BGH GRUR **13**, 1022 *Aufzugsmultigruppensteuerung*: naheliegende Optimierungsmöglichkeit durch übergreifende Gesamtsteuerung; T 0036/82 ABl **83**, 269; T 0263/86 EPOR **88**, 150; T 0409/90 EPOR **91**, 423.
415   T 0073/85 v 14.1.1988 BeckRS **88**, 30510200; T 0500/89 v 26.3.1991 BeckRS **91**, 30595276.
416   T 0532/88 ABl **91** SonderA 23.

Fragen zu lösen war.[417] Die überwundenen Schwierigkeiten müssen objektiv für den Durchschnittsfachmann bis zum Anmeldezeitpunkt bestanden haben; es genügt, wenn die Fachwelt sie sich eingebildet hatte (= »Vorurteil« s Rdn 163). Ob der Erfinder subjektiv Schwierigkeiten hatte, ist ohne Belang.

- **Standard**[418]

144   Bei einer punktuellen Verbesserung einer in einem internationalen Standard vorgesehenen Datenstruktur hat der Fachmann idR Veranlassung, zur Lösung des technischen Problems auf Mechanismen zurückzugreifen, die im Standard bereits vorgesehen sind.[419] Ergibt sich aus dem Standard eine überschaubare Zahl von möglichen Lösungsansätzen, von denen jeder spezifische Vor- und Nachteile hat, gibt dies idR Veranlassung, jeden dieser Lösungsansätze in Betracht zu ziehen.[420] Wurde ein Lösungsweg nur in einer früheren Version eines technischen Standards aufgezeigt, in einer späteren Version aber nicht weiterverfolgt, so führt dies nicht ohne weiteres dazu, diesen Weg als nicht naheliegend anzusehen.[421] Sind in einem Entwurf für einen technischen Standard beschriebene Routinen darauf angelegt, vom Fachmann konkretisiert zu werden, besteht für diesen idR Veranlassung zu einer hierauf ausgerichteten Weiterentwicklung.[422]

- **Stoffaustausch** *(exchange of material)*

145   Der Austausch eines neuen Werkstoffs gegen den bisher verwendeten ist nicht erfinderisch, wenn die Eigenschaften des neuen Werkstoffs bekannt sind[423] (»analoger Ersatz«, *analogous or similar use)*[424] oder wenn sie von dem zuständigen Fachmann hätten erfragt werden können und diese neuen wirksameren oder kostensparenden Eigenschaften ausgenutzt werden sollen.

146   Die Eigenschaften des neuen Werkstoffs sind dem Werkstofffachmann idR bereits nach seiner Herstellung geläufig. Der Austausch kann aber erfinderisch sein, wenn eine unbekannte Eigenschaft aufgedeckt und ihre Anwendung gelehrt wird, wenn der Werkstoff als ungeeignet galt, wenn nur aufgrund erfinderischer Überlegung der Anwendungsfachmann den Werkstofffachmann hätte befragen können[425] oder wenn die Verwendung des neuen Stoffs eine erfinderische Anpassung erforderte.[426] Die Wahl des geeignetsten der bekannten Materialien liegt auch dann nahe, wenn die behauptete Präferenz eines Materials nicht belegt ist.[427]

---

417   BGH GRUR 53, 120, 123 *Glimmschalter.*
418   Zu standardessentiellen Erfindungen s § 1 Rdn 268.
419   BGH GRUR 12, 261 *E-Mail via SMS.*
420   BGH GRUR 12, 261 *E-Mail via SMS.*
421   BGH GRUR 15, 159 *Zugriffsrechte.*
422   BGH GRUR 16, 1023 *Anrufroutingverfahren.*
423   BGH GRUR 62, 80 *Rohrdichtung* (Bitumen u Kunstharz); 62, 350 *Dreispiegel-Rückstrahler* (Kunstharz statt Glas); 67, 25 *Spritzgussmaschine III* (PVC statt Gummi); 10, 814 *Fugenglätter* (Elastomer statt Kunststoff); GRUR Int 10, 334 *Sektionaltor.*
424   T 0192/82 ABl 84, 415; T 0130/89 ABl 97, 514.
425   BGH GRUR 62, 350 *Dreispiegel-Rückstrahler.*
426   RG GRUR 36, 610.
427   T 0021/81 ABl 83, 15; T 0306/93 ABl 97 SonderA 38.

- **Stofferfindungen** und erfinderische Tätigkeit: siehe oben Rdn 92 zu chemischen Stoffen. 147

- **Technizität:** Die positive Feststellung, dass eine Erfindung technischer Natur ist, ist kein Indiz dafür, dass die Erfindung auf erfinderischer Tätigkeit beruht.[428] 148

- **Trial and error:** Kann ein Fachmann auf Grund des Standes der Technik mit seinem allgemeinen Fachwissen zu der Erfindung durch einige orientierende Versuche, die zum Teil auch negativ verlaufen können, gelangen, so fehlt es an einer erfinderischen Tätigkeit, wenn der Fachmann begründeten Anlass hatte, solche Versuche durchzuführen.[429] 149

- **Überraschung** *(surprising effect)* ist nur ein Beweisanzeichen, kein Erfordernis für erfinderische Tätigkeit,[430] muss also nicht unbedingt gegeben sein. 150

Sind die Lösungsmittel einer Erfindung für sich betrachtet naheliegend, ist aber das Ergebnis der Erfindung für einen Durchschnittsfachmann überraschend, so ist das ein Anzeichen für ein Nichtnaheliegen der Erfindung;[431] denn die Fachwelt kann nur überrascht sein, wenn sie den Erfolg nicht voraussehen konnte. Das zeigt, dass die Erfindung mit normalem Fachwissen nicht hätte hervorgebracht werden können. Der Erfinder selbst braucht nicht überrascht zu sein. 151

- **Übertragungserfindung** (zum Begriff § 1 Rdn 279): Erfinderische Tätigkeit ist gegeben, wenn die Übertragung das Können eines Durchschnittsfachmanns des Gebiets übersteigt, auf das die bekannte Lösung übertragen wird. Dabei ist nicht nur sein Spezialwissen zugrunde zu legen, da ein Durchschnittsfachmann sich auch auf Nachbargebieten umzusehen pflegt und evtl auch Fachleute eines Sondergebiets befragt.[432] 152

Je näher die Fachgebiete beieinander liegen, desto eher wird eine Übertragung nahegelegen haben, es sei denn, dass der Übertragung aus einem solchen Nachbargebiet Vorurteile oder Schwierigkeiten entgegen standen. Bei einem entfernten Gebiet wird eine Übertragung idR weniger nahegelegen haben.[433] Zum Nachbargebiet vgl Rdn 56.
Die Tatsache, dass trotz der fiktiven Kenntnis des Standes der Technik (s Rdn 46) eine vorteilhafte Lösung aus einem anderen Gebiet längere Zeit nicht für das eigene Fachgebiet verwendet wurde, weist darauf hin, dass der Vorschlag der Übertragung nicht nahegelegen haben dürfte. Das gilt auch, wenn beide Gebiete einem Großbetrieb angehören, sich technologisch aber nicht berühren.[434]

- **Verbesserung** siehe unter »Fortschritt« (Rdn 108). 153

---

428 BGH GRUR 00, 1007 (III) *Sprachanalyseeinrichtung*.
429 T 0259/85 EPOR **88**, 209.
430 T 0100/90 EPOR **91**, 553.
431 BGH BlPMZ **73**, 257 (B3c) *Herbicide*; **69**, 251 (II2a) *Disiloxan*.
432 BGH GRUR **67**, 25, 27 *Spritzgussmaschine III*; BlPMZ **74**, 208, 209 rSp *Stromversorgungseinrichtung*; GRUR **10**, 41 (Rn 29) *Diodenbeleuchtung*.
433 Vgl BGH GRUR **72**, 707 (IV) *Streckwalze*; **10**, 41 (Tz 29) *Diodenbeleuchtung*.
434 BPatGE **3**, 88.

- **Verbilligung** *(reduction in price)*

154 Die Ersparnis von Kosten, Zeit, Material, Wartung oder Energie ist eine Aufgabe, die sich in der Technik täglich stellt. Wird sie erreicht, so wird dadurch die Technik bereichert, weil der Aufwand vermindert wird.[435] Eine Verbilligung beruht dann auf erfinderischer Tätigkeit, wenn es besondere Schwierigkeiten zu überwinden galt, etwa weil die Funktionen bekannter Bauteile geändert werden mussten,[436] oder der Stand der Technik den bisherigen höheren Aufwand längere Zeit hingenommen hatte. Bei Massenartikeln kann auch eine geringere Zeitspanne ausreichend sein. In jedem Fall muss die erzielte Verbilligung ins Gewicht fallen,[437] zB auf Grund hoher Stückzahlen.[438]

155 • **Vereinfachung** *(simplification)* des Standes der Technik ist eine Aufgabe, die sich grundsätzlich jeder Fachmann in der Technik stellt. Wird eine Vereinfachung erreicht, so kann sie im Bereich der stetigen und normalen Weiterentwicklung der Technik liegen und wäre dann nicht erfinderisch. Eine erzielte Vereinfachung kann aber ein unterstützendes Indiz für erfinderische Tätigkeit sein,[439] insbesondere wenn sie überraschend ist oder wenn zwischen ihr und dem Stand der Technik, den die Erfindung vereinfacht, ein längerer Zeitraum liegt. Vgl auch unter »Einfachheit« (Rdn 100).

156 • **Vergebliche Versuche** siehe oben unter »Bemühungen der Fachwelt« (Rdn 88).

157 • **Vergleichstest** *(comparative tests)* siehe oben Rdn 94.

158 • **Versuche** *(experiments)*, die nur der Ermittlung der günstigsten Lösung einer offenbarten Erfindung,[440] dem Ausprobieren im Rahmen des Bekannten,[441] der experimentellen Feststellung der besonders guten Eignung eines bekannten Mittels,[442] der praktischen Erprobung[443] oder der rein empirischen Ermittlung noch brauchbarer Werte[444] dienen, liegen für einen Fachmann nahe und können daher die Erfindungshöhe für sich allein nicht begründen. Das Gleiche gilt für Versuche, die sich deshalb anbieten, weil sie die Aussicht bieten, einen Stoff zu erhalten, dessen rechtliche Zulässigkeit im Grundsatz bereits geklärt ist.[445] Versuche in einer bestimmten Richtung können vom Fachmann aber nicht allein wegen seines Bestrebens, erkannte Probleme bereits in ihrer Entstehung zu vermeiden, erwartet werden.[446]

159 • **Verwendungserfindung** (zum Begriff § 1 Rdn 256): Erfinderische Tätigkeit ist gegeben, wenn die beanspruchte neue Verwendung gegenüber den aus dem Stand der Technik bekannten Verwendungen für einen Fachmann nicht naheliegend war.[447]

---

435 Vgl BPatGE **3**, 1.
436 BGH GRUR 05, 233 *Paneelelemente*.
437 RG BlPMZ **39**, 75 f.
438 T 0074/90 v 1.10.1991 BeckRS **91**, 30510501.
439 BGH GRUR **99**, 145 *Stoßwellen-Lithotripter*.
440 BGH GRUR **68**, 311, 313 *Garnachverfahren*.
441 BPatG Mitt **65**, 10.
442 BPatG Mitt **65**, 10.
443 BGH BlPMZ **66**, 234, 235 lSp *Abtastverfahren*; vgl auch BGH GRUR 08, 145 *Stahlblech*.
444 BGH BlPMZ **66**, 234, 235 lSp *Abtastverfahren*.
445 BGH GRUR **14**, 349 *Anthocyanverbindung*.
446 BGH GRUR 06, 666 *Stretchfolienhaube*.
447 Vgl zB BGH GRUR **12**, 373 *Glasfasern*.

Bedarf die neue Verwendung einer anderen Art der Realisierung als die bisher bekannten, wird die erfinderische Tätigkeit in der Regel zu bejahen sein. Trat bei gleicher Art der Realisierung das Resultat der neuen Verwendung zwangsläufig, aber unerkannt auch bei den bekannten Verwendungen ein, so fehlt es an erfinderischer Tätigkeit, wenn die neue und die bekannten Verwendungen technologisch so nahe verwandt sind, dass es für einen Fachmann naheliegend gewesen wäre, die neue Verwendung zumindest auszuprobieren.

- **Vorteile** *(advantages)*

Die mit der Erfindung erreichten Vorteile (Beispiele siehe unter »Fortschritt« Rdn 110) können als Anzeichen dafür gewertet werden, dass die Erfindung nicht nahegelegen hat, denn sonst hätte sich jeder Fachmann diese Vorteile zunutze gemacht, es sei denn, er war daran durch andere Überlegungen, insbesondere wirtschaftliche Gründe, gehindert, so zB bei der Weiterbenutzung langlebiger Wirtschaftsgüter ohne die Vorteile der Erfindung.[448] Auch ein minimaler Vorteil kann in einem Gebiet mit konstanter Evolution bedeutsam sein.[449] Die Vorteile müssen glaubhaft belegt sein.[450]

160

Zur Frage, ob Vorteile ursprünglich mitoffenbart sein müssen oder zur Begründung der Erfindungshöhe nachgebracht werden können, s § 34 Rdn 423.

161

Bonus-Effekt *(bonus effect)* – auch *Gratis-, Extra- oder Nebeneffekt (side or accidental effect)* genannt: Mit diesem Begriff werden Vorteile umschrieben, die sich aus der Befolgung einer Lehre ergeben, die selbst aufgrund des Standes der Technik naheliegend ist. Solche Vorteile können die erfinderische Tätigkeit nicht begründen, da sie das zwangsläufige Ergebnis der Anwendung einer naheliegenden Lehre sind, das dem nicht erfinderisch tätig werdenden Fachmann sozusagen notwendigerweise in den Schoß fällt.[451] Das gilt auch, wenn das Ergebnis einer naheliegenden Maßnahme zu einem in seinem quantitativen Ausmaß überraschenden Vorteil führt.[452] Bei einem mehrteiligen Problem bedarf es einer Gesamtwürdigung, Vorteile der Lösung eines Teilproblems können nicht als Bonus-Effekt angesehen werden.[453]

162

- **Vorurteil** *(prejudice)*[454] ist eine in den einschlägigen Fachkreisen allgemein und weit verbreitete Ansicht oder vorgefasste Meinung,[455] die auf einer »allgemein eingewurzelten technischen Fehlvorstellung« beruht, »die die Fachwelt daran gehindert hat,

163

---

448 BGH Mitt **62**, 74 *Braupfanne*.
449 T 0015/86 EPOR **87**, 291.
450 T 0020/81 ABl **82**, 217; T 0124/84 EPOR **86**, 297; T 0155/85 ABl **88**, 87; s auch T 1322/17 v 19.3.2019 BeckRS **19**, 31754 (mangelnde Plausibilität der behaupteten Vorteile in den ursprünglichen Anmeldungsunterlagen).
451 BGH GRUR **03**, 317 *Kosmetisches Sonnenschutzmittel* (Synergie als unerwarteter Zusatzeffekt); **03**, 693 *Hochdruckreiniger* (gleichzeitige Verbesserung der Lösung einer weiteren Problemstellung); **09**, 936 (Rn 22) *Heizer*; **10**, 123 (Rn 41) *Escitalopram*; T 0021/81 ABl **83**, 15; T 0192/82 ABl **84**, 415 (Nr 16); T 0423/86 v 12.7.1988 BeckRS **88**, 30582281.
452 BGH GRUR **14**, 349 *Anthocyanverbindung*: überraschend hohes Maß an Stabilität; T 0551/89 v 20.3.1990 BeckRS **90**, 30603485.
453 T 0236/88 EPOR **90**, 227.
454 Hesse GRUR **82**, 514.
455 T 0341/94 ABl **96** SonderA 33.

in Richtung auf die geschützte Lehre zu arbeiten oder auch nur Versuche in dieser Richtung zu unternehmen.[456] Wird eine solche Fehlvorstellung überwunden[457] oder liegt eine »Abkehr von eingefahrenen Wegen« vor,[458] ist das ein sicheres Zeichen dafür, dass die Erfindung nicht nahe gelegen hat.

164 **Voraussetzungen für Vorliegen eines Vorurteils:**
a) das Vorurteil muss in der einschlägigen Fachwelt *tatsächlich und allgemein bestanden* haben.[459] Es kann sich aus Standardwerken oder Lehrbüchern[460] oder der Zusammenschau verschiedener Veröffentlichungen ergeben,[461] dagegen nicht aus einer einzeln gebliebenen Patentschrift[462] oder einer vereinzelten Meinung eines Fachmanns;
b) die *Fachwelt muss die Erfindung für technisch nicht ausführbar* oder den mit ihr erzielten Erfolg für nicht erreichbar gehalten haben;[463]
c) das *Vorurteil muss zu Unrecht bestanden haben*. Wer zu Recht bestehende Bedenken lediglich ignoriert und vorhersehbare Nachteile einfach in Kauf nimmt, überwindet kein Vorurteil;[464]
d) das Vorurteil muss *im Prioritätszeitpunkt* bestanden haben;[465]
e) das Vorurteil muss *technischer, nicht wirtschaftlicher Natur* sein;[466]
f) *Beweislast* für das Bestehen eines Vorurteils liegt beim Anmelder oder Patentinhaber.[467] Wird das Vorurteil in der Beschreibung nicht einmal erwähnt, spricht das gegen ein Vorliegen eines Vorurteils.[468] Bedenken eines Prüfers gegen die Lehre können ein Indiz für ein Vorurteil sein.[469]

165 **Beispiele für Vorurteil:** Industrie hat tatsächlich einen anderen Weg eingeschlagen;[470] Fachwelt hatte den Weg des Erfinders aufgegeben.[471]

---

456 BGH GRUR **84**, 580, 581 rSp *Chlortoluron*; **96**, 857 (III2c) *Rauchgasklappe*.
457 BGH GRUR **58**, 389 *Kranportal*; **84**, 580, 581 rSp *Chlortoluron*; **96**, 857 (III2c) *Rauchgasklappe*; T 0119/82 ABl **84**, 217; T 0048/86 EPOR **88**, 143, 148; T 0074/90 v 1.10.1991 BeckRS **91**, 3051050.
458 BGH GRUR **99**, 145 *Stoßwellen-Lithotripter*; T 0229/85 ABl **87**, 137 (Nr 7).
459 BGH GRUR **84**, 580, 581 rSp *Chlortoluron*; **96**, 857 (III2c) *Rauchgasklappe*; T 0119/82 ABl **84**, 217; T 0048/86 EPOR **88**, 143, 148; T 0341/94 ABl **96** SonderA 33.
460 T 0515/91 ABl **94** SonderA 41; T 0943/92 ABl **96** SonderA 33; T 0341/94 ABl **96** SonderA 33.
461 T 0002/81 ABl **82**, 394.
462 T 0019/81 ABl **82**, 51; T 0519/89 EPOR **94**, 9.
463 BGH Liedl **61/62**, 397, 411 *Straßenbeleuchtung*; GRUR **96**, 857 (III2c) *Rauchgasklappe*.
464 BGH Liedl **71/73**, 289, 295; GRUR **96**, 857 (III2c) *Rauchgasklappe*; vgl BPatGE **37**, 102; T 0069/83 ABl **84**, 357, 365 (Nr 4).
465 BGH GRUR **67**, 25 *Spritzgussmaschine III*; T 0341/94 ABl **96** SonderA 33.
466 BGH GRUR **94**, 36 *Messventil*.
467 T 0119/82 ABl **84**, 217; T 0048/86 EPOR **88**, 143, 148.
468 BGH GRUR **67**, 25 *Spritzgussmaschine III*.
469 BGH GRUR **64**, 612 *Bierabfüllung*.
470 BGH Mitt **72**, 18 *Trockenrasierer*.
471 BGH GRUR **53**, 120 rSp *Rohrschelle*.

Kein Vorurteil: unverbindliche Fachregeln;[472] wirtschaftliche Bedenken der Abnehmer gegen Verwertbarkeit;[473] ablehnende Haltung bei der Einführung der neuen Lehre in die Praxis;[474] Beibehaltung einer älteren Technik, um Sicherheitsvorschriften zuverlässig zu erfüllen.[475]   166

- **Wirtschaftlicher Erfolg** *(commercial success)*

Der wirtschaftliche Erfolg kann ein wichtiges Indiz für erfinderische Tätigkeit sein, wenn nämlich die Tatsache des Erwerbs durch viele Käufer über einen längeren Zeitraum als ein Urteil über den Wert der Erfindung angesehen werden kann. Das kann darauf hindeuten, dass die Erfindung sich auch technisch als besser erwiesen hat.[476] Das setzt voraus, dass der Erfolg nicht auf anderen Umständen wie Reklame, Marketing,[477] Mode, besonders niedriger Preis[478] oder Marktmonopol des Schutzrechtsinhabers beruht oder auf eine kluge kaufmännische Entscheidung,[479] zB dem Erkennen einer günstigen Marktlage, zurückgeht.[480] Ein rein wirtschaftliches oder kaufmännisches Verdienst besagt nichts.[481] Wer zum Kauf überredet wird, gibt kein Urteil über den Wert der Erfindung ab.   167

Geht der Erfolg aber nicht auf solche verfälschenden Faktoren zurück, so bestätigt ein guter Markterfolg,[482] dass ein Bedürfnis vorgelegen haben muss. Die Indizwirkung des Beweisanzeichens kann allerdings versagen, wenn das Bedürfnis erst kurz vor der Anmeldung aufgetreten ist.[483] Zur Berücksichtigung dieses Beweisanzeichens bedarf es des substantiierten Vortrags entsprechend nachprüfbarer Tatsachen.[484] Es wird das Vorliegen negativer Beweisanzeichen idR nicht kompensieren,[485] ein Naheliegen auf Grund des vorliegenden Standes der Technik nicht beseitigen,[486] aber iVm anderen positiven Beweisanzeichen den Ausschlag geben können.[487]   168

Wer sich auf wirtschaftlichen Erfolg beruft, darf diesen nicht nur behaupten, sondern muss schlüssige Nachweise vorlegen, dass dieser auf die beanspruchte Erfindung   169

---

472 BGH BlPMZ **53**, 14 *Schreibhefte*.
473 BGH BlPMZ **53**, 387 *Ausweishülle*; BPatGE **1**, 6, 8; **3**, 1.
474 BGH BlPMZ **57**, 72 *Karbidofen*.
475 BGH GRUR **82**, 406, 409 lSp *Verteilergehäuse*.
476 BGH GRUR **65**, 473 (IV) *Dauerwellen I*; T 0073/88 ABl **92**, 557.
477 BGH GRUR **91**, 120 (II3) *Elastische Bandage*.
478 BGH GRUR **91**, 120 (II3) *Elastische Bandage*.
479 BGH GRUR **90**, 594 (III2) *Computerträger*; BlPMZ **94**, 36 *Messventil*.
480 BGH GRUR **87**, 351 *Mauerkasten II*; T 0270/84 EPOR **87**, 357.
481 BGH GRUR **58**, 131 *Schmierverfahren*; **91**, 120 (II3) *Elastische Bandage*.
482 BGH v 12.12.2000 X ZR 121/97 BeckRS **01**, 1742 (III) *Kniegelenk-Endoprothese*; vgl BPatG GRUR **78**, 702 (III2d): Verwertung in 38 Ländern.
483 BGH GRUR **69**, 182 *Betondosierer*.
484 T 0191/82 EPOR **86**, 88.
485 BGH BlPMZ **64**, 121, 123 lSp *Wimpernfärbestift*; **67**, 137 rSp *Kondenswasserabscheider*.
486 BGH GRUR **67**, 25, 29 *Spritzgussmaschine III*; BlPMZ **85**, 374 *Ätzen von Gegenständen*; vgl BPatG Mitt **88**, 212; T 0110/92 v 12.10.1994 BeckRS **94**, 30518630.
487 BGH Mitt **78**, 136 *Erdölröhre*; GRUR **82**, 289 *Massenausgleich*.

zurückgeht,[488] zB durch Vorlage herausragender Umsätze mit dem Gegenstand der Erfindung.[489]

170 • **Zahl der Entgegenhaltungen** *(number of citations)*: Ist für den Nachweis des Naheliegens einer Erfindung eine Zusammenschau von vielen Entgegenhaltungen erforderlich, so spricht das eher für erfinderische Tätigkeit, sofern ein Fachmann nicht alle Entgegenhaltungen miteinander kombiniert hätte. Das gilt nur eingeschränkt, wenn die Aufgabe aus mehreren Teilaufgaben besteht.[490] Erfinderische Tätigkeit kann auch aufgrund einer Kombination von mehr als zwei Entgegenhaltungen aberkannt werden.[491]

• **Zeitfaktor (lapse of time)**

171 Ist bis zur Erfindung ein langer Zeitraum verstrichen, so kann dieser Umstand ein unterstützendes Indiz für die Erfindungshöhe sein,[492] insbesondere dann, wenn längere Zeit ein entsprechendes Bedürfnis bestand[493] oder die Fachwelt sich bereits lange um die Lösung bemühte[494] oder die Technik die offenbarte Erfindung sofort aufgriff[495] oder die Erfindung wirtschaftliche Nachteile vermeidet, die man 20 Jahre in Kauf nahm.[496] Bei der Prüfung, ob sich dem Fachmann ein bestimmter Stand der Technik als möglicher Ausgangspunkt seiner Bemühungen anbot, ist das Alter einer bestimmten Entgegenhaltung aber nur eines von mehreren möglicherweise relevanten Kriterien.[497]

172 **Zeitfaktor versagt als Indiz, 1.** wenn die *Lösung aus anderen Gründen nahelag*;[498] **2.** bei *langlebigen, teuren Wirtschaftsgütern*;[499] **3.** wenn die Fachwelt sich mit der Aufgabe ernsthaft und planmäßig *erst kurz vor der Offenbarung befasste*;[500] **4.** wenn der *Werkstoff erst später ausreichend* und preislich vertretbar greifbar war;[501] **5.** wenn eine neue Herstellungs- und Anwendungsmöglichkeit erst kurz vor der Anmeldung bekannt wurde;[502] **6.** wenn sich der Anmelder auf das *Zeitargument selbst nicht berufen* hat;[503] **7.** wenn die Anwendung lange bekannter Maßnahmen für eine *junge Technologie* einige Jahre nach deren Einführung vorgeschlagen wird;[504] **8.** wenn die Anwendung der

---

488 T 0191/82 EPOR 86, 88; T 0270/84 EPOR 87, 357; T 0361/88 EPOR 91, 1; T 0080/88 EPOR 91, 596.
489 T 0626/96 v 10.1.1997 BeckRS 97, 30615644.
490 T 0315/88 ABl 90 SonderA 27.
491 T 0278/14 v 12.1.2018 BeckRS 18, 10377.
492 BGH GRUR 57, 488 *Schleudergardine*; 62, 290 *Brieftaubenreisekabine I*; BPatGE 3, 88; T 0774/89 v 2.6.1992 BeckRS 92, 30637549.
493 BGH GRUR 65, 416 *Schweißelektrode I*; 96, 757 *Zahnkranzfräser*; BPatGE 3, 3; T 0109/82 ABl 84, 473; T 0090/89 GRUR Int 91, 81.
494 BGH GRUR 60, 427 *Fensterbeschläge*; T 0321/86 EPOR 89, 199, 205.
495 RG GRUR 39, 117.
496 T 0271/84 ABl 87, 405.
497 BGH v 11.07.2017 X ZR 119/14 GRUR 17, 498 (Rn 29) *Gestricktes Schuhoberteil*.
498 BGH BlPMZ 64, 121, 123 *Wimpernfärbestift*; T 0169/88 EPOR 91, 281.
499 BGH Mitt 62, 74 *Braupfanne*.
500 BGH BlPMZ 55, 153, 154 rSp *Holzschutzmittel*.
501 BGH GRUR 60, 27 *Verbindungsklemme*; 62, 83 *Einlegesohle*.
502 BGH GRUR 62, 80 *Rohrdichtung*.
503 BGH BlPMZ 66, 234, 235 rSp *Abtastverfahren*.
504 BGH GRUR 81, 42 *Pfannendrehturm*.

Lehre eine *Umstellung der Produktion* und damit eine *Investition* erfordert, die in diesem Zeitraum nicht für vertretbar gehalten wurde;[505] **9.** wenn *lange Entwicklungszyklen* auf dem betroffenen technischen Gebiet zu verzeichnen sind.[506]

Alter der Entgegenhaltung *(age of a document)* kann ein Indiz sein, dass die Erfindung nicht nahe gelegen hat, weil Fachleute ein altes Dokument unbeachtet gelassen haben, obwohl sie das Problem und das alte Dokument kannten. Das gleiche gilt, wenn eine theoretische Abhandlung ohne Anweisung zum praktischen Handeln seit vielen Jahren keinen Eingang in die Praxis gefunden hat.[507] Wenn ein Funktionsprinzip für sich gesehen seit vielen Jahrzehnten bekannt ist, bedarf es idR einer zusätzlichen Anregung, um dieses Prinzip erstmals bei Vorrichtungen einzusetzen, deren Einsatzzweck, Aufbau und Funktionsweise ebenfalls seit vielen Jahrzehnten bekannt sind.[508]

Ist das Dokument zwar alt, aber das Bedürfnis nach einer Lösung der Aufgabe der Erfindung jung, dann kann nur der zeitliche Abstand vom Entstehen des Bedürfnisses gewertet werden.[509] Ein normaler Zeitraum für die Lösung eines neuen Problems, der je nach Gebiet unterschiedlich sein kann, muss dem Fachmann zugestanden werden.[510] Erst wenn dieser deutlich überschritten wird, kann der für die Lösung des Problems ungenutzt verstrichene Zeitraum ein Indiz für das Nicht-Naheliegen der Erfindung sein.[511] Ist das Bedürfnis groß, das Fachgebiet also stark bearbeitet, dann genügt ein zeitlich geringerer Abstand.

173

Liegt aber aus tatsächlichen Gründen die Erfindung nahe, dann ändert daran auch das Alter des Stands der Technik nichts.[512] Bliebe eine seit vielen Jahren bekannte technische Lösung, die die wesentlichen Elemente der Erfindung bereits enthält, allein wegen ihres Alters unbeachtet, würde nicht ein neuer und erfinderischer Beitrag zum Stand der Technik mit einem Schutzrecht gewürdigt, sondern die bloße Wiederentdeckung eines bekannten technischen Konzepts prämiert.[513]

174

---

505 BGH GRUR **87**, 351 *Mauerkasten II*.
506 BGH GRUR **10**, 992 *Ziehmaschinenzugeinheit II*.
507 BGH BlPMZ **89**, 133 (II4c) *Gurtumlenkung* (19 Jahre); T 0366/89 ABl 93 SonderA 25 (50 Jahre).
508 BGH v 15.6.2021 X ZR 61/19 BlPMZ **21**, 324 *Laufradschnellspanner*.
509 BGH GRUR **62**, 80 *Rohrdichtung*; **96**, 857 (III2e) *Rauchgasklappe*; BPatGE **3**, 3; T 0024/81 ABl **83**, 133; T 0295/95 ABl **95** SonderA 49.
510 ZB 4 Jahre bei Mähdreschern (BGH Liedl **74/77**, 40, 46); 1,5 Jahre für Abfördereinrichtung für Schüttgut (BGH GRUR **86**, 798, 800).
511 ZB 25 Jahre für Massenausgleich (BGH GRUR **82**, 289); 10 Jahre für Ringschachtöfen (T 0020/84 EPOR **86**, 197); 16 Jahre für Polyetherketone (T 0540/92 ABl **96** SonderA 32); 17 Jahre für Spritzgusstechnik (T 0330/92 ABl **95** SonderA 50); 11 Jahre für eine Infrarot-LED (T 0203/93 ABl **95** SonderA 50); 23 Jahre für Antiblocking- u Gleitmittelkonzentrat (T 0273/92 ABl **94** SonderA 41); 60 Jahre für avoiding cross-contamination (T 0626/96 v 10.1.1997 BeckRS **97**, 30615644).
512 T 0964/92 EPOR **97**, 201; s auch schweiz BG v 4.10.2018 4A_282/2018 *Balancier de montre*: Über ein Jahrhundert altes Dokument als nächster Stand der Technik.
513 BGH v 11.7.2017 X ZR 119/14 GRUR **17**, 498 (Rn 29) *Gestricktes Schuhoberteil*.

- **Zufall** *(chance)*

175 Die Tatsache, dass der Erfinder die Erfindung durch Zufall gemacht hat, sie ihm also sozusagen in den Schoß gefallen ist, ist kein negatives Beweisanzeichen.[514] Entscheidend ist nur, was geschaffen wurde, nicht wie es geschaffen worden ist; denn mit einem Patent wird nicht die subjektive Anstrengung des Erfinders, sondern das die Technik objektiv bereichernde Ergebnis belohnt.

- **Zwangsläufige Ergebnisse** *(inevitable results)*

176 Ebenso wie die Neuheit eines Gegenstands zu verneinen ist, der sich bei Befolgung eines bekannten Verfahrens zwangsläufig von selbst einstellt (s § 3 Rdn 104), ist ein Gegenstand nahegelegt, den der Fachmann zwangsläufig erhält, wenn er ein durch den Stand der Technik nahegelegtes Verfahren anwendet.[515] Dies gilt auch dann, wenn der Gegenstand erst mit gewisser Verzögerung (zB nach verkehrsüblicher Lagerung eines Arzneimittels) entsteht.[516]

- **Zwischenprodukte** *(intermediates)*

177 (s § 1 Rdn 225) Ein Zwischenprodukt (Zwpr) ist erfinderisch, wenn im Anmeldezeitpunkt nicht erwartet werden konnte, dass bei seiner Weiterverarbeitung gegenüber vergleichbaren bekannten Stoffen Endprodukte mit überlegenen Eigenschaften oder Wirkungen erhalten werden.[517] Auf die Unterschiedlichkeit der mehreren Verfahrensabschnitte (zur Herstellung der Zwpr und der Endprodukte) oder auf den Unterschied der chemischen Konstitution der Produkte kommt es idR nicht an. Die erfinderische Tätigkeit eines Gesamtverfahrens überträgt sich auf solche neuen Zwpr, ohne die das Gesamtverfahren unmöglich ist.[518] Ist die Herstellung des Zwpr bereits erfinderisch, braucht seine Weiterverarbeitung zum bekannten Endprodukt nicht chemisch eigenartig zu sein.[519] Ein Zwpr ist nicht erfinderisch, wenn der Effekt des Endprodukts zwar verbessert wird, dieses selbst aber weder neu noch erfinderisch ist.[520]

§ 5 Gewerbliche Anwendbarkeit
(industrial application)

Eine Erfindung gilt als gewerblich anwendbar, wenn ihr Gegenstand auf irgendeinem gewerblichen Gebiet einschließlich der Landwirtschaft hergestellt oder benutzt werden kann.

---

514 Vgl T 0356/93 ABl 95, 545 (Nr 40.1: zufälliger Erfolg einer Transformation von Zellen mit DNA).
515 BGH GRUR 12, 1130 *Leflunomid*; BGH v 7.8.2018 ZR 110/16 GRUR 19, 157 *Rifaximin* α (betr Kristallform eines polymorphen Stoffs).
516 BGH GRUR 12, 1130 *Leflunomid*.
517 BGH GRUR 69, 265; *Disiloxan* 74, 718 *Chinolizine*.
518 T 0022/82 ABl 82, 341; T 0163/84 ABl 87, 301, 306; T 0648/88 ABl 91, 292.
519 *BPatG BlPMZ* 86, 223.
520 T 0018/88 ABl 92, 107.

Rainer Moufang

Übersicht

	Entstehungsgeschichte und Geltungsbereich.	1
	Europäisches Patentrecht.	2
	Kommentierung zu § 5 PatG	
1	Gewerbliche Anwendbarkeit	5
1.1	Zweck.	6
1.2	Begriff	7
1.3	Gewerbe	10
1.4	Nachweis der gewerblichen Anwendbarkeit.	11
1.5	Unbewegliche Sachen	12

Entstehungsgeschichte und Geltungsbereich: § 5 ist als § 2b durch Art IV Nr 4 IntPatÜG eingefügt worden. Durch Art 2 Nr 3 EPÜ-RevisionsG (= Anhang 9), das nach Art 5 am 13.12.2007 in Kraft getreten ist, wurde der bisher in § 5 (2) enthaltene Ausschluss der medizinischen Verfahren in § 2a (1) als neue Nr 2 integriert. [1]

Europäisches Patentrecht:
§ 5 PatG stimmt wörtlich überein mit Art 57 EPÜ. Artikel 57 blieb durch die EPÜ-Revision 2000 unverändert. Der bislang in Art 52 (4) Satz 1 EPÜ enthaltene Ausschluss der medizinischen Verfahren wurde zu Art 53 c) EPÜ. [2]

Article 57 EPC Industrial application
An invention shall be considered as susceptible of industrial application if it can be made or used in any kind of industry, including agriculture. [3]

Regel 42 Inhalt der Beschreibung
(1) In der Beschreibung . . . . . .
f) ist, wenn es sich aus der Beschreibung oder der Art der Erfindung nicht offensichtlich ergibt, ausdrücklich anzugeben, in welcher Weise der Gegenstand der Erfindung gewerblich anwendbar ist. [4]

1 Gewerbliche Anwendbarkeit *(industrial application)*

Díaz Pozo: Patenting Genes – The Requirement of Industrial Application 2017; **Lit in GRUR:** Gramm **84**, 761; Keil **93**, 705; Beyer **94**, 541; **Lit in GRUR Int:** Davidson 63, 5; Baumgärtel 04, 212; Jaenichen 07, 104; Fitt/Nodder 10, 649; **Lit in Mitt:** Tetzner **76**, 61; **Lit in EIPR:** Llewelyn **94**, 473; Sharples **11**, 72; Minnsen/Nilsson **12**, 689. [5]

1.1 Zweck

Der Zweck des Erfordernisses gewerblicher Anwendbarkeit ist es, »den Erfindergeist für das Gewerbe in nutzbringender Weise anzureizen« und nicht »die reine Theorie um neue Methoden zu bereichern«.[1] [6]

1.2 Begriff

Der Begriff der gewerblichen Anwendbarkeit ist mit dem früheren Begriff der gewerblichen Verwertbarkeit in § 1 PatG aF identisch. Er hat nicht – wie Neuheit und erfinderische Tätigkeit – einen Bezug zum Stand der Technik. Das Erfordernis darf entsprechend seinem Zweck nicht eng ausgelegt werden. Ein vergleichbares Erfordernis [7]

---

[1] RG PatBl 1889, 209 *Kongorot*; BGH GRUR **72**, 80 (B4b) *Trioxan*.

enthalten das US-amerikanische und kanadische Patentrecht in Form des Utility-Kriteriums.²

8 **Gewerblich anwendbar** ist eine Erfindung, wenn »das Erfundene seiner Art nach geeignet ist, entweder in einem technischen Gewerbebetrieb hergestellt zu werden oder technische Verwendung in einem Gewerbe zu finden«.³ Es genügt die *Möglichkeit der Herstellung* oder Benutzung auf irgendeinem gewerblichen Gebiet.⁴ Diese Möglichkeit braucht nicht ausschließlich gegeben zu sein.⁵ Es ist unschädlich, wenn neben einer möglichen gewerblichen Anwendung noch andere, nicht gewerbliche Arten der Verwertung bestehen. Es ist nicht erforderlich, dass die Erfindung nur berufsmäßig ausgeübt werden kann.⁶

9 *Gewerbliche Anwendbarkeit fehlt*, a) wenn die gegebene Lehre gänzlich ungeeignet ist, die gestellte Aufgabe zu lösen, zB bei einem *Perpetuum mobile*,⁷ weil es einer solchen Lehre an technischer Brauchbarkeit oder Ausführbarkeit (vgl § 1 Rdn 33) mangelt;⁸ b) wenn das Erzeugnis für keinerlei Zweck nützlich ist, weil es Gewerbe für nutzlose Produkte nicht gibt;⁹ c) für *Verfahren der Empfängnisverhütung*, die im privaten, persönlichen Bereich eines Menschen anzuwenden sind, und zwar auch dann, wenn sie von Prostituierten angewendet werden.¹⁰

1.3 Gewerbe *(industry)*

10 Gewerbe iSd § 5 und Art 57 EPÜ ist eine fortgesetzte, selbständige, erlaubte, auf Gewinn gerichtete Tätigkeit einschließlich der Urproduktion (Bergbau, Land- u Forstwirtschaft, Gartenbau, Jagd, Fischerei etc).¹¹ Die Ausübung der sog freien Berufe, zB Arzt, Anwalt, Apotheker, wird nach traditioneller Auffassung nicht als Gewerbe angesehen. Ob dies aber auch für den Begriff des »Gewerblichen« in § 5 zutrifft, dessen Bedeutung in harmonisierter Auslegung mit dem europäischen Recht zu ermitteln ist, wurde in einer BGH-Entscheidung ausdrücklich offen gelassen.¹²

Jedenfalls darf nach der Herauslösung des Ausschlusses der medizinischen Verfahren aus § 5 PatG diese Vorschrift nicht zu einem Auffangtatbestand werden, der solche medizinischen Verfahren, die den Tatbestand des § 2a (1) Nr 2 nicht erfüllen, unter dem Gesichtspunkt der fehlenden Gewerblichkeit von der Patentierung ausnimmt.¹³ Ferner sind Sachen, die für Angehörige freier Berufe bestimmt sind, gewerblich anwendbar iSd § 5, da sie immer in einem Gewerbebetrieb hergestellt werden können.

---

2 S hierzu Supreme Court of Canada v 30.6.2017 GRUR Int 17, 1060 *AstraZeneca v Apotex*.
3 BGH GRUR 68, 142 *Glatzenoperation*.
4 BGH BlPMZ 85, 117 *Offensichtlichkeitsprüfung*.
5 BGH GRUR 77, 652 (II3b bb) *Benzolsulfonylharnstoff*.
6 Österr PA GRUR Int 84, 310.
7 Vgl EPA-PrüfRichtl F-III 3 u G-III 1.
8 BGH BlPMZ 85, 117 (II2) *Energiegewinnungsgerät*; BPatGE 40, 243 (Perpetuum mobile).
9 Engl Court of Appeal 1996 FSR 153 = GRUR Int 98, 419, 420.
10 T 0074/93 ABl 95, 712; vgl aber auch T 1165/97 ABl 01 SonderA Nr 3, 34, wonach die Verwendung einer vaginalen Ausflusssammelvorrichtung gewerblich anwendbar sein soll.
11 BGH GRUR 68, 142 *Glatzenoperation*.
12 BGH GRUR 10, 1081 (Rn 27) *Bildunterstützung bei Katheternavigation*.
13 So explizit BGH GRUR 10, 1081 (Rn 26) *Bildunterstützung bei Katheternavigation*.

1.4 Nachweis der gewerblichen Anwendbarkeit

Ein Nachweis ist normalerweise nicht erforderlich, da sich die gewerbliche Anwendbarkeit idR von selbst versteht. Nur wenn nicht übersehen werden kann, ob die Erfindung überhaupt gewerblich anwendbar ist, bedarf es einer entsprechenden Angabe[14] (§ 10 (2) Nr 5 PatV, R 42 (1) f) EPÜ), denkbar zB bei Sachschutz für chemische Stoffe oder bei biologischen Erfindungen (für Gensequenzen s § 1a Rdn 22). Wird erst mit dieser Angabe eine technische Lehre offenbart, muss sie ursprünglich genannt sein. Wird die notwendige Angabe nachgebracht, liegt darin eine unzulässige Erweiterung.[15]

Wegen seiner geringen Anforderungen ist das Kriterium der gewerblichen Anwendbarkeit idR leicht zu erfüllen. Erhöhte Bedeutung hat es jedoch in jüngerer Zeit bei biotechnologischen Erfindungen mit spekulativem Einschlag gewonnen.[16]

1.5 Unbewegliche Sachen[17] *(immovable property)*

In der älteren Rechtsprechung[18] wurden unbewegliche Sachen zu Unrecht nicht für gewerblich anwendbar erachtet, da sie nach § 93 BGB nicht Gegenstand besonderer Rechte sein könnten. Da das Patent aber kein Recht iSd § 93 BGB ist,[19] können unbewegliche Gegenstände, wenn sie auf einem gewerblichen Gebiet hergestellt oder benutzt werden können, patentiert werden, zB Deiche,[20] Unterbau für Straßendecken,[21] Stahlfußboden,[22] Eisenbahnbrücke[23] sowie alle beweglichen Sachen, die dazu bestimmt sind, unbeweglich zu werden.

§ 6 Das Recht an der Erfindung
(right to the invention)

¹Das Recht auf das Patent hat der Erfinder oder sein Rechtsnachfolger. ²Haben mehrere gemeinsam eine Erfindung gemacht, so steht ihnen das Recht auf das Patent gemeinschaftlich zu. ³Haben mehrere die Erfindung unabhängig voneinan-

---

14 BGH GRUR 72, 541 (IIE2d) *Imidazoline*.
15 Vgl BPatGE 17, 192.
16 Gewerbliche Anwendbarkeit wurde verneint aufgrund zu hohen Grads an Spekulation in T 0870/04 ABl 06 SonderA 37; T 1452/06 ABl 08 SonderA 32; T 1109/10 v 13.3.2014 BeckRS 16, 127. Hingegen wurde die gewerbliche Anwendbarkeit bejaht in T 0604/04 v 16.3.2006 BeckRS 06, 30612303; T 0898/05 ABl 07 SonderA 6, 28; T 1165/06 v 19.07.2007 BeckRS 07, 30683930; sowie in T 0018/09 ABl 10 SonderA 2, 32; ebenso Supreme Court (UK) *Human Genome Sciences, Inc v Eli Lilly & Co* RPC 12, 102 gegen Court of Appeal als Vorinstanz. Für Details s Díaz Pozo: Patenting Genes – The Requirement of Industrial Application 2017; Jaenichen GRUR Int 07, 104; Fitt/Nodder GRUR Int 10, 649; Sharples EIPR 11, 72; Minnsen/Nilsson EIPR 12, 689.
17 Lit: Tetzner Mitt 76, 61.
18 Vgl RGZ 39, 32; RG GRUR 41, 275.
19 BPatGE 25, 204.
20 BPatGE 25, 204.
21 BGH GRUR 79, 48 *Straßendecke*.
22 BPatGE 4, 159.
23 BPatGE 27, 7, 12.

der gemacht, so steht das Recht dem zu, der die Erfindung zuerst beim Deutschen Patent- und Markenamt angemeldet hat.

Rainer Moufang

Übersicht

	Gesetzesentwicklung.	1
	Europäisches Patentrecht.	2
	Literatur	5
	Kommentierung zu § 6 PatG	
1	Überblick	6
1.1	Materielle Erfindungsberechtigung, Recht auf das Patent. .	6
1.2	Anspruch auf Patenterteilung	7
1.3	Erfinderrechtliche Vindikation	8
1.4	Erfindungsbesitz	9
2	Das Recht an der Erfindung	10
2.1	Das Recht auf das Patent	12
2.2	Vermögensrechtlicher Schutz des Rechts an der Erfindung	14
2.3	Erfinderpersönlichkeitsrecht	15
3	Erfinder und Erfindungsberechtigung	18
3.1	Grundsätzliches	18
3.2	Gemeinsame Erfinder.	20
3.2.1	Miterfinder.	21
3.2.2	Rechtsstellung.	22
3.3	Doppelerfinder	25
4	Vereinbarungen über das Erfinderrecht und Inanspruchnahme durch Arbeitgeber	28
5	Zwangsvollstreckung	29

1 **Gesetzesentwicklung:** 1936 wurde durch § 3 PatG aF das reine Anmelderprinzip zugunsten des Erfinderprinzips abgelöst. § 6 PatG entspricht § 3 PatG aF und ist – abgesehen von der Änderung der Bezeichnung Patentamt in Deutsches Patent- und Markenamt durch Art 1 Nr 40 a) des **2. PatRModG** v 10.8.2021 – seit 1936 unverändert.

2 **Europäisches Patentrecht:** § 6 Satz 1 PatG entspricht Art 60 (1) 1 EPÜ.
§ 6 Satz 3 PatG entspricht Art 60 (2) EPÜ. Die **EPÜ-Revision 2000** hat Art 60 unverändert gelassen.

Artikel 60 EPÜ   Recht auf das europäische Patent

3   (1) Das Recht auf das europäische Patent steht dem Erfinder oder seinem Rechtsnachfolger zu. Ist der Erfinder ein Arbeitnehmer, so bestimmt sich das Recht auf das europäische Patent nach dem Recht des Staats, in dem der Arbeitnehmer überwiegend beschäftigt ist; ist nicht festzustellen, in welchem Staat der Arbeitnehmer überwiegend beschäftigt ist, so ist das Recht des Staats anzuwenden, in dem der Arbeitgeber den Betrieb unterhält, dem der Arbeitnehmer angehört.
(2) Haben mehrere eine Erfindung unabhängig voneinander gemacht, so steht das Recht auf das europäische Patent demjenigen zu, dessen europäische Anmeldung den früheren Anmeldetag hat, sofern diese frühere Anmeldung veröffentlicht worden ist.
(3) *(abgedruckt bei § 7 Rn 3)*

4   Englische Fassung von Art 60 EPÜ
(1) The right to a European patent shall belong to the inventor or his successor in title. If the inventor is an employee, the right to a European patent shall be determined in accordance with the law of the State in which the employee is mainly employed; if the State in which the employee is mainly employed cannot be determined, the law to be applied shall be that of the State in which the employer has the place of business to which the employee is attached.

(2) If two or more persons have made an invention independently of each other, the right to a European patent therefor shall belong to the person whose European patent application has the earliest date of filing, provided that this first application has been published.
(3) *(abgedruckt bei § 7 Rn 4)*

Lit: Kraßer u Preu in FS Hubmann 1985, 221 u 349; **Marbach:** Rechtsgemeinschaften an Immaterialgütern 1987; **Cronauer:** Das Recht auf das Patent im EPÜ 1988; **Homma:** Der Erwerb des Miterfinderrechts 1998; **Storch** in FS Preu 1988, 39; **Hühnerbein:** Rechtsvergleichende Untersuchung der Miterfinderschaft 2004; **Henke:** Die Erfindungsgemeinschaft 2005; **Zimmermann** in FS Schilling 2007, 415; **Hofmann:** Immaterialgüterrechtliche Anwartschaftsrechte 2009; **Rüve:** Internationales Arbeitnehmererfinderprivatrecht 2009; **Bartenbach/Kunzmann** u **Kather** in 80 Jahre Patentgerichtsbarkeit in Düsseldorf 2016, 37 u 231; **Lit in EIPR:** O'Sullivan 21, 469; **Lit in GRUR:** Zimmermann 99, 121; Haedicke 07, 23; Henke 07, 89; **Lit in GRUR Int:** Liuzzo 83, 20; Ubertazzi 04, 805; Ehlers et al. 15, 909; Engel 20, 1123; Stierle 20, 918 u 21, 115; **Lit in IIC:** Gorbartyuk et al. 16, 262; **Lit in IPQ:** Bonadio 21, 48; **Lit in Mitt:** Hellebrand 08, 433; 13, 432; Meitinger 17, 149; 20, 49; Dornis 20, 436 u 477; **Lit in ZGE:** Konertz/Schönhof 18, 379.

1 Überblick

1.1 Materielle Erfindungsberechtigung, Recht auf das Patent

§ 6 sowie Art 60 (1) und (2) EPÜ regeln mit dem Recht auf das Patent die *materielle Berechtigung* an Erfindungen. Sie wird vom PatG seit 1936[1] und grundsätzlich auch vom EPÜ dem Erfinder zugeordnet (= Erfinderprinzip) (s im Einzelnen Rdn 18 ff). Er soll dadurch für seine geistige Leistung belohnt und zu künftigen Erfindungen angereizt werden. Ihm werden daher die Erfindung und das Recht an ihr zugeordnet.[2]

1.2 Anspruch auf Patenterteilung

Von der Erfindungsberechtigung zu unterscheiden ist die Rechtsposition, die aufgrund der Patentanmeldung für den Anmelder entsteht. Aus letzterer ergeben sich zum einen der *prozessuale Anspruch auf Erteilung des Patents*, der in § 7 (1) und Art 60 (3) EPÜ geregelt ist, zum anderen *das Recht aus der Patentanmeldung*, das insbesondere das Prioritätsrecht für Nachanmeldungen und den Entschädigungsanspruch nach Offenlegung gemäß § 33 (s auch Art 67 EPÜ) umfasst. Die Rechtsposition aufgrund der Anmeldung wandelt sich mit der Patenterteilung in das Recht aus dem Patent um, das die Befugnisse nach §§ 9 und 10 (s auch Art 64 EPÜ) vermittelt. Das Recht auf das, an dem und aus dem Patent ist ein absolutes Recht, das keinen Schuldner kennt.[3]

1.3 Erfinderrechtliche Vindikation

Fallen die materielle Berechtigung an der Erfindung und die Rechtsposition, die sich aus der Patentanmeldung oder dem Patent ergibt, auseinander, so kann der materiell Berechtigte mittels der erfinderrechtlichen Vindikation (§ 8, s auch Art 61 EPÜ) Abtretung des Anspruchs auf Patenterteilung bzw. Übertragung des Patents verlangen oder bei widerrechtlicher Entnahme außerdem die Rechte aus §§ 7 (2), 21 (1) Nr 3 und 22 (1) geltend machen.

---

1 Vgl amtl Begr BlPMZ 36, 104.
2 BGH BlPMZ 66, 166, 169 lSp *Batterie*.
3 BGH v 24.11.2020 KZR 35/17 GRUR 21, 585 *FRAND-Einwand II* (Rn 131) unter Verweis auf RGZ 127, 197, 205.

1.4 Erfindungsbesitz

9 Von dem Recht an der Erfindung zu unterscheiden ist ferner der Erfindungsbesitz. Er ist der tatsächliche Zustand, der die Benutzung der objektiv fertigen Erfindung ermöglicht;[4] erforderlich ist die subjektive Erkenntnis des Erfindungsgedankens. Er besteht losgelöst von der materiellen Berechtigung an der Erfindung. Erfindungsbesitz ist gegeben, wenn die sich aus Aufgabe und Lösung ergebende technische Lehre objektiv fertig ist und subjektiv erkannt worden ist, dass die tatsächliche Ausführung der Erfindung möglich ist.[5] Diese subjektive Erkenntnis liegt vor, wenn das Handeln planmäßig auf die Verwirklichung einer technischen Lehre gerichtet ist, die alle Merkmale des erfindungsgemäßen Gegenstands verwirklicht.[6] Im Falle widerrechtlicher Entnahme kann der Erfindungsbesitzer nach PatG die Rechte aus §§ 7 (2), 8, 21 (1) Nr 3 und 22 (1) geltend machen. Ferner entsteht ein Vorbenutzungsrecht nach § 12, wenn er den Erfindungsbesitz betätigt. Das EPÜ enthält keine Regelungen zum Erfindungsbesitz.

2 Das Recht an der Erfindung

10 Die materielle Berechtigung an der Erfindung wird von § 6 und Art 60 EPÜ lückenhaft nur in Bezug auf das Recht auf das Patent (Rdn 12) geregelt. Mit der Erfindung entsteht jedoch das umfassendere Recht an der Erfindung, das sog allgemeine Erfinderrecht. Es umfasst neben dem Recht auf das Patent das Erfinderpersönlichkeitsrecht (Rdn 15). Das Recht an der Erfindung ist – im Unterschied zum Recht auf das Patent – unabhängig davon, ob die gefundene Lehre zum technischen Handeln schutzfähig ist. Denn seine wahre Grundlage ist die schöpferische Tat des Erfinders, die völlig unabhängig davon ist, ob später ein Schutzrecht nachgesucht und erteilt wird.[7] Daher kann es dem Erfinder auch in Situationen, in denen ihm kein Recht auf das Patent zusteht, eine vermögensrechtlich nutzbare Position vermitteln, die die Rechtsordnung schützt (s Rdn 14).

11 **Entstehung:** Das allgemeine Erfinderrecht beruht wie das Urheberrecht auf einem Schöpfungsakt. Dieser ist ein Realakt,[8] so dass es auf Geschäftsfähigkeit nicht ankommt. Er besteht darin, dass der Erfinder selbst sich die Erkenntnis erschließt, wie mit bestimmten technischen Mitteln ein konkretes technisches Problem gelöst werden kann.[9] Das Recht an der Erfindung ist existent, wenn die Erfindung fertig (§ 34 Rdn 346 unter b) und aus der privaten Gedankenwelt des Erfinders herausgetreten ist. Die Rechtsprechung knüpft die Entstehung des Rechts daran, dass die Erfindung in einer für die Öffentlichkeit nicht zugänglichen Weise so verlautbart ist, dass sie für Dritte ausreichend konkret erkennbar ist[10] und als Anweisung zum technischen Handeln genutzt werden kann. Denn vor der Verlautbarung kann sie durch Dritte nicht

---

4 RGZ 123, 58, 61.
5 BGH GRUR 12, 895 *Desmopressin*.
6 BGH GRUR 12, 895 *Desmopressin*.
7 BGH GRUR 10, 817 *Steuervorrichtung* (Rn 30) unter Verweis auf Pinzger ZZP 60, 27, 28.
8 LG Nürnberg-Fürth GRUR 68, 252.
9 BGH GRUR 10, 817 *Steuervorrichtung* (Rn 28) unter Verweis auf T 0154/04 v 15.11.2006 ABl 08, 46.
10 BGH BlPMZ 71, 193, 195 lSp *Wildverbissverhinderung*; vgl BVerfG BlPMZ 74, 147.

gefährdet werden und bedarf daher keines Schutzes. Verlautbaren in diesem Sinne heißt nicht allgemein zugänglich machen (§ 3), eine vertrauliche mündliche Weitergabe zB reicht.

2.1 Das Recht auf das Patent

Es entsteht mit der Erfindung (Rdn 11) unter der weiteren Voraussetzung, dass die erschlossene technische Lehre schutzfähig ist.[11] Es ist ein *unvollkommen absolutes Immaterialgüterrecht*.[12] Es ist absolut, da es sich gegen jeden Dritten – ausgenommen einen zweiten Erfinder – richtet; es ist unvollkommen, weil es kein ausschließliches Benutzungsrecht und daher kein Verbietungsrecht gegenüber dritten Benutzern gewährt;[13] diese Rechte bietet erst das erteilte Patent (§ 9). Es verleiht keine unentziehbare Anwartschaft auf Erteilung eines Patents,[14] da es vor Einreichung einer Patentanmeldung durch etwaige Veröffentlichungen gefährdet ist. Es ist aber ein *echtes Vermögensrecht*,[15] das als eigentumsähnliches Recht dem Schutz des Art 14 GG unterliegt.[16] Es ist ein sonstiges Recht iSv § 823 (1) BGB;[17] das gilt auch für das Recht auf das europäische Patent nach Art 60 EPÜ, sofern es durch Handlungen, die im Geltungsbereich des deutschen Rechts erfolgen oder sich in ihm auswirken (s Art 40 (1) EGBGB), beeinträchtigt wird.

12

Das Recht auf das Patent ist gegen Beeinträchtigungen geschützt, die durch die Patentanmeldung eines Nichtberechtigten entstehen. Der Berechtigte kann insbesondere die Rechtsbehelfe nach §§ 7 (2), 8, 21 (1) Nr 3 und 22 oder Art 61 EPÜ geltend machen. Drohen derartige Beeinträchtigungen, kann die vorbeugende Unterlassungsklage nach §§ 823, 1004 BGB erhoben werden. Schadensersatz kann zB neben der Übertragung des Patents nach § 8 verlangt werden.[18] Der zu ersetzende Schaden umfasst auch den Schaden, den die Berechtigten dadurch erleiden, dass derjenige, der unberechtigt eine Patentanmeldung und ein Schutzrecht erwirkt, den Gegenstand der Erfindung nutzt und sie hiergegen aufgrund der vorenthaltenen formellen Rechtsposition nicht vorgehen können.[19]

13

2.2 Vermögensrechtlicher Schutz des Rechts an der Erfindung

Auch wenn die Erfindung nicht schutzfähig ist, vermittelt bereits das Recht an der Erfindung eine vermögensrechtlich nutzbare Position, die die Rechtsordnung zwar nicht in gleicher Weise umfassend wie das Recht auf das Patent, aber gegen bestimmte,

14

---

11 BGH Mitt **96**, 16 *Gummielastische Masse*; GRUR **10**, 817 *Steuervorrichtung* (Rn 28).
12 BPatGE **6**, 20, 23; **12**, 119, 121; öst OGH Öbl **12**, 33 *Matratzen II*.
13 RG GRUR **38**, 256, 258; BGH GRUR **55**, 388 *Dücko*.
14 BGH BlPMZ **66**, 166, 169 lSp *Batterie*.
15 BGH BlPMZ **62**, 280, 283 lSp *Drahtseilverbindung*.
16 BVerfG GRUR **74**, 142, 144 *Offenlegung von Patent-Altanmeldungen*; BPatG BlPMZ **70**, 49, 60 rSp; Mitt **70**, 47, 55 lSp.
17 BGH GRUR **55**, 388 *Dücko*; **79**, 145 (III2a) *Aufwärmvorrichtung*; v 9.6.2020 X ZR 142/18 GRUR **20**, 986 (Rn 17) *Penetrometer*.
18 BGH GRUR **55**, 388 *Dücko*; **79**, 145 (III2a) *Aufwärmvorrichtung*; Mitt **96**, 16 (A1) *Gummielastische Masse*.
19 BGH v 9.6.2020 X ZR 142/18 GRUR **20**, 986 (Rn 19) *Penetrometer*.

die Erfindung ausnutzende Handlungen Dritter schützt.[20] Hierzu gehören in erster Linie Beeinträchtigungen infolge einer Patentanmeldung durch einen Nichtberechtigten. Bei der Ausübung der Rechtsbehelfe nach §§ 7 (2), 8, 21 (1) Nr 3 und 22 oder Art 61 EPÜ ist daher die Schutzfähigkeit der Erfindung nicht zu prüfen.[21]

Das Recht an der Erfindung wird ferner vermögensrechtlich auch durch § 812 BGB gegen Eingriffe Dritte geschützt.[22] Hierzu gehören Benutzungen, die der Dritte vornehmen konnte, weil ihm als Anmelder oder Patentinhaber eine Vorzugsstellung erwachsen ist, er also unter in der Fachwelt praktiziertem Schutz handelt.[23] Als Eingriffe kommen darüber hinaus auch Benutzungen durch den Anmelder in Betracht, die vor der Offenlegung der Anmeldung, ja sogar vor der Anmeldung selbst, erfolgen und durch die Exklusivität des Wissens um die technische Lehre ermöglicht werden.[24] Wertersatz nach § 818 (2) BGB für das durch den Eingriff Erlangte wird idR durch eine Lizenzgebühr am besten abgebildet.[25]

2.3 Erfinderpersönlichkeitsrecht

15 Das Erfinderpersönlichkeitsrecht ist ein höchstpersönliches Recht[26] und entsteht mit der Erfindung (Rdn 11). Es ist Teil des allgemeinen Persönlichkeitsrechts (Art 1 u 2 GG), das als »sonstiges Recht« nach § 823 (1) BGB geschützt ist.[27] Bei Verletzungen kann auf Unterlassung, Beseitigung, Feststellung und Schadensersatz (einschließlich der Herausgabe des Verletzergewinns)[28] – bei schweren Beeinträchtigungen auch auf Ersatz des immateriellen Schadens – geklagt werden.[29]

16 Der *Inhalt des Erfinderpersönlichkeitsrechts* bemisst sich nach seinem Zweck, der Anerkennung der Erfinderehre. Nur was diesem Ziel in angemessener Weise dient, kann verlangt werden. Es erschöpft sich nicht in der Benennung durch den Anmelder (§ 37, Art 62 und 81 EPÜ) und der Nennung durch das DPMA nach § 63 und Bekanntmachung durch EPA nach R 20 EPÜ. Wer die Erfinderschaft leugnet, kann auf Feststellung[30] und Widerruf verklagt werden.[31] Einen Anspruch auf besondere Ehrung verleiht dagegen das Erfinderpersönlichkeitsrecht nicht.[32] Die Anerkennung eines bestimmten quotenmäßigen Anteils ist nicht möglich.[33]

---

20 BGH GRUR 10, 817 *Steuervorrichtung* (Rn 28).
21 So ausdrücklich für § 8 BGH GRUR 10, 817 *Steuervorrichtung* (Rn 30) unter Verweis auf BGH GRUR 01, 823, 825 *Schleppfahrzeug*. Siehe auch § 8 Rdn 34.
22 BGH GRUR 10, 817 *Steuervorrichtung* (Rn 28).
23 BGH GRUR 10, 817 *Steuervorrichtung* (Rn 29).
24 BGH GRUR 10, 817 (Rn 29 u 42) *Steuervorrichtung*.
25 BGH GRUR 10, 817 (Rn 40) *Steuervorrichtung*.
26 BGH GRUR 78, 583 (III2) *Motorkettensäge*; BPatG GRUR **87**, 234.
27 Vgl BGH GRUR **65**, 256 *Gretna Green* mwN.
28 Vgl BGH GRUR **02**, 532 *Unikatrahmen* (betr Urheberpersönlichkeitsrecht).
29 Vgl BGH BlPMZ **54**, 371 *Autostadt*; GRUR **72**, 97 *Liebestropfen* (zum allgemeinen Persönlichkeitsrecht); OLG Frankfurt GRUR **64**, 561.
30 BGH GRUR **79**, 145 (III2a) *Aufwärmvorrichtung*.
31 LG Nürnberg-Fürth GRUR **68**, 252.
32 *BGH GRUR **61**, 470 Mitarbeiter-Urkunde.*
33 LG Nürnberg-Fürth GRUR **68**, 252.

Das Recht ist unveräußerlich, unpfändbar und unverzichtbar.[34] Zu seiner Geltendmachung können Dritte nicht ermächtigt werden (keine gewillkürte Prozessstandschaft).[35] Das Recht verbleibt dem Erfinder auch nach einer Übertragung der Erfindung[36] und nach Ablauf der Patentdauer. Im Wege der Erbfolge geht das Recht insoweit auf die Erben über, als diese das ideelle Recht für den verstorbenen Erfinder (zB seine Nennung) geltend machen können.[37]

3 Erfinder und Erfindungsberechtigung

3.1 Grundsätzliches

Der Erfinderbegriff des PatG und derjenige des EPÜ, der konventionsautonom auszulegen ist,[38] unterscheiden sich nicht. Da die Erfindung in einem geistigen Schöpfungsakt besteht, können Erfinder *nur natürliche Personen*, nicht aber juristische Personen sein. Auch Erfindungen, die maßgeblich auf künstlicher Intelligenz beruhen, müssen unter dem geltenden Patentrecht natürlichen Personen zugeordnet werden. Dies kann etwa der Entwickler des über künstliche Intelligenz verfügenden Computerprogramms oder aber derjenige sein, der das Programm zur Lösung einer technischen Aufgabe einsetzt.

Im *PatG* gilt das Erfinderprinzip des § 6 S 1 ohne Ausnahme. Jeder Berechtigte an der Erfindung, der nicht Erfinder ist, kann daher sein Recht nur durch abgeleiteten Rechtserwerb, also nicht originär erhalten haben. Das gilt auch für den Fall der Vorausverfügung über eine künftige Erfindung[39] und den Rechtserwerb der juristischen Person von einem ihrer Organe.[40] Eine Erfindung ohne Erfinder (*sog Betriebserfindung*) widerspricht dem Erfinderprinzip des § 6 S 1.[41] Zur Inanspruchnahme einer Betriebserfindung durch Arbeitgeber s Rdn 28.

Das *EPÜ* weist zwar in Art 60 (1) 1 grundsätzlich die Erfindungsberechtigung in Gestalt des Rechts auf das europäische Patent ebenfalls dem Erfinder zu, sieht jedoch in Art 60 (1) 2 für den praktisch wichtigen Fall der Arbeitnehmererfindung eine IPR-rechtliche Verweisungsnorm auf die Rechtsordnung eines näher bestimmten Staates vor. Die Verweisung zielt in erster Linie auf das Recht des Staats, in dem der Arbeitnehmer überwiegend beschäftigt ist. Kann eine überwiegende Beschäftigung nicht festgestellt werden, kommt es auf das Recht des Staats an, in dem der Betrieb besteht, dem der Arbeitnehmer angehört.

Diese Verweisung ist als eine Gesamtverweisung auf das gesamte Recht des betreffenden Staats (einschließlich seines Kollisionsrechts) zu verstehen.[42] Eine Weiterver-

---

34 BGH GRUR **78**, 583 (III2) *Motorkettensäge*; BPatG GRUR **87**, 234.
35 BGH GRUR **78**, 583 (III2) *Motorkettensäge*; BPatG GRUR **87**, 234.
36 BPatG GRUR **87**, 234.
37 BPatG GRUR **87**, 234.
38 Für die Auslegung des Erfinderbegriffs des EPÜ ist also nicht etwa ein kollisionsrechtlich zu bestimmendes nationales Recht maßgeblich. Ebenso Singer/Stauder/Luginbühl Art 60 Rn 15 unter Hinweis auf Cronauer: Das Recht auf das Patent im EPÜ 1988, 55 ff.
39 BGH BlPMZ **55**, 220 *Kopiergerät*.
40 BGH BlPMZ **55**, 220 *Kopiergerät*.
41 S aber Meitinger Mitt **17**, 149: »erfinderlose Erfindungen« durch Know-how einer Organisation.
42 Grundlegend Straus GRUR Int **84**, 1; aA Singer/Stauder/Luginbühl, Art 60 Rn 14.

weisung ist daher möglich. Je nach anzuwendendem Recht kann das Erfinderprinzip des Art 60 (1) 1 EPÜ somit im Fall einer Arbeitnehmererfindung durchbrochen sein. Es ist zB möglich, dass das anzuwendende Recht einen originären Erwerb des Rechts auf das europäische Patent durch den Arbeitgeber vorsieht. Erfindungen bei grenzüberschreitender Zusammenarbeit werfen häufig komplexe Fragen auf.[43]

3.2 Gemeinsame Erfinder

20   Nach § 6 S 2 haben gemeinsame Erfinder ein gemeinschaftliches Recht auf das Patent. Dieser Grundsatz gilt trotz Fehlens einer expliziten Vorschrift auch im EPÜ. Dass mehrere Personen Erfinder sein können, wird jedenfalls in R 19 (1) und (3) EPÜ vorausgesetzt.

21   **3.2.1 Miterfinder** iSd § 6 S 2 ist nur, wer durch *selbständige, geistige Mitarbeit* zum Auffinden des Erfindungsgedankens einen *schöpferischen Anteil* beigetragen hat, ohne dass dieser selbst erfinderisch zu sein braucht (s auch § 8 Rdn 20).[44] Kein Miterfinder ist, **a)** wessen Beitrag für die Lösung unwesentlich ist,[45] weil er zB neben einer überragenden Leistung eines anderen nur Fachwissen oder für die fertige Erfindung ein Ausführungsbeispiel beigesteuert hat;[46] **b)** wer nur die materiellen Voraussetzungen für die Erfindung geschaffen hat (Dienstherr, Arbeitgeber); **c)** wer nach Weisung des Erfinders als *Erfindungsgehilfe* tätig geworden ist,[47] zB Handwerker oder Computerhilfsperson; **d)** wer lediglich auf Grund von Vereinbarungen an der Erfindung Beteiligter ist.[48] Auf die Fassung der Ansprüche eines erteilten Patents kommt es dabei nur insofern an, als sich aus ihnen ergeben kann, dass ein Teil der in der Beschreibung dargestellten Erfindung nicht zu dem Gegenstand gehört, für den mit der Patenterteilung Schutz gewährt worden ist.[49] Die formale Aufnahme eines konstruktiven Details in einen Unteranspruch sagt für sich noch nichts darüber, ob darin ein schöpferischer oder nichtschöpferischer Beitrag zur Gesamterfindung liegt.[50]

22   **3.2.2 Rechtsstellung** der Miterfinder im deutschen Recht (für EPÜ s Rdn 24) richtet sich nach Vertrag, ergänzend nach den §§ 705 ff BGB über die Gesellschaft und bei Fehlen einer Vereinbarung nach den §§ 741 ff BGB über die Bruchteilsgemeinschaft.[51] Für die Bestimmung der Miterfinderanteile sind die technische Lehre in ihrer Gesamtheit und die Beiträge, die die einzelnen Erfinder zum Zustandekommen dieser Lehre

---

43   S hierzu BGH v 4.9.2018 X ZR 14/17 GRUR **19**, 271 (Rn 65) *Drahtloses Kommunikationsnetz*; OLG Karlsruhe 6 U 161/16 GRUR **18**, 1030; Kather in 80 Jahre Patentgerichtsbarkeit in Düsseldorf 2016, 231; Krahforst Mitt. **18**, 506.
44   BGH GRUR **78**, 583 (14) *Motorkettensäge*; 04, 50, 51 (II2) *Verkranzungsverfahren*; Mitt **13**, 551 *Flexibles Verpackungsbehältnis*.
45   BGH Mitt **96**, 16, 18 rSp *Gummielastische Masse*; GRUR **04**, 50, 51 (II2) *Verkranzungsverfahren*; Mitt **13**, 551 *Flexibles Verpackungsbehältnis*.
46   OLG Düsseldorf GRUR **71**, 215.
47   BGH GRUR **04**, 50, 51 (II2) *Verkranzungsverfahren*.
48   LG Nürnberg-Fürth GRUR **68**, 252, 254; s auch öst OGH Öbl **12**, 83 *Matratzen II*.
49   BGH Mitt **13**, 551 *Flexibles Verpackungsbehältnis*.
50   BGH GRUR **04**, 50, 52 (II2) *Verkranzungsverfahren*.
51   BGH GRUR **01**, 226 *Rollenantriebseinheit*; **16**, 1257 *Beschichtungsverfahren*; v 9.6.2020 X ZR 142/18 GRUR **20**, 986 (Rn 22) *Penetrometer*. Vgl Bartenbach/Kunzmann in 80 Jahre Patentgerichtsbarkeit in Düsseldorf 2016, 37.

geleistet haben, in den Blick zu nehmen.[52] Ein an der Erfindung Beteiligter kann die Einräumung einer Mitberechtigung an dem Patent verlangen.[53] Die Feststellung der Größe eines bestimmten Anteils muss dabei nicht spezifiziert werden und ist auch nicht immer erforderlich.[54] Eine Mitberechtigung kann nur an einer Patentanmeldung oder einem Patent insgesamt, nicht an Teilen hiervon (wie zB einzelnen Patentansprüchen) bestehen.[55]

Jeder Mitinhaber ist bezüglich der Gesamterfindung unabhängig von der Größe seines Anteils benutzungsberechtigt (§ 743 (2) BGB), wobei allerdings das gleichartige Benutzungsrecht der anderen zu beachten ist.[56] Soll in einer Erfindergemeinschaft nach Bruchteilen mit Stimmenmehrheit beschlossen werden, dass einem Dritten die Nutzung der Erfindung gegen Entgelt gestattet wird, muss die mit dem Dritten getroffene Vereinbarung so ausgestaltet sein, dass Teilhabern, die der Gestattung nicht zugestimmt haben, der Zugriff auf den ihnen gebührenden Anteil an den Nutzungen möglich bleibt.[57]

Den Miterfindern gemeinschaftlich zustehende Ansprüche (wie etwa Schadensersatzansprüche wegen Verletzung des Rechts auf das Patent) können von einem Miterfinder allein geltend gemacht werden, wenn er Leistung an alle Miterfinder fordert.[58]

Gebrauchsvorteile, die ein Mitinhaber durch eine über seinen eigentlichen Anteil hinausgehende Benutzung erzielt, hat dieser dem nicht benutzenden Mitinhaber nicht ohne weiteres auszugleichen. Pflicht hierzu besteht nur, wenn a) die Miterfinder durch Mehrheitsbeschluss eine dahingehende Regelung getroffen haben (§ 745 (1) BGB) oder b) es dem Interesse aller Teilhaber nach billigem Ermessen entspricht, dass ein den eigenen Anteil übersteigender Gebrauch finanziell ausgeglichen wird, und ein dahingehendes Verlangen gestellt worden ist (§ 745 (2) BGB).[59] Als Verlangen reicht, dass der Diensterfinder gegenüber seinem Arbeitgeber (auf den kraft Inanspruchnahme die übrigen Anteile der anderen Diensterfinder übergegangen sind) geltend macht, die Erfindung sei ihm gegenüber frei geworden, und aufgrund dessen Rechnungslegung und Schadenersatz bzw Entschädigung verlangt.[60] Im Fall b) sind diejenigen Benutzungshandlungen ausgleichspflichtig, die nach dem berechtigten Verlangen gemäß § 745 (2) BGB vorgenommen wurden.[61] Für die Billigkeit des Ausgleichs können auch die Gründe, aus denen der Anspruchsteller von einer eigenen Nutzung der Erfindung

23

---

52 BGH GRUR 11, 903 (Rn 21) *Atemgasdrucksteuerung*; BGH v 14.2.2017 X ZR 64/15 GRUR 17, 504 (Rn 58) *Lichtschutzfolie*.
53 BGH GRUR 79, 540 *Biedermeiermanschetten*.
54 BGH GRUR 09, 657 (Rn 18) *Blendschutzbehang*; s aber auch BGH GRUR 79, 540 *Biedermeiermanschetten*.
55 BGH GRUR 09, 657 (Rn 17) *Blendschutzbehang*.
56 BGH GRUR 05, 663 *Gummielastische Masse II*; 09, 657 (Rn 18) *Blendschutzbehang*; BGH v 14.2.2017 X ZR 64/15 GRUR 17, 504 (Rn 70) *Lichtschutzfolie*.
57 BGH v 9.6.2020 X ZR 142/18 GRUR 20, 986 (Rn 28) *Penetrometer*.
58 BGH v 4.4.2006 X ZR 155/03 GRUR 06, 754 (Rn 10) *Haftetikett*; v 9.6.2020 X ZR 142/18 GRUR 20, 986 (Rn 24) *Penetrometer*.
59 BGH GRUR 05, 663 *Gummielastische Masse II*; 06, 401 *Zylinderrohr*; s auch OLG Düsseldorf GRUR 14, 1190.
60 OLG Düsseldorf GRUR-RR 06, 118.
61 BGH GRUR 05, 663 *Gummielastische Masse II*.

abgesehen hat, relevant sein.[62] Die vorstehenden Ausgleichsregeln gelten unabhängig davon, ob für die gemeinschaftliche Erfindung ein Patent erteilt ist oder nicht.[63] Jederzeitige Aufhebung der Gemeinschaft ist möglich (§ 749 (1) BGB), und zwar idR durch Verkauf der Anmeldung oder des Patents (§ 753 (1) BGB).[64]

Nimmt ein Miterfinder eine Patentanmeldung nur im eigenen Namen vor, so lässt sich dies nicht als notwendige Maßnahme zur Erhaltung des Gegenstands (§ 744 (2) BGB) rechtfertigen, sondern führt zu einer Schadensersatzpflicht.[65] Diese erstreckt sich auf alle Vermögensnachteile, die den anderen Miterfindern aus dieser alleinigen Anmeldung entstanden sind, und schließt einen Ausgleich der Vorteile aus der Nutzung der gemeinsamen Erfindung ein.[66] Der Entstehungszeitpunkt des Schadensersatzanspruchs hängt nicht davon ab, wann er erstmals geltend gemacht worden ist.[67]

24 Die obigen Regeln gelten nur, wenn die Erfindungsgemeinschaft dem deutschen Recht unterliegt. Dies ist nicht ohne weiteres der Fall, wenn die Erfindung im Ausland oder unter Beteiligung ausländischer Miterfinder entstanden ist. Hier muss das anwendbare Recht zunächst kollisionsrechtlich ermittelt werden. Das gleiche gilt für Miterfinder, denen gemeinsam das Recht auf das europäische Patent nach Art 60 (1) EPÜ zusteht. Denn das EPÜ enthält keine eigene Regelung, die das Rechtsverhältnis der Miterfinder untereinander bestimmen würde.

3.3 Doppelerfinder (§ 6 S 3; Art 60 (2) EPÜ)

25 Nach dem Gesetzeswortlaut steht das Recht auf das Patent an einer Erfindung, die unabhängig von zwei Erfindern geschaffen worden ist (Doppelerfindung), dem erstanmeldenden Erfinder zu. Das EPÜ knüpft diese Zuordnung an die weitere Voraussetzung, dass die erste Anmeldung veröffentlicht worden ist.

26 Da das Recht auf das Patent mit der jeweiligen Erfindung entsteht (Rdn 12) und zu diesem Zeitpunkt noch nicht feststeht, wer sie zuerst beim Patentamt anmelden wird, ist davon auszugehen, dass das Recht zunächst beiden Doppelerfindern zusteht. Erst wenn eine erste Anmeldung durch einen der Doppelerfinder getätigt und veröffentlicht worden ist, erlischt das Recht des anderen Doppelerfinders. Da diese Veröffentlichung der später angemeldeten Erfindung die Neuheit nimmt (§ 3 (2) und Art 54 (3) EPÜ), ist es nicht erforderlich, den Zeitpunkt des Erlöschens bis zur Erteilung des Patents auf die erste Anmeldung hinauszuschieben.[68] Die durch § 6 S 3 und Art 60 (2) EPÜ verliehene Rechtsposition wirkt zeitlich unbegrenzt, auch noch nach Ablauf der Schutzdauer eines Patents.[69]

---

62 BGH v 16.5.2017 X ZR 85/14 GRUR 17, 890 (Rn 28) *Sektionaltor II*.
63 BGH GRUR 06, 401 *Zylinderrohr*.
64 BGH GRUR 05, 663 *Gummielastische Masse II*.
65 BGH GRUR 16, 1257 (Rn 20) *Beschichtungsverfahren*.
66 BGH GRUR 16, 1257 (Rn 28) *Beschichtungsverfahren*.
67 BGH GRUR 16,1257 (Rn 29) *Beschichtungsverfahren*; BGH v 16.5.2017 X ZR 85/14 GRUR 17, 890 (Rn 34) *Sektionaltor II*.
68 So noch die 8. Aufl unter Verweis auf PA Mitt 58, 56, 57.
69 BPatGE 12, 119, 121.

Entscheidend für die Lösung des Konflikts der Doppelerfinder ist das Datum des **27**
Anmeldetags und, wenn eine oder mehrere Prioritäten beansprucht werden, das Datum
der maßgeblichen Priorität. Letzteres ergibt sich für das EPÜ explizit aus Art 89 (s
§ 41 Rdn 6), sollte aber auch für das PatG gelten.

4 Vereinbarungen über das Erfinderrecht und Inanspruchnahme durch Arbeitgeber

Das Recht auf das Patent – nicht das Erfinderpersönlichkeitsrecht – ist übertragbar; **28**
§ 6 S 1 und Art 60 (1) 1 EPÜ erwähnen eigens den Rechtsnachfolger: für Details s
Kommentierung zu § 15. Darüber hinaus sieht § 6 ArbEG den Übergang aller vermögenswerten Rechte an einer Diensterfindung auf den Arbeitgeber durch *Inanspruchnahme* vor. Die Inanspruchnahme ist eine einseitige Willenserklärung des Arbeitgebers und gilt nach der Neufassung des ArbEG 2009 als erklärt, wenn der Arbeitgeber die Erfindung nicht bis zum Ablauf von vier Monaten nach ihrer ordnungsgemäßen Meldung freigibt.

5 Zwangsvollstreckung

Der Zwangsvollstreckung unterliegt **a)** das Recht an der Erfindung (s Rdn 10 u 14),[70] **29**
mit Ausnahme des Erfinderpersönlichkeitsrechts (s Rdn 17); **b)** der Anspruch auf
Erteilung des Patents;[71] ein Pfändungspfandrecht setzt sich nach der Erteilung am
Patent fort;[72] **c)** das Recht aus dem Patent.[73]

Rechtsstellung des Pfändungspfandgläubigers: Er erlangt durch die Pfändung kein
ausschließliches Benutzungsrecht an der Erfindung oder an dem Patent. Er kann Dritten nicht die Benutzung patentgemäßer Gegenstände untersagen, die diese vom Patentinhaber oder einem Lizenznehmer erworben haben.[74]

Rechtsstellung des Patentinhabers: Ihm verbleibt zwar nach der Pfändung das
Patentrecht, er kann jedoch keine Verfügungen treffen, die das Pfandrecht beeinträchtigen.[75] Bis zur Pfandverwertung bleiben bestehen: das Recht zur Eigennutzung sowie vor der Pfändung begründete Lizenzen.[76]

§ 7 Anmelderfiktion, Entnahmepriorität bei widerrechtlicher Entnahme
(legal fiction in favour of the applicant; priority right after opposition for unlawful deprivation)

(1) Damit die sachliche Prüfung der Patentanmeldung durch die Feststellung
des Erfinders nicht verzögert wird, gilt im Verfahren vor dem Deutschen Patent-

---

70 BGH GRUR **55**, 388 *Dücko.*
71 BGH GRUR **94**, 602 *Rotationsbürstenwerkzeug* = LM § 15 PatG Nr 3 mit Anm. Moufang.
72 BGH GRUR **94**, 602 *Rotationsbürstenwerkzeug.*
73 BGH GRUR **94**, 602 *Rotationsbürstenwerkzeug;* schweiz BG GRUR Int **16**, 798 *Verarrestierbarkeit eines Patents.*
74 BGH GRUR **94**, 602 *Rotationsbürstenwerkzeug.*
75 BGH GRUR **94**, 602 *Rotationsbürstenwerkzeug.*
76 BGH GRUR **94**, 602 *Rotationsbürstenwerkzeug.*

und Markenamt der Anmelder als berechtigt, die Erteilung des Patents zu verlangen.

(2) Wird ein Patent auf Grund eines auf widerrechtliche Entnahme (§ 21 Abs 1 Nr 3) gestützten Einspruchs widerrufen oder führt der Einspruch zum Verzicht auf das Patent, so kann der Einsprechende innerhalb eines Monats nach der amtlichen Mitteilung hierüber die Erfindung selbst anmelden und die Priorität des früheren Patents in Anspruch nehmen.

Rainer Moufang

Übersicht

	Gesetzesentwicklung	1
	Europäisches Patentrecht	2
	Kommentierung zu § 7 PatG	
I.	Überblick	5
II.	Anmelderfiktion	6
III.	Entnahmepriorität bei widerrechtlicher Entnahme	9
1	Allgemeines	9
2	Voraussetzungen	11
2.1	Grundsatz	11
2.2	Widerruf des Patents	12
2.3	Verzicht auf das Patent	14
2.4	Keine Ausdehnung	15
3	Ausübung des Rechts	16
3.1	Nachanmeldung	16
3.2	Inanspruchnahme der Priorität	18
3.3	Monatsfrist	19
4	Wirkung	20

1 **Gesetzesentwicklung:** § 7 (1) entspricht 4 (1) PatG 1936. § 7 (2) ist durch Art 8 Nr 1 GPatG als § 4 (3) eingefügt worden. Art 1 Nr 40 a) des **2. PatRModG** v 10.8.2021 änderte in Abs 1 die Bezeichnung Patentamt in Deutsches Patent- und Markenamt.

2 **Europäisches Patentrecht:** Art 60 (3) EPÜ entspricht § 7 (1) PatG.

Artikel 60 (3) EPÜ

3 *(Art 60 (1) und (2) abgedruckt bei § 6 Rdn 3)*
(3) Im Verfahren vor dem Europäischen Patentamt gilt der Anmelder als berechtigt, das Recht auf das europäische Patent geltend zu machen.

4 Englische Fassung von Art 60 (3) EPÜ:
In proceedings before the European Patent Office, the applicant shall be deemed to be entitled to exercise the right to a European patent.

I. Überblick

5 Die zwei Absätze des § 7 enthalten recht unterschiedliche Regelungen. § 7 (1) bestimmt ähnlich wie Art 60 (3) EPÜ, dass der Anmelder berechtigt ist, die Erteilung des Patents zu verlangen (sog Anmelderfiktion, s Rdn 6 f). § 7 (2) gibt einem Einsprechenden, der erfolgreich einen Einspruch wegen widerrechtlicher Entnahme eingelegt hat, das Recht zur Einreichung einer neuen Anmeldung unter Inanspruchnahme der Priorität des *Patents (sog Entnahmepriorität, s Rdn 9 ff)*. Das EPÜ kennt keine entsprechende Regelung.

II. Anmelderfiktion

Damit das patentamtliche Verfahren nicht durch Ermittlungen über die Urheberschaft an der Erfindung verzögert wird,[1] fingieren § 7 (1) PatG und Art 60 (3) EPÜ ohne Ausnahme und unwiderlegbar für jeden Anmelder, dass er im Verfahren vor dem DPMA und EPA als berechtigt gilt, die Erteilung des Patents zu verlangen.

Diese Fiktion bezieht sich, wie das PatG klarer ausdrückt als das EPÜ, nur auf den prozessualen Anspruch auf Erteilung gegenüber dem Patentamt; sie lässt das materielle Recht des Erfinders, dem das Recht auf das Patent nach § 6 und Art 60 (1) und (2) EPÜ zusteht, unberührt.[2] Der wahre Erfinder kann sein besseres materielles Recht gegenüber einem sachlich unberechtigten Anmelder nach § 8 (s auch Art 61 EPÜ) sowie bei widerrechtlicher Entnahme außerdem nach den §§ 7 (2), 21 (1) Nr 3, 22 durchsetzen. Auf anhängige Erteilungs- oder Einspruchsverfahren kann er keinen Einfluss nehmen.[3] Vor dem EPA kann er nach Einleitung eines nationalen Vindikationsverfahrens die Aussetzung des Erteilungs- oder Einspruchsverfahrens nach Regel 14 und 78 EPÜ erreichen (s § 8 Rdn 32).

Keine Prüfung durch DPMA und EPA: Das Patentamt darf die sachliche Berechtigung des Anmelders nicht nachprüfen (arg: § 37 (1) 3.[4] Selbst wenn die mangelnde Sachbefugnis des Anmelders bekannt ist, berührt das den Anspruch des Anmelders auf Erteilung nach § 7 und Art 60 (3) EPÜ nicht.[5] Eine Anmeldung kann daher aus diesem Grund nicht zurückgewiesen werden. Dazu berechtigen allenfalls Mängel der Erfinderbenennung (s § 37 Rdn 9). Fehlt dem Anmelder die materielle Berechtigung, ist es Sache des wahren Erfinders, sein Recht geltend zu machen, und zwar bei Ansprüchen aus § 8 ausschließlich durch Klage vor den ordentlichen Gerichten (s auch Art 61 (1) EPÜ).

III. Entnahmepriorität bei widerrechtlicher Entnahme (§ 7 (2) PatG)

1 Allgemeines

Der Rechtsbehelf des § 7 (2), der keine Entsprechung im EPÜ hat, knüpft an einen erfolgreichen Einspruch wegen widerrechtlicher Entnahme (§ 21 (1) Nr 3) an und kommt damit in erster Linie dem Erfindungsberechtigten, uU aber auch dem durch Entnahme verletzten Erfindungsbesitzer, zugute. Die hierdurch verschaffte Möglichkeit, eine neue Anmeldung mit der Priorität des eingesprochenen Patents einzureichen, bildet einen maßgeblichen Beweggrund für die Einreichung eines auf widerrechtliche Entnahme gestützten Einspruchs.

Der Rechtsmechanismus der §§ 7 (2), 21 (1) Nr 3 ist kompliziert und führt in der Praxis zu zahlreichen Zweifelsfragen im Einspruchsverfahren (s zB § 21 Rdn 47, § 61 Rdn 28). Zudem greift er nur dann, wenn bereits ein Patent auf die widerrechtlich

---

1 BGH BlPMZ **97**, 396 (B5) *Drahtbiegemaschine.*
2 BGH BlPMZ **63**, 366, 369 *Taxilan*; GRUR **69**, 35, 36 *Europareise.*
3 BPatGE **24**, 54.
4 BGH GRUR **65**, 411 *Lacktränkeeinrichtung.*
5 BPatGE **41**, 192, 195.

entnommene Anmeldung erteilt wurde (Rdn 15). Rechtspolitisch spricht daher einiges dafür, ihn zu beseitigen und als Kompensation die Befugnisse des Berechtigten bei erfolgreicher Vindikation nach § 8 ähnlich wie unter Art 61 EPÜ (s § 8 Rdn 37) auszubilden.

2 Voraussetzungen

11 **2.1 Grundsatz:** Widerruf des Patents oder Verzicht auf das Patent müssen vorliegen, und zwar muss das Patent gerade »auf Grund« des auf widerrechtliche Entnahme gestützten Einspruchs widerrufen worden und der vom Patentinhaber erklärte Verzicht muss eine Folge des Einspruchs sein.

12 **2.2 Widerruf des Patents:** Ob der **Einspruch** gemäß § 21 (1) Nr 3 Grund für den Widerruf war, entscheidet sich nach der Begründung des Beschlusses. Ist das Patent wegen mangelnder Patentfähigkeit gemäß § 21 (1) Nr 1 widerrufen worden, dann ist die Voraussetzung des § 7 (2) nicht erfüllt, selbst wenn der einzige Einspruch ausschließlich auf widerrechtliche Entnahme gestützt gewesen sein sollte. In diesem Fall ist der Einsprechende zwar nicht durch den Tenor, aber durch die Begründung des Beschlusses beschwert, weil sie ihm die Inanspruchnahme der Priorität nach § 7 (2) verwehrt. Dagegen kann er Beschwerde erheben.[6]

Wird eine Entscheidung über den Einspruchsgrund des § 21 (1) Nr 3 als entscheidungsunerheblich dahingestellt, zB weil das Patent bereits nach § 21 (1) Nr 1 zu widerrufen ist, so soll die Entscheidung iSd § 100 (3) Nr 6 ausreichend begründet sein[7] (vgl dazu § 100 Rdn 63).

13 Eine vertragliche Übertragung des Patents auf den Einsprechenden erledigt ein auf widerrechtliche Entnahme gestütztes Einspruchsverfahren nicht, da der erstrebte Widerruf Voraussetzung für das Nachanmelderecht gemäß § 7 (2) ist,[8] das der Verletzte sonst nicht ausüben könnte.

Zum **Teilwiderruf** aufgrund widerrechtlicher Entnahme und seinen Folgen s § 21 Rdn 47.

14 **2.3 Verzicht auf das Patent:** Ob der Verzicht Folge des auf § 21 (1) Nr 3 gestützten Einspruchs ist, ist frei zu würdigen. Eine etwaige Begründung des Patentinhabers bindet nicht; sie kann abgegeben sein, um dem Einsprechenden die Inanspruchnahme der Priorität unmöglich zu machen. War der einzige Einspruch ausschließlich auf widerrechtliche Entnahme gestützt, wird idR der Einspruch zum Verzicht geführt haben. Waren dagegen auch andere Widerrufsgründe vom Verletzten oder von Dritten geltend gemacht, so können auch andere Motive maßgebend gewesen sein. Zu berücksichtigen ist aber, dass der Patentinhaber idR ein Interesse daran haben wird, die Feststellung einer widerrechtlichen Entnahme zu vermeiden.[9]

---

6 BPatGE **9**, 196, 199.
7 BGH GRUR **01**, 46 *Abdeckrostverriegelung*; **07**, 996 *Angussvorrichtung für Spritzgießwerkzeuge*.
8 BGH GRUR **96**, 42 *Lichtfleck*.
9 Vgl BPatGE **15**, 160, 162 f; PA BlPMZ **60**, 314.

2.4 Keine Ausdehnung: Eine ausdehnende Auslegung auf Tatbestände, die das Recht des wahren Berechtigten verletzen, bei denen aber die Voraussetzungen des § 7 (2) (Einspruch und Widerruf oder Verzicht) nicht erfüllt sind, ist nicht möglich.[10] Wer vor Patenterteilung gegenüber einem nichtberechtigten Anmelder widerrechtliche Entnahme geltend macht (zB durch Abmahnung), kann, wenn der Nichtberechtigte daraufhin seine Anmeldung zurücknimmt (s aber § 8 Rdn 31 und R 14 u 15 EPÜ) – es also zu einer Patenterteilung und folglich einem Einspruchsverfahren gar nicht kommen kann – die Priorität der früher anhängig gewesenen Anmeldung nicht in Anspruch nehmen.[11] Dem Geschädigten bleibt nur ein Schadensersatzanspruch.[12]

3 Ausübung des Rechts

3.1 Nachanmeldung: Der auf Grund widerrechtlicher Entnahme Einsprechende muss für die patentierte Erfindung selbst eine Anmeldung einreichen, wenn er den Altersrang des angegriffenen Patents in Anspruch nehmen will, und zwar innerhalb der Monatsfrist. Diese Nachanmeldung, die § 21 (1) Nr 4 neue Anmeldung nennt, ist wie jede andere Patentanmeldung zu behandeln, dh sie muss sämtliche Erfordernisse des § 34 und der Anmeldebestimmungen erfüllen.

§ 7 (2) gewährt dem Einsprechenden das Recht, »die Erfindung« des Patents selbst anzumelden. Dabei muss der Nachanmelder beachten, dass seine neue Anmeldung gemäß § 21 (1) Nr 4 nicht über den Inhalt der früheren Anmeldung, die zum widerrufenen Patent geführt hatte, hinausgehen darf (vgl § 21 Rdn 57). Er kann also der Erfindung des Patents keine andere Erfindung hinzufügen, er kann sie nur im Rahmen der ursprünglichen Offenbarung abändern (vgl § 21 Rdn 53).

3.2 Inanspruchnahme der Priorität: Die bloße Tatsache der Einreichung der Nachanmeldung genügt nicht, der Nachanmelder muss innerhalb der Monatsfrist (s Rdn 19) auch eine Prioritätserklärung abgeben. Zur Auslegung mangelhafter Prioritätserklärungen s § 41 Rdn 78 ff.

3.3 Monatsfrist des § 7 (2) für Einreichung der Nachanmeldung und Inanspruchnahme der Priorität beginnt mit der amtlichen Mitteilung des Widerrufs oder des Verzichts, dh mit der Zustellung des Beschlusses von DPMA oder BPatG über den Widerruf oder mit der Zustellung der Erklärung des Patentinhabers über den Verzicht auf das Patent. Die Frist beginnt also nicht mit der Rechtskraft des Widerrufsbeschlusses, so dass der Einsprechende vorsorglich für den Fall nachmelden muss, dass der Patentinhaber keine Beschwerde gegen den Beschluss des DPMA einlegt.

Wiedereinsetzung in die versäumte Monatsfrist ist nach § 123 (1) 2 Nr 3 nicht möglich.

4 Wirkung

Das Nachanmelderecht des Verletzten nach § 7 (2) ermöglicht die Inanspruchnahme einer Priorität (»Entnahmepriorität«).[13] Sie schützt den Nachanmelder vor patent-

---

10 BGH BlPMZ **97**, 396 *Drahtbiegemaschine*; BPatGE **36**, 258.
11 BGH BlPMZ **97**, 396 *Drahtbiegemaschine*; BPatGE **36**, 258.
12 BGH BlPMZ **97**, 396 *Drahtbiegemaschine*; BPatGE **36**, 258.
13 BGH GRUR **79**, 847 *Leitkörper*; BPatGE **9**, 196, 198 f.

21 Die Priorität kann nur für die Erfindung geltend gemacht werden, die in der ursprünglichen Fassung der früheren Anmeldung offenbart war (s § 21 (1) Nr 4). *Mängel der Offenbarung* durch den Entnehmer muss der Nachanmelder gegen sich gelten lassen, da ihm das Prioritätsrecht keine bessere Rechtsposition verleiht, als sie der frühere Anmelder gehabt hat.[14] Sollte dem Nachanmelder dadurch ein Schaden entstanden sein, ist er auf Schadensersatzansprüche gegen den Entnehmer angewiesen. Aus *unzulässigen Erweiterungen* des Entnehmers kann der Nachanmelder wegen § 38 Satz 2 keine Rechte herleiten.[15] *Beschränkungen oder Verzichte,* die der Voranmelder erklärt hatte, binden den Nachanmelder nicht,[16] da diese das Prioritätsrecht des Verletzten nicht beeinträchtigen können.

§ 8 Erfinderrechtliche Vindikation
(assignment of the right to the entitled person)

¹Der Berechtigte, dessen Erfindung von einem Nichtberechtigten angemeldet ist, oder der durch widerrechtliche Entnahme Verletzte kann vom Patentsucher verlangen, daß ihm der Anspruch auf Erteilung des Patents abgetreten wird. ²Hat die Anmeldung bereits zum Patent geführt, so kann er vom Patentinhaber die Übertragung des Patents verlangen. ³Der Anspruch kann vorbehaltlich der Sätze 4 und 5 nur innerhalb einer Frist von zwei Jahren nach der Veröffentlichung der Erteilung des Patents (§ 58 Abs 1) durch Klage geltend gemacht werden. ⁴Hat der Verletzte Einspruch wegen widerrechtlicher Entnahme (§ 21 Abs 1 Nr 3) erhoben, so kann er die Klage noch innerhalb eines Jahres nach rechtskräftigem Abschluß des Einspruchsverfahrens erheben. ⁵Die Sätze 3 und 4 sind nicht anzuwenden, wenn der Patentinhaber beim Erwerb des Patents nicht in gutem Glauben war.

Rainer Moufang

Übersicht

Gesetzesentwicklung		1
Europäisches Patentrecht		2
Literatur		5
Kommentierung zu § 8 PatG		
I.	Überblick	6
II.	Rechtsnatur und Inhalt des Anspruchs	9
III.	Voraussetzungen des Anspruchs nach § 8	15
1	Anspruchsberechtigter	15
2	Nichtberechtigter iSd § 8	18

---

[14] BGH GRUR 79, 847 *Leitkörper.*
[15] BGH GRUR 79, 847 *Leitkörper.*
[16] BGH GRUR 79, 847 (II2d) *Leitkörper;* 96, 42, 44 rSp *Lichtfleck.*

3	Wesensgleichheit	19
IV.	Durchsetzung	22
1	Vertrag	22
2	Klage	23
3	Klagefrist	26
4	Auswirkung der Klage auf Verfahren vor DPMA und EPA	31
5	Mögliche Einwände des Beklagten	34
6	Beweisfragen	35
7	Wirkung eines stattgebenden Urteils	36
8	Einwand im Verletzungsprozess	40
V.	Verhältnis zu anderen Rechtsbehelfen	41

Gesetzesentwicklung: § 8 wurde 1936 als § 5 eingefügt. Sätze 3–5 wurden durch das 1. GPatG 1979 neu gefasst. 1

Europäisches Patentrecht: Die Rechte des wahren Berechtigten, dessen Berechtigung bereits rechtskräftig festgestellt ist, regelt **Art 61 EPÜ**. Bei der EPÜ-Revision 2000 sind die zuvor in Art 61 (1) EPÜ selbst enthaltenen Voraussetzungen für die Ausübung der gewährten Befugnisse in die AusfO (R 16 und 17 EPÜ) überführt worden. 2

Artikel 61 EPÜ Anmeldung europäischer Patente durch Nichtberechtigte

(1) Wird durch rechtskräftige Entscheidung der Anspruch auf Erteilung des europäischen Patents einer Person zugesprochen, die nicht der Anmelder ist, so kann diese Person nach Maßgabe der Ausführungsordnung
a) die europäische Patentanmeldung anstelle des Anmelders als eigene Anmeldung weiterverfolgen,
b) eine neue europäische Patentanmeldung für dieselbe Erfindung einreichen oder
c) beantragen, dass die europäische Patentanmeldung zurückgewiesen wird.
(2) Auf eine nach Absatz 1 b) eingereichte neue europäische Patentanmeldung ist Artikel 76 Absatz 1 entsprechend anzuwenden. 3

Englische Fassung von Artikel 61:
Article 61 EPC European patent applications filed by non-entitled persons
(1) If by a final decision it is adjudged that a person other than the applicant is entitled to the grant of the European patent, that person may, in accordance with the Implementing Regulations:
(a) prosecute the European patent application as his own application in place of the applicant;
(b) file a new European patent application in respect of the same invention; or
(c) request that the European patent application be refused.
(2) Article 76, paragraph 1, shall apply mutatis mutandis to a new European patent application filed under paragraph 1(b).

Vorschriften der AusfO des EPÜ: R 14 EPÜ (Aussetzung des Verfahrens), R 15 EPÜ (Beschränkung von Zurücknahmen), R 16 EPÜ (Verfahren nach Artikel 61 Absatz 1), R 17 EPÜ (Einreichung einer neuen europäischen Patentanmeldung durch den Berechtigten), R 18 EPÜ (Teilweiser Übergang des Rechts auf das europäische Patent), R 78 EPÜ (Verfahren bei mangelnder Berechtigung des Patentinhabers) (s § 59 Rdn 18). 4

Lit: Kraßer in FS Hubmann 1985, 221 u in FS v Gamm 90, 405; **Ohl:** Die Patentvindikation im deut u europ Recht 1987; **Cronauer:** Das Recht auf das Patent im EPÜ im EPÜ 1988; **Lit in GRUR Int:** Bruchhausen 63, 299; **Lit in Mitt:** Lichti 82, 107; Rapp 98, 347; Goeden 10, 421; *McGuire* 19, 197. 5

I. Überblick

§ 8 gibt dem an der Erfindung materiell Berechtigten, also dem Erfinder oder seinem Rechtsnachfolger (s § 6 S 1), gegen den nichtberechtigten Patentanmelder oder -inhaber einen Anspruch auf Abtretung des Erteilungsanspruchs oder auf Übertragung des Patents (erfinderrechtliche Vindikation). So kann das Auseinanderklaffen der materiel- 6 len Berechtigung und der Rechtsposition, die der nicht berechtigte Anmelder aufgrund der Anmelderfiktion des § 7 (1) erlangt, wieder bereinigt werden (s § 6 Rdn 8).

§ 8 gewährt den gleichen Anspruch auch dem durch widerrechtliche Entnahme Verletzten. Dies kann außer dem Erfindungsberechtigten iS von § 6 S 1 auch ein bloßer Erfindungsbesitzer sein (s Rdn 15).

7 Für das europäische Erteilungsverfahren regelt **Art 61 EPÜ** die Befugnisse des Erfindungsberechtigten, dessen Berechtigung rechtskräftig festgestellt ist. Art 61 EPÜ gibt somit selbst keinen Vindikationsanspruch, sondern setzt ihn voraus. Eine ergänzende Regelung findet sich deshalb in Art II § 5 IntPatÜG (s Anhang 1). Diese Bestimmung lehnt sich weitgehend an den Wortlaut des § 8 an, unterscheidet sich allerdings insofern, als die Anspruchsberechtigung nur für den Erfindungsberechtigten, nicht aber für den durch widerrechtliche Entnahme Verletzten besteht.

8 Unter § 8 und Art II § 5 IntPatÜG fallen nicht Ansprüche auf formale Umschreibung der Anmeldung oder des Patents, wenn der materiell Berechtigte die Anmeldung eingereicht hat, aufgrund eines Irrtums aber eine andere Person im Register genannt wurde.

II. Rechtsnatur und Inhalt des Anspruchs

9 Der Anspruch des § 8 und Art II § 5 IntPatÜG ist *quasi-dinglicher Natur* und dem Herausgabeanspruch des Eigentümers gegen den Besitzer nach § 985 BGB rechtsähnlich.[1] Von daher rührt die Bezeichnung erfinderrechtliche Vindikation.[2] Der Anspruch ist übertragbar. Er geht vor Erteilung des Patents auf Abtretung des Anspruchs auf Patenterteilung, danach auf Übertragung des Patents, und dient damit der Verwirklichung der materiellen Inhaberschaft.

Unter dem EPÜ führt die rechtskräftige Feststellung der Berechtigung vor Patenterteilung zu den Befugnissen nach Art 61 EPÜ. Ist ein europäisches Patent bereits erteilt, findet Art 61 EPÜ keine Anwendung. Hier richtet sich der Vindikationsanspruch nach Art II § 5 IntPatÜG auf die Übertragung des europäischen Patents, das als Bündelpatent mit seiner Erteilung in diverse nationale Teile zerfällt.

10 *Patentfähigkeit der Erfindung* und Schutzfähigkeit des entnommenen Teils werden vom Gericht grundsätzlich nicht geprüft,[3] weil dafür allein DPMA und BPatG zuständig sind. Nur wenn eine Entscheidung von DPMA und BPatG nicht mehr möglich ist, zB infolge Rücknahme der Anmeldung, hat das Verletzungsgericht darüber als Vorfrage selbst zu entscheiden.[4]

11 Der Anspruch wird durch Vertrag erfüllt (Zwangsvollstreckung nach § 894 ZPO). Der Anspruch ist übertragbar.

12 Besteht der Anspruch aus § 8 oder Art II § 5 IntPatÜG *nur für einen Teil des Schutzrechts*, so kommt bei erteilten Patenten nur die Einräumung einer Mitberechtigung am Patent in Betracht, da ein Patent nicht nachträglich geteilt werden kann. Bei Patentan-

---

1 BGH BlPMZ 71, 193, 194 ISp *Wildverbissverhinderung*.
2 BGH GRUR **82**, 95 *Pneumatische Einrichtung*.
3 BGH GRUR **62**, 140 *Stangenführungsrohre*; 79, 692 *Spinnturbine I*.
4 BGH Mitt **96**, 16 (A1) *Gummielastische Masse*.

meldungen bestehen grundsätzlich zwei unterschiedliche Wege. Der Anspruch kann entweder auf die »Herausteilung« des materiellen Teilgegenstands der Anmeldung, an dem die Berechtigung besteht (Weg 1), oder auf die Einräumung einer Mitberechtigung an der Anmeldung gerichtet werden (Weg 2).

Weg 1 ist nur gangbar, wenn es einen trennbaren Bestandteil der Anmeldung gibt, dh wenn sich dem Gesamtinhalt der Anmeldung ein Gegenstand entnehmen lässt, der ohne Rückgriff auf den übrigen Inhalt der Anmeldung Gegenstand einer Teilanmeldung iS von § 39 oder Art 76 EPÜ sein kann.[5] Bei Beschreiten dieses Wegs ist der Anspruch nach § 8 PatG zu richten auf Abgabe einer entsprechenden Teilungserklärung gegenüber DPMA, Verzicht auf selbständigen Schutz für den beanspruchten Teil und Abtretung des Anspruchs auf Patenterteilung für die Teilanmeldung.[6] Für den entsprechenden Anspruch nach Art II § 5 IntPatÜG sieht R 18 EPÜ iV mit R 17 EPÜ ebenfalls die Befugnis zum Einreichen einer Teilanmeldung vor.

13

Weg 2 sollte immer gangbar sein. Für das EPÜ ergibt sich dies aus R 18 (1) iVm Art 61 (1) (a) EPÜ. Für § 8 hat der BGH bei Vorliegen eines trennbaren Anmeldeteils zwar Weg 2 als subsidiär gegenüber Weg 1 betrachtet,[7] ist von dieser Auffassung jedoch in einer späteren Entscheidung tendenziell abgerückt.[8]

14

III. Voraussetzungen des Anspruchs nach § 8

1 Anspruchsberechtigter

nach § 8 und Art II § 5 IntPatÜG ist der an der Erfindung Berechtigte, also der Erfinder oder sein Rechtsnachfolger (§ 6 S 1).[9] Auf die Patentfähigkeit der Erfindung kommt es nicht an.[10]

15

Aktivlegitimiert nach § 8, nicht aber nach Art II § 5 IntPatÜG ist außerdem der durch eine widerrechtliche Entnahme Verletzte, der ein bloßer Erfindungsbesitzer sein kann.[11] Widerrechtliche Entnahme ist legaliter in § 21 (1) Nr 3 definiert.[12] § 8 erspart somit dem hierdurch verletzten Erfindungsbesitzer (s § 6 Rdn 9) den Nachweis einer materiellen Berechtigung.[13]

Die sachliche Berechtigung muss aber auch nach § 8 dargelegt werden, wenn derjenige, der den Anspruch geltend macht, keinen Erfindungsbesitz hatte (zB Erbe) oder dieser nicht durch widerrechtliche Entnahme verletzt worden ist; so bei Verletzung der Mitberechtigung durch einen anderen Mitberechtigten (zB Miterfinder, Gesellschafter), der die Erfindung für sich allein anmeldet. In diesem Fall kann auch nicht die Übertragung, sondern nur die Einräumung der Mitberechtigung verlangt werden (s Rdn 12).

16

---

5 BGH GRUR 09, 657 (Rn 12) *Blendschutzbehang*.
6 BGH GRUR 79, 692 *Spinnturbine I*; vgl auch BGH GRUR 16, 1257 *Beschichtungsverfahren*.
7 BGH GRUR 79, 692 *Spinnturbine I*.
8 BGH GRUR 09, 657 (Rn 11 u Leitsatz a) *Blendschutzbehang*.
9 BGH GRUR 82, 95 *Pneumatische Einrichtung*.
10 BGH GRUR 79, 692 *Spinnturbine I*; 01, 823 *Schleppfahrzeug*.
11 OLG München BlPMZ 51, 96.
12 BGH GRUR 05, 567 *Schweißbrennerreinigung*.
13 OLG München BlPMZ 51, 96.

17 *Arbeitgeber* hat Anspruch aus § 8 gegen früheren Arbeitnehmer, wenn dieser eine Diensterfindung angemeldet hat und der Arbeitgeber im Erfindungsbesitz war.[14] Für die Entwicklung der Erfindung vor Beendigung des Arbeitsverhältnisses kann – den Umständen entsprechend – der Beweis des ersten Anscheins sprechen.[15]

2 Nichtberechtigter iSd § 8

18 ist, wer nicht der Erfinder oder dessen Rechtsnachfolger ist, selbst wenn er die Erfindung mit Einwilligung des Berechtigten auf seinen Namen angemeldet hat.[16] Guter Glaube des Erwerbers wird nicht geschützt, er limitiert nur den Anspruch aus § 8 in Bezug auf die Klagefrist (s Rdn 26). Der im Register Eingetragene ist passiv legitimiert (s § 30 Rdn 18).

3 Wesensgleichheit

19 zwischen Erfindung des Anspruchsberechtigten und dem Gegenstand der Anmeldung oder des Patents ist Voraussetzung, wenn der Kläger die Übertragung des gesamten Rechts erstrebt. Vgl für die widerrechtliche Entnahme § 21 Rdn 46.

20 Besteht keine Wesensgleichheit, hat aber derjenige, der den Anspruch geltend macht, zum Gegenstand der Anmeldung beigetragen, so kommt es auf eine Wertung von Entnommenem und Hinzugefügtem an. Dazu ist in erster Linie zu untersuchen, inwieweit beide Lehren übereinstimmen.[17] Es kommt also mehr auf die Gemeinsamkeiten als auf die Unterschiede an.[18] Stellt das Entnommene einen wesentlichen Beitrag zur angemeldeten Erfindung dar, dann kann der Berechtigte die Einräumung einer Mitberechtigung[19] oder die Herausteilung dieses Beitrags (s Rdn 12) verlangen,[20] so wenn das Entnommene in einem »erfinderischen Beitrag«, »schöpferischen Anteil« oder in einer »qualifizierten Mitwirkung« besteht (s auch § 6 Rdn 21).[21]

21 Zur Beantwortung der Frage, ob ein schöpferischer Beitrag vorliegt, ist zunächst der Gegenstand der Streitanmeldung zu ermitteln, sodann zu prüfen, ob die geltend gemachte Leistung hierzu beigetragen hat, und schließlich das Gewicht der Beiträge im Verhältnis zueinander und zur erfinderischen Gesamtleistung abzuwägen.[22] Der Beitrag eines Erfinders kann auch dann zu einer Mitberechtigung führen, wenn er für sich gesehen nicht die Patentfähigkeit begründen könnte.[23] Unwesentliche Beiträge, weil ihr Gehalt allgemein bekannt oder durch den Stand der Technik nahegelegt ist, führen nicht zu einer Mitberechtigung.[24] Eine Leistung kommt nicht mehr als schöpfe-

---

14 OLG München GRUR 94, 746 L.
15 OLG München Mitt 95, 316.
16 BGH GRUR 82, 95 *Pneumatische Einrichtung*.
17 BGH GRUR 16, 265 (Rn 22) *Kfz-Stahlbauteil*; v 4.8.2020 X ZR 38/19 GRUR 20, 1186 (Rn 41) *Mitralklappenprothese*.
18 Meier-Beck GRUR 16, 865, 868.
19 BGH GRUR 09, 657 *Blendschutzbehang*; vgl dazu Goeden Mitt 10, 421.
20 BGH GRUR 79, 692, 694 *Spinnturbine I*.
21 BGH Mitt 96, 16, 18 lSp *Gummielastische Masse*; GRUR 16, 265 *Kfz-Stahlbauteil*.
22 BGH GRUR 11, 903 (Rn 16) *Atemgasdrucksteuerung*; BGH v 4.8.2020 X ZR 38/19 GRUR 20, 1186 (Rn 40) *Mitralklappenprothese*.
23 *BGH GRUR 11, 903 (Rn 16) Atemgasdrucksteuerung; 16, 265 (Rn 31) Kfz-Stahlbauteil.*
24 BGH GRUR 79, 692 (III4c) *Spinnturbine I*.

rischer Beitrag in Betracht, wenn er nach Modifikation der Patentansprüche außerhalb des patentrechtlich geschützten Gegenstands liegt.[25]

IV. Durchsetzung

1 Vertrag

Der Anspruch kann durch Vertrag (Abtretung des Erteilungsanspruchs, Übertragung des Patents) erfüllt werden, die Erfüllung hat aber keine rückwirkende Kraft.[26] Eine Lizenz ist daher bis zu diesem Zeitpunkt wirksam, danach erlischt sie, da sie nicht gutgläubig erworben werden kann.

2 Klage

Grundsätzlich ist das *LG für Klagen aus § 8 und Art II § 5 IntPatÜG zuständig*, es handelt sich um Patentstreitsachen. Allerdings muss *internationale Zuständigkeit* gegeben sein. Sie ergibt sich für den Anspruch auf Erteilung eines europäischen Patents aus dem *Anerkennungsprotokoll*[27] (s auch Art 164 (1) EPÜ): Nach seinem Art 2 ist ein Anmelder mit Wohnsitz oder Sitz in einem Vertragsstaat vorbehaltlich Art 4 und 5 vor den Gerichten dieses Vertragsstaats zu verklagen. Art 4 verweist für Arbeitnehmererfindungen auf die Gerichte des Vertragsstaats, dessen Recht nach Art 60 (1) 2 EPÜ anwendbar ist. Art 5 lässt die Prorogation zugunsten der Gerichte eines Vertragsstaats grundsätzlich zu. Art 6 enthält eine Auffangzuständigkeit der deutschen Gerichte.

Mögliche Klageanträge zur Durchsetzung des Anspruchs aus § 8 oder Art II § 5 IntPatÜG sind: »Anspruch auf Erteilung des Patents (Aktz ...) an den Kläger abzutreten« oder »das Patent Nr ... auf den Kläger zu übertragen« und »Einwilligung in die Umschreibung der Anmeldung (des Patents) im Register«.[28] Das Begehren auf vollständige Übertragung umfasst – als Minus – den Anspruch auf Einräumung einer Mitberechtigung. Dessen Geltendmachung stellt deshalb keine Klageänderung dar,[29] begründet aber, wenn sie im Wege einer neuen Klage erfolgt, den Einwand anderweitiger Rechtshängigkeit.[30] Will der Mitberechtigte an der Erfindung nicht die Einräumung einer Mitberechtigung an der Anmeldung, sondern die Herausteilung des ihm gebührenden Teils der Erfindung erreichen (s Rdn 12), so sollte er diesen Teil im Klageantrag näher spezifizieren.

Rechtsschutzinteresse entfällt nicht durch einen möglichen Einspruch nach § 21 (1) Nr 3 oder eine Nichtigkeitsklage nach § 22 (1) iVm § 21 (1) Nr 3, auch nicht, wenn die Nichtigkeitsklage abgewiesen oder der Einspruch zurückgewiesen ist.

Das Gericht hat die Patentfähigkeit der Erfindung nicht zu prüfen. Allerdings tritt *Erledigung in der Hauptsache* ein durch Widerruf oder Nichtigerklärung des Patents[31]

---

25 BGH GRUR 16, 265 (Rn 22) *Kfz-Stahlbauteil*; BGH v 14.2.2017 X ZR 64/15 GRUR 17, 504 (Rn 59) *Lichtschutzfolie*.
26 Ebenso BPatG BlPMZ 16, 288.
27 Für Details s Stauder, GemKom zum EPÜ, Anerkennungsprotokoll; Heath GRUR Int 08, 650.
28 BGH BlPMZ 71, 193, 195 rSp *Wildverbissverhinderung*.
29 BGH GRUR 06, 747 *Schneidbrennerstromdüse*.
30 OLG Düsseldorf GRUR 15, 299.
31 BPatG BlPMZ 16, 288.

sowie durch Patentversagung gemäß § 48 oder Rücknahme der Anmeldung und Rücknahmefiktion nach § 58; Kosten nach § 91a ZPO. Keine *Aussetzung* bis zur Erledigung von Einspruchs- oder Nichtigkeitsverfahren, da diese den Rechtsstreit unvertretbar verzögern würden. Keine Aussetzung des Erteilungsverfahrens wegen Klage nach § 8.[32]

3 Klagefrist

26 § 8 Satz 3 und Art II § 5 (2) IntPatÜG sind Art 27 (3) GPÜ 1975 nachgebildet[33] und beschränken die Klagemöglichkeit zeitlich. Die 2-jährige Klagefrist ist eine Ausschlussfrist und beginnt mit der Veröffentlichung der Patenterteilung im Patentblatt (vgl § 58 Rdn 3) oder im Europäischen Patentblatt. Nach Ablauf der Klagefrist erlischt der Anspruch. Keine Wiedereinsetzung, da Klagefrist keine Frist iSd §§ 223 (3), 233 ZPO ist (str).[34]

27 Damit nicht neben einem Einspruchsverfahren nach § 21 (1) Nr 3 gleichzeitig eine Klage erhoben werden muss, erstreckt § 8 Satz 4 die Klagefrist auf 1 Jahr nach Eintritt der Rechtskraft der Entscheidung im Einspruchsverfahren. Art II § 5 (2) IntPatÜG enthält keine solche Ausnahme, weil das europäische Einspruchsverfahren den Einspruchsgrund der widerrechtlichen Entnahme nicht vorsieht.

28 Die zeitliche Beschränkung der Klagemöglichkeit entfällt nach § 8 Satz 5, wenn der Patentinhaber beim Erwerb des Patents **nicht in gutem Glauben** war. Unter Anwendung des Rechtsgedankens in § 932 (2) BGB fehlt es hieran, wenn der Erwerber beim Erwerb wusste oder infolge grober Fahrlässigkeit nicht wusste, dass derjenige, von dem er erwarb, Nichtberechtigter war. Der gute Glaube muss sich auf die materielle Berechtigung, nicht auf die Verfügungsmacht des Veräußerers beziehen. Wird der Erwerber nachträglich bösgläubig, so ist das unschädlich. Wer von einem gutgläubigen Erwerber erwirbt, gegenüber dem die Klagefrist abgelaufen ist, erwirbt vom Berechtigten; § 8 entfällt.

29 Guter Glaube muss im *Zeitpunkt des Erwerbs* des Rechts (Erfindung, Anmeldung oder Patent) vorliegen. Der Wortlaut »beim Erwerb des Patents« bedeutet nicht, dass der Erwerber einer Anmeldung noch im Zeitpunkt der Patenterteilung gutgläubig sein müsste; Patenterteilung ist nicht Erwerb des Patents iSd § 8.

30 Auch nach Art II § 5 (2) IntPatÜG kann die Befristung der Klage entfallen, nämlich dann, wenn der Patentinhaber bei der Erteilung oder dem Erwerb des Patents Kenntnis davon hatte, dass er kein Recht auf das europäische Patent hatte. Dies ist einerseits enger als § 8 S 5, da es auf positive Kenntnis ankommt, so dass Wissenmüssen nicht genügt, andererseits weiter, da eine nachträglich nach dem Erwerb einer Erfindung oder Anmeldung bis zur Patenterteilung eintretende Kenntnis ausreicht.

---

32 BPatGE **24**, 54.
33 Vgl amtl Begr z BlPMZ **79**, 279 rSp.
34 *Wie hier:* Benkard § 8 Rn 12; Busse/Keukenschrijver § 8 Rn 17; Klauer-Möhring § 5 Anm 11; aA: Reimer § 5 Anm 4; Lindenmaier § 5 Anm 8.

4 Auswirkung der Klage auf Verfahren vor DPMA und EPA

Die Klage nach § 8 hat als solche keine Auswirkung auf das Erteilungs- oder Einspruchsverfahren vor dem DPMA. Insbesondere erfolgt keine Aussetzung dieser Verfahren aufgrund der Klageerhebung. Dies bedeutet, dass der materiell Berechtigte nicht gegen ein Verhalten des Patentanmelders oder -inhabers geschützt ist, das die Patentanmeldung oder das Patent gefährdet oder zerstört (wie zB Rücknahme der Anmeldung).

In Betracht kommt daher eine **einstweilige Verfügung** zur Sicherung des Anspruchs aus § 8 durch Erlass eines Verfügungsverbots[35] oder Übertragung der Rechte auf einen Sequester, wenn eine konkrete Gefährdung glaubhaft gemacht ist, zB wenn der Gegner die Anmeldung veräußern[36] oder auf sie ganz oder teilweise verzichten oder wenn er gegen nachteilige Beschlüsse von DPMA keine Beschwerde einlegen will.[37] Eine rein theoretische Möglichkeit reicht nicht.[38] Bei Glaubhaftmachung der widerrechtlichen Entnahme wird idR der Verfügungsgrund gegeben sein.[39]

Demgegenüber sehen **R 14 und 78 EPÜ** eine Aussetzung des Erteilungs- oder Einspruchsverfahrens vor dem EPA vor, wenn ihm nachgewiesen wird, dass ein Dritter ein nationales Verfahren (im deutschen Recht gemäß Art II § 5 IntPatÜG) gegen den Anmelder oder Patentinhaber eingeleitet hat, in dem der Anspruch auf Erteilung – oder Übertragung (wie es korrekterweise in R 78 EPÜ heißen müsste) – ihm zugesprochen werden soll. Die Aussetzung muss erfolgen, sie steht nicht im Ermessen des EPA.[40] Dabei muss es sich um ein national vorgesehenes Verfahren über die materielle Berechtigung (zB nach Sections 12 und 82 UK-Patents Act), nicht um ein Sicherungsverfahren handeln.[41] Das EPA kann mit der Aussetzung oder später einen Zeitpunkt festsetzen, zu dem das Erteilungs- oder Einspruchsverfahren ohne Rücksicht auf den Stand des nationalen Verfahrens fortgesetzt wird.[42] Dieser Zeitpunkt kann auf begründeten Antrag geändert werden.[43]

Während der Aussetzung verbleibt das Verfahren in dem Rechtsstadium, in dem es sich zZ der Aussetzung befand, dh weder EPA noch die Parteien können wirksam Rechtsakte (zB Veröffentlichung der Erteilung) vornehmen.[44] Das wird dadurch bestätigt, dass nach R 15 EPÜ eine Rücknahme der Anmeldung und der Benennung eines Vertragsstaats bereits vom Tag des Nachweises der Einleitung des nationalen Verfahrens verboten ist. Am Tag der Aussetzung laufende Fristen (mit Ausnahme der Fristen zur Zahlung der Jahresgebühren, da sie auch von Dritten entrichtet werden können) werden gehemmt.

---

35 BGH GRUR **96**, 42, 44 rSp *Lichtfleck*.
36 LG München GRUR **56**, 415.
37 OLG Karlsruhe GRUR **54**, 259.
38 OLG Frankfurt GRUR **78**, 636; OLG Karlsruhe GRUR **78**, 116.
39 OLG München GRUR **51**, 157, 159.
40 T 0146/82 ABl **85**, 267.
41 OLG München Mitt **97**, 394 (Nr 3).
42 S hierzu J 0006/10 RechtsprBK/EPA **19**, 978; J 0013/12 ABl **14** ZPubl 5, 88; J 0004/17 v 16.5.2018 ABl **20** ZPubl 4, 58 = BeckRS **18**, 18924; J 0003/18 v 27.5.2019 BeckRS **19**, 21624.
43 J 0001/16 ABl **18** ZPubl 3, 71.
44 J 0038/92 u J 0039/92 ABl **96** SonderA 86.

33 Auch die Sequestration einer europäischen Anmeldung und Bestellung eines Sequesters durch nationale Gerichte sind zulässig. Damit der Sequester vor EPA wirksam auftreten kann, kann ihm per einstweiliger Verfügung eine erforderliche Vollmacht erteilt werden,[45] damit er fristgebundene Anträge (zB auf Weiterbehandlung gemäß Art 121 EPÜ) stellen kann.

5 Mögliche Einwände des Beklagten

34 **a)** Seine bessere materielle Berechtigung an der Erfindung gegenüber dem Kläger; **b)** Verwirkung; **c)** Zurückbehaltungsrecht wegen Verwendungen auf die Anmeldung (Kosten bei Patentamt und für Vertreter);[46] **d)** Erfindungsbesitzer habe kein sachliches Recht an der Erfindung und deshalb auch kein Recht auf das Patent.[47]

Der Beklagte kann nicht einwenden: **a)** die Erfindung sei nicht patentfähig;[48] **b)** der Kläger sei nicht der Erfinder, sondern selbst ein widerrechtlicher Entnehmer gegenüber einem Dritten; **c)** er habe eine prioritätsältere Anmeldung, die denselben Erfindungsgedanken betreffe.[49]

6 Beweisfragen

35 Für die erfinderrechtliche Vindikation nach § 8 S 1 1. Alt und Art II § 5 IntPatÜG hat der Kläger zu beweisen: **a)** entweder seine Erfinderschaft oder seine Rechtsnachfolge; **b)** Erfindungsidentität; **c)** Kausalität zwischen seiner Erfindung und der Anmeldung oder dem Patent des Beklagten; Kl ist beweispflichtig, dass Bekl nicht unabhängig vom Kl Doppelerfinder ist;[50] **d)** fehlender gute Glaube des Bekl (§ 8 S 5) oder seine positive Kenntnis (Art II § 5 (2) IntPatÜG).

Für die Vindikation aufgrund widerrechtlicher Entnahme hat der Kläger zu beweisen: **a)** Erfindungsbesitz; **b)** Entnahme und ihre Widerrechtlichkeit (s § 21 Rn 41) **c)** Erfindungsidentität. Bekl darf sich gegenüber nachgewiesenem Erfindungsbesitz des Kl nicht auf bloßes Bestreiten beschränken, ist vielmehr für seine Erfinderschaft gemäß § 138 (1) ZPO darlegungs- und beweispflichtig.[51]

7 Wirkung eines stattgebenden Urteils

36 Die von dem Anspruchsberechtigten nach § 8 begehrte Abtretungs- oder Übertragungserklärung gilt mit der Rechtskraft des stattgebenden Urteils als abgegeben (§ 894 ZPO). Das Gleiche gilt für die Bewilligung zur Umschreibung im Register. Der Anspruchsberechtigte tritt damit in die Rechtsstellung ein, die der Patentanmelder oder -inhaber hatte. Er muss daher alle Erklärungen, die jener im Erteilungs- oder Einspruchsverfahren bereits mit bindender Wirkung abgegeben hat, gegen sich gelten las-

---

45 OLG München Mitt **97**, 394; dazu Rapp Mitt **98**, 347.
46 OLG Frankfurt v 13.4.2017 6 U 69/16 GRUR-RR **17**, 294 (bejaht auch bezüglich auf Übertragung von Anmeldungen gerichtete Schadensersatzklage); s auch Klauer-Möhring § 5 Anm 17.
47 BGH GRUR **91**, 127 *Objektträger*.
48 BGH GRUR **79**, 692 *Spinnturbine I*; **01**, 823 *Schleppfahrzeug*.
49 BGH GRUR **81**, 186 *Spinnturbine II*.
50 BGH GRUR **79**, 145 (113c) *Aufwärmvorrichtung*.
51 BGH GRUR **79**, 145 (113c) *Aufwärmvorrichtung*; **01**, 823 *Schleppfahrzeug*.

sen. Eine Gebrauchsmusterabzweigung kann er erst ab dem Zeitpunkt, an dem die Rechtsübertragung wirksam wird, vornehmen.[52]

Eine erfolgreiche Klage nach Art II § 5 IntPatÜG führt hingegen zu weitergehenden Befugnissen. Art 61 EPÜ gibt dem wahren Berechtigten, dem der Anspruch auf Erteilung eines europäischen Patents durch rechtskräftige nationale Entscheidung zugesprochen wurde, die Wahl zwischen drei Möglichkeiten: Er kann a) die Anmeldung des Nichtberechtigten weiterverfolgen (Art 61 (1) a), b) eine neue europäische Anmeldung für dieselbe Erfindung einreichen (Art 61 (1) b) oder c) die Zurückweisung der früheren Anmeldung beantragen (Art 61 (1) c). Während die Fälle a und c die Anhängigkeit der früheren Anmeldung voraussetzen, ist es nach einer Entscheidung der Großen Beschwerdekammer im Falle b nicht erforderlich, dass im Zeitpunkt der Einreichung der neuen Anmeldung die ältere widerrechtliche Anmeldung noch vor dem EPA anhängig ist.[53] 37

Eine dem Art 61 EPÜ vergleichbare Regelung enthält das PatG nicht. Art 61 EPÜ unterscheidet sich von § 7 (2) schon wesentlich dadurch, dass dieser ein Einspruchsverfahren voraussetzt, also nur *nach* Patenterteilung gilt, während Art 61 EPÜ nur *vor* Patenterteilung gilt. Rechtsprechung zu beiden Bestimmungen lässt sich daher schon aus diesem Grunde nicht übertragen.[54] 38

Einzelheiten der Ausübung der Befugnisse nach Art 61 (1) EPÜ werden in Art 61 (2) EPÜ (analoge Anwendung von Art 76 EPÜ über die europäische Teilanmeldung) sowie in R 14 und 16–18 EPÜ geregelt. Zu beachten sind insbesondere die Dreimonatsfrist der R 16 (1) a) EPÜ und die Formalitäten bei Weiterführung der Anmeldung nach R 14 (2) und (4) EPÜ und bei Einreichung einer neuen Anmeldung nach R 17 EPÜ. Eine besonders komplexe Situation ergibt sich, wenn die nationale Entscheidung über die materielle Erfindungsberechtigung nicht in allen Vertragsstaaten aufgrund des Anerkennungsprotokolls (s Rdn 23) anzuerkennen ist. Dann kann die Anmeldung oder das Patent je nach Vertragsstaaten unterschiedlichen Inhabern zustehen (s R 16 (2), 18 (2) u 78 (2) EPÜ). 39

8 Einwand im Verletzungsprozess

Über § 242 BGB kann die widerrechtliche Entnahme den Verbietungsrechten aus dem entnommenen Patent als Einrede entgegen gehalten werden.[55] Sie steht dem durch widerrechtliche Entnahme Verletzten und seinen Abnehmern zu, nicht einem durch die Entnahme nicht beeinträchtigten Dritten. Die Einrede muss innerhalb der Vindikationsfrist erhoben werden, es sei denn, der Patentinhaber war bösgläubig. Bei Versäumung der Frist besteht kein Weiterbenutzungsrecht desjenigen, der den Erfindungsgegenstand vor Fristablauf im eigenen Betrieb in Benutzung genommen hat.[56] 40

---

52 BGH BlPMZ 08, 357 (II2) *Angussvorrichtung für Spritzgießwerkzeuge II*.
53 EPA GBK G 0003/92 ABl 94, 607 *Unberechtigter Anmelder/LATCHWAYS*, vgl dazu die fundierten Gegenargumente der dissenting opinion (ABl 94, 623), denen ua Kraßer/Ann Patentrecht 7. Aufl § 20 III c 2 zustimmt.
54 Vgl dazu BGH BlPMZ 97, 396 (B9) *Drahtbiegemaschine*.
55 BGH GRUR 05, 567 *Schweißbrennerreinigung*.
56 BGH GRUR 05, 567 *Schweißbrennerreinigung*.

V. Verhältnis zu anderen Rechtsbehelfen

41 *Vindikationsklage und Einspruch* kann der durch widerrechtliche Entnahme Verletzte nebeneinander geltend machen,[57] denn sie dienen verschiedenen Schutzzwecken. Klage nach § 8 führt zur Übertragung des Patents in der erteilten Fassung, während der Widerruf wegen widerrechtlicher Entnahme die Wirkungen des Patents rückwirkend beseitigt und das Nachanmelderecht gemäß § 7 (2) eröffnet.

Ein rechtskräftiger Widerruf des Patents erledigt eine Klage nach § 8, weil deren Ziel nicht mehr erreicht werden kann[58] (s Rdn 25). Eine Übertragung des Patents auf den Verletzten erledigt ein Einspruchsverfahren nicht, weil der beantragte Widerruf die Nachanmeldung nach § 7 (2) ermöglicht,[59] für die der Nachanmelder an Verzichte und Beschränkungen des Voranmelders nicht gebunden ist.[60]

42 *Schuldrechtliche Ansprüche* gleichen Inhalts aus unerlaubter Handlung (§§ 823 ff BGB) können neben dem Anspruch aus § 8 oder Art II § 5 IntPatÜG gegeben sein,[61] sie setzen *Verschulden* voraus.[62] Sie sind von Interesse, wenn die Frist des § 8 S 3 oder Art II § 5 (2) IntPatÜG verstrichen ist oder wenn der Berechtigte statt der Übertragung Schadensersatz in Geld vorzieht, zB weil die streitige Erfindung unteilbar mit erfinderischen Zusätzen des Anmelders verschmolzen ist und der Kläger auf die Einräumung einer Mitberechtigung keinen Wert legt. Unter § 8 fallen nicht Ansprüche auf formale Umschreibung der Anmeldung oder des Patents, da hier der Antragsteller bereits der sachlich Berechtigte ist.

§ 9 Wirkung des Patents: Benutzungsrecht und Verbot der unmittelbaren Benutzung
(effects of the patent, prohibition of direct use of the invention)

¹Das Patent hat die Wirkung, dass allein der Patentinhaber befugt ist, die patentierte Erfindung im Rahmen des geltenden Rechts zu benutzen. ²Jedem Dritten ist es verboten, ohne seine Zustimmung
1. ein Erzeugnis, das Gegenstand des Patents ist, herzustellen, anzubieten, in Verkehr zu bringen oder zu gebrauchen oder zu den genannten Zwecken entweder einzuführen oder zu besitzen;
2. ein Verfahren, das Gegenstand des Patents ist, anzuwenden oder, wenn der Dritte weiß oder es auf Grund der Umstände offensichtlich ist, dass die Anwendung des Verfahrens ohne Zustimmung des Patentinhabers verboten ist, zur Anwendung im Geltungsbereich dieses Gesetzes anzubieten;

---

57 BGH GRUR 96, 42 *Lichtfleck*; 81, 186, 188 f.
58 BGH GRUR 96, 42 *Lichtfleck*.
59 BGH GRUR 96, 42 *Lichtfleck*.
60 BGH GRUR 79, 847 (II2d) *Leitkörper*; 96, 42, 44 rSp *Lichtfleck*.
61 BGH GRUR 97, 890 *Drahtbiegemaschine*; BlPMZ 08, 357 (II2) *Angussvorrichtung für Spritzgießwerkzeuge II*; OLG Frankfurt GRUR 87, 886.
62 Vgl RGZ 140, 53, 56; GRUR 37, 365.

3. das durch ein Verfahren, das Gegenstand des Patents ist, unmittelbar hergestellte Erzeugnis anzubieten, in Verkehr zu bringen oder zu gebrauchen oder zu den genannten Zwecken entweder einzuführen oder zu besitzen.

Rinken

Übersicht

	Geltungsbereich	1
	Europäisches Patentrecht	2
	Literatur	4
	Kommentierung zu § 9 PatG	
I.	**Positives Benutzungsrecht (§ 9 Satz 1)**	5
1	Patentinhaber	5
2	Lizenznehmer	7
3	Abhängigkeit	8
4	Rechtfertigungsgrund	9
5	Erschöpfung des Patentrechts	14
5.1	Art 76 GPÜ	15
5.2	Erschöpfung durch Inverkehrbringen	17
5.3	Vertriebshandlungen in Drittländern	27
5.4	Vertriebshandlungen in EU- und EWR-Mitgliedstaaten	28
5.5	Der sog. Besonderere bzw Spezielle Mechanismus	33
5.6	Beweislast	41
5.7	Gesetzlicher Rahmen	43
II.	**Verbot der unmittelbaren Benutzung (§ 9 Satz 2)**	44
1	Zustimmung des Patentinhabers	50
2	**Patentiertes Erzeugnis (Nr 1)**	53
2.1	Herstellen	54
2.2	Anbieten	61
2.3	Inverkehrbringen	77
2.4	Gebrauchen	80
2.5	Einfuhr	81
2.6	Besitz	82
3	**Patentiertes Verfahren (Nr 2)**	83
3.1	Anwendung eines Verfahrens	85
3.2	Anbieten eines Verfahrens	87
3.2.1	Anbieten im Inland	88
3.2.2	Anbieten zur Anwendung	89
3.2.3	Verbot der Anwendung	90
3.2.4	Kenntnis vom Verbot der Anwendung des Verfahrens	91
4	**Unmittelbares Verfahrenserzeugnis (§ 9 S 2 Nr 3)**	94
4.1	Patentiertes Verfahren	97
4.2	Unmittelbares Erzeugnis	100
5	**Einwendungen des Verletzers**	106
5.1	Eigenes Benutzungsrecht	106
5.2	Einwand des freien Standes der Technik	107
5.3	Einwand der Nichtigkeit	108
5.4	Einwand der unzulässigen Erweiterung	109
5.5	Einwand der Wirkungslosigkeit	110
5.6	Einwand der Verwirkung	111
5.7	Einwand der Patenterschleichung	112
5.8	Kartellrechtlicher Zwangslizenzeinwand	113
6	Territorialitätsgrundsatz (Inlandsbezug)	114
III.	**Europäische und deutsche Patente**	117
1	Voraussetzungen des Verbots des Doppelschutzes	118
1.1	Europ Patent	119
1.2	Deutsches Patent	120

1.3	Identität des Erfinders	121
1.4	Identität der Priorität	122
1.5	Identität des Schutzbereichs	123
2	**Zeitpunkt**	124
3	**Rechtsfolge**	128
4	**Verfahren**	129

1 **Geltungsbereich:** § 9 gilt nach Art 12 (1) GPatG nur für Patente, die nach dem 1.1.81 angemeldet worden sind. Für vor dem 1.1.81 angemeldete Patente gilt § 6 idF v 2.1.68 weiter.
DDR-Patente, die am 1.5.92 bestanden und nach § 4 ErstrG auf die alten Bundesländer erstreckt wurden, unterliegen für die Wirkung des Patents dem § 9 PatG 1981, unabhängig davon, ob sie vor oder nach dem 1.1.81 angemeldet waren. Das ErstrG trifft insofern keine Unterscheidung.

2 **Europäisches Patentrecht:** § 9 entspricht Art 25 GPÜ in der Fassung v 15.12.89 (= Art 29 GPÜ 1975). Nach Art 64 EPÜ gewährt ein europäisches Patent dieselben Rechte wie ein deutsches Patent. Nach Artikel 64 (2) EPÜ erstreckt sich der Schutz bei Verfahrenspatenten auch auf die unmittelbar hergestellten Erzeugnisse.

Artikel 25 GPÜ Prohibition of direct use of the invention

3 A Community patent shall confer on its proprietor the right of prevent all third parties not having his consent:
   (a) from making, offering, putting on the market or using a product which is the subject-matter of the patent, or importing or stocking the product for these purposes;
   (b) from using a process which is the subject-matter of the patent or, when the third party knows, or it is obvious in the circumstances, that the use of the process is prohibited without the consent of the proprietor of the patent, from offering the process for use within the territories of the Contracting States;
   (c) from offering, putting on the market, using, or importing or stocking for these purposes the product obtained directly by a process which is the subject-matter of the patent.

4 **Lit:** Loth FS Beier 1996, 113; Kühnen FS 200 Jahre Heymanns Verlag, 373; Arnold FS 80 Jahre Patentgerichtsbarkeit in Düsseldorf, 15; Verhauwen FS 80 Jahre Patentgerichtsbarkeit in Düsseldorf, 543; **Lit in GRUR:** Bruchhausen 79, 743; 80, 463; U. Krieger 80, 687; Preu 80, 697; Villinger 81, 541; Papke 84, 10; Brändel 92, 653; Pietzcker 93, 272; Papier 95, 241; von Hellfeld 98, 243; Straus 98, 314; Mes 09, 305; Stjerna 10, 202 und 795; v der Groeben 11, 795; Cordes 12, 141; Kühnen/Grunwald 15, 35; Ballestrem 18, 262; Ackermann 18, 772; Ojea 18, 1096; Herr/Engert 19, 468; Reisner 20, 345; Nieder 20, 823; Schön 21, 353; Verhauwen 21, 388; **Lit in GRUR Int:** Kunz-Hallstein 83, 548; Pagenberg 83, 560; Ullrich 95, 623; Beier/Ohly 96, 973; Schickedanz 09, 901; **Lit in GRUR Prax** Stjerna 11, 506 **Lit in EIPR:** Russel/Hurdle 95, 249; Wibbelmann 96, 174; Hurdle 97, 332. **Lit in Mitt:** Keil 83, 136; Bourcevet 92, 259; Worm/Maucher 09, 445; Petri/Böck 12, 103; Hoppe-Jänisch 13, 51; Schlimme 14, 363; 20, 113 und 298.

I. Positives Benutzungsrecht (§ 9 Satz 1)

1 Patentinhaber:

5 Der Patentinhaber hat nach § 9 Satz 1 allein das Recht, die patentierte Erfindung zu benutzen. Das **positive Benutzungsrecht** findet seine negative Entsprechung im Verbot der unmittelbaren und mittelbaren Benutzung der patentierten Erzeugnisse und Verfahren durch Dritte nach § 9 Satz 2 und § 10. Weitere Verbietungsrechte als sie in dem abschließenden Katalog der Benutzungsarten in den §§ 9 und 10 aufgezählt sind, gewährt das positive Benutzungsrecht nicht.[1] Das positive Benutzungsrecht gründet sich darauf, dass jedes Schutzrecht nicht bloß Verbietungsrechte gegenüber Dritten

---
[1] Denkschrift zu Art 29 GPÜ BlPMZ 79, 332.

vermittelt, sondern dem Inhaber auch das Recht verschafft, die eigene Erfindung zu nutzen. Das dem Patent immanente positive Benutzungsrecht geht nicht durch ein im Zeitrang schlechteres – weil prioritätsjüngeres – Schutzrecht verloren, das zur Anmeldung gelangt, bevor das prioritätsältere Schutzrecht offen gelegt worden ist: Zu beachten ist allerdings, dass sich die dem älteren Schutzrecht innewohnende Benutzungsbefugnis nur auf diejenige technische Lehre beschränkt, die gerade Inhalt desselben ist, also nicht dazu berechtigt, von zusätzlichen Merkmalen Gebrauch zu machen, die Gegenstand des jüngeren Schutzrechts sind und der Öffentlichkeit erst durch letzteres offenbart worden sind.[2]

Seinem Umfang nach erfasst das positive Benutzungsrecht, welches zu allen Handlungen nach §§ 9, 10 berechtigt, jedenfalls solche Lösungen, die dem **Wortsinn** der jeweiligen **Patentansprüche** entsprechen.[3] Nicht umfasst ist, was nur Gegenstand des **Beschreibungstext**es ist, jedoch keinen Eingang in die Patentansprüche gefunden hat. Umstritten[4] und vom BGH[5] bislang nicht entschieden ist die Frage, ob das positive Benutzungsrecht auch hinsichtlich Ausführungsformen gilt, die nur in patentrechtlich **äquivalent**er Weise von der Lehre der Patentansprüche Gebrauch machen. Die Frage ist zu bejahen: Wer Dritten den Gebrauch bestimmter Ausführungsformen unter dem Gesichtspunkt der Äquivalenz aktiv verbieten könnte, dem muss spiegelbildlich auch im selben Umfang ein Abwehrrecht gegen die Inanspruchnahme aus einem jüngeren Schutzrecht zustehen. Damit korrespondiert auch der Wortlaut »patentierte Erfindung« iSv § 9 S 1, der hier nicht anders zu verstehen sein kann als z.B. in §§ 10, 139.[6]

2 Lizenznehmer:

Das positive Benutzungsrecht kann nach § 15 (2) ganz oder teilweise Gegenstand von Lizenzen sein.[7] Ist es dem Dritten nur beschränkt übertragen, verbleibt es im Übrigen beim Patentinhaber, der es insoweit nach § 15 (2) 2 gegen den Lizenznehmer geltend machen kann.

3 Abhängigkeit[8] *(dependence)*

Kann ein jüngeres Patent nur benutzt werden, wenn gleichzeitig von einem älteren Patent Gebrauch gemacht wird, so ist das jüngere Patent vom älteren Patent **abhängig**, dh der jüngere Patentinhaber kann sein Patent **nur mit Zustimmung** des älteren Patentinhabers ausüben, denn der ältere Patentinhaber hat gegenüber dem jüngeren das bessere Recht. Das gilt auch, wenn die **Weiterentwicklung** des älteren Patents selbst eine patentfähige Erfindung ist,[9] so zB wenn eine erfinderische Verwendung

---

2 BGH GRUR 09, 655 = BGHZ 180, 1 *Trägerplatte*.
3 BGH GRUR 09, 655 = BGHZ 180, 1 *Trägerplatte*; OLG Düsseldorf InstGE 8, 141 *Trägerplatte*.
4 Ablehnend OLG Düsseldorf InstGE 8, 141 *Trägerplatte*; bejahend Stjerna GRUR 10, 795 m.w.N.
5 Offen BGH GRUR 09, 655 = BGHZ 180, 1 *Trägerplatte*.
6 Stjerna GRUR 10, 795, 799.
7 BGH GRUR 09, 655, 657 = BGHZ 180, 1 *Trägerplatte*.
8 Pietzcker GRUR 93, 272; Straus 98, 314; Schwanhäusser Mitt 90, 69.
9 BGH GRUR 75, 484 (II2) *Etikettiergerät*; 77, 654 *Absetzwagen III*; 09, 655, 657 = BGHZ 180, 1 *Trägerplatte*.

eines patentierten Stoffs aufgefunden wird.[10] Auch der Ältere darf die im jüngeren Patent weiter entwickelte Lehre seines Patents nicht benutzen. Keiner von beiden hat Anspruch auf eine Benutzungserlaubnis.[11] Bei Nichteinigung hilft nur § 24.

4 Rechtfertigungsgrund

9   Bei Inanspruchnahme aus einem prioritätsjüngeren Patent kann der Inhaber (oder sonst Nutzungsberechtigte) eines prioritätsälteren Patents oder Gebrauchsmusters[12] sich mit dem Einwand verteidigen, mit der angegriffenen Ausführungsform werde lediglich von den Ansprüchen des prioritätsälteren Schutzrechts – und nicht darüber hinaus – Gebrauch gemacht. Ist das Patent **beschränkt** worden (§ 64), kommt es wegen der mit der Beschränkung verbundenen **Rückwirkung** auf die beschränkte Fassung der Ansprüche an. Gleiches gilt bei teilweisem Widerruf oder teilweiser Nichtigerklärung.

10   Der Einwand des eigenen Benutzungsrechts versagt, wenn mit der angegriffenen Ausführungsform (a) zusätzliche Merkmale benutzt werden, die Gegenstand erst des prioritätsjüngeren Schutzrechts sind; (b) von einem Merkmal Gebrauch gemacht wird, das nicht Inhalt der Ansprüche, sondern lediglich des Beschreibungstextes ist.

11   Das positive Benutzungsrecht **beginnt** nicht schon mit der Anmeldung des prioritätsälteren Patents, sondern erst mit dessen Erteilung. Dementsprechend genügt bei einem Gebrauchsmuster nicht bereits dessen Eintragung; vielmehr muss auch die (beim Patent durch den Erteilungsakt dokumentierte) Schutzfähigkeit gegeben sein. Ist das prioritätsältere Schutzrecht angegriffen, kann dem Beklagten das Benutzungsrecht nicht mit dem Argument aberkannt werden, das Patent bzw Gebrauchsmuster werde sich im anhängigen Einspruchs-/Nichtigkeits- bzw Löschungsverfahren voraussichtlich als nicht **rechtsbeständig** erweisen und ex tunc vernichtet werden. Diese Entscheidung obliegt allein den Erteilungsinstanzen, aber nicht dem Verletzungsgericht, welches lediglich den Rechtsstreit bis zur Entscheidung über den Einspruch, die Nichtigkeitsklage oder den Löschungsantrag **aussetzen** kann (§ 148 ZPO). Nur bei umgekehrter Sachlage, wenn das Verletzungsgericht also die Angriffe gegen das prioritätsältere Schutzrecht für nicht durchgreifend erachtet, kann das Benutzungsrecht zugesprochen, dh die Klage abgewiesen werden.

12   Der Inhaber eines **jüngeren Verwendungspatents** kann den Inhaber des **älteren Erzeugnispatents** von der geschützten Verwendung ausschließen, er kann aber sein eigenes Verwendungspatent nicht ohne Zustimmung des Inhabers des älteren Erzeugnispatents verwerten, weil die ihm patentierte Verwendung in den Schutzbereich des älteren Erzeugnispatents fällt.[13] Umgekehrt kann der Inhaber des Erzeugnispatents die patentierte neue Verwendung nur mit Einwilligung des Dritten benutzen.[14]

---

10   BGH GRUR 72, 541 (E2c) *Imidazoline*.
11   OLG Düsseldorf GRUR **66**, 521.
12   BGH GRUR 92, 692 *Magazinbildwerfer*.
13   BGH GRUR 96, 109 (III6c) *Klinische Versuche I*; **64**, 606, 611 *Förderband*; **62**, 370, 374 lSp *Schallplatteneinblendung*.
14   RGZ **50**, 111, 114.

Zuständig für die Entscheidung der Frage der Abhängigkeit sind nur die Verletzungsgerichte. Bei rechtlichem Interesse ist eine **positive** Feststellungsklage des Älteren oder eine **negative Feststellungsklage** des Jüngeren zulässig. Die Abhängigkeit ist **kein Patenthindernis** und wird daher vom DPMA nicht geprüft.[15] Sie ist auch **kein Nichtigkeitsgrund.**

5 Erschöpfung des Patentrechts *(exhaustion)*

Lit: Denkschrift zu Art 32 GPÜ BlPMZ 79, 333; Stauder Patentverletzung im grenzüberschreitenden Wirtschaftsverkehr 1975; Joos Die Erschöpfungslehre im Urheberrecht München 1991; Mailänder FS Gaedertz 1992; Ebenroth Gewerbl Rechtsschutz und europ Warenverkehrsfreiheit Heidelberg 1992; Vischer FS David 1996; v Meibom/Meyer FS Mes 2009, S 255.
Lit in GRUR: Kraft **71**, 373; Graf **73**, 55; Körner **80**, 204; Brändel **80**, 512; Brandi-Dohrn **80**, 757; Loewenheim **82**, 461; **92**, 567; Meyer-Kessel **97**,878; Kunz-Hallstein **98**, 268; Sack **99**, 193; Mager **99**, 637; Leßmann 00, 741; Hoeren **10**, 665; Mes **13**, 767.
Lit in GRUR Int: Koch/Froschmaier **65**, 121; Schatz **70**, 217; Reimer **72**, 221, 227; Kraft **72**, 413; Schwab **75**, 73; v Gamm **75**, 185; Johannes **75**, 111; Mak **75**, 118; Kraft **75**, 283; Ullrich **75**, 290; **83**, 370; **91**, 1; **95**, 623; Krieger **76**, 208; Reischl **82**, 151; Beier **89**, 603; **96**, 1; Axster **90**, 609; **96**, 1; Straus **96**, 179; Jehoram **96**, 280; Loewenheim **96**, 307; Soltysinski **96**, 316; Weber/Römhild/Ebert-Weidenfeller/v Ahsen **12**, 894.
Lit in Mitt: Schricker **80**, 31; Schennen **89**, 7; **98**, 50; Hoppe-Jänisch **13**, 51; **Lit in IIC:** Ullrich **92**, 587; Heath **97**, 623; Schönbohm/Elgen **16**, 104; **Lit in EIPR:** Britton/Karet **97**, 207; Torremans/Stamatoudi **97**, 545; **Lit in IIC:** Verma **98**, 534; Pagenberg **99**, 19; Cohen Jehoram **99**, 495.

5.1 Art 76 GPÜ regelt die Erschöpfung für nationale Patente und Art 28 GPÜ (abgedruckt Rdn 28) für Gemeinschaftspatente. Art 76 GPÜ lautet:

(1) Das Recht aus einem nationalen Patent in einem Vertragsstaat erstreckt sich nicht auf Handlungen, die ein durch das Patent geschütztes Erzeugnis betreffen und im Hoheitsgebiet dieses Staates vorgenommen werden, nachdem das Erzeugnis vom Patentinhaber oder mit seiner ausdrücklichen Zustimmung in einem der Vertragsstaaten in Verkehr gebracht worden ist, es sei denn, dass Gründe vorliegen, die es nach den Regeln des Gemeinschaftsrechts gerechtfertigt erscheinen lassen, dass sich das Recht aus dem Patent auf solche Handlungen erstreckt.
(2) Absatz 1 ist auch auf ein Erzeugnis anzuwenden, das der Inhaber eines für dieselbe Erfindung in einem anderen Vertragsstaat erteilten nationalen Patents, der mit dem Inhaber des in Absatz 1 genannten Patents wirtschaftlich verbunden ist, in Verkehr gebracht hat. Als wirtschaftlich verbunden im Sinne dieses Absatzes gelten zwei Personen, wenn in bezug auf die Verwertung eines Patents die eine Person auf die andere unmittelbar oder mittelbar maßgeblichen Einfluss ausüben kann oder wenn Dritte auf beide Personen einen solchen Einfluss ausüben können.
(3) Die Absätze 1 und 2 sind nicht anzuwenden, wenn das Erzeugnis aufgrund einer Zwangslizenz in Verkehr gebracht worden ist.

Art 6 TRIPS[16] lautet:

Zum Zwecke der Streitbeilegung nach dem Abkommen darf das Abkommen vorbehaltlich der Art 3 [Inländerbehandlung] und 4 [Meistbegünstigung] nicht dazu verwendet werden, die Frage der Erschöpfung der Rechte an geistigem Eigentum zu behandeln.

Spezialregelung für biologisches Vermehrungsmaterial enthält § 9b.

5.2 Erschöpfung durch Inverkehrbringen: Der Beklagte kann gegenüber dem Verletzungsvorwurf die sog. Erschöpfung einwenden, indem er geltend macht, das paten-

---

15 BGH GRUR **64**, 606, 611 *Förderband.*
16 Abgedruckt im Anhang 13; vgl dazu EuGH-Gutachten GRUR Int **95**, 239, 241 rSp *TRIPS-Kompetenz.*

tierte Erzeugnis oder das unmittelbare Erzeugnis eines patentierten Verfahrens sei in einem der Vertragsstaaten der EU oder des EWR **mit Billigung des Berechtigten willentlich in den Verkehr gebracht** worden.[17] Ein Patent verleiht seinem Inhaber nämlich nicht das Recht, für alle Zukunft den Verkehr mit den patentierten Gegenständen beeinflussen zu können. Es berechtigt ihn vielmehr nur einmal, zu bestimmen, ob der patentierte Gegenstand in Verkehr gelangen soll.[18] Ist das rechtmäßig geschehen, ist jeder Erwerber in der rechtlichen Verfügung und dem bestimmungsgemäßen Gebrauch frei, dh der Patentinhaber kann nach einer rechtmäßigen Vertriebshandlung die Art und Weise des weiteren Verkehrs nicht mehr beeinflussen,[19] auch nicht über Normen des UWG (vgl aber Rdn 60). Das setzt voraus, dass die Sache sich tatsächlich **im freien Handelsverkehr** befindet, also nicht ein rein innerbetrieblicher Vorgang, zB konzerninterne Warenbewegung, vorliegt.[20] Ein **Konzernverhältnis** liegt allerdings nicht bei unabhängigen Drittunternehmen vor, die einander – wie Depositäre – nur vertraglich verpflichtet sind.[21]

18 Voraussetzung der Erschöpfung des Patentrechts[22] ist das Inverkehrbringen des patentierten Gegenstands durch den Patentinhaber selbst oder durch einen **Dritten** mit ausdrücklicher oder konkludenter[23] Zustimmung des Patentinhabers (s Rdn 51). Ausreichend ist eine wirtschaftliche Verbundenheit zwischen Patentinhaber und dem Dritten wie sie zB bei einem Lizenznehmer, einem Alleinvertriebshändler oder bei einem Konzernverhältnis besteht.[24] In Ermangelung einer wirtschaftlichen Verbundenheit kommt es auf das Einverständnis des Schutzrechtsinhabers an, welches nur aus Tatsachen abgeleitet werden kann, die mit Bestimmtheit dessen Verzicht auf seine Verbietungsrechte in Bezug auf die durch den Dritten in den Verkehr gebrachten Produkte sichtbar machen.[25] Solches kann etwa bei einem beiderseits unerkannt unwirksamen Lizenzvertrag der Fall sein, wenn die Parteien selbigen faktisch praktizieren; dann tritt Erschöpfung solange ein, bis sich der Patentinhaber nicht von dem Lizenzvertrag lossagt.[26] Aufgrund der Erschöpfung wird das Recht aus dem Patent konsumiert, dh der geschützte Gegenstand wird patentfrei, so dass ein Dritter die Sache in beliebiger Weise benutzen darf. Erfolgt das Inverkehrbringen mit Willen des Patentinhabers, so ist ein **innerer Vorbehalt** gegen den Eintritt der Erschöpfung unbeachtlich (§ 116 S 1 BGB).

---

17 BGH GRUR 11, 820 *Kuchenbesteck-Set*; vgl. EuGH GRUR 03, 512 *Stüssy*.
18 BGH GRUR 80, 38 (II) *Fullplastverfahren*; **68**, 195 *Voran*; **59**, 232 *Förderrinne*; **52**, 141 *Tauchpumpen*; **51**, 449 *Tauchpumpensatz*; 01, 223 (I3b) *Bodenwaschanlage*.
19 BGH GRUR 80, 38 (II) *Fullplastverfahren*; **68**, 195 *Voran*; **59**, 232 *Förderrinne*; **52**, 142 *Tauchpumpen*; **51**, 449 *Tauchpumpensatz*.
20 BGH GRUR 82, 100 *Schallplattenexport*; **86**, 668 *Gebührendifferenz* IV; 07, 882 *Parfümtester*; OLG Hamburg GRUR **85**, 923.
21 BGH GRUR 07, 882 *Parfümtester*.
22 EuGH GRUR Int **95**, 239, 241 rSp *TRIPS-Kompetenz*; BGH GRUR **97**, 116 (I2b) *Prospekthalter*; **80**, 38 *Fullplastverfahren*; **76**, 579 *Tylosin*; **73**, 518 *Spielautomat II*; **68**, 195 *Voran*.
23 EuGH GRUR 10, 723 *Coty Prestige/Simex Trading*.
24 EuGH GRUR 09, 593 – *Copad*; EuGH GRUR 09, 1159 – *Makro*; BGH GRUR 11, 820 – *Kuchenbesteck-Set*.
25 EuGH GRUR 09, 1159 – *Makro*; BGH GRUR 11, 820 – *Kuchenbesteck-Set*.
26 OLG Düsseldorf, Urteil v 8.7.2019 – VI-U (Kart) 18/18 BeckRS 19, 20084.

Hingegen tritt Erschöpfung nicht ein, wenn eine **Bedingung**, unter welche der Patentinhaber seine Zustimmung zum Inverkehrbringen gestellt hat, nicht eintritt.[27]

Umfang der Erschöpfung richtet sich gegenständlich nach dem Umfang des Inverkehrbringens, denn dem Patentinhaber steht die Entscheidung zu, ob und in welchem Umfang er (oder ein Dritter) von seinem Schutzrecht Gebrauch machen will.[28] Nur in diesem Umfang tritt eine Erschöpfung ein. Darüber hinaus wird die dem Patentinhaber verliehene Rechtsmacht nicht begrenzt, dh insoweit bleibt ihm das Ausschließlichkeitsrecht erhalten. In Bezug auf die konkrete in Verkehr gebrachte Sache ist die Erschöpfungswirkung allerdings umfassend, ergreift also **alle Benutzungsarten**.[29] Zu **untergeordneten Bauteilen einer Gesamtvorrichtung** s Rdn 58. 19

Die Zustimmung des Patentinhabers muss **auf eigenem Entschluss** beruhen; wird ihm die »Befugnis genommen, die Bedingungen des Inverkehrbringens seiner Erzeugnisse frei zu bestimmen« (zB durch eine **Zwangslizenz**[30]), »so kann er sich dem Inverkehrbringen dieser Erzeugnisse in dem Staat, in dem sein Patent gilt, widersetzen«;[31] wer gezwungen wird, seine Erzeugnisse in Verkehr zu bringen, der stimmt nicht freiwillig zu. 20

Der Eintritt der Erschöpfung ist **streng objektbezogen**, zeitigt also immer nur für denjenigen konkreten Gegenstand Wirkung, der tatsächlich mit Billigung des Patentinhabers in Verkehr gebracht worden ist.[32] Das Recht zur Neuherstellung der patentierten Sache verbleibt dem Patentinhaber. Daher fallen alle Verwendungen der patentfrei gewordenen Sache, die auf eine Neuherstellung hinauslaufen, unter das Patent[33] (s näher Rdn 57). 21

Grundsätzlich setzt der Eintritt der Erschöpfung voraus, dass der **gesamte patentgeschützte Gegenstand** in Verkehr gebracht worden ist. Es reicht also regelmäßig nicht aus, dass lediglich **Teile** eines Gesamtgegenstandes in den Verkehr gelangt sind.[34] Von einer »**erweiterten Erschöpfung**«[35] wird man bei Kombinations-/Systempatenten unter Berücksichtigung der ratio, dass der Patentinhaber seine Verbietungsrechte nur in dem Umfang verliert, in welchem er die ihm gebührenden wirtschaftlichen Vorteile aus der Erfindung gezogen hat, nur dann ausgehen können, wenn die betreffende Erfindung mit dem in Verkehr gebrachten Teil praktisch vollständig verwirklicht ist. Es gelten die Kriterien wie bei Abgrenzung unmittelbarer von mittelbarer Verletzungs- 22

---

27 BGH GRUR 11, 820 *Kuchenbesteck-Set*.
28 EuGH GRUR Int 97, 250 (Nr 41 und 49) *Merck II*; 85, 822 *Pharmon*.
29 BGH GRUR 07, 882 *Parfümtester*.
30 Vgl. EuGH GRUR Int 85, 822 *Pharmon*; BGH GRUR 03, 507, 511 *Enalapril*.
31 EuGH GRUR Int 97, 250 (Nr 41 und 49) *Merck II*; 85, 822 *Pharmon*; BGH GRUR 03, 507, 511 *Enalapril*.
32 EuGH GRUR 10, 723 *Coty Prestige/Simex Trading*; OLG Düsseldorf Urt v 14.01.2010 + I-2 U 128/08.
33 BGH GRUR 73, 518 *Spielautomat II*.
34 Im Einzelnen streitig: weitergehend Haft/v. Samson-Himmelstjerna FS Reimann 2009, 175; v. Meibom/Meyer FS Mes 2009, 255.
35 V. Meibom/Meyer FS Mes 2009, 255.

handlung[36] in entsprechender Weise, dh: Stellt der nicht in Verkehr gebrachte Teil für den Erfindungsgedanken lediglich noch eine **nebensächliche »Allerwelts-Zutat«** dar, die der Belieferte entweder bereits in seinem Besitz hat oder die er sich unschwer besorgen kann und mit Gewissheit vorhersehbar beschaffen wird, um sie mit dem in Verkehr gebrachten Teil zu kombinieren, tritt Erschöpfung hinsichtlich des vollständigen patentgeschützten Gegenstandes ein. Diese Grundsätze gelten jedoch nicht, wenn das selbst patentgeschützte Herstellungsprodukt das Ergebnis eines **Fertigungsprozesses** ist, der **mit einer vom Patentinhaber in Verkehr gebrachten Maschine** ausgeführt werden kann.[37] S. auch Rdn 58.

23 **Werbemaßnahmen** in Bezug auf das patentbenutzende Produkt sind nicht nur für solche Produkte zulässig, die bereits in Verkehr gelangt sind und an denen deshalb Erschöpfung eingetreten ist, sondern gleichermaßen für Erzeugnisse, die künftig noch mit erschöpfender Wirkung in Verkehr gelangen werden.[38]

24 **Verfahrenspatente** werden nicht dadurch patentfrei, dass die Verfahrenserzeugnisse oder die Vorrichtung zur Durchführung des Verfahrens in Verkehr gebracht werden.[39] In der **Veräußerung der Vorrichtung** kann aber eine **stillschweigende Lizenzierung** zugunsten des Erwerbers liegen.[40] Fehlen anderslautende Abreden, ist **im Zweifel** davon auszugehen, dass derjenige, der vom Inhaber eines Verfahrenspatents eine zur Ausübung des geschützten Verfahrens erforderliche Vorrichtung erwirbt, diese bestimmungsgemäß benutzen darf.[41] Das gilt unabhängig davon, ob die Vorrichtung ihrerseits ungeschützt oder ob neben dem Verfahren auch die Vorrichtung durch ein Sachpatent geschützt ist.[42] Voraussetzung ist allerdings, dass die gebrauchsfertige Vorrichtung in ihrer Gesamtheit aus lizenzierter Quelle stammt; eine stillschweigende Benutzungserlaubnis kommt deshalb nicht in Betracht, wenn bloß einzelne Komponenten geliefert werden, die unter Hinzufügung nicht lizenzierter weiterer Teile zur Errichtung der zur Verfahrensdurchführung geeigneten Sache verwendet worden sind. Die vorbezeichneten Grundsätze sind nicht auf eine Konstellation übertragbar, bei der das patentgeschützte Herstellungsprodukt das Ergebnis eines Fertigungsprozesses ist, der mit einer vom Patentinhaber in Verkehr gebrachten Maschine ausgeführt werden kann.[43]

25 Die Annahme einer stillschweigenden Lizenzerteilung verbietet sich, wenn das patentgeschützte Verfahren vom **Endverbraucher im privaten Bereich** angewendet wird, weil die Patentbenutzung in einem solchen Fall bereits kraft Gesetzes (§ 11 Nr 1 PatG) privilegiert ist und es deswegen keiner vertraglichen Nutzungsgestattung durch den Schutzrechtsinhaber bedarf.

---

36 Vgl. dazu OLG Düsseldorf InstGE **13**, 78 *Lungenfunktionsmessgerät*.
37 OLG Düsseldorf InstGE **9**, 66 *Trägerbahnöse*.
38 BGH GRUR **03**, 878, 879 f (III) *Vier Ringe über Audi* (zu § 24 MarkenG).
39 BGH GRUR **80**, 38 (II) *Fullplastverfahren*; **01**, 223 (I3b) *Bodenwaschanlage*.
40 BGH GRUR **80**, 38 (II) *Fullplastverfahren*.
41 BGH GRUR **07**, 773 *Rohrschweißverfahren*.
42 OLG Düsseldorf Urt v 28.01.2010 – I-2U 124/08; aA. LG Düsseldorf, Entscheidungen 1998, 115 *Leviationsmaschine*.
43 OLG Düsseldorf InstGE **9**, 66 *Trägerbahnöse*.

Inverkehrbringen gemäß § 9 ist mit dem gleichen Begriff für die Erschöpfung nicht vollkommen identisch.⁴⁴ Keine Erschöpfung tritt ein bei **zeitweiliger Gebrauchsüberlassung** ohne Eigentumsverschaffung.⁴⁵ Beim **Export** ist nur das Einfuhrland Ort des Inverkehrbringens,⁴⁶ jedenfalls wenn Reimport ausgeschlossen ist.⁴⁷ Wird zu Zwecken eines **Testkaufs** die Verfügungsgewalt an einem Tape, das erfindungsgemäß codierte Videodaten enthält und als Pressvorlage für anzufertigende DVDs dient, übertragen, tritt nach BGH aufgrund einer Gestattung der Verfahrensbenutzung Erschöpfung ein, die die Befugnis zur bestimmungsgemäßen Nutzung des unmittelbaren Verfahrenserzeugnisses verleiht und auch die Vervielfältigung durch Pressung von DVDs deckt; allerdings soll mangels Kenntnis von den die Erschöpfung begründenden objektiven Umständen zumindest eine Erstbegehungsgefahr für zukünftige Verletzungshandlungen anzunehmen sein.⁴⁸ Dies lässt außer Acht, dass der Patentinhaber im Zuge des Testkaufs keinen wirtschaftlichen Nutzen aus der Erfindung zieht.

26

5.3 Vertriebshandlungen in Drittländern (= Nicht-EU- und EWR-Staaten), die der Patentinhaber vornimmt, führen **nur zur Erschöpfung in dem jeweiligen Vertriebsstaat**, nicht aber zur Erschöpfung der inhaltsgleichen, parallelen Schutzrechte, die der Patentinhaber in anderen Staaten innehat.⁴⁹ Das folgt aus dem **Territorialitätsgrundsatz** (s Rdn 114). Die in jedem Land erteilten Patente sind nach Art 4 ᵇⁱˢ PVÜ »ohne jede Einschränkung« unabhängig, auch wenn der Inhaber in beiden Ländern identisch ist. Hat daher der Patentinhaber den patentierten Gegenstand im Land A in Verkehr gebracht, so ist sein Patentrecht nur in diesem Land, nicht aber auch in anderen Ländern erschöpft, in denen er parallele Schutzrechte hat. Eine Einfuhr des Gegenstands aus dem Land A in ein anderes Land würde daher gegen dort bestehende inhaltsgleiche Patente verstoßen.

27

5.4 Vertriebshandlungen in EU- und EWR-Mitgliedstaaten

Der **Grundsatz des freien Warenverkehrs** gemäß Art 34 AEUV (fundamentaler Grundsatz⁵⁰) genießt grundsätzlich gegenüber der Bestandsgarantie für die gewerblichen Schutzrechte gemäß Art 36 S 2 AEUV (Ausnahmebestimmung) Vorrang.⁵¹ Aus ihm folgt, dass die Rechte aus dem (zB mit Wirkung für die BRD erteilten) Patent erschöpft sind, wenn das patentbenutzende Erzeugnis vom Patentinhaber selbst oder mit seiner Zustimmung in einem Mitgliedstaat der EU oder einem Vertragsstaat des EWR⁵² in Verkehr gebracht worden ist.⁵³ Solches ist auch der Fall, wenn a) die Sache

28

---

44 LG München Mitt **94**, 124.
45 Kraßer/Ann § 33 Rn 286.
46 Kraßer/Ann § 33 Rn 286.
47 LG München Mitt **94**, 124.
48 BGH GRUR **12**, 1230 *MPEG-2-Videosignalcodierung*; zustimmend: Hoppe-Jänisch Mitt **13**, 51, 55 f; anders die Vorinstanz: OLG Düsseldorf Urt v 14.01.2010 – I-2 U 124/08; mit Recht kritisch gegenüber BGH: Mes GRUR **13**, 767.
49 BGH GRUR **00**, 299, 300 *Karate*; OLG Düsseldorf Urt v 30.03.17 – I-15 U 65/15 *Kommunikationsvorrichtung*.
50 EuGH GRUR Int **95**, 144 (Nr 22) *Generics/Smith Kline and French Laboratories*; **96**, 1149 (Nr 42) *Bristol-Myers Squibb*.
51 Vgl EuGH GRUR Int **76**, 402, 410 *Terranova/Terrapin*; **82**, 47, 48 *Moduretik*.
52 Neben den EU-Mitgliedstaaten gehören dazu Island, Liechtenstein und Norwegen.
53 BGH GRUR **00**, 299 f *Karate*; **03**, 507, 511 (V4) *Enalapril*.

vom Schutzrechtsinhaber zwar außerhalb der EU und des EWR in Verkehr gebracht wurde, er aber **zumindest konkludent**[54] **zugestimmt** hat, dass ein Dritter die Sache anschließend in der EU oder dem EWR auf den Markt bringt[55] – entscheidend ist, dass der Schutzrechtsinhaber das erste Inverkehrbringen im genannten Raum kontrollieren kann;[56] **b)** der Schutzrechtsinhaber den patentgeschützten Gegenstand im Inland, in der EU oder im EWR **unter Verlust seiner Verfügungsgewalt** an den Spediteur des Käufers übergeben hat, auch wenn sich der Käufer vertraglich verpflichtet hat, die Sache nur außerhalb der EU oder des EWR in Verkehr zu bringen;[57] **c)** die Sache nicht entgeltlich veräußert, sondern einem Dritten **zum Verbrauch zu Werbezwecken** übergeben wird (zB Aushändigung von Parfümtestern an einen Depositär).[58]

29 Die bloße körperliche Verbringung von Nichtgemeinschaftsware in eine Zollstelle oder ein Zolllager innerhalb des EU- oder EWR-Gebietes als solche reicht als Inverkehrbringen innerhalb der EU oder des EWR nicht aus. Entscheidend ist, dass die Ware **in den zollrechtlich freien Verkehr** verbracht wird.[59] **Keine Erschöpfung a)** bei Einfuhr in den EU- bzw EWR-Raum, selbst wenn sie zum Zwecke des dortigen Verkaufs erfolgt, solange keine Überführung in den zollrechtlich freien Verkehr erfolgt ist; **b)** Verbringung der Ware in das externe Versandverfahren[60] oder in das Zolllagerverfahren;[61] dass die beabsichtigte Durchfuhr unterbrochen und die Sache einem zollrechtlichen Einfuhrverfahren zugeführt werden *könnte*, ist unerheblich; solange hierfür keine tatsächlichen Anhaltspunkte bestehen, auch keine Erstbegehungsgefahr;[62] unbeachtlich auch, ob das Zielland der durchgeführten Ware ein Mitgliedstaat ohne Schutzrecht oder ein Drittstaat mit Schutzrecht ist;[63] **c)** Anbieten im EU- bzw EWR-Raum, solange das Angebot nicht tatsächlich zu einem Verkauf (= Inverkehrbringen) geführt hat.[64]

Erschöpfung tritt unabhängig davon ein, ob in dem betreffenden Staat, in dem das Inverkehrbringen geschieht, ein Patentschutz besteht oder die Sache patentfähig ist;[65] anders, wenn ein Patentschutz gesetzlich ausgeschlossen ist.[66] Folgende Fälle sind zu unterscheiden:

30 **a) Berechtigtes Inverkehrbringen** der patentierten Sache – also durch den Patentinhaber oder mit seiner Zustimmung durch einen Dritten – in einem EU- bzw. EWR-

---

54 Zu den Anforderungen vgl EuGH GRUR 02, 156, 159 f *Davidoff*; OLG Düsseldorf Urt v 29.04.2016 – I-15 U 47/15 *Prozesskartusche*.
55 Vgl EuGH GRUR 02, 156, 158 f *Davidoff*.
56 EuGH GRUR 10, 723 *Coty Prestige/Simex Trading*.
57 OLG München GRUR-RR 03, 338 = Mitt 04, 34 *Herrenhemden*, bestätigt durch BGH GRUR 06, 863 *ex works*; OLG Hamburg GRUR-RR 03, 335 *Markenhemden* (jeweils zum Markenrecht).
58 BGH GRUR 07, 882 *Parfümtester*.
59 EuGH GRUR INT 06, 40, 42 *Class International/Colgate-Palmolive* (zum Markenrecht).
60 BGH GRUR 07, 875 *Durchfuhr von Originalware*.
61 EuGH GRUR INT 06, 40, 43 *Class International/Colgate-Palmolive* (zum Markenrecht).
62 BGH GRUR 07, 882 *Parfümtester*.
63 BGH GRUR 07, 875 *Durchfuhr von Originalware*; 07, 876 *Diesel II*; BGH GRUR 12, 1269 *Clinique happy*.
64 EuGH GRUR Int 05, 314, 316 *Peak Holding/Axolin-Elinor*.
65 BGH GRUR 00, 299, 300 *Karate*.
66 BGH GRUR 76, 579 (II 3d cc) *Tylosin*; EuGH GRUR Int 68, 99 *Parke Davies*.

Land[67] führt zur Erschöpfung des Patentrechts in der gesamten EU[68] und im gesamten EWR.[69] EU und EWR gelten sozusagen als ein Land (Binnenmarkt). Hat der Patentinhaber in den Ländern A und B parallele Patente und bringt er die patentierte Sache im Land A in Verkehr, so kann er gegen die Einfuhr der Sache in das Land B sein dortiges Patent nicht mehr geltend machen. Ebenso, wenn im Land A kein Patentschutz besteht, solange er nicht von Gesetzes wegen ausgeschlossen ist. Schon die wirtschaftliche Verbindung mit dem Inhaber eines Parallelpatentes in einem anderen Staat kann die Erschöpfung auch bezüglich dieser Produkte begründen.[70]

b) Unberechtigtes Inverkehrbringen der patentierten Sache durch einen Dritten – also ohne Zustimmung des Patentinhabers – **aa)** in einem Mitgliedsstaat A, in dem der Patentinhaber ein Parallelpatent besitzt, führt nicht zur Erschöpfung des parallelen Patents im Land B;[71] **bb)** in einem Mitgliedsstaat A, in dem der Patentinhaber kein Parallelpatent besitzt, führt ebenfalls nicht zur Erschöpfung seines parallelen Patents im Land B (anders: 6. Auflage Rn 31). 31

Diskriminierungsverbot: Ausnahmen vom Grundsatz des freien Warenverkehrs sind wegen Art 36 S 2 AEUV nur zulässig, »soweit sie zur Wahrung der Rechte gerechtfertigt sind, die den spezifischen Gegenstand des gewerblichen Schutzrechts ausmachen«.[72] Diese Rechte bestehen darin, dem Patentinhaber das ausschließliche Recht zu sichern, eine Erfindung zu verwerten, indem er ihren Gegenstand herstellt, das Erzeugnis erstmals in den Verkehr bringt[73] und sich gegen jede Zuwiderhandlung zur Wehr setzt.[74] Maßnahmen, die diesen Zielen nicht dienen, verstoßen gegen Art 36 S 2 AEUV, zB Maßnahmen zur Förderung der Erzeugung in einem Mitgliedstaat.[75] 32

5.5 Der sog. Besonderere bzw Spezielle Mechanismus[76] betrifft (inhaltlich identische) Vereinbarungen, die anlässlich der EU-Osterweiterung mit der Mehrzahl der neuen Mitgliedsstaaten (und zwar allen außer Malta und Zypern) in den Beitrittsverträgen getroffen wurden. Diese Mechanismen führen im Kern dazu, dass der Erschöpfungseinwand (trotz Vorliegens der oben unter Rdn 28 ff dargestellten Voraussetzungen) in Bezug auf **Arzneimittelpatente** unter bestimmten Voraussetzungen nicht zur Geltung gelangt. Weil die **Beitritte der osteuropäischen Staaten**, in denen bis dato (u.a.) keine Arzneimittel-Erzeugnispatente bekannt waren, für Schutzrechtsinhaber nicht voraussehbar waren, sollen so letztere vor plötzlichen erschöpfungsrechtlichen 33

---

67 EuGH GRUR 10, 723 *Coty Prestige/Simex Trading*.
68 EuGH GRUR Int 74, 454 *Negram II* (Centrafarm).
69 BGH GRUR 00, 299, 300 *Karate*.
70 EuGH, GRUR Int 1976, 402, 410 *Terranova/Terrapin*.
71 EuGH GRUR Int 76, 402, 410 u 74, 454 *Negram II*; 82, 47, 48 lSp *Moduretik*; BGH GRUR 76, 579 (II 2 b bb) *Tylosin*.
72 EuGH GRUR Int 90, 960 *HAG II*; 94, 227 (Nr 20) *Zwangslizenz Patente*; 96, 1144 (Nr 42) *Bristol-Myers Squibb*.
73 EuGH GRUR Int 82, 47 *Merck I*; 97, 250 (Nr 31) *Merck II*; 97, 911 (Nr 19) *Generics/Smith Kline and F.L*; BGH GRUR 00, 299 *Karate*.
74 EuGH GRUR Int 89, 573 (Nr 11) *Allen and Hanburys*; 94, 227 (Nr 21) *Zwangslizenz Patente*; 95, 144, 146 *Generics/Smith Kline and F.L*; BGH GRUR 00, 299 *Karate*.
75 EuGH GRUR Int 94, 227 *Zwangslizenz Patente*; 95, 144, 146 *Generics/Smith Kline and F.L*.
76 Kramer PharmR 12, 49; Kühnen FS 200 Jahre Heymanns Verlag, S 373.

Konsequenzen bewahrt werden. Zwecks der Gewährleistung gleichmäßiger Lebensverhältnisse soll der Besondere Mechanismus zugleich sicherstellen, dass Schutzrechtsinhaber (um Parallelimporte zu verhindern) ihre Arzneimittelprodukte nicht (oder nur zu hohen Preisen) in die Gebiete der neuen Mitgliedsstaaten liefern.

34 Für den Begriff des »Arzneimittels« ist auf die Definition in Art 1a der ZertifikatsVO Nr 469/2009 abzustellen.[77]

35 Der Besondere Mechanismus greift nur unter der Voraussetzung ein, dass das maßgebliche Patent (oder Schutzzertifikat) bereits zu einem Zeitpunkt beantragt wurde, als in dem neuen Mitgliedstaat (= Ausfuhrstaat) noch kein derartiger Patentschutz für das einschlägige Erzeugnis zu erlangen gewesen wäre. Maßgeblich ist demnach, ob im betreffenden neuen Mitgliedstaat bereits die Möglichkeit, ein Ausschließlichkeitsrecht **mit einem (dem inländischen entsprechenden) Arzneimittelschutz** zu erlangen, bestand oder nicht. Ein in neuen EU-Mitgliedsstaat bereits bestehendes Arzneimittelpatent für den fraglichen (inländisch patentgeschützten) Gegenstand belegt bloß die – rechtlich allein maßgebliche und schädliche – frühere Möglichkeit des Patenterwerbs im Ausfuhrstaat.[78] Erteilungshindernisse im konkreten Einzelfall sind ebenso belanglos wie (auf unterschiedliche Prüfungs- und Erteilungspraxis zurückgehende) divergierende Anspruchswortlaute.[79]

36 Hinsichtlich des maßgeblichen Zeitpunktes ist formal auf den **Anmeldetag** (und nicht etwa Prioritätstag) des inländischen Grundpatents und des ergänzenden Schutzzertifikats abzustellen. Auch die Möglichkeit, parallelen Patentschutz im Ausfuhrstaat zumindest im **Zeitraum zwischen der Anmeldung des Grundpatents und derjenigen des ergänzenden Schutzzertifikats** zu erhalten, ist solange unschädlich für das Eingreifen des Besonderen Mechanismus, als es nicht **tatsächlich** zu einer Schutzrechtserteilung im Ausfuhrstaat kommt. Es kommt nicht auf hypothetische Erwägungen für den Fall an, dass eine Möglichkeit für eine spätere Zertifikatsanmeldung im Ausfuhrstaat bestanden *hätte*.[80] Eine Rechtspflicht, Vorsorge für eine spätere erfolgreiche Zertifikatanmeldung zu treffen, ergibt sich nicht aufgrund des Besonderen Mechanismus.[81] Ist die Laufzeit des SPC nach den Vorschriften der Kinderarzneimittel-VO 1901/2006 verlängert worden, gelten die Regelungen des Besonderen Mechanismus (= Ausschuss der Erschöpfungswirkung) nicht nur für die eigentliche Laufzeit des SPC, sondern darüber hinaus auch für die pädiatrisch verlängerte Laufzeit.[82]

37 Zu beachten ist ferner, dass der Erschöpfungseinwand nur dann zur Geltung kommen kann, wenn zuvor gerade die Chance des Erwerbs »**entsprechenden Patentschutzes**« bestand. Das Kriterium »entsprechend« bezieht sich auf den bestehenden inländischen

---

77 Str: wie hier Kühnen Kap E Rn 506; aA Berg/Sauter PharmR 04, 233, 238: Art 1 Nr 2 Gemeinschaftskodex für Humanarzneimittel/Tierarzneimittel.
78 Kühnen Kap E Rn 507.
79 Kühnen Kap E Rn 508.
80 OLG Düsseldorf Urt v 06.08.2015 – I-2 U 21/15; Kühnen Kap E Rn 510 ff (dort auch zu weiteren denkbaren Fallkonstellationen).
81 EuGH Urt. v. 21.6.2018 – C-681/16 GRUR **18**, 904 *Pfizer/Orifarm*.
82 EuGH Urt. v. 21.6.2018 – C-681/16 GRUR **18**, 904 *Pfizer/Orifarm*.

Patent- (oder Zertifikats-)schutz für das konkrete Erzeugnis: Im Ausfuhrstaat muss die Möglichkeit eines Patentschutzes mit prinzipiell gleichem Niveau bestanden haben. Das Gleichheitserfordernis erstreckt sich auch auf die **Patentkategorie**, so dass bei inländischem Erzeugnisschutz ein vor dem Beitritt potentiell zu erhaltendes Verfahrens- und/oder Verwendungspatent im Ausfuhrstaat nicht ausreicht.

Die **Einfuhrabsicht** bedarf der (formlosen) Anzeige gegenüber dem Patentinhaber oder einem von ihm Begünstigten (= jeder, der rechtmäßig über die dem Schutzrechtsinhaber zustehenden Verbietungsrechte verfügt, zB Inhaber einer umfassenden Vertriebslizenz).[83] Im Falle der Vergabe einer ausschließlichen Lizenz bleibt der Patentinhaber (neben dem ausschließlichen Lizenznehmer) geeigneter **Adressat** der Anzeige: Denn der Anzeigende soll sich (zumindest auch) an denjenigen wenden können, der im öffentlichen Patentregister als Schutzrechtsinhaber ausgewiesen ist.[84] Die Anzeige kann mit Wirkung zugunsten des Einführenden auch durch einen Dritten (zB Stellvertreter, Bote etc) erfolgen, solange aus der maßgeblichen Sicht des Adressaten zweifelsfrei ist, wer die Einfuhr beabsichtigt.[85]   38

Mit Zugang der Anzeige wird die einmonatige Wartefrist für die Arzneimittelbehörde in Gang gesetzt. Innerhalb dieser Wartefrist hat der Schutzrechtsinhaber Gelegenheit zum **Widerspruch**, der weder eine Begründung noch überhaupt die Angabe des aus seiner Sicht entgegen stehenden Schutzrechts erfordert.[86] Ausreichend ist jedwede Erklärung, die zum Ausdruck bringt, dass der Schutzrechtsinhaber die Einfuhr nicht hinzunehmen gewillt ist. Dies kann insbesondere in Gestalt einer Abmahnung oder in der Einreichung einer Verletzungsklage erfolgen. Der Widerspruch kann auch demjenigen Dritten gegenüber erfolgen, der dem Schutzrechtsinhaber die Absicht des Einführenden übermittelt hat.   39

Der nicht fristgerechte Widerspruch entzieht dem Schutzrechtsinhaber nicht generell die Gegenrechte aus dem Besonderen/Speziellen Mechanismus.[87] Nur in Bezug auf die bis zum **verspäteten Zugang der Widerspruchserklärung** erfolgten Einfuhren und inländischen Vertriebshandlungen tritt Erschöpfung ein.[88]   40

5.6 Beweislast für den Tatbestand der Erschöpfung[89] wie für den der Zustimmung des Patentinhabers[90] hat **grundsätzlich**, wer sich auf den Ausnahmetatbestand beruft. Ihm obliegt insbesondere der Beweis, dass die angegriffene Ware ein Originalprodukt aus berechtigter Quelle ist.[91] Bei Sachverhalten mit EU- bzw EWR-Bezug können sich Modifikationen aus dem gebotenen Schutz des freien Warenverkehrs (Art 28, 30 EWG-VO; nunmehr Artt 34, 36 S 2 AEUV) ergeben. Die Beweislast des Beklagten darf nicht dazu führen, dass der Patentinhaber die nationalen **Märkte künstlich**   41

---

83 EuGH GRUR Int **15**, 359 *Merck & Dohme*.
84 EuGH GRUR Int **15**, 359 *Merck & Dohme*.
85 EuGH GRUR Int **15**, 359 *Merck & Dohme*.
86 BGH GRUR **11**, 995 *Besonderer Mechanismus*.
87 EuGH GRUR Int **15**, 359 *Merck & Dohme*.
88 EuGH GRUR Int **15**, 359 *Merck & Dohme*.
89 BGH GRUR **00**, 299 *Karate*; BGH GRUR **12**, 626 *Converse I*.
90 BGH GRUR **76**, 579 (II 3b dd) *Tylosin*.
91 BGH GRUR **12**, 626 *Converse I*; OLG Frankfurt GRUR-RR **13**, 325 *Converse Inc*.

abschotten kann.[92] Hat der Beklagte das Bestehen einer solchen Gefahr nachgewiesen, zB weil der Patentinhaber seine Ware über ein ausschließliches Vertriebsnetz in Verkehr bringt, trifft den Patentinhaber die Beweislast dafür, dass die Ware von ihm oder mit seiner Zustimmung außerhalb der EU und des EWR (somit nicht schutzrechtserschöpfend) in Verkehr gebracht worden ist.[93] Der Beklagte hat alsdann zu beweisen, dass der Patentinhaber dem weiteren Vertrieb der Ware in der EU oder dem EWR zugestimmt hat.[94]

42 Stützt sich der Einwand auf eine **Lizenzvereinbarung** mit dem Schutzrechtsinhaber, so ist nicht nur die Benutzungsgestattung als solche, sondern auch der zugrundeliegende, für den Umfang und die Bedingungen der Benutzungsgestattung relevante Inhalt der Lizenzvereinbarung darzutun und notfalls zu beweisen.[95] Ist insoweit die Einräumung eines vertraglichen Benutzungsrechtes für sich genommen unstreitig und setzen sich die Parteien lediglich darüber auseinander, ob eine **Freilizenz** oder eine entgeltliche (und deswegen bei Zahlungsverzug kündbare) Lizenz vereinbart wurde, gehört die Unentgeltlichkeit der Benutzungseinräumung zur Beweislast des Beklagten.[96] Sobald ein Lizenzsachverhalt bewiesen ist, der nach Lage der Dinge nur durch eine Kündigung beendet worden sein kann, hat derjenige, der sich auf die vorzeitige Auflösung des Lizenzverhältnisses beruft, die **Kündigungsvoraussetzungen** darzutun/zu beweisen (zB einen zur Kündigung berechtigenden Zahlungsverzug des Lizenznehmers sowie den Zugang einer Kündigungserklärung).[97]

43 **5.7 Gesetzlicher Rahmen** muss bei der Ausübung des positiven Benutzungsrechts aus dem Patent eingehalten werden. Die Wendung »im Rahmen des geltenden Rechts« ist mit dem Gesetz zur Umsetzung der Richtlinie über den Schutz biotechnologischer Erfindungen eingefügt worden. Sie bringt eine Selbstverständlichkeit zum Ausdruck, weil jede Rechtsausübung das geltende Recht zu beachten hat. Offenbar soll betont werden, dass bei der Benutzung gerade von gentechnologischen Erfindungen die besonderen Gesetze auf diesem Gebiet (zB zum Embryonenschutz) zu respektieren sind.

II. Verbot der unmittelbaren Benutzung (§ 9 Satz 2) *(prohibition of direct use)*

44 § 9 umschreibt das Ausschlussrecht des Patentinhabers nicht abstrakt, sondern konkret durch Nennung der Benutzungsarten, die er Dritten untersagen kann. Dabei unterscheidet § 9 zwischen patentierten Erzeugnissen (Rdn 53), patentierten Verfahren (Rdn 83) und Erzeugnissen, die unmittelbar durch ein patentiertes Verfahren hergestellt sind (Rdn 94).

---

92 EuGH GRUR 03, 512, 514 *Stüssy* (zum MarkenR); BGH GRUR 00, 299, 301 *Karate*.
93 EuGH GRUR 03, 512, 514 *Stüssy*; BGH GRUR 04, 156, 158 (II4a) *stüssy II* (jeweils zum MarkenR).
94 EuGH GRUR 03, 512, 514 *Stüssy*; BGH GRUR 04, 156, 158 (II4a) *stüssy II* (jeweils zum MarkenR).
95 OLG Düsseldorf Urt. v. 30.3.2017 – I-15 U 66/15, GRUR 17, 1219 *Mobiles Kommunikationssystem*.
96 OLG Düsseldorf, Urt v 22.03.2012 – I-2 U 112/10.
97 OLG Düsseldorf, Urt v 22.03.2012 – I-2 U 112/10.

Sechs Benutzungsarten nennt § 9 S 2: Herstellen, Anbieten, Inverkehrbringen, Gebrauchen und Anwenden, Einfuhr, Besitz. Jede Verwirklichung dieser Benutzungsarten stellt jeweils für sich eine Benutzung des Patents dar, die der Patentinhaber verbieten kann. Der Patentinhaber kann daher sowohl dem Hersteller wie dem Händler wie dem Besitzer die patentverletzende Benutzung untersagen. Hat der Patentinhaber bereits vollen Schadensersatz (zB vom Hersteller) erhalten, dann ist damit das Recht aus dem Patent verbraucht und kann nicht mehr gegen dritte Benutzer (zB Händler und dessen Abnehmer) geltend gemacht werden. 45

Keine Benutzung iSd § 9 Satz 2 sind solche Handlungen, die unter keine der aufgezählten 6 Benutzungsarten fallen. Dazu gehören: 46

a) **versuchsweise Benutzungen iSd § 11 Nr 2** (s § 11 Rdn 9); 47
b) **Vorbereitungshandlungen**[98] für eine zukünftige Benutzung der patentierten Erfindung, wenn sie noch keine Benutzungshandlung iSd § 9 sind. Eine Benutzungshandlung wird aber nicht dadurch zur Vorbereitungshandlung, dass die wirtschaftliche Auswertung erst nach Ablauf des Patents beabsichtigt ist.[99] Umgekehrt wird eine Vorbereitungshandlung nicht zur Benutzung, wenn die eigentliche Patentbenutzung erst ins Auge gefasst ist.[100] Wer Patentschutz bereits für die Vorbereitungsphase will, muss grundsätzlich selbst für eine entsprechende Fassung der Patentansprüche sorgen.[101] Ausnahmen gelten, wenn es bei der Fassung der Ansprüche nicht zumutbar ist, eine spätere Benutzung vorherzusehen.[102] 48

Beispiele für Vorbereitungshandlungen: a) Herstellung eines Modells oder von Werkstattzeichnungen;[103] b) Erwerb von Maschinen zur Herstellung patentierter Erzeugnisse;[104] c) Einreichung einer Patentanmeldung;[105] d) Berichterstattung über die Erfindung;[106] e) Antrag auf Zuteilung einer Prüfnummer bei der Post;[107] f) Antrag auf Zulassung eines Mittels bei der biolog Bundesanstalt ohne Durchführung von Feldversuchen mit dem Mittel;[108] g) Herrichten von Gegenständen für die Benutzung eines patentierten Verfahrens ohne deren besondere Anpassung gerade für dieses Verfahren (das gilt nicht für Verwendungspatente s § 14 Rdn 114). 49

1 Zustimmung des Patentinhabers:

Stimmt der Patentinhaber einer Benutzung der patentierten Erfindung zu, so ist die Benutzung rechtmäßig. Die Zustimmung muss *ausdrücklich* sein (arg Art 76 (1) GPÜ, 50

---

98 Denkschrift zu Art 29 GPÜ BlPMZ **79**, 332.
99 BGH GRUR **90**, 997 (A3d) *Ethofumesat.*
100 BGH GRUR **92**, 305 (II4b) *Heliumeinspeisung;* **87**, 626 *Rundfunkübertragungssystem.*
101 BGH GRUR **92**, 305 *Heliumeinspeisung.*
102 BGH GRUR **92**, 305 *Heliumeinspeisung.*
103 PA BlPMZ **00**, 230 u 16, 75; RGZ **122**, 243; **124**, 368.
104 BGH GRUR **67**, 477 *UHF-Empfänger II.*
105 BGH GRUR **67**, 477 *UHF-Empfänger II.*
106 BGH GRUR **70**, 358 (I3) *Heißläuferdetektor.*
107 BGH GRUR **87**, 626 *Rundfunkübertragungssystem.*
108 BGH GRUR **90**, 997 *Ethofumesat.*

abgedruckt Rdn 15), bedarf aber keiner Form. Sie muss freiwillig erklärt sein. Wer durch eine Zwangslizenz gezwungen wird, stimmt nicht zu.[109]

51 **Zustimmung** kann sich ergeben aus:
a) ausdrücklich erklärter *Einwilligung* oder nachträglich erklärter *Genehmigung*; b) *schlüssigem Verhalten* des Patentinhabers, wenn er selbst den Gegenstand in Verkehr bringt oder das Verfahren anwendet; c) *eindeutige Billigung* des Verhaltens eines Dritten, so dass eine Berufung auf fehlende Zustimmung rechtsmissbräuchlich ist; d) *Inverkehrbringen eines Dritten*, der gegenüber dem Patentinhaber weisungsgebunden ist (zB Tochterunternehmen[110]); e) *vertragliche Zustimmung*, insbesondere Lizenzvertrag gemäß § 15 (2). Was der Lizenznehmer vertragstreu befugterweise in den Verkehr gebracht hat, ist mit Zustimmung des Patentinhabers in Verkehr gebracht und damit patentfrei. Überschreitet der Lizenznehmer sein Recht, fehlt es insoweit an einer Zustimmung, so dass der Patentinhaber nach § 15 (2) 2 sein Recht aus dem Patent gegen den Lizenznehmer und dessen Abnehmer geltend machen kann.

52 *Keine Zustimmung* **bei bloßer Duldung** des Inverkehrbringens durch einen Dritten, selbst wenn dem eine Duldungsvereinbarung zugrunde liegt, die dem Schutzrechtsinhaber ein Vorgehen gegen die Abnehmer vorbehält.

2 Patentiertes Erzeugnis (Nr 1) *(product subject-matter of the patent)*

53 Ein Erzeugnis iSd § 9 Satz 2 Nr 1 kann sein: Eine Sache, eine Vorrichtung, ein Stoff oder ein Mittel. Eine patentverletzende Benutzung stellt jede der folgenden Benutzungsarten dar, die jede für sich einen **selbständigen Unterlassungsanspruch** auslösen können.[111]

2.1 Herstellen *(making)*

54 Die Herstellung umfasst die **gesamte Tätigkeit**, die auf die **Schaffung** des Gegenstandes abzielt, und zwar von deren Beginn an; sie ist nicht etwa beschränkt auf den letzten, die Vollendung herbeiführenden Tätigkeitsakt.[112] Die Herstellung beginnt mit der Handlung, die eine eindeutige Beziehung zur geschützten Erfindung erkennen lässt. **Bloße Vorbereitungshandlungen**, die die Absicht zur gewerbsmäßigen Herstellung nur vermuten lassen, bleiben außer Betracht (s Rdn 48), es sei denn, dass die Voraussetzungen für eine vorbeugende Unterlassungsklage vorliegen. Kein Herstellen ist die bloße Anfertigung von **Werkstattzeichnungen** oder die **ingenieurmäßige Planung** einer patentverletzenden Vorrichtung;[113] die Mitwirkung an fremder Herstellung allerdings dann, wenn die Überlassung zweckgerichtet erfolgt, um fremde Herstellung zu fördern.[114] Eine eigenhändige Vornahme ist nicht erforderlich; vielmehr genügt eine Anleitung und Überwachung Dritter, die den patentgemäßen Gegenstand schaffen.[115]

---

109 EuGH GRUR Int 97, 250 (Nr 41 u 49) *Merck II*; 85, 822 *Pharmon*.
110 OLG Hamburg GRUR 72, 375 (Urheberrecht).
111 OLG Düsseldorf Urt v 23.03.17 – I-2 U 58/16.
112 BGH BlPMZ 51, 322, 324 lSp *Mülltonne*.
113 LG Düsseldorf InstGE 6, 130 *Diffusor*.
114 OLG Düsseldorf InstGE 7, 258 *Loom-Möbel*; OLG Düsseldorf Urt v 13.08.2020 – 2 U 10/19, *GRUR-RS 20*, 44647 *Zündkerze*.
115 OLG Düsseldorf InstGE 7, 258 *Loom-Möbel*.

Ist es zu Herstellungshandlungen gekommen, besteht idR auch eine **Begehungsgefahr für die weiteren in § 9 genannten Benutzungshandlungen**.[116]

Herstellung von Teilen ist dann kein Herstellen des patentierten Gegenstands, wenn die Teile allgemein verwendbar sind. Anders dagegen, wenn sie eine besondere Anpassung an den patentierten Gegenstand erfahren haben, die ihre wesentliche Bestimmung, daraus den geschützten Gegenstand zusammenzufügen, erkennen lässt.[117] Dann ist es gleichgültig, dass die Teile tatsächlich nicht oder nicht ohne weiteres oder nur wirtschaftlich nicht sinnvoll für andere Zwecke zu verwenden sind,[118] und dass das Zusammenfügen im patentfreien privaten Bereich oder im Ausland erfolgt.[119] Der Hersteller von Einzelteilen, die technisch und wirtschaftlich sinnvoll nur zu der erfindungsgemäßen Gesamtvorrichtung zusammengesetzt werden können, stellt die Gesamtvorrichtung auch dann her, wenn er die Einzelteile nicht selbst zusammensetzt, sondern an einen Dritten liefert, der sie (vorhersehbar) zu der geschützten Gesamtvorrichtung zusammensetzt.[120] Der Territorialitätsgrundsatz verlangt, dass der sämtliche Anspruchsmerkmale aufweisende Gegenstand im Inland vorliegt, was auch in Bezug auf ein Vorprodukt oder im Ausland gefertigte Komponenten der Fall sein kann, die nach ihrer Verbringung ins Inland dort zu dem patentbenutzenden Gegenstand vervollständigt werden.[121] Montieren von Teilen, die **im patentfreien Ausland** hergestellt wurden, zu einer betriebsfertigen Maschine im Inland ist der letzte Akt des Herstellens.[122] Anbieten im Inland nach Produktion im Ausland kann eine **Erstbegehungsgefahr** für Herstellen im Inland begründen.[123] Dem selbst nur im Ausland handelnden Hersteller/Lieferant, der **positive Kenntnis** (ggf. aufgrund von Benutzungshinweisen in deutscher Sprache – Frage des Einzelfalls) davon hat, dass seine Abnehmer das Erzeugnis (ggf. indirekt) in das Inland liefern, ist das Handeln der Abnehmer zuzurechnen; Gleiches gilt erst recht in Fällen der **Mittäterschaft/Beihilfe**.[124]

Kombinationspatente werden grundsätzlich unmittelbar nur verletzt, wenn die Verletzungsform von der Gesamtheit der Kombinationsmerkmale Gebrauch macht.[125] Die Rechtsprechung zu Kombinationspatenten nach dem **früheren Recht** darf mit Blick auf die Einführung des § 10 im PatG 1981 nicht unbesehen übertragen werden (näher dazu § 10 Rdn 5 ff). Daher muss grundsätzlich die Gesamtkombination hergestellt werden, um ein Herstellen iSv § 9 bejahen zu können. Eine **Lieferung in mehreren Teilen** kann als unmittelbare Benutzung zu werten sein, wenn das Zusammenfügen der Einzelkomponenten zur Gesamtvorrichtung **sicher vorhersehbar** und **einfach zu bewerkstelligen** ist: Maßgebliches **Abgrenzungskriterium** ist die Frage, ob aus der

---

116 OLG Düsseldorf Urt v 23.03.17 – I-2 U 58/16; vgl. indessen OLG Düsseldorf Urt v 1.3.2018 – I-2 U 22/17, BeckRS 18, 6558 *Bilderzeugung*.
117 BGH BlPMZ **51**, 322, 324 lSp *Mülltonne*.
118 BGH BlPMZ **51**, 322, 324 lSp *Mülltonne*.
119 BGH BlPMZ **51**, 322, 324 lSp *Mülltonne*.
120 BGH Urt v 14.05.2019 – X ZR 95/18, GRUR **19**, 1171 *Schutzverkleidung*.
121 OLG Düsseldorf Beschl v 14.8.2017 – I-2 W 13/17 *Fremdausscheider*.
122 OLG München GRUR **94**, 746 L.
123 BGH GRUR **12**, 512 *Kinderwagen*.
124 OLG Karlsruhe GRUR **16**, 482 *Abdichtsystem*.
125 BGH GRUR **82**, 165 *Rigg*.

Sicht des Lieferanten ungeachtet der Teillieferungen letztlich alle Komponenten zu dem Zweck bestellt werden, dass beim Abnehmer aus ihnen die geschützte Gesamtkombination gebildet wird.[126] Die Herstellung sog **neutraler Teile**, deren Gestaltung gängig ist, kann nicht verboten werden.[127]

57 **Wiederherstellen, Umbau, Reparatur:**[128] Die Benutzungsart des **Herstellens** bleibt weiterhin dem Schutzrechtsinhaber vorbehalten. Dem Erwerber sind lediglich der Gebrauch des in Verkehr gebrachten Erzeugnisses gestattet sowie **übliche Maßnahmen zur Inbetriebnahme, Pflege und Ausbesserung**. Unzulässig ist es jedoch, nicht mehr funktionsfähige Vorrichtungen wieder zu funktionsfähigen Vorrichtungen zusammenzubauen, also in erheblichem Umfang zu reparieren,[129] da derartige Handlungen als **erneute Herstellung** des Produktes angesehen werden.[130] Dies gilt selbst dann, wenn **Verschleißteile** ausgetauscht werden.[131] Für die **Abgrenzung zwischen zulässiger Reparatur und unzulässiger Neuherstellung** ist maßgeblich, ob die getroffenen Maßnahmen – unter Berücksichtigung der spezifischen Eigenschaften, Wirkungen und Vorteile der Erfindung – die Identität des bereits in den Verkehr gebrachten Erzeugnisses wahren oder der Schaffung eines neuen erfindungsgemäßen Erzeugnisses gleichkommen.[132] Dabei ist eine Abwägung der schutzwürdigen Interessen des Patentinhabers an der wirtschaftlichen Verwertung der Erfindung einerseits und des Abnehmers am ungehinderten Gebrauch des Erzeugnisses andererseits vorzunehmen. Der BGH hat in gefestigter Rechtsprechung nachfolgende Grundsätze in Gestalt einer mehrstufigen Prüfung entwickelt, die sowohl für die unmittelbare als auch für die mittelbare Patentbenutzung gelten: **(1)** Handelt es sich beim vorgenommenen Austausch nach den berechtigten Erwartungen der Abnehmer um eine **übliche Erhaltungsmaßnahme**, welche die Identität der Vorrichtung als (weiterhin) verkehrsfähiges Wirtschaftsgut nicht in Frage stellt, ist grundsätzlich von einem bloßen Gebrauchen des erschöpften Gegenstandes auszugehen (z.B. Austausch von Wegwerfartikeln während der gewöhnlichen Lebensdauer der Vorrichtung).[133] **Ausnahme:** Treten gerade in dem ausgetauschten Verschleißteil die technischen Wirkungen der Erfindung in Erscheinung, weil speziell dieses Teil für die patentgemäßen Vorteile verantwortlich ist[134] oder die Erfindung dessen Funktionsweise oder Lebensdauer beeinflusst,[135] handelt es sich um eine Neuherstellung. Dies gilt auch dann, wenn das Ersatz- oder Verbrauchsteil als solches aus dem Stand der Technik bekannt ist.[136] **(2)** Stellt der Austausch nach der Verkehrsauffassung **keine reguläre Erhaltungsmaßnahme** dar,

---

126 OLG Düsseldorf Beschl v 17.01.2012 – I-2 W 28/12.
127 BGH GRUR **54**, 111, 115 *Repassiermaschine;* **61**, 466, 469 (IV) *Gewinderollkopf.*
128 Vgl Rübel GRUR 02, 561; Ann, FS f König 2003 17 ff.
129 BGH GRUR **59**, 232, 242 *Förderrinne.*
130 Vgl Rübel GRUR 02, 561; Ann, FS König, 2003, S 17.
131 OLG Karlsruhe GRUR-RR **04**, 97 *Bremsbeläge;* OLG Düsseldorf Beschl v 09.04.2015 – I-2 U 40/14.
132 BGH, GRUR **04**, 758 *Flügelradzähler;* BGH, GRUR **07**, 769 *Pipettensystem;* Ann, FS König, 03, S 17; OLG Düsseldorf GRUR-RR **13**, 185 *Nespressokapseln.*
133 BGH GRUR **07**, 769 *Pipettensystem;* OLG Düsseldorf GRUR-RR **13**, 185 *Nespressokapseln.*
134 BGH GRUR **04**, 758 *Flügelradzähler;* BGH, GRUR **06**, 837 *Laufkranz.*
135 BGH GRUR **07**, 769 *Pipettensystem.*
136 OLG Karlsruhe Urt v 11.11.2015 – 6 U 151/14.

sondern erledigt sich mit dem »Verbrauch« des Austauschteils der patentgeschützte Gegenstand als Ganzes, liegt regelmäßig eine Neuherstellung vor. Dann kommt es namentlich nicht darauf an, ob sich in dem Austauschteil die eigentlichen Erfindungsvorteile verwirklichen oder nicht[137] (z.B.: Vorrichtung mit abgenutztem Bauteil wird im Verkehr als wertlos betrachtet). Vorstehende Grundsätze gelten unabhängig davon, ob der Austausch einen Gegenstand betrifft, den der Handelnde persönlich vom Patentinhaber oder seinen Lizenznehmern erworben hat und den er danach selbst benutzen möchte, oder ob die Austauschmaßnahmen von einem **Dritten** vorgenommen werden, der das Erzeugnis in reparaturbedürftigem Zustand erworben hat und nach erfolgter Instandsetzung weiterveräußern will.[138] Der **Umbau** eines patentierten Gegenstandes ist zulässig, wenn er sich im Rahmen des bestimmungsgemäßen Gebrauchs hält,[139] dh wenn die Erfindung nicht erneut verwirklicht[140] wird oder wenn die erfindungsfunktionellen Teile unverändert bleiben.[141]

Für die Beurteilung der Frage, ob der **Austausch von Teilen** einer mit Zustimmung des Patentinhabers in Verkehr gebrachten Vorrichtung zum bestimmungsgemäßen Gebrauch gehört oder eine **Neuherstellung** darstellt, ist als maßgeblicher Bezugspunkt das patentgeschützte Erzeugnis heranzuziehen, selbst wenn die betreffende patentgeschützte Einheit nicht im Geschäftsverkehr gehandelt wird.[142] Ist der patentgeschützte Gegenstand nur untergeordneter Bestandteil des gehandelten Produktes, der für den Abnehmer als solcher nicht besonders in Erscheinung tritt und lässt sich daher keine tatsächliche Verkehrsauffassung eruieren, muss diese normativ bestimmt werden.[143]

58

Ein (der Erschöpfung entgegen stehender) Akt der Neuherstellung liegt im **Software-Bereich** zB vor, wenn auf einen PC mit Erst-Software, an dem die Patentrechte an sich erschöpft wären, eine weitere nicht lizenzierte Software aufgespielt wird, mit der sich der patentgemäße Erfolg alternativ erreichen lässt:[144] Regelmäßig besteht nämlich kein Anlass zu der Annahme, der Schutzrechtsinhaber habe mit dem Lizenzvertrag für die zulässig installierte Erstsoftware einem Vertrieb von PC und Software auch für den Fall einer zusätzlichen Installation alternativer nicht lizenzierter Software zugestimmt. Gegenteiliges ist vom Verletzer darzulegen und zu beweisen, ohne dass sekundäre Darlegungslasten des Verletzten bestehen.[145]

59

Deckung eines Ergänzungs- und Nachfolgebedarfs kann gegen **UWG** verstoßen, auch wenn insoweit Patentschutz nicht besteht,[146] weil er zB erschöpft ist. Zum Nachbau oder zur Nachahmung müssen aber weitere Umstände hinzutreten, die die **Sitten-**

60

---

137 BGH GRUR **12**, 1118 *Palettenbehälter II*.
138 BGH GRUR **12**, 1118 *Palettenbehälter II*.
139 BGH GRUR **73**, 518, 520 *Spielautomat II*.
140 BGH GRUR **73**, 518, 520 *Spielautomat II*.
141 BGH WRP **68**, 50, 51 *Spielautomat I*.
142 BGH Urt v 24.10.2017 – X ZR 55/16, GRUR **18**, 170 *Trommeleinheit*.
143 A.A. BGH Urt v 24.10.2017 – X ZR 55/16, GRUR **18**, 170 *Trommeleinheit*; wie hier die Vorinstanz OLG Düsseldorf Urt v 29.4.2016 – I-15 U 47/15, GRUR-Prax 2017, 14 *Prozesskartusche*.
144 LG Mannheim, InstGE **12**, 136 *zusätzliche Anwendungssoftware*.
145 LG Mannheim, InstGE **12**, 136 *zusätzliche Anwendungssoftware*.
146 BGH GRUR **64**, 621 *Klemmbausteine I*; **92**, 619 *Klemmbausteine II*.

widrigkeit erst begründen.[147] Fehlt es daran, so ist es Drittanbietern grundsätzlich gestattet, Ersatzteile und Zubehör zu einer fremden Hauptware herzustellen,[148] und zwar auch dann, wenn der Hersteller der Hauptware für die Amortisation seiner Aufwendungen auch den Absatz dieser Teile einbezogen hatte.[149]

2.2 Anbieten[150] *(offering)*

61 Das Anbieten ist eine eigenständige Benutzungsart neben den weiteren in § 9 erwähnten Benutzungsarten. Es ist selbständig zu beurteilen und für sich selbst **anspruchsbegründend**; bspw. sind Anbieten und Inverkehrbringen **unterschiedliche Streitgegenstände**.[151] Angebotshandlungen schaffen idR eine Begehungsgefahr für alle in § 9 genannten Benutzungsarten mit Ausnahme des Herstellens.[152] Der Begriff des Anbietens ist mit dem früheren Begriff des *Feilhaltens* identisch.[153] Es handelt sich um eine eigenständige Benutzungshandlung,[154] die idR dem Inverkehrbringen vorausgeht. Unter Anbieten ist nicht nur ein Anbieten zum Verkauf zu verstehen,[155] sondern jede Handlung, die nach ihrem **objektiven Erklärungswert** den Gegenstand der Nachfrage in äußerlich wahrnehmbarer Weise zum Erwerb der Verfügungsgewalt bereitstellt,[156] also zB auch ein Anbieten zur Vermietung, Lizenzierung, Leihe oder Schenkung.

62 Es genügt jede Art des Anbietens, so dass Dritte Gebote auf Überlassung abgeben können,[157] zB *Ausstellen* der Ware im Schaufenster, *Anpreisung* in der Werbung, Anzeigen, Vorführungen, Vorlage eines Musters,[158] Liefervorschlag; Vorstellung des Produkts zur Aufnahme in eine Listung.[159] *Öffentlichkeit* der Handlung (= Ausbieten) oder *Schriftlichkeit* sind nicht erforderlich,[160] mündliches *Einzelangebot* an einen Dritten, der der Öffentlichkeit angehört und zu dem keine persönlichen Bindungen bestehen,[161] genügt, auch wenn es erfolglos ist.[162] Die Voraussetzungen einer Vertragsofferte (§ 145 BGB) müssen nicht vorliegen. Soll der spätere Geschäftsabschluss nicht vom Anbietenden, sondern von einem Dritten gemacht werden, muss der Anbietende von dem Dritten nicht beauftragt oder bevollmächtigt sein.[163]

---

147 BGH GRUR **81**, 517, 519 *Rollhocker*; **84**, 453, 454 *Hemdblusenkleid*; **92**, 329, 333 *AjS-Schriftenreihe*.
148 BGH GRUR **97**, 116 (II) *Prospekthalter*; **96**, 781 *Verbrauchsmaterialien*.
149 BGH GRUR **97**, 116 (II) *Prospekthalter*; **90**, 528 *Rollenclips*.
150 Sefzig GRUR **92**, 413; Schricker GRUR Int **04**, 786.
151 OLG Düsseldorf Urt v 23.03.17 – I-2 U 58/16; OLG Düsseldorf Urt v 06.04.17 I-2 U 51/16.
152 OLG Düsseldorf Urt v 06.04.17 – I-2 U 51/16; aA LG München BeckRS **16**, 07657.
153 BGH GRUR **91**, 316 *Einzelangebot*.
154 BGH BlPMZ **54**, 442, 444 rSp *Bäckereimaschinen*; BGH GRUR **60**, 423 *Kreuzbodenventilsäcke I*; **69**, 35 *Europareise*.
155 Denkschrift zu Art 29 GPÜ BlPMZ **79**, 332.
156 BGH GRUR **06**, 927 *Kunststoffbügel*; **70**, 358, 360 *Heißläuferdetektor*.
157 BGH GRUR **70**, 358, 360 *Heißläuferdetektor*.
158 BGH GRUR **69**, 35 *Europareise*.
159 BGH GRUR **06**, 927 *Kunststoffbügel*.
160 BGH GRUR **60**, 423 (2b bb) *Kreuzbodenventilsäcke I*; **91**, 316 *Einzelangebot*.
161 BGH GRUR **91**, 316 *Einzelangebot*.
162 *BGH GRUR* **69**, 35 *Europareise*.
163 BGH GRUR **06**, 927 *Kunststoffbügel*.

Soweit es sich nicht ausnahmsweise um die Teilnahme an einer **reinen Leistungs-** 63
schau[164] handelt, stellt das Ausstellen von Waren auf einer **inländischen Verkaufs-**
messe ein Anbieten dar.[165] Soweit ein Teil der Rechtsprechung[166] mit der Überlegung,
Messeveranstaltungen fänden nicht generell zu Verkaufszwecken statt, den Schluss
zieht, der Patentinhaber müsse stets dartun/beweisen bzw. glaubhaft machen, dass die
Ware auf der Messe »auch konkret zum Kauf angeboten« worden sei, und selbst eine
Erstbegehungsgefahr für ein Anbieten verneint, ist dies abzulehnen.[167]: Diese Wertung
steht nicht im Einklang mit den tatsächlichen Verhältnissen in der Praxis. Die Präsentation einer reinen Produktstudie begründet jedoch grundsätzlich keine Erstbegehungsgefahr.[168]

Der feilgehaltene Gegenstand braucht **noch nicht zu existieren**, er muss ebenso wenig 64
unmittelbar **verkehrsfähig** sein.[169] Auch eine alsbaldige Herstellungs(oder
Import-)möglichkeit ist nicht erforderlich.[170] Es kommt deswegen auch nicht darauf
an, ob der Anbietende objektiv herstellungs- oder lieferbereit ist, oder ob er subjektiv
entsprechende Absichten hat.[171] Nur wenn bei objektiver Betrachtungsweise eine Herstellung und/oder Lieferung des angebotenen Gegenstandes zweifelsfrei ausgeschlossen ist, kann ein Angebot verneint werden.[172] Ausreichend ist das **tatsächliche Erwe-**
cken der schädlichen Nachfrage nach dem Verletzungsgegenstand und zwar selbst
dann, wenn die in Aussicht gestellte Befriedigung derselben nicht vom Anbietenden
selbst bzw. eines von ihm Beauftragten, sondern von fremder dritter Seite erfüllt werden soll.[173] Wer – etwa aus Gründen der regionalen Wirtschaftsförderung – einen Messeauftritt ermöglicht (zB durch Buchen eines alsdann mehreren Ausstellern überlasse-
nen Messestandes) haftet regelmäßig als **Nebentäter** für die von den Ausstellern
begangenen Verletzungshandlungen.[174]

Die bloße Durchführung einer **Machbarkeitsstudie**, der Abschluss eines Technologie- 65
transfervertrages, das Zur-Verfügung-Stellen von Konstruktions-/Berechnungsunterla-
gen nebst der Schulung von Personal zu dem Zweck, dass der Kunde den Gegenstand
im patentfreien Ausland selbst herstellen kann, erfüllen nicht den Tatbestand des
Anbietens im Inland.[175]

---

164 BGH GRUR 06, 927 *Kunststoffbügel*; 70, 358, 360 *Heißläuferdetektor*.
165 OLG Düsseldorf Urt v 27.03.2014 – I-15 U 19/14 = GRUR 15, 61 (Ls) *Sterilcontainer*; OLG Düsseldorf Urt v 06.10.2016 – I-2 U 19/16.
166 Vgl. BGH GRUR 10, 1103 *Pralinenform II* [MarkenG]; LG Mannheim GRUR-RR 11, 83 *Sauggreifer*. BGH GRUR 15, 603 *Keksstangen* betrifft einen nicht verallgemeinerungsfähigen Sonderfall nach § 4 Nr 9 UWG aF, in dem unterschiedliche Verkehrskreise betroffen waren.
167 OLG Düsseldorf Urt v 27.03.2014 – I-15 U 19/14 = GRUR 15, 61 (Ls) *Sterilcontainer*.; v der Groeben GRUR 11, 795.
168 BGH GRUR 15, 603 *Keksstangen*.
169 LG Düsseldorf InstGE 1, 296 Rn 13 *Mehrlagendichtung*.
170 BGH GRUR 03, 1031, 1032 f (3c) *Kupplung für optische Geräte*.
171 OLG Karlsruhe GRUR 14, 59 *MP2-Geräte*.
172 Offen gelassen von BGH GRUR 03, 1031, 1033 (3c) *Kupplung für optische Geräte*.
173 OLG Düsseldorf Urt v 13.02.2014 – I-2 U 42/13.
174 OLG Düsseldorf Urt v 27.03.2014 – I-15 U 19/14 = GRUR 15, 61 (Ls) *Sterilcontainer*.
175 LG Düsseldorf Urt v 01.03.2012 – 4b O 141/10.

66 Das Angebot muss sich auf einen **patentgemäßen Gegenstand** richten. Ist der angebotene Gegenstand zur Zeit des Angebotes bereits real existent und am Markt erhältlich, genügt es, wenn sich anhand des Angebotes (zB der dort genannten Handelsbezeichnung etc) der feilgehaltene Gegenstand zuverlässig ermitteln und an *diesem* sodann das Vorhandensein aller Anspruchsmerkmale feststellen lässt. Gleichermaßen reicht es aus, wenn bei objektiver Betrachtung der ansonsten gegebenen Tatumstände die Feststellung berechtigt ist, dass das angebotene Erzeugnis dem Patent entspricht.[176] Sind solche Tatumstände nicht vorhanden, müssen sich aus dem Angebot selbst für den Adressaten bei objektiver Wertung alle Anspruchsmerkmale des Patents ergeben, und zwar nicht nur mutmaßlich, sondern sicher. Werden bereits vor Veröffentlichung der Patenterteilung aufgenommene Vertragsverhandlungen in der Folge unverändert fortgesetzt, so wirkt das Angebot fort und begründet Unterlassungsansprüche.[177] Auf eine Zugänglichkeit des Verletzungsgegenstands für jedermann kommt es insoweit nicht an.[178]

67 Auch beim Anbieten und Vertreiben ist die konkrete Beschaffenheit desjenigen Erzeugnisses maßgeblich, das im Schutzland auf den Markt kommt. Es reicht nicht aus, dass dem im Inland in Verkehr gelangten Endprodukt ein **Zwischenprodukt** vorausging, das aus einer im schutzrechtsfreien Ausland erfolgten Herstellung stammt, wenn die patentgemäße Ausgestaltung inzwischen nicht mehr vorhanden ist.[179] Umgekehrt gilt: Im Falle des Erhalts der patentgeschützten Beschaffenheit liegt eine Benutzung unabhängig davon vor, ob die maßgeblichen Eigenschaften noch eine Funktion erfüllen, beabsichtigt sind oder gar als Verunreinigung eines Syntheseprozesses (technisch oder wirtschaftlich) unumgänglich sind.[180]

68 Sofern der Anbietende **neben schutzrechtsverletzender Ware** auch solche Gegenstände gleicher Art und Ausgestaltung in seinem Besitz hat, an denen die Patentrechte **erschöpft** sind, muss er **innerbetriebliche Vorkehrungen** dafür treffen, dass es im Falle einer Bestellung nur zur Auslieferung der »erschöpften Gegenstände« kommen kann. Ansonsten bezieht sich das Angebot auch auf den verletzenden Warenbestand und stellt daher eine Patentbenutzung dar.[181]

69 Ist die schutzrechtsverletzende Ausführungsform in einer Weise abgeändert worden, dass sie dem Patent nicht mehr unterfällt, werden die für das ursprünglich patentverletzende Produkt verwendeten Artikelnummern oder Typenbezeichnungen[182] sowie bildliche Darstellungen des Verletzungsgegenstandes jedoch in der **Werbung identisch weiterbenutzt,** ohne dass auf die erfolgte technische Änderung hingewiesen wird, so entscheidet sich die Frage, ob in der Verteilung eines derartigen Werbeprospektes ein

---

176 BGH GRUR 03, 1031, 1032 (3b) *Kupplung für optische Geräte*, OLG Düsseldorf InstGE 3, 179 Rn 13 *Simvastatin*.
177 OLG Düsseldorf Beschl v 22.6.2020 – I-2 W 10/20.
178 OLG Düsseldorf Urteil vom 15.07.2021 – 15 U 42/20, GRUR-RR 21, 421 *Montagegrube*.
179 OLG Düsseldorf Urt v 31.10.2019 – 15 U 65/17, BeckRS 19, 31339 *Blasenkatheter-Set*.
180 OLG Düsseldorf Urt v 31.10.2019 – I-15 U 65/17 BeckRS 19, 31339 *Blasenkatheter-Set*; Kühnen/Grunwald GRUR 15, 35; aA LG Düsseldorf GRUR 87, 896 *Grasherbizid*.
181 LG Düsseldorf, InstGE 8, 4 *Dekorplatten*.
182 Vgl. OLG Karlsruhe, InstGE 12, 298 *Messmaschine*.

patentverletzendes Anbieten liegt, danach, ob die als Adressaten angesprochenen Kreise das beworbene Erzeugnis bei objektiver Betrachtung aller tatsächlichen Umstände des Einzelfalles als schutzrechtsverletzend ansehen.[183] Zwei Sachverhaltskonstellationen sind zu unterscheiden:

a) Zeigt die **weiterverwendete Abbildung eindeutig** den schutzrechtsverletzenden Gegenstand, weil die Darstellung nur mit der ursprünglichen, schutzrechtsverletzenden Ausführungsform in Einklang steht, die geänderte Ausführungsform jedoch nicht wiedergibt, weil diese in aus der Abbildung ersichtlichen Details abweicht, liegt in der Regel ein patentverletzendes Anbieten vor. Denn der angesprochene Verkehr muss angesichts der in der Werbung enthaltenen bildlichen Wiedergabe zu der Überzeugung gelangen, dass mit dem Prospekt der frühere, patentverletzende Gegenstand – und nicht die (von der Werbeabbildung abweichende) neue Ausführungsform – beworben wird.[184] 70

b) Lässt sich die Abbildung **gleichermaßen mit der früheren patentverletzenden wie mit der abgewandelten**, nicht mehr schutzrechtsverletzenden Ausführungsform in Übereinstimmung bringen, wird der Verkehr, namentlich derjenige Abnehmer, dem die ursprüngliche, schutzrechtsverletzende Ausführungsform bekannt ist, angesichts der identischen Artikelnummer und der ihm für das patentverletzende Erzeugnis geläufigen Abbildungen zu der Annahme verleitet, dass mit der Werbung weiterhin das frühere, schutzrechtsverletzende Produkt angeboten wird. Zwingend ist diese Vorstellung indessen nicht. Mit in die Beurteilung einzustellen sind alle objektiven Tatumstände, zu denen beispielsweise eine bei den beteiligten Kreisen allgemein bekannte Umstellung der Ausführungsform im Zeitpunkt der Werbung gehört.[185] Ist den angesprochenen Abnehmern geläufig, dass der Werbende die Konstruktion geändert hat und deswegen hinsichtlich der ursprünglichen Ausführungsform nicht mehr lieferfähig und lieferbereit ist, verbietet sich die Annahme, der Werbende erbiete sich mit dem Prospekt gleichwohl zur Lieferung eines eben solchen Gegenstandes. 71

Grundsätzlich reicht ein Hinweis darauf bzw eine Kenntnis davon, dass die seinerzeit verletzende Ausführung **überhaupt geändert** wurde: Es muss darüber hinaus ersichtlich sein, dass die Änderung gerade in Bezug auf die Merkmale des Klagepatents vorgenommen worden ist. Die Belehrung über die geänderte Technik muss allerdings in einer Weise erfolgen, dass sie bei der Kenntnisnahme des Angebotes nicht übersehen werden kann, und sie muss **unmissverständlich** sein, so dass zweideutige Hinweise unzureichend sind. Beispiele für unzureichende Hinweise sind die Verwendung von Abkürzungen, die sich dem angesprochenen Publikum nicht sicher erschließen,[186] oder Bemerkungen, die eine veränderte Technik nicht zweifelsfrei ergeben.[187] Erfolgt zwar ein Hinweis auf eine geänderte Ausführungsform, ergibt sich jedoch für den angesprochenen Verkehr aus den **übrigen Werbeaussagen oder sonstigen Umständen** (zB 72

---

183 BGH GRUR 05, 665 *Radschützer*.
184 BGH GRUR 03, 1031 *Kupplung für optische Geräte*; GRUR 05, 665 *Radschützer*.
185 BGH GRUR 05, 665 *Radschützer*.
186 OLG Düsseldorf, InstGE 10, 138 *Schlachtroboter*.
187 OLG Düsseldorf, InstGE 10, 138 *Schlachtroboter*.

73 Ein **inländisches** Angebot liegt stets vor, wenn der Absende- oder der Empfangsort im Inland belegen ist. Deswegen fallen Angebote auf **inländischen Messen** auch dann in den Schutzumfang des § 9, wenn die spätere Lieferung im schutzrechtsfreien Ausland erfolgen soll, der Angebotsempfänger nach objektivem Empfängerhorizont das Angebot aber (auch) als auf das Inland bezogen verstehen darf.[189] Letzteres ist jedenfalls immer dann anzunehmen, wenn den Messebesuchern nicht explizit Abweichendes mitgeteilt wird.[190] An entsprechende »**disclaimer**« sind überdies **hohe Anforderungen** zu stellen, um reinen Schutzbehauptungen, die der Umgehung des Verbotstatbestandes Vorschub leisten sollen, von vornherein die Grundlage zu entziehen. Vorstehende Grundsätze gelten auch dann, wenn die in Rede stehende Messe die einzige wichtige ihrer Art auf internationalem Terrain im Bereich des betreffenden Fachgebiets ist.[191]

Vorangehender Absatz beginnt mit:
dem Verweis auf eine die patentverletzende Konstruktion im Einzelnen beschreibende Anleitung zur ursprünglichen, patentverletzenden Geräteversion), dass die Ausstattung ausschließlich in nicht erfindungsrelevanten Details variiert worden ist, liegt – trotz Hinweises – ein verletzendes Angebot vor.[188]

74 Etwas anderes gilt nur für die **mittelbare Patentverletzung**, bei der sowohl das Anbieten des Mittels als auch dessen vom Angebotsempfänger vorgesehener Gebrauch im Rahmen einer unmittelbaren Benutzung im Inland stattfinden bzw beabsichtigt sein müssen. Erfolgt das Angebot im Inland, so steht es der Verwirklichung des § 9 nicht entgegen, dass die jeweiligen Kunden im Ausland ansässig sind und sich der angebotsgerechte Erwerbsvorgang vollständig im Ausland vollziehen soll.[192] Auch das Auslegen von Katalogen/Verkaufsprospekten anlässlich einer Messe im Ausland kann unter besonderen Umständen[193] ein auf das Inland bezogenes Anbieten sein, wenn es sich – ggf. unter Beteiligung von Boten/Empfangsvertretern – an Entscheidungsträger von Unternehmen im Inland richtet.[194] Unerheblich ist, ob der Gegenstand sich im Ausland befindet und ob er vom Inland im Ausland feilgehalten wird[195] oder ob der angebotene Gegenstand nicht vom Anbieter, sondern von einem Dritten hergestellt wurde.[196]

75 **Internetangebote**[197] sind nicht schon deshalb schutzrechtsverletzend, weil sie vom Inland abgerufen werden können. Erforderlich ist vielmehr ein **wirtschaftlich relevanter Bezug zum Inland**,[198] der sich zB daraus ergeben kann, dass das Internetangebot

---

188 OLG Düsseldorf, InstGE 10, 138 *Schlachtroboter*.
189 OLG Düsseldorf Urt v 27.03.2014 – I-15 U 19/14 = GRUR 15, 61 (Ls) *Sterilcontainer*.
190 OLG Düsseldorf Urt v 27.03.2014 – I-15 U 19/14 = GRUR 15, 61 (Ls) *Sterilcontainer*.
191 Vgl. OLG Karlsruhe, InstGE 12, 298 *Messmaschine*.
192 OLG Karlsruhe, InstGE 12, 298 *Messmaschine*.
193 Grundsätzlich begründen sie aber nicht einmal Erstbegehungsgefahr für ein Anbieten im Inland: LG Hamburg GRUR-RR 14, 137 *Koronarstent*.
194 Näher dazu: OLG Düsseldorf, Urt v 23.02.2012 – I-2 U 134/10.
195 LG Düsseldorf GRUR 53, 285; 70, 550.
196 OLG Karlsruhe GRUR 87, 892.
197 Vgl zum Internetangebot einer ausländischen Konzerngesellschaft: OLG Düsseldorf, InstGE 7, 139 *Thermocycler*.
198 Vgl *BGH*, GRUR 05, 431 *Hotel Maritime* (zum Kennzeichenrecht); BGH GRUR 14, 60 *englischsprachige Pressemitteilung* (UWG); OLG Düsseldorf, OLG-Report 08, 672.

auch in deutscher Sprache abgefasst ist oder dass im Inland bekanntermaßen potenzielle Abnehmer der beworbenen Vorrichtung ansässig sind, so dass offenkundig ist, dass mit dem Angebot auch diese Kreise angesprochen werden sollen. Ein ausreichender Inlandsbezug kann auch dann gegeben sein, wenn das Angebot in einer **fremden Sprache** (zB Englisch) abgefasst ist, sofern diese Sprache von den in Betracht kommenden inländischen Interessenten verstanden wird (zB deshalb, weil die betreffende Sprache auf dem fraglichen Fachgebiet gebräuchlich ist).[199] Der Bezug zum Inland kann schließlich dadurch hergestellt werden, dass in dem betreffenden Internetauftritt auf eine **deutsche Vertriebstochter** hingewiesen wird. Durch einen **Disclaimer** lässt sich der Zielort eines Angebotes grundsätzlich einschränken. Voraussetzung ist allerdings, dass der Disclaimer klar und eindeutig gestaltet und aufgrund seiner Aufmachung als ernst gemeint aufzufassen ist, und dass der so Werbende sich an seinen Disclaimer auch tatsächlich hält.[200] Daran fehlt es, wenn die geografische Einschränkung des Angebotes für den Interessenten erst nach dem Anklicken weiterer optionaler Felder erkennbar wird (zB der Option »Verfügbarkeit prüfen«). Auf eine tatsächliche Lieferbereitschaft des ausländischen Anbieters ins Inland kommt es nicht an; entscheidend ist allein, ob sein Internetauftritt aus der Sicht des angesprochenen inländischen Verkehrs nach den gesamten Umständen auf eine solche Bereitschaft schließen lässt.[201] Nachweis eines Internetangebots (zu einem konkreten Zeitpunkt) kann etwa durch Screenshots und/oder Zeugen erbracht werden.[202]

Ein Anbieten liegt auch dann vor, wenn die Lieferung ausdrücklich erst für eine Zeit **nach Ablauf des Patentschutzes** angekündigt wird, was namentlich bei Arzneimittelgenerika bedeutsam ist.[203]

76

2.3 Inverkehrbringen *(putting on the market)*

Unter Inverkehrbringen wird jede Tätigkeit verstanden, durch der die patentierte Gegenstand mit Willen des Entäußernden in die tatsächliche Verfügungsmacht eines Dritten gelangt,[204] so dass dieser den Gegenstand benutzen kann.[205] Der die Erfindung verkörpernde Gegenstand muss unter Begebung der eigenen Verfügungsgewalt tatsächlich in die Verfügungsgewalt einer anderen Person übergehen und der Schutzrechtsinhaber dadurch den wirtschaftlichen Wert der Erfindung realisieren.[206] Es setzt nicht notwendigerweise ein **Absatzgeschäft** im Rahmen des regulären Handelsverkehrs voraus, sondern ist auch dann anzunehmen, wenn der Gegenstand zB vom Hersteller als Anschauungs- und Testgerät zur Absatzförderung an einen Vertreiber geliefert wird ohne die Pflicht, den Gegenstand »nach Gebrauch« an den Hersteller

77

---

199 LG Düsseldorf, InstGE 10, 193 *Geogitter.*
200 BGH GRUR 06, 513 *Arzneimittelwerbung im Internet.*
201 OLG Karlsruhe, InstGE 11, 15 *SMD-Widerstand.*
202 BGH GRUR 16, 176 *Tauschbörse I.*
203 BGH GRUR 07, 221 *Simvastatin*; OLG Düsseldorf InstGE 3, 179 Rn 16 *Simvastatin*; LG Düsseldorf InstGE 1, 19 Rn 7–8 *Antihistamine.*
204 Denkschrift zu Art 29 GPÜ BlPMZ 79, 332.
205 RG BlPMZ 06, 166; 12, 219; 15, 192.
206 BGH GRUR 07, 882 *Parfümtester.*

zurückzugeben.²⁰⁷ Die Zustimmung des Patentinhabers zum Inverkehrbringen bedarf keiner ausdrücklichen Erklärung, sie kann durch **schlüssiges Verhalten** zum Ausdruck gebracht sein.²⁰⁸ Es bedarf aber eines Bezuges zum Handelsverkehr dergestalt, dass mit dem Gegenstand, an dem die tatsächliche Verfügungsgewalt verschafft wird, ein Umsatz- oder Veräußerungsgeschäft intendiert oder zumindest möglich ist. Daran fehlt es, wenn der in Rede stehende Gegenstand als solcher überhaupt nicht verkehrsfähig ist und seine Aushändigung nur dazu dient, die Leistungsfähigkeit des Unternehmens in Bezug auf ein anderes Produkt unter Beweis zu stellen. Setzt der patentgemäße Gegenstand eine bestimmte Eignung voraus, so liegt in der Bewerbung und dem Verkauf eines Gegenstandes, bei dem die besagte Eignung verloren gegangen ist, kein Angebot oder Inverkehrbringen des patentgeschützten Gegenstandes.

78 Der Übergang der **rechtlichen Verfügungsgewalt**, insbesondere ein Eigentumsübergang ist nicht erforderlich. Entscheidend ist, dass der Patentinhaber sich der Sache begibt und Dritte dadurch über sie verfügen können. Handlungen ohne diese Wirkung, wie Angebot der Ware, ihre bloße Herstellung oder ihr bloßer Erwerb ohne Wechsel der tatsächlichen Verfügungsgewalt stellen kein Inverkehrbringen dar.²⁰⁹ Nur der Veräußerer, **nicht der Erwerber bringt in Verkehr**.²¹⁰ Versendung vom Inland ins Ausland und umgekehrt genügt,²¹¹ ebenso Import mit sogleich anschließendem Export.²¹² Ist die Verfügungsgewalt einmal übergegangen, so wird der Tatbestand des Inverkehrbringens nicht durch eine Anfechtung wieder rückgängig gemacht.

79 Die **Durchfuhr**²¹³ patentverletzender Ware stellt keine Benutzungshandlung dar.²¹⁴ Dies gilt unabhängig davon, ob die Durchfuhr zollrechtlich im externen Versandverfahren (»T1-Verfahren«) oder im T2L-Verfahren erfolgt.²¹⁵ Ist das betroffene Patent im Bestimmungsland geschützt, kann in der Durchfuhr kein im Inland begangener Teilakt einer das ausländische Schutzrecht beeinträchtigenden unerlaubten Handlung im Sinne des § 823 (1) und (2) BGB gesehen werden. Dem steht der völkerrechtlich und unionsrechtlich anerkannte Grundsatz der Territorialität entgegen, wonach nationale Immaterialgüterrechte nur einen auf das staatliche Territorium begrenzten Schutz genießen.²¹⁶ Besteht im Bestimmungsland Patentschutz, kommen gegen den mit der Durchfuhr durch Deutschland und der Einfuhr in das Bestimmungsland beauftragten

---

207 BGH, GRUR 07, 882 *Parfümtester*; OLG Hamburg, GRUR-RR 04, 355 *Parfumtester*; aA: OLG Düsseldorf, Urt v 31.10.2006 – I-20 U 10/06; OLG Nürnberg GRUR 09, 786 *Coty Prestige Lancaster/Simex Trading*.
208 Denkschrift zu Art 29 GPÜ BlPMZ 79, 332.
209 OLG Düsseldorf GRUR 34, 302.
210 BGH GRUR 87, 626 (I2) *Rundfunkübertragungssystem*.
211 BGH GRUR 57, 231 *Pertussin I*; OLG Hamburg GRUR Int 91, 301.
212 OLG Karlsruhe GRUR 82, 295; OLG Hamburg GRUR 85, 923 *Imidazol*; GRUR Int 91, 301.
213 Näher dazu: Cordes GRUR 12, 141.
214 Vgl EuGH GRUR 07, 146 *Diesel*; BGH GRUR 07, 875 *Durchfuhr von Originalware*; BGH GRUR 07, 876 *Diesel II* (jeweils zum Markenrecht); LG Hamburg InstGE 11, 65 *Datenträger*.
215 BGH GRUR 14, 1189 *Transitwaren*.
216 BGH GRUR 12, 1263 *Clinique happy* = Aufgabe von BGH GRUR 57, 352, 353 *Taeschner/Pertussin II* und GRUR 58, 189, 197 *Zeiß*.

Spediteur Ansprüche auf Unterlassung der Einfuhr und des Inverkehrbringens von patentverletzenden Waren in Betracht, die unmittelbar auf das Patentrecht des Bestimmungslandes gestützt sind: Dies setzt aber voraus, dass nach dem Recht des Bestimmungslandes gegen den Spediteur ein vorbeugender Unterlassungsanspruch auf Untersagung der Einfuhr und des Inverkehrbringens besteht.[217]

Zu **Parallelimporten** aus der EU und aus Drittländern s Rdn 27 u 28.

2.4 Gebrauchen *(using)*

Ein patentiertes Erzeugnis wird iSd § 9 Satz 2 Nr 1 gebraucht, wenn es **bestimmungsgemäß verwendet** wird, wie zB der Betrieb einer Vorrichtung, die Verwendung einer Sache, die Verarbeitung eines chemischen Stoffes.[218] Gebrauchen setzt also voraus, dass das Erzeugnis vorhanden, also mindestens einmal hergestellt worden ist. Unwesentlich ist, ob der Gebraucher aktuelle oder künftige wirtschaftliche Ziele verfolgt.[219]   80

Ist das patentierte Erzeugnis Teil einer größeren Einheit, so wird dieser Teil nicht gebraucht, wenn er die technische Funktion der Gesamtsache nicht entscheidend mitbestimmt, wie zB der patentierte Nagel in einem Schrank.[220] Ein Gebrauchen liegt dagegen vor, wenn das in der Gesamtsache enthaltene patentierte Teil deren technisches Wesen ausmacht, zB wesentlicher Bestandteil in einem Mischfutter.[221]

Ein guter Glaube beim Erwerb steht der Verwirklichung des objektiven Tatbestandes des Gebrauchens eines patentierten Erzeugnisses nicht entgegen.

2.5 Einfuhr *(importing)*

Lit: Stauder Patentverletzung im grenzüberschreitenden Verkehr 1975; **Lit in GRUR Int:** Beier 89, 603; 96, 1; Jehoram 96, 280   81

Die Einfuhr des patentierten Erzeugnisses aus dem Ausland in das Inland stellt dann eine Benutzung dar, die der Patentinhaber verbieten kann, wenn die Einfuhr zu dem Zweck erfolgt, das patentierte Erzeugnis herzustellen, anzubieten, in Verkehr zu bringen oder zu gebrauchen. Der Patentinhaber kann daher die Einfuhr untersagen, wenn bei objektiver Betrachtungsweise die Art und Weise der Einfuhr geeignet ist, ein Herstellen, Anbieten, Inverkehrbringen oder Gebrauchen zu ermöglichen,[222] es sei denn, der Einführende kann nachweisen, dass eine Ausnahme gemäß § 11 vorliegt oder dass die Einfuhr zu einem Zweck erfolgt, der unter keine der gesetzlichen Benutzungsarten fällt. Bei **Spediteuren, Lagerhaltern oder Frachtführern** liegt eine Zweckgerichtetheit in Bezug auf die anderen Benutzungshandlungen iSv § 9 PatG in aller Regel nicht vor.[223] Bloße Durchfuhr genügt nicht (siehe Rdn 79).

---

217 BGH GRUR **12**, 1263 *Clinique happy.*
218 BGH GRUR **64**, 491, 493 rSp *Chloramphenicol;* OLG Düsseldorf InstGE **7**, 258 *Loom-Möbel.*
219 BGH GRUR **90**, 997 (A3d) *Ethofumesat.*
220 RGZ **39**, 32, 35 = GRUR **1898**, 250.
221 OLG Hamburg GRUR Int **82**, 257.
222 Denkschrift zu Art 29 GPÜ BlPMZ **79**, 332.
223 BGH GRUR **09**, 1142 = BGHZ **182**, 245 *MP3-Player-Import.*

2.6 Besitz *(stocking)*

82 Den Besitz des patentierten Erzeugnisses ohne Zustimmung des Patentinhabers kann dieser verbieten, wenn der Dritte den Besitz **zu dem Zwecke** innehat, das patentierte Erzeugnis herzustellen, anzubieten, in Verkehr zu bringen oder zu gebrauchen. Der Begriff des Besitzes iSd § 9 Satz 2 Nr 1 ist nicht auf den zivilrechtlichen Besitz iSd §§ 854 ff BGB beschränkt, sondern umfasst die tatsächliche Verfügungsgewalt im wirtschaftlichen Sinne. Das folgt schon daraus, dass § 9 Satz 2 Nr 1 aus Art 29 Buchstabe a GPÜ übernommen ist, der nicht am deutschen Besitzrecht orientiert ist. Das Verbotsrecht besteht nicht, wenn der Besitz zu einem der in § 11 genannten Ausnahmen oder nur zu einem Zweck ausgeübt wird, der unter keine der in § 9 Satz 2 Nr 1 genannten Benutzungsarten fällt.[224]

3 Patentiertes Verfahren (Nr 2) *(process)/Verwendungspatent*

83 Unter den Begriff des Verfahrens iSd § 9 Satz 2 Nr 2 fallen **Herstellungs-, Arbeits-** und **Verwendungs**verfahren. Das Verfahren ist nur Gegenstand des Patents, wenn das Patent für das Verfahren erteilt worden ist. Daran fehlt es, wenn im Erzeugnispatent ein Verfahren nur deshalb erwähnt wird, um das Erzeugnis zu definieren (product-by-process-Anspruch) oder um geeignete Komponenten für ein Erzeugnis auszuwählen.[225] Verfahrenspatente können durch die Benutzungsarten der Anwendung oder des Anbietens zur Anwendung verletzt werden, wenn dafür die Zustimmung des Patentinhabers (s Rdn 50) fehlt.

84 **Verwendungspatent** ist ein Unterfall des Verfahrenspatents. Es wird durch Handlungen verletzt, die sich auf die geschützte Anwendung selbst sowie auf vorgelagerte gewerbliche Nutzungen beim Hersteller durch **sinnfällige Herrichtung** einer Sache beziehen (näher dazu § 14 Rdn 116).

85 **3.1 Anwendung eines Verfahrens** *(using a process)*: Ein Verfahren wird angewendet, wenn es **bestimmungsgemäß gebraucht** wird, dh es müssen die **wesentlichen Verfahrensschritte**, die zu dem verfahrensgemäßen Erfolg führen, verwirklicht oder die zur Ausübung des Verfahrens erforderlichen Mittel (zB Vorrichtung) benutzt werden. In der sinnfälligen Herrichtung einer Vorrichtung zur Ausübung des patentgeschützten Verfahrens liegt noch nicht dessen Anwendung.[226] Grundsätzlich verletzt nur derjenige das Verfahrenspatent unmittelbar, der sämtliche Verfahrensschritte eigenhändig anwendet. Verfahrensbeiträge eines Mittäters gelten kraft Zurechnung als idS eigene Handlungen. Eine Ausnahme ist ähnlich wie beim Kombinationspatent (s Rdn 56) für den Fall zu machen, dass der allerletzte Teilakt des Verfahrens **von dritter Seite** beigesteuert wird, sofern der Dritte das Verfahren vorhersehbar, zwangsläufig und unabhängig von jedem Wissen um die erfindungsgemäße Lehre zum Abschluss bringt.[227]

86 Handlungen, die zeitlich vor den Benutzungshandlungen liegen, sind keine Anwendung des Verfahrens, so zB das Anbieten oder die Lieferung einer zur Ausführung des

---

[224] BGH GRUR 09, 1142 = BGHZ **182**, 245 *MP3-Player-Import.*
[225] BGH GRUR **92**, 375 *Tablettensprengmittel.*
[226] BGH GRUR 05, 845 *Abgasreinigungsvorrichtung.*
[227] LG Düsseldorf InstGE 1, 26 Rn 20–22 *Cam-Carpet.*

Verfahrens bestimmten Vorrichtung[228] oder der für die Ausführung des Verfahrens notwendigen Hilfsmittel[229] oder das Anfertigen von Bauzeichnungen für eine Vorrichtung für das Verfahren, aus denen das Verfahren erkennbar ist[230] oder das Herrichten von Gegenständen für die Benutzung eines patentierten Verfahrens.[231] Eine Anwendung kann darin liegen, dass der Verletzer den Einsatz des Verfahrens zielgerichtet und äußerlich wahrnehmbar vorgesehen hat.[232] Die **Lieferung eines Gegenstandes**, mit dem man ein patentgeschütztes Verfahren durchführen kann, ist keine unmittelbare Patentverletzung iSv § 9 S 2 Nr 2, sondern allenfalls eine mittelbare Verletzung iSv § 10.[233] Hat der Patentinhaber das Verfahrensmittel in Verkehr gebracht, so wird idR seine **stillschweigende Zustimmung** zur Ausübung des Verfahrens gegeben sein.[234]

3.2 Anbieten eines Verfahrens *(offering a process)*: Die Bedeutung des Begriffes »Anbieten« im Sinne von § 9 S 2 Nr 2 PatG ist im Einzelnen umstritten, wobei noch Einigkeit darüber herrscht, dass die **bloße Beschreibung der Verfahrensdurchführung** keine Angebotshandlung ist. Zum Teil wird es darüber hinausgehend als erforderlich angesehen, dass der Anbietende dem Angebotsempfänger in Aussicht stellt, die Anwendung des Verfahrens werde **durch ihn (den Anbieter) selbst oder zumindest auf dessen Veranlassung hin erfolgen**.[235] Andere wollen darauf abstellen, ob sich der Anbietende bei seiner Offerte als **Inhaber eines Verbietungsrechts** geriert, das ihn in den Stand versetzt, eine Benutzungserlaubnis zu erteilen oder aber zu verweigern:[236] Als Angebotshandlungen iSv § 9 S 2 Nr 2 kommt nach letzterer Ansicht neben dem Erbieten, die patentierte Verfahrensvorschrift entgeltlich zu veräußern, nur ein Verhalten in Betracht, welches die Bereitschaft erkennen lässt, an dem patentierten Verfahren eine **Benutzungserlaubnis** zu erteilen. Mit einer vermittelnden Auffassung ist anzunehmen, dass beide Sachverhalte gleichermaßen geeignet sind, den Tatbestand des Anbietens eines Verfahrens zu erfüllen.[237] Das reine **Anbieten einer Vorrichtung**, mit der ein patentgeschütztes Verfahren – ausschließlich oder zumindest auch – ausgeführt werden kann, kann jedenfalls nur § 10 unterfallen. Das Anbieten eines Verfahrens stellt nach § 9 Satz 2 Nr 2 nur dann eine Patentverletzung dar, wenn das Angebot sich auf das Inland bezieht und der Anbietende das Verbot der Anwendung des angebotenen Verfahrens kennt oder hätte kennen können. Ist die Anwendung des Verfahrens nach § 11 patentfrei, so ist das Anbieten des Verfahrens an diese Anwender des Verfahrens ebenfalls keine Patentverletzung.

87

3.2.1 Anbieten im Inland: Aufgrund des **Territorialitätsgrundsatzes** (s auch Rdn 114 ff) ist es grundsätzlich erforderlich, dass alle anspruchsgemäßen Verfahrens-

88

---

228 RGZ **101**, 135, 139; **146**, 26, 28; **149**, 102, 104.
229 RGZ **101**, 135, 139; **135**, 145, 148.
230 RGZ **122**, 243, 246.
231 BGH GRUR **92**, 305 *Heliumeinspeisung*.
232 OLG Karlsruhe GRUR **89**, 260.
233 LG Mannheim InstGE **12**, 70 *Handover*; OLG Düsseldorf Urt v 15.05.2014 – I-2 U 74/13.
234 BGH GRUR **80**, 38, 39 rSp *Fullplastverfahren* mwN.
235 Busse/Keukenschrijver § 9 Rn 94; Kraßer/Ann § 33 Rn 150.
236 Vgl. Benkard/Scharen § 9 Rn 52 m.w.N.; OLG Düsseldorf Urt v 10.01.2010 – I-2U 10/08, wobei letzteres nicht in abschließender Weise auf diese Anforderung abstellt.
237 OLG Düsseldorf Urt v 15.05.2014 – I-2 U 74/13 lässt beide Varianten alternativ genügen; vgl. auch OLG Düsseldorf Urt v 30.10.2014 – I-2 U 3/14.

schritte im Inland durchgeführt werden. Demzufolge sind solche Benutzungshandlungen, die ausnahmslos im Ausland stattfinden, patentrechtlich unbeachtlich. Findet die Verfahrensanwendung **teils im Inland und teils im Ausland** statt, handelt es sich um eine insgesamt inländische Schutzrechtsverletzung, wenn die im Ausland vorgenommenen Verfahrensschritte demjenigen **zurechenbar** sind, der die übrigen Verfahrensschritte im Inland verwirklicht:[238] z.B. wenn die ausländischen Verfahrensschritte ein **Vor- oder Zwischenprodukt** hervorbringen, welches nach Deutschland geliefert und dort unter Anwendung der restlichen Verfahrensschritte zu dem endgültigen Verfahrensprodukt bearbeitet wird, oder wenn bei einem Verfahren zum Verarbeiten von im Voraus bezahlten Telefonanrufen die mit einer Identifikation versehene Prepaid-Telefonkarte im Inland verkauft wird, der das Guthaben verwaltende und die Telefonverbindung zulassende Rechner zwar im Ausland stationiert ist, die vom Rechner generierten Befehle jedoch im Inland herangezogen werden. Davon zu unterscheiden und anders zu bewerten ist die Situation, dass die **Verfahrensschritte allesamt im Ausland** vollzogen werden und im Inland bloß Vorbereitungs- und Bereitstellungshandlungen erfolgen.[239]

Das Verfahrenspatent wird nur verletzt, wenn das Verfahren zur Anwendung im Geltungsbereich des PatG angeboten wird, also wenn das Anbieten nicht auf eine Anwendung des Verfahrens im Ausland beschränkt ist.[240] Die Auslegung des Angebots bestimmt sich nach §§ 133, 157 BGB. Enthält es einen deutlichen Hinweis, dass das Verfahren nicht in der Bundesrepublik ausgeübt werden darf, wird ein Angebot im Inland idR ausscheiden.

89 **3.2.2 Anbieten zur Anwendung:** Nach § 9 Satz 2 Nr 2 muss das patentierte Verfahren zum Zwecke seiner Anwendung angeboten werden. Das Angebot muss daher so abgefasst sein, dass der Adressat aus ihm entnehmen kann, dass der Anbietende ihn in die Lage versetzen will, das im Angebot skizzierte Verfahren anzuwenden. Ist die Anwendung des Verfahrens nur patentgemäß möglich, so wird idR jedes Anbieten »zur Anwendung des Verfahrens« erfolgen. Kann das Verfahren patentfrei und patentgemäß angewendet werden, so wird je nach dem Grad der Erkennbarkeit der patentgemäßen Anwendung im Angebot mehr oder weniger deutlich auf die patentgemäße Anwendung aufmerksam gemacht sein müssen, wenn es als »zur Anwendung« des patentierten Verfahrens abgegeben gelten soll. Andererseits kann der gegenteilige Hinweis, dass das Verfahren nicht patentgemäß verwendet werden darf, ein Angebot zu seiner Anwendung ausschließen.

90 **3.2.3 Verbot der Anwendung** des Verfahrens besteht nicht, soweit Dritte zur Anwendung des Verfahrens berechtigt sind (zB Lizenznehmer oder Berechtigter aus einem Vorbenutzungsrecht nach § 12) oder die Wirkung des Patents sich auf die Handlungen der Anwender nach § 11 nicht erstreckt. Ein Angebot an diese Personen ist daher keine unmittelbare Patentverletzung iSd § 9 Satz 2 Nr 2. Ein Angebot an den Personenkreis des § 11 (zB Anwender im privaten Bereich) kann aber eine mittelbare

---

238 OLG Düsseldorf InstGE 11, 203 *Prepaid-Telefonkarte*.
239 LG München I GRUR-RR 15, 93 *FLT3-Gentest*.
240 LG München I GRUR-RR 15, 93 *FLT3-Gentest*.

Patentverletzung nach § 10 (1) darstellen, weil nach § 10 (3) die Personen gemäß § 11 Nr 1 bis 3 nicht als berechtigt gelten, das Verfahren anzuwenden.

3.2.4 Kenntnis vom Verbot der Anwendung des Verfahrens: Die Verletzung eines Verfahrenspatents setzt nach § 9 Satz 2 Nr 2 voraus, dass der Anbieter weiß, dass die Anwendung des Verfahrens ohne Zustimmung des Patentinhabers verboten ist, oder wenn dieses Verbot aufgrund der Umstände offensichtlich ist. 91

Positives Wissen des Anbieters, dass die Anwendung des Verfahrens verboten ist, wird nicht leicht nachweisbar sein. Dieses Wissen kann aber der Patentinhaber dem Anbieter durch einen entsprechenden Hinweis, aus dem sich das Verbot des Anbietens schlüssig ergibt, verschaffen. 92

Offensichtlichkeit des Verbots: Da das positive Wissen nur schwer nachzuweisen ist, sieht § 9 Satz 2 Nr 2 eine **Beweiserleichterung** vor. Danach reicht für ein Verbot der Nachweis, dass es aufgrund der Umstände offensichtlich ist, dass die Anwendung des Verfahrens verboten ist. Eine berechtigte Verwarnung oder Klageerhebung beseitigt den guten Glauben des Benutzers so lange nicht, wie die Nichtverletzungsargumente bzw. angenommene Rechtfertigungen/Privilegierungstatbestände vertretbar sind.[241] Die Offensichtlichkeit des Verbots dürfte idR gegeben sein, wenn das angebotene Verfahren überhaupt nur patentgemäß angewendet werden kann. Kann das Verfahren sowohl patentfrei wie patentgemäß angewendet werden, wird die Offensichtlichkeit des Verbots dann bejaht werden können, wenn gerade die patentgemäße Anwendung die wirtschaftliche Bedeutung des Angebots ausmacht. Die Offensichtlichkeit wird dagegen zu verneinen sein, wenn die patentgemäße Anwendung des Verfahrens nicht im Vordergrund steht. 93

4 Unmittelbares Verfahrenserzeugnis (§ 9 S 2 Nr 3) *(product obtained directly by a process)*

Lit: Bruchhausen FS vom Stein 1961, 31; Hahn Der Schutz von Erzeugnissen patentierter Verfahren 1968; Benyamini Patent Infringement in the European Community 1993 IIC-Studies Band 13; Arnold FS 80 Jahre Patentgerichtsbarkeit in Düsseldorf 2016, 15; Verhauwen FS 80 Jahre Patentgerichtsbarkeit in Düsseldorf 2016, 543; **Lit in GRUR**: Bruchhausen 79, 743; Mes 09, 305; v Pechmann 77, 377; Trüstedt **52**, 63; Utermann **81**, 537; **Lit in GRUR Int**: Beier/Ohly **96**, 973; Petri/Böck **12**, 103. 94

Nach § 9 S 2 Nr 3 sind aufgrund eines geschützten Verfahrens unmittelbar hergestellte Erzeugnisse im gleichen Umfang geschützt wie die Erzeugnisse nach § 9 Satz 2 Nr 1, die unmittelbar Gegenstand des Patents sind.[242] Zu den einzelnen Benutzungsarten vgl daher Rdn 53 ff. Nr 3 setzt voraus, dass nach einem patentierten Verfahren (s Rdn 97) ein Erzeugnis unmittelbar (s Rdn 102) hervorgebracht ist. 95

Die Erstreckung des Schutzes auf die **unmittelbaren Verfahrenserzeugnisse** gilt auch dann, wenn das *Verfahrenserzeugnis selbst nicht patentierbar* wäre, sei es, dass eine Patentierungsvoraussetzung – zB die Neuheit – fehlt, sei es, dass das hergestellte Erzeugnis vom Patentschutz ausgenommen ist, wie zB Pflanzensorten oder Tierar- 96

---

241 OLG Düsseldorf Urt v 09.05.2019 – 2 U 66/18, BeckRS **19**, 10841 *Sprengreinigungsverfahren*.
242 Denkschrift zu Art 29 GPÜ BlPMZ **79**, 332.

ten.²⁴³ Die Tatsache, dass ein beanspruchtes Verfahren zu einem Erzeugnis führt, das vom Patentschutz ausgeschlossen ist, ist kein Hindernis für eine Patenterteilung und kein Einspruchs- oder Nichtigkeitsgrund. DPMA, BPatG und EPA berücksichtigen daher bei der Prüfung der Patentfähigkeit eines Verfahrensanspruchs § 9 Satz 2 Nr 3 PatG und Art 64 (2) EPÜ.²⁴⁴ S. zur Erzeugung biologischen Materials § 9a.

97   **4.1 Patentiertes Verfahren:** Das Verfahren, das Gegenstand des Patents ist, muss zur Herstellung der Erzeugnisse benutzt worden sein. Wird das geschützte Verfahren nicht angewendet, so fallen selbst identische Erzeugnisse nicht unter § 9 Satz 2 Nr 3. Ist das geschützte Verfahren ein solches zur Herstellung eines *neuen* Erzeugnisses, so gilt bis zum Beweis des Gegenteils nach § 139 (3) ein gleiches Erzeugnis als nach dem patentierten Verfahren hergestellt. Wo die Erzeugnisse hergestellt worden sind, im Inland oder im patentfreien Ausland, ist gleichgültig. Mit patentierten Vorrichtungen hergestellte Erzeugnisse genießen keinen Erzeugnisschutz.

98   **Verfahren iSd § 9 Satz 2 Nr 3 und Art 64 (2) EPÜ** sind alle Verfahren, die ein Erzeugnis hervorbringen, also **a)** alle reinen Herstellungsverfahren;²⁴⁵ **b)** ausnahmsweise Verwendungsverfahren, nämlich wenn diese ein Erzeugnis hervorbringen;²⁴⁶ **c)** mikrobiologische Verfahren iSd § 2 a (2) Nr 2 und Art 53b EPÜ; **d)** Verfahren zur Züchtung von Pflanzen oder Tieren.

99   **Keine Verfahren iSd § 9 Satz 2 Nr 3 und Art 64 (2) EPÜ** sind **a)** Verwendungsverfahren, weil deren Ergebnis in aller Regel kein unmittelbar hergestelltes Erzeugnis, sondern ein abstrakter Handlungserfolg ist;²⁴⁷ **b)** Arbeitsverfahren, die in der veränderungsfreien Einwirkung auf das Objekt bestehen oder die sich in der bloßen Reparatur erschöpfen.²⁴⁸

100 **4.2 Unmittelbares Erzeugnis:** Die *ratio legis* des § 9 S 2 Nr 3 PatG besteht darin, **Schutzrechtslücken,** die mit Blick auf den Verfahrensschutz nach § 9 S 2 Nr 2 PatG entstehen können, zu schließen: Letzterer stößt an seine Grenzen, wenn die allein anspruchsbegründende Verfahrensführung in das patentfreie Ausland verlagert ist (vgl. aber Rdn 88 zu teilweiser Verfahrensverwirklichung im In- und Ausland²⁴⁹), während die wirtschaftlich im Vordergrund stehenden Verfahrenserzeugnisse jedoch im Inland vertrieben werden; zudem greift der Verfahrensschutz selbst bei inländischer Verfahrensdurchführung nur gegenüber demjenigen ein, der die Verfahrensschritte des Patents eigenhändig oder durch Dritte ausführt, wobei der Nachweis einer Täterschaft bzw. zumindest Teilnahme in der Praxis schwierig zu führen ist.²⁵⁰ Vor diesem Hinter-

---

243   Denkschrift zu Art 29 GPÜ BlPMZ **79**, 333; schweiz. BG GRUR Int **96**, 1059, 1060 = SMI **95**, 358, 363.
244   EPA GBK G 0001/98 ABl **2000**, 111 (Nr 4) *transgene Pflanze/NOVARTIS II*.
245   Vgl zum Begriff OLG Düsseldorf Urt v 08.11.2012 – I 2U 108/10.
246   BGH GRUR **82**, 162 (C I) *Zahnpasta*; **90**, 508 (II2b) *Spreizdübel*.
247   BGH GRUR **90**, 508 (II2b) *Spreizdübel*.
248   BGH GRUR **51**, 314 *Motorblock*; **98**, 130, 131 *Handhabungsgerät*.
249   Vgl ferner LG Mannheim Urt v 11.12.2018 – 2 O 163/17; LG Düsseldorf Urt v 4a O 53/19, GRUR **20**, 1078 *Online-Sehtest*.
250   Vgl. zu den Anforderungen BGH GRUR **09**, 1142 *MP3-Player-Import*.

grund erstreckt § 9 S 2 Nr 3 PatG den Patentschutz auf solche Erzeugnisse, die durch das patentierte Verfahren unmittelbar hergestellt sind.

Zutreffender Ansicht nach müssen Verfahrenserzeugnisse **nicht körperlicher Natur** sein, um dem ergänzenden Sachschutz zu unterfallen.[251] Abgesehen davon, dass andernfalls eklatante Schutzlücken (z.B. hinsichtlich elektrischer Energie) die Folge wären, weshalb das enge Verständnis nicht sachgerecht erscheint, geben auch die Funktion und die Gesetzessystematik keinen Anlass für eine derart restriktive Auslegung:[252] Der Verbotsinhalt des § 9 S 2 Nr 3 PatG entspricht jenem der Nr 1 mit der Ausnahme, dass hier natürlich nicht das »Herstellen« erfasst ist. Insofern stellt der Gesetzgeber unmittelbar durch ein patentiertes Verfahren hergestellte Erzeugnisse mit solchen gleich, die selbst Gegenstand eines Patents sind, was impliziert, dass er hinsichtlich der Charakterisierung des Erzeugnisses nicht differenzieren wollte. Tauglicher Gegenstand des ergänzenden Verfahrenserzeugnisschutzes können daher alle (nicht notwendig körperlichen) Erzeugnisse sein, die prinzipiell auch taugliches Objekt eines Sachpatents sein könnten.[253] Eine Videobilder repräsentierende Abfolge von Videodaten kann daher zB ein unmittelbares Verfahrenserzeugnis eines Videobildcodierungsverfahrens sein; die Datenfolge muss allerdings **sachlich-technische Eigenschaften** aufweisen, die ihr durch das Verfahren aufgeprägt worden sind, so dass sie ihrer Art nach Gegenstand eines Sachpatents sein könnte.[254] Existiert bloß ein auf ein Codierverfahren gerichteter Patentanspruch, aber nicht ein solcher in Bezug auf die Decodierung, kommt gleichwohl immerhin eine Störerhaftung wegen Decodierens in Betracht.[255] Auszuklammern sind allerdings **reine Arbeitsverfahren**, bei denen kein Erzeugnis geschaffen oder in seiner Beschaffenheit verändert wird, sondern allein veränderungsfrei auf eine Sache eingewirkt wird.[256]

101

§ 9 Satz 2 Nr 3 beschränkt ebenso wie Art 64 (2) EPÜ den Patentschutz eines Verfahrenspatents auf die unmittelbar hergestellten Erzeugnisse. **Unmittelbarkeit** iSv § 9 S 2 Nr 3 PatG ist gegeben, wenn das geschützte Verfahren bestimmungsgemäß bei der Hervorbringung des Erzeugnisses nach der Verkehrsanschauung **wesentlich beigetragen** hat und das so geschaffene Erzeugnis seine **charakteristischen Eigenschaften** und seine **Selbständigkeit** nicht durch eine weitere Behandlung einbüßt.[257] Das ist immer dann anzunehmen, wenn das Erzeugnis **direkt durch das patentierte Verfahren erhalten** worden ist, mithin dem patentgemäßen Verfahren keine weiteren Bearbeitungs- oder Behandlungsmaßnahmen nachgefolgt sind, um zu dem angegriffenen

102

---

251 Vgl. BGH GRUR **12**, 1230 *MPEG-2-Videosignalcodierung*; OLG München GRUR-Prax **16**, 15 *Nucleinsäure*; LG Düsseldorf InstGE **1**, 26 Rn 23 *Cam-Carpet*; LG München I GRUR-RR 2015, 93 *FLT3-Gentest*; ausführlich Mes GRUR **09**, 305; Kühnen Kap A Rn 281 ff; a.A: Benkard/Scharen PatG § 9 Rn 53.
252 Mes GRUR **09**, 305.
253 OLG Düsseldorf InstGE **12**, 258 *Blut-Gehirn-Schranke*.
254 BGHZ 194, 272 = GRUR **12**, 1230 *MPEG-2-Videosignalcodierung*; BGH GRUR **17**, 261 *Rezeptortyrosinkinase II*; aA Hoppe-Jänisch Mitt. 13, 51.
255 Vgl. LG Düsseldorf Urt v 8.1.2019 – 4c O 12/17, BeckRS **19**, 3125 *Decodiervorrichtung*.
256 OLG Düsseldorf BeckRS **13**, 10 850.
257 OLG Düsseldorf, Urt v 10.04.2005 – U (Kart) 44/01; LG Düsseldorf InstGE **7**, 70 *Videosignal-Codierung I*; RGZ 152, 113.

Gegenstand zu gelangen.[258] Unmittelbarkeit fehlt daher, wenn zur Herstellung des Erzeugnisses neben dem patentierten Verfahren auch andere Verfahren wesentlich beigetragen haben, es sei denn, dass das patentierte Verfahren zuletzt angewendet wurde oder für das Endprodukt nach der Verkehrsanschauung ursächlich ist. Unmittelbares Verfahrenserzeugnis ist daher jedenfalls das Erzeugnis, das **Endprodukt** des Verfahrens ist. Nicht erforderlich ist, dass das Verfahrenserzeugnis selbst als Einzelteil Gegenstand des Handelsverkehrs ist; es genügt, dass es (u.U. sogar nur als integraler) Bestandteil einer größeren Einrichtung vertrieben wird.

103 Der vorstehende **chronologische** Ansatz zur Feststellung der Unmittelbarkeit ist nicht abschließender Natur, da ansonsten eine unangemessene Einschränkung des ergänzenden Sachschutzes drohte und diesen letztlich von Zufälligkeiten der konkreten Anspruchsformulierung abhängig machte.[259] Ausreichend ist daher, dass das angegriffene Erzeugnis durch die Anwendung des patentierten Verfahrens seine charakteristischen Eigenschaften erhalten hat, welche auch durch die späteren Produktionsschritte nicht verloren gegangen sind und es auch seine Selbständigkeit nicht eingebüßt hat.[260] Keine unmittelbaren Verfahrenserzeugnisse sind solche, die die patentgemäßen Effekte zwar nicht vollständig, jedoch in einem solchen Maße eingebüßt haben, dass sie nicht mehr in einem – aus der Sicht der patentgemäßen Erfindung – für praktische Zwecke relevanten Umfang existieren, so dass sie den Erfindungswert des geschützten Verfahrens nicht mehr repräsentieren; als **Abgrenzungsmaßstab** können insoweit die zur sog. verschlechterten Ausführungsform entwickelten Kriterien herangezogen werden. Auch Erzeugnisse, deren mit der Verfahrenserfindung bewirkten Eigenschaften ihren Niederschlag nicht in einer neuartigen Ausgestaltung oder in einer verbesserten Funktionsweise finden, sondern allein darin bestehen, dass ein bereits **bekanntes Erzeugnis bloß preiswerter produziert** werden kann, verdienen – schon unter volkswirtschaftlichen Gesichtspunkten und unter Berücksichtigung des mit einer Patentgewährung verbundenen Belohnungsgedankens – Verfahrenserzeugnisschutz: In diesem Zusammenhang ist insbesondere zu beachten, dass § 9 Satz 2 Nr 3 PatG – anders als § 139 (3) als Voraussetzung für eine Umkehr der Darlegungs- und Beweislast – **gerade nicht ein »neues« Erzeugnis verlangt**.[261] Als Korrektiv im Interesse der Vermeidung eines ausufernden Erzeugnisverfahrensschutzes, der entstünde, wenn man allein auf das Fortbestehen der mit der Verfahrensführung einhergehenden Produkteigenschaften und -wirkungen abstellen würde, dient schließlich das Erfordernis, dass (trotz der Weiterbearbeitung) eine **Nähe zwischen Herstellungsverfahren und Verfahrenserzeugnis** gegeben sein muss: Aus Sicht der betreffenden Verfahrenserfindung muss das

---

258 OLG Karlsruhe InstGE 11, 15 *SMD-Widerstand*; OLG Düsseldorf NJOZ 2010, 1781 *interframe dropping*.
259 OLG Düsseldorf Urt v 14.01.2010 – I-2U 124/08; Kühnen Kap. A Rn 264 ff. mit Erörterung der Entstehungsgeschichte; a.A.: Jestaedt Rn 558; Singer/Stauder EPÜ Art 64 Rn 12.
260 LG Düsseldorf InstGE 7, 70 *Videosignal-Codierung I*; OLG Karlsruhe InstGE 11, 15 *SMD-Widerstand*; OLG Düsseldorf Urt v 14.01.2010 I-2U 124/08.
261 OLG Düsseldorf Urt v 18.07.2013 – I-2 U 99/11; v Hahn, §90; a.A.: LG Mannheim Urt v 08.05.2009 – 7 O 202/08.

angegriffene Erzeugnis bei natürlicher Betrachtung bloß eine andere Erscheinungsform des mit Abschluss des geschützten Verfahrens vorliegenden Erzeugnisses darstellen.[262]

Biotechnologische Verfahren: Der Patentschutz erstreckt sich nach § 9a (2) nicht nur auf das mit dem Verfahren unmittelbar hergestellte Erzeugnis, sondern auch auf das biologische Material, das aus dem unmittelbar hergestellten **Material durch Vermehrung** gewonnen wird. Voraussetzung ist, dass das Vermehrungsmaterial dieselben Eigenschaften wie das mit dem Verfahren unmittelbar erhaltene Material aufweist. 104

Erzeugnisse iSd § 9 Satz 2 Nr 3 sind: Bei Textilfarbstoffen die damit gefärbten Textilien;[263] bei Gerbverfahren das behandelte Leder;[264] Konfektionierung eines Rohstoffs zum Fertigfabrikat ohne wesentliche Veränderung; Zubereitung einer Arzneimittelspezialität aus einem Wirkstoff;[265] Isolierung eines Reaktionsprodukts;[266] mittels eines Verfahrens erzeugte Informations- und Aufzeichnungsstrukturen, die auf einem Aufzeichnungsträger (DVD) gespeichert werden – unerheblich ist namentlich, dass ein körperlicher Gegenstand erst durch Verbindung mit dem Datenträger entsteht (s oben Rdn 101);[267] **Datenströme/digitale Signalfolgen.**[268] 105

Keine Erzeugnisse iSd § 9 Satz 2 Nr 3 sind: Bei Herstellung von Kautschukmischungen die durch Weiterverarbeitung erhaltenen Luftreifen;[269] intermediär anfallender Gegenstand, zB Klebefolie, die in ein Metallgebilde eingeht;[270] chem Umsetzung des Verfahrenserzeugnisses mit einem weiteren Stoff; Weiterverarbeitung eines Halbfabrikats oder von Rohstoffen zum Endprodukt; Endprodukte, die durch chem Umsetzung aus Zwischenprodukten gewonnen sind, wenn nur letztere nach dem patentierten Verfahren erhalten worden sind;[271] ein LCD-Fernseher ist keine Flüssigkristallanzeige in bloß anderer Erscheinungsform;[272] der durch ein Nachweisverfahren festgestellte Befund einer Tandemverdopplungsmutation.[273]

5 Einwendungen des Verletzers

5.1 Eigenes Benutzungsrecht des Verletzers kann sich ergeben aus Vertrag (zB Lizenz), dem kartellrechtlichen Zwangslizenzeinwand, einem eigenen älteren Patent oder den §§ 12, 13, 23, 24, 123 (5) sowie Art 7 § 1 (5) 5 PatÄndG 1967. 106

5.2 Einwand des freien Standes der Technik ist bei nach dem 1.1.78 angemeldeten Patenten nur bei einer äquivalenten Patentverletzung zulässig, nicht dagegen bei Vorliegen einer wortsinngemäßen Benutzung (s § 14 Rdn 67). 107

---

262 Vgl. bereits Krieger in MK zum EPÜ, 23. Lieferung: Februar 1998, Art 64 Rn 69.
263 BPatG Mitt **69**, 76; GRUR **70**, 365.
264 BPatG GRUR **72**, 89, 90.
265 Weitergehend Kraft GRUR **71**, 373.
266 BPatGE **24**, 222.
267 BGH GRUR **12**, 1230 *MPEG-2-Videosignalcodierung*; BGH GRUR **17**, 261 *Rezeptortyrosinkinase II*; LG Düsseldorf InstGE 7, 70 *Videosignal-Codierung I*.
268 Arnold FS 80 J PatentG in Düsseldorf 2016, 15; Verhauwen FS 80 J PatentG in Düsseldorf 2016, 543.
269 BPatGE **12**, 119, 123.
270 BPatG Mitt **69**, 75.
271 Bruchhausen GRUR **79**, 743 mit Zitat der aA des OLG Düsseldorf.
272 Kühnen Kap A Rn 287.
273 OLG München GRUR Prax **16**, 15 *Nucleinsäure*; aA Benkard/Scharen § 9 Rn 53.

108 **5.3 Einwand der Nichtigkeit** des Klagepatents ließ die frühere Rspr[274] insoweit zu, als dadurch der Schutzumfang auf den unmittelbaren Gegenstand des Patents eingeschränkt wurde. Damit wurde aus prozesswirtschaftlichen Gründen die Erhebung der Nichtigkeitsklage erspart. Diese Möglichkeit ist mit § 14 nicht mehr zu vereinbaren, da dieser den Schutzbereich kraft Gesetzes durch den Inhalt der Ansprüche, also nicht deren Wortlaut bestimmt. Wer einen Nichtigkeitsgrund wirksam geltend machen will, muss daher Nichtigkeitsklage erheben und kann im Hinblick darauf die Aussetzung des Verletzungsrechtsstreits gemäß § 148 ZPO beantragen (s § 139 Rdn 293 ff). Dementsprechend lässt das PatG die Berufung auf die mangelnde Patentfähigkeit nur im Fall des § 33 (2) zu.

109 **5.4 Einwand der unzulässigen Erweiterung** kann gegenüber Patenten, die auf *nach dem 1.1.78* eingereichte Anmeldungen erteilt worden sind, im Verletzungsverfahren trotz § 38 Satz 2 nicht mit Erfolg vorgebracht erhoben werden, weil hierfür § 22 (1) iVm § 21 (1) Nr 4 einen eigenen Nichtigkeitsgrund vorsieht, so dass über diesen Einwand nur im Nichtigkeitsverfahren zu entscheiden ist; im Verletzungsprozess kann allenfalls eine Aussetzung gemäß § 148 ZPO erfolgen.

110 **5.5 Einwand der Wirkungslosigkeit** des deut Patents gemäß Art II § 8 IntPatÜG wegen Verstoßes gegen das **Verbot des Doppelschutzes** ist zulässig (s Rdn 117).

111 **5.6 Einwand der Verwirkung** ist vAw zu beachten und kommt grundsätzlich auch gegenüber patentrechtlichen Ansprüchen in Betracht.[275] Auch hier bedarf es neben dem sog. **Zeitmoment** eines sog. **Umstandsmoments**, wobei beide Anforderungen **wechselbezüglich** sind (dh ein besonders hohes Zeitmoment kann die Anforderungen an das Umstandsmoment herabsetzen und umgekehrt).[276] In zeitlicher Hinsicht ist erforderlich, dass der Patentinhaber trotz Kenntnis oder fahrlässiger Unkenntnis der Verletzungshandlungen über einen längeren Zeitraum das Handeln des Verletzers geduldet hat. Aufgrund der Umstände des Einzelfalles muss es sich alsdann so verhalten, dass der Verletzer sich darauf einrichten durfte, dass gegen ihn keine Ansprüche mehr geltend gemacht werden, und er sich auch tatsächlich entsprechend eingerichtet hat. Vor dem **Ablauf der Verjährungsfristen** kommt eine Verwirkung regelmäßig nicht in Betracht.[277] Die Voraussetzungen sind nicht bei allen Anspruchskategorien gleich: Während für die Verwirkung des **Unterlassungsanspruchs** die Begründung eines wertvollen Besitzstandes auf Seiten des Verletzers konstitutiv ist, genügt es beim **Schadensersatz- und Bereicherungsanspruch**, dass sich der Verletzer bei seinen Dispositionen wirtschaftlich darauf einrichten durfte und auch konkret darauf eingerichtet hat, keine Zahlungen mehr leisten zu müssen (Bsp.: Absehen von Rücklagenbildung).[278] **Wiederholte gleichartige Verletzungen**, die **zeitlich unterbrochen** auftreten, lösen jeweils einen neuen Unterlassungsanspruch aus und lassen die für die Beurteilung des Zeitmoments bei der Verwirkung maßgebliche Frist jeweils neu

---

274 BGH GRUR 64, 606, 609 *Förderband*; 63, 563, 565 *Aufhängevorrichtung*.
275 BGH GRUR 01, 232 *Temperaturwächter*.
276 OLG Düsseldorf GRUR-RR 13, 1 *Haubenstretchautomat*.
277 BGH GRUR 14, 363 *Peter Fechter* (UrheberR).
278 OLG Düsseldorf GRUR-RR 13, 1 *Haubenstretchautomat*.

beginnen.²⁷⁹ Verhält sich ein Rechtsinhaber gegenüber Zuwiderhandlungen gegen seine Rechte längere Zeit untätig, obwohl er den Verletzungstatbestand kannte oder doch kennen musste, können dadurch allenfalls diejenigen Ansprüche auf Schadensersatz und Bereicherungsausgleich verwirkt werden, die bis zu einer Abmahnung des Verletzers durch den Rechtsinhaber entstanden waren; nach einer **Abmahnung** durch den Verletzten muss der Verletzer wieder damit rechnen, wegen künftiger Verletzungshandlungen auf Schadensersatz oder Bereicherungsausgleich in Anspruch genommen zu werden.²⁸⁰ Für **titulierte Ansprüche** gelten nochmals erheblich höhere Anforderungen.²⁸¹

5.7 Einwand der Patenterschleichung kann erhoben werden, wenn der Kläger in sittenwidriger Weise (zB vorsätzliche Irreführung des DPMA über Stand der Technik oder Vorbenutzung) die Patenterteilung erwirkt.²⁸² Sofern die Nichtigkeitsklage möglich ist, ist der Einwand ausgeschlossen.²⁸³   112

5.8 Kartellrechtlicher Zwangslizenzeinwand: S im Einzelnen § 24 Rdn 47 ff.   113

6 Territorialitätsgrundsatz (Inlandsbezug)

Die vom DPMA erteilten Patente²⁸⁴ sind in ihrer Wirkung auf die Bundesrepublik beschränkt,²⁸⁵ dh sie können nur im **Inland**, nicht auch im Ausland verletzt werden. Die Wirkung des Verbrauchs aus dem Patent endet an den Grenzen des jeweiligen Erteilungsstaates.²⁸⁶ Auch den europ Patenten kommt gemäß Art 3 EPÜ eine territoriale Wirkung für die benannten Vertragsstaaten zu.   114

Grundsätzlich können daher nur im Inland vorgenommene Handlungen das Patent verletzen. Die Handlungen im Inland ohne die Handlungen im Ausland müssen daher eine der Benutzungsarten der §§ 9 und 10 erfüllen. Sind die inländischen Handlungen als solche patentfrei und werden sie erst dadurch zu einer Benutzungshandlung, dass man ihnen die **ausländischen Handlungen zurechnet**, so liegt keine Patentverletzung vor.²⁸⁷ Siehe allerdings zum Herstellen auch Rdn 55 und zum Anbieten Rdn 65 und Rdn 88. **Ausnahme**: Wird das Erzeugnis, nachdem es zuvor vom patentfreien Inland ins ebenso patentfreie Ausland geliefert worden war, anschließend in das Inland weitergeliefert, genügt es, wenn die Weiterlieferung in das Schutzterritorium dem selbst **nur im Ausland handelnden Lieferanten** zugerechnet werden kann: Der Lieferant ist in der genannten Lage zu einer Überprüfung des Sachverhalts verpflichtet, wenn für ihn konkrete Anhaltspunkte vorliegen, die es als naheliegend erscheinen lassen, dass seine   115

---

279 BGH GRUR **12**, 928 *Honda Grauimport* (MarkenR); BGH GRUR **14**, 363 *Peter Fechter* (UrheberR).
280 BGH GRUR **14**, 363 *Peter Fechter* (UrheberR).
281 BGH MDR **14**, 51.
282 RGZ **140**, 184 = BlPMZ **33**, 236.
283 Offen gelassen von BGH GRUR **54**, 107 *Mehrfachschelle*; **54**, 317 *Entwicklungsgerät*.
284 Andermann: Territorialitätsprinzip im Patentrecht und Gemeinsamer Markt 1975.
285 BGH GRUR **68**, 195 *Voran*.
286 BGH GRUR **76**, 579 (II3c) *Tylosin*.
287 BGH GRUR **60**, 423 *Kreuzbodenventilsäcke I*.

Abnehmer die gelieferte Ware ins Inland weiterliefern oder dort anbieten.[288] Derartige Anhaltspunkte, die im Klageantrag bzw. in der Klagebegründung sowie im stattgebenden Urteil bzw. in dessen Gründen konkret zu umschreiben sind, können sich etwa aus einer Berechtigungsanfrage oder einer Abmahnung ergeben.[289] Eine Fortsetzung der Belieferung trotz bestehenden Verdachts ohne Nachfrage bzw. ohne plausible Antwort des Empfängers führt zur Haftung des Lieferanten wegen Förderung fremder Patentverletzung, auch wenn der Lieferant seinerseits von einem rechtmäßigen Handeln des Abnehmers ausgeht. Der Anspruch auf Rechnungslegung inkludiert dann auch solche Handlungen, die nicht zu einem schutzrechtsverletzenden Inlandsvertrieb, sondern zu einer Lieferung ins patentfreie Ausland geführt haben.[290]

116 Umgekehrt begründen inländische patentverletzende **Zulassungsuntersuchungen** (zB für ein Medikament) kein Verwertungsverbot im Ausland.[291]

III. Europäische und deutsche Patente

117 Art II § 8 IntPatÜG, der von Art 139 (3) EPÜ Gebrauch macht, enthält das **Verbot des Doppelschutzes**: Eine Erfindung soll nicht gleichzeitig durch ein europ u ein deut Patent geschützt sein. In diesem Fall geht das europ Patent vor und das deut Patent verliert seine Wirkung, soweit der Schutz des europ Patents reicht. Dieser Verlust tritt **kraft Gesetzes** ein, wenn die Voraussetzungen des Art II § 8 vorliegen. Er ist endgültig, denn der deutsche Patentschutz lebt nicht wieder auf, wenn das europ Patent später – ganz oder teilweise – wegfällt (Art II § 8 (2)), sei es durch Erlöschen, Nichtigerklärung, Widerruf oder Beschränkung.

Art II § 8 IntPatÜG bezieht sich nur auf Patente, nicht auf deutsche **Gebrauchsmuster**.[292] Gemäß Art 139 (3), 140 EPÜ hätte der deutsche Gesetzgeber ein Verbot des Doppelschutzes durch europ Patent und deut Gbm regeln können. Er hat es aber aus guten Gründen nicht getan, da auch ein Doppelschutz durch deut Patent und deut Gbm nicht ausgeschlossen ist.

1 Voraussetzungen des Verbots des Doppelschutzes[293]

118 Doppelschutz nach Art II § 8 IntPatÜG führt zum Verlust der Wirkung des deutschen Patents. Er setzt voraus:

119 **1.1 Europ Patent,** das aufgrund einer wirksamen Benennung der Bundesrepublik (Art 79 EPÜ) gemäß Art 97 EPÜ mit Wirkung für die Bundesrepublik erteilt worden ist. Das europ Patent muss nur einmal bestanden haben, sein **späterer Wegfall** ist nach Art II § 8 (2) ohne Einfluss auf den eingetretenen Verlust der Wirkung des deut Patents.

---

288   BGH Urteil vom 16.05.2017 – X ZR 120/15 GRUR 17, 785 *Abdichtsystem*; OLG Karlsruhe GRUR 16, 482 *Abdichtsystem*. Zur Antragsfassung: LG Mannheim GRUR-RR 13, 449.
289   BGH Urteil vom 8.6.21 – X ZR 47/19, GRUR 21, 1167 *Ultraschallwandler*.
290   BGH Urteil vom 16.5.2017 – X ZR 120/15, GRUR 17, 785 *Abdichtsystem*.
291   OLG Düsseldorf Urt v 21.1.2016 – I-2 U 48/15.
292   Wie hier: Singer/Stauder EPÜ Art 140 Rn 14 und Nieder Mitt 87, 205, 209; Benkard/Tochtermann/Ullmann PatG Int Teil Rn 145.
293   Bardehle Mitt 77, 105; Nieder Mitt 87, 205.

1.2 Deutsches Patent, das im Verfahren nach dem PatG, also von DPMA oder BPatG, erteilt worden ist und noch rechtsbeständig ist. 120

1.3 Identität des Erfinders oder seines Rechtsnachfolgers bei europ u deut Patent. 121 Auf die Identität von Anmelder oder Patentinhaber kommt es nicht an. Erfinder iSd Art II § 8 IntPatÜG ist der **wahre Erfinder**. Das wird idR der gemäß § 37 PatG und Art 81 EPÜ vom Anmelder benannte Erfinder sein. Die Benennung kann unrichtig sein, zumal weder DPMA noch EPA die Erfinderbenennung prüfen. Wer behauptet, dass ein anderer der wahre Erfinder sei, muss das beweisen.

1.4 Identität der Priorität von europ u deut Patent. Diese Voraussetzung ist erfüllt, 122 wenn beide **denselben Zeitrang** haben. Das trifft zu bei gleichen Anmeldetagen, bei gleichen Prioritätstagen oder wenn Anmeldetag der einen mit dem Prioritätstag der anderen übereinstimmt. Maßgeblich ist die formelle Erteilungslage. Ist für das europ Patent neben der Priorität der deut Anmeldung die Priorität einer (gegenüber der deut) älteren ausländischen Anmeldung beansprucht, so ist das deut Patent nur insoweit unwirksam, als für den Gegenstand des europ Patents die deut Priorität beansprucht ist, nicht aber im Umfang der ausländischen Anmeldung.[294]

1.5 Identität des Schutzbereichs beider Patente iSd § 14 und von Art 69 EPÜ: Der 123 Wirkungsverlust des deut Patents tritt ein, soweit der Schutzbereich des europ Patents unter Einschluss **äquivalenter Verletzungsformen** reicht.[295] Dies bedeutet freilich nicht, dass der Schutz aus dem deut Patent schon dann und allein deshalb versagt, weil sich die konkret angegriffene Ausführungsform auch mit dem europ Patent erfassen lässt. Art II § 8 will einen **für den Patentinhaber gleichwertigen (und damit überflüssigen) Doppelschutz beseitigen**. Für seine Anwendung ist deswegen überall dort kein Raum, wo das deut Patent dem Inhaber potenziell Vorteile bei der Rechtsdurchsetzung bietet, die ihm das europ Patent nicht gewährt. Solches ist der Fall, wenn das europ Patent **zusätzliche Merkmale** aufweist[296] oder wenn die angegriffene Ausführungsform im Wortsinn des deut Patents, aber nur im Äquivalenzbereich des europ Patents liegt.[297] Ein etwaiger *Überschuss des deut Patents* gegenüber dem europ Patent wird von Art II § 8 nicht erfasst, er bleibt also grundsätzlich wie im Nichtigkeitsverfahren bei beantragter Teilvernichtung als Schutzrecht bestehen. Ist das deut **Restpatent** als solches gegenüber dem Stand der Technik, zu dem das europ Patent nicht gehört, nicht patentfähig, kann es gemäß § 22 für nichtig erklärt werden.[298]

2 Zeitpunkt

Verlustwirkung des deut Patents tritt nach Art II § 8 (1) IntPatÜG ein: 124

2.1

mit fruchtlosem Ablauf der Einspruchsfrist gemäß Art 99 EPÜ, also neun Monate nach 125 der Bekanntmachung des Hinweises auf die Erteilung des europ Patents, oder

---

294 BPatGE 30, 126 = BlPMZ **89,** 278 = ABl **91,** 499.
295 LG Düsseldorf GRUR **93,** 812 *Signalübertragungsvorrichtung.*
296 LG Düsseldorf InstGE **3,** 8 Rn 17 *Cholesterin-Test.*
297 Vgl zu Einzelheiten Kühnen in FS f König 2003, 309.
298 LG Düsseldorf GRUR **93,** 812.

2.2

126 mit Eintritt der Rechtskraft des Beschlusses über die Aufrechterhaltung des europ Patents, also zwei Monate nach Zustellung des Aufrechterhaltungsbeschlusses, wenn keine Beschwerde eingelegt wird, sonst mit der Verkündung oder der Zustellung der Beschwerdeentscheidung; oder

2.3

127 mit der Erteilung des deut Patents, wenn dieser Zeitpunkt später als zu 2.1 und 2.2 liegt.

Vor den Zeitpunkten zu 2.1, 2.3 ist ein Doppelschutz möglich (vgl Art 80 (4) GPÜ).

3 Rechtsfolge:

128 Mit dem Eintritt des Verlustes der Wirkung des deutschen Patents nach Art II § 8 IntPatÜG können für die Zukunft keine Rechte aus diesem Patent geltend gemacht werden. In der Vergangenheit **bereits entstandene Schadensersatzansprüche** bleiben davon unberührt.[299]

4 Verfahren:

129 Der Verlust der Wirkung des deutschen Patents tritt nach Art II § 8 (1) kraft Gesetzes ein. Darauf kann sich der Beklagte im **Verletzungsprozess** berufen.[300] Art II § 8 (3) IntPatÜG, nach dem die nach Art II § 8 (1) eingetretene Rechtsfolge auf Antrag durch das BPatG festgestellt werden konnte, ist durch Art 6 Nr 5 des 2. GPatG aufgehoben worden. Beweislast: Anspruchsgegner.[301]

130 Rechtsschutzbedürfnis für eine deutsche Patentanmeldung entfällt nicht mit der vorherigen Erteilung eines europ Patents, da Art II § 8 IntPatÜG nur einen **Doppelschutz, nicht** aber eine **Doppelpatentierung** verbietet.[302] Das Bestehen eines parallelen europ Patents steht somit der Durchführung eines deutschen Erteilungsverfahrens nicht entgegen[303] und ist daher kein Zurückweisungsgrund für die deutsche Anmeldung derselben Erfindung.[304]

Nichtigkeitsklage gegen ein deutsches Patent, das seine Wirkung nach Art II § 8 (1) IntPatÜG möglicherweise verloren hat, ist zulässig, auch wenn der Kläger aus dem Patent nicht in Anspruch genommen wird.[305]

---

299 LG Düsseldorf GRUR Int **89**, 695.
300 LG Düsseldorf GRUR **93**, 812.
301 LG Mannheim Urt v 26.02.2016 – 7 O 38/14.
302 BPatGE **29**, 214 = BlPMZ **88**, 259.
303 BPatGE **29**, 214 = BlPMZ **88**, 259.
304 *BPatGE 28, 113* = BlPMZ **86**, 343 = ABl **88**, 99.
305 BPatGE **44**, 133 = GRUR **02**, 53.

§ 9a Wirkung biologischer Patente
(rights conferred by biological patents)

(1) Betrifft das Patent biologisches Material, das auf Grund einer Erfindung mit bestimmten Eigenschaften ausgestattet ist, so erstrecken sich die Wirkungen von § 9 auf jedes biologische Material, das aus diesem biologischen Material durch generative oder vegetative Vermehrung in gleicher oder abweichender Form gewonnen wird und mit denselben Eigenschaften ausgestattet ist.

(2) Betrifft das Patent ein Verfahren, das es ermöglicht, biologisches Material zu gewinnen, das auf Grund einer Erfindung mit bestimmten Eigenschaften ausgestattet ist, so erstrecken sich die Wirkungen von § 9 auf das mit diesem Verfahren unmittelbar gewonnene biologische Material und jedes andere mit denselben Eigenschaften ausgestattete biologische Material, das durch generative oder vegetative Vermehrung in gleicher oder abweichender Form aus dem unmittelbar gewonnenen Material gewonnen wird.

(3) [1]Betrifft das Patent ein Erzeugnis, das auf Grund einer Erfindung aus einer genetischen Informationen besteht oder sie enthält, so erstrecken sich die Wirkungen von § 9 auf jedes Material, in das dieses Erzeugnis Eingang findet und in dem die genetische Information enthalten ist und ihre Funktion erfüllt. [2]§ 1a Abs 1 bleibt unberührt.

Rinken

Übersicht

	Geltungsbereich	1
	Europäisches Patentrecht	1
	Literatur	1
	Kommentierung zu § 9a PatG	
1	Normzweck	2
2	Erzeugnisschutz für biologisches Material	3
2.1	(Sach-)Patent betrifft biologisches Material	4
2.2	Bestimmte Eigenschaften	5
2.3	Vermehrung	6
2.4	Abweichende Form	9
2.5	Identität der Eigenschaften	10
3	Biologisches Material als unmittelbares Verfahrenserzeugnis	11
4	Genetische Information	14

Geltungsbereich: § 9a PatG ist durch Art 1 Nr 6 des Gesetzes zur Umsetzung der Richtlinie über den rechtlichen Schutz biotechnologischer Erfindungen v 21.1.2005 in das PatG eingefügt werden. Er gilt für Benutzungshandlungen seit dem 28.2.2005.
Der in § 9a (3) 2 zitierte § 1a entspricht Art 5 der EU-Biotechnologie-Richtlinie 98/44/EG (BioPatRL, vgl dazu oben die Erläuterungen zu § 1 Rdn 149 ff).

Konkordanz: § 9a stimmt mit Art 8 und 9 der EU-Richtlinie wie folgt überein:

PatG:	BioPatRL:	Gegenstand:
§ 9a (1)	Art 8 (1)	Erzeugnisschutz
§ 9a (2)	Art 8 (2)	Unmittelbares Verfahrenserzeugnis
§ 9a (3)	Art 9	Genetische Informationen

§ 9a

Literatur: Moufang Genetische Erfindungen im Gewerblichen Rechtsschutz 1988; Neumeier Sortenschutz und/oder Patentschutz für Pflanzenzüchtungen 1990; van de Graaf Patent Law and Modern Biotechnology, Diss Rotterdam 1997; Haedicke FS Schilling 2007, 237; Ischebeck Die Patentierung von Tieren 2015.
Lit in **GRUR: Ensthaler/Zech** 06, 529; **Würtenberger** 09, 378 und 12, 1016; **Metzger** 16, 549.
Lit in **GRUR Int: Teschemacher** 87, 303 (=IIC 88, 18); **Beier/Ohly** 96, 973.
Lit in **Mitt: Haedicke** 05, 241; **Krauß** 08, 254; **Hüttermann/Storz** 11, 1; **Krauß** 11, 54; **Knapowski** 11, 447.
Lit in **EIPR: Funder** 99, 551.
Lit in **GRUR Prax: Walter** 10, 329.
Lit in **AUR: Erlbacher/von Rintelen** 13, 325.

1 Normzweck

2   Die Wirkung eines Patents für biologisches Material bedarf einer besonderen Regelung, weil **biologisches Material** anders als die sogenannte tote Materie die Fähigkeit besitzt, sich selbst zu vermehren. Würde sich daher der Patentschutz nur auf das vom Erfinder hervorgebrachte oder verwendete Material beschränken und nicht das Vermehrungsgut umfassen, wäre ein Patent für biologisches Material bedeutungslos. Damit der Erfinder den ihm gebührenden Lohn für die Offenbarung seiner biotechnologischen Erfindung erhält, erstreckt daher § 9a und Art 8 der Biotechnologierichtlinie 98/44/EG (abgedruckt im Anhang 6) den Schutz des Patents auf die **Folgegenerationen**, solange diese die erfindungsgemäßen Eigenschaften aufweisen. Damit wird der Erfinder von biologischem Material einem Erfinder eines unbelebten Gegenstands gleich gestellt, weil er wie dieser jede Benutzung des patentierten Erzeugnisses verbieten kann.

2 Erzeugnisschutz für biologisches Material   *(protection conferred by a patent an a biological material)*

3   Dem Sinn des Gesetzes entsprechend (siehe oben Rdn 2) erstreckt § 9a (1) die Wirkungen des Patents gemäß § 9 – vertikal – auf die **Folgegenerationen** unter folgenden **Voraussetzungen:**

2.1 (Sach-)Patent betrifft biologisches Material:

4   Dieses muss gemäß der Legaldefinition in § 2a (3) Nr 1[1] eine **genetische Information** enthalten und sich selbst reproduzieren oder in einem biologischen System reproduziert werden können.

2.2 Bestimmte Eigenschaften   *(specific characteristics)*

5   weist das patentierte biologische Material auf, die auf die Erfindung zurückgehen. Dass die betreffenden Eigenschaften **ursprünglich offenbart** und der **Grund für die Patenterteilung** gewesen sind, ist **nicht erforderlich**.[2]

2.3 Vermehrung   *(propagation or multiplication)*

6   ist biologisch ein Unterfall der **Fortpflanzung (Reproduktion)**, die fast stets, aber nicht immer zu einer Vermehrung der Zahl der Individuen gegenüber den Ausgangsin-

---

1   OLG Düsseldorf Urt v 18.07.2013 – I-2 U 98/11.
2   Benkard/Scharen § 9a Rn 2; Busse/Keukenschrijver § 9a Rn 4; aA Voraufl. bis 9. A.

dividuen führt. § 9a ist aber auch dann anwendbar, wenn es nur zur **Erzeugung eines einzelnen Individuums** kommt, eine eigentliche Vermehrung also nicht stattfindet.³ Der englische Text von Art 8 (1) der Biotechnologierichtlinie verwendet daher zutreffend die Begriffe »*propagation*« (= Fortpflanzung) und »*multiplication*« (= Vermehrung). Vom Patentschutz kann auch eine Pflanzensorte umfasst sein, die selbst nicht patentierbar wäre.⁴

Generative Vermehrung ist die sexuelle oder geschlechtliche Fortpflanzung (Gamogonie), die im Hervorbringen erbverschiedener Individuen besteht und damit die genetische Vielfalt erhöht.

7

Vegetative Vermehrung ist die asexuelle oder ungeschlechtliche Fortpflanzung (Monogonie), für die charakteristisch ist, dass die Fortpflanzungskörper mitotisch von einem Mutterorganismus abgegliedert werden und in ihren genetischen Anlagen diesem entsprechen. Sie ist also nicht mit der Neu- oder Rekombination von Erbanlagen verknüpft. Die vegetative Vermehrung ist hauptsächlich bei Pflanzen verbreitet, bei höheren Tieren kommt sie nicht vor.

8

2.4 Abweichende Form *(divergent form)*

Das Vermehrungsergebnis muss mit dem biologischen Material **nicht vollkommen identisch** sein, weil auf Grund der biologischen Variabilität die durch Vermehrung gewonnene Form von der patentierten Form unterschiedlich sein kann. **Abweichungen** in der Form sind solange unbeachtlich, solange die abweichende Form mit denselben Eigenschaften ausgestattet ist, die das patentierte biologische Material auszeichnen.

9

2.5 Identität der Eigenschaften *(possessing the same characteristics)*

von patentiertem und durch Vermehrung gewonnenem biologischen Material. Diese Voraussetzung ist erfüllt, wenn das Vermehrungsgut die Eigenschaften erreicht, die Grund für die Patenterteilung waren. Da eine Vermehrung biologischen Materials immer gewissen Schwankungen unterliegt, weil es sich um Prozesse der belebten Natur handelt, ist eine Identität der Eigenschaften auch dann zu bejahen, wenn die Eigenschaften des patentierten biologischen Materials nicht exakt erreicht werden, sofern nur das Vermehrungsgut die **patentierten Eigenschaften im Wesentlichen** aufweist. Dann ist es unbeachtlich,

10

a) dass die Eigenschaften des Vermehrungsguts nicht voll identisch sind mit den Eigenschaften des patentierten Materials,
b) dass das Vermehrungsgut neben den patentierten Eigenschaften zusätzliche Eigenschaften aufweist, die aber die patentierten Eigenschaften in ihrer Wirkung unberührt lassen.⁵

Der **Schutz endet**, wenn Material entsteht, welches durch die Information vermittelte Eigenschaften nicht mehr hat.⁶

---

3 Benkard/Scharen § 9a Rn 3.
4 EuGH GRUR 01, 1043 *Biotechnologie-Richtlinie*.
5 Busse/Keukenschrijver § 9a Rn 6.
6 Mes § 9 Rn 5.

3 Biologisches Material als unmittelbares Verfahrenserzeugnis *(biologic material directly obtained through a process)*

11 § 9a (2) enthält für biotechnologische Patente eine Konkretisierung der allgemeinen Bestimmungen des **§ 9 S 2 Nr 3 PatG**, des Art 64 (2) EPÜ und des Art 28 (1) b TRIPS für den patentrechtlichen Schutz unmittelbarer Verfahrenserzeugnisse für Verfahren, mit denen biologisches Material gewonnen werden kann.

12 Der Patentschutz erstreckt sich nicht nur auf das mit dem Verfahren **unmittelbar hergestellte Erzeugnis**, sondern auch auf das biologische Material, das aus dem unmittelbar hergestellten Material durch Vermehrung gewonnen wird. Voraussetzung ist, dass das Vermehrungsmaterial **dieselben Eigenschaften** wie das mit dem Verfahren unmittelbar erhaltene Material aufweist. Zu den Voraussetzungen biologisches Material, bestimmte Eigenschaften und Identität der Eigenschaften siehe oben Rdn 4 ff.

13 **Pflanzensorten und Tierrassen** *(plant and animal varieties)* können als unmittelbares Verfahrenserzeugnis gemäß § 9a (2) nicht geschützt werden,[7] weil dem der Patentierungsausschluss gemäß § 2a (1) 1 und Art 53 lit b 1. HS EPÜ entgegensteht.[8] Die Auslegung des EuGH von Art 8 f. der RL 98/44/EG geht indes dahin, dass die Anwendung von § 9a (1) und (2) durch das Verbot der Patentierung von Pflanzensorten und Tierrassen nicht eingeschränkt wird.[9] Ist eine Sorte oder Rasse unmittelbares Erzeugnis eines Verfahrens, so umfasst der Patentschutz diese Sorte oder Rasse nicht, es sei denn, es handelt sich um ein mikrobiologisches Verfahren, für das der Patentierungsausschluss des § 2a (1) 1 gemäß § 2a (2) 2 nicht gilt (siehe § 2a Rdn 47).

4 Genetische Information *(genetic information)*

14 Ist Gegenstand einer Erfindung ein Erzeugnis mit einer **genetischen Information**, so erstreckt § 9a (3) den Patentschutz- horizontal – auf jedes Material, das über diese Information verfügt, **a)** wenn das Erzeugnis mit einer genetischen Information Bestandteil des angegriffenen Materials ist, **b)** wenn das angegriffene Material die genetische Information enthält und **c)** wenn die genetische Information in dem angegriffenen Material auch ihre Funktion erfüllt.

Bsp: Gentechnisch hervorgerufene Resistenz gelangt durch Kreuzung in eine andere Pflanzensorte.

Mit der horizontalen Schutzerstreckung darf der Patentierungsausschluss nach § 1a (1) nicht umgangen werden. Über § 9a (3) daher keine Schutzrechte in Bezug auf den menschlichen Körper, die Keimzellen usw.

15 Indem Art 9 BioPatRL eine **abschließende Harmonisierung** enthält, steht er nationalen Regelungen, die einen absoluten Schutz patentierter Erzeugnisse als solcher vorsehen, ohne dass die Gensequenz ihre Funktion erfüllt, entgegen; diese genießen deshalb keinen Schutz.[10]

---

7 Vgl. BT-Drucks. 15/1709 S 14, amtl Begründung BlPMZ 05, 95.
8 Benkard/Scharen § 9a Rn 5; a.A. Busse/Keukenschrijver § 9a Rn 9 m.w.N. z. Streitstand.
9 *EuGH GRUR 01*, 1043 *Biotechnologie-Richtlinie*.
10 EuGH GRUR 10, 989 *Monsanto/Cefetra*.

§ 9b Erschöpfungsregelung für Vermehrungsmaterial (*exhaustion of patent protection concerning biological material obtained by multiplication*)

¹Bringt der Patentinhaber oder mit seiner Zustimmung ein Dritter biologisches Material, das auf Grund der Erfindung mit bestimmten Eigenschaften ausgestattet ist, im Hoheitsgebiet eines Mitgliedstaates der Europäischen Union oder in einem Vertragsstaat des Abkommens über den Europäischen Wirtschaftsraum in Verkehr und wird aus diesem biologischen Material durch generative oder vegetative Vermehrung weiteres biologisches Material gewonnen, so treten die Wirkungen von § 9 nicht ein, wenn die Vermehrung des biologischen Materials der Zweck war, zu dem es in den Verkehr gebracht wurde. ²Dies gilt nicht, wenn das auf diese Weise gewonnene Material anschließend für weitere generative oder vegetative Vermehrung verwendet wird.

Rinken

Übersicht

	Geltungsbereich	1
	Europäisches Patentrecht	1
	Literatur	1
	Kommentierung zu § 9b PatG	
1	Normzweck	2
2	Voraussetzungen des Patentschutzes gemäß § 9b	3
2.1	Biologisches Material	3
2.2	Bestimmte Eigenschaften	4
2.3	Inverkehrbringen	5
2.4	Gewinnung weiteren Materials	6
2.5	Zweck des Inverkehrbringens	7
3	Weitere Vermehrung	8

Geltungsbereich: § 9b PatG ist durch Art 1 Nr 6 des Gesetzes zur Umsetzung der Richtlinie über den rechtlichen Schutz biotechnologischer Erfindungen v 21.1.2005 in das PatG eingefügt worden. § 9b ist seit dem 28.2.2005 in Kraft.
Konkordanz: § 9b stimmt inhaltlich mit Art 10 der Biotechnologierichtlinie (abgedruckt im Anhang 6) überein.

Lit: Haedicke FS Schilling 07, 237; **Lit in GRUR:** Papier 95, 241; Metzger 16, 549; **Lit in Mitt:** Haedicke 05, 241; **Lit in AgrarR:** Spranger 99, 240; **Lit in IDEA:** Chambers 95, 289.

1 Normzweck

Ein Patent verleiht seinem Inhaber nicht das Recht, für alle Zukunft den Verkehr mit dem patentierten Gegenstand beeinflussen zu können. Vielmehr erschöpft sich das Schutzrecht mit dem Inverkehrbringen (vgl dazu näher § 9 Rdn 14 ff). Das gilt grundsätzlich auch für Patente, die biologisches Material zum Gegenstand haben. Eine **Sonderregelung für die Erschöpfung** biotechnologischer Patente ist aber erforderlich, weil der Fähigkeit biologischen Materials, vermehrt werden zu können, Rechnung getragen werden muss.

2 Voraussetzungen des Patentschutzes gemäß § 9b

2.1 Biologisches Material

3   iSd **Legaldefinition** des § 2a (3) Nr 1 PatG muss Gegenstand des Patents sein.

2.2 Bestimmte Eigenschaften

4   muss das biologische Material aufweisen, die durch die patentierte Erfindung unter Schutz gestellt sind.

2.3 Inverkehrbringen

5   des Vermehrungsmaterials durch den **Patentinhaber oder mit seiner Zustimmung durch einen Dritten** (vgl dazu § 9 Rdn 20) in der EU oder im EWR.

2.4 Gewinnung weiteren Materials

6   aus dem in Verkehr gebrachten Vermehrungsmaterial.

2.5 Zweck des Inverkehrbringens

7   Nur wenn das in Verkehr gebrachte biologische Material nicht dazu bestimmt war, vermehrt zu werden, kann der Patentinhaber eine gleichwohl vorgenommene Vermehrung untersagen. Ob das gelieferte Material zur Vermehrung vorgesehen war, bestimmt sich entweder nach den zwischen den Parteien getroffenen **Vereinbarungen** oder – wenn solche fehlen – **objektiv** aus den **Umständen**, unter denen das biologische Material in Verkehr gebracht worden ist. Handelt es sich um biologisches Material, das üblicherweise zum Zwecke der Vermehrung im Handel ist (zB Saatgut), muss der Patentinhaber **dartun und beweisen**, dass die Vermehrung nicht der Zweck war, zu dem es in den Verkehr gebracht wurde. Die Widmung zu Vermehrungszwecken muss grundsätzlich im **Zeitpunkt des Inverkehrbringens** gegeben sein; spätere Zweckbestimmung (**Umwidmung**) genügt allerdings, sofern sie vom Berechtigten vor der Vermehrung getroffen wird. Eine Umwidmung zu anderen als Vermehrungszwecken, die nach dem Inverkehrbringen erfolgt, beseitigt die Erschöpfungswirkung nicht.

3 Weitere Vermehrung

8   Ist biologisches Material zum Zwecke der Vermehrung erworben und dementsprechend vermehrt worden, so darf nach § 9b S 2 das durch die Vermehrung gewonnene biologische Material nicht erneut für eine weitere Vermehrung (oder zum Verkauf) benutzt werden. Will daher zB ein Erwerber von Saatgut, das er mit Erfolg verwendet hat, dieses für eine zweite Wachstumsperiode erneut verwenden, so kann er als Saatgut nicht sein Erntegut aus der erlaubten Vermehrung verwenden, sondern muss das **Ausgangssaatgut** vom Patentinhaber erneut erwerben,[1] es sei denn, es liegt die Ausnahme des **Landwirteprivilegs** gemäß § 9c vor.

---

1   Vgl auch US-Supreme Court GRUR Int **13**, 1034.

§ 9c Landwirteprivileg
(farmer's privilege)

(1) ¹Wird pflanzliches Vermehrungsmaterial durch den Patentinhaber oder mit dessen Zustimmung durch einen Dritten an einen Landwirt zum Zweck des landwirtschaftlichen Anbaus in Verkehr gebracht, so darf dieser entgegen den §§ 9, 9a und 9b Satz 2 sein Erntegut für die generative oder vegetative Vermehrung durch ihn selbst im eigenen Betrieb verwenden. ²Für Bedingungen und Ausmaß dieser Befugnis gelten Artikel 14 der Verordnung (EG) Nr 2100/94 in seiner jeweils geltenden Fassung sowie die auf dessen Grundlage erlassenen Durchführungsbestimmungen entsprechend. ³Soweit sich daraus Ansprüche des Patentinhabers ergeben, sind diese entsprechend den aufgrund Art 14 Abs 3 der Verordnung (EG) Nr 2100/94 erlassenen Durchführungsbestimmungen geltend zu machen.

(2) ¹Werden landwirtschaftliche Nutztiere oder tierisches Vermehrungsmaterial durch den Patentinhaber oder mit dessen Zustimmung durch einen Dritten an einen Landwirt in Verkehr gebracht, so darf der Landwirt die landwirtschaftlichen Nutztiere oder das tierische Vermehrungsmaterial entgegen den §§ 9, 9a und 9b Satz 2 zu landwirtschaftlichen Zwecken verwenden. ²Diese Befugnis erstreckt sich auch auf die Überlassung der landwirtschaftlichen Nutztiere oder anderen tierischen Vermehrungsmaterials zur Fortführung seiner landwirtschaftlichen Tätigkeit, jedoch nicht auf den Verkauf mit dem Ziel oder im Rahmen einer Vermehrung zu Erwerbszwecken.

(3) ¹§ 9a Abs 1 bis 3 gilt nicht für biologisches Material, das im Bereich der Landwirtschaft zufällig oder technisch nicht vermeidbar gewonnen wurde. ²Daher kann ein Landwirt im Regelfall nicht in Anspruch genommen werden, wenn er nicht diesem Patentschutz unterliegendes Saat- oder Pflanzgut angebaut hat.

Rinken

Übersicht

	Geltungsbereich	1
	Konkordanz	2
	Europäisches Patentrecht	3
	Art 14 EG-SortenschV	4
	Literatur	5
	Kommentierung zu § 9c PatG	
1	Sinn des Gesetzes	6
2	Voraussetzungen des § 9c (1)	7
2.1	Pflanzliches Vermehrungsmaterial	7
2.2	Inverkehrbringen	9
2.2.1	Landwirt	10
2.2.2	Landwirtschaftlicher Anbau	11
2.2.3	Eigene Vermehrung	12
2.2.3.1	Vermehrung eigenen Ernteguts	13
2.2.3.2	Eigene Vermehrung	14
2.2.3.3	Verwendung im eigenen Betrieb	16
2.3	**Bedingungen und Ausmaß des Landwirteprivilegs**	17
2.3.1	Privilegierte Pflanzenarten	18
2.3.2	Entschädigung	19
2.3.3	Kooperationsabkommen	20

2.3.4	Kleinlandwirte	21
2.3.5	Auskunft über Nachbau	22
2.4	Geltendmachung der Ansprüche	23
2.5	Verstoß gegen die Entschädigungs- und Auskunftspflicht	24
3	Voraussetzungen des § 9c (2)	25
3.1	Landwirtschaftliche Nutztiere oder tierisches Vermehrungsmaterial	25
3.2	Inverkehrbringen von Tieren	28
3.3	Rechte des Landwirts	29
4	§ 9c (3)	30
4.1	Landwirtschaft	31
4.2	Zufallsvermehrung	32
4.3	Beweislast	35

1 Geltungsbereich: § 9c PatG ist durch Art 1 Nr 6 des Gesetzes zur Umsetzung der Richtlinie über den rechtlichen Schutz biotechnologischer Erfindungen v 21.6.2005 in das PatG eingefügt worden.

2 Konkordanz: § 9c (1) u (2) PatG stimmt inhaltlich mit Art 11 der BioPatRL 98/44/EG (abgedruckt im Anhang 6) überein.

3 Europäisches Recht: Verordnung (EG) 2100/94 des Rates über den gemeinschaftlichen Sortenschutz vom 27.7.94 (EG-SortenschV)[1] schafft ein einheitliches, gemeinschaftsweites Schutzrecht, lässt aber die nationalen Regelungen unberührt.

4 Art 14 EG-SortenschV: Abweichung vom gemeinschaftlichen Sortenschutz, auf den § 9c (1) 2 PatG verweist, lautet:
(1) Unbeschadet des Artikels 13 Abs 2 können Landwirte zur Sicherung der landwirtschaftlichen Erzeugung zu Vermehrungszwecken im Feldanbau in ihrem eigenen Betrieb das Ernteerzeugnis verwenden, das sie in ihrem eigenen Betrieb durch Anbau von Vermehrungsgut einer unter den gemeinschaftlichen Sortenschutz fallenden Sorte gewonnen haben, wobei es sich nicht um eine Hybride oder eine synthetische Sorte handeln darf.
(2) Abs 1 gilt nur für folgende landwirtschaftliche Pflanzenarten:
a) Futterpflanzen:
Cicer arietinum L. – Kichererbse
Lupinus luteus L. – Gelbe Lupine
Medicago sativa L. – Blaue Luzere
Pisum sativum L. (partim) – Futtererbse
Trifolium alexandrinum L. – Alexandriner Klee
Trifolium resupinatum L. – Persischer Klee
Vicia faba – Ackerbohne
Vicia sativa L. – Saatwicke
und, im Fall Portugals, für Lolium multiflorum Lam – Einjähriges und Welsches Weidelgras;
b) Getreide:
Avena sativa – Hafer
Hordeum vulgare L. – Gerste
Oryza sativa L. – Reis
Phalaris canariensis L. – Kanariengras
Secale cereale L. – Roggen
X Triticosecale Wittm. – Triticale
Triticum aestivum L. emend.
Fiori et Paol. – Weizen
Triticum durum Desf. – Hartweizen
Triticum spelta L. – Spelz;

---

1 ABl L 227 v 1.9.94 = BlPMZ 95, 553 = Tabu Gewerbl. Rechtsschutz Nr 696j, geändert durch Verordnung (EG) Nr 2506/95 vom 25.10.95 ABl L 258 v 28.10.95 = BlPMZ 95, 436.

c) Kartoffeln:
Solanum tuberosum – Kartoffel;
d) Öl- und Faserpflanzen:
Brassica napus L. (partim) – Raps
Brassica rapa L. (parti) – Rübsen
Linum usitatissimum – Leinsamen mit Ausnahme von Flachs.

(3) Die Bedingungen für die Wirksamkeit der Ausnahmenregelung gemäß Abs 1 sowie für die Wahrung der legitimen Interessen des Pflanzenzüchters und des Landwirts werden vor dem Inkrafttreten dieser Verordnung in einer Durchführungsordnung gemäß Art 14 nach Maßgabe folgender Kriterien festgelegt:

- Es gibt keine quantitativen Beschränkungen auf der Ebene des Betriebs des Landwirts, soweit es für die Bedürfnisse des Betriebs erforderlich ist;
- das Ernteerzeugnis kann von dem Landwirt selbst oder mittels für ihn erbrachter Dienstleistungen für die Aussaat vorbereitet werden, und zwar unbeschadet einschränkender Bestimmungen, die die Mitgliedstaaten in bezug auf die Art und Weise, in der dieses Ernteerzeugnis für die Aussaat vorbereitet wird, festlegen können, insbesondere um sicherzustellen, dass das zur Vorbereitung übergebene Erzeugnisse mit dem aus der Vorbereitung hervorgegangenen Erzeugnis identisch ist;
- Kleinlandwirte sind nicht zu Entschädigungszahlungen an den Inhaber des Sortenschutzes verpflichtet. Als Kleinlandwirte gelten
- im Fall von in Abs 2 genannten Pflanzenarten, für die die Verordnung (EWG) Nr 1765/92 des Rates vom 30. Juni 1992[2] zur Einführung einer Stützungsregelung für Erzeuger bestimmter landwirtschaftlicher Kulturpflanzen gilt, diejenigen Landwirte, die Pflanzen nicht auf einer Fläche anbauen, die größer ist als die Fläche, die für die Produktion von 92 Tonnen Getreide benötigt würde; zur Berechnung der Fläche gilt Art 8 Abs 2 der vorstehend genannten Verordnung,
- im Fall anderer als der in Abs 2 genannten Pflanzenarten diejenigen Landwirte, die vergleichbaren angemessenen Kriterien entsprechen;
- andere Landwirte sind verpflichtet, dem Inhaber des Sortenschutzes eine angemessene Entschädigung zu zahlen, die deutlich niedriger sein muss als der Betrag, der im selben Gebiet für die Erzeugung von Vermehrungsmaterial derselben Sorte in Lizenz verlangt wird; die tatsächliche Höhe dieser angemessenen Entschädigung kann im Laufe der Zeit Veränderungen unterliegen, wobei berücksichtigt wird, inwieweit von der Ausnahmeregelung gemäß Abs 1 in bezug auf die betreffende Sorte Gebrauch gemacht wird;
- verantwortlich für die Überwachung der Einhaltung der Bestimmungen dieses Artikels oder der aufgrund dieses Artikels erlassenen Bestimmungen sind ausschließlich die Inhaber des Sortenschutzes; bei dieser Überwachung dürfen sie sich nicht von amtlichen Stellen unterstützen lassen;
- die Landwirte sowie die Erbringer vorbereitender Dienstleistungen übermitteln den Inhabern des Sortenschutzes auf Antrag relevante Informationen; auch die an der Überwachung der landwirtschaftlichen Erzeugung beteiligten amtlichen Stellen können relevante Informationen übermitteln, sofern diese Informationen im Rahmen der normalen Tätigkeit dieser Stellen gesammelt wurden und dies nicht mit Mehrarbeit oder zusätzlichen Kosten verbunden ist. Die gemeinschaftlichen und einzelstaatlichen Bestimmungen über den Schutz von Personen bei der Verarbeitung und beim freien Verkehr personenbezogener Daten werden hinsichtlich der personenbezogenen Daten von diesen Bestimmungen nicht berührt.

Durchführungsbestimmungen enthält die Verordnung (EG) Nr 1768/95 der Kommission über die Ausnahmeregelung gemäß Artikel 14 Abs 3 der SortenschV (NachbauV).

Lit: Haedicke FS Schilling 07, 237; **Lit in GRUR:** Papier 95, 241; **Metzger 16, 549; Lit in GRURInt:** Seitz/Kock 12, 711; **Lit in Mitt:** Haedicke 05, 241; Knapowski 11, 447; **Lit in AgrarR:** Spranger 99, 240.

---

[2] Siehe jetzt Verordnung (EG) Nr 1251/1999 zur Einführung für Erzeuger bestimmter landwirtschaftlicher Kulturpflanzen.

1 Sinn des Gesetzes:

6 § 9c enthält ähnlich wie § 10a Sortenschutzgesetz (Bl **86**, 129 u **97**, 330 = Tabu Gewerbl. Rechtsschutz Nr 405) und Art 14 der SortenschV Nr 2100/94 (Bl **95**, 353 u 436 = Tabu Gewerbl. Rechtsschutz Nr 696j) zugunsten der Landwirte eine Sonderregelung, die es ihnen erlaubt, auch Erntegut von patentiertem, pflanzlichem oder tierischem Vermehrungsmaterial, das sie zum Zweck des landwirtschaftlichen Anbaus erworben hatten, für die Verwendung im eigenen Betrieb weiter zu vermehren (sog Nachbau), wenn sie an den Patentinhaber eine angemessene Entschädigung zahlen, die deutlich niedriger als eine normale Lizenz ist. Das Landwirteprivileg stellt also eine Durchbrechung des Grundsatzes, dass die Verwendung von sortenschutzrechtlich geschütztem Material zu Vermehrungszwecken der Zustimmung des Sortenschutzinhabers bedarf, dar.[3]

2 Voraussetzungen des § 9c (1)

2.1 Pflanzliches Vermehrungsmaterial

7 sind nach der Begriffsbestimmung des § 2 Nr 2 SortenschG Pflanzen und Pflanzenteile einschließlich Samen, die für die Erzeugung von Pflanzen oder sonst zum Anbau bestimmt sind. Nach Art 5 (3) der Verordnung (EG) Nr 2100/94 über den gemeinschaftlichen Sortenschutz bestehen Pflanzengruppen als ganzen Pflanzen oder Teilen von Pflanzen, soweit diese Teile wieder ganze Pflanzen erzeugen können (Sortenbestandteile). Dazu gehören außer Samen auch Stecklinge, Jungpflanzen sowie aus Gewebekulturen gewonnene Pflanzen.

8 Bestimmung als Vermehrungsmaterial iSd § 2 Nr 2 SortenschG kann beruhen auf
 a) naturgegebener ausschließlicher Eignung zu Vermehrungszwecken, wie zB bei Gräsern, Klee, Rüben (geborenes Saatgut) oder **b)** Zweckbestimmung durch den Züchter, Vertreiber oder Abnehmer, wie zB bei Kartoffeln, Getreide, Erbsen (gekorenes Saatgut).

2.2 Inverkehrbringen

9 des Vermehrungsmaterials durch den Patentinhaber oder mit seiner Zustimmung durch einen Dritten (vgl dazu § 9 Rdn 20) in der **EU** oder im **EWR** muss erfolgt sein: **a)** an einen Landwirt (s Rdn 10) und **b)** zum Zweck des landwirtschaftlichen Anbaus (s Rdn 11).

10 **2.2.1 Landwirt** ist jede Person, die sich gewerbsmäßig der Erzeugung von Pflanzen im Rahmen landwirtschaftlichen Anbaus (Bauer) oder von Tieren zu landwirtschaftlichen Zwecken (Tierzüchter) widmet. Da § 9c eine Ausnahmebestimmung ist, kann sie nicht erweiternd auf andere Berufsgruppen ausgedehnt werden, auch wenn diese eine Verwandtschaft zum Berufsbild des Landwirts aufweisen. § 9c ist daher nicht anwendbar auf gewerbliche Gartenbaubetreiber.

11 **2.2.2 Landwirtschaftlicher Anbau** muss der Zweck gewesen sein, zu dem der Patentinhaber das Vermehrungsmaterial an den Landwirt geliefert hat. Wurde es zu anderen

---

3 EuGH GRUR 03, 868 *Schulin/Saatgut-Treuhand*; EuGH GRUR **12**, 1013 *Geistbeck*.

Zwecken – zB als Futter – dem Landwirt zur Verfügung gestellt, gilt das Landwirteprivileg des § 9c nicht. Fehlt es an einer ausdrücklichen Zweckbestimmung durch den Patentinhaber oder mit dessen Zustimmung durch einen Dritten – zB den Vertreiber –, so ist der gewollte Zweck den äußeren Umständen des Einzelfalles zu entnehmen. Hat der Patentinhaber bei der Lieferung keine Zweckbestimmung getroffen und hatte er in der Vergangenheit das gleiche Vermehrungsmaterial sowohl zum Anbau als auch zur Verfütterung geliefert, so wird man davon ausgehen können, dass er die Zweckbestimmung dem Landwirt überlassen hat. Umwidmung nach dem Inverkehrbringen und vor der Vermehrung genügt (s § 9b Rdn 7).

2.2.3 Eigene Vermehrung Das Landwirteprivileg gilt nur, wenn der Landwirt sein eigenes Erntegut (s Rdn 13 und Rdn 18) selbst vermehrt (s Rdn 14) und im eigenen Betrieb verwendet (s Rdn 16).[4] 12

2.2.3.1 Vermehrung eigenen Ernteguts Eine Vermehrung des Ernteguts eines anderen Landwirts wird durch § 9c (1) 1 nicht privilegiert, jedoch wird ein gleichwertiger Tausch von Erntegut zweier Landwirte (zB Roggen gegen Weizen) nach dem Sinn des Gesetzes ausreichend sein, sofern jeder der beiden Landwirte das Erntegut des anderen in seinem eigenen Betrieb verwendet.[5] 13

2.2.3.2 Eigene Vermehrung durch den Landwirt selbst ist nach § 9c (1) 1 grundsätzliche Voraussetzung. Eine Vermehrung durch Dritte im Auftrag des Landwirts ist nicht ausreichend. 14

Ist das Erntegut so, wie es gewonnen wurde, zur Vermehrung nicht geeignet, darf der Landwirt es nach § 9c (1) 2 iVm Art 14 (3) 2. Gedankenstrich der SortschV 2100/94 selbst oder durch einen Dritten (Aufbereiter) für die Aussaat vorbereiten lassen, vorausgesetzt, dass die Identität des gewonnenen mit dem aufbereiteten Erntegut gewahrt bleibt. Aufbereiter kann auch ein anderer Landwirt sein, so dass zwei Landwirte miteinander kooperieren können, indem für beide Betriebe der eine Roggen, der andere Weizen aufbereitet. 15

2.2.3.3 Verwendung im eigenen Betrieb Zu ihm gehören alle Anbauflächen, die bei wirtschaftlicher Betrachtung zum landwirtschaftlichen Betrieb zählen, deshalb auch zugepachtete Flächen. Eine entgeltliche oder unentgeltliche Überlassung des eigenen Ernteguts an Dritte ist ausgeschlossen. 16

2.3 Bedingungen und Ausmaß des Landwirteprivilegs

Gemäß § 9c (1) 2 iVm Art 14 SortenschV sowie den Bestimmungen der NachbauV (siehe oben Rdn 4) ist das Landwirteprivileg an folgende Voraussetzungen geknüpft: **a)** es gilt nur für die gesetzlich genannten landwirtschaftlichen Pflanzenarten (s Rdn 18); **b)** es darf sich nach Art 14 (1) EG-SortenschV nicht handeln um **i)** Hybriden, also Produkte einer Kreuzung von Pflanzen mit unterschiedlichen Eigenschaften, gekennzeichnet durch ein Multiplikationskreuz mit Angabe beider Elternarten; **ii)** synthetische Sorten, das sind solche, die aus mehreren genetisch verschiedenen Linien 17

---

4 Vgl EuGH Mitt 03, 311, 312 *Schulin/Saatgut-Treuhand*.
5 A.A. Busse/Keukenschrijver § 9c Rn 13 m.w.N. z. Streitstand.

zusammengesetzt sind, die sich gegenseitig in einem komplexen Bestäubungssystem verkreuzen und infolge dessen in den Nachkommen Effekte der Heterosis nutzen; c) der Landwirt hat an den Patentinhaber eine Entschädigung zu zahlen (s Rdn 19) sowie auf Antrag Auskünfte gemäß Art 8 NachbauV zu erteilen (s Rdn 22).

18 2.3.1 **Privilegierte Pflanzenarten,** auf die allein das Landwirteprivileg anwendbar ist, nennt enumerativ Art 14 (2) SortenschV (siehe oben Rdn 4). Die gleichen Arten, von denen Vermehrungsmaterial nachgebaut werden kann, enthält die Anlage zum SortenschG. Für dort nicht aufgeführte Pflanzenarten gilt die Nachbaubefreiung nicht, vielmehr bedarf es dafür der Zustimmung des Patentinhabers.

19 2.3.2 **Entschädigung** Der Landwirt hat den Patentinhaber für den betriebenen Nachbau zu entschädigen, (Art 14 (3), 4. Spiegelstrich GemSortV iVm Art 5 NachbauV (Nr 1768/95 und Nr 2605/98); § 10a (3) SortG.

Vergütungshöhe kann zwischen den Beteiligten durch Kooperationsabkommen (vgl unten Rdn 20) vertraglich vereinbart werden (Art 5 (1) NachbauV).

Geschieht dies nicht oder ist der betreffende Landwirt einem bestehenden Kooperationsabkommen nicht beigetreten, bedarf es einer gesetzlichen Veranlagung der Nachbauvergütung, bei der die näheren Regelungen in Art 5 (2) S 1 NachbauV, § 10a (3) S 2 SortG zu beachten sind. Sie sehen vor, dass das Entgelt, um »angemessen« zu sein, deutlich niedriger ausfallen muss als eine übliche Lizenzgebühr. Konkretisierende Anleitungen hierzu enthalten die Abs 3 bis 6 der NachbauV, die auch für die Bemessung der Nachbauvergütung für national geschützte Sorten heranzuziehen sind: Existiert eine Vergütungsvereinbarung zwischen einer Vereinigung von Sortenschutzinhabern einerseits und einer Vereinigung von Landwirten andererseits, die der Europäischen Kommission mitgeteilt und im Amtsblatt des Gemeinschaftlichen Sortenamtes veröffentlicht worden ist, so sind die vereinbarten Nachbaubeträge mit allen ihren Parametern als Leitlinien für die gesetzliche Veranlagung heranzuziehen (Abs 4). Für Veranlagungszeiträume vor Inkrafttreten des Art 5 (4) NachbauV liefert eine derartige Vergütungsvereinbarung, auch wenn sie nicht ordnungsgemäß mitgeteilt und veröffentlicht ist, immer noch Anhaltspunkte für die Bemessung der im Einzelfall gerechten Nachbauentschädigung.[6] Fehlt eine Vereinbarung iSv Art 5 (4) NachbauV, beträgt die Nachbauvergütung 50 % der freien Z-Lizenz (Art 5 (5) NachbauV). Der genannte Wert stellt weder eine Ober- noch eine Untergrenze dar, weswegen durch eine Vereinbarung nach Abs 1 bzw Abs 4 sowohl ein höherer wie auch ein niedrigerer Satz vereinbart werden kann.[7] **Bsp:** Als angemessene Vergütung hat BGH[8] für das Wirtschaftsjahr 1998/99 einen Betrag bis zu 50 % der Z-Lizenzgebühr angesehen; für das Wirtschaftsjahr 1999/2000 einen Betrag, der dem Kooperationsabkommen 1996 entspricht.[9]

20 2.3.3 **Kooperationsabkommen** zwischen Deutschem Bauernverband eV und dem Bundesverband deutscher Pflanzenzüchter eV vom 3.6.96, das 95 % aller Landwirte

---

6 EuGH, GRUR 06, 750 *Saatgut/Deppe*.
7 EuGH, GRUR 06, 750 *Saatgut/Deppe*.
8 GRUR 07, 865 *Nachbauentschädigung II* (betr Gemeinschaftssorte); 07, 868 *Nachbauentschädigung IV* (betr nationale Sorte).
9 GRUR 07, 867 *Nachbauentschädigung III* (betr Gemeinschaftssorte).

anwendeten, regelte die Nachbaugebühren für Getreide, Leguminosen und Kartoffeln ab Aussaat zur Ernte 2001. Später galt die Mitte November 2002 abgeschlossene neue freiwillige Rahmenregelung »Saat- und Pflanzengut«, welche allerdings zum 30.6.2008 ersatzlos gekündigt wurde.

2.3.4 Kleinlandwirte sind nach Art 14 (3) 3. Gedankenstrich SortenschV von einer Entschädigungszahlung befreit. Als solche gelten »die Landwirte, die Pflanzen nicht auf einer Fläche anbauen, die größer ist als die Fläche, die für die Produktion von 92 Tonnen Getreide benötigt würde«.[10] Beweislast für die Eigenschaft als Kleinlandwirt trägt der Landwirt, der sich darauf beruft. 21

2.3.5 Auskunft über Nachbau Der Auskunftsanspruch (Art 14 SortenschutzV iVm Art 8 NachbauV) ist kein Ausforschungsinstrument. Es genügt deshalb nicht der Hinweis, dass der Beklagte einen landwirtschaftlichen Hof unterhält, auf dem er den Anbau von (irgendwelchen) Pflanzen betreibt. Andererseits muss nicht objektiv nachgewiesen sein, dass Nachbau erfolgt ist. Die Auskunftspflicht steht vielmehr unter der Voraussetzung, dass der Sortenschutzinhaber über einen **Anhaltspunkt** dafür verfügt, dass die für ihn geschützte Sorte von dem betreffenden Landwirt nachgebaut worden ist oder nachgebaut werden soll.[11] Die Auskunftspflicht ist nicht sortenbezogen, sondern **schutzrechtsbezogen**: Sie ist demnach nicht auf bestimmte Sorten beschränkt, sondern besteht insoweit, als Anhaltspunkte festgestellt sind, dass der Landwirt aus einem bestimmten zugunsten des Patentinhabers geschützten pflanzlichen Vermehrungsmaterial gewonnenes Erntegut zu Vermehrungszwecken verwendet hat oder verwenden wird.[12] Durch Allgemeine Geschäftsbedingungen (wie dem Kooperationsabkommen zwischen dem Deutschen Bauernverband eV und dem Bundesverband Deutscher Pflanzenzüchter eV) kann eine weitergehende, von Anhaltspunkten für einen Nachbau losgelöste Auskunftspflicht nicht vereinbart werden.[13] In **zeitlicher Hinsicht** setzt die Auskunftspflicht erst für dasjenige Wirtschaftsjahr ein, für welches der Sortenschutzinhaber über die notwendigen Anhaltspunkte für einen Nachbau seiner Sorte verfügt; sie erfasst maximal die drei davor liegenden Wirtschaftsjahre.[14] Wenn und soweit ein Auskunftsverlangen gerechtfertigt ist, hat der Landwirt **Nachweise** zu dem von ihm betriebenen Nachbau vorzulegen (Art 14 Abs 1 SortenschV). »**Anhaltspunkte**« **für einen Nachbau** können sich daraus ergeben, dass der Landwirt für eine zurückliegende Vegetationsperiode selbst die Vermehrung bzw Aussaat einer bestimmten Sorte eingeräumt hat und daraus für eine im zeitlichen Zusammenhang stehende spätere Vegetationsperiode der Schluss gerechtfertigt ist, dass möglicherweise ein wei- 22

---

10 Vgl. zu den regionalen Kleinerzeugerschwellen nach der GAP-Reform; https://www.stv-bonn.de/inhalt/nachbauerklaerung/rechtlicher-rahmen#RechteKleinlandwirt.
11 EuGH GRUR 03, 868 *Schulin/Saatgut-Treuhand*.
12 EuGH GRUR 04, 587; BGH GRUR 06, 47 *Auskunftsanspruch bei Nachbau II*; Benkard/Scharen § 9c Rn 13 mwN z Streitstand; aA Voraufl. bis 9. A.
13 BGH GRUR 06, 47 *Auskunftsanspruch bei Nachbau II*.
14 BGH GRUR 05, 668 *Aufbereiter*; BGH GRUR 06, 407 *Auskunftsanspruch bei Nachbau III*.

terer Nachbau betrieben worden ist.[15] Auch **Kleinlandwirte** sind trotz Art 14 (3) zweiter Gedankenstrich VO (EG) Nr 2100/94 auskunftspflichtig.[16]

Art. 14 Abs 3 SortenschV ist dahin auszulegen, dass die **Auskunftspflicht eines Aufbereiters** bezüglich geschützter Sorten besteht, wenn sich das auf ein bestimmtes Wirtschaftsjahr beziehende Auskunftsersuchen vor dem Ablauf dieses Wirtschaftsjahrs gestellt wurde. Jedoch kann eine Auskunftspflicht auch hinsichtlich der Informationen bestehen, die sich auf die bis zu drei Wirtschaftsjahre beziehen, die dem laufenden Wirtschaftsjahr vorangehen, sofern der Sortenschutzinhaber im ersten der von dem Auskunftsersuchen betroffenen vorangehenden Wirtschaftsjahre erstmals ein Ersuchen zu denselben Sorten an denselben Aufbereiter gerichtet hat.[17] Art. 14 Abs 3 SortenschV ist ferner dahin auszulegen, dass das Auskunftsersuchen des Sortenschutzinhabers an einen Aufbereiter nicht die Nachweise für die darin geltend gemachten Anhaltspunkte enthalten muss. Zudem kann die Tatsache, dass ein Landwirt eine geschützte Sorte im Vertragsanbau nachbaut, für sich allein keinen Anhaltspunkt dafür darstellen, dass ein Aufbereiter das durch Anbau von Vermehrungsgut dieser Sorte gewonnene Ernteerzeugnis zu Nachbauzwecken aufbereitet hat oder aufzubereiten beabsichtigt. Jedoch kann diese Tatsache je nach den sonstigen Umständen des Falls den Schluss zulassen, dass ein solcher Anhaltspunkt vorliegt, was zu prüfen Sache des vorlegenden Gerichts in dem bei ihm anhängigen Rechtsstreit ist.[18]

2.4 Geltendmachung der Ansprüche

23 auf Auskunft und Entschädigung wegen berechtigten Nachbaus hat nach Maßgabe der Durchführungsbestimmungen zu Art 14 (3) SortenschV, also nach der NachbauV 1768/95, zu erfolgen. Sie erlaubt in Art 3 (2) die Anspruchsverfolgung durch die Saatgut-Treuhandverwaltungs-GmbH in **gewillkürter Prozessstandschaft** für ihre unmittelbaren oder mittelbaren Mitglieder.[19] Bestehen gegen den Landwirt Ansprüche sowohl aufgrund von Patent- als auch aufgrund von Sortenschutzrechten, können diese gemeinsam geltend gemacht werden, so dass sich der Landwirt mit nur einem Gegner auseinandersetzen muss.

2.5 Verstoß gegen die Entschädigungs- und Auskunftspflicht

24 lässt das **Landwirteprivileg** nicht eingreifen. Die vorgenommene Vermehrung und Verwendung des patentierten Materials stellt vielmehr eine Patentverletzung dar mit den daraus für den Patentinhaber resultierenden Ansprüchen auf Unterlassung, Rechnungslegung und Schadensersatz.[20] Als **Berechnungsgrundlage** für die Festsetzung der »angemessenen Vergütung« iSv Art 94 (1) EG-SortenSchV, die ein Landwirt, welcher die Auskunfts- und Entschädigungspflicht nicht erfüllt hat, als Schadensersatz schuldet, ist der Betrag der Gebühr heranzuziehen, die in demselben Gebiet für die

---

15 LG München I Urt v 01.07.2010 – 37 O 23 852/09; LG Düsseldorf Urt v 28.02.2012 – 4b O 149/11 *Winterweizen*.
16 Benkard/Scharen § 9c Rn 15; aA Busse/Keukenshrijver § 9c Rn 38.
17 EuGH GRUR 13, 60 *Raiffeisen-Waren-Zentrale Rhein-Main*.
18 EuGH GRUR 13, 60 *Raiffeisen-Waren-Zentrale Rhein-Main*.
19 *EuGH* GRUR 04, 587 *Saatgut/Jäger*; BGH GRUR 04, 763 *Nachbauvergütung*.
20 EuGH GRUR 12, 1013 *Geistbeck*; LG Düsseldorf Urt 8.6.2006 4b O 368/05.

Erzeugung von Vermehrungsmaterial der geschützten Sorten der betreffenden Pflanzenart als Lizenz geschuldet wird.[21]

3 Voraussetzungen des § 9c (2)

3.1 Landwirtschaftliche Nutztiere oder tierisches Vermehrungsmaterial:

Die Ausnahmeregelung für geschütztes **Vieh** des Art 11 (2) der Biotechnologierichtlinie 98/44/EG zugunsten von Landwirten bezieht sich auf Zuchtvieh (breeding stock). § 9c (2) verwendet in zulässiger Weise den etwas weiteren Begriff des landwirtschaftlichen Nutztieres, um die Ausnahmeregelung möglichst auf alle Tiere auszudehnen, die in der Landwirtschaft Verwendung finden, auch wenn sie nicht als Zuchtvieh im engeren Sinne angesehen werden können, wie zB Hunde, Katzen, Arbeitstiere wie zB Zugpferde oder Saumtiere. 25

Keine landwirtschaftlichen Nutztiere sind solche Tiere, die ausschließlich zu anderen Zwecken verwendet werden, wie zB ein Dressurpferd. Hat das Tier eine **Doppelfunktion**, dient es sowohl als landwirtschaftliches Nutztier (zB Zugpferd) als auch zu nichtlandwirtschaftlichen Zwecken (zB Sportpferd), so wird die überwiegende Widmung maßgebend sein. 26

Tierisches Vermehrungsmaterial ist jedes Material, das zur Hervorbringung eines Tieres geeignet ist, wie zB Eier, tierischer Samen, Embryonen, Gewebekulturen etc. 27

3.2 Inverkehrbringen von Tieren:

Überlassung des landwirtschaftlichen Nutztieres oder des tierischen Vermehrungsmaterials muss erfolgt sein: **a)** durch den Patentinhaber oder mit seiner Zustimmung durch einen Dritten; **b)** in der EU oder im EWR; **c)** an einen Landwirt. Anders als bei pflanzlichem Vermehrungsmaterial gibt es für landwirtschaftliche Nutztiere und tierisches Vermehrungsmaterial **keine Privilegierung von Kleinlandwirten**; sie ist entbehrlich, weil von vornherein keine Auskunfts- und Entschädigungsansprüche bestehen; **d)** anders als bei pflanzlichem Vermehrungsmaterial, das zum Zweck des landwirtschaftlichen Anbaus an den Landwirt in Verkehr gebracht worden sein muss, ist nach § 9c (2) eine Zweckbestimmung nicht erforderlich. Es genügt, wenn das Nutztier oder das Vermehrungsmaterial an einen Landwirt in Verkehr gebracht worden ist. 28

3.3 Rechte des Landwirts:

Ist ein landwirtschaftliches Nutztier oder tierisches Vermehrungsmaterial rechtmäßig in Verkehr gebracht worden, so darf es der Landwirt zu landwirtschaftlichen Zwecken verwenden, wie zB die Kuh zur Milchproduktion. Er darf die Kuh auch **vermehren**, aber nach § 9c (2) 2 nur zur Fortführung seiner landwirtschaftlichen Tätigkeit, das heißt, er darf erzeugte Kälber zur Aufrechterhaltung oder Erweiterung seines eigenen Kuhstalles verwenden. Nach § 9c (2) ist der Landwirt nicht berechtigt, das patentierte, in Verkehr gebrachte und von ihm vermehrte Zuchtvieh zu verkaufen, wenn das mit dem Ziel oder im Rahmen einer gewerblichen Viehzucht erfolgt. Eine Veräußerung ist dagegen statthaft, wenn diese zur normalen Fortführung der Landwirtschaft gehört. 29

---

21 EuGH GRUR **12**, 1013 *Geistbeck*.

Der Landwirt darf zB durch Vermehrung gewonnene Kälber als Schlachtvieh veräußern, wenn er diese zur Erhaltung seines Bestandes nicht benötigt. Er darf sie aber nicht wie ein gewerblicher Züchter an Dritte veräußern. Dieses Recht ist dem Patentinhaber vorbehalten.

4 § 9c (3)[22]

30 § 9c (3) enthält neben § 9b und § 9c einen weiteren **Ausnahmetatbestand**, bei dessen Vorliegen die Wirkungen des § 9a nicht eintreten. Ausgenommen vom Patentschutz ist biologisches Material iSv § 2a (3) Nr 1, wenn es im Bereich der Landwirtschaft zufällig oder technisch unvermeidlich gewonnen wurde (sog **Auskreuzung**). Der Landwirt soll vor einer aufgedrängten Bereicherung geschützt werden, die sich dadurch ergibt, dass er, ohne dies zu wollen, Vermehrungsprodukte mit den patentgeschützten Eigenschaften hervorbringt.[23] Soweit der Privilegierungstatbestand eingreift, scheiden nicht nur Unterlassungs- und Schadenersatzansprüche wegen Patentverletzung, sondern gleichermaßen Bereicherungsansprüche aus.[24]

4.1 Landwirtschaft:

31 Erfasst ist der gesamte Bereich landwirtschaftlicher Betätigung; sie muss nicht auf einen Anbau gerichtet sein und auch **nicht für eigene Zwecke** erfolgen.

4.2 Zufallsvermehrung

32 liegt vor, wenn das **biologische Material** mit den die Verbietungsrechte auslösenden Eigenschaften (s § 9a Rdn 10) nicht aus einem gewollten (finalen) Reproduktionsprozess hervorgegangen, sondern Ergebnis einer unbeabsichtigten Vermehrung ist. Zufällig kann a) bereits das Vermehrungsprodukt als solches sein, zB weil eine Vermehrung überhaupt nicht intendiert war; zufällig können b) aber auch die spezifischen patentgemäßen Eigenschaften des an sich gewollten Vermehrungsproduktes sein.

33 Gleichgestellt ist der Fall, dass das Vermehrungsprodukt iSv Rdn 32 zwar vorsehbar und deshalb nicht zufällig im eigentlichen Sinne, aber technisch unvermeidlich erhalten wird. Maßstab ist nicht, ob sich die Vermehrung als solche oder die patentgemäßen Eigenschaften des Vermehrungsproduktes bei Ausnutzung aller irgendwie verfügbaren technischen Mittel und größtmöglicher Anstrengung vermeiden ließe(n); entscheidend ist vielmehr, ob solches bei Anwendung derjenigen Vorkehrungen möglich ist, die nach guter landwirtschaftlicher Praxis erwartet werden können.[25] Da auf einen **Durchschnittslandwirt** der betreffenden Produktionssparte abzustellen ist, entlastet es den Verletzer nicht, wenn er selbst über unterdurchschnittliche technische oder finanzielle Mittel verfügt.

34 Der Ausschluss nach Abs 3 greift nicht ein, wenn es der Verletzer gezielt auf ein Vermehrungsprodukt mit den patentgemäßen Eigenschaften abgesehen hat.[26] Das gilt auch

---

22 Vgl Haedicke FS Schilling 2007, 237.
23 Begründung in BT Drucks 15/1709 v 15.10.03 S 15.
24 AA: Haedicke FS Schilling 2007, 237, 243 ff.
25 Begründung in BT Drucks 15/1709 v 15.10.03 S 15.
26 Haedicke FS Schilling 2007, 237.

dann, wenn das Vermehrungsprodukt iSd Ausführungen in Rdn 33 technisch unvermeidbar ist

4.3 Beweislast

für den Ausschlusstatbestand des Abs 3 trägt der Landwirt, der sich darauf beruft. Allerdings kommt ihm Abs 3 S 2 zugute, wonach **im Zweifel** von einer Zufallsvermehrung auszugehen ist, wenn ein Landwirt patentfreies Saat- oder Pflanzgut angebaut hat. Es handelt sich um eine Art Regelbeispiel, welches für den durch keine besonderen Umstände gekennzeichneten (Normal-)Fall des Anbaus patentfreien Saat- oder Pflanzgutes die tatsächliche Vermutung aufstellt, dass das patentgemäße Vermehrungsprodukt das Ergebnis einer Zufallsvermehrung ist. Ist hiernach oder sonst den äußeren Umständen nach auf eine zufällige oder technisch unvermeidliche Vermehrung zu schließen, so hat der Patentinhaber die Darlegungslast dafür, dass der Beklagte sich die **Auskreuzung** gezielt zunutze macht und deswegen den Verbietungsrechten des § 9a ausgesetzt ist.[27] 35

§ 10 Wirkung des Patents: Verbot der mittelbaren Benutzung
(effects of the patent: prohibition of indirect use of the patent)

(1) Das Patent hat ferner die Wirkung, dass es jedem Dritten verboten ist, ohne Zustimmung des Patentinhabers im Geltungsbereich dieses Gesetzes anderen als zur Benutzung der patentierten Erfindung berechtigten Personen Mittel, die sich auf ein wesentliches Element der Erfindung beziehen, zur Benutzung der Erfindung im Geltungsbereich dieses Gesetzes anzubieten oder zu liefern, wenn der Dritte weiß oder es auf Grund der Umstände offensichtlich ist, dass diese Mittel dazu geeignet und bestimmt sind, für die Benutzung der Erfindung verwendet zu werden.

(2) Absatz 1 ist nicht anzuwenden, wenn es sich bei den Mitteln um allgemein im Handel erhältliche Erzeugnisse handelt, es sei denn, dass der Dritte den Belieferten bewusst veranlasst, in einer nach § 9 Satz 2 verbotenen Weise zu handeln.

(3) Personen, die die in § 11 Nr 1 bis 3 genannten Handlungen vornehmen, gelten im Sinne des Absatzes 1 nicht als Personen, die zur Benutzung der Erfindung berechtigt sind.

Rinken

Übersicht

Geltungsbereich..	1
Europäisches Patentrecht...	2
Literatur...	4
Kommentierung zu § 10 PatG	
1 Begriff/Abgrenzung zu § 9...........................	5
2 Voraussetzungen der mittelbaren Benutzung..........	8

---

27 Begründung in BT Drucks 15/1709 v 15.10.03 S 15.

	2.1	Anbieten oder Liefern	9
	2.2	Nichtberechtigte Personen	12
	2.3	Angebotene oder gelieferte Mittel	16
	2.3.1	Wesentliches Element der Erfindung	16
	2.3.2	Mittel zur Benutzung der patentierten Erfindung	20
	2.3.3	Allgemein erhältliche Erzeugnisse	24
	2.4	Eignung zur Benutzung	27
	2.5	Bestimmung des Abnehmers	29
	2.6	Kenntnis des Lieferanten	31
	2.6.1	Positives Wissen	31
	2.6.2	Offensichtlichkeit der Eignung und Bestimmung	32
	3	Rechtsfolgen der mittelbaren Benutzung	37
	3.1	Unterlassungsanspruch	38
	3.1.1	Schlechthinverbot	38
	3.1.2	Eingeschränktes Verbot	40
	3.1.3	Sonderfälle	43
	3.1.4	Privater Endverbraucher	46
	3.2	Schadensersatz und Rechnungslegung	49
	3.3	Entschädigung und Bereicherungsausgleich	52
	3.4	Vernichtung und Rückruf/Entfernung aus den Vertriebswegen	53

1 **Geltungsbereich:** § 10 gilt nach Art 12 (1) GPatG nur für Patente, die nach dem 1.1.81 angemeldet worden sind. Für vor dem 1.1.81 angemeldete Patente gilt § 6 idF v 2.1.68 weiter. **DDR-Patente**, die am 1.5.92 bestanden und nach § 4 ErstrG auf die alten Bundesländer erstreckt wurden, unterliegen § 10 PatG 1981 unabhängig davon, ob sie vor oder nach dem 1.1.81 angemeldet waren.

2 **Europäisches Patentrecht:** § 10 entspricht Art 26 GPÜ in der Fassung v 15.12.89 (= Art 30 GPÜ 1975)

Artikel 26 GPÜ Prohibition of indirect use of the invention

3 1. A Community patent shall also confer on its proprietor the right to prevent all third parties not having his consent from supplying or offering to supply within the territories of the Contracting States a person, other than a party entitled to exploit the patented invention, with means, relating to an essential element of that invention, for putting it into effect therein, when the third party knows, or it is obvious in the circumstances, that these means are suitable and intended for putting that invention into effect.
2. Paragraph 1 shall not apply when the means are staple commercial products, except when the third party induces the person supplied to commit acts prohibited by Article 25.
3. Persons performing the acts referred to in Article 27 (a) to (c) shall not be considered to be parties entitled to exploit the invention within the meaning of paragraph 1.

4 **Lit:** Teschemacher Mittelbare Patentverletzung 74; Starck FS Piper 96; Geschke FS Schilling 07, 125; Giebe FS Schilling 07, 143; Höhfeld FS Schilling 07, 263; Goddar FS Reimann 09, 153; Langfinger VPP-Rundbrief 09, 104; Rauh Mittelbare Patentverletzung 2009; **Lit in GRUR:** Lindenmaier 52, 294; Walz 73, 283; Klaka 77, 337; Preu 80, 697; Villinger 81, 541; Hesse 82, 191; Meier-Beck 93, 1; Mes 98, 281; Holzapfel 02, 193; Nieder 06, 977; Kühnen 08, 218; Scharen 08, 944; Busche 09, 236; Haedicke 09, 273; Leistner GRUR-Beil. 10, 1; Reisner 20, 345; Verhauwen 21, 388; Stief/Matschke 21, 1241; **Lit in GRUR Int:** Hesse 72, 147; Hoffmann 75, 225; Singer 76, 202; Loewenheim 80, 135; Calvetti/Hughes 93, 833; **Lit in Mitt:** König 00, 10; Fitzner 08, 243; Weisse 09, 55; Schmid-Dreyer/Waitzhofer 15, 101; **Lit in GRUR-Prax:** Hahn 13, 261; Lit in IIC: Mes 99, 531; Rigamonti 09, 57; **Lit in DRiZ:** Bock 55, 129.
Denkschrift zu Art 30 (jetzt 26) GPÜ BlPMZ 79, 333.

1 Begriff/Abgrenzung zu § 9

5 Bei dem Verbot der mittelbaren Benutzung eines Patents nach § 10 (= Art 26 GPÜ 1989 [= Art 30 GPÜ 1975]) handelt es sich um eine **selbständige Benutzungsart**, die neben die in § 9 erwähnten Benutzungsarten der unmittelbaren Benutzung eines Patents tritt. Nach bisherigem Recht war dagegen die mittelbare Benutzung eine Teilnahmehandlung an der unmittelbaren Patentverletzung eines Dritten[1] (vgl dazu 2. Aufl § 6 Rn 21 ff). Dieser zweistufige Tatbestand ist aufgegeben, da § 10 keine unmittelbare Patentverletzung eines Dritten mehr voraussetzt (sog **einstufiger Tatbestand**).

Von der mittelbaren Patentverletzung zu unterscheiden ist die unmittelbare Benutzung eines Patents durch einen **mittelbaren Täter**, der sich zur Ausführung seiner unmittelbaren Benutzung eines Dritten bedient.

Anwendungsfälle: (a) Angebot und Lieferung einer Vorrichtung, mit der ein patentgeschütztes Verfahren ausgeführt werden kann;[2] (b) Angebot und Lieferung eines Vorrichtungsteils, das mit weiteren Vorrichtungsteilen zu der patentgeschützten Gesamtkombination zusammengefügt werden kann; (c) Angebot und Lieferung einer Maschine, mit der ein patentgeschützter Gegenstand hergestellt werden kann.

6

Hinsichtlich der vorgenannten beiden ersten Fallgruppen bedarf es im Hinblick darauf, dass der Umfang der untersagten Benutzungshandlungen unterschiedlich ist und bestimmte Ansprüche (zB auf Vernichtung, Rückruf) überhaupt nur in Fällen unmittelbarer Patentverletzung zum Zuge kommen und andere Ansprüche (zB auf Schadensersatz) bei Vorliegen einer nur mittelbaren Patentverletzung Restriktionen unterliegen, einer **Abgrenzung zur unmittelbaren Patentverletzung nach § 9:**

7

Wird die zur patentgemäßen Verfahrensführung geeignete Vorrichtung vom Anbietenden in Betrieb genommen, zB um sie während einer Messe vorzuführen oder nach der Lieferung probeweise in Betrieb zu nehmen, kommt zusätzlich zur mittelbaren auch eine unmittelbare Patentverletzung durch eigenhändiges Anwenden des Verfahrens in Betracht.

In seiner Rechtsprechung zum PatG 1968 hat der BGH[3] bei einem **Kombinationspatent** eine unmittelbare – statt einer nur mittelbaren – Patentverletzung für möglich gehalten, wenn das angebotene oder gelieferte Teil bereits alle wesentlichen Merkmale des geschützten Erfindungsgedankens aufweist und es zu seiner Vollendung allenfalls noch der Hinzufügung selbstverständlicher, für den Erfindungsgedanken nebensächlicher Zutaten bedürfe. Für das neue Recht gilt es zu bedenken, dass das PatG 1981 in §§ 9 f. ausdrücklich zwischen unmittelbarer und mittelbarer Patentverletzung unterscheidet, wobei § 14 und Art 69 EPÜ den Schutzbereich strikt an die Patentansprüche (mit der *Gesamtheit* seiner Merkmale) knüpfen. Wer nicht alle Anspruchsmerkmale verwirklicht, kann daher **grundsätzlich nur wegen mittelbarer Patentverletzung** gem § 10 haftbar sein. Hinzu kommt, dass der BGH[4] den Schutz einer Unterkombination ablehnt und in seiner Rechtsprechung zur mittelbaren Verletzung[5] betont, dass alles das, was Aufnahme in den Patentanspruch gefunden hat, regelmäßig schon deshalb ein wesentliches Erfindungselement darstellt. Diese Konsequenz darf nicht dadurch unterlaufen werden, dass trotz Fehlens eines Anspruchsmerkmals auf eine

---

1 BGH GRUR **82**, 165 (III 1) *Rigg*.
2 BGH GRUR 07, 773 *Rohrschweißverfahren*; BGH GRUR **15**, 467 *Audiosignalcodierung*.
3 BGHZ **82**, 254, 256 = GRUR 1971, 78 *Dia-Rähmchen V*.
4 BGH, GRUR **99**, 977, 981 *Räumschild*.
5 BGH, GRUR **04**, 758 *Flügelradzähler*.

unmittelbare Patentverletzung erkannt wird. Andererseits läge ein klarer Fall unmittelbarer Verletzung vor, wenn dem Abnehmer die fehlende Zutat – vorher, gleichzeitig oder hinterher – von einem Dritten geliefert worden wäre. Unter solchen Umständen läge eine arbeitsteilige (je nach der Willenslage) **mit- oder nebentäterschaftliche Verwirklichung** aller Anspruchsmerkmale vor, was zur Feststellung einer durch beide Akteure gemeinsam begangenen unmittelbaren Patentverletzung führen würde. Ist der Belieferte bereits im Besitz der fehlenden Zutat oder wird er sich diese im Anschluss an die fragliche Lieferung mit Sicherheit besorgen, um sie mit dem gelieferten Gegenstand zur patentgeschützten Gesamtvorrichtung zu kombinieren, liegt ein wertungsmäßig vergleichbarer **Zurechnungssachverhalt** vor. Der Handelnde baut bei seiner Lieferung gezielt darauf, dass die fehlende (»Allerwelts«-)Zutat beim Empfänger entweder bereits vorhanden ist (so dass ihre abermalige Bereitstellung sinnlos ist) oder aber vom Belieferten problemlos selbst besorgt werden kann und auch tatsächlich beschafft werden wird, um den gelieferten Gegenstand seiner bestimmungsgemäßen Verwendung zuzuführen. Der Handelnde macht sich bei einer solchen Sachlage mit seiner Lieferung die Vor- oder Nacharbeit seines Abnehmers bewusst zu eigen, was es rechtfertigt, ihm diese **Vor- oder Nacharbeit so zuzurechnen**, als hätte er die Zutat selbst mitgeliefert.[6] Das gleiche gilt erst recht, wenn ein letzter Herstellungsakt zwar vom Abnehmer vollzogen, er dabei aber als »**Werkzeug**« von dem Liefernden gesteuert wird, indem dieser ihm zB entsprechende Handlungsanweisungen und Hilfsmittel an die Hand gibt, die ohne die nachfolgende Zutat sinnlos wären.[7] Die skizzierte Argumentation versagt, wenn die gelieferten Teile auch in nicht patentverletzender Weise verwendet werden können.

2 Voraussetzungen der mittelbaren Benutzung

8 **Patentierte Erfindung** iSd § 10 ist die nach § 14 oder Art 69 EPÜ geschützte Erfindung.[8] § 10 enthält keine Erweiterung über diesen Schutzbereich hinaus.[9] Voraussetzung für eine mittelbare Patentverletzung ist daher die **Gefahr**, dass durch Anbieten oder Liefern von Mitteln die geschützte Erfindung mit allen ihren Merkmalen – wortsinngemäß oder äquivalent – benutzt werden kann.[10]

2.1 Anbieten oder Liefern   *(offering or supplying)*

9 Der Tatbestand der mittelbaren Patentverletzung kann vom Täter nur durch die Benutzungsformen des **Anbietens**[11] oder Lieferns des Mittels verwirklicht werden. Die weiteren in § 9 genannten Benutzungshandlungen fallen nicht unter § 10. Durch Herstellen, Gebrauchen oder Besitzen kann daher eine mittelbare Patentverletzung nicht begangen werden.[12] Der Begriff des **Lieferns** ist mit dem Begriff des Inverkehrbringens

---

6   OLG Düsseldorf, InstGE **13**, 78 *Lungenfunktionsmessgerät*; OLG Düsseldorf Mitt **15**, 392 *Digitalblock*; vgl. OLG Düsseldorf Urteil v 9.7.2020 – I-2 U 22/19 *wärmegedämmte Außenwand*.
7   OLG Düsseldorf, Urt v 24.02.2011 – I-2 U 102/09; OLG Düsseldorf Mitt **15**, 392 *Digitalblock*.
8   BGH GRUR 92, 40 *beheizbarer Atemluftschlauch*.
9   BGH GRUR 92, 40 *beheizbarer Atemluftschlauch*.
10 BGH GRUR 92, 40 *beheizbarer Atemluftschlauch*.
11 Begriff ist zu verstehen wie in § 9: OLG Karlsruhe **14**, 59 *MP2-Geräte*.
12 BGH GRUR 06, 570 *extracoronales Geschiebe*.

vergleichbar, die (entgeltliche oder unentgeltliche) Lieferung muss den Empfänger in die Lage versetzen, die Erfindung mit den gelieferten Mitteln zu benutzen. Unter den Begriff des Lieferns fällt auch die Einfuhr des Mittels. Ausreichend ist, dass der Angebotsempfänger/Abnehmer das Mittel bestimmungsgemäß an Dritte weiterliefert, die die Erfindung benutzen sollen.[13]

Durch ein Anbieten oder Liefern, auf das sich die Wirkung des Patents nach § 11 nicht erstreckt, kann eine mittelbare Patentverletzung nicht begangen werden. Der mittelbare Täter darf daher nicht nur im privaten Bereich zu nichtgewerblichen Zwecken oder lediglich zu Versuchszwecken gehandelt haben; sein Angebot oder seine Lieferung muss vielmehr im geschäftlichen Bereich zu gewerblichen Zwecken liegen.[14]

Im Geltungsbereich des PatG muss der mittelbare Patentverletzer das Mittel angeboten oder geliefert haben. Im Exportgeschäft mit ausländischen Abnehmern gilt § 10 nicht. Im **Inland** geliefert ist, wenn der Dritte die tatsächliche Verfügungsgewalt über das Mittel erhalten hat. Ob ein Angebot sich auf das Inland bezieht, bestimmt sich nach §§ 133, 157 BGB. Ein **ernstgemeinter Hinweis**, dass das Mittel im Inland nicht ausgeliefert wird, wird ein Anbieten iSd § 10 (1) idR ausschließen können.

Nicht nur Angebot und Lieferung müssen im Inland erfolgen, sondern auch die Benutzung des angebotenen oder gelieferten Mittels (sog. **doppelter Inlandsbezug**[15]). Ein Angebot im Inland ist daher unschädlich, wenn die Benutzung nur im Ausland stattfinden soll.[16] Ist ein **Reimport** geplant, liegt demgegenüber ein hinreichender Inlandsbezug vor.[17]

2.2 Nichtberechtigte Personen

Das Angebot oder die Lieferung des Mittels muss sich an andere als zur Benutzung der patentierten Erfindung berechtigte Personen richten. Eine mittelbare Patentverletzung scheidet daher aus, wenn der Täter das Mittel Personen anbietet oder liefert, die die patentierte Erfindung benutzen dürfen. Handelt es sich um ein Verfahrenspatent und veräußert der Patentinhaber (oder mit seiner Zustimmung ein Dritter) eine Vorrichtung, die zur Ausführung des geschützten Verfahrens erforderlich ist, liegt darin eine **stillschweigende Lizenzerteilung**, sofern nicht anderslautende Vereinbarungen feststellbar sind.[18] Eine Berechtigung kann sich auch aus **Erschöpfungsgrundsätzen** ergeben (Bsp: Lieferung eines Austauschteils an den Besitzer einer Vorrichtung, die mit Zustimmung des Patentinhabers in Verkehr gelangt ist, wenn der Austausch des Vorrichtungsteils keine Neuherstellung (s § 9 Rdn 57) ist.[19] Wird ein im **Zwischenhandel** tätiger Lieferant angegriffen, so kommt es darauf an, dass dessen direkter Abnehmer

---

13 OLG Karlsruhe **14**, 59 *MP2-Geräte*.
14 Vgl Preu GRUR **80**, 697, 698 lSp.
15 Goddar FS Reimann 2009, 153.
16 BGH GRUR **04**, 758, 760 (II 2a) *Flügelradzähler*; **05**, 845 *Abgasreinigungsvorrichtung*.
17 BGH GRUR **07**, 313 *Funkuhr II*.
18 BGH GRUR **80**, 38 *Fullplastverfahren*; **07**, 773 *Rohrschweißverfahren*.
19 BGH GRUR **04**, 758, 761 f *Flügelradzähler*; **06**, 837 *Laufkranz*.

(der ebenfalls gewerblicher Zwischenhändler ist) zur Erfindungsbenutzung berechtigt ist, dh die bloße Berechtigung des letzten Abnehmers in der Kette genügt nicht.[20]

13 Als Gründe für eine Berechtigung kommen zB ein **VorbenutzungsR** oder eine **Lizenz** in Betracht. In letzterem Falle hat der Lizenznehmer im Zweifel auch die Befugnis, seinen Abnehmern die Durchführung des patentgeschützten Verfahrens mittels des betreffenden Mittels zu gestatten.[21]

14 Der wegen mittelbarer Patentverletzung in Anspruch Genommene ist **darlegungs- und beweisbelastet** für die tatsächlichen Umstände, auf welche die vermeintliche Berechtigung gestützt wird.[22]

15 § 10 Abs 3 nimmt solche Personen als Berechtigte zur Benutzung der Erfindung aus, die die in § 11 Nr 1 bis 3 genannten Handlungen vornehmen. Somit liegt eine mittelbare Patentverletzung auch dann vor, wenn der mittelbare Täter im geschäftlichen Bereich zu gewerblichen Zwecken anbietet oder liefert, seine Abnehmer dagegen lediglich im privaten Bereich zu nichtgewerblichen Zwecken oder lediglich zu Versuchszwecken handeln. Der Patentinhaber kann daher auch ein Anbieten oder Liefern für den privaten Gebrauch verbieten, zB die Lieferung von Bausätzen an Bastler.

2.3 Angebotene oder gelieferte Mittel

16 **2.3.1 Wesentliches Element der Erfindung**[23] *(essential element)* Eine mittelbare Patentverletzung liegt nicht schon bei jedem Angebot oder Liefern eines Mittels vor, das für die Benutzung der Erfindung erforderlich ist. Das Mittel muss vielmehr eine besondere Beziehung zur patentierten Erfindung aufweisen, nämlich sich auf ein **wesentliches Element** der Erfindung beziehen. Solches ist zunächst der Fall, wenn das gelieferte Mittel selbst ein wesentliches Element der Erfindung darstellt, was idR anzunehmen ist, wenn das betreffende Mittel als solches **im Patentanspruch genannt** ist, egal ob im Oberbegriff oder im Kennzeichen.[24]

17 Abgesehen davon bezieht sich ein Mittel schon dann auf ein wesentliches Element der Erfindung, wenn es geeignet ist, mit einem wesentlichen (nämlich im Patentanspruch erwähnten) Erfindungselement **funktional so zusammenzuwirken**, dass es zu einer Verwirklichung des Erfindungsgedankens kommt.[25] Was »wesentliches« Erfindungselement ist, beurteilt sich anhand der Merkmalskombination des Patentanspruchs. Prinzipiell ist es dabei unerheblich, mit welchem konkreten Merkmal des Patentanspruchs das Mittel zusammenwirkt. Sämtliche Anspruchsmerkmale sind grundsätzlich gleichwertig; sie sind im Zweifel allein deshalb »wesentlich« iSv § 10, weil sie Eingang

---

20 LG Düsseldorf InstGE 7, 122 *Videosignal-Codierung II*; OLG Düsseldorf Urt v 14.01.2010 – I-2 U 128/08.
21 BGH GRUR 15, 467 *Audiosignalcodierung*.
22 BGH GRUR 15, 467 *Audiosignalcodierung*.
23 Schmid-Dreyer/Waitzhofer Mitt 15, 101.
24 BGH GRUR 07, 773 *Rohrschweißverfahren*; BGH GRUR 15, 467 *Audiosignalcodierung*; vgl. aber zu Ausnahmen OLG Karlsruhe, Urteil vom 25.11.2020 – 6 U 161/17 GRUR-RS 20, 39917 *entnehmbarer Datenspeicher*.
25 BGH GRUR 04, 758, 760 f *Flügelradzähler*; 05, 848 *Antriebsscheibenaufzug*; 06, 570 *extracoronales Geschiebe*.

in den Patentanspruch (ggf. in einen Unteranspruch) gefunden haben.[26] Es ist nicht erforderlich, dass das Mittel gerade mit dem kennzeichnenden Merkmal zusammenwirkt, welches die Erfindung vom Vorbekannten unterscheidet.[27] Als »unwesentlich« kann allenfalls ein solches Anspruchsmerkmal angesehen werden, das für die Ausführung des Erfindungsgedankens für den Fachmann erkennbar von völlig untergeordneter Bedeutung ist, weil es dazu nichts oder praktisch nichts beiträgt.[28] Nach BGH ist das der Fall bzgl einer DVD, auf welcher codierte Daten gespeichert sind, die lediglich den Gegenstand und Ausgangspunkt eines geschützten Decodierungsverfahrens darstellen:[29] Dies erscheint zweifelhaft, da Daten in ganz bestimmter Form vorliegen müssen, damit das Decodierungsverfahren überhaupt in Gang gesetzt wird.

Trägt das fragliche Mittel zur technischen Lehre der Erfindung nichts bei, so fehlt es an einer Beziehung zu einem Element der Erfindung.[30] Bsp: **Neutrale Teile**, deren Gestaltung gebräuchlich ist (zB Nägel) oder die allgemein verwendbar sind (Treibstoff, Elektrizität), es sei denn, sie haben durch den mittelbaren Verletzer eine solche Anpassung erfahren, dass sie zu einer Verwendung bei der patentierten Erfindung im Vergleich zu den üblichen bekannten Teilen besonders geeignet gemacht worden sind. 18

Unzureichend sind auch **Mittel**, die aufgrund ihrer konkreten Ausgestaltung bloß der **Ausführung vorgelagerter Schritte** dienen und zwar selbst dann, wenn die betreffende Vorarbeit unverzichtbare Voraussetzung für die Durchführung des geschützten Verfahrens ist.[31] Dadurch wird vermieden, dass mittels geschickter Formulierung des Patentanspruchs die Reichweite des Schutzes vor mittelbarer Benutzung manipuliert werden kann.[32] 19

2.3.2 Mittel zur Benutzung der patentierten Erfindung Angeboten oder geliefert werden müssen **Mittel**, also Gegenstände, mit denen eine unmittelbare Benutzungshandlung im Sinne des § 9 PatG verwirklicht werden kann. Nach herrschender Meinung muss es sich um körperliche Gegenstände handeln,[33] wozu auch flüssige oder gasförmige Produkte zählen. Diese Einschränkung ist nicht zu rechtfertigen. Dem Begriff »Mittel« als solchem ist eine Körperlichkeit nicht eigen. Es gibt keinen Grund, einen nicht körperlichen Gegenstand, der im Zusammenwirken mit anderen Mitteln die Erfindung unmittelbar ausführen kann, nur deshalb als Grundlage für eine mittelbare Benutzungshandlung auszuschließen, weil er keine Körperlichkeit besitzt. Bsp.: CAM-Software.[34] 20

Das Anbieten oder Liefern stellt nur dann eine mittelbare Patentverletzung dar, wenn das Mittel »**zur Benutzung der Erfindung**« angeboten oder geliefert wird. Hierfür 21

---

26 BGH GRUR 15, 467 *Audiosignalcodierung*; OLG Karlsruhe Urt v 23.07.2014 – 6 U 89/13.
27 BGH GRUR 04, 758, 761 *Flügelradzähler*; BGH GRUR 15, 467 *Audiosignalcodierung*.
28 BGH GRUR 07, 769 *Pipettensystem*; 07, 773 *Rohrschweißverfahren*.
29 BGH GRUR 12, 1230 *MPEG-2-Videosignalcodierung*.
30 BGH GRUR 04, 758, 761 *Flügelradzähler*; BGH GRUR 12, 1230 *MPEG-2-Videosignalcodierung*.
31 BGH GRUR 15, 467 *Audiosignalcodierung*.
32 Meier-Beck GRUR 16, 865 (871).
33 BGH, GRUR 01, 228 *Luftheizgerät*.
34 Vgl. BGH GRUR 13, 713 *Fräsverfahren*.

reicht es aus, dass der Abnehmer in die Lage versetzt wird, die betreffende Erfindung unberechtigt zu benutzen. Es genügt, dass der Angebotsempfänger das Mittel bestimmungsgemäß an Endabnehmer weiterliefert, die dann von der Erfindung Gebrauch machen.[35]

22 Dass das Mittel nicht zum Zwecke der Benutzung der Erfindung angeboten oder geliefert wird, kann der mittelbare Benutzer dadurch zum Ausdruck bringen, dass er geeignete Vorkehrungen trifft, die sicherstellen, dass das Mittel von seinen Abnehmern nicht zur Benutzung der Erfindung verwendet wird. Welche Vorkehrungen im Einzelfall dazu ausreichen, richtet sich nach dem Grad der Gefährdung des Patentinhabers und einer Abwägung der Interessen des Patentinhabers und des Anbieters oder Lieferanten.[36] Ausreichend kann sein: **Gebrauchsanweisung** für patentfreie Benutzung; **Hinweis auf das Patent**;[37] vertragliches Verbot der patentgemäßen Benutzung, evtl mit einer **Vertragsstrafe**.[38]

23 **Im Geltungsbereich des PatG muss** das Mittel zur Benutzung der Erfindung verwendet werden. Es genügt also nicht, dass das Mittel im Geltungsbereich des PatG angeboten worden ist. Für den Tatbestand der mittelbaren Patentverletzung müssen sowohl Angebot und Lieferung wie Benutzung des Mittels im Inland erfolgen.[39] Die Absicht einer inländischen Benutzung kann auch aus einem **geplanten Reimport** abgeleitet werden.[40] Liegt der Geschäftssitz des Anbietenden/Lieferanten im Ausland, reicht es, wenn er von dort aus zum Zwecke der (inländischen) unmittelbaren Benutzung des Mittels ins Inland anbietet/liefert.[41] Denn der **Zugangsort** bzw. die **Lieferadresse** liegt dann im Inland. Das gilt selbst dann, wenn der Ausländer seinerseits exklusiv im Ausland handelt, ihm aber bewusst ist, dass der Bestimmungsort des Mittels im Inland liegt, wo auch die unmittelbare Benutzung erfolgen soll.[42] Ohne Belang ist insoweit, wo Eigentum, Besitz und die schuldrechtliche Gefahrtragung wechseln.[43]

2.3.3 Allgemein erhältliche Erzeugnisse (staple commercial products)

24 Nach § 10 (2) kann das Anbieten oder Liefern von solchen Erzeugnissen nicht verboten werden, die allgemein im Handel erhältlich sind. Dabei handelt es sich um Erzeugnisse des **täglichen Bedarfs**, die jedermann überall erwerben kann, wie zB Nägel, Schrauben, Bolzen, Draht, Chemikalien, Kraftstoffe etc.[44] Solche Erzeugnisse darf jeder anbieten oder liefern, auch wenn er weiß oder es aufgrund der Umstände offensichtlich ist, dass der Belieferte die Erzeugnisse zu einer Patentverletzung verwenden will. Eine mittelbare Patentverletzung liegt auch dann nicht vor, wenn die Erzeugnisse

---

35 OLG Karlsruhe GRUR 14, 52 *MP2-Geräte*.
36 BGH GRUR **64**, 496 *Formsand II*.
37 BGH GRUR **55**, 492 *Grundig-Reporter*.
38 BGH GRUR **61**, 627 *Metallspritzverfahren*.
39 BGH GRUR **04**, 758, 760 (II 2a) *Flügelradzähler*; **05**, 845 *Abgasreinigungsvorrichtung*.
40 BGH GRUR **07**, 313 *Funkuhr II*.
41 Vgl. BGH GRUR **15**, 467 *Audiosignalcodierung*; OLG Karlsruhe GRUR **14**, 58 *MP2-Geräte*.
42 BGH GRUR **15**, 467 *Audiosignalcodierung*.
43 BGH GRUR **15**, 467 *Audiosignalcodierung*.
44 Denkschrift zu Art 30 GPÜ BlPMZ 79, 333.

sich auf ein wesentliches Element der Erfindung beziehen, sofern sie nur **allgemein im Handel** erhältlich sind.⁴⁵

Die allgemeine Erhältlichkeit im Handel muss grundsätzlich **im Zeitpunkt der Veröffentlichung der Patentanmeldung** bestanden haben. Wird das Erzeugnis erst danach im Handel allgemein erhältlich, so liegt die Annahme nahe, dass das Erzeugnis in Kenntnis der Erfindung in den Handel gebracht worden ist, um die patentierte Erfindung benutzen zu können. Eine solche Handlung wird durch § 10 (2) nicht geschützt.

25

Das Anbieten oder Liefern frei im Handel erhältlicher Erzeugnisse fällt dann unter das Verbot des § 10 (1), wenn der Anbieter oder Lieferer den Belieferten bewusst (= vorsätzlich) veranlasst, eine gemäß § 9 Satz 2 verbotene Handlung zu begehen. Wer also zu einer **unmittelbaren Patentverletzung anstiftet**, kann sich nicht darauf berufen, dass er nur allgemein im Handel erhältliche Erzeugnisse liefere. Begeht der Belieferer keine unmittelbare Patentverletzung, zB weil sich auf seine Benutzungshandlung das Patent nach § 11 nicht erstreckt, so ist § 10 (2) nicht anwendbar.

26

2.4 Eignung zur Benutzung

Das angebotene oder gelieferte Mittel muss sich objektiv für eine Verwendung bei der Benutzung der Erfindung eignen, dh ein **Fachmann**, der die Erfindung kennt, würde sich des Mittels bedienen, weil es ihm zu deren Ausübung zweckmäßig erschiene. Maßgeblich ist die **objektive Beschaffenheit** und nicht etwaige Handhabungsanweisungen oder dergl.⁴⁶ Die Vorrichtung besitzt die erforderliche Eignung, mit einem wesentlichen Element der Erfindung zusammenzuwirken, dann und nur dann, wenn sie zum Ergebnis des patentgeschützten Verfahrens einen **funktionell relevanten Beitrag** leistet; daran fehlt es, wenn die Vorrichtung bloß **passives Objekt der Verfahrensdurchführung** ist.⁴⁷ Es ist festzustellen, dass sich unter Verwendung des fraglichen Mittels eine unmittelbare Patentbenutzung ergibt.⁴⁸ Der Tatbestand einer – wortsinngemäß oder äquivalent – **unmittelbaren Verletzung ist somit inzident** zu prüfen. Ein Mittel ist auch dann geeignet, für die Benutzung eines patentierten Verfahrens verwendet zu werden, wenn sich mit seiner Hilfe nicht sämtliche Verfahrensmerkmale verwirklichen lassen. Kann mit dem Mittel **nur ein Teil der Verfahrensmerkmale** realisiert werden, so genügt es, wenn der Abnehmer bei der Verwendung des Mittels auf die von dritter Seite bereits zuvor realisierten übrigen Merkmale des Verfahrensanspruchs zurückgreift.⁴⁹ Insofern kommt auch eine **Mit- oder Nebentäterschaft** in Betracht, indem die Beiträge mehrerer (vorsätzlich oder fahrlässig handelnder) Beteiligter zusammengerechnet werden.⁵⁰ Als weiterer Beteiligter kommt auch der Patentinhaber oder einer seiner Lizenznehmer in Betracht, wobei hier allerdings Erschöpfung zu erwägen ist.⁵¹

27

---

45 Preu GRUR 80, 697, 698 f.
46 BGH GRUR 07, 679 *Haubenstretchautomat*.
47 BGH GRUR 12, 1230 *MPEG-2-Videosignalcodierung*; LG Mannheim InstGE 12, 70 *Handover*.
48 BGH GRUR 01, 228 *Luftheizgerät*.
49 OLG Düsseldorf InstGE 04, 252 *Rohrschweißverfahren*; BGH GRUR 07, 773 *Rohrschweißverfahren*.
50 BGH GRUR 15, 467 *Audiosignalcodierung*; vgl. OLG Karlsruhe GRUR 14, 59 *MP2-Geräte*.
51 Vgl. BGH GRUR 07, 773 *Rohrschweißverfahren*.

28 Der uneingeschränkte Beitritt zu einem **Rabattvertrag nach § 130a (8) SGB V** begründet nicht schon deshalb eine mittelbare Patentverletzung eines auf die zweite medizinische Indikation gerichteten Verwendungspatents, weil das rabattierte Arzneimittel ohne Weiteres auch zur Behandlung innerhalb der patentgeschützten Indikation brauchbar ist.[52] Denn allein der Umstand, dass eine Sache gleichermaßen patentgemäß und patentfrei verwendet werden kann, begründet noch keine sinnfällige Herrichtung. In Betracht kommt aber eine unmittelbare **Patentverletzung (in mittelbarer Täterschaft)** (s auch § 14 Rdn 125).

2.5 Bestimmung des Abnehmers[53]

29 Die bloße Eignung genügt jedoch nicht, das Mittel muss vom Angebotsempfänger bzw Abnehmer auch gerade für die Benutzung der Erfindung bestimmt sein. Allein dass dem Abnehmer die objektive Eignung des Mittels zu einer patentgemäßen Verwendung bekannt ist, trägt noch nicht den Schluss auf die Absicht zu einem eben solchen Gebrauch.[54] Der Handlungswille muss im Zeitpunkt des Angebotes bzw der Lieferung idS wahrscheinlich sein, dass aus der Sicht des Anbietenden/Lieferanten bei objektiver Betrachtung nach den Umständen die hinreichend sichere Erwartung besteht, dass der Abnehmer das angebotene/gelieferte Mittel zur patentverletzenden Verwendung bestimmen wird.[55] Die **Beweislast** liegt beim Anspruchsteller.[56] Es genügt, dass der letztendliche Abnehmer (und nicht notwendig bereits der **Zwischenhändler**) mit hinreichender Gewissheit die Erfindung unmittelbar anwenden wird.[57]

30 In Fällen des **Testkaufs** wird – rein objektiv betrachtet – nicht die Besorgnis einer unmittelbar patentverletzenden Benutzung des Mittels bestehen. Denn der Testkauf dient nur dazu, die Rechtstreue des anderen zu überprüfen. Zu diesem Zweck muss der Testkäufer wie ein normaler Kunde auftreten, es ist rechtfertigt, bei der Prüfung, ob die hinreichend sichere Erwartung für eine patentverletzende Verwendung der gelieferten Mittel besteht, auf eine vernünftige Sicht abzustellen, die nur diejenigen Tatumstände berücksichtigt, die schon zum Zeitpunkt des Angebots oder der Lieferung erkennbar waren. Da der Testkaufcharakter der Bestellung des Mittels verborgen bleibt, muss sich der Lieferant so behandeln lassen, als wenn er die Mittel an einen gewöhnlichen Abnehmer geliefert hätte. Sprechen – ausgehend von dieser Prämisse – die Umstände für einen unmittelbar patentverletzenden Gebrauch, ist die notwendige Verwendungsbestimmung zu bejahen.[58]

2.6 Kenntnis des Lieferanten[59]

31 **2.6.1 Positives Wissen** des Lieferanten zZt des Angebots/der Lieferung,[60] dass das Mittel sich für die Benutzung der Erfindung eignet und dafür durch den Dritten

---

52 AA LG Hamburg BeckRS 15,08 240.
53 Höhfeld FS Schilling 2007, 263; Rigamonti Mitt 09, 57.
54 BGH GRUR 05, 848 *Antriebsscheibenaufzug*.
55 BGH GRUR 06, 839 *Deckenheizung*; 07, 679 *Haubenstretchautomat*.
56 BGH GRUR 05, 848 *Antriebsscheibenaufzug*.
57 OLG Karlsruhe GRUR 14, 59 *MP2-Geräte*.
58 OLG Düsseldorf, Urt v 14.01.2010 – I-2 U 128/08.
59 Rigamonti Mitt 09, 57.
60 BGH GRUR 07, 679 *Haubenstretchautomat*.

bestimmt ist, ist nach § 10 (1) erforderlich. Über die Bestimmung zur patentverletzenden Benutzung entscheidet der Angebotsempfänger oder Abnehmer, der die alleinige Verfügungsmacht über den gelieferten Gegenstand besitzt. Der Lieferant seinerseits muss jedoch die Bestimmung durch den Abnehmer im Inland kennen und wollen.[61] Sein Vorsatz muss sich also auf den Handlungswillen des Dritten beziehen. Zum Nachweis des Handlungswillens des Abnehmers und der Kenntnis und des Wollens des Lieferanten können Erfahrungen des täglichen Lebens verwertet werden.

2.6.2 Offensichtlichkeit der Eignung und Bestimmung Da der konkrete subjektive Wille des Abnehmers in der Regel nur schwer nachzuweisen ist, sieht § 10 PatG eine Beweiserleichterung vor. Es ist ausreichend, wenn sich aufgrund der Umstände – bezogen auf den Zeitpunkt des Angebotes/der Lieferung[62] – eine offensichtliche Eignung und Bestimmung des Mittels ergibt. Die Offensichtlichkeit kann gegeben sein, wenn der Lieferant eine besondere Verwendung seiner Vorrichtung **empfiehlt** oder das Gerät infolge seiner technischen Eigenart und Zweckbestimmung auf eine patentgemäße Benutzung **zugeschnitten** ist und zu dem entsprechenden Gebrauch angeboten wird.[63] Die Offensichtlichkeit der Eignung und Bestimmung erfordert aber auch in derartigen Fällen ein **hohes Maß an Voraussehbarkeit**,[64] die von dem Kläger darzulegen ist.[65]

32

Die subjektive Bestimmung des Abnehmers zur unmittelbar patentverletzenden Verwendung eines angebotenen oder gelieferten Mittels ist regelmäßig »aufgrund der Umstände offensichtlich«, wenn das Mittel **ausschließlich patentverletzend** verwendet werden kann und folgerichtig auch tatsächlich beim Abnehmer ausschließlich patentverletzend verwendet wird.[66] Zwingend ist dies freilich nicht. Maßgeblich ist immer, ob die Verwendungseignung und -bestimmung für den Anbietenden/Lieferanten in seiner konkreten Angebots/Liefersituation erkennbar war. An der Offensichtlichkeit kann es deswegen fehlen, wenn die gelieferte Vorrichtung, mit der das patentgeschützte Verfahren ausgeübt werden kann, ein Zukaufteil ist, das nie im Besitz des Anbietenden gewesen, sondern von dem Zulieferanten direkt an den Abnehmer ausgehändigt worden ist.[67]

33

Ist das Mittel **sowohl patentgemäß als auch patentfrei** einsetzbar, so kommt es auf den Inhalt der Gebrauchsanleitung oder dgl an: Weist der Anbietende nur auf die patentgemäße Verwendungsmöglichkeit hin, ist regelmäßig von einem offensichtlichen Handlungswillen des Abnehmers iSd patentgemäßen Gebrauchs auszugehen.[68] Gleiches gilt, wenn auf beide Benutzungsmöglichkeiten gleichermaßen hingewiesen wird[69] oder wenn – ohne nähere Erläuterungen in einer Bedienungsanleitung oder dergleichen – der patentgeschützte Gegenstand tatsächlich das Ergebnis eines Fertigungspro-

34

---

61 BGH GRUR 01, 228 *Luftheizgerät*.
62 BGH GRUR 07, 679 *Haubenstretchautomat*.
63 BGH GRUR 01, 228 *Luftheizgerät*; 05, 848 *Antriebsscheibenaufzug*.
64 BGH GRUR 05, 848 *Antriebsscheibenaufzug*.
65 Benkard, § 10 PatG Rn 21; König, Mitt 00, 10, 21.
66 BGH GRUR 05, 848 *Antriebsscheibenaufzug*.
67 LG Düsseldorf InstGE 5, 1 *Unterstretch*.
68 BGH GRUR 07, 679 *Haubenstretchautomat*.
69 BGH GRUR 07, 679 *Haubenstretchautomat*.

zesses ist, welcher mit Rücksicht auf Konstruktion und Steuerung der Herstellungsvorrichtung neben anderen, nicht zur Patentbenutzung führenden Betriebsweisen möglich ist.[70] Befasst sich die Anleitung hingegen allein mit der patentfreien Verwendungsmöglichkeit, kann Offensichtlichkeit nur angenommen werden, wenn konkrete tatsächliche Anhaltspunkte dafür feststellbar sind, dass die von dem Prospekt angesprochenen Angebotsempfänger die beschriebene patentfreie Verwendung von vornherein außer Betracht lassen und stattdessen die patentverletzende Verwendung des Mittels vorsehen.[71]

35 Im Rahmen der im Einzelfall vorzunehmenden Abschätzung der Verwendungsabsichten des Belieferten können bedeutsam sein: (a) das Maß der Eignung des Mittels für den patentgemäßen und für andere (patentfreie) Zwecke, (b) die Üblichkeit der patentgemäßen oder patentfreien Verwendung, (c) die konkrete Ausrichtung des belieferten Unternehmens (die eine patentgemäße oder eine patentfreie Verwendung nahe legen kann), (d) ausdrückliche oder stillschweigende Anwendungshinweise des Lieferanten.

36 Eine Verwendungsbestimmung kann nicht aus einem Angebot oder einer Lieferung hergeleitet werden, das gegenüber einem Adressaten vorgenommen worden ist, der sich in Bezug auf das Klagepatent **strafbewehrt zur Unterlassung verpflichtet** hat.[72] Das gilt jedenfalls so lange, wie er sich an die Unterlassungsverpflichtungserklärung hält.

3 Rechtsfolgen der mittelbaren Benutzung

37 § 10 enthält – genauso wie § 9 – eine Verbotsnorm, an die § 139 (1) einen Unterlassungsanspruch zu Gunsten des Berechtigten knüpft.

3.1 Unterlassungsanspruch

3.1.1 Schlechthinverbot

38 Kann das Mittel (**technisch und wirtschaftlich sinnvoll**[73]) ausschließlich im Sinne der patentierten Erfindung benutzt werden, so ergeben sich keine Besonderheiten. Dem mittelbaren Verletzer werden Angebot und Lieferung des Mittels uneingeschränkt (schlechthin) verboten. Darlegungs- und beweispflichtig für die ausschließlich patentgemäße Verwendungsmöglichkeit ist der klagende Schutzrechtsinhaber, der ein Schlechthinverbot begehrt.[74] Da es sich bei dem Fehlen einer patentfreien Verwendungsmöglichkeit um eine **negative Tatsache** handelt, gilt allerdings der prozessrechtliche Grundsatz, dass der Beweispflichtige seiner Darlegungslast zunächst dadurch nachkommt, dass er die negative Tatsache (vorliegend also das Nichtbestehen einer Benutzungsmöglichkeit außerhalb des Patents) pauschal behauptet. Es ist sodann Sache des Gegners, konkret eine patentfreie Verwendungsmöglichkeit zu benennen. Erst wenn dies geschehen ist, kann – und muss – der Kläger diese Benutzungsmöglichkeit

---

70 OLG Düsseldorf InstGE 9, 66 *Trägerbahnöse*.
71 BGH GRUR 05, 848 *Antriebsscheibenaufzug*; 07, 679 *Haubenstretchautomat*.
72 BGH GRUR 07, 679 *Haubenstretchautomat*.
73 OLG Düsseldorf Mitt 03, 264, 268 *Antriebsscheibenaufzug*; OLG Karlsruhe Urt v 25.02.2010 – 6 U 182/06; LG Düsseldorf InstGE 5, 173 *Wandverkleidung*.
74 BGH GRUR 13, 713 *Fräsverfahren*.

ausräumen, indem er zB dartut, dass die eingewandte Verwendung ebenfalls in den Schutzbereich des Patents fällt oder aber technisch bzw. wirtschaftlich sinnlos ist und deswegen keine praktisch relevante Handlungsalternative darstellt.

Zu **Sonderfällen** vgl. unten Rdn 43. 39

3.1.2 Eingeschränktes Verbot

Kommt patentfreie Nutzungsmöglichkeit in Betracht, sind nur eingeschränkte Verbote 40 gerechtfertigt, die sicherstellen, dass einerseits der wirtschaftliche Verkehr mit dem angegriffenen Gegenstand außerhalb des Schutzrechtes unbeeinträchtigt bleibt und andererseits der unmittelbar patentverletzende Gebrauch durch den Abnehmer mit hinreichender Sicherheit ausgeschlossen wird.[75] Als geeignete Maßnahmen kommen grundsätzlich **Warnhinweise** an die Abnehmer in Betracht, nicht ohne Zustimmung des Schutzrechtsinhabers im Sinne der patentgemäßen Lehre zu handeln, sowie eine vertragliche Unterlassungsverpflichtungsvereinbarung mit dem Abnehmer, die ggf mit der Zahlung einer Vertragsstrafe an den Schutzrechtsinhaber für den Fall der Zuwiderhandlung gegen die Unterlassungsvereinbarung verbunden ist.[76] Welche Maßnahme im Einzelfall geboten und angemessen ist, hängt von den jeweiligen Umständen ab, wobei insbesondere von Bedeutung ist, wie groß die Wahrscheinlichkeit einer patentgemäßen Benutzung ist,[77] welche Vorteile mit ihr verbunden sind und wie die Beweismöglichkeiten für den Schutzrechtsinhaber einzuschätzen sind.

In Bezug auf das **Anbieten** wird dem mittelbaren Verletzer in der Praxis ein schriftli- 41 cher Warnhinweis auf das Klagepatent abverlangt. Er ist auf dem Angebot als solchem anzubringen und nicht nur in einer Bedienungsanleitung.[78] Den bisher üblichen Zusatz »ausdrücklich und unübersehbar« sieht der BGH – zu Unrecht[79] – als (mangels Bestimmtheit) unzulässig an.[80] Um zu verhindern, dass der Warnhinweis in einer Weise angebracht wird, dass er seine Funktion nicht ordnungsgemäß erfüllen kann, sind deshalb konkrete Vorgaben in den Klageantrag/Urteilstenor aufzunehmen,[81] zB dessen Anbringung auf der ersten Seite, in einer bestimmten Schriftgröße, blickfangmäßig herausgestellt etc. »**Blickfangmäßig**« bedeutet in diesem Zusammenhang: ein drucktechnisch hervorgehobener, vom übrigen Text abgesetzter und in Fettdruck gehaltener Warnhinweis, wobei die Schriftgröße bei einem Angebot größer sein muss als die maximale Schriftgröße des Angebotes und bei einem Hinweis auf der Verpackung die Schriftgröße größer sein muss als der sonstige aufgedruckte Text außer der Produkt- und Firmenbezeichnung und eines eventuellen Logos.[82]

---

75 BGH GRUR 04, 758 *Flügelradzähler*; 06, 839 *Deckenheizung*; 07, 679 *Haubenstretchautomat*.
76 BGH GRUR 07, 679 *Haubenstretchautomat*; Scharen, GRUR 01, 995; OLG Düsseldorf Urt v 07.07.2016 – I-2 U 5/14.
77 BGH GRUR 07, 679 *Haubenstretchautomat*.
78 BGH GRUR 07, 679 *Haubenstretchautomat*.
79 Kühnen GRUR 08, 218.
80 BGH GRUR 07, 679 *Haubenstretchautomat*; großzügiger zu Recht BGH Urteil v 26.7.2018 – I ZR 226/14 GRUR 18, 1246 *Kraftfahrzeugfelgen II*.
81 A.A. Meier-Beck GRUR 08, 1033, 1038.
82 OLG Karlsruhe Urt v 25.02.2010 – 6 U 182/06.

42 Welche Maßnahme in Bezug auf **Lieferungen** geboten ist, hängt davon ab, ob nach den Umständen des Einzelfalles anzunehmen ist, dass bereits ein – deutlich sichtbar auf der Verpackung und nicht bloß in einer beiliegenden Anleitung[83] – Warnhinweis zur Einhaltung des Patents führen wird. In Erwägung zu ziehen ist, (a) wie vorteilhaft die erfindungsgemäße Verwendung ist, (b) wie groß der Anreiz für den Abnehmer ist, das gelieferte Mittel iSd Erfindung einzusetzen, (c) ob in dem betroffenen Wirtschaftszweig die Schutzrechtslage erfahrungsgemäß zur Kenntnis genommen und zur Vermeidung von Patentverletzungen beachtet wird,[84] (d) ob das Risiko der Entdeckung im Falle einer patentgemäßen Verwendung hoch oder gering zu veranschlagen ist, (e) ob – wovon regelmäßig auszugehen ist[85] – eine Unterlassungsverpflichtungsvereinbarung das betreffende Produkt unverkäuflich machen würde. Eine Pflicht zu einer (zumal vertragsstrafengesicherten) Unterlassungsvereinbarung wird nur ausnahmsweise in Betracht kommen, wenn auf andere Weise die Gefahr weiterer Verletzungen nicht ausgeschlossen werden kann und eine solche Auflage die Interessen des Verletzers nicht unangemessen beeinträchtigt.[86]

3.1.3 Sonderfälle

43 Trotz patentfreier Verwendungsmöglichkeit kann gegen den Lieferanten ausnahmsweise ein **Schlechthinverbot** ergehen:
– wenn weder ein Warnhinweis noch eine Vertragsstrafenvereinbarung Gewähr dafür bieten können, dass es unter Verwendung des Mittels nicht zu einer Patentverletzung kommt, eine etwaige Patentverletzung für den Schutzrechtsinhaber praktisch nicht feststellbar wäre *und* dem Lieferanten ohne Weiteres zumutbar ist, das Mittel so umzugestalten, dass es nicht mehr patentgemäß verwendet werden kann;[87]
– wenn die patentfreie Benutzung auf eine dem Klagepatent entsprechende Ausgestaltung des Mittels überhaupt nicht angewiesen ist, weil das Mittel ohne weiteres derart abgeändert werden kann, dass es den Vorgaben des Patents nicht mehr entspricht, seine Eignung zur patentfreien Verwendung aber dennoch nicht einbüßt;[88] in solchen Fällen bedarf es der patentgemäßen Ausbildung des Mittels zur Gewährleistung eines gemeinfreien Gebrauchs außerhalb des Patents nicht, an ihr kann deswegen auch kein schützenswertes Interesse desjenigen bestehen, der das Mittel anbietet oder vertreibt.

44 Der Patentinhaber hat diejenigen Umstände **darzutun/zu beweisen**, aus denen sich ergibt, dass das Mittel patentfrei umgestaltet werden kann und deshalb ein Schlechthinverbot gerechtfertigt sein kann; ggf. kommen jedoch die Grundsätze der sekundären

---

83 OLG Karlsruhe Urt v 25.02.2010 – 6 U 182/06.
84 BGH GRUR 07, 679 *Haubenstretchautomat*.
85 BGH GRUR 07, 679 *Haubenstretchautomat*.
86 BGH GRUR 07, 679 *Haubenstretchautomat*; BGH, GRUR 61, 627 *Metallspritzverfahren*; BGH, GRUR 64, 496 *Formwand II*; OLG Düsseldorf, InstGE 2, 115 *Haubenstretchautomat*; OLG Düsseldorf, Mitt 03, 264, 267 f *Antriebsscheibenaufzug*.
87 OLG Düsseldorf, InstGE 4, 252 *Rohrschweißverfahren*.
88 LG Düsseldorf, InstGE 5, 173 *Wandverkleidung*; OLG Düsseldorf, Urt v 29.03.2012 – I-2 U 137/10 = BeckRS 12, 08 566.

Darlegungslast zur Anwendung.[89] Besondere Umstände, die es ausnahmsweise unzumutbar machen, die besagte technische Änderung vorzunehmen, sind demgegenüber vom Verletzer substantiiert darzulegen.[90] Werden hindernde Umstände nachgewiesen, ist es eine Frage der objektiven Interessenabwägung im Einzelfall, ob dem Verlangen des Schutzrechtsinhabers nach einem **Schlechthinverbot** ein solches Gewicht beigemessen werden kann, dass ihm im wertenden Vergleich mit dem für den Verletzer mit einer technischen Änderung des Mittels verbundenen Aufwand der Vorrang eingeräumt werden muss. Zwei Fragen sind in diesem Zusammenhang zu beantworten:
Zunächst ist zu klären, welches »**Mehr**« an **Sicherheit** vor einer patentgemäßen Verwendung des Mittels für den Schutzrechtsinhaber damit verbunden ist, dass anstelle einer Pflicht zum Warnhinweis ein Schlechthinverbot angeordnet wird. **In einem nachfolgenden Schritt** sind dem diejenigen Anstrengungen technischer, organisatorischer und/oder finanzieller Art gegenüber zu stellen, die auf Seiten des Verletzers notwendig sind, um das Mittel (zur »Umgehung« des Schlechthinverbotes) technisch so zu variieren, dass es zwar noch den patentfreien, aber nicht mehr den patentgemäßen Gebrauch zulässt.[91] Zu denken ist beispielsweise an geleistete Investitionen für die Herstellung des Mittels, die mit der erforderlichen Änderung nutzlos werden würden, an neue Investitionen, die zur Umsetzung der Abwandlung geleistet werden müssten, sich aber wegen des ausgesprochenen Nischencharakters des Mittels nicht lohnen, oder im Falle von Medizinprodukten daran, dass für die Abwandlung eine neue Zulassung eingeholt werden muss mit der Folge, dass der Beklagte bei einem Schlechthinverbot vorübergehend vollständig seinen Marktauftritt einstellen muss. Untauglich ist demgegenüber der Einwand, das Mittel könne im patentfreien Ausland unverändert in Verkehr gelangen, weswegen ein Schlechthinverbot den überregional tätigen Beklagten dazu zwinge, in seinem Geschäftsbetrieb zwei verschiedene Varianten vorrätig und logistisch für den Vertrieb bereitzuhalten, nämlich die unveränderte Version des Mittels für das patentfreie Ausland und eine veränderte Version für das Inland. Wegen der strikten Territorialität des Patentschutzes kommt es rechtlich nicht auf unternehmerische Aktivitäten des Beklagten im Ausland an. Abgesehen davon geht es überhaupt nicht um Aufwendungen, die dafür anfallen, dass mit dem Mittel die technische Lehre des Klagepatents verlassen wird, sondern um denjenigen Aufwand, der dafür zu leisten ist, dass ein Auslandsvertrieb aufrechterhalten werden soll.[92] Ggf kann in Betracht kommen, eine gewisse Umstellungsfrist einzuräumen, während der zu Lasten des Beklagten lediglich ein Warnhinweis verordnet wird und an die sich erst das Schlechthinverbot anschließt.

Ein Schlechthinverbot scheidet nicht schon deshalb aus, weil das Klagepatent einem **technischen Standard** unterfällt oder es sogar ein **SEP mit FRAND-Erklärung** darstellt: Dieser Aspekt bleibt für die rechtliche Beurteilung so lange unerheblich, wie der

45

---

89 BGH GRUR **13**, 713 *Fräsverfahren*; OLG Düsseldorf, Urt v 29.03.2012 – I-2 U 137/10 = BeckRS **12**, 08 566.
90 OLG Düsseldorf, Urt v 29.03.2012 – I-2 U 137/10 = BeckRS **12**, 08 566.
91 OLG Düsseldorf, Urt v 29.03.2012 – I-2 U 137/10 = BeckRS **12**, 08 566.
92 OLG Düsseldorf, Urt v 29.03.2012 – I-2 U 137/10 = BeckRS **12**, 08 566.

Benutzer diejenigen Pflichten nicht erfüllt, die für eine Lizenzierung des Standards erwartet werden dürfen.[93]

3.1.4 Privater Endverbraucher

46 In den Fällen des § 10 (3) (wenn also der patentgemäß wie patentfrei zu nutzende Gegenstand dem Endverbraucher zur Nutzung im privaten Bereich zu nicht gewerblichen Zwecken angeboten oder geliefert wird, wobei erst der Endverbraucher die patentgemäße Benutzung, also die Bestimmung, vornimmt) gilt:

47 Lässt sich das Mittel **nur patentgemäß** einsetzen, ergeht gegen den mittelbaren Verletzer – wie sonst auch – ein Schlechthin-Verbot.

48 Ist das Mittel **technisch und wirtschaftlich sinnvoll ebenso patentfrei** zu verwenden, scheidet eine eingeschränkte Verurteilung des Inhalts, dass der mittelbare Verletzer mit seinem Abnehmer eine strafbewehrte Unterlassungsverpflichtungsvereinbarung zu treffen hat, aus. Da der private Endverbraucher das Mittel wegen § 11 patentgemäß gebrauchen darf, ist es ausgeschlossen, ihn für den Fall einer solchen Verwendung die Zahlung einer Vertragsstrafe an den Patentinhaber versprechen zu lassen. Andere Maßnahmen, die einer patentgemäßen Verwendung des Mittels entgegenwirken können und die mit Blick auf private Abnehmer rechtlich zulässig sind, kommen demgegenüber in Betracht. So kann zB ein **Warnhinweis** im Einzelfall durchaus seine Funktion erfüllen.[94] Er ist zwar in seiner gebräuchlichen Formulierung (»eine erfindungsgemäße Benutzung des Mittels sei nur mit Erlaubnis des Patentinhabers statthaft«) sinnlos, weil der private Abnehmer ohne Zustimmung des Patentinhabers zu einer der Lehre des Patents entsprechenden Verwendung berechtigt ist. Der Warnhinweis kann jedoch allgemein gehalten werden, beispielsweise in der Form, »dass das Mittel nicht für die bestimmte Verwendung geeignet ist«. Bei Gegenständen, die (wie Staubsaugerbeutel) üblicherweise einen **Kompatibilitätshinweis** enthalten (»geeignet für Staubsauger der Typen…«), kann der Patentbenutzung dadurch entgegen gewirkt werden, dass ein Hinweis auf die patentgeschützte Verwendung unterbleibt.[95] Ggf kann das Verbot auch dahingehend formuliert werden, dass bestimmte Größenabmessungen- oder -verhältnisse einzuhalten oder zu meiden sind, wenn dadurch die patentfreie Benutzung ermöglicht, einer patentgemäßen Benutzung indessen entgegengewirkt wird.

3.2 Schadensersatz und Rechnungslegung[96]

49 Gemäß § 139 (2) haftet der mittelbare Verletzer dem Patentinhaber auf Schadenersatz. Er haftet gesamtschuldnerisch mit dem unmittelbaren Verletzer. Kommt es unter Verwendung des gelieferten Mittels zu einer unmittelbaren Patentbenutzung, so hat der mittelbare Verletzer – neben sonstigen Schadenspositionen wie **Rechtsverfolgungs-**

---

[93] LG Düsseldorf, Urteil v 9.11.2018 – 4a O 15/17 GRUR-Prax 19, 91 *Dekodiervorrichtung*.
[94] AA: LG Düsseldorf, Mitt 00, 108 *WC-Körbchen II*.
[95] OLG Düsseldorf GRUR-RR 06, 39 *Kaffee-Filterpads*; OLG Düsseldorf Urt v 07.07.2016 – I-2 U 5/14.
[96] Vgl Geschke FS Schilling 2007, 125.

kosten[97] – denjenigen Schaden zu ersetzen, der dem Patentinhaber durch die **unmittelbare Patentverletzung** des Abnehmers entsteht.[98] Die unmittelbare Benutzung kann auch im privaten Bereich zu nicht gewerblichen Zwecken oder sonst privilegiert vorgenommen sein. Zur Schadensberechnung stehen die zur unmittelbaren Patentverletzung entwickelten Methoden zur Verfügung.[99] Es kann auch der beim mittelbaren Verletzer erzielte Gewinn abgeschöpft werden.[100] Folgt der mittelbaren keine unmittelbare Patentverletzung nach, kam eine Feststellung der Schadensersatzverpflichtung des mittelbaren Verletzers nach früherer Auffassung des BGH[101] nur in Bezug auf die vorgenannten sonstigen Schadenspositionen in Betracht.[102] Zur schlüssigen Darlegung eines Schadensersatzanspruchs in Fällen mittelbarer Patentverletzung hatte der Kläger deswegen entweder Rechtsverfolgungskosten bzw vergleichbare Schäden darzulegen oder mindestens eine unmittelbare Patentverletzung vorzutragen, die unter Verwendung des Mittels iSv § 10 vorgefallen ist.[103] Für einen Feststellungsausspruch reicht es indes – und zwar auch für ein »Anbieten« iSv § 10 – aus, dass nach der Lebenserfahrung die hinreichende Wahrscheinlichkeit einer unter Verwendung des Mittels begangenen Verletzungshandlung besteht.[104] Sie ist zu verneinen, wenn lediglich ein **Testkauf** stattgefunden hat, bei dem erfahrungsgemäß nicht die Besorgnis besteht, dass die gelieferten Mittel patentverletzend benutzt werden könnten, und keine Anhaltspunkte für sonstige mittelbare Verletzungshandlungen bestehen, die unmittelbare Schutzrechtsverletzungen nach sich gezogen haben könnten. **Jedoch genügt ein mittelbar patentverletzendes Angebot, weil es mit** hinreichender Wahrscheinlichkeit erwarten lässt, dass es im Anschluss daran auch zu einer Lieferung gekommen ist (die erst eine unmittelbar schutzrechtsverletzende und damit schadensersatzrelevante Benutzungshandlung darstellt).[105]

Anspruch auf **Rechnungslegung** (§§ 242, 259 BGB) steht dem Schutzrechtsinhaber gegen den mittelbaren Verletzer nur zu, wenn er eine unmittelbare Verletzung unter Verwendung des Mittels wahrscheinlich machen kann.[106] 50

Im **Höheprozess** ergeben sich vor dem Hintergrund der vorgenannten restriktiven BGH-Rechtsprechung zum Schadensersatz bei mittelbarer Patentverletzung in Fällen, in denen sich das patentverletzende Mittel iSd § 10 sowohl patentgemäß als auch patentfrei verwenden lässt, ganz erhebliche Probleme für den Kläger: Er hat nämlich darzulegen und ggf. zu beweisen, welche konkrete Lieferung zu einer allein schadens- 51

---

97 BGH GRUR 07, 679 *Haubenstretchautomat*.
98 BGH GRUR 05, 848 *Antriebsscheibenaufzug*; 07, 679 *Haubenstretchautomat*.
99 BGH GRUR 07, 679 *Haubenstretchautomat*; 07, 773 *Rohrschweißverfahren*.
100 BGH GRUR 07, 679 *Haubenstretchautomat*; 07, 773 *Rohrschweißverfahren*.
101 BGH GRUR 05, 848 *Antriebsscheibenaufzug*; aA noch OLG Düsseldorf, Mitt 03, 264, 268 f *Antriebsscheibenaufzug*; vgl auch Holzapfel GRUR 02, 193, 196 f.
102 BGH GRUR 07, 679 *Haubenstretchautomat*.
103 BGH, GRUR 05, 848 *Antriebsscheibenaufzug*; mit Recht kritisch dazu: Tilmann GRUR 05, 904, 905; Voß GRUR 06, 281; Busche GRUR 09, 240.
104 BGH, GRUR 06, 839 *Deckenheizung*; klarstellend nun GRUR 13, 713, 714 f *Fräsverfahren*.
105 BGH, GRUR 13, 713 – *Fräsverfahren*; OLG Karlsruhe GRUR 14, 59 *MP2-Geräte*.
106 BGH GRUR 07, 679 *Haubenstretchautomat*; LG Düsseldorf InstGE 13, 97 *Oberflächenvorbehandlung*.

ersatzbegründenden **unmittelbaren**[107] Benutzung beim Abnehmer des Schuldners geführt hat; der Beklagte kann sich zu den betreffenden Tatsachen idR in zulässiger Weise mit Nichtwissen nach § 138 (4) ZPO erklären.[108] Bei Masseartikeln kann ggf eine Schätzung (§ 287 ZPO) zum Verhältnis zwischen unmittelbar patentverletzenden Verwendungen des Mittels zu Fällen eines patentfreien Gebrauchs durch Abnehmer vorgenommen werden. Die **Rechtskraft** des die Schadenersatzpflicht feststellenden Verletzungsurteils bezieht sich nicht auf diejenigen Umstände, die nur für die Schadenshöhe bedeutsam sind; nichts Abweichendes gilt, wenn mit dem Feststellungsurteil ein Schlechthinverbot ausgesprochen worden ist, da der Unterlassungs- und der Schadenersatzanspruch unterschiedliche Streitgegenstände haben.[109]

3.3 Entschädigung und Bereicherungsausgleich

52 kann in Fällen mittelbarer Patentverletzung nicht verlangt werden.[110]

3.4 Vernichtung und Rückruf/Entfernung aus den Vertriebswegen

53 Gegen den mittelbaren Patentverletzer bestehen grundsätzlich weder Ansprüche auf Vernichtung (§ 140a (1))[111] noch auf Rückruf bzw. Entfernung aus den Vertriebswegen (§ 14Ca (3)).[112] Eine Ausnahme ist allerdings dann geboten, wenn das Mittel ausschließlich in patentverletzender Weise technisch und wirtschaftlich sinnvoll nutzbar ist, d.h. in Fällen, in denen ein Schlechthinverbot gilt.

§ 11 Beschränkungen der Wirkung des Patents
(limitation of the effects of the patent)

Die Wirkung des Patents erstreckt sich nicht auf
1. Handlungen, die im privaten Bereich zu nichtgewerblichen Zwecken vorgenommen werden;
2. Handlungen zu Versuchszwecken, die sich auf den Gegenstand der patentierten Erfindung beziehen;
2a die Nutzung biologischen Materials zum Zweck der Züchtung, Entdeckung und Entwicklung einer neuen Pflanzensorte;
2b Studien und Versuche und die sich daraus ergebenden praktischen Anforderungen, die für die Erlangung einer arzneimittelrechtlichen Genehmigung für das Inverkehrbringen in der Europäischen Union oder einer arzneimittelrechtlichen Zulassung in den Mitgliedstaaten der Europäischen Union oder in Drittstaaten erforderlich sind;

---

107 BGH GRUR 13, 713, 714 *Fräsverfahren*.
108 LG Düsseldorf InstGE 13, 97 *Oberflächenvorbehandlung*.
109 OLG Düsseldorf, Urteil v 14.2.2019 – I-15 U 60/15 GRUR-Prax 19, 310 *Vakuumpumpe*.
110 BGH GRUR 04, 845 *Drehzahlermittlung*.
111 BGH GRUR 06, 570 *extracoronales Geschiebe*; a.A. Arnold/Tellmann GRUR 07, 353.
112 LG Düsseldorf, InstGE 11, 257 *Bajonett-Anschlussvorrichtung*.

3. die unmittelbare Einzelzubereitung von Arzneimitteln in Apotheken auf Grund ärztlicher Verordnung sowie auf Handlungen, welche die auf diese Weise zubereiteten Arzneimittel betreffen;
4. den an Bord von Schiffen eines anderen Mitgliedstaates der Pariser Verbandsübereinkunft zum Schutz des gewerblichen Eigentums stattfindenden Gebrauch des Gegenstands der patentierten Erfindung im Schiffskörper, in den Maschinen, im Takelwerk, an den Geräten und sonstigem Zubehör, wenn die Schiffe vorübergehend oder zufällig in die Gewässer gelangen, auf die sich der Geltungsbereich dieses Gesetzes erstreckt, vorausgesetzt, dass dieser Gegenstand dort ausschließlich für die Bedürfnisse des Schiffes verwendet wird;
5. den Gebrauch des Gegenstandes der patentierten Erfindung in der Bauausführung oder für den Betrieb der Luft- oder Landfahrzeuge eines anderen Mitgliedstaates der Pariser Verbandsübereinkunft zum Schutz des gewerblichen Eigentums oder des Zubehörs solcher Fahrzeuge, wenn diese vorübergehend oder zufällig in den Geltungsbereich dieses Gesetzes gelangen;
6. die in Artikel 27 des Abkommens vom 7. Dezember 1944 über die internationale Zivilluftfahrt (BGBl 1956 II S 411) vorgesehenen Handlungen, wenn diese Handlungen ein Luftfahrzeug eines anderen Staates betreffen, auf den dieser Artikel anzuwenden ist.

Rinken

Übersicht

	Geltungsbereich	1
	Europäisches Patentrecht	2
	Literatur	4
	Kommentierung zu § 11 PatG	
1	Beschränkung der Wirkung des Patents	5
2	Tatbestände des § 11	7
2.1	Privater Bereich	7
2.2	Handlungen zu Versuchszwecken	9
2.3	Biologisches Material	15
2.4	Roche-Bolar-Regel	18
2.5	Einzelzubereitung von Arzneimitteln in Apotheken	21
2.6	Gebrauch an Bord von Schiffen	23
2.7	Gebrauch bei Luft- und Landfahrzeugen	24
2.8	Internationale Zivilluftfahrt	25

Geltungsbereich: § 11 ist als § 6b durch Art 8 Nr 4 des 1. GPatG mit Wirkung vom 1.1.1981 eingeführt worden. Art 1 Nr 7 des Gesetzes zur Umsetzung der Richtlinie über den Schutz biotechnologischer Erfindungen hat Abs 2a eingefügt; Nr 2b geht zurück auf Art 3 des 14. Gesetzes zur Änderung des Arzneimittelgesetzes v 29.8.2005.   **1**

Europäisches Patentrecht: § 11 entspricht Art 27 GPÜ in der Fassung v 15.12.89 (= Art 31 GPÜ 1975).   **2**

Art 27 GPÜ   Limitation of the effects of the Community patent
The rights conferred by a Community patent shall not extend to: **3**
(a) acts done privately and for non-commercial purposes;
(b) acts done for experimental purposes relating to the subject-matter of the patented invention;

(c) the extemporaneous preparation for individual cases in a pharmacy of a medicine in accordance with a medical prescription or acts concerning the medicine so prepared;
(d) the use on board of vessels of the countries of the Union of Paris for the Protection of Industrial Property, other than the Contracting States, of the patented invention, in the body of the vessel, in the machinery, tackle, gear and other accessories, when such vessels temporarily or accidentally enter the waters of Contracting States, provided that the invention is used there exclusively for the needs of the vessel;
(e) the use of the patented invention in the construction or operation of aircraft or land vehicles of countries of the Union of Paris for the Protection of Industrial Property, other than the Contracting States, or of accessories to such aircraft or land vehicles, when these temporarily or accidentally enter the territory of Contracting States;
(f) the acts specifed in Article 27 of the Convention on internacional civil aviation of 7 December 1944, where these acts concern the aircraft of a State, other than the Contracting States, benefiting from the provisions of that Article.

4 **Lit:** Chrocziel Die Benutzung patentierter Erfindungen zu Versuchs- und Forschungszwecken MPI-Schriftenreihe Bd 67 Köln 1986; Gilat Experimental use and patents 1995; Parliamentary Office of Science and Technology Patent, Research and Technology – Compatibilities and Conflicts 1996; v Meibom/vom Feld FS Bartenbach 2006, 385; Chrocziel/Hufnagel FS Mes 2009, 59; Langfinger VPP-Rundbrief 11, 53.
Lit in GRUR: Tetzner **66**, 604; Eichmann **77**, 304; Villinger **81**, 541; Freier **87**, 664; Stauder **93**, 305; Straus **93**, 308; Pietzcker **94**, 319; Thums **95**, 277; Hieber **96**, 439; Schultz-Süchting **96**, 116; Pagenberg **96**, 736; Holzapfel **06**, 10; Stief/Matschke **21**, 1241
Lit in GRUR Int: Chrocziel **84**, 735; **92**, 203; Schutjens **93**, 827; Pedrazzini **93**, 373; Gassner **04**, 983.
Lit in Mitt: Scheil **96**, 345; Vossius **97**, 116; v Meibom/Pitz **98**, 244; Fitzner/Tilmann **02**, 2; Stjerna **04**, 343; Haedicke **05**, 241; Worm/Guski **11**, 265; Wuttke **14**, 452.
Lit in EIPR: Brown **92**, 23; **Lit in IIC:** Cornish **98**, 735.
Lit in PharmR: Epping/Gerstberger **03**, 257; Hufnagel **06**, 209.

1 Beschränkung der Wirkung des Patents:

5 Grundsätzlich erstreckt sich die Wirkung des Patents auf alle Benutzungshandlungen, die § 9 aufführt. Von der Wirkung des Patents nimmt § 11 bestimmte Benutzungshandlungen aus. Der Grund für diese Ausnahme liegt in der fehlenden Gewerbsmäßigkeit dieser Handlungen. Wer diese Handlungen vornimmt, begeht keine Patentverletzung, obwohl er den objektiven und subjektiven Tatbestand einer unmittelbaren Benutzung des Patents verwirklicht. Dem Patentinhaber steht daher gegen die Vornahme dieser Handlungen kein Verbotsrecht zu.

6 Dagegen kann der Patentinhaber gegen solche Personen sein Patent geltend machen, die Dritten Mittel zur Benutzung der Erfindung anbieten oder liefern, auch wenn die Handlungen dieser Dritten von der Wirkung des Patents nach § 11 Nr 1 bis 3 ausgenommen sind. Das folgt aus § 10 (3). Danach ist der Tatbestand einer mittelbaren Patentverletzung gemäß § 10 (1) auch dann gegeben, wenn der mittelbare Täter sich mit seinem Angebot oder seiner Lieferung an solche Personen wendet, deren Handlungen nach § 11 Nr 1 bis 3 nicht unter das Patent fallen (vgl § 10 Rdn 15).

2 Tatbestände des § 11

2.1 Privater Bereich *(acts done privately)*

7 § 11 Nr 1 nimmt Handlungen im **privaten Bereich** zu nicht gewerblichen Zwecken von der Wirkung des Patents aus. Im privaten Bereich handeln können nur solche *Personen*, die über eine Privatsphäre verfügen, idR nur natürliche Personen, nicht dagegen juristische Personen, Behörden, Kirchen oder Vereine. Was für den eigenen

häuslichen Gebrauch bestimmt ist oder persönlichen Studienzwecken dient, gehört zum privaten Bereich.

Alle Handlungen, die gewerbsmäßig vorgenommen werden oder die einem Gewerbe oder dem Erwerb[1] dienen, werden nicht im privaten Bereich vorgenommen, und zwar auch dann nicht, wenn die Handlung für einen nicht gewerblichen Zweck bestimmt ist, wie die Benutzungshandlungen der Angehörigen der **freien Berufe**, deren Berufsausübung kein Gewerbe ist.[2] Entscheidend ist eine Gesamtbetrachtung anhand der Umstände des Einzelfalles.[3] Auch ein Gebrauchtwarenhandel kann gewerblich sein.[4] Nutzer von **Internet-Tauschbörsen** handeln idR nicht im privaten Bereich; nach Nr 1 privilegiert ist nur das bloße Herunterladen und Installieren patentgeschützter Programme.[5]

2.2 Handlungen zu Versuchszwecken *(acts done for experimental purposes)*

Nach § 11 Nr 2 erstreckt sich das Patent nicht auf Handlungen, die an sich den Tatbestand einer Patentverletzung erfüllen, wenn diese zu Versuchszwecken vorgenommen werden. Das Versuchsprivileg des § 11 Nr 2 ist eine verfassungsgemäße Inhaltsbestimmung des Patentrechts.[6] Die Freistellung von (klinischen) Versuchen von der Wirkung des Patents führt daher nicht zu einer Verkürzung der Patentschutzzeit, die mit Art 14 GG nicht mehr zu vereinbaren wäre.

Voraussetzungen einer Freistellung von der Wirkung des Patents gemäß § 11 Nr 2:
a) Vorliegen eines Versuchs, also eines planmäßigen Vorgehens zur Gewinnung von Erkenntnissen.[7] Daran fehlt es, wenn die Erfindung zum Mittel der Versuchshandlungen gemacht wird,[8] wenn es also nicht mehr darum geht, etwas über die patentierte Erfindung herauszufinden;[9] **b)** die Zielrichtung des Versuchs ist nicht eingeschränkt, es kann also ein wissenschaftlicher wie ein gewerblicher Zweck verfolgt werden,[10] insbesondere darf die Verwendbarkeit und Weiterentwicklungsmöglichkeit Gegenstand der Prüfung sein[11] (zB weitere Indikationen für patengeschützten Wirkstoff, Wirksamkeits- und Verträglichkeitsunterschiede zum Originalpräparat); **c)** die Versuche müssen sich auf den Gegenstand der patentierten Erfindung beziehen (im Gegensatz zum Gegenstand des Patents in § 9), also auf die beanspruchte Lehre zum technischen Handeln, die auch die Verwendung des erfinderischen Gegenstands umfasst;[12]

---

1 ZB Anbringen von patentierten Gardinenhaken durch Vermieter in den Wohnungen seiner Mieter, RG BlPMZ **12**, 219.
2 ZB Aufhängen einer patentierten Lampe im Wartezimmer eines Arztes; BGH GRUR **68**, 142 (II 3b aa) *Glatzenoperation*.
3 BGH GRUR **09**, 871 [MarkenG]; vgl. zu Verkäufen über Internetauktionsplattformen: LG Düsseldorf Urt v 06.03.2012 – 4b O 69/11.
4 Benkard/Scharen § 11 Rn 5.
5 Haedicke/Zech GRUR-Beilage **14**, 52, 57.
6 BVerfG GRUR **01**, 43 *Klinische Versuche*.
7 BGH GRUR **96**, 109 (III4a) *Klinische Versuche I*.
8 BGH GRUR **96**, 109 (III 4b cc).
9 Court of Appeal UK GRUR Int **87**, 108 *Touch down* = RPC 1985, 515.
10 BGH GRUR **96**, 109 (III4a) u Mitt **97**, 253 *Klinische Versuche I* u *II*.
11 Denkschrift zu Art 31 GPÜ (= Art 27b GPÜ 1989) BlPMZ **79**, 333.
12 BGH GRUR **96**, 109 (III4a) u Mitt **97**, 253 *Klinische Versuche I* u *II*.

Versuche, die sich auf einen anderen Gegenstand beziehen und bei denen die geschützte Erfindung lediglich als Hilfsmittel eingesetzt wird, sind nicht freigestellt;[13] d) Umfang der Versuche ist weder qualitativ noch quantitativ beschränkt,[14] es sei denn, sie werden in einem so großen Umfang vorgenommen, dass die Erprobung durch den Versuchszweck nicht mehr gerechtfertigt ist.[15] Sie können sowohl der Überprüfung der in der PS enthaltenen Angaben wie der Erlangung von Forschungsergebnissen und auch gewerblichen Interessen dienen.[16]

11 **Rechtmäßige Versuche**: a) Einsatz eines patentierten Arzneimittelwirkstoffs bei klinischen Versuchen, um zu erfahren, ob und in welcher Form der Wirkstoff geeignet ist, weitere Krankheiten beim Menschen zu heilen oder zu lindern;[17] b) klinische Versuche mit dem Ziel der Gewinnung von Daten für die arzneimittelrechtliche Zulassung;[18] c) Prüfung eines patentgeschützten Wirkstoffs eines Pflanzenbehandlungsmittels durch Pflanzenschutzämter in Feldversuchen;[19] d) planmäßiges Vorgehen, um eine bestehende Unsicherheit über die Wirkungen und die Verträglichkeit eines Arzneimittel-Wirkstoffs zu beseitigen.[20]

12 **Unzulässige Versuche**: a) Versuche, die keinem Erkenntnisgewinn dienen, wie reine Bioäquivalenzprüfungen im Rahmen eines abgekürzten Zweitzulassungs-Verfahrens;[21] b) Versuche, die keinen Bezug zur technischen Lehre des Patents haben,[22] was bei der Verwendung eines patentierten Forschungswerkzeuges vielfach der Fall sein wird;[23] c) Versuche in einem so großen Umfang, dass die Erprobung von dem eigentlichen Versuchszweck nicht mehr gedeckt ist;[24] d) Durchführung in der Absicht, den Absatz des Erfinders zu stören oder zu hindern.[25]

13 Forscht jemand im Auftrag eines Dritten (**Auftragsforschung**), kann er sich selbst dann mit Erfolg auf die Privilegien nach § 11 Nr 2 bzw. § 11 Nr 2b berufen, wenn er mit **Gewinnerzielungsabsicht** handelt.[26]

14 § 11 Nr 2 enthält zwar keinen persönlichen Privilegierungsgrund. Auf die Privilegierungen nach § 11 Nr 2 kann sich als »**(Mit-)Veranstalter« der Versuche** jedoch derjenige, welcher die Verletzungsform an einen Dritten liefert (»**Fremdbelieferung**«), nur dann berufen, wenn er ein **eigenes Interesse an den Studien** mit der Verletzungsform

---

13 BGH GRUR **96**, 109 (III 4b cc).
14 BGH GRUR **96**, 109 (III4a) u Mitt **97**, 253 *Klinische Versuche I* u *II*.
15 BGH Mitt **97**, 253 *Klinische Versuche II*.
16 BGH GRUR **96**, 109 (III4a) u Mitt **97**, 253 *Klinische Versuche I* u *II*.
17 BGH GRUR **96**, 109 *Klinische Versuche I*.
18 BGH GRUR **96**, 109 u Mitt **97**, 253 *Klinische Versuche I* u *II*.
19 AA zu § 6 PatG 1968: BGH GRUR **90**, 997 *Ethofumesat*, vgl aber BGH GRUR **96**, 109 (III 3b aa).
20 BGH Mitt **97**, 253 *Klinische Versuche II*.
21 Vgl. OLG Düsseldorf GRUR-RR **14**, 100 *Marktzulassungsprivileg*; Epping/Gerstberger PharmR **03**, 257, 259.
22 BGH Mitt **97**, 253 *Klinische Versuche II*.
23 Hufnagel PharmR **06**, 209, 214; Holzapfel GRUR **06**, 10, 13 ff.
24 BGH Mitt **97**, 253 *Klinische Versuche II*.
25 BGH Mitt **97**, 253 *Klinische Versuche II*.
26 Worm/Guski Mitt **11**, 265, 269 m.w.N.

hat, das über die Lieferung der Verletzungsform und einen späteren gewerblichen Vertrieb hinaus geht.[27] Im Falle der bloßen Übergabe von Mitteln zur Benutzung der Erfindung gilt allerdings § 10 (3).

2.3 Biologisches Material

und dessen Nutzung zur Züchtung, Entdeckung oder Entwicklung einer neuen Pflanzensorte ist Gegenstand des seit 28.2.2005 geltenden Privilegierungstatbestandes nach Abs 2a. Er ist inhaltlich an Art 15 lit c) SortenschV angelehnt und tritt neben die anderen Ausschlusstatbestände, insbesondere der Nr 2, 3, deren Anwendung nicht ausgeschlossen wird.

»Biologisches Material« ist solches iSv § 2a (3) Nr 1. »Pflanzensorte« definiert das Sortenschutzrecht,[28] dh Art 5 GemSortVO, § 2 Nr 1a SortG. Sorte ist demnach eine Gesamtheit von Pflanzen oder von (aufgrund ihrer vollständigen genetischen Information reproduktionsfähigen) Pflanzenteilen, die a) eine bestimmte genotypische Ausprägung besitzen, wobei b) mindestens ein genotypisches Merkmal die Unterscheidung von jeder anderen Pflanzensorte erlaubt und c) die objektive Eignung besteht, in ihrer genotypischen Ausprägung unverändert vermehrt zu werden. »Züchtung« und »Entwicklung« meinen das Schaffen neuen Pflanzenguts durch menschliches Zutun; Bsp: Ramschzüchtung, Stammbaumzüchtung, Kreuzungszüchtung, Hybrid- oder Mutationszüchtung, Auslese; generativ, vegetativ, gentechnisch.[29] »Entdeckung« ist demgegenüber das Auffinden einer bisher unbekannten Pflanzensorte, an deren Existenz und Hervorbringung menschliches Handeln nicht beteiligt ist (zB spontane Mutation). Die Benutzung des patentgeschützten biologischen Materials muss subjektiv (sei es aus wissenschaftlichem Interesse oder aufgrund kommerzieller Erwägungen) zu dem Zweck erfolgen, eine neue Sorte zu züchten, zu entwickeln oder zu entdecken. Eine andere Zielrichtung führt zur Versagung der Privilegierung.

Nicht privilegiert sind Handlungen mit der neu gezüchteten, entdeckten oder entwickelten Pflanzensorte. Besteht für das bei der Züchtung verwendete Ausgangsmaterial Sortenschutz, setzt sich dieser auch gegenüber einer Weiterzüchtung durch; allerdings besteht nach Maßgabe von § 24 (3) PatG Pflicht zu gegenseitiger Zwangslizenzierung.

2.4 Roche-Bolar-Regel

nach Nr 2 b setzt mit Wirkung zum 6.9.2005 Art 10 (6) der geänderten Richtlinie 2001/83/EG und Art 13 (6) der geänderten Richtlinie 2001/82/EG um. Sie bezweckt die Privilegierung von Generikaherstellern, denen während der Patentlaufzeit Benutzungshandlungen gestattet werden, die für eine arzneimittelrechtliche Zulassung ihres Präparates notwendig sind. Mit Auslaufen des Patentschutzes soll der Generikahersteller im Besitz einer Arzneimittelzulassung sein können.

---

[27] LG Düsseldorf Urt v 26.07.2012 – 4a O 282/10; Langfinger VPP-Rundbrief 11, 53, 56; a.A.: Bukow, in: Haedicke/Timmann § 9 Rn 24 ff. m.w.N.
[28] Erwägungsgrund 30 der BioPatRL.
[29] Keukenschrijver Sortenschutzgesetz § 8 Rn 7.

Die Roche-Bolar-Regel ist **neben Versuchsprivileg anwendbar**. Sie geht über dieses hinaus, weil die auf neue Erkenntnisse gerichteten Versuche nicht die patentierte Erfindung selbst zum Gegenstand haben müssen.

19 Nach Nr 2 b freigestellt sind a) »Studien«, insbesondere klinische Studien; b) »Versuche« iSv Nr 2, dh planmäßige Vorgehensweisen zur Erzielung von Erkenntnissen; c) die sich aus Studien oder Versuchen ergebenden »praktischen Anforderungen«. Gemeint ist hiermit jede Benutzung der patentierten Lehre, mit der die Voraussetzungen für die Durchführung einer privilegierten Studie oder eines privilegierten Versuchs geschaffen werden. Bsp für solche Bereitstellungshandlungen sind: Herstellung oder Import des für den Versuch vorgesehenen patentgeschützten Wirkstoffs, Produktion von Versuchsmustern. Die (mittelbar patentbenutzende) Lieferung von Materialien, aus denen ein Dritter (unmittelbar patentbenutzende) Versuchsmuster anfertigt, ist wegen § 10 (3) nur patentfrei, wenn auch der Lieferant im Rahmen des Tatbestandes nach Nr 2 b handelt.[30] Der Lieferant muss mit Blick auf § 10 (3) geeignete Vorkehrungen gegen nicht privilegierte Verwendung seines Abnehmers treffen und zwar auch in Fällen des sog. Schlechthin-Verbots. Entsprechendes gilt für Fälle, in denen die Bereitstellung durch den Lieferanten bereits eine unmittelbare Patentverletzung darstellt.[31] Eine Privilegierung auch des Lieferanten kommt in Betracht, wenn er »Mitveranstalter« der anschließenden Versuche ist.[32] d) Die Studien oder Versuche müssen für das arzneimittelrechtliche Zulassungsverfahren erforderlich sein – sei es, dass ihre Durchführung als solche vorgeschrieben ist oder dass mit ihrer Hilfe Erkenntnisse über das zuzulassende Medikament (zB seine Bioäquivalenz zum Originalprodukt) gewonnen werden, die gegenüber der Genehmigungsbehörde nachzuweisen sind. Es bedarf eines unmittelbaren Zusammenhangs zwischen dem Versuch/der Studie und der angestrebten Arzneimittelzulassung.[33] Eine **Vorfeldforschung**, die keine direkten Zulassungsvoraussetzungen schafft (wie die **Verwendung eines Forschungswerkzeuges**[34]), ist unzureichend, da es am unmittelbaren Zusammenhang mit dem Ziel, eine Arzneimittelzulassung zu erhalten, fehlt.[35] Ob die Arzneimittelzulassung in Deutschland, einem Mitgliedstaat der EU oder einem Drittland beantragt werden soll, ist gleichgültig. Das nationale Recht des Zulassungsstaates bestimmt jeweils, was zur Erlangung einer arzneimittelrechtlichen Genehmigung »erforderlich« ist und dementsprechend vom Patentschutz suspendiert sein kann.

20 Der Antragsteller für das Zulassungsverfahren muss nicht selbst die Studien/Versuche durchführen. Nr 2 b greift auch in Fällen sog **Auftragsforschung** ein, die in ein Fremdlabor ausgelagert ist[36] (siehe auch Rdn 13).

---

30 Hufnagel PharmR 06, 209, 212; Fähndrich/Timann GRUR 01, 901, 902.
31 OLG Düsseldorf GRUR-RR 14, 100 *Marktzulassungsprivileg*.
32 LG Düsseldorf Urt v 26.07.2012 – 4a O 282/10; vgl. zum sehr differenzierten Meinungsbild Benkard/Scharen § 11 Rn 10. Die in OLG Düsseldorf GRUR-RR 14, 100 *Marktzulassungsprivileg* beschlossene EuGH-Vorlage hat sich infolge eines Klageverzichts erledigt.
33 Gassner GRUR Int 04, 988, 991; Holznagel GRUR 06, 10, 16.
34 Holzapfel GRUR 06, 10, 16; aA: v Meibom/vom Feld FS Bartenbach 05, 398 f; zur Rechtslage in den USA vgl die Berichterstattung in GRUR Int 07, 877.
35 Holzapfel GRUR 06, 10, 16; a.A: Langfinger VPP-Rundbrief 11, 53, 58 f.
36 Hufnagel PharmR 06, 209, 213 f.

2.5 Einzelzubereitung von Arzneimitteln in Apotheken *(preparation in a pharmacy of a medicine)*

Durch § 11 Nr 3 soll die Ausübung der ärztlichen Tätigkeit erleichtert werden, indem die mit der Herstellung und Verarbeitung von Arzneimitteln in Einzelfällen befassten Personen von der Wirkung des Patents freigestellt werden.[37] Der Arzt erhält danach die Möglichkeit, im Einzelfall im Interesse seines Patienten unabhängig von der jeweiligen Schutzrechtslage Arzneimittel zu verschreiben, die in Apotheken hergestellt werden dürfen.[38] Die Bestimmung ergänzt § 2a (1) Nr 2, nach dem für Verfahren zur chirurgischen oder therapeutischen Behandlung des menschlichen oder tierischen Körpers, die am menschlichen oder tierischen Körper vorgenommen werden, keine Patente erteilt werden.

Voraussetzungen der Freistellung vom Patentschutz nach § 11 Nr 3: **a)** Arzneimittel sind Mittel, die zur Behandlung des menschlichen oder tierischen Körpers bestimmt sind; **b)** unmittelbare Einzelzubereitung ist nur freigestellt, also nur die für einen Anwendungsfall üblicherweise erforderliche Menge, die jeweils für den konkreten Anwendungsfall hergestellt wird; **c)** Vorliegen einer ärztlichen Verordnung für das zuzubereitende Medikament; liegt eine ärztliche Verordnung vor, dann können auch Arzneimittel zubereitet werden, für deren Abgabe eine ärztliche Verordnung nicht Voraussetzung ist; **d)** Zubereitung in Apotheken, denen die Konzession nach dem Gesetz über das Apothekenwesen v 20.8.60 (BGBl I 697) erteilt ist. Krankenhausapotheken sind, wenn sie die Voraussetzungen zu a) bis c) erfüllen, ebenfalls freigestellt.

Durch a) bis d) ist gewährleistet, dass die Herstellung größerer Arzneimittelmengen für mehrere Patienten oder auf Vorrat, wie sie zB in Krankenhausapotheken vorgenommen werden, nicht zulässig ist.[39]

2.6 Gebrauch an Bord von Schiffen:

§ 11 Nr 4 entspricht Art 5ter Nr 1 PVÜ[40] und schließt eine Patentverletzung durch Gebrauch des Gegenstands der patentierten Erfindung für die näher umschriebenen Handlungen aus, nicht dagegen die Herstellung von Erzeugnissen an Bord des Schiffes oder das Inverkehrbringen solcher Erzeugnisse. Der Eigner soll die Staatsgrenzen ungehindert überschreiten und wieder in sein Hoheitsgebiet zurückkehren können, ohne sich Patentverletzungsansprüchen in den jeweiligen ausländischen Hoheitsgebieten ausgesetzt zu sehen: »**Vorübergehend**« ist der Aufenthalt eines Schiffes nur im Rahmen der Verkehrstätigkeit; hieran mangelt es, wenn Schiffe in einer deutschen Werft bestimmungsgemäß hergestellt und ausgestattet wurden und erst nach Erlangen der Fahrtüchtigkeit in das Eigentum ausländischer Eigner übergegangen sind.[41] Deutsche Schiffe werden von der Ausnahmeregelung generell nicht erfasst.[42]

---

37 Denkschrift zu Art 1 GPÜ BlPMZ **79**, 333.
38 Amtl. Begr z BlPMZ **79**, 280 lSp.
39 Denkschrift zu Art 31 GPÜ BlPMZ **79**, 333.
40 Vgl hierzu Bodenhausen Kom zur PVÜ 1971 S 69.
41 OLG Düsseldorf Urt v 14.2.2019 – 15 U 60/15 Tz 71 = GRUR-Prax 19, 310 *Vakuumpumpe*.
42 OLG Düsseldorf Urt v 14.2.2019 – 15 U 60/15 Tz 72 = GRUR-Prax 19, 310 *Vakuumpumpe*.

2.7 Gebrauch bei Luft- und Landfahrzeugen:

24 § 11 Nr 5 entspricht Art 5ter Nr 2 PVÜ[43] und schließt eine Patentverletzung durch Gebrauch des Gegenstands der patentierten Erfindung in der Bauausführung (zB Kupplung[44]) oder für den Betrieb von Luft- und Landfahrzeugen (zB Rolltrailer,[45] Pflanzentransportwagen[46]) aus. Ein anderer Gebrauch oder andere Benutzungsarten iSd § 9 sind nicht ausgenommen. Vorübergehend (= 1 Jahr seit Grenzübertritt[47]) kann auch bei regelmäßiger Wiederholung gegeben sein,[48] aber nicht, wenn das Fahrzeug unkontrollierter Bestandteil eines inländischen Systems wird.[49]

2.8 Internationale Zivilluftfahrt:

25 § 11 Nr 6 trägt dem Abkommen über die internationale Zivilluftfahrt v 7.12.44[50] Rechnung. Dessen Artikel 27 sieht eine Befreiung von Beschlagnahme wegen Patentverletzung vor, wenn bei einem genehmigten Einflug oder Durchflug Bauart, Mechanismus, Teile, Zubehör oder der Betrieb des Luftfahrzeuges ein Patent verletzen. Die Befreiung gilt auch für die Lagerung von Ersatzteilen und Ersatzausrüstung.

§ 12 Vorbenutzungsrecht
(right based on prior use)

(1) ¹Die Wirkung des Patents tritt gegen den nicht ein, der zur Zeit der Anmeldung bereits im Inland die Erfindung in Benutzung genommen oder die dazu erforderlichen Veranstaltungen getroffen hatte. ²Dieser ist befugt, die Erfindung für die Bedürfnisse seines eigenen Betriebs in eigenen oder fremden Werkstätten auszunutzen. ³Die Befugnis kann nur zusammen mit dem Betrieb vererbt oder veräußert werden. ⁴Hat der Anmelder oder sein Rechtsvorgänger die Erfindung vor der Anmeldung anderen mitgeteilt und sich dabei seine Rechte für den Fall der Patenterteilung vorbehalten, so kann sich der, welcher die Erfindung infolge der Mitteilung erfahren hat, nicht auf Maßnahmen nach Satz 1 berufen, die er innerhalb von sechs Monaten nach der Mitteilung getroffen hat.

(2) ¹Steht dem Patentinhaber ein Prioritätsrecht zu, so ist an Stelle der in Absatz 1 bezeichneten Anmeldung die frühere Anmeldung maßgebend. ²Dies gilt jedoch nicht für Angehörige eines ausländischen Staates, der hierin keine Gegenseitigkeit verbürgt, soweit sie die Priorität einer ausländischen Anmeldung in Anspruch nehmen.

Rinken

---

43 Vgl hierzu Bodenhausen Kom zur PVÜ 1971 S 69.
44 LG Hamburg GRUR Int **73**, 703.
45 LG Hamburg GRUR Int **73**, 703.
46 OLG Hamburg GRUR Int **88**, 781.
47 LG Hamburg GRUR Int **73**, 703.
48 LG Hamburg GRUR Int **73**, 703.
49 OLG Hamburg GRUR Int **88**, 781.
50 BGBl 1956 II 412 = BlPMZ **62**, 67; BGBl 1962 II 2169; 1963 II 1075; 1964 II 217.

Übersicht

Geltungsbereich		1
Europäisches Patentrecht		3
Literatur		4
Kommentierung zu § 12 PatG		
I.	Zweck	5
II.	Rechtsnatur und Wirkung	6
III.	Voraussetzungen des Vorbenutzungsrechts (VBR)	8
1	Erfindungsbesitz	9
2	Betätigung des Erfindungsbesitzes	10
2.1	Benutzung	11
2.2	Veranstaltungen	14
2.3	Art und Weise	16
2.3.1	Eigeninteresse	17
2.3.2	Gewerbsmäßig	18
2.3.3	Zeitpunkt	19
2.3.4	Umfang	22
2.3.5	Redlichkeit	23
IV.	Inhalt des Vorbenutzungsrechts (VBR)	24
1	Umfang des VBR	24
2	Betriebsgebundenheit (§ 12 (1) 2)	25
3	Übertragbarkeit	26
4	Auswirkung auf nachfolgende Handelsstufen	28
V.	Weiterbenutzungsrecht	29
VI.	Darlegungs-/Beweislast	30

Geltungsbereich: § 12 (1) (= § 7 (1) aF) gilt für alle Patente (deutsche, erstreckte und europäische) sowie für Schutzzertifikate.
§ 12 (2) (= § 7 (3) idF des 1. GPatG) ist nach Art 12 (1) des 1. GPatG nur auf nach dem 1.1.81 eingereichte Anmeldungen und die darauf erteilten Patente anzuwenden. Für vor dem 1.1.81 angemeldete Patente verbleibt es für die Zeit vom 1.7.–31.12.80 bei § 7 (3) idF des IntpatÜG und für die Zeit vor dem 1.7.80 bei § 7 (3) idF v 2.1.68 (vgl Art IV Nr 7, Art XI § 3 (6) IntpatÜG u Art 12 (2) GPatG iVm der Bekanntmachung v 20.3.80 BGBl II 572 = BlPMZ 80, 167).
§ 7 (4) idF v 2.1.68 gilt für vor dem 1.1.81 angemeldete Patente weiter. An die Stelle des gestrichenen § 7 (4) aF tritt ab 1.1.81 § 11 Nr 4 u 5 (= § 6b Nr 4 u 5 idF des 1. GPatG). **1**

§ 27 ErstrG erstreckt die Wirkung eines Vorbenutzungsrechts, das die Wirkung eines nach §§ 1 oder 4 erstreckten Patents einschränkt, auf das gesamte Bundesgebiet. In welchem Gebiet die Vorbenutzung oder die Veranstaltungen dazu erfolgt sind, ist ohne Belang. Rechtmäßige Benutzungshandlungen (nicht Veranstaltungen zur Benutzung) vor dem 1.9.90 und nach dem Anmelde- oder Prioritätstag eines erstreckten Patents begründen im Rahmen des § 28 ErstrG ein Weiterbenutzungsrecht im gesamten Bundesgebiet. **2**

Europäisches Patentrecht: Das Vorbenutzungsrecht nach § 12 gilt auch gegenüber europ Patenten, da diese nach Art 2 (2) u 64 EPÜ die Wirkung eines nationalen Patents haben, sowie nach Art 37 GPÜ 1989 (= Art 38 GPÜ 1975) auch gegenüber Gemeinschaftspatenten. Auf die Schaffung eines einheitlichen VBR gegenüber Gemeinschaftspatenten für alle Vertragsstaaten zielt die »Entschließung über Vorbenutzung und Vorbesitz« zum GPÜ (GRUR Int 76, 248). Die 3. Luxemburger Gemeinschaftspatentkonferenz 1989 stellte fest, dass zur Vereinheitlichung der Rechtsmaterie noch weitere gesetzgeberische Arbeiten erforderlich sind. **3**

Lit: Dietze FS vom Stein 1961, 39; Hufnagel FS Reimann 2009, 215; Kühnen FS Mes 2009, 233; Bergermann FS 80 Jahre Patentgerichtsbarkeit in Düsseldorf 2016, 51; v Falck **21**, 181; Haft **21**, 119; Scharen **21**, 343. **4**
Lit in GRUR: Lampert **67**, 221; Tetzner **73**, 337; Eichmann **93**, 73; Brändel **93**, 169; Keukenschrijver **01**, 944; Nirk **01**, 984;
Lit in GRUR Int: Bruchhausen **64**, 405; Eichmann **67**, 378; Ohl **68**, 33; Osterborg **83**, 97; Feyzan Hayan Sehirali/Petter Bjerke **01**, 828;

Lit in Mitt: Lüdecke 59, 238; Blumenröder/Bertram 14, 119; **Lit in ChemIngTechnik:** Beil 64, 79; **Lit in EIPR:** Davis/Cohen 94, 239; Monotti 97, 351; **Lit in IIC:** Osterborg 81, 447; **Lit in WRP:** König 67, 177; **Lit in JR:** Tetzner 70, 172; **Lit in Öbl:** Warbek 96, 263.
Bericht zum GPÜ: Singer GRUR Int 76, 207.
Entschließung über Vorbenutzung und Vorbesitz: GRUR Int 76, 248.

I. Zweck:

5   Die ratio des § 12, welche im Rahmen der Auslegung der Tatbestandsmerkmale zu berücksichtigen ist,[1] besteht darin, den durch Benutzung oder durch Veranstaltung zur Benutzung **redlich erworbenen Besitzstand** eines Dritten nicht durch eine spätere Patentanmeldung zu entwerten.[2] Aus **Billigkeitsgründen** soll der Aufwand des Vorbenutzers nicht umsonst gewesen sein.[3] Deshalb schließt das Vorbenutzungsrecht gem § 12 (1) S 1 die Widerrechtlichkeit einer Patentbenutzungshandlung aus.[4] Das Vorbenutzungsrecht gemäß § 12 wird bisweilen mit dem Adjektiv »privates« gekennzeichnet.[5] Darin kommt zum Ausdruck, dass im Rahmen des § 12 bereits eine Benutzungshandlung genügt, die außerhalb der Öffentlichkeit vorgenommen wird, mithin eine offenkundige Benutzung nicht notwendiges Tatbestandsmerkmal ist.

II. Rechtsnatur und Wirkung:

6   Das Vorbenutzungsrecht (VBR) ist **keine Belastung des Rechts am Patent**, es schafft keine unmittelbaren Rechtsbeziehungen zwischen Vorbenutzer und Patentinhaber, sondern lässt den Patentschutz von vornherein insoweit nicht entstehen, als der rechtlich geschützte Besitzstand des Vorbenutzers reicht.[6]

7   Wirkung des VBR besteht im **Fortfall der Widerrechtlichkeit der Benutzung** gegenüber Ansprüchen aus §§ 9, 10, 33.[7] Es ist ein »**sonstiges Recht**« iSd § 823 BGB, aber **kein Ausschließlichkeitsrecht**. Gegen dritte Benutzer (Patentverletzer) gewährt es keine Ansprüche.[8]

III. Voraussetzungen des Vorbenutzungsrechts (VBR)

8   Ein VBR entsteht nicht allein aufgrund von Billigkeitserwägungen,[9] sondern bei Vorliegen folgender Voraussetzungen:

1 Erfindungsbesitz:

9   Eine Erfindung kann nur vorbenutzen, wer im (geistigen) Besitz der Erfindung war.[10] Der Erfindungsbesitz erfordert, dass die sich aus Aufgabe und Lösung ergebende tech-

---

1 BGH GRUR 10, 47 = BGHZ 182, 231 *Füllstoff*.
2 BGH BlPMZ 63, 366, 369 *Taxilan*; GRUR 69, 35, 36 *Europareise*; 10, 47 = BGHZ 182, 231 *Füllstoff*.
3 BGH BlPMZ 63, 366, 369 *Taxilan*; GRUR 69, 35, 36 *Europareise*.
4 BGH GRUR 65, 411, 415.
5 Kühnen Kap E Rn 435.
6 BGH GRUR 65, 411 *Lacktränkeeinrichtung*.
7 Vgl BGH Urt v 29.6.2017 – I ZR 9/16, GRUR 18, 72 *Bettgestell*.
8 Vgl RG GRUR 37, 135.
9 BGH GRUR 64, 673 *Kasten für Fußabtrittsroste*; 65, 411 *Lacktränkeeinrichtung*; 10, 47 = BGHZ 182, 231 *Füllstoff*.
10 BGH GRUR 60, 546 *Bierhahn*; 64, 496 *Formsand II*.

nische Lehre objektiv fertig und subjektiv derart erkannt ist, dass die tatsächliche Ausführung der Erfindung möglich ist.[11] Insoweit muss es zu einer Erkenntnis gekommen sein, die es jederzeit möglich macht, die technische Lehre **planmäßig wiederholbar** auszuführen; daran fehlt es, wenn das technische Handeln noch im **Versuchsstadium** steckengeblieben ist[12] oder wenn ein Gegenstand benutzt worden ist, der lediglich in einzelnen Exemplaren **zufällig** die erfindungsgemäßen Eigenschaften aufgewiesen hat.[13] Bloß vage Vorstellungen von der technischen Lösung begründen noch keinen Erfindungsbesitz.[14] Nicht erforderlich ist, dass der Handelnde über die Kenntnis der gesicherten Ausführbarkeit hinausgehendes Wissen um vorteilhafte Wirkungen der Erfindung hat: Der Erfindungsbesitz kann nämlich nicht von Voraussetzungen abhängig gemacht werden, die nicht im Patentanspruch selbst definiert worden sind.[15] Ebenso wenig muss der Handelnde die **physikalischen/chemischen Abläufe** erkannt haben, die als Erklärung für die erfindungsgemäßen Vorteile dienen.[16]

2 Betätigung des Erfindungsbesitzes:

§ 12 gewährt das VBR nur dem, der seinen Erfindungsbesitz im Inland bereits in die Tat umgesetzt hatte.[17] Das kann durch **Benutzung** oder durch dazu erforderliche **Veranstaltungen** geschehen. Maßgeblich ist das Staatsgebiet der BRD. Vorbenutzungshandlungen im **EU-Ausland genügen** (auch unter Geltung des Grundsatzes des freien Warenverkehrs) **nicht**.[18]

2.1 Benutzung iSd § 12 umfasst alle Benutzungsarten des § 9.[19] Da diese untereinander gleichwertig sind, reicht die Vornahme einer Benutzungsart aus.[20] Es genügt zB das Feilhalten noch nicht verfügbarer Gegenstände, auch wenn das Angebot mündlich und erfolglos war.[21] Allerdings muss die Benutzungshandlung »die Ernsthaftigkeit einer gewerblichen Nutzungsabsicht in die Tat umsetzen«.[22] Daran fehlt es bei Anfertigung eines unverkäuflichen Musters oder eines noch zu testenden **Prototypen**.[23]

Im Falle einer **mittelbaren Vorbenutzungshandlung** iSv § 10 ist zu differenzieren: Lassen sich die Voraussetzungen des § 12 sowohl in Person des mittelbaren Benutzers als auch in derjenigen des Abnehmers feststellen, erwerben beide ein eigenes VBR. Hatte nur der Abnehmer die Erfindung zum maßgeblichen Zeitpunkt in Benutzung

---

11 BGH GRUR **64**, 673, 674 *Kasten für Fußabtrittsroste*; GRUR **10**, 47, 48 = BGHZ **182**, 231 *Füllstoff*; GRUR **12**, 895, 896 *Desmopressin*.
12 BGH GRUR **12**, 895, 896 *Desmopressin*; vgl zu denkbaren Ausnahmen Kühnen Kap E Rn 441.
13 BGH GRUR **12**, 895, 896 *Desmopressin*; OLG Düsseldorf Urt v 11.01.2007 I-2 U 65/05.
14 BGH GRUR **92**, 430, 432 *Tauchcomputer*.
15 BGH GRUR **12**, 895, 896 *Desmopressin*.
16 OLG Düsseldorf InstGE **11**, 193 *Desmopressin-Tablette*.
17 BGH GRUR **86**, 803 (7b) *Formstein*.
18 BGH Urt v 29.6.2017 – I ZR 9/16, GRUR **18**, 72 *Bettgestell*; LG Düsseldorf InstGE **1**, 259 *Laborthermostat*; aA Blumenröder/Bertram Mitt 14, 119.
19 BGH GRUR **64**, 491 *Chloramphenicol*; **69**, 35 *Europareise*.
20 BGH GRUR **64**, 491 *Chloramphenicol*; **69**, 35 *Europareise*; OLG Düsseldorf Urt. v. 14.3.2018 – I-15 U 49/16. GRUR 18, 814 *Schutzverkleidung für funktechnische Anlagen*.
21 BGH GRUR **69**, 35 *Europareise*.
22 OLG Düsseldorf Urt v 26.10.2006 – I-2 U 109/03 = BeckRS 08, 05 802.
23 OLG Düsseldorf Urt v 11.01.2007 – I-2 U 65/05 = BeckRS 08, 05 814.

genommen, erwirbt dieser ein VBR zur weiteren unmittelbaren Benutzung, was zugleich zur Folge hat, dass der mittelbare Benutzer nicht an einen zur Benutzung der Erfindung nicht berechtigten Angebotsempfänger/Abnehmer anbietet/liefert, also auch eine mittelbare Patentverletzung nach § 10 ausscheidet.[24]

13 Liegen die Voraussetzungen des § 12 zwar zugunsten des mittelbaren Benutzers vor, aber **nicht zugleich in Person seiner Angebotsempfänger/Abnehmer**, muss es dem mittelbaren Vorbenutzer freistehen, über den ursprünglichen (vor dem Prioritätszeitpunkt bestehenden) Adressatenkreis hinaus beliebige Dritte wegen des Angebots/der Lieferung erfindungswesentlicher Mittel anzusprechen.[25] Denn Vorbenutzungen gem § 10 schaffen einen vollwertigen Vorbenutzungstatbestand. Davon zu unterscheiden ist die Frage, ob Abnehmer erfindungswesentlicher Mittel von einem VBR des mittelbaren Benutzers profitieren: Bisweilen wird dies bejaht, wenn dem mittelbaren Vorbenutzer eine Lizenzierungsbefugnis zukomme, wobei dies anzunehmen sein soll, wenn das betreffende Mittel ausschließlich patentgemäß verwendbar oder für die Verwirklichung der patentgemäßen Lehre von zentraler Bedeutung sei.[26] Da ein VBR als solches nicht die Rechtsmacht verleihen kann, Dritten Lizenzen zu erteilen, erscheint es sachgerechter, auf die darin begründete Wirkung eines VBR abzustellen: Patentschutz gelangt a priori nicht zur Entstehung, soweit der rechtlich geschützte Besitzstand des Vorbenutzers reicht.[27] Damit die Befugnis des mittelbaren Vorbenutzers zum Weitergebrauch nicht bloß auf dem Papier vorhanden ist, dürfen die Verbietungsrechte des Patentinhabers auch nicht gegenüber den Abnehmern des mittelbaren Vorbenutzers fortbestehen, und zwar unabhängig davon, ob die betreffenden Mittel auch patentfrei einsetzbar sind oder nicht.[28] Die Reichweite des VBR kann in vorstehend diskutierten Konstellationen auch zum Gegenstand einer Feststellungs(-wider)klage gemacht werden.[29]

14 **2.2 Veranstaltungen** iSd § 12 sind solche Maßnahmen, die bestimmungsgemäß der Ausführung der Erfindung dienen und den ernstlichen Willen einer alsbaldigen Benutzung der Erfindung erkennen lassen.[30] Der Entschluss zur gewerblichen Benutzung muss gefallen sein. Handlungen, die die Möglichkeit einer etwaigen späteren, noch ungewissen Benutzung der Erfindung vorbereiten oder erst Klarheit darüber schaffen sollen, ob die Erfindung auch gewerblich benutzt werden kann und soll, die also dazu dienen, den auf die gewerbliche Benutzung gerichteten Willen erst zu bilden, sind keine Veranstaltungen iSd § 12.[31] Das gilt insbesondere für **Versuche**. Versuche, die nicht mehr der Erlangung des Erfindungsbesitzes dienen, sind nicht stets Veranstaltun-

---

24 Benkard/Scharen § 12 Rn 11; Hufnagel FS Reimann 2009 S 215.
25 OLG Düsseldorf Urt. v. 14.3.2018 – I-15 U 49/16, GRUR 18, 814 *Schutzverkleidung für funktechnische Anlagen*; a.A.: LG Düsseldorf Urt v 08.07.2004 4a O 304/03; Benkard/Scharen § 12 Rn 25.
26 Teschemacher, S 125 f; Hufnagel FS Reimann 2009 S 215.
27 Vgl BGH GRUR 02, 231, 233 *Biegevorrichtung*.
28 Siehe näher Kühnen E Rn 462 f.
29 OLG Düsseldorf Urt. v. 14.3.2018 – I-15 U 49/16, GRUR 18, 814 *Schutzverkleidung für funktechnische Anlagen*.
30 BGH BlPMZ 63, 366, 369 *Taxilan*; GRUR 69, 35, 36 *Europareise*; **86**, 803 (7b) *Formstein*; OLG Düsseldorf Urt v 14.3.2018 – I-15 U 49/16, GRUR 18, 814 *Schutzverkleidung für funktechnische Anlagen*.
31 BGH BlPMZ **63**, 366, 369 *Taxilan*; GRUR **69**, 35, 36 *Europareise*.

gen iSd § 12,³² zB nicht Versuche zu rein wissenschaftlichen Zwecken oder Laboratoriumsversuche zum bloßen Ausprobieren, wohl dagegen Versuche zur Erlangung der zweckmäßigen Ausgestaltung.³³ Geschehnisse nach dem Prioritätstag sind zwar an sich nicht entscheidungserheblich, können jedoch im Rahmen der stets gebotenen Gesamtschau aller betrieblichen Umstände³⁴ ggf. Indizien liefern.³⁵

Einzelfälle: Sofern die in Rdn 14 genannten Voraussetzungen erfüllt sind, können Veranstaltungen sein: Herstellung von **Werkstattzeichnungen**;³⁶ Anfertigung von **Modellen**;³⁷ **Vertragsabschluss (oder dessen Anbahnung)** mit einer Herstellerfirma über die Produktion;³⁸ Herrichtung der für die Ausführung des Verfahrens notwendigen Anlagen und Maschinen,³⁹ Einbeziehung als Fertigungsbetrieb;⁴⁰ der Antrag auf Erteilung einer **arzneimittelrechtlichen Zulassung** stellt regelmäßig eine hinreichende Veranstaltung zur alsbaldigen Aufnahme der Benutzung dar.⁴¹

Keine Veranstaltung: bloße Anmeldung eines Schutzrechts;⁴² Vorbehalt der Verwirklichung der Erfindung durch Firmenleitung;⁴³ rein sondierende Besprechungen mit Herstellern;⁴⁴ Anfertigung eines Funktionsmodells (oder Auftrag hierzu), um die Ausführbarkeit der Erfindung zu klären.

2.3 Art und Weise:

Eine Handlung iSd § 12 braucht nur den ernstlichen Willen zur alsbaldigen Benutzung zu dokumentieren, sie muss nicht den Erfindungsgedanken offenbaren.⁴⁵ Die Vorbenutzung braucht daher die Erfindung für einen Dritten nicht erkennbar zu machen,⁴⁶ sie muss aber folgende Voraussetzungen erfüllen:

2.3.1 Eigeninteresse:
Nur wer seinen Erfindungsbesitz **selbständig** oder in seinem Interesse **durch Dritte** ausüben lässt, erwirbt ein VBR, dagegen nicht, wer – ggf. auch als freier Mitarbeiter⁴⁷ – nur im Interesse eines Dritten tätig wird.⁴⁸ Es genügt, wenn der Benutzer eine Benutzungshandlung für einen Dritten in dessen Interesse und zugleich auch für sich selbst vornimmt.⁴⁹ Bei **jur Person**en kommt es auf das Wissen

---

32 BGH BlPMZ **63** 366, 369 *Taxilan*.
33 BGH BlPMZ **63** 366, 369 *Taxilan*.
34 BGH Urt v 29.6.2017 – I ZR 9/16, GRUR **18**, 72 *Bettgestell*.
35 OLG Düsseldorf Urt v 9.5.2019 – I-2 U 66/18, BeckRS **19**, 10841 *Sprengreinigungsverfahren*.
36 BGH GRUR **60**, 546 *Bierhahn*; verneinend zur Anfertigung einer Zusammenstellungszeichnung: LG Düsseldorf InstGE **2**, 253 Rn 37 *Wirbelkammer*; bestätigt durch OLG Düsseldorf v 25.03.04 – I – 2 U 139/02.
37 BGH GRUR **64**, 673 *Kasten für Fußabtrittsroste*; **60**, 546 *Bierhahn*.
38 RG GRUR **42**, 155; BlPMZ **08**, 188.
39 RGZ **78**, 436.
40 OLG Karlsruhe GRUR **83**, 67.
41 LG Düsseldorf InstGE **10**, 12 *Desmopressin I*.
42 RGZ **133**, 377, 381; **169**, 289, 290.
43 RGZ **78**, 436.
44 Vgl LG Frankfurt GRUR **76**, 136.
45 BGH GRUR **69**, 35 *Europareise*.
46 BGH GRUR **69**, 35 *Europareise*.
47 OLG Düsseldorf Urt v 08.03.2012 – I-2 U 5/11.
48 BGH Urt 22.05.2012 – X ZR 129/09 *Nabenschaltung III*; OLG Düsseldorf Urt v 9.5.2019 – I-2 U 66/18, BeckRS **19**, 10841 *Sprengreinigungsverfahren*.
49 BGH GRUR **93**, 460 (II3b) *Wandabstreifer*.

und Handeln befugter Personen (nicht eines Arbeiters) an.[50] Bei **Arbeitnehmererfindungen** erwirbt es der Arbeitgeber, nicht der Arbeitnehmer.[51] Erfolgt die Benutzung/Veranstaltung **zugleich im eigenen und im Drittinteresse**, so erwerben beide ein Vorbenutzungsrecht.[52]

18 **2.3.2 Gewerbsmäßig** muss die Betätigung sein;[53] die private Benutzung ist ohnehin stets zulässig.

19 **2.3.3 Zeitpunkt:** Die Betätigung muss vor dem **Anmeldetag** oder einem in Anspruch genommenen **Prioritätstag** erfolgt sein. Im Prioritätsintervall kann ein VBR nicht entstehen.[54] **Ausländer** können sich auf Prioritäten nach § 7 (2) und § 40[55] immer berufen. Nur bei Prioritäten ausländischer Anmeldungen muss die Gegenseitigkeit verbürgt sein. Für Unionsangehörige ist die Gegenseitigkeit nach Art 4 PVÜ verbürgt.

20 § 12 (1) 4 verlegt den maßgebenden Zeitpunkt auf 6 Monate vor der Anmeldung. Voraussetzung: a) Mitteilung des erkennbaren Erfindungsgedankens durch Anmelder; b) Kausalität zwischen Kenntnis von der Erfindung und der Mitteilung; c) Vorbehalt der Rechte »bei« der Mitteilung, also nicht danach; auch stillschweigend möglich;[56] d) Benutzung innerhalb von 6 Monaten seit der Mitteilung.

21 »Zur Zeit der Anmeldung«: Die Benutzung muss nicht ununterbrochen sein. Ein VBR kann jedoch verloren gehen, wenn die Benutzung aus freien Stücken endgültig[57] oder für eine völlig unbestimmte Zeit[58] **aufgegeben** wird.[59] Veranstaltungen müssen **kontinuierlich bis zur Anmeldung** fortgeführt werden, da sonst der für Entstehung des VBR notwendige Wille fehlt, die Erfindung alsbald zu benutzen.[60] Das VBR erlischt durch Verzicht[61] und durch **endgültige Einstellung des Betriebs**.[62]

22 **2.3.4 Umfang** der Benutzung ist unerheblich, da ja schon Veranstaltungen genügen.

23 **2.3.5 Redlichkeit** Der Erfindungsbesitz muss selbständig erlangt und darf weder unredlich erworben noch ausgeübt werden.[63] **Redlichkeit** bedeutet in diesem Zusammenhang, dass der Benutzer sich für befugt halten durfte, von der Erfindung auf Dauer für eigene Zwecke Gebrauch zu machen.[64] Unredlich ist zB, wer Grund zu der Annahme hatte, dass noch ein Inlandpatent mit Priorität nachgesucht werden würde

---

50 BGH GRUR 60, 546 *Bierhahn*; 93, 460 *Wandabstreifer*.
51 BGH GRUR 60, 546 *Bierhahn*; 93, 460 *Wandabstreifer*; 10, 47 = BGHZ 182, 231 *Füllstoff*.
52 BGH GRUR 10, 47 = BGHZ 182, 231 *Füllstoff*.
53 BGH GRUR 64, 491, 493 lSp *Chloramphenicol*; BGHZ 39, 389, 398 *Taxilan*.
54 Vgl RGZ 153, 321, 324.
55 Amtl Begr z BlPMZ 79, 280 lSp.
56 BGH GRUR 64, 673 *Kasten für Fußabtrittsroste*; 60, 546 *Bierhahn*.
57 BGH GRUR 65, 411 *Lacktränkeeinrichtung*.
58 BGH GRUR 69, 35 *Europareise*.
59 BGH Urt v 14.5.2019 – X ZR 95/18 GRUR 19, 1171 *Schutzverkleidung*; OLG Düsseldorf Urt v 14.3.2018 – I-15 U 49/16, GRUR 18, 814 *Schutzverkleidung für funktechnische Anlagen*.
60 BGH GRUR 69, 35, 37 *Europareise*.
61 BGH GRUR 65, 411 *Lacktränkeeinrichtung*.
62 BGH GRUR 65, 411 *Lacktränkeeinrichtung*.
63 BGH GRUR 10, 47 = BGHZ 182, 231 *Füllstoff*.
64 BGH GRUR 10, 47 = BGHZ 182, 231 *Füllstoff*.

oder wer die Unredlichkeit des Dritten, der ihm die Kenntnis von der Erfindung vermittelte, kannte oder hätte kennen können. Guter Glaube schließt Unredlichkeit aus, setzt aber eine **gewissenhafte vorherige Prüfung** der Rechtslage voraus. Es ist nicht notwendig erforderlich, dass der Handelnde selbst (entweder in eigener Person oder durch fest angestellte Mitarbeiter) den Erfindungsgedanken entwickelte;[65] Da das Wissen dem Geschäftsherrn zugerechnet wird, genügt es auch, wenn ein **freier Mitarbeiter** Urheber des Erfindungsgedankens ist. Redlicher Erfindungsbesitz kann auch dadurch erlangt werden, dass die von einem beliebigen Dritten entwickelte Erfindung ausgeführt wird, sofern der Handelnde nach den gesamten dem Wissenstransfer zugrundeliegenden Umständen davon ausgehen durfte, die Erfindung fortan selbständig ausführen zu dürfen. Eine entsprechende Redlichkeit fehlt insbesondere, wenn der Erfindungsbesitz durch **widerrechtliche Entnahme** erlangt wurde oder der Handelnde bloß als Vertriebsorganisation des Erfinders eingeschaltet wurde.[66] Wird der Erfindungsbesitz – etwa aufgrund einer gemeinsamen **vertraglichen Zusammenarbeit** – vom Patentinhaber oder dessen Rechtsnachfolger abgeleitet, hängt die Redlichkeit davon ab, dass kraft Gesetzes oder aufgrund des Vertrages eigene Rechte am Arbeitsergebnis zugewiesen sind.[67] Wer ihm gesetzlich oder vertraglich zustehende Möglichkeiten zur Erfindungsbeschaffung nicht (fristgerecht) umsetzt, erwirbt kein Vorbenutzungsrecht.[68]

IV. Inhalt des Vorbenutzungsrechts (VBR)

1 Umfang des VBR

Der Umfang des VBR ist mit demjenigen des ausgeübten Erfindungsbesitzes identisch.[69] Das VBR reicht nur so weit wie die eigene durch Benutzung oder Veranstaltungen bekräftigte Erkenntnis, umfasst also nicht das, was ein Fachmann darüber hinaus noch hätte erkennen können.[70] Das VBR umfasst grundsätzlich nur eine solche Ausführungsform, die der Benutzer am Prioritätstag tatsächlich benutzte oder deren alsbaldige Benutzung er vorbereitete.[71] **Weiterentwicklungen**[72] bleiben außerhalb des VBR, wenn sie vertiefend in den Gegenstand der geschützten Erfindung eingreifen.[73] Wenn erstmalig durch eine Fortentwicklung die Gesamtheit aller Anspruchsmerkmale des Klagepatents verwirklicht wird, besteht kein VBR.[74] **Abweichungen** von der vorbenutzten Ausführungsform begründen kein VBR, wenn die technische Lehre der Erfindung sowohl von der Vorbenutzung als auch von der erst nach dem Anmeldetag benutzten Ausführungsform verwirklicht wird, letztere jedoch von einer anderen Aus-

24

---

65 OLG Düsseldorf Urt v 08.03.2012 – I-2 U 5/11.
66 OLG Düsseldorf Urt v 08.03.2012 – I-2 U 5/11.
67 BGH GRUR 10, 47 = BGHZ 182, 231 *Füllstoff*.
68 BGH GRUR 10, 47 = BGHZ 182, 231 *Füllstoff*.
69 BGH GRUR 02, 231, 233 f (II3b cc) *Biegevorrichtung*.
70 BGH Urt v 14.5.2019 – X ZR 95/18, GRUR 19, 1171 *Schutzverkleidung*.
71 OLG Düsseldorf Urt v 14.3.2018 – 15 U 49/16, GRUR 18, 814 *Schutzverkleidung für funktechnische Anlagen*.
72 Näher dazu Bergermann FS 80 J. PatentG in Düsseldorf 2016, 51.
73 BGH GRUR 02, 231, 234 (II3b cc) *Biegevorrichtung*; BGH Urt v 14.5.2019 – X ZR 95/18, GRUR 19, 1171 *Schutzverkleidung*.
74 BGH Urt v 14.5.2019 – X ZR 95/18, GRUR 19, 1171 *Schutzverkleidung*.

gestaltung oder Verfahrensweise des Patentanspruchs Gebrauch macht.[75] Ein VBR kann ausscheiden, wenn mit der Modifikation ein zusätzlicher Vorteil verwirklicht wird, der von der nicht modifizierten Ausführungsform nicht verwirklicht worden ist (Bsp.: benutzte Ausführungsform ist in einem Unteranspruch oder in der Beschreibung des Patents wegen dieses additiven Vorteils hervorgehoben).[76] Aufgrund der Begrenzung des Vorbenutzungsrechts durch den eigenen Besitzstand begründet die Vorbenutzung eines bloßen Ausführungsbeispiels kein VBR in Bezug auf andere (nicht vorbenutzte) Ausführungsvarianten.[77] Im Falle eines **Kombinationspatents** ist es vom VBR gedeckt, dass derjenige, der vor dem Prioritätstag sämtliche Bestandteile des patentgeschützten Gegenstandes an einen Dritten geliefert hat, nunmehr die Vorrichtung selbst herstellt und vertreibt, wenn das vormalige Zusammenfügen der Einzelteile beim Abnehmer zu der geschützten Gesamtvorrichtung sicher vorhersehbar und einfach zu bewerkstelligen war, weil aus den Einzelteilen technisch und wirtschaftlich sinnvoll nur die Gesamtvorrichtung hergestellt werden konnte.[78] Vorstehendes gilt sinngemäß auch für Verfahrenspatente.[79] Den Wortsinn des Patentanspruchs verwirklichende **Abwandlungen** beruhen indessen auf dem Besitzstand einer Vorbenutzung, wenn sie nach dem Stand der Technik und dem allgemeinen Fachwissen zum Prioritätszeitpunkt eine gleichrangige oder naheliegende Weiterentwicklung darstellen, wie sie immer vorkommen kann, wenn die **Bedürfnisse des eigenen Betriebes** dies notwendig machen bzw zweckmäßig erscheinen lassen.[80] Wer ein VBR durch **Herstellen** oder entsprechende Veranstaltungen erworben hat, darf nach einhelliger Meinung später auch von den übrigen Benutzungsformen gem § 9 Gebrauch machen.[81] Dagegen dürfen **Händler** zutreffender Auffassung nach nicht im Nachhinein auch zur Herstellung übergehen.[82] Letzteres gilt auch dann, wenn bisherige Lieferanten nicht mehr produzieren/liefern, weil der erworbene Besitzstand das Herstellen nicht einschloss und insoweit keine Billigkeitserwägungen für eine solche Ausdehnung der Benutzungsart angebracht sind. Der Inhaber des VBR unterliegt **keiner mengenmäßigen Beschränkung** auf die Anzahl der vor dem Prioritätszeitpunkt hergestellten und/oder vertriebenen Mengen.[83]

2 Betriebsgebundenheit (§ 12 (1) 2):

25   Das VBR ist nicht auf die Bedürfnisse des Betriebs zZ seines Entstehens beschränkt. Zulässig sind **Betriebserweiterungen**.[84] Herstellung **in fremden Werkstätten** liegt nur vor, wenn Vorbenutzer Einfluss auf Art und Umfang der Herstellung behält.[85] **Wechselt der Betriebsinhaber** oder gewinnt ein Dritter beherrschenden Einfluss auf den

---

75 BGH Urt v 14.5.2019 – X ZR 95/18, GRUR **19**, 1171 *Schutzverkleidung*.
76 BGH Urt v 14.5.2019 – X ZR 95/18, GRUR **19**, 1171 *Schutzverkleidung*.
77 BGH Urt v 14.5.2019 – X ZR 95/18, GRUR **19**, 1171 *Schutzverkleidung*.
78 BGH Urt v 14.5.2019 – X ZR 95/18, GRUR **19**, 1171 *Schutzverkleidung*.
79 BGH Urt v 14.5.2019 – X ZR 95/18, GRUR **19**, 1171 *Schutzverkleidung*.
80 Benkard/Scharen § 12 Rn 22; vgl. auch LG München I Urt v 30.07.2015 – 7 O 26 546/13.
81 BGH GRUR **12**, 895, 898 *Desmopressin*.
82 Vgl RG GRUR **38**, 770; Busse/Keukenschrijver § 12 Rn 45; Mes § 12 Rn 19; a.A. Ensthaler, in: Fitzner/Lutz/Bodewig § 12 Rn 11.
83 BGH GRUR **12**, 895, 898 *Desmopressin*.
84 RG GRUR **27**, 696; **40**, 434.
85 RGZ **153**, 321, 327 f.

Betrieb, berechtigt ihn dies nicht zu einer Ausübung des Vorbenutzungsrechts außerhalb des Entstehungsbetriebes in seinem eigenen Unternehmen.[86]

3 Übertragbarkeit

Die Übertragbarkeit des VBR ist an den Betrieb (oder selbständigen Teilbetrieb) gebunden (§ 12 (1) S 3), um eine Vervielfältigung des Rechts auszuschließen.[87] Die Übertragung eines **abgrenzbaren Betriebsteils** steht der Übertragung eines (gesamten) Betriebs gleich.[88] Das VBR kann **nicht mehreren Betrieben gleichzeitig** zustehen, sondern ist unteilbar; in jedem Einzelfall ist daher zu prüfen, bei welchem Betrieb das VBR entsprechend der **vertraglichen Übertragungsregelung** verblieben ist.[89] Zu beachten ist in diesem Zusammenhang, dass der Übergang eines VBR zusammen mit einem Betriebsteil nicht schon deshalb ohne Weiteres ausgeschlossen ist, weil der Übernehmer einen Teil der zur Herstellung erforderlichen Arbeiten weiterhin beim Übertragenden durchführen lässt.[90] Die Übertragung bloß einzelner Gegenstände des Betriebes, die auch unter Einschaltung Dritter noch keine Fortsetzung der Erfindungsbenutzung ermöglichen, genügt nicht: Insoweit ist nicht relevant, in welcher rechtlichen Form der Betriebsübergang organisiert wird, so dass zB auch eine **Verpachtung** des Geschäftsbetriebes in Betracht kommt.[91] Letztere führt dazu, dass das VBR nunmehr vom Pächter ausgeübt wird, dem deshalb auch das VBR wird. Mit Beendigung des Pachtvertrages fällt das VBR (stillschweigend) wieder an den Verpächter zurück.[92] Eine **Aufspaltung** in die einzelnen Benutzungsarten ist nicht möglich.[93]

26

Das VBR unterliegt nicht der isolierten Pfändung (§ 857 (3) ZPO). Es fällt in die **Insolvenzmasse**, wenn auch der Betrieb zur Masse gelangt.[94]

27

4 Auswirkung auf nachfolgende Handelsstufen

Das VBR kommt auch den **Abnehmern** des Vorbenutzungsberechtigten auf den nachfolgenden Handelsstufen zu.[95] Desgleichen wirkt ein dem Hersteller zustehendes VBR als abgeleitetes Recht auch zugunsten von dessen Vertriebsunternehmen, und zwar auch dann, wenn anstelle eines anderen, ursprünglichen Vertriebsunternehmens ein anderes mit der Vermarktung beauftragt wird; das VBR umfasst den **Aufbau eines Vertriebssystems** und dessen Ausgestaltung mit mehreren Vertriebspartnern.[96] Umgekehrt ist zu beachten, dass sich das VBR nicht zugunsten der dem Vorbenutzenden **vorgelagerten Handelskette** auswirkt.

28

---

86 BGH GRUR 05, 567 *Schweißbrennerreinigung*.
87 BGH GRUR 66, 370, 373 *Dauerwellen II*; RG GRUR 40, 154; RGZ 112, 242.
88 BGH GRUR 12, 1010, 1012 *Nabenschaltung III*.
89 BGH GRUR 12, 1010, 1012 *Nabenschaltung III*.
90 BGH GRUR 12, 1010, 1012 *Nabenschaltung III*.
91 OLG Düsseldorf, Urteil v 09.05.2019 – I-2 U 66/18, BeckRS 19, 10841 *Sprengreinigungsverfahren*.
92 OLG Düsseldorf, Urteil v 09.05.2019 – I-2 U 66/18, BeckRS 19, 10841 *Sprengreinigungsverfahren*.
93 RGZ 112, 242, 245.
94 BGH GRUR 10, 47 = BGHZ 182, 231 *Füllstoff*.
95 OLG Düsseldorf InstGE 11, 193 *Desmopressin-Tablette*.
96 BGH GRUR 12, 895 *Desmopressin*.

V. Weiterbenutzungsrecht

29 Ein Weiterbenutzungsrecht für Benutzungen oder Veranstaltungen in der Zeit zwischen Anmeldung und Eintritt des Patentschutzes (Offenlegung, Patenterteilung) **sieht das PatG nicht vor**.[97] Ein nach der Anmeldung, jedoch vor Eintritt der Schutzwirkungen der Patentanmeldung erlaubterweise hergestellter Gegenstand darf nach Beginn des Patentschutzes nicht weiter benutzt werden.[98] Einen Grundsatz, dass alles patentfrei bleiben müsse, was einmal patentfrei hergestellt worden ist, kennt das PatG nicht.[99] Vielmehr bleibt auch in diesem Fall dem Patentinhaber das Gebrauchen eines Gegenstands vorbehalten, der die Merkmale der geschützten Lehre aufweist oder auf den sich nach § 9 S 2 Nr 3 der Schutz erstreckt.[100] Zum Weiterbenutzungsrecht wegen fehlerhafter Übersetzung einer fremdsprachigen europäischen Patentschrift vgl Art II § 3 (5) **IntPatÜG**. Ferner existieren **Spezialregelungen** in § 28 ErstrG in Bezug auf DDR-Patente und in § 123 (5) hinsichtlich Schutzrechten, die infolge einer Wiedereinsetzung in den vorigen Stand erneut in Kraft getreten sind.

VI. Darlegungs-/Beweislast

30 Es obliegt dem Benutzer, der sich auf ein Vorbenutzungsrecht beruft, die betreffenden anspruchsbegründenden Voraussetzungen darzutun/zu beweisen.[101] Er hat substantiiert unter Vorlage geeigneter Unterlagen (die indessen dem Gericht zu erläutern sind[102]) und/oder Benennung von Zeugen zu belegen, dass er den Erfindungsgedanken im maßgeblichen Zeitpunkt erkannt und bekräftigt hatte.[103] Für den Nachweis gelten grundsätzlich **strenge Anforderungen**.[104] Wird durch den Tatrichter in seiner Entscheidung dargelegt, dass er eine Beweiserhebung nicht für geboten gehalten hat, nachdem er die vorgetragenen Indizien zur Erschütterung eines behaupteten Vorbenutzungsrechts zur Kenntnis genommen und sich mit ihnen auseinander gesetzt hat, jedoch zu dem Schluss gekommen ist, sie stünden, auch wenn man sie als zutreffend unterstellt, aus anderen nachvollziehbaren Gründen seiner Würdigung nicht entgegen, ist es vor dem Hintergrund des Anspruches auf rechtliches Gehör (Art 103 (1) GG) nicht geboten, sämtliche Beweisangebote der Partei für die von ihr angeführten Indizien im Einzelnen abzuhandeln.[105] Der Patentinhaber hat Ausschlusstatbestände, zB die Unredlichkeit des Vorbenutzers zu beweisen.[106] Macht der Benutzer geltend, die Unredlichkeit sei nachträglich entfallen, obliegt ihm wiederum die Darlegungs-/Beweislast.[107]

---

97 BGH GRUR **59**, 528 *Autodachzelt*.
98 BGH GRUR **82**, 225 *Straßendecke II*.
99 BGH GRUR **82**, 225 *Straßendecke II*.
100 BGH GRUR **82**, 225 *Straßendecke II*.
101 BGH GRUR **64**, 673 *Kasten für Fußabtrittsroste*; OLG Düsseldorf Urt v 14.3.2018 – I-15 U 49/16, GRUR **18**, 814 *Schutzverkleidung für funktechnische Anlagen*.
102 Vgl BGH Urt. v. 19.9.2019, Az.: I ZR 116/18, GRUR **20**, 322 *Chickenwings*.
103 OLG Düsseldorf Urt v 9.5.2019 – I-2 U 66/18, BeckRS **19**, 10841 *Sprengreinigungsverfahren*.
104 BGH GRUR **63**, 311 *Stapelpresse*.
105 BGH Beschl v 20.04.2016 – X ZR 112/14 = BeckRS **16**, 11 738.
106 *BGH GRUR **03**, 507 Enalapril*; OLG Düsseldorf Mitt **87**, 239 *Vorbenutzungsrecht*.
107 OLG Düsseldorf GRUR 1980, 170 *LAX*.

§ 13 Staatliche Benutzungsanordnung
(right to use in the public interest)

(1) ¹Die Wirkung des Patents tritt insoweit nicht ein, als die Bundesregierung anordnet, dass die Erfindung im Interesse der öffentlichen Wohlfahrt benutzt werden soll. ²Sie erstreckt sich ferner nicht auf eine Benutzung der Erfindung, die im Interesse der Sicherheit des Bundes von der zuständigen obersten Bundesbehörde oder in deren Auftrag von einer nachgeordneten Stelle angeordnet wird.

(2) Für die Anfechtung einer Anordnung nach Absatz 1 ist das Bundesverwaltungsgericht zuständig, wenn sie von der Bundesregierung oder der zuständigen obersten Bundesbehörde getroffen ist.

(3) ¹Der Patentinhaber hat in den Fällen des Absatzes 1 gegen den Bund Anspruch auf angemessene Vergütung. ²Wegen deren Höhe steht im Streitfall der Rechtsweg vor den ordentlichen Gerichten offen. ³Eine Anordnung der Bundesregierung nach Absatz 1 Satz 1 ist dem im Register (§ 30 Abs 1) als Patentinhaber Eingetragenen vor Benutzung der Erfindung mitzuteilen. ⁴Erlangt die oberste Bundesbehörde, von der eine Anordnung oder ein Auftrag nach Absatz 1 Satz 2 ausgeht, Kenntnis von der Entstehung eines Vergütungsanspruchs nach Satz 1, so hat sie dem als Patentinhaber Eingetragenen davon Mitteilung zu machen.

Rinken

Übersicht

Geltungsbereich		1
Europäisches Patentrecht		2
Literatur		3
Kommentierung zu § 13 PatG		
I.	Zweck	4
II.	Rechtsnatur und Wirkung	5
III.	Voraussetzungen einer Benutzungsanordnung	6
1	Patenterteilung	6
2	Öffentliche Wohlfahrt oder Sicherheit des Bundes	7
3	Mitteilung an Patentinhaber	9
IV.	Umfang der Anordnung	10
V.	Anfechtung	11
VI.	Angemessene Vergütung	12

Geltungsbereich: § 13 (= § 8 PatG aF) gilt seit seiner letzten Neufassung durch das 5. ÜG unverändert. **1**

Europäisches Patentrecht: § 13 ist auf europäische Patente, da sie nach Art 2 (2) u 64 EPÜ die Wirkung eines nationalen Patents haben, und auch auf Gemeinschaftspatente anwendbar, da nach Art 45 (4) GPÜ 1989 (= 46 (4) GPÜ 1975) als Zwangslizenz auch eine Benutzungsanordnung gilt. **2**

Lit: Aicher Verfassungsrechtlicher Eigentumsschutz u Immaterialgüterrechte 1986; Badura FS Maunz 1981, 1; Kirchhof FS Zeidler 1987, 1639; Asendorf FS Nirk 1992, 13; **Lit in GRUR:** Maunz 73, 107; H. Schulte 85, 772; 98, 185; Metzger/Zech 20, 561; **Lit in GRUR Int:** Heinemann 95, 535; **Lit in IIC:** van Zimmeren/van Overwalle 11, 4; **Lit in Mitt: Richter** 21,1; – **Lit in NJW:** Lenz/Kieser 02, 401; Bäumler/Terhechte 20, 3481; **Lit in DÖV** Gajeck 20,1110. **3**
Amtliche Begründung zum § 13 PatG: BlPMZ 36, 103, 106; BlPMZ 49, 235, 240 (1. ÜG); BlPMZ 53, 295 (5. ÜG).

Bericht zum GPÜ: Krieger GRUR Int 76, 214.

I. Zweck:

4 § 13 ermöglicht die Benutzung einer patentierten oder einer nach § 30 aF bekanntgemachten Erfindung gegen den Willen des Patentinhabers, wenn ein höherwertiges, öffentliches Interesse (öffentliche Wohlfahrt, Sicherheit) diese gebietet. Die Bedeutung des § 13 liegt wie bei § 24 mehr in der von ihm ausgehenden psychologischen Wirkung als in seiner praktischen Anwendung.

Deutschland hat im Zuge der sog. »**Corona-Pandemie**« mit der Neufassung des § 5 Abs. 2 Nr. 5 IFSG die grundsätzliche Möglichkeit geschaffen, nach § 13 PatG anzuordnen, dass eine Erfindung in Bezug auf eines der in Nr. 4 vor der Aufzählung genannten Produkte (u.a. **Impfstoffe**) im Interesse der öffentlichen Wohlfahrt oder im Interesse der Sicherheit des Bundes benutzt werden soll (Benutzungsanordnung).[1]

II. Rechtsnatur und Wirkung:

5 Ob § 13 eine Zwangslizenz, eine Enteignung nach Art 14 (3) GG oder Ausdruck der Sozialbindung nach Art 14 (2) GG ist, ist streitig.[2] Eine Benutzungsanordnung lässt das Patent als solches bestehen, beseitigt nur seine Wirkung »insoweit«, dh dass im Rahmen ihres Umfangs eine angeordnete Benutzung nicht mehr untersagt werden kann, gleich ob der Staat selbst oder in seinem Auftrag Dritte die Erfindung benutzen.[3] Eine Benutzung über den Umfang der Anordnung hinaus ist Patentverletzung.[4]

III. Voraussetzungen einer Benutzungsanordnung

1 Patenterteilung:

6 § 13 ist nicht anwendbar auf Erfindungen, die noch nicht angemeldet sind, da für diese noch kein Ausschlussrecht besteht. Offengelegte Anmeldungen können nach § 33 befugt gegen angemessene Entschädigung benutzt werden.

2 Öffentliche Wohlfahrt oder Sicherheit des Bundes

7 Öffentliche Wohlfahrt oder Sicherheit des Bundes sind die einzigen Gründe, die eine Benutzungsanordnung rechtfertigen können. Beide sind **unbestimmte Rechtsbegriffe**, die verwaltungsgerichtlich nachprüfbar sind. Der Begriff »**öffentliche Wohlfahrt**« ist enger als der Begriff »öffentliches Interesse« in § 24. Darunter werden alle Bereiche der notwendigen, öffentlichen Daseinsvorsorge zu rechnen sein, deren Ziel die Befriedigung allgemeiner Bedürfnisse zu sozial angemessenen Bedingungen ist, zB das Gesundheits-, Unterrichts-, Erziehungs-, Bildungs-, Energie-, Verkehrs- oder Versorgungswesen. Der Begriff »**Sicherheit des Bundes**« geht weiter als der früher verwendete Begriff Landesverteidigung, da er Gefahren von außen und innen umfasst.

8 Zuständig ist nach § 13 (1) 1 die Bundesregierung, nicht ein Bundesminister, und nach § 13 (1) 2 die Bundesministerien oder ihnen nachgeordnete Stellen.

---

1 Kritisch dazu Richter Mitt. 21,1.
2 Dazu Kraßer/Ann § 34 Rn 141.
3 OLG Frankfurt BlPMZ 49, 330.
4 RGZ 166, 387.

3 Mitteilung an Patentinhaber

Mitteilung an Patentinhaber vor Benutzung der Erfindung gemäß § 13 (3) 3 im Falle § 13 (1) 1, dagegen nicht im Fall des § 13 (1) 2. Dafür ist im Falle des § 13 (1) 2 der Patentinhaber über einen entstandenen Vergütungsanspruch zu unterrichten (§ 13 (3) 4).

IV. Umfang der Anordnung

Der Anordnungsumfang richtet sich nach dem **öffentlichen Bedürfnis**. Sie kann die Erfindung ganz oder nur teilweise oder nur für bestimmte Zeit erfassen; sie kann also einer ausschließlichen oder einfachen Lizenz entsprechen.

V. Anfechtung

Die Benutzungsanordnung ist ein **Verwaltungsakt**, der vor den Verwaltungsgerichten angefochten werden kann (§§ 40, 42 VwGO). Die örtliche Zuständigkeit ergibt sich aus § 52 VwGO. Binnen Monatsfrist seit Bekanntgabe der Benutzungsanordnung ist Widerspruch einzulegen (§ 70 VwGO) und binnen Monatsfrist seit Zustellung des Widerspruchsbescheids kann **Anfechtungsklage** erhoben werden (§ 74 VwGO). Das gilt nicht (§ 68 (1) Nr 2 VwGO), wenn die Bundesregierung oder eine oberste Bundesbehörde die Benutzungsanordnung erlassen hat. Dann ist das Bundesverwaltungsgericht zuständig (§ 13 II, § 190 (1) Nr 8 VwGO).

VI. Angemessene Vergütung

Angemessene Vergütung gewährt § 13 (1) 1 als Ausgleich für den Eingriff in das Patentrecht. Ein voller Schadensersatz kann nicht verlangt werden, so dass die Vergütung idR geringer als der wirkliche Schaden sein wird.[5] Die **Bedeutung des Patents**[6] und der **entgangene Gewinn**[7] kann bei der Schätzung der Höhe der Vergütung nach § 287 ZPO mitberücksichtigt werden.[8] So kann auf den Begriff der angemessenen Entschädigung iSd Art 14 GG zurückgegriffen werden.

Eingriffe ohne Benutzungsanordnung lösen bei schuldlosem, aber rechtswidrigem Handeln Entschädigungsansprüche wegen enteignungsgleichen Eingriffs (begrenzt auf angemessene Vergütung des § 13 (3) 1 und bei schuldhaftem und rechtswidrigem Handeln Schadensersatzansprüche aus (§ 839 BGB, Art 34 GG). Soweit hoheitliches Handeln vorliegt, besteht kein Unterlassungsanspruch, wohl bei fiskalischem Handeln des Staates.[9]

---

5 BGHZ **15**, 23, 26; **30**, 338, 351.
6 RGZ **112**, 242, 248.
7 RGZ **102**, 390, 391.
8 BGHZ **29**, 217, 221.
9 RGZ **166**, 387.

§ 14 Schutzbereich
(extent of protection)

¹Der Schutzbereich des Patents und der Patentanmeldung wird durch die Patentansprüche bestimmt. ²Die Beschreibung und die Zeichnungen sind jedoch zur Auslegung der Patentansprüche heranzuziehen.

Rinken

Übersicht

	Geltungsbereich	1
	Europäisches Patentrecht	2
	Revision des EPÜ – Art 69	4
	Revision des EPÜ – Auslegungsprotokoll	7
	Literatur	8
	Kommentierung zu § 14 PatG	
I.	Schutzbereich (extent of protection)	9
1	**Grundsatz**	9
2	Inhalt der Patentansprüche	11
3	**Auslegung**	13
3.1	Ziel der Auslegung	15
3.2	Maßgeblichkeit der Ansprüche	20
3.3	Auslegungsmaterial	27
3.3.1	Unter- und Nebenansprüche	27
3.3.2	Beschreibung	29
3.3.2.1	Legaldefinition	30
3.3.2.2	Geläufiger Fachbegriff	31
3.3.2.3	Funktionsorientierte Auslegung	32
3.3.2.4	neue Wortschöpfung	36
3.3.2.5	Zahlen- und Maßangaben	37
3.3.2.6	Angaben zu Zusammensetzungen/»insbesondere«-Merkmale	39
3.3.2.7	Ausführungsbeispiele	41
3.3.2.8	Zweckangaben	43
3.3.2.9	product-by-process-Ansprüche	44
3.3.2.10	Sequenzanspruch nach § 1a (4) PatG	47
3.3.2.11	Bezugszeichen	50
3.3.3	Zeichnungen/Figuren	51
3.3.4	Stand der Technik	52
3.3.5	Erteilungsakten	54
3.3.6	Einspruchs- und Nichtigkeitsentscheidungen	58
3.4	Parallelentscheidungen ausländischer Gerichte und des EPA	62
3.5	Verständnishorizont	63
3.5.1	Durchschnittsfachmann	64
3.5.2	Prioritätszeitpunkt	65
4	**Arten der Patentbenutzung**	67
4.1	Wortsinngemäße Benutzung	67
4.2	Äquivalente Benutzung	72
4.2.1	Gleichwirkung	74
4.2.2	Naheliegen	76
4.2.3	Orientierung am Patentanspruch bzw. Gleichwertigkeit	78
4.2.3.1	Sog. »Auswahlentscheidungen«	80
4.2.3.2	Zahlen-/Maßangaben	87
4.2.3.3	Chemische Stoffbezeichnungen/Formeln	88
4.2.4	Prozessuales	89
4.3	Verschlechterte Ausführungsform	90
4.4	Verbesserte Ausführungsform	91

Art 69 EPÜ Schutzbereich/extent of protection § 14

4.5	Patentierte Verletzungsform	92
4.6	Unterkombination	94
5	Einwand des freien Standes der Technik (sog Formstein-Einwand)	95
5.1	Zulässigkeit und Folgen	95
5.2	Voraussetzungen	96
5.3	Grenzen	97
II.	**Schutzbereich der Patentkategorien**	98
1	**Erzeugnispatente**	99
1.1	Absoluter Schutz	100
1.2	Unabhängigkeit des Schutzes von der Art der Herstellung	108
1.3	Patentschutz für bekannte Erzeugnisse	110
2	**Verfahrenspatente**	111
2.1	Arbeitsverfahren	113
2.2	Verwendungspatent	114

Geltungsbereich: § 14, der als § 6a durch das IntPatÜG eingefügt worden ist und durch Art 8 Nr 4 des 1. GPatG die Bezeichnung § 8a erhielt, ist nach Art XI § 1 IntPatÜG nur auf Patente anzuwenden, die nach dem 1.1.78 beim DPA angemeldet worden sind. Für vor dem 1.1.78 angemeldete Patente gilt § 6 aF weiter. Zur Schutzumfangsbestimmung solcher Patente vgl die 6. Auflage Rn 95–105.
Für DDR-Patente, die am 1.5.92 bestanden und gemäß § 4 ErstrG erstreckt wurden, gilt § 14 ohne Rücksicht darauf, wann sie angemeldet worden sind. 1

Europäisches Patentrecht: § 14 entspricht Art 69 (1) EPÜ (= Art 8 StraßburgerÜ). 2

Article 69 (1) EPC Extent of protection
(1) The extent of the protection conferred by a European patent or a European patent application shall be determined by the terms of the claims Nevertheless, the description and drawings shall be used to interpret the claims. 3

Protokoll über die Auslegung des Art 69 EPÜ, das gemäß Art 164 (1) EPÜ Bestandteil des EPÜ ist und sowohl auf europäische wie auf nationale Patente anzuwenden ist (s Rdn 13): 4

Artikel 1
¹Artikel 69 ist nicht in der Weise auszulegen, dass unter dem Schutzbereich des europäischen Patents der Schutzbereich zu verstehen ist, der sich aus dem genauen Wortlaut der Patentansprüche ergibt, und dass die Beschreibung sowie die Zeichnungen nur zur Behebung etwaiger Unklarheiten in den Patentansprüchen anzuwenden sind. ²Ebensowenig ist Artikel 69 dahingehend auszulegen, dass die Patentansprüche lediglich als Richtlinie dienen und der Schutzbereich sich auch auf das erstreckt, was sich dem Fachmann nach Prüfung der Beschreibung und der Zeichnungen als Schutzbegehren des Patentinhabers darstellt. ³Die Auslegung soll vielmehr zwischen diesen extremen Auffassungen liegen und einen angemessenen Schutz für den Patentinhaber mit ausreichender Rechtssicherheit für Dritte verbinden. 5

Artikel 2
Bei der Bestimmung des Schutzbereichs des europäischen Patents ist solchen Elementen gebührend Rechnung zu tragen, die Äquivalente der in den Patentansprüchen genannten Elemente sind. 6

Revision des EPÜ (vgl dazu Kolle ABl 01 SonderANr 2 S 52): 7
Folgende Änderungsvorschläge fanden nicht die Zustimmung der Revisionskonferenz:
a) Aufnahme des Zeitpunkts in Art 2 »...die im Zeitpunkt einer angeblichen Verletzung« Äquivalente sind.
b) Aufnahme des folgenden Abs 2 in Art 2 des Protokolls: »(2) Ein Mittel ist in der Regel als Äquivalent anzusehen, wenn es für einen Fachmann naheliegt, dass die Benutzung dieses Mittels im wesentlichen zu dem gleichen Ergebnis führt wie das im Patentanspruch genannte Mittel.«

§ 14   Schutzbereich/extent of protection   Art 69 EPÜ

c) Aufnahme einer Vorschrift über frühere Angaben des Anmelders oder Patentinhabers in Anmeldung und Patent oder in Erteilungs-, Einspruchs- oder Beschränkungsverfahren mit folgendem Wortlaut: »**Art 3 Frühere Angaben** *(prior statements)*: Bei der Bestimmung des Schutzbereichs ist solchen Angaben gebührend Rechnung zu tragen, die der Anmelder oder Patentinhaber in der europäischen Patentanmeldung oder im europäischen Patent oder in die Erteilung oder die Gültigkeit des europäischen Patents betreffenden Verfahren gemacht hat und die den Schutzbereich eindeutig beschränken, insbesondere wenn die Beschränkung im Hinblick auf entgegengehaltenen Stand der Technik vorgenommen wurde.«
Amtliche Begründung zum IntPatÜG zur Einfügung des § 6a (= § 14) (Bl 76, 322, 334 zu Nr 6): »Entsprechend dem mit der Einfügung von § 6a (jetzt § 14) angestrebten Ziel, eine möglichst einheitliche Bestimmung des Schutzbereichs von Patenten in Europa zu erreichen, wird sich die Auslegung der Vorschrift an der Auslegungsregel zu orientieren haben, die in dem Protokoll zu Art 69 EPÜ enthalten ist«.

8   **Lit:** Bruchhausen in FS Preu 1985, 3; Bechtold Die Äquivalenzlehre als Mittel zur Bestimmung des Schutzumfangs im deut u europ Patentrecht 1986; Preu FS Merz 1992, 455; Fürniss FS Nirk 1992, 305; v Falck FS Vieregge 1995, 217; Rogge FS Brandner 1996, 483; di Cataldo FS Beier 1996, 11; Kowal-Wolk/Schuster FS Beier 1996, 87; Briner FS David 1996, 21; Valle Der sachliche Bereich des europ Patents 1996; Kraßer FS Fikentscher 1998, 516; Busche, FS König 2003, 49 ff; Brandi-Dohrn, FS Schilling 2007, 43 ff; Bopp Offenbarung und Schutzbereich FS Mes 2009, S 39 ff; Keukenshrijver FS Bornkamm 2014, 677; Mellulis FS Bornkamm 2014, 713;
Lit in FS 80 Jahre Patentgerichtsbarkeit in Düsseldorf 2016: von Falck/Gundt, 113; Giebe, 125; Meier-Beck, 361; Rinken, 429; v. Schwerin/Fock, 497; Schumacher/Wehler, 513.
Lit in GRUR: Kraft 71, 373; v Falck u Ohl 71, 541; Bruchhausen 74, 1; 80, 364; 82, 1; Windisch 74, 20; Moser 74, 506; Schramm 75, 335; Winkler 77, 394; Schmieder 78, 561; Bruchhausen 80, 364; 82, 1; U. Krieger 80, 683; 89, 209; Preu 80, 691; 85, 728; Bierbach 81, 458; 85, 728; v Falck 84, 392; 85, 631; 88, 1; 93, 199; 98, 218; GRUR-Diskussion 84, 423; Ballhaus/Sikinger 86, 337; Ullmann 88, 333; 93, 334; Osterloh 93, 260; Pagenberg 93, 264; Ullmann 93, 334; Walter 93, 348; Dreiss 94, 781; Kurig 95, 3; Kühnen 96, 729; Lederer 98, 272; Brändle 98, 854; Grabinski 98, 857; Scharen 99, 285; König 99, 809; Tilmann/Dagg 00, 459; Kaess 00, 637; Meier-Beck 03, 905; Körner 09, 97; Kühnen 12, 664; Kühnen 13, 1086; Hufnagel 14, 123; Kühnen/Grunwald 15, 35; Schäffner 18, 449; Kühne 18, 456; Bayerle 19, 368.
Lit in GRUR Int: Bruchhausen 73, 610; 74, 1; Johannesson 74, 301; U. Krieger 79, 338; Armitage 81, 670; 83, 242; Bruchhausen 89, 468; 91, 413; Stauder 90, 793; Brinkhof 91, 435; Di Cerbo 91, 476; Bossung 91, 439; Luginbühl 10, 97.
Lit in Mitt: Häußer 81, 135; Schwanhäußer 82, 186; 84, 226; 94, 29; Keil 83, 136; Trüstedt 84, 131; Jander 87, 101; Christ 88, 221; König 91, 21; 93, 32; 94, 178; Beton 92, 189; Bodenheimer/Beton 93, 99; König 93, 32 u 96, 75; Stamm 97, 278; Busche 91, 161; Rogge 98, 201; Valle 99, 166; Scharen 00, 58; Wenning 00, 375; König 00, 379 Köster 03, 5; Buchholz/Kilchert/Rupprecht 10, 507; Grunwald 10, 549; Hüttermann 13, 490; Cepl 13, 62; Walder-Hartmann 15, 149; Wuttke 15, 489; Hüttrmann/ Storz 17, 49; Baldus 18, 261; Schröler 19, 386.
Lit in IIC: Bruchhausen 73, 306; 74, 253; Di Cerbo 91, 993; Pagenberg 93, 314; 95, 228; Lederer 99, 275; Grabinski99, 855; Brändle 99, 875; **Lit in sic:** Blumer 98, 3; **Lit in EIPR:** Franzosi 98, 36; **Lit in MuR:** Burgstaller 13, 185.
Bericht zum EPÜ: Singer GRUR Int 74, 63.
Bericht zum GPÜ: Singer und Stein GRUR Int 76, 200.
Amtliche Begründung zum IntPatÜG zur Einfügung des § 6a (= § 14): BlPMZ 76, 322, 334.

I. Schutzbereich (extent of protection)

1 Grundsatz

9   Der Schutzbereich eines Patents umgrenzt die Rechtsmacht, die dem Patentinhaber durch die Patenterteilung zugeordnet worden ist. Für die Bemessung des Schutzbereichs sind die **Interessen von Patentinhaber und Allgemeinheit entgegengesetzt.** Während der Patentinhaber eine möglichst weite Ausdehnung durch eine gleichwertige *Berücksichtigung* des gesamten Inhalts der PS, also von Ansprüchen, Beschreibung und Zeichnungen wünschen wird, liegt es im Interesse der Allgemeinheit, den Schutz-

bereich möglichst auf eine wortgetreue Auslegung der Patentansprüche einzuengen. Diesem **Interessenwiderstreit** tragen § 14 und Art 69 EPÜ, die in gleicher Weise auszulegen sind,[1] durch eine Mittellösung Rechnung. Danach ist für den Schutzbereich der Inhalt der Patentansprüche maßgebend, also weder die PS in ihrer Gesamtheit noch der buchstäbliche Wortlaut der Ansprüche.

Für die Auslegung gelten **im Einspruchsverfahren, Nichtigkeitsverfahren und Verletzungsrechtsstreit dieselben Grundsätze**.[2] Die Patentauslegung besteht in der Bestimmung, wie der Patentanspruch nach **objektiven Kriterien** aus **fachlicher Sicht** zu bewerten ist; durch Bewertung seines Wortlauts aus der Sicht des Fachmanns ist zu bestimmen, was sich aus den Merkmalen des Patentanspruchs im Einzelnen und in ihrer Gesamtheit als Lehre zum technischen Handeln ergibt.[3]

2 Inhalt der Patentansprüche *(terms of the claims)*

Der Inhalt der Patentansprüche bestimmt nach § 14 S 1 den Schutzbereich des Patents, während Beschreibung und Zeichnungen zu ihrer Auslegung heranzuziehen sind. Die **Tragweite der geschützten Erfindung** bemisst sich daher vorrangig nach den **Patentansprüchen**,[4] die stets die **maßgebliche Grundlage des Patentschutzes** sind,[5] während Beschreibung und Zeichnungen ihnen gegenüber eine dienende Funktion haben (siehe näher unten Rdn 20 ff).

Inhalt iSd § 14 S 1 bedeutet nicht Wortlaut, sondern **Sachgehalt (technischer Wortsinn)**. Dem entsprechen der englische Begriff »terms« (nicht content) und der französische Begriff »teneurs« (nicht contenu) in Art 69 (1) EPÜ. Maßgebend ist demgemäß der Offenbarungsgehalt der PS, soweit der seinen Niederschlag in den Ansprüchen findet. Die Ansprüche sind nicht wörtlich, sondern zweckorientiert auszulegen (purposive construction, siehe zum Grundsatz der funktionsorientierten Auslegung unten Rdn 32).[6] Die Auslegung obliegt dem Verletzungsrichter, setzt aber tatsächliche Feststellungen darüber voraus, was der **Fachmann** (s unten Rdn 64) den Ansprüchen entnimmt.[7]

3 Auslegung *(interpretation)*

Die Auslegung des Patentanspruchs ist **stets geboten** und darf gerade auch dann nicht unterbleiben, wenn der **Wortlaut** des Anspruchs eindeutig zu sein scheint, da die Beschreibung des Patents Begriffe eigenständig definieren kann.[8] Das Gebot der zwingenden Auslegung gilt unabhängig davon, ob eine **Verletzungsprüfung** ansteht, die **Patentfähigkeit** zu beurteilen ist oder die Frage einer **unzulässigen Erweiterung** im

---

1 BGH GRUR 07, 1059 *Zerfallszeitmessgerät*.
2 BGH GRUR 07, 859 *Informationsübermittlungsverfahren I*.
3 BGH GRUR 10, 858 = BGHZ 186, 90 *Crimpwerkzeug III*.
4 BGH GRUR 81, 338 (II2a) *Magnetfeldkompensation*; 86, 803 (5b) *Formstein*.
5 BGH GRUR 86, 803 (5b) *Formstein*; 89, 205 (II3) *Schwermetalloxidationskatalysator*; 15, 875 *Rotorelemente*.
6 Vgl House of Lords GRUR Int 82, 136 *Catnic*.
7 BGH GRUR 83, 497 *Absetzvorrichtung*.
8 BGH GRUR 15, 875 *Rotorelemente* mwN.

Raum steht.[9] **Offensichtliche Falschbezeichnungen** im Anspruch können unter Rückgriff auf die Patentschrift korrigiert werden.[10]

14 Bei der Bemessung des Schutzbereichs ist das **Protokoll zu Art 69 EPÜ** (»Auslegungsprotokoll« abgedruckt oben Rdn 5), das der **Harmonisierung** der Auslegung europ Patente in den Vertragsstaaten dient,[11] sowohl für europ Patente, die mit Wirkung für die BRD erteilt wurden, als auch für nach dem 1.1.78 erteilte nationale Patente zu beachten.[12] Die Bestimmung des Schutzumfangs im Einzelnen ist jedoch der jeweiligen nationalen Rechtsordnung vorbehalten (a.E. Art 64 (3) EPÜ).[13]

15 **3.1 Ziel der Auslegung** postuliert Satz 3 von Art 1 des Protokolls.
Das Ergebnis der Auslegung muss folgenden beiden Kriterien in gleicher Weise gerecht werden: angemessener Schutz für den Patentinhaber und ausreichende Rechtssicherheit für Dritte.

16 **Angemessener Schutz** (*fair protection*) für den Patentinhaber ist gewährleistet, wenn ihm der **gerechte Lohn für die Offenbarung** seiner Erfindung gewährt wird. Das ist der Fall, wenn die unter Schutz gestellte Erfindung gegen jede Nachahmung geschützt wird. Dabei kann die objektive Bedeutung der Erfindung nicht außer Betracht bleiben; dh der Umfang des Schutzbereichs wird sich nach dem *Ausmaß der objektiven Bereicherung* der Technik richten, soweit diese im Patentanspruch unter Schutz gestellt ist. Dagegen ist die Intensität der persönlichen Anstrengung, der Fleiß des Erfinders belanglos, da das Patent nicht den »vergossenen Schweiß«, sondern die erbrachte Leistung belohnt.

17 **Ausreichende Rechtssicherheit** (*reasonable degree of certainty*) ist dann gewährleistet, wenn jeder sachkundige Dritte anhand des Inhalts der Patentansprüche mit einiger Zuverlässigkeit feststellen konnte, in welchem Umfang er das Patent zu respektieren hat. Ein Dritter darf daher nicht mit einer Auslegung überrascht werden, die zwar dem Wert der Erfindung angemessen wäre, mit der er aber nach dem Inhalt der Patentansprüche nicht zu rechnen brauchte.

18 Die Auslegung der maßgeblichen Patentansprüche führt zur Bemessung eines zutreffenden Schutzbereichs, wenn unter Berücksichtigung eines **angemessenen Schutzes** und ausreichender Rechtssicherheit (Rdn 16) die Tragweite des in den Ansprüchen zum Ausdruck gekommenen Erfindungsgedankens erkannt und damit die unter Schutz gestellte Erfindung gegen jede Nachahmung geschützt wird, so dass der Patentinhaber jede nachschaffende Imitation, die seine Leistung im Wesentlichen übernimmt, untersagen kann.

---

9 BGHZ 194, 107 Rn 27 = GRUR **12**, 1124 *Polymerschaum* mwN; BGH GRUR **15**, 868 *Polymerschaum II*.
10 BGH GRUR **15**, 875 *Rotorelemente*.
11 EPA GBK G 0006/88 ABl **90**, 114 (3) *Mittel zur Regulierung des Pflanzenwachstums/BAYER*.
12 BGH GRUR **86**, 803 *Formstein*.
13 BGH GRUR **07**, 49 *GAT*; vgl. Luginbühl GRUR Int. 10, 97 zu abw. Ansichten.

Auslegung der in den Ansprüchen umschriebenen Erfindung **dient a)** der Behebung etwaiger Unklarheiten;[14] **b)** der Klarstellung verwendeter technischer Begriffe;[15] **c)** der Klärung der Bedeutung und Tragweite der Erfindung;[16] **d)** der Einbeziehung etwaiger Abwandlungen der Erfindung;[17] **e)** der Erstreckung auf äquivalente Ausführungsformen[18] (Rdn 72 ff).

3.2 Maßgeblichkeit der Ansprüche: Beschreibung und Zeichnungen (*description and drawings*) bestimmen den Schutzbereich nicht, sie sind aber nach § 14 S 2 zur Auslegung der Patentansprüche heranzuziehen, und zwar zwingend (»sind«), also auch dann, wenn der Patentanspruch aus sich heraus allein klar und verständlich ist (Art 1 Satz 1 der Auslegungsregel, siehe oben Rdn 10). Maßgebend ist immer die **geltende Fassung**, nach einer Änderung im Einspruchs- oder Nichtigkeitsverfahren also die geänderte Fassung.[19] Bei europäischen Patenten ist die Fassung der Patentansprüche in der vom Anmelder gewählten **Verfahrenssprache** maßgeblich.[20] Dies gilt auch dann, wenn das Klagepatent **in einem nationalen Verfahren beschränkt (aufrechterhalten)** worden und – was zulässig ist[21] – der Patentanspruch zum Zwecke der Beschränkung in deutscher Sprache neu gefasst worden ist. Auch hier ist die deutsche Fassung nur insoweit von Belang, wie sie sich in den durch die Anspruchsfassung in der **Verfahrenssprache** gezogenen Grenzen hält. Der Umstand, dass ein europäisches Patent, bei dem Deutsch nicht die Verfahrenssprache ist, in einem Nichtigkeitsverfahren durch eine in deutscher Sprache gehaltene Fassung der Patentansprüche beschränkt verteidigt wird, ändert nichts daran, dass zur Auslegung der Patentansprüche der übrige Inhalt der Patentschrift in der maßgeblichen Verfahrenssprache heranzuziehen ist.[22] Die Patentansprüche sind vom Verletzungsrichter so hinzunehmen, wie sie erteilt oder beschränkt worden sind, auch wenn DPMA oder BPatG den Anspruch unvollkommen gestaltet haben sollten, zB bei unrichtiger Bewertung des Standes der Technik.

Da der Schutzbereich maßgeblich durch den Inhalt der Patentansprüche bestimmt wird,[23] kann sich aus **Beschreibung und Zeichnungen** kein Schutzbereich ergeben, der von demjenigen abweichen würde, der sich aus dem Inhalt der Patentansprüche unter Berücksichtigung von Beschreibung und Zeichnungen ergibt.[24] Das bedeutet,

---

14 GRUR 02, 519, 521 (II4a) *Schneidmesser II*.
15 BGH GRUR **86**, 803 (5b) *Formstein*; **89**, 903 *Batteriekastenschnur*; **92**, 594 *Mechanische Betätigungsvorrichtung*; GRUR 02, 519, 521 (II4a) *Schneidmesser II*.
16 BGH GRUR **86**, 803 (5b) *Formstein*; **89**, 903 *Batteriekastenschnur*; **92**, 594 *Mechanische Betätigungsvorrichtung*; GRUR 02, 519, 521 (II4a) *Schneidmesser II*.
17 BGH GRUR **86**, 803 (5b) *Formstein*; **89**, 903 *Batteriekastenschnur*; **92**, 594 *Mechanische Betätigungsvorrichtung*; GRUR 02, 519, 521 (II4a) *Schneidmesser II*.
18 BGH GRUR **86**, 803 (5b) *Formstein*; **89**, 903 *Batteriekastenschnur*; **92**, 594 *Mechanische Betätigungsvorrichtung*; GRUR 02, 519, 521 (II4a) *Schneidmesser II*.
19 BGH GRUR 07, 778 *Ziehmaschinenzugeinheit*; BGH GRUR **10**, 904 *Maschinensatz*.
20 Art 70 (1), (3) EPÜ; vgl. Rogge, GRUR **93**, 284.
21 BGH GRUR 04, 407, 410 *Fahrzeugleitsystem*; BGH GRUR **10**, 414 *Thermoplastische Zusammensetzung*.
22 BGH GRUR **10**, 904 *Maschinensatz*.
23 BGH GRUR **86**, 803 (5b) *Formstein*; **89**, 903 *Batteriekastenschnur*; **92**, 594 *Mechanische Betätigungsvorrichtung*.
24 GRUR 02, 519, 521 (II4a) *Schneidmesser II*.

dass ein **Offenbarungsgehalt von Beschreibung und Zeichnungen** für den Schutzbereich dann ohne Bedeutung ist, wenn er vom Inhalt der Patentansprüche nicht mit umfasst wird.[25] Der vom Patentanspruch **abgesteckte Rahmen**, der wegen der gebotenen Kürze des Anspruchs verallgemeinernd, vereinfacht, abstrahierend oder beispielhaft umschrieben sein kann, kann durch Beschreibung und Zeichnungen konkret ausgefüllt werden; zu einer **Einengung oder Erweiterung** desjenigen, was der Anspruch bei sinnvollem Verständnis lehrt, dürfen sie jedoch nicht führen.[26] Als Ausgangspunkt für die Auslegung kommt dem Anspruchswortlaut – auch wenn Anspruch, Beschreibung und Zeichnungen grundsätzlich **gleichberechtigte Offenbarungsmittel** sind[27] – daher maßgebliche Bedeutung zu.[28] Das bedeutet, dass der Schutzbereich des Patents nur soweit reicht, wie die offenbarte Erfindung in den Patentansprüchen Ausdruck gefunden hat. Zu beachten ist jedoch, dass der besagte Vorrang nur in Bezug auf den anhand des Beschreibungstextes **funktionsorientiert ausgelegten** (im Gegensatz zum rein philologisch betrachteten) Anspruch gilt.[29]

22 Die Patentansprüche und der sie erläuternde Beschreibungstext bilden eine **zusammengehörige Einheit**, die der Durchschnittsfachmann demzufolge auch **als sinnvolles Ganzes** so zu interpretieren sucht, dass sich Widersprüche nicht ergeben.[30] Auch der Grundsatz, dass bei **Widersprüchen zwischen Anspruch und Beschreibung** der Anspruch Vorrang hat, schließt es nicht aus, dass aus der Beschreibung und den Zeichnungen ein Verständnis des Patentanspruchs folgt, das von demjenigen abweicht, das der bloße Wortlaut des Anspruchs vermittelt. Extremes praktisches Beispiel: Zwei im Patentanspruch verwendete Begriffe können sogar **gegeneinander auszutauschen** sein, wenn der Wortlaut des Hauptanspruchs und die Beschreibung sowie ein Teil der Unteransprüche derart auseinanderklaffen, dass die »**Umkehrung**« des prima facie anzunehmenden Anspruchsinhalts geboten erscheint.[31] In der Patentbeschreibung **erwähnte Ausführungsformen** müssen deshalb Veranlassung geben, danach zu fragen, ob nicht eine Auslegung der Merkmale des Hauptanspruchs in Betracht kommt, bei der sämtliche als erfindungsgemäß beschriebenen Varianten auch vom Anspruch erfasst werden. Nur wenn ein solches Verständnis angesichts der **konkreten Anspruchsformulierung** ausscheidet, ist Raum für die Annahme, dass der Beschreibungstext einen überschießenden Inhalt hat, der einen Patentschutz nicht zu vermitteln vermag.[32] Scheidet ein solches Verständnis **ausnahmsweise**[33] angesichts der konkreten Anspruchsformulierung aus, so weist der Beschreibungstext einen **überschießenden**

---

25 BGH GRUR 11, 704 = BGHZ **189**, 330 *Okklusionsvorrichtung*.
26 BGH GRUR 07, 309 *Schussfädentransport*; GRUR 04, 1023, 1024 *Bodenseitige Vereinzelungseinrichtung*.
27 BGH GRUR **10**, 599 *Formteil*.
28 BGH GRUR **11**, 701 = BGHZ **189**, 330 *Okklusionsvorrichtung*.
29 OLG Düsseldorf Urt v 09.10.2014 – I-2 U 80/13.
30 BGH GRUR 08, 887 *Momentanpol II*; 09, 653 = BGHZ **180**, 215 *Straßenbaumaschine*; BGH GRUR **15**, 875 *Rotorelemente*; BGH Urt. v. 24.9.2019 – X ZR 62/17, GRUR **20**, 159 *Lenkergetriebe*.
31 BGH GRUR **15**, 875 *Rotorelemente*.
32 BGH GRUR **15**, 159 *Zugriffsrechte*; BGH GRUR **15**, 875 *Rotorelemente*; **15**, 972 *Kreuzgestänge*; GRUR **16**, 361 *Fugenband*.
33 BGH GRUR **16**, 875 *Rotorelemente*; BGH GRUR **16**, 361 *Fugenband* mwN.

Inhalt auf; derart **unauflösbare Widersprüche** zwischen Anspruch und Beschreibungstext sind **selten** und kommen vornehmlich bei räumlich-körperlichen Merkmalen sowie Zahlen- und Maßangaben im Anspruch in Betracht.[34] Offenbart die Beschreibung eine derartige über den Rahmen der Ansprüche hinausgehende Erfindung, die durch den auszulegenden Patentanspruch nicht gedeckt ist, so gehört dieser **Überschuss** nicht in den Schutzbereich des Patents (s zu Ausführungsbeispielen unten Rdn 41 ff).[35] Wer es bei der Abfassung der Ansprüche vor der Erteilung versäumt, den Schutzbereich der Erfindung entsprechend zu definieren, der kann später nicht mehr damit gehört werden, dass das erteilte Patent einen weitergehenden, aber eben nicht beantragten Schutz habe.[36] S zur Äquivalenz Rdn 80 ff.

Die Merkmale des Patentanspruchs bilden eine **Einheit**, weshalb einzelne Merkmale nicht unabhängig vom Gesamtzusammenhang der im Anspruch unter Schutz gestellten technischen Lehre zu interpretieren sind.[37] Ein vermeintlicher Widerspruch zwischen Angaben im kennzeichnenden Teil und Merkmalen des Oberbegriffs darf deswegen nicht dahin aufgelöst werden, dass den Merkmalen des Oberbegriffs keine Bedeutung beigemessen wird, obwohl der Wortsinn des Patentanspruchs eine **widerspruchsfreie Auslegung** zulässt.[38] Im Zweifel haben **gleiche Begriffe im Zusammenhang eines Patentspruchs** auch die gleiche Bedeutung; ein unterschiedliches Verständnis eines Begriffs im **Oberbegriff** und im **Kennzeichen** eines Patentanspruchs oder sonst in unterschiedlichen Zusammenhängen kommt nur dann in Betracht, wenn die Auslegung des Patentspruchs in seiner Gesamtheit unter Berücksichtigung der Beschreibung und der Zeichnungen ein solches Verständnis ergibt.[39]

23

Allein die Tatsache, dass ein Anspruchsmerkmal bei einem bestimmten Verständnis für den Fachmann bloß eine technische **Selbstverständlichkeit** zum Ausdruck bringen würde, schließt deshalb dieses Verständnis nicht aus.[40] Andererseits ist es nicht unbedingt notwendig, dass der Patentanspruch eine bis ins allerletzte detaillierte Handlungsanweisung gibt, dh eine Anleitung zum technischen Handeln formuliert, die auch Selbstverständlichkeiten aufgreift und erwähnt. Solche können und dürfen vielmehr als **präsentes Wissen des Fachmanns** in dem Sinne vorausgesetzt werden, dass sie von ihm auch ohne besondere Erwähnung im Patentanspruch eigenständig gesehen und – gleichsam zwischen den Zeilen des Patentspruchs – ergänzt werden. Für technische Anweisungen, die grundsätzlicher Natur sind, weil ohne sie eine **funktionsfähige Vorrichtung** erst gar nicht erhalten wird, gilt dies jedoch nicht in gleicher Weise. Merkmale in einem Patentanspruch, die keine aus dem selbstverständlichen Wissen des Durchschnittsfachmanns zu schließenden Lücken hinterlassen, sind deswegen so zu

24

---

34 Rinken in FS 80 J PatentG in Düsseldorf 2016, 429.
35 BGH GRUR **87**, 626 (III1) *Rundfunkübertragungssystem*; BGH GRUR **11**, 701= BGHZ **189**, 330 *Okklusionsvorrichtung*; BGH GRUR **15**, 972 *Kreuzgestänge*.
36 BGH GRUR **92**, 305 (II5c) *Heliumeinspeisung*.
37 BGH GRUR **04**, 844 *Drehzahlermittlung*; BGH GRUR **12**, 1124 *Polymerschaum*; BGH Urt. v. 24.9.2019 – X ZR 62/17, GRUR **20**, 159 *Lenkergetriebe*.
38 BGH GRUR **11**, 129 *Fentanyl-TTS*.
39 BGH GRUR **17**, 152 *Zungenbett*.
40 BGH GRUR **04**, 1023 *Bodenseitige Vereinzelungseinrichtung*; BGH GRUR **10**, 602, 605 *Gelenkanordnung*.

interpretieren, dass sich aus der Gesamtheit der Anspruchsmerkmale ein für die Zwecke der Erfindung tauglicher und vor allem funktionsfähiger Gegenstand ergibt.[41] Die anspruchsgemäße Vorgabe einer **Mindestausstattung** mit bestimmten Bauteilen führt dazu, dass diese Mindestausstattung des Verständnis derjenigen Merkmale vorgibt, die sich mit der weiteren Konstruktion pp dieser Bauteile befassen, und zwar auch dann, wenn der Anspruch mehr Bauteile als die Mindestausstattung erlaubt.[42] Ein im Patentanspruch erwähntes Vorrichtungsteil, mit dem der unter Schutz gestellte Gegenstand **zusammenwirken** soll, **ohne dass** das besagte **Vorrichtungsteil selbst schutzgegenständlich** ist, muss nicht tatsächlich existieren; eben so wenig müssen die am Markt erhältlichen oder die zur Verwendung mit dem Schutzgegenstand vorgesehenen Vorrichtungsteile die Anforderungen des Patentanspruchs erfüllen.[43]

25 **Schutzbereich und Offenbarung** haben unmittelbar nichts miteinander zu tun.[44] Es fällt deshalb nicht nur das in den Schutzbereich, was dem Durchschnittsfachmann durch die Klagepatentschrift als neuheitsschädlich offenbart wird. Dies ist schon deshalb zwingend, weil es für die Patentierung einer allgemeinen technischen Lehre ausreicht, dass in der Anmeldung ein möglicher Weg beschrieben wird, auf dem die Lehre ausgeführt werden kann, und weil der Schutzbereich anerkanntermaßen auch Äquivalente umfasst, die in aller Regel außerhalb des **Offenbarungsgehalts der Schrift** liegen.[45]

26 Dem Patentanspruch darf nicht deshalb ein bestimmter Sinngehalt beigelegt werden, weil sein Gegenstand andernfalls gegenüber den Ursprungsunterlagen **unzulässig erweitert** oder aus anderen Gründen nicht rechtsbeständig wäre.[46] Ebenso wenig ist es aber zulässig, einen **enger gefassten** Anspruch unter Hinweis darauf weit auszulegen, dass der Anspruch auch mit diesem Inhalt **erteilungsfähig** gewesen wäre.[47]

3.3 Auslegungsmaterial

27 **3.3.1 Unter- und Nebenansprüche:** Anhaltspunkte für das Verständnis eines im Hauptanspruch verwendeten Begriffs ergeben sich aus **Unteransprüchen** des Patents.[48] Sie betreffen als rückbezogene Ansprüche definitionsgemäß **spezielle Ausführungsvarianten** des im Hauptanspruch nach allgemeinen Merkmalen umschriebenen Erfindungsgegenstandes. Ein bestimmtes (allgemeines) Merkmal im Hauptanspruch ist so auszulegen, dass es auch die im Unteranspruch beschriebene **bevorzugte Ausgestaltung** erfasst. Umgekehrt erschöpft sich der Bedeutungsgehalt des Merkmals aber nicht in demjenigen, was als nur spezielle Ausführungsvariante im Unteranspruch

---

41 OLG Düsseldorf InstGE **13**, 129 *Synchronmotor*; OLG Düsseldorf Urt v 20.06.2013 – I-2 U 78/12.
42 OLG Düsseldorf Urt v 19.09.2013 – I-2 U 80/12.
43 OLG Düsseldorf Urt v 11.02.2016 – I-2 U 19/15 *Anschlussstück für Fahrzeugplane*.
44 Vgl BGH Urt v 17.01.2017 – X ZR 11/15, GRUR **17**, 493 *Borrelioseassay*; BGH Urt. v. 12.3.2019 – X ZR 32/17, GRUR **19**, 713 *Cer-Zirkonium-Mischoxid I*.
45 OLG Düsseldorf, Urt v 30.11.2010 – I-2 U 90/09.
46 BGH GRUR **12**, 1124 *Polymerschaum*; BGH GRUR **15**, 875 *Rotorelemente*.
47 OLG Düsseldorf Urt v 26.11.2015 – I-2 U 74/14.
48 BGH GRUR **16**, 1031 *Wärmetauscher*; BGH Urt. v. 17.9.2020 – X ZR 147/18, GRUR **21**, 45 *Signalumsetzung*.

unter Schutz gestellt ist. Der Sinngehalt des allgemeinen Merkmals reicht vielmehr – vorbehaltlich einer Auslegung im Einzelfall – grundsätzlich weiter.[49] Es ist ebenso durch Auslegung des Patentanspruchs unter Heranziehung der Beschreibung und der Zeichnungen zu ermitteln, ob die **Kennzeichnung des Gegenstands eines Nebenanspruchs** dahingehend, dass er eine in Übereinstimmung mit den vorangehenden Ansprüchen ausgebildete Vorrichtung umfasst, die **Verwirklichung der Merkmale sämtlicher vorangehender Unteransprüche** erfordert.[50]

Nebenansprüche sind gegenüber dem Hauptanspruch selbständig; sie lassen vergleichbare Schlussfolgerungen nicht zu. Unteransprüche konkretisieren formal nur diejenigen von mehreren Nebenansprüchen eines Patents, auf die sie auch **explizit rückbezogen** sind. Allerdings können sie für gleichlautende Begrifflichkeiten eines vom Rückbezug nicht erfassten Nebenanspruchs ein **einheitliches Verständnis indizieren**.[51] Sach- und Vefahrensanspruch sind nebengeordnet.[52] 28

3.3.2 Beschreibung dient der Erläuterung des Anspruchs und ist zwingend zur Auslegung und zur Bestimmung des Schutzbereichs heranzuziehen (zum Inhalt der Beschreibung: § 34 (3) Nr 4 PatG, §§ 10f PatV, Art 83 EPÜ; siehe zum Verhältnis zu den Ansprüchen oben Rdn 21 ff.). 29

3.3.2.1 Legaldefinition: Gelegentlich enthält der Beschreibungstext für einen auslegungsbedürftigen Begriff selbst eine **Legaldefinition**. Ist dies der Fall, muss sich die angegriffene Ausführungsform daran messen lassen, ob sie dieser Definition genügt oder nicht. 30

3.3.2.2 Geläufiger Fachbegriff: Handelt es sich bei dem auslegungsbedürftigen Begriff um einen Ausdruck, der in dem betreffenden Fachgebiet gebräuchlich und mit einem bestimmten Inhalt versehen ist, darf **nicht unbesehen** dieser nach dem allgemeinen Sprachgebrauch gegebene Inhalt zugrunde gelegt werden. Es ist die Möglichkeit in Rechnung zu stellen, dass das Patent den Ausdruck nicht in diesem geläufigen, sondern in einem **davon abweichenden (zB weitergehenden oder engeren) Sinne** verwendet (s auch oben Rdn 13). Die Merkmale eines Patentanspruchs dürfen nicht anhand der Definition in Fachbüchern, sondern sie müssen aus der Patentschrift selbst (die insoweit ihr **patenteigenes Lexikon** darstellt) ausgelegt werden.[53] Dies kann sowohl zu einem **weiteren Begriffsinhalt** führen als auch in dem allgemeinen Sprachgebrauch folgende Betrachtung ergeben würde. Es kann sich, weil der übliche Wortsinn nicht den Mindestinhalt eines Merkmals vorgibt, aber ebenso ein **engeres Verständnis** ergeben.[54] Dh nicht, dass bei der Auslegung eines Patents keinesfalls auf den üblichen Sprachgebrauch und Begriffsinhalt zurückgegriffen werden dürfte. Vielfach wird dies sogar angezeigt sein, weil bei der Abfassung einer Patentschrift Begriffe in 31

---

49 BGH GRUR **16**, 1031 *Wärmetauscher*; BGH Urt. v. 14.05.2019 – X ZR 93/17, BeckRS **19**, 17249 *Seitenaufprallschutz bei Kopf-Airbag*.
50 BGH GRUR **14**, 650 *Reifendemontiermaschine*.
51 OLG Düsseldorf Urt v 21.11.2013 – I-2 U 36/12.
52 BGH, Urt. v. 13.9.2016 – X ZR 64/14, GRUR **17**, 57 *Datengenerator*.
53 BGH GRUR **99**, 909, 912 *Spannschraube*; GRUR **15**, 868 *Polymerschaum II*; BGH GRUR **15**, 1095 *Bitratenreduktion*; BGH GRUR **16**, 361 *Fugenband*.
54 BGH GRUR **99**, 909, 912 *Spannschraube*.

der Regel mit ihrem auf dem betroffenen Fachgebiet üblichen Inhalt gebraucht zu werden pflegen. Stets ist aber zu prüfen, ob im Einzelfall Anhaltspunkte dafür bestehen, dass sich der Anmelder dieses üblichen Sprachgebrauchs ausnahmsweise nicht bedient hat und deshalb das Merkmal im Zusammenhang mit der Erfindung auch in einem anderen Sinne zu verstehen ist.[55]

32 **3.3.2.3 Funktionsorientierte Auslegung:** Merkmale und Begriffe des Patentanspruchs sind so zu deuten, wie dies angesichts der ihnen nach dem offenbarten Erfindungsgedanken **zugedachten technischen Funktion** angemessen ist (sog. **funktionsorientierte Auslegung**).[56] Es kommt mithin nicht entscheidend darauf an, was in der Klagepatentschrift – subjektiv – als Aufgabe der Erfindung angegeben ist;[57] maßgeblich ist vielmehr die **objektive Problemstellung**, für deren Ermittlung zu klären ist, welche nicht nur bevorzugten, sondern **zwingenden Vorteile** mit dem Merkmal erzielt und welche **Nachteile des vorbekannten Standes der Technik** – nicht nur bevorzugt, sondern zwingend – mit dem Merkmal beseitigt werden sollen.[58] Die Vor- wie die Nachteile sind dem allgemeinen Beschreibungstext zu entnehmen. Wegen des Vorrangs des Patentanspruchs gegenüber der (bloß erläuternden) Beschreibung ist die Aufgabe allerdings nach dem zu entwickeln, was die Erfindung angesichts der in den Anspruch aufgenommenen Merkmale **tatsächlich leistet**.[59] Ein bestimmtes Verständnis von einem Merkmal hat deswegen auszuscheiden, wenn es sich aus einer technischen Anforderung ergibt, die das einzige Ausführungsbeispiel der Erfindung nicht zu leisten vermag.[60] Eine Auslegung **unterhalb des technisch verstandenen Wortsinns** ist unzulässig, und zwar auch dann, wenn sich die Beschreibung und die Ausführungsbeispiele ausschließlich auf bestimmte beschriebene Lösungen beschränken, die lediglich einen Teil des weiter zu verstehenden Sinngehalts des Patentanspruchs abdecken.[61]

33 Bei der **Definition des technischen Problems**, das einer Erfindung zu Grunde liegt, darf nicht ohne Weiteres unterstellt werden, dass für den Fachmann die Befassung mit einer bestimmten Aufgabenstellung angezeigt war. Vielmehr ist das technische Problem so **allgemein und neutral zu formulieren**, dass sich die Frage, welche Anregungen der Fachmann durch den Stand der Technik erhielt, ausschließlich bei der Prüfung der erfinderischen Tätigkeit stellt; die Bestimmung des technischen Problems hat nicht etwa die Funktion, über die Frage der Patentfähigkeit bereits eine **Vorentscheidung** zu treffen.[62] Im Verletzungsrechtsstreit darf sich das Gericht mit dem technischen Problem nicht erst dann befassen, wenn es den Anspruch bereits ausgelegt hat; vielmehr stehen die Bestimmung der Aufgabe und die Auslegung in einer **gewissen Wechselwir-**

---

55 BGH GRUR 05, 754 *werkstoffeinstückig*.
56 BGH GRUR 99, 909 *Spannschraube*; 05, 41 *Staubsaugerrohr*; BGH GRUR 16, 921 *Pemetrexed*.
57 BGH GRUR 10, 602, 605 *Gelenkanordnung*.
58 BGH GRUR 01, 232, 233 *Brieflocher*; OLG Düsseldorf GRUR 00, 599, 601 ff *Staubsaugerfilter*; OLG Düsseldorf Urt v 08.07.2014 – I 15 U 29/14.
59 BGH GRUR 10, 602, 605 *Gelenkanordnung*; BGH Urt v Urt. v. 9.1.2018 – X ZR 14/16, GRUR 18, 390 *Wärmeenergieverwaltung*; vgl. aber auch OLG Düsseldorf Urt v 07.07.2016 – I-2 U 5/14: im Einzelfall kann ein geringerer Leistungserfolg genügen.
60 BGH GRUR 10, 602, 604 *Gelenkanordnung*.
61 BGH GRUR 07, 309 *Schussfädentransport*.
62 BGH GRUR 15, 352 *Quetiapin*; BGH GRUR 16, 921 *Pemetrexed*.

kung.⁶³ Beschreibungsangaben zur Aufgabe der Erfindung haben unberücksichtigt zu bleiben, wenn der **Anspruch keine Mittel** angibt, die der Erreichung dieses (subjektiven) Ziels dienen.⁶⁴ Es kann nicht ohne weiteres angenommen werden, ein bestimmtes technisches Problem sei nicht Teil der Aufgabenstellung, weil die hierauf bezogenen Ausführungen in der Streitpatentschrift in den ursprünglichen Anmeldeunterlagen nicht enthalten gewesen seien.⁶⁵

Werden in einer Patentschrift zwei sich nur **graduell unterscheidende Maßnahmen** (zB: Blockieren und Drosseln eines Luftstroms) ohne nähere Differenzierung als Ausgangspunkt für eine im Stand der Technik auftretende Schwierigkeit benannt, so kann aus dem Umstand, dass im Patentanspruch nur die stärker wirkende Maßnahme (zB: Blockieren eines Luftstroms) erwähnt ist, nicht ohne Weiteres gefolgert werden, dass die schwächer wirkende Maßnahme zur Verwirklichung der geschützten Lehre nicht ausreicht.⁶⁶ Eine solche Schlussfolgerung auf der Basis des allgemeinen Wortsinn (zB des Begriffs »Blockieren«) verbietet sich jedenfalls dann, wenn unter Berücksichtigung von **Aufgabe** und **Lösung**, wie sie sich objektiv aus dem Patent ergeben, und aus der **Funktion der einzelnen Merkmale** im Kontext des Patentanspruchs abzuleiten ist, dass auch die schwächer wirkende Maßnahme für die erfindungsgemäß angestrebte Wirkung genügt (zB Drosseln eines Luftstroms).⁶⁷ **34**

Während bei sog. **funktionellen Merkmalen** regelmäßig nicht die Gefahr einer unzulässigen Abstrahierung besteht, ist im Zusammenhang mit **räumlich-körperlich definierten Merkmalen** darauf zu achten, dass deren Inhalt nicht auf die bloße Funktion reduziert und das Merkmal in einem Sinne interpretiert wird, der mit der räumlich-körperlichen Ausgestaltung, wie sie dem Merkmal eigen ist, nicht mehr in Übereinstimmung steht.⁶⁸ Anderenfalls würde die **Grenze zwischen wortsinngemäßer und äquivalenter (dh gleichwirkender) Benutzung** aufgelöst, die schon wegen der Zulässigkeit des Formstein-Einwandes nur bei einer äquivalenten Benutzung beachtlich ist. Verlangt also das Klagepatent die Verbindung zweier Bauteile mittels einer »Schraube«, so darf dieses Merkmal nicht ausschließlich von seiner Funktion her ausgelegt und im Sinne einer lösbaren Verbindung verstanden werden, selbst wenn es für die Zwecke der Erfindung nur auf die Lösbarkeit der Verbindung ankommt. Eine Klipsverbindung fällt deswegen nicht mehr unter den Wortsinn des Begriffs »Schraube«, sondern stellt ggf. ein gleichwirkendes (äquivalentes) Ersatzmittel dar.⁶⁹ Auch die Frage, ob ein räumlich-körperliches Merkmal beansprucht wird, darf allerdings nicht anhand des Anspruchs**wortlauts** bestimmt werden.⁷⁰ Beim **Verwendungsanspruch** können im Rahmen der Anspruchsauslegung dem rein funktionalen Verständnis einer im **35**

---

63 BGH GRUR **16**, 921 *Pemetrexed*.
64 BGH Urt v 25.02.2014 – X ZR 84/12 = BeckRS **14**, 10 781 *Patentfähigkeit eines Bildanzeigesystems*; GRUR **16**, 921 *Pemetrexed* mwN.
65 BGH Urteil v 13.03.2018 – X ZR 44/16, BeckRS **18**, 15109 *Gießpfanne*.
66 BGH GRUR **16**, 169 *Luftkappensystem*.
67 BGH GRUR **16**, 169 *Luftkappensystem*.
68 BGH GRUR **16**, 921 *Pemetrexed*; OLG Düsseldorf GRUR-RR **14**, 185 *WC-Sitzgelenk*; Gramm GRUR **01**, 926, 928; Meier-Beck GRUR **03**, 905, 907.
69 Meier-Beck GRUR **03**, 905, 907.
70 Vgl. BGH GRUR **16**, 921 *Pemetrexed*.

Anspruch genannten **stofflichen Verbindung** (zB im Rahmen eines Chemie-/Pharmaziepatents) ebenso entsprechende Grenzen gesetzt sein; die vorgenannten Grundsätze gelten dort mit der Maßgabe, dass es auf die gemäß dem Anspruch maßgeblichen **stofflichen Eigenschaften ankommt.**[71]

36 **3.3.2.4 neue Wortschöpfung** Das Gebot der Auslegung aus der Patentschrift heraus gilt erst recht, wenn der Begriff nicht aus der einschlägigen Fachsprache entlehnt ist. Handelt es sich um eine eigenartige, neue Wortschöpfung, so kann von vornherein nur die **Patentschrift selbst** Aufschluss darüber geben, was mit diesem Begriff gemeint ist.

37 **3.3.2.5 Zahlen- und Maßangaben**[72] nehmen an der Verbindlichkeit des Patentanspruchs teil und legen dessen Schutzbereich verbindlich fest. Sie sind zwar der Auslegung fähig, idR wird der Fachmann ihnen aber, weil eine Zahlenangabe von Hause aus eindeutig ist, einen **höheren Grad an Verlässlichkeit** beimessen als verbal umschriebenen Merkmalen der Erfindung.[73] Es macht insoweit keinen Unterschied, ob die Zahl numerisch dargestellt oder mit Worten umschrieben ist (zB rechtwinklig statt 90 Grad).[74] Gedanklich vorgelagert muss aber im Zweifel erst ausgelegt werden, ob es sich wirklich um eine verbal umschriebene Zahlen-/Maßangabe handelt oder nicht etwas Abweichendes gelehrt wird.[75] Eine eindeutige Zahlenangabe bestimmt den geschützten Gegenstand **grundsätzlich abschließend**; ihre Über- oder Unterschreitung ist idR nicht mehr zum Gegenstand des Patentanspruchs zu rechnen.[76] Das schließt es allerdings nicht aus, dass der Fachmann gewisse Abweichungen (zB im Rahmen üblicher Toleranzen) als mit dem technischen Sinngehalt der Zahlenangabe vereinbar ansieht.[77] Ob dem so ist und welche Über- oder Unterschreitungen er als unschädlich betrachtet, hängt davon ab, wie der Fachmann die Zahlenangabe im Gesamtzusammenhang des Patentanspruchs (dh im Kontext von Aufgabe und Lösung) versteht.[78] Erschließt sich ihm aus der Patentschrift, dass es sich um einen **kritischen Wert** handelt, dessen genaue Einhaltung für den erfindungsgemäßen Erfolg wesentlich ist, werden keine oder nur geringfügige Abweichungen in Betracht kommen.[79] Zur **Äquivalenz** bei Zahlenangaben s Rdn 87. Auf **andere Begriffe** in Patentansprüchen lässt sich die Rspr zu Zahlen- und Maßangaben grundsätzlich nicht übertragen. Bsp: Festlegung auf eine bestimmte Werkstoffgruppe (Polyamid) für ein Bauteil.[80] **Ausnahme:** (a) Nach dem Gesamtinhalt der PS ist die Annahme berechtigt, dass der Anmelder mit der in den Anspruch aufgenommenen Werkstoffgruppe eine ebenso eindeutige Festlegung hat vornehmen wollen, wie sie Zahlen- und Maßangaben schon als solche eigen ist. (b) **chemische Stoffbezeichnungen/Formeln** (dazu unten Rdn 88).

---

71 BGH GRUR **16**, 921 *Pemetrexed.*
72 BGH GRUR **02**, 515 *Schneidmesser I*; **02**, 519 *Schneidmesser II*; **02**, 523 *Custodiol I*; **02**, 527 *Custodiol II*; **02**, 511 *Kunststoffrohrteil.*
73 BGH GRUR **02**, 511, 512 (III2d) *Kunststoffrohrteil.*
74 BGH GRUR **02**, 523, 525 (rSp) *Schneidmesser II*; vgl. OLG Düsseldorf Urt v 17.09.2015 – I-15 U 139/14.
75 OLG Düsseldorf Urt v 19.12.2019 – I-15 U 97/16, GRUR-RS 19, 54492 *Versorgungsleitungen.*
76 BGH GRUR **02**, 511, 512 (III2d) *Kunststoffrohrteil*; 07, 1059 *Zerfallszeitmessgerät.*
77 BGH GRUR **02**, 511, 513 (lSp) *Kunststoffrohrteil.*
78 BGH GRUR **02**, 511, 513 (lSp) *Kunststoffrohrteil.*
79 BGH GRUR **02**, 511, 513 (lSp) *Kunststoffrohrteil.*
80 BGH GRUR **04**, 41 *Staubsaugerrohr.*

Die anspruchsgemäße **Bezeichnung eines Bauteils im Plural** (zB »Klemmen«, »Spulen«) rechtfertigt grds nicht die Annahme einer **bloßen Gattungsbezeichnung**, und zwar selbst dann nicht, wenn der Fachmann erkennt, dass die Erfindung auch mit ihrer Einzahl verwirklicht werden kann.[81]

3.3.2.6 Angaben zu Zusammensetzungen/»insbesondere«-Merkmale Mit den Begriffen **»enthält«** und **»umfasst«** bringt ein Anspruch zum Ausdruck, dass er außer den explizit angeführten Komponenten des Erzeugnisses auch noch die Existenz weiterer Zutaten erlaubt. Anders verhält es sich hinsichtlich der Formulierungen **»besteht aus«** und **»gebildet aus«**: Diese definieren das Erzeugnis insoweit abschießend und gestatten daher keine weiteren Zutaten.[82]

Mit der Formulierung **»insbesondere«** bringt der Anspruch regelmäßig zum Ausdruck, dass ein bloß fakultatives Merkmal betroffen ist.[83] Es bedarf jedoch stets der Prüfung, ob der dem Wort »insbesondere« unmittelbar nachfolgende Text im Einzelfall tatsächlich nur eine rein exemplarische Konkretisierung eines bereits davor in allgemeiner Form beanspruchten Merkmals enthält. »Insbesondere« kann nämlich auch im Sinne von **»vorzugsweise«** zu verstehen sein (auch in diesem Falle muss das »insbesondere-Merkmal« freilich nicht zwingend erfüllt sein) **oder** sogar im Sinne von **»besonders«**, **»in erster Linie«** usw. Im letztgenannten Falle[84] ist der mit »insbesondere« versehene Anspruchsbestandteil gerade nicht fakultativer Natur, so dass die Patentverletzung zwingend dessen Verwirklichung verlangt. Ausschlaggebend für das eine oder das andere Verständnis ist wiederum eine funktionsorientierte Auslegung.

3.3.2.7 Ausführungsbeispiele der Erfindung, die im allgemeinen oder besonderen Beschreibungsteil als patentgemäß bezeichnet sind, werden idR auch unter den im Hauptanspruch verwendeten allgemeinen Begriff zu subsumieren sein. Allein aus der **Nichterwähnung einer bestimmten Ausführungsvariante** in der Patentschrift darf nicht gefolgert werden, dass die betreffende Variante außerhalb des Patents liegt. Ausführungsbeispiele und Zeichnungen erläutern (wie Unteransprüche) den Erfindungsgegenstand **regelmäßig** nur exemplarisch und daher **nicht abschließend; aus ihnen dürfen deshalb grundsätzlich keine den weiter gefassten Anspruch einengende Rückschlüsse gezogen werden.**[85] **Ausnahme:** Die Auslegung kann **im Einzelfall** durchaus ergeben, dass Vorteilsangaben oder sonstiger Beschreibungsinhalt, die/der in den Ausführungsbeispielen der Patentinschrift verortet sind/ist, gerade kein Spezifikum einer bevorzugten Ausführungsform, sondern erfindungsgemäß von zwingender Natur sind.[86] Die Bejahung eines solchen Ausnahmefalles bedarf regelmäßig einer näheren Begründung.

---

81 OLG Düsseldorf Urt v 21.03.2013 – I-2 U 73/09.
82 BGH GRUR 11, 1109 *Reifenabdichtmittel*; BGH GRUR 15, 1091 *Verdickerpolymer*.
83 BGH Urteil vom 22.10.2019 – X ZB 16/17, GRUR 20, 110 *Karusseltüranlage*.
84 Bejaht zB im Fall OLG Düsseldorf Urt v 18.12.2014 – I-2 U 19/14.
85 BGH GRUR 08, 779 *Mehrgangnabe*; BGH GRUR 12, 1242 *Steckverbindung*.; BGH Urt v 29.07.2014 – X ZR 5/13; OLG Düsseldorf Urt v 28.05.2015 – I-15 U 109/14 *elektronisches Mikrometer*, rkr: BGH Beschl v 13.09.2016 – X ZR 69/15.
86 So etwa in OLG Düsseldorf Urt v 13.08.2015 – I-2 U 2/14 *Interfaceschaltung*, rkr: BGH Beschl v 09.08.2016 – X ZR 99/15.

42 Mit Blick auf vorbeschriebene Funktion von Ausführungsbeispielen und den Grundsatz der **Einheit von Patentanspruch und Beschreibung** (s Rdn 22) verbietet sich regelmäßig eine Auslegung, nach der **keines der Ausführungsbeispiele** vom Patentanspruch erfasst wäre. **Ausnahme:** Der (anhand der Beschreibung auszulegende) Anspruchswortlaut selbst gibt **hinreichend deutliche Anhaltspunkte** für die Annahme, dass tatsächlich etwas beansprucht wird, was derart weitgehend vom Beschreibungsinhalt mit seinen Ausführungsbeispielen abweicht.[87] Im Übrigen gilt: Werden in der Beschreibung eines Patents mehrere Ausführungsbeispiele als erfindungsgemäß vorgestellt, sind die im Patentanspruch verwendeten Begriffe **im Zweifel** so zu verstehen, dass **sämtliche Beispiele** zu ihrer Ausfüllung herangezogen werden können. Nur wenn und soweit sich die Lehre des Patentanspruchs mit der Beschreibung und den Zeichnungen nicht in Einklang bringen lässt und ein **unauflösbarer Widerspruch** verbleibt, dürfen diejenigen Bestandteile der Beschreibung, die im Patentanspruch keinen Niederschlag gefunden haben, nicht zur Bestimmung des Gegenstands des Patents herangezogen werden.[88]

43 **3.3.2.8 Zweckangaben** in einem Sach- oder Verfahrensanspruch beschränken den Schutzbereich idR nicht; das gleiche gilt für **Wirkungs- oder Funktionsangaben**.[89] Sie erläutern idR nur beispielhaft den möglichen Einsatzzweck der Vorrichtung oder des Verfahrens (s Rdn 101–102, 111). Bedeutsam für die Schutzbereichsbestimmung sind sie ausnahmsweise dann, wenn mit ihnen **mittelbar** eine bestimmte, in den übrigen Merkmalen nicht zum Ausdruck kommende Konstruktion (Sachanspruch) oder Verfahrensführung (Verfahrensanspruch) umschrieben wird (s Rdn 104).

44 **3.3.2.9 product-by-process-Ansprüche** zeichnen sich dadurch aus, dass der Patentschutz zwar auf eine Sache gerichtet, die patentgeschützte Sache jedoch – insgesamt oder teilweise[90] – **durch das Verfahren ihrer Herstellung** umschrieben ist.[91] Bei einer Anspruchsfassung, die darauf abstellt, dass das patentierte Erzeugnis durch das im Anspruch bezeichnete Verfahren »**erhältlich ist**«, hat das in den Anspruch aufgenommene Herstellungsverfahren **lediglich beispielhaften Charakter**, so dass unter den Schutz des Patents auch solche Gegenstände fallen, die aus einem anderen Verfahren hervorgegangen sind, sofern sie nur diejenigen **Produkteigenschaften** besitzen, die das anspruchsgemäße Herstellungsverfahren dem Erzeugnis verleiht. Ob dasselbe auch gilt, wenn der Patentanspruch vorsieht, dass die geschützte Sache durch das bestimmte Verfahren »erhalten wird«, ist streitig und wurde von der Rspr früher[92] verneint; der Patentschutz sollte sich auf solche Gegenstände beschränken, die nach dem im

---

[87] BGH GRUR **15**, 159 *Zugriffsrechte*; OLG Düsseldorf Urt v 29.10.2015 – I-15 U 121/14 *Umwerfer*.
[88] BGH GRUR **15**, 972 *Kreuzgestänge*; BGH Urt. v. 17.9.2020 – X ZR 147/18, GRUR **21**, 45 *Signalumsetzung*; Rinken FS 80 J PatentG in Düsseldorf 2016, 429 m. Bsp.
[89] BGH GRUR **96**, 747 *Lichtbogen-Plasma-Beschichtungssystem*; BGH Urteil vom 5.5.2020 – KZR 36/17, GRUR **20**, 961 *FRAND-Einwand*; vgl. BGH BGH Urteil vom 22.10.2019 – X ZB 16/17, GRUR **20**, 110 *Karussellanlage*.
[90] BGH GRUR **05**, 749 *Aufzeichnungsträger*; näher z Ganzen Cepl Mitt **13**, 62 und Giebe FS 80 J. PatentG in Düsseldorf 2016, 125.
[91] Vgl *Schrell/Heide* GRUR **06**, 383.
[92] BGH GRUR **72**, 80, 88 *Trioxan*.

Anspruch genannten Verfahren hervorgebracht worden sind.[93] In seiner Entscheidung »Tetraploide Kamille«[94] erachtet der BGH die Formulierung »erhalten durch« demgegenüber der Formulierung »erhältlich durch« völlig gleichwertig.[95] Es kommt daher in beiden Varianten darauf an, durch Auslegung der Patentschrift zu ermitteln, ob und ggf welche besonderen Eigenschaften dem beanspruchten Gegenstand durch das in Bezug genommene Verfahren verliehen werden, die ihn als erfindungsgemäß qualifizieren.[96]

Der **Verletzungsvorwurf** kann nach dem Gesagten **auf zweierlei Weise** begründet werden: Einmal durch den Nachweis, dass das im Patentanspruch bezeichnete Herstellungsverfahren bei der Hervorbringung des angegriffenen Erzeugnisses angewendet wird. Kommt eine solche Behauptung mangels hinreichender Kenntnis des Patentinhabers vom Fertigungsprozedere nicht in Betracht, kann – alternativ – dargelegt werden, dass das angegriffene Erzeugnis diejenigen Eigenschaften besitzt, die das Patent dem beanspruchten Herstellungsverfahren zuschreibt. 45

Ist Gegenstand des Patentanspruchs ein Verfahren und sollen die erfindungsgemäßen Verfahrensschritte zu einem Erzeugnis mit bestimmten, ebenfalls im Patentanspruch definierten Eigenschaften führen, welche mit der **Formulierung »so dass«** an die Verfahrensmerkmale angeschlossen sind, so bedeutet dies idR, dass das Erzeugnis zumindest maßgeblich auch auf den erfindungsgemäßen Merkmalen beruhen muss. Verfahrenserzeugnisse, die ohne Anwendung der patentgemäßen Verfahrensführung (zB aufgrund anderer Maßnahmen) über die besagte(n) Eigenschaft(en) verfügen, fallen deswegen nicht in den Schutzbereich des Patents.[97] 46

3.3.2.10 Sequenzanspruch nach § 1a (4) PatG:

Lit in GRUR: Sellnick 02, 121; Feldges 05, 977; Kilger/Jaenichen 05, 984; Ensthaler/Zech 06, 529; Lit in JuS: Haedicke 02, 113. 47

§ 1a (4) verlangt für Stoffpatente auf Gensequenzen, deren Aufbau mit einer natürlichen menschlichen Sequenz übereinstimmt, die Aufnahme der für die beanspruchte Gensequenz vorgesehenen Verwendung in den Patentanspruch. Folge dessen ist, dass **kein absoluter**, jede erdenkliche Verwendung umfassender Stoffschutz besteht, sondern der Patentschutz auf die im Anspruch genannte Verwendung beschränkt ist.[98] 48

Fehlerhafte Anwendung des § 1a (4) im Erteilungsverfahren bleibt wegen der Maßgeblichkeit der erteilten Patentansprüche für Schutzbereichsbestimmung ohne Auswirkung: **a)** Wird Verwendung entgegen § 1a (4) nicht zum Inhalt des Anspruchs gemacht, besteht absoluter Stoffschutz; **b)** gleiches gilt für deutsche Teile von europ Patenten, 49

---

93 So auch House of Lords GRUR Int 05, 343 *Kirin-Amgen*.
94 GRUR 93, 651, 655.
95 Vgl zum Problemkreis ausführlich: Meier-Beck FS f König 03, S 323 ff; Rogge Mitt 05, 145 ff.
96 BGH GRUR 01, 1129, 1133 *Zipfelfreies Stahlband*; GRUR 05, 749 *Aufzeichnungsträger*; BGH Urt. v. 30.1.2018 – X ZR 27/16, GRUR 18, 935 *Wasserdichter Lederschuh*; OLG Düsseldorf Urt v 15.3.2018 – I-2 U 24/17, BeckRS 18, 7207 *Dauerbackware*.
97 BGH GRUR 04, 268 (II) *Blasenfreie Gummibahn II*.
98 BT Drucks 15/4417, Bericht des Rechtsausschusses v 1.12.2004.

auf die § 1a (4) nicht anwendbar ist;[99] c) wird Verwendung, obwohl nach § 1a (4) nicht geboten, Inhalt des Anspruchs, besteht nur zweckgebundener Schutz.

50 **3.3.2.11 Bezugszeichen** im Patentanspruch schränken den Schutz nicht auf ein Ausführungsbeispiel ein.[100] Sie können jedoch verdeutlichen, worauf sich ein Begriff bezieht.[101]

51 **3.3.3 Zeichnungen/Figuren** sind ebenfalls zwingend zur Auslegung des Patents heranzuziehen. Für sie gelten die Ausführungen zur Patentbeschreibung entsprechend, insbesondere vermögen auch sie den Schutzgegenstand nicht auf bestimmte Ausführungsformen zu beschränken. Die Beschreibung hat **keinen Vorrang** vor den Zeichnungen.[102] Das **Fehlen eines Merkmals** in einer Zeichnung berechtigt nicht zur Annahme, dass es nicht vorhanden sei.[103] Patentzeichnungen dürfen grundsätzlich nicht als Konstruktionszeichnungen interpretiert werden, da sie den Erfindungsgedanken regelmäßig nur **skizzieren** sollen und **keine exakten Abmessungen** wiedergeben.[104]

52 **3.3.4 Stand der Technik:** Anhaltspunkte für das Verständnis eines Merkmals können sich außer aus seiner Funktion – allerdings nie gegen sie – aus dem Stand der Technik ergeben, den die Patentschrift erwähnt. Relevant sind in erster Linie diejenigen Schriften, die **in der Patentbeschreibung (mit ihren Nachteilen) gewürdigt** sind, daneben auch solcher Stand der Technik, der lediglich auf dem **Deckblatt** der Patentschrift als im Prüfungsverfahren berücksichtigte Entgegenhaltung verzeichnet ist. Werden dem Stand der Technik in der Beschreibung mehr vorbekannte Erkenntnisse zugeschrieben, als objektiv vorhanden waren, so ist dies nur dann einer Korrektur zugänglich, wenn der Durchschnittsfachmann den Irrtum ohne weiteres erkennt.[105]

Kein zulässiges Auslegungsmaterial stellt ein in der Patentschrift **nicht erwähnter** Stand der Technik dar, mag er auch vor dem Anmelde- bzw. Prioritätstag des Patents der Öffentlichkeit zugänglich gewesen sein.[106] Ihn heranzuziehen ist nur dann zulässig, wenn der Nachweis geführt werden kann, dass dieser Stand der Technik zum **allgemeinen, geläufigen Fachwissen** auf dem betreffenden Gebiet gezählt hat.[107]

53 Die Verwertbarkeit des Standes der Technik bei der Auslegung bedeutet nicht, dass jede konstruktive Einzelheit in den Patentanspruch hineininterpretiert werden dürfte, die beim gattungsbildenden Stand der Technik verwirklicht ist. Von Belang sind von vornherein nur solche Gestaltungsdetails, die für die erfindungsgemäße Lehre Bedeutung haben und dementsprechend **in einem Merkmal des Patentanspruchs aufschei-**

---

99 Feldges GRUR 05, 977, 981.
100 BGH GRUR 06, 316 *Koksofentür*; Regel 43 (7) 2 EPÜ.
101 OLG Düsseldorf Urt v 14.08.2014 – I-15 U 15/14.
102 BGH GRUR 07, 578 Rückspülbare Filterkerze; Benkard/Scharen § 14 Rn 29 mwN zum Streitstand.
103 BGH GRUR 09, 390 *Lagerregal*.
104 BGH GRUR 12, 1242 *Steckverbindung*; BGH GRUR 15, 365 *Zwangsmischer*.
105 OLG Düsseldorf Urt. v. 26.10.2017 – I-15 U 95/16, GRUR-RS 17, 135520 *Näherungsschalter*.
106 BGH GRUR 91, 811, 813 f *Falzmaschine*; BGH Urt v 29.07.2014 – X ZR 5/13 = BeckRS 14,17 436 *Mikrotiterplatte*.
107 Vgl BGH GRUR 78, 235, 236 f *Stromwandler*.

nen. Innerhalb dieses Rahmens sind wiederum unterschiedliche Konstellationen denkbar. Es kann sein, dass das Patent von einer bestimmten vorbekannten Konstruktion ausgeht, diese als vorteilhaft ansieht und für die Erfindung beibehalten will. In einem solchen Fall wird im Zweifel die Annahme berechtigt sein, dass sich das Patent in diesem Punkt den Stand der Technik zu eigen macht, weshalb es zulässig und geboten ist, für das Verständnis dieses Merkmals auf den betreffenden Stand der Technik und eine hier etwa gegebene Legaldefinition oder dergleichen zurück zu greifen.[108] Andererseits kann es sein, dass das Patent einen bestimmten Stand der Technik nur »formal« zum Ausgangspunkt für die Darstellung der Erfindung nimmt, ohne dass der Schluss gerechtfertigt wäre, dass sich das Patent damit auf eine spezielle, bei diesem Stand der Technik gegebene Ausgestaltung festlegen wollte. Von der zuletzt genannten Situation wird im Allgemeinen dann auszugehen sein, wenn die vorbekannte Konstruktion im Hinblick auf den Erfindungsgedanken des Patents beliebig und keineswegs zwingend ist und für die Verwirklichung der Erfindung ersichtlich auch andere Konstruktionen in Frage kommen. Der kennzeichnende Teil des Anspruchs darf nicht so ausgelegt werden, als habe derjenige Stand der Technik, von dem das Klagepatent sich abgrenzen möchte, dessen technische Lehre bereits vorweggenommen.[109]

3.3.5 Erteilungsakten[110] des Patents bilden, weil sie in § 14 PatG und Art 69 EPÜ nicht erwähnt und auch nicht allgemein veröffentlicht sind (Gebot der Rechtssicherheit für Dritte!), **grundsätzlich kein zulässiges Auslegungsmaterial**.[111] Umstände, die zwar in den Akten, nicht aber in der Patentschrift ihren Niederschlag gefunden haben (zB Inhalt der ursprünglichen Unterlagen[112] oder Ausführungen des Prüfers im Erteilungsbeschluss[113]) können deshalb bei der Auslegung nicht mit herangezogen werden. Solche Bekundungen stellen jedoch ein **Indiz für das fachmännische Verständnis** von der patentierten Lehre dar.[114] Gleiches gilt, wenn sich der **Anmelder** im Rahmen des Prüfungsverfahrens selbst zum Inhalt eines Merkmals oder Begriffs geäußert hat;[115] wenn sich dessen frühere Äußerungen im Erteilungsverfahren mit derjenigen im Verletzungsprozess decken, muss das Gericht jedoch nicht gesondert darauf eingehen.[116] Solche Indizien dürfen **nicht alleinige Grundlage** der Auslegung sein.[117]

54

Der BGH hat bislang offen gelassen, ob zur Auslegung des Patents die **Offenlegungsschrift oder frühere Fassungen des Klagepatents** herangezogen werden können.[118]

55

---

108 OLG Düsseldorf Urt v 30.10.2014 – I-15 U 30/14.
109 BGH Urt v 27.11.2018 – X ZR 16/17, GRUR 19, 491 *Scheinwerferbelüftungssystem*.
110 Vgl Rogge in FS f König 2003, 451 ff; Kühnen GRUR 12, 664.
111 BGH GRUR 02, 511, 513 f (III3) *Kunststoffrohrteil*; BGH GRUR 10, 602 *Gelenkanordnung*; Kühnen GRUR 12, 664; OLG Karlsruhe Urt v 09.07.2014 – 6 U 29/11.
112 BGH GRUR 82, 291 (46) *Polyesterimide*.
113 BGH GRUR 85, 967 *Zuckerzentrifuge*; BGH GRUR 16, 921 *Pemetrexed*.
114 Vgl BGH GRUR 98, 895 *Regenbecken*.
115 Vgl BGH NJW 97, 3377, 3380 *Weichvorrichtung II*.
116 BGH GRUR 16, 921 *Pemetrexed*.
117 BGH GRUR 16, 921 *Pemetrexed*.
118 BGH GRUR 11, 701 = BGHZ 189, 330 *Okklusionsvorrichtung*; BGH GRUR 12, 1124 *Polymerschaum*; BGH GRUR 16, 921 *Pemetrexed*.

Zuletzt hat er allerdings festgehalten:[119] Wenn der Patentinhaber in einem bestimmten Stadium des Verfahrens breiten Schutz (zB für eine **Gruppe von Verbindungen**) beansprucht, die Patentansprüche später aber so gefasst hat, dass ihr Wortsinn nur noch ein ganz spezielles Lösungsmittel (zB **nur noch eine einzelne Verbindung**) erfasst, könne dies **im Einzelfall** darauf hindeuten, dass er die übrigen Lösungsmittel (zB sonstige Verbindungen der betreffenden Gruppe) aus dem **Schutzbegehren ausgenommen** habe (zu den Konsequenzen für die Frage der Äquivalenz siehe unten Rdn 88). Die Annahme, dass mit der Konkretisierung der Anspruchsfassung alle übrigen Lösungsmittel (z.B. zur offenbarten Gruppe gehörende Verbindungen) vom Schutz ausgenommen werden, kommt nach BGH aber **nur in Betracht**, wenn ein Vergleich der unterschiedlichen Anspruchsfassungen unter Berücksichtigung des übrigen Inhalts der zugehörigen Anmeldung bzw. (früheren) Patentschrift hinreichend deutlich ergibt, dass der Gegenstand des Patents **vom Stand der Technik abgegrenzt** und so (möglicherweise auch unbegründete) **Zweifel hinsichtlich der Patentfähigkeit** vermieden werden sollten. Wenn die Konkretisierung jedoch nur im Hinblick auf **formelle Anforderungen** (Anspruchsklarheit; unzulässige Erweiterung) vorgenommen wurde oder wenn **nicht hinreichend deutlich** wird, **aus welchem Grund** sie erfolgte, sei der Schutzumfang nicht auf das spezielle Lösungsmittel beschränkt. Vor diesem Hintergrund wird der »Blick in die Anspruchshistorie« eher selten den Schluss auf einen eingeschränkten Schutzumfang rechtfertigen.[120]

56 Mit der Instanz-Rechtsprechung und Literatur ist (jedenfalls) die **veröffentlichte frühere Fassung der Patentschrift** von Gesetzes wegen (Art 69 EPÜ bzw. § 14 PatG) zum **zulässigen Auslegungsmaterial zu zählen**.[121]

57 In der Literatur und obergerichtlichen Rechtsprechung ist demgegenüber umstritten, ob die **veröffentlichte Patentanmeldung** bei der Auslegung berücksichtigt werden darf.[122] **Dagegen sprechen** letztlich dieselben Argumente wie beim Inhalt der Erteilungsakte (s oben Rdn 54).[123] Art 69 EPÜ bzw. § 14, welche die Offenlegungsschrift jeweils nicht als Auslegungsmaterial erwähnen, sind nicht etwa so zu verstehen, dass sie sich bloß mit den pat**enteigenen** Auslegungshilfen befassten.[124] Dass allgemeiner Ansicht nach das (im Patent regelmäßig nicht vollständig abgehandelte) allgemeine Fachwissen im Prioritätszeitpunkt ebenfalls bei der Auslegung zu beachten ist, streitet ebenfalls nicht für die Gegenansicht: Dessen Maßgeblichkeit für die Auslegung beruht auf der den Regelungen in Art 69 EPÜ und § 14 immanenten allgemeinen Erkenntnis, dass für die Deutung von Begriffen in der Patentschrift das Verständnis des (fiktiven) Durchschnittsfachmanns maßgeblich ist. Schließlich ist es ausreichend, die sog.

---

119 BGH GRUR **16**, 921 *Pemetrexed*.; näher z Ganzen Meier-Beck FS 80 J PatentG in Düsseldorf 2016, 361; kritisch zu diesem Ansatz Kühnen Kap A Rn 148.
120 Vgl. Rinken in FS 80 J. PatentG in Düsseldorf 2016, 429.
121 OLG Düsseldorf Urt v 13.09.2013 – I-2 U 23/13; OLG Düsseldorf Urt v 08.07.2014 – I-15 U 29/14; OLG Karlsruhe Mitt **14**, 558 *Zugriffskanal*; Benkard/Scharen § 14 Rn 33.
122 Pro: Benkard/Scharen § 14 Rn 33 mwN; contra: Kühnen GRUR **12**, 664; OLG Düsseldorf Urt v 08.07.2014 – I- 15 U 29/14.
123 Kühnen GRUR **12**, 664.
124 So aber Benkard/Scharen § 14 Rn 33.

»Anspruchshistorie« (und nicht die gesamte veröffentlichte Anmeldung) zu berücksichtigen (vgl. dazu oben Rdn 55).

3.3.6 Einspruchs- und Nichtigkeitsentscheidungen betreffend das Klagepatent sind auslegungsrelevant, wenn und soweit durch sie das Patent teilweise vernichtet (geändert) worden ist. Hier treten die **Entscheidungsgründe**, die die Abweichungen von der Anspruchsfassung der Patentschrift behandeln, an die Stelle der ursprünglichen Beschreibung und sind deshalb auch bei der Auslegung des Patents zu berücksichtigen.[125] Sie rechtfertigen aber – wegen der alleinigen Maßgeblichkeit des Patentanspruchs und der nur interpretatorischen Bedeutung der Beschreibung – regelmäßig **keine einschränkende Auslegung** eines die Erfindung allgemein kennzeichnenden Patentanspruchs.[126] Im Übrigen tritt **keine Bindung des Verletzungsrichters** an die Gründe der Einspruchs- oder Nichtigkeitsentscheidung ein. Das gilt insbesondere in Fällen der nur eingeschränkten Verteidigung des Patents, die ohne jede Sachprüfung zu einer entsprechenden Teilvernichtung führt.[127] Sie stellen jedoch, auch soweit der Einspruch oder die Nichtigkeitsklage vollständig abgewiesen worden ist, **gewichtige sachkundige Äußerungen** dar, die vom Verletzungsgericht zur Kenntnis zu nehmen und bei seiner Auslegung zu würdigen sind.[128]

Ausnahme: Der Patentinhaber hat im Einspruchs- oder Nichtigkeitsverfahren (zB in Bezug auf eine bestimmte mögliche Ausführungsform der Erfindung) **schutzbereichsbeschränkende Erklärungen (wofür bloße Meinungsäußerungen nicht ausreichen**[129]) abgegeben, die für die Aufrechterhaltung des Patents maßgeblich waren, und der **spätere Verletzungsbeklagte war bereits am Einspruchs- oder Nichtigkeitsverfahren beteiligt**. Hier stellt die spätere Erhebung einer Verletzungsklage gegen den am Einspruchs- oder Nichtigkeitsverfahren Beteiligten wegen eben dieser Ausführungsform ein **treuwidriges Verhalten (§ 242 BGB)** dar.[130] In Bezug auf jeden anderen **verfahrensunbeteiligten Dritten** kann das Patent demgegenüber in seinem vollen Umfang (dh ohne Rücksicht auf die schutzbereichsbeschränkenden Erklärungen des Patentinhabers) durchgesetzt werden.[131] Unerheblich ist, ob die schutzbereichsbeschränkende Erklärung in der Einspruchs- oder Nichtigkeitserklärung urkundlich dokumentiert ist oder durch Zeugenbeweis aufgeklärt werden muss.[132] Die **Popularrechtsbehelfe** der Nichtigkeitsklage und des Einspruchs können auch von einem **Strohmann** betrieben werden, der das Patent zwar im eigenen Namen, jedoch im exklusiven Interesse eines Hintermanns angreift: Sein Rechtsschutzbedürfnis ist schon immer dann gegeben, wenn er wegen einer Verletzung des betreffenden Patents in Anspruch genommen werden kann und zwar unabhängig davon, ob er kraft interner Vereinbarung mit dem Hintermann kein Kostenrisiko für den Fall einer Verurteilung

---

125 BGH GRUR 79, 308, 309 *Auspuffkanal für Schaltgase*; **92**, 839 *Linsenschleifmaschine*; OLG Düsseldorf InstGE **5**, 183 *Ziehmaschine* (für den deutschen Teil eines EP).
126 BGH GRUR 07, 778 *Ziehmaschinenzugeinheit*.
127 Offen gelassen von BGH GRUR 07, 778 *Ziehmaschinenzugeinheit*.
128 BGH GRUR **98**, 895 *Regenbecken*.
129 BGH Mitt. 1997, 364, 365 *Weichvorrichtung II*.
130 BGH GRUR **93**, 886 *Weichvorrichtung I*; Mitt **97**, 364 *Weichvorrichtung II*.
131 BGH GRUR **02**, 511, 514 (lSp) *Kunststoffrohrteil*.
132 BGH GRUR **06**, 923 *Luftabscheider für Milchsammelanlage*.

wegen Verletzung zu tragen hat.[133] Im Falle einer verdeckten Strohmanneigenschaft wirken den Schutzbereich beschränkende Erklärungen *nicht* zugunsten des Hintermanns.[134]

60 **BGH-Berufungsurteile im Nichtigkeitsverfahren** führen weder zu einer rechtlichen noch zu einer faktischen Bindung der Verletzungsgerichte; vielmehr gilt, dass das Verletzungsgericht das Klagepatent **selbstständig auszulegen** hat.[135] Nach **Aufhebung** eines Berufungsurteils und Zurückverweisung des **Verletzungsrechtsstreits** ist das OLG allerdings nach § 563 Abs 2 ZPO an die Rechtsauffassung des BGH, die der Aufhebung des früheren OLG-Urteils zugrunde liegt, gebunden. Dies gilt auch für die Auslegung des Schutzbereichs, soweit der BGH sich auf eine konkrete Auslegung festgelegt hat (und nicht bloß die Auslegung durch das OLG beanstandet hat, ohne selbst abschließend Position zu beziehen).[136] Letzteres greift auch dann, wenn auf der Basis der vom BGH angeordneten Auslegung in verfahrensfehlerhafter Weise unzureichende Feststellungen getroffen worden sind.[137]

61
62 **3.4 Parallelentscheidungen ausländischer Gerichte und des EPA** Die deutschen Gerichte haben vor dem Hintergrund des Anspruchs der Parteien auf rechtliches Gehör solche Entscheidungen, die durch die Instanzen des **EPA** oder durch **Gerichte anderer Vertragsstaaten** des Europäischen Patentübereinkommens ergangen sind und eine im Wesentlichen gleiche Fragestellung betreffen, zu beachten und sich gegebenenfalls mit den Gründen auseinanderzusetzen, die bei der vorangegangenen Entscheidung zu einem abweichenden Ergebnis geführt haben; dies gilt auch, soweit es um Rechtsfragen geht, beispielsweise um die Frage, ob der Stand der Technik den Gegenstand eines Schutzrechts nahegelegt hat.[138] Vorstehende Anforderungen können auch dadurch gewahrt werden, dass das Gericht sich im Rahmen der Entscheidungsgründe **rein inhaltlich** (aber ohne konkrete Erwähnung der Entscheidungen selbst) mit den Argumenten auseinandersetzt, die für das ausländische Gericht bzw das EPA maßgeblich waren.[139]

63 **3.5 Verständnishorizont** für die Patentauslegung hat eine fachliche und eine zeitliche Komponente.

64 **3.5.1 Durchschnittsfachmann:** Die fachliche Seite beantwortet sich mit dem sog. **Durchschnittsfachmann.** Seine Sicht und sein Verständnis sind Maßstab für die Auslegungsarbeit.[140] Es handelt sich um eine **fiktive Person** mit **a)** einer beruflichen Ausbildung bzw. Qualifikation (zB Facharbeiter, Meister, Ingenieur), **b)** einer praktischen beruflichen Erfahrung und **c)** einem fachlichen Wissen, wie sie üblicherweise diejenigen besitzen, die sich **d)** in der betrieblichen oder industriellen Praxis auf demjenigen Fach-

---

133 BGH GRUR 14, 758 *Proteintrennung.*
134 Kühnen Kap A Rn 80.
135 BGH GRUR 15, 972 *Kreuzgestänge.*
136 OLG Düsseldorf Urt v 04.12.2014 – I-2 U 6/01.
137 OLG Düsseldorf Urt v 04.12.2014 – I-2 U 6/01.
138 BGH GRUR 10, 950 *Walzenformgebungsmaschine.*
139 BGH GRUR 15, 199 *Sitzplatznummerierungseinrichtung.*
140 BGH GRUR 02, 511, 512 (lSp) *Kunststoffrohrteil.*

gebiet, zu dem die Lehre des Patents gehört, mit der Entwicklung von technischen Neuerungen befassen. Aus der Sicht des Fachmanns sind diejenigen **Tatsachen** festzustellen, die in das – allein dem Gericht überantwortete – wertende Verständnis von einzelnen Begriffen und Merkmalen des Patentanspruchs einzufließen haben. Zu solchen Tatsachen gehören etwa ein bestimmtes Vorverständnis Sachkundiger auf dem betreffenden Fachgebiet, aber auch Kenntnisse, Fertigkeiten, Erfahrungen und methodische Herangehensweisen, die dem Fachmann eigen sind und mit denen er die Lektüre der Patentschrift vornimmt. Sie hat das Verletzungsgericht – ggf. sachverständig beraten und in Auseinandersetzung mit den Ausführungen des Sachverständigen[141] – zu ermitteln und auf ihrer Grundlage alsdann den Inhalt des Patents eigenverantwortlich zu ermitteln,[142] wobei dies die Klärung einer **Rechtsfrage** darstellt.[143] Ob zu Recht von der Einholung eines Sachverständigengutachtens abgesehen wurde, unterliegt der vollen Kontrolle des Revisionsgerichts.[144] Unzulässig ist es, die Auslegung des Klagepatents als solche einem Sachverständigen zu überlassen oder dessen Darlegungen unkritisch zu übernehmen.[145] Die Verletzungsklage darf nicht mit der Begründung abgewiesen werden, dass die Angaben des Patentanspruchs (selbst nach sachverständiger Beratung) unklar seien.[146] Im **Revisionsverfahren** kann das Klagepatent vom BGH eigenverantwortlich interpretiert werden.[147] Eine Bindung besteht allerdings an diejenigen für die Auslegung relevanten tatsächlichen Feststellungen, die das Berufungsgericht nach Maßgabe des Vorstehenden ordnungsgemäß getroffen hat.[148]

3.5.2 Prioritätszeitpunkt: Beim Durchschnittsfachmann ist dabei in zeitlicher Hinsicht grundsätzlich derjenige Kenntnisstand vorauszusetzen, wie er am **Anmelde- bzw. Prioritätstag** des Klagepatents bestanden hat. Die *wirksame* Inanspruchnahme des Zeitrangs der mit der Erteilung des Patents zuerkannten Priorität ist nicht konstitutiv für die Maßgeblichkeit des Fachwissens am Prioritätstag bei der Auslegung.[149] Nur dasjenige, was zum damaligen Zeitpunkt zum allgemeinen Fachwissen gehört hat, ist für das Verständnis der Erfindung heranzuziehen; Erkenntnisse, die erst später in die Fachwelt gedrungen sind, haben außer Betracht zu bleiben. **Ausnahmen** sind möglich bei: **(a)** funktionalen Merkmalen, s Rdn 67; **(b)** bei der Äquivalenz, s Rdn 77.

65

Die Wertung des Durchschnittsfachmanns ist maßgeblich für:

66

---

141 BGH GRUR **06**, 962 *Restschadstoffentfernung*.
142 BGHZ **160**, 204 *Bodenseitige Vereinzelungseinrichtung*; BGH Urt. v. 17.11.2020 – X ZR 132/18, GRUR **21**, 574 *Kranarm*.
143 BGH GRUR **08**, 779 *Mehrgangnabe*; GRUR **09**, 653 = BGHZ **180**, 215 *Straßenbaumaschine*; BGH, Urt. v. 24.11.2020 – KZR 35/17, GRUR **21**, 585 *Frand-Einwand II*.
144 BGH GRUR **10**, 314 = BGHZ **184**, 49 *Kettenradanordnung II*.
145 BGH GRUR **06**, 962 *Restschadstoffentfernung*.
146 BVerfG GRUR **10**, 88 *Nichtberücksichtigung eines Beweisangebots*; BGH GRUR **09**, 653 = BGHZ **180**, 215 *Straßenbaumaschine*.
147 BGH GRUR **08**, 779 *Mehrgangnabe*.
148 BGH GRUR **06**, 962 *Restschadstoffentfernung*.
149 Vgl auch LG Düsseldorf Urt v 12.07.2018 – 4a O 36/18, BeckRS **18**, 24128 *Anti-HER2-Antikörper*.

a) **Ermittlung des Gegenstands eines Patents**, den er mit seinem Fachwissen und dem im Patent mitgeteilten StdT bestimmt,[150],[151] also bei: **aa)** Feststellung des Inhalts von Begriffen in Ansprüchen;[152] **bb)** eines über den Wortsinn hinausgehenden Gesamtzusammenhangs;[153] **cc)** Wertung des in der PS genannten Problems.[154]

b) **Ermittlung des Schutzbereichs**, den er mit seinem Fachwissen und unter Berücksichtigung des gesamten StdT bestimmt,[155] also bei: **aa)** Klärung von Bedeutung und Tragweite der beschriebenen Erfindung;[156] **bb)** Einbeziehung von Lösungsmitteln in den Schutzbereich, die der Fachmann als gleichwirkend auffinden konnte[157] (s Rdn 72 ff); **cc)** Verständnis einer konkreten Ausführungsform als Ausgestaltung einer allgemeineren Aussage;[158] **dd)** Behebung von etwaigen Fehlern oder Widersprüchen im Patent.[159]

4 Arten der Patentbenutzung:

4.1 Wortsinngemäße Benutzung[160] ist grundsätzlich[161] vorrangig zu prüfen, weil bestimmte Verteidigungsargumente (zB der Formstein-Einwand) bei ihr nicht zugelassen sind (s Rdn 95). Sie ist gegeben, wenn die Merkmale des Patentanspruchs – und zwar Merkmal für Merkmal – so verwirklicht werden, wie sie nach den im Rahmen der Auslegung (Rdn 13–66) gewonnenen Erkenntnissen zu verstehen sind. Wie bereits der Begriff wortsinngemäße Benutzung deutlich macht, kommt es nicht darauf an, ob die Merkmale in einem rein philologischen Sinne erfüllt sind. Allein entscheidend ist der **technische Sinngehalt**, der sich unter Berücksichtigung von Aufgabe und Lösung der Erfindung mit ihnen verbindet.[162] Liegt eine wortsinngemäße Benutzung vor, kommt es nicht darauf an, ob die angegriffene Ausführungsform die Aufgabe der Erfindung vollständig, nur teilweise oder überhaupt nicht löst (s Rdn 90). Grundsätzlich ist der **Anmelde- bzw. Prioritätstag** maßgeblich für das Verständnis des Patents,[163] so dass spätere Erkenntnisse[164] und späterer Stand der Technik[165] keine Berücksichtigung finden. **Rein funktional abgefasste Merkmale** werden jedoch auch durch eine Konstruktion verwirklicht, die dem Fachmann am Prioritätstag noch nicht zur Verfügung gestanden hat, sondern erst durch die **spätere technische Entwicklung**

---

150 BGH GRUR **87**, 280 (III 3b) *Befestigungsvorrichtung I*.
151 BGH GRUR **78**, 235 *Stromwandler*.
152 BGH GRUR **89**, 903 *Batteriekastenschnur*; **83**, 497 (I 4b) *Absetzvorrichtung*.
153 BGH GRUR **89**, 903 *Batteriekastenschnur*; **83**, 497 (I 4b) *Absetzvorrichtung*.
154 BGH GRUR **91**, 811 *Falzmaschine*.
155 BGH GRUR **87**, 280 (III 3b) *Befestigungsvorrichtung I*.
156 BGH GRUR **86**, 803 *Formstein*.
157 BGH GRUR **91**, 444 *Autowaschvorrichtung*; **88**, 896 *Ionenanalyse*.
158 BGH GRUR **91**, 436 *Befestigungsvorrichtung II*.
159 BGH v 28.9.93 *Zigarrenanzünder* Schulte-Kartei PatG 14.2 Nr 8.
160 Vgl Engel GRUR **01**, 897.
161 Zu einem Ausnahmefall s BGH GRUR **16**, 1031 *Wärmetauscher*.
162 BGH NJW-RR **99**, 546 *Sammelförderer*.
163 BGH GRUR **03**, 550 *Richterausschluss*.
164 BGH GRUR **77**, 483, 485 *Gardinenrollenaufreiher*.
165 BGH GRUR **91**, 811, 813 *Falzmaschine*.

möglich geworden ist.¹⁶⁶ Benennt der Patentanspruch demgegenüber **konkrete Lösungsmittel** zur Erzielung eines bestimmten patentgemäßen Erfolges (Bsp: Befestigungszapfen, die in Befestigungslöcher einrasten, um die mit ihnen ausgestatteten Bauteile lösbar aneinander zu befestigen), so kann von einer wortsinngemäßen Benutzung nur ausgegangen werden, wenn die bei der angegriffenen Ausführungsform vorhandenen Mittel nicht nur **irgendeinen (untergeordneten) Lösungsbeitrag beisteuern**, sondern in einem solchen Maße eine Befestigung herbeiführen, dass die patentgemäße Wirkung in einem vielleicht noch nicht optimalen, aber doch technisch brauchbaren Umfang eintritt.¹⁶⁷

Grundsätzlich muss der mutmaßlich verletzende Gegenstand **im Moment der Angebots- oder Vertriebshandlung alle Anspruchsmerkmale** verwirklichen, dh insbesondere eine vorausgesetzte Eignung für die Hervorbringung einer bestimmten Wirkung besitzen. Hiervon kann es jedoch **Ausnahmen** geben: Im Einzelfall kann es genügen, wenn die Sache zwar noch nicht in ihrer beim Angebot/Vertrieb vorliegenden Form den patentgemäßen Anforderungen entspricht, sich die Verhältnisse in Zukunft jedoch **verlässlich und vorhersehbar ändern** und sich infolge dessen demnächst mit Sicherheit eine Situation einstellt, bei der es zur Merkmalsverwirklichung kommt. Unter solchen Umständen liegt bereits in dem Angebot/Vertrieb des ursprünglichen Gegenstandes eine Patentverletzung. Dabei spielt es keine Rolle, ob es der **erfindungsgemäße Gegenstand selbst** ist, der im Laufe der Zeit einer Veränderung unterliegt,¹⁶⁸ oder ob sich statt seiner das **Bezugsobjekt des patentgemäßen Gegenstandes** verändert und es hierdurch zu einer (»nachträglichen«) Erfindungsbenutzung kommt.¹⁶⁹

68

Unerheblich ist, ob die patentgemäße Lehre **planmäßig oder rein zufällig** verwirklicht wird.¹⁷⁰ Gleiches gilt für den Fall, dass der Vorrichtung eine Bedienungsanleitung pp beigefügt wird, die einen anderen als den zur Merkmalsverwirklichung führenden Gebrauch empfiehlt.¹⁷¹ Entscheidend ist allein, ob die angegriffene Vorrichtung **objektiv geeignet** ist, die Merkmale des Patentanspruchs zu erfüllen. Insoweit ist es eine Frage des Einzelfalles, ob Eignung zu einmaliger Verwirklichung ausreicht, und ob es genügt, dass der patentgemäße Erfolg nur unter ganz bestimmten, singulären Gebrauchsbedingungen eintritt.¹⁷²

69

Die objektive Eignung kann auch dann ausreichend sein, wenn die in Rede stehende Vorrichtung selbige zwar im **Auslieferungszeitpunkt** noch nicht aufweist, jedoch der Abnehmer mit Sicherheit eine für den Erfindungsgedanken **bloß nebensächliche**

70

---

166 Vgl. BGH GRUR **91**, 518, 519 *Polyesterfäden*; OLG Frankfurt InstGE **6**, 1 *Kunstharzzusammensetzung*; OLG Düsseldorf Urt. v. 17.10.2019 – 2 U 11/18, GRUR-RR **20**, 137 *Bakterienkultivierung*.
167 Vgl BGH, Urt. v. 24.9.2019 – X ZR 62/17, GRUR **20**, 159 *Lenkergetriebe*; OLG Düsseldorf, Urt v 21.02.2013 – I-2 U 68/11.
168 OLG Düsseldorf GRUR **78**, 425 *Umlenkköpfe*; OLG Düsseldorf Urt v 10.11.2011 – I-2 U 41/11.
169 OLG Düsseldorf, InstGE **12**, 213 *Traktionshilfe*; OLG Düsseldorf Urt v 20.11.2014 – I-2 U 137/09.
170 OLG Düsseldorf Urt v 26.04.2012 – I-2 U 30/09.
171 BGH GRUR **06**, 399, 401 *Rangierkatze*; BGH GRUR **07**, 959 *Pumpeneinrichtung*.
172 OLG Düsseldorf Urt v 26.04.2012 – I-2 U 30/09.

Änderung an der Vorrichtung tätigen wird, die alsdann zu der betreffenden Eignung führt.[173] Das gilt vor allem dann, wenn der Hersteller/Händler den **noch ausstehenden Herstellungsakt durch den Abnehmer steuert**, weil er sich damit das Handeln des Abnehmers bewusst zu eigen macht, so dass eine **Zurechnung** gerechtfertigt und der Hersteller/Händler sich so behandeln lassen muss, als habe er selbst die Vorrichtung im schädlichen Endzustand angeboten/in den Verkehr gebracht.[174] Keine ausreichende Basis für eine Zurechnung stellt es jedoch dar, wenn der Abnehmer nicht zu einer besonderen Umgestaltung angeleitet wird und auch anderweitig nicht sicher absehbar ist, dass der Abnehmer die noch notwendigen Maßnahmen (zB einen Eingriff in die Software zwecks Aktivierung einer implementierten Gerätefunktion) von sich aus tätigen wird.[175] Wird die im Auslieferungszeitpunkt für die Patentbenutzung noch ungeeignete Vorrichtung zwingend mit einem Hilfsmittel betrieben, das auf unterschiedliche Weise einsetzbar ist und nur bei **einem Teil der möglichen Varianten** eine Verletzung erfolgt, kommt von vornherein **allenfalls eine mittelbare Patentverletzung** in Betracht: Ob letztere zu bejahen ist, hängt hier davon ab, ob für den Anbieter/Lieferanten der Vorrichtung eine **patentgemäße Verwendungsabsicht** erkennbar ist.[176] Wenn die angebotene/vertriebene Vorrichtung eine nach Herstellung im Ausland zunächst vorhandene patentgemäße Eigenschaft vor einer erstmaligen inländischen Handlung iSv § 9 PatG wieder verloren hat, fehlt es an einer Verletzung.[177]

71 Ein **Arzneimittelpräparat**, welches eine **Kombination** aus einem patentgeschützten und weiteren Wirkstoffen enthält, stellt selbst dann eine Patentbenutzung dar, wenn (ggf zugunsten des selben Inhabers) ein **Patent für die Wirkstoffkombination** erteilt ist.[178] Entsprechendes gilt für ergänzende Schutzzertifikate.[179]

4.2 Äquivalente Benutzung

72 Die Maßgeblichkeit des Inhalts der Patentansprüche für den Schutzbereich besagt nicht, dass unter das Patent nur solche Mittel fielen, die der Anspruch tatsächlich nennt. Zwar ist davon auszugehen, dass Erteilungsbehörde und Anmelder die Fassung des erteilten Anspruchs im Zeitpunkt der Patenterteilung als die angemessenste Umschreibung der zu schützenden technischen Lehre erschien; aber auch die sorgfältigste Formulierung vermag nicht alle denkbaren, künftigen Möglichkeiten zu erfassen. Die Lehre von der Äquivalenz dehnt daher den Schutzbereich eines Patents auf solche Benutzungshandlungen aus, die zwar im Anspruch nicht genannt sind, die aber von dem Sinn und Zweck der Erfindung (= Erfindungsgedanke) durch Verwendung gleichwirkender Austauschmittel Gebrauch macht. Dadurch erhält der Patentinhaber den

---

173 OLG Düsseldorf Urt v 19.02.2015 I-15 U 39/14 = Mitt **15**, 392 (LS) *Digitalblock*; OLG Düsseldorf Urt v 05.03.2020 – I-15 U 47/19, GRUR-RS 2020, 40740 *Abriebfestes Band II*; vgl. OLG Düsseldorf Urt. v. 16.4.2020 – I-2 U 15/19, GRUR-RR 20, 289 *Repeater*; OLG Düsseldorf Urteil vom 22.07.2021 – 2 U 58/20, GRUR -RS **21**, 21448 *Garagentor*
174 OLG Düsseldorf Urt v 19.02.2015 I-15 U 39/14 = Mitt **15**, 392 (LS) *Digitalblock*.
175 OLG Düsseldorf Urt v 19.02.2015 I-15 U 39/14 = Mitt **15**, 392 (LS) *Digitalblock*.
176 OLG Düsseldorf Urt v 13.02.2014 I-2 U 93/12.
177 OLG Düsseldorf Urt v 31.10.2019 – I-15 U 65/17, BeckRS **19**, 31739 *Blasenkatheter-Set*.
178 OLG Düsseldorf Urt v 06.08.2015 – I-2 U 21/15.
179 EuGH GRUR **14**, 157 *Actavis/Sanofi*; OLG Düsseldorf Urt v 06.08.2015 – I-2 U 21/15.

ihm **gebührenden Schutz** gegen Versuche seiner Mitbewerber, seine Erfindung nachzuahmen.

Der Schutzbereich eines Patents erstreckt sich auch auf **vom Wortsinn abweichende Ausführungen,** »wenn der Fachmann aufgrund von Überlegungen, die am Sinngehalt der Ansprüche, dh an der darin beschriebenen Erfindung anknüpfen, die bei der angegriffenen Ausführungsform eingesetzten abgewandelten Mittel mit Hilfe seiner Fachkenntnisse zur Lösung des der Erfindung zugrundeliegenden Problems als gleichwirkend auffinden konnte.«[180] Eine äquivalente Benutzung der Erfindung liegt vor, wenn **in Bezug auf das Ersatzmittel kumulativ** die folgenden **drei Voraussetzungen** erfüllt sind:[181] 73

a) Das Austauschmittel muss dieselbe technische Wirkung erzielen, die das im Patentanspruch beschriebene Lösungsmittel nach der Lehre des Klagepatents erreichen soll (**Gleichwirkung**);

b) der Durchschnittsfachmann mit dem Kenntnisstand des Prioritätstages muss ohne erfinderische Überlegungen in der Lage gewesen sein, das Austauschmittel als funktionsgleiches Lösungsmittel aufzufinden (**Naheliegen**);

c) der Fachmann muss schließlich die abweichende Ausführung mit ihren abgewandelten Mitteln als eine Lösung in Betracht gezogen haben, die zu der im Wortsinn des Patentanspruchs liegenden gegenständlichen Ausführungsform gleichwertig ist (**Orientierung am Patentanspruch** bzw. **Gleichwertigkeit**).[182]

4.2.1 Gleichwirkung ist gegeben, wenn das von der Verletzungsform verwirklichte Mittel **objektiv** die gleiche von dem Schutzrecht erstrebte Wirkung zur Lösung des zugrundeliegenden Problems entfaltet. **Wirkung** meint die Vermeidung derjenigen Nachteile des Standes der Technik und die Erzielung derjenigen Vorteile der Erfindung, die nach dem Verständnis des Durchschnittsfachmanns vom Inhalt der patentierten Erfindung obligatorisches Anliegen des Patents sind.[183] Die vom Patent mit dem betreffenden Merkmal intendierte Wirkung bedarf der Auslegung. Unmaßgeblich sind Effekte, die zwar objektiv mit dem im Wortsinn des Anspruchs liegenden Mittel verbunden sind, denen das Patent jedoch keine Beachtung schenkt, weil ihnen im Kontext seiner technischen Lehre keine Bedeutung zukommt.[184] Die Wirkübereinstimmung bezieht sich nicht ausschließlich auf ein bestimmtes (oder einige bestimmte) Merkmal(e). Es ist die **geschützte Vorrichtung oder das geschützte Verfahren als Ganzes** zu berücksichtigen.[185] Für die Wirkübereinstimmung ist entscheidend, dass ungeachtet der Abweichung vom Wortsinn des Patentanspruchs sich jedenfalls **im wesentlichen jene Wirkungen** einstellen, die mit der Erfindung in deren Gesamtheit angestrebt wer- 74

---

180 BGH GRUR **87**, 279 *Formstein*; **88**, 896 *Ionenanalyse*; **89**, 903 *Batteriekastenschnur*; **02**, 511, 512 (lSp) *Kunststoffrohrteil*.
181 St. Rspr. seit BGH GRUR **87**, 279 *Formstein*; BGH GRUR **02**, 511 *Kunststoffrohrteil*; BGH GRUR **15**, 361 *Kochgefäß*; BGH GRUR **16**, 1031 *Wärmetauscher* mwN.
182 Zur uneinheitlichen Terminologie vgl. zB einerseits BGH GRUR **11**, 313 *Crimpwerkzeug IV*; BGH GRUR **15**, 361 *Kochgefäß* und andererseits BGH GRUR **14**, 852 *Begrenzungsanschlag*.
183 BGH GRUR **00**, 1005 *Bratgeschirr*; OLG Düsseldorf GRUR **00**, 599 *Staubsaugerfilter*.
184 BGH GRUR **12**, 45 *Diglycidverbindung*.
185 BGH GRUR **83**, 497 *Absetzvorrichtung*; **00**, 1005, 1006 *Bratgeschirr*; BGH Urt. v. 17.11.2020 – X ZR 132/18, GRUR **21**, 574 *Kranarm*.

den, und überdies **gerade auch diejenigen spezifischen Vorteile** erzielt werden, die die Erfindung mit dem **wortsinngemäßen Mittel** verbindet.[186] Alle von der Erfindung als **obligatorisch** erachteten Vorteile müssen realisiert werden, wobei jeweils ein praktisch noch erheblicher Umfang genügt.[187] Eine **Unterteilung** in »erfindungswesentliche« und »zusätzliche« Wirkungen ist verfehlt.[188] Außer Betracht bleiben solche Wirkungen, die zwar objektiv mit der Umsetzung der Erfindung einhergehen mögen, denen das Patent aber keine Beachtung schenkt, weil sie **im Zusammenhang mit der Erfindung belanglos** sind.[189] Nicht erforderlich ist, dass die angegriffene Ausführungsform die gleiche Zahl an Merkmalen aufweist wie der Patentanspruch. Die gleichwirkende Entsprechung zu einem Merkmal kann sich auch aus dem **Zusammenwirken mehrerer Austauschmittel** ergeben.[190] Es reicht aus, wenn das Problem des Patents mit dem Austauschmittel in einem **praktisch erheblichen Maße** gelöst wird.[191] Das gilt insbesondere für den Eintritt einer patentgemäßen **Kombinationswirkung**.[192] Dies bedeutet jedoch nicht, dass ein Mittel als gleichwirkend angesehen werden könnte, obwohl mit ihm und der angegriffenen Ausführungsform einer (von ggf mehreren) zwingenden Vorteilen vollständig verfehlt wird. Unschädlich ist es allein, wenn die Verletzungsform nur graduell hinter den Wirkungen des Patents zurückbleibt, jeder obligatorische Vorteil also erzielt wird, aber nicht in vollem Umfang (s näher Rdn 90, dort auch zur **sog verschlechterten Ausführungsform**).

75 Ist Gegenstand des Patents ein **Verfahren**, so genügt eine bloße Übereinstimmung im **Verfahrensergebnis** noch nicht. Gleichwirkend ist ein Ersatzmittel nur dann, wenn das angegriffene Verfahren außerdem von dem für die patentgeschützte Lehre maßgeblichen technischen Gedanken Gebrauch macht. Eine Gleichwirkung ist deshalb zu verneinen, wenn der mit dem angegriffenen Verfahren beschrittene Lösungsweg von dem patentgeschützten Lösungsweg so weit entfernt ist, dass er nicht mehr als dessen Verwirklichung anzusehen ist.

76 4.2.2 **Naheliegen** meint, dass das Austauschmittel für den Durchschnittsfachmann aufgrund seines Fachwissens als gleichwirkendes Lösungsmittel auffindbar gewesen ist, **ohne erfinderische Tätigkeit** zu entfalten. Anders als bei der Auslegung des Schutzrechtes kann für das Naheliegen nicht nur der in der Patentschrift gewürdigte, sondern der gesamte zum Prioritätszeitpunkt bekannte Stand der Technik herangezogen werden.[193] Der Denkaufwand des Fachmanns darf weder zu niedrig (einfaches Lesen der Patentschrift) noch zu hoch angesetzt werden (zB erschöpfende Berücksichtigung der Fachliteratur und Durchführung von Versuchen). Auszugehen ist von einem Fach-

---

186 BGH GRUR **12**, 1122 *Palettenbehälter III*; BGH GRUR **15**, 361 *Kochgefäß*.
187 BGH GRUR **15**, 361 *Kochgefäß*.
188 BGH GRUR **15**, 361 *Kochgefäß*.
189 BGH GRUR **12**, 45 *Diglycidverbindung*.
190 BGH GRUR **98**, 133, 135 *Kunststoffaufbereitung*; OLG Düsseldorf Urt v 23.02.2012 – I-2 U 134/10.
191 BGH GRUR **69**, 471, 473 *Kronenkorkenkapsel*; **75**, 484, 486 *Etikettiergerät*; **87**, 280 (III 3a) *Befestigungsvorrichtung*; BGH Urt. v. 17.11.2020 – X ZR 132/18, GRUR **21**, 574 *Kranarm*.
192 BGH GRUR **83**, 497 *Absetzvorrichtung*.
193 BGH GRUR **87**, 280 *Befestigungsvorrichtung* in Abgrenzung zu BGH GRUR **78**, 235 *Stromwandler*.

mann, der die Patentschrift sorgfältig unter Zuhilfenahme des zu erwartenden Fachwissens und der üblicherweise greifbaren Fachliteratur aufmerksam studiert und sich anbietende Orientierungsversuche durchführt. In den Schutzbereich gehören somit Äquivalente, die der Fachmann bei einigem Nachdenken als gleichwirkend erkennen kann.[194] Besteht die Austauschmaßnahme in einer bloßen sog. **kinematischen Umkehrung**,[195] sind an die Bejahung der **Auffindbarkeit (nicht der Gleichwertigkeit**[196]) grundsätzlich geringere Anforderungen zu stellen.[197]

Maßgebender Zeitpunkt für die Beurteilung der Äquivalenz ist grundsätzlich der **Prioritätszeitpunkt** des Patents.[198] Nach diesem Zeitpunkt bekannt werdende, gleichwirkende Mittel fallen in den Schutzbereich, wenn sie dem Fachmann als solche **im Verletzungszeitpunkt geläufig** sind und den technischen Erfolg mit **wesensähnlichen**, aber neuen Mitteln erreichen.[199] Der Patentinhaber muss davor bewahrt bleiben, dass Dritte sein Patent durch Einsatz neuer äquivalenter Mittel, die im Prioritätszeitpunkt noch unbekannt waren, umgehen könnten.

4.2.3 Orientierung am Patentanspruch bzw. Gleichwertigkeit (vgl oben Rdn 73) besagt, dass die fachmännischen Überlegungen zum Auffinden des Ersatzmittels am Sinngehalt der patentierten Lehre idS anknüpfen müssen, dass der Fachmann die abgewandelte Ausführung als aus der Sicht des Patents gleichwertige Ersatzlösung betrachtet, wobei der Patentanspruch nicht nur den Ausgangspunkt, sondern die **maßgebliche Grundlage** bilden muss.[200] Die Klärung, ob dies der Fall ist, ist Gegenstand einer Rechtsfrage.[201] Es reicht nicht aus, die Gleichwertigkeit isoliert für das abgewandelte Mittel festzustellen; vielmehr muss die angegriffene Ausführungsform in ihrer für die Merkmalverwirklichung relevanten **Gesamtheit** eine auffindbar gleichwertige Lösung darstellen.[202] Es genügt zur Bejahung der Äquivalenz auch nicht, dass der Fachmann dank seines Fachwissens und gestützt auf den Stand der Technik überhaupt in der Lage war, das betreffende Austauschmittel als gleichwirkenden Ersatz aufzufinden: Entscheidend ist unter dem Aspekt der Orientierung am Patentanspruch vielmehr, ob er zu der bei der angegriffenen Ausführungsform verwirklichten Abwandlung gelangen konnte, wenn er sich an der **im Patentanspruch offenbarten technischen Lehre** und dem darin zum Ausdruck kommenden **Lösungsgedanken** orientierte. Daran fehlt es, wenn das Austauschmittel ein solches ist, auf das die Erfindung gerade **verzichten** will,[203] oder wenn die Argumentation des Anspruchstellers letztlich darauf hinausläuft,

---

194 Bruchhausen GRUR Int **74**, 1, 8.
195 Vgl. BGH GRUR **64**, 669, 670 *Abtastnadel*.
196 Benkard/Scharen § 14 Rn 104.
197 Vgl. OLG Düsseldorf BeckRS **08**, 05 139.
198 BGH GRUR **79**, 271 (2c) *Schaumstoffe*; **75**, 425 (3a) *Metronidazol*; Court of Appeal (UK) 99 RPC 409 = GRUR Int **00**, 936 *Fließbettpolymerisationsverfahren*.
199 OLG Düsseldorf InstGE **10**, 198 *zeitversetztes Fernsehen*; OLG Düsseldorf Urt v 07.07.2016 – I-2 U 5/14; Moser v Filseck GRUR **74**, 506, 510; v Falck GRUR **01**, 905; vgl. nunmehr auch Benkard/Scharen § 14 Rn 113; aA OLG Karlsruhe **80**, 718 (II 2).
200 BGHZ 150, 149 = GRUR **02**, 515 *Schneidmesser I*; BGH GRUR **11**, 313 *Crimpwerkzeug IV*; BGH GRUR **16**, 921 *Pemetrexed*.
201 BGH Urt. v. 17.11.2020 – X ZR 132/18, GRUR **21**, 574 *Kranarm*.
202 BGH GRUR **07**, 959 *Pumpeneinrichtung*.
203 BGH GRUR **91**, 443, 447 *Autowaschvorrichtung*; **91**, 744 *Trockenlegungsverfahren*.

die **Sinnhaftigkeit** der vom Patent gegebenen technischen Lehre in ihrer sachlichen Berechtigung (wieder) infrage zu stellen.[204] Demgegenüber ist jedenfalls die Orientierung am Patentanspruch erfüllt, wenn das Patent die **nähere Auswahl der Lösungsmittel** dem Fachmann überlässt.[205]

79 Orientierung am Patentanspruch verlangt nicht etwa, dass in der **Patentbeschreibung** Ausführungen enthalten sind, die den Fachmann zum Austauschmittel **hinführen**; im Falle ihres Vorhandenseins *können* solche Ausführungen jedoch durchaus als **Beleg für die Orientierung am Patentanspruch** dienen.[206] Letzteres berechtigt zu dem Umkehrschuss, dass auch nach Auffassung des BGH nicht bereits jedes in der Beschreibung erwähnte, aber nicht wortsinngemäße Lösungsmittel automatisch unter dem Aspekt der »Auswahlentscheidung« aus dem Bereich der patentrechtlichen Äquivalenz ausscheidet.[207] Ob eine (für die Annahme von Äquivalenz hinderliche) sog. **Auswahlentscheidung** (dazu näher Rdn 80) oder ein **qualifizierter Hinweis** auf ein am Anspruch orientiertes Austauschmittel vorliegt, hängt davon ab, ob mit der in Rede stehenden Beschreibungspassage die **Schwelle zur neuheitsschädlichen Offenbarung** überschritten ist oder (noch) nicht.[208]

4.2.3.1 Sog. »Auswahlentscheidungen«

80 Bei **Widersprüchen zwischen den Patentansprüchen und der Beschreibung** (s dazu auch Rdn 22) sind solche Bestandteile der Beschreibung, die in den Patentansprüchen **keinen Niederschlag** gefunden haben, nach der inzwischen wohl gefestigten Rspr des BGH regelmäßig nicht in den Patentschutz einbezogen, weil die Beschreibung nur insoweit berücksichtigt werden darf, als sie sich als Erläuterung des Gegenstands des Patentanspruchs lesen lässt; **offenbart** die Beschreibung **mehrere (dh mindestens zwei**[209]**) Möglichkeiten**, wie eine bestimmte technische Wirkung erzielt werden kann, ist jedoch **nur eine** dieser Möglichkeiten in den Patentanspruch aufgenommen worden, begründet die Benutzung einer der übrigen Möglichkeiten regelmäßig keine Verletzung des Patents mit äquivalenten Mitteln (sog. »**Auswahlentscheidung**«;[210] s zu sog. »**dritten Lösungen**« unten Rdn 83) Wie der BGH inzwischen – in Abweichung von früheren Ausführungen[211] – klargestellt hat, kommt es für die Bejahung einer »Auswahlentscheidung« entscheidend darauf an, dass auch das fragliche Ersatzmittel in der Beschreibung **offenbart** ist, während eine bloße **Auffindbarkeit** anhand der Beschreibung nicht genügt.[212] Dabei darf die Fähigkeit des Fachmanns, mit Hilfe bekannter

---

204 OLG Düsseldorf Urt v 13.09.2013 – I-2 U 23/13 = BeckRS **13**,18 749; OLG Düsseldorf Beschl v 09.03.2016 – I-15 U 11/14 = BeckRS **16**, 06 348 *Sportball*; vgl. OLG München Urt v 04.08.2016 – 6 U 2373/15 BeckRS **16**,14 743 *Spannvorrichtung für Gleitschutzkette*.
205 BGH GRUR **16**, 1031 *Wärmetauscher* (Frage des Wortsinns offengelassen).
206 BGH GRUR **14**, 852 *Begrenzungsanschlag*.
207 Meier-Beck GRUR **15**, 721 (726).
208 Rinken in FS 80 J. PatentG in Düsseldorf 2016, 429.
209 BGH GRUR **16**, 921 *Pemetrexed*.
210 BGH GRUR **11**, 701 = BGHZ **189**, 330 *Okklusionsvorrichtung*; BGH GRUR **12**, 45 *Diglycidverbindung*; BGH GRUR **16**, 921 *Pemetrexed*.
211 BGH GRUR **11**, 701 = BGHZ **189**, 330 *Okklusionsvorrichtung*; BGH GRUR **12**, 45 *Diglycidverbindung*.
212 BGH GRUR **16**, 921 *Pemetrexed*; vgl. auch BGH GRUR **16**, 1254 *V-förmige Führungsanordnung*.

Verfahren und seines sonstigen Fachwissens eine mehr oder weniger große Anzahl von Einzelverbindungen herzustellen, die unter eine **chemische Strukturformel** fallen, nicht mit der Offenbarung dieser Einzelverbindungen gleichgesetzt werden. An einer diesen Grundsätzen genügenden Offenbarung mangelt es grundsätzlich auch dann, wenn sich eine vom Patent beanspruchte Ausführungsform auf Grund von Angaben in der Beschreibung oder aus sonstigen Gründen als **spezieller Anwendungsfall eines allgemeineren Lösungsprinzips** darstellt und der Fachmann auf Grund dieser Erkenntnis in der Lage war, weitere unter diesem Lösungsprinzip entsprechende Ausführungsformen aufzufinden.[213] **Ausnahme:** Aus dem Inhalt der Patentschrift oder aus sonstigen für die Auslegung maßgeblichen Umständen kann sich im Einzelfall ergeben, dass die **Fokussierung auf ein ganz bestimmtes Lösungsmittel** eines übergeordneten Lösungsprinzips, das in der Beschreibung ohne nähere Differenzierung als geeignet eingestuft wird, auf einer Auswahl beruht, die die Einbeziehung weiterer unter dieses allgemeine Lösungsprinzip fallender Mittel verbietet.[214] Die Orientierung am Patentanspruch darf regelmäßig nicht damit verneint werden, dass der Patentinhaber sich mit der **konkreten Anspruchsformulierung** auf eine dem Wortsinn entsprechende Ausgestaltung festgelegt habe; insbesondere ist eine **rein abstrakte Gegenüberstellung geometrischer Formen** unzulässig.[215]

Der Annahme von Äquivalenz steht es nicht entgegen, wenn das Austauschmittel in der Beschreibung nur in einem **ganz anderen Kontext** (zB in Beug auf ein anderes Bauteil) offenbart wird; dies gilt selbst dann, wenn das andere Bauteil vergleichbar mit dem abgewandelten Teil der angegriffenen Ausführungsform ist.[216] Dass aus der Sicht des Fachmanns ein (**nicht** als solches in der Beschreibung **erwähntes**) alternatives Lösungsmittel von **trivialer Natur** ist und sich ihm im Prioritätszeitpunkt **geradezu aufdrängen** musste, vermag ebenfalls keine »Auswahlentscheidung« zu begründen.[217]

81

Von einer das Ersatzmittel ausschließenden Auswahlentscheidung sollte man ferner nicht allein schon deshalb ausgehen, weil der Beschreibungstext das Wort »**alternativ**« oder ein **Synonym** verwendet, sondern maßgeblich darauf abstellen, ob insoweit nach dem Gesamtinhalt der Patentschrift für den Fachmann ein **erfindungsfremdes aliud** beschrieben wird.[218] Schädlich ist also nicht schon eine bloß alternative Ausführungsform *der* Erfindung, sondern nur eine **Alternative** *zum* **Gegenstand** der Erfindung.[219]

82

Finden im Anspruch selbst nicht sämtliche in der Beschreibung offenbarte Lösungsmittel ihren Niederschlag, so sind **in der Beschreibung nicht erwähnte Austauschmittel** (sog. »**dritte Lösungen**«) nach der Rechtsprechung des BGH regelmäßig nur dann gleichwertig, wenn sie sich in ihren **spezifischen Wirkungen** mit der patentgemäßen Lösung decken und von den nur in der Beschreibung genannten Mitteln in ähnlicher Weise wie die wortsinngemäße Lösung unterscheiden: Es bedarf also der engeren

83

---

213 BGH GRUR **16**, 921 *Pemetrexed*.
214 Vgl. BGH GRUR **16**, 921 *Pemetrexed*.
215 BGH GRUR **16**, 1254 *V-förmige Führungsanordnung*.
216 OLG Düsseldorf GRUR-RR **14**, 185 *WC-Sitzgelenk*.
217 OLG Düsseldorf GRUR-RR **14**, 185 *WC-Sitzgelenk*.
218 OLG Düsseldorf GRUR-RR **14**, 185 *WC-Sitzgelenk*; Kühnen GRUR **13**, 1086.
219 Vgl. OLG Düsseldorf Urt v 21.11.2013 – I-2 U 36/12 *Beschichtung elastischer Fäden*.

»Verwandtschaft« mit dem wortsinngemäßen Lösungsmittel, um die Orientierung am Patentanspruch bejahen zu können.

84 An der Orientierung am Patentanspruch fehlt es auch, wenn der gattungsbildende Stand der Technik zur Lösung eines technischen Problems zwei verschiedene konstruktive Varianten offenbart (die Gegenstand **nebengeordneter Patentansprüche** und eigener Patentzeichnungen sind), der Hauptanspruch des Patents mit seinen Merkmalen nur eine dieser Varianten aufgreift und die angegriffene Ausführungsform sich der anderen Lösungsvariante bedient.[220] Die Gleichwertigkeit kann auch zu verneinen sein, wenn ein im ursprünglich erteilten Anspruch enthaltener **allgemeiner Begriff** im Rechtsbestandsverfahren **auf ein bestimmtes Lösungsmittel zurückgeführt** wurde, so dass bei Annahme von Äquivalenz die Beschränkung wieder rückgängig gemacht würde.[221] Vgl. aber auch Erläuterungen unter Rdn 80 und Rdn 86.

85 Einem Austauschmittel kann die erforderliche Orientierung am Anspruch unter den oben genannten Voraussetzungen auch deshalb fehlen, weil es zwar nicht mehr im Beschreibungstext der im Rechtsbestandsverfahren geänderten Patentschrift erörtert wird, es jedoch in der **Beschreibung der ursprünglich erteilten Fassung** offenbart war.[222]

86 Der **Grundsatz der** »**Auswahlentscheidung**« sollte in dem Sinne **restriktive Anwendung** finden, dass der **reine Offenbarungsüberschuss als solcher** noch nicht der erforderlichen Orientierung am Patentanspruch entgegen steht. Vielmehr sollte Äquivalenz unter diesem Aspekt nur dann verneint werden, wenn sich für den Fachmann anhand des Gesamtinhalts der Patentschrift **zusätzliche Anhaltspunkte** dafür ergeben, dass für das überschießend offenbarte Lösungsmittel kein Schutz begehrt wird. Dies gilt insbesondere mit Blick auf die neue Rechtsprechung des BGH zur Folge von Konkretisierungen/Einschränkungen des Patent**anspruchs** im Vergleich zur Offenlegungsschrift oder zu einer früher erteilten Fassung des Patents (vgl oben Rdn 55): **Im Zweifel** muss zugunsten des Patentinhabers (erst recht) angenommen werden, dass der Offenbarungsüberschuss der Patentschrift allein deshalb (noch) vorhanden ist, weil die an sich zwingend notwendige[223] **Anpassung der Patentschrift** im Zuge einer **rein formellen Zwecken dienenden** Anspruchsänderung unterblieben ist und ihr daher keine schutzbegrenzende Wirkung zukommen kann.[224]

4.2.3.2 Zahlen-/Maßangaben

87 Bedeutsam ist die Gleichwertigkeitsfrage insbesondere bei Patentansprüchen mit **Zahlen- und Maßangaben.** Liegt der Wert der angegriffenen Ausführungsform jenseits

---

220 OLG Düsseldorf Urt v 03.01.2013 – I-2 U 22/10 *Regenschirm*; LG Mannheim Mitt **15**, 234 *Tragstruktur-Element-Anordnung*.
221 OLG Düsseldorf Urt v 13.09.2013 – I-2 U 23/13.
222 OLG Düsseldorf Urt v 08.07.2014 – I-15 U 29/14 *Austauschbares Verschleißteil*; offen gelassen von BGH GRUR **16**, 1254 *V-förmige Führungsanordnung*.
223 Vgl dazu BPatG Beschl v 18.04.2016 – 20 W (pat) 47/13 = BeckRS **16**,12 532 *Tragbares elektronisches Gerät*.
224 Näher Rinken FS 80 J PatentG in Düsseldorf 2016, 429 (441 ff.).

des durch Auslegung (s Rdn 37) ermittelten Toleranzbereichs, so dass eine wortsinngemäße Benutzung nicht angenommen werden kann, ist zu unterscheiden:
a) Vermittelt die Patentschrift dem Fachmann den Eindruck, dass es sich bei der Zahlenangabe des Patentanspruchs um einen **kritischen Wert** handelt, so ist ein davon abweichender Wert für den Fachmann nicht anhand der Patentschrift als gleichwertig auffindbar. Das gilt selbst dann, wenn er aufgrund seines Fachwissens an sich erkennt, dass die Wirkungen der Erfindung sich auch mit diesem abweichenden Wert erzielen lassen.
b) Gleiches gilt, wenn der Fachmann von der **Patentschrift im Unklaren** über den genauen Sinn des in den Anspruch aufgenommenen Zahlenwertes gelassen wird. Mangels gegenteiliger Anhaltspunkte muss der Fachmann zu der Einsicht gelangen, dass die patentgemäßen Wirkungen nur bei genauer Einhaltung des Zahlenwertes erreicht werden können. Ein abweichender Wert ist deshalb bei Orientierung an der beanspruchten Erfindung nicht als gleichwertig auffindbar.[225]
c) Zu bejahen sein kann eine Äquivalenz dagegen, wenn der Fachmann in der Beschreibung **erläuternde Angaben zum Sinn und Zweck der Maß- oder Bereichsangabe** findet, die ihn darüber belehren, dass die Wirkungen der Erfindung auch außerhalb des beanspruchten Bereiches erreicht werden. Auch hier darf der Schutzbereich allerdings nicht beliebig, nämlich auf deutlich außerhalb des im Anspruch definierten Wertes liegende Bereiche, erstreckt werden.

4.2.3.3 Chemische Stoffbezeichnungen/Formeln

Für die Angabe einer **chemischen Stoffbezeichnung** oder **Formel** gelten grundsätzlich die zu Zahlen- und Maßangaben entwickelten Grundsätze entsprechend:[226] Eine solche Bezeichnung kann im Einzelfall **denselben Konkretisierungsgrad** aufweisen **wie eine Zahlenangabe**. Dies kann dazu führen, dass Stoffe, die nicht unter diese Definition fallen, vom Wortsinn des Patentanspruchs nicht erfasst werden (siehe oben Rdn 55). Ebenso wie bei Zahlenangaben rechtfertigt dies nach BGH aber nicht ohne Weiteres den Schluss, dass der Einsatz einer gleichwirkenden und für den Fachmann auffindbaren Verbindung nicht am Sinngehalt des Patentanspruchs orientiert ist.[227]

4.2.4 Prozessuales: Werden in Bezug auf denselben Anspruch und dieselbe Ausführungsform zugleich eine wortsinngemäße und **hilfsweise** eine äquivalente Patentverletzung geltend gemacht, so liegt der Klage ein **einheitlicher Streitgegenstand** zugrunde.[228] Letzteres gilt unabhängig davon, ob der Kläger auch hinsichtlich der geltend gemachten wortsinngemäßen Verletzung einen auf die konkret angegriffene Ausführungsform zugeschnittenen Klageantrag stellt oder nicht. Erst recht handelt es sich gebührenrechtlich um »denselben Streitgegenstand« iSv § 45 (1) S 2, 3 GKG. Ist eine wortsinngemäße Verletzung zu verneinen, kann das Gericht eine Verurteilung nicht

---

225 BGH GRUR 02, 519, 522 (rSp) *Schneidmesser II*; 02, 523, 525 f (II2e) *Custodiol I*; 07, 1059 *Zerfallszeitmessgerät*.
226 BGH GRUR 16, 921 *Pemetrexed*.
227 BGH GRUR 16, 921 *Pemetrexed*.
228 Vgl. BGH GRUR 12, 485 *Rohreinigungsdüse II*; BGH GRUR 16, 1031 *Wärmetauscher*; aA Timmann, in: Haedicke/Timmann Rn 193.

von sich aus auf einen äquivalenten Eingriff in den Schutzbereich stützen.[229] Bei der Verletzung mit äquivalenten Mitteln muss das Austauschmittel im Antrag umschrieben werden.[230] Wegen des dem Beklagten nur im Rahmen der Äquivalenz zustehenden Formstein-Einwandes ist es erforderlich, dass sich der Kläger **mindestens hilfsweise auf eine äquivalente Benutzung beruft,** damit Klarheit über die Verteidigungsmöglichkeiten des Beklagten besteht.[231] Ggf. ist die Verhandlung zu vertagen, wenn dem Beklagten ansonsten die Möglichkeit genommen wird, relevanten Stand der Technik zu ermitteln. Das **Berufungsgericht** muss darauf hinweisen, wenn es anders als die Vorinstanz nicht von wortsinngemäßer, sondern von äquivalenter Benutzung ausgeht.[232]

90 **4.3 Verschlechterte Ausführungsform** liegt vor, wenn die Vorteile des Patents in einer nur unvollkommenen Weise verwirklicht werden. Entspricht der angegriffene Gegenstand in sämtlichen Merkmalen dem Wortsinn des Patentanspruchs, so ist es unerheblich, ob mit ihm die erfindungsgemäßen Wirkungen überhaupt oder vollständig eintreten.[233] Aufgrund der **wortsinngemäßen Übereinstimmung** mit dem Patentanspruch handelt es sich immer um eine Patentverletzung. Es ist deswegen auch unerheblich, wenn der Gegenstand regelmäßig in einer Weise benutzt wird, dass die (objektiv möglichen) **Vorteile und Wirkungen** des Patents tatsächlich nicht erreicht werden. Dies gilt selbst dann, wenn der Hersteller oder Lieferant seine Abnehmer ausdrücklich zu einer solchen die erfindungsgemäßen Effekte vermeidenden Verwendung anhält.[234] Sind einzelne Merkmale nicht dem Wortsinn nach verwirklicht, so kann eine Patentverletzung unter Äquivalenzgesichtspunkten nur angenommen werden, wenn die patentgemäß angestrebten Vorteile zwar möglicherweise nicht vollkommen, aber doch in einem praktisch noch erheblichen Umfang realisiert werden (s auch Rdn 74). Lässt sich solches nicht feststellen (zB weil einzelne, nicht nur völlig untergeordnete Vorteile überhaupt nicht oder jedenfalls nicht nennenswert verwirklicht sind), wird das Patent nicht verletzt.[235] Grundsätzlich ausreichend ist es, wenn die obligatorischen Vorteile der Erfindung sämtlich – jeder einzelne von ihnen ggf auch nur graduell verschlechtert – erreicht werden. Ergeben sich jedoch aus der Auslegung des Patentanspruchs **Mindestanforderungen** an die Quantität oder Qualität einer bestimmten Wirkung, können abgewandelte Mittel, die diesen Anforderungen nicht gerecht werden, auch dann nicht unter dem Gesichtspunkt einer verschlechterten Ausführungsform als gleichwirkend angesehen werden, wenn alle übrigen Wirkungen der patentgemäßen Lösung im Wesentlichen erreicht werden.[236] Wird ein zwingender Vorteil gänzlich verfehlt, liegt keine Verletzung vor. Strebt die Erfindung mehrere obligatorische Vor-

---

229 BGH GRUR 10, 314, 317 f. = BGHZ **184,** 49 *Kettenradanordnung II.*
230 BGH GRUR 10, 314, 317 f. = BGHZ **184,** 49 *Kettenradanordnung II.*
231 BGH GRUR 14, 852 *Begrenzungsanschlag.*
232 BGH GRUR 11, 313 *Crimpwerkzeug IV,* siehe dort auch zur erstmaligen Geltendmachung von Äquivalenz in der Revisionsinstanz.
233 BGH GRUR 91, 436, 441 f *Befestigungsvorrichtung II.*
234 BGH GRUR 06, 399 *Rangierkatze;* BGH Urteil v 5.5.2020 – KZR 36/17, GRUR **20,** 961 *FRAND-Einwand.*
235 OLG Düsseldorf GRUR 00, 599, 601 ff *Staubsaugerfilter.*
236 BGH GRUR 12, 1122 *Palettenbehälter III;* vgl. OLG Düsseldorf Urt v 08.03.2012 – I-2 U 136/10.

teile an, muss jeder dieser Vorteile zumindest in nennenswertem Umfang erzielt werden.[237]

4.4 Verbesserte Ausführungsform: Dass die angegriffene Ausführungsform die erfindungsgemäßen Vorteile in besonders hohem Maße verwirklicht oder mit ihr ein zusätzlicher, außerhalb der Erfindung liegender Nutzen erzielt wird, steht der Patentbenutzung nicht entgegen.[238]

4.5 Patentierte Verletzungsform[239]: Dass auf die angegriffene Ausführungsform ein Patent erteilt ist, begründet als solches keinen tauglichen Einwand gegen die Patentverletzung. Die Tatsache der Patentierung ist bei einer wortsinngemäßen Benutzung ohne jeden Belang. Bei einer nur **äquivalenten** Benutzung ist sie insofern von Bedeutung, als dass sie Anlass gibt, das **Naheliegen** oder Nichtnaheliegen der Abwandlung besonders sorgfältig zu prüfen. Das gilt namentlich dann, wenn das Klagepatent in dem auf die angegriffene Ausführungsform erteilten Patent als Stand der Technik berücksichtigt worden ist.

Die Patenterteilung zwingt keineswegs zu der Annahme, dass die angegriffene Ausführungsform auf der Grundlage des Klagepatents nur mit erfinderischem Bemühen aufzufinden war:
a) Die Verletzungsform kann sich so, wie sie Gegenstand ihrer Patentierung ist, durch zusätzliche Merkmale auszeichnen, mit denen neben der dem Klagepatent zugrunde liegenden Aufgabe ein weiteres, auf anderem Gebiet liegendes Problem gelöst wird. In einer solchen Konstellation kann die Patenterteilung gerade auf diesen zusätzlichen Merkmalen beruhen, die im Rahmen der Äquivalenzprüfung außer Betracht zu bleiben haben. Die angegriffene Ausführungsform kann deswegen, soweit es um die Merkmale des Klagepatents und *ihre* Abwandlung geht, naheliegend und mit ihrer gesamten, auch die Zusatzmerkmale einschließenden technischen Lehre zugleich erfinderisch gewesen sein.
b) Ähnliches gilt, wenn bei der angegriffenen Ausführungsform ein Merkmal des Klagepatents in besonderer Weise konkretisiert oder ausgestaltet ist. Für eine Einbeziehung in den Schutzbereich unter Äquivalenzgesichtspunkten genügt es, wenn sich der Verletzungsgegenstand im Wege der Abstraktion auf eine allgemeine technische Lehre zurückführen lässt, die der Fachmann als zur Erfindung gleichwirkende und gleichwertige Abwandlung auffinden konnte. Ob darüber hinaus auch die spezielle Ausgestaltung dieses Prinzips, wie sie bei der angegriffenen Ausführungsform verwirklicht ist, nahegelegen hat, ist ohne Belang.[240] Gerade sie aber kann Gegenstand der Prüfung im Erteilungsverfahren und entscheidend dafür gewesen sein, dass der Verletzungsform Erfindungshöhe zuerkannt worden ist. Auch hier ist es daher möglich, dass die angegriffene Ausführungsform gegenüber dem Klagepatent (mit ihrer allgemeinen technischen Lehre) äquivalent und (in der konkreten Ausgestaltung dieser Lehre) gleichzeitig erfinderisch ist.

---

237 BGH GRUR 12, 1122 *Palettenbehälter III*; BGH GRUR 15, 361 *Kochgefäß*.
238 BGH GRUR 06, 399 *Rangierkatze*; 07, 959 *Pumpeneinrichtung*.
239 **Lit in GRUR:** Kühnen 96, 729; Gramm 01, 926; Allekotte 02, 472; König, 02, 1009; Körner GRUR 09, 97.
240 OLG Düsseldorf GRUR 99, 702 *Schließfolgeregler*.

c) Nur wenn im Rahmen des Erteilungsaktes exakt dieselben und keine weitergehenden Erwägungen angestellt worden sein können, als sie im Rahmen der Äquivalenzprüfung zu klären sind, spricht der sachkundige Erteilungsakt dagegen, dass die Verletzungsform ohne Überlegungen von erfinderischem Rang aufzufinden war. Dies bedeutet zwar nicht, dass im Verletzungsprozess die Annahme einer Äquivalenz auszuscheiden hätte. Eine Bindungswirkung für das Verletzungsgericht besteht nicht. Wegen des vorliegenden sachkundigen Votums wird jedoch, wenn das Verletzungsgericht entgegen diesem Votum eine Äquivalenz bejahen will, idR ein Sachverständigengutachten einzuholen sein.[241] Ist die angegriffene Ausführungsform lediglich Gegenstand einer PCT-Anmeldung und das Klagepatent im Recherchenbericht als den Anmeldungsgegenstand nicht nahelegender Stand der Technik eingestuft, so gibt dies idR keinen Anlass für eine sachverständige Begutachtung, weil die Kategorisierung in einem Recherchenbericht nicht mit einem Erteilungsbeschluss gleichgesetzt werden kann.

94 **4.6 Unterkombination**[242] zeichnet sich dadurch aus, dass ein oder mehrere Merkmal(e) des Patentanspruchs weder wortsinngemäß noch äquivalent verwirklicht sind, sondern **ersatzlos** fehlt/fehlen. Eine Einbeziehung in den Schutzbereich kommt in solchen Fällen aus Gründen der Rechtssicherheit nicht in Betracht, und zwar auch dann nicht, wenn das fehlende Merkmal für den Fachmann für die Verwirklichung der erfindungsgemäßen Lehre erkennbar überflüssig ist.[243]

5 Einwand des freien Standes der Technik (sog Formstein-Einwand)[244]

95 **5.1 Zulässigkeit und Folgen:** Das Verletzungsgericht ist an die erfolgte Erteilung des Klagepatents gebunden.[245] Solange eine wortsinngemäße Verletzung gegeben ist, ist es dem Beklagten deshalb verwehrt, einzuwenden, die angegriffene (wortsinngemäß patentverletzende) Ausführungsform habe am Prioritätstag zum Stand der Technik gehört oder sich aus diesem naheliegend ergeben.[246] Zulässig ist der Formstein-Einwand **nur in Fällen äquivalenter Patentverletzung**.[247] Ob eine wortsinngemäße oder äquivalente Benutzung vorliegt, kann nicht mit dem Argument offenbleiben, dass jedenfalls der erhobene Formstein-Einwand des Beklagten durchgreift;[248] **umgekehrt** kann aber eine wortsinngemäße Verletzung mit der Begründung dahingestellt bleiben, dass die Voraussetzungen der Äquivalenz zu bejahen **und** jene des Formsteineinwandes zu verneinen sind.[249] Erweist sich der Formstein-Einwand als begründet, kann die betreffende Ausführungsform nicht in den Schutzbereich des Patents einbezogen werden.

---

241 Vgl Kühnen GRUR **96**, 729, 734 f.
242 Vgl Jestaedt in FS f König **03**, 239 ff.
243 BGH GRUR **07**, 1059 *Zerfallszeitmessgerät*; OLG Düsseldorf Urt v 05.05.2011- I-2 U 9/10.
244 Vgl Nieder in FS f König **03**, 379 ff; Neuhaus in FS f Tilmann **03**, 549 ff; Popp GRUR **09**, 318.
245 BGH GRUR **64**, 606, 609 *Förderband*; **79**, 624 *umlegbare Schießscheibe*.
246 BGH GRUR **99**, 914 *Kontaktfederblock*.
247 BGH GRUR **86**, 803 *Formstein*; **97**, 454, 456 *Kabeldurchführung*; **99**, 914 *Kontaktfederblock*; BGH GRUR **16**, 169 *Luftkappensystem*.
248 BGH GRUR **99**, 914 *Kontaktfederblock*.
249 BGH GRUR **16**, 1031 *Wärmetauscher*.

5.2 Voraussetzungen für das Eingreifen des Formstein-Einwandes ist, dass die angegriffene Ausführungsform mit der **Gesamtheit ihrer Merkmale**, seien sie wortsinngemäß oder äquivalent verwirklicht, in dem für die Beurteilung des Klagepatents maßgeblichen Stand der Technik vorweggenommen ist oder sich aus diesem Stand der Technik naheliegend ergibt.[250] Es kann auf den gesamten zum Prioritätszeitpunkt des Klageschutzrechtes existenten Stand der Technik zurückgegriffen werden. Da es auf die Gesamtkombination der Merkmale und ihr Vorbekanntsein bzw Naheliegen ankommt,[251] reicht es nicht aus, nur einzelne (zB die abgewandelten) Merkmale als durch den Stand der Technik nahegelegt nachzuweisen. Erforderlich ist vielmehr, dass a) jedes einzelne Anspruchsmerkmal in seiner wortsinnmäßen oder äquivalenten Verwirklichung und b) die Kombination dieser Einzelmerkmale zu der bei der angegriffenen Ausführungsform gegebenen Ausgestaltung als vorbekannt oder naheliegend nachgewiesen wird. Sind für die Begründung des Formstein-Einwandes mehrere Schriften heranzuziehen, muss deshalb auch die Kombination der jeweiligen Schriften, durch die die angegriffene Ausführungsform erhalten wird, für den Fachmann naheliegend gewesen sein. Die Darlegungs- und Beweislast trifft den Verletzungsbeklagten, der sich auf den Formstein-Einwand beruft.[252]

5.3 Grenzen des Formstein-Einwandes ergeben sich aus der geltenden Kompetenzverteilung zwischen Erteilungsinstanzen und Verletzungsgerichten. Nach ihr ist die Prüfung der Schutzfähigkeit eines Patents ausschließlich dem Patentamt bzw dem BPatG vorbehalten, während das Verletzungsgericht die Patenterteilung als gegeben hinzunehmen hat und an die im Erteilungs- oder Nichtigkeitsverfahren getroffene Entscheidung ohne eigene Prüfungsmöglichkeit gebunden ist. Die Erörterung, ob die angegriffene Ausführung mit Rücksicht auf den Stand der Technik keine patentfähige Erfindung darstellt, darf sich hierzu nicht in Widerspruch setzen. Dies bedingt, dass die Zugehörigkeit der als äquivalent angegriffenen Ausführungsform zum Schutzbereich nicht allein mit solchen Erwägungen verneint werden kann, die – in gleicher Weise auf den Gegenstand des Klagepatents angewendet – zu der Feststellung führen müssten, das Schutzrecht enthalte keine patentfähige Lehre zum technischen Handeln.[253] Der Formstein-Einwand kann deswegen nur dann zum Ziel führen, wenn der entgegengehaltene Stand der Technik überhaupt **die äquivalente Abwandlung** und nicht ausschließlich solche Merkmale des Patentanspruchs betrifft, die bei der angegriffenen Ausführungsform wortsinngemäß verwirklicht sind.[254]

II. Schutzbereich der Patentkategorien[255] *(extent of protection of different categories)*

Der unterschiedliche Schutzbereich unterteilt die Patente in **zwei Kategorien**: die Erzeugnispatente und die Verfahrenspatente. § 9 Satz 2 führt zwar 3 Arten von Patenten auf, jedoch haben die eigentlichen Erzeugnispatente gemäß Nr 1 und die Patente

---

250 BGH GRUR 16, 1031 *Wärmetauscher*.
251 BGH GRUR 07, 959 *Pumpeneinrichtung*.
252 BGH GRUR 86, 803 *Formstein*; 99, 914 (14 f) *Kontaktfederblock*.
253 BGH GRUR 97, 454 *Kabeldurchführung*.
254 LG Düsseldorf GRUR 94, 509 *Rollstuhlfahrrad*.
255 **Lit:** Meier-Beck FS f König 03, 323; **Lit in GRUR:** Bruchhausen 80, 364; von Falck 93, 199.

§ 14   Schutzbereich/extent of protection   Art 69 EPÜ

für unmittelbare Erzeugnisse eines Verfahrens gemäß Nr 3 insofern den gleichen Schutzbereich, als dass beide Erzeugnisse hinsichtlich ihrer Verwendung in gleicher Weise absolut geschützt sind.

1 Erzeugnispatente

99 Patente für Erzeugnisse, also für körperliche Sachen, Vorrichtungen, Stoffe, Mittel, biologisches Material genießen absoluten Schutz (s Rdn 100), und zwar unabhängig von der Art ihrer Herstellung (s Rdn 108).

100 **1.1 Absoluter Schutz:** § 9 Satz 2 Nr 1 und 3 schützt patentierte Erzeugnisse vor einem Anbieten, Inverkehrbringen, Gebrauchen sowie gegen Einfuhr und Besitz zu den vorgenannten Zwecken, und zwar schlechthin, das heißt, **ohne Einschränkung** auf einen bestimmten Zweck. Das Erzeugnis ist als solches geschützt, der Schutz umfasst grundsätzlich alle Funktionen, Wirkungen, Zwecke, Brauchbarkeiten und Vorteile, und zwar auch dann, wenn diese in der PS nicht genannt sind, der Erfinder sich vielmehr mit der Angabe einer bestimmten Verwendung, die die Patentierung begründet, begnügt. Die ausschließliche Rechtsstellung richtet sich auch gegen einen Dritten, der eine neue und erfinderische Verwendung des Erzeugnisses gefunden und dafür ein abhängiges Patent erhalten hat.[256]

101 **Zweck-, Wirkungs- und Funktionsangaben,** die in einem Anspruch eines Erzeugnispatents enthalten sind, beschränken den absoluten Schutzbereich eines Erzeugnispatents nicht, wenn die Zweckangabe für einen Fachmann ersichtlich lediglich eine beispielhafte Erläuterung der möglichen Verwendung des Erzeugnisses darstellt, die für den Erfinder im Vordergrund stand.[257] Zu beachten ist, dass es sich auch bei einem auf den ersten Blick reinen Sachmerkmal um eine Wirkungsangabe handeln kann.[258] In diesem Fällen ist der Schutzbereich des Erzeugnispatents nicht auf die angegebene Zweckangabe beschränkt, sondern umfasst alle denkbaren (bekannten oder neuen) Verwendungsmöglichkeiten *(=* **absoluter Sachschutz***).*[259] Soll ein im Anspruch genanntes Vorrichtungsteil, das **selbst nicht Teil des geschützten Gegenstandes** ist, mit dem geschützten Gegenstand **zusammenwirken,** so kommt es für die Benutzung allein darauf an, dass das betreffende – selbst nicht geschützte Vorrichtungsteil – **konstruierbar** ist, d.h. es muss nicht tatsächlich existieren.[260] Das selbst nicht anspruchsgegenständliche Vorrichtungsteil kann indessen Bedeutung für die Auslegung der anspruchsgemäßen Vorrichtungsteile gewinnen.[261]

---

256 BGH GRUR **96,** 190 (II2a) *Human-Immuninterferon.*
257 BGH GRUR **96,** 747 (CII2a) *Lichtbogen-Plasma-Beschichtungssystem;* **91,** 436 (IV2d) *Befestigungsvorrichtung II;* GRUR **10,** 1081 = BGHZ **187,** 20 *Bildunterstützung bei Katheternavigation.*
258 OLG Düsseldorf, Urt v 13.01.2011 – I-2 U 39/10; vgl zu Vorrichtungskombinationen OLG Düsseldorf Urt v 18.10.2012 – I-2 U 41/08.
259 BGH GRUR **72,** 541 *Imidazoline;* **79,** 149 (III2) *Schießbolzen;* **96,** 109 (III6c) *Klinische Versuche I.*
260 OLG Düsseldorf Urt v 11.02.2016 – I-2 U 19/15; vgl. auch OLG Düsseldorf Urt v 30.03.17 – I-15 U 65/15 *Kommunikationsvorrichtung.*
261 OLG Düsseldorf Urt v 14.03.2019 – I-2 U 114/09, BeckRS **19,** 6081 *Mehrpolige Steckverbindung.*

Der Inhaber eines solchen Erzeugnispatents kann daher trotz der im Anspruch enthaltenen Zweckangabe jedweden Gebrauch des erfindungsgemäßen Erzeugnisses untersagen,[262] und zwar unabhängig davon, ob er die einzelnen Möglichkeiten bereits erkannt hatte.[263] Unter derartigen Umständen ist die Wirkungsangabe für die Verletzungsprüfung folglich irrelevant.[264] S aber Rdn 104.

102

Auch eine neue und erfinderische Verwendung fällt in den Schutzbereich des Erzeugnispatents.[265] Der Dritte kann jedoch für die erfinderische Verwendung ein **abhängiges Patent** erhalten. Dieses kann der Dritte nur mit Einwilligung des Inhabers des Erzeugnispatents[266] und der Inhaber des Erzeugnispatents kann umgekehrt die patentierte neue Verwendung nur mit Einwilligung des Dritten benutzen.[267]

103

Eine Zweckangabe pp kann jedoch auch eine **mittelbare Umschreibung der räumlich-körperlichen Merkmale** des beanspruchten Gegenstands, zB einer Vorrichtung,[268] beinhalten. Zweckangaben können also die durch das Patent geschützte Sache auch näher dahin definieren, dass diese nicht nur die räumlich-körperlichen Merkmale erfüllen muss, die der Patentanspruch explizit formuliert, sondern dass die Sache darüber hinaus so ausgebildet sein muss, dass sie die im Patentanspruch erwähnte Wirkung oder Funktion herbeiführen kann.[269] Der Schutzbereich eines solchen Erzeugnispatents ist auf den so definierten Gegenstand beschränkt.[270] Die Wirkungsangabe definiert – mittelbar – bestimmte weitere räumlich-körperliche oder funktionale Anforderungen an den geschützten Gegenstand, die sich aus den übrigen Sachmerkmalen des Patentanspruchs noch nicht ergeben, die aber eingehalten werden müssen, damit die geschützte Sache die für sie vorgesehene Wirkung zutage bringen kann.[271] Unter solchen Umständen sind Zweck-, Wirkungs- und Funktionsangaben – wie jedes andere Anspruchsmerkmal – **schutzbereichsrelevant**.[272] Sie weisen den Fachmann an, den beanspruchten Gegenstand über die expliziten Sachmerkmale hinaus so auszugestalten, dass die ihm zugedachte Wirkung/Funktion eintreten kann.[273] Nur wenn dies geschieht, liegt eine Verletzung vor. Ob im konkreten Einzelfall die eine (Unbeachtlichkeit der Wirkungsangabe) oder die andere (Beachtlichkeit der Wirkungsangabe) Möglichkeit einschlägig ist, bedarf der **Auslegung anhand der Patentbeschreibung**.[274]

104

---

262 BGH GRUR 72, 541 *Imidazoline*; 79, 149 (III2) *Schießbolzen*; 96, 109 (III6c) *Klinische Versuche I*.
263 BGH GRUR 96, 190 (II2a) *Polyferon*; 96, 109 (III6c) *Klinische Versuche I*.
264 BGHZ 112, 140, 155 f *Befestigungsvorrichtung II*.
265 BGH GRUR 91, 436 *Befestigungsvorrichtung II*; 96, 190 (II2a) *Human-Immuninterferon*; 96, 190 (II2a) *Polyferon*.
266 BGH GRUR 62, 370, 374 lSp *Schallplatteneinblendung*; 64, 606, 611 *Förderband*.
267 RGZ 50, 111, 114.
268 BGH GRUR 81, 259 (II2a) *Heuwerbungsmaschine II*.
269 BGH, GRUR 09, 837 *Bauschalungsstütze*; BGH GRUR 12, 475 *Elektronenstrahltherapiesystem*.
270 BGH GRUR 06, 923 *Luftabscheider für Milchsammelanlage*.
271 BPatG Mitt 07, 18 *Neurodermitis-Behandlungs-Gerät*.
272 BGH GRUR 06, 923 *Luftabscheider für Milchsammelanlage*.
273 BGH GRUR 08, 896 *Tintenpatrone I*.
274 BGH GRUR 10, 1081= BGHZ 187, 20 *Bildunterstützung bei Katheternavigation*.

105 Der absolute Schutz eines Erzeugnisses findet seinen Grund in der gerechten Entlohnung für den Erfinder des Erzeugnisses; denn ist das Erzeugnis als solches erst einmal bekannt, ist es idR unschwer, dafür weitere Verwendungsmöglichkeiten aufzuzeigen. Es wäre daher unbillig, wenn man den Erfinder auf die von ihm genannten Verwendungen beschränken würde.

106 Dem Erfinder bleibt es unbenommen, statt des möglichen absoluten Schutzes ein eingeschränktes Patent zu beantragen, zB nur für eine bestimmte Verwendungsart oder nur für Erzeugnisse, die nach einem bestimmten Verfahren hergestellt sind. In der bloßen Aufnahme einer Zweckbestimmung in den Patentanspruch kann aber eine solche Einschränkung nicht gesehen werden.[275]

107 Besteht aber das **schöpferische Verdienst** des Erfinders gerade in der *Angabe des Verwendungszwecks* oder des besonderen Effekts und nicht in der Bereitstellung des Gegenstands, mit dem der technische Effekt erzielt wird, dann beschränkt sich der Schutzbereich auf die Verwirklichung dieses Zwecks.[276] In diesem Fall genießt das Patent keinen absoluten Schutz gegenüber anderen Verwendungszwecken, die mit dem in bestimmter Weise verwendeten Gegenstand auch erreicht werden könnten. Bei *chemischen Stoffen mit Zweckangabe* ist die Zweckverwirklichung idR ein *finales Element* der Erfindung selbst, so dass eine Benutzung ausscheidet, wenn ein anderer als der im Anspruch genannte Zweck verwirklicht wird.[277] S näher Rdn 114 ff.

108 **1.2 Unabhängigkeit des Schutzes von der Art der Herstellung:** Ein Erzeugnis kann nur patentiert werden, wenn es herstellbar ist. Der Angabe des Herstellungsweges bedarf es nicht, wenn dieser sich für den Fachmann aus der Offenbarung des Erzeugnisses ergibt. Gehört die Kenntnis des Herstellungsweges nicht zum Fachwissen, dann muss ein Weg zur Herstellung des Erzeugnisses angegeben werden. Die Angabe des Herstellungsweges hat nicht zur Folge, dass sich der Schutz des Patents nur auf die Erzeugnisse erstreckt, die nach der angegebenen Art der Herstellung geschaffen wurden.[278] Der Patentschutz erfasst vielmehr das **Erzeugnis als solches**, unabhängig von Art oder Weg seiner Herstellung,[279] also auch dann, wenn es auf einem anderen Wege hergestellt worden ist[280] (vgl oben Rdn 44 ff).

109 **Unmittelbare Verfahrenserzeugnisse** sind nach § 9 Satz 2 Nr 3 wie jedes andere Erzeugnis geschützt, jedoch mit der Einschränkung, dass der Patentschutz nur für die Erzeugnisse gilt, die auf die patentierte Weise hergestellt worden sind. Wird das gleiche Erzeugnis auf einem anderen Wege hergestellt, der dem patentierten Herstellungsweg nicht äquivalent ist,[281] so versagt der Patentschutz nach § 9 Satz 2 Nr 3.

---

275 BGH GRUR **79**, 149 (III 1) *Schießbolzen*; **80**, 219 *Überstromventil*.
276 Vgl Bruchhausen FS f Preu 1988, 3.
277 BGH GRUR **87**, 794 *Antivirusmittel*; BPatGE 30, 45.
278 BGH GRUR **59**, 125 *Textilgarn*; **72**, 80 *Trioxan*; **79**, 461 *Farbbildröhre*; **87**, 231 (II3c) *Tollwutvirus*.
279 BGH GRUR **86**, 803 (5b) *Formstein*.
280 BGH GRUR **59**, 125 *Textilgarn*; **72**, 80 *Trioxan*; **79**, 461 *Farbbildröhre*; **87**, 213 (II3c) *Tollwutvirus*.
281 BGH GRUR **77**, 100 *Alkylendiamine II*.

1.3 Patentschutz für bekannte Erzeugnisse: Ist ein Erzeugnis bekannt, so kann ein Erzeugnispatent nicht erteilt werden, da die Voraussetzung der Neuheit fehlt. Ausnahmen: **a)** Nach § 9 Satz 2 Nr 3 genießen unmittelbare Erzeugnisse eines patentierten Verfahrens auch dann Patentschutz, wenn sie bekannt sind; **b)** Bekannte Stoffe zur Anwendung in chirurgischen oder therapeutischen Verfahren können nach §§ 3 (3), 2a (1) Nr 2 patentiert werden. Dieser Erzeugnisschutz ist insofern nicht absolut, als er auf das Gebiet der Medizin beschränkt ist. Der Patentinhaber erhält ein gebietsbezogenes Verbotsrecht, das auf diesem Gebiet – wie das Erzeugnispatent allgemein – absoluten Schutz unabhängig von der angegebenen Verwendung gewährt.

2 Verfahrenspatente

Ein Verfahrenspatent gewährt für das beschriebene Verfahren einen absoluten Schutz gegen seine Anwendung oder das Anbieten zur Anwendung. Ist im Verfahrenspatent ein bestimmter Verwendungszweck angegeben, so beschränkt sich darauf der Schutzbereich ebenso wenig wie beim Erzeugnispatent. Vielmehr erstreckt sich der Schutzbereich auf **alle Zwecke**, die mit dem patentierten Verfahren erreichbar sind, auch wenn der Erfinder sie nicht erkannt haben sollte.[282] Daher kann der Patentinhaber eine Benutzung des Verfahrens verbieten, auch wenn der Verletzer Verfahren oder Erzeugnis in anderer Weise verwendet als in der PS angegeben. Ist Gegenstand des Patentanspruchs ein Verfahren und sollen die erfindungsgemäßen Verfahrensschritte zu einem Erzeugnis mit bestimmten, im Patentanspruch definierten Eigenschaften führen, welche mit der Formulierung »so dass« an die Verfahrensmerkmale angeschlossen sind, bedeutet dies idR, dass das Erzeugnis zumindest maßgeblich auch auf den erfindungsgemäßen Merkmalen beruhen muss. Verfahrenserzeugnisse, die ohne Anwendung der patentgemäßen Verfahrensführung (zB aufgrund anderer Maßnahmen) über die besagte(n) Eigenschaft(en) verfügen, fallen deswegen nicht in den Gegenstand des Patents[283] (s Rdn 43).

Der Schutzbereich eines Verfahrenspatents erstreckt sich nach § 9 Satz 2 Nr 3 auch auf die mit dem patentierten Verfahren unmittelbar hergestellten Erzeugnisse, die hinsichtlich ihrer Verwendung wie patentierte Erzeugnisse absoluten Schutz genießen (s Rdn 100).

Hinsichtlich Zweck-, Wirkungs- und Funktionsangaben gelten die Ausführungen zum Erzeugnispatent entsprechend.[284]

2.1 Arbeitsverfahren haben den gleichen Schutzbereich wie Herstellungspatente, jedoch mit dem Unterschied, dass ein Erzeugnisschutz gemäß § 9 Satz 2 Nr 3 entfällt, da Arbeitsverfahren kein Erzeugnis hervorbringen.

2.2 Verwendungspatent[285] ist eine **Unterart des Verfahrenspatents**. Es ist auf die Anwendung eines (bekannten oder neuen) Erzeugnisses für einen bestimmten Zweck gerichtet. *Es wird durch Handlungen verletzt, die* **unmittelbar die geschützte**

---

[282] Vgl RGZ **85**, 95.
[283] BGH, GRUR 04, 268 (II) *Blasenfreie Gummibahn II*.
[284] Vgl BGH, GRUR 10, 1081 = BGHZ **187**, 20 *Bildunterstützung bei Katheternavigation*.
[285] Siehe speziell zu arzneimittelrechtlichen Verwendungspatenten: Bopp FS Reimann 2009, S 13.

Anwendung betreffen, aber grundsätzlich nicht durch Herstellen, Anbieten, Inverkehrbringen, Einführen oder Besitzen des Erzeugnisses, das Gegenstand der patentierten Verwendung ist. Das gilt grundsätzlich auch dann, wenn die Herstellung in der Absicht erfolgt, das hergestellte Erzeugnis später für die geschützte Verwendung benutzen zu wollen. Eine Verwendungserfindung kann auch durch ein **Gebrauchsmuster** geschützt werden.[286]

115 Ein Patentanspruch, der eine neue **Verwendung eines Medikaments** betrifft, hat die Eignung eines bekannten Stoffs für einen bestimmten medizinischen Einsatzzweck und damit letztlich eine dem Stoff innewohnende Eigenschaft zum Gegenstand; dies entspricht in der Sache einem **zweckgebundenen Stoffschutz**, wie ihn § 3 (4) PatG und Art 54 (5) EPÜ nunmehr auch für weitere Indikationen ausdrücklich vorsehen, und zwar unabhängig davon, ob der Patentanspruch seinem Wortlaut nach auf die Verwendung des Medikaments, auf dessen Herrichtung zu einem bestimmten Verwendungszweck oder ausdrücklich auf zweckgebundenen Stoffschutz gerichtet ist.[287]

116 **Aber:** BGH beschränkt den Schutz eines Verwendungspatents nicht auf die speziellen Verfahrensmaßnahmen für die eigentliche Anwendung des Erzeugnisses. Er erstreckt den Schutzbereich auch auf solche Handlungen, die der eigentlichen Verwendung vorausgehen, die aber unverkennbar deutlich machen, dass das Erzeugnis für die geschützte Verwendung geeignet gemacht werden soll. Deshalb erstreckt sich der Schutz auf **eine »vorgelagerte gewerbliche Nutzung beim Hersteller«**,[288] nämlich auf solche Handlungen, die die Sache zu der geschützten Verwendung **»sinnfällig«**[289] (**»augenfällig«**[290]) *herrichten* (displayed formulation of the substance). Die Verwendung für einen anderen als den angegebenen Zweck liegt außerhalb des Schutzumfangs des Patents.

117 Ist der Vertrieb eines Produkts für einen bestimmten Verwendungszweck nur mit einem **gesundheitsrelevanten Warnhinweis** rechtlich zulässig, gibt ein Unternehmen, das ein solches Produkt ohne entsprechenden Hinweis zu diesem Verwendungszweck anbietet oder in Verkehr bringt, unter gewöhnlichen Umständen zu erkennen, dass es das Produkt als **ohne Warnhinweis verkehrsfähig** ansieht.[291]

118 Auf an sich denkbare **Verfahrensverwendungsansprüche**[292] sind die Grundsätze der »sinnfälligen Herrichtung« nicht übertragbar.[293]

---

[286] BGH Beschl v 27.03.2018 – X ZB 18/16, GRUR **18**,605 *Feldmausbekämpfung*.
[287] BGH GRUR **14**, 461 *Kollagenase I* mwN.
[288] BGH GRUR **87**, 794 (IIA4b) *Antivirusmittel*; **90**, 505 (I3b) *Geschlitzte Abdeckfolie*; BGH GRUR **16**, 257 *Glasfasern II*.
[289] BGH GRUR **90**, 505 (I3b) *Geschlitzte Abdeckfolie*; **92**, 305 (II4a) *Heliumeinspeisung*; BGH GRUR **01**, 730 *Trigonellin*; BGH GRUR **05**, 845 *Abgasreinigungsvorrichtung*.
[290] BGH GRUR **77**, 652 *Benzolsulfonylharnstoff*; **82**, 548 *Sitosterylglykoside*; **83**, 729 *Hydropyridin*.
[291] BGH GRUR **16**, 257 *Glasfasern II*.
[292] Vgl BGH GRUR **13**, 1121 *Halbleiterdotierung*.
[293] BGH GRUR **05**, 845 *Abgasreinigungsvorrichtung*.

Sinnfällige Herrichtung kann bestehen in: **a)** besonderer Gestaltung des Stoffs oder der Sache, also wenn diese so individualisiert sind, dass eine Eignung für den patentgemäßen Gebrauch klar ersichtlich ist[294]; **b)** Beigabe einer Gebrauchsanleitung (zB Beipackzettel) beim Vertrieb;[295] **c)** Formulierung, Konfektionierung, Dosierung und gebrauchsfertige Verpackung;[296] **d)** Benutzung einer verwendungsspezifischen Warenbezeichnung;[297] **e)** Bezeichnung des Produkts in Lieferscheinen und Rechnungen.[298]

Gestützt auf ein Verwendungspatent kann also dagegen vorgegangen werden, dass ein Dritter **(a)** die Sache im Inland gewerblich sinnfällig zu der geschützten Verwendung herrichtet, **(b)** einen derart hergerichteten Gegenstand anbietet, in Verkehr bringt, gebraucht oder zu den genannten Zwecken einführt oder besitzt; **(c)** im Inland verwendet.

Im Falle eines Verwendungsschutzes, der einem ursprünglich erteilten Sachanspruch entspringt, kann im Verletzungsprozess der Verwendungsschutz aufgrund des **Wechsels der Anspruchskategorie** eingeschränkt sein.[299]

Allgemeine Werbeankündigungen, die sich losgelöst vom Vertrieb der konkreten Sache mit der patentierten Verwendung befassen, stellen kein sinnfälliges Herrichten dar und können (allenfalls) die Grundlage für eine mittelbare Verletzung des Verwendungspatents sein. Solche allgemeinen Werbeankündigungen weisen nämlich nicht den notwendigen unmittelbaren Zusammenhang mit dem Produkt selbst auf, der erst dessen Verwendung in der zweckgerichteten Weise gewährleistet.[300] Dass der Schutz auf die Verwendung zur Herstellung eines Stoffes gerichtet ist, ändert indes nichts daran, dass der Sache nach eine **besondere Eigenschaft des Stoffs** geschützt ist, die auch dem hergestellten Medikament innewohnt; eine abweichende Beurteilung ist auch dann nicht geboten, wenn man ihn so versteht, dass er auf den Schutz eines Herstellungsverfahrens gerichtet ist: Ausgehend von einem solchen Verständnis wäre ein nach dem geschützten Verfahren hergestelltes Medikament nämlich als **unmittelbares Verfahrenserzeugnis** anzusehen, das für den geschützten Verwendungszweck gem. § 9 S 2 Nr 3 ebenfalls nur durch den Patentinhaber angeboten, in den Verkehr gebracht und gebraucht werden darf.[301] Eine **mittelbare Verletzung** darf ebenfalls nicht unter bloßem Hinweis auf die Anspruchsfassung »*Verwendung zur Herstellung eines ...*« verneint werden (vgl zum sog Schweizer Anspruch auch sogleich unten).[302]

---

294 Vgl OLG Karlsruhe GRUR 14, 764 *Verwendungspatent.*
295 BGH GRUR 01, 730 *Trigonellin;* GRUR **16,** 257 *Glasfasern II;* s auch Rdn 122.
296 BGH GRUR 77, 652 *Benzolsulfonylharnstoff;* **82,** 548 (III2) *Sitosterylglykoside.*
297 Eisenführ GRUR 90, 507; von Falck GRUR **93,** 199, 202.
298 LG Düsseldorf Mitt **99,** 155.
299 BGH Mitt **12,** 119 *Notablaufvorrichtung.*
300 OLG Düsseldorf Urt v 31.01.2013 – I-2 U 53/11 = BeckRS 13, 03 824 *Cistus incanus;* OLG Düsseldorf Urt v 07.08.2014 – I-2 U 8/14.
301 BGH GRUR **16,** 921 *Pemetrexed.*
302 BGH GRUR **16,** 921 *Pemetrexed.*

123 Unter der Geltung des **Art 54 Abs 5 EPÜ 2000** sind wieder Verwendungsansprüche auf die **zweite medizinische Indikation**[303] zulässig,[304] so dass Anspruchsformulierungen nach dem Modell des sog. »Schweizer Anspruchs« (»Verwendung des Wirkstoffs A zur Herstellung eines Arzneimittels zur Behandlung der Krankheit B«) nicht mehr erforderlich sind.[305]

124 Ungeachtet der konkreten Formulierung des Anspruchs erstreckt sich der Patentschutz auf die Eignung des bekannten Wirkstoffs für den bestimmten medizinischen Einsatzzweck, mithin (s oben Rdn 122) auf eine dem Wirkstoff innewohnende Eigenschaft:[306] Daher handelt es sich letztlich um bloß indikationsbeschränkte Erzeugnispatente, für die die Regelung des § 9 Nr. 1 PatG gilt; sie verbieten Dritten das Anbieten/Vertreiben zum patentgeschützten Therapiezweck.[307] Die Verletzung kann erfolgen durch sinnfälliges Herrichten zur Benutzung zum betreffenden Zweck, aber auch ohne entsprechende sinnfällige Herrichtungsmaßnahmen: Letzteres erfordert, dass neben der objektiven Eignung des Erzeugnisses hinzukommt, dass sich der Vertreiber wissentlich/treuwidrig Umstände zunutze macht, die sicherstellen, dass es zur Verwirklichung des in Rede stehenden Therapiezwecks kommt.[308] Dies kann insbesondere beim cross-label-use der Fall sein.[309] Beim sinnfälligen Herrichten führt bereits die erste Zuwiderhandlung zum Unterlassungsanspruch, während bei fehlenden sinnfälligen Herrichtungsmaßnahmen selbiger – zB infolge inzwischen geänderter Verschreibungspraxis – bis zum Schluss der letzten mündlichen Tatsachenverhandlung entfallen kann.[310]

125 Soweit die **Herstellung eines Generikums** als sinnfällige Herrichtung eingestuft wird, wenn das Präparat in der gehandelten Form aufgrund seiner Beschaffenheit **sowohl patentgemäß als auch –frei** gebraucht werden kann,[311] ist das zu weitgehend:[312] Denn damit wird die Funktion des Kriteriums der sinnfälligen Herrichtung als einer *angemessenen* Vorverlagerung des Patentschutzes überdehnt. Wird allerdings die patentgemäße Verwendung eines bei der Auslieferung im vorstehenden Sinne noch nicht sinnfällig hergerichteten Generikums in der Weise herbeigeführt, dass das Unternehmen an einem **Rabattverfahren nach § 130a Abs 8 SGB V**[313] (in Fällen der Wirkstoffverordnung oder der »aut-idem«-Verordnung) teilnimmt und es deshalb zu einer Apothekenabgabe des rabattierten Generikums kommt, so dass Patienten, die zufällig Bedarf

---

303 Näher dazu v. Falck/Gundt in FS 80 J. PatentG in Düsseldorf 2016, 113; Zorr, Zweite medizinische Indikation, 2018.
304 EPA-GK Abl 10, 456 *Dosierungsanleitung/ABBOTT RESPIRATORY*.
305 Bereits erteilte »Schweizer Ansprüche« sind gemäß der erteilten Fassung zu behandeln: OLG Düsseldorf Urt v 31.01.2013 – I-2 U 53/11 = BeckRS **13**, 03 824 *Cistus incanus*; vgl. aber Rdn 122.
306 BGH GRUR **16**, 921 *Pemetrexed* mwN.
307 OLG Düsseldorf Beschl. v. 5.5.2017 – I-2 W 6/17, GRUR **17**, 1107 *Östrogenblocker*.
308 OLG Düsseldorf Beschl v 5.5.2017 – I-2 W 6/17, GRUR **17**, 1107 *Östrogenblocker*; OLG Düsseldorf Urt v 9.1.2019 – 2 U 27/18, GRUR **19**, 279 *Fulvestrant*.
309 Eingehend zum »Cross-Label-Use« Hufnagel GRUR **14**, 123.
310 OLG Düsseldorf Urt v 9.1.2019 – 2 U 27/18, GRUR **19**, 279 *Fulvestrant*.
311 So LG Hamburg BeckRS **15**,08 240 *Rabattvertrag*.
312 Kühnen Kap A Rn 290.
313 Schumacher/Wehler in FS 80 J. PatentG in Düsseldorf 2016, 513; v. Falck/Gundt in FS 80 J. PatentG in Düsseldorf 2016, 113, 121.

an der betreffenden therapeutischen Maßnahme haben, das Präparat patentgemäß verwenden, gilt Folgendes: Eine **unmittelbare Patentverletzung** ist zu bejahen, wenn das Unternehmen den Apotheker, der durch die Abgabe »sinnfällig herrichtet«, kraft überlegenen Wissens **als Werkzeug** benutzt – dann ist das Apotheker-Handeln dem Unternehmen nach den Grundsätzen der **mittelbaren Täterschaft** zuzurechnen. Zum entsprechenden Ergebnis (unmittelbare Benutzung) gelangt man auch, wenn man mit Blick auf die gesetzliche Abgabepflicht des Apothekers das Augenmerk darauf legt, dass das Erzeugnis jedenfalls in Einzelfällen patentgemäß eingesetzt werden wird und das Generikaunternehmen sich gerade diesen Umstand bewusst zunutze macht.

Schutzbereich von Verwendungs- und Verfahrenspatenten ist nach der Rechtsprechung des BGH nicht identisch, denn die sinnfällige Herrichtung als Beginn der Benutzung der patentierten Verwendungserfindung gilt nur, wenn Schutzgegenstand eine Verwendung ist. Die Herrichtung von Gegenständen für die Benutzung eines Verfahrens stellt dagegen noch nicht dessen Gebrauch dar.[314]

126

§ 15 Rechtsübergang durch Vererbung und Vertrag; vertragliche Lizenzen
(transfer, contractual licensing)

(1) [1]Das Recht auf das Patent, der Anspruch auf Erteilung des Patents und das Recht aus dem Patent gehen auf die Erben über. [2]Sie können beschränkt oder unbeschränkt auf andere übertragen werden.

(2) [1]Die Rechte nach Absatz 1 können ganz oder teilweise Gegenstand von ausschließlichen oder nicht ausschließlichen Lizenzen für den Geltungsbereich dieses Gesetzes oder einen Teil desselben sein. [2]Soweit ein Lizenznehmer gegen eine Beschränkung seiner Lizenz nach Satz 1 verstößt, kann das Recht aus dem Patent gegen ihn geltend gemacht werden.

(3) Ein Rechtsübergang oder die Erteilung einer Lizenz berührt nicht Lizenzen, die Dritten vorher erteilt worden sind.

Rainer Moufang

Übersicht

Gesetzesentwicklung	1
Europäisches Patentrecht	2
Art 71 EPÜ	3
Art 72 EPÜ	4
Art 73 EPÜ	5
Art 74 EPÜ	6
R 22 EPÜ	7
R 23 EPÜ	8
R 24 EPÜ	9
R 85 EPÜ	10

---

314 BGH GRUR **92**, 305 *Heliumeinspeisung*.

§ 15 Rechtsübergang, Lizenz/transfer of rights, license

Kommentierung zu § 15 PatG

I.	Die übertragbaren Rechte	11
1	Die Rechte des § 15	12
2	Rechte an künftigen Erfindungen	13
3	Know-how	14
II.	Vererblichkeit	16
III.	Rechtsgeschäftliche Übertragung	17
1	Rechtsübergang	17
2	Umfang	18
2.1	Übertragung des ganzen Rechts	19
2.2	Übertragung eines ideellen Bruchteils	20
2.3	Abspaltung eines Teilrechts	21
2.4	Übertragung eines Benutzungsrechts	22
2.5	Belastung	23
3	Leistungsstörungen	24
3.1	Know-how-Verträge	26
3.2	Patentanmeldung und Patent	27
IV.	Lizenz	29
1	Inhalt	30
2	Rechtsnatur	31
3	Schriftform	32
4	Ausschließliche Lizenz	33
4.1	Ausschließlicher Lizenznehmer	37
4.2	Patentinhaber	38
5	Einfache Lizenz	40
5.1	Lizenznehmer	41
5.2	Lizenzgeber	46
6	Beschränkungen der Lizenz	48
6.1	Gebiets- oder Bezirkslizenz	50
6.2	Zeitlizenz	51
6.3	Betriebs- oder Konzernlizenz	52
6.4	Quotenlizenz	53
6.5	Benutzungsartenlizenz	54
6.6	Import- und Exportlizenz	55
7	Pflichten und Haftung des Lizenzgebers	56
8	Pflichten des Lizenznehmers	62
8.1	Lizenzzahlung	63
8.2	Ausübungspflicht	66
8.3	Aufrechterhaltung des Patents	67
9	Ende der Lizenz	68
Anhang 1 zu § 15		73
Anhang 2 zu § 15		74
Anhang 3 zu § 15		75

1 **Gesetzesentwicklung:** Art 8 Nr 6 der 1. GPatG hat § 15 (2) als § 9 (2) eingefügt. Satz 1 von § 15 (2) entspricht Art 73 EPÜ. Er hat insoweit nur klarstellende Bedeutung, als er inhaltlich den Grundsätzen entspricht, die von der Rechtsprechung für die Vergabe von Lizenzen aufgestellt worden sind. Entsprechend seiner Stellung im PatG bezieht sich § 15 (2) nicht auf die Gewährung von Lizenzen an nicht angemeldeten Erfindungen (amtl Begr zum 1. GPatG BlPMZ 79, 280). § 15 (3) ist durch Art 2 (9) des Gesetzes zur Änderung des Gbm-Gesetzes v 15.8.1986 (BGBl I 1446 = BlPMZ 86, 310) angefügt worden.

2 Europäisches Patentrecht

Art 71 EPÜ Übertragung und Bestellung von Rechten *(transfer and constitution of rights)*

3 Die europäische Patentanmeldung kann für einen oder mehrere der benannten Vertragsstaaten übertragen werden oder Gegenstand von Rechten sein.

Art 71–74 EPÜ
Rechtsübergang, Lizenz/transfer of rights, license § 15

Art 72 EPÜ Rechtsgeschäftliche Übertragung *(assignment)*
Die rechtsgeschäftliche Übertragung der europäischen Patentanmeldung muss schriftlich erfolgen und bedarf der Unterschrift der Vertragsparteien. — 4

Art 73 EPÜ Vertragliche Lizenzen *(contractual licensing)*
Eine europäische Patentanmeldung kann ganz oder teilweise Gegenstand von Lizenzen für alle oder einen Teil der Hoheitsgebiete der benannten Vertragsstaaten sein. — 5

Art 74 EPÜ Anwendbares Recht *(law applicable)*
Soweit dieses Übereinkommen nichts anderes bestimmt, unterliegt die europäische Patentanmeldung als Gegenstand des Vermögens in jedem benannten Vertragsstaat und mit Wirkung für diesen Staat dem Recht, das in diesem Staat für nationale Patentanmeldungen gilt. — 6

R 22 EPÜ Eintragung von Rechtsübergängen *(registration of transfers)*[1]
(1) Der Rechtsübergang einer europäischen Patentanmeldung wird auf Antrag eines Beteiligten in das Europäische Patentregister eingetragen, wenn er durch Vorlage von Dokumenten nachgewiesen wird.
(2) [1]Der Antrag gilt erst als gestellt, wenn eine Verwaltungsgebühr entrichtet worden ist. [2]Er kann nur zurückgewiesen werden, wenn die Erfordernisse des Abs 1 nicht erfüllt sind.
(3) Ein Rechtsübergang wird dem EPA gegenüber erst und nur insoweit wirksam, als er ihm durch Vorlage von Dokumenten nach Abs 1 nachgewiesen wird. — 7

R 23 EPÜ Eintragung von Lizenzen und anderen Rechten *(registration of licences and other rights)*
(1) R 22 (1) und (2) ist auf die Eintragung der Erteilung oder des Übergangs einer Lizenz, der Bestellung oder des Übergangs eines dinglichen Rechts an einer europäischen Patentanmeldung und von Zwangsvollstreckungsmaßnahmen in Bezug auf eine solche Anmeldung entsprechend anzuwenden.
(2) [1]Eintragungen nach Abs 1 werden auf Antrag gelöscht; dem Antrag sind Nachweise, dass das Recht nicht mehr besteht, oder eine schriftliche Einwilligung des Rechtsinhabers in die Löschung der Eintragung beizufügen. [2]R 22 (2) ist entsprechend anzuwenden. — 8

R 24 EPÜ Besondere Angaben bei der Eintragung von Lizenzen *(special entries for licence registrations)*
Eine Lizenz an einer europäischen Patentanmeldung wird eingetragen — 9
a) als ausschließliche Lizenz, wenn der Anmelder und der Lizenznehmer dies beantragen;
b) als Unterlizenz, wenn sie von einem Lizenznehmer erteilt wird, dessen Lizenz im Europäischen Patentregister eingetragen ist.

R 85 EPÜ Rechtsübergang des europäischen Patents *(transfer of the European patent)*
R 22 ist auf einen Rechtsübergang des europäischen Patents während der Einspruchsfrist oder der Dauer des Einspruchsverfahrens anzuwenden. — 10

I. Die übertragbaren Rechte

Lit: Uhl in FS David 1996, 257; **Klopschinski:** GemKom Art 71–74, 30. Lfg 2014; **Henn/Pahlow:** Patentvertragsrecht 6. Aufl. 2017; **Rosenberger/Wündisch:** Verträge über Forschung und Entwicklung 3. Aufl. 2018; **Lit in GRUR:** Kober-Dehm 21, 269; **Lit in GRUR Int:** Kraßer 73, 270; Liuzzo 83, 20; **Lit in Mitt:** Slopek 13, 36. — 11

1 Die Rechte des § 15

§ 15 erwähnt als übertragbare Rechte »das Recht auf das Patent«, den »Anspruch auf Erteilung des Patents« und »das Recht aus dem Patent«; zu diesen Rechten vgl § 6 Rdn 6, 7 und 12, § 7 Rdn 6. In Einklang hiermit sieht § 7 ArbEG für den praktisch äußerst wichtigen Fall von Arbeitnehmererfindungen vor, dass mit der Inanspruch- — 12

---

1 Vgl dazu J 0004/10 EPOR **12**, 311.

nahme durch den Arbeitgeber alle vermögenswerten Rechte an einer Diensterfindung auf ihn übergehen.² § 15 bestätigt ferner die sich aus der Vertragsfreiheit ergebende Möglichkeit, über Erfindungen Verträge ohne Rücksicht darauf zu schließen, ob für die Erfindung schon ein Schutzrecht besteht oder ob sie erst zur Erteilung eines Patents angemeldet ist oder ob die Anmeldung erst geplant oder überhaupt nicht beabsichtigt ist.³

2 Rechte an künftigen Erfindungen

13 Rechte an künftigen Erfindungen sind ebenfalls übertragbar, sofern sie ausreichend bestimmbar sind. Die Übertragung kann in einer schuldrechtlichen Verpflichtung oder einer dinglichen Vorausverfügung bestehen.⁴ Nach Vollendung der Erfindung erhält der Erwerber im ersten Fall einen schuldrechtlichen Anspruch auf Übertragung, im zweiten Fall erwirbt er das Recht ohne weiteren Übertragungsakt unmittelbar.⁵ Eine Übertragung künftiger Erfindungen findet sich vielfach in Lizenzverträgen, wenn sich die Parteien zB verpflichten, alle Verbesserungen einer bestehenden Erfindung miteinander auszutauschen.⁶ Unter Verbesserung idS fallen idR auch patentfähige Erfindungen.⁷

3 Know-how⁸

14 Unter Know-how versteht man technisches Wissen, das nicht durch ein Ausschließungsrecht geschützt und idR geheim ist. Geheim ist jede Tatsache des Geschäftsbetriebs, die nicht offenkundig ist, die also Mitbewerbern nur mit Schwierigkeiten zugänglich ist.⁹ Europäische Rechtsharmonisierung in diesem Bereich erfolgte 2016 durch die EU-Richtlinie über den Schutz von Geschäftsgeheimnissen,¹⁰ die 2019 in das deutsche Recht durch das GeschGehG implementiert wurde.¹¹ Know-how braucht keine Erfindung zu sein und muss nicht neu iSd § 3 sein.¹² Der Geheimnischarakter

---

2 Für alle Details zu Arbeitnehmererfindungen wird auf die Spezialliteratur zum ArbEG (zB Bartenbach/Volz 7. Aufl 2020) verwiesen.
3 BGH GRUR 69, 493, 494 lSp *Silobehälter*.
4 BGH BlPMZ 55, 220 *Kopiergerät*.
5 BGH BlPMZ 55, 220 *Kopiergerät*.
6 BGH BlPMZ 57, 188 *Chenillemaschine*.
7 BGH BlPMZ 57, 188 *Chenillemaschine*.
8 **Fischer:** Der Schutz von Know-how im deutschen materiellen und internationalen Privatrecht 2012; **Dorner:** Know-how-Schutz im Umbruch 2013; **Reinfeld:** Das neue Gesetz zum Schutz von Geschäftsgeheimnissen 2019; **Hoppe/Oldekop** (Hrsg): Geschäftsgeheimnisse 2021; **Lit in GRUR: Kraßer** 70, 587; Hesse 85, 661; McGuire 15, 424; 16, 1000; Kalbfus 16, 1009; Lauck 19, 1132; **Lit in GRUR Int:** Mailänder 87, 523; **Lit in Mitt:** McGuire 17, 377; Gärtner/Goßler 18, 204; Rehaag/Straszewski 19, 249.
9 BGH GRUR 80, 750 *Pankreaplex II*; OLG Frankfurt InstGE 7, 152.
10 Richtlinie (EU) 2016/943 des Europäischen Parlaments und des Rates vom 8.6.2016 über den Schutz vertraulichen Know-hows und vertraulicher Geschäftsinformationen (Geschäftsgeheimnisse) vor rechtswidrigem Erwerb sowie rechtswidriger Nutzung und Offenlegung (ABl EU L 157 vom 15.6.2016, S. 1).
11 Gesetz zur Umsetzung der RiLi (EU) 2016/943 zum Schutz von Geschäftsgeheimnissen vor rechtswidrigem Erwerb sowie rechtswidriger Nutzung und Offenlegung vom 18.4.2019 (BGBl I 466, s auch BlPMZ 19, 209). S hierzu **Reinfeld:** Das neue Gesetz zum Schutz von Geschäftsgeheimnissen 2019; Ohly GRUR 19, 441.
12 BGH GRUR 55, 424 *Möbelwachspaste*; 63, 207 *Kieselsäure*.

entfällt mit dem Offenbarwerden der geheimen Tatsache, zB durch Veröffentlichung einer Patentanmeldung oder Patentschrift[13] und durch Eintragung eines Gbm.

Know-how-Verträge beziehen sich in der Praxis auf die Summe des gesamten technischen Wissens bezogen auf ein bestimmtes Produkt oder Verfahren. Daher werden bestehende oder etwaige künftige Patente für den Vertragsgegenstand in einem Know-how-Vertrag idR mitlizenziert. Der reine Know-how-Vertrag, der Schutzrechte nicht einbezieht, ist selten.

II. Vererblichkeit

Der Erbe tritt als unmittelbarer Gesamtrechtsnachfolger (§§ 1922 ff BGB) in die Rechtsstellung des Erblassers ein (zum Erwerb des Erfinderpersönlichkeitsrechts s § 6 Rdn 17). Er ist daher auch ohne Eintragung in das Register legitimiert.[14]

III. Rechtsgeschäftliche Übertragung

1 Rechtsübergang

Er vollzieht sich durch Abschluss eines schuldrechtlichen und eines dinglichen Übertragungsvertrages, die beide jedoch idR eine Einheit bilden, so dass das Recht mit Abschluss des Vertrages übergeht.[15] Für europ Patentanmeldungen sieht Art 72 EPÜ die Schriftform als Wirksamkeitsbedingung vor. Nach Erteilung richtet sich ein etwaiger Formzwang nach dem für jeden nationalen Teil des EP maßgeblichen Recht des betreffenden Benennungsstaates. Deutsche Rechte (einschließlich deutscher Teile von europ Patenten) können grundsätzlich formlos übertragen werden. Die Schutzrechtsübertragung geschieht durch Abtretung nach §§ 413, 398 ff BGB. § 404 BGB findet im Rahmen der Patentübertragung keine Anwendung, weil das Recht auf das aus dem Patent ein absolutes Recht ist, das keinen Schuldner kennt.[16] Zum Rechtserwerb bedarf es nicht der Eintragung in das Patentregister (s § 30 Rdn 15). Gutgläubig kann das Patentrecht nicht erworben werden.

2 Umfang

Die in § 15 (1) genannten Rechte können beschränkt oder unbeschränkt übertragen werden. Territorial beschränkte Teilübertragung (zB nur für Bayern) ist unzulässig. Die europ Patentanmeldung kann für einen oder mehrere Vertragsstaaten übertragen werden (Art 71 EPÜ).

2.1 Übertragung des ganzen Rechts: Grundgeschäft ist idR ein Rechtskauf iSd § 453 (1) BGB. Der Wille zu einer Vollübertragung muss sich aus der Gesamtwürdigung des Vertragsinhalts und der Umstände des Einzelfalles ergeben; im Zweifel ist sie nicht gewollt, da der Rechtsinhaber idR nur so viele Rechte dem Erwerber einräumen will,

---

13 BGH GRUR **67**, 670, 675 Fleischbearbeitungsmaschine; **76**, 140 *Polyurethan*.
14 BPatGE **29**, 244.
15 RGZ **126**, 280, 284. Auch kollisionsrechtlich ist aber zwischen dinglichem Übertragungsakt und schuldrechtlichem Grundverhältnis zu unterscheiden, s BGH v 17.12.2019 X ZR 148/17 GRUR **20**, 388 (Rn 52) *Fesoterodinhydrogenfumarat*.
16 BGH v 24.11.2020 KZR 35/17 GRUR **21**, 585 (Rn 131) *FRAND-Einwand II*.

als für den mit dem Vertrag verfolgten Zweck erforderlich sind[17] (Zweckübertragungstheorie, vgl auch § 31 (5) UrhG). Dieser Erfahrungssatz gilt aber nur im Zweifel, so dass nach den Gesamtumständen auch eine Vollrechtsübertragung vorliegen kann,[18] auch wenn zB der Vertrag gesellschaftsähnliche Züge aufweist.[19]

20   **2.2 Übertragung eines ideellen Bruchteils:** Sie führt zu einer Bruchteilsgemeinschaft iSd §§ 741 ff BGB. Es kann nur eine ideelle Mitberechtigung eingeräumt werden, die Übertragung eines realen Teiles eines Patents (zB einzelner Anspruch) ist nicht möglich.[20]

21   **2.3 Abspaltung eines Teilrechts** ist möglich, so dass der Erwerber ein dingliches Benutzungs- und Verbotsrecht erwirbt, das im Rahmen der Übertragung die gleichen Befugnisse verleiht wie das Patentrecht selbst (= ausschließliche Lizenz, s Rdn 33). Eine Abspaltung kann so weit gehen, dass dem Inhaber im Ergebnis nur noch das Persönlichkeitsrecht verbleibt.[21]

22   **2.4 Übertragung eines Benutzungsrechts** auf Grund eines schuldrechtlichen Vertrags stellt eine einfache Lizenz dar (s Rdn 40): Der Erwerber darf das Patent zwar im Rahmen des Vertrags positiv benutzen, erwirbt aber kein Verbotsrecht gegenüber Dritten.

23   **2.5 Belastung** des Patentrechts mit einem Nießbrauch[22] (§§ 1068 ff BGB) oder einem Pfandrecht (§§ 1273 ff BGB).

3 Leistungsstörungen

24   **Lit: Ann/Barona:** Schuldrechtsmodernisierung und gewerblicher Rechtsschutz 2002; Fitzner in FS Tilmann 2003, 779; Kellenter in FS Tilmann 2003, 807; Bartenbach/Bartenbach MDR 03, 1270; Hoffmann ZGE 14, 1; **Lit in GRUR:** Nirk 70, 329; Haedicke 04, 123; **Lit in Mitt:** Beyerlein 04, 193.

Mit Wirkung zum 1.1.2002 ist das Recht der Leistungsstörungen im BGB grundlegend neu geregelt worden. Gemäß Art 229 § 5 S 1 EGBGB gilt das neue Recht für alle Übertragungsverträge, die nach dem 31.12.2001 zustande gekommen sind. Hat der Vertragsschluss vor dem 1.1.2002 stattgefunden, bleibt das BGB in seiner aF anwendbar. Zu der bis 31.12.2001 geltenden Rechtslage vgl die 6. Auflage Rn 24–25.

25   Vereinbarungen zur Übertragung von betrieblichem Know-how, von angemeldeten oder erteilten Patenten stellen idR einen Rechtskauf iSv § 453 BGB dar. Eine andere vertragstypologische Einordnung ist jedoch möglich, etwa wenn Übertragungen zur Erfüllung der Andienungspflicht sog. Organmitglieder oder Gesellschafter hinsichtlich von ihnen getätigter Erfindungen[23] vorgenommen werden.

---

17 BGH GRUR 00, 788 *Gleichstromsteuerschaltung*; **96**, 121 *Pauschale Rechtseinräumung* (zu § 31 UrhG).
18 BGH GRUR 00, 788 *Gleichstromsteuerschaltung*.
19 BGH GRUR 59, 125, 127 *Pansana*.
20 BGH GRUR 09, 657 (Rn 17) *Blendschutzbehang*; s § 6 Rdn 22.
21 BGH GRUR 55, 388 *Dücko*.
22 S hierzu **Jentsch:** Nießbrauch am Patent – Eine Abgrenzung zur ausschließlichen Lizenz 2016.
23 Vgl BGH GRUR 55, 286 *Schnell-Kopiergerät*; **91**, 127 *Objektträger*; OLG Düsseldorf GRUR 00, 49; OLG Frankfurt v 13.4.2017 6 U 69/16 GRUR-RR 17, 294.

3.1 Know-how-Verträge[24]

Know-how-Verträge[24] über nicht durch ein Ausschließungsrecht geschütztes Know-how (s Rdn 15) waren früher nur wirksam, wenn es sich um ein Betriebsgeheimnis handelte.[25] Auch ohne ausdrückliche Abrede wird dafür gehaftet, dass das überlassene Know-how technisch ausführbar und brauchbar ist;[26] fehlt es daran, kann der Erwerber aus dem Gesichtspunkt der Sachmängelgewährleistung (§§ 453 (1), 433 (1) S 2, 434 (1) BGB) Nacherfüllung verlangen (§ 437 Nr 1 BGB) oder, nachdem eine dem Veräußerer gesetzte Frist zur Leistung oder Nacherfüllung fruchtlos verstrichen ist (§§ 280 (3), 281, 323 (1) BGB), die Rechte nach § 437 Nr 2 und 3 BGB geltend machen. Kann die mangelnde Ausführbarkeit endgültig nicht behoben werden, so dass ein Fall anfänglicher subjektiver oder objektiver Unmöglichkeit vorliegt, macht dies den Kaufvertrag nicht unwirksam (§ 311a (1) BGB). Der Veräußerer wird gemäß § 275 (1) BGB von seiner diesbezüglichen Pflicht frei; für den Erwerber entfällt die Pflicht zur Gegenleistung (§ 326 (1) BGB), und er kann nach Maßgabe von § 311a (2) BGB Schaden- oder Aufwendungsersatz verlangen. Keine Einstandspflicht besteht idR für die kommerzielle Verwertbarkeit des Know-how.[27] Die spätere Preisgabe des Geheimnisses durch den Veräußerer stellt eine (nachvertragliche) Pflichtverletzung dar, die zur Schadenersatzhaftung führt (§§ 241 (2), 280 (1) BGB).

3.2 Patentanmeldung und Patent

Beim Verkauf einer Patentanmeldung handelt es sich um ein gewagtes Geschäft. Der Verkäufer haftet idR nicht für die spätere Erteilung des Patents.[28] Bleibt sie aus, wird der Vertrag nicht rückwirkend unwirksam.[29] Angesichts des Risikocharakters ist auch § 313 BGB (Störung der Geschäftsgrundlage) idR nicht anwendbar.[30] Wagnischarakter hat gleichfalls der Kaufvertrag über ein erteiltes Schutzrecht, soweit es um dessen künftigen Bestand geht.[31] Eine nachträgliche Vernichtung des verkauften Rechts begründet deshalb keine Ansprüche des Erwerbers. Anders, wenn der Veräußerer vorvertragliche Aufklärungspflichten (zB über einen ihm bekannten patenthindernden Stand der Technik) verletzt hat (§§ 311a (1), 280 BGB).

Einzustehen hat der Veräußerer dafür, dass die verkaufte Anmeldung/das verkaufte Patent bei Vertragsabschluss mit der angegebenen Priorität besteht[32] und frei von Rechten Dritter ist (§§ 453 (1), 433 (1) S 2, 435 BGB). Einen Rechtsmangel stellt es dar, wenn das Schutzrecht von einem älteren Patent abhängig ist,[33] gemäß § 15 (3) fortbestehende Lizenzen, Zwangslizenzen, mitgeteilte Benutzungsanordnungen oder

---

24 **Lit: Greco:** Verwertung von Know-how – vertragstypologische Zuordnung, Vertragserfüllung und Hinweise zur Vertragsgestaltung 2010.
25 BGH GRUR 55, 468 *Kokillenguß*; 63, 207 *Kieselsäure*; 80, 38 *Fullplastverfahren*; 80, 750 *Pankreaplex II*. Nach früherem Recht verstieß der Übertragungsvertrag bei Offenkundigkeit des Know-how gegen § 134 BGB iVm §§ 17, 18 GWB aF.
26 BGH GRUR 60, 44 *Uhrgehäuse*; 79, 768 *Mineralwolle*.
27 BGH GRUR 74, 40, 43 *Bremsrolle*.
28 BGH GRUR 61, 466 *Gewinderollkopf*.
29 BGH GRUR 61, 466 *Gewinderollkopf*.
30 BGH GRUR 82, 481 *Hartmetallkopfbohrer*.
31 BGH GRUR 77, 107 *Werbespiegel*.
32 BGH GRUR 60, 44, 46 *Uhrgehäuse*.
33 BGH GRUR 62, 370, 374 *Schallplatteneinblendung*.

Vorbenutzungsrechte[34] existieren oder die Lizenzbereitschaft erklärt ist. Die Haftungsfolgen entsprechen den in Rdn 26 dargestellten (§§ 453 (1), 437 Nr 1–3 BGB). Im Rahmen der Frist zur Leistung oder Nacherfüllung kann der Rechtsmangel zB dadurch beseitigt werden, dass der Veräußerer eine unwiderrufliche Lizenz von dem Inhaber desjenigen Patents einholt, von dem das verkaufte Schutzrecht abhängig ist,[35] oder einen Verzicht des Berechtigten auf das Vorbenutzungsrecht herbeiführt. Eine Einstandspflicht besteht ferner für die technische Ausführbarkeit und Brauchbarkeit der in der Anmeldung/dem Patent niedergelegten Lehre zum technischen Handeln.

Bzgl der Haftungsfolgen gilt das unter Rdn 26 Ausgeführte sinngemäß: **a)** Bei anfänglicher Unmöglichkeit ist der Kaufvertrag wirksam (§ 311a (1) BGB), und der Veräußerer gemäß § 311a (2) BGB zum Schaden- oder Aufwendungsersatz verpflichtet; **b)** liegt Unmöglichkeit nicht vor, so hat der Erwerber in erster Linie den vertraglichen Leistungsanspruch auf Zurverfügungstellung einer ausführbaren Technik (§ 437 Nr 1 BGB); nach fruchtlosem Ablauf der Leistungs- oder Nacherfüllungsfrist (§§ 280 (3), 281, 323 (1) BGB) kann er die Ansprüche nach § 437 Nr 2 und 3 BGB geltend machen.

IV. Lizenz

29 **Lit: Pahlow:** Lizenz und Lizenzvertrag im Recht des geistigen Eigentums 2006; **Dauby:** Internationale Patentlizenzverträge 2008; **Pagenberg/Beier:** Lizenzverträge – Patente, Gebrauchsmuster, Know-how, Computer-Software 6. Aufl 2008; **Stiel:** Leistungsstörungen bei Lizenzverträgen aus Sicht des europäischen Rechts 2009; **Grabinski** in FS 50 Jahre BPatG 2011, 243; **Klopschinski:** GemKom Art 71–74, 30. Lfg 2014; **McGuire:** Die Lizenz – Eine Einordnung in die Systemzusammenhänge von BGB und Zivilprozessrecht 2012; **Bartenbach:** Patentlizenz- und Know-how-Vertrag 7. Aufl 2013; **Winzer:** Der Lizenzvertrag – Patentlizenz- und Technologietransferverträge zwischen Unternehmen 2014; **Groß/Strunk:** Lizenzgebühren 4. Aufl 2015; **Groß:** Know-how-Lizenzvertrag 7. Aufl. 2016; **Ulmer-Eilfort/Schmoll:** Technologietransfer – Lizenzverträge für Patente und Know-how 2. Aufl. 2016; **Lizenzvertragsrecht** (Hrsg: Obergfell/Hauck) 2016; **Hilty/Früh:** Lizenzkartellrecht – Schweizer Recht, gespiegelt am US-amerikanischen und europäischen Recht 2017; **Henn/Pahlow:** Patentvertragsrecht 6. Aufl 2017; **Hellebrand/Rabe:** Lizenzsätze für technische Erfindungen 5. Aufl. 2017; **Bredies:** Das Patentlizenzvertragsrecht in Deutschland, in der Schweiz und im Vereinigten Königreich 2018; **Accords de technologie/Technology Transactions** (Hrsg: de Werra) 2018; **Köhler:** Lizenzvertrags- und Kartellrecht 5. Aufl 2019; **Groß:** Lizenzvertrag 12. Aufl 2020.
Lit in AcP: Hauck 11, 626; **Lit in CR:** Schöttle 13, 1; Seegel 13, 205; Heidenhain/Reus 13, 273; **Lit in EIPR:** Minn 16, 718; **Lit in GRUR:** Jestaedt 09, 801; Slopek 09, 128; Oehlrich 10, 33; McGuire 12, 657; 14, 28; Berger 13, 321; Dammler/Melullis 13, 781; Karl/Melullis 16, 755; Altmeyer/Weber 17, 1182; Jestaedt 20, 354; Nack/Kühne 20, 1256; Pahlow 21, 24; La Corte 21, 285; Beyer 21, 1008; **Lit in GRUR Int:** Wündisch/Hering 09, 106; Bu 09, 807; Ubertazzi 10, 103 (= IIC 09, 912); Wündisch/Bauer 10, 641; Seitz/Koch 12, 711; Tochtermann 16, 721; Guerrero Gaitán 21, 427; **Lit in GRUR-Prax:** Klawitter 12, 425; **Lit in IIC:** de Werra 14, 253; Liddicoat 17, 626; **Lit in IPRB:** Gennen 19, 273; **Lit in JIPLP:** Ghafele/Dennery 18, 633; **Lit in Mitt:** Trimborn 09, 257; Hoeren/Hoffmann 09, 386; Haedicke 12, 429; McGuire 13, 207; Nestler 14, 262; **Lit in sic!:** Wild 10, 305; de Werra 19, 77; **Lit in VVP-Rundbrief:** Gennen 08, 61.
Zu den lizenzähnlichen Material Transfer Agreements in der Biotechnologie s Czychowski et al Mitt **13**, 108.

---

34 BGH GRUR **58**, 231 *Rundstuhlwirkware*.
35 Vgl BGH GRUR **01**, 407, 408 *Bauschuttsortieranlage*.

1 Inhalt

Durch die Vergabe einer Lizenz wird die Benutzung einer Erfindung zwischen Rechtsinhaber (Lizenzgeber) und einem Dritten (Lizenznehmer) geregelt. Der Umfang der eingeräumten Befugnis kann auf Grund der Vertragsfreiheit sehr unterschiedlich sein. Er kann von der einfachen schuldrechtlichen Gestattung der Benutzung der Erfindung bis zur Einräumung eines dinglichen Ausschließlichkeitsrechts reichen. Einfache und ausschließliche Lizenz können wiederum durch die verschiedensten Kriterien beschränkt sein, zB örtlich, zeitlich, durch Bindung an einen bestimmten Betrieb, durch die Beschränkung auf einzelne Benutzungsarten (zB Herstellungs-, Gebrauchs-, Vertriebslizenz), auf einen bestimmten Zweck oder ein bestimmtes Sachgebiet. Aus dem Kartellrecht können sich allerdings Einschränkungen der Vertragsfreiheit (s unten Rdn 34) bis hin zu einem Abschlusszwang – insbesondere bei standardessentiellen Patenten[36] – ergeben. Wird in solchen Fällen die Lizenzierung verweigert, kann im Verletzungsprozess ein sog. kartellrechtlicher Zwangslizenzeinwand begründet sein.[37]

30

2 Rechtsnatur

Der Lizenzvertrag ist ein *Vertrag eigener Art.* Anders als Kauf, Miete oder Pacht ist ihm ein gewisses Risiko eigen.[38] Er bedeutet für beide Parteien ein *gewisses Wagnis,* weil zum einen die wirtschaftliche Verwertbarkeit nicht sicher voraussehbar ist und zum anderen das Schutzrecht sich nachträglich als nicht rechtsbeständig erweisen kann.[39] Daher können die BGB-Vorschriften über Kauf, Miete, Pacht oder Gesellschaft nur eingeschränkt auf den Lizenzvertrag angewendet werden.[40] Hinzu kommt, dass der Lizenzvertrag, da er idR auf Dauer angelegt ist, eine Reihe weiterer Sachver-

31

---

36 Vgl § 1 Rdn 268.
37 Für Details s § 24 Rdn 47 ff sowie EuGH C-170/13 *Huawei Technologies/ZTE* GRUR 15, 764; BGH GRUR 09, 694 *Orange-Book-Standard* (teilweise überholt); v 5.5.2020 KZR 36/17 GRUR 20, 961 *FRAND-Einwand I*; v 24.11.2020 KZR 35/17 GRUR 21, 585 *FRAND-Einwand II*; UK Supreme Court v 26.8.2020 [2020] UKSC 37 *Unwired Planet International Ltd et al v. Huawei Technologies (UK) Co Ltd et al.* Vgl. ferner **Körber**: Standardessentielle Patente, FRAND-Verpflichtungen und Kartellrecht 2013; **Apel**: Die kartellrechtliche Zwangslizenz im Lichte des europäischen Wettbewerbsrechts 2015; **Kleindienst**: Die Bestimmung angemessener Gebühren für FRAND-Lizenzen an standardessentiellen Patenten 2016; **Augsburger**: Der kartellrechtliche Zwangslizenzeinwand 2017; **Feller**: Die FRAND-Verpflichtungserklärung gegenüber Standardisierungsorganisationen 2019; **Heitkamp**: FRAND-Bedingungen bei SEP 2020; **Lit in CMLR**: Körber **16**, 1107; **Lit in ECLR**: Jakobs/Hübener **16**, 33; Picht **16**, 365; Colangelo/Torti **17**, 538; **Lit in EIPR**: Stern **15**, 549; **Lit in EuZW**: Palzer **15**, 702; **Lit in GRUR**: Blind/Pohlmann **14**, 713; Heunsch **14**, 745; Friedl/Ann **14**, 948; Heinemann **15**, 855; Block **17**, 121; McGuire **18**, 128; Kurtz/Straub **18**, 136; Schäfer/Czychowski **18**, 582; Kühnen **19**, 665; Vetter **19**, 704; Block/Rätz **19**, 797; Picht **19**, 1097; Dornis **20**, 690; Tochtermann **20**, 905; Leistner/Kleeberger **20**, 1241; Arnold **21**, 123; Granata **21**, 203; Kellenter **21**, 246; Freischem/Würtenberger **21**, 1149; **Lit in GRUR Int**: Picht **17**, 569; Haedicke **17**, 661; Nilsson **17**, 1017; Martinez **19**, 633; Czychowski **21**, 421; **Lit in IIC**: Henningsson **16**, 438; **Lit in Mitt**: Müller/Henke **16**, 62; Block **17**, 97; Weber/Brandt **18**, 153; McGuire **18**, 297; Kamlah/Rektorschek **21**, 307; **Lit in sic!**: Brunner **19**, 1; **Lit in WuW**: Picht **18**, 234 u 300.
38 Vgl BGH GRUR **61**, 27 *Holzbauträger*.
39 Vgl BGH GRUR **61**, 27 *Holzbauträger*.
40 Für Fälle mit Auslandsberührung setzt dies ferner die Anwendbarkeit deutschen Rechts nach den maßgeblichen kollisionsrechtlichen Vorschriften voraus. Vgl für Details Beyer GRUR **21**, 1008.

halte regelt (zB Know-how-Überlassung, Verteidigung des Rechts gegenüber Dritten etc), die ihm einen gesellschaftsähnlichen Einschlag geben können, ohne ihn zum Gesellschaftsvertrag zu machen.[41] Welche BGB-Vorschriften entsprechend angewendet werden können, richtet sich daher nach dem Inhalt des jeweiligen Vertrags.

3 Schriftform

32 Schriftform ist für die Einräumung einer Lizenz gesetzlich nicht vorgesehen. Für Altverträge aus der Zeit vor dem 1.1.1999 gilt jedoch § 34 GWB aF fort (s 10 Aufl Rn 32 u 76), wobei der Formzwang bereits durch die vertragliche Pflicht zur Zahlung von Lizenzgebühren ausgelöst wurde.[42]

4 Ausschließliche Lizenz

33 Sie verleiht dem Lizenznehmer im Rahmen des Vertrags (sachliche, zeitliche oder örtliche Beschränkungen sind möglich) ein gegen jedermann wirkendes Ausschlussrecht, das sowohl das positive Benutzungsrecht als auch das negative Verbietungsrecht umfasst. Sie wird daher als dingliches oder quasi-dingliches Recht angesehen. Eine unbeschränkte ausschließliche Lizenz kann begrifflich nur einem zustehen. Mehrere ausschließliche Lizenzen sind nur denkbar, wenn sie sich nach ihrem Inhalt nicht decken, sich also zB auf verschiedene Räume oder Benutzungshandlungen beziehen.

34 **Kartellverbot des Art 101 (1) AEUV** (früher Art 81 EG-Vertrag, abgedruckt bei Rdn 74 als Anhang 2 zu § 15) erfasst nicht eine sog offene ausschließliche Lizenz, bei der sich der Patentinhaber lediglich verpflichtet, keine weiteren Lizenzen für dasselbe Gebiet zu erteilen und dem Lizenznehmer in diesem Gebiet nicht selbst Konkurrenz zu machen, wenn die Lizenz sich auf die Markteinführung von Erzeugnissen bezieht, die mit beträchtlichem Forschungsaufwand entwickelt worden sind.[43] Dagegen verstößt eine ausschließliche Lizenz mit **absolutem Gebietsschutz**, bei der für die Erzeugnisse und das Gebiet jeder Wettbewerb Dritter (etwa von Parallelimporteuren oder Lizenznehmern für andere Gebiete) ausgeschaltet werden soll, gegen Art 101 (1) AEUV und kann nach Art 101 (3) AEUV insoweit nicht freigestellt werden, als der absolute Gebietsschutz gegen Parallelimporte rechtmäßig in Verkehr gesetzter Erzeugnisse gerichtet ist.[44]

Ein vereinbarter passiver Gebietsschutz ist freistellungsfähig, wenn er für die Einführung eines weiteren Produkts auf einem schwer zugänglichen Markt unerlässlich ist.[45] Wird nach Erlöschen der Grundpatente die ausschließliche Lizenz für Patente an Verbesserungen fortgeführt, verstößt das gegen Art 101 (1) AEUV;[46] eine Freistellung nach Art 101 (3) AEUV ist nicht möglich.[47] Betrifft die ausschließliche Lizenz eine fortschrittliche Technologie, fällt sie unter das Kartellverbot, wenn der Lizenznehmer

---

41 Vgl BGH BlPMZ 57, 186 *Chenillefäden*; GRUR 58, 136 *Sympatol III*; BPatGE 2, 102, 104.
42 BGH GRUR 03, 896 f (3) *Chirurgische Instrumente*; 05, 845 *Abgasreinigungsvorrichtung*.
43 EuGH GRUR Int 82, 530 *Maissaatgut*.
44 EuGH GRUR Int 82, 530 *Maissaatgut*.
45 EG-Kommission GRUR Int 90, 626 *Moosehead/Whitbread*.
46 EG-Kommission GRUR Int 86, 116 *Velcro/Aplix*.
47 EG-Kommission GRUR Int 86, 116 *Velcro/Aplix*.

ein marktbeherrschendes Unternehmen ist und den Wettbewerbern eine andere Technologie nicht zur Verfügung steht[48] (s § 24 Rdn 58).

Eine *Nichtangriffsabrede* kann den Wettbewerb iSv Art 101 (1) AEUV beschränken, jedoch nicht im Rahmen einer Freilizenz oder einer Lizenz für ein technisch überholtes Schutzrecht.[49] Pay-for-delay-Vereinbarungen können unter Art 101 (1) AEUV fallen.[50] 35

Wird in einem vor Patenterteilung geschlossenen Lizenzvertrag eine Zahlung der Lizenzgebühr auch nach Erlöschen des Patents vereinbart, so ist das keine Wettbewerbsbeschränkung iSv Art 101 (1) AEUV.[51]

Art 102 AEUV (früher Art 82 EG-Vertrag) ist auch dann anwendbar, wenn die ausschließliche Lizenz gemäß Art 101 (3) vom Kartellverbot des Art 101 (1) freigestellt worden war.[52] Der bloße Erwerb einer ausschließlichen Lizenz durch ein marktbeherrschendes Unternehmen verstößt nicht gegen Art 102, es sei denn, dass zusätzliche Missbrauchsumstände vorliegen, wie der faktische Ausschluss jeden Wettbewerbs auf dem relevanten Markt.[53] Aus Art 102 AEUV kann sich auch eine Verpflichtung zum Abschluss eines Lizenzvertrags ergeben.[54] Zu den Gruppenfreistellungsverordnungen der Europäischen Kommission s unten Rdn 75 u 76 (= Anhang 3 zu § 15). 36

4.1 Ausschließlicher Lizenznehmer kann alle sich aus dem Patentrecht ergebenden Rechte selbständig geltend machen, auch gegenüber dem Patentinhaber, der sein Patent nicht entgegen der ausschließlichen Lizenz benutzen darf. Der ausschließliche Lizenznehmer ist für Unterlassungs-, Rechnungslegungs- und Schadenersatzklagen aktiv legitimiert, soweit sein eigenes Nutzungsrechts berührt ist.[55] Er kann Unterlizenzen vergeben, sofern das nicht ausgeschlossen ist.[56] Vom Patentinhaber später vergebene weitere Lizenzen sind dem ausschließlichen Lizenznehmer gegenüber unwirksam, soweit sie seine Rechte beeinträchtigen. Zur Eintragung in das Register s § 30 (4). 37

4.2 Patentinhaber: Nach der Bestellung einer unbeschränkten ausschließlichen Lizenz verbleibt dem Patentinhaber nur noch ein formales Patentrecht, das ein Nutzungsrecht nicht mehr gewährt. Er bleibt aber bei eigenem berechtigten Interesse klagebefugt (s § 139 Rdn 14). Ein Verzicht auf das Patent gemäß § 20 (1) Nr 1 ist insofern ohne Wirkung, als dadurch die ausschließliche Lizenz beeinträchtigt würde. Eine Veräußerung des Patents lässt die ausschließliche Lizenz unberührt. 38

Verletzt der ausschließliche Lizenznehmer Beschränkungen der ihm erteilten Benutzungserlaubnis, so kann der Lizenzgeber, wenn dadurch einem einfachen Lizenzneh- 39

---

48 EG-Kommission GRUR Int **89**, 131 *Tetra Pak I.*
49 EuGH GRUR Int **89**, 56 *Bayer/Süllhöfer*; BGH GRUR Int **89**, 689 *Süllhöfer/Bayer*.
50 S hierzu EuGH EuZW **16**, 859 (L) *Lundbeck et al/Kommission*; Schröder EIPR **32**, 726; s aber auch Straus EIPR **16**, 533 sowie umfassend Langguth: Pay-for-Delay Vereinbarungen im transatlantischen Vergleich 2018.
51 EuGH GRUR Int **90**, 458 *Ottung/Klee & Weilbach*.
52 EuGH GRUR Int **91**, 903 *Tetra Pak Rausing/Kommission*.
53 EuGH GRUR Int **91**, 903 *Tetra Pak Rausing/Kommission*.
54 Vgl oben Rdn 30.
55 BGH GRUR **95**, 338 *Kleiderbügel*.
56 BGH GRUR **53**, 114, 118 *Reinigungsverfahren*.

mer, dem bereits früher eine Benutzungserlaubnis erteilt war, ein Schaden entsteht, den Ersatz dieses Schadens im Wege der Drittschadensliquidation verlangen.[57]

5 Einfache Lizenz

40 Im Gegensatz zur ausschließlichen Lizenz gewährt die einfache Lizenz dem Lizenznehmer nur einen schuldrechtlichen Anspruch auf Benutzung der Erfindung. Die Rechte aus dem Patent stehen weiterhin dem Lizenzgeber zu, der aber die Benutzung der Erfindung durch den Lizenznehmer im Rahmen des Vertrags zu dulden hat. Das Vertragsverhältnis zwischen den Parteien ähnelt dem Verhältnis zwischen Eigentümer und Mieter oder Pächter.[58]

41 **5.1 Lizenznehmer** ist im Rahmen des Vertrages berechtigt, die Erfindung zu benutzen. Die Nutzungserlaubnis ist zwar schuldrechtlicher Natur,[59] jedoch berührt nach § 15 (3) ein Rechtsübergang des Patents oder die Erteilung einer weiteren Lizenz nicht die Lizenz, die vorher einem Dritten erteilt war. Das bedeutet:

42 a) Kein Verfügungsrecht des Lizenznehmers über die Lizenz, er kann sie nicht veräußern oder belasten und kann keine Unterlizenz an Dritte erteilen.

43 b) Sukzessionsschutz: Bei einer Veräußerung des Patents tritt der Erwerber des Patents in die Gestattungspflicht aus dem Lizenzvertrag ein; eine vollständige Vertragsübernahme findet ohne dreiseitigen Vertrag nicht statt. § 15 (3) ist erweiternd auch auf den Schutz des Unterlizenznehmers bei Wegfall der Hauptlizenz anzuwenden.[60] Außerhalb des Anwendungsbereichs des § 15 (3) können allerdings Einwendungen, die einem Nutzer der Erfindung gegen den früheren Patentinhaber zustanden, dessen Einzelrechtsnachfolger nicht entgegengehalten werden.[61] Dies gilt insbesondere für den Einwand eines Patenthinterhalts (*patent ambush*).[62]

44 c) Vergabe weiterer Lizenzen durch Lizenzgeber ist möglich.

45 d) Kein Verbietungsrecht gegenüber Dritten: Wird eine Lizenz von Dritten beeinträchtigt, kann der Lizenznehmer gegen diese als Patentverletzer nicht unmittelbar vorgehen, sondern muss sich an den Lizenzgeber wenden. Ob dieser einen Schaden des Lizenznehmers beim Dritten ersetzt verlangen kann,[63] ist umstritten (s auch § 139 Rdn 11).

---

[57] BGH GRUR **74**, 335 *Abstandshalterstopfen*.
[58] RGZ **116**, 78; **137**, 358.
[59] BGH GRUR **82**, 411 *Verankerungsteil*.
[60] Vgl die auf das Patentrecht übertragbaren urheberrechtlichen Entscheidungen BGH GRUR **12**, 914 *Take Five*; **12**, 916 *M2Trade*; hierzu Carduck: Die Rechtsstellung des Unterlizenznehmers nach dem Fortfall der Hauptlizenz 2016; sowie Haedicke Mitt **12**, 429; Meyer-van Raay NJW **12**, 3691; Heidenhain/Reus CR **13**, 273; Dammler/Melullis GRUR **13**, 781; McGuire/Kunzmann GRUR **14**, 28.
[61] BGH v 24.11.2020 KZR 35/17 GRUR **21**, 585 (Rn 131) *FRAND-Einwand II*.
[62] BGH v 24.11.2020 KZR 35/17 GRUR **21**, 585 (Rn 131) *FRAND-Einwand II*.
[63] Vgl BGH GRUR **74**, 335 *Abstandshalterstopfen*.

5.2 Lizenzgeber einer einfachen Lizenz kann sein Patentinhaber,[64] ausschließlicher Lizenznehmer oder Verfügungsberechtigter, zB Insolvenzverwalter, Treuhänder.

Außer der Duldung der Nutzung durch den Lizenznehmer stehen ihm alle Rechte aus dem Patent zu: **a)** er darf das Patent selbst weiterhin benutzen; **b)** er allein kann die Benutzung Dritten untersagen; **c)** er kann weitere Lizenzen vergeben; eine gegenteilige Verpflichtung bindet ihn nur schuldrechtlich.[65] Ein Verstoß dagegen ist zwar Vertragsverletzung, hindert aber die Entstehung neuer (auch ausschließlicher)[66] Lizenzen nicht; **d)** er kann das Patent veräußern, wobei der Erwerber an die vorher erteilte Lizenz gemäß § 15 (3) gebunden bleibt.

6 Beschränkungen der Lizenz

Eine Lizenz kann unter Beschränkungen örtlicher, zeitlicher, sachlicher oder persönlicher Art sowie unter Bedingungen erteilt werden.[67] Ein Lizenznehmer, der das Patent über die im Vertrag eingeräumte Befugnis benutzt, verletzt das Patent.[68] Im Zweifel deckt die Lizenz alle, aber auch nur diejenigen Ausführungsformen ab, die eine Patentverletzung wären, wenn sie nicht durch die Lizenz gestattet wären.[69] Die unter Überschreitung der Lizenz in Verkehr gebrachten Gegenstände werden nicht patentfrei, so dass auch die Abnehmer das Patent verletzen.

Keine Patentverletzung sind Verstöße, die sich nicht auf die Benutzung der Erfindung, sondern auf sonstige Vertragsabreden beziehen.[70] Die vereinbarten Beschränkungen müssen den kartellrechtlichen Bestimmungen des Art 101 AEUV entsprechen (abgedruckt im Anhang 2 zu § 15).

6.1 Gebiets- oder Bezirkslizenz: Herstellung und Vertrieb sind räumlich auf ein bestimmtes Gebiet beschränkt.[71]

6.2 Zeitlizenz: Die Lizenz endet mit dem Ablauf des Patents. Ihr Ende kann vertraglich auf einen früheren Zeitpunkt gelegt werden. Vorher hergestellte Gegenstände können nachher noch vertrieben werden.

6.3 Betriebs- oder Konzernlizenz: Durch sie wird die Benutzung nur in einem bestimmten Betrieb gestattet. Sie ist an diesen Betrieb gebunden und kann nur mit ihm übertragen werden.[72] Aus der Beschränkung der Lizenzausübung auf einen Betriebsteil ergibt sich noch nicht die Einwilligung des Lizenzgebers, dass die Lizenz gemeinsam mit dem betreffenden Betriebsteil übertragen werden kann.[73] Die Konzernlizenz

---

[64] Vgl BGH BlPMZ **57**, 186 *Chenillefäden*; GRUR **58**, 136 *Sympatol III*; BPatGE **2**, 102, 104.
[65] RGZ **127**, 197, 205.
[66] BGH GRUR **74**, 335 *Abstandshalterstopfen*. § 15 (3) sorgt aber nunmehr in diesem Fall für Sukzessionsschutz des einfachen Lizenznehmers.
[67] S hierzu Gennen IPRB **19**, 273.
[68] BGH GRUR **67**, 676, 680 *Gymnastiksandale*.
[69] BGH GRUR **05**, 845 *Abgasreinigungsvorrichtung*.
[70] BGH GRUR **59**, 200, 202 *Heiligenhof*.
[71] Vgl EuGH GRUR Int **82**, 530 *Maissaatgut*.
[72] RGZ **134**, 91.
[73] LG Düsseldorf InstGE **5**, 168.

umfasst alle Unternehmen, die zum Konzern gehören, so dass die Vergabe von Unterlizenzen entbehrlich wird.

53 **6.4 Quotenlizenz** beschränkt die Befugnis für die Herstellung einer bestimmten Höchst- oder Mindestmenge.[74] Die Überschreitung der Quote ist Patentverletzung.

54 **6.5 Benutzungsartenlizenz:** Die Befugnis des Lizenznehmers kann auf eine der Benutzungsarten des § 9 beschränkt werden. Die Herstellungslizenz schließt, wenn der Lizenznehmer das hergestellte Produkt an den Lizenzgeber liefern soll, das Inverkehrbringen des Produkts an Dritte aus. Die Vertriebslizenz berechtigt nur zum Verkauf von Produkten des Patentinhabers, die aber noch nicht durch Lieferung an den Lizenznehmer patentfrei geworden sein dürfen. Das gilt auch für die Gebrauchslizenz, die insbesondere für Verfahren bedeutsam ist. Erfordert die Benutzung der lizenzierten Erfindung die Mitbenutzung einer weiteren Erfindung des Lizenzgebers, ist diese im Zweifel mitlizenziert.[75]

55 **6.6 Import- und Exportlizenz** gestatten die Einfuhr im Inland patentierter Produkte aus dem Ausland oder die Ausfuhr von Produkten in das Ausland. Der Lizenzvertrag kann auch ein Exportverbot enthalten, das jedoch die Herstellung im patentfreien Ausland nicht hindert.[76]

7 Pflichten und Haftung des Lizenzgebers

56 **Lit: Ann/Barona:** Schuldrechtsmodernisierung und gewerblicher Rechtsschutz 2002; Bartenbach, Mitt 02, 102; Bartenbach/Bartenbach MDR 03, 1270; Haedicke GRUR 04, 123.

Pflichten des Lizenzgebers: Lizenzgeber hat nicht nur die Benutzung der Erfindung durch den Lizenznehmer zu gestatten, ihn trifft auch die Verpflichtung, alles zu tun, damit der Lizenznehmer die Erfindung benutzen kann,[77] und alles zu unterlassen, was das Patent beeinträchtigen könnte. Er hat daher den Lizenznehmer mit Rat und Tat zu unterstützen, zB durch Mitteilung von unentbehrlichem Know-how, sowie das Patent oder die Anmeldung aufrechtzuerhalten, insbesondere durch Zahlung der Jahresgebühren und Verteidigung in einem Nichtigkeitsverfahren. Ist die Anmeldung noch nicht geprüft, wird er im Zweifel auch den Prüfungsantrag nach § 44 stellen müssen.[78]

57 Meistbegünstigungsklausel: Sie bezweckt, dass dem begünstigten Lizenznehmer die Lizenz zu den gleichen Bedingungen zugestanden wird, wie sie etwa späteren Lizenznehmern eingeräumt wird. Dieser Zweck verpflichtet den Lizenzgeber idR, gegen fortgesetzte Verletzungen Dritter vorzugehen,[79] da diese sonst unentgeltlich benutzen könnten. Klagt der Lizenzgeber nicht, so kann sein Bestehen auf Lizenzzahlung gegen Treu und Glauben verstoßen.[80]

---

74 Vgl BGH GRUR 69, 560 *Frischhaltegefäß*.
75 BGH GRUR 05, 406 *Leichtflüssigkeitsabscheider*.
76 BGH GRUR 71, 243, 246 *Gewindeschneidevorrichtungen*.
77 RGZ 155, 306.
78 Vgl Lüdecke NJW 68, 1358; Wiede GRUR 69, 203.
79 BGH GRUR 65, 591 *Wellplatten*.
80 BGH GRUR 65, 591 *Wellplatten*.

Haftung des Lizenzgebers: Für die Haftung des Lizenzgebers ist zu berücksichtigen, dass der Lizenzvertrag ein gegenseitiger Vertrag eigener Art mit Wagnischarakter ist[81] (s Rdn 31). Mit Wirkung zum 1.1.2002 ist das Recht der Leistungsstörungen im BGB grundlegend neu geregelt worden. Gemäß Art 229 § 5 S 1 EGBGB gilt das neue Recht für alle Lizenzverträge, die nach dem 31.12.2001 zustande gekommen sind. Zu der Rechtslage unter Geltung des BGB aF vgl die 6. Auflage Rn 49 ff.

58

Der Lizenzgeber von betrieblichem Know-how haftet für die technische Ausführbarkeit und Brauchbarkeit der lizenzierten Lehre. Fehlt sie, ergeben sich die Rechtsfolgen aus dem allgemeinen Leistungsstörungsrecht der §§ 275 ff BGB: a) bei anfänglicher Unmöglichkeit ist der Lizenzvertrag wirksam (§ 311a (1) BGB), der Lizenzgeber wird von der Leistungspflicht (§ 275 (1) BGB) und der Lizenznehmer von seiner Gegenleistungspflicht frei (§ 326 (1) BGB), der Lizenznehmer kann gemäß § 311a (2) BGB Schadens- oder Aufwendungsersatz beanspruchen; b) liegt keine Unmöglichkeit vor, kann der Lizenznehmer nach Ablauf einer Leistungs- oder Nacherfüllungsfrist vom Vertrag zurücktreten (§ 326 BGB) und daneben (§ 325 BGB) Schadenersatz (§§ 280 (1) u (3), 281 (1) BGB) oder Aufwendungsersatz (§ 284 BGB) verlangen. Für die wirtschaftliche Verwertbarkeit hat der Lizenzgeber nicht einzustehen; bei Unzumutbarkeit entfällt für den Lizenznehmer allerdings die Ausübungspflicht.[82]

59

Ist Gegenstand des Lizenzvertrages ein **Patent** oder eine **Patentanmeldung**, so haftet der Lizenzgeber zunächst für den bei Abschluss gegenwärtigen Bestand des Schutzrechtes (als Anmeldung, offengelegte Anmeldung oder Patent), ferner für seine Verfügungsbefugnis und die technische Ausführbarkeit. Da Vertragszweck die tatsächliche Benutzung der lizenzierten Lehre durch den Lizenznehmer ist, stellen benutzungshindernde Rechte Dritter (zB aufgrund der Abhängigkeit des Lizenzpatents von einem anderen Schutzrecht oder im Falle einer ausschließlichen Lizenz ihre Beeinträchtigung durch eine Zwangslizenz) ebenfalls eine Pflichtverletzung dar. Wegen der rechtlichen Haftungsfolgen s Rdn 59; zur Nacherfüllung vgl Rdn 28. Treten die benutzungshindernden Drittrechte oder Beeinträchtigungen erst nachträglich auf, so steht dem Lizenznehmer das Kündigungsrecht nach § 314 BGB zu; außerdem kann eine Anpassung des Vertrages gemäß § 313 BGB in Betracht kommen. Sie ist nicht deshalb ausgeschlossen, weil vertraglich eine Mindestlizenzgebühr vereinbart ist.[83]

60

Lizenzgeber haftet nicht für den *zukünftigen Bestand des Patents* oder bei einer Lizenz an einer Patentanmeldung für die Erteilung des Patents. Rechtlich ergibt sich dies aus § 313 BGB. Seine Anwendung kann, wenn das Lizenzschutzrecht nur teilvernichtet wird, zu einer angemessenen Herabsetzung der Lizenzgebühr führen. Eine spätere Nichtigkeitserklärung macht den Lizenzvertrag nicht rückwirkend unwirksam, er bleibt vielmehr bis zum rechtskräftigen Erlöschen des Patents bestehen,[84] da der Lizenznehmer bis zu diesem Zeitpunkt eine Monopolstellung durch das Patent innehatte (vgl § 21 Rdn 114).

61

---

81 OLG München Mitt 11, 35 *Zinkelektrode*.
82 BGH GRUR **78**, 166 *Banddüngerstreuer*; 00, 138 *Knopflochnähmaschinen*.
83 BGH GRUR **01**, 223 *Bodenwaschanlage*.
84 BGH GRUR **69**, 409 *Metallrahmen*; **69**, 677 *Rübenverladeeinrichtung*.

8 Pflichten des Lizenznehmers

62 Wozu der Lizenznehmer verpflichtet ist, ergibt sich aus dem konkreten Vertrag.

63 **8.1 Lizenzzahlung:**[85] Ist sie im Vertrag nicht geregelt, wird nach den §§ 315, 316 BGB eine angemessene Gebühr geschuldet.[86] Die Vergütung kann in einer *Pauschalgebühr*, in einer *Stücklizenz*, einem Prozentsatz vom Preis, in der Beteiligung am Gewinn oder auch in anderen geldwerten Leistungen bestehen.[87] Zusätzlich kann eine Grundlizenzgebühr[88] und eine *Mindestlizenzgebühr* ausbedungen werden. Vergütungspflichtig sind im Zweifel nur diejenigen Handlungen, die eine Schutzrechtsverletzung darstellen würden, wenn sie nicht durch die Lizenz gestattet wären.[89] Von der Pflicht zur Zahlung befreit die Verwendung des Patents mit vom Lizenznehmer erfundenen Verbesserungen idR nicht.[90]

64 *Rechnungslegung* ist Pflicht des Lizenznehmers, damit der Lizenzgeber die Höhe seiner Ansprüche prüfen kann. Der Lizenzgeber hat keinen Anspruch auf Einsicht in die Bücher.[91] Bestehen begründete Zweifel an der Richtigkeit, muss der Lizenznehmer eine eidesstattliche Versicherung nach § 259 (2) BGB abgeben.

65 **Ende der Lizenzzahlungspflicht** tritt ein: **a)** gemäß vertraglicher Vereinbarung; **b)** mit Rechtskraft der Nichtigerklärung des lizenzierten Patents (soweit die Parteien nichts Gegenteiliges vereinbart haben),[92] jedoch nicht für die Zeit vor Rechtskraft, in der der Lizenznehmer die Vorzugsstellung faktisch genossen hat,[93] und zwar auch dann, wenn er keinem Wettbewerb ausgesetzt war;[94] das gilt auch, wenn dem Lizenznehmer technisches Know-how überlassen war, der Überlassungsvertrag formnichtig ist, der Lizenznehmer jedoch eine Vorzugsstellung besessen hat, weil er das Know-how vereinbarungsgemäß erfolgreich zum Patent angemeldet und gewerblich verwertet hat;[95] **c)** mit dem Offenbarwerden der Nichtigkeit des lizenzierten Patents mit der Folge, dass es von den Mitbewerbern nicht mehr respektiert wird.[96]

Die Zahlungspflicht entfällt nicht automatisch **a)** bei stornierten Geschäften, **b)** bei einer Umsatzlizenz, wenn die Abnahme der Ware verweigert, das Geschäft rückgängig gemacht oder der Kaufpreis nicht gezahlt wird.[97]

---

85 Hierzu **Groß/Strunk:** Lizenzgebühren 4. Aufl 2015; **Hellebrand/Rabe:** Lizenzsätze für technische Erfindungen 5. Aufl 2017; Trimborn Mitt 09, 257.
86 BGH GRUR 58, 564 *Baustützen*.
87 Vgl BGH GRUR 55, 468 *Kokillenguss* 62, 401; *Kreuzbodenventilsäcke III*.
88 Vgl Vollrath GRUR 83, 52.
89 BGH GRUR 05, 845 *Abgasreinigungsvorrichtung*.
90 BGH GRUR 55, 424, 427 *Möbelwachspaste*; 67, 655, 659 *Altix*.
91 BGH GRUR 61, 466 *Gewinderollkopf*.
92 Zur Wirksamkeit einer solchen Vereinbarung s EuGH C-567/14 GRUR 16, 917 *Lizenzgebührzahlung trotz Nichtigkeit oder Nichtverletzung eines Patents – Genentech/Hoechst* ua.
93 BGH GRUR 69, 677 *Rübenverladeeinrichtung*; 77, 107 *Werbespiegel*; s aber auch Altmeyer/Weber GRUR 17, 1182 zur besonderen Situation bei standardessentiellen Patenten.
94 BGH GRUR 83, 237 *Brückenlegepanzer I*.
95 BGH GRUR 02, 787, 789 *Abstreiferleiste*.
96 *BGH GRUR* 69, 409, 411 *Metallrahmen*; 77, 107 *Werbespiegel*; **83**, 237 *Brückenlegepanzer I*.
97 BGH Mitt **98**, 141 *Umsatzlizenz*.

8.2 Ausübungspflicht[98] kann vereinbart sein. Schweigt der Lizenzvertrag, kommt es auf die Umstände des Einzelfalls an. *Ausübungspflicht ist zu bejahen* bei einer ausschließlichen Lizenz, wenn Lizenzgebühr vom Umfang der Ausübung abhängt, wie bei einer Stücklizenz.[99] Inhalt, Umfang und Fortbestand der Pflicht stehen gemäß § 242 BGB[100] unter dem Vorbehalt der Zumutbarkeit.[101]
Ausübungspflicht ist zu verneinen idR bei vereinbarter Mindestlizenz. Ausübungspflicht entfällt, wenn die Ausübung für den Lizenznehmer unzumutbar ist,[102] zB weil Gegenstand sich als technisch nicht verwertbar erweist oder den Lizenznehmer wirtschaftliche Gründe an Herstellung und Vertrieb hindern.[103] In solchen Fällen macht sich der Lizenznehmer durch Nichtausübung nicht schadensersatzpflichtig.[104]
Die Vereinbarung einer Ausübungspflicht ist auch bei einer einfachen Lizenz kartellrechtlich unbedenklich, wenn es sich um eine Stücklizenz handelt.[105]

8.3 Aufrechterhaltung des Patents: Zur Entrichtung der Jahresgebühren ist gegenüber DPMA nur der Patentinhaber verpflichtet. Lizenznehmer können auch gegen den Widerspruch des Patentinhabers gemäß § 268 BGB zahlen. Eine generelle Pflicht zur Erhebung von Verletzungsklagen besteht nicht, da der Lizenzgeber klagebefugt bleibt. Zur Erhebung der Nichtigkeitsklage gegen das lizenzierte Patent s § 81 Rdn 55.

9 Ende der Lizenz

Eine Lizenz endet mit dem Ablauf ihrer vereinbarten Dauer (Zeitlizenz), sonst mit dem Erlöschen des Patents. Bei Vertragsende noch vorhandene Erzeugnisse dürfen in dem Rahmen der Lizenz, also gegen Zahlung der Lizenzgebühr, veräußert werden.[106]

Recht zur fristlosen Kündigung besteht, wenn ein wichtiger Grund vorliegt (§ 314 BGB). Ein wichtiger Grund liegt vor, wenn einer Partei die Fortsetzung des Vertragsverhältnisses nicht zuzumuten ist.[107] Das setzt voraus, dass die Vertrauensgrundlage ernsthaft erschüttert ist.[108] Vertragsverstößen, die das Vertrauensverhältnis nicht irreparabel zerstören, ist mit einer **Abmahnung** zu begegnen.[109] Erst deren Missachtung kann eine fristlose Kündigung rechtfertigen.[110]

---

98 Lit: Schade: Die Ausübungspflicht bei Lizenzen 2. Aufl 1969.
99 BGH GRUR **61**, 470 *Mitarbeiter-Urkunde*; **69**, 560 *Frischhaltegefäß*; **00**, 138 *Knopflochnähmaschinen*.
100 BGH GRUR **78**, 166 *Banddüngerstreuer*.
101 BGH GRUR **94**, 630 *Cartier-Armreif*; **00**, 138 *Knopflochnähmaschinen*.
102 BGH GRUR **57**, 595 *Verwandlungstisch*; **00**, 138 *Knopflochnähmaschinen*.
103 BGH GRUR **78**, 166 *Banddüngerstreuer*.
104 BGH GRUR **78**, 166 *Banddüngerstreuer*.
105 BGH GRUR **80**, 38 *Fullplastverfahren*.
106 BGH GRUR **55**, 87 *Bäckereimaschinen*; **59**, 528 *Autodachzelt*.
107 BGH GRUR **58**, 175, 177 *Wendemanschette II*; **59**, 616 *Metallabsatz*; **97**, 610 *Tinnitus-Masker*.
108 BGH GRUR **55**, 338 *beschlagfreie Brillengläser*.
109 BGH GRUR **97**, 610 *Tinnitus-Masker*.
110 BGH GRUR **97**, 610 *Tinnitus-Masker*.

70 *Anfechtung nach § 123 BGB*[111] und Schadensersatzpflicht wegen Fehlens zugesicherter Eigenschaften[112] werden durch den Wagnischarakter des Lizenzvertrags nicht ausgeschlossen. Ein Lizenzvertrag über Know-how endet nicht mit dessen Anmeldung zum Patent.[113]

71 *Rechtsunwirksame Lizenzverträge:* Die erbrachten Leistungen sind nach Bereicherungsrecht zurückzugewähren, und zwar nach den Grundsätzen der Saldotheorie, dh nur derjenige hat einen Bereicherungsanspruch, zu dessen Gunsten ein positiver Saldo verbleibt.[114] Der objektive Gegenwert für den Gebrauch eines Schutzrechts ist eine angemessene und übliche Lizenz.[115] Daher kann der Wertausgleich nach der Methode der Lizenzanalogie in Form eines prozentualen Anteils an den Umsätzen berechnet werden, die mit den patentverletzenden Gegenständen erzielt wurden,[116] und zwar sowohl in Fällen der Eingriffs- wie der Leistungskondiktion, weil nach § 818 (2) BGB Wertersatz für das Erlangte zu leisten ist. Für die Höhe können vertraglich vereinbarte Entgelte einen Anhaltspunkt bieten.[117]

72 Sowohl in der *Insolvenz* des Lizenznehmers wie des Lizenzgebers[118] hat der Insolvenzverwalter gemäß § 103 InsO ein Wahlrecht, ob er den Lizenzvertrag fortsetzen will.[119] Eine gesetzgeberische Reform durch Einführung eines neuen § 108a InsO ist seit längerem geplant.[120]

Anhang 1 zu § 15

73 **Frühere Vorschriften des Gesetzes gegen Wettbewerbsbeschränkungen (GWB)**

§ 34 GWB aF[121] über das Erfordernis der Schriftform für Kartellverträge und Kartellbeschlüsse sowie für Verträge, die Beschränkungen iSd §§ 16, 18, 20 und 21 GWB aF enthalten, ist durch die 6. GWB-Novelle 1998 abgeschafft worden. Durch die 7. GWB-Novelle wurde das deutsche Kartellrecht 2005 dem europäischen Wettbewerbsrecht angepasst. § 22 GWB erklärt Art 81 EG-

---

111 BGH GRUR **75**, 598 *Stapelvorrichtung*; NJW-RR **98**, 904 *Krankenhausmüllentsorgungsanlage*.
112 BGH GRUR **70**, 547 (I3b) *Kleinfilter*.
113 BGH GRUR **76**, 140 *Polyurethan*.
114 BGH GRUR **97**, 781 *Sprengwirkungshemmende Bauteile*; **02**, 787, 790 (IIA3) *Abstreiferleiste*; **03**, 896 *Chirurgische Instrumente*.
115 BGH GRUR **97**, 781 (II2a) *Sprengwirkungshemmende Bauteile*; **98**, 838 (III2b) *Lizenz- u Beratungsvertrag*; **00**, 685 (I2a) *Formunwirksamer Lizenzvertrag*.
116 BGH GRUR **92**, 599 (I) *Teleskopzylinder*.
117 BGH GRUR **00**, 685 (I2b) *Formunwirksamer Lizenzvertrag*.
118 Hierzu Witz in FS Schilling 2007, 393.
119 Umfassend **Daneshzadeh Tabrizi**: Lizenzen in der Insolvenz nach dem Scheitern des Gesetzes zur Einführung eines § 108a InsO, 2010; **Jelinek**: Lizenzen in der Insolvenz 2013; **Potthoff**: Patentlizenzen in der Insolvenz 2015; **Schoos**: Die vertragliche Lizenz an Schutzrechten des geistigen Eigentums in der Insolvenz 2015; **Lit in GRUR**: Schmoll/Hölder **04**, 743; Slopek **09**, 128; Berger **13**, 321; vgl. ferner Kellenter in FS Tilmann 2003, 807; Fitzner Mitt **13**, 101; Seegel CR **13**, 205.
120 *Slopek/Schröer* Mitt **12**, 533.
121 Vgl hierzu BGH GRUR **97**, 781 *Sprengwirkungshemmende Bauteile*; **97**, 543 *Kölsch-Vertrag*.

Vertrag (= Art 101 AEUV) und das GWB unbeschadet einzelner Vorrangregeln für parallel anwendbar. Auch im nationalen Kartellrecht sind gemäß der dynamischen Verweisung des § 2 (2) GWB die europäischen Gruppenfreistellungsverordnungen und damit auch die GVO TT anzuwenden, selbst wenn eine entsprechende Vereinbarung den zwischenstaatlichen Handel nicht berührt. Zu den Vorschriften des §§ 17, 18 und 34 GWB aF, die für Alt-Verträge noch Bedeutung haben können, s 10. Aufl § 15 Rn 76.

Anhang 2 zu § 15
Vertrag über die Arbeitsweise der Europäischen Union (AEUV) in der Fassung aufgrund des am 1.12.2009 in Kraft getretenen Vertrages von Lissabon[122]

74

Art 101 AEUV[123] Verbot von Wettbewerbsbeschränkungen

(1) Mit dem Binnenmarkt unvereinbar und verboten sind alle Vereinbarungen zwischen Unternehmen, Beschlüsse von Unternehmensvereinigungen und aufeinander abgestimmte Verhaltensweisen, welche den Handel zwischen Mitgliedstaaten zu beeinträchtigen geeignet sind und eine Verhinderung, Einschränkung oder Verfälschung des Wettbewerbs innerhalb des Binnenmarktes bezwecken oder bewirken, insbesondere
a) die unmittelbare oder mittelbare Festsetzung der An- oder Verkaufspreise oder sonstiger Geschäftsbedingungen;
b) die Einschränkung oder Kontrolle der Erzeugung, des Absatzes, der technischen Entwicklung oder der Investitionen;
c) die Aufteilung der Märkte oder Versorgungsquellen;
d) die Anwendung unterschiedlicher Bedingungen bei gleichwertigen Leistungen gegenüber Handelspartnern, wodurch diese im Wettbewerb benachteiligt werden;
e) die an den Abschluss von Verträgen geknüpfte Bedingung, dass die Vertragspartner zusätzliche Leistungen annehmen, die weder sachlich noch nach Handelsbrauch in Beziehung zum Vertragsgegenstand stehen.
(2) Die nach diesem Artikel verbotenen Vereinbarungen oder Beschlüsse sind nichtig.
(3) Die Bestimmungen des Absatzes 1 können für nicht anwendbar erklärt werden auf
– Vereinbarungen oder Gruppen von Vereinbarungen zwischen Unternehmen,
– Beschlüsse oder Gruppen von Beschlüssen von Unternehmensvereinigungen,
– aufeinander abgestimmte Verhaltensweisen oder Gruppen von solchen,
die unter angemessener Beteiligung der Verbraucher an dem entstehenden Gewinn zur Verbesserung der Warenerzeugung oder -verteilung oder zur Förderung des technischen oder wirtschaftlichen Fortschritts beitragen, ohne dass den beteiligten Unternehmen
a) Beschränkungen auferlegt werden, die für die Verwirklichung dieser Ziele nicht unerlässlich sind, oder
b) Möglichkeiten eröffnet werden, für einen wesentlichen Teil der betreffenden Waren den Wettbewerb auszuschalten.

Anhang 3 zu § 15
Verordnung (EU) Nr 316/2014 der Kommission über die Anwendung von Art 101 (3) AEUV auf Gruppen von Technologietransfer-Vereinbarungen vom 21.3.2014

Lit: Osterrieth: Patentrecht, 5. Aufl 2015; **Liebscher/Flohr/Petsche** (Hrsg): Handbuch der EU-Gruppenfreistellungsverordnungen, 2. Aufl 2012, § 12.

75

---

122 Konsolidierte Fassung bekanntgemacht in ABl EG Nr C 115 v 9.5.2008, S 47.
123 Art 101 entspricht nahezu wörtlich Art 81 EG-Vertrag, der bis 30.11.2009 in Kraft war.

Lit in CR: Frank 14, 349; **Lit in EuZW:** Frenz 14, 532; **Lit in GRUR:** Schumacher/Schmid 06,1; Weiden 13, 476; Besen/Slobodenjuk 14, 740; Königs 14, 1155; **Lit in GRUR Int:** Drexl 04, 716; **Lit in Mitt:** Hufnagel 04, 297; Klumpp 16, 293; **Lit in sic!:** Hirsbrunner 15, 188.

Die Verordnung Nr. 316/2014 (ABl EU v 28.3.2014, L 93/17 = BlPMZ 14, 252) löste mit Wirkung vom 1.5.2014 die VO (EG) Nr 772/2004 ab und gilt für reine Patentlizenzverträge oder Know-how-Vereinbarungen und für gemischte Verträge, die nach dem Stichtag abgeschlossen worden sind.

Verordnung (EU) Nr 1217/2010 der Kommission vom 14.12.2010 über die Anwendung von Art 101 (3) AEUV auf bestimmte Gruppen von Vereinbarungen über Forschung und Entwicklung

76 **Lit:** Liebscher/Flohr/Petsche (Hrsg): Handbuch der EU-Gruppenfreistellungsverordnungen 2. Aufl 2012, § 10; **Rosenberger/Wündisch:** Verträge über Forschung und Entwicklung 3. Aufl. 2018; Kunzmann Mitt 12, 441.

Die Verordnung Nr 1217/2010 (EU ABl v 18.12.2010, L 335/36) löste mit Wirkung vom 1.1.2013 die Verordnung (EG) 2659/2000 ab und gilt insbesondere für gemeinsame F & E sowie für Auftrags-F & E von Vertragsprodukten oder Vertragstechnologien. F & E wird definiert in Art 1 (1) c) als »Erwerb von Know-how über Produkte, Technologien oder Verfahren und die Durchführung von theoretischen Analysen, systematischen Studien oder Versuchen, einschließlich der versuchsweisen Herstellung und der technischen Prüfung von Produkten oder Verfahren, die Errichtung der dafür erforderlichen Anlagen und die Erlangung von Rechten des geistigen Eigentums an den Ergebnissen«.

§ 16 Patentdauer
(term of the patent)

Das Patent dauert zwanzig Jahre, die mit dem Tag beginnen, der auf die Anmeldung der Erfindung folgt.

Rainer Moufang

Übersicht

Gesetzesentwicklung		1
Europäisches Patentrecht		2
Kommentierung zu § 16 PatG		
I.	Patentdauer	3
1	Berechnung	4
2	Patentschutzdauer	5
II.	Zusatzpatent (§ 16 aF)	6
1	Allgemeines	6
2	Mögliche Zusatzbeziehungen	8
3	Selbständige Patentfähigkeit	9
3.1	Grundsatz	9
3.2	Neuheit	10
3.3	Erfindungshöhe	12
4	Offenbarungsgehalt	13
5	Schutzbereich	14
6	Personenidentität	15
7	Selbständigwerden des Zusatzpatents	16
8	Ende des Zusatzpatents	19

§ 16 Patentdauer, Zusatzpatent

Gesetzesentwicklung: In § 16 (= § 10 PatG 1936) änderte das IntPatÜG die Patentlaufzeit von 18 auf 20 Jahre. Das 1. GPatG gab § 16 (1) 2 und (2) 1 aF eine neue Fassung, und das **2. PatGÄndG** hat durch Art 2 Nr 1c in § 16 (2) 1 aF mit Wirkung vom 1.11.1998 die Wörter »durch Zurücknahme« gestrichen.
Art 1 Nr 3 des **PatNovG** vom **19.10.2013** (BGBl 2013 I S 3830 = BlPMZ 13, 361) hat das Rechtsinstitut des Zusatzpatents wegen seiner wirtschaftlichen und praktischen Bedeutung abgeschafft und Absatz 1 Satz 2 ebenso wie Absatz 2 des § 16 aF aufgehoben. § 16 nF enthält daher nur noch die bislang in § 16 (1) 1 aF enthaltene Regelung der Patentdauer. Die Abschaffung von Zusatzpatenten hat auch zu Folgeänderungen in weiteren Vorschriften des PatG (§§ 17, 23, 43 und 44) geführt. Nach der Übergangsvorschrift des § 147 (3) sind diese Vorschriften ebenso wie § 16 (1) 2 und (2) für Alt-Fälle weiterhin anzuwenden, nämlich dann, wenn bei Inkrafttreten des Gesetzes (1.4.2014, s Art 8 (2) PatNovG) ein Antrag auf ein Zusatzpatent bereits gestellt worden ist oder nach § 16 (1) 2 aF (18-Monatsfrist ab Anmelde- oder Prioritätstag) noch gestellt werden konnte oder wenn ein Zusatzpatent in Kraft war.

Europäisches Patentrecht

Artikel 63 EPÜ Laufzeit des europäischen Patents[1]
(1) Die Laufzeit des europäischen Patents beträgt zwanzig Jahre, gerechnet vom Anmeldetag an.
(2)–(4) *abgedruckt bei § 16a Rdn 3.*

I. Patentdauer *(term of the patent)*

Die zeitliche Begrenzung von Patentrechten ist ein wesentliches Merkmal dieser Immaterialgüterrechte. Sie folgt aus der inneren Rechtfertigung des Rechtsgebiets, Erfindern und ihren Rechtsnachfolgern Ausschlussrechte nur für einen bestimmten Zeitraum zu gewähren, um den Innovationswettbewerb anzuregen, nicht aber zu ersticken.[2] Die Patendauer beträgt 20 Jahre und kann nicht durch Vertrag[3] oder über Wettbewerbsrecht[4] verlängert werden. Zu ergänzenden Schutzzertifikaten s § 16a.

1 Berechnung

Maßgeblich für die Berechnung sind §§ 187 (2), 188 BGB. Bsp: Anmeldetag 1.6.2012, Beginn 2.6.2012, Ende 1.6.2032. Beginn (= Tag nach der Anmeldung) kann vom DPMA nicht anders festgesetzt werden;[5] der im Erteilungsbeschluss genannte Beginn bindet Verletzungs- und Nichtigkeitsrichter.[6] Eine Priorität verändert den Beginn nicht.[7] Sonn- und Feiertage sind auf Beginn und Ende ohne Einfluss, da § 193 BGB nicht anwendbar ist.[8] Patentdauer endet durch Zeitablauf, zu den anderen Erlöschensgründen s § 20 Rdn 5.

2 Patentschutzdauer

Sie beginnt mit der Patenterteilung. Vorher kann der Anmelder nach der Offenlegung nur den Anspruch auf angemessene Entschädigung gemäß § 33 geltend machen.

---

1 **Lit:** Visser CIPA J. 10/16, 32.
2 Für Details s **Brandt:** Die Schutzfrist des Patents 1996.
3 BGH GRUR **55**, 468 *Kokillenguss.*
4 BGH GRUR **64**, 621 *Klemmbausteine I*; **56**, 265, 270 *Rheinmetall-Borsig I.*
5 VG München BlPMZ **60**, 340, 342.
6 BGH GRUR **63**, 563, 566 *Aufhängevorrichtung.*
7 BGH Urt 6.10.1994 X ZR 50/93.
8 PA BlPMZ **29**, 326.

Ansprüche nach §§ 9 und 10 stehen ihm erst ab Patenterteilung zu. Vorher vorgenommene Handlungen stellen keine Patentverletzung dar.[9]

Ablauf der Schutzdauer steht der Geltendmachung patentrechtlicher Ansprüche (zB auf Schadenersatz wegen Patentverletzung) nicht entgegen.[10] Er erledigt aber nach hM Einspruchs- (§ 59 Rdn 244), Beschwerde- (§ 73 Rdn 210), Verletzungs- (§ 139 Rdn 47) und Nichtigkeitsverfahren (§ 81 Rdn 42) in der Hauptsache, sofern nicht ein Rechtsschutzinteresse an der Fortsetzung besteht. Ob dies auch für ein über 20 Jahre andauerndes Erteilungsverfahren zu gelten hat, ist zweifelhaft.[11]

II. Zusatzpatent (§ 16 aF)   *(patent of addition)*

1 Allgemeines

6   Bis zum Inkrafttreten des PatNovG am 1.4.2014 regelte das deutsche Patentrecht in § 16 die Möglichkeit der Erteilung eines Zusatzpatents.[12] Die relevanten Bestimmungen lauteten
§ 16 I 2 PatG aF: »Bezweckt eine Erfindung die Verbesserung oder weitere Ausbildung einer anderen, dem Anmelder durch ein Patent geschützten Erfindung, so kann er bis zum Ablauf von achtzehn Monaten nach dem Tag der Einreichung der Anmeldung oder, sofern für die Anmeldung ein früherer Zeitpunkt als maßgebend in Anspruch genommen wird, nach diesem Zeitpunkt die Erteilung eines Zusatzpatents beantragen, das mit dem Patent für die ältere Erfindung endet.«
§ 16 (2) PatG aF: »¹Fällt das Hauptpatent durch Widerruf, durch Erklärung der Nichtigkeit oder durch Verzicht fort, so wird das Zusatzpatent zu einem selbständigen Patent; seine Dauer bestimmt sich nach dem Anfangstag des Hauptpatents. ²Von mehreren Zusatzpatenten wird nur das erste selbständig; die übrigen gelten als dessen Zusatzpatente.«

7   Durch das Rechtsinstitut des Zusatzpatents sollte die Offenbarung von Weiterentwicklungen für bereits patentierte Erfindungen gefördert werden. Die Erteilung eines Zusatzpatents hatte für den Patentinhaber den Vorteil, dass er für ein solches Patent von allen Jahresgebühren (nicht aber von Verfahrensgebühren) befreit wurde. Allerdings hatte es auch den Nachteil, dass seine Zeitdauer begrenzter was als im Falle eines selbständigen Patents, denn es endete mit dem Hauptpatent. Trotz der Abschaffung des Rechtsinstituts des Zusatzpatents durch das PatNovG sind die obigen Vorschriften des § 16 PatG aF noch auf Alt-Fälle anwendbar (s Rdn 1). Die nachfolgende Kommentierung geht allerdings mangels praktischer Relevanz nicht mehr auf rechtliche Fragen ein, die die Erlangung von Zusatzpatenten betreffen,[13] sondern beschränkt sich auf die rechtliche Behandlung erteilter Zusatzpatente.

---

9   BGH GRUR 51, 314 *Motorblock*; 59, 528 *Autodachzelt*.
10   Für Details s **Koch**: »Springboard« im Patentrecht – Das Schicksal patentrechtlicher Ansprüche nach Ablauf der Schutzfrist 2016.
11   So aber BPatG v 20.5.2020 17 W (pat) 33/19 GRUR-RS 20, 33496 mit dem Argument, dass eine solche Anmeldung nach Zeitablauf nicht mehr anhängig sei.
12   **Lit in GRUR Int**: Beier/Moufang 89, 869; **Lit in Mitt**: Zahn 80, 153; 84, 83; Goebel 89, 185; Hövelmann 01, 193.
13   Vgl hierzu die Voraufl § 16 Rn 7 ff.

2 Mögliche Zusatzbeziehungen

Ein Zusatzpatent kann Zusatzbeziehungen aufweisen zu einem Hauptpatent, zu einzelnen Ansprüchen des Hauptpatents,[14] zu einem Zusatzpatent,[15] zum Hauptpatent und dessen 1. Zusatzpatent,[16] zu einer europ oder einer internationalen Anmeldung, in denen Deutschland benannt ist;[17] nicht dagegen zu mehreren Hauptpatenten mit unterschiedlichem Anmeldetag.[18]

3 Selbständige Patentfähigkeit

3.1 Grundsatz: Der Gegenstand eines Zusatzpatents muss eine patentfähige Erfindung enthalten, dh er muss neu sein und auf erfinderischer Tätigkeit beruhen.[19]

3.2 Neuheit gegenüber dem Stand der Technik muss wie für jedes andere Patent gegeben sein. Nimmt das Zusatzpatent auf das Hauptpatent Bezug, so ist der in Bezug genommene Teil des Hauptpatents bei der Neuheitsprüfung mit heranzuziehen.[20]

Zum Stand der Technik, der für die Neuheit, nicht aber für die erfinderische Tätigkeit zu berücksichtigen ist (s Rdn 12), gehört auch die ältere Hauptanmeldung, wenn sie gemäß § 3 (2) erst an oder nach dem für den Zeitrang des Zusatzpatents maßgeblichen Tag der Öffentlichkeit zugänglich gemacht worden ist.

3.3 Erfindungshöhe: Der Gegenstand des Zusatzpatents muss wie jede andere Erfindung auf einer erfinderischen Tätigkeit beruhen, auch gegenüber der Hauptanmeldung, sofern diese vor dem Anmelde- oder Prioritätstag des Zusatzpatents, zB durch Offenlegung, veröffentlicht worden ist. Ist dagegen die Hauptanmeldung nicht vorveröffentlicht, so braucht der Gegenstand des Zusatzpatents ihr gegenüber keine Erfindungshöhe aufzuweisen. Die Hauptanmeldung gehört dann zwar nach § 3 (2) zum Stand der Technik, aber sie ist nach § 4 Satz 2 bei der Beurteilung der erfinderischen Tätigkeit nicht in Betracht zu ziehen.

4 Offenbarungsgehalt

Ein Zusatzpatent darf wie jedes Patent nicht über den Offenbarungsgehalt der ursprünglichen Anmeldung hinausgehen. Zum Gegenstand der Zusatzanmeldung gehören die in ihr ursprünglich offenbarten Merkmale sowie die Merkmale der in Bezug genommenen Hauptanmeldung, auch wenn diese vor Erteilung des Zusatzpatents nicht mehr anhängig gewesen ist.[21]

5 Schutzbereich

Der Schutzbereich des Zusatzpatents bemisst sich nach § 14. Nimmt das Zusatzpatent auf das Hauptpatent Bezug, so wird der Schutzbereich von der Lehre des Hauptpatents

---

14 RG Mitt **35**, 227.
15 BGH GRUR **88**, 286 *Betonbereitung.*
16 Vgl dazu BPatGE **3**, 157.
17 BPatGE **33**, 8.
18 Vgl dazu BPatGE **3**, 157.
19 BGH GRUR **68**, 305 *Halteorgan.*
20 Vgl BGH GRUR **80**, 283 (II3b) *Terephthalsäure.*
21 BPatGE **6**, 157; **16**, 193; **23**, 12.

plus der Fortentwicklung des Zusatzpatents gebildet.[22] In diesem Fall kann die Verletzungsform unter beide Patente fallen. Ein Zusatzpatent kann aber auch allein, ohne dass das Hauptpatent berührt ist, verletzt sein, insbesondere dann, wenn es gegenüber dem Hauptpatent selbständig erfinderisch ist.

6 Personenidentität

15 Obwohl es im Zeitpunkt der Erteilung des Zusatzpatents erforderlich ist, dass Personenidentität zwischen dem Zusatzanmelder und dem im Register eingetragenen Inhaber des Hauptpatents besteht ist, ist ein Fortbestand der Identität nach der Zusatzpatenterteilung nicht notwendig. Beide Rechte können getrennt übertragen werden. Das Zusatzpatent bleibt gebührenfrei (bestr, aber stPrDPMA).

7 Selbständigwerden des Zusatzpatents

16 Fällt das Hauptpatent durch Widerruf (§ 21 oder § 64), Nichtigerklärung (§ 22) oder Verzicht (§ 20 (1) Nr 1) als Ganzes fort, wird das Zusatzpatent selbständig (§ 16 (2) aF). Das selbständig gewordene Zusatzpatent kann mit Erfolg nur verteidigt werden, wenn die darin geschützte Erfindung patentfähig ist. Enthält das Zusatzpatent aber nicht mehr als einen echten Unteranspruch zum Hauptpatent, so dürfte es in vielen Fällen auf Klage zu vernichten sein.[23]

17 Selbständig gewordene Zusatzpatente treten in Laufzeit und Gebührenpflicht des Hauptpatents ein. Für das Zusatzpatent sind nur die Jahresgebühren zu entrichten, die für das Hauptpatent nach dessen Erlöschen fällig geworden wären.

18 Teilvernichtung und eine Beschränkung nach § 64 des Hauptpatents lassen Zusatzverhältnis und damit Gebührenfreiheit bestehen.[24]

8 Ende des Zusatzpatents

19 Das Zusatzpatent endet: **a)** mit Erklärung des Verzichts (§ 20 (1) Nr 1); **b)** durch Widerruf nach § 21; **c)** durch Nichtigerklärung gemäß § 22; **d)** durch Widerruf nach § 64; **e)** mit dem Ende der Patentdauer des Hauptpatents (§ 16 (1) 2 aF); **f)** wenn das Hauptpatent wegen Nichtzahlung der Jahresgebühren erlischt; Jahresgebühren für das Zusatzpatent sind nach § 17 (2) aF nicht zu entrichten; **g)** durch Selbständigwerden nach § 16 (2) aF (s Rdn 16).

§ 16a Ergänzendes Schutzzertifikat
(supplementary protection certificate)

(1) ¹Für das Patent kann nach Maßgabe von Verordnungen der Europäischen Gemeinschaften über die Schaffung von ergänzenden Schutzzertifikaten, auf die im Bundesgesetzblatt hinzuweisen ist, ein ergänzender Schutz beantragt werden,

---

22 LG Düsseldorf GRUR 00, 863.
23 Vgl BGH Liedl **61/62**, 647, 654.
24 Vgl PA BlPMZ **1908**, 259.

der sich an den Ablauf des Patents nach § 16 unmittelbar anschließt. ²Für den ergänzenden Schutz sind Jahresgebühren zu zahlen.

(2) Soweit das Recht der Europäischen Gemeinschaften nichts anderes bestimmt, gelten die Vorschriften dieses Gesetzes über die Berechtigung des Anmelders (§§ 6 bis 8), über die Wirkungen des Patents und die Ausnahmen davon (§§ 9 bis 12), über die Benutzungsanordnung und die Zwangslizenz (§§ 13, 24), über den Schutzbereich (§ 14), über Lizenzen und deren Eintragung (§§ 15, 30), über das Erlöschen des Patents (§ 20), über die Nichtigkeit (§ 22), über die Lizenzbereitschaft (§ 23), über den Inlandsvertreter (§ 25), über den Widerruf (§ 64 Absatz 1 erste Alternative, Absatz 2 und 3 Satz 1 bis 3), über das Patentgericht und das Verfahren vor dem Patentgericht (§§ 65 bis 99), über das Verfahren vor dem Bundesgerichtshof (§§ 100 bis 122a), über die Wiedereinsetzung (§ 123), über die Weiterbehandlung (123a), über die Wahrheitspflicht (§ 124), über das elektronische Dokument (§ 125a), über die Amtssprache, die Zustellungen und die Rechtshilfe (§§ 126 bis 128), über die Rechtsverletzungen (§§ 139 bis 141a, 142a und 142b), über die Klagenkonzentration und die Patentberühmung (§§ 145 und § 146) für den ergänzenden Schutz entsprechend.

(3) Lizenzen und Erklärungen nach § 23, die für ein Patent wirksam sind, gelten auch für den ergänzenden Schutz.

Jürgen Schell

Übersicht

	Geltungsbereich	1
	Europäisches Patentrecht	2
	EG-Verordnungen	4
	Literatur	5
	Kommentierung zu § 16a PatG	
I.	Einführung	6
II.	Anwendungsbereich der Verordnungen	7
III.	Voraussetzungen für die Erteilung eines Schutzzertifikates	9
1	Erzeugnis	11
2	Bestehen eines Grundpatents	23
3	Gültige Genehmigung für das Inverkehrbringen	47
4	Erstes Zertifikat	65
5	Erste Genehmigung	73
6	Anmeldeberechtigung	84
7	Anmeldefrist	85
8	Tenorierung	87
IV.	Schutzgegenstand, Schutzbereich und Schutzwirkungen	88
1	Schutzgegenstand	89
2	Schutzbereich	92
3	Schutzwirkungen	97
V.	Laufzeit	107
VI.	Erlöschen und Nichtigkeit	121
1	Erlöschen	121
2	Die Nichtigkeit des Schutzzertifikats	125
VII.	Übergangsbestimmungen	131
1.	Übergangsregelung bezüglich der Mitgliedstaaten zum Zeitpunkt des Inkrafttretens der Verordnungen, der durch die Erweiterung am 1. Januar 1995 beigetretenen Staaten sowie der EFTA-Staaten	132

2.	Übergangsregelung bezüglich der Erweiterung der Gemeinschaft	134
3.	Übergangsregelung bezüglich der Anwendung der Verordnungen auf bereits nach nationalem Recht erteilte Schutzzertifikate	135
VIII.	Entsprechende Anwendung des PatG auf den ergänzenden Schutz (§ 16a Abs 2)	136
1	§§ 6–8 PatG	137
2	§§ 9–12 PatG (s Rdn 97)	
3	§§ 13, 24 PatG	138
4	§ 14 PatG (s Rdn 88 ff)	
5	§§ 15, 30 PatG	139
6	§ 20 PatG (s Rdn 121 f)	
7	§ 22 PatG (s Rdn 125 ff)	
8	§ 23 PatG	140
9	§ 25 PatG	141
10	§ 64 PatG	142
11	§§ 65–99, 100–122a PatG	143
12	§ 123 PatG	144
13	§ 123 PatG	145
14	§§ 124, 125a, 126–128 PatG	146
16	§§ 139–141a, 142a und 142b, 145 und 146	147
17	§§ 129–138	148
IX.	Lizenzen (§ 16a Abs 3)	149

1 **Geltungsbereich:** § 16a wurde mit Wirkung v 1.4.93 eingefügt durch Art 1 Nr 1 des **Patentänderungsgesetzes** v 23.3.93 (amtliche Begründung BT-Drucksache 12/3630 = BlPMZ 93, 205).
2. PatGÄndG hat durch Art 2 Nr 2 den § 16a (2) redaktionell geändert: Angabe »(§§ 15, 34)« ersetzt durch »(§§ 15, 30)«.
Kostenbereinigungsgesetz vom 13.12.2001 (BGBl I 3656 = BlPMZ 02, 14) hat durch Art 7 Nr 3 in § 16a (1) 2 die Wörter »nach dem Tarif« gestrichen und in § 16a (2) die Angabe »(§ 17 Abs 2 bis 6, §§ 18 und 19)« durch »(§ 17 Abs 2)« ersetzt.
Durch Art 4 Nr 1 des **Transparenz- und Publizitätsgesetzes** vom 19.7.2002 (BGBl I 2681 = BlPMZ 02, 297) sind nach der Angabe (§ 124) die Wörter »über das elektronische Dokument« (§ 125a) eingefügt worden.
Durch das **Gesetz zur Umsetzung der Richtlinie 98/44/EG über den rechtlichen Schutz biotechnologischer Erfindungen (Biopatentgesetz)** ist nach dem Wort »Benutzungsanordnung« das Komma gestrichen und durch das Wort »und« ersetzt worden; außerdem sind nach dem Wort »Zwangslizenz« die Wörter »und deren Zurücknahme« gestrichen worden.
Das **Gesetz zur Verbesserung der Durchsetzung von Rechten des geistigen Eigentums (DurchsetzungsG)** vom 7.7.2008 (BGBl I 1191 = BlPMZ 08, 274, abgedruckt im Anhang 8) hat in § 16a (2) die Angabe »§§ 139 bis 141 und § 142a« durch die Angabe »§§ 139 bis 141a, 142a und 142b« mit Wirkung vom 01.09.08 ersetzt.
Art 1 des **Gesetzes zur Vereinfachung und Modernisierung des Patentrechts (PatRModG)** vom 31. Juli 2009 (BlPMZ 09, 301) hat § 16a neu gefasst, indem in § 16a (1) das Wort »Wirtschaftsgemeinschaft« durch das Wort »Gemeinschaften« ersetzt und in § 16a (2) die Wörter » über Gebühren (§ 17 Abs 2)« gestrichen wurden.
Art 1 Nr 3 des **Gesetzes zur Novellierung patentrechtlicher Vorschriften und anderer Gesetze des gewerblichen Rechtsschutzes (PatNovG)** vom 19.10.2013 (BGBl I S 3830 = BlPMZ 13, 362) hat § 16a neugefasst, indem in § 16a (1) Satz 1 die Angabe »Abs 1« gestrichen wurde. Dabei handelt es sich um eine Folgeänderung der Abschaffung des Zusatzpatents.
Art 1 Nr 3 des **Zweiten Gesetzes zur Vereinfachung und Modernisierung des Patentrechts (2. PatRModG)** vom 10. August 2021 (BGBl 2021 I S 3490) hat § 16a Absatz 2 durch Aufnahme der Wörter »über den Widerruf (§ 64 Absatz erste Alternative, Absatz 2 und 3 Satz 1 bis 3)« sowie die Wörter »über die Weiterbehandlung (123a)« geändert.

2 **Europäisches Patentrecht:**

Art 63 EPÜ *Ergänzendes Schutzzertifikat/ supplementary protection certificate* **§ 16a**

Artikel 63 EPÜ Laufzeit des europäischen Patents *(term of the European patent)*
(1) Die Laufzeit des europäischen Patents beträgt zwanzig Jahre, gerechnet vom Anmeldetag an.
(2) Absatz 1 lässt das Recht eines Vertragsstaats unberührt, unter den gleichen Bedingungen, die für nationale Patente gelten, die Laufzeit eines europäischen Patents zu verlängern oder entsprechenden Schutz zu gewähren, der sich an den Ablauf der Laufzeit des Patents unmittelbar anschließt,
a) um einem Kriegsfall oder einer vergleichbaren Krisenlage dieses Staats Rechnung zu tragen;
b) wenn der Gegenstand des europäischen Patents ein Erzeugnis oder ein Verfahren zur Herstellung oder eine Verwendung eines Erzeugnisses ist, das vor seinem Inverkehrbringen in diesem Staat einem gesetzlich vorgeschriebenen behördlichen Genehmigungsverfahren unterliegt.
(3) Absatz 2 ist auf die für eine Gruppe von Vertragsstaaten im Sinne des Artikels 142 gemeinsam erteilten europäischen Patente entsprechend anzuwenden.
(4) Ein Vertragsstaat, der eine Verlängerung der Laufzeit oder einen entsprechenden Schutz nach Absatz 2 b) vorsieht, kann auf Grund eines Abkommens mit der Organisation dem Europäischen Patentamt mit der Durchführung dieser Vorschriften verbundene Aufgaben übertragen.
Art 63 (2) b EPÜ ermächtigt die Vertragsstaaten, die Laufzeit eines europ Patents für zulassungspflichtige Produkte zu verlängern oder einen entsprechenden Schutz zu gewähren, der sich an die Laufzeit des europ Patents unmittelbar anschließt. Davon ist durch die EG-V Nr 1768/92 (jetzt EG-V 469/2009) und EG-V 1610/96 und § 16a Gebrauch gemacht worden. Ein Schutzzertifikat kann nach Art II § 6a IntPatÜG auch für europ Patente, die mit Wirkung für die BRD erteilt worden sind, erteilt werden.

EG-Verordnungen:
1. Durch die kodifizierte Fassung der **EG-V 469/2009 (AMVO) vom 6. Mai 2009** über das **ergänzende Schutzzertifikat für Arzneimittel**[1] (abgedruckt in Anhang 1 zu § 16a) wurde die EWG-V 1768/92 vom 18. Juni 1992 über die Schaffung eines ergänzenden Schutzzertifikats für Arzneimittel ersetzt, die zuvor mehrfach und erheblich geändert worden war. Die Kodifizierung erfolgte vor allem aus Gründen der Klarheit und Übersichtlichkeit (vgl Erwägungsgrund 1 der AMVO). Dementsprechend wurden neben der Streichung der insoweit überholten Übergangsbestimmungen der Art 3 (b) S 2, Art 19, Art 21 sowie der Erwägungsgründe 10 bis 12 keine weiteren inhaltlichen Änderungen vorgenommen.[2] Die AMVO enthält daher im Hinblick auf die Vorgängerverordnung auch keine besonderen Übergangsbestimmungen. Damit findet die AMVO grundsätzlich auch auf Schutzzertifikate Anwendung, die vor ihrem Inkrafttreten erteilt wurden. Die Voraussetzungen für die Zertifikatserteilung beurteilen sich allerdings weiterhin nach der Rechtslage zum Zeitpunkt der Erteilung.[3]
2. **EG-V 1610/96 (PSMVO) vom 23. Juli 1996** über die Schaffung eines ergänzenden Schutzzertifikats für **Pflanzenschutzmittel** (abgedruckt in Anhang 2 zu § 16a). Die PSMVO ist im Wesentlichen inhaltsgleich zur AMVO formuliert, Unterschiede zwischen den beiden Verordnungen bestehen vor allem bei der Definition des Erzeugnisses sowie im Hinblick auf die Genehmigung für das Inverkehrbringen.
3. **EG-V 1901/2006 (Kinder-AMVO) vom 12. Dezember 2006** über **Kinderarzneimittel** und zur Änderung der Verordnung (EWG) Nr 1768/92, der Richtlinien 2001/20/EG und 2001/83/ EG sowie der Verordnung (EG) Nr 726/2004.[4] Durch Kinder-AMVO wurden in der AMVO 1768/92 die Art 1, 7, 8, 9, 10, 11, 13, 16 und 17 geändert sowie Art 15a neu eingefügt.

Lit: Brückner, ESZ, 3. Aufl, 2020; Stief, Rechtliche Probleme des ergänzenden Schutzzertifikats für Arzneimittel. Am Beispiel von medizinischen Indikationen, Hilfsstoffen und Wirkstoffkombinationen, 2020; Uexkull/Ridderbusch (Hrsg.), European SPCs Unravelled, A Practitioner's Guide to Supplementary Protection Certificates in Europe, 2018; Max Planck Institute for Innovation and Competition, Study on the Legal Aspects of Supplementary Protection Certificates in the EU for

---

1 ABl Nr L 152 v 16.06.09, S 1 = BlPMZ 09, 415.
2 Vgl zur abweichenden Nummerierung einzelner Artikel die Entsprechungstabelle in Anhang II zur AMVO, ABl Nr L 152 vom 16.06.09, S 9 = BlPMZ 09, 415, 419.
3 Vgl österreichischer OGH GRUR Int **11**, 628, 631 *Cipralex*; sowie Kühnen, FS 50 Jahre BPatG (2011), S 361 f.
4 ABl Nr L 378 v 27.12.06, S 20 = BlPMZ 07, 146 ff.

the European Commission, Brussels, 2018; Stief/Bühler, SPC, 2016; Markgraf, ESZ 2015; Schennen, Die Verlängerung der Patentlaufzeit für Arzneimittel im Gemeinsamen Markt, 1993 (Zitierweise: Die Verlängerung).
Lit in Festschriften: FS 80 Jahre Patentgerichtsbarkeit in Düsseldorf, 2016: Bopp, 63; König/von Renesse, 293; **FS Bornkamm, 2014:** Meier-Beck, 699; **FS Griss, 2011:** Schuhmacher/Haybäck, 587; **FS von Meibom, 2010:** Gassner, 71; Feldges/Kramer, **FS Mes, 2009:** Keukenschrijver, 223; **FS 50 Jahre BPatG, 2011:** Kühnen, 361; **Lit in GRUR:** Wolfrum 86, 512; Suchy 92, 7; Kellner 99, 805; Sredl 01, 596; Brändel 01, 875; Würtenberger/Freischem 18, 1027; Stief/Wenzel 20, 1057; **Lit in GRUR Int:** Kunz-Hallstein 91, 351; Pagenberg 92, 224; Schennen 96, 102; Koenig/Müller 00, 121; Straus 01, 591; Jones 11, 1017; Brückner 12, 300; Brückner 12, 1097; Schell 13, 509; Brückner 15, 896; Brückner 16, 647; von Renesse 16, 909; Arunasalam/De Corte 16, 1091; Romandini 19, 9; **Lit in GRUR Prax:** von Czettritz/Kau 18, 396; Lückemann 20, 326; **Lit in Mitt:** Mühlens 93, 213; Scheil 97, 55; Fitzner/Petri 06, 149; Stratmann/Dernauer 08, 150; Alt/Gassner 09, 16; Krauß 09, 49; Brückner/von Czettritz 12, 256; Kramer 12, 434; Brückner 13, 205; Brückner 14, 156; Ackermann, 17, 383; von Czettritz 18, 309; Ackermann 18, 256; Ackermann 18, 477; 20, 309; Haase 21; 101; **Lit in EIPR:** Kunz-Hallstein 90, 209; Whaite/Jones 92, 324; Adams 94, 323; Adams 95, 277; Jones/ Pattern 95, 446; Raff 96, 508; Brazell 02, 155; Reese/Milbradt/Stallberg 10, 146; Moore/Turnbull 11, 728; Moss/Smith 11, 771; **Lit in IIC:** Hoyng/Fink-Hooijer 90, 161; Müller-Stoy/Brückner 11, 629; Bataklieva 13, 750; Vidal-Quadras 19, 971; **Lit in Pharma-Recht:** Hocks 91, 322; **Lit in PharmR:** Bopp/Lux 00, 2; Hufnagel 03, 267; Eggenberger Stöckli/Schaper; Schmidt-Wudy14, 45; 08, 35; Gassner, 11, 361; von Czettritz, 16, 349; Ackermann 19, 429; Lückemann/Schroeder 20, 238; Lückemann/Schroeder; 20, 662; **Lit in PharmInd.:** Goebel 93, 442; **Lit in JPTOS:** von Morzé/ Hanna 95, 495; **Lit in A&R:** Gassner 08, 269; **Lit in sic!:** Calame 05, 694; Kohler/Friedli 11, 92; Schärli/Holzer 12, 284.
Die Richtlinien für das Prüfungsverfahren bei ergänzenden Schutzzertifikaten des DPMA v 23.01.15 (Zitierweise: PrüfungsRL ergänzende Schutzzertifikate) sind abgedruckt in BlPMZ 15, 65 sowie unter http://www.dpma.de/docs/service/formulare/patent/p2799.pdf (Stand: 24.09.16).
Akte zur Revision von Art 63 EPÜ in ABl 92, 1. **Lit in GRUR:** Kunz-Hallstein 91, 351; **Lit in GRUR Int:** Pagenberg 92, 224; **Lit in EIPR:** Kunz-Hallstein 90, 209.

I. Einführung

6   Das ergänzende Schutzzertifikat stellt ein eigenständiges Schutzrecht sui generis dar, das als nationaler Schutztitel ausgestaltet, jedoch durch EG-Verordnungen bereits gemeinschaftsrechtlich einheitlich geregelt ist. Es handelt sich somit um einen Vorläufer eines europäischen Schutzrechts. Die Norm des § 16a enthält die materiell-rechtliche nationale Regelung zur Erlangung eines Schutzzertifikats für ein Patent, das mit Wirkung für die Bundesrepublik Deutschland erteilt worden ist. § 16a (1) eröffnet diese Möglichkeit dabei nicht nur für Arznei- und Pflanzenschutzmittel, für die entsprechende EG-Verordnungen bereits in Kraft getreten sind (AMVO und PSMVO, abgedruckt in Anhang 1 und 2), sondern beinhaltet auch die Option, dass der Kreis von zertifikatsfähigen Produkten durch weitere EG-Verordnungen erweitert werden kann. § 16a (2) und (3) sieht die ergänzende Anwendung von Vorschriften des PatG vor, soweit die EG-Verordnungen keine Bestimmungen enthalten oder nichts Abweichendes regeln (s Rdn 136 ff).

Der durch das Schutzzertifikat begründete, ergänzende Schutz schließt sich unmittelbar an den Ablauf des Grundpatents an, wobei der Patentschutz nicht für die Erfindung als solche verlängert wird, sondern für ein bestimmtes Erzeugnis (Wirkstoff oder Wirkstoffzusammensetzung), das patentgeschützt und im Zertifikats-Anmeldestaat für die Verwendung als Arznei- oder Pflanzenschutzmittel zugelassen ist. Dahinter steht die Zielsetzung – unter Abwägung aller maßgeblichen Interessen[5] – den Patentinha-

---

5   Vgl Erwägungsgrund 10 der AMVO.

bern einen zeitlichen Ausgleich für die aufwändigen Studien und langwierigen Zulassungsverfahren zu gewähren, die vor der Vermarktung von Arznei- und Pflanzenschutzmitteln zu durchlaufen sind und so einen Anreiz für weitere Forschungs- und Entwicklungsleistungen zu schaffen.[6] Darüber hinaus besteht bei Humanarzneimitteln die Möglichkeit, die Schutzdauer eines Zertifikats einmalig um weitere 6 Monate zu verlängern, wenn Ergebnisse pädiatrischer Studien nach der Kinder-AMVO zum Gegenstand des Zertifikats eingereicht werden (s Rdn 115 ff).

Besondere Problemstellungen ergeben sich bei Schutzzertifikaten zum einen aus dem Spannungsverhältnis von Patent- und Zulassungsrecht, zum anderen daraus, dass die einschlägigen EU-rechtlichen Regelungen in Teilen auf den Rückgriff auf die nationalen Patentrechtssysteme angewiesen sind, da es bislang an einer Harmonisierung des Patentrechts fehlt.

II. Anwendungsbereich der Verordnungen

Nach Art 2 AMVO bzw PSMVO fallen unter den Anwendungsbereich der Verordnungen ausschließlich Erzeugnisse, die in dem betreffenden Mitgliedstaat durch ein Grundpatent geschützt sind und vor ihrem Inverkehrbringen als Arznei- oder Pflanzenschutzmittel Gegenstand der in Art. 2 vorgesehenen verwaltungsrechtlichen Genehmigungsverfahren waren. Erzeugnisse, die diese Voraussetzungen nicht erfüllen, sind vom Anwendungsbereich der Verordnungen ausgeschlossen.[7] Zwar besteht durchaus die Option, die Möglichkeit eines ergänzenden Schutzes durch Schutzzertifikate je nach den Umständen und der im pharmazeutischen Sektor gewonnenen Erfahrungen für weitere Erzeugnisgruppen zu schaffen.[8] Dies steht aber unter dem ausdrücklichen Vorbehalt, dass eine solche Anpassung beim Vorliegen der entsprechenden Voraussetzungen nur durch den Verordnungsgeber selbst erfolgen darf. Eine Erweiterung der Anwendbarkeit auf weitere Produktgruppen der beiden ESZ-Verordnungen im Wege einer Analogie scheidet somit aus.[9]

Dies hat der EuGH am Beispiel von Medizinprodukten nochmals ausdrücklich klargestellt. Danach ist die Erteilung eines Schutzzertifikats selbst in jenen Fällen ausgeschlossen, in denen der Antrag ausschließlich auf den Arzneimittelbestandteil eines Medizinprodukts gerichtet ist.[10] Trotz der im Rahmen des Konformitätsbewertungsverfahrens durchzuführenden Überprüfung des Arzneimittelbestandteils, die von der **früheren** Rspr teilweise als funktional gleichwertig zu einer Arzneimittelzulassung iSv

---

6 Vgl Erwägungsgründe 3 bis 9 der AMVO.
7 Vgl im Einzelnen EuGH GRUR Int 11, 934, Rn 34 ff *Synthon/Memantin*; EuGH PharmR 11, 375, Rn 32 ff *Generics/Galantamin*.
8 Vgl den Vorschlag für eine Verordnung (EWG) des Rates über die Schaffung eines ergänzenden Schutzzertifikats für Arzneimittel = KOM [90] 101 endg., Rdn 4)
9 BPatG, Beschl. v. 18.12.18 – 14 W (pat) 1/18 *Futtermitteladditiv* = GRUR 19, 806.
10 Vgl EuGH, Urt. v. 25.10.18, Rechtssache C-527/17 *Boston Scientific Ltd/DPMA* = GRUR 18, 1232; Vorlagebeschluss BPatG, Beschl. v. 18.07.17 – 14 W (pat) 13/16 Paclitaxel freisetzender Stent = GRUR 18, 64.

Art. 2 AMVO angesehen wurde,[11] ist der in einem Medizinprodukt enthaltene Wirkstoff nur dann der Erteilung eines ergänzenden Schutzzertifikats zugänglich, wenn er vor seinem Inverkehrbringen als Arzneimittel ein verwaltungsrechtliches Genehmigungsverfahren gemäß der RL 2001/83/EG EG oder der RL 2001/82/EG durchlaufen hat. Eine Zulassung gemäß der RL 93/42/EWG für eine Medizinprodukt-Arzneimittel-Kombination im Sinne von Art. 1 (4) erfüllt diese Voraussetzung nicht.[12]

III. Voraussetzungen für die Erteilung eines Schutzzertifikates

9 Die AMVO und die PSMO sind in Zielsetzung, Regelungsstruktur, Gegenstand und Wortlaut – von wenigen brachenspezifischen, also auf den Arzneimittel- bzw. auf den Pflanzenschutzmittelsektor bezogenen Besonderheiten abgesehen – weitgehend identisch. Dies ist der den beiden Verordnungen zugrundeliegenden Zielsetzung des europäischen Verordnungsgebers geschuldet, für beide Bereiche eine möglichst weitgehende Einheitlichkeit zu gewährleisten.[13] Dementsprechend sind die Zertifikatsverordnungen zu Arznei- und Pflanzenschutzmitteln grundsätzlich gleich auszulegen, so dass die Rechtsprechung des EuGH gleichermaßen auf beide Verordnungen anzuwenden ist, es sei denn, sie ist im konkreten Einzelfall auf produktspezifische Besonderheiten bezogen.[14]

10 Die materiell-rechtlichen Erteilungsvoraussetzungen für das ergänzende Schutzzertifikat sind in Art. 3 der Verordnung festgelegt. Danach müssen im Anmeldestaat folgende Bedingungen erfüllt sein: Das Erzeugnis muss durch ein in Kraft befindliches Grundpatent geschützt sein, für das Erzeugnis als Arznei- bzw Pflanzenschutzmittel muss eine gültige Genehmigung für das Inverkehrbringen vorliegen, die gleichzeitig die erste Genehmigung für das Erzeugnis ist, und für das Erzeugnis darf nicht bereits ein Zertifikat erteilt worden sein. Während durch die Prüfung von Art. 3 (a) und (b) AMVO bzw Art. 3 Abs 1 (a) und (b) PSMVO aus der Übereinstimmung von Grundpatent und Genehmigung das Erzeugnis bestimmt wird, das durch das Zertifikat geschützt werden soll, handelt es sich bei Art. 3 (c) und (d) AMVO bzw Art. 3 Abs 1 (c) und (d) PSMVO um reine Schranken, die unzulässige Mehrfacherteilungen von Zertifikaten ausschließen sollen.

---

11 Bejahend BPatG PharmR 10, 237 *Yttrium-90 Glasmikrokugeln*; Rechtbank Den Haag ('s-Gravenhage) v 03.06.04 AWB 02/1915 OCT; verneinend BPatG, MPR 11, 23 = BPatGE 50, 11 *Hylan A und Hylan B* = GRUR Int 11, 41 *Cerus Corporation* = GRUR Int 11, 41 *Leibniz-Institut für Neue Materialien* [2014] BL O/328/14, unter www.ipo.gov.uk/pro-types/pro-patent/pro-p-os/o32 814.pdf;
12 Vgl EuGH, Urt. v. 25.10.18, Rechtssache C-527/17 *Boston Scientific Ltd/DPMA* = GRUR 18, 1232.
13 Vgl. hierzu die Begründung des Vorschlags für eine Verordnung (EG) des Europäischen Parlaments und des Rates über die Schaffung eines ergänzenden Schutzzertifikats für Pflanzenschutzmittel, vom 9. Dezember 1994, Rn. 29 ff, sowie Rn 61 f. = KOM (94) 579 endg.
14 Vgl. hierzu BPatG, Beschl. v. 19.09.19 – 14 W (pat) 44/19 *Fungizide Wirkstoffzusammensetzung* = GRUR 20, 162.

1 Erzeugnis

Das Erzeugnis ist der **zentrale Begriff** in den Verordnungen.

Bei dem in Art. 1 (b) AMVO definierten Begriff des Erzeugnisses handelt es sich um einen eigenständigen Begriff, der weder mit dem Begriff der patentrechtlichen Erfindung noch mit dem Gegenstand der arzneimittelrechtlichen Genehmigung für das Inverkehrbringen gleichzusetzen ist, sondern dessen Inhalt und Grenzen durch die Auslegung der AMVO zu bestimmen sind.[15]

Nach Art. 1 (b) AMVO ist Erzeugnis der Wirkstoff oder die Wirkstoffzusammensetzung eines Arzneimittels, wobei der Begriff »**Wirkstoff**« in der Verordnung nicht definiert wird. Der Begriff »Wirkstoff« wird eng ausgelegt, dh darunter fallen nur Stoffe mit eigener arzneilicher Wirkung auf den menschlichen oder den tierischen Organismus.[16] Eine eigene arzneiliche Wirkung haben nur solche Stoffe, die eine *eigene pharmakologische, immunologische oder metabolische Wirkung* ausüben.[17]

Dementsprechend sind bloße **Hilfs-** oder **Trägerstoffe** eines Arzneimittels keine Wirkstoffe.[18]

Dasselbe gilt auch für **Adjuvantien**,[19] da diese ebenfalls keine eigenständigen arzneilichen Wirkungen entfalten.[20] Eine kovalente Bindung eines Stoffs mit einem anderen Wirkstoff schließt die Erteilung eines Zertifikats nicht aus, wenn für den Stoff eine eigene pharmakologische, immunologische oder metabolische Wirkung nachweisbar ist.[21] Lässt sich die Wirkstoffeigenschaft eines Stoffs nicht eindeutig aufgrund der arzneimittelrechtlichen Genehmigung feststellen, da der Stoff weder als Wirkstoff noch als Hilfsstoff oder Adjuvans gesondert ausgewiesen ist, ist diese Frage anhand aller tatsächlichen Umstände des Einzelfalls zu prüfen.[22]

Bei einer **Wirkstoffzusammensetzung** muss eine Kombination von mindestens zwei Wirkstoffen vorliegen.[23] Wird ein Wirkstoff mit einem Hilfs- oder Trägerstoff kombiniert, handelt es sich um keine Wirkstoffzusammensetzung,[24] selbst wenn der Hilfs- oder Trägerstoff notwendig ist, um die therapeutische Wirksamkeit des Wirkstoffs

---

15 Vgl BPatG, Urt. v. 40.02.14 – 3 Ni 5/13 *Telmisartan* = GRUR 14, 1073; Schell GRUR Int **13**, 509.
16 Vgl EuGH GRUR **06**, 694, Rn 16 ff *MIT/Polifeprosan*; EuGH Mitt **07**, 308, Rn 17 ff *Yissum*; nochmals ausdrücklich EuGH BeckRS **2013**, 82 215, Rn 44 *Glaxosmithkline*.
17 In Anknüpfung an die inzwischen vom Gesetzgeber in Art 1 Nr 3a der RL 2001/83 aufgenommene Wirkstoffdefinition; vgl EuGH GRUR **15**, 245, Rn 23 ff *Forsgren*.
18 EuGH GRUR **06**, 694 *MIT/Polifeprosan*; BPatGE **41**, 56 *Clarithromycin* = BeckRS **1999**, 15215.
19 Stoffe, die die Wirkungen eines Arzneistoffes verstärken und vor allem im Bereich der Immunologie eingesetzt werden, um bspw die Immunantwort auf ein Antigen zu stimulieren.
20 EuGH BeckRS **2013**, 82 215, Rn 35 ff *Glaxosmithkline* mit Verweis auch auf eine solche begriffliche Unterscheidung in RL 2001/83; High Court, GRUR Int **13**, 552 *Glaxosmithkline*.
21 Vgl EuGH GRUR **15**, 245, Rn 21 ff *Forsgren*.
22 Vgl EuGH GRUR **15**, 245, Rn 40 ff *Forsgren*; zum Ausgangsfall: Oberster Patent- und Markensenat (Österreich) BeckEuRS **2013**, 751 692.
23 EuGH GRUR **06**, 694 *MIT/Polifeprosan*.
24 BPatGE **41**, 56 *Clarithromycin* = BeckRS **1999**, 15215.

sicherzustellen.²⁵ Ebenso ist auch die Kombination eines Antigens mit einem Adjuvans keine Wirkstoffzusammensetzung iSv Art. 1 (b) AMVO, da das Adjuvans selbst keine eigene arzneiliche Wirkung hat, sondern nur die arzneilichen Wirkungen des Antigens verstärkt.²⁶

16   Bloße **galenische Verbesserungen** eines Wirkstoffs besitzen ebenfalls keinen Wirkstoffcharakter und führen daher zu keinem anderen Erzeugnis. Ebenso wird im Rahmen des Erzeugnisses bei bereits bekannten Wirkstoffen nicht zwischen den unterschiedlichen Verwendungen unterschieden. Wurde ein Wirkstoff bereits in einem Tierarzneimittel verwendet, stellt seine Verwendung in einem später zugelassenen Humanarzneimittel kein anderes Erzeugnis dar.²⁷ Dasselbe gilt für neue therapeutische Nutzungen eines Wirkstoffs, die durch das Grundpatent als zweite medizinische Indikation geschützt sind²⁸ (s aber Rdn 77).

17   Ein Wirkstoff und seine **Derivate (Salze und Ester)** werden gemäß Erwägungsgrund 13 der PSMVO, der nach Erwägungsgrund 17 PSMVO auch für die Auslegung der AMVO heranzuziehen ist, grundsätzlich als ein und derselbe Wirkstoff behandelt. Das Erzeugnis umfasst somit den Wirkstoff mit all denjenigen Derivaten, die pharmakologisch gleichwertig sind und die unter den Schutz des Grundpatents fallen.²⁹ Die weite Fassung des Erzeugnisbegriffs ergibt sich in diesem speziellen Fall daraus, dass es sich hier um chemisch eng verwandte Stoffe handelt. Andererseits lässt sich aus Erwägungsgrund 14 der PSMVO ableiten, dass in den Fällen, in denen ein Derivat andere pharmakologische Eigenschaften aufweist und eigens durch ein Patent beansprucht wird, ein neuer Wirkstoff und somit ein anderes Erzeugnis vorliegt.³⁰ Auch wenn der Begriff des Erzeugnisses im Zertifikatsrecht eigenständig zu bestimmen ist,³¹ können in derartigen Fällen zur Beantwortung der Frage, ob in diesem Sinne ein neuer Wirkstoff vorliegt – oder nicht – für die Auslegung des Art. 1 (b) AMVO Wertungen des Arzneimittelrechts herangezogen werden, die mit denen des Zertifikatsrechts in Einklang stehen.³² Dies gilt insbesondere für die Differenzierung in Art. 10 (2) b) Satz 2 RL 2001/83³³, in dem der Gemeinschaftsgesetzgeber die Frage geregelt hat, wann die verschiedenen

---

25   EuGH GRUR 06, 694 *MIT/Polifeprosan*; aA Generalanwalt Léger, Schlussanträge in der Rechtssache C-431/04, Rn 33 ff *MIT/Polifeprosan*; sowie Alt/Gassner, Mitt 09, 16, 19 f.
26   EuGH BeckRS 2013, 82 215 *Glaxosmithkline*.
27   EuGH GRUR 05, 139 *Pharmacia Italia/Dostinex*.
28   EuGH Mitt 07, 308 *Yissum*.
29   EuGH GRUR Int 00, 69 *Farmitalia/Idarubicin*; vertiefend hierzu Schennen, GRUR Int 96, 102, 106 f.; BPatG Beschl. v. 7.12.2007 – 14 W (pat) 14/05 *Doxorubicin-Sulfat* = BeckRS 2008, 9068.
30   BGH GRUR 10, 123, 131, Rn 76 f *Escitalopram*; Vgl hierzu BPatG, Beschl. v. 5.9.17 – 14 W (pat) 25/16 Paliperidonpalmitat = GRUR Int, 17, 961; Schennen, GRUR Int 96, 102, 107.
31   Vgl BGH GRUR 02, 415, Abschnitt III.4.b *Sumatriptan*; Schell, GRUR Int 13, 509.
32   Vgl EuGH PharmR 14, 98, Rn. 36–38 *Glaxosmithkline*; BPatG, Beschl. v. 5.9.17 – 14 W (pat) 25/16 *Paliperidonpalmitat* = GRUR Int, 17, 961.
33   Sowie Anhang 1, Teil II.3 der RL 2001/83; Art 3 (1) und (2) EG-V 726/2004 iVm Punkt 3 des Anhangs der EG-V 726/2004; Notice to Applicants, Vol. 2A, Chapter 1, vom Dezember 2016, Annex I und II; sowie »Reflection paper on considerations given to designation of a single stereo isomeric form (enantiomer), a complex, a derivative, or a different salt or ester as new active substance in relation to the relevant reference active substance« der EMA, unter http://www.ema.europa.eu/ema/; § 24b (2) Satz 2 AMG.

Formen eines Wirkstoffs als ein und derselbe bzw als unterschiedliche Wirkstoffe gelten. Danach gilt, dass ein Wirkstoff und seine Derivate grundsätzlich als derselbe Wirkstoff zu werten sind, »es sei denn, ihre Eigenschaften unterscheiden sich erheblich hinsichtlich der Sicherheit und/oder Wirksamkeit«.[34] Dementsprechend ist auch für die zertifikatsrechtlich zu beantwortende Frage, ob es sich bei zwei Wirkstoffen um unterschiedliche Erzeugnisse im Sinne von Art. 1 (b) AMVO handelt, darauf abzustellen, ob deren stoffliche Eigenschaften derart voneinander abweichen, dass sich dies in einer unterschiedlichen pharmakologischen, immunologischen oder metabolischen Wirkung niederschlägt.[35]

Bei **Enantiomeren** stellt sich ebenfalls die Frage, wie sie iSd Verordnungen zu behandeln sind. Enantiomere sind Moleküle mit derselben Struktur, die sich lediglich in der räumlichen Anordnung ihrer Atome voneinander unterscheiden. Sie verhalten sich räumlich zueinander wie Bild und Spiegelbild, wobei ein Razemat eine Mischung zweier einander entsprechender Enantiomere im Verhältnis 1:1 ist. Da Razemate aufgrund der unterschiedlichen biologischen Aktivität ihrer Enantiomere regelmäßig nicht so spezifisch wirksam sind wie enantiomerenreine Verbindungen, werden in der Pharma- und Pflanzenschutzforschung razemische Mischungen zunehmend in ihre Enantiomere aufgespalten. Soweit beide Enantiomere eine eigene arzneiliche Wirkung entfalten und nicht eine enantiomere Form eine bloße Verunreinigung oder einen Hilfs- oder Zusatzstoff darstellt, ist das Razemat im Verhältnis zu einem einzelnen Enantiomer entweder als anderer Wirkstoff[36] oder jedenfalls als eine andere Wirkstoffzusammensetzung[37] anzusehen. Der BGH hat insoweit offengelassen, ob das Razemat in Analogie zu den Erwägungsgründen 13 und 14 iVm Erwägungsgrund 17 PSMVO als Wirkstoff (und seine Enantiomere als Derivate) oder aber als eine Wirkstoffzusammensetzung zu behandeln ist. Damit ein anderes Erzeugnis vorliegt, ist es jedoch in beiden Fällen erforderlich, dass das betreffende Enantiomer Gegenstand eines eigenen Patents ist, in dem es besonders beansprucht wird.[38]

18

Bei biologischen Arzneimitteln[39] ist zu prüfen, wie Nachahmerpräparate – sog **Biosimilars**[40] – im Rahmen des Zertifikatsrechts zu behandeln sind. Nachdem die Ausgangsstoffe von Biopharmazeutika von lebenden Zellen oder Organismen stammen, können bereits geringfügige Unterschiede bei den verwendeten Rohstoffen oder den

19

---

34 Vgl hierzu BPatG, Beschl. v. 5.9.17 – 14 W (pat) 25/16 *Paliperidonpalmitat* = GRUR Int, 17, 961. Vgl hierzu Kortland in Kügel/Müller/Hofmann, Arzneimittelgesetz, 2. Aufl 2016, § 24b, Rn 70; diese Gesichtspunkte konnten in BGH GRUR 09, 41 *Doxorubicin-Sulfat* noch nicht berücksichtigt werden. Gleiches gilt für BPatG v 27.11.08 – 14 W (pat) 9/06 *Triptorelin* = BeckRS 2009, 08 935.
35 Vgl hierzu BPatG, Beschl. v. 5.9.17 – 14 W (pat) 25/16 *Paliperidonpalmitat* = GRUR Int, 17, 961.
36 Vgl BPatG GRUR Int 00, 921 = BPatGE 42, 258 *Fusilade*.
37 Vgl Court of Appeal, [2009] EWCA Civ 646 *Generics/Daiichi* (unter www.bailii.org/ew/cases/EWCA/Civ/2009/646.html).
38 BGH GRUR 10, 123, 131, Rn 75 f *Escitalopram*.
39 Vgl zum Begriff: Anhang I, Teil I, Nr 3.2.1.1. Buchst b) RL 2001/83/EG.
40 Mit weiteren Nachweisen: Ambrosius in Fuhrmann/Klein/Fleischfresser, Arzneimittelrecht, 2. Aufl 2014, § 6, Rn 223 ff; Wagner in Dieners/Reese, Handbuch des Pharmarechts, 2010, § 6, Rn 81 ff;

jeweiligen Herstellungsprozessen zu relevanten Unterschieden in der Wirksamkeit und Sicherheit des betreffenden Arzneimittels führen. Da sich bei einem Biosimilar somit aufgrund der jeweils spezifischen Herstellungsweise (bspw die Expression von Proteinen in Insektenzellen oder Bakterien) therapeutisch relevante Unterschiede gegenüber dem Originalwirkstoff nicht ausschließen lassen, kann bei einem Biosimilar nicht in demselben Maß wie bei einem chemisch definierten Wirkstoff und dessen Derivaten von einer Wirkstoffgleichheit[41] ausgegangen werden. Dementsprechend gelten für die Genehmigung von Biosimilars (Art. 10 (4) RL 2001/83/EG bzw § 24b (5) AMG) auch deutlich höhere Prüfungsanforderungen im Vergleich zu Generika von chemisch-synthetischen Arzneimitteln. Für das Zertifikatsrecht ergibt sich aus alldem, dass Biosimilars nicht von vornherein als derselbe Wirkstoff, dh als dasselbe Erzeugnis angesehen werden können.[42]

20 Nach Art. 1 Nr 8 der PSMVO ist ein Erzeugnis der Wirkstoff oder die Wirkstoffzusammensetzung eines **Pflanzenschutzmittels**. Der Begriff »Wirkstoff« wird in Art. 1 Nr 3 PSMVO als Stoffe und Mikroorganismen, einschließlich Viren, mit allgemeiner oder spezifischer Wirkung gegen (a) Schadorganismen, (b) auf Pflanzen, Pflanzenteile oder Pflanzenerzeugnisse näher bestimmt. Aus der Begriffsdefinition von Pflanzenschutzmitteln in Art. 1 Nr 1 PSMVO, in der die Anwendungen spezifiziert werden, für welche die in Pflanzenschutzmitteln enthaltenen Wirkstoffe bestimmt sind, leitet der EuGH ab, dass nur solche Stoffe »Wirkstoffe« im Sinne der Verordnung sind, die *eine eigene toxische, phytotoxische oder pflanzenschützende Wirkung* entfalten.[43] In diesem Zusammenhang weist der Gerichtshof darauf hin, dass in der Verordnung nicht danach unterschieden wird, ob diese Wirkung unmittelbar oder mittelbar ist, weshalb der Begriff »Wirkstoff« nicht auf Stoffe begrenzt ist, deren Wirkung als unmittelbar eingestuft werden kann.[44] Dies ist wohl so zu verstehen, dass es allein darauf ankommt, *ob* ein Stoff eine solche Wirkung besitzt, ohne dass es insoweit von Belang wäre, ob diese Wirkung unmittelbar oder mittelbar eintritt.[45]

21 **Safener**[46] fallen unter den Wirkstoffbegriff des Art. 1 Nr 3 PSMVO, soweit eine eigene pflanzenschützende Wirkung für den Stoff nachgewiesen ist.[47]

---

41 Reese/Stallberg in Dieners/Reese, Handbuch des Pharmarechts, 2010, § 17, Rn 279 f.
42 Vgl Record of the Third meeting of national »Supplementary Protection Certificate« experts held on 26.08.08 at the EMEA, 5.2; Brückner, ESZ, 3. Aufl 2020, Art 1, Rn 119 ff; in diese Richtung deutet wohl auch EuGH GRUR 14, 160, Rn 38 *Georgetown II* = GRUR Int 14, 149 = Mitt 14, 81 (Ls) = PharmR 14, 55.
43 EuGH GRUR 14, 756, Rn 30 ff *Bayer Cropscience/Isoxadifen*.
44 EuGH GRUR 14, 756, Rn 33 *Bayer Cropscience/Isoxadifen*.
45 Vgl zur Illustration die vom EuGH angeführten Fälle: für Arzneimittel EuGH GRUR 12, 1167, Rn 36 *Chemische Fabrik Kreussler* = GRUR Int 12, 1025; sowie in Bezug auf Biozid-Produkte EuGH PharmR 12, 208, Rn 31 *Söll/TETRA* = Mitt 12, 271 (Ls) = BeckRS 2012, 80 439.
46 Vgl Art 2 EG-V 1107/2009: Stoffe, die einem Pflanzenschutzmittel beigefügt werden, um die phytotoxische Wirkung des Pflanzenschutzmittels auf bestimmte Pflanzen zu unterdrücken.
47 Vgl EuGH GRUR 14, 756, Rn 35 ff *Bayer Cropscience/Isoxadifen*; Schlussanträge des Generalanwalts Jääskinen BeckRS 2014, 80 416 *Bayer Cropscience/Isoxadifen*; BPatG GRUR 15, 1098 *Bayer Cropscience/Isoxadifen*; zur Vorlage: BPatG GRUR 13, 494 *Bayer Cropscience/Isoxadifen*.

Ob eine neue Zulassung für ein Arznei- oder Pflanzenschutzmittel erforderlich ist, ist für die Definition des Erzeugnisses nicht relevant, da bereits geringfügige Änderungen des jeweiligen Mittels aus Sicherheitsaspekten ein neues Zulassungsverfahren notwendig machen.[48]

2 Bestehen eines Grundpatents

Voraussetzung für eine Zertifikatserteilung ist, dass zum Zeitpunkt der Einreichung des Zertifikatsantrages im Anmeldestaat ein in Kraft befindliches (nationales oder europäisches) Grundpatent besteht, durch welches das für die Zertifikatserteilung vorgesehene Erzeugnis geschützt wird (Art. 3 (a) AMVO). Der Patentschutz kann sich aus einem Erzeugnis-, Verfahrens- oder Verwendungspatent ergeben (Art. 1 (c) AMVO). Zum Anmeldezeitpunkt des Zertifikats bereits erloschene, rechtskräftig widerrufene oder für nichtig erklärte Patente scheiden als Grundlage für eine Zertifikatserteilung aus;[49] unschädlich ist es, wenn die Laufzeit des Grundpatents *nach* Einreichung der Zertifikatsanmeldung endet.

Gemäß den Erwägungsgründen 7 und 8 AMVO[50] soll der Inhaber eines nationalen oder europäischen Patents in jedem Mitgliedstaat unter denselben Voraussetzungen ein ESZ erhalten können.[51] Gerade bei der Auslegung und Anwendung des Art. 3 (a) AMVO bzw des Art. 3 (1) a) PSMVO ergeben sich in dieser Hinsicht besondere Schwierigkeiten, da diese Bestimmung die Schnittstelle zwischen Patent- und Zertifikatsrecht bildet: das Schutzzertifikat verlängert den Monopolschutz für ein bestimmtes, patentgeschütztes Erzeugnis.

Die umstrittenste Frage des Zertifikatsrechts ist die Frage nach den maßgeblichen **Auslegungskriterien** für die Prüfung von Art. 3 (a) AMVO. Der EuGH weist in diesem Zusammenhang stets darauf hin, dass es sich bei den Regeln, die zur Bestimmung dessen heranzuziehen sind, was iSv Art. 3 (a) AMVO »durch ein in Kraft befindliches Grundpatent geschützt« ist, um jene handelt, die den Umfang der Erfindung betreffen, die Gegenstand eines solchen Patents ist. Bei »europäischen« Patenten ist dies Art. 69 EPÜ sowie das Protokoll zu dessen Auslegung, und für deutsche Patente § 14 PatG – und damit aufgrund der fehlenden Harmonisierung des Patentrechts auf Unionsebene solche Vorschriften, die nicht zum Unionsrecht gehören. Für ihre Auslegung kann der EuGH den Gerichten der Mitgliedstaaten keine Hinweise geben, da er insoweit keine Zuständigkeit besitzt.[52]

Dagegen ist es die Aufgabe des EuGH die unionsrechtliche Vorschrift des Art. 3 (a) AMVO auszulegen und damit festzulegen, für welche Erzeugnisse Zertifikatsschutz erteilt werden darf und für welche nicht. Hierfür muss er für alle Mitgliedstaaten ver-

---

48 EuGH GRUR Int 01, 754, 756 *BASF/Chloridazon*; BPatG GRUR Int 00, 921, 923 = BPatGE 42, 258, 266 *Fusilade*.
49 BPatG GRUR 00, 398 *Abamectin* = BPatGE 41, 231.
50 Bei der PSMVO die Erwägungsgründe 9 und 10.
51 EuGH GRUR 12, 257, Rn 24 *Medeva*.
52 Vgl. EuGH, Urt. v. 12. 12.13 – C-493/12, Rn 40 *Eli Lilly* = GRUR 14, 145; EuGH GRUR Int 00, 69, Rn 26 f *Farmitalia/Idarubicin*; BGH, Urt. v. 22.9.2020 – X ZR 172/18, Rn 25 *Truvada* = GRUR 21, 42.

bindlich die Anforderungen bestimmen, die an das Tatbestandsmerkmal »durch ein in Kraft befindliches Grundpatent geschützt« zu stellen sind. Damit setzt er die Zielsetzungen der AMVO um, einen einheitlichen Schutz von neuen Arzneimitteln auf Gemeinschaftsebene zu schaffen und Beeinträchtigungen des gemeinsamen Binnenmarkts zu verhindern. Dieser mit dem Erlass der beiden ESZ-Verordnungen angestrebte Harmonisierungsaspekt schließt es somit von vornherein aus, den maßgeblichen Zusammenhang zwischen Erzeugnis und Grundpatent ausschließlich den patentrechtlichen Regelungen der einzelnen Mitgliedstaaten zu überlassen. Dies widerlegt gleichzeitig die Annahme, Art. 3 (a) AMVO könnte direkt und in vollem Umfang auf die Auslegungsvorschriften des EPÜ bzw. des nationalen Patentrechts verweisen.

27 Aufgrund der bestehenden Uneinheitlichkeit der patentrechtlichen Situation in Europa sind im Rahmen des Zertifikatsrechts die unterschiedliche Rechtsordnungen von Unionsrecht (AMVO), Völkerrecht (EPÜ) und nationalem Recht (PatG) zu berücksichtigen. Dem trägt der Gerichtshof in seiner Auslegung von Art. 3 (a) AMVO wie folgt Rechnung:
– Zunächst legt er das Merkmal »geschützt« von Art. 3 (a) AMVO im Rahmen seiner Entscheidungen über die Vorabentscheidungsersuchen der Mitgliedstaaten dahingehend aus, dass diese Erteilungsvoraussetzung nur als erfüllt angesehen werden kann, wenn sich die Ansprüche des Grundpatents stillschweigend, aber notwendigerweise und spezifisch auf das fragliche Erzeugnis beziehen. Mit seinen Entscheidungen »Teva«[53] und »Royalty Pharma«[54] hat er diesen spezifischen Bezug weiter konkretisiert und insbesondere Vorgaben dazu gemacht, welches Maß an Konkretheit die betreffenden Forschungsleistungen erreicht und zu welchem Zeitpunkt sie vorgelegen haben müssen, damit die Erteilung eines Schutzzertifikats in Übereinstimmung mit den Zielsetzungen der AMVO steht.
– Für die Prüfung, ob die Auslegung der jeweiligen Patentansprüche ergibt, dass die Unionsrecht geforderten Erteilungsvoraussetzungen erfüllt sind (oder nicht), gelten dann die für die Auslegung von Patentansprüchen maßgeblichen Grundsätze des EPÜ bzw. des PatG, die der Auslegungskompetenz der nationalen Gerichte bzw. des EPA unterliegen.[55]

28 Damit bewegt sich die Rspr. des Gerichtshofs im Rahmen der ihm obliegenden Verpflichtung, die unionsrechtliche Bestimmung des Art. 3 (a) AMVO für alle Mitgliedstaaten verbindlich auszulegen, ohne dabei in die patentrechtlichen Auslegungsgrundsätze des EPÜ oder des PatG einzugreifen.

29 Ebenso wie das Patentrecht unterscheidet das Zertifikatsrecht zwischen der Erteilung des Schutzrechts (Art. 3) und dessen Schutzbereich bzw Schutzwirkungen (Art. 4 und 5). Von dieser systematischen Differenzierung ist bei der Auslegung des Art. 3 (a) AMVO auszugehen.[56]

---

53 EuGH (Große Kammer), Urt. v. 25.07.18 – C-121/17 *Teva* = GRUR 18, 908.
54 EuGH Urt. v. 30.4.20 – C-650/17 *Royalty Pharma* = GRUR 20, 596.
55 Vgl EuGH (Große Kammer), Urt. v. 25.07.18 – C-121/17 *Teva*, Rn 31 ff = GRUR 18, 908.
56 So bereits BPatGE 35, 145, 169 f *Idarubicin* = GRUR Int 14, 145 = PharmR 14, 208 *Farmitalia/Idarubicin*; EuGH GRUR 12, 257, Rn 25 ff *Medeva*; EuGH GRUR 14, 163, Rn 33 ff = GRUR Int 14, 145 = PharmR 14, 208 *Eli Lilly*.

Im Rahmen der Prüfung der Bestimmungen des Art. 3 (a) und (b) AMVO bzw Art. 3 **30** Abs 1 (a) und (b) PSMVO wird der **Schutzgegenstand des Zertifikats** festgelegt.[57] Der EuGH hat klargestellt, dass bei der Beantwortung der Frage, ob ein Erzeugnis iSv Art. 3 (a) AMVO durch ein Grundpatent geschützt ist, nicht auf den **Schutzbereich** abgestellt werden darf, der dem Patent in einem **fiktiven Verletzungsprozess**[58] zukommen würde.[59] Das Erzeugnis muss vielmehr den engeren **Schutzgegenstand** des Grundpatents repräsentieren.[60]

Die maßgeblichen Kriterien für die Auslegung des Art. 3 (a) AMVO hat der EuGH zunächst in seinen Entscheidungen »Medeva«[61] und »Eli Lilly«[62] festgelegt. Danach ist es erforderlich, dass das Erzeugnis Gegenstand der betreffenden Patentansprüche des Grundpatents ist.[63] Hierfür muss der Wirkstoff oder die Wirkstoffzusammensetzung in den Ansprüchen des Grundpatents genannt sein.[64] Dies gilt gleichermaßen für Einzelwirkstoffe wie für Wirkstoffkombinationen.[65] Der betreffende Wirkstoff oder die Wirkstoffzusammensetzung müssen jedoch **nicht explizit** in den Patentansprüchen *»genannt«* sein, vielmehr ist es ausreichend, wenn das Erzeugnis im Anspruchswortlaut des Grundpatents derart bestimmt ist, dass es der Durchschnittsfachmann auch ohne ausdrückliche Erwähnung unmittelbar und eindeutig als Ausführungsform der Erfindung konkret erkennt bzw ohne Weiteres mitliest.[66]

Die bislang von der Rspr entschiedenen Fälle zeigen, dass sich bei der Prüfung der **31** Erteilungsvoraussetzung des Art. 3 (a) vor allem Probleme bei Patentansprüchen mit generalisierenden Formulierungen ergeben: Entweder, dass bei einer Wirkstoffzusam-

---

57 Vgl zur Differenzierung zwischen der Ermittlung des Schutzgegenstands der Patentansprüche und der Bestimmung des Schutzbereichs: Meier-Beck GRUR 03, 905, II.1.
58 Sogenannter Infringement-Test, vgl High Court, [2008] EWHC 1902 (Pat), Rn 21 ff *Gilead Sciences* (veröffentlicht unter http://www.bailii.org/ew/cases/EWHC/Patents/2008/1902.html).
59 EuGH GRUR 12, 257, Rn 25 ff *Medeva*; EuGH GRUR 14, 163, Rn 33 = GRUR Int 14, 145 = PharmR 14, 208 *Eli Lilly*; so auch nach der Entscheidung des EuGH Court of Appeal, v 03.05.2012 – [2012] EWCA Civ 523, Rn 32 ff *Medeva* (unter http://www.bailii.org/ew/cases/EWCA/Civ/2012/523.html); BPatG GRUR 13, 58 *Ranibizumab* = BPatGE 53, 231 = BlPMZ 12, 392 (Ls 2) = BeckRS 2012, 17 983 (Volltext).
60 EuGH, Urt. v. 12. 12.13 – C-493/12, Rn 34 f *Eli Lilly* = GRUR 14, 145; EuGH, Urt. v. 24.11.11 – C-322/10, Rn 27 *Medeva* = GRUR 12, 257; vgl. hierzu auch Kühnen, Handbuch der Patentverletzung, 13. Aufl. 2021, Kapitel A, Rn 258 ff.
61 EuGH GRUR 12, 257, Rn 25 ff *Medeva*.
62 EuGH GRUR 14, 163 *Eli Lilly*.
63 Vgl Schlussanträge der Generalanwältin Trstenjak in den Rechtssachen C-322/10 und C-422/10 *Medeva BV* und *Georgetown University*, Rn 98, 113 = BeckRS 2011, 81 118.
64 EuGH GRUR 12, 257, Rn 25, 28 *Medeva*; EuGH BeckRS 2011, 81 931 *University of Queensland and CSL*; EuGH GRUR-RR 12, 55, Rn 39 *Yeda*.
65 BPatG GRUR 13, 58 *Ranibizumab* = BPatGE 53, 231 = BlPMZ 12, 392 (Ls) = BeckRS 2012, 17 983 (Volltext).
66 EuGH GRUR 14, 163, Rn 44 *Eli Lilly* = GRUR Int 14, 145 = PharmR 14, 208; BPatG GRUR 13, 58 *Ranibizumab* = BlPMZ 12, 392 (Ls) = BeckRS 2012, 17 983 (Volltext); LG Düsseldorf GRUR-RR 12, 420, Punkt 1 aa *Irbesartan/HCT*.

mensetzung der zweite oder die weiteren Wirkstoffe überhaupt nicht[67] bezeichnet werden, oder ein Wirkstoff als Einzelwirkstoff[68] oder Teil einer Wirkstoffkombination[69] ausschließlich über funktionelle Merkmale charakterisiert wird. Gemäß den EuGH-Urteilen *Medeva* und *Eli Lilly* müssen sämtliche Wirkstoffe einer Kombination oder ein Einzelwirkstoff in den fraglichen Patentansprüchen identifizierbar angegeben sein, wobei außer einer strukturellen Definition grundsätzlich auch eine funktionelle Definition ausreichend sein kann.[70] Ob die im konkreten Fall zu beurteilenden Patentansprüche gemäß den vom EuGH aufgestellten Anforderungen den Schluss zulassen, dass sie sich *stillschweigend, aber notwendigerweise auf den fraglichen Wirkstoff beziehen, und zwar in spezifischer Art und Weise*, ist über die Auslegung der Ansprüche nach den zu § 14 PatG bzw zu Art. 69 Abs 1 EPÜ iVm Art. 1 des Auslegungsprotokolls entwickelten Kriterien zu beurteilen.[71] Danach ist der Sinngehalt der Patentansprüche unter Heranziehung der Beschreibung und Zeichnungen zu ermitteln.[72]

32   Es steht daher der Erteilung eines Schutzzertifikats für einen Wirkstoff grundsätzlich nicht entgegen, wenn dieser unter eine in den Patentansprüchen des Grundpatents enthaltene Funktionsformel fällt, allerdings nur unter der Voraussetzung, dass diese nach Art. 69 EPÜ und dem Protokoll über die Auslegung des EPÜ unter anderem im Lichte der Beschreibung der Erfindung auszulegenden Ansprüche, den Schluss zulassen, dass diese sich stillschweigend, aber notwendigerweise auf den in Rede stehenden Wirkstoff beziehen, und zwar in spezifischer Art und Weise.[73] Damit hat der Gerichtshof verdeutlicht, dass die Möglichkeit von Zertifikatsschutz für äquivalente Ausführungsformen ausgeschlossen ist.[74]

33   In seinen Entscheidungen »Teva«[75] und »Royalty Pharma«[76] hat der EuGH die Kriterien für die Auslegung des Art. 3 (a) AMVO nochmals verdeutlicht. In diesem Zusammenhang hat der Gerichtshof auch nochmals ausdrücklich bestätigt, dass die Frage, ob

---

67   Vgl hierzu die Fallgestaltungen in den Entscheidungen: EuGH GRUR **12**, 257 *Medeva*; High Court, [2003] EWHC 649 (Pat) *Takeda*; High Court, [2008] EWHC 1902 (Pat) *Gilead Sciences* (noch unter Anwendung des Infringement-Tests, ebenso wie die Parallelentscheidung BPatG v 12.05.11 – 15 W (pat) 24/07 *Tenofovir* = BeckRS **2011**, 16 965); vgl Vorlageentscheidung des High Court v 13.01.17, [2017] EWHC 13 (Pat) Teva/Gilead Sciences (veröffentlicht unter http://www.bailii.org/ew/cases/EWHC/Patents/2017/13.html = Rechtssache C-121/17) zur Auslegung von Art 3 (a) AMVO bzgl der Nichtigkeit des für Gilead erteilten ESZ; High Court [2009] EWHC 1916 (Pat) *Astellas*.
68   EuGH GRUR **14**, 163, Rn 38 *Eli Lilly* = GRUR Int **14**, 145 = PharmR **14**, 208; High Court, [2012] EWHC 2290 (Pat) *Eli Lilly*, unter http://www.bailii.org/ew/cases/EWHC/Patents/2012/2290.html.
69   Vgl zu einer solchen Fallgestaltung EuGH GRUR **14**, 157, Rn 30 ff *Actavis/Sanofi* (der diese Frage allerdings nicht explizit beantwortet hat); sowie die Vorlage des High Court GRUR Int **13**, 37, Rn 65 ff *Actavis/Sanofi*; LG Düsseldorf GRUR-RR **12**, 420, Rn 55 *Irbesartan/HCT*.
70   EuGH GRUR **14**, 163, Rn 38 *Eli Lilly* = GRUR Int **14**, 145 = PharmR **14**, 208; EuGH GRUR **12**, 257, Rn 25 ff *Medeva*.
71   EuGH GRUR **14**, 163 Rn 39, 44 f *Eli Lilly* = GRUR Int **14**, 145 = PharmR **14**, 208.
72   Vgl Meier-Beck GRUR **03**, 905, II.1, insbesondere zur Differenzierung zwischen der Ermittlung des Schutzgegenstands der Patentansprüche und der Bestimmung des Schutzbereichs.
73   EuGH GRUR **14**, 163, Rn 39 *Eli Lilly* = GRUR Int **14**, 145.
74   AA Meier-Beck, GRUR **18**, 657.
75   EuGH (Große Kammer), Urt. v. 25.07.18 – C-121/17 *Teva* = GRUR **18**, 908.
76   EuGH Urt. v. 30.4.20 – C-650/17 *Royalty Pharma* = GRUR **20**, 596.

das Erzeugnis, für das ein Schutzzertifikat begehrt wird, vom Kern der erfinderischen Tätigkeit erfasst wird, für die Prüfung von Art. 3 (a) AMVO ohne Relevanz ist.[77]

Des Weiteren hat der EuGH festgestellt, dass ein Erzeugnis iSv Art. 3 (a) AMVO dann durch ein in Kraft befindliches Grundpatent geschützt ist, wenn es 34
1. einer in einem der Ansprüche des Grundpatents verwendeten allgemeinen funktionellen Definition entspricht und notwendigerweise zu der durch dieses Patent geschützten Erfindung gehört, ohne dass es aber individualisiert als konkrete Ausführungsform aus der Lehre des Patents zu entnehmen ist,
   soweit das Erzeugnis (Hervorhebung durch den Kommentator)
2. durch einen Fachmann unter Zugrundelegung seiner allgemeinen Kenntnisse in dem betreffenden Bereich am Anmelde- oder am Prioritätstag des Grundpatents und unter Berücksichtigung des Stands der Technik zu diesem Zeitpunkt im Licht aller durch das Patent offengelegten Angaben in spezifischer Weise zu identifizieren ist.[78]

Damit hat der Gerichtshof deutlich gemacht, dass die Tatsache, dass ein Wirkstoff unter die funktionelle Definition des Grundpatents fällt (und damit das erste Prüfungskriterium erfüllt), nicht bereits ausreichend ist, um das Erzeugnis iSv Art. 3 (a) AMVO als durch ein in Kraft befindliches Grundpatent geschützt ansehen zu können.[79] Vielmehr ist es zusätzlich erforderlich, dass der Fachmann das konkrete Erzeugnis im Licht aller durch das Patent offengelegten Angaben nach dem Stand der Technik am Anmelde- oder Prioritätstag des Patents identifizieren können muss.[80] 35

Ein Rückgriff auf Erkenntnisse von nach dem Anmelde- oder Prioritätstag des Grundpatents durchgeführten Forschungen ist bei der Prüfung der somit maßgeblichen Frage »*Ist das Erzeugnis unter Berücksichtigung der durch das Patent offengelegten Angaben für den Fachmann am Prioritätstag spezifisch identifizierbar?*« nicht zulässig, da der Inhaber des Grundpatents sonst unberechtigterweise in den Genuss eines Schutzes für diese Ergebnisse kommen könnte.[81] Es ist also unzulässig, den Fachmann, dem das später entwickelte Erzeugnis durch ein fiktives Zurverfügungstellen vorgelegt wird,[82] mit der Frage zu konfrontieren: 36
»Kann ein Fachmann, wenn ihm das Erzeugnis zur Verfügung gestellt wird, erkennen, dass es unter die funktionelle Definition des Grundpatents fällt?«
Denn damit würde lediglich das erste vom Gerichtshof aufgestellte Erfordernis ein weiteres Mal geprüft und der entscheidende Prüfungsschritt umgangen.[83]

---

77 EuGH, Urt. v. 30.4.20 – C-650/17 *Royalty Pharma*, Rn 32 = GRUR 20, 596; BGH, Urt. v. 22.9.2020 – X ZR 172/18, Rn 37 *Truvada* = GRUR 21, 42.
78 EuGH, Urt. v. 30.4.20 – C-650/17 *Royalty Pharma*, 1. Ls. = GRUR 20, 596.
79 EuGH, Urt. v. 30.4.20 – C-650/17 *Royalty Pharma*, Rn 37 = GRUR 20, 596.
80 EuGH, Urt. v. 30.4.20 – C-650/17 *Royalty Pharma*, Rn 32 = GRUR 20, 596; EuGH (Große Kammer), Urt. v. 25.07.18 – C-121/17 *Teva*, Rn 52 = GRUR 18, 908.
81 EuGH, Urt. v. 30.4.20 – C-650/17 *Royalty Pharma*, Rn 45 = GRUR 20, 596; EuGH (Große Kammer), Urt. v. 25.07.18 – C-121/17 *Teva*, Rn 50 = GRUR 18, 908.
82 Vgl zu dieser Fallgestaltung BPatG Beschl. v. 02.09.20 – 14 W (pat) 12/17 *Sitagliptin V* = GRUR-RS 2020, 26158.
83 Vgl BPatG Beschl. v. 02.09.20 – 14 W (pat) 12/17 *Sitagliptin V* = GRUR-RS 2020, 26158.

37 Die **Anwendung** seiner beiden im Zusammenhang mit Art. 3 (a) AMVO zu prüfenden »Testfragen«[84] hat der Gerichtshof beispielhaft mit seiner Antwort auf die dritte Vorlagefrage des Falles »Royalty Pharma« veranschaulicht und darauf hingewiesen, dass ein Fachmann ein Erzeugnis jedenfalls dann nicht in der erforderlichen Weise identifizieren kann, wenn es erst nach dem Anmelde- oder dem Prioritätstag des Grundpatents durch eine eigenständige erfinderische Tätigkeit entwickelt wurde.[85] Dass der Gerichtshof seine Auslegungsgrundsätze nicht etwa um ein weiteres Prüfungskriterium ergänzt hat, ergibt sich aus der vom Gerichtshof gewählten Einleitung »*Wie sich aus der Antwort auf die erste und die zweite Frage ergibt…*«.[86]

38 Für die Prüfung von Art. 3 (a) bei **Einzelwirkstoffen** sind insbesondere die Fälle *Eli Lilly*[87] und *Royalty Pharma*[88] exemplarisch für Grundpatente mit breitgefassten, ausschließlich über funktionelle Merkmale formulierten Patentansprüchen. Um dem berechtigten Interesse, eine Erfindung in vollem Umfang zu schützen, Rechnung zu tragen, kann die Umschreibung einer Gruppe von Stoffen durch eine funktionelle Definition in *patentrechtlicher* Hinsicht grundsätzlich selbst dann zulässig und damit der Erteilung eines **Patents** zugänglich sein, wenn eine solche Fassung des Patentanspruchs auch Stoffe umfasst, die erst zukünftig aufgefunden werden müssen.[89] In *zertifikatsrechtlicher* Hinsicht kann jedoch für einen solchen, über die Auslegung der Patentansprüche nicht spezifisch identifizierbaren Stoff **kein Schutzzertifikat** erteilt werden.[90] Vielmehr sind in derartigen Fällen die Anforderungen des Art. 3 (a) AMVO nur dann als erfüllt anzusehen, wenn die Auslegung der Patentansprüche ergibt, dass der Fachmann den für das Schutzzertifikat beanspruchten Wirkstoff unmittelbar und eindeutig als konkrete Ausführungsform der Erfindung entnehmen kann.

39 Diese Grundsätze gelten gleichermaßen für allgemeine chemische **Strukturformeln** (wie bspw **Markush-Formeln**), die eine Vielzahl nicht näher bestimmter Einzelverbindungen umfassen. Auch hier werden im Einzelfall weitergehende Angaben notwendig sein, damit ein konkretes Erzeugnis als gemäß Art. 3 (a) AMVO durch ein in Kraft befindliches Grundpatent geschützt angesehen werden kann (vgl hierzu Rdn 38).[91] Diese Fallgestaltung war Gegenstand eines Vorabentscheidungsersuchen des UK Court of Appeal.[92] Nach der Entscheidung des EuGH in der Rechtssache C-121/17 »*Teva*«[93] wurde dieses Vorabentscheidungsersuchen von dem britischen Berufungsgericht mit Beschluss vom 11.12.19 zurückgezogen.

---

84 EuGH, Urt. v. 30.4.20 – C-650/17 *Royalty Pharma*, 1. Ls. = GRUR 20, 596.
85 EuGH, Urt. v. 30.4.20 – C-650/17 *Royalty Pharma*, Rn 47 ff. = GRUR 20, 596.
86 BPatG Beschl. v. 02.09.20 – 14 W (pat) 12/17 *Sitagliptin V*, Rn 24 = GRUR-RS 2020, 26158.
87 Vgl zum patentrechtlichen Hintergrund des Falles: Technische Beschwerdekammer des EPA v 21.10.09 – T18/09 sowie Supreme Court des UK v 2.11.11 [2011] UKSC 51.
88 Vgl EuGH, Urt. v. 30.4.20 – C-650/17 *Royalty Pharma*, = GRUR 20, 596; BPatG Beschl. v. 02.09.20 – 14 W (pat) 12/17 *Sitagliptin V* = GRUR-RS 2020, 26158; BPatG, Beschl. v. 17.10.17 – 14 W (pat) 12/17 *Sitagliptin III* = GRUR 18, 281.
89 BGH GRUR 13, 1210, Rn 19 *Dipeptidyl-Peptidase-Inhibitoren*.
90 EuGH GRUR 14, 163, Rn 36–39 *Eli Lilly* = GRUR Int 14, 145 = PharmR 14, 208.
91 AA König/von Renesse, FS 80 Jahre Patentgerichtsbarkeit in Düsseldorf, 2016, 293, 308.
92 Rechtssache C-114/18 *Sandoz/Searle*, die für eine gemeinsame Entscheidung mit der Rechtssache C-650/17 verbunden war, vgl EuGH, Urt. v. 30.4.20 *Royalty Pharma* = GRUR 20, 596.
93 EuGH (Große Kammer), Urt. v. 25.07.18 – C-121/17 *Teva* = GRUR 18, 908.

| Art 63 EPÜ | *Ergänzendes Schutzzertifikat/ supplementary protection certificate* | § 16a |

Die Frage, inwieweit ein **Wirkstoff und seine Derivate** (Salze und Ester) nach Art. 3 (a) AMVO durch ein in Kraft befindliches Grundpatent geschützt sind, war Gegenstand der sogenannten Idarubicin-Rechtsprechung.[94] In dem entsprechenden Ausgangsfall war in einem Anspruch des Grundpatents die Strukturformel der freien Base Idarubicin angegeben sowie in einem Ausführungsbeispiel das Salz Idarubicinhydrochlorid erwähnt. Eine arzneimittelrechtliche Genehmigung lag nur für das Salz Idarubicinhydrochlorid vor. Der EuGH entschied, dass für den in Form einer freien Base formulierten Wirkstoff eines Arzneimittels ein Schutzzertifikat grundsätzlich auch dann erteilt werden kann, wenn eine arzneimittelrechtliche Genehmigung nur für ein spezielles Salz dieser Base vorliegt (s Rdn 61), wobei sich der Umfang des Patentschutzes gemäß Art. 3 (a) AMVO nach den für das Grundpatent geltenden nationalen Vorschriften bzw den entsprechenden EPÜ-Vorschriften bestimmt.[95] Die Entscheidung »Medeva« des Gerichtshofs hat klargestellt, dass die freie Base bzw das Derivat, für das ein Zertifikat beansprucht wird, den Ansprüchen des Grundpatents unmittelbar und eindeutig zu entnehmen sein muss (vgl Rdn 29–30). Dabei macht es keinen Unterschied, ob der Schutzgegenstand durch die chemische Bezeichnung oder durch die Strukturformel für den betreffenden Stoff individualisiert ist.[96] Für andere Derivate, die nur im Schutzbereich des Grundpatents liegen,[97] in dessen Ansprüchen aber nicht hinreichend bestimmt sind, kommt eine Zertifikatserteilung nicht in Betracht. 40

Für die Prüfung von Art. 3 (a) AMVO bei **Wirkstoffkombinationen** gelten keine anderen oder zusätzlichen Kriterien als bei Einzelwirkstoffen. Dies hat der Gerichtshof wiederholt verdeutlicht und in seinen zu Einzelwirkstoffen bzw. Wirkstoffkombinationen ergangenen Entscheidungen dieselben Grundsätze herangezogen.[98] 41

Für die Prüfung von Art. 3 (a) AMVO bei **Wirkstoffzusammensetzungen** sind insbesondere die Fälle *Medeva*,[99] *Teva*[100] und *Truvada*[101] exemplarisch für Fallgestaltungen bei der Prüfung von Art. 3 (a) AMVO. 42

Eine Teilpatentierung von Wirkstoffkombinationen ist für die Erteilung eines Schutzzertifikats für die Kombination nicht ausreichend. Im Einzelnen bedeutet dies: 43
Ist im Grundpatent eine bestimmte Wirkstoffkombination (A+B) geschützt, kann kein Zertifikat für eine andere Wirkstoffzusammensetzung (A+B+C) erteilt werden.[102]

---

94 BPatG v 15.05.95 – 15 W (pat) 122/93 *Idarubicin* = BPatGE **35**, 145 = BlPMZ **95**, 446 = BeckRS **1995**, 11 911; BGH GRUR **98**, 363 *Idarubicin*; EuGH GRUR Int **00**, 69 *Farmitalia/Idarubicin*; BGH GRUR **00**, 683 = BGHZ **144**, 15 *Idarubicin II*; BGH GRUR **02**, 47, 48 *Idarubicin III*; ausführlich hierzu: Bopp, FS 80 Jahre Patentgerichtsbarkeit in Düsseldorf, **2016**, 63, 64 ff.
95 EuGH GRUR Int **00**, 69, Rn 23 ff *Farmitalia/Idarubicin*.
96 BPatG v 01.12.05 – 15 W (pat) 15/05 *Levofloxacin* = BeckRS **2011**, 29499.
97 BGH GRUR **00**, 683 = BGHZ **144**, 15 *Idarubicin II*; BGH GRUR **02**, 415, 417 *Sumatriptan*; BPatG v 31.05.11 – 14 W (pat) 13/07 *Insulin Glargine* = BeckRS **2011**, 20 419.
98 Vgl. hierzu EuGH, Urt. v. 30.4.20 – C-650/17 *Royalty Pharma*, Rn 37 f = GRUR **20**, 596; EuGH (Große Kammer), Urt. v. 25.07.18 – C-121/17 *Teva*, Rn 34, 36 ff, 53 = GRUR **18**, 908.
99 EuGH, Urt. v. 24.11.11 – C-322/10 *Medeva* = GRUR **12**, 257.
100 EuGH (Große Kammer), Urt. v. 25.07.18 – C-121/17 *Teva* = GRUR **18**, 908.
101 BGH, Urt. v. 22.09.20 – X ZR 172/18 *Truvada* = GRUR **21**, 42; Vorinstanz: BPatG Urt. v. 15.05.18 – 4 Ni 19/17 *Truvada* = BeckRS 2018, 11451.
102 EuGH GRUR **12**, 257 *Medeva*.

Ebenso wenig ist auf Basis eines solchen Grundpatents eine Zertifikatserteilung für einen Einzelwirkstoff (A) oder (B) zulässig, es sei denn, das Grundpatent schützt den Wirkstoff auch für sich genommen.[103] Schützt das Grundpatent nur einen Einzelwirkstoff (A) kann kein Zertifikat für eine Wirkstoffzusammensetzung (A+B) erteilt werden.[104] Das gilt auch für den Fall das die Einzelwirkstoffe (A) und (B) jeweils durch Teilpatente geschützt sind.[105]

44 Ist bei einer Wirkstoffzusammensetzung ein Wirkstoff – etwa im Fall einer offenen Anspruchsfassung – nicht explizit genannt, geht er aber aus der Beschreibung eindeutig als Gegenstand des Anspruchs hervor, werden die Anforderungen von Art. 3 (a) AMVO als erfüllt anzusehen sein.[106] Demgegenüber ist es für Art. 3 (a) AMVO nicht ausreichend, wenn ein Wirkstoff einer Kombination im betreffenden Patentanspruch lediglich mit einer allgemeinen funktionellen Angabe bezeichnet ist (zB »Diuretikum«) und sich im Wege der Auslegung nicht ermitteln lässt, welcher konkrete Wirkstoff (zB »Hydrochlorothiazid«) Bestandteil der Kombination sein soll.[107]

45 Eine Kombination zweier Wirkstoffe wird in der Regel nicht iSv Art. 3 (a) AMVO von einem Grundpatent geschützt, wenn in einem seiner Patentansprüche einer der beiden Wirkstoffe nur als optionaler Bestandteil vorgesehen ist.[108]

46 Wird die Zertifikatsanmeldung auf ein **Verfahrenspatent** gestützt, so kann ein ESZ nur für dasjenige Erzeugnis erteilt werden, das in den Ansprüchen des zugrundeliegenden Verfahrenspatents als das durch das Herstellungsverfahren gewonnene Erzeugnis bezeichnet ist.[109] Erforderlich ist somit, dass das Erzeugnis des fraglichen Verfahrens in den Ansprüchen des Grundpatents hinreichend bestimmt individualisiert ist (vgl Rdn 29–30).[110] Die für Patentverletzungen (vgl § 9 Abs 2 Nr 3 PatG bzw Art. 64 Abs 2 EPÜ) maßgebliche Frage, ob das betreffende Erzeugnis durch das patentgeschützte

---

103 EuGH GRUR-RR 12, 55 *Yeda*; BGH GRUR 08, 890, Rn 5 *Anti-Helicobacter-Präparat*.
104 EuGH BeckRS 2011, 81 930 = GRUR Int 12, 356 (Ls) *Daiichi Sankyo*.
105 EuGH BeckRS 2011, 81 931 = GRUR-RR 12, 57 (Ls) *University of Queensland and CSL*.
106 Vgl BPatG GRUR 14, 1073, unter Punkt II 2a *Telmisartan* = BPatGE 54, 249; Mitt 14, 398 (Ls); Vorlageentscheidung High Court [2013] EWHC 2927 (Pat) *Actavis/Boehringer*; in EuGH GRUR 15, 658, Rn 41 *Actavis/Boehringer* = GRUR Int 15, 446 = PharmR 15, 241 wurde diese Frage nicht erörtert, da die ESZ-Erteilung wg Verstoßes gegen Art 3 (c) AMVO unzulässig war.
107 Vgl hierzu Vorlageentscheidung High Court [2012] EWHC 2545 (Pat), Rn 65 ff *Actavis/Sanofi*, der das Mitlesen des Fachmanns verneint hat; bejahend dagegen LG Düsseldorf GRUR-RR 12, 420, 422 *Irbesartan/HCT*; in EuGH GRUR 14, 157, Rn 30, 44 = GRUR Int 14, 153 = PharmR 14, 214 *Actavis/Sanofi* erfolgten keine weiteren Ausführungen zu Art 3 (a) AMVO, da ESZ-Erteilung wg Verstoßes gegen Art 3 (c) AMVO unzulässig war.
108 BGH, Urt. v. 22.9.20 – X ZR 172/18, Rn 26 ff. *Truvada* = GRUR 21, 42; Vorinstanz: BPatG Urt. v. 15.5.18 – 4 Ni 19/17 *Truvada* = BeckRS 2018, 11451.
109 EuGH BeckRS 2011, 81 931, Rn 40 f = GRUR-RR 12, 57 (Ls) *University of Queensland and CSL*.
110 Vgl dazu BPatG GRUR 13, 58, Pkt. II *Ranibizumab* = BPatGE 53, 231 = BeckRS 2012, 17 983 (Volltext); High Court [2012] EWHC 181 (pat), Rn 57 *Novartis Pharmaceuticals/Medimmune and Medical Research Council*.

Verfahren *unmittelbar* hergestellt werden kann, spielt im Rahmen der Prüfung des Art. 3 (a) AMVO dagegen keine Rolle.[111]

3 Gültige Genehmigung für das Inverkehrbringen

des Erzeugnisses als Arznei- oder Pflanzenschutzmittel ist gemäß Art. 3 (b) AMVO bzw Art. 3 (1) b) PSMVO Voraussetzung für die Entstehung des Anspruchs auf Erteilung des Zertifikats. Die Genehmigung muss in dem Mitgliedstaat erteilt worden sein, für den das Zertifikat beantragt wird.[112] Bei Humanarzneimitteln erfolgt die Genehmigung nach der RL 2001/83/EG (zuvor RL 65/65 EWG), bei Tierarzneimitteln nach der RL 2001/82/EG (zuvor RL 81/851 EWG). Beide RL fassen die wesentlichen, früher in unterschiedlichen RL geregelten, Vorschriften jeweils in einem Rechtsakt zusammen. 47

Die Frage, ob einem Patentinhaber ein ergänzendes Schutzzertifikat erteilt werden kann, wenn er seine Anmeldung auf die **einem Dritten** erteilte Genehmigung stützt, obwohl der Dritte dem nicht zugestimmt hat, ist höchstrichterlich noch nicht geklärt. Sie war Gegenstand eines Vorabentscheidungsersuchens[113] des britischen High Court of Justice, das vom EuGH wegen fehlender Zulässigkeit nicht zur Entscheidung angenommen wurde.[114] 48

Eine auf die einem Dritten erteilte Genehmigung gestützte Anmeldung wird jedoch unter anderen Gesichtspunkten regelmäßig nicht zur Erteilung eines Schutzzertifikats führen können, insbesondere in Fällen, in denen der Inhaber eines abhängigen Patents den konkreten Wirkstoff (Wirkstoffkombination) entwickelt und hierfür eine Genehmigung für das Inverkehrbringen als Arzneimittel erlangt hat, die dann vom Inhaber des älteren (»Grundlagen«-)Patents für dessen eigene Zertifikatsanmeldung ebenfalls genutzt werden soll.[115] Nachdem der EuGH klargestellt hat, dass jegliches Einbeziehen von Ergebnissen von nach dem Anmelde- bzw. Prioritätstag des Grundpatents durchgeführten Forschungen den Zielsetzungen der AMVO widerspricht und deshalb bei der Prüfung von Art. 3 (a) AMVO unzulässig ist,[116] wird in solchen Fällen die Zertifikatsanmeldung des Inhabers des älteren (»Grundlagen«-)Patents bereits an der Erteilungsschranke des Art. 3 (a) AMVO scheitern. 49

Im Rahmen von Art. 3 (b) AMVO ist ausschließlich zu prüfen, für welchen konkreten Wirkstoff (oder Wirkstoffkombination) die Zulassung für das Inverkehrbringen als 50

---

111 EuGH BeckRS 2011, 81 931, Rn 40 f = GRUR-RR 12, 57 (Ls) *University of Queensland and CSL*.
112 EuGH GRUR Int 97, 908 *Yamanouchi Pharmaceuticals Co.*
113 Rechtssache C-239/19 – Vorlagefrage: »*Steht die Verordnung Nr. 469/20091 dem entgegen, dass dem Inhaber eines Grundpatents für ein Erzeugnis, das Gegenstand einer einem Dritten erteilten Genehmigung für das Inverkehrbringen ist, ohne Zustimmung des Dritten ein ergänzendes Schutzzertifikat erteilt wird?*«.
114 Vgl. EuGH, Beschl. v. 05.09.19 – C-239/19 *Eli Lilly and Company/Genentech* = BeckRS 2019, 22614.
115 Vgl. zu dieser Fallgestaltung BPatG Beschl. v. 02.09.20 – 14 W (pat) 12/17 *Sitagliptin V* = GRUR-RS 2020, 26158; BPatG, Beschl. v. 17.10.17 – 14 W (pat) 12/17 *Sitagliptin III* = GRUR 18, 281.
116 Vgl. EuGH, Urt. v. 30.4.20 – C-650/17, Rn 44 ff *Royalty Pharma* = GRUR 20, 596; EuGH (Große Kammer), Urt. v. 25.07.18 – C-121/17, Rn 50 *Teva* = GRUR 18, 908; EuGH, Urt. v. 11.11.10 – C-229/09, Rn 42 f. *Eli Lilly* = GRUR 14, 163.

Arzneimittel erteilt wurde.[117] Diese Frage ist anhand der vom Anmelder vorgelegten Genehmigung der Arzneimittelbehörde sowie der dazugehörigen Zulassungsunterlagen zu beantworten.[118] Eine Interpretation dieser Zulassungsentscheidung im Wege einer Umdeutung anhand späterer Forschungsergebnisse ist unzulässig.[119]

Insoweit ist auch zu beachten, dass die bloße Nennung eines Wirkstoffs in einem Zulassungsbescheid für ein bestimmtes Arzneimittel, mit der den behandelnden Ärzten Hinweise auf erfolgversprechende Behandlungsmöglichen einer Krankheit gegeben werden sollen, keine Genehmigung iSv Art. 3 (b) AMVO darstellt.[120]

51 Art. 28 der RL 2001/83/EG enthält im Hinblick auf die Erteilung einer Genehmigung für das Inverkehrbringen eines Arzneimittels die maßgeblichen Regelungen für die beiden möglichen, auf dem Prinzip der gegenseitigen Anerkennung beruhenden Verfahren. Je nachdem, ob für ein Arzneimittel zum Zeitpunkt der Antragstellung bereits in einem Mitgliedstaat eine Genehmigung für das Inverkehrbringen erteilt wurde oder nicht, kommt das Verfahren der gegenseitigen Anerkennung (Art. 28 (2) RL 2001/83/EG) oder das dezentralisierte Verfahren (Art. 28 (3) RL 2001/83/EG) zur Anwendung. Nach der Durchführung des entsprechenden Verfahrens stellt der federführende Referenzmitgliedstaat das Einverständnis aller anderen beteiligten Mitgliedstaten fest und schließt das Verfahren (Art. 28 (4) RL 2001/83/EG). Anschließend erlässt jeder beteiligte Mitgliedstat gemäß Art. 28 (5) RL 2001/83/EG innerhalb von 30 Tagen eine nationale Genehmigung für das Inverkehrbringen des Arzneimittels.

52 Eine Mitteilung über den Abschluss des Verfahrens gem. Art. 28 (4) der RL 2001/83/EG kann die zwingend notwendige Genehmigung für das Inverkehrbringen iSv Art. 3 (b) AMVO **nicht** ersetzen.[121]

53 Die Regelung des Art. 10 (3) AMVO ist dahingehend auszulegen, dass der Umstand, dass ein Referenzmitgliedstaat zum Zeitpunkt der Anmeldung eines ergänzenden Schutzzertifikats in diesem Mitgliedstaat (noch) keine Genehmigung für das Inverkehrbringen erteilt hatte, **nicht** nachträglich geheilt werden kann.[122]

54 Für bestimmte Arten von Human- oder Tierarzneimitteln (bspw bei neuen Wirkstoffen für die Behandlung bestimmter Erkrankungen oder bei Arzneimitteln aus der Biotechnologie) ist ein *zentralisiertes Zulassungsverfahren* nach der EG-V 726/2004 (zuvor EG-V 2309/93) zwingend vorgeschrieben (Art. 3 (1) iVm dem Anhang der EG-V 726/2004). Nach Art. 3 (2) EG-V 726/2004 kann darüber hinaus bei sonstigen Arzneimitteln mit einem neuen Wirkstoff sowie bei Arzneimitteln, die eine Innovation in therapeutischer, wissenschaftlicher oder technischer Hinsicht darstellen oder die auf Gemeinschaftsebene von Interesse sind, das zentralisierte Genehmigungsverfahren frei-

---

117 Vgl hierzu BPatG, Beschl. v. 26.06.20 – 14 W (pat) 5/18 *Abraxis II* = PharmR 20, 702.
118 Vgl Vgl EuGH, Urt. v. 15.01.15 – C-631/13, Rn 34 ff *Forsgren* = GRUR 15, 245; EuGH, Urt. v. 23.01.97 – C-181/95, Rn 44 *Biogen* = GRUR Int 97, 363.
119 Vgl hierzu BPatG, Beschl. v. 26.06.20 – 14 W (pat) 5/18 *Abraxis II* = PharmR 20, 702.
120 Vgl BPatG Beschl. v. 23.11.07 – 14 W (pat) 10/05 = BeckRS 2008, 18200 *Anti-Helicobacter-Präparat*.
121 Vgl EuGH Urt. v. 7.12.17 – C-567/16 MSD/Comptroller = GRUR 18, 388.
122 Vgl EuGH Urt. v. 7.12.17 – C-567/16 *MSD/Comptroller* = GRUR 18, 388.

willig durchgeführt werden. Die Genehmigung wird von der Kommission als Zulassungsbehörde erteilt. Eine solche Genehmigung ist in der gesamten Gemeinschaft gültig und einer Genehmigung nach der RL 2001/83/EG gleichgestellt (Art. 13 (1) EG-V 726/2004). Sie ist somit ebenfalls als eine Genehmigung nach Art. 3 (b) AMVO anzusehen. Dies gilt auch im Hinblick auf Tierarzneimittel, obwohl die RL 2001/82/EG in Art. 13 (1) EG-V 726/2004 aufgrund eines redaktionellen Versehens nicht eigens aufgeführt ist.

Genehmigungen von nationalen Behörden über die Preisfestsetzung oder Erstattung von Arzneimitteln sind keine Genehmigungen iSv Art. 3 (b) AMVO. Dies gilt auch dann, wenn sie nach den nationalen Rechtsvorschriften für das tatsächliche Inverkehrbringen des betreffenden Arzneimittels zwingend erforderlich sind.[123] 55

Ebenfalls keine Genehmigung iSv Art. 3 (b) AMVO stellt die bloße Nennung eines Wirkstoffs in einem Zulassungsbescheid für ein bestimmtes Arzneimittel dar, mit der den behandelnden Ärzten Hinweise auf erfolgversprechende Behandlungsmöglichen einer Krankheit gegeben werden sollen.[124]

Eine **CE-Zertifizierung** für das Inverkehrbringen von aktiven implantierbaren medizinischen Geräten oder Medizinprodukten (vgl RL 90/385/EWG über aktive implantierbare medizinische Geräte sowie RL 93/42/EWG über Medizinprodukte) kann einer Genehmigung nach der RL 2001/83/EG bzw. RL 2001/82/EG nicht gleichgestellt werden.[125] Diese Frage wurde von der *früheren* Rechtsprechung unterschiedlich beurteilt,[126] insbesondere in den Fällen, in denen das fragliche Medizinprodukt bzw das medizinische Gerät einen Bestandteil aufwies, der für sich genommen als Wirkstoff iSv Art. 1 (b) AMVO anzusehen war, dh einen Stoff mit eigener pharmakologischer, immunologischer oder metabolischer Wirkung.[127] 56

Der EuGH hat nun aber klargestellt, dass der in einem Medizinprodukt enthaltene Wirkstoff nur dann der Erteilung eines ergänzenden Schutzzertifikats zugänglich ist, wenn er vor seinem Inverkehrbringen als Arzneimittel ein verwaltungsrechtliches Genehmigungsverfahren gemäß der RL 2001/83/EG EG oder der RL 2001/82/EG 57

---

123 EuGH GRUR 04, 225, 228 f *Hässle/Ratiopharm/Omeprazol*.
124 Vgl BPatG Beschl. v. 23.11.07 – 14 W (pat) 10/05 = BeckRS 2008, 18200 *Anti-Helicobacter-Präparat*.
125 Vgl EuGH, Urt. v. 25.10.18, C-527/17 *Boston Scientific Ltd/DPMA* = GRUR 18, 1232; Vorlagebeschluss BPatG, Beschl. v. 18.7.17 – 14 W (pat) 13/16 *Paclitaxel freisetzender Stent* = GRUR 18, 64.
126 *Bejahend:* BPatG PharmR 10, 237 *Yttrium-90 Glasmikrokugeln*; Rechtbank Den Haag ('s-Gravenhage) v 03.06.04 AWB 02/1915 OCT; verneinend BPatG, MPR 11, 23 = BPatGE 50, 11 *Hylan A und Hylan B* = BlPMZ 12, 392 (Ls) = BeckRS 2012, 17 983 (Volltext); LG Düsseldorf GRUR-RR 12, 420, Punkt 1 aa *Cerus Corporation* = BlPMZ 12, 392 (Ls) = BeckRS 2012, 17 983 (Volltext); LG Düsseldorf GRUR-RR 12, 420, Punkt 1 aa *Leibniz-Institut für Neue Materialien* [2014] BL O/328/14, unter www.ipo.gov.uk/pro-types/pro-patent/pro-p-os/o32 814.pdf.
127 EuGH GRUR Int 15, 272 *Forsgren*.

§ 16a *Ergänzendes Schutzzertifikat/ supplementary protection certificate* Art 63 EPÜ

durchlaufen hat. Eine Zulassung gemäß der RL 93/42/EWG für eine Medizinprodukt-Arzneimittel-Kombination im Sinne von Art. 1 (4) erfüllt diese Voraussetzung nicht.[128]

58 Die aktuell in der Literatur[129] diskutierte Frage, ob die gültig erteilte Genehmigung zum Zeitpunkt der Zertifikatsanmeldung oder zum Zeitpunkt der Zertifikatserteilung noch **in Kraft** sein muss,[130] bedarf noch höchstrichterlicher Klärung. Eine entsprechende Vorlagefrage des BPatG zu Art. 3 (1) b PSMVO[131] musste aufgrund der konkreten Fallkonstellation vom Gerichtshof nicht beantwortet werden. Der Gerichtshof wies lediglich darauf hin, dass die Anmeldung eines ergänzenden Schutzzertifikats erst dann wirksam eingereicht werden kann, wenn eine gültige Genehmigung für das Inverkehrbringen existiert.[132]

Dass in Art. 3 (b) AMVO nicht die Formulierung »*in Kraft befindlich*« aufgenommen wurde (anders als in der Erteilungsvorschrift des Art. 3 (a) AMVO), stellt aber ein Indiz dafür dar, dass jedenfalls die Forderung, dass die Genehmigung auch zum Zeitpunkt der **Zertifikatserteilung** noch in Kraft sein muss, mit den Vorgaben der AMVO nicht vereinbar ist.[133] So spricht auch die Begründung zum Vorschlag einer Verordnung des Rates über die Schaffung eines ergänzenden Schutzzertifikats für Arzneimittel lediglich davon, dass Art. 3 (b) AMVO erfüllt ist, wenn die das Erzeugnis enthaltende Arzneispezialität die betreffende Genehmigung »*erhalten hat*«.[134]

59 Wurde die Genehmigung nach § 30 AMG[135] durch **Zurücknahme** oder **Widerruf** aufgehoben oder ihr Ruhen angeordnet, ist zu unterscheiden:
1. Kommt dem Widerspruch bzw der Anfechtungsklage aufschiebende Wirkung zu, liegt (weiterhin) eine gültige Genehmigung vor, so dass bei Vorliegen der übrigen Voraussetzungen nach Art. 3 AMVO ein Zertifikat erteilt werden kann. Bei späterer Erfolglosigkeit des Widerspruchs bzw der Anfechtungsklage erlischt das Zertifikat durch den Widerruf (ex nunc) gemäß Art. 14 (d) AMVO oder das Zertifikat ist aufgrund der Rücknahme (ex tunc[136]) gemäß Art. 15 (1) a AMVO nichtig.
2. Ist die Rücknahme oder der Widerruf kraft Gesetzes oder durch behördliche Anordnung *sofort vollziehbar*, liegt keine gültige Genehmigung (mehr) vor. Hat eine dagegen erhobene Anfechtungsklage Erfolg, kommt Wiedereinsetzung in Betracht (§§ 16a (2), 123 PatG).

---

128 Vgl EuGH, Urt. v. 25.10.18, C-527/17 *Boston Scientific Ltd/DPMA* = GRUR **18**, 1232; Vorlagebeschluss BPatG, Beschl. v. 18.7.17 – 14 W (pat) 13/16 *Paclitaxel freisetzender Stent* = GRUR **18**, 64.
129 Vgl. hierzu Haase, Mitt. **21**, 101.
130 Vgl. Bejahend Schennen, Die Verlängerung, S 56 (4); Busse/Maute, PatG, 9. Aufl 2020, Anh § 16a, Rn 60 ff.; aA Markgraf, ESZ 2015, **158 (Rn 18)**; Haase, Mitt. **21**, 101; Grabinski weist darauf hin, dass die Genehmigung für das Inverkehrbringen am Tag der Anmeldung gültig sein muss, vgl. Benkard/Grabinski, PatG, 11. Aufl. 2015, § 16 a, Rn 20 sowie Benkard/Grabinski, EPÜ, 3. Aufl. 2019, Art 63, Rn 63; Brückner, 3. Aufl 2020, Art 3, Rn 265 ff. verweist insoweit auf die Unterschiede in der deutschen und britischen Amtspraxis.
131 Vgl. BPatG, Beschluss vom 12.12.2011 – 15 W (pat) 24/06 *Clothianidin* = GRURInt **12**, 669, 2. Vorlagefrage.
132 Vgl. EuGH, Urt. v. 17.10.13 – C-210/12, Rn 43 *Sumitomo Chemical* = GRUR **13**, 1129.
133 In diesem Sinne Markgraf, ESZ 2015, **158 (Rn 18)**; Haase, Mitt. **21**, 101.
134 Begründung der Kommission zum Verordnungsvorschlag, KOM(90)101 endg, Rn 34.
135 Zu den unterschiedlichen Maßnahmen des § 30 AMG vgl Brixius, PharmR **13**, 101.
136 Vgl Rehmann, Arzneimittelgesetz, 5. Aufl 2020, § 30 Rn 1.

Die Genehmigung für das Inverkehrbringen wird für ein »Erzeugnis« als Arzneimittel 60
erteilt, wobei die Verordnung keine völlige Deckungsgleichheit zwischen zugelassenem
Arzneimittel und Erzeugnis voraussetzt. So ist der Erzeugnisbegriff im Verhältnis zur
arzneimittelrechtlichen Genehmigung einerseits enger, weil er sich stets nur auf einen
Wirkstoff oder eine Wirkstoffkombination bezieht, während die arzneimittelrechtliche
Genehmigung mehrere unterschiedliche wirksame Inhaltsstoffe erfassen kann. Andererseits ist der Erzeugnisbegriff weiter, weil er den Wirkstoff in allen dem Schutz des
Grundpatents unterliegenden Formen erfassen kann, auch wenn in der arzneimittelrechtlichen Genehmigung nur bestimmte Formen des Wirkstoffs genannt werden.[137]
Für die Zertifikatserteilung nach Art. 3 AMVO ist jedoch erforderlich, dass es sich bei
dem durch das Grundpatent geschützten und dem arzneimittelrechtlich genehmigten
Erzeugnis um **dasselbe** Erzeugnis handelt. Art. 3 (b) AMVO schließt die Erteilung
eines ESZ dann aus, wenn dessen therapeutische Wirkung nicht zu den von der Genehmigung erfassten Anwendungsgebieten gehört.[138]

Bei einem **Wirkstoff und seinen Derivaten** (Salze und Ester) bedeutet dies: Die arznei- 61
mittelrechtliche Genehmigung muss sich nicht auf den beanspruchten Wirkstoff (zB
Idarubicin) als solchen beziehen; es reicht aus, wenn der patentgeschützte und für die
Zertifikatserteilung vorgesehene Wirkstoff in einer seiner möglichen Formen (zB in
Form eines speziellen Salzes, Idarubicinhydrochlorid) Gegenstand der behördlichen
Zulassung ist.[139]

Bei **Wirkstoffkombinationen** gilt: Art. 3 (b) AMVO schließt eine Zertifikatserteilung 62
für einen durch das Grundpatent geschützten Einzelwirkstoff[140] (A) bzw eine patentierte Wirkstoffzusammensetzung[141] (A+B) nicht aus, wenn das Arzneimittel, dessen
Genehmigung für das Inverkehrbringen vorgelegt wird, daneben noch weitere Wirkstoffe oder Wirkstoffzusammensetzungen enthält (Beispiel: Kombinationsimpfstoffe,
bei denen mehrere Wirkstoffe bzw Wirkstoffzusammensetzungen für unterschiedliche
therapeutische Zwecke in einem Arzneimittel kombiniert werden). Nicht zulässig ist
dagegen eine Zertifikatserteilung für eine Wirkstoffzusammensetzung (A+B), die so
durch das Grundpatent geschützt ist, bei der aber nur eine arzneimittelrechtliche
Genehmigung für einen Einzelwirkstoff (A) vorliegt. Denn in diesem Fall beziehen
sich das Grundpatent und die Genehmigung für das Inverkehrbringen auf zwei unterschiedliche Erzeugnisse.[142]

Bei **Pflanzenschutzmitteln** bestimmt sich die Genehmigung für das Inverkehrbringen 63
nach der EG-V 1107/2009 (zuvor RL 91/414 EWG). Danach wird zwischen 3 Arten
von Genehmigungen unterschieden: *a)* den **endgültigen** Genehmigungen gemäß
Art. 29 EG-V 1107/2009 (zuvor Art. 4 der RL 91/414), *b)* den **vorläufigen** Genehmi-

---

137 BGH GRUR 02, 415 *Sumatriptan*.
138 EuGH GRUR Int 15, 272, Rn 29–39 *Forsgren*.
139 EuGH GRUR Int 00, 69, Rn 17 ff *Farmitalia/Idarubicin*; BGH GRUR 00, 683, 684 *Idarubicin II*; BGH GRUR 02, 47, 48 *Idarubicin III*.
140 EuGH GRUR Int 12, 144, Rn 28 ff *Georgetown University*; EuGH BeckRS 2011, 81 931, Rn 36 = GRUR-RR 12, 57 (Ls) *University of Queensland und CSL*.
141 EuGH GRUR 12, 257, Rn 29 ff *Medeva*.
142 BGH GRUR 08, 890, Rn 5 *Anti-Helicobacter-Präparat*.

gungen gemäß Art. 30 EG-V 1107/2009 (zuvor Art. 8 Abs 1 der RL 91/414) und *c)* den **Notgenehmigungen** gemäß Art. 53 EG-V 1107/2009 (zuvor Art. 8 Abs 4 der RL 91/414). Da vorläufige Genehmigungen in ihren Voraussetzungen und Wirkungen weitgehend endgültigen Genehmigungen entsprechen, somit funktional gleichwertig sind, stellen sie ebenfalls gültige Genehmigungen für das Inverkehrbringen nach Art. 3 Abs 1 (b) PSMVO dar.[143] Dies gilt nicht für Notgenehmigungen, da diese keinem vergleichbaren sachlichen Prüfungsumfang wie vorläufige bzw endgültige Genehmigungen unterliegen und deshalb nicht von einem »funktionalen Gleichwertigkeitszusammenhang« der Prüfungskriterien gesprochen werden kann.[144]

64 Nach Art. 8 (1) b muss die Anmeldung eine *Kopie der Genehmigung* für das Inverkehrbringen enthalten. Der Zertifikatsanmelder kann sich auch auf eine Genehmigung stützen, die nicht ihm selbst, sondern einem Dritten für dasselbe Erzeugnis erteilt worden ist. Stellt der Dritte dem Patentinhaber keine Kopie der fraglichen Genehmigung zur Verfügung,[145] muss sich das DPMA die Kopie von der betreffenden Genehmigungsbehörde verschaffen.[146]

4 Erstes Zertifikat

65 Nach Art. 3 (c) AMVO bzw Art. 3 Abs 1 (c) PSMVO darf im jeweiligen Mitgliedstaat nicht bereits ein Zertifikat für das Erzeugnis erteilt worden sein; hierfür ist auf den Zeitpunkt der ersten Genehmigung für das Inverkehrbringen abzustellen.[147] Zertifikatserteilungen in anderen Mitgliedstaaten schaden nicht.

Durch diese Regelung soll verhindert werden, dass im Anmeldestaat die Gesamtschutzdauer für ein und dasselbe Erzeugnis (denselben Wirkstoff oder dieselbe Wirkstoffkombination) über eine Serie von Zertifikatserteilungen verlängert werden kann. Diese Zielsetzung wird durch Art. 3 (2) PSMVO konkretisiert, der nach dem Erwägungsgrund 17 auch für die Auslegung der AMVO Anwendung findet. Danach darf einem Inhaber **mehrerer Patente für dasselbe Erzeugnis** nur ein Zertifikat erteilt werden (Art. 3 (2) S 1 PSMVO). Das Svea Hovrätt, Patent- och marknadsöverdomstolen (Schweden) hatte am 3. Mai 2019 ein Vorabentscheidungsersuchen (Rechtssache C-354/19) zu der Frage eingereicht, ob es Art. 3 (c) AMVO unter Berücksichtigung von Art. 3 (2) PSMVO verbietet, einem Anmelder, dem bereits ein Zertifikat für ein Erzeugnis erteilt wurde, das durch ein geltendes Grundpatent für das Erzeugnis als solches geschützt ist, ein ergänzendes Schutzzertifikat für eine neue Verwendung des Erzeugnisses zu erteilen, wenn die neue Verwendung wie im vorliegenden Fall ein neues Anwendungsgebiet darstellt, das durch eine neues Grundpatent besonders geschützt ist. Nach dem Santen-Urteil des EuGH[148] (vgl Rdn 78) hat das schwedische

---

143 EuGH GRUR 11, 213 *Hogan Lovells.*
144 Vgl EuGH GRUR Int **13**, 1129, Rn 33–38 *Sumitomo Chemicals/Clothianidin*; sowie die Vorlageentscheidung des BPatG GRUR Int **13**, 35.
145 EuGH GRUR Int **97**, 363, Rn 36 f *Biogen.*
146 EuGH GRUR Int **97**, 363 Rn 45 *Biogen.*
147 Vgl BPatG, Urt. v. 09.10.20 – 3 Ni 4/19, Rn 61 *Ezetimib* = GRUR-RS **2020**, 41272 unter Hinweis auf EuGH, Urt. v. 12.12.13 – C-443/12 *Actavis/Sanofi* = GRUR **14**, 157.
148 Vgl EuGH (Große Kammer), Urt. v. 9.07.20, C-673/18 *Santen* = GRUR **20**, 1071.

Gericht sein Vorabentscheidungsersuchen mit Beschluss vom 7. Mai 2020 zurückgezogen.

Beantragen jedoch mehrere Inhaber unterschiedlicher Patente für dasselbe Erzeugnis jeweils ein Zertifikat, kann jedem von ihnen entsprechend der Regelung des Art. 3 (2) S 2 PSMVO ein Zertifikat erteilt werden.[149] Dabei kommt es entgegen dem (insoweit missverständlichen) Wortlaut der Vorschrift nicht darauf an, ob die Zertifikatsanmeldungen gleichzeitig anhängig sind, da dies von Zufälligkeiten, außerhalb des Einflussbereichs des Anmelders abhängt und mit der Systematik der Verordnung nicht vereinbar ist. Die Vorschrift wird deshalb dahingehend ausgelegt, dass – sofern die sechsmonatige Anmeldefrist des Art. 7 eingehalten wurde – ein Zertifikat erteilt werden kann, unabhängig davon, ob den anderen Patentinhabern bereits Zertifikate erteilt worden sind oder nicht.[150]

66

Bei einem **Grundpatent, das mehrere, sich voneinander unterscheidende Erzeugnisse** iSv Art. 1 (b) AMVO schützt, ist es grundsätzlich möglich, für jedes dieser einzelnen Erzeugnisse ein ESZ zu erteilen.[151] Aus der Funktion des Art. 3 (c) AMVO, der ein sog »Evergreening« verhindern und sicherstellen soll, dass Zertifikatsschutz nur für solche Erzeugnisse gewährt wird, die gemäß den Zielen der Verordnung eine echte Neuerung darstellen,[152] leitet der EuGH jedoch in derartigen Fällen die zusätzliche Voraussetzung ab, dass jedes dieser einzelnen, unterschiedlichen Erzeugnisse iSv Art. 3 (a) iVm Art. 1 (b) und (c) AMVO durch das betreffende Grundpatent **als solches** geschützt ist.[153] Ein Grundpatent schützt einen Wirkstoff oder eine Wirkstoffzusammensetzung iSv Art. 1 (c) und Art. 3 (a) AMVO nur dann »als solches«, wenn sie den Gegenstand der von dem Patent geschützten Erfindung bilden.[154] Hintergrund dieser Rspr ist, dass die Möglichkeiten im Patentrecht, eine Erfindung umfassend zu schützen, im Zertifikatsrecht dazu führen kann, dass ein Grundpatent mehrere verschiedene Erzeugnisse schützt, die nicht alle den Zielen der VO entsprechen. Während anhand der Kriterien des Art. 1 (b) AMVO lediglich geprüft wird, ob überhaupt ein Erzeugnis iSd Verordnung vorliegt bzw ob es sich bei zwei Erzeugnissen um dasselbe Erzeugnis handelt oder nicht, findet die Entscheidung darüber, ob für ein Erzeugnis ein ESZ erteilt werden kann, erst im Rahmen der Prüfung nach Art. 3 AMVO statt. Durch die Schrankenwirkung von Art. 3 (c) AMVO wird dabei sichergestellt, dass im Fall, dass ein Grundpatent mehrere Erzeugnisse iSv Art. 1 (b) AMVO schützt, nicht mehrere

67

---

149 EuGH GRUR Int 97, 363, Rn 27 ff *Biogen*.
150 EuGH GRUR Int 10, 41 *AHP Manufacturing*.
151 EuGH GRUR Int 14, 153, Rn 29 *Actavis/Sanofi*; EuGH GRUR 14, 160, Rn 30 *Georgetown II* = GRUR Int 14, 149 = Mitt 14, 81 (Ls) = PharmR 14, 55; EuGH GRUR 15, 658, Rn 33 *Actavis/Boehringer* = GRUR Int 15, 446 = PharmR 15, 241.
152 EuGH GRUR Int 14, 153, Rn 30 ff *Actavis/Sanofi*; EuGH GRUR 15, 658, Rn 34–37 *Actavis/Boehringer* = GRUR Int 15, 446 = PharmR 15, 241.
153 EuGH GRUR Int 14, 153, Rn 29 *Actavis/Sanofi*; EuGH GRUR 14, 160, Rn 30 *Georgetown II* = GRUR Int 14, 149 = Mitt 14, 81 (Ls) = PharmR 14, 55; vgl hierzu auch Begründung der Kommission zum Verordnungsvorschlag, KOM(90)101 endg, Rn 29 = Schennen, Die Verlängerung, S 100.
154 EuGH GRUR 15, 658, Rn 32–38 *Actavis/Boehringer* = GRUR Int 15, 446 = PharmR 15, 241.

§ 16a   *Ergänzendes Schutzzertifikat/*   Art 63 EPÜ
        supplementary protection certificate

ESZ für eigentlich dieselbe Innovation erteilt werden.[155] Das bedeutet, wenn ein Grundpatent neben einem neuen Wirkstoff auch solche Erzeugnisse schützt, die für sich genommen nicht patentfähig wären, sondern nur von der Patentfähigkeit des neuen Wirkstoffs mitgetragen werden, scheitert die Erteilung mehrerer Zertifikate an Art. 3 (c) AMVO. Denn Zertifikatsschutz soll ausschließlich für solche Erzeugnisse gewährt werden, die gemäß den Zielen der Verordnung eine echte Neuerung darstellen.[156]

68 Die Kriterien, die im Rahmen von Art. 3 (c) AMVO und Art. 3 (1) c) PSMVO bei der Prüfung von Wirkstoffkombinationen anzulegen sind, hat der EuGH wie folgt definiert: Die betreffende Wirkstoffkombination darf nicht ganz oder teilweise in Zusammenhang mit demselben Erzeugnis stehen, für das der Patentinhaberin auf Basis des Grundpatents bereits ein Schutzzertifikat erteilt worden ist.[157] Das verfahrensgegenständliche Erzeugnis darf sich also nicht lediglich als sukzessives Inverkehrbringen eines innovativen Wirkstoffs in Kombination mit einem anderen, durch das Grundpatent nicht als solches geschützten Wirkstoff darstellen,[158] was aber dann der Fall ist, wenn die Innovation der Kombination ausschließlich durch den neuen Wirkstoff getragen wird, für den der Patentinhaberin bereits ein ESZ erteilt wurde.[159]

69 Wurde bei einem Grundpatent, das mehrere Erzeugnisse schützt, bereits für einen neuen Monowirkstoff ein Schutzzertifikat erteilt, kommt die Erteilung eines weiteren Schutzzertifikats für eine ebenfalls durch dieses Grundpatent geschützte Kombination aus diesem Monowirkstoff und einem vorbekannten Wirkstoff nach der Rspr des EuGH deshalb nur dann in Betracht, wenn die Wirkstoffzusammensetzung gegenüber dem Monowirkstoff eine andere, eigenständige Innovation darstellt.

70 **Beispiel:** Wenn ein Grundpatent einen neuen Wirkstoff (A) schützt und darüber hinaus in dem Patent die Kombination (A+B) beansprucht wird, wobei (B) vorbekannt ist und auch die Kombination an sich gegenüber dem Einzelwirkstoff (A) nicht erfinderisch ist, dh keinen eigenständigen erfinderischen Gehalt aufweist, gilt Folgendes:

Hat der Inhaber für dieses Grundpatent bereits ein ESZ entweder für den Einzelwirkstoff (A) oder für die Kombination (A+B) erhalten, ist die Erteilung eines zweiten ESZ wegen Verstoßes gegen Art. 3 (c) AMVO ausgeschlossen, da beide Erzeugnisse

---

155 EuGH GRUR Int 14, 153, Rn 40 ff *Actavis/Sanofi;* EuGH GRUR 15, 658, Rn 35 ff *Actavis/Boehringer* = GRUR Int 15, 446 = PharmR 15, 241.
156 BPatG, Urt. v. 09.10.20 – 3 Ni 4/19, Rn 59 *Ezetimib* = GRUR-RS 2020, 41272; BPatG, Urt. v. 23.06.21 – 3 Ni 2/20 *Sitagliptin/Metformin* (das Urteil ist noch nicht rechtskräftig); vgl für das Verletzungsverfahren OLG Düsseldorf, Urt. v. 15.03.19 – I-2 U 61/18 *Hydroxysubstituierte Azetidinone* = GRUR 20, 272; Vorinstanz: LG Düsseldorf Urt. v. 01.10.18 – 4b O 39/18, GRUR-RS 2018, 27017.
157 EuGH GRUR Int 14, 153, Rn 42 *Actavis/Sanofi*.
158 EuGH GRUR Int 14, 153, Rn 41 *Actavis/Sanofi*.
159 Vgl zu dieser Fallgestaltung: BPatG, Beschl v vom 19.9.19 – 14 W (pat) 44/19 *Fungizide Wirkstoffzusammensetzung* = GRUR 20, 162; BPatG, Urt. v. 09.10.20 – 3 Ni 4/19, Rn 37 ff *Ezetimib* = GRUR-RS 2020, 41272; BPatG, Urt. v. 23.06.21 – 3 Ni 2/20 *Sitagliptin/Metformin* (das Urteil ist noch nicht rechtskräftig); vgl für das Verletzungsverfahren OLG Düsseldorf, Urt. v. 15.03.19 – I-2 U 61/18 *Hydroxysubstituierte Azetidinone* = GRUR 20, 272; Vorinstanz: LG Düsseldorf Urt. v. 01.10.18 – 4b O 39/18, GRUR-RS 2018, 27017.

(A) sowie (A+B) vom selben erfinderischen Gehalt getragen werden, nämlich von (A).¹⁶⁰ Schützt ein Grundpatent dagegen »als solches« sowohl eine Kombination aus mehreren, neuen Wirkstoffen sowie diese Wirkstoffe auch einzeln, kann dem Inhaber grundsätzlich sowohl ein Zertifikat für die Wirkstoffzusammensetzung, als auch für einen der Einzelwirkstoffe erteilt werden.¹⁶¹

Beruft sich der Zertifikatsanmelder zur Begründung eines eigenständigen erfinderischen Gehalts der Wirkstoffkombination auf das Vorhandensein von synergistischen Wirkungen gegenüber dem Monowirkstoff, müssen diese Wirkungen im Grundpatent konkret benannt sein.¹⁶² Erst nach dem für das Grundpatent maßgeblichen Zeitrang gewonnene Erkenntnisse sind insoweit nicht zu berücksichtigen.¹⁶³ 71

Bei komplexen gesellschaftsrechtlichen Verflechtungen kann zweifelhaft sein, ob es sich um verschiedene oder letztlich um ein und denselben Anmelder handelt. Diese Problematik wird jedoch nur in Ausnahmefällen eine Rolle spielen, wenn konkrete Anhaltspunkte für eine rechtsmissbräuchliche Umgehung von Art. 3 (2) S 2 PSMVO vorliegen.¹⁶⁴ Im Erteilungsverfahren vor dem DPMA können derartige Fragen im Regelfall nicht aufgeklärt werden, sondern bleiben ggf der Prüfung im Nichtigkeitsverfahren (Art. 15 (1) a) überlassen. Dafür spricht indirekt auch die Regelung in Art. 10 (5), wonach die Mitgliedstaaten von der Prüfung des Art. 3 (c) und (d) AMVO bzw Art. 3 Abs 1 (c) und (d) PSMVO im Erteilungsverfahren absehen können. Deutschland hat von dieser Möglichkeit allerdings keinen Gebrauch gemacht. 72

5 Erste Genehmigung

Eine weitere Schranke für die Zertifikatserteilung enthält Art. 3 (d) AMVO bzw Art. 3 Abs 1 (d) PSMVO. Danach muss die Genehmigung für das Inverkehrbringen des Erzeugnisses als Arznei- oder Pflanzenschutzmittel iSd Art. 3 (b) AMVO bzw Art. 3 Abs 1 (b) PSMVO die zeitlich erste im Anmeldestaat sein. Da das Arzneimittelrecht aus Sicherheitsaspekten bei jeder Änderung der pharmazeutischen Form, der Dosierung oder Zusammensetzung usw eines Erzeugnisses neue Zulassungen vorschreibt, liegen für dasselbe Erzeugnis häufig mehrere arzneimittelrechtliche Genehmigungen vor. Dem Anmelder soll in diesem Fall kein Wahlrecht zwischen den einzelnen Genehmigungen für das Inverkehrbringen zustehen, sondern die Anmeldefrist des Art. 7 (1) beginnt mit der ersten Genehmigung für das betreffende Erzeugnis zu laufen. Für den Fall, dass das Grundpatent erst nach der ersten Genehmigung erteilt wurde, gilt die 73

---

160 EuGH GRUR Int **14**, 153, Rn 37 ff *Actavis/Sanofi*; EuGH GRUR **15**, 658, Rn 26 ff *Actavis/Boehringer* = GRUR Int **15**, 446 = PharmR **15**, 241; vgl hierzu auch High Court GRUR Int **13**, 37, Rn 50 *Actavis/Sanofi*; BPatG GRUR **14**, 1073,1076, Punkt II bb) *Telmisartan*= BPatGE **54**, 249.
161 EuGH GRUR **14**, 160, Rn 32 ff *Georgetown II* = GRUR Int **14**, 149 = Mitt **14**, 81 (Ls) = PharmR **14**, 55.
162 BPatG, Beschl v vom 19.9.19 – 14 W (pat) 44/19 *Fungizide Wirkstoffzusammensetzung* = GRUR **20**, 162.
163 BPatG, Urt. v. 09.10.20 – 3 Ni 4/19, Rn 59 *Ezetimib* = GRUR-RS **2020**, 41272; BPatG, Urt. v. 23.06.21 – 3 Ni 2/20 *Sitagliptin/Metformin* (das Urteil ist noch nicht rechtskräftig); vgl für das Verletzungsverfahren OLG Düsseldorf, Urt. v. 15.03.19 – I-2 U 61/18, Rn 51 f. *Hydroxysubstituierte Azetidinone* = GRUR **20**, 272.
164 Vgl hierzu Kühnen, FS 50 Jahre BPatG (**2011**), 361, 366 f.

Frist nach Art. 7 (2). Handelt es sich bei der ersten Genehmigung für das Inverkehrbringen im Anmeldestaat gleichzeitig auch um die erste Genehmigung für das Inverkehrbringen in der Gemeinschaft nach Art. 13 (1), wird durch diese Genehmigung auch die Laufzeit des Zertifikats bestimmt. Genehmigungen betreffend die Preisfestsetzung oder die Erstattung für Arzneimittel bleiben außer Betracht.[165]

74 Keine erste Genehmigung iSv Art. 3 (d) AMVO stellt die bloße Nennung eines Wirkstoffs in einem Zulassungsbescheid für ein bestimmtes Arzneimittel dar, mit der den behandelnden Ärzten Hinweise auf erfolgversprechende Behandlungsmöglichen einer Krankheit gegeben werden sollen.[166]

75 Nach der Zielsetzung der ESZ-Verordnungen soll eine Verlängerung der Patentlaufzeit zwar vor allem bei neuen Wirkstoffen von Arznei- oder Pflanzenschutzmitteln erfolgen. Die Möglichkeit von Zertifikatsschutz ist jedoch nicht ausschließlich auf neue Erzeugnisse beschränkt, sondern auch neue Verfahren zur Herstellung eines Erzeugnisses oder neue Anwendungen eines Erzeugnisses sind grundsätzlich dem Zertifikatsschutz zugänglich. Dementsprechend sieht Art. 1 (c) AMVO vor, dass jede Patentkategorie zur Erteilung eines ergänzenden Schutzzertifikats berechtigen kann, wenn im Übrigen alle Voraussetzungen für die Anwendung der AMVO erfüllt sind.

Nach den Vorgaben des Verordnungsgebers sollen alle im pharmazeutischen Bereich durchgeführten Forschungstätigkeiten unterschiedslos gefördert werden und für ein ergänzendes Schutzzertifikat in Betracht kommen. Voraussetzung ist jedoch stets, dass diese Forschungen zu einer patentierfähigen Neuerung führen, sei es zu einem neuen Erzeugnis, zu einem neuen Verfahren zur Entwicklung eines neuen oder bereits bekannten Erzeugnisses oder zu einer neuen Zusammensetzung unter Einbeziehung eines neuen Wirkstoffs oder auch von bereits bekannten Wirkstoffen.[167]

Für andere Formen oder Verwendungen eines **bereits zugelassenen Wirkstoffs** gilt daher Folgendes:

76 Liegt kein anderes Erzeugnis vor, ist zu prüfen, ob eine früher erteilte Genehmigung als erste Genehmigung nach Art. 3 (d) AMVO bzw. Art. 3 Abs 1 (d) PSMVO anzusehen ist, und damit die Erteilung eines Schutzzertifikats ausschließt, sofern die sechsmonatige Anmeldefrist nach Art. 7 bereits abgelaufen ist.

77 Eine frühere Zulassung eines Wirkstoffs als Tierarzneimittel ist auch als Erstgenehmigung für eine spätere Verwendung des Wirkstoffs als Humanarzneimittel zu werten.[168] Zweite medizinische Indikationen begründen ebenfalls kein anderes Erzeugnis.[169]

---

165 EuGH GRUR 04, 225, 228 f *Hässle/Ratiopharm/Omeprazol*.
166 Vgl BPatG Beschl. v. 23.11.07 – 14 W (pat) 10/05 = BeckRS 2008, 18200; bestätigt durch BGH GRUR 08, 890 *Anti-Helicobacter-Präparat*.
167 Vgl Vorschlag für eine Verordnung (EWG) des Rates über die Schaffung eines ergänzenden Schutzzertifikats für Arzneimittel = KOM [90] 101 endg., Rdn 41 = Schennen, Die Verlängerung, S 95 ff; BPatG, Beschl. v. 23.01.18 – 14 W (pat) 10/16 *hexavalenter Impfstoff* = GRUR 18, 719.
168 EuGH GRUR 05, 139 *Pharmacia Italia/Dostinex*.
169 EuGH Mitt 07, 308 *Yissum*.

| Art 63 EPÜ | *Ergänzendes Schutzzertifikat/* | § 16a |
| | *supplementary protection certificate* | |

Der EuGH hat insoweit seine durch das frühere Neurim-Urteil vorgenommene Auslegung des Art. 3 (d) AMVO **revidiert** und klargestellt, dass der Schutzbereich des Grundpatents bei der Auslegung des Begriffs der ersten Genehmigung für das Inverkehrbringen **nicht** zu berücksichtigen ist.[170] Somit stellt eine Genehmigung **keine** erste Genehmigung iSv Art. 3 (d) AMVO dar, wenn sie eine neue therapeutische Verwendung eines Wirkstoffs betrifft, der bereits Gegenstand einer früheren Zulassung für eine andere Anwendung war. Dies ergibt sich aus der engen Definition des insoweit maßgeblichen Begriffs des Erzeugnisses in Art. 1 (b) AMVO, der keinerlei Bezug auf den Schutzbereich des Grundpatents beinhaltet. Die medizinische Verwendung eines Wirkstoffs ist somit selbst dann kein integraler Bestandteil der Erzeugnisdefinition, wenn sie durch das Grundpatent geschützt wird.[171]

78

Aus diesem Grund hat der Gerichtshof seine Neurim-Rspr explizit aufgegeben, wonach bei einer **neuen Verwendung** eines Erzeugnisses als erste Genehmigung iSv Art. 13 (1) AMVO diejenige Genehmigung für das Inverkehrbringen des Erzeugnisses anzusehen sein sollte, die als zeitlich erste in den Schutzbereich des Grundpatents fiel, auf das sich die Zertifikatsanmeldung bezog.[172] Die damit verbundene Abschwächung der Schrankenwirkung des Art. 3 (d) AMVO stand jedoch im Widerspruch zur Definition des Erzeugnisses nach der Rspr des EuGH[173] (s Rdn 12).

Die erste arzneimittelrechtliche Zulassung eines Wirkstoffs gilt auch für später zugelassene **Derivate** (Salze, Ester) als Erstgenehmigung, es sei denn, diese Derivate sind Gegenstand eines Patents, in denen sie besonders beansprucht werden und als ein anderes Erzeugnis zu werten sind.[174] (s Rdn 17).

79

Wurde eine frühere Genehmigung für ein Arznei- oder Pflanzenschutzmittel erteilt, das als Wirkstoff ein Razemat enthält, ist eine spätere Genehmigung für ein einzelnes **Enantiomer** dieses Razemats nur dann die erste Genehmigung nach Art. 3 (d) AMVO bzw Art. 3 Abs 1 (d) PSMVO, wenn das Enantiomer gegenüber dem Razemat als eigenständiger Wirkstoff anzusehen und durch ein eigenes Patent geschützt ist.[175] Unterscheidet sich ein neu zugelassenes von einem früher zugelassenen Pflanzenschutzmittel nur durch das Anteilsverhältnis zwischen der wirksamen chemischen Verbindung und der enthaltenen Verunreinigung, liegt dasselbe Erzeugnis vor, so dass als Erstgenehmigung die zeitlich frühere anzusehen ist.[176]

80

Ebenso stellt die spätere Genehmigung für eine Kombination eines bereits früher arzneimittelrechtlich zugelassenen Wirkstoffs mit einem neuen, nicht arzneilich wirksamen Bestandteil (wie Hilfs-, Träger- oder Konservierungsstoffe) keine erste Genehmi-

81

---

170 Vgl EuGH (Große Kammer), Urt. v. 9.07.20, C-673/18 *Santen* = GRUR 20, 1071.
171 Vgl EuGH (Große Kammer), Urt. v. 9.07.20, C-673/18 *Santen* = GRUR 20, 1071.
172 EuGH GRUR Int **12**, 910, Rn 31 *Neurim Pharmaceuticals*.
173 Vgl hierzu die Schlussanträge des Generalanwalt beim EuGH (Pitruzzella) v. **23.01.20**, Rn 33 ff, abrufbar unter dem Aktenzeichen C-673/18 *Santen*, auf der Homepage des EuGH unter http://curia.europa.eu – sowie des Generalanwalt beim EuGH (Saugmandsgaard Øe), Schlussanträge vom 13.12.18, Rn 32 ff, in der Rechtssache C-443/17 *Abraxis Bioscience LLC* = BeckRS 2018, 32431; sowie Schell, GRUR Int **13**, 509.
174 Vgl. BGH, Urt. v. 10.09.09 – Xa ZR 130/07, Rn 76 *Escitalopram* = GRUR **10**, 123.
175 BGH GRUR **10**, 123 *Escitalopram*; BPatG GRUR Int **00**, 921 = BPatGE **42**, 258 *Fusilade*.
176 EuGH GRUR Int **01**, 754 *Chloridazon*.

gung iSv Art. 3 (d) AMVO dar, da hier keine **Wirkstoffzusammensetzung** (die mindestens zwei Wirkstoffe voraussetzt) und damit kein anderes Erzeugnis entsteht.[177]

82 Aus der zu Wirkstoffkombinationen ergangenen Rspr des EuGH[178] (s Rdn 62), wonach es für die Genehmigung nach Art. 3 (b) AMVO ausreichend ist, dass das zertifikatsgegenständliche Erzeugnis (der Wirkstoff oder die Wirkstoffzusammensetzung) in dem zugelassenen Arzneimittel, ggf neben weiteren Wirkstoffen oder Wirkstoffzusammensetzungen, enthalten ist, ergibt sich für die Prüfung von Art. 3 (d) AMVO bzw Art. 3 Abs 1 (d) PSMVO **Folgendes**: Erste Genehmigung iSv Art. 3 (d) AMVO bzw Art. 3 Abs 1 (d) PSMVO ist stets diejenige Genehmigung für das Inverkehrbringen, die für das erste Arznei- oder Pflanzenschutzmittel erteilt wurde, das den Wirkstoff oder die Wirkstoffzusammensetzung enthält, für die der Zertifikatsschutz beantragt wird – unabhängig davon, ob in dem fraglichen Arznei- oder Pflanzenschutzmittel daneben noch weitere Wirkstoffe bzw Wirkstoffzusammensetzungen enthalten sind.[179]

83 Für die weitere Frage, ob die Genehmigung einer Wirkstoffzusammensetzung (bspw A+B+C) auch als erste Genehmigung iSv Art. 3 (d) AMVO für deren mögliche Unterkombinationen (A+B, A+C, B+C) bzw Einzelwirkstoffe (A, B, C) anzusehen ist, finden die vom EuGH zu Art. 3 (c) AMVO (s Rdn 67) sowie zur Behandlung von zweiten medizinischen Indikationen im Rahmen des Art. 3 (d) AMVO (s Rdn 77) entwickelten Grundsätze Anwendung. Nach der Definition des Art. 1 (b) AMVO handelt es sich bei diesen Unterkombinationen bzw Einzelwirkstoffen zwar gegenüber der genehmigten Wirkstoffzusammensetzung um verschiedene Erzeugnisse. Allerdings wird die Genehmigung einer Wirkstoffzusammensetzung (A+B+C) nach Art. 3 (b) AMVO immer dann auch als erste Genehmigung für die enthaltenen Unterkombinationen bzw Einzelwirkstoffe gem Art. 3 (d) AMVO zu werten sein, wenn die betreffenden Erzeugnisse vollständig – so wie sie im Grundpatent beansprucht wurden – von dieser Genehmigung abgedeckt/erfasst sind.[180] Eine erste Genehmigung nach Art. 3 (d) AMVO liegt aber dann nicht vor, wenn eine bestimmte therapeutische Wirkung eines Wirkstoffs nicht zu den von der betreffenden Zulassung erfassten Anwendungsgebieten gehört.[181]

6 Anmeldeberechtigung

84 Berechtigt zur Anmeldung eines Schutzzertifikats ist der Inhaber des Grundpatents oder sein Rechtsnachfolger (Art. 6). Maßgeblich ist insoweit die Eintragung im Patent-

---

177 EuGH GRUR 06, 694 *MIT/Polifeprosan*; BPatGE **41**, 56 *Clarithromycin* = BeckRS **1999**, 15215 BPatG v 6.11.07 – 14 W (pat) 13/05 *Daunorubicin* = BeckRS **2008**, 07 641; BPatG Beschl. v. 23.1.2001 – 14 W (pat) 08/99 *Estradiolvalerat* BeckRS **2011**, 28011.
178 EuGH GRUR **12**, 257, 258 f *Medeva*; EuGH GRUR Int **12**, 144 *Georgetown University*; EuGH v 25.11.11 – C-630/10 = BeckRS **2011**, 81 931 = GRUR-RR **12**, 57 (Ls) *University of Queensland und CSL*.
179 EuGH GRUR **12**, 257, Rn 40 *Medeva*; EuGH GRUR Int **12**, 144, Rn 33 *Georgetown University*.
180 EuGH GRUR **12**, 257, Rn 40 *Medeva*.
181 EuGH GRUR Int **12**, 910, Rn 17–27 *Neurim Pharmaceuticals*; Oberlandesgericht Wien, GRUR Int **16**, 443 *Botulinumtoxin*; sowie EuGH GRUR Int **15**, 272, Rn 29 ff *Forsgren*; insoweit überholt die Urteile des LG Düsseldorf v 15.11.12 – 4b O 123/12, Rn 72 *Desogestrel I* = BeckRS **2013**, 02 222 sowie 4b O 139/12, Rn 72 *Desogestrel II* = BeckRS **2013**, 02 395.

register. Nicht anmeldeberechtigt sind der Lizenznehmer sowie der Inhaber der arznei- bzw pflanzenschutzmittelrechtlichen Genehmigung, wenn er nicht gleichzeitig Inhaber des Grundpatents ist. Sind Inhaber von Grundpatent und Genehmigung verschiedene Personen, darf die Anmeldung nicht allein deshalb zurückgewiesen werden, weil der Patentinhaber die Kopie gemäß Art. 8 (1) b nicht vorlegen kann[182] (s Rdn 64).

7 Anmeldefrist

Die Zertifikatsanmeldung muss grundsätzlich innerhalb von 6 Monaten nach Erteilung der Genehmigung für das Inverkehrbringen des Erzeugnisses eingereicht werden (Art. 7(1)). Erfolgt die Genehmigung vor der Erteilung des Grundpatents, muss die Zertifikatsanmeldung innerhalb einer Frist von 6 Monaten nach der Erteilung des Patents eingereicht werden (Art. 7 (2), s § 49a Rdn 15). Die Frage, welcher Zeitpunkt für die Berechnung der 6-Monatsfrist nach Art. 7 maßgeblich ist, wurde bislang noch nicht höchstrichterlich entschieden.[183] Es gelten jedoch insoweit dieselben Grundsätze, wie sie der EuGH in dem Urteil Seattle Genetics[184] zur Laufzeitberechnung bei Art. 13 (1) aufgestellt hat (s Rdn 113). Die in dieser Entscheidung dargelegten teleologischen und systematischen Erwägungen treffen in gleicher Weise auch auf die Fristberechnung im Rahmen des Art. 7 (1) und (2) zu.[185] Dementsprechend ist auch bei Art. 7 (1) und (2) nicht das Ausstellungsdatum der arzneimittelrechtlichen Genehmigung (bzw das Datum des Beschlusses über die Erteilung des Patents) maßgeblich, sondern der Zeitpunkt, zu dem die Genehmigung bzw der Erteilungsbeschluss dem Adressaten bekannt gegeben wurde.[186]

85

Wiedereinsetzung in die Anmeldefrist ist möglich[187] (§ 16a iVm § 123).

86

8 Tenorierung

Der Erteilungsbeschluss des DPMA oder BPatG legt den Inhalt des ergänzenden Schutzzertifikats fest und muss daher sämtliche hierfür erforderlichen Angaben enthalten.[188] So ist das geschützte Erzeugnis im Beschluss genau zu bezeichnen, was insbesondere dann von besonderer Bedeutung ist, wenn ein Wirkstoff in einer anderen als der in der arzneimittelrechtlichen Genehmigung genannten Form geschützt werden soll. Bestehen Zweifel hinsichtlich der genauen Bezeichnung des zu schützenden Wirk-

87

---

182 EuGH GRUR Int 97, 363 *Biogen*.
183 BPatG v 23.06.05 – 15 W (pat) 59/03 *Porfimer* = BPatGE 49, 113 = Mitt 06, 73 = BeckRS 2009, 24 768 (die im anschließende Rechtsbeschwerdeverfahren erfolgte Vorlage (BGH GRUR 08, 65 *Porfimer*) hat sich vor einer Entscheidung des EuGH durch Rücknahme der Zertifikatsanmeldung erledigt, vgl EuGH v 03.09.08 – C-452/07 = BeckRS 2008, 71 048); vgl hierzu auch die Diskussion bei Brückner, 3. Aufl 2020, Art 7, Rn 20 ff.
184 EuGH GRUR 16, 474 *Seattle Genetics/Österreichisches Patentamt* = GRUR Int 15, 1120 = PharmR 15, 539 = Mitt 16, 17 (Ls); sowie Schlussantrag des Generalanwalts Jääskinen in der Rechtssache C-471/14 *Seattle Genetics/Österreichisches Patentamt*, insbesondere Rn 33 ff = BeckRS 2015, 81 119 = BeckEuRS 2015, 446 191.
185 Vgl hierzu BGH GRUR 08, 65 *Porfimer*; Schlussantrag des Generalanwalts Jääskinen in der Rechtssache C-471/14 *Seattle Genetics/Österreichisches Patentamt*, Rn 30–33 = BeckRS 2015, 81 119 = BeckEuRS 2015, 446 191.
186 IdS auch Busse/Maute, PatG, 9. Aufl 2020, Anh § 16a, Rn 113.
187 BPatG v 02.03.00 – 15 W (pat) 23/99 *Valaciclovirhydrochlorid* = BeckRS 2011, 29 415.
188 BGH GRUR 02, 47, 48 *Idarubicin III*; BGH GRUR 02, 415, 417 f *Sumatriptan*.

stoffes, sind diese vom DPMA oder dem BPatG durch Nachfrage beim Anmelder aufzuklären bzw der Erteilungsantrag entsprechend auszulegen.[189] Zudem ist die Laufzeit des Zertifikats anzugeben. Nicht erforderlich ist es dagegen, die in den Vorschriften der *Art. 8 (1), Art. 9 (2) a-e* sowie *Art. 11 (1) a-f* aufgeführten Angaben in den Beschlusstenor aufzunehmen, da diese lediglich der Festlegung des Verfahrensgegenstandes bzw der Unterrichtung der Öffentlichkeit dienen.[190]

IV. Schutzgegenstand, Schutzbereich und Schutzwirkungen

1 Schutzgegenstand

88

89 **Schutzgegenstand** des Zertifikats ist das Erzeugnis (der Wirkstoff oder die Wirkstoffzusammensetzung); also weder die patentierte Erfindung noch das konkret zugelassene Arznei- oder Pflanzenschutzmittel.

Durch **Art. 4** wird der Schutzgegenstand des Zertifikats **in zweifacher Hinsicht beschränkt**:[191] Zum einen ist das Erzeugnis nur in den Grenzen des Grundpatents geschützt, so dass es die Schutzkategorie (Stoff- Verwendungs- oder Verfahrenspatent) des Grundpatents übernimmt (Art. 1 (c) AMVO bzw Art. 1 Nr 9 PSMVO). Das auf der Grundlage eines Stoffpatents erteilte Zertifikat schützt das Erzeugnis als (Wirk-)Stoff. Ist das Grundpatent ein Verfahrenspatent, so erstreckt sich der Schutz des Zertifikats nur auf die Herstellung des Erzeugnisses durch das patentgeschützte Verfahren sowie das durch dieses Verfahren hergestellte Erzeugnis.[192] Handelt es sich um ein Verwendungspatent, schützt auch das Zertifikat nur die patentierte Verwendung des Erzeugnisses.[193]

90 Zum anderen ist das Erzeugnis von vornherein nur in seiner Verwendung als Arznei- bzw Pflanzenschutzmittel geschützt (Art. 2). Andere Verwendungen des Erzeugnisses außerhalb dieser Bereiche werden vom Zertifikat nicht erfasst, selbst wenn der Schutz des Grundpatents sich darauf erstreckt.[194] Nach Art. 4 ist der Schutzgegenstand des Zertifikats deshalb auf das Erzeugnis beschränkt, das von der Genehmigung für das Inverkehrbringen des entsprechenden Arznei- oder Pflanzenschutzmittels erfasst wird. Gemeint ist damit die dem Erteilungsverfahren zugrundeliegende Genehmigung für das Inverkehrbringen im Anmeldestaat (Art. 3 (b) und (d) AMVO bzw Art. 3 Abs 1 (b) und (d) PSMVO).

91 Damit ist allerdings keine Begrenzung des Zertifikatsschutzes auf die konkrete Genehmigung verbunden. Vielmehr wird dadurch lediglich *dasjenige Erzeugnis* als Schutzgegenstand des Zertifikats definiert, dessen Zulassung durch die betreffende arznei- bzw pflanzenschutzmittelrechtliche Genehmigung nachgewiesen ist.[195] Gemäß Art. 4

---

189 BPatG v 13.05.02 – 10 W (pat) 38/00 *Valaciclovir* = BPatGE **45**, 149 = BeckRS 2009, 25 126.
190 BGH GRUR 02, 47, 49 *Idarubicin III*; BGH GRUR 02, 415, 418 *Sumatriptan*.
191 Vgl hierzu OLG Düsseldorf v 06.08.15 – 2 U 21/15 *Ezetimib*, Rn 28 = Mitt **16**, 89 (Ls) = BeckRS 2016, 03 691 (Volltext).
192 EuGH v 25.11.11 – C-630/10 = BeckRS 2011, 81 931 = GRUR-RR **12**, 57 (Ls) *University of Queensland and CSL*.
193 EuGH GRUR Int **12**, 910, Rn 25 *Neurim Pharmaceuticals*.
194 Vgl hierzu Kühnen, Handbuch der Patentverletzung, 13. Aufl 2021, Kapitel A, Rn 197 ff.
195 Vgl Schennen, Die Verlängerung, Art 4, Anm 4; derselbe GRUR Int **96**, 102, 106.

erstreckt sich der durch das ESZ für dieses Erzeugnis gewährte Schutz auf alle Verwendungen des Erzeugnisses als Arznei- bzw Pflanzenschutzmittel, die vor Ablauf des Zertifikats genehmigt wurden – soweit das Grundpatent diese weiteren Verwendungen erfasst. Dabei ist es unerheblich, ob die Genehmigungen dem Inhaber des Zertifikats oder Dritten erteilt wurden.

2 Schutzbereich

Seinem Inhalt nach ist das Schutzzertifikat eine auf ein bestimmtes Erzeugnis bezogene Laufzeitverlängerung des Grundpatents. Das Zertifikat begründet keinen eigenen, vom Grundpatent unabhängigen Schutzgegenstand.[196] Es enthält weder eigene Patentansprüche noch eine Beschreibung, sondern benennt nur das Erzeugnis (den Wirkstoff oder die Wirkstoffkombination), für das es erteilt wurde. Die **Schutzbereichsbestimmung** hat deshalb unter Rückgriff auf das Grundpatent zu erfolgen (auch nach dessen Erlöschen), beschränkt auf das Erzeugnis und dessen zweckgebundene Verwendungen als Arznei- bzw Pflanzenschutzmittel, die vor Ablauf des Zertifikats erfolgen: für deutsche Grundpatente nach § 14 PatG (§ 16a (2) PatG) und bei europäischen Grundpatenten nach Art. 69 EPÜ iVm mit dem Auslegungsprotokoll. Der Schutz des Zertifikats kann aber in keinem Fall weiter reichen als der des Grundpatents.[197]

Wird das Zertifikat für den identischen Gegenstand des Hauptanspruchs erteilt, so stimmt dessen Schutzbereich mit dem des Grundpatents überein. Reichen die Ansprüche des Grundpatents weiter, so ist anstelle des im Grundpatent verwendeten allgemeinen Begriffs das Erzeugnis des Schutzzertifikats zu setzen, da der Zertifikatsschutz lediglich erzeugnisbezogen gewährt worden ist. Anhand einer so modifizierten Patentschrift hat dann die Auslegung und Schutzbereichsbestimmung gemäß § 14 PatG bzw Art. 69 EPÜ nach allgemeinen Grundsätzen zu erfolgen.[198]

Gilt das Grundpatent für einen **Wirkstoff und seine Derivate** (Salze und Ester), so gewährt das für den Wirkstoff erteilte Zertifikat den gleichen Schutz für den Wirkstoff und seine Derivate als Arznei- bzw Pflanzenschutzmittel[199] – unabhängig davon, ob von der dem ESZ zugrundeliegenden Genehmigung nur eine bestimmte Form des Wirkstoffs erfasst wurde (also bspw ein bestimmtes Salz). Insoweit kann somit auch aus dem Zertifikat gegen äquivalente[200] Abwandlungen vorgegangen werden.[201]

Die Erteilung eines Zertifikats für eine im Grundpatent nicht genannte, sondern lediglich in dessen Schutzbereich liegende Wirkstoffvariante kommt nach der neuen Rspr[202] nicht mehr in Betracht (vgl hierzu unter Rdn 40). Bei zuvor erteilten Schutzzertifikaten

---

196 BGH GRUR 02, 415, 416 *Sumatriptan*.
197 Vgl hierzu Kühnen, Handbuch der Patentverletzung, 9. Aufl 2017, Kapitel A, Rn 234 ff.
198 OLG Düsseldorf v 06.08.15 - 2 U 21/15 *Ezetimib* = Mitt **16**, 89 (Ls) = BeckRS 2016, 03 691 (Volltext).
199 Erwägungsgrund 13 der PSMVO; EuGH GRUR Int 00, 69 Rn 21 f *Farmitalia/Idarubicin*; BGH GRUR 02, 47, 48 *Idarubicin III*.
200 Zur Frage, ob bei chemischen Stoffansprüchen überhaupt von Äquivalenz gesprochen werden kann, vgl Kraßer/Ann, 7. Aufl 2016, S 768 (§ 32, Rn 119).
201 BGH GRUR 00, 683, 684 f *Idarubicin II*; idS auch Bopp, FS 80 Jahre Patentgerichtsbarkeit in Düsseldorf, 2016, 63, 72.
202 EuGH GRUR **12**, 257 *Medeva*.

bleibt – unabhängig von der Frage nach einer möglichen Nichtigkeit solcher Zertifikate – im Verletzungsfall zu gewährleisten, dass ihr Schutzbereich nicht unzulässig auf den Schutz der Äquivalente von Äquivalenten[203] erweitert wird,[204] da Schutzzertifikate keinen eigenständigen, vom Grundpatent unabhängigen Schutzbereich besitzen. Der durch das Zertifikat vermittelte Schutz kann somit nicht über den Schutzbereich hinausgehen, den das Grundpatent eröffnet.[205]

96 Ist ein Zertifikat für einen **Einzelwirkstoff** (A) erteilt worden, so schützt das Zertifikat auch gegen eine arzneimittelrechtlich zugelassene Verwendung dieses Einzelwirkstoffs in einer **Wirkstoffkombination** (A+B), wenn die Verwendung vom Schutzbereich des Grundpatents umfasst ist. Konnte der Inhaber des Grundpatents jeder Verwendung oder bestimmten Verwendungen des Erzeugnisses in Form eines Arzneimittels, das aus dem Erzeugnis bestand oder es enthielt, widersprechen, so gewährt ihm ein für dieses Erzeugnis erteiltes Schutzzertifikat nach Art. 5 iVm Art. 4 AMVO dieselben Rechte für jede vor Ablauf des Zertifikats genehmigte Verwendung des Erzeugnisses als Arzneimittel.[206] Im Verletzungsfall spielt die Frage, ob der durch das Zertifikat geschützte Einzelwirkstoff und die angegriffene Ausführungsform als unterschiedliche Erzeugnisse anzusehen sind, somit anders als im Erteilungsverfahren keine entscheidungserhebliche Rolle.[207]

3 Schutzwirkungen

97 Gemäß **Art. 5** hat das Zertifikat hinsichtlich seines durch Art. 4 eingegrenzten Schutzgegenstands (dem Erzeugnis in seiner Verwendung als Arznei- bzw Pflanzenschutzmittel, vgl Rdn 88 ff) die gleichen *Schutzwirkungen* wie das Grundpatent.[208] Die in Art. 4 enthaltene Beschränkung bezieht sich dabei ausschließlich auf den Schutzgegenstand des Zertifikats, sie stellt jedoch keine Begrenzung seiner Schutzwirkungen dar.

98 Zu den »Rechten« bzw »Beschränkungen und Verpflichtungen« iSv Art. 5 zählen insbesondere die in §§ 9 bis 12 PatG geregelten Wirkungen des Patents[209] und ihre gesetzlichen Einschränkungen, das Recht auf freie Übertragbarkeit und Lizenzierbarkeit des Schutzzertifikats (§ 15 PatG, vgl Rdn 139 und Rdn 149) sowie die Benutzungsanordnung und die Zwangslizenz am Zertifikat (§§ 13, 24 PatG, vgl Rdn 138).

99 Im Fall einer *Zertifikatsverletzung*[210] stehen dem Inhaber die in §§ 139 ff PatG geregelten Ansprüche zu.[211] Die für den Erlass einer einstweiligen Verfügung wegen Patent-

---

203 Kritisch und instruktiv: Feldges/Kramer, FS von Meibom, 2010, 57, 62 f.
204 BGH GRUR 00, 683, 685 *Idarubicin II*.
205 EuGH GRUR Int 00, 69 Rn 28 *Farmitalia/Idarubicin*; BGH GRUR 08, 890, Rn 5 *Anti-Helicobacter-Präparat*.
206 EuGH GRUR 12, 257, Rn 25 *Medeva*; EuGH PharmR 12, 305 *Novartis/Valsartan*.
207 LG Düsseldorf GRUR-RR 12, 58, unter I.2.g) aa) *Valsartan*.
208 Vgl. OLG Düsseldorf, Urt. v. 06.08.15 – I-2 U 21/15; Rn 28 ff. und 36 ff = BeckRS 2016, 3691.
209 BGH GRUR 07, 221, Rn 8 ff = PharmR 07, 48 = BGHZ 170, 115 *Simvastatin*; OLG Düsseldorf v 06.08.15 – 2 U 21/15 *Ezetimib*, Rn 28, 36 = Mitt 16, 89 (Ls) = BeckRS 2016, 03 691 (Volltext).
210 Zum Fall der Erteilung mehrerer ESZ für denselben Wirkstoff an unterschiedliche Inhaber vgl Kühnen, Handbuch der Patentverletzung, 9. Aufl 2017, Kapitel A, Rn 203 ff.
211 BGH GRUR 07, 221, Rn 12 = PharmR 07, 48 = BGHZ 170, 115 *Simvastatin*.

verletzung maßgeblichen Grundsätze gelten in gleicher Weise für einen auf das Schutzzertifikat gestützten Verfügungsantrag.[212] Unterlassungs- und Schadensersatztitel wegen Verletzung des Grundpatents erstrecken sich wegen der unterschiedlichen Streitgegenstände nicht auf das Schutzzertifikat.[213] Des Weiteren finden die Bestimmungen über die gerichtliche Zuständigkeit (§ 143 PatG) sowie über die Klagenkonzentration und die Patentberühmung (§ 145 und § 146 PatG) Anwendung.

Das Inverkehrbringen des zertifikatsgeschützten Erzeugnisses durch den Rechtsinhaber oder mit dessen Zustimmung durch einen Dritten in einem EU-Mitgliedstaat oder dem EWR-Raum führt zur **Erschöpfung** des Schutzrechts, so dass das betreffende Erzeugnis bspw. in einen anderen Mitgliedstaat frei importiert werden kann. Da aber der **Besondere Mechanismus** des EU-Beitrittsvertrags vom 16.4.2003[214] (vgl. hierzu § 9, Rdn 33 ff) auch auf ergänzende Schutzzertifikate Anwendung findet,[215] gilt dies nicht für von diesem Mechanismus erfasste Parallelimporte. Mit dem Besonderen Mechanismus soll ein Ausgleich zwischen dem Grundsatz der Warenverkehrsfreiheit innerhalb der EU und dem wirksamen Schutz von Rechten aus Patenten und Ergänzenden Schutzzertifikaten gewährleistet werden. Wie aus dem Grundpatent kann damit auch aus dem Schutzzertifikat der Paralleleinfuhr eines Arzneimittels mit dem geschützten Erzeugnis aus den im Zuge der EU-Osterweiterung 2004 beigetretenen acht neuen Mitgliedstaaten[216] sowie dem 2013 beigetretenen Kroatien widersprochen werden.[217] Kein Parallelimportschutz besteht dagegen für Arzneimittel, die erstmalig in den beiden neuen Mitgliedstaaten Malta und Zypern auf den Markt gebracht wurden. Voraussetzung für das Eingreifen des Besonderen Mechanismus ist es, dass die Rechtsordnungen der betreffenden Mitgliedstaaten zum Zeitpunkt der Anmeldung des Grundpatents keine Möglichkeit eines entsprechenden Schutzes vorgesehen haben, so dass es für den Patentinhaber unmöglich war, in den Ausfuhrstaaten ein Patent und ein entsprechendes Schutzzertifikat zu erlangen.[218] Anknüpfungspunkt für die Wirkungen des Besonderen Mechanismus ist also ein Vergleich des Schutzniveaus im Exportland und im Importland. Der Besondere Mechanismus schneidet den Einwand der Erschöpfung in dem Fall ab, in dem das Schutzniveau in dem Exportland niedriger ist als im Importland.[219]

Kein Parallelimportschutz besteht dagegen für Arzneimittel, die erstmalig in den beiden neuen Mitgliedstaaten **Malta und Zypern** auf den Markt gebracht wurden.

---

212 Vgl LG Düsseldorf GRUR-RR 12, 420, 421, Rn 45 *Irbesartan/HCT*; zu den Voraussetzungen eines Importverbots: OLG Düsseldorf v 06.08.15 – 2 U 21/15 *Ezetimib* = Mitt 16, 89 (Ls) = BeckRS 2016, 03 691 (Volltext)
213 Vgl hierzu Brändel, GRUR 01, 875, 877; aA jedoch der österreichische OGH GRUR Int 11, 628 *Escitalopram/Cipralex*.
214 Ausführlich hierzu Kühnen, in: Recht im Wandel deutscher und europäischer Rechtspolitik - Festschrift 200 Jahre Carl Heymanns Verlag (2015), S. 373 ff.
215 Vgl. hierzu LG Düsseldorf Urt. v. 26.08.14 – 4c O 116/13 = BeckRS 2014, 17689.
216 Estland, Lettland, Litauen, Polen, Slowenien, Ungarn, Slowakische Republik und Tschechien.
217 Vgl. EuGH, Urt. v. 21.06.18 – C-681/16 *Pfizer/Orifarm* = GRUR Int. 18, 1028: auf Vorlage des LG Düsseldorf, Beschl v. 15.12.16 – 4b O 48/15 = GRUR Int 17, 321.
218 Vgl. EuGH, Urt. v. 21.06.18 – C-681/16 *Pfizer/Orifarm* = GRUR Int. 18, 1028; vgl zudem OLG Hamburg, Urt. v. 23.04.09 – 3 U 75/08 *Anwendbarkeit des Besonderen Mechanismus* = PharmR 09, 338.
219 Vgl. hierzu LG Düsseldorf Urt. v. 05.03.15 – 4b O 139/14 = BeckRS 2015, 15797.

101 Der Importeur hat den Inhaber des Schutzzertifikats oder den von ihm Begünstigten über die geplante Einfuhr zu unterrichten.[220] Der Importeur muss diese Unterrichtung nicht selbst vornehmen, aus der Unterrichtung muss seine Person aber klar erkennbar sein.[221] Widerspricht der Rechtsinhaber der geplanten Einfuhr nicht innerhalb der im zweiten Absatz des Besonderen Mechanismus vorgesehenen Wartefrist von einem Monat, ist der Importeur berechtigt, bei den zuständigen Behörden die Einfuhrgenehmigung für das Erzeugnis zu beantragen sowie es ggf. einzuführen und in den Verkehr zu bringen. Dem Schutzrechtsinhaber ist es in diesem Fall verwehrt, sich auf seine Rechte nach dem ersten Absatz des Besonderen Mechanismus zu berufen, soweit es um eine Einfuhr und ein Inverkehrbringen des Arzneimittels geht, die erfolgt sind, bevor er die genannte Absicht bekundet hat.[222]

102 Der Besondere Mechanismus wirkt auch dann fort, wenn das Schutzzertifikat gem. der EG-V 1901/2006 (Kinder-AMVO) verlängert wurde, da die Pädiatrische Laufzeitverlängerung streng akzessorisch ist und nichts am Wesensgehalt des Schutzzertifikats ändert.[223]

103 Um Wettbewerbsnachteile für in der EU niedergelassene Hersteller von Nachahmerprodukten von Generika und Biosimilars auszugleichen,[224] wurden mit der Verordnung (EU) 2019/933[225] Ausnahmeregelungen zu den Schutzwirkungen von ergänzenden Schutzzertifikaten eingeführt. Dadurch wird den Herstellern (vgl. zur Definition des Herstellers den neu eingeführten Art. 1 (f) AMVO) bei Beachtung bestimmter Voraussetzungen das Recht eingeräumt:
1. während der Schutzdauer des Schutzzertifikats Nachahmerprodukte eines zertifikatsgeschützten Erzeugnisses für den Export in außereuropäische Märkte zu produzieren, in denen ein entsprechender Patentschutz entweder abgelaufen ist oder zu keinem Zeitpunkt bestanden hat (sog. »Manufacturing Waiver«), sowie
2. mit der vorbereitenden Herstellung eines zertifikatsgeschützten Erzeugnisses für den Zeitpunkt direkt nach dem Auslaufen des Zertifikatsschutzes zu beginnen und zwar innerhalb der letzten 6 Monate vor Ablauf des Schutzzertifikats, um so einen Tag-1-Markteintritt in der EU unmittelbar nach Ablauf des Schutzzertifikats zu gewährleisten (sog. »Stockpiling Waiver«).

104 Die Ausnahmeregelungen finden schrittweise Anwendung:
sie gelten zunächst für alle am oder nach dem 1. Juli 2019 angemeldeten Schutzzertifikate. Für Schutzzertifikate, die vor dem 1. Juli 2019 beantragt wurden, jedoch erst

---

220 Vgl. EuGH, Urt. v. 12.02.15 – C-539/13 *Merck/Sigma* = GRUR Int. **15**, 359.
221 Vgl. EuGH, Urt. v. 12.02.15 – C-539/13 *Merck/Sigma* = GRUR Int. **15**, 359.
222 Vgl. EuGH, Urt. v. 12.02.15 – C-539/13 *Merck/Sigma* = GRUR Int. **15**, 359.
223 Vgl. EuGH, Urt. v. 21.06.18 – C-681/16 *Pfizer/Orifarm* = GRUR Int. **18**, 1028; Vorlagebeschluss des LG Düsseldorf. v. 15.12.16 – 4b O 48/15 = GRUR Int **17**, 321.
224 Vgl hierzu von Czettritz/Kau, GRUR-Prax **18**, 396; Würtenberger/Freischem, GRUR **18**, 1027.
225 Verordnung (EU) 2019/933 des Europäischen Parlaments und des Rates vom 20. Mai 2019 zur Änderung der Verordnung (EG) Nr. 469/2009 über das ergänzende Schutzzertifikat für Arzneimittel.

nach dem 1. Juli 2019 wirksam geworden sind, gelten die Ausnahmen ab dem 2. Juli 2022. Für Schutzzertifikate, die am 1. Juli 2019 bereits in Kraft sind, gelten die Ausnahmeregelungen nicht.

Will ein Hersteller Gebrauch von diesen Ausnahmen machen, muss er spätestens 3 Monate vor dem Beginn der Produktion in dem betreffenden Mitgliedstaat der für ergänzende Schutzzertifikate zuständigen Behörde (in Deutschland: das DPMA) die in Art. 5 (5) AMVO genannten Angaben mitteilen und außerdem den betroffenen Zertifikatsinhaber informieren. Darüber hinaus muss der Hersteller bei der Verpackung der zur Ausfuhr hergestellten Produkte bestimmte Kennzeichnungspflichten beachten, um das Risiko der Wiedereinfuhr der Ware in den EU-Markt zu verringern. 105

Das DPMA stellt auf seiner Homepage das zu verwendende Standardformular sowie weitergehende Informationen zur Verfügung.

Gemäß dem mit der Verordnung (EU) 2019/933 neu eingefügten Art. 21 (a) AMVO soll die Kommission die neue Ausnahmeregelung alle fünf Jahre bewerten, um zu beurteilen, ob die mit diesen Bestimmungen verfolgten Ziele erreicht wurden. 106

V. Laufzeit

Nach Art. 13 (2) beträgt die maximale Laufzeit des Schutzzertifikats fünf Jahre. Dadurch wird sichergestellt, dass dem Patentinhaber iVm dem Zertifikat eine effektive Patentlaufzeit von fünfzehn Jahren für das Erzeugnis gewährt wird.[226] 107

Das Zertifikat gilt ab Ablauf der gesetzlichen Laufzeit des Grundpatents, wobei bei einem vorzeitigen Erlöschen des Grundpatents vor Ablauf seiner gesetzlichen Laufzeit sich nicht die Laufzeit des Zertifikats anschließt, sondern das Zertifikat nichtig ist (Art. 15 (1) b). Durch das Zertifikat soll ein Ausgleich für die durch das Zulassungsverfahren verlorengegangene Zeit erfolgen. Bei der Berechnung der Laufzeit nach Art. 13 (1) wird daher der Zeitraum zwischen: *(1)* der Anmeldung des Grundpatents und *(2)* der ersten Genehmigung für das Inverkehrbringen in der Gemeinschaft bestimmt. Davon werden *(3)* fünf Jahre abgezogen und falls *(4)* die so berechnete Laufzeit über fünf Jahren liegt, wird sie auf die Höchstdauer von fünf Jahren gekürzt (Art. 13 (2)).

Gemäß Erwägungsgrund 9 AMVO (bzw Erwägungsgrund 11 PSMVO) soll der durch das Zertifikat gewährte Schutz so festgelegt werden, dass dadurch ein ausreichender tatsächlicher Schutz erreicht wird, der jedoch insgesamt auf eine Höchstdauer von 15 Jahren begrenzt ist. Dementsprechend schließt Art. 13 iVm Erwägungsgrund 9 AMVO[227] aus, dass ein Patentinhaber, der gleichzeitig Inhaber eines Zertifikats ist, die gesamte nach Art. 13 AMVO berechnete Gültigkeitsdauer des Zertifikats in Anspruch nehmen kann, wenn ihm mit einer solchen Dauer für einen Wirkstoff (oder eine Wirkstoffzusammensetzung) für mehr als 15 Jahre ab der ersten Genehmigung für das 108

---

226 Erwägungsgrund 9 AMVO bzw 11 PSMVO.
227 Entsprechendes gilt für Art 13 PSMVO iVm Erwägungsgrund 11 PSMVO.

Inverkehrbringen des aus diesem Wirkstoff bestehenden oder ihn enthaltenen Arzneimittels in der Gemeinschaft eine Ausschließlichkeit zugute käme[228] (s § 49a, Rdn 36 ff).

109 Mit der Anknüpfung an die erste Genehmigung für das Inverkehrbringen des Erzeugnisses in der Gemeinschaft sollen unterschiedliche Laufzeiten in den einzelnen Mitgliedstaaten vermieden werden.[229] Bei der »**ersten Genehmigung in der Gemeinschaft**« muss es sich um eine Genehmigung iSd RL 2001/83 EG (vorher RL 65/65 EWG) bzw der RL 2001/82 EG (vorher RL 81/851 EWG) handeln, die in irgendeinem Mitgliedstaat der Gemeinschaft als zeitlich erste erteilt worden ist.[230]

110 Eine Genehmigung iSd vorgenannten RL setzt nicht voraus, dass die Genehmigung aufgrund harmonisierten Rechts erteilt wurde.[231] Es ist jedoch erforderlich, dass die Genehmigung dem Anforderungsprofil des Gemeinschaftsrechts entspricht,[232] dh die Zulassung bzw das Zulassungsverfahren muss den inhaltlichen Kriterien der RL 2001/83 (RL 65/65/EWG) genügen,[233] insbesondere muss eine Prüfung der Unschädlichkeit und Wirksamkeit des betreffenden Arzneimittels stattgefunden haben.[234] Unter »Gemeinschaft« sind sowohl die Mitgliedstaaten der EU als auch die Staaten des EWR-Abkommens (derzeit noch: Norwegen, Island, Liechtenstein) zu verstehen.[235] Bei einem EWR-Staat ist allerdings Voraussetzung, dass die Genehmigung nach Inkrafttreten des EWR-Abkommens, dh nach dem 31.12.1993 erteilt worden ist.[236] Nicht erforderlich ist, dass sie auch erst nach der Einbeziehung der AMVO (1768/92) in das EWR-Abkommen am 1.7.1994 erteilt wurde.[237]

111 Des Weiteren können arzneimittelrechtliche Genehmigungen der Schweiz zu berücksichtigen sein, sofern sie durch den EWR-Staat Liechtenstein anerkannt worden sind.[238] Dies gilt auch dann, wenn die Europäische Arzneimittelagentur EMA auf Basis vergleichbarer klinischer Daten eine Genehmigung für das fragliche Arzneimittel zunächst verweigert hat[239] bzw wenn die im beschleunigten Verfahren erteilte schweizerische Genehmigung in der Folgezeit wieder ausgesetzt wurde[240]. Vor dem

---

228 EuGH GRUR 14, 850, Rn 26–35 *Merck Canada/Accord Healthcare (Montekulast sodium)* = GRUR Int 14, 349 = PharmR 14, 259 = Mitt 14, 318, unter Hinweis auf EuGH GRUR-RS 13, 82 223, Rn 42 *Astrazeneca/Comptroller General* = Mitt 14, 82 (Ls) = BeckRS 2013, 82 223.
229 EuGH GRUR Int 97, 908, 910 *Yamanouchi*.
230 EuGH GRUR 04, 225, 229 f *Omeprazol*; EuGH GRUR 05, 139 *Pharmacia Italia/Dostinex*.
231 AA BPatG GRUR 06, 1046, 1048 f *Aceclofenac* = Mitt 06, 550.
232 BGH GRUR 08, 891, 892 *Pantoprazol*.
233 Vgl Schennen, Die Verlängerung, Art 2 Anm 5.
234 EuGH GRUR Int 11, 934, 938 *Synthon/Memantin*; EuGH PharmR 11, 375, 377 f *Generics/Galantamin*.
235 EuGH GRUR Int 05, 581 *Novartis* = Mitt 05, 261.
236 BGH GRUR 08, 891, Rn 10 *Pantoprazol*.
237 BPatG PharmR 07, 299 *Pantoprazol* = BlPMZ 07, 270 (Ls) = Mitt 07, 70 (Ls).
238 EuGH GRUR Int 05, 581 *Novartis* = Mitt 05, 261, bestätigt durch EuGH GRUR-RS 13, 82 223, Rn 56 *Astrazeneca/Comptroller General* = Mitt 14, 82 (Ls) = BeckRS 2013, 82 223.
239 EuGH GRUR-RS 13, 82 223, Rn 54 f *Astrazeneca/Comptroller General* = Mitt 14, 82 (Ls) = BeckRS 2013, 82 223.
240 EuGH GRUR-RS 13, 82 223, Rn 56 *Astrazeneca/Comptroller General* = Mitt 14, 82 (Ls) = BeckRS 2013, 82 223.

1. Juni 2005 erfolgte diese Anerkennung automatisch.[241] Seit diesem Stichtag gilt insoweit jedoch eine Ausnahme für schweizerische Zulassungen von Arzneimitteln mit neuen Wirkstoffen. Diese werden nun nicht mehr automatisch in Liechtenstein anerkannt, sondern zunächst in die sogenannte NCE-Negativliste[242] aufgenommen, von der sie in der Regel spätestens nach zwölf Monaten gestrichen werden, nachdem ihre Wirksamkeit und Sicherheit belegt und überprüft wurde.[243] Mit der Streichung gelten sie für den liechtensteinischen Markt als zugelassen.

Der EuGH hat seine durch das frühere Neurim-Urteil vorgenommene Auslegung des Art. 3 (d) AMVO **revidiert** und klargestellt, dass der Schutzbereich des Grundpatents bei der Auslegung des Begriffs der ersten Genehmigung für das Inverkehrbringen **nicht** zu berücksichtigen ist.[244] Somit stellt eine Genehmigung keine erste Genehmigung iSv Art. 3 (d) AMVO dar, wenn sie eine neue therapeutische Verwendung eines Wirkstoffs betrifft, der bereits Gegenstand einer früheren Zulassung für eine andere Anwendung war. Dies ergibt sich aus der engen Definition des insoweit maßgeblichen Begriff des Erzeugnisses in Art. 1 (b) AMVO, der keinerlei Bezug auf den Schutzbereich des Grundpatents beinhaltet. Die medizinische Verwendung eines Wirkstoffs ist somit selbst dann kein integraler Bestandteil der Erzeugnisdefinition, wenn sie durch das Grundpatent geschützt wird.[245] Aus diesem Grund hat der Gerichtshof seine Neurim-Rspr explizit aufgegeben, wonach bei einer **neuen Verwendung** eines Erzeugnisses als erste Genehmigung iSv Art. 13 (1) AMVO diejenige Genehmigung für das Inverkehrbringen des Erzeugnisses anzusehen sein sollte, die als zeitlich erste in den Schutzbereich des Grundpatents fiel, auf das sich die Zertifikatsanmeldung bezog.[246] Die damit verbundene Abschwächung der Schrankenwirkung des Art. 3 (d) AMVO stand jedoch im Widerspruch zur Definition des Erzeugnisses nach der Rspr des EuGH[247] (s Rdn 12 und 78). 112

Der Begriff »**Zeitpunkt der ersten Genehmigung** für das Inverkehrbringen in der Gemeinschaft«, mit dessen Hilfe die Laufzeit nach Art. 13 (1) AMVO berechnet wird, bestimmt sich nach Unionsrecht und nicht nach dem Recht des Mitgliedstaats, in dem die betreffende Genehmigung wirksam wird, da nur so eine einheitliche Lösung auf Unionsebene gewährleistet wird.[248] Aufgrund der Zielsetzung der Verordnungen dem 113

---

241 EuGH GRUR Int 05, 581 *Novartis* = Mitt 05, 261; zu weiteren Fragen in diesem Zusammenhang siehe die Vorlageentscheidung des High Court GRUR Int 13, 43 *Astrazeneca/Comptroller General*.
242 Vgl hierzu Homepage des Amts für Gesundheit des Fürstentums Liechtenstein.
243 Vertiefend Eggenberger Stöckli/Schaper PharmR 08, 35 ff.
244 Vgl EuGH (Große Kammer), Urt. v. 9.07.20, C-673/18 *Santen* = GRUR 20, 1071.
245 Vgl EuGH (Große Kammer), Urt. v. 9.07.20, C-673/18 *Santen* = GRUR 20, 1071.
246 EuGH GRUR Int 12, 910, Rn 31 *Neurim Pharmaceuticals*.
247 Vgl hierzu die Schlussanträge des Generalanwalt beim EuGH (Pitruzzella) v. 23.01.20, Rn 33 ff, abrufbar unter dem Aktenzeichen C-673/18 *Santen*, auf der Homepage des EuGH unter http://curia.europa.eu – sowie der Generalanwalt beim EuGH (Saugmandsgaard Øe), Schlussanträge vom 13.12.18, Rn 32 ff, in der Rechtssache C-443/17 *Abraxis Bioscience LLC* = BeckRS 2018, 32431; sowie Schell, GRUR Int 13, 509.
248 EuGH GRUR 16, 474, Rn 22–28 *Seattle Genetics/Österreichisches Patentamt* = GRUR Int 15, 1120 = PharmR 15, 539 = Mitt 16, 17 (Ls); Schlussantrag des Generalanwalts Jääskinen in der Rechtssache C-471/14 *Seattle Genetics/Österreichisches Patentamt*, Rn 18–26 = BeckRS 2015, 81 119 = BeckEuRS 2015, 446 191; OLG Wien GRUR Int 15, 148.

Zertifikatsinhaber einen wirksamen und ausreichenden Schutz zu gewähren, ist dabei nicht auf den Zeitpunkt des Beschlusses über die Genehmigung abzustellen, sondern auf den Zeitpunkt, zu dem der Beschluss über die Genehmigung **seinem Adressaten bekannt gegeben wird**. Denn nur so wird sichergestellt, dass zum einen der Begünstigte des Zertifikats auch tatsächlich in der Lage ist, die Genehmigung für das Inverkehrbringen durch die Vermarktung des Erzeugnisses zu nutzen und zum anderen, dass verfahrenstechnische Abläufe zwischen dem Erlass des Beschlusses und seiner Bekanntgabe an den Adressaten, auf deren Dauer der Begünstigte des Zertifikats keinen Einfluss hat, die Geltungsdauer des Zertifikats nicht zu seinen Lasten verkürzen.[249]

114 Bei **Pflanzenschutzmitteln** ist nach Art. 13 (3) PSMVO für die Berechnung der Laufzeit des Zertifikats die erste vorläufige Genehmigung nur dann zu berücksichtigen, wenn sich für dasselbe Erzeugnis eine endgültige Genehmigung unmittelbar anschließt.

115 **Laufzeitverlängerung bei Schutzzertifikaten für Arzneimittel:** Durch den Erlass der EG-V 1901/2006 (Kinder-AMVO)[250] sollte der Missstand beseitigt werden, dass für Kinder und Jugendliche nicht genügend speziell für sie untersuchte und genehmigte Arzneimittel zur Verfügung stehen.[251] Die Kinder-AMVO enthält deshalb ein System von Auflagen und Anreizen, um die Forschung und Entwicklung von Kinderarzneimitteln zu fördern.[252] In diesem Zusammenhang besteht im Rahmen des Zertifikatsrechts nach Art. 13 (3) AMVO iVm Art. 36 Kinder-AMVO[253] die Möglichkeit, dass die Laufzeit eines ESZ einmalig um weitere sechs Monate verlängert werden kann.

Der Verlängerungsantrag ist nach Art. 9 (1) S 2 AMVO beim DPMA innerhalb der Fristen des Art. 7 AMVO zu stellen. Dabei kann die Verlängerung bereits mit der Zertifikatsanmeldung oder während des Anmeldeverfahrens des Zertifikats beantragt werden (Art. 7 (3) AMVO). Bei bereits erteilten Zertifikaten ist der Verlängerungsantrag spätestens zwei Jahre vor Ablauf des Zertifikats zu stellen (Art. 7 (4) AMVO), wobei für die ersten fünf Jahre nach Inkrafttreten der Kinder-AMVO die Übergangsregelung des Art. 7 (5) AMVO gilt.

116 Die materiell-rechtlichen Voraussetzungen für die Verlängerung des Schutzzertifikats bestimmen sich nach Art. 36 (1) iVm Art. 7 (bei noch nicht zugelassenen Arzneimitteln) oder Art. 8 (bei bereits zugelassenen Arzneimitteln) Kinder-AMVO sowie Art. 36 (2) und (3) Kinder-AMVO. Vom Zertifikatsanmelder bzw -inhaber sind mit dem Verlängerungsantrag folgende Unterlagen nach Art. 8 (1) d i, ii AMVO einzureichen:

---

249 EuGH GRUR **16**, 474, Rn 29–40 *Seattle Genetics/Österreichisches Patentamt* = GRUR Int **15**, 1120 = PharmR **15**, 539 = Mitt **16**, 17 (Ls); Schlussantrag des Generalanwalts Jääskinen in der Rechtssache C-471/14 *Seattle Genetics/Österreichisches Patentamt*, Rn 27–45 = BeckRS **2015**, 81 119 = BeckEuRS **2015**, 446 191.
250 EG-V 1901/2006 (Kinder-AMVO) vom 12.12.2006 über Kinderarzneimittel und zur Änderung der Verordnung (EWG) Nr 1768/92, der Richtlinien 2001/20/EG und 2001/83/EG sowie der Verordnung (EG) Nr 726/2004, ABl Nr L 378 = BlPMZ **07**, 146 ff; vgl hierzu auch die Leitlinien der Europäischen Kommission vom 27.09.14, unter http://ec.europa.eu/health/files/eudralex/vol-1/2014_c338_01/2014_c338_01_de.pdf.
251 Vgl Erwägungsgründe 1 bis 3 Kinder-AMVO; sowie Kramer/Heinemann, PharmR **06**, 22.
252 Erwägungsgründe 4 und 6 Kinder-AMVO.
253 Abgedruckt bei § 49a, Rdn 1.

1. *Eine Übereinstimmungserklärung*: Die Genehmigung für das Inverkehrbringen des Arzneimittels muss eine Übereinstimmungserklärung gemäß Art. 28 (3) Kinder-AMVO enthalten. Dies ergibt sich aus Art. 36 (2) Kinder-AMVO, der insoweit die Voraussetzungen für die Laufzeitverlängerung in Art. 36 (1) Kinder-AMVO konkretisiert.[254] Nach Art. 28 (3) Kinder-AMVO nimmt die zuständige Behörde eine solche Erklärung in die Genehmigung auf, wenn der Genehmigungsantrag für das Arzneimittel die Ergebnisse aller Studien beinhaltet, die in Übereinstimmung mit dem gebilligten und ausgeführten pädiatrischen Prüfkonzept[255] durchgeführt worden sind und die Zusammenfassung der Merkmale des Arzneimittels die Ergebnisse dieser Studien wiedergibt. Eine positive Stellungnahme des Pädiatrieausschusses nach Art. 23 (2) Kinder-AMVO ist dagegen für sich genommen noch nicht ausreichend;[256] ebenso wenig eine positive Stellungnahme der Genehmigungsbehörde zum Verfahrensstand.[257] Denn erst die Übereinstimmungserklärung in der verfahrensabschließenden Genehmigung der Zulassungsbehörde (EMA oder nationale Behörde) für das Inverkehrbringen des Arzneimittels gewährleistet, dass die einschlägigen Informationen über die Ergebnisse dieser Studien tatsächlich in den Produktinformationen enthalten sind. Nur wenn diese Voraussetzung erfüllt ist, soll der Bonus in Form einer sechsmonatigen Verlängerung des Schutzzertifikats gewährt werden, da Sinn und Zweck der Kinder-AMVO nicht allein ist, die Durchführung von Studien zur Verwendung von Arzneimitteln bei der pädiatrischen Bevölkerungsgruppe zu fördern, sondern die Ergebnisse dieser Studien in den Produktinformationen der Arzneimittel für Fachkreise und Patienten zugänglich zu machen (Erwägungsgrund 17 und 26).[258]

2. *Eine Genehmigung des Arzneimittels in allen Mitgliedstaaten*: Falls nicht eine gemeinschaftsweite Zulassung nach dem zentralisierten Zulassungsverfahren gemäß der EG-V 726/2004 erteilt wurde, sondern eine Zulassung nach der RL 2001/83/EG, wird nach Art. 36 (3) Kinder-AMVO eine Laufzeitverlängerung nur gewährt, wenn das Arzneimittel in allen Mitgliedstaaten zugelassen ist. Bei neuen Verwendungen (dh neuen Indikationen, einschließlich pädiatrischer Indikationen, neuen Darreichungsformen oder neuen Verabreichungswegen) von bereits zugelassenen Arzneimitteln, die durch ein Patent oder ein Schutzzertifikat geschützt sind, gilt als »Zulassung« iSv Art. 36 (3) Kinder-AMVO nur die für die neue Verwendung geänderte arzneimittelrechtliche Genehmigung nach Art. 8 iVm Art. 7 Kinder-AMVO, welche die pädiatrische Indikation bzw die Ergebnisse der pädiatrischen Studien enthält.[259] Wurde die neue Verwendung nicht zugelassen, reicht insoweit ein entsprechender Abänderungs-

---

254 Court of Appeal, [2009] EWCA Civ 966, Rn 30 ff *E. I. du Pont* (unter http://www.bailii.org/ew/cases/EWCA/Civ/2009/966.html); aA Gassner, FS von Meibom, 10, 71, 76 ff.
255 Zum Begriff: Art 2 Ziffer 2) Kinder-AMVO. Zur Billigung, Änderung und Prüfung der Übereinstimmung mit den päd. Prüfkonzept: Art 15 – 24 Kinder-AMVO.
256 Ausführlich hierzu Court of Appeal, [2009] EWCA Civ 966, aaO, Rn 30 ff *E. I. du Pont*; PrüfungsRL ergänzende Schutzzertifikate 4.1.5.(a) = BlPMZ **15**, 65, 74; aA Gassner, FS von Meibom, **10**, 71, 76 ff; López-Bellosta/Santa Cruz; JIPLP **10**, 45, 65.
257 Court of Appeal, [2009] EWCA Civ 966, aaO, Rn 26 ff *E. I. du Pont*; aA Gassner, FS von Meibom, **10**, 71, 76 ff; López-Bellosta/Santa Cruz; JIPLP **10**, 45, 50 f.
258 IdS bereits Court of Appeal, [2009] EWCA Civ 966, aaO, Rn 35 ff *E. I. du Pont*.
259 Court of Appeal, [2009] EWCA Civ 966, aaO, Rn 43 f *E. I. du Pont*; zu den Erfordernissen im Einzelnen PrüfungsRL ergänzende Schutzzertifikate 4.1.5 = BlPMZ **15**, 65, 74; aA Gassner, FS von Meibom, **10**, 71, 87 ff; López-Bellosta/Santa Cruz; JIPLP **10**, 45, 51 f.

bescheid für die bisherige Zulassung aus, da nach Art. 36 (1) S 2 Kinder-AMVO der Bonus der Laufzeitverlängerung unabhängig vom Ergebnis der Studien gewährt werden soll.

117 Die Regelungen des Art. 36 (1) bis (3) Kinder-AMVO bestimmen keinen ausdrücklichen Zeitpunkt, zu dem die materiell-rechtlichen Voraussetzungen für die Laufzeitverlängerung gegeben sein müssen. Sie müssen jedoch spätestens bis zum Ablauf des Schutzzertifikats erfüllt sein. Können aufgrund von Verzögerungen bei den zuständigen Genehmigungsbehörden, die nicht auf einer Sorgfaltspflichtverletzung des Antragstellers beruhen, die og Unterlagen nicht zum Zeitpunkt der Antragstellung oder spätestens bis zum Ablauf der Antragsfristen nach Art. 7 (4) und (5) AMVO vorgelegt werden, sind gemäß Art. 10 (3) und (6) AMVO entsprechende Nachfristen zu setzen. Die Genehmigung mit der Übereinstimmungserklärung muss jedoch spätestens bis zum Ablauf des Schutzzertifikats erteilt worden sein, sonst wird der Verlängerungsantrag nach Art. 10 (6) iVm (2) AMVO zurückgewiesen[260] (vgl im Einzelnen § 49a, Rdn 40 ff).

118 Wurde die Laufzeitverlängerung entgegen den Voraussetzungen des Art. 36 Kinder-AMVO gewährt, kann sie nach Art. 16 (1) AMVO **widerrufen** werden. Der Antrag kann von jedermann beim DPMA eingereicht werden (Art. 16 (2) AMVO). Im Falle des Widerrufs erfolgt eine dementsprechende Bekanntmachung durch das DPMA (Art. 17 (2) AMVO).

119 **Negative Laufzeit des Zertifikats:** Ein ergänzendes Schutzzertifikat für Arzneimittel kann auch dann erteilt werden, wenn der nach Art. 13 (1) AMVO berechnete Zeitraum zwischen der Einreichung der Patentanmeldung und dem Zeitpunkt der ersten Genehmigung für das Inverkehrbringen in der Gemeinschaft kürzer ist als fünf Jahre, sich mithin eine negative Laufzeit ergibt. Dies folgt aus dem Zusammenspiel von Art. 13 (3) AMVO iVm Art. 36 (1) Kinder-AMVO, wonach eine Laufzeitverlängerung für pädiatrische Zwecke nur dann zulässig ist, wenn ein Schutzzertifikat erteilt wurde. Daher ist ein Zertifikat mit einer negativen Laufzeit, die sechs Monate nicht übersteigt, zu erteilen, da es dem Inhaber die Möglichkeit eröffnet, den in Art. 36 (1) Kinder-AMVO vorgesehenen Bonus zu erhalten,[261] wobei die Hinzurechnung der Verlängerung in diesen Fällen insgesamt zu einer positiven Laufzeit des Zertifikats führt.

120 Der **Beginn der pädiatrischen Laufzeitverlängerung** bestimmt sich nach der Berechnungsmethode des Art. 13 (1) AMVO, dh ein Aufrunden einer negativen Laufzeit des Zertifikats auf den Tag des Ablaufs des Grundpatents und damit auf eine Laufzeit von »Null« ist unzulässig. Weist ein Zertifikat eine negative Laufzeit auf, ist zur Bestimmung des Beginns der pädiatrischen Laufzeitverlängerung wie folgt vorzugehen: Zunächst wird die Laufzeit des Zertifikats errechnet, und zwar durch die Bestimmung des Zeitraums zwischen der Anmeldung des Grundpatents und dem Zeitpunkt der

---

260 Vgl hierzu Court of Appeal, [2009] EWCA Civ 966, aaO, Rn 43 f *E. I. du Pont*; zu den Erfordernissen im Einzelnen vgl die PrüfungsRL ergänzende Schutzzertifikate 4.1.5 = BlPMZ **15**, 65, 74; Gassner, FS von Meibom, 10, 71, 87 ff; López-Bellosta/Santa Cruz; JIPLP **10**, 45, 52 ff; Reese/Milbradt/Stallberg EIPR **10**, 146, 152 f.
261 EuGH GRUR Int **12**, 146, 149 *Merck/Sitagliptin*.

ersten Genehmigung in der Gemeinschaft, abzüglich eines Zeitraums von fünf Jahren. Ergibt sich hierbei eine Minuslaufzeit des Zertifikats (bspw von 3 Monaten), ist diese Zeitspanne vom Datum des Ablaufs des Grundpatents (bspw 1. April 2020) abzuziehen. In diesem Fall beginnt die Frist für die 6-monatige Verlängerung für pädiatrische Zwecke somit am 1. Januar 2020 zu laufen.[262]

VI. Erlöschen und Nichtigkeit

1 Erlöschen

In Art. 14 sind die Gründe für das Erlöschen des Zertifikats geregelt. Im Gegensatz zu Art. 15 (Nichtigkeit des Zertifikats) führen die in Art. 14 aufgeführten Tatbestände nur zu einer Beendigung des Zertifikats ex nunc, also zu einem Wegfall des Zertifikats für die Zukunft. So erlischt das Zertifikat mit dem Ablauf seiner Laufzeit, bei Verzicht des Inhabers[263] und bei nicht rechtzeitiger Zahlung der Jahresgebühren (Art. 14 (a) – (c)). Als weiteren Erlöschensgrund sieht Art. 14 (d) den Widerruf der arznei- bzw pflanzenschutzmittelrechtlichen Genehmigung für das Inverkehrbringen vor. Soweit mehrere Genehmigungen erteilt wurden, erlischt das Zertifikat erst mit dem Widerruf der letzten Genehmigung. Wird danach – vor Ablauf der Laufzeit des Zertifikats – erneut eine Genehmigung für das Inverkehrbringen des Erzeugnisses erteilt, leben die Wirkungen des Zertifikats wieder auf.[264] Dies ergibt sich aus der Regelung des Art. 4, wonach sich der durch das Zertifikat gewährte Schutz auf alle diejenigen Verwendungen des Erzeugnisses als Arznei- oder Pflanzenschutzmittel erstreckt, die vor Ablauf des Zertifikats genehmigt wurden.

Soweit Art. 14 (d) AMVO das Erlöschen des Zertifikats unter den Vorbehalt »**wenn und solange**« stellt, betrifft dies die Fallgestaltung, dass eine Genehmigung von der Behörde zunächst widerrufen worden ist, sie diesen Widerruf später aber wieder zurückgenommen hat oder der Widerruf von einem Gericht aufgehoben wurde. Solange die Genehmigung noch nicht rechtskräftig widerrufen worden ist, kommt es somit zu einem **vorläufigen Erlöschen** des Zertifikats, da das Erzeugnis wegen der sofortigen Vollziehbarkeit[265] des Widerspruchs nicht mehr vertrieben werden kann.[266] Der Inhaber des Zertifikats bleibt während dieser Phase hinreichend geschützt, da jede (ggf auch an Dritte) erteilte Genehmigung im Zeitraum des vorläufigen Erlöschens den Zertifikatsschutz wieder aufleben lässt (Art. 4).

Über das Erlöschen des Zertifikats kann die in Art. 9 (1) AMVO genannte Behörde (in Deutschland somit das DPMA) von Amts wegen oder auf Antrag eines Dritten entscheiden. Die Formulierung der Norm (»*kann*«) lässt insoweit auch die Option

---

262 EuGH GRUR Int 12, 146, 149 f *Merck/Sitagliptin*; vgl als Berechnungsbeispiel BPatG v 26.01.12 – 15 W 36/08 *Sitagliptin* = BeckRS 2012, 06 385.
263 Vgl dazu Schlussanträge der Generalanwalts Jääskinen in der Rechtssache C-484/12 *Georgetown II*, Rn 25–42 = BeckRS 2013, 82 167 = BeckEuRS 2013, 741 845.
264 HM, vgl etwa Busse/Maute, PatG, 9. Aufl 2020, Anh § 16a, Rn 164.
265 Vgl § 30 Abs 3 S 2 AMG, § 80 Abs 2 Nr 3 und 4 VwGO.
266 AA gerruft nur bei rechtskräftigem Widerruf der Genehmigung von einem Erlöschen iSv Art 14 (d) aus, vgl. Schennen, Die Verlängerung, Art 14 Rn 5; Mühlens Mitt **93**, 213, 218; Brändel GRUR 01, 875, 878.

einer entsprechenden Feststellung durch das Verletzungsgericht zu. Eine Überprüfung der betreffenden Genehmigung durch das DPMA oder das Verletzungsgericht findet dabei jedoch nicht statt.

124 Eine **Rücknahme** der Genehmigung iSv § 48 VwVfG stellt keinen »Widerruf« gemäß Art. 14 (d) dar, weil es aufgrund der ex tunc-Wirkung der Rücknahme an der Erteilungsvoraussetzung des Art. 3 (b) AMVO bzw Art. 3 Abs 1 (b) PSMVO fehlt, was zur Nichtigkeit des Zertifikats und nicht zu seinem Erlöschen (ex nunc) führt.[267]

2 Die Nichtigkeit des Schutzzertifikats

125 ist in Art. 15 geregelt; Abs 1 bestimmt die Nichtigkeitsgründe und Abs 2 das Verfahren der Nichtigerklärung. Die Nichtigerklärung des Zertifikats erfolgt über die Nichtigkeitsklage beim BPatG, die von jedermann erhoben werden kann (Art. 15 (2) iVm §§ 16a, 22, 81 PatG). Trotz der Formulierung »jede Person« (Art. 15 (2) AMVO) bzw »jedermann« (Art. 15 (2) PSMVO) kann der Schutzrechtsinhaber selbst nach deutschem Recht keine Nichtigkeitsklage gegen das eigene Schutzzertifikat erheben, da dies gegen das Verbot des Insichprozesses verstoßen würde[268] (vgl § 81, Rdn 9). Für einen vollständigen, rückwirkenden Widerruf seines Schutzrechts – insbesondere zur Vorbeugung und Vermeidung von Nichtigkeitsklagen Dritter – steht ihm jedoch in analoger Anwendung des § 64 PatG das beim DPMA durchzuführende Widerrufsverfahren zur Verfügung[269] (vgl § 49a, Rdn 48).

Mit der Nichtigerklärung erlischt das Zertifikat ex tunc.

126 Nach Art. 15 (1) a-c ist ein Zertifikat nichtig, wenn es entgegen den Erteilungsvoraussetzungen des Art. 3 erteilt worden ist,[270] wenn das Grundpatent vor Ablauf seiner gesetzlichen Laufzeit erlöschen ist oder wenn das Grundpatent für nichtig erklärt wird. Ob der Katalog der Nichtigkeitsgründe abschließend ist oder nicht,[271] hat der EuGH in seiner bisherigen Rspr offengelassen.[272] Für Vorschriften, die in einem sachlichen Zusammenhang mit den Erteilungsvoraussetzungen des Art. 3 stehen, wurde jedoch eine analoge Anwendung des Nichtigkeitsgrundes des Art. 15 (1) a bejaht.[273] So wurde eine Zertifikatserteilung, die unter Verstoß gegen die Übergangsregelung des Art. 19 AMVO (aF) erfolgt war, obwohl eine erste Genehmigung für das Inverkehrbringen in der Gemeinschaft bereits vor dem in dieser Vorschrift festgesetzten Stichtag vorlag, als vergleichbar mit einem Verstoß gegen Art. 3 AMVO gewertet.[274] Ebenfalls nichtig ist ein Zertifikat, das für ein Erzeugnis erteilt wurde, das deshalb nicht in den Anwen-

---

[267] AA Busse/Maute, PatG, 9. Aufl 2020, Anh § 16a, Rn 165.
[268] BPatG v 07.12.16 – 15 W (pat) 22/14 *Widerruf eines ergänzenden Schutzzertifikats/Trifloxystrobin* = Mitt **17**, 121.
[269] BPatG v 07.12.16 – 15 W (pat) 22/14 *Widerruf eines ergänzenden Schutzzertifikats/Trifloxystrobin* = Mitt **17**, 121.
[270] Vgl hierzu auch BPatG GRUR 13, 58 *Ranibizumab* = BPatGE **53**, 231 = BlPMZ **12**, 392 (Ls) = BeckRS 2012, 17 983 (Volltext).
[271] Überblick zum Diskussionsstand: Brückner, ESZ 3. Aufl 2020, Art 15, Rn 45 ff.
[272] EuGH GRUR 04, 225, Rn 91 *Hässle/Ratiopharm/Omeprazol*; EuGH GRUR Int **11**, 934, Rn 55 *Synthon/Memantin*.
[273] EuGH GRUR 04, 225, 230 *Hässle/Ratiopharm/Omeprazol*; EuGH GRUR Int **11**, 934 *Synthon/Memantin*.
[274] EuGH GRUR 04, 225, 230 *Hässle/Ratiopharm/Omeprazol*.

dungsbereich der Verordnung nach Art. 2 AMVO fällt, weil es in der Gemeinschaft als Humanarzneimittel in den Verkehr gebracht wurde, bevor dafür eine der RL 65/65/EWG konforme Genehmigung erteilt worden ist und insbesondere ohne dass eine inhaltlich entsprechende Prüfung seiner Unschädlichkeit und Wirksamkeit erfolgt ist, da für solche Erzeugnisse eine Zertifikatserteilung nach Art. 3 AMVO ausgeschlossen ist.[275]

Bei Fällen einer **unrichtigen Laufzeitberechnung** eines Schutzzertifikats ist zu differenzieren: Handelt es sich lediglich um eine Berichtigung der Laufzeit wegen einer fehlerhaften Angabe über den Zeitpunkt der ersten Genehmigung für das Inverkehrbringen in der Gemeinschaft, ist ein Berichtigungsantrag nach § 49a (4) Nr 1 PatG zu stellen[276] (s auch § 49a Rdn 50). Dieser ist jedoch nur bei einfachen Fehlern eröffnet, die sich leicht in einem behördlichen Verfahren aufklären und richtigstellen lassen. Antragsberechtigt ist sowohl der Patentinhaber als auch jeder Dritte. Solange ein Berichtigungsantrag nach § 49a (4) Nr 1 PatG gestellt werden kann oder eine Beschwerde gegen die Entscheidung über einen solchen Antrag anhängig ist, ist eine Nichtigkeitsklage unzulässig (§ 81 (2) S 2 PatG). Auf anderen Gründen beruhende Fehler der Laufzeitberechnung, insbesondere sobald es um Fragen der Gültigkeit einer ersten Genehmigung in der Gemeinschaft geht, sind über die Nichtigkeitsklage zu klären.[277] Soweit eine zu lange Laufzeit gewährt wurde, erfolgt eine Laufzeitreduzierung über die teilweise Nichtigerklärung des Zertifikats (§§ 16a (2), 81 PatG iVm Art. 17 (2) PSMVO).[278] Kann dagegen mit dem erteilten Zertifikat von vornherein keine Verlängerung des Patentschutzes eintreten, weil es (auch unter Berücksichtigung von Art. 13 (3) AMVO[279]) nach der Berechnungsregel des Art. 13 (1) AMVO keine über die Laufzeit des Grundpatents hinausgehende Schutzdauer besitzt, ist es analog zu Art. 15 (1) a AMVO für nichtig zu erklären.[280]

127

Art. 15 (1) c AMVO regelt die Auswirkungen der **Nichtigkeit bzw Teilnichtigkeit des Grundpatents** auf den Bestand des Zertifikats: Demnach ist das Zertifikat nichtig, wenn das Grundpatent für nichtig erklärt oder derart beschränkt wird, dass die – beschränkten – Patentansprüche das zertifikatsgeschützte Erzeugnis nicht mehr erfassen (Art. 15 (1) c 1. Alternative AMVO)[281] (s hierzu Rdn 23 ff). Dies gilt gleicherma-

128

---

275 EuGH GRUR Int 11, 934 *Synthon/Memantin*; EuGH PharmR 11, 375 *Generics/Galantamin*; BPatG GRUR 08, 892, 895 *Memantin*.
276 Amtl Begr zum PatRModG zu Nr 4 und 5, BlPMZ 09, 312 f: Einfügung eines der Regelung des Art 17 (2) PSMVO entsprechenden Rechtsmittels in das nationale Verfahrensrecht; PrüfungsRL ergänzende Schutzzertifikate, 3.8.2 = BlPMZ 15, 65, 74.
277 Amtl Begr zum PatRModG zu Nr 4 und 5, BlPMZ 09, 313.
278 Für die AMVO über den Erwägungsgrund 17 der PSMVO anwendbar; EuGH GRUR 04, 225, 230 *Hässle/Ratiopharm/Omeprazol*; BPatG GRUR 08, 67 *Finasterid*.
279 EuGH GRUR Int 12, 146, 149 *Merck/Sitagliptin*: bei einer negativen Laufzeit von mehr als sechs Monaten.
280 So auch Schennen, Die Verlängerung, Art 15 Anm 2; ebenso der österreichische OGH, vgl hierzu Adocker/Koller GRUR Int 11, 385, 386.
281 BPatG GRUR 14, 1073, 1077, unter Punkt II 2b *Telmisartan* = BPatGE 54, 249; Mitt 14, 398 (Ls).

ßen, wenn das Grundpatent bereits vor Erhebung der Nichtigkeitsklage erloschen ist (Art. 15 (1) c 2. Alternative AMVO).[282]

Allein der Umstand, dass das Grundpatent beschränkt verteidigt werden muss, um sich als bestandskräftig zu erweisen, führt somit für sich genommen nicht zwangsläufig zur Nichtigkeit des Zertifikats.[283]

129 Um zu vermeiden, dass bis zum Erlöschen des Grundpatents eine Nichtigkeitsklage immer zunächst gegen das Grundpatent und erst im Anschluss daran in einem zweiten Verfahren gezielt gegen das Zertifikat gerichtet werden muss, eröffnet § 16a (2) iVm § 22 PatG und § 81 (1) S 3 PatG die Option, die gegen das Zertifikat gerichtete Nichtigkeitsklage mit dem Angriff auf das Grundpatent zu verbinden und die Klage gegen das Zertifikat auch darauf zu stützen, dass ein Nichtigkeitsgrund gegen das zugrundeliegende Patent vorliegt.[284] Diese Möglichkeit besteht unabhängig davon, ob das Grundpatent noch besteht oder schon abgelaufen ist.[285] Eine Nichtigerklärung des Grundpatents erfasst in diesem Fall dann automatisch das Zertifikat.[286] Soweit die Nichtigkeitsklage gegen das Zertifikat mit der Klage gegen das abgelaufene Grundpatent verbunden wird, muss der Kläger jedoch ein über die Vernichtung des Zertifikats hinausgehendes Rechtsschutzbedürfnis an der nachträglichen Nichtigerklärung des Grundpatents belegen.[287]

130 Die Nichtigkeit des Zertifikats oder sein Erlöschen (mit Ausnahme durch Zeitablauf) wird vom DPMA gemäß Art. 17 (1) AMVO bzw Art. 16 PSMVO iVm §§ 30 (1) 2 und 32 (5) PatG bekannt gemacht.

VII. Übergangsbestimmungen

131 Die AMVO (Art. 20 und 21) und die PSMVO (Art. 19, 19a und 20) enthalten jeweils Übergangsregelungen[288] zur Frage ihrer Anwendung in den jeweiligen Mitglied- bzw Beitrittstaaten sowie in den EFTA-Staaten:

1. Übergangsregelung bezüglich der Mitgliedstaaten zum Zeitpunkt des Inkrafttretens der Verordnungen, der durch die Erweiterung am 1. Januar 1995 beigetretenen Staaten[289] sowie der EFTA-Staaten:[290]

132 a) Die Regelung des Art. 19 AMVO (1768/92), wurde in die neue, kodifizierte Fassung der AMVO nicht übernommen, sondern gemäß Art. 22, 23 AMVO aufgehoben.

---

282 BGH GRUR 11, 999, Rn 30 *Memantin* = Mitt 11, 466; BPatG Mitt 07, 68 = BPatGE 50, 6 *Alendronsäure*.
283 BPatG Mitt 07, 68 = BPatGE 50, 6 *Alendronsäure*.
284 Vgl Amtl Begr zum 1. PatGÄndG, BGBl I 1993, 366 = BlPMZ 93, 205, 212; BPatG v 09.03.00 – 3 Ni 11/99 (EU) *Omeprazol* = BeckRS 2009, 24 793 = BPatGE 42, 240; Keukenschrijver, Patentnichtigkeitsverfahren, 7. Aufl 2020, Rn 78 f.
285 BPatG v 09.03.00 – 3 Ni 11/99 (EU) *Omeprazol* = BeckRS 2009, 24 793 = BPatGE 42, 240.
286 BPatG Mitt 07, 68 = BPatGE 50, 6 *Alendronsäure*; BPatG v 18.03.08 – 3 Ni 25/06 *Nebivolol* = BeckRS 2008, 20 514.
287 BPatG v 09.03.00 – 3 Ni 11/99 (EU) *Omeprazol* = BeckRS 2009, 24 793 = BPatGE 42, 240; BPatG Mitt 07, 68 = BPatGE 50, 6 *Alendronsäure*.
288 Vgl hierzu den Überblick von Batakliev, IIC 13, 750 ff.
289 ABl EU L 1, S 1, vom 1.1.1995.
290 ABl EU L 160, S 1, vom 28.06.1994; ABl EU L 316, S 21, vom 20.11.1997.

Art. 19 (aF)²⁹¹ bestimmte, für welche der zum Zeitpunkt des Inkrafttretens der AMVO (1768/92) in Kraft befindlichen Grundpatente noch ESZ erteilt werden konnten. Anknüpfungspunkt war insoweit die erste Genehmigung für das Inverkehrbringen in der Gemeinschaft, wobei für die einzelnen Mitgliedstaaten unterschiedliche Stichtage vorgesehen waren.

In seinen zu Art. 19 AMVO (aF) ergangenen Urteilen *Yamanouchi Pharmaceuticals Co*²⁹² und *Hässle AB*²⁹³ hat der Gerichtshof grundsätzliche Fragen hinsichtlich der Auslegung der Übergangsbestimmungen geklärt. Danach verstieß die unterschiedliche Stichtagsregelung in den Mitgliedstaaten nicht gegen den allgemeinen Gleichheitsgrundsatz, da sie nur für einen zeitlich begrenzten Zeitraum galt und als Ergebnis der berechtigten Interessenabwägung der einzelnen Mitgliedstaaten an einem finanzierbaren und stabilen Gesundheitssystem anzusehen war.²⁹⁴ Sinn und Zweck des Art. 19 AMVO (aF) war es, die nachteiligen Auswirkungen des Ablaufs bzw der Verkürzung der 6-Monatsfrist gemäß Art. 7 (1) AMVO zu begrenzen sowie die Möglichkeit einer Zertifikatserteilung für Erzeugnisse zu eröffnen, für die beim Inkrafttreten der AMVO bereits eine Zulassung als Arzneimittel vorlag. Art. 19 (2) AMVO (aF) enthielt daher für die Fälle des Abs 1 eine Ausnahmeregelung zu Art. 7 AMVO.²⁹⁵ Die Erfüllung der in Art. 19 (1) AMVO (aF) angeführten Voraussetzungen war für sich genommen für die Erteilung eines Schutzzertifikats aber noch nicht ausreichend, sondern bestimmte lediglich, dass für Erzeugnisse, die diese Voraussetzungen erfüllten, grundsätzlich Schutzzertifikate erteilt werden konnten. Ob im Einzelfall ein Zertifikat zu erteilen war, bestimmte sich dagegen auch in diesem Zusammenhang nach der materiell-rechtlichen Erteilungsvorschrift des Art. 3 AMVO. Somit setzte die Erteilung eines ergänzenden Schutzzertifikats nach Art. 19 AMVO (aF) voraus, dass gemäß Art. 3 (b) AMVO in dem Mitgliedstaat, in dem die Zertifikatsanmeldung eingereicht wurde, zum Zeitpunkt der Anmeldung eine erteilte gültige Genehmigung für das Inverkehrbringen des Erzeugnisses als Arzneimittel vorlag.²⁹⁶ Bei der ersten Genehmigung für das Inverkehrbringen in der Gemeinschaft nach Art. 19 AMVO (aF) musste es sich um eine arzneimittelrechtliche Genehmigung entsprechend den Anforderungen der RL 65/65/EWG (nun RL 2001/83/EG) handeln, die in einem beliebigen Mitgliedstaat erteilt wurde²⁹⁷ – bei Tierarzneimitteln RL 81/851/EWG (nun RL 2001/82/EG). Zudem war ein ergänzendes Schutzzertifikat, das unter Verstoß gegen Art. 19 AMVO (aF) erteilt wurde, weil eine erste Genehmigung für das Inverkehrbringen in der Gemeinschaft bereits vor dem in dieser Vorschrift festgesetzten Stichtag erteilt worden war, nach Art. 15 AMVO nichtig (s Rdn 126).²⁹⁸

b) In Art. 19 (1) PSMVO wurde ein einheitlicher Stichtag für alle Mitgliedstaaten bestimmt.

---

291 Zur früheren Rechtslage vgl Busse/Maute, PatG, 9. Aufl 2020, Anh § 16a, Rn 180.
292 EuGH GRUR Int 97, 908 *Yamanouchi Pharmaceuticals Co.*
293 EuGH GRUR 04, 225 *Hässle/Ratiopharm/Omeprazol.*
294 EuGH GRUR 04, 225, Rn 35–47 *Hässle/Ratiopharm/Omeprazol.*
295 EuGH GRUR Int 10, 974, Rn 21 *Kirin Amgen* = PharmR 10, 590 = Mitt 10, 475 (Ls).
296 EuGH GRUR Int 97, 908, 910 *Yamanouchi Pharmaceuticals Co.*
297 EuGH GRUR 04, 225, Rn 48–79 *Hässle/Ratiopharm/Omeprazol.*
298 EuGH GRUR 04, 225, Rn 80–92 *Hässle/Ratiopharm/Omeprazol.*

2. Übergangsregelung bezüglich der Erweiterung der Gemeinschaft[299]

134 Art. 20 AMVO (Art. 19a AMVO aF) und Art. 19a PSMVO regeln die Erteilung von Schutzzertifikaten in den dort genannten Beitrittstaaten abschließend. Art. 19 AMVO (aF) bzw Art. 19 PSMVO finden keine Anwendung.[300] In seinem Urteil *Kirin Amgen* hat der Gerichtshof hierzu nochmals klargestellt, dass Übergangsregelungen strikt auszulegen sind. Daher ist eine Schutzzertifikatserteilung nach Art. 20 (f) AMVO (Art. 19a (e) AMVO aF) in Litauen nicht möglich, wenn für das betreffende Erzeugnis nur eine Gemeinschaftszulassung als Arzneimittel nach der EG-V 726/2004 (zuvor EG-V 2309/93) vorliegt, die bereits sechs Monate vor dem Beitritt Litauens zur Europäischen Union erteilt wurde. Auch wenn eine früher erteilte Gemeinschaftszulassung nach Art. 2 der Beitrittsakte von 2003[301] ab dem Zeitpunkt des Beitritts in dem neuen Mitgliedstaat wirksam wird und nach Art. 13 (1) EG-V 726/2004 (Art. 12 (1) Unterabsatz 1 EG-V 2309/93 aF) in jedem Mitgliedstaat die gleichen Rechte und Pflichten umfasst wie eine von diesem erteilte nationale Zulassung, erfüllt sie die Anforderungen des Art. 20 (f) AMVO nicht, da diese Bestimmung eine Ausnahme von der in Art. 7 AMVO vorgesehenen Frist nur für den Inhaber einer nationalen Zulassung vorsieht.[302] Dasselbe ergibt auch die Auslegung des Art. 7 (1) iVm Art. 3 (b) AMVO.[303]

3. Übergangsregelung bezüglich der Anwendung der Verordnungen auf bereits nach nationalem Recht erteilte Schutzzertifikate

135 Da es in einigen Mitglied- bzw Beitrittstaaten bereits vor Inkrafttreten der Verordnungen bzw vor dem jeweiligen Beitrittsdatum möglich war, nach nationalem Recht Schutzzertifikate zu erteilen, regeln die Art. 21 AMVO (Art. 20 AMVO aF) und Art. 20 (2) PSMVO die Frage, inwieweit die Verordnungen in solchen Fällen Anwendung finden. Gemäß Art. 21 (1) AMVO wird die Anwendung der Verordnung auf vor einem bestimmten Stichtag erteilte bzw angemeldete nationale Zertifikate ausgeschlossen, wobei Unterabsatz 1 nur die Mitgliedstaaten Frankreich und Italien betraf[304] und Unterabsatz 2 die dort genannten Beitrittstaaten. Für die später im Rahmen der Erweiterung der Gemeinschaft beigetretenen Staaten finden die Verordnungen dagegen auf vor dem Tag des Beitritts erteilte nationale Schutzzertifikate gemäß Art. 21 (2) AMVO bzw Art. 20 (2) PSMVO Anwendung.[305] Wie der EuGH in seinem Urteil *F. Hoffmann-La Roche* klargestellt hat, bestimmt sich dementsprechend auch die Laufzeit eines solchen nach nationalem Recht erteilten Schutzzertifikats nach Art. 13 AMVO iVm Erwägungsgrund 9, dh dem Patent- und Zertifikatsinhaber dürfen höchstens 15 Jahre Ausschließlichkeit ab der ersten Genehmigung für das Inverkehrbringen des betreffenden Arzneimittels in der Union eingeräumt werden. Deshalb ist für die Berechnung der Laufzeit des ESZ auch nicht die erste Genehmigung für das Inverkehr-

---

299 Beitrittsakte 2003 = ABl EU L 236, S 33, vom 23.09.2003; Beitrittsakte 2005 = ABl EU L 157, S 29, vom 21.06.2005; Beitrittsakte 2011 = ABl EU L 112, S 41, vom 24.04.2012.
300 EuGH GRUR Int 10, 974, Rn 24–26 *Kirin Amgen* = PharmR 10, 590 = Mitt 10, 475 (Ls).
301 Vgl Beitrittsakte 2003 = ABl EU L 236, S 33, vom 23.09.2003.
302 EuGH GRUR Int 10, 974, Rn 28–35 *Kirin Amgen* = PharmR 10, 590 = Mitt 10, 475 (Ls).
303 EuGH GRUR Int 10, 974, Rn 36–52 *Kirin Amgen* = PharmR 10, 590 = Mitt 10, 475 (Ls).
304 Vgl dazu Schennen, Die Verlängerung, Art 20, S 86 ff.
305 EuGH Urt v 05.10.2016 – C-572/15, Rn 35 *F. Hoffmann-La Roche/Accord Healthcare* = BeckRS 2016, 82 421.

bringen gemäß dem früheren nationalen Recht des Mitgliedstaats maßgeblich, sondern die erste Genehmigung für das Inverkehrbringen in der Gemeinschaft nach Art. 13 (1) AMVO gemäß den hierzu vom Gerichtshof entwickelten Auslegungsgrundsätzen (vgl Rdn 85).[306] Da die AMVO bereits bei Ablauf des betreffenden Patents sowie zu dem Zeitpunkt, zu dem das betreffende ESZ seine Schutzwirkung entfalten konnte, in dem Mitgliedstaat in Kraft war, lag nach dem EuGH auch keine rückwirkende Anwendung der Verordnung vor.[307] Für die Beantwortung der ihm ebenfalls vorgelegten Frage über die Gültigkeit von Art. 21 (2) AMVO, insbesondere zu dessen Vereinbarkeit mit bestimmten allgemeinen Grundsätzen des Unionsrechts, sah sich der Gerichtshof als nicht zuständig an, da die Regelung des Art. 21 (2) AMVO durch die Beitrittsakte 2003[308] in die Verordnung eingefügt wurde und es sich somit nicht um einen Rechtsakt eines Organs der Gemeinschaft iSv Art. 267 (1) b) AEUV handelt.[309]

VIII. Entsprechende Anwendung des PatG auf den ergänzenden Schutz (§ 16a Abs 2)

Die unmittelbar in jedem Mitgliedstaat geltenden Verordnungen (Art. 23 (2) AMVO; Art. 21 (2) PSMVO) regeln die Rechtsverhältnisse von ergänzenden Schutzzertifikaten nicht abschließend. Soweit weder die Verordnungen noch das einschlägige einzelstaatliche Recht (bspw §§ 30 (1), 49a, 81 (1) und (2), 142 (1) S 1 PatG) spezielle Verfahrensvorschriften für Schutzzertifikate enthalten, sind auf das Zertifikat die nach einzelstaatlichem Recht für das Grundpatent geltenden Vorschriften entsprechend anzuwenden (Art. 19 (1) AMVO; Art. 18 (1) PSMVO). § 16a (2) enthält eine – nicht abschließende[310] – Aufzählung der entsprechend anzuwendenden Verfahrensvorschriften des PatG. Die Verweisungen verdeutlichen, dass Schutzzertifikate verfahrensrechtlich – vor allem hinsichtlich der Rechtsmittel – grundsätzlich ebenso zu behandeln sind, wie das ihnen zugrundeliegende Patent. Ein Einspruchsverfahren gegen erteilte Zertifikate ist jedoch ausdrücklich ausgeschlossen (Art. 19 (2) AMVO; Art. 18 (2) PSMVO). Soweit die Verordnungen einzelne Verfahrensaspekte bereits regeln, treten in diesen Fällen die betreffenden Vorschriften des PatG lediglich ergänzend hinzu.[311]

1 §§ 6–8 PatG

Das Recht auf das Zertifikat steht gemäß Art. 6 dem Inhaber des Grundpatents oder seinem Rechtsnachfolger zu (s Rdn 84). Ist der im Patentregister Eingetragene nicht der materiell Berechtigte, kann dieser gemäß §§ 16a (2), 8 von dem zu Unrecht eingetragenen Inhaber des Zertifikats dessen Übertragung verlangen.

---

306 EuGH Urt v 05.10.2016 – C-572/15, Rn 34–42 *F. Hoffmann-La Roche/Accord Healthcare* = BeckRS **2016**, 82 421.
307 EuGH Urt v 05.10.2016 – C-572/15, Rn 43–46 *F. Hoffmann-La Roche/Accord Healthcare* = BeckRS **2016**, 82 421.
308 Vgl Beitrittsakte 2003 = ABl EU L 236, S 33, vom 23.09.2003.
309 EuGH Urt v 05.10.2016 – C-572/15, Rn 24–33 *F. Hoffmann-La Roche/Accord Healthcare* = BeckRS **2016**, 82 421.
310 So ist etwa der in 16a (2) nicht aufgeführte § 27 für die nach § 49a zuständige Patentabteilung anwendbar (s § 49a Rdn 6).
311 Vgl Begr PatGÄndG BlPMZ **93**, 205, 208.

2 §§ 9–12 PatG (s Rdn 97).

3 §§ 13, 24 PatG

138 Zu den in Art. 5 genannten Beschränkungen und Verpflichtungen zählen die Bestimmungen über die Zwangslizenz (§ 24) und die staatliche Benutzungsanordnung (§ 13). So erfasst eine am Grundpatent erteilte Zwangslizenz oder staatliche Benutzungsanordnung automatisch das Zertifikat, auch wenn das Zertifikat erst nach Erlass der entsprechenden staatlichen Maßnahme angemeldet worden ist. Eine Zwangslizenz oder Benutzungsanordnung kann aber auch allein für das Zertifikat erteilt werden.

4 § 14 PatG (s Rdn 88 ff).

5 §§ 15, 30 PatG

139 Ergänzende Schutzzertifikate können unabhängig vom Grundpatent übertragen werden. Dies ergibt sich bereits aus Art. 5. Für die Übertragung und Lizenzierung gelten nach § 16a (2) iVm §§ 15, 30 dieselben rechtlichen Regelungen wie für Patente.

6 § 20 PatG (s Rdn 121 f).

7 § 22 PatG (s Rdn 125 ff).

8 § 23 PatG

140 Lizenzen, die bei Ablauf der Schutzdauer des Grundpatents wirksam sind, gelten nach § 16a (3) auch für das Zertifikat. Die Verweisung auf § 23 stellt klar, dass auch eine Lizenzbereitschaftserklärung für das Zertifikat allein möglich sein soll.

9 § 25 PatG

141 Für das Verfahren der Zertifikatsanmeldung benötigen auswärtige Anmelder einen Inlandsvertreter gemäß § 25.

10 § 64 PatG

142 Gemäß Art. 15 Abs 2 der Verordnungen kann jeder, dh auch der Schutzrechtsinhaber selbst, einen Antrag auf Nichtigerklärung des Zertifikats stellen. Da die Verordnungen keine entsprechenden Verfahrensvorschriften enthalten, finden gemäß Art. 19 AMVO bzw Art. 18 PSMVO die nach einzelstaatlichem Recht für das entsprechende Grundpatent geltenden Regelungen Anwendung. Durch Art. 1 Nr. 3 des Zweiten Gesetzes zur Vereinfachung und Modernisierung des Patentrechts (**2. PatRModG**) wurde dies ausdrücklich in den Gesetzeswortlaut des § 16a Absatz 2 aufgenommen und entsprechende Klarheit geschaffen, einschließlich der Zuständigkeit des DPMA.[312]

11 §§ 65–99, 100–122a PatG

143 Die Zulässigkeit der Beschwerde bzw der Rechtsbeschwerde ergibt sich unmittelbar aus Art. 18 AMVO bzw aus Art. 17 PSMVO. Die Zulässigkeit einer Nichtigkeitsklage

---

312 Vgl in diesem Sinne bereits BPatG v 07.12.16 – 15 W (pat) 22/14 *Widerruf eines ergänzenden Schutzzertifikats/Trifloxystrobin* = Mitt 17, 121.

gegen das Schutzzertifikat (§ 81) folgt aus Art. 15 (2). Die Vorschriften über das Patentgericht und das patentgerichtliche Verfahren (§§ 65 bis 99) sowie über das Verfahren vor dem Bundesgerichtshof (§§ 100 bis 122a) sind entsprechend anwendbar.

12 § 123 PatG

Wiedereinsetzung in Zertifikatssachen ist möglich. Dies betrifft insbesondere die Fallgestaltung, dass die 6-Monatsfrist des Art. 7 versäumt wurde,[313] oder eine gegen die Rücknahme oder den Widerruf der erteilten Genehmigung erhobene Anfechtungsklage erfolgreich ist (s Rdn 58). Dagegen kann das Fehlen eines in Kraft befindlichen Grundpatents zum Zeitpunkt der Zertifikatsanmeldung nicht im Wege der Wiedereinsetzung ersetzt werden.[314] 144

13 § 123 PatG

Wiedereinsetzung 145

14 §§ 124, 125a, 126–128 PatG

Hierbei handelt es sich um einen klarstellenden Hinweis, dass das ergänzende Schutzzertifikat im Hinblick auf die Verfahrensvorschriften zur Wahrheitspflicht, zur Einreichung elektronischer Dokumente,[315] zur Amts- und Gerichtssprache sowie zur Zustellung und Rechtshilfe verfahrensrechtlich ebenso zu behandeln ist, wie das zugrundeliegende Patent. 146

16 §§ 139–141a, 142a und 142b, 145 und 146

Durch die Verweisung wird die entsprechende Anwendbarkeit der aufgeführten Vorschriften für die Rechtsfolgen einer Verletzung des Zertifikats sowie über den Zwang zur Klagenkonzentration und zur Auskunftspflicht bei Zertifikatsberührung geregelt. 147

17 §§ 129–138

Eine entsprechende Anwendung der Vorschriften zur Verfahrenskostenhilfe ist nicht vorgesehen. Der Gesetzgeber ist insoweit angesichts der hohen Entwicklungskosten für neue Arznei- und Pflanzenschutzmittel davon ausgegangen, dass eine Bedürftigkeit von Zertifikatsanmeldern von vornherein ausscheidet.[316] 148

IX. Lizenzen (§ 16a Abs 3)

Die Verordnungen enthalten keine ausdrücklichen Bestimmungen zur Frage von Lizenzen an Schutzzertifikaten. Insoweit stellt die Regelung des § 16a (3) eine Konkretisierung von Art. 5 dar.[317] Demnach erstrecken sich Lizenzen und Erklärungen nach § 23, die bei Ablauf der Schutzdauer des Grundpatents wirksam sind, automatisch auf das Zertifikat. Allerdings ist die Bestimmung des § 16a (3) lediglich als Auslegungsregel 149

---

313 BPatG v 2.03.00 – 15 W (pat) 23/99 *Valaciclovirhydrochlorid* = BeckRS 2011, 29 415.
314 BPatG GRUR 00, 398 = BPatGE **41**, 231 *Abamectin*.
315 Seit dem 1.06.11 werden ergänzende Schutzzertifikate beim DPMA von der Anmeldung bis zur Publikation komplett elektronisch bearbeitet (vgl MittDPMA Nr 10/11, BlPMZ 11, 313).
316 Vgl Begr PatGÄndG BlPMZ **93**, 205, 209.
317 Vgl Begr PatGÄndG BlPMZ **93**, 205, 210.

für rechtsgeschäftliche (einfache und ausschließliche) Patentlizenzen zu verstehen.[318] Abweichende Vereinbarungen zwischen Lizenzgeber und -nehmer sind daher zulässig. Dies betrifft auch die in § 16a (3) nicht geregelte Frage, ob im Fall einer Lizenzerstreckung nach § 16a (3) eine eigene Lizenzgebühr zu entrichten ist. Keine Anwendung findet § 16a (3) auf Zwangslizenzen.

Anhang 1 zu § 16a
Verordnung (EG) Nr 469/2009 des Europäischen Parlaments und des Rates vom 6. Mai 2009
über das ergänzende Schutzzertifikat für Arzneimittel
(kodifizierte Fassung)
DAS EUROPÄISCHE PARLAMENT UND DER RAT DER EUROPÄISCHEN UNION –
gestützt auf den Vertrag zur Gründung der Europäischen Gemeinschaft, insbesondere auf Artikel 95,
auf Vorschlag der Kommission,
nach Stellungnahme des Europäischen Wirtschafts- und Sozialausschusses,[319]
gemäß dem Verfahren des Artikels 251 des Vertrags,[320]
in Erwägung nachstehender Gründe:
(1) Die Verordnung (EWG) Nr 1768/92 des Rates vom 18. Juni 1992 über die Schaffung eines ergänzenden Schutzzertifikats für Arzneimittel[321] wurde mehrfach und erheblich geändert.[322] Aus Gründen der Übersichtlichkeit und Klarheit empfiehlt es sich, die genannte Verordnung zu kodifizieren.
(2) Die Forschung im pharmazeutischen Bereich trägt entscheidend zur ständigen Verbesserung der Volksgesundheit bei.
(3) Arzneimittel, vor allem solche, die das Ergebnis einer langen und kostspieligen Forschungstätigkeit sind, werden in der Gemeinschaft und in Europa nur weiterentwickelt, wenn für sie eine günstige Regelung geschaffen wird, die einen ausreichenden Schutz zur Förderung einer solchen Forschung vorsieht.
(4) Derzeit wird durch den Zeitraum zwischen der Einreichung einer Patentanmeldung für ein neues Arzneimittel und der Genehmigung für das Inverkehrbringen desselben Arzneimittels der tatsächliche Patentschutz auf eine Laufzeit verringert, die für die Amortisierung der in der Forschung vorgenommenen Investitionen unzureichend ist.
(5) Diese Tatsache führt zu einem unzureichenden Schutz, der nachteilige Auswirkungen auf die pharmazeutische Forschung hat.
(6) Es besteht die Gefahr, dass die in den Mitgliedstaaten gelegenen Forschungszentren nach Ländern verlagert werden, die einen größeren Schutz bieten.
(7) Auf Gemeinschaftsebene sollte eine einheitliche Lösung gefunden werden, um auf diese Weise einer heterogenen Entwicklung der nationalen Rechtsvorschriften vorzubeugen, die neue Unterschiede zur Folge hätte, welche geeignet wären, den freien Verkehr von Arzneimitteln innerhalb der Gemeinschaft zu behindern und dadurch das Funktionieren des Binnenmarktes unmittelbar zu beeinträchtigen.
(8) Es ist deshalb notwendig, ein ergänzendes Schutzzertifikat für Arzneimittel, deren Vermarktung genehmigt ist, vorzusehen, das der Inhaber eines nationalen oder europäischen Patents unter denselben Voraussetzungen in jedem Mitgliedstaat erhalten kann. Die Verordnung ist deshalb die geeignetste Rechtsform.
(9) Die Dauer des durch das Zertifikat gewährten Schutzes sollte so festgelegt werden, dass dadurch ein ausreichender tatsächlicher Schutz erreicht wird. Hierzu müssen demjenigen, der gleichzeitig

---

318 AA wohl Mes, PatG/GebrMG, 4. Aufl 2015, § 16a Rn 53.
319 Amtl. Anm.: ABl. C 77 vom 31.3.2009, S 42.
320 Amtl. Anm.: Stellungnahme des Europäischen Parlaments vom 21. Oktober 2008 (noch nicht im Amtsblatt veröffentlicht) und Beschluss des Rates vom 6. April 2009.
321 Amtl. Anm.: ABl. L 182 vom 2.7.1992, S 1.
322 Amtl. Anm.: Siehe Anhang I.

Inhaber eines Patents und eines Zertifikats ist, insgesamt höchstens fünfzehn Jahre Ausschließlichkeit ab der ersten Genehmigung für das Inverkehrbringen des betreffenden Arzneimittels in der Gemeinschaft eingeräumt werden.

(10) In einem so komplexen und empfindlichen Bereich wie dem pharmazeutischen Sektor sollten jedoch alle auf dem Spiel stehenden Interessen einschließlich der Volksgesundheit berücksichtigt werden. Deshalb kann das Zertifikat nicht für mehr als fünf Jahre erteilt werden. Der von ihm gewährte Schutz sollte im Übrigen streng auf das Erzeugnis beschränkt sein, für das die Genehmigung für das Inverkehrbringen als Arzneimittel erteilt wurde.

(11) In dem besonderen Fall, in dem ein Patent bereits aufgrund einer spezifischen einzelstaatlichen Rechtsvorschrift verlängert worden ist, ist eine angemessene Begrenzung der Laufzeit des Zertifikats vorzusehen –

HABEN FOLGENDE VERORDNUNG ERLASSEN:

Artikel 1 Definitionen

Im Sinne dieser Verordnung bezeichnet der Ausdruck
a) »Arzneimittel« einen Stoff oder eine Stoffzusammensetzung, der (die) als Mittel zur Heilung oder zur Verhütung menschlicher oder tierischer Krankheiten bezeichnet wird, sowie einen Stoff oder eine Stoffzusammensetzung, der (die) dazu bestimmt ist, im oder am menschlichen oder tierischen Körper zur Erstellung einer ärztlichen Diagnose oder zur Wiederherstellung, Besserung oder Beeinflussung der menschlichen oder tierischen Körperfunktionen angewandt zu werden;
b) »Erzeugnis« den Wirkstoff oder die Wirkstoffzusammensetzung eines Arzneimittels;
c) »Grundpatent« ein Patent, das ein Erzeugnis als solches, ein Verfahren zur Herstellung eines Erzeugnisses oder eine Verwendung eines Erzeugnisses schützt und das von seinem Inhaber für das Verfahren zur Erteilung eines Zertifikats bestimmt ist;
d) »Zertifikat« das ergänzende Schutzzertifikat;
e) »Antrag auf Verlängerung der Laufzeit« einen Antrag auf Verlängerung der Laufzeit des gemäß Artikel 13 Absatz 3 dieser Verordnung und Artikel 36 der Verordnung (EG) Nr 1901/2006 des Europäischen Parlaments und des Rates vom 12. Dezember 2006 über Kinderarzneimittel[323] erteilten Zertifikats;
f) »Hersteller« eine in der Union ansässige Person, in deren Namen die Herstellung eines Erzeugnisses oder eines dieses Erzeugnis enthaltenden Arzneimittels, zum Zwecke der Ausfuhr in Drittländer oder der Lagerung erfolgt;[324]

Artikel 2 Anwendungsbereich

Für jedes im Hoheitsgebiet eines Mitgliedstaats durch ein Patent geschützte Erzeugnis, das vor seinem Inverkehrbringen als Arzneimittel Gegenstand eines verwaltungsrechtlichen Genehmigungsverfahrens gemäß der Richtlinie 2001/83/EG des Europäischen Parlaments und des Rates vom 6. November 2001 zur Schaffung eines Gemeinschaftskodexes für Humanarzneimittel[325] oder der Richtlinie 2001/82/EG des Europäischen Parlaments und des Rates vom 6. November 2001 zur Schaffung eines Gemeinschaftskodexes für Tierarzneimittel[326] ist, kann nach den in dieser Verordnung festgelegten Bedingungen und Modalitäten ein Zertifikat erteilt werden.

Artikel 3 Bedingungen für die Erteilung des Zertifikats

Das Zertifikat wird erteilt, wenn in dem Mitgliedstaat, in dem die Anmeldung nach Artikel 7 eingereicht wird, zum Zeitpunkt dieser Anmeldung
a) das Erzeugnis durch ein in Kraft befindliches Grundpatent geschützt ist;
b) für das Erzeugnis als Arzneimittel eine gültige Genehmigung für das Inverkehrbringen gemäß der Richtlinie 2001/83/EG bzw der Richtlinie 2001/82/EG erteilt wurde;

---

323   Amtl. Anm.: ABl. L 378 vom 27.12.2006, S 1.
324   Buchstabe (f) eingefügt durch Verordnung (EU) 2019/933 mWv **01.07.19**.
325   Amtl. Anm.: ABl. L 311 vom 28.11.2001, S 67.
326   Amtl. Anm.: ABl. L 311 vom 28.11.2001, S 1.

c) für das Erzeugnis nicht bereits ein Zertifikat erteilt wurde;
d) die unter Buchstabe b erwähnte Genehmigung die erste Genehmigung für das Inverkehrbringen dieses Erzeugnisses als Arzneimittel ist.

Artikel 4 Schutzgegenstand

In den Grenzen des durch das Grundpatent gewährten Schutzes erstreckt sich der durch das Zertifikat gewährte Schutz allein auf das Erzeugnis, das von der Genehmigung für das Inverkehrbringen des entsprechenden Arzneimittels erfasst wird, und zwar auf diejenigen Verwendungen des Erzeugnisses als Arzneimittel, die vor Ablauf des Zertifikats genehmigt wurden.

Artikel 5[327] Wirkungen des Zertifikats

(1) Vorbehaltlich der Bestimmungen des Artikels 4 gewährt das Zertifikat dieselben Rechte wie das Grundpatent und unterliegt denselben Beschränkungen und Verpflichtungen.

(2) Abweichend von Absatz 1 schützt das in Absatz 1 genannte Zertifikat nicht vor bestimmten Handlungen, die ansonsten die Zustimmung des Zertifikatsinhabers erfordern würden, wenn folgende Bedingungen erfüllt sind:
a) Die Handlungen umfassen
   i) die Herstellung eines Erzeugnisses oder eines dieses Erzeugnis enthaltenden Arzneimittels, für den Zweck der Ausfuhr in Drittländer oder
   ii) jede damit verbundene, für die Herstellung in der Union oder die eigentliche Ausfuhr unbedingt erforderliche Handlung gemäß Ziffer i oder
   iii) die Herstellung eines Erzeugnisses oder eines dieses Erzeugnis enthaltenden Arzneimittels, frühestens sechs Monate vor Ablauf des Zertifikats, um es im Herstellungsmitgliedstaat zu lagern und nach Ablauf des entsprechenden Zertifikats in den Mitgliedstaaten in Verkehr zu bringen oder
   iv) jede damit verbundene Handlung, die für die Herstellung in der Union gemäß Ziffer iii oder für die eigentliche Lagerung unbedingt erforderlich ist, sofern diese verbundene Handlung frühestens sechs Monate vor Ablauf des Zertifikats durchgeführt wird.
b) Der Hersteller übermittelt durch geeignete und dokumentierte Mittel der in Artikel 9 Absatz 1 genannten Behörde des Mitgliedstaats, in dem die Herstellung erfolgen wird, und dem Zertifikatsinhaber die in Absatz 5 des vorliegenden Artikels genannten Informationen spätestens drei Monate vor dem Datum des Beginns der Herstellung in diesem Mitgliedstaat oder spätestens drei Monate vor der ersten verbundenen Handlung, die beide vor dieser Herstellung erfolgen und andernfalls durch den durch ein Zertifikat verliehenen Schutz untersagt wären, je nachdem, welcher Zeitpunkt früher liegt.
c) Ändern sich die in Absatz 5 des vorliegenden Artikels aufgeführten Informationen, so setzt der Hersteller die in Artikel 9 Absatz 1 genannte Behörde in Kenntnis und benachrichtigt den Zertifikatsinhaber, bevor diese Änderungen wirksam werden.
d) Im Falle von – in Buchstabe a Ziffer i dieses Absatzes genannten – Erzeugnissen oder diese Erzeugnisse enthaltenden Arzneimitteln, die zum Zwecke der Ausfuhr in Drittländer hergestellt werden, stellt der Hersteller sicher, dass an der äußeren Verpackung des Erzeugnisses oder des dieses Erzeugnis enthaltenden Arzneimittels, ein Logo nach der in Anhang I enthaltenen Vorlage und, wenn durchführbar, an dessen Primärverpackung angebracht wird.
e) Der Hersteller erfüllt Absatz 9 dieses Artikels und, gegebenenfalls, Artikel 12 Absatz 2.

(3) Die in Absatz 2 genannte Ausnahmeregelung gilt für keine Handlung oder Tätigkeit, die der Einfuhr von Erzeugnissen oder diese Erzeugnisse enthaltenden Arzneimitteln in die Union lediglich zum Zwecke der Umverpackung, Wiederausfuhr oder Lagerung dient.

(4) Die Informationen, die dem Zertifikatsinhaber für die Zwecke des Absatzes 2 Buchstaben b und c übermittelt werden, werden ausschließlich verwendet, um zu überprüfen, ob die Anforderungen dieser Verordnung eingehalten wurden, und gegebenenfalls gerichtliche Schritte wegen Verstoßes gegen die Anforderungen einzuleiten.

(5) Die Hersteller stellen folgende Angaben gemäß Absatz 2 Buchstabe b bereit:
a) Name und Anschrift des Herstellers;

---

327 Art 5 neu gefasst durch Verordnung (EU) 2019/933 mWv 01.07.19.

b) die Angabe, ob die Herstellung zum Zwecke der Ausfuhr, der Lagerung oder der Ausfuhr und der Lagerung erfolgt;
c) Mitgliedstaat, in dem die Herstellung und, je nach Sachlage, die Lagerung vorgenommen wird, und der Mitgliedstaat, in dem die etwaige erste verbundene Handlung vor dieser Herstellung vorgenommen wird;
d) Nummer des im Herstellungsmitgliedstaat erteilten Zertifikats und die Nummer des Zertifikats, das in dem Mitgliedstaat der etwaigen ersten verbundenen Handlung vor dieser Herstellung erteilt wird; und
e) bei Arzneimitteln, deren Ausfuhr in Drittländer vorgesehen ist, die Nummer der Genehmigung für das Inverkehrbringen oder etwas dieser Genehmigung Gleichwertiges in jedem Ausfuhrdrittland, sobald diese öffentlich verfügbar ist.

(6) Für die Zwecke der Mitteilung an die Behörde nach Absatz 2 Buchstaben b und c verwendet der Hersteller das in Anhang -Ia dieser Verordnung enthaltene Standardformular.

(7) Werden die Anforderungen des Absatzes 5 Buchstabe e in Bezug auf ein Drittland nicht eingehalten, so wirkt sich das nur auf die Ausfuhren in dieses Drittland aus; für diese Ausfuhren kann die Ausnahmeregelung dementsprechend nicht in Anspruch genommen werden.

(8) Der Hersteller stellt sicher, dass die gemäß Absatz 2 Buchstabe a Ziffer i hergestellten Arzneimittel kein aktives individuelles Erkennungsmerkmal im Sinne der Delegierten Verordnung (EU) 2016/161 der Kommission[2] trägt.

(9) Der Hersteller trägt durch geeignete und dokumentierte Mittel dafür Sorge, dass alle Personen, die mit ihm in einem Vertragsverhältnis stehen und Handlungen nach Absatz 2 Buchstabe a vornehmen, in vollem Umfang darüber informiert sind,
a) dass diese Handlungen Absatz 2 unterliegen,
b) dass das Inverkehrbringen, die Einfuhr oder die Wiedereinfuhr des Erzeugnisses oder des dieses Erzeugnis enthaltenden Arzneimittels gemäß Absatz 2 Buchstabe a Ziffer i oder das Inverkehrbringen des Erzeugnisses oder des dieses Erzeugnis enthaltenden Arzneimittels gemäß Absatz 2 Buchstabe a Ziffer iii eine Verletzung des in Absatz 2 genannten Zertifikats darstellen könnten, soweit und solange dieses Zertifikat gilt.

(10) Absatz 2 gilt für Zertifikate, die am 1. Juli 2019 oder danach beantragt werden.

Absatz 2 gilt ferner für Zertifikate, die vor dem 1. Juli 2019 beantragt wurden und die an diesem Tag oder danach gelten. Absatz 2 gilt für solche Zertifikate erst ab dem 2. Juli 2022.

Absatz 2 gilt nicht für Zertifikate, die vor dem 1. Juli 2019 gültig sind.

Artikel 6 Recht auf das Zertifikat

Das Recht auf das Zertifikat steht dem Inhaber des Grundpatents oder seinem Rechtsnachfolger zu.

Artikel 7 Anmeldung des Zertifikats

(1) Die Anmeldung des Zertifikats muss innerhalb einer Frist von sechs Monaten, gerechnet ab dem Zeitpunkt, zu dem für das Erzeugnis als Arzneimittel die Genehmigung für das Inverkehrbringen nach Artikel 3 Buchstabe b erteilt wurde, eingereicht werden.

(2) Ungeachtet des Absatzes 1 muss die Anmeldung des Zertifikats dann, wenn die Genehmigung für das Inverkehrbringen vor der Erteilung des Grundpatents erfolgt, innerhalb einer Frist von sechs Monaten nach dem Zeitpunkt der Erteilung des Patents eingereicht werden.

(3) Der Antrag auf Verlängerung der Laufzeit kann gestellt werden, wenn ein Zertifikat angemeldet wird oder die Anmeldung des Zertifikats im Gange ist und die entsprechenden Anforderungen von Artikel 8 Absatz 1 Buchstabe d bzw. Artikel 8 Absatz 2 erfüllt ist.

(4) Der Antrag auf Verlängerung der Laufzeit eines bereits erteilten Zertifikats ist spätestens zwei Jahre vor Ablauf des Zertifikats zu stellen.

(5) Unbeschadet des Absatzes 4 ist für die Dauer von fünf Jahren nach Inkrafttreten der Verordnung (EG) Nr 1901/2006 der Antrag auf Verlängerung der Laufzeit eines bereits erteilten Zertifikats spätestens sechs Monate vor Ablauf des Zertifikats zu stellen.

Artikel 8 Inhalt der Zertifikatsanmeldung

(1) Die Zertifikatsanmeldung muss enthalten:
a) einen Antrag auf Erteilung eines Zertifikats, wobei insbesondere anzugeben sind:
   i) Name und Anschrift des Anmelders;
   ii) falls ein Vertreter bestellt ist, Name und Anschrift des Vertreters;
   iii) Nummer des Grundpatents sowie Bezeichnung der Erfindung;
   iv) Nummer und Zeitpunkt der ersten Genehmigung für das Inverkehrbringen des Erzeugnisses gemäß Artikel 3 Buchstabe b sowie, falls diese nicht die erste Genehmigung für das Inverkehrbringen in der Gemeinschaft ist, auch Nummer und Zeitpunkt der letztgenannten Genehmigung;
b) eine Kopie der Genehmigung für das Inverkehrbringen gemäß Artikel 3 Buchstabe b, aus der die Identität des Erzeugnisses ersichtlich ist und die insbesondere Nummer und Zeitpunkt der Genehmigung sowie die Zusammenfassung der Merkmale des Erzeugnisses gemäß Artikel 11 der Richtlinie 2001/83/EG bzw. Artikel 14 der Richtlinie 2001/82/EG enthält;
c) falls die in Buchstabe b genannte Genehmigung nicht die erste Genehmigung für das Inverkehrbringen dieses Erzeugnisses als Arzneimittel in der Gemeinschaft ist, die Angabe der Identität des so genehmigten Erzeugnisses und der Rechtsvorschrift, auf deren Grundlage dieses Genehmigungsverfahren durchgeführt wurde, sowie eine Kopie der betreffenden Stelle des amtlichen Mitteilungsblatts, in dem die Genehmigung veröffentlicht wurde;
d) falls in der Zertifikatsanmeldung eine Verlängerung der Laufzeit beantragt wird:
   i) eine Kopie der Erklärung über die Übereinstimmung mit einem gebilligten und ausgeführten pädiatrischen Prüfkonzept gemäß Artikel 36 Absatz 1 der Verordnung (EG) Nr 1901/2006;
   ii) falls erforderlich, zusätzlich zu der Kopie der Genehmigung für das Inverkehrbringen gemäß Buchstabe b den Nachweis, dass das Erzeugnis in allen anderen Mitgliedstaaten gemäß Artikel 36 Absatz 3 der Verordnung (EG) Nr 1901/2006 zugelassen ist.

(2) Ist eine Zertifikatsanmeldung im Gange, so enthält ein Antrag auf eine verlängerte Laufzeit nach Artikel 7 Absatz 3 die in Absatz 1 Buchstabe d dieses Artikels genannten Angaben und einen Hinweis darauf, dass eine Zertifikatsanmeldung im Gange ist.

(3) Der Antrag auf Verlängerung der Laufzeit eines bereits erteilten Zertifikats enthält die in Absatz 1 Buchstabe d genannten Angaben und eine Kopie des bereits erteilten Zertifikats.

(4) Die Mitgliedstaaten können vorsehen, dass für die Zertifikatsanmeldung und den Verlängerungsantrag eine Gebühr zu entrichten ist.

Artikel 9 Einreichung der Zertifikatsanmeldung

(1) Die Zertifikatsanmeldung ist bei der für den gewerblichen Rechtsschutz zuständigen Behörde des Mitgliedstaats einzureichen, der das Grundpatent erteilt hat oder mit Wirkung für den das Grundpatent erteilt worden ist und in dem die in Artikel 3 Buchstabe b genannte Genehmigung für das Inverkehrbringen erlangt wurde, sofern der Mitgliedstaat zu diesem Zweck keine andere Behörde bestimmt.

Der Antrag auf Verlängerung der Laufzeit eines Zertifikats ist bei der zuständigen Behörde des betreffenden Mitgliedstaats zu stellen.

(2) Ein Hinweis auf die Zertifikatsanmeldung wird von der in Absatz 1 genannten Behörde bekannt gemacht. Der Hinweis muss zumindest die folgenden Angaben enthalten:
a) Name und Anschrift des Anmelders;
b) Nummer des Grundpatents;
c) Bezeichnung der Erfindung;
d) Nummer und Zeitpunkt der Genehmigung für das Inverkehrbringen gemäß Artikel 3 Buchstabe b sowie das durch die Genehmigung identifizierte Erzeugnis;
e) gegebenenfalls Nummer und Zeitpunkt der ersten Genehmigung für das Inverkehrbringen in der Gemeinschaft;
f) gegebenenfalls die Angabe, dass die Anmeldung einen Antrag auf Verlängerung der Laufzeit enthält.

(3) Absatz 2 findet auf den Hinweis auf einen Antrag auf Verlängerung der Laufzeit eines bereits erteilten Zertifikats sowie dann Anwendung, wenn eine Zertifikatsanmeldung im Gange ist. In dem Hinweis ist zudem anzugeben, dass ein Antrag auf eine verlängerte Laufzeit des Zertifikats eingereicht worden ist.

Artikel 10 Erteilung des Zertifikats oder Zurückweisung der Zertifikatsanmeldung

(1) Erfüllen die Zertifikatsanmeldung und das Erzeugnis, das Gegenstand der Anmeldung ist, die in dieser Verordnung festgelegten Voraussetzungen, so erteilt die in Artikel 9 Absatz 1 genannte Behörde das Zertifikat.

(2) Vorbehaltlich des Absatzes 3 weist die in Artikel 9 Absatz 1 genannte Behörde die Zertifikatsanmeldung zurück, wenn die Anmeldung oder das Erzeugnis, das Gegenstand der Anmeldung ist, nicht die in dieser Verordnung festgelegten Voraussetzungen erfüllt.

(3) Erfüllt die Zertifikatsanmeldung nicht die in Artikel 8 genannten Voraussetzungen, so fordert die in Artikel 9 Absatz 1 genannte Behörde den Anmelder auf, innerhalb der gesetzten Frist die festgestellten Mängel zu beseitigen oder die Gebühr zu entrichten.

(4) Werden innerhalb der gesetzten Frist die nach Absatz 3 mitgeteilten Mängel nicht beseitigt oder wird die nach Absatz 3 angeforderte Gebühr nicht entrichtet, so wird die Anmeldung zurückgewiesen.

(5) Die Mitgliedstaaten können vorsehen, dass die Erteilung des Zertifikats durch die in Artikel 9 Absatz 1 genannte Behörde ohne Prüfung der in Artikel 3 Buchstaben c und d genannten Bedingungen erfolgt.

(6) Die Absätze 1 bis 4 gelten entsprechend für den Antrag auf eine Verlängerung der Laufzeit des Zertifikats.

Artikel 11 Bekanntmachung

(1) Ein Hinweis auf die Erteilung des Zertifikats wird von der in Artikel 9 Absatz 1 genannten Behörde bekannt gemacht. Der Hinweis muss zumindest die folgenden Angaben enthalten:
a) Name und Anschrift des Inhabers des Zertifikats;
b) Nummer des Grundpatents;
c) Bezeichnung der Erfindung;
d) Nummer und Zeitpunkt der in Artikel 3 Buchstabe b genannten Genehmigung für das Inverkehrbringen sowie das durch die Genehmigung identifizierte Erzeugnis;
e) gegebenenfalls Nummer und Zeitpunkt der ersten Genehmigung für das Inverkehrbringen in der Gemeinschaft;
f) Laufzeit des Zertifikats.

(2) Ein Hinweis auf die Zurückweisung der Zertifikatsanmeldung wird von der in Artikel 9 Absatz 2 genannten Behörde bekannt gemacht. Der Hinweis muss zumindest die in Artikel 9 Absatz 2 genannten Angaben enthalten.

(3) Die Absätze 1 und 2 gelten für Hinweise darauf, dass eine Verlängerung der Laufzeit eines bereits erteilten Zertifikats gewährt oder dass der Antrag auf eine derartige Verlängerung zurückgewiesen wurde.

Artikel 12[328] Jahresgebühren

(1) Die Mitgliedstaaten können vorsehen, dass für das Zertifikat Jahresgebühren zu entrichten sind.

(2) Die Mitgliedstaaten können vorsehen, dass für die Mitteilungen gemäß Artikel 5 Absatz 2 Buchstaben b und c Gebühren zu entrichten sind.

Artikel 13 Laufzeit des Zertifikats

(1) Das Zertifikat gilt ab Ablauf der gesetzlichen Laufzeit des Grundpatents für eine Dauer, die dem Zeitraum zwischen der Einreichung der Anmeldung für das Grundpatent und dem Zeitpunkt der ersten Genehmigung für das Inverkehrbringen in der Gemeinschaft entspricht, abzüglich eines Zeitraums von fünf Jahren.

(2) Ungeachtet des Absatzes 1 beträgt die Laufzeit des Zertifikats höchstens fünf Jahre vom Zeitpunkt seines Wirksamwerdens an.

---

[328] Art 12 neu gefasst durch Verordnung (EU) 2019/933 mWv 01.07.19.

(3) Die in den Absätzen 1 und 2 festgelegten Zeiträume werden im Falle der Anwendung von Artikel 36 der Verordnung (EG) Nr 1901/2006 um sechs Monate verlängert. In diesem Fall kann die in Absatz 1 dieses Artikels festgelegte Laufzeit nur einmal verlängert werden.

(4) Wird ein Zertifikat für ein Erzeugnis erteilt, das durch ein Patent geschützt ist, für welches vor dem 2. Januar 1993 nach den einzelstaatlichen Rechtsvorschriften eine Verlängerung gewährt oder ein Verlängerungsantrag gestellt wurde, so wird die Laufzeit dieses Zertifikats um die Zahl der Jahre verkürzt, die eine zwanzigjährige Laufzeit des Patents übersteigt.

Artikel 14 Erlöschen des Zertifikats

Das Zertifikat erlischt
a) am Ende des in Artikel 13 festgelegten Zeitraums;
b) bei Verzicht des Inhabers des Zertifikats;
c) bei nicht rechtzeitiger Zahlung der in Übereinstimmung mit Artikel 12 festgesetzten Jahresgebühr;
d) wenn und solange das durch das Zertifikat geschützte Erzeugnis infolge Widerrufs der betreffenden Genehmigung oder Genehmigungen für das Inverkehrbringen gemäß der Richtlinie 2001/83/EG oder der Richtlinie 2001/82/EG nicht mehr in den Verkehr gebracht werden darf. Über das Erlöschen des Zertifikats kann die in Artikel 9 Absatz 1 dieser Verordnung genannte Behörde von Amts wegen oder auf Antrag eines Dritten entscheiden.

Artikel 15 Nichtigkeit des Zertifikats

(1) Das Zertifikat ist nichtig,
a) wenn es entgegen den Vorschriften des Artikels 3 erteilt wurde;
b) wenn das Grundpatent vor Ablauf seiner gesetzlichen Laufzeit erloschen ist;
c) wenn das Grundpatent für nichtig erklärt oder derartig beschränkt wird, dass das Erzeugnis, für welches das Zertifikat erteilt worden ist, nicht mehr von den Ansprüchen des Grundpatents erfasst wird, oder wenn nach Erlöschen des Grundpatents Nichtigkeitsgründe vorliegen, die die Nichtigerklärung oder Beschränkung gerechtfertigt hätten.

(2) Jede Person kann bei der nach den einzelstaatlichen Rechtsvorschriften für die Nichtigerklärung des entsprechenden Grundpatents zuständigen Stelle einen Antrag auf Nichtigerklärung des Zertifikats stellen oder Klage auf Nichtigkeit des Zertifikats erheben.

Artikel 16 Widerruf der Verlängerung der Laufzeit

(1) Die Verlängerung der Laufzeit kann widerrufen werden, wenn sie im Widerspruch zu Artikel 36 der Verordnung (EG) Nr 1901/2006 gewährt wurde.

(2) Jede Person kann einen Antrag auf Widerruf der Verlängerung der Laufzeit bei der nach einzelstaatlichem Recht für den Widerruf des entsprechenden Grundpatents zuständigen Stelle einreichen.

Artikel 17 Bekanntmachung des Erlöschens oder der Nichtigkeit

(1) Erlischt das Zertifikat gemäß Artikel 14 Buchstabe b, c oder d oder ist es gemäß Artikel 15 nichtig, so wird ein Hinweis hierauf von der in Artikel 9 Absatz 1 genannten Behörde bekannt gemacht.

(2) Wird die Verlängerung der Laufzeit nach Artikel 16 widerrufen, so macht die in Artikel 9 Absatz 1 genannte Behörde einen Hinweis hierauf bekannt.

Artikel 18 Rechtsbehelf

Gegen die im Rahmen dieser Verordnung getroffenen Entscheidungen der in Artikel 9 Absatz 1 genannten Behörde oder der in Artikel 15 Absatz 2 und Artikel 16 Absatz 2 genannten Stellen können dieselben Rechtsbehelfe eingelegt werden, die nach einzelstaatlichem Recht gegen ähnliche Entscheidungen hinsichtlich einzelstaatlicher Patente vorgesehen sind.

Artikel 19 Verfahren

(1) Soweit diese Verordnung keine Verfahrensvorschriften enthält, finden auf das Zertifikat die nach einzelstaatlichem Recht für das entsprechende Grundpatent geltenden Verfahrensvorschriften Anwendung, sofern das einzelstaatliche Recht keine besonderen Verfahrensvorschriften für Zertifikate vorsieht.

(2) Ungeachtet des Absatzes 1 ist das Einspruchsverfahren gegen ein erteiltes Zertifikat ausgeschlossen.

Artikel 20 Zusätzliche Bestimmungen über die Erweiterung der Gemeinschaft

Unbeschadet der übrigen Bestimmungen dieser Verordnung gelten folgende Bestimmungen:
a) Für jedes durch ein geltendes Grundpatent geschützte Arzneimittel, für das nach dem 1. Januar 2000 eine erste Genehmigung für das Inverkehrbringen als Arzneimittel erlangt wurde, kann in Bulgarien ein Zertifikat erteilt werden, sofern die Anmeldung des Zertifikats binnen sechs Monaten nach dem 1. Januar 2007 eingereicht wird.
b) Für jedes in der Tschechischen Republik durch ein geltendes Grundpatent geschützte Arzneimittel, für das eine erste Genehmigung für das Inverkehrbringen als Arzneimittel,
   i) nach dem 10. November 1999 in der Tschechischen Republik erlangt wurde, kann ein Zertifikat erteilt werden, sofern die Anmeldung des Zertifikats binnen sechs Monaten nach dem Zeitpunkt, zu dem die erste Genehmigung für das Inverkehrbringen erlangt wurde, eingereicht wird;
   ii) frühestens sechs Monate vor dem 1. Mai 2004 in der Gemeinschaft erlangt wurde, kann ein Zertifikat erteilt werden, sofern die Anmeldung des Zertifikats binnen sechs Monaten nach dem Zeitpunkt, zu dem die erste Genehmigung für das Inverkehrbringen erlangt wurde, eingereicht wird.
c) Für jedes durch ein geltendes Grundpatent geschützte Arzneimittel, für das in Estland vor dem 1. Mai 2004 eine erste Genehmigung für das Inverkehrbringen als Arzneimittel erlangt wurde, kann ein Zertifikat erteilt werden, sofern die Anmeldung des Zertifikats binnen sechs Monaten nach dem Zeitpunkt, zu dem die erste Genehmigung für das Inverkehrbringen erlangt wurde, eingereicht wird oder im Falle von Patenten, die vor dem 1. Januar 2000 erteilt wurden, binnen des Sechsmonatszeitraums gemäß dem Patentgesetz vom Oktober 1999.
d) Für jedes durch ein geltendes Grundpatent geschützte Arzneimittel, für das in Zypern vor dem 1. Mai 2004 eine erste Genehmigung für das Inverkehrbringen als Arzneimittel erlangt wurde, kann ein Zertifikat erteilt werden, sofern die Anmeldung des Zertifikats binnen sechs Monaten nach dem Zeitpunkt, zu dem die erste Genehmigung für das Inverkehrbringen erlangt wurde, eingereicht wird; dessen ungeachtet muss die Anmeldung des Zertifikats binnen sechs Monaten nach dem Zeitpunkt, zu dem das Patent erteilt wurde, eingereicht werden, wenn die Genehmigung für das Inverkehrbringen vor der Erteilung des Grundpatents erlangt wurde.
e) Für jedes durch ein geltendes Grundpatent geschützte Arzneimittel, für das in Lettland vor dem 1. Mai 2004 eine erste Genehmigung für das Inverkehrbringen als Arzneimittel erlangt wurde, kann ein Zertifikat erteilt werden. Sollte die in Artikel 7 Absatz 1 vorgesehene Frist abgelaufen sein, kann innerhalb von sechs Monaten, beginnend spätestens ab 1. Mai 2004, ein Zertifikat angemeldet werden.
f) Für jedes Arzneimittel, das durch ein geltendes, nach dem 1. Februar 1994 angemeldetes Grundpatent geschützt ist und für das in Litauen vor dem 1. Mai 2004 eine erste Genehmigung für das Inverkehrbringen als Arzneimittel erlangt wurde, kann ein Zertifikat erteilt werden, sofern die Anmeldung des Zertifikats binnen sechs Monaten nach dem 1. Mai 2004 eingereicht wird.
g) Für jedes durch ein geltendes Grundpatent geschützte Arzneimittel, für das nach dem 1. Januar 2000 eine erste Genehmigung für das Inverkehrbringen als Arzneimittel erlangt wurde, kann in Ungarn ein Zertifikat erteilt werden, sofern die Anmeldung des Zertifikats binnen sechs Monaten nach dem 1. Mai 2004 eingereicht wird.
h) Für jedes durch ein geltendes Grundpatent geschützte Arzneimittel, für das in Malta vor dem 1. Mai 2004 eine erste Genehmigung für das Inverkehrbringen als Arzneimittel erlangt wurde, kann ein Zertifikat erteilt werden. Sollte die in Artikel 7 Absatz 1 vorgesehene Frist abgelaufen sein, kann innerhalb von sechs Monaten, beginnend spätestens ab 1. Mai 2004, ein Zertifikat angemeldet werden.

i) Für jedes durch ein geltendes Grundpatent geschützte Arzneimittel, für das nach dem 1. Januar 2000 eine erste Genehmigung für das Inverkehrbringen als Arzneimittel erlangt wurde, kann in Polen ein Zertifikat erteilt werden, sofern die Anmeldung des Zertifikats binnen sechs Monaten nach dem 1. Mai 2004 eingereicht wird.
j) Für jedes durch ein geltendes Grundpatent geschützte Arzneimittel, für das nach dem 1. Januar 2000 eine erste Genehmigung für das Inverkehrbringen als Arzneimittel erlangt wurde, kann in Rumänien ein Zertifikat erteilt werden. Sollte die in Artikel 7 Absatz 1 vorgesehene Frist abgelaufen sein, kann innerhalb von sechs Monaten, beginnend spätestens ab dem 1. Januar 2007, ein Zertifikat angemeldet werden.
k) Für jedes durch ein geltendes Grundpatent geschützte Arzneimittel, für das in Slowenien vor dem 1. Mai 2004 eine erste Genehmigung für das Inverkehrbringen als Arzneimittel erlangt wurde, kann ein Zertifikat erteilt werden, sofern die Anmeldung des Zertifikats binnen sechs Monaten nach dem 1. Mai 2004 eingereicht wird, einschließlich der Fälle, bei denen die in Artikel 7 Absatz 1 vorgesehene Frist abgelaufen ist.
l) Für jedes durch ein geltendes Grundpatent geschützte Arzneimittel, für das in der Slowakei nach dem 1. Januar 2000 eine erste Genehmigung für das Inverkehrbringen als Arzneimittel erlangt wurde, kann ein Zertifikat erteilt werden, sofern die Anmeldung des Zertifikats binnen sechs Monaten nach dem Zeitpunkt eingereicht wurde, zu dem die erste Genehmigung für das Inverkehrbringen erlangt wurde, oder innerhalb von sechs Monaten ab dem 1. Juli 2002, wenn die Genehmigung vor diesem Datum erteilt wurde.
m) Für jedes durch ein geltendes Grundpatent geschützte Arzneimittel, für das nach dem 1. Januar 2003 eine erste Genehmigung für das Inverkehrbringen als Arzneimittel erlangt wurde, kann in Kroatien ein Zertifikat erteilt werden, sofern die Anmeldung des Zertifikats binnen sechs Monaten ab dem Tag des Beitritts eingereicht wird.

Artikel 21 Übergangsvorschriften

(1) Diese Verordnung findet weder Anwendung auf Zertifikate, die vor dem 2. Januar 1993 in Übereinstimmung mit dem einzelstaatlichen Recht eines Mitgliedstaats erteilt wurden, noch auf Zertifikatsanmeldungen, die in Übereinstimmung mit diesem Recht vor dem 2. Juli 1992 eingereicht wurden.
Im Falle Österreichs, Finnlands und Schwedens findet diese Verordnung keine Anwendung auf Zertifikate, die vor dem 1. Januar 1995 in Übereinstimmung mit dem einzelstaatlichen Recht dieser Staaten erteilt wurden.

(2) Diese Verordnung findet auf ergänzende Schutzzertifikate Anwendung, die vor dem jeweiligen Tag des Beitritts nach Maßgabe der einzelstaatlichen Rechtsvorschriften der Tschechischen Republik, Estlands, Kroatiens, Zyperns, Lettlands, Litauens, Maltas, Polens, Rumäniens, Sloweniens und der Slowakei erteilt wurden.

Artikel 21a[329] Bewertung

[1]Spätestens fünf Jahre nach dem in Artikel 5 Absatz 10 genannten Datum und anschließend alle fünf Jahre führt die Kommission eine Bewertung von Artikel 5 Absätze 2 bis 9 und Artikel 11 durch, um zu beurteilen, ob die mit diesen Bestimmungen verfolgten Ziele erreicht wurden, und legt dem Europäischen Parlament, dem Rat und dem Europäischen Wirtschafts- und Sozialausschuss einen Bericht über die wichtigsten Ergebnisse vor. [2]Zusätzlich zur Bewertung der Auswirkungen der Ausnahmeregelung für die Herstellung zum Zwecke der Ausfuhr wird insbesondere geprüft, welche Auswirkungen die Herstellung zum Zwecke der Lagerung mit dem Ziel, das Erzeugnis oder das dieses Erzeugnis enthaltende Arzneimittel nach Ablauf des entsprechenden Zertifikats in den Mitgliedstaaten in Verkehr zu bringen, auf den Zugang zu Arzneimitteln und die öffentlichen Gesundheitsausgaben hat, und ob die Ausnahmeregelung und insbesondere der in Artikel 5 Absatz 2 Buchstabe a Ziffer iii vorgesehene Zeitraum ausreicht, um die in Artikel 5 genannten Ziele, einschließlich im Bereich der öffentlichen Gesundheit, zu erreichen.

---

329 Art 21a neu eingefügt durch Verordnung (EU) 2019/933 mWv **01.07.19**.

Artikel 22 Aufhebung

Die Verordnung (EWG) Nr 1768/92, in der Fassung der in Anhang I aufgeführten Rechtsakte, wird aufgehoben.
Verweisungen auf die aufgehobene Verordnung gelten als Verweisungen auf die vorliegende Verordnung und sind nach Maßgabe der Entsprechungstabelle in Anhang II zu lesen.

Artikel 23 Inkrafttreten

Diese Verordnung tritt am zwanzigsten Tag nach ihrer Veröffentlichung im Amtsblatt der Europäischen Union in Kraft.
Diese Verordnung ist in allen ihren Teilen verbindlich und gilt unmittelbar in jedem Mitgliedstaat.

Anhang 2 zu § 16a
Verordnung (EG) Nr 1610/96 des Europäischen Parlaments und des Rates vom 23. Juli 1996 über die Schaffung eines ergänzenden Schutzzertifikats für Pflanzenschutzmittel

DAS EUROPÄISCHE PARLAMENT UND DER RAT DER EUROPÄISCHEN UNION –
gestützt auf den Vertrag zur Gründung der Europäischen Gemeinschaft, insbesondere auf Artikel 100a,
auf Vorschlag der Kommission,[330]
nach Stellungnahme des Wirtschafts- und Sozialausschusses,[331]
gemäß dem Verfahren des Artikels 189b des Vertrags,[332]
in Erwägung nachstehender Gründe:
(1) Die Erforschung von Stoffen zum Pflanzenschutz trägt zur ständigen Verbesserung der Erzeugung und zur Erzielung von reichlichen Mengen an Nahrungsmitteln zu erschwinglichen Preisen und von guter Qualität bei.
(2) Die Forschung im Bereich der Pflanzenschutzmittel trägt zur ständigen Verbesserung der Pflanzenerzeugung bei.
(3) Pflanzenschutzmittel, vor allem solche, die das Ergebnis einer langen und kostspieligen Forschungstätigkeit sind, können in der Gemeinschaft und in Europa weiterentwickelt werden, wenn für sie eine günstige Regelung geschaffen wird, die einen ausreichenden Schutz zur Förderung einer solchen Forschung vorsieht.
(4) Die Wettbewerbsfähigkeit des Sektors der Pflanzenschutzmittel erfordert aufgrund der ihm eigenen Gegebenheiten den gleichen Schutz für Neuerungen, wie er für Arzneimittel aufgrund der Verordnung (EWG) Nr 1768/92 des Rates vom 18. Juni 1992 über die Schaffung eines ergänzenden Schutzzertifikats für Arzneimittel[333] besteht.
(5) Derzeit wird durch den Zeitraum zwischen der Einreichung einer Patentanmeldung für ein neues Pflanzenschutzmittel und der Genehmigung für dessen Inverkehrbringen der tatsächliche Patentschutz auf eine Laufzeit verringert, die für die Amortisierung der in der Forschung vorgenommenen Investitionen und für die Aufbringung der nötigen Mittel für den Fortbestand einer leistungsfähigen Forschung unzureichend ist.
(6) Diese Tatsache führt zu einem unzureichenden Schutz, der nachteilige Auswirkungen auf die Pflanzenschutzforschung und die Wettbewerbsfähigkeit dieses Wirtschaftsbereichs hat.

---

330 ABl. Nr. C 390 vom 31.12.1994, S 21, und ABl. Nr. C 335 vom 13.12.1995, S 15.
331 ABl. Nr. C 155 vom 21.6.1995, S 14.
332 Stellungnahme des Europäischen Parlaments vom 15. Juni 1995 (ABl. Nr. C 166 vom 3.7.1995, S 89), gemeinsamer Standpunkt des Rates vom 27. November 1995 (ABl. Nr. C 353 vom 30.12.1995, S 36) und Beschluß des Europäischen Parlaments vom 12. März 1996 (ABl. Nr. C 96 vom 1.4.1996, S 30).
333 ABl. Nr. L 182 vom 2.7.1992, S 1.4.

(7) Eines der wesentlichen Ziele des ergänzenden Schutzzertifikats besteht darin, der europäischen Industrie die gleichen Wettbewerbsbedingungen zu gewährleisten, wie sie die nordamerikanische und japanische Industrie vorfinden.
(8) In seiner Entschließung vom 1. Februar 1993[334] über ein Gemeinschaftsprogramm für Umweltpolitik und Maßnahmen im Hinblick auf eine dauerhafte und umweltgerechte Entwicklung verabschiedete der Rat das allgemeine Konzept und die Strategie für das von der Kommission vorgelegte Programm, die die gegenseitige Abhängigkeit des Wirtschaftswachstums und der Umweltqualität hervorheben. Die Verstärkung des Umweltschutzes erfordert daher, die wirtschaftliche Wettbewerbsfähigkeit der Industrie aufrechtzuerhalten. Die Erteilung eines ergänzenden Schutzzertifikats kann deshalb als positive Maßnahme für den Schutz der Umwelt angesehen werden.
(9) Auf Gemeinschaftsebene ist eine einheitliche Lösung zu finden, um auf diese Weise einer heterogenen Entwicklung der nationalen Rechtsvorschriften vorzubeugen, die neue Unterschiede zur Folge hätte, welche geeignet wären, den freien Verkehr von Pflanzenschutzmitteln innerhalb der Gemeinschaft zu behindern und dadurch das Funktionieren des Binnenmarktes unmittelbar zu beeinträchtigen. Dies entspricht dem in Artikel 3b des Vertrags festgelegten Subsidiaritätsprinzip.
(10) Es ist deshalb notwendig, ein ergänzendes Schutzzertifikat für Pflanzenschutzmittel, deren Inverkehrbringen genehmigt ist, einzuführen, das der Inhaber eines nationalen oder europäischen Patents unter denselben Voraussetzungen in jedem Mitgliedstaat erhalten kann. Die Verordnung ist somit die geeignetste Rechtsform.
(11) Die Dauer des durch das Zertifikat gewährten Schutzes muß so festgelegt werden, daß dadurch ein ausreichender tatsächlicher Schutz erreicht wird. Hierzu müssen demjenigen, der gleichzeitig Inhaber eines Patents und eines Zertifikats ist, insgesamt höchstens fünfzehn Jahre Ausschließlichkeit ab der ersten Genehmigung für das Inverkehrbringen des betreffenden Pflanzenschutzmittels in der Gemeinschaft eingeräumt werden.
(12) In einem so komplexen und empfindlichen Bereich wie dem der Pflanzenschutzmittel müssen jedoch alle auf dem Spiel stehenden Interessen berücksichtigt werden. Deshalb kann das Zertifikat nicht für mehr als fünf Jahre erteilt werden.
(13) Das Zertifikat gewährt die gleichen Rechte wie das Grundpatent. Gilt also ein Grundpatent für einen Wirkstoff und seine Derivate (Salze und Ester), so gewährt das Zertifikat den gleichen Schutz.
(14) Die Erteilung eines Zertifikats für ein aus einem Wirkstoff bestehendes Erzeugnis steht der Erteilung von weiteren Zertifikaten für seine Derivate (Salze und Ester) nicht entgegen, sofern diese Derivate Gegenstand von Patenten sind, in denen sie besonders beansprucht werden.
(15) Auch die Festlegung der Übergangsregelung muß in ausgewogener Weise erfolgen. Diese Übergangsregelung muß es der Pflanzenschutzindustrie in der Gemeinschaft ermöglichen, den Rückstand gegenüber ihren Hauptkonkurrenten zum Teil auszugleichen, wobei gleichzeitig darauf geachtet werden muß, daß mit der Übergangsregelung die Verwirklichung anderer rechtmäßiger Ziele in Verbindung mit den sowohl auf nationaler als auch auf Gemeinschaftsebene verfolgten Politiken im Agrar- und Umweltschutzbereich nicht gefährdet wird.
(16) Nur durch ein Eingreifen auf Gemeinschaftsebene kann das angestrebte Ziel wirksam erreicht werden, nämlich einen ausreichenden Schutz der Innovation in der Pflanzenschutzindustrie sicherzustellen und zugleich ein angemessenes Funktionieren des Binnenmarktes für Pflanzenschutzmittel zu gewährleisten.
(17) Die in den Erwägungsgründen 12, 13 und 14 sowie in Artikel 3 Absatz 2, Artikel 4, Artikel 8 Absatz 1 Buchstabe c) und Artikel 17 Absatz 2 dieser Verordnung vorgesehenen Modalitäten gelten sinngemäß auch für die Auslegung insbesondere des Erwägungsgrunds 9 und der Artikel 3 und 4, des Artikels 8 Absatz 1 Buchstabe c) und des Artikels 17 der Verordnung (EWG) Nr 1768/92 des Rates –
HABEN FOLGENDE VERORDNUNG ERLASSEN:

---

334 ABl. Nr. C 138 vom 17.5.1993, S 1.

Artikel 1 Definitionen

Im Sinne dieser Verordnung sind:
1. »Pflanzenschutzmittel« Wirkstoffe und Zubereitungen, die einen oder mehrere Wirkstoffe enthalten, in der Form, in welcher sie an den Anwender geliefert werden, und die dazu bestimmt sind,
    a) Pflanzen und Pflanzenerzeugnisse vor Schadorganismen zu schützen oder ihrer Einwirkung vorzubeugen, insoweit diese Stoffe oder Zubereitungen im folgenden nicht anders definiert werden;
    b) in einer anderen Weise als ein Nährstoff die Lebensvorgänge von Pflanzen zu beeinflussen (z. B. Wachstumsregler);
    c) Pflanzenerzeugnisse zu konservieren, soweit solche Stoffe oder Zubereitungen nicht besonderen Vorschriften des Rates oder der Kommission über konservierende Stoffe unterliegen;
    d) unerwünschte Pflanzen zu vernichten oder
    e) Pflanzenteile zu vernichten, ein unerwünschtes Wachstum von Pflanzen zu hemmen oder einem solchen Wachstum vorzubeugen;
2. »Stoffe« chemische Elemente und deren Verbindungen, wie sie natürlich vorkommen oder industriell hergestellt werden, einschließlich jeglicher bei der Herstellung nicht zu vermeidenden Verunreinigung;
3. »Wirkstoffe« Stoffe und Mikroorganismen, einschließlich Viren, mit allgemeiner oder spezifischer Wirkung
    a) gegen Schadorganismen,
    b) auf Pflanzen, Pflanzenteile oder Pflanzenerzeugnisse;
4. »Zubereitungen« Gemenge, Gemische oder Lösungen aus zwei oder mehreren Stoffen, davon mindestens einem Wirkstoff, die als Pflanzenschutzmittel angewendet werden;
5. »Pflanzen« lebende Pflanzen oder lebende Teile von Pflanzen, einschließlich frischer Früchte und Samen;
6. »Pflanzenerzeugnisse« Erzeugnisse pflanzlichen Ursprungs, unverarbeitet oder durch vereinfachte Verfahren wie Mahlen, Trocknen oder Pressen bearbeitet, soweit sie nicht Pflanzen im Sinne von Nummer 5 sind;
7. »Schadorganismen« Feinde von Pflanzen oder Pflanzenerzeugnissen tierischer oder pflanzlicher Art sowie Viren, Bakterien und Mykoplasmen oder andere Krankheitserreger;
8. »Erzeugnis« der Wirkstoff im Sinne von Nummer 3 oder die Wirkstoffzusammensetzung eines Pflanzenschutzmittels;
9. »Grundpatent« ein Patent, das ein Erzeugnis im Sinne von Nummer 8 als solches, eine Zubereitung im Sinne von Nummer 4, ein Verfahren zur Herstellung eines Erzeugnisses oder eine Verwendung eines Erzeugnisses schützt und das von seinem Inhaber für die Zwecke des Verfahrens zur Erteilung eines Zertifikats angegeben wird;
10. »Zertifikat« das ergänzende Schutzzertifikat.

Artikel 2 Anwendungsbereich

Für jedes im Hoheitsgebiet eines Mitgliedstaats durch ein Patent geschütztes Erzeugnis, das vor seinem Inverkehrbringen als Pflanzenschutzmittel Gegenstand eines verwaltungsrechtlichen Genehmigungsverfahrens gemäß Artikel 4 der Richtlinie 91/414/EWG[335] oder – wenn es sich um ein Pflanzenschutzmittel handelt, für das der Genehmigungsantrag vor der Umsetzung der Richtlinie 91/414/EWG durch diesen Mitgliedstaat eingereicht wurde – gemäß einer gleichwertigen einzelstaatlichen Rechtsvorschrift war, kann nach den in dieser Verordnung festgelegten Bedingungen und Modalitäten ein ergänzendes Schutzzertifikat erteilt werden.

Artikel 3 Bedingungen für die Erteilung des Zertifikats

(1) Das Zertifikat wird erteilt, wenn in dem Mitgliedstaat, in dem die Anmeldung nach Artikel 7 eingereicht wird, zum Zeitpunkt dieser Anmeldung

---

[335] ABl. Nr. L 230 vom 19.8.1991, S 1. Richtlinie zuletzt geändert durch die Richtlinie 95/36/EG (ABl. Nr. L 172 vom 22.7.1995, S 8).

§ 16a   EG-V Nr 1610/96 (Pflanzenschutzmittel)   **Art 63 EPÜ**

a) das Erzeugnis durch ein in Kraft befindliches Grundpatent geschützt ist;
b) für das Erzeugnis als Pflanzenschutzmittel eine gültige Genehmigung für das Inverkehrbringen gemäß Artikel 4 der Richtlinie 91/414/EWG oder gemäß einer gleichwertigen einzelstaatlichen Rechtsvorschrift erteilt wurde;
c) für das Erzeugnis nicht bereits ein Zertifikat erteilt wurde;
d) die unter Buchstabe b) erwähnte Genehmigung die erste Genehmigung für das Inverkehrbringen dieses Erzeugnisses als Pflanzenschutzmittel ist.

(2) Verfügt ein Inhaber über mehrere Patente für dasselbe Erzeugnis, so dürfen ihm nicht mehrere Zertifikate für dieses Erzeugnis erteilt werden. Sind jedoch zwei oder mehr Anmeldungen von zwei oder mehr Inhabern unterschiedlicher Patente für dasselbe Erzeugnis anhängig, so kann jedem dieser Inhaber ein Zertifikat für dieses Erzeugnis erteilt werden.

Artikel 4 Schutzgegenstand

In den Grenzen des durch das Grundpatent gewährten Schutzes erstreckt sich der durch das Zertifikat gewährte Schutz allein auf das Erzeugnis, das von den Genehmigungen für das Inverkehrbringen des entsprechenden Pflanzenschutzmittels erfaßt wird, und zwar auf diejenigen Verwendungen des Erzeugnisses als Pflanzenschutzmittel, die vor Ablauf des Zertifikats genehmigt wurden.

Artikel 5 Wirkungen des Zertifikats

Vorbehaltlich des Artikels 4 gewährt das Zertifikat die gleichen Rechte wie das Grundpatent und unterliegt den gleichen Beschränkungen und Verpflichtungen.

Artikel 6 Recht auf das Zertifikat

Das Recht auf das Zertifikat steht dem Inhaber des Grundpatents oder seinem Rechtsnachfolger zu.

Artikel 7 Anmeldung des Zertifikats

(1) Die Anmeldung des Zertifikats muß innerhalb einer Frist von sechs Monaten, gerechnet ab dem Zeitpunkt, zu dem für das Erzeugnis die Genehmigung für das Inverkehrbringen nach Artikel 3 Absatz 1 Buchstabe b) erteilt wurde, eingereicht werden.

(2) Ungeachtet des Absatzes 1 muß die Anmeldung des Zertifikats dann, wenn die Genehmigung für das Inverkehrbringen vor der Erteilung des Grundpatents erfolgt, innerhalb einer Frist von sechs Monaten nach dem Zeitpunkt der Erteilung des Patents eingereicht werden.

Artikel 8 Inhalt der Zertifikatsanmeldung

(1) Die Zertifikatsanmeldung muß enthalten:
a) einen Antrag auf Erteilung eines Zertifikats, wobei insbesondere anzugeben sind:
   i) Name und Anschrift des Anmelders;
   ii) falls ein Vertreter bestellt ist, Name und Anschrift des Vertreters;
   iii) Nummer des Grundpatents, sowie Bezeichnung der Erfindung;
   iv) Nummer und Zeitpunkt der ersten Genehmigung für das Inverkehrbringen des Erzeugnisses gemäß Artikel 3 Absatz 1 Buchstabe b) sowie, falls diese nicht die erste Genehmigung für das Inverkehrbringen in der Gemeinschaft ist, auch Nummer und Zeitpunkt der letztgenannten Genehmigung;
b) eine Kopie der Genehmigung für das Inverkehrbringen gemäß Artikel 3 Absatz 1 Buchstabe b), aus der die Identität des Erzeugnisses ersichtlich ist und die insbesondere Nummer und Zeitpunkt der Genehmigung sowie die Zusammenfassung der Merkmale des Erzeugnisses gemäß Anhang II Teil A.1 (Ziffern 1 bis 7) oder Teil B.1 (Ziffern 1 bis 7) der Richtlinie 91/414/EWG oder gemäß gleichwertigen Rechtsvorschriften des Mitgliedstaats enthält, in dem die Anmeldung eingereicht wird;
c) falls die Genehmigung nach Buchstabe b) nicht die erste Genehmigung für das Inverkehrbringen dieses Erzeugnisses als Pflanzenschutzmittel in der Gemeinschaft ist, die Angabe der Identität des so genehmigten Erzeugnisses und der Rechtsvorschrift, auf deren Grundlage dieses

Genehmigungsverfahren durchgeführt wurde, sowie eine Kopie der betreffenden Stelle des entsprechenden amtlichen Mitteilungsblatts, in dem die Genehmigung veröffentlicht wurde, oder, bei Fehlen einer solchen Veröffentlichung, jedes Dokument, das als Nachweis der Erteilung der Genehmigung, des Zeitpunkts der Genehmigung und der Identität des so genehmigten Erzeugnisses dient.

(2) Die Mitgliedstaaten können vorsehen, daß für die Einreichung der Zertifikatsanmeldung eine Gebühr zu entrichten ist.

Artikel 9 Einreichung der Zertifikatsanmeldung

(1) Die Zertifikatsanmeldung ist bei der für den gewerblichen Rechtsschutz zuständigen Behörde des Mitgliedstaats einzureichen, der das Grundpatent erteilt hat oder mit Wirkung für den das Grundpatent erteilt worden ist und in dem die Genehmigung für das Inverkehrbringen nach Artikel 3 Absatz 1 Buchstabe b) erlangt wurde, sofern der Mitgliedstaat zu diesem Zweck keine andere Behörde bestimmt.

(2) Ein Hinweis auf die Zertifikatsanmeldung wird von der in Absatz 1 genannten Behörde bekanntgemacht. Der Hinweis muß zumindest die folgenden Angaben enthalten:
a) Name und Anschrift des Anmelders;
b) Nummer des Grundpatents;
c) Bezeichnung der Erfindung;
d) Nummer und Zeitpunkt der Genehmigung für das Inverkehrbringen gemäß Artikel 3 Absatz 1 Buchstabe b) sowie das durch die Genehmigung identifizierte Erzeugnis;
e) gegebenenfalls Nummer und Zeitpunkt der ersten Genehmigung für das Inverkehrbringen in der Gemeinschaft.

Artikel 10 Erteilung des Zertifikats oder Zurückweisung der Zertifikatsanmeldung

(1) Erfüllen die Zertifikatsanmeldung und das Erzeugnis, das Gegenstand der Anmeldung ist, die in dieser Verordnung festgelegten Voraussetzungen, so erteilt die in Artikel 9 Absatz 1 genannte Behörde das Zertifikat.

(2) Vorbehaltlich des Absatzes 3 weist die in Artikel 9 Absatz 1 genannte Behörde die Zertifikatsanmeldung zurück, wenn die Zertifikatsanmeldung oder das Erzeugnis, das Gegenstand der Anmeldung ist, nicht die in dieser Verordnung festgelegten Voraussetzungen erfüllt.

(3) Erfüllt die Zertifikatsanmeldung nicht die in Artikel 8 genannten Voraussetzungen, so fordert die in Artikel 9 Absatz 1 genannte Behörde den Anmelder auf, innerhalb der gesetzten Frist die festgestellten Mängel zu beseitigen oder die Gebühr zu entrichten.

(4) Werden innerhalb der gesetzten Frist die nach Absatz 3 mitgeteilten Mängel nicht beseitigt oder wird die nach Absatz 3 angeforderte Gebühr nicht entrichtet, so wird die Anmeldung zurückgewiesen.

(5) Die Mitgliedstaaten können vorsehen, daß die Erteilung des Zertifikats durch die in Artikel 9 Absatz 1 genannte Behörde ohne Prüfung der in Artikel 3 Absatz 1 Buchstaben c) und d) genannten Bedingungen erfolgt.

Artikel 11 Bekanntmachung

(1) Ein Hinweis auf die Erteilung des Zertifikats wird von der in Artikel 9 Absatz 1 genannten Behörde bekanntgemacht. Der Hinweis muß zumindest die folgenden Angaben enthalten:
a) Name und Anschrift des Inhabers des Zertifikats;
b) Nummer des Grundpatents;
c) Bezeichnung der Erfindung;
d) Nummer und Zeitpunkt der Genehmigung für das Inverkehrbringen gemäß Artikel 3 Absatz 1 Buchstabe b) sowie das durch die Genehmigung identifizierte Erzeugnis;
e) gegebenenfalls Nummer und Zeitpunkt der ersten Genehmigung für das Inverkehrbringen in der Gemeinschaft;
f) Laufzeit des Zertifikats.

(2) Ein Hinweis auf die Zurückweisung der Zertifikatsanmeldung wird von der in Artikel 9 Absatz 1 genannten Behörde bekanntgemacht. Der Hinweis muß zumindest die in Artikel 9 Absatz 2 genannten Angaben enthalten.

Artikel 12 Jahresgebühren

Die Mitgliedstaaten können vorsehen, daß für das Zertifikat Jahresgebühren zu entrichten sind.

Artikel 13 Laufzeit des Zertifikats

(1) Das Zertifikat gilt ab Ablauf der gesetzlichen Laufzeit des Grundpatents für eine Dauer, die dem Zeitraum zwischen der Einreichung der Anmeldung für das Grundpatent und dem Zeitpunkt der ersten Genehmigung für das Inverkehrbringen in der Gemeinschaft entspricht, abzüglich eines Zeitraums von fünf Jahren.

(2) Ungeachtet des Absatzes 1 beträgt die Laufzeit des Zertifikats höchstens fünf Jahre vom Zeitpunkt seines Wirksamwerdens an.

(3) Bei der Berechnung der Laufzeit des Zertifikats wird eine erste vorläufige Genehmigung für das Inverkehrbringen nur dann berücksichtigt, wenn sich eine endgültige Genehmigung für dasselbe Erzeugnis unmittelbar anschließt.

Artikel 14 Erlöschen des Zertifikats

Das Zertifikat erlischt:
a) am Ende des in Artikel 13 festgelegten Zeitraums;
b) bei Verzicht des Inhabers des Zertifikats;
c) bei nicht rechtzeitiger Zahlung der in Übereinstimmung mit Artikel 12 festgesetzten Jahresgebühr;
d) wenn und solange das durch das Zertifikat geschützte Erzeugnis infolge Widerrufs der betreffenden Genehmigung oder Genehmigungen für das Inverkehrbringen gemäß Artikel 4 der Richtlinie 91/414/EWG oder einer gleichwertigen Rechtsvorschrift eines Mitgliedstaats nicht mehr in den Verkehr gebracht werden darf. Über das Erlöschen des Zertifikats kann die in Artikel 9 Absatz 1 genannte Behörde von Amts wegen oder auf Antrag eines Dritten entscheiden.

Artikel 15 Nichtigkeit des Zertifikats

(1) Das Zertifikat ist nichtig,
a) wenn es entgegen den Vorschriften des Artikels 3 erteilt wurde;
b) wenn das Grundpatent vor Ablauf seiner gesetzlichen Laufzeit erloschen ist;
c) wenn das Grundpatent für nichtig erklärt oder derartig beschränkt wird, daß das Erzeugnis, für welches das Zertifikat erteilt worden ist, nicht mehr von den Ansprüchen des Grundpatents erfaßt wird, oder wenn nach Erlöschen des Grundpatents Nichtigkeitsgründe vorliegen, die die Nichtigerklärung oder Beschränkung gerechtfertigt hätten.

(2) Jedermann kann bei der nach den einzelstaatlichen Rechtsvorschriften für die Nichtigerklärung des entsprechenden Grundpatents zuständigen Stelle einen Antrag auf Nichtigerklärung des Zertifikats stellen oder Klage auf Nichtigkeit des Zertifikats erheben.

Artikel 16 Bekanntmachung des Erlöschens oder der Nichtigkeit

Erlischt das Zertifikat gemäß Artikel 14 Buchstaben b), c) oder d) oder ist es gemäß Artikel 15 nichtig, so wird ein Hinweis hierauf von der in Artikel 9 Absatz 1 genannten Behörde bekanntgemacht.

Artikel 17 Rechtsmittel

(1) Gegen die Entscheidungen, die von der in Artikel 9 Absatz 1 genannten Behörde oder von der in Artikel 15 Absatz 2 genannten Stelle in Anwendung dieser Verordnung getroffen wurden, können die gleichen Rechtsmittel eingelegt werden, die nach einzelstaatlichen Rechtsvorschriften gegen entsprechende Entscheidungen auf dem Gebiet nationaler Patente vorgesehen sind.

(2) Gegen die Entscheidung der Erteilung des Zertifikats kann ein Rechtsmittel eingelegt werden, das darauf abzielt, die Laufzeit des Zertifikats zu berichtigen, falls der gemäß Artikel 8 in der Zertifikatsanmeldung enthaltene Zeitpunkt der ersten Genehmigung für das Inverkehrbringen in der Gemeinschaft unrichtig ist.

Artikel 18 Verfahren

(1) Soweit diese Verordnung keine Verfahrensvorschriften enthält, finden auf das Zertifikat die nach einzelstaatlichem Recht für das entsprechende Grundpatent geltenden Verfahrensvorschriften sowie gegebenenfalls die für Zertifikate gemäß der Verordnung (EWG) Nr 1768/92 geltenden Verfahrensvorschriften Anwendung, sofern das einzelstaatliche Recht keine besonderen Verfahrensvorschriften für Zertifikate nach der vorliegenden Verordnung vorsieht.

(2) Ungeachtet des Absatzes 1 ist das Einspruchsverfahren gegen ein erteiltes Zertifikat ausgeschlossen.

ÜBERGANGSREGELUNGEN

Artikel 19

Zertifikat für geschützte Erzeugnisse
(1) Für jedes Erzeugnis, das zum Zeitpunkt des Inkrafttretens dieser Verordnung durch ein in Kraft befindliches Grundpatent geschützt ist und für das als Pflanzenschutzmittel gemäß Artikel 4 der Richtlinie 91/414/EWG oder einer gleichwertigen Rechtsvorschrift eines Mitgliedstaats eine erste Genehmigung für das Inverkehrbringen in der Gemeinschaft nach dem 1. Januar 1985 erteilt wurde, kann ein Zertifikat erteilt werden.

(2) Der Antrag auf Erteilung eines Zertifikats nach Absatz 1 ist innerhalb von sechs Monaten nach Inkrafttreten dieser Verordnung zu stellen.

Artikel 19a

Bestimmungen über die Erweiterung der Gemeinschaft
Unbeschadet der übrigen Bestimmungen dieser Verordnung gilt Folgendes:
i) Für jedes in der Tschechischen Republik durch ein geltendes Grundpatent geschützte Pflanzenschutzmittel, für das in der Tschechischen Republik nach dem 10. November 1999 eine erste Genehmigung für das Inverkehrbringen als Pflanzenschutzmittel erlangt wurde, kann ein Zertifikat erteilt werden, sofern die Anmeldung des Zertifikats binnen sechs Monaten nach dem Zeitpunkt, zu dem die erste Genehmigung für das Inverkehrbringen erlangt wurde, eingereicht wird.
ii) Für jedes in der Tschechischen Republik durch ein geltendes Grundpatent geschützte Pflanzenschutzmittel, für das frühestens sechs Monate vor dem Tag des Beitritts eine erste Genehmigung für das Inverkehrbringen in der Gemeinschaft als Pflanzenschutzmittel erlangt wurde, kann ein Zertifikat erteilt werden, sofern die Anmeldung des Zertifikats binnen sechs Monaten nach dem Zeitpunkt, zu dem die erste Genehmigung für das Inverkehrbringen erlangt wurde, eingereicht wird.
b) Für jedes durch ein geltendes Grundpatent geschützte Pflanzenschutzmittel, für das in Estland vor dem Tag des Beitritts eine erste Genehmigung für das Inverkehrbringen als Pflanzenschutzmittel erlangt wurde, kann ein Zertifikat erteilt werden, sofern die Anmeldung des Zertifikats binnen sechs Monaten nach dem Zeitpunkt, zu dem die erste Genehmigung für das Inverkehrbringen erlangt wurde, eingereicht wird oder im Falle von Patenten, die vor dem 1. Januar 2000 erteilt wurden, innerhalb des Sechsmonatszeitraums gemäß dem Patentgesetz vom Oktober 1999.
c) Für jedes durch ein geltendes Grundpatent geschützte Pflanzenschutzmittel, für das in Zypern vor dem Tag des Beitritts eine erste Genehmigung für das Inverkehrbringen als Pflanzenschutzmittel erlangt wurde, kann ein Zertifikat erteilt werden, sofern die Anmeldung des Zertifikats binnen sechs Monaten nach dem Zeitpunkt, zu dem die erste Genehmigung für das Inverkehrbringen erteilt wurde, eingereicht wird; dessen ungeachtet muss die Anmeldung des Zertifikats binnen sechs Monaten nach dem Zeitpunkt, zu dem das Patent erteilt wurde, eingereicht werden, wenn die Genehmigung für das Inverkehrbringen vor der Erteilung des Grundpatents erlangt wurde.
d) Für jedes durch ein geltendes Grundpatent geschützte Pflanzenschutzmittel, für das in Lettland vor dem Tag des Beitritts eine erste Genehmigung für das Inverkehrbringen als Pflanzenschutzmittel erlangt wurde, kann ein Zertifikat erteilt werden. Sollte die in Artikel 7 Absatz 1 vorgesehene Frist abgelaufen sein, kann innerhalb von sechs Monaten, beginnend spätestens mit dem Tag des Beitritts, ein Zertifikat angemeldet werden.

e) Für jedes Pflanzenschutzmittel, das durch ein geltendes, nach dem 1. Februar 1994 angemeldetes Grundpatent geschützt ist und für das in Litauen vor dem Tag des Beitritts eine erste Genehmigung für das Inverkehrbringen als Pflanzenschutzmittel erlangt wurde, kann ein Zertifikat erteilt werden, sofern die Anmeldung des Zertifikats binnen sechs Monaten nach dem Tag des Beitritts eingereicht wird.
f) Für jedes durch ein geltendes Grundpatent geschützte Pflanzenschutzmittel, für das nach dem 1. Januar 2000 eine erste Genehmigung für das Inverkehrbringen als Pflanzenschutzmittel erlangt wurde, kann in Ungarn ein Zertifikat erteilt werden, sofern die Anmeldung des Zertifikats binnen sechs Monaten nach dem Tag des Beitritts eingereicht wird.
g) Für jedes durch ein geltendes Grundpatent geschützte Pflanzenschutzmittel, für das in Malta vor dem Tag des Beitritts eine erste Genehmigung für das Inverkehrbringen als Pflanzenschutzmittel erlangt wurde, kann ein Zertifikat erteilt werden. Sollte die in Artikel 7 Absatz 1 vorgesehene Frist abgelaufen sein, kann innerhalb von sechs Monaten, beginnend spätestens mit dem Tag des Beitritts, ein Zertifikat angemeldet werden.
h) Für jedes durch ein geltendes Grundpatent geschützte Pflanzenschutzmittel, für das nach dem 1. Januar 2000 eine erste Genehmigung für das Inverkehrbringen als Pflanzenschutzmittel erlangt wurde, kann in Polen ein Zertifikat erteilt werden, sofern die Anmeldung des Zertifikats binnen sechs Monaten nach dem Tag des Beitritts eingereicht wird.
i) Für jedes durch ein geltendes Grundpatent geschützte Pflanzenschutzmittel, für das in Slowenien vor dem Tag des Beitritts eine erste Genehmigung für das Inverkehrbringen als Pflanzenschutzmittel erlangt wurde, kann ein Zertifikat erteilt werden, sofern die Anmeldung des Zertifikats binnen sechs Monaten nach dem Tag des Beitritts eingereicht wird, einschließlich der Fälle, bei denen die in Artikel 7 Absatz 1 vorgesehene Frist abgelaufen ist.
j) Für jedes durch ein geltendes Grundpatent geschützte Pflanzenschutzmittel, für das in der Slowakei nach dem 1. Januar 2000 eine erste Genehmigung für das Inverkehrbringen als Pflanzenschutzmittel erlangt wurde, kann ein Zertifikat erteilt werden, sofern die Anmeldung des Zertifikats binnen sechs Monaten nach dem Zeitpunkt eingereicht wurde, zu dem die erste Genehmigung für das Inverkehrbringen erlangt wurde, oder innerhalb von sechs Monaten ab dem 1. Juli 2002, wenn die Genehmigung vor diesem Datum erteilt wurde.
k) Für jedes durch ein geltendes Grundpatent geschützte Pflanzenschutzmittel, für das nach dem 1. Januar 2000 eine erste Genehmigung für das Inverkehrbringen als Pflanzenschutzmittel erlangt wurde, kann in Bulgarien ein Zertifikat erteilt werden, sofern die Anmeldung des Zertifikats binnen sechs Monaten nach dem Tag des Beitritts eingereicht wird.
l) Für jedes durch ein geltendes Grundpatent geschützte Pflanzenschutzmittel, für das nach dem 1. Januar 2000 eine erste Genehmigung für das Inverkehrbringen als Pflanzenschutzmittel erlangt wurde, kann in Rumänien ein Zertifikat erteilt werden. Sollte die in Artikel 7 Absatz 1 vorgesehene Frist abgelaufen sein, kann innerhalb von sechs Monaten, beginnend spätestens mit dem Tag des Beitritts, ein Zertifikat angemeldet werden.
m) Für jedes durch ein geltendes Grundpatent geschützte Pflanzenschutzmittel, für das nach dem 1. Januar 2003 eine erste Genehmigung für das Inverkehrbringen als Pflanzenschutzmittel erlangt wurde, kann in Kroatien ein Zertifikat erteilt werden, sofern die Anmeldung des Zertifikats binnen sechs Monaten ab dem Tag des Beitritts eingereicht wird.

Artikel 20

(1) In den Mitgliedstaaten, deren Recht am 1. Januar 1990 die Patentierbarkeit von Pflanzenschutzmitteln nicht vorsah, ist die Verordnung ab 2. Januar 1998 anwendbar.
Artikel 19 findet in diesen Mitgliedstaaten keine Anwendung.
(2) Diese Verordnung findet auf ergänzende Schutzzertifikate Anwendung, die vor dem jeweiligen Tag des Beitritts nach Maßgabe der einzelstaatlichen Rechtsvorschriften der Tschechischen Republik, Estlands, Kroatiens, Zyperns, Lettlands, Litauens, Maltas, Polens, Rumäniens, Sloweniens und der Slowakei erteilt wurden.

Artikel 21 Inkrafttreten

Diese Verordnung tritt sechs Monate nach ihrer Veröffentlichung im Amtsblatt der Europäischen Gemeinschaften in Kraft.

Vorbemerkungen zu § 17 PatG

Kostenrecht
Die Erläuterungen zum Kostenrecht finden sich seit der 7. Auflage in der Kommentierung
a) des Patentkostengesetzes, **PatKostG**, im Anhang 15,
b) der Verordnung über Verwaltungskosten beim Deutschen Patent- und Markenamt, DPMA-Verwaltungskostenverordnung **DPMAVwKostV**, im Anhang 16 und
c) der Verordnung über die Zahlung der Kosten des Deutschen Patent- und Markenamts und des Bundespatentgerichts, Patentkostenzahlungsverordnung **PatKostZV**, im Anhang 17.

§ 17 Jahresgebühren
(renewal fees)

Für jede Anmeldung und jedes Patent ist für das dritte und jedes folgende Jahr, gerechnet vom Anmeldetag an, eine Jahresgebühr zu entrichten.

Rainer Moufang

Übersicht

	Gesetzesentwicklung	1
	Europäisches Patentrecht	2
	Literatur	6
	Kommentierung zu § 17 PatG	
I.	Allgemeines	7
II.	Jahresgebühren für Anmeldungen	11
1	Grundsätzliches	11
2	Ausscheidungsanmeldungen	12
3	Teilungsanmeldungen	13
4	Europäische Anmeldungen	14
5	Internationale Anmeldungen	16
III.	Jahresgebühren für Patente	17
1	Grundsätzliches	17
2	Zusatzpatente	18
3	Europäische Patente	20
IV.	Schuldner	22
V.	Fälligkeit	24
VI.	Zahlungsfrist	30
VII.	Nichtzahlung	36
1	Verspätungszuschlag	36
2	Überschreiten der 3-Monatsfrist des § 39 (3)	39
3	Nachricht über Nichtzahlung	40
4	Wiedereinsetzung	42
VIII.	Vorauszahlung	43
IX.	Zahlungsvergünstigungen	44
X.	Rückzahlung von Jahresgebühren	45
XI.	Beitreibung	46

§ 17 *Jahresgebühren*

1 **Gesetzesentwicklung:** Art 7 Nr 4 des **Gesetzes zur Bereinigung von Kostenregelungen auf dem Gebiet des geistigen Eigentums** vom 13.12.2001 (BGBl I S 3656 = BlPMZ 02, 14, 23) hat § 17 wie folgt geändert: In § 17 (1) wurden die Wörter »nach dem Tarif« gestrichen und § 17 (3) bis (6) wurden aufgehoben. § 17 (3) bis (6) PatG aF regelten: Fälligkeit, Zuschlag, Gebührennachricht sowie Zahlungsvergünstigungen. Die Kostenregelungen für Jahresgebühren sind nunmehr im **Patentkostengesetz** (PatKostG, Anhang 15) enthalten. Die Höhe der Jahresgebühren, der für alle Jahresgebühren einheitliche Verspätungszuschlag von 50 Euro sowie die Ermäßigung bei Lizenzbereitschaftserklärung regeln Nr 312 030 bis 312 207 der Anlage zu § 2 (1) PatKostG. § 5 (2) PatKostG regelt die Vorauszahlung von Jahresgebühren, § 7 (1) PatKostG die Zahlungsfristen und den Verspätungszuschlag und § 10 PatKostG die Rückzahlung von Kosten.
Art 1 Nr 5 **PatNovG** vom 19.10.2013 (BGBl 2013 I S 3830 = BlPMZ 13, 361) hat infolge der Abschaffung des Zusatzpatents in § 16 auch § 17 (2) aufgehoben. Nach der Übergangsregelung des § 147 (3) ist § 17 (2) aber weiter anzuwenden für Verfahren, in denen bei Inkrafttreten des Art 1 Nr 5 PatNovG (1.4.2014) ein Antrag auf ein Zusatzpatent gestellt worden ist oder nach § 16 (1) 2 aF noch gestellt werden kann oder ein Zusatzpatent in Kraft ist (s Rdn 18).

2 **Europäisches Patentrecht:** Nach Art 86 EPÜ sind für **europäische Patentanmeldungen** Jahresgebühren zu entrichten. Die Höhe ergibt sich aus Art 2 Nr 4 und 5 GebO; die Fälligkeit regelt R 51 EPÜ. Nach Fälligkeit kann die Jahresgebühr innerhalb von 6 Monaten noch mit einer Zuschlagsgebühr (= 50 %) entrichtet werden (R 51 (2) EPÜ).[1] Die nicht rechtzeitige Entrichtung führt nach Art 86 (1) 3 EPÜ zur Fiktion der Rücknahme der Anmeldung. Die Fiktion der Rücknahme tritt erst mit Ablauf der Nachfrist ein, wie durch eine am 1.1.2017 in Kraft getretene Änderung von R 51 EPÜ klargestellt worden ist (s ABl **16**, A102 und hierzu Mitteilung in ABl **16**, A103).[2] Dies ist u.a. für das Zeitfenster, in dem noch wirksam Teilanmeldungen eingereicht werden können, von großer Bedeutung.
Der eingetretene Rechtsverlust ist dem Anmelder mitzuteilen, der nach R 112 (2) EPÜ innerhalb von 2 Monaten nach Zustellung eine Entscheidung des EPA beantragen kann. Wiedereinsetzung nach Art 122 EPÜ und R 136 (1) EPÜ kann 2 Monate nach Wegfall des Hindernisses beantragt werden, spätestens innerhalb eines Jahres nach Fälligkeit, nicht etwa 1 Jahr nach Ablauf der 6-monatigen Zuschlagsfrist.

3 **Europäische Patente,** die für die Bundesrepublik Deutschland erteilt sind, sind nach Art 141 EPÜ jahresgebührenpflichtig, s Rdn 20.

Artikel 86 Jahresgebühren für die europäische Patentanmeldung

4 (1) ¹Für die europäische Patentanmeldung sind nach Maßgabe der Ausführungsordnung Jahresgebühren an das EPA zu entrichten. ²Sie werden für das dritte und jedes weitere Jahr, gerechnet vom Anmeldetag an, geschuldet. ³Wird eine Jahresgebühr nicht rechtzeitig entrichtet, so gilt die Anmeldung als zurückgenommen.
(2) Die Verpflichtung zur Zahlung von Jahresgebühren endet mit der Zahlung der Jahresgebühr, die für das Jahr fällig ist, in dem der Hinweis auf die Erteilung des europäischen Patents im Europäischen Patentblatt bekannt gemacht wird.

R 51 Fälligkeit (von Jahresgebühren)

5 (1) ¹Die Jahresgebühren für die europäische Patentanmeldung sind jeweils für das kommende Jahr am letzten Tag des Monats fällig, der durch seine Benennung dem Monat entspricht, in den der Anmeldetag für diese Anmeldung fällt. ²Die Jahresgebühr für das dritte Jahr kann frühestens sechs Monate³ vor ihrer Fälligkeit wirksam entrichtet werden. ³Alle anderen Jahresgebühren können frühestens drei Monate vor ihrer Fälligkeit wirksam entrichtet werden.

---

1 Vgl hierzu den aufgrund der COVID-Pandemie ergangenen VR-Beschluss vom 28.5.2020 über die befristete Aussetzung der Anwendung von R 51 (2) ABl **20**, A70 und die diesbezügliche EPA-Mitteilung v 29.5.2020 ABl **20**, A75.
2 Die Frage war strittig geworden, als in T 1402/13 v 25.2.2016 (Zwischenentscheidung) BeckRS **16**, 119957 und v 31.5.2016 (Endentscheidung) BeckRS **16**, 120440 entgegen der bisherigen EPA-Praxis die Fiktion der Rücknahme der Anmeldung als bereits zum Zeitpunkt der Fälligkeit der Jahresgebühr eingetreten angesehen wurde; kritisch Teschemacher Mitt **16**, 364, 368.
3 S VR-Beschluss v 13.12.2017 zur Änderung der R 51 EPÜ ABl **18**, A2.

(2) ¹Wird eine Jahresgebühr nicht bis zum Fälligkeitstag nach Absatz 1 entrichtet, so kann sie noch innerhalb von sechs Monaten nach Fälligkeit entrichtet werden, sofern innerhalb dieser Frist eine Zuschlagsgebühr entrichtet wird. ²Die in Art 86 (1) festgelegte Rechtsfolge tritt mit Ablauf der Sechsmonatsfrist ein.

(3) ¹Jahresgebühren, die für eine frühere Patentanmeldung am Tag der Einreichung einer Teilanmeldung fällig geworden sind, sind auch für die Teilanmeldung zu entrichten und werden mit deren Einreichung fällig. ²Diese Gebühren und eine Jahresgebühr, die bis zum Ablauf von vier Monaten nach Einreichung der Teilanmeldung fällig wird, können innerhalb dieser Frist ohne Zuschlagsgebühr entrichtet werden. ³Absatz 2 ist anzuwenden.

(4) ... [Fälligkeit bei Wiedereinsetzung]

(5) ... [Fälligkeit bei Wiederaufnahme nach Art 112a (5) 2 EPÜ]

(6) ... [Fälligkeit bei neuer Anmeldung nach Art 61 (1) b) EPÜ]

Lit in epi information: Rupprecht 02, 17; **Lit in EIPR:** Mulder 15, 644 (EPÜ); **Lit in GRUR:** Schickedanz 81, 313; Stuhr 82, 85; **Lit in GRUR Int:** Kraßer 96, 851 (EPÜ); **Lit in Mitt:** Gall 84, 161 (EPÜ); 93, 170 (EPÜ); Rupprecht 01, 549; Hövelmann 07, 540; Schrader 08, 69.

I. Allgemeines

Gesetzeszweck: Die ab dem dritten Jahr anfallenden und ab dem fünften Jahr steigenden Jahresgebühren *(renewal fees)* halten den Anmelder oder Patentinhaber zur steten Prüfung an, ob sich die Aufrechterhaltung seines Rechts noch lohnt.[4] Das Erlöschen von Schutzrechten wegen Nichtzahlung der Jahresgebühren vergrößert den Freiraum der Wettbewerber und entlastet das DPMA.[5]

Die *Höhe der Jahresgebühren* ergibt sich aus Nr 312 030 bis 312 207 der Anlage zu § 2 (1) PatKostG (Anhang 15). Zur Anwendung bisheriger Gebührensätze nach einer gesetzlichen Änderung der Gebühren vgl § 13 PatKostG. Zu Zahlungsvergünstigungen siehe unten Rdn 44.

Jahresgebühren sind für Anmeldungen (Rdn 11) oder Patente (s Rdn 17) zu entrichten, sofern im Zeitpunkt der Fälligkeit der Jahresgebühr (s Rdn 24) die Anmeldung anhängig ist oder das Patent besteht. *Wegfall von Anmeldung oder Patent* nach Fälligkeit berührt die Gebührenpflicht nicht. Wegfall von Anmeldung oder Patent vor Fälligkeit einer Jahresgebühr steht der Entstehung einer Gebührenschuld entgegen, es sei denn, es wird Wiedereinsetzung gewährt.[6] Zur Beitreibung s unten Rdn 46.

Rechtsnatur: Die Jahresgebühren sind öffentlich-rechtliche Abgaben,[7] die weder eindeutig Steuer noch Gebühr sind; denn sie werden nicht ausschließlich zur Erzielung von Einkünften oder als Gegenleistung für ein behördliches Handeln[8] erhoben. Sie dienen der Aufrechterhaltung von Anmeldung und Patent (so Gebührenverzeichnis zum PatKostG), die sich kraft Gesetzes und nicht auf Grund einer Tätigkeit des DPMA ergibt. Sie sind auch dann zu entrichten, wenn DPMA kraft Gesetzes nicht tätig sein kann, weil ein Prüfungsantrag nicht gestellt ist.[9] Man kann sie als »lenkende Gebühr«[10] qualifizieren, da sie im Wesentlichen der Verhinderung einer vermeidbaren

---

4 Amtl Begr zum Kostenregelungsbereinigungsgesetz BlPMZ 02, 14, 45 rSp.
5 Amtl Begr zum PatÄndG 1967 BlPMZ 67, 251.
6 DPA Mitt 88, 28, 29.
7 BPatGE 5, 24.
8 Vgl BPatGE 14, 93, 96 f; vgl auch BGH GRUR 08, 549 *Schwingungsdämpfung.*
9 BPatG BlPMZ 07, 270 L.
10 Vgl Kloepfer AöR 97, 232.

Inanspruchnahme des Staates dient. Ihre Erhebung verstößt nicht gegen das Grundgesetz.[11]

II. Jahresgebühren für Anmeldungen

1 Grundsätzliches

11 Jede Patentanmeldung ist ab dem dritten Jahr, gerechnet vom Anmeldetag an, jahresgebührenpflichtig, also auch nicht offen gelegte Anmeldungen. Die früher in § 17 (2) 3 vorgesehene Ausnahme für Zusatzanmeldungen nach § 16 (2) 2 aF ist trotz der Übergangsregelung für Alt-Fälle (s Rdn 1) derzeit nicht mehr von praktischer Bedeutung.[12] Voraussetzung für Gebührenpflicht: Anhängigkeit bei Fälligkeit (s Rdn 25), die auch rückwirkend durch Wiedereinsetzung wieder hergestellt sein kann. Es besteht kein Anspruch auf Rückzahlung von mit Rechtsgrund entrichteten Jahresgebühren, auch wenn es bis zum Ablauf der Höchstdauer von 20 Jahren nach dem Anmeldetag nicht zu einer Patenterteilung gekommen ist.[13]

2 Ausscheidungsanmeldungen

12 Ausscheidungsanmeldungen sind für alle Jahre gebührenpflichtig, auch für die Jahre, die vor ihrem Entstehen (s dazu § 34 Rdn 266) begonnen haben. Sie werden mit Eingang der Ausscheidungserklärung fällig und können nach § 7 (1) 1 PatKostG noch bis zum Ablauf des 2. Monats nach Fälligkeit zuschlagsfrei gezahlt werden (s § 7 PatKostG Rdn 2). Bei nicht fristgerechter Zahlung erlischt die Anmeldung gemäß § 58 (3) PatG (s § 7 PatKostG Rdn 6).

3 Teilungsanmeldungen

13 Teilungsanmeldungen sind für alle Jahre gebührenpflichtig, auch für die Jahre, die vor ihrem Entstehen (s dazu § 39 Rdn 34) begonnen haben (s § 39 Rdn 53). Sie werden mit Eingang der Teilungserklärung fällig und können nach § 39 (3) noch innerhalb von 3 Monaten nach Eingang der Teilungserklärung nachentrichtet werden, letztmöglicher Zeitpunkt ist nach § 7 (1) 2 PatKostG zu bestimmen (s § 39 Rdn 28).[14] Bei nicht fristgerechter Zahlung gilt die Teilungserklärung gemäß § 39 (3) als nicht abgegeben (s § 39 Rdn 59).

4 Europäische Anmeldungen

14 Zur Gebührenpflicht europäischer Anmeldungen s oben Rdn 2.

15 Umwandlungsantrag: Die Umwandlung einer europ in eine deutsche Anmeldung kommt auch nach der Neuregelung des Art 135 EPÜ ausschließlich in den Fällen des Art 77 (3) EPÜ in Betracht, nämlich nach Fiktion der Rücknahme einer nicht rechtzeitig vom DPMA an das EPA weitergeleiteten europ Anmeldung. Ist ein Umwandlungs-

---

11 BPatGE 24, 154.
12 Für Details s Voraufl § 17 Rn 14 ff.
13 BPatG BlPMZ 07, 270 L, bestätigt durch BGH GRUR 08, 549 *Schwingungsdämpfung*; zu den Auswirkungen des Ablaufs der Patentdauer auf das Beschwerdeverfahren s BPatG GRUR 08, 96.
14 BPatG BlPMZ 07, 290.

antrag (s 3-Monats-Frist der R 155 EPÜ) im Fall des Art 135 (1) a EPÜ beim DPMA gestellt worden, so gilt diese europ Anmeldung gemäß Art II § 9 IntPatÜG als eine mit der Stellung des Umwandlungsantrages beim DPMA eingereichte nationale Anmeldung. Für sie sind neben der nationalen Anmeldegebühr später auch Jahresgebühren zu entrichten. Die Entrichtung einer Umwandlungsgebühr an das DPMA ist nicht vorgesehen.

5 Internationale Anmeldungen

Für internationale Anmeldungen sind nach Eintritt in die nationale Phase Jahresgebühren nach deutschem Recht zu zahlen, welches Zeit und Umfang bestimmt. Daher ist für eine internationale Anmeldung, bei der die nationale Phase gemäß Art 22 (1), 39 (1) PCT 30 Monate nach dem Anmeldetag beginnt, auch die 3. Jahresgebühr zu zahlen.[15]

III. Jahresgebühren für Patente

1 Grundsätzliches

Für alle Patente sind Jahresgebühren zu zahlen, ausgenommen Zusatzpatente nach § 16 aF.

2 Zusatzpatente

Auch nach Abschaffung des Rechtsinstituts des Zusatzpatents durch das PatNovG, das am 1.4.2014 in Kraft getreten ist, gelten die früheren Bestimmungen der §§ 16 u 17 aF weiterhin für noch bestehende Zusatzpatente.
Die Sätze 1 und 2 des § 17 (2) aF lauten wie folgt:[16]

«*[1]Für ein Zusatzpatent (§ 16 Abs 1 Satz 2) sind Jahresgebühren nicht zu entrichten. [2]Wird das Zusatzpatent zu einem selbständigen Patent, so wird es gebührenpflichtig; Fälligkeitstag und Jahresbetrag richten sich nach dem Anfangstag des bisherigen Hauptpatents.*»

Somit sind nach § 17 (2) 1 aF Zusatzpatente jahresgebührenfrei. Jahresgebühren sind nur für das Hauptpatent zu entrichten. Entfällt dieses, zB wegen Nichtzahlung der Jahresgebühren, so endet auch das Zusatzpatent. Ausnahme: Entfällt das Hauptpatent durch Widerruf, Nichtigerklärung oder Verzicht, so wird das Zusatzpatent nach § 16 (2) 1 aF selbständig.

Selbständig gewordene Zusatzpatente werden ab dem Zeitpunkt des Wegfalls des Hauptpatents selbst gebührenpflichtig. Das Zusatzpatent tritt gleichsam an die Stelle des Hauptpatents. Die nach dem Wegfall des Hauptpatents zu zahlenden Gebühren richten sich hinsichtlich Fälligkeit und Höhe gemäß § 17 (2) 2 aF nach dem Anmeldetag des Hauptpatents (vgl auch § 16 Rdn 17).

3 Europäische Patente

Europäische Patente, die mit Wirkung für die Bundesrepublik Deutschland erteilt wurden, sind gebührenpflichtig. Die Jahresgebühren sind nach Art II § 7 IntPatÜG gemäß

---

15 BPatG Mitt 01, 119.
16 Für den Text von § 16 aF s § 16 Rdn 6.

§ 17 Jahresgebühren

§ 17 PatG zu entrichten. Sie werden nach Art II § 7 IntPatÜG iVm Art 141 (1) EPÜ nur für die Jahre geschuldet, die dem Jahr folgen, in dem der Hinweis auf die Erteilung des europ Patents im europ Patentblatt bekannt gemacht worden ist. Für das Jahr, in dem der Hinweis nach Art 97 (3) EPÜ über die Erteilung bekannt gemacht worden ist, und die davor liegenden Jahre sind Jahresgebühren an das EPA zu entrichten (vgl Art 86, 141 (1) EPÜ).

21 **Beispiel:**[17] Anmeldung beim EPA 3.6.2013; Hinweis gemäß Art 97 (3) EPÜ 6.6.2016; 3. u 4. Jahresgebühr (fällig 30.6.1205 und 30.6.2016) sind an EPA, die 5. und alle folgenden Jahresgebühren an DPMA zu entrichten.

IV. Schuldner

22 Jahresgebühren hat nur der Anmelder oder Patentinhaber zu zahlen, der als solcher im Register eingetragen ist, denn nur zu seinen Gunsten wird das Schutzrecht aufrechterhalten (§ 4 (1) Nr 1 PatKostG).

23 **Dritte** sind gegenüber dem DPMA nicht zahlungspflichtig, können aber gemäß § 267 BGB rechtswirksam zahlen. Widerspricht der Rechtsinhaber, kann DPMA die Annahme der Zahlung ablehnen, ohne dazu verpflichtet zu sein. Dritten, denen ein Recht an der Anmeldung oder dem Patent zusteht – wie zB Pfandgläubiger oder Lizenznehmer – sind zur Zahlung auch gegen einen Widerspruch des Rechtsinhabers nach § 268 BGB berechtigt.

V. Fälligkeit

24 Jahresgebühren, die nach § 2 (1) PatKostG (Anhang 15) iVm GebührenNr 312 030 ff für das 3. bis 20. Jahr, gerechnet vom Anmeldetag an (§ 17 (1) PatG), zu zahlen sind, sind nach § 3 (2) PatKostG »jeweils für die folgende Schutzfrist« zu entrichten. § 3 (2) 1 PatKostG verschiebt den Fälligkeitstag vom jeweiligen Anmeldetag »auf den letzten Tag des Monats, der durch seine Benennung dem Monat entspricht, in den der Anmeldetag fällt«. Fälligkeitstag ist also grundsätzlich der **letzte Tag eines Monats**, also der 30. oder der 31. eines Monats, im Februar der 28. oder 29.2.

25 **Existenz der Anmeldung oder des Patents** ist Voraussetzung für Fälligkeit. Nach dem Zeitpunkt der rechtswirksamen Rücknahme oder des Eintritts der Fiktion der Rücknahme der Anmeldung oder nach dem Erlöschen des Patents können Jahresgebühren für danach beginnende Jahre nicht fällig werden. Eine **Wiedereinsetzung** lässt zwar rückwirkend die Anmeldung wieder aufleben, jedoch werden Jahresgebühren für die Zeit zwischen Wegfall der Anmeldung und Gewährung der Wiedereinsetzung nicht rückwirkend erstmals zu den Zeitpunkten fällig, die zwischen Wegfall und Wiedereinsetzung liegen. Vielmehr werden diese Jahresgebühren mit dem Wirksamwerden der Wiedereinsetzungsentscheidung fällig. Von da an rechnen die gesetzlichen Zahlungsfristen.[18]

---

17 Fallbeispiele s ABl 80, 100 und ABl 84, 272.
18 BPatG v 15.5.2008 10 W (pat) 41/06 BeckRS 08, 11810; v 29.8.2011 10 W (pat) 24/07 BeckRS 11, 24047.

Sonderfälligkeitszeitpunkte: Der letzte Tag eines Monats ist nicht maßgebend, wenn   26
Jahresgebühren für Jahre nachzuentrichten sind, die bereits vor dem Entstehen der
Anmeldung begonnen haben. Diese Jahresgebühren werden nicht am letzten Tag eines
Monats gemäß § 3 (2) 1 PatKostG, sondern mit der Entstehung der jeweiligen Anmeldung fällig.

Sonderfälligkeitszeitpunkte gelten für: **a) Ausscheidungs- und Teilungsanmeldungen,**   27
die in eine selbständige Anmeldung umgewandelt wurden;[19] **b) Gewährung der Wiedereinsetzung:** Dadurch lebt das Schutzrecht rückwirkend wieder auf, und die zwischenzeitlich angefallenen Jahresgebühren werden mit dem Wirksamwerden der Wiedereinsetzungsentscheidung (s Rdn 25 und § 123 Rdn 9) fällig.[20] Für EPÜ trifft R 51 (4) eine entsprechende Regelung (Fälligwerden mit Zustellung der Entscheidung über den Wiedereinsetzungsantrag).

Mehrere nachzuentrichtende Jahresgebühren sind gebührenrechtlich als eine Einheit   28
zu behandeln,[21] jedoch ist für jede nachzuentrichtende Jahresgebühr der Verspätungszuschlag zu entrichten.

Sonnabend, Sonn- und Feiertag verschieben den Fälligkeitstag nicht auf den nächsten   29
Werktag, da § 193 BGB nicht für den Fristbeginn (= Fälligkeitstag), sondern nur für
das Fristende gilt.[22] Ist der letzte Tag der Frist ein Sonnabend, Sonn- oder Feiertag, so
tritt nach § 193 BGB an dessen Stelle der nächste Werktag. Beispiel: Ist der 30.4. ein
Sonntag, so läuft die Frist am 2.5. 24 Uhr ab, da der 1.5. Feiertag ist.

VI. Zahlungsfrist

Jahresgebühren sind nach § 7 (1) 1 PatKostG jeweils »bis zum Ablauf des 2. Monats   30
nach Fälligkeit zu zahlen«. Im Normalfall der Fälligkeit einer Jahresgebühr am letzten
Tag eines Monats (s Rdn 24) endet die **2-Monatsfrist** daher immer am letzten Tag
eines Monats.

Beispiel für Normalfall (s Rdn 24): Anmeldetag 12.5.2014, Fälligkeit der 3. Jahresge-   31
bühr 31.5.2016, Ablauf der 2-Monatsfrist 31.7.2016.

Beispiel für Sonderfälligkeitszeitpunkte (s Rdn 27): Anmeldetag 10.5.2011; Eingang der   32
Ausscheidungserklärung 15.7.2016; Fälligkeit der »aufgelaufenen« 3.-6. Jahresgebühr
15.7.2016; Ablauf der 2-Monatsfrist 15.9.2016.

Eine **3-Monatsfrist** gilt gemäß § 39 (3) bei der Teilung einer Anmeldung (s § 39   33
Rdn 53).

Aussetzung des Erteilungsverfahrens berührt den Lauf der Zahlungsfrist nicht.[23]   34

---

19 S zum Zeitpunkt der Zahlungsverpflichtung für Jahresgebühren einer Teilanmeldung mit Verspätungszuschlag BPatG BlPMZ 07, 290 und § 39 Rdn 28.
20 Vgl DPA Mitt **88**, 28.
21 BPatGE **6**, 5.
22 BPatGE **11**, 23, 24; **26**, 32, 33.
23 BPatGE **15**, 114.

35 Im Falle der Eröffnung des **Insolvenzverfahrens** über das Vermögen des als Patentinhaber im Register Eingetragenen wird die danach ablaufende Zahlungsfrist nicht in entsprechender Anwendung des § 240 ZPO unterbrochen (s auch Einl Rdn 223).[24] Anders aber R 142 (1) b) u (4) EPÜ für Jahresgebühren für eine Anmeldung.[25]

VII. Nichtzahlung

1 Verspätungszuschlag

36 Innerhalb der 2-Monatsfrist des § 7 (1) 1 PatKostG kann eine Jahresgebühr zuschlagsfrei entrichtet werden. Wird sie innerhalb dieser Frist nicht gezahlt, so kann sie nach § 7 (1) 2 PatKostG mit einem Verspätungszuschlag von einheitlich 50 Euro für jede nicht fristgerecht entrichtete Jahresgebühr »noch bis zum Ablauf des 6. Monats nach Fälligkeit gezahlt werden«. Mit Ablauf der Frist von sechs Monaten nach Fälligkeit der Jahresgebühr ist Zahlung nicht mehr möglich, so dass eine Anmeldung nach § 58 (3) als zurückgenommen gilt und ein Patent gemäß § 20 (1) Nr 2 erlischt,[26] es sei denn, es wird Wiedereinsetzung gewährt (s Rdn 42 und § 20 Rdn 22).

37 Beispiel: Anmeldetag 14.2.2014; Fälligkeit der 3. Jahresgebühr 29.2.2016; Ablauf der 2-Monatsfrist 30.04.2016; Zahlung mit Verspätungszuschlag von 50 Euro möglich bis 31.8.2016.

38 Eine Patenterteilung trotz des verspätet gezahlten Verspätungszuschlags heilt den Mangel, so dass im Nichtigkeitsverfahren nicht geltend gemacht werden kann, das Patent sei gegenüber der gesetzlich fingierten Zurücknahme der Anmeldung unzulässig erweitert.[27]

2 Überschreiten der 3-Monatsfrist des § 39 (3)

39 Wird die 3-Monatsfrist des § 39 (3) überschritten, ist kein Verspätungszuschlag vorgesehen, sondern die Fiktion der Nichtabgabe der Teilungserklärung.

3 Nachricht über Nichtzahlung

40 Eine Nachricht über Nichtzahlung mit dem Hinweis, dass sonst die Anmeldung als zurückgenommen gilt oder das Patent erlischt, ist nicht mehr gesetzlich vorgesehen. DPMA erinnert aber formlos an die Zahlung nach Fälligkeit des Verspätungszuschlags.[28] Diese Erinnerung ist eine gesetzlich nicht vorgesehene Serviceleistung. Der Betroffene kann daher nicht darauf vertrauen, dass sie ihm regelmäßig zugestellt wird, so dass er aus ihrem Unterbleiben keine Rechte herleiten kann.[29] Jedoch darf er sich auf ihren Inhalt verlassen.[30]

---

24 BGH GRUR 08, 551 *Sägeblatt*.
25 J./87 ABl **88**, 323; EPA-PrüfRichtl Teil E-VII 1.5.
26 Hövelmann Mitt 07, 540; aA OLG Düsseldorf Mitt 07, 143 m Anm Kreuzkamp.
27 BPatG BlPMZ **84**, 380.
28 Amtl Begr zum Kostenregelungsbereinigungsgesetz BlPMZ 02, 14, 38 rSp.
29 BPatG v 21.2.2006 10 W (pat) 49/04; v 9.3.2006 10 W (pat) 19/05; v 19.7.2007 10 W (pat) 29/06 BeckRS 07, 13440.
30 So die EPA-Rechtsprechung, vgl J 0001/89 ABl **92**, 17; J 0012/84 ABl **85**, 108; J 0034/92 ABl **95** SonderA 75.

Patentüberwachung obliegt dem Anmelder und Patentinhaber. Dazu kann er sich 41
spezieller Servicebüros bedienen, deren Tätigkeit keine Rechtsberatung iSd früheren
RechtsberatungsG (heute: RDG) darstellt.[31] Mangelnde patent- oder gebührenrechtliche Kenntnis und Erfahrung schützen ebenso wenig vor dem Vorwurf schuldhafter
Fristversäumung wie dauernde Arbeitsüberlastung.[32]

4 Wiedereinsetzung

Eine Wiedereinsetzung in die Fristen zur Zahlung von Jahresgebühren ist nach § 123 42
möglich, da ihre Versäumung den Verlust der Anmeldung oder des Schutzrechts zur
Folge hat. Wiedereinsetzung daher möglich in 2- und 6-Monatsfrist des § 7 (1) 1 und
2 PatKostG und in 3-Monatsfrist des § 39 (3) PatG.

Der Erbe kann auch ohne vorherige Eintragung in das Register Wiedereinsetzung
beantragen. Zur Wiedereinsetzung im Falle der Eröffnung des Insolvenzverfahrens vgl
Einl Rdn 223; § 7 PatKostG Rdn 3 im Anhang 15.

VIII. Vorauszahlung

Die Vorauszahlung von Jahresgebühren ist nach § 5 (2) PatKostG frühestens 1 Jahr 43
vor Eintritt der Fälligkeit möglich, soweit nichts anderes bestimmt ist. Vgl dazu § 5
PatKostG Rdn 12 im Anhang 15.

IX. Zahlungsvergünstigungen

Für die Entrichtung von Jahresgebühren sind bestimmte Zahlungsvergünstigungen 44
vorgesehen: **a)** Nr 312 205 des Gebührenverzeichnisses zum PatKostG (Anhang 15):
Die Gebühren für das 3.-5. Jahr ermäßigen sich auf insgesamt 200 Euro (statt 230 Euro
bei separater Zahlung), wenn sie bereits bei Fälligkeit der 3. Jahresgebühr entrichtet
werden (= Ausnahme zu § 5 (2) PatKostG); **b)** § 23 (1) PatG: Nach Eingang einer
Lizenzbereitschaftserklärung ermäßigen sich die Jahresgebühren auf die Hälfte; **c)**
§ 130 (5) PatG: Jahresgebühren können in die Bewilligung der Verfahrenskostenhilfe
einbezogen werden, vgl § 130 Rdn 38 ff, **d)** § 130 (1) 2 PatG: Verfahrenskostenhilfe
kann auch für die Jahresgebühren gewährt werden.

X. Rückzahlung von Jahresgebühren

Die Rückzahlung von Jahresgebühren kann beantragt werden, wenn sie ohne Rechts- 45
grund entrichtet worden sind. Zu Zahlungen ohne Rechtsgrund siehe § 10 PatKostG
Rdn 8 im Anhang 15, zum Wegfall von Anmeldung oder Patent nach Fälligkeit siehe
§ 10 PatKostG Rdn 23 und zur Erstattung vorausgezahlter Jahresgebühren siehe § 10
PatKostG Rdn 21. Es besteht kein Anspruch auf Rückzahlung von mit Rechtsgrund

---

31 BVerfG GRUR **98**, 556 *Patentgebührenüberwachung*. Das Rechtsberatungsgesetz wurde mit Wirkung vom 1.7.2008 durch das Rechtsdienstleistungsgesetz (RDG) ersetzt (Art 1 und Art 20 Nr 1 des Gesetzes zur Neuregelung des Rechtsberatungsrechts v 12.12.2007, BGBl I S 2840). Eine Änderung der Rechtslage in Bezug auf die Dienstleistung der Patentüberwachung ist damit nicht verbunden. Zur Notwendigkeit der Bestellung eines Inlandsvertreters s § 25 Rdn 13, 39.
32 BPatG v 9.3.2006 10 W (pat) 19/05.

entrichteten Jahresgebühren, auch wenn es bis zum Ablauf der längstmöglichen Patentdauer nicht zu einer Patenterteilung gekommen ist.[33]

XI. Beitreibung

46 Jahresgebühren sind nicht beitreibbar, weil allein der Anmelder oder Patentinhaber darüber entscheidet, ob er sie entrichten und damit das Schutzrecht aufrechterhalten will oder nicht (s dazu § 1 PatKostG Rdn 18 und § 10 PatKostG Rdn 35 im Anhang 15). Sind Jahresgebühren zu Unrecht zurückgezahlt worden, so kann DPMA seinen Bereicherungsanspruch nicht mit einem Leistungsbescheid beitreiben.[34]

§ 18 (Stundung und Erlass von Jahresgebühren, Auslagenerstattung)

aufgehoben mit Wirkung vom 1.1.2002 durch Art 7 Nr 5 des **Gesetzes zur Bereinigung von Kostenregelungen auf dem Gebiet des geistigen Eigentums** v 13.12.2001 (BGBl I S 3656 = BlPMZ 02, 14). An die Stelle der Stundung und des Erlasses der Jahresgebühren ist die Verfahrenskostenhilfe für Jahresgebühren getreten (§ 130 (1) 2 PatG).

§ 19 (Vorauszahlung und Rückzahlung von Jahresgebühren)

aufgehoben mit Wirkung vom 1.1.2002 durch Art 7 Nr 6 des **Gesetzes zur Bereinigung von Kostenregelungen auf dem Gebiet des geistigen Eigentums** v 13.12.2001 (BGBl I S 3656 = BlPMZ 02, 14).

§ 20 Erlöschen des Patents
(lapse of the patent)

(1) Das Patent erlischt, wenn
1. der Patentinhaber darauf durch schriftliche Erklärung an das Deutsche Patent- und Markenamt verzichtet oder
2. die Jahresgebühr oder der Unterschiedsbetrag nicht rechtzeitig (§ 7 Abs 1, § 13 Abs 4 oder § 14 Abs 2 und 5 des Patentkostengesetzes, § 23 Abs 7 Satz 4 dieses Gesetzes) gezahlt wird.

(2) Über die Rechtzeitigkeit der Zahlung entscheidet nur das Deutsche Patent- und Markenamt; die §§ 73 und 100 bleiben unberührt.

Rainer Moufang

---

33 BGH GRUR 08, 549 *Schwingungsdämpfung*.
34 BPatGE 30, 211.

Erlöschen des Patents § 20

Übersicht

	Gesetzesentwicklung	1
	Europäisches Patentrecht	2
	Literatur	4
	Kommentierung zu § 20 PatG	
I.	Zweck	6
II.	Erlöschensgründe	7
1	Verzicht (§ 20 (1) Nr 1)	9
1.1	Form	10
1.2	Erklärungsberechtigter	11
1.3	Erklärungsempfänger	15
1.4	Gegenstand des Verzichts	16
1.5	Wirkung	19
1.6	Rücknahme	21
2	Nicht rechtzeitige Zahlung der Jahresgebühren oder des Unterschiedsbetrags	22
III.	Zuständigkeit des DPMA	23

Gesetzesentwicklung: § 20 ist durch Art 8 Nr 10 des 1. GPatG als § 12 neu gefasst worden. § 20 (1) Nr 2 wurde als (seinerzeitige) Nr 3 durch Art 7 Nr 7 des **Kostenregelungsbereinigungs**G (BGBl 2001 I S 3656 = BlPMZ 02, 14) neu gefasst. § 20 (1) Nr 2 aF wurde durch Art 1 Nr 6 PatNovG vom 19.10.13 (BGBl 2013 I S 3830 = BlPMZ 13, 361), das die Möglichkeit einer Patenterteilung ohne Erfinderbenennung abgeschafft hat (s § 37 Rdn 1), aufgehoben. Art 1 Nr 4 des 2. PatRModG v 10.8.2021 (BGBl I 3490) änderte in Abs 1 Nr 1 u Abs 2 die Bezeichnung »Patentamt« in (das) »Deutsche Patent- und Markenamt« und ersetzte in Abs 1 Nr 2 den Verweis auf Abs 3 des § 13 PatKostG in einen Verweis auf Abs 4 dieser Bestimmung. 1

Europäisches Patentrecht: Jahresgebühren sind nach Art 86 EPÜ an EPA nur bis zur Erteilung zu entrichten. Mit Ablauf des letzten Jahres, für das eine europäische Jahresgebühr zu zahlen ist, beginnt die Pflicht zur Zahlung nationaler Jahresgebühren. Bei Nichtzahlung der Jahresgebühr an EPA (evtl mit Zuschlag, s R 51 EPÜ) gilt die Patentanmeldung als zurückgenommen (Art 86 (1) 3 EPÜ). 2
§ 20 ist auf europäische Patente, die für die Bundesrepublik erteilt sind, anwendbar.

Verzicht auf ein europäisches Patent sieht EPÜ nicht vor. Er kann nur durch Erklärung gegenüber den nationalen Ämtern der benannten Vertragsstaaten erfolgen.[1] Allerdings kann der Patentinhaber nach der Revision des EPÜ 2000 ein zentralisiertes Verfahren auf Widerruf mit ex tunc-Wirkung nach Art 105a EPÜ einleiten (s § 64 Rdn 2). Selbst wenn für alle benannten Vertragsstaaten verzichtet wird, ist ein später eingelegter Einspruch nach R 75 EPÜ zulässig, weil nationale Verzichte idR nur ex nunc wirken (s § 59 Rdn 55). Einen im Einspruchsverfahren vor EPA erklärten Verzicht auf das Patent sieht die Rechtsprechung als Antrag auf Widerruf des Patents an.[2] Zum Verzicht vor Patenterteilung s § 34 Rdn 449. 3
Auch auf ein künftiges **europäisches Patent mit einheitlicher Wirkung** kann nicht zentral vor dem EPA verzichtet werden. Die Erlöschensgründe, die in Regel 14 der Durchführungsordnung zum einheitlichen Patentschutz (ABl 16, A39) vorgesehen sind, umfassen nur den Ablauf der Schutzdauer und die nicht rechtzeitige Entrichtung der Jahresgebühr.

Lit: Seetzen: *Der Verzicht im Immaterialgüterrecht* 1969; Lit in **GRUR:** Schmieder 80, 74; Hövelmann 07, 283; Lit in **Mitt:** Winkler 98, 401; Hövelmann 07, 540. 4

---

1 EPA GBK G 0001/90 ABl 91, 275 (Nr 8) *Widerruf des Patents*; T 0123/85 ABl 89, 336; T 0073/84 ABl 85, 241; T 0186/84 ABl 86, 79; BGH GRUR 02, 511, 514 (III3) *Kunststoffrohrteil*.
2 Ständige Rechtsprechung: T 0237/86 ABl 88, 261 (Nr 4).

5 Tabelle: Erlöschen eines Patents

	Grund:	Zeitpunkt:	Wirkung:
1.	Verzicht: § 20 (1) Nr 1	Eingang bei DPMA	ex nunc
2.	Nicht rechtzeitige Zahlung der Jahresgebühr oder des Unterschiedsbetrags: § 20 (1) Nr 2	Ablauf der Fristen des § 7 (1) PatKostG oder der vom DPMA nach §§ 13 (4) PatKostG gesetzten Nachfrist Ablauf der Fristen des § 23 (7) 4	ex nunc
3.	Ablauf der Schutzdauer: § 16	20 Jahre nach dem Anmeldetag	ex nunc
4.	Widerruf des Patents: § 21 oder § 64	Rechtskraft des Widerrufsbeschlusses	ex tunc
5.	Nichtigerklärung des Patents: § 22	Rechtskraft des Nichtigkeitsurteils	ex tunc
6.	Erteilung eines europ Patents für die Bundesrepublik Deutschland, das nach Inhalt, Priorität und Schutzbereich mit dem deutschen Patent identisch ist: Art II § 8 (1) IntPatÜG	siehe § 9 Rdn 124 ff	ex nunc

I. Zweck

6 § 20 regelt das Erlöschen eines Patents, die gesetzlich fingierte Rücknahme einer Anmeldung regelt § 58 (3) PatG.

II. Erlöschensgründe

7 § 20 nennt 2 von 6 möglichen Gründen für das Erlöschen eines Patents (siehe die Tabelle), sofern man den Verlust der Wirkung des Patents nach Art II § 8 IntPatÜG einem Erlöschen gleich erachtet.

8 **Eintragung des Erlöschens im Register** wirkt nur rechtsbekundend, ist aber ohne Einfluss auf den materiellen Bestand des Patents (s § 30 Rdn 15).[3] Das Patent kann daher trotz der Eintragung des Erlöschens noch bestehen und ohne eine solche Eintragung bereits erloschen sein.

---

3 BGH GRUR 52, 654 *Wäschepresse*.

1 Verzicht (§ 20 (1) Nr 1) *(abandonment)*

Der Verzicht ist eine einseitige empfangsbedürftige Willenserklärung, die eine materiell-rechtliche Verfügung über das Patent enthält.[4] **Anfechtung** (s Einl Rdn 89) daher möglich,[5] auch gemäß § 119 (2) BGB wegen Irrtums über eine verkehrswesentliche Eigenschaft[6] (zB das Bestehen eines Lizenzvertrags), nicht dagegen bei einem Irrtum in der Willensbildung (Motivirrtum).[7] Die Verzichtserklärung führt unmittelbar zur Rechtswirkung des Erlöschens des Patents »ex nunc«.

1.1 Form: Schriftlich (s Einl Rdn 352) mit eigenhändiger Namensunterschrift (s Einl Rdn 374 ff), Telefax genügt.[8] Verwendung der Worte »Verzicht« und »Patent« ist nicht erforderlich, aber es muss der eindeutige Wille erkennbar sein, dass die Rechte aus dem Patent sofort und endgültig aufgegeben werden sollen. Daher nicht ausreichend: Antrag auf Löschung oder Erklärung, an der Aufrechterhaltung des Patents nicht mehr interessiert zu sein. Bedingung oder Befristung machen Verzicht unwirksam.[9] Ein Beschränkungsantrag kann nicht nachträglich in einen Verzicht umgedeutet werden.[10]

1.2 Erklärungsberechtigter ist nur der im Register eingetragene und materiell wahre Patentinhaber. Nur dessen Erklärung führt zur Löschung im Register.[11] Ist der wahre Berechtigte nicht eingetragen, ist er nicht legitimiert (s § 30 Rdn 17). Ist der Erklärende zwar eingetragen, aber nicht der wahre Berechtigte, so erlischt das Patent nicht,[12] da die Eintragung im Register keine materielle Verfügungsbefugnis verleiht.

Der Erklärende muss **geschäftsfähig** und allein **verfügungsberechtigt** sein.[13] Daran fehlt es, wenn nur einer von mehreren Patentinhabern Verzicht erklärt oder wenn die Zustimmung eines Nießbrauchers, Pfandgläubigers oder des ausschließlichen Lizenznehmers oder des Insolvenzverwalters (siehe Einl Rdn 221) nicht vorliegt.[14]

Inlandsvertreter ist nicht erforderlich, da durch den Verzicht kein Verfahren ausgelöst wird und Verzicht keine Geltendmachung eines Rechts darstellt.[15] Verzicht wird im Register vermerkt (lediglich deklaratorische Bedeutung), ohne dass DPMA nach § 20 (2) zur Prüfung befugt ist.[16] Ein Inlandsvertreter bedarf im Falle der Bevollmächtigung einer besonderen Vollmacht, da »Vollmacht gemäß § 25 PatG« die Befugnis zur Abgabe einer Verzichtserklärung nicht umfasst.[17]

---

4 BPatGE **5**, 5; **12**, 81; **13**, 15; **30**, 130, 132.
5 PA BlPMZ **52**, 150.
6 BPatGE **25**, 63; BPatGE **38**, 224.
7 BPatGE **38**, 224, 226.
8 BPatG BlPMZ **13**, 315, 320; s aber auch BPatGE **12**, 81, wonach Telegramm oder Fernschreiben nicht genügte.
9 PA BlPMZ **61**, 175; BPatG BlPMZ **13**, 315, 319.
10 BPatG v 23.7.1996 2 Ni 42/95, zitiert von Anders GRUR **97**, 487 Fn 105 u 109.
11 RG MuW **31**, 34.
12 Vgl Kraßer/Ann Lehrbuch 7. Aufl § 26 A I a) Nr 3.
13 BGH GRUR **09**, 42 (Rn 14) *Multiplexsystem*.
14 Busse/Keukenschrijver § 20 Rn 19 f.
15 Busse/Keukenschrijver § 20 Rn 24.
16 Benkard/Schäfers § 20 Rn 9.
17 BPatGE **1**, 21; **5**, 5; **9**, 147.

14 **Vertreter** kann Verzicht wirksam nur erklären, wenn eine Vollmacht ihn hierzu eindeutig ermächtigt. Die beim DPMA hinterlegbaren Allgemeinen Vollmachten enthalten seit 1970 diese Befugnis,[18] bloße »Vollmachten gemäß § 25 PatG« dagegen nicht.[19] Verzicht des Vertreters ist unwirksam, wenn dieser eine Vollmachtsurkunde nicht vorlegt und DPMA deshalb die Erklärung unverzüglich (= innerhalb von 10 Tagen nach ihrem Eingang[20]) zurückweist (§ 174 Satz 1 BGB).[21] Verzichtserklärung des vollmachtlosen Vertreters ist unwirksam und kann als einseitiges Rechtsgeschäft auch nicht nachträglich genehmigt werden.[22]

15 **1.3 Erklärungsempfänger** für Verzicht auf deutsches Patent oder auf deutschen Teil eines europäisches Patents ist ausschließlich DPMA, das das Register führt, nicht BPatG,[23] BGH, ein Verletzungsgericht[24] oder EPA (dort nur zentraler Widerrufsantrag möglich, s Rdn 3). Gegenüber Dritten oder in einem Nichtigkeitsverfahren kann sich der Patentinhaber nur zur Abgabe einer Verzichtserklärung gegenüber DPMA verpflichten.

16 **1.4 Gegenstand des Verzichts** kann sich nur auf das ganze Patent oder selbständige Teile des Patents, nämlich ganze Ansprüche, beziehen.[25] Mit einem Verzicht gemäß § 20 (1) Nr 1 kann nicht der Wortlaut eines Anspruchs geändert werden, das ist nur im Beschränkungsverfahren nach § 64 sowie im Einspruchs- und Nichtigkeitsverfahren möglich.

17 Verzichtserklärungen, die sich nicht auf das ganze Patent oder einen ganzen Anspruch beziehen, sind keine Verzichte iSv § 20 (1) Nr 1, können aber im Einspruchs- und Nichtigkeitsverfahren im Wege der **beschränkten Verteidigung** des Patents (vgl dazu § 59 Rdn 166 u § 81 Rdn 116) der Begrenzung des Prozessgegenstands dienen und daher auch gegenüber BPatG und BGH abgegeben werden.

18 Kein Verzicht iSv § 20 (1) Nr 1 ist der **Verzicht auf den abgetrennten Teil einer Anmeldung oder eines Patents**, weil dieser nicht mehr Teil des Schutzrechts, sondern eine selbständige Anmeldung ist.[26]

19 **1.5 Wirkung:** Mit Eingang der wirksamen Verzichtserklärung bei DPMA tritt Erlöschen des Patents für die Zukunft ein. Verzicht gilt nur für die Ansprüche, für die er erklärt ist, also nicht automatisch für **Unteransprüche**, die auf einen verzichteten

---

18 MittDPA BlPMZ **69**, 365; 70, 69; **74**, 66; s zuletzt BlPMZ 06, 156.
19 BPatGE 1, 21; **5**, 5; 9, 147; 30, 130.
20 BPatGE 30, 130.
21 BPatGE **5**, 5.
22 BPatGE 30, 130, 132.
23 BPatG v 12.4.2006 20 W (pat) 305/05 BeckRS 08, 25488: kein wirksamer Verzicht im gerichtl Einspruchsverfahren durch bloße Mitteilung an Senat.
24 Vgl amtl Begr z GPatG BlPMZ **79**, 281 lSp; Schmieder GRUR **80**, 74; BGH GRUR **62**, 294 *Hafendrehkran*; BPatGE **3**, 172; **22**, 290, 293; aA: 20, 66.
25 BGH GRUR **53**, 86 *Schreibhefte*; **62**, 294 *Hafendrehkran*; BPatGE **34**, 250, 253; BPatG v 15.11.2016 4 Ni 42/14 GRUR **17**, 1023.
26 BPatGE **34**, 250.

Hauptanspruch rückbezogen sind, wenn auf diesen allein verzichtet wurde[27] (ähnlich beim Nichtigkeitsantrag s § 81 Rdn 142).

Ein wirksamer Verzicht gemäß § 20 kann ein Einspruchs- oder Nichtigkeitsverfahren in der Hauptsache erledigen, es sei denn, es wird ein Rechtsschutzinteresse an der rückwirkenden Beseitigung des Patents dargetan (vgl § 59 Rdn 55 u § 81 Rdn 42).[28]

Ein nach § 16 aF erteiltes **Zusatzpatent** wird durch den Verzicht auf das Hauptpatent selbständig (s § 16 Rdn 16).

1.6 Rücknahme oder Widerruf (s Einl Rdn 543) einer wirksamen Verzichtserklärung ist nicht rückwirkend möglich,[29] weil durch ein Wiederaufleben des Patents Rechte Dritter beeinträchtigt werden könnten. Eine Anfechtung ist möglich (s Rdn 9).

2 Nicht rechtzeitige Zahlung der Jahresgebühren oder des Unterschiedsbetrags

führt nach § 20 (1) Nr 2 zum Erlöschen des Patents mit Ablauf der vorgesehenen Zahlungsfristen. Das gilt nicht, solange Jahresgebühren in die Verfahrenskostenhilfe einbezogen sind (s § 130 (2) und PatKostG § 7 Rdn 7 im Anhang 15). »Rechtzeitig« im Sinne des § 20 (1) Nr 2 iVm § 7 (1) PatKostG ist Zahlung sowohl innerhalb der zweimonatigen zuschlagsfreien Nachfrist nach Fälligkeit (§ 7 (1) 1 PatKostG)[30] als auch innerhalb der weiteren Frist von 4 Monaten für die Zahlung mit Verspätungszuschlag nach § 7 (1) 2 PatKostG.[31] Nur eine solche Regelung steht im Einklang mit der in Art 5bis (1) PVÜ vorgeschriebenen Nachfrist von mindestens 6 Monaten für die Zahlung von Aufrechterhaltungsgebühren.[32] Andernfalls hätte der Gesetzgeber in Nummer 2 lediglich Satz 1 des § 7 (1) PatKostG in Bezug genommen.

Zahlungsfristen und Folgen der nicht fristgerechten Zahlung der Jahresgebühren regelt § 7 PatKostG, siehe im Einzelnen die Erläuterungen hierzu im Anhang 15. Zur Pflicht der Nachzahlung des Unterschiedsbetrags der ermäßigten Jahresgebühren nach Rücknahme der Lizenzbereitschaftserklärung siehe § 23 Rdn 14.

III. Zuständigkeit des DPMA

nach § 20 (2): Aus Gründen der Rechtssicherheit (einheitliche Feststellung gegenüber jedermann) entscheidet ausschließlich DPMA, ob eine Zahlung nach § 20 (1) Nr 2 nicht erfolgte. Das gilt nicht für § 20 (1) Nr 1 (keine Prüfungskompetenz des DPMA), so dass Verletzungsgerichte über die Wirksamkeit eines Verzichts selbst entscheiden können.

Bindung an DPMA-Entscheidung zu § 20 (1) Nr 2 besteht für **a)** Beschluss des DPMA, auch über ein Gesuch um Wiedereinsetzung in versäumte Fristen; **b)** Tatsache

---

27 LG Düsseldorf Mitt **96**, 243; aA: RGZ **150**, 280, 282; **155**, 385, 386.
28 St Rspr s BGH BlPMZ **97**, 320; BPatG BlPMZ **05**, 241; v 5.7.2006 7 W (pat) 378/03 BeckRS **07**, 7854; BlPMZ **13**, 315.
29 BPatGE **38**, 224, 225.
30 OLG Düsseldorf Mitt **07**, 143 m Anm Kreuzkamp Mitt **07**, 144.
31 Hövelmann Mitt **07**, 540 (= Anm zu OLG Düsseldorf Mitt **07**, 143); Benkard/Schäfers § 20 Rn 11, 12a; Busse/Schuster § 7 PatKostG Rn 6; aA wohl Kreuzkamp Mitt **07**, 144.
32 Amtl Begr zum Kostenregelungsbereinigungsgesetz (Allgemeines II 1 b und c; BlPMZ **02**, 36 f); Hövelmann Mitt **07**, 540.

der Löschung des Patents im Register durch DPMA, weil eine Zahlung nach § 20 (1) Nr 2 nicht rechtzeitig erfolgte. In diesem Fall tritt die Bindungswirkung auch dann ein, wenn DPMA seine Löschungsverfügung nicht formell als Beschluss bezeichnet hat.[33]

25 **Beschwerde und Rechtsbeschwerde** gegen Entscheidung des DPMA sind trotz Bindungswirkung nicht ausgeschlossen, was § 20 (2) letzter Halbs klar stellt.

§ 21 Gründe für den Widerruf eines Patents (Einspruchsgründe) (grounds for opposition)

(1) Das Patent wird widerrufen (§ 61), wenn sich ergibt, dass
1. der Gegenstand des Patents nach den §§ 1 bis 5 nicht patentfähig ist,
2. das Patent die Erfindung nicht so deutlich und vollständig offenbart, dass ein Fachmann sie ausführen kann,
3. der wesentliche Inhalt des Patents den Beschreibungen, Zeichnungen, Modellen, Gerätschaften oder Einrichtungen eines anderen oder einem von diesem angewendeten Verfahren ohne dessen Einwilligung entnommen worden ist (widerrechtliche Entnahme),
4. der Gegenstand des Patents über den Inhalt der Anmeldung in der Fassung hinausgeht, in der sie bei der für die Einreichung der Anmeldung zuständigen Behörde ursprünglich eingereicht worden ist; das gleiche gilt, wenn das Patent auf einer Teilanmeldung oder einer nach § 7 Abs 2 eingereichten neuen Anmeldung beruht und der Gegenstand des Patents über den Inhalt der früheren Anmeldung in der Fassung hinausgeht, in der sie bei der für die Einreichung der früheren Anmeldung zuständigen Behörde ursprünglich eingereicht worden ist.

(2) [1]Betreffen die Widerrufsgründe nur einen Teil des Patents, so wird es mit einer entsprechenden Beschränkung aufrechterhalten. [2]Die Beschränkung kann in Form einer Änderung der Patentansprüche, der Beschreibung oder der Zeichnungen vorgenommen werden.

(3) [1]Mit dem Widerruf gelten die Wirkungen des Patents und der Anmeldung als von Anfang an nicht eingetreten. [2]Bei beschränkter Aufrechterhaltung ist diese Bestimmung entsprechend anzuwenden.

Rainer Moufang

Übersicht

Gesetzesentwicklung	1
Europäisches Patentrecht	2
Literatur	5

---

[33] So auch Benkard/Schäfers § 20 Rn 13; Klauer-Möhring-Nirk § 12 Anm 212; aA: BGH BlPMZ **52**, 409 *Wäschepresse*, wonach Gericht prüfen kann, ob DPMA das Patent zu Recht gelöscht hat. So nunmehr auch Busse 8. Aufl § 20 Rn 42 (anders noch 7. Aufl).

Kommentierung zu § 21 PatG

I.	Einspruch und Nichtigkeitsklage	6
II.	Widerrufs- oder Einspruchs- und Nichtigkeitsgründe	8
1	Begriff des Widerrufs- oder Einspruchsgrundes	11
1.1	Konkrete Rechtsgrundlage	14
1.2	Auslegung	16
1.3	Vorgreifliche Tatbestände	17
2	Neuer Widerrufs- oder Einspruchsgrund	18
3	Neuer Nichtigkeitsgrund	21
4	Unzulässige Gründe	24
III.	Die einzelnen Gründe	26
1	Fehlende Patentfähigkeit	26
2	Unzureichende Offenbarung	27
2.1	Begriff	28
2.2	Zeitpunkt der Ausführbarkeit	30
2.3	Klarheit des Patents	34
2.4	Beweislast für unzureichende Offenbarung	37
3	Widerrechtliche Entnahme	38
3.1	Europäisches Patentrecht	39
3.2	Voraussetzungen einer widerrechtlichen Entnahme	40
3.2.1	Verletzter	40
3.2.2	Patentfähigkeit der Erfindung	44
3.2.3	Wesensgleichheit patentierter und entnommener Erfindung	46
3.2.4	Fehlende Einwilligung des Verletzten	48
3.2.5	Ursächlichkeit	49
4	Unzulässige Erweiterung	50
4.1	Begriff	52
4.2	Voraussetzungen einer unzulässigen Erweiterung	53
4.2.1	Gegenstand des Patents	53
4.2.2	Inhalt der Anmeldung	54
4.2.3	Hinausgehen über die ursprüngliche Anmeldung	57
4.3	Prüfung auf unzulässige Erweiterung	58
4.3.1	Prüfung in 1. Instanz	61
4.3.2	Prüfung in der Beschwerdeinstanz	62
4.4	Beseitigung der unzulässigen Erweiterung	63
4.4.1	Rechtsprechung des EPA	65
4.4.2	Rechtsprechung des BPatG bis 2010	68
4.4.3	Neuere deutsche Rechtsprechung	72
4.4.4	Grenzen möglicher Beseitigung	73
4.5	Patent aufgrund einer Teilanmeldung	76
4.6	Patent aufgrund einer Nachanmeldung gemäß § 7 (2)	77
IV.	Entscheidung	78
1	Deutsches Einspruchsverfahren	78
2	Europäisches Einspruchsverfahren	79
3	Nichtigkeitsverfahren	80
4	Klarstellung	81
V.	Teilwiderruf und Teilnichtigerklärung	82
1	Voraussetzungen für Teilwiderruf und Teilnichtigerklärung	83
1.1	Anträge der Parteien	83
1.2	Teilweises Vorliegen eines Grundes	84
1.3	Beschränkung des erteilten Patents	85
1.4	Patentfähigkeit des Restpatents	87
1.4.1	Antrag auf Widerruf oder Nichtigerklärung des gesamten Patents	87
1.4.2	(Ursprünglicher) Antrag auf Teilwiderruf oder Teilnichtigerklärung	88
1.4.3	Beschränkte Verteidigung	89
2	Form von Teilwiderruf und Teilnichtigerklärung	91

2.1	Änderung der Ansprüche	93
2.2	Änderung der Beschreibung	94
2.2.1	Isolierte Änderung der Beschreibung	94
2.2.2	Anpassung der Beschreibung im Einspruchsverfahren	96
2.2.3	Anpassung der Beschreibung im Nichtigkeitsverfahren	98
2.3	Änderung der Zeichnungen	99
VI.	Klarstellung	100
1	Klarstellung ohne materielle Änderung des Patents	100
2	»Klarstellung« bei Teilwiderruf oder Teilnichtigerklärung	102
3	Klarstellende Änderung durch Patentinhaber	103
VII.	Wirkung der Entscheidung	104
1	Unveränderte Aufrechterhaltung	104
2	Abweisung von Nichtigkeitsklage	105
3	Widerruf und Nichtigerklärung	108
4	Teilwiderruf und Teilnichtigerklärung	109
5	Auswirkung auf Verletzungsverfahren	111
5.1	Anhängige Verletzungsprozesse	112
5.2	Verletzungsurteile	113
6	Auswirkung auf Verträge über das Patent	114

1 **Gesetzesentwicklung:** § 21 ist durch Art 8 Nr 11 des 1. GPatG als § 12a mit Wirkung vom 1.1.1981 eingefügt worden. Das Gesetz zur Änderung des patentrechtlichen Einspruchsverfahrens und des PatKostG vom 21.6.2006 (BGBl I 1318 = BlPMZ 06, 225) hat in Abs 3 Satz 2 den bisherigen 2. Halbsatz gestrichen, da es infolge der Aufhebung des § 60 keiner Regelung mehr für den Fall der Teilung des Patents im Einspruchsverfahren bedarf.[1]

2 **Europäisches Patentrecht:** Die drei Einspruchsgründe des Art 100 EPÜ, der durch die EPÜ-Revision 2000 nur sprachlich leicht modifiziert worden ist, entsprechen den Widerrufsgründen des § 21 PatG wie folgt:
Art 100 Buchstabe a EPÜ entspricht § 21 (1) Nr 1 PatG,
Art 100 Buchstabe b EPÜ entspricht § 21 (1) Nr 2 PatG,
Art 100 Buchstabe c EPÜ entspricht § 21 (1) Nr 4 PatG.
Den Widerrufsgrund der widerrechtlichen Entnahme gemäß § 21 (1) Nr 3 PatG kennt das europäische Recht nicht (s Rdn 39).

Artikel 100 EPÜ Einspruchsgründe

3 Der Einspruch kann nur darauf gestützt werden, dass
a) der Gegenstand des europäischen Patents nach den Art 52 bis 57[2] nicht patentierbar ist;
b) das europäische Patent die Erfindung nicht so deutlich und vollständig offenbart, dass ein Fachmann sie ausführen kann;
c) der Gegenstand des europäischen Patents über den Inhalt der Anmeldung in der ursprünglich eingereichten Fassung oder, wenn das Patent auf einer Teilanmeldung oder einer nach Art 61[3] eingereichten neuen Anmeldung beruht, über den Inhalt der früheren Anmeldung in der ursprünglich eingereichten Fassung hinausgeht.

Article 100 EPC Grounds for opposition

4 Opposition may only be filed on the grounds that:
(a) the subject-matter of the European patent is not patentable under Art 52 to 57;
(b) the European patent does not disclose the invention in a manner sufficiently clear and complete for it to be carried out by a person skilled in the art;

---

1 S hierzu 10. Aufl § 21 Rn 116.
2 Art 52–57 EPÜ sind abgedruckt: **Art 52 EPÜ** bei § 1, **Art 53 a) EPÜ** bei § 2, **Art 53 b) und c)** bei § 2a, **Art 54 EPÜ** bei § 3, **Art 55 EPÜ** bei § 3, **Art 56 EPÜ** bei § 4, und **Art 57 EPÜ** bei § 5.
3 Art 61 EPÜ ist abgedruckt bei § 8 Rdn 3.

(c) the subject-matter of the European patent extends beyond the content of the application as filed, or, if the patent was granted on a divisional application or on a new application filed under Art 61, beyond the content of the earlier application as filed.

Lit: Pitz: Das Verhältnis von Einspruchs- und Nichtigkeitsverfahren nach deut u europ Patentrecht 1994; Straus in FS Beier 1996, 171; König in FS Tilmann 2003, 487.
Lit in GRUR: van Venrooy 91, 92; Schwanhäußer 91, 165; Flad 95, 178 u 709; Dihm 95, 295; Hövelmann 97, 109; Sieckmann 97, 156; Tilmann 98, 325; Engel 09, 248; Keussen 14, 132. **Lit in GRUR Int:** Sedemund-Treiber 96, 390; **Lit in epi information:** Huygens 96, 86.

I. Einspruch und Nichtigkeitsklage[4] *(opposition and action for revocation)*

Sie haben gemeinsam, dass mit ihnen die Gültigkeit des Patents nach Patenterteilung angefochten werden kann. Beide können auf die in § 21 und Art 100 EPÜ genannten Gründe gestützt werden, die Nichtigkeitsklage zusätzlich auf die Erweiterung des Schutzbereichs des Patents (vgl § 22 Rdn 9). Die Wirkung eines Widerrufs und einer beschränkten Aufrechterhaltung des Patents im Einspruchsverfahren ist die gleiche wie die einer Nichtig- oder Teilnichtigerklärung im Nichtigkeitsverfahren.

Unterschiede: Der Einspruch ist beim DPMA oder EPA, die Nichtigkeitsklage beim BPatG zu erheben. Der Einspruch ist fristgebunden (s § 59 Rdn 70), die Nichtigkeitsklage nicht. Der Einspruch richtet sich gegen das Patent (§ 59 (1) und Art 99 (1) EPÜ), die Nichtigkeitsklage gegen den im Register Eingetragenen (§ 81 (1) 2). Die Gebühren für den Einspruch (s § 59 Rdn 41) sind verglichen mit den Gebühren für die Nichtigkeitsklage (§ 2 PatKostG, s auch § 81 (6)) idR erheblich geringer. Die Rücknahme der Nichtigkeitsklage beendet das Verfahren, nach Rücknahme des Einspruchs kann das Verfahren von Amts wegen fortgesetzt werden (s § 59 Rdn 239).

II. Widerrufs- oder Einspruchs- und Nichtigkeitsgründe *(grounds for opposition and revocation)*

PatG nennt die Gründe, auf die ein Einspruch gestützt werden kann, Widerrufsgründe (s § 59 (1) 3), im EPÜ werden sie Einspruchsgründe genannt (Art 100–101 EPÜ). Ein rechtlicher Unterschied ergibt sich daraus nicht.

Widerrufs- oder Einspruchsgründe werden in § 21 (1) und Art 100 EPÜ wie folgt aufgezählt:
a) fehlende Patentfähigkeit (s Rdn 26); **b)** unzureichende Offenbarung (s Rdn 27); **c)** unzulässige Erweiterung (s Rdn 50); **d)** nur im deutschen Recht: widerrechtliche Entnahme (s Rdn 38).

Nichtigkeitsgründe sind identisch mit den Widerrufsgründen des § 21 (1). Zusätzlicher Nichtigkeitsgrund ist die Erweiterung des Schutzbereichs des Patents (s § 22 Rdn 9).

1 Begriff des Widerrufs- oder Einspruchsgrundes *(definition of ground for opposition)*

§ 21 (1) PatG und Art 100 EPÜ nennen die Gründe, auf die ein Einspruch gestützt werden kann. Sieht man in dieser Auflistung eine Legaldefinition des Begriffs Ein-

---

[4] Pitz: Das Verhältnis von Einspruchs- und Nichtigkeitsverfahren nach deut u europ Patentrecht 1994.

spruchsgrund, so gibt es im europäischen Recht drei (mangelnde Patentfähigkeit, unzureichende Offenbarung und unzulässige Erweiterung) und im deutschen Recht vier (zusätzlich: widerrechtliche Entnahme) Widerrufs- oder Einspruchsgründe. Nach diesem Verständnis bildet jeder dieser Widerrufs- oder Einspruchsgründe einen einheitlichen, in sich abgeschlossenen Einspruchsgrund, so wie die einzelnen Nichtigkeitsgründe einen einheitlichen Klagegrund bilden.[5]

12   Abgesehen von den Einspruchsgründen der unzureichenden Offenbarung, unzulässigen Erweiterung und widerrechtlichen Entnahme, die in sich abgeschlossene Tatbestände darstellen, wäre damit die Masse aller Einwände gegen ein Patent in einem globalen Einspruchsgrund zusammengefasst. Unter den Einspruchsgrund des Art 100 a) EPÜ und des § 21 (1) Nr 1 würden dann sachlich äußerst unterschiedliche Einwände gegen den Rechtsbestand des Patents fallen, wie zB fehlende Neuheit und Sittenwidrigkeit, mangelnde erfinderische Tätigkeit und fehlende gewerbliche Anwendbarkeit, mangelnde Technizität und Verstoß gegen die öffentliche Ordnung.

13   Dies hätte zur Folge, dass ein Einsprechender keinen neuen Einspruchsgrund geltend machen würde, wenn er die Begründung seines Einspruchs ändert, aber innerhalb des globalen Einspruchsgrundes des § 21 (1) Nr 1 und des Art 100 a) EPÜ bleibt. Die Beschwerdeinstanz, die nach der Rechtsprechung keine neuen Einspruchs- oder Widerrufsgründe von Amts wegen prüfen darf (vgl dazu § 59 Rdn 196 ff), wäre dann befugt, jeden unter den globalen Einspruchsgrund des § 21 (1) Nr 1 und des Art 100 a) EPÜ fallenden Einwand von Amts wegen zu prüfen, auch wenn dieser nicht Gegenstand des Verfahrens in 1. Instanz war, also weder vom Einsprechenden geltend gemacht noch von der 1. Instanz von Amts wegen in Betracht gezogen war. Hätte zB der Einsprechende mangelnde erfinderische Tätigkeit geltend gemacht und wäre das Patent unverändert aufrechterhalten worden, so könnte die Beschwerdeinstanz das Patent von Amts wegen aufgrund Sittenwidrigkeit widerrufen, weil damit kein neuer Einspruchsgrund aufgegriffen wird.

14   **1.1 Konkrete Rechtsgrundlage:** Nach der Rechtsprechung des EPA[6] ist Einspruchsgrund nicht der jeweilige in Art 100 EPÜ in den Buchstaben a – c genannte Tatbestand, sondern die **konkrete Rechtsgrundlage für einen Einwand gegen die Aufrechterhaltung eines Patents** (*individual legal basis for objection to the maintenance of a patent*). Eine solche konkrete Rechtsgrundlage sind die Einspruchsgründe gemäß Art 100 b) und c) EPÜ (= § 21 (1) Nr 2 und 4 PatG), die in sich abgeschlossene Tatbestände darstellen, während Art 100 a) EPÜ (= § 21 (1) Nr 1 PatG) eine Sammlung verschiedener Einwände enthält, die zum Teil völlig unabhängig voneinander, zum Teil sachlich miteinander verwandt sind. Einspruchsgrund ist der in der Einspruchsschrift konkret und substantiiert vorgetragene Tatbestand, also die jeweilige geltend gemachte Rechtsgrundlage für einen Einwand gegen die Aufrechterhaltung eines Patents.

---

5   *BGH BlPMZ 64, 22 Konditioniereinrichtung*; GRUR 11, 848 (Rn 12) *Mautberechnung*; BPatGE 6, 189; BPatG v 10.2.1998 2 Ni 27/97 (EU), zitiert von Anders GRUR 99, 443 Fn 120.
6   GrBK G 0001/95, ABl 96, 615 (Nr 4.6 u 5.4) *Neue Einspruchsgründe/DE LA RUE*; G 0007/95 ABl 96, 626 *Neue Einspruchsgründe/ETHICON*.

Eigene Stellungnahme: Die Auffassung der Großen Beschwerdekammer des EPA verdient den Vorzug. Es gibt keinen einleuchtenden sachlichen Grund, die in § 21 PatG und Art 100 EPÜ in der jeweiligen Nummer oder dem jeweiligen Buchstaben genannten Gründe, auf die ein Einspruch gestützt werden kann, als eigenständige Einspruchsgründe zu werten. Mit Art 100 und Art 138 EPÜ, denen §§ 21 und § 22 PatG und Art II § 6 IntPatÜG nachgebildet sind, wollte der Gesetzgeber lediglich limitierend regeln, auf Grund welcher Rechtsgrundlagen ein Patent widerrufen oder für nichtig erklärt werden kann.[7] Aus Gründen der Übersichtlichkeit hat der Gesetzgeber sich in Art 100 EPÜ und in § 21 PatG der Verweisung auf die Art 52-57 EPÜ und die §§ 1-5 PatG in einer Bestimmung (§ 21 (1) Nr 1 und Art 100 a) EPÜ) bedient. Damit hat er aber nicht entschieden, dass alle darunter fallenden Einwände gegen den Rechtsbestand einen einheitlichen Einspruchsgrund bilden sollen. Dafür gibt es auch keinen überzeugenden Grund. Es ist wenig einleuchtend, einige begrenzte Tatbestände wie unzureichende Offenbarung, unzulässige Erweiterung und widerrechtliche Entnahme als eigenständige Einspruchsgründe auszubilden, dagegen die Masse aller Einwände in einem Einspruchsgrund zusammenzufassen.

Demgemäß hat der deutsche Gesetzgeber für die parallelen Löschungsgründe eines Gebrauchsmusters aus Gründen der Zweckmäßigkeit in § 15 GbmG eine andere Aufteilung gewählt, obwohl es seine Absicht war, sich an die Systematik des § 21 PatG anzulehnen.[8] Die unzureichende Offenbarung ist anders als in § 21 PatG nicht als eigener Löschungsgrund erwähnt. Die Ausführbarkeit ist vielmehr ein Teilaspekt der Schutzfähigkeit und fällt damit unter den Löschungsgrund des § 15 (1) Nr 1 GbmG.[9] Wenn die Auflistung der Gründe in § 21 PatG und § 15 GbmG eine Legaldefinition für die Eigenständigkeit der aufgezählten Gründe wäre, hätte das zur Folge, dass ein Patent – wenn mangelnde Ausführbarkeit geltend gemacht wird – anders zu behandeln wäre als ein Gbm, obwohl sich in dieser Hinsicht Patent und Gbm nicht unterscheiden. So könnte zB BPatG, wenn mangelnde Ausführbarkeit geltend gemacht wird, bei einem Patent nicht von Amts wegen prüfen, ob die materiellen Voraussetzungen der Schutzfähigkeit gegeben sind, bei einem Gbm dagegen wohl.

1.2 Auslegung *(interpretation)*: Ist der Einspruchsgrund in der Einspruchsschrift nicht ausdrücklich genannt, so ist er aus dem konkret und substantiiert vorgetragenen Tatbestand durch Auslegung zu ermitteln. Das gilt auch, wenn der Grund nicht hinreichend deutlich oder unzutreffend genannt ist. Ist zB Stand der Technik mit der rechtlich unrichtigen Behauptung genannt, dem Patent fehle die Neuheit, so kann im Wege der Auslegung das gleiche Material als der erfinderischen Tätigkeit entgegenstehend gewertet werden.[10]

1.3 Vorgreifliche Tatbestände *(points to be prejudged)*: Zum geltend gemachten Einspruchsgrund gehören implizit alle *vorgreiflichen Tatbestände*, deren Vorliegen Voraussetzung für eine Prüfung des konkret genannten Grundes ist (vgl dazu auch § 59 Rdn 185). Allerdings kann ein Patent auf erfinderische Tätigkeit auch dann geprüft werden, wenn nicht feststeht, dass der Anspruchsgegenstand überhaupt als eine Erfindung im Sinne des PatG oder des EPÜ anzusehen ist.[11] Ebenso wenig ist für die Prüfung des Nichtigkeitsgrundes der unzulässigen Erweiterung gemäß § 21 (1) Nr 4 die Frage der Patentfähigkeit gemäß § 21 (1) Nr 1 vorgreiflich zu prüfen.[12]

---

7 GrBK G 0001/95, ABl **96**, 615 (Nr 3.2–4.1) *Neue Einspruchsgründe/DE LA RUE*; G 0007/95 ABl **96**, 626 *Neue Einspruchsgründe/ETHICON*.
8 Amtl Begr zum GbmÄndG 1986 BlPMZ **86**, 320, 327 zu Nr 10.
9 BGH BlPMZ **99**, 311 (II2a) *Flächenschleifmaschine*.
10 So im Ergebnis GrBK G 0001/95, ABl **96**, 615 (Nr 7.2) *Neue Einspruchsgründe/DE LA RUE*; G 0007/95 ABl **96**, 626 *Neue Einspruchsgründe/ETHICON*.
11 GrBK G 0001/95, ABl **96**, 615 *Neue Einspruchsgründe/DE LA RUE*: Ob eine Erfindung nach Art 52 (1) u (2) EPÜ nicht patentfähig ist, darf im Beschwerdeverfahren nicht geprüft werden, wenn nur mangelnde Neuheit und erfinderische Tätigkeit geltend gemacht sind.
12 BPatGE **42**, 57.

2 Neuer Widerrufs- oder Einspruchsgrund *(fresh ground for opposition)*

18 Ein Einsprechender macht einen neuen Einspruchsgrund immer dann geltend, wenn er zur Stützung seines Einspruchs sich auf einen Tatbestand beruft, der unter eine andere Nr des § 21 oder einen anderen Buchstaben des Art 100 EPÜ fällt.

19 Ein neuer Einspruchsgrund liegt aber auch dann vor, wenn der Einsprechende seinen Einspruch nach Fristablauf auf eine *neue Rechtsgrundlage* stützt[13] (s Rn 14), die zwar wie die fristgerecht geltend gemachte Rechtsgrundlage unter § 21 (1) Nr 1 und Art 100 a) EPÜ fällt, aber mit dieser keinen sachlichen Berührungspunkt aufweist (zB neu Sittenwidrigkeit statt bisher mangelnde erfinderische Tätigkeit). Bleibt der Einsprechende mit seinem neuen Vortrag dagegen innerhalb der gleichen Rechtsgrundlage, zB wenn er neue Entgegenhaltungen zur behaupteten mangelnden erfinderischen Tätigkeit nachschiebt, so liegt kein neuer Einspruchsgrund vor, sondern eine Änderung der Begründung,[14] die als verspätetes Vorbringen zu werten ist (vgl dazu § 59 Rdn 213). Allgemein zur Frage, wann ein Einspruchsgrund neu ist, vgl § 59 Rdn 197 ff.

20 *Prüfung neuer Einspruchsgründe*: Einen neuen Einspruchsgrund prüft die 1. Instanz auf seine Relevanz von Amts wegen und weist ihn als verspätet zurück, wenn er ihr unerheblich erscheint, oder führt ihn in das Verfahren ein, wenn sie ihn für entscheidungserheblich hält (s § 59 Rdn 191). In 2. Instanz kann nach der Rechtsprechung ein neuer Einspruchsgrund jedenfalls nicht von Amts wegen ohne Einverständnis des Patentinhabers berücksichtigt werden (s § 59 Rdn 196).

3 Neuer Nichtigkeitsgrund

21 Nach der Rechtsprechung bilden die Nichtigkeitsgründe des § 22 (1) iVm § 21 (1) Nr 1–4 jeweils einen einheitlichen Klagegrund[15] mit der Folge, dass eine erneute Klage aus demselben Klagegrund wegen entgegenstehender Rechtskraft als unzulässig abzuweisen ist.[16] Wird mit der 2. Klage wie mit der 1. Klage die gleiche Rechtsgrundlage geltend gemacht (zB das Fehlen erfinderischer Tätigkeit) und zur Stützung »weiteres Material in der Form druckschriftlicher Vorveröffentlichungen« vorgetragen, so ist die neue Klage unzulässig, weil sie auf der gleichen Rechtsgrundlage wie die erste Klage beruht.[17]

22 Wird dagegen mit der 2. Klage eine andere Rechtsgrundlage geltend gemacht (zB Ausnahme vom Patentschutz gemäß § 2 oder § 2a bzw. Art 53 EPÜ statt in der 1. Klage mangelnde erfinderische Tätigkeit), so sollte die rechtskräftige Abweisung der 1. Klage der Zulässigkeit der 2. Klage wegen der unterschiedlichen Rechtsgrundlage nicht entgegenstehen, obwohl beide Klagen auf § 22 (1) iVm § 21 (1) Nr 1 bzw. Art 138 (1) a) EPÜ und Art II § 6 (1) Nr 1 IntPatÜG gestützt sind.

---

13 GrBK G 0001/95, ABl **96**, 615 (Nr 4.6 u 5.4) *Neue Einspruchsgründe/DE LA RUE*; G 0007/95 ABl **96**, 626 *Neue Einspruchsgründe/ETHICON*.
14 BGH GRUR **55**, 531 *Schlafwagen* (für Nichtigkeitsverfahren).
15 Auch bei europ Patenten: BPatG v 10.2.1998 2 Ni 27/97 (EU), zitiert von Anders GRUR **99**, 443 Fn 120; BPatG BlPMZ **14**, 323 (III1.2) *Abdeckung*.
16 BGH BlPMZ **64**, 22 *Konditioniereinrichtung*.
17 So im Ergebnis BGH BlPMZ **64**, 22 *Konditioniereinrichtung*.

Der rechtskräftig abgewiesene Klagegrund kann nicht von Amts wegen in einer neuen Klage geprüft werden, die zulässig auf einen anderen Klagegrund gestützt ist,[18] denn anders als im Einspruchsverfahren (vgl § 59 Rdn 191) kann im Nichtigkeitsverfahren von Amts wegen ein anderer Klagegrund, den der Kläger nicht geltend macht, nicht aufgegriffen werden.[19] Wird in einem anhängigen Nichtigkeitsverfahren der Klagegrund geändert, so stellt das eine Klageänderung dar, die zulässig ist, wenn der Beklagte einwilligt oder das Gericht sie für sachdienlich erachtet.

4 Unzulässige Gründe *(grounds on which an opposition or revocation cannot be based)*

Einen *abschließenden Katalog* enthält § 21 (1) und Art 100 EPÜ für die Widerrufs- oder Einspruchsgründe[20] und § 22 (1) iVm § 21 (1) für die Nichtigkeitsgründe.[21] Auf andere Mängel können Widerruf oder Nichtigerklärung nicht gestützt werden, auch wenn es im Erteilungsverfahren gerechtfertigt gewesen wäre, wegen ihnen die Anmeldung gemäß § 48 zurückzuweisen oder die Anmeldung gemäß § 58 (3) oder § 35a (1) 2 als zurückgenommen (vgl dazu § 35a Rdn 14) zu behandeln.

Beispiele unzulässiger Gründe: 1. Verfahrensmängel des Erteilungsverfahrens, wie Verstöße gegen die Form der Anmeldung gemäß § 34 (6) iVm der PatV; **2.** Verstoß gegen § 126 PatG durch Bezugnahme auf fremdsprachige Unterlagen;[22] **3.** Erteilung trotz Rücknahme oder Fiktion der **Rücknahme der Anmeldung** (s § 49 Rdn 17 f); **4.** Fehlende **Einheitlichkeit**;[23] **5.** Fehlen von Anmeldegebühr, Erfinderbenennung[24] oder eines wirksamen Prüfungsantrags; **6.** Erteilung geht über **Antrag** hinaus;[25] **7.** Patent verwendet falsche **Kategorie**[26] oder falsche **Anspruchsfassung** (zB product-by-process-Anspruch);[27] **8.** Erteilung durch **unzuständige Stelle**; **9.** Fehlendes **Rechtsschutzinteresse**,[28] etwa bei Doppelpatentierung;[29] **10.** Versagung des **rechtlichen Gehörs** für Einsprechenden; **11.** Fehlerhafte **Wiedereinsetzung** des Anmelders;[30] **12.** Mangelnde Deutlichkeit oder Klarheit der **Ansprüche**[31] sowie Mängel, die das Verständnis erschweren, aber nicht verhindern,[32] wie zB unrichtige Verteilung von Merk-

---

18 BPatGE 6, 189.
19 BPatGE 34, 1; 35, 255, 257.
20 BGH GRUR 97, 612 (III2) *Polyäthylenfilamente*; BPatGE 28, 112.
21 BGH GRUR 65, 473 (BII3) *Dauerwellen I* ; 67, 543 (II2c) *Bleiphosphit*; BGH v 6.5.1997 X ZR 51/95 *Schiebe-Schwenktür*.
22 BGH GRUR 98, 901 (II2b) *Polymermasse*.
23 BGH BlPMZ 55, 330 *Spülbecken*; BPatGE 32, 29; GrBK G 0001/91 ABl 92, 253 (Nr 4.2) *Einheitlichkeit/SIEMENS*.
24 Vgl BGH BlPMZ 54, 332 *Entwicklungsgerät*.
25 BPatGE 9, 34, 41; RG GRUR 40, 258, 260.
26 BGH GRUR 67, 241 *Mehrschichtplatte*.
27 BGH GRUR 97, 612 (III2d) *Polyäthylenfilamente*.
28 BGH GRUR 91, 376, 377 *Beschußhemmende Metalltür*.
29 T 0936/04 v 24.4.2008.
30 BGH GRUR 03, 47 (II3b) *Sammelhefter I*; BGH GRUR Int 60, 505 *Schiffslukenverschluss*; BPatGE 19, 39, 42.
31 BPatGE 47, 163 *Frühestmöglicher Auslösezeitpunkt*; **Art 84 EPÜ**, der eine deutliche Fassung vorschreibt, ist kein Einspruchsgrund: T 0023/86 ABl 87, 316; T 0127/85 ABl 89, 271; T 0301/87 ABl 90, 335 (Nr 3.4); T 0565/89 v 26.9.1990 BeckRS 90, 30605762.
32 BGH BlPMZ 72, 173 *Sortiergerät*.

malen auf **Oberbegriff und Kennzeichnungsteil** des Anspruchs[33] oder Beschreibung, die Überflüssiges enthält;[34] **13. Widersprüche in der Patentschrift**, zB zwischen Anspruch und Beschreibung oder zwischen Beschreibung und Zeichnung, es sei denn, diese Mängel führen zu einer unzureichenden Offenbarung der Erfindung,[35] oder PS weicht vom Erteilungsbeschluss ab;[36] **14.** Bloße Behauptung, Patent gebe eine falsche **Priorität** an,[37] sofern nicht im Prioritätsintervall liegendes Material entgegen gehalten wird,[38] oder diese sei nicht ordnungsgemäß nach § 41 in Anspruch genommen worden; **15. Fehlerhaftigkeit einer Übersetzung** einer europäischen Patentschrift, weil der Patentinhaber jederzeit gemäß dem nunmehr nur noch für Alt-Fälle geltenden Art II § 3 (4) IntPatÜG aF eine berichtigte Übersetzung einreichen kann; **16. Nicht fristgerechte oder nicht formgerechte Übersetzung** einer europäischen Patentschrift ist kein Einspruchsgrund, aber es galt nach Art II § 3 (2) IntPatÜG aF die Wirkung des europ Patents in der BRD von Anfang an als nicht eingetreten; **17. Mängel der Übersetzung** einer gemäß § 35a eingereichten fremdsprachigen Anmeldung, da diese jederzeit mit den allein maßgebenden fremdsprachigen Unterlagen in Einklang gebracht werden kann (vgl § 35a Rdn 21); **18. Patenterschleichung;**[39] **19. Unangemessene Anspruchsbreite**,[40] vgl dazu § 34 Rdn 141.

III. Die einzelnen Gründe *(individual grounds for opposition and revocation)*

1 Fehlende Patentfähigkeit

26 § 21 (1) Nr 1 und Art 100 a) EPÜ umfassen eine Vielzahl von Einwänden, die gegen den Rechtsbestand eines Patents geltend gemacht werden können. Zur Frage, ob die beiden Vorschriften einen einheitlichen Widerrufs- oder Einspruchs- und Nichtigkeitsgrund oder eine Zusammenfassung von mehreren separaten Gründen enthalten, siehe Rdn 11 ff. Durch die Verweisung auf die §§ 1–5 und die Art 52–57 EPÜ werden deutsche und europäische Patente widerrufen oder für nichtig erklärt, wenn eine der folgenden Voraussetzungen für die gesamte oder einen Teil der unter Schutz gestellten Lehre erfüllt ist:

- **Fehlen einer Erfindung** gemäß § 1 (1) und Art 52 (1) EPÜ, also wenn eine Lehre zum technischen Handeln fehlt (s § 1 Rdn 16), sie nicht realisierbar (s § 1 Rdn 33) oder nicht wiederholbar (s § 1 Rdn 36) ist.
- **Ausgeschlossene Gegenstände**, die nach § 1 (3) und Art 52 (2) EPÜ nicht als Erfindungen angesehen werden.
- **Von der Patenterteilung ausgenommene Erfindungen** gemäß § 2 und § 2a bzw Art 53 EPÜ, deren gewerbliche Verwertung gegen die öffentliche Ordnung oder die guten Sitten verstößt (s § 2 Rdn 9), die sich auf Pflanzensorten, Tierrassen oder

---

33 BGH GRUR **94**, 357 (II1b) *Muffelofen*.
34 BGH GRUR **88**, 757 (V) *Düngerstreuer*: Keine Streichung von Teilen des Patents zur Klarstellung.
35 T 0175/86 v 6.11.1990 BeckRS **90**, 30533711.
36 RGZ **153**, 315, 320 = BlPMZ **37**, 94; PA BlPMZ **85**, 309.
37 RG GRUR **40**, 346.
38 BPatGE **2**, 52.
39 BGH BlPMZ **54**, 24 *Mehrfachschelle*; **54**, 332 *Entwicklungsgerät*; BGH v 6.5.1997 X ZR 51/95 *Schiebe-Schwenktür*.
40 BGH GRUR **04**, 47 (III6) *Blasenfreie Gummibahn I*.

im Wesentlichen biologische Pflanzen- und Tierzüchtungsverfahren richten (§ 2a Rdn 14, 26 und 32) oder die bestimmte medizinische Verfahren betreffen (§ 2a Rdn 56).
- **Fehlende Neuheit** gemäß § 3 und Art 54 und 55 EPÜ.
- **Fehlende erfinderische Tätigkeit** gemäß § 4 und Art 56 EPÜ.
- **Fehlende gewerbliche Anwendbarkeit** gemäß § 5 und Art 57 EPÜ.

2 Unzureichende Offenbarung *(insufficiency of disclosure)*

Ein Patent kann nach § 21 (1) Nr 2 und Art 100 b) EPÜ widerrufen werden, wenn das Patent die Erfindung nicht so deutlich und vollständig offenbart, dass ein Fachmann sie ausführen kann. Damit wird für das *Patent* das gleiche Erfordernis wie für die *Anmeldung* in § 34 (4) und Art 83 EPÜ wiederholt. Für die Frage, ob die Ausführbarkeit für einen Fachmann gegeben ist, kann daher auf die Erläuterungen zu § 34 Rdn 332 ff verwiesen werden; nur ist Ausgangspunkt der Prüfung immer der *Inhalt der Patentschrift,* nicht der Inhalt der ursprünglichen Anmeldung. 27

2.1 Begriff *(definition)*: Eine patentierte Erfindung ist nur dann unzureichend offenbart, wenn ein für das Gebiet der Erfindung zuständiger Fachmann (s § 34 Rdn 333) anhand der Patentschrift unter Zuhilfenahme seines Fachwissens (s § 34 Rdn 336) und des allgemeinen Fachwissens (s dazu § 34 Rdn 339) mit zumutbarem Aufwand (s § 34 Rdn 350) nicht in der Lage ist, die unter Schutz gestellte Erfindung in ausreichendem Maße (s § 34 Rdn 344) im gesamten beanspruchten Bereich (s § 34 Rdn 347) praktisch zu verwirklichen. 28

Die unzureichende Offenbarung gemäß § 21 (1) Nr 2 und Art 100 b) EPÜ fällt auch unter den Widerrufs- und Einspruchsgrund der fehlenden Patentfähigkeit gemäß § 21 (1) Nr 1 und Art 100 a) EPÜ,[41] wenn die beanspruchte Lehre überhaupt nicht realisierbar ist, weil es dann an einer Erfindung fehlt (vgl dazu § 1 Rdn 33). Dass mangelnde Ausführbarkeit sowohl unter Nr 1 als auch Nr 2 des § 21 (= lit a und b des Art 100 EPÜ) fallen kann, führt nicht dazu, dass mit dem Einwand mangelnder Ausführbarkeit immer zwei Einspruchsgründe geltend gemacht werden, da der Widerrufs- und Einspruchsgrund nicht durch die zufällige Subsumtion unter verschiedene Vorschriften, sondern durch die Rechtsgrundlage bestimmt wird, auf die der Einspruch gestützt wird (s oben Rdn 11 ff). 29

2.2 Zeitpunkt der Ausführbarkeit *(time of sufficient disclosure)*: Nach § 21 (1) Nr 2 und Art 100 b) EPÜ ist das Patent zu widerrufen, wenn *das Patent* (nicht die Patentanmeldung) die Erfindung unzureichend offenbart. Nach dem reinen Wortlaut dürfte ein Patent also nicht widerrufen werden, wenn die in der Patentschrift enthaltene Erfindung zur Zeit der Patenterteilung ausführbar, zur Zeit ihrer Anmeldung aber nicht ausführbar war.[42] 30

---

41 Vgl BGH BlPMZ **92**, 308 (III2) *Antigene-Nachweis.*
42 Kraßer/Ann Lehrbuch 7. Aufl § 13 Nr 10 wollen für die Beurteilung der Ausführbarkeit im Einspruchs- und im Nichtigkeitsverfahren Umstände berücksichtigen, die nach dem Anmeldetag eingetreten sind, aber die Anmeldung nicht unzulässig erweitern. Ganz allgemein soll es für die Ausführbarkeit auf den Zeitpunkt ankommen, in dem erstmals über das Patentgesuch entschieden wird (vgl dazu § 34 Rdn 355).

31 Das entspricht aber nicht dem Sinn des Gesetzes. Es würde zu dem unlogischen Ergebnis führen,[43] dass eine Anmeldung, deren Lehre am Anmeldetag nicht ausführbar ist, zurückzuweisen ist, weil sie die Voraussetzungen des § 34 (4) und des Art 83 EPÜ nicht erfüllt, während die gleiche Erfindung in einem Patent aufrechtzuerhalten wäre, wenn sie erst nach dem Anmeldetag, aber zur Zeit der Patenterteilung ausführbar geworden ist. Der Sinn einer Erteilung eines Patents besteht aber in der angemessenen Belohnung für die Leistung des Erfinders,[44] der die Technik am Anmeldetag bereichert, nicht aber in der Belohnung des Erfinders für eine unausführbare Lehre, die erst durch eine Leistung Dritter, denen dafür möglicherweise ein Patent gebührt, nachträglich ausführbar geworden ist.

32 *Maßgebender Zeitpunkt* für die Ausführbarkeit einer patentierten Erfindung ist daher der **Anmelde- oder Prioritätstag** des Patents.[45] »Dabei sind die zur Zeit der Anmeldung des Patents gegebenen Verhältnisse maßgebend«,[46] so dass es nicht genügt, wenn »die Lehre unter zusätzlicher Berücksichtigung späterer Entwicklung und Erkenntnisse ausführbar geworden ist«.[47] Allerdings ist es nicht nur erforderlich, dass die Erfindung zu dem genannten Zeitpunkt ausführbar ist, vielmehr muss die Ausführbarkeit auch für die Zukunft gewährleistet sein. Dies ergibt sich aus dem Zweck des Patentrechts, einen Erfinder nur dann mit einem Ausschließungsrecht zu belohnen, wenn seine Offenbarung die Technik dauerhaft bereichert.[48]

33 Die ursprünglichen Unterlagen können herangezogen werden, um etwaige Bedenken gegen die Ausführbarkeit zu zerstreuen. Das setzt aber voraus, dass dadurch der Schutzbereich des Patents nicht unzulässig erweitert wird (§ 22 (1) und Art 123 (3) EPÜ).[49]

34 **2.3 Klarheit des Patents** *(clarity of the patent):* § 21 (1) Nr 2 und Art 100 b) EPÜ verlangen eine deutliche und vollständige Offenbarung (vgl § 34 Rdn 314 ff), die immer dann gegeben ist, wenn ein Fachmann die patentierte Erfindung verstehen und verwirklichen kann. Ist diese Voraussetzung erfüllt, ist ein Einwand mangelnder Klarheit – so berechtigt er sein mag – kein Widerrufs- oder Einspruchs- und Nichtigkeitsgrund. Solange ein Fachmann die patentierte Erfindung in zumutbarer Weise ausführen kann, kann allein auf Mängel des Patents, die seine Klarheit nachteilig berühren, kein Einspruch gemäß § 21 (1) Nr 2 und Art 100 b) EPÜ gestützt werden. Mängel, die im Erteilungsverfahren als unklar beanstandet werden können, um ein möglichst präzise formuliertes Schutzrecht zu erteilen, können daher weder im Einspruchs- noch im

---

43 Brit House of Lords RPC 1997, 1 = GRUR Int 98, 412 (Nr 14) *Hepatitis-B-Virus.*
44 BGH GRUR 91, 518 (III3d) *Polyesterfäden.*
45 BGH GRUR 66, 141, 145 *Stahlveredlung*; 91, 518 (III2) *Polyesterfäden*; BlPMZ 92, 308 (III2) *Antigene-Nachweis*; 99, 311 (II2b) *Flächenschleifmaschine* (Gbm); Brit House of Lords RPC 1997, 1 = GRUR Int 98, 412 (Nr 14) *Hepatitis-B-Virus.*
46 BGH BlPMZ 84, 215 *Hörgerät*; 92, 308 (III2) *Antigene-Nachweis*; 99, 311 (II2b) *Flächenschleifmaschine* (Gbm).
47 BGH BlPMZ 92, 308 (III5) *Antigene-Nachweis.*
48 T 1714/15 v 20.1.2020 GRUR-RS 20, 3025 (3.3). Für den besonderen Fall der Hinterlegung biologischen Materials s § 34 Rdn 509.
49 EPA-PrüfRichtl D-V 4.

Nichtigkeitsverfahren als eigenständiger Grund für einen Widerruf des Patents geltend gemacht werden.[50]

Ist dagegen das Patent so unklar abgefasst, dass ein Fachmann auch bei redlichem Bemühen die im Patent dargestellte Lehre nicht verwirklichen kann, dann ist das ein Einspruchs- und Nichtigkeitsgrund im Sinne des § 21 (1) Nr 2 und des Art 100 b) EPÜ. Zur *Klarstellung des Patents* in der Einspruchs- oder Nichtigkeitsentscheidung s Rdn 100.

EPA: Ein Verstoß gegen **Art 84 EPÜ**, der für Ansprüche eine deutliche und knappe Fassung und eine Stützung durch die Beschreibung vorschreibt, ist kein eigener Einspruchsgrund.[51] Verteidigt aber der Patentinhaber sein Patent im beschränkten Umfang, so müssen, wie sich aus Art 101 (3) a) EPÜ ergibt, die von ihm im Einspruchs- oder Einspruchsbeschwerdeverfahren vorgenommenen Änderungen der Ansprüche oder anderer Teile des Patents in vollem Umfang die Erfordernisse des EPÜ erfüllen. Geänderte Ansprüche müssen daher *hinsichtlich der Änderungen* Art 84 EPÜ entsprechen.[52] Sie können also nur auf die Erfordernisse des Art 84 EPÜ geprüft werden, sofern – und dann auch nur soweit – die Änderung selbst einen Verstoß gegen Art 84 EPÜ herbeiführt.[53]

2.4 Beweislast für unzureichende Offenbarung *(burden of proof to establish insufficiency)* (vgl dazu § 59 Rdn 209 und Einl Rdn 154) obliegt dem Einsprechenden,[54] der idR unter exakter Nacharbeitung der Bedingungen des Patents[55] nachweisen muss, dass die Erfindung nicht ausführbar ist. *Unzureichend* ist es in der Regel, **a)** nur ein Beispiel von mehreren nachzuarbeiten;[56] **b)** für die Nacharbeitung äquivalente Stoffe zu verwenden,[57] **c)** die Ausführbarkeit lediglich zu bezweifeln, ohne Versuchsergebnisse vorzulegen.[58]

---

50 BGH GRUR **16**, 361 *Fugenband*.
51 T 0023/86 ABl **87**, 316; T 0127/85 ABl **89**, 271; T 0301/87 ABl **90**, 335 (Nr 3.4). Lit: Keussen GRUR **14**, 132.
52 GrBK G 0009/91 ABl **93**, 408 (Nr 19) *Prüfungsbefugnis/ROHM AND HAAS*; G 0010/91 ABl **93**, 408 *Prüfung von Einsprüchen/Beschwerden*; T 0301/87 ABl **90**, 335; T 0426/89 ABl **92**, 172, 176; so auch BGH BlPMZ **10**, 360 *Proxyserversystem* (zum NichtigkeitsV).
53 GrBK G 0003/14 ABl **15**, A102 *Änderungen im Einspruchsverfahren/FREEDOM INNOVATIONS*. Hierzu Lagler et al, sic! **15**, 476. So auch für Nichtigkeitsverfahren BGH GRUR **16**, 361 *Fugenband*: Bei Selbstbeschränkung ist Prüfung der Klarheit des beschränkten Patentanspruchs *jedenfalls insoweit* nicht statthaft, als die mutmaßliche Unklarheit bereits in den erteilten Ansprüchen enthalten war. Ebenso BGH v 30.1.2018 X ZR 27/16 GRUR **18**, 395 (Rn 34) *Wasserdichter Lederschuh*; v 15.12.2020 X ZR 180/18 GRUR **21**, 701 (Rn 41) *Scheibenbremse* (per obiter dictum auch für Einspruchsverfahren).
54 T 0182/89 ABl **91**, 391; T 0675/91 ABl **94** SonderA 89; T 0588/93 ABl **97** SonderA 45; T 0406/91 BeckRS **92**, 30579327.
55 T 0665/90 v 23.9.1992 BeckRS **92**, 30621611; T 0740/90 EPOR **93**, 459.
56 T 0182/89 ABl **91**, 391.
57 T 0406/91 BeckRS **92**, 30579327.
58 T 0016/87 ABl **92**, 212 (Nr 4).

Arbeitgeber, der erst durch die Patenterteilung von der Entnahme erfährt, kann nicht schutzlos sein.

Ein Arbeitgeber begeht widerrechtliche Entnahme, wenn er freie oder frei gewordene oder frei gegebene Erfindungen anmeldet.[69]

3.2.2 Patentfähigkeit der Erfindung, die Inhalt des Patents ist, ist bei der Prüfung des Vorliegens widerrechtlicher Entnahme nicht zu untersuchen. 44

Die ältere Rechtsprechung ging allerdings davon aus, dass die widerrechtliche Entnahme eine patentfähige Erfindung begrifflich voraussetze, da Schutzunfähiges nicht entnehmbar sei.[70] Diese Rechtsprechung ist jedoch 2011 vom BGH zu Recht ausdrücklich aufgegeben worden,[71] da die ihr zugrunde liegende Annahme, dass nur Schutzfähiges entnommen werden kann, nicht gerechtfertigt ist. Dies steht im Einklang mit der neueren Rechtsprechung zu § 6 PatG, nach der ein Recht an der Erfindung unabhängig davon entstehen kann, ob die Lehre schutzfähig ist.[72]

Die neue Rechtsprechung vermeidet zudem die paradoxen Ergebnisse,[73] zu denen die ältere Rechtsprechung führen konnte: Wenn ein Einspruch nur auf widerrechtliche Entnahme gestützt war, durfte mangelnde Patentfähigkeit einerseits nicht als neuer Einspruchsgrund geprüft werden (da andernfalls dem Verletzten das Nachanmelderecht gemäß § 7 (2) abgeschnitten würde), konnte aber andererseits als Einwand dem Einspruchsgrund der widerrechtlichen Entnahme entgegengehalten werden. Das unangemessene Ergebnis war, dass das Patent aufgrund mangelnder Patentfähigkeit in Kraft blieb. Die Patentfähigkeit ist in solchen Fällen daher nur in der Nachanmeldung des Verletzten, sofern dieser eine solche einreicht, zu prüfen.[74] 45

3.2.3 Wesensgleichheit patentierter und entnommener Erfindung muss bestehen, dh sie müssen nach Aufgabe und Lösung übereinstimmen, die objektiv anhand der tatsächlichen Lösung der technischen Probleme zu bestimmen sind.[75] Abänderungen im Rahmen des Fachkönnens, die den Kern der Erfindung unberührt lassen, sind unschädlich,[76] so zB die konkrete Ausgestaltung eines entnommenen Lösungsprinzips.[77] Alle wesentlichen Merkmale, die die Patentfähigkeit begründen, müssen identisch sein. 46

Bei **Teilidentität** ist das Patent zu widerrufen, wenn die Hinzufügung nicht erfinderisch ist. Ist sie erfinderisch, kommt es auf die *Teilbarkeit der Erfindung* an.[78] Ist sie teilbar, ist das Patent für den entnommenen Teil zu widerrufen und für den erfinderi- 47

---

69 Vgl Schiedsstelle BlPMZ 67, 131.
70 BGH GRUR 62, 140 (III2c aE) *Stangenführungsrohre*; BGH Mitt 96, 16 (A1) *Gummielastische Masse*; ausdrücklich offengelassen aber in BGH GRUR 07, 996 (Tz 13) *Angussvorrichtung für Spritzgießwerkzeuge*.
71 BGH GRUR 11, 509 (Rn 34) *Schweißheizung*.
72 BGH GRUR 10, 817 *Steuervorrichtung*, s § 6 Rdn 10.
73 Ebenso BGH GRUR 11, 509 (Rn 34) *Schweißheizung*.
74 So auch Kraßer/Ann Lehrbuch 7. Aufl § 20 II a) 5; Busse § 21 Rn 79; Niedlich VPP-Rundbrief 01, 122, 125.
75 BGH GRUR 81, 186 *Spinnturbine II*.
76 BGH GRUR 77, 594 *geneigte Nadeln*; vgl auch 79, 692 *Spinnturbine I*.
77 BGH GRUR 81, 186 *Spinnturbine II*.
78 BGH GRUR 77, 594 *geneigte Nadeln*.

schen Überschuss aufrecht zu erhalten. Ist sie dagegen unteilbar, scheidet ein Widerruf aus; der Verletzte ist auf die Klage nach § 8 angewiesen. Enthält ein Kombinationspatent ein entnommenes Element, das für sich allein schutzfähig ist, so ist dieses Merkmal im Kombinationsanspruch nicht zu streichen, sondern es ist das Patent unter Ausschluss des selbständigen Schutzes dieses Merkmals beschränkt aufrecht zu erhalten.[79] Der Verletzte kann das entnommene Element zum Gegenstand einer Nachanmeldung mit der Priorität des teilwiderrufenen Patents machen.

48 **3.2.4 Fehlende Einwilligung des Verletzten** iSd § 21 (1) Nr 3 liegt vor, wenn der Erfindungsbesitzer dem Patentinhaber die Anmeldung seiner Erfindung nicht erlaubt hatte. Auf ein Verschulden oder den guten Glauben des Entnehmers kommt es nicht an. Widerrechtlich entnommen ist jedes Patent, das ohne Zustimmung des Verletzten angemeldet worden ist. Widerrechtlich entnehmen kann daher zB ein Ingenieur, Zeichner etc, der befugt von der Erfindung Kenntnis hat. Die bloße Mitteilung der Erfindung enthält noch keine Einwilligung zur Anmeldung.[80]

Die Einwilligung ist ein Rechtsgeschäft, bedarf daher der Geschäftsfähigkeit, kann angefochten werden und ist nach § 133 BGB auszulegen. Die unbefugte Anmeldung kann genehmigt werden.

49 **3.2.5 Ursächlichkeit:** Der Gegenstand des Patents muss gerade auf den Erfindungsbesitz des Verletzten zurückgehen. Daran fehlt es bei einer Doppelerfindung.

4 Unzulässige Erweiterung *(inadmissible extension)*

50 Lit: Brodeßer in FS Nirk 1992, 85; Bossung in FS 10 Jahre GrBK des EPA 1996, 135; Teschemacher in FS Beier 1996, 195; **Blumer:** Formulierung und Änderung der Patentansprüche im europäischen Patentrecht 1998; König in FS Tilmann 2003, 487; Pentheroudakis Art 123 in GemKom 29. Lfg, 2011; **Lit in EIPR:** Musker 95, 594; **Lit in GRUR:** Kurig 90, 19; Schwanhäusser 91, 165; 92, 295; Steinbrener 09, 356; **Lit in GRUR Int:** Schulte 89, 460; Kraßer 92, 699; van den Berg 93, 354; Harden 93, 370; Wheeler 98, 199; Laddie 98, 202; Brinkhof 98, 204; Rogge 98, 208; Pentheroudakis 08, 699; **Lit in IIC:** Kraßer 92, 467; van den Berg 93, 696; Harden 93, 729; Wheeler 98, 822; Laddie 97, 825; Brinkhof 97, 833; Rogge 97, 842; **Lit in Mitt:** Müller 91, 10; Tönnies 91, 85; 94, 169; Stamm 94, 85; 98, 90 u 207; 99, 448; Niedlich/Graefe 99, 246; Günzel 00, 81; Vollrath 00, 185; Walder-Hartmann 15, 149.

51 Eine unzulässige Erweiterung ist nach § 21 (1) **Nr 4 PatG** und **Art 100 c) EPÜ** ein Einspruchsgrund und nach § 22 (1) iVm § 21 (1) Nr 4 und Art 138 (1) c) EPÜ iVm Art II § 6 (1) Nr 3 IntPatÜG ein Nichtigkeitsgrund. Wird sie nicht beseitigt, wird das Patent insoweit im Einspruchsverfahren widerrufen und im Nichtigkeitsverfahren für nichtig erklärt.

52 **4.1 Begriff:** Ein Patent ist unzulässig erweitert, wenn sein Gegenstand über den Inhalt der ursprünglichen Anmeldung hinausgeht. Sinn des Verbots der Erweiterung ist der Schutz Dritter, die nicht mit Patenten überrascht werden sollen, mit deren Inhalt sie nach dem Studium der ursprünglichen Anmeldung nicht zu rechnen brauchten.

Unzulässige Erweiterung einer Anmeldung untersagen § 38 und Art 123 (2) EPÜ. Vgl dazu die Erläuterungen zu § 38.

---

79 BGH GRUR 77, 594 *Geneigte Nadeln.*
80 OLG Düsseldorf BB 70, 1110; OLG München BlPMZ 51, 96.

4.2 Voraussetzungen einer unzulässigen Erweiterung

4.2.1 Gegenstand des Patents *(subject-matter of the patent)* im Sinne des § 21 (1) Nr 4 und des Art 100 c) EPÜ ist nicht der Gesamtinhalt der Offenbarung aus der Patentschrift,[81] sondern der Gegenstand, der durch die Patentansprüche definiert wird, zu deren Auslegung Beschreibung und Zeichnungen herangezogen werden können.[82] Das folgt aus § 14 und Art 69 (1) EPÜ. Danach wird der Schutzbereich eines Patents durch den Inhalt der Ansprüche bestimmt, während Beschreibung und Zeichnungen nur zur Auslegung heranzuziehen sind. Für den Gegenstand des Patents gemäß § 21 (1) Nr 4 und Art 100 c) EPÜ kann nichts anderes gelten,[83] denn es wäre mit dem Sinn der Vorschrift, Rechtssicherheit für Dritte zu garantieren, nicht vereinbar, wenn für die Beurteilung des Rechtsbestands eines Patents die Patentansprüche nicht die gleiche Bedeutung wie für die Beurteilung des Schutzbereichs hätten.

Der Prüfung einer unzulässigen Erweiterung muss daher die Ermittlung des Sinngehalts des hierauf zu überprüfenden Patentanspruchs vorausgehen.[84] Für die Bestimmung des Gegenstands des Patents gemäß § 21 (1) Nr 4 und Art 100 c) EPÜ können daher die Erläuterungen zu § 14 und die Auslegungsgrundsätze des Protokolls zu Art 69 EPÜ herangezogen werden. Aus der Heranziehung der Beschreibung und der weiteren Patentansprüche kann sich ergeben, dass auch ein für sich genommen eindeutiger Anspruchswortlaut nicht ausschlaggebend ist.[85]

4.2.2 Inhalt der Anmeldung *(content of the application as filed)* ist der Gesamtinhalt der ursprünglichen Anmeldung, den ein Fachmann den Teilen einer Anmeldung entnimmt, die eine Erfindung offenbaren können, also Ansprüchen, Beschreibung und Zeichnungen (vgl dazu näher § 34 Rdn 322 ff). Der Inhalt der deutschen oder europäischen[86] Anmeldung wird nicht durch den Inhalt der ursprünglichen Ansprüche begrenzt.[87] Vielmehr dürfen alle Gegenstände, die sich einem Fachmann aus der ursprünglichen Anmeldung ohne weiteres, dh unmittelbar und eindeutig,[88] erschließen, zum Gegenstand eines Patents gemacht werden und stellen daher keine unzulässige Erweiterung dar. Zeitlich ist auf die Zuerkennung des Anmeldetags abzustellen, denn vorher liegt eine Anmeldung noch nicht vor.

Zuständige Behörde, bei der die Anmeldung ursprünglich eingereicht worden ist, kann sein: a) DPMA oder Patentinformationszentrum für deutsche Anmeldungen; b) EPA

---

81 Vgl BGH GRUR 10, 513 *Hubgliedertor II*: Eine Passage in der Beschreibung, die nicht Inhalt der ursprünglichen Unterlagen war, kann nur dann den Nichtigkeitsgrund der unzulässigen Erweiterung begründen, wenn deren Berücksichtigung bei der Auslegung des Anspruchs zu einem veränderten Verständnis führt.
82 Vgl BGH Mitt 96, 204 *Spielfahrbahn*; GRUR 01, 140 (B2) *Zeittelegramm*; 08, 887 *Momentanpol II*; BPatGE 45, 81.
83 BGH GRUR 08, 887 *Momentanpol II*.
84 BGH GRUR 15, 868 *Polymerschaum II*; GRUR 15, 875 *Rotorelemente*.
85 BGH GRUR 15, 875 *Rotorelemente*.
86 BGH GRUR 00, 591 *Inkrustierungsinhibitoren*.
87 BGH GRUR 92, 157 (II) *Frachtcontainer*; GRUR 00, 591 *Inkrustierungsinhibitoren*; BGH v 12.3.2013 X ZR 6/10 BeckRS 13, 7565 *Intravaskulärokklusionsvorrichtung*.
88 BGH GRUR 10, 910 *Fälschungssicheres Dokument*; GrBK 0002/10 ABl 12, 376 *Disclaimer/ SCRIPPS*.

für in deutsche Anmeldungen umgewandelte europäische Anmeldungen (Art 135 (1) a EPÜ); c) PCT-Anmeldeamt für internationale Anmeldungen. Vgl dazu § 34 Rdn 57.

56 *Verzicht (abandonment)* auf Teile der Anmeldung nach dem Anmeldetag berührt den Inhalt der ursprünglichen Anmeldung nicht, weil ein Verzicht grundsätzlich nicht auf den Anmeldetag zurückwirkt. Ist wirklich ein bindender Verzicht erklärt (vgl dazu § 34 Rdn 439) und gleichwohl für den verzichteten Teil ein Patent erteilt worden, so ist es aber im Interesse der Öffentlichkeit, die sich auf die bindende Erklärung des Anmelders verlassen hat, zur Beseitigung des falschen Rechtsscheins angemessen, § 21 (1) Nr 4 und Art 100 c) EPÜ analog anzuwenden. Sonst wäre jeder als Verletzer Angegriffene darauf angewiesen, den Einwand der rechtsmissbräuchlichen Geltendmachung des Patents im Verletzungsverfahren zu erheben (*venire contra factum proprium*).

57 **4.2.3 Hinausgehen über die ursprüngliche Anmeldung** (*extension beyond the application as filed*) ist Voraussetzung für das Vorliegen einer unzulässigen Erweiterung. Sie liegt vor, wenn ein Vergleich des Gegenstands des Patents (s Rdn 53) mit dem Inhalt der ursprünglichen Anmeldung (s Rdn 54) ergibt, dass er etwas aufweist, das nicht ursprünglich offenbart war. Diese Prüfung hat mit der Frage der Erweiterung des Schutzbereichs nichts zu tun. Maßstab für die Beurteilung ist das Verständnis des zuständigen Fachmanns. Dazu vgl im Einzelnen § 38 Rdn 17 sowie Beispiele für unzulässige Erweiterungen § 38 Rdn 20.

58 **4.3 Prüfung auf unzulässige Erweiterung** erfolgt immer, wenn der Einsprechende in zulässiger Weise den entsprechenden Einspruchsgrund geltend gemacht hat. Davon kann ausnahmsweise nur abgesehen werden, wenn das Patent einschließlich der geltend gemachten Erweiterung bereits aus einem anderen Grund (zB Fehlen von Neuheit, erfinderischer Tätigkeit oder Ausführbarkeit) zu widerrufen ist. Dann kann das Vorliegen einer unzulässigen Erweiterung dahingestellt bleiben.

59 *Änderungen des Patents* sind – gleichgültig, ob sie in erster oder in zweiter Instanz vorgenommen werden – immer darauf zu überprüfen, ob sie von der ursprünglichen Offenbarung gedeckt sind, also keine unzulässige Erweiterung enthalten.[89]

60 Wird im Einspruch selbst keine unzulässige Erweiterung geltend gemacht, gelten die allgemeinen Grundsätze des Einspruchsverfahrens hinsichtlich der Bindung an den Einspruchsgrund (s § 59 Rdn 186 ff).

61 **4.3.1 Prüfung in 1. Instanz:** DPMA (Patentabteilung) und EPA (Einspruchsabteilung) prüfen grundsätzlich nur die vom Einsprechenden in zulässiger Weise vorgebrachten und begründeten Einspruchsgründe. Ausnahmsweise kann anstelle oder zusätzlich zu den geltend gemachten Einspruchsgründen auch der nicht vorgebrachte Einspruchsgrund der unzulässigen Erweiterung in die Prüfung einbezogen werden. Die Ausdehnung der Prüfung steht im pflichtgemäßen Ermessen.[90] Sie erfolgt also nicht generell, denn das Einspruchsverfahren ist ein selbständiges Streitverfahren zwi-

---

[89] BGH GRUR **98**, 901 *Polymermasse;* GrBK G 0009/91 ABl **93**, 408 (Nr 19) *Prüfungsbefugnis/ ROHM AND HAAS;* G 0010/91 ABl **93**, 42 *Prüfung von Einsprüchen/Beschwerden;* BPatG GRUR **97**, 48; T 0027/95 ABl **97** SonderA 111.

[90] BGH GRUR **95**, 333 *Aluminium-Trihydroxid.*

schen zwei Beteiligten, nicht aber eine vollkommene Wiederholung des Prüfungsverfahrens. Es bedarf also eines sachlichen Anlasses, um das angegriffene Patent auch auf eine unzulässige Erweiterung zu prüfen. Dieser kann darin bestehen, dass für DPMA oder EPA ohne weiteres ersichtlich ist *(prima facie)*,[91] dass ein bestimmtes Merkmal ursprünglich nicht offenbart war, oder dass der Einsprechende nach Ablauf der Einspruchsfrist, aber substantiiert darlegt, dass ein Anspruchsmerkmal in der ursprünglichen Anmeldung nicht enthalten war. Wird eine von Amts wegen festgestellte unzulässige Erweiterung nicht beseitigt, ist das Patent zu widerrufen.

4.3.2 Prüfung in der Beschwerdeinstanz: Auf Beschwerde überprüfen BPatG und die Beschwerdekammern des EPA die angefochtene Entscheidung. Bei dieser Rechtskontrolle sind sie auf die Einspruchsgründe beschränkt, die Gegenstand des Verfahrens in 1. Instanz waren[92] (vgl dazu Einl Rdn 21 und § 59 Rdn 196) oder bei BPatG (nicht vor EPA-Beschwerdekammer!) als sachdienliche Änderung des Verfahrensgegenstands (§ 263 ZPO) neu im Beschwerdeverfahren geltend gemacht werden.[93] Gehört dazu die unzulässige Erweiterung nicht, kann sie im Beschwerdeverfahren nicht von Amts wegen erstmals aufgegriffen werden. In diesem Sinne war die unzulässige Erweiterung Gegenstand in 1. Instanz,
a) wenn der Einsprechende sie mit dem zulässigen Einspruch geltend gemacht hatte, selbst wenn er später auf diesen Grund verzichtet hatte;[94]
b) wenn der Einsprechende eine entscheidungserhebliche unzulässige Erweiterung zwar erst nach Ablauf der Einspruchsfrist, aber substantiiert vorgetragen hatte;
c) wenn die angefochtene Entscheidung in ihrer Begründung auf eine unzulässige Erweiterung eingeht, gleich ob zustimmend oder ablehnend;
d) wenn die unzulässige Erweiterung Gegenstand der angefochtenen Entscheidung hätte sein müssen, die 1. Instanz aber unter Verstoß gegen ihr pflichtgemäßes Ermessen sie nicht in die Prüfung einbezogen hatte; denn eine Entscheidung ist auf Beschwerde auf einen etwaigen Ermessensfehlgebrauch überprüfbar. In diesem Fall wird zur Erhaltung der Prüfung in zwei Instanzen uU zurückzuverweisen sein;
e) wenn der Patentinhaber selbst der Prüfung einer erstmals im Beschwerdeverfahren diskutierten unzulässigen Erweiterung zustimmt;[95]
f) ist die angefochtene Entscheidung auf die unzulässige Erweiterung A gestützt, ist die Beschwerdeinstanz nicht gehindert, ihre Prüfung auf unzulässige Erweiterungen B und C zu erstrecken.[96]

4.4 Beseitigung der unzulässigen Erweiterung *(elimination of an inadmissible extension)*

Lit: Bossung in FS 10 Jahre GrBK des EPA 1996, 135; Teschemacher in FS Beier 1996, 195; **Blumer:** Formulierung und Änderung der Patentansprüche im europäischen Patentrecht 1998; König in FS

---

91 GrBK G 0010/91 ABl **93**, 420 *Prüfung von Einsprüchen/Beschwerden.*
92 BGH GRUR **95**, 333 *Aluminium-Trihydroxid;* GrBK G 0009/91 ABl **93**, 408 *Prüfungsbefugnis/ROHM AND HAAS.*
93 BGH GRUR **17**, 54 *Ventileinrichtung.*
94 T 0274/95 ABl **97**, 99; vgl auch § 59 Rdn 197, b).
95 GrBK G 0010/91 ABl **93**, 420 *Prüfung von Einsprüchen/Beschwerden;* BPatGE **37**, 215, 222.
96 BPatGE **43**, 132.

Tilmann 2003, 487; **Lit in GRUR:** Gröning 21, 561; **Lit in GRUR Int:** van den Berg 93, 354; Harden 93, 370; Wheeler 98, 199; Laddie 98, 202; Brinkhof 98, 204; Rogge 98, 208; **Lit in Mitt:** Stamm 94, 85; 98, 90 u 207; 99, 448 Niedlich/Graefe 99, 246; Günzel 00, 81; Walder-Hartmann 15, 149; Ackermann 21, 50; **Lit in IIC:** Wheeler 97, 822; Laddie 97, 825; Brinkhof 97, 833; Rogge 97, 842.

Enthält ein Patent eine unzulässige Erweiterung, dann kann das Patent im Einspruchs- wie im Nichtigkeitsverfahren grundsätzlich nur aufrechterhalten werden, wenn die unzulässige Erweiterung beseitigt wird. Wird aber lediglich die unzulässige Erweiterung eliminiert, dann erweitert sich damit häufig automatisch der Schutzbereich des Patents, weil das gestrichene, über die ursprüngliche Anmeldung hinaus gehende Merkmal den Schutzbereich nicht mehr beschränkt. Eine bloße Streichung würde daher gegen den Nichtigkeitsgrund des § 22 (1) und des Art 138 (1) d) EPÜ iVm Art II § 6 (1) Nr 4 IntPatÜG verstoßen.

64 Eine Lösung dieses Konflikts sieht weder das PatG noch das EPÜ vor. Sie muss daher nach den Regeln der *Schließung von Gesetzeslücken* gefunden werden (s Einl Rdn 195). Dabei sind die sich gegenüber stehenden berechtigten Interessen des Patentinhabers an der Aufrechterhaltung seines bereinigten Patents und der Öffentlichkeit, mit keinem weiteren Schutzbereich als zur Zeit der Patenterteilung konfrontiert zu werden, in Einklang zu bringen.

65 **4.4.1 Rechtsprechung des EPA:** Die GrBK hält die Aufrechterhaltung eines Patents mit einem ursprünglich nicht offenbarten, erweiternden Merkmal nur für möglich, wenn das Merkmal durch ein anderes, ursprünglich offenbartes Merkmal ersetzt werden könne oder wenn das hinzugefügte Merkmal keinen technischen Beitrag zum Gegenstand der beanspruchten Erfindung leiste. Treffe das nicht zu – und das ist die Regel[97] –, sei das Patent zu widerrufen, denn Art 123 (2) und Art 123 (3) EPÜ stellen dann eine »*unentrinnbare Falle*« (*inescapable trap*) dar.[98]

66 Diese Interpretation lässt einen ausgewogenen Ausgleich der berechtigten Interessen von Öffentlichkeit und Patentinhaber vermissen.[99] Der Patentinhaber verliert sein Schutzrecht allein wegen eines Mangels, den das EPA mit zu verantworten hat, da es nach Art 97 (1) EPÜ verpflichtet ist, Patente nur für Anmeldungen und Erfindungen zu erteilen, die den Erfordernissen des EPÜ genügen. Sogar die Tatsache, dass im *ex parte*-Beschwerdeverfahren die Erteilung des Patents in der vom Anmelder vorgeschlagenen Fassung angeordnet und dabei vorgenommene Änderungen als mit Art 123 (2) EPÜ vereinbar angesehen wurden, bewahrt den Patentinhaber nicht davor, in die »Falle« zu geraten.[100]

---

97 Für einen Ausnahmefall s T 1779/09 ABl 15 ZPubl 4, 60.
98 GrBK G 0001/93 ABl **94**, 541 (Nr 13) *Beschränkendes Merkmal/ADVANCED SEMICONDUCTOR PRODUCTS*; s auch T 0307/05 v 27.2.2007 BeckRS 07, 30561641.
99 Krit auch Rogge GRUR Int **98**, 208; Bossung in FS 10 Jahre GrBK des EPA 1996, 135; Günzel Mitt 00, 81; Keukenschrijver GRUR 03, 177; Schar Mitt 99, 321; Stamm Mitt **98**, 90; **99**, 448; Walder-Hartmann Mitt **15**, 149.
100 T 1099/06 ABl 09 SonderA 2, 104 = EPOR 08, 412.

Zu Unrecht wird dem Gesetzgeber des EPÜ damit unterstellt, dass er eine »unentrinnbare Falle« gewollt habe.[101] Vielmehr dürften bei der Schaffung des Art 123 (3) EPÜ die möglichen Konsequenzen nicht voll bedacht worden sein, so dass eine Regelung insoweit unterblieb. Ein solcher nicht unüblicher Mangel eines Gesetzes ist durch den Richter im Wege eines gerechten Ausgleichs der Interessen der Betroffenen zu beheben. Beispielhaft sind die von der deutschen Rechtsprechung entwickelten Lösungen, die der BGH in bewusster Abweichung von der EPA-Rechtsprechung für das nationale Einspruchsverfahren anerkannt hat (s Rdn 72). Bedauerlicherweise wurde dieser Problemkreis bei der EPÜ-Revision 2000 entgegen ursprünglichen Absichten ausgeklammert.

67

4.4.2 Rechtsprechung des BPatG bis 2010: Das BPatG hat das Problem in seiner früheren Rechtsprechung zumeist[102] so gelöst, dass dem unveränderten Wortlaut des Patentanspruchs – also einschließlich des im Anspruch belassenen ursprünglich nicht offenbarten Merkmals – eine Erklärung beigegeben wurde, die den Tatbestand der unzulässigen Erweiterung und deren Umfang definiert (*disclaimer-Lösung*).[103] Damit wurde das Patent von der unzulässigen Erweiterung befreit und konnte – wenn es sonst rechtsbeständig war – in der bereinigten Fassung fortbestehen. Diese Erklärung wurde gemäß § 21 (2) 2 in den Anspruch[104] oder in die Beschreibung[105] aufgenommen. Denn formal handelte es sich um einen teilweisen Widerruf des Patents, obwohl sich die Schutzwirkungen des Patents nicht verringerten.

68

Der Disclaimer konnte lauten: »*Merkmal X (= wörtliche Wiedergabe) stellt eine unzulässige Erweiterung dar*«. Weitere Zusätze, wie »*... aus der Rechte nicht hergeleitet werden können*«[106] oder »*die der Patentinhaber gegen sich gelten lassen muss*«[107] verdeutlichen die sich aus dem Gesetz ergebende Rechtsfolge und waren daher wegen ihrer rein deklaratorischen Natur an sich entbehrlich.

69

Als Fußnotenlösung (footnote-solution) wird eine besondere Art der Beschränkungserklärung bezeichnet, wenn diese aus Gründen der Übersichtlichkeit und Hervorhebung nicht direkt in den Anspruch oder in die Beschreibung aufgenommen wird, sondern in einer Fußnote zu dem erweiternden Merkmal im Anspruch, das im Anspruch besonders gekennzeichnet ist (zB durch Anführungszeichen oder Kursivschrift).

70

Durch eine solche Beschränkungserklärung wurde sichergestellt, a) dass das erweiternde Merkmal nicht zur ursprünglichen Offenbarung gehört und damit nicht zur Begründung der Patentfähigkeit herangezogen werden kann und b) dass der Patentin-

71

---

101 Sich die Münchner Diplomatische Konferenz als hinterlistigen Fallensteller zum Nachteil des Patentanmelders/-inhabers vorzustellen, erscheint wenig überzeugend.
102 Darüber hinaus haben einige Entscheidungen des BPatG sogar zugelassen, das ursprünglich nicht offenbarte Merkmal zu streichen, wenn die unzulässige Erweiterung vor Patenterteilung erfolgt war. Vgl für Einzelheiten und zur Kritik: 8. Aufl § 21 Rn 78–79.
103 So zB BPatGE 31, 4 *Flanschverbindung*; 45, 80, 86 *Automatische Umschaltung*; 51, 271 *Winkelmesseinrichtung*.
104 So BGH GRUR 79, 224 *Aufhänger*; BPatGE 31, 109.
105 So BPatGE 31, 1; 31, 157.
106 Vgl BPatGE 31, 1, 4; 42, 105.
107 Vgl BPatGE 31, 109.

haber das erweiternde Merkmal bei der Bestimmung des Schutzbereichs gegen sich gelten lassen muss. Damit war ein gerechter Ausgleich der Interessen des Patentinhabers einerseits und der Öffentlichkeit andererseits erreicht. Der Patentinhaber behielt sein Recht in dem Umfang, in dem es ihm zustand, und die Öffentlichkeit sah sich keinem weiteren Schutzbereich gegenüber als bei der Patenterteilung.

72 **4.4.3 Neuere deutsche Rechtsprechung:** Die interessengerechte Rechtsprechung des BPatG ist vom BGH zunächst für das Nichtigkeitsverfahren gegen deutsche Patente,[108] dann aber auch für das Einspruchsverfahren[109], das Gebrauchsmusterlöschungsverfahren[110] und das Nichtigkeitsverfahren gegen europäische Patente[111] in deutlicher Abweichung von der Beschwerderechtsprechung des EPA bestätigt worden. Damit wird dem verfassungsrechtlichen Schutz des Eigentums (Art 14 GG) Rechnung getragen, der auch das Recht am Patent umfasst und den Patentinhaber vor hoheitlichen Eingriffen schützt, soweit diese nicht erforderlich sind.[112]

Dabei darf sogar auf eine ausdrückliche Beschränkungserklärung verzichtet werden, auch wenn sie weiterhin möglich ist:[113] Ein nicht ursprünglich offenbartes einschränkendes Merkmal kann im Anspruch verbleiben, muss aber bei der Prüfung der Patentfähigkeit jedenfalls insoweit außer Betracht gelassen werden, als es nicht zu ihrer Stützung herangezogen werden darf. Dies wird mit dem Begriff »uneigentliche Erweiterung« bezeichnet. Hiermit wird den berechtigten Interessen der Öffentlichkeit ausreichend Genüge getan. Eines Widerrufs des Patents bedarf es in dieser Konstellation nicht. Es kann aber angezeigt sein, in solchen Fällen sog. uneigentlicher Erweiterung nicht nur eine korrigierende zusätzliche Prüfung der Patentfähigkeit vorzunehmen, sondern auch weitere Nichtigkeitsgründe und darüber hinausgehende Zulässigkeitsaspekte in das Verfahren einzubeziehen.[114]

73 **4.4.4 Grenzen möglicher Beseitigung:** Der vom BGH aufgezeigte Lösungsweg kommt aber nach der Rechtsprechung nur dann in Betracht, wenn die Einfügung des ursprünglich nicht offenbarten Merkmals eine Einschränkung des angemeldeten Gegenstands bewirkt hat.[115] Er scheidet aus, wenn die Hinzufügung des Merkmals dazu geführt hat, dass der Patentanspruch eine andere Erfindung zum Gegenstand hat als die ursprüngliche Anmeldung, dh wenn das Patent etwas schützt, das gegenüber dem ursprünglich Offenbarten ein Aliud darstellt.[116]

---

108 BGH GRUR 01, 140, 102 f. *Zeittelegramm*.
109 BGH GRUR 11, 40 *Winkelmesseinrichtung*.
110 BGH GRUR 13, 1135 *Tintenstrahldrucker*.
111 BGH GRUR 15, 573 *Wundbehandlungsvorrichtung* (der gegenteiligen Auffassung des BPatG in BlPMZ 14, 370 *Fettabsaugevorrichtung* widersprechend). Der BGH hat dabei darauf hingewiesen, dass er nicht auf der Grundlage von Art 123 (3) EPÜ, sondern von Art II § 6 IntPatÜG entschieden habe; s auch Meier-Beck GRUR 16, 865, 868.
112 BGH GRUR 15, 573 (Rn 51) *Wundbehandlungsvorrichtung*.
113 BGH v 19.7.2016 X ZR 36/14 BeckRS 16, 15769 (Rn 62) *Funkrufsystem mit Standortbekanntgabefunktion*. In BPatG v 22.8.2018 4 Ni 10/17 (EP) GRUR 19, 606 wird eine solche Beschränkungserklärung (»Disclaimer«) mit guten Gründen für sinnvoll angesehen.
114 BPatG v 22.8.2018 4 Ni 10/17 (EP) GRUR 19, 606.
115 BGH GRUR 11, 40 (Rn 21) *Winkelmesseinrichtung*.
116 BGH GRUR 01, 140, 141 *Zeittelegramm*; BGH GRUR 11, 40 (Rn 21) *Winkelmesseinrichtung*; BPatG GRUR 13, 609 *Unterdruckwundverband*. Zum Begriff des Aliud s Ackermann Mitt 21, 50.

Die Öffentlichkeit braucht nicht damit zu rechnen, dass ein Aliud patentiert wird: Ein solcher Patentanspruch gefährdet die Rechtssicherheit für Dritte, die sich auf den Inhalt der Patentanmeldung in der eingereichten und veröffentlichten Fassung verlassen.[117] Die Aufrechterhaltung eines Patents für ein Aliud mit der Maßgabe, dass das Merkmal im Anspruch verbleibt, der Patentinhaber daraus aber keine Rechte herleiten kann, würde dazu führen, dass das Patent in der Fassung nach dem Einspruchsverfahren auf einen anderen Gegenstand gerichtet ist als in der erteilten Fassung. Dies aber ist keine nach § 21 (2) statthafte Beschränkung.[118]

Ob es sich um eine Einschränkung oder um ein Aliud handelt, ist nicht allein nach formalen Kriterien zu entscheiden. Entscheidend ist vielmehr, ob mit der Hinzufügung des Merkmals lediglich eine ursprünglich offenbarte technische Lehre konkretisiert wird oder ob damit ein technischer Aspekt angesprochen wird, der aus den ursprünglichen Unterlagen weder in seiner konkreten Ausgestaltung noch auch nur in abstrakter Form als zur Erfindung gehörend zu entnehmen ist.[119] Eine Abwandlung zu einem Aliud liegt nicht erst dann vor, wenn der patentierte Gegenstand zum ursprünglich offenbarten Gegenstand in einem Ausschließlichkeitsverhältnis (»exklusives Aliud«)[120] steht, sondern bereits dann, wenn die Veränderung einen technischen Aspekt betrifft, der den ursprünglich eingereichten Unterlagen in seiner konkreten Ausgestaltung oder wenigstens in abstrakter Form nicht als zur Erfindung gehörend zu entnehmen ist.[121] **74**

Bei einer uneigentlichen Erweiterung kann auch die Priorität einer Erstanmeldung, die das unzulässigerweise eingeführte beschränkende Merkmal ebenfalls nicht enthält, beansprucht werden.[122] Diese Situation ist von derjenigen zu unterscheiden, die besteht, wenn ein beschränkendes Merkmal nur in der Nachanmeldung, nicht aber in der Erstanmeldung enthalten ist und der Anmelder versucht, die Priorität durch einen sog. Prioritätsdisclaimer zu erhalten. Derartige Prioritätsdisclaimer sind unzulässig (vgl dazu § 41 Rdn 32 ff). **75**

4.5 Patent aufgrund einer Teilanmeldung: Beruht das Patent auf einer Teilanmeldung, darf nach § 21 (1) Nr 4 HS 2 und Art 100 c) EPÜ sein Gegenstand nicht über die ursprüngliche Fassung der früheren Anmeldung hinausgehen. **Frühere Anmeldung** ist die ursprünglich eingereichte Stammanmeldung, aus der die Teilanmeldung gemäß § 39 oder Art 76 EPÜ entstanden ist oder – wenn die Teilanmeldung durch Teilung des Patents gemäß dem (mittlerweile aufgehobenen) § 60 entstanden ist – die ursprüngliche Anmeldung, die zum erteilten Patent geführt hatte.[123] **76**

4.6 Patent aufgrund einer Nachanmeldung gemäß § 7 (2): Beruht das Patent auf einer gemäß § 7 (2) eingereichten neuen Anmeldung (die also unter Inanspruchnahme **77**

---

117 BGH GRUR 11, 40 (Rn 23) *Winkelmesseinrichtung*.
118 BGH GRUR 11, 40 (Rn 23) *Winkelmesseinrichtung*.
119 BGH GRUR 11, 40 (Rn 22) *Winkelmesseinrichtung*; 11, 1003 *Integrationselement*.
120 BGH GRUR 10, 1084 (Rn 43) *Windenergiekonverter*; 11, 1003 (Rn 28) *Integrationselement*.
121 BGH GRUR 11, 1003 *Integrationselement*; BGH v 20.10.2020 X ZR 158/18 GRUR 21, 571 (Rn 41) *Zigarettenpackung*; hierzu Gröning GRUR 21, 561.
122 BPatG v 22.8.2018 4 Ni 10/17 (EP) GRUR 19, 606 (V3.3.3.1); so bereits BPatG 4 v 1.8.2013 Ni 28/11 (EP) GRUR-RR 13, 500 (IV2.4.3: Fall A).
123 BGH GRUR 99, 148 (IV1) *Informationsträger*.

der Priorität des früheren Patents des Entnehmers eingereicht worden ist), so durfte diese Nachanmeldung nicht über die ursprüngliche Fassung der früheren Anmeldung des Entnehmers, die zu dem Patent geführt hat, hinausgehen. Geht das auf die Nachanmeldung erteilte Patent über die frühere Anmeldung hinaus, so liegt der Widerrufsgrund des § 21 (1) Nr 4 vor.

IV. Entscheidung *(decision in opposition and revocation proceedings)*

1 Deutsches Einspruchsverfahren

78 Entscheidung kann nach § 61 lauten auf Aufrechterhaltung, Widerruf oder beschränkte Aufrechterhaltung des Patents (= Teilwiderruf s Rdn 82).

2 Europäisches Einspruchsverfahren

79 Entscheidung kann nach Art 101 (2) und (3) EPÜ lauten auf Zurückweisung des Einspruchs, Widerruf des Patents oder Aufrechterhaltung des Patents in geänderter Fassung.

3 Nichtigkeitsverfahren

80 Entscheidung kann lauten auf Klageabweisung, Nichtigerklärung oder Aufrechterhaltung mit entsprechender Beschränkung des Patents (= Teilnichtigerklärung s Rdn 82).

4 Klarstellung

81 dazu s Rdn 100.

V. Teilwiderruf und Teilnichtigerklärung *(decision to maintain the patent as amended)*

82 Liegen die Widerrufs- oder Nichtigkeitsgründe nur für einen Teil des Patents vor, so ist das Patent im deutschen Einspruchs- und Nichtigkeitsverfahren nach § 21 (2) und § 22 (2) mit einer entsprechenden Beschränkung und im europäischen Einspruchsverfahren gemäß Art 101 (3) a) EPÜ in geänderter Fassung aufrechtzuerhalten. Europäische Patente sind nach Art 138 (2) EPÜ und Art II § 6 (2) IntPatÜG durch entsprechende Beschränkung des Patents für teilweise nichtig zu erklären.

1 Voraussetzungen für Teilwiderruf und Teilnichtigerklärung

83 **1.1 Anträge der Parteien** sind für Amt und Gericht bindend. Ist in Einspruchsschrift nur *Teilwiderruf oder in Klageschrift nur Teilnichtigerklärung beantragt* worden, obwohl das gesamte Patent nicht rechtsbeständig ist, oder wird das Patent nur *beschränkt verteidigt*, obwohl es in der erteilten Fassung patentfähig ist, kommt nur eine Aufrechterhaltung oder Nichtigerklärung[124] im Rahmen der Anträge in Betracht (str für Bindung an Antrag des Einsprechenden unter PatG, vgl § 59 Rdn 180, s ferner § 59 Rdn 166 und § 81 Rdn 109 ff). Beantragt aber der Einsprechende oder Nichtig-

---

[124] BGH GRUR 13, 363 *Polymerzusammensetzung*: Greift der Kläger im Nichtigkeitsverfahren das Patent nur im Umfang einer von mehreren nebengeordneten technischen Lehren an, die Gegenstand eines einzigen Patentanspruchs sind, geht das Gericht unter Verstoß gegen § 308 ZPO über den Klageantrag hinaus, wenn es das Patent im Umfang des gesamten Patentanspruchs für nichtig erklärt.

keitskläger den Widerruf oder die Nichtigerklärung des gesamten Patents und verteidigt der Patentinhaber das Patent in der erteilten Fassung, so kann das Patent im Nichtigkeitsverfahren auch teilweise für nichtig erklärt (s § 81 Rdn 104) oder im Einspruchsverfahren bei Einverständnis des Patentinhabers teilweise widerrufen werden (s § 59 Rdn 177).

1.2 Teilweises Vorliegen eines Grundes gemäß § 21 (1), § 22 (1), Art 100 und Art 138 (1) EPÜ iVm Art II § 6 (2) IntPatÜG.

1.3 Beschränkung des erteilten Patents *(limitation of the granted patent)*[125]

Teilwiderruf und Teilnichtigerklärung sind nur dann zulässig, wenn sie das Patent in der erteilten Fassung beschränken. Das folgt für das europäische Einspruchsverfahren aus Art 123 (3) EPÜ, der eine Erweiterung des Schutzbereichs im Einspruchsverfahren verbietet, und für das deutsche Recht aus § 22 (1), der als Nichtigkeitsgrund eine Erweiterung des Schutzbereichs vorsieht. Daher darf auch im deutschen Einspruchsverfahren keine Änderung des Patents durch Teilwiderruf vorgenommen werden, die den Nichtigkeitsgrund des § 22 (1) schaffen würde.[126] Keine Schutzbereichserweiterung erfolgt idR beim Übergang von einem Erzeugnisanspruch zu einem Anspruch auf die Verwendung des Erzeugnisses[127] (zu zulässigen und unzulässigen Kategoriewechseln s § 1 Rdn 194 ff).

Zulässigkeit der Änderung des Patents durch Teilwiderruf oder Teilnichtigerklärung setzt voraus, dass der Gegenstand des geänderten Patents in der ursprünglichen Offenbarung in der Anmeldung ausreichend deutlich offenbart war. Maßgebend ist nicht der Inhalt der Patentschrift, es sei denn, die Änderung bewirkt zugleich eine Erweiterung des Schutzbereichs des erteilten Patents.

1.4 Patentfähigkeit des Restpatents *(patentability of the remaining patent)*

1.4.1 Antrag auf Widerruf oder Nichtigerklärung des gesamten Patents: Ist dieser nur zum Teil berechtigt, kann das Patent dementsprechend teilweise widerrufen oder für nichtig erklärt werden, wenn das verbleibende Restpatent patentfähig ist.

1.4.2 (Ursprünglicher) Antrag auf Teilwiderruf oder Teilnichtigerklärung: Ist dieser ganz oder teilweise berechtigt, ist das Patent im Rahmen des Antrags dementsprechend zu widerrufen (s § 59 Rdn 180) oder für nichtig zu erklären. Das nicht angegriffene Restpatent bleibt ohne Prüfung seiner Rechtsbeständigkeit bestehen.

1.4.3 Beschränkte Verteidigung: Ist sie *zulässig* (vgl dazu § 59 Rdn 167 und § 81 Rdn 118), ist das Patent, soweit die Beschränkung reicht, ohne weitere Sachprüfung zu widerrufen oder für nichtig zu erklären und das verbleibende Restpatent auf Patentfähigkeit zu prüfen, wenn das ganze Patent angegriffen ist.

---

125 S dazu Engel GRUR 09, 248.
126 BGH GRUR 90, 432 *Spleißkammer*; 98, 901 (BIII2b) *Polymermasse*; BPatGE 37, 155, 168; BPatG GRUR 97, 48.
127 Vgl BGH Mitt 12, 119 *Notablaufvorrichtung*.

90 Ist sie *unzulässig*, ist das angegriffene Patent in seiner erteilten Fassung auf Patentfähigkeit zu prüfen, es sei denn, der Patentinhaber erklärt, das Patent in keiner anderen Fassung verteidigen zu wollen, als in der von ihm beantragten beschränkten Fassung.

2 Form von Teilwiderruf und Teilnichtigerklärung *(form of an amendment to limit a patent)*

91 Grundsätzlich kann ein Patent durch Änderung der Ansprüche (s Rdn 93), der Beschreibung (s Rdn 94) oder der Zeichnungen (s Rdn 99) beschränkt werden. Dies geht aus §§ 21 (2) und 22 (2) PatG für Einspruchs- und Nichtigkeitsverfahren bezüglich deutscher Patente explizit hervor und lässt sich auch aus Art 101 (3) EPÜ für das europäische Einspruchsverfahren ableiten.

92 Für Nichtigkeitsverfahren bezüglich europäischer Patente bestimmt jedoch der durch das EPÜ 2000 neugefasste Art 138 (2) EPÜ (abgedruckt bei § 22 Rdn 4), dass Beschränkung und Teilnichtigkeitserklärung des europäischen Patents durch eine entsprechende Änderung der Ansprüche erfolgt. In solchen Verfahren kann daher nicht mehr eine Beschränkung bei unveränderten Ansprüchen durch alleinige Änderung der Beschreibung oder der Zeichnungen vorgenommen werden.[128]

93 **2.1 Änderung der Ansprüche** *(amendment of claims)* ist für eine Beschränkung des Patents der Normalfall. Der Inhalt der geänderten Ansprüche muss durch eine hinreichend deutliche Offenbarung in der ursprünglich eingereichten Patentanmeldung gedeckt sein (vgl § 34 Rdn 314 ff). Sie müssen ferner den allgemeinen Erfordernissen für die Formulierung von Ansprüchen entsprechen (vgl § 34 Rdn 101 ff).

2.2 Änderung der Beschreibung *(amendment of description)*

94 **2.2.1 Isolierte Änderung der Beschreibung** ohne Änderung der Ansprüche ist zur Beschränkung des Patents grundsätzlich zulässig und wird etwa dann in Betracht kommen, wenn zwar die Ansprüche selbst im Einklang mit den gesetzlichen Bestimmungen stehen, aber die Patentbeschreibung Elemente enthält, die über die ursprüngliche Offenbarung hinaus gehen und die Auslegung der Ansprüche beeinflussen. Ferner kann eine Änderung der Beschreibung ausnahmsweise dann in Betracht kommen, wenn eine Beschränkung des Patents durch eine Änderung des Wortlauts des Anspruchs nicht oder nur in schwer verständlicher Weise möglich ist.

95 **Mögliche Beispiele unter PatG:**[129] a) Beschränkungserklärung (»Disclaimer«) zur Beseitigung einer unzulässigen Erweiterung (s oben Rdn 68); b) Aufnahme eines Verzichts auf den Schutz von bestimmten Elementen oder bestimmten Unterkombinationen einer Kombinationserfindung; c) Festlegung einer bestimmten Auslegung des Anspruchs, wenn dessen Wortlaut mehrere Deutungen zulässt.

96 **2.2.2 Anpassung der Beschreibung im Einspruchsverfahren** *(adaptation of the description in opposition proceedings)*: Wird das Patent durch Änderung der Ansprüche

---

128 Denkschrift zur Revisionsakte BlPMZ 07, 406, 417.
129 Die Rechtsprechung der EPA-Beschwerdekammern steht einer Einschränkung des Schutzumfangs eines Anspruchs durch bloße Änderung der Beschreibung generell ablehnend gegenüber.

beschränkt aufrechterhalten, ist die Beschreibung den geänderten Ansprüchen – wenn das sachlich erforderlich ist – entsprechend anzupassen, damit die neue Patentschrift gemäß § 61 (3) und Art 103 EPÜ veröffentlicht werden kann.

Zurückverweisung zur Anpassung der Beschreibung an geänderte Ansprüche ist für BPatG nach § 79 (3) zulässig und wird von den EPA-Beschwerdekammern ebenfalls praktiziert. Sie ist aber nicht völlig unproblematisch, weil dann die 1. Instanz über eine Anpassung an Ansprüche zu entscheiden hat, die sie nicht gewährt hat und für deren Auslegung ihr die Sachnähe fehlt. Ferner droht die Gefahr einer weiteren Beschwerde. Zu beachten ist auch, dass nach Regel 82 (4) EPÜ, die gemäß Regel 100 (1) EPÜ auch im Beschwerdeverfahren gilt, in der Entscheidung, durch die das Patent in geändertem Umfang aufrechterhalten wird, die der Aufrechterhaltung zugrunde liegende Fassung des Patents anzugeben ist. 97

2.2.3 Anpassung der Beschreibung im Nichtigkeitsverfahren an geänderte Ansprüche des Patents ist in der Praxis nicht erforderlich, weil anders als im Einspruchsverfahren keine neue Patentschrift herausgegeben wird. Die Gründe des Urteils treten an die Stelle der nicht mehr zutreffenden Beschreibung in der Patentschrift.[130] Die Herausgabe einer neuen PS mit den geänderten Ansprüchen und einer angepassten Beschreibung wäre aber an sich wünschenswert, da dafür das Bedürfnis der Öffentlichkeit ebenso gegeben ist wie nach einer Änderung der Ansprüche im Einspruchsverfahren. 98

2.3 Änderung der Zeichnungen *(amendment of drawings)*

Sie kann zur Anpassung an die Änderung von Ansprüchen oder Beschreibung erforderlich sein. Eine alleinige Änderung von Zeichnungen ohne Änderung der Ansprüche und der Beschreibung zur Beschränkung des Patents dürfte höchst selten vorkommen, weil die Zeichnung allein idR nicht das bevorzugte Mittel ist, die unter Schutz gestellte Erfindung zu definieren. 99

VI. Klarstellung *(clarification of patent without its limitation)*

1 Klarstellung ohne materielle Änderung des Patents

Eine Änderung des Wortlauts der Patentansprüche ohne Beschränkung oder Teilnichtigerklärung des Patents zum besseren Verständnis der in der Patentschrift nur unvollkommen umschriebenen Ansprüche in der Patentschrift war nach älterer Rechtsprechung[131] zulässig, um für jedermann für die Zukunft präziser die unter Schutz gestellte Erfindung zu definieren. Eine solche Klarstellung sehen aber PatG und EPÜ nicht vor. Sie ist auch überflüssig und gefährlich, denn entweder versteht ein Fachmann den Anspruch in der erteilten Fassung ebenso wie den klargestellten, dann ist die Änderung des Wortlauts unnötig, oder der Fachmann interpretiert die erteilte und die klargestellte Fassung des Anspruchs unterschiedlich, dann kann die Klarstellung das Patent in unzulässiger Weise beschränken oder erweitern. 100

---

130 BGH GRUR **64**, 196 (I3a) *Mischmaschine I*; **79**, 308 (I2a) *Auspuffkanal für Schaltgase*; BPatGE **32**, 225, 226.
131 RGZ **170**, 346, 357; BGH GRUR **67**, 194 *Hohlwalze*; **81**, 190 (II3, V) *Skistiefelauskleidung*; BPatGE GRUR **85**, 216; **86**, 605.

101 BGH[132] hat daher eine solche Klarstellung von unverändert aufrechterhaltenen Ansprüchen des Patents für unzulässig erklärt. Es genügt, wenn das bessere Verständnis des Wortlauts des erteilten Anspruchs in den Gründen der Entscheidung dargelegt wird. Sind die Gründe überzeugend, werden sie eine wertvolle Auslegungshilfe für den Verletzungsrichter sein, ohne – wie die frühere Klarstellung mit Drittwirkung – in seine Kompetenz unzulässig einzugreifen.

2 »Klarstellung« bei Teilwiderruf oder Teilnichtigerklärung

102 Wird ein Patent im Einspruchs- oder Nichtigkeitsverfahren nur beschränkt aufrechterhalten, so müssen die beschränkten, neu formulierten Ansprüche dem allgemeinen Erfordernis der Deutlichkeit und Klarheit für Ansprüche entsprechen[133] (vgl § 34 Rdn 111).

3 Klarstellende Änderung durch Patentinhaber

103 ist nur möglich, wenn sie der Verteidigung des Patents und nicht seiner darüber hinaus gehenden Gestaltung dient.[134] Auch *R 80 EPÜ* lässt nur Änderungen zu, die durch Einspruchsgründe nach Art 100 EPÜ veranlasst sind. Dazu vgl Einl Rdn 262.

Amt und Gericht sind an die vom Patentinhaber vorgelegte Fassung des Patents gebunden und haben sie ihrer Entscheidung zu Grunde zu legen. Unter den Voraussetzungen, unter denen eine beschränkte Verteidigung des Patents zulässig ist (vgl § 59 Rdn 167), ist auch eine lediglich klarstellende Änderung zulässig.

VII. Wirkung der Entscheidung

1 Unveränderte Aufrechterhaltung

104 Ist der Einspruch erfolglos, wird das Patent (unverändert) aufrechterhalten (§ 61), vor EPA wird der Einspruch zurückgewiesen (Art 101 (2) 2 EPÜ). Danach ist der Einsprechende nicht gehindert, aus dem gleichen Grund selbst mit dem gleichen Material Nichtigkeitsklage zu erheben, da der Einspruchsentscheidung von Amt oder Gericht keine präkludierende oder präjudizielle Rechtskraft für ein späteres Nichtigkeitsverfahren zukommt.[135] Im Nichtigkeitsverfahren ist daher der *gesamte Stand der Technik* zu berücksichtigen, auch wenn dieser bereits im Erteilungsverfahren[136] oder in einem Einspruchs- oder Einspruchsbeschwerdeverfahren[137] gewürdigt worden ist. Die Einspruchsentscheidung ist aber als eine gewichtige sachverständige Stellungnahme zu berücksichtigen.[138]

---

132 BGH GRUR 88, 757 *Düngerstreuer*; 89, 103 (III2c) *Verschlußvorrichtung für Gießpfannen*; ebenso BPatG Mitt 09, 286 (LS) *Klarstellung im Einspruch*; BPatG v 17.11.2014 9 W (pat) 56/08 BeckRS 15, 721.
133 Vgl zB BPatG Mitt 00, 456.
134 S Engels/Morawetz GRUR 11, 561, 581 mwN.
135 *BGH GRUR 96, 757 Zahnkranzfräser*.
136 BGH GRUR 96, 862 (IV2a) *Bogensegment*.
137 BGH GRUR 96, 757 *Zahnkranzfräser*; 98, 895 *Regenbecken*; krit Raible Mitt 99, 241, 245.
138 BGH GRUR 98, 895 *Regenbecken*.

2 Abweisung von Nichtigkeitsklage[139]

Ihr kommt nach §§ 325 ff ZPO Rechtskraftwirkung zwischen den Parteien und ihren 105
Rechtsnachfolgern zu, so dass diese eine erneute Klage auf den abgewiesenen Nichtigkeitsgrund nicht stützen können, auch wenn die Klage auf neues Material gestützt wird.[140] Dagegen kann der abgewiesene Kläger eine neue Klage auf einen neuen Nichtigkeitsgrund stützen (vgl dazu oben Rdn 21 und § 81 Rdn 47). War die frühere abgewiesene Klage auf Teilvernichtung gerichtet, so ist eine Klage auf Vollvernichtung oder auf eine andere Teilvernichtung zulässig. Neben einem neuen Klagegrund kann der abgewiesene nicht von Amts wegen erneut geprüft werden.[141]

Rechtskräftige Klageabweisung steht einer neuen gleichen Nichtigkeitsklage entgegen: 106
a) des früheren Klägers,[142] auch des persönlich haftenden Gesellschafter einer Handelsgesellschaft;[143] b) des Rechtsnachfolgers des Klägers; c) des Strohmanns des früheren Klägers (s § 81 Rdn 9).
Andere Dritte können die gleiche (abgewiesene) Nichtigkeitsklage – auch mit dem gleichen Material – erneut erheben.[144]

Verletzungsverfahren: Nach rechtskräftiger Abweisung der Nichtigkeitsklage steht für 107
die gleichen Parteien im Verletzungsverfahren die Rechtsbeständigkeit des Patents bindend fest. Das gilt auch zugunsten des ausschließlichen Lizenznehmers.[145] Die Gründe des klageabweisenden Urteils nehmen dagegen an der Rechtskraft nicht teil. Ausführungen, aus denen sich ein einschränkendes oder erweiterndes Verständnis des Patents ergibt, binden daher den Verletzungsrichter nicht.[146] Allein maßgeblich bleiben die Patentansprüche gemäß der PS oder einem früheren Nichtigkeitsverfahren. Die Gründe sind aber bei der Auslegung des Patents heranzuziehen.[147]

3 Widerruf und Nichtigerklärung

des Patents haben nach § 21 (3) 1 und § 22 (2) zur Folge, dass die Wirkungen des 108
Patents gemäß §§ 9 und 10 *und* die Wirkung der Anmeldung gemäß § 33 von Anfang an als nicht eingetreten gelten, also rückwirkend mit Wirkung für und gegen jedermann.[148] Das Patent ist so zu werten, als habe es niemals bestanden. Die Veröffentlichung im Patentblatt gemäß § 61 (3) und die Eintragung im Register gemäß § 30 (1) 2 und Regel 143 r) EPÜ haben nur deklaratorische Bedeutung.

---

139 Van Venrooy GRUR **91**, 92.
140 BGH GRUR **64**, 18 *Konditioniereinrichtung.*
141 BPatGE **6**, 189.
142 Eine Konzernverbundenheit zwischen früherem und jetzigem Kläger steht nicht entgegen: BPatGE **27**, 55.
143 BGH GRUR **76**, 30 *Lampengehäuse* (Gbm).
144 RGZ **170**, 346, 356.
145 BGH GRUR **69**, 681 *Hopfenpflückvorrichtung* (Gbm).
146 BGH GRUR **59**, 81, 82 *Gemüsehobel;* **88**, 444, 445 rSp *Betonstahlmattenwender;* **97**, 612 (II) *Polyäthylenfilamente.*
147 BGH GRUR **64**, 196 *Mischmaschine I;* **68**, 33 *Elektrolackieren;* **88**, 444 *Betonstahlmattenwender.*
148 BGH GRUR **55**, 573 *Kabelschelle;* **58**, 134, 136 *Milchkanne;* **63**, 519 *Klebemax.*

Nach **Art 68 EPÜ** gelten die in den Art 64 und 67 EPÜ vorgesehenen Wirkungen des erteilten europäischen Patents in dem Umfang, in dem das Patent im Einspruchs-, Beschränkungs- oder Nichtigkeitsverfahren widerrufen oder beschränkt worden ist, als von Anfang an nicht eingetreten.

4 Teilwiderruf und Teilnichtigerklärung[149]

109 Wird das Patent teilweise widerrufen oder teilweise für nichtig erklärt, gelten die Wirkungen des Patents und der Anmeldung insoweit von Anfang an als nicht eingetreten. An die Stelle der erteilten Fassung tritt rückwirkend mit Wirkung für und gegen jedermann die beschränkt aufrechterhaltene Fassung des Patents, also die beschränkten Patentansprüche und die im Einspruchsverfahren daran angepasste Beschreibung und die evtl geänderten Zeichnungen. Wird ein europ Patent sowohl im europ Einspruchsverfahren als auch im deutschen Beschränkungsverfahren beschränkt, so ist nur der nach beiden Entscheidungen verbleibende Schutzgegenstand maßgebend.[150]

110 Bei Teilnichtigerklärung treten die Gründe des Nichtigkeitsurteils ergänzend an die Stelle der Beschreibung in der PS, da im Nichtigkeitsverfahren die Beschreibung nicht angepasst wird.[151]

5 Auswirkung auf Verletzungsverfahren

111 **Lit: Ströbele:** Die Bindung der ordentlichen Gerichte an Entscheidungen der Patentbehörden 1975; **Lit in GRUR:** v Falck 77, 308; Tilmann 98, 325; Bacher 09, 216; Kühnen 09, 288.

112 **5.1 Anhängige Verletzungsprozesse** verlieren durch Widerruf und Nichtigerklärung rückwirkend ihre Anspruchsgrundlage, was auch noch in der Revision zu beachten ist.[152] Die Verletzungsklage ist daher als unbegründet abzuweisen, für eine Erledigungserklärung ist kein Raum.[153] Zur Auswirkung der Abweisung einer Nichtigkeitsklage s oben Rdn 107.

113 **5.2 Verletzungsurteile:** Widerruf und Nichtigerklärung des Klagepatents haben auf ein bereits rechtskräftiges Verletzungsurteil keine unmittelbare Auswirkung,[154] eröffnen jedoch die Möglichkeit, Restitutionsklage nach § 580 Nr 6 ZPO zu erheben.[155] Gegen eine Vollstreckung ist die Vollstreckungsabwehrklage nach § 767 ZPO möglich. Bereits geleistete Zahlungen sind nach §§ 717 (3) 3 ZPO, 812 BGB rückforderbar.[156] Schadensersatzansprüche gegen den Patentinhaber können sich aus unberechtigter Verwarnung ergeben (vgl § 139 Rdn 236).

Eine Abänderung rechtskräftiger Unterlassungstitel kann nicht im Wege der Klage nach § 323 ZPO verlangt werden. Nachträglich entstandene Einwendungen muss der

---

149 Straus FS Beier 1996, 171.
150 BGH GRUR 01, 730 *Trigonellin.*
151 BGH GRUR **64**, 196, 198 *Mischmaschine I;* **64**, 669, 670 *Abtastnadel;* **79**, 308 *Auspuffkanal für Schaltgase.*
152 BGH GRUR **71**, 78 *Dia-Rähmchen V;* **68**, 33 *Elektrolackieren.*
153 BGH GRUR **63**, 494 *Rückstrahlerdreieck.*
154 BGH GRUR **80**, 220 (IV1) *Magnetbohrständer II.*
155 BGH GRUR **10**, 996 (Rn 12) *Bordako* (für SortSchR); **12**, 753 (Rn 13) *Tintenpatrone III.* So bereits BPatGE **22**, 251; **33**, 240.
156 RG BlPMZ **1903**, 229.

zur Unterlassung verurteilte Schuldner mit der Vollstreckungsabwehrklage nach § 767 ZPO geltend machen.[157] Die Vollstreckung aus einem Unterlassungstitel kann gemäß § 767 ZPO für unzulässig erklärt werden, wenn der dem Titel zugrunde liegende Unterlassungsanspruch nachträglich durch eine Gesetzesänderung,[158] eine behördliche Entscheidung[159] oder aus anderen Gründen weggefallen ist.[160]

6 Auswirkung auf Verträge über das Patent

Lit in GRUR: Schwerdtner 68, 9; Preu 74, 623; Lit in GRUR Int: Kraßer 90, 611; Lit in Mitt: Goltz 74, 252.

114

Der rückwirkende Wegfall eines Patents infolge von Widerruf oder Nichtigerklärung verändert die Geschäftsgrundlage eines über das Patent abgeschlossenen Vertrags. Das berechtigt zur Kündigung oder einer entsprechenden Anpassung des Vertrags, je nachdem wie groß das Ausmaß der Beeinträchtigung des Lizenznehmers ist, der demgemäß entweder kündigen oder mindern kann oder voll weiter leisten muss.[161] Da bis zum Widerruf oder bis zur Nichtigerklärung der Lizenznehmer idR die Vorteile der Monopolstellung genossen hat, behält der Lizenzgeber und Patentinhaber die bis dahin gezahlten oder noch rückständigen Lizenzgebühren.[162]

§ 22 Nichtigkeitsgründe
(grounds for revocation)

(1) Das Patent wird auf Antrag (§ 81) für nichtig erklärt, wenn sich ergibt, daß einer der in § 21 Abs 1 aufgezählten Gründe vorliegt oder der Schutzbereich des Patents erweitert worden ist.

(2) § 21 Abs 2 und 3 ist entsprechend anzuwenden.

Thomas Voit

Übersicht
Geltungsbereich... 1
Europäisches Patentrecht... 2
Literatur.. 5
Kommentierung zu § 22 PatG
1 Zweck.. 6
2 Nichtigerklärung... 7
3 Nichtigkeitsgründe... 8
4 Erweiterung des Schutzbereichs.............................. 9
4.1 Zweck.. 10
4.2 Prüfung einer Erweiterung des Schutzbereichs................ 11

---

157 BGHZ **176**, 35 *Klagen nach §§ 323 u 767 ZPO*.
158 BGHZ **133**, 316, 323 *Altunterwerfung I*.
159 BGHZ **122**, 1, 8 *Nachbarschutz und Unterlassungsklage*.
160 BGH GRUR **73**, 429 *Idee-Kaffee*; **83**, 179 (IV) *Stapelautomat*.
161 BGH GRUR **57**, 595 *Verwandlungstisch*; **58**, 231 *Rundstuhlwirkware*.
162 BGH GRUR **63**, 52 *Spritzgussmaschine II*; **69**, 677 *Rübenverladeeinrichtung*; **83**, 237 *Brückenlegepanzer I*.

4.2.1	Feststellung des Schutzbereichs des erteilten Patents	11
4.2.2	Feststellung des Schutzbereichs des geänderten Patents	13
4.2.3	Vergleich der beiden Schutzbereiche	14
4.2.4	Erweiterung des Schutzbereichs wurde bejaht	16
4.2.5	Erweiterung des Schutzbereichs wurde verneint	17
4.2.6	Zur »unentrinnbaren« Fälle und Schutzbereich	18
5	Unzulässige Nichtigkeitsgründe	19
6	Teilnichtigkeit gemäß § 22 (2) iVm § 21 (2)	20
7	Wirkung der Nichtigkeitsentscheidung	21
8	Nichtigkeitsverfahren	22

1 **Geltungsbereich des § 22:** § 22 ist durch Art 8 Nr 12 des 1. GPatG als § 13 neu gefasst worden und gilt nach Art 17 (3) des 1. GPatG seit dem 1.1.81. Da Art 12 des 1. GPatG keine Übergangsregelung enthält, gilt § 22 nach der Rechtsprechung[1] auch für ältere Patente. Auf vor dem 1.1.78 eingereichte Anmeldungen und darauf erteilte Patente gilt gemäß Art XI § 1 (1) und § 3 (5) IntPatÜG § 13 PatG 1968. Für DDR-Patente s § 21 Rdn 1.

2 **Europäisches Patentrecht:** Die Nichtigkeitsgründe gemäß Art 138 EPÜ, Art II § 6 IntPatÜG (abgedruckt im Anhang 1) und Art 56 GPÜ 1989 entsprechen den Nichtigkeitsgründen des § 22 wie folgt:

EPÜ	IntPatÜG	GPÜ	PatG
Art 138 (1) a →	Art II § 6 (1) Nr 1 →	Art 56 (1) a →	§ 22 (1) iVm § 21 (1) Nr 1
Art 138 (1) b →	Art II § 6 (1) Nr 2 →	Art 56 (1) b →	§ 22 (1) iVm § 21 (1) Nr 2
Art 138 (1) c →	Art II § 6 (1) Nr 3 →	Art 56 (1) c →	§ 22 (1) iVm § 21 (1) Nr 4
Art 138 (1) d →	Art II § 6 (1) Nr 4 →	Art 56 (1) d →	§ 22 (1) 2. Alternative
Art 138 (1) e →	Art II § 6 (1) Nr 5 →	Art 56 (1) e →	§ 22 (1) iVm § 21 (1) Nr 3

Art 138 EPÜ   Nichtigkeit europäischer Patente

3 (1) Vorbehaltlich des Artikels 139 kann das europäische Patent mit Wirkung für einen Vertragsstaat nur für nichtig erklärt werden, wenn
a) der Gegenstand des europäischen Patents nach den Artikeln 52 bis 57[2] nicht patentfähig ist;
b) das europäische Patent die Erfindung nicht so deutlich und vollständig offenbart, daß ein Fachmann sie ausführen kann;
c) der Gegenstand des europäischen Patents über den Inhalt der Anmeldung in der eingereichten Fassung oder, wenn das Patent auf einer Teilanmeldung oder einer nach Artikel 61 eingereichten neuen Anmeldung beruht, über den Inhalt der früheren Anmeldung in der ursprünglich eingereichten Fassung hinausgeht;
d) der Schutzbereich des europäischen Patents erweitert worden ist; oder
e) der Inhaber des europäischen Patents nicht nach Artikel 60 Absatz 1 berechtigt ist.
(2) Betreffen die Nichtigkeitsgründe nur einen Teil des europäischen Patents, so wird das Patent durch entsprechende Änderung der Patentansprüche beschränkt und für teilweise nichtig erklärt.
(3) In Verfahren vor dem zuständigen Gericht oder zuständigen Behörde, die die Gültigkeit des europäischen Patents betreffen, ist der Patentinhaber befugt, das Patent durch Änderung der

---

1 BGH GRUR 90, 432 (II3a) *Spleißkammer*, BGH v 6.10.94 – X ZR 50/93 Schulte-Kartei PatG 81–85 Nr 181.
2 Art 52–57 EPÜ sind abgedruckt bei: **Art 52 EPÜ** bei § 1 PatG; **Art 53 a) EPÜ** bei § 2 PatG; **Art 53 b) und c) EPÜ** bei § 2a PatG; **Art 54 und 55 EPÜ** bei § 4 PatG; **Art 57 EPÜ** bei § 5 PatG.

Art 138 EPÜ Nichtigkeitsgründe/grounds for revocation § 22

Patentansprüche zu beschränken. Die so beschränkte Fassung des Patents ist dem Verfahren zugrunde zu legen.

Article 138 EPC Revocation of European patents
(1) Subject to Article 139, a European patent may be revoked with effect for a Contracting State only on the grounds that:
(a) the subject-matter of the European patent is not patentable under Articles 52 to 57;
(b) the European patent does not disclose the invention in a manner sufficiently clear and complete for it to be carried out by a person skilled in the art;
(c) the subject-matter of the European patent extends beyond the content of the application as filed or, if the patent was granted on a divisional application or on a new application filed under Article 61, beyond the content of the earlier application as filed;
(d) the protection conferred by the European patent has been extended; or
(e) the proprietor of the European patent is not entitled under Article 60, paragraph 1.
(2) If the grounds for revocation affect the European patent only in part, the patent shall be limited by a corresponding amendment of the claims and revoked in part.
(3) In proceedings before the competent court or authority relating to the validity of the European patent, the proprietor of the patent shall have the right to limit the patent by amending the claims The patent as thus limited shall form the basis for the proceedings.

4

Literatur: Keukenschrijver, Patentnichtigkeitsverfahren, 6. Aufl. 2016.
Lit in **GRUR:** Hesse 70, 437; Preu 74, 623; Schlitzberger 75, 567; Schmieder 78, 561 u 80, 895; von Albert 81, 451; Teschemacher 85, 802; Dörries 88, 649; Schwanhäußer 91, 165; Flad 95, 178; Pitz 95, 231; Dihm 95, 295; Pakuscher 95, 705; **Lit in GRUR Int:** Preu 81, 63; Marterer 89, 455 (= IIC 89, 311); Neervoort 89, 457 (= IIC 89, 317); Schulte 89, 460 (= IIC 89, 323); Bruchhausen 89, 468 (= IIC 89, 341); Falconer 89, 471 (= IIC 89, 348); Le Tallec 89, 475 (= IIC 89, 355); Rogge 96, 1111 (= IIC 96, 217); Brinkhof 96, 1115 (= IIC 96, 225); van Raden 98, 444; **Lit in IIC:** Brinkhof/Schutjens 96, 1.

5

1 Zweck:

§ 22 gibt jedem Dritten die zeitlich unbegrenzte Möglichkeit, materiell zu Unrecht erteilte Patente im Wege der Klage durch Gerichtsurteil rückwirkend zu beseitigen. Die Möglichkeit der Nichtigkeitsklage stellt eine Durchbrechung der Rechtskraft dar, die berechtigt ist, weil bei einem ausschließlichen Recht die Richtigkeit der objektiven Rechtslage als höherwertiger eingeschätzt wird als das Vertrauen des Begünstigten auf den Bestand des erteilten Patents.

6

2 Nichtigerklärung:

Das Nichtigkeitsverfahren ist mit dem Verwaltungsstreitverfahren der Sache nach verwandt, denn ein Patent berührt die Belange Dritter in vergleichbarer Weise wie belastende Verwaltungsakte die Betroffenen.[3] Im Rahmen der Anträge ist der Sachverhalt von Amts wegen zu erforschen, ohne dass BPatG an das Vorbringen und die Beweisanträge der Parteien gebunden wäre (§ 87 (1)). Allerdings ist zu beachten, dass die neuere Rechtsprechung des BGH vom Kläger die Darlegung verlangt, welchen konkreten Beitrag welche Bestandteile einer bestimmten Entgegenhaltung gegen die Bestandskraft eines Patents zu leisten vermögen.[4] Bei behaupteter mangelnder Patentfähigkeit in Form mangelnder erfinderischer Tätigkeit hat der Kläger anhand der technischen und sonstigen tatsächlichen Gesichtspunkte darzulegen, dass im Stand der Technik technische Lehren bekannt waren, aus denen der Fachmann unter Zuhilfenahme seines Fach-

7

---

3 BGH GRUR **88**, 290, 292 *Kehlrinne*; **55**, 393, 396 *Zwischenstecker II.*
4 BGH GRUR **13**, 1272 *Tretkurbeleinheit.*

wissens den Gegenstand der Erfindung entwickeln konnte.[5] Der Amtsermittlungsgrundsatz entbinde den Kläger hiervon nicht, denn dieser führe lediglich zur Berücksichtigung des präsenten technischen Wissens der Richter des BPatG.[6] Von Anbeginn anders verhält es sich in der zweiten Instanz infolge der Neuregelung des Berufungsrechts, wonach der Prüfung durch den BGH nur die von den Parteien gestellten Anträge unterliegen (§ 116 (1)) und die Parteien mit Angriffs- und Verteidigungsmitteln präkludiert sein können (§ 117), was mit einem Amtsermittlungsgrundsatz[7] nicht in Einklang zu bringen ist. Eine Nichtigerklärung ist nur möglich, wenn ein gesetzlich normierter Nichtigkeitsgrund (§ 22 (1); Art II § 6 IntPatÜG) geltend gemacht wird[8] und »wenn sich ergibt«, dass ein Nichtigkeitsgrund vorliegt. Das setzt voraus, dass zweifelsfrei festgestellt werden kann, dass der Patentinhaber seine Rechtsstellung zu Unrecht erlangt hat.[9] Kann das Vorliegen eines Nichtigkeitsgrundes nicht eindeutig festgestellt werden, geht das zu Lasten des Nichtigkeitsklägers.[10]

3 Nichtigkeitsgründe

8   nennt § 22 abschließend, nämlich
   a)   fehlende Patentfähigkeit gemäß § 22 iVm § 21 (1) Nr 1 (vgl § 21 Rdn 26);
   b)   unzureichende Offenbarung gemäß § 22 iVm § 21 (1) Nr 2 (vgl § 21 Rdn 27);
   c)   widerrechtliche Entnahme gemäß § 22 iVm § 21 (1) Nr 3 (vgl § 21 Rdn 38);
   d)   unzulässige Erweiterung gemäß § 22 iVm § 21 (1) Nr 4 (vgl § 21 Rdn 50);
   e)   Erweiterung des Schutzbereichs des Patents (s Rdn 10).

4 Erweiterung des Schutzbereichs[11] *(extension of protection conferred by the patent)*

9   1 ist Nichtigkeitsgrund für das deutsche Patent gemäß § 22 (1) 2. Alternative, für europäische Patente gemäß Art II § 6 (1) Nr 4 IntPatÜG iVm Art 138 (1) d EPÜ und für Gemeinschaftspatente gemäß Art 56 (1) d GPÜ.

4.1 Zweck:

10   Dritte sollen davor geschützt werden, dass ein erteiltes Patent in einem Verfahren nach der Patenterteilung (Einspruchs-, Beschränkungs- oder früheres Nichtigkeitsverfahren) einen größeren Schutzbereich erhält. Jeder soll darauf vertrauen können, dass das erteilte Patent den größtmöglichen Schutzbereich für die patentierte Erfindung umschreibt.[12]

---

5 BGH GRUR 15, 365 *Zwangsmischer*.
6 BGH GRUR 15, 365 *Zwangsmischer*.
7 Der beim BGH freilich nie eine bedeutende Rolle spielte, vgl. zB BGH GRUR 67, 585 *Faltenrohre*: Beschaffung patenthindernden Materials ist grds. Sache des Nichtigkeitsklägers und Verteidigung alleine die des Patentinhabers, BGH GRUR 07, 309.
8 BGH GRUR 15, 243 *Wundbehandlungsvorrichtung*.
9 BGH GRUR 91, 522, 523 *Feuerschutzabschluß*; BlPMZ 91, 159, 161 *Haftverband*; Liedl 82/83, 1.
10 BGH GRUR 91, 522, 523 *Feuerschutzabschluß*; BlPMZ 91, 159, 161 *Haftverband*; Liedl 82/83, 1.
11 **Lit in GRUR Int:** Marterer 89, 455; Neervoort 89, 457; Schulte 89, 460; van den Berg 93, 354; Harden 93, 370.
12 Amtl Begr zum 1. BlPMZ 79, 276, 281 zu Nr 12.

In allen Verfahren *nach* Patenterteilung ist daher eine Erweiterung des Schutzbereichs des Patents unzulässig. Das bestimmt Art 123 (3) EPÜ für das europäische Einspruchsverfahren ausdrücklich und das gilt auch für das deutsche Einspruchsverfahren, weil durch eine Änderung des Patents nicht der Nichtigkeitsgrund der Erweiterung des Schutzbereichs geschaffen werden darf (vgl § 59 Rdn 169). Zur Interpretation des Nichtigkeitsgrundes der Erweiterung des Schutzbereichs kann daher die Rechtsprechung im Einspruchsverfahren herangezogen werden, die Änderungen des Patents für unzulässig erklärt, weil sie den Schutzbereich des Patents erweitern würden.

4.2 Prüfung einer Erweiterung des Schutzbereichs

4.2.1 Feststellung des Schutzbereichs des erteilten Patents: Der Schutzbereich wird nach § 14 und Art 69 EPÜ durch den Inhalt der Ansprüche bestimmt, zu deren Auslegung Beschreibung und Zeichnungen heranzuziehen sind[13] (vgl dazu die Erl zu § 14). Bezugsgrundlage für die Bestimmung des Schutzbereichs des erteilten Patents ist die PS und die in ihr enthaltenen Patentansprüche[14].

Zum Schutzbereich des erteilten Patents gehören nicht: a) Merkmale aus den ursprünglichen Unterlagen, die dort offenbart sind, aber von den erteilten Patentansprüchen nicht umfasst werden; was zwar ursprünglich offenbart war, aber nicht mit patentiert worden ist, gehört nicht in den Schutzbereich des erteilten Patents. Wer einen Patentanspruch auf ursprünglich Offenbartes nicht richtet, der kann nach der Patenterteilung sein Patent nur im Rahmen der erteilten Ansprüche, nicht aber im Sinne vor der Erteilung möglich gewesener Ansprüche verteidigen; b) Merkmale, die zwar in der Beschreibung oder in den Zeichnungen der Patentschrift enthalten sind, auf die sich aber die erteilten Patentansprüche nicht beziehen.

4.2.2 Feststellung des Schutzbereichs des geänderten Patents: Sein Schutzbereich wird durch den Inhalt der geänderten Patentansprüche bestimmt, zu deren Auslegung gegebenenfalls die (geänderte) Beschreibung und die Zeichnungen heranzuziehen sind, nicht aber die ursprünglichen Anmeldeunterlagen. Für die Bestimmung des Schutzbereichs des geänderten Patents sind die ursprüngliche Offenbarung und die PS des erteilten Patents nicht maßgebend. Vielmehr ist von der Fassung der Patentansprüche auszugehen, die das Patent im Einspruchs-, Beschränkungs- oder einem früheren Nichtigkeitsverfahren erhalten hat.

4.2.3 Vergleich der beiden Schutzbereiche: Eine Erweiterung des Schutzbereichs liegt nur vor, wenn der Schutzbereich des geänderten Patents über den Schutzbereich des erteilten Patents hinausgeht. Das bedarf einer sorgfältigen Feststellung im Einzelfall. Eine am reinen Wortlaut klebende Auslegung ist zu vermeiden. Maßgebend ist das Verständnis des Fachmanns. Würde er den Schutzbereich der im Wortlaut geänderten Ansprüche auch den Ansprüchen des erteilten Patents zubilligen, so liegt eine Erweiterung nicht vor.

---

13 BGH GRUR 15, 573 *Wundbehandlungsvorrichtung*.
14 BGH GRUR 12, 1124 *Polymerschaum*.

15 Erst wenn bei einer verständigen Würdigung des Sachgehalts der erteilten Ansprüche die geänderten Ansprüche einen größeren Schutzbereich vermitteln, ist eine Erweiterung des Schutzbereichs gegeben. Der Schutzbereich eines erteilten Patents ist in der Regel dann erweitert, wenn eine Handlung nach dem geänderten Patentanspruch eine Patentverletzung wäre, die nach dem erteilten Anspruch keine Verletzung war[15] (**Verletzungstest**; *infringement test*). Der sog **Neuheitstest** (vgl § 38 Rdn 16 f) hilft bei der Prüfung auf Erweiterung des Schutzbereichs nicht weiter; denn selbst wenn die geänderte Fassung gegenüber der erteilten Fassung neu ist, folgt daraus nicht, dass das erteilte Patent erweitert wäre. Wird nämlich der erteilten Fassung ein neues Merkmal hinzugefügt, führt das zu einer Beschränkung und nicht zu einer Erweiterung des Schutzbereichs. Nur wenn die Änderung zu einem aliud führt, kann eine Erweiterung des Schutzbereichs vorliegen.

4.2.4 Erweiterung des Schutzbereichs wurde bejaht:

16 1. Aufnahme eines zusätzlichen (ursprünglich offenbarten) Merkmals, auf das sich die erteilten Ansprüche nicht beziehen, wenn dadurch der Gegenstand des Patents gegenüber dem des erteilten Patents ein **aliud** wird;[16] 2. **Streichung eines Merkmals**, wenn dadurch unter den geänderten Anspruch Ausführungsformen oder Handlungen fallen, die vom früheren Anspruch nicht umfasst wurden;[17] das gilt nicht, wenn ein unwesentliches Merkmal gestrichen wird;[18] denn was den Schutzbereich nicht beeinflussen kann, kann gestrichen werden; 3. **Verallgemeinerung** eines speziellen Begriffs, wenn dadurch außer dem speziellen Gegenstand nunmehr weitere Gegenstände unter den Schutzbereich fallen; das gilt nicht, wenn der im erteilten Anspruch verwendete restriktive Begriff auslegungsbedürftig ist und vom Fachmann iSd Verallgemeinerung verstanden wird[19] oder die Verallgemeinerung gestrichen werden kann und nur einschränkend wirkt,[20] 4. wenn ein **unzulässiger Kategoriewechsel** vorliegt (s § 1 Rdn 196); 5. Umwandlung von zwingenden Merkmalen in fakultative; 6. nachträgliche **Aufnahme von Äquivalenten**, wenn die Gefahr besteht, dass der Verletzungsrichter dem geänderten Patent einen weiteren Äquivalenzbereich zuerkennt als dem erteilten Patent; 7. **Aufnahme einer Unterkombination**, wenn der Fachmann diese den erteilten Ansprüchen nicht als geschützt hätte entnehmen können;[21] 8. **Hinzufügung zusätzlicher Ansprüche**, es sei denn, der Rest des beschränkt aufrechtzuerhaltenden erteilten Anspruchs kann sinnvoll nur auf zwei Ansprüche verteilt werden;[22] 9. Streichung eines später eingefügten, aber bekannten Merkmales einer Gesamtkombination, wenn das Patent ohne dieses Merkmal eine patentfähige Unterkombination enthält;[23] 10. Strei-

---

15 Problematisch dann, wenn eine bisher in den Äquivalenzbereich fallende Verletzung durch die Änderung der Ansprüche in den Identitätsbereich fällt.
16 BGH GRUR 90, 432 (II2b) *Spleißkammer*; 90, 508 *Spreizdübel*; 76, 299 *Alkylendiamine I*; 00, 591 (II2) *Inkrustierungsinhibitoren*; 01, 140 *Zeitteltelegramm*.
17 BGH GRUR 10, 1084 *Windenergiekonverter*; T 0020/84 EPOR 86,197.
18 T 0231/89 ABl 93, 13.
19 T 0371/88 ABl 92, 175.
20 BGH GRUR 11, 40 *Winkelmesseinrichtung*; 15, 573 *Wundbehandlungsvorrichtung*.
21 BGH GRUR 08, 60 *Sammelhefter II*.
22 T 0228/85 Schulte-Kartei EPÜ 123 u 124 Nr 20.
23 Vgl BGH GRUR 79, 224 *Aufhänger*.

chung der Bezugnahme auf einen nicht patentfähigen anderen Anspruch in einem patentfähigen Unteranspruch;[24] 11. Einfügung einer **weiteren Ausführungsmöglichkeit**, wenn der erteilte Anspruch nur eine Ausführungsmöglichkeit enthält.[25]

4.2.5 Erweiterung des Schutzbereichs wurde verneint:

1. **Aufnahme eines weiteren Merkmals** aus der Beschreibung in den Patentanspruch erweitert Schutzbereich in der Regel nicht, wenn der Fachmann erkennen kann, dass dieses Merkmal zu der im Patentanspruch unter Schutz gestellten Lehre gehört.[26] Eine solche Aufnahme erweitert den Schutzbereich auch dann nicht, wenn dieser **gegenüber der erteilten Fassung nicht beschränkt** wird, sondern unverändert bleibt,[27] weil er ihn zB lediglich verdeutlicht oder präzisiert; 2. wenn ein **zulässiger Kategoriewechsel** vorliegt (s § 1 Rdn 195); 3. Streichung einer ersichtlich **falschen Rückbeziehung** in einem Unteranspruch;[28] 4. Streichung einer von mehreren unabhängigen **Alternativen**;[29] 5. **Streichung eines unwesentlichen Merkmals**, das den Schutzbereich nicht beeinflusst;[30] 6. wenn die Änderung gegenüber der erteilten Fassung des Anspruchs nach dem reinen Wortlaut zwar eine Erweiterung darstellt, der **Fachmann aber den erteilten Anspruch im Wege der Auslegung im Sinne des geänderten Anspruchs verstand;** 7. Streichung des Merkmals »rotierend«, weil die nunmehr unter den Anspruch fallenden Ausführungsformen, nämlich »unbewegte Elemente« vom Fachmann nicht in Betracht gezogen würden[31] (bedenklich); 8. **Einführung eines Dachbegriffs** (Kupplungsglied) anstelle eines Spezialbegriffs (Zapfen), wenn die PS als Stand der Technik für denselben Zweck ein weiteres Mittel (Klemmknopf) nennt;[32] 9. **Umwandlung von fakultativen in zwingende Merkmale;** 10. **Beseitigung eines Fehlers** im erteilten Anspruch, wenn der Fachmann den Fehler ohne weiteres anhand der PS berichtigt hätte;[33] 11. Aufnahme eines disclaimers (vgl § 34 Rdn 146); 12. **Streichung eines (unzutreffenden) Parameters**, wenn der Gegenstand des erteilten Anspruchs auch ohne ihn und ohne Änderung des Gegenstands zuverlässig definiert ist; 13. **Ersatz eines restriktiven Begriffs** durch einen weniger restriktiven, wenn die weitere Ausführungsart im Wege der Auslegung auch unter den erteilten Anspruch fällt[34] oder wenn das zur Beseitigung eines anhand von Beschreibung und Zeichnung erkennbaren Widerspruchs erfolgt und der berichtigte Anspruch dasselbe besagt wie der auszulegende erteilte;[35] 14. Ersetzen einer unrichtigen technischen Aussage, die mit

---

24 Vgl BGH GRUR 80, 166 *Doppelachsaggregat*.
25 T 0673/89 Schulte-Kartei EPÜ 123 u 124 Nr 109.
26 BGH GRUR 90, 432 *Spleißkammer*; 91, 307, 308 *Bodenwalze*; 00, 591 (II2) *Inkrustierungsinhibitoren*.
27 BGH GRUR 00, 591 (II2) *Inkrustierungsinhibitoren*; T 0271/84 ABl 87, 405; T 0212/84 Schulte-Kartei EPÜ 123 u 124 Nr 18.
28 T 0181/84 Schulte-Kartei 123 u 124 Nr 19.
29 T 0218/86 Schulte-Kartei EPÜ 123 u 124 Nr 25.
30 T 0231/89 ABl 93, 13.
31 T 0410/86 Schulte-Kartei EPÜ 123 u 124 Nr 118.
32 T 0120/83 Schulte-Kartei EPÜ 123 u 124 Nr 16.
33 T 0113/86 RechtsprBK/EPA 06, 659.
34 T 0371/88 ABl 92, 157.
35 T 0673/89 und T 0214/91 RechtsprBK/EPA 01, 227 und 262.

der Gesamtoffenbarung offensichtlich unvereinbar ist, durch die richtige Angabe;[36] **15. Verschiebung von Merkmalen** (*moving features*) vom Oberbegriff in den kennzeichnenden Teil des Anspruchs,[37] **16. Redaktionelle Klarstellung** zur Vermeidung sprachlicher Widersprüche.[38]

4.2.6 Zur »unentrinnbaren« Falle und Schutzbereich

18 Bei der so genannten »unentrinnbaren Falle«, also der unzulässigen Erweiterung durch Aufnahme eines nicht ursprungsoffenbarten Merkmals, das wegen einer daraus resultierenden Schutzbereichserweiterung nicht gestrichen werden kann, vertritt der Bundesgerichtshof die Auffassung, dass das Merkmal im Anspruch verbleiben kann, wenn es zu keinem aliud führt und nur beschränkend wirkt.[39] Dann soll nach BGH auch ein Disclaimer nicht notwendig sein.[40]

5 Unzulässige Nichtigkeitsgründe

19 s bei § 21 Rdn 24.

6 Teilnichtigkeit gemäß § 22 (2) iVm § 21 (2)

20 s bei § 21 Rdn 82.

7 Wirkung der Nichtigkeitsentscheidung

21 s bei § 21 Rdn 113.

8 Nichtigkeitsverfahren

22 s unter §§ 81–84.

§ 23 Lizenzbereitschaft
(licences of right)

(1) ¹Erklärt sich der Patentsucher oder der im Register (§ 30 Abs 1) als Patentinhaber Eingetragene dem Deutschen Patent- und Markenamt gegenüber schriftlich bereit, jedermann die Benutzung der Erfindung gegen angemessene Vergütung zu gestatten, so ermäßigen sich die für das Patent nach Eingang der Erklärung fällig werdenden Jahresgebühren auf die Hälfte. ²Die Erklärung ist im Register einzutragen und im Patentblatt zu veröffentlichen.

(2) Die Erklärung ist unzulässig, solange im Register ein Vermerk über die Einräumung einer ausschließlichen Lizenz (§ 30 Abs 4) eingetragen ist oder ein Antrag auf Eintragung eines solchen Vermerks dem Deutschen Patent- und Markenamt vorliegt.

---

36 T 0108/91 ABl **94**, 228.
37 T 0160/83, T 0096/89, T 0049/89 RechtsprBK/EPA **98**, 245 f.
38 BGH GRUR **10**, 41 *Diodenbeleuchtung*.
39 BGH GRUR **11**, 40 *Winkelmesseinrichtung*; 15 573 *Wundbehandlungsvorrichtung*.
40 BGH GRUR **11**, 40 *Winkelmesseinrichtung*; **15**, 573 *Wundbehandlungsvorrichtung*, Urt v 19.07.2016, X ZR 36/14.

(3) Wer nach Eintragung der Erklärung die Erfindung benutzen will, hat seine Absicht dem Patentinhaber anzuzeigen. ²Die Anzeige gilt als bewirkt, wenn sie durch Aufgabe eines eingeschriebenen Briefes an den im Register als Patentinhaber Eingetragenen oder seinen eingetragenen Vertreter oder Zustellungsbevollmächtigten (§ 25) abgesandt worden ist. ³In der Anzeige ist anzugeben, wie die Erfindung benutzt werden soll. ⁴Nach der Anzeige ist der Anzeigende zur Benutzung in der von ihm angegebenen Weise berechtigt. ⁵Er ist verpflichtet, dem Patentinhaber nach Ablauf jedes Kalendervierteljahres Auskunft über die erfolgte Benutzung zu geben und die Vergütung dafür zu entrichten. ⁶Kommt er dieser Verpflichtung nicht in gehöriger Zeit nach, so kann der als Patentinhaber Eingetragene ihm hierzu eine angemessene Nachfrist setzen und nach fruchtlosem Ablauf die Weiterbenutzung der Erfindung untersagen.

(4) ¹Die Vergütung wird auf schriftlichen Antrag eines Beteiligten durch die Patentabteilung festgesetzt. ²Für das Verfahren sind die §§ 46, 47 und 62 entsprechend anzuwenden. ³Der Antrag kann gegen mehrere Beteiligte gerichtet werden. ⁴Das Deutsche Patent- und Markenamt kann bei der Festsetzung der Vergütung anordnen, dass die Kosten des Festsetzungsverfahrens ganz oder teilweise von den Antragsgegnern zu erstatten sind.

(5) ¹Nach Ablauf eines Jahres seit der letzten Festsetzung kann jeder davon Betroffene ihre Änderung beantragen, wenn inzwischen Umstände eingetreten oder bekanntgeworden sind, welche die festgesetzte Vergütung offenbar unangemessen erscheinen lassen. ²Im übrigen gilt Absatz 4 entsprechend.

(6) Wird die Erklärung für eine Anmeldung abgegeben, so sind die Bestimmungen der Absätze 1 bis 5 entsprechend anzuwenden.

(7) ¹Die Erklärung kann jederzeit gegenüber dem Deutschen Patent- und Markenamt schriftlich zurückgenommen werden, solange dem Patentinhaber noch nicht die Absicht angezeigt worden ist, die Erfindung zu benutzen. ²Die Zurücknahme wird mit ihrer Einreichung wirksam. ³Der Betrag, um den sich die Jahresgebühren ermäßigt haben, ist innerhalb eines Monats nach der Zurücknahme der Erklärung zu entrichten. ⁴Wird der Unterschiedsbetrag nicht innerhalb der Frist des Satzes 3 gezahlt, so kann er mit dem Verspätungszuschlag noch bis zum Ablauf einer Frist von weiteren vier Monaten gezahlt werden.

Rinken

Übersicht
    Geltungsbereich 1
    Europäisches Patentrecht 2
    Literatur 3
    Kommentierung zu § 23 PatG
1   Zweck 4
2   Lizenzbereitschaftserklärung (§ 23 (1) und (2)) 6
2.1   Rechtsnatur 6
2.2   Erklärung 7
2.3   Erklärungsberechtigter 8
2.4   Rücknahme der Erklärung 11
2.5   Verfahren 16
2.6   Wirkung der Erklärung 17
2.6.1 Gebührenermäßigung 17

2.6.2	Lizenzangebot an die Allgemeinheit	18
2.6.3	Zusatzpatent abgeschafft	19
2.6.4	Teilanmeldung	20
3	**Benutzungsanzeige**	**21**
3.1	Form	22
3.2	Inhalt	23
3.3	Prüfung der Benutzungsanzeige	24
4	**Festsetzung der Vergütung (§ 23 (4) und (5))**	**25**
4.1	Verfahren	26
4.2	Höhe	28
4.3	Änderung	29
5	**Verlust des Benutzungsrechtes**	**30**

1 **Geltungsbereich**: 2. PatGÄndG hat durch Art 2 Nr 4 in § 23 (2) die Worte »über die Einräumung eines Rechts zur ausschließlichen Benutzung der Erfindung (§ 34 Abs 1)« ersetzt durch »über die Einräumung einer ausschließlichen Lizenz (§ 30 Abs 4)«.
Kostenbereinigungsgesetz (BGBl 2001 I 3656 = BlPMZ 2002, 14): Art 7 Nr 8 ersetzt in § 23 PatG den Begriff »Rolle« durch »Register«, fügt in § 23 (3) 2 nach dem Wort »Vertreter« die Worte »oder Zustellungsbevollmächtigten (§ 25)« ein, fasst § 23 (7) 4 neu und überführt die Gebührenvorschriften des § 23 (4) und § (5) PatG aF in das PatKostG (abgedruckt im Anhang 15), wobei die Stundungsmöglichkeiten des § 23 (4) 5 PatG aF wegen der geringen Höhe der Gebühr (60 €) entfällt und für sie auch keine Verfahrenskostenhilfe gemäß § 130 PatG vorgesehen wird.
Durch das **Patentnovellierungsgesetz v 19.10.2013 BGBl I 3830 (PatNovG)** ist § 23 (1) S 2 aF aufgehoben worden. Dies erklärt sich vor dem Hintergrund, dass das in § 16 (1) S 2, (2) aF geregelte Zusatzpatent durch das PatNovG abgeschafft worden und demnach eine Regelung zur Erstreckung einer Lizenzbereitschaftserklärung auf Zusatzpatente obsolet ist.2
Mit dem **2. PatMoG v. 10.08.2021 (BGBl I 3490)** ist mit Wirkung vom 18.08.2021 in § 23 Abs. 1 S. 1, Abs. 2, Abs. 4 S. 4 und Abs. 7 S. 1 jeweils das Wort »Patentamt« durch die Wörter »Deutsche(n) Patent- und Markenamt« ersetzt worden.

2 **Europäisches Patentrecht**: § 23 ist auf europäische Patente, die für die Bundesrepublik erteilt wurden, gemäß Art 2 (2) EPÜ anwendbar. § 23 gilt aber nur für die nationalen Jahresgebühren, die nach Art II § 7 IntPatÜG an DPMA, nicht dagegen für Jahresgebühren die gegenüber EPA zu entrichten sind.
Art 43 GPÜ 1989 (= Art 44 GPÜ 1975) sieht die Erklärung der Lizenzbereitschaft an Gemeinschaftspatenten gegenüber EPA vor.

3 **Lit in GRUR**: Eggert **72**, 231; Vorwerk **73**, 63; Oppenländer **77**, 362, 370; Reinelt **85**, 173; **86**, 504; von Mühlendahl **90**, 719; Brändel **93**, 169.

1 Zweck:

4 Die Erklärung der Lizenzbereitschaft ermöglicht es, im Interesse des Anmelders die **künftigen Jahresgebühren auf die Hälfte zu ermäßigen**. Zugleich soll die **Wahrscheinlichkeit der Verwertung der Erfindung erhöht** werden, indem jeder Dritte die Erfindung gegen angemessene Vergütung benutzen darf. Insoweit liegt die Erklärung auch im Interesse der Allgemeinheit.

5 Davon zu unterscheiden ist die **unverbindliche Lizenzinteresseerklärung**,[1] mit der lediglich bekundet wird, dass Interesse an einer Weiterverwertung durch Dritte besteht. Sie wird zwar im Register und im Patentblatt vom DPA verlautbart, kann aber jederzeit zurückgenommen werden und wirkt sich auf die Höhe der Jahresgebüh-

---

1 Vgl dazu MittDPA BlPMZ **85**, 197; **86**, 349 (Gbm); Reinelt GRUR **86**, 504.

ren nicht aus. Sie wird mit der Abgabe einer Lizenzbereitschaftserklärung gemäß § 23 oder der Eintragung einer ausschließlichen Lizenz gemäß § 34 gegenstandslos.

2 Lizenzbereitschaftserklärung (§ 23 (1) und (2))

2.1 Rechtsnatur:

Die Lizenzbereitschaftserklärung ist eine einseitige, amtsempfangsbedürftige, **prozessuale Erklärung** und **materiell-rechtliche Verfügung**,[2] die den Inhalt des Patents beschränkt, da der Erklärende auf das Recht zur alleinigen Benutzung und das Verbotsrecht gegenüber solchen Benutzern unwiderruflich verzichtet, die eine angemessene Vergütung entrichten. Eine **Anfechtung** nach §§ 119 ff, 142 BGB ist möglich.

2.2 Erklärung

ist ausweislich des Wortlautes in Abs 1 S 1 schriftlich abzugeben, also mit eigenhändiger Unterschrift (§ 126 BGB). **Telegramm, Fernschreiben und Telekopie sowie Telefax genügen nicht.** Sie kann nach § 23 (6) auch für eine Anmeldung (auch für eine Geheimanmeldung[3]) abgegeben werden.

Erklärung darf **keine Einschränkungen**, Vorbehalte oder Bedingungen enthalten.[4] Sie bedarf keiner besonderen Formulierung, genügend zB: »Hiermit wird die Lizenzbereitschaft erklärt«.[5]

Sie erfasst die gesamte Erfindung, bezieht sich also auch auf den Gegenstand einer später entstehenden **Teilanmeldung**.[6]

2.3 Erklärungsberechtigter

ist, wer gegenüber DPMA nach §§ 7 (1), 30 (3) S 2 formal legitimiert ist (s § 30 Rdn 17), also der Inhaber der eingereichten Anmeldung sowie der im Register als Patentinhaber Eingetragene (s § 30 Rdn 15).

Vertreter bedarf einer Vollmacht, die zur Abgabe gerade dieser Erklärung berechtigt. Seit dem 1.1.70 beim DPMA hinterlegte allgemeine Vollmachten ermächtigen zur Abgabe der Erklärung.[7] Nicht ausreichend: vor 1970 erteilte allgemeine Vollmachten, eine Generalvollmacht zur Vertretung vor DPMA,[8] Vollmacht gemäß § 25.[9]

War der Vertreter nicht oder nicht ausreichend bevollmächtigt, ist die von ihm abgegebene Erklärung nichtig, weil nach § 180 S 1 BGB bei einem einseitigen Rechtsgeschäft Vertretung ohne Vertretungsmacht unzulässig ist; sie ist daher nicht genehmigungsfähig.[10] War der Vertreter ausreichend bevollmächtigt, legt er jedoch keine entsprechende Vollmachtsurkunde vor, so ist die Erklärung unwirksam, wenn das DPMA sie

---

2 BPatGE 9, 147; 34, 124.
3 BGH BlPMZ 67, 82 Lizenzbereitschaft für Geheimpatent.
4 BPatGE 18, 7 = GRUR 76, 418; RPA BlPMZ 38, 120.
5 BPatGE 19, 114; 24, 47, 49.
6 BPatGE 13, 159.
7 MittDPA BlPMZ 69, 356; 86, 277 und 349.
8 BPatGE 3, 13.
9 BPatGE 9, 147; 24, 41.
10 BPatGE 5, 5, 7; 24, 41, 43.

gemäß § 174 S 1 BGB unverzüglich zurückweist.[11] Eine unverzüglich zurückgewiesene Erklärung ist wie eine nichtige Erklärung zu behandeln und kann nicht rückwirkend genehmigt, muss vielmehr erneut abgegeben werden.[12]

2.4 Rücknahme der Erklärung

11 ist nach § 23 (7), der trotz des engeren Wortlautes des § 23 (6) erst recht auch auf Anmeldungen Anwendung findet,[13] durch schriftliche Erklärung gegenüber DPMA jederzeit möglich, aber nur solange dem Patentinhaber noch nicht die Absicht angezeigt worden ist, die Erfindung zu benutzen.[14] Die Rücknahme wird grundsätzlich mit ihrer Einreichung wirksam.

12 Rücknahme der Lizenzbereitschaftserklärung ist **unwirksam**, wenn vor ihrem Eingang eine Benutzungsanzeige gemäß § 23 (3) wirksam geworden ist.[15] Da die Anzeige gegenüber dem Patentinhaber, nicht gegenüber DPMA abzugeben ist, kann DPMA für die Prüfung der Wirksamkeit der Rücknahme eine Benutzungsanzeige erst berücksichtigen, wenn sie ihm bekannt wird. Zu deren Prüfung siehe Rdn 24.

13 In Fällen, in denen die **Wirksamkeit einer Benutzungsanzeige** in Streit steht, ist das DPMA als gesetzlich vorgesehener Empfänger einer Rücknahmeerklärung auf deren Entgegennahme als solche beschränkt und hat deshalb nicht die Löschung der Lizenzbereitschaftserklärung, sondern lediglich den Eingang einer Zurücknahmeerklärung im Register zu vermerken; jede weitere Klärung ist alsdann den **Zivilgerichten** vorbehalten.[16] § 23 sieht kein patentamtliches Wirksamkeitsprüfungsverfahren der Zurücknahme einer Lizenzbereitschaftserklärung vor.[17]

14 **Nachzahlungspflicht:** Für die Zukunft entfällt mit der wirksam gewordenen Rücknahme die Gebührenermäßigung und für die Vergangenheit sind die Beträge der ermäßigten Jahresgebühren nach § 23 (7) 3 innerhalb eines Monats nach wirksamer Rücknahme der Erklärung nach zu entrichten.

15 Wird der Unterschiedsbetrag nicht innerhalb der Monatsfrist gezahlt, kann er nach § 23 (7) 4 mit **Verspätungszuschlag** binnen einer Frist von 4 weiteren Monaten entrichtet werden, also innerhalb von 5 Monaten nach wirksamer Rücknahme.

2.5 Verfahren:

16 DPMA trägt auf Antrag des formell Berechtigten das Datum des Eingangs der Lizenzbereitschaftserklärung in das Patentregister gebührenfrei ein. Ob der Erklärende auch der wahre Berechtigte ist, prüft DPMA **grundsätzlich** nicht (s § 30 Rdn 31). Es darf jedoch nicht eintragen, **a)** wenn ein Veräußerungsverbot (§§ 135, 136 BGB) erlassen ist, zB durch einstweilige Verfügung, Beschlagnahme, Pfändung; **b)** wenn im Register

---

11 BPatGE **6**, 10; **24**, 41.
12 BPatGE **24**, 41, 43 = BlPMZ **82**, 129.
13 Vgl. Wilhelmi, in: Fitzner/Lutz/Bodewig § 23 Rn 2 m.w.N.
14 BPatGE **47**, 134 = BlPMZ **04**, 193 *Rücknahme der Lizenzbereitschaftserklärung*.
15 BPatGE **47**, 134 = BlPMZ **04**, 193 *Rücknahme der Lizenzbereitschaftserklärung*.
16 BPatG Beschl. v. 28.3.2017 – 7 W (pat) 22/15 *Rücknahme der Lizenzbereitschaftserklärung II*.
17 BPatG Beschl. v. 28.3.2017 – 7 W (pat) 22/15 *Rücknahme der Lizenzbereitschaftserklärung II*.

eine ausschließliche Lizenz eingetragen ist oder ihre Eintragung beantragt ist (§ 23 (2) PatG); c) wenn begründete Zweifel an der materiellen Berechtigung bestehen, zB auf Grund eines entsprechenden Vertrags mit einem Dritten, einer nicht eingetragenen ausschließlichen Lizenz, einer Verpfändung, eines Nießbrauchs.

Die Bekanntmachung im Patentblatt erfolgt nicht vor der Veröffentlichung des Offenlegungshinweises.

2.6 Wirkung der Erklärung

2.6.1 Gebührenermäßigung: Die nach Eingang (nicht nach Eintragung) der Erklärung fällig werdenden Jahresgebühren des PatKostG (keine anderen Gebühren) ermäßigen sich auf die Hälfte. Die Erklärung muss daher vor, nicht am Fälligkeitstag eingegangen sein, eine vorher fällig gewordene, aber noch nicht entrichtete Gebühr ermäßigt sich nicht.[18]

Eine **Wiedereinsetzung** scheidet aus, da keine Frist versäumt wird.[19]

Die Verpflichtung zur Zahlung der halben Gebühren verstößt nicht gegen das Grundgesetz.[20]

2.6.2 Lizenzangebot an die Allgemeinheit, das von jedem Dritten nach Eintragung der Erklärung (nicht schon nach deren Eingang) durch Anzeige angenommen werden kann.

2.6.3 Zusatzpatent abgeschafft: § 23 (1) 2 a.F. ist durch das PatNovG aufgehoben worden, siehe oben Rdn 1 a.E.

2.6.4 Teilanmeldung: Die Erklärung nach § 23 erfasst alle Teilanmeldungen, die erst nach Eingang der Lizenzbereitschaftserklärung entstehen.[21]

3 Benutzungsanzeige

Benutzungsanzeige gem § 23 (3) PatG ist eine rechtsgestaltende Erklärung,[22] die zwischen Schutzrechtsinhaber und Benutzer mit Wirkung für die Zukunft ein abänderbares Legalschuldverhältnis (nach Art eines Lizenzverhältnisses) entstehen lässt, dessen Inhalt sich aus § 23 (3) 4–6 und der Benutzungsanzeige ergibt.[23] Patentinhaber kann die Anzeige nicht zurückweisen. Hat der Benutzer vor der Anzeige bereits patentverletzende Handlungen begangen, so bleiben dem Schutzrechtsinhaber die bereits entstandenen Ansprüche auf Rechnungslegung und Schadensersatz erhalten.[24]

3.1 Form:

Die Anzeige muss (nicht notwendig schriftlich[25]) dem eingetragenen Patentinhaber oder seinem eingetragenen Vertreter (nicht dem DPMA) zugehen (§ 130 BGB). Ist als

---

18 BPatGE **24**, 41, 43 = BlPMZ **82**, 129.
19 BPatGE **4**, 122.
20 BPatG Mitt **84**, 191.
21 BPatGE **13**, 159.
22 BPatGE **47**, 134 = BlPMZ **04**, 193 *Rücknahme der Lizenzbereitschaftserklärung.*
23 LG Düsseldorf InstGE **1**, 33 Rn 4 *Mehrfachkontaktanordnung.*
24 LG Düsseldorf InstGE **1**, 33 Rn 6 *Mehrfachkontaktanordnung.*
25 Wilhelmi, in: Fitzner/Lutz/Bodewig § 23 Rn 23 m.w.N; a.A. Voraufl. bis 9. A.

Inlandsvertreter ein Rechts- oder Patentanwalt aus dem EG- oder EWR Ausland bestellt, ist die Anzeige dem gemäß § 25 (2) bestellten Zustellungsbevollmächtigten zuzustellen. Zugang hat Anzeigender zu beweisen. Eine Beweiserleichterung gewährt die Fiktion des § 23 (3) 2. Ausländer bedarf keines Inlandsvertreters gemäß § 25.[26]

3.2 Inhalt:

23 Anzeige muss Angaben enthalten über a) Person des Benutzers; b) Art und Weise der Benutzung, ob die Erfindung voll umfänglich,[27] teilweise, beschränkt auf bestimmte Benutzungshandlungen oder nach Ort und Zeit benutzt werden soll. Fehlen die Angaben, beginnt die Benutzungsberechtigung erst mit deren Nachholung. Rückwirkende Konkretisierungen unvollständiger Angaben sind aber zulässig.[28] Wesentliche Änderungen wirken erst für die Zukunft.

3.3 Prüfung der Benutzungsanzeige

24 bezieht sich nur auf deren gesetzlichen Inhalt, da es sich um ein registerrechtliches Verfahren handelt. Entspricht der Inhalt § 23 (3), ist eine Rücknahme der Lizenzbereitschaftserklärung ausgeschlossen, auch wenn die Benutzungsanzeige aus anderen Gründen unwirksam sein sollte,[29] zB Verstoß gegen Vertrag zwischen Patentinhaber und Anzeigenden oder Rechtsmissbrauch. Für Streitigkeiten darüber sind die Zivilgerichte zuständig.

4 Festsetzung der Vergütung (§ 23 (4) und (5))

25 Festsetzung der Vergütung der Höhe nach erfolgt durch Gericht für Patentstreitsachen im Rahmen einer Zahlungsklage oder durch DPMA nach § 23 (4). Gebühr: 60 €. DPMA kann nur über die Höhe der Vergütung, nicht auch über die Verpflichtung zur Zahlung dem Grunde nach entscheiden.[30] Festsetzung durch DPMA ist daher nur sinnvoll, wenn die Parteien nur über die Höhe, nicht auch den Grund streiten. Eine Festsetzung des DPMA **bindet auch die ordentlichen Gerichte.**

4.1 Verfahren:

26 Schriftlicher Antrag, über den die zuständige Patentabteilung mit beschwerdefähigem Beschluss entscheidet. Verfahren richtet sich nach §§ 46, 47 und 62. Beide Parteien können aus mehreren Beteiligten bestehen (§ 23 (4) 3); mehrere Schutzrechtsinhaber sind notwendige Streitgenossen (§ 62 1 ZPO).[31] Kosten des Festsetzungsverfahrens können dem Antragsgegner auferlegt werden, wenn dieser unnötige Kosten verursacht hat (s § 62 Rdn 15).

27 Gebühr von 60 € (Nr 313 200 PatKostG) wird mit Antragstellung fällig (§ 3 (1) PatKostG) und ist innerhalb von 3 Monaten zu zahlen (§ 6 (1) 1 PatKostG). Wird sie nicht gezahlt, gilt der Antrag als zurück genommen (§ 6 (2) PatKostG).

---

26 OLG Nürnberg **96**, 48.
27 OLG Nürnberg **96**, 48.
28 BPatGE **47**, 134 = BlPMZ 04, 193 *Rücknahme der Lizenzbereitschaftserklärung*.
29 BPatGE **47**, 134 = BlPMZ 04, 193 *Rücknahme der Lizenzbereitschaftserklärung*.
30 LG Mannheim GRUR **56**, 412.
31 BGH GRUR **67**, 655 *Altix*.

4.2 Höhe

der festzusetzenden Vergütung richtet sich nach dem Umfang der Benutzung, der Zahl der übrigen Benutzer, dem erzielten Nutzen, der Bedeutung der Erfindung, einem Vergleich mit frei vereinbarten Lizenzsätzen,[32] nicht dagegen nach der individuellen Leistungsfähigkeit des Benutzers.[33] 28

4.3 Änderung

der Festsetzung nur unter den Voraussetzungen von § 23 (5) oder nach einer Änderung der Benutzungsanzeige mit entsprechender Änderung der Benutzung. Gebühr gemäß Nr 313 300 PatKostG: 120 €. 29

5 Verlust des Benutzungsrechtes:

Kommt der Benutzer seiner Verpflichtung zur Auskunftserteilung und Vergütungszahlung (§ 23 (3) 5) nicht nach, so läuft er Gefahr, sein Benutzungsrecht einzubüßen, wenn der Patentinhaber ihm fruchtlos eine angemessene Nachfrist gesetzt hat und nach deren Ablauf die Weiterbenutzung verbietet (§ 23 (3) 6). Einer Nachfristsetzung bedarf es nicht, wenn der Benutzungsberechtigte die geschuldeten Auskünfte ernsthaft und endgültig verweigert.[34] 30

§ 24 Zwangslizenz (compulsory licences)

(1) Die nicht ausschließliche Befugnis zur gewerblichen Benutzung einer Erfindung wird durch das Patentgericht im Einzelfall nach Maßgabe der nachfolgenden Vorschriften erteilt (Zwangslizenz), sofern
1. der Lizenzsucher sich innerhalb eines angemessenen Zeitraumes erfolglos bemüht hat, vom Patentinhaber die Zustimmung zu erhalten, die Erfindung zu angemessenen geschäftsüblichen Bedingungen zu benutzen, und
2. das öffentliche Interesse die Erteilung einer Zwangslizenz gebietet.

(2) ¹Kann der Lizenzsucher eine ihm durch Patent mit jüngerem Zeitrang geschützte Erfindung nicht verwerten, ohne das Patent mit älterem Zeitrang zu verletzen, so hat er gegenüber dem Inhaber des Patents mit dem älteren Zeitrang Anspruch auf Einräumung einer Zwangslizenz, sofern
1. die Voraussetzung des Absatzes 1 Nr 1 erfüllt ist und
2. seine eigene Erfindung im Vergleich mit derjenigen des Patents mit dem älteren Zeitrang einen wichtigen technischen Fortschritt von erheblicher wirtschaftlicher Bedeutung aufweist.

²Der Patentinhaber kann verlangen, dass ihm der Lizenzsucher eine Gegenlizenz zu angemessenen Bedingungen für die Benutzung der patentierten Erfindung mit dem jüngeren Zeitrang einräumt.

---

32 Vgl BPatG BlPMZ 90, 329; DPA BlPMZ 88, 324.
33 So Vorwerk GRUR 73, 63.
34 LG Düsseldorf InstGE 1, 33 Rn 5 *Mehrfachkontaktanordnung*.

(3) Absatz 2 gilt entsprechend, wenn ein Pflanzenzüchter ein Sortenschutzrecht nicht erhalten oder verwerten kann, ohne ein früheres Patent zu verletzen.

(4) Für eine patentierte Erfindung auf dem Gebiet der Halbleitertechnologie darf eine Zwangslizenz im Rahmen des Absatzes 1 nur erteilt werden, wenn dies zur Behebung einer in einem Gerichts- oder Verwaltungsverfahren festgestellten wettbewerbswidrigen Praxis des Patentinhabers erforderlich ist.

(5) [1]Übt der Patentinhaber die patentierte Erfindung nicht oder nicht überwiegend im Inland aus, so können Zwangslizenzen im Rahmen des Absatzes 1 erteilt werden, um eine ausreichende Versorgung des Inlandsmarktes mit dem patentierten Erzeugnis sicherzustellen. [2]Die Einfuhr steht insoweit der Ausübung des Patents im Inland gleich.

(6) [1]Die Erteilung einer Zwangslizenz an einem Patent ist erst nach dessen Erteilung zulässig. [2]Sie kann eingeschränkt erteilt und von Bedingungen abhängig gemacht werden. [3]Umfang und Dauer der Benutzung sind auf den Zweck zu begrenzen, für den sie gestattet worden ist. [4]Der Patentinhaber hat gegen den Inhaber der Zwangslizenz Anspruch auf eine Vergütung, die nach den Umständen des Falles angemessen ist und den wirtschaftlichen Wert der Zwangslizenz in Betracht zieht. [5]Tritt bei den künftig fällig werdenden wiederkehrenden Vergütungsleistungen eine wesentliche Veränderung derjenigen Verhältnisse ein, die für die Bestimmung der Höhe der Vergütung maßgebend waren, so ist jeder Beteiligte berechtigt, eine entsprechende Anpassung zu verlangen. [6]Sind die Umstände, die der Erteilung der Zwangslizenz zugrunde lagen, entfallen und ist ihr Wiedereintritt unwahrscheinlich, so kann der Patentinhaber die Rücknahme der Zwangslizenz verlangen.

(7) [1]Die Zwangslizenz an einem Patent kann nur zusammen mit dem Betrieb übertragen werden, der mit der Auswertung der Erfindung befasst ist. [2]Die Zwangslizenz an einer Erfindung, die Gegenstand eines Patents mit älterem Zeitrang ist, kann nur zusammen mit dem Patent mit jüngerem Zeitrang übertragen werden.

Rinken

Übersicht

Geltungsbereich		1
Europäisches Patentrecht		2
Literatur		3
Kommentierung zu § 24 PatG		
I	Begriff	4
II	Zweck	5
III	Voraussetzungen der Zwangslizenzerteilung nach Abs 1	6
1	Patenterteilung	7
2	Geeigneter Lizenzinteressent	8
3	Benutzung der Erfindung	9
4	Verweigerung der Benutzung	10
5	Öffentliches Interesse	11
6	Antragsgegner	15
IV	Voraussetzungen der Zwangslizenzerteilung nach Abs 2	16
1	Lizenzsucher	17
2	Lizenzpatent	19
3	Schutzbereich und Abhängigkeit	20

4	Technischer Fortschritt	21
5	Anspruch auf Gegenlizenz	22
6	Abhängiges Sortenschutzrecht nach Absatz 3	23
7	Auf dem Gebiet der Halbleitertechnologie (Abs 4)	25
8	Nichtausübung (Abs 5)	26
V	Erteilung der Zwangslizenz	27
1	Verfahren	27
2	Inhalt der Zwangslizenz	31
3	Vergütung	32
4	Wirkung	34
VI	Rücknahme der Zwangslizenz	35
VII	EG-V Nr 816/2006	39
VIII	Kartellrechtliche Zwangslizenz	47
1	Erheblichkeit des kartellrechtlichen Zwangslizenzeinwandes im Patentverletzungsprozess	50
2	Marktbeherrschende Stellung	53
2.1	Bedarfsmarktkonzept	54
2.2	Einzelne Kriterien	55
3	Generelle Lizenzverweigerung	58
4	Unangemessene Lizenzierungspraxis	60
4.1	Diskriminierung	61
4.1.1	Standardfreies Schutzrecht	62
4.1.2	Standardgebundenes Schutzrecht (sog. de iure Standard)	63
4.2	Ausbeutungsmissbrauch	66
4.3	Patentpools	69
4.4	Anforderungen an die Lizenzofferte des Lizenzsuchers	75
4.5	Kartellrechtlicher Zwangslizenzeinwand in der Lieferkette	83
4.6	Rückwirkende und fortlaufende Erfüllungshandlungen des Lizenzsuchers	84
4.7	Rechtsfolgen	87
4.7.1	Unterlassungsanspruch	87
4.7.2	Schadensersatzanspruch	88
4.7.3	Rechnungslegungsanspruch	90
4.7.4	Vernichtungs- und Rückrufanspruch	91
5	**Standardessentielles Patent (SEP) mit FRAND-Zusage**	92
5.1	Rechtsnatur einer FRAND-Erklärung	92
5.2	Marktbeherrschende Stellung	94
5.3	Verbot der Diskriminierung und Ausbeutung	97
5.4	EuGH-Vorgaben zum Lizenzierungsprocedere	98
5.4.1	»Übergangsfälle«	100
5.4.2	Pflicht zum Hinweis auf Patentbenutzung	101
5.4.3	Bekundung der Lizenzwilligkeit	108
5.4.4	Lizenzangebot des SEP-Inhabers	112
5.4.5	FRAND-Gegenangebot des Benutzers	117
5.4.6	Mögliche Resultate des Lizenzierungsprocedere und ihre Rechtsfolgen	118
5.4.7	Sicherheitsleistung des Benutzers	119
5.4.8	Beendigung des FRAND-Lizenzvertrages	120
5.5	Kriterien für die Bestimmung der FRAND-Bedingungen	121
5.5.1	Lizenzpflichtige Patente	121
5.5.2	Benutzung der zum Portfolio gehörenden Patente	125
5.5.3	Angemessene Höhe der Lizenzgebühren	126
5.6	Auswirkung einer FRAND-Erklärung auf den Schadensersatz- und Rechnungslegungsanspruch	131
5.7	Patent Ambush (»Patenthinterhalt«)	132
5.8	Einstweilige Unterlassungsverfügung aus SEP	133
5.9	Aussetzung nach Art 16 (1) S 2, 3 VO 1/2003	134
5.10	Gerichtliche Zuständigkeit	135

§ 24 Zwangslizenz

1 **Geltungsbereich des § 24:** § 24 ist durch Art 2 Nr 5 des 2. PatGÄndG mit Wirkung vom 1.11.98 neu gefasst worden.
Das Gesetz zur Umsetzung der Richtlinie 98/44/EG über den rechtlichen Schutz biotechnologischer Erfindungen (**Biopatentgesetz**) hat § 24 (2) PatG neu gefasst und Abs 3 eingefügt.

2 **Europäisches Patentrecht:** Das GPÜ kennt keine zentrale Erteilung von Zwangslizenzen an Gemeinschaftspatenten, sondern sieht in den Art 45 ff GPÜ 1989 (= Art 46 ff GPÜ 1975) die Erteilung territorial beschränkter Zwangslizenzen nach nationalem Recht vor. Unter den Begriff der Zwangslizenz fällt nach Art 45 (4) GPÜ auch eine Benutzungsanordnung nach § 13 PatG. Art 46 regelt Zwangslizenzen wegen Nichtausübung oder unzureichender Ausübung, der nach Art 77 GPÜ auf Zwangslizenzen an nationalen Patenten entsprechend anzuwenden ist. Art 83 enthält einen zeitlich begrenzten Vorbehalt für die Anwendung der Art 46 u 77. Die Entschließung über eine gemeinsame Regelung für die Erteilung von Zwangslizenzen an Gemeinschaftspatenten (GRUR Int 76, 249) zielt auf eine baldige Abschaffung der dezentralen Erteilung von Zwangslizenzen.

3 **Lit:** Bußmann Die patentrechtliche Zwangslizenz 1975; Preu in 10 Jahre BPatG 1971, 239; von Meibom/Pitz Patent World 1997 S 27; Pohl Die Voraussetzungen der patentrechtlichen Zwangslizenz 2000; Körber Standardessentielle Patente, FRAND-Verpflichtungen und Kartellrecht 2013; Kübel in Vieweg Spektrum des Technikrechts Erlangen 2002 S 293; **Lit in GRUR:** Tetzner 73, 62; Vorwerk **76**, 64; Beier **98**, 185; Scheffler **03**, 97; Stierle **20**, 30; Metzger/Zech **20**, 561; Melullis **21**, 294; **Lit in GRUR Int:** Schatz 68, 273; Segade 73, 95 u 123; Kunz-Hallstein 81, 347; Greif 81, 731; Pfanner **85**, 357; Straus **96**, 179, 184, 199; Böttger **08**, 881; Fischmann **10**, 185; **Lit in GRUR-Prax:** Holtorf/Traumann **18**, 295; Holtorf **18**, 307; Hauck **21**, 333; **Lit in Mitt:** Ballhaus **61**, 182; Schade **64**, 101; Horn **70**, 184; Viefhues **95**, 141; Holzapfel **04**, 391; Leitzen/Kleinevoss **05**, 198; Haedicke **05**, 241; Haedicke/Popp **18**, 1; Richte **21**, 1; **Lit in WRP** Naegele/Jacobs **09**, 1062; Wirtz **11**, 1392. **Lit in IIC:** Walter **90**, 532; Beier **99**, 251; **Lit in ZHR:** Casper **02**, 685; **Lit in CIPR:** Busche **09**, 104.
Bericht zum GPÜ: Krieger GRUR Int **76**, 214.
S zum kartellrechtlichen Zwangslizenzeinwand ferner die Literaturangaben unter Rdn 47.

I Begriff

4 Eine »Zwangslizenz« ist die einem benutzungswilligen und -fähigen Lizenzsucher **auf Antrag** durch **Gerichtsurteil im öffentlichen Interesse** erteilte, nicht ausschließliche Befugnis zur Benutzung der Erfindung, die ihm der Schutzrechtsinhaber trotz angebotener, angemessener Vergütung verweigert.

II Zweck

5 § 24 bezweckt den **Schutz der Allgemeinheit** vor einem Missbrauch des dem Schutzrechtsinhaber zustehenden Ausschließlichkeitsrechts. Während lange Zeit seine Bedeutung mehr in der vom Kontrahierungszwang ausgehenden psychologischen Wirkung zur freiwilligen Lizenzerteilung als in der praktischen Anwendung lag, mehrten sich in jüngerer Zeit Streitigkeiten betreffend Zwangslizenzen im Pharma-Bereich.[1]

III Voraussetzungen der Zwangslizenzerteilung nach Abs 1

6 Abs 1 enthält den insbesondere vom Vorliegen eines öffentlichen Interesses abhängigen **Grundtatbestand** der Zwangslizenz.

---

[1] Vgl BPatG Urt v 31.08.2016 – 3 LiQ 1/16 (EP), GRUR **17**, 373 Isentress; BGH Urt v 11.07.2017 – X ZB 2/17 GRUR **17**, 1017 Raltegravir; BGH Urt v 04.06.2019 – X ZB 2/19, GRUR **19**, 1038 Alirocumab.

1 Patenterteilung

Vor der Patenterteilung ist eine Zwangslizenzerteilung nicht zulässig (a.e. Abs 6 S 1), auch nicht für **offengelegte Anmeldungen**; deren Gegenstand kann nach § 33 befugt benutzt werden. Jede Art von **Patent** ist lizenztauglich: dt, europ, erstreckte, auch **Schutzzertifikate** (§ 16a (2)) und **Gebrauchsmuster** (§ 20 GebrMG).

2 Geeigneter Lizenzinteressent

Er muss die Erfindung **gewerbsmäßig** benutzen können und wollen,[2] und zwar für eigene Rechnung[3] im eigenen Betrieb oder durch Dritte für seinen Betrieb. Keine Zwangslizenzerteilung **zugunsten Dritter** (zB Mitglieder eines Vereins).[4]

3 Benutzung der Erfindung

Dass die beabsichtigte Benutzung in den **Schutzumfang** des Schutzrechts fällt, ist – soweit nicht offensichtlich unmöglich – zu unterstellen,[5] insbesondere bei Abhängigkeit eines jüngeren Patents von einem älteren Patent.[6]

4 Verweigerung der Benutzung

ist nach neuem Rercht nicht mehr bloß prozessuale, sondern *materielle Voraussetzung* für die Erteilung einer patentrechtlichen Zwangslizenz, weil sie nur dann erforderlich ist, wenn sich der Patentinhaber dem milderen Mittel einer vertraglichen Einräumung der Benutzungsgestattung zu angemessenen Bedingungen verweigert.[7] Maßgeblicher Zeitpunkt ist der **Schluss der mündlichen Verhandlung**, d.h.: Diese Voraussetzung kann auch noch nach Klageerhebung bis zum Erlass des Urteils nachgeholt bzw. ergänzt werden.[8] Indessen muss der Lizenzsucher zuvor schon über einen angemessenen Zeitraum und in einer der jeweiligen Situation angemessenen Weise versucht haben, sich mit dem Patentinhaber über eine Benutzungserlaubnis zu einigen.[9] Das *erfolglose Bemühen* innerhalb eines angemessenen Zeitraums verlangt, dass der Patentinhaber eine entsprechende Anfrage des Lizenzsuchers ablehnt oder nicht in angemessener Zeit beantwortet: Die Angemessenheit des Zeitraums ist eine Frage des Einzelfalls, wobei folgende Kriterien maßgeblich sind: Dringlichkeit der Entscheidung über die Lizenzvergabe einerseits und die für die Entscheidung des Patentinhabers (je nach Komplexität verschiedene) notwendige Zeit anderseits.[10] Die Anfrage des Lizenzsuchers muss alle Informationen enthalten, die der Patentinhaber billigerweise erwarten kann, bevor er eine Entscheidung über den Abschluss und ggf. die Bedingungen eines

---

2 RGZ 130, 360 = BlPMZ 31, 74.
3 RGZ 83, 274 = BlPMZ 14, 186; MuW 32, 150.
4 RGZ 130, 360 = BlPMZ 31, 74.
5 RG GRUR 34, 246; 38, 320.
6 RGZ 91, 188, 190 ff; 126, 266 f.
7 BGH Urt v 04.06.2019 – X ZB 2/19, GRUR 19, 1038 *Alirocumab*.
8 BGH Urt v 11.07.2017 – X ZB 2/17, GRUR 17, 1017 *Raltegravir*; BGH Urt v 04.06.2019 – X ZB 2/19, GRUR 19, 1038 *Alirocumab*.
9 BGH Urt v 11.07.2017 – X ZB 2/17, GRUR 17, 1017 *Raltegravir*; BGH Urt v 04.06.2019 – X ZB 2/19, GRUR 19, 1038 *Alirocumab*.
10 BGH Urt v 11.07.2017 – X ZB 2/17, GRUR 17, 1017 *Raltegravir*; BGH Urt v 04.06.2019 – X ZB 2/19, GRUR 19, 1038 *Alirocumab*.

Lizenzvertrages trifft: Erfolglosigkeit des Bemühens ist erst dann anzunehmen, wenn weitere Verhandlungen objektiv als aussichtslos erscheinen, etwa wenn die Erteilung der Lizenz schlechthin verweigert wird, nicht aber, wenn eine (ausnahmsweise) Lizenzierung in Erwägung gezogen wird, aber von einer näheren Überprüfung der Voraussetzungen für das Vorliegen eines öffentlichen Interesses abhängig gemacht wird und zu diesem Zweck in zumutbarer Weise weitere dafür notwendige Informationen gefordert werden.[11] Ein hinreichendes Bemühen erfordert zudem, dass der Lizenzsucher auf entsprechende Antworten seinerseits angemessen reagiert und relevante Informationen erteilt[12] Der Angabe einer bestimmten oder bestimmbaren Summe bedarf es nicht,[13] es genügt die erklärte Bereitschaft des Lizenzsuchers zur Zahlung einer angemessenen Vergütung.[14] Das im Einzelfall unangemessene Begehren nach einer Lizenzgebühr, die einen bestimmten Höchstbetrag auf keinen Fall übersteigen soll, ist vom Gericht zu versagen.[15] Es gelten nicht die strengen Anforderungen wie bei einer kartellrechtlichen Zwangslizenz.[16]

5 Öffentliches Interesse[17]

11   ist grundsätzlich erforderlich (Abs 1). Es handelt sich um einen von der Rechtsprechung auszufüllenden **unbestimmten Rechtsbegriff**, dessen Bewertung den wandelbaren Grundanschauungen des Verhältnisses von Individual- und Allgemeininteresse unterworfen ist. Maßgebend für die Beurteilung sind die **Umstände des Einzelfalls**.[18] Öffentliches Interesse ist zu bejahen, wenn die Verwertung der Erfindung für die Allgemeinheit einen **wesentlichen Nutzen** bringt, der im Vergleich zu den Interessen des Patentinhabers **eindeutig höherrangig** ist.[19]

12   Die **Monopolstellung** allein rechtfertigt keine Zwangslizenzerteilung, da sie der Lohn für die Offenbarung ist.[20] Es müssen vielmehr **besondere Umstände** hinzukommen, die im Wege einer Interessenabwägung den schwerwiegenden Eingriff rechtfertigen, wie zB Missbrauch des Patentrechts oder andere Gründe technischer, wirtschaftlicher, sozialpolitischer oder medizinischer Art.[21] Bsp. für medizinische Gründe: Wenn ein Medikament von bestimmten Gruppen HIV-infizierter und/oder an AIDS erkrankten Patienten aus medizinischen Gründen benötigt wird und diese nicht **ohne** erhebliche gesundheitliche Risiken auf andere Präparate ausweichen können (Schwangere, Säuglinge und Kinder sowie langjährig gegen HIV behandelte Patienten) und durch eine

---

11 BGH Urt v 04.06.2019 – X ZB 2/19, GRUR 19, 1038 *Alirocumab*.
12 BGH Urt v 04.06.2019 – X ZB 2/19, GRUR 19, 1038 *Alirocumab*.
13 RGZ 113, 115 f; BGH GRUR 96, 190 (I) *Polyferon*.
14 BGH Urt v 11.07.2017 – X ZB 2/17, GRUR 17, 1017 *Raltegravir*; BGH GRUR 96, 190 (I) *Polyferon*.
15 BGH Urt v 11.07.2017 – X ZB 2/17, GRUR 17, 1017 *Raltegravir*.
16 BPatG GRUR 17, 373 *Isentress*
17 Lit in Mitt: Schade 64, 101; Horn 70, 184; Preu in »10 Jahre BPatG« 1971 S 240, 245; Holzapfel 04, 391; Lit in GRUR: Melullis 21, 294.
18 BGH GRUR 72, 471 *Cafilon*; BGH Urt v 11.07.2017 – X ZB 2/17, GRUR 17, 1017 *Raltegravir*; BPatG GRUR 17, 373 *Isentress*.
19 Vgl BGH Urt v 11.07.2017 – X ZB 2/17, GRUR 17, 1017 *Raltegravir*.
20 BGH GRUR 96, 190 *Polyferon*.
21 BGH GRUR 96, 190 *Polyferon*; BGHZ 160, 67 *Standard-Spundfass*; vgl. BPatG GRUR 17, 373 *Isentress*.

effektive Absenkung der Viruslast eine mögliche Ansteckungsgefahr **für Dritte** verringert wird.[22] Missbrauch ist nur ein Grund für die Erteilung, aber keine stets zu erfüllende Voraussetzung. Weder die Eigentumsgarantie des Art 14 GG noch Art 5 A PVÜ verlangen Missbrauch als zwingende Voraussetzung.[23] Kann das angestrebte Ziel auf andere Weise erreicht werden, fehlt ein öffentliches Interesse (Grundsatz der Verhältnismäßigkeit).[24] Der Lizenzsucher muss die Gewähr bieten, dass gerade er das höherrangige öffentliche Interesse befriedigen wird.

Behinderung des freien Warenverkehrs steht einer Erteilung einer Zwangslizenz entgegen. Gegen Artt. 34, 36 AEUV wird durch Erteilung einer Zwangslizenz verstoßen, weil das Patent nicht im Inland ausgeübt wird oder weil das Patent durch Einfuhren aus anderen Mitgliedstaaten ausgeübt wird.[25]

Öffentliches Interesse anerkannt: Förderung der Gesundheit der Allgemeinheit[26] (zB durch neue Arzneimittel, mit denen eine Volkskrankheit erstmals mit Aussicht auf Erfolg behandelt werden kann, zB Krebs oder rheumatoide Arthritis[27]); Erhöhung der Betriebssicherheit;[28] Sicherung des Arbeitsplatzes;[29] unzureichende Versorgung des inländischen Marktes;[30] Förderung der Ausfuhr und Ersparnis der Einfuhr teurer Rohstoffe;[31] Vorenthaltung eines neuen Stoffes, dessen Verwendung für die Allgemeinheit einen wesentlichen Fortschritt bedeuten würde; Gefährdung ganzer Industriezweige;[32] Verhinderung von Betriebsstillegungen oder von Entlassungen in großem Umfang;[33] Sicherstellung der ununterbrochenen Versorgung mit elektrischem Strom;[34] für Arzneimittel mit neuen therapeutischen Eigenschaften, die bisherige Mittel entweder nicht oder nur mit Nebenwirkungen erreichen;[35] bessere Dosierbarkeit;[36] siehe auch Rdn 12. Der *Nachweis* der überlegenen Eigenschaften eines Arzneimittels muss nicht zwingend durch eine klinische Studie erbracht werden; wenn indessen eine Studie vorgelegt wird, muss diese nach den Grundsätzen der evidenzbasierten Medizin erstellt und mit hinreichender Wahrscheinlichkeit auszuschließen sein, dass Zufallsergebnisse präsentiert werden.[37]

Kein öffentliches Interesse: für ein Arzneimittel, wenn mehr oder weniger gleichwertige Ausweichpräparate zur Verfügung stehen;[38] Auffinden neuer Verwendungen eines

---

22 BGH Urt v 11.07.2017 – X ZB 2/17, GRUR 17, 1017 *Raltegravir*; BPatG GRUR 17, 373 *Isentress*.
23 BGH GRUR 96, 190 *Polyferon*.
24 BGH GRUR 96, 190 *Polyferon*.
25 EuGH GRUR Int 94, 227 *Zwangslizenz brit Patent* u EuZW 93, 646 *Zwangslizenz ital Patent*.
26 RGZ 126, 266; RG Mitt 33, 97 u 35, 343; RG GRUR 35, 877; BPatG BlPMZ 74, 319.
27 BPatGE 32, 184.
28 RG BlPMZ 27, 151; 31, 74; 34, 89; GRUR 36, 604.
29 RGZ 113, 115, 121; 143, 223, 226; RG GRUR 36, 489; 37, 676; 38, 320.
30 RGZ 93, 50, 53; 121, 328; GRUR 19, 152; 36, 489 u 604.
31 RG GRUR 36, 489; RGZ 106, 214, 216.
32 RGZ 83, 9, 14.
33 RGZ 113, 115; 143, 223, 226.
34 RG GRUR 36, 604 f.
35 BPatG BlPMZ 74, 319; BGH GRUR 96, 190, 193 rSp *Polyferon*.
36 BGH Urt v 04.06.2019 – X ZB 2/19, GRUR 19, 1038 *Alirocumab*.
37 BGH Urt v 04.06.2019 – X ZB 2/19, GRUR 19, 1038 *Alirocumab*.
38 BGH GRUR 96, 190, 193 lSp *Polyferon*.

patentierten Stoffs, die die medizinische Versorgung der Bevölkerung berühren, auch wenn dem Lizenzsucher ein Verwendungspatent erteilt ist.[39]

6 Antragsgegner

15 kann nur der **eingetragene Inhaber** des Lizenzpatents sein, nicht der ausschließliche Lizenznehmer.[40]

IV Voraussetzungen der Zwangslizenzerteilung nach Abs 2

16 Für **abhängige** Erfindungen (s § 9 Rdn 8), auf die ein Patent erteilt wurde, ist die Erteilung einer Zwangslizenz durch Abs 2 erleichtert, indem auf das **öffentliche Interesse (Abs 1 Nr 2) verzichtet** wird. Sie kommt wahlweise unter den strengen Voraussetzungen des Abs 1 oder den erleichterten Bedingungen des Abs 2 in Betracht.

1 Lizenzsucher

17 kann jeder sein, der hinsichtlich des abhängigen Patents benutzungsberechtigt ist; das ist nicht nur der **Patentinhaber** und sein **Rechtsnachfolger** (sofern sie sich im Wege der ausschließlichen Lizenz nicht sämtlicher Benutzungsrechte begeben haben), sondern auch der (ausschließliche oder einfache) **Lizenznehmer**. Zwar legen die missverständliche Formulierung in S 1 (»... eine *ihm* durch Patent... geschützte Erfindung...«) und die in S 2 vorgesehene Verpflichtung des Lizenzsuchers zur Einräumung einer Gegenlizenz die Annahme nahe, dass nur der Inhaber des abhängigen Patents eine Zwangslizenz beanspruchen kann. Dem Gesetzeszweck, die Benutzung **wertvoller Weiterentwicklungen** (die in der Praxis vielfach durch Lizenznehmer geschieht) zu ermöglichen, würde eine solche Interpretation jedoch nicht gerecht, da der Patentinhaber eine ihm eingeräumte Zwangslizenz nicht an seine Lizenznehmer weitergeben kann (s Rdn 34). Art 31 lit l TRIPS, dem Abs 2 nachgebildet ist, sieht den Zwangslizenzanspruch ebenfalls nicht auf den Inhaber des abhängigen Patents beschränkt, sondern regelt ihn ganz allgemein als Benutzungsgestattung, die dazu dient, die Verwertung des abhängigen Patents zu ermöglichen. Soweit in S 2 vom **Lizenzsucher** die Rede ist, ist offensichtlich der über das abhängige Patent Verfügungsberechtigte gemeint.

18 Spätestens im **Zeitpunkt** der Entscheidung über den Zwangslizenzantrag muss das abhängige Patent erteilt und der Antragsteller Patentinhaber (Registereintrag nicht erforderlich) oder Lizenznehmer sein. Der Lizenzsucher muss ferner objektiv (tatsächlich und rechtlich) die Möglichkeit und subjektiv den Willen zu einer (mindestens in greifbarer Zukunft stattfindenden) gewerblichen Benutzungshandlung haben.

2 Lizenzpatent

19 muss im Entscheidungszeitpunkt erteilt und noch bestandskräftig sein (§ 24 (6) S 1).

3 Schutzbereich und Abhängigkeit

20 Ob die ins Auge gefasste Benutzung in den **Schutzbereich** des älteren Patents fällt, ist im Zwangslizenzverfahren nicht zu klären. Das Risiko, dass die begehrte Zwangslizenz

---

39 BGH GRUR **96**, 190, 193 lSp *Polyferon*.
40 BGH GRUR **96**, 190 *Polyferon*.

überflüssig ist, weil die beabsichtigte Benutzung ohnehin nicht unter die Verbietungsrechte des älteren Patents fällt, trägt der Lizenzsucher. Zur Abgrenzung vom Tatbestand nach Abs 1 muss lediglich festgestellt werden, dass das Patent, für welches der Antragsteller benutzungsberechtigt ist, zu demjenigen Patent, für das die Zwangslizenz begehrt wird, in einem **Abhängigkeitsverhältnis** steht. Da die Zwangslizenz **abstrakt** an dieses Abhängigkeitsverhältnis anknüpft, ist es unerheblich, ob die geplante Benutzung ein Gebrauchmachen von dem abhängigen Patent darstellt.[41]

4 Technischer Fortschritt

Bei einer abhängigen Erfindung genügt es für die Gewährung einer Zwangslizenz, dass die Erfindung des jüngeren Patents gegenüber dem älteren Patent einen wichtigen technischen Fortschritt von erheblicher wirtschaftlicher Bedeutung bietet. Dies beurteilt sich nach den **Umständen des Einzelfalles** unter Berücksichtigung der konkreten Verhältnisse auf dem betroffenen Markt.

5 Anspruch auf Gegenlizenz

am abhängigen Patent entsteht für den Inhaber des älteren Patents (nicht für sonstige Benutzungsberechtigte), wenn an seinem älteren Patent eine Zwangslizenz eingeräumt wird. Weitere Voraussetzungen sind nicht erforderlich. Der Gegenlizenzanspruch richtet sich gegen den eingetragenen Inhaber des abhängigen Patents, welcher nicht der Antragsteller im Zwangslizenzverfahren sein muss (s Rdn 17). Der Anspruch kann (notfalls nach den Regeln der Drittwiderklage) in **demselben oder** in einem späteren **gesonderten Verfahren** geltend gemacht werden. Ist die Zwangslizenz am älteren Patent rechtskräftig erteilt, kann dessen Inhaber nicht mehr einwenden, die Lizenzerteilung sei zu Unrecht erfolgt.

6 Abhängiges Sortenschutzrecht nach Absatz 3

gewährt nach den Grundsätzen des Abs 2 einen Anspruch auf Einräumung einer Zwangslizenz am älteren Patent, von dem der Sortenschutz abhängig ist.

Für den – umgekehrten – Fall, dass die Verwertung eines Patents für eine biotechnologische Erfindung von der Benutzung eines älteren Sortenschutzrechts abhängt, sieht § 12a SortenschG einen Zwangslizenzanspruch vor, der inhaltlich weitgehend mit § 24 (2), (3) übereinstimmt. Über ihn entscheidet das **Bundessortenamt**.

7 Auf dem Gebiet der Halbleitertechnologie (Abs 4)

gelten gegenüber Abs 1 erweiterte Voraussetzungen für die Erteilung einer Zwangslizenz, die **kumulativ** erfüllt sein müssen.

8 Nichtausübung (Abs 5)

oder nicht überwiegende Ausübung im Inland stellen weitere Fälle einer möglichen Zwangslizenz dar. Kumulativ müssen auch hier die Anforderungen des (1) erfüllt sein. Die Gleichstellung der Einfuhr mit der Ausübung des Patents im Inland in Satz 2

---

[41] Vgl. BPatG GRUR 17, 373 *Isentress*.

erklärt sich vor dem Hintergrund, dass Satz 1 eine ausreichende **Versorgung des Inlandmarktes** sicherstellen will.

V Erteilung der Zwangslizenz

1 Verfahren:

27 Das Verfahren richtet sich nach §§ 81 ff. Zuständig ist in 1. Instanz nach § 66 I Nr 2 der Nichtigkeitssenat des **BPatG** und in der Berufungsinstanz nach § 110 (1) der **BGH**.

28 Die Klage ist gegen den im Register eingetragenen Patentinhaber zu richten,[42] eine Klage gegen den ausschließlichen Lizenznehmer ist unzulässig.[43]

29 **Klageantrag/Tenor:** »Dem Kläger wird an dem Patent X des Beklagten eine Zwangslizenz folgenden Inhalts erteilt: Der Kläger ist befugt, die Vorrichtung nach Anspruch 1 herzustellen und zu vertreiben. Die Lizenzgebühr wird auf ... % des Verkaufspreises festgesetzt, die wie folgt abgerechnet wird:... Die Kosten des Verfahrens hat der Beklagte zu tragen.« Der Klageantrag kann während des Verfahrens (auch in der Berufungsinstanz) **erweitert** werden.[44] Die nachträgliche **Änderung** des Sachvortrags ist – soweit der Untersuchungsgrundsatz gilt (§ 87 (1)) – keine unzulässige Klageänderung.[45]

30 **Vorabentscheidung** über die Gewährung der Zwangslizenz dem Grunde nach ist zulässig. Zur einstweiligen Verfügung und vorläufigen Vollstreckbarkeit s § 85. Die notwendige **Dringlichkeit** (§ 85) kann sich zB aus der drohenden Verurteilung zur Unterlassung des Vertriebs eines Medikaments wegen Verletzung des Patents, an dem eine Zwangslizenz begehrt wird, ergeben.[46]

2 Inhalt der Zwangslizenz

31 Im Urteil ist der Umfang der Zwangslizenz festzulegen. Sie kann umfassend und nach § 24 (1) 3 zur Vermeidung einer im öffentlichen Interesse unnötigen Beschneidung der Rechte des Schutzrechtsinhabers Einschränkungen *oder* Bedingungen (= **Auflagen**) unterworfen sein. Bsp: Beschränkung auf bestimmten Anspruch, Gegenstand, Fabrikat; Nutzung im eigenen Betrieb ohne Vertrieb; räumliche oder zeitliche Begrenzung; Mindestverkaufspreis; Auflage zur Anbringung eines Vermerks; Aufnahme einer auflösenden Bedingung.[47]

3 Vergütung

32 Die Vergütung wird für Parteien und Gerichte bindend[48] im Urteil, das jedoch kein vollstreckbarer Titel ist, festgesetzt. **Leistungsfähigkeit** des Lizenzsuchers und **Angemessenheit** der Entschädigung sind zu berücksichtigen.[49] Entscheidend sind die

---

42 BGH GRUR **96**, 190 (BII) *Polyferon*; BPatGE **32**, 184.
43 BGH GRUR **96**, 190 (BII) *Polyferon*; BPatGE **32**, 184.
44 RG GRUR **36**, 489 f.
45 RGZ **130**, 360 = BlPMZ **31**, 74.
46 BPatG GRUR **17**, 373 *Isentress*.
47 BPatGE **32**, 184.
48 BPatGE **32**, 184, 188; RGZ **113**, 115; **171**, 227, 232 f.
49 RGZ **143**, 223, 229 BlPMZ **34**, 109.

Umstände des Einzelfalles, im Pharma-Bereich sind Lizenzsätze von bis zu 15 % denkbar.[50] Sie kann in einer einmaligen oder wiederkehrenden (der Höhe nach fest bestimmten oder sich nach Umsatz oder Gewinn berechnenden) Leistung bestehen. Zu den Bemessungsfaktoren s § 23 Rdn 28.

Sicherheitsleistung[51] kann auferlegt werden (zB Bürgschaft einer Großbank); ein Anspruch darauf besteht nicht. 33

4 Wirkung

Die Zwangslizenz ist eine **einfache**, keine ausschließliche **Lizenz**. Patentinhaber bleibt voll verfügungsberechtigt, keine Verpflichtung zur Aufrechterhaltung des Patents. Lizenznehmer darf – ohne dazu verpflichtet zu sein – im Rahmen der Zwangslizenz die Erfindung selbst benutzen; bei Überschreitung macht er sich schadensersatzpflichtig. Er kann **keine Unterlizenzen** erteilen. Die Erhebung der **Nichtigkeitsklage** ist nicht ausgeschlossen. Die Regelung des Abs 7, wonach Übertragung der Zwangslizenz an den Betrieb, der mit Auswertung der lizenzierten Erfindung befasst ist, gekoppelt ist, soll Missbrauch vorbeugen. 34

VI Rücknahme der Zwangslizenz

Der Patentinhaber oder sein Rechtsnachfolger kann die Rücknahme der Zwangslizenz verlangen, wenn die **Voraussetzungen für die Erteilung** nicht mehr gegeben sind und auch aller Voraussicht nach nicht mehr eintreten werden. Mit § 24 (6) 6 PatG wird Art 31g TRIPS (abgedruckt im Anhang 13) in deutsches Recht umgesetzt. 35

Der Anspruch ist gemäß § 81 (1) 1 durch **Klage** geltend zu machen, die die allgemeinen Voraussetzungen einer Verfahrenshandlung erfüllen muss. Sie ist begründet, wenn der Kläger zur Überzeugung des BPatG dartun kann, dass die Umstände, die zur Erteilung geführt hatten, nicht mehr bestehen und auch nicht mehr eintreten werden. 36

Der Abweisung einer Klage kommt keine in die Zukunft wirkende Rechtskraft zu, denn das klageabweisende Urteil entscheidet nur für den Zeitraum bis zur Entscheidung, gibt aber keine Prognose für die Zukunft, so dass die **Erhebung einer neuen Klage** grundsätzlich zulässig ist, es sei denn, sie wird so kurzfristig nach Erlass des klageabweisenden Urteils erhoben, dass ein Rechtsschutzbedürfnis zu verneinen ist. 37

Auch bei **Widerruf und Nichtigkeitserklärung** bleibt Lizenznehmer zur Lizenzzahlung verpflichtet, weil die Konstellation mit der Erteilung vertraglicher Lizenzen vergleichbar ist: Der Lizenznehmer erhält eine vorteilhafte und daher auch bei späterem Wegfall zu vergütende Stellung, solange das Schutzrecht im Wettbewerb tatsächlich respektiert wird.[52] 38

---

50 Vgl BPatG GRUR **17**, 373 *Isentress*; BPatG Urt v 21.11.2017 – 3 Li 1/16 (EP), GRUR **18**, 803 *Isentress II*.
51 RGZ **143**, 223, 229 BlPMZ **34**, 109; offen gelassen von BPatG GRUR **17**, 373 *Isentress*.
52 BPatG Urt v 21.11.2017 – 3 Li 1/16 (EP), GRUR **18**, 803 *Isentress II*.

VII EG-V Nr 816/2006

39 Lit: Krauß Mitt 07, 250.

Die VO sieht die – antragsgebundene und zeitlich befristete – Erteilung einer nicht ausschließlichen Zwangslizenz an Patenten und Schutzzertifikaten vor, die sich auf ein **pharmazeutisches Erzeugnis** beziehen. Die Lizenz beschränkt sich auf das Recht zur Herstellung und anschließenden Ausfuhr in ein unterentwickeltes Land zu dem Zweck, dortige Probleme im Bereich der öffentlichen Gesundheit (zB Bekämpfung von HIV/Aids, Tuberkulose, Malaria) zu beheben.

40 **Anspruchsberechtigt** ist jedermann, Art 6 (1). Antragsteller muss – von Fällen nationalen Notstandes und besonderer Dringlichkeit (Art 9 (2)) abgesehen – ergebnislose Bemühungen um eine vertragliche Lizenzerteilung nachweisen, Art 9 (1).

41 **Lizenzschutzrecht** kann ein in Deutschland gültiges Patent oder **Schutzzertifikat** sein, dessen Schutzgegenstand ein »pharmazeutisches Erzeugnis« iSv Art 2 Nr 1 ist, zB Sachpatent auf Wirkstoffe, Arzneimittel, Diagnosemittel, aber auch **Verfahrens- und Verwendungspatente**, die ein »pharmazeutisches Erzeugnis« als unmittelbares Verfahrensprodukt oder unter dem Gesichtspunkt der sinnfälligen Herrichtung schützen.

42 **Ziel der Ausübung des Lizenzrechts** muss die Ausfuhr in ein »einfuhrberechtigtes Land« sein. Dies sind nach Art 4: a) die im Verzeichnis der UN als am wenigstens entwickelte Länder verzeichnete Staaten, b) WTO-Mitglieder, die dem Rat für TRIPS die Absicht zur Nutzung des Zwangslizenzsystems angezeigt haben, c) Nicht-WTO-Mitglieder, die mit einem Pro-Kopf-BIP von weniger als 745 US-Dollar gelistet sind und die Absicht zur Nutzung des Lizenzierungssystems gemeldet haben.

43 **Zwangslizenz** ist **beschränkt** auf diejenigen Handlungen, die zur Herstellung und Ausfuhr einschließlich Verteilung in ein berechtigtes Land erforderlich sind, Art 10 (4); sie erstreckt sich nicht auf andere geografische Gebiete oder andere Benutzungshandlungen; um Verbreitung außerhalb des Einfuhrlandes (zB Reimport) zu verhindern, besteht Kennzeichnungspflicht für die Lizenzprodukte (Art 10 (5)), Einsichtsrecht des Lizenzgebers in Bücher und Aufzeichnungen des Lizenznehmers (Art 10 (8)), Einfuhrverbot in die EU (Art 13) einschließlich geeigneter zollamtlicher Maßnahmen wie Aussetzung zur Überlassung, Zurückhaltung, Beschlagnahme (Art 14); **b)** diejenige Menge, die – unter Berücksichtigung ggf anderweitig erteilter Zwangslizenzen – zur Deckung des Bedarfs im Einfuhrland notwendig ist, Art 10 (2).

44 **Gegenleistung** besteht in einer von der Erteilungsbehörde festzusetzenden Entschädigung. Bemessungsfaktoren sind nach Art 10 (9) lit b der wirtschaftliche Wert des Nutzungsrechts für das einführende Land und die humanitären oder nichtkommerziellen Umstände im Zusammenhang mit der Lizenzerteilung. Erfolgt die Lizenzerteilung wegen nationalen Notstandes oder besonderer Dringlichkeit (Art 9 (2)), ist die Entschädigung auf maximal 4 % des vom Einfuhrland aufzuwendenden Gesamtpreises für die Lizenzprodukte begrenzt, Art 10 (9) lit a. Entschädigung wird idR eine Umsatz- oder Stücklizenz sein; andere Vergütung ist denkbar, wenn sie im Einzelfall angemessener ist.

Verstoß gegen die Lizenzbedingungen des Art 10 kann die Rücknahme der Zwangslizenz zur Folge haben (Art 16).   45

Zuständige Behörde ist das BPatG (§§ 65, 85a).   46

VIII Kartellrechtliche Zwangslizenz

Lit: Kühnen FS Tilmann, 2003, 513; Maaßen Normung, 2006; Rombach FS Hirsch, 2008, 311;   47
Kellenter FS Mes, 2009, 199; Kübel Zwangslizenzen; Koikkara Patentschutz und Zwangslizenz, 2010; Maume Der kartellrechtliche Zwangslizenzeinwand, 2010; Ann VPP-Rundbrief 2010, 46; Grabinski FS 50 Jahre BPatG, 2011, S 243 ff; Hötte Zwangslizenz im Patentrecht, 2011; Burghartz Technische Standards, 2011; Körber Standardessentielle Patente, 2013; Meier-Beck FS Tolksdorf, 2014, 115; Winkel »FRAND«-standardessentielle Patente, 2014; Heitkamp, FRAND-Bedingungen bei SEP, 2020.
Lit in FS 80 Jahre Patentgerichtsbarkeit in Düsseldorf 2016: Haft, 157; Kellenter, 255; Kühnen, 311; Meyer, 377; Voß/Fehre, 559.
Lit in GRUR: Fröhlich 08, 205; Jestaedt 09, 801; Müller 12, 686; Verhauwen 13, 558; Heusch 14, 745; Heinemann 15, 855; Karl/Melullis 16, 755; Block 17, 121; McGuire 18, 128; Kurtz/Straub 18, 136; Baumann 18, 145; Nieder 18, 666; Kellenter/Verhauwen, 18, 761; Kühnen 19, 665; Vetter 19, 704; Block/Rätz 19, 797; Schaefer/Czychowski, 20, 582; Dornis 20, 690; Tochtermann 20, 905; Leistner 20, 1241; Kellenter 21, 246; R. Arnold 21, 123; Tochtermann 21, 377; Beyer 21. 1008; Ohly/ Stierle 21, 1229; **Lit in GRUR-Int:** Mellulis 08, 679; Walz 13, 718; Bodewig 15, 626; Hauck/Kamlah 16, 420; Angwenyi 17, 105; Tsilikas, 20, 885; Schröder/Widera 21, 361; Roca 21, 349; **Lit in GRUR-Prax:** Nestler/Ordosch 12, 372; Kau 17, 65; Weber/Dahm 17, 67; **Lit in Mitt:** Gärtner/Vormann 09, 440; Grunwald 12, 492; Cordes/Gelhausen 15, 426; Müller/Henke 16, 62; Block 17, 97; Hauck 17, 118; Ann/Friedl 21, 145; Kamlah 21, 154; **Lit in WRP** Wirtz/Holzhäuser 04, 683; Wirtz 11, 1392; Cepl/Rüting 13, 305; Hauck 13, 1446; Körber 15, 1176; Dornis 20, 540 und 688; **Lit in NZKart:** Körber 13, 87 und 13, 239; Fuchs 15, 69; Buntscheck 15, 521; Ehlenz 20, 470; Körber 20, 493; **Lit in EuZW:** Palzer 15, 702; **Lit in GWR:** Slobodenjuk/Pelikan 15, 388; Möller 21, 412; **Lit in NJW:** Hauck 15, 855; Bosch 16, 513; **Lit in IIC:** Henningsson 16, 438.

§ 24 hindert den Verletzer nicht an dem auf Kartellrecht oder auf eine Lizenzbereitschaftserklärung des Patentinhabers gegenüber einer Standardisierungsbehörde gestützten Einwand, der Patentinhaber sei verpflichtet, ihm am Gegenstand des Patents eine (Zwangs-)Lizenz einzuräumen.[53] § 24 einerseits und die Vorschriften des Kartellrechts andererseits verfolgen nämlich **unterschiedliche Schutzzwecke** (s zu § 24 oben Rdn 5).[54]

Denkbare Grundlagen für einen kartellrechtlichen Lizenzierungszwang: vornehmlich   48
Art 102 AEUV (vormals: Art 82 EG), §§ 19, 20 GWB oder **Art 101 AEUV** (vormals Art 81 EG; s allerdings Rdn 96) oder eine gegenüber einer Standardisierungsbehörde abgegebene und den Lizenzsucher begünstigende **Lizenzbereitschaftserklärung des Patentinhabers**, ihm am Gegenstand des Klagepatents eine FRAND[55]-Lizenz zu erteilen.

Zu unterscheiden sind folgende **Fallkonstellationen**:   49
(a) **generelle Lizenzverweigerung** (kein Lizenzierungsmarkt eröffnet, insbesondere keine FRAND-Erklärung abgegeben; s Rdn 58 f.);

---

53 OLG Düsseldorf InstGE **2**, 168 Rn 22 *Spundfass* mwN z Streitstand.
54 BGH GRUR 04, 966 *Standard-Spundfass*.
55 = fair, reasonable and non-discriminatory.

(b) Sachverhalte, bei denen der Patentinhaber grundsätzlich zur Lizenzierung bereit ist und daher nur seine **Lizenzierungspraxis kartellrechtswidrig** sein kann (**Diskriminierung oder Ausbeutungsmissbrauch** im Zusammenhang mit einem **auslizenzierten Patent**, welches einem vereinbarten oder faktischen Standard angehören *kann*; s. Rdn 60 ff);

(c) Patent ist für einen **technischen Standard essentiell** (sog. **SEP**) und der Inhaber hat sich in Gestalt einer **FRAND-Erklärung** gegenüber einer Standardisierungs-Organisation zur Lizenzvergabe verpflichtet (s. Rdn 92 ff).

Die nachfolgenden Ausführungen unter Ziffern 1 und 2 gelten übergreifend für alle soeben erwähnten Fallkonstellationen, soweit nicht aus den Erläuterungen ab Ziffer 3 Besonderheiten der einzelnen Fallkonstellationen hervorgehen.

1 Erheblichkeit des kartellrechtlichen Zwangslizenzeinwandes im Patentverletzungsprozess

50   Entgegen früherer Rechtsprechung[56] scheitert die Erheblichkeit des Kartellrechtseinwandes im **Patentverletzungsprozess** nicht von vornherein daran, dass der Beklagte sich damit eine von der Rechtsordnung grundsätzlich (Ausnahme: § 229 BGB) missbilligte Selbsthilfe anmaßte. Der EuGH[57] und der BGH[58] lassen den Kartellrechtseinwand insbesondere gegenüber dem **Unterlassungsanspruch** zu und zwar mit folgender Erwägung: Genauso wie die Weigerung zur Lizenzerteilung bei Vorliegen eines Missbrauchstatbestandes kartellrechtlich verboten ist, erfüllt auch die Durchsetzung eines Unterlassungsanspruchs wegen Patentverletzung, der bei kartellrechtsgemäßem Verhalten (also einer Lizenzerteilung am Klagepatent) erloschen wäre, einen kartellrechtlichen Missbrauchstatbestand. In der Literatur[59] wird die Begründung im **Arglist-Einwand** nach § 242 BGB gesehen. Beide Begründungen sind letztlich sachlich gleichgelagert.

51   Wenn der kartellrechtliche Zwangslizenzeinwand begründet ist (und die Klage nicht aus anderen Gründen erfolglos ist), ist die Unterlassungsklage als **derzeit unbegründet** (nicht: als unzulässig) abzuweisen; eine erneute Klage kann also mit Erfolg erhoben werden, wenn zwischenzeitlich das rein dilatorische Durchsetzungshindernis durch Lizenzverhandlungen behoben wurde.[60] Der Charakter der Klageabweisung als »derzeit unbegründet« sollte klarstellend im Tenor des Urteils zum Ausdruck kommen;[61] zwingend ist das aber nicht, weil sich das Ergebnis auch durch Auslegung der Entscheidungsgründe ergeben kann.[62] Die Kehrseite des Ganzen besteht darin, dass der Beklagte ein Lizenzangebot des (SEP-) Inhabers noch im laufenden Prozess annehmen kann und Letzterer damit gezwungen wird, die drohende Klageabweisung mittels einer **Erledigungserklärung** zu vermeiden. Kommt nach rechtskräftigem Urteil ein Lizenz-

---

56   OLG Düsseldorf InstGE 2, 168 *Spundfass*.
57   EuGH GRUR 15, 764 Rn 54 *Huawei Technologies/ZTE*.
58   BGH GRUR 09, 694 = BGHZ 180, 312 *Orange-Book-Standard*.
59   Kühnen Kap E Rn 194 ff; OLG Karlsruhe Beschl v 31.05.2016 – 6 U 55/16.
60   OLG Düsseldorf Urt v 30.03.2017 – I-15 U 65/15 *Kommunikationsvorrichtung*; OLG Karlsruhe, Urt. v. 30.10.2019 – 6 U 183/16, GRUR 20, 166 *Datenpaketverarbeitung*.
61   Vgl. OLG Düsseldorf Urt v 30.03.17 – I-15 U 65/15 *Kommunikationsvorrichtung*.
62   Z.B. im Falle LG Mannheim BeckRS 16, 108197: »im Übrigen abgewiesen«.

vertrag zustande, steht dem Beklagten die Möglichkeit einer **Vollstreckungsabwehrklage** nach § 767 ZPO offen.[63] Die **Rechtskraftwirkung** der Abweisung als derzeit unbegründet bedeutet keinen dauerhaften Rechtsverlust; eine neue Klage ist insbesondere zulässig.

Der Kartellrechtseinwand kann auch gegenüber dem **Rückrufanspruch**[64] und dem **Vernichtungsanspruch**[65] mit Erfolg geltend gemacht werden. Rechtsfolge: wie Rdn 51. Im Fall einer **FRAND-Erklärung** (s unten Rdn 131) kann einer Klage auf **Schadensersatz** und **Rechnungslegung** jedoch nicht mit Erfolg ein entsprechendes Durchsetzungshindernis entgegen gehalten werden, weil sie keinen unmittelbaren Einfluss auf den Produktmarkt hat;[66] Entsprechendes gilt für Ansprüche auf Bereicherungsherausgabe, Entschädigung und Urteilsveröffentlichung.[67] S zu Schadensersatz und Auskunft/Rechnungslegung aber auch Rdn 131. Erlischt das Klagepatent durch **Zeitablauf**, muss der Antrag auf Unterlassung für erledigt erklärt werden. Nach Ablauf des Klagepatents sind der Rückruf- und der Vernichtungsanspruch in Bezug auf ihre Klagbarkeit wie ein Rechnungslegungs-/Schadensersatzanspruch zu handhaben.[68] 52

2 Marktbeherrschende Stellung

Sämtlichen hier interessierenden Fallkonstellationen (siehe oben Rdn 49) ist gemeinsam, dass der Erfolg des Zwangslizenzeinwandes eine marktbeherrschende Stellung des Anspruchstellers voraussetzt (zum SEP mit FRAND-Erklärung s unten Rdn 92 ff). **Marktbeherrschung** meint die wirtschaftliche Macht, die es einem Unternehmen erlaubt, einen wirksamen **Wettbewerb** auf dem (zeitlich, räumlich und sachlich relevanten) Markt zu **verhindern** und sich seinen Wettbewerbern, Abnehmern und den Verbrauchern gegenüber in nennenswertem Umfang unabhängig zu verhalten. Es handelt sich um einen **objektiven Begriff**, der auf eine tatsächliche wirtschaftliche Lage verweist.[69] Zu berücksichtigen ist ein Zusammentreffen mehrerer Faktoren (etwa Marktanteil, Unternehmensstruktur, Wettbewerbssituation und das Verhalten auf dem Markt), wobei einzelne Faktoren jeweils für sich betrachtet nicht den Ausschlag geben müssen.[70] Das **Gebiet der Bundesrepublik Deutschland** stellt einen wesentlichen Teil des Gemeinsamen Marktes dar.

Die **Feststellung** einer Marktbeherrschung unterliegt folgenden **Grundsätzen**: 53

---

63 Kühnen Kap E Rn 199.
64 EuGH GRUR 15, 764 Rn 71 *Huawei Technologies/ZTE*.
65 BGH Urt v 5.5.2020 – KZR 36/17, GRUR 20, 961 *FRAND-Einwand*; OLG Düsseldorf Urt v 30.03.2017 *Kommunikationsvorrichtung*.
66 EuGH GRUR 15, 764 Ls 2 und Rn 74 ff *Huawei Technologies/ZTE*; OLG Düsseldorf Urt v 30.03.2017 – I-15 U 65/15 *Kommunikationsvorrichtung*; anders verhält es sich im Falle eines SEP ohne FRAND-Erklärung: BGH GRUR 04, 966 *Standard-Spundfass*.
67 Kühnen Kap E Rn 284.
68 BGH Urt v 5.5.2020 – KZR 36/17, GRUR 20, 961 *FRAND-Einwand*.
69 OLG Düsseldorf Urt v 30.03.17 – I-15 U 65/15 *Kommunikationsvorrichtung*.
70 EuGH, Slg 78, 207 Rn 65 f *United Brands*; EuGH Slg 79, 461 Rn 38 f *Hoffmann-La Roche*.

2.1 Bedarfsmarktkonzept[71]

54 Mit dem sog. Bedarfsmarktkonzept soll eine exakte **Abgrenzung** des (**sachlichen** und **räumlichen**) **Marktes** erfolgen, auf dem Unternehmen konkurrieren und es sind die **Wettbewerbskräfte** zu eruieren, denen die betreffenden Unternehmen unterliegen. Ferner werden diejenigen Unternehmen bestimmt, welche tatsächlich in der Lage sind, dem Verhalten der beteiligten Unternehmen **Schranken** zu setzen und einen Entzug vom **Wettbewerbsdruck** zu verhindern. Im Rahmen des Bedarfsmarktkonzepts wird im Interesse der **Marktabgrenzung** geklärt, welche Produkte bzw. Dienstleistungen aus der Sicht der Nachfrager funktionell gegeneinander **austauschbar** sind. Demselben **sachlichen Markt** wird zugeordnet, was aufgrund der jeweiligen Eigenschaften, Preise und Verwendungszwecke aus Sicht der Nachfrager nicht durch andere Produkte bzw. Dienstleistungen **substituierbar** ist.[72]

2.2 Einzelne Kriterien

55 Im Zusammenhang mit den hier interessierenden Fragen geht es um den **Lizenzvergabemarkt**:[73] **Anbieter** ist der Patentinhaber, dem allein eine Lizenzvergabe möglich ist; **Nachfrager** ist der an der patentgeschützten Technik interessierte Anwender. Grundsätzlich führt **jedes Patent** zu einem eigenen sachlich relevanten Markt, es sei denn, dass im Einzelfall eine – aus der Sicht der Nachfrager – **gleichwertige Technologie** für dasselbe technische Problem zur Verfügung steht. Jedoch ist mit der **bloßen Inhaberschaft von Patenten** allein noch keine marktbeherrschende Stellung verbunden.[74] Erhält der Patentinhaber allerdings aufgrund weiterer Umstände die Möglichkeit, mittels seiner Monopolstellung wirksamen Wettbewerb auf einem **nachgelagerten Markt** (also der **nachgeordnete Produktmarkt** für lizenzpflichtige Waren/Dienstleistungen) zu verhindern, so liegt eine marktbeherrschende Stellung vor.[75] Aus **nicht-technischen** Standards kann sich eine marktbeherrschende Stellung nur ergeben, wenn dem konkreten Lizenzsucher keine Umgehungslösung (anderweitige Lizenznahme bzw Eigenentwicklung) zur Verfügung steht, wobei die Zumutbarkeit eine Frage des Einzelfalls ist.[76] Mit Ablauf des Schutzrechts endet auch die mit ihm verbundene marktbeherrschende Stellung.[77]

56 Dass ein Patent **standardessentieller Natur** ist, stellt keine hinreichende Bedingung für eine Marktbeherrschung dar.[78] Es besteht **nicht einmal eine widerlegliche Vermutung** für die Annahme, dass SEP-Inhaber wirksamen Wettbewerb deshalb verhindern

---

71 Näher dazu Seeliger, in: Wiedemann, Kartellrecht, 3. A. 2016, § 11 Rn 128 ff mwN; OLG Düsseldorf Urt v 30.03.2017 – I-15 U 65/15 *Kommunikationsvorrichtung*.
72 BGH Urt v 5.5.2020 – KZR 36/17, GRUR 20, 961 *FRAND-Einwand*; OLG Düsseldorf Urt v 30.03.2017 – I-15 U 65/15 *Kommunikationsvorrichtung*
73 Kühnen Kap E Rn 206.
74 EuGH GRUR Int 95, 490 *Magill TVG Guide*; EuGH NZKart 13, 11 *Astra Zeneca*.
75 EuGH GRUR Int 95, 490 *Magill TVG Guide*; EuGH NZKart 13, 11 *Astra Zeneca*; BGH Urt. v. 5.5.2020 – KZR 36/17, GRUR 20, 961 *FRAND-Einwand*;
76 Kühnen Kap E Rn 213.
77 BGH Urt. v. 5.5.2020 – KZR 36/17, GRUR 20, 961 FRAND-Einwand.
78 Vgl. Leitlinien der EU-Kommission zu Art 101 AEUV, Abl C 11/1 v. 14.01.2011 Rn 269; vgl. Schlussanträge Generalanwalt Wathelet v. 20.11.2014 in der Sache C-170/13 Rn 57 = BeckRS 14, 82 403.

kann, weil das SEP aufgrund der Standardessentialität benutzt werden muss, um mit dem Standard kompatible Produkte erzeugen zu können.[79] Dem steht bereits entgegen, dass ein Standard regelmäßig eine hohe Anzahl an Patenten als standardessentiell deklariert, ohne dass all diese die Wettbewerbsfähigkeit der Waren/Dienstleistungen auf dem nachgeordneten Produktmarkt (entscheidend) beeinflussen. Es bedarf daher in Bezug auf jedes einzelne Patent der auf die **Umstände des Einzelfalles** abstellenden Beurteilung seiner wettbewerblichen Bedeutung für den nachgelagerten Produktmarkt:[80] Ergibt diese, dass die Nutzung des jeweiligen SEP geradezu eine **Marktzutrittsvoraussetzung** begründet, ist eine marktbeherrschende Stellung selbst dann zu bejahen, wenn zwar die aus dem jeweiligen SEP resultierende technische Wirkung die Marktteilnahme nicht entscheidend beeinflusst, jedoch aus technischen Gründen **zutrittsrelevante Funktionen** nicht genutzt werden könnten, so dass die generelle **Interoperabilität/Kompatibilität** nicht mehr gesichert wäre.[81] Entsprechendes gilt, wenn ein wettbewerbsfähiges Angebot ohne eine Lizenz am betreffenden SEP nicht möglich wäre (z.B. weil für nicht patentgemäße Produkte nur ein **Nischenmarkt** besteht). An einer marktbeherrschenden Stellung fehlt es, wenn das SEP eine Technik bereitstellt, die für die Mehrzahl der Nachfrager am betreffenden Produktmarkt allenfalls eine untergeordnete Bedeutung hat. Sieht ein Standard aufgrund seiner **Abwärtskompatibilität** optional zur Lehre eines zum Standard gehörenden SEP noch eine alternative Lösung vor, die veraltet und **nicht mehr marktgängig** ist, stellt diese **alternative Option** die Marktbeherrschung nicht in Frage, weil das SEP faktisch den **Zugang zum nachgelagerten Produktmarkt blockiert**.[82]

Der Lizenzsucher ist **darlegungs- und beweisbelastet** für die Voraussetzungen der marktbeherrschenden Stellung. Es bedarf der Darlegung ganz konkreter Tatsachen, die die tatrichterliche Feststellung der maßgeblichen Voraussetzungen erlauben. Das Gericht wird regelmäßig selbst die Bedeutung des SEP für das Lizenzprodukt **anhand objektiver technischer Umstände** beurteilen können. Insbesondere können die **Mitglieder des Spruchkörpers** selbst die Frage beurteilen, ob sich am nachgeordneten Produktmarkt faktisch aus dem entgegen stehende Auffassung etabliert hat, wenn sie zu dem die **Verkehrsauffassung** prägenden Abnehmerkreis zählen; der Heranziehung von Marktuntersuchungsunterlagen wird es daher nur selten bedürfen.[83]

3 Generelle Lizenzverweigerung[84]

In Fällen der **generellen Lizenzverweigerung** besteht eine Pflicht zur Lizenzerteilung nach Art 102 AEUV nur dann, wenn der Patentinhaber auf dem Gemeinsamen Markt

57

58

---

79 OLG Düsseldorf Urt v 30.03.2017 – I-15 U 65/15 *Kommunikationsvorrichtung*; aA Schlussanträge Generalanwalt Wathelet v. 20.11.2014 in der Sache C-170/13 Rn 57 = BeckRS **14**, 82 403. In EuGH GRUR **15**, 764 Rn 43 *Huawei Technologies/ZTE* offen gelassen, weil die Marktbeherrschung im Einzelfall unstreitig und daher nicht Gegenstand der Vorlage-Fragen war.
80 S Kühnen Kap E Rn 209 ff.
81 BGH Urt v 5.5.2020 – KZR 36/17, GRUR **20**, 961 *FRAND-Einwand*.
82 OLG Düsseldorf Urt v 30.03.17 – I-15 U 65/15 *Kommunikationsvorrichtung* m.w.N.
83 OLG Düsseldorf Urt v 30.03.17 – I-15 U 65/15 *Kommunikationsvorrichtung*.
84 Wilhelmi WRP **09**, 1431.

oder einem wesentlichen Teil desselben eine **marktbeherrschende Stellung** (s oben Rdn 53 ff) innehat und »**außergewöhnliche Umstände**« hinzukommen:[85]

Eine denovo-Geschäftsverweigerung ist demnach rechtsmissbräuchlich, wenn – kumulativ[86] – Folgendes erfüllt ist (**Darlegungs- und Beweislast:** Lizenzsucher; regelmäßig keine sekundäre Darlegungslast des Patentinhabers).[87]

aa) Die begehrte Patentbenutzung ist für die Ausübung der Tätigkeit des Benutzers dergestalt unentbehrlich[88], dass auch bei gehöriger eigener technischer und finanzieller Anstrengung kein tatsächlicher oder realistischer potenzieller Ersatz vorhanden ist;

bb) das lizenzsuchende Unternehmen beabsichtigt, auf dem Markt **neue Erzeugnisse oder Dienstleistungen**[89] anzubieten, die der Schutzrechtsinhaber nicht offeriert und für die eine potenzielle Nachfrage der Verbraucher besteht;[90] die **Neuheit**, welche jedenfalls kein Anbieten auf verschiedenen Märkten verlangt,[91] ist nicht patent-, sondern kartellrechtlich zu begreifen. Es genügt infolge dessen nicht, dass sich das Produkt des Lizenzsuchers von den auf dem Markt befindlichen patentgemäßen Gegenständen – wie dies bei § 139 (3) der Fall ist – durch irgendeine neue Eigenschaft unterscheidet[92] oder dass – worauf es im Rahmen des § 3 (1) ankommt – irgendein neues technisches Merkmal vorliegt. Bei der gebotenen **rein kartellrechtlichen** Betrachtung ist vielmehr maßgeblich, ob das Produkt des Lizenzsuchers als solches von einer derartigen Beschaffenheit ist, dass zwischen den fraglichen Produkten – dem Erzeugnis des Lizenzsuchers einerseits und den patentgemäßen Gegenständen andererseits – aus der Sicht der Nachfrager **keine Substituierbarkeit** gegeben ist, also die Nachfrage nach dem Produkt des Lizenzsuchers bei Zugrundelegung der Auffassungen des nachfragenden Marktes durch die patentgemäßen Gegenstände nicht befriedigt werden kann,[93] wobei die Anforderungen an den **Innovationsgrad**[94] uneinheitlich sind;

cc) die Lizenzverweigerung ist nicht aus **sachlichen**[95] **Gründen** gerechtfertigt;

dd) durch die Weigerung wird jeglicher **Wettbewerb** auf einem abgeleiteten (benachbarten[96]) Markt **ausgeschlossen**.[97]

---

85 EuGH Slg **1988**, 6232, 6235 *Volvo/Veng*; **1995** I, 808, 823 *RTE/Magill*; **1998** I 7817, 7830 *Bronner/Media*; GRUR **04**, 524, 525 ff *IMS/Health*; BGH GRUR **04**, 966 *Standard-Spundfass*.
86 OLG Düsseldorf Urt v 29.04.2016 – I-15 U 47/15 = BeckRS **16**, 11 301 *Trommeleinheit* mwN.
87 OLG Düsseldorf Urt v 29.04.2016 – I-15 U 47/15 = BeckRS **16**, 11 301 *Trommeleinheit*.
88 Vgl EuG Slg **07**, II-3601 Rn 337 ff.
89 Einschränkung der technischen Entwicklung kann ausreichen: EuG Slg **07**, II-3601 Rn 647.
90 Vgl dazu Ensthaler/Bock GRUR **09**, 1, 3 f.
91 Wilhelmi WRP **09**, 1431, 1444 mwN.
92 LG Düsseldorf InstGE **3**, 91 *Steroidbeladene Körner*.
93 OLG Düsseldorf Urt v 20.01.2011 – I-2 U 92/10.
94 Es sollte genügen, dass das neue Produkt kein Plagiat ist: so Ensthaler/Bock GRUR **09**, 1, 3; strengere, aber letztlich unklare Anforderungen stellen: vgl Montag EuZW **97**, 91, 94; Wilhelmi WRP **09**, 1431, 1444.
95 Vgl dazu EuG Slg **07**, II-3601 Rn 688 ff.
96 Vgl dazu EuG Slg **07**, II-3601 Rn 335.
97 EuGH GRUR **04**, 524 *IMS/Health*; dazu: Höppner, GRUR Int **05**, 457; EuG Slg **07**, II-3601 Rn 332.

In Bezug auf das deutsche Kartellrecht ist es ganz hM,[98] dass § 19 (4) Nr 4 GWB als Anspruchsgrundlage nicht in Betracht kommt, weil Immaterialgüterrechte nicht als »wesentliche Einrichtung« angesehen werden können. Ob dies es verbietet, einen Kontrahierungszwang aus den Generalklauseln in § 19 (1) GWB und § 19 (2) Nr 1 GWB herzuleiten, ist streitig.[99]

4 Unangemessene Lizenzierungspraxis

Ist der Schutzrechtsinhaber prinzipiell zur Lizenzierung bereit und hat er **schon Lizenzen vergeben** und damit einen Markt für die Lizenzvergabe eröffnet, ist vordringlich zu prüfen, ob die **Lizenzierungspraxis diskriminierend** ist (weil Lizenzsucher ohne sachlichen Grund ungleich behandelt werden) oder ob **generell unangemessene Lizenzgebühren** verlangt werden (»Ausbeutungsmissbrauch«).[100] Einschlägig sind insoweit Art 102 AEUV[101] und § 19 ((4) Nr 2, 3 GWB, § 20 GWB.[102]

4.1 Diskriminierung

Soweit es um den **Einwand der Diskriminierung** geht, sind zwei Fallkonstellationen auseinander zu halten:

4.1.1 Standardfreies Schutzrecht

Ist die patentgemäße Gestaltung nicht Teil einer Norm oder eines sonstigen zumindest faktisch standardsetzenden Regelwerks und ergibt sich die Marktbeherrschung des Schutzrechtsinhabers allein aus der technischen oder wirtschaftlichen Überlegenheit der mit der patentierten Erfindung zur Verfügung gestellten Lehre (**standardfreies Schutzrecht**), so hat der Schutzrechtsinhaber **grundsätzlich ein weites Ermessen** in Bezug auf die Vergabe von Lizenzen und deren Bedingungen. Denn eine unterschiedliche Behandlung von Lizenzinteressenten ist ein wesentliches Element der Ausschließlichkeit des Patents, deren Wirkung gerade darin besteht, Dritte von der Benutzung der Erfindung auszuschließen. Diese Befugnis schließt das Recht ein, nicht jedem Lizenzsucher, sondern nur einzelnen Bewerbern eine Nutzungserlaubnis zu erteilen. Für die **sachliche Rechtfertigung** einer Ungleichbehandlung von Lizenzsuchern besteht daher ein **weiter Spielraum**.[103] Er wird nur dort überschritten sein, wo sich für die Zurückweisung eines Lizenzangebotes kein sachlicher Grund finden lässt. Genügend sind zB unternehmensstrategische Erwägungen.

4.1.2 Standardgebundenes Schutzrecht (sog. de iure Standard)

Prinzipiell strengere Anforderungen an die sachliche Berechtigung einer Ungleichbehandlung von Lizenzsuchern gelten, wenn der Zugang zu einem der Lizenzvergabe

---

98 Kübel, Zwangslizenzen im Immaterialgüter- und Wettbewerbsrecht, 2004, S 256 f; Immenga/Mestmäcker, GWG, § 19 Rn 318; Loewenheim/Meessen/Riesenkampff, Kartellrecht, § 19 Rn 87; aA: v Bechtolsheim/Bruder, WRP 02, 55, 59, 63.
99 Verneinend Kübel, Zwangslizenzen im Immaterialgüter- und Wettbewerbsrecht, 2004, S 257 f; Immenga/Mestmäcker, GWB, § 19 Rn 318; bejahend: Loewenheim/Meessen/Riesenkampff, Kartellrecht, § 19 Rn 87.
100 LG Düsseldorf InstGE 7, 70 *Videosignal-Codierung I.*
101 Vgl zu Art 82 EG: EuGH Slg *1988*, S 6039, 6073 *Renault*; Slg *1988*, S 6211, 6235 *Volvo/Veng.*
102 Vgl Kübel, Zwangslizenzen im Immaterialgüter- und Wettbewerbsrecht, 2004, S 259 f.
103 BGH GRUR 04, 966, 968 *Standard-Spundfass.*

nachgelagerten Markt aufgrund einer **Industrienorm oder normähnlichen Rahmenbedingung** (standardgebundene Technik) von der Einhaltung der patentgemäßen Lehre abhängig ist. Ein Kartellverstoß unter Diskriminierungsgesichtspunkten kommt insbesondere in Betracht, wenn der Zugang zu einem nachgelagerten Markt aufgrund einer Norm oder normähnlichen Rahmenbedingung von der Einhaltung der patentgemäßen Lehre abhängig ist und der Patentinhaber diesen Umstand dazu ausnutzt, den Marktzutritt nach Kriterien zu beschränken, die der Zielsetzung des **AEUV** bzw des **GWB (Freiheit des Wettbewerbs** zu gewährleisten) widersprechen.[104] Will der Patentinhaber Lizenzinteressenten unterschiedlich behandeln, indem er einzelne von ihnen entweder vollständig von einer Lizenzerteilung ausschließt oder Lizenzen zu schlechteren Konditionen anbietet als anderen Lizenznehmern, muss er hierfür **sachliche Gründe** anführen können.[105] An sie dürfen keine zu geringen Anforderungen gestellt werden, wenn die technische Lehre des Lizenzpatents zu einer Industrienorm erhoben worden ist, so dass der Schutzrechtinhaber seine marktbeherrschende Stellung nicht allein dem in der patentierten Erfindung liegenden technischen Fortschritt verdankt, sondern im Wesentlichen auch der Tatsache, dass sich aufgrund des bestehenden Industriestandards von vornherein **keine Nachfrage nach anderen konkurrierenden technischen Lösungen** entwickeln kann.[106] Dabei spielt es keine Rolle, ob der Patentinhaber an der Normsetzung mitgewirkt hat oder durch sie lediglich begünstigt ist.[107] Ob die Ungleichbehandlung sachlich gerechtfertigt ist, richtet sich danach, ob die relative Schlechterbehandlung der betroffenen Unternehmen als wettbewerbskonformer, durch das jeweilige Angebot im Einzelfall bestimmter Interessenausgleich erscheint oder aber auf Willkür bzw wirtschaftlich/unternehmerisch unvernünftigem Handeln beruht.[108] Das Diskriminierungsverbot gibt **keine allgemeine Verpflichtung zur Meistbegünstigung** vor[109]: Auch ein marktbeherrschendes Unternehmen ist nicht gezwungen, allen die gleichen, günstigen Bedingungen, insbesondere Preise, einzuräumen – es darf vielmehr auf unterschiedliche Marktbedingungen (differenziert nach sachlichen Kriterien) reagieren.[110] Je ausgeprägter sich allerdings eine bestimmte Lizenzierungspraxis entwickelt hat, umso höhere Anforderungen sind an den Rechtfertigungsaufwand des marktbeherrschenden Lizenzgebers zu stellen, wenn er im Einzelfall zu Ungunsten eines anderen Interessenten von dieser Praxis abweichen will.[111] Die Ausübung der Macht des Marktbeherrschers darf die betroffenen Unternehmen (dh Lizenznehmer und Lizenzsucher) nicht in ihrer Wettbewerbsfähigkeit untereinander

---

104 BGH GRUR 04, 966 *Standard-Spundfass*; OLG Düsseldorf Urt v 30.03.2017 – I-15 U 65/15 *Kommunikationsvorrichtung*.
105 OLG Düsseldorf Urt v 30.03.2017 – I-15 U 65/15 *Kommunikationsvorrichtung*
106 BGH GRUR 04, 966, 968 *Standard-Spundfass*; OLG Düsseldorf Urt v 30.03.17 – I-15 U 65/15 *Kommunikationsvorrichtung*.
107 BGH GRUR 04, 966, 969 *Standard-Spundfass*.
108 BGH GRUR 04, 966, 969 *Standard-Spundfass*; OLG Düsseldorf Urt v 30.03.17 – I-15 U 65/15 *Kommunikationsvorrichtung*.
109 OLG Karlsruhe InstGE 13, 138 *Klage auf FRAND-Vertrag*; OLG Düsseldorf Urt v 30.03.17 – I-15 U 65/15 *Kommunikationsvorrichtung*.
110 OLG Karlsruhe InstGE 13, 138 *Klage auf FRAND-Vertrag*; OLG Düsseldorf Urt v 30.03.17 – I-15 U 65/15 *Kommunikationsvorrichtung*.
111 OLG Karlsruhe InstGE 13, 138 *Klage auf FRAND-Vertrag*; OLG Düsseldorf Urt v 30.03.17 – I-15 U 65/15 *Kommunikationsvorrichtung*.

beeinträchtigen.[112] Die Verwirklichung des Missbrauchstatbestands verlangt, dass das Verhalten des Marktbeherrschers nicht bloß diskriminierend ist, sondern geradezu darauf abzielt, die Wettbewerbsbeziehung auf dem nachgelagerten Produktmarkt zwischen den Lizenzsuchern zu verfälschen; insoweit ist unter Würdigung sämtlicher relevanter Umstände zu prüfen, ob eine Preisdiskriminierung Auswirkungen auf die Kosten, Gewinne etc. eines oder mehrerer der Handelspartner hat und damit die Eignung aufweist, die Position im Wettbewerb zu beeinträchtigen.[113] Klauseln zur Gerichts- oder Rechtswahl können nur ausnahmsweise idS diskriminierend sein.[114] Der Patentinhaber hat einen weiten **Beurteilungsspielraum**; nicht jeder Unterschied rechtfertigt das **Unwerturteil eines »Missbrauchs«**. Dies gilt auch im Falle eines SEP mit FRAND-Zusage (s auch Rdn 97).[115]

Eine Ungleichbehandlung liegt tatbestandlich nicht nur vor, wenn der marktbeherrschende Patentinhaber einzelnen Lizenzsuchern **vertragliche Vorzugskonditionen** einräumt, die er anderen verweigert, sondern gleichermaßen dann, wenn er seine **Verbietungsrechte** aus dem Patent **selektiv durchsetzt**, indem er gegen einzelne Wettbewerber Verletzungsklage erhebt, um sie in den Lizenzvertrag zu zwingen, andere Wettbewerber hingegen bei der Benutzung seines Schutzrechts gewähren lässt.[116] Nicht jede über einen gewissen Zeitraum objektiv unterlassene Verletzungsklage rechtfertigt allerdings den Vorwurf der Diskriminierung. Im Interesse der kartellrechtlich gebotenen Gleichbehandlung ist die Zumutbarkeitsschwelle jedoch nicht allzu hoch anzusetzen.[117] **Beendete Lizenzverträge** sind unbeachtlich für die Beurteilung der Diskriminierungsfrage.[118] 64

Darlegungs- und Beweislast für die **Ungleichbehandlung** hat derjenige, der den Verstoß gegen das Diskriminierungsverbot einwendet (er kann zB einen Standard-Lizenzvertrag des Patentinhabers vorlegen); **sachliche Gründe** für die Ungleichbehandlung sind hingegen vom (marktbeherrschenden) Patentinhaber nachzuweisen.[119] Stellt der SEP-Inhaber sein Lizenzierungsmodell um (zB von Pauschallizenz auf Stücklizenz[120]), so hat er nachzuweisen, dass dies nicht zu einer wettbewerblich spürbaren Beeinträchtigung der Wettbewerbssituation führt.[121] 65

---

112 BGH GRUR 04, 966, 969 *Standard-Spundfass*; OLG Düsseldorf Urt v 30.03.17 – I-15 U 65/15 *Kommunikationsvorrichtung*.
113 EuGH Urteil v. 19.4.2018 – C-525/16, NZKart **18**, 225 *Portugiesische Urheberechtsverwertungsgesellschaft*.
114 OLG Düsseldorf Beschluss v 17.06.2020 – I-2 U 20/20.
115 OLG Düsseldorf Urt v 30.03.17 – I-15 U 65/15 *Kommunikationsvorrichtung* m.w.N.
116 LG Düsseldorf InstGE **7**, 70 *Videosignal-Codierung I*; OLG Düsseldorf Urt v 17.11.16 – I-15 U 65/15.
117 LG Düsseldorf InstGE **7**, 70 *Videosignal-Codierung I*; OLG Düsseldorf Urt v 17.11.16 – I-15 U 65/15.
118 OLG Düsseldorf Urt v 22.03.2019 – 2 U 31/16, BeckRS **19**, 6087 *Improving Handovers*.
119 BGH GRUR **09**, 694 = BGHZ **180**, 312 *Orange-Book-Standard*; OLG Düsseldorf Urt v 30.03.17 – I-15 U 65/15 *Kommunikationsvorrichtung*; vgl OLG Düsseldorf Beschl v 14.12.2016 – I-2 U 31/16, BeckRS **16**, 114380 *Geheimhaltung*; LG Düsseldorf, Urteil v 18.6.2020 – 4b O 91/18.
120 Bsp gem LG Düsseldorf, Urteil v 18.6.2020 – 4b O 91/18.
121 OLG Düsseldorf Beschl v 17.06.2020 – I-2 U 20/20.

4.2 Ausbeutungsmissbrauch

66 Das Fordern einer **unangemessen hohen Lizenzgebühr (Ausbeutungsmissbrauch)** kann – soweit der Patentinhaber eine Lizenzerteilung nicht ohnehin verweigern darf – für sich den Vorwurf des Missbrauches einer marktbeherrschenden Stellung rechtfertigen. Als »unangemessen« ist eine Lizenzforderung zu betrachten, wenn sie den **hypothetischen Preis**, der sich bei wirksamem Wettbewerb auf dem beherrschten Markt gebildet hätte, erheblich überschreitet, es sei denn, es gibt eine wirtschaftliche Rechtfertigung für diese Preisgestaltung.[122] Zur Ermittlung des sich ohne Marktbeherrschung mutmaßlich ergebenden »als ob-Wettbewerbspreises« ist das sog **Vergleichsmarktkonzept** (s auch unten Rdn 126) gebräuchlich, das aus einem entweder räumlich oder sachlich oder zeitlich vergleichbaren Markt mit Wettbewerb Rückschlüsse auf die hypothetische Lizenzgebührenbildung im beherrschten Markt zieht.[123] In geeigneten Fällen kann statt einer Vergleichsmarktbetrachtung auch das **Konzept der Gewinnbegrenzung** herangezogen werden, das die Entwicklungskosten des lizenzbereiten Patentinhabers und eine ihm zugebilligte (übliche) Gewinnspanne mit den tatsächlich geforderten Lizenzgebühren in Beziehung setzt.[124]

67 Handelt es sich um ein standardgebundenes Schutzrecht, kann sich die Unangemessenheit ferner daraus ergeben, dass sich im Falle einer Lizenzforderung auch für die übrigen Standard-Schutzrechte eine **kumulative Gesamtlizenzbelastung** ergäbe, die wirtschaftlich nicht tragbar ist. Solange solche weiteren Lizenzforderungen nicht tatsächlich gestellt sind, kann die für das einzelne streitbefangene Schutzrecht verlangte Lizenzgebühr nicht unter Hinweis auf eine nur *mögliche* Kumulierung als unangemessen angesehen werden.[125] Im Falle einer bloß theoretisch möglichen Überschreitung der zumutbaren Höchstbelastung infolge eines »**royalty stackings**« ist nicht einmal die Aufnahme einer **abstrakten Anpassungsklausel** erforderlich. Abweichendes kann gelten, wenn der Lizenzsucher bis zum Schluss der letzten mündlichen Tatsachenverhandlung konkret darlegt, dass er sich mit **überwiegender Wahrscheinlichkeit (§ 287 (2) ZPO)** kumulierten Lizenzgebührenforderungen ausgesetzt sieht bzw. sehen wird, die in ihrer Gesamtheit ein unzumutbares Ausmaß erreichen.[126]

68 **Beweislast** für die Voraussetzungen eines Ausbeutungsmissbrauchs liegt beim Beklagten, der sich zu seiner Rechtsverteidigung darauf beruft.[127] Im Rahmen des Gewinnbegrenzungskonzepts treffen den Patentinhaber allerdings sekundäre Darlegungslasten zu *seinen* Entwicklungskosten, die dem Beklagten naturgemäß unbekannt sind und zu denen der Patentinhaber unschwer vortragen kann. Entsprechendes gilt im Falle

---

122 Vgl nur Immenga/Mestmäcker, GWB, § 19 Rn 259 ff.
123 Zu Einzelheiten vgl Immenga/Mestmäcker, GWB, § 19 Rn 267 ff; Kübel, Zwangslizenzen im Immaterialgüter- und Wettbewerbsrecht, 2004, S 250 f.
124 Loewenheim/Meessen/Riesenkampff, Kartellrecht, Art 102 AEUV Rn 179 ff; Kübel, Zwangslizenzen im Immaterialgüter- und Wettbewerbsrecht, 2004, S 251 f.
125 Vgl. OLG Düsseldorf Beschl v 17.11.2016 – I-15 U 65/15; LG Düsseldorf Urt v 13.02.2007, 4a O 124/05 BeckRS 2008, 07 732.
126 Vgl. OLG Düsseldorf Beschl v 17.11.16 – I-15 U 65/15; vgl. auch LG Mannheim Urt v 24.1.17 – 2 O 131/16; aA LG Düsseldorf BeckRS 08, 07732.
127 BGH GRUR 09, 694 = BGHZ 180, 312 *Orange-Book-Standard*; LG Leipzig InstGE 9, 167 *optischer Datenträger*.

unbekannter Lizenzierungspraxis des Patentinhabers auch in Bezug auf die einzelnen Vertragsbedingungen. Der Patentinhaber hat den vom Beklagten ins Feld geführten Vertragsbedingungen substantiiert dadurch entgegen zu treten, dass er die mit anderen Lizenznehmern bereits abgeschlossenen Verträge vorlegt; etwaige **Geheimhaltungsvereinbarungen** mit Dritten vermögen den Patentinhaber nicht von seinen sekundären Darlegungslasten zu entbinden. Der Lizenzsucher/Beklagte kann verpflichtet werden, eine Verschwiegenheitsvereinbarung (**non disclosure agreement, »NDA«**) abzuschließen, bei deren Zuwiderhandlung eine empfindliche Vertragsstrafe (z.B. EUR 1 Mio.) anfällt. Alternativ kann der Beklagte partiell auf sein rechtliches Gehör mit der Folge verzichten, dass als **streng vertraulich gekennzeichnete Passagen** nur seinem Prozessbevollmächtigten zugänglich gemacht werden: Letzterer wird seinerseits mittels gerichtlicher Anordnung zum Stillschweigen verpflichtet und zwar auch ggü seiner Partei.[128] Mit Blick auf den ausdrücklichen Verzicht der Partei bestehen jedenfalls in dieser Konstellation[129] keine Bedenken mit Blick auf die anwaltlichen Pflichten nach § 11 (1) **BORA**. S zu Geheimhaltungsfragen auch Rdn 127. Eine Lizenzierungspraxis kann in Abhängigkeit von der Zahl der Lizenznehmer die Angemessenheit der jeweiligen Lizenzbedingung belegen bzw zumindest indizieren.

4.3 Patentpools

Einen speziell im Zusammenhang mit neuen Technologien wichtigen Sonderfall möglicherweise unangemessener Lizenzierung stellen **Patentpools**[130] dar, dh Zusammenschlüsse mehrerer Schutzrechtsinhaber zur gemeinsamen Lizenzierung der von ihnen gehaltenen Patente. Typischerweise handelt es sich um Schutzrechte, die einen **Industriestandard** bilden und deren Lizenzierung Dritten nur im Paket zu festen Lizenzgebühren angeboten wird. Das gebündelte Lizenzangebot als solches ist nicht (kartell-)rechtswidrig; im Gegenteil dient es dem Interesse etwaiger Lizenzsucher, dass ihnen eine Benutzungserlaubnis für den gesamten Standard aus einer Hand zu einheitlichen Konditionen offeriert wird, weil sie damit der Notwendigkeit enthoben sind, bei jedem einzelnen Schutzrechtsinhaber um eine Lizenz für dessen Patent(e) nachsuchen zu müssen.[131]

Kartellrechtlich ist es grundsätzlich nicht zu beanstanden, wenn Inhaber standardgebundener Schutzrechte lediglich entweder eine von ihnen selbst zu vergebende **Einzellizenz** am jeweiligen Schutzrecht einräumen **oder** aber eine **weltweite Pool-Paketlizenz** an allen in den Standard aufgenommenen Schutzrechten erteilen, es gibt also grds keinen Anspruch auf eine dritte Lizenzoption (zB Lizenzierung sämtlicher Standardschutzrechte beschränkt auf bestimmtes Territorium[132] oder auf eine Unterpool-Lizenz; s auch unten Rdn 122).[133]

---

128 S näher OLG Düsseldorf Beschl v 17.01.2017 – I-2 U 31/16; vgl. auch Hauck GRUR Prax **17**, 118 (dort auch zur RL (EU) 2016/943).
129 S zum Besichtigungsverfahren nach dem »Düsseldorfer Modell« § 140c Rdn 70.
130 Näher zum Patentpoolkonzept Königs GRUR **14**, 1155.
131 LG Düsseldorf InstGE 7, 70 *Videosignal-Codierung I*; LG Mannheim NJOZ **08**, 960.
132 LG Düsseldorf InstGE 10, 66 *Videosignal-Codierung III*; LG Düsseldorf Urt v 09.11.2018 – 4a O 15/17, BeckRS **18**, 33825 *Dekodierungsvorrichtung* (zu SEP).
133 OLG Düsseldorf Beschluss vom 14.07.2021 – I-2 U 13/21, GRUR-RS **21**, 27667.

71 Im Falle einer **Pool-Stücklizenz** liegt ein Ausbeutungsmissbrauch nur dann vor, wenn die Lizenz infolge marktbedingten Preisverfalls einen derart hohen Anteil an den Gestehungskosten des Lizenzerzeugnisses ausmacht, dass dem Lizenzsucher eine Fortsetzung der Produktion bei wirtschaftlich vernünftigem Handeln nicht mehr zugemutet werden kann, Maßstab: allgemeine Lage im betreffenden Geschäftszweig.[134]

72 Der Vorwurf eines **Ausbeutungsmissbrauchs** bei Festlegung der Lizenzgebühren kommt allerdings unter zwei Gesichtspunkten in Betracht:

73 Zunächst ist der Einwand denkbar, bei der Festlegung des Standards durch die Normungsorganisation (zB DIN, CEN/CENELEC, ETSI, ISO/IEC) seien **unnötigerweise patentierte Techniken** berücksichtigt worden (mit der Folge, dass die betreffenden Schutzrechte Eingang auch in den Lizenzvertrag gefunden und die Lizenzgebühren beeinflusst haben). Diese Verteidigung wird nur selten Aussicht auf Erfolg haben. Ungeachtet der Tatsache, dass in den Normungsgremien auch Vertreter der beteiligten Industrie mitwirken, handelt es sich um rechtlich und organisatorisch selbständige und unabhängige Institutionen. Selbst wenn der klagende Patentinhaber an den Beratungen zur Standardsetzung beteiligt worden ist, wird sich daher kaum der Nachweis führen lassen, dass gerade er (ggf im kollusiven Zusammenwirken mit anderen) die Arbeit des Normungsgremiums gelenkt und entscheidend veranlasst hat, dass statt einer zur Verfügung stehenden gleichwertigen patentfreien Lösung die zu seinen Gunsten patentierte Technik in den Standard aufgenommen worden ist. Sollte ein derartiger Einfluss tatsächlich einmal bestanden haben, wäre vom Verletzer ferner substantiiert darzutun, welche **gleichwertige patentfreie** anstelle der patentierten Technik in den Standard hätte aufgenommen werden können, wobei selbstverständlich ein Einzelfall noch keinen Missbrauch begründet. Erforderlich ist der Nachweis eines **systematischen, mehrere Schutzrechte betreffenden Vorgehens**.[135] Ähnliches gilt für den Einwand, der Standard umfasse missbräuchlich **schutzunfähige Patente**. Von einem »Missbrauch« könnte – wenn überhaupt – allenfalls dann gesprochen werden, wenn feststünde, dass nicht nur in einem einzelnen Fall versehentlich, sondern wiederholt **systematisch** ungültige Patente in den Standard aufgenommen worden sind, und zwar in Kenntnis und Billigung ihrer mangelnden Rechtsbeständigkeit. Allein der Erfolg einer Nichtigkeitsklage besagt deshalb noch nichts für einen Missbrauch, solange nicht festgestellt ist, dass die Vernichtungsentscheidung nicht auf einem erst nachträglich aufgefundenen Stand der Technik, sondern auf einer Entgegenhaltung beruht, die bereits bei der Standardsetzung positiv bekannt, zumindest aber ohne weiteres ermittelbar war, und angesichts derer die Schutzunfähigkeit klar zutage lag.[136]

74 Für die Zwecke einer Rechtsverteidigung tauglicher ist der Einwand, der den Wettbewerbern angebotene Lizenzvertrag berücksichtige **in missbräuchlicher Weise Schutzrechte, deren Benutzung durch den Standard nicht vorgegeben** sei. Handelt es sich wiederum nicht bloß um einen einzelnen, ggf selbst bei gewissenhafter Prüfung nicht zu vermeidenden Fall, sondern um eine **systematische Erscheinung**, die den Zweck

---

134 LG Düsseldorf InstGE **10**, 66 *Videosignal-Codierung III*.
135 LG Düsseldorf InstGE **7**, 70 *Videosignal-Codierung I*.
136 LG Düsseldorf InstGE **7**, 70 *Videosignal-Codierung I*.

erkennen lässt, die Lizenzgebühren durch die Aufnahme möglichst vieler Patente ungerechtfertigt zu steigern, ist ein Ausbeutungstatbestand idR zu bejahen.[137] Allerdings kann dem Verletzer ein Kartellverstoß nur zugutekommen, wenn er von denjenigen Lizenzschutzrechten, die durch den Standard nicht gestützt werden, keinen Gebrauch macht. Benutzt er die betreffenden Schutzrechte nämlich gleichfalls, muss er hierfür auch eine Benutzungsgebühr zahlen, so dass das Fordern einer auch die für den Standard entbehrlichen Schutzrechte umfassenden Lizenzgebühr keinen Rechtsverstoß begründen kann. Zu einem rechtserheblichen Verteidigungsvorbringen gehört demgemäß nicht nur die Behauptung, bestimmte (konkret zu bezeichnende) Lizenzvertragsschutzrechte lägen außerhalb des Standards; vorgetragen werden muss darüber hinaus außerdem, dass von ihnen kein Gebrauch gemacht werde.[138]

4.4 Anforderungen an die Lizenzofferte des Lizenzsuchers

Weil die **Benutzung regelmäßig nicht unentgeltlich** verlangt werden kann und der Gestattungseinwand des Benutzers infolgedessen lediglich dahin geht, dass ihm die Benutzung der Erfindung gegen Zahlung einer angemessenen Lizenzgebühr erlaubt wird, hat der Beklagte, um die vorgenannten Rechtsfolgen auszulösen, ein **konkretes, aufgrund seiner Regelungsdichte** nach dem für das Klagepatent geltenden nationalen Recht (zB §§ 145 ff BGB) annahme- und verhandlungsfähiges, sachlich billiges **Lizenzangebot** zu unterbreiten.[139] Zu Besonderheiten, wenn eine **Lizenzbereitschaftserklärung** (»FRAND-Zusage«) gegenüber einer Standardisierungsorganisation vorliegt, näher unten Rdn 98 ff.

Vorstehendes gilt nicht nur dann, wenn der Patentinhaber zwar grundsätzlich zur Lizenzierung bereit ist, die Parteien jedoch über die nähere Ausgestaltung der Lizenzvereinbarung streiten, sondern gleichermaßen dann, wenn der Patentinhaber die Einräumung eines Benutzungsrechtes kategorisch und gegenüber jedermann ablehnt.[140] Denn auch in diesem Fall kann dem Lizenzsucher ein Benutzungsrecht regelmäßig nur gegen Entgelt zustehen, das demgemäß angeboten werden muss. Die **Weigerung des Patentinhabers**, über eine Lizenzierung zu verhandeln, hat allerdings zur Folge, dass mangels konkreter anderslautender Formulierungsvorschläge des Patentinhabers prima facie von der Angemessenheit des vom Lizenzsucher unterbreiteten Angebotes auszugehen ist.

Die Lizenzofferte muss **ernsthaft** sein und von einem leistungsfähigen und leistungswilligen Lizenzsucher abgegeben werden. Ferner muss sie **hinreichend konkret** sein; unzureichend: Angebot, eine Lizenz »zu angemessenen Bedingungen« zu nehmen.[141] Erforderlich ist vielmehr eine **vorformulierte Vertragserklärung**, die nicht nur die Lizenzgebühr (Bezugsgröße, Lizenzsatz, Stücklizenz, Abstaffelung) auszuweisen, sondern sich darüber hinaus zu allen Vertragsbedingungen zu verhalten hat, die üblicher-

---

137 LG Düsseldorf InstGE 7, 70 *Videosignal-Codierung I*; LG Mannheim NJOZ 08, 960.
138 LG Düsseldorf InstGE 7, 70 *Videosignal-Codierung I*.
139 OLG Düsseldorf InstGE 10, 129 *Druckerpatrone II*; näher zum Ganzen: Reimann/Hahn FS v. Meibom 2010, 373; Körber NZKart 13, 87; Meier-Beck FS Tolksdorf 2014, 115.
140 BGH GRUR 09, 694 = BGHZ 180, 312 *Orange-Book-Standard*.
141 OLG Karlsruhe InstGE 8, 14 *Servospur* = GRUR-RR 07, 177 *Orange-Book-Standard*.

weise in einem Lizenzvertrag geregelt werden, und zu denen deshalb der Gegner berechtigterweise eine Vereinbarung erwarten kann.[142] Angebot muss unter Berücksichtigung der bestehenden Sondersituation einen **angemessenen Inhalt** haben.[143] Es ist allerdings Sache des Patentinhabers, einen etwaigen Gestaltungsspielraum einredeweise durch **konkrete Alternativvorschläge** zu der (oder den) betreffenden Vertragsklausel(n) geltend zu machen.[144]

78   **Bezifferte Angabe der Lizenzgebühr** durch Beklagten ist ausnahmsweise entbehrlich, wenn der Beklagte die Lizenzforderung des Patentinhabers für missbräuchlich überhöht hält oder wenn sich der Patentinhaber weigert, eine Lizenzgebühr überhaupt zu beziffern – dann genügt es, Höhe der Lizenzgebühr in das billige Ermessen des Patentinhabers zu stellen (**§ 315 BGB**).[145] Grund: In einem späteren Vergütungshöheprozess geht die Darlegungs- und Beweislast für die Angemessenheit der getroffenen Lizenzbestimmung auf den Patentinhaber über. Bei SEP mit FRAND-Erklärung ist konkretes Angebot erforderlich (s unten Rdn 98 ff).

79   Lizenzangebot muss **unbedingt** sein,[146] weshalb es nicht nur für den Fall erfolgen darf, dass das streitgegenständliche Produkt vom Patent Gebrauch macht.[147] Bedingungsfeindlichkeit besteht auch für alle sonstigen Vorbehalte (zB in Bezug auf ein Vorbenutzungsrecht oder eine Erschöpfung des Patentrechts), die dem Beklagten im Falle einer Annahme des Lizenzangebotes es erlaubten, seine Pflicht zur Unterlassung oder zum Schadenersatz zu bestreiten.[148] **Unschädlich**: Vorbehalte im Hinblick auf die Höhe der angemessenen Lizenzgebühr.[149] **Vereinbarung einer Rückzahlungsklausel** für den Fall der rückwirkenden Vernichtung des (zwangs-)lizenzierten Klagepatents ist ebenfalls zulässig.[150] Wenn der Lizenzsucher ein unbedingtes und angemessenes Lizenzangebot ausspricht, kann das Verletzungsgericht die Benutzungsfrage dahinstehen lassen und das Unterlassungsbegehren unter Hinwies auf die Zwangslizenz zurückweisen. Erweist sich später, dass der Lizenzsucher das Patent gar nicht benutzt oder dass dieses nicht rechtsbeständig ist, fallen gleichwohl keine Lizenzgebühren an.[151]

80   Lizenzangebot muss schließlich **den berechtigten Belangen des Patentinhabers angemessen Rechnung tragen.**[152] Dazu gehört **nicht die Aufnahme eines Kündigungsrechts** für den Fall, dass der Lizenzsucher das Lizenzpatent in seinem Rechtsbestand angreifen sollte, weil Lizenzsucher sonst faktisch an einem Angriff auf den Rechtsbe-

---

142   OLG Karlsruhe GRUR-RR 15, 326 *Mobiltelefone* (allerdings bzgl. SEP mit FRAND-Zusage).
143   Vgl. dazu Friedl/Ann GRUR 14, 948.
144   Vgl. BGH GRUR 09, 694 = BGHZ 180, 312 *Orange-Book-Standard*.
145   BGH GRUR 09, 694 = BGHZ 180, 312 *Orange-Book-Standard*.
146   BGH GRUR 09, 694 = BGHZ 180, 312 *Orange-Book-Standard*.
147   BGH GRUR 09, 694 = BGHZ 180, 312 *Orange-Book-Standard*.
148   OLG Karlsruhe GRUR-RR 12, 124 *GPRS-Zwangslizenz*.
149   OLG Karlsruhe GRUR-RR 12, 124 *GPRS-Zwangslizenz*.
150   Reimann/Hahn FS v Meibom 2010, S 373; Herrlinger GRUR 12, 740, 741; Meier-Beck FS Tolksdorf 2014, 115; aA Kühnen Kap E Rn 254.
151   Meier-Beck FS Tolksdorf 2014, 115.
152   OLG Karlsruhe GRUR-RR 12, 124 *GPRS-Zwangslizenz*.

stand des Patents, auf dessen Benutzung er aufgrund der Standard-Essentialität gerade angewiesen ist, gehindert wäre.[153]

Schadensersatzpflicht für Benutzungshandlungen in der **Vergangenheit** muss (dem Grunde nach) anerkannt werden, um gegenüber dem Unterlassungsanspruch den Kartellrechtseinwand mit Erfolg einwenden zu können.[154] Verpflichtung zu bloßer Einmalzahlung für die Vergangenheit bei gleichzeitigem Vorbehalt zugunsten des Klägers, darüber hinaus gehenden Schadenersatz zu verlangen, genügt nicht, wenn Lizenzsucher sich für diesen Fall ein Bestreiten des Verletzungstatbestandes und/oder einen Angriff auf das Klageschutzrecht vorbehält.[155] Ferner muss Verpflichtung zu **üblicher Rechnungslegung** übernommen werden. Haben die Mutter- und eine **100 %ige Tochtergesellschaft** eines Konzerns mittäterschaftlich Verletzungshandlungen begangen, ist es unzureichend, wenn nur Tochterunternehmen isoliert um den Abschluss des Standard-Pool-Lizenzvertrages nachsucht, während Mutter nicht bereit ist, Lizenz zu nehmen.[156]

81

Die »Orange-Book«-Grundsätze[157] sind nicht auf originär am Markt entstandene **Industriestandards (de facto-Standards)** beschränkt, sondern gelten auch dann, wenn es sich um branchenweite, durch die Marktteilnehmer in Standardisierungsorganisationen einvernehmlich gesetzte Standards (**de jure-Standards**) handelt. Sie gelten überdies auch dann, wenn **reine Patentverwertungsgesellschaft (non-practicing entity)** Patentinhaberin ist.[158] Zum SEP mit FRAND-Zusage s. aber Rdn 92 ff.

82

4.5 Kartellrechtlicher Zwangslizenzeinwand in der Lieferkette

Ungeachtet des Umstandes, dass in einer **Lieferkette** jedem Benutzer auf nachgeordneten Vertriebsstufen ein **originärer** Zwangslizenzeinwand zustehen kann, kommt (zusätzlich) eine Einwendung aus **abgeleitetem** Recht in Betracht: Ein persönlich nicht zu Lizenzzahlungen bereiter Benutzer kann sich wegen eines Zwangslizenzeinwandes seines **Zulieferers** zwar nicht mit Erfolg auf **Erschöpfung**[159] berufen, jedoch die Geltendmachung des Zwangslizenzanspruches durch seinen Zulieferer einwenden, weil der Lizenzanspruch des Herstellers letztlich wertlos wäre, wenn dessen Abnehmer uneingeschränkt auf Unterlassung in Anspruch genommen werden dürften.[160] Erteilt ein SEP-Inhaber üblicherweise Herstellern Lizenzen, kann es missbräuchlich sein, gegenüber einem **Händler** ohne Absprache mit dem jeweiligen Hersteller Ansprüche wegen Patentverletzung geltend zu machen, um so unangemessenen Druck auf die

83

---

153 Verhauwen GRUR 13, 558, 563; vgl. Meier-Beck FS für Tolksdorf 2014, 115; aA: OLG Karlsruhe GRUR-RR 12, 124 *GPRS-Zwangslizenz*.
154 LG Mannheim Mitt 12, 120 *Kartellrechtlicher Zwangslizenzeinwand*; zweifelnd LG Düsseldorf GRUR 13, 614 *LTE-Standard*.
155 LG Mannheim Mitt 12, 120 *Kartellrechtlicher Zwangslizenzeinwand*.
156 LG Düsseldorf InstGE 10, 66 *Videosignal-Codierung III*.
157 BGH GRUR 09, 694 = BGHZ 180, 312 *Orange-Book-Standard*.
158 LG Mannheim InstGE 13, 65 *UMTS-fähiges Mobiltelefon II*; LG Düsseldorf BeckRS 12, 09 376.
159 *Insoweit* zutreffend LG Mannheim Urt v 10.03.2015 – 2 O 103/14 = BeckRS 15, 15 918 *Pitch-Analysevorrichtungen*; aA Bodewig GRUR Int 15, 626, 629 f.
160 Kühnen Kap E Rn 260.

Abnehmer des Herstellers auszuüben.[161] Ein allgemeiner Grundsatz, wonach der Patentinhaber *stets* – zB auch im Falle **patentverletzender Komponenten einer Gesamtvorrichtung** – ausschließlich gegen den Hersteller dieser Komponenten vorgehen dürfe, ist daraus nicht abzuleiten.[162] Im Falle **gemeinschaftlicher Benutzungen** durch eine **Konzern-Mutter** und ihre **100 %ige Tochter** reicht es nicht, wenn nur die Tochter lizenzbereit ist.[163] Das **LG Düsseldorf**[164] hat jüngst dem **EUGH** eine Reihe von Fragen zu den kartellrechtlichen Anforderungen an den SEP-Inhaber bei (komplexen) Wertschöpfungsketten nach Art. 267 Abs. 2 AEUV vorgelegt.

4.6 Rückwirkende und fortlaufende Erfüllungshandlungen des Lizenzsuchers

84 Lizenzsucher muss seinen **Pflichten aus dem Vertrag vorgreifen**, d.h. nicht nur eine angemessene (eine übliche Verzinsungspflicht berücksichtigende) Vergütungsregelung für vergangene Benutzungshandlungen aufnehmen,[165] sondern **rückwirkend und fortlaufend** diejenigen vertraglichen Verpflichtungen erfüllen, die sich aus dem abzuschließenden Zwangslizenzvertrag für den wahrgenommenen Benutzungsumfang ergeben.[166] Erfüllungshandlungen müssen darüber hinaus mit dem zeitlichen Fortgang Schritt halten, indem zu den während des Rechtsstreits einsetzenden weiteren Fälligkeitszeitpunkten (grundsätzlich quartalsweise[167]) die vertraglichen Pflichten erfüllt werden (s auch unten Rdn 119). Demgegenüber braucht das Lizenzangebot (und die vertragsgerechte Erfüllung) grundsätzlich nicht auf **Territorien** einzugehen, die **außerhalb des** Geltungsbereichs des **Klagepatents** liegen, auch wenn es dort ebenfalls zu prinzipiell vergütungspflichtigen Handlungen des Beklagten gekommen ist.[168] Gleiches gilt für (auch inländische) Schutzrechte, die nicht Gegenstand der Verletzungsklage sind.[169] Denn notwendige Verteidigung gegen die Verletzungsklage wird durch den Klageangriff (dh den räumlichen Geltungsbereich des Klagepatents) bestimmt, mögliche **Ausnahme**: Lizenzangebot des Beklagten ist auf den Abschluss einer mehrere Länder umfassenden **Pool-Lizenz** gerichtet (s auch unten Rdn 121 ff). Lizenzsucher schuldet eine ordnungsgemäße (dh hinreichend substantiierte und wahrheitsgemäße, alle angebotspflichtigen Handlungen berücksichtigende) **Rechnungslegung** sowie die **Zahlung** der sich aus der Abrechnung ergebenden Lizenzgebühren.[170] Bezüglich der auskunftspflichtigen **Einzeldaten** ist danach zu differenzieren, ob es um Zeiträume geht, für die (weil sie vor dem Zugang eines annahmefähigen Angebotes liegen) ein Schadensersatzanspruch bestehen bleibt (hier muss in der für den Verletzungsprozess üblichen Weise umfassend Rechnung gelegt werden) oder ob es sich um Zeiträume

---

161 OLG Karlsruhe GRUR-RR 15, 326 *Mobiltelefone* (in Bezug auf SEP mit FRAND-Zusage).
162 LG Mannheim Urt v 04.03.2016 – 7 O 96/14 = BeckRS 16, 06 527 *Informationsaufzeichnungsmedium*; LG Düsseldorf Urt v 31.03.2016 – 4a O 73/14.
163 Kühnen Kap E Rn 262.
164 LG Düsseldorf, Beschl vom 26.11.2020 – 4 c O 17/19, GRUR-RS 20, 32508 *Nokia-SEP*.
165 LG Düsseldorf InstGE 10, 66 *Videosignal-Codierung III*; vgl dazu Reimann/Hahn FS von Meibom 2010, S 373.
166 BGH GRUR 09, 694 = BGHZ 180, 312 *Orange-Book-Standard*.
167 LG Düsseldorf BeckRS 12, 09 376.
168 AA: Jestaedt GRUR 09, 801, 804; differenzierend: Reimann/Hahn FS von Meibom, 2010, 373.
169 Vgl Reimann/Hahn FS von Meibom 2010, 373.
170 BGH GRUR 09, 694 = BGHZ 180, 312 *Orange-Book-Standard*.

handelt, für die die vertragliche Lizenz geschuldet wird (hier sind diejenigen Angaben zu machen, die dem angemessenen, zur Annahme verpflichtenden Lizenzangebot entsprechen).

Lizenzsucher kann nach seiner Wahl statt Zahlung an den Patentinhaber **Hinterlegung**[171] von gesetzlichen Zahlungsmitteln[172] unter Verzicht auf das Recht zur Rücknahme (§§ 372 Satz 1, 376 Abs 2 Nr 1, 378 BGB) vornehmen.[173] Hinterlegung[174] führt zu öffentlich-rechtlichem Herausgabeanspruch des wahren Gläubigers gegen die Hinterlegungsstelle (Amtsgericht[175]), der die materielle Berechtigung des Forderungsprätendenten insbesondere durch Vorlage eines rechtskräftigen Urteils[176] nachzuweisen ist. Patentinhaber, der Anspruch auf die hinterlegten Lizenzgebühren erhebt, muss den Verletzer ggf außerhalb des Verletzungsprozesses auf **Freigabe** der hinterlegten Summe in Anspruch nehmen, wobei Patentinhaber Beweislast dafür hat, dass der herausverlangte Betrag geschuldet wird, weil der Verletzer das Patent benutzt habe und die hinterlegte Summe als Lizenzvergütung der Billigkeit entspreche. Bleibt Patentinhaber untätig, kann Verletzer auf Freigabe der Hinterlegungssumme an sich klagen mit Begründung, tatsächlich liege keine Patentbenutzung vor, weshalb auch keine Lizenzzahlungspflicht bestehe und der Patentinhaber ohne rechtlichen Grund um die Beteiligtenstellung im Hinterlegungsverfahren bereichert sei (Beweislast auch dann beim Patentinhaber!, allenfalls sekundäre Darlegungslast des Lizenzsuchers). Bei streitiger Verletzungsfrage steht § 814 BGB einem Rückforderungsanspruch des hinterlegenden Verletzers nicht entgegen.[177]

85

Soweit Lizenzangebot nach Maßgabe von § 315 BGB ausreicht und abgegeben wird, ist Lizenzbetrag zu zahlen/hinterlegen, der in jedem Fall angemessen ist.[178] Verletzungsgericht nimmt im Zusammenhang mit der Frage, ob hinterlegter Betrag ausreicht, bloß **summarische Prüfung** vor – reicht danach geleistete Zahlung/Hinterlegung für die geschuldete Lizenzgebühr aus (Darlegungslast: Lizenzsucher), ist Zwangslizenzeinwand insoweit begründet. Lizenzsucher muss angebotsgerechte Erfüllungshandlungen auch dann vornehmen, wenn er seinen Lizenzierungsanspruch im Verletzungsprozess im Wege einer Widerklage auf Annahme seines Lizenzangebotes verfolgt. Die Verletzungsrichter verfügen insoweit über einen **weiten Schätzungsrahmen**.[179]

86

---

171 Zum Ablauf des Hinterlegungsverfahrens (allerdings noch unter Berücksichtigung der zum 1.12.2010 durch das HintG NRW ersetzten Hinterlegungsordnung) vgl Reimann/Hahn FS von Meibom, 2010, 373.
172 Zu Einzelheiten vgl Ann VPP-Rundbrief 10, 46, 50 f.
173 BGH GRUR 09, 694 = BGHZ 180, 312 *Orange-Book-Standard*. Die rechtliche Zulässigkeit des Hinterlegungsmodells bezweifelt Ann (VPP-Rundbrief 2010, 46, 51) für Fälle, in denen der Lizenzierungsanspruch nicht aus deutschem, sondern aus europäischem Kartellrecht hergeleitet wird.
174 Siehe für NRW das seit dem 1.12.2010 geltende Hinterlegungsgesetz vom 16.3.2010 (HintG NRW) sowie die Ausführungsvorschriften zum Hinterlegungsgesetz (AVHintG).
175 § 1 (2) HintG NRW.
176 § 22 (3) Nr 2 HintG NRW.
177 Vgl OLG Düsseldorf NJW-RR 01, 1028.
178 BGH GRUR 09, 694 = BGHZ 180, 312 *Orange-Book-Standard*.
179 Vgl. Meier-Beck FS Tolksdorf 2014, 115.

4.7 Rechtsfolgen

87 **4.7.1 Unterlassungsanspruch** ist nur dann unbegründet, wenn Patentinhaber bei eigenem kartellrechtsgemäßem Verhalten dem Benutzer den Gebrauch des Klagepatents im Wege der Lizenzierung zu gestatten hätte (§ 242 BGB);[180] auf Unterlassung gerichtetes Klagebegehren daher erfolglos, wenn Patentinhaber auf ein ordnungsgemäßes, begründetes Lizenzangebot des Lizenzsuchers nicht eingegangen ist oder dieses kartellrechtswidrig zurückgewiesen hat. Zwischenzeitliche Einstellung der Verletzungshandlungen macht Lizenzangebot nicht entbehrlich, da Wiederholungsgefahr fortbesteht.[181] Bei ausreichendem Lizenzangebot während des laufenden Rechtsstreits (siehe zu den Anforderungen im Einzelnen Rdn 75 ff) muss der Kläger den auf Unterlassung gerichteten Klageantrag in der Hauptsache für erledigt erklären, um Klageabweisung zu entgehen.[182] Siehe zu Standardisierungsvereinbarungen auch unten Rdn 92 ff.

88 **4.7.2 Schadensersatzanspruch: aa)** kartellrechtswidrige Weigerung des Patentinhabers, dem berechtigten Verlangen nach Abschluss eines angemessenen Lizenzvertrags nachzukommen, ist **eigenes schadensersatzbegründendes** Verhalten des Patentinhabers, weshalb er für die Zeit nach rechtswidriger Weigerung dem Benutzer gemäß § 823 (2) BGB iVm Art 82 EG (bzw §§ 33, 19, 20 GWB) auf Schadensersatz haftet; er hat den Benutzer so zu stellen, wie dieser ohne den Kartellrechtsverstoß stünde, dh keine Haftung auf Schadensersatz wegen Patentverletzung, sondern lediglich Anspruch auf **angemessene Lizenzgebühr**.[183] Der Patentinhaber muss den Benutzer von allen Ersatzansprüchen freistellen, die über den Betrag einer angemessenen Lizenzgebühr hinausreichen.[184]

89 **bb)** Für Benutzungshandlungen in der Zeit **vor unberechtigtem Ausschlagen** des Lizenzangebotes (plus angemessene Überlegungsfrist) bleiben dem Patentinhaber Schadensersatzansprüche in voller Höhe erhalten.

90 **4.7.3 Rechnungslegungsanspruch** begleitet den oben erläuterten Schadensersatzanspruch (Einzeldaten, die für Bezifferung des vorzubereitenden Anspruchs notwendig sind; im Falle der Lizenzgebühr keine Angaben zu Kosten und Gewinn).

91 **4.7.4 Vernichtungs- und Rückrufanspruch** bleibt bzgl solcher Erzeugnisse erhalten, die sich bereits vor erstmaligem annahmefähigem Lizenzangebot im Besitz oder Eigentum des Lizenzsuchers befunden haben; **Stichtag:** Zugang des Angebots beim Patentinhaber zzgl angemessener Überlegungsfrist.[185]

---

180 BGH GRUR 09, 694 = BGHZ 180, 312 *Orange-Book-Standard*; LG Düsseldorf InstGE 7, 70 *Videosignal-Codierung I*.
181 LG Düsseldorf InstGE 10, 66 *Videosignal-Codierung III*.
182 LG Mannheim Mitt 12, 120 *Kartellrechtlicher Zwangslizenzeinwand*; a.A. Ann VPP-Rundbrief 10, 46, 49 f, wonach das Lizenzangebot bereits vor erstmaliger Benutzung abzugeben sei.
183 Vgl BGH GRUR 04, 966 *Standard-Spundfass*.
184 Kühnen Kap E Rn 276.
185 AA Jestaedt GRUR 09, 801, 805.

5 Standardessentielles Patent (SEP) mit FRAND-Zusage[186]

5.1 Rechtsnatur einer FRAND-Erklärung

Eine vom Schutzrechtsinhaber gegenüber einer **Standardisierungsorganisation** erklärte Bereitschaft, jedem Interessierten zu angemessenen und diskriminierungsfreien Bedingungen eine Lizenz an dem in den Standard aufgenommenen Patent zu erteilen (sog **FRAND-Erklärung**), verändert die Situation im Vergleich zum »normalen« standardgebundenen und auslizenzierten Patent (s dazu oben Rdn 63 ff), weil die hier hinzutretende FRAND-Erklärung die **berechtigte Erwartung Dritter** erweckt, dass der SEP-Inhaber ihnen tatsächlich Lizenzen zu diesen Bedingungen gewähren wird (zu den Folgen für das Lizenzierungsprocedere s unten Rdn 98 ff).[187] Dies gilt auch dann, wenn bereits eine **etablierte Lizenzierungspraxis** hinsichtlich des betreffenden SEP besteht.[188] Lizenzbereitschaftserklärung ist im Übrigen aber nicht mehr als eine **deklaratorische Konkretisierung** des kraft Kartellrechts (Art 102 AEUV, §§ 19, 20 GWB) ohnehin bestehenden Abschlusszwanges (s auch unten Rdn 94 ff).[189] Ob die »Huawei/ZTE«-Grundsätze auch auf sog. **de facto Standards** anzuwenden sind, ist noch nicht geklärt.[190] Dagegen könnte sprechen, dass es in dieser Konstellation an einem durch eine FRAND-Erklärung erweckten Vertrauenstatbestand gerade fehlt, was für die Heranziehung der »**Orange Book**«-Grundsätze (s oben Rdn 76 ff) sprechen könnte. Andererseits trifft auch auf de facto Standards die Erwägung zu, dass nur der Patentinhaber seine (gesamte) bisherige Lizenzierungspraxis kennt und daher ggf. von ihm das erste Angebot zu erwarten sein könnte.[191]

92

FRAND-Erklärungen unterliegen dem Recht des Schutzlandstaates (**sog. Schutzlandprinzip**) und verschaffen Dritten keinen direkten Anspruch auf Lizenzerteilung nach § 328 BGB.[192] In der Bereitschaftserklärung gegenüber der Standardisierungsorganisation ist **kein Verzicht auf den Unterlassungsanspruch** zu sehen.[193] Schon der Wortlaut einer solchen Erklärung gibt dafür nichts her, weil der Patentinhaber sich nur erbietet, die Ausschließlichkeitsrechte aus dem Patent durch Abschluss eines Lizenzvertrages – und folglich eben nicht bedingungslos – zu Fall bringen zu lassen.[194] Denkbar wäre allenfalls ein Verzicht auf die Geltendmachung des Unterlassungsanspruchs, jedoch zwingt weder die kartellrechtliche Gesetzeslage zu einem solchen Schritt (Patentinhaber ist nur gehalten, Lizenzen zu gleichen und angemessenen Bedingungen einzuräumen), noch spricht die Interessenlage dafür: Schutzbedürfnisse des Patentinhabers verbieten es geradezu, einen Verzicht auf die Geltendmachung des Unterlassungsanspruchs anzunehmen, weil er unter solchen Umständen jedem unredlichen Lizenz-

93

---

186 S die Literaturangaben unter Rdn 47.
187 EuGH GRUR **15**, 764 Rn 53 *Huawei Technologies/ZTE*.
188 LG Düsseldorf Urt v 09.11.2018 – 4a O 15/17, BeckRS **18**, 33825 *Dekodierungsvorrichtung*.
189 LG Düsseldorf BeckRS **12**, 09 376; vgl zum UrhG: BGH GRUR **09**, 1052 *Seeing is Believing*.
190 Vgl. Block GRUR **17**, 121 m.w.N.
191 Vgl. zur betreffenden Überlegung im Zshg mit FRAND-Zusagen EuGH GRUR **15**, 764 Rn 64 *Huawei Technologies/ZTE*.
192 LG Mannheim InstGE **13**, 65 *UMTS-fähiges Mobiltelefon II*; LG Düsseldorf BeckRS **12**, 09 376; a.A Straus GRUR Int **11**, 469, 475 ff.
193 LG Mannheim InstGE **11**, 9 *UMTS-fähiges Mobiltelefon*.
194 LG Düsseldorf BeckRS **12**, 09 376.

nehmer ausgeliefert wäre.[195] Er könnte bei Vertragsverletzungen zwar den Vertrag kündigen, weitere Benutzungshandlungen jedoch – anders als jeder gewöhnliche Lizenzgeber – nicht mehr unterbinden.

94 **5.2 Marktbeherrschende Stellung** folgt auch beim SEP mit FRAND-Zusage noch nicht allein aus dessen Standardessentialität (s oben Rdn 56).[196] Hier stellt sich allerdings die weitere Frage, ob der SEP-Inhaber allein aufgrund der FRAND-Zusage unabhängig von einer im Einzelfall bestehenden Marktbeherrschung zu einer Lizenzierung nach FRAND-Kriterien verpflichtet ist.[197] Bejahendenfalls würde dies die Verletzungsgerichte in solchen Fällen von der Notwendigkeit einer tatrichterlichen Feststellung der Marktbeherrschung im Einzelfall entbinden, weil es dann nicht entscheidungserheblich darauf ankäme, ob der Patentinhaber zugleich Normadressat des (eine Marktbeherrschung zwingend fordernden) Art 102 AEUV bzw. der §§ 19 f. GWB ist. Solches ist allerdings abzulehnen, da einer **FRAND-Erklärung** zutreffender Ansicht nach eine **bloß deklaratorische Bedeutung** zukommt (s oben Rdn 92), d.h. die FRAND-Erklärung erschöpft sich in der Wiedergabe der ohnehin gegebenen Gesetzeslage (zu gleichwohl mit der FRAND-Erklärung verbundenen Besonderheiten s unten Rdn 98 ff). Entsprechende Lizenzbereitschaftserklärungen gegenüber Standardisierungsorganisationen finden ihre Motivation nämlich darin, dass die SEP-Inhaber (»lediglich«) ihren kartellgesetzlichen Pflichten nachkommen wollen (sog. **Zweckübertragungstheorie**):[198]

95 Was – erstens – das Kartellverbot nach **Art 102 AEUV** anbelangt, begründet dieses die Pflicht des Marktbeherrschers zu einer diskriminierungs- und ausbeutungsfreien Lizenzierung gegenüber jedermann. Weil jedoch zumindest im Zeitpunkt der Abgabe der FRAND-Erklärung die Existenz einer marktbeherrschenden Stellung infolge der Inhaberschaft eines SEP regelmäßig noch nicht in abschließender Weise beurteilt werden kann, ist die Zusage regelmäßig so zu verstehen, dass sie (stillschweigend) dadurch **bedingt** ist, dass mit dem SEP auf dem betreffenden Produktmarkt auch tatsächlich eine Marktbeherrschung verbunden sein wird.

96 Motiv für eine FRAND-Zusage kann – zweitens – die Vorschrift des **Art 101 AEUV**[199] sein: Auch unter diesem Aspekt ist das im jeweiligen Einzelfall bestehende Erfordernis der tatrichterlichen Feststellung der Marktbeherrschung durch den SEP-Inhaber jedoch nicht obsolet.[200] Zwar können technische Standards wettbewerbsbeschränkende Auswirkungen haben, jedoch dienen sie zugleich der Aufrechterhaltung/ Verbesserung von **Interoperabilität** und **Kompatibilität**,[201] weshalb es zumindest

---

195 Vgl LG Düsseldorf GRUR-RR 13, 196 *LTE-Standard*.
196 OLG Düsseldorf Urt v 30.03.17 – I-15 U 65/15 *Kommunikationsvorrichtung*.
197 Vgl Schlussanträge des Generalanwalts Wathelet v 20.11.2014 Rn 48, 71 – 74 in der Sache C-170/13 = BeckRS 14, 82 403.
198 S Kühnen Kap E Rn 285 ff.
199 Näher dazu Block Mitt. 17, 97.
200 Vgl LG Düsseldorf Urt v 19.01.2016 – 4b O 120/14; nun auch LG Mannheim Urt v 04.03.2016 7 O 96/14 = BeckRS 16, 06 527 Aufzeichnungsmedium; vgl OLG Karlsruhe Beschl v 08.09.2016 – 6 U 58/16 (»vertretbar«); aA LG Mannheim Mitt **15**, 286 *Codierte Daten*; LG Mannheim Urt v 27.11.2015 – 2 O 108/14.
201 Vgl Horizontalleitlinien zu Art 101 AEUV (2001/C 11/01) Rn 263 f.

nicht deren **Zweck** (Art 101 (1) Alt 1 AEUV) ist, den Wettbewerb innerhalb des Binnenmarktes zu verhindern etc. Soweit ein technischer Standard im Einzelfall eine Vereinbarung sein mag, die eine Verhinderung pp des Wettbewerbs auf dem Binnenmarkt aufgrund einer Begründung von Marktmacht **objektiv bewirkt** (Art 101 (1) Alt 2 AEUV), kann eine FRAND-Erklärung daraus resultierende kartellrechtliche Bedenken auch unabhängig davon beseitigen, ob die Erklärung konstitutiver oder bloß deklaratorischer Natur ist. Vor diesem Hintergrund geht der objektive Erklärungswille des SEP-Inhabers auch unter diesem Blickwinkel im Zweifel nur dahin, eine rein deklaratorische Zusage zu tätigen, so dass die Prüfung der Marktbeherrschung iSv Art 102 AEUV auch in Fällen einer FRAND-Zusage obligatorisch ist. Auf de facto Standards findet Art 101 AEUV keine Anwendung.[202]

5.3 Verbot der Diskriminierung und Ausbeutung gilt in Anbetracht des oben (Rdn 92) erläuterten rein deklaratorischen Charakters einer FRAND-Erklärung im selben Umfang wie bei sonstigen auslizenzierten SEPs (s näher oben Rdn 63 ff):[203] Der »non-discriminatory«-Bestandteil der FRAND-Erklärung ist mit dem aus Art 102 AEUV folgenden Diskriminierungsverbot **kongruent**.[204] Auch der »fair and reasonable«-Bestandteil der FRAND-Erklärung enthält **kein Maius** im Vergleich zu dem aus Art 102 AEUV abzuleitenden Verbot der Ausbeutung; denn auch in diesem Kontext ist anzunehmen, dass ein SEP-Inhaber mit einer FRAND-Erklärung im Zweifel nicht mehr versprechen möchte, als die einschlägigen gesetzlichen Vorgaben des Art 102 AEUV es ihm gebieten (vgl oben Rdn 94).

97

5.4 EuGH-Vorgaben zum Lizenzierungsprocedere

Aufgrund der gegenüber einer Standardisierungsorganisation erklärten unwiderruflichen Zusage des SEP-Inhabers, Lizenzen zu FRAND-Bedingungen zu erteilen, dürfen die ihm durch Art 17 (2) und Art 47 der Charta gewährleisteten Rechte zwar nicht ausgehöhlt werden. Jedoch ist ihm wegen der mit einer FRAND-Erklärung verbundenen Erwartungen Dritter bei der gerichtlichen Geltendmachung von Ansprüchen auf Unterlassung und Vernichtung/Rückruf gegen angebliche Patentbenutzer die **Erfüllung besonderer** (zum Teil auch vom weiteren Verhalten des anderen Teils abhängiger) **Bedingungen** abzuverlangen, die einen gerechten **Ausgleich der betroffenen Interessen** gewährleisten.[205] Das insoweit vom EuGH etablierte Procedere ist grds. **konsekutiv** (»von oben nach unten«) zu prüfen, d.h. beginnend mit dem Verletzungshinweis muss sukzessive festgestellt werden, ob eine Partei ihre jeweiligen Pflichten/Obliegenheiten erfüllt hat.[206]

98

Die vom EuGH – auf Vorlage des LG Düsseldorf[207] – entwickelten Vorgaben für das Procedere der Lizenzverhandlungen im Zusammenhang mit einem SEP mit FRAND-

99

---

202 Block Mitt **17**, 97.
203 OLG Düsseldorf Urt v 30.03.17 – I-15 U 65/15 *Kommunikationsvorrichtung* m.w.N.
204 BGH Urt v 5.5.2020 – KZR 36/17, GRUR **20**, 961 *FRAND-Einwand*.
205 EuGH GRUR **15**, 764 Rn 59 ff *Huawei Technologies/ZTE*.
206 OLG Düsseldorf Urt v 30.03.17 – I-15 U 65/15 *Kommunikationsvorrichtung* m.w.N. z. Streitstand.
207 GRUR-RR **13**, 196 *LTE-Standard*; s dazu näher 9. A., Rn 130 ff.

Erklärung werden nachstehend (Rdn 101 ff) im Einzelnen erläutert, wobei stets den besonderen rechtlichen und tatsächlichen Umständen des konkreten Falles gebührend Rechnung zu tragen ist.[208] Sie gelten auch dann, wenn eine FRAND-Erklärung erst **nach Standardsetzung** mit Wirkung für die Vergangenheit abgegeben wird.[209] Dass auch der **Einzelrechtsnachfolger** nicht nur den kartellgesetzlichen Pflichten aus Art. 102 AEUV unterliegt, sondern auch (ohne eine entsprechende Schuldübernahme oder einen Schuldbeitritt zu vereinbaren) an die **FRAND-Erklärung des früheren SEP-Inhabers** bzw. Anmelders gebunden sei, ist abzulehnen:[210] Dogmatisch lässt sich kaum überzeugend begründen, weshalb der Einzelrechtsnachfolger an einen durch eine bloß schuldrechtlich wirkende Erklärung seines Rechtsvorgängers gegenüber einer Standardisierungsorganisation geschaffenen **reinen Vertrauenstatbestand** zugunsten Dritter gebunden sein sollte.[211] Die Konstellation ist daher im Ergebnis vergleichbar mit derjenigen beim sog. de facto Standard, wo es von vornherein an einer jedweden FRAND-Erklärung fehlt (s dazu Rdn 92). In jedem Falle ist aber der jeweilige Einzelrechtsnachfolger gut beraten, seinerseits eine FRAND-Erklärung **mit Wirkung ex tunc** abzugeben, um einem drohenden Einschreiten der Kartellbehörde (insbesondere gegen ein sog. »**Patent Privateering**«) zu entgehen. Gibt er selbst eine derartige FRAND-Erklärung ab[212], stellt sich die Rechtsfrage nach der etwaigen Rechtsbindung an die frühere FRAND-Erklärung im Ergebnis nicht.

5.4.1 »Übergangsfälle«

100 Die Vorgaben des EuGH zum Lizenzierungsprocedere sind uneingeschränkt auch auf sog. »**Übergangsfälle**« anzuwenden:[213] Entscheidungen des EuGH zur Auslegung des Unionsrechts (Art. 267a AEUV) wirken grundsätzlich ex tunc, was zur Folge hat, dass die Auslegung des Unionsrechts durch den EuGH von den mitgliedstaatlichen Gerichten auch auf Rechtsverhältnisse anzuwenden ist, die vor Erlass der Vorabentscheidung begründet werden, und es kann von den Mitgliedsstaaten **kein Vertrauensschutz** in die bisherige Rechtslage gewährt werden.[214] Obwohl dem EuGH die »Orange Book«-Rechtsprechung des BGH bekannt war, sind seine Vorgaben zum Procedere ohne jedwede Differenzierung zwischen »Alt- und Neufällen« geblieben. Bei dem Begriff »missbräuchliche Ausnutzung einer beherrschenden Stellung« im Sinne von Art 102

---

208 EuGH EuZW **12**, 540 = GRUR Int **12**, 922 *Post Danmark*; GRUR **15**, 764 Rn 56 *Huawei Technologies/ZTE*.
209 LG Mannheim Urt v 04.03.2016 – 7 O 96/14 = BeckRS **16**, 06 527 *Informationsaufzeichnungsmedium*.
210 BGH Urt. v. 24.11.2020 – KZR 35/17, GRUR **21**, 585 *FRAND-Einwand II*; aA OLG Düsseldorf Urt v 22.03.2019 – 2 U 31/16, BeckRS **19**, 6087 *Improving Handovers*.
211 Dagegen zu Recht mit ausführlicher und überzeugender Begründung LG Mannheim InstGE **11**, 9 (13 f.); Kellenter GRUR **21**, 246; für eine Bindung des Einzelrechtsnachfolgers hingegen Hauck/Kamlah GRUR Int. **16**, 420, 420 f.
212 So etwa die Klägerin im Fall OLG Düsseldorf Urt v 30.03.17 – I-15 U 65/15 *Kommunikationsvorrichtung* m.w.N.
213 OLG Düsseldorf WuW **16**, 442; OLG Karlsruhe Mitt **16**, 321 *Informationsaufzeichnungsmedium*; OLG Düsseldorf Urt v 30.03.17 – I-15 U 65/15 *Kommunikationsvorrichtung*; aA LG Düsseldorf Urt v 31.03.2016 – 4a O 126/14 = BeckRS **16**, 08 040; LG Mannheim Urt v 04.03.2016 – 7 O 96/14 = BeckRS **16**, 06 527 *Informationsaufzeichnungsmedium*.
214 Vgl BVerfG NJW **10**, 3422 Rn 83; BVerfG Beschl v 10.12.2014 – 2 BvR 1549/07 mwN Schulte-Kartei PatG 35.1 Nr 537 *Vorlagepflicht an EuGH*.

AEUV handelt es sich um einen objektiven Begriff,[215] so dass es auch allein auf einen **objektiven Widerspruch** zu dem vom AEUV intendierten Schutz eines unverfälschten Wettbewerbs ankommt und die Feststellung eines Missbrauchs daher **verschuldensunabhängig** ist.[216] S zur davon zu trennenden allgemeinen Frage nach der Zulässigkeit einer Nachholung von **Verfahrensschritten nach Klageerhebung** unten Rdn 105 f., 111, 115 f. und 117 a.E.

5.4.2 Pflicht zum Hinweis auf Patentbenutzung vor Klageerhebung bzw. vor Antrag auf Erlass einer einstweiligen Verfügung[217] trifft den SEP-Inhaber. **Inhalt:** Er muss dem mutmaßlichen[218] Benutzer oder alternativ dessen **Konzernmutter**[219] das **einschlägige SEP** unter Angabe der Veröffentlichungsnummer nennen und auch Angaben dazu machen, in welcher **konkreten Handlung** die Benutzung/Verletzung bestehen soll (Art der Benutzungshandlung; angegriffene Ausführungsform(en)).[220] Expliziter Hinweis auf **Standardessentialität** des Patents[221] oder gar einschlägige **Textstellen im Standard** ist entbehrlich.[222] Die Hinweispflicht trägt dem Umstand Rechnung, dass einschlägige Standards regelmäßig eine überaus große Anzahl an SEPs umfassen und demzufolge nicht sicher davon ausgegangen werden kann, dass der andere Teil sich der Benutzung des SEPs überhaupt bewusst ist.[223] Ratio: Schutz des gutgläubigen Benutzers. Der Hinweis erfordert keine detaillierten (technischen und/oder rechtlichen) Erläuterungen des Verletzungsvorwurfs; der andere Teil muss nur in die Lage versetzt werden, sich selbst (ggf. mit sachverständiger Hilfe und/oder unter Einholung von Rechtsrat) ein Bild von der Berechtigung des ihm unterbreiteten Vorwurfs machen zu können.[224] Die Erläuterung des Benutzungsvorwurfs anhand von claim charts ist ausreichend, jedoch (in diesem Stadium noch) nicht zwingend erforderlich.[225] Eine **Berechtigungsanfrage** ist ausreichend, aber nicht notwendig;[226] der Hinweis muss nicht den Anforderungen an eine **Abmahnung** genügen.[227] Der Benutzer kann dem Hinweis des SEP-Inhabers nicht dadurch die Grundlage entziehen, dass er **nachträg-**

---

215 EuGH GRUR **15**, 764 Rn 45 *Huawei Technologies/ZTE*.
216 Vgl EuGH Slg 1973, S 215 Rn 29.
217 Vgl. OLG Düsseldorf Urt v 30.03.17 – I-15 U 65/15 *Kommunikationsvorrichtung*.
218 Nachfolgend auch kurz: »Benutzer«.
219 BGH Urt v 5.5.2020 – KZR 36/17, GRUR **20**, 961 *FRAND-Einwand*; BGH Urt v 24.11.2020 – KZR 35/17, GRUR **21**, 585 *FRAND-Einwand II*; OLG Düsseldorf Urt v 30.03.17 – I-15 U 65/15 *Kommunikationsvorrichtung*.
220 Vgl EuGH GRUR **15**, 764 Rn 60 f. *Huawei Technologies/ZTE*; BGH Urt v 5.5.2020 – KZR 36/17, GRUR **20**, 961 *FRAND-Einwand*; OLG Düsseldorf Urt v 30.03.17 – I-15 U 65/15 *Kommunikationsvorrichtung*.
221 Offen insoweit OLG Düsseldorf Urt v 30.03.17 – I-15 U 65/15 *Kommunikationsvorrichtung*.
222 Vgl OLG Düsseldorf Urt v 30.03.17 – I-15 U 65/15 *Kommunikationsvorrichtung*; aA LG Mannheim Urt v 17.11.2016 – 7 O 19/16.
223 EuGH GRUR **15**, 764 Rn 62 *Huawei Technologies/ZTE*.
224 Vgl OLG Düsseldorf Urt v 30.03.17 – I-15 U 65/15 *Kommunikationsvorrichtung*; LG Düsseldorf Urt v 31.03.2016 – 4a O 126/14 = BeckRS **16**, 08 040; aA LG Mannheim Urt v 29.01.2016 – 7 O 66/15 = BeckRS **16**, 04 228; LG Mannheim Urt v 17.11.2016 – 7 O 19/16.
225 OLG Düsseldorf Urt v 30.03.17 – I-15 U 65/15 *Kommunikationsvorrichtung*; aA LG Mannheim BeckRS **16**, 108 197.
226 AA Cordes/Gelhausen Mitt **15**, 426, 432.
227 AA wohl LG Mannheim GRUR-Prax **16**, 84 *Stochastisches Rauschen*.

lich die Artikelnummern, **Modellbezeichnungen** pp. der angegriffenen Ausführungsformen **modifiziert**. Ausnahme: zugleich erfolgte **technische Änderungen** im benutzungsrelevanten Kontext.[228] Anzeige durch Dritten kann genügen, wenn SEP-Inhaber sich diese unmissverständlich zu eigen macht.[229]

102 Unter dem Gesichtspunkt einer **bloßen Förmelei** kann ein Hinweis ausnahmsweise entbehrlich sein: Insoweit muss sicher feststehen (z.B. aufgrund einschlägiger Werbeangaben des Verletzers; oder SEP ist »Blue-Chip« des Standards), dass dem anderen Teil die Benutzung ohnehin bekannt war, so dass dessen Berufen auf einen mangelnden förmlichen Hinweis **rechtsmissbräuchlich** erscheint.[230] Nicht notwendig ist hingegen, dass ein Hinweis auf die Patentverletzung mit Sicherheit »erfolglos« geblieben wäre, weil die ratio der Hinweispflicht allein darin besteht, etwaig **gutgläubige** Benutzer des SEPs zu schützen.

103 Der Hinweis hat **vor der gerichtlichen Geltendmachung** von Ansprüchen wegen Verletzung des SEPs zu erfolgen (s zur Folge einer zeitlichen Abweichung Rdn 105 f).[231] Nach dem Sinn und Zweck der Hinweispflicht (s Rdn 101) ist nicht der zivilprozessuale Begriff der **Klageerhebung** (= »Zustellung der Klage«, § 253 (1) ZPO) maßgeblich, sondern die Klage ist in diesem Sinne bereits mit ihrer Einreichung *und* der Zahlung des Kostenvorschusses »erhoben«, weil ab dann jederzeit mit der Zustellung zu rechnen ist.[232] Die Gefahr eines sog. »**Torpedos**« macht den vorprozessualen Verletzungshinweis nicht entbehrlich, da es etablierte prozessuale Gegenstrategien gibt.[233]

104 Ein sog. **anti-suit-injunction-Verfahren** und/oder eine sog. **temporary restraining order** kann einen rechtswidrigen Eingriff in die eigentumsgleichen Rechte des von dem ausländischen Prozessführungsverbot betroffenen SEP-Inhabers darstellen, welcher auf Basis der §§ 1004, 823 BGB per einstweiliger Verfügung gerichtlich verboten werden kann.[234]

105 Eine **Klageerhebung ohne (notwendigen) vorprozessualen Hinweis** auf die Patentbenutzung zieht **keine materielle Präklusion** nach sich:[235] Die (ursprünglich) missbräuchliche Klageerhebung ist von der Frage einer etwaigen Missbräuchlichkeit der **Fortsetzung des Rechtsstreits** zu trennen. Dass das gesamte Procedere (oder Teile davon) nicht innerprozessual nachgeholt werden könnten, lässt sich jedenfalls nicht auf

---

228 Vgl. OLG Düsseldorf Urt v 30.03.17 – I-15 U 65/15 *Kommunikationsvorrichtung*.
229 LG Düsseldorf Urt v 09.11.2018 – 4 a O 15/17, BeckRS **18**, 33825 *Dekodierungsvorrichtung*.
230 Vgl Schlussanträge des Generalanwalts Wathelet v 20.11.2014 Rn 84 in der Sache C-170/13 = BeckRS **14**, 82 403; LG Mannheim GRUR-Prax **16**, 84 *Stochastisches Rauschen*; LG Düsseldorf Urt v 09.11.2018 – 4 a O 15/17, BeckRS **18**, 33825 *Dekodierungsvorrichtung*.
231 EuGH GRUR **15**, 764 Rn 60 f. *Huawei Technologies/ZTE*.
232 LG Düsseldorf Urt v 31.03.2016 – 4a O 126/14 = BeckRS **16**, 08 040; offen insoweit LG Mannheim GRUR-Prax **16**, 84 *Stochastisches Rauschen*.
233 Näher dazu Kühnen Kap E Rn 319.
234 OLG München Urt v 12.12.2019 – 6 U 5042/19, GRUR **20**, 379 *Anti-Suit Injunction*.
235 Vgl OLG Düsseldorf WuW **16**, 442; OLG Karlsruhe Mitt **16**, 321 *Informationsaufzeichnungsmedium*; OLG Karlsruhe Beschl v 08.09.2016 – 6 U 58/16; Kühnen FS 80 J PatentG in Düsseldorf 2016, 311; aA LG Mannheim GRUR-Prax **16**, 535.

eine (vermeintlich) damit verbundene unzumutbare **Drucksituation** für den Benutzer stützen. Anders als für die Kommission[236] scheint nämlich für den EuGH eine Verzerrung des Wettbewerbs nicht schon daraus zu folgen, dass der Benutzer aufgrund des mit einer Klagerhebung verbundenen Drucks sich genötigt fühlen könnte, einen für ihn ungünstigen Lizenzvertrag zu schließen; vielmehr stellt der EuGH maßgeblich darauf ab, dass Klagen auf Unterlassung und Rückruf geeignet sind, es zu verhindern, dass von Wettbewerbern hergestellte Produkte, die dem betreffenden Standard entsprechen, auf den Markt gelangen oder auf dem Markt bleiben.[237] Die auf den Zeitpunkt der Klagerhebung abstellenden Ausführungen des EuGH lassen sich also so verstehen, dass die Klagerhebung ein (erster) Akt ist, der schon für eine konkrete Gefahr für wettbewerbsbeschränkende Folgen auf dem **Lizenzvergabemarkt** sorgt.[238] Auch innerprozessual nachgeholte Maßnahmen sind daher grds geeignet, die besagten Gefahren für den Lizenzvergabemarkt wieder zu beseitigen und eine im Zeitpunkt ihrer Erhebung (noch) missbräuchliche Klage zu »heilen«. Eine Nachholung von Verfahrensschritten im laufenden Prozess zuzulassen, bedeutet schließlich keineswegs eine einseitige Privilegierung des SEP-Inhabers: Wenn nämlich umgekehrt der Beklagte (trotz ordnungsgemäßen Vorgehens des SEP-Inhabers) erstmals während des Prozesses seinen Obliegenheiten nachkommt, wäre es kaum tragbar, diesen gleichwohl zur Unterlassung zu verurteilen. Schon deshalb erscheint eine rein schematische und abschließende Unterteilung der Geschehnisse in die Zeit vor und nach Klagerhebung nicht als taugliches Kriterium für einen angemessenen Ausgleich der widerstreitenden Interessen. Jedenfalls hat ein **redlicher Beklagter** es stets selbst in der Hand, durch Beachtung der ihn treffenden Obliegenheiten im laufenden Prozess dem Unterlassungsbegehren die Grundlage zu entziehen. Das Verletzungsgericht hat seine **Verfahrensleitung** grundsätzlich so zu gestalten, dass das weitere Procedere während des laufenden Prozesses so von statten gehen kann, dass dem Benutzer hinreichend Zeit zur Verfügung steht. Damit einhergehende »Verzögerungen« muss der SEP-Inhaber aufgrund seines vorprozessualen Versäumnisses hinnehmen; keinesfalls darf er in dieser Konstellation eine »überbeschleunigte« Erfüllung der den Beklagten treffenden Obliegenheiten (Lizenzbereitschaftserklärung; FRAND-Gegenangebot; Sicherheitsleistung) während des Prozesses erwarten. Die Gefahr, dass nach der hier vertretenen Lösung SEP-Inhaber dazu animiert werden könnten, die betreffenden Vorgaben des EuGH generell zu ignorieren, wird schon dadurch signifikant begrenzt, dass mit dem Unterlassen eines vorprozessualen Hinweises ein hohes Kostenrisiko einhergeht: Wenn sich mlich der Benutzer den Vorgaben des EuGH gemäß verhält, kann der SEP-Inhaber seiner Kostenlast nicht mittels einer Erledigungserklärung entgehen, weil seine Klage mangels Benutzungshinweises und ausreichender Erwägungsfrist für den Benutzer vor Klagerhebung zumindest ursprünglich unbegründet war. Zudem drohen dem SEP-Inhaber Maßnahmen der Kartellbehörde.

---

236 Vgl dazu Schlussanträge des Generalanwalts Wathelet v 20.11.2014 Rn 102 in der Sache C-170/13 = BeckRS 14, 82 403.
237 EuGH GRUR 15, 764 Rn 73 *Huawei Technologies/ZTE*.
238 Kühnen FS 80 J PatentG in Düsseldorf 2016, 311, 319 f.

106 Eine **prozessuale Präklusion** kommt in Bezug auf den Verletzungshinweis regelmäßig nicht in Betracht: Dieser ist nämlich bei üblicher Gestaltung der Klageschrift in dieser enthalten und dessen (innerprozessuale) Erteilung damit unstreitig. S ferner Rdn 116.

107 SEP-Inhaber hat den Zugang des Hinweises (vor Klagerhebung) oder alternativ die Umstände für dessen Entbehrlichkeit zu **beweisen**.

108 **5.4.3 Bekundung der Lizenzwilligkeit** obliegt dem Benutzer nach Zugang des Hinweises des SEP-Inhabers auf die Benutzung. Ist der Hinweis ausnahmsweise entbehrlich (s oben Rdn 102), findet das Procedere mit dem Zugang der Lizenzierungsbitte des Benutzers erst seinen Anfang. Weil es dem Benutzer untersagt ist, den Abschluss eines Lizenzvertrages mittels einer Verzögerungstaktik hinauszuschieben,[239] muss er **binnen angemessener Frist** reagieren. In aller Regel darf der SEP-Inhaber eine Reaktion spätestens nach zwei Monaten erwarten.[240] Diese Frist sollte gleichwohl nicht starr bestimmt werden[241], sondern es sind die **Umstände des Einzelfalles** (zB kann ein sehr detaillierter Verletzungshinweis des SEP-Inhabers den Prüfungsaufwand des Benutzers verringern) maßgeblich.[242] Ein Zeitablauf von mehr als 5 Monaten ist jedenfalls nicht mehr angemessen.[243]

109 An die Lizenzierungsbitte sind **inhaltlich** keine hohen Anforderungen zu stellen:[244] Es genügt eine formlose und pauschale Erklärung des Lizenzsuchers, in der seine Lizenzwilligkeit eindeutig zum Ausdruck kommt; selbst **schlüssiges Handeln** kann je nach Lage des Einzelfalles ausreichen. Soweit demgegenüber der **BGH**[245] darüber hinausgehend fordert, die Lizenzbitte müsse klar und eindeutig die ernsthafte und vorbehaltlose Bereitschaft zum Ausdruck bringen, eine Lizenz zu FRAND-Bedingungen zu nehmen, wie auch immer die FRAND-Bedingungen aussehen sollten, überzeugt das nicht. Der vom BGH gesehenen Gefahr einer Verzögerungstaktik des Lizenzsuchers kann der SEP-Inhaber ohne weiteres dadurch begegnen, dass er seinerseits nach Ablauf einer angemessenen Frist (s oben) ein FRAND-Angebot unterbreitet und so den Fortgang des Procedere sicherstellt.

110 In diesem Stadium muss der Lizenzsucher insbesondere (noch) keine Ausführungen zum Inhalt der von ihm gewünschten Lizenz machen. Im eigenen Interesse sollte er tunlichst von entsprechenden überobligatorischen Angaben Abstand nehmen, um sich im Falle möglicherweise nicht FRAND-Grundsätzen genügender Angaben nicht unnötig dem Vorwurf einer ernsthaften und endgültigen Weigerung, eine Lizenzver-

---

239 Vgl im Zusammenhang mit dem FRAND-Gegenangebot EuGH GRUR 15, 764 Rn 65 *Huawei Technologies/ZTE*.
240 Vgl OLG Düsseldorf Urt v 30.03.17 – I-15 U 65/15 *Kommunikationsvorrichtung*. OLG Karlsruhe, Urt. v. 30.10.2019 – 6 U 183/16, GRUR 20, 166 *Datenpaketverarbeitung*.
241 AA wohl Cordes/Gelhausen Mitt 15, 426, 432: *generelle* Frist von *einem* Monat.
242 LG Düsseldorf Urt v 31.03.2016 – 4a O 126/14 = BeckRS 16, 08 040.
243 LG Düsseldorf Urt v 31.03.2016 – 4a O 126/14 = BeckRS 16, 08 040; vgl auch LG Mannheim WuW 16, 86 in Bezug auf ein Zuwarten von mehr als drei Monaten.
244 OLG Düsseldorf Urt v 30.03.17 – I-15 U 65/15 *Kommunikationsvorrichtung*.
245 BGH Urt v 5.5.2020 – KZR 36/17, GRUR 20, 961 *FRAND-Einwand*; vertieft in BGH Urt v 24.11.2020 – KZR 35/17, GRUR 21, 585 *FRAND-Einwand II*.

einbarung zu FRAND-Bedingungen abzuschließen, auszusetzen.[246] Eine **lediglich verbal geäußerte Bitte** um eine FRAND-Lizenzierung reicht jedenfalls dann nicht aus, wenn das übrige Verhalten des Erklärenden bei objektiver Betrachtung unmissverständlich Zeugnis davon ablegt, dass es sich bei ihr um ein reines Lippenbekenntnis handelt, das ganz offensichtlich nicht von einem ernstgemeinten Willen zur Lizenznahme getragen wird, sondern dem einzigen Zweck dient, den Patentinhaber hinzuhalten, seine Rechtsverfolgung zu verschleppen und so die das Patent benutzenden Handlungen ungehindert fortzusetzen.[247] Bei einem solchen Vorverhalten ist eine neuerliche Lizenzbitte nur dann beachtlich, wenn sie von Umständen begleitet wird, die eine innere Abkehr des Verletzers von seiner bisherigen Verweigerungshaltung deutlich erkennen lassen. Hierfür kann ein eigenes Lizenzangebot ausreichend sein. Das gilt allerdings dann nicht, wenn der Angebotsinhalt in einem Maße un-FRAND ist, dass mit ihm ersichtlich kein neues Kapitel in den Lizenzbemühungen aufgeschlagen, sondern – im Gegenteil – die bisherige **Hinhalte- und Verzögerungstaktik** fortgesetzt wird.[248] Der **Beweis** des (rechtzeitigen) Zugangs der Lizenzierungsbitte obliegt dem vermeintlichen Benutzer. An die Feststellung eines zwischenzeitlichen **Wegfalls der Lizenzbereitschaft** sind strenge Anforderungen zu stellen, Maßstab: wie § 323 (2) Nr. 1 BGB.[249] Es muss sich um das »letzte Wort« des Benutzers handeln, so dass ein Angebot des SEP-Inhabers a priori zwecklos erscheint. Die Lizenzwilligkeit des Verletzers darf sich indessen grundsätzlich ebenso wenig wie die Lizenzierungsbereitschaft des Patentinhabers in der **einmaligen Bekundung** des Lizenzierungsinteresses oder der Vorlage eines (Gegen-)Angebots erschöpfen. Vielmehr sind beide Parteien gehalten, in jeweils situationsangemessener Weise und in Übereinstimmung mit den Geboten von Treu und Glauben dazu beizutragen, dass ein angemessener Ausgleich der widerstreitenden Interessen in Gestalt eines Lizenzvertrags zu FRAND-Bedingungen ausgehandelt werden kann.[250]

Mangels einer Lizenzbereitschaftserklärung des Nachfragers binnen angemessener Frist hat der SEP-Inhaber keine weiteren Bedingungen zu erfüllen, d.h. zumindest die (zeitnahe)[251] Erhebung der Klage ist dann auch **ohne vorprozessuales FRAND-Lizenzangebot** nicht missbräuchlich.[252] Allerdings kann der angebliche Benutzer entsprechend den oben (Rdn 105 f) erläuterten Grundsätzen die Erklärung seiner Lizenzbereitschaft auch noch während des Prozess **nachholen**; dann ist der SEP-Inhaber gehalten, seinen weiteren kartellrechtlichen Pflichten (scil.: Abgabe eines FRAND-Angebots) nachzukommen, um den mit Zugang der Lizenzierungsbitte des Beklagten wieder virulenten Missbrauchseinwand zu beseitigen. Jedenfalls wenn der innerprozessuale Zugang der Lizenzierungsbitte des Beklagten (was regelmäßig der Fall sein wird)

111

---

246 OLG Düsseldorf Urt v 30.03.17 – I-15 U 65/15 *Kommunikationsvorrichtung*; OLG Düsseldorf Beschl v 17.11.2016 – I-15 U 65/15.
247 OLG Düsseldorf Beschluss vom 14.07.2021 – I-2 U 13/21, GRUR-RS **21**, 27667.
248 OLG Düsseldorf Beschluss vom 14.07.2021 – I-2 U 13/21, GRUR-RS **21**, 27667.
249 OLG Düsseldorf Urt v 30.03.17 – I-15 U 65/15 *Kommunikationsvorrichtung*.
250 Vgl BGH Urt. v. 24.11.2020 – KZR 35/17, GRUR **21**, 585 *FRAND-Einwand II*; LG München I Urt. v. 19.08.2021 – 7 O 15350/19, GRUR-RS **21**, 23157 *Sprachsignalcodierer*.
251 OLG Düsseldorf Urt v 30.03.17 – I-15 U 65/15 *Kommunikationsvorrichtung*.
252 Vgl EuGH GRUR **15**, 764 Rn 63 *Huawei Technologies/ZTE*; OLG Düsseldorf Urt v 30.03.17 – I-15 U 65/15 *Kommunikationsvorrichtung*.

§ 24   Zwangslizenz

unstreitig ist, kommt auch keine **prozessuale Präklusion** in Betracht. Wenn beide Parteien hernach ihre weiteren FRAND-Verpflichtungen während des Prozesses erfüllen, kann der Kläger mittels einer Erledigungserklärung die Kostenlast des Beklagten herbeiführen (weil die Klage ursprünglich zulässig und begründet war). S zur prozessualen Präklusion auch Rdn 106 und Rdn 116. In zeitlicher Hinsicht darf der Beklagte in dieser Situation kein Entgegenkommen des Gerichts beim Fristenregime erwarten, weil vorprozessuales Scheitern der Verhandlungen hier an ihm lag.

112 **5.4.4 Lizenzangebot des SEP-Inhabers** muss nach Lizenzierungsbitte des Benutzers **grundsätzlich vorprozesssual**[253] (vgl. unten Rdn 115 f) erfolgen, um einem möglichen Missbrauchseinwand gegenüber der Klageerhebung die Grundlage entziehen zu können.[254] Wenn der Lizenzsucher vorprozessual in ernsthafte Lizenzverhandlungen eingetreten ist, müssen selbige grundsätzlich vor Klageerhebung erfolglos abgeschlossen sein.[255] Der EuGH sieht den SEP-Inhaber in der **Pflicht zur Abgabe des ersten Angebots**, weil – erstens – er sich in Gestalt seiner FRAND-Zusage freiwillig verpflichtet hat, sein Schutzrecht durch Lizenzvergabe zu verwerten, und weil – zweitens – er (sofern kein Standardlizenzvertrag besteht und keine Lizenzverträge mit anderen Wettbewerbern veröffentlicht sind) besser als der angebliche Benutzer beurteilen kann, ob das Angebot dem Gebot der Gleichbehandlung der Lizenznehmer genügt.[256] Die bloße Bereitstellung eines Standardlizenzvertages zum Download genügt als solche noch nicht für ein Angebot.[257] Adressat des Angebots kann auch die **Konzernmutter** des Benutzers sein.[258]

113 Das Angebot muss **schriftlich** (auch Telefax oder Email genügt[259]) erfolgen[260]. Es bedarf eines in sich geschlossenen **Vertragsentwurfs** mit branchenüblicher **Regelungsdichte**; mehrere gleichzeitig vorliegende Teildokumente, die erkennbar zusammengehören (z.B. aufeinander aufbauen), reichen aus. Es hat folgenden **inhaltlichen Vorgaben** zu entsprechen:[261] Es muss **konkret** in dem Sinne sein, dass die Lizenzgebühr und die einschlägigen Berechnungsparameter (maßgebliche Bezugsgröße; anzuwendender Lizenzsatz; ggf. Abstaffelung) sowie die Art und Weise der Berechnung anzugeben sind; allgemein müssen zu allen Punkten, die üblicherweise Regelungsgegenstand von Lizenzverträgen in der jeweiligen Branche sind, aussagekräftige Bestim-

---

253 S insbesondere den Berichtigungsbeschluss des EuGH in der Sache C-170/13 REC.
254 EuGH GRUR **15**, 764 Rn 63 und Rn 71 *Huawei Technologies/ZTE*.
255 Kühnen Kap E Rn 317.
256 EuGH GRUR **15**, 764 Rn 64 *Huawei Technologies/ZTE* unter Hinweis auf Schlussanträge des Generalanwalts Wathelet v 20.11.2014 Rn 86 in der Sache C-170/13 = BeckRS **14**, 82 403.
257 LG Düsseldorf Urt v 09.11.2018 – 4 a O 15/17, BeckRS **18**, 33825 *Dekodiervorrichtung*.
258 BGH Urt v 5.5.2020 – KZR 36/17, GRUR **20**, 961 FRAND-Einwand; vgl. OLG Düsseldorf Urt v 30.03.17 – I-15 U 65/15 *Kommunikationsvorrichtung*; OLG Karlsruhe, Urt. v. 30.10.2019 – 6 U 183/16, GRUR **20**, 166 *Datenpaketverarbeitung*.
259 Kühnen Kap E Rn 307.
260 *EuGH GRUR* **15**, 764 Rn 63 f und Rn 71 *Huawei Technologies/ZTE*.
261 Vgl OLG Düsseldorf Urt v 30.03.17 – I-15 U 65/15 *Kommunikationsvorrichtung*; LG Düsseldorf Urt v 31.03.2016 – 4a O 126/14 = BeckRS **16**, 08 040; vgl auch LG Mannheim Urt v 29.01.2016 – 7 O 66/15 = BeckRS **16**, 04 228.

mungen vorgesehen werden.²⁶² Vor allem muss der SEP-Inhaber auch die **wesentlichen Gründe** erläutern, aufgrund derer er die von ihm vorgeschlagenen Vergütungsparamater für FRAND hält (»**Berechnungsschlüssel**« z.B. Angaben zu etwaiger Pool-Lizenz; vergleichbaren Standards; Lizenzierungsusancen in (verwandten) Branche(n) etc.).²⁶³ Hat der SEP-Inhaber zuvor bereits Lizenzen an Dritte vergeben, hat er (je nach den Umständen des Einzelfalles mehr oder weniger substantiiert) zu begründen, warum die von ihm vorgesehene Lizenzvergütung gerade vor diesem Hintergrund FRAND sei. Es kann im Prozess die Vorlage geheim gehaltener Unterlagen erforderlich werden, um dem Gericht die Beurteilung der Zumutbarkeit der geforderten Lizenzgebühr bzw. der sonstigen Vertragskonditionen zu ermöglichen. Im Einzelfall kann auch die konkrete Bezugnahme auf einen veröffentlichten **Standard-Lizenzvertrag** genügen. Dieser muss aber nachweislich auch mit dem entsprechenden Inhalt »gelebt« werden, was anhand einschlägiger Lizenzverträge mit Dritten zu belegen ist.²⁶⁴ Jedenfalls auf Verlangen des Angebotsempfängers müssen sämtliche Verträge vorgelegt werden.²⁶⁵ Vorlagepflicht kann sich im Einzelfall auch aus der FRAND-Zusage selbst ergeben.²⁶⁶ S zu Geheimhaltungsinteressen Rdn 68. Der SEP-Inhaber muss zwar die Art und Weise der Berechnung der Lizenzgebühr angeben²⁶⁷, jedoch muss er keine mathematische Herleitung der von ihm verlangten Lizenzgebühren vorlegen; dies gilt bereits deshalb, weil regelmäßig eine **Bandbreite von Werten** fair, angemessen und nichtdiskriminierend ist.²⁶⁸ Da der SEP-Inhaber nach EuGH ein **konkretes FRAND**-Angebot schuldet, genügt es seinen Pflichten nicht dadurch, dass er für den Fall der Unbilligkeit seines Angebots dem Gericht nach § 315 BGB die Bestimmung überlässt; eine Bestimmung nach § 315 BGB durch das Gericht setzt vielmehr voraus, dass Angebot und Gegenangebot jeweils FRAND sind (vgl. näher unten Rdn 114, 118).²⁶⁹ Zugang des Lizenzangebots gehört zur **Beweislast** des SEP-Inhabers.

Das Lizenzangebot des SEP-Inhabers ist im Verletzungsprozess nicht etwa einer bloß **summarischen** Prüfung daraufhin zu unterziehen, ob es sich um ein (alle essentialia negotii enthaltendes) annahmefähiges und nicht **evident** FRAND-widriges Angebot handelt (»negative Evidenzkontrolle«), sondern es bedarf der **abschließenden tatrichterlichen Feststellung** (s zum maßgeblichen Beweismaß unten Rdn 118, 125), dass das

114

---

262 OLG Düsseldorf Urt v 30.03.17 – I-15 U 65/15 *Kommunikationsvorrichtung*; OLG Karlsruhe, Urt. v. 30.10.2019 – 6 U 183/16, GRUR 20, 166 *Datenpaketverarbeitung*.
263 OLG Düsseldorf Beschl v 17.11.2016 – 15 U 65/15; Hauck/Kamlah GRUR Int **16**, 420, 424; aA wohl LG Mannheim WuW **16**, 86 *Stochastisches Rauschen*.
264 Vgl. OLG Düsseldorf Beschl v 17.11.2016 – I-15 U 65/15.
265 Vgl OLG Düsseldorf Beschl v 15.11.2019 – I-2 W 16/19, dort auch zur Frage einer Vorlageanordnung gem. § 142 ZPO; LG Düsseldorf Urt v 09.11.2018 – 4a O 15/17, BeckRS 18, 33875 *Dekodierungsvorrichtung*.
266 OLG Karlsruhe, Urt. v. 30.10.2019 – 6 U 183/16, GRUR 20, 166 *Datenpaketverarbeitung*.
267 EuGH GRUR **15**, 764 Rn 63 *Huawei Technologies/ZTE*
268 LG Düsseldorf Urt v 31.03.2016 – 4a O 126/14 = BeckRS **16**, 08 040.
269 AA OLG Karlsruhe Beschl v 12.2.2021 – 6 U 130/20, GRUR-Prax 2021, 315 *Wurzelsequenzordnung*; LG Düsseldorf Urt v 31.3.2016 – 4a O 126/14 = BeckRS **16**, 08 040; offen gelassen von OLG Karlsruhe Mitt **16**, 321.

betreffende **Angebot FRAND** ist.[270] Das durch den EuGH vorgegebene System knüpft die Pflichten des vermeintlichen Benutzers an die zwingende Voraussetzung, dass der Patentinhaber zuvor seine Pflichten erfüllt, also (bei erklärter Lizenzbereitschaft des Benutzers) zuerst ein Lizenzangebot zu FRAND-Bedingungen unterbreitet hat. Der EuGH sieht für den vorzunehmenden Interessensausgleich ein austariertes Procedere vor und billigt im Rahmen dessen dem marktbeherrschenden Inhaber eines standardessentiellen Patents nur insoweit ein schützenswertes Interesse zu, als dieser – nach Verletzungshinweis und Lizenzwilligkeitsbekundung des Benutzers – entsprechend seiner gegenüber der Standardisierungsorganisation abgegebenen Verpflichtungserklärung ein Lizenzangebot zu FRAND-Bedingungen unterbreitet. Nur ein Angebot, das tatsächlich faire, vernünftige und nicht diskriminierende Bedingungen enthält, kann den Missbrauch der marktbeherrschenden Stellung durch Klageerhebung vermeiden. Es handelt sich insoweit keineswegs[271] um ein allein auf den **Wortlaut**[272] der EuGH-Entscheidung gegründetes Verständnis. Vielmehr wird damit der **vorgelagerten Überlegung** des EuGH Rechnung getragen, weshalb gerade der SEP-Inhaber das erste Angebot abgeben muss (s näher oben Rdn 112) – müsste er insoweit bloß irgendein formales, nicht evident FRAND-Anforderungen widersprechendes Angebot unterbreiten, wäre diese Prämisse ihrer Sinnhaftigkeit beraubt. Das hier befürwortete Erfordernis einer abschließenden Prüfung der FRAND-Qualität durch das Verletzungsgericht stellt sicher, dass die Parteien zu Angeboten veranlasst werden, die nicht bloß formal, sondern auch in wirtschaftlicher Hinsicht annahmefähig sind.[273] Dadurch werden die notwendigen Anreize für zielstrebige Lizenzverhandlungen gesetzt. Da das Verletzungsgericht zu einer »Schätzung« befugt ist (§ 287 Abs 2 ZPO; s unten Rdn 118, 125), wird ihm damit auch nichts »Unmögliches« abverlangt.[274] Eine von einem FRAND-Lizenzangebot unabhängige Obliegenheit des Benutzers, ein (FRAND-)Gegenangebot zu unterbreiten, lässt sich auch nicht mit der Überlegung rechtfertigen, dass Letzterer seine Lizenzbereitschaft dokumentieren müsse: Denn diese hat der Benutzer bereits zuvor mit der dem Lizenzangebot des SEP-Inhabers vorausgehenden Lizenzierungsbitte zum Ausdruck gebracht – solange der SEP-Inhaber darauf nicht mit einem FRAND-Lizenzangebot reagiert, muss der Benutzer seine Lizenzbereitschaft nicht permanent aufs Neue unter Beweis stellen. Die Durchsetzbarkeit des Unterlassungsanspruchs hängt nach alledem davon ab, dass der SEP-Inhaber den Benutzer durch Abgabe eines »echten« FRAND-Angebots **analog §§ 294 f, 298**

---

270 Streitig, wie hier: OLG Düsseldorf Mitt **16**, 85; OLG Karlsruhe Mitt **16**, 321 *Informationsaufzeichnungsmedium*; OLG Karlsruhe GRUR-Prax **16**, 448; OLG Karlsruhe Beschl v 08.09.2016 – 6 U 55/16; OLG Düsseldorf Urt v 30.03.17 – I-15 U 65/15 *Kommunikationsvorrichtung*; vgl Kühnen Kap E Rn 307; Kühnen in FS 80 J PatentG in Düsseldorf 2016, 311 Fn 12; aA LG Düsseldorf WuW **16**, 93; LG Mannheim WuW **16**, 86; LG Mannheim Urt v 04.03.2016 – 7 O 24/14; LG Mannheim Urt v 17.11.2016 – 7 O 19/16; Müller/Henke Mitt **16**, 62, 64 f.
271 Entgegen LG Mannheim Urt v 04.03.2016 – 7 O 96/14 = BeckRS **16**, 06 527 *Informationsaufzeichnungsmedium*.
272 S insbesondere folgende Passagen der Entscheidung EuGH GRUR **15**, 764 *Huawei Technologies/ZTE*: Leitsatz 1 (»*zu diesen Bedingungen*«); Rn 63 (»*zu FRAND-Bedingungen*«); Rn 64 (»*ein solches Angebot*«); Rn 71 (»*zu diesen Bedingungen*«).
273 OLG Karlsruhe Beschl v 08.09.2016 – 6 U 58/16.
274 So jedoch LG Mannheim Urt v 04.03.2016 – 7 O 24/14.

BGB in **Annahmeverzug** setzt. Daher darf die Frage, ob dem Lizenzangebot des SEP-Inhabers abschließend das Prädikat »FRAND« zugutekommt, nicht unter Hinweis darauf offen bleiben, dass jedenfalls der Benutzer kein (FRAND-)Gegenangebot unterbreitet habe. Mit dem Argument, der Benutzer sei an einer (Dritten gewährten) Pauschallizenz nicht interessiert gewesen, kann der SEP-Inhaber nur durchdringen, wenn er dem Benutzer ein entsprechend konkretes Angebot gemacht hat. Mit dem Unterlassen eines eigenen FRAND-Gegenangebots geht der Benutzer freilich das Risiko ein, dass das Verletzungsgericht dem Angebot des SEP-Inhabers entgegen der eigenen Bewertung des Benutzers die FRAND-Qualität attestieren wird. Prüfungsmaßstab für die Frage der Diskriminierung und Ausbeutung ist das **Angebot in seiner Gesamtheit**, d.h. einzelne **(unwirksame) Klauseln** machen selbiges nicht notwendig bereits NON-FRAND; es besteht ein **weiter Beurteilungsspielraum** des Gerichts.[275]

Gemäß den oben (Rdn 105) bereits erläuterten, hier entsprechend geltenden Grundsätzen ist der SEP-Inhaber aufgrund seiner vorprozessualen Versäumnisse mit einem nach Klageerhebung erfolgten FRAND-Angebot **nicht materiell-rechtlich präkludiert**. Er kann ein solches Angebot während des Prozesses also »nachschieben« bzw. ein vorprozessual erfolgtes Angebot, das nach Ansicht des Gerichts nicht FRAND ist, noch »nachbessern«.[276]

Auch eine **prozessuale Präklusion** (§§ 296 f, 530 ff ZPO) scheidet regelmäßig aus:[277] Denn die **Schaffung materiell-rechtlicher Voraussetzungen** (erst) während eines laufenden Verfahrens und deren Einführung in den Prozessstoff ist **kein »Angriffs- oder Verteidigungsmittel«** iSd §§ 296 f; 530 ff. ZPO:[278] Weil die Zurückweisung des während des Prozesses erfolgten FRAND-Angebots des SEP-Inhabers als verspätet bloß zur Abweisung seiner Klage als derzeit unbegründet führen würde (s oben Rdn 51) und der SEP-Inhaber folglich nicht gehindert wäre, (sogleich) eine neue, auf ein Angebot mit gleichem Inhalt gestützte Klage zu erheben, würde die Bejahung einer prozessualen Präklusion deren eigentlichem Zweck (Förderung der abschließenden Klärung der Parteistreitigkeiten in angemessener Zeit) letztlich zuwiderlaufen.[279] Vorstehendes gilt grundsätzlich auch für die dem Lizenzangebot zugrunde liegenden **(streitigen) Tatsachen** (zB erstmalige Vorlage einschlägiger Lizenzverträge mit Dritten).[280]

5.4.5 FRAND-Gegenangebot des Benutzers muss **(nur dann)** erfolgen, wenn er das zwingend erforderliche (s oben Rdn 114) *FRAND*-Lizenzangebot des SEP-Inhabers nicht akzeptieren möchte; dem Benutzer obliegt es, »*mit Sorgfalt, gemäß den in dem Bereich anerkannten geschäftlichen Gepflogenheiten und nach Treu und Glauben zu*

---

275 OLG Düsseldorf Urt v 30.03.17 – I-15 U 65/15 *Kommunikationsvorrichtung.*
276 Vgl. OLG Düsseldorf Urt v 30.03.17 – I-15 U 65/15 *Kommunikationsvorrichtung*; vgl OLG Karlsruhe, Urt. v. 30.10.2019 – 6 U 183/16, GRUR **20**, 166 *Datenpaketverarbeitung*: nur wenn zugleich Antrag nach § 251 ZPO zugestimmt werde (*insoweit* abzulehnen); aA LG Mannheim GRUR-Prax **16**, 535.
277 Enger Kühnen Kap E Rn 350 ff.
278 Jeweils im Zshg mit der Vorlage einer neuen Schlussrechnung: BGH NJW-RR **05**, 1687; BGH Beschl v 19.05.2011 – VII ZR 166/09. S auch BeckOK ZPO/Bacher, 21. Ed., § 296 Rn 16 mwN z Streitstand.
279 Vgl BGH NJW-RR **05**, 1687 (zur Vorlage einer Schlussrechnung).
280 Vgl BGH NJW-RR **05**, 1687 (zur Vorlage einer Schlussrechnung).

reagieren, was ... unter anderem impliziert, dass keine Verzögerungstaktik verfolgt wird.«[281] Maßgeblich für die Beurteilung, ob **Verzögerungstaktik** vorliegt, sind die Umstände des Einzelfalles; solange das Verhalten des Benutzers Ausdruck echter Verhandlungsbereitschaft ist, ist ihm (wie umgekehrt auch dem SEP-Inhaber) insbesondere Gelegenheit zu geben, auf entsprechende richterliche Hinweise (§ 139 ZPO) sein Angebot nachzubessern.[282] Das Gegenangebot muss insbesondere seinerseits **FRAND-Kriterien** genügen, was vom Verletzungsgericht wiederum abschließend zu klären ist (vgl oben Rdn 114): Inhaltlich gelten die Anforderungen an das Lizenzangebot des SEP-Inhabers entsprechend; namentlich muss der Lizenzsucher erläutern, warum seiner Ansicht nach das Lizenzangebot des SEP-Inhabers im Gegensatz zum Gegenangebot nicht FRAND sei.[283] Da auch der Lizenzsucher nach EuGH ein **konkretes FRAND-Gegenangebot** abzugeben hat, genügt er seinen Obliegenheiten nicht dadurch, dass er für den Fall der Unbilligkeit seines Gegenangebots die Bestimmung in das billige Ermessen des Gerichts (§ 315 BGB) stellt (vgl. oben Rdn 113).

Der Erfüllung der FRAND-Bedingungen steht es nicht entgegen, dass der Lizenzsucher Angriffe gegen den **Rechtsbestand** des SEP vornimmt/fortsetzt oder sich vorbehält und/oder die Benutzung/Standardessentialität des SEP in Abrede stellt.[284] Der SEP-Inhaber darf den Lizenzvertrag im Falle eines Angriffs des Benutzers auf den Rechtsbestand des SEPs nicht nach Art 5 (1c) VO (EG) Nr 772/2004 **kündigen**, weil ansonsten Angriffe auf den Rechtsbestand eines SEPs faktisch ausgeschlossen wären.[285] Der Lizenzsucher darf sich im Lizenzvertrag auch die **Rückforderung gezahlter Lizenzgebühren** für den Fall vorbehalten, dass sich das SEP als nicht rechtsbeständig erweisen und/oder sich die Nichtbenutzung des SEP herausstellen sollte (vgl auch oben Rdn 79 zum SEP ohne FRAND-Erklärung).[286] Denn im Gegensatz zu einem »freien« Lizenznehmer steht ihm keine (marktgängige) Benutzungsalternative zur Verfügung. Der Vertragsschluss als solcher muss jedoch **unbedingt** erfolgen.[287] Zur Frage der Präklusion gilt Rdn 115 f entsprechend.

118   **5.4.6 Mögliche Resultate des Lizenzierungsprocedere und ihre Rechtsfolgen** für Unterlassung, Vernichtung und Rückruf (zu Schadensersatz und Auskunft/Rechnungslegung s unten Rdn 131) sind (vgl z maßgeblichen Zeitpunkt oben Rdn 115):

(a) **Lizenzangebot** des SEP-Inhabers ist **nicht FRAND**: Seine Klage ist dann (unabhängig von der Qualität eines etwaigen Gegenangebots des Nachfragers) missbräuchlich und daher (als derzeit unbegründet) abzuweisen.[288]

(b) **Weder** Lizenzangebot des SEP-Inhabers **noch** Gegenangebot sind FRAND: Auch dann ist die Klage (als derzeit unbegründet) abzuweisen, weil der SEP-Inhaber

---

281   EuGH GRUR **15**, 764 Rn 65 f. *Huawei Technologies/ZTE*.
282   Vgl Kühnen Kap E Rn 300–302.
283   Kühnen Kap E Rn 320.
284   Vgl EuGH GRUR **15**, 764 Rn 69 *Huawei Technologies/ZTE*.
285   S auch Art 5 (1b) VO (EU) Nr 316/2014, wonach entspr Kündigungsvorbehalt im Falle nichtexklusiver Lizenz unzulässig ist.
286   AA LG Düsseldorf Urt v 31.03.2016 – 4a O 73/14 *Pitch-Analysevorrichtung*; Kühnen Kap E Rn 323: Lizenzsucher sei auf Möglichkeit einer Nullauskunft beschränkt.
287   LG Düsseldorf Urt v 31.03.2016 – 4a O 73/14 *Pitch-Analysevorrichtung*.
288   EuGH GRUR **15**, 764 Rn 63 f. und Rn 71 *Huawei Technologies/ZTE*; OLG Düsseldorf Urt v 30.03.17 – I-15 U 65/15 *Kommunikationsvorrichtung*.

nach den Vorgaben des EuGH »vorleistungspflichtig« ist (s näher oben Rdn 112, 114).

(c) **Lizenzangebot** des SEP-Inhabers ist **FRAND, Gegenangebot** ist **nicht FRAND**: Benutzer ist zu verurteilen, weil er sich nicht mit Erfolg auf einen Missbrauchseinwand berufen kann.[289]

(d) Lizenzangebot und Gegenangebot sind **beide FRAND**: Aus dem Umstand, dass dem Lizenzsucher nach der Lösung des EuGH trotz eines FRAND-Angebots des SEP-Inhabers überhaupt die Möglichkeit eingeräumt wird, seinerseits ein FRAND-Gegenangebot zu unterbreiten,[290] ist zu folgern: Angesichts einer denkbaren **Bandbreite** von FRAND-(Gegen-)Angeboten ist ein FRAND-Angebot durch den SEP-Inhaber (vorbehaltlich der Reaktion des Benutzers auf selbiges) jdf nach (der die nationalen Gerichte bindenden) Auffassung des EuGH noch keine hinreichende Bedingung für die Durchsetzbarkeit des Unterlassungsanspruchs; ansonsten wäre die Etablierung der Obliegenheit/Möglichkeit eines FRAND-Gegenangebots sinnlos.[291] Der EuGH geht offenbar davon aus, dass trotz vorliegenden FRAND-Angebots des SEP-Inhabers ein FRAND-Gegenangebot dem Unterlassungsbegehren (vorerst) die Durchsetzbarkeit entzieht und der SEP-Inhaber den Unterlassungsanspruch nicht für die Durchsetzung **maximaler** FRAND-Gebühren instrumentalisieren darf; umgekehrt darf der Benutzer den kartellrechtlichen Zwangslizenzeinwand nicht für die Durchsetzung minimaler FRAND-Gebühren missbrauchen. Vielmehr müssen beide Parteien um einen angemessenen Ausgleich der widerstreitenden Interessen bemüht sein und den Abschluss eines Lizenzvertrages zielstrebig durch gegenseitiges Nachgeben fördern. Nach dem EuGH **können** die Parteien in einer derartigen Konstellation (»Patt-Situation«) einvernehmlich einen Dritten (Schiedsgericht, Mediator pp) bestimmen, der die angemessenen Lizenzbedingungen verbindlich festlegen soll.[292] Aus dieser Option auf **freiwilliger** Basis ist jedoch kein entsprechender Zwang mit der Folge abzuleiten, dass eine Partei, die sich dieser Möglichkeit ohne stichhaltigen Grund widersetzt, allein deshalb wegen eines daraus folgenden »Boykotts« der Lizenzverhandlungen im Prozess unterliegen müsse.[293] Solches erscheint nicht mit dem verfassungsrechtlich geschützten **Justizgewährungsanspruch**[294] kompatibel, welcher (soweit auch nur eine Partei es wünscht) u.a. eine umfassende tatsächliche und rechtliche Prüfung eines Streitgegenstandes sowie eine verbindliche Entscheidung durch die staatlichen Gerichte garantiert. Das Verletzungsgericht selbst ist in einer solchen (nicht aber, wenn keine Partei ein FRAND-(Gegen-)Angebot abgegeben hat, s. oben) Situation gehalten, den Parteien einen **vermittelnden Vorschlag** zu unterbreiten und ihnen **Gelegenheit zur Nachbesserung** zu geben. Dies sollte in Anbetracht des Umstandes, dass in dieser (ohnehin wohl seltenen) Konstellation Angebot und Gegenangebot innerhalb der FRAND-Bandbreite liegen – und daher naturgemäß nicht allzu weit auseinander klaf-

---

289 Vgl EuGH GRUR **15**, 764 Rn 66 *Huawei Technologies/ZTE*.
290 EuGH GRUR **15**, 764 Rn 66 *Huawei Technologies/ZTE*: Im Kontext der Rn 63 ff kann diese Passage sinnvoll nur so verstanden werden, dass dem Benutzer zuvor ein *FRAND*-Angebot unterbreitet wurde, vgl auch oben Rdn 114.
291 Offen gelassen von LG Düsseldorf Urt v 31.03.2016 – 4a O 73/14 *Pitch-Analysevorrichtung*.
292 EuGH GRUR **15**, 764 Rn 68 *Huawei Technologies/ZTE*.
293 AA Kühnen Kap E Rn 331.
294 S statt aller Musielak/Voit, ZPO, 13. A., 2016, Einleitung Rn 6–8 mwN.

fen können – regelmäßig in angemessener Zeit möglich sein. Das Gericht ist zu einer **freien Schätzung** befugt (§ 287 (2) ZPO). Diejenige Partei, welche sich alsdann ohne stichhaltigen Grund dem vermittelnden Vorschlag widersetzt, unterliegt im Verletzungsprozess. Der SEP-Inhaber ist vor Verschlechterungen der wirtschaftlichen Leistungsfähigkeit des Benutzers geschützt, weil selbiger bereits ab Ablehnung seines Gegenangebots zu einer umfassenden Sicherheitsleistung verpflichtet ist (s unten Rdn 119). In der beschriebenen »Patt-Situation« muss sich die **Sicherheitsleistung** an dem (höheren) FRAND-Angebot des SEP-Inhabers orientieren. SEP-Inhaber kann den Benutzer außerhalb des Verletzungsprozesses auf **Freigabe** der gesamten hinterlegten Summe in Anspruch nehmen (vgl oben Rdn 85). Kommt der Benutzer seiner (fortlaufenden, s unten Rdn 119) Pflicht zur Auskunft/Sicherheitsleistung nicht (ordnungsgemäß) nach, lebt der Unterlassungsanspruch wieder auf. Ob das vorstehend zur Bandbreite (»Korridor«) von FRAND-Gebühren Ausgeführte ohne weiteres auch für **Vertragskonditionen im Übrigen** gilt, erscheint fraglich. Jedenfalls dürfte grds. der SEP-Inhaber, der einen FRAND-gemäßen Vorschlag unterbreitet hat, nicht verpflichtet sein, jedem einzelnen Benutzer gerade auf dessen spezielle Situation zugeschnittene Vertragsbedingungen zu gewähren. Maßstab ist insoweit, ob das Nichteingehen auf Änderungswünsche **ausbeuterisch** ist.

119 **5.4.7 Sicherheitsleistung des Benutzers** ist nach EuGH »*ab dem Zeitpunkt, zu dem sein FRAND-Gegenangebot abgelehnt wurde*« (etwa durch Hinterlegung oder Bankgarantie) zu erbringen.[295] Die Sicherheitsleistung hat (auch) in der **Vergangenheit** liegende Benutzungshandlungen abzudecken.[296] Die Wendung »*ab dem Zeitpunkt...*« ist als Regelung der **Fälligkeit** der (auch vergangenheitsbezogenen) Sicherheitsleistung zu verstehen.[297] Benutzer ist **auskunftspflichtig** über den Umfang seiner Benutzungshandlungen.[298] Dieser Auskunftspflicht hat er zeitnah nachzukommen, andernfalls die Grundlage für seinen Missbrauchseinwand entfällt.[299] Entsprechendes gilt für die Sicherheitsleistung selbst, wobei zu berücksichtigen ist, dass der Benutzer nicht vor Ablehnung seines Gegenangebots entsprechende Vorkehrungen treffen muss.[300] Die Höhe der Sicherheitsleistung ist vom Gericht anhand der erteilten Auskunft sowie anhand der vorliegenden FRAND-(Gegen-)Angebote zu **schätzen** (s auch unten Rdn 126).[301] Grundsätzlich muss wegen der Maßgeblichkeit des Sachstandes am Schluss der letzten mündlichen Tatsachenverhandlung auch die Sicherheitsleistung noch im laufenden Verfahren nachgeholt werden; eine abweichende Handhabung im Vergleich zu den übrigen Obliegenheiten/Pflichten der Parteien ist nicht veranlasst (vgl allgemein dazu oben Rdn 105 f, 111 f).[302] **Nach Schluss der mündlichen Verhandlung** gilt § 156a ZPO; eine Wiedereröffnung der mündlichen Verhandlung wegen

---

295 EuGH GRUR **15**, 764 Rn 67 *Huawei Technologies/ZTE*.
296 OLG Düsseldorf Beschl v 17.11.2016 – I-15 U 65/15.
297 Vgl auch LG Mannheim GRUR-Prax **16**, 84 *Stochastisches Rauschen*; vgl Düsseldorf GRUR-Prax **16**, 58 *Kommunikationsvorrichtung*.
298 Vgl EuGH GRUR **15**, 764 Rn 67 *Huawei Technologies/ZTE*.
299 Kühnen Kap E Rn 367.
300 AA LG Düsseldorf GRUR-Prax **16**, 58 *Kommunikationsvorrichtung*.
301 Kühnen Kap E Rn 365.
302 AA LG Düsseldorf GRUR-Prax **16**, 58 *Kommunikationsvorrichtung*.

zwischenzeitlich erfolgter Sicherheitsleistung ist regelmäßig nicht geboten. Die Auskunft muss regelmäßig (zB quartalsweise) ergänzt und die Sicherheit dementsprechend **erhöht** werden. Dem Benutzer obliegt der **Beweis** der (regelmäßigen) Auskunftserteilung und Sicherheitsleistung. Eine einmal entstandene Obliegenheit zur Sicherheitsleistung entfällt nicht aufgrund einer späteren **Einstellung der Benutzungshandlungen**.[303]

5.4.8 Beendigung des FRAND-Lizenzvertrages (zB infolge Kündigung, Anfechtung) eröffnet dem SEP-Inhaber die Möglichkeit zur (erneuten) Unterlassungsklage. Da der freiwillige Abschluss eines (wenn auch inzwischen beendeten) Lizenzvertrages die FRAND-Qualität der seinerzeitigen Vereinbarungen **indiziert**, kann der Benutzer mangelnde FRAND-Bedingungen nur mittels Darlegung/Beweises **erheblicher Gründe** für seinen Sinneswandel erfolgreich einwenden (zB arglistige Täuschung etc).[304]

5.5 Kriterien für die Bestimmung der FRAND-Bedingungen

5.5.1 Lizenzpflichtige Patente können grundsätzlich dem gesamten Vorrat des SEP-Inhabers an – ggf auch völlig unterschiedliche Techniken schützenden – Patenten entspringen. Er kann also grundsätzlich eine entsprechende **Portfolio-Lizenz** anbieten und ist nicht etwa generell zum Angebot einer **Einzellizenz** am konkret streitgegenständlichen SEP verpflichtet.[305] Andererseits muss sich der Benutzer eines SEP nicht mit jedem **beliebigen Paket** an Patenten abfinden. Für die Beurteilung, welche Zusammenstellungen im Einzelfall angemessen sind, kann auf folgende Leitlinien zurückgegriffen werden (vgl auch oben Rdn 84):[306]

Die in erster Linie maßgebliche (und im Streitfalle vom SEP-Inhaber zu beweisende) Erteilung einer gewissen Anzahl von **Lizenzen für ähnliche Produkte** indiziert die sachliche Berechtigung des betreffenden Schutzrechtspakets. Im Falle der Branchenüblichkeit (zB im Elektronik- und Mobilfunkbereich) **konzern- und weltweiter Lizenzverträge** steht ein entsprechendes Angebot der Erfüllung der FRAND-Erfordernisse nicht entgegen, *wenn* **(a)** in den wesentlichen Ländern parallele Patente existieren und **(b)** gesichert ist, dass nur solche Produkte lizenzpflichtig sind, die in einem Land mit Patentschutz benutzt werden.[307] Existiert noch keine repräsentative Lizenzierungspraxis des konkreten SEP-Inhabers, ist auf die **Üblichkeit** (zB Lizenzverträge mit Bezug zu betreffend vergleichbaren Standards) auf dem betreffenden technischen Terrain abzustellen. Stehen nur Verträge zur Verfügung, die **unter Marktbeherrschung** zustande gekommen sind, sind ggf. **Abschläge** bei der Lizenzgebühr vorzunehmen.

---

303 LG Mannheim Urt v 04.03.2016 – 7 O 96/14 = BeckRS 16, 06 527 *Informationsaufzeichnungsmedium*.
304 Kühnen Kap E Rn 333.
305 LG Düsseldorf GRUR-Prax 16, 58 *Kommunikationsvorrichtung*; LG Mannheim GRUR-Prax 16, 84 *Stochastisches Rauschen*.
306 Kühnen Kap E Rn 381 ff.
307 Vgl. OLG Düsseldorf Beschl v 17.11.2016 – I-15 U 65/15. LG Düsseldorf Urt v 31.03.2016 – 4a O 73/14 *Pitch-Analysevorrichtung*; vgl LG Mannheim Urt v 04.03.2016 – 7 O 96/14 – BeckRS 16, 06 527 *Informationsaufzeichnungsmedium*; vgl auch Hauck/Kamlah GRUR Int 16, 420, 423 ff.

Umgekehrt sind im Vergleich zu Kreuzlizenzen ggf. **Erhöhungen** der Gebühr angemessen. S auch Rdn 128.

123 Lassen sich auch dazu keine tatrichterlichen Feststellungen treffen, so gilt **hilfsweise**: Der Lizenzsucher muss sich auf eine Portfolio-Lizenz aller von ihm **benutzten** SEPS, die der andere Teil innehat und die eine Marktbeherrschung begründen, einlassen. Weitere SEPs des Klägers oder gar Nicht-SEPS müssen bloß dann auf Verlangen des Lizenzsuchers in die Portfolio-Lizenz integriert werden, wenn dem keine **berechtigten Belange** des SEP-Inhabers entgegen stehen. Auf eine Integration **nicht benutzter** Patente des betreffenden Standards oder auf SEPS anderer Standards besteht kein Anspruch.

124 Solange der Erteilungsakt in Bezug auf ein zum Portfolio gehörendes Patent von Bestand ist, sind Bedenken gegen die **Schutzfähigkeit** unerheblich. Umgekehrt lässt bereits der erstinstanzliche Widerruf der Patenterteilung oder die erstinstanzliche Vernichtung des Patents die Lizenzierungspflicht für dieses Patent (vorläufig) entfallen. Beide Parteien müssen jedoch ggf. eine **Anpassungsklausel** (in beide Richtungen) im Lizenzvertrag akzeptieren, nach der eine Preiskorrektur der Lizenzgebührenhöhe für das Portfolio zu erfolgen hat, wenn sich später rechtskräftige Veränderungen in Bezug auf die Rechtsbeständigkeit ergeben sollten und sich dadurch die ursprünglich vereinbarte Lizenzgebühr als spürbar unangemessen erweist.[308] Abweichendes kann sich im Einzelfall ergeben, wenn entsprechende Klauseln nicht branchenüblich sind oder durch andere vertragliche Vereinbarungen (z.B. »Einpreisung« in Lizenzgebühr) gesichert ist, dass sich keine **spürbaren Änderungen** ergeben können.

125 **5.5.2 Benutzung der zum Portfolio gehörenden Patente** muss nicht iSv § 286 ZPO feststehen. Eine Glaubhaftmachung iSv § 294 ZPO ist im Hauptsacheverfahren allerdings nicht statthaft, insbesondere scheidet ein Beleg der Benutzung mittels eidesstattlicher Versicherung(en) aus. Jedoch ist das **Beweismaß** dahingehend reduziert, dass die Benutzung in Bezug auf das/die konkreten Patent(e) bloß **überwiegend wahrscheinlich** sein muss (§ 287 (2) ZPO).[309] Die überwiegende Wahrscheinlichkeit der Benutzung eines deutschen Lizenzschutzrechts macht grds. auch die Benutzung **paralleler Auslandslizenzpatente** überwiegend wahrscheinlich; der Lizenzsucher muss konkret darlegen, weshalb im Ausland anderer Schutzumfang besteht und erläutern, dass vor diesem Hintergrund in spürbarem Umfang eine Nichtbenutzung vorliegt.[310] Die Vortragslast der Parteien ist entsprechend reduziert; eine Substantiierung ist nur insoweit erforderlich, als dem Gericht diejenigen tatsächlichen Umstände zu unterbreiten sind, die ihm die tatrichterliche Feststellung einer überwiegenden Wahrscheinlichkeit erlauben. Sinnvoll und ausreichend ist ein Parteivortrag anhand sog **claim charts**, wie sie

---

308 Vgl. OLG Düsseldorf Beschl v 17.11.2016 – I-15 U 65/15; anders im Einzelfall LG Düsseldorf Urt v 09.11.2018 – 4a O 63/17, BeckRS 18, 38608 *Bewegungsvektor*.
309 Zu Unrecht großzügiger BGH Urt. v. 5.5.2020 – KZR 36/17, GRUR **20**, 961 *FRAND-Einwand*, wonach keine höheren Anforderungen gelten sollen als im Rahmen der Verletzungsanzeige.
310 Vgl. OLG Düsseldorf Beschl v 17.11.2016 – I-15 U 65/15; LG Mannheim Urt v 04.03.2016 – 7 O 97/14.

auch in freien Lizenzverhandlungen über Schutzrechtsportfolios üblich sind.[311] Verweigert der Lizenzsucher diesbezüglich jedwede (technische) Diskussion, gilt die Benutzung aller zum Portfolio gehörender Patente als zugestanden (§ 138 (3) ZPO).[312] Letzteres gilt auch für konzernangehörige **reine Vertriebsunternehmen**.[313] Für eine überwiegende Wahrscheinlichkeit kann insbesondere sprechen, dass kein bloßes **Options-SEP** in Rede steht; im Falle eines Options-SEP können beworbene und/oder festgestellte **marktbedeutsame Gerätefunktionen** die Benutzung indizieren. Der Benutzer kann Benutzungsindizien insbesondere **erschüttern**, indem er darlegt, dass bestimmte Gerätefunktion nicht oder auf andere technische Weise zur Verfügung gestellt wird.[314]

5.5.3 Angemessene Höhe der Lizenzgebühren ist ebenfalls nach § 287 (2) ZPO zu schätzen und zwar grds. auf der Basis des sog sachlichen **Vergleichsmarktkonzepts**[315] (vgl oben Rdn 66):[316]

Existieren bereits ein oder mehrere Lizenzverträge für das fragliche Portfolio bzw. für die wesentlichen zugehörigen Einzelpatente, so soll dies ein Indiz für die Angemessenheit jener Lizenzvereinbarungen einschließlich des relevanten Schutzterritoriums sein. Dies ist zweifelhaft, da die Verträge des SEP-Inhabers regelmäßig nicht beherrschungsfrei zustande gekommen sind (vgl aber auch Rdn 128). Der zur Abgabe des ersten Angebots verpflichtete SEP-Inhaber hat seine betreffende Lizenzierungspraxis aber zumindest unter dem Aspekt des Verbots der Diskriminierung (s oben Rdn 61 ff.) konkret und nachvollziehbar darzulegen; Hinweis, es handele sich um »Standardkonditionen«, genügt nicht.[317] Es besteht **kein Vorrang des Diskriminierungsverbots** vor der Angemessenheitskontrolle, so dass der SEP-Inhaber unangemessene Konditionen nicht etwa unter Hinweis auf bereits erfolgte Ausbeutungen Dritter rechtfertigen kann.[318] Zu beachten ist, dass Lizenzgebühren mit der Aufnahme zusätzlicher Patente in eine Pool-Lizenz nicht proportional, sondern **degressiv** ansteigen.[319] Der SEP-Inhaber hat aufgrund seiner FRAND-Zusage Angaben zu etwaig erfolgten Lizenzierungen

---

311 Vgl. OLG Düsseldorf Beschl v 17.11.2016 – I-15 U 65/15 (»proud list« mit ca. 10 – 15 Patenten des Portfolios deren Auswahl der SEP-Inhaber substantiiert erläutern muss); LG Mannheim Urt v 04.03.2016 – 7 O 23/14.
312 Vgl. LG Mannheim Urt v 04.03.2016 – 7 O 96/14 = BeckRS **16**, 06 527 *Informationsaufzeichnungsmedium*, wonach im Falle großer Portfolios (zunächst) sogar ein stichpunktartiger Vortrag des SEP-Inhabers zu einzelnen Patenten ausreichen soll. Dann muss auch der Benutzer seinerseits nicht in Form von claim charts bestreiten, um den SEP-Inhaber zu konkreterem Vortrag zu zwingen.
313 LG Mannheim Urt v 04.03.2016 – 7 O 96/14 = BeckRS **16**, 06 527 *Informationsaufzeichnungsmedium*.
314 Vgl LG Düsseldorf Urt v 31.03.2016 – 4a O 73/14 *Pitch-Analysevorrichtung*; Kühnen Kap E Rn 336.
315 AA Friedl/Ann GRUR **14**, 948 (Kosten/Nutzen-Ansatz unter Berücksichtigung der Entwicklungskosten).
316 Vgl LG Düsseldorf Urt v 31.03.2016 – 4a O 73/14 *Pitch-Analysevorrichtung*; LG Düsseldorf Urt v 09.11.2018 – 4a O 63/17, BeckRS **18**, 38608 *Bewegungsvektor*; s näher zum Folgenden Kühnen Kap E Rn 403 ff.
317 Hauck/Kamlah GRUR Int **16**, 420, 422 f.
318 Hauck/Kamlah GRUR Int **16**, 420, 422.
319 LG Düsseldorf Urt v 31.03.2016 – 4a O 73/14 *Pitch-Analysevorrichtung*.

zu machen, ggf sind entsprechende Vertragsurkunden (in geschwärzter Fassung) vorzulegen: Geheimhaltungsinteressen entbinden nicht von der betreffenden Erklärungspflicht; möglich ist ein Vorgehen nach § 172 Nr 2 GVG und § 173 Abs 2 GVG oder eine freiwillige, strafbewehrte Geheimhaltungsverpflichtung des Lizenzsuchers (s auch oben Rdn 68).[320] **Prüfungsmaßstab** ist das **Gesamtregelwerk**, so dass es nicht auf eine isolierte Betrachtung einzelner Klauseln ankommt.[321] Zwischen der Einzelregelung besteht eine Wechselbeziehung idS, dass grds. nachteilige Regelungen durch positive andere Regelungen kompensiert sind.

128 Im Rahmen des **sachlichen Vergleichsmarktkonzepts** sind etwaige Lizenzverträge zu (technisch und wirtschaftlich) **vergleichbaren SEPs** heranzuziehen. Auch insoweit ist der SEP-Inhaber erklärungspflichtig, wenn er über verlässliche Informationen zu fremden Lizenzierungen verfügt oder er sich diese mit zumutbarem Aufwand verschaffen kann. Die **Lizenzierungspraxis in der betreffenden Branche** kann Anhaltspunkte für das angemessene Schutzterritorium (nationale, europa- oder weltweite Lizenznahme) geben. Selbst Monopolmärkte können ggf. als Vergleich herangezogen werden, wenn es sich um sog. »**funktionierende Produktmärkte**« handelt, die keine Anzeichen für einen Preis-/Konditionenmissbrauch liefern (Indizien: kontinuierlich sinkende Preise; steigende Anzahl von Wettbewerbern etc). S auch Rdn 122.

129 Ist im Einzelfall auch das sachliche Vergleichsmarktkonzept nicht einschlägig, so kommt es bei der gebotenen abstrakten Lizenzbestimmung vor allem auf den **Nutzen der** mit dem SEP verbundenen **Erfindung** an, wobei in diese Bewertung sämtliche berücksichtigungsfähigen Patente einfließen müssen. In Anbetracht der Vielzahl der in Betracht kommenden Patente ist nur eine **schematisierte Bewertung** vorzunehmen:[322] Der SEP-Inhaber hat insoweit zu folgenden für die Ermittlung der FRAND-Gebühr relevanten Parametern (zunächst nur in der Art von claim charts) vorzutragen: (a) **Gesamtlizenzbetrag** für das Produkt (anhand des Produktpreises des SEP-Inhabers; Ausnahme: für den Markt nicht repräsentativer »Ausreißer«); (b) **marktrelevante** (nicht ausschließlich defensiv gehaltene) Patente; (c) Differenzierung zwischen marktrelevanten Patenten, die entweder **technisch zwingend** sind oder zumindest eine **für den Verkaufserfolg wesentliche Funktionalität** haben (»Gruppe I«), und solchen, die für den Absatz nur **untergeordnete** Bedeutung haben (»Gruppe II«) (d) **Wertverhältnis** der Gruppen I und II; (e) Angabe der in die (falls begehrt) Portfolio-Lizenz gehörenden Patente. Ein detaillierter Vortrag zur Benutzung ist nur erforderlich, wenn der Lizenzsucher diese in erheblicher Weise bestreitet.

130 Zur Frage einer **kumulativen Gesamtbelastungsgrenze** gilt das unter Rdn 67 Ausgeführte entsprechend.

---

320 Vgl BGH GRUR 14, 578 *Umweltengel für Tragetasche*; vgl. OLG Düsseldorf Beschl v 17.11.2016 – I-15 U 65/15; OLG Düsseldorf Beschl v 14.12.2016 – I-2 U 31/16; vgl. auch Hauck/Kamlah GRUR Int 16, 420, 423 mwN.
321 Vgl. OLG Düsseldorf Beschl v 17.11.2016 – I-15 U 65/15; OLG Karlsruhe Beschl v 08.09.2016 – 6 U 58/16.
322 Ausführlich dazu Kühnen Kap E Rn 408 ff m Berechnungs-Beispiel; vgl auch das Modell von Hauck/Kamlah GRUR Int 16, 420, 424 f.

5.6 Auswirkung einer FRAND-Erklärung auf den Schadensersatz- und Rechnungslegungsanspruch besteht (ungeachtet der Ausführungen unter Rdn 52) in Folgendem:[323] FRAND-Erklärung beschränkt den zu leistenden Schadensersatz der **Höhe** nach auf eine **FRAND-Lizenz**, so dass auch die Rechnungslegung bloß solche Daten zu umfassen hat, die für deren Berechnung notwendig sind.[324] Unabhängig davon, dass eine FRAND-Erklärung bloß deklaratorischer Natur ist, begründet sie nämlich gleichwohl einen dahingehenden Vertrauenstatbestand, dass der SEP-Inhaber eigeninitiativ eine FRAND-Lizenz anbieten wird. Vorstehende Maßgaben gelten bis zur Erfüllung der Pflicht des SEP-Inhabers, einen Lizenzvertrag zu FRAND-Bedingungen abzuschließen. Die betreffende Beschränkung der Anspruchshöhe steht unter der **auflösenden Bedingung**, dass auch der andere Teil seinen Obliegenheiten nachkommt bzw. der FRAND-Lizenzvertrag Bestand hat; andernfalls ist »voller« Schadensersatz und folglich auch Rechnungslegung in Bezug auf Kosten/Gewinn geschuldet.[325] Im Feststellungsprozess bedarf es noch keiner Klärung, ob der Schadensersatz auf eine FRAND-Lizenzgebühr beschränkt ist.[326]

131

5.7 Patent Ambush (»Patenthinterhalt«) kennzeichnet den Fall, dass standardessentielle Patente (vorsätzlich) gar nicht oder erst zu einem Zeitpunkt gegenüber der Standardisierungsorganisation offengelegt werden, an dem der Standard bereits eingeführt ist und von der Industrie verwendet wird. Voraussetzung ist zudem, dass der SEP-Inhaber oder dessen Rechtsvorgänger selbst als **Täter oder Teilnehmer** am Patenthinterhalt beteiligt war.[327] Auch in einem solchen Falle haben Lizenzsucher keinen Anspruch auf eine Freilizenz. Der SEP-Inhaber ist nach den Grundsätzen der **Naturalrestitution** lediglich zu einer Lizenzierung gemäß üblichen Bedingungen verpflichtet.[328] **Ausnahme:** Benutzer weist nach, dass anderenfalls eine alternative, patentierte Technik standardisiert worden wäre bzw. es gar nicht erst zu einer Standardisierung gekommen wäre. Beweismaß: § 287 (1) ZPO.[329] Dem Patentinhaber drohen unabhängig davon allerdings Maßnahmen der Kartellbehörde.

132

5.8 Einstweilige Unterlassungsverfügung aus SEP scheidet regelmäßig mangels Erfüllung der Anforderungen an die Dringlichkeit aus.[330]

133

---

323 OLG Düsseldorf Urt v 30.03.17 – I-15 U 65/15 *Kommunikationsvorrichtung*
324 OLG Düsseldorf Urt v 22.03.2019 – 2 U 31/16, BeckRS 19, 6087 *Improving Handovers*; offen gelassen v OLG Karlsruhe GRUR-Prax 16, 448 mwN und OLG Karlsruhe Beschl v 08.09.2016 – 6 U 58/16 (»jedenfalls vertretbar«); aA LG Mannheim Urt v 26.02.2016 – 7 O 38/14.
325 Vgl BGH Urt v 5.5.2020 – KZR 36/17, GRUR 20, 961 *FRAND-Einwand*; vgl OLG Düsseldorf Urt v 30.03.17 – I-15 U 65/15 *Kommunikationsvorrichtung*
326 OLG Düsseldorf Urt v 22.03.2019 – 2 U 31/16, BeckRS 19, 6087 *Improving Handovers*; OLG Karlsruhe, Urt. v. 30.10.2019 – 6 U 183/16, GRUR 20, 166 *Datenpaketverarbeitung*.
327 LG Mannheim Urt v 10.03.2015 – 2 O 103/14 = BeckRS 15, 15 918 *Pitch-Analysevorrichtungen*.
328 Offen gelassen von BGH, Urt. v. 24.11.2020 – KZR 35/17, GRUR 21, 585 *FRAND-Einwand II*; OLG Düsseldorf WuW 16, 442 *Hochfrequenzanteilswiederherstellung*; OLG Düsseldorf Urt v 30.03.17 – I-15 U 65/15 *Kommunikationsvorrichtung*; LG Düsseldorf Urt v 07.06.2011 – 4b O 31/10 = BeckRS 12, 02 784 *digitaler Anschlussleitungstransceiver*.
329 OLG Düsseldorf Urt v 30.03.17 – I-15 U 65/15 *Kommunikationsvorrichtung*
330 Näher OLG Düsseldorf Beschl v 29.06.2017 – I-15 U 41/17, 120339 *Kommunikationsvorrichtung II*; OLG Düsseldorf Hinweisbeschl v 18.07.2017 – 2 U 23/17, BeckRS 17, 118314 *Fehlender Verfügungsgrund bei verspätetem FRAND-Angebot*.

134 5.9 **Aussetzung** nach Art 16 (1) S 2, 3 VO 1/2003 ist (bei entsprechender Vorgreiflichkeit) nur dann geboten, wenn sich im Zeitpunkt des Schlusses der mündlichen Verhandlung im Verletzungsrechtsstreit konkret abzeichnet, dass die Europäische Kommission eine Entscheidung erlassen wird, mit der eine Verurteilung aus dem standardessentiellen Patent nicht in Einklang zu bringen wäre. Das setzt voraus, dass es um »denselben Untersuchungsgegenstand« geht, wofür bloße Gleichheit oder Vergleichbarkeit einer Verhaltensweise mit dem Untersuchungsgegenstand der Kommission nicht ausreicht.[331] Es genügt demnach nicht, dass sich bloß allgemein dieselben kartellrechtlichen Fragen stellen. Wenn dem Verletzungsgericht die (beabsichtigte) Entscheidung der EU-Kommission verfehlt erscheint, kann es den EuGH anrufen (Art 16 (1) S 4 VO 1/2003, Art 267 AEUV).

135 5.10 **Gerichtliche Zuständigkeit** Gemäß § 87 Satz 1, 2 GWB besteht **ausschließliche** sachliche Zuständigkeit der Landgerichte für bürgerliche Streitigkeiten, die Anwendung des GWB betreffen, auch wenn Entscheidung eines (auf anderem Gebiet liegenden) Rechtsstreits ganz oder teilweise von einer nach dem GWB zu treffenden Entscheidung abhängt (Einwände des Beklagten also ggf. zuständigkeitsrelevant!).[332] § 89 (1), (2) GWB enthält eine Konzentrationsermächtigung, von der in fast allen Ländern Gebrauch gemacht worden ist, allerdings idR nicht im Gleichklang mit der Konzentration im Bereich der Patentgerichtsbarkeit;[333]

136 Gemäß § 91 GWB wird bei den Oberlandesgerichten ein **Kartellsenat** (als der allein zuständige Spruchkörper) gebildet, der über die Berufung gegen Endurteile in bürgerlichen Rechtsstreitigkeiten nach § 87 (1) GWB entscheidet; ob angefochtenes Urteil unter § 87 GWB fällt, prüft Kartellsenat eigenständig. Geht die Sache bei einem Patentsenat (= Zivilsenat) ein, so hat dieser vor etwaiger Verweisung an das Kartellgericht eigenständig zu prüfen, ob es auf die kartellrechtliche Vorfrage für die Entscheidung des Rechtsstreits zwingend ankommt; eine etwaig erforderliche Beweisaufnahme obliegt indessen dem Kartellsenat.[334] Hat LG zum Zwangslizenzeinwand (positiv oder negativ) sachlich entschieden, ergibt sich daraus die **Vorgreiflichkeit**, die Kartellsenat idR nicht in Zweifel ziehen wird; hat das Landgericht die Klage mangels Verletzung abgewiesen, hat der Patentsenat die Vorgreiflichkeit der Kartellfrage vor einer Abgabe an den Kartellsenat festzustellen. Vorstehendes gilt entsprechend im Falle einer **Lizenzbereitschaftserklärung** des SEP-Inhabers gegenüber einer Standardisierungsorganisation.[335] Im Falle der Verweisung an den Kartellsenat hat dieser über den gesamten Streitstand zu entscheiden. Es erfolgt keine Gerichtsstandsbestimmung durch BGH

---

331 Verhauwen GRUR 13, 558, 562 mwN.
332 BGH Urt v 29.10.2019, GRUR 20, 213 *Berufungszuständigkeit II*.
333 Das LG Düsseldorf, das LG Mannheim und das LG München I sind sowohl Patentstreit- als auch Kartellgericht: Sind aufgrund des gerichtsinternen Geschäftsverteilungsplans verschiedene Kammern für Patentstreitsachen einerseits und Kartellsachen andererseits zuständig, ist bei einem Zuständigkeitsstreit ein Präsidiumsbeschluss einzuholen. Vgl zur Situation, dass Patentstreitgericht und Kartellgericht nicht identisch sind: Loewenheim/Meessen/Riesenkampff, § 87 Rn 19.
334 OLG Düsseldorf Beschl v 11.10.2018 – 15 U 29/17, NZKart 19, 109 *Kartellrechtliche Vorfrage*.
335 Kühnen Kap E Rn 379.

im Falle eines **negativen Kompetenzkonflikts zwischen Zivil- und Kartellsenat** eines OLG.[336]

Die **Klage auf Abschluss eines** (ggf von dem Standard-Lizenzvertrag des Patentinhabers abweichenden) **Lizenzvertrages** ist im Gerichtsstand der unerlaubten Handlung (Art 7 Nr 2 EuGVVO, Art 5 Nr 3 VO 44/2001, § 32 ZPO) möglich, da kartellrechtswidrige Weigerung deliktisches Verhalten wäre.[337]

137

§ 25 Inlandsvertreter

(1) Wer im Inland weder Wohnsitz, Sitz noch Niederlassung hat, kann an einem in diesem Gesetz geregelten Verfahren vor dem Deutschen Patent- und Markenamt oder dem Patentgericht nur teilnehmen und die Rechte aus einem Patent nur geltend machen, wenn er einen Rechtsanwalt oder Patentanwalt als Vertreter bestellt hat, der zur Vertretung im Verfahren vor dem Deutschen Patent- und Markenamt, dem Patentgericht und in bürgerlichen Rechtsstreitigkeiten, die das Patent betreffen, sowie zur Stellung von Strafanträgen befugt und bevollmächtigt ist.

(2) Der Ort, an dem ein nach Absatz 1 bestellter Vertreter seinen Geschäftsraum hat, gilt im Sinne des § 23 der Zivilprozessordnung als der Ort, an dem sich der Vermögensgegenstand befindet; fehlt ein solcher Geschäftsraum, so ist der Ort maßgebend, an dem der Vertreter im Inland seinen Wohnsitz, und in Ermangelung eines solchen der Ort, an dem das Deutsche Patent- und Markenamt seinen Sitz hat.

(3) Die rechtsgeschäftliche Beendigung der Bestellung eines Vertreters nach Absatz 1 wird erst wirksam, wenn sowohl diese Beendigung als auch die Bestellung eines anderen Vertreters gegenüber dem Deutschen Patent- und Markenamt oder dem Patentgericht angezeigt wird.

Cornelia Rudloff-Schäffer

Übersicht

	Geltungsbereich	1
	Literatur	2
	Kommentierung zu § 25 PatG	
1	Zweck	3
2	Notwendigkeit eines Inlandsvertreters	4
2.1	Fehlender Wohnsitz, Sitz oder Niederlassung im Inland	6
2.2	Teilnahme an einem Verfahren vor DPMA oder BPatG	7
2.2.1	Verfahren	8
2.2.2	Beginn der Teilnahme	14
2.3	Geltendmachung der Rechte aus einem Patent	15
3	Der Inlandsvertreter	17

---

336 BGH GRUR-Prax 14, 192 *Gesellschafterausschluss.*
337 EuGH, Urteil v. 5.7.2018 – C-27/17, NZKart 18, 357 *Lithuanian Airlines;* LG Leipzig InstGE 9, 167 *optischer Datenträger.*

3.1	Befugte Inlandsvertreter	17
3.2	Zustellungsbevollmächtigter entbehrlich	19
3.2.1	Freiwillige Bestellung eines Zustellungsbevollmächtigten	21
3.2.2	Zustellungen	22
3.3	Bestellung eines Inlandsvertreters	24
3.4	Umfang der Vertretungsbefugnis	26
3.5	Rechtsstellung des Vertretenen	29
3.6	Beendigung der Inlandsvertreterbestellung	30
4	Folgen der Nichtbestellung eines Inlandsvertreters	34
5	Wegfall eines bestellten Inlandsvertreters	39
6	Wiedereinsetzung	42
7	Gerichtsstand	43

1 **Geltungsbereich:** § 25 (früher § 16 PatG) ist durch Art 7 Nr 9 Kostenregelungsbereinigungsgesetz vom 13.12.2001 (BGBl I 3656 = BlPMZ02, 14) neu gefasst worden. Seit 01.01.02 können auch ausländische Rechtsanwälte und Patentanwälte aus EU und EWR vor dem Hintergrund der Dienstleistungsfreiheit der Art 49 ff EGV nach Maßgabe des Absatzes 2 als Inlandsvertreter bestellt werden. Durch Art 1 Nr 2 des **Gesetzes zur Vereinfachung und Modernisierung des Patentrechts vom 31.07.2009** wurde § 25 (2) 2, der Pflicht zur Bestellung eines RA oder PA als Zustellungsbevollmächtigten im Inland vorsah, **gestrichen.**
Durch das **Gesetz zur Umsetzung der Berufsanerkennungsrichtlinie und zur Änderung weiterer Vorschriften im Bereich der rechtsberatenden Berufe** vom 12.05.2017 (BGBl I S 1121, BT-Drs 18/9521 vom 05.09.16) wurde die Richtlinie 2005/36/EG des Europäischen Parlaments und des Rates vom 7. September 2005 über die Anerkennung von Berufsqualifikationen, geändert durch RL 2013/55/EU (ABl. L 354 vom 28.12.13, S 132; L 268 vom 15.10.15, S 35; L 95 vom 09.04.16, S 20) (verspätet) umgesetzt. Folgende Änderungen wurden durch Art 13 vorgenommen: In Absatz 1 wurden nach den Wörtern »wenn er« die Wörter »im Inland« gestrichen und nach dem Wort »Strafanträgen« die Wörter »befugt und« eingefügt. **Absatz 2 wurde aufgehoben**; die bisherigen Absätze 3 und 4 wurden die Absätze 2 und 3. Durch Art 1 Nr 6 des **2. PatMoG** vom 10.08.21 (BGBl I S 3490) wurde die Bezeichnung »Patentamt« in Abs 1, 2 und 3 durch die amtliche Bezeichnung »Deutsches Patent- und Markenamt« ersetzt.

2 **Lit zu § 25 PatG: Lit in Mitt:** Kelbel 66, 229; **93**, 253; **89** 162; Gesthuysen 89, 174; Petri/Tuchscherer/Stadler **14**, 65; **Lit in GRUR:** Engels/Morawek **13**, 545; **Lit in GRUR Int:** Gruber **17**, 859; Gruber **14**, 1125; **Lit in NJ:** Gruber **16**, 7.
Amtliche Begründung zu § 16 PatG 1936 (= § 25) BlPMZ **36**, 103, 108; zu § 96 MarkenG BlPMZ **94** Sonderheft S 102; zu § 25 PatG 2002 BlPMZ **02**, 36, 52 (zu Art 7 Nr 9); zur Streichung des § 25 (2) 2 PatG BlPMZ **09**, 307 ff.

1 Zweck

3 Vor DPMA und BPatG besteht kein Anwaltszwang wie nach § 78 ZPO vor den Landgerichten.[1] Nur auswärtige Beteiligte müssen, auch wenn sie Deutsche sind, einen Inlandsvertreter bestellen. Dabei handelt es sich um eine Obliegenheit, deren Nichtbeachtung zu einem – mit Rückwirkung – behebbaren Verfahrenshindernis führt[2] (s unten Rdn 35). § 25 dient wie § 96 MarkenG: **a)** der Erleichterung des Rechtsverkehrs der Gerichte und Behörden mit ausländischen Verfahrensbeteiligten;[3] **b)** der Schaffung eines inländischen Gerichtsstands;[4] **c)** der Vermeidung von aufwändigen und fruchtlo-

---

[1] BPatGE **4**, 160, 161; BPatG Mitt **97**, 160 (Marken).
[2] BGH GRUR **09**, 701 *Niederlegung der Inlandsvertretung*; Busse/Keukenschrijver § 25 PatG Rn 15, 47 ff.
[3] BPatG Mitt **97**, 160.
[4] BGH BlPMZ **69**, 246 *Inlandsvertreter*; **72**, 354 *Akustische Wand*; BPatG v 19.10.09 – 25 W (pat) 3/09 (Marke); Amtl Begr zum KostRegBerG BlPMZ **02**, 36, 52 (zu Art 7 Nr 9).

sen Zustellungen im Ausland.⁵ Frühere Verpflichtung nach § 25 (2) 2 aF, wonach ein als Inlandsvertreter bestellter auswärtiger RA oder PA aus der EU oder dem EWR *zusätzlich* einen inländischen RA oder PA als Zustellungsbevollmächtigten bestellen musste, wurde mit Wirkung vom 01.10.09 aufgehoben (s Rdn 1 und 18). Ab 18.05.2017 ebenfalls aufgehoben wurde der frühere Absatz 2 (s im Einzelnen Rdn 1, 18). Obliegenheit ergibt sich im Regelfall unmittelbar aus § 25 (1), jedenfalls dann, wenn der auswärtige Antragsteller hätte erkennen müssen, dass er einen Inlandsvertreter braucht, da er das Verfahren selbst eingeleitet hat.⁶ Wird der Auswärtige erstmals in Bezug auf das konkrete Schutzrecht in Verfahren beim DPMA einbezogen, kann zwar vorab versucht werden, die Mitteilung über die Notwendigkeit eines Inlandsvertreters mittels einfachem formlosen Brief zu übersenden. Bleibt daraufhin eine Reaktion aus, muss förmlich nach § 9 (1) VwZG zugestellt werden (s § 127 Rdn 92)⁷.

2 Notwendigkeit eines Inlandsvertreters

besteht nach § 25, wenn ein Auswärtiger – gleich welcher Staatsangehörigkeit (also auch ein Deutscher) – an einem Verfahren vor DPMA oder BPatG (nicht BGH) teilnehmen oder Rechte aus einem Patent geltend machen will.   4

Rechtsgeschäfte über ein Patent, wie zB Veräußerung, Lizenzierung, Verpfändung bedürfen nicht der Bestellung eines Inlandsvertreters.   5

2.1 Fehlender Wohnsitz, Sitz oder Niederlassung im Inland

a) **Wohnsitz** natürlicher Personen ergibt sich aus §§ 7 bis 11 BGB. Wohnsitz begründet, wer sich an einem Ort (= Gemeinde) ständig niederlässt mit dem Willen, diesen zum Schwerpunkt der Lebensverhältnisse zu machen.   6

b) **Sitz** ist für juristische Personen, sowie OHG und KG (§ 24 BGB) maßgebend. Er ist frei wählbar⁸ und ergibt sich idR aus dem Organisationsstatut (Satzung) oder dem Ort, an dem die Verwaltung geführt wird.

c) **Niederlassung** ist ein bestimmter Ort, an dem auf längere Dauer ein selbständiges Gewerbe ausgeübt wird⁹ (vgl § 21 ZPO), Zweigniederlassung genügt. Ungenügend: unselbständiges Verkaufskontor, Außenbüro, bloße Betriebsstelle¹⁰, Warenlager, Annahmestelle¹¹.

---

5 Amtl Begr zum 1.PatGÄndG BlPMZ **93**, 205, 209 (i) und zum KostRegBerG BlPMZ **02**, 36, 53, 58 zu Art 7 Nr 9 und Art 9 Nr 22; so auch BPatG BlPMZ **07**, 421.
6 Amtl Begr BT-Drs 16/11339, S 26, 29 zu Art 1 Nr 14, BlPMZ **09**, 307, 318.
7 BPatG, 30 W (pat) 38/18, 07.05.20 GRUR-RS **20**, 18995 (IR-Marke-Löschungsverfahren); s auch BPatG, 07.03.19, 30 W (pat) 38/18 GRUR **20**, 65 *Inlandsvertreter IV* (Anheimgabebeschluss).
8 BayObLG NJW-RR **88**, 96.
9 RPA Mitt **35**, 198.
10 BPatG Mitt **82**, 77.
11 Vgl BGH NJW **87**, 3081.

2.2 Teilnahme an einem Verfahren vor DPMA oder BPatG

7 Der Zweck des § 25 (siehe Rdn 3) erfordert eine ausnahmslose Anwendung auf alle Verfahren, die durch Antrag oder Klage vor DPMA oder BPatG (vor BGH: § 102 (5) 1, s § 102 Rdn 12[12]) eingeleitet werden.

8 **2.2.1 Verfahren** iSd § 25 sind alle Verfahren, **a)** die das Patentgesetz regelt (s Rdn 19) *und* **b)** die eine Tätigkeit des DPMA oder BPatG auslösen (s Rdn 12).

9 § 25 gilt unmittelbar nur für Verfahren, die im PatG geregelt sind, also zB für ein Nichtigkeitsverfahren gegen ein (europäisches) Patent,[13] zB nicht für Verfahren nach PatKostG,[14] DPMAVwKostV, PatKostZV, es sei denn, diese anderen Gesetze und VOen erklärten § 25 für entsprechend anwendbar. Weder für die Gebührenzahlung noch für die Einreichung der Übersetzung einer europäischen Patentschrift und deren Berichtigung gemäß Art II § 3 (1) und (4) IntPatÜG bedarf es mangels der Eröffnung eines *Verfahrens* im Sinne des § 25 (1) eines Inlandsvertreters.[15] Eine entsprechende Anwendung des § 25 ordnen an: § 16a (2) für die Zertifikatsanmeldung, § 43 (2) 3 und § 44 (3) 2 für den Recherche- und Prüfungsantrag eines Dritten (s § 44 Rdn 11).

10 Art 27 (7) PCT und Regel 51bis.1 (b) AusfOPCT verweisen hinsichtlich der Vertretungsfragen vor dem nationalen Amt als Anmelde- und als Bestimmungsamt auf das nationale Recht. Regel 51bis.1 (b) AusfOPCT lässt es zu, dass für das Verfahren vor dem Bestimmungsamt die Bestellung eines Inlandsvertreters (oder Zustellungsbevollmächtigten) vorgeschrieben wird. Art III § 1 (3) IntPatÜG verweist hinsichtlich des Verfahrens vor dem DPMA als *Anmeldeamt* ausdrücklich auf die ergänzende Anwendung der Verfahrensvorschriften des PatG; eine parallele Regelung fehlt aber für das Verfahren beim DPMA als *Bestimmungsamt oder als ausgewähltes Amt* nach Art III §§ 4, 6 IntPatÜG. Da die Vertretungsvollmacht für die internationale Phase bei der WIPO bei Einleitung der nationalen Phase vor dem jeweiligen Bestimmungsamt nicht fortwirkt, muss ein Auswärtiger (s Rdn 4 f.) zur Teilnahme am Verfahren vor dem DPMA als Bestimmungsamt ebenfalls einen Inlandsvertreter nach § 25 bestellen.[16] Ist das DPMA gleichzeitig Anmelde- und Bestimmungsamt und hat der PCT-Anmelder seinen Sitz im *Inland*, ist die Bestellung des Vertreters in der internationalen Phase als grundsätzlich in der nationalen Phase fortwirkend anzusehen, insbesondere dann, wenn er auch in der nationalen Phase tätig geworden ist.[17]

---

12 Bestellung eines beim BGH zugelassenen Rechtsanwalts für Rechtsbeschwerdeverfahren; Mes § 102 PatG Rn 13; BGH GRUR **94**, 360 (I1) *Schutzüberzug für Klosettbrillen*.
13 BGH GRUR **09**, 701 *Niederlegung der Inlandsvertretung*.
14 BPatG BlPMZ **07**, 421, 422 *Inlandsvertreter* unter 2.
15 BGH GRUR **09**, 701 *Niederlegung der Inlandsvertretung*; MittDPA Nr 20/92 (Abs 7) = BlPMZ **92**, 481 = Tabu Gewerbl. Rechtsschutz Nr 499 S 389.
16 H.M; Busse/Keukenschrijver § 25 Rn 17; Busse/Keukenschrijver Art III § 4 IntPatÜG Rn 10; BPatG v 11.01.07 – 15 W (pat) 37/03; vgl auch Winterfeldt, VPP-Rundbrief **00**, 40, 45 f; Merkblatt DPMA für PCT-Anmeldungen (Ausgabe Juli 2015 unter 1.6) Tabu Gewerbl. Rechtsschutz Nr 915; aA Benkard/Schäfers § 25 Rn 7a unter Bezug auf BPatG BeckRS **14**, 21 484 (offen gelassen für die Fälle, in denen DPMA Anmelde- und Bestimmungsamt ist und internationale und nationale Phase von demselben Bevollmächtigten wahrgenommen werden).
17 BPatG, 21.12.20, 7 W (pat) 14/19 GRUR-RS **20**, 41007.

§ 25 gilt nicht nur für Anmelde-, Prüfungs-, Einspruchs-, Beschwerde- und Klageverfahren, sondern auch für solche (Neben)Verfahren, die zu einer Tätigkeit des DPMA oder BPatG führen *und* einen Verkehr mit dem Auswärtigen erforderlich machen könnten. Generelle Verpflichtung zur Bestellung eines Inlandsvertreters nach § 25 kann in sog Massenverfahren, wie zB Umschreibung, bei fehlender Bestellung zu erheblicher Verzögerung durch erforderlichen Schriftwechsel führen, obwohl Antrag idR ohne förmliche Entscheidung stattgegeben werden kann. 11

Verfahren iSd § 25 sind zB: a) Anmelde-, b) Prüfungs-, c) Einspruchs-, d) Beschränkungs-, e) Widerrufs-, f) Beschwerde- und g) Nichtigkeitsverfahren gemäß § 81, h) Beitritt, i) Erinnerungsverfahren, j) Kostenanträge, k) Rücknahme von Verfahrenserklärungen, l) alle Anträge, die ein Verfahren vor DPMA oder BPatG eröffnen, Eintragungen im Register, Umschreibung im Register, Teilungserklärungen, Wiedereinsetzung,[18] Weiterbehandlung, Anfechtung, Verfahrenskostenhilfe; zum Verzicht s § 20 Rdn 9. 12

Kein Verfahren iSd § 25 sind faktische Handlungen wie: a) Einreichung einer Anmeldung und eines Antrags; b) Einzahlung von **Gebühren**; c) Angabe von Druckschriften gemäß § 43 (3) 3; d) Benutzungsanzeige gemäß § 23 (3);[19] e) Einreichung von **Übersetzungen** europäischer PS und deren Berichtigung.[20] Außerdem gilt 25 nach seinem Wortlaut nicht für Verfahren vor **BGH**, da die Spezialvorschriften der §§ 102 (5) und 111 (4)[21] eine entsprechende Anwendung ausschließen. 13

2.2.2 Beginn der Teilnahme besteht in der Vornahme der Verfahrenshandlung, die das Verfahren in Gang setzt, also mit der Einreichung einer Anmeldung, eines Antrags, eines Einspruchs, einer Erinnerung, einer Beschwerde oder einer Klage.[22] Daher werden zu diesem Zeitpunkt auch nach § 8 PatKostG (Anhang 15) die Kosten angesetzt. Selbst wer durch den Antrag keine Beteiligung am Verfahren erhält – wie der Dritte, der Prüfungsantrag stellt – bedarf hierfür eines Inlandsvertreters (s § 44 Rdn 11). 14

2.3 Geltendmachung der Rechte aus einem Patent

und (analog) der Rechte aus einer Anmeldung gemäß § 33 setzt nach § 25 (1) Bestellung eines Inlandsvertreters voraus. 15

Inlandsvertreter für Auswärtige erforderlich für: a) Kläger einer Verletzungsklage nach § 139; Beklagter nur, wenn er aus einem Patent Rechte herleiten will[23], zB aus einem jüngeren Patent gegenüber dem geltend gemachten älteren Patent; b) Antrag auf einstweilige Verfügung[24]; c) Strafantrag gemäß § 142 (4); d) Anträge gemäß § 142a. 16

---

18 BPatG, 09.04.09, 10 W (pat) 29/05 BeckRS 09, 12444.
19 OLG Nürnberg GRUR **96**, 48.
20 MittDPA Nr 20/92 (Abs 7) BlPMZ **92**, 481.
21 BGH GRUR **94**, 360 *Schutzüberzug für Klosettbrillen* (zu § 121 aF).
22 BPatG, 18.01.16, 20 W (pat) 52/13 BeckRS **16**, 7070.
23 Busse/Keukenschrijver § 25 Rn 52.
24 Zur Zustellung einstw Verfügungen an Patentanwalt als Inlandsvertreter s. Petri/Tuchscherer/Stadler Mitt **14**, 65.

Inlandsvertreter kann der ohnehin bestellte inländische Prozessvertreter (Rechts- oder Patentanwalt) sein.[25]

3 Der Inlandsvertreter

3.1 Befugte Inlandsvertreter[26]

17 Zu den zur rechts- oder patentanwaltlichen Tätigkeit in Deutschland befugten Personen zählen:

a) **Rechtsanwälte** (ausgenommen BGH-Anwälte, § 172 BRAO) und **Patentanwälte**, die in Deutschland als solche **zugelassen** sind[27]; **Syndikuspatentanwälte** (§§ 41a – d PAO) dürfen **auswärtige** Dritte nicht vertreten[28]; es sei denn, der Dritte und der Dienstherr des Syndikuspatentanwalts sind im Verhältnis zueinander Konzernunternehmen im Sinne von § 18 AktG.[29]

b) ständiger **Vertreter** gemäß § 46 PAO[30];

c) **GmbH**, die als **Rechtsanwalts- oder als Patentanwaltsgesellschaft** zugelassen ist und die durch ihre Organe und Vertreter handelt, die aber persönlich die gesetzlich vorgeschriebenen Voraussetzungen für eine Vertretung erfüllen müssen (§ 59a ff. BRAO, § 52a ff. PAO);

d) **europäischer Rechtsanwalt**, wenn dieser nach § 2 ff. EuRAG zur Niederlassung in Deutschland befugt ist und unter einer der in der Anlage zu § 1 des Gesetzes über die Tätigkeit europäischer Rechtsanwälte in Deutschland (EuRAG)[31] genannten Berufsbezeichnungen seines Herkunftsstaates beruflich tätig ist, zB als Advokat, Avocat[32]; vgl dazu § 97 Rdn 10;

e) **Patentassessoren** iSv § 11 PAO und § 2 (6) EuPAG können nach § 155 (2) PAO[33] als Inlandsvertreter **für Dritte** bestellt werden, wenn i) PAss Tätigkeit auf dem Gebiet des gewerblichen Rechtsschutzes auf Grund eines ständigen Dienstverhältnisses ausübt; ii) wenn der Dritte im Inland weder Wohnsitz noch Niederlassung hat und dieser dem Dienstherrn des PAss vertraglich die Wahrnehmung seiner Interessen auf dem Gebiet des gewerblichen Rechtsschutzes übertragen hat;[34]

---

25 BGH GRUR 94, 360 (I1) *Schutzüberzug für Klosettbrillen*.
26 Vgl Kelbel Mitt 66, 229.
27 S § 1 (2) Rechtsdienstleistungsgesetz (RDG) iVm § 3 (2) 2 und § 5 (1) 1 Patentanwaltsordnung (PAO).
28 § 155 (3) PAO, neu gefasst durch Art 6 Nr 2 G v 21.12.15, BGBl I S 2517 (s Amtl Begr BT-Drs 18/5201, 18/5563 S 41 ff zu Art 4), erneut geändert mit Wirkung vom 18.05.2017. Zum Syndikuspatentanwalt s. Fitzner Mitt 17, 315.
29 BPatG, 15.06.20, 11 W (pat) 35/19 BlPMZ 20, 325 *Antriebsinverter*; Fitzner Mitt 17, 315.
30 BPatG Mitt 06, 141 *Windenergieanlage* (Patentanwaltsbewerber als Vertreter nach § 46 (4) 2 aF PAO).
31 Gesetz über die Tätigkeit europäischer Rechtsanwälte in Deutschland (EuRAG), www.gesetze-im-internet.de/bundesrecht/eurag/gesamt.pdf.
32 Anlage 1 zum EuRAG (Rechtsanwaltsberufe im Vereinigten Königreich wie Advocate, Barrister und Solicitor wurden zum 31.12.20 aus Anlage zu § 1 EuRAG gestrichen).
33 Vgl BPatGE 13, 19.
34 BPatG v 11.01.11 – 21 W (pat) 1/07 BeckRS 11, 2137.

f) **Erlaubnisscheininhaber** (Patentingenieure) sind zugelassen, sofern ihnen nach § 160 PAO iVm § 178 PAO aF (Geltung bis 31.08.09)[35] eine entsprechende Befugnis von PräsDPMA erteilt worden ist.

g) **europäischer Patentanwalt**, der in Deutschland als *zugelassener* (§§ 1, 12 EuPAG) oder als *dienstleistender* Patentanwalt (§ 13 EuPAG) tätig sein darf. **18**
Durch Art 13 Nr 2 Gesetz zur Umsetzung der Berufsanerkennungsrichtlinie wurde der frühere § 25 (2) gestrichen. Außerdem wurde das PAZEignPrG vom 06.07.1990 durch Art 20 (1) 2 aufgehoben; zeitgleich trat das **Gesetz über die Tätigkeit europäischer Patentanwälte in Deutschland (EuPAG)** mit folgenden Neuerungen für die Berufsausübung europäischer Patentanwälte in Deutschland in Kraft[36]: i) Wegfall des Staatsangehörigkeitserfordernisses nach § 25 (2) aF; Anwendbarkeit des EuPAG nach dessen § 26 für EU-MS, Vertragsstaaten des EWR und die Schweiz; ii) Voraussetzungen für Zulassung zur deutschen Patentanwaltschaft (s § 5 (2) PAO) und Niederlassung in Deutschland; iii) Beibehaltung einer obligatorischen **Eignungsprüfung nach §§ 5, 6 EuPAG** (seit 01.06.2018) vor DPMA, es sei denn, auf Antrag nach § 1 (2) EuPAG wird **Gleichwertigkeit der ausländischen Berufsqualifikation** festgestellt; dazu sind DPMA ua Ausbildungs- und Befähigungsnachweise idR des Herkunftsstaates vorzulegen; iv) Möglichkeit des – auf einen Teil der Rechtsgebiete (zB Patent- oder Markenrecht) – beschränkten Zugangs zur Patentanwaltschaft (§ 12 EuPAG); v) Meldepflicht des **dienstleistenden europ PA** bei **nur vorübergehender oder gelegentlicher Ausübung der Dienstleistung** (zB als Inlandsvertreter) in Deutschland (§§ 13, 15 EuPAG). DPMA muss nur noch Befugnis zur Vertretung (Zulassung oder Registrierung im öffentlichen Meldeverzeichnis der PAK (§ 15 (4) EuPAG) prüfen[37].

3.2 Zustellungsbevollmächtigter entbehrlich:

Bis 30.09.09 musste für den Fall, dass ein Rechts- oder Patentanwalt aus dem EU-Ausland oder dem EWR die Funktion des Inlandsvertreters im Sinne des § 25 (1) ausübte, **zusätzlich** nach § 25 (2) aF ein **Zustellungsbevollmächtigter** bestellt werden. Dies ist nun entbehrlich; an den Inlandsvertreter im Sinne des § 25 (1) kann jetzt grundsätzlich unmittelbar im Ausland zugestellt werden. Ausländischen Beteiligten steht es aber frei, zur Vermeidung des Verlusts oder der Verzögerung bei Zustellung ins europäische Ausland eine Person im Inland zu bestellen, deren Vollmacht auf die bloße Entgegennahme zuzustellender Schriftstücke beschränkt ist (»Zustellungsvoll- **19**

---

35 S Tabu Gewerbl. Rechtsschutz Nr 480a.
36 S im Einzelnen BT-Drs 18/9521 v 05.09.2016, Begr zu Art 5 (EuPAG, S 181 ff) und Art 14 (Änd PatG, S 236 f.) Inkrafttreten: 18.05.2017 (s auch Übergangsregelung in § 30 EuPAG). Zur bisherigen Rechtslage, zB Ablehnung der Vertretungsbefugnis eines reg IP Attorney (Malta) vor BPatG s BGH GRUR 14, 508 *IP-Attorney (Malta)*; BGH BeckRS 14, 05 525 und BeckRS 14, 23 353; Anm Rauh GRUR-Prax 14, 154; Gruber GRUR Int 14, 1125.
37 Befugnis der zugelassenen bzw. bei PAK als dienstleistende europ PA registrierten UK Patent Attorneys zur Vertretung beim DPMA (s. https://www.patentanwalt.de/de/kammer/dienstleistende-europaeische-patentanwaelte/meldeverzeichnis-der-dienstleistenden-europaeischen-patentanwaelte.html) endete mit dem Ausscheiden des Vereinigten Königreichs aus der EU zum 31.12.20; die Personen wurden aus dem Meldeverzeichnis gelöscht.

macht« gemäß § 167 BGB, s Rdn 21 und §§ 184, 171 ZPO).[38] Zur Zustellung im Ausland s § 127 Rdn 88 f.

20 Hat der ausländische Vertreter seinen Wohnsitz, Sitz oder Niederlassung ohnehin im Inland, dann ist er ein Inlandsvertreter iSd § 25 (1), so dass im Inland zugestellt werden kann.

21 **3.2.1 Freiwillige Bestellung eines Zustellungsbevollmächtigten** erfolgt durch Vorlage einer schriftlichen Zustellungsvollmacht gemäß § 167 BGB, die zur Empfangnahme von Zustellungen des DPMA und BPatG für den auswärtigen Beteiligten ermächtigt und Person und Postanschrift nennt.

22 **3.2.2 Zustellungen** an den auswärtigen Beteiligten oder dessen Inlandsvertreter richten sich nach § 127 (1) Nr 2, der die Anwendung des Verwaltungszustellungsgesetzes (VwZG) vorsieht. An Empfänger im Ausland ohne Inlandsvertreter kann daher ebenso wie an Inlandsvertreter mit Sitz im Ausland zusätzlich mit eingeschriebenem Brief zugestellt werden.[39]

Bei Zustellung an mehrere Beteiligte sind nach § 7 (2) VwZG so viele Ausfertigungen oder Abschriften zuzustellen, als Beteiligte vorhanden sind (s § 127 Rdn 45).

23 Zu grenzüberschreitenden Zustellungen im patentgerichtlichen Verfahren s § 127 Rdn 123 ff.).

3.3 Bestellung eines Inlandsvertreters

24 geschieht durch Bevollmächtigung und deren Anzeige durch Vorlage einer schriftlichen Vollmachtsurkunde, die Einzelvollmacht[40] und vor DPMA (nicht vor BPatG[41]) auch »Allgemeine Vollmacht« sein kann.[42] Diese muss im Falle der Bestellung eines Inlandsvertreters mindestens den in § 25 (1) genannten Umfang haben und kann nicht auf einzelne Verfahrensschritte beschränkt werden (Rdn 26); allgemeine Prozessvollmacht vor BPatG nach § 97 (6) 2 umfasst Bestellung zum Inlandsvertreter nicht; § 25 (1) geht als lex specialis der allgemeinen Regelung des § 97 (6) 2 vor[43]. Zur Vollmacht im Einzelnen s Einl Rdn 481; zur Untervollmacht bei Vorliegen einer Allgemeinen Vollmacht s Einl Rdn 484; zur Vorlagepflicht s § 15 (4) DPMAV. Vollmacht ist von dem in § 15 Abs 4 DPMAV genannten Personenkreis grds nur anzufordern, wenn

---

38 Zur Streichung s Art 1 Nr 2 des **PatMoG** (s Rdn 1) und Amtl Begr BT-Drs 16/11 339 S 18 f = BlPMZ 09, 307 ff; zur Zustellung an europäische Rechtsanwälte s § 31 EuRAG.
39 Zur Änderung s BT-Drs 16/11 339 S 26 f = BlPMZ 09, 307 ff.
40 Gewillkürte Vertreter, vgl §§ 13 bis 15 DPMAV mit Einzelheiten zur Vollmacht (Anhang 10).
41 BPatG v 16.11.10 – 21 W (pat) 10/08 BeckRS **11**, 2138; s auch Busse/Keukenschrijver § 25 Rn 31.
42 Zum standardisierten Text der »Allgemeinen Vollmacht« und der Angestelltenvollmacht s MittDPMA Nr 6/06 v 30.03.06 (BlPMZ 06, 165 = Tabu Gewerbl. Rechtsschutz Nr 499 S 572).
43 Str, s. BPatG, 11.11.19, 20 W(pat) 26/17 mwN; GRUR-RS **19**, 33405; BPatG, 21.11.16, 9 W (pat) 24/12 BeckRS **16**, 128366; BPatG 14.03.16, 20 W (pat) 6/12 BeckRS **16**, 7469; aA 23. Senat BPatG, 20.03.14, 23 W (pat) 9/10 BPatGE **54**, 276 Zickzackabtastpfad; zur Fiktion der fortbestehenden Vollmachtserteilung bei Insolvenz BPatG GRUR **14**, 1029 – *Astaxanthin*; offengelassen: BGH BeckRS **16**, 15 771 *Parteiwechsel nach Umschreibung des Patents*; BPatG GRUR **14**, 104 (LS) *Verfahren zum Formen*.

Unklarheiten hinsichtlich der (Inlands-)Vertreterbestellung bestehen oder begründete Anhaltspunkte für das Nichtvorliegen der Vollmacht erkennbar sind.

Beschränkungen unter den Mindestumfang (zB nur für Anmeldung, nicht auch für Patent;[44] Ausschluss der Vertretung vor DPMA oder vor BPatG oder vor ordentlichem Gericht oder von bestimmten Verfahrenserklärungen) machen die Bestellung als Inlandsvertreter unwirksam. Zur Klarstellung empfiehlt sich, eine Vollmacht »gemäß § 25 PatG« zu erteilen. 25

Der Inlandsvertreter wird im Patentregister gebührenfrei eingetragen (s § 30); Eintragung hat rein deklaratorische Bedeutung[45].

Die bloße Bestellung genügt § 25, ein Tätigwerden des Inlandsvertreters ist nicht erforderlich. Sein Tod unterbricht das Verfahren nicht (Einl Rdn 426). Zu den Folgen einer Nichtbestellung s Rdn 34.

3.4 Umfang der Vertretungsbefugnis

richtet sich nach dem nach § 133 BGB auszulegenden Wortlaut der Vollmacht. Eine Vollmacht gemäß § 25[46] oder in Sachen der Patentanmeldung nach § 25[47] ermächtigt den Vertreter zu allen die Anmeldung oder das Patent unmittelbar betreffenden **Verfahrens**handlungen,[48] auch wenn diese zusätzlich einen materiell-rechtlichen Gehalt haben (Doppelnatur, s Einl Rdn 92). Inlandsvertreter kann daher wirksam zB Anmeldungsteile fallenlassen (= verzichten) oder die Teilung erklären, Ansprüche ändern und die Anmeldung zurücknehmen.[49] 26

Zu **rein materiell-rechtlichen Verfügungen**, wie zB Verzicht auf das Patent,[50] Erklärung der Lizenzbereitschaft,[51] berechtigt die § 25-Vollmacht nicht. Dazu bedarf der Inlandsvertreter einer besonderen Vollmacht, die eine allgemeine Vollmacht umfasst. 27

Zustellungen aller Verwaltungsakte und Entscheidungen des DPMA und des BPatG können und müssen an den Inlandsvertreter oder freiwillig bestellten Zustellungsbevollmächtigten gerichtet werden (s § 127 Rdn 40 f.).[52] 28

Vor **BPatG** ist Inlandsvertretervollmacht gemäß § 97 (5) zu den Akten einzureichen, andernfalls ist Beschwerde unzulässig[53] (s § 97 Rdn 37).

Untervollmacht (Einl Rdn 484) kann wirksam auch an nicht nach § 25 zugelassene Personen erteilt werden.

---

44 BPatGE 1, 25.
45 OLG Düsseldorf, 13.08.15, I-15 U 3/14 u. I-15 U 4/14.
46 BPatGE 1, 21; 5, 5; 9, 147; 30, 130, 132.
47 BPatGE 1, 25.
48 BGH BlPMZ 72, 354 *Akustische Wand.*
49 BGH BlPMZ 72, 354 *Akustische Wand.*
50 BPatGE 30, 130, 132.
51 BPatGE 9, 147.
52 Zustellungsdatum entsch. für Fristbeginn (BPatG, 24.6.13 – 9 W (pat) 30/12 BeckRS 13, 11988.
53 BPatG BeckRS 12, 18 463; BPatG BeckRS 12, 01 425; BPatG BeckRS 12, 02 138.

3.5 Rechtsstellung des Vertretenen

29 Der Vertretene bleibt auch nach der Bestellung eines Inlandsvertreters selbst voll verhandlungsfähig (= postulationsfähig).[54] Er kann neben dem bestellten Inlandsvertreter alle Verfahrenshandlungen vornehmen, und zwar selbst oder durch einen dritten Bevollmächtigten,[55] selbst wenn dieser nicht zu den nach § 25 zugelassenen Personen (Rdn 17) gehört.[56] Die Erklärungen seines Inlandsvertreters muss der Vertretene gegen sich gelten lassen,[57] sie können nur aus Gründen, die in der Person des Inlandsvertreters liegen, angefochten werden.[58] Der Tod des Vertretenen unterbricht das Verfahren nicht (Einl Rdn 426).

Zu Handlungen ohne Inlandsvertreter s Rdn 34.

3.6 Beendigung der Inlandsvertreterbestellung

30 tritt ein durch rechtskräftige Erledigung der Patentanmeldung, Erlöschen des Patents oder Tod des Vertreters (nicht des Vertretenen).

31 **Rechtsgeschäftliche Beendigung**, zB durch **Niederlegung des Mandats** oder dessen Kündigung oder Widerruf durch den Vertretenen, ist in § 25 (3) PatG und § 96 (3) MarkenG in Anlehnung an § 87 (1) 2. Halbsatz ZPO geregelt, wonach in *Anwaltsprozessen* die Kündigung des Vollmachtsvertrags dem Gegner und dem Gericht gegenüber erst durch die Anzeige der Bestellung eines anderen Anwalts rechtliche Wirkung entfaltet.[59] Daher wird die rechtsgeschäftliche Beendigung des Mandatsverhältnisses während eines *anhängigen Verfahrens* erst wirksam, wenn dem DPMA oder BPatG sowohl die Beendigung als auch die Bestellung eines neuen Vertreters angezeigt wird.[60] Anzeigen kann der Vertretene, der bisherige wie der neue Vertreter. Die Anzeige muss erkennen lassen, dass eine wirksame Beendigung und Neubestellung vorliegt.[61] In der bloßen Bestellungsanzeige des neuen Vertreters allein liegt idR nicht die Widerrufsanzeige des bisherigen Vertreters.[62] Bei Zweifeln ist daher rückzufragen. Der neue Vertreter ist mit zustellungsfähiger Adresse zu benennen.[63]

32 Bisheriger Inlandsvertreter bleibt bis zum Vorliegen beider Anzeigen über Beendigung und Neubestellung *aktiv wie passiv zur Vertretung legitimiert*, so dass bis zu diesem Zeitpunkt von ihm wirksam *Verfahrenserklärungen* abgegeben werden und *Zustellungen*[64] und *Ladungen* ihm gegenüber wirksam erfolgen können. Damit liegt bei Man-

---

54 BGH BlPMZ **69**, 246 *Inlandsvertreter*; **72**, 354 (III1) *Akustische Wand*.
55 BPatG, 27.01.21, 12 W (pat) 45/19 GRUR-RS **21**, 1210; BGH BlPMZ **69**, 246 *Inlandsvertreter*.
56 BPatGE **4**, 160; BPatG Mitt **97**, 160.
57 BPatGE **4**, 160.
58 BPatGE **12**, 128.
59 S Thomas-Hüßtege, ZPO, 41. Aufl 2020, § 87 Rn 2.
60 MittDPMA v 25.06.09 BlPMZ **09**, 241 = Tabu Gewerbl. Rechtsschutz Nr 499 S 627 (außerhalb anhängiger Verfahren jederzeit); aA zuvor BPatG BlPMZ **07**, 421, 422 *Inlandsvertreter*.
61 BPatG, 21.02.06, 10 W (pat) 49/04.
62 BGH NJW **80**, 2309; OLG Frankfurt NJW-RR **86**, 1500; OLG Koblenz NJW-RR **97**, 1023; aA: BSG NJW **90**, 600.
63 BGH VersR **85**, 1185, 1186.
64 So schon zum alten Recht BPatG GRUR **02**, 369.

datsniederlegung kein Verfahrenshindernis vor und ein Zeitraum ohne Inlandsvertreter wird verhindert.

Absatz 3 ist *nicht* anwendbar, wenn ein Verfahren im Sinne des § 25 (1) nicht anhängig ist und solange der Patentinhaber keine Rechte geltend macht,[65] denn der Auswärtige bedarf nicht immer und unter allen Umständen eines Zustellungsbevollmächtigten.[66] Unbeschadet des Bestrebens, im patentamtlichen Verfahren grundsätzlich Verzögerungen durch Zustellungen im Ausland zu vermeiden, ist es nicht gerechtfertigt, an der einmal entstandenen Vertretungsbefugnis unabhängig davon festzuhalten, ob ein in sich abgeschlossenes Verfahren wie zB das Anmelde- oder das Einspruchsverfahren bereits seit Jahren beendet oder aber ein konkretes Verfahren aktuell anhängig ist.[67] 33

4 Folgen der Nichtbestellung eines Inlandsvertreters

Die notwendige Bestellung eines Inlandsvertreters gemäß § 25 (1) ist eine zwingende *Verfahrensvoraussetzung* für den sachlichen Fortgang eines anhängigen Verfahrens.[68] § 25 bestimmt nur, dass der Auswärtige ohne die erforderliche Bestellung am Verfahren nicht teilnehmen kann, bestimmt jedoch nicht, dass über den Gegenstand des Verfahrens (Anmeldung, Patent) negativ entschieden werden könnte.[69] 34

Das bedeutet, dass a) die Nichtbestellung oder der Wegfall des Inlandsvertreters **keine Verfahrensunterbrechung** zur Folge hat und b) dass die ohne Vertreterbestellung vorgenommenen **Handlungen nicht unwirksam** (zB Anmeldung, Einspruch, Klage, Antrag), sondern mit einem (behebbaren) Mangel behaftet sind.[70] Wird der Mangel der Nichtbestellung eines Inlandsvertreters trotz Aufforderung nicht oder nicht spätestens bis zum Erlass der Entscheidung in der Sache behoben, so gilt Folgendes: 35

a) **Patentanmeldung** ist von DPMA zurückzuweisen;[71]
b) **Einspruch** ist als *unzulässig* zu verwerfen;[72]
c) **Antrag** ist als unzulässig zurückzuweisen, zB ein Prüfungsantrag (s § 44 Rdn 11);
d) **Nichtigkeitsklage** ist als unzulässig abzuweisen oder über sie ist nach § 82 (2) zu entscheiden[73];
e) **Beschwerde** des auswärtigen Anmelders, Patentinhabers oder Einsprechenden ist als unzulässig zu verwerfen, wenn bis zur Entscheidung das *Original* einer wirksa-

---

65 BGH GRUR 09, 701 *Niederlegung der Inlandsvertretung*; BPatG GRUR 09, 188 *Inlandsvertreter III* (Marke).
66 BGHZ 121, 58 *Zustellungswesen* (IR-Marke).
67 MittDPMA BlPMZ 09, 241 = Tabu Gewerbl. Rechtsschutz Nr 499 S 627; zur Kritik an der früheren Praxis s Schulte 8. Aufl. Rn 43; BPatG BlPMZ 08, 179 = Mitt 08, 188 (Marke); aA zuvor BPatG BlPMZ 07, 421, 422 *Inlandsvertreter*.
68 BGH BlPMZ 69, 246 *Inlandsvertreter*.
69 *BGH GRUR 00, 895 (III2) EWING* für Markenlöschungsverfahren; vgl BPatGE 38, 50.
70 BGH GRUR 09, 701 *Niederlegung der Inlandsvertretung*; BPatG BlPMZ 07, 421, 422 *Inlandsvertreter*.
71 BGH BlPMZ 69, 246 *Inlandsvertreter*.
72 Benkard/Schäfers § 25 PatG Rn 26a; BPatG, 10.09.09, 8 W (pat) 338/06 BeckRS 09, 26946 und 8 W (pat) 339/06 BeckRS 09, 26947; aA wohl BPatG, 29.07.10, 21 W (pat) 322/05 BeckRS 10, 20915 und BPatG, 27.04.10 – 21 W (pat) 319/05 BeckRS 10, 15230 (Widerruf des Patents im Einspruchsverfahrens).
73 Zur Passivlegitimation bei Insolvenz BGH BeckRS 16, 15 771 *Parteiwechsel nach Umschreibung des Patents*; Vorinstanz: BPatG GRUR 14, 1029 – *Astaxanthin*.

men Vollmacht für Rechts- oder Patentanwalt als Inlandsvertreter nicht vorliegt.[74] Das Gleiche gilt, wenn der Mangel erst während des Beschwerdeverfahrens auftritt.[75] Neben der Verwerfung der Beschwerde kann nicht auch die Anmeldung zurückgewiesen oder das Patent widerrufen werden.[76]

f) **Patentverletzungsklage** des auswärtigen Klägers ist als unzulässig abzuweisen. Der auswärtige Beklagte ohne Inlandsvertreter ist als säumig zu behandeln.

36 Ist der **Beschwerdegegner** Auswärtiger und ohne erforderlichen Inlandsvertreter, so ist alleinige Folge, dass er am Beschwerdeverfahren nicht teilnehmen kann. Eine Zurückweisung der Anmeldung, ein Widerruf oder eine Nichtigerklärung des Patents allein aus diesem Grund kommt nicht in Betracht, weil die Nichtbestellung eines Inlandsvertreters kein gesetzlicher Zurückweisungs-, Widerrufs- oder Nichtigkeitsgrund ist.[77]

37 Richtet sich dagegen die Beschwerde gegen einen Beschluss des DPMA, durch den gerade wegen des Fehlens der Bestellung eines Inlandsvertreters entweder die Anmeldung zurückgewiesen oder ein Einspruch als unzulässig verworfen worden ist, so gilt die Beschwerde insoweit als zulässig, als sie gerade zur Überprüfung der umstrittenen Zulässigkeitsvoraussetzung eingelegt worden ist. Wird der Mangel nicht behoben, ist die Beschwerde des Anmelders oder Einsprechenden daher als unbegründet zurückzuweisen.[78]

38 Hat DPMA die Notwendigkeit einer Bestellung übersehen oder zu Unrecht als wirksam angesehen, so hat BPatG den Mangel zu rügen und nach dessen Behebung das Beschwerdeverfahren fortzusetzen oder bei Vorliegen der Voraussetzungen des § 79 (3) die Sache zurückzuverweisen. Wird der Mangel nicht nachträglich behoben, ist die Beschwerde als zulässig zu behandeln und der angefochtene Beschluss aufzuheben, da er wegen Verstoßes gegen § 25 nicht hätte ergehen dürfen.[79]

5 Wegfall eines bestellten Inlandsvertreters

39 kann eintreten durch dessen Tod oder durch Niederlegung seines Mandats. Die fehlende Bestellung eines neuen Inlandsvertreters steht der Löschung der Eintragung des bisherigen Inlandsvertreters im Register nach § 30 (3) 1 dann nicht entgegen, wenn ein Verfahren nicht oder nicht mehr anhängig ist.[80] Obliegenheit zur Bestellung eines

---

74 BPatG, 27.01.21; 12 W (pat) 45/19 GRUR-RS 21, 1310; BPatG, 11.11.19, 20 W(pat) 26/17 mwN GRUR-Prax 20, 133 m Anm Schönig; BPatG, 13.12.17, 9 W (pat) 23/15; BPatG, 21.11.16, 9 W (pat) 24/12; BPatG BeckRS 16, 7469; BPatGE 55, 57 = Mitt 15, 574 = BlPMZ 16, 24 *Antennenanordnung* mwN; aA 23. Senat BPatG, 20.03.14, 23 W (pat) 9/10 = BPatGE 54, 276 *Zickzackabtastpfad*: wenn RA oder PA vor BPatG auftritt, ist schriftliche Vollmacht nur bei Rüge erforderl; s.auch BPatG, 18.01.16, 20 W (pat) 53/13 BeckRS 16, 7070 (kein rechtz Nachweis der Vertretungsberechtigung des Vollmachtgebers); BPatG BeckRS 15, 14 828 = GRUR-Prax 15, 406 – *Pokerzeit* (Markenbeschwerde); Engels/Morawek GRUR 13, 545, 550;.
75 BlPatGE 2, 19; 17, 11.
76 BPatGE 37, 153 gegen BPatG BlPMZ 88, 114 (Marken).
77 BPatG, 27.01.21; 12 W (pat) 45/19 GRUR-RS 21, 1310; BGH BlPMZ 00, 327 *EWING* (Löschung einer eingetragenen Marke).
78 BPatGE 15, 204; vgl auch BPatGE 1, 31; 1, 32; 22, 37.
79 BPatGE 22, 37 = GRUR 79, 699 (Zulässigkeit wegen zweiseitigem Verfahren).
80 BGH GRUR 09, 701 *Niederlegung der Inlandsvertretung*.

anderen Inlandsvertreters liegt nur während eines anhängigen Verfahrens vor,[81] mit
der Folge, dass zunächst dessen Bestellung nach § 25 (3) angezeigt und dieser im Register nach § 30 (3) 2 eingetragen werden muss. Dies gilt auch für Widerrufs- und
Beschränkungsverfahren (§ 64). Denn die Mandatsniederlegung allein beendet die
Inlandsvertretereigenschaft noch nicht, da der Inlandsvertreter nach § 30 (3) 2 grundsätzlich bis zur Löschung seiner Eintragung im Register berechtigt und verpflichtet
bleibt.[82] Die bloße Innehabung eines wirksamen Patents stellt keine Teilnahme an
einem Verfahren im Sinne des § 25 (1) dar, ebenso wenig die Zahlung von Jahresgebühren nach dem PatKostG.[83]

Zustellungen sind bis zu diesem Zeitpunkt daher an den bisherigen Inlandsvertreter   40
zu richten, es sei denn, dem DPMA oder dem BPatG ist sowohl die Beendigung als
auch die Bestellung eines *neuen* Inlandsvertreters angezeigt worden. Von diesem Zeitpunkt an sind gemäß § 25 (3), der eine lex specialis zu § 30 (2) 2 ist, Zustellungen nur
noch an den neu bestellten Inlandsvertreter zu richten.

Wird eine wirksame Zustellung an den bisherigen Inlandsvertreter gegenüber dem   41
neuen Inlandsvertreter wiederholt, so kommt es für die Rechtsfolgen nur auf die erste,
wirksame Zustellung an.[84]

6 Wiedereinsetzung

in die von DPMA oder BPatG gesetzte Frist zur Beseitigung des Mangels des fehlen-   42
den Inlandsvertreters ist nicht möglich, weil die Säumnis keinen unmittelbaren Rechtsnachteil zur Folge hat, sondern nur die Möglichkeit einer für den Säumigen negativen
Entscheidung eröffnet.[85]

7 Gerichtsstand

§ 25 (2) PatG beschränkt den Gerichtsstand des § 23 ZPO für Auswärtige zur Verein-   43
fachung der Prozessführung auf den Ort des **Geschäftsraums** (= geschäftliche Niederlassung) des Inlandsvertreters.[86] § 25 (2) PatG geht daher § 23 ZPO vor.[87]
  Art 5 EuGVVO nF[88] schließt den Gerichtsstand des § 23 ZPO und des § 25 (2)
PatG für Personen aus, die ihren Wohnsitz im Hoheitsgebiet eines Mitgliedstaats
haben, da diese vor den Gerichten eines anderen Mitgliedstaats nur gemäß den Art 7

---

81 BGH GRUR 09, 701 *Niederlegung der Inlandsvertretung*; Mes § 25 PatG Rn 8 f.
82 BPatG BlPMZ 07, 421 *Inlandsvertreter*; BPatGE **28**, 219; BPatG BlPMZ **88**, 253; **96**, 357; aA
    BPatG (23. Senat): BlPMZ **94**, 292 u BPatGE **34**, 186.
83 BGH GRUR 09, 701 *Niederlegung der Inlandsvertretung*; BPatG BlPMZ 07, 421 *Inlandsvertreter*; ebenso Beiladungsbeschl. BPatG BlPMZ 08, 179 *Inlandsvertreter II* = Mitt 08, 188
    (Marke).
84 BPatG BlPMZ **96**, 357; BPatG, 24.06.13, 9 W (pat) 30/12 BeckRS **13**, 11988.
85 BPatGE **31**, 29 = BlPMZ **90**, 205; aA wohl BPatG BlPMZ **94**, 292.
86 Amtl Begr BlPMZ 02, 36, 53 zu Nr 9.
87 LG München GRUR **62**, 165 = Mitt **61**, 148.
88 VO EU Nr 1215/2012 des Europ Parlaments und des Rates v 12.12.12 über die gerichtliche
    Zuständigkeit und die Anerkennung und Vollstreckung von Entscheidungen in Zivil- und
    Handelssachen, auch Brüssel Ia-Verordnung genannt (ABl. EU Nr L 351 v 20.12.12 S 1, s
    Anhang 2 und Tabu Gewerbl. Rechtsschutz Nr 694d), vgl dazu und zur Weitergeltung der VO
    EG Nr. 44/2001 v 22.12.2000 näher § 139 Rdn 267 ff.

bis 26 EuGVVO verklagt werden können.[89] Nach Art 24 Nr 4 EuGVVO sind für Klagen, welche die Eintragung oder die Gültigkeit eines deutschen oder europäischen (Bündel-)Patents zum Gegenstand haben, ohne Rücksicht auf den Wohnsitz ausschließlich die deutschen Gerichte zuständig. Zur Zuständigkeit des künftigen Einheitlichen Patentgerichts s Art 71a – d **EuGVVO nF**[90].

---

89 Vgl Stauder GRUR Int **76**, 465, 470 u **99**, 190 unter Nr 5.
90 Eingefügt durch VO (EU) Nr 542/2014 des Europ Parlaments und des Rates v 15.05.14 zur Änderung der VO EU Nr 1215/2012 bezüglich der hinsichtlich des Einheitlichen Patentgerichts und des Benelux-Gerichtshofs anzuwendenden Vorschriften (ABl. EU Nr L 163 v 29.05.14 S 1).

2. Abschnitt Patentamt

§ 26 Organisation und Mitglieder des DPMA

(1) ¹Das Deutsche Patent- und Markenamt ist eine selbständige Bundesoberbehörde im Geschäftsbereich des Bundesministeriums der Justiz und für Verbraucherschutz. ²Es hat seinen Sitz in München.

(2) ¹Das Deutsche Patent- und Markenamt besteht aus einem Präsidenten und weiteren Mitgliedern. ²Sie müssen die Befähigung zum Richteramt nach dem Deutschen Richtergesetz besitzen (rechtskundige Mitglieder) oder in einem Zweig der Technik sachverständig sein (technische Mitglieder). ³Die Mitglieder werden auf Lebenszeit berufen.

(3) ¹Als technisches Mitglied soll in der Regel nur angestellt werden, wer im Inland an einer Universität, einer technischen oder landwirtschaftlichen Hochschule oder einer Bergakademie in einem technischen oder naturwissenschaftlichen Fach eine staatliche oder akademische Abschlussprüfung bestanden hat, danach mindestens fünf Jahre im Bereich der Naturwissenschaften oder Technik beruflich tätig war und im Besitz der erforderlichen Rechtskenntnisse ist. ²Abschlussprüfungen in einem anderen Mitgliedstaat der Europäischen Union oder in einem anderen Vertragsstaat des Abkommens über den Europäischen Wirtschaftsraum stehen der inländischen Abschlussprüfung nach Maßgabe des Rechts der Europäischen Gemeinschaften gleich.

(4) ¹Wenn ein voraussichtlich zeitlich begrenztes Bedürfnis besteht, kann der Präsident des Deutschen Patent- und Markenamts Personen, welche die für die Mitglieder geforderte Vorbildung haben (Absatz 2 und 3), mit den Verrichtungen eines Mitglieds des Deutschen Patent- und Markenamts beauftragen (Hilfsmitglieder). ²Der Auftrag kann auf eine bestimmte Zeit oder für die Dauer des Bedürfnisses erteilt werden und ist so lange nicht widerruflich. ³Im übrigen gelten die Vorschriften über Mitglieder auch für die Hilfsmitglieder.

Cornelia Rudloff-Schäffer

Übersicht

Geltungsbereich		1
Literatur		2
Kommentierung zu § 26 PatG		
1	Das Patent- und Markenamt	3
1.1	Rechtsstellung	3
1.2	Organisation des DPMA	6
1.2.1	*Hauptabteilungen des DPMA*	7
1.2.2	*Dienststelle Jena*	11
1.2.3	*Informations- und Dienstleistungszentrum Berlin (IDZ)*	12
1.3	Kontakte zu DPMA und BPatG	13
1.3.1	DPMA München	13
1.3.2	DPMA Dienststelle Jena	14
1.3.3	Informations- und Dienstleistungszentrum Berlin	15
1.3.4	Bundespatentgericht	16
2	Mitglieder des DPMA	17
2.1	Präsident oder Präsidentin	18

2.1.1	Organisationsgewalt	19
2.1.2	Dienstvorgesetzte/r	21
2.1.3	Weisungsrecht	22
2.2	**Rechtskundige Mitglieder**	30
2.3	**Technische Mitglieder**	31
2.4	**Hilfsmitglieder**	34
2.5	**Nichtmitglieder**	35

1 **Geltungsbereich: 2. PatÄndG** hat »DPA« in »DPMA« umbenannt und § 26 (2) neu gefasst (Amtl Begr BlPMZ **98**, 393, 401). Art 40 Nr 2 des **2. BereinigungsG** BMJ v 23.11.07 (BGBl I S 2614 = BlPMZ **08**, 1) hat den Regelungsgehalt – soweit noch von Bedeutung – des gleichzeitig durch Art 42 aufgehobenen Gesetzes über die Errichtung eines Patentamtes im Vereinigten Wirtschaftsgebiet aus dem Jahre 1949 als neuen Abs 1 eingefügt (Amtl Begr s BT-Drs 16/5051 S 40). Art 204 der Zehnten Zuständigkeits-AnpassungsVO v 31.08.15 (BGBl I S 1474) hat in Abs 1 S 1 wegen des erweiterten Zuständigkeitsbereichs des Bundesministeriums der Justiz die Wörter »und für Verbraucherschutz« eingefügt. Durch Art 1 Nr 8 des **2. PatMoG** vom 10.08.21 (BGBl I S 3490) wurde die Bezeichnung »Patentamt« in Abs 2 und 4 jeweils durch die amtliche Bezeichnung »Deutsches Patent- und Markenamt« ersetzt.

2 **Lit:** Althammer, Das DPA, 1970; Häußer/Hallmann/Ströbele in »100 Jahre Patentamt« 1977, S 403, 445; Häußer in »25 Jahre BPatG« 1986, 63; Häußer in FS Preu 1988, 107; Rudloff-Schäffer, VPP-Rundbrief 2010, 93; **Lit in GRUR:** Häußer **79**, 604; Zimmer **79**, 609; **Lit in GRUR-Prax:** Haertel **14**, 143; Hahn **14**, 458; **Lit in Mitt:** Krabel **76**, 138; Pakuscher **77**, 8; von Füner **80**, 27; Hanning **92**, 257; Ann **15**, 197; Hubert **15**, 356; **Lit in CR:** Starck **89**, 367.

1 Das Patent- und Markenamt

1.1 Rechtsstellung

3 Das DPMA ist eine dem BMJV nachgeordnete obere Bundesbehörde.[1] Es ist rechtlich Verwaltungsbehörde, die Verwaltungsakte erlässt.[2] Obwohl die Verfahren vor dem DPMA justizförmig[3] und mit besonderen Rechtsgarantien (zB Ausschließung und Ablehnung nach § 27 (6) 1 PatG) ausgestaltet sind, stellt die Patenterteilung keinesfalls Rechtsprechung im materiellen Sinne dar,[4] denn anders als im patentgerichtlichen Verfahren (dort § 68 PatG) fehlt der Verweis auf die richterliche Selbstverwaltung (s §§ 21a ff Gerichtsverfassungsgesetz) und damit die gesetzliche Garantie der richterlichen Unabhängigkeit iSd Art 97 (1) GG.[5]

4 DPMA verfolgt bei der Erfüllung seiner gesetzlichen Aufgaben kein eigenes, verwaltungsmäßiges Ziel.[6] Für seine Entscheidungen steht DPMA kein Ermessensspielraum zu. Vielmehr hat es den beantragten Verwaltungsakt zu erlassen, wenn die gesetzlichen Voraussetzungen erfüllt sind. Insoweit sind seine Entscheidungen mit richterlichen

---

1 S früher § 2 Gesetz über die Errichtung eines Patentamts BlPMZ **49**, 262, **98**, 382 (Art 1 Nr 2 2. PatGÄndG).
2 BVerwG BlPMZ **59**, 258; BVerfG GRUR **03**, 723 *Rechtsprechungstätigkeit*; BPatG BeckRS **14**, 13 853 (Gbm).
3 BGH BlPMZ **67**, 225, 226 rSp *Rohrhalterung*; **70**, 161 *Appreturmittel*; BPatG BeckRS **16**, 18 844 (Gebrlöschung).
4 BVerfG GRUR **03**, 723 *Rechtsprechungstätigkeit*; BPatG, 11.04.19, 35 W (pat) 9/17 BeckRS **19**, 9629 (im Hinblick auf Gebührenerstattung für PA im Gebrauchsmusterlöschungsverfahren).
5 BPatG v 15.07.10, 5 W (pat) 452/07 BPatGE **52**, 169.
6 BGH GRUR **69**, 562 (III1b) = BlPMZ **70**, 161 *Appreturmittel*.

Erkenntnissen vergleichbar. Das Verwaltungsverfahrensgesetz findet daher nach § 2 (2) Nr 3 VwVfG auf das Patentverfahren keine Anwendung, da das DPMA insofern als atypische Verwaltungsbehörde tätig wird.[7]

Grundsatz der Gesetzmäßigkeit der Verwaltung gilt auch für DPMA. Es hat daher geltende Gesetze anzuwenden und kann deren Verfassungsmäßigkeit nicht in Frage stellen. Nur ein Gericht kann eine Entscheidung des BVerfG oder des EuGH einholen (s Einl Rdn 532, 537).

1.2 Organisation des DPMA

Hauptsitz des DPMA ist München. Das DPMA ist in 4 Hauptabteilungen (H) gegliedert. Mehrere Stabsstellen (u.a. für Interne Kommunikation, Presse, Geschäftsprozessmanagement, Datenschutz) unterstützen die Amtsleitung unmittelbar.

1.2.1 Hauptabteilungen des DPMA

H 1 – Patente und Gebrauchsmuster umfasst seit 01.04.19 insgesamt **39 Abteilungen in 5 Abteilungsgruppen** (1.10 Allgemeiner Maschinenbau; 1.20 Mechanische Technologie; 1.30 Elektrotechnik; 1.40 Chemie, Medizintechnik, Patentverwaltung, Gebrauchsmuster; 1.50 Physik), die von **Abteilungsgruppendirektoren und -direktorinnen** geleitet werden. Mehr als 1000 Patentprüferinnen und -prüfer sind in den **37 prüfenden Patentabteilungen** tätig. In der **Abteilung 1.1** (Patent- und Gebrauchsmusterverwaltung) sind rund 250 Sachbearbeiterinnen und Sachbearbeiter im mittleren und gehobenen Dienst u.a. mit Aufgaben der Eingangssachbearbeitung, Prioritätsbelegen, allgemeinen und speziellen formellen Patentverfahren, Datenerfassung, -fortschreibung und -korrektur sowie mit verfahrensübergreifenden Diensten betraut (Referate **1.1.1** und **1.1.2**). Die Gebrauchsmusterstelle (Referat **1.1.3**) ist für Gebrauchsmuster- und Topographieverfahren zuständig. In der **Gebrauchsmuster (und –Topografie)abteilung 1.2** werden sämtliche Gebrauchsmusterlöschungsverfahren bearbeitet. Ab 2022 werden weitere Patentabteilungen in der Dienststelle Jena angesiedelt.

H 2 – Information informiert die Öffentlichkeit über die gewerblichen Schutzrechte, zB durch elektronische Dienste im Internet und ist für Planung, Entwicklung, Betrieb und Sicherheit der IT sowie für die Betreuung interner und externer Informationsdienste zuständig (zB für das amtseigene elektronische Patentinformationssystem DEPATIS, das elektronisch geführte DPMAregister und den Betrieb der IT-Systeme DPMApatente/gebrauchsmuster und DPMAmarken in den Hauptabteilungen 1 und 3). Die H 2 hat außerdem umfangreiche bibliothekarische und statistische Aufgaben und entwickelt die Schutzrechtsklassifikationen und Dokumentationssysteme fort.

H 3 – Marken und Designs besteht aus 5 Abteilungen. Die Abteilungen 3.1 bis 3.4 sind für die elektronische Bearbeitung und Verwaltung von Marken und geografischen Herkunftsangaben sowie für Markenlöschungsverfahren zuständig. In der Abteilung 3.5 in Jena werden in der Designstelle (3.5.1) sämtliche Designverfahren bearbeitet und eingetragene Designs verwaltet; außerdem werden dort Designnichtigkeitsverfahren durchgeführt.

---

7 § 2 (2) Nr 3 VwVfG BlPMZ **98**, 490.

§ 26 DPMA

10 H 4 – **Verwaltung und Recht** ist in 4 Abteilungen gegliedert: **4.1** Personalmanagement; **4.2** Haushalt, Organisation, Innerer Dienst und Digitalisierung, **4.3** Rechtsabteilung (inkl. Patentanwalts- und Vertreterwesen), **4.4** Aufsicht nach dem Verwertungsgesellschaftengesetz.

11 **1.2.2 Dienststelle Jena**[8] mit den Abt 3.1 und 3.5 ist zuständig für Prüfung von ca 40 % der Markenanmeldungen, Verwaltung der in Kraft befindlichen Marken nach Eintragung und Bearbeitung sämtlicher Anmeldungen von Designs und Typographischen Schriftzeichen sowie deren Verwaltung.

12 **1.2.3 Informations- und Dienstleistungszentrum Berlin (IDZ)** bietet im Recherchesaal Informations- und Recherchemöglichkeiten im Bereich des gewerblichen Rechtsschutzes an. Die Auskunftsstelle informiert über Anmeldeverfahren und Gebühren. Beim Publikationsservice sind die Veröffentlichungen anderer Patentämter erhältlich. Die Geschäftsstelle des Nutzerbeirats des DPMA ist ebenfalls beim IDZ angesiedelt.

1.3 Kontakte zu DPMA und BPatG

1.3.1 DPMA München

13 **Hausanschrift:** Zweibrückenstraße 12, 80 331 München
Postanschrift: DPMA, 80 297 München
Internet: https://www.dpma.de
Zentrale Telefonvermittlung: (089) 2195–0
Telefax: (089) 2195–2221
Zentraler Kundenservice: (für Anfragen bei der Vorbereitung von Schutzrechtsanmeldungen und allgemeine Anfragen): **Tel:** (089) 2195–1000, **E-Mail:** info@dpma.de
Recherchesaal (für Schutzrechtsauskünfte und Anfragen zur DPMA-Datenbank DPMAregister (s https://register.dpma.de),): **Tel:** (089) 2195–2504, –3403, **E-Mail:** datenbanken@dpma.de; Rechercheunterstützung: Tel: (089) 2195—3435
Technische Hotline für Fragen zur elektronischen Einreichung in Schutzrechtsverfahren (DPMAdirektPro und DPMAdirektWeb): DPMAdirekt@dpma.de)
Bibliothek: Tel: (089) 2195–3838
Schiedsstelle für Arbeitnehmererfindungen: Tel: (089) 2195–3936, **Telefax:** –4432
Zahlungen an DPMA (Zahlungsarten s die Erl zur PatKostZV im Anhang 17)
Empfänger: Bundeskasse Halle/DPMA
IBAN: DE84 7000 0000 0070 0010 54
BIC (SWIFT-Code): MARKDEF1700
Anschrift der Bank: Deutsche Bundesbank Filiale München, Leopoldstr. 234, 80 807 München

1.3.2 DPMA Dienststelle Jena

14 **Hausanschrift:** Goethestraße 1, 07 743 Jena
Postanschrift: DPMA Dienststelle Jena, 07 738 Jena

---

[8] Die Dienststelle Berlin wurde 1998 nach Jena verlagert und in Berlin wurde ein Technisches Informationszentrum (jetzt Informations- und Dienstleistungszentrum IDZ) eingerichtet (MittDPMA Nr 11/98, Nr 5/99 BlPMZ **98**, 381, **99**, 49). Zur Dienststelle Jena vgl Ortlieb/Schröder GRUR **99**, 792.

Telefonvermittlung: (03 641) 40–54
Telefax: (03 641) 40–5690
Zentraler Kundenservice: Tel: (089) 2195–1000. E-Mail: info@dpma.de

1.3.3 Informations- und Dienstleistungszentrum Berlin

Hausanschrift: Gitschiner Straße 97, 10 969 Berlin
Postanschrift: DPMA IDZ Berlin, 10 958 Berlin
Telefonvermittlung: (030) 25 992–0
Telefax: (030) 25 992–404
Zentraler Kundenservice: Tel: (089) 2195–1000; E-Mail: info@dpma.de
Publikationsservice: Tel: (030) 25 992–275, -410, -498; Telefax: (030) 25 992–499;
E-Mail: pu.service@dpma.de

1.3.4 Bundespatentgericht

Hausanschrift: Cincinnatistraße 64, 81 549 München
Postanschrift: Postfach 90 02 53, 81 502 München
Internet: http://www.bundespatentgericht.de
Telefon: (089) 69 937–0; Telefax: (089) 69 937–5100
E-Mail: bundespatentgericht@bpatg.bund.de

2 Mitglieder des DPMA

Die Mitglieder werden auf Lebenszeit berufen.

2.1 Präsident oder Präsidentin

ist Behördenleitung und bildet mit den beiden **Vizepräsidenten** oder Vizepräsidentinnen die Amtsleitung. PräsDPMA ist Mitglied des DPMA und muss daher die Voraussetzungen des § 26 (2) 2 erfüllen. Präsident oder Präsidentin ist Inhaber der Organisationsgewalt, Dienstvorgesetzter, Hausherr, Vertreter des DPMA in bestimmten gerichtlichen Verfahren, die das DPMA betreffen[9] und Verordnungsgeber auf Grund der in § 1 (2) DPMAV übertragenen Ermächtigungen.

2.1.1 Organisationsgewalt ist der Inbegriff der Befugnisse für die Einrichtung der Behörde und die Art und Weise der Erfüllung ihrer Aufgaben. Sie findet dort ihre Grenze, wo das Gesetz selbst darüber bestimmt. Innerhalb dieser Grenzen kann PräsDPMA auch andere Zuständigkeiten innerhalb des DPMA begründen.[10]

Bei dem justizförmig ausgestalteten Verfahren des DPMA ist der Umfang der Organisationsgewalt geringer als bei einer sonstigen Verwaltungsbehörde. Sie umfasst nach § 1 (1) und § 2 (1) DPMAV (siehe Anhang 10):
a) Leitung und Beaufsichtigung des gesamten Geschäftsbetriebs; b) Hinwirken auf gleichmäßige Behandlung der Geschäfte und auf die Beachtung gleicher Grundsätze. Diese Aufgabe berechtigt Präs aber nicht, an den Beratungen der Patentabteilungen

---

9 § 2 (3) und (4) BMJ-Vertretungsanordnung v 01.02.13 (BMJVertrAnO) BGBl I S 167; aktuelle Fassung s unter http://www.gesetze-im-internet.de.
10 BPatGE 15, 117, 119.

teilzunehmen;[11] c) Bestimmung der Geschäftsverteilung der Prüfungsstellen und Patentabteilungen; d) Bestimmung der Vorsitzenden und stellvertretenden Vorsitzenden der Patentabteilungen; e) Regelungen zur Klassifizierung der Anmeldungen.

21 2.1.2 **Dienstvorgesetzte/r** iSd § 3 (2) BBG ist PräsDPMA, da für beamtenrechtliche Entscheidungen über die persönlichen Angelegenheiten der nachgeordneten Beamten zuständig.[12] PräsDPMA kann – vorbehaltlich BMJV vorbehalterer besonderer Fälle – Beamtinnen und Beamte in den höheren technischen Dienst beim DPMA einstellen[13] sowie Beamtinnen und Beamte des höheren Dienstes auf Lebenszeit ernennen, Angehörige der Besoldungsgruppen A 14 und A 15 ernennen und Angehörige der Besoldungsgruppen A 13 bis A 15 entlassen.[14]

22 2.1.3 **Weisungsrecht** besitzt PräsDPMA.[15] Der Gesetzgeber hat ausdrücklich davon abgesehen, die praktische Unabhängigkeit der Prüfer gesetzlich zu normieren, weil dies gegen den Grundsatz der parlamentarischen Verantwortung der Bundesregierung verstoßen könnte.[16] Das Bundesverfassungsgericht hat die Frage der sachlichen Weisungsfreiheit der technischen Mitglieder bei ihrer Entscheidung über die Patenterteilung als solche zwar offen gelassen, aber ausdrücklich festgestellt, dass es sich bei der Tätigkeit der technischen Mitglieder des DPMA nicht um Rechtsprechung im materiellen Sinne handelt.[17] Den Beamtinnen und Beamten des DPMA können daher grundsätzlich Anordnungen für die gesetzmäßige Ausübung der dienstlichen Tätigkeit erteilt werden[18], insbesondere können zur sachgemäßen und einheitlichen Durchführung der Verfahren vor DPMA generelle Richtlinien oder Hausverfügungen erlassen werden (§ 1 (1) DPMAV).

23 Folgende **Richtlinien** mit Bezug zum Patentbereich wurden erlassen:
Klassifizierungsrichtlinien vom 8.3.2019 (BlPMZ **19**, 125 = Tabu Gewerbl. Rechtsschutz Nr 134)
Recherchrichtlinien vom 14.5.2020 (BlPMZ **20**, 157 = Tabu Gewerbl. Rechtsschutz Nr 135)
Prüfungsrichtlinien vom 27.2.2019 (BlPMZ **19**, 73 = Tabu Gewerbl. Rechtsschutz Nr 136)
Einspruchs-, Widerrufs- und Beschränkungs-Richtlinien vom 3.7.2018 (BlPMZ **18**, 230 = Tabu Gewerbl. Rechtsschutz Nr 137)
Prüfungsrichtlinien Schutzzertifikate vom 23.1.2015 (BlPMZ **15**, 65 = Tabu Gewerbl. Rechtsschutz Nr 140)
Umschreibungsrichtlinien vom 14.12.2018 (BlPMZ **19**, 22 = Tabu Gewerbl. Rechtsschutz Nr 313)

---

11 Das sah der frühere § 10 DPAVO 1936 vor; vgl dazu BVerwG BlPMZ **59**, 258, 260 lSp.
12 BPatG, 07.08.03, 10 W (pat) 57/01 (Dienstaufsicht über Prüfer).
13 Anordnung BMJ v 16.10.06, BGBl I S 2668.
14 Anordnung BMJ v 25.03.04, BGBl I S 675.
15 Benkard/Schäfers Rn 11; Kraßer/Ann Patentrecht 7. Aufl § 23 Rn 25; Starck CR **89**, 367.
16 Schriftlicher Bericht des Rechtsausschusses zum 6.ÜG BlPMZ **61**, 169, 170 (III2).
17 BVerfG GRUR **03**, 723 *Rechtsprechungstätigkeit*.
18 Kraßer/Ann Patentrecht 7. Aufl § 23 Rn 26.

Richtlinien können Gerichte nicht binden,[19] sind aber für Prüferinnen und Prüfer sowie Mitglieder der Patentabteilung verbindlich,[20] so dass deren Verletzung ein Dienstvergehen sein könnte (§ 77 BBG). Das schließt aber nicht aus, dass Mitglieder des DPMA ausnahmsweise von den Richtlinien abweichen können, nämlich a) wenn inzwischen das Gesetz geändert wurde und die Richtlinien noch aktualisiert werden müssen; b) wenn die Richtlinien mit einer ständigen Rechtsprechung nicht mehr in Einklang stehen; c) wenn Einzelfälle in den Richtlinien nicht behandelt sind; d) wenn die besondere Fallgestaltung ein Abweichen rechtfertigt, sofern das Abweichen eingehend begründet wird.[21]

24

Ein Abweichen von den Richtlinien ist daher nicht regelmäßig ein **Verfahrensmangel**, der zur Zurückverweisung gemäß § 79 (3) Nr 2 oder zur Rückzahlung der Beschwerdegebühr berechtigen würde.

25

Ermessensbindung: PräsDPMA kann anordnen, dass von einem gesetzlich eingeräumten Ermessen in bestimmter Weise Gebrauch gemacht wird.[22]

26

Weisung im Einzelfall, ein Verfahren sachlich in bestimmter Weise zu entscheiden (zB: »X ein Patent zu erteilen« oder »die Anmeldung des Y zurückzuweisen«), kann PräsDPMA nicht erlassen.[23] Das würde der justizförmigen Ausgestaltung des Verfahrens widersprechen. Die justizförmige Ausgestaltung lässt aber nicht den Schluss zu, bei der Tätigkeit der technischen Mitglieder des DPMA handele es sich um Rechtsprechung im materiellen Sinne.[24] Ein Prüfer könnte wegen Besorgnis der Befangenheit abgelehnt werden, wenn er nicht frei, sondern gemäß Weisung zu entscheiden hätte. Eine Patentabteilung kann schon deshalb nicht angewiesen werden (zB »Patent Nr X zu widerrufen«), weil diese gemäß § 2 (4) DPMAV mit Stimmenmehrheit entscheidet, was eine Weisung ausschließt. Im Unterschied zu anderen Verwaltungsbehörden hat DPMA zudem kein eigenes verwaltungsmäßiges Ziel auf dem Gebiet der Patenterteilung zu verfolgen,[25] so dass eine Legitimation zu einer materiellen Weisung im Einzelfall fehlt. Insofern gibt es eine beschränkte Weisungsfreiheit.[26]

27

Einzelweisungen zur *prozessualen* Gestaltung des Verfahrens sind aber möglich, zB über die Handhabung der Ordnungsvorschrift des § 34 (5) über die Einheitlichkeit, und insbesondere wenn der Beamte sich dienstpflichtwidrig verhält, zB eindeutig widerrechtliche, unhaltbare oder abwegige Auffassungen vertritt oder willkürlich handelt.[27]

28

---

19 BPatG BlPMZ 08, 256, 257 *Umschreibungsverfahren* (PrüfRL Marke = verwaltungsinterne Anweisung).
20 BGH GRUR 91, 814 (III3) *Zustellungsadressat* (für die Hausverfügung über Zustellungen).
21 S. zu den Grenzen der PrüfungsRL Marken BPatG, 01.12.09, 27 W (pat) 220/09 Mitt 10, 198 L.
22 BGH GRUR 91, 814 (III3) (für die Wahl des Zustellungsadressaten).
23 Vgl Bossung GRUR Int 58, 286, 288.
24 BVerfG GRUR 03, 723 *Rechtsprechungstätigkeit*.
25 Vgl BGH BlPMZ 70, 161 = GRUR 69, 562 (III1b) *Appreturmittel*.
26 Vgl dazu BVerfG GRUR 03, 723 *Rechtsprechungstätigkeit*.
27 Starck CR 89, 367.

29 Ebenfalls im Rahmen des Organisationsermessens kann PräsDPMA durch Präsidialverfügung anweisen, dass Beschäftigte eine **Signaturkarte** von einem bestimmten Trustcenter vertraglich erwerben und diese zur Erfüllung der mit der Einführung der **qualifizierten elektronischen Signatur** übertragenen Dienstgeschäfte nach Maßgabe der Geschäftsordnung des DPMA und ihrer Anlagen nutzen. Eine derartige Weisung zur Umsetzung einer Organisationsentscheidung (hier: Nutzung der elektronischen Signatur zur Signierung von Beschlüssen und Niederschriften nach § 5 EAPatV) dient der Konkretisierung der Dienstleistungspflicht und der Erhaltung der Dienstbereitschaft und -fähigkeit.[28] Weisung ist rechtmäßig, sofern die Eingriffe in die persönliche Sphäre des Beschäftigten durch den angestrebten Zweck der Aufgabenerfüllung legitimiert sind und den Grundsätzen der Verhältnismäßigkeit und der Gleichbehandlung gerecht werden.[29] Soweit personenbezogene Daten zur Identifizierung des Beschäftigten erhoben und genutzt werden und ein privatrechtlicher Vertrag mit dem Trustcenter abgeschlossen werden muss, ist der Eingriff in durch Art 2 (1) GG geschützte Grundrechte durch den – die hergebrachten Grundsätze des Berufsbeamtentums iSv Art 33 (5) GG konkretisierenden – § 61 BBG (Weisungsrecht) als Teil der verfassungsmäßigen Ordnung im Sinne von Art 2 (1) GG gedeckt.[30]

2.2 Rechtskundige Mitglieder

30 müssen die Befähigung zum Richteramt nach dem Deutschen Richtergesetz besitzen.

2.3 Technische Mitglieder

31 müssen in einem Zweig der Technik sachverständig sein. Diese Voraussetzung soll in der Regel erfüllt sein, wenn der Bewerber oder die Bewerberin den Anforderungen des § 26 (3) entspricht, dh an einer Universität, einer technischen oder landwirtschaftlichen Hochschule oder einer Bergakademie in einem technischen oder naturwissenschaftlichen Fach eine staatliche oder akademische Abschlussprüfung abgelegt hat. Die erforderlichen Rechtskenntnisse werden durch interne Qualifizierungsmaßnahmen für den Arbeitsplatz Patentprüfung erworben, eine Prüfung ist nicht abzulegen.

32 § 26 (3) ist eine gesetzliche Spezialregelung für den Zugang zur Laufbahn im höheren technischen Dienst und damit auch für die Befähigung zum technischen Mitglied des DPMA.[31] Bewerber müssen einen Diplom- oder Master-Abschluss an einer *wissenschaftlichen* Hochschule sowie eine anschließende, im Regelfall mindestens fünfjährige

---

28 BayVGH NVwZ-RR 16, 189 = BeckRS 15, 53 571 (im Nachgang zu vorl Rechtsschutz-Verfahren VG München BeckRS 15, 56 259; BayVGH BeckRS 11, 34 267; BVerfG BeckRS 12, 51 067 (Nichtannahmebeschluss)); s auch BAGE 146, 109 = NJW 14, 569 (Tarifbeschäftigte im öff Dienst) mit Anm Hornung in ZD 14, 154 (u.a. zur Haftungsbeschr beim DPMA).
29 VG München BeckRS 15, 56 259; BayVGH BeckRS 11, 34 267.
30 BayVGH NVwZ-RR 16, 189 = BeckRS 15, 53 571; BayVGH BeckRS 11, 34 267.
31 Abweichend von § 17 (5) Bundesbeamtengesetz iVm § 21 (1) Nr 2 bzw. § 23 (4) Bundeslaufbahnverordnung.

Berufstätigkeit im Bereich der Naturwissenschaft oder Technik nachweisen.³² Zur zwingenden Anforderung einer staatlichen oder akademischen Abschlussprüfung an einer wissenschaftlichen Hochschule als Voraussetzung für die Laufbahn eines technischen Mitglieds am BPatG s § 65 (2) 3 unter Verweis auf § 26 (3).³³

Tätigkeit auf allen technischen Gebieten: Dazu sind technische Mitglieder aufgrund ihrer erforderlichen beruflichen Qualifikation und des aus der ständigen Befassung mit (auch wechselnden) technischen Fachgebieten gewonnenen Erfahrungswissens befähigt; sie sind – ebenso wie die Mitglieder der technischen Beschwerdesenate des BPatG – nicht auf das spezifische Fachgebiet ihrer Hochschulausbildung oder ihrer praktischen Tätigkeit beschränkt.³⁴

2.4 Hilfsmitglieder

werden durch PräsDPMA auf Zeit berufen. Prüferinnen und Prüfer in der Qualifizierungsphase werden zunächst Hilfsmitglied. Hilfsmitglieder sind nach § 26 (4) 3 den Mitgliedern gleichgestellt und können daher die gleichen Aufgaben wie Mitglieder erledigen.³⁵

2.5 Nichtmitglieder

sind alle Beamten und Tarifbeschäftigten, die das DPMA zur Erfüllung der Aufgaben benötigt, die nicht Prüfungstätigkeit iSd § 27 ist. Dazu gehören insbesondere die administrative Tätigkeit, die IT-Unterstützung, die Geschäftsstellentätigkeit sowie jede die Prüfung vorbereitende oder unterstützende Tätigkeit, wie die Digitalisierung von Eingängen und die Sachbearbeitung. Einzelne Aufgaben einer Prüfungsstelle können im Rahmen der WahrnV auch auf Beamte des gehobenen und mittleren Dienstes sowie vergleichbare Tarifbeschäftigte übertragen werden.³⁶

---

32 Zum Charakter der »Soll«-Formulierung des § 26 (3) s BayVGH BeckRS **12**, 58 027. Zum autonom auszulegenden Merkmal »wissenschaftlich« in § 6 PAO s BGH Mitt **14**, 194: »Wissenschaftliche Hochschulen« iSd § 6 PAO sind Universitäten, gleichgestellte techn und landwirtschaftl Hochschulen oder Bergakademien, nicht FH; s dazu Anm Haertel GRUR-Prax **14**, 143; Ann Mitt **15**, 197, 201; Hubert Mitt **15**, 356; zur ruhegehaltsfähigen Vordienstzeit aus DDR-Institutionen s VG München, 27.7.18, M 21 K 17.3979; zur Vordienstzeit bei Teilzeittätigkeit s VG München, 19.12.17, M 5 K 15.4450.
33 BayVGH BeckRS **12**, 58 027; zur Diskussion der Zugangsvoraussetzungen für Patentanwälte und Patentprüfer sowie techn Richter BPatG s BGH Mitt **14**, 194 (FH keine wiss Hochschule iSd § 6 PAO); Kraßer/Ann 50 Jahre BPatG S. 111 f; Kraßer/Ann Patentrecht 7. Aufl § 9 Rn 13; Ann Mitt **15**, 197; Hubert Mitt **15**, 356.
34 BGH BlPMZ **63**, 41 = GRUR **63**, 129 *Kunststofftablett*; zur technischen Sachkunde der tech Richter am BPatG s BGH GRUR **14**, 1235 *Kommunikationsrouter* = Fortführung v BGH GRUR **70**, 408 *Anthradipyrazol*; Hahn GRUR-Prax **14**, 458.
35 BGH BlPMZ **98**, 150 = GRUR **98**, 394 *Active Line*; **98**, 813 (III) *Change*.
36 S §§ 1, 7 WahrnV v 14.12.94 (BGBl I S 3812 = Tabu Gewerbl. Rechtsschutz Nr 305)

§ 26a (Fassung ab 01.01.22) Öffentlichkeitsarbeit und internationale Zusammenarbeit

(1) Das Deutsche Patent- und Markenamt hat die Aufgabe, die Öffentlichkeit, insbesondere auch kleine und mittlere Unternehmen, in allgemeiner Form über Rechte am geistigen Eigentum und deren Schranken sowie über die Wahrnehmung und Durchsetzung dieser Rechte zu informieren.

(2) Das Deutsche Patent- und Markenamt arbeitet bei der Erfüllung seiner Aufgaben mit Ämtern für geistiges Eigentum anderer Länder und Regionen, der Europäischen Patentorganisation, dem Amt der Europäischen Union für geistiges Eigentum und der Weltorganisation für geistiges Eigentum zusammen. Die Zusammenarbeit umfasst auch urheberrechtliche Belange. § 65a des Markengesetzes bleibt unberührt.

Cornelia Rudloff-Schäffer

1 **Geltungsbereich:** § 26a wurde durch Art 1 des Gesetzes über die Aufgaben des Deutschen Patent- und Markenamts und zur Änderung des Patentkostengesetzes vom 30.08.21 (BGBl I S 4074) mit Wirkung vom 01.01.22 neu eingefügt.

2 Durch den mit Wirkung vom 01.01.22 **neu eingefügten § 26a** erhält das DPMA **gesetzlich** zwei wichtige Aufgaben zugewiesen, die bislang nur in geringem Umfang wahrgenommen werden konnten und eine angemessene Personal- und Sachausstattung voraussetzen: die **allgemeine Information der Öffentlichkeit** über alle Rechte des geistigen Eigentums sowie die **zielgruppenspezifische Information von Kleinen und Mittleren Unternehmen (KMU).** Die Kategorie der Kleinstunternehmen, kleinen Unternehmen und mittleren Unternehmen umfasst Unternehmen, die weniger als 250 Personen beschäftigen und einen Jahresumsatz von höchstens 50 Mio. Euro erzielen **oder** deren Jahresbilanzsumme sich auf höchstens 43 Mio. Euro beläuft.[1]

Die allgemeinen Informationen, die vom DPMA in Kooperation mit den regional angesiedelten Patentinformationszentren (PIZ) zur Verfügung gestellt werden, sollen die vielfältigen Möglichkeiten zur Nutzung und Durchsetzung von Schutzrechten umfassen[2]. Ziel ist eine **breitere Sensibilisierung** der Öffentlichkeit und der KMU für die Thematik des Innovationsschutzes und den damit verbundenen wirtschaftlichen Nutzen.[3] Die KMU sollen in allgemeiner Form darüber informiert werden, wie Schutzrechte in die Unternehmenspolitik eingebaut werden können.[4] Der Rahmen der möglichen Dienstleistungen des DPMA ist durch das Rechtsdienstleistungsgesetz (RDG) gesteckt, eine auf die individuelle Situation des Interessierten bezogene Rechts-

---

1 Benutzerleitfaden zur Definition von KMU der EU-Kommission, Stand 2020, https://op.europa.eu/de/publication-detail/-/publication/756d9260-ee54-11ea-991b-01aa75ed71a1.
2 Informationen über die Angebote der PIZ unter http://www.piznet.de.
3 Zum potentiellen Nutzen vs zB Studie des EPA und des EUIPO in Bezug auf die Leistung von KMU mit Schutzrechten unter https://www.epo.org/service-support/publications_de.html#tab3. Zu Aktivitäten in der Schweiz und anderen Ländern: Studie des Eidgenössischen Instituts für Geistiges Eigentum IGE, IP-Unterstützungsdienstleistungen für KMU in der Schweiz, 2021, abrufbar unter www.ige.ch.
4 Amtl Begr BT-Drs 19/28680 S 20 ff.

beratung ist mit der neuen Aufgabe nicht verbunden. Damit wird die gebotene Neutralität bei der Prüfung von Anmeldungen und Bearbeitung von Verfahren gewahrt.

Das DPMA soll über **sämtliche Rechte** am geistigen Eigentum einschließlich **nicht registrierter** Rechte wie das **Urheberrecht** und das **Recht der Geschäftsgeheimnisse** informieren. 3

In Abs 2 wird die Aufgabe der **internationalen Zusammenarbeit** mit den Ämtern für geistiges Eigentum anderer Länder und Regionen, der Europäischen Patentorganisation, dem Amt der Europäischen Union für geistiges Eigentum und der Weltorganisation für geistiges Eigentum gesetzlich verankert. Auch hier erstreckt sich die Zuständigkeit auf urheberrechtliche Fragen und den Bereich der Geschäftsgeheimnisse. Daneben bleibt der breitere Regelungsansatz des § 65a Markengesetz bestehen. 4

Die **internationale Zusammenarbeit** umfasst sowohl die internationale **Verwaltungszusammenarbeit** zwischen dem DPMA und den genannten Institutionen als auch die diesbezügliche Vertretung des Bundesministeriums der Justiz und für Verbraucherschutz, soweit es sich nicht um **ministerielle** Aufgaben der strategischen Politikgestaltung und Steuerung im Sinne des § 3 Absatz 1 GGO handelt, oder solche Aufgaben vom Bundesministerium der Justiz und Verbraucherschutz grundsätzlich selbst wahrgenommen und nur im Einzelfall an das DPMA delegiert werden sollen. Die Verwaltungszusammenarbeit soll der Harmonisierung **der Vorgehensweisen** in den Verfahren der Prüfung, der Eintragung, der Verwaltung und der Löschung von Schutzrechten dienen sowie eine **bessere Rechtsdurchsetzung** beim Schutz geistiger Eigentumsrechte auf nationaler, europäischer sowie internationaler Ebene fördern. Dazu bieten sowohl EPA als auch EUIPO so genannte **Konvergenzprojekte** an[5], in denen sie zusammen mit interessierten Experten der nationalen Ämter gemeinsame Prüfkriterien und einheitliche Verfahrensweisen entwickeln (zB beim EPA zu Erfindernennung, Einheitlichkeit der Erfindung, Wiedereinsetzung). 5

Die Zusammenarbeit mit dem **Amt der Europäischen Union für geistiges Eigentum (EUIPO)** mit Sitz in Alicante (Spanien) umfasst auch die Betreuung der Initiativen und Tätigkeiten der **Beobachtungsstelle** (Observatory) des EUIPO, die auf Art 1 Satz 1, Art 2 der Verordnung (EU) Nr. 386/2012 beruhen. Das DPMA ist künftig auf nationaler Ebene die **zentrale Koordinierungsstelle** und der **Ansprechpartner** der Beobachtungsstelle.[6] Außerdem soll das DPMA die **Zusammenarbeit** mit den **deutschen Behörden koordinieren**, die für Aufgaben zuständig sind, die entsprechende Initiativen und Tätigkeiten der Beobachtungsstelle betreffen (zB Zollverwaltung, Strafverfolgungsbehörden). 6

Die Zuständigkeit des **Bundessortenamts für das Sortenschutzrecht** sowohl im Hinblick auf die Information und Sensibilisierung der Öffentlichkeit als auch die internati- 7

---

5 Zu den Konvergenzprojekten des EUIPO im Netzwerk der EU für geistiges Eigentum (EUIPN) s unter https://euipo.europa.eu/ohimportal/de/european-cooperation.
6 Zur Arbeit der Beobachtungsstelle des EUIPO s https://www.euipo.europa.eu/ohimportal/de/web/guest/european-observatory und https://euipo.europa.eu/ohimportal/de/web/observatory/home.

onale Zusammenarbeit (mit dem Gemeinschaftlichen Sortenamt (CPVO) in Angers, Frankreich) bleibt von der Regelung **unberührt**.

§ 27 Prüfungsstellen und Patentabteilungen

(1) [1]Im Deutschen Patent- und Markenamt werden gebildet
1. Prüfungsstellen für die Bearbeitung der Patentanmeldungen und für die Erteilung von Auskünften zum Stand der Technik (§ 29 Abs 3);
2. [1]Patentabteilungen für alle Angelegenheiten, die die erteilten Patente betreffen, für die Festsetzung der Vergütung (§ 23 Abs 4 und 6) und für die Bewilligung der Verfahrenskostenhilfe im Verfahren vor dem Deutschen Patent- und Markenamt. [2]Innerhalb ihres Geschäftskreises obliegt jeder Patentabteilung auch die Abgabe von Gutachten (§ 29 Abs 1 und 2).

(2) Die Obliegenheiten der Prüfungsstelle nimmt ein technisches Mitglied der Patentabteilung (Prüfer) wahr.

(3) [1]Die Patentabteilung ist bei Mitwirkung von mindestens drei Mitgliedern beschlussfähig, unter denen sich, soweit die Abteilung im Einspruchsverfahren tätig wird, zwei technische Mitglieder befinden müssen. [2]Bietet die Sache besondere rechtliche Schwierigkeiten und gehört keiner der Mitwirkenden zu den rechtskundigen Mitgliedern, so soll bei der Beschlussfassung ein der Patentabteilung angehörendes rechtskundiges Mitglied hinzutreten. [3]Ein Beschluss, durch den ein Antrag auf Zuziehung eines rechtskundigen Mitglieds abgelehnt wird, ist selbständig nicht anfechtbar.

(4) Der Vorsitzende der Patentabteilung kann alle Angelegenheiten der Patentabteilung mit Ausnahme der Beschlussfassung über die Aufrechterhaltung, den Widerruf oder die Beschränkung des Patents sowie über die Festsetzung der Vergütung (§ 23 Abs 4) allein bearbeiten oder diese Aufgaben einem technischen Mitglied der Abteilung übertragen; dies gilt nicht für eine Anhörung.

(5) [1]Das Bundesministerium der Justiz und für Verbraucherschutz wird ermächtigt, durch Rechtsverordnung Beamte des gehobenen und des mittleren Dienstes sowie vergleichbare Angestellte mit der Wahrnehmung von Geschäften zu betrauen, die den Prüfungsstellen oder Patentabteilungen obliegen und die ihrer Art nach keine besonderen technischen oder rechtlichen Schwierigkeiten bieten; ausgeschlossen davon sind jedoch die Erteilung des Patents und die Zurückweisung der Anmeldung aus Gründen, denen der Anmelder widersprochen hat. [2]Das Bundesministerium der Justiz und für Verbraucherschutz kann diese Ermächtigung durch Rechtsverordnung auf das Deutsche Patent- und Markenamt übertragen.

(6) [1]Für die Ausschließung und Ablehnung der Prüfer und der übrigen Mitglieder der Patentabteilungen gelten die §§ 41 bis 44, 45 Abs 2 Satz 2, §§ 47 bis 49 der Zivilprozeßordnung über Ausschließung und Ablehnung der Gerichtspersonen sinngemäß. [2]Das gleiche gilt für die Beamten des gehobenen und des mittleren Dienstes und Angestellten, soweit sie nach Absatz 5 mit der Wahrnehmung einzelner den Prüfungsstellen oder Patentabteilungen obliegender Geschäfte betraut worden sind. [3]Über das Ablehnungsgesuch entscheidet, soweit es einer Entscheidung bedarf, die Patentabteilung.

(7) Zu den Beratungen in den Patentabteilungen können Sachverständige, die nicht Mitglieder sind, zugezogen werden; sie dürfen an den Abstimmungen nicht teilnehmen.

Cornelia Rudloff-Schäffer

Übersicht

Geltungsbereich		1
Literatur		2
Kommentierung zu § 27 PatG		
1	Organe des DPMA	4
2	Geschäftskreis	5
3	Zuständigkeit der Prüfungsstellen § 27 (1) Nr 1	7
4	Bearbeitung von Patentanmeldungen	8
5	Patentabteilungen § 27 (1) Nr 2	11
5.1	Organisation	11
5.1.1	Fachpatentabteilungen	11
5.1.2	Referate 1.1.1 und 1.1.2	12
5.2	Zuständigkeit der Fachpatentabteilung	13
5.3	Besetzung	15
5.3.1	Anzahl der Mitglieder	16
5.3.2	Zuziehung weiterer Mitglieder	17
5.3.3	Vorsitzende/r der Patentabteilung	19
5.3.4	Beauftragtes Mitglied	21
6	Gehobener und mittlerer Dienst, Tarifbeschäftigte, § 27 (5)	23
6.1	Zweck des § 27 (5)	23
6.2	Wahrnehmung gemäß § 27 (5)	24
6.2.1	Voraussetzungen einer Übertragung nach § 27 (5)	31
6.2.2	Rechtlich schwierig	32
6.2.3	Folge unberechtigter Wahrnehmung	34
7	Ausschließung und Ablehnung (§ 27 (6))	35
7.1	Ausschließung	36
7.2	Ablehnung	37
7.3	Zulässigkeit des Ablehnungsgesuchs setzt voraus	38
7.4	Verfahren und Entscheidung nach § 27 (6) 3	40
7.5	Besorgnis der Befangenheit	41
8	Zuziehung von Sachverständigen	44

Geltungsbereich: Das 1. PatGÄndG hat 1993 in § 27 (5) 1 und (6) 2 die »vergleichbaren Angestellten« eingefügt. Das 2. PatGÄndG hat 1998 § 27 (5) neu gefasst, so dass Geschäfte übertragen werden können, die *ihrer Art nach* keine *besonderen* technischen oder rechtlichen Schwierigkeiten bieten.[1] Das Kostenregelungsbereinigungsgesetz hat 2002 in § 27 (5) 2 anstelle des »PräsDPMA« das »DPMA« als Verordnungsgeber bestimmt. Art 1 (1) des **Gesetzes zur Änderung der Patentgesetzes** v 09.12.04 (BGBl S 3232= BlPMZ 05, 3) hat in § 27 (4) die Wörter »und die Bewilligung der Verfahrenskostenhilfe« gestrichen. Art 204 der Zehnten ZuständigkeitsanpassungsVO v 31.08.15 (BGBl I S 1474) hat in Abs 5 S 1 und 2 wegen des erweiterten Zuständigkeitsbereichs des Bundesministeriums der Justiz die Wörter »und für Verbraucherschutz« eingefügt. Durch Art 1 Nr 40 Buchstabe a des 2.PatMoG vom 10.08.21 (BGBl I S 3490) wurde die Bezeichnung »Patentamt« in Abs 1 vor Nr 1 und in Nr 2 durch die amtliche Bezeichnung »Deutsches Patent- und Markenamt« ersetzt. 1

Lit: Hallmann/Ströbele, FS 100 Jahre Patentamt, 1977, 403; Hofmann, Das Deutsche Patentamt, 1975 S 59; Hilgers DPA-forum 1977 Heft 2/3; Rudloff-Schäffer, VPP-Rundbrief 10, 93; Lit in 2

---

1 Vgl dazu Beschlussempfehlung des Rechtsausschusses BlPMZ **98**, 416, 417 zu Nr 6a.

GRUR: Ortlieb/Schröder **99**, 792; Stortnik **10**, 871; **Lit in GRUR-Prax:** Hahn **14**, 458; **Lit in Mitt:** Veismann **62**, 51; Bernatz **68**, 30; Jochem **82**, 96; Reinländer **82**, 139.

3 Zur Struktur des DPMA und der Hauptabteilung Patente/Gebrauchsmuster s Übersicht im Bucheinband

1 Organe des DPMA

4   im Bereich des Patentwesens sind die Prüfungsstellen und die Patentabteilungen. Ihre Zuständigkeit ist gesetzlich normiert. Sie kann der Präsident oder die Präsidentin nicht ändern. Möglich ist eine organisatorische Zusammenfassung einzelner Tätigkeiten in Geschäftsstellen (früher zB Umschreibstelle[2]), die nach Maßgabe der Wahrnehmungsverordnung für die Prüfungsstellen oder Patentabteilungen tätig werden. Deren Anzahl bestimmt der Präsident oder die Präsidentin.

2 Geschäftskreis

5   der einzelnen Prüfungsstellen und Patentabteilungen bestimmt nach § 2 (1) DPMAV PräsDPMA. Die Zuständigkeit richtet sich nach den Patentklassen und Unterklassen gemäß der IPC; Präs entscheidet ggf. auch über Zuständigkeitsstreitigkeiten zwischen den einzelnen Organen.

6   **Richtlinien für die Klassifizierung von Patent- und Gebrauchsmusteranmeldungen im DPMA vom 8.3.2019 (Klassifizierungsrichtl)**[3] regeln die Klassifizierung der Patentanmeldungen entsprechend den in der Anmeldung offenbarten technischen Sachverhalten. Zuständig für die erstmalige und vollständige Klassifizierung durch Vergabe der IPC (der Hauptklasse und der Nebenklassen) sind die Prüferinnen und Prüfer der Patentabteilungen mit den Rollen »Grobauszeichner« und »Eingangsprüfer«, die die Klassifizierung nach der jeweils geltenden Fassung der Internationalen Patentklassifikation (IPC[4]) vornehmen. Der Schwerpunkt des zu klassifizierenden Sachverhalts bestimmt die Hauptklasse. Klassifizierung der Neuanmeldungen wird durch einen elektronischen Klassifikator unterstützt, der mit einer hohen Trefferquote bei der Vorauswahl zur deutlichen Beschleunigung des Verfahrens beiträgt. Die Vorschläge werden an die elektronische Börsenliste der jeweiligen Grobauszeichner in den fachlich zuständigen Patentabteilungen weitergeleitet. Diese prüfen täglich die vorläufige Zuständigkeit für ihre Abteilungen oder die Weitergabe an eine andere Abteilung. Nach der Grobauszeichnung analysiert der Eingangsprüfer oder die Eingangsprüferin der Patentabteilung die Anmeldung und stellt ihren Schwerpunkt fest, vergibt die Hauptklasse und die zugänglichen Nebenklassen. Die Richtigkeit der Klassifikation ist unverzüglich nach Eingang bei der Prüfungsstelle zu überprüfen, die abschließende Entscheidung soll dabei umgehend, spätestens zwei Monate nach dem dortigen Eingang getroffen werden. Wird die durch die Grobauszeichnung festgelegte Zuständigkeit der Eingangsprüfer für die Hauptklasse nicht einheitlich beurteilt, legen die Beauf-

---

2   BPatGE **26**, 124 = BlPMZ **84**, 239.
3   S im Einzelnen BlPMZ **19**, 125 = Tabu Gewerbl. Rechtsschutz Nr 134.
4   Die IPC unterteilt das gesamte technische Wissen für das Gebiet der Erfindungen mittels hierarchischer Ebenen in absteigender Reihenfolge in Sektionen, Klassen, Unterklassen, Hauptgruppen und Untergruppen. Sie umfasst mehr als 76 000 Haupt- und Untergruppen (Version 2021.1).

tragten für Klassifikation und Dokumentation (BfKD) der betroffenen Patentabteilungen die Klasse fest.

3 Zuständigkeit der Prüfungsstellen § 27 (1) Nr 1

Die Aufgaben einer Prüfungsstelle nimmt eine **Prüferin** oder ein **Prüfer** wahr, die oder der nach § 27 (2) technisches (Hilfs-) Mitglied einer Patentabteilung sein muss. Ihnen obliegt nach § 27 (1) Nr 1 die Bearbeitung (s Rdn 8) der nationalen und PCT-Patentanmeldungen.

4 Bearbeitung von Patentanmeldungen

gemäß § 27 (1) Nr 1 ist umfassend zu verstehen.[5] Darunter fällt nicht nur die elektronische Bearbeitung der Patentanmeldung als solcher, sondern auch die Bearbeitung aller Anträge, Anfragen,[6] Ersuchen, die sich auf die Patentanmeldung beziehen. Unerheblich ist, dass das PatG die Tätigkeit dem Prüfer (zB § 27 (2) u (5)), der Prüfungsstelle (zB §§ 27 (1), 42, 45–49) oder dem DPMA generell (zB §§ 31, 43, 44) zuweist, denn die unterschiedliche Ausdrucksweise des PatG lässt eine gewollte Systematik nicht erkennen.

Prüfungsstelle ist ua zuständig für: a) Offensichtlichkeitsprüfung gemäß § 42; b) Recherche gemäß § 43; c) Prüfung auf Einheitlichkeit; d) Entscheidung über Ausscheidung oder Teilung; e) Abhilfe einer Beschwerde; f) Aussetzung des Verfahrens; g) Wiedereinsetzung;[7] h) Akteneinsicht; i) Umschreibung der Anmeldung;[8] j) (ggf obligatorische) Anhörung im Prüfungsverfahren[9]; k) Gebührenangelegenheiten der Anmeldung; zu Bereicherungsansprüchen des DPMA wegen zu Unrecht zurückgezahlter Gebühren siehe PatKostG § 1 Rdn 24 im Anhang 15; l) Feststellung, dass eine Eingabe keine rechtswirksame Anmeldung ist;[10] m) PCT: Die Prüfungsstelle ist zuständig für die Bearbeitung int Anmeldungen,[11] zB für Erklärungen nach Art 14 (1) b und (4) PCT, dass eine Anmeldung als zurückgenommen gilt,[12] sowie für die Feststellung, dass die in Art 11 (3) PCT vorgesehene Wirkung einer int Anmeldung in der Bundesrepublik geendet hat;[13] n) Auskünfte über den Stand des Prüfungsverfahrens und die weitere Sachbehandlung;[14] o) für gesetzlich vorgesehene Benachrichtigungen.[15]

Prüfungsstelle ist ua unzuständig für: a) für die der Patent**abteilung** nach § 27 (1) Nr 2 vorbehaltenen Angelegenheiten, auf die das Verfahren erst mit Einlegung des Einspruchs übergeht; b) für Tätigkeiten, die durch Rechtsverordnung anderen Stellen übertragen sind (siehe § 43 (8) Nr 1 u 3, § 27 (5) PatG iVm § 1 (2) DPMAV).

---

5 BPatGE **26**, 124 u **33**, 111, 112 = BlPMZ **84**, 239 u **92**, 505.
6 ZB Auskunft über Stand des Prüfungsverfahrens: BPatGE **33**, 111.
7 BPatG v 18.03.10 – 10 W (pat) 7/07.
8 BPatGE **26**, 124 = BlPMZ **84**, 239.
9 BPatG BeckRS **15**, 13 944.
10 BPatGE **26**, 198 = BlPMZ **84**, 381.
11 BPatG v 13.11.03 – 10 W (pat) 33/02.
12 BPatGE **23**, 146 = BlPMZ **81**, 242.
13 BPatGE **25**, 8 = BlPMZ **82**, 350.
14 BPatGE **33**, 111 = BlPMZ **92**, 505.
15 BPatGE **26**, 124 in Abkehr von BPatGE **12**, 85, 89 u **15**, 117, 119.

5 Patentabteilungen § 27 (1) Nr 2

5.1 Organisation

5.1.1 Fachpatentabteilungen Die 37 Patentabteilungen 1.11 bis 1.58 mit mehr als 1 000 Prüferinnen und Prüfern sind in der Hauptabteilung Patente und Gebrauchsmuster in 5 Abteilungsgruppen untergliedert (1.10 Allgemeiner Maschinenbau; 1.20 Mechanische Technologie; 1.30 Elektrotechnik; 1.40 Chemie, Medizintechnik, Patentverwaltung, Gebrauchsmuster; 1.50 Physik).[16]

5.1.2 Referate 1.1.1 und 1.1.2 gehören mit Referat 1.1.3 (Gebrauchsmusterstelle) zur Abteilung 1.1 in der Abteilungsgruppe 1.40. Die Patentverwaltung wurde im Zuge der Einführung der elektronischen Schutzrechtsakte neu strukturiert. 5 Sachgebiete mit 12 Geschäftsstellen sind für die Eingangssachbearbeitung, die verfahrensübergreifenden Dienste (Datenersterfassung, Datenfortschreibung und Datenkorrektur) sowie für die allgemeinen und speziellen formellen Patentverfahren nach Maßgabe der Wahrnehmungsverordnung (WahrnV) zuständig.

5.2 Zuständigkeit der Fachpatentabteilung

bezieht sich auf alle in § 27 (1) Nr 2 genannten Tätigkeiten, ausgenommen die Tätigkeiten der Referate 1.1.1 und 1.1.2.

Fachpatentabteilung ist zuständig für: a) alle Angelegenheiten erteilter Patente also insbesondere das Einspruchsverfahren nach §§ 59 ff PatG, sofern nicht das BPatG gemäß § 147 (3) PatG a.F. noch für die im Zeitraum vom 01.01.02 bis 30.06.06 anhängig gemachten und noch nicht erledigten Einsprüche zuständig ist[17] (s § 147 Rdn 1); **b)** Kostenentscheidung im Beschluss über den Einspruch gemäß § 62; **c)** Festsetzung der Vergütung bei Lizenzbereitschaft nach § 23 (4) und (6); **d)** Bewilligung der Verfahrenskostenhilfe für das gesamte Verfahren vor DPMA, also auch für Patentanmeldungen, die vor der Prüfungsstelle anhängig sind, sowie Beiordnung eines Vertreters gemäß § 133 (s § 133 Rdn 15) und Aufhebung der Verfahrenskostenhilfe gemäß § 137 (s § 137 Rdn 12); **e)** Abgabe von Gutachten gemäß § 29 (1) u (2) begrenzt auf den ihr zugewiesenen Geschäftskreis; **f)** Entscheidung über Ablehnungsgesuche gemäß § 27 (6) 3 (s Rdn 38); **g)** Anträge auf Widerruf oder Beschränkung des Patents gemäß § 64; **h)** Anträge für ein ergänzendes Schutzzertifikat gemäß § 49a PatG (s § 49a Rdn 6); **i)** iVm § 27 (4) Anträge auf Wiedereinsetzung bei erteilten Patenten (s Rdn 19); **j)** Entscheidung über Übergang der Einsprechendenstellung[18].

5.3 Besetzung

der PatAbt kann aus technischen Mitgliedern und Juristen bestehen. § 27 (3) 2 geht ausdrücklich davon aus, dass ein rechtskundiges Mitglied der PatAbt angehören kann, auch wenn keine rechtlichen Schwierigkeiten vorliegen. Nur für das Einspruchsverfah-

---

16 Bezeichnungen und Zuständigkeiten s www.dpma.de.
17 BGH BlPMZ 08, 9 = GRUR 07, 859 *Informationsübermittlungsverfahren I*; BGH BlPMZ 08, 12 = GRUR 07, 862 *Informationsübermittlungsverfahren II*, BGH GRUR 09, 184 *Ventilsteuerung*.
18 BPatG, 10.07.18, 7 W (pat) 10/17 BeckRS 18, 16978.

ren bestimmt § 27 (3) 1, dass »mindestens« 2 technische Mitglieder mitwirken müssen. In allen anderen Verfahren ist die Vorbildung der Mitglieder nicht vorgeschrieben.

5.3.1 Anzahl der Mitglieder der PatAbt für eine Entscheidung ist gesetzlich nicht bestimmt. § 27 (3) 1 bestimmt lediglich, dass die PatAbt bei Mitwirkung von »mindestens« 3 Mitgliedern beschlussfähig ist. Sie ist also auch beschlussfähig, wenn 4 oder 5 Mitglieder mitwirken. In der Praxis entscheidet die PatAbt üblicherweise – aber gesetzlich nicht zwingend – mit 3 technischen Mitgliedern. Eine in beschlussunfähiger Besetzung ergangene Entscheidung ist nichtig.[19]

5.3.2 Zuziehung weiterer Mitglieder zu der üblichen Besetzung aus 3 technischen Mitgliedern steht im pflichtgemäßen Ermessen der PatAbt. Ein rechtskundiges Mitglied soll (nicht muss) nach § 27 (3) 2 zu der üblichen Dreierbesetzung als viertes Mitglied hinzutreten,[20] wenn die Sache besondere rechtliche Schwierigkeiten bietet.

Weitere technische Mitglieder können zu der üblichen Dreierbesetzung ebenfalls zugezogen werden, nämlich wenn der technische Inhalt des Patents dies sinnvoll erscheinen lässt, bei der Entscheidung die besondere Sachkunde des zugezogenen Mitglieds zu berücksichtigen,[21] zB bei technischen Grenzfällen oder wenn der technische Gehalt des Patents mehrere Gebiete berührt. Gesetzlich nicht ausgeschlossen ist sogar, dass eine PatAbt plenar entscheidet, zB wenn es sich um grundsätzlich neue technische oder rechtliche Fragen handelt, so dass der Entscheidung für die künftige Spruchpraxis der PatAbt Pilotfunktion zukommt.

5.3.3 Vorsitzende/r der Patentabteilung hat neben der Funktion als verantwortliche Leitung der **Organisationseinheit** Patentabteilung: **a)** Vorsitz der Patentabteilung als Spruchorgan nach § 2 DPMAV; **b)** Bestimmung des Berichterstatters nach § 2 (2) DPMAV; **c)** Anberaumung oder Verzicht auf eine Sitzung nach § 2 (3) 2 DPMAV. Ohne Sitzung läuft der Beschlussentwurf auf elektronischem Wege zur Signierung bei den Mitgliedern um. Bei sachlichen Meinungsverschiedenheiten (über Tenor oder Begründung) entscheidet nach § 2 (2) 5 DPMAV die PatAbt in einer Sitzung; **d)** Prüfung und Feststellung der Entwürfe der Beschlüsse und Gutachten nach § 2 (2) 4 DPMAV, nicht der von der PatAbt zu erlassenden endgültigen Entscheidung; **e)** Berechtigung zur alleinigen Bearbeitung aller Angelegenheiten der PatAbt gemäß § 27 (4) 1 Hs, wie zB Entscheidung über einen Wiedereinsetzungsantrag; Beschlüsse über Bewilligung, Verweigerung oder Aufhebung der Verfahrenskostenhilfe für das Erteilungsverfahren und die Jahresgebühren sowie Beiordnung eines Vertreters; Beschlüsse über die Unzulässigkeit eines Einspruchs; Beweisbeschlüsse; isolierte Kostenentscheidungen sowie Zwischenentscheidungen (s Einl Rdn 522); **f)** Übertragung von Aufgaben, die der Vorsitzende allein bearbeiten kann, auf ein technisches Mitglied, dass als Mitglied der **PatAbt**, nicht als Prüfungsstelle, handelt (§ 27 (4) 1. Hs)[22].

---

19 BPatGE **21**, 176 = Mitt **79**, 228.
20 Amtl Begr zum PatG 1936 BlPMZ **36**, 103, 109 rSp.
21 AA zu Unrecht BPatGE **16**, 7.
22 BPatG, 02.10.2015, 15 W (pat) 19/14; BPatG BeckRS **15**, 10 379 (Delegation auf tech Mitglied); BPatG v 30.04.13, 20 W (pat) 35/12: Delegation auf tech Mitglied der Pat*abteilung*, nicht auf Prüfungsstelle; BPatG BeckRS **12**, 04 028; VG München, 30.03.17 – M 21 E 16.3904: kein Anspruch des Gruppenleiters auf Delegation des Vorsitzes.

20 Der **PatAbt** sind nach Abs 4 vorbehalten: i) im **Einspruchsverfahren: Anhörungen** und Beschlüsse gemäß § 61 (1) 1 über Widerruf (§ 21 (1)) oder beschränkte (§ 21 (2)) oder unveränderte Aufrechterhaltung, auch wenn tenoriert wird, der Einspruch wird zurückgewiesen; ii) Beschlüsse über einen Beschränkungsantrag des Inhabers nach § 64[23]; iii) Beschlüsse über die Festsetzung der Vergütung nach § 23 (4) und (6).

21 **5.3.4 Beauftragtes Mitglied:** Der Vorsitzende der Patentabteilung kann alle Angelegenheiten, die er allein bearbeiten kann, durch Delegationsverfügung einem technischen Mitglied (nicht einem rechtskundigen Mitglied) seiner Abteilung übertragen[24]. Dazu zählen auch Beschlüsse über Bewilligung, Verweigerung oder Aufhebung der Verfahrenskostenhilfe (vgl § 137 Rdn 12) sowie die Beiordnung eines Vertreters als Teil der Bewilligung der VKH.[25] Zur Entscheidungsreihenfolge bei VKH-Anträgen im Prüfungsverfahren s § 130 Rdn 51 f; § 135 Rdn 7. Die Übertragung kann sich auf bestimmte Aufgaben, aber auch auf die Bearbeitung des Einspruchs bis zum Erlass der Entscheidung über den Einspruch beziehen. In letzterem Falle führt das beauftragte Mitglied das Verfahren bis zur Entscheidungsreife allein, nur Anhörung und Beschlussfassung sind der Abteilung als Spruchkörper nach § 27 (4) vorbehalten.

22 Im Rahmen der Übertragung repräsentiert das beauftragte Mitglied die Abteilung und entscheidet daher *nicht* als Prüfungsstelle, wobei die lediglich insoweit falsche Bezeichnung der Wirksamkeit eines Beschlusses nicht entgegen steht.[26] Es erlässt ohne Hinzuziehung der übrigen Mitglieder die erforderlichen Zwischenbescheide und kann alle Ermittlungen iSd § 46 (1) durchführen. Es kann jederzeit die Auffassung der Abteilung einholen. Das kann sich zB vor Erlass eines Beweisbeschlusses empfehlen, um eine nach Ansicht der Abteilung überflüssige Beweisaufnahme zu vermeiden.

6 Gehobener und mittlerer Dienst, Tarifbeschäftigte, § 27 (5)[27]

6.1 Zweck des § 27 (5)

23 § 27 (5) soll die Beamtinnen und Beamten des höheren Dienstes entlasten und diese Personalressourcen auf die Prüfungstätigkeit konzentrieren.[28] Daher können bestimmte Aufgaben der Prüfungsstellen und Patentabteilungen, die ihrer Art nach keine besonderen technischen oder rechtlichen Schwierigkeiten aufweisen, auf Beamte des gehobenen und mittleren Dienstes und vergleichbare Tarifbeschäftigte übertragen werden.[29]

6.2 Wahrnehmung gemäß § 27 (5)

24 von Geschäften der Prüfungsstellen für Patente und der Patentabteilungen regelt die Wahrnehmungsverordnung (WahrnV).[30]

---

23 Busse/Keukenschrijver § 64 PatG Rn 23.
24 BPatG BeckRS **15**, 19 677.
25 BPatG, 30.04.13, 20 W (pat) 35/12; Busse/Keukenschrijver §.27 PatG Rn 34.
26 BPatGE **55**, 63 = Mitt **15**, 145 *Fehlende Erfinderbenennung*; BPatG BeckRS **16**, 13 433; BPatG BeckRS **15**, 09 337; BPatG BeckRS **15**, 01 363.
27 Veismann Mitt **62**, 51.
28 Amtl Begr zu § 18 (5) PatG 1936 BlPMZ **36**, 109.
29 Amtl Begr zum 1. PatGÄndG 1993 BlPMZ **93**, 205, 210.
30 Tabu Gewerbl. Rechtsschutz Nr 305 = BlPMZ **95**, 51; **02**, 70; **08**, 2.

Beamte des gehobenen Dienstes und vergleichbare Tarifbeschäftigte[31] werden nach 25
§§ 1 (1) und 7 WahrnV mit den dort konkret genannten Geschäften betraut. Mit der
Einführung der elektronischen Schutzrechtsakte wurden für die Sachbearbeitung mehr
als 25 elektronische Arbeitsprozesse eingeführt.
Übertragbar sind insbesondere a) formelle Bearbeitung von Patentanmeldungen,
Recherche- und Prüfungsanträgen, des Einspruchsverfahrens, des Beschränkungs- und
des Widerrufsverfahrens,[32] der Anträge auf Wiedereinsetzung und auf Verfahrenskostenhilfe[33]; b) Entscheidung über Anträge auf Rückzahlung von nicht fällig gewordenen
Gebühren gemäß § 10 (1) PatKostG[34]; c) Umschreibung und Löschung im Patentregister; d) Verfahren der Akteneinsicht (vgl aber Rdn 27); e) Bearbeitung internationaler
Anmeldungen; f) Erlass von Kostenfestsetzungsbeschlüssen; g) Entscheidung nach
den §§ 7 und 9 DPMAVwKostV; h) Vorschüsse und Entschädigung für Zeugen und
Sachverständige.

Parallel zur Streichung der Wörter »und die Bewilligung der Verfahrenskostenhilfe« 26
in § 27 (4) wurde für technisch oder rechtlich nicht schwierige Fälle, in denen die
hinreichende Aussicht auf Erteilung des Patents und auf fehlende Mutwilligkeit bereits
nach § 130 (1) 1 geprüft wurde, die Zuständigkeit für die Entscheidung über den
Antrag auf Verfahrenskostenhilfe *für Jahresgebühren* bei Patentanmeldungen und
Patenten auf Beamte des gehobenen Dienstes übertragen[35] (§ 1 (1) Nr 14 WahrnV).[36]
Betrifft der Antrag auf Gewährung der VKH sowohl Verfahrensgebühren als auch
Jahresgebühren, ist weiterhin die Patentabteilung zuständig.

Beamte des gehobenen Dienstes können nach § 27 (5) WahrnV insbesondere auch mit 27
der Wahrnehmung folgender Aufgaben betraut werden, da sie ihrer Art nach keine
besonderen rechtlichen Schwierigkeiten bieten: a) über die formelle Bearbeitung hinaus
auch **Entscheidungen** über Wiedereinsetzungs- und Weiterbehandlungsanträge, sofern
Beamter des gehobenen Dienstes über die nachgeholte Handlung zu beschließen hat;[37]
b) Entscheidung über Rückzahlung fällig gewordener und verfallener Prüfungs-,
Recherche- und Jahresgebühren, da Beamte des gehobenen Dienstes mit gebührenrechtlichen Fragestellungen vertraut sind,[38] mit Ausnahme der Beschwerde- und
Einspruchsgebühren, c) Bearbeitung von Verfahren der Akteneinsicht unabhängig
davon, ob der Anmelder zugestimmt oder zum Antrag geschwiegen hat[39]; d) Zurück-

---

31 Aufgrund des zum 01.10.05 in Kraft getretenen Tarifvertrags für den öffentlichen Dienst
(TVöD) wird in der WahrnV die Bezeichnung »Tarifbeschäftigte/r« statt »Angestellte/r« und
»Arbeiter/in« verwendet; vgl 2. Verordnung zur Änd WahrnV v 18.12.07 (BGBl I S 3008 =
BlPMZ 08, 2).
32 Seit 01.01.08, vgl § 1 (1) Nr 10 WahrnV.
33 BPatGE **55**, 63 = Mitt **15**, 145 *Fehlende Erfinderbenennung*; BPatG BeckRS **14**, 16 239: Zurückweisung VKH-Antrag durch Beamtin gD bleibt *funktional* Sache der PatAbt.
34 Vgl BPatG, 26.10.06, 10 W (pat) 45/05 = BlPMZ **07**, 270 L *Jahresgebühren*.
35 S Begr BT-Drs 15/3658 S 8 zu Art 1 Nr 1 *des Gesetzes zur Änderung des Patentgesetzes*;
Änderung der WahrnV durch Art 6 der Verordnung vom 17.12.04 (BGBl I S 3532; BlPMZ **05**,
45).
36 S Art 1 Nr 1 Buchst a der 2. VO zur Änd WahrnV v 18.12.07, BGBl I S 3008 (BlPMZ **08**, 2).
37 Nach § 7 (1) Nr 1 WahrnV, s Komm. zu § 123 (Fallgruppen).
38 Nach § 1 (1) Nr 4 WahrnV, s auch BPatGE **13**, 26.
39 Nach § 1 (1) Nr 8 WahrnV.

weisung von Anträgen auf Verfahrenskostenhilfe bei fehlendem Nachweis der Bedürftigkeit des Antragstellers,[40] **e)** formelle Weiterbearbeitung eines rechtskräftigen Beschlusses des BPatG;[41] **f)** Prüfung der Anmelderidentität oder einer wirksamen Rechtsnachfolge bei Inanspruchnahme einer Priorität.[42]

28 **Beamte des mittleren Dienstes und vergleichbare Tarifbeschäftigte** können nach § 1 (2) WahrnV mit den dort genannten Geschäften betraut werden.

29 **Vergleichbare Tarifbeschäftigte** sind den Beamten des gehobenen und mittleren Dienstes gleichgestellt. Die Vergleichbarkeit von Tarifbeschäftigten mit Beamten des gehobenen Dienstes setzt eine intensive fachliche Vorbildung voraus, die in der Regel durch eine qualifizierende Fachausbildung zB zur/m Verwaltungsfachangestellten und durch anschließende mehrjährige berufsbegleitende Lehrgänge mit der abschließenden Fachprüfung zum Verwaltungsfachwirt erworben wird.

30 **Zurückweisung der Anmeldung** durch einen Beamten des gehobenen Dienstes ist nach § 1 (1) Nr 1 Buchstabe b WahrnV **nur möglich**, wenn **a)** der Anmelder formelle Mängel nicht beseitigt, zu deren Beseitigung er aufgefordert war; darunter kann auch das Fehlen einer Zeichnung fallen;[43] und **b)** der Anmelder den zuvor im Mängelbescheid mitgeteilten Gründen der beabsichtigten Zurückweisung **nicht** widersprochen hat.[44] Mit einem Antrag, nach Aktenlage zu entscheiden, wird einer Zurückweisung widersprochen, so dass der Beamte des gehobenen Dienstes nicht entscheiden kann.[45] § 1 (1) Nr 1 Buchstabe b WahrnV ermächtigt nicht zur Feststellung durch einen Beamten des gehobenen Dienstes, dass eine Patentanmeldung nach § 35a (1) 2 als zurückgenommen gilt, wenn fremdsprachige Ausdrücke nicht vollständig übersetzt werden; diese Feststellung muss von einem Prüfer getroffen werden.[46]

6.2.1 Voraussetzungen einer Übertragung nach § 27 (5)

31 a) nur Geschäfte der Prüfungsstellen und Patentabteilungen, andere Geschäfte des DPMA weist PräsDPMA kraft Organisationsgewalt zu;
b) nur einzelne Geschäfte (s die enumerative Aufzählung in §§ 1, 7 WahrnV);
c) nur Geschäfte, die *ihrer* Art nach keine *besonderen* rechtlichen oder technischen Schwierigkeiten bieten. Übertragen werden können daher Geschäfte, die generell rechtlich oder technisch schwierig sind, sie dürfen nur nicht *besondere* rechtliche oder technische Schwierigkeiten aufweisen. Ist ein Geschäft *seiner Art nach* nicht besonders schwierig, so ist die Übertragung gleichwohl wirksam, wenn die kon-

---

40 Nach § 7 (1) Nr 2 WahrnV.
41 Nach § 1 (1) Nr 11 WahrnV; da bloße ausführungsbedürftige Anweisung an Prüfungsstelle.
42 Nach § 1 (1) Nr 2 WahrnV.
43 BPatG, 02.04.07, 10 W (pat) 9/06 BeckRS 07, 8443.
44 BPatG, 23.11.20, 9 W (pat) 21/20 GRUR-RS 20, 35455; BPatG, 07.11.18, 12 W (pat) 11/18 BeckRS 18, 29748; BPatG, 16.12.14, 21 W (pat) 70/09 BeckRS 15, 1351.
45 BPatG BlPMZ 88, 114 = Mitt 88, 90.
46 BPatG, 21.09.07, 10 W (pat) 22/07 BeckRS 07, 17036; BPatG, 15.11.07, 10 W (pat) 15/06, 16/06, 17/06 = BeckRS 07, 65 374, 65 375 und 65 376 (zum gleichlautenden § 1 (1) Nr 7 Buchstabe a WahrnV aF). Zur Rechtsfolge seit 2014 s Komm zu § 35a.

krete Sache dieser Fallgruppe ausnahmsweise rechtlich oder technisch besonders schwierig ist.[47]
Besondere rechtliche Schwierigkeiten liegen vor, wenn eine Sache in rechtlicher Hinsicht voraussichtlich größere, das heißt überdurchschnittliche, das normale Maß nicht unerheblich überschreitende Schwierigkeiten verursacht, etwa in der Ergebnisoffenheit der Auslegung oder Anwendung einer Norm im Einzelfall. Dies ist vor allem bei neuartigen, in Rspr und Lit streitigen und noch nicht abschließend geklärten Fragestellungen möglich.[48] Die Sache ist dann analog § 5 (1) Nr 2 RechtspflG dem Prüfer oder der Abteilung vorzulegen. Verstoß gegen Vorlagepflicht macht das Geschäft analog § 8 (3) RechtspflG nicht unwirksam.

6.2.2 Rechtlich schwierig kann die Ausfüllung **unbestimmter Rechtsbegriffe** sein, wie Billigkeit, berechtigtes Interesse, Verschulden. Das hindert aber eine Übertragung nicht, denn nur wenn die Beurteilung ihrer Art nach, dh generell, *besonders* rechtlich schwierig ist, kann ein Beamter des gehobenen Dienstes mit der Wahrnehmung nicht betraut werden.

Nach § 27 (5) nicht übertragbar sind daher zB: a) Entscheidung über Billigkeit der Rückzahlung der Einspruchs- und der Beschwerdegebühr;[49] b) Entscheidung über Erfolgsaussicht einer Patentanmeldung und Mutwilligkeit des Antrags auf VKH;[50] c) Entscheidung über wirksame Inanspruchnahme einer inneren Priorität nach § 40 (5).[51]

6.2.3 Folge unberechtigter Wahrnehmung durch einen Beamten des gehobenen oder mittleren Dienstes oder einen vergleichbaren Tarifbeschäftigten: Entscheidung ist wegen wesentlichen Verfahrensmangels mit der Beschwerde anfechtbar, nicht nichtig.[52] BPatG kann die Sache zurückverweisen, aber auch im Interesse der schnellstmöglichen Fortsetzung des Verfahrens selbst entscheiden.[53]

7 Ausschließung und Ablehnung[54] (§ 27 (6))

gewährleisten die Unabhängigkeit von Prüfern des DPMA und Richtern des BPatG (vgl § 86). §§ 41 ff ZPO sind abgedruckt bei § 86 (s Rdn 18–26).

7.1 Ausschließung

Prüfer oder Mitglied einer PatAbt ist kraft Gesetzes in den Fällen ausgeschlossen, die § 41 ZPO erschöpfend aufzählt.[55] Eine frühere Mitwirkung als BPatG-Richter steht einer Mitwirkung in der gleichen Sache im DPMA nicht entgegen.[56]

---

47 Rechtsausschuss zum 2. PatGÄndG BlPMZ **98**, 416, 417 zu Nr 6a.
48 Kopp/Schenke, VwGO, 26. Aufl 2020, § 124 Rn 9 f; Eyermann/Happ, VwGO, 15. Aufl 2019, § 124 Rn 27.
49 Zur früheren Rechtslage nach § 18 (5) s BPatGE **13**, 26; aA Schulte 7. Aufl Rn 35.
50 Vgl § 130 Rdn 60.
51 AA noch Schulte 7. Aufl Rn 35.
52 BPatGE **13**, 65 = BlPMZ **72**, 286; BPatG BlPMZ **05**, 455; BPatG BlPMZ **06**, 374; BPatG, 21.09.07, 10 W(pat) 22/07.
53 BPatG BlPMZ **05**, 455; BPatG, 26.10.06, 10 W (pat) 45/05; BPatG, 17.02.07, 10 W (pat) 12/06; BPatG, 22.07.07, 10 W (pat) 49/05.
54 Bernatz Mitt **68**, 30; Reinländer Mitt **82**, 139.
55 BGH NJW **91**, 425.
56 BPatGE **9**, 3 = BlPMZ **68**, 129 L.

7.2 Ablehnung

37 eines Prüfers, Mitglieds einer PatAbt, aller Mitglieder einer Patentabteilung (nicht aber der PatAbt als solcher[57]) oder eines Beamten des gehobenen oder mittleren Dienstes sowie vergleichbarer Tarifbeschäftigte gemäß § 27 (6) 2 ist möglich a) in den Fällen des § 41 ZPO (s § 86 Rdn 18); b) wegen Besorgnis der Befangenheit nach § 42 (2) ZPO (s Rdn 41); c) als Selbstablehnung durch Anzeige (§ 48 ZPO). Bei Tätigkeit in mehreren gleichzeitig anhängigen Verfahren einer Partei kann in einem Verfahren gegebener Ablehnungsgrund auch auf andere Verfahren fortwirken.[58]

7.3 Zulässigkeit des Ablehnungsgesuchs setzt voraus

38 a) Gesuch ist als Verfahrenshandlung **wirksam** (s Einl Rdn 65 ff); b) Gesuch ist **statthaft**, es bezieht sich auf einzelne namentlich benannte oder auch alle einzelnen[59] Mitglieder einer bestimmten PatAbt und nicht auf den Spruchkörper als solchen;[60] c) Gesuch muss von oder für einen **Beteiligten** gestellt werden, ein Verfahrensbevollmächtigter ist nicht für seine Person ablehnungsberechtigt;[61] d) **Form:** schriftlich, mündlich zu Protokoll in der Anhörung. Etwaige herabsetzende Äußerungen machen es nicht unzulässig;[62] e) **kein Verlust des Ablehnungsrechts.** Dieser tritt nach § 43 ZPO (s § 86 Rdn 20) ein, wenn der Beteiligte in Kenntnis des Ablehnungsgrundes sich beim Prüfer oder der PatAbt zur Sache einlässt. Kenntnis des Vertreters genügt. Kein Verlust tritt ein, wenn der Ablehnungsgrund teils vor, teils nach der Einlassung entstanden ist;[63] f) **kein Missbrauch**, zB offensichtliche Verschleppungsabsicht oder nicht ernstgemeintes Gesuch[64] oder Wiederholung eines zurückgewiesenen Gesuchs ohne neue Gründe;[65] g) konkreter Ablehnungsgrund mit substantiiert vorgetragenen Tatsachen ist nach § 44 (2) ZPO **glaubhaft** gemacht. Eidesstattliche Versicherung des Ablehnenden ist ausgeschlossen.

39 Selbständiges Ablehnungsverfahren ist auch nach Erlass der eine Instanz beendenden Entscheidung solange nachträglich zulässig, wie abgelehnter Prüfer noch weitere Entscheidungen in Nebenverfahren, zB Entscheidung über Abhilfe einer Beschwerde gegen Zurückweisung der Patentanmeldung gemäß § 73 (3), zu treffen hat.[66] Äußerste Zeitgrenze für nachträgliche Geltendmachung von Ablehnungsgründen nach § 42 (2) ZPO ist die abschließende Erledigung des Rechtsstreits durch eine unanfechtbare Ent-

---

57 BPatG, 23.04.18, 7 W (pat) 7/17 BeckRS **18**, 9237; BPatG, 20.04.18, 7 W (pat) 8/17 BeckRS **18**, 9144.
58 BPatG, 11.05.06, 10 W (pat) 15/05, 10 W (pat) 38/05; BPatG, 08.11.07, 10 W (pat) 57/06.
59 BPatGE **24**, 144 = BlPMZ **82**, 211.
60 BGH NJW **74**, 55; NJW-RR **02**, 789.
61 BayObLGE **74**, 446.
62 OLG Stuttgart NJW **77**, 112.
63 BPatGE **27**, 25 = BlPMZ **85**, 164.
64 BPatGE **24**, 144 = BlPMZ **82**, 211.
65 BGH, 03.05.04, X ZA 6/03 BeckRS **04**, 4921 *Missbräuchliches Ablehnungsgesuch*.
66 BPatG, 11.07.18, 7 W (pat) 1/17 BeckRS **18**, 17798; BPatG, 07.08.03, 10 W (pat) 57/01 BeckRS **09**, 11410.

scheidung;⁶⁷ danach ist Ablehnungsgesuch mangels Rechtsschutzbedürfnis unzulässig.⁶⁸

7.4 Verfahren und Entscheidung nach § 27 (6) 3

Ablehnungsgesuch ist bei DPMA (Prüfungsstelle oder Prüfungsabteilung) einzureichen (§ 44 (1) ZPO); Abgelehnter hat sich zum Ablehnungsgrund dienstlich zu äußern, wenn er ihn für in der Sache unbegründet hält (§ 44 (3) ZPO). Auf sachliche Äußerung ist zu achten, andernfalls kann Ablehnung gerechtfertigt sein.⁶⁹ Hält der Prüfer ihn für begründet, so tritt ohne Entscheidung sein Vertreter an seine Stelle (§ 45 (2) 2 ZPO). Die Entscheidung trifft die PatAbt, nicht die Prüfungsstelle. Der Abgelehnte darf bis zu dieser Entscheidung nur noch unaufschiebbare Handlungen (zB Aufhebung eines Termins zur Anhörung) vornehmen (§ 47 (1) ZPO, s § 86 Rdn 24), dazu gehören aber nicht die Anhörung selbst, die Entscheidung über die Abhilfe⁷⁰ und die Prüfung der Zulässigkeit der Ablehnung wegen Befangenheit.⁷¹ Wird ein Mitglied der PatAbt abgelehnt, wird es für die Entscheidung über die Ablehnung durch ein anderes ersetzt. Ausnahme: offensichtlich unzulässiges oder rechtsmissbräuchliches Ablehnungsgesuch⁷². Ablehnung des Spruchkörpers Patentabteilung *gleichzeitig* mit Einlegung der Beschwerde beim BPatG ist nicht zulässig, da Patentabteilung zunächst Gelegenheit haben muss, durch Beschluss über Ablehnungsgesuch zu befinden.⁷³ Wird das gesamte Kollegium Patentabteilung abgelehnt, ist ein völlig neuer Spruchkörper zu bilden, idR aus dem Stellvertreter des Vorsitzenden und zwei anderen Mitgliedern der Abt.⁷⁴

7.5 Besorgnis der Befangenheit

ist nur gegeben, wenn objektive Gründe vorliegen, die vom Standpunkt des Ablehnenden aus bei vernünftiger Betrachtung die Befürchtung wecken können, der Prüfer (oder Richter) stehe der Sache nicht unvoreingenommen und damit nicht unparteiisch gegenüber (vgl § 42 (2) ZPO);⁷⁵ unterschiedliche Auffassungen zwischen Prüfer und Anmelder über Patentierbarkeit sind hingegen verfahrensimmanent,⁷⁶ Die Entscheidung über

---

67 BPatG, 11.07.18, 7 W (pat) 1/17 BeckRS **18**, 17798; BGHZ **141**, 90, 93; BGH, 04.01.01, X ZR 208/99 mwN BeckRS **01**, 787.
68 BPatG, 07.08.03, 10 W (pat) 62/01.
69 Benkard/Schäfers § 27 Rn 18i; BPatG, 30.07.80, 4 W (pat) 69/79 BPatGE **22**, 63 = BlPMZ **80**, 207 L.
70 BPatG, 17.12.19, 7 W(pat) 10/19 GRUR-RS **20**, 15054; BPatG, 06.09.20, 7 W (pat) 13/19 GRUR-RS **20**, 15054; BPatG, 26.10.18, 7 W (pat) 14/18 BeckRS **18**, 46427 (Nichtabhilfebeschluss bei offensichtlich unzulässigem Ablehnungsgesuch); BPatG, 19.01.17, 17 W (pat) 34/16 BeckRS **17**, 103644 (Heilung Verfahrensmangel durch Einlassung auf Anhörung), s. auch Albrecht GRUR-Prax **17**, 176; BPatG **27**, 23 = BlPMZ **85**, 139 = GRUR **85**, 433.
71 AA für Verfahren vor EPA-Beschwerdekammer: T 1028/96 ABl **00**, 475.
72 BGH, 01.06.17, I ZB 4/16 BeckRS **17**, 114634 (Richterablehnung).
73 BPatG BeckRS **15**, 10 494.
74 BPatGE **24**, 144 = BlPMZ **82**, 211.
75 Prütting/Gehrlein/Graßnack, ZPO, 12. Aufl 2020, § 42 Rn 5; Baumbach/Lauterbach/Göertz, ZPO, 79. Aufl 2021, § 42 Rn 14 ff; Thomas-Hüßtege, ZPO, 41. Aufl 2020, § 42 Rn 9.
76 BVerfGE **35**, 253; **43**, 127; **46**, 38; 88, 1; NJW **93**, 2230; **95**, 1277; BGH NJW-RR **03**, 281; BPatG, 26.10.18, 7 W (pat) 14/18 BeckRS **18**, 46427; BPatGE **22**, 63; s Aufzählung in BPatG, 07.05.07, 10 W (pat) 9/07 sowie BPatG 10 W (pat) 15/05, 10 W (pat) 38/05, 10 W (pat) 39/05, 10 W (pat) 41/05 und 10 W (pat) 54/05 (jeweils v 11.05.06); BPatG BeckRS **12**, 06 275.

die sachliche Richtigkeit ist im Beschwerdeverfahren zu treffen.[77] Im Interesse der Erhaltung des Vertrauens in die Rechtspflege sollte im Zweifelsfall dem Gesuch stattgegeben werden. Bei pauschaler Schmähung aller Angehörigen eines Spruchkörpers, welche eine andere Rechtsauffassung als der Anmelder vertreten, fehlt das Rechtsschutzinteresse, Ablehnungsgesuch ist als unzulässig zu verwerfen.[78] Ablehnung von Sachverständigen[79] s § 81 Rdn 160.

42 **Kein Ablehnungsgrund: 1.** irrige Rechtsauffassung für sich allein betrachtet;[80] **2.** Mitwirkung bei früheren für den Ablehnenden ungünstigen Entscheidungen im Patenterteilungs-[81] oder im Gbm-Löschungsverfahren;[82] **3.** Mitwirkung im vorausgegangenen Prüfungsverfahren steht Mitwirkung im Einspruchsverfahren nicht entgegen (arg § 2 (2) DPMAV[83]); **4.** frühere Mitwirkung als Richter hindert nicht Mitwirkung in der gleichen Sache vor PatAbt[84] oder in paralleler Sache vor Gbm-Beschwerdesenat;[85] **5.** Äußerung von Rechtsansichten, Empfehlungen zur Aufklärung gemäß § 139 ZPO (s Einl Rdn 114); **6.** Vorschlag erteilungsfähiger Ansprüche;[86] **7.** bei Nichtigkeitsrichter, der früher an einem Aussetzungsbeschluss in einem Patentverletzungsverfahren mitgewirkt hat, der wegen des Nichtigkeitsverfahrens erlassen wurde;[87] **8.** Äußerung eines Richters in einem Kommentar oder Aufsatz[88] oder in einem Seminar;[89] **9.** Mitgliedschaft in der GRUR-Vereinigung;[90] **10.** bloße Bekanntschaft aus einem früheren Mandatsverhältnis;[91] **11.** inhaltliche oder begriffliche Fehlinterpretation des Anmeldungsgegenstands ohne Hinweis auf Voreingenommenheit oder Willkür als Ursache der Fehlerhaftigkeit;[92] **12.** Äußerungen zu Erfolgsaussichten eines Antrags, zum möglichen Verfahrensausgang oder zur materiellen Patentfähigkeit,[93] zB in Zwischenbescheiden

---

77 BPatG, 26.10.18; 7 W (pat) 15/18 (VKH) BeckRS 18, 45240; BPatG, 11.07.18, 7 W (pat) 1/17 BeckRS **18**, 17798.
78 BPatG, 17.12.19, 7 W(pat) 10/19 GRUR-RS 20, 15054; BPatG, 06.09.20, 7 W (pat) 13/19 GRUR-RS 20, 15054; BPatG, 27.05.19, 7 W (pat) 13/18 BeckRS 19, 18211; BPatG, 27.05.19, 7 W (pat) 15/18 BeckRS **19**, 16817 (verunglimpfende Ablehnung des Senats); s auch BVerfG, 17.12.19, 1 BvR 2244/19 (Nichtannahmebeschluss) BeckRS **19**, 35136.
79 S auch BGH Mitt 08, 91 = WRP 08, 127 = GRUR 08, 191 *Sachverständigenablehnung II*; BGH GRUR 09, 92 *Sachverständigenablehnung III* mwN.
80 BPatG BlPMZ 84, 47 = GRUR **83**, 503.
81 BPatG, 31.10.12, 10 W (pat) 18/10.
82 BPatGE 2, 85, 86 = BlPMZ **62**, 305.
83 BPatG BlPMZ 84, 47 = GRUR **83**, 503 zu § 3 S 1 DPAV aF; abw: EPA T 1028/96 ABl 00, 475.
84 BPatGE 9, 3 = BlPMZ **68**, 129 L.
85 BPatG BlPMZ 08, 63 *Ablehnung des techn. Mitgliedes des Gbm-Beschwerdesenats.*
86 BPatGE 24, 144 u 34, 97 = BlPMZ **82**, 211 u 95, 72 L.
87 BGH GRUR 86, 731 *Mauerkasten.*
88 BSG NJW 93, 2261; OLG Köln NJW-RR 00, 455.
89 BGH NJW 02, 2396.
90 BGH, 17.12.03, ZA 6/03 WtM 04, 110.
91 *BGH, 13.06.05,* X ZR 195/03, BeckRS **05**, 6955.
92 BPatG, 07.08.03, 10 W(pat) 57/01; BPatG, 08.11.07, 10 W (pat) 57/06.
93 BPatG, 23.04.18, 7 W (pat) 7/17 BeckRS 18, 9237; BPatG, 19.10.17, 7 W (pat) 13/17 BeckRS **17**, 132758.

zur VKH;[94] **13.** gleichzeitige Zurückweisung weiterer Patentanmeldungen;[95] **14.** Berücksichtigung ausschließlich fremdsprachiger Druckschriften; Zitat von Entgegenhaltungen in englischer Sprache;[96] **15.** erfolglose Ablehnung desselben Prüfers in vorangegangenen Anmeldeverfahren[97]; **16.** unterlassene Betrachtung eines Innovationspreises als Hilfskriterium für erfinderische Tätigkeit[98]; **17.** Abweichung von Vorgehen nach Einspruchsrichtlinien[99]; **18.** länger zurückliegende berufliche Tätigkeit beim Anmelder oder Vertreter ohne fortbestehende wirtschaftliche Interessen.

Ablehnung bejaht: 1. Verwandtschaft,[100] engere Bekanntschaft[101] oder Freundschaft, Feindschaft im Verhältnis zu einem Beteiligten; **2.** persönliche Spannungen mit dem Bevollmächtigten;[102] **3.** unsachliches Verhalten, das unter keinem Gesichtspunkt mehr als sachbezogen gewertet werden kann;[103] **4.** betont unangemessene Gestik und Mimik;[104] **5.** stures Festhalten an einer Ansicht ohne Bereitschaft zur sachlichen Überprüfung;[105] **6.** völlig abwegige oder offensichtlich falsche Argumentation in einem Zwischenbescheid;[106] **7.** Vorwegnahme des Ergebnisses einer Beweisaufnahme in einem Zwischenbescheid unter Androhung der Kostenauferlegung, falls auf die Vernehmung von Zeugen nicht verzichtet wird, da Anschein der Voreingenommenheit;[107] **8.** vorzeitige, endgültige Festlegung in einer Form, die erkennen lässt, sich mit einer Gegenmeinung nicht auseinandersetzen zu wollen;[108] **9.** Verhalten, das den Anschein der Willkür erweckt oder den Eindruck einer unsachlichen Einstellung aufdrängt;[109] **10.** Verweigerung der beantragten Protokollierung der entscheidungserheblichen Fragen des Gerichts und der Antworten der Zeugen und des den Antrag ablehnenden Beschlusses entgegen § 92 (2) 2 iVm § 160 (4) ZPO;[110] einseitige Protokollierung;[111] **11.** Ablehnung eines begründeten Verlegungsantrags;[112] **12.** Verstoß gegen § 47 ZPO;[113] **13.** einseitiger Zwischenbescheid, der auf den substantiierten Vortrag eines Beteiligten überhaupt

43

---

94 BPatG, 07.05.07, 10 W (pat) 9/07.
95 BPatG, 26.10.18, 7 W (pat) 14/18 BeckRS 18, 46427; BPatG, 07.08.03, 10 W(pat) 57/01 BeckRS 09, 11410; BPatG, 08.11.07, 10 W (pat) 57/06 BeckRS 07, 65503.
96 BPatG, 31.10.12, 10 W (pat) 18/10.
97 BPatG, 23.02.16, 7 W (pat) 2/15.
98 BPatG, 11.07.18, 7 W (pat) 1/17 BeckRS 18, 17798.
99 BPatG, 23.04.18, 7 W (pat) 7/17 BeckRS 18, 9237; BPatG, 20.04.18, 7 W (pat) 8/17 BeckRS 18, 9144.
100 EPA GBK G 0001/05 ABl 07, 362 *Ausschließung und Ablehnung/XXX*.
101 BGH LM § 42 Nr 2.
102 BayObLG NJW 75, 699; OLG Nürnberg OLGZ 94, 209; Teplitzky NJW 62, 2044.
103 BVerfG NJW 84, 1874.
104 OVG Lüneburg AnwBl 74, 132.
105 BPatGE 24, 144; 34, 97; BPatG BlPMZ 84, 47.
106 BPatG BlPMZ 84, 47 = GRUR 83, 503.
107 BPatGE 22, 63 = Mitt 80, 16.
108 BPatG, 23.04.18, 7 W (pat) 7/17 BeckRS 18, 9237; BPatG, 20.04.18, 7 W (pat) 8/17 BeckRS 18, 9144; BPatGE 24, 144; 34, 97; BPatG, 11.05.06, 10 W (pat) 15/05 BeckRS 07, 7217.
109 BGH GRUR 86, 731 *Mauerkasten*.
110 BPatG Mitt 96, 350.
111 OLG Köln NJW 99, 288.
112 Zu den Anforderungen an die Darlegung des Verhinderungsgrunds s BPatG BeckRS 16, 09 562; OLG München NJW-RR 02, 862.
113 OLG Köln NJW-RR 00, 591.

nicht eingeht;[114] **14.** nach Regel 28 (2) d VerfO des EGMR, wenn ein Richter über die Medien, schriftlich, durch öffentliches Handeln oder in anderer Weise in der Öffentlichkeit Ansichten geäußert hat, die objektiv geeignet sind, seine Unparteilichkeit zu beeinträchtigen; **15.** bei ungebührlicher, auf Voreingenommenheit oder Willkür beruhender Verfahrensverzögerung[115]; dienstliche Äußerung, die erkennen lässt, dass sich die abgelehnte Prüfungsstelle durch das Ablehnungsgesuch persönlich angegriffen fühlt.[116]

8 Zuziehung von Sachverständigen

44 die nicht Mitglieder des DPMA oder der zuständigen Abteilung sind, gestattet § 27 (7) zur Gewinnung des notwendigen Sachverstands. Das sollte bei schwierigen technischen Fragen unbedingt geschehen.[117] Bei rechtlichen Schwierigkeiten soll ein (abstimmungsberechtigtes) rechtskundiges Mitglied gemäß § 27 (3) 2 hinzutreten. Die hinzugezogenen Mitglieder einer anderen Patentabteilung oder von außerhalb des DPMA dürfen nur beraten, nicht auch mitentscheiden.

§ 28 Ermächtigung für DPMAV

(1) Das Bundesministerium der Justiz und für Verbraucherschutz wird ermächtigt, durch Rechtsverordnung, die nicht der Zustimmung des Bundesrates bedarf,
1. die Einrichtung und den Geschäftsgang des Deutschen Patent- und Markenamts sowie die Form des Verfahrens in Patentangelegenheiten zu regeln, soweit nicht durch Gesetz Bestimmungen darüber getroffen sind,
2. für Fristen in Patentangelegenheiten eine für alle Dienststellen des Deutschen Patent- und Markenamts geltende Regelung über die zu berücksichtigenden gesetzlichen Feiertage zu treffen.

(2) Das Bundesministerium der Justiz und für Verbraucherschutz kann die Ermächtigung nach Absatz 1 durch Rechtsverordnung ohne Zustimmung des Bundesrates ganz oder teilweise auf das Deutsche Patent- und Markenamt übertragen.

Cornelia Rudloff-Schäffer

Übersicht

    Geltungsbereich 1
    Kommentierung zu § 28 PatG

---

114 BPatGE 46, 122 = Mitt 02, 532 *Zwischenbescheid.*
115 BPatG, 11.05.06, 10 W (pat) 15/05 BeckRS 07, 7217.
116 BPatG, 30.07.80, 4 W (pat) 69/79.
117 BGH GRUR 93, 651 (IV1) *Tetraploide Kamille* für Sachverständigen vor BPatG; vgl BGH GRUR 70, 408 (III6 f) *Anthradipyrazol*; 78, 162 (B2b) *7-chlor-6-demethyltetracyclin*; 04, 413 *Geflügelkörperhaltung.* Zur technischen Sachkunde der tech Richter am BPatG s BGH GRUR 14, 1235 *Kommunikationsrouter* (= Fortführung von BGH GRUR 70, 408 *Anthradipyrazol*; Hahn GRUR-Prax 14, 458.

Ermächtigung für DPMAV § 28

| 1 | Verordnungsermächtigungen | 2 |
| 2 | Weitere Ermächtigungsnormen | 4 |

Geltungsbereich: Das **Kostenregelungsbereinigungsgesetz** (BGBl 2001 I S 3656 = BlPMZ 02, 14) hat § 28 (2) PatG durch Art 7 Nr 11 aufgehoben, weil die Ermächtigungen zum Erlass von Rechtsverordnungen über die Kosten in § 1 (2) PatKostG (abgedruckt im Anhang 15) übernommen wurden. Das **Geschmacksmusterreformgesetz** vom 12.03.04 (BGBl I 390 = BlPMZ 04, 207) hat durch Art 2 (7) Nr 1 mit Wirkung vom 19.03.04 die Wörter eingefügt: »die nicht der Zustimmung des Bundesrates bedarf« und »in Patentangelegenheiten«. Art 204 der Zehnten Zuständigkeits-Anpassungs VO v 31.08.15 (BGBl I S 1474) hat wegen des erweiterten Zuständigkeitsbereichs des Bundesministeriums der Justiz die Wörter »und für Verbraucherschutz« eingefügt. Durch Art 1 Nr 9 des 2. **PatMoG** vom 10.08.21 (BGBl I S 3490) wurde die Bezeichnung »Patentamt« in Abs 1 Nr 1 durch die amtliche Bezeichnung »Deutsches Patent- und Markenamt« ersetzt und in Nr 2 eine Ermächtigung zur einheitlichen Fristenregelung wegen voneinander abweichender gesetzlicher Feiertage in den Bundesländern geschaffen (s. auch den neuen § 18a DPMAV, Geltung ab 01.05.22). Nach Abs 2 kann die Ermächtigung auf DPMA übertragen werden. 1

1 Verordnungsermächtigungen

§ 28 ist Ermächtigungsnorm für umfassende Regelungen des patentamtlichen Verfahrens durch Verordnungen des BMJV. Darunter fällt nicht nur das Patentverfahren im Sinne der vorzunehmenden Verfahrenshandlungen, sondern auch die Entscheidung über die einzuhaltenden Anforderungen und Förmlichkeiten sowie über die Form der Aktenführung, soweit diese nicht durch das Patentgesetz selbst bestimmt werden. Auf Basis der Ermächtigung nach § 28 wurde die **Verordnung über das DPMA** (DPMAV, s Anhang 10, Tabu Gewerbl. Rechtsschutz Nr 300) und im Jahr 2010 die **Verordnung über die elektronische Aktenführung beim DPMA, BPatG und BGH** (EAPatV vom 10.02.10, s Anhang 20, Tabu Gewerbl. Rechtsschutz Nr 303) erlassen. Die EAPatV verpflichtet nicht zur elektronischen Aktenführung, sondern gewährt diese Möglichkeit als zusätzliche Option. DPMA bearbeitet und führt seit 1. Juni 2011 sämtliche Patent- und Gebrauchsmusterverfahren ausschließlich elektronisch.[1] Weitere Rahmenbedingungen für elektronische Aktenführung enthalten § 9 und die Anlage zu § 9 Satz 1 Bundesdatenschutzgesetz sowie die §§ 298, 298a ZPO und § 5 Verwaltungszustellungsgesetz. 2

Zur Form des Verfahrens zählen auch Regelungen hinsichtlich Schriftformerleichterungen bei Verfahrenshandlungen (§ 11 DPMAV) oder zur Feststellung des Eingangstags von Schriftstücken beim DPMA, da mit Eingang eines verfahrensleitenden Schriftstücks das Schutzrechtsverfahren beginnt.[2] Durch die elektronische Aktenbearbeitung wird Eingangsdatum jetzt *in* den Akten vermerkt (§ 8 (1) DPMAV). Der Tag ist die kleinste Zeiteinheit.[3]

Die neu angefügte Nummer 2 enthält die Ermächtigung zur Modifikation des Grundsatzes über Fristen in den §§ 222 Abs 2 ZPO, 193 BGB im Sinne einer Sonderregelung 3

---

1 S MittDPMA Nr 8/11 BlPMZ **11**, 233= Tabu Gewerbl. Rechtsschutz Nr 499 S 655; MittDPMA Nr 13/12 BlPMZ **12**, 293 =Tabu Gewerbl. Rechtsschutz Nr 499 S 704.
2 BPatG BlPMZ **05**, 183: Zugangsregelung für versehentlich beim EPA statt beim DPMA eingegangene Schriftstücke kann nicht durch bloße Verwaltungsvereinbarung zwischen DPMA und EPA getroffen werden.
3 BPatGE **52**, 207 – *Unterbekleidungsteil*.

für Patentangelegenheiten, da voneinander abweichende gesetzliche Feiertage an den Standorten des DPMA in Bayern, Thüringen und Berlin Probleme bei der Berechnung der Fristen verursachen. Nach dem neuen § 18a DPMAV soll ab 01.05.2022 jeder Feiertag fristverlängernde Wirkung haben, der an einer der Dienststellen des DPMA gilt, unabhängig davon, wo die zur Fristwahrung erforderliche Handlung tatsächlich vorgenommen wird.

2 Weitere Ermächtigungsnormen

4 sehen vor: **a)** § 27 (5) für die WahrnehmungsV (Tabu Gewerbl. Rechtsschutz Nr 305); **b)** § 29 (3) für die Erteilung von Auskünften zum Stand der Technik (s § 29 Rdn 8); **c)** § 30 (2) für Eintragungen in das Patentregister (s § 30 Rdn 11); **d)** § 34 (6) für die Patentverordnung (PatV) (s Anhang 11, Tabu Gewerbl. Rechtsschutz Nr 105) und die EAPatV (s Anhang 20, Tabu Gewerbl. Rechtsschutz Nr 303); **e)** § 34 (8) für die Biomaterial-Hinterlegungsverordnung v 24.01.05 (BioMatHintV, Tabu Gewerbl. Rechtsschutz Nr 105a, s § 34 Rdn 484, 531); **f)** § 43 (8) für Zwecke der Recherche und Auskunftserteilung (s § 42 Rdn 40); **g)** § 56 für die Bestimmung des Bundesministeriums für Verteidigung (V v 24.05.1961, Tabu Gewerbl. Rechtsschutz Nr 120); **h)** § 63 (4) für die Erfinderbenennung (s §§ 7, 8 PatV); **i)** § 1 (2) **PatKostG** für DPMAVwKostV (Anhang 16, Tabu Gewerbl. Rechtsschutz Nr 344) und PatKostZV (Anhang 17, Tabu Gewerbl. Rechtsschutz Nr 342); **k)** Art II § 2 (2) **IntPatÜG** für Veröffentlichung von deutschen Übersetzungen der Patentansprüche europ Patentanmeldungen (V v 18.12.1978, Tabu Gewerbl. Rechtsschutz Nr 130); **l)** Art II § 11 **IntPatÜG** für Zuständigkeit des DPMA für die Übermittlung von Rechtshilfeersuchen des EPA (V v 22.06.1979, Tabu Gewerbl. Rechtsschutz Nr 330); **m)** Art II § 3 (6) **IntPatÜG** aF für Übersetzungen europäischer Patentschriften, soweit nicht mit Wirkung vom 01.05.2008 aufgehoben (V v 02.06.1992, s. Tabu Gewerbl. Rechtsschutz Nr 114, Fußnote 1);[4] **n)** § 125a (3) **Nr 1** für die Verordnung über den elektronischen Rechtsverkehr beim DPMA (Anhang 19, Tabu Gewerbl. Rechtsschutz Nr 302, s. auch § 125a Rdn 1, 7); **o)** § 125a (3) **Nr 2** für die EAPatV in Bezug auf den Zeitpunkt und die organisatorischen Rahmenbedingungen der elektronischen Aktenführung bei DPMA, BPatG und BGH (Anhang 20, Tabu Gewerbl. Rechtsschutz Nr 303).

§ 29 Gutachten des DPMA; Auskünfte zum Stand der Technik

(1) Das Deutsche Patent- und Markenamt ist verpflichtet, auf Ersuchen der Gerichte oder der Staatsanwaltschaften über Fragen, die Patente betreffen, Gutachten abzugeben, wenn in dem Verfahren voneinander abweichende Gutachten mehrerer Sachverständiger vorliegen.
(2) Im übrigen ist das Deutsche Patent- und Markenamt nicht befugt, ohne Genehmigung des Bundesministers der Justiz und für Verbraucherschutz außer-

---

[4] Die Verordnung wurde durch Art 8 b Nr 3 des Gesetzes v 07.07.08 (BGBl I S 1191 = BlPMZ 08, 274 = Anhang 8, Tabu Gewerbl. Rechtsschutz Nr 442) mit Wirkung v 01.05.08 aufgehoben und eine Übergangsregelung in Art XI § 4 IntPatÜG eingefügt, Anhang 1 Rdn 21, 113).

halb seines gesetzlichen Geschäftskreises Beschlüsse zu fassen oder Gutachten abzugeben.

(3) ¹Das Bundesministerium der Justiz und Verbraucherschutz wird ermächtigt, zur Nutzbarmachung der Dokumentation des Deutschen Patent- und Markenamts für die Öffentlichkeit durch Rechtsverordnung ohne Zustimmung des Bundesrates zu bestimmen, dass das Deutsche Patent- und Markenamt ohne Gewähr für Vollständigkeit Auskünfte zum Stand der Technik erteilt. ²Dabei kann es insbesondere die Voraussetzungen, die Art und den Umfang der Auskunftserteilung sowie die Gebiete der Technik bestimmen, für die eine Auskunft erteilt werden kann. ³Das Bundesministerium der Justiz und Verbraucherschutz kann diese Ermächtigung durch Rechtsverordnung ohne Zustimmung des Bundesrates auf das Deutsche Patent- und Markenamt übertragen.

Cornelia Rudloff-Schäffer

Übersicht

	Geltungsbereich..	1
	Kommentierung zu § 29 PatG	
1	Obergutachten..	2
1.1	Inhalt des Gutachtens	3
1.2	Verfahren..	4
2	Beschlüsse und Gutachten außerhalb des Geschäftskreises (§ 29 (2))..	6
3	DPMA-Mitglieder als Sachverständige...................	7
4	Auskünfte zum Stand der Technik.......................	8

Geltungsbereich: § 29 (3) wurde durch Art V Nr 1 IntPatÜG eingefügt. 1
Die Verordnung über die Erteilung von Auskünften zum Stand der Technik vom 25.2.1982 (BGBl I S 313 = BlPMZ **82**, 117) wurde mit Verordnung vom 27.11.2001 (BGBl I S 3243 = BlPMZ 02, 95) mit Wirkung vom 1.1.2002 aufgehoben (s Rdn 8). Art 204 der Zehnten Zuständigkeits-AnpassungsV v 31.08.15 (BGBl I S 1474) hat in Abs 2, Abs 3 S 1 und S 3 wegen des erweiterten Zuständigkeitsbereichs des Bundesministeriums der Justiz die Wörter »und für Verbraucherschutz« eingefügt. Durch Art 1 Nr 10 des **2.PatMoG** vom 10.08.21 (BGBl I S 3490) wurde in Abs 1 und 2 sowie in Abs 3 S 1 die Bezeichnung »Patentamt« jeweils durch die amtliche Bezeichnung »Deutsches Patent- und Markenamt« ersetzt.

1 Obergutachten

Abs 1 hat wegen der engen Voraussetzungen niemals praktische Bedeutung erlangt.[1] 2
Zu den Voraussetzungen für die Erstattung eines Obergutachtens gehören:
a) Ersuchen eines Gerichts oder einer Staatsanwaltschaft der Bundesrepublik Deutschland,
b) Vorliegen inhaltlich abweichender Gutachten,
c) Erstattung der Gutachten durch verschiedene, von Gericht oder Staatsanwaltschaft bestellte Sachverständige; nicht genügend: abweichende Privatgutachten,[2]

---

1 Zur Hinzuziehung eines tech Mitglieds im Markenlöschungsverf s. BPatG, 7.5.14, 28 W (pat) 3/13.
2 PA BlPMZ **51**, 30.

d) Gutachten muss Patente betreffen, aus denen Ansprüche nach dem PatG vor Gericht geltend gemacht werden können. Dazu gehören deutsche und für die Bundesrepublik Deutschland erteilte europäische Patente sowie Anmeldungen, aus denen der Anspruch nach § 33 geltend gemacht werden kann.

1.1 Inhalt des Gutachtens

3   Erörterung technischer und patentrechtlicher Fragen (Auslegung des Patentanspruchs, Abgrenzung zum Stand der Technik, Abhängigkeit), Erfahrungssätze, jedoch keine **rechtliche** Bewertung im Patentverletzungsstreit, zB zu Verschulden oder zum Schutzumfang gemäß § 14, dessen abschließende Beurteilung ausschließlich dem Gericht vorbehalten ist.[3] DPMA ist nicht Sachverständiger im Sinne des Abs 1 letzter Halbsatz; sondern kann nur bei voneinander abweichenden Gutachten mehrerer Sachverständiger schriftliches Gutachten erstellen. Verständnis eines Sachverständigen vom Patentanspruch genießt bei richterlicher Auslegung grundsätzlich eben so wenig Vorrang wie das einer Partei. Das Gericht muss sachverständige Äußerungen eigenverantwortlich untersuchen.[4]

1.2 Verfahren

4   Zuständig ist die jeweilige Fachpatentabteilung gemäß § 27 (1) Nr 2. Für das Verfahren gilt § 2 (3) Nr 5 DPMAV (s Anhang 10). Etwaige Aufklärungsfragen sind an das Gericht zu richten.

5   Eine **mündliche Erörterung** des Gutachtens nach § 411 (3) ZPO kann das Gericht vom DPMA nicht erzwingen,[5] denn Gutachter ist DPMA, nicht das einzelne DPMA-Mitglied, das aber als amicus curiae das Gutachten, ohne es zu ändern, erläutern könnte.

2 Beschlüsse und Gutachten außerhalb des Geschäftskreises (§ 29 (2))

6   Das DPMA kann als Behörde nur im Rahmen der ihm durch das PatG übertragenen Aufgaben Beschlüsse fassen und nur unter den Voraussetzungen des § 29 (1) Gutachten abgeben. Es ist daher nicht befugt, außerhalb eines anhängigen Verfahrens Rechtsauskünfte zu erteilen oder Anfragen Dritter (auch nicht im Wege der Amtshilfe) zu beantworten, weil dies der Abgabe eines Gutachtens gleichkommen würde[6]. Unbenommen bleibt es dem Präsidenten des DPMA und den Mitgliedern, ihre persönliche, nicht amtliche Auffassung zu allgemeinen Rechtsfragen darzulegen und wissenschaftlich

---

3   Busse/Keukenschrijver § 29 PatG Rn 7 ff; Benkard/Schäfers § 29 PatG Rn 3; aA Mes § 29 PatG Rn 2 (Obergutachten zum Schutzumfang als etwaiges Korrektiv im Verletzungsprozess).
4   BGH GRUR 08, 779 = BlPMZ 08, 361 *Mehrgangnabe*; BGHZ 71, 120 = GRUR 07, 410 *Kettenradanordnung II*; BGHZ 184,49 = GRUR 10, 314 *Kettenradanordnung II*; BPatG, 18.02.10, 6 W(pat) 67/07 = BeckRS 10, 07 009; BPatG, 22.07.10, 6 W (pat) 319/07 = BeckRS 10, 24 117.
5   RG BlPMZ 21, 157.
6   Benkard/Schäfers § 29 PatG Rn 5.

tätig zu sein. Zulässig sind außerdem Auskünfte zu tatsächlichen Fragen[7], insbesondere über Inhalt patentamtlicher Veröffentlichungen und zum Informationsangebot des DPMA.

3 DPMA-Mitglieder als Sachverständige:

Nach §§ 408 (2) ZPO, 376 (2) StPO iVm §§ 61, 62 BBG bedürfen Amtsangehörige der Genehmigung des Präsidenten des DPMA für eine Gutachtertätigkeit, die idR nicht erteilt wird, weil damit ein Ausschließungsgrund gemäß § 27 (6) iVm § 41 Nr 5 ZPO für künftige Verfahren begründet werden könnte.

4 Auskünfte zum Stand der Technik[8]:

§ 29 (3) ermächtigt zum Erlass einer Rechtsverordnung, dass DPMA Auskünfte zum Stand der Technik erteilen kann. Die auf Grund des § 29 (3) erlassene Verordnung über die Erteilung von Auskünften zum Stand der Technik v 25.2.1982 (BGBl I S 313 = BlPMZ 82, 117), geändert durch Verordnung v 16.11.1992 (BGBl I S 1930 = BlPMZ 93, 51), wurde mit Verordnung v 27.11.2001 (BGBl I S 3243 = BlPMZ 02, 95) mit Wirkung vom 01.01.2002 aufgehoben. Durch Aussetzen der Erteilung wollte Gesetzgeber für die Dauer von fünf Jahren – vorübergehende – Entlastung des DPMA erreichen;[9] wegen der anhaltend starken Arbeitsbelastung des DPMA ist bislang vom Erlass einer neuen Verordnung abgesehen worden. Seit dem 01.01.2002 können daher keine Anträge auf Erteilung von Auskünften zum Stand der Technik mehr gestellt werden. Vor dem 01.01.02 eingegangene Anträge wurden noch bearbeitet, wenn die Gebühr vor dem 01.01.02 gezahlt wurde. Für die Bearbeitung dieser Altanträge vgl § 29 Rn 10–13 der 6. Auflage. § 29 (3) enthält gesetzlichen Haftungsausschluss, der eine Gebührenerstattung im Falle unvollständiger Recherchen ausschließt.[10]

§ 29a Interne urheberrechtliche Nutzung des Stands der Technik

(1) Das Deutsche Patent- und Markenamt darf Werke oder andere nach dem Urheberrechtsgesetz geschützte Schutzgegenstände für seine Beschäftigten vervielfältigen und öffentlich zugänglich machen, soweit dies dazu dient, den darin dokumentierten Stand der Technik in Verfahren vor dem Deutschen Patent- und Markenamt berücksichtigen zu können.

---

7 Mes § 29 PatG Rn 5. Zu Forderungen von KMU nach ggf. kostenpflichtiger Auskunft zum Stand der Technik, aktiver Vermittlung/Bewertung von Patentinformation durch DPMA s Feil, Bedeutung von Patentinformation für mittelständische Innovationsunternehmen, und Schrader, Informationsfunktion des Patentwesens als Voraussetzung von Nachahmung und Fortschritt, in Jänich/Schrader (Hrsg), Fortschritt durch Nachahmung?, 2013.
8 Schriftl Bericht des Rechtsausschusses BlPMZ 76, 349 (IV1a); **WIPO-Organ:** World Patent Information; **Lit in GRUR:** Häußer 76, 391; 81, 231; Beier u Straus 77, 282; Straus 81, 217; Beier 81, 225; **Lit in GRUR Int:** Straus 75, 323; Kolle 75, 328; v Kempski 92, 1; **Lit in Mitt:** Häußer 80, 21; 84, 121; Wittmann/Schikarski 84, 221.
9 Beschlussempfehlung und Bericht des Rechtsausschusses BT-Drs 14/7140 S 59 (II 1. unter 5. und zu Gebührenverzeichnis, Streichung von Gebühren).
10 BPatG BlPMZ 06, 374, s dazu Winterfeldt/Engels GRUR 07, 537, 541.

(2) § 60g Absatz 1 und § 95b des Urheberrechtsgesetzes sind entsprechend anzuwenden.

(3) ¹Für die Nutzung nach Absatz 1 ist eine angemessene Vergütung zu zahlen, soweit der jeweilige Rechtsinhaber das Werk oder den sonstigen Schutzgegenstand der Öffentlichkeit nur gegen Entgelt anbietet. ²§ 60h Absatz 3 bis 5 des Urheberrechtsgesetzes ist entsprechend anzuwenden.

Cornelia Rudloff-Schäffer

1 Geltungsbereich: § 29a wurde durch Art 3 Urheberrechts-Wissensgesellschafts-Gesetz – UrhWissG mit Wirkung vom 1.3.18 eingefügt (BGBl I 2017, 3346). Durch Art 1 Nr 40 Buchstabe a des 2.PatMoG vom 10.08.21 (BGBl I S 3490) wurde die Bezeichnung »Patentamt« in Abs 1 durch die amtliche Bezeichnung »Deutsches Patent- und Markenamt« ersetzt.

2 Die Vorschrift erlaubt es dem Deutschen Patent- und Markenamt (DPMA), urheberrechtlich geschützte Werke in die internen Recherchedatenbanken zum Stand der Technik aufzunehmen (urheberrechtliche Schrankenbestimmung, s.§ 31 Rdn 47¹). Die geschützten Werke dürfen **nur für die Beschäftigten des DPMA vervielfältigt** und **nur im Intranet des DPMA** für Zwecke des Patentverfahrens zugänglich gemacht werden (§§ 16, 19a UrhG). Dabei handelt es sich häufig um so genannte Nichtpatentliteratur wie zB wissenschaftliche Artikel, Firmenkataloge, Verkaufsprospekte, Beipackzettel und temporär verfügbare Unterlagen aus dem Internet. Da diese Dokumente zum weltweiten Stand der Technik gehören, sind sie durch die Prüfungsstellen bei der Recherche von neuheitsschädlichen Entgegenhaltungen zu berücksichtigen.² Die Dokumente müssen daher im Interesse einer qualitativ hochwertigen Recherche in der **internen Datenbank** nach patentrechtlichen Kriterien strukturiert und dauerhaft auffindbar sein. Ergänzend werden auch vergleichbare Datenbanken anderer großer Patentämter und kommerzieller Anbieter genutzt, die aber in der Regel nur Teile dieser Literatur enthalten. Die Alternative, Einzelverträge mit den zahlreichen Rechteinhabern zu schließen, ist hingegen aufwändig und scheiterte in der Praxis häufig daran, dass Rechteinhaber auf die Einräumung derartiger Nutzungsrechte an das DPMA nicht eingestellt waren.

3 Abs 2 verhindert durch den Verweis auf § 60g Abs 1 UrhG, dass die Ausübung dieser Befugnis durch vertragliche Vereinbarungen unterbunden wird. Bei Einsatz von technischen Schutzmaßnahmen kann DPMA von der Befugnis in § 29a Abs 1 nach Maßgabe von § 95b UrhG Gebrauch machen. Dies gilt wegen § 95b Abs 3 UrhG nicht, wenn die Inhalte auf vertraglicher Basis öffentlich zugänglich gemacht werden.

4 Abs 3 Satz 1 ordnet die Zahlung einer angemessenen Vergütung an, um die Einschränkung des Ausschließlichkeitsrechts zumindest teilweise auszugleichen. Der Ausgleich erfasst solche Schutzgegenstände, die der Rechtsinhaber entgeltlich der Öffentlichkeit anbietet und für die somit ein Primärmarkt besteht. Der Verweis in Satz 2 führt dazu, dass der Anspruch auf die Vergütung nur durch eine Verwertungsgesellschaft geltend

---

1 Begr in BT-Drs 18/12329, S. 51.
2 S Rechercherichtl unter 5. und 6 D., BlPMZ 20, 157 (Tabu Gewerbl. Rechtsschutz Nr 135).

gemacht werden kann. DPMA hat dazu eine Vereinbarung mit der VG Wort geschlossen.

§ 30 Patentregister

(1) ¹Das Deutsche Patent- und Markenamt führt ein Register, das die Bezeichnung der Patentanmeldungen, in deren Akten jedermann Einsicht gewährt wird, und der erteilten Patente und ergänzender Schutzzertifikate (§ 16a) sowie Namen und Wohnort der Anmelder oder Patentinhaber und ihrer etwa nach § 25 bestellten Vertreter oder Zustellungsbevollmächtigten angibt, wobei die Eintragung eines Vertreters oder Zustellungsbevollmächtigten genügt. ²Auch sind darin Anfang, Ablauf, Erlöschen, Anordnung der Beschränkung, Widerruf, Erklärung der Nichtigkeit der Patente und ergänzender Schutzzertifikate (§ 16a) sowie die Erhebung eines Einspruchs und einer Nichtigkeitsklage zu vermerken.

(2) Der Präsident des Deutschen Patent- und Markenamts kann bestimmen, dass weitere Angaben in das Register eingetragen werden.

(3) ¹Das Deutsche Patent- und Markenamt vermerkt im Register eine Änderung in der Person, im Namen oder im Wohnort des Anmelders oder Patentinhabers und seines Vertreters sowie Zustellungsbevollmächtigten, wenn sie ihm nachgewiesen wird. ²Solange die Änderung nicht eingetragen ist, bleibt der frühere Anmelder, Patentinhaber, Vertreter oder Zustellungsbevollmächtigte nach Maßgabe dieses Gesetzes berechtigt und verpflichtet.

Ab 01.05.22: ³*Übernimmt der neu im Register als Anmelder oder als Patentinhaber Eingetragene ein Einspruchsverfahren vor dem Deutschen Patent- und Markenamt, ein Einspruchs- oder Beschwerdeverfahren vor dem Bundespatentgericht oder ein Rechtsbeschwerdeverfahren vor dem Bundesgerichtshof, so ist dafür die Zustimmung der übrigen Verfahrensbeteiligten nicht erforderlich.*

(4) ¹Das Deutsche Patent- und Markenamt trägt auf Antrag des Patentinhabers oder des Lizenznehmers die Erteilung einer ausschließlichen Lizenz in das Register ein, wenn ihm die Zustimmung des anderen Teils nachgewiesen wird. ²Der Antrag nach Satz 1 ist unzulässig, solange eine Lizenzbereitschaft (§ 23 Abs 1) erklärt ist. ³Die Eintragung wird auf Antrag des Patentinhabers oder des Lizenznehmers gelöscht. ⁴Der Löschungsantrag des Patentinhabers bedarf des Nachweises der Zustimmung des bei der Eintragung benannten Lizenznehmers oder seines Rechtsnachfolgers.

Cornelia Rudloff-Schäffer

Übersicht
Geltungsbereich		1
Literatur		3
Kommentierung zu § 30 PatG		
1	Patentregister	4
2	Online-Zugang zu DPMAregister	5
2.1	Aktenzeichenabfragen	6
2.2	Recherche nach angemeldeten und erteilten Patenten	7

2.3	Verfahrensstände	8
3	Eintragungen	9
3.1	Eintragungen nach § 30 (1)	10
3.2	Eintragungen nach § 30 (2)	11
3.3	Weitere Eintragungsvorschriften	14
4	Wirkung der Eintragung	15
5	Legitimationswirkung	17
6	Änderungen des Patentregisters nach § 30 (3) 1	19
6.1	Änderung von Amts wegen	19
6.2	Änderung von Eintragungen nach § 30 (3) 1	21
6.2.1	Änderung in der Person des Anmelders oder Patentinhabers durch Rechtsübergang vom Eingetragenen auf einen Dritten	22
6.2.2	Änderung des Namens der Person oder der Bezeichnung der Firma ohne Wechsel der Rechtsinhaberschaft	25
6.2.3	Änderung des Wohnorts	28
6.2.4	Änderung des Vertreters und Zustellungsbevollmächtigten	29
6.3	Verfahren	30
6.4	Nachweis der Änderung	36
6.4.1	Abschriften/Urkunden	38
6.4.2	Entscheidung	42
7	Wirkung der Umschreibung	43
7.1	Materielles Recht und Eintragung	45
7.2	Zeitpunkt der Legitimationsänderung	46
7.3	Erbe	51
7.4	Nicht offengelegte Patentanmeldungen	53
8	Eintragung ausschließlicher Lizenz	54
8.1	Zweck	54
8.2	Voraussetzungen der Eintragung	55
8.2.1	Antrag	55
8.2.2	Angabe des Berechtigten	56
8.2.3	Gebühr	57
8.2.4	Fehlen einer Lizenzbereitschaftserklärung	58
8.2.5	Löschung der Eintragung einer Lizenzbereitschaftserklärung	59
8.3	Verfahren	60
8.4	Lizenzinformationen	62
8.5	Wirkung der Eintragung	63
8.6	Löschung	64

1 Geltungsbereich: Verordnung über die Patentrolle v 16.06.81 (BGBl I S 593 = BlPMZ 81, 261) wurde aufgehoben durch Art 27 Nr 1 des 2. PatGÄndG, da Präsident des DPMA nach dem neu gefassten § 30 (2) die gesetzlich nicht vorgeschriebenen Eintragungen über den Verfahrensstand im Patentregister regeln kann. Art 2 Nr 7 des 2. PatGÄndG hat mit Wirkung vom 01.11.98 § 30 Absätze 1 und 2 neu gefasst und Absätze 4 und 5 angefügt. Die Regelung über die Eintragung einer ausschließlichen Lizenz in das Register in § 30 (4) und (5) war vor dem 01.11.98 in § 34 aF enthalten. Art 7 Nr 13 **Kostenregelungsbereinigungsgesetz** (BGBl 2001 I S 3656 = BlPMZ 02, 14) hat § 30 (1) 1 und (3) PatG neu gefasst, den Begriff »Rolle« durch »Register« ersetzt, die Aufnahme des Zustellungsbevollmächtigten in das Register geregelt; Kostenbestimmungen in § 30 (3) 2 und § 30 (5) PatG wurden in PatKostG verlagert (Tabu Gewerbl. Rechtsschutz Nr 340); Umschreibungen sind seither gebührenfrei, damit das Register möglichst immer den zutreffenden Rechtsstand wiedergibt. Art 1 Nr 3 des **Gesetzes zur Vereinfachung und Modernisierung des Patentrechts** v 31.07.09 (**PatRModG**, BGBl I S 2521 = BlPMZ 09, 301) hat in § 30 (1) 2 das Wort »Teilung« mit Wirkung vom 01.10.09 gestrichen. Durch Artikel 1 Nr 11 des **2. PatMoG** v 10.08.21 (BGBl I S 3490) wurde die Bezeichnung »Patentamt« in Abs 1 bis Abs 4 jeweils durch die amtliche Bezeichnung »Deutsches Patent- und Markenamt« ersetzt. In Abs 3 wurde mit Wirkung vom 01.05.22 ein neuer Satz 3 angefügt.

2 Durch VO (EU) Nr 1257/2012 und VO Nr 1260/2012 wird die Zuständigkeit für die Eintragung der einheitlichen Wirkung europäischer Patente auf EPA sowie die Zuständigkeit für Gerichtsver-

Patentregister § 30

fahren über europäische Patente und europäische Patente mit einheitlicher Wirkung weitgehend auf das **Einheitliche Patentgericht** übertragen. In **DPMAregister** sollen künftig auch der Tag der Eintragung und der Tag des Eintritts der einheitlichen Wirkung des europäischen Patents nach Art 3 (1) und Art 4 (1) Verordnung (EU) Nr. 1257/2012 eingetragen werden. EPA soll DPMA diese Daten liefern. Durch Art 2 des **Gesetzes zur Anpassung patentrechtlicher Vorschriften auf Grund der europäischen Patentreform** v 30.08.21 (BGBl I S 3914), s. auch BT-Drs 18/8827 vom 20.06.16, Anhang 5) wurde in Abs 1 ein neuer Satz 3 angefügt, der an dem Tag des Inkrafttretens des Übereinkommens v 19.02.13 über ein Einheitliches Patentgericht in Kraft tritt. Der Zeitpunkt des Inkrafttretens wird im Bundesgesetzblatt Teil II bekanntgemacht und stand im September 2021 noch nicht fest. § 30 (1) 3 soll dann lauten:

»In dem Register sind ferner der vom Europäischen Patentamt mitgeteilte Tag der Eintragung der einheitlichen Wirkung des europäischen Patents sowie der mitgeteilte Tag des Eintritts der Wirkung des europäischen Patents mit einheitlicher Wirkung nach Maßgabe des Artikels 4 Absatz 1 der Verordnung (EU) Nr 1257/2012 des Europäischen Parlaments und des Rates vom 17. Dezember 2012 über die Umsetzung der Verstärkten Zusammenarbeit im Bereich der Schaffung eines einheitlichen Patentschutzes (ABl. EU Nr L 361 vom 31.12.2012, S 1; ABl. EU L 307 vom 28.10.2014, S 83) zu vermerken.«

Lit: Repenn, Umschreibung gewerblicher Schutzrechte Köln 1994; Pahlow, Formelle Inhaberschaft und materielle Berechtigung. Überlegungen zur Legitimationswirkung des Patent- und Markenregisters, FS 50 Jahre BPatG 2011, 417 ff.; Seiler, Die rechtliche Bedeutung der Patentregistereintragung unter besonderer Berücksichtigung des Verletzungsprozesses, 2013; **Lit in GRUR:** Pietzcker **73**, 561; Rogge **85**, 734; Rauch 01, 588; Pitz 09, 805, Pitz 10, 688; Verhauwen **11**, 116; Kühnen **14**, 137; Ohly **16**, 1120; Grunwald **16**, 1126; **Lit in GRUR-Prax:** Lehment/Eßer **19**, 429; Lüft **13**, 277 (Anm); Seiler **15**, 164; **Lit in GRUR-RR:** Hoppe **16**, 385; **Lit in Mitt:** Springorum/Knobbe-Springorum **19**, 529; Repenn **84**, 9; **89**, 142; **Lit in IIC:** Dybdahl **98**, 387.
Umschreibungsrichtlinien (Umschreibungsrichtl) vom 14.12.2018 (BlPMZ **19**, 22 = Tabu Gewerbl. Rechtsschutz Nr 313).

1 Patentregister

gibt Auskunft über Anmeldungen von der Offenlegung an (§ 31 (2) 1 Nr 1 und 2) sowie über erteilte Patente (auch EP mit Wirkung für DE) und ergänzende Schutzzertifikate (§ 16a).

2 Online-Zugang zu DPMAregister

DPMAregister ist die amtliche einheitliche Internetplattform für die integrierte Veröffentlichung aller amtlichen Schutzrechtspublikationen. Recherchiert werden können alle wöchentlich erscheinenden elektronischen (Patent-)Blätter und die Registerdaten mit den tagesaktuellen Rechts- und Verfahrensständen zu allen Schutzrechten. Die elektronische Akteneinsicht für Patente und Gebrauchsmuster ist kostenlos mittels einer deutsch- und englischsprachigen Benutzeroberfläche über https://register.dpma.de zugänglich, s § 31 Rdn 44.

2.1 Aktenzeichenabfragen

Abfrage ist insbesondere durch Eingabe von bibliografischen Daten und Aktenzeichen schnell möglich[1]:
a) Aktenzeichenformat ab 01.01.04: grundsätzlich 12-stelliges Aktenzeichen, evtl mit Prüfziffer, wie folgt aufgebaut: **KKJJJJNNNNNN.P**. KK = Schutzrechtsart (zB

---

[1] Zu den Aktenzeichenstrukturen des DPMA seit 1877 bis heute s DPMAinformativ Nr 5 (Juli 2012, https://www.dpma/dpma/veroeffentlichungen/dpmainformativ/index.html).

§ 30 Patentregister

    10 = DE-Patent; 11= PCT-Anmeldungen (Bestimmung DE); 12 = Ergänzende Schutzzertifikate; 20 = Gebrauchsmuster; 22 = Topografie; 50 = EP-Patent mit Benennung DE, Sprache Deutsch; 60 = EP-Patent mit Benennung DE, Sprache Englisch, Französisch); JJJJ= Jahreszahl; NNNNNN = laufende Nummer; P = Prüfziffer; Beispiel: 1 020 04 023 oder 1 020 04 023.9.

b) Als Folge der Einführung der elektronischen Schutzrechtsakte im Jahre 2011 werden seit 29.04.11 neue Nummernkreise für die jeweilige Einreichungsart (in Papier oder elektronisch) vergeben.

c) Diese Nummernkreise wurden 2012 neu festgelegt.[2] Das seit 2004 verwendete 12stellige Aktenzeichenformat hat sich dadurch nicht verändert. Das Aktenzeichen setzt sich zusammen aus Schutzrechtsart (10 = DE-Patent-, 11 = PCT-Anmeldungen (Bestimmung DE), 12 = Ergänzende Schutzzertifikate, 20 = Gebrauchsmusteranmeldung, 21 = Gebrauchsmuster aus PCT-Anmeldungen, 22= Topografieanmeldung, 50 = EP-Patent für DE (deutsch), 60 = EP-Patent für DE (englisch, französisch), der Jahreszahl (zB 2012) und der fortlaufenden Anmeldenummer. Der Nummernkreis 000 001 bis 099 999 wird für Anmeldungen in Papier, der Nummernkreis 100 000 bis 199 999 für Anmeldungen über DPMAdirekt und der Nummernkreis 200 000 bis 999 999 für *epoline*-Anmeldungen vergeben.

d) 1995–2003 DE-Aktenzeichen 7- oder 8-stellig, evtl mit Prüfziffer, zB 2 843 735.6

e) EP-Aktenzeichen 8-stellig, evtl mit Prüfziffer, beginnend mit 7, 8, 9 oder 0, zB 07 251 201.5;

f) EP-Veröffentlichungsnummer EP + bis zu 7 Ziffern, z.B. EP122 oder EP1 782 672;

g) PCT-Aktenzeichen PCT + Staat/Jahr + 5 Ziffern, z.B. PCT/US 2009/032 214;

h) WO-Veröffentlichungsnummer WO + 7 Ziffern, z.B. WO2 008 016;

i) Arzneimittel-Schutzzertifikate bis 2003 8-stellig, evtl mit Prüfziffer, beginnend mit 1, dann 2-stelliger Jahrescode, dann 7, dann 5, 6, 7, 8 oder 9, dann 3-stellige laufende Nummer, z.B. 1 94 75 123 oder 1 94 75 123.6;

j) DDR-Patente: DD-Patentnummer DD + 6 Ziffern beginnend mit 0, 1, 2 oder 3 ohne Prüfziffer, z.B. DD304 041;

k) DD-Aktennummer DDA + 5, 6 oder 7 Ziffern beginnend mit 0, 1, 2 oder 3 mit nachgestellter Prüfziffer, z.B. DDAP3 040 410.

2.2 Recherche nach angemeldeten und erteilten Patenten

7   Die Recherche im Datenbestand von DPMAregister nach nationalen Schutzrechten kann mit einfachen Suchfeldern (Basisrecherche, Erweiterte Recherche, Einsteigerrecherche) oder über Monitoring-, Experten- oder Assistentenmodus ablaufen. Suchfelder können neben Aktenzeichen unter anderem sein: Anmelder/Inhaber/Erfinder/Vertreter, Bezeichnung/Titel, Veröffentlichungstag/, IPC-Haupt-/Nebenklasse.[3] In der Vollversion der IPC ist gesamte Technik ist in rund765 000 Haupt- und Untergruppen eingeteilt, welche sich auf 8 Sektionen (A bis H) verteilen. Jede der Sektionen ist weiter

---

2 MittDPMA Nr 5/12 = BlPMZ **12**, 77 = Tabu Gewerbl. Rechtsschutz Nr 499 S 674.
3 S https://register.dpma.de unter Expertenrecherche.

in Klassen und Unterklassen unterteilt und diese wiederum in Haupt- und Untergruppen. Beispiel: B62K 21/16.[4]

2.3 Verfahrensstände

Aktenzeichen werden in Trefferliste gezeigt, dabei können zum jeweiligen Aktenzeichen die **Verfahrensart** und der **Verfahrensstand** aufgerufen werden.

Beispiele: Anmeldung befindet sich in der Vorprüfung; Änderung der IPC-Hauptklasse; Prüfungsantrag wirksam gestellt; Vorverfahren ist abgeschlossen; ermittelte Druckschriften wurden mitgeteilt; Prüfungsbescheid; Erwiderung auf Prüfungsbescheid; Offenlegungsschrift; Vorbereitung Erteilungsbeschluss; Erteilungsbeschluss; Patentschrift; Patent ist rechtskräftig erteilt; Änderung des Vertreters; Anmeldung gilt als zurückgenommen wegen Nichtzahlung der Jahresgebühr; Schutzrecht ist wegen Nichtzahlung der Jahresgebühr erloschen.

3 Eintragungen

in das Register erfolgen teils von Amts wegen (§ 30 (1), § 23 (1) 3), § 63 (1) 2), teils auf Antrag (§ 30 (3) 1, § 30 (4)). Ein Antragsrecht steht dem zu, dessen Rechte durch die Eintragung berührt werden können.[5] Der Antrag eines Dritten, ein Patent im Register zu löschen, ist unzulässig.[6] Für den Inhalt der Eintragung ist DPMA an den Erteilungsbeschluss vorbehaltlich des § 30 (3) gebunden.[7]

Registereinsicht ist online kostenlos möglich (s § 31 Rdn 23); aktueller unbeglaubigter Registerauszug kann zu jeder offengelegten Akte ausgedruckt werden.

Zur **Wirkung** der Eintragung s Rdn 15.

3.1 Eintragungen nach § 30 (1)

a) **Bezeichnung** der Anmeldung, des Patents oder Schutzzertifikats (vgl § 34 (3) Nr 2);
b) **Name** und **Wohnort** (nicht volle Anschrift) des Anmelders oder Schutzrechtsinhabers. Firma wie eingetragen[8] mit ihrem Sitz.[9] Bei ausländischer Firma ggf Sitz der Niederlassung im Inland;[10] bzw. Hauptsitz der Firma im Ausland[11]. **Anschrift** ist nur bei Schutzzertifikaten vorgeschrieben;[12] c) Name und Wohnort eines **Inlandsvertreters** gemäß § 25 (1) oder eines Zustellungsbevollmächtigten,[13] Eintragung eines von

---

4 Zur Recherche mit IPC und DEKLA s DPMAinformativ Nr 4 (Juli 2020) https://www.dpma/dpma/veroeffentlichungen/dpmainformativ/index.html.
5 BPatGE 17, 14 = BlPMZ 75, 145.
6 BPatGE 2, 178.
7 BPatGE 2, 178.
8 BPatG Mitt **78**, 166; zur Umschreibung auf parteifähigen Rechtsträger (GmbH) unter Firma seiner Zweigniederlassung s BPatG, 31.10.19, 7 W (pat) 14/17, BPatGE **56**,206 *Kolloidalmischer* = Mitt **20**, 188; BPatG, 27.02.19, 7 W (pat) 14/17BeckRS **19**, 2770 (Anheimgabebeschluss).
9 BPatG BeckRS **16**, 09 909: Satzungssitz iSd § 4a GmbHG, s auch zur Zweckmäßigkeit der Eintragung einer Geschäftsanschrift als zusätzlicher Zustellanschrift.
10 BPatGE **1**, 60.
11 BPatG v 08.11.19, 7 W (pat) 9/19 BeckRS **19**, 29772 (EP-Patent).
12 Art 9 (2) EG-ArzneimittelV bzw. PflanzenschutzmittelV in Anhängen 1 u 2 zu § 16a (= Tabu Gewerbl. Rechtsschutz Nr 696f und Nr 696p).
13 Die Pflicht zur Bestellung eines Zustellungsbevollmächtigten ist seit 01.10.09 entfallen; s § 25 Rdn 19; zur früheren Rechtslage s 8. Aufl § 25 Rn 27 ff; AmtlBegr zum PatRModG BT-Drs 16/11 339 S 18/19 = BlPMZ 09, 307 ff; vgl auch § 4 DPMAV.

mehreren genügt (§ 30 (1) 1). Sonstige Verfahrensbevollmächtigte werden nicht eingetragen; **d) Anfang des Patentschutzes** oder eines Schutzzertifikats, der sich aus dem Anmeldetag ergibt; **e) Ablauf des Patentschutzes** oder eines Schutzzertifikats; **f) Erlöschen des Patents** oder Schutzzertifikats nach § 20, auch ein Teilverzicht; **g)** Anordnung der **Beschränkung** nach § 64; **h) Widerruf** und Teilwiderruf des Patents nach § 21; **i)** volle und teilweise **Nichtigerklärung** nach § 22; **j)** Erhebung eines **Einspruchs** nach § 59; **k)** Erhebung einer **Nichtigkeitsklage** nach § 81.

Teilung des Patents nach § 60 aF wird seit 01.10.2009 nicht mehr in Register eingetragen.[14]

Zur künftigen Eintragung von europäischen Patenten mit einheitlicher Wirkung s. Rdn 2.

3.2 Eintragungen nach § 30 (2)

11 Nach § 30 (2) kann der Präsident des DPMA bestimmen, dass weitere – nicht in § 30 (1) genannte Angaben – in das Register eingetragen werden. Es steht in seinem pflichtgemäßen Ermessen, für welche Angaben er ein Bedürfnis anerkennt oder welche er für zweckmäßig hält. Diese Ermächtigung ist rechtlich unbedenklich, weil die Eintragung dieser zusätzlichen Angaben lediglich der Information der Öffentlichkeit dient, der Eintragung aber keine rechtliche Wirkung zukommt. Sämtliche Angaben sollen der Identifikation des Schutzrechtsinhabers dienen und es der Öffentlichkeit erleichtern, mit diesem in Kontakt zu treten, auch um Zustellungsprobleme zu vermeiden.[15]

12 Künftig könnten daher Eintragungen zugelassen werden, die nach früherer Praxis ausgeschlossen waren, wie zB die Eintragung von Veräußerungsverboten (§§ 136, 137 BGB), Angabe der Bruchteile mehrerer Patentinhaber, einfache Lizenz, sofern der Präsident das für zweckdienlich erachtet. Jedoch haben Dritte keinen Anspruch, dass bestimmte, gesetzlich nicht vorgesehene Angaben in das Register eingetragen werden.[16] Zu berücksichtigen ist dabei stets, dass das Register möglichst eindeutige, aktuelle und vollständige Aussagen enthalten muss, um dem legitimen Informationsinteresse der Öffentlichkeit Rechnung zu tragen. Die Eintragung von Verfahrensständen zu laufenden Rechtsstreitigkeiten vor ordentlichen Gerichten kommt auch aus Datenschutzgründen nicht in Betracht.

13 Nach § 30 (2) werden eingetragen: **a)** alle Angaben über den **Verfahrensstand** einer Patentanmeldung oder eines Patents, zB, dass Anmeldung nach § 35a (1) 2 als zurückgenommen gilt,[17] **b)** die **bibliografischen Angaben**, wie zB Anmelde- und Patent-Nr und IPC-Klasse; **c) Prioritätsdaten**, Datum, Land, Aktenzeichen; **d)** Zusatzverhält-

---

14 Zur Streichung des Wortes »Teilung« in § 30 (1) 2 aF s Rdn 1.
15 Amtl Begr zum 2. PatGÄndG BlPMZ **98**, 393, 401 zu Nr 7 b; BPatG BeckRS **16**, 09 909 (Angabe Geschäftsanschrift neben Satzungssitz einer GmbH).
16 LG Düsseldorf InstGE **3**, 170 (Nichtigkeit einer Vereinbarung über nur zum Schein vereinbarte Registereintragung).
17 Weitere Beispiele s Rdn 8; Abfrage weiterer Verfahrensstände s in DPMAregister unter Expertenrecherche.

nis;[18] e) **Zusammenfassung** nach § 36;[19] f) **Rechercheergebnisse** nach § 43;[20] g) nach § 44 ermittelte **Entgegenhaltungen**;[21] h) unverbindliche **Lizenzinteresseerklärung**.[22]
Auf Antrag: a) nach § 30 (4) 1 **und** 3 Erteilung oder Löschung einer ausschließlichen Lizenz; **b) Verpfändung** oder sonstiges dingliches Recht (Nießbrauch, § 29 DPMAV = Anhang 10) **c)** Angaben zu Maßnahmen der **Zwangsvollstreckung** und des **Insolvenzverfahrens** (§ 30 DPMAV = Anhang 10, s Einl Rdn 217 ff); **d) Änderungen von Person, Namen oder Wohnort** von Anmelder, Patentinhaber, Vertreter und Zustellungsbevollmächtigten nach § 30 (3), vgl Rdn 21 ff.

3.3 Weitere Eintragungsvorschriften

Schutzzertifikate: Die Eintragungen für Schutzzertifikate (Anmeldung, Erteilung, Zurücknahme, Zurückweisung, Berichtigung, Antrag auf Verlängerung, Widerruf der Verlängerung, Nichtigkeit und Erlöschen) werden – nur – in Teil 7 des Patentblatts gemäß § 32 (5) veröffentlicht.[23] 14

Da für Schutzzertifikate kein eigenes Register vorgesehen ist, werden folgende Angaben außerdem im Patentregister eingetragen (s § 49a Rdn 46): **a)** Hinweis auf die Zertifikatsanmeldung gemäß Art 9 (2) V Nr 469/2009 und Nr 1610/96 (Anhang 1 zu § 16a PatG = Tabu Gewerbl. Rechtsschutz Nr 696f und Nr 696p); **b)** Erteilung oder Zurückweisung der Zertifikatsanmeldung gemäß Art 11 (1); **c)** Widerruf der Verlängerung der Laufzeit gemäß Art 16; **d)** Erlöschen oder Nichtigkeit des Zertifikats gemäß Art 17.

Lizenzbereitschaftserklärung nach § 23 (1) 3.

Erfindernennung: Nach § 63 (1) 2 der Erfinder mit Namen und Ortsangabe (ohne Straße), sofern er nicht beantragt hat, *nicht* oder (nach Änderung des § 63 (1) 3 durch 2. PatMoG zum 01.05.22, s. dort) *ohne* Ortsangabe genannt zu werden.

Hinweis auf Veröffentlichung der Übersetzung europ Patentschriften nach Art II § 3 (3) 2 IntPatÜG, **auf Berichtigung der Übersetzung europ Patentschriften** nach Art II § 3 (4) 2 IntPatÜG und **auf Nichteintritt der Wirkung des europ Patents von Anfang an** nach Art II § 3 (2) IntPatÜG (Art II § 3 IntPatÜG aF wurde durch Art 8a Nr 1 des Gesetzes v 07.07.08 (BGBl I S 1191 = BlPMZ 08, 274 = Anhang 8) aufgehoben und durch Art 7 Nr 1 des Gesetzes v 19.10.13 (BGBl I S 3830) neu gefasst; s Übergangsregelung dazu in Art XI § 4 IntPatÜG (Anhang 1 Rdn 21).

4 Wirkung der Eintragung

Eintragungen in das Register sind nicht rechtsbegründend oder rechtsvernichtend (konstitutiv), sondern haben lediglich eine rechtsbekundende (deklaratorische) Publizi- 15

---

18 Durch Art 1 Nr 3 PatNovG vom 19.10.13 (BGBl I S 3830) wurde § 16 (2) = Zusatzpatent mit Wirkung vom 01.04.14 aufgehoben (Übergangsregelung s § 147 (3)).
19 MittDPA Nr 8/83 BlPMZ **83,** 342.
20 MittDPA Nr 7/89 BlPMZ **89,** 333.
21 MittDPA Nr 8/83 BlPMZ **83,** 342; MittDPA Nr 1/86 BlPMZ **86,** 49.
22 MittDPA Nr 8/85 BlPMZ **85,** 197; **86,** 349 (Gbm); Reinelt GRUR **86,** 504.
23 Prüfungsrichtl Schutzzertifikate (Nr 2.5), BlPMZ **15,** 65 = Tabu Gewerbl. Rechtsschutz Nr 140.

tätsfunktion.[24] Das Entstehen, Fortbestehen und Erlöschen richtet sich nach materiellem Recht, nicht nach der Registereintragung oder ihrem Unterbleiben.[25] Die Eintragung im Patentregister hat keinen Einfluss auf die materielle Rechtslage[26] und bietet keine Gewähr für inhaltliche Richtigkeit, da ihr weder eine positive noch eine negative Publizitätswirkung zukommt.

16 Demgegenüber lautet **§ 28 (1) Markengesetz:** »Es wird vermutet, dass das durch die Eintragung einer Marke begründete Recht dem im Register als Inhaber Eingetragenen zusteht«. Eine solche, widerlegliche[27] Vermutung besteht für das Patentregister nicht. Eintragung im öffentlichen, von einer Verwaltungsbehörde geführten Register, hier Patentregister, kommt allerdings im Rechtsstreit erhebliche, aber widerlegbare Indizwirkung für Rechtswirksamkeit des Rechtsübergangs zu.[28]

5 Legitimationswirkung

17 Die Eintragung verlautbart zwar nicht die materielle Rechtslage, ist aber eindeutige formelle Legitimationsgrundlage für die (prozessuale) Geltendmachung von Rechten durch und gegen den jeweils eingetragenen Anmelder, Patentinhaber, Vertreter oder Zustellungsbevollmächtigten.[29]

18 Die Eintragung legitimiert den Eingetragenen zB für: **a) Ansprüche** aus §§ 33 und 139[30] sowie für die Erhebung einer negativen Feststellungsklage; **b)** die gegen ihn zu richtende **Nichtigkeitsklage** (§ 81 (1) 2) und die Vindikationsklage gem § 8;[31] **c)** die **Zustellung von Bescheiden** des DPMA;[32] **d)** die Stellung von **Anträgen** beim DPMA;[33] **e) Verzicht** auf das Patent;[34] **f)** Beteiligung am Verfahren und **Beschwerde**-

---

24 BPatGE 17, 14; Benkard/Schäfers § 30 Rn 8; vgl ausführl Ohly GRUR 16, 1120 ff; Grunwald GRUR 16, 1126 ff.
25 HM: BGHZ 197, 196 *Fräsverfahren*; krit dazu Kühnen GRUR 14, 137; Ohly GRUR 16, 1120 ff; BGH BlPMZ 52, 409 *Wäschepresse*; 67, 160 *Triosorbin*; BPatGE 47, 134 = BlPMZ 04, 193 (II1) *Rücknahme der Lizenzbereitschaftserklärung*; Lehment/Eßer, GRUR-Prax 19, 429.
26 BGHZ 197, 196 *Fräsverfahren*; Busse/Keukenschrijver § 30 Rn 36 ff; Benkard/Grabinski/Zülch § 139 Rn 114; aA noch Verhauwen GRUR 11, 116 (Registereintragung führt zu patentgesetzlicher Inhaberfiktion).
27 BGH GRUR 98, 699, 701 *SAM*; 02, 190, 191 *DIE PROFIS*; 02, 967 *Hotel Adlon*; Seiler S 171 ff.
28 BGHZ 197, 196 *Fräsverfahren* (Frage der Umkehr der Beweislast wurde offen gelassen), krit Ohly GRUR 16, 1120 ff; LG München I v 21.04.19, 7 O 16945/15 Mitt 16, 557 (Verletzungsverfahren); LG Düsseldorf v 13.07.17, 4a O 16/16 GRUR-RS 17, 129534; LG Düsseldorf v 21.09.17, 4a O 18/16 Mitt **18**, 73 (Umkehr der Beweislast im Einzelfall); BPatG GRUR 09, 188 = BlPMZ 09, 27 *Inlandsvertreter III* (Marke); Hoppe GRUR-RR 16, 385.
29 BGHZ 197, 196 *Fräsverfahren*.
30 BGH GRUR 79, 145 *Aufwärmvorrichtung*; zur Aktivlegitimation im Verletzungsprozess s Grunwald GRUR 16, 1126 mwN; OLG Düsseldorf v 24.06.11 – I -2 U 26/10 und I – 2 U 62/04, OLG Düsseldorf InstGE 13, 15 *Faktor VIII-Konzentrat* (ergänzende Klärung mittels Erteilungsakte); OLG Düsseldorf InstGE **12**, 261 *Fernsehmenü-Steuerung*; Mes § 30 PatG Rn 11.
31 BGH GRUR 79, 145 *Aufwärmvorrichtung*; BGH GRUR 96, 190 *Polyferon*; Pitz GRUR 09, 805 ff; BPatG v 10.07.13 – 4 Ni 8/11 (EP) GRUR 14, 104 L.
32 BPatGE 49, 48 = BlPMZ 06, 287.
33 BPatGE 49, 136.
34 BGH GRUR 79, 145 *Aufwärmvorrichtung*; BPatGE 49, 48.

berechtigung;[35] **g) Rücknahme** der Anmeldung;[36] **h) Geltendmachung** der in seiner Person vorliegenden Umstände für eine Wiedereinsetzung;[37] **i) Strafantrag** gemäß § 142 (2); **k) Ansprüche** auf Rechnungslegung, Auskunft, Beseitigung, Bereicherung;[38] **l) Zahlungen** an ihn mit befreiender Wirkung für den Zahlenden;[39] **m)** den eingetragenen **Vertreter** oder **Zustellungsbevollmächtigten** für die wirksame Entgegennahme von Zustellungen, gemäß § 30 (3) 2 bis zur Eintragung einer Änderung.[40]
Zur **Legitimationsänderung** s Rdn 43 ff.

6 Änderungen des Patentregisters nach § 30 (3) 1

6.1 Änderung von Amts wegen

wegen regelt § 30 nicht. Löschung des Aktenzeichens und sämtlicher Daten einer Patentanmeldung *nach* Offenlegung im Register, etwa weil Anmeldung als nicht erfolgt gilt, ist nicht vorgesehen. DPMA kann von Amts wegen ändern, **a)** wenn es sich um die *Berichtigung* offenbarer Unrichtigkeiten iSd § 319 ZPO handelt.[41] Für die Berichtigung der Erfindernennung gilt § 63 (2); **b)** wenn sich die nachträgliche Unrichtigkeit von *Eintragungen gemäß § 30 (2)* herausstellt, also insbesondere alle Angaben zur Bibliografie und zum Verfahrensstand[42]; **c)** wenn es sich um Eintragungen handelt, für die die *Legitimationswirkung des Registers nicht gilt*; **d)** wenn ein Dritter auch ohne Eintragung im Register legitimiert ist, also bei *erbrechtlicher* (s Rdn 51) oder *gesellschaftsrechtlicher Gesamtrechtsnachfolge;*[43] **e)** wenn die Voraussetzungen gegeben sind, unter denen die Rechtskraft eines Urteils im Wege der Wiederaufnahme des Verfahrens beseitigt werden kann;[44] zB Unkenntnis von erforderlicher Zustimmung durch Betreuer;[45] **f)** wenn *schwere Verfahrensmängel*, wie die *Verletzung des rechtlichen Gehörs*, Ursache der unrichtigen Eintragung sind.[46]

19

Alle sonstigen Eintragungen kann DPMA grundsätzlich nicht ohne Zustimmung des Begünstigten berichtigen, löschen oder rückgängig machen. Zu den formellen Voraussetzungen der Berichtigung des Registers und von Veröffentlichungen s § 26 DPMAV.

20

---

35 BPatGE **25**, 216; BPatGE **26**, 126; BPatG, 17.12.92, 4 W (pat) 723/91, BPatG, 02.03.00, 6 W (pat) 48/99 BeckRS 00, 15277.
36 BPatGE **3**, 38; DPA BlPMZ **56**, 356.
37 BPatGE **1**, 126; **3**, 140.
38 BGHZ **197**, 196 *Fräsverfahren*: Klage des noch eingetragenen Altinhabers nach materiellem Rechtsübergang ist nur zugunsten des tatsächlichen (noch nicht eingetragenen) Patentinhabers möglich; Rogge GRUR **85**, 734, 737 ff.; aA OLG Düsseldorf v 24.06.11 – I -2 U 26/10 und I – 2 U 62/04, Verhauwen GRUR **11**, 116.
39 Rogge GRUR **85**, 734, 737 ff.
40 So schon BPatGE **28**, 219; BPatG BlPMZ **88**, 253; **96**, 357.
41 BGH BlPMZ **77**, 305 *Metalloxyd*; BPatG BlPMZ **06**, 376 *Mischvorrichtung*.
42 BPatG, 17.09.20, 9 W (pat) 24/19 GRUR-RS **20**, 28299.
43 BPatGE **32**, 153; BPatG BeckRS **15**, 09 619; Busse/Keukenschrijver § 30 Rn 85f.
44 BGH GRUR **69**, 43 (III2c) *Marpin*; BPatG **53**, 26 *Reflexionsvorrichtung* (Gebrauchsmuster); BPatG BlPMZ **99**, 370 *Umschreibung/Rechtliches Gehör I*; BPatG GRUR **49**, 136 = BlPMZ **06**, 67 *Umschreibung/Rechtliches Gehör II*; Busse/Keukenschrijver § 30 Rn 46.
45 BPatG, 15.06.09, 27 W (pat) 37/09 *Fun Factory* (Marke).
46 BGH GRUR **69**, 43 (III2c) *Marpin*; BPatGE **41**, 150; **46**, 92; **49**, 136; BPatG GRUR **98**, 662; BPatG v 16.06.05 – 10 W (pat) 23/04; BPatGE **53**, 26 *Reflexionsvorrichtung* (Gebrauchsmuster).

6.2 Änderung von Eintragungen nach § 30 (3) 1

21   setzt einen Antrag und den Nachweis der beantragten Änderung voraus. Zu den erforderlichen Nachweisen s Umschreibungsrichtlinien DPMA.[47] Änderungen können daher weder vom DPMA von Amts wegen vorgenommen noch erzwungen werden, selbst wenn DPMA die Unrichtigkeit dieser Eintragung kennt. Bei Antrag durch Rechtsnachfolger ist eingetragenem Rechtsinhaber zuvor rechtliches Gehör zu gewähren, wenn dieser Antrag nicht mitunterzeichnet hat oder eine Umschreibungsbewilligung nicht vorliegt.[48] Auch Rechtsnachfolger muss rechtliches Gehör bei Antrag des eingetragenen Rechtsinhabers erhalten, da Rechtslage sich geändert haben kann.

Zuständig für Registereintragungen gemäß § 1 (1) Nr 7 WahrnV sind Beamte des gehobenen Dienstes oder vergleichbare Tarifbeschäftigte;[49] mit der Bearbeitung von Änderungen, die den Wohnort des Anmelders oder Inhabers oder die Angaben zum Vertreter oder Zustellungsbevollmächtigten betreffen, können seit 01.01.08 auch Beamte des mittleren Dienstes oder vergleichbare Tarifbeschäftigte betraut werden (§ 1 (2) Nr 8 WahrnV).

22   **6.2.1 Änderung in der Person des Anmelders oder Patentinhabers durch Rechtsübergang vom Eingetragenen auf einen Dritten:** Beispiele für Änderung in der Person sind rechtsgeschäftliche Übertragung gemäß § 15 (1) 2; Verzicht zugunsten eines Dritten;[50] Übertragung auf einen Treuhänder[51] oder Sequester;[52] Erbgang gemäß § 15 (1) 1; Übertragung auf Grund rechtskräftigen Urteils oder Vergleichs; Übertragung durch den Insolvenzverwalter auf einen Dritten; Übertragung nach dem Umwandlungsgesetz[53] durch Verschmelzung, Spaltung, Vermögensübertragung oder Formwechsel; Umwandlung einer Einzelfirma in eine OHG;[54] Sicherungsübereignung.[55] Unter Umständen kann Übertragung aufgrund eines angenommenen Einigungsvorschlags der Schiedsstelle für Arbeitnehmererfindungen vorliegen (idR sind weitere Nachweise erforderlich).

23   Eine Änderung in der Person liegt auch dann vor, wenn der Wechsel der Inhaberschaft nicht zeitlich unbegrenzt, sondern nur für einen (unbestimmten) Zeitraum gewollt ist, wie zB bei einer Sicherungsübereignung.[56] Das Register darf nicht zeitweilig eine falsche Person legitimieren.

---

47   Umschreibungsrichtl v 14.12.2018 (BlPMZ 19, 22 = Tabu Gewerbl. Rechtsschutz Nr 313).
48   BPatGE **41**, 150 = BlPMZ **99**, 370; BPatGE **49**, 136; BPatG BlPMZ **07**, 337 (Markenumschreibung); BPatG BlPMZ **08**, 256 *Umschreibungsverfahren* (Marke); BPatG, 10.09.13, 10 W (pat) 27/12 (Namensänderung nach Verschmelzung); bei unleserlicher, undatierter Unterschrift s BPatG, 13.04.10, 27 W (pat) 13/10 *Hugyfot*.
49   Vgl BPatGE **26**, 124.
50   PA BlPMZ **54**, 262.
51   PA BlPMZ **31**, 22.
52   PA BlPMZ **61**, 82; zur materiell-rechtl Vertretungsmacht des Sequesters s BPatGE **44**, 95 *Pressform* (Zwischenbeschluss); BGHZ **172**, 98 *Patentinhaberwechsel im Einspruchsverfahren*.
53   Vgl BPatGE **25**, 126; **32**, 153.
54   BPatGE **5**, 71.
55   AA BPatG, 07.02.00, 10 W (pat) 113/99, BeckRS 11, 28339.
56   AA BPatG, 07.02.00, 10 W (pat) 113/99, BeckRS 11, 28339.

Keine Änderung in der Person liegt vor, wenn an Anmeldung oder Patent lediglich 24
Rechte begründet werden, die aber die Inhaberschaft des Eingetragenen unberührt
lassen, wie zB Pfändung[57] oder Verpfändung (da Schuldner der materiell-rechtliche
Inhaber bleibt), Insolvenz des Eingetragenen,[58] gerichtliches Verfügungsverbot, Nießbrauch.[59] Nur wenn das gepfändete Recht ausnahmsweise an Zahlungs statt überwiesen wird, geht das Schutzrecht dauerhaft auf den Gläubiger über.[60] Hingegen ist
Umschreibung bei nachgewiesener Übertragung eines rechtsgeschäftlich verpfändeten
Patents mangels Beeinträchtigung des bestehenden Pfandrechts ohne Einwilligung des
Pfandgläubigers wirksam.[61] Aus der Registereintragung sind nur die Tatsache, dass
eine Verpfändung oder ein sonstiges dingliches Recht besteht und das Datum des Vertrags, das Erlöschen oder die Aufhebung des dinglichen Rechts ersichtlich. Der Name
des Antragstellers wird nicht angegeben, er wird aber ebenso wie der Anmelder/Inhaber über die Eintragung informiert.

6.2.2 Änderung des Namens der Person oder der Bezeichnung der Firma ohne 25
Wechsel der Rechtsinhaberschaft: Eine Namensänderung liegt vor, wenn der Rechtsinhaber/Rechtsträger dieselbe Person bleibt und sich nur dessen Bezeichnung
ändert. Das kann bei natürlichen Personen durch Eheschließung nach § 1355 BGB oder
Namensänderungsgesetz sowie bei Kaufleuten durch eine Änderung der Firma erfolgen.[62] Änderung der Firma ist nach §§ 31, 107, 161 (2) HGB zur Eintragung in das
Handelsregister anzumelden, so dass Nachweis mittels Handelsregisterauszug oder
Ausdruck aus elektronischem Bundesanzeiger geführt werden kann.

Nichtigkeitsklage kann auch ohne vorherige Eintragung des neuen Namens gegen den 26
Patentinhaber unter seinem alten Namen erhoben werden.[63]

Beschwerde im Einspruchsverfahren kann gegen den früheren eingetragenen Patent- 27
inhaber gerichtet bleiben, wenn das Patent nach Rechtshängigkeit auf einen Dritten
übertragen wurde und dieser in das Patentregister eingetragen worden ist.[64]

Nichtigkeitsklage gegen ein europäisches Patent ist gegen den im deutschen Register
Eingetragenen zu richten, auch wenn das Patent im Europäischen Patentregister bereits
umgeschrieben ist.[65]

---

57 BPatG BlPMZ 01, 190 (II2a).
58 Busse/Keukenschrijver § 30 Rn 53; BPatG GRUR 14, 1029 *Astaxanthin*; BPatG GRUR 14, 104 (LS) *Verfahren zum Formen*; BGH BeckRS 16, 15 771 *Parteiwechsel nach Umschreibung des Patents*.
59 Zu den Voraussetzungen der Eintragung dinglicher Rechte s §§ 29, 30 DPMAV (Anhang 10).
60 AA BPatG, 07.02.00, 10 W (pat) 113/99, BeckRS 11, 28339.
61 Beschwerdeabteilung II RPA BlPMZ 17, 100.
62 BPatG, 10.07.13, 4 Ni 8/11 (EP) (Umwandlung nach ital. Recht von AG in GmbH).
63 BPatGE 22, 9; **32**, 153 (Gbm).
64 BGHZ 117, 144 = BlPMZ 92, 255 *Tauchcomputer*; vgl auch BGH GRUR 98, 940 *Sanopharm*; BGHZ 172, 98 = GRUR 08, 87 *Patentinhaberwechsel im Einspruchsverfahren*; aA zuvor BPatG, 28.10.03, 8 W (pat) 64/99. Für Anwendbarkeit auch im Patentanmeldebeschwerdeverfahren: BPatG, 19.07.10,19 W (pat) 46/06.
65 BPatGE **32**, 204 = GRUR **92**, 435.

28 6.2.3 **Änderung des Wohnorts:** DPMA trägt nicht nur eine Änderung des Wohnorts, sondern bei Anzeige auch die Änderung der kompletten Anschrift ein.[66]

29 6.2.4 **Änderung des Vertreters und Zustellungsbevollmächtigten** Löschung im Register kann bei Nachweis der Niederlegung oder Beendigung des Mandats des bisher eingetragenen (Inlands)Vertreters bewirkt werden, soweit nicht Obliegenheit zur Bestellung eines neuen Inlandsvertreters nach § 25 (1) besteht. Andernfalls könnte sich »lebenslängliche« Vertretungspflicht ergeben, wenn Mandant nicht erreichbar ist oder auf Niederlegung nicht reagiert.[67] (Neu)Bestellung ist für bloße Innehabung von deutschen oder europäischen Patenten ohne anhängiges Verfahren (trotz etwaiger Obliegenheit zur Gebührenzahlung oder Einreichung von Übersetzungen) nicht erforderlich. § 25 (3) wirkt nur solange als »Sperre« gegen Löschung des Inlandsvertreters, wie ein Verfahren nach dem PatG andauert und sonstige Voraussetzungen des § 25 (3) nicht erfüllt sind.[68] Änderung kann durch Anzeige von Vollmachtsentzug und Bevollmächtigung des neuen (Inlands)Vertreters oder eines neuen Zustellungsbevollmächtigten nachgewiesen werden. Bis zur Eintragung der Änderung bleiben nach § 30 (3) 2 die bisher Eingetragenen berechtigt und verpflichtet.[69] Näheres siehe § 25 Rdn 31 ff.

6.3 Verfahren

30 Schriftlicher (s Einl Rdn 352) Antrag des Eingetragenen oder seines Rechtsnachfolgers an DPMA in deutscher Sprache, da verfahrensbestimmende Erklärung. Je nach Person des Antragstellers ist vor der Umschreibung dem eingetragenen Antragsteller oder dem Rechtsnachfolger rechtliches Gehör zu gewähren (s dazu auch Einl Rdn 288 ff und § 28 DPMAV).[70] Wird dem Umschreibungsantrag widersprochen, so müssen dem Antragsteller zunächst die Gründe für den Widerspruch mitgeteilt werden, damit er prüfen kann, ob er an dem Antrag festhält.[71] Zuständig ist für Anträge bei Anmeldungen mit oder ohne Prüfungsantrag die Prüfungsstelle,[72] für Anträge bei erteilten deutschen oder bei europäischen Patenten sowie im Einspruchsverfahren die Patentabteilung,[73] deren Aufgaben nach § 1 (1) Nr 7 WahrnV von Beamtinnen und Beamten des gehobenen Dienstes (GS 320) wahrgenommen werden können. Eine Umschreibung wird bei zurückgewiesenen Anmeldungen oder bei Eintritt der Rücknahmefiktion der Anmeldung nur dann vorgenommen, wenn besonderes Rechtsschutzinteresse an geänderter Registereintragung besteht.[74]

---

66 BPatG, 17.08.17, 7 W (pat) 29/16 BeckRS 17, 123506; Umschreibungsrichtl DPMA v 14.12.18 (BlPMZ **19**, 22 = Tabu Gewerbl. Rechtsschutz Nr 313).
67 BPatG GRUR **09**, 188 = BlPMZ **09**, 27 *Inlandsvertreter III* (Markenregister)
68 BGH GRUR **09**, 701 = Mitt **09**, 193 *Niederlegung der Inlandsvertretung*, BPatG, 09.04.09, 10 W (pat) 56/06; ebenso BPatG BlPMZ **08**, 179 = Mitt **08**, 188 *Inlandsvertreter II*; BPatG GRUR **09**, 188 = BlPMZ **09**, 27 *Inlandsvertreter III* (je zum Markenregister); aA zuvor BPatG BlPMZ **07**, 421 *Inlandsvertreter.*
69 BGH GRUR **09**, 701 = Mitt **09**, 193 *Niederlegung der Inlandsvertretung.*
70 BPatGE **41**, 150; **41**, 192, 194; BPatG BeckRS **16**, 18 826 *Aufhebung einer Umschreibung*; BPatG Beck Rs **16**, 18 845 *Unbegründeter Patentumschreibungsantrag.*
71 BPatGE, 30.10.03, 10 W (709/03) (Geschmacksmuster).
72 BPatG BeckRS **08**, 03 162.
73 Vgl BPatGE **26**, 124 = GRUR **84**, 428.
74 BPatG BeckRS **07**, 65 378; BPatG BeckRS **08**, 03 162 (Rückgängigmachung der Umschreibung).

Umfang der Prüfung ist dem Wesen des Registerverfahrens entsprechend beschränkt.[75] DPMA prüft Umschreibungsantrag und Umschreibungsbewilligung in freier Beweiswürdigung. Der Erfinder hat gegenüber dem im Register zu Unrecht Genannten einen Anspruch auf Zustimmung gegenüber dem DPMA zur Berichtigung des Registers.[76] Eine Bindung an einmal erteilte Zustimmung zur Umschreibung besteht nicht; durch Rücknahme der Zustimmung entfällt der Nachweis für den Rechtsübergang. DPMA ist nicht gehalten, die materiell-rechtliche Wirksamkeit des Rechtsgeschäfts, auf dem die beantragte Umschreibung beruht, von Amts wegen zu prüfen. Die Klärung schwieriger Tat- und Rechtsfragen hat DPMA den ordentlichen Gerichten zu überlassen.[77] Ergeben sich anhand der vorgelegten Unterlagen oder aus den Umständen berechtigte Zweifel an der Rechtswirksamkeit des behaupteten Rechtsübergangs und lassen sich diese in freier Beweiswürdigung (s Rdn 36) nicht beseitigen, so ist die Umschreibung zu versagen.[78] Der Antragsteller ist auf Klärung der materiellen Rechtslage (zB wahre Erfinderschaft,[79] Auswirkung von Insolvenz auf Vertragsbeziehungen[80]) vor den ordentlichen Gerichten (ggf mittels Vernehmung von Zeugen oder Auskunftspersonen) zu verweisen.[81] Über streitigen Antrag ist durch förmlichen Beschluss des DPMA zu entscheiden.[82]

Wird die Umschreibung vom eingetragenen Rechtsinhaber aufgrund einer rechtsgeschäftlichen Übertragung (zB Schenkung) auf sein minderjähriges Kind beantragt, ist eine Genehmigung des Ergänzungspflegers bzw. eine Bescheinigung des Vormundschaftsgerichts, dass die Bestellung eines Ergänzungspflegers nicht notwendig ist, vorzulegen (vgl §§ 107, 1629 (2) 1, 181 BGB).

Ausländischer Patentinhaber benötigt für Umschreibungsverfahren keinen zusätzlichen inländischen Zustellungsbevollmächtigten neben EU- oder EWR-Patent- oder Rechtsanwalt, der als Inlandsvertreter auftritt.

Kosten fallen für Umschreibungen seit dem 01.01.02 nicht mehr an. Das PatKostG sieht in den Nrn 313 400 und 313 500 eine Gebühr von 25 Euro nur noch für Anträge nach § 30 (4) 1 und 3 PatG vor.

---

75 BGH BlPMZ **69**, 60 *Marpin*.
76 BGH GRUR **11**, 903 *Atemgasdrucksteuerung*.
77 BPatG 28.06.19, 7 W (pat) 4/18 BeckRS **19**, 144570 *Zustimmung zur Umschreibung durch Versäumnisurteil*; BPatG BeckRS **16**, 18 826 *Aufhebung einer Umschreibung*; BPatGE **46**, 42, 44 = BlPMZ **03**, 242 L *Umschreibung*; BPatGE **49**, 136; BPatG, 30.07.07, 5 W (pat) 10/06 (Gbm) BeckRS **07**, 14228.
78 BPatG BeckRS **16**, 18 845 *Unbegründeter Patentumschreibungsantrag*; BPatG BeckRS **15**, 14 031; BPatG BeckRS **10**, 10 232 *Bad-Slipper mit geminderter Rutschgefahr*.
79 BPatG BeckRS **10**, 10 232 *Bad-Slipper mit geminderter Rutschgefahr*.
80 BPatG BeckRS **16**, 18 826 *Aufhebung einer Umschreibung*; BPatG BeckRS **10**, 01 810 *Verfahren zur Herstellung farbiger Strukturen eines Glases*.
81 St Rspr: BGH BlPMZ **69**, 60 *Marpin*; BPatGE **41**, 150 (II2 Abs 3); BPatGE **49**, 136; BPatG,16.06.05, 10 W (pat) 23/04; BPatG, 22.07.04, 10 W (pat) 8/03; BPatG, 30.07.07, 5 W (pat) 10/06 (Gbm); BPatG BlPMZ **07**, 337 Markenumschreibung; Busse/Keukenschrijver § 30 Rn 48.
82 BPatG, 20.01.05, 10 W (pat) 46/03.

35 **Rechtsmittel:** Beschwerde gegen Zurückweisung des Antrags und gegen Umschreibungsmitteilung.[83]

6.4 Nachweis der Änderung

36 ist für die Anträge gemäß § 30 (3) 1 erforderlich, der grundsätzlich durch Vorlage von Ablichtungen zu führen ist, aus denen sich die beantragte Änderung zweifelsfrei ergibt.[84] Andere Beweismittel, insbesondere Zeugen, könnte DPMA berücksichtigen, ist dazu aber mit Rücksicht auf die summarische Natur des Registerverfahrens nicht verpflichtet.[85]

37 **Rückgängigmachen einer Umschreibung** ist gesetzlich nicht geregelt, setzt aber voraus, dass die vorgenommene Umschreibung inhaltlich unrichtig war und dem DPMA nachgewiesen ist.[86] Zu den vom BGH aufgestellten Voraussetzungen einer möglichen Änderung von Amts wegen s Rdn 19. Eingabe gegen Umschreibung ist als Antrag auf Rückumschreibung auszulegen und Antragsgegner stets zur Stellungnahme zu übermitteln. Zuständig für Rückgängigmachung der Umschreibung ist die Stelle oder Abteilung, die die beanstandete Umschreibung vorgenommen hat. Umschreibung ist möglich im Falle unredlichen Erschleichens oder eines Verfahrensmangels wie unzureichendem rechtlichen Gehör.[87] Inhaltliche Unrichtigkeit der Umschreibung allein ist kein Grund für Rückumschreibung. Durch eine fehlerhafte Umschreibung erleidet der wahre Patentinhaber zwar keinen Rechtsverlust, er büßt aber die bei der Verwaltung und Geltendmachung seines Rechts unverzichtbare formelle Legitimation ein, die er durch Klage vor dem ordentlichen Gericht wiedererlangen kann.[88]

38 **6.4.1 Abschriften/Urkunden**[89]: Nachweise sollen grundsätzlich durch Einreichung einfacher Abschriften geführt werden. Bei rechtsgeschäftlicher Übertragung genügt gemeinsamer, sowohl von eingetragenem Inhaber oder seinem Vertreter und vom Rechtsnachfolger oder seinem Vertreter unterschriebener Antrag auf Umschreibung (= Verfahrenserklärung). Einreichung per Telefax oder elektronisch mit DPMAdirektPro. Gemeinsamer Antrag von einem Patent- oder Rechtsanwalt, der von beiden Parteien bevollmächtigt ist, ist als konkludenter Ausschluss des Verbots des § 181 BGB anzusehen.[90] Ebenso genügt *Antrag* des Rechtsnachfolgers (mit Unterschrift, in deutscher Sprache) und diesem beigefügte, durch eingetragenen Rechtsinhaber unterzeichnete *Umschreibungsbewilligung* (= Zustimmung zur Eintragung des Rechtsnachfolgers),

---

83 BPatG BlPMZ 01, 190 (II1).
84 Umschreibungsrichtl DPMA v 14.12.2018 (BlPMZ **19**, 22 = Tabu Gewerbl. Rechtsschutz Nr 313).
85 BGH BlPMZ **69**, 60 *Marpin*; BPatGE **46**, 42, 44.
86 BPatG BlPMZ **01**, 190; s auch Beschluss MarkenAbt DPMA v 21.04.05, Mitt **06**, 137 mit Anm Schlimme; BPatG, 30.07.07, 5 W (pat) 10/06 (Gbm).
87 BPatGE **53**, 26 *Reflexionsvorrichtung* (Gebrauchsmuster).
88 BGH BlPMZ **69**, 60 *Marpin*; BPatG, 07.02.00, 10 W (pat) 113/99; BPatG BlPMZ **07**, 337 (Markenumschreibung).
89 Vgl im Einzelnen Umschreibungsrichtl DPMA v 14.12.2018 (BlPMZ **19**, 22 = Tabu Gewerbl. Rechtsschutz Nr 313).
90 BPatG, 30.07.07, 5 W (pat) 10/06 (Gbm); BPatG, 06.04.20, 7 W (pat) 16/19 GRUR-RS **20**, 13254.

auch wenn diese das zugrundeliegende Rechtsgeschäft nicht nennt.[91] Antrag und Bewilligung (s § 28 DPMAV) können *unbeglaubigt* eingereicht werden. Neben gemeinsamer Verfahrenserklärung sind zunächst keine Urkunden und Verträge einzureichen.[92] Bei Zweifeln im Einzelfall kann DPMA weitere Nachweise einschließlich Urkunden und beglaubigten Abschriften verlangen. Wird der Umschreibungsbewilligung eine Urkunde beigefügt, aus der sich die beantragte Änderung (zB der Person) nicht zweifelsfrei ergibt, so darf DPMA nicht umschreiben.[93] Zur evtl Nachreichung einer (öffentlichen) Beglaubigung (s § 17 PatV und § 40 Beurkundungsgesetz) fordert DPMA in Zweifelsfällen auf.

Formulare für gemeinsamen **Umschreibungsantrag** des Rechtsinhabers und -nachfolgers **sowie** für **Zustimmungserklärung** zur Eintragung unter https://www.dpma.de/service/formulare/patent/index.html#a4. 39

Regelmäßig als Nachweis ausreichend: Antrag, Umschreibungsbewilligung, rechtsgeschäftlicher Übertragungsvertrag, bei juristischen Personen und Personengesellschaften genügt Angabe der Stellung/Funktion des Unterzeichners (zB Geschäftsführer, Prokurist) oder Auszug aus Handelsregister etc. bzw Bescheinigung nach § 21 BNotO, in sonstigen Fällen: Vorlage einer Bevollmächtigungsurkunde.

Qualifizierte Form ist erforderlich für: a) **Titel** ((Versäumis-)Urteil oder Vergleich): vollstreckbare Ausfertigung (§§ 894,726, 796a ZPO)[94]; b) **Erbschein** gemäß § 2353 BGB, ggf gegenständlich beschränkter Erbschein gemäß § 352c FamG; c) **Testamentsabschrift** mit Eröffnungsprotokoll; d) **Insolvenzverwalter** oder **Testamentsvollstrecker:** Vorlage der Bestallungsurkunde; e) **Änderungen nach dem Umwandlungsgesetz:** Auszug aus dem Handelsregister und Unterlagen, aus denen sich Rechtsübergang ergibt[95]; f) **Europäische Patente:** Vorlage der Mitteilung über die Eintragung von Änderungen des EPA: Form 2544. 40

Übersetzung fremdsprachiger Schriftstücke in englischer, französischer, italienischer oder spanischer Sprache, die zu Nachweiszwecken eingereicht werden, *kann* DPMA verlangen (§ 14 (3) PatV), im Einzelfall auch mit Beglaubigung bzw. Anfertigung durch öffentlich bestellten Übersetzer; bei Nachweisen in sonstigen Sprachen ist stets eine durch Rechts- oder Patentanwalt beglaubigte, von öffentlich bestelltem Übersetzer angefertigte deutsche Übersetzung einzureichen (§ 14 (4) und (5) PatV).[96] 41

Rechtsanwalt und Patentanwalt: Bevollmächtigung wird nicht von Amts wegen geprüft, es sei denn, es werden Zweifel an Wirksamkeit der Bevollmächtigung geweckt (vgl § 97 Rdn 45).

---

91 Vgl OLG Düsseldorf, 22.03.19, 2 U 31/16 GRUR **19**, 725 L; BPatG BlPMZ **01**, 190 (II2a).
92 MittDPMA Nr 5/00 BlPMZ **00**, 305= Tabu Gewerbl. Rechtsschutz Nr 499 S 477.
93 BPatG BlPMZ **01**, 190 (II2a); BPatG BlPMZ **07**, 337 (Markenumschreibung); BPatG, 16.06.09, 10 W (pat) 2/07.
94 BPatG, 28.06.19, 7 W (pat) 4/18 BeckRS **19**, 14570 *Zustimmung zur Umschreibung durch Versäumnisurteil.*
95 BPatG, 31.10.19, 7 W (pat) 14/17 BPatGE **56**, 20 *Kolloidalmischer* = Mitt **20**, 188.
96 BPatGE **41**, 150 = BlPMZ **99**, 370; zur Verfassungsmäßigkeit des Beglaubigungserfordernisses bei Übersetzung einer fremdsprachigen Patent**anmeldung** s BGH, 14.07.20, GRUR **20**, 1121 *Druckstück.*

42   **6.4.2 Entscheidung:** Bestehen auf Grund der vorgelegten Nachweise berechtigte Zweifel, dass die beantragte Änderung nachgewiesen ist, und lassen sich diese Zweifel nicht durch Vorlage weiterer Angaben oder Nachweise ausräumen, so ist der Antrag zurückzuweisen.[97] Vor Zurückweisung durch Beschluss muss rechtliches Gehör gewährt und Gelegenheit zur Äußerung gegeben worden sein.[98]

7 Wirkung der Umschreibung

43   Die Eintragung der Änderung ist für den materiellen Rechtserwerb ohne Bedeutung, dieser vollzieht sich unabhängig von der Eintragung in das Register. Jedoch legitimiert die Eintragung gemäß § 30 (3) 2 den eingetragenen Anmelder, Patentinhaber, Vertreter und Zustellungsbevollmächtigten, solange er eingetragen ist. Selbst wenn die Patentübertragung materiell-rechtlich unwirksam ist, geht die Legitimation auf neu eingetragenen Inhaber über. Diese Legitimation gewährleistet, dass jederzeit auf einfache Weise der richtige Adressat für Anmeldung und Patent festgestellt werden kann. Verfahrenshandlungen Dritter, die weder durch Eintragung in das Register noch durch eine nachgewiesene Prozessführungsbefugnis des Eingetragenen legitimiert sind, sind rechtsunwirksam.

44   Das Markengesetz kennt eine dem § 30 (3) 2 PatG oder dem § 8 (4) 3 GbmG entsprechende Regelung nicht; daher tritt die Wirkung einer Mandatsniederlegung bereits mit deren Anzeige ein.[99] Zur Umschreibung im Nichtigkeitsverfahren s Rdn 26 und § 81 Rdn 19.

7.1 Materielles Recht und Eintragung

45   Fallen diese auseinander, ist für die *Sach*legitimation im Verletzungsstreit nicht der Eintrag im Patentregister, sondern die materielle Rechtslage maßgeblich.[100] Der bisherige Patentinhaber, der kraft der ihm nach § 30 (3) 2 zustehenden Befugnis die Ansprüche des neuen Inhabers prozessual geltend macht, muss seine Klage, soweit die begehrten Leistungen an eine bestimmte Person zu erbringen sind, deshalb für den Zeitraum nach dem materiellen Rechtsübergang auf Leistung an den neuen Patentinhaber umstellen.[101] Solange die Rechtsänderung nicht im Register eingetragen ist, ist allein der noch eingetragene Altinhaber berechtigt, Ansprüche wegen Patentverletzung gerichtlich geltend zu machen.[102] Der Eingetragene kann nur kraft seiner formalen Legitimation über fremdes Recht verfügen. Für den Zeitraum zwischen Rechtsübergang und Eintragung fallen die materielle Berechtigung und die Verfahrensbeteiligung also auseinander.[103]

---

97   BPatGE 41, 150; BPatG BlPMZ 01, 354 = Mitt 01, 379.
98   BPatG, 10.09.13, 10 W (pat) 27/12.
99   BPatGE 38, 50, 51; BPatG GRUR 09,188 = BlPMZ 09, 27 *Inlandsvertreter III*.
100 Ausführlich s Springorum/Knobbe-Springorum, Mitt 19, 529 ff.
101 BGHZ 197, 196 *Fräsverfahren*.
102 BGHZ 197, 196 *Fräsverfahren*.
103 BGHZ 197, 196 *Fräsverfahren* BGHZ 172, 98 = BlPMZ 07, 459 *Patentinhaberwechsel im Einspruchsverfahren*.

7.2 Zeitpunkt der Legitimationsänderung

Legitimationsänderung tritt aus Gründen der Rechtsklarheit und Rechtssicherheit erst mit dem Vollzug der Umschreibung[104] und nicht schon mit dem Eingang des ordnungsgemäßen Umschreibungsantrags ein.[105] Bis zur Umschreibung auf den Erwerber ist nur der eingetragene Rechtsinhaber aktiv und passiv legitimiert,[106] selbst wenn dem Kläger die tatsächlichen Verhältnisse bei Klageerhebung bekannt sind.[107] Verfahrenshandlungen des materiell Berechtigten, aber formell nicht Eingetragenen sind grundsätzlich unzulässig. Der Rechtsnachfolger kann sich die Prozessführungsbefugnis durch Rechtsgeschäft vom noch Eingetragenen übertragen lassen (gewillkürte Prozessstandschaft des noch eingetragenen Altinhabers)[108]. Geschieht das bereits in dem Vertrag über den Erwerb von Anmeldung oder Patent, kann der noch nicht eingetragene Erwerber jederzeit im eigenen Namen ein formell noch fremdes Recht geltend machen. Der frühere Rechtsinhaber bleibt nach § 30 (3) 2 unabhängig von Verabredungen mit jetzigem Patentinhaber über Zahlungspflicht im Innenverhältnis gegenüber DPMA zur Zahlung der Jahresgebühren verpflichtet; zusätzliche Zahlungsverpflichtung des Rechtsnachfolgers bei Eingang des Umschreibungsantrags vor Ende der Zahlungsfrist besteht nicht.[109]

46

Rechtsnachfolger eines Beteiligten, der bisher noch nicht am Verfahren beteiligt war, ist weder vor Stellung noch nach Eingang des Antrags auf Eintragung des Rechtsübergangs im Sinne des § 28 DPMAV, sondern erst nach Vollzug der Registerumschreibung nach § 74 (1) als neuer Beteiligter beschwerdebefugt, da analoge Anwendung des § 28 (2) 1 MarkenG[110] angesichts des Wortlauts des § 30 (3) 2 ausscheidet.[111] Beschwerdeberechtigung des nicht eingetragenen Rechtsnachfolgers liegt ohne Umschreibungsantrag nach § 74 (1) aber dann vor, wenn Rechtsnachfolger (obwohl

47

---

104 HM: BGH GRUR 66, 107 (III) *Patentrolleneintrag*; 67, 56 *Gasheizplatte*; 79, 145 (I2d) *Aufwärmvorrichtung* (für Vindikationsverfahren); Busse/Keukenschrijver § 30 Rn 82; BPatGE 25, 216; 31, 146; 33, 92; 44, 95, 101; 26, 126 (Gbm); 28, 219 (Gbm); 33, 92 (Marken); 34, 79 (Marken); BPatG BlPMZ 93, 345 (Geschmacksmuster).
105 So früher BPatGE 3, 140 (vgl Rdn 47), BPatGE 44, 156; BPatGE 49, 39 = BlPMZ 06, 159 *Beleuchtungseinheit*; BPatGE 49, 48 = BlPMZ 06, 287; krit Pitz GRUR 10, 688, 690 (materielle Berechtigung in Streitverfahren entscheidend).
106 BPatG BeckRS 14, 13 356; BPatGE 25, 216; 33, 92; 34, 79; BPatG, 12.10.06, 10 W (pat) 1/06; zur Aktivlegitimation im Verletzungsprozess: Pitz GRUR 10, 688; Pahlow, FS 50 Jahre BPatG S 417; Verhauwen GRUR 11, 116; OLG Düsseldorf, 24.06.11, I -2 U 26/10 und I – 2 U 62/04; OLG Düsseldorf InstGE 13, 15 *Faktor VIII-Konzentrat* (ergänzende Klärung mittels Erteilungsakte); OLG Düsseldorf InstGE 12, 261 *Fernsehmenü-Steuerung*; OLG Düsseldorf, 25.02.10, I – 2U 87/04 = BeckRS 11, 01 261 *Rollenumschreibung*); zur Entwicklung des Streitstandes s Seiler, GRUR-Prax 15, 164.
107 Pitz GRUR 09, 805; BPatG, 29.11.05, 4 Ni 53/04: kein Verstoß gegen Treu und Glauben.
108 BPatG BeckRS 14, 17 334.
109 BPatG, 12.10.06, 10 W (pat) 1/06; BPatGE 49, 53 = BlPMZ 06, 244.
110 So Schulte 7. Aufl. Rn 50; krit BPatG, 13.08.04, 10 W (pat) 4/04; Rauch GRUR 01, 588 ff; Busse/Keukenschrijver § 30 Rn 84; ebenso Pitz GRUR 10, 688.
111 BGHZ 172, 98 *Patentinhaberwechsel im Einspruchsverfahren*; ebenso BPatG, 03.06.08, 10 W (pat) 323/07; aA (§ 30 (3) 2 beschränkt auf rein formelle Legitimationswirkung) BPatGE 44, 156 = BlPMZ 01, 401; BPatGE 49, 39 = BlPMZ 06, 159; BPatGE 49, 48; ähnlich BPatGE 49, 53 = BlPMZ 06, 244 (nach Eingang des Umschreibungsantrags); früher bereits BPatGE 3, 140; s. auch Pahlow; FS 50 Jahre BPatG S 417 ff mwN.

nicht legitimiert) Antrag auf Wiedereinsetzung noch vor Ablauf der Zahlungsfrist gestellt und DPMA angefochtenen Beschluss an ihn adressiert hat.[112]

48 Der mit Wirkung ab 01.05.22 neu angefügte Satz 3 des § 30 (3) regelt nun, dass eine Zustimmung der anderen Verfahrensbeteiligten zur Verfahrensübernahme durch Rechtsnachfolger in Einspruchsverfahren vor dem DPMA, in Einspruchs- und Beschwerdeverfahren vor dem BPatG oder in Rechtsbeschwerdeverfahren vor dem BGH abweichend von § 265 ZPO **nicht** notwendig ist.[113] Damit wird die Rechtslage teilweise an § 28 (2) 3 MarkenG angeglichen. Andernfalls könnte Rechtsvorgänger durch Verweigerung der Zustimmung zur Fortführung des Verfahrens um Rechtsbestand des Schutzrechts gezwungen werden. Dabei ist zu beachten, dass der im Register als Rechtsinhaber Eingetragene nach Satz 2 **verfahrensrechtlich** legitimiert ist. Die materielle Rechtsnachfolge ermöglicht die Verfahrensübernahme noch nicht; im Gegensatz zu § 28 (2) 3 MarkenG wird in Satz 3 auf den »neu im Register als Anmelder oder als Patentinhaber *Eingetragene[n]*« abgestellt, nicht auf den (materiellen) »Rechtsnachfolger«.[114]

49 Zulässig ist auch Beitritt des Rechtsnachfolgers zum Verfahren als Streithelfer des bisherigen Patentinhabers, der (Haupt)Verfahrensbeteiligter bleibt, um so unmittelbar nach Erwerb der materiellen Berechtigung Rechte geltend machen zu können, ohne auf die Umschreibung im Patentregister angewiesen zu sein.[115]

50 **Inlandsvertreter:** Dessen Legitimation endet mit seiner Löschung im Register, nicht schon mit der Niederlegung des Mandats. Nach § 25 (3) tritt die Legitimationsänderung mit der ordnungsgemäßen Anzeige der Beendigung und der Bestellung des neuen Vertreters ein (s § 25 Rdn 31 u 39). Das Mandat kann außerhalb eines konkret anhängigen Verfahrens wirksam niedergelegt werden, auch wenn kein neuer Vertreter bestellt wird.[116]

7.3 Erbe

51 Da ein Verstorbener nicht mehr Inhaber von Rechten und Pflichten sein kann, ist § 30 (3) 2 auf den Tod des Eingetragenen nicht anwendbar.[117] Da nicht zeitweise niemand

---

112 BPatG BlPMZ 07, 350 L *Sägeblatt*.
113 BGHZ 172, 98 *Patentinhaberwechsel im Einspruchsverfahren*.
114 S Begr zu § 30 (3) 3 in BT-Drs.19/25821, S. 42/43. Zur früheren Rechtslage s BGHZ 172, 98 *Patentinhaberwechsel im Einspruchsverfahren* in Fortführung von BGHZ 117, 144 *Tauchcomputer*; BGH GRUR 12, 149 *Sensoranordnung*; BGHZ 72, 236 *Aufwärmvorrichtung*; BGH BeckRS 16, 15 771 *Parteiwechsel nach Umschreibung des Patents* mwN; Vorinstanz: BPatG GRUR 14, 1029 *Astaxanthin*; BPatG BeckRS 16, 11 043; BPatG, 30.03.12, 7 W (pat) 306/11 *Maßstabträger*: Fernbleiben eines Einsprechenden führt zu Vermutung der Zustimmung nach § 267 ZPO zum Patentinhaberwechsel durch rügelose Einlassung; Pitz GRUR 09, 805, 808; aus Gründen der Verfahrensökonomie für Geltung auch im einseitigen Patent*anmel*debeschwerdeverfahren: BPatG BeckRS 11, 04 557; BPatG BeckRS 10, 20 913; BPatGE **52**, 54 *Montageanlage* (Patentnichtigkeitsverfahren).
115 BGHZ 172, 98 *Patentinhaberwechsel im Einspruchsverfahren*.
116 BGH GRUR 09, 701 = Mitt 09, 193 *Niederlegung der Inlandsvertretung*.
117 BPatGE **32**, 153; BPatG, 23.06.09, 3 Ni 39/07.

legitimiert sein kann, ist der Erbe als Gesamtrechtsnachfolger auch ohne vorherige Eintragung in das Register aktiv und passiv legitimiert.[118]

Nichtigkeitsklage und Gbm-Löschungsantrag sind gegen den Erben zu richten, die unrichtige Bezeichnung des eingetragenen Erblassers kann von Amts wegen berichtigt werden.[119] Der noch nicht eingetragene Erbe kann Verfahrensanträge wirksam stellen, zB Wiedereinsetzung beantragen,[120] Beschwerde gegen einen Beschluss auf den Namen des Erblassers einlegen.[121] Anhängige Verfahren werden – soweit keine Unterbrechung eintritt (siehe dazu Einl Rdn 424) – für den Erben weitergeführt, der ohne vorherige Eintragung in das Verfahren eintreten kann.[122]

Gesellschaftsrechtlicher Gesamtrechtsnachfolger ist wie ein Erbe zu behandeln.[123]; Prozessführungsbefugnis für die von einem Erben des Patentinhabers abgetretenen Rechte setzt dessen Eintragung als materiell berechtigten Gesamtrechtsnachfolgers im Patentregister nicht voraus.[124]

52

7.4 Nicht offengelegte Patentanmeldungen:

Für sie gilt § 30 nicht. Jedoch ist § 30 (3) entsprechend anzuwenden,[125] wobei an die Stelle der Registereintragung der Vermerk in der elektronischen Akte tritt.

53

8 Eintragung ausschließlicher Lizenz

8.1 Zweck:

Ausschließliche Lizenz und Lizenzbereitschaft schließen sich gegenseitig aus. Daher ist ein Antrag auf Eintragung einer ausschließlichen Lizenz nach § 30 (4) 2 unzulässig, wenn bereits ein Antrag auf Eintragung der Lizenzbereitschaft vorliegt oder eine Lizenzbereitschaftserklärung eingetragen ist. Umgekehrt sperrt der beim DPMA eingegangene Antrag auf Eintragung einer ausschließlichen Lizenz (vgl dazu § 15 Rdn 33) das Register gemäß § 23 (2) gegen die Eintragung einer Lizenzbereitschaft, die sonst das Recht des Generallizenznehmers gemäß § 23 (3) 4 beeinträchtigen könnte.

54

8.2 Voraussetzungen der Eintragung

8.2.1 Antrag: Schriftlich (siehe Einl Rdn 352) a) des ausschließlichen Lizenznehmers mit Zustimmung des Anmelders oder Patentinhabers oder b) des Patentinhabers oder des Anmelders mit Zustimmung des ausschließlichen Lizenznehmers (§ 30 (4) 1).

Zustimmung kann grundsätzlich durch eine schriftliche, unbeglaubigte Umschreibungsbewilligung nachgewiesen werden (vgl Rdn 30 ff, 38 f).

55

---

118 BPatGE 32, 153; Rogge GRUR 85, 734 (3).
119 BPatGE 32, 153, 157 = BlPMZ 92, 19.
120 BPatGE 29, 244 = BlPMZ 88, 320.
121 BPatGE 32, 153.
122 BPatGE 32, 153 unter Aufgabe von BPatGE 26, 126.
123 Zur Umschreibung wegen Gesamtrechtsnachfolge nach § 20 UmwG s BPatG, 31.10.19, 7 W (pat) 14/17 BeckRS 19, 28933; BGH GRUR 79, 145 *Aufwärmvorrichtung*; BPatGE 32, 153; BPatG BeckRS 15, 09 619.
124 OLG Düsseldorf, 25.04.19, 2 U 50/17 BeckRS 19, 25285.
125 BGH GRUR 79, 145 *Aufwärmvorrichtung*.

Der Antrag ist von der Einreichung der Anmeldung an zulässig. Die Eintragung erfolgt erst nach Patenterteilung. Der Antrag muss sich auf eine ausschließliche (nicht einfache) Lizenz beziehen, die aber beschränkt (zeitlich, räumlich, persönlich) sein kann. Dagegen können nach Regel 23 EPÜ die Erteilung, Übergang und Löschung von Lizenzen generell in das europäische Patentregister eingetragen werden.

56 **8.2.2 Angabe des Berechtigten** ergibt sich entweder aus dem Antrag, wenn dieser vom ausschließlichen Lizenznehmer gestellt ist, oder aus dessen schriftlicher Zustimmung. Sein Name wird nicht eingetragen, ergibt sich daher nur aus der (seit Juni 2011 elektronischen) Akte und unterliegt nicht der freien Akteneinsicht. Akteneinsicht gemäß § 31 (1) nur mit Zustimmung von Anmelder oder Patentinhaber und ausschließlichem Lizenznehmer oder bei Nachweis eines berechtigten Interesses.

57 **8.2.3 Gebühr** für die Eintragung oder für die Löschung beträgt jeweils 25 Euro (PatKostG Nr 313 400 und 313 500). Sie ist mit Einreichung des Antrags fällig (§ 3 Abs 1 PatKostG) und innerhalb von 3 Monaten ab Fälligkeit zu entrichten, sonst gilt der Antrag als zurückgenommen (§ 6 PatKostG im Anhang 15 = Tabu Gewerbl. Rechtsschutz Nr 340).

58 **8.2.4 Fehlen einer Lizenzbereitschaftserklärung:** Eine Lizenzbereitschaftserklärung, die vor der wirksamen Stellung eines Antrags nach § 30 (4) 1 (Antrag + Gebühr) bei DPMA eingegangen ist, macht den Antrag auf Eintragung einer ausschließlichen Lizenz nach § 30 (4) 2 unzulässig, so dass eine Eintragung ausgeschlossen ist. Der Antrag wird zulässig, wenn die Lizenzbereitschaftserklärung wirksam zurückgenommen oder rechtskräftig zurückgewiesen wird. Bis zu einer Entscheidung über ein anhängiges Verfahren über die Eintragung einer Lizenzbereitschaftserklärung kann das Verfahren gemäß § 30 (4) wegen Vorgreiflichkeit gemäß § 148 ZPO ausgesetzt werden.

59 **8.2.5 Löschung der Eintragung einer Lizenzbereitschaftserklärung:** Bei Antrag auf Löschung einer Lizenzbereitschaftserklärung kann DPMA im registerrechtlichen Verfahren nicht ohne Beteiligung des Dritten klären, ob Zurücknahme materiell-rechtlich wirksam ist, zB wenn Patentinhaber Wirksamkeit der Benutzungsanzeige ernsthaft bestreitet. Daher muss DPMA die Löschung eintragen und Dritte zur Klärung auf Rechtsweg zu ordentlichen Gerichten verweisen.[126]

8.3 Verfahren

60 DPMA prüft im registerrechtlichen Verfahren lediglich das Vorliegen der formellen Eintragungsvoraussetzungen, dagegen nicht, ob diese auch durch die materielle Rechtslage gedeckt sind. Eingetragen werden die Erteilung der ausschließlichen Lizenz und ihr Umfang, nicht dagegen der Berechtigte.

61 **Veröffentlichung im Patentblatt** von Eintragung und Löschung einer ausschließlichen Lizenz sind nach der (wenig einleuchtenden) Vorschrift des § 32 (5) nicht vorgesehen. Dagegen enthält das Europäische Patentblatt nach Art 129 (a) EPÜ alle Eintragungen in das Europäische Patentregister und damit iVm Regeln 143 (1) und 23 EPÜ

---

[126] BPatG, 28.03.17, 7 W (pat) 22/15 GRUR **17**, 1025 *Rücknahme der Lizenzbereitschaftserklärung II*; s. auch GRUR-Prax **17**, 305 Anm Albrecht.

auch die Angaben über Erteilung, Übergang und Löschung einer ausschließlichen, einfachen oder Unter-Lizenz.

8.4 Lizenzinformationen

In DPMAregister können über Expertenmodus im Feld »Lizenzerklärungen« (=LIZ) Informationen über a) Lizenzbereitschaftserklärungen gemäß § 23; b) unverbindliche Lizenzinteresseerklärungen;[127] c) ausschließliche Lizenzen; d) Zwangslizenzen und e) geförderte Vorhaben[128] zu Patentanmeldungen und Patenten kostenfrei online recherchiert werden. 62

8.5 Wirkung der Eintragung

ist nicht rechtsbegründend für das Entstehen der ausschließlichen Lizenz, sondern bewirkt lediglich, dass schon mit dem Eingang des Antrags nach § 30 (4) eine Lizenzbereitschaftserklärung gemäß § 23 (2) unzulässig ist. Diese Sperrwirkung gilt nur für das im Antrag bezeichnete Patent, nicht dagegen für andere Rechte, wie Zusatzpatente (s dazu § 16 Rdn 6 ff) oder vor dem Eingang des Antrags entstandene Teilanmeldungen. 63

8.6 Löschung

setzt nach § 30 (4) 3 u 4 voraus: a) schriftlicher Antrag i) des ausschließlichen Lizenznehmers, der einer Einwilligung des Patentinhabers (Anmelders) nicht bedarf, oder ii) des Patentinhabers (Anmelders) mit Zustimmung des eingetragenen Lizenznehmers oder seines Rechtsnachfolgers, die durch eine schriftliche, unbeglaubigte Umschreibungsbewilligung nachgewiesen werden kann (s oben Rdn 38 ff); b) Entrichtung der Gebühr von 25 Euro (Nr 313 500 PatKostG, s Rdn 57). 64

§ 31 Einsicht in Akten und Register

(1) ¹Das Deutsche Patent- und Markenamt gewährt jedermann auf Antrag Einsicht in die Akten sowie in die zu den Akten gehörenden Modelle und Probestücke, wenn und soweit ein berechtigtes Interesse glaubhaft gemacht wird. ²Jedoch steht die Einsicht in das Register und die Akten von Patenten einschließlich der Akten von Beschränkungs- oder Widerrufsverfahren (§ 64) jedermann frei.

(2) ¹In die Akten von Patentanmeldungen steht die Einsicht jedermann frei,
1. wenn der Anmelder sich gegenüber dem Deutschen Patent- und Markenamt mit der Akteneinsicht einverstanden erklärt und den Erfinder benannt hat oder

---

127 MittDPA Nr 8/85 BlPMZ **85**, 197 = Tabu Gewerbl. Rechtsschutz Nr 499 S 333; https://www.dpma.de/patent/patentschutz/lizenzinformationen; Merkblatt Patente Tabu Gewerbl. Rechtsschutz Nr 106 unter VI 1. (8b) und VII.(3).
128 Bei Anmeldungen, die aus geförderten Forschungsprojekten hervorgehen, ist das Förderkennzeichen des Bundesministeriums für Bildung und Forschung anzugeben (s dazu auch DPMA-Newsletter IT-Dienste Juli 2014).

2. wenn seit dem Anmeldetag (§ 35) oder, sofern für die Anmeldung ein früherer Zeitpunkt als maßgebend in Anspruch genommen wird, seit diesem Zeitpunkt achtzehn Monate verstrichen sind

und ein Hinweis nach § 32 Abs 5 veröffentlicht worden ist. ²Bei Anmeldungen, die nicht oder teilweise nicht in deutscher Sprache abgefasst sind, gilt § 35a Abs 4.

(3) Soweit die Einsicht in die Akten jedermann freisteht, steht die Einsicht auch in die zu den Akten gehörenden Modelle und Probestücke jedermann frei.

(3a) Soweit die Einsicht in die Akten jedermann freisteht, kann die Einsichtnahme bei elektronischer Führung der Akten auch über das Internet gewährt werden.

(3b) Die Akteneinsicht nach den Absätzen 1 bis 3a ist ausgeschlossen, soweit
1. ihr eine Rechtsvorschrift entgegensteht,
2. das schutzwürdige Interesse der betroffenen Person im Sinne des Artikels 4 Nummer 1 der Verordnung (EU) 679/2016 des Europäischen Parlaments und des Rates vom 27. April 2016 zum Schutz natürlicher Personen bei der Verarbeitung personenbezogener Daten, zum freien Datenverkehr und zur Aufhebung der Richtlinie 95/46/EG (Datenschutz-Grundverordnung) (ABl. L 119 vom 4.5.2016, S. 1; L 314 vom 22.11.2016, S. 72; L 127 vom 23.5.2018, S. 2) in der jeweils geltenden Fassung offensichtlich überwiegt oder
3. in den Akten Angaben oder Zeichnungen enthalten sind, die offensichtlich gegen die öffentliche Ordnung oder die guten Sitten verstoßen.

(4) In die Benennung des Erfinders (§ 37 Abs 1) wird, wenn der vom Anmelder angegebene Erfinder es beantragt, Einsicht nur nach Absatz 1 Satz 1 gewährt; § 63 Abs 1 Satz 4 und 5 ist entsprechend anzuwenden.

(5) ¹In die Akten von Patentanmeldungen und Patenten, für die gemäß § 50 jede Veröffentlichung unterbleibt, kann das Deutsche Patent- und Markenamt nur nach Anhörung der zuständigen obersten Bundesbehörde Einsicht gewähren, wenn und soweit ein besonderes schutzwürdiges Interesse des Antragstellers die Gewährung der Einsicht geboten erscheinen lässt und hierdurch die Gefahr eines schweren Nachteils für die äußere Sicherheit der Bundesrepublik Deutschland nicht zu erwarten ist. ²Wird in einem Verfahren eine Patentanmeldung oder ein Patent nach § 3 Abs 2 Satz 3 als Stand der Technik entgegengehalten, so ist auf den diese Entgegenhaltung betreffenden Teil der Akten Satz 1 entsprechend anzuwenden.

Cornelia Rudloff-Schäffer

Übersicht

Geltungsbereich		1
Literatur		4
Kommentierung zu § 31 PatG		
1	Normzweck	5
2	Akteneinsicht (AE)	7
3	Umfang der Akteneinsicht	8
4	Begriff der Akten	12
5	Beschränkte Akteneinsicht nach § 31 (1) 1	16
5.1	Glaubhaftmachung	17
5.2	Berechtigtes Interesse	18

Akteneinsicht (AE) § 31

6	Freie Akteneinsicht § 31 (1) 2 und (2)................	23
6.1	Patentregister.............................	23
6.2	Akten von Patenten.........................	24
6.3	Akten von Beschränkungs- und Widerrufsverfahren.....	27
6.4	Akten abgetrennter Teile eines Patents.............	28
6.5	Akten offen gelegter Anmeldungen, § 31 (2).........	29
6.5.1	Vorzeitige Offenlegung nach § 31 (2) 1 Nr 1........	31
6.5.2	Regeloffenlegung nach § 31 (2) 1 Nr 2............	32
7	Einsicht in die Erfinderbenennung................	33
8	Geheimanmeldung und Geheimpatent..............	36
9	Fortdauer freier Akteneinsicht...................	38
10	Amtshilfe und Aktenbeiziehung..................	39
11	Verfahren................................	40
11.1	bei freier Akteneinsicht nach § 31 (2).............	40
11.2	bei beschränkter Akteneinsicht nach § 31 (1)........	41
11.3	Zuständigkeit..............................	42
11.4	Durchführung der Akteneinsicht.................	43
11.4.1	Freie Akteneinsicht auf elektronischem Wege........	44
11.4.2	Schranken der Akteneinsicht....................	45
11.4.3	Beschränkte Akteneinsicht.....................	46
11.5	Nichtpatentliteratur (NPL).....................	47
12	Kosten..................................	48

Geltungsbereich: Das **2. PatGÄndG** hat durch Art 2 Nr 8 in § 31 (2) Nr 2 mit Wirkung vom 01.11.98 die Worte »Tag der Einreichung der Anmeldung« durch die Angabe »Anmeldetag (§ 35 Abs 2)« ersetzt. Das **Kostenregelungsbereinigungsgesetz** (BGBl I 2001 S 3656 = BlPMZ 02, 14) hat durch Art 7 Nr 14 »Rolle« durch »Register« ersetzt. Das **Gesetz zur Änderung des patentrechtlichen Einspruchsverfahrens und des Patentkostengesetzes** vom 21.06.06 (BGBl I S 1318, 2737 = BlPMZ 06, 225; 07, 1) hat durch Art 1 Nr 3 in § 31 (1) 2 die Wörter »das gleiche gilt für die Einsicht in die Akten von abgetrennten Teilen eines Patents (§ 60)« gestrichen. Das **Gesetz zur Umsetzung der Akte vom 29.11.00 zur Revision des Übereinkommens über die Erteilung europäischer Patente** v 24.08.07 (BGBl I S 2166 = BlPMZ 07, 362) hat durch Art 2 Nr 8 in § 31 (1) 2 das Wort »Beschränkungsverfahren« durch die Wörter »Beschränkungs- und Widerrufsverfahren« ersetzt.

1

Durch Art 1 Nr 8 des Gesetzes zur Novellierung patentrechtlicher Vorschriften und anderer Gesetze des gewerblichen Rechtsschutzes **(PatNovG)** v 19.10.13 (**BGBl I S 3830 = BlPMZ 13, 362**) wurden die Absätze 2 und 3 geändert. In Abs 2 Nr 2 wurde die Angabe »(§ 35 Abs 2)« an die Änderung des § 35 (s dort) angepasst. Abs 3a gestattet die Einsicht über das Internet in elektronisch geführte Akten, Abs 3b schließt die Akteneinsicht nach den Abs 1 bis 3a grundsätzlich aus, sofern Rechtsvorschriften entgegenstehen oder das schutzwürdige Interesse des Betroffenen unter dem Gesichtspunkt des Datenschutzes offensichtlich überwiegt. Art 2 Nr 1 des **Gesetzes zur Änderung des Designgesetzes und weiterer Vorschriften des gewerblichen Rechtsschutzes** v 04.04.16 (BGBl I S 558 = BlPMZ 16, 161 ff, 249) hat mit Wirkung vom 01.07.16 in Abs 2 den Satz 2 als klarstellende Folgeänderung zur Ergänzung des § 35a Abs 4 angefügt.

2

Durch Art 9 Nr 1 des Gesetzes zur Änderung des Bundesversorgungsgesetzes und anderer Vorschriften **v 17.7.2017** (BGBl I S 2547) wurde in Abs 3b der Begriff der betroffenen Person durch eine redaktionelle Ergänzung mit Wirkung vom 25.05.2018 konkretisiert. Durch Art 1 Nr 12 des 2. PatMoG **vom 10.08.21 (BGBl I S 3490)** wurde

3

die Bezeichnung »Patentamt« in den Abs 1, 2 und 5 jeweils durch die amtliche Bezeichnung »Deutsches Patent- und Markenamt« ersetzt. Absatz 3b wurde neu gefasst.

4 Lit: Häußer, Die Gewährung von Einsicht in Patenterteilungsakten unter besonderer Berücksichtigung verfassungsrechtlicher Gesichtspunkte, Köln 1974; Lit in Mitt: Ballhaus 61, 201; Müller-Arends 62, 48; Trüstedt 62, 121; Hirte 93, 292; Schubert/Leonhard 93, 339; Herden 94, 299; Meitinger 17, 303; Lit in GRUR: Stortnik 99, 533; Lit in GRUR Int: Häußer/Goebel 90, 723.

1 Normzweck

5 § 31 bezweckt den Schutz des Erfinders und Anmelders, der dem DPMA eine Erfindung offenbart hat, gegenüber einem nicht am Verfahren beteiligten Dritten. Sein noch ungeschütztes Recht soll nicht durch vorzeitige Preisgabe an Dritte entwertet werden, die sonst die noch ungeschützte Erfindung benutzen könnten. Zudem würde eine Akteneinsicht die Erfindung zum Stand der Technik machen, so dass sie einer erweiterten Neuanmeldung nach Rücknahme der ursprünglichen Anmeldung entgegen gehalten werden könnte. Daher wird Akteneinsicht bis zur Offenlegung einer Patentanmeldung (§ 31 (2) 1 Nr 2) nur gewährt, wenn der Dritte ein berechtigtes Interesse glaubhaft macht (s Rdn 17 ff). Das anzuerkennende Interesse an Geheimhaltung entfällt mit der Offenlegung der Anmeldung gemäß § 31 (2) 1 Nr 2, die den Anspruch nach § 33 entstehen lässt. Von diesem Zeitpunkt an ist die Akteneinsicht für jedermann, dh für sämtliche nicht am Verfahren beteiligte Dritte, ebenso frei wie in die Akten von erteilten Patenten. Verfahrensbeteiligte selbst können jederzeit Einsicht nehmen (§ 299 ZPO (1) analog)[1]. Der Umfang des Einsichtsrechts nach § 299 (1) ZPO analog entspricht im Ergebnis dem Umfang nach § 31 (2) 2.[2] Wenn es sich um personenbezogene Bankdaten des Einsprechenden handelt, setzt Einsicht im Einspruchsverfahren vor DPMA berechtigtes Interesse des verfahrensbeteiligten Patentinhabers voraus, s Rdn 18.[3]

6 Einsichtsrecht nach § 31 PatG iVm § 22 DPMAV hat als spezialgesetzliche Regelung Vorrang vor Anspruch auf Akteneinsicht nach Gesetz zur Regelung des Zugangs zu Informationen des Bundes (vgl § 1 (3) IFG v 05.09.05 (BGBl I S 2722)).[4] Die Veröffentlichung der weiteren personenbezogenen Daten ist auch unter Rückgriff auf Art 6 (1) Buchstabe c und e DS-GVO (§ 16 (1) Nr 1 BDSG aF) zulässig. § 22 (2) 1 DPMAV betrifft nur solche Akten, die noch in Papierform geführt werden.[5]

2 Akteneinsicht (AE)

7 ist die Kenntnisnahme vom Inhalt der Akten (s Rdn 12) durch eigene Einsicht oder durch schriftliche oder mündliche Auskunft des DPMA.

---

1 Mes § 31 PatG Rn 14.
2 BPatG, 21.03.18, 7 W (pat) 4/17 BeckRS 18, 32336 *Akteneinsicht in SEPA-Lastschriftmandat* (Anheimgabe).
3 BPatG, 11.12.18, 7 W (pat) 4/17 BlPMZ 19, 200 *Akteneinsicht in Gebührenzahlungsunterlagen*.
4 BGH GRUR 12, 317 *Schokoladenstäbchen* (keine Anwendung des IFG auf Akteneinsicht Dritter bei eingetragenen Marken).
5 S Klarstellung durch Art 2 Nr 9 ERVDPMAV, abgedruckt im Anhang 19.

3 Umfang der Akteneinsicht

bezieht sich grundsätzlich auf den gesamten Inhalt der Akten einer Anmeldung oder eines Patents.[6] Antrag auf AE ist daher jedes Begehren, auch wenn es sich nur auf Teile der Akte bezieht, wie zB die Entgegenhaltungen oder ergangene Entscheidungen. Zur »anonymisierten Beschlussabschrift« s § 99 Rdn 22.

Antrag auf Ausnahme von Aktenteilen von der AE ist grundsätzlich zurückzuweisen, da die Öffentlichkeit berechtigt ist, alle Unterlagen zu kennen, die für die Entscheidung über die Anmeldung bedeutsam sein können. Ist die Eingabe unter der Bedingung der Ausnahme von der AE eingereicht, dann ist sie nach dem Willen des Einsenders nicht eingereicht und kann ihm zurück gesandt werden.

Ausnahme bestimmter Aktenteile von der Einsicht kann nach Absatz 3b erforderlich sein, wenn wichtige, **übergeordnete Grundsätze** des grundrechtlichen Schutzes nach Art 1, 2 und 14 GG oder des Datenschutzes oder Rechtsvorschriften einer Einsicht entgegenstehen.[7] Das gilt zB: **a)** für die Wahrung des Persönlichkeitsschutzes nach Art 1 und 2 GG, zB für ärztliche Atteste und psychiatrische Gutachten;[8] **b)** für betriebsinterne Vorgänge des Patentinhabers, die ein Dritter zum Nachweis einer widerrechtlichen Entnahme geltend macht;[9] **c)** wenn spezifische und konkrete schutzwürdige persönliche oder wirtschaftliche Interessen von natürlichen oder juristischen Personen beeinträchtigt würden, auch wenn es sich um andere Personen handelt, als die eines Beteiligten oder seines Vertreters; **d)** bei Unterlagen zur Verkehrsgenehmigung durch Zulassungsbehörde bei ergänzenden Schutzzertifikaten; **e)** bei Aktenbestandteilen, die offensichtlich gegen die öffentliche Ordnung oder die guten Sitten verstoßen; **f)** für Daten im Zusammenhang mit Zahlungsvorgängen Verfahrensbeteiligter[10].

Wegen der unmittelbar möglichen elektronischen Akteneinsicht prüft DPMA von Amts wegen vor Freigabe der elektronischen Dokumente und sperrt schützenswerte Daten (s dazu auch Rdn 43 ff), soweit überwiegend schutzwürdige persönliche Interessen vorliegen oder Angaben oder Zeichnungen in den Akten offensichtlich gegen die öffentliche Ordnung oder gute Sitten verstoßen.

Ein Antrag des Betroffenen auf Sperrung weiterer schutzwürdiger Daten für elektronische Akteneinsicht sollte unabhängig von konkretem Akteneinsichtsverfahren gestellt werden, da DPMA nur *offensichtlich* erkennbare schutzwürdige Interessen von Amts wegen berücksichtigen muss.[11] DPMA und BPatG prüfen das Vorliegen schutzwürdiger übergeordneter Interessen bei der Einsicht in Papierakten oder bei Fertigung

---

6 BPatGE 12, 104; 13, 33, 35; 17, 106.
7 BPatGE 17, 18; 22, 24, 26; 30, 74, 76; zur Ergänzung des § 31 um den Abs 3b) s Rn 2; vgl aber BPatGE 55, 44 = BlPMZ 15, 259 *AE in Nichtpatentliteratur*: § 45 UrhG steht Fertigung von Kopien von NPL oder Teilen davon nicht entgegen; zuvor BPatG BeckRS 15, 09 334 (Anheimgabebeschluss).
8 BPatGE 17, 18 = BlPMZ 75, 193.
9 BPatGE 30, 74 = BlPMZ 89, 279.
10 S ausführlich BPatG, 11.12.18, 7 W (pat) 4/17 BlPMZ 19, 200 *Akteneinsicht in Gebührenzahlungsunterlagen*.
11 Amtl Begr zu Art 1 Nr 7 PatNovG-Entwurf, BT-Drs 17/10 308.

§ 31 Akteneinsicht (AE)

von Ablichtungen und Ausdrucken nicht von Amts wegen, sondern nur auf Antrag einer Partei.[12]

4 Begriff der Akten

12 ist umfassend zu verstehen. Dazu gehören »alle Vorgänge, welche das Erteilungsverfahren oder den Bestand der Patente unmittelbar betreffen oder betroffen haben.[13]

13 Akten iSd § 31 sind: a) alle von den Beteiligten eingereichten **Schriftsätze** nebst den beigefügten **Anlagen**, auch wenn der Einreichende gebeten hat, die Eingabe von der AE auszunehmen,[14] so zB Nachweise, aus denen sich die erfinderische Tätigkeit ergeben soll, wie zB Umsatzzahlen, firmeninterne Laborberichte,[15] Anerkennungsschreiben, Lizenzgesuche,[16] Betriebsgeheimnisse;[17] b) Eingaben Dritter;[18] c) Vorgänge zur Wiedereinsetzung,[19] Zahlung oder Stundung von Gebühren, (zB getrennt geführte Formblätter für Zahlungsvorgänge, SEPA-Lastschriftmandat[20]), oder über den Rechtsstatus des Anmelders;[21] d) Fristgesuche;[22] e) Prioritätserklärung nach §§ 40 und 41;[23] f) Nennung des Standes der Technik nach § 34 (8)[24] sowie Angabe der im Ausland entgegen gehaltenen Druckschriften;[25] g) die zu den Akten gehörenden Modelle und Probestücke (§ 31 (1) 1 u (3)); h) isolierter Kostenbeschluss;[26] i) von BPatG zur Akte übersandte Unterlagen, zB ein Nichtigkeitsurteil;[27] j) vom DPMA ermittelte Entgegenhaltungen;[28] k) erster Prüfungsbescheid und internationaler vorläufiger Prüfungsbericht (IPRP) nach Maßgabe von Regel 94.3 AusfO PCT; l) Anzeige der Eröffnung des Insolvenzverfahrens oder eines Pfandrechts, ggf mit Antrag auf Eintragung nach § 29 DPMAV, sowie nachfolgende Mitteilungen und Verfügungen zB über Eintragung/Löschung; m) Unterlagen, die im Rahmen der Pilot-Projekte »Patent Prosecution Highway (PPH)« von Anmelder eingereicht wurden; n) Delegationsverfügungen.[29] Zur Akteneinsicht in urheberrechtlich geschützte Nichtpatentliteratur s Rdn 47.

14 Keine Akten iSd § 31 sind: Vorgänge eines rechtlich selbständigen Verfahrens, das zwar mit dem Erteilungsverfahren in sachlichem Zusammenhang steht, dieses jedoch

---

12 BPatGE 30, 74 = BlPMZ 89, 279.
13 BPatGE 12, 104; 13, 33, 36; 17, 26.
14 BPatGE 12, 104, 109; 17, 18, 21.
15 BPatGE 12, 104, 109.
16 BPatGE 17, 26 = BlPMZ 76, 133 L.
17 AA BPatGE 22, 24 = BlPMZ 80, 20, wenn die Zeichnung versehentlich zum Nachweis einer offenkundigen Vorbenutzung eingereicht wurde.
18 BPatGE 12, 104; Eingaben Dritter sind beim DPMA für die elektronische AE gesperrt.
19 BPatGE 17, 18 = BlPMZ 75, 193.
20 S ausführlich BPatG, 11.12.18, 7 W (pat) 4/17 BlPMZ 19, 200 Akteneinsicht in Gebührenzahlungsunterlagen.
21 BPatGE 1, 44.
22 BPatGE 12, 104, 108.
23 BPatGE 13, 33, 38 = BlPMZ 72, 29 L.
24 BPatGE 15, 17; 23, 63.
25 BPatGE 13, 33, 39 zu § 26 (4) 2 PatG aF.
26 BPatGE 23, 63.
27 AA BPatG BlPMZ 93, 484, 485.
28 BPatGE 6, 30; Busse/Keukenschrijver § 31 Rn 13.
29 Otten-Dünnweber in BeckOK § 31 PatG Rn 5.

nicht unmittelbar betrifft, selbst wenn es das Aktenzeichen der Anmeldung trägt, wie zB personen- oder verfahrensbezogene Beihefte sowie selbständige Nebenverfahren oder Vorgänge über: **a)** Verfahrenskostenhilfe[30] und Vermögensverhältnisse; **b)** Ausstellung von Bescheinigungen und Prioritätsbelegen; **c)** Vorgänge nach § 50 und Mitteilungen an Euratom;[31] **d)** Angabe von Aktenzeichen und Land, in dem die gleiche Erfindung angemeldet wurde;[32] **e)** Akteneinsichtsverfahren Dritter; **f)** Akten von Nichtigkeitsverfahren (s dazu aber § 99 Rdn 25), es sei denn, die Abschrift des Nichtigkeitsurteils ist Bestandteil der Akte des Patents[33] (zur »anonymisierten Beschlussabschrift« s § 99 Rdn 22); **g)** Voten der Prüfer und in Bearbeitung befindliche Bescheide oder Beschlüsse; **h)** Erklärung über die Nichtnennung von Erfindern; **i)** interne Justitiaranfragen und -stellungnahmen; **j)** Dienstaufsichtsbeschwerden.

Diese Unterlagen sind sowohl von Papier- als auch von Online-Akteneinsicht ausgenommen.

Elektronische Patent(- und Gebrauchsmuster)akte muss zur Sicherung einer rechtsstaatlichen Verfahrensführung zuverlässig alle Funktionen der ehemaligen papiergebundenen Aktenfunktionen gleichwertig erfüllen; sie muss nach Darstellung und Aufbau aus sich heraus verständlich und nachvollziehbar sein, die von den zuständigen Personen getroffenen Entscheidungen sind unmittelbar und eindeutig zu dokumentieren.[34] Nur so ist für Gerichte und bei freier Akteneinsicht Verfahrensablauf für Öffentlichkeit nachvollziehbar, verständlich und nachprüfbar.[35]

5 Beschränkte Akteneinsicht nach § 31 (1) 1

§ 31 geht von dem Grundsatz aus, dass Einsicht nur bei Glaubhaftmachung (s Rdn 17) eines berechtigten Interesses (s Rdn 18) gewährt wird. Beschränkte Akteneinsicht spielt in der Praxis nur eine untergeordnete Rolle,[36] da in der Mehrzahl der Fälle die Einsicht nach § 31 (1) 2 und § 31 (2) 1 Nr 2 ohnehin frei ist, nämlich in die Akten erteilter Patente und offengelegter Anmeldungen. Eine beschränkte AE gemäß § 31 (1) 1 gilt daher nur für **a)** noch nicht offengelegte Anmeldungen, auch wenn sie zurückgewiesen oder zurückgenommen wurden, **b)** Akten rechtlich selbständiger Nebenverfahren (s Rdn 14); **c)** Erfinderbenennung (s Rdn 33).

5.1 Glaubhaftmachung

des berechtigten Interesses erfordert eine substantiierte und nachprüfbare Darlegung, so dass eine Interessenabwägung möglich ist[37] (s Einl Rdn 199 f). Bloße Behauptungen

---

30 BPatGE **12**, 104, 108; **17**, 18, 21; **17**, 26, 28.
31 BPatGE **12**, 104, 108.
32 BPatGE **13**, 33; **15**, 122, 129.
33 Otten-Dünnweber in BeckOK § 31 PatG Rn 3; aA BPatG BlPMZ **93**, 484, 485; s auch BGH GRUR-RR **11**, 31 (zur AE in SV-Guachten im Nichtigkeitsberufungsverfahren).
34 BPatG BeckRS **16**, 07 066 *Abgedichtetes Antennensystem*; BPatG BeckRS **13**, 11 941 (Anheimgabe, ausf zu Anford an elektron Aktenführung auch bei Aktenexport an BPatG/BGH).
35 BPatG BeckRS **16**, 07 066 *Abgedichtetes Antennensystem*; BPatG BeckRS **13**, 11 941.
36 § 31 (3a) idF des PatNovG vom 19.10.13 (BGBl I S 3830) sieht online-Zugriff für beschränkte Akteneinsicht nicht vor.
37 BPatG BlPMZ **95**, 324, 325.

oder gar Vermutungen sind nicht ausreichend, es müssen konkrete und plausible Umstände dargelegt werden.

5.2 Berechtigtes Interesse

18 Der Begriff ist weitergehend als der des »rechtlichen Interesses« in § 299 (2) ZPO und braucht sich nicht auf ein bereits vorhandenes Recht zu stützen.[38] Berechtigt ist ein Interesse, wenn eine **Abwägung** der Belange von Antragsteller und Anmelder ergibt, dass der Antragsteller ein verständiges, durch die Sachlage gerechtfertigtes Interesse hat und die Kenntnisnahme vom Akteninhalt für die Wahrung des Rechts des Antragstellers notwendiger erscheint, als das legitime Geheimhaltungsinteresse des Anmelders. Dabei ist grds ein strenger Maßstab an Umfang anzusetzen.[39] In die Abwägung ist auch das Recht des Anmelders auf informationelle Selbstbestimmung über personenbezogene Daten (zB Bankkontendaten[40]) einzubeziehen.[41]

19 Ausreichend kann sein, dass die Kenntnis vom Akteninhalt ein künftiges Verhalten des Antragstellers bei der Wahrung und Verteidigung von Rechten beeinflussen kann.[42] Dieser Einfluss muss *schlüssig dargelegt* werden. Allgemeines wissenschaftliches oder berufliches Interesse genügt nicht. Im Rahmen der eventuell erforderlichen *Abwägung* kann ua berücksichtigt werden, dass die gewünschte Information anderweitig erlangt werden kann oder bereits erlangt worden ist.[43]

20 Ein Vertreter hat den Antragsteller zu nennen, weil sonst eine Abwägung nicht möglich ist.[44]

21 **Berechtigtes Interesse bejaht: a)** wenn der Anmelder sich auf seine Anmeldung beruft und damit zielgerichtet auf das Verhalten Dritter einwirken will, somit also ohne Not selbst die Geheimhaltungssphäre verlässt, so insbesondere bei **Verwarnung** oder aus **Berühmung** mit einer noch nicht veröffentlichten Anmeldung gegenüber einem bestimmten Wettbewerber, und zwar auch dann, wenn dem Anmelder Verwarnung oder Berühmung gerichtlich untersagt worden sind.[45] Das berechtigte Interesse kann fehlen, wenn der Anmelder zur Berufung provoziert worden ist. Zur Verwarnung aus ausländischen Schutzrechten s Rdn 22 unter 2.; **b)** bei Inanspruchnahme aus einem mit der Patentanmeldung **identischen Gebrauchsmuster**,[46] jedoch nur, solange aus diesem Ansprüche geltend gemacht werden können;[47] **c)** bei einem **Löschungsantrag** gegen

---

38 BGH BlPMZ **94**, 121 (III1) *Akteneinsicht XIII*.
39 BVerfG GRUR **64**, 554 (II1); BGH BlPMZ **66**, 309 (II3); **73**, 173 (B2) *AE-Zusatzanmeldung*; **94**, 121 *AE XIII*; BPatGE **23**, 278; **27**, 191; Busse/Keukenschrijver § 31 Rn 29.
40 BPatG, 21.03.18, 7 W (pat) 4/17 BeckRS **18**, 32336 *Akteneinsicht in SEPA-Lastschriftmandat* (Anheimgabe); BPatG, 11.12.18, 7 W (pat) 4/17 BlPMZ **19**, 200 *Akteneinsicht in Gebührenzahlungsunterlagen*.
41 BGH BlPMZ **07**, 322 *MOON* (zu § 62 (1) MarkenG).
42 BGH BlPMZ **94**, 121 *AE XIII*; BPatG BeckRS **11**, 01 603 *Akteneinsicht in die Erfinderbenennung einer Patentakte*.
43 BGH BlPMZ **94**, 121 (III1) *AE XIII*; BPatG BlPMZ **95**, 324, 325.
44 BGH BlPMZ **64**, 247 *AE I*; BGH, 29.01.91, X ZB 5/90, BeckRS **1991**, 31061953; BPatGE **7**, 94; **8**, 199; **26**, 53; **32**, 270, 271.
45 BPatGE **19**, 6; **20**, 15; aA BPatGE **2**, 189.
46 BGH BlPMZ **72**, 376 *AE IX*; BPatGE **12**, 98.
47 BPatGE **9**, 181; **13**, 173; **14**, 174, 177.

Akteneinsicht (AE) § 31

das der Patentanmeldung entsprechende Gbm;[48] d) für AE in **zurückgenommene Hauptanmeldung** zur Feststellung der ursprünglichen Offenbarung einer früheren Zusatzanmeldung;[49] e) für AE des **Arbeitnehmererfinders** in angemeldete Dienstfindung (§ 15 ArbEG); f) für AE in Stammanmeldung zur Überprüfung des Umfangs der Ausscheidungsanmeldung;[50] g) für unveröffentlichte **BPatG-Entscheidung** für Beratung eines Anwalts;[51] i) für **Arbeitgeber**, wenn Arbeitnehmer kurz vor seiner Patentanmeldung ausgeschieden ist; k) bei **wissenschaftlichem Interesse** an Akten eines Zwangslizenzverfahrens; l) in ursprüngliche Unterlagen, wenn **unzulässige Erweiterung** geltend gemacht wird;[52] m) wenn ein aus der Patentanmeldung **abgezweigtes Gbm** eingetragen ist;[53] n) wenn Wirksamkeit der Übertragung des Rechts auf Inanspruchnahme der Priorität der Voranmeldung in Abrede gestellt wird.[54]

Berechtigtes Interesse verneint: 1. bei behaupteten Anspruch aus **materiellem Recht**, zB gemäß § 55 PatG, §§ 1, 3, 13 UWG, §§ 823, 1004 BGB oder aus Lizenzvertrag,[55] es sei denn, der Anspruch ist auch in dem kursorischen AE-Verfahren leicht feststellbar; **2.** für AE in Inlandsanmeldungen bei **Verwarnung** aus einer ausländischen Anmeldung, für die die Priorität der noch nicht veröffentlichten deutschen Anmeldung beansprucht wird;[56] denn die ausländische Anmeldung berührt die Rechte Dritter im Inland nicht.[57] Zudem ist es nicht Aufgabe des kursorischen AE-Verfahrens, über den etwa bestrittenen Umfang der Identität beider Anmeldungen zu entscheiden; **3.** bei bloßer Behauptung **widerrechtlicher Entnahme** durch Dritten,[58] auch für AE in die Erfinderbenennung;[59] **4.** für AE in **ältere Anmeldung**, mit der gegen eine jüngere Anmeldung eingesprochen wurde, auch wenn die jüngere deshalb ausgesetzt wurde;[60] AE in ältere Anmeldungen, die nach § 3 (2) als Stand der Technik gelten, ist frei (s § 3 Rdn 77); **5.** bei AE zur Feststellung eines **entgegenstehenden Standes der Technik**;[61] **6.** für **Pfändungsgläubiger**;[62] **7.** bei vertraglichem **Verzicht auf AE**;[63] **8.** für Einsprechenden in der Stammanmeldung für AE in **Ausscheidungsanmeldungen**;[64] **9.** wenn Antragsteller als **Wettbewerber** auf dem gleichen Gebiet tätig ist und lediglich befürchtet, in ein künftiges Schutzrecht einzugreifen;[65] **10.** wenn der Antragsteller die Berufung auf die Anmeldung selbst **provoziert** hat; **11.** wenn der Antragsteller auf die

22

---

48 BPatGE 1, 52; 9, 181 für Hilfs-Gbm.
49 BGH BlPMZ 73, 173 *AE-Zusatzanmeldung* = GRUR 73, 154 AE XII.
50 Vgl BPatGE 8, 1.
51 BPatGE 20, 261 = GRUR 78, 531.
52 BPatGE 43, 276 = BlPMZ 01, 288 L.
53 BPatG Mitt 01, 256.
54 BGH BeckRS 13, 03 090 (AE-Beschluss).
55 BPatGE 2, 189; 12, 93, 97; abw: 19, 6.
56 BPatGE 2, 189; 14, 14; 19, 6; BPatG BlPMZ 70, 49, 52; Mitt 68, 216; 70, 76, 77.
57 AA nur BPatGE 14, 14, 179 = GRUR 73, 196 wegen angeblicher Behinderung des Exports.
58 BPatGE 8, 4.
59 BPatGE 2, 22; BPatG Mitt 75, 176; aA bei Verdacht auf entnommene Dienstfindung BPatG BeckRS 11, 01 603 *Akteneinsicht in die Erfinderbenennung einer Patentakte*.
60 BPatGE 6, 20; 6, 26; vgl 23, 272.
61 BPatGE 12, 93, 97; 14, 174, 178.
62 BPatGE 6, 220 = BlPMZ 65, 278 L.
63 BPatGE 6, 163 = BlPMZ 65, 278 L.
64 BPatGE 13, 167 = BlPMZ 72, 375 L.
65 BPatGE 27, 191 = BlPMZ 86, 151.

§ 31 *Akteneinsicht (AE)*

Anmeldung nicht vom Anmelder, sondern **von dritter Seite** hingewiesen worden ist; **12.** für AE in **unveröffentlichten Beschluss** des BPatG, den ein Bescheid des DPMA zitiert;[66] **13.** bei abstrakt beruflichem, der eigenen **Fortbildung** dienendem Interesse ohne konkreten Sachbezug;[67] **14.** zur Feststellung des **Schutzumfangs** eines teilweise für nichtig erklärten Patents, da diese Kenntnis sich aus den frei zugänglichen Akten des Patents ergibt;[68] bei Hinweis auf (noch nicht offengelegte) Patentanmeldung in einem für beliebige Interessenten auf einer Messe erhältlichen Werbeprospekt.[69]

6 Freie Akteneinsicht § 31 (1) 2 und (2)

6.1 Patentregister

23 wird elektronisch als **DPMAregister** geführt und ist für jedermann nach § 31 (1) 1 frei und ohne Gebühr für **freie Akteneinsicht** nutzbar (online-Zugang, vgl § 30 Rdn 6). Es kann weiterhin ein schriftlicher Antrag auf Akteneinsicht durch Einsicht in Ausdrucke der Akten in den Dienstgebäuden des DPMA oder Zusendung von Ablichtungen gestellt werden (§ 31(1)). Der Umfang kann aus datenschutz- und urheberrechtlichen Gründen vom Umfang der Online-Akteneinsicht nach § 31 (3a) abweichen (s https://www.dpma.de/recherche/dpmaregister/akteneinsicht/index.html). Möglichkeit der Online-Akteneinsicht entbindet DPMA nicht von Zusendung der Schriftsätze an Verfahrensbeteiligte im Einspruchsverfahren.[70] Verfahrensbeteiligte erhalten auch Auskunft zum Rechts- und Verfahrensstand.[71] Gebührenpflichtig sind *Registerauszüge*, beglaubigt 20 Euro, unbeglaubigt 15 Euro (Nr 301 100 und 301 110 DPMVwKostV), zuständig ist das Referat 2.1.2 – Schutzrechtsinformation für die Öffentlichkeit.

6.2 Akten von Patenten

24 kann nach § 31 (1) 2 jedermann frei einsehen.
Ein Patent entsteht mit dem Wirksamwerden des Erteilungsbeschlusses (s § 47 Rdn 32 ff), so dass nach dem Wortlaut von § 31 (1) 2 von diesem Zeitpunkt an eine frei einsehbare »Akte eines Patents« besteht. Nach dem Sinn der Vorschrift sollen aber Dritte nur dann frei von der offenbarten Erfindung Kenntnis nehmen können, wenn der Anmelder dafür Schutz genießt, sei es durch die Offenlegung gemäß § 33 oder durch Patentschutz gemäß §§ 9 ff. Die Wirkungen eines Patents treten nach § 58 (1) 3 erst mit der Veröffentlichung der Erteilung im Patentblatt ein. Erst von diesem Zeitpunkt an ist die Einsicht frei,[72] es sei denn, es wurde bereits vorher ein Hinweis nach § 32 (5) im Patentblatt veröffentlicht. § 69 (1) Nr 2 stellt ebenfalls auf diesen Zeitpunkt ab.

---

66 BPatGE 10, 145, 148; 23, 55; aA BPatGE 13, 109; BPatGE 20, 261 (zu § 24 PatG).
67 BPatGE 32, 268, 269 = Mitt 92, 228.
68 BPatGE 32, 270 = Mitt 92, 229.
69 BPatGE 55, 39 = BlPMZ 15, 22 *Vibrationsrammanordnung*; Parallelverfahren: BPatG BeckRS 14, 18 624.
70 BPatG, 23.04.18, 7 W (pat) 7/17 BeckRS 18, 9237 unter II.2.a bb); BPatG, 20.04.18, 7 (pat) 8/17 BeckRS 18, 9144.
71 MittDPMA Nr 14/99 BlPMZ 99, 269.
72 BPatG BlPMZ 95, 324; Schubert/Leonhard Mitt 93, 339; aA: Stortnik GRUR 99, 533.

Akten erteilter Patente sind: a) Aktenteile, die bis zur Erteilung entstanden sind und 25
b) Akten von Verfahren vor DPMA, die sich auf erteilte Patente beziehen, wie Einspruchsverfahren,[73] Beschränkungs- und Widerrufsverfahren, Verfahren zur Erteilung eines ergänzenden Schutzzertifikats für das Grundpatent.[74]

Nicht zu den Akten erteilter Patente gehören die Akten von Nichtigkeitsverfahren, für 26
die die Akteneinsicht für Verfahrensbeteiligte in § 99 (1) iVm § 299 (1) ZPO, für Dritte in § 99 (3) geregelt ist (s § 99 Rdn 25 ff.[75]). Befindet sich eine Abschrift des Nichtigkeitsurteils in den Akten des erteilten Patents, so ist sie Bestandteil der Akte und daher einsehbar.[76] Die freie Einsehbarkeit wird nicht dadurch berührt, dass das Patent widerrufen oder für nichtig erklärt wird oder nach § 20 erloschen ist.[77]

6.3 Akten von Beschränkungs- und Widerrufsverfahren

unterliegen von der Stellung des Antrags gemäß § 64 an der freien Einsicht, auch wenn 27
es zu einer Beschränkung oder zu einem Widerruf nicht gekommen ist.

6.4 Akten abgetrennter Teile eines Patents

Die Teilung eines Patents nach dem bis zum 30.06.06 geltenden § 60 ließ ein Restpatent, das nach § 31 (1) 2 1. Halbsatz weiter frei einsehbar ist, und eine Teilanmeldung (= abgetrennter Teil des Patents) entstehen (vgl zum § 60 aF Schulte 8. Aufl Rn 7 u 42; zur Akteneinsicht in nach § 60aF abgetrennte Teile eines Patents Schulte 9. Aufl § 31 Rn 28, 29). 28

6.5 Akten offen gelegter Anmeldungen, § 31 (2)

Die Einsicht in Akten offen gelegter Anmeldungen ist nach § 31 (2) frei. Offen gelegt 29
ist eine Anmeldung, wenn die Voraussetzungen des § 31 (2) 1 Nr 1 oder 2 erfüllt sind und zusätzlich im Patentblatt der Hinweis auf die Möglichkeit der Einsicht gemäß § 32 (5) (Offenlegungshinweis) veröffentlicht ist.

Offenlegungshinweis wird spätestens nach Ablauf von 18 Monaten seit dem Anmelde- 30
oder Prioritätstag im nächst bereiten elektronischen Patentblatt veröffentlicht, vor Ablauf der 18 Monate nur unter den Voraussetzungen des § 31 (2) 1 Nr 1 (s Rdn 31). Der Offenlegungshinweis darf nicht veröffentlicht werden, wenn die Anmeldung vorher weggefallen war oder als nicht erfolgt gilt. Ist er gleichwohl erschienen, muss er widerrufen werden. Eine dem § 32 (4) vergleichbare Vorschrift gibt es für den Offenlegungshinweis nicht. Daher kann trotz Veröffentlichung einer OS die Akteneinsicht nicht frei sein. Der Widerruf eines zulässigen Offenlegungshinweises ist unzulässig und würde sowohl die freie Akteneinsicht wie den Anspruch nach § 33 unberührt lassen.

---

73 BPatG, 11.12.18, 7 W (pat) 4/17 BlPMZ **19**, 200 *Akteneinsicht in Gebührenzahlungsunterlagen*; BPatGE **30**, 74, 75 = BlPMZ **89**, 279; BGH GRUR **05**, 270 *AE XVI* (Gbm).
74 Amtl Begr zum 1. PatGÄndG BlPMZ **93**, 210 zu Nr 3.
75 S dazu BGH BeckRS **15**, 11 408; BGH BeckRS **13**, 03 090; BGH, 14.02.12, X ZR 114/11.
76 AA BPatG BlPMZ **93**, 484.
77 BGH BlPMZ **64**, 247 *AE I*; **64**, 283 (II2a) *AE II*.

31 **6.5.1 Vorzeitige Offenlegung nach § 31 (2) 1 Nr 1**[78] setzt voraus:
   a) **Anhängigkeit der Anmeldung** im Zeitpunkt der Veröffentlichung des Offenlegungshinweises nach § 32 (5).
   b) **Einverständnis des Anmelders** mit der Akteneinsicht in die anhängige Anmeldung, das dieser dem DPMA generell, dh ohne Vorbehalt und Bedingung erklärt hat. Die Erklärung muss die allgemeinen Voraussetzungen der Wirksamkeit einer Verfahrenshandlung erfüllen (s Einl Rdn 41). Bei Anmeldungen, die nicht oder teilweise nicht in deutscher Sprache eingereicht werden, muss der Anmelder nach Abs 2 Satz 2 iVm § 35a Abs 4 eine deutsche Übersetzung vorlegen, damit die Offenlegungsschrift in deutscher Sprache veröffentlicht werden kann. Erst mit Eingang der Übersetzung beim DPMA gilt sein Einverständnis als erteilt.
   c) **Wirksame Erfinderbenennung** gemäß § 37 durch den Anmelder (vgl § 37 Rdn 11). Mit dieser Voraussetzung soll eine Entwertung der 15-Monatsfrist des § 37 (1) 1 für die Erfinderbenennung, die auf den Ablauf der 18-Monatsfrist abgestellt ist, vermieden werden.[79]
   d) **Offenlegungshinweis** im Patentblatt gemäß § 32 (5) (s Rdn 30).

32 **6.5.2 Regeloffenlegung nach § 31 (2) 1 Nr 2:** Eine Anmeldung wird vom Ausnahmefall der vorzeitigen Offenlegung (= § 31 (2) 1 Nr 1) abgesehen unter folgenden Voraussetzungen offen gelegt:
   a) **Anhängigkeit der Anmeldung** im Zeitpunkt der Veröffentlichung des Offenlegungshinweises nach § 32 (5), auch wenn die Anmeldung sich im Beschwerdeverfahren befindet, es sei denn, die Beschwerde richtet sich gegen die Offenlegung oder den Inhalt der OS.
   b) **Ablauf von 18 Monaten** seit dem Anmelde- oder Prioritätstag, auch wenn Offensichtlichkeitsprüfung noch nicht abgeschlossen ist.[80] Der Prioritätstag ist dann maßgebend, wenn der Anmelder für die Anmeldung einen früheren Zeitpunkt in Anspruch nimmt. Auf die Berechtigung der Inanspruchnahme kommt es nicht an.
   c) **Offenlegungshinweis** im Patentblatt gemäß § 32 (5) (s Rdn 30).

7 Einsicht in die Erfinderbenennung

33 wird, wenn der vom Anmelder benannte Erfinder nach § 63 (1) 3 beantragt hat, *nicht genannt* zu werden, nach § 31 (4) nur bei Glaubhaftmachung eines berechtigten Interesses gewährt.[81] Dabei sind keine besonderen Maßstäbe anzulegen, vielmehr gelten die allgemeinen Voraussetzungen für ein berechtigtes Interesse (s Rdn 18). Die Kenntnisnahme von der Person des Erfinders muss möglicherweise Einfluss auf die Rechtsposition des Antragstellers haben können.[82] Im Rahmen der Prüfung des Antrags ist die Erfolgsaussicht des Verfahrens, in dem die Kenntnis verwendet werden soll, nicht

---

78 § 31 (2) Satz 1 Nr 1 ist Art 93 (1) b EPÜ (= Art 93 (1) 2 EPÜ aF) u Art 21 (2) b PCT nachgebildet.
79 Amtl Begr zum 1. GPatG BlPMZ 79, 282 rSp.
80 Meitinger Mitt **17**, 303 (für Abschaffung der 18-Monats-Frist).
81 BPatGE **40**, 33 = BlPMZ **99**, 115 L.
82 BGH BlPMZ **94**, 121 *AE XIII*.

zu prüfen. Die ernsthafte Möglichkeit der Beeinflussung der Rechtsposition ist ausreichend. Wird diese nicht schlüssig dargetan, so fehlt ein berechtigtes Interesse.[83]

Berechtigtes Interesse besteht, wenn schlüssig und glaubhaft dargelegt ist, dass a) eine widerrechtliche Entnahme vorliegt;[84] b) der Antragsteller Miterfinder ist;[85] c) die Rechtsverfolgung in einem anderen Verfahren vom Ergebnis der AE abhängt,[86] zB um eine Klage auf Zustimmung zur Berichtigung der Erfinderbenennung erheben zu können;[87] d) die streitige Anmeldung die Erfindung eines ehemaligen Arbeitnehmers ist, die der Arbeitgeber in Anspruch nehmen kann.[88]

34

Rechtliches Gehör ist dem Erfinder, dessen Erfinderpersönlichkeitsrecht berührt ist, zu gewähren. Frei einsehbar ist die Erfinderbenennung, wenn der Antrag auf Nichtnennung widerrufen ist (§ 63 (1) 4) oder wenn der Erfinder auf seine Nennung lediglich verzichtet hat (§ 63 (1) 5).

35

8 Geheimanmeldung und Geheimpatent

Einsicht in diese Akten kann nach § 31 (5) 1 erst nach Anhörung des Bundesministeriums der Verteidigung[89] nur unter der doppelten Voraussetzung gewährt werden a) Vorliegen eines besonderen schutzwürdigen Interesses *des Antragstellers* und b) keine Gefahr eines schweren Nachteils für die äußere Sicherheit der Bundesrepublik (vgl § 93 StGB bei § 50 Rdn 7). Dem Bundesministerium der Verteidigung ist gemäß § 51 Akteneinsicht zu gewähren.

36

Ein schutzwürdiges Interesse kann zB gegeben sein, wenn Ansprüche aus einem Geheimpatent geltend gemacht werden oder wenn es als Stand der Technik nach § 3 (2) 3 oder wenn das Geheimpatent (nicht die Geheimanmeldung[90]) als älteres Recht gemäß § 4 (2) aF entgegengehalten wird.[91] Für den letzteren Fall stellt § 31 (5) 2 sicher, dass das Geheimrecht auch dann der freien Einsicht nicht unterliegt, wenn es Aktenbestandteil eines offenen Erteilungs- oder Einspruchsverfahrens wird.[92] Im Einzelfall kann die Einsicht in die Ansprüche genügen, während die Beschreibung ausgenommen bleibt.[93] Wird in einem Verletzungsstreit über ein veröffentlichtes Streitpatent die Öffentlichkeit nach § 172 GVG wegen möglicher Gefährdung der Staatssicherheit von der Verhandlung ausgeschlossen, so stellt dies keinen Grund dar, die Akteneinsicht im Patentnichtigkeitsverfahren zu beschränken.[94]

37

---

83 BGH BlPMZ 94, 121 *AE XIII*.
84 BPatG BeckRS 11, 01 603 *Akteneinsicht in die Erfinderbenennung einer Patentakte*; BPatGE 2, 22; BPatG Mitt **75**, 176: keine Berechtigung bei bloßer Behauptung.
85 DPA BlPMZ **83**, 190.
86 AA BPatG BlPMZ **93**, 458 (Nr 101).
87 Ballhaus Mitt **61**, 201, 203 rSp.
88 BPatGE **40**, 33 = BlPMZ **99**, 115 L; BPatG, 20.02.03, 10 (pat) 34/02; BPatG BeckRS **11**, 01 603 *Akteneinsicht in die Erfinderbenennung einer Patentakte*; BPatG BeckRS **13**, 17 843.
89 § 1 PatG/GebrMGAV idF des Art 19 des 2.PatGÄndG BlPMZ **98**, 391.
90 BPatGE **23**, 272 = GRUR **81**, 584.
91 BGH BlPMZ **77**, 310 *AE-Geheimpatent*.
92 Amtl Begr zum 1. GPatG BlPMZ **79**, 283 lSp.
93 BGH BlPMZ **77**, 310 *AE-Geheimpatent*.
94 BPatG, 05.03.07, 4 ZA (pat) 57/06 (zu 4 Ni 54/04 (EU)).

9 Fortdauer freier Akteneinsicht

38 Sind die gesetzlichen Voraussetzungen für eine freie Akteneinsicht erfüllt, so wird sie durch spätere Umstände weder beschränkt noch beseitigt. Daher bleiben Akten frei einsehbar,[95] wenn die Anmeldung zurückgenommen[96] oder zurückgewiesen wird, als zurückgenommen gilt[97] oder geteilt wird[98] oder wenn das Patent widerrufen, für nichtig erklärt wird oder erlischt.

10 Amtshilfe und Aktenbeiziehung

39 DPMA ist nach Art 35 (1) GG verpflichtet, allen Behörden des Bundes und der Länder Amtshilfe zu leisten. DPMA hat dem Ersuchen einer inländischen Behörde (zB BPatG, Staatsanwaltschaft, Verletzungsgericht) gemäß § 273 (2) ZPO um Aktenüberlassung zu entsprechen. Innerhalb des DPMA ist Rechtsabteilung für Anträge auf Akteneinsicht im Wege der Amts- oder Rechtshilfe (mit Ausnahme von Anträgen des EPA auf Einsicht in Akten des DPMA) zuständig. Ist die Akteneinsicht nicht frei, darf die ersuchende Behörde Parteien und ihren Vertretern nur Einsicht gewähren, wenn die Voraussetzungen des § 31 erfüllt sind.

11 Verfahren

11.1 bei freier Akteneinsicht nach § 31 (2)

40 Es genügt das schlichte Verlangen eines jeden Dritten, dem ohne Anhörung des Anmelders oder Patentinhabers zu entsprechen ist. Bei freier Akteneinsicht für jedermann ist Nennung des Antragstellers nicht erforderlich,[99] unabhängig davon, ob es sich bei dem Vertreter um einen Patent- oder Rechtsanwalt oder um einen gewerblich tätigen Patentrechercheur handelt. Die Akteneinsicht nehmende Person braucht Namen nur zu nennen, wenn ihr die (Papier-)Akte ausgehändigt wird, nicht dagegen, wenn sie unter Aufsicht einsieht. Akten rechtlich selbständiger Verfahren (s Rdn 14) und die Erfinderbenennung im Fall des § 31 (4) sind auszunehmen. Seit Eröffnung der elektronischen Akteneinsicht im Jahr 2014 ist unmittelbarer Zugang online über DPMAregister möglich.

11.2 bei beschränkter Akteneinsicht nach § 31 (1)

41 Erforderlich ist förmlicher Antrag, der nach § 21 DPMAV dem Anmelder formlos (auch durch Fax) zur Zustimmung übersandt werden kann. Personen, die berufsmäßig andere vor DPMA vertreten, müssen Auftraggeber nennen.[100] Stimmt Anmelder zu, wird AE ohne Beschluss und Überprüfung des berechtigten Interesses gewährt. Wider-

---

95 BGH BlPMZ 64, 247 *AE I*; 64, 283 (II2a) *AE II*.
96 BPatGE 2, 41.
97 BGH BlPMZ 73, 173 *AE-Zusatzanmeldung* = BGH GRUR 1973, 154 *AE XII*; BPatG, 12.07.11, 3 ZA (pat) 29/11 und 3 ZA (pat) 14/11 zu 3 Ni 41/10 (EP).
98 BPatGE 17, 45 = BlPMZ 75, 190.
99 BGH GRUR 99, 226*AE XIV*; BGH GRUR 01, 143 *Akteneinsicht XV*; BGH GRUR 01, 149 *Akteneinsicht*; bei AE in Akten des Nichtigkeitsverfahrens: BGH GRUR 07, 133 *Akteneinsicht XVII*; BGH GRUR 08, 633 *Akteneinsicht XIX*; BGH GRUR-RR 12, 87 *Akteneinsicht XXII*.
100 BGH BlPMZ 64, 247 *AE I*.

spricht er oder äußert er sich nicht,[101] bedarf es einer Entscheidung in der Sache. Vorher muss gewährleistet sein, dass Anmelder (oder durch Akteneinsicht betroffener Dritter) den Antrag einschließlich etwaiger Anlagen und rechtliches Gehör erhalten hat. Zuständig ist nach § 22 (1) DPMAV die Stelle des DPMA, die für die Bearbeitung der Sache zuständig ist oder war. Der Beschluss ist zu begründen und gemäß § 47 den Beteiligten zuzustellen. Die AE kann erst nach Rechtskraft des zu begründenden Beschlusses gewährt werden.

11.3 Zuständigkeit

für Bearbeitung der Verfahren der Akteneinsicht liegt grundsätzlich bei Prüfungsstellen und Prüfungsabteilung, sie kann aber seit 01.01.08 nach § 1 (1) Nr 8 WahrnV auch bei Beamten des gehobenen Dienstes oder vergleichbaren Tarifbeschäftigten liegen. Die Änderung dient der Entlastung der Prüferinnen und Prüfer im höheren Dienst. Nach § 1 (2) Nr 1 WahrnV kann die Gewährung der Akteneinsicht auch in den Fällen durch Beamte des mittleren Dienstes oder vergleichbare Tarifbeschäftigte übernommen werden, in denen die Akteneinsicht jedermann freisteht oder der Anmelder zugestimmt hat. Damit sind nunmehr im Regelfall Beamte des gehobenen Dienstes oder vergleichbare Tarifbeschäftigte nicht nur für die Prüfung der formellen Erfordernisse, sondern auch für Abwägung der widerstreitenden Interessen des Anmelders und des Antragstellers zuständig. Vor Offenlegung werden Anträge, die zu zweiseitigem Verfahren mit dem Anspruch auf Gewährung rechtlichen Gehörs des Antragsgegners führen, von spezialisierten Prüfungsstellen bearbeitet. Ein Wechsel des Antragstellers ist nicht möglich,[102] da es für die Beurteilung des berechtigten Interesses auf die erkennbare Identität des Antragstellers ankommt.

42

11.4 Durchführung der Akteneinsicht

S § 22 DPMAV im Anhang 10, dessen Abs 1 für Patent- und Gebrauchsmusterdokumente angesichts der weit überwiegend elektronisch vorgenommenen Akteneinsicht an Bedeutung verloren hat.

43

11.4.1 Freie Akteneinsicht auf elektronischem Wege: Die freie elektronische Akteneinsicht steht seit 2014 auf der Grundlage des neuen § 31 (3a) jedermann über den Online-Dienst DPMAregister kostenfrei zur Verfügung.[103] Dadurch wird die Publizitätswirkung der freien Akteneinsicht verstärkt. Nach Eingabe eines Aktenzeichens können sämtliche freigegebenen Bestandteile einer Akte auf der Rechercheplattform DPMAregister über die Schaltfläche »Akteneinsicht« als PDF-Dokument aus einer tabellarischen Übersicht zur angegebenen Akte aufgerufen, eingesehen, heruntergeladen und ausgedruckt werden.[104] Die elektronische Akteneinsicht ist auch in den Recherchesälen des DPMA an einem elektronischen Leseplatz möglich. Nach § 22 (2)

44

---

101 BPatGE 23, 55, 57 = BlPMZ 81, 216; BPatG Mitt 77, 72.
102 BPatG Mitt 72, 237.
103 Zur Ergänzung des § 31 (3) s Rdn 2.
104 Zur elektronisch bereitgestellten Kernakte s MittPräs 12/13 BlPMZ 13, 397 (Tabu Gewerbl. Rechtsschutz Nr 499 S 730) und https://www.dpma.de/recherche/dpmaregister/akteneinsicht/index.html; Einzelheiten zum Verfahren bei noch nicht freigeschalteten Akten s unter www.dpma.de.

§ 31　　　　　*Akteneinsicht (AE)*

DPMAV kann in diejenigen Akten, die nicht elektronisch geführt werden, nur »körperlich« Akteneinsicht genommen werden, und zwar in den Dienstgebäuden des DPMA in München, Jena und Berlin.

45　**11.4.2 Schranken der Akteneinsicht:** Von der freien elektronischen Akteneinsicht werden durch DPMA (mittels Schwärzung oder komplett) ausgenommen (Abs 3b):
(1) Aktenbestandteile, soweit eine Rechtsvorschrift deren Einsicht entgegensteht,[105]
(2) diejenigen Aktenbestandteile, bei denen ein schutzwürdiges Interesse des Betroffenen überwiegt (zB personenbezogene Daten, die Rückschlüsse auf wirtschaftliche, finanzielle oder gesundheitliche Situation zulassen wie Bankkontendaten, ärztliche Atteste bei Anträgen auf Wiedereinsetzung, Fristverlängerung oder Verfahrenskostenhilfe[106]. Auch Dritte können grds Widerspruch gegen Einsicht in ihre personenbezogenen Daten geltend machen.[107] Ein **offensichtlich** schutzwürdiges Interesse berücksichtigt DPMA von Amts wegen.[108]
(3) Aktenbestandteile (nur) in dem Umfang, der als **offensichtlich** gegen die öffentliche Ordnung oder die guten Sitten verstoßend, erachtet wird.

46　**11.4.3 Beschränkte Akteneinsicht:** Für die beschränkte Akteneinsicht wird eine online-Lösung nicht zur Verfügung gestellt. Akteneinsicht wird weiterhin nur durch **kostenpflichtige** Zusendung von Ablichtungen oder die Einsichtnahme in den Dienstgebäuden des DPMA gewährt. Zur Behandlung von NPL bei der beschränkten Akteneinsicht s Rdn 47.
Auf Antrag sind auch (beglaubigte) Ausdrucke oder Ablichtungen erhältlich. Zu den Kosten s Rdn 48.

11.5 Nichtpatentliteratur (NPL)

47　Im Akteneinsichtsverfahren ist die Herstellung (=Vervielfältigung) und Überlassung von Kopien oder Ausdrucken (= Verbreitung) von urheberrechtlich geschützten Bestandteilen der elektronisch geführten Patentakten, die dort als Belege für den Stand der Technik aufgenommen wurden, nur im Rahmen der Schranke des § 45 Urheberrechtsgesetz (UrhG) zulässig; das Urheberrecht tritt insoweit zurück. Beispiele für so genannte Nichtpatentliteratur (NPL) sind nichtamtliche Druckschriften und Aktenbestandteile mit wissenschaftlich-technischem Inhalt, Auszüge aus Lehrbüchern, Artikel aus Fach- und Publikumszeitschriften, Monographien, Kongressvorträge, Firmenkataloge, Internetpublikationen. Die Akteneinsichtsverfahren nach § 31 (1) und nach § 31 (2) sind **behördliche Verfahren im Sinne von § 45 UrhG**, da kein verwaltungsinterner Vorgang, sondern ein gesetzlich geregeltes Antragsverfahren vorliegt.[109] Daher können

---

105　Zu besonderen Kategorien personenbezogener Daten s § 46 Nr 13 Bundesdatenschutzgesetz (BDSG) und Art 9 DS-GVO; vgl MittDPMA Nr 12/13 BlPMZ **13**, 397 (Tabu Gewerbl. Rechtsschutz Nr 499 S 730).
106　BPatG, 11.12.18, 7 W (pat) 4/17 BlPMZ **19**, 200 *Akteneinsicht in Gebührenzahlungsunterlagen* (beschränktes Einsichtsrecht des Patentinhabers in Zahlungsvorgänge des Einsprechenden).
107　BGH, 14.02.18, X ZR 110/17, GRUR **18**, 444 *Akteneinsicht XXIII* (verneint für Privatgutachter in Nichtigkeitsverfahren).
108　Amtl Begr BT-Drs 17/10 308 S 15.
109　BPatGE **55**, 44 = BlPMZ **15**, 259 *Akteneinsicht in Nichtpatentliteratur*; BPatG BeckRS **15**, 14 030.

die am ursprünglichen Patenterteilungs- und Einspruchsverfahren im Sinne des § 45 UrhG unmittelbar Beteiligten (Anmelder bzw Einsprechender) auf einem **Arbeitsplatzrechner im DPMA** auch **elektronisch Einsicht** in die (digitale Vervielfältigung der) NPL nehmen oder Einsicht durch einen Ausdruck bzw. eine Ablichtung (auch) von urheberrechtlich geschützten Aktenbestandteilen mit NPL erhalten.

Seit der Änderung der Amtspraxis des DPMA im Jahre 2015 kann auch ein **unbeteiligter Dritter** im (freien) Akteneinsichtsverfahren nach § 31 (1) 2 auf schriftlichen Antrag Einsicht in die NPL nach § 22 (2) 2 DPMAV durch Überlassung von Ablichtungen oder Ausdrucken aus der elektronischen Schutzrechtsakte oder an PC im DPMA (mit Ausdruck) erhalten, wenn die NPL beispielsweise vom DPMA als Entgegenhaltung recherchiert oder von einem Verfahrensbeteiligten als Stand der Technik eingereicht wurde.[110] Dies beeinträchtigt die wirtschaftliche Auswertung durch den Urheber nicht nennenswert; DPMA verleiht dem Antragsteller auch keine weiteren Rechte im Umgang mit der NPL.[111] Die NPL wird aber weiterhin in der **elektronischen Schutzrechtsakte** vom DPMA entsprechend gekennzeichnet und aus **urheberrechtlichen Gründen** in der **freien elektronischen** Akteneinsicht gesperrt. Lediglich Zitat- und Quellenangaben der NPL bleiben sichtbar, so dass Akteneinsicht nehmende Personen sich diese selbst über Bibliotheken, Verlagsportale im Internet oder andere Quellen beschaffen können. DPMA kann darüber hinaus NPL im Rahmen der freien Akteneinsicht dann Dritten zur Verfügung stellen, wenn sie offensichtlich nicht oder nicht mehr dem Urheberrechtsschutz unterliegt.[112] Akteneinsicht in Akten, die beim BPatG anhängig sind, wird durch BPatG gewährt. Auch BPatG hat sicherzustellen, dass Urheberrechtsschutz bei Einsicht durch Dritte in Gerichtsakten gewährleistet wird. Zur Nutzung von urheberrechtlich geschützten Werken etc. durch DPMA im Rahmen des Patentverfahrens s § 29a Rdn 1 ff.[113]

12 Kosten

Gebührenfrei ist a) elektronische Akteneinsicht in Akten, deren Einsicht jedermann freisteht sowie in die Akten der eigenen Anmeldung oder des eigenen Schutzrechts (Nr 301 400 DPMAVwKostV); **b)** Fertigung von Ablichtungen und Ausdrucken aus den unter a) genannten Akten oder wenn diese im Anschluss an ein Akteneinsichtsverfahren beantragt werden, für das die Gebühr von 90 Euro (nach Nr 301 410 DPMAVwKostV) bereits gezahlt wurde; **c)** Nutzung von Patentregister, zum Online-Zugang über DPMAregister s § 30 Rdn 5 und https://www.dpma.de/service/akteneinsicht/index.html.

Gebührenpflichtig sind alle anderen Verfahren über Anträge auf Einsicht in Akten (Nr 301 400 DPMAVwKostV) oder über Erteilung von Ablichtungen und Ausdrucken aus Akten. Gebühr beträgt jeweils 90 Euro (Nr 301 410 DPMAVwKostV).

48

---

110 Vgl BPatGE **55**, 44 = BlPMZ **15**, 259 *Akteneinsicht in Nichtpatentliteratur*: AE als Ausprägung des Grundrechts auf Informationsfreiheit nach Art 5 (1) GG; BPatG BeckRS **15**, 14 030; zur früheren Praxis s Schulte/Rudloff-Schäffer 9. Aufl § 32 Rn 47.
111 BPatGE **55**, 44 = BlPMZ **15**, 259 *Akteneinsicht in Nichtpatentliteratur*.
112 S auch Otten-Dünnweber in BeckOK § 31 PatG Rn 37.
113 Zu § 29a PatG s Amtl Begr BT-Drs 18/12329, S. 51 und § 29a Rdn 1 f.

Fällig wird die Gebühr nach § 6 DPMAVwKostV ebenso wie nach § 3 (1) PatKostG mit dem Eingang des Antrags (vgl dazu Anhang 16, DPMAVwKostV v 14.07.06 = BGBl I S 1586 = Tabu Gewerbl. Rechtsschutz Nr 344 und Erl zu § 3 PatKostG im Anhang 15). DPMA kann die Zahlung als Vorschuss nach § 7 (1) 1 DPMAVwKostV verlangen, bevor mit der Amtshandlung begonnen wird. Kommt Antragsteller nicht innerhalb der gesetzten Frist mit der Zahlung nach, gilt der Antrag nach § 8 (1) DPMAVwKostV als zurückgenommen.

Auslagen werden neben der Gebühr für die Erteilung von Ablichtungen und Ausdrucken zusätzlich erhoben (Nr 301 410 DPMAVwKostV unter (2) iVm Nr 302 100 DPMAVwKostV).

Anträge auf Auskunft aus den Akten sind modifizierte Anträge auf Akteneinsicht, bei denen DPMA unter den gleichen Voraussetzungen wie bei der Akteneinsicht anstelle des Antragstellers einsieht und ihm das Ergebnis mitteilt. Sie sind daher wie Akteneinsichtsanträge gebührenpflichtig.

Kostenauferlegung in einem kontradiktorischen AE-Verfahren: maßgebend ist das Unterliegensprinzip.[114]

§ 31a Datenschutz

(1) Soweit personenbezogene Daten im Register oder in öffentlich zugänglichen elektronischen Informationsdiensten des Deutschen Patent- und Markenamtes enthalten sind, bestehen nicht
1. das Recht auf Auskunft gemäß Art 15 Abs 1 Buchstabe c der Verordnung (EU) 2016/679,
2. die Mitteilungspflicht gemäß Art 19 Satz 2 der Verordnung (EU) 2016/679 und
3. das Recht auf Widerspruch gemäß Art 21 Abs 1 der Verordnung (EU) 2016/679.

(2) Das Recht auf Erhalt einer Kopie nach Artikel 15 Abs 3 der Verordnung (EU) 2016/679 wird dadurch erfüllt, dass die betroffene Person Einsicht in das Register oder in öffentlich zugängliche elektronische Informationsdienste des Deutschen Patent- und Markenamtes nehmen kann.

Cornelia Rudloff-Schäffer

1 **Geltungsbereich:** § 31a wurde durch **Art 9 Nr 2 des Gesetzes zur Änderung des Bundesversorgungsgesetzes und anderer Vorschriften** v 17.07.2017 (BGBl I S 2547) mit Wirkung vom 25.05.2018 eingefügt.
Lit: Vierkötter/Heine, Datenschutz-Berater 19, 49; **Lit in Mitt:** Schlimme, 19, 102 und 158 (Zur Verarbeitung personenbezogener Daten in Patentanwaltskanzleien); Woger, 19, 438.

2 Das **Recht auf Auskunft** gemäß Art 15 Abs 1 Buchstabe c und die **Mitteilungspflicht** nach Art 19 Satz 2 der Europäischen Datenschutz-Grundverordnung (DSGVO, Verordnung (EU) 2016/679) werden durch § 31a ausgeschlossen, soweit personenbezo-

---

114 BPatGE 3, 23, 29 = BlPMZ 63, 173.

gene Daten im Register oder in öffentlich zugänglichen elektronischen Informationsdiensten des DPMA enthalten sind. Ebenso kann Widerspruch gemäß Art 21 Abs 1 der Verordnung (EU) 2016/679 nicht eingelegt werden. Nach Art 23 Abs 1 Buchstabe e der Verordnung können diese Pflichten nämlich ua dann beschränkt werden, wenn diese Beschränkung den Schutz wichtiger Ziele des allgemeinen öffentlichen Interesses der Union oder eines Mitgliedstaats sicherstellt. Eine solche Beschränkung ist hier gerechtfertigt, da das Patentregister vom DPMA im überragend wichtigen gesamtwirtschaftlichen Interesse geführt wird.[1]

Aufgrund der Veröffentlichungen in der elektronischen Publikations- und Registerdatenbank »DPMAregister« hat die Öffentlichkeit die Möglichkeit, sowohl die Publikationsdaten als auch die aktuellen Rechts- und Verfahrensstände nationaler Patente zu recherchieren. Wegen der zentralen Bedeutung des beim DPMA geführten Patentregisters und der Informationsdienste für den Rechtsverkehr im Zusammenhang mit Patenten ist die Beschränkung des Auskunftsrechts, der Mitteilungspflicht und des Rechts auf Widerspruch zwingend erforderlich, um die Funktionsfähigkeit des Patentregisters und die dadurch bewirkte umfassende Information der Allgemeinheit über Patente zu erhalten. Nur so kann das DPMA seinen gesetzlichen Verpflichtungen (§§ 30, 32 Abs 1 Satz 1 und 2) nachkommen. Die Aufrechterhaltung der Leichtigkeit des Rechts- und Wirtschaftsverkehrs durch das uneingeschränkt einsehbare Patentregister und die Informationsdienste entspricht dem allgemeinen öffentlichen Interesse.[2]

Auch das Recht auf Erhalt einer Kopie nach Art 15 Abs 3 der Verordnung (EU) 2016/679 entfällt, da das Informationsinteresse der betroffenen Person stattdessen durch Einsicht in das Register oder in öffentlich zugängliche elektronische Informationsdienste des DPMA erfüllt werden kann.

Der Zugriff auf das Patentregister und die Informationsdienste des DPMA ist für jedermann kostenfrei möglich. Die Identität der Nutzer der Register und Informationsdienste wird nicht erfasst. Müsste hierüber Auskunft erteilt werden, so müssten die Nutzerdaten nur für den Zweck späterer Auskunftsersuchen gespeichert werden, was aber gerade nicht das Ziel der Verordnung (EU) 2016/679 ist.

§ 32 Offenlegungsschriften, Patentschriften, Patentblatt und sonstige DPMA-Veröffentlichungen

(1) ¹Das Deutsche Patent- und Markenamt veröffentlicht
1. die Offenlegungsschriften,
2. die Patentschriften und
3. das Patentblatt.

---

1 Beschlussempfehlung und Bericht des Ausschusses für Arbeit und Soziales, BT-Drs 18/12611, S 70.
2 Beschlussempfehlung und Bericht des Ausschusses für Arbeit und Soziales, BT-Drs 18/12611, S 71.

²Die Veröffentlichung kann in elektronischer Form erfolgen. ³Zur weiteren Verarbeitung oder Nutzung zu Zwecken der Patentinformation kann das Deutsche Patent- und Markenamt Angaben aus den in Satz 1 genannten Dokumenten an Dritte in elektronischer Form übermitteln. ⁴Die Übermittlung erfolgt nicht, soweit die Einsicht ausgeschlossen ist (§ 31 Abs 3b).

(2) ¹Die Offenlegungsschrift enthält die nach § 31 Abs 2 jedermann zur Einsicht freistehenden Unterlagen der Anmeldung und die Zusammenfassung (§ 36) in der ursprünglich eingereichten oder vom Deutschen Patent- und Markenamt zur Veröffentlichung zugelassenen geänderten Form. ²Die Offenlegungsschrift wird nicht veröffentlicht, wenn die Patentschrift bereits veröffentlicht worden ist. ³Das Deutsche Patent- und Markenamt kann von einer Veröffentlichung der Offenlegungsschrift absehen, soweit die Anmeldung Angaben oder Zeichnungen enthält, die offensichtlich gegen die öffentliche Ordnung oder die guten Sitten verstoßen.

(3) ¹Die Patentschrift enthält die Patentansprüche, die Beschreibung und die Zeichnungen, auf Grund deren das Patent erteilt worden ist. ²Außerdem ist in der Patentschrift der Stand der Technik anzugeben, den das Deutsche Patent- und Markenamt für die Beurteilung der Patentfähigkeit der angemeldeten Erfindung in Betracht gezogen hat (§ 43 Abs 1). ³Ist die Zusammenfassung (§ 36) noch nicht veröffentlicht worden, so ist sie in die Patentschrift aufzunehmen.

(4) Die Offenlegungs- oder Patentschrift wird unter den Voraussetzungen des § 31 Abs 2 auch dann veröffentlicht, wenn die Anmeldung zurückgenommen oder zurückgewiesen wird oder als zurückgenommen gilt oder das Patent erlischt, nachdem die technischen Vorbereitungen für die Veröffentlichung abgeschlossen waren.

(5) Das Patentblatt enthält regelmäßig erscheinende Übersichten über die Eintragungen im Register, soweit sie nicht nur den regelmäßigen Ablauf der Patente oder die Eintragung und Löschung ausschließlicher Lizenzen betreffen, und Hinweise auf die Möglichkeit der Einsicht in die Akten von Patentanmeldungen.

Cornelia Rudloff-Schäffer

Übersicht

	Geltungsbereich	1
	Literatur	3
	Kommentierung zu § 32 PatG	
I.	Veröffentlichung des DPMA nach § 32	4
1	Elektronische Patentdokumente	4
2	Offenlegungsschriften (OS)	7
2.1	Elektronische Veröffentlichung der OS	8
2.2	Wegfall der Anmeldung	9
2.3	Inhalt der OS	11
2.4	Teilung und OS	15
2.5	Titelblatt der OS	16
3	Patentschriften (PS)	17
3.1	Veröffentlichung der PS	17
3.2	Inhalt der PS	18
3.3	Angabe entgegengehaltener Druckschriften	19
4	Elektronisches Patentblatt	22
II.	Veröffentlichungen von Patentdokumenten	26
1	Schriftarten	26

2	Übersetzungen von Patentansprüchen europäischer Anmeldungen	27
3	Übersetzung von Patentschriften erteilter europäischer Patente	28
4	Übersetzungen internationaler Anmeldungen	29
5	Übersetzungen erstreckter DD-Patente	30
III.	Weitere elektronische Dienstleistungen, § 32 (1) 3	31
1	DPMAkurier	31
2	DPMAconnectPlus	32
3	DEPATISnet/DEPATISnet Premium	33

Geltungsbereich: Art 2 Nr 9 des 2. PatGÄndG hat mit Wirkung vom 1.11.98 § 32 (2) neu gefasst und § 32 (5) durch Einfügung von »oder die Eintragung und Löschung ausschließlicher Lizenzen« geändert. Das **Kostenregelungsbereinigungsgesetz** (BGBl 2001 I S 3656 = BlPMZ 02, 14) hat durch Art 7 Nr 15 § 32 (1) 2 PatG angefügt und in § 32 (5) »Rolle« durch »Register« ersetzt. Das **Gesetz zur Änderung des patentrechtlichen Einspruchsverfahrens und des Patentkostengesetzes** vom 21.6.2006 (BGBl I S 1318, 2737 = BlPMZ 06, 225) hat durch Art 1 Nr 4 in § 32 (5) die Wörter »einschließlich der Akten von abgetrennten Teilen eines Patents (§ 60)« gestrichen. Durch Art 8a Nr 1 des **Gesetzes zur Durchsetzung** der **Rechte des geistigen Eigentums** vom 07.07.08 (BGBl I S 1191 = BlPMZ 08, 274 = Anhang 8) wurde Art II § 3 des Gesetzes über internationale Patentübereinkommen (IntPatÜG) aufgehoben. 1

Art 1 Nr 9 Buchstabe a) des **Gesetzes zur Novellierung patentrechtlicher Vorschriften und anderer Gesetze des gewerblichen Rechtsschutzes (PatNovG)** v 19.10.13 (BGBl I S 3830 = BlPMZ 13, 362) hat dem § 32 (1) mit Wirkung vom 25.10.13 die Sätze angefügt: »Zur weiteren Verarbeitung oder Nutzung zu Zwecken der Patentinformation kann das Patentamt Angaben aus den in Satz 1 genannten Dokumenten an Dritte in elektronischer Form übermitteln. Die Übermittlung erfolgt nicht, soweit die Einsicht ausgeschlossen ist (§ 31 Absatz 3b).« Damit soll aus Gründen der Rechtssicherheit klargestellt werden, dass DPMA die in DPMAregister elektronisch veröffentlichten Daten auch an Dritte mit der Zweckbindung »Patentinformation« zur deren eigener oder zur gewerbsmäßigen Nutzung weitergeben kann. Mit Wirkung vom 1.4.14 wurde der Wortlaut des § 32 (3) 2 1. Halbsatz nach Art 1 Nr 9 Buchst b) **PatNovG** an den neuen Wortlaut des § 43 (1) 1 (s dort) angepasst. Dabei wurden im Wesentlichen die Wörter »die öffentlichen Druckschriften, die« rein redaktionell durch die Wörter »den Stand der Technik, den« ersetzt. Durch Art 1 Nr 13 des 2. **PatMoG** vom 10.08.21 (BGBl I S 3490) wurde die Bezeichnung »Patentamt« in Abs 1 bis 3 jeweils durch die amtliche Bezeichnung »Deutsches Patent- und Markenamt« ersetzt. In **Abs 2** wurde ein **neuer** Satz 3 angefügt, der eine Beschränkung der Vorveröffentlichung der Offenlegungsschrift bei offensichtlich sittenwidrigen oder gegen die öffentliche Ordnung verstoßenden Inhalten enthält. 2

Lit: Mes, FS Loschelder 2010, 251; **Lit in GRUR:** Winkler 72, 275; Schlitzberger 75, 567; Scheffler 89, 798; v Kempski 92, 1; Cohausz 92, 296; Hammer/Rothe 99, 788; **Lit in GRUR Int:** Bardehle 90, 673; Häußer/Goebel 90, 273; Hoepffner 90, 727; Rauh 91, 667; **Lit in Mitt:** Wesener 73, 47; Rupprecht 93, 335; Leonhard/Schubert 03, 372; v Michel 08, 148; Hofmeister 10, 178. 3

I. Veröffentlichungen des DPMA nach § 32

1 Elektronische Patentdokumente

§ 32 verpflichtet das DPMA zur amtlichen Publikation von Offenlegungs- und Patentschriften sowie des Patentblatts mit Übersichten und Hinweisen zu den Verfahrensständen. 4

Schutzrechtsdaten fallen **nicht** in den Anwendungsbereich der durch Art 2 des Gesetzes zur Änderung des E-Government-Gesetzes und zur Einführung des Gesetzes für die Nutzung von Daten des öffentlichen Sektors (DNG) vom 16.07.21 (BGBl I S 2941) begründeten Pflicht zur Bereitstellung von unbearbeiteten Rohdaten der Behörden des Bundes, s § 2 (3) Nr 1 Buchstabe b DNG[1]. Die Verfahren vor dem DPMA und den beiden Schiedsstellen sind vom Anwendungsbereich des EGovG ausgenommen (§ 1 (5) Nr 2 EGovG).

Die Publikationspflicht wird in elektronischer Form über die amtliche Publikations- und Registerdatenbank **DPMAregister** erfüllt (s § 30 Rdn 5).[2]

Zugriff über: https://register.dpma.de.

Folgende Funktionalitäten stehen zur Verfügung:

a) Recherche der bibliografischen Daten sowie der Rechts- und Verfahrensstandsdaten offengelegter und erteilter Patente ab 1.1.1981 in unterschiedlichen Modi (Basisrecherche, erweiterte Recherche, systematisches Monitoring, Experten- und Assistentenrecherche), Zugriff auf die OS und die PS; **b) Anzeige, Ausdruck** und **Download** des wöchentlich erscheinenden offiziellen **Patentblatts** (ab 1878) oder von Teilen daraus in PDF-Version.

Einzelheiten s unter https://www.dpma.de/recherche/dpmaregister/index.html.

5 **Veröffentlichungszeitpunkt elektronischer Patentdokumente** ist jeweils am Donnerstag bzw am Mittwoch, wenn Donnerstag gesetzlicher Feiertag in Bayern ist.[3]

6 **Bezug veröffentlichter Patentdokumente:** OS, PS, GM (deutsche Gebrauchsmuster), EP (Europ Anmeldungen und Patente mit Benennung DE), WO (internationale Patentanmeldungen (PCT) in deutscher Sprache), ZE (ergänzende Schutzzertifikate für Arznei- u Pflanzenschutzmittel), TO (Topographien) und DD (Patentanmeldungen u Patente mit Ursprung DDR) oder Teile daraus können als Ablichtung oder elektronische Datei bei DPMA München oder beim IDZ Berlin, 10 958 Berlin, bezogen werden, Fax: (030) 25 992–499.

2 Offenlegungsschriften (OS)

7 Elektronische Veröffentlichung in DPMAregister dient der schnellen Unterrichtung der Öffentlichkeit über Existenz von Anmeldung und möglichen künftigen Schutzrechten.[4]

8 **2.1 Elektronische Veröffentlichung der OS** erfolgt wöchentlich idR mit dem Hinweis auf die Offenlegung nach § 32 (5) im Patentblatt, also idR 18 Monate nach dem Anmelde- oder ggf. einem früheren Prioritätstag, vorher nur im Fall der vorzeitigen Offenlegung bei Einverständnis des Anmelders nach § 31 (2) 1 Nr 1. Eine OS erscheint nach § 32 (2) 2 nicht, wenn bereits eine PS erschienen ist (sog. überrollende Veröffentlichung) oder deren Erscheinen aufgrund einer bereits erfolgten Patenterteilung un-

---

1 Amtl Begr zum 2. Open-Data-Gesetz s BT-Drs 19/27442, S 36.
2 Überblick über den Datenbestand s https://www.dpma.de/recherche/dpmaregister/index.html.
3 Amtliche Publikationstage werden jährlich im Herbst für das Folgejahr veröffentlicht, s etwa https://www.dpma.de/dpma/veroeffentlichungen/mitteilungen/mdp_03_2021.html, https://www.dpma.de/recherche/dpmaregister/index.html.
4 BGH BlPMZ 70, 423, 424 rSp *Offenlegungsschrift*.

mittelbar bevorsteht. Bei Anmeldungen, die ein Staatsgeheimnis (§ 50) enthalten, unterbleiben Hinweis und Veröffentlichung der OS, es sei denn, die Geheimhaltungsanordnung wird vor der Patenterteilung aufgehoben (s § 50 Rdn 15).

2.2 Wegfall der Anmeldung: Nur anhängige Anmeldungen können offen gelegt werden und nur für diese kann OS veröffentlicht werden. Fällt die Anmeldung durch Zurücknahme, Zurückweisung oder Fiktion der Zurücknahme (s § 58 Rdn 18) vor Ablauf der 18-Monatsfrist des § 31 (2) 1 Nr 2 fort, so entfallen die Voraussetzungen des § 31 (2) für eine Offenlegung mit der Folge, dass die Akteneinsicht nicht frei ist, sondern nur nach § 31 (1) 1 gewährt werden kann. Das gilt auch dann, wenn trotz des Wegfalls der Anmeldung ein Offenlegungshinweis nach § 32 (5) im Patentblatt erschienen sein sollte. Dieser müsste widerrufen werden, weil er fehlerhaft ist (s § 31 Rdn 30). Die Rücknahme einer Patentanmeldung unter der auflösenden Bedingung, dass Publikation noch verhindert werden kann, ist ausnahmsweise zulässig, da die Veröffentlichung der OS rein verfahrensinternes Ereignis ist, das nicht vom Anmelder beeinflusst werden kann (s Einl Rdn 56).[5] Hingegen ist die Rücknahme der Patentanmeldung unter der aufschiebenden Bedingung der (vorzeitigen) Offenlegung nach 18 Monaten rechtsmissbräuchlich, da die Wirkung der Rücknahmeerklärung an einen späteren, vorhersehbaren Verfahrensschritt (Offenlegung nach 18 Monaten) geknüpft wird. Fällt die Anmeldung erst nach Abschluss der technischen Vorbereitungen für die Veröffentlichung der OS, aber vor Ablauf der 18-Monatsfrist fort, so legalisiert § 32 (4) PatG ausnahmsweise die nicht mehr vermeidbare Veröffentlichung der OS. Die Veröffentlichung dieser OS eröffnet jedoch nicht die freie Akteneinsicht. OS gehört mit dem Tag der Veröffentlichung zum Stand der Technik (§ 3 Rdn 77). Die Veröffentlichung einer OS (oder einer Patentschrift) kann noch verhindert werden, wenn die Rücknahme oder der Wegfall der Anmeldung dem DPMA vor dem tatsächlichen Abschluss der technischen Vorbereitungen für die Veröffentlichung, dh idR mindestens 12 Wochen vor dem Ausgabetag, bekannt ist.[6]

Mitteilung des Datums der Veröffentlichung der OS und Zeitpunkt des Abschlusses der technischen Vorbereitungen iSd § 32 (4) sendet DPMA an Anmelder oder Vertreter.[7] Sie wird zusammen mit der Bibliografiemitteilung abgeschickt, jedoch erst nach Ablauf der Offensichtlichkeitsprüfung nach § 42, spätestens jedoch 14 Monate nach dem Anmelde- oder Prioritätstag, sofern die Unterlagen die zur Veröffentlichung einer OS notwendigen Voraussetzungen erfüllen.[8] Dagegen ist keine Beschwerde statthaft.[9] Mitteilung enthält künftig auch Hinweis, wenn Teile der Anmeldung nach Abs 2 Satz 3 wegen sittenwidrigen Inhalts nicht veröffentlicht werden sollen, um Anmelder Gelegenheit zur Einreichung bereinigter Seiten zu geben.

---

5 BPatGE 45, 4 = Mitt 02, 79.
6 MittDPMA Nr 9/11 BlPMZ 11, 285 = Tabu Gewerbl. Rechtsschutz Nr 499 S 657; s auch Ausfelder, VPP Rundbrief 2/2008 S 29, 35.
7 MittDPA Nr 12/81 BlPMZ 81, 277 = Tabu Gewerbl. Rechtsschutz Nr 499 S 320.
8 MittDPA Nr 12/81 BlPMZ 81, 277 = Tabu Gewerbl. Rechtsschutz Nr 499 S 320.
9 BPatG Mitt 84, 32.

11 **2.3 Inhalt der OS** besteht nach § 32 (2), der den Inhalt nicht abschließend regelt,[10] aus:

a) Ursprünglichen Unterlagen, nämlich den vom Anmelder am Anmeldetag eingereichten Ansprüchen, der Beschreibung und den Zeichnungen. Später eingereichte, **geänderte Unterlagen** werden nur aufgenommen, wenn DPMA sie zulässt. DPMA ist nicht gehalten, alle iSd § 38 zulässigen Änderungen in die OS aufzunehmen, da nach § 32 (2) 1 die Zulassung vom Zweck der Veröffentlichung bestimmt wird. Dem entspricht es, wenn DPMA später eingereichte Unterlagen in die OS dann aufnimmt, wenn die ursprünglich eingereichten Unterlagen nicht publikationsfähig waren. Dies ist zB der Fall, wenn offensichtliche Unrichtigkeiten berichtigt wurden, wenn ursprünglich Ansprüche oder Zeichnungen fehlten, wenn auf Verlangen der Prüfungsstelle zur Behebung eines offensichtlichen Mangels oder im Hinblick auf beanstandeten sittenwidrigen Inhalt (Abs 2 Satz 3) geänderte oder bereinigte Unterlagen eingereicht werden sowie wenn die beglaubigte deutsche Übersetzung einer fremdsprachigen Anmeldung nachgereicht wird.[11] Auf Billigung der Änderungen, zB von unzulässigen Formatierungen im Sinne von § 6 (5) PatV, durch den Anmelder kommt es nicht an.[12] Maßgebend ist allein der Zweck der Offenlegungsschrift, die Öffentlichkeit auf die Existenz einer Patentanmeldung hinzuweisen. Die Beschwerde gegen eine Ablehnung der Aufnahme einer Änderung ist zulässig, wenn der Anmelder dadurch beschwert sein kann.[13] Hinweis auf der Titelseite der OS, dass der Inhalt von den am Anmeldetag eingereichten Unterlagen abweicht, bedeutet nicht, dass eine unzulässige Erweiterung iSd § 38 vorliegt.[14]

12 **b) Zusammenfassung nach** § 36 ist aufzunehmen, wenn sie so rechtzeitig eingereicht ist, dass sie bei der Publikation der OS noch berücksichtigt werden kann. Ist die Zusammenfassung noch nicht eingereicht (s § 36 Rdn 15), soll dadurch die Veröffentlichung der OS nicht verzögert werden, auch nicht im Fall der vorzeitigen Offenlegung nach § 31 (2) 1 Nr 1. Fehlt sie in der OS, ist sie nach § 32 (3) 3 in die PS aufzunehmen.

13 DPMA kann nach Abs 2 Satz 3 von einer Veröffentlichung der Offenlegungsschrift absehen, **soweit** die Anmeldung **Angaben oder Zeichnungen** enthält, die **offensichtlich** gegen die **öffentliche Ordnung** oder **die guten Sitten** verstoßen. Damit wird vermieden, dass die im Internet jedermann zugängliche amtliche Publikations- und Registerdatenbank des DPMA für die Verbreitung von **offensichtlich** ordnungs- oder sittenwidrigen Inhalten instrumentalisiert wird. Der offensichtlich ordnungs- oder sittenwidrige Inhalt kann sich insbesondere aus einzelnen Angaben oder Zeichnungen, deren sachlichen Zusammenhang oder der hierdurch beschriebenen gewerblichen Verwertung der Erfindung ergeben. Die Streichung ist im Umfang auf die für sittenwidrig oder gegen die öffentliche Ordnung verstoßend erachteten Bestandteile beschränkt

---

10 BPatG BlPMZ 92, 257.
11 Prüfungsrichtl unter 1.12, BlPMZ 19, 73 = Tabu Gewerbl. Rechtsschutz Nr 13; s BGH, 14.07.20, X ZB 4/19 GRUR 20, 1121 *Druckstück* (Rn 45).
12 BPatG, 18.12.12, 10 W (pat) 7/10.
13 BPatGE 16, 115 = BlPMZ 75, 189.
14 BPatG, 27.08.97, 4 W (pat) 36/97.

(»soweit«)[15]. In **Ausnahmefällen** kann die gesamte Anmeldung nicht veröffentlicht werden, insbesondere wenn die weitreichende Streichung der problematischen Bestandteile dazu führt, dass ein inhaltlicher Informationsgehalt für die Öffentlichkeit nicht mehr vorliegt.[16] Die Entscheidung, von einer Veröffentlichung abzusehen, hat für die Prüfung, ob das angemeldete Patent später erteilt wird, keine präjudizierende Wirkung.[17]

c) **Rechercheantrag und Rechercheergebnis** können auf dem Titelblatt der OS genannt werden. Diese Angabe ist sachdienlich, weil dadurch Akteneinsichten Dritter erspart werden können.[18]   14

2.4 Teilung und OS: Wird die Anmeldung vor der Offenlegung geteilt, so werden Stamm- und Teilanmeldung getrennt offen gelegt, für beide wird eine OS veröffentlicht. Wird nach Veröffentlichung der OS eine Anmeldung gemäß § 39 (oder wurde nach dem bis zum 30.06.06 geltenden § 60 PatG ein Patent) geteilt, so ist gesetzlich nicht vorgeschrieben, dass für die entstehende Teilanmeldung eine neue OS veröffentlicht werden müsste, da der Gegenstand der Teilanmeldung bereits vor der Teilung zusammen mit der Stammanmeldung offen gelegt worden ist. Durch eine Teilung wird die freie Akteneinsicht für die entstehende Teilanmeldung nicht aufgehoben. Daher ist in diesem Fall die Publikation einer neuen OS für die Teilanmeldung unnötig.   15

2.5 Titelblatt der OS enthält entsprechend dem Sinn der OS (s Rdn 7) alle für die Beurteilung der angemeldeten Erfindung wesentlichen Angaben wie bibliografische Daten, Bezeichnung der Erfindung, Erfinderangaben bzw. Hinweis, dass Antrag auf Nichtnennung des Erfinders vorliegt, Zusammenfassung mit oder ohne Zeichnung, den Hinweis auf die Stellung eines Rechercheantrags nach § 43 oder eines Prüfungsantrags nach § 44 sowie den für die Beurteilung der Patentfähigkeit in Betracht gezogenen Stand der Technik bzw. die Druckschriften.[19]   16

3 Patentschriften (PS)

3.1 Veröffentlichung der PS elektronisch wöchentlich, idR an dem Tag, an dem die Patenterteilung nach § 32 (5) im Patentblatt veröffentlicht wird. Rechtsmittelfrist für Beschwerde muss zunächst abgelaufen bzw. Verzicht auf Rechtsmittel beim DPMA eingegangen sein.   17

3.2 Inhalt der PS: Ansprüche, Beschreibung und Zeichnungen, die der Patenterteilung zugrunde liegen, sowie nach § 32 (3) 3 die Zusammenfassung gemäß § 36, wenn sie in der OS fehlt. Zu den Erfolgsaussichten der Klage eines Dritten auf Änderung der Patentschrift, s § 45 Rdn 11.[20] Zur Gestaltung und Verantwortung für den Inhalt siehe § 58 Rdn 12.   18

---

15 BT-Drs 19/25821, Begr zu Art 1 Nr 13, S 44.
16 So auch Regel 48 AOEPÜ und Art 21 (6) PCT.
17 BT-Drs 19/25821, Begr zu Art 1 Nr 13, S 44.
18 BPatG BlPMZ 92, 257.
19 BPatG BlPMZ 92, 257.
20 BGHZ 183, 309 *Fischdosendeckel*; krit Götting GRUR 10, 257; s auch Heinemann InTeR 13, 119; BGHZ 105, 381 *Verschlußvorrichtung für Gießpfannen* (bei Einspruchs-und Nichtigkeitsverfahren); Hofmeister Mitt 10, 178; Mes, FS Loschelder S 251.

19	**3.3 Angabe entgegengehaltener Druckschriften** (keine mündl Beschreibungen oder Vorbenutzungen) ist nach § 32 (3) 2 in die PS aufzunehmen.[21] Die Auswahl steht im pflichtgemäßen Ermessen des DPMA. Sie ist für den Anmelder bedeutsam, weil für die Ermittlung der Tragweite in der PS gebrauchter Begriffe (nicht für den Schutzbereich des Patents) nur der in der PS mitgeteilte Stand der Technik heranzuziehen ist.[22] Im Zweifel sollte daher DPMA den Anmelder zum Umfang der Angabe hören. Lehnt DPMA einen Antrag, eine bestimmte Druckschrift aufzunehmen, ab, so ist hiergegen Beschwerde statthaft. Sie ist begründet, wenn ein Ermessensfehlgebrauch vorliegt.
20	Anzugeben ist **sämtlicher Stand der Technik**, den DPMA oder BPatG im Laufe des Erteilungsverfahrens für die patentrechtliche Beurteilung der patentierten Erfindung in irgendeinem Zusammenhang zu irgendeinem Zeitpunkt für wesentlich gehalten hat. Nicht genannt werden daher zB: a) nachveröffentlichte deutsche PS einer vorveröffentlichten fremdsprachigen PS; b) Druckschriften, die der Prüfer zwar zunächst recherchiert hatte oder die ein Dritter nach § 43 (3) 3 genannt hat, die aber bei der Bewertung der Patentfähigkeit überhaupt nicht verwendet wurden; c) Druckschriften, die einen klar abgegrenzten Teil der angemeldeten Erfindung betreffen, der infolge von Teilung oder Verzicht nicht mitpatentiert worden ist.
21	Der Klammerzusatz in § 32 (3) 2 »(§ 43 Abs 1)« bedeutet nicht, dass nur aufgrund eines Rechercheantrags ermittelter Stand der Technik anzugeben wäre. Er weist (überflüssigerweise) lediglich auf den gleichen Wortlaut beider Bestimmungen hin.[23]

4 Elektronisches Patentblatt

22	enthält alle im Patentgesetz vorgeschriebenen amtlichen Veröffentlichungen. Veröffentlicht werden die bibliografischen Daten und die publikationspflichtigen Änderungen des Rechts- und Verfahrensstands zu angemeldeten und erteilten Patenten, insbesondere Hinweise auf offengelegte Patentanmeldungen (Teil 2a, § 32 (5)), erteilte Patente (§ 58 (1) Teil 3a), Eingang von Rechercheanträgen (§ 43 (7) 1, Teil 2b), Mitteilung von Rechercheergebnissen (§ 43 (7), Teil 2c), Eingang von Prüfungsanträgen (§ 44 (3) 2, Teil 2d), deren Unwirksamkeit (§ 44 (3) 4, Teil 2e), Zurücknahme, Zurückweisung und sonstige Erledigungen (Teil 2h), Übersichten über die Eintragungen im Register gemäß § 32 (5), Teilung des Patents (§ 60 (2)[24]), Widerruf und beschränkte Aufrechterhaltung (§ 61 (2) Teil 3a), Hinweise auf Änderung der PS gemäß § 61 (3) und 64 (3) 4 (Teil 3a), Hinweise gemäß §§ 7 (2), 8 (2) u (3), 11–13 ErstrG (Teil 9).

---

21 Bibliografische Daten werden in OS und PS und in Patentblatt nach WIPO Standard ST. 9 mit vorangestellten Nummern (INID Code, zB (56) für Stand der Technik) gekennzeichnet, s DPMAinformativ Nr 1 (Januar 2014) https://www.dpma.de/veroeffentlichungen/dpmainformativ/index.html.
22 BGH GRUR 87, 280 *Befestigungsvorrichtung I* mit Klarstellung von BGH GRUR 78, 235 *Stromwandler*; vgl Preu GRUR 80, 691.
23 Amtl Begr zum 1. GPatG BlPMZ 79, 283 lSp.
24 § 60 wurde durch Art 1 des Gesetzes zur Änderung des patentrechtlichen Einspruchsverfahrens und des Patentkostengesetzes vom 21.06.06 (BGBl I 1318 S 2737 = BlPMZ 06, 225) mit Wirkung zum 01.07.06 aufgehoben.

Weitere Hinweise im Patentblatt: **a)** auf vom EPA veröffentlichte europ Anmeldungen mit Benennung der Bundesrepublik Deutschland (Teil 5a);[25] **b)** auf veröffentlichte deutsche Übersetzung von Patentansprüchen europ Anmeldungen (Teil 5b);[26] **c)** auf vom EPA mit Wirkung für die Bundesrepublik Deutschland erteilte europäische Patente (Teil 5c);[27] **e)** auf Veröffentlichungen von PCT-Anmeldungen in deutsche Sprache mit Bestimmung der Bundesrepublik Deutschland nach Einleitung der nationalen Phase (Teil 6a);[28] **f)** auf deutsche Übersetzungen einer nichtdeutschen PCT-Anmeldung mit Bestimmung der Bundesrepublik Deutschland (Teil 6b).[29]

23

Nicht mehr veröffentlicht wird Hinweis auf deutsche Übersetzung eines nicht in deutscher Sprache erteilten europäischen Patents, da Art II 3 (3) IntPatÜG mit Wirkung vom 01.05.08 aufgehoben wurde; die früher bestehende Übersetzungspflicht[30] ist entfallen.

24

Zu Mängeln im Patentblatt s § 58 Rdn 3.

25

II. Veröffentlichungen von Patentdokumenten

1 Schriftarten

Sämtliche Patentdokumente (A-, B-, C-, T- und U-Schriften) werden ausschließlich in elektronischer Form veröffentlicht.[31] Internetadresse: https://register.dpma.de.

26

Codes für die Kennzeichnung der verschiedenen Arten von Patentdokumenten enthält seit 2004 der WIPO-Standard ST.16:[32]

Für die Korrekturschriften (A 8, A 9, B 8, B 9, C 8, C 9, T 8, T 9, U 8 und U 9) wird WIPO-Standard ST.50 verwendet[33]: DPMA veröffentlicht folgende Patentdokumente:

A 1	Offenlegungsschrift als 1. Publikation
A 5	Hinweis auf Veröffentlichung der internationalen Anmeldung in deutscher Sprache (nur Titelseite, seit 2007)
A 8	Berichtigung Titelseite OS
A 9	Berichtigung OS (vollständige Neuveröffentlichung)
B 3	Patentschrift (als 1. Publikation)
B 4	Patentschrift (als 2. Publikation)
B 8	Berichtigung Titelseite PS (nach einer B 3- oder B 4-Schrift)
B 9	Berichtigung PS (vollständige Neuveröffentlichung, nach einer B 3- oder B 4-Schrift)

---

25 MittDPA Nr 7/79 = Tabu Gewerbl. Rechtsschutz Nr 499 S 301.
26 MittDPA Nr 10/80 BlPMZ 80, 158 = Tabu Gewerbl. Rechtsschutz Nr 499 S 308.
27 MittDPA Nr 14/80 BlPMZ 80, 241 = Tabu Gewerbl. Rechtsschutz Nr 499 S 310.
28 MittDPA Nr 21/80 BlPMZ 80, 325 = Tabu Gewerbl. Rechtsschutz Nr 499 S 312.
29 MittDPA Nr 2/81 BlPMZ 81, 1 = Tabu Gewerbl. Rechtsschutz Nr 499 S 313.
30 S dazu MittDPA Nr 20/92 BlPMZ 92, 481 = Tabu Gewerbl. Rechtsschutz Nr 499 S 389; MittDPMA Nr 21/08 BlPMZ 08, 413 = Tabu Gewerbl. Rechtsschutz Nr 499 S 622.
31 MittDPMA Nr 15/03 BlPMZ 03, 354.
32 S DPMAinformativ Nr 2 (Juni 2016) unter https://www.dpma.de/veroeffentlichungen/dpmainformativ/index.html.
33 S http://www.wipo.int/export/sites/www/standards/en/pdf/03-50-01.pdf; MittDPMA Nr 14/03 BlPMZ 03, 354 = Tabu Gewerbl. Rechtsschutz Nr 499 S 520c.

C 5	Geänderte PS nach Einspruchs-, Beschränkungs- und Nichtigkeitsverfahren, einschl Verfahren zu EP-Patenten
C 8	Berichtigung Titelseite der geänderten PS
C 9	Berichtigung der geänderten PS (vollständige Neuveröffentlichung)
T 1	Deutsche Übersetzung von Patentansprüchen der europäischen Patentanmeldung mit Benennung Deutschland
T 2	Übersetzung der europäischen Patentschrift (nur bei Bekanntmachung des Hinweises auf Erteilung im Europäischen Patentblatt zwischen dem 01.06.92 und dem 01.05.08)
T 3	Übersetzung der geänderten europäischen Patentschrift (nur bei Bekanntmachung des Hinweises auf Erteilung im Europäischen Patentblatt zwischen dem 01.06.92 und dem 01.05.08)
T 4	Berichtigte Übersetzung der (geänderten) europäischen Patentschrift (nach T 2- oder T 3-Schrift)
T 5	Übersetzung der internationalen Patentanmeldung (PCT-Anmeldung), wenn nicht in deutscher Sprache eingereicht, bei Einleitung der nationalen Phase
T 8	Berichtigung der Titelseite der Veröffentlichung der int Anmeldung (nach T 5-Schrift) und nach T 1-, T 2-, T 3-, T 4-Schriften
T 9	Berichtigung der Gesamtschrift der Veröffentlichung der int Anmeldung (nach T 5-Schrift) und nach T 1-, T 2-, T 3-, T 4-Schriften
U 1	Gebrauchsmusterschrift
U 8	Berichtigung Titelseite Gebrauchsmusterschrift
U 9	Berichtigung Gebrauchsmusterschrift (vollständige Neuveröffentlichung)

2 Übersetzungen von Patentansprüchen europäischer Anmeldungen

27 mit Benennung der Bundesrepublik, die nicht in deutscher Sprache veröffentlicht worden sind, werden auf Antrag des Anmelders gemäß Art II § 2 (1) IntPatÜG von DPMA veröffentlicht (Schriftencode T 1). Der Antrag muss der VO v 18.12.78 entsprechen.[34] Die Übersetzung wird vom DPMA nicht geprüft.[35] Gebühr beträgt 60 Euro (Nr 313 800 PatKostG, Anhang 15).

3 Übersetzung von Patentschriften erteilter europäischer Patente[36]:

28 Die Verpflichtung zur Einreichung der deutschen Übersetzung der Patentschrift eines auch für die Bundesrepublik Deutschland erteilten Patents und einer im europäischen Einspruchsverfahren geänderten Patentschrift innerhalb von drei Monaten nach der Veröffentlichung des Erteilungs- oder Entscheidungshinweises und zur Einreichung einer berichtigten Übersetzung (T 2- bis T 4-Schriften) ist mit Wirkung vom 1. Mai 2008 für diejenigen Patente entfallen, für die der Hinweis auf die Erteilung nach dem 30. April 2008 im Europäischen Patentblatt veröffentlicht wurde (Art 8 a des

---

34 Tabu Gewerbl. Rechtsschutz Nr 130.
35 MittDPA Nr 10/80 BlPMZ 80, 158 = Tabu Gewerbl. Rechtsschutz Nr 499 S 308.
36 MittDPA Nr 20/92 BlPMZ 92, 481 = Tabu Gewerbl. Rechtsschutz Nr 499 S 389; s Komm zu Art II § 3 IntPatÜG Rdn 30, Anhang 1.

Gesetzes vom 07.07.08, BGBl I S 1191 = BlPMZ 08, 274 = Anhang 8, s Rdn 1).[37] Die Veröffentlichung einer T 3- oder T 4-Schrift wird nur noch in solchen Fällen veranlasst, bei denen sich die Änderungen nach dem 30. April 2008 auf Patente beziehen, auf deren Erteilung vor dem 1. Mai 2008 im Europäischen Patentblatt hingewiesen wurde.[38]

4 Übersetzungen internationaler Anmeldungen

nach Art III § 8 IntPatÜG, die nicht in deutscher Sprache veröffentlicht worden sind, veröffentlicht das DPMA nach deren Zuleitung von Amts wegen (Schriftartencodes A 5 und T 5).[39] 29

5 Übersetzungen erstreckter DD-Patente

und deren Berichtigung wurden gemäß §§ 4 und 8 ErstrG veröffentlicht, wenn sie nicht in Deutsch veröffentlicht waren, (Teil 9 des Patentblatts). Die Gebühr gemäß § 8 (1) u (3) ErstrG betrug 150 Euro (Nr 314 100 PatKostG). 30

III. Weitere elektronische Dienstleistungen, § 32 (1) 3

1 DPMAkurier

ist kostenloser individueller Lieferdienst mit automatisierter Benachrichtigung per E-Mail. Der Dienst bietet »Überwachung« von Schutzrechten in DPMAregister an. Er soll insbesondere Einzelanmeldern sowie klein- und mittelständischen Unternehmen einen Einstieg in die regelmäßige Schutzrechtsüberwachung ermöglichen und die Verfolgung ausgewählter Schutzrechte vereinfachen. 31

Nach einmaliger Registrierung wird regelmäßig über neue Veröffentlichungen und Änderungen im Register informiert. Der E-Mail-Versand erfolgt je nach gewähltem Überwachungszyklus täglich, wöchentlich oder monatlich. Die E-Mail enthält die Informationen zu den Treffern beziehungsweise Registeränderungen und einen Link auf den entsprechenden Datensatz in DPMAregister. Der Dienst hat eine deutsche und eine englische Benutzeroberfläche und bietet den automatisierten Bezug der PDF-Dateien des wöchentlichen Patentblatts als Gesamtheit oder in Teilen sowie die Überwachung der publikationspflichtigen Rechts- und Verfahrensstände von bis zu 500 Aktenzeichen pro Schutzrechtsart, bis zu 50 Anmelder-/Erfinder-/Inhabernamen zu jeder Schutzrechtsart und bis zu 100 vollständigen IPC-Klassifikationssymbolen an (https://www.dpma.de/recherche/dpmaregister/dpmakurier/index.html).

2 DPMAconnectPlus

Der frühere Dienst **DPMAdatenabgabe** wurde am 1. Januar 2020 mit **DPMAconnect** und **DEPATISconnect** zu dem einheitlichen Dienst **DPMAconnectPlus** zusammengeführt.[40] Das DPMA stellt damit sämtliche Daten über einen einzigen Datenabgabe- 32

---

37 Für die Veröffentlichung von Übersetzungen oder berichtigten Übersetzungen europäischer PS gemäß Art II § 3 (1) u (4) 3 IntPatÜG ist eine Gebühr von 150 Euro (Nr 313 820 PatKostG) zu zahlen (zur Streichung s BT-Drs Nr 16/8783 Begr zu Art 8 b Nr 1).
38 BGH GRUR 11, 1053 = BlPMZ 11, 375 *Ethylengerüst*; krit. Rauh GRUR Int 11, 667, 668.
39 S Komm zu Art III § 8 IntPatÜG Rdn 109, Anhang 1.
40 MittDPMA Nr 9/19 BlPMZ 20, 1 = Tabu Gewerbl. Rechtsschutz Nr 499 S 757.

dienst aus dem geschützten Downloadbereich zur Verfügung. Professionelle Datenbankbetreiber und interessierte Dritte haben über eine Schnittstelle einen effizienten Zugriff auf aktuelle größere Datenmengen zum Aufbau sowie zur Entwicklung und Pflege eigener (unternehmensinterner) Schutzrechtsdatenbanken, Dokumentenmanagementsysteme oder zum Angebot von anderer Informationsdienstleistungen.[41] Die Abgabe ist stets an den Verarbeitungszweck »Patentinformation« gebunden. Voraussetzung für die Nutzung des Dienstes ist der Abschluss eines Standardvertrages mit dem DPMA, der die Rechte und Pflichten sowie die Nutzungszwecke der Daten regelt. Dies soll (ggf auch durch Sanktionen) die zweckwidrige Verarbeitung verhindern. Für die Einrichtung des Zugangs ist der Abschluss eines Vertrages mit dem DPMA erforderlich; außerdem ist eine einmalige Anschlussgebühr in Höhe von 200 Euro zu zahlen, s https://www.dpma.de/recherche/datenabgabe/dpmaconnect/index.html. Der Datenabruf über DPMAconnectPlus aus DPMAregister und dem Dokumentenarchiv DEPATIS ist kostenfrei.

Die **wöchentlichen Publikationsdaten** in Form von Datenpaketen (bisher DPMA-datenabgabe) werden gegen Zahlung der Bereitstellungskosten abgegeben. Die Kosten werden jährlich ermittelt und der Öffentlichkeit mitgeteilt; 2021 betrugen sie 8 Euro pro Datenart und Liefertermin; hinzu kommt eventuell anfallende Umsatzsteuer.[42]

3 DEPATISnet/DEPATISnet Premium

33 bietet weltweite kostenfreie Recherchemöglichkeit im elektronischen Dokumentenarchiv DEPATIS (= Deutsches Patentinformationssystem) des DPMA mit mehr als 120 Millionen Datensätzen aus rund 100 Ländern an, mehr als 70 Prozent sind im PDF-Format zugänglich. Unter anderem sind sämtliche deutschen Patentdokumente seit 1877 im Volltext recherchierbar; bei der Recherche können bis zu 10.000 Treffer angezeigt und bis zu 100 PDF-Dokumente heruntergeladen werden. Zugriffsadresse: https://www.dpma.de/recherche/depatisnet/index.html.[43]

34 Die Version **DEPATISnet Premium** verfügt über funktionale Erweiterungen, erforderlich ist allerdings eine vorherige Registrierung und Freischaltung. Der Nutzerkreis ist auf die deutschen Patentinformationszentren (PIZ), Universitäten/Hochschulen und einige andere Patentämter beschränkt.

§ 33 Angemessene Entschädigung nach Offenlegung

(1) Von der Veröffentlichung des Hinweises gemäß § 32 Abs 5 an kann der Anmelder von demjenigen, der den Gegenstand der Anmeldung benutzt hat, obwohl er wusste oder wissen musste, dass die von ihm benutzte Erfindung Gegen-

---

41 Amtl Begr zu § 32 in BT-Drs 17/10308, S 15 zu Nr 8.
42 S https://www.dpma.de/dpma/veroeffentlichungen/mitteilungen/2020/mdp_06_2020.html.
43 Zur Patentrecherche mit Klassifikationssymbolen der IPC und der deutschen Feineinteilung DEKLA s. DPMAinformativ Nr 4 (Juli 2020), jeweils abrufbar https://www.dpma.de/veroeffentlichungen/dpmainformativ/index.html. Informationen über Patentdokumente des In- und Auslands (IPIA) in DEPATIS s DPMAinformativ Nr 3 (V 2.9–7/2019).

stand der Anmeldung war, eine nach den Umständen angemessene Entschädigung verlangen; weitergehende Ansprüche sind ausgeschlossen.
(2) Der Anspruch besteht nicht, wenn der Gegenstand der Anmeldung offensichtlich nicht patentfähig ist.
(3) ¹Auf die Verjährung finden die Vorschriften des Abschnitts 5 des Buches 1 des Bürgerlichen Gesetzbuchs entsprechende Anwendung mit der Maßgabe, dass die Verjährung frühestens ein Jahr nach Erteilung des Patents eintritt. ²Hat der Verpflichtete durch die Verletzung auf Kosten des Berechtigten etwas erlangt, findet § 852 des Bürgerlichen Gesetzbuchs entsprechende Anwendung.

Rinken

Übersicht

	Geltungsbereich	1
	Literatur	2
	Kommentierung zu § 33 PatG	
1	**Entschädigungsanspruch nach § 33**	3
1.1	Voraussetzungen	4
1.1.1	Offenlegungshinweis	4
1.1.2	Benutzung des Gegenstands der Anmeldung	5
1.1.3	Wissen/Wissenmüssen	7
1.1.4	Anspruchsschuldner	8
1.2	**Ausschlussgründe**	9
1.2.1	Offensichtlich mangelnde Patentfähigkeit	9
1.2.2	Verjährung	10
1.2.3	Besondere Ausschlussgründe	11
1.2.4	Rückwirkender Wegfall des Anspruchs	12
1.3	**Inhalt des Anspruchs**	13
1.3.1	Angemessene Entschädigung	13
1.3.2	Weitergehende Ansprüche	15
2	**Entschädigungsanspruch aus europäischen Anmeldungen**	16
2.1	Voraussetzungen	16
2.1.1	Veröffentlichung	17
2.1.2	Benennung	18
2.1.3	Veröffentlichung der Übersetzung der europ Patentansprüche	19
2.1.4	Gebühr	20
2.1.5	Benutzung	21
2.1.6	Wissen/Wissenmüssen	22
2.2	**Ausschlussgründe**	23
2.2.1	Offensichtlich mangelnde Patentfähigkeit	23
2.2.2	Verjährung	24
2.2.3	Vor- und Weiterbenutzungsrecht	25
2.2.4	Rückwirkender Wegfall	26

Geltungsbereich: § 33 (= § 24 (5) PatG 1968) ist durch Art 8 Nr 18 des 1. GPatG als § 24c eingefügt worden. Er ist nach Art 12 (1) des 1. GPatG nur auf die nach dem 1.1.81 beim DPA eingereichten Anmeldungen anzuwenden. § 33 gilt auch für PCT-Anmeldungen, für die das DPMA Bestimmungsamt ist.
Art 5 (20) Nr 1 des Gesetzes zur Modernisierung des Schuldrechts vom 26.11.2001 (BGBl I 3138 = BlPMZ 2002, 68) hat § 33 (3) neu gefasst.

Lit: Häußer: Gewährung von Einsicht in Patenterteilungsakten 1974 S 40; Huber FS 20 Jahre VVPP 1975, 106: Traub in FS 25 Jahre BPatG 1986, 267; Dembowski FS Traub 1994, 49; Singer FS Schilling 07, 355; **Lit in GRUR:** Krieger **68**, 225; Schramm-Henner **68**, 667; Schwanhäusser **69**, 110; Ohl

76, 557; Johannesson 77, 136; Meier-Beck 93, 1; Kühnen 97, 19; Pahlow 08, 97; Bornkamm 09, 227; Zurth, 19, 143; **Lit in GRUR Int:** Singer 76, 205 (Bericht zum GPÜ); Kraßer 90, 732; Gesthuysen 90, 597; **Lit in Mitt:** Wenzel 69, 88; Schwanhäusser 70, 1; Poth 90, 162; Papke 88, 201; Nieder 04, 241; Nieder 09, 540; **Lit in IIC:** Neuhaus 90, 526; **Lit in NJW:** Schwanhäusser 69, 1886.

1 Entschädigungsanspruch nach § 33

3 § 33 gewährleistet, dass der Anmelder, dessen Anmeldung nach § 31 (2) offengelegt worden ist, nicht ohne Schutz ist. Da die **offengelegte Anmeldung** noch ungeprüft ist, wird nur ein Entschädigungsanspruch gewährt, so dass eine Benutzung durch Dritte nicht als unbefugt oder rechtswidrig angesehen werden kann.[1] Sie gewährt aber kein **Weiterbenutzungsrecht**. Diese Regelung ist verfassungsgemäß.[2]

1.1 Voraussetzungen

4 **1.1.1 Offenlegungshinweis** gemäß § 32 (5) muss im **Patentblatt** erschienen sein, während die übrigen Voraussetzungen der Offenlegung nach § 31 (2) nicht vorzuliegen brauchen. Liegen letztere nicht vor, kann der Anspruch idR nicht entstehen, da ein Dritter den Gegenstand der Anmeldung dann nicht kennen kann. Der Hinweis ist auch erforderlich für Ansprüche, die aus abgetrennten Teilen eines Patents (§ 60) geltend gemacht werden. Benutzungen vor dem Hinweis sind nicht entschädigungspflichtig.

5 **1.1.2 Benutzung des Gegenstands der Anmeldung** gemäß § 9 muss vorliegen. Die Lieferung von **Mitteln zur mittelbaren Benutzung der Erfindung (§ 10)** löst keinen Entschädigungsanspruch aus.

6 Der **Schutzbereich** richtet sich nach § 14. Im Falle der späteren Einreichung **geänderter Ansprüche** ist allerdings die jeweils **engere Fassung** maßgeblich.[3,4]

7 **1.1.3 Wissen/Wissenmüssen** »Wissen« setzt **positive Kenntnis** vom Anmeldungsgegenstand voraus. »**Wissenmüssen**« meint das Außerachtlassen der üblichen und zumutbaren Sorgfalt, die zur Kenntnis hätte führen können. Die Existenz der Anmeldung kann dem Benutzer aufgrund des Hinweises im Patentblatt und der Ausgabe einer OS bekannt sein. Wird die Schutzrechtslage nicht überwacht, liegt **grobe Fahrlässigkeit** vor.[5] Für die Bestimmung des Schutzgegenstandes kommt es nicht allein auf die offengelegten Ansprüche an, sondern wie beim Gebrauchsmuster[6] auf den Inhalt der Unterlagen in ihrer Gesamtheit.[7] Kann diesen der später patentierte Gegenstand ohne weiteres entnommen werden,[8] dann hätte der Benutzer wissen müssen, dass er

---

1 BGH GRUR **89**, 411 *Offenend-Spinnmaschine*; **75**, 430, 434 lSp *Bäckerhefe*; BPatG BlPMZ **70**, 49, 59 lSp.
2 BVerfGE **36**, 281 = GRUR **74**, 142 = BlPMZ **74**, 147 *Offenlegung von Patent-Altanmeldungen* auf Vorlage BPatG BlPMZ **70**, 49; Mitt **70**, 47.
3 Benkard/Schäfers § 33 Rn 4c.
4 BGHZ 159, 221, 229 *Drehzahlermittlung*; BGH GRUR **06**, 570 *extracoronales Geschiebe*; aA OLG Düsseldorf MItt **03**, 264, 269 f; Nieder Mitt **09**, 540.
5 BGH GRUR **77**, 598 *Autoskooter-Halle*.
6 Abw BPatG GRUR **81**, 126 (= BPatGE **23**, 52), einschränkend GRUR **81**, 515.
7 BGH GRUR **77**, 598 *Autoskooter-Halle*.
8 Vgl zum Eintragungserfordernis: BPatG Beschluss vom 12.04.2021 – 9 W (pat) 25/19 = GRUR-RS 2021, 16732 *Schutzdauerablauf*.

mit seiner (ggf äquivalenten) Ausführungsform den Gegenstand der Anmeldung benutzt.⁹ Ein Wissenmüssen kann idR erst nach Ablauf eines **angemessenen Prüfungszeitraumes** von 1 Monat nach Offenlegung der Anmeldung gegeben sein. Ausnahme: Dem Benutzer war ein **paralleles Gebrauchsmuster** bekannt, das bei Patenterteilung seit mehr als 1 Monat bekannt gemacht war.¹⁰

1.1.4 Anspruchsschuldner ist der unmittelbare Nutznießer, der also den **wirtschaftlichen Nutzen** aus dem Gebrauch des Gegenstands der Anmeldung zieht, nicht daneben auch die Person, die lediglich die Fremdbenutzung veranlasst (zB Organ jur Person, gesetzlicher Vertreter oder Sachbearbeiter eines Unternehmens).¹¹ Mehrere auf Entschädigung haftende Benutzer sind **keine Gesamtschuldner**.¹²

1.2 Ausschlussgründe

1.2.1 Offensichtlich mangelnde Patentfähigkeit (= zweifelsfreie Erkennbarkeit der Schutzunfähigkeit) führt zur Abweisung der Klage als unbegründet (§ 33 (2)), so insbesondere bei klar fehlender **Neuheit**. Etwaige Prüfungsbescheide gemäß § 45 können als Indiz herangezogen werden, Bescheide nach § 42 dagegen nicht, da Neuheit und Erfindungshöhe in der Offensichtlichkeitsprüfung nicht zu verifizieren sind. Bei nichtoffensichtlichen Bedenken gegen die Patentfähigkeit kann nach § 140 ausgesetzt werden.

1.2.2 Verjährung tritt gemäß § 33 (3) S 1 nach Maßgabe der §§ 195, 199 BGB, dh innerhalb von 3 Jahren ein. Solange noch kein erteiltes Patent vorliegt, kann keine Verjährung eintreten.¹³ Die Frist beginnt mit Schluss des Jahres, in dem die entschädigungspflichtige Benutzung stattgefunden hat und der Gläubiger von der Benutzung und der Person des Benutzers Kenntnis erlangt hat. Grob fahrlässige Unkenntnis steht der Kenntnis gleich. § 33 (3) verlängert die Verjährungsfrist bis auf 1 Jahr nach Patenterteilung, so dass der Anmelder die Klärung der **Patentfähigkeit** abwarten kann.¹⁴ Somit können Entschädigungsansprüche sehr spät rückwirkend geltend gemacht werden. Wegen weiterer Einzelheiten vgl § 141 Rdn 8–20. Nach Eintritt der Verjährung steht dem Gläubiger ein **(Restentschädigungs-)Anspruch** auf Herausgabe dessen zu, was der Schuldner durch die Patentbenutzung auf seine Kosten erlangt hat (§ 33 (3) S 2 PatG, § 852 S 1 BGB);¹⁵ Rechtsfolgenverweisung auf §§ 812 ff BGB (s § 141 Rdn 22). Berechnung – wie beim originären Bereicherungsanspruch – nach Lizenzgrundsätzen.¹⁶ Der Restentschädigungsanspruch verjährt gemäß § 852 S 2 BGB in 10 Jahren seit der Benutzung und dem Eintritt der Bereicherung. § 33 (3) schließt nicht mehr wie § 24 (5) 3 aF die Anwendung von § 141 S 2 aus.

---

9   BGH GRUR 77, 598 *Autoskooter-Halle*.
10 OLG München InstGE **6**, 57 *Kassieranlage*.
11 BGH GRUR **89**, 411 *Offenend-Spinnmaschine*; **93**, 460 (II5b) *Wandabstreifer*; OLG Karlsruhe GRUR Int **87**, 788.
12 OLG Düsseldorf Urt v 18.08.2016 – I-2 U 21/16.
13 BPatG B. v. 7.9.2017 9 W 6/16 *Verjährung des Entschädigungsanspruchs*.
14 Amtl Begr z BlPMZ **79**, 283 rSp.
15 LG Düsseldorf Entscheidungen **00**, 81, 87 = Mitt **00**, 458; *Dämmstoffbahn*; Nieder Mitt **09**, 540; aA OLG München Mitt **09**, 559 *Rest-Entschädigungsanspruch*.
16 Nieder Mitt **09**, 540; weitergehend Hülsewig GRUR **11**, 673.

11 **1.2.3 Besondere Ausschlussgründe** Ein Anspruch nach § 33 ist ausgeschlossen **a)** im Falle eines **Vorbenutzungsrechts** des Benutzers (§ 12); **b)** für die **Beschränkungen gemäß** § 11; **c)** im Falle eines **Weiterbenutzungsrechts** gemäß § 123. Nach einer Wiedereinsetzung soll der Patentanmelder für Benutzungshandlungen in dem Zeitintervall, in dem die Anmeldung wegen Nichtzahlung der Jahresgebühren verfallen war, eine Benutzungsentschädigung nicht verlangen können.[17] Das ist nicht überzeugend, weil damit ein Anmelder gegenüber einem Patentinhaber ohne zureichenden Grund schlechter gestellt wird, weil der Patentinhaber für den Zeitraum zwar keinen Schadensersatzanspruch, aber einen Bereicherungsanspruch geltend machen kann.[18]

12 **1.2.4 Rückwirkender Wegfall des Anspruchs** tritt nach § 58 (2) ein **a)** wenn die Anmeldung nach dem Offenlegungshinweis zurückgenommen oder zurückgewiesen wird oder als zurückgenommen gilt (s § 58 Rdn 17); **b)** wenn das spätere Patent widerrufen oder für nichtig erklärt wird; Teilwiderruf, Teilnichtigerklärung und Beschränkung gemäß § 64 reduzieren den Anspruch entsprechend (vgl Art 69 (2) S 2 EPÜ); **c)** für den Schutzbereich der Ansprüche der OS, der über den Schutzbereich der Ansprüche des Patents hinausgeht (vgl Art 69 (2) S 2 EPÜ).

Nach Wegfall des Anspruchs kann eine gezahlte Entschädigung (ganz oder teilweise) nach §§ 812 ff BGB zurückgefordert werden.

1.3 Inhalt des Anspruchs

13 **1.3.1 Angemessene Entschädigung**[19] bedeutet weder Schadensersatz noch Entschädigung iSd § 139 (2) 2 aF Es kann weder der Ersatz des konkreten Schadens noch die Herausgabe des Benutzergewinns verlangt werden. Daher richtet sich die Ermittlung ihrer Höhe nach der Methode der **Lizenzanalogie**.[20] Maßgebend ist der **objektive Wert** der Benutzung, der sich an dem orientiert, was vernünftige Parteien bei einer Lizenzvereinbarung als Vergütung festgesetzt hätten.[21] Herausgabe des **Gewinns** ist nicht geschuldet.[22]

14 Für diese Berechnung ist eine **Kosten- und Gewinnrechnung** des Benutzers nicht erforderlich,[23] so dass dieser seine **Gestehungs- und Vertriebskosten** nicht nennen muss.[24] Gegenüber einer fiktiv frei vereinbarten Lizenz ist ein Abschlag nicht ausgeschlossen, wenn dieser nach einer Interessenabwägung nach Treu und Glauben geboten ist, zB bei einer missverständlichen Beschreibung der Erfindung. Wer einwendet, wegen hoher Unkosten keinen oder nur geringen Gewinn erzielt zu haben, muss seine Kosten und Gewinnkalkulation offenlegen.

15 **1.3.2 Weitergehende Ansprüche** sind nach § 33 (1) 2. Halbsatz schlechthin ausgeschlossen.[25] Daher **kein Anspruch auf Unterlassung oder auf Schadensersatz**, insbe-

---

17 So BGH GRUR 93, 460 *Wandabstreifer*.
18 So v Maltzahn GRUR 93, 464.
19 Vgl Traub in 25 Jahre BPatG 1986, 267.
20 BGH GRUR 89, 411 *Offenend-Spinnmaschine*.
21 BGH GRUR 89, 411 *Offenend-Spinnmaschine*.
22 BGH Urt v 16.5.2017 X ZR 85/14 *Sektionaltor II*.
23 BGH GRUR 89, 411 *Offenend-Spinnmaschine*.
24 BGH GRUR 89, 411 *Offenend-Spinnmaschine*.
25 Amtl Begr z BlPMZ 79, 283 rSp.

sondere kein Ersatz des entgangenen Gewinns, keine Herausgabe des Verletzergewinns.[26] Daher auch kein Anspruch auf Auskunft über Kosten und Gewinn.[27] Bei Zahlungsunfähigkeit des Benutzers wird aber Anmelder die Weiterbenutzung in Analogie zu § 23 (3) 6 untersagen können (bestr).[28]

2 Entschädigungsanspruch aus europäischen Anmeldungen

2.1 Voraussetzungen

nach Art II § 1 IntPatÜG[29]: 16

2.1.1 Veröffentlichung der europ Anmeldung[30] gemäß Art 93 EPÜ; 17

2.1.2 Benennung der Bundesrepublik gemäß Art 79 EPÜ; 18

2.1.3 Veröffentlichung der Übersetzung der europ Patentansprüche, wenn die 19
europ **Anmeldung nicht in deutscher** (also in englischer oder französischer) **Sprache** veröffentlicht worden ist. Der Anspruch steht erst ab Veröffentlichung der Übersetzung durch DPMA zu, was Anspruchsinhaber im Prozess darzutun hat, andernfalls sein Vortrag unschlüssig ist; dies gilt auch, wenn die Fremdsprache, in der das Patent veröffentlicht worden ist, die **Muttersprache des Benutzers** der technischen Lehre ist.[31] DPMA weist auf Veröffentlichung im Patentblatt hin. Dieser Hinweis des DPMA ist keine Voraussetzung für den Anspruch aus Art II § 1 IntPatÜG. Die Rechtsfolge, dass die fremdsprachige Patentanmeldung mangels fristgerechter Nachreichung einer deutschen Übersetzung als nicht erfolgt gilt, tritt nicht ein, wenn der Anmelder innerhalb von drei Monaten nach Einreichung der Anmeldung eine deutsche Übersetzung der Unterlagen nach § 34 (3) Nrn 1 und 2 PatG sowie in deutscher Sprache Angaben, die **jedenfalls dem Anschein nach** als Beschreibung der Erfindung anzusehen sind, nachreicht und die Übersetzung von einem Rechtsanwalt oder Patentanwalt beglaubigt oder von einem öffentlich bestellten Übersetzer angefertigt ist.[32] Der Veröffentlichung der Übersetzung steht deren Übermittlung an den Benutzer gleich.

2.1.4 Gebühr von 60 € (PatKostG Nr 313 800) ist nach § 6 (1) 2 PatKostG für den 20
Antrag innerhalb von 3 Monaten nach Eingang des Antrags zu entrichten. Wird sie nicht rechtzeitig gezahlt, so gilt die Einreichung der Übersetzung nach § 6 (2) PatKostG als nicht vorgenommen (s PatKostG § 6 Rdn 11 Anhang 15).

2.1.5 Benutzung s Rdn 5. 21

2.1.6 Wissen/Wissenmüssen s Rdn 7. 22

---

26 BGH GRUR **89**, 411 *Offenend-Spinnmaschine*; aA Pross FS Schilling 07, 333 mwN.
27 BGH GRUR **89**, 411 *Offenend-Spinnmaschine*.
28 So Ohl GRUR **76**, 557, 565; Schramm/Henner GRUR **68**, 672.
29 Vgl dazu auch die Erläuterungen zu Art II § 1 IntPatÜG im Anhang 1.
30 Nach Art. II § 1 (3) IntPatÜG auch eine PCT-Anmeldung, für die das EPA Bestimmungsamt ist.
31 OLG Düsseldorf Urt v 05.09.2013 – I-2 U 108/11.
32 BGH GRUR **12**, 91 *Polierendpunktbestimmung*.

2.2 Ausschlussgründe

2.2.1 Offensichtlich mangelnde Patentfähigkeit schließt den Anspruch nicht aus (anders § 33 (2)), weil dadurch der Mindestschutz des Art 67 (2) 3 unzulässig eingeschränkt würde.[33]

2.2.2 Verjährung Art II § 1 (1) 2 IntPatÜG verweist seit dem 1.7.2006 nicht nur auf Satz 1, sondern insgesamt auf § 141. Es gilt deshalb die Verjährungsfrist von 3 Jahren. § 33 (3) Satz 1 (s Rdn 10) ist analog anzuwenden, da sonst europ Anmelder gegenüber nationalen diskriminiert würden, was Art 67 (2) S 2 EPÜ zuwiderliefe.[34] Nach Eintritt der Verjährung steht dem Berechtigten statt des Entschädigungsanspruchs ein Restentschädigungsanspruch zu, der sich nach Bereicherungsrecht bemisst[35] (jetzt ausdrücklich geregelt durch die Verweisung auch auf § 141 Satz 2).

2.2.3 Vor- und Weiterbenutzungsrecht können Anspruch ausschließen.

2.2.4 Rückwirkender Wegfall des Anspruchs tritt nach **Art 67 (4) EPÜ** ein, wenn die europ Anmeldung zurückgenommen oder rechtskräftig zurückgewiesen worden ist oder als zurückgenommen gilt oder die Benennung der Bundesrepublik als Vertragsstaat durch erklärte oder fingierte Rücknahme entfallen ist oder wenn das spätere Patent vom EPA widerrufen oder von BPatG für nichtig erklärt wird.

---

33 Amtl Begr z IntPatÜG BlPMZ 76, 324 lSp.
34 OLG Düsseldorf InstGE 2, 115 Rn 11 *Haubenstretchautomat*.
35 LG Düsseldorf Mitt 00, 458, 462 *Dämmstoffbahn*; InstGE 1, 33 Rn 7 *Mehrfachkontaktanordnung*.

3. Abschnitt Verfahren vor dem Patentamt

§ 34 Patentanmeldung, Patentansprüche, Beschreibung, Zeichnungen, Offenbarung, Einheitlichkeit
(patent application, claims, description, drawings, disclosure, unity)

(1) Eine Erfindung ist zur Erteilung eines Patents beim Deutschen Patent- und Markenamt anzumelden.

(2) ¹Die Anmeldung kann auch über ein Patentinformationszentrum eingereicht werden, wenn diese Stelle durch Bekanntmachung des Bundesministeriums der Justiz und für Verbraucherschutz im Bundesgesetzblatt dazu bestimmt ist, Patentanmeldungen entgegenzunehmen. ²Eine Anmeldung, die ein Staatsgeheimnis (§ 93 Strafgesetzbuch) enthalten kann, darf bei einem Patentinformationszentrum nicht eingereicht werden.

(3) Die Anmeldung muß enthalten:
1. den Namen des Anmelders;
2. einen Antrag auf Erteilung des Patents, in dem die Erfindung kurz und genau bezeichnet ist;
3. einen oder mehrere Patentansprüche, in denen angegeben ist, was als patentfähig unter Schutz gestellt werden soll;
4. eine Beschreibung der Erfindung;
5. die Zeichnungen, auf die sich die Patentansprüche oder die Beschreibung beziehen.

(4) Die Erfindung ist in der Anmeldung so deutlich und vollständig zu offenbaren, daß ein Fachmann sie ausführen kann.

(5) Die Anmeldung darf nur eine einzige Erfindung enthalten oder eine Gruppe von Erfindungen, die untereinander in der Weise verbunden sind, daß sie eine einzige allgemeine erfinderische Idee verwirklichen.

(6) ¹Das Bundesministerium der Justiz und für Verbraucherschutz wird ermächtigt, durch Rechtsverordnung Bestimmungen über die Form und die sonstigen Erfordernisse der Anmeldung zu erlassen. ²Es kann diese Ermächtigung durch Rechtsverordnung auf das Deutsche Patent- und Markenamt übertragen.

(7) Auf Verlangen des Deutschen Patent- und Markenamts hat der Anmelder den Stand der Technik nach seinem besten Wissen vollständig und wahrheitsgemäß anzugeben und in die Beschreibung (Absatz 3) aufzunehmen.

(8) ¹Das Bundesministerium der Justiz und für Verbraucherschutz wird ermächtigt, durch Rechtsverordnung Bestimmungen über die Hinterlegung von biologischem Material, den Zugang hierzu einschließlich des zum Zugang berechtigten Personenkreises und die erneute Hinterlegung von biologischem Material zu erlassen, sofern die Erfindung die Verwendung biologischen Materials beinhaltet oder sie solches Material betrifft, das der Öffentlichkeit nicht zugänglich ist und das in der Anmeldung nicht so beschrieben werden kann, daß ein Fachmann die Erfindung danach ausführen kann (Absatz 4). ²Es kann diese Ermächtigung durch Rechtsverordnung auf das Deutsche Patent- und Markenamt übertragen.

§ 34 Patentanmeldung/patent application

Rainer Moufang

Übersicht

Gesetzesentwicklung		1
Europäisches Patentrecht		2
Kommentierung zu § 34 PatG		
I.	**Patentanmelder**	9
1	Parteifähigkeit	9
2	Bedienstete von Patentämtern	12
3	Unzutreffende Bezeichnung	13
4	Prozessfähigkeit	14
5	Tod, Verlust der Geschäftsfähigkeit oder der Verfügungsbefugnis	15
6	Mehrere Anmelder	16
II.	**Patentanmeldung**	20
1	Rechtsnatur	20
1.1	Verfahrenshandlung	21
1.2	Rechtsgestaltender Akt	22
2	Rechtsschutzbedürfnis	23
3	Erfordernisse der Anmeldung	26
4	Patentverordnung (PatV)	27
5	**Form der Einreichung der Anmeldung**	30
5.1	Schriftform	36
5.2	Elektronische Form	38
5.2.1	Art und Weise der Einreichung	45
5.2.2	Qualifizierte elektronische Signatur	46
5.2.3	Formate	48
5.2.4	Check der Patentanmeldedateien	50
5.2.5	Lesbarkeit	51
5.2.6	Verschlüsselung	52
5.2.7	Mängel der elektronischen Anmeldung	53
5.3	Europäische Anmeldungen	56
6	**Ort der Einreichung der Anmeldung für schriftliche Anmeldungen**	58
6.1	DPMA	58
6.2	Patentinformationszentrum (PIZ)	59
6.3	EPA	63
6.4	Europäische Patentanmeldungen	64
6.5	PCT-Anmeldungen	65
6.6	Empfangsbescheinigung	66
7	**Name des Anmelders**	68
8	**Erteilungsantrag**	70
8.1	Bezeichnung der Erfindung	72
8.2	Änderung des Antrags	74
9	**Patentanspruch**	77
9.1	Bedeutung	78
9.2	Form der Ansprüche	81
9.2.1	Einteilige Fassung des Patentanspruchs	83
9.2.2	Zweiteilige Fassung des Patentanspruchs	84
9.2.2.1	Oberbegriff	85
a)	Voraussetzungen für die Bildung des Oberbegriffs	86
b)	Auswahl der Entgegenhaltung für den Oberbegriff	92
9.2.2.2	Kennzeichnender Teil des Patentanspruchs	96
9.2.3	Prüfung auf Patentfähigkeit	98
9.3	Formulierung der Patentansprüche	101
9.3.1	Wahl der Definition für ein Merkmal	103
9.3.2	Stützung durch die Beschreibung	106

9.3.3	Deutlichkeit, Klarheit und Knappheit	111
9.3.4	Erfordernisse der Formulierung von Ansprüchen im Einzelnen	115
9.3.4.1	Technische Merkmale	115
9.3.4.2	Wesentliche Merkmale	119
9.3.4.3	Klare Merkmale	122
9.3.4.4	Funktionelle Merkmale	125
9.3.4.5	Fakultative Merkmale	129
9.3.4.6	Alternative Merkmale	130
9.3.4.7	Bezugnahmen auf Beschreibung und Zeichnungen	131
9.3.4.8	Bezugnahmen auf anmeldungsfremde Dokumente	133
9.3.4.9	Bezugszeichen	134
9.3.4.10	Kategoriefremde Merkmale	135
9.3.4.11	Unbestimmte Angaben	136
9.3.4.12	Marken	138
9.3.4.13	Parameter	139
9.3.4.14	Breite des Anspruchs	141
9.3.4.15	Disclaimer (Ausnahmebestimmung)	146
9.3.4.16	Product-by-process-Anspruch	149
9.4	Hauptanspruch	159
9.5	Nebenanspruch	161
9.5.1	Formulierung	162
9.5.2	Einheitlichkeit	164
9.5.3	Prüfung auf Patentfähigkeit	166
9.6	Unteransprüche	171
9.6.1	Echter Unteranspruch	172
9.6.1.1	Rückbeziehung	173
9.6.1.2	Gleiche Kategorie	178
9.6.1.3	Patentfähigkeit des übergeordneten Anspruchs	180
9.6.1.4	Besondere Ausführungsart	181
9.6.1.5	Zweckmäßige Zusammenfassung	182
9.6.2	Unechter Unteranspruch	183
9.6.3	Prüfung der Unteransprüche	185
9.6.4	Zahl der Ansprüche	187
9.6.5	Anspruchsgebühren	188
9.7	Änderungen von Patentansprüchen	189
9.7.1	Zulässigkeit von Anspruchsänderungen	190
9.7.2	Beispiele für zulässige Änderungen	200
9.8	Anspruchskategorien	201
10	**Beschreibung**	204
10.1	Bedeutung	204
10.2	Gestaltung der Beschreibung	206
10.3	Gliederung der Beschreibung	207
10.4	Angabe des Standes der Technik	208
10.5	Änderung der Beschreibung	211
10.6	Anpassung der Beschreibung	212
10.7	Einzelne Erfordernisse der Beschreibung	215
11	*Zeichnungen*	217
11.1	*Begriff*	217
11.2	*Erforderlichkeit*	218
11.3	*Formerfordernisse*	219
11.4	*Fehlen von Zeichnungen*	220
11.5	*Berichtigung von Zeichnungen*	221
11.6	*Nachreichen von Zeichnungen*	222
11.7	*Offenbarung durch Zeichnung*	223
12	**Modelle und Proben**	224
III.	**Einheitlichkeit**	225
1	Rechtsgrundlagen	225
2	Zweck	228

3	Voraussetzungen der Einheitlichkeit	229
3.1	Einzige Erfindung	229
3.2	Gruppe von Erfindungen	230
3.2.1	Einzige allgemeine erfinderische Idee	231
3.2.2	Verbundene Erfindungen	234
4	Einzelheiten zur Einheitlichkeit (alphabetisch)	235
•	Abhängige Ansprüche	235
•	(Mehrere) Anspruchskategorien	236
•	(Mehrere) Ansprüche gleicher Kategorie	240
•	Chemische Stoffe	241
•	Disclaimer	242
•	Einspruchsverfahren	243
•	Klarheit	244
•	Patentklassifikation	245
•	Zwischenprodukte	246
5	Verfahren bei Uneinheitlichkeit vor DPMA und BPatG	247
5.1	Beanstandung der Uneinheitlichkeit	247
5.2	Beseitigung der Uneinheitlichkeit	248
5.3	Ausscheidung	249
5.4	Ausscheidungserklärung	250
5.4.1	Auslegung	251
5.4.2	Voraussetzungen der Wirksamkeit	253
5.4.3	Bindung an Ausscheidungserklärung	259
5.5	Ausscheidungsanmeldung	260
5.5.1	Entstehen der Ausscheidungsanmeldung	260
5.5.2	Anmeldetag und Priorität	262
5.5.3	Weiterbehandlung der Ausscheidungsanmeldung	263
5.5.4	Gebühren	266
5.5.5	Entscheidung	268
5.5.6	Ausscheidung vor BPatG	269
6	Verfahren bei Uneinheitlichkeit vor EPA	271
6.1	Art 82 EPÜ	271
6.2	R 64 (1) EPÜ und Art 17 (3) a PCT	272
6.2.1	Aufforderung	273
6.2.2	Weitere Recherchengebühr	276
IV.	Anmeldegebühr	280
1	Höhe	280
2	Fälligkeit	282
3	Zahlungsfrist	284
4	Nichtzahlung	285
5	Rückzahlung	286
6	Anmeldegebühr vor EPA	287
V.	Offenbarung der Erfindung	288
1	Begriff	289
2	Voraussetzungen einer Offenbarung der Erfindung	292
3	Ort der Offenbarung	293
3.1	Antrag	294
3.2	Beschreibung	295
3.3	Ansprüche	298
3.4	Zeichnungen	299
3.5	Gleichwertigkeit der Offenbarungsmittel	312
4	Deutlichkeit und Vollständigkeit der Offenbarung	314
4.1	Deutlichkeit	315
4.2	Vollständigkeit	318
4.3	Gesamtinhalt als Offenbarung	322
4.3.1	Auslegung	325
4.3.2	Ergänzungen der Offenbarung	327
4.3.3	Irrtum in der Offenbarung	328
5	Ausführbarkeit für den Fachmann	332

5.1	Zuständiger Fachmann	333
5.1.1	Fachwissen des zuständigen Fachmanns	336
5.1.2	Allgemeines Fachwissen	339
5.2	Ausführbarkeit	343
5.2.1	Voraussetzungen	343
5.2.2	Ausreichender Umfang der Ausführbarkeit	344
5.2.3	Ausführbarkeit im gesamten beanspruchten Bereich	347
5.2.4	Zumutbarer Aufwand bei der Ausführung der Erfindung	350
5.2.5	Zeitpunkt für die Ausführbarkeit	355
5.2.6	Beweislast für Ausführbarkeit	357
6	**Einzelfälle zur Offenbarung (alphabetisch)**	358
•	Abwandlungen	358
•	Äquivalente	359
•	Allgemeine Formeln	360
•	Allgemeiner Begriff	361
•	Analogieverfahren	362
•	Anwendungsgebiet	363
•	Aufgabe	364
•	Austauschmittel	366
•	Beispiele	367
•	Bereiche	368
•	Bezugnahmen	370
•	Biotechnologische Erfindungen	371
•	Chemische Stoffe	380
1.	Aufgabe	381
2.	Identifizierung des Stoffes	383
2.1.	Angabe der Konstitutionsformel	384
2.2.	Angabe von Parametern	386
2.3.	Beschreibung durch product-by-process	387
2.4.	Mehrere Stoffe	388
2.5.	Wahl der Definitionsart	391
•	Ein Weg zur Ausführung	392
•	Fachnotorische Austauschmittel	393
•	Herstellungsverfahren	394
•	Hinterlegung	395
•	Implizite Offenbarung	396
•	Kombinationserfindung	397
•	Konkrete Größen, Mengen, Maße	398
•	Legierungen	399
•	Negatives Merkmal	400
•	Nukleotid- und Aminosäuresequenzen	401
•	Parameter	402
•	Querverweise	403
•	Rückbeziehungen	404
•	Spezifischer Begriff	405
•	Stillschweigende Offenbarung	406
•	Teillehre	407
•	Unterkombination	409
•	Versuche	410
–	*Verweisungen auf anmeldungsfremde Dokumente*	417
•	Verwendungen	422
•	Vorteile und wertvolle Eigenschaften	423
•	Wirkungsangaben	425
•	Zufällige Offenbarungen	426
•	Zwangsläufige Ergebnisse	427
•	Zweck	428
•	Zwischenprodukte	429
VI.	**Verzicht**	431
1	**Begriff**	432

2	Form	435
3	Folgen eines Verzichts	436
4	Auslegung	439
4.1	Streichen und Fallenlassen	441
4.2	Einreichen eines beschränkten Patentbegehrens	443
4.3	Vorlage neuer Ansprüche	444
4.4	Einreichen neuer Unterlagen	445
5	Schutzbereich und Verzicht vor Patenterteilung	446
5.1	Verzicht auf selbständigen Schutz für bestimmte Ansprüche	447
5.2	Verzicht nach Patenterteilung	448
6	Verzicht vor EPA	449
6.1	Verzicht vor Patenterteilung	449
6.2	Verzicht nach Patenterteilung	453
VII.	Rücknahme der Anmeldung	454
1	Begriff	455
2	Voraussetzungen einer Rücknahmeerklärung	457
2.1	Form	457
2.2	Eindeutigkeit der Erklärung	458
2.3	Anhängigkeit der Anmeldung	461
2.4	Erklärungsberechtigter	464
2.5	Unwirksamkeit einer Rücknahmeerklärung	467
3	Rückwirkende Beseitigung einer Rücknahme	468
4	Folgen einer Rücknahme	470
VIII.	Nukleotid- und Aminosäuresequenzen	472
IX.	Hinterlegung biologischen Materials	478
1	Allgemeines	479
1.1	Zweck der Hinterlegung	479
1.2	Anerkennung der Hinterlegung	480
1.3	Budapester Vertrag	481
1.4	Hinterlegungsregeln des EPÜ	482
1.5	Hinterlegungsregeln der BioPatRL	483
1.6	Nationales Hinterlegungsrecht	484
2	Gegenstand der Hinterlegung	485
3	Erforderlichkeit der Hinterlegung	488
4	Wirkung der Hinterlegung	492
5	Ort der Hinterlegung	494
6	Hinterlegungsstatut/Freigabeerklärung	496
7	Zeitpunkt der Hinterlegung	498
8	Notwendigkeit schriftlicher Angaben	501
8.1	Angaben über Merkmale	501
8.2	Mitteilung der Hinterlegungsstelle und des Aktenzeichens der Hinterlegung	502
8.3	Zusätzliche Angaben bei Nicht-Identität von Anmelder und Hinterleger	506
9	Dauer der Hinterlegung	509
10	Abgabe von Proben	510
10.1	An Patentamt oder Hinterleger	511
10.2	An sonstige Dritte	512
11	Erneute Hinterlegung	520
12	Mängel der Hinterlegung	521
13	Budapester Vertrag Art 3 u 4, Regeln 9 u 11	522
14	AusfO zum EPÜ Regeln 31–34	527
15	Biomaterial-Hinterlegungsverordnung	531

Patentanmeldung/patent application § 34

Gesetzesentwicklung: § 34 ist durch Art 2 Nr 10 des 2. **PatÄndG** mit Wirkung vom 1.11.1998 neu 1
gefasst worden (Amtliche Begründung der Neufassung: BlPMZ **98**, 393, 402). Er ist an die Stelle
des früheren § 35 getreten. Art 7 Nr 13 des **KostenregelungsbereinigungsG** vom 13.12.2001
(BGBl I 3656 = BlPMZ **02**, 14) hat § 34 (6) aF gestrichen. Die Anmeldegebühr des § 34 (6) aF ist
nunmehr im PatKostG (Anlage zu § 2 (1) Nrn 311 000, 311 050 und 311 100) geregelt (s Anhang 15).
In den umnummerierten Absätzen 6 und 8 (früher 7 bis 9) wurden die Worte »den Präsidenten
des Patentamts« durch die Worte »das Deutsche Patent- und Markenamt« ersetzt. Die frühere
Patentanmeldeverordnung wurde mit Wirkung vom 15.10.2003 durch die Patentverordnung
ersetzt, abgedruckt im Anhang 11. Durch Art 204 der 10. ZustAnpV v 31.8.2015 (BGBl I 1474)
wurde die frühere Bezeichnung »Bundesministerium der Justiz« in den Absätzen 2, 6 und 8 in
»Bundesministerium der Justiz und für Verbraucherschutz« geändert. Art 1 Nr 15 des 2. PatR-
ModG v 10.8.2021 (BGBl I 3490) änderte in Abs 1 u 7 die Bezeichnung Patentamt in Deutsches
Patent- und Markenamt.

Europäisches Patentrecht: Regelungen, die dem § 34 PatG entsprechen, enthält das EPÜ in den 2
nachstehenden Artikeln, deren Erläuterung in der Kommentierung zu § 34 jeweils angegeben ist.

Art 58 EPÜ Recht zur Anmeldung europäischer Patente *(entitlement to file a European*
patent application)
Jede natürliche oder juristische Person und jede Gesellschaft, die nach dem für sie maßgebenden 3
Recht einer juristischen Person gleichgestellt ist, kann die Erteilung eines europäischen Patents
beantragen.
Erläuterung s Rdn 9 ff

Art 59 EPÜ Mehrere Anmelder *(multiple applicants)*
Die europäische Patentanmeldung kann auch von gemeinsamen Anmeldern oder von mehreren 4
Anmeldern, die verschiedene Vertragsstaaten benennen, eingereicht werden.
Erläuterung s Rdn 16 ff

Art 78 EPÜ Erfordernisse der europäischen Patentanmeldung *(requirements of a European*
patent application)
(1) Die europäische Patentanmeldung muss 5
a) einen Antrag auf Erteilung eines europäischen Patents;
b) eine Beschreibung der Erfindung;
c) einen oder mehrere Patentansprüche;
d) die Zeichnungen, auf die sich die Beschreibung oder die Patentansprüche beziehen;
e) eine Zusammenfassung
enthalten und den Erfordernissen genügen, die in der Ausführungsordnung vorgeschrieben sind.
(2) Für die europäische Patentanmeldung sind die Anmeldegebühr und die Recherchengebühr
zu entrichten. Wird die Anmeldegebühr oder die Recherchengebühr nicht rechtzeitig entrichtet, so
gilt die Anmeldung als zurückgenommen.
Erläuterung s Rdn 26 ff

Art 82 EPÜ Einheitlichkeit der Erfindung *(unity of invention)*
Die europäische Patentanmeldung darf nur eine einzige Erfindung enthalten oder eine Gruppe 6
von Erfindungen, die untereinander in der Weise verbunden sind, dass sie eine einzige allgemeine
erfinderische Idee verwirklichen.
Erläuterung s Rdn 225 ff und 271 ff

Art 83 EPÜ Offenbarung der Erfindung *(disclosure of the invention)*
Die Erfindung ist in der europäischen Patentanmeldung so deutlich und vollständig zu offenba- 7
ren, dass ein Fachmann sie ausführen kann.
Erläuterung s Rdn 288 ff

Art 84 EPÜ Patentansprüche *(claims)*
Die Patentansprüche müssen den Gegenstand angeben, für den Schutz begehrt wird. Sie müssen 8
deutlich und knapp gefasst sein und von der Beschreibung gestützt werden.
Erläuterung s Rdn 77 ff

I. Patentanmelder *(applicant)*

1 Parteifähigkeit *(capability of being a party)*

9 Patentanmelder kann vor DPMA und EPA jeder sein, der parteifähig ist (s Einl Rdn 41), also »jede natürliche oder juristische Person sowie jede einer juristischen Person gleichgestellte Gesellschaft« (Art 58 EPÜ)[1], wie OHG (§ 124 HGB), KG (§ 161 HGB) und die Gesellschaft bürgerlichen Rechts (GbR, s Rdn 10). Geschäftsfähigkeit ist nach § 34 PatG und Art 58 EPÜ keine Voraussetzung (s Rdn 14).

10 **Gesellschaft bürgerlichen Rechts (GbR)** besitzt nach deutschem Recht aktive Parteifähigkeit[2] (s Einl Rdn 42 unter i), so dass sie als solche vor DPMA Anmelderin sein kann. Sie ist damit iSd Art 58 EPÜ eine Gesellschaft, die einer juristischen Person gleichgestellt ist, so dass sie als solche eine Anmeldung auch vor EPA einreichen kann.[3]

11 Auch **nicht rechtsfähiger Verein** (§ 54 BGB) ist parteifähig und kann Träger eigener Rechte und Pflichten und daher als solcher Anmelder sein.[4] Bei Einreichung durch einen **Treuhänder** ist dieser, nicht der Treugeber, als Anmelder anzusehen.[5] Zu Name und Identität des Anmelders s § 35 Rdn 17.

2 Bedienstete von Patentämtern *(employees of patent offices)*

12 **Angehörige des DPMA** sollen nicht berechtigt sein, die Erteilung des Patents zu verlangen.[6] Die diesbezügliche Rechtsprechung aus dem Jahre 1961 dürfte in dieser Allgemeinheit nur schwer haltbar sein,[7] da § 7 (1) PatG und Art 60 (3) EPÜ eine solche Einschränkung nicht kennen. Angehörigen des EPA ist es allerdings nach Art 16 Statut der EPA-Beamten untersagt, im eigenen Namen oder im Namen Dritter an der Einreichung einer Anmeldung teilzunehmen.

3 Unzutreffende Bezeichnung *(incorrect designation)*

13 **Berichtigung unzutreffender Anmelderbezeichnung** ist jederzeit mit Wirkung ex tunc zulässig, wenn dadurch die Identität des Anmelders nicht verändert wird.[8] Berichtigung der Anmelderbezeichnung ist auch noch nach Eintritt der Rücknahmefiktion einer Voranmeldung möglich, sofern keine rechtskräftige Feststellung über Person des Anmelders vorliegt.[9] Nach R 139 EPÜ kann der Name des Anmelders berichtigt werden, wenn ausreichende Beweise vorliegen.[10]

---

1 Vgl GrBK G 0003/99 ABl 02, 347 (Nr 9) *Zulässigkeit eines gemeinsamen Einspruchs bzw. einer gemeinsamen Beschwerde/HOWARD FLOREY*; T 0635/88 ABl 93, 608 (Nr 2).
2 BGHZ 146, 341 = Mitt 01, 176 *GbR parteifähig*.
3 Zur Parteifähigkeit von Vereinen, Parteien und Fraktionen s EPA-Einspruchsabteilung ABl EPA 03, 473, 488 f.
4 BGH NJW 08, 69; s auch Terner NJW 08, 16; für derart organisierte Gewerkschaften bereits BGHZ 50, 325 ff.
5 So wohl auch BGH GRUR 13, 712 (Rn 9) *Fahrzeugscheibe*.
6 So BVerwG BlPMZ 61, 400.
7 Vgl dazu Busse/Keukenschrijver § 34 Rn 6.
8 BPatG BlPMZ 00, 219 u 285; BPatG v 6.9.2007 10 W (pat) 58/03 BeckRS 07, 16476.
9 BPatG 6.9.2007 10 W (pat) 58/03 BeckRS 07, 16476.
10 J 0018/93 ABl 97, 326.

4 Prozessfähigkeit (capacity of being party to an action)

Auch eine prozessunfähige Person (vgl Einl Rdn 44) kann eine Anmeldung einreichen und wirksam einen Anmeldetag begründen, da Geschäftsfähigkeit keine Voraussetzung ist. Im Verfahren kann sie aber nur durch ihren gesetzlichen Vertreter handeln (s Einl Rdn 49). Analog zu § 56 (2) ZPO kann ein Prozessunfähiger einstweilen bis zur Entscheidung seines gesetzlichen Vertreters zum Verfahren zugelassen werden.[11] Die Genehmigung des gesetzlichen Vertreters (oder des prozessfähig gewordenen Anmelders) hat rückwirkende Kraft, so dass ein Prioritätsverlust nicht eintritt. Wird sie verweigert oder ist ihre Beibringung in zumutbarem Zeitraum nicht möglich, so ist die Anmeldung zurückzuweisen. Die Anmeldegebühr ist an den Prozessunfähigen zurückzuzahlen.[12]

14

5 Tod, Verlust der Geschäftsfähigkeit oder der Verfügungsbefugnis

Tod und Verlust der Geschäftsfähigkeit oder der Verfügungsbefugis des Anmelders – zB infolge Insolvenz (siehe Einl Rdn 216 u 200) – können nach §§ 239 ff ZPO und R 142 EPÜ das Verfahren unterbrechen (s Einl Rdn 424 ff); bei Insolvenz wird nicht die Frist zur Zahlung fälliger Jahresgebühren für erteilte Patente[13] (anders unter R 142 (1) (b) u (4) EPÜ für Jahresgebühren für eine Anmeldung)[14]. Der Rechtsnachfolger des verstorbenen Anmelders ist von Amts wegen zu ermitteln,[15] ein Patent kann nicht zugunsten eines noch unbekannten Erben erteilt werden.

15

6 Mehrere Anmelder[16] (multiple applicants)

Mehrere Personen können zusammen anmelden (§ 14 DPMAV; Art 59 EPÜ). Sie sind dann *notwendige Streitgenossen (procedural community of necessity),* weil über die Anmeldung nur einheitlich entschieden werden kann (§ 62 ZPO).[17] Das bedeutet vor DPMA: **a)** sie können nur einen einheitlichen Erteilungsantrag stellen. Bei abweichenden Anträgen ist die Anmeldung zurückzuweisen,[18] selbst wenn jeder Antrag für sich betrachtet gewährbar wäre. Zum Beschwerdeverfahren siehe § 73 Rdn 106; **b)** ein säumiger Mitanmelder wird durch den erschienenen Mitanmelder vertreten;[19] **c)** scheidet ein Mitanmelder aus, wird die Anmeldung für die anderen weiter behandelt und auf sie umgeschrieben,[20] es sei denn, der ausscheidende Mitanmelder widerspricht der Weiterbehandlung für die anderen;[21] **d)** Rücknahme der Anmeldung ist wirksam nur durch alle Mitanmelder möglich;[22] **e)** Bescheide und Beschlüsse sind mehreren Anmeldern in entsprechender Anzahl zuzustellen, auch wenn ein Zustellungsbevollmächtigter

16

---

11 Vgl Pfanner GRUR **55**, 560.
12 Hübenett GRUR **94**, 13 für Minderjährige.
13 BGH GRUR **08**, 551 *Sägeblatt.*
14 J./87 ABl **88**, 323; EPA-PrüfRichtl Teil E-VII 1.5.
15 BPatGE **1**, 1, 4.
16 Hövelmann Mitt **99**, 129.
17 BPatGE **21**, 212; BPatGE **40**, 276; BPatG BlPMZ **04**, 61, 62 rSp.
18 PA Mitt **34**, 326, 327.
19 RGZ **157**, 33; BPatGE **21**, 212; BPatG BlPMZ **99**, 44 (Nr II 1).
20 PA BlPMZ **54**, 262.
21 PA BlPMZ **29**, 251; PA Mitt **33**, 250.
22 PA Mitt **33**, 250.

§ 34 Patentanmeldung/patent application

bestellt ist.[23] Fehlt es daran, kann die Anmeldung nicht wirksam zurückgewiesen werden.[24]

17 Gebühren für die eine Anmeldung der mehreren Anmelder fallen nur einmal an.[25]

18 **Zustellungsbevollmächtigter:** Reichen mehrere Anmelder eine Anmeldung gemeinschaftlich ein, so benötigen sie nach § 14 (1) DPMAV einen Zustellungsbevollmächtigten, der zustellungs- und empfangsbevollmächtigt ist. Dieser kann an sich auch stillschweigend bestellt werden.[26] Der Bestellte muss aber von seiner Bestellung Kenntnis haben[27] und damit einverstanden sein (vgl § 127 Rdn 45). Nach § 14 (1) 1 DPMAV kann DPMA verlangen, dass eine schriftliche Bestellung einzureichen ist, die von allen Anmeldern unterzeichnet ist. Ist kein Zustellungsbevollmächtigter ordnungsgemäß bestellt, so gilt nach § 14 (1) 2 DPMAV der Anmelder als zustellungs- und empfangsbevollmächtigt, der in der Anmeldung zuerst genannt ist. Diese Regelung, die R 151 (1) 1 EPÜ (s Rdn 19) nachgebildet ist, gewährleistet für DPMA, dass immer eine Person existiert, der wirksam zugestellt werden kann.

Können sich die Mitanmelder nicht einigen oder möchte ein Mitanmelder abweichend von § 14 (1) 2 DPMAV einen anderen Mitanmelder zum Zustellungsbevollmächtigten bestellen, so kann er die sich weigernden Mitanmelder auf Mitwirkung bei der Bestellung verklagen, ggf Antrag auf Erlass einer einstweiligen Verfügung nach § 935 ZPO erwirken[28] oder im Wege der Notgeschäftsführung nach § 744 (2) BGB einen gemeinsamen Zustellungsbevollmächtigten benennen.[29] Ist in Erfinderbenennung neben Anmelder (als Erfinder) weiterer Miterfinder genannt, wird dieser dadurch nicht zum Mitanmelder, sondern braucht zur Vertretung des Anmelders eine Vollmacht.[30]

19 **EPÜ:** Nach Art 59 EPÜ können mehrere Anmelder eine Anmeldung einreichen. Sie sind »gemeinsame Anmelder«, wenn sie dieselben Vertragsstaaten benannt haben, und »mehrere Anmelder«, wenn sie verschiedene Vertragsstaaten benannt haben. Letztere gelten aber nach Art 118 EPÜ als gemeinsame Anmelder. Trotz unterschiedlicher Benennungen wird daher nur ein einheitliches Erteilungsverfahren durchgeführt. Nach R 72 EPÜ wird das Patent den verschiedenen Anmeldern für die jeweils von ihnen benannten Vertragsstaaten erteilt. Gemeinsame Anmelder können nur gemeinsam eine Teilanmeldung einreichen.[31]

Gemeinsamer Vertreter (common representative) soll von mehreren Anmeldern nach R 41 (3) EPÜ benannt werden. Haben sie einen bestellt, bleibt dieser für Erklärungen und Zustellungen auch dann verantwortlich, wenn später einer der Anmelder durch

---

23 BPatGE 40, 276.
24 BPatGE 40, 276; PA BlPMZ 58, 136; BPatG v 30.3.2005 20 W (pat) 24/05 BeckRS 12, 1305.
25 Vgl BPatGE 20, 94 (Gbm).
26 BGH GRUR 91, 37 *Spektralapparat*.
27 BPatG v 11.11.1997 4 W (pat) 65/96 BeckRS 97, 14530.
28 OLG Dresden GRUR 37, 298.
29 BPatG v 21.4.1998 34 W (pat) 2/98.
30 BPatG v 19.3.2003 7 W (pat) 19/02 BeckRS 03, 16672.
31 J 0002/01 ABl 05, 88.

einen anderen ersetzt wird.[32] Wird ein Vertreter erst später bestellt, bleiben frühere Zustellungen an den erstgenannten Anmelder wirksam.[33] Ist keiner benannt, dann ist nach R 151 (1) EPÜ gemeinsamer Vertreter in folgender Reihenfolge: **a)** der zugelassene Vertreter, den der erstgenannte Anmelder bestellt hat; **b)** der von einem Mitanmelder gemäß Art 133 (2) EPÜ bestellte Vertreter; **c)** der im Antrag als Erster genannte Anmelder. Diese Reihenfolge gilt auch, wenn die Anmeldung erst nach ihrer Einreichung auf mehrere Personen übergeht (R 151 (2) EPÜ).

II. Patentanmeldung *(patent application)*

1 Rechtsnatur

Die Anmeldung gewährt einen öffentlich-rechtlichen Anspruch auf Erteilung eines Patents, wenn die gesetzlichen Voraussetzungen erfüllt sind.[34] Der einheitliche Akt der Anmeldung hat rechtlich eine Doppelnatur, die Kohler[35] als prozessuale und zivilistische Anmeldung unterschied, denn sie ist: 20

1.1 Verfahrenshandlung, die ein gesetzlich vorgesehenes Verfahren in Gang setzt. Sie muss die allgemeinen Voraussetzungen, die an jede Verfahrenshandlung zu stellen sind (Einl Rdn 41 ff), sowie die zusätzlichen Erfordernisse der §§ 34, 35 und 35a, der DPMAV (Anhang 10) und der Patentverordnung (Anhang 11) erfüllen. 21

1.2 Rechtsgestaltender Akt: Die Anmeldung hat auch eine materiell-rechtliche Bedeutung,[36] die in der Offenbarung der Erfindung liegt, die das Anwartschaftsrecht auf das Patent entstehen lässt.[37] Sie ist daher auch ein Vermögensrecht, das unter die Eigentumsgarantie des Art 14 GG fällt.[38] Der materiell-rechtliche Charakter ermöglicht ferner unter dem PatG die Anfechtung der Rücknahme einer Anmeldung (s Einl Rdn 93). 22

2 Rechtsschutzbedürfnis (RB) oder Rechtsschutzinteresse (RI)

Rechtsschutzbedürfnis ist für eine Patentanmeldung wie für jede Verfahrenshandlung erforderlich (vgl Einl Rdn 345 ff). Es kann für eine Patentanmeldung nur ganz ausnahmsweise verneint werden, wenn nämlich objektiv feststellbar ist, dass das Patentbegehren missbräuchlich ist, oder es offensichtlich ist, dass keinerlei – wie auch immer geartetes – Interesse an einer Patenterteilung bestehen kann[39] (zu Ansprüchen in mehreren Patentkategorien[40] s Rdn 237). Im Zweifel ist RI zu bejahen, denn grundsätzlich besteht für jede Anmeldung ein RI, auch wenn sie sachlich aussichtslos sein sollte. 23

---

32 J 0035/92 ABl **95** SonderA 103.
33 J 0022/94 v 19.6.1995 BeckRS **95**, 30487708.
34 BGH BlPMZ **79**, 351 (II2c) *Farbbildröhre*; **71**, 163 (II2) *Fungizid*.
35 Handbuch des Patentrechts S 272, 279.
36 BPatGE **39**, 198, 202.
37 PA BlPMZ **54**, 49, 50 rSp.
38 BGH BlPMZ **62**, 280, 283 *Drahtseilverbindung*; BPatGE **6**, 20, 23; BPatG BlPMZ **70**, 49, 60 rSp.
39 BGH GRUR **70**, 601 (II2) *Fungizid*; **98**, 130 (II3) *Handhabungsgerät*; **06**, 748 *Mikroprozessor*.
40 S BGH GRUR **06**, 748 *Mikroprozessor* unter Hinweis auf BGHZ **95**, 295, 297 *borhaltige Stähle*.

24 RI entfällt nicht, a) wenn lediglich das Bestehen des RI nicht positiv festgestellt werden kann; b) wenn für die gleiche Erfindung bereits ein europäisches Patent erteilt worden ist; denn für deutsche und europäische Patente besteht nur ein Verbot des Doppelschutzes, nicht aber der Doppelpatentierung (Art II § 8 IntPatÜG); c) wenn die Patentdauer gemäß § 16 im Zeitpunkt der Erteilung bereits abgelaufen ist;[41] denn der Anmelder kann zB die Geltendmachung von Entschädigungsansprüchen von der endgültigen Entscheidung über Patentfähigkeit abhängig machen wollen.

25 **Doppelanmeldungen** derselben Erfindung durch denselben Anmelder mit der gleichen Priorität sind als solche noch nicht wegen Fehlens eines Rechtsschutzbedürfnisses zu beanstanden.[42] Erst wenn auf eine der Anmeldungen bereits ein Patent erteilt ist, kann es sich aufgrund der konkreten Anspruchsfassung in der anderen Anmeldung erweisen, dass mit deren Erteilung eine Doppelpatentierung erfolgen würde. Ist der Schutzgegenstand von Ansprüchen mit dem Schutzgegenstand erteilter Ansprüche identisch, fehlt insoweit das Rechtsschutzbedürfnis.[43] Unter dem EPÜ entspricht das Doppelpatentierungsverbot, das aus Art 125 EPÜ hergeleitet wird, jedenfalls eindeutig dem historischen Willen des Gesetzgebers.[44] Entstehen durch eine Teilung der Anmeldung zwei Anmeldungen, die zu identischen Patenten führen würden, so ist zwar die Teilungserklärung wirksam, die Teilanmeldung ist aber wegen Fehlens eines schutzwürdigen Interesses zurückzuweisen.[45]

Bloße Überlappung der jeweiligen Schutzgegenstände reicht aber für eine Verneinung des Rechtsschutzbedürfnisses nicht aus.[46] Der Aussage, dass § 4 Satz 2 und Art 56 Satz 2 EPÜ Doppelpatentierungen in gewissem Umfang ermöglichen,[47] liegt ein weiteres Verständnis des Begriffs der Doppelpatentierung in einem anderen Zusammenhang zugrunde.

3 Erfordernisse der Anmeldung (requirements of the patent application)

26 Das deutsche wie das europäische Recht schreiben bestimmte Erfordernisse für eine Anmeldung vor, deren Erfüllung eine sinnvolle Prüfung durch das Patentamt ermöglichen soll. Sie sind für deutsche Anmeldungen in §§ 34, 35 und 35a sowie in der DPMAV und der Patentverordnung und für europäische Anmeldungen in Art 78 und den R 41 bis 50, 137 bis 139 EPÜ enthalten. Sind die Erfordernisse nicht erfüllt, kann das Patentamt nach §§ 42 und 45 oder Art 90 EPÜ und R 55 ff EPÜ ihr Fehlen rügen.

---

41 BPatGE 12, 119; 42, 256; vgl auch BGH GRUR 05, 749 *Aufzeichnungsträger* (Rechtsschutzbedürfnis auch bei Nichtigkeitsklage trotz Ablauf der Schutzdauer); aA BPatG v 20.5.2020 17 W (pat) 33/19 GRUR-RS 20, 33496 (Anmeldung sei wegen Zeitablaufs nicht mehr anhängig).
42 BGH GRUR 84, 797 *Zinkenkreisel*.
43 GrBK G 0001/05 (Nr 13.4) ABl 08, 271 *Teilanmeldung/ASTROPOWER*.
44 GrBK G 0004/19 v 22.6.2021 GRUR-RS 21, 16458 *Doppelpatentierung*.
45 BGH BlPMZ 00, 245 (II2c) *Graustufenbild*; s auch GrBK G 0001/05 ABl 08, 271 (Nr 13.4) *Teilanmeldung/ASTROPOWER*; T 2402/10 v 10.5.2012 BeckRS 12, 216004.
46 T 1391/07 ABl 09 SonderA 2, 62; auch bei unterschiedlichen auf eine zweite medizinische Indikation gerichteten Ansprüchen nach Art 54 (5) EPÜ nF einerseits und in schweizerischer Anspruchsfassung andererseits liegt keine Identität des Schutzgegenstands vor, s T 1780/12 ABl 15 ZPubl 4, 68; T 0879/12 ABl 15 ZPubl 4, 69.
47 BGH GRUR 91, 376 *Beschußhemmende Metalltür*; vgl BGH GRUR 84, 797 *Zinkenkreisel*; enger: BPatGE 33, 153.

Die Erhebung einer Rüge steht im Ermessen des Patentamts, eine Verpflichtung dazu besteht nicht.[48] Innerhalb einer gesetzten Frist sind die Erfordernisse nachholbar. Ohne Rechtsnachteil *nicht* nachholbar sind nur die Mindesterfordernisse für die Zuerkennung eines Anmeldetags (s dazu § 35 Rdn 16 ff).

4 Patentverordnung (PatV)

Die PatV (abgedruckt im Anhang 11)[49] regelt in Ergänzung des PatG und der DPMAV (Anhang 10) Form sowie sonstige Erfordernisse der Anmeldung für die gesamte Dauer des Erteilungsverfahrens. Durch die Ermächtigung des § 34 (6), die aufgrund hinreichender Bestimmtheit in Einklang mit dem Rechtsstaatsgebot des Art 20 GG steht,[50] werden alle Bestimmungen gedeckt, die für die Durchführung des Erteilungsverfahrens förderlich sind.[51] 27

Erfordernisse der Anmeldung iSd § 34 (6), die die PatV regeln kann, können förmlicher und inhaltlicher Art sein und auch die in § 34 genannten Erfordernisse näher bestimmen, zB Reihenfolge der Unterlagen,[52] Form des Aufbaus von Patentansprüchen, Gestaltung der Beschreibung etc. Rechtlich unterscheiden sie sich nicht von den im PatG enthaltenen Erfordernissen.[53] 28

Geltungsbereich: Nach § 22 PatV gelten für Anmeldungen, die vor Inkrafttreten von Änderungen der PatV eingereicht worden sind, jeweils die bisherigen Vorschriften. 29

5 Form der Einreichung der Anmeldung

§ 34 (1) PatG schreibt nicht mehr vor, dass die Anmeldung »schriftlich« einzureichen ist. Die Bestimmung der Form der Einreichung überlässt § 34 (6) der Patentverordnung (PatV). § 3 PatV lässt zwei Formen zu: Schriftform (Rdn 36) und elektronische Form gemäß der Verordnung über den elektronischen Rechtsverkehr beim Deutschen Patent- und Markenamt (ERVDPMAV, Anhang 19)[54] (Rdn 38). Weisen sie Mängel auf – zB fehlende Unterschrift oder elektronische Signatur –, so berührt das die wirksame Begründung des Anmeldetages nicht (s § 35 Rdn 24), es ist vielmehr zur Beseitigung des Mangels der Anmeldung mit Fristsetzung aufzufordern. Wird der Mangel innerhalb der Frist nicht beseitigt, wird die Anmeldung zurückgewiesen. 30

Zur **Sprache** für deutsche Anmeldungen und Übersetzung fremdsprachiger Anmeldungen s § 35a Rdn 7 ff; zur Sprache für europäische Anmeldungen s § 35a Rdn 2 ff. 31

---

48 BPatG BlPMZ 99, 44 (Nr II 2b aa).
49 Vom 1.9.2003 BGBl I 1702 = BlPMZ 03, 322; zuletzt geändert durch Art 1 VO vom 12.12.2018 (BGBl I 2446 = BlPMZ 19, 38 u 125). In Englisch und Französisch über http://www.dpma.de/patent/formulare/index.html.
50 BGH v 14.7.2020 X ZB 4/19 GRUR 20, 1121 (Rn 18) *Druckstück*; BPatG v 11.10.2018 10 W (pat) 23/17 GRUR 19, 434 (II2.2).
51 Vgl BPatG BlPMZ 99, 44 zu § 3 (2) Nr 5 PatAnmV aF.
52 Anders früher BPatG GRUR 79, 393.
53 BGH BlPMZ 70, 163 (III1b) *Faltbehälter*.
54 ERVDPMAV vom 1.11.2013 (BGBl I 3906), zuletzt geändert durch Art 2 VO v 10.12.2018 (BGBl I 2444 = BlPMZ 19, 37, s auch BlPMZ 19, 126).

§ 34 Patentanmeldung/patent application

32 **Ungeeignete Bezeichnungen,** die zur eindeutigen Angabe der Beschaffenheit eines Gegenstands nicht taugen, dürfen nicht verwendet werden (§ 5 (1) 3 PatV). Grundsätzlich ausgeschlossen sind daher: Phantasiebezeichnungen und Marken. Marken sind ungeeignet, weil der Markeninhaber das damit umschriebene Produkt in seiner Zusammensetzung oder Gestaltung jederzeit ändern kann. Nur wenn das ausgeschlossen ist, kann eine Marke einen technischen Sachverhalt eindeutig bezeichnen. Dann ist die Marke als solche zu kennzeichnen (§ 5 (1) 4 PatV).

33 Zulässig sind eigene Wortprägungen für technische Sachverhalte, insbesondere in einem technischen Neuland, es sei denn, sie sind irreführend, nichtssagend oder rein werbend. Es ist aber zulässig, für die in der Anmeldung gebrauchten Begriffe ein eigenes Lexikon zu bilden, das vom allgemeinen (technischen) Sprachgebrauch abweichen kann,[55] sofern darunter die Verständlichkeit für einen Fachmann nicht leidet.

34 **Bildliche Darstellungen** – ausgenommen chemische und mathematische Formeln sowie Tabellen – dürfen Anmeldungsunterlagen im Text nicht enthalten (§ 5 (1) 1 PatV). Dafür sind die Zeichnungen bestimmt, in denen grundsätzlich keine Erläuterungen erlaubt sind (§ 12 PatV iVm Anlage 2 Nr 8).

35 **Elektronische Erfassung** müssen die Anmeldungsunterlagen gestatten (§ 6 (1) PatV). Umwandlung mit OCR-Verfahren in Textdatei nach Einscannen ist möglich, wenn die Unterlagen die Voraussetzungen des § 6 (2) bis (5) PatV erfüllen: DIN A 4, einseitige Beschriftung, Mindestränder, klare Schrift, scharfe Konturen, kontrastreich, Mindestschriftgrad 10 Punkt (= Mindesthöhe der Großbuchstaben 0,21 cm). Zeichnungen müssen – wenn sie auf 2/3 verkleinert werden – alle Einzelheiten ohne Weiteres wiedergeben. Daher müssen Ziffern und Buchstaben mindestens 0,32 cm hoch sein (§ 12 PatV iVm Anlage 2 Nr 4 und 5).

36 **5.1 Schriftform** siehe dazu Einl Rdn 352; zur Unterschrift Einl Rdn 374. Schriftlichkeit ist erfüllt, wenn die schriftliche Abfassung ohne Zuhilfenahme weiterer Mittel ohne Weiteres lesbar ist. Das Erfordernis der Schriftlichkeit erfüllen handgeschriebene oder mit Maschine geschriebene Schriftstücke, Normal- und Computerfax, wenn ersichtlich ist, von wem die Erklärung stammt und dass kein bloßer Entwurf vorliegt,[56] dagegen nicht Kurzschrift oder die Verwendung anderer Lettern als des Alphabets oder die Übersendung eines Tonbandes.[57] § 125a, der im Wesentlichen auf die Regelung des § 130a ZPO zurückgreift, lässt nach Maßgabe von DPMAV und ERVDPMAV für bestimmte Verfahrenshandlungen, für die Schriftform vorgesehen ist, die Aufzeichnung als elektronisches Dokument genügen (vgl dazu Einl Rdn 363, § 125a Rdn 5 ff).

Da die Anmeldungsunterlagen nach § 6 (1) PatV in einer Form einzureichen sind, die eine elektronische Erfassung gestatten, müssen handgeschriebene oder gefaxte

---

55 BGH GRUR **99**, 909 *Spannschraube*; Mitt **02**, 176 *Gegensprechanlage*.
56 Fax zugelassen bereits durch MittDPA Nr 1/97 BlPMZ **97**, 69; stRspr: BVerfG NJW **02**, 3534; GmS-OGB BGHZ **144**, 160; BGH GRUR **03**, 1068 *Computerfax* (Markenbeschwerdeverfahren).
57 BGH BlPMZ **79**, 157 *Tonbandbeschreibung*.

Anmeldungen in einer Form nachgereicht werden, die die Voraussetzungen des § 6 PatV erfüllen.

EPA: Erfordernis der Schriftform im schriftlichen Verfahren erfüllt, wenn sich der Inhalt der Unterlagen in lesbarer Form auf Papier reproduzieren lässt (R 1 EPÜ). 37

5.2 Elektronische Form (vgl dazu Einl Rdn 363) 38
Die elektronische Form ist nach § 125a iVm § 12 DPMAV, § 3 S 2 PatV und § 1 (1) Nr 1 der Verordnung über den elektronischen Rechtsverkehr beim Deutschen Patent- und Markenamt (ERVDPMAV, s Anhang 19) in allen Verfahren nach dem PatG und dem IntPatÜG, also auch für Patentanmeldungen, signaturgebunden zugelassen. Die signaturfreie elektronische Einreichung ist in § 2 (1) ERVDPMAV nur für bestimmte Verfahrenshandlungen in Marken- und Designverfahren vorgesehen, allerdings können weitere Verfahrenshandlungen, bei denen elektronische Dokumente signaturfrei eingereicht werden können, entsprechend dem technischen Fortschritt vom BMJV bestimmt und vom DPMA über die Internetseite www.dpma.de bekannt gemacht werden (§ 2 (2) ERVDPMAV).

Die elektronische Anmeldung ist vorteilhaft, a) weil mit ihr ein früherer Anmeldetag begründet werden kann als mit einer auf dem Postweg eingereichten Anmeldung in Papierform; b) weil Anmelder, die über die technischen Informationen der Erfindung bereits in elektronischer Form verfügen, diese ohne Weiteres für die elektronische Anmeldung verwenden können und somit die Fehlerquelle einer Übertragung in Papierform vermeiden; c) weil der Anmelder umgehend per E-Mail eine Eingangsbestätigung erhält. 39

DPMA stellt dem Anmelder unentgeltlich Softwaretools zur Verfügung, so dass der Anmelder mit gebräuchlichen Textverarbeitungssystemen (zB Word) die Anmeldung erstellen kann. Er erhält ferner ein Datei-Überprüfungstool, das die elektronischen Anmeldeunterlagen auf formale Vollständigkeit und Konformität mit den Anforderungen einer elektronischen Anmeldung beim DPMA verifiziert. Gegebenenfalls werden Fehlermeldungen versandt, die von fehlenden Mindesterfordernissen, die eine wirksame Anmeldung unmöglich machen, bis hin zu fehlenden Angaben, die die Anmeldung verzögern, reichen. 40

Patentanmeldungen nach PatG und IntPatÜG können nach § 3 (4) ERVDPMAV – abweichend von § 3 (1) bis (3) ERVDPMAV – beim DPMA auch unter Verwendung von Software des EPA[58] eingereicht werden. In diesem Falle genügt die fortgeschrittene Signatur der Software des EPA. Außerdem kann die DPMAdirekt-Software auch für europäische Patentanmeldungen nach Art II § 4 (1) 1 IntPatÜG *beim DPMA*[59] und für europäische Patentanmeldungen *beim EPA* verwendet werden.[60] 41

---

[58] MittDPMA Nr 10/04 BlPMZ **04**, 173.
[59] MittDPMA Nr 11/04 BlPMZ **04**, 174.
[60] Art 2 (2) u 8 (1) 2 Beschluss PräsEPA v 14.5.2021 ABl **21**, A42; MittEPA v 12.7.2007 ABl **07** SonderA Nr 3, 19 (A.6).

42   Die Anmeldung und die Zusammenfassung können in elektronischer Form auf folgenden Wegen eingereicht werden:

43   a) **per E-Mail** an die elektronische Annahmestelle des DPMA.
Nach § 3 (1) 1 ERVDPMAV dürfen elektronische Dokumente an DPMA *ausschließlich* an diese Eingangsadresse übermittelt werden. Es handelt sich bei Satz 1 um eine zwingende Vorschrift. Die elektronische Eingangsadresse ist über die vom DPMA zur Verfügung gestellte Zugangs- und Übertragungssoftware zugänglich. Andere E-Mail-Adressen des DPMA sind für eine Entgegennahme von Anmeldungen nicht eröffnet. Die vorgeschriebene E-Mail-Adresse ist für den elektronischen Verkehr ein Äquivalent zum (Nacht)Briefkasten im schriftlichen Verkehr. Daher stellt eine Übermittlung an eine andere E-Mail-Adresse des DPMA (wie der Einwurf in einen falschen (Nacht)Briefkasten) keine rechtswirksame Anmeldung dar. Darauf wird DPMA den Anmelder unverzüglich hinweisen müssen, damit er seine Anmeldung rechtswirksam an die zutreffende Adresse einreichen kann.

44   b) **Datenträger.** § 3 (2) ERVDPMAV, auf den § 3 Satz 2 PatV und § 12 DPMAV verweisen, lässt alle physikalischen Datenträger zu, die auf der Internetseite des DPMA unter www.dpma.de bekannt gemacht werden.

45   **5.2.1 Art und Weise der Einreichung** muss den von DPMA bekannt gemachten Anforderungen entsprechen. Einzelheiten unter http://www.dpma.de/service/elektronische_anmeldung/dpmadirekt/index.html.

46   **5.2.2 Qualifizierte elektronische Signatur:** Nach § 3 Satz 2 PatV und § 12 DPMAV iVm § 3 (3) 1 ERVDPMAV sind elektronische Einreichungen mit einer qualifizierten elektronischen Signatur nach dem Signaturgesetz[61] oder mit einer fortgeschrittenen elektronischen Signatur, die von einer internationalen Organisation auf dem Gebiet des gewerblichen Rechtsschutzes herausgegeben wird und sich zur Bearbeitung durch das DPMA eignet, zu versehen. Diese Signatur hat für die elektronische Anmeldung die gleiche Funktion wie die Unterschrift bei einer Anmeldung in Papierform. Nach § 3 (3) 2 ERVDPMAV muss das ihr zugrunde liegende Zertifikat durch DPMA überprüfbar sein. Für weitere Informationen zur Signatur s https://www.dpma.de/service/elektronische_anmeldung/dpmadirekt/digitale_signatur/index.html. Patentanwälte erhalten die Signaturkarte von der Patentanwaltskammer. Zu den Folgen einer fehlenden Signatur s Rdn 54.

47   Zu den Erfordernissen an die Signatur bei Benutzung der Software des EPA s Rdn 41.

48   **5.2.3 Formate:** Die zulässigen Formate und weiteren technischen Anforderungen werden nach § 4 Nr 4 ERVDPMAV unter https://www.dpma.de/service/elektronische_anmeldung/dpmadirekt/formale_anforderungen/index.html von DPMA bekannt gemacht.

49   *Formatvorgaben des DPMA:* Die Anmeldedaten müssen folgende Formate aufweisen[62]:

---

61   Vom 16.5.2001 BGBl 2001 I 876.
62   Gemäß MittDPMA Nr 5/03 vom 3.9.2003 BlPMZ 03, 305.

Patentantrag (P2007E): XML-Format Version 1.0. Die DTD (document type definition) für den Antrag auf Erteilung[63] legt die Struktur der XML-Datei fest.

Patentdokument: XML-Format. Die Defintion des XML-Formats enthält die DTD »Patentdokument« (für Beschreibung, Zusammenfassung, Ansprüche und Verweise auf erforderliche Bildelemente)[64] und die DTD Patentschrift mit Tabellenmodell.[65] Seit 2.7.2007 kann die Beschreibung (Zusammenfassung, Beschreibung und Ansprüche) auch im Format PDF eingereicht werden.

Erfinderbenennung (P2792e): XML-Datei, deren Struktur die DTD »Erfinderbennung« festlegt.[66]

Zeichnungen (Grafiken): TIF/TIFF, JPG/JPEG und PDF, s Anlage 2 zu § 12 PatV (unter B, abgedruckt im Anhang 11).

Sequenzprotokolle: Dateiformat ergibt sich aus Anlage 1 zu § 11 (1) 2 PatV.[67]

5.2.4 Check der Patentanmeldedateien: Vor Einreichung der Patentanmeldedateien beim DPMA können die Formate zur Feststellung der Vollständigkeit (= Erteilungsantrag, Erfinderbenennung, Patentdokument bestehend aus Beschreibung, Ansprüche und Zusammenfassung, evtl Zeichnungen, evtl Sequenzprotokoll) und Korrektheit mit dem Validierungstool der Software DPMAdirektPro[68] überprüft werden. 50

5.2.5 Lesbarkeit: DPMA prüft die übermittelten elektronischen Dokumente auf Lesbarkeit und Computerviren. Über festgestellte Mängel wird der Anmelder unverzüglich unterrichtet. Fehlt es in Folge der Mängel an einer Offenbarung der Erfindung, so kann als Anmeldetag erst der Tag zuerkannt werden, an dem die Mängel behoben sind. 51

5.2.6 Verschlüsselung zum Schutz vor unbefugter Einsichtnahme kann mit öffentlichem Schlüssel des DPMA vorgenommen werden. 52

5.2.7 Mängel der elektronischen Anmeldung: Die elektronische Annahmestelle des DPMA versieht die in der Virtuellen Poststelle (VPS) eingehenden Dokumente zunächst mit einem digitalen Zeitstempel. Danach wird entschlüsselt, auf Virenfreiheit geprüft und die digitale Signatur verifiziert. Nicht signierte oder Computerviren enthaltende Sendungen werden nicht bearbeitet.[69] Zu einer »Nichtannahme« ist DPMA nicht befugt. Die Sendung wird vor und nach diesem Vorgehen archiviert. 53

Die **digitale Signatur** hat für die elektronische Anmeldung rechtlich die gleiche Bedeutung wie die Unterschrift bei einer Anmeldung in Papierform: Die verantwortliche Urheberschaft soll feststehen. Für die rechtswirksame Begründung des Anmeldetages einer Anmeldung in Papierform ist eine Unterschrift nicht erforderlich, sondern ohne Rechtsverlust nachholbar (s § 35 Rdn 24). Das gleiche gilt, wenn eine elektronische 54

---

63 Siehe Anlage 1 zur MittDPMA Nr 5/03 BlPMZ 03, 307.
64 Siehe Anlage 2 zur MittDPMA Nr 5/03 BlPMZ 03, 309.
65 Siehe Anlage 3 zur MittDPMA Nr 5/03 BlPMZ 03, 312.
66 Siehe Anlage 4 zur MittDPMA Nr 5/03 BlPMZ 03, 313.
67 Anlage 1 »Standards für die Einreichung von Sequenzprotokollen« BlPMZ 03, 326.
68 DPMAdirektPro-Software; Download unter https://www.dpma.de/service/elektronische_anmeldung/dpmadirekt/downloads/index.html.
69 S Rdn 47.

§ 34   *Patentanmeldung/patent application*

Anmeldung nicht gemäß § 12 DPMAV iVm § 3 (3) ERVDPMAV mit einer dauerhaft überprüfbaren qualifizierten elektronischen Signatur versehen ist. DPMA hat daher den Anmelder gemäß §§ 42, 45 PatG mit Fristsetzung aufzufordern, die elektronische Anmeldung mit einer Signatur gemäß § 12 DPMAV zu versehen. Die nachgereichte Signatur verschiebt nicht den bereits begründeten Anmeldetag. Bei Verwendung der vom DPMA zur Verfügung gestellten Softwaretools wird sichergestellt, dass die Anmeldung mit einer Signatur versehen wird.

55 Enthält die elektronische Anmeldung **Computerviren**, so ist das ein Mangel der Anmeldung, der einer Bearbeitung durch DPMA entgegensteht. Zur Beseitigung dieses Mangels hat DPMA den Anmelder gemäß §§ 42, 45 PatG mit Fristsetzung aufzufordern, wenn die Darstellung der Erfindung durch die Computerviren nicht beeinträchtigt ist, also eine Offenbarung der Erfindung trotz der Viren vorliegt. Nur wenn die Viren eine Kenntnisnahme der beschriebenen Erfindung unmöglich machen, liegt keine wirksame Anmeldung vor, die einen Anmeldetag begründen könnte.

56 **5.3 Europäische Anmeldungen** können eingereicht werden (s auch § 125a Rdn 2) **a)** schriftlich (R 35 (1), 41 (1), 49 (8) EPÜ); **b)** per Fax;[70] **c)** in elektronischer Form in verschiedenen Varianten,[71] nämlich **i)** über die Online-Einreichung (OLF),[72] entweder unter Verwendung der vom EPA herausgegebenen Software[73] oder der DPMAdirekt-Software bei Einreichung beim DPMA[74] oder auf zugelassenen elektronischen Datenträgern (CD-R, DVD-R und DVD+R);[75] **ii)** die Online-Einreichung 2.0[76] **iii)** mittels des EPA-Dienstes zur Web-Einreichung.[77] Die weitere Variante der sog. »neuen Online-Einreichung (CMS)« steht ab 1.1.2022 nicht mehr zur Verfügung.[78] Für die elektronische Einreichung geregelt werden insbesondere zugelassene Dateiformate,

---

70 Beschluss PräsEPA v 12.7.2007 über die Einreichung von Patentanmeldungen und anderen Unterlagen durch TelefaxABl 07 SonderA Nr 3, 7 (A.3) = ABl **16** ZPubl 4, 6.
71 S Beschluss PräsEPA v 14.5.2021 über die elektronische Einreichung von Unterlagen ABl **21**, A42.
72 Erforderlich sind eine Smartcard sowie vom EPA ausgestellte oder anerkannte Zertifikate, s Art 6 (1) u 7 (1) Beschluss PräsEPA v 14.5.2021 ABl **21**, A42.
73 Art 8 (1) 1 Beschluss PräsEPA v 14.5.2021 (ABl **21**, A42) iVm Beschluss PräsEPA v 21.9.2020 über die für die elektronische Einreichung von Unterlagen zu benutzende EPA-Software für die Online-Einreichung (ABl **20**, A105).
74 Art 2 (2) u 8 (1) 2 Beschluss PräsEPA v 14.5.2021 ABl **21**, A42 sowie MittEPA v 12.7.2007 ABl 07 SonderA Nr 3, 19 (A.6) = ABl **16** ZPubl 4, 35.
75 Art 1 (2) Beschluss PräsEPA v 14.5.2021 ABl **21**, A42.
76 Die Online-Einreichung 2.0 ist ein webbasierter Dienst des EPA, der seit dem 1.4.2021 mit einer hierfür registrierten Smartcard, mit vom EPA ausgestellten Zertifikaten (s Art 6 (2) u Art 7 (2) Beschluss PräsEPA v 14.5.2021 ABl **21**, A42) und über die Website des EPA nutzbar ist; s MittEPA v 3.3.2021 ABl **21**, A21. Er umfasst die Funktionen der früheren »neuen Online-Einreichung (CMS)« in verbesserter Form (ua Integration des ePCT-Dienstes der WIPO) und bietet eine nutzerfreundlichere Oberfläche sowie einen nutzerbereich für die Einreichung von Eingaben vor den Beschwerdekammern. Außerdem unterstützt der Dienst die gebündelte Zuweisung von Rechten.
77 Für den Zugriff auf die Web-Einreichung und ihre Nutzung ist eine vorherige Registrierung auf der EPA-Website erforderlich, s Art 6 (3) Beschluss PräsEPA v 14.5.2021 ABl **21**, A42.
78 S MittEPA v 14.5.2021 über die Abschaltung des EPA-Dienstes für die neue Online-Einreichung (CMS) ABl **21**, A43.

Signaturen, Empfangsbescheinigungen sowie Unlesbarkeit, Unvollständigkeit und Infiziertheit eingereichter Unterlagen.[79]

6 Ort der Einreichung der Anmeldung für schriftliche Anmeldungen 57

6.1 DPMA: Anmeldungen können unter folgenden Adressen eingereicht werden: a) DPMA 80297 München; b) DPMA Dienststelle Jena 07738 Jena; c) DPMA Informations- und Dienstleistungszentrum Berlin (DPMA-IDZ) 10958 Berlin. 58

6.2 Patentinformationszentrum (PIZ), wenn dieses nach § 34 (2) 1 und § 35 (1) Nr 2 durch eine Bekanntmachung des BMJV im Bundesgesetzblatt dazu bestimmt ist.[80] Das sind derzeit 8 Informationszentren in mehreren Regionen Deutschlands, nämlich in Aachen, Chemnitz, Dresden, Hamburg, Ilmenau, Kaiserslautern, Saarbrücken und Stuttgart.[81] PIZ nehmen nationale, europäische und internationale Patentanmeldungen entgegen (§ 34 (2); Art II § 4 (1) 1, Art III § 1 (2) IntPatÜG). Geht Anmeldung sowohl per Fax beim DPMA als auch im Original bei PIZ ein, so ist früherer Tag des Eingangs der vollständigen Unterlagen gemäß § 35 (1) bei DPMA oder PIZ für Anmeldetag maßgeblich. 59

Die PIZ nehmen die Anmeldung nur entgegen, dokumentieren den Eingangstag durch Perforation oder Eingangsstempel (EP- und PCT-Anmeldungen) und leiten sie ohne jede Prüfung an DPMA weiter. Rechtsverbindliche Eingangsbearbeitung obliegt ausschließlich DPMA. Anmeldungen, die ein Staatsgeheimnis enthalten können, dürfen nach § 34 (2) 2 nur bei DPMA eingereicht werden. Werden sie gleichwohl bei einem Informationszentrum eingereicht, erhalten sie als Anmeldetag erst den Tag des Eingangs bei DPMA. 60

Übersetzungen einer fremdsprachigen Anmeldung, die gemäß § 35a (1) grundsätzlich innerhalb von 3 Monaten nachgereicht werden müssen, dürfen ebenso wie sonstige Nachreichungen zu bereits anhängigen Anmeldungen *nicht* beim PIZ, sondern nur beim DPMA rechtswirksam eingereicht werden.[82] Fehlen Zeichnungen oder Beschreibungsteile nach § 35 (2) und (3) und werden diese nachgereicht, so verschiebt sich der Anmeldetag auf Tag des Eingangs der Zeichnungen beim DPMA (§ 35 (2) 2, s § 35 Rdn 41).

Verfahrenserklärungen (außer der Anmeldung) sowie **Zahlungsmittel** (insb Einzugsermächtigung) kann ein PIZ nicht mit der Wirkung entgegennehmen, dass sie mit dem Tage ihres dortigen Eingangs als abgegeben oder gezahlt gelten. Unterlagen, die nicht rechtswirksam bei PIZ eingereicht werden können, sind grundsätzlich mit Eingangsstempel des PIZ an Einsender zurück zu schicken, ggf sind rechtswirksam eingehende 61

---

79 Vgl Art 10 bis 14 Beschluss PräsEPA v 14.5.2021 ABl 21, A42.
80 Bekanntm BMJ v 5.10.2004 BGBl I 2599 (zuletzt geändert durch Bekanntmachung BMJV v 29.10.2020 BGBl I 2336).
81 S auch die Übersicht (Stand: 1.1.2021) in BlPMZ **21**, 30. Nicht mehr zur Entgegennahme von Schutzrechtsanmeldungen bestimmt sind die PIZ Bremen (s Mitt PräsDPMA Nr 5/20 v 17.11.2020 BlPMZ **20**, 357), Dortmund (s Mitt PräsDPMA Nr 9/18 v 14.12.2018 BlPMZ **19**, 27) und Nürnberg (s Mitt PräsDPMA Nr 4/17 vom 13.12.2017 BlPMZ **18**, 1).
82 Vgl MittDPMA Nr 4/06 BlPMZ **06**, 77, die die anders lautende MittDPMA Nr 9/99 BlPMZ **99**, 169 ersetzt hat.

Anmeldungen vorher abzutrennen und an DPMA weiterzuleiten. Leitet das PIZ treuhänderisch entgegen genommene Zahlungsmittel an DPMA weiter, wird Zahlung erst mit Eingang im DPMA wirksam. Wird dadurch eine Frist versäumt, kann ggfs Wiedereinsetzung gemäß § 123 oder im Erteilungsverfahren – bei Versäumung einer vom DPMA gesetzten Frist – Weiterbehandlung nach § 123a beantragt werden (s § 123a Rdn 11 ff).

62 **Übermittlung** der zugelassenen Unterlagen beim PIZ kann erfolgen durch persönliche Übergabe, Zusendung per Post oder Fax sowie durch Einwurf in den Nachtbriefkasten, der den Eingangstag registriert.

63 **6.3 EPA** ist keine Annahmestelle des DPMA. Die vom BPatG[83] als rechtswidrig betrachtete Verwaltungsvereinbarung zwischen EPA und DPMA über den Zugang von Schriftstücken und Zahlungsmitteln aus den Jahren 1981/1989[84] wird von DPMA (seit 1.3.2005) und EPA (seit 1.9.2005) nicht mehr angewendet. Dies bedeutet, dass Schriftstücke, die an das DPMA gerichtet sind, aber versehentlich beim EPA eingehen, zwar von diesem an DPMA weitergeleitet werden und umgekehrt.[85] Zugangstag ist aber jeweils der Tag des tatsächlichen Eingangs beim DPMA oder – bei versehentlich beim DPMA eingegangenen Schriftstücken – beim EPA (s auch Einl Rdn 71). Europäische Patentanmeldungen, die nach Art 75 (1) b) EPÜ iVm Art II § 4 (1) 1 IntPatÜG beim DPMA eingereicht werden (s Rdn 64), haben aber weiterhin dieselbe Wirkung wie bei Einreichung beim EPA.[86]

Der Einreichungstag beim EPA ist ferner maßgebend, wenn eine europ Anmeldung nach Art 135 EPÜ iVm Art II § 9 (1) IntPatÜG in eine nationale deutsche Anmeldung umgewandelt wird. Für die umgewandelte Anmeldung gilt nach Art 66 EPÜ der Anmeldetag der europ Anmeldung sowie eine in Anspruch genommene Priorität. Beim DPMA muss deutsche Übersetzung innerhalb von drei Monaten nach Aufforderung durch DPMA eingereicht werden (Art II § 9 (2) 1 IntPatÜG).

64 **6.4 Europäische Patentanmeldungen** können eingereicht werden bei den Annahmestellen des EPA[87] in München am Hauptsitz und im Dienstgebäude PschorrHöfe, in der Zweigstelle Den Haag und in der Dienststelle Berlin oder einem nationalen Patentamt eines Vertragsstaats oder einer anderen national hierzu ermächtigten Behörde (Art 75 (1) EPÜ). Zu diesen Behörden zählen nach Art II § 4 (1) 1 IntPatÜG iVm § 34 (2) auch diejenigen acht Patentinformationszentren, die auch zur Entgegennahme von nationalen Anmeldungen befugt sind (s Rdn 59). Nationale Vorschriften verlangen teilweise sogar zum Schutz von Staatsgeheimnissen, dass eine europäische Patentanmeldung nicht direkt beim EPA, sondern bei einer nationalen Behörde eingereicht wird.[88]

---

83 BPatG BlPMZ 05, 183.
84 BlPMZ **81**, 278 und **89**, 373 = ABl EPA **81**, 381 und **91**, 187.
85 S Hinweis DPMA BlPMZ 05, 145, MittDPMA Nr 23/05 BlPMZ 05, 273, MittEPA ABl EPA 05, 248.
86 MittDPMA Nr 3/06 BlPMZ 06, 77.
87 Beschluss PräsEPA v 3.1.2017 ABl **17**, A11; für Details über Erreichbarkeit der Annahmestellen s MittEPA ABl **18**, A18.
88 Vgl Goutorbe/Quiquerez EIPR **16**, 221 (für Frankreich).

6.5 PCT-Anmeldungen, für die DPMA Bestimmungsamt (Art III § 4 IntPatÜG) oder ausgewähltes Amt (Art III § 6 IntPatÜG) ist, können bei einem ausländischen Patentamt, das gemäß Art 10 PCT als Anmeldeamt tätig wird, eingereicht werden. Durch die Zuerkennung des Anmeldedatums gemäß Art 11 PCT hat die internationale Anmeldung die Wirkung einer vorschriftsmäßigen nationalen Anmeldung. Unterlagen zur Einleitung der nationalen Phase einer PCT-Anmeldung können nach Art 22 (1) PCT nur unmittelbar beim DPMA und nicht bei einem PIZ eingereicht werden, da anderslautende Regelung in Art III § 4 (2) IntPatÜG fehlt.

65

6.6 Empfangsbescheinigung *(filing receipt)* ist eine Urkunde, die vollen Beweis für den Eingang der darin aufgeführten Schriftstücke erbringt.[89] Das gilt auch dann, wenn das Fehlen von Anlagen der Anmeldung erst nach Ausstellung der Bescheinigung durch die Dokumentenannahme festgestellt wird.[90] Bei Schutzrechtsanmeldungen übermittelt DPMA nach § 8 (2) DPMAV unverzüglich Empfangsbescheinigung mit Bezeichnung des Schutzrechts, Aktenzeichen und Tag des Eingangs. Bei Verwendung des vorgeschriebenen Formblatts P 2007 kann außerdem durch Dokumentenannahme Eingang oder Fehlen von Anlagen vermerkt werden. Die Empfangsbescheinigung des EPA umfasst nach R 35 (2) EPÜ zumindest die Angabe der Nr der Anmeldung, der Art und Zahl der Unterlagen und des Tags ihres Eingangs.

66

Empfangsbestätigung für elektronische Anmeldungen erteilt DPMA per E-Mail. Sie hat die gleiche Beweiskraft wie eine schriftliche Empfangsbescheinigung für eine Anmeldung in Papierform. Nach Eingang wird zunächst Benachrichtigung über Erhalt der Anmeldung versandt. Nach positiver Prüfung wird Empfangsbestätigung mit Dokumentenreferenznummer und Eingangstag mit Uhrzeit bei Virtueller Poststelle (VPS) an Anmelder versandt.

67

7 Name des Anmelders *(name of the applicant)*

muss die Anmeldung enthalten (§ 34 (3) Nr 1 PatG, § 4 (2) Nr 1 a und b PatV, R 41 (2) c) EPÜ). Enthält die Anmeldung Angaben, die die Person des Anmelders ausreichend identifizieren und daher einen Anmeldetag wirksam begründen (R 40 (1) b EPÜ, s dazu § 35 Rdn 17), so können die vollständigen Angaben, die nach § 4 (2) Nr 1 PatV und R 41 (2) c) EPÜ erforderlich sind, ohne Rechtsverlust nachgebracht werden.

68

Berichtigung eines versehentlich falsch genannten Anmelders (zB Arbeitgeber statt Arbeitnehmererfinder) ist möglich, wenn der ungewollte Fehler dem Patentamt nachgewiesen wird[91] und die vorhandenen Angaben den gewollten Anmelder erkennen lassen (s auch Rdn 13).

69

8 Erteilungsantrag *(request for grant)*

ist die prozessuale Erklärung, für eine bestimmte Erfindung, die durch die jeweils geltenden Patentansprüche definiert ist, ein Patent erhalten zu wollen.[92] Die Anmel-

70

---

89 BPatGE 28, 109; BPatG BlPMZ 01, 153.
90 BPatG BlPMZ 01, 153; J 0020/85 ABl 87, 102.
91 BPatG v 6.9.2007 10 W (pat) 58/03 BeckRS 07, 16476; J 0018/93 ABl 97, 326; J 0017/96 ABl 97 SonderA 93.
92 Vgl BPatGE 23, 48, 51 (Gbm).

dung muss einen solchen Antrag enthalten (§ 34 (3) Nr 2 PatG, § 4 (2) Nr 3 PatV, Art 78 (1) a) EPÜ und R 41 (2) a) EPÜ). Ist erkennbar, dass Schutz durch ein Patent gewünscht wird, ist also die Mindestanforderung für die Zuerkennung eines Anmeldetages erfüllt (s dazu § 35 Rdn 18), so können weitere Erfordernisse des § 4 PatV und der R 41 EPÜ ohne Rechtsverlust nachgeholt werden.

Formblatt (*form*) ist für Erteilungsantrag zu verwenden **a)** P 2007 vor **DPMA** gemäß § 4 (1) PatV für schriftliche Anmeldungen,[93] P 2007E für elektronische Anmeldungen mit DPMAdirekt,[94] DE/P2007E für elektronische Anmeldungen mit für DE-Anmeldungen bestimmter EPA-Software; **b)** Form 1001 **vor EPA** für schriftliche Anmeldungen gemäß R 41 (1) EPÜ,[95] EP1001E für elektronische Anmeldungen über EPA-Software,[96] EP1001E für elektronische Anmeldungen mit DPMAdirekt-Software des DPMA.

71   **Haupt- und Hilfsantrag** sind für den Erteilungsantrag zulässig. Vgl dazu Einl Rdn 206.

72   **8.1 Bezeichnung der Erfindung** (*title of the invention*) muss der Erteilungsantrag enthalten (§ 34 (3) Nr 2 PatG, § 4 (2) Nr 2 PatV, R 41 (2) b) EPÜ). Sie muss kurz, genau und technisch sein. Sie soll eine möglichst konkrete Vorstellung vom Gebiet der Erfindung und ihrem Wesen vermitteln,[97] darf also keine Phantasie- oder Handelsbezeichnungen, Eigennamen, Marken, nichtssagende, irreführende oder rein werbende Angaben enthalten (§ 5 (1) 3 PatV). Die Bezeichnung der Erfindung im Antrag ist nach § 10 (1) PatV als Titel der Beschreibung zu verwenden und stellt daher einen Teil der Beschreibung dar.[98]

73   **Änderung der Bezeichnung** (*amendment of the title*) bedarf der Zustimmung des Anmelders.[99] Besteht er auf einer unzulässigen Bezeichnung, ist die Anmeldung zurückzuweisen. EPA ändert eine ungeeignete Bezeichnung von Amts wegen und unterrichtet darüber den Anmelder erst mit der Mitteilung der Veröffentlichungsnummer.[100] Anmelder kann dann im Prüfungsverfahren eine Änderung beantragen.

74   **8.2 Änderung des Antrags** (*amendment of the request for grant*) ist im Laufe des Erteilungsverfahrens jederzeit zulässig, zB um einem Stand der Technik Rechnung zu tragen. Beschränkt der Anmelder seinen Erteilungsantrag, so gibt er damit die verfahrensrechtliche Erklärung ab, mit einer eingeschränkten Patenterteilung einverstanden zu sein.[101] Daran ist er erst gebunden, wenn antragsgemäß ein Patent erteilt wurde (Zäsurwirkung der Patenterteilung).

---

93   BlPMZ **12**, 194; download unter http://www.dpma.de/docs/service/formulare/patent/p2007.pdf.
94   Download unter https://www.dpma.de/service/elektronische_anmeldung/dpmadirekt/index.html.
95   http://www.epo.org.
96   http://www.epoline.org/portal.
97   Vgl BPatG GRUR **78**, 633.
98   BPatG v 5.3.2020 7 W (pat) 1/19 BlPMZ **20**, 256.
99   BPatG v 5.3.2020 7 W (pat) 1/19 BlPMZ **20**, 256.
100 MittEPA ABl **91**, 224; EPA-Richtl A-III 7.2.
101 So auch Kraßer GRUR **85**, 689, 694; Rogge Mitt **98**, 201, 202.

Art 84 EPÜ Patentanspruch/patent claim § 34

Vor Erlass des Patenterteilungsbeschlusses kann der Anmelder seinen Erteilungsantrag, den er früher beschränkt hatte, im Rahmen seiner ursprünglichen Offenbarung wieder erweitern. Daran wäre er nur gehindert, wenn er vorher ausdrücklich einen bindenden Verzicht auf weitergehenden Schutz erklärt hätte. Eine solche Verzichtserklärung ist aber im Erteilungsverfahren höchst selten. Zum Verzicht vgl Rdn 431 ff. 75

Nach der antragsgemäßen Patenterteilung kann das Ziel der Erweiterung des Erteilungsantrags nicht mehr erreicht werden, weil eine Beschwerde mangels Beschwer unzulässig wäre. 76

9 Patentanspruch *(claim)*

§ 34 (3) Nr 3 und Art 84 EPÜ 77

Lit: Hartig PatBl 1881, 136; ZfIndustrierecht 1915, 84; Dreiss in FS Beier 1996, 19; Meier-Beck in FS Ullmann 2006, 495; **Schickedanz:** Die Formulierung von Patentansprüchen 2. Aufl 2009; **Reich:** Gestaltung und Änderung europäischer Patentansprüche 2009; **Rosenberg:** Patent Application Drafting 2012; **Wäcklerlin et al:** A-Book – How to draft claims and the introductory part of a patent application and pass paper A of the EQE 2. Aufl 2019; **Cronin:** Drafting & Amendment of European Patents 2. Aufl 2016; **Stamm:** Vektorstruktur im EPÜ 2. Aufl 2019.
Lit in ABl: Nuss, Pumfrey, Barbuto 01 SonderA Nr 2 S 66, 82, 94; Young 03 SonderA 20; Fysh 03 SonderA 44; Scuffi 03 SonderA 60; **Lit in EIPR:** Wibbelmann 97, 515; Robin Jacob 99, 40; **Lit in epi-information:** Huygens 96, 86; Beetz 97, 120; **Lit in GRUR:** Flad 94, 478; von Hellfeld 98, 243; Keukenschrijver 01, 571; Anders 01, 867; Meier-Beck 01, 967; Häußler 13, 1011; Keussen 14, 132; Engel 21, 174; **Lit in GRUR Int:** Ford 85, 249; Brandi-Dohrn 95, 541; Schrell 10, 363; Sharples/ Kendall-Palmer 13, 599; **Lit in IIC:** Brandi-Dohrn 94, 648; Robin Jacob 96, 170; Yin Xin Tian 98, 139; **Lit in Mitt:** Poth 91, 225; Kurig 96, 13; König 97, 62; Bösl 97, 174; Breuer 98, 340; Wolfram 03, 57; Schwarz 10, 57; Féaux de Lacroix 11, 49; Einsele 14, 249; Schneider 16, 49; Baldus 18, 261.

9.1 Bedeutung: Der Patentanspruch hat die Aufgabe, eindeutig anzugeben, was als patentfähig unter Schutz gestellt werden soll. Nur der Gegenstand, der in den Patentansprüchen genannt ist, gehört zum Schutzbegehren, nicht auch solche Gegenstände, die in der Beschreibung erwähnt sind, aber von den Patentansprüchen nicht umfasst werden. Das folgt aus § 14 und Art 69 EPÜ. Danach wird der Schutzbereich des Patents und der Patentanmeldung durch den Inhalt der Patentansprüche bestimmt (s dazu § 14 Rdn 11 ff). Patentansprüche haben Rechtsnormcharakter.[102] Die Formulierung der Ansprüche bedarf daher großer Sorgfalt. Sie erfordert eine *Abwägung* der Interessen des Anmelders gegen die Interessen der Öffentlichkeit, da sie zwei Anliegen gerecht werden muss: 78

Angemessener und ausreichender Schutz für den Anmelder gegen die Benutzung der Erfindung durch Dritte, damit der Erfinder seinen Lohn für die Offenbarung seiner Erfindung so umfassend wie möglich gegenüber findigen Wettbewerbern erhält. Später im Verletzungsverfahren kann sich der Patentinhaber nicht darauf berufen, dass seine Erfindung eigentlich einen weitergehenden Schutz genieße, wenn dieser im Erteilungsverfahren nicht beantragt war.[103] Es ist daher legitim, wenn der Anmelder eine *möglichst allgemeine und abstrakte Fassung* der Ansprüche anstrebt, die natürlich durch 79

---

102 Ständige Rechtsprechung des BGH, s GRUR 10, 314 *Kettenradanordnung II* mwN; **15**, 868 *Polymerschaum II.*
103 BGH GRUR **92**, 305 (II5c) *Heliumeinspeisung.*

die ursprüngliche Offenbarung gedeckt sein und dem Stand der Technik Rechnung tragen muss.[104]

80 **Gebot der Rechtssicherheit** verlangt, dass der Adressat des Patents genau weiß, was er zu unterlassen hat, um das erteilte Patent zu respektieren. Im Interesse der Allgemeinheit müssen daher die Ansprüche so präzise wie möglich abgefasst sein. Eine *Verallgemeinerung* darf nicht dazu führen, dass ein Dritter nicht mehr exakt feststellen kann, was Gegenstand des Patents ist.

81 **9.2 Form der Ansprüche** *(wording of the claims)*: Für die Abfassung der Ansprüche kann die *einteilige oder die zweiteilige Anspruchsfassung* verwendet werden.
Beispiel einer zweiteiligen Fassung:[105]
Sack zum Transport von Wäsche zu Wasch- oder Reinigungseinrichtungen, der an seinem einen Ende offen, an dem anderen Ende geschlossen ist, dadurch gekennzeichnet, dass der Sack aus einer trapezförmigen Stoffbahn mit sich überlappenden Enden besteht.
Beispiel einer einteiligen Fassung:
1. Sack zum Transport von Wäsche zu Wasch- oder Reinigungseinrichtungen,
1.1 der an seinem einen Ende offen ist,
1.2 der an seinem anderen Ende geschlossen ist,
2. der aus einer Stoffbahn besteht,
2.1 die trapezförmig ist,
2.2 deren Enden sich überlappen.

82 Die beiden Fassungen unterscheiden sich nur dadurch, dass die zweiteilige Fassung im Oberbegriff (s Rdn 85) die Merkmale kennzeichnet, die zum Stand der Technik gehören, während die einteilige Fassung auf eine solche Kennzeichnung verzichtet. § 9 (1) PatV stellt die Wahl dem Anmelder frei, während nach R 43 (1) EPÜ und R 6.3 PCT die zweiteilige Fassung zu wählen ist, »wo es zweckdienlich ist«, nämlich wenn ein klar abgegrenzter Stand der Technik vorliegt, von dem sich der beanspruchte Gegenstand durch zusätzliche Merkmale unterscheidet.[106]
Die einteilige Fassung bietet gegenüber der zweiteiligen Fassung den Vorteil, dass die Erfindung in logischer Ordnung der Merkmale umschrieben werden kann. Technisch zusammengehörige Merkmale müssen – wenn sie teils bekannt, teils neu sind – zum Zwecke der Verteilung auf Oberbegriff und kennzeichnenden Teil nicht auseinandergerissen werden. Die einteilige Fassung führt daher zu übersichtlicheren Ansprüchen und vermeidet eine das Verständnis beeinträchtigende Wiedergabe der Erfindung. Daher kann auch im Einspruchs- oder Nichtigkeitsverfahren die zweiteilige in die einteilige Fassung umformuliert werden.[107]

---

104 GrBK G 0001/98 ABl 00, 111 (Nr 3.1 Abs 2) *transgene Pflanze/NOVARTIS II.*
105 Nach Windisch GRUR **78**, 386; weitere Beispiele bei Meier-Beck in GRUR **01**, 967 und VPP-Rundbrief **02**, 82.
106 T 0013/84 ABl **86**, 253; T 0162/82 ABl **87**, 533 (Nr 18); vgl T 0735/89 v 9.1.1992 BeckRS **92**, 30631828.
107 BGH GRUR **81**, 190 (V) *Skistiefelauskleidung*; T 0170/84 ABl **86**, 400.

Zweiteilige Anspruchsfassung ist *nicht zweckdienlich*, a) wenn ein irreführendes Bild von der Erfindung oder dem Stand der Technik[108] vermittelt würde; b) bei der erfinderischen Kombination bereits bekannter gleichberechtigter Merkmale;[109] c) bei der Abänderung eines bekannten chemischen Verfahrens; d) bei der erfinderischen Veränderung von Teilen eines komplexen Systems; e) für Erfindungen neuer chemischer Verbindungen; f) wenn sie zu komplexen Formulierungen führen würde, die Deutlichkeit und Knappheit beeinträchtigen;[110] g) wenn eine ältere Anmeldung gemäß § 3 (2) und Art 54 (3) EPÜ zum Stand der Technik gehört[111] (s Rdn 95).

9.2.1 Einteilige Fassung des Patentanspruchs *(one part-claim)* gliedert die Merkmale der Erfindung entsprechend ihrer technologischen Zusammengehörigkeit *(Merkmalsanalyse)*, ohne dabei zu unterscheiden, ob die Merkmale dem Stand der Technik angehören oder nicht. Der Stand der Technik wird dann gemäß § 10 (2) Nr 2 PatV und R 42 (1) b) EPÜ nur in der Beschreibung genannt. Außer der Angabe der Entgegenhaltungen sind dort auch die bekannten Merkmale der Erfindung, die sich bei der einteiligen Fassung nicht aus dem Anspruch ergeben, zu benennen.[112] Ein zweiteiliger Anspruch kann jederzeit in die einteilige Fassung geändert werden, wenn diese besser geeignet erscheint.[113]

9.2.2 Zweiteilige Fassung des Patentanspruchs *(two-part-claim)* gliedert sich in Oberbegriff (Rdn 85) und kennzeichnenden Teil (Rdn 96).

9.2.2.1 Oberbegriff *(preamble)* dient dazu, die durch den Stand der Technik bekannten Merkmale der Erfindung aufzunehmen. Die *rechtliche Bedeutung des Oberbegriffs* besteht in der Mitteilung, dass die Merkmale des Oberbegriffs, die gleichzeitig Merkmale der Erfindung sind, in einer Entgegenhaltung des Standes der Technik vorkommen.[114] Mit der Gliederung in Oberbegriff und kennzeichnenden Teil soll die mögliche Tragweite des Anmeldungsgegenstandes aus der Sicht des Anmelders verdeutlicht werden.[115] Dies kann bei der Anspruchsauslegung zu berücksichtigen sein (s Rdn 96).[116] Die bloße Aufnahme eines Merkmals aus dem kennzeichnenden Teil in den Oberbegriff stellt keine *Beschränkung des Schutzbereichs* dar.[117] Dieser richtet sich ebenso wie die Prüfung auf Patentfähigkeit (s Rdn 98) nach der Gesamtheit der Merkmale in Oberbegriff und kennzeichnendem Teil.[118]

a) Voraussetzungen für die Bildung des Oberbegriffs

aa) Die Merkmale dürfen nicht neu sein. Nur Merkmale, die aus dem Stand der Technik bekannt sind, gehören in den Oberbegriff. Daher keine Aufnahme eines »internen

---

108 T 0137/86 und T 0278/86 EPOR **88**, 187 u **87**, 299.
109 EPA-PrüfRichtl F-IV 2.3.
110 T 0170/84 ABl **86**, 400; T 0350/93 ABl **95** SonderA 56; T 0015/86 EPOR **87**, 291.
111 EPA-PrüfRichtl F-IV 2.3.1.
112 BPatGE **38**, 17.
113 ZB im Nichtigkeitsverfahren: BGH GRUR **81**, 190 *Skistiefelauskleidung*.
114 T 0850/90 ABl **93** SonderA 49.
115 BGH GRUR **86**, 237, 238 lSp *Hüftgelenkprothese*.
116 BGH v 27.11.2018 GRUR **19**, 419 *Scheinwerferbelüftungssystem*.
117 Das sah früher § 4 (1) Nr 1 PatAnmVO v 29.5.1981 vor, BlPMZ **81**, 229.
118 BGH GRUR **64**, 196 (I3b) *Mischmaschine I*.

Standes der Technik«,[119] der nur dem Anmelder, aber nicht der Öffentlichkeit zugänglich ist. Eine sprachliche Übereinstimmung von Merkmalen genügt nicht, sie müssen auch der gleichen technischen Funktion dienen.[120]

87 bb) Die Merkmale müssen in Verbindung miteinander zum Stand der Technik gehören, denn im Oberbegriff kann nicht mosaikartig ein künstlicher Stand der Technik gebildet werden. Das ergibt sich für das europ Recht ausdrücklich aus R 43 (1) a) EPÜ und folgt für das deutsche Recht aus dem Grundsatz des Einzelvergleichs bei der Neuheitsprüfung (s § 3 Rdn 138). Daher müssen die Merkmale des Oberbegriffs folgende Voraussetzungen erfüllen:

88 i) *Die Merkmale müssen aus einer einzigen Entgegenhaltung bekannt sein*, dh der Oberbegriff darf grundsätzlich nicht aus Merkmalen verschiedener Entgegenhaltungen gebildet werden, zB aus zwei unterschiedlichen schriftlichen Beschreibungen oder aus einer schriftlichen Beschreibung und zusätzlich aus den Merkmalen einer mündlichen Beschreibung oder einer offenkundigen Vorbenutzung.

89 Ausnahmen sind denkbar: a) wenn die formal getrennten Entgegenhaltungen materiell als eine einheitliche Entgegenhaltung gewertet werden können, zB wenn eine Entgegenhaltung durch gezielte Verweisung zum Inhalt einer anderen Entgegenhaltung gemacht wird; b) wenn nicht ausdrücklich erwähnte Merkmale für den Fachmann durch die Entgegenhaltung implizit mit offenbart sind oder sich auf Grund seines allgemeinen Fachwissens ergeben.

90 ii) *Die Relation der Merkmale zueinander muss offenbart sein*, und zwar durch die einzelne Entgegenhaltung aus der Sicht des Fachmanns. Eine Kombination oder eine bestimmte Auswahl von Merkmalen aus einer Entgegenhaltung (zB aus verschiedenen Ausführungsbeispielen) darf nur dann in den Oberbegriff aufgenommen werden, wenn gerade diese Kombination[121] oder diese Auswahl durch die Entgegenhaltung selbst offenbart ist.

91 cc) Die Merkmale des Oberbegriffs müssen auch Merkmale der Erfindung sein. Der Oberbegriff dient als Teil des Patentanspruchs dazu, die beanspruchte Erfindung zu definieren und nicht etwa einen nächstliegenden oder einen besonders geeigneten Stand der Technik zu zitieren. Der Oberbegriff darf daher keine Merkmale enthalten, die für die Definition der Erfindung, für die Schutz begehrt wird, nicht notwendig sind. Daraus folgt, dass eine Entgegenhaltung zur Bildung des Oberbegriffs dann nicht herangezogen werden kann, wenn sie teils Merkmale der Erfindung und teils weitere Merkmale enthält, die für die Festlegung des Gegenstands der Entgegenhaltung notwendig, für die Definition der beanspruchten Erfindung aber nicht notwendig sind.[122] Gegen den Willen des Anmelders kann daher nicht verlangt werden, dass in den Oberbegriff eine Entgegenhaltung aufgenommen wird, die mit der beanspruchten Erfindung

---

119 T 0106/81 ABl **82**, 183 (Nr 2.3).
120 BPatGE **23**, 2.
121 T 0004/83 ABl **83**, 498 (Nr 5).
122 T 0013/84 ABl **86**, 253.

zwar enge Berührungspunkte aufweist, die ihr aber Merkmale hinzufügt, auf die es nach dem Schutzbegehren nicht ankommt.[123]

b) **Auswahl der Entgegenhaltung für den Oberbegriff** erfolgt nach objektiven Gesichtspunkten. Gibt es mehrere Entgegenhaltungen, die die Voraussetzungen für die Bildung des Oberbegriffs erfüllen (s Rdn 86), so ist die zu wählen, die objektiv mit den Merkmalen des Schutzbegehrens die größte Gemeinsamkeit hat, zB sich mit der gleichen Aufgabe wie die Erfindung befasst. 92

Der Anmelder hat keinen Anspruch darauf, den Oberbegriff mit einer zwar geeigneten, aber weiter abliegenden Entgegenhaltung zu bilden. Dadurch könnte der irreführende Eindruck in der Öffentlichkeit erweckt werden, die Erfindung habe im Verhältnis zum Stand der Technik einen größeren Abstand, als er ihr in Wahrheit zukommt. 93

Weigert sich der Anmelder, die objektiv geeignetste Entgegenhaltung für die Bildung des Oberbegriffs zu verwenden, so muss auf die zweiteilige Fassung des Patentanspruchs verzichtet werden und die einteilige Fassung, die keinen Hinweis auf den Stand der Technik enthält, verwendet werden. Stimmt der Anmelder der einteiligen Fassung nicht zu und beharrt er auf einer Fassung des Oberbegriffs der zweiteiligen Fassung, die hinsichtlich der Tragweite des Anspruchsgegenstands missverständlich ist, muss die Anmeldung zurückgewiesen werden. Denn der Anmelder ist nicht zu einer Fassung des Patentanspruchs berechtigt, die offensichtlich nicht sachgerecht ist oder den Gegenstand des Schutzbegehrens nicht zutreffend erkennen lässt. 94

Ältere nachveröffentlichte Anmeldungen iSd § 3 (2) und des Art 54 (3) EPÜ kommen für die Bildung des Oberbegriffs nicht in Betracht, da sie nur bei der Neuheitsprüfung, nicht aber bei der Prüfung auf erfinderische Tätigkeit (§ 4 S 2 u Art 56 S 2 EPÜ) in Betracht zu ziehen sind.[124] 95

9.2.2.2 Kennzeichnender Teil des Patentanspruchs (*characterising portion of a claim*): Im kennzeichnenden Teil werden nach dem Oberbegriff (Rdn 85) eingeleitet durch die Worte »dadurch gekennzeichnet, dass« (*characterised in that*) oder »gekennzeichnet durch« (*characterised by*) die Merkmale der Erfindung angegeben, für die iVm dem Oberbegriff Schutz begehrt wird. 96

Da der Oberbegriff die bekannten Merkmale der Erfindung enthält, sind im Kennzeichen die neuen Merkmale der Erfindung aufzunehmen, also die Merkmale, die Gegenstand der Technik, von dem die Erfindung ausgeht, nicht aufweist. Aus einer zutreffenden Verteilung der Merkmale ergibt sich die Bedeutung der Erfindung im Verhältnis zum Stand der Technik. Bei der Auslegung des Patentanspruchs ist daher den Merkmalen des kennzeichnenden Teils im Zweifel kein Verständnis beizumessen, demzufolge diese sich in demjenigen Stand der Technik wiederfinden, von dem sie sich 97

---

123 BGH GRUR 86, 237 *Hüftgelenkprothese*.
124 BGH GRUR 86, 237 (II1) *Hüftgelenkprothese*; EPA-PrüfRichtl F-IV 2.3.1; BPatGE 27, 17; aA 11, 183; 27, 179.

gerade unterscheiden sollen.[125] Die Verteilung kann jederzeit den objektiven Erfordernissen entsprechend geändert werden,[126] da weder Anmelder noch Patentamt an die einmal gewählte Verteilung gebunden sind. Nach der Patenterteilung wird die Verteilung idR nur geändert, wenn der Wortlaut des Anspruchs infolge beschränkter Aufrechterhaltung des Patents ohnehin modifiziert werden muss.

98   9.2.3 **Prüfung auf Patentfähigkeit:** Grundlage für die Prüfung ist nicht der Wortlaut (*wording*), sondern der Inhalt (*substance*) eines Anspruchs.[127] Dazu bedarf es der Ermittlung der Erfindung, die dem Anspruch zugrunde liegt. Dem Ergebnis dieser Prüfung ist der Wortlaut des Anspruchs anzupassen, also enger oder weiter zu fassen.

99   Auszugehen ist von der *Gesamtheit aller Merkmale* in Oberbegriff und Kennzeichen.[128] Bei der Prüfung auf erfinderische Tätigkeit[129] oder der Technizität einer Erfindung[130] sind auch die Merkmale im Oberbegriff zu berücksichtigen, die die Patentfähigkeit begründen können.[131] Eine unterschiedliche Verteilung auf Oberbegriff und Kennzeichen ist daher insoweit bedeutungslos[132] und darf nicht zu einer zergliedernden Auslegung führen, die den Sinngehalt des Patentanspruchs außer Betracht lässt.[133] Sie bindet weder den Anmelder noch das Patentamt – stellt also keinen Verzicht dar – und kann daher jederzeit der objektiven Sachlage entsprechend geändert werden.[134] Der Anmelder ist nicht verpflichtet, ein konkretes Merkmal aus dem Kennzeichen zusätzlich abstrakt in den Oberbegriff aufzunehmen.[135]

100 *Einspruchs- oder Nichtigkeitsgrund* ist eine unzutreffende Verteilung der Merkmale auf Oberbegriff und Kennzeichen nicht.[136] In einem Einspruchsverfahren kann die Verteilung der Merkmale auch nicht von Amts wegen geändert werden.

9.3 Formulierung der Patentansprüche[137] *(claim drafting)*

101 Die richtige Formulierung von Patentansprüchen, die der Erfindung gerecht werden, ist ebenso wie die Abfassung verständlicher Gesetze eine Kunst. Der Erfinder bedarf daher – damit er den gerechten Lohn für seine Offenbarung einer Erfindung erhält – der Unterstützung von Prüfer und Richter. Entscheidung und Verantwortung für die

---

125 BGH v 27.11.2018 X ZR 16/17 GRUR **19**, 491 *Scheinwerferbelüftungssystem*; v 2.3.2021 X ZR 17/19 GRUR **21**, 945 (Rn 22) *Schnellwechseldorn*; einschränkend BPatG v 28.1.2020 3 Ni 3/19 (EP) BlPMZ **21**, 67 L = GRUR-RS **20**, 12509.
126 T 0006/81 ABl **82**, 183.
127 GrBK G 0001/98 ABl **00**, 111 (Nr 3.1 Abs 2) *transgene Pflanze/NOVARTIS II*.
128 BPatGE **28**, 24; **29**, 131; T 0089/89 v 27.3.1990 BeckRS **90**, 30513826.
129 T 0850/90 ABl **93** SonderA 49.
130 BPatGE **31**, 200.
131 BGH GRUR **62**, 80 (II 3) *Rohrdichtung*; **81**, 736 (V2) *Kautschukrohlinge*.
132 BGH GRUR **94**, 357 *Muffelofen*; **11**, 129 *Fentanyl-TTS*; BPatGE **23**, 2, 7; **31**, 200.
133 BGH GRUR **11**, 129 *Fentanyl-TTS*.
134 T 0006/81 ABl **82**, 183.
135 BPatGE **29**, 32.
136 T 0099/85 ABl **87**, 413.
137 **Schickedanz:** Die Formulierung von Patentansprüchen 2. Aufl 2009; **Rosenberg:** Patent Application Drafting 2012; **Wäckerlin/Marsman:** A-Book – How to draft claims and the introductory part of a patent application and pass paper A of the EQE 2. Aufl 2019.

gewählte Formulierung trägt aber der Anmelder. Sie kann ihm DPMA und EPA nicht abnehmen (vgl Einl Rdn 117).[138]

Aus der Verwendung des Begriffs »angeben« (*define*) in § 34 (3) Nr 3 und Art 84 EPÜ folgt, dass die Ansprüche *grundsätzlich in Worten* abzufassen sind.[139] Dementsprechend sind bildliche Darstellungen oder Zeichnungen nach § 5 (1) 1 PatV und R 49 (9) 1 EPÜ nicht zugelassen. Doch Worte allein können – ihrem Wesen entsprechend – nicht immer einen technischen Sachverhalt so präzise abschließend definieren, dass keine Frage offen bleibt. Zur Interpretation der knappen Worte des Anspruchs dürfen daher Beschreibung und Zeichnung herangezogen werden (s Rdn 113). Diese dienen aber nur der Auslegung. Grundsätzlich muss ein Anspruch so formuliert sein, dass sein Inhalt aus sich heraus verständlich ist.[140] Daher sind *Bezugnahmen auf Beschreibung und Zeichnungen* grundsätzlich ausgeschlossen (s Rdn 131).

102

9.3.1 Wahl der Definition für ein Merkmal des Gegenstands der Erfindung im Anspruch steht nicht im freien Belieben des Anmelders.[141] Im Interesse der Öffentlichkeit ist vielmehr ein Merkmal *so klar wie möglich* zu kennzeichnen. Grundsätzlich ist daher die objektiv präziseste Form zu wählen. Voraussetzung ist, dass die Erfindung nicht ungerechtfertigt eingeschränkt wird[142] und die Gefahr einer unzulässigen Änderung der Anmeldung ausgeschlossen ist. Unter diesem Vorbehalt hat eine unmittelbare Kennzeichnung des Gegenstands Vorrang vor einer mittelbaren Umschreibung, so dass im Prinzip folgende Reihenfolge gilt:

103

i) **Angabe allgemein gebräuchlicher Begriffe**, die auf dem Fachgebiet anerkannt sind oder – wenn diese fehlen – von klar (in der Beschreibung) definierten neuen Begriffen.[143] In diesem Fall kann die Anmeldung ein *eigenes Lexikon* der gebrauchten Begriffe enthalten.[144]

104

Einheiten im Messwesen und chemische Formeln müssen § 2 (2) PatV entsprechen (vgl zur Identifizierung chemischer Stoffe § 1 Rdn 218 ff). Zu **Nukleotid- und Aminosäuresequenzen** s Rdn 472 ff. **Physikalische Größen** sind nach R 49 (10) EPÜ vorzugsweise nach dem metrischen System unter Verwendung der SI-Einheiten[145] anzugeben. Werden andere Angaben verwendet (zB inch), so sind die anerkannten Einheiten (zB cm) zusätzlich anzugeben.

ii) **Angabe von Parametern**, die den sonst begrifflich nicht festlegbaren Gegenstand durch die ihm eigenen, zuverlässig feststellbaren Charakteristika kennzeichnen;[146] s dazu Rdn 139.

iii) **Angabe funktioneller Merkmale** siehe dazu Rdn 125.

---

138 Vgl GrBK G 0001/93 ABl 94, 541 (Nr 13 aE); BPatGE **16**, 30; 20, 33 (Gbm) **35**, 119, 122; BlPMZ **83**, 182.
139 BGH BlPMZ **78**, 260 *Brillenbügel*.
140 T 0002/80 ABl **81**, 431; T 0454/89 ABl **92** SonderA 42; EPA-PrüfRichtl F-IV 4.11.
141 T 0068/85 ABl **87**, 228 (Nr 8.4.2).
142 BGH Mitt **86**, 15 *Interferenzstromtherapiegerät*; T 0068/85 ABl **87**, 228 (Nr 8.4.2).
143 T 0299/86 EPOR **88**, 204. S auch Baldus Mitt **18**, 261.
144 Vgl BGH GRUR **99**, 909 *Spannschraube*.
145 SI = Système International d'Unités.
146 BGH GRUR **72**, 80 *Trioxan*; T 0094/82 ABl **84**, 75; T 0452/91 ABl **96** SonderA 39.

iv) **Angabe feststellbarer Werte**, die sich erst aus der Anwendung des Gegenstands ergeben.[147]
v) **Angabe des Herstellungsverfahrens** (*product-by-process* siehe Rdn 149) oder der zur Herstellung benutzten Vorrichtung (*product-by-apparatus*)[148] zur Definition eines Erzeugnisses.
vi) **Hinterlegung biologischen Materials** s Rdn 478 ff.

105 **Prüfung der objektiv richtigen Kennzeichnung** erfolgt im Erteilungsverfahren vor DPMA und BPatG jederzeit von Amts wegen. Nach Patenterteilung wird dagegen im Einspruchs- und Nichtigkeitsverfahren eine klarstellende Änderung nur vorgenommen, wenn der Anspruch aus anderen Gründen, zB Beschränkung gegenüber dem Stand der Technik, geändert werden muss.

Die Möglichkeit einer präziseren Definition des Gegenstands des Patents ist kein Grund, ein Patent zu widerrufen.[149]

106 **9.3.2 Stützung durch die Beschreibung:**[150] Nach Art 84 EPÜ müssen die Patentansprüche von der Beschreibung gestützt werden. Dieses Erfordernis stellt sicher, dass Beschreibung und Ansprüche sich auf dieselbe Erfindung beziehen. Das gleiche Erfordernis ergibt sich für deutsche Anmeldungen aus § 10 (2) Nr 4 PatV. Danach ist in der Beschreibung die Erfindung anzugeben, »für die in den Patentansprüchen Schutz begehrt wird«.

107 Entsprechend der unterschiedlichen Funktion von Ansprüchen (= Angabe des Schutzbegehrens) und Beschreibung (= Darstellung der Erfindung im Einzelnen anhand von Aufgabe und Lösung und Stand der Technik) müssen beide nicht identisch sein. Der Anspruch kann enger sein, denn der Anmelder muss nicht alles beanspruchen, was er offenbart hat. Der Anspruch kann weiter sein, wenn er die beschriebene Erfindung zulässig verallgemeinert.

108 Dass die beanspruchte Erfindung eine angemessene Basis in der Beschreibung finden muss, dient im Grunde der Klarheit des Schutzbereichs; denn wenn Ansprüche und Beschreibung nicht übereinstimmen, können sich Zweifel über den Umfang des Patents ergeben. Deshalb müssen alle für die Erfindung wesentlichen Merkmale, die für ihre Ausführung unerlässlich sind, im Anspruch enthalten sein. Sind keine Zweifel zu befürchten, können die Ansprüche allgemeiner, abstrakter oder prinzipieller gefasst sein als die ausführliche und detaillierte Beschreibung.

109 **Ausreichende Stützung durch die Beschreibung besteht:** wenn im Vorrichtungsanspruch ein Verfahrensmerkmal zum möglichst effizienten Betrieb der Vorrichtung fehlt;[151] wenn der Anspruch nicht alle Einzelheiten der Offenbarung enthält;[152] wenn ein Anspruch alternative Lösungen umfasst, die in der Beschreibung nicht genannt

---

147 BGH BlPMZ **83**, 50 *Prüfkopfeinstellung*; **84**, 211 (4c) *optische Wellenleiter*; BPatG BlPMZ **85**, 193; T 0841/95 ABl **97** SonderA 46.
148 BGH BlPMZ **79**, 351 *Farbbildröhre*.
149 BGH BlPMZ **97**, 398 *Polyäthylenfilamente*.
150 Lit in IIC: Kadota IIC **12**, 333 (zur Rechtslage in JP); Brunner/Teschemacher **12**, 390.
151 T 0435/89 ABl **93** SonderA 49.
152 T 1055/92 ABl **95**, 214; T 0061/94 ABl **97** SonderA 47.

sind, die aber ein Fachmann erkennt;[153] wenn eine Erfindung durch funktionelle Merkmale (s Rdn 125) oder Parameter (s Rdn 139) gekennzeichnet ist, die in der Beschreibung näher erläutert werden; wenn nur die Beschreibung die Herstellung des beanspruchten Erzeugnisses enthält.[154]

Keine ausreichende Stützung durch die Beschreibung besteht: wenn ein objektiv wesentliches Merkmal der Erfindung, das in der Beschreibung dargestellt ist, im Anspruch fehlt;[155] wenn die Beschreibung nicht die Ausführbarkeit der Erfindung im gesamten beanspruchten Bereich ergibt.[156]   110

9.3.3 Deutlichkeit, Klarheit und Knappheit: Entsprechend der Aufgabe des Patentanspruchs, für Dritte deutlich anzugeben, was als patentfähig unter Schutz gestellt ist, müssen die Ansprüche klar und knapp formuliert sein. Dieser allgemeine Grundsatz ist in Art 84 S 2 EPÜ ausdrücklich erwähnt. Danach müssen Ansprüche *deutlich (clear)* und *knapp (concise)* gefasst sein. Diese Forderung ergibt sich für deutsche Anmeldungen auch aus § 9 (4) PatV; danach sind nur die *wesentlichen* Merkmale der Erfindung anzugeben. Ob mangelnde Klarheit eines Anspruchs einen Zurückweisungsgrund bildet, ist allerdings in der jüngeren Rechtsprechung des BPatG strittig geworden.[157]   111

Aus der Forderung nach Klarheit folgt, dass der Anspruch den *Gesetzen der Logik*[158] entsprechen und *frei von Widersprüchen* sein muss. Widerspruchsfrei muss ein Anspruch in sich selbst und gegenüber der Beschreibung[159] sein. Der Gegenstand eines Anspruchs kann zwar geringer oder weiter sein als der beschriebene, er darf aber nicht im Gegensatz zum beschriebenen stehen, weil dann für den Adressaten nicht mehr ausreichend klar ist, was unter Schutz gestellt sein soll. Um solche Unklarheiten zu vermeiden, bestimmen § 5 (2) PatV und R 49 (11) EPÜ, dass in der gesamten Anmeldung, also auch in Anspruch und Beschreibung, eine *einheitliche Terminologie* zu verwenden ist.   112

Ob ein Anspruch ausreichend klar ist, richtet sich letztlich nach dem Verständnis des Fachmanns, an den sich der Anspruch wendet.[160] Zur Klärung des objektiven Inhalts eines Anspruchs können in analoger Anwendung von § 14 und des Art 69 EPÜ[161] *zur Auslegung Beschreibung und Zeichnungen* herangezogen werden,[162] um etwaige   113

---

153 T 0484/92 ABl 95 SonderA 52.
154 T 0094/82 ABl 84, 75.
155 T 0133/85 ABl 88, 441; T 0409/91 ABl 94, 653; T 0939/92 ABl 96, 309.
156 T 0659/93 ABl 95 SonderA 53; vgl T 0409/91 ABl 94, 653; T 0435/91 ABl 95, 188.
157 Vgl einerseits (bejahend) BPatG BlPMZ 14, 383; andererseits (verneinend) BPatGE 54, 222; 54, 238; BlPMZ 15, 380; 19, 367 (Zurückweisung aufgrund mangelnder Klarheit mit Art 20 GG unvereinbar!).
158 Daran fehlt es zB, wenn die Summe der angegebenen Anteile eines Ganzen nicht 100 % ergibt, T 0002/80 ABl 81, 431; T 0711/90 ABl 94 SonderA 58.
159 T 0409/91 ABl 94, 653.
160 BGH GRUR 90, 432 *Spleißkammer*; BGH v 21.10.2003 X ZR 198/99 BeckRS 04, 64 *Betriebsparameteranzeige*.
161 T 0002/88 ABl 90, 93 (Nr 4).
162 BGH BlPMZ 66, 76 (II3b aa) *Ferromagnetischer Körper*; T 0023/86 ABl 87, 316; T 0238/88 ABl 92, 709; T 0860/93 ABl 95, 47; abw: T 0454/89 ABl 92 SonderA 42.

Zweifel, wie der Anspruch zu verstehen ist, auszuräumen. Zur Klarheit der verwendeten Merkmale s Rdn 122 ff.

114 **Komplexität eines Anspruchs** (*complexity of a claim*) kann die Deutlichkeit und Klarheit beeinträchtigen, wenn die Formulierung des Anspruchs ein solches Ausmaß aufweist, dass ein Fachmann nicht mehr sicher sein kann, welche einzelnen Gegenstände unter den Anspruch fallen. Ist das aber nicht der Fall, verstößt auch ein besonders umfänglicher und komplexer Anspruch, dessen Verständnis zeitaufwändig ist, nicht gegen das Erfordernis der Deutlichkeit und Klarheit.[163] Die Schwierigkeit der Bearbeitung von Ansprüchen infolge ihrer Dimension ist kein Grund für ihre Zurückweisung.

9.3.4 Erfordernisse der Formulierung von Ansprüchen im Einzelnen

115 **9.3.4.1 Technische Merkmale** (*technical features*) sind ausschließlich zu verwenden, da Patente nur für technische Erfindungen erteilt werden (s § 1 Rdn 16). Das bestimmt R 43 (1) EPÜ ausdrücklich. Geeignet sind alle Merkmale, die einen technischen Tatbestand eindeutig definieren. *Fachbegriffe* sind in ihrer üblichen Bedeutung zu verwenden.[164]

116 Die *Breite eines Fachbegriffs* (*breadth of a term of art*) steht der Klarheit grundsätzlich nicht entgegen, sofern er – evtl im Lichte der Beschreibung – eindeutig ist.[165] Ein *ungebräuchlicher Fachbegriff* (*unusual term of art*) ist zulässig, wenn er in der Beschreibung klar definiert ist.[166] Trifft das nicht zu und fehlt es an einer allgemein anerkannten Bedeutung des verwendeten Begriffs, dann handelt es sich um ein nicht ausreichend klares technisches Merkmal.[167]

117 *Formeln*, die nicht als solche unter Schutz gestellt werden sollen, sondern physikalische oder chemische Tatbestände definieren, sind zulässig.[168]

118 *Nichttechnische Angaben* sind neben technischen Merkmalen zulässig, wenn sie gemeinsam die beanspruchte Erfindung definieren (s § 1 Rdn 59) oder wenn sie ausnahmsweise zum besseren Verständnis der Erfindung beitragen.[169] Sonst sind sie zu streichen, zB Angaben über kommerzielle Vorteile.

119 **9.3.4.2 Wesentliche Merkmale** (*essential features*) sind nach § 9 (4) PatV und R 43 (1) a) EPÜ im Anspruch anzugeben. Wesentlich sind alle Merkmale, die zur Festlegung des beanspruchten Gegenstands der Erfindung notwendig sind, also sämtliche Merkmale, die für einen Fachmann erforderlich sind, um die Erfindung ausführen zu können.[170] Der Anspruch muss die für die *Lösung der Aufgabe* notwendigen Merkmale

---

163 T 0574/96 ABl 00 SonderA 30: zulässig ein 20 Seiten umfassender Anspruch für chem Verbindungen; EPA T 1020/98 ABl 03, 533: Stoffanspruch definiert durch Markush-Formel und 3 disclaimer.
164 BPatGE 9, 6.
165 BPatGE 47, 163; T 0238/88 ABl 92, 709 (Alkyl); T 0456/91 ABl 95 SonderA 57 (Peptide).
166 T 0238/88 ABl 92, 709 (Nr 5.2).
167 T 0337/95 ABl 96, 628 für »Niederalkyl«; T 1129/97 ABl 01, 273.
168 BGH BlPMZ 84, 211 (II4b) *optische Wellenleiter*.
169 BPatGE 27, 58 (Algorithmus).
170 T 0032/82 ABl 84, 354 (Nr 15); T 0888/90 ABl 94, 162 (Nr 3.2); T 1180/14 v 13.4.2018 BeckRS 18, 14131 (in Abgrenzung zu T 2131/12 v 20.3.2018 BeckRS 18, 7415).

enthalten, darf sich also nicht in der Beschreibung des technischen Problems erschöpfen.[171] Der *Kern der Erfindung* muss für einen Fachmann ausreichend deutlich zu erkennen sein, also der *technische Beitrag gegenüber dem Stand der Technik (technical contribution to the art)* im gesamten beanspruchten Bereich.[172]

Der Anspruch ist aber *keine Detailanweisung*. Angaben über die konkrete Ausführung, Fertigungshinweise, Konstruktionsanweisungen,[173] nützliches Know-how, allgemeines Fachwissen gehören nicht in den Anspruch, sondern in die Beschreibung, es sei denn, gerade in diesen Erkenntnissen liegt der Sinn der Erfindung. 120

Da alle für die Erfindung notwendigen Merkmale im Anspruch enthalten sein müssen, sind unerlässliche Merkmale, die nur in der Beschreibung erwähnt sind, in den Anspruch aufzunehmen.[174] Dagegen sind ersichtlich nebensächliche, entbehrliche, unwesentliche oder gar überflüssige Angaben (*Überbestimmungen*),[175] die der präzisen Definition der Erfindung nicht dienen[176] oder sie beeinträchtigen, im Erteilungsverfahren zu streichen,[177] im Einspruchs- und Nichtigkeitsverfahren aber nur, wenn der Anspruch wegen einer notwendigen Beschränkung sowieso geändert werden muss. 121

9.3.4.3 Klare Merkmale *(clear features):*[178] Der Zweck des Anspruchs, die Öffentlichkeit präzise darüber zu informieren, was unter Schutz gestellt ist, erfordert es, dass klare technische Merkmale verwendet werden.[179] Nur ein Anspruch mit klaren Merkmalen kann den Schutzbereich eines Patents zuverlässig definieren,[180] so dass ein Dritter genau weiß, was er tun darf und zu unterlassen hat. Klar ist ein Merkmal, wenn es für einen Fachmann eindeutig verständlich ist. Dann besteht grundsätzlich keine Notwendigkeit, das vom Erfinder verwendete Merkmal durch einen möglicherweise noch präziseren Begriff zu ersetzen. Keinesfalls darf eine Patentverletzungsklage mit der Begründung abgewiesen werden, Angaben des Patentanspruchs seien unklar und ihr Sinngehalt unaufklärbar.[181] 122

Klarheit bejaht: 1. für **funktionelle Merkmale** s Rdn 125; 2. für **Mischformen** von Sach- und Verfahrensmerkmalen;[182] 3. für **Typenbezeichnungen** und **Handelsprodukte**, die wissenschaftlich nur unvollkommen zu beschreiben sind, aber allgemein zur 123

---

171 BGH GRUR 85, 31 *Acrylfasern*.
172 T 0409/91 ABl 94, 653; T 0435/91 ABl 95, 188 (Nr 2.2.1); T 0659/93 ABl 95 SonderA 53.
173 BGH GRUR 72, 707 (I3) *Streckwalze I*.
174 T 0805/93 ABl 98 SonderA 36; T 0133/85 ABl 88, 441; T 0622/90 ABl 92 SonderA 70; einschränkend BPatG Mitt 07, 557.
175 Vollrath GRUR 86, 507.
176 ZB »oder ähnliches« oder »und dergleichen«, weil damit nur pauschal auf nicht genannte Äquivalente verwiesen wird.
177 Vgl BPatGE 8, 15, 17.
178 S hierzu Bösl Mitt 97, 174.
179 Hingegen soll nach Auffassung von BPatGE 52, 100 Unklarheit von Anspruchsmerkmalen kein Zurückweisungsgrund sein; s Rdn 111.
180 GrBK G 0002/88 ABl 90, 93 (Nr 2) *Reibungsverringernder Zusatz/MOBIL OIL*.
181 BGH Mitt 09, 283 *Straßenbaumaschine*.
182 BPatGE 20, 12; 48, 196 (für Hardware- und Softwarekomponenten); Mitt 97, 368; T 0129/88 ABl 93, 598; T 0418/92 u T 0453/90 ABl 94 SonderA 54.

Kennzeichnung verwendet werden;[183] **4. für Wunschmerkmale** (*Desiderate*), zB in einer Richtung offene Parameter (»soweit als möglich über einem Mindestwert«);[184] **5. Kombination von Merkmalen ohne feste Obergrenze**, die aber in Abhängigkeit zueinander stehen, wie zB Härte und Schlagfestigkeit;[185] **6.** für »**bestehend aus**«, zB Vorrichtung bestehend aus Elementen a, b und c;[186] **7.** für den Begriff »**substituiert**«, der üblich »beliebig substituiert« bedeutet;[187] **8.** für **Begriffsbestimmungen**, die in der Beschreibung eindeutig definiert sind, auch wenn sie von der Fachliteratur abweichen;[188] **9.** für eindeutige und zuverlässig bestimmbare **Parameter eines chemischen Stoffes**, der sich nicht anders definieren lässt;[189] **10.** ausnahmsweise für eine **Bezugnahme auf die Zeichnung**, wenn die Art des Gegenstands nicht mit Worten beschreibbar ist, oder eine Bezugnahme auf die Beschreibung für die Messmethode eines Parameters;[190] **11.** für die Angabe des kennzeichnenden **Prinzips**, wenn danach der Fachmann die Erfindung verwirklichen kann;[191] **12.** für einen **breiten Fachbegriff** (»**Alkyl**«);[192] **13.** »**wasserlöslich**« zur Kennzeichnung von Erzeugnissen;[193] **14.** Definition einer Vorrichtung durch **Angabe ihres Verwendungszwecks**;[194] **15.** für Merkmal »**insecticidal activity**«.[195]

124   *Klarheit verneint:* **1.** wenn der Anspruch sich in einer **Umschreibung der Aufgabe** erschöpft;[196] **2.** für Zusammensetzungen, wenn die Summe der Anteile nicht 100 % ergibt;[197] **3.** für Ausdruck »**comprising substantially**«;[198] **4.** für **mehrdeutige oder vage Begriffe**, die keine allgemein anerkannte Bedeutung haben, wie »Niederalkyl«[199] oder wie »dünn, weit, stark«[200] oder wie »Funktion eines menschlichen Gewebeplasminogenaktivators«,[201] es sei denn, sie sind im Lichte der Beschreibung ohne weiteres verständlich; **5.** für **in Klammern gesetzte Ausdrücke** (zB »(Beton)formziegel«), sofern das nicht üblich ist (zB »(Meth)acrylat«);[202] **6.** für **unverständliche Begriffe**, die weder erläutert noch dem Fachmann bekannt sind;[203] **7.** für ein **fehlendes, zur Klarheit aber notwendiges Merkmal**;[204] **8.** für Parameter, die nicht objektiv definieren,

---

183   BPatG GRUR **78**, 707.
184   T 0487/89 EPOR **92**, 32.
185   T 0129/88 ABl **93**, 598.
186   BPatGE **38**, 122.
187   T 0939/92 ABl **96**, 309 (Nr 2.2.1).
188   BGH GRUR **84**, 425 (II3) *Bierklärmittel*.
189   T 0094/82 ABl **84**, 75.
190   EPA-PrüfRichtl F-IV 4.17.
191   BGH GRUR **80**, 849 (II5) *Antiblockiersystem*; T 0630/93 ABl **94** SonderA 52.
192   T 0238/88 ABl **92**, 709.
193   T 0860/93 ABl **95**, 47; T 0125/15 v 11.5.2017 BeckRS 17, 119453.
194   T 0841/95 ABl **97** SonderA 46.
195   T 0425/96 EPOR **02**, 45.
196   BGH GRUR **85**, 31 *Acrylfasern*.
197   T 0002/80 ABl **81**, 431; T 0711/90 ABl **94** SonderA 58.
198   T 0522/91 u T 0759/91 ABl **94** SonderA 53.
199   T 0337/95 ABl **96**, 628; T 1129/97 ABl **01**, 273.
200   EPA-PrüfRichtl F-IV 4.6.
201   T 0923/92 ABl **96**, 564 (Nr 25).
202   EPA-PrüfRichtl F-IV 4.18.
203   BPatG Mitt **82**, 75 (»Reinigungsabstand«).
204   T 0622/90 ABl **92** SonderA 70.

sondern von **menschlicher Einflussnahme** abhängen;[205] **9. für unbestimmte Angaben**, wenn sie auch aus dem Kontext nicht klar sind, s Rdn 136; **10.** wenn Anmeldung eine **unangemessen hohe Zahl von Ansprüchen** enthält, die Dritten eine genaue Bestimmung des Schutzbereichs nahezu unmöglich machen würde;[206] **11.** für das Merkmal »**als pharmazeutisches Produkt**« für ein Erzeugnis zur Definition eines pharmazeutischen Reinheitsstandards;[207] **12.** für das Merkmal »**im Wesentlichen rein**« *(substantially pure)*;[208] **13.** für bestimmte **Ausführungsform**, die in der Beschreibung nicht erläutert ist und die sich aus dem Funktionszusammenhang und Zweck der Erfindung nicht erschließt;[209] **14.** für das Merkmal »**unter Anwendung der Maximum-Likelihood-Theorie**«.[210]

9.3.4.4 Funktionelle Merkmale *(functional features)*[211] definieren eine Erfindung nicht mit körperlichen (strukturellen) Merkmalen, sondern durch die Angabe der erzielten Wirkung oder Eigenschaft. Mit solchen »*means-plus-function-Ansprüchen*« für Erzeugnisse oder »*step-plus-function-Ansprüchen*« für Verfahren werden alle Mittel in den Schutz des Patents einbezogen, die der Erzielung der gleichen Wirkung oder Eigenschaft dienen. Funktionelle Merkmale stellen also eine Verallgemeinerung einer konkret offenbarten Erfindung dar. Sie sind ein zusammenfassendes Merkmal für alle Mittel, die die gleiche Funktion erfüllen, mögen sie konkret genannt sein oder nicht.[212]

125

Voraussetzungen der Zulässigkeit funktioneller Merkmale: **a)** ausreichende Offenbarung einer technischen Lehre, deren Ausführung dem Fachmann ohne unzumutbaren Aufwand im gesamten Bereich der funktionellen Definition anhand des funktionellen Merkmals möglich ist;[213] **b)** Merkmal kann ohne unbillige Einschränkung der Erfindung objektiv nicht präziser umschrieben werden;[214] das funktionelle Merkmal kann auch belassen werden, wenn seine Verwirklichung für den Fachmann lediglich umständlicher als ein möglicherweise präziseres Merkmal ist;[215] **c)** Merkmal bezieht sich auf die Lösung einer Aufgabe, erschöpft sich also nicht in der Angabe des technischen Problems;[216] **d)** Stand der Technik lässt die Verallgemeinerung im gesamten Bereich des funktionellen Merkmals zu; dies setzt voraus, dass die Lösung dem vom StdT ausgehenden Fachmann im gesamten Bereich des funktionellen Merkmals nicht möglich gewesen wäre.[217]

126

---

205 T 0227/91 ABl **94**, 491 (Nr 3).
206 T 0079/91 ABl **93** SonderA 48 (10 unabhängige Ansprüche); T 0246/91 ABl **94** SonderA 57 (191 Ansprüche).
207 T 0226/98 ABl **02**, 498.
208 T 0728/98 ABl **01**, 319; s auch T 0971/10 v 25.8.2011 (»substantially circular«).
209 BGH v 21.10.2003 X ZR 198/99 BeckRS **04**, 64 *Betriebsparameteranzeige*.
210 BPatGE **48**, 143.
211 Lit: Ford GRUR Int **85**, 249 (= IIC **85**, 325); Esslinger Mitt **98**, 132.
212 T 0292/85 ABl **89**, 275 (Nr 3.1.2).
213 T 0435/91 ABl **95**, 188 (Nr 2.2.1); T 0694/92 ABl **97**, 408.
214 T 0068/85 ABl **87**, 228; T 0292/85 ABl **89**, 275 (Nr 3.1.2); T 0104/93 ABl **94** SonderA 56.
215 T 0893/90 ABl **94** SonderA 55; vgl T 0181/96 ABl **98** SonderA 37.
216 BGH GRUR **85**, 31 *Acrylfasern*.
217 Vgl zB BPatGE **32**, 25, 28.

127 *Zugelassene funktionelle Merkmale:* »in einer eine synergistische Herbizidwirkung erzeugenden Menge«,[218] »fettlösendes Lösungsmittel«, »Verbindung mit reaktivem Wasserstoffatom« oder »Befestigungsmittel«;[219] »gripping flanges being so dimensioned as to enable the device to be moved between two positions«;[220] »Vorspannung der Festigkeitsträger auf einen Wert, der zumindest der Zugbelastung der Gleiskette entspricht«;[221] Verfahrensangaben wie »verleimt«, »angeschweißt«, »vernickelt« oder Wirkungsangaben wie »drehbar«, »heizbar«;[222] »in Mengen, die gerade ausreichen, um die Blutung zu stillen«;[223] »capable of springing back to its original shape«;[224] »Folie, die für das durchtretende Licht farbverschiebend ist«;[225] DNA-Moleküle und Proteine, die durch strukturelle Beschränkungen und funktionelle Tests umschrieben werden.[226]

128 *Nicht zugelassene funktionelle Merkmale:* »Fasern mit einer Faserfestigkeit von mindestens 2 p/d tex«;[227] »Additiv, das ein Tensid in die hexagonale Phase überführen kann«;[228] »Übertragen in eine Zelle, so dass Expression des codierten Proteins in der Zelle feststellbar ist«.[229]

129 **9.3.4.5 Fakultative Merkmale** *(optional features)*[230] sind Merkmale, die für die beanspruchte Lehre nicht notwendig sind, sondern andere Merkmale beispielhaft erläutern. Sie gehören daher grundsätzlich in die Beschreibung und nicht in den Anspruch,[231] können aber Gegenstand eines nicht fakultativen Unteranspruchs sein. Optionale Merkmale bleiben bei der Prüfung der Patentfähigkeit außer Betracht,[232] und der Schutzbereich des Anspruchs wird durch sie nicht beschränkt.[233] Sie sind durch Ausdrücke wie »vorzugsweise«, »zweckmäßig«, »gegebenenfalls«, »eventuell«, »zB«, »insbesondere« gekennzeichnet. Deren Streichung macht das Merkmal zu einem notwendigen. Das ist nur zulässig, wenn damit der ursprüngliche Inhalt der Anmeldung nicht erweitert wird. Ein Patentanspruch, der ein Merkmal nur optional vorsieht, ist nicht ohne weiteres gleichbedeutend mit einer Abfolge von zwei Patentansprüchen,

---

218 T 0068/85 ABl **87**, 228 (Nr 8.3).
219 T 0068/85 ABl **87**, 228 (Nr 8.4.1).
220 T 0204/90 EPOR **92**, 382.
221 BPatG Mitt **77**, 133.
222 BPatGE **28**, 1, 2.
223 T 0893/90 ABl **94** SonderA 55.
224 T 0088/87 v 18.4.1989 BeckRS **89**, 30513591.
225 BGH BlPMZ **85**, 117 (II3) *Anzeigevorrichtung.*
226 T 0301/87 ABl **90**, 335. Zu monoklonalen Antikörpern s Marro/Boudau epi information 19/1, 37.
227 BGH GRUR **85**, 31 *Acrylfasern.*
228 T 0435/91 ABl **95**, 188.
229 T 0694/92 ABl **97**, 408 (Nr 18).
230 **Lit in Mitt:** Werner **78**, 226; **79**, 212, 215; Oettinger **79**, 51; s ferner Robin CIPA J **16**/10, 46 u epi information 16/4, 38.
231 BGH BlPMZ **54**, 24 *Mehrfachschelle.*
232 BGH v 13.9.2016 X ZR 64/14 GRUR **17**, 57 (Rn 9) *Datengenerator;* v 23.4.2020 X ZR 38/18 GRUR **20**, 974 (Rn 67) *Niederflurschienenfahrzeug;* v 22.9.2020 X ZR 172/18 GRUR **21**, 42 (Rn 33) *Truvada.*
233 BGH v 21.6.2011 X ZR 43/09 GRUR **11**, 1003 (Rn 18) *Integrationselement;* v 22.9.2020 X ZR 172/18 GRUR **21**, 42 (Rn 33) *Truvada;* EPA-PrüfRichtl F-IV 4.9.

von denen der erste einen bestimmten Gegenstand ohne das in Rede stehende Merkmal und der zweite denselben Gegenstand mit diesem Merkmal schützt.[234]

9.3.4.6 Alternative Merkmale *(alternative features)* kennzeichnen unterschiedliche Lösungen oder Ausführungsformen der gleichen erfinderischen Idee. Sofern sie das Erfordernis der Einheitlichkeit erfüllen, können sie nebeneinander in einem Anspruch oder getrennt in nebengeordneten Ansprüchen enthalten sein. Beeinträchtigen zu viele Alternativen in einem Anspruch die Klarheit, müssen sie auf mehrere Ansprüche verteilt werden.

9.3.4.7 Bezugnahmen auf Beschreibung und Zeichnungen *(references to the description or drawings)*: Bezugnahmen wie zB »wie unter I 2 beschrieben«, »wie in Figur 3 dargestellt«, »gemäß Beispiel 1«[235] oder »gemäß der Zeichnung«[236] sind nach § 9 (8) PatV, R 43 (6) EPÜ und Regel 6.2 PCT grundsätzlich unzulässig. Ausnahmen gelten, wenn eine Bezugnahme für eine präzise Anspruchsfassung unbedingt erforderlich ist. Ein solcher Ausnahmefall ist nur dann gegeben, wenn das Mittel der Sprache zur Kennzeichnung der technischen Merkmale objektiv nicht ausreicht oder zu einer kaum mehr verständlichen Fassung führt, nicht jedoch dann, wenn die Definition durch Worte lediglich umständlicher als der Verweis auf eine Zeichnung ist. Gibt es für ein Merkmal eine zutreffende verbale Entsprechung, ist diese zu wählen.[237]

Bezugnahme zugelassen: für Verweis auf Abbildungen von Spektren[238] oder auf graphische Darstellungen wie Diagramme oder Schaubilder;[239] **Bezugnahme nicht zugelassen:** für Verweisung auf chemische Strukturformeln,[240] für Verweisung auf »Verbindungen in den Beispielen 1–39«.[241]

9.3.4.8 Bezugnahmen auf anmeldungsfremde Dokumente *(references to other documents)*, zB auf Entgegenhaltungen,[242] ältere Anmeldungen oder ein Modell,[243] um damit ein Merkmal zu kennzeichnen, sind im Anspruch unzulässig, weil dann der Anspruch nicht mehr aus sich heraus verständlich ist. Diese so in Bezug genommenen Merkmale sind – wenn sie durch den Verweis ausreichend als zur Erfindung gehörend ursprünglich offenbart sind (s Rdn 417) – in den Anspruch aufzunehmen,[244] und zwar im vollen Umfang der Bezugnahme; es darf keine nachträgliche gezielte Auswahl erfolgen. Bezugnahmen, die als funktionelles Merkmal gewertet werden können, wie zB

---

234 BGH v 22.9.2020 X ZR 172/18 GRUR 21, 42 (Rn 34) *Truvada* (betr Voraussetzungen für die Erteilung eines Schutzzertifikats).
235 T 0150/82 ABl 84, 309 (Nr 3).
236 BGH BlPMZ 78, 260 *Brillenbügel*.
237 T 0150/82 ABl 84, 309 (Nr 4).
238 T 0774/89 v 2.6.1992 BeckRS 92, 30637549.
239 BPatGE 11, 199; 16, 21.
240 T 0271/88 ABl 90 SonderA 41.
241 T 0792/90 EPOR 97, 329.
242 Vgl BPatGE 37, 215.
243 Vgl BPatGE 29, 36.
244 T 0006/84 ABl 85, 238; T 0689/90 ABl 93, 616.

auf anerkannte *Normen, Prüfmethoden oder Standards*,[245] sind zulässig; deren Inhalt muss in Anspruch und Beschreibung nicht wiedergegeben werden.

134 **9.3.4.9 Bezugszeichen** *(reference signs)* im Anspruch als Hinweis auf gezeichnete Merkmale »sollen« nach § 9 (9) PatV und R 43 (7) EPÜ verwendet werden. Werden sie verwendet, sind alle (nicht nur einzelne) Merkmale des Anspruchs damit zu versehen.[246] Sie sind zu verwenden, wenn ohne sie der Anspruch nicht klar genug verständlich wäre.[247] Sie schränken die Auslegung des Anspruchs nicht ein (s R 43 (7) 2 EPÜ).[248]

135 **9.3.4.10 Kategoriefremde Merkmale** *(features of two categories)*: In einen Erzeugnisanspruch können Verfahrensmerkmale und in einen Verfahrensanspruch können Erzeugnismerkmale aufgenommen werden,[249] wenn der Gegenstand der Erfindung in zumutbarer Weise nicht anders gekennzeichnet werden kann und sofern klar bleibt, ob der Anspruch ein Erzeugnis oder ein Verfahren unter Schutz stellt (s § 1 Rdn 190). Zulässige Mischformen sind zB der product-by-process-Anspruch (s Rdn 149) und der zweckgebundene Stoffanspruch bei Arzneimitteln nach § 3 (4) und Art 54 (5) EPÜ (s § 3 Rdn 147).

136 **9.3.4.11 Unbestimmte Angaben** *(unspecified features)* wie »etwa, ungefähr, möglichst klein, besonders groß, im Wesentlichen alkalifrei, substantially pure, active ingredient« sind dann nicht zuzulassen, wenn der Schutzbereich des Patents dem Fachmann unklar bleibt.[250] Sie sind dann durch verständliche und objektiv eindeutige Begriffe zu ersetzen, die aber durch die Offenbarung gedeckt sein müssen. Als unklar, weil im jeweiligen Kontext zu vage, wurden zB angesehen »gering«[251] und »approximately«.[252] Zulässig sind *ungefähre oder offene*[253] *Angaben*, wenn damit dem Fachmann mitgeteilt wird, dass es eine bestimmte *Bandbreite* gibt[254] oder dass das *Merkmal nur mit einer gewissen Ungenauigkeit verifiziert* werden kann.

137 **»Beziehungsweise (bzw)** *(respectively)*« ist für einen klaren Anspruch – weil mehrdeutig – idR ungeeignet, da bzw je nach dem Zusammenhang bedeuten kann: »und, oder, ferner, einschließlich, außerdem, zusätzlich, ergänzend, mit, daneben, je nachdem«. »Bzw« sollte daher immer durch das nach dem Kontext gewollte Bindewort *(conjunction)* ersetzt werden.

---

245 Vgl BPatGE **24**, 58; differenzierend T 3003/18 v 12.2.2020 GRUR-RS **20**, 11858 (Klarheit einer Bezugnahme auf Standards abhängig vom Einzelfall) mwN.
246 T 0147/85 EPOR **88**, 111.
247 T 0237/84 ABl **87**, 309 (Nr 6). In § 9 (9) PatV wurde allerdings 2011 die bisherige Einschränkung des Erfordernisses »wenn dies das Verständnis des Anspruchs erleichtert« gestrichen, s Hinweis BlPMZ **11**, 206.
248 BGH GRUR **63**, 563 *Aufhängevorrichtung*; **06**, 316 (Rn 11) *Koksofentür*; T 0237/84 ABl **87**, 309; T 0145/89 EPOR **91**, 137.
249 BGH GRUR **86**, 163 (II c aa) *borhaltige Stähle*; BPatGE **20**, 12; BPatG Mitt **97**, 368; T 0129/88 ABl **93**, 598; T 0418/92 u T 0453/90 ABl **94** SonderA 54.
250 Vgl zB T 971/10 v 25.8.2011 (»substantially«).
251 T 0161/89 v 16.5.1991 BeckRS **91**, 30557927.
252 T 0194/89 EPOR **91**, 411.
253 Hierzu Féaux de Lacroix Mitt **11**, 49.
254 BGH GRUR **10**, 314 (Tz 18) *Kettenradanordnung II*.

9.3.4.12 Marken[255] sind für einen klaren Anspruch grundsätzlich ungeeignet, weil nicht sicher ist, dass der so gekennzeichnete Gegenstand für die Dauer des Patents exakt und unveränderlich definiert ist.[256] »Persil« kann heute diese, morgen eine andere Zusammensetzung aufweisen. Ist eine Marke gleichzeitig eine Sachangabe[257] oder hat sie sich zu einer Beschaffenheitsangabe entwickelt,[258] bestehen keine Bedenken. Die in § 5 (1) 3 PatV erwähnte Ausnahme, dass »eine Angabe ausnahmsweise nur durch Verwendung einer Marke *eindeutig* bezeichnet werden könne«, wird kaum eintreten können, da eine Marke nie die Gewähr für eine eindeutige und gleichbleibende Definition eines Gegenstands zum Zeitpunkt der Anmeldung, der Erteilung und der Erhebung von Einspruch, Nichtigkeits- und Verletzungsklage bietet. 138

9.3.4.13 Parameter[259] sind Charakteristika, die einem Gegenstand unveränderlich eigen sind und die diesen Gegenstand von anderen Gegenständen unterscheidbar machen. *Beispiele:* Werte internationaler (ISO) oder nationaler (zB DIN)[260] Normen, Schmelz- oder Siedepunkt, Molekulargewicht, Werte spektroskopischer Untersuchungen, Konfiguration (Raumform)[261] etc. 139

Voraussetzungen für die Verwendung von Parametern:[262] a) eine präzisere Kennzeichnung des Gegenstands durch innere oder äußere unmittelbar wahrnehmbare Merkmale ist nicht zuverlässig möglich;[263] b) die Parameter müssen *auf dem jeweiligen Fachgebiet üblich* sein, zB von der Fachwelt akzeptierte Standards. Gibt es keine üblichen, müssen die neuartigen Parameter so präzise definiert sein, dass sie für den Fachmann verständlich[264] und nachvollziehbar sind, so dass er den so gekennzeichneten Gegenstand zuverlässig identifizieren kann. Gehört die für den Parameter anzuwendende Messmethode nicht zum allgemeinen Fachwissen, muss sie zumindest in der Beschreibung dargestellt werden;[265] c) sie müssen *aussagekräftig* sein, dh sie müssen Gegenstände eindeutig voneinander unterscheiden können;[266] d) *Anzahl der notwendigen Parameter* richtet sich nach der Fähigkeit des einzelnen Parameters, den Gegenstand allein oder zusammen mit anderen Parametern zuverlässig zu kennzeichnen.[267] Der markante Unterschied in einem Parameter kann ausreichen. Je ähnlicher der neue Gegenstand 140

---

255 Hierzu **Riede**: Die Verwendung von Warenzeichen in Patent- u Gbm-anmeldungen Diss Hamburg 1994.
256 T 0762/90 ABl 92 SonderA 41 = EPOR **91**, 213 für *»Impranil 43 034«*; T 0480/98 EPOR 00, 494 für *»Mater-Bi«*.
257 BPatGE **18**, 52, 54 (Thermoplast).
258 BPatGE **9**, 6, 11; vgl BPatG Mitt **85**, 154 (Styropor).
259 Lit in GRUR: Hellfritz **68**, 1, 5; Klöpsch **70**, 539; Lit in GRUR Int: Satchell **68**, 149, 150; Lit in Mitt: Schmied-Kowarzik **68**, 41, 45.
260 T 0094/82 ABl **84**, 75 (Nr 2.3).
261 T 0296/87 ABl **90**, 197.
262 Vgl BGH GRUR **72**, 80 *Trioxan*; BPatGE **14**, 4; **15**, 1; T 0094/82 ABl **84**, 75; T 0227/91 ABl **94**, 491 (Nr 3); T 0452/91 ABl **96** SonderA 39.
263 BGH GRUR **93**, 651 (IV4b) *Tetraploide Kamille*.
264 Vgl BPatG Mitt **82**, 75.
265 Vgl T 0955/05 v 9.10.2007.
266 Ungeeignet: Nicht-strukturelle Angaben wie Temperatur einer Verbindung (T 0380/88 EPOR **96**, 537) sowie bloße Angaben über die Aufgabe (BGH GRUR **85**, 31 *Acrylfasern*).
267 Vgl BGH BlPMZ **84**, 211 (II4c) *optische Wellenleiter*; BPatGE **29**, 210.

einem bekannten ist, desto mehr Parameter werden erforderlich sein, um den neuen Gegenstand zuverlässig zu kennzeichnen und vom bekannten zu unterscheiden.

141 **9.3.4.14 Breite des Anspruchs (broad claims):** Der Erfinder darf Schutz beanspruchen, so weit wie seine Erfindung reicht.[268] Der Anspruch darf so weit verallgemeinert werden, wie es die Offenbarung der Erfindung und der Stand der Technik zulassen. Die Tatsache, dass unter den Anspruch eine sehr große Zahl von Gegenständen fällt (auch *unrealistische Breite des Anspruchs* genannt), ist für sich allein kein Grund zur Beanstandung.[269] Eine unangemessene Anspruchsbreite ist daher für sich auch kein Einspruchs- oder Nichtigkeitsgrund.[270]

142 **Im gesamten beanspruchten Bereich** muss ein weit gefasster Anspruch die Voraussetzungen für eine Patentierung erfüllen,[271] dh er muss im gesamten Bereich ausreichend offenbart, neu und ausführbar[272] sein (s Rdn 347) und auf erfinderischer Tätigkeit beruhen. Insbesondere muss die patentbegründende Wirkung oder Eigenschaft für den gesamten Bereich gelten.[273] Sog. **Durchgriffsansprüche** *(reach-through claims)*, die sich zB auf aufgabenhaft definierte und unter Anwendung eines neuartigen Verfahrens zu bestimmende chemische Verbindungen richten können, sind idR nicht über ihre gesamte Bereite mit zumutbarem Aufwand ausführbar.[274]

143 Für die Zulässigkeit eines breiten Anspruchs reicht es, wenn die **Verallgemeinerung** glaubwürdig erscheint. Bestehen aber insoweit ernsthafte Zweifel (Vermutungen reichen nicht), kann der Anmelder aufgefordert werden, die vorteilhaften Wirkungen und Eigenschaften gezielt zu belegen oder seinen Anspruch zu beschränken. Es kommt aber immer auf den Kontext an, in dem ein an sich breiter Begriff verwendet wird. Daher kann ein sehr breiter Begriff (zB Alkyl) zulässig und ein engerer Begriff (zB Niederalkyl), weil unklar, unzulässig sein. Umfasst ein breiter Anspruch neben patentfähigen auch bekannte unbrauchbare oder nicht ausführbare Gegenstände, so ist der Anspruch entsprechend zu beschränken,[275] evtl durch Aufnahme eines Disclaimers (s Rdn 146).

144 *Breit und zulässig* wurden erachtet zB: »Alkyl«,[276] »substituiert«,[277] »substituierte Gruppen«,[278] »nichtmenschliche Säuger«,[279] »Zustandsparameter wie«...,[280] »Basisöle

---

268 GrBK G 0001/98 ABl 2000, 111 (Nr 3.1 Abs 2) *transgene Pflanze/NOVARTIS II*.
269 BPatGE 19, 83; 37, 212 (für Nichtigkeitsverfahren); 47, 163: Breite beeinträchtigt nicht die Klarheit; EPA T 0019/90 ABl 90, 476 (Nr 3.3); T 0238/88 ABl 92, 709; T 0939/92 ABl 96, 309 (Nr 2.2.2).
270 BGH GRUR 04, 47 (III6) *blasenfreie Gummibahn I*.
271 T 0939/92 ABl 96, 309; T 0694/92 ABl 97, 408.
272 BGH GRUR 78, 162 *7-chlor-6-demethyltetracyclin*.
273 T 0623/91 ABl 94 SonderA 54.
274 T 063/06 ABl 09, 516.
275 AA für Nichtigkeitsverfahren: BPatGE 37, 212, 214 »nur in extremen Fällen«.
276 T 0238/88 ABl 92, 709.
277 T 0939/92 ABl 96, 309.
278 T 0238/88 ABl 92, 709 (Nr 5.2).
279 T 0019/90 ABl 90, 476 (Nr 3).
280 T 0688/91 ABl 94 SonderA 52.

mit Ausnahme bestimmter Handelsprodukte«,[281] Parameter ohne Ober- und Untergrenze oder die in einer Richtung offen sind,[282] »wasserlöslich« zur Kennzeichnung von Derivaten,[283] komplexe Ansprüche ungewöhnlichen Umfangs;[284] »frühestmöglich« für einen Auslösezeitpunkt.[285]

Breit und unzulässig wurden erachtet zB: »Niederalkyl«,[286] »Funktion eines menschlichen Gewebeplasminogenaktivators«.[287] 145

9.3.4.15 Disclaimer (Ausnahmebestimmung) ist die Abfassung oder Änderung eines Patentanspruchs mittels Einfügung eines »negativen« technischen Merkmals, das typischerweise von einem generellen Merkmal spezifische Gegenstände oder Bereiche ausnimmt,[288] also das Entfernen eines Individualbegriffs aus einem Universalbegriff, so dass ein ursprünglich beanspruchter Gegenstand nicht mehr beansprucht wird. 146

Zur Beschränkung auf Individuen eines Bereichs s Rdn 369; zur Beschränkung allgemeiner Formeln s Rdn 389; zu allgemeinen und spezifischen Begriffen s § 3 Rdn 117 ff.

Ein Disclaimer darf der ursprünglichen Offenbarung nichts hinzufügen und ist daher nach den allgemeinen Grundsätzen der Änderung von Anmeldungen (s § 38 Rdn 10 ff) zulässig, wenn der nach dem Disclaimer im Anspruch verbleibende **Gegenstand ursprünglich offenbart** war (zur Offenbarung s unten Rdn 288 ff).[289] Dies ist unproblematisch, wenn die ursprüngliche Offenbarung bereits einen Hinweis darauf enthält, dass der betreffende spezielle Gegenstand ausgeklammert werden soll. Probleme unter § 38 und Art 123 (2) EPÜ entstehen jedoch, wenn die ursprüngliche Anmeldung den späteren Gegenstand des Disclaimers entweder gar nicht oder nur positiv iS einer möglichen Ausführungsform der Erfindung offenbart (für Details zu diesen insbesondere im europäischen Recht sehr umstrittenen Fragen s § 38 Rdn 22 ff). 147

Disclaimer sind generell ausgeschlossen: 148
a) wenn der Disclaimer *nicht durch technische Merkmale* gekennzeichnet wird oder *unzulässige Bezugnahmen* enthält, zB auf eine Patentschrift[290] oder eine Marke;[291]
b) wenn durch den Disclaimer die bisher einheitliche Anmeldung (nicht ein Patent) *uneinheitlich* wird;[292]
c) wenn der gleiche Erfolg der Beschränkung zweifelsfrei durch eine *positive Definition des Erfindungsgegenstandes* erreicht werden kann;[293]

---

281 T 0623/91 ABl 94 SonderA 45.
282 T 0129/88 ABl 93, 598 (Nr 2.1.2); T 0487/89 EPOR 92, 32 (Nr 3.5).
283 T 0860/93 ABl 95, 47.
284 T 0574/96 ABl 00 SonderA 30 für einen 20 Seiten umfassenden Anspruch.
285 BPatGE 47, 163.
286 T 0337/95 ABl 96, 628; T 1129/97 ABl 01, 273.
287 T 0923/92 ABl 96, 564 (Nr 25).
288 GrBK G 0001/03 ABl 04, (Nr 2) *Disclaimer/PPG.*
289 GrBK G 0002/10 ABl 12, 376 *Disclaimer/SCRIPPS.*
290 T 0011/89 ABl 92 SonderA 41 = EPOR 91, 336; T 0289/91 v 30.1.1991 BeckRS 91, 30557927.
291 Ausnahmsweise zugelassen: T 0623/91 ABl 94 SonderA 54.
292 BPatGE 19, 14; BPatG Mitt 84, 75.
293 GrBK G 0001/03 ABl 04, 413 (Nr 3 Abs 3) *Disclaimer/PPG;* T 0004/80 ABl 82, 149; T 0433/86 EPOR 88, 97; T 0597/92 ABl 96, 135.

d) wenn *mehrere Disclaimer* den Anspruch so unübersichtlich machen, dass Dritte mit zumutbarem Aufwand den Schutzumfang des Patents nicht mehr festzustellen vermögen;[294]
e) wenn der Disclaimer den *Erfordernissen für die Formulierung von Patentansprüchen* (s Rdn 77 ff) nicht entspricht, insbesondere wenn die Fassung nicht deutlich, klar und knapp ist (Art 84 Satz 2 EPÜ)[295] oder nicht die wesentlichen Merkmale iSd § 9 (4) PatV angibt.

149 **9.3.4.16 Product-by-process-Anspruch (= p-by-p-A)**[296] ist ein Anspruch für ein Erzeugnis (Gegenstand, Stoff, biologisches Material etc), das durch das Verfahren seiner Herstellung gekennzeichnet wird. Dieser Anspruch ist unabhängig davon, dass er sich auf ein Verfahren bezieht, ein Erzeugnisanspruch.[297] Das durch den p-by-p-A definierte Erzeugnis genießt – wie jedes andere Erzeugnis auch – *absoluten Schutz*.[298] Das Verfahren dient lediglich der Definition des Erzeugnisses,[299] schränkt aber nicht den Schutzbereich auf die Erzeugnisse ein, die durch das im Anspruch angegebene Verfahren hergestellt werden.[300] Vielmehr liegt eine Patentverletzung auch dann vor, wenn das durch den p-by-p-A geschützte Erzeugnis durch ein anderes Verfahren hergestellt wird.

150 Da das Verfahren nur der Definition des Erzeugnisses dient, ist es selbst nicht Gegenstand der geschützten Lehre,[301] obwohl die Schutzwirkungen des Erzeugnisanspruchs sich auch auf (jegliche) Herstellung des Erzeugnisses erstrecken (§ 9 S 2 Nr 1). Soll auch das spezielle Herstellungsverfahren als solches geschützt sein, muss darauf ein eigener Verfahrensanspruch gerichtet werden.

151 Ist das Erzeugnis objektiv falsch definiert, zB durch einen falschen Parameter (zB falsche Strukturformel), dann kann die falsche Definition durch einen p-by-p-A ersetzt werden, wenn das Herstellungsverfahren ursprünglich offenbart war.[302]

---

294 GrBK G 0001/03 ABl 04, 413 (Nr 3 Abs 3) *Disclaimer/PPG*.
295 GrBK G 0001/03 ABl 04, 413 (Nr 3 Abs 3); T 0597/92 ABl 96, 135; T 2130/11 v 2.12.2014 BeckRS 14, 118373.
296 **Lit:** Meier-Beck in FS König 2003, 323; Giebe in 80 Jahre Patentgerichtsbarkeit in Düsseldorf 2016, 125; **Brandt:** Der Product-by-process-Anspruch im System des deutschen Patentrechts 2019; **Lit in ABl:** Young 03 SonderA 20; Fysh 03 SonderA 44; Scuffi 03 SonderA 60; **Lit in epi information:** Finnie/Bennett 08, 26; **Lit in GRUR:** Schrell/Heide 06, 383; **Lit in GRUR Int:** Fabry 09, 803; Schrell 15, 119; **Lit in Mitt:** Rogge 05, 145; Thot 09, 317; Sekiguchi 12, 213; Cepl 13, 62.
297 GrBK G 0001/98 ABl 00, 111 *transgene Pflanze/NOVARTIS II*; T 0019/90 ABl 90, 476 (4.9.2).
298 BGH GRUR 72, 80 (F) *Trioxan*; BPatGE 25, 79.
299 BGH GRUR 93, 651 (IV4b) *Tetraploide Kamille*.
300 BGH GRUR 93, 651 (IV4b) *Tetraploide Kamille*; BPatGE 25, 79; anders die Rechtslage in den USA, vgl die Entscheidung des CAFC v 19.5.2009 *Abbott Laboratories v. Sandoz* (Zsfg in GRUR Int 09, 787).
301 BGH GRUR 92, 375, 377 *Tablettensprengmittel*.
302 T 0552/91 ABl 95, 100.

Das durch einen p-by-p-A gekennzeichnete *Erzeugnis muss alle Voraussetzungen der* **152**
Patentierbarkeit erfüllen, insbesondere muss es selbst neu und erfinderisch sein.[303] Die
Tatsache, dass das Herstellungsverfahren neu und erfinderisch ist,[304] besagt nicht automatisch, dass auch das Erzeugnis neu und erfinderisch ist, denn ein patentierbares
Verfahren kann auch zu bekannten Erzeugnissen führen. Dem steht § 9 Satz 2 Nr 3
und Art 64 (2) EPÜ nicht entgegen,[305] die nur besagen, dass ein unmittelbares Verfahrenserzeugnis mit dem Verfahren geschützt ist, nicht aber, dass dafür ein Patent zu
erteilen sei. Eine Sache, die mit einem p-by-p-A beansprucht wird, wird durch die
körperlichen und funktionalen Eigenschaften definiert, die sich aus der Anwendung
des Verfahrens seiner Herstellung für einen Fachmann ergeben.[306] Die bloße Definition eines Erzeugnisses durch ein neues Herstellungsverfahren macht das Erzeugnis
ebensowenig neu wie die Definition mithilfe eines bisher noch nicht beschriebenen
Parameters.[307] Ist es neu, bedarf es der eigenständigen Feststellung, dass das Erzeugnis
nicht naheliegend war.[308] Liegen keine gegenteiligen Anhaltspunkte vor, dürften neue
Erzeugnisse eines neuen und erfinderischen Verfahrens zumeist auch erfinderisch sein.

Voraussetzungen eines product-by-process-Anspruchs: **153**
a) Eine *präzisere Kennzeichnung* des Erzeugnisses durch strukturelle Merkmale ist
nicht zuverlässig möglich oder gänzlich unpraktikabel.[309] Die Subsidiarität dieser
Anspruchsform ist gerechtfertigt, weil durch sie die Prüfung auf Patentfähigkeit gegenüber einem Stand der Technik erschwert wird, der mit Strukturmerkmalen definiert
ist. Es genügt aber, wenn dem Anmelder nur diese Art der Definition zum Zeitpunkt
der Anmeldung möglich war.[310]

b) Das zur Kennzeichnung des Erzeugnisses verwendete *Verfahren muss mit hinrei-* **154**
chender Aussicht auf Erfolg ausführbar sein.[311] Daher müssen alle für einen Fachmann
notwendigen Angaben (zB Ausgangsstoffe,[312] Reaktionsbedingungen, Art der Aufarbeitung und Gewinnung) ursprünglich offenbart sein oder ihm bekannt sein.[313]
Unschädlich ist, dass die Nacharbeitung langwierig ist (zB Züchtung) oder dass nicht
nachweisbar ist, dass das gekennzeichnete Erzeugnis durch das Verfahren tatsächlich
hergestellt worden ist.[314]

---

303 BGH GRUR 93, 651 (IV4b) *Tetraploide Kamille*; 01, 1129 (V1) *Zipfelfreies Stahlband*;
T 0150/82 ABl 84, 309; T 0664/90 ABl 92 SonderA 16; so auch die britische Rechtsprechung
seit House of Lords GRUR Int 05, 343 *Kirin-Amgen v Hoechst Marion Roussel*.
304 T 0248/85 ABl 86, 261 (Nr 5); T 0130/90 ABl 92 SonderA 17.
305 BGH GRUR 72, 80 (F) *Trioxan* (zu § 6 S 2 aF).
306 BGH GRUR 01, 1129 (V1) *Zipfelfreies Stahlband*.
307 T 0248/85 ABl 86, 261.
308 T 0219/83 ABl 86, 211.
309 BGH GRUR 93, 651 (IV4b) *Tetraploide Kamille*; 85, 31 (II2 f) *Acrylfasern*; 10, 414 (Rn 25)
Thermoplastische Zusammensetzung; T 0130/90 ABl 92 SonderA 17; T 0768/08 RechtsprBK/
EPA 19, 363; T 0150/12 v 9.10.2017 BeckRS 17, 146610 (Nr 6.4).
310 T 0150/82 ABl 84, 309; T 0487/89 EPOR 92, 32.
311 BGH GRUR 78, 162 *7-chlor-6-demethyltetracyclin*; 93, 651 (IV4b) *Tetraploide Kamille*;
T 0300/89 ABl 91, 480.
312 BPatGE 23, 253.
313 T 0552/91 ABl 95, 100.
314 BGH GRUR 93, 651 (IV4b) *Tetraploide Kamille*.

155 c) Das kennzeichnende *Verfahren muss sich von bekannten Verfahren unterscheiden.* Ist das Verfahren in allen wesentlichen Punkten mit bekannten Verfahren identisch, wird es wie diese zu bekannten Erzeugnissen führen, dh dem gekennzeichneten Erzeugnis fehlt die Neuheit. Es bedarf dann des Nachweises, dass das (geringfügig) abgewandelte Verfahren gleichwohl zu einem neuen Erzeugnis führt.[315]

156 d) *Jedes Erzeugnis* kann durch das Verfahren seiner Herstellung gekennzeichnet werden,[316] zB chemische Stoffe, Fasern,[317] Pflanzen,[318] Tier,[319] monoklonale Antikörper.[320]

157 Formulierung eines p-by-p-A: Der Gegenstand kann mit den Worten »hergestellt durch *(produced by)*«, »herstellbar durch[321] *(producible by)*«, »erhalten durch[322] *(obtained by)*«, oder »erhältlich durch[323] *(obtainable by)*« gekennzeichnet werden. Jede dieser Formulierungen definiert ausreichend deutlich den beanspruchten Gegenstand. Sie unterscheiden sich nur dadurch, dass sie mehr oder weniger deutlich andeuten, dass es möglicherweise noch andere Verfahren gibt, die zum gleichen Gegenstand führen. Das hat aber keinen Einfluss auf den absoluten Schutz des mit dem Verfahren definierten Gegenstands,[324] denn dieser ist unabhängig davon, ob das Erzeugnis nach dem genannten oder einem anderen Verfahren hergestellt worden ist.

158 Ein Gegenstand kann auch durch strukturelle Parameter und (vorsorglich) durch p-by-p gekennzeichnet werden.[325]

9.4 Hauptanspruch *(main claim)*

159 Hauptanspruch ist ein unabhängiger Anspruch, der alle wesentlichen Merkmale der Erfindung ohne Bezugnahme auf andere Ansprüche wiedergibt. Enthält die Anmeldung mehrere unabhängige Ansprüche (= Nebenansprüche), ist der Hauptanspruch der erste Anspruch.[326] Welcher von mehreren unabhängigen Ansprüchen Hauptanspruch sein soll, bestimmt der Anmelder.

160 Der Hauptanspruch muss alle Merkmale enthalten, die zur Lösung der erfindungsgemäßen Aufgabe notwendig sind (s Rdn 119). Sie dürfen nicht auf mehrere Ansprüche

---

315 T 0205/83 ABl 85, 363.
316 BGH GRUR 79, 461 *Farbbildröhre.*
317 BGH GRUR 85, 31 *Acrylfasern*; BPatGE 20, 20, 24.
318 BGH GRUR 93, 651 *Tetraploide Kamille*; T 0320/87 (Nr 14) ABl 90, 71; s aber auch T 0967/10 v 22.10.2015 BeckRS 15, 119990 (mangelnde Klarheit eines p-by-p-A in der Pflanzenzüchtung).
319 T 0019/90 ABl 90, 476 (Nr 4.9.2); BGH GRUR 87, 231 (I) *Tollwutvirus.*
320 T 0130/90 GRUR Int 92, 330 (Nr 1.7).
321 BPatGE 25, 202.
322 BGH GRUR 72, 80, 88 lSp *Trioxan*; T 0411/89 v 20.12.1990 BeckRS 90, 30580190; EPA-PrüfRichtl F-IV 4.12.
323 BGH GRUR 72, 80, 88 lSp *Trioxan*; 87, 231 (I) *Tollwutvirus*; 97, 612 (III2c) *Polyäthylenfilamente*; BPatGE 21, 43; 25, 79; DPMA-PrüfRichtl 2.3.3.6 Abs 10; T 0411/89 v 20.12.1990 BeckRS 90, 30580190; EPA-PrüfRichtl F-IV 4.12.
324 *T 0411/89 v 20.12.1990 BeckRS 90, 30580190.*
325 T 0129/88 ABl 93, 598; T 0176/91 v 10.12.1992 BeckRS 92, 30533965.
326 Im europäischen Patentrecht werden unabhängige Ansprüchen nicht weiter differenziert, so dass die Terminologie Hauptanspruch/Nebenanspruch ungebräuchlich ist.

verteilt sein. Lehnt der Anmelder die Aufnahme objektiv notwendiger und offenbarter Merkmale in den Anspruch ab, so muss die Anmeldung zurückgewiesen werden, weil kein vom Antrag abweichendes Patent erteilt werden kann (s Einl Rdn 7).

9.5 Nebenanspruch *(independent claim)*[327] enthält wie der Hauptanspruch eine unabhängige, selbständige Erfindung. Dazu gehören: a) Ansprüche, die sich zutreffend auf keinen anderen Anspruch rückbeziehen, mögen sie derselben oder einer anderen Kategorie angehören; b) Ansprüche, die sich auf einen Anspruch unterschiedlicher Kategorie rückbeziehen, wie zB Erzeugnis auf Verfahren, Vorrichtung auf Verfahren, Verwendung auf Stoff.

161

9.5.1 Formulierung: Da der Nebenanspruch wie der Hauptanspruch eine eigene Erfindung enthält, muss er wie dieser alle Erfordernisse für die Formulierung von Ansprüchen erfüllen (s Rdn 115 ff), insbesondere alle wesentlichen Merkmale enthalten (s Rdn 119).

162

Bezugnahme auf einen anderen Anspruch enthält der Nebenanspruch idR nicht, ist aber zur kürzeren Darstellung der Erfindung möglich (s Rdn 168), zB wenn Bezug genommen wird a) auf einen Anspruch anderer Kategorie, b) auf bestimmte (nicht alle) Merkmale eines Anspruchs (»Vorrichtung nach Anspruch 1, bei der Merkmal X durch Merkmal Y ersetzt wird«), c) auf den Gegenstand, dem der Gegenstand des Nebenanspruchs entsprechen muss (»Stecker für eine Steckdose nach Anspruch 1«).[328]

163

9.5.2 Einheitlichkeit mehrerer unabhängiger Ansprüche ist nach § 9 (5) PatV und R 43 (2) EPÜ erforderlich. Sie ist zwischen Haupt- und Nebenanspruch gewahrt, a) wenn die jeweils selbständigen Erfindungen unterschiedliche Lösungen der gleichen Aufgabe sind oder b) wenn ihnen ein übergeordnetes Problem zugrunde liegt,[329] das durch Ausprägungen eines erfinderischen Gedankens gelöst wird oder c) wenn sie technologisch zusammen gehören, dh wenn die eine Erfindung auf die andere hin konzipiert ist.

164

Patentkategorie des Nebenanspruchs kann die gleiche oder eine andere wie der Hauptanspruch sein, zB Sache oder Vorrichtung und Verfahren (vgl Tabelle zu Rdn 236). Soweit kein Missbrauch vorliegt, sein Interesse an einem selbständigen Schutz der Erfindung in unterschiedlichen Kategorien grundsätzlich anzuerkennen, auch wenn der Anspruch der einen Kategorie der anderen nichts hinzuzufügen scheint.[330]

165

9.5.3 Prüfung auf Patentfähigkeit erfordert die Feststellung, ob ein Neben- oder ein Unteranspruch vorliegt. Das hängt nicht von der vom Anmelder gewählten Formulierung des Anspruchs ab, sondern davon, ob der Gegenstand eines Anspruchs nach Aufgabe und Lösung eine eigene Erfindung oder nur eine zweckmäßige Ausgestaltung der Erfindung des Hauptanspruchs enthält.[331]

166

---

327 Lit: Hesse Mitt **69**, 246; Rospatt GRUR **85**, 740; Schwarz Mitt **10**, 57.
328 EPA-PrüfRichtl F-IV 3.8.
329 BGH GRUR **79**, 461 (2c) *Farbbildröhre*.
330 BPatGE **29**, 177.
331 BPatGE **30**, 250, 255.

167 Eine fehlende oder eine fakultative Bezugnahme auf einen anderen Anspruch oder die Rückbeziehung auf einen anderen Anspruch deuten auf einen Nebenanspruch hin. *Ansprüche unterschiedlicher Kategorie* sind idR Nebenansprüche, die selbständig auf Patentfähigkeit zu prüfen sind.[332]

168 Eine vom Anmelder gewählte Rückbeziehung auf einen anderen Anspruch kann bedeuten: die bloße Angabe eines bestimmten Verwendungszweckes oder die Einbeziehung von Merkmalen des in Bezug genommenen Anspruchs in den Nebenanspruch. Was gewollt ist, ist zu klären. Ausnahmsweise kann ein auf einen Verfahrensanspruch rückbezogener Sachanspruch ein echter Unteranspruch sein, wenn er lediglich das unmittelbare Verfahrenserzeugnis ausgestaltet und sich hierauf beschränkt.[333]

Der Gegenstand eines Nebenanspruchs kann nur patentiert werden, wenn er *alle Voraussetzungen der Patentierbarkeit* selbst erfüllt,[334] dh er muss gegenüber dem Stand der Technik, nicht auch gegenüber dem Gegenstand des Haupt- oder eines anderen Nebenanspruchs, patentfähig sein. Allerdings können Umstände, auf denen die erfinderische Tätigkeit des Hauptanspruchs beruht, auch die Erfindungshöhe des Nebenanspruchs begründen.

169 *Umwandlung eines Nebenanspruchs in einen Unteranspruch* ist möglich, wenn es dem Nebenanspruch an einer eigenständigen Patentfähigkeit fehlt, der Anspruch eine Rückbeziehung auf einen Haupt- oder Nebenanspruch derselben Kategorie enthält und diesen vorteilhaft ausgestaltet.[335]

170 Beharrt der Anmelder auf einem nicht gewährbaren Nebenanspruch, muss die Anmeldung insgesamt zurückgewiesen werden. Die Aufrechterhaltung eines erteilten Nebenanspruches bedarf der Begründung, da ein *Nebenanspruch ein selbständiges Angriffs- oder Verteidigungsmittel* iSd § 146 ZPO ist.[336]

9.6 Unteransprüche *(dependent claims)*

171 Unteransprüche sind abhängige Ansprüche, die eine *besondere Ausführungsart der Erfindung* eines übergeordneten Anspruchs enthalten (§ 9 (6) PatV und R 43 (3) EPÜ).[337] Sie gestalten die Erfindung des übergeordneten Anspruchs in zweckmäßiger Weise aus, ohne selbst eine Erfindung zu enthalten (= *echter Unteranspruch* s Rdn 172). Enthält ein Anspruch, der als Unteranspruch formuliert ist, eine eigenständige Erfindung, handelt es sich um einen *unechten Unteranspruch* (s Rdn 183).[338]

Der Gegenstand eines Unteranspruchs kann, abhängig von den Umständen des Einzelfalls, Rückschlüsse auf die Auslegung des Hauptanspruchs erlauben (s § 14 Rdn 27).[339] Solche Rückschlüsse kommen zB dann in Betracht, wenn der Unteran-

---

332 BPatGE **23**, 31; **27**, 183; BPatG Mitt **73**, 32.
333 BPatGE **29**, 175.
334 BGH BlPMZ **55**, 330 *Spülbecken*; BPatGE **23**, 31; **27**, 183; BPatG Mitt **73**, 32.
335 Vgl BPatGE **25**, 114.
336 BGH GRUR **83**, 63 *Streckenvortrieb*.
337 BGH v 10.5.2016 X ZR 114/13 GRUR **16**, 1031 (Rn 15) *Wärmetauscher*.
338 Die Differenzierung in echte und unechte Unteransprüche wird im europäischen Recht nicht vorgenommen.
339 BGH v 17.9.2020 X ZR 147/18 GRUR **21**, 45 (Rn 27) *Signalumsetzung*.

spruch ein Merkmal im Interesse funktionaler Optimierung um einen dieses Merkmal weiter ausformenden Aspekt ergänzt. Wenn der Unteranspruch den Merkmalen des Hauptanspruchs hingegen additiv ein weiteres Element hinzufügt, werden sich Rückschlüsse von der Beschaffenheit des Zusatzmerkmals auf das Verständnis des Hauptanspruchs nicht ohne Weiteres ziehen lassen.[340]

9.6.1 Echter Unteranspruch enthält eine spezifische Ausgestaltung der Erfindung eines übergeordneten Anspruchs ohne eigenen erfinderischen Gehalt, das heißt, er fügt dem Erfindungsgedanken eines Haupt- oder Nebenanspruchs etwas Nützliches hinzu, ohne ihn zu verlassen.[341] Voraussetzungen eines echten Unteranspruchs sind: 172

9.6.1.1 Rückbeziehung: *Bezugnahme (reference)*[342] auf mindestens einen vorangehenden Anspruch ist nach § 9 (6) 2 PatV zwingend, nach R 43 (3) EPÜ »wenn möglich« erforderlich. Die Rückbeziehung kann sich beziehen auf i) einen Anspruch, ii) mehrere Ansprüche (auch nebengeordnete)[343] und iii) mittelbar mehrere Ansprüche (Bezugnahme auf Anspruch 2, der sich auf Anspruch 1 bezieht). 173

Mehrfach abhängige Ansprüche dürfen nach R 6.4 a) PCT »nur in Form einer Alternative auf andere Ansprüche verweisen« und »dürfen nicht als Grundlage für andere mehrfach abhängige Ansprüche dienen«. Diese Beschränkung ist PatG und EPÜ fremd, ein Verstoß ist auch nach R 6.4 a) PCT folgenlos. 174

Umfang der Rückbeziehung ist mit Rücksicht auf § 14 sorgfältig zu wählen. Für die Ermittlung des Gegenstands eines Unteranspruchs ist der Patentinhaber in einem späteren Einspruchs-, Nichtigkeits- und Verletzungsverfahren an die Bezugnahme gebunden.[344] Der Inhalt des in Bezug genommenen Anspruchs ist in den Unteranspruch einzubeziehen.[345] 175

Offenbarung durch Rückbeziehung: Durch **Rückbeziehungen** in Ansprüchen denkgesetzlich entstehende Merkmalskombinationen sind nur dann ausreichend deutlich offenbart, wenn sie in der Beschreibung eine ausreichende Stütze finden.[346] Daher kann aus einer bloßen Rückbeziehung nicht nachträglich eine Kombination entnommen werden, die in der Beschreibung nicht offenbart ist.[347] 176

Rückbeziehung zur Festlegung der technischen Ausgestaltung ist auch bei unterschiedlichen Anspruchskategorien zulässig, so zB für einen Vorrichtungsanspruch auf einen Verfahrensanspruch[348] oder für einen Verwendungsanspruch auf einen Sachan- 177

---

340 BGH v 10.5.2016 X ZR 114/13 GRUR **16**, 1031 (Rn 15) *Wärmetauscher;* v 17.9.2020 X ZR 147/18 GRUR **21**, 45 (Rn 27) *Signalumsetzung.*
341 Vgl RGZ **158**, 385, 387.
342 Lit in Mitt: Kockläuner **87**, 210; Werner **88**, 103; **89**, 816.
343 EPA-PrüfRichtl F-IV 3.4 (vorletzter Absatz).
344 BGH GRUR **80**, 166 *Doppelachsaggregat.*
345 BGH GRUR **65**, 355 *Bolzenschießgerät.*
346 T 0042/92 ABl **95** SonderA 24.
347 T 0042/92 ABl **95** SonderA 24; Werner Mitt **89**, 816.
348 BPatGE **41**, 112.

spruch.[349] Die Prüfung erstreckt sich dann idR auf die Gesamtheit der Merkmale beider Ansprüche.

178 **9.6.1.2 Gleiche Kategorie** *(same category)* müssen Unteranspruch und übergeordneter Anspruch grundsätzlich aufweisen, weil ein kategoriefremder Unteranspruch die Erfindung einer anderen Kategorie nicht zweckmäßig weiter bilden kann. Ein so formulierter Unteranspruch könnte aber ein Nebenanspruch sein, der selbständig – unter Einbeziehung des in Bezug genommenen Anspruchs – auf Patentfähigkeit zu prüfen ist. Das gilt auch, wenn ein Verwendungsanspruch sich auf einen Erzeugnisanspruch bezieht. Ist aber das Erzeugnis erfinderisch, ist es idR auch seine Verwendung.

179 *Kategoriefremde Merkmale in einem Anspruch* sind zulässig, wenn durch ihre Verwendung die Eindeutigkeit der Kategorie des Anspruchs nicht berührt wird oder eine andere Kennzeichnung des Gegenstands der Erfindung nicht möglich ist. Daher kann eine Rückbeziehung in einem Sachanspruch auf einen Verfahrensanspruch zulässig sein.[350]

180 **9.6.1.3 Patentfähigkeit des übergeordneten Anspruchs:** Fehlt es daran, teilt der Unteranspruch infolge seiner Abhängigkeit das rechtliche Schicksal des nicht gewährbaren Hauptanspruchs, so dass er mit ihm zu streichen ist, es sei denn, er wird (zB im Rahmen eines Hilfsantrags) zu einem unabhängigen Anspruch umformuliert.

181 **9.6.1.4 Besondere Ausführungsart** *(particular embodiment)* besteht in der zweckmäßigen Ausgestaltung der Erfindung des übergeordneten Anspruchs. Der (echte) Unteranspruch darf also i) keine eigenständige Erfindung enthalten, weil sie dann keine Ausführungsart einer anderen Erfindung sein kann, und ii) sich nicht auf völlig Triviales beziehen, denn dann fehlt die Besonderheit der Ausführungsart. *Platte Selbstverständlichkeiten*, die also für jeden Fachmann banal sind, können daher kein Gegenstand eines Unteranspruchs sein.[351] Kleinlichkeit ist hier aber nicht am Platze. Die besondere Ausführungsart kann sich auf Merkmale im Oberbegriff wie auf Merkmale im kennzeichnenden Teil beziehen.[352]

182 **9.6.1.5 Zweckmäßige Zusammenfassung** *(grouping of claims)* der Unteransprüche verlangen § 9 (6) 3 PatV und R 43 (4) 3 EPÜ, damit das Schutzbegehren für die Prüfung und für Dritte möglichst übersichtlich und damit verständlich ist. Die Unteransprüche sind also nach sachlichen Gesichtspunkten in Gruppen zusammenzufassen. Das gilt insbesondere, wenn mehreren unabhängigen Ansprüchen jeweils Unteransprüche zugeordnet sind. Es soll tunlichst vermieden werden, dass dieselbe Erfindung inhaltsgleich mehrfach unter Schutz gestellt wird. Beharrt der Anmelder auf einer Anordnung, die offensichtlich sachlich unvertretbar ist, muss die Anmeldung zurückgewiesen werden.

183 **9.6.2 Unechter Unteranspruch** *(wrong dependent claim)* liegt vor, wenn ein Anspruch, der als abhängiger Anspruch formuliert ist, in Wirklichkeit keine besondere

---

349 BPatGE *43*, 66.
350 BPatGE *41*, 112.
351 BGH GRUR *54*, 317 *Entwicklungsgerät*; *55*, 476 *Spülbecken*; BPatGE *25*, 112, 114.
352 BPatGE *28*, 24.

Ausführungsart der Erfindung eines übergeordneten Anspruchs, sondern eine selbständige Erfindung enthält. Ein solcher Anspruch muss aus Gründen der Klarheit so umformuliert werden, dass eindeutig ist, ob er als echter abhängiger Anspruch oder als unabhängiger (Haupt- oder Neben-)Anspruch gelten soll.

Wird der Mangel übersehen und ein Patent auf den unechten Unteranspruch erteilt, so ist daran der Verletzungsrichter gebunden. Das Patent gewährt dann nur Schutz iVm dem unzutreffend in Bezug genommenen Anspruch,[353] nicht für die in ihm enthaltene Erfindung allein. Es liegt daher im Interesse des Anmelders, unechte Unteransprüche zu vermeiden. 184

9.6.3 Prüfung der Unteransprüche geht vom Regelfall des echten Unteranspruchs aus, der also von dem in Bezug genommenen Hauptanspruch abhängig ist. Ist der Hauptanspruch gewährbar, bedarf es für die Gewährung der Unteransprüche im Hinblick auf die Erfordernisse der Neuheit und erfinderischen Tätigkeit nur der Feststellung, dass sie eine besondere Ausführungsart der kategoriegleichen Erfindung enthalten. Ist der Hauptanspruch nicht gewährbar, sind auch die abhängigen Unteransprüche nicht als solche gewährbar. In diesem Fall bedarf es einer Entscheidung darüber, ob die Unteransprüche einen eigenen Erfindungsgehalt haben, nur dann, wenn der Anmelder auf die Erteilung eines Patents für einen der Gegenstände der Unteransprüche einen Hilfsantrag richtet.[354] In der Praxis des EPA werden allerdings auch Unteransprüche in Recherche und Prüfung berücksichtigt.[355] 185

Ist ohne weiteres erkennbar, dass ein als echter Unteranspruch formulierter Anspruch tatsächlich eine selbständige Erfindung enthält, dann ist der Anmelder im Interesse der Klarheit eines zu erteilenden Patents, also aus Gründen der Rechtssicherheit, zu einer eindeutigen Fassung des Anspruchs aufzufordern (s § 139 ZPO, Einl Rdn 114). Zu einer Klärung besteht Anlass, wenn Haupt- und Unteranspruch unterschiedlichen Kategorien angehören. 186

9.6.4 Zahl der Ansprüche beschränkt weder PatG noch EPÜ. Sie hat sich nach R 43 (5) EPÜ »in vertretbaren Grenzen« zu halten. Liegt ein Missbrauch vor (zB zweifelsfreie Wiederholungen) oder wird die Klarheit des Schutzbegehrens ernstlich beeinträchtigt, dann ist dieser Mangel zu beanstanden. 187

9.6.5 Anspruchsgebühren *(claims fees)* sieht das PatKostG konzeptuell nicht vor.[356] Allerdings wurde das PatKostG 2009 insofern geändert, als nach Ziffer 311 050 des Gebührenverzeichnisses für den 11. und jeden weiteren Anspruch eine entsprechend erhöhte Anmeldegebühr zu zahlen ist (s unten Rdn 280). Grundsätzlich richtet sich diese Gebühr nach der vom Anmelder in den Anmeldeunterlagen angegebenen Anzahl von Patentansprüchen und nicht nach dem sachlichen Gehalt der Ansprüche.[357] Ist 188

---

353 BGH GRUR **65**, 355 *Bolzenschießgerät.*
354 BGH GRUR **83**, 171 *Schneidhaspel;* **92**, 36 *Chinesische Schriftzeichen.* Vgl auch BGH GRUR **16**, 36 *Telekommunikationsverbindung* und dazu Meier-Beck GRUR **16**, 865, 874.
355 EPA Prüfungsrichtlinien B-III 3.8; B-XI 3.2.1.
356 S Begründung zum Entwurf eines Gesetzes zur Vereinfachung und Modernisierung des Patentrechts BlMPZ **09**, 307, 321.
357 BPatG BlPMZ **14**, 144.

DPMA PCT-Bestimmungsamt, richtet sich die Höhe der nationalen Gebühr, die der Anmelder nach Art III § 4 (2) IntPatÜG iVm PatKostG zu entrichten hat, nach der Anzahl der Patentansprüche in der ursprünglich eingereichten Fassung der internationalen Anmeldung.[358]

Vor dem EPA sieht R 45 EPÜ iVm Art 2 (1) Nr 15 GebO eine (hohe) Anspruchsgebühr für den 16. und jeden weiteren Anspruch vor, die sich ab dem 51. Anspruch weiter beträchtlich erhöht. Maßgebend ist der Zeitpunkt der Einreichung der Anmeldung. Wird nachträglich auf einen gebührenfreien Anspruch verzichtet, wird dadurch nicht der nächste gebührenpflichtige Anspruch gebührenfrei.[359] Gebührenpflichtig sind alle Ansprüche, die der Anmelder als Ansprüche gewollt hat, auch wenn sie anders benannt oder getrennt von den bezeichneten Ansprüchen (zB in der Beschreibung) aufgeführt sind.[360] Hat der Anmelder neben wirklichen Ansprüchen anspruchsähnliche Formulierungen in der Beschreibung oder separat eingereicht, sind sie allerdings nicht gebührenpflichtig, wenn ersichtlich ist, dass sie nicht als Ansprüche gewollt waren.[361]

Bei mehreren Sätzen von Patentansprüchen (Fälle der R 138 und des früheren Art 167 (2) EPÜ aF) bemisst sich die Gebührenpflicht nach dem Satz mit den meisten Ansprüchen.[362] Für internationale Anmeldungen, die in die regionale Phase vor dem EPA eintreten, s R 162 EPÜ.[363]

9.7 Änderungen von Patentansprüchen *(amendments of claims)*

189 Der Anmelder ist an die von ihm ursprünglich oder später eingereichten Ansprüche nicht gebunden. Das Erteilungsverfahren dient gerade dazu, eine gewährbare Fassung der Ansprüche festzustellen, die den Schutzbereich des Patents zutreffend bestimmen.

190 **9.7.1 Zulässigkeit von Anspruchsänderungen** setzt voraus:

191 a) *Allgemeine Erfordernisse*, die für die Formulierung von Patentansprüchen gelten (s Rdn 81 ff und 100 ff), werden durch die geänderte Fassung der Ansprüche erfüllt.

192 b) *Förmliche Voraussetzungen* für die Einreichung von geänderten Unterlagen sind erfüllt (s § 15 PatV und R 137 (4) EPÜ[364]), insbesondere Einreichung auf gesonderten Blättern und Angabe der Stelle der ursprünglichen Unterlagen, aus denen die geänderten Ansprüche herleitbar sind.

193 c) *Ausreichende Offenbarung* des Beanspruchten in den Unterlagen der ursprünglich eingereichten Anmeldung, also Beschreibung, Ansprüchen oder Zeichnungen. Das neu Beanspruchte muss für einen Fachmann als zur Erfindung gehörend der ursprünglichen Anmeldung entnehmbar sein. Geht die Änderung darüber hinaus, stellt sie eine unzulässige Erweiterung dar. Zur Offenbarung im Einzelnen vgl Rdn 288 ff.

---

358 BPatGE **54**, 72.
359 J 0009/84 ABl **85**, 233.
360 J 0005/87 ABl **87**, 295.
361 J 0015/88 ABl **90**, 445; J 0025/89 ABl **91** SonderA 65.
362 J 0008/84 ABl **85**, 261.
363 Hierzu J 0011/12 Mitt **16**, 502. Die Entscheidung hat eine am 1.1.2017 in Kraft getretene Änderung von R 162 EPÜ veranlasst (s ABl **16**, A102 und hierzu Mitteilung in ABl **16**, A103).
364 Hierzu EPA-PrüfRichtl H-III.

d) *Bindender Verzicht* des Anmelders für das nunmehr Beanspruchte liegt nicht vor. Dazu vgl Rdn 431 ff. 194
e) *Einheitlichkeit* gemäß § 34 (5) und Art 82 EPÜ wird durch die geänderten Ansprüche nicht in Frage gestellt (vgl Rdn 225 ff). 195
f) *Zeitliche Schranke:* 196
   f1) Für *deutsche Anmeldungen* gibt es keine gesetzlich bestimmte Limitierung. Ansprüche dürfen unbeschränkt jederzeit geändert werden, sowohl vor wie nach Eingang eines Prüfungsantrags (s § 38 S 1). Das Änderungsrecht darf aber wie jede Verfahrenshandlung nicht missbraucht werden. Daher können zB Anspruchsänderungen in Verschleppungsabsicht als unzulässig zurückgewiesen werden. 197

   f2) Für *europäische Anmeldungen* gelten die zeitlichen Vorgaben der R 137 EPÜ, nämlich: 198
     i) nicht vor Erhalt des europäischen Recherchenberichts;
     ii) Änderungsmöglichkeit nach Erhalt des erweiterten europäischen Recherchenberichts;
     iii) weitere Änderungen bedürfen der Zustimmung der Prüfungsabteilung. Bei der Ermessensentscheidung sind das Interesse an zügigem Abschluss des Verfahrens und das Interesse des Anmelders an der beantragten Änderung gegeneinander abzuwägen. Verfahrensökonomische Gesichtspunkte haben aber zurückzutreten, wenn das Interesse des Anmelders anzuerkennen ist, ein in allen Vertragsstaaten bestandskräftiges Patent zu erhalten. Änderungen, die das Verfahren nicht nennenswert verzögern, können bis zum Erlass des Erteilungsbeschlusses zugelassen werden, auch nach einer Mitteilung gemäß R 71 (3).[365]

g) *Wechseln auf nicht recherchierte Gegenstände* (weil sie zB nur in der Beschreibung enthalten waren), die mit der ursprünglich beanspruchten Erfindung nicht durch eine einzige erfinderische Idee verbunden sind, ist für *europäische Anmeldungen* nach R 137 (5) EPÜ nicht zulässig. Sie können in einer Teilanmeldung weiterverfolgt werden. 199

9.7.2 Beispiele für zulässige Änderungen: Nachfolgend genannte Änderungen sind zulässig, sofern sie die in Rdn 190 ff genannten Voraussetzungen erfüllen, insbesondere wenn sie von der ursprünglichen Offenbarung gedeckt sind (zu Beispielen unzulässiger Erweiterungen s § 38 Rdn 20): 200
1. **Verallgemeinerung** (vgl Rdn 143) eines konkret beschriebenen Merkmals,[366] zB in einem Beispiel; 2. **Abstrahierung** durch Verwendung eines Dachbegriffs anstelle eines Spezialbegriffs;[367] 3. **Konkretisierung** einer allgemeinen Offenbarung;[368] 4. **Aufnahme von Merkmalen** aus anderen Ansprüchen,[369] der Beschreibung, einem Bei-

---

[365] GrBK G 0007/93 ABl 94, 775 *Verspätet beantragte Änderungen/WHITBY II*; T 0182/88 ABl 90, 287; T 0375/90 EPOR 93, 588.
[366] Vgl BGH BlPMZ 76, 192 (I3d) *Alkylendiamine I*; BPatG Mitt 84, 213; T 0052/82 ABl 83, 416; T 0371/88 ABl 92, 157.
[367] BPatG Mitt 79, 200.
[368] BPatG GRUR 72, 178; BPatGE 12, 116.
[369] Vgl BGH GRUR 61, 572 (II1) *Metallfenster.*

spiel[370] (s Rdn 296), der Zeichnung[371] (s Rdn 299) oder aus in Bezug genommenen Dokumenten[372] (s unten Rdn 417); **5. Streichung von Merkmalen**, die ursprünglich nicht offenbart waren,[373] oder zur Beseitigung von *Überbestimmungen*, von *Unrichtigkeiten*[374] oder von *Widersprüchen*;[375] **6. Wahl einer präziseren Definition** anstelle einer weniger genauen Umschreibung (s Rdn 103), zB Ersatz von funktionellen Merkmalen (s Rdn 125) oder von product-by-process-Definitionen (s Rdn 149) durch Strukturmerkmale; **7.** Entfernung *fakultativer Merkmale* (s Rdn 129); **8.** Klarstellung *unbestimmter Angaben* (s Rdn 136); **9.** Ersatz von *Marken* durch technische Merkmale (s Rdn 138); **10.** Einordnung des Anspruchs in die zutreffende *Patentkategorie*, zB Verwendung statt Erzeugnis; **11.** Aufnahme eines *Disclaimers* (s Rdn 146); **12.** *Kombination* mehrerer Merkmale (s § 1 Rdn 269).

201   **9.8 Anspruchskategorien** entsprechen den Patentkategorien (vgl dazu § 1 Rdn 181). Im Prinzip lässt sich jeder Anspruch der Kategorie Erzeugnis oder Verfahren zuordnen. Die Unterscheidung ist bedeutsam für den Schutzbereich des Patents und die Beurteilung, ob die weiteren Ansprüche Neben- oder Unteransprüche sind.

202   **Erzeugnisansprüche** können sein: **a)** Sachanspruch s § 1 Rdn 200; **b)** Stoffanspruch s § 1 Rdn 213; **c)** Vorrichtungsanspruch s § 1 Rdn 201; **d)** Anordnungs- oder Schaltungsanspruch s § 1 Rdn 203; **e)** Kombinationsanspruch s § 1 Rdn 269; **f)** Mittelanspruch s § 1 Rdn 205 und 230; **g)** zweckgebundener Erzeugnisanspruch s § 1 Rdn 207; **h)** product-by-process-Anspruch s Rdn 149; **i)** product-by-apparatus-Anspruch, bei dem eine Sache durch die zu ihrer Herstellung benutzte Vorrichtung definiert wird, s Rdn 104 v); **k)** Zwischenproduktanspruch s § 1 Rdn 225; **l)** Arzneimittelanspruch s § 1 Rdn 231; **m)** Programmanspruch s § 1 Rdn 107; **n)** Anspruch für biologisches Material s § 1 Rdn 163, Pflanzen s § 2a Rdn 25, Tiere s § 2a Rdn 31.

203   **Verfahrensansprüche** können sein: **a)** Herstellungsverfahrensanspruch s § 1 Rdn 252; **b)** Arbeitsverfahrensanspruch s § 1 Rdn 255; **c)** Verwendungsanspruch s § 1 Rdn 256; **d)** Funktionsanspruch s § 1 Rdn 277; **e)** Züchtungsverfahrensanspruch s § 2a Rdn 32; **f)** mikrobiologischer Verfahrens- oder Verwendungsanspruch s § 2a Rdn 47; **g)** Analogieverfahrensanspruch s § 1 Rdn 281; **h)** Arzneimittelherstellungsverfahrensanspruch § 1 Rdn 254; **i)** Arzneimittelverwendungsanspruch s § 1 Rdn 259; **k)** Zweitindikationsanspruch s § 1 Rdn 259.

Zur **Wahl** und **Änderung** der Kategorie, zum **Rechtsschutzinteresse** für Ansprüche in mehreren Kategorien sowie zu Mischformen s § 1 Rdn 185 ff, zu Anspruchskategorien und **Einheitlichkeit** s Rdn 236.

---

370   BGH GRUR **67**, 585 (IIB2) *Faltenrohre*.
371   BPatGE **12**, 77; **14**, 111; **16**, 21; T 0443/89 ABl **92** SonderA 35; T 0145/87 u T 0465/88 ABl **91** SonderA 31.
372   T 0006/84 ABl **85**, 238; T 0689/90 ABl **93**, 616.
373   Vgl BGH GRUR **75**, 310 *Regelventil*; **77**, 714 *Fadenvlies* BPatGE **20**, 146; **25**, 24.
374   BGH Liedl **61/62**, 708, 719 *Freischwinglautsprecher*; BPatGE **8**, 15; T 0758/92 ABl **94** SonderA 68; T 0060/90 ABl **94** SonderA 64.
375   T 0172/82 ABl **83**, 493; T 0271/84 ABl **87**, 405.

10 Beschreibung (description)

10.1 Bedeutung: Während die Ansprüche nach § 34 (3) Nr 3 und Art 84 EPÜ den Gegenstand angeben, für den Schutz begehrt wird, dient die Beschreibung der Darstellung der Erfindung, so dass sie von einem Fachmann verstanden und ausgeführt werden kann. Die Beschreibung ist daher der vornehmliche Ort der Offenbarung der Erfindung.

Die Beschreibung hat für die Ansprüche eine dienende Funktion, da sie nach § 14 Satz 2 und Art 69 (1) 2 EPÜ für die *Auslegung der Ansprüche* heranzuziehen ist (s Rdn 113 und § 14 Rdn 20). Maßgeblich für den Patentschutz sind die Ansprüche. Was lediglich in der Beschreibung enthalten ist, aber keinen Eingang in die erteilten Ansprüche gefunden hat, nimmt am Patentschutz nicht teil.[376] Andererseits müssen die Ansprüche eine ausreichende Stütze in der Beschreibung finden (s Rdn 106). Eine spezielle Darstellung in der Beschreibung erläutert einen weiter gefassten Anspruch, beschränkt ihn aber nicht.[377]

10.2 Gestaltung der Beschreibung hat sich an ihrer rechtlichen Bedeutung zu orientieren (s Rdn 204). Im Erteilungsverfahren ist sorgfältig darauf zu achten, dass einerseits alle wesentlichen Merkmale in die Ansprüche aufgenommen werden und andererseits die beanspruchte Erfindung einen ausreichenden Rückhalt in der Beschreibung findet. Ansprüche und Beschreibung ergänzen sich zur präzisen Definition der unter Schutz zu stellenden Erfindung.[378] Die Beschreibung ist daher den Ansprüchen zuzuordnen, sie sollte also nichts enthalten, was zur Erläuterung der Erfindung in den Ansprüchen nichts beitragen kann. Kleinliche Beanstandungen sind aber zu vermeiden.[379]

10.3 Gliederung der Beschreibung gemäß § 10 PatV und R 42 EPÜ:
a) Als **Titel** die Erfindungsbezeichnung aus dem Erteilungsantrag;
b) Angabe des **technischen Gebiets**, in das die Erfindung gehört, und – falls erforderlich – ihre gewerbliche Anwendbarkeit;
c) Darstellung des **Standes der Technik**, von dem die Erfindung ausgeht, nebst Fundstellen (vgl Rdn 208);
d) Kritik des Standes der Technik, insbesondere Darlegung der Umstände, die als Nachteil empfunden werden. Die Angaben dürfen jedoch keine unzulässige Schmähung darstellen, auf der Hand liegen falsch sein oder keinen Zusammenhang mit der Erfindung erkennen lassen;[380]

---

376 BGH BlPMZ 95, 322 *3-Isothiazolonzubereitung*.
377 BGH GRUR 58, 179 *Resin*; 61, 409 (2b) *Drillmaschine*; 85, 967 (2a) *Zuckerzentrifuge*.
378 S auch BPatG BlPMZ 16, 376.
379 Vgl BPatGE 23, 96 für Beispiele, auf die sich kein Anspruch bezieht; 21, 206, 210; Mitt 79, 239.
380 In solchen Ausnahmefällen kann der betroffene Dritte zur Einlegung einer Beschwerde gegen den Erteilungsbeschluss oder einer Klage auf Unterlassung oder Beseitigung berechtigt sein; s BGH GRUR 10, 253 *Fischdosendeckel*; BPatGE 52, 256; hierzu Hofmeister Mitt 10, 178; Mes in FS Loschelder 2010, 251; Hanßen: Schutz der Wettbewerber vor unzutreffenden Äußerungen über den Stand der Technik in Patent- und Gebrauchsmusterschriften 2012.

e) Angabe des Problems (= Aufgabe), das der Erfindung zugrunde liegt, ggf anhand der mit der Erfindung erzielbaren **vorteilhaften Wirkungen**;
f) Darstellung der Erfindung, also der technischen **Lösung** des Problems (= Aufgabe), für das in den Ansprüchen Schutz begehrt wird;
g) Darlegung **vorteilhafter Wirkungen** der Erfindung unter Bezugnahme auf den bisherigen Stand der Technik;
h) Wenigstens ein **Weg zur Ausführung** der beanspruchten Erfindung im Einzelnen, wenn möglich anhand von Ausführungsbeispielen und Zeichnungen unter Verwendung von Bezugszeichen;
i) weitere Ausgestaltung der Erfindung gemäß den Unteransprüchen.

10.4 Angabe des Standes der Technik (indication of background or prior art)[381]

208 Nach § 34 (7) iVm § 10 (2) Nr 2 PatV sowie nach R 42 (1) b) EPÜ ist der für die Erfindung relevante StdT in der Beschreibung zu nennen. Relevant sind alle Dokumente, die für das Verständnis der Erfindung und deren Schutzfähigkeit sowie für die Durchführung von Recherche und Prüfung bedeutsam sein können.

209 *Angabe des StdT* nebst den zugehörigen Fundstellen hat in der Anmeldung nach bestem Wissen vollständig und wahrheitsgemäß zu erfolgen. Ist kein StdT genannt, aber aus den Umständen zu entnehmen, dass dem Anmelder ein StdT bekannt sein muss, kann Patentamt ihn zur Angabe auffordern. Das Verlangen kann in der Aufforderung liegen, veröffentlichungsreife Unterlagen einzureichen.[382] Die bloße Zitierung von Fundstellen reicht nicht, der StdT ist soweit darzulegen, dass sich der Bezug zur angemeldeten Erfindung ergibt. Bei zweiteiliger Anspruchsfassung kann die Nennung des für den Oberbegriff gewählten Dokuments genügen, bei der einteiligen Fassung bedarf es der Angabe, welche Merkmale übereinstimmen.[383] Eine Würdigung kann nicht verlangt werden.[384] Erklärt der Anmelder, ihm seien keine relevanten Dokumente bekannt, genügt dies, sofern keine Anhaltspunkte für die Unwahrheit der Erklärung bestehen.[385] Das vorsätzliche Unterlassen der Angabe eines StdT, von dem der Anmelder wusste, dass er die Erteilung verhindert hätte, kann eine Patenterschleichung sein.[386]

210 *Aufnahme des StdT in die Beschreibung* des zu erteilenden Patents erstreckt sich auf den vom Anmelder angegebenen und dem im Prüfungsverfahren ermittelten StdT. Eine unberechtigte Weigerung kann zur Zurückweisung der Anmeldung führen.[387] Die vollständige Aufnahme liegt auch im Interesse des Anmelders, weil der StdT Einfluss auf den Schutzbereich haben kann (s § 14 Rdn 52). Dokumente, deren öffentliche

---

381 **Lit:** Kraßer in FS Nirk 1992, 531.
382 BGH BlPMZ 70, 163 (IIIc) *Faltbehälter.*
383 BPatGE **38**, 17.
384 BPatGE 20, 111; **38**, 17.
385 BPatG Mitt 09, 286 L.
386 BPatG v 27.4.2015 21 W (pat) 104/09 BeckRS 15, 10456; vgl bereits RG GRUR 37, 380, 382; 39, 787, 790 lSp.
387 AA offenbar T 2321/08 EPOR 10, 170: R 42 (1) b) EPÜ nur Empfehlung, kein zwingendes Erfordernis.

Zugänglichkeit zweifelhaft ist, müssen nicht aufgenommen werden.[388] Die Aufnahme eines relevanten StdT stellt keine unzulässige Erweiterung dar.[389]

10.5 Änderung der Beschreibung *(amendment of description)* oder ihre Berichtigung[390] darf materiell nicht zu einer Erweiterung der ursprünglichen Anmeldung führen und ist grundsätzlich nur im Einverständnis mit dem Anmelder möglich. Lehnt der Anmelder unbedingt erforderliche Änderungen ab, kann die Anmeldung nur zurückgewiesen werden. Nicht genehmigte Änderungen, die zu einer einschränkenden Auslegung der Ansprüche führen können, stellen eine Beschwer des Anmelders dar.[391] Ein telefonisch erklärtes Einverständnis bedarf der schriftlichen Bestätigung.[392] Ändert der Anmelder von sich aus, muss er im Einzelnen angeben, wo die neu beschriebenen Merkmale in den ursprünglichen Unterlagen offenbart sind[393] (sog *Konkordanzliste*, vgl § 15 (3) PatV, R 137 (4) EPÜ).

211

10.6 Anpassung der Beschreibung *(adaptation of the description)* an das Ergebnis der Prüfung ist erst sinnvoll, wenn gewährbare Ansprüche erarbeitet sind.[394] Eine Anpassung an Zwischenergebnisse ist idR nicht erforderlich.

212

Ist eine Einigung über gewährbare Ansprüche erzielt, ist die Beschreibung entsprechend anzupassen. Entspricht die eingereichte Beschreibung nicht dem Ergebnis des Prüfungsverfahrens, ist sie insbesondere nicht den gewährbaren Ansprüchen sachgerecht angepasst oder enthält sie nach wie vor Teile, die zu Recht beanstandet wurden (zB Merkmale oder Beispiele,[395] die keinen Bezug (mehr) zu den Ansprüchen haben oder die Anmeldung uneinheitlich machen,[396] oder werden wesentliche Entgegenhaltungen nicht aufgenommen[397]), so ist dieser Mangel zu rügen und die Anmeldung nach fruchtlosem Ablauf der Frist zurückzuweisen.[398]

213

Anpassung der Beschreibung ist *Aufgabe des Anmelders*, nicht des Patentamts oder der Beschwerdeinstanz.[399] Eine Zurückverweisung lediglich zur Anpassung der Beschreibung an Ansprüche, über deren Gewährbarkeit entschieden wurde, ist zwar rechtlich zulässig, aber verfahrensökonomisch nur im Hinblick auf das Beschwerdeverfahren selbst, nicht aber in Hinblick auf das Erteilungsverfahren insgesamt. Sie führt dazu, dass über die Anpassung eine Instanz entscheidet, die die Ansprüche nicht gewährt hat, und dass bei Streit über die richtige Anpassung ein erneutes Beschwerdeverfahren droht. Nach Zurückverweisung ist dann sowohl in 1. wie in einer evtl 2.

214

---

388 BPatG Mitt 06, 219 (Handbuch).
389 T 0011/82 ABl 83, 479; T 0051/87 ABl 91, 177.
390 GrBK G 0011/91 ABl 93, 125 *Glu-Gln/CELTRIX*.
391 BGH GRUR 82, 291 *Polyesterimide*; vgl BPatGE 45, 149, 151.
392 BPatGE 25, 141.
393 BPatGE 16, 28.
394 DPMA-PrüfRichtl 2.4 Abs 2; vgl BPatG BlPMZ 91, 71 rSp; EPA T 0544/88 ABl 90, 428.
395 Vgl BPatGE 23, 96; 4, 13, 15; BlPMZ 87, 360.
396 BGH BlPMZ 70, 163 (III1a) *Faltbehälter*.
397 Vgl T 0011/82 ABl 83, 479 (Nr 25).
398 Vgl BPatGE 13, 57; s auch BPatG BlPMZ 16, 376.
399 BPatGE 17, 204.

Instanz nur noch über die Anpassung, nicht mehr über die Gewährbarkeit der Ansprüche zu entscheiden.[400]

215 **10.7 Einzelne Erfordernisse der Beschreibung:** Die Erfordernisse für den Patentanspruch gelten grundsätzlich auch für die Beschreibung, so das Gebot zur Verwendung *technischer und klarer Merkmale* (s Rdn 115 u 121) wie auch die Vermeidung von *unbestimmten Angaben* (s Rdn 136), von *Marken* oder von *Bezugnahmen auf fremde Dokumente* (s Rdn 133).

216 **Allgemeine Formerfordernisse:** Zur Schriftform und anderen Verkörperungen s Rdn 36, zu Sprache und erforderlichen Übersetzungen s § 35a Rdn 2 ff und 8 ff. Weitere Formerfordernisse enthalten § 10 PatV und R 49 EPÜ.

Bildliche Darstellungen und Zeichnungen sind in der Beschreibung grundsätzlich ausgeschlossen (§ 5 (1) PatV und R 49 (9) EPÜ). Zulässig sind *chemische und mathematische Formeln, Tabellen, Diagramme*,[401] *Schaubilder*,[402] *Datenflusspläne*.[403] Aus diesen Ausnahmen wird man den allgemeinen Grundsatz entnehmen können, dass eine grafische Darstellung immer dann zulässig ist, wenn sie für den Fachmann die bevorzugte Art der Kennzeichnung einer technischen Lehre ist.

Bezugnahme auf Ansprüche oder Anspruchsteile zur Vermeidung von Wiederholungen in der Beschreibung ist zulässig (§ 10 (3) 2 PatV),[404] ist aber keine Verpflichtung des Anmelders.[405]

Überflüssige Angaben, die der Erläuterung der Erfindung nicht dienen, sollte eine Beschreibung nicht enthalten, wenn sie die Klarheit beeinträchtigen. Ihre Beseitigung kann aber nur verlangt werden, wenn der Mangel offensichtlich ist.[406] Dazu gehört zB die erforderliche Anpassung der Beschreibung an geänderte Ansprüche (s Rdn 212) oder an den reduzierten Gegenstand einer Teilanmeldung.[407] Kleinlichkeit ist nicht am Platze. Entbehrliche Teile, die das Verständnis in keiner Weise negativ beeinflussen, können ungerügt bleiben.[408]

11 Zeichnungen *(drawings)*

217 **11.1 Begriff:** Zeichnungen iSd § 34 (3) Nr 5 und des Art 78 (1) d) EPÜ sind bildliche Darstellungen, die technische Tatbestände unter weitgehendem Verzicht auf die Mittel der Sprache abstrakt wiedergeben. Zeichnungen können sein: Einzelzeichnungen, Querschnitte, Schnittzeichnungen, Perspektivansichten und Explosionsdarstellun-

---

400 T 0757/91 EPOR 93, 595; T 0843/91 ABl **94**, 832.
401 BPatGE **11**, 199.
402 BPatGE **16**, 21.
403 Vgl BPatGE **24**, 187.
404 Vgl Werner Mitt **72**, 154.
405 BPatGE **21**, 206.
406 BGH BlPMZ **89**, 214 (V) *Aufzeichnungsmaterial*; BPatG BlPMZ **87**, 360.
407 BGH BlPMZ **70**, 163 (III1) *Faltbehälter*; T 0011/82 ABl **83**, 479.
408 Strenger: BPatGE **7**, 102.

gen,[409] Flussdiagramme und Diagramme,[410] schematische Darstellungen,[411] Fotos.[412] Keine Zeichnungen sind: Chemische und mathematische Formeln sowie Tabellen,[413] Chromatographien.

11.2 Erforderlichkeit: Zeichnungen muss eine Anmeldung nach § 34 (3) Nr 5 und Art 78 (1) d) EPÜ nur enthalten, wenn Ansprüche oder die Beschreibung sich auf Zeichnungen beziehen. Ist das nicht der Fall, können Zeichnungen fehlen, dürfen aber eingereicht werden. Nach Art 7 PCT sind dagegen Zeichnungen »erforderlich, wenn sie für das Verständnis der Erfindung notwendig sind«. 218

11.3 Formerfordernisse für Zeichnungen im Einzelnen enthalten Anlage 2 zu § 12 PatV und R 46 EPÜ. Sie dürfen nach Anlage 2 Nr 8 PatV und R 46 (2) j EPÜ *keine Erläuterungen* enthalten. Lediglich kurze unentbehrliche Angaben (zB »Wasser«, »offen«, »zu« etc) sind zulässig. In Schaltplänen, Blockschaltbildern oder Flussdiagrammen sind kurze Stichworte (zB »Magnetkernspeicher«, »Geschwindigkeitsintegrator«[414]), die für das Verständnis unentbehrlich sind, gestattet. *Bezugszeichen* dürfen nur verwendet werden, wenn sie auch in Beschreibung oder Ansprüchen verwendet sind. 219

11.4 Fehlen von Zeichnungen: Fehlen Zeichnungen gänzlich, obwohl Beschreibung oder Ansprüche auf sie Bezug nehmen, dann ergeht die Aufforderung gemäß § 35 (2) 1 und R 56 EPÜ (vgl dazu § 35 Rdn 52). Enthält ein Erteilungsbeschluss versehentlich keine Zeichnungen, ist dieser zu berichtigen.[415] 220

11.5 Berichtigung von Zeichnungen, die einen offensichtlichen Mangel aufweisen, ist ebenso möglich wie die Berichtigung einer fehlerhaften Beschreibung. Der Fehler kann auch darin bestehen, dass Zeichnungen unvollständig eingereicht sind.[416] Die Berichtigung darf jedoch nicht zu einer unzulässigen Erweiterung der am Anmeldetag offenbarten Erfindung führen.[417] 221

11.6 Nachreichen von Zeichnungen: Vgl dazu die Erläuterungen § 35 Rdn 49 ff. 222

11.7 Offenbarung durch Zeichnung: Vgl dazu Rdn 299. 223

12 Modelle und Proben

Modelle und Proben können der Veranschaulichung (zB in einer mündlichen Verhandlung) oder Beweiszwecken dienen, zB für den Nachweis der Ausführbarkeit oder des Erreichens von Vorteilen (zB Färbeprobe). Sie sind aber kein Mittel für die Offenbarung, da sie nicht zur Anmeldung gehören, in der nach § 34 (4) und Art 83 EPÜ die 224

---

409 § 12 PatV Anlage 2 Nr 3 (Anhang 11).
410 R 46 (3) EPÜ; EPA-PrüfRichtl A-IX 1.1.
411 Vgl T 0170/87 ABl **89**, 441; T 0443/89 ABl **92** SonderA 35; T 0748/91 ABl **94** SonderA 67.
412 Wenn nie eine elektronische Erfassung gemäß § 6 (1) PatV erlauben. Vgl R 46 (2) c) und 49 (2) EPÜ.
413 EPA-PrüfRichtl A-IX 11.
414 EPA-PrüfRichtl F-II 5.1; vgl R 46 (2) j) EPÜ.
415 Vgl BPatGE **24**, 50.
416 J 0033/89 ABl **91**, 288.
417 GrBK G 0011/91 ABl **93**, 125 *Glu-Gln/CELTRIX*.

Erfindung allein zu offenbaren ist. Die Bezugnahme auf ein Modell kann daher nicht die Beschreibung der Erfindung ersetzen.[418] Modelle und Proben sind nach § 16 PatV nur auf Anforderung des DPMA einzureichen. Zur Hinterlegung und Abgabe von Proben biologischen Materials s unten Rdn 478 u 511.

III. Einheitlichkeit *(unity)*[419]

1 Rechtsgrundlagen

225 § 34 (5) PatG ist durch das 2. PatGÄndG in das PatG eingefügt worden. Er ist Art 82 EPÜ wortgleich und R 13.1 PCT fast wortgleich nachgebildet. Die zur Ausführung dieser Vorschriften ergangenen Bestimmungen der R 44 EPÜ sowie der R 13.2 und 13.3 PCT sind daher auch bei der Auslegung von § 34 (5) zu berücksichtigen.[420] Diese Vorschriften lauten:

226 *R 44 (1) EPÜ (entspricht R 13.2 PCT)*
(1) Wird in einer europäischen Patentanmeldung eine Gruppe von Erfindungen beansprucht, so ist das Erfordernis der Einheitlichkeit der Erfindung nach Art 82 nur erfüllt, wenn zwischen diesen Erfindungen ein technischer Zusammenhang besteht, der in einem oder mehreren gleichen oder entsprechenden besonderen technischen Merkmalen zum Ausdruck kommt. Unter dem Begriff »besondere technische Merkmale« sind diejenigen technischen Merkmale zu verstehen, die einen Beitrag jeder beanspruchten Erfindung als Ganzes zum Stand der Technik bestimmen.

227 *R 44 (2) EPÜ (entspricht R 13.3 PCT)*
(2) Die Entscheidung, ob die Erfindungen einer Gruppe untereinander in der Weise verbunden sind, dass sie eine einzige allgemeine erfinderische Idee verwirklichen, hat ohne Rücksicht darauf zu erfolgen, ob die Erfindungen in gesonderten Patentansprüchen oder als Alternativen innerhalb eines einzigen Patentanspruchs beansprucht werden.

2 Zweck

228 § 34 (5) ist wie Art 82 EPÜ und R 13.1 PCT eine *Ordnungsvorschrift*, die sicherstellen soll, dass das Patenterteilungsverfahren möglichst zweckmäßig durchgeführt werden kann. Ziel der Vorschrift ist: **a)** Recherche und Prüfung auf Patentfähigkeit sollen sich aus Gründen der Arbeitseffizienz in einem Verfahren grundsätzlich nur mit einer Erfindung und nicht mit einer Vielzahl von Erfindungen befassen müssen; **b)** es sollen möglichst übersichtliche Patente geschaffen werden, und zwar im Interesse der Öffentlichkeit, die die Schutzrechte zu respektieren hat, sowie im Interesse einer effizienten Patentdokumentation; **c)** einer missbräuchlichen Gebührenersparnis – Prüfung mehrerer Erfindungen für nur eine Gebühr – soll vorgebeugt werden.

3 Voraussetzungen der Einheitlichkeit

229 **3.1 Einzige Erfindung** *(one invention only)* gemäß § 34 (5) und Art 82 EPÜ liegt dann vor, wenn die Anmeldung eine technische Lehre enthält, die nach technisch-

---

418 BPatGE 29, 36.
419 **Lit in epi information:** Kennington 09, 6; **Lit in GRUR:** Schiller 80, 24; Stortnik 04, 117, 10, 871; **Lit in IIC:** Leber 09, 206; **Lit in Mitt:** Papke 88, 1; Klocke 89, 208 (= IIC 90, 72); Schmitz 90, 190.
420 Amtl Begr zum 2. PatGÄndG Nr 10 zu § 34 Abs 5 BlPMZ 98, 402.

wirtschaftlicher Betrachtungsweise als eine Einheit angesehen werden kann. Diese Voraussetzung wird idR erfüllt sein, wenn das Problem, das der Erfindung zugrunde liegt, einheitlich ist und alle Merkmale zur Problemlösung nötig oder zumindest geeignet sind, diese zu fördern.[421]

3.2 Gruppe von Erfindungen *(group of inventions)* kann nach § 34 (5) und Art 82 EPÜ in einer Anmeldung enthalten sein, wenn die Erfindungen »untereinander in der Weise verbunden sind, dass sie eine einzige allgemeine erfinderische Idee verwirklichen«. Wie sich schon aus dem Begriff »Gruppe« (= Artverwandtschaft) ergibt, müssen die zusammengefassten Erfindungen innerlich zusammen gehören, weil sie sonst nicht als Gruppe angesehen werden können.

230

3.2.1 Einzige allgemeine erfinderische Idee *(single general inventive concept)*: Diese Voraussetzung ist erfüllt, wenn zwischen den einzelnen Erfindungen der Gruppe ein technischer Zusammenhang besteht. Dieser wird bei *Teilidentität* idR gegeben sein,[422] also wenn die einzelnen Erfindungen in mehreren Merkmalen oder zumindest in einem wesentlichen Merkmal übereinstimmen.[423] Fehlt es daran, können auch *»besondere technische Merkmale«* die Einheitlichkeit begründen. Diese müssen der beanspruchten Erfindung angehören und für diese – wenn man sie als Ganzes betrachtet – einen Beitrag zum Stand der Technik kennzeichnen. Die besonderen technischen Merkmale müssen in den einzelnen Erfindungen nicht identisch sein, sie müssen sich aber einander entsprechen, dh in einer technischen Wechselbeziehung zueinander stehen.[424] Die Entscheidung darüber setzt die *Ermittlung der technischen Aufgabe* voraus.[425]

231

Nur eine *»erfinderische Idee«* kann nach § 34 (5) und Art 82 EPÜ die Einheitlichkeit begründen, denn sonst könnte durch die Voranstellung einer beliebigen bekannten oder nahe liegenden Idee immer erreicht werden, dass mehrere Erfindungen in einer Anmeldung behandelt werden. Die Idee, die die Gruppe von Erfindungen verwirklicht, muss also *neu* sein und auf *erfinderischer Tätigkeit* beruhen.[426] Ob eine solche erfinderische Idee vorliegt oder nicht, kann sich in einfachen Fällen bereits *a priori*, dh vor Heranziehung des Standes der Technik, zumeist aber erst *a posteriori*, dh nach durchgeführter Recherche, ergeben.[427] Diese Prüfung dient nur der Eliminierung von klar uneinheitlichen Anmeldungen, so dass *im Zweifel* die Einheitlichkeit anzuerkennen ist.[428] Das Ergebnis der Prüfung bindet nicht die spätere materielle Prüfung auf Patentfähigkeit.

232

---

421 Vgl (zum alten Recht) BGH GRUR 71, 512 (BIIb) *Isomerisierung*; 79, 461 (II2c) *Farbbildröhre*; 79, 619 (III1c cc) *Tabelliermappe*.
422 T 0006/90 ABl 91, 438.
423 T 0957/96 ABl 98 SonderA 40.
424 BPatG GRUR 09, 50.
425 T 0011/89 ABl 93, 225; W 0006/97 ABl 98 SonderA 39; W 0059/90 ABl 92 SonderA 81.
426 T 0006/90 ABl 91, 438; W 0027/89, W 0018/90, W 0019/90 ABl 91 SonderA 63.
427 GrBK G 0001/89 ABl 91, 155 (Nr 8.2) *Polysuccinatester/Nichteinheitlichkeit a posteriori*; G 0002/89 ABl 91, 166 *Nichteinheitlichkeit a posteriori*; W 0004/96 ABl 97, 552. Vgl hierzu BPatG BlPMZ 91, 195 sowie einerseits BPatG GRUR 09, 52; andererseits BPatG GRUR 09, 50. S auch Rdn 247.
428 GrBK G 0001/89 ABl 91, 155 (Nr 8.2) *Polysuccinatester/Nichteinheitlichkeit a posteriori*; G 0002/89 ABl 91, 166 *Nichteinheitlichkeit a posteriori*; W 0023/89 u W 0051/90 ABl 92 SonderA 81; W 0024/90 ABl 91 SonderA 63; s auch T 0824/10 v 9.8.2011.

233 »*Allgemeine erfinderische Idee*« kann bestehen in a) technologisch verwandten Lösungen einer einzelnen Aufgabe; b) Lösungen *mehrerer Aufgaben*, wenn die mehreren Aufgaben auf Grund eines technologischen Zusammenhangs unter eine *Gesamtaufgabe* subsumierbar sind;[429] c) der einheitlichen *Wirkung* oder dem einheitlichen *Effekt*, den die mehreren Erfindungen erzielen;[430] d) Ansprüchen verschiedener Kategorien, wenn sie einen technisch ausreichenden Bezug zueinander aufweisen (vgl Tabelle zu Rdn 236).

234 **3.2.2 Verbundene Erfindungen** *(linked inventions)*: Das Erfordernis der Einheitlichkeit setzt nicht nur voraus, dass dem Anmeldegegenstand eine allgemeine erfinderische Idee eigen ist. Die mehreren Erfindungen müssen untereinander auch so verbunden sein, dass erkennbar ist, dass sie die eine erfinderische Idee verwirklichen. Die Verbindung der einzelnen Erfindungen untereinander kann auf verschiedenste Weise zum Ausdruck gebracht werden, zB durch *sachgerechte Rückbeziehungen* der Ansprüche, durch die Erwähnung einer *besonderen Anpassung*[431] oder einer *besonderen Entwicklung*[432] der einen Erfindung im Verhältnis zur anderen Erfindung, durch die Betonung der ähnlichen Beschaffenheit von mehreren *Alternativen*,[433] die in einem oder mehreren Ansprüchen enthalten sind. Entscheidend ist aber nicht die *formale Wortwahl*,[434] sondern die tatsächliche Existenz einer allgemeinen Idee. Eine Anmeldung kann daher uneinheitlich sein, obwohl die mehreren Erfindungen nach dem Wortlaut verbunden sind, und sie kann einheitlich sein, obwohl die Verbindung der mehreren Erfindungen im Anspruchswortlaut keinen Ausdruck findet.[435]

Ansprüche auf Produkte und ein Verfahren zu deren Herstellung stehen in ausreichendem technischen Zusammenhang auch dann, wenn das Verfahren nicht nur zur Herstellung der beanspruchten, sondern auch anderer Produkte verwendet werden kann.[436]

4 Einzelheiten zur Einheitlichkeit (alphabetisch)

235 • **Abhängige Ansprüche:** PatG und EPÜ bestimmen anders als R 13.4 PCT nicht ausdrücklich, dass Unteransprüche das Erfordernis der Einheitlichkeit erfüllen müssen. Das folgt aber aus dem Sinn eines Unteranspruchs, denn nur ein mit dem unabhängigen Anspruch einheitlicher Unteranspruch kann die beanspruchte Erfindung vorteilhaft ausgestalten. Bei echten Unteransprüchen besteht idR kein Anlass zu Zweifeln. Unechte Unteransprüche, also abhängige Ansprüche, die eine selbständige Erfindung enthalten, sind nicht generell mit dem übergeordneten Anspruch uneinheitlich, sondern nur dann, wenn beide nicht durch eine allgemeine erfinderische Idee verbunden sind. EPA hat früher sowohl bei PCT- wie bei EPÜ-Anmeldungen geprüft, ob die

---

429 BGH GRUR 79, 619 (III1c cc) *Tabelliermappe*; 71, 512 (BIIb) *Isomerisierung*; BPatGE 28, 20; W 0012/94 ABl 96 SonderA 41; vgl T 0026/81 ABl 82, 211 (Nr 7 u 8).
430 T 0006/90 ABl 91, 438; W 0032/92 ABl 94, 239.
431 T 0861/92 v 1.2.1993 BeckRS 93, 30649871.
432 T 0202/83 v 6.3.1984 BeckRS 84, 30539741.
433 T 0004/96 ABl 97, 552 u W 0006/95 ABl 97 SonderA 48 beide zu Markush-Ansprüchen.
434 W 0039/90 v 10.2.1991 BeckRS 91, 30699737.
435 T 0002/95 ABl 96 SonderA 41; W 0033/92 v 12.8.1992 BeckRS 92, 30699436.
436 W 0011/99 ABl 00, 186.

abhängigen Ansprüche das Erfordernis der Einheitlichkeit erfüllen,[437] verzichtet aber hierauf in der neueren Praxis.[438]

- **(Mehrere) Anspruchskategorien:** Eine Anmeldung ist nicht auf Ansprüche der gleichen Kategorie (Erzeugnis oder Verfahren) beschränkt, sondern kann auch Ansprüche unterschiedlicher Kategorien enthalten.[439] Sie sind zulässig, soweit sie eine einzige erfinderische Idee verwirklichen (s Rdn 231). Rechtsprechungsübersicht zur Zulässigkeit mehrerer Anspruchskategorien siehe nachfolgende Tabelle. 236

Rechtsschutzinteresse für Ansprüche in mehreren Kategorien ist grundsätzlich zu bejahen,[440] es sei denn, das Begehren ist missbräuchlich oder es ist offensichtlich keinerlei Interesse des Anmelders erkennbar[441] (vgl Einl Rdn 345 und oben Rdn 23). 237

Rechtsschutzinteresse bejaht: a) wenn die zusätzliche Anspruchskategorie eine **Erleichterung einer künftigen Rechtsverfolgung** möglich erscheinen lässt, und zwar auch dann, wenn der Anspruch der einen Kategorie dem der anderen nichts hinzufügt;[442] b) für einen Erzeugnisanspruch neben dem Verfahrensanspruch zur Herstellung dieses Erzeugnisses; c) neben Erzeugnisanspruch ein Vorrichtungsanspruch zur Herstellung des Erzeugnisses;[443] d) für einen **Auffanganspruch** (zB Verwendung, Mittel) für den evtl Wegfall des Hauptanspruchs (Erzeugnis, Vorrichtung).[444] 238

Einheitlichkeit von Ansprüchen nach deutscher und europäischer Rechtsprechung				
Einheitlich sind folgende Ansprüche nebeneinander:				
Erzeugnis	+	Verfahren seiner Herstellung		
Erzeugnis	+	Verfahren seiner Herstellung	+	seine Verwendung[445]
Erzeugnis	+	Verfahren seiner Herstellung	+	Vorrichtung oder Mittel zur Ausführung des Verfahrens
Erzeugnis	+	Verfahren seiner Herstellung	+	(Arznei)Mittelanspruch[446]
Erzeugnis	+	Verfahren seiner Herstellung	+	Weiterverarbeitung des Erzeugnisses[447]
Endprodukt	+	Verfahren seiner Herstellung	+	Zwischenprodukt[448]

---

437 Vgl RechtsprBK/EPA **19**, 373.
438 Vgl EPA-PrüfRichtl F-V 2.1 letzter Absatz; s auch T 0129/14 v 17.9.2014 RechtsprBK/EPA **19**, 373.
439 BGH v 24.10.2017 X ZR 55/16 GRUR **18**, 170 (Rn 56) *Trommeleinheit*; s auch Kraßer/Ann Patentrecht 7. Aufl § 24 A VI.3.
440 BPatG BlPMZ **16**, 26.
441 BGH BlPMZ **71**, 163 (II2) *Fungizid*; **98**, 81 (II3) *Handhabungsgerät*.
442 BPatGE **29**, 177; **40**, 219.
443 BGH GRUR **79**, 461 (II2a) *Farbbildröhre*.
444 BGH BlPMZ **77**, 198 (II3a) *Benzolsulfonylharnstoff*; **98**, 81 (II3) *Handhabungsgerät*.
445 StRspr zB BGH BlPMZ **71**, 371 *Isomerisierung*; **71**, 163 *Fungizid*; **77**, 198 (II3b bb) *Benzolsulfonylharnstoff*; EPA-PrüfRichtl F-V 3 i); die Verwendung kann üblich (BPatG **10**, 148) oder erfinderisch sein (BPatG Mitt **84**, 232).
446 BGH BlPMZ **72**, 323 *Gelbe Pigmente*; **77**, 166 *Piperazinoalkylpyrazole*.
447 BGH BlPMZ **74**, 353 *aromatische Diamine*.
448 T 0057/82 ABl **82**, 306.

Endprodukt	+	Verfahren seiner Herstellung	+	Zwischenprodukt
			+	Verfahren zur Herstellung des Zwpr
Endprodukt	+	Zwischenprodukt(e)[449]		
Gemisch	+	Bestandteil des Gemischs[450]		
Zwischenprodukt	+	Verfahren seiner Herstellung	+	Verfahren zur Weiterverarbeitung des Zwpr zum Endprodukt[451]
Stoff	+	Analogieverfahren	+	(Arznei)Mittelanspruch[452]
Verfahren	+	Vorrichtung seiner Ausführung[453]		
Verfahren	+	Mittel zu seiner Ausführung[454]		
Verfahren	+	Verwendung der hergestellten Erzeugnisse[455]		
Verfahren	+	Verwendung	+	Mittel[456]
Verfahren zur Herstellung von A auf dem Wege X	+	Verfahren zur Herstellung von A auf dem Wege Y[457]		
Vorrichtung	+	mit der Vorrichtung hergestelltes Erzeugnis[458]		
Verwendung von A zu X	+	Verwendung von A zu Y[459]		
1. med. Indikation	+	2. med.Indikation[460]		

Nicht zugelassen wurden die Ansprüche in Klammern [...]:

Stoff	+	Herstellung	+	Verwendung *und:* [Mittel][461]
Stoff	+	Herstellung	+	Verwendung *und:* [unter Verwendung des Stoffs hergestellte Erzeugnisse][462]

---

449 T 0110/82 ABl 83, 274; T 0035/87 ABl 88, 134; T 0470/91 ABl 93, 680.
450 T 0007/85 ABl 88, 211.
451 BGH BlPMZ 74, 351 *Alkalidiamidophosphite.*
452 BPatG GRUR 72, 648.
453 So ausdrücklich frühere Fassungen von R 30 EPÜ aF u R 13.2 PCT; BPatGE 29, 177; W 0032/88 ABl 90, 138.
454 So ausdrücklich frühere Fassungen von R 30 EPÜ aF u R 13.2 PCT; BPatG GRUR 72, 89; Mitt 69, 75; abw: Mitt 69, 18; 71, 192; W 0040/92 ABl 94 SonderA 59.
455 BPatG Mitt 84, 232.
456 BPatGE 14, 185.
457 Vgl auch W 0002/92 v 4.2.1992 RechtsprBK/EPA 06, 782.
458 BGH BlPMZ 79, 351 *Farbbildröhre.*
459 T 0200/86 v 29.9.1987 BeckRS 87, 30539288.
460 T 0005/91 ABl 92 SonderA 31; W 0013/89 v 12.7.1990 BeckRS 90, 30697175; W 0028/91 v 27.2.1992 BeckRS 92, 30699046.
461 BGH BlPMZ 72, 321 *Aufhellungsmittel* zu § 26 (1) 2 aF; 77, 198 (II3a) *Benzolsulfonylharnstoff.*
462 BGH BlPMZ 72, 380 *Schreibpasten* zu § 26 (1) 2 aF.

Rechtsschutzinteresse verneint: a) neben Anspruch für Herstellungsverfahren noch ein Anspruch auf das Verfahrenserzeugnis, das nur auf bestimmte Art hergestellt wird;[463] **b)** neben Vorrichtungsanspruch (Arbeits-)Verfahrensanspruch; **c)** neben Vorrichtung Verfahrensanspruch, der nur die Wirkungsweise der Vorrichtung beschreibt[464] (abzulehnen); **d)** für Verfahrensanspruch, der sich in einer Bedienungsanleitung für die Vorrichtung erschöpft, die durch einen Sachanspruch geschützt ist;[465] **e)** für Anspruch auf eine Gesamtvorrichtung (Computersystem) neben Anspruch für ein Einzelteil (Mikroprozessor) der Gesamtvorrichtung, weil ersterer dem letzteren nur Selbstverständliches hinzufüge, so dass beide denselben Inhalt haben[466] (bedenklich).

239

• **(Mehrere) Ansprüche gleicher Kategorie** sind zulässig, wenn dafür ein ausreichendes Bedürfnis besteht und das Erfordernis der Klarheit erfüllt ist (s Rdn 111). Nach *R 43 (2) EPÜ*[467] darf eine Anmeldung nur dann mehr als einen unabhängigen Patentanspruch in der gleichen Kategorie (Erzeugnis, Verfahren, Vorrichtung oder Verwendung) enthalten, wenn sich der Gegenstand der Anmeldung auf einen der folgenden Sachverhalte bezieht: **a)** mehrere miteinander in Beziehung stehende Erzeugnisse, **b)** verschiedene Verwendungen eines Erzeugnisses oder einer Vorrichtung, **c)** Alternativlösungen für eine bestimmte Aufgabe, sofern es nicht zweckmäßig ist, diese Alternativen in einem einzigen Anspruch wiederzugeben.

240

• **Chemische Stoffe** können auch in großer Zahl gemeinsam in einer Anmeldung beansprucht werden (s Rdn 114). Sie können in mehreren unabhängigen Ansprüchen oder auch in einem einzigen Anspruch enthalten sein. In beiden Fällen müssen die beanspruchten Verbindungen durch ein einigendes Band zusammen gehalten werden, das in einer allgemeinen Formel oder in der ähnlichen Beschaffenheit aller Verbindungen bestehen kann. Enthält ein einzelner Anspruch chemische Alternativen (sog **Markush-Gruppe**), so müssen diese einen funktionellen Zusammenhang aufweisen.[468] Dieser ist gegeben, wenn die Mitglieder von ähnlicher Beschaffenheit sind, das heißt, wenn sie alle eine **gemeinsame Eigenschaft oder Wirkung** und alle eine **gemeinsame Struktur** haben.[469] Dafür genügt es, wenn ihnen ein wesentliches oder ein strukturell charakteristisches Element gemeinsam eigen ist oder die alternativen Stoffe einer bekannten Klasse chemischer Verbindungen angehören, von denen der ein Fachmann erwarten wird, dass sie sich im Sinne der Erfindung gleich verhalten werden.[470] Ist eine Markush-Alternative im Stand der Technik mit ihrer Struktur und Wirkung vorbeschrieben, dann entfällt dieser für die Einheitlichkeit sorgende Umstand. Gibt es kein anderes einigendes Band, so ist die Anmeldung als uneinheitlich zu beanstanden.

241

---

463 BPatGE **33**, 153.
464 BGH Liedl **63/64**, 515, 531 *Läppen* (insoweit nicht in GRUR **64**, 676 abgedruckt); **65/66**, 115, 121 *Dungschleuder*; vgl Engel Mitt **76**, 227, 232.
465 BGH GRUR **98**, 130 (II3c) *Handhabungsgerät*.
466 BPatG GRUR **04**, 320.
467 S hierzu T 1388/10 v 25.3.2011 BeckRS **11**, 146343.
468 T 0001/94 ABl **95** SonderA 61 (zB neue Verwendung); s hierzu Leber IIC **09**, 206.
469 Vgl EPA-PrüfRichtl F-V 3.2.5.
470 T 0004/96 ABl **97**, 552; s auch T 2038/07 v 31.5.2011 BeckRS **11**, 146677 (Nr 3).

242 • **Disclaimer** (s dazu Rdn 146) kann eine zuvor einheitliche Anmeldung uneinheitlich machen, wenn nämlich durch den Disclaimer das einigende Band für die mehreren Erfindungen entfällt, zB wenn der Disclaimer die allgemeine Formel beseitigt und heterogene Einzelstoffe übrig lässt. Ein solcher Disclaimer wird deshalb nicht unzulässig, begründet vielmehr den Mangel der Uneinheitlichkeit, zu dessen Beseitigung aufzufordern ist.

243 • **Einspruchsverfahren:** § 34 (5), Art 82 EPÜ und R 13.1 PCT gelten nur für die Anmeldung, nicht für ein Patent. Im Einspruchsverfahren bedarf es daher keiner Prüfung, ob das erteilte Patent oder ein beschränkt aufrechtzuerhaltendes Patent dem Erfordernis der Einheitlichkeit entspricht.[471] Auch R 43 (2) EPÜ gilt nicht im Einspruchsverfahren.

244 • **Klarheit:** Fehlt den Ansprüchen die erforderliche Klarheit, so ist das kein Grund, die Einheitlichkeit in Frage zu stellen.[472] Diese kann erst nach einer Klarstellung beurteilt werden.

245 • **Patentklassifikation:** Die Zugehörigkeit der Anmeldung zu mehreren Patentklassen ist für sich allein kein Grund für Uneinheitlichkeit.[473] Für die notwendige Übersichtlichkeit sorgt die Mehrfachklassifikation.

246 • **Zwischenprodukte** (*intermediates*) sind Stoffe, die bei der Herstellung eines chemischen Stoffes verwendet werden (s § 1 Rdn 225). Sie können zusammen mit dem Endprodukt in einer Anmeldung beansprucht werden, wenn ohne sie das Endprodukt nicht hergestellt werden kann. Diese auf das Endprodukt zielgerichtete Verwendung des Zwischenprodukts stellt den ausreichenden technologischen Zusammenhang zwischen beiden her, der sich insbesondere darin zeigen kann, dass ein wesentliches Strukturelement des Zwischenprodukts in das Endprodukt eingebaut wird.[474] Es können auch mehrere Zwischenprodukte beansprucht werden, wenn sie für die Herstellung des Endprodukts erforderlich sind, selbst wenn sie miteinander strukturell nicht verwandt sind.[475] Einheitlich sind somit: Zwischenprodukte, das Verfahren zu ihrer Herstellung, das Verfahren zu ihrer Weiterverarbeitung zum Endprodukt und das Endprodukt.[476]

5 Verfahren bei Uneinheitlichkeit vor DPMA und BPatG

247 **5.1 Beanstandung der Uneinheitlichkeit:** Die fehlende Einheitlichkeit ist ein Mangel der Anmeldung,[477] zu dessen Beseitigung nach §§ 42 (1), 45 (1) aufzufordern ist.[478] Dabei ist zu berücksichtigen, dass § 34 (5) eine Zweckmäßigkeitsnorm ist, die nicht kleinlich gehandhabt werden sollte. Ihre Anwendung darf nicht zu einer unnötigen

---

471 GrBK G 0001/91 ABl **92**, 253 *Einheitlichkeit/SIEMENS*.
472 T 0031/88 ABl **90**, 134; W 0059/90 ABl **92** SonderA 81.
473 BGH BlPMZ **71**, 371 (BIIb) *Isomerisierung*; **74**, 351 (II2g) *Alkalidamidophosphite*; BPatGE **7**, 99.
474 T 0057/82 ABl **82**, 306; T 0110/82 ABl **83**, 274; T 0035/87 ABl **88**, 134; T 0470/91 ABl **93**, 680.
475 T 0470/91 ABl **93**, 680.
476 BGH BlPMZ **74**, 351 *Alkalidamidophosphite*; **74**, 353 *aromatische Diamine*.
477 BGH GRUR **86**, 877 (III4b) *Kraftfahrzeuggetriebe*; **71**, 565 (C I1) *Funkpeiler*; BPatG GRUR 09, 52.
478 BGH GRUR **71**, 565 (C I1) *Funkpeiler*; BPatGE **20**, 92.

Zerstückelung von technologisch Zusammengehörigem führen.[479] Die Mängelrüge sollte erst ergehen, wenn Klarheit darüber besteht, welches eingeschränkte Patentbegehren der Prüfung zugrundegelegt werden soll, weil erst dann exakt bestimmbar ist, was ausgeschieden werden muss. Das setzt idR voraus, dass vorher der einschlägige Stand der Technik ermittelt worden ist.[480] Die Mängelrüge muss so konkret gehalten sein, dass beim Anmelder kein vernünftiger Zweifel entsteht, was er auszuscheiden hat.

5.2 Beseitigung der Uneinheitlichkeit: Den Mangel der Einheitlichkeit kann der Anmelder beseitigen durch a) *Verzicht* auf den uneinheitlichen Teil; zu den Voraussetzungen eines Verzichts s Rdn 431 ff; b) durch eindeutige Willenserklärung, welcher der als uneinheitlich gerügten Gegenstände in der Anmeldung verbleiben soll; dieses Wahlrecht darf nicht beschränkt werden;[481] c) durch *Ausscheidung* (s Rdn 249) des Teils der Anmeldung, der als uneinheitlich gerügt worden ist. Wird ein davon abweichender Teil ausgeschieden, so wird der Mängelrüge damit nur dann entsprochen, wenn auch durch diese Ausscheidung die Einheitlichkeit hergestellt wird. Wer anstelle der geforderten Ausscheidung lediglich die Teilung gemäß § 39 erklärt, beseitigt den Mangel der Einheitlichkeit innerhalb der gesetzten Frist nicht,[482] weil die Wirksamkeit der abgegebenen Teilungserklärung von der Erfüllung der Voraussetzungen des § 39 (3) abhängt.

248

Zurückweisung der gesamten Anmeldung hat zu erfolgen, wenn der ordnungsgemäßen Rüge der Einheitlichkeit nicht entsprochen wird; von Amts wegen kann der Mangel nicht behoben werden.[483]

5.3 Ausscheidung[484] ist die einverständliche Trennung einer Anmeldung wegen Uneinheitlichkeit. Sie ist ein rein verfahrensrechtlicher Vorgang ohne sachlich-rechtliche Bedeutung, um die Ordnungsvorschrift des § 34 (5) über die Einheitlichkeit einer Patentanmeldung zu erfüllen.[485] Die Ausscheidung ist daher eine rein äußerliche Trennung mehrerer bisher vereint angemeldeter Gegenstände, die entweder von vornherein nicht einheitlich waren oder die durch Veränderung des ursprünglich angemeldeten Gegenstands, zB durch Teilverzicht oder durch eine frühere Teilung gemäß § 39 uneinheitlich geworden sind. Die durch Ausscheidung aus der Stammanmeldung entstehende Ausscheidungsanmeldung (s Rdn 260) ist somit keine Neuanmeldung, sondern eine Fortsetzung des bisher einzigen Anmeldeverfahrens in zwei nunmehr voneinander getrennten Verfahren,[486] die sich verfahrensrechtlich im Zeitpunkt des Entstehens der Ausscheidungsanmeldung grundsätzlich in dem gleichen prozessualen Zustand befinden.[487]

249

---

479 BGH BlPMZ **71**, 371 *Isomerisierung*; **74**, 351 *Alkalidiamidophosphite*; **02**, 143 (IV) *Suche fehlerhafter Zeichenketten*.
480 BPatG BlPMZ **91**, 195.
481 BPatG GRUR **10**, 919.
482 BGH GRUR **86**, 877 (III4c) *Kraftfahrzeuggetriebe*.
483 BGH BlPMZ **62**, 141 *Atomschutzvorrichtung*.
484 **Königer:** Teilung und Ausscheidung im Patentrecht 2004; Lit in GRUR: Nieder **00**, 361; Stortnik **04**, 117.
485 BGH GRUR **67**, 413 *Kaskodeverstärker*.
486 BGH GRUR **71**, 565 (C I1) *Funkpeiler*.
487 BPatGE **34**, 32.

Ausscheidung und Teilung (vgl § 39 Rdn 10) führen beide zur Trennung der bisherigen Anmeldung in 2 unabhängige Anmeldungen. Die Teilung hat jedoch nicht wie die Ausscheidung die Uneinheitlichkeit einer Anmeldung zur Voraussetzung;[488] sie führt vielmehr auch dann zum Entstehen einer Teilanmeldung, wenn die ursprüngliche Anmeldung einheitlich war (freies Teilungsrecht). Die Unterscheidung von Ausscheidung und Teilung ist wichtig, da nach der Rspr[489] auf die Ausscheidung § 39 nicht anwendbar ist und nur durch Ausscheidung, nicht aber durch Teilung einer Mängelrüge wegen Uneinheitlichkeit entsprochen werden kann. Auch kann sich der Anmelder für eine Trennung, die den uneinheitlichen Teil nur zum Teil umfasst, nicht auf die freie Teilung nach § 39 berufen.

250 **5.4 Ausscheidungserklärung** ist die Erklärung des Anmelders, seine Anmeldung wegen Fehlens der Einheitlichkeit zu trennen. Sie kann auch **hilfsweise** abgegeben werden.[490]

251 **5.4.1 Auslegung:** Für die Entscheidung der Frage, ob eine Erklärung als Ausscheidung gewollt ist, kommt es nicht allein auf die Wahl der Worte (ausscheiden, teilen, trennen, abzweigen, Abstand nehmen von Weiterverfolgung),[491] sondern auch auf die Umstände an, unter denen die Erklärung abgegeben worden ist. Nach einer Rüge wegen fehlender Einheitlichkeit wird sie idR als Ausscheidung aufzufassen sein, auch wenn der Anmelder den Begriff »teilen« verwendet, sofern er nicht ausreichend deutlich macht, dass er nicht ausscheiden, sondern teilen will. War der Mangel der Einheitlichkeit nicht gerügt, liegt die Annahme näher, dass der Anmelder teilen und nicht ausscheiden will, sofern nicht hinlänglich deutlich ist, dass er nur unter der an sich zulässigen Rechtsbedingung trennen will, dass DPMA die Uneinheitlichkeit bejaht. Einen Verzicht auf den uneinheitlichen Teil kann eine auslegungsbedürftige Erklärung zwar auch bedeuten, der Verzichtswille muss aber eindeutig sein. Der Vorbehalt, Teile auszuscheiden, die nicht mehr weiterverfolgt werden, ist lediglich eine Ankündigung einer künftigen Ausscheidungsanmeldung.[492]

252 **Eindeutigkeit:** Die Ausscheidungserklärung muss klar bezeichnen, was in der Stammanmeldung bleiben und was Gegenstand der Ausscheidungsanmeldung sein soll. Ist sie zu unbestimmt, ist unter Fristsetzung zur Klarstellung aufzufordern und nach fruchtlosem Fristablauf die Anmeldung zurückzuweisen.

253 **5.4.2 Voraussetzungen der Wirksamkeit** einer Ausscheidungserklärung:

254 a) Die Erklärung ist als Ausscheidung gewollt (s Rdn 251);

---

488 BGH GRUR **86**, 877 (III4b) *Kraftfahrzeuggetriebe*; BPatG GRUR **84**, 805.
489 *BGH GRUR* **86**, 877 (III4c); BPatG GRUR **84**, 805.
490 BPatGE **23**, 119, 121.
491 Vgl BPatGE **23**, 113, 116.
492 BPatGE **34**, 32; BPatG BlPMZ **15**, 256.

b) Anhängigkeit der Anmeldung, aus der ausgeschieden werden soll[493] vor DPMA 255
oder BPatG (keine Ausscheidung vor BGH[494]). Ist die Anmeldung zurückgenommen
oder gilt sie als zurückgenommen (§ 58 Rdn 18) oder ist bereits ein Erteilungsbeschluss
wirksam geworden (vgl § 49 Rdn 23), dann kann nicht mehr ausgeschieden werden,[495]
selbst wenn der Anmelder sich vor Erteilung eine Ausscheidung vorbehalten hatte.[496]

c) Vorhandensein des auszuscheidenden Gegenstands in der Anmeldung. Das setzt 256
voraus: **i) ursprüngliche Offenbarung** des Gegenstands[497] (zur Offenbarung vgl
Rdn 288 ff); spätere Erweiterungen nach § 38 S 2 können nicht ausgeschieden werden
(s § 38 Rdn 36); **ii)** der ursprünglich offenbarte Gegenstand muss **noch in der Stammanmeldung enthalten sein.**[498] Das bedeutet: auf ihn darf nicht bereits früher verzichtet
sein,[499] er darf nicht durch eine frühere Teilung oder Ausscheidung aus der Stammanmeldung entfernt sein, und über ihn darf in der Stammanmeldung noch nicht rechtskräftig entschieden sein.[500] An einer endgültigen Entscheidung über den Gegenstand
fehlt es, wenn lediglich über den Haupt- oder einen vorgehenden Hilfsantrag entschieden worden ist.[501]

d) Abgabe in dem Anmeldeverfahren, in dem die fehlende Einheitlichkeit gerügt wor- 257
den ist. Die Erklärung vor unzuständigen Stellen[502] oder in anderen Verfahren genügt
nicht.

e) Erfüllung der allgemeinen Verfahrensvoraussetzungen (Einl Rdn 41 ff). 258

5.4.3 Bindung an Ausscheidungserklärung tritt ein, wenn über die beantragte Aus- 259
scheidung mit DPMA oder BPatG Einverständnis erzielt ist.[503] Vorher kann sie
zurückgenommen und durch eine andere Erklärung ersetzt werden. Eine **Rücknahme**
nach Entstehen der Ausscheidungsanmeldung (Rdn 260) bewirkt nichts, da eine **Verbindung** der entstandenen Ausscheidungsanmeldung und der Stammanmeldung nicht
durch Erklärung des Anmelders, sondern nur durch Beschluss gem § 147 ZPO herbeigeführt werden kann (Einl Rdn 443). In diesem Fall bedeutet die Rücknahme lediglich
einen Antrag auf Verbindung. Eine **Anfechtung** der Ausscheidungserklärung nach
§ 119 BGB ist ausgeschlossen.

---

493 BPatGE **23**, 113.
494 Während der Anhängigkeit einer Rechtsbeschwerde vor dem BGH kann Anmelder zwar
     noch eine Teilungserklärung abgeben (s BGH v 7.5.2019 X ZB 9/18 GRUR **19**, 766 *Abstands-
     berechnungsverfahren* unter Aufgabe von BGH GRUR **80**, 104 *Kupplungsgewinde*). Diese
     Möglichkeit dürfte aber für eine Ausscheidungserklärung nicht bestehen.
495 BPatGE **23**, 113; **40**, 259, 263.
496 BPatGE **34**, 32.
497 Vgl BGH GRUR **85**, 1037 *Raumzellenfahrzeug I.*
498 BGH GRUR **71**, 565 (C I2) *Funkpeiler.*
499 BPatGE **23**, 113.
500 BGH GRUR **80**, 716 *Schlackenbad.*
501 BPatGE **23**, 119, 121.
502 BPatGE **17**, 33.
503 BPatGE **34**, 32.

5.5 Ausscheidungsanmeldung

260 **5.5.1 Entstehen der Ausscheidungsanmeldung** setzt voraus: a) eine wirksame Ausscheidungserklärung (s Rdn 253 ff); b) **Einverständnis** des DPMA oder BPatG mit der beantragten Ausscheidung, denn anders als die Teilung erfolgt sie »einverständlich im Zusammenwirken mit dem Prüfer«.[504] Das Einverständnis liegt in der Aufforderung zur Ausscheidung, wenn die Ausscheidung der Mängelrüge entspricht, oder es wird nach Eingang der Ausscheidungserklärung hergestellt, nämlich wenn der Anmelder die Ausscheidung ohne vorherige Mängelrüge erklärt hatte oder von der Mängelrüge inhaltlich abgewichen ist. Wird das Einverständnis verweigert, entsteht keine Ausscheidungsanmeldung. Will der Anmelder unabhängig vom Einverständnis trennen, kann er hilfsweise die Teilung erklären.

261 **Zeitpunkt des Entstehens** ist der **Eingang** der Ausscheidungserklärung.[505] Sie führt für den betroffenen Anmeldungsteil zur sofortigen verfahrensrechtlichen Verselbständigung,[506] auch wenn mit der Ausscheidung die Einheitlichkeit nicht hergestellt wird. Eine etwa weiter bestehende Uneinheitlichkeit ist erneut zu rügen.

262 **5.5.2 Anmeldetag und Priorität** einer wirksam entstandenen Ausscheidungsanmeldung sind mit dem Anmeldetag und der Priorität der Stammanmeldung identisch. Der Anmeldetag wird nicht durch den Tag des Eingangs der Ausscheidungserklärung oder den Tag der Einreichung der für sie erforderlichen Unterlagen bestimmt.[507] Wird ein davon abweichender unrichtiger Anmeldetag für die Ausscheidungsanmeldung beansprucht, so ist das ein Zurückweisungsgrund.[508] Da aus unzulässigen Erweiterungen nach § 38 S 2 keine Rechte hergeleitet werden können, können sie auch nicht mit dem Tag ihres Eingangs in der Stammanmeldung ausgeschieden werden.

263 **5.5.3 Weiterbehandlung der Ausscheidungsanmeldung:** Die Ausscheidungsanmeldung wird sofort in der Verfahrenslage weitergeführt, in der sich die Stammanmeldung im Zeitpunkt der Anmeldung befand.[509] Anders als die Teilanmeldung auf Grund des § 39 (3) gerät die Ausscheidungsanmeldung nicht in einen Schwebezustand.

264 **Neue Unterlagen** für die Anlegung der Akte der Ausscheidungsanmeldung hat der Anmelder einzureichen. Sie müssen dem erzielten Einverständnis über die Ausscheidung entsprechen. Zur Beseitigung von Mängeln kann eine Frist gesetzt werden (idR 1 Monat). Nach fruchtlosem Ablauf der Frist kann die Ausscheidungsanmeldung zurückgewiesen werden.[510]

---

504 BGH GRUR **86**, 877 (III4b) *Kraftfahrzeuggetriebe.*
505 BPatGE **8**, 210, 203; **16**, 35, 37; **22**, 254; BGH GRUR **78**, 417 (II2b cc) *Spannungsvergleichsschaltung* (für Teilungserklärung).
506 DPMA-PrüfRichtl 2.3.3.4 Abs 7.
507 BGH GRUR **71**, 565 (C II) *Funkpeiler* BPatGE **19**, 16; **23**, 113, 118.
508 BGH GRUR **72**, 472 (B II1a) *Zurückverweisung.*
509 BGH GRUR **86**, 877 (III4b) *Kraftfahrzeuggetriebe;* **99**, 148 (III1b) *Informationsträger.*
510 BPatG GRUR **84**, 805.

Verwaltungsakte des DPMA (Offenlegung,[511] Recherche und Prüfungsbescheide zur Beurteilung der Patentfähigkeit,[512] sofern diese sich ersichtlich auch auf den Gegenstand der Ausscheidungsanmeldung beziehen) und **Verfahrenserklärungen** des Anmelders (Erteilungs-, Recherche- und Prüfungsantrag,[513] Lizenzbereitschaftserklärung,[514] Inanspruchnahme einer Priorität gem § 40 u 41[515]) gelten für die Ausscheidungsanmeldung weiter. Sie bedürfen keiner Wiederholung. Abschrift der Voranmeldung,[516] die Erfinderbenennung und die Vollmachtsurkunde[517] beziehen sich auf beide Anmeldungen und können daher auf Antrag als Kopien aus der Stammanmeldung zur Ausscheidungsanmeldung genommen werden.

265

5.5.4 Gebühren: Da ihre Entrichtung nicht auf 2 Anmeldungen aufspaltbar ist, müssen grundsätzlich die in der Stammanmeldung entrichteten Gebühren für die Ausscheidungsanmeldung nachentrichtet werden, so die Anmeldegebühr, Jahresgebühren für vor dem Entstehen der Ausscheidungsanmeldung begonnene Jahre und die Prüfungsantragsgebühr; sie werden mit dem Entstehen der Ausscheidungsanmeldung (= idR Eingang der Ausscheidungserklärung, s Rdn 260) fällig.[518] Jahresgebühren für vor dem Entstehen der Ausscheidungsanmeldung begonnene Jahre können nach § 7 (1) 1 PatKostG innerhalb von 2 Monaten nach Fälligkeit noch zuschlagsfrei entrichtet werden.[519] § 39 (2) 1, nach der die »gleichen« Gebühren für eine Teilungsanmeldung nachzuentrichten sind, gilt nicht für Ausscheidungsanmeldungen, so dass in der Stammanmeldung fällig gewordene Zuschläge zu Jahresgebühren nicht nachzuentrichten sind.

266

Gebührenzahlungsfristen: a) Anmeldegebühr ist nach § 6 (1) 2 PatKostG innerhalb von 3 Monaten nach Fälligkeit (s Rdn 282) zu zahlen; b) Jahresgebühren sind gemäß § 7 (1) 1 PatKostG bis zum Ablauf des 2. Monats nach Fälligkeit zu zahlen; c) Prüfungsantragsgebühr kann nach § 6 (1) 1 PatKostG innerhalb der 7-jährigen Prüfungsantragsfrist entrichtet werden.[520]

267

War in der Stammanmeldung wirksam Prüfungsantrag gestellt worden, so führt die Nichtzahlung der Prüfungsantragsgebühr für die Trennanmeldung dazu, dass diese als zurückgenommen gilt.[521] Zu den Folgen einer Nichtzahlung im Übrigen vgl § 6 PatKostG Rdn 7 im Anhang 15.

5.5.5 Entscheidung: Nach Entstehen der Ausscheidungsanmeldung (Rdn 260) wird über Stamm- und Ausscheidungsanmeldung in getrennten Verfahren entschieden. Wird mit der Ausscheidung die Uneinheitlichkeit nicht beseitigt oder ist sie unbestimmt, so ist erneut unter konkreter Bezeichnung des noch bestehenden Mangels zu

268

---

511 BPatGE **17**, 45.
512 BPatGE **43**, 159.
513 BGH GRUR **86**, 877; BPatGE **16**, 35; **17**, 45.
514 BPatGE **13**, 159.
515 BPatGE **14**, 135.
516 BPatGE **14**, 135.
517 AA wohl BPatGE **13**, 57, 60 aE.
518 Vgl BPatGE **13**, 47; **26**, 28.
519 BPatGE **26**, 28.
520 BPatG GRUR **06**, 791.
521 BGH GRUR **86**, 877 (III4b) *Kraftfahrzeuggetriebe*.

rügen. Wird dem Bescheid nicht entsprochen, ist die Ursprungsanmeldung (nicht die entstandene Ausscheidungsanmeldung) zurückzuweisen.

269 5.5.6 **Ausscheidung vor BPatG:** Mit Eingang der Ausscheidungserklärung wird die Ausscheidungsanmeldung vor BPatG anhängig, das über sie entscheiden kann.[522] Die Ausscheidung trennt nur die Anmeldung, nicht auch das Beschwerdeverfahren, das nur durch Beschluss nach § 145 ZPO getrennt werden kann.

DPMA kann erst nach Zurückverweisung in der Ausscheidungsanmeldung sachlich tätig werden.[523] Es kann aber auf Ersuchen des BPatG administrative Amtshilfe leisten, indem es eine Akte mit Aktenzeichen anlegt, die Auszeichnung vornimmt, fehlende Unterlagen einfordert. Für die Vornahme von Verwaltungsakten, die sich auf die materielle oder prozessuale Lage der Anmeldung auswirken können, ist DPMA unzuständig.

270 Entscheidung des BPatG über die Ausscheidungsanmeldung wird auf Zurückverweisung an DPMA lauten, wenn der Gegenstand der vor BPatG entstandenen Ausscheidungsanmeldung noch nicht hinreichend auf Patentfähigkeit geprüft ist. Fehlt es daran nicht, kann BPatG auch über die Ausscheidungsanmeldung eine positive oder negative Sachentscheidung treffen. Sind Stamm- und Ausscheidungsanmeldung beide entscheidungsreif, kann BPatG über beide in einem Beschluss entscheiden.[524] An einer Sachentscheidung ist der Senat nicht gehindert, wenn der Anmelder noch nicht alle für die Ausscheidungsanmeldung fällig gewordenen Gebühren entrichtet hat.[525]

6 Verfahren bei Uneinheitlichkeit vor EPA

271 6.1 **Art 82 EPÜ** stimmt mit § 34 (5) PatG wörtlich überein. Für die Beurteilung der Einheitlichkeit kann daher auf die obigen Erläuterungen in Rdn 225–246 verwiesen werden.

272 6.2 **R 64 (1) EPÜ und Art 17 (3) a PCT** sehen vor, dass in europäischen Anmeldungen die Recherchenabteilung und in internationalen Anmeldungen die Internationale Recherchenbehörde (= IRB) (*International Searching Authority = ISA*) den Einwand der Uneinheitlichkeit erheben können. Dieser Einwand kann *a priori* oder *a posteriori*, dh vor oder nach Ermittlung des Standes der Technik, erhoben werden (s Rdn 232). Er führt nicht zu einer möglichen Zurückweisung der Anmeldung – diese ist der Prüfungsabteilung vorbehalten –, sondern möglicherweise zu einer Beschränkung des Gegenstandes, der zu recherchieren ist.

Prüfungsabteilung und IPEA (International Preliminary Examining Authority) sind an die Beurteilung der Einheitlichkeit durch Recherchenabteilung oder IRB nicht gebunden.[526]

---

522 BGH GRUR **99**, 148 (III1b) *Informationsträger;* BGH v 7.5.2019 X ZB 9/18 GRUR **19**, 766 (Rn 13) *Abstandsberechnungsverfahren.*
523 BGH BlPMZ **72**, 291 (IVb) *Ausscheidung in der Beschwerdeinstanz.*
524 BPatGE **23**, 93.
525 BPatGE **23**, 93.
526 T 0004/85 ABl **87**, 63; W 0007/86 ABl **87**, 67; W 0004/94 ABl **96**, 73.

6.2.1 Aufforderung *(invitation to pay)*: Ist die Recherchenabteilung oder die IRB der Auffassung, dass die Anmeldung uneinheitlich ist, so erstellt sie einen teilweisen Recherchenbericht für die Teile, die sich auf die zuerst in den Patentansprüchen erwähnte Erfindung oder Gruppe von Erfindungen beziehen, und fordert den Anmelder auf, zusätzliche Recherchengebühren innerhalb einer Frist von 2 Monaten (R 64 (1) EPÜ) oder von 1 Monat (R 40.1 PCT) für jede weitere Erfindung zu zahlen. Diese Aufforderung ist nur rechtswirksam, wenn sie eine *ausreichende Begründung* für die festgestellte Uneinheitlichkeit enthält, damit der Anmelder feststellen kann, warum seine Anmeldung nicht als eine einzige Erfindung oder als eine Gruppe von Erfindungen gemäß Art 82 EPÜ oder R 13.1 PCT angesehen werden kann[527] (s dazu Rdn 229 ff). Dafür wird nur ausnahmsweise die bloße Aufzählung der in der Anmeldung enthaltenen Erfindungen in einfachen Fällen genügen,[528] auf dem Gebiet der Chemie ist das sehr selten.[529] IdR wird auch eine Würdigung der Aufgabe erforderlich sein.[530] Nicht ausreichend: Bezugnahme auf die Akten[531] oder Hinweis, dass Ansprüche nicht klar seien.[532] Unschädlich ist, wenn die Begründung im Ergebnis sachlich unzutreffend ist.[533] Die Begründung muss in der Aufforderung enthalten sein, sie kann nicht später nachgeschoben werden.

273

Nur in eindeutigen Fällen sollten zusätzliche Recherchengebühren verlangt werden. In *Grenzfällen* ist daher im Interesse einer fairen Behandlung des Anmelders von der Einheitlichkeit der Anmeldung auszugehen.[534] Von der Erhebung weiterer Gebühren soll abgesehen werden, wenn das unbillig erscheint, weil die Recherche ohne große Mehrarbeit für die gesamte Anmeldung durchgeführt werden kann, weil zB die Erfindungen unter dieselbe Klassifikationseinheit fallen (Nr 11 PCT-Richtl) oder die Erfindungen vom Konzept her eng verwandt sind (Nr 12 PCT-Richtl).

274

Für in die regionale Phase eintretende internationale Anmeldungen gilt R 164 EPÜ, die zur Erhöhung der Flexibilität mit Wirkung zum 1.11.2014 neu gefasst wurde.[535] War das EPA in der internationalen Phase nicht als IRB (ISA) tätig und wird mangelnde Einheitlichkeit festgestellt, erstellt das EPA einen ergänzenden Recherchenbericht für die Teile, die sich auf die zuerst in den Patentansprüchen erwähnte Erfindung oder Gruppe von Erfindungen beziehen (R 164 (1) EPÜ), und gibt dem Anmelder zudem die Möglichkeit, durch Zahlung weiterer Recherchengebühren zu bewirken, dass der ergänzende Recherchenbericht weitere Erfindungen erfasst. Ist kein ergänzender Recherchenbericht notwendig, weil das EPA bereits als IRB (ISA) tätig war, gibt die Prüfungsabteilung dem Anmelder Gelegenheit, eine (weitere) Recherchengebühr

275

---

527 T 0007/86 ABl 87, 67.
528 T 0011/89 ABl 93, 225; W 0008/94 ABl 95 SonderA 59; W 0059/90 ABl 92 SonderA 81.
529 T 0009/86 ABl 87, 459.
530 T 0031/88 ABl 90, 134.
531 GrBK G 0001/89 ABl 91, 155 (Nr 8.2) *Polysuccinatester/Nichteinheitlichkeit a posteriori*; G 0002/89 ABl 91, 166 (Nr 8.2) *Nichteinheitlichkeit a posteriori*.
532 T 0019/89 ABl 92 SonderA 82; vgl W 0015/91 ABl 93, 514.
533 T 0019/89 ABl 92 SonderA 82; W 0015/91 ABl 93, 514.
534 GrBK G 0001/89 (Nr 8.2) ABl 91, 155 *Polysuccinatester/Nichteinheitlichkeit a posteriori*.
535 Für Details s MittEPA v 10.6.2014 ABl 14, A70. Zur früheren Fassung von R 164 Kennington epi information 09, 6.

zu entrichten, wenn sie der Auffassung ist, dass der Anmelder eine Erfindung beansprucht, für die keine internationale Recherche durchgeführt wurde (R 164 (2) a EPÜ). Stellt die Prüfungsabteilung mangelnde Einheitlichkeit fest, fordert sie den Anmelder auf, die Anmeldung auf eine einzige Erfindung zu begrenzen, die im internationalen oder im ergänzenden Recherchenbericht[536] oder im Recherchenbericht nach dem Verfahren gemäß Buchstabe a behandelt wurde (R 164 (2) EPÜ).

276   6.2.2 **Weitere Recherchengebühr** *(additional search fees)*: Zahlt der Anmelder auf die Aufforderung weitere Recherchengebühren, so wird der Recherchenbericht für die Teile der Anmeldung erstellt, die sich auf die Erfindungen beziehen, für die die Recherchengebühren entrichtet worden sind. Über einen Antrag auf Rückzahlung entscheidet nach R 64 (2) EPÜ die Prüfungsabteilung und auf Beschwerde die Technische Beschwerdekammer (auch bei diesbezüglichen Zwischenentscheidungen der Prüfungsabteilung).[537]

277   *Widerspruch (protest)*: Für internationale Anmeldungen können die zusätzlichen Gebühren nach R 40.2 c) PCT unter Widerspruch, der zu begründen ist,[538] gezahlt werden. Das EPA prüft nach R 158 (3) EPÜ den Widerspruch vorbehaltlich der Zahlung der *Widerspruchsgebühr (protest fee)* (Art 2 (1) Nr 21 GebO) unter Mitteilung des Ergebnisses der Überprüfung. Wird die Gebühr nicht gezahlt, gilt der Widerspruch nach R 40.2 e) und 68.3 e) PCT als nicht erhoben. Zulässigkeit des Widerspruchs nach R 40.2c PCT setzt voraus, dass der Widerspruch und dessen Begründung innerhalb der Frist des Art 17 (3) a und der R 40.3 PCT eingereicht werden.[539]
Ist der Widerspruch begründet, wird die Gebühr gemäß R 40.2 e) PCT zurückgezahlt. Eine teilweise Rückzahlung einer einzelnen Gebühr ist gesetzlich nicht vorgesehen.[540] Geprüft wird nur, ob die Aufforderung mit der gegebenen Begründung rechtmäßig ist, nicht ob die Aufforderung mit einer anderen Begründung haltbar wäre.[541] Einer Aufforderung nachgeschobene Gründe werden nicht berücksichtigt.[542]

278   Nach Art 154 (3) EPÜ aF und R 105 (3) 3 EPÜ aF entschied die Beschwerdekammer über den Widerspruch. Diese Zuständigkeit ist mit Inkrafttreten des EPÜ 2000 beseitigt worden (s Anhang zu § 73, Art 106 Rdn 26).

279   *Nichtzahlung der zusätzlichen Recherchengebühr* führt nach R 64 (1) EPÜ und Art 17 (3) a PCT zur Beschränkung der Recherche auf die in den Ansprüchen zuerst erwähnte Erfindung *(Haupterfindung; main invention)*. Die weiteren Erfindungen, für die keine Gebühren gezahlt wurden, können in der Anmeldung der Haupterfindung nicht wei-

---

536   Vgl T 2459/12 ABl 14 ZPubl 5, 50.
537   GrBK G 0001/11 ABl **14**, A122 *Nichtrückzahlung von weiteren Recherchengebühren/ BAUER*.
538   Vgl W 0012/94 ABl **96**, 120.
539   W 0001/87 ABl **88**, 182.
540   T 0004/95 ABl **97** SonderA 127.
541   T 0011/94 ABl **96** SonderA 117.
542   T 0004/93 ABl **94**, 939; W 0003/96 ABl **98** SonderA 128; W 0011/93 u W 0005/94 ABl **95** SonderA 144.

terverfolgt werden.⁵⁴³ Die Nichtzahlung stellt keinen materiellen Verzicht dar, so dass der Anmelder für die weiteren Erfindungen Teilanmeldungen einreichen kann.⁵⁴⁴

IV. Anmeldegebühr *(filing fee)*

1 Höhe

Anmeldegebühr beträgt nach § 2 (1) iVm Nr 311 000, 311 050 und 311 100 PatKostG (Anhang 15): a) 60 € bei Anmeldung in Papierform mit bis zu 10 Ansprüchen; b) 40 € bei elektronischer Anmeldung mit bis zu 10 Ansprüchen; c) zuzüglich 30 € (bei Papierform) und 20 € (bei elektronischer Form) für jeden weiteren Anspruch (s Rdn 188). 280

Befreiung von der Zahlung ist vorgesehen: a) durch Gewährung von Verfahrenskostenhilfe; b) gemäß Art III § 4 (2) IntPatÜG gilt die Anmeldegebühr mit der Zahlung der Übermittlungsgebühr als entrichtet. 281

Die in Art II § 9 (1) 3 IntPatÜG aF enthaltene Regelung, wonach die Anmeldegebühr mit der Zahlung der Umwandlungsgebühr als entrichtet galt, ist aufgehoben worden (s Anhang 1 IntPatÜG Rdn 56).

2 Fälligkeit

Die Gebühr wird nach § 3 (1) 1 PatKostG mit der Einreichung der Anmeldung bei DPMA oder einem Patentinformationszentrum fällig. Sie kann wirksam nur bei DPMA, nicht bei einem Patentinformationszentrum entrichtet werden (s oben Rdn 61). 282

Sonderfälligkeitszeitpunkte gelten für a) Ausscheidungsanmeldungen: Tag des Eingangs der Ausscheidungserklärung⁵⁴⁵ (s Rdn 260, 266); b) Teilanmeldungen: Tag des Eingangs der Teilungserklärung;⁵⁴⁶ c) nach Art 135 (1) a EPÜ umgewandelte europäische Anmeldung: Tag der Stellung des Umwandlungsantrags (Art II § 9 (1) 3 IntPatÜG); d) internationale Anmeldungen, für die DPMA Bestimmungsamt ist: Tag des Eingangs (Art III § 4 (2) IntPatÜG); e) internationale Anmeldungen, für die DPMA Bestimmungs- und auch Anmeldeamt ist: Anmeldegebühr gilt mit der Zahlung der Übermittlungsgebühr als entrichtet (Art III § 4 (2) 2 IntPatÜG); f) internationale Anmeldungen, die als nationale Anmeldungen weiter behandelt werden: Tag des Eingangs bei DPMA (Art III § 5 IntPatÜG). 283

3 Zahlungsfrist

beträgt nach § 6 (1) 2 PatKostG 3 Monate nach Fälligkeit. Die Anmeldung wird nach § 5 (1) PatKostG erst bearbeitet, wenn die Gebühr gezahlt ist. 284

4 Nichtzahlung

hat nach § 6 (2) PatKostG zur Folge, dass die Anmeldung als zurückgenommen gilt. Eine Nachricht, wenn die Gebühr nicht gezahlt wird, wie nach § 34 (6) 2 PatG aF, ist 285

---

543 T 0690/10 EPOR **12**, 368.
544 GrBK G 0002/92 ABl **93**, 591 *Nichtzahlung weiterer Recherchengebühren.*
545 BPatGE **13**, 47.
546 BPatGE **26**, 28.

nicht mehr vorgesehen. Jedoch kann (nicht muss) DPMA auf die Notwendigkeit der Zahlung hinweisen, zB mit der Mitteilung des Aktenzeichens.

5 Rückzahlung

286 einer innerhalb von 3 Monaten nach Fälligkeit gezahlten Anmeldegebühr ist nicht möglich,[547] auch nicht aus Billigkeit. Rückzahlung kommt nur in Betracht, wenn ein Rechtsgrund für die Entrichtung im Zeitpunkt der Zahlung fehlt, also **a)** wenn die Anmeldung im Zeitpunkt der Zahlung nicht oder nicht mehr bestand[548] oder **b)** wenn die Gebühr später als 3 Monate nach Fälligkeit entrichtet wurde, weil dann die Anmeldung nicht mehr existent war, da sie nach § 6 (2) PatKostG als zurückgenommen gilt und als solche nicht gebührenpflichtig ist, es sei denn, gegen die Versäumung der 3-Monatsfrist wird Wiedereinsetzung gewährt.

6 Anmeldegebühr vor EPA

287 Nach *R 38 EPÜ* ist die Anmeldegebühr (sowie die Recherchengebühr) innerhalb eines Monats nach Einreichung der Anmeldung zu entrichten. Die Anmeldegebühr ist herabgesetzt, wenn die Anmeldung online eingereicht wird.[549] Eine Gebührenermäßigung von 30 % sieht ferner *R 6 (3) EPÜ* iVm Art 14 (1) GebO unter besonderen Voraussetzungen vor. Folgende Bedingungen müssen kumulativ erfüllt sein: **a)** der Anmelder zählt zu den in Art 14 (4) EPÜ genannten Personen (also zB eine juristische Person mit Sitz in Italien); **b)** die Anmeldung wird in einer nach Art 14 (4) EPÜ zugelassenen Nicht-Amtssprache (also zB Italienisch) eingereicht; und **c)** der Anmelder – bei mehreren Anmelder jeder Anmelder (s R 6 (7) EPÜ)[550] – ist ein kleines oder mittleres Unternehmen (zur Definition s R 6 (5) EPÜ),[551] eine natürliche Person, eine Organisation ohne Gewinnerzielungsabsicht, Hochschule oder öffentliche Forschungseinrichtung (s R 6 (4) EPÜ).

Die Frist zur Zahlung der Anmeldegebühr beginnt mit dem Tag, für den ein Anmeldetag zuerkannt werden kann. Wird sie nicht rechtzeitig entrichtet, gilt die Anmeldung nach Art 78 (2) 2 EPÜ als zurückgenommen. Weiterbehandlung (Art 121 EPÜ) ist möglich.

V. Offenbarung der Erfindung *(disclosure of the invention)*

288 **Lit:** Brodeßer in FS Nirk 1992, 85; Ehlers in FS Schilling 2007, 87; **Schachenmann:** Begriff und Funktion der Aufgabe 1986; **Lit in EIPR:** Lu **12**, 336; **Lit in GRUR:** Anders **93**, 701; Dreiss **94**, 781; Schermer **09**, 349; Keßler/Palzer **20**, 1017; **Lit in GRUR Int:** Welch **03**, 579; Venedig III – Konferenz europäischer Patentrichter **08**, 309; Cronan **19**, 878; **Lit in IIC:** Brunner/Teschemacher **12**, 390; Larroyed **18**, 763; **Lit in IPQ:** Brennan **09**, 476; Fisher **12**, 262; **Lit in Mitt:** Niedlich **94**, 72; Breuer **97**, 137; Bauer **99**, 135; Schmidt/Vogel **04**, 198; Gruber/Schallmoser **12**, 377.

---

547 BPatGE **37**, 187.
548 BGH GRUR **84**, 870 (II3a) *Schweißpistolenstromdüse II.*
549 Art 2 (1) Nr 1 GebO. Außerdem hat der VR-Beschluss v 13.12.2017 (ABl **18**, A4) eine spezielle Reduktion für den Fall eingeführt, dass die Anmeldung online in zeichencodiertem Format eingereicht wird.
550 Es ist aber nicht erforderlich, dass alle Anmelder zu den in Art 14 (4) EPÜ genannten Personen zählen, s J 0004/18 v 20.3.2019 BeckRS **19**, 5781 (betr Ermäßigung der Prüfungsgebühr).
551 S auch MittEPA v 10.1.2014 ABl **14**, A23.

1 Begriff

Unter Offenbarung wird im Patentwesen die Darlegung eines technischen Sachverhalts verstanden. Den Begriff »darlegen« verwendet Art 8 (2) StraßburgerÜ anstelle des gleich bedeutenden Begriffs »offenbaren«.

Dieser zentrale Begriff ist nicht nur bedeutsam für die Anmeldung einer Erfindung zum Patent, sondern insbesondere auch für den Umfang einer Entgegenhaltung des Standes der Technik bei der Neuheitsprüfung (s § 3 Rdn 91 ff), für den Umfang einer früheren Anmeldung, deren Priorität für eine spätere Anmeldung beansprucht werden soll (vgl Art 4 H PVÜ), für die Bestimmung des Schutzbereichs der Ansprüche eines erteilten Patents, für die Prüfung des Rechtsbestands eines erteilten Patents im Einspruchs- und Nichtigkeitsverfahren sowie für die Zulässigkeit von Änderungen der ursprünglichen Anmeldung. In allen diesen Fällen ist der Begriff der Offenbarung immer der gleiche.[552]

Offenbarung und Gegenstand der Anmeldung[553] sind identisch, wenn der Anmelder das beansprucht und damit zum Gegenstand der Anmeldung macht, was er offenbart hat. Beide Begriffe decken sich nicht, wenn der Anmelder sich nicht an den objektiven Umfang der ursprünglichen Offenbarung hält und entweder a) mehr beansprucht, als er ursprünglich offenbart hat. Dann ist der Gegenstand der Anmeldung gegenüber der ursprünglichen Offenbarung unzulässig erweitert, oder b) weniger zum Inhalt seines Patentbegehrens macht als ursprünglich offenbart. Dann ist die überschießende Offenbarung nicht Gegenstand der Anmeldung, und der Anmelder kann sich nach Patenterteilung nicht darauf zurückziehen, weil dadurch der Schutzbereich des erteilten Patents erweitert würde. Gleichwohl wird mit der Veröffentlichung die nicht zum Gegenstand der Anmeldung zählende Offenbarung Stand der Technik. Es kann also etwas neuheitsschädlich sein, was nicht Gegenstand der Anmeldung ist.[554]

2 Voraussetzungen einer Offenbarung der Erfindung

enthalten § 34 (4) und der inhaltsgleiche Art 83 EPÜ:
a) *Vorliegen einer Erfindung*, denn nur diese kann nach § 34 (4) und Art 83 EPÜ Gegenstand einer Offenbarung sein. Darstellungen, die keinerlei Bezug zu einer technischen Lehre erkennen lassen, können iSd Gesetzes nicht offenbart werden. Zum Begriff »Erfindung« s § 1 Rdn 14;
b) Ort der Offenbarung *»in der Anmeldung«*, s Rdn 293;
c) eine für den Fachmann ausreichend deutliche und vollständige Darstellung der Erfindung (*sufficiency of disclosure*), s Rdn 314 ff;
d) Ausführbarkeit für den Fachmann (*enabling disclosure*), s Rdn 332.

3 Ort der Offenbarung

Nach § 34 (4) und Art 83 EPÜ ist die Erfindung *»in der Anmeldung«* zu offenbaren. Zur Anmeldung gehören nach § 34 (3) und Art 78 EPÜ *Antrag, Beschreibung, Ansprü-*

---

552 GrBK G 0001/03 ABl 04, 413 (Nr 2.2.2 *Disclaimer/PPG*).
553 Vgl Kraßer/Ann Patentrecht 7. Aufl § 24 V a) Nr 2 Fn 82.
554 BGH GRUR 81, 812 (III2a) *Etikettiermaschine*; 85, 214 (III2d) *Walzgut-Kühlbett*.

che und Zeichnungen. Daraus folgt, dass andere Unterlagen, auch wenn sie mit der Anmeldung eingereicht werden, für eine Offenbarung der Erfindung nicht in Betracht kommen.

Keine Offenbarungsmittel sind: **a)** die *Zusammenfassung* (s § 36 Rdn 26); **b)** *Modelle und Proben* (s Rdn 224); **c)** *Urkunden*, die mit der Anmeldung eingereicht werden; **d)** *Prioritätsunterlagen*,[555] es sei denn, der eingereichte Prioritätsbeleg war ausnahmsweise tatsächlich als Beschreibung der Erfindung gewollt und diese Absicht war eindeutig erkennbar; ferner können fehlende Teile der Beschreibung unter den besonderen Voraussetzungen nach R 56 (3) EPÜ ohne Verschiebung des Anmeldetags nachgereicht werden, wenn sie vollständig in einer Prioritätsanmeldung enthalten waren (s § 35 Rdn 57); **e)** sonstige *anmeldungsfremde Dokumente* oder Teile davon, es sei denn, sie sind durch eine Verweisung in der ursprünglichen Beschreibung oder in den Ansprüchen eindeutig zum Bestandteil der offenbarten Erfindung gemacht (s Rdn 417).

294 **3.1 Antrag** auf Erteilung kommt als Offenbarungsmittel praktisch nicht in Betracht, es sei denn, dass die Bezeichnung der Erfindung ausnahmsweise eine zusätzliche Aussage enthält oder dass der Antrag notwendige Angaben zu hinterlegtem biologischen Material enthält (s Rdn 478 ff).

295 **3.2 Beschreibung** ist der Hauptort für die Offenbarung einer Erfindung, denn in ihr wird dargelegt, was der Anmelder als neu und erfinderisch ansieht. Die Nichterfüllung der Formerfordernisse des § 10 PatV und der R 42 EPÜ berührt die materielle Offenbarung der Erfindung zum Anmeldetag nicht, sie sind nachholbar.

296 *Beispiele in der Beschreibung* veranschaulichen ausschnittsweise die beschriebene Erfindung. Sie beschränken daher nicht eine breiter beschriebene Erfindung.[556] Sie sind vielmehr ein Kernstück der Anmeldung, weil sie bevorzugte Ausführungsformen der offenbarten Lehre zeigen. Der Anmelder kann daher auf Lehren oder Merkmale Ansprüche richten, die sich aus der Gesamtheit aller Beispiele oder aus einem einzelnen Beispiel ergeben.[557] Eine *Verallgemeinerung* eines konkret beschriebenen Beispiels ist möglich, wenn dies der offenbarte Erfindungsgedanke zulässt.[558]

297 *Abweichungen des Beispiels* von der beschriebenen Erfindung wird ein Fachmann zur Offenbarung rechnen, wenn sie für ihn von dem eigentlichen Kern der Erfindung gedeckt sind oder wenn sie ihm ausreichend deutlich eine zusätzliche Information zur Beschreibung vermitteln. Nur wenn er nicht zu erkennen vermag, dass das nur in einem Beispiel einer Anmeldung enthaltene Merkmal zur Erfindung gehört, ist dieses Merkmal nicht Teil der Offenbarung.

298 **3.3 Ansprüche** sollen nach § 34 (3) Nr 3 und Art 84 EPÜ den Gegenstand angeben, für den der Schutz begehrt wird (s Rdn 78). Ihre Aufgabe besteht also in der Bestimmung des Schutzbereichs des künftigen Patents. Unabhängig davon gehört aber der

---

555 GrBK G 0003/89 ABl **93**, 125 (Nr 7) *Glu-Gln/CELTRIX*.
556 BGH GRUR **58**, 179 (III2a) *Resin*; v 18.12.2018 X ZR 37/17 GRUR **19**, 499 (Rn 14) *Eierkarton*.
557 BGH GRUR **66**, 138 *Wärmeschreiber*; **66**, 312 (II5) *Appetitzügler I*.
558 BGH GRUR **76**, 299 (I3d) *Alkylendiamine I*; **13**, 1210 *Dipeptidyl-Peptidase-Inhibitoren*; **15**, 573 *Wundbehandlungsvorrichtung*.

Anspruch zu den vom Gesetz anerkannten Offenbarungsmitteln.[559] Enthält daher ein Anspruch der Anmeldung Merkmale, die die Beschreibung nicht erwähnt, so sind sie gleichwohl offenbart. Das gleiche gilt für den umgekehrten Fall, dass die Beschreibung Merkmale enthält, die in den Ansprüchen nicht berücksichtigt sind. Die ordnungsgemäße Anpassung von Ansprüchen und Beschreibung an die Gesamtoffenbarung ist Aufgabe des Prüfungsverfahrens.

3.4 Zeichnungen *(drawings)* sind die *bevorzugte »Sprache« des Technikers* und daher in besonderem Maße geeignet, einen technischen Sachverhalt zu vermitteln. Sie sind ein *integraler Bestandteil der Offenbarung* einer Erfindung.[560] Für einen technischen Fachmann ist es üblich, zur ersten Information zunächst eine Zeichnung – soweit vorhanden – zu studieren, weil sie ihn am schnellsten auf die ihm gewohnte Weise über einen technischen Sachverhalt in Kenntnis setzt. Was der Fachmann bei diesem Studium der Zeichnung als eine wesentliche technische Information entnimmt, ist ausreichend offenbart, und zwar auch dann, wenn er zu seiner Überraschung feststellt, dass der Anmelder in seiner Beschreibung diesem technischen Aspekt keine Beachtung schenkt. Das ist nicht anders als im umgekehrten Fall, wenn der Fachmann ein technisches Merkmal ausführlich in der Beschreibung, aber erwartungswidrig nicht in der Zeichnung dargestellt findet. In beiden Fällen ist der allein gezeichnete[561] sowie der allein beschriebene technische Sachverhalt ausreichend offenbart, so dass der Anmelder darauf vor Erteilung eines Patents einen Anspruch richten kann. Nach Patenterteilung ist das nur möglich, wenn dadurch der Schutzbereich des Patents nicht erweitert wird.

Lediglich gezeichnete Merkmale gehören aber ebenso wie beschriebene Merkmale gemäß § 34 (4) und Art 83 EPÜ nur dann zur Offenbarung einer Erfindung, wenn sie deutlich dargestellt sind. Das heißt, ein Fachmann muss ohne weiteres erkennen, dass das nur gezeichnete Merkmal zur Erfindung gehört, obwohl es weder Beschreibung noch die Ansprüche erwähnen. Das setzt voraus, dass die Aufmerksamkeit des Fachmanns in irgendeiner Weise auf dieses Merkmal gelenkt wird. Die bloße Existenz des Merkmals in einer Gesamtzeichnung wird nur selten als eine deutliche Offenbarung gewertet werden können, wenn es für den Fachmann in der Menge der anderen Merkmale untergeht und er ihm deshalb keine besondere Beachtung schenkt.

Ausreichend deutlich ist ein gezeichnetes Merkmal offenbart, a) wenn es zwar nicht als solches beschrieben ist, aber darauf allgemein in der Beschreibung verwiesen wird, zB durch *Hinweise* wie »zur Gestaltung des Merkmals siehe die Zeichnung«[562] oder »wie in Figur 3 gezeigt«;[563]

b) wenn der Fachmann aus der *Aufgabe* entnimmt, dass das gezeichnete Merkmal für die Lösung bestimmt und geeignet ist;[564]

---

559 T 0256/94 v 28.4.1999 BeckRS **99**, 30551191.
560 T 0169/83 ABl **85**, 193; T 0465/88 ABl **91** SonderA 31; T 0308/90 u T 0523/88 ABl **92** SonderA 34 f.
561 BPatG BlPMZ **99**, 228.
562 BGH Liedl **63/64**, 422 *Schuko-Konturenstecker*.
563 BGH Mitt **67**, 154, 155 rSp *Gebläsegehäuse*.
564 BGH GRUR **72**, 595 *Schienenschalter I*; **85**, 214 (III2b) *Walzgut-Kühlbett*.

c) wenn das Merkmal zwar keine Stütze in der Beschreibung findet, aber *zeichnerisch betont* ist, zB weil ihm eine eigene Figur gewidmet ist[565] oder weil es aus sämtlichen Zeichnungen als Lösungsmittel erkennbar ist[566] oder weil es in verschiedenen Abbildungen wiederholt wird;[567]

d) wenn der Fachmann durch die Beschreibung angeregt wird, die Merkmale zweier Abbildungen miteinander zu kombinieren;[568]

e) wenn ein lediglich gezeichnetes Merkmal für den Fachmann nach Struktur und Funktion unmittelbar, klar und eindeutig erkennbar ist.[569]

302 *Rechtsprechung zur Offenbarung durch Zeichnung:*

303 a) Eine Zeichnung ist – wie jedes andere Offenbarungsmittel auch – nicht losgelöst vom Gesamtinhalt der Anmeldung zu werten.[570] **Einzelmerkmale** einer Zeichnung können nur im Kontext der Gesamtzeichnung verstanden werden, sie können nicht aus dem Zusammenhang gerissen zum Gegenstand des Patentbegehrens gemacht werden.[571] Zeichnungen stellen eine Erfindung idR **prinzipiell** und **schematisch**, nicht aber **maßstabsgerecht** dar,[572] so dass idR aus ihr keine **präzisen Maße**, die die Beschreibung nicht erwähnt, durch **Nachmessen** entnommen werden können,[573] schon gar nicht unter Zuhilfenahme einer Lupe.[574]

b) **Größenverhältnisse** können einer schematischen Zeichnung nur entnommen werden, wenn der Fachmann erkennt, dass es gerade auf sie ankommt.[575] Eine schematische Zeichnung offenbart nicht, dass ein nicht dargestelltes Merkmal (sog **negatives Merkmal**) gezielt ausgeschlossen sein soll,[576] es sei denn, der Fachmann erkennt – obwohl das nicht ausdrücklich erwähnt ist – aus dem Gesamtinhalt, dass gerade das Fehlen eines Merkmals zur Erfindung gehört.[577]

304 c) **Diagramme und perspektivische Zeichnungen** sind idR nicht dazu bestimmt, aus ihnen exakte Werte oder Verhältnisse zuverlässig zu entnehmen.[578]

305 d) **Erteilungsantrag und Zeichnung** können ohne Beschreibung eine ausreichende Offenbarung sein, wenn einem Fachmann durch die Zeichnung allein die technische Lehre deutlich vermittelt wird.[579]

---

565 BGH BlPMZ **67**, 197, 198 aE *Dampferzeuger*; T 0204/83 ABl **85**, 310 (Nr 4).
566 BGH Mitt **96**, 204 (3b) *Spielfahrbahn*.
567 T 0204/83 ABl **85**, 310 (Nr 4).
568 T 0032/84 ABl **86**, 9 (Nr 5ii).
569 T 0169/83 ABl **85**, 193 (Nr 3.5); T 0523/88 ABl **92** SonderA 35; T 0372/90 ABl **95** SonderA 68.
570 T 0676/90 ABl **94** SonderA 67.
571 Vgl T 0676/90 ABl **94** SonderA 67; T 0191/93 ABl **95** SonderA 68.
572 T 0015/81 ABl **82**, 2, 6; vgl BPatG Mitt **82**, 151.
573 T 0204/83 ABl **85**, 310; T 0571/89 v 22.5.1990 BeckRS **90**, 30606700.
574 T 0127/83 v 6.4.1984 BeckRS **84**, 30522477.
575 T 0748/91 ABl **94** SonderA 67.
576 *T 0170/87 ABl 89, 441.*
577 BGH GRUR **95**, 113, 115 lSp *Datenträger*; **12**, 1242 *Steckverbindung*.
578 T 0017/84 EPOR **86**, 275; T 0204/83 ABl **85**, 310.
579 Vgl BPatGE **17**, 28, 30; **21**, 96, 102; GRUR **78**, 529, 531.

e) Ein in der Beschreibung **nicht erwähnter Vorteil** kann nicht nachträglich aus der Ausführungsform einer Zeichnung entnommen werden.[580] 306

f) **Widerspruch zwischen Zeichnung und Beschreibung** sowie zwischen zwei Zeichnungen löst der Fachmann aus dem Gesamtinhalt der Offenbarung, aus dem sich ergibt, wo der Fehler liegt, dh entweder in der Beschreibung oder in der Zeichnung.[581] 307

g) **Erkennbaren Fehler** in der Zeichnung stellt der Fachmann richtig, entnimmt ihm aber keine vom Gesamtinhalt abweichende zusätzliche Offenbarung.[582] 308

h) Eine **ausreichend deutliche Offenbarung in der Zeichnung** eines Patents, die vom Anmelder aber **nicht zum Gegenstand der Anmeldung** gemacht worden war (zB durch einen Unteranspruch oder eine entsprechende Beschreibung), kann im Einspruchs- oder Nichtigkeitsverfahren nicht zum Gegenstand eines beschränkten Anspruchs gemacht werden,[583] wenn dadurch Dritte mit einem Patent überrascht würden, mit dessen Inhalt sie nicht zu rechnen brauchten. Davon unabhängig ist eine solche Offenbarung in der Zeichnung Stand der Technik und kann späteren Anmeldungen entgegengehalten werden.[584] Es kann also etwas neuheitsschädlich sein, obwohl es nicht Gegenstand der Anmeldung ist. 309

i) **Konkrete Ausführungsformen einer Zeichnung** beschränken **nicht** die weitere Offenbarung durch Ansprüche und Beschreibung.[585] Aus **graphischen Kurven** können Werte abgelesen werden, die expressis verbis nicht genannt waren.[586] 310

j) Merkmale, die **zeichnerisch nicht darstellbar** sind (zB »starr«), kann der Fachmann im Wege der Auslegung einer Zeichnung entnehmen, wenn es dafür objektiv einen Anlass gibt.[587] 311

3.5 Gleichwertigkeit der Offenbarungsmittel: Der Schutzbereich eines *Patents* wird nach § 14 und Art 69 EPÜ durch den Inhalt der Ansprüche bestimmt, während Beschreibung und Zeichnungen nur zur Auslegung der Ansprüche herangezogen werden (s § 14 Rdn 11 ff). Eine solche Hierarchie besteht für die Offenbarung einer Erfindung in der *Anmeldung* nicht.[588] Eine Erfindung kann vielmehr gleichermaßen in Antrag, Beschreibung, Ansprüchen und Zeichnungen offenbart werden.[589] Eine Rangordnung, etwa zugunsten der Beschreibung im Verhältnis zu den Zeichnungen, besteht nicht. Das bedeutet, dass geschriebene und gezeichnete Merkmale für die 312

---

580 BGH Mitt **62**, 74, 76 *Braupfanne*.
581 BGH Mitt **96**, 204, 206 lSp *Spielfahrbahn*.
582 BGH GRUR **74**, 148 (II4c) *Stromversorgungseinrichtung*.
583 BGH GRUR **82**, 406 (V) *Verteilergehäuse*; **85**, 214 (III2d) *Walzgut-Kühlbett*.
584 BGH GRUR **85**, 214 (III2d) *Walzgut-Kühlbett*; **81**, 812 (III2a) *Etikettiermaschine*; BPatG GRUR **89**, 745.
585 BPatGE **30**, 207; OLG Karlsruhe GRUR **87**, 892.
586 T 0145/87 ABl **91** SonderA 31.
587 T 0443/89 ABl **92** SonderA 35.
588 BGH Mitt **96**, 204, 206 lSp *Spielfahrbahn*.
589 BGH GRUR **90**, 510 *Crackkatalysator I*: keine Abstufung in der Wertigkeit der Offenbarungsmittel; T 0169/83 ABl **85**, 193; T 0465/88 ABl **91** SonderA 31; T 0308/91 ABl **92** SonderA 34.

Offenbarung gleichwertig sind. In jedem Bestandteil der Anmeldung kann eine Offenbarung enthalten sein, auch zB in einem Unteranspruch, selbst wenn dieser in der Beschreibung keine Stütze findet.

313 *Unstimmigkeiten* oder gar *Widersprüche* zwischen den einzelnen gleichwertigen Offenbarungsmitteln sind nach dem Gesamtinhalt der Offenbarung zu lösen, ohne dass dabei einem Offenbarungsmittel der Vorrang gebührte. Entscheidend ist immer das Urteil des Fachmanns, der im Einzelfall mit seinem Fachwissen entscheidet, ob er der Darstellung in der Zeichnung oder dem geschriebenen Wort in Beschreibung oder Ansprüchen den Vorzug gibt.

4 Deutlichkeit und Vollständigkeit der Offenbarung *(clarity and completeness; sufficiency of disclosure)*

314 § 34 (4) und Art 83 EPÜ verlangen eine deutliche und vollständige Offenbarung der Erfindung. Das bedeutet, dass eine bloße Erwähnung von technischen Merkmalen, die die Bedeutung für die dargestellte technische Lehre nicht erkennen lassen, keine ausreichende Offenbarung ist. Wie deutlich eine Offenbarung sein muss, richtet sich nach dem *Verständnis des zuständigen Fachmanns*, an den sich auch die Offenbarung wendet. Denn die Offenbarung muss so deutlich und vollständig sein, dass ein Fachmann die Erfindung ausführen kann.

315 **4.1 Deutlichkeit** *(clarity)* ist gegeben, wenn der Fachmann erkennen kann, *was zur Erfindung gehört*. Das setzt nicht voraus, dass die Merkmale der Erfindung besonders hervorgehoben oder betont sein müssten. Der Erfinder erwähnt technische Merkmale in seiner Anmeldung gerade deshalb, weil sie ihm für seine Idee bedeutsam erscheinen. Daher wird ein Fachmann grundsätzlich davon ausgehen, dass alle beschriebenen Merkmale für die Erfindung von Bedeutung sind. Einer besonderen Charakterisierung der Merkmale, die die Erfindung ausmachen, bedarf es daher idR nicht. Ein spezieller Hinweis auf die Merkmale, auf die es bei der Erfindung ankommt, ist für eine deutliche Offenbarung nur dann erforderlich, wenn sonst der Fachmann das Merkmal entweder nicht wahrnehmen würde – weil es zB in der Masse der Angaben untergeht – oder dessen Bedeutung für die Erfindung nicht erkennen würde.

316 *Ausreichend deutliche Offenbarung wurde bejaht,*
1. wenn der Fachmann das **Merkmal zur Erfindung** gehörig erkennen kann;[590]
2. wenn das Merkmal als eine **in Betracht kommende Lösung** hervorgehoben ist;[591]
3. wenn die beanspruchte Lehre **eindeutig identifiziert** ist, so dass klar ist, was in einem Patent unter Schutz gestellt wird;[592] Fehlen eindeutiger Identifizierbarkeit ist aber nur dann ein Nichtigkeitsgrund, wenn Anspruchsgegenstand dadurch nicht nur unklar, sondern unausführbar ist;[593]

---

[590] BGH GRUR **81**, 812 *Etikettiermaschine*; **91**, 307 (III2a) *Bodenwalze*; **95**, 113, 115 lSp *Datenträger*.
[591] BGH GRUR **66**, 488 (II3b) *Ferrit*; **76**, 299 (I3c) *Alkylendiamine I*; **82**, 406, 409 lSp *Verteilergehäuse*; BPatGE **12**, 116.
[592] BGH GRUR **72**, 80, 83 rSp *Trioxan*.
[593] BGH GRUR **09**, 749 (Rn 22) *Sicherheitssystem*.

4. wenn das Merkmal sich deutlich von den sonstigen Angaben in den Unterlagen abhebt;[594]
5. wenn das Merkmal **differenziert beschrieben** ist;[595]
6. wenn ein Merkmal besonders hervorgehoben ist, weil es als **vorteilhaft, zweckmäßig oder bevorzugt** bezeichnet ist;[596]
7. wenn ein Merkmal als **erfindungswesentlich** offenbart ist;[597]
8. wenn das Merkmal Gegenstand eines **Beispiels**[598] oder einer **Ausführungsform**[599] ist;
9. wenn das Merkmal zwar nicht eigens in der Anmeldung, aber im zitierten Stand der Technik beschrieben und in den Beispielen verwirklicht ist;[600]
10. wenn das Merkmal durch **Schlussfolgerungen** erkennbar ist, die der Fachmann ohne weiteres anstellt;[601]
11. wenn sich ein Merkmal für den Fachmann nur aus der **Zeichnung** ergibt, die ihm aber die klare Erkenntnis vermittelt, dass die gezeichnete Information zur Erfindung gehört (s dazu ausführlich Rdn 299 ff);
12. wenn einem Merkmal eine **besondere Figur** in der Zeichnung gewidmet ist;[602]
13. wenn die Erfindung lediglich beschrieben, aber **nicht durch spezifische Beispiele näher erläutert** ist;[603]
14. auch wenn **Beispiele nicht exakt wiederholbar** sind, der Fachmann aber gleichwohl zum gewünschten Ziel kommt;[604]
15. auch wenn **nur ein Weg zur Ausführung der Erfindung** für den Fachmann in Betracht kommt, weil andere Wege wegen Fehlens von Ausgangsstoffen nicht zur Verfügung stehen;[605]
16. wenn die Anmeldung lediglich gegen **Formerfordernisse** verstößt;[606]
17. für eine **begriffliche Abstraktion** eines detailliert offenbarten gegenständlichen Lösungselements in einem Beispiel, wenn es auf die konkrete Ausgestaltung nicht ankommt.[607]
18. wenn ein Merkmal zwar nicht erwähnt ist, aber für den Fachmann für die Lehre zum technischen Handeln unerlässlich oder üblich ist.[608]

---

594 BGH GRUR **66**, 312 (II5) *Appetitzügler I.*
595 BGH GRUR **66**, 319 (II2) *Seifenzusatz*; **68**, 86, 89 *Ladegerät I.*
596 BGH GRUR **65**, 138, 140 *Polymerisationsbeschleuniger.*
597 BGH GRUR **77**, 598, 600 lSp *Autoskooter-Halle*; **78**, 417 (IIIc) *Spannungsvergleichsschaltung.*
598 BGH GRUR **66**, 201 (II5) *Appetitzügler I.*
599 BGH GRUR **68**, 86 *Ladegerät I.*
600 T 0288/84 ABl **86**, 128.
601 BGH GRUR **74**, 208 *Scherfolie.*
602 BGH BlPMZ **67**, 197, 198 aE *Dampferzeuger.*
603 T 0126/89 EPOR **90**, 292.
604 T 0281/86 ABl **89**, 202.
605 T 0292/85 ABl **89**, 275.
606 BGH BlPMZ **79**, 151 *Etikettiergerät II.*
607 BGH v 18.5.1999 X ZR 113/96 BeckRS **99**, 30059791 *Ventilbetätigungsvorrichtung.*
608 BGH v 18.1.2000 X ZR 102/97 BeckRS **00**, 3992 *Kontaktfederblock für Relais.*

317 *Ausreichend deutliche Offenbarung wurde verneint,*
1. wenn das Merkmal in der Beschreibung zwar erwähnt ist, in seiner Bedeutung für die Erfindung jedoch nicht zu erkennen ist;[609]
2. wenn das **Merkmal nur aus der Zeichnung** ersichtlich ist, auch wenn die Zeichnung in drei Figuren nur eine einzige Ausführungsform zeigt;[610]
3. für Lösungen, die in den ursprünglichen Unterlagen als nachteilig bezeichnet sind, wenn Ziel der Erfindung gerade die Vermeidung dieser **Nachteile** ist;[611]
4. wenn einem Fachmann mitgeteilt wird, dass ein **Gegenstand nicht funktioniert;**[612]
5. für eine Lehre, die die ursprünglich offenbarte Erfindung in ihr **Gegenteil** verkehrt;[613]
6. wenn Merkmale als **nebensächlich** behandelt oder nur **beiläufig** erwähnt sind;[614]
7. wenn ein Merkmal **als bekannt bezeichnet** ist und damit für einen Fachmann erkennbar nicht zur Erfindung gehören soll;[615] zum Irrtum des Anmelders vgl Rdn 328;
8. für Merkmale, die als **fakultativ** bezeichnet werden (vgl Rdn 129), wenn damit zum Ausdruck gebracht wird, dass das Merkmal gleichermaßen vorhanden sein wie fortgelassen werden kann (sehr zweifelhaft). Unter dieser Voraussetzung sind Merkmale nicht als zwingend offenbart angesehen worden, die durch »vorzugsweise«,[616] »zweckmäßig«,[617] »gegebenenfalls«,[618] oder »zB«[619] gekennzeichnet waren;
9. wenn ein **Vorurteil** einen Fachmann hindert, Schlussfolgerungen anzustellen, auf Grund deren er ein Merkmal erkennen könnte;[620]
10. wenn dem Leser überlassen wird, aus einer Vielzahl von logischen Gleichungen die für die Erfindung wesentlichen auszusuchen;[621]
11. wenn eine Kombination beansprucht wird, aber nur die einzelnen Elemente ohne Hinweis auf deren Verbindung beschrieben sind[622] (vgl Rdn 397), es sei denn, dass sich der Zusammenhang für den Fachmann auch ohne Erwähnung – zB aus dem Stand der Technik[623] – ergibt;
12. für ein Merkmal in Alleinstellung, wenn es tatsächlich nur in Verbindung mit einem anderen Merkmal offenbart ist;[624]

---

609 BGH GRUR 77, 598, 599 lSp *Autoskooter-Halle*; 90, 432 (II3b) *Spleißkammer.*
610 BGH GRUR 82, 406 *Verteilergehäuse* (bedenklich und wohl überholt).
611 BGH GRUR 78, 417 *Spannungsvergleichsschaltung*; BPatG BlPMZ 77, 165 Nr 13; BPatGE 36, 192, 195.
612 BPatGE 36, 192, 195 f.
613 BGH GRUR 60, 483 *Polsterformkörper.*
614 BGH GRUR 58, 177 *Aluminiumflachfolien*; BPatGE 7, 20 (vgl dazu BGH BlPMZ 66, 197, 200 rSp *Seifenzusatz*).
615 BPatGE 5, 129; 6, 207, 214; 20, 133, 137 (Gbm).
616 Vgl BGH Liedl 61/62, 669; BPatGE 4, 111, 114.
617 Vgl BPatGE 3, 48, 53; 4, 111, 114.
618 BGH Liedl 67/68, 53, 60; BPatGE 5, 10, 14.
619 Vgl BGH BlPMZ 54, 24 *Mehrfachschelle.*
620 BGH GRUR 74, 208 *Scherfolie.*
621 *BPatGE 21,* 64.
622 BPatGE 3, 48, 52.
623 T 0054/82 ABl 83, 446.
624 T 0017/86 ABl 89, 297.

13. für eine **allgemeine Lehre**, wenn die Anmeldung lediglich **Einzelbeispiele** offenbart, aus denen ein Fachmann eine Verallgemeinerung nicht herleiten kann,[625] oder wenn die allgemeine **Lehre zu weit gefasst** ist, so dass sie praktisch der Aufforderung zur Durchführung einer **Forschungsreihe** gleichkommt;[626]
14. für eine **mögliche Ausgestaltung in Form eines Ausführungsbeispiels**, wenn allgemein gehaltene Ansprüche einer einengenden Auslegung nicht zugänglich sind, weil sie in ihrer breiten Fassung die Erfindung klar und deutlich umschreiben;[627]
15. wenn das **Fehlen der Identifizierbarkeit** einer Erfindung der ausführbaren Offenbarung entgegensteht.[628]

4.2 Vollständigkeit *(completeness)*: Eine Erfindung muss nach § 34 (4) und Art 83 EPÜ so vollständig offenbart werden, dass ein Fachmann sie ausführen kann. Wie ausführlich die Darstellung der Erfindung sein muss, richtet sich nach dem Fachwissen des jeweiligen Fachmanns, an den sich die Offenbarung richtet. Was diesem als Experten auf dem Fachgebiet geläufig ist, bedarf keiner Darlegung. Die Offenbarung ist keine Gebrauchsanweisung, die detailliert angibt, wie zu verfahren ist.[629] Es müssen aber alle wesentlichen Elemente der Erfindung, die zu ihrer Realisierung erforderlich sind, mitgeteilt werden. Wer für den Fachmann notwendige Angaben verschweigt, offenbart nicht vollständig.[630]

318

Wissenschaftliche Erklärung des erreichten Erfolgs gehört nicht zu einer vollständigen Offenbarung. Es genügt vielmehr, wenn der Anmelder ausreichend deutlich angibt, »wie« das Resultat zu erreichen ist. Das »warum« muss der Anmelder nicht erkannt haben. Irrige Vorstellungen darüber sind daher idR unschädlich[631] (s Rdn 328).

319

Vollständigkeit bedeutet nicht, dass der Anmelder die **beste Ausführungsform** (*best mode*) zu offenbaren hätte.[632] Eine solche Verpflichtung wie in 35 USC § 112 und dem Grundsatz nach auch in R 5.1 a) iv) PCT kennen PatG und EPÜ nicht. Eine Offenbarung ist daher auch dann ausreichend und vollständig, wenn in der Anmeldung ein aufwändiger Weg zur Ausführung der Erfindung offenbart wird (zB biologisches Züchtungsverfahren), obwohl es eine einfachere Möglichkeit gäbe (zB Nacharbeitung mit hinterlegtem biologischem Material).[633]

320

Know how gehört nur dann zu einer vollständigen Offenbarung, wenn ein Fachmann ohne dieses technische Detailwissen die Erfindung nicht ausführen könnte. Dagegen bedarf es keiner zusätzlichen Informationen darüber, wie das Ergebnis der Erfindung

321

---

625 T 0435/91 ABl **95**, 188.
626 T 0694/92 ABl **97**, 408 (Nr 18); T 0435/91 ABl **95**, 188, 195.
627 BPatGE **42**, 204.
628 BGH GRUR 09, 749 (Rn 22) *Sicherheitssystem*.
629 BGH Mitt 02, 176 *Gegensprechanlage*: Lehre muss nicht alle Schritte anführen, wenn der Erfolg auf dem angegebenen Weg erreichbar ist.
630 T 0219/85 ABl **86**, 376.
631 BGH GRUR **65**, 138 (I5c) *Polymerisationsbeschleuniger*; **94**, 357 (II1c) *Muffelofen*; BGH v 5.7.1994 X ZR 104/92 *Verschleißfeste Oberfläche*.
632 BGH v 17.1.2017 X ZR 11/15 GRUR **17**, 493 (Rn 35) *Borrelioseassay*.
633 T 0223/92 ABl **95** SonderA 56; T 0412/93 ABl **96** SonderA 35 u 37.

am schnellsten oder auf wirtschaftlich rentable Weise erreicht werden kann. Die Offenbarung des Quellcodes ist im Bereich der Datenverarbeitung idR nicht erforderlich.[634]

4.3 Gesamtinhalt als Offenbarung (disclosure on the basis of the application as a whole)

322 Für die Beurteilung der Offenbarung ist der gesamte Inhalt der Anmeldung maßgebend. Dabei stehen die Bestandteile der Anmeldung, also Antrag, Beschreibung, Ansprüche und Zeichnungen, für die Frage der ausreichenden Offenbarung gleichberechtigt nebeneinander (s Rdn 312). Offenbart ist alles, was in der Gesamtheit der ursprünglichen Unterlagen enthalten ist und sich dem Fachmann ohne weiteres aus dem Gesamtinhalt der Unterlagen am Anmeldetag erschließt.[635]

323 *Inhalt der Ansprüche*, die der Anmelder formuliert hat, begrenzt nicht den Umfang der Offenbarung.[636] Eine Offenbarung, die sich aus dem Gesamtinhalt der Anmeldung ergibt, ist daher auch dann maßgebend, wenn die *ursprünglichen Ansprüche enger* gefasst sind. Sind die *ursprünglichen Ansprüche weiter* als die Offenbarung in Beschreibung oder in Zeichnungen, so kann darin eine zusätzliche Offenbarung liegen, die – da die Ansprüche ein gleichwertiges Offenbarungsmittel sind (s Rdn 312) – zum Gesamtinhalt der Offenbarung gehört. Das setzt voraus, dass für den Fachmann die Erfindung im gesamten beanspruchten Bereich ausführbar ist, dh ihm muss *zumindest ein Weg* zur Verwirklichung der Erfindung offenbart sein, der zuverlässig *zum Ziel in der gesamten Breite* der Ansprüche führt (s Rdn 392).

324 *Offenbarung und Neuheit* werden gleichermaßen nach dem Gesamtinhalt der Offenbarung beurteilt.[637] Der Gesamtinhalt einer Anmeldung ist maßgebend, was beansprucht werden kann, und der Gesamtinhalt eines Dokuments ist maßgebend, was Stand der Technik ist. Die Erläuterungen zu § 3 Rdn 95 ff gelten daher auch für die Beurteilung des Umfangs der Offenbarung in einer Anmeldung.

325 **4.3.1 Auslegung** *(interpretation)*: Ebenso wie bei der Ermittlung des maßgeblichen Inhalts einer Willenserklärung gemäß § 133 BGB haftet auch der Fachmann bei der Beurteilung des Inhalts einer Anmeldung nicht am *Wortlaut* der Beschreibung oder der Unvollkommenheit einer Zeichnung. Er orientiert sich vielmehr an dem Sinn, der ihm aus der Gesamtheit der Unterlagen vermittelt wird. Bei der Auslegung wird sich der Fachmann insbesondere von folgenden Umständen leiten lassen: a) Aufgabe, b) Anwendungsgebiet, c) geschilderte Vor- und Nachteile, d) behauptete Wirkungen, e) angestrebter Zweck, f) der ihm bekannte oder in der Anmeldung mitgeteilte Stand der Technik,[638] g) die Beziehung der dargestellten Merkmale zueinander,[639] h) das allgemeine Fachwissen.

---

634 BPatGE 48, 238.
635 BGH GRUR 83, 169, 170 *Abdeckprofil*; 92, 842 *Chrom-Nickel-Legierung*; 95, 113, 114 rSp *Datenträger*; BPatG BlPMZ 96, 459; BPatGE 37, 202; T 0014/83 ABl 84, 105; T 0169/83 ABl 85, 193; T 0676/90 ABl 94 SonderA 67.
636 BPatGE 37, 202; T 0014/83 ABl 84, 105.
637 BGH GRUR 81, 812 *Etikettiermaschine*; 85, 214 (2d) *Walzgut-Kühlbett*; T 0081/87 ABl 90, 250; T 0206/83 EPOR 86, 232.
638 BPatGE 20, 133.
639 T 0676/90 ABl 94 SonderA 67.

Begriffe, die in der Anmeldung verwendet werden, interpretiert der Fachmann nicht isoliert für sich, sondern im Kontext der Offenbarung, also nach dem Gesamtinhalt der dargestellten Erfindung, insbesondere der dargestellten Lösung und dem angestrebten Zweck.

Für eine Auslegung ist kein Raum, wenn die Aussagen in der Anmeldung nach Wortlaut und Zweck eindeutig sind. Eine eindeutige Offenbarung kann nicht abweichend interpretiert werden. 326

4.3.2 Ergänzungen der Offenbarung: Die Gesamtschau kann einen Fachmann befähigen, als Offenbarung auch zu erkennen, was zwar nicht ausdrücklich erwähnt ist, aber sich für ihn aus dem Gesamtinhalt der Anmeldung als selbstverständlich gewollt ergibt. Dann kann er auf Grund von *Schlussfolgerungen* zB eine konkrete Lehre verallgemeinern,[640] eine allgemeine Beschreibung konkretisieren, ein fehlendes Merkmal ergänzen[641] oder ein unwesentliches Merkmal wegdenken.[642] Voraussetzung dafür ist aber, dass der Fachmann ohne weiteres einen Anlass sieht, solche Überlegungen anzustellen. Tut er das nicht, zB wegen eines Vorurteils,[643] kommt eine Ergänzung nicht in Betracht. 327

4.3.3 Irrtum in der Offenbarung: Irren ist menschlich. Gerade Erfinder täuschen sich infolge ihrer großen Sachkompetenz häufig über das objektive Maß des technisch Selbstverständlichen oder Bekannten. Solche Irrtümer schaden der konkreten Offenbarung einer technischen Lehre nicht, wenn der Fachmann sie als solche erkennt, sie ihn also nicht hindern, die Erfindung auszuführen. Was Stand der Technik ist, entscheidet sich nämlich nicht nach den subjektiven Vorstellungen des Anmelders, sondern nach der objektiven Sachlage. 328

Daher ist die irrtümliche Bezeichnung von Merkmalen als bekannt[644] oder die irrtümliche Aufnahme von Merkmalen in den Oberbegriff statt richtig in den kennzeichnenden Teil eines Patentanspruchs[645] unschädlich. Es schadet auch nicht, wenn für die konkret offenbarte Lehre eine unzutreffende theoretische Begründung über Ursachen und Wirkungen gegeben wird;[646] denn der Erfinder braucht nur den Gegenstand seiner Erfindung darzustellen, den erzielten Erfolg muss er nicht wissenschaftlich erklären. Wenn daher der Erfinder im Bemühen um eine theoretische Fundierung seiner Erfindung Fehler macht, so können ihm diese nicht angelastet werden, es sei denn, die Fehler machen es einem Fachmann objektiv unmöglich zu erkennen, was der Erfinder als seine Erfindung offenbaren wollte. 329

---

640 Vgl BGH GRUR **76,** 299 (I3d) *Alkylendiamine I.*
641 T 0032/84 ABl **86,** 9.
642 BGH Liedl **65/66,** 694, 700 *Nadelrollenkäfig.*
643 BGH GRUR **74,** 208 *Scherfolie.*
644 BGH GRUR **71,** 115 (IV) *Lenkradbezug I;* **73,** 263 (III11) *Rotterdam-Geräte;* **94,** 357 (II1b) *Muffelofen.*
645 BGH GRUR **94,** 357 (II1b) *Muffelofen.*
646 BGH GRUR **55,** 386 *optische Teile;* **65,** 138 (I5c) *Polymerisationsbeschleuniger;* **94,** 357 (II1c) *Muffelofen.*

330 Mit der Bezeichnung eines Merkmals als bekannt oder dem Fachmann geläufig kann uU zum Ausdruck gebracht werden, dass sich der Patentschutz auf dieses Merkmal nicht erstrecken soll.

331 *Berichtigung eines Irrtums* ist immer zulässig, wenn es sich um Fehler handelt, deren Beseitigung die ursprüngliche Offenbarung nicht berührt.[647] Fehler in der Offenbarung selbst können nur berichtigt werden, wenn der Irrtum und das eigentlich Gewollte für den Fachmann eindeutig aus dem Gesamtinhalt der Anmeldung erkennbar sind,[648] denn sonst würde die Berichtigung zu einer unzulässigen Erweiterung führen[649] (s § 38 Rdn 13 ff).

5 Ausführbarkeit für den Fachmann *(enabling disclosure for a person skilled in the art)*

332 Nach § 34 (4) und Art 83 EPÜ muss die Erfindung so deutlich und vollständig offenbart werden, dass ein Fachmann sie ausführen kann. Diese Voraussetzung ist eine Rechtsfrage, für die die Auslegung des Patentanspruchs wesentliche Bedeutung hat.[650] Sie ist erfüllt, wenn es dem Fachmann ohne erfinderisches Zutun und ohne unzumutbare Schwierigkeiten möglich ist, die Erfindung anhand der Offenbarung praktisch zu verwirklichen.[651] Die Ausführbarkeit muss dauerhaft gewährleistet sein (s auch § 1 Rdn 36).[652] Die Entscheidung, ob die Erfindung ausführbar ist, hängt ab von:
a) *Person des zuständigen Fachmanns* (s Rdn 333),
b) *Spezialwissen* des zuständigen Fachmanns (s Rdn 336),
c) *allgemeinem Fachwissen*, über das jeder Fachmann verfügt (s Rdn 339),
d) *Aufwand*, der dem Fachmann zugemutet werden kann, um das Ziel der Erfindung zu erreichen (s Rdn 350 ff).

333 **5.1 Zuständiger Fachmann:** Der Fachmann, der die Erfindung ausführen können muss, ist der jeweilige Sachverständige, der auf dem einschlägigen Fachgebiet tätig ist, auf dem die angemeldete Erfindung liegt. Auf seinem Gebiet ist er sachkundig, bewandert, versiert und erfahren. Das bringt der englische Begriff »*skilled in the art*« in Art 83 EPÜ plastisch zum Ausdruck. Diese erfahrene Person ist aber kein herausragender Könner, sondern ein **solider Durchschnittsfachmann** (*ordinary practitioner*), der über ein durchschnittliches Allgemeinwissen in der Technik sowie ein durchschnittliches Spezialwissen auf seinem eigenen Gebiet verfügt. Es ist der gleiche Fachmann, der auch für die Beurteilung der Neuheit und der erfinderischen Tätigkeit herangezogen wird. Vgl daher für Einzelheiten die Erläuterungen zu § 3 Rdn 10 und § 4 Rdn 43 ff.

---

647 GrBK G 0011/91 ABl 93, 125 *Glu-Gln/CELTRIX*.
648 BGH Mitt 02, 176, 178 lSp *Gegensprechanlage*.
649 T 0013/83 ABl 84, 428; T 0401/88 ABl 90, 297.
650 BGH GRUR 15, 472 *Stabilisierung der Wasserqualität*.
651 BGH BlPMZ 98, 282 (II) *Polymermasse*; GRUR 10, 901 *Polymerisierbare Zementmischung*; vgl T 0426/88 ABl 92, 427; s auch brit House of Lords GRUR Int 06, 433 *Synthon v Smithkline Beecham*.
652 T 1714/15 v 20.1.2020 GRUR-RS 20, 3025. Für den besonderen Fall der Hinterlegung biologischen Materials s Rdn 509.

Neues Fachgebiet: Liegt die Erfindung auf einem ganz neuen Gebiet, für das es noch 334
keinen allgemein anerkannten Fachmann gibt, so ist der Fachmann der Sachverständige, der dem neuen Gebiet technologisch am nächsten steht, also der Experte, an den man sich vermutlich zur Lösung der Aufgabe gewandt hätte.

Fremde Sprache ist für den Fachmann grundsätzlich kein Hindernis, den technischen 335
Gehalt einer Offenbarung festzustellen.[653] Er ist daran gewöhnt, auf der Suche nach bestimmten Lösungen nicht nur Literatur in seiner Muttersprache in Betracht zu ziehen. Im Patenterteilungs-, Einspruchs- oder Nichtigkeitsverfahren sind daher üblicherweise auch Anmeldungen oder Dokumente in fremder Sprache zu werten.

5.1.1 Fachwissen des zuständigen Fachmanns besteht aus den Kenntnissen, die all- 336
gemein von einem Spezialisten dieses Fachgebiets erwartet werden können. Er verfügt auf seinem Gebiet über einen *normalen Wissensstand*, den er in üblicher Weise auf dem Laufenden hält, zB durch ihm geläufige Fachzeitschriften[654] oder die gelegentliche Teilnahme an Fortbildungen etc. *Er kennt den Stand der Technik auf seinem eigenen Fachgebiet* (vgl § 4 Rdn 47), nicht nur die Dokumente, die die Anmeldung erwähnt, nicht dagegen den gesamten Stand der Technik auf allen Gebieten.[655] Jedoch ist dem Wissen auf seinem Fachgebiet das allgemeine Fachwissen hinzuzurechnen (s Rdn 339).

Es wäre lebensfremd, von ihm zu erwarten, dass ihm jedes Dokument seines Gebiets 337
präsent wäre, aber er hat Zugang zu allen Unterlagen, die ein normaler Fachmann zu Rate ziehen würde, und er weiß, wo die gewünschte Information zu finden ist.[656] Eine *normale Literaturrecherche* wird er durchführen,[657] wenn er dazu einen Anlass sieht,[658] zB weil er zusätzlichen Bedarf an Orientierung hat, um die Erfindung richtig zu verstehen. Macht er eine solche Recherche, so gehören die damit gewonnenen Erkenntnisse ohne Unterschied zu seinem Wissen, mit dem er die dargestellte Erfindung interpretiert.

Sein Fachwissen kann ihm das Verständnis der Darstellung einer Erfindung erleichtern, 338
weil er Unvollkommenheiten der Anmeldung mit seinem technischen Hintergrund ausgleichen kann. Es kann ihm aber auch das Verständnis erschweren, nämlich wenn er in überkommenen Bahnen denkt und daher manches – zu Unrecht – für nicht machbar hält, zB infolge eines Vorurteils.

5.1.2 Allgemeines Fachwissen *(common general knowledge)* gehört neben seinem 339
eigentlichen Fachwissen zum Rüstzeug des zuständigen Fachmanns. Das allgemeine Fachwissen besteht aus dem allgemeinen technischen Grundlagenwissen, das ein Fachmann sich normalerweise bei seiner Ausbildung angeeignet hat.[659] Das sind die Kennt-

---

653 BGH BlPMZ **98**, 282 (II) *Polymermasse*; vgl T 0426/88 ABl **92**, 427.
654 BPatGE **34**, 264.
655 BGH BlPMZ **89**, 133 (II3) *Gurtumlenkung*; **91**, 159 (III3) *Haftverband*; T 0206/83 ABl **87**, 5 (Nr 5).
656 T 0206/83 ABl **87**, 5 (Nr 5); T 0426/88 ABl **92**, 427 (Nr 6.2: Handbuch techn Regelvorgänge); T 0358/88 v 21.9.1990 BeckRS **90**, 30570705 (Werk über Zeolithe).
657 T 0206/83 ABl **87**, 5 (Nr 5) hält Recherche in chemical abstracts für ungewöhnlich; T 0654/90 EPOR **94**, 483 schließt eine intensive Recherche aus.
658 BPatGE **34**, 264.
659 BGH BlPMZ **89**, 133 (II3) *Gurtumlenkung*.

nisse, über die er als Techniker verfügt, unabhängig auf welchem Fachgebiet er sachkundig ist.[660] Diese allgemeinen Kenntnisse hat er entweder präsent oder er beschafft sie sich leicht aus ihm *üblicherweise zugänglichen Quellen*, wie Nachschlagewerke,[661] Standardhandbücher und allgemeine technische Literatur wie Lexika, Lehrbücher, Leitfäden, Kompendien, *basic handbooks and textbooks*, evtl sogar Datenbanken.[662]

340 *Spezialliteratur* kennt der Fachmann nur auf seinem Fachgebiet. Spezialliteratur fremder Fachgebiete gehört daher idR nicht zum allgemeinen Fachwissen, so zB Spezialwerke, Abhandlungen in Fachzeitschriften,[663] Patentschriften,[664] chemical abstracts.[665] Das gilt nicht, wenn der Fachmann in einem allgemeinen Werk gerade auf eine bestimmte Spezialliteratur hingewiesen wird oder wenn das Gebiet so neu ist, dass es noch keine allgemeine Literatur gibt und der Fachmann deshalb auf die einzig verfügbare Spezialliteratur – zB Patentschriften – zurückgreift.[666]

341 *Offenbarung* des allgemeinen Fachwissens in der Anmeldung ist grundsätzlich nicht erforderlich, weil es jedem Fachmann bekannt ist.[667]

342 *Nachweis:* Eine Kenntnis, die zum allgemeinen Fachwissen gehören soll, kann nur berücksichtigt werden, wenn es unbestritten oder belegbar ist.[668] Das gilt auch für das so genannte ungeschriebene geistige Rüstzeug (*unwritten mental furniture*).

5.2 Ausführbarkeit *(reproducibility)*

343 **5.2.1 Voraussetzungen:** Eine Erfindung ist ausführbar, wenn ein Fachmann anhand der Angaben in der Anmeldung (nicht etwa allein der Angaben im Anspruch)[669] unter Einsatz seines Fachwissens in der Lage ist, die offenbarte technische Lehre praktisch zu verwirklichen. Das setzt voraus, dass die Erfindung
a) *brauchbar* ist, dh dass das technische Ergebnis oder die angestrebte technische Wirkung überhaupt erzielbar ist (s § 1 Rdn 30);
b) *wiederholbar* ist, also nicht nur zufällig realisiert werden kann (s § 1 Rdn 36);
c) *in ausreichendem Maße* vom Fachmann in die Tat umgesetzt werden kann (s Rdn 344);
d) *im gesamten beanspruchten Bereich* verwirklicht werden kann (s Rdn 347);
e) *mit zumutbarem Aufwand* durch den Fachmann verwirklicht werden kann (s Rdn 350);
f) *im Prioritätszeitpunkt* ausführbar war, wenn eine Priorität wirksam beansprucht werden soll (s Rdn 355).

---

660 T 0195/84 ABl **86**, 121; T 0206/83 ABl **87**, 5.
661 T 0171/84 ABl **86**, 95 (Nr 6) für »Ullmann«; T 0766/91 ABl **95** SonderA 41.
662 T 0890/02 ABl **05**, 497.
663 T 1727/14 v 13.12.2018 BeckRS 18, 43728 = Öbl 19, 183.
664 T 0171/84 ABl **86**, 95 (Nr 6); T 0206/83 ABl **87**, 5 (Nr 6); T 0580/88 ABl **92** SonderA 29.
665 T 0206/83 ABl **87**, 5 (Nr 6).
666 T 0051/87 ABl **91**, 177; T 0772/89 ABl **92** SonderA 33.
667 BGH GRUR **89**, 899, 900 *Sauerteig*.
668 BPatGE **30**, 250, 253; T 0157/87 EPOR **89**, 221; T 0939/92 ABl **96**, 309 (Nr 2.3); aA BPatGE **51**, 9.
669 BGH GRUR **03**, 223 (I4) *Kupplungsvorrichtung II*; **04**, 47 (III4) *blasenfreie Gummibahn I*; BPatGE **37**, 202.

5.2.2 Ausreichender Umfang der Ausführbarkeit: Eine Erfindung muss nicht buchstabengetreu realisierbar sein. Eine ausreichende Offenbarung ist vielmehr auch dann gegeben, wenn ein Fachmann anhand der Offenbarung das erfindungsgemäße Ziel zuverlässig in praktisch ausreichendem Maße[670] erreichen kann, also wenn er *cum grano salis* das versprochene eigentliche Ergebnis der Erfindung mit zumutbarem Aufwand (s Rdn 350) erfolgreich herbeiführen kann. Ist diese Voraussetzung erfüllt, dann ist es unschädlich, wenn der Fachmann bei der Nacharbeitung auf Unvollkommenheiten stößt, die er als solche erkennt und die er mit Hilfe seines Wissens im Sinne der Erfindung beheben kann. Es ist nicht erforderlich, dass mindestens eine praktisch brauchbare Ausführungsform als solche unmittelbar und eindeutig offenbart ist.[671] Die Ausführbarkeit darf nicht ohne Weiteres mit der Erreichbarkeit der in der Beschreibung erwähnten Vorteile gleichgesetzt werden.[672]

344

Ausreichende Ausführbarkeit ist zu bejahen, wenn ein Fachmann zum erfindungsgemäßen Resultat kommen kann, dabei aber feststellt,
a) dass **Beispiele nicht exakt (= identisch) wiederholbar** sind;[673]
b) dass die Anmeldung **taugliche und untaugliche Varianten** umfasst, die aber der Fachmann unterscheiden kann,[674] oder dass bestimmte, in der Anmeldung angegebene **Varianten nicht verfügbar oder unbrauchbar** sind, aber durch andere ohne weiteres ersetzt werden können, von denen der Fachmann weiß, dass sie dieselbe Wirkung haben;[675]
c) dass das Mischungsrezept **nicht einfach mechanisch wiederholbar** ist, sondern der Ergänzung aus dem Stand der Technik bedarf;[676]
d) dass es bei der Herstellung **gelegentlich zu Ausreißern** kommt;[677]
e) dass das angestrebte **Ergebnis nur in einigen Fällen,** die aber den gesamten Bereich repräsentieren, erreicht wird;[678]
f) dass **Abweichungen im Ausgangsmaterial** auftreten, die aber zu – wenn auch nicht identischen – Endprodukten mit derselben biologischen Aktivität führen;[679]
g) dass die **Nacharbeitung lang und beschwerlich** ist, während andere Wege einfacher und billiger wären (zB Hinterlegung);[680]
h) dass das Produkt **gegen gesetzliche Bestimmungen oder Normen verstößt,** zB gegen arzneimittelrechtliche Zulassungsnormen wegen bestehender Toxizität;[681]

345

---

670 BGH GRUR **62,** 80, 81 lSp *Rohrdichtung.*
671 BGH GRUR **10,** 918 (Rn 17) *Klammernahtgerät.*
672 BGH GRUR **15,** 472 *Stabilisierung der Wasserqualität;* BPatG 19.2.2019 4 Ni 48/17 GRUR **19,** 1176 (Rn 66).
673 T 0281/86 ABl **89,** 202; T 0182/89 ABl **91,** 391, 397; T 0923/92 ABl **96,** 564 (Nr 44 ii).
674 BGH GRUR **91,** 518 *Polyesterfäden;* BPatGE **35,** 255, 262.
675 T 0292/85 ABl **89,** 275.
676 BGH GRUR **62,** 80, 81 lSp *Rohrdichtung.*
677 BGH GRUR **89,** 899, 900 lSp *Sauerteig;* BlPMZ **99,** 311 (II2c ee) *Flächenschleifmaschine.*
678 T 0487/91 ABl **94** SonderA 45.
679 T 0301/87 ABl **90,** 335.
680 T 0223/92 ABl **95** SonderA 56; T 0412/93 ABl **96** SonderA 37.
681 BGH BlPMZ **99,** 311 (II2c ee) *Flächenschleifmaschine;* BPatGE **34,** 1.

i) dass für eine **verkaufsreife Konstruktion** noch ein Probieren erforderlich ist, um eine **Marktreife** zu erreichen;[682]
j) dass **nicht alle denkbaren** unter den Wortlaut des Patentanspruchs fallenden **Ausgestaltungen** ausgeführt werden können;[683]
k) dass der mit den Anspruchsmerkmalen umschriebene technische **Erfolg nicht notwendigerweise mit den Vorteilen verbunden** ist, die der Erfindung in der Beschreibung zugeschrieben sind.[684]

346 Ausreichende Ausführbarkeit ist zu verneinen,
a) wenn ein Fachmann **nicht den gesamten beanspruchten Bereich** mit Erfolg verwirklichen kann (s Rdn 347);
b) wenn eine »**fertige Erfindung**« nicht vorliegt, dh wenn die Darstellung dem Fachmann nicht den ursächlichen Zusammenhang zwischen den angewendeten Mitteln und dem erstrebten Erfolg offenbart, so dass er das erfindungsgemäße Ergebnis nicht erreichen kann;[685] entscheidend ist das Urteil des Fachmanns, nicht die Meinung des Erfinders; ausreichend ist es, wenn offenbart ist, »wie« – nicht auch »warum« – der Erfolg erzielbar ist;[686]
c) wenn der **Erfolg nicht mit einiger Zuverlässigkeit** eintritt, sondern lediglich möglicherweise unter günstigen Umständen;[687]
d) wenn erst später erkannt wird, dass ein breit offenbartes Verfahren nur beschränkt durchführbar ist;[688]
e) wenn das Ziel der Erfindung nicht mit einer statistisch annehmbaren Häufigkeit erzielt werden kann, also die **Fehlerquote zu hoch** ist;[689]
f) wenn **biologisches Material lediglich hinterlegt** ist, ohne dass es beschrieben ist;[690]
g) wenn ein Fachmann bei der Nacharbeitung der Offenbarung am fertigen Produkt **nicht zuverlässig** feststellen kann, ob damit die Aufgabe gelöst ist,[691]
h) wenn dem Fachmann die **Messmethode für einen kritischen Parameter nicht offenbart** wird und er nicht mit Sicherheit bestimmen kann, ob ein Erzeugnis innerhalb des Anspruchs liegt.[692]

---

682 BGH BlPMZ **99**, 311 (II2c ee) *Flächenschleifmaschine* mwN.
683 BGH GRUR **10**, 901 (Rn 36) *Polymerisierbare Zementmischung*.
684 BGH BeckRS **10**, 12 084 (Rn 20) *Sprühdose*.
685 BGH GRUR **71**, 210, 213 rSp *Wildbissverhinderung*; **69**, 672 (IIB1) *Rote Taube*; vgl umfassend **Vetter**: Die fertige Erfindung 2012.
686 BGH GRUR **65**, 138 (I5c) *Polymerisationsbeschleuniger*.
687 BGH BlPMZ **92**, 308 (III2) *Antigene-Nachweis*; BPatGE **49**, 262.
688 BPatGE **1**, 68.
689 T 0226/85 ABl **88**, 336 (Nr 6 u 7).
690 T 0418/89 ABl **93**, 20 (Nr 5.3).
691 BPatGE **41**, 120.
692 T 0575/05 EPOR 07, 394; s auch T 1914/11 v 27.9.2012 (keine sichere Messmethode für erfindungswesentliche Wirkung). Trotz vager Definition der Parameter eines Erzeugnisses kann aber das im Patent beschriebene Herstellungsverfahren die Ausführbarkeit sicherstellen, s T 1526/09 ABl 14 ZPubl 5, 57.

5.2.3 Ausführbarkeit im gesamten beanspruchten Bereich *(performance in the whole area claimed)* ist für eine ausreichende Offenbarung erforderlich.[693] Eine Erfindung muss für einen Fachmann in dem Umfang ausführbar sein, für den der Anmelder in den Ansprüchen Schutz begehrt. Der mögliche Patentschutz wird durch den Beitrag zum Stand der Technik begrenzt.[694] Geboten ist eine wertende Betrachtung dessen, was die Erfindung ausmacht und worin sie ihren allgemeinsten Ausdruck findet.[695] Der Schutz spekulativ beanspruchter weiter Bereiche, zu deren Erschließung die Erfindung keinen Beitrag leistet, würde zu einer ungerechtfertigten Monopolisierung führen.[696] Beansprucht der Anmelder Schutz für mehrere Gegenstände, Stoffe, Verfahren etc, so muss ein Fachmann alle verwirklichen können. Soll eine bestimmte Wirkung patentbegründend sein, so muss ein Fachmann sie im gesamten beanspruchten Bereich erzielen können.[697] Ist ein Merkmal funktionell umschrieben (s Rdn 125), hat die Erfindung im gesamten Bereich der funktionellen Definition ausführbar zu sein.[698]

347

Eine ausführbare Offenbarung erfordert allerdings nicht, dass jede theoretisch unter den Patentanspruch subsumierbare Kombination zu dem angestrebten Erfolg führt. Grundsätzlich genügt es vielmehr, wenn für jede beanspruchte Ausführungsform ein gangbarer Weg aufgezeigt wird.[699] Ein nur in einer Richtung begrenzter Wertebereich kann ausführbar offenbart sein, wenn sich die Erfindung nicht in der Eröffnung eines bestimmten Bereichs erschöpft, sondern eine darüber hinausgehende, verallgemeinerbare Lehre aufzeigt, die es dem Fachmann erstmals ermöglicht, nach weiteren Verbesserungsmöglichkeiten zu suchen und den im Patent konkret aufgezeigten Höchstwert zu übertreffen.[700] Hierfür reicht es nicht aus, nur ein neues Verfahren zur Verfügung zu stellen, mit dem ein im Stand der Technik bekannter Stoff mit verbesserten Eigenschaften hergestellt werden kann.[701]

348

Eine Offenbarung ist unvollständig, wenn sie nur die Realisierung einiger Vertreter des beanspruchten Bereichs erlaubt, zB wenn nur bestimmte, aber nicht alle beanspruchten Verbindungen erhalten werden können. Daher dürfen Gruppenformeln keine Verbindungen umfassen, die im Anmeldezeitpunkt dem Fachmann nicht zur Verfügung stehen.[702] Zwar ist es für eine ausreichende Offenbarung genügend, wenn ein Weg zur

349

---

693 T 0019/90 ABl **90**, 476 (Nr 3.7 u 3.8); T 0923/92 ABl **96**, 564; T 1244/07 EPOR **11**, 453; s auch BGH GRUR **10**, 414 (Rn 23) *Thermoplastische Zusammensetzung*; brit Supreme Court GRUR Int. **20**, 1039 *Regeneron Pharmaceuticals Inc v Kymab Ltd.*
694 BGH GRUR **10**, 414 (Rn 23) *Thermoplastische Zusammensetzung*; BlPMZ **13**, 146 *Neurale Vorläuferzellen II*; BPatG GRUR **11**, 895; **13**, 487; T 0409/91 ABl **94**, 653; T 0923/92 ABl **96**, 564; T 1173/00 ABl **04**, 16; brit House of Lords RPC **97**, 25 = GRUR Int **98**, 412 *Biogen/Medeva*.
695 BGH GRUR **10**, 414 (Rn 23) *Thermoplastische Zusammensetzung*; BGH v 17.1.2017 X ZR 11/15 GRUR **17**, 493 (Rn 36) *Borrelioseassay*.
696 BGH GRUR **10**, 414 (Rn 23) *Thermoplastische Zusammensetzung*.
697 T 0623/91 ABl **94** SonderA 54; T 1326/08 EPOR **12**, 342.
698 T 0435/91 ABl **95**, 188, 194.
699 BGH v 26.1.2021 GRUR **21**, 696 (Rn 99) *Phytase*.
700 BGH v 12.3.2019 X ZR 32/17 GRUR **19**, 713 (Rn 45) *Cer-Zirkonium-Mischoxid I*; v 6.4.2021 X ZR 54/19 GRUR **21**, 1043 (Rn 57) *Cerdioxid*.
701 BGH v 12.3.2019 X ZR 32/17 GRUR **19**, 713 (Rn 46) *Cer-Zirkonium-Mischoxid I*.
702 BGH GRUR **78**, 162, 164 rSp *7-chlor-6-demethyltetracyclin*.

Ausführung der Erfindung aufgezeigt wird (s Rdn 392); dieser eine Weg muss aber – unter zumutbarem Aufwand (s Rdn 350) – zur Verwirklichung der Erfindung im gesamten beanspruchten Bereich führen. Wird bei einer Stofferfindung ein Weg der Herstellung offenbart, ist der Stoff damit ausreichend offenbart, obgleich der Erzeugnisschutz auch andere Herstellungswege, die vom Erfinder nicht gelehrt wurden, umfasst.[703]

350 5.2.4 Zumutbarer Aufwand bei der Ausführung der Erfindung *(reproducibility without undue burden)*: Ein Fachmann, an den sich die Beschreibung einer Erfindung wendet, ist daran gewöhnt, dass er sich mit schriftlich niedergelegten technischen Sachverhalten eingehend befassen muss, um sie zu verstehen und zu realisieren. Es steht daher der Ausführbarkeit einer Offenbarung nicht entgegen, wenn ein Fachmann die beschriebene Erfindung nicht auf Anhieb verwirklichen kann, sondern sich um das richtige Verständnis bemühen muss. Die Beschreibung einer Erfindung ist keine Gebrauchsanweisung, wie sie im täglichen Leben für Laien gebräuchlich ist, sondern eine fachliche Darstellung, die beim Adressaten – dem Fachmann – eine ausreichende Qualifikation, einen durchschnittlichen Standard des Wissens und eine angemessene Bereitschaft zum Ausprobieren voraussetzen darf. Die Erwartungen dürfen aber nicht überspannt werden, vielmehr muss sich der Aufwand des Fachmanns, den ein Anmelder zu Recht erwarten kann, im zumutbaren Rahmen halten.

351 *Das Ausmaß des zumutbaren Aufwands wird bestimmt durch:* a) das *technische Gebiet*, auf dem die Erfindung liegt.[704] Die Offenbarung auf gänzlich neuen Gebieten wird schwieriger nachzuvollziehen sein als auf hergebrachten Gebieten, so dass auf neuen Gebieten ein höherer Aufwand erwartbar ist; b) den *Fähigkeiten des Fachmanns*, der für die jeweilige Erfindung zuständig ist (s Rdn 333); c) die Anschauungen der Fachwelt, die für den Gegenstand der Erfindung maßgebend ist, was allgemein als *üblich* angesehen wird.

352 Generell gilt, dass *Unvollkommenheiten*, die sich bei der Ausführung der Erfindung einstellen, unschädlich sind, wenn das eigentliche Ziel der Erfindung für den Fachmann erreichbar ist. Unter dieser Voraussetzung wird die Ausführbarkeit der Erfindung nicht beeinträchtigt durch a) *Kinderkrankheiten*; b) *gelegentliche Fehlschläge*;[705] c) *Ausreißer* bei der Nacharbeitung,[706] d) *Versagen einzelner Beispiele*;[707] e) Notwendigkeit von *Versuchen* (s Rdn 410); f) Korrektur von *Fehlern oder Irrtümern* (s Rdn 328); g) Erforderlichkeit, *taugliche von untauglichen Varianten* zu unterscheiden.[708]

353 Zumutbar ist ein Aufwand für die Ausführung der Erfindung,

---

703 Brit House of Lords RPC 09, 407 *Generics v Lundbeck*; Zsfg in GRUR Int 09, 363; s auch Brennan IPQ 09, 476; Leung EIPR 10, 165; Moufang GRUR 10, 89.
704 Öst OGH GRUR Int 06, 347 *Paroxat*.
705 BGH GRUR 76, 213, 214 rSp *Brillengestelle*; T 0014/83 ABl 84, 105; T 0226/85 ABl 88, 336.
706 BGH GRUR 89, 899, 900 lSp *Sauerteig*; 99, 920 (112b ee Abs 4) *Flächenschleifmaschine* (Gbm).
707 T 0281/86 ABl 89, 202; T 0182/89 ABl 91, 391, 397; T 0181/87 ABl 90 SonderA 30.
708 BGH GRUR 91, 518 *Polyesterfäden*.

a) wenn die Anmeldung dem Fachmann die **entscheidende Richtung** angibt, in der er mit Erfolg weiterarbeiten und die jeweils günstigste Lösung auffinden kann;[709]
b) wenn noch **Versuche** durchgeführt werden müssen, die das übliche Maß nicht überschreiten und keine erfinderischen Überlegungen erfordern (s Rdn 410);
c) wenn **konkrete Größen, Mengen und Maße** erst ermittelt werden müssen (s Rdn 398);
d) wenn die Auswertung anfänglicher **Fehlschläge** den Fachmann auf den richtigen Weg bringt;[710]
e) wenn das Verhältnis der **tauglichen zu den untauglichen Varianten** so ist, dass der Fachmann die tauglichen Varianten herausfinden und die untauglichen ausklammern kann;[711]
f) wenn **Beispiele** fehlen[712] oder nicht exakt wiederholbar sind[713] oder im Einzelfall versagen;[714]

Unzumutbar ist ein Aufwand für die Ausführung der Erfindung, 354
a) wenn ein Fachmann nur mit **großen Schwierigkeiten** oder nur durch **Zufall** einen Vorschlag verwirklichen kann;[715]
b) wenn die Anmeldung **nur unter günstigen Umständen zum Erfolg** führt oder nur als »**wichtiger Schritt in die richtige Richtung**« für weiterführende wissenschaftliche Untersuchungen[716] oder als Aufforderung zur **Durchführung eines Forschungsprogramms** angesehen werden kann;[717]
c) wenn **zu viele Versuche** notwendig sind (s Rdn 410);
d) wenn Ausgangs- und Zwischenprodukte erst nach einer **umfassenden Recherche** feststellbar sind;[718]
e) wenn der Fachmann die Erfindung **nur mit Glück in einzelnen Fällen** nacharbeiten kann und ihm die Gründe für die Fehlschläge unbekannt sind;[719]
f) wenn **Versuchsreihen zeitaufwändig und ethisch bedenklich** sind und es möglich gewesen wäre, die Erfindung ohne Einschränkungen ihres Umfangs über Merkmale zu definieren, die die Versuchsreihen überflüssig gemacht hätten.[720]
g) wenn **Durchgriffsansprüche** *(reach-through claims)* gerichtet werden auf aufgabenhaft definierte und unter Anwendung eines neuartigen Verfahrens zu bestimmende chemische Verbindungen; denn der Zweck des Patentschutzes ist nicht, dem Anmelder ein unerschlossenes Forschungsgebiet zu reservieren.[721]

---

709 BGH GRUR **68**, 311 (II4b) *Garmachverfahren*; BGH v 5.7.1994 X ZR 104/92 *Verschleißfeste Oberfläche*; v 6.2.2001 X ZR 82/98 BeckRS 01, 2610 *Schrankenantrieb*.
710 BGH GRUR **76**, 213, 214 rSp *Brillengestelle*; T 0226/85 ABl **88**, 336; T 0014/83 ABl **84**, 105.
711 BGH GRUR **91**, 518 *Polyesterfäden*.
712 T 0126/89 EPOR **90**, 292.
713 T 0281/86 ABl **89**, 202; T 0182/89 ABl **91**, 391, 397; T 0923/92 ABl **96**, 564 (Nr 44ii).
714 T 0182/89 ABl **91**, 391; T 0212/88 ABl **92**, 28.
715 BGH GRUR **80**, 166 *Doppelachsaggregat*.
716 BGH BlPMZ **92**, 308, 310 lSp *Antigene-Nachweis*.
717 T 0435/91 ABl **95**, 188, 195; s auch T 0339/05 EPOR **08**, 472; T 0433/05 v 14.6.2007 BeckRS 07, 30584291.
718 T 0206/83 ABl **87**, 5 (Nr 11).
719 T 0226/85 ABl **88**, 336 (Nr 8).
720 T 1635/09 ABl **11**, 542 (Nr 7.3).
721 T 063/06 ABl **09**, 516.

355 **5.2.5 Zeitpunkt für die Ausführbarkeit** der angemeldeten Erfindung ist im *Erteilungsverfahren* der Anmelde- oder Prioritätstag,[722] denn die Erfindung ist nach § 34 (4) PatG und Art 83 EPÜ *in der Anmeldung* so zu offenbaren, dass ein Fachmann sie ausführen kann. War die Erfindung am Anmeldetag nicht ausführbar, dann liegt ein Offenbarungsmangel vor, der – wie jeder Offenbarungsmangel – nicht heilbar ist, etwa durch den Nachweis, dass die Erfindung später ausführbar geworden ist oder durch die Aufnahme eines Disclaimers. Die Ausführbarkeit der Erfindung muss aber auch für die Zukunft gewährleistet sein.[723]

Zur Frage des Zeitpunkts der Ausführbarkeit einer patentierten Erfindung im *Einspruchs- und Nichtigkeitsverfahren* vgl § 21 Rdn 30.

356 **Rechtspolitische Überlegungen:** In der Literatur wird darauf aufmerksam gemacht, dass es unbefriedigend ist, einem Erfinder den Patentschutz nur deshalb zu verweigern, weil er seine Erfindung zu früh angemeldet hat. Es sei unbillig, eine Anmeldung zB nur deshalb zurückzuweisen, weil eine notwendige Hinterlegung von biologischem Material einen Tag nach dem Anmeldetag erfolgte.[724] Es wurde daher vorgeschlagen, ein Patent mit entsprechender Prioritätsverschiebung zu erteilen, wenn Rechte Dritter nicht berührt werden und die Erfindung bis zur Offenlegung ausführbar wird.[725] Diese Überlegungen sind rechtspolitisch durchaus berechtigt, lassen sich jedoch de lege lata nur schwer mit dem Wortlaut des § 34 (4) PatG und des Art 83 EPÜ vereinbaren.

357 **5.2.6 Beweislast für Ausführbarkeit:** Bestehen begründete Zweifel (nicht nur Vermutungen), dass die Erfindung für den Fachmann am Anmelde- oder Prioritätstag oder überhaupt nicht ausführbar ist,[726] kann das Patentamt vor Patenterteilung zu geeigneten Nachweisen – zB Durchführung von Versuchen – auffordern.[727] Nur wenn das Patentamt von der Nichtausführbarkeit überzeugt ist, kann die Anmeldung zurückgewiesen werden.

Im Einspruchs- und Nichtigkeitsverfahren trifft den Einsprechenden und Nichtigkeitskläger die Beweislast für die mangelnde Ausführbarkeit[728] (vgl dazu § 21 Rdn 37, § 59 Rdn 209 und § 81 Rdn 152).

---

722 BGH GRUR **75**, 430 (IIB5) *Bäckerhefe*; **93**, 651 (III3c bb) *Tetraploide Kamille*; BlPMZ **92**, 308 *Antigene-Nachweis*; **99**, 311 (II2b) *Flächenschleifmaschine* (Gbm); GrBK G 0001/03 ABl **04**, 413 (Nr 2) *Disclaimer/PPG*; T 0118/87 ABl **91**, 474 (Nr 3): Hinterlegung spätestens am Anmeldetag; T 1173/00 ABl **04**, 16.
723 T 1714/15 v 20.1.2020 GRUR-RS 20, 3025 (3.3). Für den besonderen Fall der Hinterlegung biologischen Materials s Rdn 509.
724 Die Rspr lehnt Billigkeitserwägungen ausdrücklich ab: vgl BGH GRUR **85**, 1035 (II4c) *Methylomonas*. Zur Unmöglichkeit, eine unzureichende Hinterlegung nach dem Anmeldetag umzuwandeln, vgl Rdn 500.
725 So die 7. Aufl. Noch weitergehend Kraßer/Ann Patentrecht 7. Aufl § 13 Nr 10: für die Beurteilung der Ausführbarkeit solle es auf den Zeitpunkt ankommen, in dem erstmals über das Patentgesuch entschieden werde, also im Erteilungsverfahren auf den Zeitpunkt der Entscheidung des Prüfers, der sogar seine Entscheidung in Erwartung der bevorstehenden Ausführbarkeit aufschieben könne.
726 S zB T 1273/09 ABl **14** ZPubl 5, 54.
727 Vgl BPatG Mitt **68**, 14: kein Anlass, ein Gutachten anzufordern.
728 BGH GRUR **10**, 901 *Polymerisierbare Zementmischung*; T 0016/87 ABl **92**, 212; T 0675/91 ABl **94** SonderA 89.

6 Einzelfälle zur Offenbarung (alphabetisch)

- **Abwandlungen** *(variations)* s § 3 Rdn 96. 358

- **Äquivalente** *(equivalents)* sind in der ursprünglichen Offenbarung nicht genannte 359
Mittel, die den erwähnten Mitteln in der technischen Funktion gleichzusetzen sind
und daher die gleiche Wirkung erzielen. Sie gehören, obwohl weder wörtlich noch
bildlich dargestellt, zur Offenbarung, wenn sie sich dem Fachmann aufgrund seines
Fachwissens ohne weiteres erschließen. Ist das nicht der Fall, können solche Mittel,
mögen sie auch gleich wirken, nicht beansprucht werden. Vgl auch § 3 Rdn 108.

- **Allgemeine Formeln** s Rdn 389. 360

- **Allgemeiner Begriff** *(generic disclosure)* s § 3 Rdn 117. 361

- **Analogieverfahren** (s § 1 Rdn 281): Zur Offenbarung genügt die Angabe der Aus- 362
gangsstoffe, der Arbeitsmethoden und der Endprodukte des Verfahrens; technisch,
therapeutisch oder sonstwie wertvolle Eigenschaften der Verfahrensprodukte sollen
nachgebracht werden können.[729]

- **Anwendungsgebiet** *(technical field to which the invention relates)* ergibt sich – 363
wenn es nicht genannt ist – idR im Wege der Auslegung. Es muss nur dann ursprünglich offenbart werden, wenn ohne diese Angabe sonst nicht ersichtlich ist, ob überhaupt eine Lehre zum technischen Handeln oder nur eine bloße wissenschaftliche
Erklärung vorliegt.[730]

- **Aufgabe** *(problem)* ist ein wesentlicher Bestandteil einer Erfindung (s § 1 Rdn 41). 364
Sie muss daher den ursprünglichen Unterlagen einer Anmeldung für den Fachmann
entnehmbar sein.[731] Ist eine technische Lehre für einen Fachmann verständlich offenbart, so ist damit auch die ihr zugrunde liegende Aufgabe implizit mitgeteilt, selbst
wenn sie ursprünglich überhaupt nicht oder abweichend erwähnt ist. So verstanden
bedarf es nicht der ausdrücklichen Offenbarung der Aufgabe in den ursprünglichen
Unterlagen.[732] Vermag aber ein Fachmann die dargestellte Lehre nicht zu verstehen,
weil ihm die Aufgabe nicht mitgeteilt ist und er sie auch der Darstellung nicht entnehmen kann, dann fehlt es an einer vollständigen Offenbarung der Erfindung.

Änderung der Aufgabe *(reformulation of problem)* (vgl dazu § 1 Rdn 51) ist grund- 365
sätzlich jederzeit zulässig, also zB zu ihrer objektiv richtigen Definition,[733] zur Berücksichtigung eines neu ermittelten Standes der Technik,[734] zur Befreiung von in ihr enthaltenen Elementen der Lösung,[735] zur Anpassung an die offenbarte Wirkung einer
Erfindung[736] oder an Vorteile, die bereits ursprünglich genannt waren oder die der

---

[729] BGH GRUR 66, 312 *Appetitzügler I*; s aber auch Rdn 423.
[730] Vgl BGH GRUR 66, 312 *Appetitzügler I*; 72, 541 (E2b) *Imidazoline*; BPatGE 17, 192.
[731] BPatGE 25, 56.
[732] BPatGE 28, 12.
[733] T 0039/93 ABl 97, 134.
[734] T 0184/82 ABl 84, 261; T 0013/84 ABl 86, 253.
[735] BGH BlPMZ 91, 159 *Haftverband*; GRUR 91, 811 *Falzmaschine*; T 0229/85 ABl 87, 237.
[736] T 0184/82 ABl 84, 261; T 0732/89 ABl 94 SonderA 34.

Fachmann dem Gesamtinhalt entnimmt.[737] Voraussetzung einer zulässigen Neuformulierung ist immer: **a)** die Änderung muss sich im Rahmen der ursprünglichen Offenbarung halten, sie darf also nicht zu einer unzulässigen Erweiterung der ursprünglich eingereichten Anmeldung führen; **b)** die Änderung der Aufgabe eines Patents darf ferner nicht den Schutzbereich des Patents erweitern.

Maßgebendes Kriterium ist das Verständnis des Fachmanns. Was er in Kenntnis des Standes der Technik als Aufgabe versteht, darf zu ihrer Formulierung herangezogen werden. Dazu gehört nicht, was mit der ursprünglich dargestellten Lösung entweder keinen technischen Zusammenhang aufweist[738] oder gar im Widerspruch dazu steht.[739]

366 • **Austauschmittel** *(alternative options)* s § 3 Rdn 108.

367 • **Beispiele** *(examples)* vgl dazu Rdn 296.

368 • **Bereiche** können ebenso wie Individuen Gegenstand der Offenbarung einer Erfindung sein. Zur Frage des Umfangs der Offenbarung einseitig offener Bereiche (*parameters open at one end*) und von geschlossenen Bereichen (*closed numerical parameters*) vgl die Erläuterungen zu § 3 Rdn 125 ff.

369 **Beschränkung auf Individuen eines Bereichs** ist möglich, wenn das Individuum als solches gemäß § 34 (4) und Art 83 EPÜ so deutlich und vollständig offenbart ist, dass ein Fachmann es erkennen und ausführen kann. Diese Voraussetzung ist erfüllt, wenn das Individuum selbst neben dem Bereich in den ursprünglichen Unterlagen *erwähnt* ist, sei es, dass es direkt beschrieben ist oder dass das Merkmal einem Beispiel (s Rdn 296) oder einer Zeichnung (s Rdn 299 ff) entnommen werden kann. Ist das Individuum eines Bereichs ursprünglich *nicht erwähnt*, dann kann ein Anspruch darauf nur gerichtet werden, wenn durch die Offenbarung des Bereichs auch das Individuum so ausreichend offenbart ist, dass der Fachmann es – obwohl nicht explizit genannt – als zur Erfindung gehörig erkennen kann (vgl dazu die Erläuterungen zu § 3 Rdn 95 ff). Dazu reicht es nicht aus, dass das Individuum rein denkgesetzlich unter den Bereich fällt. Es muss hinzukommen, dass der Fachmann ohne weiteres erkennt, dass das nicht eigens erwähnte Individuum Teil der offenbarten Erfindung ist. Diese Voraussetzung ist erfüllt, wenn der Fachmann den durch Grenzwerte definierten Bereich als vereinfachte Schreibweise auch für die Zwischenwerte versteht.[740] Dann kann der Anmelder darauf sein Schutzbegehren richten und muss es umgekehrt als Stand der Technik anerkennen, wenn das Individuum einer Entgegenhaltung entnommen werden kann, obwohl es dort nicht ausdrücklich genannt ist. Ein aus dem Stand der Technik bekanntes Merkmal muss der Anmelder aus dem von ihm beanspruchten Bereich ausnehmen, evtl durch einen Disclaimer. Das ist unter bestimmten Voraussetzungen auch dann möglich, wenn das auszunehmende Merkmal in den ursprünglichen Unterlagen nicht offenbart war (s § 38 Rdn 23 ff).

370 • **Bezugnahmen** *(references)* siehe Rdn 417.

---

737 T 0440/91 ABl **95** SonderA 39.
738 T 0344/89 EPOR **93**, 209; T 0386/89 **96**, 37.
739 T 0155/85 ABl **88**, 87.
740 BGH GRUR **90**, 510 (III3d) *Crackkatalysator I*; **00**, 591 (IV1b) *Inkrustierungsinhibitoren*; Mitt **02**, 16 *Filtereinheit*.

- **Biotechnologische Erfindungen:** Ihre Offenbarung erfolgt durch Beschreibung und – wenn diese zur ausreichenden Darstellung der Erfindung nicht ausreichend ist – durch ergänzende Hinterlegung (s unten Rdn 478 ff). **Möglliche Arten der Offenbarung** sind die folgenden:
  a) Ist das biologische Material der Öffentlichkeit frei zugänglich, bedarf es nur seiner für den Fachmann eindeutigen Identifizierung in der Beschreibung.
  b) Ist es öffentlich nicht zugänglich, muss es so ausreichend beschrieben werden, dass ein Fachmann die Erfindung anhand der Beschreibung ausführen kann, also sich das notwendige biologische Material beschaffen kann, zB durch Erzeugung, Isolierung oder Wiederholung des Gewinnungsprozesses aus der Natur.
  c) Kann das verwendete biologische Material mit Worten nicht so beschrieben werden, dass ein Fachmann die Erfindung ausführen kann, oder ist die Wiederholung des Weges zum Ziel der Erfindung nur mit unzumutbarem Aufwand möglich, dann steht als ergänzender Ersatz für die sonst unvollständige Beschreibung die Hinterlegung des biologischen Materials zur Verfügung.

371

Wahl der Offenbarungsart liegt – wie die Wahl der Worte bei einer Beschreibung – beim Anmelder. Er trägt für die von ihm gewählte Art auch die Verantwortung. Er kann in Ergänzung der Beschreibung[741] die Hinterlegung wählen, wenn er glaubt, das biologische Material nicht ausreichend deutlich beschreiben zu können. Umgekehrt kann er auf eine Hinterlegung verzichten und als Offenbarung allein die Beschreibung des wiederholbaren Wegs der Gewinnung des biologischen Materials wählen,[742] und zwar auch dann, wenn die Nacharbeitung anhand der Beschreibung aufwändiger sein sollte als die Nacharbeitung mit einem hinterlegten biologischen Material.[743] PatG und EPÜ verlangen nicht, dass die beste Methode der Ausführung der Erfindung offenbart wird.[744]

372

Ist aber die Erzeugung des biologischen Materials anhand der Beschreibung zwar denkgesetzlich, aber für einen Fachmann nur mit *unzumutbaren Aufwand* möglich[745] oder tritt der Erfolg nur gelegentlich oder zufällig ein,[746] so ist die Offenbarung allein durch Beschreibung nicht ausreichend. Ein vernünftiger Anmelder wird daher in jedem Einzelfall sorgfältig abzuwägen haben, ob er sich allein auf die Beschreibung des biologischen Materials verlassen will oder ob er zur Vermeidung des Risikos einer unvollständigen Offenbarung nicht besser sicherheitshalber zusätzlich zur Beschreibung das biologische Material hinterlegt.

373

Wiederholbarkeit *(repeatability)* muss für die offenbarte biotechnologische Lehre gegeben sein. Ist Gegenstand der Erfindung gerade die Art und Weise der Hervorbrin-

374

---

741 Eine Hinterlegung ohne jede Beschreibung ist keine ausreichende Offenbarung: T 0418/89 ABl **93**, 20 (Nr 5.3); T 0495/89 GRUR Int **92**, 457.
742 ZB wenn die Erfindung mit beliebigen Mikroorganismen durchführbar ist: BPatG BlPMZ **87**, 360.
743 T 0223/92 ABl **95** SonderA 56; T 0412/93 ABl **96** SonderA 35 u 37.
744 T 0412/93 ABl **96** SonderA 37.
745 T 0418/89 ABl **93**, 20; T 0349/91 v 10.3.1993 BeckRS **93**, 30569209 (Erforderlichkeit eines aufwändigen Screening-Verfahrens).
746 BGH GRUR **78**, 162 (B2b) *7-chlor-6-demethyltetracyclin*.

gung des biologischen Ergebnisses, so muss der Weg selbst, zB ein Züchtungsverfahren, wiederholbar sein.[747] Ist aber Gegenstand der Erfindung die Bereitstellung des Ergebnisses eines biologischen Verfahrens, so genügt es für die Wiederholbarkeit der Erfindung, dass das biologische Resultat, in dem sich die Erfindung manifestiert, für jedermann frei verfügbar ist, zB durch Hinterlegung. In diesem Fall sichert die Hinterlegung die Wiederholbarkeit für Sach-, Verfahrens- und Verwendungspatente, die sich auf biologisches Material beziehen. Die frühere Auffassung,[748] dass die Hinterlegung eines Mikroorganismus für die Gewährung eines Sachpatents nicht ausreicht, hat der BGH[749] im Interesse einer Harmonisierung mit dem europäischen Recht[750] aufgegeben.

375 **Deutliche und vollständige Offenbarung** *(clear and complete disclosure)* biotechnologischer Erfindungen gemäß § 34 (4) PatG und Art 83 EPÜ ist gegeben, wenn das Ziel der Erfindung anhand der Beschreibung und einer eventuellen Hinterlegung für einen Fachmann *ohne unzumutbaren Aufwand* erreichbar ist.[751] Dabei ist zu berücksichtigen, dass biologische Erfindungen im Einzelfall sich nicht so exakt beschreiben lassen wie Erfindungen der Physik und Chemie.

376 **a) Abweichungen**, die sich bei der Nacharbeitung einstellen, überraschen daher einen Fachmann nicht ohne weiteres. Diese sind dann unerheblich, wenn ein Fachmann erkennt, dass das erhaltene mit dem versprochenen Ergebnis nach dem Sinn der Erfindung identisch ist.[752] Dann ist es unschädlich, wenn konkrete *Beispiele nicht exakt wiederholbar* sind.[753] Eine Offenbarung richtet sich an den Fachmann, muss aber nicht einen Perfektionisten zufriedenstellen.[754] Beispiele in einer Anmeldung aber, die offensichtlich nicht nacharbeitbar sind, sind zu streichen, da sie zur Erläuterung der Erfindung nicht notwendig sind.[755]

377 **b)** Für die Offenbarung einer gentechnischen Verfahrenserfindung ist es ausreichend, wenn **mindestens ein Weg** genannt ist, wie der Fachmann die Erfindung ausführen kann.[756] Ist das gesichert, dann schadet es nicht, wenn weitere Wege, die ebenfalls genannt und zum gleichen Ziel führen sollen, nicht ausführbar sind, zB weil bestimmte Ausgangsmaterialien nicht identisch verfügbar sind,[757] zB bestimmte Varianten,[758] ein

---

747 Trotz geringer Rate spontaner Mutation kann Wiederholbarkeit gegeben sein, wenn Fachmann dem mit entsprechend großen Ansätzen begegnet, s BPatG Mitt 06, 28.
748 BGH GRUR **69**, 672 *Rote Taube*; **81**, 263 *Bakterienkonzentrat*.
749 BGH GRUR **87**, 231 *Tollwutvirus*.
750 EPA-Richtl F-III 6.1.
751 T 0418/89 ABl **93**, 20; T 0412/93 ABl **96** SonderA 37.
752 T 0281/86 ABl **89**, 202; T 0301/87 ABl **90**, 335.
753 T 0299/86 ABl **88**, 88; T 0281/86 ABl **89**, 202; T 0181/87 ABl **90**, 30; T 0301/87 ABl **90**, 335 (Nr 4.3); T 0019/90 ABl **90**, 476.
754 T 0301/87 ABl **90**, 335 (Nr 4.13).
755 BPatG BlPMZ **87**, 360.
756 LG Düsseldorf BlPMZ **95**, 121, 128; T 0301/87 ABl **90**, 335 (Nr 4.3); T 0019/90 ABl **90**, 476 (Nr 3.7); T 0238/88 ABl **92**, 707 (Nr 4.1).
757 T 0292/85 ABl **89**, 275; T 0293/85 v 27.1.1988 BeckRS **88**, 30558729; T 0301/87 ABl **90**, 335 (Nr 4.3).
758 T 0292/85 ABl **89**, 275; T 0293/85 v 27.1.1988 BeckRS **88**, 30558729; T 0301/87 ABl **90**, 335 (Nr 4.3).

bestimmter genetischer Vorläufer (zB Plasmid[759] oder rekombinantes DNA-Molekül[760]) oder einige Stämme (*strains*) einer Klasse von Mikroorganismen.[761]

Das gilt jedoch nur, wenn für die Wege oder die Bereiche, für die es an der Ausführbarkeit mangelt, kein Patentschutz begehrt wird. Wird ein großer Bereich beansprucht, ist aber nur ein Teilbereich ausführbar, so genügt der eine Weg zum Teilbereich nicht, um den **gesamten Bereich** als *ausreichend offenbart* anzusehen.[762] Was beansprucht wird, muss auch in der gesamten Breite für den Fachmann nacharbeitbar sein.[763] 378

Beispiele unzureichender Offenbarung: a) Kennzeichnung eines nicht hinterlegten Plasmids ohne detaillierte strukturelle Informationen, die es von anderen Plasmiden unterscheidbar macht;[764] b) Herstellung eines Hybridoms nur durch Identifizierung des Antigen-Typs als E-Rosetten-positive Zellen;[765] c) Notwendigkeit, umfangreiche Screening-Verfahren durchführen zu müssen, um ein angegebenes Ziel zu erreichen, zB Suche nach Enzymen unbekannter Struktur[766] oder Erzeugung eines Antikörpers, der einem hinterlegten Antikörper entspricht.[767] 379

• **Chemische Stoffe** (s auch § 1 Rdn 213 ff) 380

1. Aufgabe: BGH[768] sieht die Aufgabe für eine Stofferfindung in der *Bereitstellung eines neuen chemischen Stoffes*. Aus dem absoluten Stoffschutz wird gefolgert, dass »Angaben über den technischen oder therapeutischen Effekt nicht zum Gegenstand der Stofferfindung gehören«. Infolgedessen müssen sie nicht in die Aufgabe aufgenommen werden. 381

EPA[769] verlangt die Angabe einer *zielgerichteten Aufgabe*, die in der Bereitstellung bestimmter chemischer Verbindungen mit einer bestimmten (zB herbiziden) Wirkung besteht. Der technische Beitrag zum Stand der Technik kann nur dann sinnvoll beurteilt werden, wenn der technische Grund genannt wird, weshalb gerade diese und nicht andere, ebenso denkbare Stoffe bereitgestellt werden. Die reine Bereitstellung eines Stoffes erschöpft sich in der bloßen Vermehrung der Kenntnis über die bisher unbekannte Existenz von Verbindungen, lässt aber das eigentliche Ziel der Erfindung, nämlich wozu der bereitgestellte Stoff dienen soll, offen. Eine bloß potentielle Bereicherung der Chemie ist aber nicht patentwürdig.[770] 382

2. Identifizierung des Stoffes: Der beanspruchte Stoff muss so ausreichend offenbart sein, dass es für einen Fachmann – den zuständigen Chemiker, Biochemiker oder Gen- 383

---

759 T 0281/86 ABl **89**, 202; T 0162/86 ABl **88**, 452.
760 T 0301/87 ABl **90**, 335 (Nr 4.5).
761 T 0361/87 v 15.6.1988 BeckRS **88**, 30571125.
762 T 0694/92 ABl **97**, 408 unter Bezugnahme auf die Chemie betreffende Entscheidungen T 0409/91 ABl **94**, 653 u T 0435/91 ABl **95**, 188.
763 Zur Ausführbarkeit biotechnologischer Erfindungen s Keßler/Palzer GRUR **20**, 1017.
764 T 0269/87 ABl **90** SonderA 40.
765 T 0418/89 ABl **93**, 20.
766 BPatG BlPMZ **92**, 174.
767 T 0349/91 v 10.3.1993 BeckRS **93**, 30569209.
768 BGH GRUR **72**, 541 (E2b) *Imidazoline*.
769 T 0939/92 ABl **96**, 309 (Nr 2.6).
770 T 0022/82 ABl **82**, 341 (Nr 6).

techniker – unter zumutbaren Bedingungen möglich ist, den Stoff in die Hand zu bekommen. Unter dieser Voraussetzung ist ausreichend:

384 **2.1. Angabe der Konstitutionsformel:** Soll sich der Stoff von Stoffen gleicher Konstitution unterscheiden, bedarf es der Angabe ausreichender Parameter, die die beanspruchte Erscheinungsform als Individuum ausweisen.[771]

385 *Falsche Strukturformel:* Eine unzutreffende Strukturformel kann durch die später als richtig erkannte Formel ersetzt werden, wenn dadurch die Identität des ursprünglich offenbarten Stoffes nicht verändert wird. In einem Verfahrenspatent kann daher die Konstitutionsformel des gewonnenen Stoffes der neuen Erkenntnis angepasst werden.[772] Ist der Stoff aber ursprünglich nur durch die falsche Formel offenbart, kann die neue Formel nicht an ihre Stelle gesetzt werden, da damit ein anderer Stoff geschützt würde.[773] Zur Definition des Stoffes können andere Mittel dann herangezogen werden (zB das Herstellungsverfahren), wenn diese ursprünglich offenbart waren und den Stoff eindeutig kennzeichnen.[774] Führt das Verfahren zwangsläufig und nachweisbar zu dem Stoff mit der neuen Formel, bestehen gegen deren Zulassung keine Bedenken.

386 **2.2. Angabe von Parametern:** Kann der Stoff nicht explizit beschrieben werden, zB durch Angabe seiner Konstitution, so genügt die Angabe zuverlässig feststellbarer (messbarer) Charakteristiken (Parameter), die den beanspruchten Stoff zuverlässig definieren.[775] Wie viele Parameter (zB Konfiguration [Raumform],[776] Schmelzpunkt etc) erforderlich sind, richtet sich nach den Fähigkeiten des Fachmanns, anhand dieser Angaben den Stoff zu gewinnen. Parameter können nachgebracht und auch berichtigt werden, wenn sie nachweislich dem ursprünglich offenbarten Stoff zu eigen sind.[777] In diesem Fall wird der gleiche Stoff nur anders umschrieben, so dass weder eine unzulässige Erweiterung vorliegt[778] noch der offenbarte Stoff durch die veränderten Parameter Neuheit erlangt.[779]

387 **2.3. Beschreibung durch product-by-process** (ausführlich dazu Rdn 149 ff): Kann ein chemischer Stoff oder ein biologisches Erzeugnis[780] weder explizit noch durch Parameter ausreichend definiert werden oder ist eine solche Kennzeichnung gänzlich unpraktisch, so kann er/es sowohl nach deutschem[781] wie nach europäischem[782] Recht

---

771 BPatGE 20, 6.
772 BGH BlPMZ 97, 398 (III3) *Polyäthylenfilamente*; BPatG GRUR 73, 313.
773 T 0552/91 ABl 95, 100.
774 T 0552/91 ABl 95, 100.
775 BGH GRUR 72, 80 *Trioxan*; 00, 591 (III) *Inkrustierungsinhibitoren*; T 0094/82 ABl 84, 75; T 0452/91 ABl 96 SonderA 39.
776 T 0296/87 ABl 90, 195.
777 BGH BlPMZ 97, 398 (III3) *Polyäthylenfilamente*; BPatGE 15, 1, 8.
778 BGH BlPMZ 97, 398 (III) *Polyäthylenfilamente*.
779 T 0114/86 ABl 87, 485; T 0248/85 ABl 86, 261; T 0012/81 ABl 82, 296 (Nr 5 u 6).
780 BGH GRUR 93, 651 (IV4b) *Tetraploide Kamille*; T 0320/87 ABl 90, 71 (Nr 3); T 0130/90 ABl 92 SonderA 17.
781 BGH GRUR 72, 80 (F) *Trioxan*; 85, 31 *Acrylfasern*; 93, 651 (IV4b) *Tetraploide Kamille*; BPatGE 13, 44; 23, 253; 25, 79.
782 T 0150/82 ABl 84, 309; T 0320/87 ABl 90, 71 (Nr 3); T 0552/91 ABl 95, 100.

durch sein Herstellungsverfahren gekennzeichnet werden. Das Herstellungsverfahren muss nacharbeitbar sein und zuverlässig zum beanspruchten Stoff führen. Wenn es für den Fachmann zur Gewinnung des beanspruchten Stoffes erforderlich ist, sind neben dem Verfahren die Ausgangsstoffe, Reaktionsbedingungen sowie die Aufarbeitung des Reaktionsgemischs anzugeben.[783] Zu den Voraussetzungen und der Formulierung eines product-by-process-Anspruchs s auch Rdn 153 f.

2.4. Mehrere Stoffe: Werden mehrere Stoffe beansprucht, so muss jeder Stoff so offenbart werden, dass ein Fachmann in der Lage ist, ihn herzustellen. Eine *implizite Beschreibung* eines Stoffes genügt, wenn für den Fachmann klar ist, welche Stoffe konkret unter der verwendeten allgemeinen Beschreibung zu verstehen sind[784] (vgl § 3 Rdn 105).

388

Allgemeine Formeln offenbaren alle Stoffe, die für den Fachmann erkennbar unter diese Formel fallen, auch wenn die Zahl der damit umschriebenen Stoffe groß ist. Die bloße Tatsache der großen Zahl von Verbindungen ist kein Offenbarungsmangel und kann daher nicht als »**unrealistische Breite des Anspruchs**« beanstandet werden.[785] Ein Mangel in der Offenbarung liegt erst vor, wenn festgestellt werden kann, dass ein Fachmann nicht in der Lage ist, die Erfindung im gesamten beanspruchten Bereich ohne unzumutbaren Aufwand und ohne erfinderisches Zutun auszuführen,[786] oder wenn nachweislich feststeht, dass unter die Formel Verbindungen fallen, die ein Fachmann im Prioritätszeitpunkt nicht herstellen konnte.[787] Der Anspruch muss dann – wenn möglich – entsprechend beschränkt werden. Eine rein willkürliche Auswahl von Individuen, die unter eine allgemeine Formel fallen, ist nicht möglich, wenn die ursprünglichen Unterlagen dafür keinen Anhaltspunkt bieten.[788]

389

Funktionelle Merkmale können zur Offenbarung von Stoffen oder Stoffgemischen verwendet werden, wenn die Erfindung ohne unbillige Einschränkung nicht objektiv präziser umschrieben und vom Fachmann in zumutbarer Weise ausgeführt werden kann[789] (vgl Rdn 125). Das setzt voraus, dass das funktionelle Merkmal geeignet ist, den zu bestimmenden Gegenstand für den Fachmann eindeutig zu definieren.[790]

390

2.5. Wahl der Definitionsart – Konstitution, Parameter, product-by-process – steht nicht im Belieben des Anmelders, sondern hat nach objektiven Kriterien zu erfolgen, vgl dazu Rdn 103.

391

---

783 T 0552/91 ABl **95**, 100 (Nr 5.2).
784 ZB »Halogen« für Cl, Br, J und F; »Enantiomere« für die D- und L-Form (BPatGE **35**, 256; T 0658/91 ABl **94** SonderA 24; aA: T 0296/87 ABl **90**, 195); »Alkyl« ausreichend (T 0238/88 ABl **92**, 709); »Niederalkyl« nicht ausreichend, weil mehrdeutig (T 0337/95 ABl **96**, 628 und T 1129/97 ABl **01**, 273).
785 BPatGE **19**, 83; T 0019/90 ABl **90**, 476 (Nr 3.3); T 0238/88 ABl **92**, 709; T 0939/92 ABl **96**, 309 (Nr 2.2.2).
786 T 0694/92 ABl **97**, 408.
787 BGH GRUR **78**, 162 (B2d) *7-chlor-6-demethyltetracyclin.*
788 T 0288/92 ABl **94** SonderA 62.
789 T 0068/85 ABl **87**, 228; T 0752/90, T 0893/90, T 0104/93, T 0391/91 ABl **94** SonderA 55 f.
790 T 0409/91 ABl **94**, 653 (Nr 3.4).

392 • **Ein Weg zur Ausführung** der Erfindung ist für eine ausreichende Offenbarung mindestens erforderlich, aber auch genügend[791] (*disclosure of at least one way to carry out the invention is sufficient*). Die Ausführungsform muss nicht, wie es bei einer neuheitsschädlichen Vorwegnahme erforderlich wäre, unmittelbar und eindeutig offenbart sein.[792] Gibt es mehrere Wege, die zum Ziel der Erfindung führen, dann kann der Anmelder einen Weg wählen, der zuverlässig die Ausführbarkeit garantiert. Der Anmelder ist nicht verpflichtet, den besten Weg zum Resultat zu offenbaren (s Rdn 320). Der eine offenbarte Weg muss aber die Ausführbarkeit der Erfindung im gesamten beanspruchten Bereich ermöglichen (s Rdn 347). Vgl auch Rdn 377.

393 • **Fachnotorische Austauschmittel** (*alternative options well-known to experts*) s § 3 Rdn 108.

394 • **Herstellungsverfahren:** Ausreichende Offenbarung setzt voraus, dass das Herstellungsverfahren hinreichend bestimmt gekennzeichnet ist. Diese Forderung ist erfüllt, wenn Ausgangsstoff, Arbeitsweise und Endprodukt angegeben sind,[793] so dass das Verfahren von anderen Verfahren unterscheidbar ist. Ein Verfahren ist auch dann bestimmt genug, wenn Ausgangsstoff und Arbeitsmethoden verschieden gewählt werden können, aber ein einheitliches Endergebnis erzielt wird.[794] Das Ergebnis braucht nicht exakt mit naturwissenschaftlichen Parametern definiert zu sein. Eine falsche Bestimmung der Konstitution schadet nicht, wenn das Endergebnis für einen Fachmann bestimmbar ist.

395 • **Hinterlegung** (*deposit*) s unten Rdn 488 ff.

396 • **Implizite Offenbarung** (*implicit disclosure*) s § 3 Rdn 105.

397 • **Kombinationserfindung** (s § 1 Rdn 269): Offenbarung einer Kombination ist ausreichend deutlich, wenn ein Fachmann der Beschreibung entnehmen kann, dass und wie die beschriebenen Elemente zusammenwirken sollen. Die bloße Beschreibung mehrerer Merkmale allein genügt daher dann nicht, wenn ihre Verbindung (zB aus der Sicht des Standes der Technik)[795] untereinander nicht erkennbar ist. Die Offenbarung einer Kombination setzt daher idR voraus, dass auch der Kombinationsgedanke erwähnt ist, das heißt, außer der Beschreibung der Einzelmerkmale muss auch beschrieben sein, in welcher Weise die Elemente funktionell zusammenwirken. Ist nichts anderes erwähnt, ist davon auszugehen, dass die gleichzeitige Anwendung aller Merkmale gewollt ist.[796]

398 • **Konkrete Größen, Mengen, Maße** sind entbehrlich, wenn die Offenbarung dem Fachmann hinlängliche Kriterien nennt, bei deren Beachtung er unter Anwendung

---

791 StRspr BGH GRUR **87**, 231 (II3c) *Tollwutvirus*; **01**, 813 (IV) *Taxol*; **04**, 47 (III2) *blasenfreie Gummibahn I*; EPA T 0292/85 ABl **89**, 275; T 0060/89 ABl **92**, 268; T 0301/87 ABl **90**, 335 (Nr 4.3); T 0019/90 ABl **90**, 476, 485.
792 BGH GRUR **10**, 918 (Rn 17) *Klammernahtgerät*: Der Offenbarungsbegriff unterscheide sich somit je nach Kontext in seiner Funktion.
793 BGH GRUR **66**, 312 *Appetitzügler I*.
794 ZB bei der Bildung einer neuen Geschmacksnuance: BGH GRUR **66**, 249 *Suppenrezept*.
795 T 0054/82 ABl **83**, 446.
796 T 0175/84 ABl **89**, 71.

seines Fachwissens die jeweils in Betracht kommenden Werte ermitteln kann.[797] Dann kann die Angabe genügen von: quantitativen Wertbereichen,[798] eines Prinzips,[799] von Bemessungen durch eine Formel,[800] von logischen Gleichungen,[801] von üblichen Parametern (s Rdn 139).

- **Legierungen** *(alloys)* s § 1 Rdn 247. 399

- **Negatives Merkmal** *(negative feature)*: Soll die Abwesenheit eines Merkmals für eine Erfindung wesentlich sein, so muss das deutlich offenbart sein. Die bloße Tatsache, dass ein Merkmal lediglich in einer Zeichnung nicht dargestellt ist, reicht nicht,[802] es sei denn, dass das negative Merkmal in den Unterlagen zwar nicht ausdrücklich erwähnt ist, der Fachmann es aber aus anderen Angaben durch Schlussfolgerungen ohne weiteres als zur Erfindung gehörig erkennt.[803] 400

- **Nukleotid- und Aminosäuresequenzen** s unten Rdn 472. 401

- **Parameter**: Stellt der Anspruch auf bestimmte Parameter ab, ist die Erfindung ausführbar offenbart, wenn dem Fachmann eine Messmethode zur Verfügung steht, mit der er den relevanten Wert zuverlässig ermitteln kann.[804] 402

- **Querverweise** *(cross-references)* siehe Rdn 417. 403

- **Rückbeziehungen** *(references)* in Patentansprüchen siehe oben Rdn 176. 404

- **Spezifischer Begriff** *(specific disclosure)* s § 3 Rdn 117 ff. 405

- **Stillschweigende Offenbarung** *(silent disclosure)* s § 3 Rdn 102. 406

- **Teillehre** *(partial solution)*: Besteht die Darstellung einer Erfindung aus der Kombination mehrerer Merkmale oder der Vereinigung mehrerer Einzelteile in einer Vorrichtung oder der Abfolge von mehreren Schritten bei einem Verfahren, so ist die Lehre grundsätzlich nur wie beschrieben, also unter Verwirklichung sämtlicher Merkmale deutlich offenbart. Ein Fachmann richtet sein Augenmerk auf die ausdrücklich beschriebenen Elemente und wird idR keinen Anlass für die zusätzliche Überlegung haben, ob das Ziel der offenbarten Lehre auch unter Fortlassung von Merkmalen erreicht werden kann. 407

Eine Teillehre oder Unterkombination ist ausreichend deutlich offenbart, 408
a) wenn die ursprünglichen Unterlagen selbst einen ausreichend deutlichen *Hinweis* enthalten, dass das mit der Erfindung angestrebte Ziel auch mit weniger Merkmalen erreicht werden kann, als sie in den Ansprüchen enthalten sind;

---

797 BGH GRUR **68**, 311 (II4c) *Garmachverfahren*; **66**, 201 (II4) *Ferromagnetischer Körper*; BGH v 5.7.1994 X ZR 104/92 *Verschleißfeste Oberfläche*.
798 T 0002/81 ABl **82**, 394.
799 BGH GRUR **80**, 849 (II5) *Antiblockiersystem*.
800 BPatGE **22**, 105.
801 BPatGE **21**, 64.
802 T 0170/87 ABl **89**, 441 (»einbautenfrei«).
803 BGH GRUR **95**, 113, 115 lSp *Datenträger* (Fehlen einer Datenleitung).
804 BGH v 12.3.2019 X ZR 34/17 GRUR **19**, 718 *Cer-Zirkonium-Mischoxid II*.

b) wenn ein *Fachmann* auch ohne einen entsprechenden Hinweis auf die Teillehre oder Unterkombination in den ursprünglichen Unterlagen *ohne weiteres erkennt*, dass er mit der Teillehre oder Unterkombination ein technisches Ergebnis erzielen kann, das im Rahmen des Erfolgs der Gesamtkombination liegt.[805] Eine Teillehre ist zB ausreichend offenbart, wenn der Fachmann ohne weiteres erkennt, dass ein Merkmal unwesentlich ist oder keinen bestimmenden technischen Beitrag zur Erfindung leistet[806] oder lediglich eine vorteilhafte Ausführungsart der Erfindung darstellt,[807] das Merkmal also weggelassen werden kann, ohne dass dadurch der Erfolg der Erfindung wesentlich beeinträchtigt wird. Der Offenbarung der Teillehre oder Unterkombination steht nicht entgegen, dass durch sie der Gesamterfolg der Gesamtkombination (erwartungsgemäß) nicht ganz verwirklicht wird. Es ist ausreichend, wenn die wesentlichen Vorteile der Erfindung erreicht werden.[808]

409 • **Unterkombination** *(sub-combination)* siehe oben unter »Teillehre«.

410 • **Versuche** *(experiments)* sind für Techniker ein übliches Mittel, sich über technische Sachverhalte ein genaueres Bild zu machen. Das gilt auch, wenn der Fachmann sich um die Ausführung einer beschriebenen Erfindung bemüht. Er beschränkt sich nicht auf die reine Lektüre von Beschreibung, Ansprüchen und Zeichnungen, sondern wird – soweit dazu ein Anlass besteht – auch Versuche durchführen, um sich eine zusätzliche Orientierung über die Erfindung[809] oder eine Präzisierung der in ihr enthaltenen Angaben zu verschaffen.

411 **Voraussetzungen**, unter denen die Durchführung von Versuchen von einem Fachmann erwartet werden kann, sind:

412 a) **Anlass** muss bestehen, der einem Fachmann einen Versuch nahe legt, zB zur Ermittlung der günstigsten Lösung oder der in Betracht kommenden Werte,[810] einzuhaltender Verfahrensbedingungen, Art und Menge des Ausgangsmaterials, zahlenmäßiger Grenzen eines funktionell definierten Bereichs[811] oder von Größen- und Maßangaben.[812] Der Anlass kann auch darin bestehen, dass die Durchführung eines Versuchs *fachmännische Routine* ist.

413 b) **Übliches Maß** dürfen die Versuche nicht überschreiten,[813] dessen Intensität sich insbesondere nach dem jeweiligen Fachgebiet und der Person des jeweils zuständigen Fachmanns (s Rdn 333) richtet.

---

805 BGH GRUR **73**, 465 (II1) *Diebstahlssicherung*; **78**, 699 *Windschutzblech*; **79**, 224 (IV1) *Aufhänger*; BPatGE **26**, 11.
806 T 0802/92 ABl **95**, 379.
807 Vgl T 0331/87 ABl **91**, 22 (Nr 7.5).
808 BGH GRUR **64**, 221, 224 rSp *Rolladen*; **73**, 465, 467 lSp *Diebstahlssicherung*.
809 BGH GRUR **10**, 918 (Rn 417) *Klammernahtgerät*.
810 BGH GRUR **68**, 311, 313 *Garmachverfahren*; **72**, 704 *Wasser-Aufbereitung*.
811 T 0312/88 v 29.1.1991 BeckRS **91**, 30562388.
812 BGH v 5.7.1994 X ZR 104/92 *Verschleißfeste Oberfläche*.
813 BGH BlPMZ **71**, 193, 194 rSp *Wildbissverhinderung*; BPatGE **6**, 33, 38 f; T 0068/85 ABl **87**, 228.

c) **Zumutbar** müssen die Versuche sein,[814] dh der Aufwand des Fachmanns muss sich im angemessenen Rahmen halten. Das bedeutet nicht, dass der Anmelder den besten und einfachsten Weg zum Erfolg zu offenbaren hätte (s Rdn 320). Auch ein langer und beschwerlicher Weg, der aber eindeutig zum Erfolg führt, kann zumutbar sein.[815] Der erwartbare Zeitaufwand hängt auch vom technischen Gebiet der Erfindung ab. So kann die Herstellung von biologischem Material sehr viel Zeit und Mühe kosten;[816] aufwändige Screening-Verfahren sind aber nicht zumutbar.[817] Die praktische Umsetzung *funktioneller Merkmale*[818] (s Rdn 125 ff) erfordert idR einen höheren Zeitaufwand als die Nacharbeitung struktureller Merkmale. 414

d) **Alsbald zu einem Ergebnis** müssen die Versuche führen, also mit zeitlich angemessenem Aufwand ein zuverlässiges Bild über den Weg der Ausführung verschaffen.[819] An *gelegentliche Fehlschläge* beim Testen einer technischen Lehre ist der Fachmann gewöhnt,[820] denn es ist in der Technik nicht ungewöhnlich, dass ein Test nicht auf Anhieb klappt. Es ist daher unschädlich, wenn sich zB herausstellt, dass bestimmte Gegenstände *untauglich* sind[821] oder der erstrebte Erfolg nur bei einigen wenigen, aber zuverlässig ermittelbaren Gegenständen eintritt.[822] 415

e) **Ohne erfinderisches Bemühen** muss der Fachmann die Versuche anlegen können. Er muss sie also auf Grund der Angaben in der Offenbarung unter Einsatz seines Spezialfachwissens und des allgemeinen Fachwissens durchführen können.[823] 416

• **Verweisungen auf anmeldungsfremde Dokumente** *(references to other documents)* gehören dann zur ursprünglichen Offenbarung, wenn der Fachmann der Verweisung deutlich entnimmt, dass alle oder bestimmte technische Merkmale des in Bezug genommenen Dokuments zur Lehre der Erfindung gehören sollen. Durch die Verweisung kann das Dokument vollständig oder teilweise in die Offenbarung der Erfindung einbezogen sein.[824] 417

Voraussetzungen einer Verweisung, die erfüllt sein müssen, damit die Verweisung als Teil der ursprünglichen Offenbarung anerkannt werden kann: 418

a) **Eindeutigkeit der Erklärung**, die keinen Zweifel darüber lässt, welches Dokument gemeint ist[825] und in welchem Umfang das referierte Dokument Teil der Erfindung 419

---

814 BGH GRUR 67, 56 *Gasheizplatte*; 91, 518 (3d) *Polyesterfäden*; BPatG GRUR 72, 178; T 0418/89 ABl 93, 20 (Nr 3.2); T 0032/85 EPOR 86, 267; T 0412/93 ABl 96 SonderA 37.
815 T 0412/93 ABl 96 SonderA 37.
816 T 0412/93 ABl 96 SonderA 37; T 0223/92 v 20.7.1993 BeckRS 93, 30544259.
817 T 0349/91 v 10.3.1993 BeckRS 93, 30569209.
818 T 0068/85 ABl 87, 228; T 0204/90 EPOR 92, 382.
819 BGH GRUR 65, 138 (I5a) *Polymerisationsbeschleuniger*; 76, 213 *Brillengestelle*; BPatGE 35, 255, 262.
820 BGH GRUR 76, 213 (II1) *Brillengestelle*; T 0014/83 ABl 84, 105; T 0226/85 ABl 88, 336.
821 BGH GRUR 65, 473, 475 lSp *Dauerwellen I*; 76, 213 (II1) *Brillengestelle*; BPatGE 35, 255, 262.
822 BGH GRUR 65, 138 (I5a) *Polymerisationsbeschleuniger*; 76, 213 (II1) *Brillengestelle*.
823 BGH GRUR 65, 138 (I5a) *Polymerisationsbeschleuniger*.
824 GrBK G 0003/89 ABl 93, 117 *Berichtigung nach R 88, Satz 2 EPÜ*; G 0011/91 ABl 93, 125 (Nr 7) *Glu-Gln/CELTRIX*.
825 T 0737/90 ABl 94 SonderA 49.

sein soll.[826] Dem Fachmann muss klar sein, welche bestimmte Lehre oder welches bestimmte Merkmal zur Erfindung gehören soll.[827] Dem entsprechen *pauschale oder globale Verweisungen* idR nicht, weil sie dem Fachmann idR nicht deutlich genug offenbaren, was zur Erfindung gehört und was nicht.[828] Ausnahmen gelten, wenn das referierte Dokument kurz ist oder einen ohne weiteres überschaubaren technischen Inhalt hat oder wenn die Verweisung als ein funktionelles Merkmal gewertet werden kann, wenn sie zB auf anerkannte Normen, Prüfmethoden oder Standards verweist.[829]

420   b) Zugänglichkeit des referierten Dokuments für den Adressaten der Offenbarung, dh das Patentamt und jeden interessierten Dritten. Das Amt muss in der Lage sein, die Anmeldung – wenn ihr das Dokument nicht beigefügt war – aktenmäßig durch Hinzuziehung des in Bezug genommenen Dokuments zu komplettieren. Diese Voraussetzung erfüllen grundsätzlich alle *öffentlich zugänglichen Dokumente*,[830] mögen sie dem Amt de facto vorliegen oder nicht, sowie solche *Unterlagen, die der Anmelder dem Amt früher eingereicht hatte* (zB Patent-[831] oder Musteranmeldung,[832] Brief mit Darstellung der Erfindung), auch wenn diese selbst am Anmeldetag nicht öffentlich zugänglich waren, aber mit der Veröffentlichung der Anmeldung oder durch Gewährung von Akteneinsicht öffentlich zugänglich werden.[833] Das in Bezug genommene Dokument kann in jeder Sprache abgefasst sein.[834]

421   **Folge einer wirksamen Verweisung:** Die in Bezug genommenen Merkmale gehören zur ursprünglichen Offenbarung der Anmeldung. Wird auf die Lehre des referierten Dokuments in toto verwiesen, kann grundsätzlich nicht nachträglich aus dem Dokument gezielt ausgewählt werden.[835] Wird nur auf einen Teil verwiesen, gehört nur dieser zur Offenbarung.[836] Durch eine wirksame Verweisung, die also das Fremddokument zum Bestandteil der Offenbarung macht, wird dieses *im Umfang der Verweisung Stand der Technik* iSd § 3 (2) und des Art 54 (3) EPÜ.

422   • **Verwendungen** (s § 1 Rdn 256): Die ausreichende Offenbarung einer Verwendung setzt voraus, dass die neue Wirkung, Funktion oder der neue Zweck oder Effekt, den die Verwendungserfindung lehrt, ursprünglich aufgezeigt worden ist. Denn sie begrün-

---

826   T 0689/90 ABl **93**, 616.
827   T 0006/84 ABl **85**, 238; T 0288/84 ABl **86**, 128 (Nr 6.2: Verknüpfung mit 2 NL-PS); T 0267/91 ABl **94** SonderA 49; vgl auch T 1415/07 v 17.11.2011 RechtsprBK/EPA **19**, 498.
828   T 0689/90 ABl **93**, 616 (Nr 3.2: »further details of suitable members are described in …«); BPatGE **29**, 36 (Verweis auf Modell).
829   BPatGE **24**, 58.
830   BGH GRUR **98**, 901, 904 *Polymermasse* mit beschränkender Interpretation von BGH GRUR **66**, 489 (II3b aa) *Ferrit*: Danach nicht ausreichend Verweis auf noch nicht veröffentlichte Anmeldung bei einem *anderen* Patentamt. Vgl Strehlke Mitt **99**, 453.
831   BGH BlPMZ **66**, 230 (II3b aa) *Ferrit*; GRUR **85**, 214 (III2c) *Walzgut-Kühlbett*; BPatG Mitt **85**, 153; BPatGE **31**, 204; T 0737/90 ABl **94** SonderA 49 (Anmeldung muss für Amt ohne weiteres ermittelbar sein).
832   BPatGE **16**, 18.
833   EPA-PrüfRichtl H-IV 2.2.1.
834   BGH GRUR **98**, 901 *Polymermasse* (B II2b).
835   T 0006/84 ABl **85**, 238.
836   BPatGE **31**, 204.

det und begrenzt den Patentschutz.[837] Wird die Verwendung zu einem therapeutischen Einsatzzweck beansprucht, muss die Erfindung so deutlich und vollständig offenbart sein, dass der Fachmann sie nicht als bloße Spekulation auffasst.[838] Die Verwendung muss aufgrund der Offenbarung zumindest plausibel erscheinen.[839] Dies erfordert nicht zwingend experimentelle Daten oder gar klinische Versuche.[840] Die pharmazeutische Verwendung darf aber nicht nur behauptet[841] oder nur möglich erscheinen. In Ermangelung von Daten sollte ein wissenschaftlicher Grund, der die behauptete pharmazeutische Wirkung stützt, angegeben werden oder sich aus dem allgemeinen Fachwissen ergeben.[842] Es gelten dieselben Kriterien wie bei der Frage, ob eine Aufgabe plausibel gelöst wurde (s § 4 Rdn 40 lit f). Nachveröffentlichte klinische Studien, die die Wirkungslosigkeit einer unter den Anspruch fallenden Ausführungsform zeigen, begründen jedenfalls dann ernsthafte Zweifel an der Ausführbarkeit einer pharmazeutischen Verwendung, wenn die Beschreibung selbst keine die Wirkung beweisenden Beispiele enthält.[843]

- **Vorteile und wertvolle Eigenschaften** *(advantageous effects and valuable properties)* sollten ursprünglich offenbart werden. Dies ist jedenfalls dann unverzichtbar,[844] wenn erst durch die Nennung von Vorteilen und Funktionsangaben die Erfindung für den Fachmann ihren eigentlichen Sinn erhält, die Vorteile also das Wesen der Erfindung ausmachen. Sind die Vorteile und Funktionsangaben ursprünglich nicht genannt und kann deshalb der Fachmann der Anmeldung eine sinnvolle Lehre zum technischen Handeln nicht entnehmen, so ist die Offenbarung iSd § 34 (4) und des Art 83 EPÜ unvollständig. Ergibt sich erst aus den nicht genannten und nicht erkennbaren Vorteilen, dass die Erfindung auf erfinderischer Tätigkeit beruht, so fehlt der Anmeldung am Anmeldetag die Patentierungsvoraussetzung des § 4 und des Art 56 EPÜ[845] (vgl § 4 Rdn 160). Ein Patent kann daher nicht erteilt werden. Werden die Vorteile in diesen Fällen nachgebracht, stellt das eine unzulässige Erweiterung der Anmeldung dar, denn die Öffentlichkeit würde mit einem Patent überrascht, mit dem sie am Anmeldetag nicht zu rechnen brauchte.[846]

423

---

837 BGH GRUR 87, 794 *Antivirusmittel*; BPatGE 30, 45; Bruchhausen in FS Preu 1988, 3, 11; Schermer GRUR 09, 351.
838 BPatGE 51, 178.
839 T 0950/13 v 3.2.2017 BeckRS 17, 138817 (Nr 3.2); T 0184/16 v 12.12.2019 GRUR-RS 19, 39439 (2.2); brit Supreme Court v 14.11.2018 [2018] UKSC 56 *Warner-Lambert Company LLC v Generics (UK) Ltd t/a Mylan et al*; s Cronan GRUR Int 19, 878. Kritisch Ackermann GRUR Int 21, 3. Zur Frage der Plausibilität wurden kürzlich Rechtsfragen der GrBK vorgelegt (Vorlageentscheidung: T 0116/I v 11.10.2021; Vorlageverfahren: G 0002/21). Das Ausgangsverfahren betrifft eine Stofferfindung (Insektizid).
840 T 0950/13 v 3.2.2017 BeckRS 17, 138817 (Nr 3.6); brit Supreme Court v 14.11.2018 [2018] UKSC 56 *Warner-Lambert Company LLC v Generics (UK) Ltd t/a Mylan et al*; franz Cour de Cassation v 6.12.2017 GRUR Int 18, 912 *Finasteride*.
841 T 0609/02 v 27.10.2004 BeckRS 04, 30613066 (Nr 9).
842 Brit Supreme Court v 14.11.2018 [2018] UKSC 56 *Warner-Lambert Company LLC v Generics (UK) Ltd t/a Mylan et al*.
843 T 1872/16 v 23.7.2019 GRUR-RS 19, 42608.
844 BGH GRUR 60, 542 *Flugzeugbetankung I*; **62**, 83 *Einlegesohle*; Liedl **67/68**, 349, 359.
845 BGH GRUR **62**, 83 *Einlegesohle*; **71**, 403 *Hubwagen*; BPatGE **5**, 10, 14; BPatG v 19.2.2019 4 Ni 48/17 GRUR **19**, 1176.
846 GrBK G 0001/03 ABl **04**, 413 (Nr 2.2.1 und 2.3.3) *Disclaimer/PPG*.

Nach einer BGH-Entscheidung aus dem Jahre 1972 sollen im Falle einer Stofferfindung Angaben über den technischen oder therapeutischen Effekt nicht zum Gegenstand der Stofferfindung gehören und auch dann, wenn sie zum Nachweis der erfinderischen Tätigkeit dienen, nachgereicht, geändert und ausgewechselt werden können (s § 1 Rdn 216).[847] Diese Rechtsprechung ist zunehmend zweifelhaft geworden und sollte jedenfalls nicht verallgemeinert werden.

424 Das *Nachbringen von Vorteilen und wertvollen Eigenschaften (subsequent addition of effects and valuables properties)*, kann daher nur in Ausnahmefällen zulässig sein. Dies ist etwa dann der Fall wenn die Vorteile zwar ursprünglich nicht genannt sind, der Fachmann sie aber aus dem Gesamtinhalt der ursprünglichen Offenbarung auch ohne ihre ausdrückliche Erwähnung ohne weiteres zu erkennen vermag, für ihn also erkennbar ist, welchen Sinn oder Wert die Erfindung für ihn hat, wenn er sie ausführt.[848] In diesem Fall stellt das spätere Nachbringen von Vorteilen keine unzulässige Erweiterung dar, weil die Vorteile bereits ursprünglich implizit in der Anmeldung enthalten waren und mit ihrer nunmehr ausdrücklichen Erwähnung die Erfindung keine Veränderung erfährt.[849]

425 • **Wirkungsangaben** *(functional statements)* bedürfen der ursprünglichen Offenbarung unter den gleichen Voraussetzungen wie Vorteile und wertvolle Eigenschaften. Ebenso wie bei diesen kann auch ein Nachreichen von Wirkungsangaben (*subsequent addition of effects*) im Ausnahmefall zulässig sein. Vgl Rdn 423.

426 • **Zufällige Offenbarungen** *(accidental disclosures)* siehe § 38 Rdn 26 lit c und § 3 Rdn 112.

427 • **Zwangsläufige Ergebnisse** *(inevitable results)* siehe § 3 Rdn 104.

428 • **Zweck (object)** bedarf der ursprünglichen Offenbarung unter den gleichen Voraussetzungen wie Vorteile und wertvolle Eigenschaften und Wirkungsangaben. Vgl daher oben Rdn 423, s ferner § 1 Rdn 207.

429 • **Zwischenprodukte (Zwpr)** (s § 1 Rdn 225): Offenbarung in den ursprünglichen Unterlagen muss sich nicht nur auf den Stoff des Zwpr, sondern auch auf die Weiterverarbeitung zum Endprodukt erstrecken, sofern diese dem Fachmann nicht geläufig ist.[850] Die Reaktionsstufen vom Zwpr zum Endprodukt müssen ausreichend offenbart (nacharbeitbar) sein,[851] auf deren Zahl kommt es nicht an. Entsteht ein ZwPr in einer Reaktionsmischung nur vorübergehend, so kann ein Stoffanspruch darauf nicht gerichtet werden, wenn kein Weg offenbart ist, wie der Fachmann das ZwPr erhalten kann.
Eine Offenbarung eines chemischen Stoffes ist nicht ausreichend, wenn seine Formel und das Herstellungsverfahren genannt werden, der Fachmann aber nicht weiß, wie er

---

847 BGH GRUR **72**, 541 (E2b-d) *Imidazoline*: überraschende blutdrucksenkende Wirkung, die ursprünglich nicht offenbart war, sollte die erfinderische Tätigkeit begründen.
848 BGH BlPMZ **57**, 49 *Dipolantenne I*; **73**, 259 *Lenkradbezug II*; BPatGE **15**, 62; **20**, 133, 136; T 0037/82 ABl **84**, 71.
849 BPatGE **2**, 155; **6**, 181; T 0037/82 ABl **84**, 71 (Nr 2); vgl T 0011/82 ABl **83**, 479 (Nr 22); EPA-PrüfRichtl H-V 2.1 u 2.2.
850 BGH GRUR **72**, 642 *Lactame*.
851 BPatG GRUR **93**, 632 rSp.

sich die notwendigen Ausgangs- und Zwischenprodukte verschaffen kann.[852] Angaben, die erst durch eine umfassende Recherche gefunden werden können, sind nicht dem allgemeinen Fachwissen zuzurechnen.

Kausalzusammenhang muss zwischen den Eigenschaften der Zwpr (dazu gehört auch deren chemische Konstitution)[853] und den im Wege der Weiterverarbeitung gewonnenen Endprodukten mit deren überlegenen Eigenschaften bestehen. Dazu ist nachzuweisen (glaubhaft zu machen), dass nach der naturgesetzlichen Bedingungslehre (conditio sine qua non) das Zwpr zumindest mitursächlich ist.[854] Unerheblich ist das Ausmaß der chemischen Umwandlung und ob die chemischen Geschehnisse übersehen werden können. Kein Schutz für Zwpr, wenn die fortschrittlichen Eigenschaften des Endprodukts ausschließlich durch die Art der Weiterverarbeitung bedingt sind. 430

VI. Verzicht *(abandonment)*

Lit: Rogge in FS Brandner 1996, 483; Lit in GRUR: Windisch 63, 225; Beil 74, 495; H. Winkler 76, 393; Kraßer 85, 689; Papke 86, 11; Goebel 86, 494; Lit in Mitt: von Pechmann 69, 67; G. Winkler 98, 401. 431

1 Begriff

Verzicht ist die Erklärung, eine Rechtsposition endgültig aufgeben zu wollen. Davon zu unterscheiden ist die Erklärung, mit einer eingeschränkten Patenterteilung einverstanden zu sein. Der Anmelder hat die Wahl, ob er eine materielle Erklärung (= Verzicht) oder eine prozessuale Erklärung (= Änderung des Erteilungsantrags) abgeben oder seine Anmeldung teilweise zurücknehmen will. Zur Auslegung s Rdn 439. 432

Der in einem Patenterteilungsverfahren erfolgende Verzicht ist eine *materiell-rechtliche Erklärung*, die – wie alle Willenserklärungen – mit ihrer Abgabe bindend wird[855] und die nachträglich bis zur Patenterteilung[856] nur noch durch eine erfolgreiche Anfechtung beseitigt werden kann[857] (s Einl Rdn 89 ff). 433

Die Erklärung, mit einer eingeschränkten Patenterteilung einverstanden zu sein, ist eine Änderung des Erteilungsantrags, also eine *verfahrensrechtliche Erklärung*, die grundsätzlich zurückgenommen werden kann. Nach Abgabe einer solchen Erklärung kann ein Anmelder also sein eingeschränktes Patentbegehren wieder erweitern. Das ist allerdings ausgeschlossen, wenn die Rücknahme rechtsmissbräuchlich wäre,[858] oder wenn der beschränkte Erteilungsantrag bereits Grundlage einer Entscheidung geworden ist, also bei antragsgemäßer Patenterteilung (vgl oben Rdn 76). 434

---

852 T 0206/83 ABl **87**, 5.
853 BGH GRUR **70**, 506 *Dilactame*.
854 BGH GRUR **74**, 718 *Chinolizine*.
855 Krit Busse/Keukenschrijver § 34 Rn 160; s auch van Hees/Braitmayer, Verfahrensrecht in Patentsachen, 4 Aufl 2010, Rn 1354 ff.
856 BGH BlPMZ **77**, 305 *Metalloxyd*.
857 BGH BlPMZ **66**, 127 (II4) *beschränkter Bekanntmachungsantrag*; BPatGE **2**, 56; **25**, 63.
858 BPatG Mitt **07**, 414.

2 Form

435 Ein im Erteilungsverfahren erklärter Verzicht muss die allgemeinen Voraussetzungen jeder Verfahrenshandlung erfüllen (s Einl Rdn 41 ff). Eine fernmündliche Erklärung bedarf der schriftlichen Bestätigung.[859] Ein Vertreter kann Verzicht nur mit einer Vollmacht erklären, die auch zur Verzichtserklärung ermächtigt.[860]

3 Folgen eines Verzichts

436 Liegt wirklich ein bindender Verzicht vor (s Rdn 439), so ist es dem Anmelder – im Gegensatz zu einem verminderten Erteilungsantrag (s Rdn 434) – verwehrt, sein Patentbegehren später wieder auf Gegenstände zu richten, auf die sich der Verzicht bezieht.

437 Bezieht sich der Verzicht auf einen Anspruch, entfällt nur dieser, nicht aber auch eine Offenbarung in der Beschreibung oder in den Zeichnungen.

438 Bezieht sich der Verzicht auf einen konkreten Gegenstand der Offenbarung (zB Stoff oder Verfahren), kann dieser nicht mehr beansprucht werden. Er kann – anders als bei einer Beschränkung des Erteilungsantrags – auch nicht mehr zum Gegenstand einer Ausscheidungs- oder Teilungsanmeldung gemacht werden, weil er infolge des Verzichts nicht mehr in der Stammanmeldung enthalten ist.[861]

4 Auslegung *(interpretation)*

439 Ob die vom Anmelder abgegebene Erklärung ein endgültiger Verzicht oder eine Änderung des Erteilungsantrags ist, hängt von dem wirklichen Willen des Anmelders ab (§ 133 BGB).[862] IdR besteht für einen Anmelder kein Grund, im Erteilungsverfahren endgültig ein Recht aufzugeben. Von einem Verzicht kann daher nur ausgegangen werden, wenn ein eindeutiger Verzichtswille feststellbar ist.[863] Dieser kann sich aus der Erklärung selbst oder aus den Umständen ergeben, unter denen die Erklärung abgegeben worden ist.

440 Ein Rechtsverzicht darf nach dem Grundsatz »A iure nemo recedere praesumitur« nicht vermutet werden.[864] Daher wird nur selten aus einem konkludenten Verhalten des Anmelders in einer bestimmten Verfahrenssituation auf einen Verzicht geschlossen werden können, weil es sich – dem verständlichen Interesse des Anmelders gemäß – idR um eine Änderung des Erteilungsantrags handeln wird.[865] Bevor von einem Verzicht ausgegangen wird, sollte daher beim Anmelder zur eindeutigen Klärung rückgefragt werden.

---

[859] BPatGE **25**, 141, 142.
[860] Vgl BPatGE **29**, 76.
[861] BPatG BlPMZ **95**, 218; s aber auch BPatGE **35**, 268, 275: ein in der Stammanmeldung erklärter Teilverzicht wirkt nicht für den abgetrennten Teil einer Teilanmeldung.
[862] BPatGE **16**, 200, 207; BPatG Mitt **07**, 414 (II2.2).
[863] So auch BPatG BlPMZ **15**, 256.
[864] GrBK G 0001/88 ABl **89**, 189, 194 *Schweigen des Einsprechenden/HOECHST*.
[865] Ausführl Kraßer/Ann, Patentrecht, 7. Aufl § 25 A VIII d); s auch Benkard/Schäfers 11. Aufl § 34 Rn 158a ff.

Verzicht/abandonment § 34

4.1 Streichen und Fallenlassen und ähnliche Begriffe (zB Abstandnehmen von Weiterverfolgung)[866] besagen für sich allein noch nicht zweifelsfrei, dass ein endgültiger Verzicht gewollt ist,[867] da die Motivation für das Streichen von Ansprüchen und Merkmalen vielfältig sein kann. Es kann sich um einen Formulierungsversuch handeln, der der Klarstellung, Präzisierung,[868] Berichtigung oder sprachlichen Verbesserung des Patentbegehrens dienen soll.[869] Ein solcher Formulierungsversuch berührt den Bestand der Anmeldung nicht,[870] da sich der Anmelder die endgültige Abfassung (stillschweigend) vorbehält. Dann ist Streichen nur ein vorübergehendes Weglassen oder bedeutet den Vorbehalt der Ausscheidung oder Teilung. 441

Streichung wurde in älteren Entscheidungen als Verzicht gewertet, a) wenn damit einem entsprechenden Beschränkungsverlangen des DPMA entsprochen werden soll, also wenn Anmelder sich der Forderung ohne Vorbehalt beugt,[871] um überhaupt einen Patentschutz zu erhalten[872] oder um eine Zurückweisung zu vermeiden;[873] b) wenn der Anmelder sich damit gegenüber dem Stand der Technik abgrenzen will, die durch DPMA, Einsprechenden oder Recherche nach § 43 ermittelt worden ist;[874] c) wenn der Anmelder »ersatzlos« streicht;[875] d) wenn der Anmelder für gewährbar bezeichnete Ansprüche einreicht und die übrigen für gestrichen erklärt.[876] 442

4.2 Einreichen eines beschränkten Patentbegehrens, das frühere Ansprüche oder beanspruchte Merkmale nicht mehr enthält, ist dann als Verzicht zu werten, wenn den Umständen zu entnehmen ist, dass damit endgültig nur noch das beschränkte Patentbegehren verfolgt werden soll.[877] 443

4.3 Vorlage neuer Ansprüche ist für sich allein noch kein Verzicht auf das darin nicht mehr enthaltene, aber ursprünglich offenbarte Patentbegehren.[878] Verzicht liegt nur vor, wenn der Anmelder damit ausdrücklich oder konkludent (zB unter dem Eindruck eines Prüfungsbescheids) zum Ausdruck bringt, nur noch diese Ansprüche weiterverfolgen zu wollen.[879] In der Erklärung, die Ansprüche dürften im Rahmen von Unteransprüchen gewährbar sein, liegt kein Verzicht auf selbständigen Schutz.[880] 444

4.4 Einreichen neuer Unterlagen anstelle der bisherigen Beschreibung oder Zeichnung[881] bedeutet nur dann Verzicht, wenn die neuen Unterlagen endgültig an die Stelle 445

---

866 Vgl BPatGE **23**, 113, 116.
867 BPatG BlPMZ **75**, 287.
868 BGH BlPMZ **77**, 241 (II4b) *Fadenvlies.*
869 BGH BlPMZ **67**, 299 (II2c) *Kaskodeverstärker.*
870 BGH BlPMZ **79**, 151 *Etikettiergerät II*; **87**, 354 *Mittelohr-Prothese*; **95**, 317 (II2a) *Lüfterkappe.*
871 BPatGE **14**, 22, 26; **26**, 120, 121.
872 BGH GRUR **80**, 280 (II2b) *Rolladenleiste.*
873 BGH BlPMZ **77**, 241 (II4b) *Fadenvlies*; BPatGE **1**, 63; **20**, 39.
874 BGH GRUR **62**, 80 (II3) *Rohrdichtung*; BPatGE **5**, 120; **8**, 44, 46; **26**, 120, 123.
875 BPatG BlPMZ **75**, 287.
876 J 0015/85 ABl **86**, 395.
877 BGH BlPMZ **87**, 354 *Mittelohr-Prothese.*
878 BGH GRUR **95**, 210 (II2b aa) *Lüfterkappe.*
879 BGH BlPMZ **87**, 354 *Mittelohr-Prothese*; BPatGE **1**, 63; **26**, 120; GRUR **78**, 425.
880 BPatG Mitt **84**, 115.
881 BGH GRUR **77**, 483 (2b 2) *Gardinenrollenaufreiher.*

der bisherigen treten sollen, so zB bei der Vorlage von Reinschriften für die Erteilung[882] oder bei der Anpassung der Beschreibung an die für gewährbar erachteten Patentansprüche unter Beseitigung aller Bezugnahmen auf den nicht weiterverfolgten Teil.[883] Unterbleibt die Anpassung versehentlich, ändert das nichts am Verzicht,[884] es sei denn, die Anpassung der Beschreibung an die Ansprüche ist bewusst unterlassen worden.[885]

5 Schutzbereich und Verzicht vor Patenterteilung

446 Im Erteilungsverfahren kann das Patentamt die Patenterteilung nicht von einem Teilverzicht auf den Schutzbereich des künftigen Patents abhängig machen. Die Bestimmung des Schutzbereichs ist Aufgabe der Verletzungsgerichte. Das Patentamt befasst sich mit dem Schutzbereich nur im Rahmen eines Einspruchsverfahrens bei der Prüfung der Frage, ob geänderte Ansprüche des erteilten Patents den Schutzbereich erweitern (s § 59 Rdn 163). Im Erteilungsverfahren prüft das Patentamt Teillehren, Unterkombinationen oder Schutz von Elementen der angemeldeten Erfindung nur, wenn darauf ein Anspruch gerichtet ist. Ist das nicht der Fall, kann die Anmeldung nicht zurückgewiesen werden, weil das Amt eine denkbare Unterkombination für nicht patentfähig hält. Es ist ihm unbenommen, seine Auffassung im Erteilungsbeschluss darzulegen sowie auf der Aufnahme eines relevanten Standes der Technik in die Beschreibung zu bestehen. Es kann aber nicht einen Teilverzicht für den Schutzbereich verlangen, zB einen Verzicht auf alle oder bestimmte Unterkombinationen oder auf den Schutz von Elementen einer Kombination,[886] für die der Anmelder keine Ansprüche formuliert hat.

447 **5.1 Verzicht auf selbständigen Schutz für bestimmte Ansprüche** kann eine entsprechende Erklärung bedeuten, wenn Anmelder vom Amt hierzu aufgefordert wurde, weil Patentierungsvoraussetzungen für diese Ansprüche nicht erfüllt waren.[887] In einem solchen Fall werden die Ansprüche nur darauf geprüft, ob sie als echte Unteransprüche gewährbar sind. Ohne entsprechende Aufforderung stellt eine Erklärung, die neuen Ansprüche dürften im Rahmen von Unteransprüchen gewährbar sein, keinen Verzicht auf selbständigen Schutz dar.[888]

448 **5.2 Verzicht nach Patenterteilung** kann nach § 20 (1) Nr 1 gegenüber DPMA erklärt werden (s § 20 Rdn 9 ff). Ein Teilverzicht kann auch in der beschränkten Verteidigung des Patents im Einspruchs- und Nichtigkeitsverfahren liegen (s § 59 Rdn 166, § 81 Rdn 116).

6 Verzicht vor EPA *(abandonment before the EPO)*

449 **6.1 Verzicht vor Patenterteilung** *(abandonment before grant)*: Ein Verzicht liegt nur vor, wenn der wirkliche Wille des Erklärenden unter Berücksichtigung aller

---

882   BPatG GRUR **81**, 412.
883   BPatGE **23**, 113, 118.
884   BPatGE **13**, 189; **14**, 22.
885   BPatGE **10**, 105.
886   Vgl BPatG Mitt **84**, 50; BlPMZ **87**, 157.
887   BPatGE **5**, 120.
888   BPatG Mitt **84**, 115.

Umstände dahin gehend feststellbar ist, dass er tatsächlich Teile der Anmeldung endgültig aufgeben will.[889] Selbst wenn der Wortlaut isoliert betrachtet eindeutig erscheint, kann sich aus den Gesamtumständen ergeben, dass ein Verzicht nicht gewollt war.[890] Das gilt auch dann, wenn inzwischen die Anmeldung veröffentlicht wurde, so dass die Öffentlichkeit von der Erklärung Kenntnis nehmen konnte,[891] es sei denn, der Einsichtnehmende durfte berechtigterweise annehmen, dass ein Wiederaufgreifen des aufgegebenen Teils ausgeschlossen ist.[892] Nur bei Erklärungen, die nach Wortlaut und Umständen ganz eindeutig ein Verzicht sind, ist eine Rückfrage beim Anmelder entbehrlich.[893] Was als »Verzicht« bezeichnet wird, ist bei zutreffender Würdigung häufig lediglich der Versuch, Einwänden des EPA (zB wegen mangelnder Offenbarung, Neuheit, erfinderischer Tätigkeit oder Einheitlichkeit) zu begegnen, um auszuloten, ob auf dieser Basis eine Patenterteilung möglich ist.

Wiederaufgreifen fallengelassener Ansprüche kann ausgeschlossen sein, wenn der Antrag vorwerfbar verspätet gestellt wird, zB erst in der mündlichen Verhandlung vor der Beschwerdekammer,[894] oder einen Rechtsmissbrauch darstellt.   450

EPA verneinte Verzicht, a) wenn Motiv für den Verzicht die Beseitigung von Uneinheitlichkeit war;[895] **b)** wenn der »Verzicht« im Lichte der vorausgegangenen Bescheide nicht mehr vorbehaltlos erscheint;[896] **c)** wenn ein Anspruch zum Gegenstand einer Teilanmeldung gemacht wird;[897] **d)** wenn bei Uneinheitlichkeit der Anmeldung es unterlassen wird, weitere Recherchengebühren zu zahlen.[898] Der uneinheitliche Gegenstand, für den keine Gebühr gezahlt wird, kann in der Hauptanmeldung zwar nicht weiterverfolgt werden, für ihn kann aber eine Teilanmeldung eingereicht werden; **e)** wenn für den 11. und jeden weiteren Anspruch die Anspruchsgebühren nicht gezahlt werden, gilt das nach R 45 (3) EPÜ als Verzicht auf diese Ansprüche, jedoch nicht als Verzicht auf die Merkmale, die in Beschreibung und Zeichnungen enthalten sind;[899] **f)** wenn Entscheidung nach Lage der Akten beantragt wird (*decision on the state of the file*).[900]   451

EPA bejahte Verzicht, a) wenn ausdrücklich und unmissverständlich der Anspruch *und* die zugehörigen Teile der Beschreibung aufgegeben werden;[901] **b)** wenn nach nega-   452

---

889   J 0013/84 ABl **85**, 34 (Nr 10); J 0024/82, J 0025/82, J 0026/82 ABl **84**, 467; T 0910/92 ABl **96** SonderA 40; T 0155/88 EPOR **98**, 161.
890   J 0024/82, J 0025/82, J 0026/82 ABl **84**, 467 (Nr 3).
891   T 0910/92 ABl **96** SonderA 40.
892   J 0015/85 ABl **86**, 395 (Nr 4).
893   J 0013/84 ABl **85**, 34 (Nr 10).
894   T 0012/81 ABl **82**, 296.
895   T 0910/92 ABl **96** SonderA 40.
896   J 0024/82, J 0025/82, J 0026/82 ABl **84**, 467; T 0490/90 ABl **92** SonderA 43.
897   T 0118/81 ABl **93** SonderA 71.
898   GrBK G 0002/92 ABl **93**, 591 *Nichtzahlung weiterer Recherchengebühren*; T 0087/88 ABl **93**, 430.
899   J 0015/88 ABl **90**, 445.
900   T 0391/88 v 14.12.1989 BeckRS 89, 30576735.
901   T 0061/85 EPOR **88**, 20.

§ 34 *Rücknahme der Anmeldung/*
withdrawal of an application

tivem Bescheid neue Ansprüche mit der Erklärung eingereicht werden, dass die übrigen Ansprüche ohne Vorbehalt einer Teilanmeldung gestrichen werden.[902]

453 **6.2 Verzicht nach Patenterteilung** *(abandonment after grant)*: Das EPÜ sieht die Möglichkeit eines Verzichts auf das europäische Patent gegenüber EPA nicht vor. Ein Verzicht ist an die nationalen Behörden der Vertragsstaaten zu richten[903] (s § 20 Rdn 3). Allerdings kann der Patentinhaber nach der Revision des EPÜ 2000 ein zentralisiertes Widerrufsverfahren nach Art 105a EPÜ einleiten.

Auch im Einspruchsverfahren kann er auf sein Patent weder ganz noch teilweise verzichten.[904] Er kann aber erklären, dass er mit der erteilten Fassung nicht einverstanden ist und keine andere Fassung vorlegen wird. Das EPA wird dann das Patent widerrufen. Ein etwa ausgesprochener »Verzicht« ist lediglich ein Antrag, das Patent nicht oder nur beschränkt verteidigen zu wollen. Dieser Antrag ist nicht bindend, weil er ein prozessualer Akt und nicht – wie ein Verzicht – eine materiell-rechtliche, unwiderrufliche Aufgabe eines Rechts ist. Daher kann der Patentinhaber seinen Antrag auf Widerruf des Patents oder seine beschränkte Verteidigung wieder aufgeben und gestrichene Ansprüche oder Merkmale wieder zum Gegenstand seines Patentbegehrens machen, auch wieder sein Patent in der erteilten Fassung verteidigen, vorausgesetzt, dieser neue Antrag ist weder rechtsmissbräuchlich[905] noch verspätet.[906]

VII. Rücknahme der Anmeldung *(withdrawal of an application)*

454 **Lit:** Beier/Katzenberger in FS 10 Jahre BPatG 1971, 251; **Lit in GRUR:** Papke **86**, 11; Goebel **86**, 494; **Lit in Mitt:** Sikinger **85**, 61; G. Winkler **98**, 401; **99**, 148.

1 Begriff

455 Rücknahme der Anmeldung ist die Beendigung ex nunc eines anhängigen Erteilungsverfahrens, das durch die Einreichung einer Anmeldung begonnen wurde. Sie tritt ein durch **a)** prozessuale Erklärung des Anmelders oder seines Vertreters; **b)** durch gesetzliche Fiktion, nach der bei Vorliegen bestimmter Tatbestände die Anmeldung als zurückgenommen gilt, wie zB bei nicht rechtzeitiger Zahlung von Jahresgebühren (§ 58 (3) und Art 86 (1) 3 EPÜ) oder der Anmeldegebühr (§ 6 (2) PatKostG im Anhang 15; Art 78 (2) EPÜ) oder nicht fristgerechter Stellung des Prüfungsantrags (§ 58 (3) und Art 94 (2) EPÜ).

456 **»Teilrücknahme einer Anmeldung«** *(partial withdrawal)*:[907] Die Anmeldung ist ein einheitliches Ganzes, das gesetzlich aus den in § 34 (3) genannten Bestandteilen besteht. Eine Rücknahme eines einzelnen Bestandteils einer Anmeldung (des Antrags, der Ansprüche oder der Beschreibung) käme im Ergebnis einer Vollrücknahme gleich. Teile der Bestandteile einer Anmeldung – also zB einzelne Ansprüche, Merkmale, Beschreibungsteile, Figuren in Zeichnungen etc – kann der Anmelder aus seiner ein-

---

902 J 0015/85 ABl **86**, 395.
903 GrBK G 0001/90 ABl **91**, 275, 280 *Widerruf des Patents*; T 0073/84 ABl **85**, 241 (Nr 4).
904 StRspr seit T 0123/85 ABl **89**, 336 vgl zB T 0296/87 ABl **90**, 195 (Nr 2.2); T 0576/89 ABl **93**, 543 (Nr 3.1).
905 T 0123/85 ABl **89**, 336 (Nr 3.1.2); T 0576/89 ABl **93**, 543 (Nr 3.1).
906 T 0012/81 ABl **82**, 296; T 0092/85 ABl **86**, 352.
907 Vgl dazu BPatGE **35**, 268; vgl Kraßer/Ann Patentrecht 7. Aufl § 25 A VIII d) Nr 5.

heitlichen Anmeldung ausnehmen, materiell-rechtlich durch Verzicht und prozessual durch Änderung des Erteilungsantrags (s Rdn 432). Die »Teilrücknahme einer Anmeldung« ist also entweder eine Vollrücknahme oder ein Verzicht oder eine Änderung des Erteilungsantrags. Was gewollt ist, ist durch Auslegung zu ermitteln (s Rdn 439).

Vor *EPA* kann die Benennung eines Vertragsstaats bis zur Erteilung des Patents nach Art 79 (3) EPÜ jederzeit zurückgenommen werden.[908]

2 Voraussetzungen einer Rücknahmeerklärung

2.1 Form: Die Rücknahmeerklärung muss, um wirksam zu sein, die allgemeinen Voraussetzungen jeder Verfahrenserklärung erfüllen (siehe Einl Rdn 41 ff). Zur Schriftform und Unterschrift siehe Einl Rdn 352 und 339. Fax mit Wiedergabe der eigenhändigen Unterschrift ist ausreichend, einer schriftlichen Bestätigung bedarf es nicht[909] (s Einl Rdn 403).

2.2 Eindeutigkeit der Erklärung *(clear and unequivocal declaration)* ist Voraussetzung für ihre Wirksamkeit. Die Erklärung ist nicht isoliert nach ihrem Wortlaut, sondern im Gesamtzusammenhang der Umstände auszulegen, die klar und eindeutig ergeben müssen, dass es der wahre Wille des Anmelders war, seine Anmeldung sofort, vorbehaltlos und endgültig aufzugeben und keinen patentrechtlichen Schutz mehr anzustreben. Daran fehlt es, wenn der Anmelder zwar sein Recht aufgeben will, aber nicht durch seine Erklärung sofort, sondern durch *passiven Verzicht*,[910] zB durch künftige Nichtzahlung von Gebühren. Rücknahme ist auch zu unterscheiden von Ruhenlassen des Verfahrens und Nichtweiterbetreiben der Anmeldung. Bei Zweifeln gebietet die prozessuale Sorgfalt eine Rückfrage.[911]

Rücknahme wurde angenommen, a) wenn ein Anmelder trotz Belehrung grundsätzlich jeder Erteilung widerspricht;[912] **b)** wenn erklärt wird, der Anmelder wolle die Anmeldung fallenlassen, und keine abweichenden Umstände bestehen;[913] **c)** wenn der Vertreter auf eine Rückfrage, in der von einer Zurücknahme ausgegangen wird, nicht reagiert;[914] **d)** wenn die Anmeldung unbedingt zurückgenommen wird, ohne anzugeben, dass dadurch die Offenlegung vermieden werden soll;[915] **e)** wenn erklärt wird, dass der Anmelder wünscht, die Anmeldung zurückzunehmen.[916]

Keine Rücknahme wurde angenommen, a) wenn mitgeteilt wird, die Mandantin habe beschlossen, auf die Sache zu verzichten;[917] **b)** wenn die Anmeldung unter dem ausdrücklichen oder impliziten Vorbehalt, dass die Veröffentlichung der OS unterbleibt,

---

908 Vgl T 1673/07 v 30.10.2009 RechtsprBK/EPA **19**, 1179.
909 BPatGE **44**, 209; BPatG BlPMZ **16**, 138.
910 J 0015/86 ABl **88**, 417; J 0007/87 ABl **88**, 422.
911 J 0011/80 ABl **81**, 141; J 0007/87 ABl **88**, 422 (Nr 7).
912 BGH BlPMZ **65**, 324 (II3) *Aussetzung der Bekanntmachung.*
913 J 0006/86 ABl **88**, 124.
914 J 0015/86 ABl **88**, 417 (Nr 5).
915 BGH GRUR **77**, 485, 486 lSp *Rücknahme der Patentanmeldung.*
916 J 0011/16 v 22.3.2017 BeckRS **17**, 116003: »The applicant wishes to withdraw ...«.
917 J 0007/87 ABl **88**, 422 (Nr 2); J 0011/87 ABl **88**, 367 (Nr III) (nach einer Mitteilung nach R 51 (4) u (5) EPÜ aF = R 71 (3) und (4) EPÜ nF).

zurückgenommen wird (= auflösende Bedingung der Veröffentlichung der OS), aber eine Veröffentlichung erfolgt ist.[918]

461 **2.3 Anhängigkeit der Anmeldung** *(pending application):* Nur eine im Zeitpunkt des Eingangs einer wirksamen Rücknahmeerklärung anhängige Anmeldung kann zurückgenommen werden. Ist keine Anmeldung vorhanden, geht die Rücknahmeerklärung ins Leere. Anhängig ist eine Anmeldung von ihrer Einreichung bis zum rechtskräftigen[919] Wirksamwerden der Entscheidung[920] über die Anmeldung, sei es durch ihre Zurückweisung[921] oder die Erteilung eines Patents. Eine Anmeldung kann also bis zum Ablauf der Rechtsmittelfrist[922] – auch noch vor BGH[923] – zurückgenommen werden.

462 An der Anhängigkeit der Anmeldung fehlt es zB, wenn im Zeitpunkt des Eingangs der Rücknahmeerklärung **a)** die genannte Anmeldung überhaupt nicht eingereicht war; **b)** die Anmeldung bereits durch eine frühere Erklärung zurückgenommen worden war; **c)** die Anmeldung kraft einer gesetzlichen Fiktion (s oben Rdn 455) bereits als zurückgenommen gilt.

463 »Rücknahme der Anmeldung« nach Patenterteilung im Einspruchs- oder Einspruchsbeschwerdeverfahren ist nicht möglich,[924] da nach Patenterteilung eine Anmeldung nicht mehr existiert. Damit bringt der Patentinhaber aber zum Ausdruck, dass er an seinem Patent nicht mehr interessiert ist, so dass seine Erklärung je nach Verfahrenssituation gewertet werden kann zB **a)** als Rücknahme seiner Beschwerde gegen den Widerruf seines Patents;[925] **b)** als Antrag auf Widerruf seines Patents,[926] wenn die angefochtene Entscheidung den Einspruch zurückgewiesen oder das Patent beschränkt aufrechterhalten hatte.

464 **2.4 Erklärungsberechtigter** *(declaration made by a legitimate person)* muss die Rücknahmeerklärung abgegeben haben. Das ist **a)** der *Anmelder*. Seine Erklärung ist wirksam, solange er als Anmelder legitimiert ist, und zwar auch dann, wenn er materiell nicht der wahre Berechtigte ist[927] (s § 30 Rdn 17 und 45); **b)** *Gesetzlicher Vertreter* des Anmelders (Einl Rdn 49); **c)** *Bevollmächtigter* des Anmelders. Eine Vollmacht muss die Befugnis zur Rücknahme der Anmeldung einschließen. Zum Umfang der Vertretungsbefugnis eines Inlandsvertreters s § 25 Rdn 26. Vor BGH kann – wenn die Rechtsbeschwerde statthaft ist – die Rücknahme auch vom Bevollmächtigten ohne einen beim BGH zugelassenen Rechtsanwalt erklärt werden;[928] **d)** Der *materiell*

---

918 BPatGE **15**, 160; **45**, 4; J 0011/80 ABl **81**, 141.
919 BGH Mitt **85**, 52 *Zurücknahme der Patentanmeldung*; BPatGE **33**, 171; **38**, 195.
920 BGH GRUR **99**, 571 (III1b bb) *Künstliche Atmosphäre*.
921 BPatGE **48**, 271.
922 BGH BlPMZ **00**, 245 (II2c) *Graustufenbild*.
923 BGH Mitt **85**, 52 *Zurücknahme der Patentanmeldung*.
924 BGH GRUR **99**, 571 *Künstliche Atmosphäre*; BPatGE **38**, 195.
925 T 0481/96 ABl **97** SonderA 113.
926 T 0237/86 ABl **88**, 261 (für Verzicht); T 0347/90 ABl **94** SonderA 117; T 0322/91 ABl **94** SonderA 116.
927 BPatGE **3**, 38; PA BlPMZ **56**, 356.
928 BGH Mitt **85**, 52 *Zurücknahme der Patentanmeldung*; GRUR **11**, 1052 *Telefonsystem*.

Berechtigte kann eine Rücknahme erst erklären, wenn er die Legitimation als Anmelder erlangt hat.

Da **Rücknahmeerklärung des materiell nicht berechtigten Anmelders** – wenn er im Patentregister eingetragen ist – wirksam ist, kann der wahre Berechtigte nach deutschem Recht diese nur durch gerichtliche Geltendmachung seines Anspruchs, einstweilige Verfügung oder Sequestrierung zu verhindern suchen. Misslingt das, bleibt nur ein Schadensersatzanspruch. Selbst eine Rücknahme, die während einer Aussetzung des Verfahrens erklärt wird, ist gemäß §§ 148, 249 (2) ZPO wirksam. 465

Demgegenüber bietet **R 15 EPÜ** für das europäische Erteilungsverfahren ein vorbildliches Instrument. Danach sind Rücknahmen unwirksam, die erklärt werden in der Zeit zwischen dem Nachweis eines Dritten gegenüber EPA, dass er national den Anspruch auf Erteilung des Patents für sich geltend gemacht hat, und der Fortsetzung des Verfahrens durch EPA. Es wäre sinnvoll, diesen Rechtsgedanken der R 15 EPÜ, den wahren Berechtigten gegen eine Rücknahme durch einen unberechtigten Anmelder wirksam zu schützen, auch in das deutsche Recht zu übernehmen. 466

2.5 Unwirksamkeit einer Rücknahmeerklärung ist gegeben, a) wenn sie unzulässig von einer Bedingung abhängig gemacht ist[929] (s Einl Rdn 56). Rücknahme kann aber wirksam davon abhängig gemacht werden, dass eine OS nicht erscheint,[930] da Bedingungseintritt nicht vom Willen des Verfahrensbeteiligten, sondern vom Verfahrensstand der Publikation der OS abhängt; b) wenn sie wirksam angefochten wurde (s Einl Rdn 89); c) vor EPA für europäische Anmeldungen gemäß R 15 EPÜ (s Rdn 466). 467

3 Rückwirkende Beseitigung einer Rücknahme

Nach der Rechtsprechung lässt sich eine Rücknahmeerklärung weder durch ihren Widerruf[931] (s Einl Rdn 543 ff) noch durch ihre Berichtigung[932] rückwirkend beseitigen. Möglich bleibt allenfalls die (unbefriedigende) Anfechtung wegen Irrtums nach den §§ 119 ff BGB (s Einl Rdn 89 und 498 unter d);[933] zum Irrtum des Erklärenden s Einl Rdn 107; zum unbeachtlichen Motivirrtum s Einl Rdn 105). Nach § 130 (1) BGB ist ein Widerruf möglich, wenn dieser vorher oder gleichzeitig zugeht. Ein Widerruf der Rücknahme einer Anmeldung kann nicht als Neuanmeldung behandelt oder in eine solche umgedeutet werden.[934] Zur Möglichkeit des Widerrufs einer Rücknahme der Patentanmeldung bei EPA in Ausnahmefällen s Einl Rdn 545. Auch ein Antrag auf Fehlerberichtigung nach R 139 EPÜ wird in der Regel scheitern.[935] 468

Im Wege der richterlichen Rechtsfortbildung könnte in Analogie zu § 123 PatG auch ein Wiedereinsetzungsantrag zugelassen werden, wenn die Rücknahmeerklärung auf 469

---

929 Vgl BPatGE 15, 160, 164.
930 BPatGE 45, 4; vgl Hövelmann GRUR 03, 203, 207.
931 BGH BlPMZ 77, 171 *Rücknahme der Patentanmeldung*; 85, 301 *Caprolactam*; vgl BPatGE 9, 15; 16, 11; J 0006/13 ABl 14 ZPubl 5, 102; s auch J 0025/03 ABl 14 ZPubl 5, 395.
932 T 0824/00 ABl 04, 5; J 0006/13 ABl 14 ZPubl 5, 102.
933 BPatG BlPMZ 16, 138.
934 BGH GRUR 85, 919 (III4) *Caprolactam*.
935 S zB J 0007/19 v 15.1.2020 GRUR-RS 20, 20025.

einem unverschuldeten Versehen beruhte.[936] Gutgläubige Dritte wären durch ein Weiterbenutzungsrecht geschützt.

4 Folgen einer Rücknahme

470 Eine Rücknahme der Anmeldung beendet das Erteilungsverfahren. Bereits ergangene Entscheidungen werden – soweit sie noch nicht rechtskräftig sind – gemäß § 269 (3) ZPO iVm § 99 PatG wirkungslos, ohne dass es ihrer ausdrücklichen Aufhebung bedarf.[937] Durch eine deklaratorische Entscheidung kann die Wirkungslosigkeit festgestellt werden.[938] § 269 (3) ZPO findet keine Anwendung auf Rücknahmen kraft gesetzlicher Fiktion. Daher sind Erteilungen nach gesetzlich fingierter Rücknahme wirksam.[939] Nach wirksam erklärter Rücknahme kann die Erfindung nur neu angemeldet werden. Ein Widerruf einer Rücknahme ist keine Neuanmeldung und kann nicht in eine solche umgedeutet werden.[940] Rücknahme führt nicht zur Rückzahlung einer vom Anmelder entrichteten Prüfungsgebühr, die nach Stellung des Prüfungsantrags fällig geworden ist, selbst wenn das DPMA die Prüfung der Anmeldung noch nicht aufgenommen hat.[941]

471 Im Falle eines *Erteilungsbeschwerdeverfahrens* wird Rücknahme der Anmeldung erst mit Eingang bei BPatG wirksam und macht das Verfahren gegenstandslos.[942] Es ist damit in der Hauptsache erledigt. *Im Einspruchsbeschwerdeverfahren* kann eine Anmeldung ebenso wie im Einspruchsverfahren nicht mehr zurückgenommen werden,[943] weil es nach der Patenterteilung keine Anmeldung mehr gibt. Folglich wird das Einspruchsbeschwerdeverfahren durch eine Rücknahme der Anmeldung nicht erledigt.

VIII. Nukleotid- und Aminosäuresequenzen *(nucleotide or amino acid sequences)*[944]

472 Werden N- und A-Sequenzen in einer deutschen, europäischen oder PCT-Patentanmeldung offenbart,[945] so muss die Beschreibung ein von der übrigen Beschreibung und Ansprüchen getrenntes **Sequenzprotokoll** *(sequence listing)* enthalten (§ 11 PatV; R 30 EPÜ; R 5.2 PCT), das bestimmten Standards entsprechen muss (für deutsche Anmeldungen: § 11 (1) 2 PatV iVm dessen Anlage 1;[946] für europ Anmeldungen: Beschluss

---

936 Vgl dazu: Nieder GRUR **77**, 488 (2c); Bossung in FS Preu 1988, 219, 229.
937 BPatGE **38**, 195, 196.
938 BPatGE **10**, 140.
939 BPatG BlPMZ **84**, 380.
940 BGH GRUR **85**, 919 *Caprolactam*.
941 BGH GRUR **14**, 710 *Prüfungsgebühr*.
942 BPatGE **8**, 28; **10**, 140; BPatG Mitt **73**, 18; BPatG v 15.2.2007 21 W (pat) 54/04 BeckRS **07**, 8455.
943 BGH GRUR **99**, 571 *Künstliche Atmosphäre*; BPatGE **38**, 195.
944 Lit in GRUR: Meyer-Dulheuer **00**, 1; Lit in IIC: Oser **99**, 1; Lit in JPTOS: Klein **92**, 29; **Lit in Mitt:** Zimmermann **08**, 385.
945 Nach J 0008/11 EPOR **13**, 242 ist bei Bezugnahmen auf N- oder A-Sequenzen des Standes der Technik kein Sequenzprotokoll erforderlich.
946 Standards abgedruckt in BGBl I 1708 = BlPMZ **03**, 326 = Tabu Gewerbl. Rechtsschutz Nr 105.

PräsEPA v 28.4.2011,[947] MittEPA v 28.4.2011[948] und EPA-PrüfRichtl A-IV 5; für PCT-Anmeldungen: Abschnitte 208, 513 und 801–806 PCT-Verwaltungsrichtlinien.[949] WIPO-Standard ST.26, der ab 1.1.2022 den bisherigen Standard ST.25 ersetzt, enthält detaillierte Standards für die Darstellung von N- und A-Sequenzen und für den elektronischen Datenträger. Das EPA stellt ein von ihm hierzu entwickeltes Software-Tool (BiSSAP) über seine Website zur Verfügung.

Wird die Anmeldung schriftlich eingereicht, ist ein **zusätzlicher Datenträger** einzureichen, der das Sequenzprotokoll in maschinenlesbarer Form enthält – zB Diskette oder CD-ROM – und der den vorgeschriebenen Standards entspricht. Ein zusätzlicher Datenträger ist nicht erforderlich, wenn die Anmeldung in elektronischer Form eingereicht wird. 473

Mängel des Sequenzprotokolls oder des Datenträgers: Zu deren Beseitigung ist mit Fristsetzung aufzufordern (vor EPA: 2 Monate, nicht verlängerbar).[950] Nach R 30 (3) EPÜ ist außerdem eine Gebühr für die verspätete Einreichung zu entrichten. Werden die Mängel (zB mangelnde Identität zwischen Offenbarung und Protokoll oder Datenträger, mangelnde Lesbarkeit oder Verwendung von unzulässigen Angaben) nicht beseitigt, wird die Anmeldung zurückgewiesen. Bei neuen oder zunächst nicht erkannten Mängeln ist ein weiterer Bescheid zu erlassen.[951] Vor EPA kann der Anmelder die Weiterbehandlung der Anmeldung gemäß Art 121 EPÜ beantragen, wenn noch keine Zurückweisung erfolgt ist. 474

Identität von Datenträger und schriftlichem Sequenzprotokoll ist zu bestätigen. Bei nachgereichtem Sequenzprotokoll oder Datenträger und nachträglich berichtigtem Datenträger ist durch eine Erklärung zu bestätigen, dass Protokoll oder Datenträger nicht über den Inhalt der ursprünglichen Anmeldung hinausgehen. Diese Erklärung wird vom Patentamt auf ihre Richtigkeit geprüft. Ist sie unrichtig, ist erneut zu beanstanden. 475

Nachgereichte Unterlagen: Nach dem Anmeldetag eingereichte Sequenzprotokolle oder Datenträger sind kein Bestandteil der ursprünglichen Offenbarung (vgl R 30 (2) EPÜ), sondern dienen nur der Erleichterung des Prüfungsverfahrens, insbesondere der Recherche. 476

Veröffentlichung von Anmeldungen und Patenten mit Sequenzprotokoll kann nach allgemeinen Vorschriften in elektronischer Form erfolgen.[952] 477

---

947 ABl 11, 372 = ABl 16 ZPubl 4, 246. Dieser Beschluss ersetzt den früheren Beschl v 12.7.2007 ABl 07 SonderA Nr 3, 26 in seiner durch Beschl v 26.3.2010 ABl 10, 328 (s MittEPA ABl 10, 330) geänderten Fassung.
948 ABl 13, 542 = ABl 16 ZPubl 4, 249.
949 Administrative Instructions under the PCT and Annex C (Standard for the presentation of N- and Asequence listings): Geltende Fassung abgedruckt unter www.wipo.int/export/sites/www/pct/en/texts/pdf/ai.pdf.
950 S Art 2 (1) u 3 (3) Beschluss PräsEPA ABl 11, 372.
951 J 0007/11 ABl 14 ZPubl 5, 54.
952 Für DPMA s § 32 Rdn 4; für EPA Beschluss PräsEPA ABl 07, SonderA Nr 3, 97 = ABl 16 ZPubl 4, 263.

IX. Hinterlegung biologischen Materials *(deposit of biological material)*

478 **Lit: WIPO:** Guide to the Deposit of Microorganisms under the Budapest Treaty; **WIPO:** Records of the Budapest Diplomatic Conference for the conclusion of a treaty on the international recognition of the deposit of microorganisms for the purpose of patent procedure 1977, Genf 1980; EPA-Mitteilung v 7.7.2010 über Erfindungen, bei denen biologisches Mateial verwendet wird oder die sich auf biologisches Material beziehen ABl 10, 498; EPA Prüfungsrichtlinien F-III 6; DPMA Prüfungsrichtlinien v 11.1.2019 Nr 3.1.2; **Straus/Moufang:** Hinterlegung u Freigabe von biologischem Material für Patentierungszwecke 1989 = Deposit and release of biological material for patent purposes 1990; **Lit in EIPR:** Straus 19, 546; **Lit in GRUR:** Boeters/Lindenmaier 82, 703; Frühauf 92, 247; Straus 92, 252; **Lit in GRUR Int:** Hallmann 78, 55; Teschemacher 79, 444; Troller 80, 199; Cadman 85, 242; Straus 86, 601; Goebel 87, 297; Goldstein 87, 310; Jaenichen 92, 312; **Lit in IIC:** Crespi 93, 1; **Lit in Mitt:** Boeters 82, 73; Boeters/Collins 83, 91; Dolder 84, 1; Breuer 97, 137; Krauß 05, 289.

1 Allgemeines

479 **1.1 Zweck der Hinterlegung:** Die Hinterlegung von biologischem Material dient der Ergänzung der schriftlichen Offenbarung. Damit wird dem Umstand Rechnung getragen, dass sich biologische Erfindungen nicht immer so hinreichend präzise beschreiben lassen, dass ihre Wiederholbarkeit sichergestellt ist. Angesichts der modernen Verfahren der Biotechnologie (Gentechnologie), die eine hohe Genauigkeit der Beschreibung erlauben, hat die Hinterlegungsmöglichkeit zwar an Bedeutung eingebüßt (zur Notwendigkeit der Einreichung von Sequenzprotokollen für DNA- und Aminosäuresequenzen s Rdn 472). Es gibt aber immer noch zahlreiche Patentanmeldungen, die eine Hinterlegung erfordern oder zumindest nützlich erscheinen lassen (s auch Rdn 371 ff).

480 **1.2 Anerkennung der Hinterlegung:** Die Möglichkeit der Hinterlegung und ihre Bedingungen sind ursprünglich in Praxis und Rechtsprechung auf der Grundlage des allgemeinen Offenbarungserfordernisses entwickelt worden, um den bestehenden Bedürfnissen gerecht zu werden. Auf internationaler Ebene wird die Hinterlegung von Mikroorganismen seit 1977 durch den Budapester Vertrag (Rdn 481) anerkannt. Sie wird auch im PCT durch dessen R 13bis berücksichtigt.[953] Das EPÜ enthält in R 31 bis 34 eine detaillierte Regelung (Rdn 482), die als gesetzgeberisches Modell für Art 13 und 14 BioPatRL gedient hat (Rdn 483). Im deutschen Recht wurde durch die Verordnungsermächtigung des § 34 (8) die Grundlage für eine Normgebung geschaffen (Rdn 484).

481 **1.3 Budapester Vertrag:** Der Budapester Vertrag über die internationale Anerkennung der Hinterlegung von Mikroorganismen für die Zwecke von Patentverfahren vom 28.4.1977[954] (Art 3 u 4, R 9.1 u 11 abgedruckt bei Rdn 522) verpflichtet seine Vertragssaaten, sog. internationale Hinterlegungsstellen als geeignete Orte der Hinterlegung anzuerkennen. Damit entfällt für den Anmelder die Notwendigkeit einer mehrfachen Hinterlegung bei verschiedenen nationalen Hinterlegungsstellen. Der Budapester Vertrag vereinheitlicht allerdings das materielle Hinterlegungsrecht nur in einzelnen Aspekten. Voraussetzungen und Bedingungen der Hinterlegung bestimmen sich grundsätzlich nach nationalem[955] oder europäischem Recht.

---

953 Für Details s MittEPA v 7.7.2010 ABl 10, 498 (A II Nr 5–13).
954 Tabu Gewerbl. Rechtsschutz Nr 635.
955 BGH GRUR 85, 1035 (II 3) *Methylomonas*.

1.4 Hinterlegungsregeln des EPÜ: Die Ausführungsordnung des EPÜ enthält in ihren R 31 bis 34 (abgedruckt bei Rdn 527) eine explizite gesetzgeberische Normierung des Hinterlegungsrechts, deren ursprüngliche Fassung von 1973 mehrfach geändert worden ist.[956] In der EPA-Rechtsprechung wurde zu mehreren Aspekten der Hinterlegung Stellung genommen,[957] weitere wichtige Auslegungshinweise ergeben sich aus einer 2010 neu gefassten Mitteilung des EPA.[958]

1.5 Hinterlegungsregeln der BioPatRL: Die BioPatRL hat das Hinterlegungsrecht europäisch harmonisiert. Ihre Art 13 und 14 (abgedruckt im Anhang 6) basieren auf dem gesetzgeberischen Vorbild der R 28 und 28a EPÜ aF, sind allerdings etwas weniger detailliert.

1.6 Nationales Hinterlegungsrecht: Die deutsche Rechtsprechung hat die Möglichkeit der Hinterlegung bereits früh anerkannt und ihre Modalitäten entwickelt.[959] Der Gesetzgeber hat durch sein Zustimmungsgesetz zum Budapester Vertrag diese Rechtspraxis indirekt gebilligt. Erzeugnisschutz für den hinterlegten Mikroorganismus selbst wurde allerdings lange Zeit von der Rechtsprechung wegen des Wiederholbarkeitserfordernisses abgelehnt, bis auch er 1987 bejaht wurde.[960] Seit Inkrafttreten des § 34 (8) enthält das PatG eine Ermächtigungsgrundlage für eine Regelung der Hinterlegungsmaterie durch Verordnung. Das DPMA hat hiervon durch Erlass der Verordnung über die Hinterlegung von biologischem Material in Patent- und Gebrauchsmusterverfahren (Biomaterial-Hinterlegungsverordnung – BioMatHinV) vom 24.1.2005 Gebrauch gemacht. Die BioMatHinV (abgedruckt unter Rdn 531) ist am 28.2.2005 in Kraft getreten und steht in Einklang mit den Vorgaben der BioPatRL.

2 Gegenstand der Hinterlegung

Hinterlegungsfähig ist jegliches biologische Material, das genetische Informationen enthält und sich selbst reproduziert oder in einem biologischen System reproduziert werden kann.[961] Die Hinterlegungsmöglichkeit ist nicht auf Mikroorganismen im engeren naturwissenschaftlichen Sinne beschränkt, auch wenn sie ursprünglich für diesen Bereich entwickelt und anerkannt wurde. BioMatHinV,[962] R 31 bis 34 EPÜ und Art 13 und 14 BioPatRL sprechen übereinstimmend von biologischem Material.

Der Budapester Vertrag bezieht sich zwar von seinem Wortlaut her nur auf Mikroorganismen, definiert diesen Begriff aber nicht näher und verlangt lediglich die Lebensfähigkeit des hinterlegten Materials (Art 6 (2) v BV). In der Praxis hat sich eine weite Auslegung durchgesetzt. Viele internationale Hinterlegungsstellen akzeptieren biologisches Material, das nicht als Mikroorganismus im engeren Sinn anzusehen ist.

---

956 Zuletzt durch VR-Beschluss v 29.6.2017 (ABl **17**, A55).
957 Vgl. insbesondere GrBK G 0002/93 ABl **95**, 275 *Hepatitis-A-Virus/USA II*.
958 Mitteilung des EPA vom 7.7.2010 über Erfindungen, bei denen biologisches Material verwendet wird oder die sich auf biologisches Material beziehen, ABl **10**, 498–513.
959 Vgl insbesondere BGH GRUR **75**, 430 *Bäckerhefe*; **81**, 734 *Erythronolid*; **85**, 1035 *Methylomonas*.
960 BGH GRUR **87**, 231 *Tollwutvirus*.
961 § 1 (2) BioMatHinV.
962 Ebenso die Prüfungsrichtlinien des DPMA v 11.1.2019 (Nr 3.1).

487 Hinterlegungsfähig sind somit zB eukaryotische Mikroorganismen wie Algen, Pilze und Protozoen, prokaryotische Mikroorganismen wie Bakterien und Blaualgen, aber auch Viren, einzelne Pflanzen- und Tierzellen, Samen[963] und sogar Pflanzen- und Tierembryonen. Das gleiche gilt für reine DNA-Sequenzen,[964] also etwa einzelne Gene oder größere Teile des Genoms wie Plasmide und Chromosomen.

3 Erforderlichkeit der Hinterlegung

488 Eine Hinterlegung ist zur ausreichenden Offenbarung nur dann erforderlich, wenn die Erfindung nicht so beschrieben werden kann, dass ein Fachmann sie danach ausführen kann (§ 1 (1) BioMatHinV, R 31 (1) EPÜ, Art 13 (1) BioPatRL). Es besteht somit kein allgemeiner Zwang zur Hinterlegung bei biotechnologischen Erfindungen. Dem Erfinder steht es vielmehr frei, seine Erfindung allein mit den üblichen Mitteln der Offenbarung darzustellen. Die Möglichkeit der Hinterlegung ist somit nur ein Angebot zur Ergänzung der Beschreibung und zum Nachweis der Wiederholbarkeit der Erfindung.[965]

489 Ist allerdings die Erfindung ohne Hinterlegung nicht nacharbeitbar, so führt ein Verzicht auf die Hinterlegung zu einem unheilbaren Offenbarungsmangel. Eine Hinterlegung kann selbst dann notwendig sein, wenn das zur Ausführung der Erfindung benötigte biologische Material bereits zum Stand der Technik gehört. Denn es muss auch sichergestellt sein, dass an sich bekanntes Material zuverlässig für die erforderliche Aufbewahrungsdauer verfügbar ist.[966]

490 Keine Hinterlegung ist erforderlich: a) wenn die Beschreibung für die Ausführbarkeit ohne unzumutbaren Aufwand allein ausreichend ist, selbst wenn eine Hinterlegung dem Fachmann die Nacharbeitung erleichtern würde;[967] b) wenn die Erfindung mit beliebigen Mikroorganismen ausgeführt werden kann;[968] c) wenn das biologische Material verlässlich für die notwendige Aufbewahrungsdauer (s Rdn 509) öffentlich zugänglich ist, zB wenn es in den ständig und uneingeschränkt zugänglichen öffentlichen Sammlungen anerkannter Hinterlegungsstellen aufbewahrt wird[969] oder wenn es zuverlässig im Handel erhältlich ist.

491 Bestehen am Anmeldetag Zweifel darüber, ob die Beschreibung die Erfindung ausreichend offenbart, ist es zu empfehlen, zur Absicherung von der Hinterlegungsmöglichkeit Gebrauch zu machen. Eine derartige »vorsorgliche« Hinterlegung beschränkt nicht den Umfang der Offenbarung, der sich aus der ausreichend deutlichen und vollständigen Beschreibung der Erfindung ergibt; denn eine Hinterlegung fügt einer Anmeldung nur etwas hinzu, begrenzt sie aber nicht auf das hinterlegte konkrete biologische Material.

---

963 Offengelassen in BGH GRUR 93, 651 (IV 4c) *Tetraploide Kamille*.
964 Vgl. T 0301/87 ABl 90, 335 (Nr 4.11).
965 BGH GRUR 93, 651 (IV 4c) *Tetraploide Kamille*.
966 Vgl T 1338/12 v 14.12.2018 BeckRS 18, 39905.
967 T 0412/93 EPOR 95, 629 (Nr 75).
968 BPatG BlPMZ 87, 360, 361.
969 MittEPA v 7.7.2010 ABl 10, 498 (A. I 1.2); vgl ferner § 1 (3) BioMatHinV.

4 Wirkung der Hinterlegung

Dem Offenbarungserfordernis wird durch eine ordnungsgemäße Hinterlegung auch 492
insofern genügt, als Sachansprüche auf das hinterlegte biologische Material selbst
gerichtet werden.[970] So darf die Gewährung von Sachansprüchen auf hinterlegte Mikroorganismen nicht zusätzlich davon abhängig gemacht werden, dass der Anmelder
ein Verfahren zur (Neu)-Herstellung des Mikroorganismus (zB erneute Isolierung aus
der Natur oder Erzeugung durch Mutagenese) angibt. Vielmehr bildet die Vermehrung
des hinterlegten biologischen Materials einen patentrechtlich zulässigen Weg der wiederholbaren Bereitstellung.

Differenzen zwischen Hinterlegung und Beschreibung: Fehler in der Beschreibung 493
beeinträchtigen die Offenbarung nicht, wenn der Fachmann diese anhand des hinterlegten Materials ohne weiteres erkennt und korrigiert. Kann ein Widerspruch zwischen
Beschreibung und Hinterlegung vom Fachmann nicht aufgeklärt werden, müssen
Beschreibung und Hinterlegung diesbezüglich getrennt auf ausreichende Offenbarung
geprüft werden. Das Gleiche gilt, wenn Beschreibung und Hinterlegung nicht dieselbe
Erfindung betreffen. Dabei ist aber zu beachten, dass eine Hinterlegung ohne jede
Beschreibung keine ausreichende Offenbarung ist.[971]

5 Ort der Hinterlegung

Der Budapester Vertrag verpflichtet seine Vertragsstaaten und die Europäische Patent- 494
organisation,[972] alle internationalen Hinterlegungsstellen[973] als geeigneten Hinterlegungsort anzuerkennen. Dem entsprechen das deutsche und europäische Patentrecht
(§ 2 BioMatHinV, R 31 (1) u R 33 (6) EPÜ, Art 13 (1) (a) BioPatRL). Die Voraussetzungen für den Erwerb des Status einer internationalen Hinterlegungsstelle ergeben
sich aus Art 6 und 7 BV. Danach muss die Hinterlegungsstelle insbesondere sich in
einem Vertragsstaat des BV befinden, permanent bestehen, über das erforderliche wissenschaftliche Niveau verfügen, unparteiisch und für jeden Anmelder gleichermaßen
zugänglich sein sowie Geheimhaltung gewähren. Die internationalen Hinterlegungsstellen sind nicht verpflichtet, die Hinterlegung jeglicher Art von Mikroorganismen
oder von sonstigem biologischen Material anzunehmen.[974]

Europäisches und nationales Patentrecht sehen darüber hinaus die Möglichkeit der 495
Hinterlegung bei weiteren Hinterlegungsstellen vor. Das EPA hat zu diesem Zweck
bilaterale Abkommen geschlossen, von denen noch eines in Kraft ist.[975] Das Verzeichnis der vom EPA anerkannten Institutionen wird gemäß R 33 (6) EPÜ veröffent-

---

970 BGH GRUR **87**, 231 *Tollwutvirus*, unter Aufgabe der früheren Rspr (vgl insbesondere BGH GRUR **75**, 430 *Bäckerhefe*; **85**, 1035 *Methylomonas*).
971 T 0418/89 ABl **93**, 20 (Nr 5.3); T 0495/89 GRUR Int **92**, 457.
972 Die EPO hat eine Anerkennungserklärung gemäß Art 9 (1) (a) BV abgegeben, vgl ABl **80**, 380.
973 Verzeichnis idR in den April- oder Mai-Heften von BlPMZ und ABl, zB BlPMZ **21**, 164 und ABl **20**, A55, S 17.
974 Das jeweils akzeptierte Material ergibt sich aus dem genannten Verzeichnis der internationalen Hinterlegungsstellen.
975 Nämlich das Abkommen mit Collection Nationale de Cultures de Micro-organismes (CNCM), s ABl **16**, A55, S 32.

licht.[976] Die Hinterlegung an einem anderen Ort genügt idR nicht.[977] Nach deutschem Recht werden generell solche wissenschaftlichen Hinterlegungsstellen anerkannt, welche die Gewähr für eine ordnungsgemäße Aufbewahrung und Herausgabe von Proben bieten[978] und rechtlich, wirtschaftlich und organisatorisch vom Anmelder und vom Hinterleger unabhängig[979] sind. § 2 BioMatHinV hat diese von der Rechtsprechung entwickelten Kriterien übernommen.

6 Hinterlegungsstatut/Freigabeerklärung

496   Durch Willenserklärung des Hinterlegers gegenüber der Hinterlegungsstelle wird das Hinterlegungsstatut bestimmt. Es entscheidet, unter welchen Bedingungen die Hinterlegung erfolgt und welche Konsequenzen sie hat. Erklärt der Hinterleger, nach dem Budapester Vertrag zu hinterlegen, so wird das Hinterlegungsstatut durch den BV geregelt.

497   Hat der Hinterleger nicht nach dem BV hinterlegt, so muss er – im Falle einer deutschen Patentanmeldung – das Hinterlegungsstatut durch Vereinbarung mit der Hinterlegungsstelle in einer Weise ausgestalten, die die Anforderungen des deutschen Patentrechts sicherstellt. Insbesondere muss gewährleistet sein, dass das hinterlegte Material der Hinterlegungsstelle ab dem Anmeldetag zur Herausgabe von Proben (s hierzu Rdn 510) vorbehaltlos, unwiderruflich und dauerhaft zur Verfügung steht (Freigabeerklärung).[980] Außerdem muss er sich der Hinterlegungsstelle gegenüber verpflichten, eine erforderlich werdende erneute Hinterlegung (s Rdn 520) vorzunehmen oder vornehmen zu lassen.[981]

7 Zeitpunkt der Hinterlegung

498   Die Hinterlegung muss spätestens am Tag der Patentanmeldung vorgenommen werden (§ 1 (1) Nr 1 BioMatHinV, R 31 (1) a EPÜ, Art 13 (1) a BioPatRL). Da die Hinterlegung eine Ergänzung der Anmeldung darstellt, muss ihr Gegenstand – ebenso wie die Anmeldeunterlagen – der Verfügungsgewalt des Anmelders spätestens ab dem Anmeldezeitpunkt entzogen sein. Hinterlegungen, die nach dem Anmeldetag erfolgen, können Mängel früherer Hinterlegungen nicht heilen.[982] Etwas anderes gilt nur bei späterer Vereitelung des Hinterlegungszwecks nach zunächst korrekter Hinterlegung (zur Möglichkeit einer erneuten Hinterlegung in derartigen Fällen s Rdn 520).

499   Bei Inanspruchnahme der Priorität einer Erstanmeldung, deren Erfindung ohne Hinterlegung nicht ausführbar ist, muss die Hinterlegung bereits zum Zeitpunkt der Erstanmeldung vorgenommen worden sein.[983] Dies kann insbesondere in Zusammen-

---

976   IdR im Aprilheft des ABl, zB ABl 20, A55, S 32.
977   T 1045/16 v 8.3.2021 GRUR-RS 21, 4928.
978   BGH GRUR 75, 430 *Bäckerhefe*.
979   BGH GRUR 85, 1035 *Methylomonas*; kritisch dazu Straus GRUR Int 86, 601.
980   BPatGE 29, 155; PrüfRichtl DPMA v 11.1.2019 (Nr 3.1.2.4); § 4 BioMatHinV.
981   § 4 (2) *BioMatHinV*.
982   Nach BGH GRUR 85, 1035 *Methylomonas* ist hier kein Raum für Billigkeitserwägungen.
983   § 1 (1) Nr 1 BioMatHinV; BGH GRUR 75, 430 *Bäckerhefe*; MittEPA v 7.7.2010 ABl 10, 498 (A I 1.4); T 0107/09 EPOR 13, 205.

hang mit US-Erstanmeldungen zu Problemen führen, da nach der US-Rechtsprechung die Hinterlegung nicht bereits am Anmeldetag erfolgt sein muss.[984]

Eine vom Hinterlegungszeitpunkt zu unterscheidende Frage ist, wann das Hinterlegungsstatut (s Rdn 496) den Anforderungen des europäischen oder nationalen Rechts entsprechen muss. Dies braucht noch nicht zum Prioritätszeitpunkt der Fall zu sein. Allerdings muss der Anmelder dann spätestens bis zum Anmeldetag dafür Sorge tragen, dass diesen Anforderungen genügt wird (»Umwandlung der Hinterlegung«).[985] 500

8 Notwendigkeit schriftlicher Angaben

8.1 Angaben über Merkmale: Eine Hinterlegung ohne jede Beschreibung ist keine ausreichende Offenbarung,[986] weil eine Hinterlegung die Beschreibung nur ergänzen, aber nicht vollständig ersetzen kann. Der Anmelder hat daher in der Beschreibung die einschlägigen Informationen zu vermitteln, die ihm bezüglich der Merkmale des hinterlegten biologischen Materials[987] bekannt sind (§ 1 (1) Nr 2 BioMatHinV, R 31 (1) b EPÜ, Art 13 (1) b BioPatRL). 501

8.2 Mitteilung der Hinterlegungsstelle und des Aktenzeichens der Hinterlegung: Erst durch die explizite Bezugnahme auf die Hinterlegung wird diese in die patentrechtliche Offenbarung einbezogen. Der Anmelder hat daher die Hinterlegungsstelle und das Aktenzeichen mitzuteilen (§ 1 (1) Nr 3 BioMatHinV, R 31 (1) c EPÜ, Art 13 (1) Nr 3 BioPatRL). Nach R 31 (2) Satz 3 EPÜ gilt diese Mitteilung als vorbehaltlose und unwiderrufliche Zustimmung zur Freigabe gemäß den gesetzlichen Vorschriften. 502

Die Möglichkeit, die genannten Angaben nachzureichen, dürfte mit Art 13 (1) c BioPatRL zu vereinbaren sein, obwohl sie dort nicht explizit vorgesehen ist. § 3 (1) Nr 2 BioMatHinV bestimmt, dass das Aktenzeichen der Hinterlegung nachgereicht werden kann, wenn die Anmeldeunterlagen eine eindeutige Zuordnung der Anmeldung zu dem hinterlegten Material ermöglichen. Nach R 31 (2) EPÜ kann die Angabe der Hinterlegungsstelle und das Aktenzeichen nachgereicht werden; allerdings verlangt die Rechtsprechung des EPA, dass die eindeutige Zuordnung des hinterlegten Materials gewährleistet sein muss (zB durch Mitteilung des gegenüber der Hinterlegungsstelle verwendeten Bezugszeichens des Hinterlegers in der Anmeldung).[988] 503

Die Nachreichungsfrist endet grundsätzlich mit dem Abschluss der technischen Vorbereitungen für die Veröffentlichung der Anmeldung,[989] beträgt jedoch mindestens 16 Monate nach dem Anmelde- oder Prioritätstag, es sei denn, es ist ein Antrag auf vorzei- 504

---

984 CAFC 227 USPQ 90 (1985) = GRUR Int **87**, 54 *Lundak.*
985 MittEPA v 7.7.2010 ABl 10, 498 (A I 2.).
986 T 0418/89 ABl **93**, 20 (Nr 5.3); T 0495/89 GRUR Int **92**, 457.
987 Für Details s EPA-PrüfRichtl F-III 6.3.
988 GrBK G 0002/93 ABl **95**, 275 (Nr 11) *Hepatitis-A-Virus/USA II.*
989 **DPMA:** Das Datum des Abschlusses der technischen Vorbereitungen wird dem Anmelder spätestens 14 Monate nach Anmelde- oder Prioritätstag mitgeteilt, vgl MittDPA Nr 6/81 BlPMZ **81**, 141; vgl aber auch MittDPMA Nr 9/11 BlPMZ **11**, 285. **EPA:** 5 Wochen vor dem Ablauf des 18. Monats nach dem Anmelde- oder Prioritätstag, Beschluss PräsEPA v 12.7.2007 ABl 07 SonderA Nr 3, 94 = ABl **16** ZPubl 4, 262.

tige Offenlegung gemäß § 31 (2) Nr 1 oder Art 93 (1) EPÜ gestellt worden oder es besteht ein Recht eines Dritten auf vorzeitige Akteneinsicht gemäß § 31 (1) Satz 1 oder Art 128 (2) EPÜ.

505 Die Frist für die Nachreichung der Angaben ist keine Frist für die Vornahme einer Verfahrenshandlung, sondern für die Erfüllung der Offenbarung der Erfindung. Sie hat also keinen prozessualen, sondern materiell-rechtlichen Charakter. Ohne die Angaben wäre ein Fachmann nicht in der Lage, die Erfindung auszuführen. Daher stellt die *Versäumung der Frist einen Offenbarungsmangel* dar, der weder berichtigt noch nachgeholt werden kann.[990] Dementsprechend fordert EPA nicht zur Einhaltung der Frist auf, und sie kann nicht verlängert werden. Die Frist ist seit Inkrafttreten des EPÜ 2000 (13.12.2007) explizit von der Weiterbehandlung ausgeschlossen worden (R 135 (2) EPÜ). Auch Wiedereinsetzung gegen ihre Versäumung dürfte nicht gewährt werden können,[991] denn durch Wiedereinsetzung kann eine unzureichende Offenbarung nicht nachträglich in eine ausreichende Offenbarung umgewandelt werden.

506 **8.3 Zusätzliche Angaben bei Nicht-Identität von Anmelder und Hinterleger:** Anmelder und Hinterleger werden idR identisch sein. Für den Sonderfall der Nicht-Identität (»Dritthinterlegung«), die in Art 13 BioPatRL nicht ausdrücklich geregelt ist, sind weitere Angaben erforderlich, um sicherzustellen, dass die Pflichten, die im Rahmen einer patentrechtlichen Hinterlegung an sich vom Anmelder zu erfüllen sind (unwiderrufliche Freigabe zur Abgabe von Proben, erneute Hinterlegung), vom Hinterleger erfüllt werden.

507 Vor dem DPMA muss der Anmelder bei einer Dritthinterlegung durch Vorlage von Urkunden nachweisen, dass der Hinterleger das Material der Hinterlegungsstelle ab dem Tag der Anmeldung zur Herausgabe von Proben im rechtlich vorgesehenen Umfang vorbehaltlos und unwiderruflich zur Verfügung gestellt hat (§ 4 (1) 2 BioMatHinV). Eine Frist hierfür sieht die BioMatHinV nicht vor.

508 Vor dem EPA muss der Anmelder Name und Anschrift des Hinterlegers mitteilen und durch Vorlage von Urkunden nachweisen, dass der Hinterleger den Anmelder ermächtigt hat, auf das hinterlegte Material Bezug zu nehmen, und vorbehaltlos und unwiderruflich seine Zustimmung erteilt hat, dass das Material nach Maßgabe von R 33 der Öffentlichkeit zugänglich gemacht wird (R 31 (1) d EPÜ). Diese Angaben müssen innerhalb der gleichen Fristen, wie sie für die Mitteilung der Hinterlegungsstelle und des Aktenzeichens gelten (s Rdn 504), eingereicht werden (R 31 (2) EPÜ). Unter der früheren Rechtslage, dh vor Einfügung von R 31 (1) d (= R 28 (1) d aF), hat die Rechtsprechung den nachträglichen Nachweis genügen lassen, dass der Anmelder (Muttergesellschaft) die tatsächliche Verfügungsbefugnis über die Hinterlegung des Dritten (Tochtergesellschaft) besaß.[992]

---

990 GrBK G 0002/93 ABl **95**, 275 *Hepatitis-A-Virus/USA II*; T 0815/90 ABl **94**, 389 (Vorlage); überholt: J 0008/87 ABl **89**, 9.
991 MittEPA v 7.7.2010 ABl **10**, 498 (Nr 3.10); aA T 0227/97 ABl **99**, 495.
992 T 0118/87 ABl **91**, 474.

9 Dauer der Hinterlegung

Ist die Hinterlegung nach dem Budapester Vertrag erfolgt, ergibt sich die Dauer der Aufbewahrung des hinterlegten Materials aus Regel 9.1 BV (s Rdn 524). Danach haben die internationalen Hinterlegungsstellen das Material mindestens 30 Jahre nach dem Hinterlegungszeitpunkt aufzubewahren, darüber hinaus mindestens 5 Jahre vom Eingang des letzten Antrags auf Abgabe einer Probe. Die gleiche Regelung enthalten die besonderen Abkommen des EPA, mit denen weitere Hinterlegungsstellen anerkannt wurden.[993] Ist vor DPMA nicht nach dem BV hinterlegt, dann muss das Material 5 Jahre ab dem Eingang des letzten Antrags auf Abgabe einer Probe aufbewahrt werden, mindestens jedoch fünf Jahre über die gesetzliche maximale Schutzdauer aller Schutzrechte, die auf das Material Bezug nehmen, hinaus (§ 7 BioMatHinV).

509

10 Abgabe von Proben

Durch die Abgabe von Proben wird gewährleistet, dass ein Fachmann die nicht vollständig beschreibbare Erfindung tatsächlich ausführen kann. Sie ist also wesentlicher Teil jeder Offenbarung. Da mit der Probe ein Dritter nicht nur intellektuelle Informationen erhält, sondern ein vermehrbares materielles Substrat, das in gewisser Weise die »Fabrik« zur Erzeugung des Erfindungsgegenstands darstellt, entsteht ein erhöhtes Schutzbedürfnis des Anmelders. Es ist daher zur Vermeidung eines Missbrauchs gerechtfertigt, die Abgabe an die Erfüllung bestimmter Bedingungen zu knüpfen.

510

10.1 An Patentamt oder Hinterleger: Das Patentamt kann jederzeit ab Anmeldetag die Herausgabe einer Probe des hinterlegten Materials, auf das die Anmeldung Bezug nimmt, anfordern (Regel 11.1 BV, § 5 (1) b) BioMatHinV). Proben können außerdem jederzeit an den Hinterleger selbst und, falls er einwilligt, an andere Personen abgegeben werden (§ 5 (1) Nr 1 a und c BioMatHinV).

511

10.2 An sonstige Dritte: Bis zur Veröffentlichung der Anmeldung besteht Geheimhaltung, Dritte haben grundsätzlich kein Recht auf Herausgabe einer Probe. Eine Ausnahme gilt nur für den Fall der vorzeitigen Akteneinsicht nach § 31 (1) Satz 1 und Art 128 (2) EPÜ (s § 5 (1) Nr 1 c BioMatHinV und R 33 (1) Satz 1 EPÜ).

512

Nach Veröffentlichung der Anmeldung besteht Zugänglichkeit. Ab diesem Zeitpunkt hat jedermann grundsätzlich Anspruch auf Herausgabe einer Probe (§ 5 (1) Nr 2 BioMatHinV, R 33 (1) Satz 1 EPÜ, Art 13 (2) b BioPatRL). Allerdings muss der Dritte bestimmte Bedingungen erfüllen. Außerdem kann der Anmelder die Herausgabe auf unabhängige Sachverständige beschränken (sog. Sachverständigenlösung).

513

Nach Art 13 (3) BioPatRL (im Ergebnis ebenso R 33 (2) Satz 1 EPÜ) erfolgt die Herausgabe grundsätzlich nur, wenn sich der Antragsteller verpflichtet, für die Dauer der Wirkung des Patents keine Probe des hinterlegten Materials oder eines daraus abgeleiteten Materials a) weiteren Dritten zugänglich zu machen und b) zu anderen als Versuchszwecken zu verwenden. § 6 (1) BioMatHinV enthält eine ähnliche Regelung, erweitert aber die Dauer der Verpflichtungserklärung auf die Wirksamkeit sämtlicher Schutzrechte, die auf das hinterlegte Material Bezug nehmen.

514

---

993 ABl **82**, 454, 456 (Nr 11).

515 *Expertenlösung:*[994] Der Anmelder kann nach § 5 (1) Nr 2 BioMatHinV, R 32 EPÜ und Art 13 (2) b BioPatRL erreichen, dass anstelle des Antragstellers nur ein unabhängiger Sachverständiger Proben erhält. Dieses Verlangen muss der Anmelder bis zum Abschluss der technischen Vorbereitungen für die Veröffentlichung der Anmeldung (s Rdn 504) dem Patentamt mitteilen (§ 5 (4) BioMatHinV, R 32 (1) EPÜ). Darauf wird bei der Veröffentlichung der europäischen Anmeldung hingewiesen.[995]

516 Geht vor dem *Stichtag* keine Mitteilung ein, verbleibt es bei der allgemeinen Regelung, dh Herausgabe von Proben an Antragsteller direkt. Gegen die Versäumung des Stichtags gibt es keine Wiedereinsetzung, da keine Frist iSd Art 122 EPÜ versäumt ist.

517 *Zeitraum:* Die Beschränkung der Abgabe von Proben nur an Sachverständige ist zeitlich begrenzt; sie gilt nur bis zur Patenterteilung oder – wenn die Anmeldung ohne Erteilung ihre Erledigung findet – für 20 Jahre nach dem Anmeldetag (§ 5 (1) Nr 2 und (2) BioMatHinV, R 32 (1) EPÜ, Art 13 (2) b und (4) BioPatRL).

518 *Sachverständiger* kann nach deutschem Recht jede Person sein, auf die sich Anmelder und Antragsteller im konkreten Fall einigen oder die vom Präsidenten des Patentamts als Sachverständiger generell anerkannt ist (§ 5 (3) BioMatHinV). Unter EPÜ ist das früher nach R 32 (2) vorgesehene und veröffentlichte Verzeichnis anerkannter Sachverständiger mit Wirkung zum 1.7.2017 weggefallen.[996] Es genügt nunmehr im Wesentlichen, dass der vom Antragsteller benannte Sachverständige erklärt, die vom Präsidenten des EPA festgelegten Anforderungen und Verpflichtungen[997] zu erfüllen.

519 *Verfahren:* R 11 BV (s Rdn 523) regelt das Verfahren für die Herausgabe der Proben durch internationale Hinterlegungsstellen. Dritte haben einen Antrag auf vorgeschriebenem Formblatt[998] einzureichen, auf dem das Patentamt bestätigt, dass der Dritte einen Anspruch auf eine Probe hat und die Bedingungen für den Erhalt der Probe nach geltendem nationalen oder europäischen Recht erfüllt sind. Die internationalen Hinterlegungsstellen prüfen daher nicht selbständig das zur Anwendung kommende nationale oder europäische Hinterlegungsrecht.

11 Erneute Hinterlegung

520 Eine erneute Hinterlegung sehen Art 4 BV, § 9 BioMatHinV, R 34 EPÜ und Art 14 BioPatRL vor, wenn die Hinterlegungsstelle zur Abgabe von Proben nicht mehr in der Lage ist, zB weil das Material seine Lebensfähigkeit verloren hat. Das hat die Hinterlegungsstelle dem Anmelder mitzuteilen. Innerhalb von 3 Monaten kann erneut hinterlegt werden. Dabei hat der Hinterleger die Identität[999] von neuem und altem Material in einer Erklärung zu bestätigen. Die erneute Hinterlegung wird dann so behandelt, als wäre sie am Tag der ursprünglichen Hinterlegung erfolgt. Einer erneuten

---

994 **Lit in GRUR Int:** Teschemacher 79, 444; Troller 80, 199; von Pechmann 80, 339.
995 MittEPA v 7.7.2010 ABl 10, 498 (A.I 4.3).
996 Durch Beschluss des Verwaltungsrats v 29.6.2017 (ABl 17, A55) wurde R 32 EPÜ neugefasst.
997 S hierzu *Beschluss PräsEPA* v 10.7.2017 über die Anforderungen und Verpflichtungen für nach R 32 benannte Sachverständige ABl 17, A60.
998 Von der Website des EPA abrufbar, s ABl 10, 498, 510 (Nr 18).
999 Vgl dazu T 2266/10 v 28.6.2012 (Nr 23–31).

Hinterlegung bedarf es nicht, wenn das Material an eine andere Hinterlegungsstelle weitergeleitet worden ist, bei der es zugänglich ist. Nach R 34 EPÜ ist dem EPA 4 Monate nach dem Tag der erneuten Hinterlegung eine Kopie der Empfangsbescheinigung der Hinterlegungsstelle zu übermitteln.

12 Mängel der Hinterlegung

Ist eine der Voraussetzungen, die nach dem geltenden Recht für eine wirksame Hinterlegung maßgebend sind, nicht erfüllt oder entfällt sie später, so ist die angemeldete Erfindung nicht (mehr) so offenbart, dass ein Fachmann sie ausführen könnte. Eine Anmeldung müsste zurückgewiesen, ein Patent widerrufen oder für nichtig erklärt werden. Ein unheilbarer Offenbarungsmangel liegt auch vor, wenn ein Fachmann anhand von Beschreibung und Hinterlegung mit normalem Aufwand das Ziel der Erfindung nicht zu erreichen vermag, zB wenn die Nacharbeitung gemäß der Anleitung der Hinterlegungsstelle nicht gelingt oder Standardverfahren versagen.[1000] Zur Umwandlung einer unzureichenden in eine wirksame Hinterlegung s Rdn 497.

521

13 Budapester Vertrag über die internationale Anerkennung der Hinterlegung von Mikroorganismen für die Zwecke von Patentverfahren

vom 28.4.1977 (BGBl 1980 II 1105 = BlPMZ **81**, 54), geändert am 26.9.1980 (BGBl 1984 II 679 = BlPMZ **84**, 318 = Tabu Gewerbl. Rechtsschutz Nr 635)
Ausführungsordnung vom 28.4.1977 (BGBl 1980 II 1122 = GRUR Int **78**, 75 = BlPMZ **81**, 59), geändert am 20.1.1981 (BGBl 1981 II 332 = BlPMZ **81**, 237)

522

Lit: Records of the Budapest Diplomatic Conference for the conclusion of a Treaty on the international recognition of the deposit of microorganisms for the purpose of patent procedure 1980; Amtliche Begründung zum Gesetz zum Budapester Vertrag und Denkschrift BlPMZ **81**, 66; **Straus/Moufang:** Hinterlegung und Freigabe von biologischem Material für Patentierungszwecke 1989; **Lit in GRUR Int:** Hallmann 78, 55; Straus 86, 601; **Lit in Mitt:** Boeters 82, 73; Boeters/Collins 83, 91; Breuer 97, 137; **Lit in IIC:** Crespi 93, 1

Art 3 Anerkennung und Wirkung der Hinterlegung von Mikroorganismen

(1) a) Vertragsstaaten, die die Hinterlegung von Mikroorganismen für die Zwecke von Patentverfahren zulassen oder verlangen, erkennen für diese Zwecke die Hinterlegung eines Mikroorganismus bei jeder internationalen Hinterlegungsstelle an. Diese Anerkennung schließt die Anerkennung der Tatsache und des Zeitpunkts der Hinterlegung, wie sie von der internationalen Hinterlegungsstelle angegeben sind, sowie die Anerkennung der Tatsache ein, dass die gelieferte Probe eine Probe des hinterlegten Mikroorganismus ist.
b) Jeder Vertragsstaat kann eine Abschrift der von der internationalen Hinterlegungsstelle ausgestellten Empfangsbestätigung über die Hinterlegung nach Buchstabe a verlangen.
(2) In Angelegenheiten, die in diesem Vertrag und der Ausführungsordnung geregelt werden, kann kein Vertragsstaat die Erfüllung von Erfordernissen, die von den in diesem Vertrag und der Ausführungsordnung vorgesehenen abweichen, oder zusätzliche Erfordernisse verlangen.

523

Art 4 Erneute Hinterlegung

(1) a) Kann eine internationale Hinterlegungsstelle Proben des hinterlegten Mikroorganismus aus irgendeinem Grund nicht abgeben, insbesondere
i) wenn dieser Mikroorganismus nicht mehr lebensfähig ist oder
ii) wenn die Abgabe von Proben deren Versand ins Ausland erforderlich machen würde und dem Versand oder dem Empfang der Probe im Ausland Aus- oder Einfuhrbeschränkungen entgegenstehen.

524

1000 T 0418/89 ABl **93**, 20 (Nr 3.12).

so teilt diese Stelle, sobald sie festgestellt hat, dass sie nicht zur Abgabe von Proben in der Lage ist, dies unverzüglich dem Hinterleger unter Angabe der Gründe mit; der Hinterleger hat vorbehaltlich des Absatzes 2 und gemäß diesem Absatz das Recht, eine erneute Hinterlegung des ursprünglich hinterlegten Mikroorganismus vorzunehmen.
b) Die erneute Hinterlegung ist bei der internationalen Hinterlegungsstelle vorzunehmen, bei der die ursprüngliche Hinterlegung vorgenommen wurde; jedoch
   i) ist sie bei einer anderen internationalen Hinterlegungsstelle vorzunehmen, wenn die Stelle, bei der die ursprüngliche Hinterlegung vorgenommen wurde, den Status einer internationalen Hinterlegungsstelle entweder insgesamt oder für die Art von Mikroorganismen, zu der der hinterlegte Mikroorganismus gehört, nicht mehr besitzt oder wenn die internationale Hinterlegungsstelle, bei der die ursprüngliche Hinterlegung vorgenommen wurde, die Erfüllung ihrer Aufgaben in bezug auf hinterlegte Mikroorganismen vorübergehend oder endgültig einstellt;
   ii) kann sie in dem in Buchstabe a Ziffer ii genannten Fall bei einer anderen internationalen Hinterlegungsstelle vorgenommen werden.
c) Jeder erneuten Hinterlegung ist eine vom Hinterleger unterzeichnete Erklärung beizufügen, in der bestätigt wird, dass der erneut hinterlegte Mikroorganismus derselbe wie der ursprünglich hinterlegte ist. Wird die Bestätigung des Hinterlegers bestritten, so richtet sich die Beweislast nach dem jeweils geltenden Recht.
d) Vorbehaltlich der Buchstaben a bis c und e wird die erneute Hinterlegung so behandelt, als wäre sie am Tag der ursprünglichen Hinterlegung erfolgt, sofern sich aus allen vorhergehenden Bescheinigungen betreffend die Lebensfähigkeit des ursprünglich hinterlegten Mikroorganismus ergibt, dass der Mikroorganismus lebensfähig war, und sofern die erneute Hinterlegung innerhalb von drei Monaten nach dem Zeitpunkt vorgenommen wird, zu dem die unter Buchstabe a genannte Mitteilung beim Hinterleger eingegangen ist.
e) Ist Buchstabe b Ziffer i anwendbar und geht die unter Buchstabe a genannte Mitteilung beim Hinterleger nicht innerhalb von sechs Monaten nach dem Zeitpunkt ein, zu dem die unter Buchstabe b Ziffer i genannte Beendigung, Einschränkung oder Einstellung vom Internationalen Büro veröffentlicht wurde, so ist die unter Buchstabe d genannte Dreimonatsfrist vom Zeitpunkt dieser Veröffentlichung an zu berechnen.
(2) Das in Absatz 1 Buchstabe a genannte Recht besteht nicht, wenn der hinterlegte Mikroorganismus an eine andere internationale Hinterlegungsstelle weitergeleitet wurde, solange diese Stelle in der Lage ist, Proben des Mikroorganismus abzugeben.

R 9.1 Dauer der Aufbewahrung
525 Jeder bei einer internationalen Hinterlegungsstelle hinterlegte Mikroorganismus ist von dieser Stelle mit aller zur Erhaltung der Lebensfähigkeit und Unverseuchtheit erforderlichen Sorgfalt aufzubewahren, und zwar mindestens fünf Jahre vom Eingang des letzten Antrags auf Abgabe einer Probe des hinterlegten Mikroorganismus bei dieser Stelle an, in jedem Fall jedoch mindestens 30 Jahre nach dem Zeitpunkt der Hinterlegung.

R 11 Abgabe von Proben
11.1 Abgabe von Proben an beteiligte Ämter für gewerbliches Eigentum
526 Jede internationale Hinterlegungsstelle hat an das Amt für gewerbliches Eigentum eines Vertragsstaats oder einer zwischenstaatlichen Organisation für gewerbliches Eigentum auf Antrag des Amtes eine Probe von einem hinterlegten Mikroorganismus abzugeben, wenn dem Antrag eine Erklärung beigefügt ist,
   i) dass eine Anmeldung, die auf die Hinterlegung des Mikroorganismus Bezug nimmt, bei diesem Amt zur Erteilung eines Patents eingereicht wurde und dass sich der Gegenstand der Anmeldung auf den Mikroorganismus oder seine Verwendung bezieht;
   ii) dass eine derartige Anmeldung bei diesem Amt anhängig ist oder zur Erteilung eines Patents geführt hat;
   iii) dass die Probe für Zwecke eines Patentverfahrens mit Wirkung in diesem Vertragsstaat oder in dieser Organisation oder ihren Mitgliedstaaten benötigt wird;
   iv) dass diese Probe und die beigefügten oder sich daraus ergebenden Angaben nur für Zwecke dieses Patentverfahrens verwendet werden.
11.2 Abgabe von Proben an den Hinterleger oder mit dessen Einwilligung
Jede internationale Hinterlegungsstelle hat eine Probe von einem hinterlegten Mikroorganismus abzugeben.
   i) an den Hinterleger auf dessen Antrag;

ii) an eine Behörde oder eine natürliche oder juristische Person (im folgenden als »berechtigte Partei« bezeichnet) auf deren Antrag, wenn dem Antrag eine Erklärung des Hinterlegers beigefügt ist, mit der in die beantragte Abgabe einer Probe eingewilligt wird.

11.3 Abgabe von Proben an Parteien, die einen Rechtsanspruch haben

a) Jede internationale Hinterlegungsstelle hat an eine Behörde oder eine natürliche oder juristische Person (im folgenden als »bestätigte Partei« bezeichnet) auf deren Antrag eine Probe von einem hinterlegten Mikroorganismus abzugeben, vorausgesetzt, dass der Antrag auf einem Formblatt gestellt ist, dessen Inhalt von der Versammlung festgelegt wird, und dass auf diesem Formblatt ein Amt für gewerbliches Eigentum bestätigt,

i) dass eine Anmeldung, die auf die Hinterlegung des Mikroorganismus Bezug nimmt, bei diesem Amt zur Erteilung eines Patents eingereicht wurde und dass sich der Gegenstand der Anmeldung auf den Mikroorganismus oder seine Verwendung bezieht;

ii) dass außer im Fall der zweiten Teils der Ziffer iii die Veröffentlichung für Zwecke des Patentverfahrens durch das Amt stattgefunden hat;

iii) entweder dass die bestätigte Partei nach dem für das Patentverfahren vor diesem Amt geltenden Recht einen Anspruch auf eine Probe des Mikroorganismus hat und, falls dieses Recht diesen Anspruch von der Erfüllung bestimmter Bedingungen abhängig macht, dass das Amt davon überzeugt hat, dass diese Bedingungen tatsächlich erfüllt sind, oder dass die bestätigte Partei ein Formblatt vor diesem Amt unterschrieben hat und dass infolge der Unterschrift auf dem Formblatt die Bedingungen für die Abgabe einer Probe an die bestätigte Partei nach dem für das Patentverfahren vor diesem Amt geltenden Recht als erfüllt anzusehen sind; steht der bestätigten Partei der genannte Anspruch nach diesem Recht vor der Veröffentlichung für Zwecke des Patentverfahrens durch das Amt zu und hat die Veröffentlichung noch nicht stattgefunden, so hat die Bestätigung dies ausdrücklich festzustellen sowie die anwendbare Bestimmung dieses Rechts einschließlich einer etwaigen Gerichtsentscheidung in üblicher Weise anzugeben.

b) Hinsichtlich der von einem Amt für gewerbliches Eigentum erteilten und veröffentlichten Patente kann dieses Amt zu jeder Zeit jeder internationaler Hinterlegungsstelle Listen der Eingangsnummern mitteilen, die von dieser Stelle den Hinterlegungen von Mikroorganismen zugeteilt wurden, auf die in den Patenten Bezug genommen ist. Die internationale Hinterlegungsstelle hat auf Antrag einer Behörde oder einer natürlichen oder juristischen Person (im folgenden als »antragstellende Partei« bezeichnet) an diese eine Probe von jedem Mikroorganismus abzugeben, dessen Eingangsnummer auf diese Weise mitgeteilt wurde. Hinsichtlich hinterlegter Mikroorganismen, deren Eingangsnummern auf diese Weise mitgeteilt wurden, ist dieses Amt nicht verpflichtet, die in Regel 11.3 Buchstabe a genannte Bestätigung zu erteilen.

14 AusfO zum EPÜ[1001]

R 31 EPÜ Hinterlegung von biologischem Material (deposit of biological material)

(1) Wird bei einer Erfindung biologisches Material verwendet oder bezieht sie sich auf biologisches Material, das der Öffentlichkeit nicht zugänglich ist und in der europäischen Patentanmeldung nicht so beschrieben werden kann, dass ein Fachmann die Erfindung danach ausführen kann, so gilt die Erfindung nur dann als gemäß Art 83 offenbart, wenn

a) eine Probe des biologischen Materials spätestens am Anmeldetag bei einer anerkannten Hinterlegungsstelle unter denselben Bedingungen wie denen des Budapester Vertrags über die internationale Anerkennung der Hinterlegung von Mikroorganismen für die Zwecke von Patentverfahren vom 28. April 1977 hinterlegt worden ist,

b) die Anmeldung in der ursprünglich eingereichten Fassung die dem Anmelder zur Verfügung stehenden maßgeblichen Angaben über die Merkmale des biologischen Materials enthält,

---

[1001] Mit Inkrafttreten des EPÜ 2000 (13.12.2007) wurden die bisherigen R 28 u 28a EPÜ in R 31–34 EPÜ aufgespalten und durch Bezugnahmen auf den Budapester Vertrag in R 34 vereinfacht. Durch VR-Beschluss v 28.6.2017 (ABl 17, A55; s auch MittEPA v 10.7.2017 ABl 17, A61) wurden R 32 und 33 geändert (Streichung des Verzeichnisses von Sachverständigen). Zu früheren Änderungen s 10. Aufl § 34 Fn 994 und für weitere Details s MittEPA v 7.7.2010 ABl 10, 498 u.

§ 34 Hinterlegung biologischen Materials / deposit of biological material

c) [1002] die Hinterlegungsstelle und die Eingangsnummer des hinterlegten biologischen Materials in der Anmeldung angegeben sind und
d) – falls das biologische Material nicht vom Anmelder hinterlegt wurde – Name und Anschrift des Hinterlegers in der Anmeldung angegeben sind und dem EPA durch Vorlage von Urkunden nachgewiesen wird, dass der Hinterleger den Anmelder ermächtigt hat, in der Anmeldung auf das hinterlegte biologische Material Bezug zu nehmen, und vorbehaltlos und unwiderruflich seine Zustimmung erteilt hat, dass das von ihm hinterlegte Material nach Maßgabe der R 33 der Öffentlichkeit zugänglich gemacht wird.

(2) [1]Die in Absatz 1 c) und d) genannten Angaben können nachgereicht werden
a) innerhalb von 16 Monaten nach dem Anmeldetag oder, wenn eine Priorität in Anspruch genommen worden ist, nach dem Prioritätstag; die Frist gilt als eingehalten, wenn die Angaben bis zum Abschluss der technischen Vorbereitungen für die Veröffentlichung der europäischen Patentanmeldung mitgeteilt werden;
b) bis zum Tag der Einreichung eines Antrags nach Art 93 Abs 1 b);
c) innerhalb eines Monats, nachdem das EPA dem Anmelder mitgeteilt hat, dass ein Recht auf Akteneinsicht nach Art 128 Abs 2 besteht.
[2]Maßgebend ist die Frist, die zuerst abläuft. [3]Die Mitteilung dieser Angaben gilt vorbehaltlos und unwiderruflich als Zustimmung des Anmelders, dass das von ihm hinterlegte biologische Material nach Maßgabe der R 33 der Öffentlichkeit zugänglich gemacht wird.

R 32 Sachverständigenlösung (expert solution)

528 (1)[1003] Bis zum Abschluss der technischen Vorbereitungen für die Veröffentlichung der europäischen Patentanmeldung kann der Anmelder dem EPA mitteilen, dass
a) bis zu dem Tag, an dem der Hinweis auf die Erteilung des europäischen Patents bekanntgemacht wird, oder gegebenenfalls
b) für die Dauer von zwanzig Jahren ab dem Anmeldetag der Anmeldung, falls die Anmeldung zurückgewiesen wird oder als zurückgenommen gilt,
der in R 33 bezeichnete Zugang nur durch Herausgabe einer Probe an einen vom Antragsteller benannten unabhängigen Sachverständigen hergestellt wird.
(2) [1]Als Sachverständiger kann jede natürliche Person benannt werden, sofern sie die vom Präsidenten des EPA festgelegten Anforderungen und Verpflichtungen erfüllt. [2]Zusammen mit der Benennung ist eine Erklärung des Sachverständigen einzureichen, wonach er sich verpflichtet, die vorstehend genannten Anforderungen und Verpflichtungen zu erfüllen, und ihm keine Umstände bekannt sind, die geeignet wären, begründete Zweifel an seiner Unabhängigkeit zu wecken, oder die seiner Funktion als Sachverständiger anderweitig entgegenstehen könnten. [3]Zusammen mit der Benennung ist ferner eine Erklärung des Sachverständigen einzureichen, in der er die in R 33 vorgesehenen Verpflichtungen gegenüber dem Anmelder bis zum Erlöschen des europäischen Patents in allen benannten Staaten oder – falls die Anmeldung zurückgewiesen oder zurückgenommen wird oder als zurückgenommen gilt – bis zu dem in Abs 1 b) vorgesehenen Zeitpunkt eingeht, wobei der Antragsteller als Dritter anzusehen ist.

R 33 Zugang zu biologischem Material (availability of biological material)

529 (1) [1]Vom Tag der Veröffentlichung der europäischen Patentanmeldung an ist das nach Maßgabe der R 31 hinterlegte biologische Material jedermann auf Antrag und vor dem Tag demjenigen, der das Recht auf Akteneinsicht nach Art 128 Abs 2 hat, auf Antrag zugänglich. [2]Vorbehaltlich der R 32 wird der Zugang durch Herausgabe einer Probe des hinterlegten Materials an den Antragsteller hergestellt.
(2) [1]Die Herausgabe erfolgt nur, wenn der Antragsteller sich gegenüber dem Anmelder oder Patentinhaber verpflichtet hat, das biologische Material oder davon abgeleitetes biologisches Material Dritten nicht zugänglich zu machen und es lediglich zu Versuchszwecken zu verwenden, bis die Patentanmeldung zurückgewiesen oder zurückgenommen wird oder als zurückgenommen gilt oder das europäische Patent in allen benannten Staaten erloschen ist, sofern der Anmelder oder Patentinhaber nicht ausdrücklich darauf verzichtet. [2]Die Verpflichtung, das biologische Material nur zu Versuchszwecken zu verwenden, ist hinfällig, soweit der Antragsteller dieses Material auf-

---

1002 Vgl hierzu GrBK G 0002/93 ABl 95, 275 Hepatitis-A-Virus/USA II, wonach die in R 28 (1) c) EPÜ aF vorgeschriebene Angabe des Aktenzeichens einer hinterlegten Kultur nach Ablauf der Frist gemäß R 28 (2) a EPÜ aF nicht mehr vorgenommen werden kann.
1003 Vgl hierzu MittEPA v 7.7.2010 ABl 10, 498 (Nr 4) u MittEPA v 10.7.2017 ABl 17, A61.

grund einer Zwangslizenz verwendet. ³Unter Zwangslizenzen sind auch Amtslizenzen und Rechte zur Benutzung einer patentierten Erfindung im öffentlichen Interesse zu verstehen.
(3) ¹Abgeleitetes biologisches Material im Sinne des Abs 2 ist jedes Material, das noch die für die Ausführung der Erfindung wesentlichen Merkmale des hinterlegten Materials aufweist. ²Die in Abs 2 vorgesehenen Verpflichtungen stehen einer für die Zwecke von Patentverfahren erforderlichen Hinterlegung eines abgeleiteten biologischen Materials nicht entgegen.
(4) ¹Der in Abs 1 vorgesehene Antrag ist beim EPA auf einem von diesem anerkannten Formblatt einzureichen. ²Das EPA bestätigt auf dem Formblatt, dass eine europäische Patentanmeldung eingereicht worden ist, die auf die Hinterlegung des biologischen Materials Bezug nimmt, und dass der Antragsteller oder der von ihm nach R 32 benannte Sachverständige Anspruch auf Herausgabe einer Probe dieses Materials hat. ³Der Antrag ist auch nach Erteilung des europäischen Patents beim EPA einzureichen.
(5) Das EPA übermittelt der Hinterlegungsstelle und dem Anmelder oder Patentinhaber eine Kopie des Antrags mit der in Abs 4 vorgesehenen Bestätigung.
(6) Das EPA veröffentlicht in seinem Amtsblatt das Verzeichnis der Hinterlegungsstellen, die für die Anwendung der R 31, 33 und 34 anerkannt sind.

R 34 EPÜ Erneute Hinterlegung von biologischem Material (new deposit of biological material)

Ist nach R 31 hinterlegtes biologisches Material bei der anerkannten Hinterlegungsstelle nicht mehr zugänglich, so gilt die Unterbrechung der Zugänglichkeit als nicht eingetreten, wenn dieses Material bei einer anerkannten Hinterlegungsstelle unter denselben Bedingungen wie denen des Budapester Vertrag über die internationale Anerkennung der Hinterlegung von Mikroorganismen für die Zwecke von Patentverfahren vom 28. April 1977 erneut hinterlegt wird und dem EPA innerhalb von vier Monaten nach dem Tag der erneuten Hinterlegung eine Kopie der von der Hinterlegungsstelle ausgestellten Empfangsbescheinigung unter Angabe der Nummer der europäischen Patentanmeldung oder des europäischen Patents übermittelt wird.

15 Verordnung über die Hinterlegung von biologischem Material in Patent- und Gebrauchsmusterverfahren (Biomaterial-Hinterlegungsverordnung – BioMatHinV)

Vom 24.1.2005 (BGBl 2005 I 151 = BlPMZ 2005, 102), geändert durch Art 14 (1) des Gesetzes v 4.4.2016 (BGBl I 558)

Auf Grund des § 34 Abs 8 des PatG in der Fassung der Bekanntmachung vom 16. Dezember 1980 (BGBl 1981 I S 1), der zuletzt durch Artikel 7 Nr 16 Buchstabe b und c des Gesetzes vom 13. Dezember 2001 (BGBl I S 3656) geändert worden ist, und des § 4 Abs 7 des Gebrauchsmustergesetzes in der Fassung der Bekanntmachung vom 28. August 1986 (BGBl I S 1455), der zuletzt durch Artikel 8 Nr 1 Buchstabe a, c und d des Gesetzes vom 13. Dezember 2001 (BGBl I S 3656) geändert worden ist, jeweils in Verbindung mit § 1 Abs 2 der DPMA-Verordnung vom 1. April 2004 (BGBl I S 514), verordnet das DPMA:

§ 1 Notwendigkeit der Hinterlegung; biologisches Material

(1) Betrifft eine Erfindung biologisches Material, das der Öffentlichkeit nicht zugänglich ist und in der Patent- oder Gebrauchsmusteranmeldung nicht so beschrieben werden kann, dass ein Fachmann diese Erfindung danach ausführen kann, oder beinhaltet die Erfindung die Verwendung eines solchen Materials, so gilt die Beschreibung für die Anwendung des Patent- oder Gebrauchsmusterrechts nur dann als ausreichend, wenn
1. das biologische Material spätestens am Tag der Anmeldung oder, wenn eine Priorität in Anspruch genommen worden ist, am Prioritätstag bei einer anerkannten Hinterlegungsstelle hinterlegt worden ist,
2. die Anmeldung die einschlägigen Informationen enthält, die dem Anmelder bezüglich der Merkmale des hinterlegten biologischen Materials bekannt sind,
3. in der Anmeldung die Hinterlegungsstelle und das Aktenzeichen der Hinterlegung angegeben sind.
(2) Biologisches Material im Sinne dieser Verordnung ist ein Material, das genetische Informationen enthält und sich selbst reproduzieren oder in einem biologischen System reproduziert werden kann.

(3) Ist das biologische Material bereits von einem Dritten hinterlegt worden, so bedarf es keiner weiteren Hinterlegung, sofern durch die erste Hinterlegung die Ausführbarkeit der weiteren Erfindung für den in § 7 festgelegten Zeitraum sichergestellt ist.

§ 2 Anerkannte Hinterlegungsstellen

533 Anerkannt sind die internationalen Hinterlegungsstellen, die diesen Status nach Artikel 7 des Budapester Vertrags vom 28. April 1977 über die internationale Anerkennung der Hinterlegung von Mikroorganismen für die Zwecke von Patentverfahren (BGBl 1980 II S 1104) in seiner jeweils geltenden Fassung erworben haben, und solche wissenschaftlich anerkannten Einrichtungen, welche die Gewähr für eine ordnungsgemäße Aufbewahrung und Herausgabe von Proben nach Maßgabe dieser Verordnung bieten und rechtlich, wirtschaftlich und organisatorisch vom Anmelder und vom Hinterleger unabhängig sind.

§ 3 Nachreichen des Aktenzeichens der Hinterlegung

534 (1) Ist bereits aufgrund der Anmeldeunterlagen eine eindeutige Zuordnung der Anmeldung zu dem hinterlegten biologischen Material möglich, so kann das Aktenzeichen der Hinterlegung nachgereicht werden
1. bei Gebrauchsmusteranmeldungen innerhalb von einem Monat nach dem Tag der Einreichung;
2. bei Patentanmeldungen innerhalb einer Frist von sechzehn Monaten nach dem Tag der Anmeldung oder, wenn eine Priorität in Anspruch genommen worden ist, nach dem Prioritätstag. Die Frist gilt als eingehalten, wenn das Aktenzeichen bis zum Abschluss der technischen Vorbereitungen für die Veröffentlichung des Offenlegungshinweises nach § 32 Abs 5 PatG mitgeteilt worden ist.

(2) Die Frist zur Nachreichung endet jedoch spätestens einen Monat nach der Mitteilung an den Anmelder, dass ein Recht auf Akteneinsicht nach § 31 Abs 1 Satz 1 PatG besteht, oder im Fall der vorzeitigen Offenlegung spätestens mit der Abgabe der Erklärung des Anmelders nach § 31 Abs 2 Satz 1 Nr 1 PatG.

§ 4 Freigabeerklärung

535 (1) ¹Der Anmelder hat das hinterlegte biologische Material der Hinterlegungsstelle ab dem Tag der Anmeldung zur Herausgabe von Proben nach § 5 für die in § 7 festgelegte Aufbewahrungsdauer durch Abgabe einer unwiderruflichen Erklärung vorbehaltlos zur Verfügung zu stellen. ²Im Fall einer Dritthinterlegung muss der Anmelder durch Vorlage von Urkunden nachweisen, dass das hinterlegte biologische Material vom Hinterleger nach Satz 1 zur Verfügung gestellt worden ist.

(2) Der Anmelder hat sich gegenüber der Hinterlegungsstelle unwiderruflich zu verpflichten, eine nach § 9 erforderlich werdende erneute Hinterlegung vorzunehmen oder durch einen Dritten vornehmen zu lassen.

§ 5 Zugang zu biologischem Material

536 (1) Das hinterlegte biologische Material wird durch Herausgabe einer Probe auf Antrag zugänglich gemacht
1. bis zur Veröffentlichung des Offenlegungshinweises nach § 32 Abs 5 PatG oder bis zur Eintragung des Gebrauchsmusters nur
   a) für den Hinterleger,
   b) für das DPMA auf Anforderung oder
   c) für den Anmelder oder einen sonstigen Dritten, wenn dieser aufgrund einer Entscheidung des DPMA nach § 31 Abs 1 Satz 1 PatG oder § 8 Abs 5 Satz 2 GebrMG oder aufgrund der Entscheidung eines Gerichts zum Erhalt einer Probe berechtigt ist oder der Hinterleger in die Abgabe der Probe schriftlich eingewilligt hat;
2. von der Veröffentlichung des Offenlegungshinweises nach § 32 Abs 5 PatG bis zur Erteilung des Patents für jedermann; auf Antrag des Hinterlegers wird der Zugang zu dem hinterlegten biologischen Material nur durch Herausgabe einer Probe an einen vom Antragsteller benannten unabhängigen Sachverständigen hergestellt;
3. nach der Erteilung des Patents oder eines ergänzenden Schutzzertifikats oder nach Eintragung des Gebrauchsmusters ungeachtet eines späteren Widerrufs oder einer Nichtigerklärung des Patents oder des ergänzenden Schutzzertifikats oder einer späteren Löschung des Gebrauchsmusters für jedermann.

(2) Bei Zurückweisung oder Zurücknahme der Anmeldung wird der in Abs 1 Nr 1 c) und Nr 2 geregelte Zugang zu dem hinterlegten biologischen Material auf Antrag des Hinterlegers für die

Dauer von 20 Jahren ab dem Tag der Anmeldung nur durch Herausgabe einer Probe an einen vom Antragsteller benannten unabhängigen Sachverständigen hergestellt.
(3) Als Sachverständiger nach Abs 1 Nr 2 und Abs 2 kann benannt werden
1. jede natürliche Person, auf die sich der Antragsteller und der Hinterleger geeinigt haben;
2. jede natürliche Person, die vom Präsidenten des DPMA als Sachverständiger anerkannt ist.
(4) Die Anträge des Hinterlegers nach Abs 1 Nr 2 und Abs 2 sind beim DPMA zu stellen und können nur bis zu dem Zeitpunkt eingereicht werden, zu dem die technischen Vorbereitungen für die Veröffentlichung des Offenlegungshinweises nach § 32 Abs 5 PatG oder für die Eintragung des Gebrauchsmusters als abgeschlossen gelten.
(5) [1]Der Antrag auf Zugang zu biologischem Material ist unter Verwendung des hierfür herausgegebenen Formblatts beim DPMA zu stellen. [2]Das DPMA bestätigt auf dem Formblatt, dass eine Patentanmeldung oder eine Gebrauchsmusteranmeldung eingereicht worden ist, die auf die Hinterlegung des biologischen Materials Bezug nimmt, und dass der Antragsteller oder der von ihm benannte Sachverständige Anspruch auf Herausgabe einer Probe dieses Materials hat. [3]Der Antrag ist auch nach Erteilung des Patents oder des ergänzenden Schutzzertifikats oder nach Eintragung des Gebrauchsmusters beim DPMA einzureichen.
(6) Das DPMA übermittelt dem Hinterlegungsstelle den Anmelder oder Schutzrechtsinhaber und im Fall der Dritthinterlegung auch dem Hinterleger eine Kopie des Antrags mit der in Abs 5 Satz 2 vorgesehenen Bestätigung.

§ 6 Verpflichtungserklärung
(1) Eine Probe wird nur dann herausgegeben, wenn der Antragsteller sich gegenüber dem Anmelder und im Fall der Dritthinterlegung auch gegenüber dem Hinterleger verpflichtet, für die Dauer der Wirkung sämtlicher Schutzrechte, die auf das hinterlegte biologische Material Bezug nehmen,
1. Dritten keine Probe des hinterlegten biologischen Materials oder eines daraus abgeleiteten Materials zugänglich zu machen und
2. keine Probe des hinterlegten biologischen Materials oder eines daraus abgeleiteten Materials zu anderen als zu Versuchszwecken zu verwenden, es sei denn, der Anmelder oder Inhaber des Schutzrechts, im Fall der Dritthinterlegung zusätzlich der Hinterleger, verzichten ausdrücklich auf eine derartige Verpflichtung. Die Verpflichtung, das biologische Material nur zu Versuchszwecken zu verwenden, ist hinfällig, soweit der Antragsteller dieses Material aufgrund einer Zwangslizenz oder einer staatlichen Benutzungsanordnung verwendet.
(2) [1]Wird die Probe an einen unabhängigen Sachverständigen herausgegeben, so hat dieser die Verpflichtungserklärung nach Abs 1 abzugeben. [2]Gegenüber dem Sachverständigen ist der Antragsteller als Dritter im Sinne des Abs 1 Nr 1 anzusehen.

§ 7 Aufbewahrungsdauer
Das hinterlegte biologische Material ist fünf Jahre ab dem Eingang des letzten Antrags auf Abgabe einer Probe aufzubewahren, mindestens jedoch fünf Jahre über die gesetzlich bestimmte maximale Schutzdauer aller Schutzrechte, die auf das hinterlegte biologische Material Bezug nehmen, hinaus.

§ 8 Hinterlegung nach Maßgabe des Budapester Vertrags
Im Fall einer Hinterlegung nach dem Budapester Vertrag richten sich die Freigabeerklärung, die Herausgabe von Proben, die Verpflichtungserklärung und die Aufbewahrungsdauer ausschließlich nach den Regeln des Budapester Vertrags und der zu diesem ergangenen Ausführungsordnung (BGBl 1980 II S 1104, 1122) in ihrer jeweils geltenden Fassung.

§ 9 Erneute Hinterlegung
(1) Ist das nach dieser Verordnung hinterlegte biologische Material bei der anerkannten Hinterlegungsstelle *nicht mehr zugänglich,* so ist eine erneute Hinterlegung unter denselben Bedingungen wie denen des Budapester Vertrags zulässig und auf Anforderung der Hinterlegungsstelle vorzunehmen.
(2) Das biologische Material ist innerhalb einer Frist von drei Monaten nach der Anforderung der Hinterlegungsstelle nach Abs 1 erneut zu hinterlegen.
(3) Jeder erneuten Hinterlegung ist eine vom Hinterleger unterzeichnete Erklärung beizufügen, in der bestätigt wird, dass das erneut hinterlegte biologische Material das Gleiche wie das ursprünglich hinterlegte Material ist.

§ 10 Zusammenarbeit mit dem DPMA
541 Das DPMA gibt den Hinterlegungsstellen alle Informationen, die zur Erfüllung ihrer Aufgaben erforderlich sind.

§ 11 Übergangsregelung
542 Diese Verordnung findet keine Anwendung auf Patent- oder Gebrauchsmusteranmeldungen, die vor ihrem Inkrafttreten eingereicht worden sind.

§ 12 Inkrafttreten
543 Diese Verordnung tritt am 28. Februar 2005 in Kraft.

§ 34a Geographischer Herkunftsort biologischen Materials
(Geographical origin of biological material)

(1) [1]Hat eine Erfindung biologisches Material pflanzlichen oder tierischen Ursprungs zum Gegenstand oder wird dabei derartiges Material verwendet, so soll die Anmeldung Angaben zum geographischen Herkunftsort dieses Materials umfassen, soweit dieser bekannt ist. [2]Die Prüfung der Anmeldungen und die Gültigkeit der Rechte aufgrund der erteilten Patente bleiben hiervon unberührt.

(2) Enthält die Anmeldung Angaben zum geographischen Herkunftsort nach Absatz 1 Satz 1, teilt das Deutsche Patent- und Markenamt diese Anmeldung dem Bundesamt für Naturschutz als zuständige Behörde im Sinne von § 6 Absatz 1 des Gesetzes zur Umsetzung der Verpflichtungen nach dem Nagoya-Protokoll und zur Durchführung der Verordnung (EU) Nr 511/2014 vom 25. November 2015 (BGBl I S 2092) nach Veröffentlichung des Hinweises gemäß § 32 Absatz 5 mit.

Rainer Moufang

Übersicht

Gesetzesentwicklung		1
Literatur		2
Kommentierung zu § 34a PatG		
1	Zweck	3
2	Sollbestimmung	4
3	Mitteilung der Anmeldung	5

1 **Gesetzesentwicklung:** § 34a wurde durch Art 1 Nr 10 BioPatG v 21.1.2005 (abgedruckt Anhang 7), mit dem die BioPatRL (abgedruckt im Anhang 6) umgesetzt wurde, in das PatG eingefügt. Das in § 34a (2) genannte Gesetz hat Absatz 2 hinzugefügt, so dass der bisherige Wortlaut zu Absatz 1 wurde (s BlPMZ 16, 2). Art 1 Nr 40 b) des **2. PatRModG** v 10.8.2021 änderte in Abs 2 die Bezeichnung Patentamt in Deutsches Patent- und Markenamt.

2 **Lit:** Curchod FS Kolle/Stauder 2005, 31; **Bucher:** Schutz von genetischen Ressourcen und indigenem Wissen in Lateinamerika 2008; **v. Lewinski** (Hrsg): Indigenous Heritage and Intellectual Property: Genetic Resources, Traditional Knowledge and Folklore 2008; **Curci:** The Protection of Biodiversity and Traditional Knowledge in International Law of Intellectual Property 2010; **Papadopoulou:** Opening Pandora's Box – Exploring Flexibilities and Alternatives for Protecting Traditional Knowledge and Genetic Resources under the Intellectual Property Framework 2014; **WIPO** (Hrsg): Key questions on patent disclosure requirements for genetic resources and traditional knowledge 2017; **Horber:** La déclaration de la source dans les demandes de brevets en droit suisse et international 2020.

Geographischer Herkunftsort § 34a

Lit in EIPR: Gopalakrishnan 05, 11; Sevim 12, 471; Tobin 14, 124; Rourke 17, 79; **Lit in GRUR:** Zech 18, 881; Schacht 20, 133; **Lit in GRUR Int:** Straus 04, 792; Cabrera Medaglia/Perron-Welch 18, 873; Zech 19, 453; Roca 21, 349; **Lit in IIC:** Bucher 08, 35; Tsikun/Ni 11, 299; **Lit in IPQ:** Thikkavarapu 18, 181; **Lit in JPTOS:** Keating 05, 525; Tsikun/Ni 11, 299; **Lit in Mitt:** Fabry/Fischer 10, 346; Ruttekolk 15, 434. **Lit in JWIP:** Girsberger 04, 451; Straus 08, 229; Kariyawasam/Tsai 18, 289; **Lit in sic!:** Girsberger/Kraus-Wollheim 05, 832.

1 Zweck

§ 34a will im Bereich der Nutzung biologischen Materials erhöhte Transparenz schaffen, um mögliche Verstöße gegen völkerrechtliche Verpflichtungen aufzuspüren und ihnen dadurch indirekt vorzubeugen. Durch seinen Absatz 1 wurde der nahezu wörtlich übereinstimmende Erwägungsgrund 27 der BioPatRL (abgedruckt im Anhang 6) als Gesetzesbestimmung in das deutsche Patentrecht eingeführt. Die Regelung steht in Zusammenhang mit Art 15 des Übereinkommens über die biologische Vielfalt, der sog. Rio-Konvention (s § 1 Rdn 158).[1] 3

Auf der zehnten Vertragsstaatenkonferenz der Rio-Konvention wurde das *Nagoya-Protokoll* über den Zugang zu genetischen Ressourcen und die ausgewogene und gerechte Aufteilung der sich aus ihrer Nutzung ergebenden Vorteile beschlossen, das weitere Details zum sog Access and Benefit Sharing regelt. Es ist am 12.10.2014 in Kraft getreten und wurde durch Gesetz vom 25.11.2015 von Deutschland ratifiziert.[2] Zur Implementierung der sich aus dem Nagoya-Protokoll ergebenden Verpflichtungen hat die EU eine entsprechende Verordnung[3] – und hierauf aufbauend der deutsche Gesetzgeber das in § 34a (2) genannte Gesetz – verabschiedet.

Nach seinem Wortlaut bezieht sich § 34a nur auf Material pflanzlichen oder tierischen Ursprungs, nicht aber auf Mikroorganismen als solche.[4]

2 Sollbestimmung

Nach § 34a (1) 1 soll der Anmelder Angaben über die Herkunft pflanzlichen oder tierischen Materials machen, auf das sich die angemeldete Erfindung bezieht. Dies hat nach § 4 (7) PatV[5] auf einem gesonderten Blatt zu erfolgen. Die Angaben sind allerdings für die Zwecke des PatG nicht zwingend erforderlich. Ein Verstoß gegen die Sollbestimmung bleibt, wie § 34a (1) 2 hervorhebt, im Rahmen des Patentrechts grundsätzlich sanktionslos: Werden die Angaben nicht gemacht, hat dies grundsätzlich keinen Einfluss auf die Prüfung der Anmeldung oder auf die Rechtsbeständigkeit eines 4

---

1 Vgl allgemein zur Rio-Konvention § 1 Rdn 158 sowie www.biodiv.org. Das Nagoya-Protokoll wurde von der Bundesrepublik und der EU am 23.6.2011 unterzeichnet.
2 BGBl 2015 II 1481.
3 Verordnung des Europäischen Parlaments und des Rates vom 16.4.2014 über Maßnahmen für die Nutzer zur Einhaltung der Vorschriften des Protokolls von Nagoya über den Zugang zu genetischen Ressourcen und die ausgewogene und gerechte Aufteilung der sich aus ihrer Nutzung ergebenden Vorteile in der Union = VO (EU) Nr 511/2014, ABl EU L 150 v 20.5.2014, 59.
4 Für die Anwendbarkeit von Verpflichtungen aus der Rio-Konvention auf Viren s Rourke EIPR 17, 79.
5 S Hinweis in BlPMZ 11, 206.

aus ihr hervorgegangenen Patents. Fehlende oder unrichtige Angaben können allerdings u.U. eine Ordnungswidrigkeit iS des in § 34a (2) genannten Gesetzes darstellen.[6]

Es ist ferner nicht ausgeschlossen, dass im Falle eines eklatanten Verstoßes gegen die Verpflichtungen aus der Rio-Konvention und dem Nagoya-Protokoll (»Biopiraterie«)[7] möglicherweise ein Verstoß gegen den ordre public oder die guten Sitten (§ 2 (1) PatG, Art 53 a) EPÜ) vorliegt. Die Nichtbefolgung des § 34a (1) 1 stellt aber auch insoweit allenfalls ein Indiz dar.

3 Mitteilung der Anmeldung

5   Nach § 34a (2) informiert DPMA das Bundesamt für Naturschutz über jede Anmeldung, in der Angaben nach § 34a (1) 1 enthalten sind.

§ 35 Anmeldetag, fehlende Zeichnungen und Teile der Beschreibung
(date of filing, missing drawings and parts of description)

(1) Der Anmeldetag der Patentanmeldung ist der Tag, an dem die Unterlagen nach § 34 Abs 3 Nr 1 und 2 und, soweit sie jedenfalls Angaben enthalten, die dem Anschein nach als Beschreibung anzusehen sind, nach § 34 Abs 3 Nr 4
1. beim Deutschen Patent- und Markenamt
2. oder, wenn diese Stelle durch Bekanntmachung des Bundesministeriums der Justiz und für Verbraucherschutz im Bundesgesetzblatt dazu bestimmt ist, bei einem Patentinformationszentrum

eingegangen sind.

(2) ¹Wenn die Anmeldung eine Bezugnahme auf Zeichnungen enthält und der Anmeldung keine Zeichnungen beigefügt sind oder wenn mindestens ein Teil einer Zeichnung fehlt, so fordert das Deutsche Patent- und Markenamt den Anmelder auf, innerhalb einer Frist von einem Monat nach Zustellung der Aufforderung entweder die Zeichnungen nachzureichen oder zu erklären, dass die Bezugnahme als nicht erfolgt gelten soll. ²Reicht der Anmelder auf diese Aufforderung die fehlenden Zeichnungen oder die fehlenden Teile nach, so wird der Tag des Eingangs der Zeichnungen oder der fehlenden Teile beim Deutschen Patent- und Markenamt Anmeldetag; anderenfalls gilt die Bezugnahme als nicht erfolgt.

(3) Absatz 2 gilt entsprechend für fehlende Teile der Beschreibung.

Rainer Moufang

Übersicht

    Gesetzesentwicklung 1

---

[6] Aus Art 15 (2) und 16 (2) Nagoya-Protokoll ergibt sich, dass Maßnahmen bzw. Sanktionen in Fällen von Nichteinhaltung bestimmter Verpflichtungen durch Nutzer vorgesehen sein müssen.
[7] Vgl hierzu Spranger GRUR Int 01, 89; Sherman EIPR 03, 301; Götting GRUR Int 04, 731; Straus GRUR Int 04, 792; Fabry/Fischer Mitt 10, 346.

Anmeldetag, fehlende Zeichnungen und Beschreibungsteile § 35

	Europäisches Patentrecht	2
	Art 80 EPÜ	3
	R 40 EPÜ	4
	R 55 EPÜ	5
	R 56 EPÜ	6
	Entwicklung des EPÜ	7
PCT		8
Kommentierung zu § 35 PatG		
1	Zweck der Regelung	9
2	**Anmeldetag**	10
2.1	**Begriff**	11
2.2	**Bedeutung**	12
2.3	**Mindesterfordernisse**	16
2.3.1	Gemeinsame Mindesterfordernisse vor DPMA und EPA	17
2.3.1.1	Name des Anmelders	17
2.3.1.2	Antrag auf Erteilung eines Patents	18
2.3.1.3	Beschreibung der Erfindung	20
2.3.1.4	Form der Anmeldung	21
2.3.1.5	Unterschrift	24
2.3.1.6	Eingang der Unterlagen	25
2.3.1.7	Sprache	30
2.3.2	Frühere zusätzliche Mindesterfordernisse einer Anmeldung vor EPA	31
2.3.3	Keine Mindesterfordernisse	32
2.4	**Verfahren**	33
2.4.1	Entscheidung bei Fehlen eines Mindesterfordernisses	35
2.4.1.1	vor DPMA	35
2.4.1.2	vor EPA	36
2.4.2	Heilung	38
2.4.3	Unrichtiger Anmeldetag	39
2.4.4	Verschiebung des Anmeldetages	41
2.4.5	Mindesterfordernisse nicht uno actu	43
2.4.6	Internationales Anmeldedatum	47
3	**Fehlende Zeichnungen oder Teile der Beschreibung**	49
3.1	**Aufforderung**	52
3.2	**Reaktion des Anmelders und ihre Folgen**	53
3.3	**Nachreichung der Zeichnungen oder Beschreibungsteile**	54
3.3.1	Nachreichung nach einer Aufforderung gemäß § 35 (2) 1	54
3.3.2	Nachreichung ohne Aufforderung	55
3.3.3	Beibehaltung des Anmeldedatums nach R 56 (3) EPÜ	57

Gesetzesentwicklung: § 35 aF ist durch Art 2 Nr 10 des 2. PatGÄndG neu in das PatG aufgenommen worden (s Amtliche Begründung BlPMZ 98, 393, 403). Das **PatNovG** vom 19.10.2013 (BGBl I S 3830 = BlPMZ 13, 361) hat § 35 aF zwecks Übersichtlichkeit in zwei Normen aufgespalten, so dass die Übersetzungserfordernisse bei fremdsprachigen Anmeldungen nunmehr in neu eingefügten § 35a geregelt sind. Der Anmeldetag entsteht jetzt unabhängig von dem Eingang der Übersetzung. Die Möglichkeit, fehlende Zeichnungen nachzureichen, wurde auf Teile von Zeichnungen und der Beschreibung erweitert. Durch Art 204 der **10. ZustAnpV** v 31.8.2015 (BGBl I 1474) wurde die frühere Bezeichnung »Bundesministerium der Justiz« in Absatz 1 Nr 2 in »Bundesministerium der Justiz und für Verbraucherschutz« geändert. Art 1 Nr 16 des **2. PatRModG** v 10.8.2021 (BGBl I 3490) änderte in Abs 1 Nr 1 und Abs 2 S 1 u 2 die Bezeichnung Patentamt in »Deutsches Patent- und Markenamt«. 1

Europäisches Patentrecht 2

Art 80 EPÜ Anmeldetag 3

Der Anmeldetag einer europäischen Patentanmeldung ist der Tag, an dem die in der Ausführungsordnung festgelegten Erfordernisse erfüllt sind.

§ 35 Anmeldetag, fehlende Zeichnungen und Beschreibungsteile

R 40 EPÜ Anmeldetag

(1) Der Anmeldetag einer europäischen Patentanmeldung ist der Tag, an dem die vom Anmelder eingereichten Unterlagen enthalten:
a) einen Hinweis, dass ein europäisches Patent beantragt wird;
b) Angaben, die es erlauben, die Identität des Anmelders festzustellen oder mit ihm Kontakt aufzunehmen;
c) eine Beschreibung oder eine Bezugnahme auf eine früher eingereichte Anmeldung.

(2) [1]Eine Bezugnahme auf eine früher eingereichte Anmeldung nach Absatz 1 c) muss deren Anmeldung und Nummer sowie das Amt, bei dem diese eingereicht wurde, angeben. [2]Die Bezugnahme muss zum Ausdruck bringen, dass sie die Beschreibung und etwaige Zeichnungen ersetzt.

(3) [1]Enthält die Anmeldung eine Bezugnahme nach Absatz 2, so ist innerhalb von zwei Monaten nach ihrer Einreichung eine beglaubigte Abschrift der früher eingereichten Anmeldung einzureichen. [2]Ist diese Anmeldung nicht in einer Amtssprache des EPA abgefasst, so ist innerhalb derselben Frist eine Übersetzung in einer dieser Sprachen einzureichen. [3]R 53 (2) ist entsprechend anzuwenden.

R 55 EPÜ Eingangsprüfung

[1]Ergibt die Prüfung nach Art 90 (1), dass die Anmeldung nicht den Erfordernissen der R 40 (1) a) oder c), (2) oder (3) S 1 genügt, so teilt das EPA dem Anmelder die Mängel mit und weist ihn darauf hin, dass die Anmeldung nicht als europäische Patentanmeldung behandelt wird, wenn diese Mängel nicht innerhalb von zwei Monaten beseitigt werden. [2]Leistet der Anmelder dem Folge, so wird ihm der vom Amt zuerkannte Anmeldetag mitgeteilt.

R 56 EPÜ Fehlende Teile der Beschreibung oder fehlende Zeichnungen

(1) [1]Ergibt die Prüfung nach Art 90 (1), dass Teile der Beschreibung oder Zeichnungen, auf die in der Beschreibung oder in den Patentansprüchen Bezug genommen wird, offensichtlich fehlen, so fordert das EPA den Anmelder auf, die fehlenden Teile innerhalb von zwei Monaten nachzureichen. [2]Aus der Unterlassung einer solchen Aufforderung kann der Anmelder keine Ansprüche herleiten.

(2) [1]Werden fehlende Teile der Beschreibung oder fehlende Zeichnungen nach dem Anmeldetag, jedoch innerhalb von zwei Monaten nach dem Anmeldetag oder, wenn eine Aufforderung nach Absatz 1 ergeht, innerhalb von zwei Monaten nach dieser Aufforderung nachgereicht, so wird der Anmeldetag auf den Tag der Einreichung der fehlenden Teile der Beschreibung oder der fehlenden Zeichnungen neu festgesetzt. [2]Das EPA unterrichtet den Anmelder entsprechend.

(3) Werden die fehlenden Teile der Beschreibung oder die fehlenden Zeichnungen innerhalb der Frist nach Absatz 2 eingereicht und nimmt die Anmeldung die Priorität einer früheren Anmeldung in Anspruch, so bleibt der Anmeldetag der Tag, an dem die Erfordernisse der R 40 (1) erfüllt waren, wenn die fehlenden Teile der Beschreibung oder die fehlenden Zeichnungen vollständig in der früheren Anmeldung enthalten sind, der Anmelder dies innerhalb der Frist nach Absatz 2 beantragt und Folgendes einreicht:
a) eine Abschrift der früheren Anmeldung, sofern eine solche Abschrift dem EPA nicht nach R 53 (2) zur Verfügung steht;
b) wenn diese nicht in einer Amtssprache des EPA abgefasst ist, eine Übersetzung dieser Anmeldung in einer dieser Sprachen, sofern eine solche Übersetzung dem EPA nicht nach R 53 (3) zur Verfügung steht, und
c) eine Angabe, wo die fehlenden Teile der Beschreibung oder die fehlenden Zeichnungen in der früheren Anmeldung und gegebenenfalls der Übersetzung vollständig enthalten sind.

(4) [1]Wenn der Anmelder
a) die fehlenden Teile der Beschreibung oder die fehlenden Zeichnungen nicht innerhalb der Frist nach Absatz 1 oder 2 einreicht oder
b) nach Absatz 6 fehlende Teile der Beschreibung oder fehlende Zeichnungen zurücknimmt, die gemäß Absatz 2 nachgereicht wurden,

so gelten die in Absatz 1 genannten Bezugnahmen als gestrichen und die Einreichung der fehlenden Teile der Beschreibung oder der fehlenden Zeichnungen als nicht erfolgt. [2]Das EPA unterrichtet den Anmelder entsprechend.

(5) [1]Erfüllt der Anmelder die in Absatz 3 a) bis c) genannten Erfordernisse nicht innerhalb der Frist nach Absatz 2, so wird der Anmeldetag auf den Tag der Einreichung der fehlenden Teile der Beschreibung oder der fehlenden Zeichnungen neu festgesetzt. [2]Das EPA unterrichtet den Anmelder entsprechend.

*Anmeldetag, fehlende Zeichnungen
und Beschreibungsteile* § 35

(6) ¹Innerhalb eines Monats nach der in Absatz 2 oder 5 letzter Satz genannten Mitteilung kann der Anmelder die eingereichten fehlenden Teile der Beschreibung oder fehlenden Zeichnungen zurücknehmen; in diesem Fall gilt die Neufestsetzung des Anmeldetags als nicht erfolgt. ²Das EPA unterrichtet den Anmelder entsprechend.

Entwicklung des EPÜ: Seit der Revision des EPÜ enthält Art 80 EPÜ¹ nicht mehr die Mindesterfordernisse für die Begründung eines Anmeldetags, sondern verweist auf die AusfO. Nach R 40 EPÜ genügt nunmehr für die Zuerkennung eines Anmeldetags, wenn die Anmeldung a) den Hinweis, dass ein europäisches Patent beantragt wird, b) Angaben zur Identifikation des Anmelders oder zur Kontaktaufnahme und c) eine Beschreibung oder Bezugnahme auf eine früher eingereichte Anmeldung² in einer beliebigen Sprache enthält. Die Einreichung von Ansprüchen ist für den Anmeldetag nicht mehr erforderlich.   7

Sind die Mindesterfordernisse a) bis c) nicht erfüllt, wird dem Anmelder gemäß R 55 EPÜ mitgeteilt, dass sein Dokument nicht als europ Anmeldung behandelt wird, wenn die Mängel nicht innerhalb von zwei Monaten beseitigt werden. Werden sie beseitigt, wird dem Anmelder der spätere Anmeldetag seiner Anmeldung mitgeteilt. Maßgebend dafür ist nach R 40 (1) EPÜ immer der Tag des Eingangs der Unterlagen beim EPA oder bei einem nationalen Patentamt gemäß Art 75 (1) b EPÜ.³

R 56 enthält ferner eine detaillierte Regelung für den Fall, dass in den eingereichten Anmeldeunterlagen Teile der Beschreibung oder Zeichnungen fehlen. Diese Regelung gibt dem Anmelder Möglichkeiten, die in einigen Punkten über die in § 35 (2) vorgesehenen hinausgehen (s Rdn 53 ff).

PCT: s Art 11 (Anmeldedatum), 14 (2) (fehlende Zeichnungen), R 20 (internationales Anmeldedatum)   8

1 Zweck der Regelung

Der 2013 neu gefasste § 35 regelt in Absatz 1 die Mindesterfordernisse für die Zuerkennung eines Anmeldetags (vgl Art 80 EPÜ iVm R 40 u 55 EPÜ) sowie in Absätzen 2 und 3 die Nachreichung von Zeichnungen und Teilen der Beschreibung (vgl R 56 EPÜ).   9

2 Anmeldetag *(date of filing)*

Lit: Papke in FS 25 Jahre BPatG 1986, 211; **Lit in GRUR:** Hövelmann 99, 801; **Lit in GRUR Int:** Gall 81, 417, 426; Teschemacher 83, 695; **Lit in IIC:** Mulder/Visser 13, 220; **Lit in Mitt:** Ohly 06, 241; zum EPÜ 2000 Naumann 08, 56 und 250; Lord 08, 296; **Lit in epi information:** Mulder/Visser 10, 44 und 126.   10

2.1 Begriff

Anmeldetag ist der Tag, an dem eine Hinterlegung iSd Art 4 PVÜ die gesetzlichen Formerfordernisse erfüllt, die zur Festlegung des Zeitpunkts ausreichen, an dem die Anmeldung hinterlegt worden ist. Vorschriftsmäßige Hinterlegung ist Voraussetzung für Entstehung und Inanspruchnahme einer Priorität, wobei späteres Schicksal der Erstanmeldung nach Art 4 A (3) PVÜ für das Prioritätsrecht ohne Bedeutung ist.⁴ Erfüllung der Formerfordernisse kann zeitversetzt geschehen,⁵ so dass der Anmeldetag *durch Beschluss festzustellen ist*, sobald das letzte der Mindesterfordernisse vorliegt.   11

---

1 Zur intertemporalen Anwendbarkeit von Art 80 sowie R 55 und 56 EPÜ s J 0003/06 ABl 09, 170; J 0010/07 ABl 08, 567.
2 S EPA-PrüfRichtl A-II 4.1.3.1.
3 J 0018/86 ABl 88, 165; J 0004/87 ABl 88, 172.
4 BPatG v 15.12.2005 10 W (pat) 24/04 BeckRS 09, 7148.
5 BPatGE 27, 100.

2.2 Bedeutung

12 Mit der Zuerkennung des Anmeldetages im Erteilungsbeschluss (§ 49) wird der *Inhalt der Anmeldung festgelegt*. Der Inhalt kann nach dem Anmeldetag nicht mehr vergrößert werden. Eine spätere Hinzufügung einer zusätzlichen Offenbarung stellt – auch wenn sie durch eine Berichtigung erzielt werden soll – eine unzulässige Erweiterung iSd §§ 21 (1) Nr 4, 38 und des Art 123 (2) EPÜ dar.[6]

13 Der Anmeldetag bestimmt ferner den *Altersrang*, der für die Prüfung der angemeldeten Erfindung auf Patentfähigkeit maßgebend ist. Dieser Altersrang kann durch die Inanspruchnahme einer Priorität vorverlegt werden, der Anmeldetag bleibt davon unberührt bestehen.

14 Der Anmeldetag ist die *kleinste Zeiteinheit*, weil § 35 (1) und Art 80 iVm R 40 EPÜ ausdrücklich auf den *Tag* ihres Eingangs, nicht auf den Zeitpunkt ihres Eingangs abstellen. Dementsprechend wird nach § 8 (1) DPMAV für den Eingang von Geschäftssachen auch nur der Tag und nicht die Uhrzeit vermerkt. Anmeldungen vom gleichen Tag sind gleichrangig.[7] Daher ist Stand der Technik am Anmeldetag nicht neuheitsschädlich.[8] Zur Frage, wie sich Unterschiede in den Zeitzonen zwischen dem Ort des Anmeldeamts und den Orten, an denen Veröffentlichungshandlungen erfolgen und an denen Kenntnisse zugänglich werden, auf den Zeitrang auswirken, s § 3 Rdn 12. Zur Uhrzeit des Eingangs von Verfahrenshandlungen s Einl Rdn 67.

15 Anmeldetag (AT) ist maßgebend für: Stand der Technik (§ 3 (2), Art 54 (2) EPÜ); Doppelerfindungen (§ 6 S 3; Art 60 (2) EPÜ); Vorbenutzungsrecht (§ 12); Patentdauer (§ 16), Art 63 (1) EPÜ); Dauer eines Zusatzpatents (§ 16 (2) aF); Jahresgebühren (§ 17, Art 86 (1) 2 EPÜ); freie Akteneinsicht (§ 31 (2) Nr 2); Veröffentlichung der Anmeldung 18 Monate nach dem AT (§ 32 (2) iVm § 31 (2) Nr 2, Art 93 (1) EPÜ); Fristen der §§ 36 (1), 37 (1), 40 (1) u (4), 41 (1) 1, 44 (2), 53 (1), R 155 (3) EPÜ; Wirkung einer europ Anmeldung als nationale Anmeldung (Art 66 EPÜ); Hinterlegung biologischen Materials (§ 1 (2) Nr 1 BioMatHinV u R 31 (1) a EPÜ); für nach dem AT eingereichte Sequenzprotokolle (§ 11 (3) PatV, R 30 (2), (3) EPÜ). AT einer nach Art 135 EPÜ in eine nationale Anmeldung umgewandelten europ Anmeldung ist der europ AT.[9]

2.3 Mindesterfordernisse

16 Bei den Mindesterfordernissen für die Zuerkennung eines Anmeldetags handelt es sich zusammenfassend um **Angaben zur Identität des Anmelders**, den **Erteilungsantrag** und die **Beschreibung** der Erfindung. Nicht zu diesen Mindesterfordernissen gehören die Patentansprüche und die Zeichnungen. Im Unterschied zu § 35 aF ist für die Zuerkennung des Anmeldetags unerheblich, ob die Übersetzung einer fremdsprachigen Anmeldung fristgemäß eingereicht wird. Dies kann nach § 35a dazu führen, dass die Anmeldung als zurückgenommen gilt, nicht aber zum Verlust des Anmeldetags.

---

6 GrBK G 0002/95 ABl **96**, 555 (Nr 3 u 4) *Austausch der Anmeldungsunterlagen/ATOTECH*.
7 BPatGE **33**, 200; Ohly Mitt **06**, 241.
8 BGH BlPMZ **63**, 244 (IIA) *Trockenschleuder*; BPatG GRUR **71**, 115.
9 BGH GRUR **82**, 31 *Roll- und Wippbrett*.

2.3.1 Gemeinsame Mindesterfordernisse vor DPMA und EPA

2.3.1.1 Name des Anmelders: Dieses Erfordernis ergibt sich aus § 35 (1) iVm § 34 (3) Nr 1 (s § 34 Rdn 68). Name ist jede geeignete Kennzeichnung eines Individuums zur Unterscheidung von anderen.[10] Name ist daher der gesetzlich erworbene wie der frei gewählte Name (Pseudonym, Firma). Es genügt, in den eingereichten Unterlagen den Namen so anzugeben, dass die Identität des Anmelders eindeutig festgestellt werden kann[11] (vgl R 20.1 b PCT). Nach R 40 (1) b EPÜ genügt auch stattdessen eine Angabe, die Kontaktaufnahme erlaubt. Dann können Fehler in der Bezeichnung ohne Rechtsverlust berichtigt werden.[12]

Unschädlich sind solche Fehler in der Bezeichnung, die die Zustellung einer Postsendung nicht beeinträchtigen.[13] Nach R 20.1 b) PCT sind unschädlich: falsch geschriebener Name, unvollständige Angabe von Vornamen,[14] abgekürzte oder unvollständige Bezeichnung juristischer Personen.[15] Adresse gehört nicht zum Namen. Nach R 139 S 1 EPÜ kann auf Antrag, über den erstinstanzlich die Eingangsstelle oder die Prüfungsabteilung entscheidet, im Wege der Berichtigung zB ein ungewollter durch den gewollten Namen ersetzt werden.[16] Unzureichend: Name wird später mitgeteilt.[17] Erst wenn die Identität des Anmelders zweifelsfrei erkennbar ist, wird die Patentanmeldung wirksam.[18] Eine Beseitigung des Mangels wirkt nicht zurück.[19]

2.3.1.2 Antrag auf Erteilung eines Patents, nicht einer anderen Schutzrechtsart, zB Gebrauchsmuster. Das Erfordernis ergibt sich aus § 35 (1) iVm § 34 (3) Nr 2. Im Zweifel wird vermutet, dass ein Patent gewollt ist (vgl Art 4 (3) PCT). Im Übrigen ist ein erkennbares Schutzersuchen für die beschriebene Erfindung genügend (R 40 (1) a EPÜ: »Hinweis«). Das gilt auch für eine in den Unterlagen offenbarte Erfindung B, wenn der Antrag die Erfindung A nennt.[20]

Ausreichend: a) jedes Begehren, ein Patent zu erhalten;[21] b) Anfrage, ob Patentschutz möglich ist.[22] *Nicht ausreichend:* a) bloße Anfrage nach den Kosten einer Anmeldung;[23] b) Antrag in einer früheren Gbm-Anmeldung;[24] c) Einreichung einer deut-

---

10 Vgl BGH NJW **59**, 525.
11 Vgl auch BPatG v 20.12.1999 10 W (pat) 707/99 BeckRS **99**, 15202.
12 BPatG v 20.12.1999 10 W (pat) 707/99 BeckRS **99**, 15202 u 10 W (pat) 715/99 BeckRS **99**, 15204.
13 BPatG BlPMZ **00**, 219, 220.
14 BPatG v 20.12.1999 10 W (pat) 707/99 BeckRS **99**, 15202 u 10 W (pat) 705/99 BeckRS **99**, 15201.
15 BPatG v 20.12.1999 10 W (pat) 715/99 BeckRS **99**, 15204.
16 Vgl EPA-PrüfRichtl *Teil A-V 3*.
17 J 0021/87 BeckRS **87**, 30487423 (zur früheren Rechtslage).
18 BGHZ **21**, 168; BGH BlPMZ **90**, 157 *Messkopf* (zur Bezeichnung des Einsprechenden); BPatG BlPMZ **00**, 219, 220.
19 BGHZ **21**, 168, 173; BGH BlPMZ **77**, 168 *Abfangeinrichtung*; BPatG BlPMZ **00**, 219, 220.
20 BPatG v 23.9.2020 20 W (pat) 1/19 GRUR-RS **20**, 27057 (Rn 19); J 0021/94 EPOR **97**, 77.
21 BPatG BlPMZ **79**, 151 (III1b) *Etikettiergerät II*.
22 BGH GRUR **77**, 483 *Gardinenrollenaufreiher*.
23 OLG Düsseldorf GRUR **31**, 636.
24 BPatGE **7**, 96.

schen Übersetzung zu einer PCT-Anmeldung, die wegen Fristversäumnis nach Art 22 (1) PCT als zurückgenommen galt.[25]

20 **2.3.1.3 Beschreibung der Erfindung.** Es genügt nach § 35 (1) iVm § 34 (3) Nr 4 – wie nach Art 11 (1) iii) d) PCT –, wenn die Angaben dem Anschein nach eine Beschreibung darstellen sollen.[26] Eine formelle Beschreibung ist nicht erforderlich; es genügt eine schriftliche Formulierung des Anmeldungsgegenstands, die eine technische Lehre offenbart, gleich an welcher Stelle der Text sich befindet.[27] Es muss etwas dargestellt sein, nicht notwendig ausschließlich mit Worten. Ausnahmsweise kann die genaue Bezeichnung der Erfindung nebst Zeichnungen, die den Gegenstand deutlich darstellen oder erläutern, ausreichen.[28] Dabei muss es sich nicht um eine nachvollziehbare technische Lehre handeln; zB würde die Beschreibung eines perpetuum mobile genügen.

Ob die Angaben auch dem Erfordernis der deutlichen und vollständigen Offenbarung im Sinne des § 34 (4) genügen, ist für die Prüfung des Mindesterfordernisses der Beschreibung zur Begründung des Anmeldetages grundsätzlich unerheblich.[29] Eine bloße Bezugnahme auf nicht eingereichte oder dem Patentamt nicht vorliegende Unterlagen oder der bloße Hinweis auf ein beigefügtes Modell reicht nicht aus.[30] Nach R 40 (1) c, (2) EPÜ muss in den Unterlagen eine Beschreibung oder eine Bezugnahme auf eine früher eingereichte Anmeldung mit Angabe des Anmeldetags, der Anmeldenummer sowie des Anmeldeamtes enthalten sein.[31]

Detailliert ausformulierte Patentansprüche,[32] eine beigefügte Prioritätsanmeldung oder der Verweis auf eine anhängige Anmeldung, deren innere Priorität beansprucht werden soll, können dann ausreichen, wenn sie als Beschreibung der Erfindung und damit als Offenbarungsinhalt der Anmeldung gekennzeichnet sind. Bei fremdsprachigen Prioritätsunterlagen, die als Abschrift der früheren ausländischen Anmeldung gemäß § 41 (1) eingereicht werden, ohne dass sie als Beschreibung erkennbar gemacht werden, ist dies nicht der Fall. Grundsätzlich genügt aber auch eine fremdsprachige Beschreibung (s Rdn 30).

21 **2.3.1.4 Form der Anmeldung:** Als Voraussetzung für die Zuerkennung eines Anmeldetages schreibt § 35 (1) die Einhaltung einer bestimmten Form *nicht* vor. Alle Formen, die PatG, DPMAV und PatV zulassen, sind ausreichend. § 35 (1), der auf § 34 (6) als Voraussetzung nicht verweist, verlangt nicht die Erfüllung der Bestimmungen der PatV über Form und Erfordernisse der Anmeldung für die wirksame Begründung eines Anmeldetages. Ein Anmeldetag kann auch begründet werden, wenn andere Formen verwendet werden und die sonstigen Erfordernisse der PatV nicht erfüllt sind. Voraus-

---

25 BPatGE **25**, 68 (bedenklich, weil der klare Wille, ein Patent zu erhalten, deutlich ist).
26 So auch für das europäische Recht GrBK G 0002/95 ABl **96**, 555 (Nr 3) *Austausch der Anmeldungsunterlagen/ATOTECH*: Unterlagen umfassen offenbar eine Beschreibung.
27 BGH BlPMZ **79**, 151 *Etikettiergerät II*; BPatG v 15.12.2005 10 W (pat) 24/04 BeckRS **09**, 7148; v 15.11.2007 10 W (pat) 19/07 BeckRS **07**, 65357.
28 BPatG v 19.7.1993 4 W (pat) 24/93, zitiert von Pösentrup et al GRUR **94**, 399 Fn 12.
29 BPatG v 19.7.2007 10 W (pat) 17/07 BeckRS **07**, 13158.
30 BPatGE **29**, 36.
31 Dazu MittEPA v 14.9.2009 ABl 09, 486 = ABl **16** ZPubl 4, 11 sowie Mulder/Visser epi information **10**, 126.
32 BPatG v 15.12.2005 10 W (pat) 24/04 BeckRS **09**, 7148.

setzung dafür ist aber eine Verkörperung der angemeldeten Erfindung, die es DPMA in zumutbarer Weise ohne Weiteres erlaubt, vom Inhalt der Anmeldung Kenntnis zu nehmen. Ist diese Voraussetzung erfüllt, kann die Anmeldung nachträglich ohne Verlust des Anmeldetages in eine Form übertragen werden, die die PatV vorsieht.

Ausreichend (bei DPMA): schriftliche Abfassung auf Papier (s dazu § 34 Rdn 36 und Einl Rdn 352) oder auf Formblatt P 2007, elektronische Form (siehe dazu § 34 Rdn 38 ff), Fax,[33] Telegramm, Fernschreiben.[34] *Nicht ausreichend:* Einreichung eines Tonbandes[35] oder telefonische Übermittlung.[36] 22

Europäische Anmeldungen können eingereicht werden a) schriftlich (R 1: Definition der Schriftform, 2 (2), 35 (1), 41 (1), 49 (8) EPÜ); b) per Fax, nicht telegrafisch oder durch Teletex oder ähnl. Verfahren;[37] c) über die Online-Einreichung (OLF),[38] entweder unter Verwendung der vom EPA herausgegebenen Software[39] oder der DPMAdirekt-Software bei Einreichung beim DPMA[40] oder auf zugelassenen elektronischen Datenträgern (CD-R, DVD-R und DVD+R);[41] d) über die Online-Einreichung 2.0;[42] e) mittels des EPA-Dienstes zur Web-Einreichung.[43] S auch § 34 Rdn 56. 23

2.3.1.5 Unterschrift *(signature)* aller Anmelder oder deren Vertreter ist Teil des Erfordernisses der Schriftlichkeit. PatG (s § 34 (1) PatG), EPÜ (s Art 78 EPÜ) und PCT (s Art 3 und 4 PCT) schreiben jedoch Schriftform für Anmeldungen *nicht* vor, so dass Anmeldungen ohne Unterschrift rechtswirksam sind. Die fehlende Unterschrift ist für deutsche (§ 4 (2) Nr 5 PatV), europäische (R 41 (2) h EPÜ) und internationale Anmeldungen (Art 14 (1) (a) (i) iVm R 4.1 (d) PCT) ein Mangel der Anmeldung, zu dessen Beseitigung aufzufordern ist. Wird die Unterschrift – ein sonstiges Erfordernis iSd § 34 (6) – nicht innerhalb gesetzter Frist geleistet, wird die deutsche Anmeldung gemäß §§ 42 (3) 1, 48 zurückgewiesen, eine europäische Anmeldung gilt gemäß R 50 (3) 3 EPÜ als nicht eingegangen, eine internationale Anmeldung gilt nach Art 14 (1) b PCT als zurückgenommen. Eine fehlende Unterschrift steht daher der Begründung des Anmeldetages grundsätzlich nicht entgegen.[44] Das Gleiche gilt für ein etwaiges 24

---

33 Zum Nachweis des Eingangs eines Fax s BPatGE **52**, 227.
34 BPatGE **16**, 18.
35 Vgl zu § 35 aF: BGH BlPMZ **79**, 157 *Tonbandbeschreibung*; BPatGE **21**, 91; aA BPatGE **17**, 28.
36 Vgl dazu BPatGE **25**, 141.
37 Beschluss PräsEPA v 12.7.2007 ABl 07 SonderA Nr 3, 7 (A.3) = ABl **16** ZPubl 4, 6.
38 Erforderlich sind eine Smartcard sowie vom EPA ausgestellte oder anerkannte Zertifikate, s Art 6 (1) u 7 (1) Beschluss PräsEPA v 14.5.2021 ABl **21**, A42.
39 Art 8 (1) 1 Beschluss PräsEPA v 14.5.2021 (ABl **21**, A42) iVm Beschluss PräsEPA v 21.9.2020 (ABl **20**, A105).
40 Art 2 (2) u 8 (1) 2 Beschluss PräsEPA v 14.5.2021 ABl **21**, A42 sowie MittEPA v 12.7.2007 ABl 07 SonderA Nr 3, 19 (A.6) = ABl **16** ZPubl 4, 35.
41 Art 1 (2) Beschluss PräsEPA v 14.5.2021 ABl **21**, A42.
42 Die Online-Einreichung 2.0 ist ein webbasierter Dienst des EPA, der seit dem 1.4.2021 mit einer hierfür registrierten Smartcard, mit vom EPA ausgestellten Zertifikaten (s Art 6 (2) u Art 7 (2) Beschluss PräsEPA v 14.5.2021 ABl **21**, A42) und über die Website des EPA nutzbar ist; s MittEPA v 3.3.2021 ABl **21**, A21.
43 Für den Zugriff auf die Web-Einreichung und ihre Nutzung ist eine vorherige Registrierung auf der EPA-Website erforderlich, s Art 6 (3) Beschluss PräsEPA v 14.5.2021 ABl **21**, A42.
44 Vgl amtl Begr zum 2.PatGÄndG BlPMZ **98**, 393, 404 lSp zu § 35 (2).

Fehlen einer elektronischen Signatur, dem Äquivalent der Unterschrift bei einer elektronischen Anmeldung.

25 **2.3.1.6 Eingang der Unterlagen** ist erforderlich

26 i) *für deutsche Anmeldungen* bei DPMA in München, bei der Dienststelle Jena oder beim Informations- und Dienstleistungszentrum in Berlin (DPMA-IDZ) sowie bei acht vom BMJV dazu bestimmten Patentinformationszentren (vgl § 34 Rdn 59).[45] Die Aufgabe bei der Post ist nicht maßgebend.[46]

27 *Elektronische Anmeldung* (vgl dazu § 34 Rdn 38): Nach § 125a PatG iVm § 130a (3) ZPO ist ein elektronisches Dokument eingereicht, sobald es die für den Empfang bestimmte Einrichtung des DPMA (elektronische Annahmestelle) aufgezeichnet hat, also nicht erst mit einem später erfolgenden Ausdruck des Dokuments. Fehlt die nach § 3 Satz 2 PatV und § 12 DPMAV iVm §§ 1 (1) Nr 1 u 3 (3) ERVDPMAV vorgeschriebene elektronische Signatur, so ist zur Nachholung dieses Erfordernisses mit Fristsetzung aufzufordern (s § 34 Rdn 47), ebenso wie bei Fehlen der Unterschrift für eine Anmeldung in Papierform. Dies wird vermieden, wenn elektronische Anmeldungen entweder unter Verwendung der vom DPMA ausgegebenen Software DPMAdirekt oder des DE-Moduls der vom EPA herausgegebenen Software übermittelt werden.

28 ii) *für europ Anmeldungen* bei Annahmestellen[47] des EPA in München am Hauptsitz und im Dienstgebäude PschorrHöfe, in der Zweigstelle Den Haag und in der Dienststelle Berlin oder einem nationalen Patentamt eines Vertragsstaats oder einer anderen national hierzu ermächtigten Behörde[48] (Art 75 (1) EPÜ). Ein verzögerter Postlauf rechtfertigt nicht einen früheren Anmeldetag als den des Eingangs.[49] Jedoch ist die Fiktion des rechtzeitigen Eingangs gemäß R 133 (1) EPÜ nach R 133 (2) EPÜ auf im EPÜ vorgesehene Fristen entsprechend anwendbar, falls Handlungen bei der zuständigen Behörde nach Art 75 (1) b oder (2) b EPÜ vorgenommen werden. Über den Anmeldetag entscheidet EPA ohne Heranziehung nationalen Rechts.[50]

29 *Elektronische Anmeldungen* vor EPA (s § 34 Rdn 56) erhalten als Anmeldetag den Tag, an dem die Unterlagen beim EPA oder Patentamt des Vertragsstaats eingegangen sind, sofern diese den Erfordernissen des Art 80 EPÜ sowie der R 40 EPÜ oder des Art 11 (1) PCT genügen.[51] Europäische elektronische Patentanmeldungen können auch auf

---

45 Bekanntm BMJ v 5.10.2004 BGBl I S 2599 (zuletzt geändert durch Bekanntmachung BMJV v 29.10.2020 BGBl I 2336); s Übersicht in BlPMZ **21**, 30.
46 BVerfG BlPMZ **90**, 247; BGH GRUR **89**, 38 *Schlauchfolie*; BPatG BlPMZ **88**, 324 L.
47 Beschluss PräsEPA v 3.1.2017 ABl **17**, A11; für Details über Erreichbarkeit der Annahmestellen s MittEPA ABl **18**, A18.
48 Hierzu zählen in Deutschland diejenigen Patentinformationszentren, die auch zur Entgegennahme von nationalen Anmeldungen befugt sind (s Art II § 4 (1) 1 IntPatÜG).
49 J 0004/87 ABl **88**, 172.
50 J 0018/86 ABl **88**, 165.
51 So explizit Art 9 des – mittlerweile aufgehobenen – Beschlusses PräsEPA v 10.11.2015 ABl **15**, A91. In späteren Beschlüssen zur elektronischen Einreichung von Dokumenten wurde auf eine entsprechende Regelung verzichtet, da sie nur die bekannte Rechtslage unter dem EPÜ wiederholt, s MittEPA v 9.5.2018 ABl **18**, A46 (Abs 2).

elektronischen Datenträgern oder online unter Verwendung der vom DPMA zur Verfügung gestellten DPMAdirektPro-Software beim DPMA eingereicht werden.[52]

2.3.1.7 Sprache: Die Unterlagen können nach § 35a (1) ganz oder teilweise nicht in deutscher Sprache abgefasst sein. Dem deutschen Erteilungsantrag kann daher eine fremdsprachige Beschreibung, zB aus einer europäischen Anmeldung beigefügt sein.[53]   30

2.3.2 Frühere zusätzliche Mindesterfordernisse einer Anmeldung vor EPA zur Zuerkennung eines Anmeldetags (Sprache der Beschreibung, mindestens ein Anspruch, Benennung mindestens eines Vertragsstaats) sind in der seit 13.12.2007 geltenden Fassung des EPÜ vor dem Hintergrund des Art 5 WIPO-Patentrechtsvertrag entfallen.   31

2.3.3 Keine Mindesterfordernisse sind: a) *Ansprüche* (s Rdn 31) (anders jedoch bei PCT-Anmeldungen[54]); b) *Zeichnungen:* § 35 (1) verweist nicht auf § 34 (3) Nr 5 und R 40 EPÜ führt Zeichnungen nicht auf. Zur Verschiebung des Anmeldetages, wenn Zeichnungen nachgereicht werden s Rdn 49 ff; c) Zahlung der *Anmeldegebühr;* d) die Erfüllung von *Formerfordernissen* für die Anmeldung, die in § 35 (1) und R 40 EPÜ nicht genannt sind;[55] e) *Sequenzprotokolle,* die auch nach dem Anmeldetag eingereicht werden können (§ 11 PatV, R 30 (3) EPÜ).   32

2.4 Verfahren

Der richtige Anmeldetag ist von Amts wegen zu berücksichtigen und kann jederzeit geltend gemacht werden.[56] Ein falscher Anmeldetag kann jederzeit berichtigt werden, auch nach Offenlegung und Patenterteilung. Rechtswirksam entstandene Ausscheidungs- und Teilungsanmeldungen erhalten den Anmeldetag der Stammanmeldung (s § 39 (1) 4). Der Tag der Einführung einer unzulässigen Erweiterung begründet keinen Anmeldetag, da aus Erweiterungen nach § 38 S 2 keine Rechte hergeleitet werden können.[57] Erweiterungen können nur mit neuem Anmeldetag angemeldet werden. Das folgt vor EPA aus Art 76 EPÜ.   33

Fehlen eines Mindesterfordernisses hat zur Folge, dass ein Anmeldetag nicht zuerkannt werden kann. Es handelt sich dann nicht um eine Anmeldung iSd § 34 und des Art 78 EPÜ, da es Anmeldungen ohne Anmeldetag nicht gibt (Art 90 (1) und (2) EPÜ). Vielmehr liegt eine Eingabe vor, die rechtlich *nicht* als eine Anmeldung qualifiziert und daher *nicht* – wie eine Anmeldung – durch Beschluss gemäß § 48 oder Art 97 EPÜ zurückgewiesen werden kann.[58] Vor einer negativen Entscheidung muss dem Anmelder Gelegenheit gegeben werden, den Mangel – das fehlende Mindesterfordernis – zu beseitigen (Art 103 (1) GG; Art 90 (4) EPÜ).   34

---

52 Art 2 (2) u 8 (1) 2 Beschluss PräsEPA v 14.5.2021 ABl 21, A42 sowie MittEPA v 12.7.2007 ABl 07 SonderA Nr 3, 19 (A.6) = ABl 16 ZPubl 4, 35.
53 Anders zum früheren Recht BPatGE **28,** 181.
54 Vgl Art 11 (1) (iii) (e) PCT.
55 Vgl BGH BlPMZ **79,** 151 *Etikettiergerät II.*
56 BGH BlPMZ **71,** 347 (C I3) *Funkpeiler.*
57 BGH GRUR **78,** 417 *Spannungsvergleichsschaltung;* **79,** 847 *Leitkörper.*
58 Dafür aber Hövelmann GRUR **99,** 801, 804; wie hier Busse/Keukenschrijver § 35 Rn 19; BPatG v 15.11.2007 10 W (pat) 19/07 BeckRS **07,** 65377.

2.4.1 Entscheidung bei Fehlen eines Mindesterfordernisses

35 **2.4.1.1 vor DPMA:** Nach der Rechtsprechung lautet Entscheidung auf Feststellung, dass die Eingabe keine rechtswirksame Patentanmeldung ist,[59] oder auf Zurückweisung des Erteilungsantrags (nicht der Anmeldung).

36 **2.4.1.2 vor EPA** lautet die Entscheidung: »Die Anmeldung wird nicht als europ Patentanmeldung behandelt« (Art 90 (2) EPÜ; ebenso Wortwahl von R 20.4 (i) PCT und Art 36 (3) GemeinschaftsmarkenVO).

37 **Folge der Entscheidung**, dass die Eingabe nicht als Anmeldung behandelt wird: **a)** die Anmeldegebühr ist zu erstatten, da sie ohne Rechtsgrund entrichtet ist; **b)** ein Prioritätsrecht wird durch die Eingabe nicht begründet; **c)** Beschwerde gegen die Entscheidung führt zum juristischen und nicht wie bei einer etwaigen Zurückweisung der Anmeldung zum technischen Beschwerdesenat beim BPatG.

38 **2.4.2 Heilung** *des Fehlens von Mindesterfordernissen* ist möglich, wie sich aus der Notwendigkeit einer Mängelrüge vor einer Entscheidung ergibt (vgl Art 90 (4) 1 EPÜ). Die Mindesterfordernisse können also zeitlich nacheinander erfüllt werden[60] (s Rdn 43). Mit der Erfüllung des letzten Mindesterfordernisses wird ein Anmeldetag begründet, es entsteht eine rechtswirksame Anmeldung.[61]

39 **2.4.3 Unrichtiger Anmeldetag:** Ist ein Anmeldetag durch Erfüllung der Mindesterfordernisse wirksam begründet worden, beharrt aber der Anmelder auf einem unrichtigen Anmeldetag, so ist die Anmeldung insgesamt zurückzuweisen.[62] Eine isolierte *Vorabentscheidung* über den unrichtigen Anmeldetag ist unzulässig, da der Anmeldetag notwendiger Bestandteil des Erteilungsantrags und damit der Erteilung selbst ist.[63] Zulässig ist Zwischenentscheidung über die Wirksamkeit der Inanspruchnahme einer ausländischen oder inneren Priorität.[64] Eine Neuanmeldung mit neuem Anmeldetag bleibt möglich.

40 *Unrichtiger Anmeldetag in Veröffentlichung*, zB im Patentblatt oder in der PS, berührt die Wirksamkeit der Veröffentlichung nicht[65] und stellt für sich allein keinen Grund für Widerruf oder Nichtigerklärung des Patents dar.[66] Ein objektiv falscher Anmeldetag im **Patentregister** ist von Amts wegen oder auf Antrag zu berichtigen. Gegen die Ablehnung der Berichtigung ist Beschwerde zulässig, da Anmelder oder Patentinhaber durch die unrichtige Legitimationswirkung (s § 30 Rdn 17 und 45) beschwert ist.[67]

---

59 BPatGE 26, 198 u DPMA-PrüfRichtl 1.1 (Abs 5), s BlPMZ 19, 73.
60 BPatGE 27, 100.
61 BPatGE 27, 100 (nachgereichte Beschreibung); 29, 36 (Beschreibung eines Modells).
62 BGH BlPMZ 66, 230 (II1) *Ferrit*; 72, 289 (III1a) *Zurückverweisung*; BPatGE 18, 177, 183; BPatG v 15.11.2007 10 W (pat) 19/07 BeckRS 07, 65377; v 23.9.2020 20 W (pat) 1/19 GRUR-RS 20, 27057 (Rn 15).
63 St Rspr BPatGE 2, 56, 59; 34, 87 (unter Aufgabe von 31, 43); BPatG BlPMZ 08, 219.
64 BPatGE 18, 31; BPatG BlPMZ 83, 150.
65 BGH BlPMZ 77, 23 (IIb cc) *Tampon*; BPatGE 15, 38.
66 BGH GRUR 77, 483 (III1a) *Gardinenrollenaufreiher*.
67 AA BPatGE 22, 248.

2.4.4 Verschiebung des Anmeldetages: Grundsätzlich ist ein einmal rechtswirksam 41
begründeter Anmeldetag unveränderbar, er kann weder auf Antrag des Anmelders
noch durch Patentamt von Amts wegen auf einen anderen Tag festgesetzt werden.[68]
Eine Ausnahme von diesem Grundsatz sieht das Gesetz nur in § 35 (2) 2 1. Halbsatz,
in R 56 (2) 1 und (5) EPÜ sowie Art 14 (2) und R 20.5 PCT für die Nachreichung von
fehlenden Zeichnungen oder Teilen der Beschreibung vor.[69] Nur in diesem Fall kann
ein bereits begründeter Anmeldetag verschoben werden, und zwar auf den Tag des
Eingangs der Zeichnungen oder Beschreibungsteile beim Patentamt (s Rdn 49 ff).

Wäre es generell zulässig, einen rechtswirksam begründeten Anmeldetag auf Antrag 42
auf einen späteren Tag zu verlegen, hätte es der speziellen Regelung für die Nachreichung von Zeichnungen und Beschreibungsteilen nicht bedurft.

2.4.5 Mindesterfordernisse nicht uno actu: Für die Zuerkennung eines Anmeldetages verlangen § 35 und R 40 EPÜ nicht, dass die Mindesterfordernisse gleichzeitig 43
erfüllt werden. *Keine Verschiebung des Anmeldetages* liegt daher vor, wenn die *Mindesterfordernisse* für einen Anmeldetag *zeitlich nacheinander erfüllt* werden. Mit der
Einreichung des letzten der zeitlich nacheinander erfüllten Mindesterfordernisse wird
vielmehr *erstmals* ein Anmeldetag begründet.

Die frühere Einreichung der unvollständigen Unterlagen begründet nur einen Eingabetag, aber keinen Anmeldetag. Fehlt also in der ursprünglichen Eingabe ein bestimmtes 44
Mindesterfordernis (zB die Beschreibung oder der Name des Anmelders[70]), so wird
ein Anmeldetag erst mit dessen Eingang begründet.[71] Das gilt auch dann, wenn jegliche
Beschreibung fehlte, die Erfindung aber auf andere Weise, die nicht als Beschreibung
angesehen werden kann (zB durch ein Modell), offenbart war.

Die Nachreichung einer Beschreibung ist keine unzulässige Erweiterung, wenn die 45
ursprüngliche Eingabe keine Angabe enthielt, die dem Anschein nach als Beschreibung
angesehen werden konnte. Nur eine *nach* rechtswirksamer Begründung des Anmeldetags eingereichte *zusätzliche* Offenbarung stellt grundsätzlich eine unzulässige Erweiterung iSd §§ 21 (1) Nr 4, 38 und des Art 123 (2) EPÜ dar, die auch im Wege der
Berichtigung nicht in die Anmeldung eingeführt werden kann.[72]

Beispiele aus der Rechtsprechung: Späterer Anmeldetag wurde zuerkannt: a) für 46
den Tag nachträglich eingereichter Zeichnungen, die erstmals eine Offenbarung (=
Beschreibung) der Erfindung enthielten;[73] b) für den Tag des späteren Eingangs der
Beschreibung, die in der »Anmeldung« angekündigt war.[74]

2.4.6 Internationales Anmeldedatum wird von DPMA und EPA als Anmeldeamt 47
zuerkannt, wenn die Voraussetzungen des Art 11 PCT erfüllt sind. Sonst wird die

---

68 T 0863/06 v 25.11.2009 BeckRS 07, 30650288 (Nr 2.1).
69 BPatG v 27.6.2006 17 W (pat) 159/05 BeckRS 07, 7268.
70 So amtl Begr zu § 34 (2) BlPMZ **98**, 402 rSp.
71 So im Ergebnis BPatGE **21**, 96; **31**,19.
72 GrBK G 0002/95 ABl **96**, 555 *Austausch der Anmeldungsunterlagen/ATOTECH.*
73 BPatGE **31**, 19.
74 BPatGE **27**, 100.

negative Feststellung gemäß R 20.4 PCT getroffen, dass die Anmeldung keine int Anmeldung ist und als solche nicht behandelt wird.

48 Ist die Zuerkennung vom zuständigen Anmeldeamt abgelehnt worden, entscheiden DPMA nach Art III § 5 (1) IntPatÜG und EPA gemäß Art 25 PCT als Bestimmungsamt durch Beschluss, ob die Beanstandung des Anmeldeamts gerechtfertigt ist. Wird das bestätigt, ist das Verfahren beendet; sonst wird die Anmeldung als nationale oder europ Anmeldung weiter behandelt (Art 25 PCT).

3 Fehlende Zeichnungen oder Teile der Beschreibung
Lit in epi information: Mulder/Visser 10, 44.

49 § 35 aF sah eine Nachreichung von fehlenden Teilen der Anmeldung in Kombination mit einer Verschiebung des Anmeldetags nur für den Fall vor, dass Zeichnungen fehlten. Die durch das PatNovG (s Rdn 1) zustande gekommene und am 1.4.2014 in Kraft getretene Neufassung des § 35 gewährt – in Anlehnung an den PLT und R 56 EPÜ – diese Möglichkeit auch dann, wenn Teile der Beschreibung fehlen. R 56 EPÜ geht allerdings weiterhin über § 35 hinaus, da im europäischen Recht der ursprüngliche Anmeldetag erhalten werden kann, wenn die fehlenden Zeichnungen oder Teile der Beschreibung vollständig in einer früheren Prioritätsanmeldung enthalten waren. Ferner sieht R 56 EPÜ im Unterschied zu § 35 explizit vor, dass eine Nachreichung auch ohne diesbezügliche Aufforderung des Amtes innerhalb von zwei Monaten nach ursprünglichem Anmeldetag erfolgen kann. Die Frist zur Reaktion auf die amtliche Aufforderung ist unter dem PatG kürzer bemessen (1 Monat) als unter dem EPÜ (2 Monate).

Fehlen in den ursprünglichen Anmeldungsunterlagen Zeichnungen, Teile von Zeichnungen[75] oder Teile der Beschreibung, so stellen § 35 (2) und (3) – ebenso wie im Grundsatz auch R 56 EPÜ und Art 14 (2) und R 20.5 PCT — den Anmelder vor die *Wahl*,
a) die fehlenden Zeichnungen oder Beschreibungsteile nachzureichen und damit den Anmeldetag auf den Tag ihres Eingangs zu verschieben *oder*
b) den alten Anmeldetag beizubehalten, indem er auf die Nachreichung von Zeichnungen oder Beschreibungsteilen verzichtet mit der gesetzlichen Folge, dass die Bezugnahmen in der Anmeldung auf die Zeichnungen oder die fehlenden Beschreibungsteile entfallen.

50 Der Anmelder wird a) wählen, wenn die Zeichnungen oder Beschreibungsteile eine zusätzliche wertvolle Offenbarung enthalten, und b) vorziehen, wenn der ältere Anmeldetag mit Rücksicht auf den Stand der Technik günstiger für ihn ist. Die Entscheidung wird häufig auch von der Länge des Zeitraums abhängen, der seit dem Einreichen der ursprünglichen Anmeldeunterlagen verstrichen ist. Entscheidet der Anmelder sich für b), kann es ggf sinnvoll sein, zusätzlich eine zweite Anmeldung (mit den

---

[75] Obwohl § 35 (1) 2 aF dies nicht explizit vorsah, wurde die Möglichkeit der Nachreichung von Teilen von Zeichnungen bereits unter dem früheren Recht anerkannt, s BPatG v 2.4.2007 10 W (pat) 9/06 BeckRS 07, 8443.

ursprünglich fehlenden Zeichnungen oder Beschreibungsteilen) unter Inanspruchnahme der Priorität der ersten Anmeldung einzureichen.

In § 35 aF befand sich die Regelung über fehlende Zeichnungen im Kontext der 51
Bestimmungen über *fremdsprachige* Anmeldungsunterlagen. Dies war unglücklich und ließ offen, ob Anmeldungsunterlagen im Falle der Verwendung fremdsprachiger Begriffe dem § 35 (1) 1 und (2) 2 aF unterlagen.[76] Enthielten die Zeichnungen fremdsprachige Ausdrücke, so war festzustellen, ob Bedeutungsgehalt des fremdsprachigen Textes im Kontext der Anmeldung erkennbar war oder es sich um zulässige fremdsprachige Fachbegriffe handelte, so dass auf Übersetzung verzichtet werden konnte (s im Einzelnen § 126 Rdn 8). Für die sachkundige Beurteilung war **Prüfer** (nicht Beamter des gehobenen Dienstes) zuständig, dem auch die Feststellung des Anmeldetags oder der Rechtsunwirksamkeit der Anmeldung durch Beschluss obliegt.[77]

3.1 Aufforderung

Eine Aufforderung gemäß § 35 (2) 1 (EPA: R 56 (1) EPÜ) zur Vorlage fehlender Zeich- 52
nungen oder Beschreibungsteile ergeht nur, wenn ihr Fehlen, dh das planwidrige Unvollständigsein der Anmeldeunterlagen, für das Amt erkennbar ist. Dass Zeichnungen fehlen, ergibt sich idR daraus, dass die Anmeldung eine Bezugnahme auf nicht beigefügte Zeichnungen[78] enthält. Das Fehlen von Teilen der Beschreibung lässt sich aufgrund verschiedener Indizien feststellen, so etwa wenn einige Seiten einer durchnummerierten Beschreibung nicht vorhanden sind oder in der Beschreibung auf Ausführungsbeispiele, die nicht eingereicht sind, verwiesen wird (s dazu Rdn 55).

Da Zeichnungen aber weder für eine vollständige Offenbarung noch für die Zuerkennung eines Anmeldetages erforderlich sind, kann die Aufforderung bei einer Anmeldung, die keine Bezugnahme auf Zeichnungen enthält, nicht allein deshalb ergehen, weil Zeichnungen zum besseren Verständnis wünschenswert wären.

Die Aufforderung (durch Beamte des gehobenen Dienstes gemäß § 1 (1) Nr 1a WahrnV oder durch die Eingangsstelle des EPA) kann bis zur Patenterteilung (danach existiert keine Anmeldung mehr) jederzeit ergehen,[79] also auch nach der Offenlegung. In letzterem Fall dürfte allerdings das Wahlrecht des Anmelders eher theoretischer Natur sein, da es für ihn kaum sinnvoll ist, eine Verschiebung des Anmeldetags auf einen Zeitpunkt nach Veröffentlichung der Anmeldung, die Stand der Technik nach § 3 (1) 2 und Art 54 (2) EPÜ darstellt, zu bewirken.

Die Aufforderung setzt dem Anmelder für die Ausübung seines Wahlrechts eine Frist von einem Monat (EPA: zwei Monate) ab Zustellung. Die Aufforderung ist nicht beschwerdefähig, da sie kein Beschluss mit Entscheidungscharakter iSd § 73 (1) ist.

---

76 So wohl BPatG v 15.12.2005 10 W (pat) 17/02 BeckRS 11, 27921 (Übersetzungserfordernis bei Einleitung der nationalen Phase).
77 StRspr, s zB BPatG v 21.9.2007 10 W (pat) 22/07 BeckRS 07, 17036.
78 Zur Verwendung von Bezugszeichen in der Beschreibung s BPatG BlPMZ 08, 219.
79 BPatG v 2.4.2007 10 W (pat) 9/06 BeckRS 07, 8443.

3.2 Reaktion des Anmelders und ihre Folgen

53 a) Er reicht fehlende Zeichnungen oder Beschreibungsteile *innerhalb der Monatsfrist* (vor EPA: Zweimonatsfrist) ein, dann verschiebt[80] sich der Anmeldetag auf den Tag des Eingangs der Zeichnungen oder Beschreibungsteile beim DPMA (§ 35 (2) 2 1. Halbsatz und (3)) und – grundsätzlich auch (s aber Rdn 57) – beim EPA (R 56 (2) EPÜ). Vor der endgültigen Festsetzung des Anmeldetags ist dem Anmelder rechtliches Gehör, auch zu der ggf bestehenden Möglichkeit der Zurückweisung der Anmeldung bei fehlendem Einverständnis mit der Verschiebung des Anmeldetags, zu gewähren.[81] Nach R 56 (6) EPÜ kann der Anmelder innerhalb eines Monats nach Mitteilung über die Verschiebung des Anmeldetags die eingereichten fehlenden Unterlagen wieder zurücknehmen. Dann bleibt es beim ursprünglichen Anmeldedatum. Trotz der Verschiebung des Anmeldetags kann DPMA eine Prioritätsbescheinigung bezogen auf den ursprünglichen Anmeldetag ausstellen.[82]
 b) Er reicht Zeichnungen oder Beschreibungsteile *nach Ablauf der Monatsfrist* (vor EPA: Zweimonatsfrist) ein. Dann wird der Anmeldetag nicht verschoben, sondern die Einreichung gilt ebenso wie jede Bezugnahme auf die Zeichnungen oder Beschreibungsteile als nicht erfolgt (§ 35 (2) 2 2. Halbsatz und (3), R 56 (4) EPÜ). Es bleibt also bei dem alten Anmeldetag ohne Berücksichtigung der fehlenden Zeichnungen oder Beschreibungsteile. Wird dem Anmelder gegen die Versäumung der Frist *Wiedereinsetzung* (Weiterbehandlung ist ausgeschlossen, s § 123a (1) u R 135 (2) EPÜ) gewährt, dann gelten die Zeichnungen oder Beschreibungsteile als rechtzeitig eingereicht, und der Anmeldetag verschiebt sich idR auf den Tag ihres Eingangs.
 c) Er erklärt, dass er auf die Bezugnahmen auf die Zeichnungen oder Beschreibungsteile in der Anmeldung verzichtet, dann bleibt es bei dem ursprünglichen Anmeldetag ohne Berücksichtigung der Zeichnungen oder Beschreibungsteile.
 d) Er schweigt, dann gilt nach § 35 (2) 2 und (3) sowie R 56 (4) jede Bezugnahme auf die Zeichnungen oder Beschreibungsteile als nicht erfolgt, der ursprüngliche Anmeldetag bleibt ohne deren Berücksichtigung erhalten.

3.3 Nachreichung der Zeichnungen oder Beschreibungsteile

54 **3.3.1 Nachreichung nach einer Aufforderung gemäß § 35 (2) 1** kann fristwahrend nur beim Patentamt, nicht bei einem Patentinformationszentrum (PIZ) erfolgen. Entscheidend ist daher Tag des Eingangs beim DPMA, da PIZ Unterlagen an dieses weiterleitet. Formmängel gemäß Anlage 2 zu § 12 PatV sind für die Fristwahrung unschädlich. Zu deren Beseitigung hat DPMA nach § 45 aufzufordern. Einer Prüfung, ob die nachgereichten Zeichnungen eine *unzulässige Erweiterung* der Anmeldung darstellen, bedarf es nicht, da der Anmeldetag kraft Gesetzes gemäß § 35 (2) 2 auf den Tag des Eingangs der Zeichnungen beim Patentamt verschoben wird.

---

80 BPatG v 21.8.2003 10 W (pat) 5/02 BeckRS 09, 7150.
81 BPatG v 2.4.2007 10 W (pat) 9/06 BeckRS 07, 8443; BPatG BlPMZ 08, 219; vgl ferner J 0010/07 ABl 08, 567 (Nr 4.2).
82 BPatG GRUR 11, 48; s auch T 0132/90 ABl 95 SonderA 106.

3.3.2 Nachreichung ohne Aufforderung

Nach **R 56 (2) EPÜ** können fehlende Zeichnungen oder Beschreibungsteile ohne entsprechende Aufforderung innerhalb von zwei Monaten nach Anmeldetag nachgereicht werden. Eine derartige Nachreichung hat prinzipiell dieselben Rechtsfolgen wie eine fristgerechte Nachreichung auf Aufforderung hin.

Im deutschen Recht fehlt eine entsprechende explizite Regelung. Reicht der Anmelder bereits von sich aus fehlende Zeichnungen oder Beschreibungsteile ein, sollte eine »nachträgliche« Aufforderung nach § 35 (2) 1 in den Fällen ergehen, in denen sich das Fehlen aus den ursprünglichen Anmeldeunterlagen (etwa infolge von Bezugnahmen auf nicht eingereichte Zeichnungen) ergab. Eine solche Aufforderung ist erforderlich, um dem Anmelder die Wahlmöglichkeit zu eröffnen, den ursprünglichen Anmeldetag ohne Einbeziehung der von sich aus nachgereichten Zeichnungen oder Beschreibungsteile zu behalten, oder aber den Anmeldetag unter Einbeziehung der nachgereichten Unterlagen zu verschieben. Der Anmelder kann dann sogar nochmalig fehlende Zeichnungen oder Beschreibungsteile nachreichen und so eine noch weitere Verschiebung des Anmeldetags bewirken.

Enthielt die Anmeldung **keinerlei Indiz** für das Fehlen von Zeichnungen oder Beschreibungsteilen, so dürfte § 35 (2) (und wohl auch R 56 EPÜ) nicht anwendbar sein. Es muss objektiv erkennbar sein, dass bestimmte Anmeldeunterlagen fehlten oder unvollständig waren. Insbesondere schaffen die Vorschriften keine Grundlage für einen Austausch irrtümlich eingereichter Anmeldeunterlagen durch andere Unterlagen.[83]

Werden in diesem Fall gleichwohl Zeichnungen oder Beschreibungsteile nachgereicht, ist die Nachreichung – wie jede andere Änderung der Anmeldung auch – nach §§ 21 (1) Nr 4, 38 und Art 123 (2) EPÜ zu beurteilen. Die nachgereichten Unterlagen können zugelassen werden, wenn sie die Anmeldung nicht unzulässig erweitern. Dann gilt der ursprüngliche Anmeldetag mit den nachgereichten Zeichnungen oder Beschreibungsteilen. Erweitern sie hingegen die Anmeldung, ist die Anmeldung nach §§ 21 (1) Nr 4, 38 und Art 123 (2) EPÜ unzulässig erweitert. Wird die unzulässige Erweiterung beseitigt, wird die Anmeldung mit dem ursprünglichen Anmeldetag weiter behandelt; wird sie nicht beseitigt, wird die Anmeldung zurückgewiesen.

Werden für eine Anmeldung ohne jegliche Offenbarung später Zeichnungen oder Beschreibung eingereicht, die nunmehr eine Erfindung offenbaren, ist der spätere Tag ihres Eingangs als Anmeldetag festzusetzen, wenn damit erstmals das letzte fehlende Mindesterfordernis für die Zuerkennung eines Anmeldetages erfüllt wird[84] (vgl dazu Rdn 43).

3.3.3 Beibehaltung des Anmeldedatums nach R 56 (3) EPÜ:

Der Grundsatz, dass ein Anmelder bei Nachreichung fehlender Teile der Anmeldeunterlagen eine Verschiebung seines Anmeldetags hinnehmen muss, wird in R 56 (3) EPÜ durch eine Ausnahmeregelung durchbrochen, die in § 35 (2) nicht vorgesehen ist: Der ursprüngliche Anmeldetag kann im europäischen Recht erhalten bleiben, wenn die fehlenden Zeich-

---

83 BPatG v 23.9.2020 20 W (pat) 1/19 GRUR-RS 20, 27057 (Rn 25); J 0027/10 v 9.12.2011 BeckRS 11, 147383; J 0015/12 (Nr 4) ABl 14 ZPubl 5, 97.
84 BPatGE 31, 19.

nungen oder Teile der Beschreibung vollständig in einer früheren Anmeldung, deren Priorität beansprucht wird, enthalten waren.[85] Diese Bestimmung ist rechtspolitisch nicht unbedenklich,[86] da eine Prioritätserklärung erst 16 Monate nach Prioritätsdatum eingereicht werden muss (s R 52 (2) EPÜ) und der Anmelder somit bis zu einem gewissen Grad noch nachträglich beeinflussen kann, was den Gegenstand der ursprünglich eingereichten Anmeldung bildet. Ob sich die Bestimmung in vollem Umfang mit Art 123 (2) EPÜ vereinbaren lässt, ist zweifelhaft.

§ 35a Fremdsprachige Anmeldung
(patent application in a foreign language)

(1) [1]Ist die Anmeldung nicht oder teilweise nicht in deutscher Sprache abgefasst, so hat der Anmelder eine deutsche Übersetzung innerhalb einer Frist von drei Monaten nach Einreichung der Anmeldung nachzureichen. [2]Wird die deutsche Übersetzung nicht innerhalb der Frist eingereicht, so gilt die Anmeldung als zurückgenommen.

(2) [1]Ist die Anmeldung ganz oder teilweise in englischer oder französischer Sprache abgefasst, verlängert sich die Frist nach Absatz 1 Satz 1 auf zwölf Monate. [2]Wird anstelle des Anmeldetags für die Anmeldung ein früherer Zeitpunkt als maßgebend in Anspruch genommen, endet die Frist nach Satz 1 jedoch spätestens mit Ablauf von 15 Monaten nach diesem Zeitpunkt.

(3) Ist für die Anmeldung ein Antrag nach § 43 Absatz 1 oder § 44 Absatz 1 gestellt worden, so kann die Prüfungsstelle den Anmelder auffordern, eine deutsche Übersetzung der Anmeldungsunterlagen vor Ablauf der in Absatz 2 genannten Frist einzureichen.

(4) [1]Erklärt sich der Anmelder vor Ablauf der Frist nach den Absätzen 1 und 2 gegenüber dem Patentamt mit der Akteneinsicht in seine Anmeldung nach § 31 Absatz 2 Satz 1 Nummer 1 einverstanden, hat er eine deutsche Übersetzung der Anmeldungsunterlagen einzureichen. [2]Das Einverständnis gilt erst mit Eingang der Übersetzung beim Deutschen Patent- und Markenamt als erteilt.

Rainer Moufang

Übersicht

Gesetzesentwicklung.		1
Europäisches Patentrecht.		2
	Art 14 EPÜ	2
	R 5–7 EPÜ.	3
	Übersicht über EPÜ-Regelung.	4
Kommentierung zu § 35a PatG		
1	Normzweck und Überblick	7
2	Grundsätzliches	9
3	Sprache.	10

---

85 Vgl J 0010/07 ABl 08, 567 (Nr 3).
86 Kritisch Mulder/Visser epi information 10, 44, 47.

Fremdsprachige Anmeldung/ application in a foreign language § 35a

4	Deutsche Übersetzung	11
5	Frist	13
6	Privilegierung EN- und FR-sprachiger Anmeldungen	18
7	Verfahren	19
8	Offenbarung	24
9	Akteneinsicht	25

Gesetzesentwicklung: Das PatNovG v 19.10.2013 (BGBl I 3830 = BlPMZ 13, 361) hat den früheren § 35 aF (s zu seiner Entstehung § 35 Rdn 1) zwecks Übersichtlichkeit in zwei Normen aufgespaltet, so dass die Übersetzungserfordernisse bei fremdsprachigen Anmeldungen nunmehr im neu eingefügten § 35a geregelt sind. Der Anmeldetag nach § 35 entsteht jetzt unabhängig von dem Eingang der Übersetzung. Ferner wurde die Frist für die Einreichung der Übersetzung einer englisch- oder französischsprachigen Anmeldung verlängert. § 35a (4) wurde durch das Gesetz zur Änderung des Designgesetzes v 4.4.2016 (BGBl I 558 = BlPMZ 16, 161) eingefügt. Art 1 Nr 40 a) des 2. PatRModG v 10.8.2021 änderte in Abs 4 die Bezeichnung Patentamt in Deutsches Patent- und Markenamt.   1

Europäisches Patentrecht: 2

Artikel 14 EPÜ Sprachen des EPA, europäischer Patentanmeldungen und anderer Schriftstücke
   (1) Die Amtssprachen des EPA sind Deutsch, Englisch und Französisch.
   (2) ¹Eine europäische Patentanmeldung ist in einer Amtssprache einzureichen oder, wenn sie in einer anderen Sprache eingereicht wird, nach Maßgabe der AusfO in eine Amtssprache zu übersetzen. ²Diese Übersetzung kann während des gesamten Verfahrens vor dem EPA mit der Anmeldung in der ursprünglich eingereichten Fassung in Übereinstimmung gebracht werden. ³Wird eine vorgeschriebene Übersetzung nicht rechtzeitig eingereicht, so gilt die Anmeldung als zurückgenommen.
   (3) Die Amtssprache des EPA, in der die europäische Patentanmeldung eingereicht oder in die sie übersetzt worden ist, ist in allen Verfahren vor dem EPA als Verfahrenssprache zu verwenden, soweit die AusfO nichts anderes bestimmt.
   (4) ¹Natürliche oder juristische Personen mit Wohnsitz oder Sitz in einem Vertragsstaat, in dem eine andere Sprache als Deutsch, Englisch oder Französisch Amtssprache ist, und die Angehörigen dieses Staats mit Wohnsitz im Ausland können auch fristgebundene Schriftstücke in einer Amtssprache dieses Vertragsstaats einreichen. ²Sie müssen jedoch nach Maßgabe der AusfO eine Übersetzung in einer Amtssprache des EPA einreichen. ³Wird ein Schriftstück, das nicht zu den Unterlagen der europäischen Patentanmeldung gehört, nicht in der vorgeschriebenen Sprache eingereicht oder wird eine vorgeschriebene Übersetzung nicht rechtzeitig eingereicht, so gilt das Schriftstück als nicht eingereicht.
   (5) ....(8)

Vgl. ferner **R 5 EPÜ** (Beglaubigung von Übersetzungen), **R 6 EPÜ** (Einreichung von Übersetzungen und Gebührenermäßigung), **R 7 EPÜ** (Rechtliche Bedeutung der Übersetzung der europäischen Patentanmeldung) **und R 36** (Europäische Teilanmeldungen)   3

Übersicht über EPÜ-Regelung: Außer in den EPA-Amtssprachen kann ein Anmelder eine Patentanmeldung auch in einer beliebigen anderen Sprache, die nicht Deutsch, Englisch oder Französisch ist, einreichen (Art 14 (2) EPÜ). Diese Änderung durch die EPÜ-Revision 2000 trägt Art 5 PLT Rechnung. Eine Übersetzung in eine EPA-Amtssprache ist nach R 6 (1) EPÜ innerhalb von zwei Monaten nach Einreichung der europ Anmeldung einzureichen.   4

Eine europäische Teilanmeldung muss grundsätzlich in der Verfahrenssprache der früheren Anmeldung eingereicht werden (R 36 (2) 1 EPÜ). Eine Ausnahme gilt, wenn die Stammanmeldung in einer anderen Sprache als Deutsch, Englisch oder Französisch eingereicht wurde (R 36 (2) 2 EPÜ). Dann kann auch die Teilanmeldung in dieser Sprache eingereicht werden, wobei eine Übersetzung in die Verfahrenssprache der Stammanmeldung nachzureichen ist. Entsprechendes gilt für die Einreichung einer neuen europäischen Patentanmeldung gemäß Art 61 (1) b EPÜ iVm Art 61 (2), 76 (1) u R 36 (2) EPÜ.   5

§ 35a — Fremdsprachige Anmeldung/application in a foreign language

6 Zum Ausgleich der Übersetzungskosten, die dadurch entstehen, dass nicht alle Amtssprachen der Vertragsstaaten des EPÜ auch Amtssprachen des EPA sind, sieht R 6 (3) EPÜ iVm Art 14 (1) GebO unter bestimmten Bedingungen eine 30 % Ermäßigung der Anmelde- und der Prüfungsgebühr vor. Voraussetzung ist, dass der Anmelder zu den in Art 14 (4) EPÜ genannten Personen zählt (also zB eine juristische Person mit Sitz in Italien), dass die Anmeldung bzw. der Prüfungsantrag in einer nach Art 14 (4) EPÜ zugelassenen Nicht-Amtssprache (also zB Italienisch) eingereicht wird und dass es sich – bei mehreren Anmeldern jeder Anmelder (s R 6 (7) EPÜ) – um ein kleines oder mittleres Unternehmen (zur Definition s R 6 (5) EPÜ), eine natürliche Person, eine Organisation ohne Gewinnerzielungsabsicht, Hochschule oder öffentliche Forschungseinrichtung handelt (s R 6 (4) EPÜ). Eine Ermäßigung ist auch dann zu gewähren, wenn ein Prüfungsantrag in einer zulässigen Nicht-EPA-Sprache erst später und nicht zusammen mit dem Erteilungsantrag eingereicht wird.[1] Die erforderliche Übersetzung der Anmeldung oder des Prüfungsantrags darf frühestens gleichzeitig mit der Anmeldung oder dem Prüfungsantrag eingereicht werden.[2] Das Gebührenprivileg gilt nicht für Anmelder, die sich anstelle der Amtssprache ihres Vertragsstaats (zB Deutsch) der Amtssprache eines anderen Vertragsstaats (zB Niederländisch) bedienen, auch wenn sie durch einen Anwalt dieses Vertragsstaats vertreten sind.[3]

R 6 aF EPÜ sah für die in Art 14 (4) EPÜ genannten Personen in erheblich weiterem Umfang eine Gebührenermäßigung von allerdings nur 20 % (s Art 14 (1) GebO aF) vor. Sie mussten nicht die nunmehr in R 6 (4) genannten Kriterien erfüllen und konnten die Ermäßigung auch für weitere Gebühren (Einspruchs-, Beschwerde- und Überprüfungsantragsgebühr sowie Beschränkungs- oder Widerrufsgebühr) in Anspruch nehmen. Die jetzige Fassung geht auf einen am 1.4.2014 in Kraft getretenen VR-Beschluss zurück.[4] Zur Ermäßigung der Beschwerdegebühr seit 1.4.2018 s Anhang zu § 73 Art 108 EPÜ Rdn 14.

1 Normzweck und Überblick

7 § 35a regelt die Einreichung einer Patentanmeldung in einer fremden Sprache und die Nachreichung von Übersetzungen der nicht-deutschen Anmeldung. Die Regelung erleichtert ausländischen Anmeldern die Nachanmeldung innerhalb der Prioritätsfrist und soll sicherstellen, dass der maßgebliche Offenbarungsgehalt der fremdsprachigen Anmeldung nicht durch die Übersetzung verloren geht.[5] Gegenüber der bisherigen Regelung in § 35 aF ist die Einreichung der Übersetzung nicht mehr Voraussetzung für den Erhalt des Anmeldetags, vielmehr gilt bei Fristversäumnis bezüglich der Übersetzung die Anmeldung (nur) als zurückgenommen. Darüber hinaus bestehen privilegierende Bestimmungen für EN- und FR-sprachige Anmeldungen, die mit der Bedeutung beider Sprachen als Wissenschaftssprachen in vielen Bereichen der Technik gerechtfertigt werden.

8 *Anwendungsbereich:* § 35a (1) gilt nur für *nationale* Anmeldungen, *nicht für PCT-Anmeldungen*, die gemäß Art III § 1 (2) IntPatÜG in deutscher Sprache einzureichen sind, wenn das DPMA Anmeldamt ist.[6]

2 Grundsätzliches

9 Die Sprache vor DPMA und BPatG ist nach § 126 Deutsch, sofern nichts anderes bestimmt ist. Eine andere Bestimmung trifft § 35a (1) 1 für Patentanmeldungen. Deren Bestandteile, also Erteilungsantrag, Ansprüche, Beschreibung, Erläuterungen in Zeich-

---

1 J 0021/98 ABl 00, 406.
2 Vgl GrBK G 0006/91 ABl 92, 491 *Gebührenermäßigung/ASULAB II.*
3 T 0149/85 ABl 86, 103.
4 VR-Beschluss vom 12.12.2013 (CA/D 19/13) ABl 14, A4.
5 Amtl Begr zu § 35 PatG BlPMZ 98, 393, 403.
6 MittDPA Nr 2/99 BlPMZ 99, 1; BPatG v 4.12.2000 10 W (pat) 104/99 BeckRS 11, 28333.

nungen können ganz oder teilweise (zB nur die Ansprüche oder nur ein Teil der Beschreibung) nicht in deutscher Sprache abgefasst sein. Für andere Zwecke (zB Zusammenfassung, Verfahrenshandlungen) sind Fremdsprachen nicht zugelassen. Fraglich ist, ob nach geltendem Recht Teile der Anmeldung, zB die Beschreibung, komplett oder teilweise durch eine pauschale Bezugnahme auf eine fremdsprachige, früher eingereichte Anmeldung ersetzt werden können,[7] mit der Folge, dass diese als Offenbarungsgehalt ebenfalls der Übersetzungspflicht nach § 35a (1) unterläge. Dies sollte im Zusammenhang mit einer künftigen Ratifizierung des WIPO-Patentrechtsvertrags (PLT) klargestellt werden.

3 Sprache

§ 35a (1) 1 ist nicht auf die Sprachen der Staaten von EPÜ, PVÜ oder WIPO beschränkt. Zugelassen ist – wie jetzt auch nach Art 14 (2) EPÜ – *jede Sprache*. Es muss sich um eine anerkannte Sprache, nicht um einen Dialekt handeln. Dazu gehören jedenfalls alle Amtssprachen aller Staaten.[8]

4 Deutsche Übersetzung

Sie ist nicht mehr Voraussetzung für die Zuerkennung eines Anmeldetags wie unter § 35 aF. Auch ohne Übersetzung liegt eine vorschriftsmäßige nationale Hinterlegung iSd Art 4 A (3) PVÜ vor, die zur Festlegung des Anmeldezeitpunkts ausreicht. Die Übersetzung muss jedoch weiterhin fristgemäß eingereicht werden, wenn das Anmeldeverfahren fortgeführt werden soll, da ansonsten die Anmeldung als zurückgenommen gilt (§ 35a (1) 2). Die Übersetzung ist, obwohl sie nachgereicht werden kann, ein Bestandteil der Anmeldung (so auch explizit R 49 (1) EPÜ).[9]

Deutsche Übersetzung iSd § 35a (1) 1 erfordert, dass die Übersetzung
a) beim Patentamt, nicht bei einem Patentinformationszentrum eingereicht wird.[10] Werden Anmeldung und Übersetzung zusammen bei einem Informationszentrum eingereicht, ist der Tag des Eingangs der Übersetzung beim DPMA maßgebend;
b) in deutscher Sprache abgefasst ist (s § 126);
c) der Schriftform entspricht (s Einl Rdn 352);
d) einen sachlich ausreichenden Zusammenhang mit der früher eingereichten fremdsprachigen Anmeldung aufweist. Auslassungen, Fehler und sonstige Übersetzungsmängel stehen dem Vorliegen einer Übersetzung iS von § 35a (1) nicht entgegen.[11] Auch eine teilweise Übersetzung kann für die Zwecke von § 35a (1) ausreichen, sofern die Mindestforderungen für die Zuerkennung des Anmeldetags durch die

---

7 So R 40 (1) c EPÜ und Art 5 (7) PLT iVm R 2 (5) AusfO PLT.
8 Noch weitergehend Benkard/Schäfers 11. Aufl § 35a PatG Rn 7.
9 BGH v 14.7.2020 X ZB 4/19 GRUR **20**, 1121 (Rn 29) *Druckstück*; BPatG v 11.10.2018 10 W (pat) 23/17 GRUR **19**, 434 (II2.2).
10 MittDPMA Nr 4/06 BlPMZ **06**, 77.
11 BGH GRUR **12**, 91 (Rn 22) *Polierendpunktbestimmung* und Mitt **12**, 30 *Pannelli di legno* (beide zu § 35 (2) aF); ebenso BPatG GRUR **11**, 360; v 23.9.2020 20 W (pat) 1/19 GRUR-RS **20**, 27057 (Rn 33). Zum Problem der Qualität von Übersetzungen s Czarnowski et al. Mitt **13**, 307.

deutschsprachigen Teile der Unterlagen erfüllt würden.[12] Dasselbe gilt, wenn im Nachgang zu einer teilweise fremdsprachigen Anmeldung überhaupt keine Übersetzung fristgemäß eingereicht wird.[13] Zum Nachreichen einer vollständigen Übersetzung bleibt der Anmelder gleichwohl aufgrund von § 126 verpflichtet;

e) *Übersetzer* kann jeder sein, weder § 35a noch § 14 PatV erfordern eine bestimmte Qualifikation;

f) **Beglaubigung** der deutschen Übersetzung durch einen *Rechtsanwalt oder Patentanwalt* ist nach § 14 (1) PatV zwingend erforderlich, wenn die Übersetzung nicht durch einen öffentlich bestellten Übersetzer angefertigt ist. Die in einer Entscheidung des BPatG vertretene Rechtsauffassung, dass diese Vorschrift wegen offensichtlich fehlender Erforderlichkeit unverhältnismäßig, rechtsstaatswidrig und damit nichtig sei,[14] hat der BGH nicht geteilt.[15] Eine besondere Form oder ein besonderer Wortlaut ist für die Beglaubigung jedenfalls nicht vorgeschrieben.[16] Ausreichend: »Deutsche Übersetzung der am ... eingereichten Anmeldung«. Die bloße Unterschrift kann genügen, wenn sie keine andere Bedeutung haben kann.[17] Das Wort »Beglaubigung« muss jedoch nicht auf der Übersetzung stehen. Die Beglaubigung ist nicht fristgebunden, kann also auf Rüge nachgereicht werden.[18] Unter dem EPÜ ist eine Beglaubigung idR nicht erforderlich, kann jedoch nach R 5 EPÜ im Einzelfall verlangt werden, insbesondere wenn ernsthafte Zweifel an der Richtigkeit der Übersetzung bestehen.[19]

5 Frist

13 Die Frist zur Einreichung der deutschen Übersetzung beträgt grundsätzlich 3 Monate (für EN- und FR-sprachige Anmeldungen s Rdn 18) ab Einreichung der Anmeldung. Die gesetzliche Frist kann DPMA nicht ändern, also nicht verlängern. Die Frist gilt nur für die Einreichung der Übersetzung iSd § 35a (1) 1, nicht auch für deren Beglaubigung nach § 14 (1) PatV.[20]

14 **Versäumung der Frist** hat nach § 35a (1) 2 zur Folge, dass die Anmeldung als zurückgenommen gilt. Gegen die Versäumung ist nach § 123 Wiedereinsetzung möglich. Antrag auf Weiterbehandlung nach § 123a scheidet hingegen aus, da es sich um eine gesetzlich bestimmte Frist handelt (s § 123a Rdn 17). Die als zurückgenommen geltende Anmeldung kann der Anmelder neu einreichen. Erfüllt sie die Mindesterfordernisse für die Zuerkennung eines Anmeldetags (s § 35 Rdn 16 ff), setzt sie erneut die 3-Monatsfrist in Lauf, und zwar auch dann, wenn der Anmelder für die Beschreibung der Erfindung lediglich auf die fremdsprachige Beschreibung der früheren Anmeldung Bezug nimmt (s § 34 Rdn 417).

---

12 BGH GRUR **12**, 91 (Rn 22) *Polierendpunktbestimmung* (zu § 35 (2) aF); aA BPatG BlPMZ **10**, 41 (zu § 35 (2) aF).
13 BPatGE **53**, 169 (zu § 35 (2) aF).
14 BPatG v 11.10.2018 10 W (pat) 23/17 GRUR **19**, 434 (II3.1.1.4.4).
15 BGH v 14.7.2020 X ZB 4/19 GRUR **20**, 1121 (Rn 32) *Druckstück*.
16 BGH GRUR **12**, 91 (Rn 18) *Polierendpunktbestimmung* (zu § 35 (2) aF).
17 Vgl *BGH NJW* **71**, 659.
18 So auch Benkard/Schäfers 11. Aufl § 35a PatG Rn 19.
19 EPA-PrüfRichtl A-VII 7.
20 BGH v 14.7.2020 X ZB 4/19 GRUR **20**, 1121 (Rn 63) *Druckstück*.

Übersetzungen europäischer Anmeldungen, für die eine Umwandlung in eine nationale deutsche Anmeldung gemäß Art 135 EPÜ beantragt wurde und die nicht in deutscher Sprache abgefasst sind, sind nach Art II § 9 (2) IntPatÜG innerhalb von *3 Monaten* nach Zustellung einer Aufforderung einzureichen, und zwar eine Übersetzung der ursprünglichen Fassung und evtl einer vor dem EPA geänderten Fassung, wenn der Anmelder diese dem Verfahren zugrunde legen will.

15

Übersetzungen internationaler Anmeldungen, die nicht in deutscher Sprache eingereicht worden sind, sind bis zum Inkrafttreten der Neufassung von Art III § 4 u § 6 IntPatÜG, dh bis zum 30.4.2022, innerhalb folgender Fristen einzureichen: **a)** innerhalb von *30 Monaten* seit dem Prioritätsdatum, wenn DPMA Bestimmungsamt ist (Art III § 4 (2) IntPatÜG iVm Art 22 (1) PCT); **b)** ebenfalls innerhalb von *30 Monaten* seit dem Prioritätsdatum, wenn DPMA vor Ablauf des 19. Monats seit dem Prioritätsdatum ausgewählt worden ist (Art III § 6 (2) IntPatÜG iVm Art 39 (1) PCT). Ab dem 1.5.2022 verlängern sich beide Fristen auf 31 Monate (Art III § 4 (2) u § 6 (2) IntPatÜG nF).

16

Übersetzungen fremdsprachiger Schriftstücke, die *nicht* zu den Unterlagen der Anmeldung gehören: Siehe § 14 (2) und (3) PatV und § 126 Rdn 20.

17

6 Privilegierung EN- und FR-sprachiger Anmeldungen

Die Frist zur Einreichung der Übersetzung verlängert sich in den Fällen, in denen die fremdsprachige Anmeldung in den Wissenschaftssprachen Englisch oder Französisch eingereicht wird. Die verlängerte Frist beträgt nach § 35a (2) grundsätzlich 12 Monate. Allerdings endet die Frist bei Prioritätsbeanspruchung spätestens mit Ablauf von 15 Monaten nach dem (frühesten) Prioritätstag. Dies bedeutet, dass in den Fällen, in denen die Prioritätsfrist von 1 Jahr voll ausgeschöpft wird, de facto keine Verlängerung der Standardfrist von 3 Monaten nach Anmeldetag eintritt.
  Wenn bereits ein Recherche- oder Prüfungsantrag gestellt wird, gibt § 35a (3) außerdem die Befugnis, bereits vor Ablauf der 12-Monatsfrist des § 35a (2) zur Einreichung einer Übersetzung aufzufordern.

18

7 Verfahren

Wird die Übersetzung innerhalb der 3-Monatsfrist des § 35a (1) 1 oder der nach § 35a (2) verlängerten Frist eingereicht, ist dem gesetzlichen Erfordernis Genüge getan.

19

Fehlen der Übersetzung: DPMA ist nicht verpflichtet, nach Eingang der fremdsprachigen Unterlagen auf die Notwendigkeit einer Übersetzung hinzuweisen; es sollte jedoch bei Einzelanmeldern vorsorglich auf die Regelung des § 35a aufmerksam machen. Nach fruchtlosem Ablauf der Fristen nach § 35a (1) und (2) ist die Anmeldung nicht zurückzuweisen, sondern festzustellen, dass die (fremdsprachige) Anmeldung als zurückgenommen gilt (s Rdn 14). Liegt nur eine teilweise Übersetzung vor, so kann diese zwar für die Zwecke von § 35a ausreichen (s Rdn 12, unter d), lässt jedoch die Möglichkeit der Prüfungsstelle unberührt, auf der Grundlage von § 126 eine vollständige Überset-

20

zung einzufordern und bei deren Ausbleiben die Anmeldung nach §§ 42, 48 zurückzuweisen.[21]

21 *Mängel der Übersetzung* gegenüber der Originalsprache können jederzeit im Erteilungs-, Einspruchs- und Nichtigkeitsverfahren berichtigt werden,[22] denn für die Offenbarung sind immer die ursprünglichen Unterlagen in der Originalsprache maßgebend. Da die Übersetzung Grundlage für die Prüfung von DPMA und BPatG ist, muss sie auf Verlangen in Übereinstimmung mit den ursprünglichen fremdsprachigen Unterlagen gebracht werden.

22 *Fehlen der Beglaubigung* der Übersetzung (s Rdn 12, unter f) stellt einen Mangel dar, der nach § 45 (1) iVm § 34 (6) u § 14 (1) PatV zu rügen ist. Nach fruchtlosem Fristablauf kann die Anmeldung nach § 48 zurückgewiesen werden.

23 *Einfache Ausfertigung der Übersetzung* genügt. Aufgrund der Einführung der Elektronischen Schutzrechtsakte sind Mehrfachexemplare in Papierform bei Neuanmeldungen und weiteren Eingaben entbehrlich geworden.[23]

8 Offenbarung

24 Maßgebend für den Umfang der Offenbarung sind immer die ursprünglich eingereichten fremdsprachigen Unterlagen, nicht die Übersetzung,[24] auch wenn diese formal einen Bestandteil der Anmeldung bildet (s Rdn 11).

Aus etwaigen *Erweiterungen* in der Übersetzung können daher Rechte nicht hergeleitet werden. Ebenso bestimmt sich der *Inhalt einer älteren Anmeldung* gemäß § 3 (2) und Art 54 (3) EPÜ nach dem Inhalt der ursprünglichen Originaldokumente (s § 3 Rdn 80).

Bei der Beurteilung, ob eine Erweiterung des ursprünglichen Anmeldungsinhalts vorliegt, geht das EPA allerdings nach R 7 EPÜ davon aus, dass die nach Art 14 (2) EPÜ eingereichte Übersetzung mit dem ursprünglichen Text der Anmeldung übereinstimmt, soweit nicht der Gegenbeweis erbracht wird.

9 Akteneinsicht

25 § 35a (4) verpflichtet den Anmelder, der nach § 31 (2) 1 Nr 1 sein Einverständnis mit vorzeitiger Akteneinsicht gegenüber DMPA erklärt, also einen Antrag auf vorzeitige Offenlegung stellt, zum Einreichen einer deutschen Übersetzung. Erst mit dem Eingang der Übersetzung gilt das Einverständnis als erteilt. Dieser Absatz wurde 2016 nachträglich in § 35a eingefügt (s Rdn 1), um das Problem zu beseitigen, dass es im Falle eines Antrags auf vorzeitige Offenlegung unter der 2014 erfolgten Neuregelung des § 35a erforderlich werden konnte, Anmeldeunterlagen in fremdsprachiger Fassung zu veröffentlichen.[25] § 35 (4) stellt nunmehr sicher, dass Offenlegungs- und Patentschriften – wie vor der Neuregelung – nur in deutscher Sprache veröffentlicht werden.

---

21 BPatGE 53, 169 (zu § 35 (2) aF).
22 So (für Verfahren vor dem EPA) ausdrücklich EPA-PrüfRichtl A-VII 7.
23 Mitt PräsDPMA Nr 10/11 v 6.9.2011 BlPMZ 11, 313.
24 Amtl Begr zu § 35 PatG aF BlPMZ 98, 393, 403 rSp.
25 S Gesetzesbegründung in BT-Drucksache 18/7195 v 6.1.2016, S 30.

Außerdem sollen Entschädigungsansprüche nach § 33 nur dann entstehen können, wenn die Patentanmeldung in deutscher Sprache veröffentlicht worden ist.[26]

§ 36 Zusammenfassung der Patentanmeldung (*abstract*)

(1) Der Anmeldung ist eine Zusammenfassung beizufügen, die noch bis zum Ablauf von fünfzehn Monaten nach dem Anmeldetag oder, sofern für die Anmeldung ein früherer Zeitpunkt als maßgebend in Anspruch genommen wird, bis zum Ablauf von fünfzehn Monaten nach diesem Zeitpunkt nachgereicht werden kann.

(2) [1]Die Zusammenfassung dient ausschließlich der technischen Unterrichtung. [2]Sie muß enthalten:
1. die Bezeichnung der Erfindung;
2. eine Kurzfassung der in der Anmeldung enthaltenen Offenbarung, die das technische Gebiet der Erfindung angeben und so gefaßt sein soll, daß sie ein klares Verständnis des technischen Problems, seiner Lösung und der hauptsächlichen Verwendungsmöglichkeit der Erfindung erlaubt;
3. eine in der Kurzfassung erwähnte Zeichnung; sind mehrere Zeichnungen erwähnt, so ist die Zeichnung beizufügen, die die Erfindung nach Auffassung des Anmelders am deutlichsten kennzeichnet.

[3]Sind in der Kurzfassung mehrere Zeichnungen erwähnt und ist nicht eindeutig, welche Zeichnung die Erfindung nach Auffassung des Anmelders am deutlichsten kennzeichnet, so bestimmt die Prüfungsstelle diejenige Zeichnung, die die Erfindung am deutlichsten kennzeichnet. *(Inkrafttreten von Satz 3: 1.5.2022)*

Rainer Moufang

Übersicht

	Gesetzesentwicklung	1
	Europäisches Patentrecht	2
	Kommentierung zu § 36 PatG	
I.	Zweck	5
II.	Erfordernisse der Zusammenfassung	6
1	Form	7
2	Bestandteile	8
2.1	Bezeichnung der Erfindung	9
2.2	Kurzfassung der Offenbarung	10
2.3	Zeichnung	12
3	Gliederung	14
III.	Verfahren	15
1	Frist	15
2	Änderung der Zusammenfassung	16
3	Prüfung der Zusammenfassung	17
3.1	Offensichtliche Mängel	18
3.2	Fristsetzung	19

---

26 S Gesetzesbegründung in BT-Drucksache 18/7195 v 6.1.2016, S 30.

	3.3	Zurückweisung der Anmeldung	20
	3.4	Prüfung nach Prüfungsantragsstellung	21
	4	Veröffentlichung	23
	IV.	Rechtliche Bedeutung	24
	1	Stand der Technik	25
	2	Offenbarung	26

1 **Gesetzesentwicklung:** § 36 ist durch Art 8 Nr 20 GPatG als § 26a neu eingefügt worden. Art 2 Nr 11 des 2. PatGÄndG hat in § 36 (1) die Worte »Tag der Einreichung der Anmeldung« durch »Anmeldetag« ersetzt. Art 1 Nr 17 des **2. PatRModG** v 10.8.2021 (BGBl I 3490 = BlPMZ **21**, 290) hat Abs 2 den am 1.5.2022 in Kraft tretenden Satz 3 angefügt.

2 **Europäisches Patentrecht:** Die Zusammenfassung ist nach Art 78 (1) e EPÜ ein Erfordernis der europ Patentanmeldung. Ihr Fehlen wird gemäß R 57 d) und 58 EPÜ unter Fristsetzung gerügt. Form und Inhalt bestimmt R 47 EPÜ. Der vom Prüfer festgelegte endgültige Inhalt wird dem Anmelder zusammen mit dem Recherchenbericht übersandt (R 66 EPÜ).

Artikel 85 EPÜ Zusammenfassung

3 Die Zusammenfassung dient ausschließlich der technischen Information; sie kann nicht für andere Zwecke, insbesondere nicht für die Bestimmung des Umfangs des begehrten Schutzes und für die Anwendung des Art 54 Abs 3,[1] herangezogen werden.

4 **WIPO-Norm ST 12:** Kontrollliste für die Prüfung der Zusammenfassung.[2]

Lit in epi-information: Camp 99, 10.

I. Zweck

5 Die Zusammenfassung ist Teil der Anmeldung[3] und soll die Allgemeinheit über den technischen Inhalt der Anmeldung informieren.[4] Dritte sollen bestimmte technische Gebiete anhand der Zusammenfassung schnell sichten können. Sie erspart bei einer Grobsichtung das Studium von Beschreibung und Ansprüchen.

Dem Zweck entsprechend ist auch einer Teilungsanmeldung eine Zusammenfassung beizufügen, denn mit ihr wird die Öffentlichkeit durch Veröffentlichung einer neuen OS oder Gewährung der Akteneinsicht kurz und bündig darüber unterrichtet, was technisch Gegenstand der Teilungsanmeldung sein soll, der vom gesamten Offenbarungsgehalt der ursprünglichen Anmeldung bis zu einem speziellen Teil reichen kann. Eine Zusammenfassung ist daher für eine Teilungsanmeldung auch dann erforderlich, wenn die Stammanmeldung bei Abgabe der Teilungserklärung bereits offen gelegt war.[5]

II. Erfordernisse der Zusammenfassung

6 § 36 zählt die Erfordernisse der Zusammenfassung auf.[6] Weitere Erfordernisse können nach § 34 (6) durch die Patentverordnung vorgeschrieben werden (s § 34 Rdn 27).

---

1 Abgedruckt unter § 3 Rdn 3.
2 EPA-PrüfRichtl F-II Anlage 1.
3 BGH v 14.7.2020 X ZB 4/19 GRUR **20**, 1121 (Rn 630) *Druckstück*; so auch Art 78 (1) e) EPÜ.
4 Vgl amtl Begr zum 1. GPatG zu Nr 20 BlPMZ **79**, 283.
5 BPatG vom 22.10.1996 und 14.2.1997 14 W (pat) 64/96 BeckRS **97**, 14345; aA BPatGE **47**, 13.
6 Merkblatt für die Erstellung der Zusammenfassung gemäß § 36 PatG, s Tabu Gewerbl. Rechtsschutz Nr 109 = http://www.dpma.de/docs/service/formulare/patent/p2794.pdf.

1 Form

Die Zusammenfassung ist schriftlich in deutscher Sprache einzureichen. Bei elektronischer Einreichung kann die Zusammenfassung als Datei im XML-Format oder als textbasierte PDF-Datei eingereicht werden.[7]

2 Bestandteile

Nach § 36 (2) muss die Zusammenfassung zwingend die Erfindungsbezeichnung, eine Kurzfassung der Offenbarung und eine Zeichnung enthalten, wenn letztere in der Kurzfassung erwähnt ist.

2.1 Bezeichnung der Erfindung sollte mit der Bezeichnung im Erteilungsantrag und dem Titel der Beschreibung übereinstimmen.

2.2 Kurzfassung der Offenbarung *(concise summary)* muss die Erfindung, wie sie in der Anmeldung dargestellt ist, wiedergeben. Die Kurzfassung muss sich daher mit dem Offenbarungsgehalt der Anmeldung – wenn auch auf das Wesentliche beschränkt – decken. Sie darf daher der Offenbarung Wesentliches weder hinzufügen noch verschweigen.

Sie soll das technische Problem der Erfindung angeben und so klar abgefasst sein, dass Dritte die technische Aufgabe, ihre Lösung und die hauptsächlichen Verwendungsmöglichkeiten verstehen können.

§ 13 PatV bzw. R 47 EPÜ: a) nicht mehr als 1500 Zeichen (R 47 EPÜ: nicht mehr als 150 Worte); b) Angabe der chemischen Formel, die die Erfindung am besten kennzeichnet; c) keine bloßen Bezugnahmen auf Beschreibung oder Zeichnungen der Anmeldung, da die Zusammenfassung aus sich heraus verständlich sein muss; d) R 47 EPÜ: keine Behauptungen über angebliche Vorzüge oder angeblichen Wert der Erfindung oder deren nur theoretische Anwendungsmöglichkeit.

2.3 Zeichnung *(drawing)* gehört nur dann zur Zusammenfassung, wenn im Text der Kurzfassung erwähnt. Sie braucht nicht mit den Zeichnungen gemäß § 34 (3) Nr 5 identisch zu sein, sie kann das Wesentliche der Erfindung vereinfacht wiedergeben. Die Zusammenfassung enthält immer nur eine Zeichnung, auch wenn die Kurzfassung mehrere erwähnt. Der mit Wirkung zum 1.5.2022 durch das 2. PatRModG neu eingefügte Satz 3 des § 36 (2) PatG schafft die rechtliche Grundlage für das schon bisher praktizierte Vorgehen des DPMA, wonach die Prüfungsstellen diejenige Zeichnung auswählen, die die Erfindung am deutlichsten kennzeichnet, sofern der Anmelder der Aufforderung zur Auswahl nicht nachkommt oder keinen eindeutigen Bezug zu einer in der Kurzfassung erwähnten Zeichnung herstellt.[8]

Nach R 47 (4) EPÜ hat der Anmelder eine Abbildung vorzuschlagen, wenn die Anmeldung Zeichnungen enthält. An diesen Vorschlag ist EPA nicht gebunden.

---

7 S dazu www.dpma.de/service/e_dienstleistungen/dpmadirekt/index.html.
8 Begründung des Gesetzentwurfs (BR-Drucksache 19/25821, S 47).

3 Gliederung

14 Die Zusammenfassung ist zweckmäßig unter Verwendung der Gliederungsnummern abzufassen:
1. Bezeichnung
2. Kurzfassung
2.1 Technisches Problem der Erfindung = technische Aufgabe und Zielsetzung
2.2 Lösung des Problems oder der technischen Aufgabe
2.3 Anwendungsgebiet
3. Zeichnung

III. Verfahren

1 Frist

15 Wird die Zusammenfassung nicht mit der Anmeldung eingereicht, so kann sie noch 15 Monate nach dem Anmelde- oder Prioritätstag nachgereicht werden. Es handelt sich um eine Handlungs-, nicht um eine Ausschlussfrist. Nachreichung nach Ablauf der 15-Monatsfrist, aber innerhalb einer nach §§ 42 (1) oder 45 (1) gesetzten Frist ist daher möglich.[9] *Wiedereinsetzung* in 15-Monatsfrist ist daher nicht erforderlich.

2 Änderung der Zusammenfassung

16 Eine Änderung der Zusammenfassung ist innerhalb der 15-Monatsfrist des § 36 (1) oder einer zur Mängelbeseitigung gesetzten Frist zulässig. § 38 gilt nicht, da die Zusammenfassung nicht zu den »in der Anmeldung enthaltenen Angaben« gehört, die den Gegenstand der Anmeldung erweitern könnten.

3 Prüfung der Zusammenfassung

17 Die Prüfung ist nach §§ 42 (1) 1 und 45 (1) auf die Beanstandung offensichtlicher Mängel beschränkt, weil eine volle Prüfung zu einer Verzögerung des Verfahrens und der Veröffentlichung der Zusammenfassung führen könnte.

18 **3.1 Offensichtliche Mängel** (und nur diese) können beanstandet werden, zB **a)** Fehlen der Zusammenfassung, der Bezeichnung nach § 36 (2) 2 Nr 1 oder einer Zeichnung, aber nur, wenn sie in der Kurzfassung erwähnt ist; **b)** mangelnde Schriftform; **c)** fremde Sprache; **d)** Kurzfassung stimmt mit der Offenbarung in der Anmeldung überhaupt nicht überein, enthält zB eine andere technische Lehre oder begnügt sich mit der Wiedergabe eines Unteranspruchs. Ausreichend ist dagegen die Beschränkung auf den Hauptanspruch (zB Verfahren ohne Erwähnung der offenbarten Vorrichtung); **e)** Bezeichnung nach § 36 (2) 2 Nr 1 weicht irreführend von der im Erteilungsantrag ab; **f)** Kurzfassung ist gegenüber der Offenbarung in der Anmeldung praktisch nicht gekürzt oder ist vollkommen unverständlich. Ist diese aber erfassbar, so kann eine bessere Formulierung nur angeregt werden.

19 **3.2 Fristsetzung** zur Beseitigung von Mängeln der Zusammenfassung ist nach § 42 (1) 1 erforderlich. Mängelrüge muss nach Ablauf der Frist des § 36 (1) zugehen, Über-

---

9 BPatG v 25.11.2004 20 W (pat) 66/04 BeckRS **12**, 1563.

sendung einer standardmäßigen Bibliografie-Mitteilung mit Hinweis auf (noch nicht abgelaufene) 15-Monatsfrist genügt nicht.[10]

3.3 Zurückweisung der Anmeldung wegen Nichtbeseitigung offensichtlicher Mängel gemäß § 42 (3) ist frühestens nach Ablauf der gemäß § 42 (1) 1 gesetzten Frist und der 15-Monatsfrist zulässig.

3.4 Prüfung nach Prüfungsantragsstellung erstreckt sich nach § 44 auch auf die Zusammenfassung. Jedoch können nach § 45 (1) nur offensichtliche Mängel gerügt werden. Nur wenn solche Mängel im Verfahren nach § 42 übersehen worden sein sollten, kommt eine Beanstandung in Betracht. Sie ist aber zu unterlassen, wenn die Zusammenfassung bereits in der OS veröffentlicht worden ist, da sie dann nach § 32 (3) 3 nicht mehr in die PS aufzunehmen ist.

Nichtbeseitigung von Mängeln der Zusammenfassung, die nach § 45 (1) gerügt sind, berechtigt die Prüfungsstelle, die Anmeldung nach § 48 zurückzuweisen oder den Erteilungsbeschluss gemäß § 49 (1) einstweilen nicht zu erlassen. Letztere Möglichkeit kommt insbesondere in Betracht, wenn die 15-Monatsfrist des § 36 (1) noch nicht abgelaufen ist.

4 Veröffentlichung

Zur Veröffentlichung der Zusammenfassung s § 32 Rdn 12. Das elektronische Patentregister enthält die Zusammenfassungen für Anmeldungen ab 1.1.1981.[11]

IV. Rechtliche Bedeutung

Nach § 36 (2) 1 dient die Zusammenfassung kraft Gesetzes ausschließlich der technischen Unterrichtung, sie ist daher materiell-rechtlich für die Patenterteilung ohne Bedeutung.[12]

Art 85 EPÜ (s Rdn 3) bestimmt ferner ausdrücklich, dass die Zusammenfassung nicht für andere Zwecke, insbesondere nicht für die Bestimmung des Schutzumfangs und für die Anwendung des Art 54 (3) EPÜ, herangezogen werden kann. Diese Grundsätze gelten auch für das PatG, da die Zusammenfassung zwar formal Teil der Anmeldung,[13] aber wegen § 36 (2) 1 nicht Bestandteil ihres patentrechtlichen Offenbarungsgehalts ist und damit nicht zum Inhalt der Anmeldung iS von § 3 (2) 1 gehört.

1 Stand der Technik

Die Zusammenfassung ist wie jede andere schriftliche Beschreibung Stand der Technik iSd § 3 (1) 2.[14] Da sie aber nicht zum Inhalt einer Anmeldung gehört, ist sie nicht Stand der Technik iSd § 3 (2) oder Art 54 (3) EPÜ, wenn sie einer älteren Anmeldung beigefügt war (so explizit Art 85 EPÜ).

---

10 BPatG v 25.11.2004 20 W (pat) 62/04 BeckRS **12**, 1384 u 20 W (pat) 66/04 BeckRS **12**, 1563.
11 MittDPA Nr 8/83 BlPMZ **83**, 342.
12 BPatG v 6.4.2000 9 W (pat) 53/98 BeckRS **00**, 15293.
13 BGH v 14.7.2020 X ZB 4/19 GRUR **20**, 1121 (Rn 30) *Druckstück*; so auch Art 78 (1) e) EPÜ.
14 T 0160/92 ABl **95**, 35.

2 Offenbarung

26 Die Zusammenfassung ist der Anmeldung beizufügen, gehört aber nicht zur patentrechtlichen Offenbarung, die nach § 34 (4) »in der Anmeldung« zu erfolgen hat (s § 34 Rdn 293). Enthält die Zusammenfassung eine gegenüber der Anmeldung abweichende Offenbarung, so hat das auf den Offenbarungsgehalt der Anmeldung weder eine positive noch eine negative Auswirkung. Zusätzliche Merkmale können nicht in den Anspruch übernommen werden, weggelassene Merkmale können nicht als unwesentlich bewertet werden. Allenfalls kann zB aus der Erwähnung einer in der Anmeldung nicht genannten Teillehre der Schluss gezogen werden, dass ein Fachmann diese den Anmeldungsunterlagen auch ohne ausdrückliche Erwähnung hätte entnehmen können. Weil die Zusammenfassung nicht zur ursprünglichen Offenbarung gehört, kann ihr Inhalt auch nicht für den Nachweis herangezogen werden, dass keine unzulässige Erweiterung iSd § 38 S 2 und des Art 123 (2) EPÜ vorliegt.[15] Wird daher ein Merkmal beansprucht, das ursprünglich nur in der Zusammenfassung enthalten war, so liegt eine unzulässige Erweiterung vor.

§ 37 Erfinderbenennung
(designation of the inventor)

(1) [1]Der Anmelder hat innerhalb von fünfzehn Monaten nach dem Anmeldetag oder, sofern für die Anmeldung ein früherer Zeitpunkt als maßgebend in Anspruch genommen wird, innerhalb von fünfzehn Monaten nach diesem Zeitpunkt den oder die Erfinder zu benennen und zu versichern, daß weitere Personen seines Wissens an der Erfindung nicht beteiligt sind. [2]Ist der Anmelder nicht oder nicht allein der Erfinder, so hat er auch anzugeben, wie das Recht auf das Patent an ihn gelangt ist. [3]Die Richtigkeit der Angaben wird vom Deutschen Patent- und Markenamt nicht geprüft.

(2) [1]Macht der Anmelder glaubhaft, daß er durch außergewöhnliche Umstände verhindert ist, die in Absatz 1 vorgeschriebenen Erklärungen rechtzeitig abzugeben, so hat ihm das Deutsche Patent- und Markenamt eine angemessene Fristverlängerung zu gewähren. [2]Die Frist kann nicht über den Erlaß des Beschlusses über die Erteilung des Patents hinaus verlängert werden.

Rainer Moufang

Übersicht

Gesetzesentwicklung	1
Europäisches Patentrecht	2
Art 81 EPÜ	3
R 19 EPÜ	4
R 21 EPÜ	5
R 60 EPÜ	6

---

15 T 0246/86 ABl **89**, 199; T 0407/86 EPOR **88**, 255.

R 163 EPÜ... 7
Literatur... 8
Kommentierung zu § 37 PatG
1 Allgemeines....................................... 9
2 Erfordernisse..................................... 11
2.1 Form.. 12
2.2 Inhalt der Benennung............................ 13
2.3 Zeitpunkt....................................... 14
3 Verfahren.. 15
3.1 Fehlende oder mangelhafte Benennung............. 15
3.2 Keine Mitteilung an Erfinder.................... 19
3.3 Änderung der Erfinderbenennung.................. 20
3.4 Prüfung auf Richtigkeit......................... 21
3.5 Zuständigkeit................................... 22
3.6 Einsicht in die Erfinderbenennung............... 23

Gesetzesentwicklung: Art 2 Nr 11 des 2. PatGÄndG hat in § 37 (1) 1 mit Wirkung vom 1.11.1998 die Worte »Tag der Einreichung der Anmeldung« durch »Anmeldetag« ersetzt. Die Erfinderbenennungsverordnung vom 29.5.1981 (BGBl I S 525 = BlPMZ **81**, 231) ist gemäß § 23 PatV mit Wirkung vom 15.10.2003 außer Kraft getreten. An deren Stelle ist für die Benennung des Erfinders § 7 PatV (s Anhang 11) getreten. Art 1 Nr 12 PatNovG vom 19.10.2013 hat durch Änderung von Absatz 2 Satz 2 die zuvor bestehende eng begrenzte Möglichkeit einer Patenterteilung ohne Erfinderbenennung abgeschafft und daher die Sätze 3 und 4 des Absatzes 2 aufgehoben, die für diesen Fall einen besonderen Regelungsmechanismus vorsahen. Art 1 Nr 18 des **2. PatRModG** v 10.8.2021 (BGBl I 3490) änderte in Abs 1 S 3 und Abs 2 S 1 die Bezeichnung Patentamt in Deutsches Patent- und Markenamt.

Europäisches Patentrecht

Art 81 EPÜ Erfindernennung

In der europäischen Patentanmeldung ist der Erfinder zu nennen. Ist der Anmelder nicht oder nicht allein der Erfinder, so hat die Erfinderbenennung eine Erklärung darüber zu enthalten, wie der Anmelder das Recht auf das europäische Patent erlangt hat.

Art 81 EPC Designation of the inventor

The European patent application shall designate the inventor. If the applicant is not the inventor or is not the sole inventor, the designation shall contain a statement indicating the origin of the right to the European patent.

R 19 EPÜ Einreichung der Erfindernennung

(1) Die Erfinderbenennung hat im Antrag auf Erteilung eines europäischen Patents zu erfolgen. Ist jedoch der Anmelder nicht oder nicht allein der Erfinder, so ist die Erfinderbenennung in einem gesonderten Schriftstück einzureichen. Sie muss den Namen, die Vornamen, den Wohnsitzstaat und den Wohnort des Erfinders, die in Art 81 genannte Erklärung und die Unterschrift des Anmelders oder Vertreters enthalten.

(2) Die Richtigkeit der Erfinderbenennung wird vom EPA nicht geprüft.

R 21 EPÜ Berichtigung der Erfindernennung

(1) Eine unrichtige Erfindernennung wird nur auf Antrag und nur mit Zustimmung des zu Unrecht als Erfinder Genannten und, wenn der Antrag von einem Dritten eingereicht wird, mit Zustimmung des Anmelders und Patentinhabers berichtigt.

(2) *(abgedruckt bei § 63 Rn 5)*

R 60 EPÜ Nachholung der Erfindernennung

(1) Ist die Erfindernennung nach R 19 nicht erfolgt, so teilt das EPA dem Anmelder mit, dass die europäische Patentanmeldung zurückgewiesen wird, wenn die Erfindernennung nicht innerhalb von sechzehn Monaten nach dem Anmeldetag oder, wenn eine Priorität in Anspruch genommen

worden ist, nach dem Prioritätstag nachgeholt wird; diese Frist gilt als eingehalten, wenn die Information vor Abschluss der technischen Vorbereitungen für die Veröffentlichung der europäischen Patentanmeldung mitgeteilt wird.
(2) Ist in einer Teilanmeldung oder eine neuen Anmeldung nach Art 61 (1) b) die Erfindernennung nach R 19 nicht erfolgt, so fordert das EPA den Anmelder auf, die Erfindernennung innerhalb einer zu bestimmenden Frist nachzuholen.

R 163 EPÜ Prüfung bestimmter Formerfordernisse durch das EPA (bei Eintritt internationaler Anmeldungen in regionale Phase)

7 (1) Sind die Angaben über den Erfinder nach R 19 (1) nicht innerhalb der Frist nach R 159 (1) mitgeteilt worden, so fordert das EPA den Anmelder auf, die Angaben innerhalb von zwei Monaten zu machen.
(...)
(6) Werden die in den Absätzen 1, 4 und 5 genannten Mängel nicht rechtzeitig beseitigt, so wird die europäische Patentanmeldung zurückgewiesen. (...)

8 **Lit in GRUR:** Loth 48, 233; Benkard 50, 481; Witte 63, 76; Johannesson 73, 581; **Lit in GRUR Int:** Mast 71, 106; **Lit in Mitt:** Zeller 55, 16; Seeger/Wagner 75, 108; Lichti 82, 41 Beyerlein 03, 65; Schlimme 19, 102 u 158.

1 Allgemeines

9 § 37 (1) und Art 81 EPÜ verlangen vom Anmelder, den Erfinder anzugeben. Dies wird vom PatG als Erfinderbenennung, vom EPÜ als Erfindernennung (designation of the inventor) bezeichnet und bildet die Grundlage für die Pflicht des Patentamts nach § 63 und R 20 EPÜ, entsprechende Angaben über den Erfinder in die relevanten Veröffentlichungen aufzunehmen. Letzteres wird vom PatG als Erfindernennung, vom EPÜ als Bekanntmachung der Erfindernennung bezeichnet. Die Verpflichtung des Anmelders zur korrekten Erfinderbenennung wird durch einen entsprechenden materiell-rechtlichen Anspruch des Erfinders gemäß § 63 (2) und Art 62 EPÜ, der aus dem Erfinderpersönlichkeitsrecht folgt,[1] unterfüttert (s § 63 Rn 3 u 7). Die Erfinderbenennung ist Teil der Anmeldung.[2] Fehlende oder mangelhafte Erfinderbenennung stellt daher einen Mangel der Anmeldung dar, der zu ihrer Zurückweisung und zur Nichtbewilligung von Verfahrenskostenhilfe nach § 130[3] führen kann (s Rdn 15).

10 Für PCT-Anmeldungen gelten in der internationalen Phase R 4.6 und 4.17 (i) u (ii) PCT. Zusätzliche Nachweise bezüglich der Identität des Erfinders dürfen nur verlangt werden, wenn berechtigte Zweifel an der Richtigkeit der betreffenden Angaben im PCT-Antrag bestehen.[4] Nach Art 27 (1) PCT darf das nationale Recht nicht die Erfüllung anderer Erfordernisse als nach R 51bis.1a und R 51bis.2 PCT verlangen.
Bei Eintritt von PCT-Anmeldungen in die europäische Phase muss der Anmelder den Erfinder nach R 163 (1) iVm R 19 (1) EPÜ nennen, während für den Eintritt in die nationale Phase vor dem DPMA Art III § 4 und 6 IntPatÜG keine entsprechende Verpflichtung enthalten.

---

1 BGH BlPMZ **78**, 352 *Motorkettensäge*.
2 BGH v 14.7.2020 X ZB 4/19 GRUR **20**, 1121 (Rn 30) *Druckstück*.
3 BPatG v 23.10.2014 10 W (pat) 151/14 BPatGE **55**, 63.
4 S Merkblatt DPMA für internationale (PCT-)Anmeldungen (unter Nr 3) = http://www.dpma.de/docs/service/formulare/patent/pct_dpma_200.pdf = Tabu Gewerbl. Rechtsschutz Nr 915; aA wohl BPatG v 11.1.2007 15 W (pat) 37/03.

Der Aufwand, den die Erfinderbenennung in der patentanwaltlichen Tätigkeit bedeutet, ist durch die datenschutzrechtliche Neuordnung in Gestalt der DS-GVO beträchtlich erhöht worden.[5]

2 Erfordernisse

Die Erfinderbenennung nach PatG muss die Anforderungen des § 37 und des § 7 PatV (s Anhang 11) erfüllen. Die Erfordernisse des § 7 PatV sind durch die Ermächtigung des § 34 (6) gedeckt.[6]

2.1 Form

Schriftlich (s Einl Rdn 352), gemäß § 7 PatV auf dem vom DPMA herausgegebenen Formblatt[7] oder als Datei, die den Formatvorgaben des DPMA entsprechen muss.[8] Formblatt ist auch zu verwenden, wenn Anmelder sich als alleinigen Erfinder benennt.[9]

Nach R 19 (1) EPÜ ist die Erfindernennung nur dann auf einem gesonderten Schriftstück[10] einzureichen, wenn der Anmelder nicht oder nicht allein der Erfinder ist. Andernfalls hat sie im Erteilungsantrag zu erfolgen.

2.2 Inhalt der Benennung

bestimmt sich nach § 37 und § 7 PatV bzw nach Art 81 und R 19 (1) EPÜ: a) **Erfinder** mit Namen, Vornamen und Anschrift (nur noch Wohnsitz, nicht mehr Anschrift unter EPÜ nach Neufassung von R 19 EPÜ)[11]; genannt werden kann nur eine natürliche Person (zB der Arbeitnehmererfinder)[12], nicht ein Betrieb oder gar eine künstliche Intelligenz (s § 6 Rdn 18); b) **Versicherung** gemäß § 37 (1) 1 und § 7 (2) Nr 2 PatV (nicht nach EPÜ); c) **Art des Rechtsübergangs** auf den Anmelder, wenn dieser nicht oder nicht allein der Erfinder ist. Bei rechtsgeschäftlichem Übergang genügt Angabe des Vertrags mit Datum,[14] Erklärung über Art des Vertrages ist nicht nötig.[15] Bei **Diensterfindungen** wird Benennung durch den Arbeitgeber anlässlich der Anmeldung berücksichtigt.[16] Bei **Erbfolge** genügt »gemäß gesetzlicher Erbfolge, Testament, Erbvertrag, Erbschein v ...«; d) Bezeichnung der Erfindung und Angabe des Aktenzeichens, soweit bereits bekannt; (letzteres nicht nach EPÜ) e) ein Anspruch des Miterfinders, Umfang oder Ausmaß seiner Beteiligung zu nennen, besteht nicht;[17] f) **Name des Anmelders** (nur nach EPÜ); g) **Unterschrift** des Anmelders oder aller Anmelder oder des Vertreters. Unterschrift kann für den Anmelder leisten: i) gesetzlicher Vertre-

---

5 Für Details s Schlimme Mitt **19**, 102 u 158.
6 AA zur früheren ErfNBest des PräsDPA BPatGE **20**, 103.
7 P 2792 BlPMZ **11**, 314, 318 = http://www.dpma.de/patent/formulare/index.html.
8 MittDPMA Nr 5/03 BlPMZ **03**, 305: Die Erfinderbenennungsdaten sind als XML-Datei einzureichen. Anlage 4 (BlPMZ **03**, 313) legt die Struktur der XML-Datei fest.
9 Abw früher BPatGE **20**, 103.
10 = EPA Form 1002.
11 VR-Beschluss v 15.12.2020 ABl **21**, A3.
12 PA Mitt **38**, 285.
14 PA GRUR **51**, 72.
15 PA BlPMZ **51**, 30.
16 BGH Mitt **06**, 363 *Haftetikett*; BPatG v 28.2.1966 9 W (pat) 216/65.
17 BGH BlPMZ **69**, 58 *Luftfilter*.

ter; ii) bevollmächtigter Vertreter (zB Anwalt);[18] iii) Organ (zB Vorstand, Geschäftsführer) oder vertretungsberechtigte Person juristischer Personen (zB Prokurist, Handlungsbevollmächtigter[19]); iv) Partei kraft Amts (zB Insolvenzverwalter, Testamentsvollstrecker).

2.3 Zeitpunkt

14 Das PatG bemisst den zeitlichen Rahmen für die Erfinderbenennung großzügiger als das EPÜ. Während nach R 19 (1) EPÜ der Erfinder in oder mit dem Patenterteilungsantrag zu nennen ist, gibt § 37 (1) 1 dem Anmelder insoweit eine Frist von 15 Monaten ab Anmelde- oder Prioritätstag. Zu den Folgen der Nichteinhaltung des zeitlichen Rahmens s Rdn 15 ff.

3 Verfahren

3.1 Fehlende oder mangelhafte Benennung

15 Wird die Erfinderbenennung nicht rechtzeitig (s Rn 14) eingereicht oder entspricht sie nicht den gesetzlichen Erfordernissen, liegt ein Mangel der Anmeldung vor,[20] der zu einer Mängelrüge führt.
Unter dem PatG hat die Mängelrüge mit Fristsetzung zur Beseitigung nach §§ 42 (1), 45 (1) zu erfolgen. Die gesetzte Frist sollte auch in den Fällen, in denen eine frühzeitig eingereichte Erfinderbenennung mit Mängeln behaftet war, nicht vor Ablauf der 15-Monatsfrist enden. Tut sie es doch, kann die Anmeldung gleichwohl erst nach Ablauf der 15-Monatsfrist zurückgewiesen werden.

16 Eine Verlängerung der 15-Monatsfrist wird zudem nach § 37 (2) auf Antrag gewährt, wenn außergewöhnliche Umstände (zB Streit um die Erfinderschaft) glaubhaft gemacht werden. Eine Fristverlängerung ist auch nach Ablauf der Fristen der §§ 37 (1), 42 (1), 45 (1) nicht ausgeschlossen.
In seiner früheren Fassung sah § 37 (2) iVm § 20 (1) Nr 2 aF sogar die Möglichkeit, die Frist über den Erteilungsbeschluss hinaus zu verlängern, sowie das Erlöschen des erteilten Patents bei fruchtlosem Verstreichen dieser Frist und einer weiteren Nachfrist von 6 Monaten vor. Diese übermäßig komplizierte Regelung wurde durch das PatNovG vom 19.10.2013 beseitigt (vgl Rdn 1, s auch die Übergangsbestimmung des § 147 (4)).

17 Unter **EPÜ** erfolgt eine Rüge gemäß R 60, wonach der Anmelder die Erfindernennung innerhalb von 16 Monaten nach dem Anmelde- oder Prioritätstag einreichen muss. Diese Frist gilt nach R 60 (1) 2. HS EPÜ als eingehalten, wenn die Information vor Abschluss der technischen Vorbereitungen für die Veröffentlichung mitgeteilt wird. Dies führt jedoch nicht dazu, dass sich die 16-Monatsfrist verkürzt, wenn eine frühzeitige Veröffentlichung nach Art 93 (1) b) EPÜ erfolgt.[21] Für in die europäische Phase eintretende PCT-Anmeldungen sieht R 163 (1) EPÜ eine Fristsetzung von 2 Monaten

---

18 § 7 (2) Nr 5 PatV; vgl Lichti Mitt **82**, 41.
19 BPatGE **17**, 211; BPatG BlPMZ **76**, 189.
20 J 0001/80 ABl 80, 289 (Nr 4).
21 J 0001/10 EPOR **10**, 474.

vor, für Teilanmeldungen und neue Anmeldungen nach Art 61 (1) b) EPÜ ist gemäß R 60 (2) EPÜ eine vom EPA zu bestimmende Frist zu setzen.

Nach fruchtlosem **Ablauf der** wirksam gesetzten **Fristen** führt fehlende oder mangelnde Erfinderbenennung zur Zurückweisung der Anmeldung nach §§ 42 (3), 48 oder Art 90 (5) EPÜ. Weiterbehandlung nach § 123a oder Art 121 und R 135 EPÜ[22] ist möglich, nach PatG außerdem Wiedereinsetzung nach § 123.

3.2 Keine Mitteilung an Erfinder

Das PatG sieht eine Benachrichtigung des Erfinders über die Erfinderbenennung nicht vor. Demgegenüber erhielt nach R 19 (3) EPÜ aF der Erfinder vom EPA eine mit mehreren Angaben versehene Mitteilung, die zu seinem besonderen Schutz gedacht war. Aus Gründen der Verwaltungsvereinfachung und der Harmonisierung mit den nationalen Rechten der EPÜ-Vertragsstaaten ist diese Regelung mit Wirkung zum 1.4.2021 durch Neufassung von R 19 EPÜ beseitigt worden.[23]

3.3 Änderung der Erfinderbenennung

ist **nach PatG** ohne Zustimmung des bisher Benannten bis zur Erfinderbenennung nach § 63 durch Veröffentlichung der Offenlegungs- oder Patentschrift zulässig.[24] Danach ist eine Änderung für DPMA nur beachtlich, wenn die bereits genannten Erfinder zugestimmt haben.[25] *Berichtigung* der Erfinderbenennung kann der nicht oder unrichtig Benannte vom Anmelder (nicht vom DPMA) schon vor der Erfindernennung gemäß § 63 verlangen[26] (s § 63 Rdn 24).

Unter **EPÜ** kann Berichtigung der Erfindernennung nach R 21 (1) beantragt werden. Voraussetzung: **a)** Zustimmungserklärung des zu Unrecht als Erfinder Genannten. Dieser bedarf es nicht, wenn neben dem bereits Genannten ein weiterer Erfinder zusätzlich eingetragen werden soll;[27] **b)** Zustimmungserklärung des Anmelders oder Patentinhabers, sofern dieser nicht selbst der Antragsteller ist.

3.4 Prüfung auf Richtigkeit

der Benennung findet nicht statt (§ 37 (1) 3, R 19 (2) EPÜ). Die Benennung muss aber in sich schlüssig sein, nur insoweit kann Patentamt prüfen und beanstanden; sonst ist es an die Benennung gebunden.[28] Unrichtige Angaben erfüllen daher nicht den Tatbestand der mittelbaren Falschbeurkundung nach § 271 StGB.[29]

3.5 Zuständigkeit

Zuständig für die Prüfung der Erfinderbenennung unter PatG ist die Prüfungsstelle. Unter EPÜ ist für die Prüfung der Erfindernennung als Teil der Anmeldung die Ein-

---

22 EPA-PrüfRichtl A-III 5.5.
23 VR-Beschluss v 15.12.2020 ABl 21, A3; s auch MittEPA v 22.2.2021 ABl 21, A12.
24 BPatGE **13**, 53; **25**, 131.
25 BPatGE **26**, 152.
26 BGH BlPMZ **69**, 58 *Luftfilter*.
27 J 0008/82 ABl **84**, 155.
28 BPatGE **25**, 131.
29 Beyerlein Mitt **03**, 65, 67.

gangsstelle zuständig;[30] nach der Veröffentlichung der Anmeldung und in der Einspruchsphase ist die Rechtsabteilung für umstrittene Berichtigungen zuständig.[31]

3.6 Einsicht in die Erfinderbenennung

23 siehe § 31 Rdn 33.

§ 38 Änderungen der Anmeldung, unzulässige Erweiterung (amendments of patent application)

[1]Bis zum Beschluß über die Erteilung des Patents sind Änderungen der in der Anmeldung enthaltenen Angaben, die den Gegenstand der Anmeldung nicht erweitern, zulässig, bis zum Eingang des Prüfungsantrags (§ 44) jedoch nur, soweit es sich um die Berichtigung offensichtlicher Unrichtigkeiten, um die Beseitigung der von der Prüfungsstelle bezeichneten Mängel oder um Änderungen des Patentanspruchs handelt. [2]Aus Änderungen, die den Gegenstand der Anmeldung erweitern, können Rechte nicht hergeleitet werden.

Rainer Moufang

Übersicht

	Gesetzesentwicklung	1
	Europäisches Patentrecht	2
	Literatur	5
	Kommentierung zu § 38 PatG	
I.	Allgemeines	6
II.	Unzulässige Erweiterung	10
1	Begriff	10
2	Voraussetzungen einer unzulässigen Erweiterung	13
2.1	Anhängigkeit einer Anmeldung	13
2.2	Änderung (amendment)	14
2.3	Gegenstand der Anmeldung (subject-matter)	15
2.4	Unzulässigkeit der Änderung	16
2.5	Beispiele für unzulässige Erweiterungen	20
2.6	Beispiele keiner unzulässigen Erweiterung	21
2.7	Änderungen durch Disclaimer	22
2.7.1	Überblick	23
2.7.2	Nicht offenbarter Disclaimer	25
2.7.3	Offenbarter Disclaimer	30
3	Prüfung und Folgen unzulässiger Erweiterung	34
3.1	Erteilungsverfahren	34
3.2	Einspruchs- und Nichtigkeitsverfahren	37
3.3	Verletzungsverfahren	40
3.4	Unzulässige Erweiterung als Stand der Technik	41
III.	Änderungen in bestimmten Verfahrensabschnitten	42
1	Änderungen vor Eingang des Prüfungsantrags	43
2	Änderungen nach Eingang des Prüfungsantrags	52
3	Änderungen nach Patenterteilung	53

---

30 EPA-PrüfRichtl A-III 1.1.
31 Beschluss PräsEPA v 12.7.2007 ABl 07 SonderA Nr 3, 113; J 0018/84 ABl **87**, 215, 226.

Art 123 (2) EPÜ
Änderungen der Anmeldung/ amendments of patent application
§ 38

Gesetzesentwicklung: § 38 ist durch Art 8 Nr 20 GPatG als § 26c eingefügt worden. § 38 gilt nur für Anmeldungen, nicht für Patente, ist daher nur bis zur Patenterteilung anwendbar.

Europäisches Patentrecht

Artikel 123 EPÜ Änderungen
(1) ¹Die europäische Patentanmeldung oder das europäische Patent kann im Verfahren vor dem EPA nach Maßgabe der Ausführungsordnung geändert werden. ²In jedem Fall ist dem Anmelder zumindest einmal Gelegenheit zu geben, von sich aus die Anmeldung zu ändern.
(2) Die europäische Patentanmeldung und das europäische Patent dürfen nicht in der Weise geändert werden, dass ihr Gegenstand über den Inhalt der Anmeldung in der ursprünglich eingereichten Fassung hinausgeht.
(3) Das europäische Patent darf nicht in der Weise geändert werden, dass sein Schutzbereich erweitert wird.

R 137 EPÜ Änderung der europäischen Patentanmeldung
(1) Vor Erhalt des europäischen Recherchenberichts darf der Anmelder die Beschreibung, die Patentansprüche oder die Zeichnungen der europäischen Patentanmeldung nicht ändern, sofern nichts anderes bestimmt ist.
(2) Zusammen mit Stellungnahmen, Berichtigungen oder Änderungen, die in Erwiderung auf Mitteilungen des EPA nach R 70a (1) oder (2) oder R 161 (1) vorgenommen werden, kann der Anmelder von sich aus die Beschreibung, die Patentansprüche und die Zeichnungen ändern.
(3) Weitere Änderungen können nur mit Zustimmung der Prüfungsabteilung vorgenommen werden.
(4) ¹Bei der Einreichung von Änderungen nach den Absätzen 1 bis 3 kennzeichnet der Anmelder diese und gibt ihre Grundlage in der ursprünglich eingereichten Fassung der Anmeldung an. ²Stellt die Prüfungsabteilung fest, dass eines dieser beiden Erfordernisse nicht erfüllt ist, so kann sie verlangen, dass dieser Mangel innerhalb einer Frist von einem Monat beseitigt wird.
(5) ¹Geänderte Patentansprüche dürfen sich nicht auf nicht recherchierte Gegenstände beziehen, die mit der ursprünglich beanspruchten Erfindung oder Gruppe von Erfindungen nicht durch eine einzige allgemeine erfinderische Idee verbunden sind. ²Sie dürfen sich auch nicht auf gemäß R 62a oder R 63 nicht recherchierte Gegenstände beziehen.

R 139 EPÜ Berichtigung von Mängeln in den beim EPA eingereichten Unterlagen
¹Sprachliche Fehler, Schreibfehler und Unrichtigkeiten in den beim EPA eingereichten Unterlagen können auf Antrag berichtigt werden. ²Betrifft der Antrag auf Berichtigung jedoch die Beschreibung, die Patentansprüche oder die Zeichnungen, so muss die Berichtigung derart offensichtlich sein, dass sofort erkennbar ist, dass nichts anderes beabsichtigt sein konnte als das, was als Berichtigung vorgeschlagen wird.

Lit: Brodeßer in FS Nirk 1992, 85; Bossung in FS 10 Jahre GrBK des EPA 1996, 135; Teschemacher in FS Beier 1996, 195; **Blumer:** Formulierung und Änderung der Patentansprüche im europäischen Patentrecht 1998; Pentheroudakis in GemKom 29 Lfg. (2011) Art 123.
Lit in EIPR: Musker 95, 594; **Lit in epi information:** Köster 12, 71; Adams 16/3, 44; de Lange 20/4, 11; **Lit in GRUR:** Kurig 90, 19; Schwanhäusser 91, 165; 92, 295; Steinbrener 09, 356; Freischem 21, 188; Gröning 21, 561; **Lit in GRUR Int:** Schulte 89, 460; Kraßer 92, 699; van den Berg 93, 354; Harden 93, 370; Wheeler 98, 199; Laddie 98, 202; Brinkhof 98, 204; Rogge 98, 208; Pentheroudakis 08, 699; Bericht der Deutschen Landesgruppe (AIPPI Kongress Mailand 2016): Added Matter – The standard for determining adequate support for amendments 16, 768; **Lit in IIC:** Kraßer 92, 467; van den Berg 93, 696; Harden 93, 729; Wheeler 97, 822; Laddie 97, 825; Brinkhof 97, 833; Rogge 97, 842; Xu 15, 155; **Lit in Mitt:** Müller 91, 10; Tönnies 91, 85; 94, 169; Niedlich/Graefe 99, 246; Stamm 94, 85; 98, 90 u 207; 99, 448; Vollrath 00, 185; Gehring 03, 197; Walder-Hartmann 15, 149.

I. Allgemeines

Änderung der Anmeldung und ihre Schranken: Sowohl im deutschen (§ 38 S 1) wie im europäischen Recht (Art 123 (1) EPÜ) wird dem Anmelder grundsätzlich die Befugnis eingeräumt, die Anmeldung nach ihrer Einreichung bis zum Erteilungsbeschluss zu ändern. Allerdings schränken § 38 für deutsche und Art 123 (2) und R 137 EPÜ für europäische Anmeldungen die Änderungsmöglichkeiten in doppelter Weise ein: a) *materiell* durch die Unzulässigkeit jeder Erweiterung des Gegenstands der Anmeldung *(inadmissible extension)* (s Rdn 10 ff) und b) *verfahrensrechtlich* durch eine Beschränkung der Änderung in bestimmten Stadien des Erteilungsverfahrens (s Rdn 42 ff). Durch a) soll der Anmelder gehindert werden, seine Position nachträglich durch Erweiterung des ursprünglichen Offenbarungsgehalts zu verbessern, und die Öffentlichkeit vor dem Entstehen von Schutzrechten geschützt werden, mit denen sie nicht zu rechnen brauchte; b) soll eine effiziente Durchführung des Erteilungsverfahrens ermöglichen.

7   *Verfahren bei Änderung der Anmeldung:* Für die geänderten Anmeldungsunterlagen sind Reinschriften einzureichen (§ 15 (1) 2 PatV). Damit DPMA feststellen kann, ob die Änderungen zulässig sind, hat der Anmelder anzugeben, an welcher Stelle die in den neuen Unterlagen beschriebenen Erfindungsmerkmale in den ursprünglichen Unterlagen offenbart sind (§ 15 (3) 1 PatV).[1] Eine entsprechende Regelung enthält R 137 (4) 1 EPÜ. S auch Rdn 34 und § 34 Rdn 211.

8   *Unzulässige Änderungen im Patent:* Enthält das Patent unzulässige Änderungen, so stellt dies nach §§ 21 (1) Nr 4, 22 (1) ebenso wie nach Art 100 c) und 138 c) EPÜ (s auch 123 (2) EPÜ) einen Einspruchs- und Nichtigkeitsgrund dar.

9   *Änderungen des Patents:* Änderungen im Einspruchs- oder Nichtigkeitsverfahren dürfen ebenfalls nicht über den Inhalt der ursprünglichen Anmeldung hinausgehen. Dies ergibt sich sowohl aus §§ 21 (1) Nr 4, 22 (1) wie explizit aus Art 123 (2) EPÜ. Ferner darf der Schutzbereich eines Patents im Einspruchsverfahren nicht unzulässig erweitert werden (s Art 123 (3) EPÜ). Geschieht dies gleichwohl, kann es nach § 22 (1) und Art 138 (1) d) EPÜ im Nichtigkeitsverfahren für nichtig erklärt werden, sofern nicht ein Hilfsantrag für eine gewährbare Fassung gestellt wird.

II. Unzulässige Erweiterung   *(inadmissible extension)*

1 Begriff

10   Unzulässige Erweiterung liegt vor, wenn infolge der Änderung der Anmeldung ihr Gegenstand über den Inhalt der Anmeldung in der ursprünglich eingereichten Fassung hinausgeht.

11   *Erweiterung des Schutzbereichs,* also die erweiternde Änderung der ursprünglichen oder der geltenden Ansprüche, ist grundsätzlich keine unzulässige Erweiterung iSd § 38 und des Art 123 (2) EPÜ, weil es einen Schutzbereich erst nach Patenterteilung gibt (vgl § 22 (1) und Art 123 (3) EPÜ). Das Erteilungsverfahren dient gerade dazu, dem Erfinder durch eine sachgerechte Anspruchsformulierung den angemessenen Schutz zu sichern, der ihm auf Grund der Offenbarung seiner Erfindung zusteht. Der Anmelder ist also an die von ihm ursprünglich oder später formulierten Ansprüche

---

[1] Nach BPatG v 28.5.2015 21 W (pat) 50/12 BeckRS 15, 13941 bildet ein Verstoß gegen § 15 (3) 1 PatV keinen Zurückweisungsgrund, da eine fehlende oder ungenaue Angabe die Prüfung auf unzulässige Erweiterung lediglich erschwert.

nicht gebunden, sondern kann sie grundsätzlich wieder unter Rückgriff auf die ursprüngliche Offenbarung modifizieren.²

Eine Änderung der Ansprüche ist nur dann eine unzulässige Erweiterung, wenn dadurch auch der Gegenstand der Anmeldung erweitert wird. Das ist der Fall, wenn mit der Anspruchsänderung erstmals ein Gegenstand offenbart wird, der nicht Inhalt der ursprünglichen Anmeldung war. Bei der Auslegung des Patentanspruchs für die Prüfung der Patentfähigkeit darf dem Anspruch nicht deshalb ein bestimmter Sinngehalt beigelegt werden, weil sein Gegenstand andernfalls unzulässig erweitert wäre.³   12

2 Voraussetzungen einer unzulässigen Erweiterung

2.1 Anhängigkeit einer Anmeldung, dh es muss ein Anmeldetag begründet worden sein⁴ (s § 35 Rdn 10 ff), und die Anmeldung muss noch existent sein.   13

2.2 Änderung (amendment) muss sich auf die Teile der Anmeldung beziehen, die den Gegenstand der Anmeldung bestimmen, die also für die Offenbarung der Erfindung maßgebend sind (s § 34 Rdn 293). Darunter fallen nicht: 14
a) Zusammenfassung (§ 36 und Art 85 EPÜ). Diese gehört nicht zu den »in der Anmeldung enthaltenen Angaben« gemäß § 38 S 1. Sie ist zwar formal Teil der Anmeldung,⁵ enthält jedoch keinen patentrechtlich bedeutsamen Offenbarungsgehalt. Ihre Änderung kann nicht gegen § 38 oder Art 123 (2) EPÜ verstoßen, da sie den Gegenstand der Anmeldung unberührt lässt.
b) Prioritätsunterlagen.⁶ Eine Ausnahme gilt, wenn die ursprüngliche Anmeldung auf sie in zulässiger Weise Bezug nimmt, s R 40 (1) c und (2) EPÜ.
c) Angaben zum Stand der Technik,⁷ es sei denn, der Patentanmelder grenzt sich dabei in unrichtiger oder irreführender Weise vom Stand der Technik ab.⁸

2.3 Gegenstand der Anmeldung (subject-matter) ist das, was ein Fachmann dem Gesamtinhalt der ursprünglichen Anmeldung (Ansprüchen,⁹ Beschreibung und Zeichnungen¹⁰) unter Heranziehung des allgemeinen Fachwissens am Anmeldetag unmittelbar und eindeutig entnimmt.¹¹ Dies ist objektiv zu bestimmen, es kommt nicht auf die subjektiven Vorstellungen des Erfinders oder Anmelders an.¹² Da das Verständnis des   15

---

2 BGH v 11.2.2014 X ZR 107/12 GRUR **14**, 542 (Rn 22) *Kommunikationskanal*; v 7.11.2017 X ZR 63/15 GRUR **18**, 175 (Rn 33) *Digitales Buch*.
3 BGH GRUR **12**, 1124 *Polymerschaum*.
4 BPatGE **27**, 100, 102.
5 BGH v 14.7.2020 X ZB 4/19 GRUR **20**, 1121 (Rn 30) *Druckstück*; so auch Art 78 (1) e) EPÜ.
6 GrBK G 0003/89 (Nr 7) ABl **93**, 117 *Berichtigung nach R 88, Satz 2 EPÜ*; G 0011/91 ABl **93**, 125 (Nr 7) *Glu-Gln/CELTRIX*; T 0260/85 ABl **89**, 105.
7 T 0011/82 ABl **83**, 479.
8 T 2450/17 v 10.1.2020 GRUR-RS **20**, 11429: Erfolgt in einem solchen Fall eine Korrektur, verstößt diese weder gegen R 80 noch Art 123 (2) EPÜ.
9 BGH GRUR **13**, 1272 (Rn 14) *Tretkurbeleinheit*.
10 Waren ursprünglich farbige Zeichnungen eingereicht worden, so kommt es auf diese an. Wenn sie in der Akte nicht mehr vorhanden sind, ergeben sich Beweisfragen, hierzu T 1544/08 ABl **14** ZPubl 5, 70.
11 BGH GRUR **15**, 573 *Wundbehandlungsvorrichtung*; BGH v 7.11.2017 X ZR 63/15 GRUR **18**, 175 (Rn 30) *Digitales Buch*; GrBK G 0002/10 ABl EPA **12**, 376 *Disclaimer/SCRIPPS* bezeichnet dies als den »Goldstandard«; ebenso T 1363/12 v 12.12.2014 RechtsprBK/EPA **19**, 501.
12 BGH GRUR **09**, 933 (Rn 23) *Druckmaschinen-Temperierungssystem II*.

Durchschnittsfachmanns den Maßstab bildet, spielen logisch-formale und rein semantische Gesichtspunkte nur eine geringe Rolle.[13] Zum Gegenstand der Anmeldung gehören alle in der Anmeldung erwähnten Merkmale, auf die ein Anspruch gerichtet werden könnte, die also ausreichend deutlich als zur Erfindung gehörend offenbart sind (s § 34 Rdn 314). Zum Gegenstand der Anmeldung gehören dagegen solche Merkmale nicht, auf die mangels Offenbarung kein Anspruch gerichtet werden kann. Unerheblich ist, dass sich die ursprünglichen Ansprüche nicht auf alle ursprünglich offenbarten Merkmale bezogen.[14] Zur Änderung des Schutzbereichs s oben Rdn 11.

Zum **Gegenstand einer Teilanmeldung** vgl § 39 Rdn 16, 34 und 35.

Gegenstand der Anmeldung in § 33 ist nicht mit dem gleichen Begriff in § 38 identisch, da für den Entschädigungsanspruch die Ansprüche der OS maßgebend sind.

16 **2.4 Unzulässigkeit der Änderung:** Jede Änderung, die sich im Rahmen der ursprünglichen Offenbarung hält, ist grundsätzlich zulässig, es sei denn, es liegt ein bindender Verzicht vor[15] (s § 34 Rdn 431). Unzulässig sind solche Änderungen, die dazu führen, dass der Gegenstand über den Inhalt der ursprünglichen Anmeldung hinausgeht. Ein solches Hinausgehen ergibt sich nicht ohne weiteres daraus, dass der Gegenstand des Patents mit Begriffen gekennzeichnet wird, die in den Anmeldeunterlagen als solche nicht verwendet werden.[16]

Grundgedanke ist die *Rechtssicherheit* für die Öffentlichkeit: Dritte sollen sich darauf verlassen können, dass sie nach dem Studium der offengelegten Anmeldung maximal qualitativ und quantitativ mit einem Patent rechnen müssen, das der ursprünglichen Offenbarung entspricht und nicht über sie hinausgeht.[17] Daraus folgt, dass nur eine Erweiterung, nicht aber eine Verminderung des Gegenstands der Anmeldung unzulässig ist, es sei denn, die Verminderung ist gleichzeitig eine qualitative Änderung des Gegenstands der Anmeldung, wie etwa im Falle des sog. singling out. Zur Zulässigkeit eines *Disclaimers*[18] s Rdn 22. Für Details zur EPA-Rechtsprechung s Pentheroudakis in GemKom 29 Lfg (2011) Art 123 Rn 28 ff; Blumer in Singer/Stauder, EPÜ 8. Aufl, Art 123 Rn 34 ff.

17 **Beurteilungsmaßstab** ist der zuständige Fachmann[19] (s § 34 Rdn 333). Er hat den Gesamtinhalt der ursprünglichen Anmeldungsunterlagen mit dem geänderten Gegenstand zu vergleichen.[20] Würde er den geänderten Gegenstand den ursprünglichen Unterlagen nicht ohne weiteres, dh unmittelbar und eindeutig,[21] explizit oder implizit,

---

13 T 2619/11 ABl **14** ZPubl 5, 62; T 0099/13 v 14.1.2016 BeckRS **16**, 9384.
14 BGH GRUR **85**, 1037 *Raumzellenfahrzeug I*; **88**, 197 *Runderneuern*.
15 BGH GRUR **75**, 310 (II3) *Regelventil*; **87**, 510, 511 rSp *Mittelohr-Prothese*.
16 BGH GRUR **09**, 933 (Rn 18) *Druckmaschinen-Temperierungssystem II*; BGH v 19.7.2016 X ZR 36/14 BeckRS **16**, 15769 (Rn 54) *Funkrufsystem mit Standortbekanntgabefunktion*; v 18.5.2021 X ZR 23/19 GRUR **21**, 1171 (Rn 149) *Funkzellenzuteilung*.
17 GrBK G 0001/93 ABl **94**, 541 *Beschränkendes Merkmal/ADVANCED SEMICONDUCTOR PRODUCTS*.
18 BPatG BlPMZ **07**, 335 (unzulässige Erweiterung durch Disclaimer).
19 T 2619/11 ABl **14** ZPubl 5, 62: »Application is directed to a technical audience rather than to a philologist or logician«.
20 BGH Mitt **96**, 204 *Spielfahrbahn*.
21 BGH GRUR **10**, 910 *Fälschungssicheres Dokument*; GrBK G 0002/10 ABl **12**, 376 *Disclaimer/SCRIPPS*.

entnehmen, so liegt eine unzulässige Erweiterung vor.²² Kann er aber den geänderten Gegenstand in der ursprünglichen Offenbarung erkennen, ist für die Feststellung einer unzulässigen Erweiterung kein Raum.²³
Bei dem Vergleich ist auf den Gegenstand selbst, nicht auf die Art seiner Bezeichnung abzustellen.²⁴ Der Prüfung einer unzulässigen Erweiterung in einem erteilten Patent muss daher die Ermittlung des Sinngehalts des hierauf zu überprüfenden Patentanspruchs vorausgehen (s § 21 Rdn 53).²⁵ Hiervon darf nicht mit der Begründung abgesehen werden, ein Merkmal sei unbestimmt und deshalb zur Abgrenzung vom Stand der Technik ungeeignet.²⁶ Dass nur eine bestimmte Ausführungsform ausführbar offenbart ist, besagt noch nichts darüber, ob ein Patentanspruch, der nicht auf eine solche Ausführungsform begrenzt ist, über den Inhalt der Ursprungsoffenbarung hinausgeht.²⁷

Das Erfordernis einer unmittelbaren und eindeutigen Offenbarung muss in einer Weise angewendet werden, die berücksichtigt, dass die Ermittlung dessen, was dem Fachmann als Erfindung und was als Ausführungsbeispiel der Erfindung offenbar wird, wertenden Charakter hat,²⁸ und eine unangemessene Beschränkung des Anmelders bei der Ausschöpfung des Offenbarungsgehalts der Anmeldung vermeidet.²⁹ Zugrunde zu legen ist, dass das Interesse des Anmelders regelmäßig erkennbar darauf gerichtet ist, möglichst breiten Schutz zu erlangen, also die Erfindung in möglichst allgemeiner Weise vorzustellen und nicht auf aufgezeigte Anwendungsbeispiele zu beschränken.³⁰ Der Anmelder darf daher gewisse Verallgemeinerungen vornehmen, sofern dies dem berechtigten Anliegen Rechnung trägt, die Erfindung in vollem Umfang zu erfassen.³¹ So kann es erlaubt sein, von mehreren Merkmalen eines Ausführungsbeispiels, die zusammengenommen, aber auch für sich betrachtet dem erfindungsgemäßen Erfolg förderlich sind, nur eines oder nur einzelne in den Anspruch aufzunehmen.³² Lässt sich das Bestreben, die Erfindung in allgemeiner Form zu schützen, aus der Anmeldung unmittelbar und eindeutig erkennen, ist es unschädlich, dass sich die Ausführungsbeispiele nur mit einer bestimmten Ausgestaltung der Erfindung befassen, mit der das angegebene technische Problem gelöst wird.³³ Etwas anderes gilt aber, wenn das

18

---

22 BGH GRUR 02, 49 *Drehmomentübertragungseinrichtung*: Aufnahme einzelner Merkmale eines Beispiels geht über den Inhalt der Anmeldung hinaus, wenn ein Fachmann die sich ergebende Kombination nicht entnommen hätte. Ebenso BPatG v 27.9.2004 19 W (pat) 305/02 BeckRS 12, 852; BPatG v 12.7.2005 21 W (pat) 23/03 BeckRS 12, 1944; EPA T 0962/98 v 15.1.2004 BeckRS 04, 30664041.
23 BGH v 24.6.1997 X ZR 13/94 *Vorrichtung zum Auspressen*.
24 T 0494/09 (Nr 39) v 28.9.2011 BeckRS 11, 147126.
25 BGH GRUR 15, 868 *Polymerschaum II*; 15, 875 *Rotorelemente*.
26 BGH GRUR 09, 653 *Straßenbaumaschine*; 15, 868 *Polymerschaum II*.
27 BGH GRUR 09, 835 *Crimpwerkzeug II*.
28 S auch BPatG v 11.10.2016 4 Ni 7/15 BlPMZ 17, 211 (IV5).
29 BGH GRUR 15, 976 *Einspritzventil*.
30 BGH GRUR 14, 542 *Kommunikationskanal*; 15, 976 *Einspritzventil*.
31 BGH GRUR 13, 1210 *Dipeptidyl-Peptidase-Inhibitoren*; 15, 573 *Wundbehandlungsvorrichtung*; 16, 1038 *Fahrzeugscheibe II*.
32 BGH v 8.11.2016 X ZB 1/16 GRUR 17, 54 (Rn 45) *Ventileinrichtung*; v 23.4.2020 X ZR 38/18 GRUR 20, 974 (Rn 39) *Niederflurschienenfahrzeug*.
33 BGH GRUR 14, 970 *Stent*.

gelöste Problem das Vorhandensein eines bestimmten Merkmals, das alle Ausführungsbeispiele aufweisen, voraussetzt.[34]

19 Die Kombination von Merkmalen, die für sich den Anmeldeunterlagen entnehmbar sind,[35] oder die Teilkombination einzelner Elemente eines Ausführungsbeispiels im Patentanspruch muss in ihrer Gesamtheit eine technische Lehre darstellen, die vom Fachmann der ursprünglichen Offenbarung als mögliche Ausgestaltung zu entnehmen ist,[36] andernfalls stellt sie gegenüber der angemeldeten Erfindung ein aliud[37] oder eine Zwischenverallgemeinerung[38] (zum Begriff s Einl Rdn 127) dar. Zur Entscheidung dieser im Prinzip einfachen, im Einzelfall aber schwierigen Frage zieht die Rechtsprechung Hilfserwägungen heran, so die Beschwerdekammern des EPA den Neuheitstest, den modifizierten Neuheitstest, den Vorwegnahmetest oder den Offenbarungstest.[39] Diesen Tests ist das Anliegen gemeinsam, die gesetzgeberische Absicht zu verwirklichen, Dritte nicht mit Patenten zu überraschen, mit denen sie berechtigterweise nicht zu rechnen brauchten. Eine unzulässige Erweiterung liegt vor, wenn der Gegenstand des Patents sich für den Fachmann erst aufgrund eigener, von seinem Fachwissen getragener Überlegungen ergibt.[40]

2.5 Beispiele für unzulässige Erweiterungen:

20 1. **Streichung von Merkmalen**,[41] wenn dadurch ein bisher enger definierter Gegenstand umfassender wird, dieser aber ursprünglich nicht als offenbart erkennbar war.[42] Im Rahmen der Offenbarung sich haltende Streichungen sind hingegen zulässig, zB zum Zwecke einer präziseren Formulierung,[43] zur Abgrenzung gegenüber dem Stand der Technik oder zur Beseitigung eines offensichtlich unwesentlichen Merkmales.[44] Das **Weglassen eines notwendigen Merkmals**, das ursprünglich als wesentlich offenbart war, erweitert den angemeldeten Gegenstand.[45] Zu **Verallgemeinerungen** der offenbarten Lehre s § 34 Rdn 141 und 199.
2. **Aufnahme neuer Merkmale**, die nicht ursprünglich offenbart waren,[46] auch wenn sie den ursprünglichen Gegenstand einschränken.[47] Zu deren Beseitigung vgl § 21 Rdn 63 ff.

---

34 BGH v 7.11.2017 X ZR 63/15 GRUR 18, 175 (Rn 35) *Digitales Buch*.
35 BGH GRUR 09, 936 *Heizer*.
36 BGH Mitt 12, 344 *Antriebseinheit für Trommelwaschmaschine*; GRUR 15, 249 *Schleifprodukt*.
37 BGH GRUR 02, 49 *Drehmomentübertragungseinrichtung*; 08, 60 *Sammelhefter II*; BlPMZ 12, 64 *Sensoranordnung* (III2a); Busse/Keukenschrijver § 38 Rn 36.
38 Für Details s Einl Rdn 127 sowie Pentheroudakis GRUR Int 08, 699 und (kritisch) Freischem GRUR 21, 188; s ferner einerseits T 1906/11 (kritisch gegenüber dem Begriff Zwischenverallgemeinerung), andererseits T 0248/12, beide in ABl 14 ZPubl 5, 63.
39 Blumer in Singer/Stauder, EPÜ, 8. Aufl, Art 123 Rn 51 bis 56.
40 BGH GRUR 10, 509 (Rn 39) *Hubgliedertor I*; vgl auch T 1089/07 EPOR 10, 205.
41 Vgl Vollrath Mitt. 00, 185.
42 Vgl BPatGE 20, 146; 24, 7.
43 BPatGE 8, 15; T 0172/82 ABl 83, 493.
44 T 0917/94 v 28.10.1999 BeckRS 99, 30657654.
45 BPatGE 24, 7; 36, 192.
46 BGH GRUR 62, 80 *Rohrdichtung*; 77, 598 *Autoskooter-Halle*.
47 GrBK G 0001/93 ABl 94, 541 *Beschränkendes Merkmal/ADVANCED SEMICONDUCTOR PRODUCTS*.

3. Ausdehnung auf Merkmale, die ursprünglich als **erfindungsunwesentlich** offenbart waren.
4. **Wiederaufnahme von Merkmalen** oder Teilen von Anmeldungen, auf die wirksam verzichtet wurde (vgl § 34 Rdn 431).
5. Einfügung von »**vorzugsweise**,[48] **zweckmäßig, gegebenenfalls, zB**« wenn dadurch bisher Zwingendes fakultativ wird.
6. Ausdehnung auf **Äquivalente**, die der Fachmann bei einigem Nachdenken als solche nicht erkennt.[49]
7. Ausweitung auf ein bisher nicht genanntes **Anwendungsgebiet**, wenn dies für den Fachmann nach der ursprünglichen Offenbarung überraschend ist.[50]
8. Wechsel der **Patentkategorie**, wenn die neue (zB Verwendung) von der ursprünglich offenbarten (zB Stoff) nicht gedeckt wird (vgl dazu § 1 Rdn 193);
9. **Nachgereichte Beispiele** stellen nur dann eine unzulässige Erweiterung dar, wenn ihr Inhalt aus der ursprünglichen Offenbarung bei verständiger Würdigung nicht mehr herleitbar ist. Dienen sie dagegen der Veranschaulichung einer generellen Aussage, belegen sie die Ausführbarkeit der offenbarten technischen Lehre, stellen sie ein Muster für einen offenbarten größeren Bereich dar, sind es Einzelfälle einer abstrakten Lehre oder zeigen sie die Anwendbarkeit in der Praxis oder auf besonderen Sparten des genannten Anwendungsgebiets, so erweitern sie den Gegenstand nicht, sofern der Fachmann sie als von der ursprünglichen Offenbarung gedeckt bewertet. Zur **Nachreichung von Zeichnungen** vgl § 35 Rdn 49.
10. **Vorteile** der Erfindung können nachträglich nicht nachgereicht werden, wenn dadurch die Erfindung erst ihren eigentlichen Sinn erhält (vgl § 34 Rdn 423).
11. Reduzierung einer **allgemeinen Formel** auf eine nicht erkennbare Substituentenkombination.[51]
12. Ausdehnung auf weder ausdrücklich offenbarte noch ohne Weiteres erkennbare **Teil- oder Unterkombinationen**[52] (s § 34 Rdn 407).
13. **Einbeziehung eines lediglich gezeichneten Merkmals**, das der Fachmann nicht als zur Erfindung gehörend erkennen konnte (vgl § 34 Rdn 315), zB weil es in der Zeichnung nur in Kombination mit dem beanspruchten Merkmal dargestellt ist.[53] Die nachträgliche Beanspruchung eines solchen Merkmals erweitert daher den ursprünglichen Gegenstand.[54]
14. Ausdehnung auf einen **weiteren Gegenstand**, wenn aus den ursprünglichen Unterlagen nicht erkennbar war, dass der Anmelder hierfür Schutz begehrte.[55]
15. **Berichtigung**, die der ursprünglichen Anmeldung einen anderen Offenbarungsgehalt gibt (s Rdn 48).

---

48 BGH GRUR 70, 289 (I7c) *Dia-Rähmchen IV*; BPatG v 12.7.2005 21 W (pat) 23/03 BeckRS 12, 1944.
49 BGH GRUR 70, 289 (I7c) *Dia-Rähmchen IV*; 75, 131 (III4b bb) *Allopurinol*.
50 BPatGE 17, 192; BPatG BlPMZ 72, 30 L.
51 BPatGE 25, 181; T 0367/92 ABl 97 SonderA 54.
52 BGH GRUR 78, 699 *Windschutzblech*; BPatGE 26, 11.
53 BGH GRUR 85, 214 *Walzgut-Kühlbett*.
54 BPatG v 9.9.2003 6 W (pat) 314/02 BeckRS 03, 16668.
55 BGH GRUR 85, 1037 *Raumzellenfahrzeug I*.

16. Änderung von (Konzentrations-)**Bereichen**, die der Fachmann nicht ohne Weiteres erkennen konnte.[56]
17. **Änderung der Aufgabe** oder des durch die Erfindung gelösten Problems, sofern dadurch die ursprüngliche Offenbarung für den Fachmann einen vorher nicht entnehmbaren Inhalt bekäme.[57]
18. Nachträgliches **Auswechseln der Zeitenfolge** von Schritten eines Verfahrens.[58]
19. Beanspruchung eines Vorschlags, der ursprünglich **als nachteilig bezeichnet** wurde.[59]
20. **Einfügen eines negativen Merkmals**, wenn der geänderte Anspruch durch die ursprüngliche Anmeldung nicht gestützt ist.[60]
21. **Umdeutung eines Merkmals** durch Hinzufügen eines Klammerzusatzes mit einem in den ursprünglichen Unterlagen nicht verwendeten Begriff.[61]
22. Änderung der Kennzeichnung eines Erzeugnisses, das bestimmte Bestandteile »**enthalten**« soll, in ein Erzeugnis, das (ausschließlich) aus diesen Bestandteilen »**besteht**«.[62]
23. Beanspruchung eines Verfahrens, das **zeitlich nachgeordnet** dem offenbarten Verfahren folgen muss, um insgesamt ein technisch und wirtschaftlich sinnvolles Ergebnis zu erzielen, und zwar auch dann, wenn der Fachmann mit der Beschreibung des offenbarten Verfahrens alle Informationen erhält, die er benötigt, um mit Hilfe seines Fachwissens auch das weitere Verfahren auszuführen.[63]

21 **2.6 Beispiele keiner unzulässigen Erweiterung:** (ergänzend vgl die Beispiele in § 34 Rdn 200):
1. Aufnahme eines **Hinweises auf den Stand der Technik**,[64] es sei denn, der Patentanmelder grenzt sich dabei in unrichtiger oder irreführender Weise vom Stand der Technik ab.[65]
2. **Verallgemeinerung**[66] oder **Konkretisierung**[67] einer technischen Lehre, die der Fachmann der ursprünglichen Beschreibung entnimmt.[68]
3. **Neuformulierung** der Aufgabe, s § 34 Rdn 365.

---

56 T 0002/81 ABl **82**, 394 (Nr 3); T 0201/83 ABl **84**, 481; vgl aber auch T 0925/98 v 13.3.2001 BeckRS **01**, 30658799.
57 BPatGE **28**, 12; T 0013/84 ABl **86**, 253.
58 BPatG BlPMZ **88**, 142 L.
59 BGH BlPMZ **78**, 258 *Spannungsvergleichsschaltung.*
60 Für Details zur Zulässigkeit eines Disclaimer s Rdn 22 ff. und GrBK G 0001/03 ABl **04**, 413 *Disclaimer/PPG*; G 0002/10 ABl EPA **12**, 376 *Disclaimer/SCRIPPS*; G 0001/16 ABl **18**, A70 *Zulässigkeit nicht offenbarter Disclaimer/PRINCETON UNIVERSITY.*
61 BPatG v 22.8.2005 19 W (pat) 337/03, zitiert von Engels GRUR **06**, 441 Fn 35.
62 BGH GRUR **11**, 1109 *Reifenabdichtmittel.*
63 BGH GRUR **13**, 809 *Verschlüsselungsverfahren.*
64 T 0011/82 ABl **83**, 479; T 0051/87 ABl **91**, 177; T 0450/97 ABl **99**, 67.
65 T 2450/17 v 10.1.2020 GRUR-RS **20**, 11429: Erfolgt in einem solchen Fall eine Korrektur, verstößt diese weder gegen R 80 noch Art 123 (2) EPÜ.
66 BGH GRUR **76**, 299 (I3d) *Alkylendiamine I*; **12**, 1124 (Rn 52) *Polymerschaum*; BPatG Mitt **84**, 213; T 0052/82 ABl **83**, 416; T 0371/88 ABl **92**, 157.
67 BPatGE **12**, 116; BPatG GRUR **72**, 178.
68 BGH GRUR **76**, 299 (I3d) *Alkylendiamine I*; BPatG Mitt **84**, 213; T 0052/82 ABl **83**, 416; T 0371/88 ABl **92**, 157.

4. **Änderung der Definition eines Merkmals**, um es präziser zu umschreiben, ohne die Identität mit der ursprünglich gewählten Kennzeichnung zu ändern, s dazu § 34 Rdn 103.
5. Berichtigung einer erkennbar **falschen Zahlenangabe**.[69]
6. Aufnahme **beschränkender Merkmale**, die den ursprünglichen Gegenstand lediglich vermindern, ohne ihn zu einem aliud zu machen.[70]
7. Hinzufügen eines **ursprünglich nicht offenbarten Merkmals**, das – ohne einen technischen Beitrag zum Gegenstand der Erfindung zu leisten – lediglich den Schutzbereich der erteilten Fassung einschränkt.[71]
8. **Aufnahme eines Merkmals aus der Beschreibung**, wenn dieses für den Fachmann als zu der unter Schutz gestellten Lehre gehörig zu erkennen gewesen ist.[72]
9. Beschränkung auf die **Merkmale eines Ausführungsbeispiels**[73] oder auf eine **Alternative der Lösung**.[74]
10. Änderung der **Zuordnung von Merkmalen** vom Oberbegriff zum kennzeichnenden Teil und umgekehrt.[75]
11. Aufnahme eines **einzelnen Merkmals eines Unteranspruchs**, wenn dieses funktional oder strukturell nicht an die weiteren Merkmale gebunden ist.[76]
12. Streichung einer platt selbstverständlichen Konkretisierung eines Merkmals.[77]
13. **Aufnahme eines nicht ursprungsoffenbarten Begriffs**, wenn die technische Lehre selbst ursprünglich offenbart war.[78]
14. **Weglassen von Merkmalen**, von denen der Fachmann zweifelsfrei erkennt, dass sie keinen Beitrag für die Lösung der aus der Anmeldung ersichtlichen Aufgabe leisten.[79]
15. Patenterteilung auf eine **Anmeldung, die als zurückgenommen gilt**, stellt keine »Erweiterung zu 100 %« dar; vielmehr wird der Mangel der fehlenden Anhängigkeit der Anmeldung durch die Patenterteilung geheilt[80] (vgl § 49 Rdn 18).
16. **Streichung von einzelnen Elementen aus Listen**, sofern dies nicht zu einem »singling-out« führt.[81]

---

[69] T 0003/88 EPOR **88**, 377 (Zahlendreher).
[70] BGH GRUR **99**, 566 (2c) *Deckelfass*; **01**, 140 *Zeittelegramm*.
[71] GrBK G 0001/93 ABl **94**, 541 *Beschränkendes Merkmal/ADVANCED SEMICONDUCTOR PRODUCTS*; T 1779/09 ABl **15** ZPubl 4, 60.
[72] BGH GRUR **90**, 432 *Spleißkammer*; **91**, 307 (III2a) *Bodenwalze*; **00**, 591 (II2) *Inkrustierungsinhibitoren*.
[73] BGH GRUR **66**, 138, 140 *Wärmeschreiber*.
[74] BGH GRUR **66**, 319 (II2) *Seifenzusatz*.
[75] BGH GRUR **71**, 115 (IIIA4) *Lenkradbezug I*.
[76] T 0582/91 EPOR **95**, 574.
[77] BPatG v 6.6.2005 11 W (pat) 344/03 BeckRS **11**, 28698.
[78] BGH GRUR **06**, 316 *Koksofentür*.
[79] T 1644/11 v 4.4.2014 BeckRS **16**, 2079.
[80] BPatG BlPMZ **84**, 380.
[81] Vgl hierzu schweiz BG v 11.5.2020 4A_613/2019 GRUR Int **21**, 169 *Mundipharma v Develco*.

2.7 Änderungen durch Disclaimer[82]

2.7.1 Überblick: Anmelder versuchen häufig, sich von neu zu Tage getretenem Stand der Technik dadurch abzugrenzen, dass sie negative Merkmale in Gestalt eines Disclaimer (zum Begriff s § 34 Rdn 146) in die Ansprüche aufnehmen. Ein solcher Disclaimer muss nicht nur bestimmten formalen Erfordernissen genügen (s § 34 Rdn 148), sondern darf auch der ursprünglichen Offenbarung nichts hinzufügen. Er darf – wie sich aus dem wörtlichen Begriff Disclaimer bereits ergibt – den Gegenstand eines Schutzrechts nur vermindern, also der technischen Lehre des beanspruchten Gegenstands nichts hinzufügen, was für die Beurteilung der Offenbarung oder der erfinderischen Tätigkeit der Erfindung bedeutsam sein könnte.

Ein Disclaimer ist nach § 38 und Art 123 (2) EPÜ daher nur zulässig, wenn der nach Einfügung des Disclaimer im Anspruch **verbleibende Gegenstand ursprünglich offenbart** war.[83] Dies ist unproblematisch, wenn die ursprüngliche Offenbarung bereits einen Hinweis darauf enthält, dass der betreffende spezielle Gegenstand ausgeklammert werden soll. Umstritten ist die Zulässigkeit eines Disclaimer jedoch dann, wenn die ursprüngliche Anmeldung den späteren Gegenstand des Disclaimer entweder überhaupt nicht (s Rdn 25) oder nur positiv iS einer möglichen oder bevorzugten Ausführungsform der Erfindung (s Rdn 30) offenbart.

Die Einfügung eines materiell-rechtlich wirksamen Disclaimer im Erteilungsverfahren bedarf sorgfältiger Prüfung. Ist nämlich ein Patent mit einem die Offenbarung reduzierenden Disclaimer erteilt, kann der Disclaimer in einem späteren Einspruchs- oder Nichtigkeitsverfahren nicht mehr beseitigt werden, weil seine Streichung zu einer unzulässigen Erweiterung des Patents führen würde, und zwar auch dann nicht, wenn sich herausstellen sollte, dass es eines Disclaimer nicht bedurft hätte.

2.7.2 Nicht offenbarter Disclaimer: War der durch den Disclaimer ausgeklammerte Gegenstand in der ursprünglichen Anmeldung überhaupt nicht offenbart, also weder negativ noch positiv, ist der Disclaimer nicht ohne weiteres zulässig. Obwohl ein Disclaimer eine Beschränkung ist, durch die der Anmelder auf einen Teil des beanspruchten Gegenstands verzichtet, bedeutet dies nicht, dass ein Disclaimer per se kein technisches Merkmal des Anspruchs ist und daher stets zugelassen werden kann.[84] Denn ein Merkmal ohne technische Bedeutung würde den Umfang des Anspruchs nicht beschränken. Andererseits muss auch ein Merkmal, das technische Bedeutung hat, nicht notwendigerweise einen Beitrag zur technischen Lehre der Anmeldung oder zum Gegenstand der beanspruchten Erfindung leisten.[85] Es gibt daher auch solche Dis-

---

[82] Lit: Teschemacher in FS Stauder 2011, 293; Hoyng in Patent Practice in Japan and Europe (FS Rahn) 2011, 121; **Lit in ABl EPA:** Günzel 13 SonderA 1, 171; **Lit in epi-information:** Germinario 04, 72; Rudge 09, 14; Mercer 01/18, 17 **Lit in GRUR:** Müller 87, 484; Sieckmann 96, 236; Deichfuß 21, 168; **Lit in GRUR Int:** Barycki 20, 1204; **Lit in Mitt:** Gehring 03, 197; Stamm 04, 56; König 04, 477; Hüttermann 18, 53; Féaux de Lacroix 20, 377; Lit in sic!: Köpf/Ebner 18, 500.

[83] GrBK G 0002/10 ABl 12, 376 Disclaimer/SCRIPPS.

[84] GrBK G 0001/03 ABl 04, 413 (Nr 2) Disclaimer/PPG.

[85] GrBK G 0001/03 ABl 04, 413 (Nr 2.1.2) Disclaimer/PPG.

Art 123 (2) EPÜ   *Änderungen der Anmeldung/ amendments of patent application*   § 38

claimer, durch die der Fachmann keine neuen technischen Informationen erhält, die über den ursprünglich offenbarten Anmeldegegenstand hinausgehen.[86]

In der **EPA-Rechtsprechung**[87] ist die Aufnahme eines nicht offenbarten Disclaimer nur für **drei Fallgruppen** akzeptiert worden, nämlich a) wenn *gesetzlichen Ausnahmen von der Patentierbarkeit* Rechnung zu tragen ist; b) wenn die *Neuheit* gegenüber einer *älteren Anmeldung* hergestellt werden soll oder c) wenn die Neuheit gegenüber einer *zufälligen Vorwegnahme* hergestellt werden soll.   26

a) **Gesetzliche Ausnahmen von der Patentierbarkeit** (*exceptions to patentability*): Werden Tatbestände, für die kraft Gesetzes keine Patente erteilt werden, von einem offenbarten Universalbegriff umfasst, so müssen sie durch Disclaimer ausgenommen werden, damit dem Gesetz entsprochen wird. Da diese Tatbestände gesetzlich vom Patentschutz ausgenommen sind, ist ein sich darauf beziehender Disclaimer ohne Einfluss auf den Umfang der Offenbarung, ist also keine unzulässige Erweiterung. *Beispiele*: i) Ausnahme medizinischer Verfahren gemäß § 2a (1) Nr 2 PatG und Art 53 c) EPÜ;[88] ii) Ausnahme von Erfindungen, deren Verwertung gemäß § 2 PatG oder Art 53 a) und R 28 EPÜ gegen die öffentliche Ordnung oder gegen die guten Sitten verstößt; iii) Ausschluss des menschlichen Körpers und seiner Bestandteile gemäß § 1a (1) PatG, R 29 (1) EPÜ und Art 5 (1) BioPatRL.

b) **Ältere Anmeldung** (*conflicting application*): Die Ausklammerung des Gegenstands einer älteren Anmeldung iSd § 3 (2) und Art 54 (3) EPÜ, der auch in der jüngeren Anmeldung beansprucht wird und den der jüngere Anmelder am Anmelde- oder Prioritätstag idR nicht kennen konnte, ist erforderlich, um eine gesetzlich nicht gewollte Doppelpatentierung zu vermeiden. Diese Ausnahme ist daher idR keine unzulässige Erweiterung.[89]

c) **Zufällige Vorwegnahme** (*accidental anticipation*) ist eine Entgegenhaltung, die ein Fachmann bei der Lösung des Problems der Erfindung nie in Betracht gezogen hätte, weil deren Offenbarung nach seiner Auffassung von der zu lösenden Aufgabe entweder zu weitab (*remote disclosure*) liegt oder zu ihr keinen Sachbezug aufweist (*unrelated disclosure*).[90] Sie muss mit anderen Worten ohne jede Bedeutung für die erfinderische Tätigkeit sein.[91] Die Herausnahme eines solchen Gegenstands lässt daher die offenbarte technische Lehre unberührt und stellt somit keine unzulässige Erweiterung dar.[92]

Demgegenüber sind nicht offenbarte Disclaimer **in anderen Fällen ausgeschlossen**, insbesondere wenn: 27

---

86 BGH v 25.7.2017 X ZB 5/16 GRUR **17**, 1105 (Rn 26) *Phosphatidylcholin*.
87 GrBK G 0001/03 ABl 04, 413 *Disclaimer/PPG*; G 0001/16 ABl **18**, A70 Zulässigkeit nicht offenbarter Disclaimer/PRINCETON UNIVERSITY.
88 GrBK G 0001/03 ABl 04, 413 (Nr 2.4.2) *Disclaimer/PPG*; s auch BPatG GRUR **85**, 125.
89 GrBK G 0001/03 ABl 04, 413 (Nr 2.1) *Disclaimer/PPG*.
90 GrBK G 0001/03 ABl 04, 413 (Nr 2.2.2) *Disclaimer/PPG*.
91 Dass eine Entgegenhaltung bei näherer Prüfung der erfinderischen Tätigkeit nicht entgegenstehen würde, lässt sie noch nicht zu einer zufälligen Vorwegnahme werden; s T 1218/14 v 8.2.2019 BeckRS 19, 8935 = ÖBl **19**, 183.
92 T 2036/08 v 19.5.2011 BeckRS **16**, 17097.

a) der Disclaimer einen **Mangel der Ausführbarkeit oder der Offenbarung** beseitigen soll,[93] denn die Erfindung muss nach § 34 (4) PatG und Art 83 EPÜ am Anmelde- oder Prioritätstag so deutlich und vollständig offenbart sein, dass ein Fachmann sie ausführen kann; wird sie es erst durch den Disclaimer, liegt eine unzulässige Erweiterung vor;
b) erst durch den Disclaimer die **erfinderische Tätigkeit** für den Anmeldungsgegenstand begründet würde. War der ursprünglich beanspruchte gesamte Bereich nahe liegend, kann durch Herausnahme eines Teilbereichs der Restbereich nicht erfinderisch werden;[94]
c) wenn der Disclaimer **mehr ausschließt, als nötig** ist, um die Neuheit wieder herzustellen oder einen Gegenstand auszuklammern, der aus nichttechnischen Gründen vom Patentschutz ausgeschlossen ist.[95]

28   Ist ein Disclaimer danach grundsätzlich zulässig, sind **weitere Bedingungen** zu beachten: Zur Unterrichtung der Öffentlichkeit ist ein nicht offenbarter Disclaimer in der Patentschrift als solcher zu kennzeichnen.[96] Er eröffnet dem Schutzrechtsinhaber nicht die Möglichkeit, seine Erfindung neu zu formulieren. Vielmehr hat der Disclaimer den Gegenstand gezielt zu bezeichnen, der vom Patentschutz ausgenommen werden soll. Praktische Schwierigkeiten können sich dabei allerdings dadurch ergeben, dass sich das, was durch konkrete in einem Dokument enthaltene Beispiele offenbart ist, nicht unbedingt auf die genauen Details dieser Beispiele beschränken muss. Die punktförmige Herausnahme von Beispielen stellt deshalb noch nicht die Neuheit her, wenn diese einen Bereich repräsentieren.[97]

29   Nach der **BGH-Rechtsprechung** sind Disclaimer auch außerhalb der obengenannten Fallgruppen zulässig, wenn sich die dadurch bewirkte Beschränkung nicht als technisch relevant erweist.[98] Dies ist insbesondere dann der Fall, wenn mit der Beschränkung des Gegenstands keine zusätzliche technische Wirkung einhergeht oder erzielt werden soll und der Fachmann hierdurch keine neuen technischen Informationen erhält.[99]

30   **2.7.3 Offenbarter Disclaimer:** Unter dem etwas missverständlichen Begriff des »offenbarten Disclaimer« versteht die **EPA-Rechtsprechung** einen Disclaimer, dessen Gegenstand in der ursprünglichen Anmeldung konkret offenbart wurde, allerdings nicht negativ als ausgenommener Gegenstand, sondern positiv als eine Ausführungsform der Erfindung. Diese Fallgestaltung wird in der EPA-Rechtsprechung in besonderer Weise beurteilt, die unterschiedlich gegenüber der Herangehensweise bei einem nicht offenbarten Disclaimer ist.[100]

---

93   GrBK G 0001/03 ABl 04, 413 (Nr 2.5.2) *Disclaimer/PPG.*
94   T 0170/87 ABl **89**, 441; T 0597/92 ABl **96**, 135; T 0839/90 EPOR **97**, 320.
95   GrBK G 0001/03 ABl **04**, 413 (Nr 3) *Disclaimer/PPG.*
96   GrBK G 0001/03 ABl **04**, 413 (Nr 3 Abs 4) *Disclaimer/PPG.*
97   T 0188/83 ABl **84**, 555; T 0290/86 ABl **92**, 414.
98   *BGH v 25.7.2017 X ZB 5/16 GRUR* 17, 1105 (Rn 26) *Phosphatidylcholin.* Die Vorinstanz hatte hingegen den Disclaimer für nicht zulässig erachtet, s BPatG GRUR **16**, 583.
99   BGH v 25.7.2017 X ZB 5/16 GRUR 17, 1105 (Rn 26) *Phosphatidylcholin.*
100 GrBK G 0002/10 ABl **12**, 376 *Disclaimer/SCRIPPS*; G 0001/16 ABl **18**, A70 *Zulässigkeit nicht offenbarter Disclaimer/PRINCETON UNIVERSITY.*

Sind ursprünglich eine allgemeine Lehre und eine von ihr umfasste spezielle bevorzugte Lehre offenbart, so dürfte es in manchen Fällen möglich sein, die allgemeine Lehre, von der die spezielle Lehre mittels Disclaimer im Anspruch ausgeklammert wird, als implizit offenbart anzusehen, nämlich als den Bereich der nicht bevorzugten Ausführungsformen. Die GrBK hat diesen Weg allerdings nicht für generell gangbar erachtet.[101] Sie hat stattdessen auf den **Goldstandard** bei der Prüfung unzulässiger Erweiterung nach Art 123 (2) EPÜ – keine implizite oder explizite unmittelbare und eindeutige Offenbarung in der ursprünglich eingereichten Fassung der Anmeldung – abgestellt und eine technische Beurteilung aller technischen Umstände des jeweiligen Einzelfalls gefordert. Zu berücksichtigen seien dabei Art und Umfang der Offenbarung in der ursprünglich eingereichten Fassung der Anmeldung, Art und Umfang des ausgeklammerten Gegenstands sowie dessen Verhältnis zu dem nach der Änderung im Anspruch verbleibenden Gegenstand. Ob der Fachmann neue Informationen erhalte, hänge davon ab, wie er den geänderten Anspruch, dh den im geänderten Anspruch verbleibenden Gegenstand verstehen würde und ob er unter Heranziehung des allgemeinen Fachwissens diesen Gegenstand als zumindest implizit in der Anmeldung offenbart ansehen würde.[102] Man sollte mE die Zulässigkeit eines (offenbarten) Disclaimers bejahen, solange er nicht zu einem »Singling out« führt, indem er den ursprünglich offenbarten Gegenstand so stark beschränkt, dass das im Anspruch Verbleibende nicht mehr als eindeutig und unmittelbar offenbart angesehen werden kann.[103]

31

Nach der Entscheidung G 2/10 bestand in der EPA-Rechtsprechung Unsicherheit über mögliche Konsequenzen für die Behandlung nicht offenbarter Disclaimer.[104] Auf eine erneute Vorlage[105] hin hat die GrBK aber entschieden, dass die oben (Rdn 26) dargestellten Prinzipien für nicht offenbarte Disclaimer weiterhin anzuwenden sind.[106]

32

Die **deutsche Rechtsprechung** hat die wenig überzeugende[107] differenzierende Behandlung von offenbarten und nicht offenbarten Disclaimer in der EPA-Rechtsprechung bislang nicht übernommen. Hierfür gibt es auch deshalb wenig Anlass, weil sie die Zulässigkeit nicht offenbarter Disclaimer großzügiger zu bejahen bereit ist (s oben Rdn 29).

33

---

101 GrBK G 0002/10 ABl **12**, 376 *Disclaimer/SCRIPPS*; G 0001/16 ABl **18**, A70 *Zulässigkeit nicht offenbarter Disclaimer/PRINCETON UNIVERSITY*. Zustimmend Deichfuß GRUR 21, 168, 172.
102 GrBK G 0002/10 ABl **12**, 376 *Disclaimer/SCRIPPS*.
103 T 1107/06 ABl **10** SonderA 2, 43 (mit Hinweisen auf abweichende Rspr); zustimmend Teschemacher in FS Stauder 2010, 293, 308. So wohl auch GrBK G 0002/10 ABl **12**, 376 *Disclaimer/SCRIPPS* (allerdings unter Betonung der Notwendigkeit einer Prüfung aller Umstände des Einzelfalls).
104 In einigen Entscheidungen wurde gefordert, dass ein nicht offenbarter Disclaimer zusätzlich zu den in G 0001/03 aufgestellten Kriterien auch denjenigen aus G 0002/10 gerecht werden muss; s hierzu T 1870/08 (Nr 4.5) EPOR **12**, 545; T 2464/10 ABl **14** ZPubl 5, 67.
105 T 0437/14 ABl **17**, A50.
106 GrBK G 0001/16 ABl **18**, A70 *Zulässigkeit nicht offenbarter Disclaimer/PRINCETON UNIVERSITY*.
107 Kritisch auch Deichfuß GRUR **21**, 168, 173.

3 Prüfung und Folgen unzulässiger Erweiterung

34 **3.1 Erteilungsverfahren:** Jede Änderung ist auf ihre Zulässigkeit zu prüfen, dh es ist festzustellen, ob und durch welche Stellen in den ursprünglichen Unterlagen sie gedeckt ist (auch »formale Zulässigkeit« der Änderung genannt). Anmelder sollen daher von sich aus die Stellen der ursprünglichen Anmeldung angeben (Beschreibung, Unteransprüche, Zeichnungen), aus denen sich die Änderung als offenbart herleiten lässt. Unterlässt dies der Anmelder, kann er dazu aufgefordert werden. Zur Erleichterung der Prüfung kann eine Konkordanzliste zwischen ursprünglichen und geänderten Merkmalen verlangt werden (§ 15 (3) PatV). Auch nach R 137 (4) EPÜ hat der Anmelder bei der Einreichung von Anmeldungen diese zu kennzeichnen und ihre Grundlage in der ursprünglich eingereichten Fassung der Anmeldung anzugeben. *Teilanmeldungen* sind in gleicher Weise wie die Ursprungsanmeldung, aus der sie hervorgegangen sind, auf unzulässige Erweiterungen zu prüfen (s Rdn 15).

35 Enthält eine Anmeldung eine unzulässige Erweiterung, so verstößt sie damit gegen § 38. Im Erteilungsverfahren darf auch kein ursprünglich nicht offenbartes beschränkendes Merkmal in den Anspruch aufgenommen werden, wenn sich die dadurch bewirkte Beschränkung als technisch relevant erweist (s auch Rdn 29).[108] Die Grundsätze, die in der Rechtsprechung für die Verteidigung eines Patents im Einspruchs- oder Nichtigkeitsverfahren entwickelt wurden, lassen sich nicht auf das Prüfungsverfahren übertragen.[109] Zur Beseitigung des Mangels ist unter Fristsetzung aufzufordern. Wird der ordnungsgemäß gerügte Mangel nicht oder nicht vollständig beseitigt, ist die Anmeldung zurückzuweisen.[110] Das gilt auch, wenn der Gegenstand der Teilanmeldung sich in einer unzulässigen Erweiterung erschöpft (vgl dazu § 39 Rdn 40).[111]

36 Aus einer unzulässigen Erweiterung dürfen **nach § 38 Satz 2 keine Rechte hergeleitet** werden. Das bedeutet im Erteilungsverfahren, dass die unzulässige Erweiterung auch nicht in einer Ausscheidungs- oder Teilanmeldung weiter verfolgt werden kann.[112] Eine solche Anmeldung mit einem in der Stammanmeldung nicht offenbarten Gegenstand ist als unzulässig zurückzuweisen.[113] Dies gilt auch dann, wenn der Mangel erst im Beschwerdeverfahren entdeckt wird, da § 38 Satz 2 in jedem Stadium des Verfahrens von Amts wegen zu beachten ist.[114] Ein Gegenstand, der eine unzulässige Erweiterung bilden würde, kann nur mit neuem Anmeldetag angemeldet werden. Auch nach Art 76 (1) 2 EPÜ darf eine Teilanmeldung keine unzulässige Erweiterung der Stammanmeldung enthalten.[115]

---

108 Vgl BGH v 25.7.2017 X ZB 5/16 GRUR **17**, 1105 *Phosphatidycholin*.
109 BGH v 25.7.2017 X ZB 5/16 GRUR **17**, 1105 (Rn 19) *Phosphatidycholin*.
110 BGH v 25.7.2017 X ZB 5/16 GRUR **17**, 1105 (Rn 17) *Phosphatidycholin*.
111 Früher wurde in diesem Fall das Vorliegen einer Teilungserklärung verneint: BGH GRUR **99**, 41 *Rutschkupplung*.
112 BGH GRUR **78**, 417 *Spannungsvergleichsschaltung*; BPatGE **38**, 218.
113 BPatG Mitt **07**, 283 betrachtet die Teilungserklärung zu Recht für wirksam.
114 Vgl BGH BlPMZ **75**, 53 (II4) *Regelventil*; BGH v 25.7.2017 X ZB 5/16 GRUR **17**, 1105 (Rn 18) *Phosphatidycholin*.
115 Zu den Rechtsfolgen s § 39 Rdn 80.

3.2 Einspruchs- und Nichtigkeitsverfahren: Ist ein Patent mit einer unzulässigen Erweiterung erteilt worden, so kann das Patent auf Einspruch widerrufen (§ 21 (1) Nr 4 und Art 100 c) iVm 101 (2) 1 EPÜ) und auf Nichtigkeitsklage für nichtig erklärt werden (§ 22 (1) iVm § 21 (1) Nr 4 und Art 138 (1) c EPÜ iVm Art II § 6 (1) Nr 3 IntPatÜG).

Wird im Einspruchsverfahren das Patent mit dem Einspruchsgrund der unzulässigen Erweiterung nicht angegriffen, so können DPMA und Einspruchsabteilung des EPA nach pflichtgemäßem Ermessen diesen Grund in die Prüfung mit einbeziehen. BPatG und Beschwerdekammer des EPA sind dagegen nicht befugt, ihn von Amts wegen zu prüfen, wenn er nicht Gegenstand des Verfahrens 1. Instanz war (siehe dazu näher Einl Rdn 21 u § 59 Rn 204). Der Patentinhaber kann sich zur Begründung des Rechtsbestands seines Patents nicht auf die unzulässige Erweiterung berufen, da er aus ihr keine Rechte herleiten kann.

Eine Änderung des Patents im Laufe des Einspruchs- oder Nichtigkeitsverfahrens ist immer von Amts wegen auf ihre Zulässigkeit zu prüfen,[116] auch in der Beschwerdeinstanz.[117] Stellt sie eine unzulässige Erweiterung dar, kann das Patent in der Fassung, die die unzulässige Erweiterung enthält, nicht aufrechterhalten werden. Es ist daher zu widerrufen oder für nichtig zu erklären, wenn der Patentinhaber keinen gewährbaren Hilfsantrag stellt. Zur *Beseitigung einer unzulässigen Erweiterung* im Einspruchs- oder Nichtigkeitsverfahren und den hiermit verknüpften umstrittenen Rechtsfragen s § 21 Rdn 63 ff.

3.3 Verletzungsverfahren: Der Verletzer kann nicht einwenden, das Patent sei teilweise rechtsunbeständig, weil es eine unzulässige Erweiterung enthalte.[118] Er kann nur Nichtigkeitsklage erheben und beantragen, das Verletzungsverfahren auszusetzen.

3.4 Unzulässige Erweiterung als Stand der Technik: Der Gegenstand einer unzulässigen Erweiterung, der durch die Veröffentlichung der Anmeldung oder später durch die Möglichkeit der Akteneinsicht (s §§ 31, 32 (5)) öffentlich zugänglich wird, gehört zum Stand der Technik.

III. Änderungen in bestimmten Verfahrensabschnitten

§ 38 Satz 1 und R 137 EPÜ (vgl dazu Einl Rdn 256) beschränken aus Gründen der Verfahrensökonomie die Möglichkeit von Änderungen für bestimmte Verfahrensabschnitte. Das gilt nicht für Teilungen der Anmeldung, die nach § 39 (1) 1 jederzeit zulässig sind (zur Einreichung von Teilanmeldungen unter dem EPÜ s § 39 Rdn 74).

1 Änderungen vor Eingang des Prüfungsantrags

Unter dem PatG[119] sind nach § 38 Satz 1 in der Zeitspanne bis zum Eingang des Prüfungsantrags nur in folgenden Fällen Änderungen der Anmeldung zulässig:

---

116 GrBK G 0009/91 ABl 93, 408 (Nr 19) *Prüfungsbefugnis/ROHM AND HAAS*; T 0027/95 ABl 97 SonderA 111.
117 BPatGE 38, 93; BPatG GRUR 97, 48.
118 BGH GRUR 05, 41, 43 *Staubsaugerrohr*.
119 Vor dem EPA sind Änderungen von Beschreibung, Zeichnungen oder Ansprüchen gemäß R 137 EPÜ (s Rdn 3) vor Erhalt des Recherchenberichts grundsätzlich nicht zulässig.

44 a) *Beseitigung gerügter Mängel:* Eine Reaktion des Anmelders mit Änderungen ist also möglich, wenn das DPMA in der Offensichtlichkeitsprüfung gemäß § 42 zur Mängelbeseitigung aufgefordert hat.

45 b) *Änderung der Ansprüche:* Dies ermöglicht es dem Anmelder, dem Ergebnis einer Recherche oder Einwendungen Dritter Rechnung zu tragen.[120]

46 c) *Berichtigung offensichtlicher Unrichtigkeiten:* Eine solche Berichtigung ist jederzeit möglich, kann also nicht von DPMA zurückgewiesen werden. Sie muss sich auf die in der Anmeldung enthaltenen Angaben beziehen. Das sind Antrag, Ansprüche, Beschreibung und Zeichnungen (§ 34 (3)), die für die Offenbarung maßgebend sind. Die Berichtigung anderer Unterlagen (Erfinderbenennung, Prioritätsbeleg, Zusammenfassung) beschränkt § 38 ohnehin nicht.

47 Offensichtlich sind Unrichtigkeiten, wenn sie in Schreibfehlern, Rechenfehlern oder ähnlichen offenbaren Unrichtigkeiten (vgl § 95 PatG und § 319 ZPO) bestehen. Ein technischer Sachverhalt ist berichtigungsfähig, wenn der Fehler für einen Fachmann klar erkennbar ist und sich ihm seine Richtigstellung aus dem Gesamtinhalt der Offenbarung ohne Weiteres aufdrängt.[121] Auch nach R 139 Satz 2 EPÜ muss die Berichtigung von Beschreibung, Ansprüchen und Zeichnungen derart offensichtlich sein, dass sofort erkennbar ist, dass nichts anderes beabsichtigt sein konnte als das, was als Berichtigung vorgeschlagen wird.

48 Die Berichtigung darf keine Erweiterung enthalten. Das bestimmt § 38 Satz 1 ausdrücklich, gilt aber auch für Berichtigungen gemäß R 139 EPÜ.[122] Daher kommt eine Berichtigung eines technischen Sachverhalts nicht in Betracht, wenn zwar ein Fehler offensichtlich ist, aber für den Fachmann aus dem Gesamtinhalt der Offenbarung nicht eindeutig ist, wie dieser Fehler zu beheben sein soll. Eine Berichtigung darf einer Anmeldung keinen Inhalt geben, den sie für einen Fachmann am Anmeldetag nicht hatte.

49 Verfahren: Kann dem Berichtigungsantrag nicht entsprochen werden, wird er zurückgewiesen. Widerspricht der Anmelder einer Behandlung seiner Anmeldung ohne die zurückgewiesene Berichtigung, ist die Anmeldung zurückzuweisen.[123]

50 **Beispiele für Berichtigung von Beschreibung, Ansprüchen und Zeichnungen** (ja = zugelassen, nein = abgelehnt):
   1. Bei Verwechslung von Anmeldungsunterlagen: **Austausch der Erfindung** gegen eine andere (nein)[124] oder Austausch eines Zeichnungssatzes gegen einen anderen (nein).[125]

---

120 Amtl Begr BlPMZ 67, 325 rSp.
121 BPatG Mitt 71, 157.
122 GrBK G 0003/89 (Nr 7) ABl 93, 117 *Berichtigung nach R 88, Satz 2 EPÜ*; G 0011/91 ABl 93, 125 (Nr 7) *Glu-Gln/CELTRIX*.
123 BPatG Mitt 71, 157.
124 GrBK G 0002/95 ABl 96, 555 *Austausch der Anmeldungsunterlagen/ATOTECH*; J 0021/85 ABl 86, 117.
125 AA J 0004/85 ABl 86, 205 überholt durch GrBK G 0003/89 (Nr 7) ABl 93, 117 *Berichtigung nach R 88, Satz 2 EPÜ*; G 0011/91 ABl 93, 125 (Nr 7) *Glu-Gln/CELTRIX*.

Art 123 (2) *Änderungen der Anmeldung/*
EPÜ *amendments of patent application* § 38

2. **Versehentliche Auslassung** von 14 Seiten eines Anhangs zur Beschreibung, der in später eingereichten Prioritätsunterlagen enthalten ist (nein).[126] R 56 EPÜ[127] lässt aber nunmehr unter bestimmten Voraussetzungen die Nachreichung fehlender Teile der Beschreibung zu, die vollständig in der Prioritätsanmeldung enthalten sind.
3. **Zeichnungen**, die bei Einreichung ganz oder teilweise vergessen worden sind, können im Wege der Berichtigung nur nachgereicht werden, wenn durch sie der Gegenstand der Anmeldung am Anmeldetag nicht erweitert wird. Zulässig ist daher eine Nachreichung, wenn ein Fachmann die nachgereichten Zeichnungen anhand der Unterlagen am Anmeldetag hätte anfertigen können, wenn sie also den gleichen Gegenstand lediglich wiedergeben. Die frühere teilweise abweichende Rechtsprechung[128] ist überholt.[129] Die durch R 56 EPÜ dem Anmelder eingeräumten Optionen stehen einer Anwendung von R 139 EPÜ nicht entgegen.
4. **Einfügung einer eckigen Klammer** in den Zähler eines Bruches (ja).[130]
5. **Schreibfehler** und den grammatikalischen Regeln nicht entsprechende Formulierungen (ja).[131]
6. **Streichung eines Merkmals** über den physikalischen Zustand eines Prüflings (nein).[132]
7. **Berichtigung von Prozentangaben** von Bestandteilen, deren Summe über 100 % hinausgeht (nein), es sei denn, die Beschreibung enthält für den Fachmann ausreichende Hinweise.[133]
8. Aufnahme eines versehentlich **weggelassenen Prozentanteils** eines Gemisches, wenn die Beschreibung mehrere Möglichkeiten plausibel erscheinen lässt (nein).[134]
9. Berichtigung eines **Zahlendrehers** bei einem Schmelzwert (ja).[135]
10. Berichtigung der **Nr einer Druckschrift** in der Beschreibung (ja)[136] oder der unrichtigen **DIN-Norm** (ja).[137]
11. Änderung des Wortes »**und**« in »**oder**« zur Verbindung der Merkmale a, b, c (nein).[138]
12. Nachholung der unterlassenen **Angabe des Aktenzeichens** für eine Hinterlegung (nein).[139]

---

126 J 0013/82 ABl **83**, 12.
127 Abgedruckt bei § 35 Rdn 6.
128 Vgl J 0019/80 ABl **81**, 65; J 0004/85 ABl **86**, 205; J 0033/89 ABl **91**, 288.
129 GrBK G 0003/89 (Nr 7) ABl **93**, 117 *Berichtigung nach R 88, Satz 2 EPÜ*.
130 BPatG Mitt **71**, 157.
131 BPatG Mitt **73**, 78.
132 T 0401/83 ABl **90**, 297.
133 T 0013/83 ABl **84**, 428.
134 T 0200/89 ABl **92**, 46.
135 T 0003/88 EPOR **88**, 377.
136 T 0417/87 ABl 90 SonderA 34.
137 T 0083/89 v 20.2.1991 BeckRS **91**, 30512503 (Nr. 4.2).
138 T 0514/88 ABl **92**, 570.
139 EPA PrüfAbt ABl **90**, 156 (Nr 15); s auch GrBK 0002/93 ABl **95**, 275 *Hepatitis-A-Virus/ USA II*.

13. Berichtigung einer **Bezugsgröße** (ja), weil die Gesamtabmessung aus 3 Einzelabmessungen für den Fachmann erkennbar einen zu großen Wert ergeben hätte und die Unrichtigkeit vom Prüfer auch erkannt wurde.[140]

51 *Beispiele für Berichtigung anderer Unterlagen* (ja = zugelassen, nein = abgelehnt):
1. **Irrtümliche Bezeichnung des Anmelders** (ja),[141] versehentlich falsche Bezeichnung des Einsprechenden (ja),[142] nachträgliche Nennung des Einsprechenden (nein).[143]
2. Unterlassene oder nicht fristgerechte **Zahlung von Gebühren** (nein), zB von Benennungsgebühren gemäß R 39 EPÜ[144] oder der Einspruchsgebühr.[145]
3. Berichtigung (Widerruf) der **Zurücknahmeerklärung** einer Anmeldung (nein).[146]
4. Zur Berichtigung der **Erfinderbenennung** s § 37 Rdn 20 und von **Prioritätserklärungen** s § 41 Rdn 78 ff.

2 Änderungen nach Eingang des Prüfungsantrags

52 Ist Prüfung beantragt worden, sind Änderungen einer Anmeldung unbeschränkt zulässig, sofern sie keine unzulässige Erweiterung enthalten. Eine Änderung ist aber nur möglich, solange die Anmeldung noch anhängig ist, also grundsätzlich bis zur Patenterteilung. Maßgebender Zeitpunkt ist der Schluss der mündlichen Anhörung im Erteilungsverfahren oder im schriftlichen Verfahren die Herausgabe der Entscheidung an den internen Dokumentenversand (vgl dazu Einl Rdn 75 ff). Nach diesem Zeitpunkt hat sich das Patentbegehren auf die erteilte Fassung konkretisiert und verfestigt und ist daher nicht mehr formbar, es sei denn, es wird Beschwerde eingelegt, weil ihr gemäß § 75 aufschiebende Wirkung zukommt.[147]

3 Änderungen nach Patenterteilung

53 Ist ein Patent erteilt worden, so gehen später eingereichte Änderungen der Anmeldeunterlagen ins Leere, da zu diesem Zeitpunkt kein Erteilungsverfahren mehr anhängig ist, eine Anmeldung also nicht mehr existiert. Daher sind auch Berichtigungen der Anmeldung nach Patenterteilung unzulässig.[148] Eine etwaige Berichtigung würde zudem den Inhalt des Patenterteilungsbeschlusses unberührt lassen.

Nach Patenterteilung kann das Patent nur noch in einem Beschränkungsverfahren nach § 64 oder Art 105a EPÜ oder im Einspruchs- und Nichtigkeitsverfahren durch beschränkte Verteidigung geändert werden (vgl § 59 Rdn 166 u § 81 Rdn 116).[149]

---

140 BGH Mitt **96**, 204 (2) *Spielfahrbahn*.
141 BPatG v 6.9.2007 10 W (pat) 58/03 BeckRS **07**, 16476; J 0007/80 ABl **81**, 137.
142 T 0219/86 ABl **88**, 254.
143 T 0025/85 ABl **86**, 81.
144 J 0021/84 ABl **86**, 75; T 0170/83 ABl **84**, 605, 612.
145 T 0152/85 ABl **87**, 191.
146 T 0824/00 ABl **04**, 5; J 0025/03 ABl **06**, 395.
147 BGH GRUR **67**, 435 (II2) *Isoharnstoffäther*; 00, 688 (II2b) *Graustufenbild*.
148 J 0023/03 BeckRS **04**, 30487902; s auch GrBK G 0001/10 ABl **13**, 194 *Antrag auf Berichtigung des Patents/FISHER-ROSEMOUNT*.
149 **Lit:** Stadler Öbl **19**, 164.

§ 39 Teilung der Anmeldung
(division of the application)

(1) ¹Der Anmelder kann die Anmeldung jederzeit teilen. ²Die Teilung ist schriftlich zu erklären. ³Wird die Teilung nach Stellung des Prüfungsantrags (§ 44) erklärt, so gilt der abgetrennte Teil als Anmeldung, für die ein Prüfungsantrag gestellt worden ist. ⁴Für jede Teilanmeldung bleiben der Zeitpunkt der ursprünglichen Anmeldung und eine dafür in Anspruch genommene Priorität erhalten.

(2) ¹Für die abgetrennte Anmeldung sind für die Zeit bis zur Teilung die gleichen Gebühren zu entrichten, die für die ursprüngliche Anmeldung zu entrichten waren. ²Dies gilt nicht für die Gebühr nach dem Patentkostengesetz für die Recherche nach § 43, wenn die Teilung vor der Stellung des Prüfungsantrags (§ 44) erklärt worden ist, es sei denn, daß auch für die abgetrennte Anmeldung ein Antrag nach § 43 gestellt wird.

(3) Werden für die abgetrennte Anmeldung die nach den §§ 34, 35, 35a und 36 erforderlichen Anmeldungsunterlagen nicht innerhalb von drei Monaten nach Eingang der Teilungserklärung eingereicht oder werden die Gebühren für die abgetrennte Anmeldung nicht innerhalb dieser Frist entrichtet, so gilt die Teilungserklärung als nicht abgegeben.

Rainer Moufang

Übersicht

	Gesetzesentwicklung	1
	EPÜ-Vorschriften	2
	Literatur	3
	Kommentierung zu § 39 PatG	
I.	Allgemeines	4
II.	Teilungserklärung	13
1	Voraussetzungen	14
1.1	Bestimmtheit der Erklärung	15
1.2	Gegenstand einer Teilungserklärung	16
1.3	Rechtsschutzbedürfnis	17
1.4	Form	18
1.5	Hilfsantrag	19
1.6	»Jederzeit«	20
1.7	Adressat	23
2	Anfechtung	24
3	Widerruf	25
4	Fiktion der Nichtabgabe der Teilungserklärung	26
4.1	Erforderliche Anmeldungsunterlagen gemäß § 39 (3)	27
4.2	Erforderliche Gebühren	28
4.3	3-Monatsfrist	29
5	Prüfung der Teilungserklärung	30
III.	Teilanmeldung	34
1	Entstehen der Teilanmeldung	34
2	Gegenstand der Teilanmeldung	35
2.1	Feststellung des Gegenstands der Teilanmeldung	36
2.2	Änderung des Gegenstands der Teilanmeldung	37
3	Offenbarung	39
4	Verfahren in der Teilanmeldung	41
4.1	Weiterbehandlung	42

4.1.1	Verwaltungsakte des DPMA	43
4.1.2	Verfahrenshandlungen des Anmelders	44
4.1.3	Teilanmeldung als Verfahrensobjekt	45
4.1.4	Altersrang	46
4.2	Gebühren für die Teilanmeldung	47
4.2.1	Anmeldegebühr	50
4.2.2	Prüfungsantragsgebühr	51
4.2.3	Recherchengebühr	52
4.2.4	Jahresgebühren	53
4.2.5	Beschwerdegebühr	57
4.2.6	Andere Gebühren	58
4.3	Wegfall der Teilanmeldung	59
4.4	Teilung vor BPatG	60
4.5	Entscheidung	62
4.5.1	Unwirksame Teilungserklärung	63
4.5.2	Wirksame Teilungserklärung	66
4.5.3	Beschwerde	67
4.5.4	Kosten	68
4.6	Heilung von Mängeln	69
IV.	Patenterteilung auf Teil- und Stammanmeldung	71
V.	Teilanmeldung nach EPÜ	73
1	Entstehung der europäischen Teilanmeldung	74
2	Behandlung	75
3	Voraussetzungen einer Teilanmeldung	76
3.1	Anhängigkeit der früheren Anmeldung	76
3.2	Keine Wiedereinsetzung bei Einreichung nach Ende der Anhängigkeit der früheren Anmeldung	77
3.3	Keine Aussetzung nach R 14	78
3.4	24-Monatsfristen nach früherem Recht	79
4	Kein Hinausgehen über den Inhalt der früheren Anmeldung	80
5	Gebühren	81

1 Gesetzesentwicklung: § 39 wurde als § 26d durch Art 8 Nr 20 1. GPatG eingefügt (amtl Begr BlPMZ 79, 284). Art 7 Nr 17 **Kostenbereinigungsgesetz** (BGBl 2001 I 3656 = BlPMZ 02, 14) fügte in § 39 (2) 2 den Verweis auf das PatKostG (abgedruckt im Anhang 15) ein. Art 1 Nr 11 **BioPatG** (BGBl 2015 I 146 = BlPMZ 05, 93) ersetzte in § 39 (3) die Angabe »§§ 34–36« durch die Angabe »§§ 34, 35 und 36«. PatNovG (BGBl 2013 I S 3830) ergänzte diese Angabe um einen Verweis auf § 35a.

2 EPÜ-Vorschriften

Art 76 EPÜ Europäische Teilanmeldung

(1) ¹Eine europäische Teilanmeldung ist nach Maßgabe der Ausführungsordnung unmittelbar beim EPA einzureichen. ²Sie kann nur für einen Gegenstand eingereicht werden, der nicht über den Inhalt der früheren Anmeldung in der ursprünglich eingereichten Fassung hinausgeht; soweit diesem Erfordernis entsprochen wird, gilt die Teilanmeldung als an dem Anmeldetag der früheren Anmeldung eingereicht und genießt deren Prioritätsrecht.

(2) In der europäischen Teilanmeldung gelten alle Vertragsstaaten als benannt, die bei Einreichung der Teilanmeldung auch in der früheren Anmeldung benannt sind.

R 36 EPÜ Europäische Teilanmeldungen

(1) Der Anmelder kann eine Teilanmeldung zu jeder anhängigen früheren europäischen Patentanmeldung einreichen.

(2) ¹Eine Teilanmeldung ist in der Verfahrenssprache der früheren Anmeldung einzureichen. ²Sie kann, wenn Letztere nicht in einer Amtssprache des EPA abgefasst war, in der Sprache der früheren Anmeldung eingereicht werden; eine Übersetzung in der Verfahrenssprache der früheren Anmeldung ist innerhalb von zwei Monaten nach Einreichung der Teilanmeldung nachzureichen. ³Die Teilanmeldung ist beim EPA in München, Den Haag oder Berlin einzureichen.

(3) ¹Die Anmeldegebühr und die Recherchengebühr sind für die Teilanmeldung innerhalb eines Monats nach ihrer Einreichung zu entrichten. ²Wird die Anmeldegebühr oder die Recherchengebühr nicht rechtzeitig entrichtet, so gilt die Anmeldung als zurückgenommen.

(4) ¹Die Benennungsgebühr ist innerhalb von sechs Monaten nach dem Tag zu entrichten, an dem im Europäischen Patentblatt auf die Veröffentlichung des europäischen Recherchenberichts zu der Teilanmeldung hingewiesen worden ist. ²R 39 (2) und (3) ist anzuwenden.

Lit: Königer: Teilung und Ausscheidung im Patentrecht 2004; **Wieczorek:** Die Unionspriorität im Patentrecht 1975 (zu Art 4 G PVÜ, S 178 ff); Anders VPP-Rundbrief 97, 112. **Lit in epi information:** Bouche et al 11, 61; Bremi/Harrison 11, 100; Barth 13, 88; **Lit in GRUR:** Klaka/Nieder 98, 251; Melullis 01, 971; Niedlich 02, 565; Stortnik 05, 729; Anders 09, 200; **Lit in GRUR Int:** Burghardt 73, 600; Günzel 08, 644; Schauwecker 12, 410; **Lit in Mitt:** Keukenschrijver 95, 267; Hövelmann 96, 235; 98, 3; 99, 411; Hacker 99, 1; Nieder 99, 414; 01, 281; Müller 09, 486; Ackermann 11, 217; Naumann/Wichmann 12, 168; Cox/Donald 17, 260; Rieck/Rüßmann 17, 298.

I. Allgemeines

Das Recht des Patentanmelders, seine Patentanmeldung zu teilen, ist im Kern konventionsrechtlich durch Art 4 G PVÜ (s Anhang 12) abgesichert. Dies gilt sowohl für die Teilung in Reaktion auf einen Einwand der Uneinheitlichkeit (im deutschen Recht als »Ausscheidung« bezeichnet) als auch für die Teilung, die unabhängig von einem derartigen Einwand erfolgt (freie Teilung). Nur die zweitgenannte Teilung ist eine Teilung iSd § 39, während die Ausscheidung im deutschen Recht eigenen von der Rechtsprechung entwickelten Regeln unterliegt (s Rdn 10). Durch die Teilungserklärung wird das Anmeldeverfahren in zwei Verfahren aufgespalten, die sich beide in demselben Verfahrensstand befinden, den die Stammanmeldung erreicht hatte.

Zweck: § 39 PatG gewährt dem Anmelder große Freiheit bei der Ausübung des Teilungsrechts. »Die generelle uneingeschränkte Zulassung der Teilung der Anmeldung entspricht einem praktischen Bedürfnis der Anmelder nach weitgehender Gestaltungsfreiheit«.¹ Das Motiv kann vielfältig sein, zB Beschleunigung der Erteilung für die Stammanmeldung durch Herausnahme problematischer Teile oder Wunsch, bestimmte Erfindungskomplexe nach Patenten getrennt lizenzieren zu können oder einem möglichen Einwand der Uneinheitlichkeit vorzubeugen.

Im europäischen Recht kommt die Teilung nicht durch eine Teilungserklärung, sondern durch das Einreichen einer Teilanmeldung nach Art 76 EPÜ zustande. Im Unterschied zum deutschen Recht muss die Teilanmeldung sämtliche Stadien des Erteilungsverfahrens neu durchlaufen. Ferner unterscheidet das EPÜ die beiden Formen der Teilung (»Ausscheidung« und »freie Teilung«) nicht.² Wegen dieser wichtigen Unterschiede wird die europäische Teilanmeldung separat dargestellt (s Rdn 73).

Entwicklung der Rechtsprechung: Ursprünglich stand der BGH³ auf dem Standpunkt, dass mit der Teilungserklärung ein materiell-rechtlicher Teil des Anmeldungsgegenstands aus der Stammanmeldung entfernt und zum Inhalt der Trennanmeldung

---

1   So amtl Begr zum 1. GPatG BlPMZ 79, 284.
2   Die 2010 in R 36 (1) aF eingeführte Differenzierung zwischen beiden Formen der Teilung in Bezug auf den Zeitpunkt, bis zu dem eine Teilanmeldung eingereicht werden durfte, ist mit Wirkung zum 1.4.2014 wieder rückgängig gemacht worden (s Rdn 79).
3   GRUR 96, 753 (BII2abb) *Informationssignal*; 98, 458 *Textdatenwiedergabe*.

gemacht werden muss. Wurde nichts oder wurde der gesamte Gegenstand der Stammanmeldung abgetrennt, lag eine Teilung iSv § 39 begrifflich nicht vor.

8 Dieses Verständnis vom Inhalt des Teilungsrechts hat der BGH in seiner jüngeren Rechtsprechung[4] aufgegeben. Die maßgeblichen Entscheidungen *Sammelhefter*[5] und *Basisstation*[6] befassen sich mit den Anforderungen, die an eine Teilungserklärung zu richten sind. Danach muss die Teilungserklärung als solche keinen gegenständlich bestimmten Teil des Patents (der mittlerweile aufgehobene § 60 sah auch eine Teilung des Patents vor) oder der Anmeldung definieren, der vom Stammpatent oder von der Stammanmeldung abgetrennt werden soll. Die Behandlung der Teilung müsse sicherstellen, dass es nicht zu einer Doppelpatentierung komme und dass im Verfahren der Trennanmeldung auch nichts patentiert werde, wofür im Verfahren der Stammanmeldung oder des Stammpatents bereits ein Schutzrecht versagt worden sei.[7] Ob solches drohe, könne notwendigerweise erst am Ende der jeweiligen Prüfungsverfahren beurteilt werden, jedoch nicht an ihrem Anfang. Es sei deswegen verfehlt, bereits für die Teilungserklärung zu fordern, dass mit ihr ein vom Gegenstand der Stammanmeldung oder des Stammpatents unterschiedlicher Gegenstand zum Inhalt des Verfahrens der Trennanmeldung gemacht werde.

9 Zwar ist in den Gründen der genannten Entscheidungen offen gelassen worden, ob im Übrigen, dh jenseits der Frage nach dem notwendigen Inhalt einer Teilungserklärung, an der Forderung nach einer materiell-rechtlichen Teilung der Anmeldung festzuhalten ist. In der Sache ist aber auch diese Frage verneinend entschieden. Für Einzelheiten und zur Kritik s 8. Aufl Rn 11.

10 **Begriff:** Teilung der Anmeldung nach § 39 PatG ist der durch Erklärung des Anmelders entstehende prozessuale Vorgang der Aufteilung einer Anmeldung in zwei selbständige Anmeldeverfahren mit unterschiedlichen Gegenständen, die Stammanmeldung und die Teilanmeldung. Insoweit ist sie einer Prozesstrennung nach § 145 ZPO vergleichbar,[8] die zwar nicht durch Erklärung, sondern vom Gericht nach freiem Ermessen angeordnet wird, die aber auch zu zwei Verfahren mit unterschiedlichen Gegenständen führt.

11 *Ausscheidung* ist von Teilung zu unterscheiden (s Rdn 4). Sie dient der Bereinigung der Uneinheitlichkeit einer Stammanmeldung und führt zum Entstehen einer Stammanmeldung und einer Ausscheidungsanmeldung (vgl dazu näher § 34 Rdn 249, 260). Auf eine Ausscheidung ist § 39 PatG nicht anwendbar.[9]

12 **Gestaltungswirkung:** Der Erklärung der Teilung kommt eine prozessuale Gestaltungswirkung zu. Mit ihrem Eingang – nicht erst mit dem Eingang der erforderlichen Anmeldungsunterlagen gemäß § 39 (3)[10] – entsteht neben der Stammanmeldung ohne

---

4 GRUR 00, 688, 689 *Graustufenbild;* 03, 47, 49 *Sammelhefter I;* 03, 781, 782 *Basisstation.*
5 BGH GRUR 03, 47, 49.
6 GRUR 03, 781, 782.
7 BGH GRUR 00, 688, 689 *Graustufenbild;* 03, 47, 49 *Sammelhefter I.*
8 BGH BlPMZ **67,** 299 *Kaskodeverstärker;* **71,** 347, 350 rSp *Funkpeiler.*
9 BGH GRUR **86,** 877 *Kraftfahrzeuggetriebe.*
10 BGH GRUR **96,** 747 (CII2b(1)) *Lichtbogen-Plasma-Beschichtungssystem.*

Mitwirkung von DPMA oder BPatG[11] eine neue, selbständig zu behandelnde Anmeldung.

II. Teilungserklärung

Die Teilungserklärung ist eine Verfahrenshandlung,[12] nämlich die verfahrensrechtliche Erklärung des Anmelders, seine Stammanmeldung zu teilen. Ist sie wirksam, lässt sie die Teilanmeldung entstehen. Demgegenüber bringt im europäischen Recht eine Teilungserklärung als solche keine Teilanmeldung hervor, vielmehr ist hierfür die Einreichung einer europäischen Teilanmeldung (Art 76 EPÜ) erforderlich (s Rdn 6, 74). 13

1 Voraussetzungen

Neben den allgemeinen Wirksamkeitsvoraussetzungen von Verfahrenshandlungen (s Einl Rdn 41 ff) müssen erfüllt sein: 14

1.1 Bestimmtheit der Erklärung: Sie ist für die Teilungserklärung wie für jede andere Verfahrenshandlung erforderlich[13] (s Einl Rdn 60). Das Bestimmtheitserfordernis war auch der gesetzgeberische Grund, für die Erklärung Schriftform zu fordern, nämlich »im Interesse größtmöglicher Eindeutigkeit der Erklärung«.[14] Was Gegenstand der Teilanmeldung sein soll, kann wegen des verfahrensrechtlichen Teilungsbegriffs offen bleiben. Es genügt die Erklärung, dass die Anmeldung geteilt wird.[15] Das Wort »teilen« muss nicht unbedingt gebraucht werden, solange hinreichend zuverlässig ersichtlich ist, dass es der Wille des Erklärenden ist, die Anmeldung zu teilen. Um dies festzustellen, ist die Erklärung notfalls auszulegen (s Einl Rdn 130). Heranzuziehen sind nur solche Umstände, die für den Adressaten (DPMA, BPatG) im Zeitpunkt des Zugangs erkennbar waren.[16] Es bleibt dem Anmelder aber unbenommen, seiner Teilungserklärung einen weitergehenden Inhalt dahin zu geben, welcher Gegenstand mit der Teilanmeldung verfolgt werden soll. Da es sich um eine fakultative Angabe handelt, ist eine Teilungserklärung solchen Inhalts selbst dann nicht unwirksam, wenn sie darauf abzielt, im Verfahren der Trennanmeldung denselben Gegenstand patentiert zu erhalten wie in der Stammanmeldung. Wird der Erteilungsantrag im Prüfungsverfahren allerdings nicht geändert, ist die Trennanmeldung mangels Rechtsschutzbedürfnisses zurückzuweisen. 15

1.2 Gegenstand einer Teilungserklärung kann nur eine im Zeitpunkt des Eingangs der Erklärung *noch anhängige Stammanmeldung* sein. Existierte die Anmeldung im Zeitpunkt der Teilung nicht mehr, weil sie infolge Rücknahme oder unanfechtbar gewordene Patenterteilung[17] erloschen war, kommt sie für eine Teilung nicht mehr in Betracht. Unschädlich für die Wirksamkeit der Teilungserklärung ist es, wenn der 16

---

11 BPatGE **39**, 198, 199.
12 BGH GRUR **98**, 458, 460 *Textdatenwiedergabe*; BGH v 7.5.2019 X ZB 9/18 GRUR **19**, 766 (Rn 16) *Abstandsberechnungsverfahren*.
13 BGH GRUR **96**, 747 (CII2b(1)) *Lichtbogen-Plasma-Beschichtungssystem*.
14 Amtl Begr zum 1. GPatG BlPMZ **79**, 284 lSp.
15 BPatGE **47**, 1 (II1).
16 BGH GRUR **96**, 747 (CII2b(1)) *Lichtbogen-Plasma-Beschichtungssystem*.
17 BGH GRUR **99**, 41 (II2c) *Rutschkupplung*; 00, 688 *Graustufenbild*.

durch die Teilungserklärung festgelegte Inhalt der Teilanmeldung gegenüber dem Offenbarungsgehalt der Stammanmeldung unzulässig erweitert ist.[18]

17 **1.3 Rechtsschutzbedürfnis** ist für das freie Teilungsrecht, das auch mehrfach ausgeübt werden darf, grundsätzlich gegeben. Es fehlt ganz ausnahmsweise, wenn das Teilungsrecht missbraucht wird. Ein Missbrauch liegt vor, wenn keinerlei schützenswertes Interesse an der Teilung erkennbar ist.
Beispiel: Verfahrensverschleppung verdient – wenn diese beabsichtigt ist – keinen Rechtsschutz. Die Absicht bedarf des Nachweises. Ein Indiz dafür kann darin liegen, dass der Anmelder die Voraussetzungen des § 39 (3) für seine 1. Teilungserklärung bewusst nicht erfüllt und nach Ablauf der 3-Monatsfrist weitere identische Teilungserklärungen abgibt, um damit eine nachteilige Entscheidung über seine Stammanmeldung zu verhindern.[19] Beruhte aber die Nichteinhaltung der 3-Monatsfrist auf einem Versehen, so ist die 2. Teilungserklärung zulässig.

18 **1.4 Form:** nach § 39 (1) 2 schriftlich mit Unterschrift (s dazu Einl Rdn 352). Erklärung zu Protokoll genügt.[20]

19 **1.5 Hilfsantrag:** Die Teilung kann hilfsweise erklärt werden[21] (s Einl Rdn 206), zB für den Fall, dass eine frühere Teilungserklärung unzulässig sein oder nach § 39 (3) als nicht abgegeben gelten oder dass dem Hauptantrag nicht entsprochen werden sollte[22] (zulässige innerprozessuale Bedingung). Die Teilungserklärung darf nicht vom ungewissen Ausgang des Verfahrens in der Stammanmeldung gegenständlich abhängig gemacht werden[23] (zB »Alles Nichtpatentfähige soll Inhalt der Teilanmeldung sein«), weil die Erklärung bedingungsfeindlich ist (s Einl Rdn 56). *Hilfsweise Teilungserklärung* lässt die Wirkung der Erklärung infolge der innerprozessualen Bedingung erst mit deren Eintritt wirksam werden, so dass die 3-Monatsfrist des § 39 (3) mit Eintritt der Bedingung zu laufen beginnt,[24] also zB mit Verkündung der Zurückweisung des Hauptantrags.

20 **1.6 »Jederzeit«** ist die Teilung der Anmeldung möglich. Damit gilt für Teilungen eine Ausnahme von § 38 S 1, so dass eine Teilung in jedem Verfahrensstadium vor DPMA und BPatG zulässig ist, auch vor Stellung des Prüfungsantrags.[25]

21 Der *Zeitraum*, in dem eine Teilungserklärung für eine Anmeldung iSd § 39 (1) 1 abgegeben werden kann, wird – wie für jede andere Verfahrenserklärung auch – begrenzt durch **a)** Beginn der Anmeldung, also vom Anmeldetag an[26] (s § 35 Rdn 10 ff) und **b)** rechtskräftige Erledigung der Anmeldung,[27] sei es durch **i)** wirksame Rücknahme der

---

18 BPatG Mitt 07, 283.
19 Vgl BPatGE 37, 155, 166.
20 BPatGE 39, 98, 101.
21 Vgl BPatGE 23, 119, 121; 41, 217; BPatG Mitt 99, 428; Hövelmann Mitt 99, 411; aA Hacker Mitt 99, 1, 8 (c).
22 BPatGE 34, 224, 228.
23 BGH GRUR 96, 747 (CII3) *Lichtbogen-Plasma-Beschichtungssystem*.
24 BPatGE 34, 224, 229; 41, 217; aA BPatGE 29, 189, 192.
25 BPatGE 22, 108.
26 BPatG v 6.4.2006 10 W (pat) 59/05.
27 BGH GRUR 00, 688 *Graustufenbild*.

Anmeldung[28] oder ii) Eintritt der Unanfechtbarkeit der Entscheidung über die Anmeldung durch Patenterteilung[29] oder Zurückweisung der Anmeldung.[30] Ebenso wie eine Anmeldung bis zum Ablauf der Beschwerdefrist zurückgenommen werden kann (vgl § 34 Rdn 461), kann sie im Erteilungsverfahren auch bis zu diesem Zeitpunkt geteilt werden. Für eine wirksame Teilung bedarf es daher nach Erlass einer Entscheidung über die Anmeldung keiner Einlegung einer Beschwerde.

Im *Beschwerdeverfahren* ist eine Teilungserklärung auch noch nach Verkündung der Beschwerdeentscheidung bis zum Ablauf der Rechtsbeschwerdefrist möglich, unabhängig davon, ob Rechtsbeschwerde eingelegt wird oder nicht.[31] Damit ist sichergestellt, dass eine Teilung zeitlich ununterbrochen vom Anmeldetag bis zur rechtskräftigen Erledigung des Anmeldeverfahrens möglich ist. Im *Rechtsbeschwerdeverfahren* ist eine Teilung ebenfalls möglich. Die nach früherer Rechtsprechung bestehende Begrenzung[32] hat der BGH 2019 aufgegeben.[33] 22

1.7 Adressat der Teilungserklärung ist je nach Anhängigkeit der Anmeldung DPMA (nicht Patentinformationszentrum, s § 34 Rdn 59) oder – während des Erteilungsbeschwerdeverfahrens – BPatG.[34] Nach Zurückweisung der Beschwerde durch BPatG ist, solange die Rechtsbeschwerdefrist noch nicht abgelaufen oder die Rechtsbeschwerde anhängig ist, die Teilungserklärung gegenüber DPMA abzugeben, an das auch die Zuständigkeit für die sachliche Prüfung der Teilanmeldung zurückfällt.[35] Sie wird mit ihrem Eingang wirksam, bei Einreichung beim falschen Adressaten erst mit Eingang beim richtigen Adressaten.[36] Verzögerte Weiterleitung kann Wiedereinsetzung in den vorigen Stand rechtfertigen.[37] 23

2 Anfechtung

einer Teilungserklärung ist nicht möglich, weil sie eine reine Verfahrenshandlung ist (s Einl Rdn 90). 24

3 Widerruf

Die Teilungserklärung wird mit ihrem Eingang bei DPMA und BPatG wirksam. Sie kann jedoch, bevor die Teilanmeldung endgültig entstanden ist, noch widerrufen werden[38] (s auch Einl Rdn 543). Dagegen ist in Markensachen der Widerruf einer Teilungserklärung in § 40 (2) 2 MarkenG ausdrücklich ausgeschlossen. Mit ihrem Widerruf 25

---

28 BPatG v 6.4.2006 10 W (pat) 59/05.
29 BGH GRUR 00, 688 *Graustufenbild*; BPatGE 51, 257 *Augenbestrahlung*.
30 BPatG v 6.4.2006 10 W (pat) 59/05.
31 BGH v 7.5.2019 X ZB 9/18 GRUR 19, 766 (Rn 8) *Abstandsberechnungsverfahren*; BPatG GRUR 05, 496; ebenso für das europäische Recht grundsätzlich auch GrBK G 0001/09 ABl 11, 336 *Anhängige Anmeldung/SONY*, s Rdn 76.
32 BGH GRUR 80, 104 *Kupplungsgewinde*; 93, 655 (II4) *Rohrausformer*.
33 BGH v 7.5.2019 X ZB 9/18 GRUR 19, 766 (Rn 8) *Abstandsberechnungsverfahren*.
34 BGH v 7.5.2019 X ZB 9/18 GRUR 19, 766 (Rn 11) *Abstandsberechnungsverfahren*; BPatG GRUR 05, 496.
35 BGH v 7.5.2019 X ZB 9/18 GRUR 19, 766 (Rn 19) *Abstandsberechnungsverfahren*.
36 BPatGE 17, 33; BPatG GRUR 05, 496.
37 Vgl BVerfG NJW 95, 3173.
38 BGH GRUR 96, 747 *Lichtbogen-Plasma-Beschichtungssystem*; BPatGE 34, 242; Mitt 98, 95.

entfällt die Teilungserklärung und damit die mit ihrem Eingang schwebend wirksam entstandene Teilanmeldung. Ein Widerruf ist ausgeschlossen, wenn durch die Erfüllung der Voraussetzungen des § 39 (3) PatG (= Einreichung der Unterlagen und Zahlung der Gebühren, s Rdn 27 u 28) die Teilanmeldung endgültig entstanden ist.[39] Den dadurch entstandenen Rechtszustand kann der Anmelder nicht durch Widerruf beseitigen, da § 39 lediglich das Recht gewährt, die Anmeldung zu teilen, nicht aber das Recht, mehrere Anmeldungen durch Erklärung zu verbinden. Widerruf der Teilungserklärung in diesem Verfahrensstadium kann bedeuten: a) Rücknahme der Teilanmeldung oder b) *Antrag auf (Wieder)Verbindung* der geteilten Anmeldungen, dem zu entsprechen ist, wenn dafür ein berechtigtes Interesse geltend gemacht wird.[40]

4 Fiktion der Nichtabgabe der Teilungserklärung

26 tritt nach § 39 (3) kraft Gesetzes ein, wenn der Anmelder innerhalb von 3 Monaten nach Eingang der Teilungserklärung nicht die erforderlichen Unterlagen einreicht (s Rdn 27) oder Gebühren entrichtet (s Rdn 28). Dies soll die Zustellung einer entsprechenden Aufforderung entbehrlich machen.[41]

§ 40 (2) 1 MarkenG sieht abweichend vor, dass der abgetrennte Teil der Anmeldung als zurückgenommen gilt, wenn der Anmelder die für die Wirksamkeit der Teilungserklärung erforderlichen Verfahrenshandlungen nicht vornimmt.[42]

27 **4.1 Erforderliche Anmeldungsunterlagen gemäß § 39 (3)** sind die Unterlagen gemäß §§ 34 bis 36, also Erteilungsantrag, Anspruch, Beschreibung, Zeichnungen, evtl deutsche Übersetzung gemäß § 35a und Zusammenfassung gemäß § 36, nicht dagegen die Erfinderbenennung gemäß § 37.

Nur die vollständige Einreichung der Unterlagen, die für die Bestimmung des sachlichen Inhalts der abgetrennten Anmeldung erforderlich sind, wahrt die Frist. Enthält die Teilungserklärung nähere Angaben zum Gegenstand der Trennanmeldung und stimmen der Inhalt der Teilungserklärung und der Inhalt der Unterlagen sachlich nicht überein – sind zB versehentlich Unterlagen eingereicht, die gegenüber der Teilungserklärung enger sind –, so ist dieser Mangel im Verfahren der Teilanmeldung zu rügen und zur Einreichung von Unterlagen aufzufordern, die der Teilungserklärung entsprechen, es sei denn, in der Einreichung inhaltlich abweichender Unterlagen liegt die stillschweigende Rücknahme der alten und die Abgabe einer neuen Teilungserklärung[43] oder ein entsprechender Verzicht gegenüber der Teilungserklärung.

4.2 Erforderliche Gebühren

28 Die Teilungserklärung gilt nach § 39 (3) als nicht abgegeben, wenn die nach § 39 (2) zu entrichtenden Gebühren nicht innerhalb der 3-Monatsfrist gezahlt werden. Zu entrichten sind: a) Anmeldegebühr; ihre Höhe bemisst sich nach der Anmeldegebühr, die in der Stammanmeldung zu entrichten war; dies gilt selbst dann, wenn nur eine der beiden Anmeldungen elektronisch eingereicht wird oder wenn die Teilanmeldung

---

39 BGH GRUR **98**, 458 (III2) *Textdatenwiedergabe*.
40 BGH GRUR **98**, 458 (III2) *Textdatenwiedergabe*.
41 Amtl Begr zum 1. GPatG BlPMZ **79**, 284 rSp.
42 Amtl Begr zum MarkenrechtsreformG BlPMZ **94** Sonderheft S 85.
43 BGH GRUR **96**, 747 (II2b(2)) *Lichtbogen-Plasma-Beschichtungssystem*.

weniger[44] oder mehr[45] Patentansprüche als die Stammanmeldung aufweist; die Erhöhung der Anspruchszahl in der Teilanmeldung ist zwar nach §§ 2 (1) und 3 (1) PatKostG gebührenpflichtig,[46] dies ist aber für die Wirksamkeit der Teilungserklärung unbeachtlich;[47] **b)** Prüfungsantragsgebühr, wenn in der Stammanmeldung ein wirksamer Prüfungsantrag gestellt war (s Rdn 51); **c)** die Jahresgebühren, die im Zeitpunkt des Zugangs der Teilungserklärung fällig gewesen sind; außer Betracht zu bleiben hat allerdings eine Gebühr, für die wegen Zahlung der Verspätungsgebühr ein späterer letztmaliger Zahlungszeitpunkt gilt.[48]

Gebühren sind ohne Rechtsgrund gezahlt und daher rückforderbar, **a)** wenn die Teilungserklärung als nicht abgegeben gilt, weil die erforderlichen Anmeldungsunterlagen nicht fristgerecht eingereicht wurden; **b)** wenn die bereits entstandene Teilanmeldung innerhalb der 3-Monatsfrist gemäß § 40 (5) als zurückgenommen gilt, weil ihre innere Priorität für eine Nachanmeldung in Anspruch genommen worden ist.[49]

4.3 3-Monatsfrist

Beginn der Frist mit dem Eingang der Teilungserklärung beim richtigen Adressaten (s Rdn 23) oder – wenn die Teilung hilfsweise erklärt wird – mit dem Eintritt der Bedingung (s Rdn 19–20). *Versäumung der Frist* durch verspätete Einreichung der Unterlagen oder Zahlung der Gebühren lässt nach § 39 (3) kraft Gesetzes die Fiktion eintreten, dass die Teilungserklärung als nicht abgegeben gilt. Dadurch werden ihr die Wirkungen, die sie bei ihrem Eingang hatte, mit rückwirkender Kraft entzogen.[50] Das hat zur Folge:

29

a) eine bereits entstandene *Teilungsanmeldung entfällt rückwirkend*. Wenn erforderlich, kann durch Beschluss festgestellt werden, dass die Teilanmeldung als nicht entstanden gilt;

b) die Stammanmeldung ist so zu behandeln, als sei eine Teilungserklärung nicht abgegeben worden;

c) für die entfallene Teilanmeldung entrichtete *Gebühren sind ohne Rechtsgrund gezahlt* und daher zu erstatten.[51]

Wiedereinsetzung gegen die Versäumung der 3-Monats-Frist ist gemäß § 123 möglich.[52] Durch die Versäumung verliert der Anmelder seine schwebend wirksame Teilanmeldung und damit die Möglichkeit, sie zu einer normalen Anmeldung erstarken zu lassen. Dieser Verlust einer Verfahrensposition ist ein Rechtsnachteil. Ist über die Stammanmeldung bereits entschieden, so verliert der Anmelder nicht nur seine Verfahrensposition, sondern zusätzlich auch den Gegenstand der Teilanmeldung.

---

44 BPatG v 14.11.2016 7 W (pat) 30/15 BlPMZ **17**, 263; aA Rieck/Rüßmann Mitt **17**, 298.
45 BGH v 5.11.2018 X ZB 6/17 GRUR **19**, 326 (Rn 19) *Schwammkörper*.
46 BGH v 5.11.2018 X ZB 6/17 GRUR **19**, 326 (Rn 14) *Schwammkörper*.
47 BGH v 5.11.2018 X ZB 6/17 GRUR **19**, 326 (Rn 20) *Schwammkörper*.
48 BPatG BlPMZ 07, 290.
49 BGH GRUR **93**, 890 *Teilungsgebühren*.
50 BGH GRUR **93**, 890 (III2a) *Teilungsgebühren*; **96**, 747 (CII1a) *Lichtbogen-Plasma-Beschichtungssystem*.
51 BGH v 5.11.2018 X ZB 6/17 GRUR **19**, 326 (Rn 12) *Schwammkörper*.
52 BGH GRUR **99**, 574, 575 f (II2c) *Mehrfachsteuersystem*.

5 Prüfung der Teilungserklärung

30 Die Wirksamkeit der Teilungserklärung ist als eine Verfahrensvoraussetzung für das Entstehen der Teilanmeldung von Amts wegen in jeder Lage des Verfahrens von DPMA und BPatG zu prüfen, also sowohl im Verfahren der Stammanmeldung wie im Verfahren der Teilanmeldung.[53]

31 *Stammanmeldung:* Wird im Verfahren der Stammanmeldung die Unwirksamkeit der Teilungserklärung festgestellt, ist sie zurückzuweisen und die Stammanmeldung in unveränderter Weise weiter zu behandeln. Ist sie wirksam, wird für die neu entstandene Teilanmeldung eine Trennakte angelegt und ein von der Stammanmeldung gesondertes Prüfungsverfahren durchgeführt.

32 *Teilanmeldung:* Im Verfahren der Teilanmeldung ist die Wirksamkeit der Teilungserklärung auch dann zu prüfen, wenn sie ausdrücklich oder stillschweigend in der Stammanmeldung bejaht wurde. An eine positive Wertung der Wirksamkeit der Teilungserklärung im Verfahren der Stammanmeldung besteht keine Bindung.[54] Wird die Unwirksamkeit festgestellt, ist die bis zu diesem Zeitpunkt anhängige Teilanmeldung zurückzuweisen.[55]

33 *Zuständig für die Prüfung* ist jeweils die Stelle (DPMA oder BPatG), die für die betroffene Stammanmeldung im Zeitpunkt des Eingangs der Teilungserklärung zuständig ist oder vor der die Teilanmeldung anhängig ist. Ist die Stammanmeldung vor BPatG anhängig, ist BPatG auch für den abgetrennten Teil der Stammanmeldung zur Entscheidung berufen, da der Gegenstand der Teilanmeldung mit der Beschwerde auch in der Beschwerdeinstanz angefallen ist.[56] Anders (Zuständigkeit des DPMA), wenn die Teilung erst nach Verkündung der Beschwerdeentscheidung oder im Rechtsbeschwerdeverfahren bezüglich der Stammanmeldung erfolgt.[57] Zur Entscheidung s Rdn 62 ff.

III. Teilanmeldung

1 Entstehen der Teilanmeldung

34 Die Teilungserklärung lässt, wenn sie wirksam ist (s Rdn 12 ff), bereits mit ihrem Eingang – nicht erst mit dem Eingang der Anmeldungsunterlagen – die Teilanmeldung entstehen.[58] Ihre Existenz ist aber zunächst in der *Schwebe*. Ob sie endgültig bestehen bleibt oder nicht, hängt von der fristgerechten Erfüllung der Voraussetzungen des § 39 (3) ab, nämlich der Einreichung der Anmeldungsunterlagen (s Rdn 27) und der Entrichtung der Gebühren (s Rdn 28) innerhalb der 3-Monatsfrist. Erst damit erstarkt die

---

53 BGH GRUR **96**, 747 (CII1d) *Lichtbogen-Plasma-Beschichtungssystem*; **96**, 753 (BII2a bb) *Informationssignal*; **99**, 41 (II2a) *Rutschkupplung*; BPatGE **38**, 201, 203; **39**, 198.
54 BPatGE **39**, 198, 199.
55 BPatGE **29**, 128, 130.
56 BGH GRUR **98**, 458 (III3) *Textdatenwiedergabe*; BGH v 7.5.2019 X ZB 9/18 GRUR **19**, 766 (Rn 11) *Abstandsberechnungsverfahren*; aA BPatG GRUR **11**, 949.
57 BGH v 7.5.2019 X ZB 9/18 GRUR **19**, 766 (Rn 18) *Abstandsberechnungsverfahren*; BPatG GRUR **05**, 595.
58 BGH GRUR **93**, 890 (III2a) *Teilungsgebühren*; **96**, 747 (CII2b(1)) *Lichtbogen-Plasma-Beschichtungssystem*.

im Schwebezustand befindliche Teilanmeldung zu einer voll wirksamen Anmeldung und wird damit gebührenpflichtig[59] (s Rdn 47 ff).

2 Gegenstand der Teilanmeldung

Ihn kann der Anmelder mit seiner Teilungserklärung nach freiem Ermessen bestimmen; er muss dies aber nicht. Eine Teilungserklärung darf den Gegenstand der Teilanmeldung offen lassen. 35

2.1 Feststellung des Gegenstands der Teilanmeldung erfolgt durch *Auslegung der Teilungserklärung*, wenn diese nicht eindeutig ist. Waren der Teilungserklärung Ansprüche beigefügt, sind diese für die Festlegung des Gegenstands maßgebend.[60] Ist nur der Haupt- oder ein Nebenanspruch ausdrücklich genannt, werden dazu auch die abhängigen Unteransprüche gehören.[61] 36

Bezeichnet die Teilungserklärung lediglich den Gegenstand, der Inhalt der Teilanmeldung werden soll, so ist bei der Wertung der Erklärung nicht am Wortlaut der Erklärung zu haften, sondern der wirkliche Wille zu erforschen (s Einl Rdn 130). Von besonderer Bedeutung ist dabei die Situation, in der sich das Anmeldeverfahren im Zeitpunkt der Erklärung befand, sowie die erkennbare Absicht, die der Anmelder verfolgte. Naturgemäß kann eine Verfahrenserklärung den Gegenstand nicht bis ins Detail definieren.[62]

2.2 Änderung des Gegenstands der Teilanmeldung

a) *Während des Schwebezustands*, also innerhalb der 3-Monatsfrist, kann der Anmelder entweder seine Teilungserklärung widerrufen oder einfach von der Erfüllung der Voraussetzungen nach § 39 (3) absehen. Dadurch entfällt die Teilanmeldung rückwirkend, weil die Teilungserklärung als nicht abgegeben gilt, und ihr Gegenstand ist wieder wie vorher Bestandteil der Stammanmeldung. Dann kann der Anmelder die Stammanmeldung erneut teilen und dabei den von ihm gewünschten Gegenstand bestimmen. 37

b) *Im Zeitpunkt der Erfüllung der Voraussetzungen des § 39 (3)* innerhalb der 3-Monatsfrist wird die Teilungserklärung endgültig wirksam und kann nicht mehr widerrufen werden.[63] Dadurch erstarkt die Teilanmeldung zu einer normalen Patentanmeldung mit dem Gegenstand, den der Anmelder in seiner Teilungserklärung oder mit seinen Anmeldungsunterlagen genannt hat. Sie kann mit der ehemaligen Stammanmeldung nur auf Antrag wieder verbunden werden. Einem solchen Antrag wird zu entsprechen sein, wenn der Anmelder daran ein berechtigtes Interesse hat, zB weil er aus guten Gründen seine frühere Teilungserklärung korrigieren möchte. Beschließt DPMA oder BPatG die Verbindung, kann der Anmelder die Anmeldung seinem Wunsch entsprechend erneut teilen. 38

---

59 BGH GRUR **93**, 890 *Teilungsgebühren*.
60 BPatGE **37**, 37.
61 Vgl BPatGE **41**, 26.
62 Vgl BGH GRUR **98**, 458 (II2b) *Textdatenwiedergabe*.
63 BGH GRUR **98**, 458 (III2) *Textdatenwiedergabe*.

3 Offenbarung

39 Für die Formulierung von Patentansprüchen für den Gegenstand der Teilanmeldung kann der Anmelder die gesamte ursprüngliche Offenbarung in der Stammanmeldung ausschöpfen,[64] und zwar auch dann, wenn die Teilung nach Erlass des Erteilungsbeschlusses, aber vor Ablauf der Beschwerdefrist erklärt wird.[65] Es kann also auch etwas beansprucht werden, was über das in der Stammanmeldung bereits erteilte Patent hinausgeht. Daran ist der Anmelder auch dann nicht gehindert, wenn er gemäß § 39 (3) eine zu enge Beschreibung eingereicht hat, die dem abgetrennten Gegenstand nicht voll entspricht. Darin liegt kein Verzicht, vielmehr ist die Beschreibung dem Gegenstand der Teilanmeldung anzupassen.

40 Erweitert die Teilanmeldung den Gegenstand der Ursprungsanmeldung unzulässig, ist die Teilanmeldung zurückzuweisen.[66] Eine europäische Teilanmeldung darf weder über die frühere Anmeldung (Art 76 (1) EPÜ) noch über ihren eigenen ursprünglichen Inhalt (Art 123 (2) EPÜ) hinausgehen, s Rdn 80.[67]

4 Verfahren in der Teilanmeldung

41 Das Verfahren in der Teilanmeldung beginnt mit der vollständigen Einreichung der Anmeldungsunterlagen (s Rdn 27) und der Entrichtung der Gebühren (s Rdn 28) innerhalb der 3-Monatsfrist, die die bereits mit Eingang der Teilungserklärung schwebend wirksam gewordene Anmeldung endgültig entstehen lässt.

42 **4.1 Weiterbehandlung:** Nach Beendigung des Schwebezustands ist die Teilanmeldung in der Verfahrenslage weiter zu behandeln, in der sich die Stammanmeldung vor der Teilung befand.[68] Anders die Rechtslage unter dem EPÜ (s Rdn 6).

43 **4.1.1 Verwaltungsakte des DPMA,** die in der Stammanmeldung ergangen sind, gelten – wie bei der Ausscheidung (s § 34 Rdn 263) – auch in der Teilanmeldung und bedürfen keiner Wiederholung[69] (zB Offenlegung,[70] Gebührennachrichten, negativer Prüfungsbescheid mit Aufforderung zur Mängelbeseitigung[71]). Demgegenüber hat eine Maßnahme, die in der Stammanmeldung erst *nach* der Teilung ergangen ist, keine Wirkung für die verfahrensrechtlich verselbständigte Teilanmeldung. Prüfungsbescheid in der Stammanmeldung erfüllt daher nicht die Benachrichtigungspflicht nach § 45 (2) in Bezug auf Teilanmeldung.[72]

---

64 BGH GRUR 98, 458 (II2b) *Textdatenwiedergabe.*
65 BGH GRUR 00, 688 (II2c) *Graustufenbild.*
66 BPatG Mitt 07, 283 *Wirksamkeit der Teilungserklärung.*
67 GrBK G 0001/05 ABl 08, 271 *Teilanmeldung/ASTROPOWER*; G 0001/06 ABl 08, 307 *Ketten von Teilanmeldungen/SEIKO.*
68 Amtl Begr zum 1. GPatG BlPMZ 79, 284; BGH GRUR 86, 877 *Kraftfahrzeuggetriebe* (für Ausscheidung).
69 Vgl BPatGE 14, 135; 17, 45, 47.
70 BPatGE 17, 45.
71 BPatG v 20.6.2006 8 W (pat) 4/04 BeckRS 07, 7875.
72 BPatG v 23.5.2006 6 W (pat) 52/02 u 6 W (pat) 53/02, zitiert von Winterfeldt/Engels GRUR 07, 449 Fn 63.

4.1.2 Verfahrenshandlungen des Anmelders, die in der Stammanmeldung vorgenommen worden sind, gelten auch für die Teilanmeldung. Dazu bestimmt § 39 (1) 3 für den Prüfungsantrag ausdrücklich zur Klarstellung, dass das Prüfungsverfahren in der Teilanmeldung fortzusetzen ist. Auch ein Rechercheantrag gilt weiter; für ihn sind in den Fällen des § 39 (2) 2 Recherchegebühren nicht nachzuentrichten (s Rdn 52). Demgemäß bedürfen keiner Wiederholung: Prioritätserklärung (s § 39 (1) 4), Erfinderbenennung,[73] Lizenzbereitschaftserklärung;[74] Einreichung der Abschrift der Voranmeldung[75] oder einer Vollmacht.[76] Streitig ist, ob vom Anmelder innerhalb der 3-Monats-Frist eine Zusammenfassung der Teilanmeldung eingereicht werden muss, wenn im Zeitpunkt der Teilung die Stammanmeldung bereits offengelegt war.[77]

44

4.1.3 Teilanmeldung als Verfahrensobjekt: Wie jede Patentanmeldung kann auch die Teilanmeldung vom Zeitpunkt ihres Entstehens an – also auch während des Schwebezustands – Gegenstand von Anträgen sein. So kann sie zB selbst wieder geteilt werden,[78] oder ihre innere Priorität kann für eine Nachanmeldung in Anspruch genommen werden.

45

4.1.4 Altersrang: *Anmeldetag und Priorität* der Stammanmeldung bleiben der Teilanmeldung nach § 39 (1) 4 erhalten. Durch eine wirksame Teilungserklärung entsteht eine Teilanmeldung, deren Altersrang auch erhalten bleibt, wenn die Teilanmeldung wegen Nichterfüllung der Voraussetzungen des § 39 (3) wieder entfällt. War dagegen die Teilungserklärung unwirksam, so wird ein Altersrang nicht begründet, da es zur Entstehung einer Teilanmeldung nicht kommt.[79] In diesem Fall verbleibt der Gegenstand, der abgetrennt werden sollte, in der Stammanmeldung und genießt deren Altersrang, der mit dem der geplanten Teilanmeldung identisch ist.

46

4.2 Gebühren für die Teilanmeldung sind wie für jede andere Anmeldung zu zahlen. Nach § 39 (2) sind die *gleichen Gebühren* nachzuentrichten, »die für die ursprüngliche Anmeldung zu entrichten waren«. Das sind grundsätzlich alle Gebühren, die in der Stammanmeldung bis zum Eingang der Teilungserklärung fällig geworden sind (Ausnahme § 39 (2) 2).

47

3-Monatsfrist des § 39 (3) für die nachzuzahlenden Gebühren beginnt mit dem Eingang der Teilungserklärung. Werden die Gebühren nicht fristgerecht gezahlt, gilt die Teilungserklärung als nicht abgegeben, und die Teilanmeldung entfällt rückwirkend. Verfahrenskostenhilfe in der Stammanmeldung gilt auch für die Teilanmeldung.

48

Rückzahlung von Gebühren: Gebührenpflicht besteht für die Teilanmeldung nur, »wenn diese zu einer endgültigen, wirksamen und in dem weiteren Verfahren selbständigen Anmeldung erstarkt«. Ist das nicht der Fall, entfällt also die Teilanmeldung während ihres Schwebezustands, so entfällt auch eine Gebührenpflicht, und die entrichte-

49

---

73 AA wohl BPatGE **13,** 57; 60 aE.
74 BPatGE **13,** 159.
75 BPatGE **14,** 135.
76 BPatG BlPMZ **88,** 166; abw BPatGE **13,** 57, 60.
77 Bejahend BPatG v 14.2.1997 14 W (pat) 64/96 BeckRS **97,** 14345; verneinend BPatGE **47,** 13.
78 BPatGE **37,** 37.
79 Vgl BPatGE **32,** 212 (Gbm).

ten Gebühren sind zurückzuzahlen. Gebühren sind daher zu erstatten, **a)** wenn die Anmeldungsunterlagen nicht fristgerecht eingereicht werden; **b)** wenn die Anmeldung während des Schwebezustands kraft gesetzlicher Fiktion als zurückgenommen gilt: nach § 40 (5) gilt die schwebend wirksame Teilanmeldung als zurückgenommen, wenn ihre innere Priorität für eine Nachanmeldung in Anspruch genommen wird;[80] **c)** wenn der Anmelder seine Teilungserklärung wirksam widerruft (s Rdn 25) oder die schwebend wirksame Teilanmeldung zurücknimmt.

50 **4.2.1 Anmeldegebühr:** 3-Monatsfrist gilt, wenn die Anmeldegebühr in der Stammanmeldung bereits entrichtet war. Die Einreichung der Unterlagen gemäß § 39 (3) soll »als Einreichung der Anmeldung iSd § 3 (1) 1 Alt. 3 PatKostG anzusehen« sein.[81] Zu den (fehlenden) Auswirkungen auf die Anmeldegebühr, wenn die Teilungsanmeldung eine geringere oder höhere Zahl von Ansprüchen als die Stammanmeldung enthält, s oben Rdn 28.

51 **4.2.2 Prüfungsantragsgebühr:** War in der Stammanmeldung ein Prüfungsantrag gestellt, so gilt dieser nach § 39 (1) 3 auch für die Teilanmeldung. Die dafür zu zahlende Prüfungsantragsgebühr ist innerhalb der 3-Monatsfrist zu entrichten, die auch dann gilt, wenn die Prüfungsantragsfrist des § 44 (2) bereits abgelaufen war, weil § 39 (3) gegenüber § 44 (2) lex specialis ist.

52 **4.2.3 Recherchengebühr** ist für die Teilanmeldung nachzuentrichten, wenn die Teilung *nach* der Stellung des Prüfungsantrags, nicht dagegen gemäß § 39 (2) 2, wenn sie *vor* der Stellung des Prüfungsantrags erklärt wird.[82] Damit wollte der Gesetzgeber verhindern, dass »sonst von Amts wegen für den abgetrennten Teil eine Recherche durchgeführt werden müsste«.[83] Wird für die Teilanmeldung ein Rechercheantrag gestellt, wird für diesen eine Recherchengebühr fällig.[84]

53 **4.2.4 Jahresgebühren** für die Zeit bis zur Teilung sind für die Jahre nachzuentrichten, für die auch in der Stammanmeldung Jahresgebühren zu zahlen waren. Werden sie nicht innerhalb der 3-Monatsfrist gezahlt, tritt die Rechtsfolge des § 39 (3) ein. Sie werden mit Eingang der Teilungserklärung fällig.[85] Entfällt aber die Teilanmeldung während des Schwebezustands rückwirkend, so sind die entrichteten Gebühren – weil ohne Rechtsgrund gezahlt – zu erstatten (s Rdn 49).

54 **Verspätungszuschlag für die Jahresgebühr** gemäß PatKostG Nr 312 032 ff:

55 **a)** War der Verspätungszuschlag in der Stammanmeldung bereits fällig geworden, so muss er gemäß § 39 (2) mit der Jahresgebühr auch für die Teilanmeldung entrichtet werden, und zwar gemäß § 39 (3) innerhalb von 3 Monaten nach Eingang der Teilungserklärung. Nach Ablauf der Frist gilt die Teilungserklärung als nicht abgegeben.

---

80 BGH GRUR **93**, 890 *Teilungsgebühren*.
81 BGH v 5.11.2018 X ZB 6/17 GRUR **19**, 326 (Rn 15) *Schwammkörper*.
82 BPatGE **45**, 153.
83 Amtl Begr zum 1. GPatG BlPMZ **79**, 284 rSp.
84 BPatGE **29**, 186.
85 BPatGE **22**, 153, 154; **22**, 254, 256; **26**, 28.

b) War der Verspätungszuschlag bei Eingang der Teilungserklärung in der Stammanmeldung nicht angefallen, weil die Jahresgebühr gemäß § 7 (1) 1 PatKostG fristgerecht oder gemäß § 5 (2) PatKostG wirksam vorausgezahlt wurde, so kann die Jahresgebühr ohne Verspätungszuschlag gemäß § 39 (3) PatG innerhalb von 3 Monaten nach Eingang der Teilungserklärung entrichtet werden.[86] Wird diese Frist versäumt, gilt die Teilungserklärung als nicht abgegeben. Die Jahresgebühr kann nicht noch mit Verspätungszuschlag nachentrichtet werden, denn § 7 (1) 2 PatKostG gilt nur für die Versäumung der 2-Monatsfrist des § 7 (1) 1 PatKostG, nicht aber für die Versäumung der 3-Monatsfrist des § 39 (3) PatG. Es hilft nur Wiedereinsetzung, eine Weiterbehandlung nach § 123a ist nicht möglich.

Läuft die Frist zur Zahlung der Jahresgebühr mit Verspätungszuschlag in der Stammanmeldung erst nach dem Ablauf der 3-Monatsfrist des § 39 (3) PatG ab, so soll eine Entrichtung in der länger laufenden Frist ausreichend sein, auch wenn in der Stammanmeldung ein Verspätungszuschlag nicht angefallen ist.[87] Das lässt sich aber mit § 39 (2) 1 PatG kaum vereinbaren, weil danach für die Teilanmeldung »für die Zeit bis zur Teilung die *gleichen* Gebühren« zu entrichten sind. Ist aber in der Stammanmeldung für vor der Teilungserklärung fällig gewordene Jahresgebühren kein Verspätungszuschlag angefallen, ist er auch in der Teilanmeldung nicht zu entrichten.

4.2.5 Beschwerdegebühr gehört nicht zu den nachzuentrichtenden Gebühren, da sie nicht »für die ursprüngliche Anmeldung« zu zahlen war.[88] Zudem teilt die Teilungserklärung nur die Anmeldung, nicht aber die Beschwerde. Das kann auf Antrag nur BPatG gemäß § 145 ZPO beschließen.

4.2.6 Andere Gebühren für Verfahrensanträge (zB Umschreibung, Akteneinsicht) brauchen nicht nachentrichtet zu werden, da sie nicht für die Anmeldung zu zahlen sind.[89]

4.3 Wegfall der Teilanmeldung

a) *Während des Schwebezustands*, also im Zeitraum zwischen Eingang der wirksamen Teilungserklärung und Erfüllung der Voraussetzungen des § 39 (3), kann die schwebend wirksame Teilanmeldung wegfallen durch:

i) *Rücknahme* der Teilungserklärung, da diese erst durch die Erfüllung der Voraussetzungen des § 39 (3) unwiderruflich wird (s Rdn 25). Eine Rücknahme wirkt zwar als Verfahrenshandlung grundsätzlich nur ex nunc. Der Widerruf der Teilungserklärung lässt aber die schwebend wirksame Teilanmeldung rückwirkend entfallen, weil in ihm die Erklärung enthalten ist, die Voraussetzungen des § 39 (3) nicht erfüllen zu wollen;[90]

ii) *gesetzlich fingierte Rücknahme*, zB gemäß § 40 (5) infolge der Inanspruchnahme der inneren Priorität für eine Nachanmeldung;

---

86 Vgl BPatGE **26**, 28.
87 BPatG BlPMZ 07, 290 (II2).
88 BPatGE **45**, 153.
89 BPatGE **45**, 153.
90 Vgl BPatG Mitt **98**, 95.

iii) *fruchtloses Verstreichen der 3-Monatsfrist* des § 39 (3), weil dann die Teilungserklärung als nicht abgegeben gilt und damit die Teilanmeldung rückwirkend entfällt.

b) *Nach Erfüllung des § 39 (3)* erstarkt die schwebend wirksame Teilanmeldung zu einer endgültig wirksamen, selbständigen Anmeldung. Sie kann daher wie jede andere Anmeldung auch mit Wirkung ex nunc entfallen, zB durch Erklärung, Nichtzahlung von Gebühren.

60 **4.4 Teilung vor BPatG:** Wird die Teilung einer Anmeldung im Beschwerdeverfahren erklärt, werden damit anstelle der bisherigen einzigen Anmeldung zwei Anmeldungen vor BPatG anhängig, die Stamm- und die Teilanmeldung.[91] Durch die Teilungserklärung erhält BPatG Entscheidungskompetenz über die neue Teilanmeldung, weil deren Gegenstand mit der Beschwerde in der Beschwerdeinstanz angefallen ist.[92] Das einheitliche Beschwerdeverfahren erstreckt sich auf beide Anmeldungen, es sei denn, BPatG beschließt eine Trennung gemäß § 145 ZPO in zwei Beschwerdeverfahren.

61 Ergebnis der Prüfung durch BPatG kann sein: **a)** Zurückweisung der Teilungserklärung, wenn diese den Voraussetzungen ihrer Wirksamkeit nicht entspricht (s Rdn 14 ff); **b)** Zurückweisung der Teilanmeldung, wenn eine nach den §§ 1–5 patentfähige Erfindung nicht vorliegt; **c)** Erteilung eines Patents, wenn die dafür erforderlichen Voraussetzungen vorliegen; **d)** Zurückverweisung der Teilanmeldung an DPMA. Dieser Möglichkeit sollte – wenn die Teilungserklärung wirksam ist – grundsätzlich der Vorzug gegeben werden, damit auch die Teilanmeldung in zwei Instanzen geprüft werden kann.[93] Im Einzelfall kann aber die Verfahrensökonomie dagegen sprechen, nämlich dann, wenn die relevanten Fragen bereits im Beschwerdeverfahren bezüglich der Stammanmeldung hinreichend aufbereitet worden sind oder mit vertretbarem Aufwand geklärt werden können.[94] Im Wege der *Amtshilfe* kann BPatG DPMA bitten, für die Teilanmeldung eine Akte mit Aktenzeichen anzulegen und sie nach Klassifikation auszuzeichnen. Dadurch erlangt DPMA keine Entscheidungsbefugnis im Verfahren der Teilanmeldung, sondern wird lediglich administrativ tätig.[95]

62 **4.5 Entscheidung:** Die Art der Entscheidung hängt davon ab, ob die Teilungserklärung wirksam ist oder nicht.

63 **4.5.1 Unwirksame Teilungserklärung:** Ist die Teilungserklärung unwirksam (s dazu Rdn 14 ff), so entsteht keine Teilanmeldung, über die entschieden werden könnte. Infolge dessen bleibt die anhängige Anmeldung unverändert bestehen. Diese weist keinen Mangel auf, der nach § 48 zu ihrer Zurückweisung berechtigen würde, denn eine unwirksame Teilungserklärung ist kein in § 48 vorgesehener Zurückweisungsgrund. Das würde voraussetzen, dass ein nach § 45 (1) gerügter Mangel nicht beseitigt worden ist. Ein Verstoß gegen § 39 kann aber nicht nach § 45 (1) gerügt werden. Daher ist

---

91 BPatGE **39**, 98; BPatG BlPMZ 07, 290 (II1).
92 BGH GRUR **98**, 458 *Textdatenwiedergabe*; BGH v 7.5.2019 X ZB 9/18 GRUR **19**, 766 (Rn 11) *Abstandsberechnungsverfahren*; aA Anders GRUR 09, 200.
93 BPatG BlPMZ 07, 290 (II1).
94 BGH v 7.5.2019 X ZB 9/18 GRUR **19**, 766 (Rn 13) *Abstandsberechnungsverfahren*.
95 BPatGE **39**, 98.

nicht die Anmeldung zurückzuweisen, sondern die Teilungserklärung für unwirksam zu erklären.

Vorab- oder Zwischenentscheidung kann in dem Zwischenstreit über die Wirksamkeit der Teilungserklärung ergehen. Das setzt voraus, dass dem Anmelder vorher ausreichend rechtliches Gehör gewährt wurde (s Einl Rdn 284 ff) und die Hauptsache, also die Sachentscheidung über die Patentanmeldung, noch nicht entscheidungsreif ist. Kann dagegen auch über die Anmeldung endgültig entschieden werden, besteht kein Grund, über die Unwirksamkeit der Teilungserklärung vorab zu entscheiden. Vielmehr können dann beide Punkte Gegenstand einer einheitlichen Entscheidung sein. 64

Tenor: »Die Teilungserklärung wird zurückgewiesen« oder »Es wird festgestellt, dass die Teilungserklärung unwirksam ist«.[96] 65

4.5.2 Wirksame Teilungserklärung spaltet die anhängige Anmeldung in zwei Verfahren auf, die Stamm- und die Teilanmeldung. Die Trennung ist davon abhängig, dass die Voraussetzungen des § 39 (3) innerhalb von 3 Monaten nach Eingang der Teilungserklärung erfüllt werden. *Während des Schwebezustands* von maximal 3 Monaten kann im Verfahren der Stammanmeldung abschließend entschieden werden, sofern die dort gestellten Anträge für sich betrachtet entscheidungsreif sind. Ist dem so, entfällt die Entscheidungsreife nach BGH[97] nicht dadurch, dass das Schicksal der Teilungserklärung zu diesem Zeitpunkt noch ungewiss ist. Unproblematisch ist eine solche Handhabung, wenn vom Gegenstand der Stammanmeldung kein materieller Teil abgetrennt worden ist, weil nach Ablauf der Frist des § 39 (3) nichts in die Stammanmeldung zurückfallen kann, was ggf noch beschieden werden müsste. 66

Der Anmelder kann mit der Teilungserklärung aber auch einen materiellen Teil (zB einen Nebenanspruch) in die Teilanmeldung abtrennen. Wird hier im Verfahren der Stammanmeldung entschieden und tritt erst später die Nichtabgabefiktion ein, so ist nach der Rechtsprechung des BGH unklar, wie zu verfahren ist. Soll der abgetrennte Teil in das an sich bereits beendete Verfahren der Stammanmeldung zurückfallen und der bisherige Erteilungs- oder Versagungsbeschluss lediglich eine verdeckte Teilentscheidung darstellen mit der Folge, dass die Entscheidung über den zurückgefallenen Anmeldungsteil noch nachzuholen ist? Oder geht der abgetrennte Teil für den Anmelder mit Eintritt der Nichtabgabefiktion verloren, weil ein Verfahren der Stammanmeldung, in dem der betreffende Teil weiter behandelt werden könnte, nicht mehr anhängig ist? Die letztgenannte Handhabung wäre schwerlich mit dem Anliegen des Gesetzgebers vereinbar, durch die Nichtabgabefiktion zu verhindern, dass der Anmelder/Patentinhaber infolge Versäumung der Gebührenzahlung und Vorlage der Anmeldungsunterlagen einen Rechtsverlust erleidet.[98]

4.5.3 Beschwerde ist zulässig gegen a) *Vorab- oder Zwischenentscheidung* über die Unwirksamkeit der Teilungserklärung, auch wenn diese nicht hätte ergehen sollen, weil eine Endentscheidung möglich gewesen wäre; **b)** alle Entscheidungen in der Stamm- und in der Teilanmeldung. 67

---

96 So BPatG im Fall BGH GRUR 98, 458 (I3) *Textdatenwiedergabe*.
97 GRUR 03, 781, 782 *Basisstation*.
98 Amtl Begr zum 1. GPatG BlPMZ 79, 284 rSp.

68 4.5.4 **Kosten** können im einseitigen Anmeldeverfahren dem Anmelder, auch wenn sein Verhalten missbräuchlich erscheinen sollte, nicht auferlegt werden. Eine solche Auferlegung sieht PatG nur für das Einspruchsverfahren (§ 62) und das mehrseitige Beschwerdeverfahren (§ 80) vor.

69 4.6 **Heilung von Mängeln** einer unwirksamen Teilungserklärung ist nur möglich, solange die Teilungserklärung widerrufen und durch eine neue ersetzt werden kann, also bis zur Erfüllung der Voraussetzungen gemäß § 39 (3), danach nicht mehr (s Rdn 37).

70 Eine *Patenterteilung*, die versehentlich für eine Teilanmeldung erfolgt, weil übersehen wurde, dass sie wegen unwirksamer Teilungserklärung nicht entstanden war, ist wirksam, weil die Patenterteilung den Mangel heilt.[99] DPMA oder BPatG sind nicht befugt, den begünstigenden, aber rechtswidrigen Verwaltungsakt von Amts wegen zurückzunehmen. Die Patenterteilung heilt in diesem Fall den Mangel ebenso wie bei einer Erteilung auf eine Anmeldung, die kraft gesetzlicher Fiktion als zurückgenommen galt.[100] Das Patent kann auch nicht deswegen auf Einspruch widerrufen oder auf Nichtigkeitsklage für nichtig erklärt werden, da kein gesetzlicher Einspruchs- oder Nichtigkeitsgrund vorliegt. Eine analoge Anwendung der Gründe der §§ 21 und 22 scheidet wegen des gesetzlich geschlossenen Katalogs der Gründe aus.[101]

IV. Patenterteilung auf Teil- und Stammanmeldung

71 Eine Patenterteilung erfolgt sowohl für Stammanmeldung wie auch für Teilanmeldung, wenn jeweils die Voraussetzungen für einen Patentschutz, insbesondere Neuheit und erfinderische Tätigkeit, gegeben sind. Teil- und Stammanmeldung sind getrennt voneinander zu beurteilen, wenngleich idR von derselben Priorität und dementsprechend von demselben Stand der Technik auszugehen ist. Die Erteilungsverfahren stehen lediglich insofern in Beziehung, als kein Rechtsschutzbedürfnis dafür besteht, dasselbe Begehren mehrfach zur Entscheidung durch die Erteilungsinstanzen zu stellen.[102] Die Teilanmeldung darf nicht auf etwas gerichtet sein, für das im Verfahren der Stammanmeldung ein Patent bereits erteilt oder versagt worden ist, und umgekehrt.[103] Im Verfahren der Trennanmeldung und im Verfahren der Stammanmeldung muss deshalb der Stand des jeweils anderen Verfahrens beachtet und, je nach dem, welches Verfahren eher beendet ist, berücksichtigt werden.

72 Die Gefahr einer **Doppelpatentierung**[104] besteht, wenn die Hauptansprüche beider Anmeldungen identisch sind; es kommt weniger auf eine wörtliche als vielmehr auf eine sachliche Übereinstimmung an. Sie ist zu verneinen, wenn **a)** sich die Ansprüche

---

99 Offengelassen in BGH GRUR 03, 47, 49 *Sammelhefter I*; GRUR 17, 148 *Opto-Bauelement* (ausdrücklich bejaht dort nur für den Fall, dass ein formeller Fehler einer europäischen Teilanmeldung noch vor Patenterteilung behoben wurde); s auch BPatG Mitt 15, 324.
100 BPatG BlPMZ 84, 380.
101 AA BPatGE 39, 17.
102 Vgl für das europäische Recht T 0051/08 EPOR 09, 442.
103 Vgl BGH GRUR 03, 47, 49 *Sammelhefter I*.
104 S hierzu auch § 34 Rdn 25. Unter dem EPÜ entspricht das aus Art 125 EPÜ hergeleitete Doppelpatentierungsverbot eindeutig dem historischen Willen des Gesetzgebers; s GrBK G 0004/19 v 22.6.2021 GRUR-RS 21, 16458 *Doppelpatentierung*.

durch wenigstens ein Anspruchsmerkmal unterscheiden; b) ein allgemeines (zB rein funktional) gefasstes Merkmal des Anspruchs der einen Anmeldung durch ein konkret (zB konstruktiv) gefasstes Merkmal des Anspruchs der anderen Anmeldung ausgetauscht ist. Unerheblich ist, ob der Unterschied erfinderisch ist oder ob der Schutzbereich des einen Anspruchs vollständig in dem des anderen Anspruchs aufgeht. Anders als beim Doppelschutzverbot nach Art II § 8 IntPatÜG (s § 9 Rdn 117 ff) geht es nicht darum, einen für den Patentinhaber gleichwertigen (doppelten) Patentschutz aus mehreren prioritätsgleichen Schutzrechten zu verhindern; Grund für das Verbot der Doppelpatentierung ist, dass dasselbe Erteilungsbegehren, dh dieselbe Kombination von Anspruchsmerkmalen, nicht identisch mehrfach zur Entscheidung gestellt werden soll.

Ist es (dennoch) zu einer Doppelpatentierung gekommen, liegt hierin allerdings kein Einspruchs- oder Nichtigkeitsgrund.

V. Teilanmeldung nach EPÜ

Lit in epi information: Frischknecht/Kley 10, 10; Wegner/Teschemacher 10, 53; Vögele/Nemec 10, 97; Lawrence/Wilkinson 111 54; Bouche et al. 11, 61; Bremi/Harrison 11, 100; Hay 11, 119; **Lit in GRUR Int:** Günzel 08, 644; Schauwecker 12, 410; **Lit in Mitt:** Bremi/Harrison 06, 49; Müller 09, 486; Ackermann 11, 217; Naumann/Wichmann 12, 168.

73

Das EPÜ hat das Teilungsrecht des Anmelders in grundsätzlich anderer Weise als das PatG ausgestattet (vgl Rdn 6).

1 Entstehung der europäischen Teilanmeldung

Während nach § 39 PatG eine deutsche Teilanmeldung durch eine Verfahrenserklärung zustande kommt (siehe Rdn 10), entsteht eine europäische Teilanmeldung durch deren Einreichung unmittelbar beim EPA (Art 76 (1) EPÜ). Die Einreichung bei einer nationalen Behörde hat keine rechtliche Wirkung.[105] Leitet die nationale Behörde eine Teilanmeldung an EPA weiter, entsteht sie erst mit dem Tag des Eingangs bei EPA.[106]

74

Teilanmeldung kann erfolgen: a) zur Herstellung einer iSd Art 82 EPÜ einheitlichen Anmeldung, indem die uneinheitliche Teil zum Gegenstand einer Teilanmeldung gemacht wird (obligatorische Teilung; Art 4 G (1) PVÜ); b) zur freiwilligen Trennung an sich einheitlicher Gegenstände aus zB wirtschaftlichen Gründen (freiwillige Teilung; Art 4 G (2) PVÜ). Beide Teilungen behandelt EPÜ gleich (s Rdn 6).

Zur Einreichung einer Teilanmeldung berechtigt ist der Anmelder der früheren Anmeldung. Mehreren Anmeldern steht das Recht nur gemeinsam zu.[107] Eine Berechtigung fehlt, solange das Erteilungsverfahren bezüglich der früheren Anmeldung nach R 14 EPÜ ausgesetzt ist[108] oder wenn auf den Gegenstand der geplanten Teilanmeldung in der früheren Anmeldung unwiderruflich verzichtet worden ist.[109]

Die Teilanmeldung ist nach R 36 (2) 1 EPÜ in der Verfahrenssprache der früheren Anmeldung einzureichen. Hierfür ist nur dann eine (optionale) Ausnahme vorgesehen,

---

105 Art 75 (3) EPÜ 1973 wurde mit Rücksicht auf Art 76 (1) und Art 75 (1) b EPÜ 2000 als überflüssig gestrichen, ABl 07 SonderA 4, 86.
106 T 0196/10 RechtssprBK/EPA 19, 627.
107 J 0002/01 ABl 05, 88.
108 J 0020/05 GRUR Int 08, 506; J 0009/12 EPOR 13, 418.
109 J 0002/01 ABl 05, 88 (Nr 6).

wenn die frühere Anmeldung nicht in einer EPA-Amtssprache abgefasst war (R 36 (2) 2 EPÜ). Ein Verstoß gegen das Spracherfordernis von R 36 (2) 1 EPÜ führt dazu, dass die Anmeldung nicht als eine wirksame Teilanmeldung behandelt werden kann.[110]

2 Behandlung

75 Die europäische Teilanmeldung wird nicht wie eine deutsche Teilanmeldung in der Verfahrenslage weiter behandelt, in der sich die Stammanmeldung vor der Teilung befand (siehe Rdn 42), sondern sie wird wie jede andere europäische Patentanmeldung behandelt, unterliegt also der Eingangs- und Formalprüfung, der Recherche und der Sachprüfung. Sie ist nach Art 76 (1) EPÜ eine neue, von der früheren Anmeldung getrennte und unabhängige Anmeldung und hat daher dieselben Erfordernisse wie eine normale Anmeldung zu erfüllen.[111]

Daher darf ua eine Teilanmeldung gemäß Art 123 (2) EPÜ nicht über ihren eigenen ursprünglichen Inhalt hinausgehen. Eine solche unzulässige Erweiterung ist wie bei jeder normalen Anmeldung zu streichen. Auch eine unzulässige Erweiterung gegenüber der Stammanmeldung (s Art 76 (1) 2 EPÜ) kann bereinigt werden, selbst wenn diese nicht mehr anhängig sein sollte.[112]

Die Eigenständigkeit der Teilanmeldung spricht gegen eine Aussetzung bis zur Erledigung der früheren Anmeldung[113] und gegen eine Aussetzung der früheren Anmeldung bis zur Einreichung einer Teilanmeldung.[114]

Zum Problem sog. toxischer Teilanmeldungen s § 41 Rdn 46.

3 Voraussetzungen einer Teilanmeldung

76 **3.1 Anhängigkeit der früheren Anmeldung** ist nach R 36 (1) EPÜ Voraussetzung für die Einreichung einer Teilanmeldung. Zu einer nicht oder nicht mehr anhängigen früheren Anmeldung kann keine Teilanmeldung eingereicht werden. Anhängigkeit der früheren Anmeldung endet a) mit dem Tag, an dem im Patentblatt auf die Patenterteilung hingewiesen wird,[115] so dass an diesem Tag und später keine Teilanmeldung eingereicht werden kann.[116] Allerdings bewirkt im Falle einer zulässigen Beschwerde gegen einen Erteilungsbeschluss ihr Suspensiveffekt, dass die Anmeldung anhängig bleibt;[117] b) mit Rechtskraft der Zurückweisung der Anmeldung. Dies bedeutet nicht nur, dass während eines Beschwerdeverfahrens eine Teilanmeldung eingereicht werden kann,[118] sondern auch ohne Einlegung einer Beschwerde bis zum Ablauf der

---

110 J 0013/14 v 13.12.2016 ABl 18 ZPubl 3, 32 = BeckRS 16, 124770.
111 GrBK G 0001/05 ABl 08, 271 (Nr 3.1 und 8.1) *Teilanmeldung/ASTROPOWER*.
112 GrBK G 0001/05 ABl 08, 271 (Nr 8.2) *Teilanmeldung/ASTROPOWER*.
113 T 1177/00 v 24.7.2003 BeckRS 03, 30684651.
114 T 1184/03 v 23.6.2005 BeckRS 05, 30685144; T 0592/15 v 26.11.2018 ABl 20 ZPubl 4, 42 = BeckRS 18, 38002.
115 J 0028/03 ABl 05, 597 (Nr 4).
116 GrBK G 0001/09 ABl 11, 336 (Nr 4.3.2, obiter dictum) *Anhängige Anmeldung/SONY*; J 0024/03 ABl 04, 544 (Nr 4); J 0024/10 EPOR 11, 494.
117 J 0005/08 ABl 09 SonderA 2, 47. Bei einer unzulässigen Beschwerde wird überwiegend von einem Nichteintreten des Suspensiveffekts ausgegangen, vgl J 0028/03 ABl 05, 597 (Nr 17). Offen gelassen von GrBK G 0001/09 ABl 11, 336 (Nr 4.3.3) *Anhängige Anmeldung/SONY*.
118 J 0024/03 ABl 04, 544 (Nr 4).

Beschwerdefrist.[119] Wird zwar Beschwerde eingelegt, aber keine Beschwerdebegründung eingereicht, soll die Anmeldung nur noch bis zum Ende der Frist für die Einreichung der Beschwerdebegründung als anhängig anzusehen sein, so dass nur eine vor diesem Zeitpunkt eingereichte Teilanmeldung wirksam ist;[120] c) mit dem Tag, an dem die frühere Anmeldung zurückgenommen wird oder als zurückgenommen gilt,[121] unabhängig davon, ob hinsichtlich des Rechtsverlusts ein (erfolgloser) Wiedereinsetzungsantrag gestellt wurde oder gestellt werden konnte.[122]

Eine internationale Anmeldung, die nicht die Erfordernisse nach Art 22 PCT zum Eintritt in die regionale Phase vor dem EPA erfüllt hat, berechtigt (noch) nicht zum Einreichen einer Teilanmeldung nach Art 76 EPÜ.[123]

3.2 Keine Wiedereinsetzung bei Einreichung nach Ende der Anhängigkeit der früheren Anmeldung: Wird die Teilanmeldung erst nach dem Ende der Anhängigkeit der früheren Anmeldung oder nach einem rechtswirksam in der früheren Anmeldung erklärten Verzicht eingereicht, so hilft dagegen keine Wiedereinsetzung, weil keine Frist iSd Art 122 EPÜ versäumt wurde; denn Art 76 und R 36 EPÜ sehen für die Einreichung einer Teilanmeldung zwar ein Zeitfenster, nämlich spätestens bis zum Ende der Anhängigkeit der früheren Anmeldung, aber keine Frist vor.[124]

3.3 Keine Aussetzung nach R 14: Nach der Rechtsprechung darf der Anmelder bei Aussetzung des Erteilungsverfahrens nach R 14 keine Teilanmeldung einreichen (s Rdn 74).[125] Dies ergibt sich zwar nicht direkt aus dem Wortlaut von R 14, wird aber damit begründet, dass ihr Schutzzweck andernfalls nicht erreicht würde.

3.4 24-Monatsfristen nach früherem Recht: Durch eine Neufassung von R 36 (1) EPÜ, die am 1.4.2010 in Kraft getreten und kurz darauf noch einmal modifiziert worden ist,[126] war das Teilungsrecht, insbesondere hinsichtlich der Möglichkeit der freien Teilung, zeitlich stark eingeschränkt worden.[127] Mit Wirkung zum 1.4.2014 erfolgte aber eine prinzipielle Rückkehr zur früheren Regelung, allerdings mit gestaffelten Zusatzgebühren für Teilanmeldungen zweiter und weiterer Generationen (s R 38 (4) u Art 2 (1) Nr 1b GebO).[128]

4 Kein Hinausgehen über den Inhalt der früheren Anmeldung

Die Teilanmeldung darf nicht über den Inhalt der früheren Anmeldung in der ursprünglich eingereichten Fassung hinausgehen (Art 76 (1) 2 EPÜ).[129] Ist in der frühe-

---

119 GrBK G 0001/09 ABl 11, 336 *Anhängige Anmeldung/SONY*.
120 J 0022/13 u J 0023/13 RechtsprBK/EPA 19, 630.
121 J 0024/03 ABl 04, 544 (Nr 4); s auch J 20/12 v 18.3.2013 BeckRS 16, 8902.
122 *J 0004/11 ABl 12*, 516.
123 J 0018/09 ABl 11, 480.
124 J 0018/04 ABl 06, 560; J 0019/10 ABl 12, 72.
125 J 0020/05 GRUR Int 08, 506.
126 Vgl VR-Beschluss v 26.10.10 zur Änderung von R 36 EPÜ ABl 10, 568.
127 Für Details vgl Vorauf1 sowie EPA-Mitteilungen v 20.8.0209 ABl 09, 481, v 26.10.2009 ABl 09, 501, v 29.6.2010 ABl 10, 406 und v 11.3.2011 ABl 11, 273.
128 VR-Beschluss v 16.10.2013 ABl 13, 503 und Art 1 VR-Beschluss zur Änderung des Art 2 GebO v 13.12.2013 ABl 13, A5. S hierzu MittEPA v 8.1.2014 über europäische Teilanmeldungen ABl 14, A22; Korrigenden ABl 14, A109.
129 Vgl zB T 2285/09 EPOR 11, 212.

ren Anmeldung vor Einreichen der Teilanmeldung auf einen Gegenstand rechtswirksam verzichtet worden (vgl § 34 Rdn 431), kann dieser Gegenstand nicht Inhalt einer Teilanmeldung sein,[130] weil für diesen Gegenstand die frühere Anmeldung iSd R 36 (1) nicht mehr anhängig ist. Sonst könnte mit einer Teilanmeldung ein rechtswirksam erklärter Verzicht rückgängig gemacht werden, was mit dem Gebot der Rechtssicherheit für die Allgemeinheit nur schwer zu vereinbaren wäre.

Die Ansprüche in der Teilanmeldung dürfen weiter sein als in der früheren Anmeldung, sofern sie durch die ursprüngliche Offenbarung gedeckt sind. In der Teilanmeldung und in der früheren Anmeldung darf nicht der gleiche Gegenstand beansprucht werden.[131]

Enthält eine Teilanmeldung einen Gegenstand, der über den Inhalt der früheren Anmeldung hinausgeht, so führt das nicht zu ihrer Ungültigkeit; vielmehr liegt ein Mangel der Teilanmeldung vor, zu dessen Beseitigung der Anmelder aufzufordern ist.[132] Wird der Mangel nicht beseitigt, ist die Teilanmeldung zurückzuweisen. Das gilt auch im Fall von Ketten von Teilanmeldungen, also wenn eine Teilanmeldung zu einer früheren Teilanmeldung eingereicht wird. Dann muss sich die gesamte Offenbarung dieser Teilanmeldung unmittelbar und eindeutig aus dem Offenbarungsgehalt jeder vorangehenden Anmeldung ableiten lassen.[133]

Territorial ist nach Art 76 (2) EPÜ eine Teilanmeldung auf die Vertragsstaaten beschränkt, die bei Einreichung der Teilanmeldung in der früheren Anmeldung benannt waren. War zu diesem Zeitpunkt die Benennung eines Vertragsstaats zurückgenommen, kann ihn die Teilanmeldung nicht mehr einbeziehen.[134]

5 Gebühren

81 Anmeldegebühr und Recherchengebühr[135] für die Teilanmeldung sind nach R 36 (3) innerhalb eines Monats nach Einreichung zu entrichten, die Benennungsgebühr nach R 36 (4) innerhalb von sechs Monaten nach dem Hinweis auf die Veröffentlichung des Recherchenberichts. Aus R 51 (3) (abgedruckt bei § 17 Rdn 5) ergibt sich ferner, dass die Jahresgebühren, die für die frühere Patentanmeldung bis Einreichung der Teilanmeldung fällig geworden sind, auch für die Teilanmeldung zu entrichten sind und mit deren Einreichung fällig werden. Diese Jahresgebühren können allerdings noch innerhalb einer Frist von 4 Monaten nach Einreichung der Teilanmeldung ohne Zuschlag entrichtet werden.

---

130 J 0015/85 ABl **86**, 395 (Nr 4 u 5); J 0002/01 ABl **05**, 88 (Nr 6).
131 EPA PrüfRichtl C-IX 1.6; s auch oben Rdn 72.
132 GrBK G 0001/05 ABl **08**, 271 *Teilanmeldung/ASTROPOWER*.
133 GrBK G 0001/06 ABl **08**, 307 *Ketten von Teilanmeldungen/SEIKO*.
134 J 0013/18 v 19.5.2020 GRUR-RS **20**, 19927.
135 Ihre Höhe richtet sich nach der Fassung der Gebührenordnung, die zur Zeit des Einreichens der Teilanmeldung in Kraft ist; J 0007/13 v 7.10.2015 BeckRS **15**, 119496.

§ 40 Priorität einer früheren inländischen Patent- oder Gebrauchsmusteranmeldung (innere Priorität)
(priority right of a national first application)

(1) Dem Anmelder steht innerhalb einer Frist von zwölf Monaten nach dem Anmeldetag einer beim Deutschen Patent- und Markenamt eingereichten früheren Patent- oder Gebrauchsmusteranmeldung für die Anmeldung derselben Erfindung zum Patent ein Prioritätsrecht zu, es sei denn, daß für die frühere Anmeldung schon eine inländische oder ausländische Priorität in Anspruch genommen worden ist.

(2) Für die Anmeldung kann die Priorität mehrerer beim Deutschen Patent- und Markenamt eingereichter Patent- oder Gebrauchsmusteranmeldungen in Anspruch genommen werden.

(3) Die Priorität kann nur für solche Merkmale der Anmeldung in Anspruch genommen werden, die in der Gesamtheit der Anmeldungsunterlagen der früheren Anmeldung deutlich offenbart sind.

(4) Die Priorität kann nur innerhalb von zwei Monaten nach dem Anmeldetag der späteren Anmeldung in Anspruch genommen werden; die Prioritätserklärung gilt erst als abgegeben, wenn das Aktenzeichen der früheren Anmeldung angegeben worden ist.

(5) [1]Ist die frühere Anmeldung noch beim Deutschen Patent- und Markenamt anhängig, so gilt sie mit der Abgabe der Prioritätserklärung nach Absatz 4 als zurückgenommen. [2]Dies gilt nicht, wenn die frühere Anmeldung ein Gebrauchsmuster betrifft.

(6) Wird die Einsicht in die Akte einer späteren Anmeldung beantragt (§ 31), die die Priorität einer früheren Patent- und Gebrauchsmusteranmeldung in Anspruch nimmt, so nimmt das Deutsche Patent- und Markenamt eine Abschrift der früheren Patent- oder Gebrauchsmusteranmeldung zu den Akten der späteren Anmeldung.

Rainer Moufang

Übersicht

	Gesetzesentwicklung	1
	Europäisches Patentrecht	2
	§ 6 GbmG	3
	Literatur	4
	Kommentierung zu § 40 PatG	
I.	Begriff und Zweck der inneren Priorität	5
II.	Voraussetzungen der inneren Priorität	7
1	Erfindungsidentität	7
2	Anmelderidentität	8
3	Frühere Anmeldung	9
3.1	Allgemeines	9
3.2	DPMA-Anmeldung	11
3.3	Prioritätsinanspruchnahme nur für Erstanmeldung	12
3.4	Schicksal der früheren Anmeldung	13
4	Offenbarung der Merkmale	14
5	Prioritätsfrist	15

	6	Kein Verbrauch des Prioritätsrechts	16
	III.	Inanspruchnahme der inneren Priorität	19
	1	Wirksame Prioritätserklärung	19
	2	Wirkung der Inanspruchnahme einer inneren Priorität	24
	2.1	Nachanmeldung	24
	2.2	Fiktion der Rücknahme der früheren Anmeldung gemäß § 40 (5)	25
	3	Kein Rückgängigmachen der bereits eingetretenen Fiktion der Rücknahme	32
	4	Verfahren	33
	4.1	In der späteren Anmeldung	33
	4.2	In der früheren Anmeldung	34
	4.3	Beschwerde	35
	4.4	Akteneinsicht gemäß § 40 (6)	36

1 **Gesetzesentwicklung:** Das 1. GPatG hat § 40 als § 26e mit Wirkung vom 1.1.1981 eingefügt. Das 2. GPatG hat durch Art 7 Nr 2 § 40 (5) 2 angefügt. Das 2. PatGÄndG hat durch Art 2 Nr 12a in § 40 (4) Halbsatz 2 die Wörter »und eine Abschrift der früheren Anmeldung eingereicht« gestrichen und Absatz 6 angefügt. Art 1 Nr 19 des **2. PatRModG** v 10.8.2021 (BGBl I 3490) änderte in Abs 1, Abs 2, Abs 5 S 1 und Abs 6 die Bezeichnung Patentamt in Deutsches Patent- und Markenamt.

2 **Europäisches Patentrecht:** Nach Art 87 (1) EPÜ genießt jedermann ein Prioritätsrecht, »der in einem oder mit Wirkung für einen Vertragsstaat der Pariser Verbandsübereinkunft« eine Anmeldung eingereicht hat. Daher kann für eine europäische Anmeldung nicht nur die Priorität einer früheren nationalen oder einer früheren PCT-Anmeldung, sondern auch einer früheren europäischen Anmeldung in Anspruch genommen werden. Einer Sonderregelung für die innere Priorität wie in § 40 PatG bedarf es daher im EPÜ nicht. Zu den relevanten Bestimmungen des EPÜ und den Konkordanzen zwischen EPÜ und PVÜ s § 41 Rdn 4–10.

§ 6 GbmG

3 (1) Dem Anmelder steht innerhalb einer Frist von zwölf Monaten nach dem Anmeldetag einer beim DPMA eingereichten früheren Patent- oder Gebrauchsmusteranmeldung für die Anmeldung derselben Erfindung zum Gebrauchsmuster ein Prioritätsrecht zu, es sei denn, daß für die frühere Anmeldung schon eine inländische oder ausländische Priorität in Anspruch genommen worden ist. § 40 Abs 2 bis 4, Abs 5 Satz 1, Abs 6 des Patentgesetzes ist entsprechend anzuwenden, § 40 Abs 5 Satz 1 mit der Maßgabe, daß eine frühere Patentanmeldung nicht als zurückgenommen gilt.

(2) Die Vorschriften des Patentgesetzes über die ausländische Priorität (§ 41) sind entsprechend anzuwenden.

4 **Lit:** Schwab/Wegner FS Beier 1996, 159; **Lit in GRUR:** Bossung 79, 661; Gramm 80, 954; Bruchhausen 84, 389; Asendorf 85, 577; Schennen 87, 222; Goebel 88, 243; Tönnies 98, 451; **Lit in GRUR Int:** Beier/Straus 91, 255; van den Berg 93, 354; Harden 93, 370; **Lit in Mitt:** Goebel 89, 185; Papke 90, 131; von Hellfeld 97, 294; Rau 98, 414; Drope 12, 494.

I. Begriff und Zweck der inneren Priorität

5 § 40 ermöglicht es dem Anmelder, eine bereits beim DPMA angemeldete Erfindung weiter zu entwickeln und die vervollkommnete Erfindung unter Inanspruchnahme der Priorität der früheren Anmeldung anzumelden.

6 Wie Art 4 PVÜ eine Priorität für eine Erstanmeldung im Ausland gewährt (äußere Priorität), gewährt § 40 eine Priorität für eine frühere Anmeldung im Inland (innere Priorität). Die innere Priorität wollte der Gesetzgeber »in gleicher Weise wie bei einer ausländischen Erstanmeldung« ausgestalten. Ergänzend können daher Art 4 PVÜ sowie Art 87 und 88 EPÜ, denen § 40 nachgebildet ist, herangezogen werden.[1]

II. Voraussetzungen der inneren Priorität

1 Erfindungsidentität

Die Identität der Erfindung in früherer und späterer Anmeldung ist für die innere Priorität ebenso wie für die Priorität nach Art 4 PVÜ und Art 87 EPÜ erforderlich. Dieselbe Erfindung iSd § 40 enthalten beide Anmeldungen, wenn sie im Wesentlichen den gleichen Erfindungsgedanken aufweisen. Aufgabe und Lösung darf die spätere Anmeldung weiter entwickeln, aber nicht in ihrer Substanz verändern.[2] Unter dieser Voraussetzung ist es unschädlich, wenn in die spätere Anmeldung ein zusätzliches Merkmal aufgenommen ist, das in der früheren Anmeldung nicht enthalten war.[3]   7

2 Anmelderidentität

Identität des Anmelders in früherer und späterer Anmeldung muss gegeben sein. Anmelder der späteren Anmeldung kann auch der *Rechtsnachfolger* des Anmelders der früheren Anmeldung sein. Das Prioritätsrecht kann bei der inneren ebenso wie bei der äußeren Priorität (s § 41 Rdn 28) getrennt von der früheren Anmeldung selbst übertragen werden.[4] Die Rechtsnachfolge muss spätestens am Tag vor Abgabe der Prioritätserklärung eingetreten sein.[5] Der Nachweis kann später geführt werden.[6] Fehlt es an der Personenidentität oder der Rechtsnachfolge, so ist eine Prioritätserklärung unwirksam, die Rechtsfolge der Rücknahme der früheren Anmeldung (§ 40 (5) 1) tritt nicht ein.[7]   8

3 Frühere Anmeldung

3.1 Allgemeines: Frühere Anmeldung iSd § 40 (1) ist jede Patent- oder Gebrauchsmusteranmeldung (nicht eine Geschmacksmusteranmeldung)[8], die ordnungsgemäß eingereicht ist und deren Anmeldetag vor dem Anmeldetag der späteren Anmeldung liegt. Kann einer Anmeldung kein Anmeldetag zuerkannt werden (vgl § 35 Rdn 10 ff), kommt sie als frühere Anmeldung nicht in Betracht. Die frühere Anmeldung muss eine Erstanmeldung derselben Erfindung sein (s Rdn 12).   9

Die Prioritäten **mehrerer Voranmeldungen** können nach § 40 (2) für eine Nachanmeldung in Anspruch genommen werden. Das Erfordernis der Erfindungseinheit gemäß Art 4 F Satz 1 PVÜ enthält § 40 (2) nicht. Das Prioritätsrecht ist auf die jeweilige Offenbarung in der jeweiligen Voranmeldung beschränkt. Für eine erstmalige Kombi-   10

---

1 Vgl amtl Begr zum 1. GPatG BlPMZ 79, 276, 284 f.
2 Vgl BPatGE 34, 14 (Gbm); 40, 115; 42, 42.
3 BPatGE 35, 62.
4 BPatGE 52, 207.
5 BPatGE 52, 207.
6 BPatG Mitt 86, 88.
7 LG Nürnberg-Fürth Mitt 93, 110.
8 Da das Geschmacksmusterrecht keine innere Priorität kennt, kann auch im umgekehrten Fall eine deutsche Patentanmeldung kein Prioritätsrecht für eine inländische Geschmacksmusternachanmeldung begründen, s BPatGE 49, 164.

nation von Merkmalen verschiedener Voranmeldungen kommt als Anmeldetag nur der Anmeldetag der Nachanmeldung, die diese Kombination erstmals enthält, in Betracht.

11 **3.2 DPMA-Anmeldung:** Einreichung beim DPMA ist nach § 40 (1) vorausgesetzt. Dem steht eine beim EPA eingereichte und nach Art 135 EPÜ in eine deutsche Anmeldung umgewandelte europ Anmeldung gleich.

12 **3.3 Prioritätsinanspruchnahme nur für Erstanmeldung:** Nach § 40 (1) begründet grundsätzlich jede Anmeldung beim DPMA ein inneres Prioritätsrecht. Ausgenommen sind solche Anmeldungen, für die bereits eine inländische[9] oder ausländische Priorität beansprucht worden ist. Diese Bestimmung ist Ausfluss des in der PVÜ – für die äußere Priorität – verankerten Grundsatzes, dass nur die erste Anmeldung derselben Erfindung eine Priorität begründet (vgl Art 4 B Satz 2, 4 C (2) PVÜ, Art 87 (1) EPÜ). Eine 2. Anmeldung derselben Erfindung beim DPMA gewährt nach § 40 (1) daher auch dann kein Prioritätsrecht, wenn das durch die 1. Anmeldung entstandene Prioritätsrecht nicht beansprucht worden ist.

    Ausnahme: Eine 2. Anmeldung gilt in analoger Anwendung von Art 4 C (4) PVÜ und Art 87 (4) EPÜ als 1. Anmeldung, wenn (kumulativ) **a)** 1. und 2. Anmeldung dieselbe Erfindung betreffen, **b)** die 1. bis zur Einreichung der 2. Anmeldung zurückgenommen oder zurückgewiesen ist, bevor sie offengelegt worden ist und ohne dass Rechte bestehen blieben, **c)** die 1. noch nicht Grundlage einer Prioritätsbeanspruchung war, und **d)** der Anmelder zwischen 1. und 2. nicht eine weitere, noch anhängige Anmeldung derselben Erfindung eingereicht hat.

13 **3.4 Schicksal der früheren Anmeldung:** Das Schicksal der früheren Anmeldung ist ohne Einfluss auf das Prioritätsrecht, da dieses mit der Einreichung der früheren Anmeldung entstanden ist und nicht mit einem etwaigen Wegfall der früheren Anmeldung untergeht, sei es durch Erteilung des Patents,[10] sei es durch Zurückweisung oder Rücknahme der Anmeldung (Art 4 A (3) PVÜ und Art 87 (3) EPÜ analog). Erfolg oder Misserfolg der früheren Anmeldung sind also für das Prioritätsrecht ohne Belang,[11] sie muss nur ordnungsgemäß eingereicht sein, so dass ihr ein Anmeldetag zuerkannt werden kann (s § 35 Rdn 10 ff). § 40 (5) knüpft daher richtig die Rücknahmefiktion an die Bedingung, dass die Anmeldung »noch« anhängig sein sollte.

4 Offenbarung der Merkmale

14 Das Prioritätsrecht besteht nach § 40 (3) nur für die Merkmale, die für einen Durchschnittsfachmann ausreichend deutlich offenbart sind (s § 34 Rdn 314 ff). **Gesamtheit der Anmeldungsunterlagen** ist für den Umfang der Offenbarung maßgebend, also Antrag, Beschreibung, Ansprüche und Zeichnungen; nicht dagegen die Zusammenfassung des § 36. Unerheblich ist, ob sich der Patentanspruch der früheren Anmeldung auf das offenbarte Merkmal bezieht, sofern nur erkennbar ist, dass es zur Erfindung gehört.

---

9 BPatGE **29**, 262 für Ausstellungspriorität (unter dem früheren Recht).
10 BPatG GRUR **93**, 31.
11 BGH Mitt **96**, 118 (II3) *Flammenüberwachung*.

5 Prioritätsfrist

Die Prioritätsfrist beträgt 12 Monate seit dem Anmeldetag der früheren Anmeldung. Fristberechnung (s Einl Rdn 185) nach §§ 187 II, 188 II BGB.[12] Bsp: Erstanmeldung Samstag 17.9.2016, Fristende Sonntag 17.9.2017, gemäß § 193 BGB 18.9.2017 24 Uhr. Innerhalb der Frist muss die jüngere Anmeldung beim DPMA eingereicht sein. *Wiedereinsetzung* in die 12-Monatsfrist des § 40 (1) ist nach § 123 (1) 2 ausgeschlossen, während sie für die 12-Monatsfrist des § 41 (1) möglich ist.[13]

6 Kein Verbrauch des Prioritätsrechts

Das Prioritätsrecht wird nicht bereits mit der 1. Inanspruchnahme für eine Nachanmeldung verbraucht.[14] Durch die 1. Inanspruchnahme gilt die frühere Anmeldung zwar als zurückgenommen, jedoch berührt dieses spätere Schicksal der früheren Anmeldung das einmal begründete Prioritätsrecht nicht (vgl Art 4 A (3) PVÜ für die äußere Priorität). Die Priorität der früheren Anmeldung kann daher für **mehrere Nachanmeldungen** beansprucht werden, die aber innerhalb des Prioritätsjahres eingereicht sein müssen.

Patenterteilung auf die frühere Anmeldung berührt nicht das durch diese Anmeldung begründete Prioritätsrecht. Es kann daher die innere Priorität auch nach Erteilung eines Patents auf die frühere Anmeldung in Anspruch genommen werden (s Rdn 13).[15] Die Rücknahmefiktion des § 40 (5) 1 erfasst nicht das bereits erteilte Patent.[16]

Kettenpriorität, also die Inanspruchnahme einer Priorität einer Nachanmeldung, für die bereits eine inländische[17] oder ausländische Priorität in Anspruch genommen war, ist nach § 40 (1) unzulässig. Eine unzulässige Kettenpriorität setzt Identität der Offenbarung in früherer 1. und 2. Nachanmeldung voraus. Ein Überschuss in der 1. Nachanmeldung gegenüber dem Inhalt der früheren Anmeldung kann wieder Grundlage für die Inanspruchnahme einer inneren Priorität für eine spätere 2. Nachanmeldung sein[18] (vgl Art 4 F Satz 2) PVÜ für die äußere Priorität), allerdings mit der Folge, dass dann die 1. Nachanmeldung in toto gemäß § 40 (5) als zurückgenommen gilt (s Rdn 26).

III. Inanspruchnahme der inneren Priorität

1 Wirksame Prioritätserklärung

Die Prioritätserklärung ist wirksam, wenn a) eine Verfahrenserklärung erkennen lässt, dass der Anmeldetag[19] einer früheren beim DPMA eingereichten Anmeldung beansprucht wird; b) Aktenzeichen der früheren Anmeldung genannt ist; c) wenn a) und b) innerhalb der 2-Monatsfrist des § 40 (4) erfüllt sind; d) wenn für die Erklärung die

---

12 BPatGE **26**, 32.
13 Vgl dazu amtl Begr zum 2. PatGÄndG BlPMZ **98**, 407 lSp.
14 Goebel GRUR **88**, 243 (2b) u Mitt **89**, 185; Gramm GRUR **80**, 954, 956.
15 BPatG BlPMZ **93**, 63.
16 BPatGE **30**, 192.
17 Für Ausstellungspriorität unter dem früheren Recht BPatGE **29**, 262.
18 Schennen GRUR **87**, 222; Goebel GRUR **88**, 243 u Mitt **89**, 185.
19 Nicht die in der Voranmeldung beanspruchte Priorität: BPatGE **32**, 259, 261 = GRUR **92**, 380.

allgemeinen Voraussetzungen der Wirksamkeit von Verfahrenshandlungen erfüllt sind[20] (s Einl Rdn 41 ff).

20 Fiktion der Abgabe der Prioritätserklärung tritt nach § 40 (4) erst ein, wenn innerhalb der 2-Monatsfrist das Aktenzeichen vorliegt. Über den Nichteintritt der Fiktion benachrichtigt DPMA den Anmelder.

21 Die Angabe des Aktenzeichens der früheren Anmeldung muss richtig sein. Ist das Aktenzeichen fehlerhaft angegeben, so schadet das allerdings nur, wenn dadurch dem DPMA es nicht mehr ohne weiteres möglich ist, die frühere Anmeldung zu bestimmen. Kann DPMA aber aufgrund der übrigen Angaben die frühere Anmeldung feststellen, hat es den Fehler in der Aktenzeichenangabe richtig zu stellen. Ist der Ausscheidungs- oder Teilungsanmeldung, deren Priorität in Anspruch genommen wird, noch kein Aktenzeichen zugeteilt, so kann das Aktenzeichen der Stammanmeldung angegeben werden.[21]

22 Keine Voraussetzung einer wirksamen Prioritätserklärung ist das Einreichen einer Abschrift der früheren Anmeldung. Nur im Falle eines Antrags auf Einsicht in die Akten der späteren Anmeldung gibt DPMA eine solche Abschrift zur späteren Anmeldung (s Rdn 36).

23 Die 2-Monatsfrist des § 40 (4) beginnt mit dem Anmeldetag der späteren Anmeldung. Beispiel: AT 15.3., Fristablauf 15.5. 24 Uhr. Bei Versäumung ist Wiedereinsetzung nach § 123 zulässig.

2 Wirkung der Inanspruchnahme einer inneren Priorität

24 **2.1 Nachanmeldung:** Es tritt – soweit der Inhalt der früheren Anmeldung reicht – die Prioritätsbegünstigung wie bei einer Unionspriorität ein (s § 41 Rdn 51 ff).

25 **2.2 Fiktion der Rücknahme der früheren Anmeldung gemäß § 40 (5)** sieht PatG vor, um eine doppelte Prüfung zeitrang- und gegenstandsgleicher Anmeldungen zu vermeiden.[22]

26 *Fiktion tritt ein:*
    a) *für die gesamte frühere Anmeldung.* Das kann sein: i) eine frühere deutsche Anmeldung; ii) eine frühere PCT-Anmeldung mit DPMA als Bestimmungsamt oder ausgewähltes Amt (Art III § 4 u 6 IntPatÜG); iii) eine in eine nationale Anmeldung umgewandelte europäische Anmeldung. Die Rücknahmefiktion gilt auch, wenn nur die Priorität von Teilen der Erstanmeldung beansprucht wird.[23] Wird nur ein Teil der Erstanmeldung für die Nachanmeldung in Anspruch genommen, bleibt sie nicht wegen der nicht beanspruchten Teile anhängig. Soll das vermieden werden, muss die Erstanmeldung vorher gemäß § 39 geteilt werden. Dann kann entweder die Priorität der Stamm- oder Teilanmeldung allein beansprucht werden.

---

20 BPatGE **25**, 41 (Unterschrift).
21 BPatGE **28**, 203.
22 BGH BlPMZ **89**, 50 (II2e) *Wassermischarmatur.*
23 BPatGE **26**, 60.

b) *im Zeitpunkt der Inanspruchnahme*, also mit Eingang einer wirksamen Prioritätserklärung (s Rdn 19), nicht erst mit Ablauf der 2-Monatsfrist des § 40 (4). Spätere Änderungen der wirksam abgegebenen Prioritätserklärung lassen die bereits eingetretene Fiktion der Rücknahme unberührt.[24]   27

Wird die Priorität einer früheren Anmeldung für eine spätere *PCT-Anmeldung* in Anspruch genommen,[25] so gilt die frühere deutsche Anmeldung nach Art III § 4 (4) IntPatÜG erst als zurückgenommen, wenn alle Voraussetzungen für den Eintritt in die nationale Phase erfüllt sind, also wenn nach Art III § 4 (2) IntPatÜG die Anmeldegebühr fristgemäß gezahlt,[26] die Übersetzung fristgemäß eingereicht ist und die Fristen des Art 22 (1) oder Art 39 (1) PCT abgelaufen sind;[27] ist das DPMA sowohl Anmeldeamt als auch Bestimmungsamt und wurde die PCT-Anmeldung in deutscher Sprache eingereicht, gilt die Anmeldegebühr als bereits mit der Zahlung der Übermittlungsgebühr entrichtet (Art III § 4 (2) letzter Satz IntPatÜG).[28]   28

c) *nur innerhalb der gleichen Schutzrechtsart.*[29] Wird für eine Patentanmeldung die Priorität einer früheren Gebrauchsmusteranmeldung in Anspruch genommen, so gilt letztere nach § 40 (5) 2 nicht als zurückgenommen. Auch eine frühere Patentanmeldung, deren Priorität für eine spätere Gebrauchsmusteranmeldung beansprucht wird, gilt nach § 6 (1) 2 GbmG (s Rdn 3) nicht als zurückgenommen (s Rdn 31).   29

d) *für eine Teilanmeldung* wie für jede andere Patentanmeldung auch. Tritt die Fiktion innerhalb der 3-Monatsfrist des § 39 (3) ein, so entfällt für sie die Gebührenpflicht.[30]   30

Fiktion der Rücknahme nach § 40 (5) **tritt nicht ein**: **a)** *für ein Patent*, das bereits auf die frühere Anmeldung erteilt worden ist;[31] **b)** *für eine Gebrauchsmusteranmeldung*, deren Priorität für eine spätere Patentanmeldung in Anspruch genommen wird (s § 40 (5) 2); **c)** für eine Patentanmeldung, aus der eine *Gebrauchsmusteranmeldung abgezweigt* wurde, deren Priorität in einer späteren Patentanmeldung in Anspruch genommen wird;[32] **d)** *für eine deutsche Patentanmeldung*, wenn die spätere Nachanmeldung eine Gebrauchsmusteranmeldung (s § 6 (1) 2 GbmG) oder eine europäische Anmeldung mit Benennung der BRD ist;[33] **e)** wenn Vor- und Nachanmeldung *nicht dieselbe Erfindung* zum Gegenstand haben oder die *Identität von Vor- und Nachanmelder* nicht gegeben ist: es ist nicht der Sinn des § 40 (5), eine fehlgeschlagene Inanspruchnahme mit der zusätzlichen Rücknahmefiktion zu bestrafen; **f)** wenn vor Beginn der   31

---

24 BPatGE 31, 160.
25 Vgl auch Kommentierung zu IntPatÜG (Anhang 1) Rdn 99.
26 Vgl auch BPatG BlPMZ 01, 218 und 220.
27 BPatGE 39, 167.
28 PräsDPMA-Mitteilung Nr 24/04 v 4.5.2004 über die Rücknahmefiktion bei Inanspruchnahme der inneren Priorität in einer am 1.1.2004 oder später eingereichten internationalen PCT-Anmeldung BlPMZ 04, 349.
29 Siehe PräsDPMA-Mitteilung Nr 24/04 des v 4.5.2004 BlPMZ 04, 349 (im Zusammenhang mit PCT-Anmeldungen).
30 BGH GRUR 93, 890 *Teilungsgebühren.*
31 BPatGE 30, 192.
32 BPatG BlPMZ 06, 372.
33 BPatGE 31, 62.

nationalen Phase ein auf Deutschland beschränkter Prioritätsverzicht ausgesprochen wird[34] (s § 41 Rdn 70).

3 Kein Rückgängigmachen der bereits eingetretenen Fiktion der Rücknahme

32 Die bereits eingetretene Fiktion der Rücknahme kann nicht durch **nachträglichen Verzicht, Widerruf oder Rücknahme** der Prioritätserklärung rückgängig gemacht werden. Sie lassen die Rechtsfolge der gesetzlich fingierten Rücknahme der Anmeldung, wenn diese einmal wirksam eingetreten ist, unberührt. *Irrtumsanfechtung* ist ausgeschlossen, da die Inanspruchnahme eine reine Verfahrenshandlung ist, die nicht zusätzlich auch die materiell-rechtliche Erklärung enthält, die Anmeldung zurücknehmen zu wollen.

4 Verfahren

33 **4.1 In der späteren Anmeldung** kann zur Feststellung der Unzulässigkeit der Inanspruchnahme der inneren Priorität, also bei Fehlen der förmlichen Voraussetzungen,[35] durch Beschluss vorab entschieden werden,[36] aber nicht über den Eintritt der Rücknahmefiktion gemäß § 40 (5) in der früheren Anmeldung.[37] Vorabentscheidung in der späteren Anmeldung ist unzulässig zur Feststellung der materiellen Berechtigung einer Priorität, denn darüber wird wie bei einer Auslandspriorität durch Zurückweisung der Anmeldung entschieden, wenn entscheidungserhebliches Material aus dem Prioritätsintervall der Patenterteilung entgegensteht.[38] Entscheidung durch Beamten des gehobenen Dienstes gemäß § 27 (5) ist nicht möglich.[39]

34 **4.2 In der früheren Anmeldung** wird der Anmelder nach Inanspruchnahme der inneren Priorität formularmäßig über den Eintritt der Rücknahmefiktion unterrichtet und das Verfahren eingestellt. Aus dem Unterlassen der Benachrichtigung können keine Rechte hergeleitet werden. Behauptet der Anmelder, dass die Rücknahmefiktion gemäß § 40 (5) nicht eingetreten ist, dann wird darüber durch gesonderten Beschluss entschieden[40] und im Falle des Nichteintritts der Fiktion das Verfahren fortgeführt.

35 **4.3 Beschwerde** ist gegen jede Entscheidung, auch zulässige oder unzulässige VorabE statthaft. Ist die beschwerende Feststellung des DPMA, dass die Anmeldung als zurückgenommen gilt, in die Form einer Mitteilung gekleidet, sollte diese direkt angefochten werden können, ohne dass der Anmelder erst beantragen müsste, die gleiche Mitteilung noch einmal in der äußeren Form eines Beschlusses zuzustellen.[41]

36 **4.4 Akteneinsicht gemäß § 40 (6):** Da nach § 40 (4) die Einreichung einer Abschrift der früheren Anmeldung als Voraussetzung einer wirksamen Prioritätserklärung nicht erforderlich ist, stellt § 40 (6) sicher, dass derjenige, der Akteneinsicht in die spätere

---

34 BPatGE **48**, 207.
35 ZB Überschreitung der Jahresfrist des § 40 (1): BPatGE **26**, 32.
36 BPatGE **25**, 74; BPatG BlPMZ **90**, 77.
37 BPatG BlPMZ **90**, 77.
38 BPatGE **28**, 31; **28**, 222.
39 BPatGE **28**, 31.
40 BPatGE **25**, 41; **26**, 119; Mitt **86**, 88; BlPMZ **90**, 77.
41 So aber BPatG BlPMZ **83**, 307.

Anmeldung nimmt, auch Einsicht in eine Abschrift der früheren Anmeldung nehmen kann, um die Berechtigung der Inanspruchnahme der Priorität prüfen zu können. Nach Eingang eines Akteneinsichtsantrags gibt DPMA eine Abschrift der ursprünglich eingereichten früheren Anmeldung (keine weiteren Aktenbestandteile der früheren Anmeldung wie Prüfungsbescheide oder Änderungen der Anmeldung)[42] zu den Akten der späteren Anmeldung.

§ 41 Ausländische Priorität und Prioritätserklärung *(priority right and claiming priority)*

(1) ¹Wer nach einem Staatsvertrag die Priorität einer früheren ausländischen Anmeldung derselben Erfindung in Anspruch nimmt, hat vor Ablauf des 16. Monats nach dem Prioritätstag Zeit, Land und Aktenzeichen der früheren Anmeldung anzugeben und eine Abschrift der früheren Anmeldung einzureichen, soweit dies nicht bereits geschehen ist. ²Innerhalb der Frist können die Angaben geändert werden. ³Werden die Angaben nicht rechtzeitig gemacht, so wird der Prioritätsanspruch für die Anmeldung verwirkt.

(2) Ist die frühere ausländische Anmeldung in einem Staat eingereicht worden, mit dem kein Staatsvertrag über die Anerkennung der Priorität besteht, so kann der Anmelder ein dem Prioritätsrecht nach der Pariser Verbandsübereinkunft entsprechendes Prioritätsrecht in Anspruch nehmen, soweit nach einer Bekanntmachung des Bundesministeriums der Justiz und für Verbraucherschutz im Bundesgesetzblatt der andere Staat aufgrund einer ersten Anmeldung beim Patentamt ein Prioritätsrecht gewährt, das nach Voraussetzungen und Inhalt dem Prioritätsrecht nach der Pariser Verbandsübereinkunft vergleichbar ist; Absatz 1 ist anzuwenden.

Rainer Moufang

Übersicht

Gesetzesentwicklung		1
Europäisches Patentrecht		2
	Art 87 EPÜ	4
	Art 88 EPÜ	5
	Art 89 EPÜ	6
	Konkordanzen zw EPÜ u PVÜ	7
	R 52 EPÜ	8
	R 53 EPÜ	9
	R 59 EPÜ	10
PCT Art 8		11
Literatur		12
Kommentierung zu § 41 PatG		
I.	Priorität nach § 41 PatG iVm Art 4 PVÜ und nach Art 87 EPÜ	13
1	Voraussetzungen für Entstehung und Inanspruchnahme	14
1.1	Vorschriftsmäßige Einreichung	14

---

42 Vgl Rechtsausschuss zum 2. PatGÄndG BlPMZ 98, 416, 418.

1.2	Einreichung der ersten Anmeldung	17
1.3	Staaten	22
1.4	Verbandsangehörige	26
1.5	Personenidentität	27
1.6	Offenbarung der Erfindung in der früheren Anmeldung	29
1.7	Identität der Erfindung	32
1.7.1	Dieselbe Erfindung	33
1.7.2	Weiterentwicklungen	37
1.7.3	Mangelnde Übereinstimmung in den Merkmalen	38
1.7.4	Mehrfachpriorität	42
1.7.5	Teilpriorität	45
1.8	Prioritätsfrist	47
2	**Wirkung der Priorität**	51
2.1	Art 4 B PVÜ	52
2.1.1	Schutz vor patentschädlichen Tatsachen	52
2.1.2	Defensivwirkung	53
2.2	Art 89 EPÜ	54
2.2.1	Neuheit	55
2.2.2	Erfinderische Tätigkeit	56
2.2.3	Mehrere Anmelder	57
2.2.4	Unschädliche Offenbarungen	58
3	**Rechtsprechungsbeispiele**	59
II.	**Prioritätserklärung**	61
1	Grundsätzliches	61
2	Elemente der Prioritätserklärung	64
3	Frist zur Abgabe der Prioritätserklärung	66
3.1	16 Monate nach Priorität	66
3.2	Berechnung	67
4	Änderungen der Angaben	69
5	Abschrift der früheren Anmeldung	71
III.	**Prioritätsverlust**	77
1	Richtigstellung durch DPMA	78
2	Richtigstellung durch EPA	84
3	Hinweis bei fehlerhaften Angaben	86
4	Folge der Verwirkung	87
5	Verfahren	88
5.1	Vorabentscheidung	88
5.2	Wiedereinsetzung	90
5.3	Prüfung der Priorität	91
5.3.1	Förmliche Voraussetzungen	91
5.3.2	Materielle Berechtigung	92

1 **Gesetzesentwicklung:** Die Vorschrift des § 41 baut auf Art 4 PVÜ (abgedruckt im Anhang 12) auf. § 41 (2) wurde mit Wirkung vom 1.1.1995 durch Art 13 **MarkenrechtsreformG** v 25.10.1994 (BGBl I 3082 = BlPMZ **94** Sonderheft S 36) angefügt.
§ 41 (1) wurde durch Art 2 Nr 13 des **2. PatGÄndG** mit Wirkung vom 1.11.1998 neu gefasst. Die 2-Monatsfristen des § 41 (1) aF wurden zur Erleichterung des Verfahrens durch die einheitliche Frist von 16 Monaten seit dem Prioritätszeitpunkt ersetzt. Durch Art 204 des **10. ZustAnpV** v 31.8.2015 (BGBl I 1474) wurde die frühere Bezeichnung »Bundesministerium der Justiz« in Absatz 2 in »Bundesministerium der Justiz und für Verbraucherschutz« geändert.

2 **Europäisches Patentrecht**

3 **Revision des EPÜ:** Das am 13.12.2007 in Kraft getretene EPÜ 2000 hat Art 87 (1) EPÜ an Art 2 TRIPS angepasst, nach dem Prioritätsrechte auch auf Erstanmeldungen in WTO-Staaten zu gewähren sind. Daher wird in Art 87 (1) EPÜ neben der PVÜ auch die Mitgliedschaft in der Welthandelsorganisation aufgeführt. Art 87 EPÜ 2000 ist, da im Beschluss des VR vom 28.6.2001 nicht aufgeführt, gemäß Art 7 Revisionsakte nur auf Anmeldungen anwendbar, die nach dem 13.12.2007 eingereicht worden sind. Der Regelungsgehalt von R 38 EPÜ aF wurde modifiziert und auf die neuen R 52 (Prioritätserklärung) u 53 EPÜ (Prioritätsunterlagen) aufgeteilt. Für die Angabe des Zeitpunkts und des Staats der früheren Anmeldung gilt nunmehr eine Frist von 16 Monaten ab frühester Priorität. Ferner wird jetzt auch die Berichtigung von Prioritätserklärungen (R 52 (3) EPÜ) geregelt. R 53 (3) wurde mit Wirkung zum 1.4.2013 geändert (s ABl 12, 442 und Rdn 76).

Artikel 87 EPÜ Prioritätsrecht
(1) Jedermann, der in einem oder mit Wirkung für
a) einen Vertragsstaat der Pariser Verbandsübereinkunft zum Schutz des gewerblichen Eigentums oder
b) ein Mitglied der Welthandelsorganisation
eine Anmeldung für ein Patent, ein Gebrauchsmuster oder ein Gebrauchszertifikat vorschriftsmäßig eingereicht hat, oder sein Rechtsnachfolger genießt für die Anmeldung derselben Erfindung zum europäischen Patent während einer Frist von zwölf Monaten nach dem Anmeldetag der ersten Anmeldung ein Prioritätsrecht.

(2) Als prioritätsbegründend wird jede Anmeldung anerkannt, der nach dem nationalen Recht des Staats, in dem die Anmeldung eingereicht worden ist, oder nach zwei- oder mehrseitigen Verträgen unter Einschluss dieses Übereinkommens die Bedeutung einer vorschriftsmäßigen nationalen Anmeldung zukommt.

(3) Unter vorschriftsmäßiger nationaler Anmeldung ist jede Anmeldung zu verstehen, die zur Festlegung des Tags ausreicht, an dem die Anmeldung eingereicht worden ist, wobei das spätere Schicksal der Anmeldung ohne Bedeutung ist.

(4) ¹Als die erste Anmeldung, von deren Einreichung an die Prioritätsfrist läuft, wird auch eine jüngere Anmeldung angesehen, die denselben Gegenstand betrifft wie eine ältere in demselben oder für denselben Staat eingereichte Anmeldung, sofern diese ältere Anmeldung bis zur Einreichung der jüngeren Anmeldung zurückgenommen, fallen gelassen oder zurückgewiesen worden ist, und zwar bevor sie öffentlich ausgelegt worden ist und ohne dass Rechte bestehen geblieben sind; ebenso wenig darf diese ältere Anmeldung schon Grundlage für die Inanspruchnahme des Prioritätsrechts gewesen sein. ²Die ältere Anmeldung kann in diesem Fall nicht mehr als Grundlage für die Inanspruchnahme des Prioritätsrechts dienen.

(5) Ist die erste Anmeldung bei einer nicht der Pariser Verbandsübereinkunft zum Schutz des gewerblichen Eigentums oder dem Übereinkommen zur Errichtung der Welthandelsorganisation unterliegenden Behörde für den gewerblichen Rechtsschutz eingereicht worden, so sind die Absätze 1 bis 4 anzuwenden, wenn diese Behörde nach einer Bekanntmachung des Präsidenten des EPA anerkennt, dass eine erste Anmeldung beim EPA ein Prioritätsrecht unter Voraussetzungen und mit Wirkungen begründet, die denen der Pariser Verbandsübereinkunft vergleichbar sind.

Artikel 88 Inanspruchnahme der Priorität
(1) Der Anmelder, der die Priorität einer früheren Anmeldung in Anspruch nehmen will, hat eine Prioritätserklärung und weitere erforderliche Unterlagen nach Maßgabe der Ausführungsordnung einzureichen.

(2) ¹Für eine europäische Patentanmeldung können mehrere Prioritäten in Anspruch genommen werden, selbst wenn sie aus verschiedenen Staaten stammen. ²Für einen Patentanspruch können mehrere Prioritäten in Anspruch genommen werden. ³Werden mehrere Prioritäten in Anspruch genommen, so beginnen Fristen, die vom Prioritätstag laufen, vom frühesten Prioritätstag an zu laufen.

(3) Werden eine oder mehrere Prioritäten für die europäische Patentanmeldung in Anspruch genommen, so umfasst das Prioritätsrecht nur die Merkmale der europäischen Patentanmeldung, die in der Anmeldung oder den Anmeldungen enthalten sind, deren Priorität in Anspruch genommen worden ist.

(4) Sind bestimmte Merkmale der Erfindung, für die die Priorität in Anspruch genommen wird, nicht in den in der früheren Anmeldung aufgestellten Patentansprüchen enthalten, so reicht es für die Gewährung der Priorität aus, dass die Gesamtheit der Anmeldungsunterlagen der früheren Anmeldung diese Merkmale deutlich offenbart.

Artikel 89 Wirkung des Prioritätsrechts
Das Prioritätsrecht hat die Wirkung, dass für die Anwendung des Art 54 Abs 2 und 3 und des Art 60 Abs 2 der Prioritätstag als Anmeldetag der europäischen Patentanmeldung gilt.

Konkordanzen zwischen EPÜ- und PVÜ-Artikel

§ 41 Prioritätsrecht/priority right Art 4 PVÜ
Art 87–89 EPÜ

Art 87 (1), (2) und (3) EPÜ entspricht Art 4 A (1), (2) und (3) PVÜ
Art 87 (4) EPÜ entspricht Art 4 C (4) PVÜ
Art 88 (1) EPÜ entspricht Art 4 D PVÜ
Art 88 (2) und (3) EPÜ entspricht Art 4 F PVÜ
Art 88 (4) EPÜ entspricht Art 4 H PVÜ
Art 89 EPÜ entspricht Art 4 B PVÜ

8 R 52 Prioritätserklärung

(1) ¹Die in Art 88 Abs 1 genannte Prioritätserklärung besteht aus einer Erklärung über den Tag der früheren Anmeldung und den Vertragsstaat der Pariser Verbandsübereinkunft oder das Mitglied der Welthandelsorganisation, in dem oder für den sie eingereicht worden ist, sowie aus der Angabe des Aktenzeichens. ²Im Fall des Art 87 Abs 5 ist Satz 1 entsprechend anzuwenden.

(2) ¹Die Prioritätserklärung soll bei Einreichung der europäischen Patentanmeldung eingereicht werden. ²Sie kann noch innerhalb von sechzehn Monaten nach dem frühesten beanspruchten Prioritätstag abgegeben werden.

(3) Der Anmelder kann die Prioritätserklärung innerhalb von sechzehn Monaten nach dem frühesten beanspruchten Prioritätstag berichtigen oder, wenn die Berichtigung zu einer Verschiebung des frühesten beanspruchten Prioritätstags führt, innerhalb von sechzehn Monaten ab dem berichtigten frühesten Prioritätstag, je nachdem, welche 16-Monatsfrist früher abläuft, mit der Maßgabe, dass die Berichtigung bis zum Ablauf von 4 Monaten nach dem der europäischen Patentanmeldung zuerkannten Anmeldetag eingereicht werden kann.

(4) Nach Einreichung eines Antrags nach Art 93 Abs 1 b) ist die Abgabe oder Berichtigung einer Prioritätserklärung jedoch nicht mehr möglich.

(5) Die Angaben der Prioritätserklärung sind in der veröffentlichten europäischen Patentanmeldung und auf der europäischen Patentschrift zu vermerken.

9 R 53 Prioritätsunterlagen

(1) ¹Ein Anmelder, der eine Priorität in Anspruch nimmt, hat innerhalb von sechzehn Monaten nach dem frühesten Prioritätstag eine Abschrift der früheren Anmeldung einzureichen. ²Diese Abschrift und der Tag der Einreichung der früheren Anmeldung sind von der Behörde, bei der die Anmeldung eingereicht worden ist, zu beglaubigen.

(2) Die Abschrift der früheren Anmeldung gilt als ordnungsgemäß eingereicht, wenn eine dem EPA zugängliche Abschrift dieser Anmeldung unter den vom Präsidenten des EPA festgelegten Bedingungen in die Akte der europäischen Patentanmeldung aufzunehmen ist.

(3) ¹Ist die frühere Anmeldung nicht in einer Amtssprache des EPA abgefasst und ist die Wirksamkeit des Prioritätsanspruchs für die Beurteilung der Patentierbarkeit der Erfindung relevant, so fordert das EPA den Anmelder oder Inhaber des europäischen Patents auf, innerhalb einer zu bestimmenden Frist eine Übersetzung der Anmeldung in einer der Amtssprachen einzureichen. ²Statt der Übersetzung kann eine Erklärung vorgelegt werden, dass die europäische Patentanmeldung eine vollständige Übersetzung der früheren Anmeldung ist. ³Absatz 2 ist entsprechend anzuwenden. ⁴Wird eine angeforderte Übersetzung einer früheren Anmeldung nicht rechtzeitig eingereicht, so erlischt der Anspruch auf die Priorität dieser Anmeldung für die europäische Patentanmeldung oder das europäische Patent. ⁵Der Anmelder oder Inhaber des europäischen Patents wird hiervon unterrichtet.

10 R 59 Mängel bei der Inanspruchnahme der Priorität

Ist das Aktenzeichen der früheren Anmeldung nach R 52 Abs 1 oder die Abschrift dieser Anmeldung nach R 53 Abs 1 nicht rechtzeitig eingereicht worden, so teilt das EPA dem Anmelder dies mit und fordert ihn auf, das Aktenzeichen oder die Abschrift innerhalb einer zu bestimmenden Frist einzureichen.

11 PCT

Art 8 PCT Die Inanspruchnahme von Prioritäten

(1) Die internationale Anmeldung kann eine Erklärung der in der Ausführungsordnung näher *bestimmten Art enthalten, mit der die Priorität* einer oder mehrerer in einem oder für einen Mitgliedstaat der PVÜ eingereichter früherer Anmeldungen beansprucht wird.

(2) a) Vorbehaltlich des Buchstaben b richten sich Voraussetzungen und Wirkung einer nach Absatz 1 abgegebenen Prioritätserklärung nach Art 4 der Stockholmer Fassung der PVÜ.

Art 4 PVÜ
Art 87–89 EPÜ   *Prioritätsrecht/priority right*   § 41

b) In der internationalen Anmeldung, für die die Priorität einer oder mehrerer in einem oder für einen Vertragsstaat eingereichter früherer Anmeldungen beansprucht wird, kann dieser Staat als Bestimmungsstaat benannt werden. Wird für die internationale Anmeldung die Priorität einer oder mehrerer früherer in einem oder für einen Bestimmungsstaat eingereichter nationaler Anmeldungen beansprucht oder wird die Priorität einer internationalen Anmeldung beansprucht, in der nur ein Staat als Bestimmungsstaat benannt ist, so richten sich die Voraussetzungen und Wirkung des Prioritätsanspruchs in diesem Staat nach dessen nationalem Recht.

S ferner Regeln 2.4, 4.10, 4.17, 17, 26bis, 49ter, 51bis und 90bis.3 AusfOPCT

Lit: Becher: Die Bedeutung der PVÜ für das Patentwesen 1967; **Bodenhausen:** Pariser Verbandsübereinkunft zum Schutz des gewerblichen Eigentums 1971; **Wieczorek:** Die Unionspriorität im Patentrecht 1975; **Lins:** Das Prioritätsrecht für inhaltlich geänderte Nachanmeldungen 1992; **Joos** in FS Beier 1996, 73; **Schwab/Wegner** in FS Beier 1996, 159; **Ruhl:** Unionspriorität in FS Eisenführ 2003, 195; **Iwatani** in Patent Practice in Japan and Europe (FS Rahn) 2011, 133; **Fuchs:** Giftige Teilanmeldungen und Teilprioritäten 2016. [12]
Lit in EIPR: Karet 95, 42; Shibata 10, 520; **Lit in epi-information:** Kolle 94, 65; Steenbeek 99, 140; Bremi/Liebetanz 05, 139; Storz/Wind-Falk 08, 68; Portal 09, 56; Bremi 10, 17; Rots 10, 133; Lawrence/Wilkinson 11, 54; Lawrence 13, 89; Rambelli 14, 30; Shibata 16/02, 43; 17/02, 24; Krobath 18/01, 24; Boncea/Nollen 18/03, 16; Schlich 21/01, 25; **Lit in GRUR:** Lins/Gramm 83, 634; Asendorf 85, 577; Tönnies 98, 451; Scharen 16, 446; Harguth 19, 1134; Bremi 21, 150; **Lit in GRUR Int:** Schricker 67, 85; Gramm/Lins 83, 634; Teschemacher 83, 695; Beier/Moufang 89, 869; Beier/Katzenberger 90, 277; Beier/Straus 91, 255; Daus 92, 614; van den Berg 93, 354; Harden 93, 370; Straus 95, 103; Tönnies 98, 451; Nöthe 98, 454; Jones 98, 456; Ruhl 02, 16; Walder-Hartmann 14, 17; Haedicke/König 16, 613; Pahlow 17, 393; Bremi 18, 128; Schultz/Geißler 18, 536; Boelens 19, 550; Haedicke 21, 855; **Lit in IIC:** van den Berg 93, 696; Harden 93, 729; Joos 99, 607; **Lit in JPTOS:** Daus 95, 138; **Lit in Mitt:** Gudel 80, 83; Goebel 89, 185; von Hellfeld 97, 294; Rau 98, 414; Ruhl 99, 136; Tönnies 00, 495; Keukenschrijver 01, 233; Lendvai/Berg 04, 63; Bremi/Liebetanz 04, 148; Bremi/Vigand 06, 490; Teschemacher 07, 536; 14, 16; Naumann/Zimmermann 08, 145; Ullmann 09, 201 = Liber Amicorum Straus 2008, 75; Drope 12, 494; Hüttermann 18, 53; GranPopp/Grund 20, 529; **Lit in sic!:** Bremi 10, 296; 15, 503 u 569; 17, 109.

I. Priorität nach § 41 PatG iVm Art 4 PVÜ und nach Art 87 EPÜ

Das PatG verzichtet auf eine eigenständige Regelung des materiellen Prioritätsrechts, insoweit die Priorität durch eine Anmeldung im Ausland (einschließlich des Falls einer europäischen Anmeldung) begründet wird (»äußere Priorität«). Voraussetzungen und Wirkungen der äußeren Priorität ergeben sich für Erstanmeldungen in einem PVÜ-Verbandsland oder in einem TRIPS-Vertragsstaat unmittelbar aus Art 4 PVÜ (abgedruckt im Anhang 12), auf den auch Art 2 (1) TRIPS verweist. PVÜ und TRIPS[1] sind Staatsverträge iS von § 41 (1). Nur für den Sonderfall eines außerhalb von Staatsverträgen durch Gegenseitigkeit begründeten Prioritätsrechts gibt § 41 (2) die notwendige Rechtsgrundlage, verweist aber auch insoweit auf die PVÜ. § 41 (1) beschränkt sich auf die Regelung der formellen Voraussetzungen des Prioritätsrechts entsprechend den Vorgaben von Art 4 PVÜ. [13]

Das EPÜ enthält in Art 87–89 sowie R 52 und 53 eine vollständige und eigenständige Regelung des Prioritätsrechts und seiner Inanspruchnahme.[2] Die Anwendung dieser Regelung darf zu den anerkannten Grundsätzen der PVÜ nicht in Widerspruch stehen, da das EPÜ gemäß seiner Präambel ein Sonderabkommen im Sinne des Art 19 PVÜ

---

1 Mitteilung PräsDPMA Nr 6/97 BlPMZ 97, 213.
2 GrBK G 0003/93 ABl 95, 18 (Nr 4) *Prioritätsintervall*; J 0015/80 ABl 81, 213.

ist.³ Unionspriorität nach Art 4 PVÜ und europäische Priorität nach Art 87 EPÜ werden daher nach den gleichen Grundsätzen gewährt.
Art 87 (5) EPÜ hat keine Entsprechung in der PVÜ. Er gewährt bei verbürgter Gegenseitigkeit und entsprechender Bekanntmachung durch EPA-Präsidenten ein Prioritätsrecht in Bezug auf Staaten, die nicht der PVÜ oder der WTO angehören. Eine solche Bekanntmachung ist bisher nur für Taiwan ergangen.
Ausstellungsprioritäten werden weder im PatG⁴ noch im EPÜ⁵ anerkannt. Der Ausstellungsschutz des Art 11 PVÜ ist nur auf der Ebene der Neuheitsschonfrist (s § 3 (5) S 1 Nr 2 und Art 55 (1) b) EPÜ) verwirklicht.

1 Voraussetzungen für Entstehung und Inanspruchnahme

14 **1.1 Vorschriftsmäßige Einreichung** *(duly filed application)*: Es genügt die Erfüllung der Formerfordernisse, die das Erstanmeldeland für die wirksame Begründung des Anmeldetages fordert (vgl dazu für das deutsche Recht § 35 Rdn 10). Sie muss spätestens im Zeitpunkt der Nachanmeldung vorliegen und von den Behörden des Nachanmeldelandes überprüfbar sein.⁶

15 *Voranmeldung* kann sein: **a)** *Patentanmeldung*; **b)** *Gebrauchsmusteranmeldung* (Art 4 E (2) PVÜ, Art 87 (1) EPÜ);⁷ **c)** *Gebrauchszertifikat* (zB in Frankreich, Art 87 (1) EPÜ); **d)** *Erfinderschein* gemäß Art 4 I (1) PVÜ (allerdings obsolet geworden, daher in Art 87 (1) EPÜ 2000 nicht mehr aufgeführt); **e)** *Geschmacksmusteranmeldung* nach der anzuerkennenden deutschen Praxis, der aber die übrigen Verbandsländer und EPA nicht folgen; **f)** *Nachträgliche Erweiterung* der Erstanmeldung: diese kann mit ihrem Zeitrang prioritätsbegründend sein, wenn das jeweilige nationale Recht eine solche Erweiterung zulässt. § 38 S 2 PatG und Art 123 (2) EPÜ schließen das aus; **g)** *provisional application for patent*:⁸ sie ist nach 35 USC § 111 (b) eine vorläufige Anmeldung, die nicht zur Erteilung eines Patents führt, 12 Monate nach ihrer Einreichung als zurückgenommen gilt und ein Prioritätsdatum für eine reguläre nationale Nachanmeldung nach 35 USC § 119 (e) begründet, wenn diese innerhalb von 12 Monaten nach dem Anmeldetag der provisional application eingereicht wird. DPMA⁹ und EPA¹⁰ erkennen sie als prioritätsbegründend an, da sie eine vorschriftsmäßige nationale Anmeldung ist, deren späteres Schicksal (= Fiktion der Rücknahme) ohne Belang ist.

16 *Späteres Schicksal* der Erstanmeldung ist nach Art 4 A (3) PVÜ und Art 87 (3) EPÜ für das Prioritätsrecht ohne Bedeutung (Unzerstörbarkeit der Priorität). Vgl § 40 Rdn 13.

17 **1.2 Einreichung der ersten Anmeldung** *(filing of the first application)*: Das ist jede Anmeldung, die nach ihrem gesamten Inhalt erstmals eine technische Lehre offenbart.

---

3   GrBK G 0003/93 ABl **95**, 18 (Nr 4) *Prioritätsintervall*; T 0301/87 ABl **90**, 335 (Nr 7.5).
4   Zum früheren Recht BGH BlPMZ **85**, 53, 54 *Ausstellungspriorität*.
5   T 382/07 v 26.9.2008 (Nr 8–8.4).
6   Beier GRUR Int **64**, 22, 24.
7   BGH v 11.8.2015 X ZR 83/13 BeckRS **15**, 16444 *Steinkorb*.
8   Dazu Lendvai/Berg Mitt **04**, 63.
9   MittDPA Nr 10/96 BlPMZ **96**, 325.
10 MittEPA v 26.1.1996 ABl **96**, 81 = ABl **16** ZPubl 4, 52; s auch T 1437/10 v 12.2.2015 BeckRS **15**, 113968.

Art 4 PVÜ
Art 87–89 EPÜ   *Prioritätsrecht/priority right*   § 41

Gibt es eine ältere Anmeldung, die die gleiche Erfindung offenbart (dazu s Rdn 18) und die auf den gleichen Erfindungsakt zurückgeht,[11] ist sie grundsätzlich die erste (Ausnahmen: s Rdn 19). Die Inanspruchnahme der Priorität der in Wahrheit zweiten Anmeldung für die Nachanmeldung ist dann unwirksam, und die Priorität der in Wahrheit ersten Anmeldung kann nur dann beansprucht werden, wenn sie noch im Prioritätsintervall liegt.

Prüfung: Welche Anmeldung die wahre erste Anmeldung ist, bestimmt sich nach den gleichen Grundsätzen wie die Beurteilung der Identität zwischen prioritätsbegründender und prioritätsbeanspruchender Anmeldung. Es ist zu prüfen, ob jüngere und erste ältere Anmeldung denselben Gegenstand betreffen. Der Begriff »derselbe Gegenstand« ist identisch mit dem Begriff »dieselbe Erfindung« in Art 87 (1) EPÜ[12] (siehe unten Rdn 33). Die in Wahrheit erste Anmeldung ist die Anmeldung, die die Erfindung der nachfolgenden Anmeldungen neuheitsschädlich vorwegnimmt (s dazu unten Rdn 34). Offenbaren ältere und jüngere Anmeldung verschiedene Erfindungen, kann die Priorität der jüngeren beansprucht werden.[13] Hierfür reicht es aber nicht aus, dass die jüngere Anmeldung sich von der älteren nur durch eine Einschränkung des Schutzbereichs unterscheidet, die nichts an der Natur der Erfindung ändert.[14]   18

Jüngere Anmeldung gilt als erste Anmeldung, wenn die Voraussetzungen des **Art 4 C (4) PVÜ** und **Art 87 (4) EPÜ** erfüllt sind, nämlich a) Priorität der älteren Anmeldung war noch nicht in Anspruch genommen; b) die ältere Anmeldung ist nicht vorveröffentlicht und bis zur Einreichung der jüngeren Anmeldung vollständig (= ohne dass Rechte bestehen geblieben sind, zB infolge einer zuvor erklärten Teilung)[15] zurückgenommen, fallengelassen oder zurückgewiesen; c) ältere und jüngere Anmeldung müssen nach Art 4 C (4) PVÜ in demselben Verbandsland und nach Art 87 (4) EPÜ in demselben oder für denselben Staat eingereicht sein.   19

Art 4 C (4) PVÜ und Art 87 (4) EPÜ ermöglichen es dem Anmelder, eine unausgereifte durch eine besser abgefasste Anmeldung zu ersetzen. Den **Nachweis,** dass die Voraussetzungen zu a – c erfüllt sind, hat zu führen, wer die Priorität der jüngeren Anmeldung in Anspruch nehmen will oder sich auf sie beruft, insbesondere für den Zeitpunkt der Rücknahme der älteren vor Einreichung der jüngeren Anmeldung.[16]   20

Enthält die prioritätsbeanspruchende Anmeldung nicht nur denselben Gegenstand wie die jüngere Anmeldung, sondern darüber hinaus eine zusätzliche Offenbarung, dann begründet sie insoweit als erste Anmeldung ein eigenes Prioritätsrecht.

---

11 BPatG v 17.11.2019 2 Ni 7/17 (EP) GRUR-RS 19, 47762 (Rn 63). Dies gilt selbst bei fehlender Identität zwischen Anmelder und Nachanmelder, s Teschemacher Mitt 07, 536; aA T 0005/05 ABl 06 SonderA 58; T 0788/05 ABl 08 SonderA 62.
12 GrBK G 0002/98 ABl 01, 413 *Erfordernis für die Inanspruchnahme einer Priorität für »dieselbe Erfindung«.*
13 Vgl T 0400/90 EPOR 92, 14; T 0107/96 ABl 00 SonderA 44; T 1525/12 v 23.3.2017 ABl 18 ZPubl 3, 21 = BeckRS 17, 116010.
14 T 0255/91 ABl 93, 318.
15 Vgl T 1662/14 ABl 20 ZPubl 4, 33: im Falle einer continuation-in-part-Anmeldung nach US-Recht bleiben Rechte bestehen.
16 EPA T 1056/01 v 4.6.2003 BeckRS 03, 30674614.

21 Der Anmeldetag bestimmt, welche Anmeldung als erste gilt. Zur Zuerkennung eines Anmeldetags s § 35 Rdn 10. Eine Verschiebung des Anmeldetags (*postdating*) ist maßgebend, wenn das nationale Recht das vorsieht[17] (vgl auch § 35 Rdn 41).

22 **1.3 Staaten: Vertragsstaat der PVÜ** (*state party to the Paris Convention*): Art 4 A PVÜ und Art 87 (1) a) EPÜ setzen voraus, dass die Erstanmeldung in einem PVÜ-Verbandsland eingereicht ist. Dazu gehört auch eine europäische oder eine internationale PCT-Anmeldung, da diese – wenn der Anmeldetag feststeht – nach Art 66 EPÜ (Rdn 24) und Art 11 PCT die Wirkung einer nationalen Anmeldung haben. **WTO-Mitgliedstaaten**,[18] die nicht der PVÜ, sondern nur TRIPS[19] angehören, wird gemäß Art 2 (1) TRIPS iVm Art 4 PVÜ ein Prioritätsrecht gewährt. DPMA erkennt daher unterschiedslos Prioritäten aus allen WTO-Staaten an.[20] Das Gleiche ergibt sich unter dem EPÜ 2000 aus Art 87 (1) b) EPÜ, der allerdings nur auf Anmeldungen anwendbar ist, die nach dem 13.12.2007 eingereicht worden sind (s Rdn 3). In Alt-Fällen ist der Anmelder einer europäischen Anmeldung nicht berechtigt, die Priorität einer ersten Anmeldung in einem Staat zu beanspruchen, der nicht Mitglied der PVÜ, aber Mitglied von WTO/TRIPS ist.[21]

23 **Selbstbenennungsrecht** (*autodesignation*): PVÜ setzt die Anmeldung in einem *anderen* Verbandsland voraus, PCT (Art 8 (2) b) und EPÜ (Art 87) dagegen nicht. Der besonderen Einführung einer inneren Priorität wie in § 40 PatG bedarf es daher für PCT und EPÜ nicht. In internationalen und europäischen Anmeldungen kann daher auch die Priorität des Landes in Anspruch genommen werden, das als Vertragsstaat benannt ist.[22]

24 **Europäische und nationale Anmeldung:** Steht der europäische Anmeldetag fest (s dazu § 35 Rdn 11 ff), so folgt aus Art 66 EPÜ:[23] a) Die Priorität einer europ Erstanmeldung kann für eine nachfolgende nationale Anmeldung in Anspruch genommen werden, auch wenn der Staat der Nachfolgeanmeldung in der europ Anmeldung nicht als Vertragsstaat benannt ist, denn die europ Anmeldung hat in den anderen benannten Vertragsstaaten die Wirkung einer nationalen Anmeldung, die die Voraussetzungen von Art 4 PVÜ erfüllt. b) Wird eine europäische Anmeldung in eine nationale Anmeldung nach Art 135 EPÜ umgewandelt, dann ist ihr Anmeldetag der Tag der Einreichung beim EPA.[24] c) Wird die Priorität einer nationalen Anmeldung für eine spätere europ Anmeldung in Anspruch genommen, so ist das Prioritätsrecht gemäß Art 66 EPÜ für alle benannten Vertragsstaaten wirksam, einschließlich des Staates der frühe-

---

17 BPatGE **18**, 21 für Sec 6 (3) brit PatG aF; s aber auch BPatG GRUR **11**, 48 (für Ausstellung des Prioritätsbelegs); T 0132/90 ABl **95** SonderA 106 für schweiz PatG.
18 Liste der Mitglieder Tabu Gewerbl. Rechtsschutz Nr 600.
19 Abgedruckt im Anhang 13.
20 MittDPA Nr 6/97 BlPMZ **97**, 213.
21 GrBK G 0002/02 u G 0003/02 ABl **04**, 483 *Indische Prioritäten/ASTRAZENECA*.
22 BGH GRUR **82**, 31 *Roll- und Wippbrett*.
23 Art 66 EPÜ lautet: »Eine europäische Patentanmeldung, der ein Anmeldetag zuerkannt worden ist, hat in den benannten Vertragsstaaten die Wirkung einer vorschriftsmäßigen nationalen Anmeldung, gegebenenfalls mit der für die europäische Patentanmeldung in Anspruch genommenen Priorität«.
24 BGH GRUR **82**, 31 *Roll- und Wippbrett*.

Art 4 PVÜ
Art 87–89 EPÜ Prioritätsrecht/priority right § 41

ren nationalen Anmeldung, der auch in der europ Anmeldung benannt ist (Selbstbenennung).[25]

Priorität für Nicht-PVÜ/WTO-Staaten: § 41 (2) und Art 87 (5) EPÜ sehen in besonderen Fällen auch eine Priorität für Staaten vor, die weder der PVÜ noch der WTO angehören, sofern nach einer Bekanntmachung des BMJV (oder des Präsidenten des EPA) Gegenseitigkeit gegeben ist. 25

Bekanntmachung zu § 41 (2) PatG, dass Deutsche auf Grund einer ersten Patentanmeldung beim DPMA ein Prioritätsrecht genießen, ist für folgende Staaten ergangen: *Taiwan* (BGBl 1995 I 25 = BlPMZ **95**, 78), *Ecuador* (BGBl 1995 I 534 = BlPMZ **95**, 204, überholt durch Beitritt Ecuadors 1999 zur PVÜ), *Kolumbien* (BGBl 1996 I 791 = BlPMZ **96**, 281, überholt durch Beitritt Kolumbiens 1996 zur PVÜ).

Bekanntmachung zu Art 87 (5) EPÜ ist bisher nur für Taiwan ergangen.

1.4 Verbandsangehörige *(nationals of countries of the Union)* genießen gemäß Art 2, 3 und 4 PVÜ ein Prioritätsrecht. Art 87 (1) EPÜ gewährt dagegen *jedermann* ein Prioritätsrecht. 26

1.5 Personenidentität: *Berechtigter* zur Inanspruchnahme der Priorität ist der *Anmelder* der Nachanmeldung, der auch Anmelder der Voranmeldung sein muss. Unerheblich ist, ob dem Voranmelder das Recht an der Erfindung zustand.[26] Identität der Rechtsperson ist erforderlich, es reicht nicht aus, dass der Nachanmelder ein Recht an der Erfindung der Voranmeldung zusteht. Ist die Voranmeldung durch einen Treuhänder eingereicht worden,[27] dürfte der Treugeber nicht berechtigt sein, ohne weiteres die Priorität hieraus in Anspruch zu nehmen.[28] Unschädlich ist ein Wechsel in der Bezeichnung derselben Person. 27

Rechtsnachfolger des Anmelders der Voranmeldung genießt nach Art 4 A (1) PVÜ und Art 87 (1) EPÜ das Prioritätsrecht für die Nachanmeldung.[29] Liegt Rechtsnachfolge vor, steht dem ursprünglichen Anmelder das Prioritätsrecht nicht mehr zu.[30] Rechtsnachfolge kann beruhen auf Gesamtrechtsnachfolge (zB Erbgang), Zwangsvollstreckung in die Voranmeldung oder Rechtsgeschäft (zB Zession). Das Prioritätsrecht ist nach deutschem Recht *formfrei übertragbar*.[31] Das gilt auch unter dem EPÜ, da das Formerfordernis des Art 72 EPÜ für die rechtsgeschäftliche Übertragung europ Patentanmeldungen nicht analog anzuwenden ist.[32] Das Prioritätsrecht kann auch ohne 28

---

25 BGH GRUR **82**, 31 *Roll- und Wippbrett*.
26 BPatG v 12.9.2019 4 Ni 73/17 GRUR-RS **19**, 35748 (III2.2) = BlPMZ **20**, 206 L.
27 Diese Frage hat für Voranmeldungen in einem Staat, der dem angloamerikanischen Rechtskreis angehört und das Rechtsinstitut des wirtschaftlichen Eigentums (equitable ownership) anerkennt, praktische Relevanz.
28 So tendenziell BGH GRUR **13**, 712 (Rn 9) *Fahrzeugscheibe*.
29 Lit: Pahlow GRUR Int **17**, 393; Bremi sic! **17**, 109, GRUR Int **18**, 128 u GRUR **21**, 150; Boelens GRUR Int **19**, 550; Harguth GRUR **19**, 1134.
30 T 0725/14 v 21.1.2019 (Nr 5.1) ABl **20** ZPubl 4, 31 = BeckRS **19**, 7820: In Art 4 A (1) PVÜ und Art 87 (1) EPÜ ist »oder« exklusiv zu verstehen.
31 BGH GRUR **13**, 712 (Rn 12) *Fahrzeugscheibe*; T 0160/13 u T 0205/14 RechtsprBK/EPA **19**, 460. Vgl auch Bremi epi information **10**, 17.
32 BGH GRUR **13**, 712 (Rn 13) *Fahrzeugscheibe*; T 0205/14 v 18.6.2015 RechtsprBK/EPA **19**, 460; aA T 0062/05 v 14.11.2006 BeckRS **06**, 30507964.

die prioritätsbegründende Anmeldung[33] oder beschränkt auf bestimmte Verbandsländer übertragen werden.[34] Allerdings wird in der Übertragung der Erstanmeldung auch häufig konkludent die Übertragung des Prioritätsrechts für Nachanmeldungen enthalten sein.[35] Ob es ausreicht, eine Berechtigung zu erlangen, die im angloamerikanischen Rechtskreis als »equitable ownership« oder »beneficial interest« anerkannt ist, ist zweifelhaft, aber wohl zu bejahen.[36]

Die Wirksamkeit einer Übertragung bestimmt sich nach dem Recht, das aufgrund des *Internationalen Privatrechts* (Kollisionsrechts) anwendbar ist.[37] Die sich hieraus ergebenden Rechtsfragen können komplex sein, müssen aber erforderlichenfalls nicht nur von den Gerichten, sondern auch den Erteilungsbehörden (einschließlich der Organe des EPA)[38] beurteilt werden. Für die kollisionsrechtliche Beurteilung des Rechtsübergangs unter § 41 PatG ist die sog. Rom I-Verordnung[39] maßgeblich. Ihre Vorschriften sollten auch unter dem EPÜ, das selbst keine diesbezüglichen Kollisionsnormen enthält, beachtet werden.

Nach der BGH-Rechtsprechung soll sich die Frage der Übertragbarkeit und insoweit ggf. geltender Form- und anderer Wirksamkeitserfordernisse nach dem Recht des Staates der Erstanmeldung richten, während für das Verpflichtungsgeschäft, das der Übertragung zugrunde liegt, das jeweilige Vertragsstatut maßgeblich ist.[40] Das Vertragsstatut ergibt sich vornehmlich aus der Rechtswahl der Parteien (s Art 3 (1) Rom I-VO), nachrangiger Anknüpfungspunkt für die Bestimmung des anwendbaren Rechts ist der gewöhnliche Aufenthaltsorts desjenigen, der die vertragscharakteristische Leistung zu erbringen hat (Art 4 (2) Rom I-VO). In der EPA-Rechtsprechung ist keine einheitliche Linie feststellbar,[41] auch wenn eine Tendenz in Richtung Vertragsstatut besteht.[42]

Die Rechtsnachfolge muss nach hM vor Einreichung der Nachanmeldung eingetreten sein.[43] Es sollte aber auch genügen, dass die Rechtsnachfolge am Tag vor Abgabe

---

33   BPatGE **52**, 207; T 0205/14 RechtsprBK/EPA **19**, 460.
34   In T 0969/14 v 5.6.2018 (Nr 1.2.3) Öbl **19**, 27 wurde zudem eine gegenständlich beschränkte Übertragung des Prioritätsrechts für möglich erachtet (zweifelhaft).
35   BGH GRUR **13**, 712 (Rn 14) *Fahrzeugscheibe*; BGH v 4.9.2018 X ZR 14/17 GRUR **19**, 271 (Rn 86) *Drahtloses Kommunikationsnetz*; restriktiver aber die EPA-Rechtsprechung s zB T 0062/05 v 14.11.2006 BeckRS **06**, 30507964; T 1201/14 v 9.2.2017 ABl **18** ZPubl 3, 18 = BeckRS **17**, 123363.
36   So J 0019/87 EPOR **88**, 350 u engl High Court v 23.6.2010 *KCI Licensing v Smith & Nephew* [2010] EWHC 1487 (Pat).
37   BGH GRUR **13**, 712 (Rn 12) *Fahrzeugscheibe*; T 0205/14 v 18.6.2015 u T 0517/14 v 19.6.2015 RechtsprBK/EPA **19**, 460 f. Vgl auch Beck IIC **17**, 925, 941.
38   Vgl aber Bremi GRUR Int **18**, 128.
39   VO (EG) Nr 593/2008 v 17.6.2008 über das auf vertragliche Schuldverhältnisse anzuwendende Recht (Rom I) ABl EU v 4.7.2008, L 177/6.
40   BGH GRUR **13**, 712 (Rn 12) *Fahrzeugscheibe*; BGH v 4.9.2018 X ZR 14/17 GRUR **19**, 271 (Rn 91) *Drahtloses Kommunikationsnetz*. Beide Entscheidungen stützten sich auf den mittlerweile aufgehobenen Art 33 EGBGB, dem Art 14 Rom I-VO entspricht.
41   Vgl T 1201/14 v 9.2.2017 ABl **18** ZPubl 3,18 = BeckRS **17**, 123363.
42   S auch Pahlow GRUR Int **17**, 393, 396.
43   BPatG v 20.4.1998 4 W (pat) 71/97 BeckRS **98**, 14640; T 0788/05 ABl **08** SonderA 62; T 0577/11 ABl **17**, A41 (Nr 6.5.9). Grundsätzlich aA Haedicke/König GRUR Int **16**, 613.

der Prioritätserklärung eingetreten ist.[44] Ein nachträglicher Erwerb wirkt nicht zurück.[45] Der Nachweis des Eintritts der Rechtsnachfolge[46] kann auch später geführt werden.[47] Nach einer wirksamen Inanspruchnahme ist das Prioritätsrecht nicht mehr weiter übertragbar. Eine Erfinderidentität ist nicht erforderlich.

1.6 Offenbarung der Erfindung in der früheren Anmeldung *(disclosure of the invention in the previous filing)*, die in der Nachanmeldung beansprucht wird, ist Voraussetzung für die Anerkennung einer Priorität. Maßgebend für die Offenbarung in der früheren Anmeldung sind der Prioritätstag[48] und die *Gesamtheit ihrer Anmeldungsunterlagen*, in denen die Merkmale *deutlich* offenbart sind, und zwar auch dann, wenn in der Voranmeldung darauf keine Ansprüche gerichtet sind oder wenn sie überhaupt keine Ansprüche enthält[49] (Art 4 H PVÜ und Art 88 (4) EPÜ). Die Merkmale müssen der Voranmeldung als zur Erfindung gehörend zu entnehmen sein.[50] 29

Deutlichkeit der Offenbarung der Merkmale der Erfindung in der Voranmeldung ist nach Art 4 H PVÜ und Art 88 (4) EPÜ erforderlich. Diese Voraussetzung ist nicht anders zu beurteilen, als die deutliche Offenbarung gemäß § 34 (4) und Art 83 EPÜ, vgl daher die Erläuterungen § 34 Rdn 314 ff. 30

Bei dem wertenden Vergleich von Vor- und Nachanmeldung ist zu berücksichtigen, dass sich beide Anmeldungen an den Fachmann richten, dessen Verständnis maßgebend ist (s § 34 Rdn 332 ff). Sind für ihn die wesentlichen Merkmale der Erfindung der Nachanmeldung in der Voranmeldung enthalten – sei es ausdrücklich oder implizit, aber klar erkennbar –, so besteht das Prioritätsrecht. Das setzt voraus, dass die technische Lehre der Nachanmeldung für einen Fachmann *ausführbar* ist (*enabling disclosure*)[51] (s näher § 34 Rdn 343 ff). Ist die Nachanmeldung ausführbar, die Voranmeldung aber nicht, scheidet eine Inanspruchnahme der Priorität aus. Die Entscheidung darüber trifft die Behörde der Nachanmeldung (DPMA oder EPA) aus ihrer Sicht,[52] denn nur sie ist in der Lage festzustellen, ob die Erfindung der Nachanmeldung bereits in der Voranmeldung enthalten ist. 31

---

44 BPatGE **52**, 207; aA mit ausführlicher Begründung Pahlow GRUR Int **17**, 393, 398; wohl auch aA T 0577/11 ABl **17**, A41 (Nr 6.5.8).
45 T 1201/14 v 9.2.2017 ABl **18** ZPubl 3,18 = BeckRS **17**, 123363.
46 Für Beweiserleichterungen in diesem Zusammenhang plädiert Boelens GRUR Int **19**, 550, 559. Zu Beweisfragen s auch BPatG v 18.6.2020 4 Ni 6/19 (EP) GRUR-RS **20**, 14388 (Rn 58); T 1786/15 v 15.10.2020 GRUR-RS **20**, 43938.
47 Vgl BPatGE **28**, 31, 32; T 0205/14 RechtsprBK/EPA **19**, 460; aA T 0062/05 v 14.11.2006 BeckRS **06**, 30507964.
48 GrBK G 0001/03 ABl **04**, 413 (Nr 2.5.3) *Disclaimer/PPG*.
49 T 0469/92 v 9.9.1994 BeckRS **94**, 30590111; T 1437/10 v 12.2.2015 BeckRS **15**, 113968.
50 BGH GRUR **90**, 432 *Spleißkammer*; **12**, 1133 (Rn 30) *UV-unempfindliche Druckplatte*; BPatG v 14.12.2009 3 Ni 23/08 GRUR **10**, 995 L = BeckRS **10**, 1819.
51 BGH GRUR **75**, 131 *Allopurinol*; BPatGE **34**, 160; T 0081/87 ABl 90, 250; T 0212/88 ABl **92**, 28; T 0767/93 ABl **97** SonderA 56; brit House of Lords RPC **91**, 485 *Asahi* = GRUR Int **93**, 325.
52 BPatGE **34**, 160.

1.7 Identität der Erfindung *(same invention)*

32 Lit: Joos in FS Beier 96, 73; Lit in EIPR: Schlich 95, 327; Lit in epi information: Boff 95, 27; den Hartog 95, 85; Jaenichen/Malek 08, 91; Koch/Weinzierl 10, 15; Lit in GRUR Int: Lins/Gramm 83, 634; Tönnies 98, 451; Nöthe 98, 454; Joos 98, 456; Lit in IIC: Gutmann 91, 741; Lit in Mitt: von Hellfeld 97, 294; Rau 98, 414; Tönnies 00, 495; Lit in VPP-Rundbrief: Aúz-Castro 00, 38.

Die Identität in Vor- und Nachanmeldung verlangt Art 87 (1) EPÜ (»*dieselbe Erfindung*«, *same invention*) ausdrücklich. Das gilt – obwohl nicht ausdrücklich erwähnt – auch für Art 4 A PVÜ.[53] Dementsprechend fordert auch § 40 (1) PatG für die innere Priorität das Vorliegen derselben Erfindung.

33 **1.7.1 Dieselbe Erfindung:** Nachanmeldung und Prioritätsdokument enthalten nur dann dieselbe Erfindung gemäß Art 4 PVÜ und Art 87 (1) EPÜ, wenn die diesbezügliche Offenbarung in beiden Dokumenten identisch ist.[54] Der Inhalt der Prioritätsanmeldung bestimmt sich nach der Gesamtheit der Anmeldungsunterlagen, nicht etwa nach dem Inhalt der dortigen Ansprüche. Maßgeblich ist das Verständnis des Fachmanns zum Zeitpunkt der Einreichung der prioritätsbeanspruchenden Anmeldung.

34 **Neuheitsprüfung:** Ob Vor- und Nachanmeldung dieselbe Erfindung enthalten, beurteilt sich grundsätzlich nach den Prinzipien der Neuheitsprüfung[55] (dazu siehe § 3 Rdn 137). Ergibt ein Vergleich von Vor- und Nachanmeldung, dass die Nachanmeldung gegenüber der Voranmeldung als neu anzusehen wäre, wenn letztere Stand der Technik wäre, so kommt eine Inanspruchnahme der Priorität nicht in Betracht.

35 Identität im prioritätsrechtlichen Sinn bedeutet aber nicht wörtliche Übereinstimmung, sondern sachliche Kongruenz.[56] Daher ist eine gewisse Flexibilität bei der Beurteilung der Identität angebracht.[57] Entscheidend ist, dass der Erfindungsgedanke in beiden Anmeldungen gleich ist, also die Erfindungen von Vor- und Nachanmeldung auf dem gleichen Gedanken beruhen. Dann stehen Abweichungen in der Ausgestaltung des Erfindungsgedankens in der Nachanmeldung der Inanspruchnahme der Priorität nicht entgegen, vorausgesetzt ein Fachmann vermag beim Vergleich der beiden Anmeldungen den gemeinsamen Erfindungsgedanken ohne weiteres zu erkennen. Dann ist es unschädlich, wenn in der Nachanmeldung beanspruchte Merkmale in der Voranmeldung nicht ausdrücklich erwähnt sind.[58]

---

53 BGH GRUR Int 60, 506, 508 *Schiffslukenverschluss*; GRUR 75, 131 *Allopurinol*; BPatGE 34, 160, 165; GrBK G 0003/93 ABl 95, 18 (Nr 5) *Prioritätsintervall*; US CAFC GRUR Int 90, 994 in re *Gosteli*.
54 BGH GRUR 04, 133 (II2a) *Elektronische Funktionseinheit*; GrBK G 0002/98 ABl 01, 413 *Erfordernis für die Inanspruchnahme einer Priorität für »dieselbe Erfindung«*; T 0184/84 EPOR 86, 169; T 0409/90 ABl 93, 40; zur Beweislast s T 1147/02 v 31.5.2006 BeckRS 06, 30682528.
55 BGH GRUR 04, 133 (II2a) *Elektronische Funktionseinheit*; v 11.8.2015 X ZR 83/13 BeckRS 15, 16444 *Steinkorb*; v 20.5.2021 X ZR 62/19 GRUR 21, 1162 (Rn 36) *Bodenbelag*; GrBK G 0002/98 ABl 01, 413*Erfordernis für die Inanspruchnahme einer Priorität für »dieselbe Erfindung«*; einschränkend T 0110/07 ABl 12 SonderA 75 (Nr 2.3).
56 BGH GRUR 02, 146 *Luftverteiler*.
57 BGH GRUR 75, 131 (I4a) *Allopurinol*; T 0136/95 ABl 98, 198; Bodenhausen PVÜ Art 4 H Anm b; s auch BGH GRUR 08, 597 *Betonstraßenfertiger*. Zu Abweichungen bei DNS- oder Aminosäuresequenzen s T 0080/05 v 19.11.2008; T 0666/05 v 13.11.2008; T 1213/05 v 27.09.2007 BeckRS 07, 30686962; Jaenichen/Malek, epi information 08, 91.
58 BGH GRUR 09, 390 (Rn 23) *Lagerregal*; T 0136/95 ABl 98, 198.

Merkmalkombinationen, die in der Nachanmeldung beansprucht werden, müssen für 36
den Fachmann erkennbar auch als zur Voranmeldung gehörig offenbart,[59] nicht nur
durch diese nahegelegt sein.[60] Daran kann es fehlen, wenn die Kombination lediglich
zusammen mit weiteren Merkmalen Gegenstand eines Ausführungsbeispiels ist[61] oder
wenn sich eines der in der Nachanmeldung kombinierten Merkmale erst durch die
Nacharbeitung eines Ausführungsbeispiels der Voranmeldung ergibt.[62]

1.7.2 Weiterentwicklungen der Erfindung der Voranmeldung, die der Anmelder im 37
Laufe des Prioritätszeitraums macht, darf die Nachanmeldung enthalten. Diesem
Anliegen dient auch die Zulassung von Teilprioritäten nach Art 4 F (2) PVÜ und
Art 88 (3) EPÜ (s Rdn 45). Der Anmelder darf daher in seine Nachanmeldung zusätzliche technische Informationen aufnehmen, die die Erfindung nach der Voranmeldung
in nützlicher Weise fortbilden. Eine Weiterentwicklung darf aber nicht den Erfindungsgedanken in seiner Substanz verändern,[63] weil dann Vor- und Nachanmeldung
nicht mehr dieselbe Erfindung betreffen.

1.7.3 Mangelnde Übereinstimmung in den Merkmalen in Vor- und Nachanmel- 38
dung steht der Inanspruchnahme einer Priorität grundsätzlich entgegen. Es kann nicht
dahingehend differenziert werden, dass das hinzugefügte, gestrichene oder geänderte
Merkmal im Einzelfall nicht zu den technischen Merkmalen gehört, die mit der Funktion und der Wirkung der Erfindung in Zusammenhang stehen.[64] Eine solche Unterscheidung, die allein von der Bewertung des jeweiligen Entscheidungsorgans abhängt,
entspricht nicht der Rechtssicherheit, auf die die Öffentlichkeit Anspruch hat. Entscheidendes Kriterium ist vielmehr, dass der Fachmann den in der Nachanmeldung
beanspruchten Gegenstand unter Heranziehung des allgemeinen Fachwissens unmittelbar und eindeutig der Voranmeldung als Ganzes entnehmen kann.[65]

Folgende Abweichungen sind unter der Voraussetzung, dass die Identität der Offenba- 39
rung in Vor- und Nachanmeldung dadurch nicht berührt wird, unschädlich: **a)** eine
unwesentliche Abwandlung eines Merkmals (*inessential modifications*) oder das **Hinzufügen unwesentlicher Merkmale**[66] (*inessential features*), die also keinerlei technischen Beitrag leisten oder völlig trivial sind; **b)** Fehlen einer ausdrücklichen Erwähnung
eines Merkmals in der Voranmeldung, das aber für den Fachmann erkennbar **implizit
offenbart** ist;[67] **c)** Hinzufügen eines Merkmals in der Nachanmeldung, das den Gegen-

---

59 BGH GRUR 02, 146 *Luftverteiler*; **12**, 149 (Rn 34) *Sensoranordnung*.
60 BGH GRUR **12**, 149 (Rn 83) *Sensoranordnung*; v 20.5.2021 X ZR 62/19 GRUR **21**, 1162 (Rn 36 u 49) *Bodenbelag*.
61 BGH v 16.10.2001 X ZR 56/99 BeckRS **01**, 9215 *Palettenbehälter*.
62 BGH GRUR **12**, 1133 (Rn 32) *UV-unempfindliche Druckplatte*.
63 BPatGE **40**, 115, 121.
64 So aber früher T 0073/88 ABl **92**, 557 *Snackfood*, überholt durch GrBK G 0002/98 ABl **01**, 413 (Nr 8.3).
65 GrBK G 0002/98 ABl **01**, 413 (Nr 9) *Erfordernis für die Inanspruchnahme einer Priorität für »dieselbe Erfindung«*.
66 GrBK G 0002/98 ABl **01**, 413 (Nr 8.1) *Erfordernis für die Inanspruchnahme einer Priorität für »dieselbe Erfindung«*.
67 GrBK G 0002/98 ABl **01**, 413 (Nr 2 und 4) *Erfordernis für die Inanspruchnahme einer Priorität für »dieselbe Erfindung«*; T 0809/95 ABl **98** SonderA 56.

stand gegenüber dem weiteren Gegenstand der Voranmeldung beschränkt, aber nicht neu macht,[68] wie zB Beschränkung auf einen engeren Bereich[69] oder auf einen einzelnen Wert, wenn dieser als mögliche Ausführungsform der Erfindung offenbart ist;[70] d) Hinzufügen eines Merkmals, das den identischen Gegenstand beider Anmeldungen unberührt lässt und nur den **Schutzbereich beschränkt**;[71] e) **Weglassen eines unwesentlichen Merkmals** der Voranmeldung;[72] f) Aufnahme eines zulässigen Disclaimer;[73] g) Hinzufügen von **Ausführungsbeispielen**, die die gewerbliche Anwendbarkeit veranschaulichen, aber nicht erst begründen;[74] h) **Verallgemeinerung**, wenn Voranmeldung eine technische Lehre anhand eines Beispiels beschreibt, das der Fachmann als Ausführungsbeispiel einer allgemeineren Lehre erkennt.[75]

---

68 T 0255/91 ABl 93, 318; T 0364/95 ABl 98 SonderA 54.
69 T 0669/93 EPOR 00, 39; T 0212/88 ABl 92, 28; T 0065/92 ABl 94 SonderA 71; T 0680/08 (Nr 1.1–1.5) ABl 11 SonderA 2, 64.
70 BGH GRUR 16, 50 *Teilreflektierende Folie*.
71 T 0016/87 ABl 92, 212.
72 T 0809/95 ABl 98 SonderA 57; engl Court of Appeal FSR 05, 56 *Unilin Beheer NV v Berry Floor NV*.
73 T 0175/03 v 3.11.2005 BeckRS 05, 30533842 (Nr 2); T 0680/08 (Nr 3.1–3.2) ABl 11 SonderA 2 64; s aber auch T 1443/05 ABl 09 SonderA 2, 41 und hierzu Koch/Weinzierl epi information 10, 15.
74 T 1834/09 EPOR 11, 318.
75 BGH GRUR 14, 542 *Kommunikationskanal*; BGH v 4.9.2018 X ZR 14/17 GRUR 19, 271 (Rn 78) *Drahtloses Kommunikationsnetz*; engl Court of Appeal *HTC Corporation v. Gemalto S.A.* RPC 15, 461.

Art 4 PVÜ
Art 87–89 EPÜ *Prioritätsrecht/priority right* § 41

Beispiel aus GrBK G 0002/98 (ABl 01, 413, 428):

1.10.1998	1.12.1998	30.9.1999	30.11.1999
GB1	GB2	EP1, Prio. GB1	EP2, Prio. GB2
Anmelder X	Anmelder Y	Anmelder X	Anmelder Y
Bsp 1 A+B	A+B'	A+B'	A+B'
Bsp 2 A+B	A+B+C	A+B+C	A+B+C

Wird der Patentanmeldung EP1 die Priorität der britischen Patentanmeldung GB1 zuerkannt, weil B' eine unwesentliche Abwandlung von B ist (Bsp 1) oder weil mit C zur Kombination A+B ein unwesentliches Merkmal hinzukam (Bsp 2), so erhält EP1 den früheren Stichtag und gilt gegenüber der Patentanmeldung EP2 nach Art 54 (3) EPÜ als Stand der Technik.

Ein Prioritätsdisclaimer, der ein wesentliches Merkmal C aus der Kombination A+B+C der Nachanmeldung von der Prioritätsinanspruchnahme ausnimmt, weil C über den Inhalt der Prioritätsanmeldung für A+B hinausgeht, kann eine wirksame Prioritätsinanspruchnahme nicht begründen. Denn ein solcher Prioritätsdisclaimer beläßt Merkmal C in der Nachanmeldung, so dass die Grundvoraussetzung nicht erfüllt ist, dass Voranmeldung (A+B) und Nachanmeldung (A+B+C) dieselbe Erfindung betreffen müssen.[76] Diese Situation ist zu unterscheiden von dem Fall der sog. uneigentlichen Erweiterung, bei der ausnahmsweise ein an sich nach § 38 S 2 unzulässiges Merkmal gemäß der BGH-Rechtsprechung mit oder ohne ausdrückliche Beschränkungserklärung (Disclaimer) im Anspruch verbleiben kann, aber bei der weiteren Prüfung nicht weiter berücksichtigt werden darf (s § 21 Rdn 75). Im Fall der uneigentlichen Erweiterung ist dann konsequenterweise auch die Inanspruchnahme der Priorität einer Erstanmeldung wirksam, die das unzulässigerweise eingeführte beschränkende Merkmal ebenfalls nicht enthält.[77]

Beschränkter Prioritätsverzicht mit Wirkung für Deutschland soll in der inländischen nationalen Phase des Erteilungsverfahrens möglich sein.[78]

Zur Zurücknahme der Priorität siehe Rdn 70.

1.7.4 Mehrfachpriorität *(multiple priority):* Sind die Erfindung und ihre Weiterentwicklungen nicht in einer, sondern in mehreren Voranmeldungen enthalten, so braucht der Anmelder nicht für jede Voranmeldung eine Nachanmeldung einzureichen, sondern kann nach Art 4 F PVÜ und Art 88 (3) EPÜ die Prioritäten der mehreren Voranmeldungen in einer Nachanmeldung zusammenfassen. Voraussetzung: Erfindungseinheit *(unity of invention)* ist für die zusammenfassende Nachanmeldung gegeben (Art 4 F (1) letzter HS PVÜ, zur Einheitlichkeit gemäß § 34 (5) und Art 82 EPÜ s § 34 Rdn 229 ff). Führt die Zusammenfassung zu einer uneinheitlichen Nachanmeldung, kann diese geteilt werden (Art 4 G (1) PVÜ).

---

76 BPatG GRUR-RR 13, 500 (mit ausführlicher Begründung); aA BPatGE 47, 34.
77 BPatG v 22.8.2018 4 Ni 10/17 (EP) GRUR 19, 606 (V3.3.3.1); so bereits BPatG 4 v 1.8.2013 Ni 28/11 (EP) GRUR-RR 13, 500 (IV2.4.3: Fall A).
78 BPatGE 48, 207.

43 *Reichweite der Priorität der einzelnen Voranmeldungen* ist auf ihren eigenen Offenbarungsgehalt begrenzt. Für die erstmalige Kombination von Elementen verschiedener Voranmeldungen kann nicht deren Priorität in Anspruch genommen werden, vielmehr begründet dafür die Nachanmeldung eine eigene Priorität.

44 *Mehrere Prioritäten für einen Anspruch* sind möglich.[79] Art 88 (2) 2 EPÜ lässt sie ausdrücklich zu. Sie sind denkbar, wenn der Anspruch mehrere eigenständige technische Lehren umfasst (zB alternative Lösungen[80]). Dann können die mehreren eigenständigen Lehren eines Anspruchs unterschiedlichen Voranmeldungen zugeordnet werden, so dass ein Anspruch verschiedene Prioritäten haben kann. Insofern ist der Anspruch nicht die kleinste Einheit der Nachanmeldung. Kleinster Teil, für den eine Priorität in Anspruch genommen werden kann, ist vielmehr jede Lehre eines Anspruchs, die auch Gegenstand eines eigenen Anspruchs sein könnte.[81] Enthält ein Anspruch aber nicht mehrere Teil-Lehren, sondern eine in sich geschlossene Lehre, so mag es zwar Prioritäten für einzelne Merkmale der Nachanmeldung geben, die aber keine Priorität für die Erfindung der Nachanmeldung begründen, wenn diese gerade in der synergistischen Zusammenfassung der einzelnen Merkmale besteht.

»UND«- Anspruch: Enthält die Voranmeldung 1 das Merkmal A, die Voranmeldung 2 die Merkmale A zusammen mit B, so kann für die Nachanmeldung von A zusammen mit B nur die Priorität der Voranmeldung 2 beansprucht werden und nicht zusätzlich die Priorität der Voranmeldung 1 für das Merkmal A.

»ODER«-Anspruch: Enthält die Voranmeldung 1 das Merkmal A, die Voranmeldung 2 als Alternative zu A das Merkmal B, so können für die Nachanmeldung von A und Alternative B beide Prioritäten beansprucht werden.[82] Das gleiche sollte auch dann gelten, wenn ein Anspruch die in den Voranmeldungen offenbarten Alternativen nicht durch ein »oder« verknüpft, sondern mittels eines allgemeineren Begriffs zusammenfasst. Für das Prioritätsrecht kommt es auf die intellektuelle Trennbarkeit, nicht auf die sprachliche Einkleidung an.[83] Diese Sichtweise entspricht auch dem Ergebnis der Entscheidung der GrBK des EPA zur Frage der Teilpriorität.[84]

45 **1.7.5 Teilpriorität** *(partial priority)*:[85] Die Erfindung der Voranmeldung darf während des Prioritätsjahres weiter entwickelt werden. Die Hinzufügung von Merkmalen in der Nachanmeldung steht nach Art 4 F (1) PVÜ und Art 88 (3) EPÜ der Inanspruchnahme der Priorität der Voranmeldung für die in ihr enthaltenen Merkmale nicht entgegen. Merkmale *(elements)* sind nicht Anspruchsmerkmale *(features)*, sondern die in der Voranmeldung enthaltene technische Information.[86] Voraussetzung:

79 BPatGE 28, 222; 35, 62; 40, 115; abw: 23, 259.
80 T 0828/93 ABl 97 SonderA 58.
81 So im Ergebnis BPatGE 40, 115. Vgl ferner T 0665/00 v 13.4.2005 BeckRS 05, 30621687 (kritisch dazu Bremi/Vigand Mitt 06, 490) sowie T 0609/05 v 9.8.2007 BeckRS 07, 30613082.
82 Vgl dazu BGH GRUR 04, 133 *Elektronische Funktionseinheit*; BPatG v 14.12.2009 3 Ni 23/08 GRUR 10, 995 L = BeckRS 10, 1819; GrBK G 0002/98 ABl 01, 413 (Nr 6.5) *Erfordernis für die Inanspruchnahme einer Priorität für »dieselbe Erfindung«*.
83 Ausführlich hierzu unter Rückgriff auf die Gesetzesmaterialien zum EPÜ: T 1222/11 (Nr 11–11.8) Abl 14 ZPubl 5, 59; zustimmend T 0571/10 ABl 15 ZPubl 4, 54.
84 GrBK G 0001/15 ABl 17, A82 *Teilpriorität*.
85 Hierzu Shibata epi information 16/02, 43; 17/02, 24.
86 Vgl Joos GRUR Int 98, 456 (IV1).

Art 4 PVÜ
Art 87–89 EPÜ   *Prioritätsrecht/priority right*   § 41

Erfindungseinheit (s oben Rdn 42). Die Teilpriorität gilt nur für die in der Voranmeldung offenbarte Erfindung, nicht für den Überschuss, den die Nachanmeldung enthält.

Teilpriorität kann auch innerhalb eines Anspruchs, d.h. für einen Teil des beanspruchten Gegenstands, bestehen. Insofern sind die für die Prüfung der Mehrfachpriorität entwickelten Grundsätze (oben Rdn 44) anzuwenden. Dies verhindert zum einen, dass eine nachveröffentlichte Prioritätsanmeldung in Bezug auf diesen Teil des beanspruchten Gegenstands zum Stand der Technik nach Art 54 (3) EPÜ wird, und löst zum anderen das Problem der sog. toxischen Teilanmeldungen[87] befriedigend: einem Anspruch, der eine spezifische in der Voranmeldung offenbarte Lösung verallgemeinert, steht hinsichtlich der von ihm mitumfassten spezifischen Lösung eine Teilpriorität zu, so dass idR weder eine Prioritätsanmeldung noch eine Teilanmeldung diesbezüglich Stand der Technik gegenüber der Nachmeldung bzw. der Stammanmeldung bildet.[88] Dieser Sichtweise hat sich auch die GrBK des EPA in einer 2016 ergangenen Entscheidung angeschlossen.[89] Sie kann sich auch darauf auswirken, ob die Anmeldung, deren Priorität in Anspruch genommen wird, die in Wahrheit erste Anmeldung ist (s oben Rdn 17).[90]   46

1.8 Prioritätsfrist von 12 Monaten seit der Voranmeldung beginnt vom Tag der Einreichung der ersten Anmeldung, der nach Art 4 C (2) PVÜ nicht in die Frist eingerechnet wird. Ist der letzte Tag der Frist in dem Land der Nachanmeldung ein gesetzlicher Feiertag oder ein Tag, an dem das Amt zur Entgegennahme von Anmeldungen nicht geöffnet ist, so erstreckt sich die Frist auf den nächstfolgenden Werktag. § 193 BGB ist anwendbar,[91] vgl Einl Rdn 188. Einhaltung der Frist ist kein formelles, sondern ein materiell-rechtliches Erfordernis, über das nicht vorab entschieden werden kann.[92]   47

Verlängerung der Frist können DPMA oder EPA nicht gewähren.[93] Eine *Wiedereinsetzung* (zB bei verzögerter Postzustellung) ist für deutsche Anmeldungen seit dem 1.11.1998[94] möglich,[95] für europäische Anmeldungen aufgrund von Art 122 EPÜ (2000) seit dem 13.12.2007.[96] Für internationale Anmeldungen sehen R 26bis.3 und   48

---

87 Lit: **Fuchs:** Giftige Teilanmeldungen und Teilprioritäten 2016; **Lit in epi information:** Lawrence/Wilkinson **11**, 54; Lawrence **13**, 89; Rambelli **14**, 30; Nollen **15**, 154; Krobath **18**/01, 24; **Lit in GRUR Int:** Walder-Hartmann **14**, 17; Schultz/Geißler **18**, 536; **Lit in Mitt:** Drope **12**, 494; Teschemacher **14**, 16; **Lit in sic!:** Bremi **15**, 503 u 569.
88 AA (aber durch GrBK 0001/15 überholt): T 1443/05 ABl **09** SonderA 2, 41; T 132/09 EPOR **13**, 65 (Voranmeldung neuheitsschädlich für Nachanmeldung); T 1496/11 v 12.9.2021 RechtsprBK/EPA **16**, 81 (Teilanmeldung neuheitsschädlich für Stammanmeldung).
89 G 0001/15 ABl **17**, A82 *Teilpriorität*. Für Details zum früheren Meinungsstand s die Vorlageentscheidung T 0557/13 ABl **16**, A87 u hierzu amicus curiae-Stellungnahme in CIPA J **16**/1, 8.
90 Vgl T 0282/12 v 9.11.2017 BeckRS **17**, 141796 = Öbl **18**, 117.
91 BPatGE **28**, 90, 91.
92 BPatGE **38**, 20 (Gbm).
93 J 0018/86 (Nr 3); J 0004/87 ABl **88**, 172.
94 Vgl amtl Begr zum 2. PatGÄndG BlPMZ **98**, 407.
95 Hat der Anmelder aber nur Vorkehrungen getroffen, beim EPA eine Nachanmeldung einzureichen, reicht dies im Anmeldeverfahren vor dem DPMA als Wiedereinsetzungsgrund nicht aus, s BPatG BlPMZ **08**, 409.
96 Für Einzelheiten s Storz/Wind-Falk epi information **08**, 68.

R 49ter PCT in ähnlicher Weise eine Wiederherstellung des Prioritätsrechts vor.[97] Ein Weiterbenutzungsrecht für den gutgläubigen Benutzer sehen § 123 (7) und Art 122 (5) EPÜ vor. Wird Wiedereinsetzung gewährt, führt dies nicht zur Vorverlegung des Anmeldetags auf den letzten Tag der Prioritätsfrist.[98]

49 Verschiebung des Anmeldetags der Voranmeldung ist grundsätzlich unbeachtlich,[99] es sei denn, die Rechte aus dem früheren Anmeldetag fallen dadurch gänzlich fort (Art 4 C (4) PVÜ und Art 87 (4) EPÜ analog).[100] Im Fall einer US provisional application for patent (s Rdn 15) gilt daher nur deren Anmeldetag, nicht der der nationalen Nachanmeldung. Die Prüfung des richtigen Prioritätsdatums obliegt der Behörde der Nachanmeldung.

50 *Ausscheidungs- und Teilanmeldungen* behalten die Priorität der ursprünglichen Anmeldung (§ 34 Rdn 262; § 39 Rdn 46).

2 Wirkung der Priorität

51 Sie besteht nach der PVÜ ebenso wie dem EPÜ in der Rangsicherung für eine spätere Nachanmeldung.

2.1 Art 4 B PVÜ

52 **2.1.1 Schutz vor patentschädlichen Tatsachen** *(patent protecting provision)*: Nach Art 4 B S 1 1. HS PVÜ können im Prioritätsintervall bewirkte Nachanmeldungen nicht unwirksam gemacht werden durch inzwischen eingetretene Tatsachen, wie zB eine andere Anmeldung oder die Veröffentlichung oder Ausübung der Erfindung. Dadurch wird der Nachanmeldung der Rang der Erstanmeldung gesichert.[101] Für die Beurteilung von Neuheit und erfinderischer Tätigkeit ist der Prioritätstag und nicht der Anmeldetag der Nachanmeldung maßgebend. Die Rangsicherung bezieht sich nur auf die typischen patentschädlichen Tatsachen, die auf Handlungen Dritter beruhen und die Art 4 B S 1 PVÜ beispielhaft nennt,[102] nicht dagegen auf das anzuwendende Recht.[103] Wird dieses im Prioritätsintervall geändert, ist es gleichwohl auf die Nachanmeldung anzuwenden.

53 **2.1.2 Defensivwirkung** *(patent defeating provision)*: Art 4 B PVÜ begünstigt nicht nur die Nachanmeldung gegenüber patentschädlichen Tatsachen, sondern verleiht der Priorität auch eine patenthindernde Wirkung gegenüber Anmeldungen Dritter im Prioritätsintervall, da diese nach Art 4 B S 1 2. HS PVÜ kein Recht des Dritten begründen. Die Defensivwirkung ist auf den Offenbarungsgehalt der prioritätsbegründenden Anmeldung beschränkt. Nur insoweit er mit der Offenbarung der jüngeren Anmel-

---

97 Vgl Zimmermann Mitt 09, 10, 16; Boncea/Nollen epi information 18/03, 16. S hierzu auch J 0017/16 v 13.12.2017 BeckRS 17, 146451 (Wiederherstellung akzeptiert); J 0008/18 v 27.3.2019 BeckRS 19, 11710 (Wiederherstellungsantrag infolge nicht fristgerechter Gebührenzahlung unzulässig).
98 BPatGE 49, 59 (für Geschmacksmuster).
99 PA BlPMZ 34, 128 f; 56, 278.
100 BPatGE 18, 21.
101 BGH BlPMZ 66, 74 (II1) *Flächentransistor*.
102 BPatGE 2, 164, 169.
103 BGH v 6.10.1994 X ZR 50/93 *Wischtuch*.

dung aus dem Prioritätsintervall übereinstimmt, kann diese keine Rechte eines Dritten begründen.

2.2 Art 89 EPÜ

Art 89 EPÜ stellt den Prioritätstag dem Anmeldetag gleich, aber nur in den dort genannten Fällen. Daraus folgt:

2.2.1 Neuheit: Da der Prioritätstag als Anmeldetag gilt, kann der Nachanmeldung nur Stand der Technik gemäß Art 54 (2) EPÜ entgegengehalten werden, der vor dem Prioritätstag liegt. Dokumente aus dem Prioritätsintervall können nur insoweit Stand der Technik gemäß Art 54 (2) EPÜ bilden, als der Prioritätsanspruch unwirksam ist, zB weil Vor- und Nachanmeldung nicht dieselbe Erfindung betreffen.[104]

Ebenso sind ältere Anmeldungen gemäß Art 54 (3) EPÜ nur neuheitsschädlich, wenn sie vor dem Prioritätstag, nicht dagegen, wenn sie im Prioritätsintervall eingereicht sind. Zudem bewirkt Art 89 EPÜ, dass eine Anmeldung durch Inanspruchnahme einer Priorität zu einer älteren Anmeldung iS des Art 54 (3) EPÜ gegenüber einer zu prüfenden Anmeldung eines Dritten wird (Defensivwirkung der Priorität).

2.2.2 Erfinderische Tätigkeit: Art 56 EPÜ bedurfte keiner Erwähnung in Art 89 EPÜ, weil die erfinderische Tätigkeit anhand des in Art 54 EPÜ genannten Standes der Technik zu beurteilen ist, der aber nur zu berücksichtigen ist, wenn er vor dem Prioritätstag liegt (vgl § 4 Rdn 12 ff).

2.2.3 Mehrere Anmelder: Haben mehrere eine Erfindung unabhängig voneinander gemacht, so steht gemäß Art 60 (2) EPÜ dem Anmelder mit dem früheren Anmeldetag oder gemäß Art 89 EPÜ mit dem früheren Prioritätstag das Recht auf das Patent zu.

2.2.4 Unschädliche Offenbarungen: Nach Art 55 EPÜ bleiben für die Anwendung des Art 54 EPÜ bestimmte Offenbarungen außer Betracht, die früher als 6 Monate vor *Einreichung* der Anmeldung erfolgten. Art 55 EPÜ stellt nicht auf den Anmeldetag ab, und Art 89 EPÜ verweist nicht auf Art 55 EPÜ. Daher kann nach hM für Art 55 EPÜ nicht statt des Tages der Einreichung der Prioritätstag treten, so dass eine Kumulierung von Prioritätsfrist mit der 6-Monatsfrist des Art 55 EPÜ abgelehnt wird[105] (s § 3 Rdn 188).

3 Rechtsprechungsbeispiele zur Prioritätsanerkennung

Priorität wurde anerkannt: 1. für *weitere triviale Herstellungswege*, wenn in der Voranmeldung Struktur des Stoffes und ein Herstellungsweg offenbart sind;[106] **2.** wenn in der Nachanmeldung nur **unwesentliche Merkmale hinzugefügt** wurden *(inessential features)*;[107] **3.** wenn das in der Nachanmeldung hinzugefügte Merkmal den Charakter der Erfindung nicht ändert, sondern lediglich den *Schutzbereich freiwillig*

---

104 GrBK G 0003/93 ABl 95, 18 *Prioritätsintervall.*
105 BGH GRUR 96, 349 *Coriroliskraft II*; GrBK G 0003/98 *Sechsmonatsfrist/UNIVERSITY PATENTS* ABl 01, 62; G 0002/99 *Sechsmonatsfrist/DEWERT* ABl 01, 83.
106 BGH GRUR 75, 131 (I4a) *Allopurinol.*
107 GrBK G 0002/98 ABl 01, 413 (Nr 8.1) *Erfordernis für die Inanspruchnahme einer Priorität für »dieselbe Erfindung«.*

beschränkt;[108] **4.** wenn die hinzugefügten Merkmale eine für den Fachmann *routinemäßige Auswahl* sind;[109] **5.** wenn die Voranmeldung alle wesentlichen Merkmale der Erfindung entweder *ausdrücklich* offenbart oder unmittelbar und zweideutig *implizit* enthält;[110] **6.** wenn die Nachanmeldung lediglich *Toleranzbereiche* zusätzlich nennt;[111] **7.** wenn Grenzwerte für Molekulargewichte eines Proteins nur geringfügig abweichen;[112] **8.** wenn ein Merkmal der Voranmeldung (»dünnwandig«) im Anspruch zwar nicht genannt wird, aber *implizit* vorhanden sein muss;[113] **9.** wenn der Nachanmeldung zur weiteren Ausgestaltung ein weiteres Merkmal hinzugefügt wird, der Erfindungsgedanke nach Aufgabe und Lösung aber übereinstimmt.[114]

60 **Priorität wurde nicht anerkannt: 1.** wenn *Lösungsmittel* in Vor- und Nachanmeldung wesentlich verschieden sind und zu abweichenden Wirkungen führen;[115] **2.** für ein Verfahren der Nachanmeldung, zu dem der Fachmann zwar auf Grund der Angaben in der Voranmeldung kommen könnte, dies ihm aber *nicht ohne weiteres Nachdenken* möglich ist;[116] **3.** für Merkmale, die erst *später als wesentlich erkannt* werden, die in der Voranmeldung rein spekulativ erwähnt sind;[117] **4.** wenn die konkreten Gegenstände zwar unter den weit gefassten Anspruch der Voranmeldung fallen, dort aber nicht deutlich offenbart sind,[118] zB einzelne Verbindung, die unter eine *generische Formel* fällt;[119] **5.** wenn bestimmte Bedingungen eines Verfahrens in der Nachanmeldung fortgelassen werden;[120] **6.** wenn die Verfahren von Vor- und Nachanmeldung sich im ersten Verfahrensschritt unterscheiden;[121] **7.** wenn die Voranmeldung generell 2 mögliche Alternativen offenbart, die Erfindung aber notwendig auf eine ausführbare Alternative beschränkt werden muss;[122] **8.** für einen Bestandteil eines Gegenstands, wenn die Voranmeldung nur den Gegenstand offenbart, den Bestandteil aber nicht erwähnt und dieser erheblicher Nachforschungen bedarf.[123]

II. Prioritätserklärung *(declaration of priority)*

1 Grundsätzliches

61 **Inanspruchnahme der Priorität** *(claiming priority)* ist erforderlich, um in den Genuss des Vorteils einer Priorität zu kommen. Sie erfolgt nach Art 4 D (1) PVÜ und Art 88 (1) EPÜ durch eine *Prioritätserklärung*. Dies ist eine Verfahrenserklärung, die

---

108 T 0016/87 ABl 92, 212.
109 T 0581/89 ABl 92 SonderA 39; T 0364/95 ABl 98 SonderA 54.
110 T 0081/87 ABl 90, 250.
111 T 0212/88 ABl 92, 28.
112 T 0065/92 ABl 94 SonderA 71.
113 T 0809/95 v 29.4.1997 BeckRS 97, 30642798.
114 BPatGE 40, 115, 124; vgl 35, 62.
115 BGH GRUR 79, 621 *Magnetbohrständer*; vgl BPatGE 23, 259, 262.
116 BGH GRUR 75, 131 (III4b dd) *Allopurinol*.
117 T 0081/87 ABl 90, 250.
118 T 0409/90 ABl 93, 40; T 0077/97 EPOR 98, 256.
119 T 0085/87 EPOR 89, 24; T 0077/97 EPOR 98, 256.
120 T 0134/94 v 12.11.1996 BeckRS 96, 30524160.
121 T 0323/90 ABl 93 SonderA 46.
122 T 0061/85 EPOR 88, 20.
123 T 0301/87 ABl 90, 335.

ausreichend deutlich erkennen lässt, dass der Anmelder für die eingereichte Anmeldung den Anmeldetag einer eigenen früheren Anmeldung beanspruchen möchte. Sie muss die allgemeinen Voraussetzungen jeder Verfahrenshandlung erfüllen (s Einl Rdn 41 ff).

Die förmlichen Erfordernisse werden durch **Art 4 D PVÜ** unionsrechtlich abschließend[124] vorgegeben. Folgende Angaben über die frühere Anmeldung können verlangt werden: *Zeitpunkt, Land* und *Aktenzeichen*. Ferner kann eine *Abschrift* der früheren Anmeldung und ihre *Übersetzung* verlangt werden. Weitere Förmlichkeiten dürfen nicht verlangt werden (Art 4 D (4) 1 PVÜ). Die Nichtbeachtung der Förmlichkeiten darf nach Art 4 D (4) 2 PVÜ nicht über den Verlust des Prioritätsrechts hinausgehen, kann also nicht zur Zurückweisung der Anmeldung führen.

Sowohl § 41 PatG als auch **Art 88 iVm R 52 u 53 EPÜ** halten sich an die konventionsrechtlichen Vorgaben und präzisieren sie insbesondere im Hinblick auf die Fristen zur Erfüllung der Formerfordernisse.

Die Prioritätserklärung gilt **nur für die Anmeldung, für die sie abgegeben** worden ist.[125] Nach *Teilung* einer Anmeldung gilt die in der Stammanmeldung abgegebene Prioritätserklärung auch für die Teilanmeldung (s § 39 Rdn 44). 62

Mehrfache Inanspruchnahme der gleichen Priorität einer Voranmeldung für Nachmeldungen im gleichen Nachanmeldeland verbietet weder PVÜ noch EPÜ.[126] Ein Rechtsschutzinteresse kann dafür bestehen, zB wenn gegen die Wirksamkeit der 1. Nachanmeldung Bedenken bestehen könnten. Einen Verbrauch des Prioritätsrechts durch die Inanspruchnahme für die 1. Nachanmeldung kennen EPÜ und PVÜ nicht. 63

2 Elemente der Prioritätserklärung

Die wesentlichen Elemente, die die **Prioritätserklärung** enthalten muss, sind folgende Angaben zur früheren Anmeldung: 64

a) **Zeitpunkt**; hierunter ist der Anmeldetag der früheren Anmeldung zu verstehen.

b) **Land**, in dem oder für das die Anmeldung eingereicht wurde. **Die Angabe »europäische Anmeldung«** ist nur nach dem Wortlaut des § 41 (1) nicht ausreichend, da Europa kein Land in diesem Sinne ist.[127] Mit dieser Angabe werden aber alle benannten Vertragsstaaten genannt. Für eine konkrete Aufzählung der benannten Staaten, in denen die europ Anmeldung nach Art 66 EPÜ die Wirkung einer nationalen Hinterlegung hat und die alle der PVÜ angehören, besteht kein Bedürfnis.

c) **Aktenzeichen der früheren Anmeldung** ist richtig und vollständig anzugeben. Fehler, die die eindeutige Erkennbarkeit des gemeinten Aktenzeichens nicht hindern, sind unschädlich.

---

124 BPatGE **38**, 20, 23 (Gbm).
125 Vgl BGH GRUR **79**, 626 (IIIb) *Elektrostatisches Ladungsbild* (zur früheren Gbm-Hilfsanmeldung).
126 T 0015/01 ABl 06, 153; T 0005/05 ABl 06 SonderA 60; T 1562/06 (Nr 2.1) v 22.09.2009; **Ruhl:** Unionspriorität 2000 S 96; Bremi/Liebetanz Mitt **04**, 148; aA EPA T 0998/99 ABl **05**, 229; **Wieczorek:** Die Unionspriorität 1975 S 184; differenzierend Ullmann Mitt **09**, 201, 203.
127 So BPatGE **23**, 264 (Gbm).

65 **d) Abschrift der früheren Anmeldung** (s dazu Rdn 71) wird unter dem PatG wie eine Angabe und damit wie ein Element der Prioritätserklärung behandelt, ist aber nach der Begrifflichkeit des EPÜ kein Bestandteil der Prioritätserklärung (R 52), sondern gehört zu den Prioritätsunterlagen (R 53).

3 Frist zur Abgabe der Prioritätserklärung

66 **3.1 16 Monate nach Priorität:** Sowohl nach § 41 (1) als auch nach R 52 (2) 2 EPÜ müssen alle drei Angaben (Zeitpunkt, Land und Aktenzeichen) spätestens 16 Monate nach dem frühesten beanspruchten Prioritätstag gemacht werden. Unter dem EPÜ galt bis zum Inkrafttreten der revidierten Fassung (13.12.2007) eine abweichende Regelung, an die die jetzige R 52 (2) 1 nur noch als Soll-Vorschrift erinnert. Danach musste der Anmeldetag und das Land der früheren Anmeldung bereits bei Einreichung der Nachanmeldung angegeben werden (R 38 (2) EPÜ aF). Allerdings brauchte das Aktenzeichen erst innerhalb der 16-Monatsfrist ab Prioritätstag eingereicht zu werden.

Für *internationale Anmeldungen* ist die Prioritätserklärung mit ihren Angaben nach Regel 4.10 iVm Art 8 PCT im Antrag anzugeben. Allerdings sieht Regel 26bis PCT die Möglichkeit vor, nicht später als 16 Monate nach Prioritätsdatum und nicht später als 4 Monate nach internationalem Anmeldedatum einen Prioritätsanspruch hinzuzufügen.

67 **3.2 Berechnung:** Die Frist beginnt mit dem Prioritätstag und berechnet sich unter dem PatG nach § 188 (2) BGB (s Einl Rdn 187). Werden mehrere Prioritäten in Anspruch genommen, beginnt die 16-Monatsfrist nach Art 88 (2) 3 EPÜ vom frühesten Prioritätstag. Eine Verlängerung der Frist ist nicht zulässig.

Bei Versäumung der Frist ist Wiedereinsetzung gemäß § 123 bzw nach Art 122 EPÜ möglich. Eine Weiterbehandlung nach Art 121 EPÜ ist ausgeschlossen (R 135 (2) EPÜ).

Eine Besonderheit gilt nach R 59 EPÜ für die Angabe des Aktenzeichens. Wird es nicht fristgemäß mitgeteilt, ergeht eine Aufforderung, es innerhalb einer zu bestimmenden Frist einzureichen.[128] Bei Versäumung dieser Nachfrist ist wiederum nur Wiedereinsetzung, nicht Weiterbehandlung möglich, da R 135 (2) EPÜ auch R 59 nennt.

68 Auch nach § 41 S 2 aF hatte das Amt zur Angabe des Aktenzeichens aufzufordern, wenn der Anmelder Zeitpunkt und Land der früheren Anmeldung angegeben hatte. Dies sieht § 41 (1) nicht mehr vor. Damit entfällt für den Anmelder die Warnfunktion, die die Aufforderung hatte. Andererseits muss er nicht zwei unterschiedliche 2-Monatsfristen beachten, sondern die einheitliche und längere 16-Monatsfrist.

4 Änderungen der Angaben

69 Änderungen der Angaben von Zeit, Land, Aktenzeichen und Abschrift der Voranmeldung sind innerhalb der 16-Monatsfrist nach § 41 (1) 2 – und nach R 52 (3) EPÜ zumindest für Berichtigungen – grundsätzlich jederzeit zulässig. Eine Ausnahme hiervon gilt nach R 52 (3), 2. Alt. EPÜ, wenn es durch die Änderung zu einer Verschiebung des frühesten Prioritätstags käme. Dann darf nach beiden Berechnungen die 16-

---

[128] Vgl. auch EPA-PrüfRichtl A-III 6.5.3 sowie J 0001/80 ABl 80, 289 (zum früheren Recht).

Monatsfrist noch nicht abgelaufen sein, es sei denn, die Änderung erfolgt vor Ablauf von 4 Monaten nach dem Tag der Nachanmeldung. Die geänderte Angabe tritt an die Stelle der bisherigen, auch wenn letztere richtig gewesen sein sollte. Dies folgt aus dem Wortlaut von § 41 (1) 2, sollte aber auch für das EPÜ gelten, obwohl R 52 (3) EPÜ von »berichtigen«, nicht von »ändern« spricht. Nach Ablauf der Frist ist eine Änderung unzulässig, sofern nicht Wiedereinsetzung in die versäumte Frist gewährt werden kann. Weiterbehandlung ist nach R 135 (2) EPÜ, die auch R 52 (3) EPÜ nennt, nicht zulässig. *Irrtumsanfechtung* scheidet aus, da es sich um Verfahrenshandlungen handelt (s Einl Rdn 89). Zur Berichtigung offensichtlicher Fehler s Rdn 78.

Zurücknahme der beanspruchten Priorität ist wie für jede Verfahrenserklärung mit Wirkung ihres Eingangs grundsätzlich möglich. Für eine internationale Anmeldung kann eine beanspruchte Priorität gemäß R 90bis.3 PCT für alle Bestimmungsstaaten vor Ablauf von 30 Monaten seit dem Prioritätstag jederzeit zurückgenommen werden. Danach ist in der nationalen Phase eine Rücknahme mit Wirkung für den jeweiligen Bestimmungsstaat jederzeit möglich. Zu dem Zeitpunkt, bis zu dem die Prioritätsrücknahme für eine internationale Anmeldung erfolgen muss, um die Rechtsfolge des Art III § 4 (4) IntPatÜG (Rücknahme der früheren Patentanmeldung bei innerer Priorität) zu vermeiden, s § 40 Rnd 28.

Zum Prioritätsdisclaimer siehe Rdn 41.

5 Abschrift der früheren Anmeldung *(copy of the previous application)*

Ihre Einreichung dient dem Zweck, die Prüfung zu ermöglichen, ob die Nachanmeldung mit der Voranmeldung übereinstimmt, also ob die Priorität zu Recht beansprucht wird.[129] Daher muss die Abschrift mit der Voranmeldung identisch sein. Sie ist zur Akte der Nachanmeldung einzureichen, bei der sie verbleibt.[130] Nach Regel 4 (3) PLT darf das Patentamt aber nicht auf der Einreichung einer Abschrift der früheren Anmeldung bestehen, wenn die frühere Anmeldung bei ihm selbst eingereicht wurde oder ihm in einer von ihm anerkannten digitalen Bibliothek zugänglich ist.

Vollständige Abschrift der Voranmeldung ist erforderlich, weil sonst ihr Offenbarungsgehalt nicht zuverlässig feststellbar ist. Daher muss die Abschrift Ansprüche, Beschreibung und auch zur Voranmeldung eingereichte Zeichnungen[131] umfassen. Der Erteilungsantrag kann fehlen.[132]

Keine Abschrift gemäß § 41 (1) ist: **a)** eine deutsche Übersetzung einer fremdsprachigen Anmeldung;[133] **b)** Bezugnahme auf die Einreichung zu einer anderen Akte;[134] **c)** Auftrag zur Ablichtung der Abschrift in einer anderen Anmeldung kurz vor Fristablauf;[135]

---

129 Amtl Begr zum PatÄndG 1967 BlPMZ **67**, 244, 255; BPatGE **33**, 33.
130 BPatGE **16**, 57; **19**, 149, 151.
131 BGH GRUR **79**, 626 (IIIa) *Elektrostatisches Ladungsbild*; BPatGE **17**, 252.
132 BPatGE Mitt **71**, 34; BPatGE **33**, 33.
133 BPatGE **14**, 202.
134 BPatGE **15**, 187; **20**, 38.
135 BPatGE **15**, 187; **20**, 38.

d) Antrag auf Entnahme aus erledigter anderer Anmeldung;[136] e) bloße Erklärung, dass Vor- und Nachanmeldung identisch sind, es sei denn, es wird auf ein beigefügtes Doppel hingewiesen.[137]

74 *Einfache Abschrift* ist vor *DPMA* ausreichend.[138] Vor *EPA* bedarf es dagegen nach R 53 (1) EPÜ eines *Prioritätsbelegs* (= Abschrift der früheren Anmeldung mit Bescheinigung der Übereinstimmung des Amtes der früheren Anmeldung). Kein Prioritätsbeleg ist aber erforderlich, wenn eine dem EPA zugängliche Abschrift unter den vom EPA-Präsidenten festgelegten Bedingungen (gebührenfrei) in die Akte der europäischen Anmeldung aufzunehmen ist. Diese Ausnahme greift ein, wenn die Abschrift antragsgemäß über den digitalen Zugangsservice der WIPO[139] unter Verwendung des angegebenen Zugangscodes aufgenommen werden kann oder wenn die ältere Anmeldung eine europäische Anmeldung, eine beim EPA als Anmeldeamt eingereichte PCT-Anmeldung, eine chinesische oder koreanische Patent- oder Gbm-Anmeldung oder eine beim USPTO eingereichte vorläufige oder endgültige Patentanmeldung ist.[140] Die Aufnahme wird in bestimmten Fällen dem Anmelder mitgeteilt.[141] Zum elektronischen Austausch von Prioritätsunterlagen zwischen EPA und USPTO s MittEPA v 27.6.2007[142] und zur elektronischen Einreichung von Prioritätsunterlagen s Art 4 des Beschlusses PräsEPA v 14.5.2021.[143]

75 *Frist* für die Einreichung der Abschrift bzw des Prioritätsbelegs beträgt ebenfalls 16 Monate ab frühestem Prioritätstag (§ 41 (1) 1, R 53 (1) EPÜ). Das *Unterlassen der Einreichung* hat nach § 41 (1) 3 zur Folge, dass der Prioritätsanspruch verwirkt ist, weil die »Einreichung« der Abschrift nach hM als »Angabe« iSd § 41 (1) 3 gilt.[144] Wiedereinsetzung kann beantragt werden.
Unter dem EPÜ liegt demgegenüber bei Versäumung der 16-Monatsfrist für die Einreichung des Prioritätsbelegs (nur) ein Mangel vor, zu dessen Beseitigung mit einer Frist von mindestens 2 Monaten aufzufordern ist.[145] Bei Fristversäumung ist Wiedereinsetzung, nicht Weiterbehandlung möglich (R 135 (2) EPÜ). Ist bei internationalen Anmeldungen das Aktenzeichen oder die Abschrift der früheren Anmeldung innerhalb

---

136 BPatGE 16, 57.
137 BPatG Mitt 71, 34.
138 MittDPA BlPMZ 69, 2; BPatGE 21, 169.
139 S hierzu MittEPA v 22.2.2019 betreffen den Austausch von Prioritätsunterlagen über den digitalen Zugangsservice der WIPO (DAS) ABl 19, A27. Das EPA nimmt seit dem 1.11.2018 am DAS teil. Anmelder können beim bereitstellenden Amt (idR dem Amt der Erstanmeldung) beantragen, dass Prioritätsunterlagen im DAS-System bereitgestellt werden, und dann bei abrufenden Ämtern (dh den Ämtern der Nachanmeldungen) beantragen, dass diese Prioritätsunterlagen über DAS abgerufen werden.
140 Beschluss PräsEPA v 31.3.2020 ABl 20, A57. Vgl hierzu auch MittEPA vom 31.3.2020 über den Austausch von Prioritätsunterlagen zwischen dem EPA und dem Japanischen Patentamt ABl 20, A58.
141 Art 2 (1) Beschluss PräsEPA v 31.3.2020 ABl 20, A57.
142 ABl 07, 473 = ABl 16 ZPubl 4, 48.
143 ABl 21, A42. Vgl ferner MittEPA v 15.11.2018 ABl 18, A94 (zu einem früheren Beschluss ergangen).
144 BGH GRUR 73, 139 *Prioritätsverlust*; BPatGE 11, 204; 19, 149; 20, 38; abw: 11, 34.
145 J 0001/80 ABl 80, 289.

der Frist der R 159 (1) EPÜ noch nicht eingereicht, so wird der Anmelder dazu mit Zweimonatsfrist nach R 163 (2) EPÜ aufgefordert.

Übersetzung der fremdsprachigen Abschrift ist nur auf Anforderung einzureichen, wenn das zur Feststellung des Offenbarungsgehalts der früheren Anmeldung erforderlich ist (vgl § 14 (2) PatV und R 53 (3) 1 EPÜ). EPA setzt dazu eine Frist.[146] Bei Nichteinreichung der Übersetzung erlischt der Prioritätsanspruch (R 53 (3) 4 EPÜ).[147] Statt einer Übersetzung genügt die Erklärung, dass die europäische Anmeldung eine vollständige Übersetzung der früheren Anmeldung ist. Nach Regel 4 (4) PLT und R 53 (3) 1 EPÜ kann eine Übersetzung nur verlangt werden, wenn die Gültigkeit des Prioritätsanspruchs für die Entscheidung über die Patentierbarkeit der betreffenden Erfindung erheblich ist.

III. Prioritätsverlust *(loss of priority right)*

Prioritätsverlust wird in § 41 (1) 3 als Verwirkung des Prioritätsanspruchs bezeichnet und tritt unter dem PatG kraft Gesetzes mit Ablauf der 16-Monatsfrist ein, wenn eine der Angaben von Zeit, Land und Aktenzeichen oder die Abschrift fehlen oder so unrichtig oder unvollständig sind, dass DPMA sie nicht von sich aus durch die zutreffende Angabe zu ersetzen vermag. Unter dem EPÜ gilt dies nicht für Aktenzeichen und Abschrift, da diese Mängel noch nach Fristsetzung behebbar sind (R 59 EPÜ, s Rdn 67 u 75).

1 Richtigstellung durch DPMA

DPMA empfängt die Angaben nach § 41 (1) 1 mit allen allgemeinen Kenntnissen (nicht internen Aktenvorgängen), über die DPMA (nicht ausländische Ämter)[148] als Behörde (nicht der einzelne Bedienstete) verfügt.[149] Dazu gehören öffentliche Druckschriften des Auslandes (OS, PS, Patentblatt[150]) oder andere öffentlich zugängliche Datenträger (zB von INPADOC), die dem DPMA vor Fristablauf vorliegen.

Kennt DPMA aufgrund dieser Unterlagen bereits die richtige Angabe, so erkennt es den Fehler des Anmelders und hat die fehlerhafte Angabe zu berichtigen oder zu vervollständigen.

Kennt DPMA die richtige Angabe nicht, sondern erkennt es lediglich eine Unvollständigkeit oder eine Unstimmigkeit der Angaben untereinander, so kann es nur berichtigen oder eine fehlende Angabe zulassen, wenn dafür ein sehr hoher Grad von Wahrscheinlichkeit spricht.[151] Dabei sind alle Umstände wie Datum, Art und

---

146 Dies kann auch durch Beschwerdekammer geschehen, wenn erstmals im Beschwerdeverfahren Entgegenhaltungen aus dem Prioritätsintervall eingeführt werden, s T 0105/08 EPOR 11, 104.
147 S auch EPA-Mitteilung v 28.1.2013 ABl **13**, 150.
148 Vgl BPatGE **12**, 133, 137.
149 BGH BlPMZ **74**, 172 *Elektronenstrahlsignalspeicherung.*
150 Vgl BPatGE **16**, 135.
151 BGH BlPMZ **74**, 172 *Elektronenstrahlsignalspeicherung;* **74**, 175 *Spiegelreflexkamera.*

Größenordnung des Aktenzeichens,[152] Wohnsitz und Nationalität von Anmelder und Erfinder, Inhalt der Abschrift der Voranmeldung etc insgesamt zu würdigen.

81 *Beispiele aus der Rechtsprechung*

82 **Richtigstellung möglich: a)** wenn Angabe des Landes fehlt, aber aus der Art des Aktz iVm Prioritätsdatum und dem Sitz der Anmelderin erschlossen werden kann;[153] **b)** wenn Angabe des Landes (USA) unrichtig ist, aus der zugleich eingereichten Abschrift sich das richtige Land (Kanada) ergibt;[154] **c)** wenn Jahreszahl der Voranmeldung offensichtlich verschrieben ist;[155] **d)** wenn das richtige Datum (28. statt wie angegeben 29.11.72) sich aus dem Official Journal ergibt, das dem DPA innerhalb der Frist vorlag.[156]

83 **Richtigstellung abgelehnt, a)** wenn die Angaben nicht zueinander passen, aber nicht zuverlässig feststellbar ist, welche Angabe unrichtig ist;[157] **b)** wenn Angabe der Zeit der Voranmeldung fehlt und aus den Unterlagen des DPMA nicht feststellbar ist.[158]

2 Richtigstellung durch EPA

84 Vor Inkrafttreten des EPÜ 2000 mit seiner neuen R 52 (3) (s Rdn 69) hat das EPA eine Berichtigung von Prioritätsangaben nach der allgemeinen R 88 aF = R 139 EPÜ zugelassen. Wegen der in R 52 (3) enthaltenen zeitlichen Grenze ist es angebracht, R 139 auch weiterhin anzuwenden, sofern die Voraussetzungen hierfür, also insbesondere die Offensichtlichkeit des Fehlers und der Art seiner Berichtigung, gegeben sind.
EPA hat eine Berichtigung einer Prioritätserklärung nach R 88 EPÜ aF zugelassen, sofern der Antrag so rechtzeitig gestellt ist, dass darauf bei der Veröffentlichung der Anmeldung hingewiesen werden kann.[159] Fehlt es an einem Hinweis auf den Berichtigungsantrag, so kommt eine Berichtigung nach Veröffentlichung der Anmeldung nur in Betracht, wenn dadurch die Interessen Dritter nicht ernsthaft berührt werden können.[160] Diese Voraussetzung ist erfüllt, wenn der Fehler in der Prioritätserklärung für den Dritten offensichtlich ist, so dass er mit einer Berichtigung rechnen musste. Die bloße Tatsache, dass eine vorhandene Priorität nicht in Anspruch genommen wurde, rechtfertigt keine Berichtigung.[161]

85 **Berichtigung wurde zugelassen a)** für die Hinzufügung weiterer, versehentlich vergessener Prioritäten sowie der Inanspruchnahme einer Priorität, deren Geltendmachung infolge des Versehens einer Sekretärin unterblieben war;[162] **b)** für die Hinzufügung einer 2. Priorität, die zwar förmlich nicht beansprucht wurde, für die aber die

---

152 BPatGE 17, 42: aus einem japan Aktz kann auf fehlende Angabe Japan geschlossen werden.
153 BGH BlPMZ 74, 175 *Spiegelreflexkamera*.
154 BPatGE 17, 36.
155 PA BlPMZ 61, 239.
156 BPatGE 16, 135.
157 BGH BlPMZ 74, 172 *Elektronenstrahlsignalspeicherung*.
158 BPatGE 12, 133, 136.
159 J 0004/82 ABl 82, 385; J 0014/82 ABl 83, 121.
160 J 0003/91 ABl 94, 365; J 0007/94 ABl 95, 817.
161 J 0007/94 ABl 95, 817.
162 J 0003/82 ABl 83, 171 (zweifelhaft).

Abschrift der Voranmeldung übersandt wurde, wenn EPA zur Klärung des Gewollten nicht rückgefragt hatte;[163] c) für Datum und Aktenzeichen einer Prioritätserklärung auch noch nach Veröffentlichung der Patentanmeldung, wenn der Fehler in der Prioritätserklärung offensichtlich ist.[164] Unter dieser Voraussetzung kann auch eine fehlende 1. Priorität nach Veröffentlichung der Anmeldung nachträglich im Wege der Berichtigung aufgenommen werden, zB weil auf Grund der veröffentlichten Anmeldung offensichtlich ist, dass eine 1. oder eine einzige Priorität fehlt oder falsch angegeben ist oder das Datum der 1. oder einzigen Priorität falsch ist[165] oder wenn die Öffentlichkeit durch eine rechtzeitig vorsorglich eingereichte 2. Anmeldung über den Umfang des Schutzbegehrens informiert war.[166]

3 Hinweis bei fehlerhaften Angaben

Sind die essentiellen Angaben unrichtig oder unvollständig und könnten sie noch innerhalb der 16-Monatsfrist ab Prioritätszeitpunkt berichtigt oder vervollständigt werden, so sollte das Amt den Anmelder darauf hinweisen. Nach der Rspr[167] besteht dazu eine rechtliche Verpflichtung nicht, auch nicht gem § 139 ZPO. Daher berührt das Unterlassen auch eines gebotenen Hinweises nach der Rspr den Fristablauf und den Eintritt der Verwirkung nicht. Nur Wiedereinsetzung kann noch helfen. 86

Kritik: Aus dem Grundsatz des Vertrauensschutzes (s Einl Rdn 458) sollte sich die Pflicht von DPMA ergeben, den Anmelder auf ganz offensichtliche und in der 16-Monatsfrist ohne weiteres behebbare Mängel hinzuweisen.[168] Auch die Eingangsstelle des EPA weist auf offensichtliche Mängel der Prioritätsunterlagen hin.[169]

4 Folge der Verwirkung

Sie besteht im Verlust des Prioritätsrechts kraft Gesetzes. Weitere Folgen sind nach Art 4 D (4) PVÜ ausgeschlossen. Das bedeutet, dass die Anmeldung unter Berücksichtigung ihres eigenen Anmeldetags weiter zu behandeln ist. Eine erneute Inanspruchnahme der Priorität für eine neue Anmeldung innerhalb der Jahresfrist des Art 4 C PVÜ ist möglich.[170] 87

5 Verfahren

5.1 Vorabentscheidung *(interlocutory decision)* kann zur Beendigung eines Zwischenstreits, ob die Priorität gemäß § 41 (1) 3 verwirkt ist oder nicht, ergehen. Sie ist – da der Verlust des Prioritätsanspruchs kraft Gesetzes eintritt – deklaratorischer Natur und ermöglicht eine Überprüfung im Wege der Beschwerde.[171] Mit ihr kann nur über die formgerechte Inanspruchnahme der Priorität entschieden werden, also ob die Vor- 88

---

163 J 0011/89 ABl 90 SonderA 43.
164 J 0003/91 ABl 94, 365; J 0002/92 ABl 94, 375.
165 J 0006/91 ABl 94, 349.
166 J 0011/92 ABl 95, 25.
167 BGH GRUR 74, 212 (II2c) *Spiegelreflexkamera*; 74, 214 (II2d) *Elektronenstrahlsignalspeicherung*; BPatGE 12, 133; 23, 264; 28, 192 (unter Aufgabe von 20, 184).
168 So auch Busse/Keukenschrijver § 41 Rn 56.
169 EPA-PrüfRichtl A-III 6.4.
170 BGH GRUR Int 60, 506 *Schiffslukenverschluss*.
171 BPatGE 9, 211, 213; 31, 43, 46; 32, 259; 38, 20.

aussetzungen des § 41 (1) und des Art 4 D PVÜ erfüllt sind, nicht aber über die *materielle Berechtigung* der Priorität, über die im Erteilungs-, Einspruchs- oder Nichtigkeitsverfahren zu entscheiden ist.[172] Zur materiellen Berechtigung gehören die Voraussetzungen gemäß Art 4 C und 4 E PVÜ, ua die Frage der Erstanmeldung,[173] der selben Erfindung und der Einhaltung der 12-Monatsfrist.[174] Eine Vorabentscheidung über die materielle Berechtigung würde Verletzungs- und Nichtigkeitsrichter auch nicht binden.[175] Ausnahmsweise wäre eine Vorabentscheidung denkbar, wenn die materielle Berechtigung ganz offensichtlich fehlt.[176]

89 Ist rechtskräftig festgestellt, dass der Prioritätsanspruch verwirkt ist, und hält der Anmelder an seinem Erteilungsantrag unter Einschluss der verwirkten Priorität fest, so ist die Anmeldung zurückzuweisen, da ein Patent nicht abweichend vom Antrag erteilt werden kann[177] (Einl Rdn 7). Dies entspricht der Situation, in der der Anmelder auf einem unrichtigen Anmeldetag beharrt (s § 35 Rdn 39).

90 **5.2 Wiedereinsetzung** in die 12-Monatsfrist des Art 4 C (1) PVÜ und die versäumte 16-Monatsfrist des § 41 (1) 1 ist nach § 123 möglich (s Rdn 48 u 67). Die Wiedereinsetzung in die 12-Monatsfrist des Art 87 (1) EPÜ ist nach Art 122 (1) EPÜ 2000 mit dessen Inkrafttreten zulässig geworden (Rdn 48). Wiedereinsetzung ist ferner möglich im Fall der Versäumung der 16-Monatsfrist der R 52 (2) für die Einreichung der Angaben zu Zeitpunkt und Staat (Rdn 67) und in die Versäumung der Nachfrist nach R 59 für die Angabe des Aktenzeichens (Rdn 67) und für die Einreichung des Prioritätsbelegs (Rdn 75).

5.3 Prüfung der Priorität

91 **5.3.1 Förmliche Voraussetzungen** werden im Erteilungsverfahren von Amts wegen geprüft. Dazu gehören die Erfordernisse des § 41 (1) und des Art 4 D PVÜ[178] sowie eine etwaige Berichtigung dieser Angaben und eine beantragte Wiedereinsetzung.[179] Nach Patenterteilung, also im Einspruchs-, Nichtigkeits- und Verletzungsverfahren, sind sie nicht mehr nachprüfbar.

92 **5.3.2 Materielle Berechtigung** wird grundsätzlich nur geprüft, wenn es für die Entscheidung über Anmeldung oder Patent auf die Priorität ankommt, also wenn im Prioritätsintervall zwischen Anmelde- und Prioritätstag patenthinderndes Material liegt.[180] Liegt kein Material vor oder ist es für die Entscheidung unerheblich, so wird in der Entscheidung nicht darauf eingegangen. Gleichwohl in der Entscheidung enthaltene Ausführungen wären ein obiter dictum ohne jede Bindung. Eine Vorabentscheidung über die materielle Berechtigung ist immer unzulässig (s Rdn 88).

---

172 BPatGE **28**, 31; **38**, 20.
173 BPatGE **21**, 48; **38**, 20, 24; abw: BPatG BlPMZ **76**, 24 Nr 82.
174 BPatGE **38**, 20, 23.
175 BGH GRUR **63**, 563 (III3a) *Aufhängevorrichtung*.
176 Offen gelassen von BPatGE **28**, 31, 32 u **38**, 20.
177 BGH BlPMZ **66**, 230 (III1) *Ferrit*.
178 BPatGE **38**, 20, 23.
179 BGH GRUR Int **60**, 506, 507 *Schiffslukenverschluss*.
180 BGH GRUR **85**, 34 *Ausstellungspriorität*; BPatGE **28**, 31; **38**, 20; DPMA-PrüfRichtl 2.3.3.7.2 Abs 3.

Zurückweisung der Anmeldung nur wegen Verlust des Prioritätsanspruchs ist nicht 93
möglich.[181] § 48 sieht einen solchen Zurückweisungsgrund nicht vor. Zurückgewiesen
kann eine Anmeldung nur wegen einer Entgegenhaltung im Prioritätsintervall, wenn
die Priorität zu Unrecht beansprucht wird.

§ 42 Offensichtlichkeitsprüfung

(1) ¹Genügt die Anmeldung den Anforderungen der §§ 34, 36, 37 und 38 offensichtlich nicht, so fordert die Prüfungsstelle den Anmelder auf, die Mängel innerhalb einer bestimmten Frist zu beseitigen. ²Entspricht die Anmeldung nicht den Bestimmungen über die Form und über die sonstigen Erfordernisse der Anmeldung (§ 34 Abs 6), so kann die Prüfungsstelle bis zum Beginn des Prüfungsverfahrens (§ 44) von der Beanstandung dieser Mängel absehen.

(2) ¹Ist offensichtlich, dass der Gegenstand der Anmeldung
1. seinem Wesen nach keine Erfindung ist,
2. nicht gewerblich anwendbar ist oder
3. nach § 1a Absatz 1, § 2 oder § 2a Absatz 1 von der Patenterteilung ausgeschlossen ist,

so benachrichtigt die Prüfungsstelle den Anmelder hiervon unter Angabe der Gründe und fordert ihn auf, sich innerhalb einer bestimmten Frist zu äußern.

(3) ¹Die Prüfungsstelle weist die Anmeldung zurück, wenn die nach Absatz 1 gerügten Mängel nicht beseitigt werden oder wenn die Anmeldung aufrechterhalten wird, obgleich eine patentfähige Erfindung offensichtlich nicht vorliegt (Absatz 2 Nr 1 bis 3). ²Soll die Zurückweisung auf Umstände gegründet werden, die dem Patentsucher noch nicht mitgeteilt waren, so ist ihm vorher Gelegenheit zu geben, sich dazu innerhalb einer bestimmten Frist zu äußern.

Cornelia Rudloff-Schäffer

Übersicht

Geltungsbereich		1
Kommentierung zu § 42 PatG		
I.	Zweck	4
II.	Offensichtlichkeitsprüfung	5
1	Umfang	8
1.1	Formalprüfung	9
1.1.1	Verstöße gegen DPMAV, PatV	10
1.1.2	Erteilungsantrag	11
1.1.3	Name des Anmelders	12
1.1.4	Anmeldungsunterlagen	13
1.1.5	Vertreter	15
1.1.6	Inlandsvertreter	16
1.1.7	Erfinderbenennung	17
1.1.8	Einheitlichkeit	18
1.1.9	Priorität	19

---

181 BPatGE 38, 20, 24; abw und zu weitgehend 23, 259.

§ 42 Offensichtlichkeitsprüfung

1.1.10	Anmeldegebühr	20
1.2	Erfindungsqualität (Abs 2 Nr 1)	21
1.3	Gewerbliche Anwendbarkeit (Abs 2 Nr 2)	22
1.4	Patentierungsverbot gemäß § 1, 1a (1), 2a (1) (Abs 2 Nr 3)	23
1.5	Zusatzverhältnis (Abs 2 Nr 4aF, aufhoben seit 01.04.14)	24
2	**Verfahren**	**25**
2.1	Zuständigkeit	26
2.2	Beginn und Ende	27
2.3	Art der Durchführung	30
2.4	Bescheid	32
2.5	Beendigung	34
2.5.1	Rücknahme	35
2.5.2	Zurückweisung nach § 42 (3)	36
2.5.3	Nichtbeanstandung	38
2.5.4	Erledigung der Beanstandungen	39
2.6	Beschwerde	40
2.7	Verfahrenskostenhilfe	41

1 **Geltungsbereich des § 42:** § 42 (1) wurde durch Art 2 Nr 14 des **2. PatGÄndG** mit Wirkung vom 01.11.98 neu gefasst. In § 42 (1) 1 wurden die Verweisungen angepasst, § 42 (1) 2 aF wurde wegen Änderung des § 41 gestrichen und in § 42 (1) 2 nF wurde neben den sonstigen Erfordernissen die Form der Anmeldung (vgl § 34 (7) 1 nF) aufgenommen. Durch Art 1 Nr 20 des **2. PatMoG** vom 10.08.21 (BGBl I S 3490) wurde die Offensichtlichkeitsprüfung durch Ergänzung des Abs 2 Nr 3 auch auf die Patentierungsausschlüsse nach § 1a (1) und § 2a (1) ausgedehnt.

2 Zur Abschaffung des Zusatzpatents (§ 16) s Komm zu §§ 16, 147 (3) sowie Begr zu Art 1 Nr 2 des Entwurfs eines Gesetzes zur Novellierung patentrechtlicher Vorschriften und anderer Gesetze des gewerblichen Rechtsschutzes (PatNovG, BT-Drs 17/10 308). Art 1 Nr 14 PatNovG vom 19.10.13 (BGBl I S 3830 = BlPMZ **13,** 362) enthält Folgeänderungen zur Abschaffung des Zusatzpatents in § 42 (2)(und (3). So wurden in Abs 2 die Nr 4 des S 1, der gesamte S 2 und in Abs 3 S 1 ein entsprechender Verweis auf § 16 gestrichen. Nach der Übergangsregelung des § 147 (3) gelten diese Regelungen aber für Zusatzpatente, die vor dem Inkrafttreten dieser Regelung am 01.04.14 beantragt wurden, fort.

3 **Amtliche Begründung** zum PatÄndG 1967, das die Offensichtlichkeitsprüfung einführte (§ 28 aF = § 42 nF), BlPMZ **67,** 255 zu Nr 11.

Prüfungsrichtlinien regeln unter 1.2 bis 1.12 die Offensichtlichkeitsprüfung gemäß § 42 (BlPMZ **19,** 73; Tabu Gewerbl. Rechtsschutz Nr 136).

I. Zweck

4 des § 42 liegt in einer vorläufigen Prüfung von Amts wegen, um sicherzustellen, dass die zunächst ungeprüfte Anmeldung Mindestanforderungen für die Offenlegung, die elektronische Publikation der Offenlegungsschrift (§ 32 (2)), eine etwaige isolierte Recherche nach § 43 und das Prüfungsverfahren nach § 44 genügt. Die Offensichtlichkeitsprüfung soll schnell offensichtliche Mängel förmlicher oder inhaltlicher Art abstellen, ohne der Sachprüfung nach § 44 mehr als nötig vorzugreifen. Scheinrechte, die einer Patenterteilung offensichtlich nicht fähig sind, sollen möglichst vor Entstehen der Schutzwirkungen, die mit der Offenlegung verbunden sind (§ 33), zurückgewiesen werden.

II. Offensichtlichkeitsprüfung

5 ist gegenüber der Prüfung nach § 44 in doppelter Weise beschränkt: **a)** auf die in § 42 genannten Mängel (keine Rüge sonstiger Mängel, selbst wenn diese offensichtlich sind) und **b)** auf das offensichtliche Vorliegen dieser Mängel.

Offensichtlich ist ein Mangel iSd § 42, wenn der Prüfer ihn bei Durchsicht der Unterlagen aufgrund seiner Sach- und Fachkenntnisse – in technischer und rechtlicher Beziehung – ohne zusätzliche Ermittlungen und besonderes intellektuelles Nachdenken zweifelsfrei als solchen erkennt, dh wenn der Mangel offen zutage tritt[1] (vgl näher Rdn 31).   6

Verfahrensvoraussetzung für die Offensichtlichkeitsprüfung ist das Vorliegen einer *wirksamen* Patentanmeldung (§ 34 Rdn 26 ff; § 35 Rdn 16). Der Begriff der »Anmeldung« im Sinne von § 34 (6) umfasst nicht nur die in § 34 (3) genannten Unterlagen, sondern die Gesamtheit der Unterlagen, die Voraussetzung der Patenterteilung sind.[2] Darauf ist die Anmeldung ohne Beschränkung auf Offensichtlichkeit zu prüfen, auch zB bei Verdacht, dass dem Anmelder die Partei oder Prozessfähigkeit fehlt oder dieser minderjährig, geisteskrank oder entmündigt ist.   7

1 Umfang

Die Offensichtlichkeitsprüfung bezieht sich nur auf die in § 42 genannten Mängel und darf nicht darüber hinaus ausgedehnt werden; ausgeschlossen ist also insbes die Prüfung auf materielle Patentfähigkeit (Neuheit, erfinderische Tätigkeit).[3]   8

1.1 Formalprüfung umfasst grundsätzlich die Prüfung aller formellen Erfordernisse einer Patentanmeldung hinsichtlich der Mindestvoraussetzungen für die Zuerkennung eines Anmeldetags[4], mögen sie sich aus dem PatG, der DPMAV (Anhang 10), der Biomaterial-Hinterlegungsverordnung (BioMatHintV,[5] § 34 Rdn 531) oder der Patentverordnung (PatV, Anhang 11) ergeben. DPMA *kann* jedoch nach § 42 (1) 2 von der Beanstandung von Verstößen gegen Form und sonstige Erfordernisse der Anmeldung absehen, insbesondere wenn diese den Zweck der Offensichtlichkeitsprüfung nicht gefährden. Zum Gegenstand der Prüfung zählen: 9

1.1.1 Verstöße gegen DPMAV, PatV sind nach den Prüfungsrichtlinien nur bei schwerwiegenden Mängeln zu rügen. Diese liegen vor, wenn bei Herausgabe der Offenlegungsschrift eine Irreführung der Öffentlichkeit zu befürchten ist. Beispiele: Mangelhafte Qualität oder Nichteinhaltung des Formats behindert oder verhindert die elektronische Erfassung und Erstellung der OS.[6] Dazu zählen auch diejenigen Vorgaben, die garantieren, dass bei Verkleinerungen auf zwei Drittel die Einzelheiten noch ohne Schwierigkeiten erkennbar sind.[7] Darüber hinaus: a) elektronische Form entspricht nicht der ERVDPMAV, insbesondere wenn elektronische Signatur fehlt; b) Fehlen eines Sequenzprotokolls gemäß § 11 (1) 1 PatV; Nichteinhaltung der Standards   10

---

1 BGH BlPMZ 71, 371, 373 *Isomerisierung*; 72, 323 *Gelbe Pigmente*; BPatGE 11, 47, 49; 26, 110; 40, 254.
2 BGH, 14.07.20, X ZB 4/19 GRUR 20, 1121 *Druckstück* (Rn 29 ff).
3 BPatGE 50, 260 = GRUR 09, 50 = Mitt 08, 325 *Offensichtlichkeitsprüfung der Einheitlichkeit von Patentanmeldungen*.
4 BPatG, 23.09.20, 20 W (pat) 1/19 GRUR-RS 20, 27057.
5 V v 24.01.05, BGBl I S 151 (BlPMZ 05, 102 = Tabu Gewerbl. Rechtsschutz Nr 105a).
6 Prüfungsrichtl 1.5.4 BlPMZ 19, 73 (Tabu Gewerbl. Rechtsschutz Nr 136); BPatG BeckRS 14, 01 604 (zumutbare Anforderungen).
7 BPatG BeckRS 16, 10 066 *Grillspießanordnung*.

gemäß § 11 (1) 2 PatV[8]; Fehlen eines Datenträgers gemäß § 11 (2) PatV; **c)** Zeichnungen entsprechen nicht den Standards gemäß Anlage 2 zu § 12 PatV[9]; **d)** Bezeichnung der Erfindung ist entgegen §§ 34 (3) Nr 2 iVm § 4 (2) Nr 2 PatV und § 10 (1) PatV nicht kurz und genau oder enthält sittenwidrigen Ausdruck; **e)** bei fremdsprachigen Unterlagen: Fehlen einer Übersetzung durch öffentlich bestellten Übersetzer bzw alternativ (unzweideutige formlose) Beglaubigung der Übersetzung durch Patent- oder Rechtsanwalt[10]. Bei elektronisch signierter Anmeldung muss Beglaubigungsvermerk Namen und Berufsbezeichnung des Signierenden erkennen lassen.

11   1.1.2 **Erteilungsantrag** (s § 34 Rdn 70; § 35 Rdn 18), wenn dieser unvollständig ist oder vom Inhalt der Vollmacht abweicht.

12   1.1.3 **Name des Anmelders:** Es darf nicht zweifelhaft sein, ob das Patent für den Anmelder unter seiner Firma oder seinem bürgerlichen Namen beantragt wird. Identität des Anmelders muss zweifelsfrei erkennbar sein. Fehlen der Angaben (Name, Adresse) zum Anmelder nach § 4 (2) Nr 1 PatV; Fehlen der Unterschrift oder der elektronischen Signatur des Anmelders oder sämtlicher Anmelder.

13   1.1.4 **Anmeldungsunterlagen:** nach §§ 5 ff PatV: offensichtlich unvollständige Unterlagen oder Fehlen von Beschreibung, Ansprüchen, erforderlichen Zeichnungen und der Zusammenfassung; offensichtlich unrichtige technische oder Phantasie-Bezeichnung des Gegenstands;[11] Einreichen nicht angepasster Unterlagen für eine Ausscheidungsanmeldung;[12] Fehlen der Erfordernisse gemäß §§ 1 (1), 4 (1) BioMatHintV bei Erfindungen mit Bezug zu biologischem Material.[13] Bei nachgereichten Unterlagen ist zu prüfen, ob diese zB bei Berichtigungen offensichtlicher Mängel oder bei Beseitigung amtsseitig gerügter Mängel der Anmeldungsunterlagen für die OS berücksichtigt werden müssen.

14   Zur Offensichtlichkeitsprüfung gehört auch die Überprüfung, ob die Anmeldungsunterlagen in deutscher oder in einer anderen Sprache eingereicht wurden und ob bei fremdsprachigen Anmeldeunterlagen die (sonstigen) Anforderungen an eine ordnungsgemäße deutsche Übersetzung erfüllt sind. Übersetzungen, die jedenfalls *der Form nach* den Mindestanforderungen des § 35a (1) und (2) und § 14 PatV genügen, lösen nicht die Rechtsfolge des § 35a (1) 1 aus, wonach die Anmeldung als zurückgenommen gilt, wenn sie unvollständig oder fehlerhaft sind.[14] Eine Beseitigung der Mängel in der Offensichtlichkeitsprüfung auf Anforderung nach § 42 (3) 1 iVm §§ 126, 34 (3) ist noch

---

8   BPatG BeckRS **14**, 01 604.
9   BPatG BeckRS **15**, 01 351; BPatG BeckRS **16**, 10 066 *Grillspießanordnung* (Erläuterung von Figuren).
10   BGH, 14.07.20, X B 4/19 GRUR **20**, 1121 *Druckstück*.
11   BPatGE **18**, 15 = BlPMZ **76**, 190.
12   BPatGE **13**, 57 = BlPMZ **72**, 286 L.
13   S Merkblatt für die Hinterlegung von biologischem Material unter III.3 (Tabu Gewerbl. Rechtsschutz Nr 110).
14   Zu § 35 aF: BGH GRUR **12**, 91 *Polierendpunktbestimmung*; BGH Mitt **12**, 30; zu vergleichbarem Fall nach Art II § 3 IntPatÜG: BGH GRUR **10**, 708 *Nabenschaltung II*; seit 01.04.14 geänderte Rechtsfolge: Rücknahmefiktion, s Komm zu § 35a.

nach Ablauf der Dreimonatsfrist des § 35a (1) 1 möglich.[15] Die – weiterhin nach § 14 (1) PatV nF – vorgeschriebene Beglaubigung fremdsprachiger Übersetzungen durch RA oder PA ist zur Qualitätssicherung geeignet und erforderlich; ihr Fehlen kann in Offensichtlichkeitsprüfung beanstandet werden.[16]

Inhalt und Aufbau können ausnahmsweise gerügt werden, wenn sie eine Offensichtlichkeitsprüfung unmöglich machen, also bei Unverständlichkeit oder bei zweifelsfreier Feststellung, dass nach der Beschreibung eine Benutzung der Erfindung durch andere Sachverständige nicht möglich erscheint oder dass eine Irreführung der Öffentlichkeit zu befürchten ist.[17] Mangelnde Eignung zur Erstellung der OS wird stets gerügt.

1.1.5 Vertreter: Fehlende oder unvollständige **Vollmachtsurkunde** (s Einl Rdn 481 ff.), es sei denn, es handelt sich um einen anwaltlichen Vertreter im Sinne von § 18 (3) DPMAV. Nachweis der Bevollmächtigung ist bei Rechts- und Patentanwälten idR vor DPMA nicht erforderlich, zumal Bevollmächtigung auch stillschweigend geschehen kann.[18] Fehlende Angabe eines gesetzlichen Vertreters, mangelhafte Bezeichnung eines gewillkürten Vertreters.

1.1.6 Inlandsvertreter: Geprüft wird die Notwendigkeit und Ordnungsmäßigkeit der Bestellung gemäß § 25.

1.1.7 Erfinderbenennung: mit Angaben nach § 7 PatV (s § 7 (1): Formblattzwang); soweit diese fehlt, unvollständig oder von einem Nichtberechtigten abgegeben ist (vgl § 37). Werden außergewöhnliche Umstände glaubhaft gemacht, die einer rechtzeitigen Abgabe entgegenstehen, ist eine angemessene Frist zu gewähren (§ 37 (2)).

1.1.8 Einheitlichkeit der Anmeldung (s § 34 Rdn 229 ff.) kann in Offensichtlichkeitsprüfung nur beanstandet werden, wenn ohne jede Sachprüfung auf Neuheit und erfinderische Tätigkeit zweifelsfrei erkennbar ist, dass mehrere Erfindungen offensichtlich nichts miteinander zu tun haben[19] und sich keine sinnvolle Aufgabe angeben lässt, zu deren Lösung alle Teile der Anmeldung nötig oder zumindest sachdienlich sind.[20] Liegt bereits ein Prüfungsantrag vor, sollte die Beanstandung bei Grenz- oder Zweifelsfällen zurückgestellt und die Entscheidung dem fachlich zuständigen Prüfer überlassen werden.

1.1.9 Priorität: Wahrung der 12-Monats-Frist des § 40 und der 16-Monats-Frist des § 41; Unvollständigkeit der Prioritätserklärung; fristgemäße Nennung des Aktenzei-

---

15 BGH, 14.07.20, X B 4/19 GRUR 20, 1121 *Druckstück* (Rn 63);zu § 35 aF: BGH GRUR 12, 91 *Polierendpunktbestimmung*; BPatG Mitt 12, 272 *Virtuelle Arbeitspunktbestimmung* (fehlende Übersetzung englischer Begriffe auf drei Zeichnungsblättern); BPatG, 22.01.13, 10 W (pat)3/11.
16 BGH, 14.07.20, X ZB 4/19 GRUR 20, 1121 *Druckstück* (zu § 14 (1) PatV in bis 31.03.19 gültiger Fass); GRUR 20, 1121; Mitt 20, 472; aA Vorinstanz BPatG, 11.10.18, 10 W (pat) 23/17; BPatGE **56**, 174; GRUR **19**, 434; Mitt **19**, 278 m Anm Köllner.
17 BPatGE **20**, 77 = BlPMZ **78**, 53.
18 BPatG, 06.06.07, 10 W (pat) 47/03.
19 Prüfungsrichtl 1.7 BlPMZ **19**, 73 (Tabu Gewerbl. Rechtsschutz Nr 136); BGH BlPMZ **71**, 371 *Isomerisierung*; BPatGE **16**, 119; **21**, 243.
20 BPatGE **50**, 260 = GRUR **09**, 50 *Offensichtlichkeitsprüfung der Einheitlichkeit von Patentanmeldungen*.

chens sowie Einreichung der Abschrift der Voranmeldung; offensichtliche Differenzen zwischen Prioritätserklärung und eingereichter Abschrift der Voranmeldung. Die materielle Berechtigung wird nicht geprüft.

20 1.1.10 **Anmeldegebühr:** Wird sie nicht innerhalb von 3 Monaten nach Einreichung der Anmeldung gezahlt, so gilt die Anmeldung nach § 6 PatKostG als zurückgenommen (s § 6 PatKostG Rdn 8 im Anhang 15).

21 **1.2 Erfindungsqualität (Abs 2 Nr 1):** Ein Gegenstand ist dann »seinem Wesen nach« keine Erfindung, wenn auf den ersten Blick klar ist, dass ein Patentschutz für ihn nicht denkbar ist;[21] so zB wenn eine technische Lehre überhaupt fehlt, sie objektiv nicht realisierbar ist,[22] wenn sie offensichtlich nicht wiederholbar ist (§ 1 Rdn 36) oder wenn es sich einwandfrei um eine nichtpatentfähige Erfindung iSd § 1 (2) handelt (§ 1 Rdn 71). Neuheit und erfinderische Tätigkeit sind nicht im Rahmen des § 42 zu prüfen, denn zum »Wesen einer Erfindung« gehört nicht ihre Patentierbarkeit.

22 **1.3 Gewerbliche Anwendbarkeit (Abs 2 Nr 2):** Sie ist gegeben, wenn das Erfundene seiner Art nach geeignet ist, entweder in einem technischen Gewerbebetrieb hergestellt zu werden oder technische Verwendung in einem Gewerbe zu finden[23] (vgl dazu § 5 Rdn 8). Wegen offensichtlich fehlender gewerblicher Anwendbarkeit können zB zurückgewiesen werden: **a)** zweifelsfreie *rein medizinische Heilverfahren*, deren Verwendung für andere Zwecke nicht denkbar ist;[24] **b)** *perpetua mobilia*, die einwandfrei gegen den Satz *von der Erhaltung der Energie* verstoßen, nach dem bei keinem physikalischen Vorgang Energie erzeugt oder vernichtet, sondern nur von einer Form in eine andere umgewandelt wird.[25]

23 **1.4 Patentierungsverbot gemäß § 1, 1a (1), 2a (1) (Abs 2 Nr 3)** bezieht sich auf solche Gegenstände, deren Verwertung (nicht Vertrieb) den Gesetzen oder guten Sitten zuwider laufen würde. Möglichkeit des Missbrauchs (etwa von Waffen oder Gift) genügt nicht. Die Offensichtlichkeitsprüfung wurde durch Art 1 Nr 20 des 2. PatMoG mit Wirkung vom 18.08.21 auf die Patentierungsausschlüsse des § 1a (1) (Menschlicher Körper) und § 2a (1) (Pflanzen und Tiere) ausgedehnt; dies soll u.a. der Entlastung des Prüfungsverfahrens dienen.[26] Offensichtlichkeit des Verstoßes ist selten, da idR nicht ohne nähere Nachprüfung feststellbar; Bsp: Apparate für verbotene Glücksspiele, Einbrecherwerkzeuge, Herstellung eindeutig gesundheitsschädlicher oder gefälschter Lebensmittel oder Getränke. Zu menschlichem Körper, Pflanzensorten, Tierarten, Züchtungen, Mikrobiologie s die Erl zu § 2 sowie zu § 1a und § 2a.

24 **1.5 Zusatzverhältnis (Abs 2 Nr 4aF, aufhoben seit 01.04.14)[27]:** Nach § 42 (2) 1 Nr 4 aF und § 42 (2) 2 aF kann eine Zusatzanmeldung beanstandet werden, wenn sie offen-

---

21 BPatGE **26**, 110; **40**, 254.
22 BPatG BeckRS **15**, 08 937.
23 BGH BlPMZ **68**, 47, 50 *Glatzenoperation*.
24 BPatGE **26**, 110; GRUR **85**, 125.
25 BPatG Mitt **77**, 197; BGH BlPMZ **85**, 117.
26 Amtl Begr s BT-Drs. 19/25821 S. 45.
27 Zur Abschaffung des Zusatzpatents und zur Fortgeltung der bisherigen Regelungen für Altfälle s Rdn 2 sowie § 16 Rdn 6 ff und § 147 (3).

sichtlich folgende Voraussetzungen nicht erfüllt: **a)** Bestehen eines Hauptpatents oder einer anhängigen Hauptanmeldung; **b)** Zusatzanmeldung ist nach Ablauf von 18 Monaten seit dem Anmelde- oder Prioritätstag der Hauptanmeldung eingereicht (§ 42 (2) 2 aF iVm § 16 (1) 2 aF); **c)** Personenidentität zwischen Haupt- und Zusatzanmelder; **d)** Einheitlichkeit zwischen Haupt- und Zusatzanmeldung; **e)** Vorliegen eines Zusatzverhältnisses = Verbesserung oder weitere Ausbildung des Gegenstands des Hauptpatents. Diese Voraussetzung ist offensichtlich dann nicht erfüllt, wenn ein technischer Zusammenhang eindeutig zu verneinen ist und es ausgeschlossen erscheint, dass der Erfindungsgedanke des Hauptpatents durch die Zusatzanmeldung positiv fortentwickelt werden könnte. Einer Zusatzanmeldung dürfen aber nicht frühere Bescheide im Verfahren über die zurückgenommene Hauptanmeldung ohne erneute Gelegenheit zur Stellungnahme zugerechnet werden.[28] Kann der Anmelder Beanstandungen nach § 42 (2) Nr 4 aF nicht ausräumen und hält er die Zusatzanmeldung als solche gleichwohl aufrecht, dann ist die Anmeldung nach § 42 (3) aF zurückzuweisen. Im Zweifelsfall ist die sachliche Prüfung einem späteren Prüfungsverfahren vorbehalten.

2 Verfahren

gemäß § 42 erfolgt von Amts wegen, eines Antrags bedarf es nicht. 25

2.1 Zuständigkeit: Formelle Mängel[29] wie fehlende Ansprüche, fehlende Zeichnungen oder Figuren, Abweichung der tatsächlichen eingereichten Anzahl der Blätter mit Zeichnungen von der in der Anmeldung aufgeführten Anzahl,[30] fehlende Zusammenfassung oder fehlende Erfinderbenennung, prüfen Beamte des gehobenen und mittleren Dienstes oder vergleichbare Tarifbeschäftigte nach § 27 (5) PatG iVm § 1 (1) Nr 1 Buchstabe a und (2) Nr 2 Buchstabe b WahrnV, Materiellrechtliche Mängel (Neuheit, erfinderische Tätigkeit) prüfen ausschließlich die fachlich zuständigen Prüfer.[31] 26

2.2 Beginn und Ende: Prüfung beginnt mit der *Eingangsprüfung* der Unterlagen, die eine Patentanmeldung sein sollen, auch wenn diese gemäß § 35 (1) einen Anmeldetag nicht begründen können. Zur Grob- und Feinauszeichnung s § 27 Rdn 6. Ist ein Prüfungsantrag gestellt, wird er auf formelle Mängel geprüft. Nach Eingang der Gebühr wird die Patentanmeldung in die elektronische Arbeitsliste des für die Hauptklasse zuständigen Fachprüfers eingestellt.[32] 27

Ende der Offensichtlichkeitsprüfung ist gesetzlich nicht bestimmt. Nach ihrem Zweck sollte sie spätestens 4 Monate nach Eingang der Unterlagen abgeschlossen sein, damit eine Offenlegung der Anmeldung, für die eine Priorität beansprucht wird, noch mit berichtigten Unterlagen möglich ist.[33] Es besteht kein Hindernis, die noch nicht beendete Offensichtlichkeitsprüfung nach der Offenlegung fortzusetzen, solange noch 28

---

28 BPatGE **52**, 219 *Zusatzanmeldung*.
29 Beispiele siehe Prüfungsrichtl unter 1.5 BlPMZ **19**, 73 (Tabu Gewerbl. Rechtsschutz Nr 136).
30 BPatG, 02.04.07, 10 W (pat) 9/06.
31 Prüfungsrichtl 1.4 BlPMZ **19**, **73** (Tabu Gewerbl. Rechtsschutz Nr 136).
32 Prüfungsrichtl 2.2 BlPMZ **19**, 73 (Tabu Gewerbl. Rechtsschutz Nr 136).
33 Prüfungsrichtl 1.8 BlPMZ **19**, 73 (Tabu Gewerbl. Rechtsschutz Nr 136).

keine bindende Entscheidung über die Wirksamkeit einer Patentanmeldung getroffen wurde.[34]

29 Wird bei Eingang der Anmeldung oder vor Beginn des Offensichtlichkeitsverfahrens Prüfungsantrag gestellt, wird unmittelbar mit der Prüfung nach § 44 (1) begonnen, da die Offensichtlichkeitsprüfung gegenüber der weiter gehenden Sachprüfung subsidiär ist. Eine bereits begonnene Offensichtlichkeitsprüfung ist in die Prüfung nach § 44 überzuleiten.[35] Die Anforderungen des § 34 und der PatV sind dann durch den Fachprüfer auch im Prüfungsverfahren bei Durchsicht der Unterlagen auf offensichtliche Mängel zu prüfen.[36]

30 **2.3 Art der Durchführung:** Bei der Offensichtlichkeitsprüfung handelt es sich nach dem Gesetzeszweck um ein Schnellverfahren. Dem ist die Art und Intensität der Prüfung durch Eingangsprüfer anzupassen. Daher kommen eine *Beweiserhebung* (§ 46) und eine *Aussetzung* des Verfahrens nicht in Betracht.

31 **Offensichtlich** heißt aber nicht oberflächlich, vielmehr hat der Prüfer die Anmeldung anhand seiner Sach- und Fachkenntnisse zu würdigen. Auszugehen ist allein von der vorliegenden Anmeldung; abzusehen ist von der Heranziehung nicht sofort verfügbaren Materials oder von zusätzlichen Ermittlungen und Nachforschungen. Das gilt sowohl für rechtliche wie für technische Fragen. Der Prüfer ist aber nicht auf sein parates Wissen beschränkt, sondern hat alle gesetzlichen Normen zu berücksichtigen.[37] Macht aber die Entscheidung der Frage ein eingehendes Studium von Erläuterungswerken erforderlich, oder ist die Frage in Lit oder Rspr umstritten, fehlt eine gesicherte Rspr,[38] handelt es sich um eine Grenzfrage oder bedarf es einer weiteren Erörterung mit dem Anmelder,[39] so ist ein etwaiger Mangel nicht offensichtlich und eine etwaige Beanstandung fallen zu lassen.

32 **2.4 Bescheid** über das Ergebnis der Offensichtlichkeitsprüfung ergeht nur, wenn Beanstandungen nach § 42 erhoben werden; ein Negativbescheid, dass keine offensichtlichen Mängel vorliegen, ergeht nicht. Einem Antrag auf Feststellung, dass Beanstandungen nach § 42 nicht erhoben werden können, fehlt das Rechtsschutzinteresse, da eine solche Feststellung spätere Beanstandungen nicht hindern würde.

33 *Aufforderung zur Beseitigung der Mängel nach § 42* muss den Mangel erkennbar konkret bezeichnen (vgl § 45 Rdn 16). Die Begründung muss so gehalten sein, dass der Anmelder Grund und Umfang der Beanstandung einwandfrei entnehmen kann. Ein bloßer Hinweis auf eine gesetzliche Bestimmung genügt nicht.[40] Die Zusendung einer standardmäßigen Bibliografie-Mitteilung mit Hinweis auf die Notwendigkeit der Nachreichung von Reinschriften oder auf die gesetzliche Frist für die Einreichung

---

34 Benkard/Schäfers § 42 Rn 17.
35 BPatGE 46,163.
36 BPatG, 03.05.17, 17 W (pat) 39/14; BPatG, 19.11.07, 9 W (pat) 8/05.
37 *BPatGE 11, 47.*
38 BPatGE 26, 110, 111.
39 BPatGE 18, 15.
40 BPatG, 07.11.18, 12 W (pat) 11/18.

einer Zusammenfassung (§ 36 (1): 15 Monate nach Anmeldetag) allein genügt nicht als Aufforderung zur Beseitigung von Mängeln.[41]

Frist idR 1 Monat, in einfachen Fällen 2 Wochen, bei Sachbescheiden 4 Monate; Frist kann auf 2 Monate abgekürzt werden, wenn andernfalls die Offensichtlichkeitsprüfung nicht vor der Offenlegung der Anmeldung abgeschlossen werden kann.[42] Zurückweisung allein wegen Überschreitens der in § 42 (1) genannten Frist ist nicht zulässig; vielmehr sind sämtliche bis zum Eintritt der Bestandskraft des zurückweisenden Beschlusses, also auch noch in der Beschwerdeinstanz, vorgelegten Unterlagen zugrunde zu legen.[43] Solange der Beschluss noch nicht verkündet oder wirksam zugestellt wurde, kann Prüfungsstelle jederzeit in ein früheres Stadium des Verfahrens zurückkehren.[44]

2.5 Beendigung der Offensichtlichkeitsprüfung tritt ein durch 34

2.5.1 Rücknahme der Anmeldung. 35

2.5.2 Zurückweisung nach § 42 (3): Der Beschluss ergeht, wenn die nach § 42 (1) gerügten Mängel nicht beseitigt werden, so dass die nach den §§ 34, 35a, 36, 37 und 38 zwingend erforderlichen Voraussetzungen nicht vorliegen oder die Anmeldung trotz einer Beanstandung nach § 42 (2) wegen offensichtlichen Fehlens einer patentfähigen Erfindung aufrecht erhalten wird. Widerspricht der Anmelder dem Mängelbescheid, kann nicht aus den Gründen des Mängelbescheids durch Beamte des geh Dienstes zurückgewiesen werden (§ 27 Rdn 30).[45] 36

Vor der Zurückweisung ist dem Anmelder *rechtliches Gehör* zu gewähren (§ 42 (3) 2 und Einl Rdn 284). Bei *Rechtsnachfolge* vor wirksam zugestelltem Zurückweisungsbeschluss muss die Prüfungsstelle in ein früheres Stadium der Offensichtlichkeitsprüfung zurückkehren und die Beanstandung von Mängeln gegenüber Rechtsnachfolger wiederholen, wenn Anhaltspunkte dafür bestehen, dass dieser bisher keine Kenntnis von der Anmeldung oder deren Mängeln hatte (zB bei Insolvenz oder gesetzlichem Erbfall).[46] 37

Die Zurückweisung einer Patentanmeldung wegen formeller Mängel, die trotz Beanstandung nicht beseitigt wurden, ist nur bei solchen Formvorschriften gerechtfertigt, die entweder im Patentgesetz ausdrücklich bestimmt sind, zu deren Normierung in einer Verordnung § 34 (6) ausdrücklich ermächtigt oder deren Einhaltung für die Sachprüfung und Patenterteilung unumgänglich ist.[47] Zurückweisung ist aber aus sachli-

---

41 BPatG, 25.11.04, 20 W (pat) 62/04.
42 Prüfungsrichtl 1.11 BlPMZ **19**, 73 (Tabu Gewerbl. Rechtsschutz Nr 136).
43 BPatG BeckRS **16**, 10 066 *Grillspießanordnung*; BPatG BeckRS **10**, 11 255.
44 BPatG 25.05.20, 11 W (pat) 39/19 BlPMZ **21**, 26 *Lasergestütztes Fräsen*.
45 BPatG, 23.11.20, 9 W(pat) 21/20 GRUR-RS **20**, 35455; BPatG, 07.11.18, *12 W (pat) 11/18* BeckRS **18**, 29748.
46 BPatG 25.05.20, 11 W (pat) 39/19 BlPMZ **21**, 26 *Lasergestütztes Fräsen*.
47 BPatG BeckRS **15**, 13 941; BPatG BeckRS **10**, 11 255: Zurückweisung aus formalen Gründen wegen Abweichung von Formaten und Schriftgröße nach § 6 PatV nur, wenn Sachprüfung nicht oder nur mit Lupe möglich.

chen Gründen dann möglich, wenn technische Lehre mangels Lesbarkeit von Figuren nicht verständlich ist.[48]

Der Zurückweisungsbeschluss darf nur auf der Grundlage der rechtlichen Gesichtspunkte und gerichtlichen Hinweise ergehen, zu denen sich die Verfahrensbeteiligten zuvor äußern konnten.[49] Dazu gehört auch das Verbot von Überraschungsentscheidungen, das verletzt ist, wenn eine Entscheidung getroffen wird, die von dem abweicht, was die Beteiligten bei vernünftiger Betrachtung des bisherigen Verfahrens und angesichts gezielter Nachfragen erwarten durften.[50] Zum Begriff der »Umstände« iSd § 42 (3) 2 vgl § 48 Rdn 15. Liegt ein offensichtlicher Mangel vor, so kann wegen dieses Mangels auch dann zurückgewiesen werden, wenn bereits ein Prüfungsantrag gestellt ist.[51] Ist der Mangel der Patentfähigkeit ohne Heranziehung von Material oder zusätzlichen Nachforschungen deutlich zu erkennen, so bedarf dessen Darlegung nur einer kurzen Begründung.[52] Eine Auseinandersetzung mit allen Patentierungsvoraussetzungen im Zurückweisungsbeschluss ist in diesem Fall überflüssig. Die Anmeldung wird auch dann zurückgewiesen, wenn unzulässiger Berichtigungsantrag gestellt wird oder neue Unterlagen mit unzulässigen Erweiterungen eingereicht werden[53]. Stellt der Anmelder nach mehrfachen, genehmigten Fristgesuchen erstmals Antrag auf Aussetzung mit konkretem, neuem Vorbringen, ist zunächst über Aussetzungsantrag zu entscheiden.[54]

38 **2.5.3 Nichtbeanstandung** der Anmeldung nach § 42 (1) oder (2). Die Nichtbeanstandung wird lediglich in den elektronischen Akten vermerkt, sie ist dem Anmelder nach dem Gesetz nicht mitzuteilen. Er kann sie durch Akteneinsicht feststellen.

39 **2.5.4 Erledigung der Beanstandungen** ; diese kann bestehen in:
a) Beseitigung der gerügten Mängel (ggf. innerhalb gesetzlicher Fristen);
b) Absehen von einer weiteren Beanstandung (§ 42 (1) 2);
c) Überzeugung der Prüfungsstelle vom Fehlen der Offensichtlichkeit des Mangels;
d) Überzeugung der Prüfungsstelle, dass ein Patenthindernis nach § 42 (2) nicht vorliegt.

In allen diesen Fällen endet der Verfahrensabschnitt, ohne dass es nach dem Gesetz einer Benachrichtigung des Anmelders bedürfte. Eine Mitteilung über seine Beendigung ist aber zweckmäßig.

40 **2.6 Beschwerde** gegen Zurückweisungsbeschluss schiebt nur die Wirksamkeit des angefochtenen Beschlusses auf (§ 75 Rdn 3), hindert aber nicht, dass die Anmeldung nach Ablauf von 18 Monaten gem § 32 (5) offengelegt wird.

---

48 BPatG BeckRS **16**, 10 066 *Grillspießanordnung;* Anm Albrecht GRUR-Prax **16**, 305.
49 BGH GRUR **11**, 851 *Werkstück* (gerichtl Löschungsbeschluss Gbm).
50 BPatG, 09.07.13, 21 W (pat) 71/09; BPatGE **53**, 158 = GRUR **13**, 101 *Führen eines Leiterpfades für eine Schiebetür*, unter Hinweis auf stRspr BVerfGE **84**, 188; **86**, 133; **96**, 189; **108**, 341.
51 BGH BlPMZ **85**, 117 (II 1) *Energiegewinnungsgerät*.
52 BPatG, 19.02.04, 17 W (pat) 63/02; BGH BlPMZ **71**, 371 *Isomerisierung*.
53 BPatG, 14.11.18, 8 W (pat) 10/18.
54 BPatG, 02.06.05, 23 W (pat) 3/03 = Mitt **05**, 555 (Ls) *Wirbelstromsensor*.

2.7 **Verfahrenskostenhilfe** kann bewilligt werden, wenn die Anmeldung behebbare 41
Mängel aufweist, zu deren Beseitigung der Anmelder ohne sachkundigen Beistand
nicht in der Lage ist.[55]

§ 43 Recherche

(1) ¹Das Deutsche Patent- und Markenamt ermittelt auf Antrag den Stand der Technik, der für die Beurteilung der Patentfähigkeit der angemeldeten Erfindung in Betracht zu ziehen ist, und beurteilt vorläufig die Schutzfähigkeit der angemeldeten Erfindung nach den §§ 1 bis 5 und ob die Anmeldung den Anforderungen des § 34 Absatz 3 bis 5 genügt (Recherche). ²Soweit die Ermittlung des Standes der Technik einer zwischenstaatlichen Einrichtung vollständig oder für bestimmte Sachgebiete der Technik ganz oder teilweise übertragen worden ist (Absatz 8 Nummer 1), kann beantragt werden, die Ermittlungen in der Weise durchführen zu lassen, dass der Anmelder das Ermittlungsergebnis auch für eine europäische Anmeldung verwenden kann.

(2) ¹Der Antrag kann nur von dem Patentanmelder gestellt werden. ²Er ist schriftlich einzureichen. ³§ 25 ist entsprechend anzuwenden.

(3) ¹Der Eingang des Antrags wird im Patentblatt veröffentlicht, jedoch nicht vor der Veröffentlichung des Hinweises gemäß § 32 Absatz 5. ²Jedermann ist berechtigt, dem Deutschen Patent- und Markenamt Hinweise zum Stand der Technik zu geben, die der Erteilung eines Patents entgegenstehen könnten.

(4) ¹Der Antrag gilt als nicht gestellt, wenn bereits ein Antrag nach § 44 gestellt worden ist. ²In diesem Fall teilt das Deutsche Patent- und Markenamt dem Patentanmelder mit, zu welchem Zeitpunkt der Antrag nach § 44 eingegangen ist. ³Die für die Recherche nach § 43 gezahlte Gebühr nach dem Patentkostengesetz wird zurückgezahlt.

(5) ¹Ist ein Antrag nach Absatz 1 eingegangen, so gelten spätere Anträge als nicht gestellt. ²Absatz 4 Satz 2 und 3 ist entsprechend anzuwenden.

(6) Stellt das Deutsche Patent- und Markenamt nach einem Antrag auf Recherche fest, dass die Anmeldung die Anforderung des § 34 Absatz 5 nicht erfüllt, so führt es die Recherche für den Teil der Anmeldung durch, der sich auf die in den Patentansprüchen als erste beschriebene Erfindung oder Gruppe von Erfindungen bezieht, die untereinander in der Weise verbunden sind, dass sie eine einzige allgemeine erfinderische Idee verwirklichen.

(7) ¹Das Deutsche Patent- und Markenamt teilt dem Anmelder das Ergebnis der Recherche nach Absatz 1 unter Berücksichtigung des Absatzes 6 ohne Gewähr für Vollständigkeit mit (Recherchebericht). ²Es veröffentlicht im Patentblatt, dass diese Mitteilung ergangen ist. ³Gegen den Recherchebericht ist ein Rechtsbehelf nicht gegeben. ⁴Ist der Stand der Technik von einer zwischenstaatlichen Einrichtung ermittelt worden und hat der Anmelder einen Antrag im Sinne von Absatz 1 Satz 2 gestellt, so wird dies in der Mitteilung angegeben.

---

[55] BPatGE 12, 177, 180 f.

(8) Das Bundesministerium der Justiz und für Verbraucherschutz wird ermächtigt, zur beschleunigten Erledigung der Patenterteilungsverfahren durch Rechtsverordnung zu bestimmen, dass
1. die Ermittlung des in Absatz 1 bezeichneten Standes der Technik einer anderen Stelle des Deutschen Patent- und Markenamts als der Prüfungsstelle (§ 27 Absatz 1), einer anderen staatlichen oder einer zwischenstaatlichen Einrichtung vollständig oder für bestimmte Sachgebiete der Technik oder für bestimmte Sprachen übertragen wird, soweit diese Einrichtung für die Ermittlung des in Betracht zu ziehenden Standes der Technik geeignet erscheint;
2. das Deutsche Patent- und Markenamt ausländischen oder zwischenstaatlichen Behörden Auskünfte aus Akten von Patentanmeldungen zur gegenseitigen Unterrichtung über das Ergebnis von Prüfungsverfahren und von Ermittlungen zum Stand der Technik erteilt, soweit es sich um Anmeldungen von Erfindungen handelt, für die auch bei diesen ausländischen oder zwischenstaatlichen Behörden die Erteilung eines Patents beantragt worden ist;
3. die Prüfung der Patentanmeldungen nach § 42 sowie die Kontrolle der Gebühren und Fristen ganz oder teilweise anderen Stellen des Deutschen Patent- und Markenamts als den Prüfungsstellen oder Patentabteilungen (§ 27 Absatz 1) übertragen werden.

Cornelia Rudloff-Schäffer

Übersicht

	Geltungsbereich	1
	Literatur	6
	Kommentierung zu § 43 PatG	
I.	Zweck	7
II.	Rechercheantrag	8
1	Antragsteller	9
2	Wirksamkeit des Antrags	10
2.1	Vertreter	11
2.2	Antragsfrist	12
2.3	Recherchegebühr	13
2.3.1	Fälligkeit	14
2.3.2	Zahlungsfrist	15
2.3.3	Rückzahlung	16
2.4	Frühere Recherche- oder Prüfungsanträge	19
3	Gleichzeitiger Recherche- und Prüfungsantrag	20
4	Teilungsanmeldung	21
5	Zusatzanmeldung (§ 43 (2) 4 letzter Halbsatz aF)	22
6	Rücknahme des Antrags	23
7	Anfechtung	24
III.	Rechercheverfahren	25
1	Zuständigkeit	25
2	Offensichtlichkeitsprüfung gemäß § 42 auf Mangel der Einheitlichkeit im Sinne des § 34 (5)	26
3	Beginn der Recherche	27
4	Gegenstand der Recherche	28
5	Umfang der Recherche	31
6	Recherchebericht nach § 43 (1) und (7)	34
7	Mitteilung, Lieferung des Rechercheergebnisses	39
8	Hinweise Dritter	40
9	Verfahrenskostenhilfe	41

IV.	Verordnungsermächtigungen nach § 43 (8)	42
1	Recherche (Nr 1)	42
2	Rechercheaustausch (Nr 2)	43
3	Übertragung an andere Stellen im DPMA (Nr 3)	44
V.	Übermittlung von Rechercheergebnissen an EPA	45

Geltungsbereich: Das PatÄndG 1967 hat den § 43 als § 28a eingefügt (s. Amtl Begr BlPMZ 67, 255 zu Nr 11). Art 8 Nr 23 des 1. GPatG hat in Abs 1 den Satz 2 und in Abs 7 den Satz 2 neu eingefügt und die Sätze 1 in den Abs 3 und 7 redaktionell geändert.
Kostenregelungsbereinigungsgesetz (BGBl 2001 I S 3656 = BlPMZ 02, 14): Art 7 Nr 19 hat in § 43 (1) 1 die Klammerdefinition »Recherche« hinzugefügt, § 43 (2) 4 aufgehoben und § 43 (4) 3 neu gefasst. Durch Art 25 wurde Gebühr für Mitteilung (20 DM) und Auslage (30 DM) für Abschriften (Nr 101 400, Nr 102 010 DPMAVwKostV aF) gestrichen; Kosten werden durch Recherchegebühr abgedeckt. **1**

Art 1 Nr 15 des **Gesetzes zur Novellierung patentrechtlicher Vorschriften** und anderer Gesetze des gewerblichen Rechtsschutzes (PatNovG) v 19.10.13 hat § 43 mit Wirkung vom 01.04.14 teilweise neu gefasst (s Begr BT-Drs 17/10 308 = BlPMZ 13, 362). Umfang der Recherche wurde erweitert und inhaltlich neu definiert, erweiterter Recherchebericht enthält Ausführungen zur Patentfähigkeit. Wurde Rechercheantrag vor 01.04.14 gestellt, die Recherche aber bis dahin noch nicht abgeschlossen, gilt § 43 nF. Für Altverfahren bei Zusatzpatenten s § 147 Abs 3 iVm § 43 Abs 2 Satz 4 aF. **2**

Durch Art 7 Nr 1 des **PatNovG** wurde Art II § 3 IntPatÜG geändert, so dass DPMA bereits vorliegende Arbeitsergebnisse an EPA unter bestimmten Voraussetzungen übermitteln *kann* (s Rdn 45); Datenübermittlung ist damit generell möglich und EPA nicht auf ein Ersuchen im Einzelfall nach Art 130 EPÜ angewiesen. **3**

Art 204 der **Zehnten ZuständigkeitsanpassungsV** v 31.08.15 (BGBl I S 1474) hat in Abs 8 wegen des erweiterten Zuständigkeitsbereichs des Bundesministeriums der Justiz die Wörter »und für Verbraucherschutz« eingefügt. Durch Art 1 Nr 21 des **2. PatMoG** vom 10.08.21 (BGBl I S 3490) wurde jeweils die Bezeichnung »Patentamt« in Abs 1, 3, 4, 6, 7 und 8 durch die amtliche Bezeichnung »Deutsches Patent- und Markenamt« ersetzt. **4**

Rechercherichtlinien v 14.5.2020(= Tabu Gewerbl. Rechtsschutz Nr 135) richten sich an die Prüfungsstellen und werden zur Unterrichtung der Öffentlichkeit bekanntgemacht (MittDPMA Nr 1/20, BlPMZ 20, 157). **5**

Lit: Bendl/Weber: Patentrecherche und Internet; 4. Aufl 2013; Luginbühl, Verstärkte Nutzung der Vorarbeiten unter den Patentämtern, sic! 08, 765 **6**
Lit in GRUR: Althammer 67, 394; Beyer 86, 345; Stortnik 10, 871 Brüntjen/Ruttekolk/Teschemacher 13, 897. Lit in GRUR Int: Finniss 73, 366; Haertel 75, 65; Lit in Mitt: Völcker 73, 221; Wittmann 74, 130; 83, 48; Teply 78, 47; 82, 88; Schäfers 78, 47; Schrader 13, 1

I. Zweck

Die Ermittlung des für die Beurteilung der Patentfähigkeit in Betracht zu ziehenden Standes der Technik (früher »Druckschriften«) durch die Recherche vermittelt dem Anmelder den Stand der Technik, der für eine angemeldete Erfindung relevant ist, so dass er insbesondere deren Neuheit und erfinderische Tätigkeit patentrechtlich bewerten kann. **7**

II. Rechercheantrag

8 kann mit der Anmeldung und jederzeit innerhalb der Antragsfrist für den Prüfungsantrag (s Rdn 12) schriftlich gestellt werden. Antrag konnte auch für ein nach § 4 erstrecktes DDR-Patent gestellt werden (§ 11 ErstrG).[1]
Antrag nach § 43 (1) 2 (Durchführung der Recherche so, dass auch für europäische Anmeldungen verwendbar) kann nicht mehr gestellt werden. § 1 der VO zu § 28a,[2] der eine Übertragung der Recherche auf das EPA vorsah, ist seit langem aufgehoben.[3] Die Gebühr für diesen Antrag betrug 850 DM. Dennoch hat Gesetzgeber auch im Rahmen der Novellierung des § 43 im Jahr 2013 diese theoretisch denkbare Option in § 43 (1) 2 beibehalten.

1 Antragsteller

9 kann nur der Anmelder sein. Angesichts geringer Praxisrelevanz wurde Möglichkeit eines Rechercheantrags durch Dritte im Zuge der Neufassung des § 43 durch Art 1 Nr 15 PatNovG mit Wirkung vom 01.04.14 gestrichen. Dritte können aber weiterhin einen Prüfungsantrag nach § 44 stellen (vgl § 44 Rdn 7) und Hinweise zum »Stand der Technik« beim DPMA einreichen (Abs 3 Satz 2).

2 Wirksamkeit des Antrags

10 setzt die Erfüllung der allgemeinen Voraussetzungen jeder Verfahrenshandlung voraus (s Einl Rdn 41) und eine anhängige Anmeldung voraus.

11 **2.1 Vertreter** kann Antrag im fremden oder im eigenen Namen stellen, s § 44 Rdn 10. Bestellung eines Inlandsvertreters zur Teilnahme am Verfahren ist für auswärtigen Antragsteller notwendig, s § 44 Rdn 11.

12 **2.2 Antragsfrist:** § 43 kennt keine Frist für den Antrag. Er kann jedoch nur bis zum Ablauf der siebenjährigen Prüfungsantragsfrist gestellt werden, da nach deren Ablauf die Anmeldung als zurückgenommen gilt. Soll der Antrag zu einem Rechercheebericht führen, muss er so rechtzeitig vor Ablauf der 7-Jahresfrist gestellt werden, dass die Durchführung der Recherche noch möglich ist.

13 **2.3 Recherchegebühr** für einen Antrag nach § 43 PatG (und § 11 ErstrG) beträgt nach § 2 (1) iVm Nr 311 200 PatKostG (Anhang 15) 300 Euro (bis 31.03.2014 250 Euro).
Mitteilung des ermittelten Standes der Technik in Form eines Rechercheberichts gemäß § 43 (7) und die Lieferung eines Abdrucks für Rechercheantragsteller sind durch die Recherchegebühr mit abgedeckt (s unten Rdn 39).
Gebührenerhöhung: siehe dazu § 13 PatKostG Rdn 6 u 7 (Anhang 15).

---

1 DDR-Patente, die noch vor der Wiedervereinigung am 03.10.1990 angemeldet und über die maximale Schutzdauer von 20 Jahren aufrecht erhalten wurden, sind am 31.10.2010 erloschen, gehören aber zum Stand der Technik. Im Recherchesystem DEPATIS sind mehr als 110 Mio. Patentdokumente und etwa 325.000 DDR-Patente recherchierbar.
2 BlPMZ **78**, 221; **79**, 38 u 358.
3 Verordnung v 25.11.80 BlPMZ **81**, 2.

2.3.1 Fälligkeit: Die Gebühr wird nach § 3 (1) PatKostG mit der Einreichung des Antrags bei DPMA fällig. Sie kann wirksam nur bei DPMA, nicht bei einem Patentinformationszentrum entrichtet werden (s § 34 Rdn 61). Eine verfallene Gebühr kann nicht für einen neuen Antrag verwendet werden.[4]

2.3.2 Zahlungsfrist beträgt nach § 6 (1) 2 PatKostG 3 Monate nach Fälligkeit. Der Antrag wird nach § 5 (1) PatKostG erst bearbeitet, wenn die Gebühr gezahlt ist. Wird sie nicht oder nicht rechtzeitig gezahlt und ist keine Verfahrenskostenhilfe gewährt, gilt der Antrag nach § 6 (2) PatKostG als zurückgenommen.

2.3.3 Rückzahlung ist möglich, **a)** wenn der Antrag nach § 43 (4) 1 und (5) 1 als nicht gestellt gilt (§ 43 (4) 3 und (5) 2); **b)** wenn ein Rechtsgrund für die Entrichtung fehlt (§ 10 PatKostG Rdn 9, Anhang 15), also wenn der Antrag im Zeitpunkt der Zahlung nicht oder nicht mehr bestand, weil zB die Gebühr nicht vollständig oder später als 3 Monate nach Fälligkeit entrichtet wurde; **c)** wenn die Gebühr entfällt, weil der Antrag als zurückgenommen gilt *und* die Recherche nicht vorgenommen wurde (§ 10 (2) PatKostG Rdn 29 ff, Anhang 15).

Rückzahlung in analoger Anwendung des § 10 (2) PatKostG scheidet aus, wenn der Antrag aus Gründen, die in der Sphäre des Antragstellers liegen, zurückgenommen wird *und* die Recherche nicht vorgenommen wurde, da Gesetzgeber keine entsprechende Regelung für Rückzahlung von pauschalen Antragsgebühren getroffen hat.[5] Eine mit Rechtsgrund gezahlte, verfallene Gebühr kann nicht zurückgezahlt werden, auch nicht aus Billigkeit.[6]

Zuständig für Feststellung über Rücknahme von Rechercheanträgen oder Fiktion der Nichtstellung sowie für Entscheidungen über Anträge auf Rückzahlung der Rechercheantragsgebühr sind seit 01.01.2008 Beamte der geh Dienstes oder vergleichbare Tarifbeschäftigte nach § 27 (5) PatG iVm § 1 (1) Nr 3 und 4 WahrnV.[7]

2.4 Frühere Recherche- oder Prüfungsanträge stehen einem später gestellten Rechercheantrag entgegen, so dass dieser nach § 43 (4) 1 und (5) 1 als nicht gestellt gilt. Von mehreren gestellten Anträgen ist derjenige wirksam gestellt, für den Antrag und Gebühr zuerst vorliegen, nicht der, der zuerst eingegangen ist.[8] Mangels Bindungswirkung eines vorliegenden internationalen Recherchenberichts kann DPMA einen Antrag auf gesonderte Recherche nach § 43 nicht unter dem Gesichtspunkt »Vermeidung von Doppelarbeit« zurückweisen, auch wenn davon auszugehen ist, dass der für die internationale Anmeldung erstellte Recherchenbericht eigene Recherchearbeit erspart.[9]

---

4 BPatGE **13**, 195.
5 BPatG BlPMZ **04**, 162 *Rechercheantragsgebühr* (Gbm); vgl auch BPatG, 22.02.07, 10 W (pat) 49/05 (keine Rückzahlung der Prüfungsgebühr bei Rücknahme des Prüfungsantrags).
6 BPatGE **16**, 33; **46**, 207.
7 Vgl BPatG, 22.02.07, 10 W (pat) 49/05; BPatG BlPMZ **05**, 455 (zu § 1 (1) Nr 2 und Nr 8 WahrnV aF).
8 Vgl BPatGE **11**, 55; **11**, 222; **12**, 85, 88.
9 Begr zu Art III § 7 IntPatÜG, BlPMZ **76**, 331.

3 Gleichzeitiger Recherche- und Prüfungsantrag

20 Eine *gesonderte Recherche* wird durchgeführt, wenn der Rechercheantrag nach § 43 *vor* oder *gleichzeitig* mit dem Prüfungsantrag gestellt wird. Es wird also zuerst unabhängig von evtl Mängeln der Stand der Technik, der für die Beurteilung der Patentfähigkeit in Betracht zu ziehen ist, ermittelt und dem Anmelder mitgeteilt; erst danach wird mit dem Prüfungsverfahren begonnen (§ 44 (3) 1).[10] Eine gesonderte Recherche wird nicht durchgeführt, wenn Anhaltspunkte dafür vorliegen, dass sie nicht gewollt ist. Das setzt aber die Erkennbarkeit des Willens des Anmelders voraus, zB weil er ersichtlich mit »Recherche« die Ermittlung der Entgegenhaltungen im Rahmen des Prüfungsverfahrens gemeint oder wenn er nur die Prüfungs-, nicht aber die Recherchegebühr gezahlt hat. Bei Zweifeln ist im Einzelfall nachzufragen.[11]

4 Teilungsanmeldung

21 War in der Stammanmeldung vor der Teilung ein Rechercheantrag gestellt, so ist der Rechercheantrag auch für die Teilanmeldung wirksam, für den eine Recherchegebühr nachzuentrichten ist, wenn der Anmelder eine Recherche wünscht. Ist die Teilung vor Stellung des Prüfungsantrags in der Stammanmeldung erklärt, bedarf es einer Nachentrichtung der Recherchegebühr nach § 39 (2) 2 nur, wenn für die Teilungsanmeldung ein Rechercheantrag gestellt wird.[12]

5 Zusatzanmeldung (§ 43 (2) 4 letzter Halbsatz aF)[13]

22 Für Altverfahren vor der Abschaffung des Zusatzpatents gilt: Hat der Anmelder oder ein Dritter die Recherche für die Anmeldung eines Zusatzpatents beantragt, muss Antrag auch für die Hauptanmeldung gestellt werden. Dazu fordert DPMA auf.[14] Nach fruchtlosem Ablauf der Frist gilt die Zusatzanmeldung als Anmeldung eines selbständigen Patents (§ 43 (2) 4 letzter Halbsatz aF). Anmelder ist auch dann zur Stellung des Antrags in der Hauptanmeldung verpflichtet, wenn der Antrag in der Zusatzanmeldung von einem Dritten gestellt ist.

6 Rücknahme des Antrags

23 bzw Eintritt der Rücknahmefiktion führt zur Einstellung der Ermittlung des Standes der Technik, da kein schutzwürdiges Interesse an Fortführung vorliegt. Keine Fortsetzung in analoger Anwendung der Ausnahmebestimmung des § 44 (4)[15] und keine Rückzahlung der Antragsgebühr.

---

10 Recherchrichtl unter 2. (rechte Spalte), BlPMZ 20, 157 (Tabu Gewerbl. Rechtsschutz Nr 135).
11 BPatG, 24.08.06, 10 W (pat) 13/06.
12 BPatGE 45, 153 = BlPMZ 02, 385.
13 Durch Art 1 Nr 3 PatNovG wurde § 16 (2) aF aufgehoben; s § 16 Rdn 6 ff und § 147 (3).
14 Zuständigkeit richtet sich nach § 1 (1) Nr 3 und (2) Nr 4 WahrnV.
15 BPatGE 13, 195.

7 Anfechtung

des Rechercheantrags ist ausgeschlossen, vgl § 44 Rdn 33. 24

III. Rechercheverfahren

1 Zuständigkeit

für die Bearbeitung eines Rechercheantrags liegt nach § 27 (1) Nr 1 bei Prüfungsstelle. 25
Der Antrag wird zunächst auf formelle Mängel und auf Eingang der Recherchegebühr
geprüft,[16] die Mitteilungen an Anmelder (und früher ggf. an Dritten) sowie die Veröffentlichungen im Patentblatt (Teil 2b) werden veranlasst. Nach Feststellung der Wirksamkeit wird der Rechercheantrag elektronisch der für die Hauptklasse zuständigen
Prüfungsstelle zugeleitet, die ihre Zuständigkeit überprüft und etwa fehlende Nebenklassen ergänzt.

2 Offensichtlichkeitsprüfung gemäß § 42 auf Mangel der Einheitlichkeit im Sinne des § 34 (5)

geht der Durchführung der Recherche voraus. Ist die Recherche sachlich unmöglich, 26
weil die Unterlagen unklar oder unverständlich sind, ist der Vermerk »nicht recherchierbar wegen ...« einzutragen. Der Mangel der Uneinheitlichkeit der angemeldeten
Erfindung (zur Einheitlichkeit s § 34 (5)) kann auch im Stadium der Recherche gerügt
werden; dabei kann die Recherche in einem solchen Fall auf die in der Anmeldung
zuerst genannte Erfindung beschränkt werden[17]. Andernfalls müsste das DPMA eine
Recherche für eine Patentanmeldung durchführen, die mehrere Erfindungen enthält
und in einem späteren Prüfungsverfahren so nicht erteilungsfähig gewesen wäre. Bis
zur Neufassung des § 43 (6) musste zunächst erneut die Offensichtlichkeitsprüfung
nach § 42 aufgenommen werden, wenn erst während der Recherche die offensichtliche
Uneinheitlichkeit festgestellt wurde.

3 Beginn der Recherche

Recherchen nach § 43 werden von den zuständigen Prüfungsstellen im Rahmen des 27
Aufkommens und in der Reihenfolge des zeitlichen Eingangs unverzüglich durchgeführt. DPMA strebt an, dem Antragsteller das Rechercheergebnis möglichst vor Ablauf
des Prioritätsjahres zu übermitteln. Auf begründeten Beschleunigungsantrag, zB bei
drohenden erheblichen Nachteilen für den Antragsteller, kann Recherche vorgezogen
werden.[18]

4 Gegenstand der Recherche

ist das, was nach den Patentansprüchen als patentfähig unter Schutz gestellt werden 28
soll. Recherchiert werden die Gegenstände *sämtlicher Patentansprüche*, es sei denn, sie
enthalten lediglich Selbstverständlichkeiten.[19] Bei mehreren Anspruchsfassungen ist die

---

16 Zuständigkeit richtet sich nach § 1 (1) Nr 3 und (2) Nr 4 WahrnV.
17 Recherchericht unter 4., BlPMZ 20, 157 (Tabu Gewerbl. Rechtsschutz Nr 135).
18 Recherchericht unter 3., BlPMZ 20, 157 (Tabu Gewerbl. Rechtsschutz Nr 135).
19 Stortnik GRUR 10, 871.

zuletzt eingereichte, von der zuständigen Prüfungsstelle als zulässig im Sinne von § 38 erachtete Fassung maßgebend.

29 *Bei zu weit gefassten Hauptansprüchen* ist derjenige Stand der Technik zu nennen, der dem Erfindungsgegenstand unter Berücksichtigung einschränkender Merkmale der Unteransprüche *besonders nahekommt.* Die Beschreibung und die Zeichnungen sind zur Bestimmung des Wortsinns der Ansprüche heranzuziehen.

30 Bei *Kombinationsansprüchen* ist Gegenstand der Recherche die Kombination, also die Verbindung der Merkmale miteinander (s § 1 Rdn 269 ff). Elemente oder Unterkombinationen werden nur recherchiert, wenn ihre Bedeutung augenfällig ist.

Geschäftsmethoden sind untechnisch, so dass für sie eine Recherche nach dem Stand der Technik nicht möglich ist.

5 Umfang der Recherche

31 Jede Anmeldung wird im Rahmen des Verfahrens nach § 43 nur einmal recherchiert. Es gilt der Grundsatz der gründlichen, aber nicht übertriebenen Recherche. Wird bei der Recherche erkannt, dass für eine nur noch geringe Verbesserung des Ergebnisses ein unverhältnismäßig großer Arbeitsaufwand erforderlich wäre, ist die Recherche zu beenden.

32 *Anmeldetag* ist als Bezugszeitpunkt für Recherche maßgebend, nicht der ggf in Anspruch genommene Prioritätstag. Im *Prioritätsintervall* liegendes Material wird mit »P« gekennzeichnet.

33 *Zu berücksichtigendes Material:* a) alle Entgegenhaltungen (schriftliche wie mündliche Beschreibungen), die für die Beurteilung von Neuheit und erfinderischer Tätigkeit allein oder in Verbindung mit anderem Stand der Technik bedeutsam sind. Von einer *Patentfamilie* braucht nur ein Mitglied genannt zu werden, es sei denn, die Mitglieder weisen wesentliche sachliche Unterschiede auf. Ist ein vorveröffentlichtes Dokument klar neuheitsschädlich, kann die Recherche beendet werden, aber nur, wenn die Neuheitsschädlichkeit aller Ansprüche eindeutig festgestellt werden kann. Im Zweifel ist weiter zu recherchieren; b) Dokumente zum *technologischen Hintergrund,* sofern erforderlich; c) *nachveröffentlichte Patentanmeldungen mit älterem Zeitrang iSd § 3 (2),* die bereits als Stand der Technik genannt werden können, einschließlich PCT- und europäischer Anmeldungen, in denen Deutschland bestimmt oder benannt ist, und zwar auch dann, wenn die Voraussetzungen des § 3 (2) 1 Nr 2 noch nicht erfüllt sind, aber noch erfüllt werden können; d) *nachveröffentlichte Dokumente,* die zum Verständnis der angemeldeten Erfindung beitragen können; e) *vom Anmelder genanntes Material (Eigenzitat),* soweit DPMA darüber verfügt; f) Dokumente, die für den Veröffentlichungstag einer Entgegenhaltung oder für die Berechtigung einer Priorität wichtig sein können.

Externe Datenbanken, Internetquellen, Online-Zeitschriften und Online-Datenbanken sowie Rechercheergebnisse anderer Staaten berücksichtigt DPMA soweit wie möglich. Bei Datenbankrecherchen ist ein Ablaufprotokoll zur elektronischen Akte zu nehmen. Bei der Verwendung von Schlagwörtern und Suchbegriffen ist darauf zu achten, dass durch deren Eingabe oder Kombination nicht versehentlich der Inhalt unveröffentlichter Anmeldungen der Öffentlichkeit zugänglich gemacht wird.[20] Anmelder, die das vermeiden wollen, stellen einen Rechercheantrag erst nach der Offenlegung.[21]

6 Rechercheberichte nach § 43 (1) und (7)

enthält den ermittelten Stand der Technik mit vorläufiger Beurteilung der »Schutz«fähigkeit der angemeldeten Erfindung nach den §§ 1 bis 5 PatG und zu den Anforderungen des § 34 (3) bis (5). Der **Recherchebericht** entspricht dem Standard der internationalen Recherche nach dem PCT und des Rechercheberichts des EPA und soll Anmeldern eine Grundlage für Entscheidung über Fortsetzung des Anmeldeverfahrens bieten.

Das standardisierte Formular des Rechercheberichts hat folgende **Struktur**:
A. Klassifizierung nach der zum Zeitpunkt der Recherche geltenden Version der IPC,
B. Recherchierte Gebiete und Recherchemittel (zB Datenbanken),
C. Tabelle mit ermitteltem Stand der Technik (idR unter Bezug auf die jeweiligen Nummern der Ansprüche), mit Fundstellen und Kategorien,
D. Vorläufige Beurteilung der Schutzfähigkeit nach §§ 1 bis 5 und Aussagen zu den Anforderungen des § 34 (3) bis (5).[22] Dazu gehören etwaige Gründe zur Eingrenzung des Umfangs der Recherche, Patentierungsausschlüsse, mangelnde Einheitlichkeit, unzureichende Angabe des Erfindungsgegenstands, Ausführungen zum Erfordernis der ausführbaren Offenbarung sowie zu den Anforderungen nach den §§ 3 bis 5 PatG (Neuheit, erfinderische Tätigkeit, gewerbliche Anwendbarkeit).

Bei Mängeln soll der Recherchebericht dem Anmelder – nach Art eines Erstbescheids – deutliche und aussagekräftige **Hinweise** zur **Beseitigung von etwaigen Mängeln** im Falle eines Prüfungsantrags geben und ihm als Basis für eine sachdienliche Reaktion (zB Einreichung geänderter Unterlagen) dienen.

Die Kategorien (Relevanzindikatoren) des ermittelten Standes der Technik werden mit folgenden Großbuchstaben gemäß WIPO-Standard ST.14 gekennzeichnet:

»X« Entgegenhaltung, die Neuheit der beanspruchten Erfindung oder deren Beruhen auf erfinderischer Tätigkeit **allein** in Frage stellt;
»Y« Entgegenhaltung, die das Beruhen auf erfinderischer Tätigkeit in Kombination mit einer oder mehreren anderen Entgegenhaltungen in Frage stellt, wobei die Kombination der Dokumente für einen Fachmann naheliegen muss;
»A« Dokument, das den technologischen Hintergrund definiert;
»O« Dokument, das Bezug nimmt auf eine mündliche Offenbarung, eine Benutzung, eine Ausstellung oder eine andere Art der Offenbarung;
»P« im Prioritätsintervall veröffentlichter Stand der Technik;

---

20 Rechercherichtl unter 5., BlPMZ **20**, 157 (Tabu Gewerbl. Rechtsschutz Nr 135).
21 MittDPMA Nr 6/01 BlPMZ **01**, 301 = Tabu Gewerbl. Rechtsschutz Nr 499 S 481. Zu Internetrecherchen s Brüntjen/Ruttekolk/Teschemacher GRUR **13**, 897 ff.
22 Rechercherichtl unter 6., BlPMZ **20**, 157 (Tabu Gewerbl. Rechtsschutz Nr 135).

»T«	nachveröffentlichter, nicht kollidierender Stand der Technik, der die Theorie der angemeldeten Erfindung betrifft und für ein besseres Verständnis der angemeldeten Erfindung nützlich sein kann oder zeigt, dass die der angemeldeten Erfindung zugrunde liegenden Gedankengänge oder Sachverhalte falsch sein können;
»E«	ältere Anmeldungen gemäß § 3 (2) PatG;
»D	Stand der Technik, der bereits in der Anmeldung zitiert ist (sog. Eigenzitat) und auch von der Prüfungsstelle als relevant betrachtet wird;
»L«	aus besonderen Gründen genanntes Dokument, zB zum Veröffentlichungstag einer möglichen Entgegenhaltung oder bei Zweifeln an der Priorität.

37   **Berichtigung** von schwerwiegenden Fehlern in Bezug auf den angegebenen Stand der Technik (zB falsches Zitat) auf der OS oder PS durch entsprechende Veröffentlichung im Patentblatt und Unterrichtung des Anmelders, ggf. ist korrektes Dokument nachzusenden.

Titelblatt der OS enthält Hinweis auf Rechercheantrag und den ermittelten Stand der Technik.[23]

38   **Gewähr für Vollständigkeit** der Recherche wird gemäß § 43 (7) 1 nicht übernommen, auch nicht für die angegebenen Kategorien. Darauf ist am Ende des Rechercheberichts hinzuweisen. § 43 (7) 3 stellt ausdrücklich fest, dass gegen den Recherchebericht ein Rechtsbehelf nicht gegeben ist; der Antragsteller kann aber seine abweichende Auffassung, etwa zur inhaltlichen Beschränkung der Recherche auf eine Erfindung, im Rahmen eines Prüfungsverfahrens vortragen. Schadensersatzansprüche scheiden daher aus, zB Rückzahlung einer sonst ersparten Prüfungsgebühr.[24] Ein Anspruch auf Stellungnahme zum Inhalt des Berichts oder auf dessen Ergänzung[25] besteht grundsätzlich nicht, es sei denn, DPMA hätte schuldhaft Pflicht zu ordnungsgemäßer Recherche verletzt.

7 Mitteilung, Lieferung des Rechercheergebnisses

39   gemäß § 43 (7) umfasst: **a)** konkretes Zitat des jeweiligen Dokuments, zB US-PS 3 493 979[26], *und* **b)** Lieferung eines Ausdrucks bzw einer Ablichtung dieser Dokumente. Eines gebührenpflichtigen Antrags, Ablichtungen oder Ausdrucke der ermittelten Dokumente zu übersenden, bedarf es nicht mehr, da diese Kosten durch die Recherchegebühr (Gebührennummer 311 200: 300 Euro) gedeckt sind.[27]

Der Anmelder erhält den ermittelten Stand der Technik kostenfrei. Urheberrechtlich geschützte Nichtpatentliteratur wird nicht in die elektronische Akte eingebunden, sondern dort mit den vollständigen bibliografischen Daten samt Archiv-ID vermerkt.

---

23   BPatG BlPMZ 92, 257.
24   BPatGE 13, 60, s auch § 29 Rdn 8; BPatG, 06.04.06, 10 W (pat) 2/05.
25   BPatGE 17, 222 = Mitt 76, 37.
26   Zitierweise nach Ländercode WIPO Standard ST.3 (MittDPA Nr 2/98; BlPMZ 98, 157–159).
27   Amtl Begr zum Kostenregelungsbereinigungsgesetz v 13.12.01 zu Art 25 zu Nr 4a BlPMZ 02, 36, 63.

Diese Dokumente werden nur in das interne NPL-Archiv bzw. die NPL-Datenbank des DPMA abgelegt (s. dazu § 26a). Sie werden dem Antragsteller nicht als Anlage zum Rechercheebericht, sondern gesondert per Post übersandt. Dritte können, wenn nicht ohnehin freie Akteneinsicht online gewählt wird, einen gebührenpflichtigen Akteneinsichtsantrag stellen (Nr 301 400 DPMAVwKostV, 90 Euro) und Ablichtungen und Ausdrucke (mit Ausnahme der Nichtpatentliteratur, s § 31 Rdn 47) gegen Zahlung der Dokumentenpauschale erhalten (Nr 302 100 DPMAVwKostV). Falsch gelieferte Ablichtungen und Ausdrucke werden kostenlos durch die richtigen ersetzt. Im elektronischen Patentblatt wird veröffentlicht, zu welchen Anmeldungen eine Mitteilung nach § 43 (7) über das Rechercheergebnis ergangen ist (Teil 2c).

8 Hinweise Dritter

zum entgegenstehenden Stand der Technik lässt § 43 (3) 2 ausdrücklich zu. Solche Angaben sind nach dem Untersuchungsgrundsatz auf Relevanz zu prüfen und ggf bei der Recherche oder der späteren Prüfung zu berücksichtigen. Der Dritte erhält durch die Angabe keine Verfahrensbeteiligung, auch keinen Auskunftsanspruch; er kann sich nur durch Akteneinsicht informieren. Die Eingabe des Dritten ist dem Anmelder und während eines anhängigen Prüfungsverfahrens auch der Prüfungsstelle umgehend mitzuteilen. Zum Einspruchsverfahren vgl § 59 Rdn 148. 40

9 Verfahrenskostenhilfe

kann dem Anmelder beschränkt auf das Verfahren nach § 43 bewilligt werden, wenn Offensichtlichkeitsprüfung ohne Zurückweisung abgeschlossen worden ist.[28] Frühere Möglichkeit der Verfahrenskostenhilfe für Rechercheantrag stellenden Dritten nach § 130 (6), der ein eigenes schutzwürdiges Interesse glaubhaft machen musste, ist seit 01.04.2014 entfallen.[29] 41

IV. Verordnungsermächtigungen nach § 43 (8)

1 Recherche (Nr 1)

§ 1 der VO zu § 28a (jetzt § 43[30]) des Patentgesetzes vom 31.05.1978 (BGBl I S 660) enthielt eine Übertragung der Recherche auf das EPA; diese Vorschrift ist bereits im Jahre 1980 aufgehoben worden.[31] 42

2 Rechercheenaustausch (Nr 2)

Die Verordnung zu § 28a PatG vom 31.05.1978 (BGBl I S 660) ist am 01.06.2004 außer Kraft getreten (BGBl I S 514). Die frühere Regelung in § 23 (1) aF DPMAV, wonach DPMA ausländischen oder zwischenstaatlichen Behörden *im Einzelfall* Auskünfte aus Akten von Patentanmeldungen zur gegenseitigen Unterrichtung über das Ergebnis von *Prüfungsverfahren und von Ermittlungen* zum Stand der Technik erteilen konnte, soweit es sich um Anmeldungen von Erfindungen handelt, für die auch bei diesen ausländischen oder zwischenstaatlichen Behörden die Erteilung eines Patents beantragt 43

---

28 BPatGE **12**, 177, 181.
29 S Art 1 Nr 21 PatNovG und Komm zu § 130.
30 BlPMZ **78**, 221; **79**, 38 u 358; **80**, 242.
31 VO v 25.11.80 BlPMZ **81**, 2.

worden ist, wurde durch VO vom 01.11.13 (BGBl I S 3906) mit Wirkung vom 12.11.13 aufgehoben (s auch Rdn 46).

3 Übertragung an andere Stellen im DPMA (Nr 3)

44 Von der Möglichkeit, die Offensichtlichkeitsprüfung nach § 42 sowie die Gebühren – und Fristenkontrolle zur beschleunigten Erledigung des Patenterteilungsverfahrens ganz oder teilweise anderen Stellen als den Prüfungsstellen und Patentabteilungen zu übertragen, wurde bislang kein Gebrauch gemacht. Die Gebühren– und Fristenkontrolle läuft seit der Einführung der elektronischen Schutzrechtsakte im Juni 2011 vollständig elektronisch ab (workflow).

V. Übermittlung von Rechercheergebnissen an EPA

45 EPA verlangt seit 01.01.2011 nach Regel 141(1) EPÜ von Anmelder, der im Sinne des Art 87 EPÜ eine Priorität in Anspruch nimmt, eine Kopie der Rechercheergebnisse der Behörde, bei der die prioritätsbegründende Anmeldung eingereicht worden ist, zusammen mit der europäischen Patentanmeldung (im Fall einer Euro-PCT-Anmeldung bei Eintritt in die europäische Phase) oder unverzüglich, sobald ihm diese Ergebnisse vorliegen. Unterlässt es der Anmelder, auf die Aufforderung des EPA zur Einreichung der Rechercheergebnisse rechtzeitig zu antworten, so gilt die europäische Patentanmeldung nach Regel 70b (2) EPÜ als zurückgenommen. Daneben kann EPA den Anmelder nach Regel 141 (3) EPÜ zur Auskunft über den Stand der Technik im Sinne des Art 124 EPÜ auffordern, der in anderen Patentverfahren berücksichtigt wurde und eine Erfindung betrifft, die Gegenstand der europäischen Patentanmeldung ist (zB wenn Priorität nicht beansprucht wird). Ob und in welcher Weise die Ergebnisse des Voranmeldeamts berücksichtigt werden, liegt im Entscheidungsbereich der einzelnen Prüfungsstelle.

46 Nach Art II § 3 Satz 1 IntPatÜG ist DPMA generell befugt, Arbeitsergebnisse aus den beim DPMA geführten Verfahren an EPA zu übermitteln, wenn diese für die Erfüllung der dortigen Aufgaben nach dem Vierten und Zehnten Teil des EPÜ (Europäische und Euro-PCT-Nachanmeldungen) erforderlich sind. Damit wird EPA nicht mehr auf das Ersuchen im Einzelfall nach Art 130 EPÜ verwiesen. Nach Art II § 3 Satz 2 ist die Übermittlung ausgeschlossen, soweit eine Rechtsvorschrift entgegensteht oder das **schutzwürdige Interesse des Anmelders** im Sinne des **Artikels 4 Nr 1** der (Verordnung (EU) 2016/679 des Europäischen Parlaments und des Rates vom 27. April 2016 zum Schutz natürlicher Personen bei der Verarbeitung personenbezogener Daten, zum freien Datenverkehr und zur Aufhebung der Richtlinie 95/46/EG (**DSGVO**) offensichtlich überwiegt. Daher ist es angebracht, dem Anmelder **im Einzelfall die Entscheidung zu überlassen**, Rechercheergebnisse nach Art 124 iVm Regel 141 EPÜ selbst an EPA zu übermitteln oder DPMA damit zu beauftragen.

§ 44 Prüfungsantrag

(1) Das Deutsche Patent- und Markenamt prüft auf Antrag, ob die Anmeldung den Anforderungen der §§ 34, 37 und 38 genügt und ob der Gegenstand der Anmeldung nach den §§ 1 bis 5 patentfähig ist.

(2) ¹Der Antrag kann von dem Anmelder und jedem Dritten, der jedoch hierdurch nicht an dem Prüfungsverfahren beteiligt wird, bis zum Ablauf von sieben Jahren nach Einreichung der Anmeldung gestellt werden. ²Die Zahlungsfrist für die Prüfungsgebühr nach dem Patentkostengesetz beträgt drei Monate ab Fälligkeit (§ 3 Abs 1 des Patentkostengesetzes). ³Diese Frist endet spätestens mit Ablauf von sieben Jahren nach Einreichung der Anmeldung.

(3) ¹Ist bereits ein Antrag nach § 43 gestellt worden, so beginnt das Prüfungsverfahren erst nach Erledigung des Antrags nach § 43. ²Hat ein Dritter den Antrag nach Absatz 1 gestellt, so wird der Eingang des Antrags dem Anmelder mitgeteilt. ³Im Übrigen ist § 43 Absatz 2 Satz 2 und 3, Absatz 3 und 5 entsprechend anzuwenden.

(4) ¹Erweist sich ein von einem Dritten gestellter Antrag nach der Mitteilung an den Anmelder (Absatz 3 Satz 2) als unwirksam, so teilt das Deutsche Patent- und Markenamt dies außer dem Dritten auch dem Anmelder mit. ²Im Fall der Unwirksamkeit des von einem Dritten gestellten Antrags kann der Anmelder noch bis zum Ablauf von drei Monaten nach der Zustellung der Mitteilung, sofern diese Frist später als die in Absatz 2 bezeichnete Frist abläuft, selbst einen Antrag stellen. ³Stellt er den Antrag nicht, wird im Patentblatt unter Hinweis auf die Veröffentlichung des von dem Dritten gestellten Antrags veröffentlicht, dass dieser Antrag unwirksam ist.

(5) ¹Das Prüfungsverfahren wird auch dann fortgesetzt, wenn der Antrag auf Prüfung zurückgenommen wird. ²Im Fall des Absatzes 4 Satz 2 wird das Verfahren in dem Zustand fortgesetzt, in dem es sich im Zeitpunkt des vom Anmelder gestellten Antrags auf Prüfung befindet.

Cornelia Rudloff-Schäffer

Übersicht

Geltungsbereich		1
Literatur		4
Kommentierung zu § 44 PatG		
I.	Zweck	5
II.	Prüfungsantrag	6
1	Antragsteller	7
2	Wirksamkeit des Prüfungsantrags	8
2.1	Anhängigkeit der Anmeldung	9
2.2	Antragstellung durch Vertreter	10
2.3	Inlandsvertreter	11
2.4	Antragsfrist	12
2.4.1	Benachrichtigung	15
2.4.2	3-Monatsfrist nach § 44 (4) 2	16
2.5	Prüfungsantragsgebühr	17
2.5.1	Fälligkeit	19
2.5.2	Zahlungsfrist	20
2.5.3	Nichtzahlung	23
2.5.4	Verfahren	24
2.5.5	Rückzahlung der Gebühr	25
2.6	Fehlen eines früheren Prüfungsantrags	29
3	Prüfungsantrag und Teilung	30
4	Rücknahme des Antrags (§ 44 (5))	32
5	Anfechtung	33

6	Veröffentlichung der Nichtstellung	34
III.	Prüfungsverfahren	35
1	Zulässigkeitsprüfung	36
1.1	Beteiligter	37
1.2	Verfahren	38
1.3	Entscheidung	39
1.3.1	Zurückweisung des Antrags	40
1.3.2	Feststellung der Wirksamkeit (Zulässigkeit)	41
1.4	Verwaltungsakte bei zulässigem Antrag	42
1.4.1	Bekanntmachung im Patentblatt	43
1.4.2	Mitteilung an Anmelder	44
1.4.3	Mitteilung an spätere Antragsteller	45
1.4.4	Aufforderung bei Zusatzanmeldungen	46
2	**Sachliche Prüfung der Anmeldung**	47
2.1	Umfang	48
2.2	Nachträgliche Feststellung der Unwirksamkeit	49
2.3	Ende des Prüfungsverfahrens	51
2.3.1		52
2.3.2		53
2.3.3		54
2.3.4		55
3	**DDR-Patente**	56

1 **Geltungsbereich:** Durch das **PatÄndG 1967** wurde § 44 als § 28b eingefügt (s **Amtl Begr** BlPMZ **67**, 255 zu Nr 18 und Bericht des Rechtsausschusses BlPMZ **67**, 279 (III) und 284 rSp). Das **1. GPatG** hat Abs 1 und Abs 4 Satz 4 redaktionell neu gefasst. Das **2. PatGÄndG** änderte die Verweisung in Abs 1 (§ 34 statt § 35). Das **Kostenregelungsbereinigungsgesetz** (BGBl 2001 I S 3656 = BlPMZ **02**, 14) hat § 44 (3) aufgehoben, weil die Prüfungsantragsgebühr in das PatKostG (abgedruckt im Anhang 15) übernommen wurde. Das **Geschmacksmusterreformgesetz** (BGBl I S 390 = BlPMZ **04**, 207) hat dem § 44 (2) mit Wirkung vom 19.03.04 die Sätze 2 und 3 angefügt.

2 Durch Art 1 Nr 16 des **Gesetzes zur Novellierung patentrechtlicher Vorschriften und anderer Gesetze des gewerblichen Rechtsschutzes** (PatNovG) v 19.10.13 (BGBl I S 3830 = BlPMZ **13**, 362) wurden mit Wirkung vom 01.04.14 Änderungen der Abs 3 und 4 in Folge der Neuregelung der Recherche in § 43 (s Begr BT-Drs 17/10 308) erforderlich, außerdem wurde der Begriff »Patentsucher« durch »Anmelder« ersetzt. Durch Art 1 Nr 40 Buchstabe b des **2. PatMoG** vom 10.08.21 (BGBl I S 3490) wurde die Bezeichnung »Patentamt« in Abs 1 und Abs 4 Satz 1 durch die amtliche Bezeichnung »Deutsches Patent- und Markenamt« ersetzt.

3 **DPMA-Prüfungsrichtlinien** behandeln den Prüfungsantrag unter 2.1 (BlPMZ **19**, 73 = Tabu Gewerbl. Rechtsschutz Nr 136).

4 **Lit:** Trüstedt, 25 Jahre BPatG, 1986, 109; Mes, FS Loschelder 2010, 251; **Lit in GRUR:** Althammer **67**, 394; Papke **85**, 14 u **85**, 410; **86**, 11; Beyer **86**, 345; Jung **86**, 210; Goebel/Möslinger **86**, 633; Schickedanz **87**, 71; Winterfeldt/Engels **07**, 537; Stortnik **10**, 871; Engels/Morawek **12**, 673; **Lit in GRUR Int:** Hoepffner **90**, 727; **Lit in GRUR-Prax:** Haertel **15**, 377; **Lit in Mitt:** Keil **77**, 64; Kelbel **77**, 89; Redies **78**, 49; Rauh **79**, 86; Zahn **77**, 110 u **80**, 65; Papke **87**, 29 u **87**, 70; van Raden/Eisenrauch **96**, 45; Hövelmann **99**, 129; Schallmoser **14**, 298.

I. Zweck:

5 Bis zum Inkrafttreten des PatÄndG 1967 am 01.10.68 wurden alle Anmeldungen auf Grund des Patenterteilungsantrags automatisch auf Patentfähigkeit geprüft. § 44 macht die Prüfung von der Stellung eines fristgebundenen Antrags abhängig (Möglichkeit der sog **aufgeschobenen Prüfung**). Durch die Einreichung der Anmeldung sichert sich der Anmelder die Priorität und hat dann sieben Jahre Zeit für die Stellung des gebührenpflichtigen Prüfungsantrags. In dieser Frist werden sich die Bedeutung und der wirtschaftliche Nutzen der Erfindung herausgestellt haben, so dass idR nur belangvolle Erfindungen der aufwändigen Prüfung durch DPMA zugeführt werden. Andererseits wird die Ungewissheit über das weitere Schicksal der Erfindung auf eine Überlegungsfrist von sieben Jahren begrenzt.[1]

II. Prüfungsantrag

Das Vorliegen eines rechtswirksamen Prüfungsantrags ist **unverzichtbare Verfahrensvoraussetzung** für die Durchführung des Prüfungsverfahrens nach § 44 vor der Prüfungsstelle oder eines sich anschließenden Beschwerdeverfahrens vor BPatG.[2] Sein Fehlen oder seine Unwirksamkeit ist in jeder Lage des Verfahrens zu berücksichtigen. Gilt die Anmeldung nach § 58 (3) 1. Variante wegen der Nichtstellung eines Prüfungsantrags innerhalb der gesetzlichen Frist von sieben Jahren als zurückgenommen, kann nur noch diese Rechtsfolge festgestellt, aber nicht mehr sachlich über die Anmeldung entschieden werden.[3] Zur Rücknahmefiktion in § 35a (1) und (2) s § 35a Rdn 14, 20.

1 Antragsteller

kann der Anmelder, ein Mitanmelder sowie jeder Dritte sein. Der Dritte braucht kein (Rechtsschutz)Interesse an der Prüfung nachzuweisen.[4] Eine *Verfahrensbeteiligung* am sachlichen einseitigen Prüfungsverfahren zwischen DPMA und Anmelder erhält durch den Antrag nur der Anmelder, *nicht der Dritte* (§ 44 (2)).[5] Der Dritte hat daher keinen Anspruch auf Zustellung von Bescheiden oder Beschlüssen oder auf Auskunft; er kann sich aber durch Akteneinsicht informieren. Aus Zweckmäßigkeitsgründen unterrichtet DPMA den Dritten über den Abschluss des Verfahrens, also über Erteilung, Zurückweisung oder Zurücknahme der Anmeldung (durch Erklärung oder gemäß § 58 (3)). Versehentliches Unterlassen begründet keine Ansprüche.

2 Wirksamkeit des Prüfungsantrags

Der Prüfungsantrag muss zu seiner Wirksamkeit die allgemeinen Voraussetzungen jeder Verfahrenshandlung erfüllen, er muss schriftlich (ggf. mit elektronischer Signatur) gestellt werden; die Gebührenzahlung allein ersetzt den Prüfungsantrag nicht[6] (Einl Rdn 41 ff; zur nach § 44 (3) 3 iVm § 43 (2) 2 erforderlichen Schriftform s Einl

---

1 BGH GRUR **95**, 45 *Prüfungsantrag*.
2 BPatG BlPMZ **93**, 448.
3 BPatG, 09.05.11, 10 W (pat) 16/08 GRUR **12**, 673 FN 87 *Halbleiterelement mit gesteuertem Emitterwirkungsgrad*; BPatGE **19**, 39, 42.
4 BPatGE **15**, 134 = GRUR **74**, 80; OLG München Mitt **83**, 95.
5 Zur Beteiligtenstellung Dritter a) im Erteilungsverfahren s BGHZ **183**, 309 *Fischdosendeckel*; BPatGE **52**, 256 *Aufreißdeckel*; Heinemann InTeR **13**, 119; b) im Verfahren nach § 123 PatG s BGH GRUR **15**, 927 *Verdickerpolymer II* (restriktive Auslegung) und BPatGE **54**, 176 *Verdickungszusammensetzung*, Haertel GRUR-Prax **15**, 377; aA Schallmoser Mitt **14**, 298.
6 Zur ausnahmsweisen Stellung des Prüfungsantrags durch eindeutigen Zusatz auf SEPA-Basis-Lastschriftmandat s BPatG, 24.07.19, 7 W (pat) 4/19 BeckRS **19**, 18304; BPatG, 21.06.18, 7 W (pat) 7/18 GRUR-Prax **18**, 404.

Rdn 352 ff)[7]. Die Erklärung zur Stellung eines Prüfungsantrags ist der Auslegung nach § 133 BGB zugänglich. Begleitumstände sind zu berücksichtigen.[8] Weitere Wirksamkeitsvoraussetzungen sind:

9   **2.1 Anhängigkeit der Anmeldung:** Ein Antrag für eine nicht oder nicht mehr anhängige Anmeldung ist unzulässig (vgl auch § 35 Rdn 34).

10 **2.2 Antragstellung durch Vertreter,** der nicht im eigenen Namen handelt, bedarf des nachholbaren Nachweises seiner Bevollmächtigung. Der gewillkürte Vertreter, der in fremdem Namen handelt, hat seinen Auftraggeber zu nennen, da sonst die Zulässigkeitsprüfung nicht möglich ist.[9] Ein berufsmäßiger Vertreter kann den Antrag wirksam aber auch im eigenen Namen stellen, selbst wenn er im Interesse eines Dritten handelt.[10] Ob ein Anwalt dadurch gegen Standespflichten verstößt, ist für die Wirksamkeit des Antrags belanglos. Der Anmelder hat auch keinen Anspruch darauf, den Dritten, in dessen Interesse der Antrag gestellt wird, zu erfahren, da dieser nicht Antragsteller ist und ein Strohmanntatbestand ausscheidet.[11] Eine etwaige Abrede, den Prüfungsantrag nicht zu stellen, ist auf die Wirksamkeit eines dennoch gestellten Antrags ohne Einfluss.

11 **2.3 Inlandsvertreter** muss der auswärtige Anmelder für Teilnahme am Anmelde- und Prüfungsverfahren bestellen (§ 25 (1) 1). Die Nichtbestellung ist ein Mangel der Anmeldung, der zu ihrer Zurückweisung führt, wenn er nicht beseitigt wird, gleichgültig, ob der Anmelder einen Prüfungsantrag gestellt hat oder nicht.

Die entsprechende Anwendung des § 25 nach § 44 (3) 3 iVm 43 (2) 3 bedeutet, dass auch ein auswärtiger *Dritter* für den Antrag einen Inlandsvertreter bestellen muss, obwohl er am Prüfungsverfahren nicht beteiligt ist. Unterlässt der Dritte die Bestellung, so fehlt seinem gestellten Antrag eine verfahrensrechtliche *Zulässigkeitsvoraussetzung* für den sachlichen Fortgang des Verfahrens.[12] Behebt er den Mangel nach Aufforderung nicht, so ist der Antrag als unzulässig zu verwerfen. Die gezahlte Prüfungsgebühr ist verfallen, da unzulässige Anträge nicht gebührenfrei sind.[13] Die nachgeholte Bestellung macht den Antrag zulässig.

12 **2.4 Antragsfrist:** Der Prüfungsantrag kann innerhalb von sieben Jahren seit »Einreichung der Anmeldung«, dh dem Tag, an dem die gesetzlichen Formerfordernisse an eine wirksame Anmeldung (§ 35 (1)) erfüllt sind, gestellt werden, also auch zusammen mit der Anmeldung. Maßgebend für den Beginn der Frist für PCT-Anmeldungen, für die die nationale Phase eingeleitet wird, ist das internationale Anmeldedatum.[14] Zur

---

7   BPatG BeckRS **15**, 15 649; BPatG BeckRS **12**, 21 751.
8   BPatG, 24.07.19, 7 W (pat) 4/19 BeckRS **19**, 18304; BPatG, 21.06.18, 7 W (pat) 7/18 GRUR-Prax **18**, 404.
9   BPatGE **15**, 134 = GRUR **74**, 80; OLG München Mitt **83**, 95; BPatG, 18.12.03, 10 W (pat) 26/02 BeckRS **11**, 27935.
10 BPatG, 22.01.08, 6 W (pat) 35/05 BeckRS **08**, 3602; BPatGE **15**, 134 = GRUR **74**, 80; OLG München Mitt **83**, 95.
11 BPatGE **15**, 134 = GRUR **74**, 80; OLG München Mitt **83**, 95.
12 BGH GRUR **69**, 437 *Inlandsvertreter*; vgl BPatGE **2**, 19; **17**, 11.
13 BPatGE **25**, 32 unter Aufgabe von Mitt **80**, 77.
14 S Merkblatt für internationale (PCT-)Anmeldungen = Tabu Gewerbl. Rechtsschutz Nr 915 unter 3.

Fristberechnung s Einl Rdn 185. Beispiel: Anmeldetag 02.07.00, Fristende 02.07.07.[15] Da der Antrag erst als gestellt gilt, wenn die Gebühr gezahlt ist, muss die Gebühr für einen wirksamen Antrag innerhalb der Frist gezahlt werden.[16] Der Prüfungsantrag kann nicht im Voraus mit Wirkung für den letzten Tag der 7-Jahresfrist gestellt werden, da Eintritt der Bedingung, mit der Prüfungsantrag verknüpft ist, nicht von verfahrensinternem, nur von DPMA beeinflussbarem Ereignis abhängt,[17] sondern eindeutig vorhersehbar ist, so dass Anmelder Ablauf der Frist selbst überwachen muss.

Beginn der Frist mit der wirksamen Einreichung der Anmeldung. Maßgebend ist der Anmeldetag (vgl § 35 Rdn 10 ff), *nicht* der Prioritätstag. Für Ausscheidungsanmeldungen gilt der Anmeldetag der Stammanmeldung,[18] zur Gebührenzahlungsfrist s Rdn 20 und § 34 Rdn 267, zu Teilanmeldungen s § 39 Rdn 48. **13**

Hemmung oder Unterbrechung der Frist sieht PatG für Prüfungsantragsfrist nicht vor. Der Lauf der Frist wird deshalb nicht dadurch berührt, dass die Anmeldung während des Laufs der Frist und bei ihrem Ende zunächst als zurückgenommen galt, zB infolge Nichtzahlung der Jahresgebühren.[19] Die 7-Jahresfrist muss daher auch dann eingehalten werden, wenn die Fiktion der Rücknahme der Anmeldung später durch Wiedereinsetzung wieder beseitigt wird. **14**

2.4.1 Benachrichtigung mit Fristsetzung, von der der Eintritt der Fiktion der Rücknahme der Anmeldung nach § 58 (3) abhinge, ist nicht vorgesehen. Die fehlende Warnfunktion kann bei der langen Prüfungsantragsfrist leicht zu einer unbeabsichtigten Versäumnis führen. Wiedereinsetzung in die Prüfungsantragsfrist ist möglich, kann aber nicht auf unterbliebenen Hinweis auf drohenden Ablauf der Frist gestützt werden, da DPMA gesetzlich nicht verpflichtet ist, auf Stellung derartiger Anträge hinzuwirken.[20] **15**

2.4.2 3-Monatsfrist nach § 44 (4) 2: Nach Ablauf der 7-Jahresfrist kann der Anmelder den (gebührenpflichtigen) Prüfungsantrag noch stellen, wenn sich der Prüfungsantrag eines Dritten später als unwirksam erweist. Das hat DPMA neben dem Dritten auch dem Anmelder mitzuteilen (§§ 44 (4) 1). Mit der Zustellung dieser Mitteilung beginnt die 3-Monats-Frist, die aber nur dann maßgebend ist, wenn die 7-Jahresfrist bereits vorher endet. **16**

2.5 Prüfungsantragsgebühr beträgt nach dem Gebührenverzeichnis in Anlage zu § 2 (1) PatKostG (Anhang 15) **a)** iVm Nr 311 400 **350 Euro**, wenn ein Rechercheantrag nach § 43 nicht gestellt worden ist; **b) 150 Euro, i)** wenn vorher – vom Anmelder oder einem Dritten – ein wirksamer Rechercheantrag gestellt worden ist (Nr 311 300), für den also die Recherchegebühr entrichtet wurde; **ii)** wenn eine vollständige Recherche für eine umgewandelte europäische oder eine internationale Anmeldung vorliegt (Art II § 9 (3) 1, Art III § 7 Satz 1 IntPatÜG). **17**

---

15 Vgl BGH GRUR **95**, 45 (II1b a) *Prüfungsantrag*; BPatGE **14**, 31, 33.
16 BPatGE **12**, 85, 88; **11**, 222; **16**, 35.
17 S dazu BPatGE **45**, 4 *Neuronales Netz*; BPatG, 26.01.05, 11 W (pat) 240/03.
18 BPatGE **15**, 132; **16**, 50, 52.
19 BGH GRUR **95**, 45 *Prüfungsantrag*.
20 BPatG, 16.03.06, 10 W (pat) 42/04, GRUR **07**, 537 FN 201; Busse/Keukenschrijver § 44 Rn 14.

§ 44 Prüfungsantrag

18 **Gebührenerhöhung:** siehe dazu § 13 PatKostG Rdn 4 u 5 (Anhang 15). Gebühr für Ausscheidungsanmeldungen s § 34 Rdn 266, für Teilanmeldungen § 39 Rdn 47 ff.

19 **2.5.1 Fälligkeit:** Die Gebühr wird nach § 3 (1) PatKostG mit der Einreichung des Antrags bei DPMA fällig.

20 **2.5.2 Zahlungsfrist:** Nach § 44 (2) 2 ist die Prüfungsantragsgebühr innerhalb von 3 Monaten nach Fälligkeit, dh nach Stellung des Prüfungsantrags, zu entrichten. Die Frist endet aber in jedem Fall nach Ablauf von sieben Jahren nach Einreichung der Anmeldung,[21] auch wenn der Antrag erst am letzten Tag der 7-Jahres-Frist gestellt worden ist.[22]

21 Diese Vorschrift gilt nur für Anmeldungen, die **nach** dem Inkrafttreten des § 44 (2) 2 (= 19.03.04) eingereicht worden sind. Für **vor** dem 19.03.04 eingereichte Anmeldungen konnte die Prüfungsantragsgebühr nach § 6 (1) PatKostG jederzeit innerhalb der 7-Jahresfrist des § 44 (2) 1 entrichtet werden und damit den Prüfungsantrag zum Zeitpunkt der Zahlung wirksam machen,[23] auch wenn DPMA bereits festgestellt haben sollte, dass der Antrag als nicht gestellt gilt.[24] Dies gilt auch für eine nach Inkrafttreten des PatKostG und vor Inkrafttreten des § 44 (2) 4 erklärte Ausscheidung, so dass Prüfungsantragsgebühr noch innerhalb der 7-Jahresfrist des § 44 (2) 1 gezahlt werden konnte, da Gesetzeslage zum Zeitpunkt des Eingangs der Ausscheidungsanmeldung maßgeblich und 3-Monatsfrist des § 6 (1) 2 PatKostG nicht einschlägig war.[25]

Der Antrag wird nach § 5 (1) PatKostG erst bearbeitet, wenn die Gebühr gezahlt ist.

Die Gebühr dient nicht der Aufrechterhaltung eines Schutzrechts iSd Art 5 bis (1) PVÜ, so dass eine Nachfristgewährung von 6 Monaten ausscheidet.[26]

22 Für die Rangfolge mehrerer Anträge untereinander ist der Zeitpunkt maßgebend, an dem Antrag und Gebühr vorliegen.

23 **2.5.3 Nichtzahlung:** Solange die Gebühr nicht entrichtet ist, ist der gestellte Prüfungsantrag nicht wirksam.[27] Ein ohne Gebühr gestellter Antrag ist also schwebend unwirksam; er kann durch Zahlung der Gebühr innerhalb der maßgebenden Zahlungsfrist (s Rdn 20) wirksam gemacht werden kann. Wird die Gebühr nicht rechtzeitig oder nicht vollständig gezahlt, so gilt nach § 6 (2) PatKostG der gestellte Prüfungsantrag als zurückgenommen.

24 **2.5.4 Verfahren:** Die Entrichtung der Gebühr ist Voraussetzung für die Wirksamkeit eines Prüfungsantrags, die als unverzichtbare Verfahrensvoraussetzung des Erteilungs-

---

21 AmtlBegr zu § 44 (2) 2 und 3 PatG (= Art 2 (7) Nr 2 G v 12.03.04, BGBl I S 390) s BT-Drs 15/1075 S 67 (= BlPMZ **04**, 207 ff).
22 MittDPMA Nr 23/04; BlPMZ **04**, 321.
23 BPatGE 11, 222; 12, 85, 88; 16, 35.
24 BPatGE 19, 18 = BlPMZ **77**, 18; krit Benkard/Schäfers § 44 Rn 12a.
25 BPatG BlPMZ **06**, 327 = GRUR **06**, 791 *Prüfungsgebühr für Ausscheidungsanmeldung.*
26 BPatGE 14, 31.
27 BPatGE 12, 85, 88; 11, 222; 16, 35.

verfahrens jederzeit zu prüfen ist, auch im Beschwerdeverfahren.[28] Patenterteilung heilt den Mangel der fehlenden Gebühr. Das Fehlen der Gebühr ist daher kein Einspruchs- oder Nichtigkeitsgrund.[29] Die Gebühr ist nicht beitreibbar (s § 1 PatKostG Rdn 17 ff., Anhang 15).

2.5.5 Rückzahlung der Gebühr bei rechtsgrundloser Entrichtung (vgl dazu § 10 PatKostG Rdn 8, Anhang 15), so zB **a)** wenn kein oder noch kein Prüfungsantrag gestellt ist; **b)** wenn der Antrag nach § 44 (3) 3 iVm § 43 (5) als nicht gestellt gilt, weil ein älterer, wirksamer Antrag vorliegt;[30] **c)** wenn die Gebühr erst nach Ablauf der maßgebenden Zahlungsfrist (s Rdn 20) entrichtet wurde;[31] **d)** wenn Gebühren doppelt oder mehrfach eingezahlt wurden. In diesen Fällen wird eine Erstattungsgebühr in Höhe von 10 Euro nach § 10 (2) 2 iVm § 6 (1) 2 DPMAVwKostV (Kostenverzeichnis Nr 301 500) einbehalten. Die Entscheidung über einen Antrag auf Rückzahlung von nicht fällig gewordenen oder fällig gewordenen und verfallenen Gebühren (mit Ausnahme der Beschwerdegebühr und der Einspruchsgebühr) kann seit 01.01.08 nach § 1 (1) Nr 4 WahrnV von Beamten des gehobenen Dienstes oder vergleichbaren Tarifbeschäftigten getroffen werden.[32]

25

Entfallen der Gebühr sieht § 10 (2) PatKostG vor, wenn der Antrag als zurückgenommen gilt *und* die Amtshandlung (= Prüfung) nicht vorgenommen wurde. Dazu siehe § 10 PatKostG Rdn 29 ff, Anhang 15.

26

Keine Rückzahlung einer *nach* Fälligkeit bereits vollständig entrichteten Gebühr, beispielsweise **a)** nach Rücknahme der Anmeldung oder des Prüfungsantrags durch Erklärung;[33] **b)** Fiktion der Rücknahme der Anmeldung nach § 35a (1), § 40 (5)[34] oder § 58 (3);[35] **c)** aus Billigkeitsgründen;[36] **d)** wegen unrichtiger Sachbehandlung;[37] **e)** wegen unvollständiger Recherche nach § 43 (vgl § 43 (7) 1);[38] **f)** nach Zurückweisung des Prüfungsantrags wegen Verfahrensmangel.[39]

27

Bei Rücknahme des Prüfungsantrags besteht, auch wenn DPMA Prüfung über die üblichen Bearbeitungszeiten hinaus verzögert betrieben hat, weder ein Anspruch aus § 10 (2) PatKostG auf Rückzahlung der *mit Rechtsgrund* entrichteten Antragsgebühr,

28

---

28 BPatGE BlPMZ 01, 576.
29 Vgl BPatGE BlPMZ **84**, 380 zur Jahresgebühr.
30 BPatGE **13**, 60, 63; **16**, 33; Mitt **71**, 115.
31 BPatGE **14**, 206.
32 Art 1 der 2. Verordnung zur Änd WahrnV v 18.12.07, BGBl I S 3008 = BlPMZ **08**, 2.
33 BPatG, 22.02.07, 10 W (pat) 49/05 BeckRS **07**, 7963; BPatGE **11**, 55; **11**, 222; BPatG BlPMZ **05**, 455.
34 BPatGE BlPMZ **12**, 71 *Prüfungsantragsgebühr II*; BGH GRUR **14**, 710; Vorinstanz BPatG, 06.06.13, 10 W (pat) 6/09 BeckRS **13**, 14088 (Zahlungstag ist Eingangstag der Einzugsermächtigung, sofern nicht vor Eintritt der Rücknahmefiktion widersprochen wird).
35 BPatGE **11**, 55.
36 BPatGE **13**, 60, 63; **16**, 33; Mitt **71**, 115; BPatG BlPMZ **04**, 162 *Recherchenantragsgebühr* (Gbm); zu den Anforderungen s auch BPatG BlPMZ **05**, 455, 457; BPatG, 22.02.07, 10 W (pat) 49/05 BeckRS **07**, 7963.
37 BPatGE **13**, 60, 63; **16**, 33; Mitt **71**, 115.
38 BPatGE **13**, 60.
39 BPatGE **25**, 32; unter Aufgabe von BPatG Mitt **80**, 77.

noch Anspruch aus § 9 PatKostG, da es in materieller Hinsicht an unrichtiger Sachbehandlung als Ursache für Prüfungsantragskosten mangelt.[40] Erklärte Rücknahme kann nicht mit gesetzlich fingierter Rücknahme gleichgestellt werden, da Prüfungsverfahren nach § 44 (5) 1 fortgesetzt wird.[41]

29 **2.6 Fehlen eines früheren Prüfungsantrags:** Liegt bereits ein wirksamer Antrag vor, so gilt ein später eingereichter Antrag als nicht gestellt, §§ 44 (3) 3 iVm 43 (5). Dann wird Gebühr zurückgezahlt. Für den Zeitrang mehrerer Anträge ist nicht der Eingang der Anträge, sondern das Vorliegen von Antrag und Gebühr maßgebend.[42]

3 Prüfungsantrag und Teilung:

30 Wird eine Anmeldung, für die ein Prüfungsantrag noch nicht gestellt ist, geteilt, wird nach § 44 (1) nur die Anmeldung geprüft, für die ein Prüfungsantrag gestellt wird. War ein Prüfungsantrag vor der Teilung bereits gestellt, so erstreckt er sich auch auf die Teilanmeldung (§ 39 (1) 3). Die Prüfungsgebühr für die Teilanmeldung muss nach § 39 (3) innerhalb von drei Monaten nachentrichtet werden, sonst gilt die Teilungserklärung als nicht abgegeben (vgl § 39 Rdn 51).

31 Bei einer **Teilung nach Ablauf der 7-Jahresfrist** kann die Prüfungsgebühr für Anmeldungen nach dem 1.1.81 nach § 39 (3) noch innerhalb von drei Monaten nachentrichtet werden.

4 Rücknahme des Antrags (§ 44 (5))

32 ist jederzeit zulässig, verfahrensrechtlich aber bedeutungslos, da § 44 (5) die Fortsetzung des Prüfungsverfahrens bestimmt (Ausnahme vom sonst geltenden Verfügungsgrundsatz, s Einl Rdn 11). Grund: Ausschluss der Möglichkeit, eine drohende Zurückweisung der Anmeldung durch Antragsrücknahme zu verhindern und dadurch den einstweiligen Schutz gemäß § 33 bis zum Ablauf der 7-Jahresfrist zu verlängern.[43] Keine analoge Anwendung des § 44 (5) auf andere Verfahren, zB das Rechercheverfahren nach § 43.[44]

5 Anfechtung

33 des Prüfungsantrags wegen Irrtums ist, da er eine Verfahrenshandlung ist, nicht möglich,[45] s Einl Rdn 91. Denkbar ist Anfechtung der der Gebührenzahlung zugrunde liegenden Willenserklärung[46] nach § 119 BGB. Ist diese wirksam angefochten, so ist der Antrag unwirksam (§ 44 (4)).

---

40 BPatG, 22.02.07,10 W (pat) 49/05; BPatG GRUR 06, 261 (II 2b bb) *Prüfungsantragsgebühr* (zu § 1 (1) Nr 2 und Nr 8 WahrnV aF).
41 BPatG BlPMZ 05, 455.
42 BPatGE 11, 55; 11, 222.
43 BPatG Mitt 73, 234, 236 lSp.
44 BPatGE 13, 195, 198.
45 BPatGE 11, 219.
46 BPatG Mitt 86, 174.

6 Veröffentlichung der Nichtstellung

des Prüfungsantrags im elektronischen Patentregister und Patentblatt (»Sonstige Erledigungen« in Teil 2h, s § 32 Rdn 22) für Anmeldungen, die ab dem 02.01.71 beim DPMA eingereicht sind (ab Aktz 21 00 001).[47] 34

III. Prüfungsverfahren

besteht aus: a) der Prüfung der formellen Wirksamkeit des Antrags nach § 44 (Rdn 36), b) der Prüfung der Anmeldung in materieller Hinsicht. 35

1 Zulässigkeitsprüfung:

Nur ein zulässiger, wirksam eingelegter Antrag führt zur Prüfung der Anmeldung (s Rdn 8 ff). Nach der Prüfung auf formelle Mängel und des rechtzeitigen Eingangs der Gebühr durch Sachbearbeiter des gehobenen Dienstes nach Maßgabe von § 1 (1) Nr 3 WahrnV wird der Eingang des Prüfungsantrags im elektronischen Patentblatt (Teil 2d) veröffentlicht. Außerdem werden die erforderlichen Mitteilungen, sofern der Antrag als zurückgenommen gilt, unwirksam ist oder von einem Dritten gestellt wurde, veranlasst. 36

Liegt ein wirksamer Prüfungsantrag vor, wird er nach Zahlung der Gebühr mit der Anmeldung an die für die Hauptklasse fachlich zuständige Prüfungsstelle zur sachlichen Prüfung abgegeben. Das bereits vergebene Aktenzeichen wird um eine Abteilungskennziffer ergänzt, deren Angabe durch den Anmelder seit Einführung der vollelektronischen Bearbeitung zur Beschleunigung des Verfahrens nicht mehr erforderlich ist.

1.1 Beteiligter der Zulässigkeitsprüfung ist nur der jeweilige Antragsteller: Anmelder oder Dritter.[48] Beim Antrag eines Dritten beginnt die Beteiligung des Anmelders durch Mitteilung nach § 44 (3) 2 erst, wenn feststeht, dass ein wirksamer Prüfungsantrag vorliegt.[49] 37

1.2 Verfahren: Bedenken gegen die Zulässigkeit des Antrags sind dem Antragsteller zur Äußerung mit Fristsetzung zur Beseitigung des Mangels mitzuteilen (§ 42 (3) 2 analog), und zwar auch einem Dritten, da § 44 (2) nicht für die Zulässigkeitsprüfung, sondern nur für das Verfahren gilt, das durch einen wirksamen Antrag eingeleitet wird. 38

1.3 Entscheidung: Über die formelle Wirksamkeit (insb Zulässigkeit) eines Prüfungsantrags kann vorab durch Beschluss entschieden werden[50] (s Einl Rdn 530, Nr 4). Ergebnis der Zulässigkeitsprüfung kann sein: 39

1.3.1 Zurückweisung des Antrags, wenn die gerügten Mängel, die der Wirksamkeit des Antrags entgegenstehen, vom Antragsteller nicht fristgerecht behoben oder Bedenken nicht entkräftet werden. Zustellung nur an Antragsteller. War der Antrag eines Dritten dem Anmelder bereits mitgeteilt, ist ihm die (rechtskräftige) Zurückweisung mitzuteilen (§§ 44 (4) 1). 40

---

47 MittDPA 1/78 BlPMZ **78**, 1.
48 BPatGE **11**, 222, 223; **12**, 85, 88.
49 BPatGE **15**, 134 = GRUR **74**, 80.
50 BPatGE **15**, 134 = GRUR **74**, 80.

§ 44   Prüfungsantrag

41   **1.3.2 Feststellung der Wirksamkeit (Zulässigkeit)**, über die ein eigener Ausspruch nicht erfolgt. Sie führt zur Abgabe des Verfahrens an die zuständige Prüfungsstelle (s Rdn 36).

42   **1.4 Verwaltungsakte bei zulässigem Antrag**, die nach Abschluss der Zulässigkeitsprüfung durchzuführen sind:

43   **1.4.1 Bekanntmachung im Patentblatt** gemäß §§ 44 (3) 3 iVm 43 (3) 1 (Teil 2d), jedoch nicht vor der Offenlegung. Bedeutsam, da spätere Anträge als nicht gestellt gelten (§§ 44 (3) 3 iVm 43 (5)). Eine nachträglich festgestellte Unwirksamkeit wird ebenfalls bekanntgemacht (§ 44 (4) 3, Teil 2e).

44   **1.4.2 Mitteilung an Anmelder**, wenn ein wirksamer Prüfungsantrag eines Dritten eingegangen ist (§§ 44 (3) 2). Eine etwa später festgestellte Unwirksamkeit ist außer dem Dritten auch dem Anmelder mitzuteilen (§§ 44 (4) 1).

45   **1.4.3 Mitteilung an spätere Antragsteller** über Vorliegen eines früheren, wirksamen Antrags mit Angabe des Zeitpunkts der Wirksamkeit (dh Vorliegen von Antrag und Gebühr). Die nach diesem Zeitpunkt eingehenden Anträge gelten als nicht gestellt (§ 44 (3) 2 iVm § 43 (5)). Ist die Zulässigkeitsprüfung für den früheren Antrag noch nicht abgeschlossen, ergeht Zwischenbescheid an den späteren Antragsteller.

46   **1.4.4 Aufforderung bei Zusatzanmeldungen**[51]: In Altfällen gilt: Wird Prüfungsantrag für eine Zusatzanmeldung gestellt, so ist der Anmelder aufzufordern, innerhalb eines Monats auch einen Prüfungsantrag für die Hauptanmeldung zu stellen (§ 44 (3) 2 iVm § 43 (2) 4). Erst nach Ablauf der Frist darf über die Zusatzanmeldung entschieden werden.[52] Nach fruchtlosem Ablauf der Frist gilt die Zusatzanmeldung kraft Gesetzes als Anmeldung eines selbständigen Patents. Es besteht kein Hinderungsgrund, das Zusatzverhältnis durch Erklärung wieder herzustellen, sofern vorher ein wirksamer Prüfungsantrag für die Hauptanmeldung gestellt ist.[53]

2 Sachliche Prüfung der Anmeldung

47   Liegt ein wirksam eingelegter, zulässiger Prüfungsantrag vor, wird der Antrag mit der klassifizierten Anmeldung an die für die Hauptklasse fachlich zuständige Prüfungsstelle zur sachlichen Prüfung elektronisch weitergeleitet. Das bereits vergebene Aktenzeichen wird um eine Abteilungskennziffer ergänzt.

48   **2.1 Umfang:** Die sachliche Prüfung nach § 44 (1) erstreckt sich auf die Feststellung, ob die Anmeldung den Erfordernissen der §§ 34, 37 und 38 sowie der DPMAV (Anhang 10), der Patentverordnung (Anhang 11) und ggf. der Biomaterial-Hinterlegungsverordnung (BioMatHintV, § 34 Rdn 531 ff) entspricht und materiell nach den §§ 1 bis 5 patentfähig ist. Die Prüfungsstelle ist an das Ergebnis der kursorischen Offensichtlichkeitsprüfung nach § 42 (durch Sachbearbeiter/in gehobenen Dienst) oder

---

51 Zu den Folgen der Abschaffung des Zusatzpatents s § 16 Rdn 6 ff und § 147 (3) sowie AmtlBegr BT-Drs 17/10 308 S 14.
52 BPatGE **12**, 10.
53 AA Tetzner Mitt **69**, 187 unter 2.

einer isolierten Recherche nach § 43 nicht gebunden.[54] Sie kann die Anmeldung aus früher nicht gerügten Mängeln oder auf Grund einer Nachrecherche zurückweisen. Der Prüfungsauftrag des DPMA umfasst nicht die Verifizierung von vergleichenden Aussagen zu Vorteilen der Erfindung gegenüber Nachteilen des gegenwärtigen Stands der Technik;[55] derartige Aussagen dienen allenfalls zur ergänzenden Klarstellung des Anmeldegegenstands oder können als Indizien für erfinderische Tätigkeit herangezogen werden.[56] Im Prüfungsverfahren empfiehlt sich ein verfahrensökonomisches Vorgehen.[57]

2.2 Nachträgliche Feststellung der Unwirksamkeit eines Prüfungsantrags führt zur Einstellung des laufenden Prüfungs- oder Einspruchsverfahrens, da eine gesetzliche Verfahrensvoraussetzung fehlt.[58] Der Mangel ist dem Anmelder mitzuteilen, der innerhalb der 7-Jahresfrist einen neuen Antrag stellen kann.   49

Wird die Unwirksamkeit nach Ablauf der 7-Jahresfrist festgestellt, so besteht die Möglichkeit der Wiedereinsetzung, sofern nicht die Jahresfrist des § 123 (2) 4 abgelaufen ist. War der unwirksame Antrag von einem Dritten gestellt, so kann Anmelder noch innerhalb 3-Monatsfrist nach Zustellung der Mitteilung nach § 44 (4) 2 selbst Prüfungsantrag stellen. Das Verfahren wird dann in dem Zustand fortgesetzt, in dem es sich bei Eingang des Antrags des Anmelders befand.   50

2.3 Ende des Prüfungsverfahrens vor der Prüfungsstelle tritt ein durch: 51

2.3.1   Zurückweisung der Anmeldung nach § 48;   52

2.3.2   Patenterteilung gemäß § 49;   53

2.3.3   Rücknahme der Anmeldung, nicht des Prüfungsantrags (dazu s § 44 (5) 1);   54

2.3.4   Rechtskräftige Feststellung des Fehlens unverzichtbarer Verfahrensvoraussetzungen, wie mangelnde Wirksamkeit des Prüfungsantrags oder Eintritt der gesetzlichen Fiktion der Rücknahme der Anmeldung gemäß §§ 35a (1), 40 (5) und 58 (3).   55

3 DDR-Patente[59]:

Für **DDR-Patente**, die nach § 4 ErstrG erstreckt worden sind, konnte nach § 12 ErstrG ein Prüfungsantrag gestellt werden, der nicht fristgebunden war. Nachträgliches Prüfungsverfahren nach § 12 ErstrG für DDR-Patente entspricht der Sache nach   56

---

54   BPatG, 19.11.07, 9 W (pat) 8/05 BeckRS 08, 3611.
55   *BayVGH Mitt 03, 400* = InstGE **4**, 81 *Veröffentlichungsverbot für Patentschrift II.*
56   BayVGH Mitt 03, 400 = InstGE **4**, 81 *Veröffentlichungsverbot für Patentschrift II.*
57   S im Einzelnen Prüfungsrichtl unter 2.3.3.2.6, BlPMZ **19**, 73 = Tabu Gewerbl. Rechtsschutz Nr 136, BPatG, 19.03.19, 18 W (pat) 21/16 (5 Bescheide) BeckRS **19**, 4657; ausführl Stortnik in Beck OK § 44 PatG Rn 37 ff; BPatG, 22.09.16, 17 W(pat) 10/16 BeckRS **16**, 117791 (zur ausr Aktenkenntnis und Vorbereitung auf Anhörung).
58   BPatGE **19**, 39, 42.
59   Der Schutz der DDR-Patente, die noch vor der Wiedervereinigung am 3. Oktober 1990 angemeldet und über die maximale Schutzdauer von 20 Jahren aufrecht erhalten wurden, endete am 31. Oktober 2010.

Verfahren nach § 44;[60] Entscheidung über Prüfungsantrag lautete daher gemäß § 12 (3) 1 ErstrG auf Aufrechterhaltung oder Widerruf des Patents.

§ 45 Prüfungsbescheide

(1) ¹Genügt die Anmeldung den Anforderungen der §§ 34, 37 und 38 nicht oder sind die Anforderungen des § 36 offensichtlich nicht erfüllt, so fordert die Prüfungsstelle den Anmelder auf, die Mängel innerhalb einer bestimmten Frist zu beseitigen. ²Satz 1 gilt nicht für Mängel, die sich auf die Zusammenfassung beziehen, wenn die Zusammenfassung bereits veröffentlicht worden ist.

(2) Kommt die Prüfungsstelle zu dem Ergebnis, dass eine nach den §§ 1 bis 5 patentfähige Erfindung nicht vorliegt, so benachrichtigt sie den Patentsucher hiervon unter Angabe der Gründe und fordert ihn auf, sich innerhalb einer bestimmten Frist zu äußern.

Cornelia Rudloff-Schäffer

Übersicht

Geltungsbereich		1
Literatur		1
Kommentierung zu § 45 PatG		
I.	Zweck	3
II.	Prüfungsbescheid	4
1	Form	5
2	Anzahl der Prüfungsbescheide	7
3	Inhalt	11
3.1	Mängelrüge nach § 45 (1)	11
3.1.1	Zusammenfassung nach § 36	12
3.1.2	Nichterfüllung des § 35a	13
3.2	Prüfungsbescheid nach § 45 (2)	14
3.3	Konkrete Beanstandung	16
3.4	Redaktionelle Überarbeitung	18
3.5	Lieferung von Ablichtungen des Standes der Technik	19
4	Fristen	20
4.1	Regelfristen	21
4.2	Beginn der Frist	22
4.3	Fristverlängerung	23
4.4	Grundsatz der Verfahrensökonomie	27
4.5	Verfahren nach Fristablauf	28
4.5.1	Fristverlängerungsgesuch	28
4.5.2	Beschwerde	29
4.5.3	Sachentscheidung	30
5	Zustellung	33

---

60 BPatG, 15.04.04, 10 W (pat) 47/01; zur Prüfung von DDR-Patenten s BPatG, 23.03.09, 5 Ni 6/09; BPatG, 09.09.09, 5 Ni 13/09.

Geltungsbereich des § 45: § 45 (1) 2 wurde durch Art 2 Nr 16 des 2. PatGÄndG mit Wirkung vom 01.11.98 aufgehoben. § 45 (1) 2 aF lautete: »²Diese Frist soll, wenn im Falle des § 41 die Einreichung von Belegen gefordert wird, so bemessen werden, dass sie frühestens drei Monate nach Einreichung der Anmeldung endet«.
Lit: Mes, FS Loschelder, 2010, 251; **Lit in GRUR:** Trüstedt 56, 152; Götting 10, 253; Stortnik 10, 871; **Lit in Mitt:** Willich 66, 144; Hallmann 73, 21; Papke 82, 161; Werner 88, 6; van Raden/Eisenrauch 96, 45; Witte 97, 293; Hofmeister 10, 178.

Prüfungsrichtlinien 2.4 zu Bescheiden gemäß § 45 BlPMZ 19, 27 (Tabu Gewerbl. Rechtsschutz Nr 136).

I. Zweck

§ 45 gewährleistet die Gewährung ausreichenden rechtlichen Gehörs (s Einl Rdn 284), bevor ein Patent gemäß § 49 erteilt oder eine Anmeldung gemäß § 48 zurückgewiesen werden kann. Da für DPMA der Untersuchungsgrundsatz gilt (s Einl Rdn 16), hat es den entscheidungserheblichen Sachverhalt förmlich wie materiell-rechtlich mit klaren Prüfungsbescheiden aufzuklären (s Einl Rdn 114). Prüfungsbescheide dienen somit der Vorbereitung der Patenterteilung nach § 49 oder der Zurückweisung der Anmeldung nach § 48.

II. Prüfungsbescheid

ist die Mitteilung des Ergebnisses der Prüfung der Anmeldung in formeller und materieller Hinsicht, damit der Anmelder sich dazu sachlich äußern und ggf mit Überarbeitung reagieren kann. Ein Prüfungsbescheid ist entbehrlich, wenn ein Patent wie beantragt erteilt werden kann.[1]

1 Form

grundsätzlich wegen der Schriftlichkeit des Patenterteilungsverfahrens schriftlich,[2] die fernmündliche Verfahrensführung genügt nicht[3] (vgl dazu Einl Rdn 412). Jedoch dürfen und sollten telefonische Klärungen zur Vorbereitung eines sinnvollen Prüfungsbescheids verwendet werden. Die telefonische Erarbeitung erteilungsreifer Unterlagen bedarf stets der schriftlichen Bestätigung,[4] da DPMA an Erteilungsantrag gebunden ist und für wirksame Antragsänderung bloßes Telefonat nicht ausreicht.[5] Signaturerfordernis bei Bescheiden existiert weder für Papierform noch im elektronischen Bearbeitungsverfahren, da Prüfungsbescheide keine Beschlüsse im Sinne von § 73 darstellen. Sie enthalten keine abschließende Entscheidung, sondern geben nur eine vorläufige Auffassung der Prüfungsstelle wieder.[6] In der elektronischen Akte wird durch Einfügung des Namens des verantwortlichen Prüfers am Ende des Prüfungsbescheids und Sicherung durch qualifizierten Zeitstempel »unterzeichnet« (= eindeutiger und nicht

---

1 BPatG BlPMZ **83**, 182 = GRUR **83**, 367.
2 BPatG, 03.08.20, 9 W (pat) 14/19 GRUR-RS **20**, 25953; BPatGE **20**, 144 = BlPMZ **78**, 251.
3 Prüfungsrichtl 2.6.3 BlPMZ **19**, 73 (Tabu Gewerbl. Rechtsschutz Nr 136); BPatG, 16.06.09, 6 W (pat) 8/06.
4 BPatGE **25**, 141 u **34**, 151 = BlPMZ **84**, 137 u **95**, 38.
5 BPatG, 17.05.04, 10 W (pat) 46/02.
6 BPatGE **46**, 211 *Ermüdungsfreies Computergerät*; Benkard/Schäfers § 46 Rn 27.

unbemerkt veränderbarer **Herkunftsnachweis** iSd § 5 (1) EAPatV).[7] Beschlüsse und Niederschriften bedürfen der elektronischen Signatur nach § 5 (3) EAPatV.

6 **Gliederung:** Erster Prüfungsbescheid sollte Folgendes enthalten: Tenor (optional); Angabe des Stands der Technik mit nummerierten Druckschriften; geltende eingereichte Unterlagen; Merkmalsgliederung (optional); Angabe des Fachmanns; ggf. Auslegung der Patentansprüche; Ausführungen zur Patentfähigkeit; Ergebnis der Prüfung und verfahrensleitende Hinweise. Etwaige Patentierungshindernisse wie fehlende Ausführbarkeit oder fehlende Einheitlichkeit sind ggf vor oder statt der Patentfähigkeit anzuführen.[8]

2 Anzahl der Prüfungsbescheide[9]

7 sollte möglichst gering sein, um das Verfahren so schnell wie möglich zu erledigen. Das setzt voraus, dass der erste **Prüfungsbescheid** bereits eine umfassende Würdigung der Anmeldung enthält.[10] Er darf sich daher nicht auf Wiederholung der Beanstandung förmlicher Mängel trotz vorangegangener Offensichtlichkeitsprüfung beschränken[11] (zB offensichtliche Uneinheitlichkeit[12] oder verfehlte Patentkategorie),[13] sondern muss bereits eine vollständige Recherche und Prüfung auf materielle Patentfähigkeit gemäß §§ 1 bis 5 enthalten.[14] Davon kann nur abgesehen werden, wenn die gerügten Formmängel voraussichtlich nicht behebbar sind oder eine materielle Prüfung nicht zulassen.[15]

8 **Weiterer Bescheid ist nicht erforderlich, a)** wenn die Sache aufgrund der Erwiderung des Anmelders zum vorangegangenen Bescheid – auch wenn es der erste ist[16] – entscheidungsreif ist; **b)** wenn der Anmelder gröblich gegen seine Pflicht zur Verfahrensförderung verstößt, zB in vorwerfbarer Weise wiederholt mangelhafte Unterlagen einreicht.[17]

Weiterer Bescheid (oder Anhörung) ist erforderlich, a) wenn der *Bescheid missverständlich* abgefasst war; **b)** wenn der Anmelder einen an sich klaren *Bescheid missverstanden* hat, sofern nicht grobe Fahrlässigkeit vorliegt; **c)** wenn der Anmelder die Anmeldung so ändert, dass der gerügte Mangel entfällt; die Anmeldung nunmehr aber *andere Mängel* aufweist;[18] **d)** wenn ein Bescheid *prozessökonomischer* ist als ein

---

7 BPatG BeckRS 16, 07 066 *Abgedichtetes Antennensystem*, unter II. 1; Busse/Keukenschrijver § 45 Rn 17.
8 Prüfungsrichtl 2.4. BlPMZ 19, 73 (Tabu Gewerbl. Rechtsschutz Nr 136).
9 Prüfungsrichtl 2.4.1. BlPMZ 19, 73 (Tabu Gewerbl. Rechtsschutz Nr 136)
10 BPatG, 19.03.19, 18 W (pat) 21/16 BeckRS 19, 4657.
11 BPatGE 3, 165; Prüfungsrichtl 2.4.1 BlPMZ 19, 73 (Tabu Gewerbl. Rechtsschutz Nr 136).
12 BPatG GRUR 10, 919 *Mangel der Uneinheitlichkeit*; BPatGE 20, 10 = BlPMZ 77, 368.
13 BPatGE 20, 12 = BlPMZ 78, 23.
14 BPatG GRUR 10, 919 *Mangel der Uneinheitlichkeit*; Prüfungsrichtl 2.3.3.4 BlPMZ 19, 73 (Tabu Gewerbl. Rechtsschutz Nr 136); zur Prüfungspraxis im DPMA s auch Störtnik GRUR 10, 871; Störtnik in BeckOK § 45 PatG Rn 7 ff.
15 Prüfungsrichtl 2,4.1 BlPMZ 19, 73 (Tabu Gewerbl. Rechtsschutz Nr 136).
16 BPatGE 19, 107 = BlPMZ 77, 164.
17 BPatGE 35, 119 = BlPMZ 96, 362.
18 BPatG, 06.05.19, 19 W (pat) 4/18 BeckRS 19, 10795; BPatG, 30.10.08, 6 W (pat) 5/08 BeckRS 08, 24302.

Zurückweisungsbeschluss, dh, wenn ein weiterer Bescheid eine sachgerechte Stellungnahme innerhalb der gesetzten Frist erwarten lässt, zB wenn der Anmelder versehentlich nur einen Teil der gerügten Mängel beseitigt hat[19] oder wenn das ernsthafte Bemühen erkennbar ist, den Einwänden zu entsprechen. Zweiter sachlicher Prüfungsbescheid sollte idR abschließende Entscheidung über Anmeldung herbeiführen. Änderung der Auffassung ist durch Prüfer stets zu begründen, auch zB bei Prüferwechsel.[20] Andernfalls ist zur Beschleunigung des Verfahrens eine Anhörung in Betracht zu ziehen; vgl zur Neuregelung der Anhörung § 46 Rdn 11 f.

Kein Prüfungsbescheid ist erforderlich, wenn die eingereichten Unterlagen erteilungsreif sind, weil sie den Anforderungen der §§ 34, 36, 37 und 38 sowie der maßgeblichen Verordnungen nach § 34 (6) genügen und eine nach den §§ 1 bis 5 patentfähige Erfindung vorliegt.[21]

Prüfungsbescheide zur Beanstandung der (ursprünglichen) Hauptanmeldung, die vor Einreichung einer Zusatzanmeldung gemäß § 16 (1) 2 aF ergangen sind, haben keine Geltung für das Verfahren über die Zusatzanmeldung, selbst wenn aus denselben Gründen beanstandet wird. Dem Zusatzanmelder ist Gelegenheit zu geben, sich zu den Beanstandungen zu äußern, andernfalls wird sein Anspruch auf rechtliches Gehör verletzt.[22]

9

Bei völlig eigenständiger Anmeldung, die die innere Priorität einer Voranmeldung in Anspruch nimmt, müssen die Gründe, die möglicherweise einer Patentierung gemäß § 45 entgegenstehen, im Detail angeführt werden, damit der Anmelder sich dazu äußern kann.[23] Die bloße Bezugnahme auf die zur Voranmeldung erlassenen Bescheide genügt, anders als im Fall der Teilanmeldung, nicht.[24]

10

3 Inhalt

3.1 Mängelrüge nach § 45 (1) kann sich auf sämtliche Erfordernisse der Anmeldung nach § 34, der DPMAV, der BioMatHintV und der PatV beziehen und ferner die Erfinderbenennung gemäß § 37 und unzulässige Änderungen gemäß § 38 betreffen (vgl § 38 Rdn 10 ff.). DPMA ist nicht verpflichtet, jeden Formmangel zu rügen; kann aber nicht – wie nach § 42 (1) 2 – generell davon absehen zu prüfen, ob die Form oder Erfordernisse der Anmeldung eingehalten sind.

11

Zu **Streichungen, Klarstellungen** oder **Änderungen** in der Anmeldung ist die Prüfungsstelle selbst dann nicht befugt, wenn diese mangelhaft ist. Im Erteilungsverfahren können notwendige Änderungen nach den §§ 38, 42 und 45 nur mit Einverständnis des Anmelders vorgenommen werden; fehlt dieses, ist die Anmeldung zurückzuwei-

---

19 Vgl BPatG Mitt **78**, 37; BPatG, 25.06.08, 10 W (pat) 25/06, BeckRS **08**, 14070.
20 Prüfungsrichtl 2.4.2 BlPMZ **19**, 73 (Tabu Gewerbl. Rechtsschutz Nr 136); s auch BPatG BeckRS **16**, 09 562.
21 BPatG BlPMZ **83**, 182 = GRUR **83**, 367.
22 BPatGE **52**, 219 *Zusatzanmeldung*.
23 BPatG BeckRS **13**, 11 064 = Mitt **13**, 418 (LS) *Prüfungsbescheid in Nachanmeldung*.
24 BPatG BeckRS **13**, 11 064 = Mitt **13**, 418 (LS) *Prüfungsbescheid in Nachanmeldung*.

sen.²⁵ Die Prüfungsstelle kann aber bei unsachlichen oder polemischen Formulierungen sowie bei offensichtlich falscher, herabsetzender Produkt-, Verfahrens- oder Schmähkritik, die das Sachlichkeitsgebot überschreitet, von Amts wegen im Rahmen der Offensichtlichkeitsprüfung oder durch Prüfungsbescheid zu Änderungen auffordern.²⁶ Hingegen gehört Verifizierung von behaupteten Nachteilen des Standes der Technik nicht zum Prüfungsumfang.²⁷

12   3.1.1 **Zusammenfassung nach § 36** ist nur auf offensichtliche Mängel zu prüfen (vgl § 36 Rdn 18), wenn solche bei der Offensichtlichkeitsprüfung übersehen worden sein sollten. Nach § 45 (1) 2 sind Mängel der Zusammenfassung nicht zu beanstanden, wenn diese bereits in der OS veröffentlicht worden ist, weil sie dann nach § 32 (3) 3 nicht mehr in die PS aufzunehmen ist.

13   3.1.2 **Nichterfüllung des § 35a** wegen des gänzlichen Fehlens der Übersetzung einer fremdsprachigen Anmeldung gehört nicht zu den Mängeln, die nach § 45 zu rügen sind, da dieser nicht auf § 35a verweist. Auf das Vorhandensein von *fremdsprachigen Teilen* in den Unterlagen der Anmeldung und die Notwendigkeit der Übersetzung kann jedoch in jeder Lage des Verfahrens, also sowohl in der Offensichtlichkeitsprüfung als auch im Prüfungsverfahren, hingewiesen werden.²⁸ Nach erfolglosem Ablauf der drei- bzw zwölfmonatigen Frist zur Nachreichung des § 35 a (1) und (2)²⁹ kann Vorhandensein von *fremdsprachigen Teilen* als Mangel der Anmeldung nach § 45 iVm § 126 und § 34 (3) beanstandet und ggf nach § 48 zurückgewiesen werden.³⁰

Zum Übersetzungserfordernis³¹ und zur Behandlung von Angaben, die § 35a nicht erfüllen vgl § 35a Rdn 12, 20 ff.

14   3.2 **Prüfungsbescheid nach § 45 (2)** hat sämtliche fehlenden Patentierungsvoraussetzungen iSd §§ 1 bis 5 zu nennen und deren Fehlen zu begründen, insbesondere den Stand der Technik zu würdigen, auch wenn er vom Anmelder genannt ist.³² Nur auf die Nichtbeseitigung ausreichend begründeter Beanstandungen kann eine Zurückweisung der Anmeldung gestützt werden.

15   »**Glaubhaftmachen**« (vgl Einl Rdn 202) von Angaben oder Behauptungen in der Anmeldung, zB über Wirkungen, Geschehensabläufe, Vorteile, ist erforderlich, wenn der Prüfer aufgrund seiner Sachkunde auch unter Zuhilfenahme entsprechender Erfahrungssätze objektiv nicht die Überzeugung gewinnen kann, dass die in der Erfindung

---

25   BGHZ **183**, 309 *Fischdosendeckel*; krit Götting GRUR **10**, 257; s auch Heinemann, InTeR **13**, 119; BGHZ **105**, 381 *Verschlußvorrichtung für Gießpfannen* (Einspruchs-und Nichtigkeitsverfahren); Hofmeister Mitt **10**, 178; Mes FS Loschelder 2010, S 251.
26   BPatG, 18.04.01, 8 W (pat) 38/00; BayVGH Mitt **03**, 400 = InstGE **4**, 81 *Veröffentlichungsverbot für Patentschrift II*.
27   BayVGH Mitt **03**, 400 = InstGE **4**, 81 *Veröffentlichungsverbot für Patentschrift II*.
28   BPatG, 04.04.12, 10 W (pat) 35/08.
29   Zur Verlängerung der Frist zur Einreichung von Übersetzungen englischer und französischer Anmeldungen von 3 auf 12 Monate s Begr zu § 35a PatG idF des PatNovG, BT-Drs 17/10 308.
30   *BGH GRUR* **12**, 91 *Polierendpunktbestimmung*; BPatG, 04.04.12, 10 W (pat) 35/08; BPatG, 04.04.12, 10 W (pat) 46/08; BPatGE **52**, 73 *Umschalter*.
31   BGH GRUR **12**, 91 *Polierendpunktbestimmung*.
32   BPatGE **20**, 111 = BlPMZ **78**, 210.

dargelegten Umstände auch eintreten.[33] In diesen Fällen ist der Anmelder zu Maßnahmen aufzufordern, die für die Überzeugungsbildung geeignet sind, zB Vorführung, Durchführung von Versuchen oder Vergleichsversuchen,[34] Vorlage eines Gutachtens.[35] Reicht die spezielle Sachkunde für die Beurteilung nicht aus, so muss gemäß § 46 (1) 1 ein Sachverständiger gehört werden.[36]

3.3 Konkrete Beanstandung: Sinn und Zweck eines Prüfungsbescheids ist es, den Anmelder in die Lage zu versetzen, seine Anmeldung der Form und der Sache nach den gesetzlichen Erfordernissen anzupassen. Dazu kann auch positive Anregung zur Überarbeitung der Ansprüche dienen.[37] Diesem Zweck muss der Inhalt der Prüfungsbescheide entsprechen, dh Art und Umfang der formellen oder materiellen Beanstandung müssen eindeutig erkennbar sein.[38] Die Aussagen müssen daher so eindeutig, vollständig und konkret sein, dass Anmelder sich ein klares Bild davonmachen kann, ob und in welchem Umfang der Anmeldungsgegenstand als patentfähig angesehen wird.[39] Formelle Mängel sind getrennt von Fragen der Patentfähigkeit zu erörtern; Fragen der Neuheit sind von Fragen der erfinderischen Tätigkeit zu trennen.[40] Das Maß der notwendigen Konkretisierung richtet sich nach der Person des Adressaten (Einzelanmelder oder Patentanwalt).[41] Ist der genannte Stand der Technik nicht so beschaffen, dass sich die Neuheitsschädlichkeit dem Fachmann von selbst erschließt, muss zu einzelnen Merkmalen eines Anspruchs im Detail Stellung genommen werden.[42] Für jede Druckschrift ist erkennbar zu machen, weshalb sie zur Beurteilung der Patentfähigkeit herangezogen wird.

16

Ungenügend sind: Summarische Feststellungen, wie »es handelt sich um eine naheliegende Maßnahme«[43] oder »PS Nr X steht entgegen«; beispielsweise Beanstandung;[44] bloße Nennung der PatV oder von §§, wenn diese den gerügten Mangel nicht erkennen lässt oder nur vorsorglich erfolgt;[45] bloßer Hinweis auf eine unveröffentlichte Entscheidung des BPatG;[46] bloße Forderung auf Verzicht wegen Unklarheiten in den Unterlagen;[47] Merkmale des Anspruchs seien »unklar«.[48]

17

---

33 Vgl BGH BlPMZ 71, 131, 136 *Anthradipyrazol*; BPatGE 19, 83 = BlPMZ 77, 234.
34 Vgl BPatG Mitt 78, 236; GRUR 71, 352, 512.
35 Vgl BPatG Mitt 68, 14.
36 Vgl BGH GRUR 70, 408 (III6 f) *Anthradipyrazol*; 78, 162 (B2b) *7-chlor-6-demethyltetracyclin*; 04, 413 *Geflügelkörperhaltung*.
37 Prüfungsrichtl 2.4 BlPMZ 19, 73 (Tabu Gewerbl. Rechtsschutz Nr 136).
38 BPatG BeckRS 16, 01 644; BPatGE 1, 76; 1, 105 f; 3, 165 f; 19, 83, 85; Mitt 73, 53; BlPMZ 91, 71.
39 BPatG, 06.05.19, 19 W (pat) 4/18 BeckRS 19, 10795; BPatG, 15.07.09, 19 W (pat) 35/09 BeckRS 09, 24883.
40 BPatG BeckRS 16, 04 347; BPatG BeckRS 15, 16 329.
41 BPatG, 28.02.13, 12 W (pat) 26/11.
42 BPatG, 14.06.04, 6 W (pat) 45/01.
43 BPatGE 1, 76.
44 BPatGE 1, 105, 106.
45 BPatGE 14, 194; Mitt 73, 53; s auch BPatG BeckRS 15, 13 985 (Weiterbehandlung nach § 123a).
46 BPatGE 10, 145, 148; 23, 55.
47 BPatGE 23, 96 = BlPMZ 81, 246.
48 BPatG, 17.12.18, 11 W (pat) 24/14 BeckRS 18, 36049.

18 **3.4 Redaktionelle Überarbeitung** der Anmeldung entsprechend dem Prüfungsergebnis, insbesondere die **Anpassung der Beschreibung** an die gewährbaren Ansprüche, kann erst gefordert werden, wenn über die Anspruchsfassung Einigung erzielt ist (vgl § 34 Rdn 212).

19 **3.5 Lieferung von Ablichtungen des Standes der Technik,** also der Druckschriften, die im Prüfungsverfahren entgegengehalten wurden, konnten Anmelder und Dritter gemäß Nr 102 020 DPMAVwKostV aF (Auslage 20 DM) beantragen. Dieser Auslagentatbestand wurde mit Wirkung vom 01.01.02 gestrichen, da die Kosten durch die Prüfungsgebühr mit abgegolten sind.[49] DPMA steht es frei, dem ersten Prüfungsbescheid sofort Ablichtungen oder Ausdrucke der entgegengehaltenen Druckschriften und (erneut) der bereits im Rechercheverfahren nach § 43 übersandten Druckschriften beizufügen oder erst auf kostenfreien Antrag von Anmelder und Prüfungsantragsteller.

Dritte können einen gebührenpflichtigen Akteneinsichtsantrag stellen (Nr 301 400 DPMAVwKostV, 90 Euro) und dann Ablichtungen oder Ausdrucke gegen Zahlung der Dokumentenpauschale erhalten (Nr 302 100 DPMAVwKostV).

Falsch gelieferte Ablichtungen werden kostenlos durch die richtigen ersetzt.

4 Fristen[50]

20 Zur Gewährung des rechtlichen Gehörs (s Einl Rdn 284 und § 46) müssen Fristen in Prüfungsbescheiden so bemessen sein, dass der Anmelder und sein Vertreter in der Lage sind, bei zügiger Bearbeitung die gestellten Forderungen sachgerecht zu erledigen. Bei den Fristen nach § 45 handelt es sich nicht um gesetzliche Ausschlussfristen, sondern sie dienen ausschließlich der Gewährung rechtlichen Gehörs.[51] Der Ablauf der Frist des § 45 (1) 1 hat als solcher noch keinen gesetzlichen Rechtsnachteil zur Folge, sondern eröffnet lediglich die Möglichkeit zur Zurückweisung der Patentanmeldung.[52] War keinerlei Frist für die Beseitigung des Mangels gesetzt, ist Zurückweisungsbeschluss rechtsfehlerhaft.[53] War die gesetzte Frist bei Würdigung aller Umstände des Einzelfalles zu knapp bemessen, dann ist die Frist zu verlängern[54] (s Rdn 23).

21 **4.1 Regelfristen** betragen nach den Prüfungsrichtlinien[55]:

| 1 Monat | bei Formmängeln | im Regelfall |
| 2 Monate | bei Sachbescheiden | im Verfahren nach § 42[56] |

---

49 Art 30 iVm Art 25 Nr 5 KostenregelungsbereinigungsG BlPMZ **02**, 34, 36 und 63; für den parallelen Fall der mit einer Recherche ermittelten Druckschriften vgl § 43 Rdn 39.
50 Trüstedt GRUR **56**, 152; Willich Mitt **66**, 144; Hallmann Mitt **73**, 21.
51 BPatG, 23.04.19, 19 W (pat) 23/19 BeckRS **19**, 9003; Busse/Keukenschrijver § 45 Rn 38.
52 BPatG BeckRS **13**, 05 707.
53 BPatG BeckRS **16**, 04 347.
54 BPatGE **9**, 18.
55 Prüfungsrichtl 2.5 = BlPMZ **19**, 73 (Tabu Gewerbl. Rechtsschutz Nr 136).
56 Prüfungsrichtl 1.11 BlPMZ **19**, 73 (Tabu Gewerbl. Rechtsschutz Nr 136).

4 Monate bei Sachbescheiden im Regelfall
bis zu 12 Monate für deutsche Anmeldungen, wenn deren Priorität in europäischen oder PCT-Anmeldungen, in denen die Bundesrepublik benannt ist, beansprucht wird; bis zur Erledigung der europäischen oder PCT-Anmeldung kann die Frist wiederholt gewährt werden.[57]

Regelfristen gelten für den **Normalfall**. Im Einzelfall können sie von vornherein länger bemessen werden, wenn a) erkennbar ist, dass der Beteiligte mehr Zeit benötigen wird, zB für Versuche[58] oder für die Prüfung zahlreicher, umfangreicher Entgegenhaltungen; b) wenn die Geschäftslage eine alsbaldige Bearbeitung der Antwort auf den Prüfungsbescheid nicht zulässt.

Mindestfrist beträgt nach § 18 (1) DPMAV im Inland 1 Monat, sonst 2 Monate.

4.2 Beginn der Frist wird mit der Zustellung oder Verkündung in Lauf gesetzt (§ 221 ZPO).[59] Zur Berechnung vgl Einl Rdn 185. Eine Entscheidung vor Fristablauf verstößt gegen den Grundsatz des rechtlichen Gehörs.[60] Einreichung der Erwiderung vor Fristablauf verkürzt die gesetzte Frist nicht.[61]

22

4.3 Fristverlängerung: Dem ersten Gesuch um Fristverlängerung ist idR zu entsprechen, auch wenn es nur kurz begründet ist.[62] Weitere Gesuche um Fristverlängerung sind zu gewähren, wenn sie *ausreichend* begründet sind. Hierbei ist nach § 18 (3) DPMAV die Glaubhaftmachung eines berechtigten Interesses sowie in Verfahren mit mehreren Beteiligten deren Einverständnis erforderlich[63]. An die Begründung stellt DPMA keine strengen Anforderungen, es sei denn, das Prüfungsverfahren würde über Gebühr verzögert.[64] Es müssen also nicht – wie nach § 224 (2) ZPO – erhebliche Gründe für die Fristverlängerung glaubhaft gemacht werden.

23

Einem nicht ausreichend begründeten Gesuch ist aus Gründen der Verfahrensökonomie gleichwohl mit einer (stillschweigenden) Fristverlängerung von einem Monat zu entsprechen, wenn dem Gesuch oder den Umständen entnommen werden kann, dass die Erledigung des Bescheids innerhalb dieser Frist zu erwarten ist.[65]

24

Fristverlängerung wurde in folgenden Fällen gewährt: a) unvorhersehbares Ereignis, das der Fristwahrung trotz planvoller Durchführung der Bearbeitung entgegenstand;[66] **b)** unerwartete Schwierigkeiten bei Erarbeitung einer einreichungsreifen Bescheidserwiderung, zB Durchführung erforderlicher Versuche;[67] **c)** wenn sonst das rechtliche

25

---

57 Prüfungsrichtl 2.5 = BlPMZ **19,73** (Tabu Gewerbl. Rechtsschutz Nr 136); BPatG Mitt 04, 18 *12-Monats-Fristgewährung*.
58 BPatG BlPMZ **83,** 21.
59 BPatGE **26,** 156 = BlPMZ **84,** 327.
60 BVerfG MDR **77,** 202; BPatG, 23.09.14, 17 W (pat) 87/10 BeckRS **14,** 18901.
61 BPatGE **8,** 154.
62 Prüfungsrichtl 2.5 BlPMZ **19,** 73 (Tabu Gewerbl. Rechtsschutz Nr 136).
63 BPatG, 20.12.06, 29 W (pat) 258/03 (Marke): Verfahrensverstoß bei mehrfachen Fristverlängerungen ohne Glaubhaftmachung des Einverständnisses der übrigen Beteiligten.
64 Prüfungsrichtl 2.5 BlPMZ **19,** 73 (Tabu Gewerbl. Rechtsschutz Nr 136).
65 Prüfungsrichtl 2.5 BlPMZ **19,** 73 (Tabu Gewerbl. Rechtsschutz Nr 136).
66 BPatG BlPMZ **72,** 284; **83,** 21.
67 BPatGE **9,** 18; Mitt **70,** 197.

Gehör nicht angemessen gewährt würde;[68] **d)** in deutscher Anmeldung, deren Priorität in anhängiger europäischer oder in PCT-Anmeldungen beansprucht wird, bis zur Erledigung der europäischen oder PCT-Anmeldung.[69]

26 **Fristverlängerung wurde abgelehnt: a)** bei formelhafter Begründung des Gesuchs, zB mit Urlaubszeit,[70] Arbeitsüberlastung,[71] Ausbleiben von Informationen,[72] Vermutungen des Vertreters;[73] **b)** bei bloßer Mitteilung, dass Rückfragen noch nötig waren;[74] **c)** weil die im Prüfungsbescheid genannten Entgegenhaltungen nicht rechtzeitig hätten beschafft werden können, denn deren Lieferung kann mit dem Bescheid beantragt werden.[75]

27 **4.4 Grundsatz der Verfahrensökonomie:** Fristen sind kein Selbstzweck, sondern dienen der zügigen Erledigung eines Verfahrens. Sie haben ihren Zweck auch dann erfüllt, wenn die Handlung zwar nicht innerhalb der gesetzten Frist erfolgte, gleichwohl aber die Erledigung kurz nach Fristablauf erwartet werden kann, zB wenn der Vertreter glaubhaft mitteilt, dass er die Bescheidserwiderung alsbald einreichen werde. In solchen Fällen ist eine Entscheidung auch dann zurückzustellen (idR um einen Monat), wenn keine erheblichen Gründe für die Fristüberschreitung dargetan werden. Die Ablehnung einer (stillschweigenden) kurzen **Nachfristgewährung** würde in diesen Fällen gegen den Grundsatz der Verfahrensökonomie verstoßen, nach dem ein Verfahren so schnell, zweckmäßig und kostensparend wie möglich durchzuführen ist.[76] Ein Verstoß gegen diesen Grundsatz ist ein wesentlicher Verfahrensmangel iSd § 79 (3) Nr 2 und führt zur Aufhebung einer gleichwohl ergangenen Zurückweisung, zur Zurückverweisung und Rückzahlung der Beschwerdegebühr.[77] Ist die Entscheidung bereits gefasst, aber noch nicht zum Dokumentenversand gegeben, so ist der Beschluss anzuhalten und die angekündigte Stellungnahme abzuwarten.

4.5 Verfahren nach Fristablauf

28 **4.5.1 Fristverlängerungsgesuch** ist *gesondert* zurückzuweisen, wenn es nicht ausreichend begründet ist. Die Ablehnung der Fristverlängerung kann ausnahmsweise mit der Entscheidung in der Sache verbunden werden, wenn eine Wahrung der gesetzten Frist bei einer gesonderten Entscheidung auch unter Einsatz von Telefax, Telefon (oder elektronischer Einreichung) ausgeschlossen erscheint, insbesondere also wenn das unbegründete Gesuch zu kurz vor Fristablauf eingeht.[78] Die Ablehnung bedarf immer

---

68 BPatGE 9, 18; Mitt 70, 197.
69 BPatG Mitt 04, 18 *12-Monats-Fristgewährung*; BPatG, 23.09.14, 17 W (pat) 87/10; Prüfungsrichtl 2.5 BlPMZ **19**, 73 (Tabu Gewerbl. Rechtsschutz Nr 136).
70 BPatGE **14**, 209, 212; BlPMZ **72**, 284.
71 BPatGE **14**, 38.
72 BPatGE 9, 18; **16**, 222.
73 BPatGE **14**, 38, 43.
74 BPatGE **20**, 25; **24**, 210.
75 BPatGE **16**, 139 = BlPMZ **74**, 321.
76 BPatGE **14**, 209, 212; **16**, 39, 44; **24**, 210, 212; BPatG, 20.11.08, 25 W (pat) 49/08 *RENU/RENO*: Verweigerung weiterer mehrmonatiger Fristen willkürfrei).
77 St Rspr: BPatGE 9, 208, 210; **97**, 100.
78 BGH BlPMZ **63**, 179 = BPatGE **2**, 253 *Rechtliches Gehör*; BPatGE **8**, 154; 9, 18; **14**, 38; **16**, 139, 141; **16**, 222; BPatG Mitt **73**, 174; **97**, 100.

der Begründung,[79] gleichgültig ob sie gesondert oder mit der Sachentscheidung ergeht. Das Gesuch muss grundsätzlich vor Fristablauf eingehen.

4.5.2 Beschwerde gegen gesonderte Ablehnung des Fristgesuchs ist nicht statthaft,[80] da es sich um eine verfahrensleitende Maßnahme handelt. Ihre Rechtmäßigkeit kann aber mit der Beschwerde in der Hauptsache zur Nachprüfung gestellt werden.[81]

4.5.3 Sachentscheidung kann nach Ablauf der Frist ergehen, sofern eindeutig feststeht, dass dem Anmelder ausreichendes rechtliches Gehör gewährt wurde. Dafür muss ein Nachweis über den Zugang des Prüfungsbescheids vorliegen, zB Empfangsbekenntnis oder Zustellungsurkunde[82] (vgl Einl Rdn 307). Bei formloser Versendung mittels einfachem Brief liegt idR kein Nachweis über Datum des Zugangs vor. Auch nach Ablauf der Äußerungsfrist ist entscheidungserhebliches Vorbringen bis zur Abgabe des signierten Beschlusses an die Postabfertigung oder elektronische Absendung zu berücksichtigen.[83] Bei mehrfach stillschweigend gewährten Fristverlängerungen bedarf es vor Beschlussfassung eines ausdrücklichen Hinweises.[84]

Am letzten Tag der Frist elektronisch oder bei der Dokumentenannahme des DPMA eingehende Erwiderungen und Eingaben sind rechtzeitig[85] und müssen berücksichtigt werden[86] (vgl Einl Rdn 79). Die zuständige Stelle darf daher erst dann entscheiden, wenn sie sicher sein kann, dass ihr am letzten Tag eingegangene Schriftsätze (idR elektronisch) vorliegen.[87] Sonst ist der Anspruch auf rechtliches Gehör verletzt[88] (s Einl Rdn 284).

Trotz Fristablauf darf nicht entschieden werden, wenn bereits erkennbar ist, dass der Beschluss alsbald im Wege der Abhilfe wieder aufgehoben werden muss.[89]

5 Zustellung

des Prüfungsbescheids erfolgt gemäß § 127 PatG; idR durch einfache Post; zur Zustellung bei Zurückweisung s § 47 Rdn 37. Hat ein Bevollmächtigter dem DPMA eine Vollmacht vorgelegt, muss nach § 7 (1) 2 VwZG an ihn zugestellt werden. Mehreren

---

79 BPatG, 31.07.12, 21 W (pat) 34/10 BeckRS 12, 18171 *Mehrdrahtinstrument, insbesondere für Endoskope*; BPatGE **4**, 12.
80 BPatGE **10**, 35, 40.
81 BPatG, 31.07.12, 21 W (pat) 34/10 BeckRS 12, 18171 *Mehrdrahtinstrument, insbesondere für Endoskope*; BPatG, 14.01.02, 10 W (pat) 65/01 *Fristverlängerung*; BPatG, 24.05.71, 4 W (pat) 50/71 zitiert bei Hallmann Mitt **73**, 21, 23.
82 BVerfG NJW **93**, 2095; **91**, 2757; **74**, 133; BPatGE **34**, 212 = BlPMZ **95**, 172; Mitt **79**, 178.
83 BPatG, 23.04.19, 19 W (pat) 23/19 BeckRS **19**, 9003.
84 BPatG, 14.08.03, 10 W (pat) 63/01.
85 BVerfG MDR **80**, 117; NJW **83**, 2187.
86 BVerfG NJW **80**, 278; **82**, 1453; BPatGE **16**, 39; Mitt **73**, 174, 175 rSp.
87 BGH BlPMZ **74**, 123 *Aktenzeichen*; BPatGE **8**, 188; **12**, 151; **13**, 65, 69; **14**, 191; **16**, 39; **17**, 241; PA BlPMZ **56**, 62; **61**, 242, 243 rSp.
88 BVerfGE **48**, 394; NJW **83**, 2187; BPatG, 23.09.14, 17 W (pat) 87/10.
89 BPatGE **24**, 210, 213 = BlPMZ **82**, 290; zu den Anforderungen der Weiterbehandlung s § 123a Rdn 11; BPatG BeckRS **15**, 13 985; BPatG, 17.01.08, 10 W (pat) 42/06 und BPatG, 21.04.08, 10 W (pat) 45/06 (Fristgesuch ist nicht die nachzuholende Handlung).

Anmeldern muss je eine Ausdruck zugestellt werden, auch wenn einer Zustellungsbevollmächtigter ist.[90]

Nachweis der Zustellung ist Voraussetzung für die tatsächliche Gewährung des rechtlichen Gehörs.[91]

§ 46 Ermittlungen, Anhörung, Niederschrift

(1) [1]Die Prüfungsstelle kann jederzeit die Beteiligten laden und anhören, Zeugen, Sachverständige und Beteiligte eidlich oder uneidlich vernehmen sowie andere zur Aufklärung der Sache erforderliche Ermittlungen anstellen. [2]*Ab 01.05.22: 128a der Zivilprozessordnung ist entsprechend anzuwenden.* [3]Bis zum Beschluss über die Erteilung ist der Anmelder auf Antrag zu hören. [4]Der Antrag ist schriftlich einzureichen. [5]Wird der Antrag nicht in der vorgeschriebenen Form eingereicht, so weist sie den Antrag zurück. [6]Der Beschluss, durch den der Antrag zurückgewiesen wird, ist selbständig nicht anfechtbar.

(2) [1]Über die Anhörungen und Vernehmungen ist eine Niederschrift zu fertigen, die den wesentlichen Gang der Verhandlung wiedergeben und die rechtserheblichen Erklärungen der Beteiligten enthalten soll. [2]Die §§ 160a, 162 und 163 der Zivilprozessordnung sind entsprechend anzuwenden. [3]Die Beteiligten erhalten eine Abschrift der Niederschrift.

Cornelia Rudloff-Schäffer

Übersicht

Geltungsbereich		1
Kommentierung zu § 46 PatG		
I.	Zweck	4
II.	Ermittlungen	5
1	Ladung und Anhörung der Beteiligten	6
1.1	Ladung	7
1.2	Anhörung	8
1.2.1	Anberaumung	9
1.2.2	Sachdienlich	11
1.2.3	Verfahren	17
2	Vernehmung von Zeugen, Sachverständigen und Beteiligten	23
2.1	Beweisbeschluss	24
2.1.1	Inhalt	24
2.1.2	Beispiel: Beweisbeschluss	25
2.2	Auslagenvorschuss	26
2.3	Zeugenvernehmung	27
2.3.1	Schriftliche Beantwortung der Beweisfrage	29
2.3.2	Beweisaufnahme im Ausland	30
2.3.3	Zeugnisfähigkeit	32
2.3.4	Zeugnispflicht	33
2.3.5	Zeugnisverweigerungsrecht	35

---

[90] BPatGE 40, 276 = BlPMZ 99, 158.
[91] BPatGE 47, 21 = BlPMZ 03, 245 *Reversible Krawattenbefestigung.*

2.3.6	Durchführung der Vernehmung	36
2.4	Sachverständige	43
3	**Weitere Ermittlungen**	44
3.1	Telefonische Rücksprachen	44
3.2	Augenschein	45
3.3	Eidesstattliche Versicherung	46
III.	**Niederschrift**	47
1	Form	48
2	Inhalt	51
3	Berichtigung	54
4	Ablichtung oder Ausdruck jeder Niederschrift	55

Geltungsbereich des § 46: § 46 ist durch Art 8 Nr 26 GPatG noch als § 28d anstelle des früheren, durch Art 8 Nr 33 aufgehobenen § 33 (1) aF eingefügt worden. Er gilt nach Art 17 (3) GPatG als § 46 in der Fassung der Neubekanntmachung seit dem 01.01.81 für alle Anmeldungen. § 46 gilt für das Verfahren bis zur Patenterteilung. Art 1 Nr 5 Buchstabe a des Gesetzes zur Änderung des patentrechtlichen Einspruchsverfahrens und des Patentkostengesetzes (BGBl I S 1318, 2737) hat zunächst mit Wirkung vom 01.07.06 in § 59 (3) die obligatorische Anhörung im Einspruchsverfahren auf Antrag eines Beteiligten eingeführt. § 46 ist im Einspruchsverfahren nach § 59 (5) entsprechend anzuwenden. Eine gesetzliche Grundlage für Anhörung im Wiedereinsetzungsverfahren außerhalb des Erteilungs- und des Einspruchsverfahren besteht nicht, ggf besteht Beurteilungsspielraum der PatAbt.[1] 1

Durch Art 1 Nr 17 des **Gesetzes zur Novellierung patentrechtlicher Vorschriften und anderer Gesetze des gewerblichen Rechtsschutzes** (PatNovG) v 19.10.13 (BGBl I S 3830) wurde in § 46 die obligatorische Anhörung ohne Prüfung der Sachdienlichkeit auf Antrag des Anmelders mit Wirkung vom 01.04.14 geregelt (s Begr zu Art 1 Nr 16, BT-Drs 17/10 308 = BlPMZ **13**, 362). Durch Art 1 Nr 22 des **2. PatMoG** vom 10.08.21 (BGBl I S 3490) wurde in Abs 1 ein neuer Satz 2 eingefügt, der ab 01.05.22 eine entspr Anwendung des § 128a ZPO (Einsatz von Videokonferenztechnik) vorsieht. DPMA muss zunächst die techn Voraussetzungen schaffen. 2

Prüfungsrichtlinien 2.6 Anhörung und telefonische Gespräche BlPMZ **19**, 73 = Tabu Gewerbl. Rechtsschutz Nr 136; **Einspruchsrichtlinien** 9.4.1, 9.4.2 Anhörung/Beweisaufnahme BlPMZ **18**, 230 = Tabu Gewerbl. Rechtsschutz Nr 137. 3

I. Zweck

§ 46 enthält den Untersuchungsgrundsatz (s dazu Einl Rdn 16) für DPMA. Er dient der Vorbereitung einer sachgerechten Entscheidung im Erteilungs- und gemäß § 59 (3) und (5) auch im Einspruchsverfahren. 4

Zu diesem Zweck kann DPMA nach § 46 (1) alle Ermittlungen anstellen, die zur Aufklärung der Sache erforderlich sind. Anhörung durch BPatG nach § 59 (3) 1 findet im (erstinstanzlichen) *gerichtlichen* Einspruchsverfahren, das nach § 147 (3) in der bis 30.06.06 geltenden Fassung dem BPatG zugewiesen wurde, statt, wenn ein Beteiligter sie beantragt.[2]

II. Ermittlungen

iSd § 46 (1) sind alle sachlich gebotenen Maßnahmen, die zur Aufklärung der Sache 5 beitragen können. Entgegen dem Wortlaut »Prüfungsstelle *kann* Ermittlungen anstel-

---

1 BPatG, 22.02.07, 10 W (pat) 47/05 BeckRS 07, 10039.
2 BGH Mitt **10**, 192 *Dichtungsanordnung II* (keine Anwendung von § 79 (2) 2); aA noch BPatGE **45**, 162 *Etikettierverfahren*; BPatGE **46**, 134 *Gerichtliches Einspruchsverfahren*.

len«, steht es nicht im Ermessen des DPMA, ob und welche Ermittlungen durchgeführt werden. Auf Grund des Untersuchungsgrundsatzes (s Einl Rdn 16) ist DPMA vielmehr *verpflichtet, alle Ermittlungen von Amts wegen* wahrzunehmen, von denen eine Aufklärung der Sache mit Aussicht auf Erfolg erwartet werden kann. Das ist gerechtfertigt, weil mit Erteilung eines Patents Interessen der Öffentlichkeit berührt werden. Das Unterlassen einer objektiv notwendigen Ermittlung wie einer Anhörung ist daher ein wesentlicher Verfahrensmangel, der bei Kausalität für die Einlegung der Beschwerde zur Aufhebung der angefochtenen Entscheidung durch BPatG (und Entscheidung durch BPatG selbst bzw Zurückverweisung an DPMA) sowie zur Rückzahlung der Beschwerdegebühr führen kann.[3]

Auch ein Gericht kann gemäß § 284 S 2 ZPO mit Einverständnis der Parteien die Beweise in der ihm geeignet erscheinenden Art aufnehmen, zB Zeugen oder Sachverständige zusätzlich per Handy oder E-Mail befragen. DPMA ist zwar auf Grund des Untersuchungsgrundsatzes nicht auf das Einverständnis der Beteiligten angewiesen, es muss ihnen aber ausreichendes rechtliches Gehör gewähren.

1 Ladung und Anhörung der Beteiligten

6 kann von Amts wegen oder muss auf Antrag erfolgen. Sie ist zweckmäßig, sowohl zur Behebung von Formmängeln als auch zur Klärung technischer Sachverhalte, zu deren Verständnis eine mündliche Erörterung besonders geeignet ist. *Beteiligte* sind im Erteilungsverfahren der Anmelder und im Einspruchsverfahren der Patentinhaber, die Einsprechenden und die Beigetretenen nach § 59 (2), also die jeweiligen Verfahrensbeteiligten.[4] Nur mehrere Patentinhaber, nicht mehrere Einsprechende oder Beteiligte sind notwendige Streitgenossen.[5] Nicht am Verfahren beteiligt ist Dritter, der Hinweise zum Stand der Technik (Druckschriften) gegeben hat, die der Erteilung entgegenstehen können (§ 43 (3) 2). Ein nicht am Einspruchsverfahren Beteiligter ist als Zeuge zu vernehmen und die Aussage ist zu protokollieren.[6]

7 **1.1 Ladung** ist die Aufforderung, in einem Termin zu erscheinen. Eine wirksame Ladung muss folgende Angaben enthalten: **a)** geladene Person; **b)** Ort des Termins mit Anschrift und Zimmernummer; **c)** Datum und Uhrzeit des Termins; Ladungsfrist: idR mindestens zwei Wochen, da angemessene Vorbereitung möglich sein muss;[7] **d)** Zweck des Termins, zB Anhörung oder Beweisaufnahme mit Aktenzeichen des Verfahrens; erörterungsbedürftige Punkte (analog § 139 (2) und (3) ZPO);[8] **e)** ladende Prüfungsstelle oder Patentabteilung. Aufforderung zur (nicht geschehenen) telefonischen Terminabsprache genügt nicht.[9]

Im Einspruchsverfahren soll die Patentabteilung nach § 59 (3) in der Ladung vorbereitend auf die entscheidungserheblichen Punkte hinweisen, so dass die Beteiligten hie-

---

3 BPatG BeckRS **13**, 17 672; BPatG BeckRS **13**, 10 710.
4 BGH GRUR **11**, 509 *Schweißheizung*.
5 BPatGE **12**, 153; BPatGE **12**, 158; BGH BeckRS **16**, 02 562 (mehrere Kläger im Nichtigkeitsverfahren).
6 BGH GRUR **11**, 509 *Schweißheizung* (hier: ein Miterfinder).
7 S § 89 Ladung in Verfahren vor BPatG.
8 Zu mögl Befangenheitsvorwürfen s § 27 Rdn 41 ff; BPatG, 11.05.06, 10 W (pat) 15/05.
9 BPatG BeckRS **15**, 10 454; BPatG BeckRS **14**, 23 196; BPatG BeckRS **14**, 19 450 – jeweils zu § 46 aF.

rauf näher schriftsätzlich oder in der Anhörung selbst eingehen können, was der Straffung des Verfahrens zugutekommen soll.

1.2 Anhörung dient wie die mündliche Verhandlung nach § 78 der Aufklärung des Sachverhalts und der Erörterung sowohl der tatsächlichen wie der rechtlichen Fragen. Anhörung heißt Erörterung aller entscheidungserheblichen (ggf unterschiedlichen) Punkte zwischen Prüfer und Anmelder. Der Prüfer darf sich daher nicht auf bloßes Zuhören beschränken. Ziel der Anhörung ist es, ohne weiteren Bescheid zu einer abschließenden Beurteilung des Anmeldungsgegenstandes zu gelangen,[10] wobei ggf auch Prüfer Standpunkt ändern kann.[11] Im Einspruchsverfahren dient die Anhörung nach § 59 (5) iVm § 47 (1) 2 dazu, unmittelbar im Anschluss über eine abschließende Entscheidung eingehend beraten und diese verkünden zu können.[12] Erörterung des Sach- und Verfahrensstoffs dient der Förderung des Verfahrensgangs und der Konzentration des Verfahrensstoffs; auf sachgerechte Anträge ist hinzuwirken.[13]

1.2.1 Anberaumung einer Anhörung kann von Amts wegen immer geschehen. Im Erteilungsverfahren führt **Antrag auf Anhörung** seit 1.4.14 zu Anspruch auf Anhörung (wie nach § 78 für eine mündliche Verhandlung vor BPatG); die Prüfung auf Vorliegen eines sachlichen Grundes entfällt (s Rdn 11). Im Einspruchsverfahren besteht ebenfalls ein verfahrensrechtlicher Anspruch auf Anhörung nach § 59 (3), wenn eine Partei dies beantragt (s Rdn 13).[14] Anhörung kann auch nur für den Fall beantragt werden, dass Streitpatent nicht vollständig widerrufen werde (innerprozessuale Bedingung).[15] Ohne Antrag bestand bis zur Änderung des § 46 Beurteilungsspielraum für Prüfungsstelle oder Patentabteilung hinsichtlich Sachdienlichkeit,[16] deren gerichtliche Nachprüfung auf Rechtskontrolle unter Ausschluss von Zweckmäßigkeitserwägungen beschränkt war.[17] Anhörung konnte daher früher auch durchgeführt werden, obwohl Anmelderin kurzfristig Antrag auf Übergang ins schriftliche Verfahren gestellt hat.[18]

Hilfsweise Stellung des schriftlichen Antrags ist möglich.[19] Schriftliche Bitte um Rücksprache, falls mit vorliegenden Unterlagen Erteilung nicht möglich sein sollte, ist als Antrag auf Anhörung zu werten.[20] *Zeitpunkt* der Anhörung bestimmt DPMA durch Ladung, sinnvollerweise nach Ermittlung des Standes der Technik[21] oder nach schriftlicher Äußerung zu einem Prüfungsbescheid. Die Ladung ist gemäß § 127 zuzustellen.[22]

---

10 Prüfungsrichtl 2.6.1 Abs 4, BlPMZ **19**, 73 (Tabu Gewerbl. Rechtsschutz Nr 136).
11 BPatG, 19.01.11,17 W (pat) 104/07 BeckRS **11**, 3277.
12 Einspruchsrichtl 9.4 und 9.5, BlPMZ **18**, 230 (Tabu Gewerbl. Rechtsschutz Nr 137).
13 BGH Mitt **10**, 192 *Dichtungsanordnung II.*
14 Amtl Begr BT-Drs 16/735 S 10 zu Art 1 Nr 5 Buchstabe a; BlPMZ **06**, 225, 230.
15 BGH Mitt **10**, 192 *Dichtungsanordnung II.*
16 BPatGE **26**, 44; BPatGE **49**, 111 = Mitt **05**, 554 *Anhörung im Prüfungsverfahren.*
17 BPatG, 13.09.11, 17 W (pat) 15/10; BPatG, 01.04.03, 17 W (pat) 31/01; Benkard/Schäfers § 46 Rn 8.
18 BPatG, 19.12.12, 19 W (pat) 5/11, BeckRS **13**, 899.
19 BPatG Mitt **80**, 116; BPatG BeckRS **16**, 19 619.
20 BPatG, 18.05.20, 11 W (pat) 33/17 GRUR-RS **20**, 17437.
21 BPatGE **15**, 149 = BlPMZ **73**, 337.
22 BPatGE **22**, 29.

10 Erscheint geladener Beteiligter bzw sein Vertreter nicht zur Anhörung im Prüfungs- oder Einspruchsverfahren, stellt sich die Frage, ob dennoch eine Anhörung im Sinne des § 46 (1) stattfinden und an deren Ende ein Beschluss verkündet werden kann. Aus Gesetzeswortlaut lässt sich nicht ableiten, dass eine *persönliche* Anhörung stattfinden muss, zumal Anmelder bzw Beteiligter im Einspruchsverfahren die Anhörung durch (gezieltes) Fernbleiben verhindern und dadurch das Verfahren verzögern könnte. Wurden Beteiligte bereits zeitig im Vorfeld bzw mit der Ladung zur Anhörung auf alle entscheidungserheblichen rechtlichen oder tatsächlichen Gesichtspunkte und ggf neuen Stand der Technik hingewiesen[23] und erscheinen sie in Kenntnis des Sachverhalts *freiwillig* nicht,[24] wird idR davon ausgegangen werden können, dass Grundsatz des rechtlichen Gehörs durch einen den mitgeteilten Sachverhalt würdigenden, am Ende der Anhörung verkündeten Beschluss nicht verletzt wird. Wird Terminsverlegung unmittelbar vor der Anhörung beantragt, muss Verhinderungsgrund so dargelegt werden (zB durch ärztl Attest), dass ohne weitere Nachforschungen beurteilt werden kann, ob Anhörungs- bzw. Reiseunfähigkeit besteht.[25]

11 **1.2.2 Sachdienlich** ist eine **einmalige Anhörung** grundsätzlich in jedem Verfahren.[26] Bei Anträgen, die nach dem 01.04.14 gestellt wurden, besteht Rechtsanspruch auf Anhörung. Diese kann das Verfahren fördern, insbesondere wenn der Anmelder durch Eingehen im Einzelnen auf Einwände oder durch Einreichen geänderter Patentansprüche zeigt, dass er an zielgerichteter Weiterführung des Verfahrens interessiert ist und eine mündliche Erörterung eine effiziente und bessere Klärung als die (weitere) schriftliche Auseinandersetzung verspricht.[27] Eine Anhörung sollte daher in solchen, objektiv sachdienlich erscheinenden Fällen von Amts wegen auch ohne Antrag anberaumt werden.[28]

12 *Prüfungsverfahren:* Die obligatorische Anhörung auf Antrag (seit 1.4.14) trägt Erfahrung Rechnung, dass ein Erfinder seinen Standpunkt oft mündlich besser als schriftlich darlegen kann, so dass Verfahren beschleunigt wird. Andernfalls würde Anmelder von Möglichkeit zur Verfahrensgestaltung unerwartet abgeschnitten und könnte diese nur durch Rechtsmittel der Beschwerde zurückerlangen.[29] In Einzelfällen kann im Prüfungsverfahren – etwa wenn nach erster Anhörung neuer Stand der Technik in das

---

23 Prüfungsrichtl 2.6.1, BlPMZ **19**, 73 (Tabu Gewerbl. Rechtsschutz Nr 136).
24 BPatG BeckRS **16**, 12 532; BPatG BeckRS **15**, 15 560.
25 BPatG BeckRS **16**, 09 562 im Anschl an BGH NJW-Spezial **15**, 287.
26 HM zur früheren Rechtslage: BPatGE **15**, 149; **18**, 30; BlPMZ **83**, 181 Mitt 80, 95; BPatG GRUR 04, 320 *Mikroprozessor*; BPatG **49**, 111 = Mitt 05, 554 *Anhörung im Prüfungsverfahren*; BPatG, 31.08.06, 34 W (pat) 4/03; BPatG, 16.04.07, 34 W (pat) 6/07; BPatG, 13.07.07, 17 W (pat) 49/07; BPatG, 13.09.07, 23 W (pat) 42/05; BPatG, 31.01.11, 19 W (pat) 45/07; BPatG, 13.06.12, 19 W (pat) 145/09 *Elektrische Verbindungsanordnung* (Prüfungsverfahren); BPatG, 06.05.13, 19 W (pat) 4/13; **krit:** 8. Senat BPatG, 14.03.16, 8 W (pat) 24/13 BeckRS **16**, 7112; BPatG BeckRS **14**, 08 021 (zu § 46 aF, Bedenken gegen »generelles Anhörungsrecht« wegen des Grundsatzes der Schriftlichkeit des Prüfungsverfahrens); zurückhaltend zu § 46 aF: BPatG BeckRS **15**,16 329.
27 BPatG BeckRS **15**, 10 454; BPatG BeckRS **14**, 23 413; BPatG BeckRS **14**, 12 261; BPatG BeckRS **14**, 09 352; BPatG BeckRS **14**, 06 616; BPatG BeckRS **13**, 140 994 – jeweils zu § 46 aF.
28 BPatGE **29**, 217 = BlPMZ **88**, 259.
29 BPatG, 20.12.06, 17 W (pat) 1/01 BeckRS **07**, 7266.

Verfahren eingeführt wird – auf Antrag erneut weitere Anhörung anzuberaumen sein.³⁰ Sind *konkrete* entscheidungserhebliche Sach- und Rechtsfragen zwischen Prüfungsstelle und Anmelder trotz Schriftverkehrs (immer) noch nicht abschließend geklärt, ist von einer Anhörung Aufschluss darüber zu erwarten,³¹ gerade wenn der Sachverhalt nicht ganz einfach ist.³²

Ablehnung eines Antrags auf Anhörung kam nach der früheren Rechtslage nur *ausnahmsweise* in Betracht,³³ nämlich wenn **triftige Gründe** dafür vorlagen. Dies konnte zB der Fall sein, wenn die Anhörung zu einer überflüssigen Verfahrensverzögerung eines einfach gelagerten Verfahrens geführt hätte, wenn Anmelder und Prüfer ihre jeweiligen Argumente im schriftlichen Verfahren bereits wiederholt dargelegt hatten, so dass nicht mehr als ein erneuter mündlicher Austausch zu erwarten war³⁴ oder nach mehreren Prüfungsbescheiden absehbar war, dass Anmelder auch zukünftig keine Bereitschaft zur Anpassung der Patentansprüche zeigen oder auf bisher beantragter Merkmalskombination beharren wird.³⁵ Auch in außergewöhnlichen und seltenen Fällen des offensichtlichen Rechtsmissbrauchs kam die Zurückweisung des Antrags auf Anhörung in Betracht.³⁶

Einspruchsverfahren: Nach § 59 (3) ist im Einspruchsverfahren vor DPMA (und bei BPatG³⁷) eine Anhörung ebenfalls zwingend durchzuführen, wenn ein Beteiligter dies beantragt. Daneben kann auch ohne Antrag eines Beteiligten von Amts wegen eine Anhörung anberaumt werden, wenn diese von der Patentabteilung für sachdienlich erachtet wird. Dies kann im Einspruchsverfahren mehr noch als im Erteilungsverfahren der Fall sein, weil es den gegensätzlichen Vortrag von Patentinhaber und Einsprechenden in tatsächlicher und rechtlicher Hinsicht zu klären gilt. Eine mündliche Erörterung des schriftlich vorbereiteten Streitstoffs mit den streitenden Parteien ist erfahrungsgemäß prozessökonomischer als der mühevolle Austausch wiederholter Schriftsätze, weil dann idR am Ende der Anhörung entschieden werden kann. Wird Anhörung von Patentabteilung nicht als sachdienlich erachtet, ohne dass Antrag auf Anhörung vorliegt, so ist dies nicht durch gesonderten Beschluss zu begründen.

13

Sachdienlichkeit im Prüfungsverfahren bejaht (Rechtsprechung zu § 46 (1) aF): a) zur **Vorführung** des Anmeldungsgegenstandes, vor allem bei Unklarheiten über Aufbau, Ausführbarkeit und Wirkungsweise;³⁸ b) wenn die zügige Durchführung des Ver-

14

---

30 BPatG, 28.06.16, 23 W (pat) 11/15; BPatGE **55**, 253*Strombegrenzungsschaltung*.
31 Zu § 46 aF: BPatG BeckRS **16**, 1644 (hilfsweise beantragte Anhörung); BPatG BeckRS **16**, 04 699; BPatGE **18**, 30; ausdrücklich bestätigt von BPatGE **49**, 111 = Mitt **05**, 554 *Anhörung im Prüfungsverfahren*; BPatG BeckRS **15**, 0 534; BPatG, 24.01.08, 23 W (pat) 69/05; BPatG, 15.01.08, 17 W (pat) 42/05; BPatG, 22.11.07, 17 W (pat) 36/05; BPatG, 13.11.07, 17 W (pat) 46/04; BPatG, 10.08.07, 14 W (pat) 16/05.
32 BPatG, 12.10.10, 17 W (pat) 127/08 BeckRS **10**, 27771.
33 BPatGE **52**, 113 *Dünnfilmmagnetspeichervorrichtung*.
34 BPatG, 07.02.11, 19 W (pat) 54/07, BeckRS **11**, 6393.
35 BPatG BeckRS **16**, 07 112; BPatG BeckRS **14**, 12 860; BPatG, 13.6.12, 19 W (pat) 145/09, BeckRS **12**, 16404.
36 S zur Praxis des EPA Benkard/Schäfers, EPÜ, Art 116 Rn 7.
37 BGH Mitt **10**, 192 *Dichtungsanordnung II*.
38 Prüfungsrichtl 2.6.1 BlPMZ **19**, 73 (Tabu Gewerbl. Rechtsschutz Nr 136); BPatG, 07.03.06,-23 W (pat) 1/04 = Mitt **07**, 69 Ls.

fahrens auf **schriftlichem Wege auf Schwierigkeiten** stößt;[39] c) bei Unstimmigkeiten im Zusammenhang mit **Formulierung von Patentansprüchen** (vgl § 34 Rdn 101);[40] d) bei Fortbestand der **Meinungsverschiedenheiten** zwischen Anmelder und Prüfer,[41] zB über Formmängel[42] oder Neuheit[43] oder erfinderische Tätigkeit[44] oder andere **tatsächliche oder rechtliche Fragen**;[45] e) wenn Anmelder zu erkennen gibt, dass er an einer raschen Beseitigung von Meinungsverschiedenheiten interessiert ist;[46] f) zur frühzeitigen Vermeidung weiterer Prüfungsbescheide während einer längeren Zeitspanne;[47] g) im Falle einer Zusatzanmeldung auch dann, wenn Anmeldung aus denselben Gründen beanstandet wird wie Hauptanmeldung;[48] h) bei vollständigem Austausch der Begründung durch neue Argumente der Prüfungsstelle im 2. Prüfungsbescheid.[49]

15 **Sachdienlichkeit im Prüfungsverfahren verneint** (Rechtsprechung zu § 46 (1) aF): a) wenn Anhörung nach Lage der Akten zu einer **unnötigen Verfahrensverzögerung** führen würde;[50] b) wenn Anhörung nach einem sachlichen Prüfungsbescheid **ohne sachliche Stellungnahme** oder **substantiiertes Eingehen** des patentanwaltlich vertretenen Anmelders **auf entscheidungserhebliche Einwände** beantragt wird;[51] c) für Wiederholung nach **Prüferwechsel**, wenn der neue Prüfer seine abweichende Auffassung mitgeteilt hatte und die Beteiligten **keinen neuen Antrag** stellen;[52] d) wenn Sachverhalt und **rechtliche Würdigung** so **banal und einfach** sind, dass eine Anhörung nur verfahrensverzögernd wäre;[53] e) wenn bei einem überschaubaren technischen Sachverhalt lediglich eine Anhörung beantragt wird, **ohne konkrete Punkte** zu nennen, die erörtert werden sollen;[54] f) wenn Anmeldervertreter sich wegen anderer Auffassung

---

39 Prüfungsrichtl 2.6.1 BlPMZ **19**, 73 (Tabu Gewerbl. Rechtsschutz Nr 136); s auch BPatG, 07.06.11, 17 W (pat) 73/08, BeckRS **11**, 16967 (5 Bescheide).
40 Prüfungsrichtl 2.6.1 BlPMZ **19**, 73 (Tabu Gewerbl. Rechtsschutz Nr 136); BPatG, 07.03.06, 23 W (pat) 1/04 = Mitt 07, 69 (Ls); BPatG, 15.02.11, 23 W (pat) 17/09; BPatG, 13.07.10, 17 W (pat) 43/06; BPatG, 11.01.07, 17 W (pat) 106/04; BPatG, 09.07.13, 21 W (pat) 60/09 BeckRS **13**, 14099.
41 BPatGE **52**, 100 *Verstärker*; BPatG BeckRS **15**, 13 939; BPatG BeckRS **15**, 16 329; BPatG Mitt **85**, 170.
42 BPatGE **29**, 217 = BlPMZ **88**, 259.
43 BPatG BeckRS **16**, 14 769; BPatG BeckRS **16**, 10 725; BPatG, 22.11.07, 17 W (pat) 36/05.
44 BPatGE **18**, 30, 39; BPatG, 13.07.07, 17 W (pat) 49/07.
45 BPatG, 11.01.17, 18 W (pat) 130/14 BeckRS **17**, 144566; BPatG, 10.06.15, 18 W (pat) 91/14 BeckRS **15**, 16329; BPatG, 14.08.13, 19 W (pat) 15/13 BeckRS **13**, 17672.
46 BPatG, 06.05.13, 20 W (pat) 3/10; BPatG Mitt **80**, 95, 96 rSp.
47 BPatG, 07.06.11, 17 W (pat) 73/08 BeckRS **11**, 16967 (5 Bescheide).
48 BPatGE **52**, 219 *Zusatzanmeldung*.
49 BPatG BeckRS **14**, 13 847.
50 Prüfungsrichtl 2.6.1 BlPMZ **19**, 73 (Tabu Gewerbl. Rechtsschutz Nr 136); BPatG BeckRS **16**, 1644; BPatG BeckRS **15**, 14 176; BPatG BeckRS **15**, 13 939 (Anhaltspunkte dafür müssen ersichtlich sein).
51 BPatGE **52**, 106 *Mikrostreifen-Leitungs-Wellenleiter-Konvertierungsstruktur*; ebenso BPatG, 14.12.11,-11 W (pat) 51/05 (Verstoß gegen Verfahrensförderungspflicht); Prüfungsrichtl 2.6.1 BlPMZ **19**, 73 (Tabu Gewerbl. Rechtsschutz Nr 136).
52 BPatGE **8**, 37.
53 BPatGE **18**, 30, 39; GRUR **83**, 366.
54 BPatG **39**, 204, 205, 207; BPatG BeckRS **14**, 12 859; BPatG BeckRS **14**, 06 615 – jeweils zu § 46 aF.

nicht in der Lage sieht, den (3.) Prüfungsbescheid zu beantworten;[55] g) bei unzulänglichem Zeugenangebot.[56]

Wiederholung einer Anhörung wurde als ausnahmsweise sachdienlich angesehen (Rechtsprechung zu § 46 (1) aF): a) bei einer Änderung des entscheidungserheblichen Sachverhalts,[57] zB durch neuen Stand der Technik; b) bei einem Wechsel der Verfahrensbeteiligten;[58] c) wenn der (alte oder neue) Prüfer seine Meinung geändert hat *und* eine erneute Anhörung beantragt wird.[59] Entscheidend ist, ob sich Verfahrenslage so wesentlich geändert hat, dass eine sachgerechte Entscheidungsgrundlage nicht mehr gegeben ist und eine erneute Anhörung daher wegen neuer entscheidungserheblicher Fragen zweckdienlich erscheint oder sonstige schwerwiegende Gründe vorliegen, die in analoger Anwendung der §§ 91 (3), 99 iVm § 156 ZPO eine erneute Anhörung gebieten würden.[60]

16

1.2.3 Verfahren: Antrag bedarf nach § 46 (1) 4 der *Schriftform* (s Einl Rdn 352). Eine substantiierte Begründung ist nicht erforderlich.[61] Antrag ist grundsätzlich bedingungsfeindlich, zulässig ist Beantragung für den Fall der Zurückweisung der Anmeldung. Ablehnung einer hilfsweise beantragten fernmündlichen »Anhörung« ist mangels Anspruchsgrundlage kein Verfahrensverstoß.[62] *Zurückweisung des Antrags* nach § 59 (3) und (4) iVm § 46 (1) 5 nur bei fehlerhafter Form des Antrags, im Prüfungsverfahren bis zur Änderung des § 46 (1) im Jahre 2014 auch wegen fehlender Sachdienlichkeit. Ablehnungsbeschluss bedarf der Begründung,[63] dabei muss erkennbar sein, wie die Prüfungsstelle das Vorbringen des Anmelders zu dem entgegengehaltenen Stand der Technik berücksichtigt hat; wörtliches Wiederholen von Textteilen eines früheren Bescheids genügt nicht.[64] Die Ablehnung trotz vorliegenden Antrags nach § 46 (1) 4 oder § 59 (3) (oder – bis 31.03.14 – trotz einer objektiv sachdienlich erscheinenden Anhörung) ist ein wesentlicher Verfahrensmangel iSd § 79 (3) Nr 2 und führt idR zur Zurückverweisung und zur Rückzahlung der Beschwerdegebühr (§ 80 (3), § 9 PatKostG).[65] Der Beschluss ist nach § 46 (1) 6 nicht selbständig oder im Zusammenhang mit nachträglichem Ablehnungsgesuch,[66] sondern grundsätzlich nur zusammen mit der Endentscheidung im Beschwerdeverfahren überprüfbar. Wird Antrag auf Anhörung schlichtweg – auch unverschuldet – übergangen, liegt Verfahrensverstoß der Versagung

17

---

55 BPatG, 07.10.10, 17 W (pat) 30/06 BeckRS 10, 25555.
56 BPatG, 03.04.08, 11 W (pat) 5/04.
57 BPatGE 15, 149; 26, 44; BPatG BeckRS 15, 14 304; BPatG BeckRS 16, 16 925.
58 BPatGE 26, 44.
59 BPatGE 8, 37; BPatG, 19.01.11, 17 W (pat) 104/07; Prüfungsrichtl 2.6.1, BlPMZ 19, 73 (Tabu Gewerbl. Rechtsschutz Nr 136).
60 BPatG, 10.01.18, 18 W (pat) 10/15 mwN BeckRS 18, 11447.
61 BPatG, 13.06.12, 19 W (pat) 145/09 BeckRS 12, 16404.
62 BPatG, 20.12.10, 19 W (pat) 19/07 BeckRS 11, 3981.
63 BPatGE 1, 80; 7, 26; 26, 44; BPatG, 31.08.06, 34 W (pat) 4/03.
64 BPatG BeckRS 15, 14 303; BPatG, 14.06.04, 6 W (pat) 45/01.
65 St Rspr: BPatGE 1, 80; 2, 79; 12, 17, 22; 13, 69, 71; 15, 149; 18, 30, 42; Mitt 78, 191; 85, 170; BPatGE 49, 111 = Mitt 05, 554; BPatG, 11.05.06, 10 W (pat) 15/05; BPatG, 01.02.12, 19 W (pat) 68/09; BPatG BeckRS 16, 19 619.
66 BPatG, 08.11.07, 10 W (pat) 57/06.

§ 46 Ermittlungen, Anhörung, Niederschrift

rechtlichen Gehörs vor, der ebenfalls zur Anordnung der Rückzahlung der Beschwerdegebühr führen kann.[67]

18 Die Anhörung ist im Prüfungsverfahren *nicht öffentlich*; zur Öffentlichkeit im Einspruchsverfahren ab 2014 s § 59 Rdn 1, 230. Durchführung der Anhörung durch die zuständige Prüfungsstelle nach § 46 oder die Patentabteilung nach § 59 (3) und (4) iVm § 46.[68] Berührt der Anmeldungsgegenstand Prüfungsgebiete mehrerer Prüfungsstellen oder ist eine zusätzliche besondere Fachkunde erforderlich, können Prüferkollegen des berührten Nachbargebiets bei Einverständnis der Erschienenen an der Anhörung teilnehmen.[69] *Niederschrift*[70] über Anhörung richtet sich nach § 46 (2) 2 und 3 iVm §§ 160a, 162 und 163 ZPO (s Rdn 47).

19 In der Anhörung ist Vortrag zum Zwecke der Konzentration auf den wesentlichen Streitstoff grundsätzlich in freier Rede zu halten. Einsatz einer Power-Point-Präsentation[71] mit Auszügen aus als patentschädlich entgegengehaltenem Stand der Technik zur Unterstützung des freien mündlichen Sachvortrags und Konkretisierung des Stoffs der Anhörung ist zulässig,[72] reine Wiederholung des Schriftsatzes genügt nicht[73] (s dazu § 78 Rdn 28, § 90 Rdn 5). Zulassung der Präsentation kann im Hinblick auf Grundsatz der prozessualen Chancengleichheit als Ausprägung des Gebots zur rechtsstaatlichen Verfahrensgestaltung fraglich sein, wenn diese über Wiedergabe von Argumenten hinaus neuen Sachvortrag und neue Beweismittel enthält. Zum Einsatz von Videoaufnahmen als Form des Augenscheins s Rdn 45.

20 Anhörung ist in allen Dienstgebäuden des DPMA in München, Jena und Berlin möglich. Andere Orte (zB Kanzlei eines Patentanwalts) kommen nicht in Betracht.
Der in § 46 (1) neu eingefügte Satz 2 gestattet ab 01.05.22 die entsprechende Anwendung des § 128a ZPO für Anhörungen und Vernehmungen in Verfahren vor dem DPMA, so dass den Beteiligten eine Teilnahme mittels Videokonferenztechnik *gestattet* werden kann.[74] Ein Anspruch auf Teilnahme mittels Videokonferenztechnik bzw. darauf, dass das DPMA die notwendige technische Ausstattung vorhält, entsteht daraus nicht.[75] In der gerichtlichen Praxis hat der Einsatz von Videokonferenztechnik im Jahr 2020 während der COVID-19-Pandemie und den damit verbundenen Einschränkungen zugenommen und an Bedeutung gewonnen. Die gemäß § 128a ZPO bestehende Möglichkeit, an Verfahren und Vernehmungen vor den Zivilgerichten im Wege der Bild- und Tonübertragung teilzunehmen, besteht nach dem neuen Satz 2 grundsätzlich

---

67 BPatG, 01.04.03, 17 W (pat) 31/01; BPatG, 15.02.07, 21 W (pat) 54/04.
68 Einspruchsrichtl 9.4 Abs 4 ff, BlPMZ **18**, 230 (Tabu Gewerbl. Rechtsschutz Nr 137).
69 Prüfungsrichtl 2.6.1, BlPMZ **19**, 73 (Tabu Gewerbl. Rechtsschutz Nr 136).
70 Einzelheiten s Prüfungsrichtl 2.6.1, BlPMZ **19**, 73 (Tabu Gewerbl. Rechtsschutz Nr 136); Einspruchsrichtl 9.4.3, BlPMZ **18**, 230 = (Tabu Gewerbl. Rechtsschutz Nr 137).
71 Vgl dazu Rau, Power-Point-Präsentationen in der mündlichen Verhandlung, Fschr Schilling 07, 341.
72 BPatG, 15.06.05, 4 Ni 38/03 (EU) BeckRS **09**, 283588 (zulässige Nutzung in mündl Verhandlung).
73 BPatG, 08.11.05, 4 Ni 58/04 (EU) BeckRS **10**, 5484 (nicht zugelassen).
74 S BT-Drs 19/25821 S 46.
75 S Bericht Rechtsausschuss zu § 128a ZPO, BT-Drs 14/6036 S 120 für das zivilgerichtliche Verfahren.

auch für das justizförmig ausgestaltete Verwaltungsverfahren vor dem DPMA. Der Einsatz von Videotechnik kann Verfahren beschleunigen und die Wirtschaftlichkeit erhöhen, Zeitaufwand und Reisekosten reduzieren und die Terminierung von Anhörungen und Vernehmungen erleichtern.[76]

Die Nutzung der Videotechnik steht im Ermessen der Prüfungsstelle und setzt weder Antrag noch Einverständnis voraus. Vorherige Anhörung ist aber geboten, da Anordnung gegen den Willen selten zweckmäßig sein dürfte.[77] Eine isolierte Anfechtung der Anordnung oder Versagung der Teilnahme im Wege der Videokonferenz findet in entsprechender Anwendung des § 128a Absatz 3 Satz 2 ZPO nicht statt. Zur Zeugenvernehmung per Videokonferenz s Rdn 27. 21

Verkündung eines Beschlusses sollte idR am *Ende einer Anhörung* möglich sein (§ 47 (1) 2, s § 47 Rdn 33). Das setzt im Falle der Erteilung voraus, dass die Unterlagen (Ansprüche, Beschreibung und Zeichnungen) – ggf nach angemessener Unterbrechung der Anhörung und Prüfung geänderter Unterlagen – vollständig in der endgültigen Fassung vorliegen. Während der Anhörung eingereichte Dokumente können eingescannt und in (elektronische) Akte aufgenommen werden. Tatsache der Verkündung und Tenor des verkündeten Beschlusses sind in *Niederschrift* über die Anhörung aufzunehmen.[78] Der begründete Beschluss ist nach § 47 (1) 1 und 2 den Beteiligten zuzustellen. 22

2 Vernehmung von Zeugen,[79] Sachverständigen und Beteiligten

kann DPMA nach § 46 (1) 1 im Erteilungs- und Einspruchsverfahren anordnen.[80] Auch eine Vernehmung des *Erfinders* ist möglich, wenn das zur Aufklärung der Sache erforderlich erscheint. Für die Anordnung und Durchführung der Beweisaufnahme sind die Vorschriften der ZPO (vgl §§ 373 ff ZPO) entsprechend heranzuziehen.[81] 23

2.1 Beweisbeschluss

2.1.1 Inhalt: a) *Beweisthema*, dh die Bezeichnung der Tatsachen, für die eine Sachaufklärung erforderlich ist, bevor über Anmeldung oder Patent entschieden werden kann; b) Bezeichnung der *Beweismittel*, mit denen die Sachaufklärung erreicht werden soll (Zeugen, Sachverständiger, Augenschein); c) *Art der Beweiserhebung*, zB Vernehmung vor Prüfungsstelle oder Patentabteilung oder gemäß § 362 ZPO durch ersuchten Richter, Ortstermin; d) *Auslagenvorschuss* (s Rdn 26). 24

---

76 BT-Drs 17/12418 S. 14; zu Videoverhandlungen im Zivilprozess s Zöller/Greger, ZPO, 33. Aufl 2020, § 128a ZPO Rn 1 ff; Prütting/Gehrlein/Prütting, ZPO, 12. Aufl 2020, § 128a ZPO Rn 1 ff; Baumbach/Lauterbach, ZPO, 79. Aufl 2021, § 128a ZPO Rn 1 ff, 4 (zur Nutzung während der Corona-Pandemie); Thomas/Putzo/Seiler, ZPO, 41. Aufl 2020, § 128a ZPO Rn 1 ff;.
77 Zöller/Greger, ZPO, 33. Aufl 2020, § 128a ZPO Rn 3; ausführlich mwN: Reuß, Die digitale Verhandlung im deutschen Zivilprozessrecht, JZ 2020, 1135 ff; Windau, Die Verhandlung im Wege der Bild- und Tonübertragung, NJW 20, 2753.
78 Prüfungsrichtl 2.6.1, BlPMZ **19**, 73 (Tabu Gewerbl. Rechtsschutz Nr 136); Einspruchsrichtl 9.4.3, BlPMZ **18**, 230 (Tabu Gewerbl. Rechtsschutz Nr 137).
79 Zur Glaubwürdigkeit und Vernehmungstechnik vgl G. Winkler VPP-Rundbrief 00, 69.
80 Prüfungsrichtl 2.6.1, BlPMZ **19**, 73 (Tabu Gewerbl. Rechtsschutz Nr 136); Einspruchsrichtl 9.4.2, BlPMZ **18**, 230 (Tabu Gewerbl. Rechtsschutz Nr 137)
81 Busse/Keukenschrijver § 46 Rn 36 f; Horn Mitt **70**, 126.

Änderung des Beweisbeschlusses ist jederzeit möglich, insbesondere um sicherzustellen, dass die Beweiserhebung in einem Termin erledigt werden kann.

25 **2.1.2 Beispiel: Beweisbeschluss** s Schulte 9. Aufl § 46 Rn 23.

26 **2.2 Auslagenvorschuss:** Nach § 128a erhalten Zeugen eine Entschädigung und Sachverständige eine Vergütung nach dem JVEG (siehe dazu die Erläuterungen bei § 128a). Diese Kosten sind als Auslagen nach der Anlage zu § 2 (1) DPMAVwKostV, Kostenverzeichnis Nr 302 420 (Anhang 16), in voller Höhe von demjenigen zu erstatten, der die Amtshandlung veranlasst oder zu dessen Gunsten sie vorgenommen wurde; dies umfasst nach Kostenverzeichnis Nr 302 430 DPMAVwKostV auch die Reisekostenvergütung für Beschäftigte des DPMA für einen Ortstermin. Kosten treffen damit grundsätzlich denjenigen, der die Beweisaufnahme verursacht hat.[82]

DPMA *kann* nach § 7 (1) 1 DPMAVwKostV einen Kostenvorschuss verlangen und es *kann* die Vornahme der Amtshandlung von der Zahlung oder Sicherstellung des Vorschusses abhängig machen. Wird ein Auslagenvorschuss nicht gezahlt, wird die Beweisaufnahme nicht durchgeführt, also der Zeuge nicht geladen, der Sachverständige nicht beauftragt, der Augenschein nicht eingenommen. Eine sich dadurch ergebende Unaufklärbarkeit des Sachverhalts geht zu Lasten dessen, der sich zu seinen Gunsten auf das Beweismittel beruft (vgl Rdn Einl 39, 154).

Wird ein Sachverständigengutachten *von Amts wegen* in Auftrag gegeben, so *kann* nach § 7 (1) 2 DPMAVwKostV ein Vorschuss nur zur Deckung der Auslagen erhoben werden. Davon ist abzusehen, wenn das Gutachten der ergänzenden sachlichen Information des Prüfers oder der Patentabteilung über schwierige technische Sachverhalte dient (s § 80 Rdn 84).

2.3 Zeugenvernehmung[83]

27 Ein Zeuge wird vor DPMA oder BPatG grundsätzlich unmittelbar vernommen. Ablehnung des Zeugenbeweises ist nur bei mangelnder Angabe der unter Beweis zu stellenden Tatsachen zulässig.[84] Zeugenvernehmung an einem »anderen Ort« mittels *Videokonferenz* kann grundsätzlich von Amts wegen[85] oder auf Antrag nach § 128a (2) ZPO nicht nur vor BPatG[86] (s Einl Rdn 478), sondern nach § 46 (1) 2 nF auch vor DPMA angeordnet werden, auch wenn DPMA nicht verpflichtet ist, notwendige technische Ausrüstung dafür bereit zu stellen (s Rdn 20). Liegen in Dienststellen des DPMA die technischen Voraussetzungen nicht vor, kann Sitzungsraum des DPMA für Zeugenvernehmung per Videokonferenz nicht in andere private Räume oder Büro-

---

82 BPatGE **26**, 194; BPatG, 16.07.02, 23 W (pat) 32/98 (Kosten der Beweisaufnahme des in Großbritannien mittels Videokonferenz vernommenen Zeugen).
83 Zur Glaubwürdigkeit und Vernehmungstechnik vgl G. Winkler VPP Rundbrief 00, 69. Zur Videokonferenz vgl Nissen, Die online-Videokonferenz im Zivilprozess, 2004.
84 BPatG, 03.09.18, 19 W (pat) 22/17 BeckRS 18, 26766.
85 Vgl *BT-Drs 17/1224* S 10 f und BT-Drs 17/12 418 S 14 zur Änd von § 128a ZPO (Ausweitung des Einsatzes von Videokonferenztechnik).
86 BPatGE **45**, 227 = GRUR 03, 176 = BlPMZ 03, 29 *Leiterplattennutzen-Trennvorrichtung/ Videokonferenz.*

räume außerhalb des DPMA (zB in Kanzlei, Firmengebäude) verlegt werden,[87] da kein Anspruch auf Einvernahme per Videokonferenz besteht.[88] Eine Vernehmung mittels reiner Telefonkonferenz oder nur mit Bildübertragung genügt den Anforderungen des § 128a ZPO nicht, da kein unmittelbarer gleichwertiger Eindruck wie bei persönlicher Anwesenheit gegeben ist.[89] Auch im Falle der Anhörung im Wege der Bild- oder Tonübertragung ist Erscheinen der Beteiligten am jeweiligen Übertragungsort (zB in Anwaltskanzlei) erforderlich.[90]

Ausnahme: Einem Mitglied der Abteilung oder des Senats kann gemäß § 375 ZPO die Aufnahme des Zeugenbeweises übertragen werden, wenn von vornherein anzunehmen ist, dass die Abteilung oder der Senat das Beweisergebnis auch ohne unmittelbaren Eindruck von dem Verlauf der Beweisaufnahme sachgemäß zu würdigen vermögen, und wenn zusätzlich eine der folgenden Voraussetzungen erfüllt ist: a) wenn es zur Vereinfachung der Anhörung vor DPMA oder der Verhandlung vor BPatG zweckmäßig erscheint oder b) wenn zur Ermittlung der Wahrheit die Vernehmung des Zeugen an Ort und Stelle dienlich erscheint oder c) wenn der Zeuge verhindert ist, vor DPMA oder BPatG zu erscheinen, zB infolge Krankheit oder hohem Alter, oder d) wenn dem Zeugen das Erscheinen wegen großer Entfernung unter Berücksichtigung der Bedeutung seiner Aussage nicht zugemutet werden kann.

2.3.1 Schriftliche Beantwortung der Beweisfrage können DPMA und BPatG nach § 377 (3) 1 ZPO anordnen, »wenn sie dies im Hinblick auf den Inhalt der Beweisfrage und die Person des Zeugen für ausreichend erachten«. Eines Einverständnisses der Parteien dazu bedarf es nicht. Sie können aber nach Erhalt der schriftlichen Auskunft beantragen, den Zeugen zu laden, um ihm gemäß § 397 ZPO Fragen zu stellen. Diesem Antrag ist zu entsprechen.[91] Schriftliche Zeugenaussage dürfte geringeren Beweiswert als mündliche Aussage, da der persönliche Eindruck und Möglichkeit zu Rückfragen fehlen.[92] Als Beweismittel für eine offenkundige Vorbenutzung ist schriftliche Zeugenaussage meist nicht geeignet.[93]

2.3.2 Beweisaufnahme im Ausland richtet sich u.a. nach der Rechtshilfeordnung für Zivilsachen (ZRHO);[94] s auch zur zwischenstaatlichen Rechtshilfe § 128 Rdn 10.

Vernehmung eines Zeugen im Ausland mittels *Videokonferenz* setzt Rechtshilfeersuchen voraus. Art 10 (4) der Verordnung (EG) Nr 1206/2001 vom 28.05.01 sieht Beweisaufnahme insbesondere mittels Video- oder Telekonferenz ausdrücklich vor.[95]

---

87 Bericht Rechtsausschuss zu § 128a ZPO, BT-Drs 14/6036 S 120; Zöller/Greger, ZPO, 33. Aufl 2020, § 128a ZPO Rn 4; Schultzky, Videokonferenzen im Zivilprozess, NJW 03, 313; Glunz, Psychologische Effekte beim gerichtlichen Einsatz von Videotechnik, 2012.
88 BT-Drs 17/1224 S 12 (kein Anspruch auf technische Ausstattung); Prütting/Gehrlein/Prütting, ZPO, 12 Aufl 2020, § 128a Rn 3; Zöller/Greger, ZPO, 33. Aufl 2020, § 128a Rn 1.
89 Prütting/Gehrlein/Prütting, ZPO, 12 Aufl 2020, § 128a Rn 3.
90 BGH NJW 04, 2311; Zöller/Greger, ZPO, 33. Aufl 2020, § 128a Rn 4, 5.
91 LG Berlin NJW-RR 97, 1289.
92 Einspruchsrichtl 9.4.2 BlPMZ 18, 230 (Tabu Gewerbl. Rechtsschutz Nr 137).
93 BPatGE 22, 63.
94 Text der ZRHO s http://www.ir-online.nrw.de.
95 Leitfäden http://www.ir-online.nrw.de und http://ec.europa.eu/civiljustice/publications/docs/guide_videoconferencing_de.pdf.

Gemäß Art 1 Haager Übereinkommen vom 18.03.70 über die Beweisaufnahme im Ausland in Zivil- und Handelssachen (HBÜ)[96] kann gerichtliche Behörde eines Vertragsstaats die zuständige Behörde eines anderen Vertragsstaats um Beweisaufnahme, nach Art 9 (2) auch in »besonderer Form«, wozu Videokonferenz zählen dürfte, ersuchen. Antrag ist zu entsprechen, wenn mit Recht, gerichtlicher Übung und tatsächlichen Möglichkeiten des ersuchten Vertragsstaats vereinbar. Vernehmung durch Konsularbeamten nach § 363 (2) ZPO iVm Art 15 HBÜ ist ebenfalls denkbar.

Schriftliche Befragung einer sich im Ausland aufhaltenden Beweisperson ohne Zustimmung der zuständigen Behörden ist nicht zulässig, da ausländischer Staat darin unzulässigen Eingriff in seine Hoheitsrechte sehen könnte.[97]

32 **2.3.3 Zeugnisfähigkeit:** Zeuge kann nicht sein, wer Beteiligter des Verfahrens ist (Anmelder, Einsprechender) sowie deren gesetzliche Vertreter.

33 **2.3.4 Zeugnispflicht** besteht für jeden, der der deutschen Gerichtsbarkeit unterliegt. Sie besteht in der *Pflicht zum Erscheinen, zur Aussage und zur Eidesleistung*. Die Folgen der *Verletzung* dieser Pflicht regeln die §§ 380, 390 ZPO. Danach sind dem Zeugen die durch sein Ausbleiben oder seine Weigerung verursachten *Kosten* aufzuerlegen.

34 Zugleich kann gegen ihn ein *Ordnungsgeld* festgesetzt und bei wiederholtem Ausbleiben die *Vorführung* und bei erfolgloser Beitreibung des Ordnungsgeldes die *Ordnungshaft* angeordnet werden. Für Anordnung von Ordnungsgeld, Vorführung und Haft muss DPMA nach § 128 (2) BPatG um Rechtshilfe ersuchen. Die genannten Maßnahmen unterbleiben oder werden nach § 381 ZPO wieder aufgehoben, wenn der Zeuge glaubhaft macht, dass ihm die Ladung nicht rechtzeitig zugegangen ist, oder wenn sein Ausbleiben genügend entschuldigt ist.

35 **2.3.5 Zeugnisverweigerungsrecht** besteht *generell* für Verlobte, Ehegatten, Lebenspartner und nahe Angehörige (§ 383 ZPO) sowie *speziell* für bestimmte Fragen, wenn deren Beantwortung für den Zeugen oder einen nahen Angehörigen einen unmittelbaren Vermögensschaden oder ein Straf- oder Bußgeldverfahren nach sich ziehen würde (§ 384 ZPO). Verweigert ein Zeuge das Zeugnis schriftlich unter Angabe von Gründen vor dem Termin, so braucht er nicht zu erscheinen (§ 386 (3) ZPO); über die Rechtmäßigkeit entscheidet DPMA durch Beschluss.

36 **2.3.6 Durchführung der Vernehmung** obliegt Prüfer oder Vorsitzendem der Patentabteilung. Im Einspruchsverfahren kann rechtskundiges Mitglied der Patentabteilung nach § 27 (3) hinzugezogen werden. Jeder Zeuge ist einzeln und in Abwesenheit der weiteren Zeugen zu vernehmen. Bei widersprechenden Aussagen Gegenüberstellung nach freiem Ermessen.

37 **Belehrung:** Ermahnung zur Wahrheit und Hinweis auf Strafbarkeit einer unrichtigen eidlichen oder uneidlichen Aussage (§ 395 (1) ZPO) sowie ggfls über Zeugnisverweigerungsrecht (§ 383 (2) ZPO). Aufnahme ins Protokoll.

---

96 BGBl 1977 II S 1472 = BlPMZ **78**, 285.
97 BGH NJW **84**, 2039, 2040 *Zeugenvernehmung im Ausland* unter Hinweis auf § 39 (1) ZRHO; aA Zöller/Geimer, ZPO, 33. Aufl 2020, § 363 ZPO Rn 11 mwN.

Vernehmung zur Person (§ 395 (2) ZPO): Befragung über Vor- und Zunamen, Alter, Stand oder Gewerbe und Wohnort, Beziehungen zu den Verfahrensbeteiligten; ggfls Fragen, die für die Glaubwürdigkeit von Bedeutung sein können.

Vernehmung zur Sache (§§ 396, 397 ZPO): Zeuge hat sich zuerst mit eigenen Worten im Zusammenhang zum Beweisthema zu erklären. Er darf Notizen verwenden; auch eine schriftliche Erklärung übergeben, die zu verlesen und dem Protokoll als Anlage beizufügen ist.

Danach *Fragen* der Mitglieder der PatAbt. Die Beteiligten können direkt an den Zeugen sachdienliche Fragen richten (arg § 88 (3)).[98] Über die Zulässigkeit einer Frage entscheidet DPMA. Unzulässig: Suggestiv- und Ausforschungsfragen; Fragen, die nicht im Zusammenhang mit dem Verfahren stehen oder sich nicht auf tatsächliche Wahrnehmungen beziehen (Werturteile, Schlussfolgerungen). Beschluss ist unanfechtbar.

Beeidigung steht im Ermessen des DPMA; Beeidigung nur, wenn DPMA sie zur Herbeiführung einer wahrheitsgemäßen Aussage oder wegen deren Bedeutung für geboten erachtet (§ 391 ZPO).

Eidesleistung: Vorsitzender: »Sie schwören (bei Gott dem Allmächtigen und Allwissenden), dass Sie nach bestem Wissen die reine Wahrheit gesagt und nichts verschwiegen haben«; Zeuge: »Ich schwöre es (so wahr mir Gott helfe)« (§ 481 iVm § 392 ZPO).

2.4 Sachverständige sind idR wegen der eigenen Sachkunde der Mitglieder des DPMA entbehrlich; sie müssen angehört werden, wenn die Sachkunde nicht ausreicht oder sonst die Aufklärungspflicht (vgl Einl Rdn 114) verletzt wäre.[99] Das empfiehlt sich, wenn die Erfindung sich auf eine im Tatsächlichen schwierige neue Materie, zB aus dem gen- oder biotechnologischen Bereich, bezieht.[100]

3 Weitere Ermittlungen

3.1 Telefonische Rücksprachen sind im Einzelfall zur Beschleunigung des Erteilungsverfahrens hinsichtlich der Fragen sinnvoll, die nicht unbedingt durch schriftlichen Bescheid geklärt werden müssen.[101] Über Telefongespräche soll ein elektronischer Aktenvermerk gefertigt werden. Das telefonisch erzielte Ergebnis muss aber aus Gründen der Rechtssicherheit schriftlich bestätigt werden (s Einl Rdn 412). Telefonische Gespräche können weder einen Prüfungsbescheid noch eine förmliche Anhörung mit Ladung und Protokollierung ersetzen.[102]

3.2 Augenschein ist die unmittelbare Sinneswahrnehmung von Sachen, Personen oder Vorgängen, so zB die Besichtigung oder Vorführung des Gegenstands der Erfindung.

---

98 BPatGE **24**, 1 = BlPMZ **82**, 191.
99 BGH BlPMZ **71**, 131, 136 rSp aE *Anthradipyrazol* u **78**, 254 (B2b) *7-chlor-6-demethyltetracyclin*.
100 BGH GRUR **93**, 651 (IV1) *Tetraploide Kamille*.
101 DPMA-Prüfungsrichtl 2.6.3.
102 DPMA-Prüfungsrichtl 2.6.3; BPatG, 13.09.11, 17 W (pat) 15/10 BeckRS **11**, 141774; BPatG, 20.12.10, 19 W (pat) 19/07 BeckRS **11**, 3981.

Duldung des Augenscheins ist weder von den Parteien noch von Dritten erzwingbar. Verweigerung führt unter Berücksichtigung der dafür angegebenen Gründe zu einer freien Beweiswürdigung.[103] Vorführung von Videoaufnahmen zur Verdeutlichung des Sachvortrags oder als Beweismittel[104] muss vor Anhörung mitgeteilt werden, damit technische Vorbereitungen getroffen werden können.[105]

3.3 Eidesstattliche Versicherung ist nach § 294 (1) ZPO ein Mittel zur Glaubhaftmachung[106] (s Einl Rdn 199). Sie ist kein eigenes Beweismittel. Das sind nach der ZPO nur Zeugen, Sachverständige, Augenschein, Urkunden und Parteivernehmung. Sie ist eine schriftliche Äußerung einer Person unter Beifügung einer Beteuerung. Die eidesstattliche Versicherung wird in freier Beweiswürdigung gewertet, hat aber gegenüber einer Zeugenaussage einen geringeren Beweiswert.[107] Bei der Würdigung kann berücksichtigt werden, dass eine falsche Versicherung an Eides Statt nach § 156 StGB bestraft wird, so dass idR davon ausgegangen werden kann, dass sie nicht leichtfertig abgegeben wurde. § 156 StGB setzt die Abgabe vor einer zur Abnahme einer Versicherung an Eides statt zuständigen Behörde voraus. Auf Grund des Untersuchungsgrundsatzes sind DPMA (§ 46 (1) PatG), BPatG (§ 87 (1) und § 99 PatG iVm § 294 (1) ZPO) und EPA (Art 114 (1) EPÜ) zu allen Ermittlungen zum Zwecke der Erforschung des Sachverhalts befugt und somit auch zur Entgegennahme von eidesstattlichen Versicherungen. Sind die Parteien mit einer Verwertung nicht einverstanden, ist die Person, die sie abgegeben hat, als Zeuge oder Sachverständiger zu laden, damit die Parteien ihr Fragerecht nach § 397 ZPO ausüben können.[108]

III. Niederschrift

(Protokoll) ist nach § 46 (2) für Anhörungen und Vernehmungen zu fertigen, und zwar seit 1.6.2011 idR in elektronischer Form. Zweckmäßig auch für andere Ermittlungen, insbesondere das Ergebnis eines Augenscheins. §§ 160a, 162 und 163 ZPO, abgedruckt bei § 92, sind entsprechend anzuwenden.

1 Form

Handschriftlich bzw seit Juni 2011 elektronisch durch Prüfer selbst oder anderes Mitglied der Abteilung als Schriftführer grundsätzlich direkt in der Anhörungssitzung. Gleiches gilt für die Aufnahme von Zeugen- und Sachverständigenaussagen. Wird das Protokoll elektronisch erstellt, so ist es unverzüglich vom Prüfer (bei Kollegialentscheidungen vom Vorsitzenden und Schriftführer) nach Vorlesen und Genehmigung elektronisch zu signieren. In der Anhörung übergebene Unterlagen können erst nach dem Scannen zur elektronischen Akte genommen werden; in diesem Fall wird die Niederschrift mit den nachgescannten antragsrelevanten und rechtserheblichen Anlagen (zB neue Ansprüche, Beschreibungsseiten, Zeichnungen oder neue Zusammenfas-

---

103 BGH NJW 60, 821.
104 LAG Rheinland-Pfalz, 01.04.05, 12 Sa 74/05.
105 S. auch Schultzky, Videokonferenzen im Zivilprozess, NJW 03, 313, 314.
106 BPatGE 33, 228 (Wz) = BlPMZ 93, 454.
107 Vgl BPatG GRUR 78, 358; BPatGE 22, 63; BlPMZ 89, 223.
108 Vgl BPatGE 32, 11, 15 = BlPMZ 91, 192.

sung) nach Ergänzung der elektronischen Akte unverzüglich, dh ohne vorwerfbare Verzögerung, elektronisch signiert.

Die Unterzeichnung richtet sich nach § 5 (3) EAPatV, so dass der Name der unterzeichnenden Person(en) eingefügt und das Dokument mit einer qualifizierten Signatur versehen wird. Für die Erstellung von Abschriften solcher Niederschriften ist § 6 (2) EAPatV idF vom 01.10.16 maßgebend; danach genügt es, in den Ausdruck den Namen der signierenden Person(en) und den Tag der Signatur aufzunehmen. Bei Ausfertigungen von Niederschriften ist zusätzlich der Hinweis aufzunehmen, dass die Ausfertigung elektronisch erstellt wurde und daher nicht unterschrieben ist. Zur Signatur s im Einzelnen § 47 Rdn 9 f, zu Abschriften und Ausfertigungen von Beschlüssen § 47 Rdn 14 sowie die EAPatV.

49

Vorläufige Aufzeichnung nach § 160a ZPO (abgedruckt bei § 92 Rdn 12):

50

Bei zunächst handschriftlicher Erstellung durch Schriftführer (Prüfer) ist diese **vorläufige Aufzeichnung** Basis der unverändert zu erstellenden elektronischen Niederschrift, die erst dann elektronisch signiert wird. Die Beteiligten sollen darauf hingewiesen werden, dass es sich um eine vorläufige Protokollaufzeichnung handelt. Die handschriftliche vorläufige Aufzeichnung wird den Beteiligten vorgelesen und von diesen genehmigt. Sie wird als solche gekennzeichnet, aber nicht handschriftlich unterzeichnet und anschließend per Nachscan der elektronischen Akte zugeführt.[109] Endgültige elektronische Niederschrift ist *unverzüglich* erstellt, wenn sie ohne schuldhaftes Zögern (§ 121(1) BGB) binnen einer angemessenen Frist abgefasst wird.[110]

2 Inhalt

Ort, Datum, anwesende DPMA-Angehörige, erschienene Beteiligte und Vertreter; Vermerk über Verlesung oder Vorlage zur Genehmigung gemäß § 162 ZPO (üblich »v. u. g.« = vorgelesen und genehmigt) oder über erhobene Einwendungen, elektronische Signatur des Prüfers oder Abteilungsvorsitzenden und des zugezogenen Schriftführers (vgl § 163 ZPO). Niederschrift ist kein gerichtliches Protokoll, hat aber als öffentliche Urkunde die Beweiskraft der §§ 415 ff ZPO.[111] Inhaltliche Protokollierung der von einem Beteiligten im Rahmen der Anhörung gemachten Angaben ist nach § 160 ZPO nur bei Vernehmung zu Beweiszwecken obligatorisch; bei Anhörungen nach § 46 (1) iVm § 141 ZPO genügt Wiedergabe in den Beschlussgründen.[112] Wurde das Protokoll gemäß § 160a ZPO vorläufig aufgezeichnet, so genügt es, wenn die Aufzeichnungen vorgelesen oder abgespielt werden.

51

Wiedergabe des wesentlichen Ganges der Verhandlung soll sicherstellen, dass der entscheidungserhebliche Sachverhalt festgestellt und der Verfahrensstoff aktenkundig ist.[113] Aufzunehmen sind der äußere Hergang, der zu berücksichtigende Stand der

52

---

109 BPatG BeckRS **13**, 05 060 (Anheimgabe).
110 Armbrüster in Münchener Kommentar zum BGB, 8. Aufl 2018, § 121 BGB Rn 7; BPatG BeckRS **13**, 05 060 (Anheimgabe).
111 BPatG, 15.05.18, 23 W (pat) 41/16 BeckRS **18**, 10964; Busse/Keukenschrijver § 46 Rn 45.
112 BGH GRUR **11**, 509 *Schweißheizung*.
113 BPatGE **18**, 30, 42 = BlPMZ **76**, 138, BGH GRUR **11**, 509 *Schweißheizung*; zur Reichweite der Protokollierungspflicht vgl auch Benkard/Schäfers § 46 Rn 21.

Technik, Umstände, die die Gewährung des rechtlichen Gehörs ergeben, etwa Dokumentation, dass Anmelder ausreichend Zeit zur Durchsicht von oder Äußerung zu neu eingeführtem Stand der Technik hatte,[114] gesetzte Fristen, Ergebnis der Anhörung sowie ein gemäß § 47 (1) 2 am Ende der Anhörung verkündeter Beschluss.

53 **Rechtserhebliche Erklärungen** der Beteiligten, die den Anmeldungsgegenstand materiell oder das Verfahren prozessual berühren können, müssen aufgenommen werden, ebenso umfangreichere tatsächliche Angaben, die für die Feststellung des entscheidungserheblichen Sachverhalts von Bedeutung sind,[115] alle Anträge und Hilfsanträge sowie deren Rücknahme, Änderungen der Patentansprüche, der Beschreibung oder der Zeichnungen, alle Erklärungen, die für die Auslegung des Schutzbereichs bedeutsam sein können, wie Verzicht auf Elementenschutz, Beschränkung des Schutzes auf die Kombination sämtlicher Merkmale, Erklärung der Teilung der Anmeldung,[116] Antrag auf Verbindung von Anmeldungen.[117] Hat Anmelder in Anhörung geänderte Anspruchsfassung mit angepasster Beschreibung beantragt und dies durch Unterschrift auf den Unterlagen dokumentiert, gilt dies als zu Protokoll erklärt.[118]

3 Berichtigung

54 ist jederzeit (auch nach Beschwerde) nach Anhörung der Beteiligten und Zeugen durch die Amtspersonen zulässig, die das Protokoll unterzeichnet haben (§ 164 ZPO). Förmlicher Beschluss nicht erforderlich. Beschwerde ist nicht statthaft; Ausnahme: bei Ablehnung des Berichtigungsantrags oder bei Berichtigung durch Unzuständigen, zB Vorsitzenden statt Prüfer.

4 Ablichtung oder Ausdruck jeder Niederschrift

55 über eine Sitzung erhalten nach § 46 (2) 3 alle Beteiligten kostenfrei nach der Anlage zu § 2 (1) DPMAVwKostV, Kostenverzeichnis Nr 302 100 (unter Nr 3 (1) 2. Anstrich).

§ 47 Begründung, Ausfertigung, Zustellung und Verkündung von Beschlüssen, Rechtsmittelbelehrung

(1) ¹Die Beschlüsse der Prüfungsstelle sind zu begründen und den Beteiligten von Amts wegen in Abschrift zuzustellen; eine Beglaubigung der Abschrift ist nicht erforderlich. ²Ausfertigungen werden nur auf Antrag eines Beteiligten und nur in Papierform erteilt. ³Am Ende einer Anhörung können die Beschlüsse auch verkündet werden; die Sätze 1 und 2 bleiben unberührt. ⁴Einer Begründung bedarf es nicht, wenn am Verfahren nur der Anmelder beteiligt ist und seinem Antrag stattgegeben wird.

---

114 BPatG, 13.07.20, 11 W (pat) 21/19 GRUR-RS 20, 18856; BPatG, 01.02.19, 23 W (pat) 53/17 BeckRS 19, 16012.
115 BGH GRUR 11, 509 *Schweißheizung*.
116 BPatGE **18**, 30, 42 = BlPMZ **76**, 138.
117 BGH Mitt **79**, 120 *Bildspeicher*.
118 BPatG, 24.05.18, 7 (pat) 18/17 BeckRS **18**, 11686.

(2) ¹Mit Zustellung des Beschlusses sind die Beteiligten über die Beschwerde, die gegen den Beschluss gegeben ist, über die Stelle, bei der die Beschwerde einzulegen ist, über die Beschwerdefrist und über die Beschwerdegebühr zu belehren. ²Die Frist für die Beschwerde (§ 73 Abs 2) beginnt nur zu laufen, wenn die Beteiligten nach Satz 1 belehrt worden sind. ³Ist die Belehrung unterblieben oder unrichtig erteilt, so ist die Einlegung der Beschwerde nur innerhalb eines Jahres seit Zustellung des Beschlusses zulässig, außer wenn eine schriftliche Belehrung dahin erfolgt ist, dass eine Beschwerde nicht gegeben sei; § 123 ist entsprechend anzuwenden.

Cornelia Rudloff-Schäffer

Übersicht

	Geltungsbereich	1
	Literatur	2
	Kommentierung zu § 47 PatG	
1	Beschlüsse des DPMA	3
1.1	Begriff	3
1.1.1	Keine Beschlüsse	4
1.1.2	Anspruch auf Erlass eines Beschlusses	5
1.2	Form, elektronische Signatur	6
1.3	Abschriften und Ausfertigungen elektronischer Dokumente	14
1.4	Bindung an Beschlüsse	18
1.5	Berichtigung	21
2	Begründung	23
2.1	Inhalt	23
2.2	Erforderlichkeit einer Begründung	28
3	Wirksamwerden eines Beschlusses	32
3.1	Verkündung eines Beschlusses	33
3.1.1	Form der Verkündung	34
3.1.2	Wirkung der Verkündung	35
3.2	Zustellung	36
3.2.1	Form der Zustellung	37
3.2.2	Wirksamwerden der Zustellung	38
3.3	Beschwerdefrist	40
4	Rechtsmittelbelehrung	42
4.1	Form	43
4.2	Inhalt	44
4.3	Unterbliebene oder unrichtige Belehrung	45
4.4	Jahresfrist	46
4.5	Berichtigung und Nachholung	47

Geltungsbereich des § 47 (= § 34 aF): § 47 ist durch Art 8 Nr 26 GPatG noch als § 28e anstelle des früheren, durch Art 8 Nr 33 aufgehobenen § 34 aF eingefügt worden. Er gilt seit dem 01.01.81 für alle Anmeldungen. § 34 aF enthielt nicht die Bestimmungen des § 47 (1) 2 und 3 und in § 34 (2) 1 aF (= § 47 II 1) war anstelle der »schriftlichen Ausfertigung« auf »Beschlüsse« Bezug genommen. § 47 gilt für das Verfahren bis zur Patenterteilung und ist im Einspruchsverfahren nach § 59 (3) entsprechend anzuwenden.
Kostenregelungsbereinigungsgesetz (BGBl 2001 I S 3656 = BlPMZ 02, 14): Art 7 Nr 21 hat in § 47 (2) 1 den Halbsatz »sofern eine Beschwerdegebühr zu entrichten ist« gestrichen. Art 2 Nr 3 des Gesetzes zur Änderung des Designgesetzes und weiterer Vorschriften des gewerbl Rechtsschutzes vom 04.04.16 (BGBl I S 558 = BlPMZ 16, 161 ff, 249) hat in § 47 (1) u (2) (ebenso wie Art 10 -12 dieses Gesetzes in § 20 DPMAV, § 6 EAPatV und § 5 ERVDPMAV) mit Wirkung vom 01.10.16

weitere Änderungen zur Klarstellung sowie Erleichterung der elektron Aktenführung und des elektronischen Rechtsverkehrs eingeführt.

2 **Lit zum elektronischen Rechtsverkehr, in GRUR:** Deichfuß 15, 1170; Engels/Morawek 14, 409, 415; Kopacek/Morawek 15, 513, 518 **Lit in Mitt:** Mayer/Kleinschmidt 13, 477; **Lit in NJW:** Viefhues 05, 1009; Müller 13, 3758; Schmieder/Ulrich 15, 3482; Lamminger/Schmieder/Ulrich 16, 3274.

1 Beschlüsse des DPMA

1.1 Begriff

3 Beschluss iSd § 47 ist jeder verkündete oder zugestellte Ausspruch des DPMA, durch den eine abschließende Regelung ergeht, die die Rechte der Beteiligten berühren kann,[1] also jede Maßnahme des DPMA, durch die etwas entschieden wird, und zwar auch dann, wenn der Ausspruch äußerlich nicht in der Form eines Beschlusses ergangen ist.[2] Kennzeichnung als Beschluss ist nicht erforderlich; gegen Entscheidung findet nach § 73 (1) die Beschwerde statt. Beschlüsse enthalten zu Beginn das Rubrum mit Angabe der Beteiligten und etwaiger Vertreter sowie den Tenor (Beschlussformel), in dem die eigentliche Entscheidung angegeben wird. Die Begründung besteht aus dem Tatbestand mit den Ansprüchen und knappen Ausführungen zu den dazu vorgebrachten Angriffs- und Verteidigungsmitteln sowie den Entscheidungsgründen (s § 313 ZPO). Zum Begriff Beschluss siehe auch § 73 Rdn 26.[] Auch *Teil-, Vorab- und Zwischenentscheidungen* sind Beschlüsse iSd § 47, vgl Einl Rdn 521 f.

4 **1.1.1 Keine Beschlüsse** iSd § 47 sind folgende Akte des DPMA: **a)** Akte, die eine Entscheidung erst *vorbereiten* sollen, wie zB Prüfungsbescheide gemäß § 45, Beweisbeschlüsse; **b)** Akte, durch die *nichts endgültig entschieden* wird, wie die Zustellung gesetzlich vorgeschriebener Benachrichtigungen,[3] Feststellung der Rechtzeitigkeit von Gebührenzahlungen (Ausnahme: § 20 (2))[4], der Überflüssigkeit eines Wiedereinsetzungsantrags;[5] oder Zwischenbescheid mit vorläufiger Auffassung;[6] **c)** *Verfahrensleitende Zwischenverfügungen*, wie Entscheidungen über Fristgesuche oder Beschleunigungsanträge,[7] Ladungen; **d)** Akte, die die Rechtslage nicht ändern oder mindestens verbindlich sicherstellen, wie die Bejahung der Wirksamkeit einer Anfechtung;[8] **e)** *bloße Hinweise* wie formularmäßige Mitteilungen über Einleitung der nationalen Phase, über Eintritt der Rücknahmefiktion als gesetzliche Folge der Inanspruchnahme einer inneren Priorität,[9] über Eingang einer (nicht ausreichenden) Gebührenzahlung[10]; **f)** formlose Mitteilung, dass Gebühr nicht zurückerstattet werden kann;[11] **g)** Mitteilung

---

1 StRspr; BPatGE **2**, 56, 58; **15**, 134, 136; **26**, 152, 153.
2 BPatGE **10**, 43, 46.
3 BPatGE **3**, 8, 12; **10**, 43, 46.
4 BPatGE **23**, 248, 251; abw: BPatGE **22**, 121 f.
5 BPatGE **23**, 248, 251; abw: BPatGE **22**, 121 f.
6 BPatG, 24.03.20, 7 W (pat) 17/19.
7 BPatGE **10**, 35, 40.
8 BGH BlPMZ **72**, 354 *Akustische Wand.*
9 St Rspr; s BPatGE **47**, 10 = BlPMZ **03**, 244 *Formularmäßige Mitteilung* mwN.
10 BPatG, 26.08.13, 10 W (pat) 25/12; BlPMZ **14**, 140 *Formularmäßige Mitteilung II* mwN.
11 BPatG BeckRS **15**, 19 948.

über in Zukunft zu treffende Entscheidung oder künftigen Termin zum Ablauf der Zahlungsfrist.[12]

1.1.2 Anspruch auf Erlass eines Beschlusses haben nur die am Verfahren vor DPMA Beteiligten.[13] Anträge Dritter, die PatG nicht vorsieht, bedürfen keiner formellen Entscheidung gegenüber diesen Dritten.[14] Solche Anträge Dritter sind lediglich Anregungen, über deren Behandlung DPMA die Dritten formlos unterrichten kann.[15] Beschwerden dieser Dritten sind nach § 74 (1) unzulässig.

1.2 Form, elektronische Signatur

In einer Anhörung verkündete Beschlüsse (vgl dazu Rdn 33) sowie Beschlüsse im schriftlichen Verfahren bedürfen der Begründung (s Rdn 23), der elektronischen Signatur (s Rdn 9 ff) und der Zustellung an die Beteiligten (s Rdn 36).

Bis zur Einführung der elektronischen Schutzrechtsakte am 01.06.11 war **Unterschrift** des Prüfers oder der Mitglieder einer Patentabteilung, die an der Entscheidung mitgewirkt haben, im Original des Beschlusses in Papierakte zur Rechtswirksamkeit erforderlich;[16] bloße handschriftliche Namenswiedergabe,[17] Handzeichen, Kürzel oder Paraphe genügten nicht.[18] Erforderlich war ein die Identität des Unterschreibenden ausreichend kennzeichnender individueller Schriftzug, der sich als Wiedergabe eines Namens darstellte und die Absicht einer vollen Unterschriftsleistung erkennen ließ.[19] Nach einer Anhörung war die Unterschrift aller Mitglieder erforderlich, die an ihr teilgenommen haben, es sei denn, es wurde mit Zustimmung der Beteiligten in das schriftliche Verfahren übergegangen.[20]

Die Notwendigkeit der handschriftlichen Unterzeichnung war zwar in § 47 nicht ausdrücklich normiert, entsprach aber dem in § 126 (1) BGB festgelegten Grundsatz, nach dem eine Urkunde vom Aussteller eigenhändig durch Namensunterschrift unterzeichnet werden muss, wenn durch das Gesetz die schriftliche Form vorgeschrieben ist.[21]

Bei der seit 01.06.11 ausschließlich elektronischen Aktenführung in Patent- und Gebrauchsmusterverfahren im DPMA sind die Regelungen der **Verordnung über die elektronische Aktenführung bei dem Patentamt, dem Patentgericht und dem Bundesgerichtshof** zu beachten (EAPatV, s Anhang 20). An die Stelle der handschriftlichen Unterschrift in Papierakte ist die **Elektronische Signatur** getreten, welche die

---

12 BPatG, 19.05.20; 7 W (pat) 12/19 GRUR-RS **20**, 17438; BPatG, 24.03.20, 7 W (pat)17/19 GRUR-RS **20**, 6888.
13 BPatG BlPMZ **90**, 328.
14 BPatG BlPMZ **90**, 328.
15 BPatG BlPMZ **90**, 328.
16 St Rspr vgl BPatGE **12**, 177; **52**, 184 = Mitt **11**, 260 *Unterschriftsmangel II*; BPatG BeckRS **13**, 05 030.
17 BPatG, 29.11.10, 9 W (pat) 48/09.
18 BPatG BlPMZ **06**, 415 *Paraphe*; BPatG, 27.07.09, 20 W (pat) 65/04; BPatG Mitt **09**, 92 *Unterschriftsmangel*.
19 BPatG Mitt **09**, 92 *Unterschriftsmangel*.
20 BPatGE **24**, 90 = BlPMZ **82**, 266.
21 BPatG, 24.04.12, 6 W (pat) 9/11, BlPMZ **12**, 356 *Fehlende Unterschrift unter Zurückweisungsbeschluss*.

Herkunft des Beschlusses garantiert und dokumentiert, dass es sich um eine abschließende Entscheidung und nicht um einen bloßen Entwurf handelt. Die bloße Wiedergabe des Namens des Bearbeiters ohne elektronische Signatur erfüllt die Anforderungen an einen Beschluss nicht.[22]

Nach § 5 (3) EAPatV idF v 10.01.14 wird ein **Beschluss des DPMA** »unterzeichnet«, indem der Name der unterzeichnenden Person(en) eingefügt und das Dokument mit einer **fortgeschrittenen** *oder* **qualifizierten Signatur** als Herkunftsnachweis nach dem Signaturgesetz »versehen« wird, andernfalls liegt ein Verfahrensmangel vor.[23] Nach den Begriffsbestimmungen des § 1 (2) des Signaturgesetzes (SigG, v 16.05.01, BGBl I S 876) ist eine **qualifizierte elektronische Signatur** eine fortgeschrittene Signatur, die *zusätzliche* Anforderungen an die Authentifizierung stellt. Da die sonstigen Verfahrensbestimmungen für behördliche und gerichtliche Dokumente, die einem handschriftlich zu unterzeichnenden Schriftstück gleichstehen, entsprechend der allgemeinen Formvorschrift des § 126a (1) BGB zwingend die Verwendung einer qualifizierten elektronischen Signatur verlangen (zB § 130b ZPO), ist die in § 5 (3) EAPatV alternativ genannte fortgeschrittene Signatur als der Mindeststandard für DPMA anzusehen.[24]

Die Formulierung »versehen mit« (= Wortlaut des § 130b ZPO, gerichtl elektron Dokument) bedeutet, dass die elektronische Signatur dem Beschluss selbst (bzw einer Niederschrift) und den davon umfassten Anlagen (zB aus Anhörung stammenden neuen Ansprüchen) unmittelbar zugeordnet werden kann.[25] § 2 EAPatV regelt iVm der Zivilprozessordnung einzelne Bereiche der Verfahrensführung; im Übrigen bleiben die Bestimmungen der DPMAV weiterhin anwendbar.

10   DPMA hat nach Einführung der elektronischen Aktenbearbeitung infolge mehrerer Beschlüsse der Senate des BPatG ein überarbeitetes Signaturkonzept entwickelt, so dass die jetzige Praxis den Anforderungen des BPatG an die elektronische Aktenführung im Detail Rechnung trägt.[26] In der elektronischen Akte wird ein »Original«dokument des Beschlusses erzeugt und signiert. Das bis zur Einführung der elektronischen Aktenbearbeitung übliche Institut der »**Urschrift**« passt nicht mehr zur elektronischen Aktenführung, da es keine schriftlichen Beschluss*originale mehr, sondern allenfalls »elektronische Urdokumente/Urfassungen«* gibt[27]. Andernfalls käme es etwa bei der

---

22 BPatG, 24.03.20, 7 W (pat) 17/19 GRUR-RS **20**, 6888.
23 BPatG, 19.05.20, 7 W (pat) 12/19 GRUR-RS **20**, 17438; BPatG, 19.02.16, 7 W (pat) 36/15 BeckRS **16**, 5065. Zur Rechtslage vor dem 10.01.14: BPatG BlPMZ **14**, 140 *Formularmäßige Mitteilung II* mwN (Papierakte); BPatG BeckRS **13**, 06 653 (fehlende 3. Signatur im Einspruchsverfahren); BPatG BeckRS **14**, 06 613 (bloße Mitteilung mangels elektr Signatur).
24 BayVGH NVwZ-RR **16**, 189 = BeckRS **15**, 53 571 mwN.
25 BPatGE **54**, 189 = GRUR **14**, 913, 917 *Elektrischer Winkelstecker II* (Anford an Beschluss-Signatur); BPatG BlPMZ **14**, 355; BPatG BeckRS **16**, 07 066; BPatG BeckRS **14**, 05 638; zur qualifizierten Container-Signatur bei Einsendung an EGVP s BGH NJW **13**, 2034 mit krit Anm Müller NJW **13**, 3758; s Schmieder/Ulrich NJW **15**, 3482 (elektron Aktenführung in der Justiz); Lamminger/Ulrich/Schmieder NJW **16**, 3274.
26 BPatG BeckRS **16**, 01 640; BPatG BeckRS **16**, 07 066; s auch BPatGE **54**, 189 = GRUR **14**, 913, 917 *Elektrischer Winkelstecker II* (Anford an Beschluss-Signatur); BPatG BeckRS **16**, 04 611; BPatG BlPMZ **14**, 355 (jeweils zu § 47 (1) idF bis 30.09.16); s auch Engels/Morawek GRUR **14**, 409, 415; Kopacek/Morawek GRUR **15**, 513, 518.
27 BPatGE **54**, 189 = GRUR **14**, 913, 917 *Elektrischer Winkelstecker II*; Lamminger/Ulrich/Schmieder NJW **16**, 3274.

handschriftlichen Unterzeichnung des Ausdrucks eines elektronisch abgefassten Beschlusses und dem anschließend erforderlichen Scan zum Zwecke der (Re-)Integration in die elektronische Verfahrensakte zum Medienbruch zwischen Papieroriginal und elektronischem Dokument. Der Beschluss würde als »Urschrift« außerhalb der elektronischen Akte geschaffen und das gescannte Dokument würde zur »elektronischen Kopie« des aufzubewahrenden Originals in Papier.[28] Eine solche Vorgehensweise widerspricht der Zielsetzung einer elektronischen Verfahrensbearbeitung und ist weder technisch-organisatorisch sinnvoll noch effizient.

Bei der Signatur überprüft das IT-System automatisch die Identität des Nutzers und des Signaturkarteninhabers. Für den Versand wird ein Anschreiben erstellt, das zusammen mit einer **Abschrift** (bis 30.09.16: Ausfertigung) und ggf weiteren Anlagen (zB Publikationsunterlagen) versendet wird. Ebenfalls dem Anschreiben beigefügt wird ein **Signaturblatt** mit den relevanten Informationen der zuvor verifizierten Signatur. Das IT-System der elektronischen Verfahrensakte des DPMA stellt durch festgelegte Zugriffsberechtigungen und Rechtebeschränkungen sowie durch Aufzeichnungen der Verfahrenshistorie die Korrektheit der Signatur technisch sicher und gewährleistet, dass die zur Zustellung vorgesehenen Dokumente mit der elektronisch signierten Fassung übereinstimmen. Die elektronische Signatur hat damit sowohl eine Authentizitäts- als auch eine Integritätsfunktion.

Nicht signierte Beschlüsse sind lediglich Entwürfe und daher mit schwerem Mangel behaftet,[29] es sei denn, ein Beschluss war ordnungsgemäß mündlich verkündet.[30] 11

Nach § 47 (1) 1 idF vom 01.10.16 (s Rdn 1) wird der Beschluss nicht mehr ausgefertigt, sondern die erforderliche Anzahl von **Abschriften** des elektronisch verfassten und – ggf vom Kollegialorgan nacheinander – elektronisch signierten Beschlussdokuments mit Angaben nach § 5 (3) EAPatV wird im zentralen Dokumentenversand des DPMA im PDF-Dateiformat (ggf mit Anlagen) automatisch ausgedruckt und dann unbeglaubigt zugestellt.

Der durch die Zustellung entstandene äußere Anschein eines wirksamen elektronischen Beschlusses, der ohne oder ohne ausreichende Signierung der elektronischen Datei versandt wurde, kann auf Beschwerde durch Feststellung der Unwirksamkeit durch BPatG beseitigt werden.[31] Zur früheren Rechtslage bei Unterzeichnung in Papierakte s Schulte/Rudloff-Schäffer 9. Aufl § 47 Rn 10.

Fehlendes oder nicht korrektes Aktenzeichen rechtfertigt nicht formelle Aufhebung des Beschlusses, sondern kann auf Antrag als offenbare Unrichtigkeit (§ 319 (1) ZPO) berichtigt werden.[32]

---

28 BPatG BeckRS **13**, 11 941 (Anheimgabebeschluss).
29 BVerfG NJW **85**, 788 Nr 2; BGHZ **137**, 49, 51 = NJW **98**, 609; BPatG, 08.05.08, 10 W (pat) 11/07 = Mitt **09**, 285 (Ls); BPatG BlPMZ **90**, 34; BPatGE **32**, 69 (Nr 3); **38**, 16; **41**, 44.
30 BPatG BeckRS **16**, 04 305; BPatG BeckRS **15**, 17 319; BPatGE **54**, 189 = GRUR **14**, 913, 917 *Elektrischer Winkelstecker II* (Anford an Beschluss-Signatur); in Papierakte: BGHZ **137**, 49, 52; BPatGE **41**, 44; (Markenbeschwerde); BPatG, 21.02.13, 10 W (pat) 19/12 BeckRS **13**, 5030.
31 BPatG BeckRS **15**, 14 030 (nicht durch DPMA); BPatG BeckRS **16**, 03 294; bei Papierakte: BPatGE **52**, 184 = Mitt **11**, 260 *Unterschriftsmangel II*; BPatG BlPMZ **06**, 415 *Paraphe*; BPatG, 27.11.08, 21 W (pat) 22/06; BPatG, 08.05.08, 10 W (pat) 11/07.
32 BPatG BlPMZ **06**, 293 *Fördereinrichtung*.

12 *Ersetzen der elektronischen Signatur* eines Mitglieds, das tatsächlich verhindert ist, den das Einspruchsverfahren abschließenden Beschluss zu signieren, ist analog § 315 (1) 2 ZPO möglich.[33] Die elektronische Signatur des verhinderten Mitglieds wird vom Vorsitzenden und bei dessen Verhinderung von dem dienstältesten Mitglied des Gremiums unter Angabe des Verhinderungsgrunds ersetzt.[34] Vermerk lautet: »Dr. Y, zugleich für Dr. X, an der Signatur verhindert wegen Krankheit (bzw Urlaub, Ausscheiden aus dem Dienst)«. Ersetzt werden kann die Signatur bei *verkündeten* Entscheidungen und auch bei Entscheidungen, die im schriftlichen Verfahren ergehen, wenn die Verhinderung nach der Beschlussfassung eintritt.[35] Eine fehlende Unterschrift bzw. Signatur kann nachgeholt werden[36], auch nach Einlegung eines Rechtsmittels,[37] eine wirksam ersetzte Unterschrift dagegen nicht.

13 **Tenor:** Die Beschlussformel ist ein besonderer, von der Begründung getrennter Ausspruch, der die eigentliche Entscheidung enthält.[38]

1.3 Abschriften und Ausfertigungen elektronischer Dokumente

14 § 47 (1) und (2) idF v 01.10.16 trägt dem elektronischen Rechtsverkehr Rechnung und verringert den Verwaltungsaufwand.[39] Die (zu begründenden) Beschlüsse des DPMA sind seither nach § 47 (1) 1 **generell nur noch** in **Abschrift** – und nicht mehr als Ausfertigung – zuzustellen.[40] Abweichend von § 317 ZPO iVm § 169 ZPO wurde klargestellt, dass eine **Beglaubigung** der durch das DPMA zuzustellenden Abschriften **nicht erforderlich** ist.

Ausfertigungen von Beschlüssen iSd § 47 (1) iVm § 6 EAPatV, die hauptsächlich für Zwangsvollstreckungsmaßnahmen (zB Kostenfestsetzungsbeschlüsse des DPMA) benötigt werden, werden nach § 47 (1) 2 **nur noch auf Antrag** und – im Gleichklang mit § 317 ZPO – **nur in Papierform** erteilt. Der öffentliche Glaube, den die Ausfertigung genießt, setzt voraus, dass die Ausfertigung den Inhalt des elektronischen Dokuments wortgetreu, unrückbar und beliebig wiederholbar wiedergibt und ein sicheres Anzeichen dafür bietet, dass sie von einer dazu befugten Person hergestellt wurde. Die Gewähr der Übereinstimmung der elektronischen Ausfertigung mit dem zugrunde liegenden Dokument ist durch IT-technische Vorgaben gegeben, so dass § 6 EAPatV konsequenterweise auf die manuelle Ausfertigung und Bestätigung der Richtigkeit und Vollständigkeit durch Unterschrift eines Amtsträgers verzichtet.

---

33 BGH BlPMZ **95**, 68 *Spinnmaschine* (Papierakte).
34 BPatGE **54**, 189 = GRUR **14**, 913, 917 unter2.1.8 *Elektrischer Winkelstecker II*; BPatG Mitt **13**, 520 *Elektrischer Winkelstecker*.
35 BPatG BeckRS **12**, 16 906.
36 BPatGE **54**, 189 = GRUR **14**, 913, 917 *Elektrischer Winkelstecker II* (Nachholung nur bis spätestens 5 Monate nach Verkündung) unter Hinweis auf BGH NJW **06**, 1881; BPatG, 28.10.15, 9 W (pat) 43/09 BeckRS **16**, 18889; BGH BlPMZ **95**, 68 *Spinnmaschine* (Beschlüsse in Papierakte); BPatG BeckRS **12**, 16 906;.
37 BPatG, 20.05.92, 28 W (pat) 294/90; GRUR **93**, 643 lSp (FN 169).
38 Prüfungsrichtl 2.8 BlPMZ **19**, 73 (Tabu Gewerbl. Rechtsschutz Nr 136).
39 Amtl Begr BT-Drs 18/7195 v 06.01.16 S 28/30 zu Art 1 Nr 13 Buchstabe c bb und zu Art 2 Nr 3.
40 Zur früher erforderlichen Form der Ausfertigungen BPatG BeckRS **13**, 11 941; BPatG BeckRS **13**, 05 060; BPatGE **54**, 189 = GRUR **14**, 913, 917 *Elektrischer Winkelstecker II*; BPatG BeckRS **14**, 18 839.

Mit Wirkung vom 01.10.16 wurde § 20 DPMAV über die Form von Ausfertigungen und Abschriften von Dokumenten neu gefasst; die Regelungen betreffen Ausfertigungen sowohl von Papierurschriften als auch von elektronischen Dokumenten allgemein; der Unterschied zwischen Abschrift und Ausfertigung wurde dabei deutlicher formuliert; gleichzeitig wurde die Formvorschrift des § 6 EAPatV ergänzt und angepasst.

15

Nach § 20 (2) iVm § 20 (1) 1 DPMAV idF vom 01.10.16 enthalten **Abschriften** von Dokumenten (**ebenso wie Ausfertigungen**) in der **Kopfzeile** die Angabe »Deutsches Patent- und Markenamt« und am **Schluss** die Bezeichnung der zuständigen Prüfungsstelle oder Patentabteilung, die den Beschluss unterzeichnet hat.

Ausfertigungen eines elektronischen Beschlusses, welcher mit einem elektronischen Herkunftsnachweis iSd § 5 (3) EAPatV (also mit elektronischer Signatur) versehen ist, enthalten neben einem wortgetreuen Ausdruck des elektronisch signierten Beschlusses (ggf mit signierter Niederschrift) seit 01.10.16 nach § 6 (3) iVm § 6 (2) EAPatV die folgenden Informationen: **i)** den Namen der Person, die das Dokument qualifiziert signiert hat, **ii)** den Tag der elektronischen Signatur und **iii)** den Hinweis, dass die Ausfertigung elektronisch erstellt wurde und daher nicht unterschrieben ist. Die Ausfertigungsinformationen werden in Form eines **Signaturblatts** mit den Informationen nach § 6 EAPatV (statt des früher bei Papier erforderlichen Ausfertigungsvermerks, § 20 (2) 1 DPMAV) der Ausfertigung beigelegt.[41]

Darüber hinaus enthält der **Beschlusstext** das Aktenzeichen, die Bezeichnung der Verfahrensbeteiligten, ihrer gesetzlichen Vertreter und der Verfahrensbevollmächtigten;[42] den Tag des Beschlusses, ggf auch wann eine mündliche Verhandlung geschlossen wurde, **den Namen des** Prüfers **oder die Namen** der Mitglieder der Patentabteilung gemäß § 329 ZPO (Rdn 7 ff); den Tenor des Beschlusses (Rdn 13) sowie die Begründung (Rdn 23) und den Hinweis auf die Rechtsmittelbelehrung (Rdn 42).[43]

Zur Ausfertigung von Beschlüssen vor Änderung des § 47 (1) zum 01.10.16 s Schulte/Rudloff-Schäffer 9. Aufl § 47 Rn 15.

16

Durch Art 1 Nr 12 des Gesetzes zur Förderung des elektronischen Rechtsverkehrs mit den Gerichten vom 10.10.13 (BGBl I S 3786), das unter anderem der Entbürokratisierung der gerichtlichen Arbeitsabläufe dient, wurde § 317 ZPO mit Wirkung vom 01.07.14 geändert. Nach Abs 2 werden auch *Urteilsausfertigungen* nur noch auf Antrag und nur in Papierform durch den Urkundsbeamten der Geschäftsstelle erteilt.[44] Darüber hinaus eröffnet § 169 (3) ZPO die Möglichkeit der zentralisierten elektronischen Beglaubigung von zuzustellenden Abschriften unter Ersetzung der Unterschrift durch ein Gerichtssiegel. Liegt das zuzustellende Dokument ohnehin bereits elektronisch in der Form des § 130b ZPO vor, kann es nach § 169 (5) ZPO – versehen mit der qualifi-

17

---

41 Zu den Anforderungen an elektron Aktenführung: s BPatG BlPMZ **14**, 355; BPatG BeckRS **13**, 11 941; BPatG GRUR **14**, 913; technisch bedingte Mängel in der Einführungsphase wurden durch DPMA behoben; BPatG BeckRS **16**, 07 066.
42 Vgl dazu BPatGE **32**, 36, 38.
43 S auch BPatGE **41**, 44; BPatGE **52**, 184 = Mitt **11**, 260 *Unterschriftsmangel II* (Markenbeschwerde).
44 S Amtl Begr BT-Drs 17/12 634 v 06.03.13 S 30/31 zu Art 1 Nr 11.

zierten elektronischen Signatur des Urhebers – als solches elektronisch zugestellt werden, ohne dass es noch einer Beglaubigung bedarf.[45]

1.4 Bindung an Beschlüsse

18 tritt für DPMA ausnahmslos[46] mit dem Zeitpunkt ihres Wirksamwerdens ein, also mit Zustellung oder Verkündung[47] (s Rdn 36, 33). Das folgt aus der Regelung über die Abhilfe in § 73 (3) und (4), die ohne den Grundsatz der Bindung an erlassene Beschlüsse überflüssig wäre.[48] Danach ist es DPMA ausnahmsweise gestattet, in einem einseitigen Verfahren einer Beschwerde durch Aufhebung des Beschlusses abzuhelfen. Daraus ergibt sich im Umkehrschluss, dass es DPMA vor einer Beschwerdeeinlegung verwehrt ist, einen erlassenen Beschluss aufzuheben, selbst wenn es diesen als fehlerhaft erkannt hat.[49] Auch fehlerhaft zustande gekommene Beschlüsse binden, es sei denn, sie sind ausnahmsweise nichtig (vgl § 49 Rdn 20).[50]

19 *Vor Verkündung oder Zustellung* ist noch keine Entscheidung existent, an die Prüfungsstelle oder Patentabteilung gebunden wäre, mag auch schon beraten, abgestimmt oder im schriftlichen Verfahren signiert worden sein.[51] Telefax-Übersendung eines Protokolls über ein Telefonat mit beigefügtem Formblatt »Patenterteilung« ist lediglich Absichtserklärung ohne Bindungswirkung hinsichtlich telefonischer Vereinbarungen.[52] Die Entscheidung ist erst mit ihrer Verkündung am Ende der mündlichen Anhörung oder im schriftlichen Verfahren mit Abschluss der elektronischen Signierung und Weiterleitung (mit Anlagen) durch die Geschäftsstelle bzw die Prüfungsstelle an den zentralen Dokumentenversand des DPMA erlassen.[53] Bis zum Abschluss der Signierung kann die beabsichtigte Entscheidung noch geändert[54] und müssen Eingänge berücksichtigt werden. Ab diesem Zeitpunkt besteht keine Verpflichtung (und Möglichkeit) mehr, die Entscheidung zurückzurufen.

20 **Keine Bindung** besteht a) an gefasste und bereits unterschriebene Beschlüsse, die **noch nicht verkündet oder zugestellt** bzw **nicht elektronisch** signiert (s Rdn 19) sind; b) wenn gegen verkündete oder zugestellte Beschlüsse Beschwerde eingelegt wird und der Beschluss im Wege der **Abhilfe** gemäß § 73 (3) aufgehoben wird; c) wenn ein Grund für die **Wiederaufnahme des Verfahrens** gegeben ist (vgl dazu Einl Rdn 546); e) für BPatG an Wiedereinsetzung gewährenden Beschluss, der unter Verletzung des rechtlichen Gehörs der Gegenseite ergangen ist, sofern das Beschwerdeverfahren noch

---

45 S Beschlussempfehlung und Bericht des Rechtsausschusses v 12.06.13 – BT-Drs 17/13 948 S 51 zu Art 1 Nr 6; krit Lamminger/Ulrich/Schmieder NJW **16**, 3274.
46 Nach BPatGE **12**, 234 = GRUR **79**, 434 haben Entscheidungen in Gebührenfragen geringere Bindungswirkung.
47 BPatGE **25**, 147, 149.
48 BPatGE **14**, 191, 193.
49 BPatGE **14**, 191, 193; **15**, 142, 148.
50 BGH NJW **94**, 2832.
51 BPatG, 25.05.20, 11 W (pat) 39/19 BlPMZ **21**, 26; BPatGE **32**, 69, 70.
52 BPatG, 10.11.08, 19 W (pat) 52/07.
53 BGH GRUR **67**, 435 *Isoharnstoffäther*; **82**, 406 *Treibladung*; **97**, 223 *Ceco*; **00**, 688 (II2b) *Graustufenbild*; BPatGE **34**, 224; BPatG Mitt **99**, 65; Selbstbindung bei Papierakte s Prüfungsrichtl 2.8 Abs 8 BlPMZ **19**, 73 (Tabu Gewerbl. Rechtsschutz Nr 136).
54 BGH BlPMZ **95**, 68 (II2c) *Spinnmaschine* (Papierakte).

anhängig ist;[55] f) an **Verwaltungsakte ohne Beschlusscharakter.** Sie können jederzeit aufgehoben und abgeändert werden. Das gilt nicht, wenn das Gesetz an den Erlass des VA eine bestimmte Rechtsfolge knüpft, wie zB an die Zustellung gesetzlich vorgesehener Benachrichtigungen oder die Offenlegung der Anmeldung, oder wenn es sich um einen rechtmäßigen fehlerfreien, begünstigenden VA handelt[56] oder wenn durch den VA ein anzuerkennender Vertrauensschutz des Betroffenen begründet worden ist[57] (vgl dazu Einl Rdn 458).

1.5 Berichtigung

eines Beschlusses ist in entsprechender Anwendung des § 95 durch Berichtigungsbeschluss der Stelle, die die zu berichtigende Entscheidung erlassen hat, zulässig, wenn ein offenbarer Widerspruch zwischen dem ersichtlich Gewollten und dem im Beschluss tatsächlich Ausgesprochenen vorliegt. Bei klar erkennbaren Formulierungsfehlern und offenbaren Unrichtigkeiten (§ 319 (1) ZPO) gebührt dem wahren Willen der Vorrang,[58] auch wenn durch die Berichtigung der Gegenstand des Patents eine Erweiterung erfahren sollte.[59] Eine Berichtigung der Unterlagen, die der Patenterteilung zugrunde liegen, und der Patentschrift ist nur unter diesen Voraussetzungen und nur bei gleichzeitiger Berichtigung des entsprechenden Erteilungsbeschlusses zulässig.[60] In allen anderen Fällen hat das Interesse an der Sicherheit des Rechtsverkehrs den Vorrang.[61] Den Berichtigungsantrag kann nur ein Verfahrensbeteiligter stellen.[62] Zu den Voraussetzungen vgl § 95.

21

Berichtigung des Tatbestandes ist analog § 96 und Ergänzung des Beschlusses analog § 321 ZPO auf Antrag, nicht von Amts wegen zulässig. Antragsfrist 2 Wochen.[63] **Beschwerde** gegen Beschluss, der berichtigt oder Berichtigung ablehnt, ist zulässig.[64] Berichtigung setzt keine neue Beschwerdefrist gegen den berichtigten Beschluss in Lauf,[65] es sei denn, dass erst aus der Berichtigung die Grundlage für die Beschwerde hervorgeht.[66]

22

2 Begründung

2.1 Inhalt

(vgl dazu auch § 100 Rdn 54 ff): Die Begründung muss die tragenden Erwägungen in logischer Gedankenführung für die im Tenor getroffene Entscheidung enthalten. Die bloße Bezugnahme auf die gesetzlichen Zurückweisungsgründe unter pauschaler Nen-

23

---

55 BGHZ 130, 97.
56 BPatGE 15, 38, 44.
57 BGH BlPMZ 72, 354 (III4) *Akustische Wand.*
58 BPatGE 24, 50.
59 BGH BlPMZ 77, 305 *Metalloxyd.*
60 Busse/Keukenschrijver § 47 Rn 66 ff; BPatG BeckRS 13, 02 508; BPatG GRUR 72, 90 *Flotationstrennung.*
61 BPatGE 13, 77; BPatGE 24, 50.
62 BPatGE 17, 14, 17 = BlPMZ 75, 145.
63 BPatGE 15, 45.
64 BPatGE 9, 202 (wegen Art 19 IV GG); BPatG BeckRS 13, 02 508.
65 BPatGE 9, 128.
66 BGH NJW 77, 297.

nung einer Entgegenhaltung reicht nicht aus. Vielmehr ist eine vollständige, eindeutige und aus sich heraus verständliche Darlegung der tragenden Erwägungen in logischer Gedankenführung dazu erforderlich, aus welchen konkreten, sachlichen Gründen die angemeldete Lehre nicht auf erfinderischer Tätigkeit beruht, bzw warum sie nicht als neu gelten kann.[67] Die Begründung muss eine Nachprüfung durch die Beteiligten und durch BPatG ermöglichen und alle für die Entscheidung erheblichen tatsächlichen und rechtlichen Überlegungen näher darlegen;[68] dies umfasst den gesamten Sachvortrag und ggf vorhandene Gegenargumente des Anmelders und die inhaltliche Auseinandersetzung mit **sämtlichen Anträgen** und **Hilfsanträgen**.[69] Dabei sind alle Merkmale eines unabhängigen Anspruchs abzuhandeln (vgl Einl Rdn 206). Die Bezugnahme auf einen vorangegangenen, die Entscheidung vorbereitenden Prüfungsbescheid kann unter bestimmten Voraussetzungen (Anmelder hat sich zu ausführlich dargelegten Mängeln nicht geäußert) zur Begründung ausreichend sein.[70]

24 Fehlende Begründung oder Unterschrift des im Rahmen einer Anhörung verkündeten Erteilungsbeschlusses macht Beschluss durch Beschwerde angreifbar, aber nicht nichtig.[71] Zum Rückgriff auf gesetzl Wertung des § 548 ZPO bei kontradiktorischen Verfahren s § 94 Rdn 10.[72]

Unveröffentlichte Entscheidungen sollten möglichst nicht zitiert werden. Die Prüfungsstelle kann sich aber die dort vertretene Auffassung mit einer inhaltlichen Begründung zu eigen machen.[73]

25 **Keine ausreichende Begründung** liegt vor, wenn die Gründe unverständlich oder verworren sind, so dass sie nicht erkennen lassen, welche Überlegungen für die Entscheidung maßgebend waren,[74] wenn die Gründe sachlich inhaltlos sind[75], zB floskelhaften oder summarischen Charakter haben,[76] sich in Redensarten oder allgemeinen Behaup-

---

67 BPatG, 06.06.11, 20 W (pat) 28/10 BeckRS 11, 17925; BPatG, 04.08.10, 20 W pat) 109/05 *Transimpedanzverstärkeranordnung für hohe Schaltfrequenzen*; BPatG, 14.04.09, 20 W (pat) 9/09.
68 BGH BlPMZ 63, 343 *Warmpressen*; BPatG, 17.02.16, 18 W (pat) 111/14 BeckRS 16, 9880; BPatGE 6, 50; 7, 26; 9, 262; 10, 35, 41; 14, 209; 15, 57; BPatGE 50, 260 = BlPMZ 08, 175 *Offensichtlichkeitsprüfung der Einheitlichkeit von Patentanmeldungen*; BPatG BeckRS 16, 7059.
69 BPatG, 16.10.03, 10 W (pat) 20/03; BPatG, 30.10.03, 6 W (pat) 18/03; BPatG, 19.07.07, 21 W (pat) 72/04.
70 BGH BlPMZ 63, 343 *Warmpressen*; vgl BPatG BeckRS 13, 11 941 (Anheimgabebeschluss).
71 BPatG BeckRS 12, 16 906 *Verfahren und Vorrichtung zur Temperierung von Temperierflüssigkeit in Druckmaschinen* (Erteilungsbeschl).
72 BPatG BeckRS 16, 18 878 (Gebr-Löschung): Begründungspflicht bei kontradikt Verf in 5 Mon; ebenso in Einspruchsverf: BPatG BeckRS 15, 18 889; BPatG BeckRS 13, 01 796; BPatG BeckRS 12, 16 906.
73 Prüfungsrichtl 2.8 BlPMZ 19, 73 (Tabu Gewerbl. Rechtsschutz Nr 136).
74 BGH GRUR 92, 159 *Crackkatalysator II*; BPatG, 19.11.08, 19 W (pat) 13/08 *Verfahren zur Simulation einer technischen Anlage*; BPatG, 10.01.08, 6 W (pat) 15/05; BPatG, 02.08.07, 21 W (pat) 15/05 *Röntgendiagnostikeinrichtung*.
75 BPatG BeckRS 13, 09 879.
76 BPatG, 24.05.17, 18 W (pat) 1/15 BeckRS 17, 116791; BPatGE 1, 24 (»es handelt sich um eine naheliegende Maßnahme«); 6, 50, 53 (»Gegenstand ist auch erfinderisch«); 7, 26, 29 (floskelhafte Ablehnung eines Anhörungsantrags); 10, 35, 41 (»keine hinreichende Aussicht auf Erfolg«); 13, 201 (bloße Bezugnahme auf unveröffentlichte Entscheidung); 14, 209 (»offensichtlicher Irrtum oder Verfahrensfehler liegt nicht vor«); BPatG, 31.07.12, 21 W (pat) 34/10, BeckRS 12,18171.

tungen ergehen, nur auf die in der Bibliographie-Mitteilung beanstandeten formalen Mängel Bezug nehmen,[77] nur den Gesetzestext wiedergeben[78] oder wenn ein Anspruchsmerkmal pauschal und ohne Begründung als »unklar« bezeichnet wird (s dazu § 34 Rdn 122 ff; § 48 Rdn 18).[79]

Kein Verstoß gegen die Begründungspflicht liegt vor, wenn der maßgebliche Grund für die Entscheidung erkennbar ist und die für Überprüfung durch BPatG erforderlichen tragenden, entscheidungserheblichen Überlegungen und Erwägungen darstellt,[80] auch wenn die Gründe tatsächlich unvollständig, unzureichend,[81] unrichtig oder rechtsfehlerhaft sind. Unterlaufene Versehen sind unschädlich, wenn aus dem Gesamtzusammenhang die gewollte Begründung klar entnehmbar ist.[82] Schreibfehler bei Datum eines Bescheids stellt keinen Begründungsmangel dar, wenn maßgebliche Gründe für Zurückweisung für Anmelder zweifelsfrei erkennbar sind.[83]   26

Unteransprüche: Wann und wie in der Begründung auf sie einzugehen ist vgl § 34 Rdn 166 ff, 185 ff.   27

2.2 Erforderlichkeit einer Begründung

Nach § 47 (1) 1 sind grundsätzlich alle Beschlüsse zu begründen. Das gilt auch für Beschlüsse, die selbständig nicht anfechtbar sind, die aber einen Dritten beschweren können (zB Wiedereinsetzung im Einspruchsverfahren) oder die auf Beschwerde gegen die Endentscheidung von BPatG überprüfbar sind, wie zB die Ablehnung einer Anhörung,[84] die Zuziehung eines rechtskundigen Mitglieds,[85] die Gewährung einer Wiedereinsetzung[86] oder die Ablehnung einer Fristverlängerung.[87] Zum Zurückweisungsbeschluss s § 48 Rdn 6 f.   28

Antrag auf Entscheidung nach Lage der Akten besagt, dass der Antragsteller eine Entscheidung auf der Grundlage der gültigen Anträge und dem bisher ermittelten und dem in einer Anhörung vorgetragenen Sachverhalt wünscht. In einem solchen Fall genügt die bloße Erwähnung der Prüfungsbescheide im Tatbestand des Beschlusses

---

77 BPatG, 09.09.08, 34 W (pat) 12/08.
78 BPatG, 07.11.18, 12 W (pat) 11/18 BeckRS 18, 29748; BPatGE 50, 260 = BlPMZ 08, 175 *Offensichtlichkeitsprüfung der Einheitlichkeit von Patentanmeldungen*; BPatG, 21.07.03, 17 W (pat) 27/01; BPatG 28.12.05, 21 W (pat) 63/05.
79 BlPMZ 14, 299 *Elektronisches Steuergerät* mwN; BPatG BeckRS 13, 09 879; BGHZ 180, 215 = Mitt 09, 283 = GRUR 09, 653 *Straßenbaumaschine* (Verletzungsverf); BPatG 52, 100 = Mitt 10, 305 *Verstärker* (zur mangelnden patentrechtlichen Aussagekraft und Mehrdeutigkeit des Begriffs »unklar«).
80 BPatG, 14.05.20, 9 W (pat) 5/17 BlPMZ 20, 324; BPatG, 08.01.20, 9 W (pat) 11/16 GRUR-RS 20, 4540.
81 BPatG, 22.02.07, 10 W (pat) 47/05.
82 BPatGE 20, 157; BlPMZ 73, 257 Nr 24.
83 BPatG, 09.07.03, 9 W (pat) 52/02.
84 BPatGE 1, 80.
85 Benkard/Schäfers § 47 Rn 7; Busse/Keukenschrijver § 47 Rn 19.
86 Vgl BPatGE 19, 39.
87 BPatG, 31.07.12, 21 W (pat) 34/10 *Mehrdrahtinstrument, insbesondere für Endoskope*.

nicht, sondern die Zurückweisung muss begründet werden.[88] Die Erteilung auf den Hilfsantrag bedarf daher ebenfalls der Begründung.[89]

29 **Keiner Begründung** bedarf es nach § 47 (1) 3 im einseitigen Verfahren, wenn dem einzigen Antrag oder dem Hauptantrag des Anmelders voll stattgegeben wird.
Zu begründen ist daher ein Beschluss a) in allen zweiseitigen Verfahren, in denen neben dem Anmelder ein Dritter beteiligt ist; b) im einseitigen Verfahren, wenn der Beschluss hinter dem Antrag des Anmelders zurückbleibt, zB wenn nur einem Hilfsantrag entsprochen[90] oder die beantragte Rückzahlung der Beschwerdegebühr abgelehnt wird.

30 *Im einseitigen Verfahren ist eine Begründung entbehrlich,* a) wenn dem einzigen Antrag oder dem Hauptantrag des Anmelders entsprochen wird, zB Patenterteilung gemäß Hauptantrag oder Aufrechterhaltung des Patents im Einspruchsverfahren;[91] b) antragsgemäße Aufhebung des mit der Beschwerde angegriffenen Beschlusses im Wege der Abhilfe; c) Anordnung der Rückzahlung der Beschwerdegebühr im Wege der Abhilfe; d) Gewährung der vom Anmelder beantragten Wiedereinsetzung oder Verfahrenskostenhilfe; e) wenn sich Zurückweisung auf nicht beseitigte Mängel bezieht, die in früherem Prüfungsbescheid gerügt wurden, dessen Zugang nachgewiesen ist.[92]

31 Ein Beschluss, der keiner Begründung bedarf, kann gleichwohl begründet werden, wenn das nach dem Ermessen der Prüfungsstelle wegen der Bedeutung der Sache angemessen erscheint, zB zur Frage der Patentierung von Tieren.[93]

3 Wirksamwerden eines Beschlusses

32 tritt ein mit seiner Bekanntgabe, entweder im Wege der Verkündung (Rdn 35) oder der Zustellung (Rdn 38). Ein »Beschluss«, der keiner Person gegenüber bekannt gegeben worden ist, ist ein verwaltungsinterner Vorgang ohne Rechtserheblichkeit.[94]

3.1 Verkündung eines Beschlusses

33 ist gemäß § 47 (1) 3 möglich, nicht aber wie in § 94 (1) für BPatG zwingend vorgeschrieben. Zuständig ist im Prüfungsverfahren die technisch zuständige Prüfungsstelle.[95] Sie muss am *»Ende einer Anhörung«* erfolgen, dh in demselben Termin, in dem die Anhörung stattfindet, grundsätzlich also an demselben Tage oder – wenn die Anhörung mehrere Tage dauert – am letzten Tage. Ist eine Anhörung beendet, kann nicht mehr nachträglich ein Beschluss verkündet werden. Die Anberaumung eines Verkündungstermins wie nach § 94 (1) 1 lässt § 47 nicht zu.[96] Dem steht nicht entgegen,

---

88 BPatG, 19.04.12, 12 W (pat) 46/11 *Kammplatte für Fahrtreppen.*
89 BPatG BeckRS **12**, 16 906.
90 BPatG, 14.02.18, 19 W (pat) 15/17 BeckRS **18**, 8501.
91 BPatGE **47**, 168 = BlPMZ **04**, 60 *Fehlende Begründungspflicht.*
92 BPatGE **47**, 21 = BlPMZ **03**, 245 *Reversible Krawattenbefestigung.*
93 So zB EPA-Prüfungsabteilung im Fall *Krebsmaus/HARVARD* ABl **92**, 588.
94 BPatG, 25.05.20, 11 W (pat) 39/19 BlPMZ **21**, 16.
95 BPatG BeckRS **15**, 13 944.
96 AA Busse/Keukenschrijver § 47 Rn 14: Anberaumung dürfte sich aber wegen Verfahrensökonomie verbieten.

dass nach der Anhörung der Beteiligten eine angemessene Beratungspause eingelegt, danach ein Beschluss verkündet und sodann die Anhörung beendet wird. An einen verkündeten Beschluss ist die verkündende Stelle gebunden, sie kann ihn nach ordnungsgemäßer Verkündung nicht mehr ändern oder durch einen anderen ersetzen, auch nicht mit Zustimmung der Parteien.[97]

Zur Verkündung, wenn in der Anhörung »*neue Umstände*«, die entscheidungserheblich sind, mitgeteilt werden s § 48 Rdn 15.

3.1.1 Form der Verkündung: Ein Beschluss wird durch Verlesen der schriftlich abgefassten Beschlussformel, des Tenors, verkündet. Die Gründe können, müssen nicht mitgeteilt werden. Bsp: »Ein Patent wird aufgrund folgender Unterlagen erteilt ...; die (weitere) Begründung der Entscheidung erfolgt schriftlich«. Der verkündete Beschluss ist in die Niederschrift aufzunehmen. 34

3.1.2 Wirkung der Verkündung: Ein Beschluss ist mit seiner Verkündung wirksam und bindet DPMA, das ihn nicht mehr ändern kann (vgl Rdn 18). DPMA ist daher nicht befugt, nach der Verkündung sich ergebende neue Umstände, wie zB neuer Stand der Technik, Schriftsätze der Beteiligten mit oder ohne Sachantrag, zu berücksichtigen. Das ist nur auf Beschwerde im Wege der Abhilfe möglich. Durch eine Verkündung kann daher das Verfahren beschleunigt werden, da die Parteien danach keine zu berücksichtigenden Schriftsätze mehr nachreichen können.[98] Die Formulierung »...; *die Sätze 1 und 2 bleiben unberührt.*« in § 47 (1) 3 2. Halbsatz bedeutet, dass auch die verkündeten Beschlüsse begründet (Rdn 23, § 49 Rdn 13)[99] und Abschriften zugestellt werden müssen (Rdn 36) sowie Ausfertigungen nur auf Antrag und in Papierform erteilt werden (Rdn 14). 35

3.2 Zustellung

Jeder Beschluss des DPMA, auch ein bereits verkündeter, ist allen Beteiligten oder ihren bestellten Vertretern von Amts wegen vollständig zuzustellen, also allen Mitanmeldern[100] oder Mitpatentinhabern oder ihren Zustellungsbevollmächtigten gemäß § 14 (1) DPMAV sowie allen anderen Verfahrensbeteiligten (Einsprechende, Antragsteller und -gegner) und zwar auch dann, wenn ihre Beteiligung unzulässig ist, es sei denn, die Unzulässigkeit ihrer Verfahrensbeteiligung ist rechtskräftig festgestellt. 36

3.2.1 Form der Zustellung richtet sich nach § 127. Zuzustellen ist die Abschrift des elektronisch erstellten und signierten Beschlussdokuments (s Rdn 15 ff) mit Rechtsmittelbelehrung (s Rdn 42). Soweit durch Gesetz oder Verordnung Zustellung vorgesehen, genügt formlose Übersendung durch Post oder Telefax (§ 21 DPMAV). Künftig wird DPMA, sobald die technischen Voraussetzungen und weitere rechtliche Rahmenbedingungen geschaffen sind, nach § 21 (2) 2 DPMAV Dokumente formlos 37

---

97 S ausführlich BPatGE **54**, 94 = Mitt **14**, 132 *Modulanordnung*; BPatGE **34**, 55 = BlPMZ **94**, 124.
98 Vgl Amtl Begr zum 1. BlPMZ **79**, 286 zu § 28e; vgl auch Stortnik in BeckOK § 46 PatG Rn 31 (kurzfristige Anhörung zum bloßen Zweck der Verkündung eines Erteilungsbeschlusses).
99 BPatGE **54**, 94 = Mitt **14**, 132 *Modulanordnung*.
100 BPatGE **40**, 276: je Anmelder eine Ausfertigung; s auch BPatG, 29.08.13, 10 W (pat) 12/12 (Zustellung auch an Mitunterzeicher des Umschreibungsantrags).

auf elektronischem Wege übermitteln bzw nach § 127 (1) Nr 5 iVm § 5 ERVDPMAV auch elektronisch zustellen.[101]

38 3.2.2 **Wirksamwerden der Zustellung** tritt ein:

39 a) *in einseitigen Verfahren* mit der Zustellung an den einzigen Beteiligten, zB des Erteilungsbeschlusses an den Anmelder;[102]

b) *in zweiseitigen Verfahren* mit der zeitlich letzten Zustellung an einen der mehreren Beteiligten, denn erst damit ist die Zustellung abgeschlossen, so dass erst zu diesem Zeitpunkt der Beschluss wirksam wird.[103] Eine rechtsgestaltende Entscheidung (zB über die Aufrechterhaltung des Patents) kann gegenüber den Beteiligten nur einheitlich und nur zu einem einheitlichen Zeitpunkt wirksam werden und nicht zu unterschiedlichen Zeitpunkten je nach Zustellung an die mehreren Beteiligten. Auch die Rechtskraft einer Entscheidung hängt von der letzten notwendigen Zustellung ab.[104] Davon zu unterscheiden ist der Zeitpunkt der Bindung des DPMA an einen Beschluss im schriftlichen Verfahren, die bereits mit Abschluss der Signierung und elektronischer Weiterleitung der Entscheidung an den zentralen Dokumentenversand eintritt (s Rdn 19). Nur bei verkündeten Beschlüssen ist der Zeitpunkt der Bindung und des Wirksamwerdens identisch.

3.3 Beschwerdefrist

40 von einem Monat wird nach § 73 (2) 1 sowohl bei verkündeten wie bei nicht verkündeten Beschlüssen erst mit der Zustellung in Lauf gesetzt. Das ermöglicht es, die Entscheidung, ob Beschwerde eingelegt werden soll, anhand der schriftlichen Begründung zu treffen.[105] Die Frist beginnt aber auch dann mit der Zustellung, wenn der zugestellte Beschluss (fehlerhaft) keine Begründung enthält.[106] Ein formlos übersandter Beschluss setzt Beschwerdefrist nicht in Lauf.[107] Die Beschwerde kann aber bereits vor der Zustellung des in der Anhörung verkündeten Beschlusses erhoben werden, da der Beschluss bereits mit seiner Verkündung wirksam wird (Rdn 35) und damit eine beschwerdefähige Entscheidung vorliegt.[108]

41 *Zustellung an mehrere Beteiligte* setzt die Beschwerdefrist für die mehreren Beteiligten in Lauf, *entweder* a) getrennt für jeden Beteiligten mit der Zustellung des Beschlusses an ihn,[109] so dass die Beschwerdefristen für jeden Beteiligten zu den unterschiedlichen Zustellungszeitpunkten beginnen und ablaufen, *oder* b) mit der zeitlich letzten Zustel-

---

101 Amtl Begr BT-Drs 18/7195 v 06.01.16 S 39f (zu Art 12); s auch Rdn 17 zur elektronischen Zustellung nach § 169 (5) ZPO.
102 BPatGE 1, 15.
103 RGZ 50, 347; 120, 245; BGHZ 8, 303, 305; 15, 142; 32, 370; BGH BlPMZ 62, 166, 167 lSp *Wiedereinsetzung III*; BPatGE 21, 27; 31, 18; abw: 18, 5; 36, 106, 108.
104 Vgl BGH FamRZ 95, 552.
105 Vgl Amtl Begr zum 1. BlPMZ 79, 286 zu § 28e.
106 BGH BlPMZ 71, 316 *Entscheidungsformel*.
107 BPatG, 04.11.10, 35 W (pat) 46/09 (Gbm).
108 BPatG BeckRS 14, 18 612; Benkard/Schäfers § 73 PatG Rn 52; Busse/Engels § 73 PatG Rn 91.
109 So BGH VersR 80, 928 für Berufungsfrist bei Streitgenossen; BPatGE 18, 5; 36, 106 = GRUR 96, 872.

lung,[110] so dass die Beschwerdefrist einheitlich für alle Beteiligten beginnt und endet. Da beide Auffassungen in der Rechtsprechung vertreten werden, wird jeder sorgfältige Beteiligte für die Berechnung der Beschwerdefrist von der Zustellung an ihn ausgehen. Geht man davon aus, dass eine Entscheidung erst mit der letzten Zustellung wirksam wird (s Rdn 38 f), ist **b)** der Vorzug zu geben, da eine Beschwerdefrist nicht vor dem Wirksamwerden einer Entscheidung beginnen kann.

Mehreren Anmeldern muss je eine Abschrift zugestellt werden, auch wenn einer von ihnen als Zustellungsbevollmächtigter bestellt ist, andernfalls wird einmonatige Beschwerdefrist nicht in Gang gesetzt.[111] Zur künftigen elektronischen Übermittlung und Zustellung s Rdn 37 und § 5 ERVDPMAV idF v 01.10.16.[112]

4 Rechtsmittelbelehrung

Eine Rechtsmittelbelehrung ist nach § 47 (2) 1 den Abschriften sämtlicher Beschlüsse des DPMA beizufügen[113] (bis 30.09.16 der *schriftlichen Ausfertigung* der Beschlüsse). Die Belehrung ist auch bei *elektronischer* Zustellung möglich (§ 47 (2) 2).   42

4.1 Form

als erkennbarer Bestandteil des Beschlusses, zB in Bezug genommene oder entsprechend gekennzeichnete Anlage; Verkündung genügt nicht.   43

4.2 Inhalt

Hinweis auf die nach § 73 gegebene Beschwerde (nicht auch über eine mögliche Wiederaufnahmeklage, Verfassungsbeschwerde, Wiedereinsetzung, Weiterbehandlung[114] oder Tatbestandsberichtigung), Einlegung bei DPMA, Frist von einem Monat (§ 73 (2)) oder zwei Wochen (§ 62 (2) 4), im Falle des § 73 (3) Höhe[115] und Entrichtung der Beschwerdegebühr, Hinweis auf zwingend einzuhaltende Formvorschriften, wie die Schriftlichkeit. Weitere Angaben, wie zB Hinweis auf die Jahresfrist des § 47 (2) 3 oder die Angabe des Tages der Aufgabe zur Post bei Zustellung durch eingeschriebenen Brief sind nicht zwingend erforderlich,[116] ebenso muss DPMA nicht Anzahl der erforderlichen (Beschwerde-)gebühren bei mehreren Beteiligten anführen.[117] Absatz 1 der Vorbemerkung zu Teil B des Gebührenverzeichnisses zum PatKostG weist nämlich darauf hin, dass für bestimmte Verfahren, in denen mehrere Beteiligte »Anträge« (=   44

---

110 So BGH BlPMZ **62**, 166, 168 lSp *Wiedereinsetzung III*; BGH NJW **94**, 3359, 3360 (zu § 310 (3) ZPO); **96**, 1969; BPatGE **31**, 18 = BlPMZ **90**, 404 L.
111 BPatG, 02.11.10, 21 W (pat) 39/08 BeckRS 11, 627; BPatGE **40**, 276.
112 S auch Amtl Begr BT-Drs 18/7195 v 06.01.16 S 23f.
113 BPatGE **18**, 27 für den Bekanntmachungsbeschluss nach § 30 aF; BPatGE **19**, 125.
114 Anl zum Zurückweisungsbeschl gibt aber »Hinweis« für den Fall der Versäumnis einer vom DPMA gesetzten Frist.
115 BPatGE **23**, 61, 62.
116 BPatG GRUR **99**, 569; BGH GRUR **82**, 414 *Einsteckschloß*.
117 Zur Zahlungspflicht bei mehreren Antragstellern: BGH GRUR **15**, 1255 = BlPMZ **16**, 119 *Mauersteinsatz* (Einspruchsbeschwerdeverf); BPatG JurionRS **16**, 15 482; BPatG BeckRS **16**, 07 089 und BeckRS **16**, 05 061 (Markenbeschw); BPatG BeckRS **16**, 07 048 (§ 123); anders bei GbR BPatG BeckRS **16**, 10 026; a**A** 23. Senat BPatG BeckRS **16**, 14 476 und **16**, 14 477; ausführlich Deichfuß GRUR **15**, 1170, 1176 (für ausdrücklichen Hinweis bei mehreren Beteiligten).

Rechtsbehelfe und Rechtsmittel) einlegen, die Gebühren von jedem Beteiligten zu zahlen sind (zB bei Inhabergemeinschaft).[118]

4.3 Unterbliebene oder unrichtige Belehrung

45 setzt Beschwerdefrist nicht in Lauf, selbst wenn der Beschwerte sie gekannt hat.[119] Legt er trotz nicht ordnungsgemäßer Belehrung fristgerecht Beschwerde ein, so kann er sie nach deren Rücknahme nicht erneut innerhalb der Jahresfrist erheben.

Unrichtig ist eine Belehrung, wenn sie geeignet ist, den Empfänger unter falschen Voraussetzungen von der Beschwerdeeinlegung abzuhalten, zB ein unzutreffendem Hinweis auf die Unanfechtbarkeit des Beschlusses oder das Erfordernis eines Antrags oder einer Begründung[120]. Der früher enthaltene Hinweis auf gewünschte Abschriften für die anderen Beteiligten der Beschwerde ist als Folge der elektronischen Schutzrechtsbearbeitung entbehrlich.[121]

4.4 Jahresfrist

46 Nach Ablauf eines Jahres seit ordnungsgemäßer Zustellung des Beschlusses ist eine Beschwerde unzulässig. Diese Ausschlussfrist gilt nur für die Einlegung der Beschwerde, nicht auch für die Entrichtung der Beschwerdegebühr.[122] Wiedereinsetzung in die Jahresfrist ist möglich (§ 47 (2) 3 letzter Halbsatz).

4.5 Berichtigung und Nachholung

47 einer Belehrung ist zulässig und setzt mit ihrer Zustellung die Beschwerdefrist in Lauf. Sie kann jedoch nicht die Jahresfrist des § 47 (2) 3 verlängern. Macht eine Berichtigung eine ursprünglich richtige Belehrung unrichtig, so gilt die Jahresfrist nach Zustellung des »berichtigten« Beschlusses.[123]

§ 48 Zurückweisung der Anmeldung

¹Die Prüfungsstelle weist die Anmeldung zurück, wenn die nach § 45 Abs 1 gerügten Mängel nicht beseitigt werden oder wenn die Prüfung ergibt, dass eine nach den §§ 1 bis 5 patentfähige Erfindung nicht vorliegt. ²§ 42 Abs 3 Satz 2 ist anzuwenden.

Cornelia Rudloff-Schäffer

Übersicht

    Geltungsbereich 1

---

118 BGH GRUR **82**, 414 *Einsteckschloß*; Busse/Keukenschrijver § 47 Rn 42; Benkard/Schäfers § 47 Rn 15; Deichfuß GRUR **15**, 1170, 1173 mit Verweis auf BT-Drs 16/735, S 9.
119 Deichfuß GRUR **15**, 1170, 1176.
120 S auch *Deichfuß* GRUR **15**, 1170, 1176.
121 S MittDPMA Nr 10/11 BlPMZ **11**, 313 = Tabu Gewerbl. Rechtsschutz Nr 499 S 658.
122 BPatGE **23**, 61 *Ausschlussfrist*; krit Deichfuß GRUR **15**, 1170, 1176.
123 BPatGE **19**, 125.

§ 48 Zurückweisung der Anmeldung

Literatur		2
Kommentierung zu § 48 PatG		
I.	Voraussetzungen einer Zurückweisung	3
1	Anhängigkeit der Anmeldung	4
2	Wirksamer Prüfungsantrag	5
3	Zurückweisungsgrund	6
3.1	Nichterfüllung der Anforderungen der §§ 34, 37 und 38	7
3.2	Mangelnde Patentfähigkeit	8
3.3	Mehrere Zurückweisungsgründe	9
3.3.1	Zurückweisung wegen eines Formmangels	10
3.3.2	Teilentscheidung	11
3.4	Nichterfüllung des § 35a	13
4	Gewährung des rechtlichen Gehörs	14
4.1	»Umstände«	15
4.2	Mitteilung der Umstände	16
4.2.1	Prüfungsbescheid	17
4.2.2	Anhörung	19
5	Wahrung des Grundsatzes der Prozessökonomie	20
II.	Wirkung der Zurückweisung	21

Geltungsbereich: Art 2 Nr 17 des 2. PatGÄndG hat in § 48 Satz 1 mit Wirkung vom 01.11.98 die Worte »Anmeldung aufrechterhalten wird, obgleich« durch die Worte »Prüfung ergibt, daß« ersetzt.   **1**

Lit in GRUR: Häußler 13, 1011 ff mwN.; **Lit in Mitt:** Bardehle 10, 453; Einsele 14, 249; Schneider 14, 481; 16, 49.   **2**

I. Voraussetzungen einer Zurückweisung

die in jeder Lage des Verfahrens – auch im Beschwerdeverfahren – zu berücksichtigen sind, sind die allgemeinen Verfahrensvoraussetzungen (siehe Einl Rdn 41 ff) sowie nach § 48:   **3**

1 Anhängigkeit der Anmeldung,

da § 48 nur die Zurückweisung von Anmeldungen, nicht aber von anderen Eingaben vorsieht. Daher kann **nicht** zurückgewiesen werden: a) eine *noch nicht anhängige Anmeldung*; b) eine *nicht mehr anhängige Anmeldung*, die zwar einmal existierte, aber infolge Ablaufs der Patentlaufzeit von 20 Jahren[1] oder wegen erklärter oder gesetzlich fingierter Rücknahme gemäß § 39 (3) (s § 39 Rdn 59), § 40 (5) (s § 40 Rdn 25) oder § 58 (3) (s § 58 Rdn 18) bereits erloschen ist; c) eine Anmeldung, die die Erfordernisse des § 35a (1) nicht erfüllt und damit als zurückgenommen gilt. In diesem Fall ist festzustellen, dass die (fremdsprachige) Anmeldung als zurückgenommen gilt.[2] Ist Patentlaufzeit abgelaufen, ist Entscheidung über Anmeldung nur dann zu treffen, wenn der Anmelder Rechtsschutzbedürfnis für rückwirkende Entscheidung ausdrücklich vorgetragen hat.[3]   **4**

---

[1] S BPatG, 20.05.20, 17 W (pat) 33/19 GRUR-RS 20, 33496.
[2] Zur Änderung ab 2014 s Komm zu § 35a.
[3] BPatG, 20.05.20, 17 W (pat) 33/19 GRUR-RS 20, 33496.

2 Wirksamer Prüfungsantrag

5 gemäß § 44. Fehlt dieser oder ist er unwirksam (s § 44 Rdn 8), so fehlt es an einem Prüfungsverfahren, in dem die Anmeldung zurückgewiesen werden könnte. Ist dagegen der Prüfungsantrag zurückgenommen, wird das Prüfungsverfahren nach § 44 (5) 1 fortgesetzt. Fehlt ein Prüfungsantrag, kann die Anmeldung nur im Rahmen der Offensichtlichkeitsprüfung nach § 42 (3) zurückgewiesen werden.

3 Zurückweisungsgrund

6 kann nach § 48 sein:

7 **3.1 Nichterfüllung der Anforderungen der §§ 34, 37 und 38**, wenn der konkrete Mangel mit einem Prüfungsbescheid ordnungsgemäß nach § 45 (1) gerügt war (s § 45 Rdn 11 ff).[4] Dazu gehören insbesondere: **a)** Fehlen allgemeiner Verfahrensvoraussetzungen (s Einl Rdn 41); **b)** Fehlen eines Rechtsschutzbedürfnisses (s § 34 Rdn 23); **c)** Nichterfüllung der Erfordernisse einer Anmeldung nach § 34 und der PatentV[5] (s § 34 Rdn 26 ff). Dazu gehören: **i)** Form der Einreichung der Anmeldung (s § 34 Rdn 30), **ii)** Fassung von Ansprüchen (s § 34 Rdn 81 ff), **iii)** Fassung der Beschreibung (s § 34 Rdn 206 ff) und deren notwendige Anpassung (s § 34 Rdn 212)[6] sowie Angabe des Standes der Technik (s § 34 Rdn 208), **iv)** Gestaltung der Zeichnungen[7] (s § 34 Rdn 219), **v)** Einheitlichkeit der Anmeldung (s § 34 Rdn 225), **vi)** unzureichende Offenbarung (s § 34 Rdn 288 ff), **vii)** allgemeine Erfordernisse der Anmeldeunterlagen gemäß § 5 PatV; **d)** nicht ordnungsgemäße Hinterlegung biologischen Materials gemäß § 34 (8) iVm der BioMatHintV; **e)** fehlende oder mangelhafte Erfinderbenennung (s § 37 Rdn 15); **f)** offensichtliche Mängel der Zusammenfassung (s § 36 Rdn 18); **g)** unzulässige Erweiterung der Anmeldung (s § 38 Rdn 34 ff)[8]; **h)** Nichtbestellung eines notwendigen Inlandsvertreters (s § 25 Rdn 4 ff).

8 **3.2 Mangelnde Patentfähigkeit** gemäß §§ 1 bis 5; dass sich Anmeldungsgegenstand im Weltraum befindet, ist kein Zurückweisungsgrund.[9] Zu den Voraussetzungen einer patentfähigen Erfindung siehe die Erläuterungen zu den §§ 1 bis 5. Da ein Patent *nicht abweichend vom Erteilungsantrag* erteilt werden kann, muss eine Anmeldung auch dann zurückgewiesen werden, wenn sie an sich Patentfähiges enthält, der Anmelder aber eine beschränkte Erteilung – auch nicht hilfsweise – nicht beantragt (s Einl Rdn 7; zum Hilfsantrag s Einl Rdn 206).

9 **3.3 Mehrere Zurückweisungsgründe** für die fehlende materielle Patentfähigkeit der Erfindung brauchen grundsätzlich nicht parallel in der Entscheidung behandelt wer-

---

4 BPatG GRUR 10, 919 *Mangel der Uneinheitlichkeit*; s dazu auch Störtnik GRUR 10, 871.
5 BPatG BeckRS 15, 11 351 (nicht publikationsfähige Zeichnungen nach §§ 6, 12 PatV); BPatG BeckRS 10, 11 255: Zurückweisung wegen Abweichung von Formaten und Schriftgröße gemäß § 6 PatV nur, soweit Sachprüfung und Patenterteilung ausgeschlossen oder unzumutbar erschwert.
6 S BPatG BeckRS 16, 01 483 (keine Zurückweisung bei unspezif Mängeln und Einigkeit über Anspruchsfassung).
7 BPatG BeckRS 15, 01 351.
8 BGH, 25.07.17, X ZB 5/16 *Phosphatidylcholin*.
9 BPatG, 15.09.03, 20 W (pat) 38/03.

den. Es genügt vielmehr für eine Zurückweisung, wenn die Prüfungsstelle von einem Grund eindeutig überzeugt ist.[10] Es entspricht aber dem Grundsatz der Verfahrensökonomie, auf zusätzliche Gründe in der Entscheidung einzugehen, wenn diese im Verfahren oder für eine Partei eine besondere Rolle gespielt haben, um BPatG die Möglichkeit zu geben, ohne Zurückverweisung der Sache endgültig zu entscheiden.

3.3.1 Zurückweisung wegen eines Formmangels sollte nur erfolgen, wenn der Mangel voraussichtlich nicht zu beheben ist, dieser der Durchführung einer sachlichen Prüfung entgegensteht[11] oder der Anmelder die Beseitigung des Mangels willentlich ablehnt.[12] Ist das nicht der Fall, ist die Anmeldung aus Gründen der Verfahrensökonomie trotz des Formmangels auch sachlich auf Patentfähigkeit zu prüfen und dann einheitlich über Formmangel und Gewährbarkeit zu entscheiden. Ungenaue Angabe der geänderten Textstellen kann Prüfung auf unzulässige Erweiterung zwar erschweren, rechtfertigt aber als solche nicht die Zurückweisung.[13]

10

3.3.2 Teilentscheidung, zB Zurückweisung nur der Verfahrensansprüche, ist unzulässig, da wegen der Bindung an den Antrag nur einheitlich über die Anmeldung entschieden werden kann[14] (s Einl Rdn 7). Es kann also nicht durch *Teilbeschlüsse getrennt nach der Kategorie der Ansprüche* (Sache, Verfahren, Verwendung) entschieden werden. Das könnte dazu führen, dass dem Anmelder statt eines Patents drei Patente zu erteilen wären, was seinem Antrag, an den DPMA gebunden ist, widersprechen würde, ein einheitliches Patent zu erteilen.

11

Haupt- und Hilfsantrag können in einer einheitlichen Entscheidung behandelt werden, zB kann in einer Entscheidung der Hauptantrag zurückgewiesen und auf den Hilfsantrag ein Patent erteilt werden.[15] Ein Teilbeschluss zB nur über den Hauptantrag unter Zurückstellung der Entscheidung über den Hilfsantrag ist zwar prozessual nicht unzulässig,[16] kommt aber nur in besonderen Ausnahmefällen in Betracht.[17] Ein solches Vorgehen ohne sachliche Begründung sollte nach Möglichkeit aus Gründen der Verfahrensökonomie vermieden werden,[18] weil es zu einer unnötigen Verfahrensverzögerung führt und den Anmelder zu mehrfachen Beschwerden zwingt.[19] Entsprechend

12

---

10 BPatGE **23**, 142 = BlPMZ **81**, 382; BPatG, 20.02.03, 23 W (pat) 41/01; BPatG, 02.04.03, 20 W (pat) 58/01.
11 BPatG, 10.10.18, 15 (pat) 49/17; BPatG **3**, 165; **20**, 10; **20**, 12; **29**, 117; Busse/Keukenschrijver § 48 Rn 9; BlPMZ **91**, 71.
12 BGH, 25.07.17, X ZB 5/16; BPatG BeckRS **16**, 04 699.
13 BPatG BeckRS **15**, 13 941.
14 BGH BlPMZ **65**, 324 *Zurückweisungsbeschluss mit Verfahrensfehlern*; Benkard/Schäfers § 48 Rn 5, 5a mwN; Wickenhöfer in BeckOK § 48 PatG Rn 12.
15 BPatG, 17.05.04, 10 W (pat) 46/02.
16 BGHZ **166**, 347 = GRUR **06**, 748 *Mikroprozessor* = BlPMZ **06**, 285 = Mitt **06**, 314 (für gerichtl Verfahren); vgl auch Busse/Keukenschrijver § 48 Rn 18 f; s. dazu ausführlich Hövelmann, Der nicht beschiedene Hilfsantrag, GRUR **09**, 718.
17 BPatG, 28.04.08, 17 W (pat) 87/07 = BeckRS **08**, 09 361 *Retry-Mechanismus*.
18 Vgl dazu BPatGE **23**, 48 = BlPMZ **81**, 214; BPatG BlPMZ **99**, 40 (Nr III1b); BPatG, 28.04.08, 17 W (pat) 73/07; BPatG, 27.05.08, 17 W (pat) 27/08 BeckRS **08**, 12270 (nur in besonderen Ausnahmefällen zulässig).
19 BPatG, 10.11.11, 17 W (pat) 43/08 mwN; BPatG, 18.07.08, 17 W (pat) 28/08 = Mitt **09**, 286 (Ls).

widerspricht es den Grundsätzen der Verfahrensökonomie, wenn nur der Hauptantrag durch Teilbeschluss zurückgewiesen wird, obwohl der Hilfsantrag entscheidungsreif und grundsätzlich gewährbar ist.[20]

13 **3.4 Nichterfüllung des § 35a** ist kein Zurückweisungsgrund, weil nach § 48 Satz 1 nur eine Anmeldung zurückgewiesen werden kann, wenn nach § 45 (1) gerügte Mängel nicht beseitigt werden. Erfüllt aber eine Anmeldung die Anforderungen des § 35a nicht, so kann das nach § 45 (1) nicht gerügt werden, da § 45 (1) nicht auf § 35a verweist.[21] Nach erfolglosem Ablauf der drei- bzw zwölfmonatigen Frist zur Nachreichung gemäß § 35 a (1) und (2)[22] kann teilweise Übersetzung als Mangel der Anmeldung nach § 45 iVm § 126 und § 34 (3) beanstandet werden und ggf nach § 48 zurückgewiesen werden.[23] Zur Behandlung von Anmeldungen, die § 35a nicht erfüllen vgl auch § 35a Rdn 20.

4 Gewährung des rechtlichen Gehörs

14 muss einer Zurückweisung vorausgehen (s dazu Einl Rdn 284 ff). Diesen Grundsatz betont § 48 Satz 2 iVm § 42 (3) 2 für Entscheidungen des DPMA. Danach darf eine Entscheidung nicht auf »Umstände« (s Rdn 15) gegründet werden, die dem Anmelder noch nicht mitgeteilt waren.[24] Ihm ist vielmehr vorher Gelegenheit zu geben, sich zu den Gründen zu äußern, auf die die Entscheidung gestützt werden soll (s § 46 Rdn 8 ff).[25] Wird Zurückweisung auch nach Hilfsantrag beschlossen, ist zuvor rechtliches Gehör zu gewähren[26], bzw durch Hilfsantrag erbetener Hinweis zu geben.[27] Rechtliches Gehör fehlt, wenn Anmelder durch Ablehnung einer Terminverlegung und Anhörung in Abwesenheit eines Vertreters keine Möglichkeit hat, sich zu den wesentlichen, die Zurückweisung tragenden Gründen zu äußern.[28] Bei Hinweis des Anmelders, eine sachliche Erwiderung sei nicht beabsichtigt, kann Zurückweisungsbeschluss vor Ablauf einer zuvor eingeräumten Erwiderungsfrist ergehen.[29]

Die **tatsächliche Gewährung des rechtlichen Gehörs** muss feststehen, zB durch Nachweis der förmlichen Zustellung eines oder mehrerer Prüfungsbescheide[30] (vgl Einl Rdn 306) in der elektronischen Akte; ebenfalls deutlich aus Akte hervorgehen müssen Beginn und Ablauf einer gesetzten Frist zur Äußerung auf Prüfungsbescheid[31].

---

20 BPatG, 08.03.11, 15 W (pat) 11/07 = BlPMZ 11, 308 *Teilbeschluss*.
21 BPatG, 04.04.12, 10 W (pat) 35/08.
22 Zur verlängerten Frist für Übersetzungen engl und franz Anmeldungen von 3 auf 12 Mon s BT-Drs 17/10 308 S 16.
23 BGH GRUR 12, 91 *Polierendpunktbestimmung*; BPatGE 53, 169 *Virtuelle Arbeitspunktbestimmung*; BPatG, 04.04.12, 10 W (pat) 35/08; BPatGE 52, 73 *Umschalter*.
24 BPatG, 09.07.13, 21 W (pat) 71/09; BPatG, 02.04.09, 19 W (pat) 9/05 (Zurückweisung aufgrund anderer Druckschrift als im Erstbescheid); BPatG, 13.07.07, 17 W (pat) 49/07.
25 BPatG BeckRS 15, 15 560.
26 BPatG, 18.12.15, 18 W (pat) 67/14.
27 BPatG, 17.12.18, 20 W (pat) 39/16.
28 BPatG, 15.03.17, 19 W (pat) 5/16.
29 BPatG, 26.01.10, 21 W (pat) 40/09 *Verfahren und Vorrichtung zum Erzeugen und Aufrechterhalten von therapeutischer Hypothermie*.
30 BPatG, 06.09.10, 17 (pat) 128/06 *System und Verfahren zur Identifizierung und Authentifizierung von Zubehör*; BPatG 47, 21 = BlPMZ 03, 245 *Reversible Krawattenbefestigung*.
31 BPatG BeckRS 16, 07 066 *Abgedichtetes Antennensystem* (Anford an elektron Verfahrensakte); BPatG BeckRS 13, 11 941 (Anheimgabe).

Stimmen die Unterlagen einer Teilanmeldung vollständig mit den ursprünglichen Unterlagen der Stammanmeldung überein, und wurden deren Patentansprüche bereits in einem Prüfungsbescheid als nicht patentfähig beanstandet, so kann die Teilanmeldung ohne weiteren Bescheid zurückgewiesen werden.[32]

4.1 »Umstände« sind Tatsachen oder Verhältnisse tatsächlicher Art, nicht dagegen Rechtssätze oder rechtliche Erwägungen.[33] Umstände idS sind zB: neue Entgegenhaltungen durch Einführung von Druckschriften in Anhörung[34]; Entnehmbarkeit eines bisher nicht erörterten technischen Tatbestands aus einer dem Anmelder bekannten Entgegenhaltung;[35] Wertung einer Entgegenhaltung als patenthindernd, wenn diese als der Patentfähigkeit entgegenstehend bisher nicht oder nur teilweise angesehen wurde;[36] Wertung des Austauschs eines Begriffes als unzulässige Erweiterung.[37]

Kein Umstand ist die Änderung der Rechtsauffassung zur Patentfähigkeit bei unveränderter tatsächlicher Grundlage. Darauf kann aber nach § 139 ZPO hingewiesen werden müssen (s Einl Rdn 114).

4.2 Mitteilung der Umstände für eine Zurückweisung erfolgt durch Beschluss der Prüfungsstelle im Rahmen des Prüfungsverfahrens:

4.2.1 Prüfungsbescheid ist ordnungsgemäß

a) wenn er den Zurückweisungsgrund ausreichend darlegt (s § 45 Rdn 16). Dies gilt auch dann, wenn ein Antrag auf Entscheidung nach Aktenlage gestellt wird[38]; § 47 (1) 3 ist nicht anwendbar.[39] Der Verweis auf vorhergehende Prüfungsbescheide genügt dann nicht, wenn Anmelder der im letzten Prüfungsbescheid dargestellten Auffassung der Prüfungsstelle ausdrücklich schriftlich widersprochen hat.[40] Die bloße Bezugnahme auf die gesetzlichen Zurückweisungsgründe unter pauschaler Nennung einer Entgegenhaltung reicht nicht aus. Vielmehr ist eine vollständige, eindeutige und aus sich heraus verständliche Darlegung der tragenden Erwägungen in logischer Gedankenführung dazu erforderlich, aus welchen konkreten, sachlichen Gründen die angemeldete Lehre nicht auf erfinderischer Tätigkeit beruht, bzw. warum sie nicht als neu gelten kann, andernfalls leidet der Beschluss an erheblichen Mängeln.[41]

---

32 BPatG, 02.02.11, 19 W (pat) 75/09 *Einrichtung zur Speicherung von Energie* (insb bei anwaltlicher Vertretung).
33 BGH BlPMZ 66, 234 (II2b) *Abtastverfahren*; BPatGE 3, 40 = BlPMZ 63, 38.
34 BPatG, 01.02.19, 23 W (pat) 53/17.
35 PA BlPMZ 61, 176.
36 Vgl PA Mitt 29, 131.
37 BPatG, 09.01.12, 19 W (pat) 65/09.
38 Zur Entscheidung nach Aktenlage ohne Antrag s § 19 DPMAV.
39 BPatG, 19.04.12, 12 W (pat) 46/11 *Kammplatte für Fahrtreppen*.
40 BPatG, 15.07.09, 19 W (pat) 35/09; BPatG, 22.11.07, 17 W (pat) 36/05; BPatG, 15.06.05, 7 W (pat) 46/03.
41 St Rspr; BPatG, 06.05.19, 19 W (pat) 4/18; BPatG BeckRS 15, 16 329; BPatG, 06.06.11, 20 W (pat) 28/10 *Vorrichtung zur Bestimmung der Absorption einer Probe*; BPatG, 04.08.10, 20 W (pat) 109/05 *Transimpedanzverstärkeranordnung für hohe Schaltfrequenzen*; BPatG, 14.04.09, 20 W (pat) 9/09.

18   Ein Zurückweisungsgrund »unklares« Anspruchsmerkmal ist im Patentgesetz nicht vorgesehen;[42] es obliegt grundsätzlich der Prüfungsstelle (ggf im Rahmen einer Anhörung), den Sinngehalt der Merkmale von Patentansprüchen aus der Sicht des Fachmanns vor der Erteilung auszulegen, um den beanspruchten Gegenstand für Überprüfung auf Patentfähigkeit festzulegen und das der Anmeldung zugrunde liegende »objektive technische Problem« ggf unter Zuhilfenahme der Beschreibung und Zeichnungen zu ermitteln.[43] Der Zurückweisungsbeschluss muss in der Begründung auf neue Patentansprüche und neues sachliches Vorbringen eingehen[44]; eine beantragte mündliche Anhörung ist durchzuführen.[45] Eine Entscheidung kann bei neu eingereichten Ansprüchen nicht auf einen nicht im Bescheid erwähnten Grund gestützt werden, weil das gegen § 48 Satz 2 verstoßen würde;[46]
   b) wenn der Bescheid eine ausreichende Frist zur Äußerung einräumt (s § 45 Rdn 20);
   c) wenn der Zugang des Bescheids gewährleistet ist.[47]
   Sind die Unterlagen antragsgemäß erteilungsreif, bedarf es keines Prüfungsbescheids.[48]

19   **4.2.2 Anhörung:** In einer **Anhörung** können »neue Umstände« für eine Zurückweisung mitgeteilt werden. Ein Zurückweisungsbeschluss kann dann aber gemäß § 47 (1) 2 im Rahmen einer Anhörung nur verkündet werden, wenn dem Anmelder eine Stellungnahme dazu oder die Behebung eines erstmals gerügten Mangels iSv § 34 (7) in der Anhörung selbst zumutbar ist.[49] Dies gilt auch, wenn in der Anhörung Haupt- und Hilfsanträge gestellt werden. In einer Anhörung müssen ausdrückliche oder stillschweigende Hinweise auf diesbezügliche Fragen der Beteiligten, etwa zur Notwendigkeit der Stellung von Hilfsanträgen, gegeben werden, da der Grundsatz des rechtlichen Gehörs Überraschungsentscheidungen im Prüfungs- und im Einspruchsverfahren ver-

---

42   So die überwiegende BPatG-Rspr: 11.Senat: BPatG, 17.12.18, 11 W (pat) 24/14; BPatGE 54, 238 = BlPMZ 15, 135 *Gargerät*; 15. Senat: BPatG, 18.12.17, 15 W (pat) 20/17; Mitt 16, 15 (Anheimgabe) und Mitt 16, 75 (Beschluss) *Polyurethanschaum*; BPatGE 47, 21 = BlPMZ 03, 245 *Batterieüberwachungsgerät*; 20. Senat: BlPMZ 14, 299 *Elektronisches Steuergerät*; BPatG BeckRS 13, 09 879; aA 21. Senat: BPatGE 54, 118 = Mitt 14, 501 *Elektrochemischer Energiespeicher*, BPatG, 12.01.15, 21 W (pat) 81/09; s ausführl Schneider Mitt 16, 49 ff mwN und Mitt 14, 481; BGHZ 180, 215 = Mitt 09, 283 = GRUR 09, 653 *Straßenbaumaschine* (Verletzungsverf.); BPatGE 52, 100 = Mitt 10, 305 *Verstärker* (zur mangelnden patentrechtlichen Aussagekraft und Mehrdeutigkeit des Begriffs »unklar«); vgl. auch Bardehle Mitt 10, 453 (zur Praxis des EPA).
43   BPatG Mitt 16, 15 (Anheimgabe) und Mitt 16, 75 (Beschluss) *Polyurethanschaum*; BPatG BeckRS 16, 16 925; Benkard/Schäfers § 34 PatG Rn 49 i; BPatG BeckRS 14, 19 450; BGH GRUR 05, 141 *Anbieten interaktiver Hilfe*; s auch Häußler GRUR 13, 1011 ff mwN; Einsele Mitt 14, 249.
44   BPatG BeckRS 14, 19 450; BPatG, 09.07.13, 21 W (pat) 71/09.
45   BPatG, 01.02.12, 19 W (pat) 68/09; BPatG, 22.11.07, 17 W (pat) 36/05; BPatG, 23.06.03, 14 W (pat) 40/02.
46   *BPatGE 23, 2*.
47   BPatGE 47, 21 = BlPMZ 03, 245 *Reversible Krawattenbefestigung*.
48   BPatG GRUR 83, 367 = BlPMZ 83, 182.
49   BPatG BeckRS 16, 04 347.

bietet.[50] Wird in Anhörung ein Antrag auf Entscheidung nach Lage der Akten gestellt, müssen die in der Anhörung vorgetragenen Argumente im Beschluss behandelt werden.[51] Erfordert dagegen ein »neuer Umstand« nähere Überlegungen, so ist die Anhörung entweder auf angemessene Dauer zu unterbrechen, zu vertagen, und es ist dem Anmelder eine angemessene Frist zur schriftlichen Äußerung auf erstmals aufgetauchte Patentierungshinderungsgründe zu setzen[52]. Lehnt der bevollmächtigte Patentanwalt Angebot einer Unterbrechung ab, liegt kein Verstoß gegen § 46 vor.[53] Erscheint der Anmelder oder Patentinhaber freiwillig nicht zu der Anhörung, liegt Verzicht auf rechtliches Gehör vor (s § 46 Rdn 10).[54]

5 Wahrung des Grundsatzes der Prozessökonomie[55]:

Von einer Zurückweisung der Anmeldung ist abzusehen, wenn andere Möglichkeiten hinreichenden Erfolg versprechen, das Verfahren zu fördern und die Einlegung einer sonst zu erwartenden Beschwerde, der aller Voraussicht nach abgeholfen werden muss, zu vermeiden,[56] wie zB Zustellung eines weiteren Prüfungsbescheids (s § 45 Rdn 7); Anhörung der Beteiligten; kurze Nachfristgewährung, wenn Bescheidserledigung alsbald, wenn auch nicht fristgerecht erwartet werden kann (§ 45 Rdn 27); telefonische Rücksprache.

II. Wirkung der Zurückweisung:

Mit Verkündung in einer Anhörung oder mit Zustellung im schriftlichen Verfahren gemäß § 47 wird die Zurückweisungsentscheidung für die Beteiligten wirksam. Mit Ablauf der Beschwerdefrist wird die Zurückweisung formell rechtskräftig (vgl Einl Rdn 340). Die zurückgewiesene Anmeldung kann der Anmelder neu anmelden. Gemäß § 3 (2) PatG kann ihm aber seine zurückgewiesene und offengelegte Anmeldung als Stand der Technik entgegengehalten werden. Sinnvoll ist eine erneute Anmeldung daher nur, wenn vor der ersten Publikation zurückgewiesen wurde.

Zur *Bindung* des DPMA an den Zurückweisungsbeschluss vgl § 47 Rdn 18 ff. Zurückweisungsbeschluss nach Beendigung des Erteilungsverfahrens durch Eintritt der Rücknahmefiktion des § 58 (3) wegen Nichtzahlung der Jahresgebühr ist nichtig, Aufhebung ist weder möglich noch erforderlich; zur Klarstellung ist dies durch insoweit nur deklaratorischen Beschluss festzustellen.[57]

Weiterbehandlung gemäß § 123a ist möglich, wenn die Zurückweisung auf einer vom DPMA gesetzten und versäumten Frist beruht.

---

50 BPatGE **53**, 158 = GRUR **13**, 101 *Führen eines Leiterpfades für eine Schiebetür* (Einspruchsverfahren); vgl BPatGE **52**, 296 (Ls) = BGH GRUR **11**, 851 *Werkstück* (gerichtl Löschungsbeschluss Gbm).
51 Prüfungsrichtl 2.8.2 BlPMZ **19**, 73 (Tabu Gewerbl. Rechtsschutz Nr 136).
52 BPatG, 17.06.19, 19 W (pat) 104/17 (erstmalige Einf von Widerrufsgrund); BPatG, 08.02.17, 20 W (pat) 58/13.
53 BPatG BeckRS **16**, 05 350.
54 BPatG BeckRS **15**, 15 560.
55 Vgl BPatGE **9**, 208; **14**, 38 u 209; **16**, 39; **18**, 30 u 68; **20**, 25; BlPMZ **72**, 284.
56 BPatG, 25.06.08, 10 W (pat) 25/06 BeckRS **08**, 14070.
57 BPatG, 12.02.01, 9 W (pat) 57/00.

§ 49 Patenterteilungsbeschluss und dessen Aussetzung

(1) Genügt die Anmeldung den Anforderungen der §§ 34, 37 und 38, sind nach § 45 Abs 1 gerügte Mängel der Zusammenfassung beseitigt und ist der Gegenstand der Anmeldung nach den §§ 1 bis 5 patentfähig, so beschließt die Prüfungsstelle die Erteilung des Patents.

(2) Der Erteilungsbeschluss wird auf Antrag des Anmelders bis zum Ablauf einer Frist von fünfzehn Monaten ausgesetzt, die mit dem Tag der Einreichung der Anmeldung beim Deutschen Patent- und Markenamt oder, falls für die Anmeldung ein früherer Zeitpunkt als maßgebend in Anspruch genommen wird, mit diesem Zeitpunkt beginnt.

Cornelia Rudloff-Schäffer

Übersicht

		Geltungsbereich	1
		Literatur	2
		Kommentierung zu § 49 PatG	
	I.	**Voraussetzungen der Patenterteilung**	3
	1	Anforderungen der §§ 34, 37 und 38	4
	2	Zusammenfassung nach § 36	5
	3	Patentfähigkeit	6
	4	Übereinstimmung mit dem Erteilungsantrag	7
	5	Keine Aussetzung	8
	6	Nichterfüllung des § 35 und des § 35a	9
	II.	**Erteilungsbeschluss**	10
	1	Erlass des Erteilungsbeschlusses	10
	2	Inhalt	12
	2.1	Adressat	12
	2.2	Tenor	13
	2.3	Begründung	14
	2.4	Allgemeine Erfordernisse	15
	3	**Bindung an den Erteilungsbeschluss**	16
	4	**Mangelhafte Erteilungsbeschlüsse**	17
	5	Berichtigung	21
	6	**Wirkung des Erteilungsbeschlusses**	22
	6.1	Rechtsnatur	22
	6.2	Wirksamwerden des Erteilungsbeschlusses	23
	6.3	Beginn der Wirkungen des Patents	28
	6.4	Heilung von Verfahrensmängeln	29
	6.5	Erteilungsbeschluss und Patentschrift	30
	6.6	Einspruchsfrist	31
	7	**Beschwerde gegen Erteilungsbeschluss**	32
	7.1	Beschwer	33
	7.2	Beschwerdefrist	34
	7.3	Beschwerdegebühr	35
	7.4	Beschwerdeberechtigung	36
	III.	**Aussetzung des Erteilungsbeschlusses nach § 49 (2)**	37

1 **Geltungsbereich:** § 49 ist durch Art 8 Nr 27 des 1. GPatG neu gefasst worden. Er ersetzt den § 30 PatG 1968, der zeitlich vor der Patenterteilung eine Bekanntmachung der Anmeldung vorsah, wenn die Anmeldung den vorgeschriebenen Anforderungen (§ 26 PatG 1968) genügte und das Patentamt die Erteilung eines Patents nicht für ausgeschlossen erachtete. Da das mit dem 1. GPatG eingeführte

nachgeschaltete Einspruchsverfahren sich an die Erteilung und nicht mehr wie früher an die Bekanntmachung anschließt, ist die Bekanntmachung der Anmeldung entfallen.
§ 49 gilt nach Art 12 (4) des **1. GPatG** für alle Anmeldungen mit Ausnahme der Anmeldungen, deren Bekanntmachung *vor* dem 1.1.1981 beschlossen worden ist. Für diese Anmeldungen gilt § 30 idF v 02.01.68 weiter. Das **2. PatGÄndG** hat durch Art 2 Nr 18 lediglich die Verweisung auf »§ 35« durch »§ 34« ersetzt. Durch Art 1 Nr 40 Buchstabe a des 2.PatMoG vom 10.08.21 (BGBl I S 3490) wurde die Bezeichnung »Patentamt« in Abs 2 durch die amtliche Bezeichnung »Deutsches Patent- und Markenamt« ersetzt.

Lit: Trüstedt, FS 5 Jahre BPatG, 1986, 109; **Lit in GRUR:** Schlitzberger 75, 567; Krabel 77, 204; Jung 86, 210; Goebel/Mößlinger 86, 633; Papke 86, 864; König 99, 809.

I. Voraussetzungen der Patenterteilung

sind die Erfüllung der allgemeinen Verfahrensvoraussetzungen (s Einl Rdn 41) sowie der besonderen Voraussetzungen gemäß § 49:

1 Anforderungen der §§ 34, 37 und 38

Vor einer Erteilung müssen vorliegen: **a)** Erfüllung der Anforderungen des § 34 und insbesondere der PatV (s § 34 Rdn 26 ff); **b)** Erfinderbenennung gemäß § 37; **c)** Anmeldung darf nicht unzulässig erweitert sein.

2 Zusammenfassung nach § 36

darf keine gemäß § 45 (1) gerügten, offensichtlichen Mängel aufweisen. Solche Mängel stehen aber einer Erteilung nicht entgegen, wenn die Zusammenfassung bereits in der OS veröffentlicht worden ist, weil sie dann nach § 32 (3) 3 nicht erneut in die PS aufgenommen werden muss. Will DPMA die Zusammenfassung gleichwohl auch in der PS veröffentlichen, so kann es die Beseitigung der gerügten Mängel verlangen.

3 Patentfähigkeit

des Gegenstands der Anmeldung iSd §§ 1 bis 5.

4 Übereinstimmung mit dem Erteilungsantrag

muss gegeben sein, da ein Patent nicht abweichend vom Haupt- oder Hilfsantrag erteilt werden kann (Antragsbindung s Einl Rdn 7, 206).[1] Jede Änderung der Unterlagen, die über nur geringfügige redaktionelle Korrekturen hinausgeht (zB bei Schreib- oder offensichtlichen grammatikalischen und sprachlichen Fehlern), wie etwa die Einfügung einer Rückbeziehung oder die Änderung des Titels der Beschreibung oder der Beschreibungsunterlagen, setzt das schriftliche Einverständnis des Anmelders voraus.[2] Kann dem Antrag nicht entsprochen werden, weil der Anmelder auf nicht gewährbaren Forderungen beharrt, so ist die Anmeldung insgesamt zurückzuweisen (s § 48 Rdn 8).

---

[1] BPatG, 17.05.04, 10 W (pat) 46/02; BGH BlPMZ 08, 12 = GRUR 07, 862 (III 3 a aa) *Informationsübermittlungsverfahren II*.
[2] BPatG, 06.04.20, 7 W (pat) 20/19 GRUR-RS 20, 12499; BPatG, 05.03.20, 7 W (pat) 1/19 GRUR-RR 20, 233; BPatG, 06.07.18, 7 W (pat) 9/18 BeckRS 18, 17799; BPatG, 09.07.18, 7 W (pat) 11/18 BeckRS 18, 17506; BPatG BeckRS 15, 19 492; Busse/Keukenschrijver § 48 Rn 14; Benkard/Schäfers § 49 Rn 2.

5 Keine Aussetzung

8 nach § 49 (2) (s Rdn 37).

6 Nichterfüllung des § 35 und des § 35a

9 Liegen die Voraussetzungen des § 35, auf den § 49 (1) nicht verweist, nicht vor, so kann der Anmeldung kein Anmeldetag zuerkannt werden (s § 35 Rdn 10 ff). Fehlt deutsche Übersetzung einer in fremder Sprache abgefassten Anmeldung, gilt sie nach § 35a (1) als zurückgenommen.[3] Daher kann in diesen Fällen kein Patent erteilt werden. Zur Behandlung von Anmeldungen, die § 35 nicht erfüllen, vgl § 35 Rdn 33 ff.; zu den Anforderungen an Übersetzungen s § 35a Rdn 11 ff.

II. Erteilungsbeschluss

1 Erlass des Erteilungsbeschlusses

10 erfolgt a) gemäß § 27 (2) durch die Prüfungsstelle, und zwar immer durch den Prüfer oder die Prüferin selbst. Eine Übertragung auf Beamte des gehobenen oder des mittleren Dienstes ist nach § 27 (5) 1 HS 2 nicht möglich (s § 27 Rdn 30); b) durch BPatG,[4] wenn ein Zurückweisungsbeschluss auf Beschwerde aufgehoben wird und eine Zurückverweisung nicht erforderlich ist (s § 79 Rdn 17 f). Die Erteilung kann mit Anordnungen verbunden sein, zB der Anpassung der Beschreibung an die gewährbaren Ansprüche[5]. Die Anweisung des BPatG, das nachgesuchte Patent zu erteilen, ist kein Erteilungsbeschluss,[6] sondern eine bloße ausführungsbedürftige Anweisung an die Prüfungsstelle.[7]

11 Formelle Bearbeitung der Akten im Rahmen der Patenterteilung, insbesondere formelle Bearbeitung der Erteilungsverfügung und Vorbereitung der elektronischen Publikation der Patentschrift, kann seit 01.01.08 nach § 1 (2) Nr 6 WahrnV auf Beamte des mittleren Dienstes oder vergleichbare Tarifbeschäftigte übertragen werden.[8]

2 Inhalt

12 **2.1 Adressat:** Im Beschluss ist der Name des berechtigten Anmelders oder der Name seines Rechtsnachfolgers anzugeben, wenn der Anmelder verstorben ist oder wenn vor Erlass die Übertragung der Anmeldung nachgewiesen ist. Eine Erteilung auf den unbekannten Erben des Anmelders ist nicht möglich (s § 34 Rdn 15).

13 **2.2 Tenor:** Die Beschlussformel muss die genaue Bezeichnung der Unterlagen enthalten, die der Erteilung zugrunde liegen, damit der Inhalt des Patents eindeutig bestimmt ist und der Anmelder feststellen kann, ob seinem Antrag entsprochen worden ist.[9] Die Unterlagen müssen aus elektronischer Akte eindeutig hervorgehen und sind Grundlage

---

3 Zur Änderung ab 2014 (Rücknahmefiktion) s Erl zu § 35a nF.
4 BGH BlPMZ 70, 161 (III1b) *Appreturmittel*; BPatGE **2**, 172.
5 BPatG BeckRS 14, 20 234.
6 BPatGE **3**, 113.
7 BPatGE **1**, 1, 4; Busse/Keukenschrijver § 49 Rn 13.
8 S Art 1 Nr 1 Buchst b bb) der 2. VO zur Änd WahrnV v 18.12.07, BGBl I S 3008 = BlPMZ **08**, 2.
9 BPatG BlPMZ **76**, 22.

für die Versendung der Abschrift an Beteiligte, ein Hinweis auf Erteilung »auf Hilfsantrag, mit den Unterlagen gemäß Anlage (Publikationsunterlagen)« genügt nicht.[10] Ein *Abweichen vom Haupt- oder Hilfsantrag* oder die Einfügung einer Rückbeziehung stellt eine Beschwer des Anmelders dar, sofern es sich nicht ganz ohne Zweifel um bloße redaktionelle Änderungen wie Schreibfehler oder sprachliche Unrichtigkeiten ohne jede sachliche Bedeutung handelt.[11]

2.3 Begründung ist gemäß § 47 (1) 4 nicht erforderlich, wenn nur Anmelder am Verfahren beteiligt ist und das Patent antragsgemäß erteilt wird. Die Prüfungsstelle kann aber nach ihrem Ermessen gleichwohl ihren Beschluss begründen, wenn sie das für angemessen erachtet, zB wegen der Bedeutung der Sache in der Öffentlichkeit. Begründung ist zwingend erforderlich, wenn gemäß einem Hilfsantrag erteilt wird,[12] nämlich für die Zurückweisung des Haupt- und aller vorrangigen Hilfsanträge (s Einl Rdn 206), es sei denn, der Anmelder hat schriftlich wirksam auf den Haupt- und seine vorrangigen Hilfsanträge verzichtet. Zu den Voraussetzungen eines Verzichts s § 34 Rdn 431 ff.   14

2.4 Allgemeine Erfordernisse für Beschlüsse, wie Form, Unterschrift bzw elektronische Signatur, Rechtsmittelbelehrung etc muss auch der Erteilungsbeschluss erfüllen (s § 47 Rdn 6). Fehlende Begründung oder Unterschrift des im Rahmen einer Anhörung verkündeten Erteilungsbeschlusses macht Beschluss durch Beschwerde angreifbar, aber nicht nichtig.[13]   15

3 Bindung an den Erteilungsbeschluss

tritt für DPMA mit dessen Verkündung oder Zustellung ein (s § 47 Rdn 18 ff). Nach diesem Zeitpunkt kann er nur aufgrund zulässiger Beschwerde im Wege der Abhilfe aufgehoben werden, und zwar auch dann, wenn der Prüfer seinen Beschluss für unrichtig hält, zB weil ihm neue Patenthindernisse bekannt werden. Während früher im schriftlichen Verfahren kurzfristige Eingaben des Anmelders bis zur Herausgabe des Beschlusses durch die Geschäftsstelle an den internen Dokumentenversand zur Zustellung an den Anmelder berücksichtigt werden konnten (s dazu Einl Rdn 77),[14] ist jetzt die Berücksichtigung im komplett elektronischen Patentverfahren ab dem Zeitpunkt der elektronischen Signierung des Beschlusses nicht mehr möglich. Erklärt der Anmelder daher nach diesem Zeitpunkt, dass er eine Änderung wünscht oder mit der vorgesehenen Fassung des Patents oder der Veröffentlichung der Patentierung nicht einverstanden ist, so kann das unbeachtet bleiben.   16

---

10 Zu den Anforderungen s BPatGE **54**, 94 = Mitt **14**, 132 *Modulanordnung*.
11 BPatG GRUR **83**, 366 = BlPMZ **83**, 182; BPatG, 26.02.04, 10 W (pat) 18/02 (Streichung von »vorzugsweise«); BPatG, 27.06.08, 10 W (pat) 35/06 (Änderungen in Beschreibung); BPatG, 23.10.08, 10 W (pat) 6/07 (ergänz Schutzzertifikat); BPatG, 31.10.12, 10 W (pat)12/10, BeckRS **12**, 24518; Busse/Keukenschrijver § 48 Rn 14 f; Benkard/Schäfers § 49 Rn 2.
12 BPatG BeckRS **12**, 16 906.
13 BPatG BeckRS **12**, 16 906.
14 BPatGE **40**, 259.

4 Mangelhafte Erteilungsbeschlüsse

17 **Widerruf eines Erteilungsbeschlusses** durch DPMA von Amts wegen ist grundsätzlich ausgeschlossen, selbst wenn er zu Unrecht ergangen sein sollte,[15] es sei denn, er ist nichtig (s Rdn 20). Das folgt aus der Bindung des DPMA an seinen Beschluss (s oben Rdn 16) und der Rechtsnatur des Erteilungsbeschlusses als eines begünstigenden Verwaltungsaktes, der nicht zu Lasten des Begünstigten von der Erteilungsbehörde von Amts wegen kassiert werden kann.

18 **Begünstigender Verwaltungsakt** (VA): Die Patenterteilung ist ein VA mit Doppelwirkung: Sie begünstigt den Patentinhaber und sie belastet die Wettbewerber. Die Patenterteilung steht daher wie jeder VA unter Gesetzesvorbehalt, das heißt, es muss für sie eine Rechtsgrundlage geben. Die Überprüfung der Rechtmäßigkeit ist gesetzlich auf die Gründe beschränkt, auf die ein Dritter einen Einspruch oder eine Nichtigkeitsklage stützen kann. Andere Gründe, die nicht unter §§ 21, 22 PatG fallen, kann ein Dritter gegen die Rechtmäßigkeit nicht geltend machen, so zB a) eine Patenterteilung auf eine anhängig gewesene Anmeldung, die aber vor der Erteilung bereits zurückgenommen worden war[16] oder die kraft einer gesetzlichen Fiktion als zurückgenommen galt;[17] b) eine sachlich zu Unrecht gewährte Wiedereinsetzung;[18] c) Erteilung eines Zusatzpatents, obwohl Hauptanmeldung bereits vorher zurückgewiesen war.[19]

19 Im Rahmen der Prüfung eines gesetzlich zugelassenen Einspruchs- oder Nichtigkeitsgrundes können alle Fragen geprüft werden, die für die Entscheidung über den geltend gemachten Grund vorgreiflich sind, so zB die wirksame Inanspruchnahme einer Priorität[20] oder der zutreffende Zeitrang der Anmeldung.[21]

20 **Nichtiger Erteilungsbeschluss** liegt vor, wenn dieser an einem besonders schwerwiegenden Fehler leidet und seine Fehlerhaftigkeit für jeden Dritten bei verständiger Würdigung der Umstände klar zutage liegt.[22] Da ein nichtiger Erteilungsbeschluss unwirksam ist (§ 43 (3) VwVfG), kann er zur Klarstellung und Beseitigung des unrichtigen Rechtsscheins durch Widerruf beseitigt werden, so zB bei Erteilung durch eine absolut unzuständige Person (Schreibkraft) oder Erteilung auf eine nie existent gewesene Anmeldung.

5 Berichtigung

21 des Erteilungsbeschlusses durch Beschluss des Prüfers, nicht der Patentabteilung, ist in entsprechender Anwendung des § 95 PatG zulässig (s § 47 Rdn 21). Ist nur die (jetzt elektronische) Abschrift des Erteilungsbeschlusses fehlerhaft, so wird kein Berichti-

---

15 Prüfungsrichtl 2.8.1 BlPMZ **19**, 73 (Tabu Gewerbl. Rechtsschutz Nr 136).
16 Abw BPatGE **10**, 140 bei Rücknahme einer WZ-Anmeldung und BPatGE **44**, 209 (II1) bei Rücknahme einer Gbm-Anmeldung.
17 BPatG BlPMZ **84**, 380.
18 BGH GRUR Int **60**, 506, 507 *Schiffslukenverschluss*; BGH GRUR **03**, 47 (II3b) *Sammelhefter I*.
19 BPatG Mitt **91**, 159.
20 BPatGE **28**, 31 = GRUR **86**, 607 *Schallsonde*.
21 BGH GRUR **00**, 1018 *Sintervorrichtung* (Gbm); **03**, 47 (II3b) *Sammelhefter I*.
22 BPatG BeckRS **12**, 16 906.

gungsbeschluss, sondern nur eine neue Abschrift erstellt. Der Berichtigungsbeschluss setzt keine neue Beschwerdefrist in Gang, es sei denn, der Anmelder wird durch den Beschluss erstmals beschwert.

6 Wirkung des Erteilungsbeschlusses

6.1 Rechtsnatur: Die Patenterteilung ist ein begünstigender Verwaltungsakt (s Rdn 17). Vom Zeitpunkt seines Wirksamwerdens kann er nicht mehr aufgehoben werden (s Rdn 16). Der Beschluss bestimmt den Inhalt des Patents. 22

6.2 Wirksamwerden des Erteilungsbeschlusses tritt im deutschen Recht wie für jeden Beschluss auch für den Erteilungsbeschluss mit seiner Verkündung oder im schriftlichen Verfahren mit seiner Zustellung ein (s § 47 Rdn 32). 23

Zäsurwirkung kommt dem Erteilungsbeschluss insofern zu, als mit seinem wirksamen Erlass das Erteilungsverfahren beendet wird und eine Bindung für DPMA und BPatG, die ihn erlassen haben, wie für den Anmelder eintritt.[23] Im schriftlichen Verfahren tritt die Bindung bereits mit der elektronischen Bereitstellung zum Postversand nach elektronischer Signierung des Beschlusses ein. Zur Bindung im Einzelnen s oben Rdn 16 und § 47 Rdn 18. 24

Die Zäsurwirkung bedeutet positiv, dass ein Patent im Umfang des Tenors erteilt ist, und negativ, dass auf sonstige Gegenstände, die die Anmeldung enthielt, kein Patent erteilt ist. Ist antragsgemäß erteilt worden, kann der Patentinhaber später nicht mehr auf den nicht erteilten Überschuss zurückgreifen. Das bedeutet, dass der Patentinhaber auf ursprünglich zwar Offenbartes, aber nicht Erteiltes nicht mehr zurückkommen kann. Die Aufnahme von ursprünglich offenbartem, aber nicht Patentiertem in das Patent in einem späteren Einspruchsverfahren würde eine unzulässige Erweiterung des Schutzbereichs des Patents gemäß § 22 (1) darstellen. 25

Eine Durchbrechung der Zäsurwirkung sah die Rechtsprechung zu § 60 aF nur für den Fall der Teilung des Patents vor. Für die aus der Teilung entstehende Teilanmeldung konnte bis zur Aufhebung des § 60 (dh bis 30.06.06) nämlich der gesamte ursprüngliche Offenbarungsgehalt ausgeschöpft werden (vgl dazu Schulte 8. Aufl, § 60 aF Rn 41 ff). 26

Anhängigkeit der Anmeldung wird durch das Wirksamwerden des Erteilungsbeschlusses nicht berührt, denn sie endet erst mit der formellen Rechtskraft des Erteilungsbeschlusses nach Ablauf der Rechtsmittelfrist,[24] so dass eine Anmeldung noch bis zu diesem Zeitpunkt – auch im Rechtsbeschwerdeverfahren vor BGH – wirksam zurückgenommen werden kann.[25] 27

6.3 Beginn der Wirkungen des Patents tritt nach § 58 (1) 3 mit der Veröffentlichung der Erteilung im Patentblatt (Teil 3a) ein, nicht etwa erst mit Ablauf der Einspruchs- 28

---

23 BPatGE 18, 27, 29; 25, 147, 150; 26, 36, 38; 32, 259, 263; 40, 259, 263; Mitt 84, 173.
24 BGH Mitt 85, 52 *Zurücknahme der Patentanmeldung;* BPatGE 33, 171; 38, 195.
25 BGH Mitt 85, 52; GRUR 99, 571 (II1b bb) *Künstliche Atmosphäre:* »Nach Wirksamwerden des Erteilungsbeschlusses kann der Patentinhaber das entstandene Patent nur nach § 20 (1) mit Wirkung für die Zukunft aufgeben«. Gemeint ist hier wohl das *rechtskräftige* Wirksamwerden.

frist.²⁶ Auf die unverzügliche Vornahme der Veröffentlichung hat der Anmelder Anspruch. Eine Ablehnung der Veröffentlichung, weil zB der Erteilungsbeschluss zu Unrecht ergangen ist, wäre rechtswidrig.

29 **6.4 Heilung von Verfahrensmängeln:** Als begünstigender Verwaltungsakt heilt die Patenterteilung grundsätzlich alle Mängel des Erteilungsverfahrens (s oben Rdn 17).

30 **6.5 Erteilungsbeschluss und Patentschrift:** Allein der Erteilungsbeschluss bestimmt den Inhalt des Patents.²⁷ Daher müssen die Unterlagen (insbes Anspruchsfassung, Beschreibung), die der Erteilung zugrunde liegen, in dem Beschluss genau bezeichnet werden.²⁸ Eine davon abweichende Patentschrift verleiht keine darüber hinausgehenden Rechte, vielmehr ist die PS durch Berichtigung mit dem Erteilungsbeschluss in Übereinstimmung zu bringen. Die veröffentlichte PS gehört aber mit ihrem vom Beschluss abweichenden Inhalt zum Stand der Technik. Zur Beschleunigung der Publikation der Patentschrift kann Anmelder noch vor Ablauf der einmonatigen Beschwerdefrist Rechtsmittelverzicht erklären.

31 **6.6 Einspruchsfrist** beginnt nicht mit dem Wirksamwerden des Erteilungsbeschlusses, sondern nach § 59 (1) 1 am Tag der Veröffentlichung der Erteilung gemäß § 58 (1) 1 im Patentblatt. Die seit 01.04.14 neunmonatige²⁹ (früher dreimonatige) Einspruchsfrist schiebt das Wirksamwerden des Erteilungsbeschlusses nicht auf deren Ablauf hinaus.³⁰

Der Erteilungsbeschluss wird rechtskräftig, wenn innerhalb der Einspruchsfrist kein Rechtsmittel eingegangen ist.

7 Beschwerde gegen Erteilungsbeschluss

32 ist – wenn das Patent antragsgemäß erteilt wurde – mangels Beschwer unzulässig.³¹ Eine Beschwerde ist daher auch dann unzulässig, wenn der Anmelder sich wegen neu aufgefundenen Materials weiter einschränken möchte. Das kann der Patentinhaber im Verfahren nach § 64 erreichen.

33 **7.1 Beschwer** liegt ausnahmsweise vor, a) wenn vom Antrag abgewichen wurde, es sei denn, die Abweichungen sind rein redaktioneller Art;³² b) wenn der Anmelder sich zwar zB in einer Anhörung mündlich mit einer Änderung einverstanden erklärt hatte, diese aber nicht auf den geänderten Unterlagen schriftlich bestätigt;³³ c) wenn der Beschluss die Unterlagen für die Erteilung unvollständig bezeichnet;³⁴ d) wenn das Patent zwar mit den Ansprüchen gemäß Antrag erteilt wird, in der Beschreibung aber

---

26 BGH BlPMZ **97**, 320 (II2b) *Vornapf*.
27 BPatG, 07.11.18, 7 W (pat) 16/18.
28 BPatG BeckRS **13**, 21 076; BPatG BeckRS **13**, 21 023; BPatG BeckRS **13**, 21 075; BeckRS **13**, 07 949; Busse/Keukenschrijver § 49 Rn 9.
29 Die dreimonatige Einspruchsfrist in § 59 (1) 1 wurde durch Art 1 Nr 18 Buchstabe a) PatNovG mit Wirkung ab 01.04.14 auf 9 Monate verlängert (s Begr zu Art 1 Nr 17, BT-Drs 17/10 308).
30 BGH BlPMZ **97**, 320 (II2b) *Vornapf*.
31 BPatGE **25**, 7; BlPMZ **83**, 1184; BPatG, 18.10.95, 4 W (pat) 52/95.
32 BPatGE **25**, 29; BPatG, 30.03.06, 10 W (pat) 42/05.
33 BPatG, 07.11.18, 7 W (pat) 16/18; BPatGE **25**, 141 = BlPMZ **84**, 137; Prüfungsrichtl 2.6.3, BlPMZ **19**, 73 (Tabu Gewerbl. Rechtsschutz Nr 136).
34 BPatGE **18**, 27, 28.

Änderungen vorgenommen sind, die zu einer einschränkenden Auslegung der Ansprüche führen können, zB durch Streichung von Beispielen, oder denen Anmelder ausdrücklich widersprochen hat;[35] **e)** wenn der Erteilungsbeschluss Feststellungen enthält, die als Beschränkung des Schutzbereichs verstanden werden können, ohne dass der Anmelder damit einverstanden war,[36] zB Ausschluss von Elementenschutz oder Beschränkung des Schutzbereichs auf die Kombination;[37] **f)** wenn der Anmelder Aussetzung gemäß § 49 (2) beantragt hatte;[38] **g)** wenn der Erteilungsbeschluss inhaltliche Mängel aufweist, zB weil er die Unterlagen, die der Erteilung und Publikation des Patents zugrunde gelegt wurden, nicht genau bezeichnet.[39]

7.2 Beschwerdefrist beginnt nach § 73 (2) 1 immer mit der Zustellung des Erteilungsbeschlusses, auch wenn dieser in einer Anhörung oder mündlichen Verhandlung verkündet worden ist. Wiedereinsetzung in die versäumte Beschwerdefrist ist möglich, kann aber von der Prüfungsstelle nur gewährt werden, wenn sie den angefochtenen Erteilungsbeschluss auf Beschwerde im Wege der Abhilfe aufhebt. Sonst hat sie die Beschwerde vorzulegen, sie kann insbesondere nicht eine beantragte Wiedereinsetzung ablehnen.[40]

7.3 Beschwerdegebühr in Höhe von 200 Euro ist seit 01.01.02 für Beschwerde gegen Erteilungsbeschluss zu zahlen.[41]

7.4 Beschwerdeberechtigung gegen Erteilungsbeschluss besitzt grundsätzlich nur der Anmelder, der die Anmeldung eingereicht und durch Eintragung im Register nach § 30 legitimiert ist.[42] Der Klageantrag eines Dritten auf Veröffentlichung einer geänderten Patentschrift zielt auf Änderung des Erteilungsbeschlusses und ist mangels Beteiligtenstellung nach § 74 unzulässig (Ausnahme: §§ 74 (2), 77). Dies gilt selbst dann, wenn Dritter einen Prüfungsantrag gestellt hat.[43] Nur in besonders gelagerten Ausnahmefällen wie etwa einer unzulässigen Schmähung eines Dritten durch Angaben in der Beschreibung ohne Sachzusammenhang mit Erfindung ist eine Beschwerdeberechtigung denkbar.[44]

III. Aussetzung des Erteilungsbeschlusses nach § 49 (2)

ermöglicht dem Anmelder, seine Erfindung in den Nicht-PVÜ-Staaten anzumelden, in denen eine vorherige Veröffentlichung des Erteilungsbeschlusses in Deutschland

---

35 BGH BlPMZ **82**, 224 *Polyesterimide*; BPatG, 18.06.08, 10 W (pat) 46/06, BeckRS **08**, 13126 (Streichung von ganzen Textpassagen); BPatG, 27.06.08, 10 W (pat) 35/06 BeckRS **08**, 14133.
36 BPatG, 26.02.04, 10 W (pat) 18/02 BeckRS **11**, 27924.
37 BPatGE **28**, 188 = BlPMZ **87**, 157.
38 BPatGE **26**, 36 = BlPMZ **84**, 194.
39 BPatG BeckRS **13**, 21 076; BPatG BeckRS **13**, 21 023; BPatG BeckRS **13**, 21 075; BPatG BeckRS **13**, 07 949.
40 BPatGE **25**, 119.
41 Anl zu § 2 (1) PatKostG, Gebührenverzeichnis Nr 401 300 (Tabu Gewerbl. Rechtsschutz Nr 340).
42 BPatGE **52**, 256 *Aufreißdeckel*, im Anschl an BGH GRUR **10**, 253 *Fischdosendeckel*; Heinemann InTeR **13**, 119.
43 BPatGE **52**, 256 *Aufreißdeckel*.
44 BPatGE **52**, 256 *Aufreißdeckel*.

neuheitsschädlich sein könnte.[45] Sie ist auf **Antrag**, der keiner Begründung bedarf, bis zu maximal 15 Monaten seit dem Prioritäts- oder Anmeldetag zu gewähren. Antrag erst nach Verkündung des Erteilungsbeschlusses am Ende der Anhörung oder nach elektronischem Versand bzw. Zustellung, aber vor Publikation, ist verspätet und damit unzulässig; Verlängerung der gesetzlichen Frist ist nicht möglich.

38 **Wirkung:** Vor Ablauf der Aussetzungsfrist kann DPMA die Patenterteilung nicht beschließen.[46] Während der Aussetzung kann also der Beschluss lediglich vorbereitet werden, damit er nach Ablauf der Frist sogleich zugestellt werden kann. Dabei müssen alle vorher eingegangenen Eingaben berücksichtigt werden. Beantragt der Anmelder eine weitere Aussetzung, so ist das unbeachtlich, es sei denn, in dem Widerspruch gegen den Erlass des Patenterteilungsbeschlusses liegt ein Verzicht oder eine Rücknahme der Anmeldung[47] (s § 34 Rdn 431, 454). Erst nach Zustellung des Erteilungsbeschlusses erfolgt die Veröffentlichung der Patenterteilung – und der Patentschrift (§ 32) – im elektron Patentblatt (§ 58 (1) 1) und im elektron Register (§ 30).

§ 49a Prüfung für ergänzendes Schutzzertifikat

(1) Beantragt der als Patentinhaber Eingetragene einen ergänzenden Schutz, so prüft die Patentabteilung, ob die Anmeldung der entsprechenden Verordnung der Europäischen Gemeinschaften sowie dem Absatz 5 und dem § 16a entspricht.

(2) ¹Genügt die Anmeldung diesen Voraussetzungen, so erteilt die Patentabteilung das ergänzende Schutzzertifikat für die Dauer seiner Laufzeit. ²Andernfalls fordert sie den Anmelder auf, etwaige Mängel innerhalb einer von ihr festzusetzenden, mindestens zwei Monate betragenden Frist zu beheben. ³Werden die Mängel nicht behoben, so weist sie die Anmeldung durch Beschluss zurück.

(3) Soweit eine Verordnung der Europäischen Gemeinschaften die Verlängerung der Laufzeit eines ergänzenden Schutzzertifikats vorsieht, gelten die Absätze 1 und 2 entsprechend.

(4) Die Patentabteilung entscheidet durch Beschluss über die in Verordnungen der Europäischen Gemeinschaften vorgesehenen Anträge,
1. die Laufzeit eines ergänzenden Schutzzertifikats zu berichtigen, wenn der in der Zertifikatsanmeldung enthaltene Zeitpunkt der ersten Genehmigung für das Inverkehrbringen unrichtig ist;
2. die Verlängerung der Laufzeit eines ergänzenden Schutzzertifikats zu widerrufen.

(5) ¹§ 34 Abs 6 ist anwendbar. ²Die §§ 46 und 47 sind auf das Verfahren vor der Patentabteilung anzuwenden.

Jürgen Schell

---

45 Vgl amtl Begr zum PatÄndG BlPMZ **67**, 258 lSp.
46 BPatGE **26**, 36 = BlPMZ **84**, 194.
47 BGH BlPMZ **65**, 324 (II3) *Aussetzung der Bekanntmachung* zù § 30 (4) aF.

Prüfung für ergänzendes Schutzzertifikat/
extension of term
§ 49a

Übersicht

	Geltungsbereich	1
	Verordnungen der Europäischen Gemeinschaften	2
	Europäisches Patentrecht	4
	Literatur	5
	Kommentierung zu § 49a PatG	
1	Zuständigkeit	6
2	Voraussetzungen für die Erteilung eines ergänzenden Schutzzertifikats	7
2.1	Antrag	8
2.2	Formelle Anmeldeerfordernisse	10
2.3	Frist	15
2.4	Gebühr für die Anmeldung	21
2.5	Sachliche Prüfung	22
3	Verfahren vor der Patentabteilung	23
3.1	Zwischenbescheid; Mängelbeseitigung	23
3.2	Zurückweisung der Anmeldung	31
3.3	Erteilung des ergänzenden Schutzzertifikats	32
3.4	Laufzeit	36
3.5	Laufzeitverlängerung für Kinderarzneimittel	39
3.6	Widerruf der Verlängerung der Laufzeit	46
3.7	Veröffentlichung	47
3.8	Antrag auf Widerruf des Schutzzertifikats	48
4	Rechtsbehelfe	49
4.1	Beschwerde	49
4.2	Antrag auf Berichtigung der Laufzeit	50

Geltungsbereich: § 49a wurde durch Art 1 Nr 4 des 1. PatGÄndG v 23.3.93 mit Wirkung vom 1.4.93 eingefügt. Art 2 Nr 19 des 2. PatGÄndG hat die Verweisung in § 49a (3) 1 auf früher »§ 35 Abs 4« durch »§ 34 Abs 7« ersetzt. Durch das 2. Bereinigungsgesetz BMJ ist die Verweisung auf Abs 4 gestrichen worden.
Kostenregelungsbereinigungsgesetz v 13.12.01: (BGBl I 3656 = BlPMZ 02, 14): Art 7 Nr 22 hat § 49a (4) aF aufgehoben, nachdem die Gebühr in das PatKostG (abgedruckt im Anhang 15) übernommen wurde.
PatRModG: Art 1 Nr 4 des Gesetzes zur Vereinfachung und Modernisierung des Patentrechts v 31.07.09 (BGBl I S 2521) hat in § 49a (1) neue Absätze 3 und 4 eingefügt. Durch den neuen Abs 4 wird das bisherige Verfahrensrecht um das Verfahren zur Verlängerung der Laufzeit, zum Widerruf der Laufzeitverlängerung und zur Laufzeitberichtigung erweitert (Amtl Begr BT-Drs 16/11 339 S 19, BlPMZ 09, 307 ff).
§ 49a gilt für deutsche, europäische (Art II § 6a IntPatÜG) und für nach § 4 ErstrG erstreckte DD-Patente.[1]

Verordnungen der Europäischen Gemeinschaften 2
1. **EG-V Nr 469/2009** v 6.5.2009 über das ergänzende Schutzzertifikat für Arzneimittel (AMVO), kodifizierte Fassung, abgedruckt im Anhang 1 zu § 16a = Tabu Gewerbl. Rechtsschutz Nr 696 f), die die Vorläuferfassung **EWG-V Nr 1768/92** nahezu unverändert ersetzt hat;
2. **EG-V Nr 1610/96** v 23.07.96 über die Schaffung eines ergänzenden Schutzzertifikats für Pflanzenschutzmittel (PSMVO), abgedruckt im Anhang 2 zu § 16a = Tabu Gewerbl. Rechtsschutz Nr 696p).
3. Außerdem ist die Möglichkeit der Verlängerung von Schutzzertifikaten für Arzneimittel durch die **EG-V Nr 1901/2006** des Europäischen Parlaments und des Rates vom 12.12.2006 über Kinderarzneimittel und zur Änderung der Verordnung (EWG) Nr 1768/92, der Richtlinien

---

[1] Im Jahr 2013 waren noch einige wenige Schutzzertifikate zu DD-Patenten in Kraft.

§ 49a *Prüfung für ergänzendes Schutzzertifikat/ extension of term*

2001/20/EG und 2001/83/EG sowie der Verordnung (EG) Nr 726/2006 (Kinder-AMVO, ABl L 378 S 1 = Tabu Gewerbl. Rechtsschutz Nr 696g) eingeführt worden.
Diese Verordnungen gelten unmittelbar in jedem Mitgliedstaat. Sie haben Vorrang vor nationalstaatlichen Regelungen des Verfahrens, die ergänzend neben die EU-Regelungen treten können, mit ihnen aber nicht in Widerspruch stehen dürfen.

3 Art 36 Kinder-AMVO lautet:
(1) Beinhaltet ein Genehmigungsantrag nach Artikel 7 oder 8 die Ergebnisse sämtlicher Studien, die entsprechend einem gebilligten pädiatrischen Prüfkonzept durchgeführt wurden, so wird dem Inhaber des Patents oder des ergänzenden Schutzzertifikats eine sechsmonatige Verlängerung des Zeitraums nach Artikel 13 Absätze 1 und 2 der Verordnung (EWG) Nr 1768/922 gewährt.
Unterabsatz 1 gilt auch, wenn die Ausführung des gebilligten pädiatrischen Prüfkonzepts nicht zur Genehmigung einer pädiatrischen Indikation führt, die Studienergebnisse jedoch in der Zusammenfassung der Merkmale des Arzneimittels und gegebenenfalls in der Packungsbeilage des betreffenden Arzneimittels wiedergegeben werden.
(2) Die Aufnahme der Erklärung nach Artikel 28 Absatz 3 in eine Genehmigung dient der Anwendung von Absatz 1 des vorliegenden Artikels.
(3) Bei der Anwendung der Verfahren der Richtlinie 2001/83/EG wird die sechsmonatige Verlängerung des Zeitraums nach Absatz 1 nur dann gewährt, wenn das Arzneimittel in allen Mitgliedstaaten zugelassen ist.
(4) Die Absätze 1, 2 und 3 gelten für Arzneimittel, die durch ein ergänzendes Schutzzertifikat nach der Verordnung (EWG) Nr 1768/92 oder durch ein Patent, das für ein ergänzendes Schutzzertifikat in Frage kommt, geschützt sind. Sie gelten nicht für Arzneimittel, die nach der Verordnung (EG) Nr 141/2000 als Arzneimittel für seltene Leiden ausgewiesen sind.
(5) Führt ein Antrag nach Artikel 8 zur Genehmigung einer neuen pädiatrischen Indikation, so gelten die Absätze 1, 2 und 3 nicht, wenn der Antragsteller eine einjährige Verlängerung der Schutzfrist für das betreffende Arzneimittel beantragt und erhält, weil die neue pädiatrische Indikation im Sinne des Artikels 14 Absatz 11 der Verordnung (EG) Nr 726/2004 oder des Artikels 10 Absatz 1 letzter Unterabsatz der Richtlinie 2001/83/EG von bedeutendem klinischen Nutzen im Vergleich zu den bestehenden Therapien ist.

4 **Europäisches Patentrecht:** § 49a gilt gemäß Art II § 6a IntPatÜG auch für mit Wirkung für Deutschland erteilte europäische Patente.[2]
Mit der **Akte zur Revision von Art 63 EPÜ** vom 17.12.1991 (ABl EPA **92**, 1) ist in Art 63 (2) EPÜ eine Ermächtigungsnorm zur Verlängerung der Laufzeit für solche Patente eingefügt worden, die ein Erzeugnis oder ein Verfahren zur Herstellung oder eine Verwendung eines Erzeugnisses zum Gegenstand haben, das einem gesetzlich vorgeschriebenen Genehmigungsverfahren unterliegt. Davon wurde durch die EU mit den unter Rdn 2 genannten Verordnungen Gebrauch gemacht.

5 **Lit:** Siehe § 16a Rdn 5.
Ausführliche Informationen des DPMA:
Richtlinien für das Prüfungsverfahren bei ergänzenden Schutzzertifikaten v 23.01.15 (PrüfungsRL) = BlPMZ **15**, 65 = Tabu Gewerbl. Rechtsschutz Nr 140; sowie unter http://www.dpma.de/patent/formulare
Merkblatt zum Anmeldeformular für ergänzende Schutzzertifikate: unter http://www.dpma.de/patent/formulare = Tabu Gewerbl. Rechtsschutz Nr 141
Merkblatt zum Antragsformular auf Verlängerung der Laufzeit eines ergänzenden Schutzzertifikats: unter http://www.dpma.de/patent/formulare = Tabu Gewerbl. Rechtsschutz Nr 142.

1 Zuständigkeit

6 für die Prüfung eines Antrags auf ergänzenden Schutz liegt nach § 49a (1) bei der Patentabteilung iSd § 27 (1) Nr 2[3] (obwohl § 16a (2) den § 27 nicht für entsprechend

---

2 Amtl Begr zu Art 2 des 1. PatGÄndG BlPMZ **93**, 205, 212.
3 Amtl Begr zum 1. PatGÄndG zu Nr 4 unter 1, BlPMZ **93**, 205.

anwendbar erklärt),[4] da diese für erteilte Patente zuständig ist. Die Zuständigkeit richtet sich nach der IPC-Hauptklasse des Grundpatents. § 27 (3) und (4) ist entsprechend anzuwenden,[5] so dass die Patentabteilung bei Mitwirkung von mindestens drei Mitgliedern beschlussfähig ist, unter denen sich nicht wie im Einspruchsverfahren zwei technische Mitglieder befinden müssen. In analoger Anwendung des § 27 (4) kann der Vorsitzende alle Angelegenheiten allein bearbeiten, mit Ausnahme der Erteilung des Schutzzertifikats und der Zurückweisung der Anmeldung.

2 Voraussetzungen für die Erteilung eines ergänzenden Schutzzertifikats

sind parallel geregelt in den beiden EG-Verordnungen, der **Verordnung (EG) Nr 469/ 2009 v 6.5.2009** über die Schaffung eines ergänzenden Schutzzertifikats für Arzneimittel (**AMVO**) und der **Verordnung (EG) Nr 1610/96 v 23.07.96** über die Schaffung eines ergänzenden Schutzzertifikats für Pflanzenschutzmittel (**PSMVO**) sowie in den §§ 16a, 49a (2), (5) und in den §§ 19 bis 21 PatV. Für das Verfahren zur Erteilung eines ergänzenden Schutzzertifikats verweist § 49a (5) auf die entsprechende Anwendung des Verfahrensrechts der Patenterteilung. Die Erteilungsvoraussetzungen ergeben sich unmittelbar aus der **AMVO** und der **PSMVO**.

2.1 Antrag

des Inhabers des Grundpatents oder seines Rechtsnachfolgers ist erforderlich, da nur diesem nach Art 6 der Verordnungen das Recht auf das Schutzzertifikat zusteht. Nicht anmeldeberechtigt sind dagegen der Lizenznehmer sowie der Inhaber der arznei- bzw pflanzenschutzmittelrechtlichen Genehmigung, wenn er nicht gleichzeitig Inhaber des Grundpatents ist.[6]

Der Antrag ist schriftlich (s Einl Rdn 352) und gemäß § 19 (1) PatV auf dem vorgeschriebenen Vordruck[7] beim DPMA zu stellen. Die Entgegennahme durch ein Patentinformationszentrum ist nicht möglich (§§ 16a, 49a verweisen nicht auf § 34 (2)); Anlagen sind in einfacher Ausfertigung beizufügen. Ein Auswärtiger iSd § 25 bedarf gemäß § 16a (2) iVm § 25 eines Inlandsvertreters. § 4 (2) Nr 1, 4 und 5 PatV sowie § 14 (1), (3) bis (5) sind nach § 19 (1) 2 PatV entsprechend anzuwenden.

Reicht ein Antragsteller mehrere ESZ-Anmeldungen für unterschiedliche, aber durch dasselbe Patent geschützte Erzeugnisse ein, obliegt ihm die Entscheidung, ob eine – bzw welche – dieser Anmeldungen von der Patentabteilung vorrangig bearbeitet werden soll.[8]

---

4 Amtl Begr zum 1. PatGÄndG zu Nr 1i, BlPMZ **93**, 205.
5 IdS auch Busse/Maute, PatG, 9. Aufl 2020, Anh § 16a, Rn 138; Brückner, ESZ 3. Aufl 2020, Art 10, Rn 7 ff.
6 IdS auch Schennen, Art 6, Nr 4c; Markgraf, ESZ § 3 Art 13 Rn 16.
7 Formblatt P 2008/1.14, unter http://www.dpma.de/patent/formulare.
8 Vgl dazu Schlussanträge des Generalanwalts Jääskinen in der Rechtssache C-484/12 Georgetown II, Rn 43 ff = BeckRS **2013**, 82 167 = BeckEuRS **2013**, 741 845; da es in dem genannten Vorlagefall nicht auf diese Frage ankam, hat sie der Gerichtshof zur Klärung dem Generalanwalt zugewiesen.

2.2 Formelle Anmeldeerfordernisse:

10 Im Erteilungsverfahren sind Ermittlungen von Amts wegen nur im Einzelfall vorgesehen,[9] etwa nach Hinweisen Dritter, die gemäß der Sachaufklärungspflicht des DPMA zu berücksichtigen sind, wenn dadurch der Aufklärung der Sache mit Aussicht auf Erfolg erwartet werden kann[10] (s § 46 Rdn 5). Im Übrigen ist das Amt im Hinblick auf die für das Erteilungsverfahren maßgeblichen Angaben weitgehend auf die vom Anmelder eingereichten Informationen angewiesen. In diesem Zusammenhang bleibt zu beachten, dass den Anmeldern insoweit eine **Wahrheits- und Offenlegungspflicht** obliegt[11] (s § 124). Dies gilt in besonderem Maße für marktbeherrschende Unternehmen.[12] Der EuGH hat klargestellt, dass sie sämtliche einschlägigen Informationen offenlegen müssen, um es dem Patentamt zu ermöglichen, in voller Kenntnis der Sachlage zu entscheiden.[13] Die bewusste Übermittlung irreführender Informationen gegenüber dem DPMA oder den Gerichten zur Erlangung eines ESZ bzw einer längeren Schutzdauer eines ESZ, um auf diese Weise den Marktzutritt von Generika zu verhindern oder hinauszuzögern, ist rechtsmissbräuchlich und wettbewerbsbeschränkend.[14]

11 **Angaben, die zwingend in der Anmeldung enthalten sein müssen, sind:**[15]
Name und Anschrift (Postfach unzureichend) des Anmelders sowie eines etwaigen **Vertreters** (§ 19 Abs 1 Satz 2 iVm § 4 Abs 2 Nr 1, 4 und 5 PatV), die **Nummer und Bezeichnung des Grundpatents** mit der **Bezeichnung der Erfindung** (Art 8 (1) a) i)-iii)).

12 Eine **gültige Genehmigung für das Inverkehrbringen** des Erzeugnisses als Arzneimittel oder Pflanzenschutzmittel in Deutschland muss zum Zeitpunkt der Einreichung der Anmeldung eines ergänzenden Schutzzertifikats bereits vorliegen.[16] Anzugeben sind: **Nummer, Zeitpunkt** und **Gültigkeit der Genehmigung**; ist die deutsche Zulassung nicht die erste Genehmigung in der EU bzw EWR, so müssen Nummer, Zeitpunkt und Gültigkeit der früheren ersten Genehmigung angegeben werden (Art 8 (1) a Ziffer iv der Verordnungen). Nach Art 8 (1) b ist eine **Kopie der Genehmigung** beizufügen, wobei hinsichtlich einer auswärtigen früheren (ersten) Genehmigung eine Kopie der betreffenden Stelle des amtlichen Mitteilungsblattes ausreicht.
Handelt es sich bei der ersten Genehmigung um eine **zentrale europäische Zulassung** durch die EU-Kommission auf der Grundlage der Verordnung (EG) Nr 726/2004[17] (zuvor Verordnung (EWG) Nr 2309/93), so ist diese Genehmigung anzugeben,

---

9 PrüfungsRL 3.3.1.3 BlPMZ 15, 65, 70.
10 Schennen, S 69 Art 10 Rn 8; Markgraf, ESZ § 3 Art 10 Rn 8.
11 Vgl auch Schennen, S 69 Art 10 Rn 8.
12 Vgl hierzu Besen, PharmR 13, 226; Seitz EuZW 13, 377.
13 EuGH PharmR 13, 8, Rn 95 *AstraZeneca AB ua/Europäische Kommission* = BeckRS 2012, 82 567.
14 EuGH PharmR 13, 8, Rn 98 *AstraZeneca AB ua/Europäische Kommission* = BeckRS 2012, 82 567.
15 PrüfungsRL 3.2.1 = BlPMZ 15, 65, 67 = Tabu Gewerbl. Rechtsschutz Nr 140.
16 *EuGH* GRUR Int 13, 1129, Rn 43 *Sumitomo Chemicals/Clothianidin*
17 Vom 31.3.2004 zur Festlegung von Gemeinschaftsverfahren für die Genehmigung und Überwachung von Human- und Tierarzneimitteln und zur Errichtung einer Europäischen Arzneimittel-Agentur (ABl L 13 S 1).

da sie in jedem EU-Mitgliedstaat gültig ist und eine nationale Zulassung ersetzt.[18] Aus der Kopie müssen ersichtlich sein: die Identität des Erzeugnisses, die Nummer der Genehmigung, der Ausstellungstag, die Gültigkeitsdauer und die Zusammenfassung der Merkmale des Erzeugnisses.[19]

Art 3 (1) b PSMVO, der von einer »gültigen« Genehmigung spricht, schließt nicht aus, dass ein Schutzzertifikat bereits auf der Grundlage einer **vorläufigen Genehmigung** für das Inverkehrbringen eines Pflanzenschutzmittels nach Art 8 (1) der Richtlinie 91/414/EWG des Rates vom 15.7.1991 (jetzt Art 30 der Verordnung (EG) Nr 1107/2009) erteilt wird.[20] S. dazu auch § 16a Rdn 63. Schließt sich an eine vorläufige Genehmigung für **Pflanzenschutzmittel** unmittelbar eine endgültige Genehmigung an, so dass die **vorläufige Genehmigung** bei der Laufzeitberechnung (vgl § 16a Rdn 63) von Belang ist, ist (zum Nachweis der Lückenlosigkeit) eine Kopie der vorläufigen und der endgültigen Genehmigung vorzulegen. Übersetzungen zu fremdsprachigen Genehmigungen können vom DPMA nach § 16a (2) iVm § 126 verlangt werden, wenn andernfalls insbesondere die in Art 8 (1) b der Verordnungen geforderten Einzeldaten nicht ohne weiteres zu entnehmen sind.

Aus der arznei- oder pflanzenschutzmittelrechtlichen Genehmigung muss sich die **Identität des Erzeugnisses**[21] mit dem durch das Grundpatent geschützten Erzeugnis ergeben (s dazu § 16a Rdn 49). Enthält sie weitere Angaben, die als Betriebsgeheimnisse gewertet werden können, so können diese von der Vorlage ausgenommen werden.[22]

Wurde die arznei- oder pflanzenschutzmittelrechtliche **Genehmigung einem Dritten** und nicht dem Inhaber des Grundpatents erteilt, so ist der Dritte nicht verpflichtet, dem Grundpatentinhaber eine Kopie zur Verfügung zu stellen. Im Zweifel muss sich das DPMA die Kopie von der Genehmigungsbehörde zu beschaffen.[23]

Anzugeben ist weiter das **Erzeugnis**, für das Zertifikatsschutz begehrt wird.[24] Pro Erzeugnis darf nur **ein einziges Zertifikat** erteilt werden.[25] Der Wirkstoffname ist in deutschen Zulassungen idR unter »arzneilich wirksame Bestandteile« verzeichnet (§ 4 (19) Arzneimittelgesetz), in europ Zulassungen unter »Qualitative und quantitative Zusammensetzung« in Anhang 1 (Zusammenfassung der Merkmale des Arzneimittels). Zu den Begriffen »Erzeugnis«, »Wirkstoff« und »Wirkstoffzusammensetzung« siehe unter § 16a Rdn 11 ff sowie PrüfungsRL unter 3.2.1.5.[26]

---

18 PrüfungsRL 3.2.1.3 = BlPMZ **15**, 65, 68 = Tabu Gewerbl. Rechtsschutz Nr 140.
19 MittDPMA Nr 19/96 BlPMZ **96**, 425.
20 EuGH Rechtssache C-229/09 *Hogan Lovells* = GRUR Int **11**, 41 *Iodosulfuron* (auf Vorlagebeschluss BPatGE **51**, 238 = GRUR **10**, 132 *Iodosulfuron*); sowie im Anschluss BPatG v 20.03.12 – 3 Ni 16/08 = BeckRS 2012, 11 335.
21 Vgl hierzu BPatG, Beschl. v. 26.06.20 – 14 W (pat) 5/18 *Abraxis II* = PharmR **20**, 702.
22 MittDPA Nr 6/93 BlPMZ **93**, 169.
23 EuGH GRUR Int **97**, 363 *Biogen/Smithkline*.
24 PrüfungsRL 3.2.1.5 = BlPMZ **15**, 65, 68 = Tabu Gewerbl. Rechtsschutz Nr 140.
25 EuGH GRUR **06**, 694 *Polifeprosan*.
26 BlPMZ **15**, 65, 68.

Angaben zur Erläuterung des durch das Grundpatent vermittelten Schutzes sind dem Antrag nach § 19 (2) PatV beizufügen.[27]

2.3 Frist

15   für die Antragstellung eines Schutzzertifikats beträgt nach Art 7 (1) und (2) der Verordnungen:
(a) 6 Monate nach Erteilung der behördlichen Genehmigung, wenn das Grundpatent vorher erteilt wurde, oder
(b) 6 Monate nach Patenterteilung, wenn die behördliche Genehmigung für Deutschland vor der Patenterteilung liegt.

16   Welcher Zeitpunkt für die Berechnung der 6-Monatsfrist nach Art 7 der Verordnungen maßgeblich ist, wurde höchstrichterlich bislang noch nicht eigens entschieden. Insoweit sind jedoch dieselben Grundsätze anzuwenden, die der EuGH[28] zur Frage des Fristbeginns bei Art 13 (1) AMVO entwickelt hat (s § 16a Rdn 113; sowie zu Art 7 § 16a Rdn 85). Dies bedeutet, dass auch bei Art 7 (1) und (2) der Verordnungen nicht das Ausstellungsdatum der Genehmigung für das Inverkehrbringen bzw das Datum des Beschlusses über die Erteilung des Patents maßgeblich ist, sondern der Zeitpunkt zu dem die Genehmigung bzw der Erteilungsbeschluss **dem Adressaten bekannt gegeben** wurde.[29]
Somit ist
– im Fall des Art 7 (1) der Verordnungen auf das Datum abzustellen, zu dem die arzneimittel- oder pflanzenschutzmittelrechtliche Genehmigung ihrem Adressaten bekannt gegeben wird. Auf diese Weise wird vermieden, dass der dem Anmelder zustehende Schutzzeitraum durch verfahrenstechnische Abläufe beeinträchtigt wird, auf deren Dauer er keinen Einfluss hat.
– im Fall des Art 7 (2) der Verordnungen auf den Tag des Wirksamwerdens des Patenterteilungsbeschlusses abzustellen, die mit seiner Verkündung oder – im schriftlichen Verfahren mit seiner Zustellung – eintritt (§ 47 Rdn 32).[30] Die in den aktuellen PrüfungsRL des DPMA niedergelegte Praxis, wonach das Veröffentlichungsdatum der Patenterteilung im deutschen oder europäischen Patentblatt als maßgebliches, die Frist in Gang setzendes Datum zu werten ist, wird nach der genannten Entscheidung des EuGH nicht mehr angewendet.

17   Die Berechnung der Frist erfolgt nach §§ 16a (2), 99 PatG iVm § 222 ZPO, §§ 187 (1), 188 (2) und (3) BGB.

18   Zur Wahrung der Frist ist es nicht erforderlich, dass die Pflichtangaben des Art 8 (1) der Verordnungen innerhalb der Frist vorliegen (vgl Art 10 (3) und (4) der Verordnungen iVm § 49a (2) und (3) PatG); vielmehr ist es ausreichend, wenn Person und

---

27   PrüfungsRL 3.2.1.6 BlPMZ **15**, 65, 69.
28   EuGH GRUR **16**, 474 *Seattle Genetics/Österreichisches Patentamt* = GRUR Int **15**, 1120 = PharmR **15**, 539.
29   Vgl hierzu auch Schlussantrag des Generalanwalts Jääskinen in der Rechtssache C-471/14 *Seattle Genetics/Österreichisches Patentamt*, insbesondere Rn 33 ff = BeckRS **2015**, 81 119.
30   Vgl PrüfungsRL 3.2.3 = BlPMZ **15**, 65, 69.

*Prüfung für ergänzendes Schutzzertifikat/
extension of term* § 49a

Anschrift des Anmelders bekannt sind und den eingereichten Unterlagen zu entnehmen ist, das ein ESZ nach der AMVO bzw nach der PSMVO beantragt wird.

Eine Anmeldung beim Europäischen Patentamt wahrt die Frist nicht.[31] 19

Wiedereinsetzung ist nach § 16a (2) iVm § 123 möglich.[32] 20

2.4 Gebühr für die Anmeldung

beträgt nach dem Gebührenverzeichnis Nr 311 500 der Anlage zu § 2 (1) PatKostG 21
300 Euro. Die Gebühr kann per Lastschriftverfahren gezahlt werden – hierfür ist ein SEPA-Basis-Lastschriftmandat (Vordruck A 9530) zusammen mit den Angaben zum Verwendungszweck (Vordruck A 9532) einzureichen – oder per Überweisung nach Erhalt der Empfangsbescheinigung gezahlt werden. Wird die Gebühr nicht mit der Anmeldung gezahlt, fordert das DPMA den Anmelder nach Art 10 (3) der Verordnungen mit Frist von mindestens 2 Monaten (§ 49a (2) 2 PatG) zur Zahlung auf. Wiedereinsetzung in die nicht verlängerbare Nachfrist ist gemäß § 16a (2) iVm § 123 möglich. Nach fruchtlosem Ablauf wird die Anmeldung nach Art 10 (4) der Verordnungen zurückgewiesen.

2.5 Sachliche Prüfung

Zum Anwendungsbereich der ESZ-Verordnungen sowie zu den materiellen Erteilungsvoraussetzungen vgl. § 16a, Rn 7 ff. 22

3 Verfahren vor der Patentabteilung

3.1 Zwischenbescheid; Mängelbeseitigung

wird in schriftlicher Form nach § 49a (2) 2 erstellt, wenn nach Auffassung der Patent- 23
abteilung die Voraussetzungen für eine Erteilung des beantragten Zertifikats nicht gegeben sind oder ein unklarer Antrag zu Zweifeln Anlass gibt.[33] Die Mängel formeller oder materiell-rechtlicher Natur sind so konkret zu rügen (s § 45 Rdn 16), dass der Anmelder über die Art der Beanstandung nicht im Unklaren sein kann. Nur dann ist das rechtliche Gehör ausreichend gewährt. Gesetzliche Mindestfrist: 2 Monate, die auf begründeten Antrag verlängert werden kann. § 46 ist nach § 49a (5) S 2 anwendbar; zur Anhörung s § 46 Rdn 6 ff.

Art 10 (2) und (3) der Verordnungen regeln die Möglichkeit der Mängelbeseitigung. 24
Dabei bezieht sich Art 10 (2) auf die nicht behebbaren, Art 10 (3) auf die behebbaren Mängel. Nach Art 10 (2) ist die Zertifikatsanmeldung vorbehaltlich des Art 10 (3) zurückzuweisen, wenn die Anmeldung oder das Erzeugnis, das Gegenstand der Anmeldung ist, nicht die in der Verordnung festgelegten Voraussetzungen erfüllt, etwa weil die Fristen des Art 7 nicht eingehalten wurden oder die materiell-rechtlichen Voraussetzungen gemäß Art 1 bis 3 und 13 für die Erteilung des Zertifikats nicht vorlie-

---

31 IdS auch Busse/Maute, PatG, 9. Aufl 2020, Anh § 16a, Rn 135; Brückner, ESZ, 3. Aufl 2020, Art 9, Rn 4; Markgraf, ESZ § 3 Art 10 Rn 1.
32 BGH GRUR 08, 65, Nr 3 und 10 *Porfimer*.
33 BPatG v 13.05.02 – 10 W (pat) 38/00 *Valaciclovir* = BPatGE 45, 149 = BeckRS 2009, 25 126.

gen.³⁴ Dagegen sieht Art 10 (3) die Möglichkeit zur Mängelbeseitigung vor, soweit der Inhalt der Zertifikatsanmeldung nicht die Erfordernisse des Art 8 erfüllt.

25 § 49a (2) S 2 geht über dieses zwingend vorgesehene Mängelbeseitigungsverfahren hinaus und bestimmt klarstellend, dass dem Anmelder bei *allen* festgestellten Mängeln der Zertifikatsanmeldung Gelegenheit zu ihrer Berichtigung zu geben ist, also auch bei Mängeln, die sich aus der ergänzenden Anwendung des nationalen Verfahrensrechts ergeben (Art 19 AMVO, Art 18 PSMVO), bspw bei Fehlen eines Inlandsvertreters gemäß § 25.³⁵ Ebenso sind materiell-rechtliche Mängel der Anmeldung zu beanstanden und dem Anmelder Gelegenheit zur Stellungnahme bzw zur Aufklärung zu geben, womit insbesondere auch dem Gebot des rechtlichen Gehörs Rechnung getragen wird. Zwar kann der Anmelder die materiell-rechtlichen Voraussetzungen des Art 3 nicht mehr nachträglich erfüllen, da diese bereits zum Zeitpunkt der Anmeldung eines Zertifikats vorliegen müssen (s Rdn 22), der Anmelder kann jedoch Nachweise hierzu nachreichen.

26 Eine Mitteilung des Referenzmitgliedstaats über den Abschluss des Verfahrens gem. Art 28 (4) der RL 2001/83/EG kann die zwingend notwendige Genehmigung für das Inverkehrbringen iSv Art 3 (b) AMVO **nicht** ersetzen.³⁶

27 Art 10 (3) AMVO ist dahingehend auszulegen, dass der Umstand, dass ein Referenzmitgliedstaat zum Zeitpunkt der Anmeldung eines ergänzenden Schutzzertifikats in diesem Mitgliedstaat (noch) keine Genehmigung für das Inverkehrbringen erteilt hatte, **nicht** nachträglich geheilt werden kann.³⁷

28 Bei den nach § 49a (2) S 2 bzw nach Art 10 (3) iVm (4) zu setzenden Fristen handelt es sich um keine Ausschlussfristen,³⁸ so dass eine Behebung der gerügten Mängel auch noch nach Fristablauf möglich ist – entsprechende Eingaben sind bis zur Übergabe des Beschlusses an die Postabfertigungsstelle zu berücksichtigen. Erfolgt keine Mängelbeseitigung, scheidet eine Wiedereinsetzung in die versäumte Frist aus, da der Fristablauf als solcher keinen Rechtsnachteil zur Folge hat.

29 Gegen die Wertung der Frist nach Art 10 (3) iVm (4) als Ausschlussfrist spricht das Fehlen einer gesetzlich bestimmten und damit europäisch einheitlichen Zeitdauer der Frist im Wortlaut der Norm, wie dies etwa in Art 7 der Fall ist. Auch sonst sind keine Gründe dafür erkennbar, warum der Verordnungsgeber hier eine Ausschlussfrist hätte statuieren wollen, die einer verfahrensökonomischen, den jeweiligen Fallumständen angepassten Möglichkeit zur Behebung von Mängeln bzw Gewährleistung des rechtlichen Gehörs entgegenstehen und diese ggf in die nächste Instanz verschieben würde. Angesichts des Wortlauts des § 49a (2) S 2, der nach seiner Formulierung sowohl die

---

34 Vgl Schennen, Die Verlängerung, S 68, Art 10 Nr 3.
35 Vgl Amtl Begr zum 1. PatGÄndG, BlPMZ 93, 205, 211, Nr 4.2.
36 Vgl EuGH Urt. v. 07.12.17 – C-567/16 *MSD/Comptroller* = GRUR **18**, 388.
37 Vgl EuGH Urt. v. 07.12.17 – C-567/16 *MSD/Comptroller* = GRUR **18**, 388.
38 AA im Hinblick auf die Frist nach Art 10 (4): Benkard/Grabinski, PatG, § 49a, Rn 11; Busse/Maute, PatG, 9. Aufl 2020, Anh § 16a, Rn 141; Brückner, 3. Aufl 2020, Art 10 Rn 30; Markgraf, ESZ § 3 Art 10 Rn 9.

in Art 10 (2) und (3) bezeichneten sowie alle weiteren festgestellten Mängel der Anmeldung erfasst,[39] wäre eine Unterscheidung nach der Art der Mängel für das Amt und die Anmelder auch kaum praktikabel und wird vom DPMA auch nicht vorgenommen. Zudem ist davon auszugehen, dass die Frist nach Art 10 (3) iVm (4) verlängerbar ist,[40] was nach den allgemeinen Grundsätzen ebenfalls der Wertung als gesetzlicher Ausschlussfrist widerspricht.

Die Mindestdauer der zu setzenden Frist von zwei Monaten gemäß § 49a (2) S 2 gilt auch für die Frist nach Art 10 (3).[41]   30

3.2 Zurückweisung der Anmeldung

nach § 49a (2) S 3, wenn die Anmeldung den Voraussetzungen der AMVO oder PSMVO sowie des § 16a nicht entspricht und die gerügten Mängel nicht behoben werden. Dies setzt ausreichende Gewährung des rechtlichen Gehörs voraus. Eine Zurückweisung ist nicht möglich, solange der Mangel überhaupt nicht oder nicht ausreichend konkret gerügt wurde oder wenn die eingeräumte Frist nicht ausreichend bemessen war. Zur Begründung des schriftlichen und zuzustellenden Beschlusses vgl § 47 Rdn 23 ff.   31

3.3 Erteilung des ergänzenden Schutzzertifikats

mittels eines schriftlichen und dem Anmelder zuzustellenden Beschlusses. Der Beschluss bedarf gemäß § 49a (5) iVm § 47 (1) 3 keiner Begründung, wenn dem Antrag des Anmelders in vollem Umfang stattgegeben wird. Bleibt der Beschluss hinter dem Antrag des Anmelders zurück, etwa wenn nur dem Hilfsantrag entsprochen wird, so ist dies zu begründen. Das gilt auch dann, wenn ggf die beantragte Laufzeitverlängerung nicht gewährt wird (s dazu Rdn 39 ff). Über Haupt- und Hilfsantrag ist in einem einheitlichen Beschluss zu entscheiden.[42] Richtet sich der Beschluss auf die Zurückweisung »des Antrags auf Erteilung eines ergänzenden Schutzzertifikats« ist dies unabhängig von der Wortwahl bei sachgemäßer Auslegung als Zurückweisung der Anmeldung zu werten.[43]   32

Ein Schutzzertifikat kann nach Art II § 6a IntPatÜG auch für europ Patente, die mit Wirkung für die Bundesrepublik Deutschland erteilt worden sind, erteilt werden.

Im Beschluss anzugeben sind: die genaue Bezeichnung des Erzeugnisses (der Wirkstoff oder die Wirkstoffzusammensetzung[44]), für welches das Zertifikat erteilt wird,[45] sowie die Laufzeit (Beginn und Ende) des Zertifikats.   33

---

39 Vgl Gesetzentwurf zur Änderung des Patentgesetzes und andere Gesetze, BlPMZ 93, 205, 211.
40 Vgl Schennen, Art 10, Nr 6 = S 68; PrüfungsRL 4.1.5 = BlPMZ 15, 65, 75.
41 IdS auch Benkard/Grabinski, PatG, § 49a, Rn 11; Brückner, 3. Aufl 2020, Art 10 Rn 34; Markgraf, ESZ § 3 Art 10 Rn 9.
42 BPatG GRUR 06, 1046 Aceclofenac = Mitt 06, 550 = PharmR 06, 467.
43 BPatG GRUR 00, 1011, 1013 Custodiol.
44 EuGH Mitt 07, 308 Calcitriol (Die zweite therapeutische Nutzung ist kein integraler Bestandteil der Definition des Erzeugnisses); EuGH GRUR 06, 694 MIT/Polifeprosan; BPatG v 04.06.09 – 14 W (pat) 42/06 Indivina = BeckRS 2009, 20 813 und 14 W (pat) 47/06 Femoston conti = BeckRS 2009, 20 814; Schweiz. Bundesgericht GRUR Int 99, 286 Fosinopril; Erteilung für Kombinationen des patentierten Wirkstoffs mit weiteren Stoffen.
45 BGH GRUR 02, 415 Sumatriptan.

34 Durch den **Tenor** wird der – wie vorstehend erläutert notwendige – Inhalt des Zertifikats festgelegt. Bei unklarem Erteilungsantrag muss das DPMA auf eine Präzisierung hinwirken.[46] Geschütztes Erzeugnis und Laufzeit sind daher zu nennen, nicht dagegen weitere Angaben nach Art 8 (1), Art 9 (2) a bis e sowie Art 11 (1) a bis f der Verordnungen, die der Festlegung des Verfahrensgegenstandes oder der Unterrichtung der Öffentlichkeit dienen, wie etwa Name des Zertifikatsinhabers, die Nummer des Grundpatents, Nummer und Zeitpunkt der deutschen Zulassung sowie ggf der 1. Genehmigung für das Inverkehrbringen in der Gemeinschaft.[47] Von einem begründeten Antrag kann nicht abgewichen werden, weil eine andere Tenorierung vorzuziehen sei.[48]

35 **Beispiel:** »Der Antragstellerin wird ein ergänzendes Schutzzertifikat für Arzneimittel/Pflanzenschutzmittel für das Erzeugnis XY mit einer Laufzeit vom bis erteilt.«[49]

3.4 Laufzeit

36 des ergänzenden Schutzzertifikats ist nach § 49a (2) S 1 im Beschluss anzugeben. Sie wird nach Art 13 berechnet und beträgt maximal 5 Jahre vom Zeitpunkt des Wirksamwerdens des Zertifikats an. Die Dauer berechnet sich wie folgt: Zeitraum zwischen Anmeldetag des Grundpatents und Datum der Erteilung der nach der RL 2001/83/EG[50] (früher: RL 65/65/EWG) bzw der RL 2001/82/EG[51] (früher: RL 81/857) erforderlichen ersten Genehmigung für das Inverkehrbringen in der Gemeinschaft,[52] abzüglich eines Zeitraums von fünf Jahren.
  Beispiel: Anmeldetag des Grundpatents: 1.3.2005, Datum der ersten Genehmigung für das Inverkehrbringen des Erzeugnisses in der EU: 1.9.2012, Differenz: 7 Jahre und 6 Monate, abzüglich 5 Jahre = Laufzeit des Zertifikats von 2 Jahren und 6 Monaten.
  Die Laufzeit des Zertifikats beginnt am 1. Tag nach Ablauf der Schutzdauer für das Grundpatent. Monate und Jahre sind ohne Rücksicht auf ihre jeweilige Tageszahl als ganze Einheiten zu berücksichtigen.[53]

37 Gemäß Erwägungsgrund 9 AMVO (bzw 11 PSMVO) soll der kombinierte tatsächliche durch Patent und Zertifikat bewirkte Schutz eines Erzeugnisses auf eine Höchstdauer von 15 Jahren begrenzt sein. Demzufolge kann die gleichzeitig durch das Grundpatent und das Zertifikat gewährte längstmögliche Ausschließlichkeit für das betreffende Erzeugnis – unabhängig vom Zeitpunkt der Erteilung des Grundpatents und unabhängig von der theoretischen Gültigkeitsdauer des Zertifikats, die sich aus der Anwendung

---

46 BPatG v 13.05.02 – 10 W (pat) 38/00 *Valaciclovir* = BPatGE **45**, 149 = BeckRS 2009, 25 126.
47 BGH GRUR 02, 47, 49 *Idarubicin III*; BGH GRUR 02, 415, 418 *Sumatriptan*.
48 BGH GRUR 02, 47 (II6b) *Idarubicin III* unter Aufhebung von BPatG v 03.08.00 – 15 W (pat) 122/93 *Idarubicin* = BPatGE **43**, 167 = BeckRS 2009, 25 192.
49 Vgl bspw BPatG v 10.12.14 – 14 W (pat) 14/07 *Isoxadifen II* = BlPMZ **15**, 215.
50 Richtlinie 2001/83/EG des Europ Parlaments und des Rates vom 06.11.2001 zur Schaffung eines Gemeinschaftskodexes für Humanarzneimittel (ABl L 311, S 67).
51 Richtlinie 2001/82/EG des Europ Parlaments und des Rates vom 06.11.2001 zur Schaffung eines Gemeinschaftskodexes für Tierarzneimittel (ABl L 311, S 1).
52 BPatG GRUR 06, 1046 *Aceclofenac* = Mitt 06, 550 = PharmR 06, 467.
53 Vgl auch Berechnungsbeispiel in BPatG GRUR 06, 1046 *Aceclofenac* = Mitt 06, 550 = PharmR 06, 467; PrüfungsRL 3.3.4 = BlPMZ **15**, 65, 72.

von Art 13 AMVO ergibt – eine ab dem Ausstellungsdatum der ersten Genehmigung für das Inverkehrbringen des aus diesem Erzeugnis bestehenden oder ihn enthaltenen Arzneimittels[54] in der Gemeinschaft berechnete Gesamtdauer von 15 Jahren nicht überschreiten[55] (s § 16a, Rdn 108).

Welche Genehmigung die zeitlich erste ist, beurteilt sich danach, welche Staaten im Zeitpunkt der Zertifikatsanmeldung Mitglied der EU waren/sind.[56] Bsp: Da Österreich am 1.1.1995 der EU beigetreten ist, sind österreichische Arzneimittelzulassungen zu beachten, wenn der Erteilungsantrag für das Zertifikat nach dem 1.1.1995 gestellt wurde.[57] Entsprechendes gilt für Finnland, Norwegen und Schweden. Relevant sind ferner ab dem 1.1.1994 erteilte Genehmigungen in einem EWR-Staat (Norwegen, Island, Liechtenstein)[58] sowie – mit ihrer Anerkennung in Liechtenstein – in der Schweiz erteilte Genehmigungen.[59] Weitere Einzelheiten s § 16a Rdn 109.

3.5 Laufzeitverlängerung für Kinderarzneimittel

Die Laufzeit des ergänzenden Schutzzertifikats kann nach Art 13 (3) AMVO iVm Art 36 EG-V Nr 1901/2006 (Kinder-AMVO, Text s Rdn 3)[60] für Humanarzneimittel mit pädiatrischer Indikation einmalig um sechs Monate verlängert werden.

Der Verlängerungsantrag ist nach Art 9 (1) S 2 AMVO iVm § 49a (3) beim DPMA innerhalb der Fristen des Art 7 (3) bis (5) AMVO zu stellen. Der Antrag auf Verlängerung der Laufzeit kann gemäß Art 7 (3) AMVO zusammen mit der Anmeldung des Schutzzertifikats gestellt werden oder auch nachdem die Zertifikatsanmeldung bereits anhängig ist; in letzterem Fall ist im Verlängerungsantrag auf die bereits anhängige Zertifikatsanmeldung hinzuweisen (Art 8 (2) AMVO). Ist ein Zertifikat bereits erteilt worden, so muss der Antrag nach Art 7 (4) AMVO spätestens zwei Jahre vor Ablauf des Zertifikats beim DPMA gestellt werden.[61] In diesem Fall soll das Formblatt P 2040/1.14 des DPMA verwendet werden; eine Kopie des bereits erteilten Zertifikats ist nach Art 8 (3) AMVO beizufügen.[62] Gebühr: 200 Euro (Gebührenverzeichnis Nr 311 610 in der Anl zu § 2 (1) Patentkostengesetz). Wird der Antrag auf Verlängerung bereits mit dem Antrag auf Erteilung des Schutzzertifikats gestellt, kann dies auf dem Formblatt P 2008/1.14 vermerkt werden (Gebühr: 100 Euro).[63] Wird die Gebühr

---

54 Entsprechendes gilt für Pflanzenschutzmittel, Art 13 PSMVO iVm Erwägungsgrund 11 PSMVO.
55 EuGH GRUR 14, 850, Rn 26–35 *Merck Canada/Accord Healthcare (Montekulast sodium)* = GRUR Int 14, 349 = PharmR 14, 259 = Mitt 14, 318, unter Hinweis auf EuGH GRUR-RS 13, 82 223, Rn 42 *Astrazeneca/Comptroller General* = Mitt 14, 82 (Ls) = BeckRS 2013, 82 223.
56 BPatG GRUR 08, 67 *Finasterid* = BPatGE 50, 111 = Mitt 07, 419 (Ls).
57 BPatG GRUR 08, 67 *Finasterid* = BPatGE 50, 111 = Mitt 07, 419 (Ls).
58 BGH GRUR 08, 891 *Pantoprazol* = Mitt 08, 405.
59 EuGH GRUR Int 05, 581 *Novartis*; PrüfungsRL 3.3.1.3 und 3.3.4 = BlPMZ 15, 65, 70 und 72.
60 Verordnung (EG) Nr 1901/2006 des Europ Parlaments und des Rates vom 12.12.06 über Kinderarzneimittel und zur Änderung der Verordnung (EWG) Nr 1768/92, der Richtlinien 2001/20/EG und 2001/83/EG sowie der Verordnung (EG) Nr 726/2006 (ABl L 378 S 1 = Tabu Gewerbl. Rechtsschutz 696g); PrüfungsRL 4.1.5 = BlPMZ 15, 65, 74.
61 Die fünfjährige Übergangsfrist des Art 7 (5) AMVO ist am 25.01.12 abgelaufen.
62 Formblatt P 2798a/9.13, unter http://www.dpma.de/patent/formulare (Stand 20.11.16).
63 Gebühr Nr 311 600 in der Anl zu § 2 (1) PatKostG.

nicht mit dem Antrag gezahlt, fordert das DPMA nach Art 10 (3) AMVO mit einer Frist von mindestens 2 Monaten (§ 49a (2) 2 PatG) zur Zahlung auf. Nach ergebnislosem Fristablauf wird der Antrag zurückgewiesen (Art 10 (6) iVm (4) AMVO).

41 Dem Verlängerungsantrag sind nach Art 8 (1) d i, ii AMVO folgende Nachweise beizufügen (s hierzu auch Kommentierung § 16a Rdn 115 ff):
(1) eine Kopie der *Erklärung über die Übereinstimmung mit einem gebilligten und ausgeführten pädiatrischen Prüfkonzept*[64] gemäß Art 36 (1) iVm (2) und Art 28 (3) Kinder-AMVO.[65] Eine positive Stellungnahme des Pädiatrieausschusses nach Art 23 (2) Kinder-AMVO ist nicht ausreichend;[66] ebenso wenig eine positive Stellungnahme der Genehmigungsbehörde zum Verfahrensstand;[67]
(2) bei einer Zulassung des Arzneimittels gemäß der RL 2001/83/EG ist nachzuweisen, dass das *Arzneimittel in allen Mitgliedstaaten zugelassen* wurde (Art 8 (1) d, ii AMVO iVm Art 36 (3) Kinder-AMVO). Bei neuen Verwendungen (dh neuen Indikationen, einschließlich pädiatrischer Indikationen, neuen Darreichungsformen oder neuen Verabreichungswegen) von bereits zugelassenen Arzneimitteln, die durch ein Patent oder ein Schutzzertifikat geschützt sind, gilt als »Zulassung« iSv Art 36 (3) Kinder-AMVO nur die für die neue Verwendung geänderte arzneimittelrechtliche Genehmigung nach Art 8 iVm Art 7 Kinder-AMVO, welche die pädiatrische Indikation bzw die Ergebnisse der pädiatrischen Studien enthält.[68] Wurde die neue Verwendung nicht zugelassen, reicht insoweit ein entsprechender Abänderungsbescheid für die bisherige Zulassung aus.

42 Die Regelungen des Art 36 (1) bis (3) Kinder-AMVO bestimmen keinen ausdrücklichen Zeitpunkt, zu dem die materiell-rechtlichen Voraussetzungen für die Laufzeitverlängerung gegeben sein müssen. Sie müssen jedoch spätestens bis zum Ablauf des Schutzzertifikats erfüllt sein. Können aufgrund von Verzögerungen bei den zuständigen Genehmigungsbehörden, die nicht auf einer Sorgfaltspflichtverletzung des Antragstellers beruhen, die og Unterlagen nicht zum Zeitpunkt der Antragstellung oder spätestens bis zum Ablauf der Antragsfristen nach Art 7 (4) und (5) AMVO vorgelegt werden, sind gemäß Art 10 (3) und (6) AMVO entsprechende Nachfristen zu setzen (vgl im Einzelnen Rdn 23 ff). Die Genehmigung mit der Übereinstimmungserklärung

---

[64] Vgl zum Begriff Art 2 Ziffer 2 Kinder-AMVO, sowie Art 15 bis 24 Kinder-AMVO.
[65] Court of Appeal, [2009] EWCA Civ 966, Rn 30 ff *E. I. du Pont* (unter http://www.bailii.org/ew/cases/EWCA/Civ/2009/966.html); kritisch Markgraf, ESZ § 3 Art 13 Rn 23 ff; aA Gassner, FS von Meibom, **10**, 71, 76 ff; Reese/Milbradt/Stallberg EIPR **10**, 146, 148 ff; López-Bellosta/Santa Cruz; JIPLP **10**, 45.
[66] Ausführlich hierzu Court of Appeal, [2009] EWCA Civ 966, aaO, Rn 30 ff *E. I. du Pont*; PrüfungsRL ergänzende Schutzzertifikate 4.1.5.(a) = BlPMZ **15**, 65, 74.
[67] Court of Appeal, [2009] EWCA Civ 966, aaO, Rn 26 ff *E. I. du Pont*; aA Gassner, FS von Meibom, **10**, 71, 76 ff.
[68] Court of Appeal, [2009] EWCA Civ 966, aaO, Rn 43 f *E. I. du Pont*; zu den Erfordernissen im Einzelnen PrüfungsRL 4.1.5 = BlPMZ **15**, 65, 74; aA Gassner, FS von Meibom, **10**, 71, 87 ff.

muss jedoch spätestens bis zum Ablauf des Schutzzertifikats erteilt worden sein, sonst wird der Verlängerungsantrag nach Art 10 (6) iVm (2) AMVO zurückgewiesen.[69]

Ob ein Antrag auf Laufzeitverlängerung auch auf **pädiatrische Studien Dritter** gestützt werden kann,[70] lässt sich dem Wortlaut von Art 36 (1) – (3) Kinder-AMVO nicht eindeutig entnehmen. Insoweit stellt sich die Frage, ob die vom EuGH in dem Urteil Biogen[71] entwickelten Grundsätze auf die Konstellation der Laufzeitverlängerung übertragbar sind, wonach ein Anmelder seinen Antrag auf Erteilung eines ESZ auf die Zulassung seines Lizenznehmers stützen kann, ohne dabei auf dessen Zustimmung angewiesen zu sein. Dies ist wohl zu bejahen.[72] Nach der Kinder-AMVO soll für pädiatrische Studien, die einem gebilligten Prüfkonzept entsprechen, Bonusse gewährt werden, wenn deren Ergebnisse in der Arzneimittelgenehmigung ihren Niederschlag finden (vgl Erwägungsgründe 4, 6, 17 und 26).[73] Da die Laufzeitverlängerung eine Belohnung für die Durchführung derartiger Studien darstellt, soll sie dem Zertifikatsinhaber nur zustehen, wenn ihm diese Studien auch zurechenbar sind. Dies ist der Fall, wenn der Genehmigungsinhaber ein Lizenznehmer des Zertifikatsinhabers ist. In diese Richtung deuten auch die Ausführungen des Gerichtshofs in seinem Urteil »Eli Lilly«,[74] wonach es gegen den 4. Erwägungsgrund der AMVO verstoßen könne, einem Pateninhaber ein ESZ zu erteilen, der sich hierfür auf die arzneimittelrechtliche Genehmigung eines Dritten stützen will, der nicht sein Lizenznehmer ist. Ob der Zertifikatsinhaber selbst oder ein mit ihm verbundener Dritter (Lizenznehmer) die Studien durchführt, der dadurch im Übrigen ebenfalls in den Genuss des Bonus kommt, ist dagegen für die Gewährbarkeit der Laufzeitverlängerung nicht relevant, zumal so auch dem weiteren Ziel der Kinder-AMVO Rechnung getragen werden kann, unnötige Mehrfachstudien zu vermeiden (Erwägungsgrund 4). 43

Ergänzendes Schutzzertifikat mit **negativer Laufzeit** ist nach Art 13 (1) AMVO iVm Art 36 Kinder-AMVO möglich, wenn der Zeitraum zwischen dem Anmeldetag des Grundpatents und dem Tag der Erteilung der ersten Genehmigung für das Inverkehrbringen in der EU kürzer ist als fünf Jahre. Dies ist für Inhaber (nur) dann von Interesse, wenn dadurch die eigentlich negative oder neutrale Laufzeit des Schutzzertifikats durch den von Art 36 der Kinder-AMVO gewährten Bonus in eine um sechs Monate 44

---

69 Vgl hierzu Court of Appeal, [2009] EWCA Civ 966, aaO, Rn 43 f *E. I. du Pont*; zu den Erfordernissen im Einzelnen PrüfungsRL ergänzende Schutzzertifikate 4.1.5 = BlPMZ **15**, 65, 74; Gassner, FS von Meibom, **10**, 71, 87 ff; López-Bellosta/Santa Cruz; JIPLP **10**, 45, 52 ff; Reese/Milbradt/Stallberg EIPR **10**, 146, 152 f.
70 Ausführlich hierzu Brückner/von Czettritz Mitt **12**, 256.
71 EuGH GRUR Int **97**, 363 *Biogen/Smithkline*.
72 AA Brückner/von Czettritz Mitt **12**, 256, 258.
73 Wobei nach Art 36 (1) S 2 Kinder-AMVO bereits ausreichend ist, wenn die Studienergebnisse in der Zusammenfassung der Merkmale des Arzneimittels und ggf in der Packungsbeilage wiedergegeben werden.
74 GRUR **14**, 163, Rn 43 = GRUR Int **14**, 145 = PharmR **14**, 208.

verlängerte Laufzeit für Humanarzneimittel mit pädiatrischer Indikation umgewandelt werden kann.⁷⁵ Zu den Einzelheiten und zur Berechnung s § 16a Rdn 119 ff.

45 **Der Beginn der pädiatrischen Laufzeitverlängerung** bestimmt sich nach der Berechnungsmethode des Art 13 (1) AMVO, dh ein Aufrunden einer negativen Laufzeit des Zertifikats auf den Tag des Ablaufs des Grundpatents und damit auf eine Laufzeit von »Null« ist unzulässig. Im Fall eines ESZ mit negativer Laufzeit (s Rdn 44), ist wie folgt vorzugehen: Zunächst wird die Laufzeit des ESZ errechnet und zwar durch die Bestimmung des Zeitraums zwischen der Anmeldung des Grundpatents und dem Zeitpunkt der ersten Genehmigung in der Gemeinschaft, abzüglich eines Zeitraums von fünf Jahren. Ergibt sich hierbei eine Minuslaufzeit des Zertifikats (bspw von 3 Monaten), ist diese Zeitspanne vom Datum des Ablaufs des Grundpatents (bspw 1. April 2020) abzuziehen. Die Frist für die 6-monatige Verlängerung für pädiatrische Zwecke beginnt somit am 1. Januar 2020 zu laufen.⁷⁶

3.6 Widerruf der Verlängerung der Laufzeit

46 auf schriftlichen Antrag nach Art 16 (1) AMVO iVm § 49a (4) Nr 2 durch Beschluss der Patentabteilung, wenn die Laufzeitverlängerung nach Art 36 Kinder-AMVO gewährt wurde, ohne dass die Voraussetzungen vorlagen. Der Antrag kann von jedermann und jederzeit beim DPMA eingereicht werden (Art 16 (2) AMVO). Die Patentabteilung prüft den Antrag auf Zulässigkeit und Begründetheit. Der Widerruf wegen rechtswidriger Verlängerung wird im Patentregister eingetragen und im Patentblatt veröffentlicht (Art 17 (2) AMVO). Soweit ein Antrag auf Widerruf der Verlängerung nach § 49a (4) gestellt werden kann oder ein solcher Antrag anhängig ist, kann gemäß § 81 (2) 2 keine Klage auf Erklärung der Nichtigkeit eines ergänzenden Schutzzertifikats erhoben werden.⁷⁷

3.7 Veröffentlichung

47 im Patentblatt Teil 7 (und zusätzlich Eintragung nach § 30 (1) im Patentregister) in Bezug auf Anmeldung, Zurücknahme, Erteilung, Zurückweisung, Nichtigkeit und Erlöschen des Zertifikats, Berichtigung sowie Antrag auf Verlängerung und Widerruf der Verlängerung. Eine der Offenlegungs- oder Patentschrift vergleichbare Schutzzertifikatsschrift wird nicht erstellt.

3.8 Antrag auf Widerruf des Schutzzertifikats

48 Zur rückwirkenden Beseitigung seines Schutzrechts – insbesondere zur Vermeidung von Nichtigkeitsklagen Dritter – steht dem Schutzrechtsinhaber das beim DPMA durchzuführende Widerrufsverfahren (§ 64 PatG) zur Verfügung.⁷⁸ Dies ergibt sich

---

75 EuGH GRUR Int **12**, 146 *Merck* (auf Vorlagebeschluss BPatG v 28.01.10 – 15 W (pat) 36/08 – *Sitagliptin* = Mitt **10**, 195 (Ls) = BPatGE **52**, 10 = BeckRS 2011, 29 660, hier allerdings mit falschem Beschlussdatum); nachfolgend BPatG v 26.01.12 – 15 W (pat) 36/08 = BeckRS **2012**, 06 385; zustimmend Brückner Mitt **13**, 205.
76 EuGH GRUR Int **12**, 146, 149 f *Merck/Sitagliptin*; vgl als Berechnungsbeispiel BPatG v 26.01.12 – 15 W 36/08 *Sitagliptin* = BeckRS **2012**, 06 385.
77 Amtl Begr zum PatRModG BT-Drs 16/11 339 S 19 zu Art 1 Nr 4 u 5, BlPMZ **09**, 307 ff.
78 BPatG v 07.12.16 – 15 W (pat) 22/14 *Trifloxystrobin* = Mitt **17**, 121.

aus Art 15 Abs 2 der Verordnungen, wonach jeder – und damit auch der Schutzrechtsinhaber selbst – das Recht besitzt, die Nichtigerklärung des Zertifikats zu beantragen. Nachdem die Verordnungen keine eigenständigen Verfahrensvorschriften hierzu enthalten, finden gemäß Art 19 AMVO bzw Art 18 PSMVO die nach einzelstaatlichem Recht für das entsprechende Grundpatent geltenden Regelungen Anwendung: in Deutschland somit § 64 PatG. Da nach den bindenden Vorgaben der Verordnungen (Art 15 Abs 2) für den Inhaber des Schutzzertifikats eine Möglichkeit zur rückwirkenden Beseitigung seines Schutzrechtes eröffnet sein muss, und die Einleitung eines – einseitigen – gerichtlichen Verfahrens durch den Schutzrechtsinhaber aufgrund des kontradiktorisch ausgestalteten Nichtigkeitsverfahrens in Deutschland ausscheidet[79]. Durch die Änderung des § 16a (2) durch Art 1 Nr. 3 des Zweiten Gesetzes zur Vereinfachung und Modernisierung des Patentrechts (2. PatRModG) wurde eine entsprechende Klarstellung in den Gesetzeswortlaut aufgenommen.

Mit dem Widerruf erlischt das Zertifikat ex tunc.

4 Rechtsbehelfe:

4.1 Beschwerde

Beschwerde gegen die Entscheidung der Patentabteilung ist gemäß § 16a (2) iVm §§ 73 ff zulässig. Eine Beschwer des Anmelders bzw. des Schutzzertifikatsinhabers ist gegeben, wenn seinem Antrag nicht voll entsprochen wurde (Grundsatz der Bindung an den Antrag). Die Bezeichnung des Erzeugnisses im Beschlusstenor hat nicht nur informatorische Wirkung wie eine Titelüberschrift, sondern konstitutive Wirkung und legt den Schutzgegenstand fest. Daher bedarf auch bei der Anmeldung eines ergänzenden Schutzzertifikats jede Änderung der Unterlagen, die über geringfügige redaktionelle Korrekturen wie Berichtigung von Schreibfehlern oder offensichtlichen grammatikalischen oder sprachlichen Unrichtigkeiten hinausgeht, des schriftlichen Einverständnisses des Anmelders.[80] Eine Beschwer ist auch dann gegeben, wenn die Laufzeit des Zertifikats im Beschluss zu Ungunsten des Anmelders angegeben ist.[81] Zuständig für die Entscheidung über die Beschwerde ist, sofern keine Abhilfe erfolgt, der Technische Beschwerdesenat des BPatG (nach der aktuellen Geschäftsverteilung des BPatG ist dies der 14. Senat) gemäß § 16a (2) iVm §§ 73 (3) und 67 (1).[82] Die Beschwerde ist gebührenpflichtig.[83] Möglich ist außerdem Berichtigung wegen offensichtlicher Unrichtigkeit (§ 16a (2) iVm § 95).

4.2 Antrag auf Berichtigung der Laufzeit

Voraussetzung: Angabe des Zeitpunkts der »ersten« Genehmigung erweist sich nachträglich als **unrichtig**, zB weil die in der Anmeldung angegebene »erste« Genehmigung tatsächlich nicht die für die Laufzeit maßgebliche Genehmigung darstellt und die

---

79 BPatG v 07.12.16 – 15 W (pat) 22/14 *Trifloxystrobin* = Mitt **17**, 121.
80 BPatG v 23.10.08 – 10 W (pat) 6/07 *Cytotoxin* = BeckRS 2009, 11 416.
81 Amtl Begr zum 1. PatGÄndG zu Nr 4 unter 2, BlPMZ **93**, 205.
82 BPatG v 15.05.95 – 15 W (pat) 122/93 *Idarubicin* = BPatGE **35**, 145, 153 = BlPMZ **95**, 446 = BeckRS **1995**, 11 911.
83 Amtl Begr BlPMZ **93**, 205, 209 lit j; BPatG v 15.05.95 – 15 W (pat) 122/93 *Idarubicin* = BPatGE **35**, 145, 153 = BlPMZ **95**, 446 = BeckRS **1995**, 11 911.

Berechnung deshalb fehlerhaft ist. Diese Option ist als wenig aufwändiges behördliches »Rechtsmittel« iSd Art 17 (2) der PSMVO (der nach Erwägungsgrund 17 dieser Verordnung sinngemäß auch für die Auslegung des Art 17 AMVO gelten soll) konzipiert worden und kann nach § 49a (4) Nr 1 *jederzeit*[84] sowohl vom Patentinhaber selbst als auch von jedem Dritten gestellt werden, sowohl für den Fall einer zu kurzen als auch einer zu langen Laufzeit – jedoch *ausschließlich* zur Laufzeitberichtigung nach einer fehlerhaften Angabe über den Zeitpunkt der ersten Verkehrsgenehmigung.

Über den Antrag auf Laufzeitberichtigung entscheidet die für die Zertifikatserteilung zuständige Patentabteilung durch Beschluss; dagegen ist die Beschwerde nach § 73 statthaft.

51 Für andere Fehler bei der Anmeldung oder bei der Erteilung eines ESZ, die zu einer unrichtigen Laufzeitberechnung führen, ist diese Möglichkeit dagegen nicht eröffnet.[85] Solche Fehler können entweder im Wege der Berichtigung beseitigt werden (§§ 16a (2), 99 (1) iVm § 319 ZPO), soweit es sich dabei um bloße offensichtliche Unrichtigkeiten handelt,[86] oder ggf mit Beschwerde des Anmelders[87] bzw mit einer Teil-Nichtigkeitsklage Dritter angefochten werden (wenn dem Anmelder ein zeitlich zu weit reichender, mit der materiellen Rechtslage unvereinbarer Schutz gewährt worden ist).[88] Zu dem durch § 81 (2) Satz 2 geregelten Verhältnis von Nichtigkeitsklage und Antrag auf Laufzeitberichtigung s § 16a Rdn 127 und § 81 Rdn 94.

52 In Fällen, in denen die Laufzeit eines ESZ im Widerspruch zum Urteil des EuGH in *Seattle Genetics/Österreichisches Patentamt*[89] berechnet wurde, ist Art. 18 AMVO unter Berücksichtigung von Art. 17 (2) PSMVO dahingehend auszulegen, dass der Inhaber eines ESZ einen Rechtsbehelf einlegen kann, um die in dem ESZ angegebene Laufzeit berichtigen zu lassen, solange das Zertifikat noch nicht erloschen ist.[90]

§ 50 Geheimhaltungsanordnung

(1) ¹Wird ein Patent für eine Erfindung nachgesucht, die ein Staatsgeheimnis (§ 93 des Strafgesetzbuchs) ist, so ordnet die Prüfungsstelle von Amts wegen an, dass jede Veröffentlichung unterbleibt. ²Die zuständige oberste Bundesbehörde ist vor der Anordnung zu hören. ³Sie kann den Erlass einer Anordnung beantragen.

(2) ¹Die Prüfungsstelle hebt von Amts wegen oder auf Antrag der zuständigen obersten Bundesbehörde, des Anmelders oder des Patentinhabers eine Anordnung

---

84 PrüfungsRL 3.8.2 = BlPMZ 15, 65, 74 = Tabu Gewerbl. Rechtsschutz Nr 140.
85 Vgl RegE BT-Drs 16/11 339, S 19 f.
86 Vgl PrüfungsRL 5.3 = BlPMZ 15, 65, 76.
87 Vgl BPatG v 11.12.07 – 7 W (pat) 27/15 *Unzutreffend berechnete Laufzeit*= BeckRS 2016, 01 489.
88 Vgl RegE BT-Drs 16/11 339, S 20, li Spalte, 2. Abs.; vgl aber auch Amtl Begr zum PatRModG BT-Drs 16/11 339 S 19 zu Art 1 Nr 4 u 5, BlPMZ 09, 307 ff.
89 EuGH GRUR 16, 474 *Seattle Genetics/Österreichisches Patentamt*= GRUR Int 15, 1120 = PharmR 15, 539 = Mitt 16, 17 (Ls).
90 EuGH Urt. v. 20.12.17 – C-492/16 *Incyte Corporation/Hungarian IPO* = GRUR 18, 602.

nach Absatz 1 auf, wenn deren Voraussetzungen entfallen sind. ²Die Prüfungsstelle prüft in jährlichen Abständen, ob die Voraussetzungen der Anordnung nach Absatz 1 fortbestehen. ³Vor der Aufhebung einer Anordnung nach Absatz 1 ist die zuständige oberste Bundesbehörde zu hören.

(3) Die Prüfungsstelle gibt den Beteiligten Nachricht, wenn gegen einen Beschluss der Prüfungsstelle, durch den ein Antrag auf Erlass einer Anordnung nach Absatz 1 zurückgewiesen oder eine Anordnung nach Absatz 1 aufgehoben worden ist, innerhalb der Beschwerdefrist (§ 73 Abs 2) keine Beschwerde eingegangen ist.

(4) Die Absätze 1 bis 3 sind auf eine Erfindung entsprechend anzuwenden, die von einem fremden Staat aus Verteidigungsgründen geheimgehalten und der Bundesregierung mit deren Zustimmung unter der Auflage anvertraut wird, die Geheimhaltung zu wahren.

Cornelia Rudloff-Schäffer

Übersicht

Geltungsbereich		1
Europäisches Patentrecht		2
Literatur		4
Kommentierung zu § 50 PatG		
1	Geheimhaltungsanordnung	5
2	Staatsgeheimnis	7
3	Anvertrautes ausländisches Staatsgeheimnis	9
4	Abkommen über wechselseitige Geheimbehandlung	10
5	Verfahren	11
5.1	Antrag	12
5.2	Einspruch	13
5.3	Form des Beschlusses	14
6	Aufhebung der Anordnung (§ 50 (2))	15
7	Beschwerde	16

Geltungsbereich: § 50 entspricht dem § 30a aF, der in Abs 1 S 1 anstelle des Wortes »Veröffentlichung« das Wort »Bekanntmachung« enthielt.   1

Europäische Patentanmeldungen, die ein Staatsgeheimnis enthalten können, sind nach Art II § 4 (2) IntPatÜG (s im Anhang 1) beim DPMA einzureichen. Eine unzulässige Anmeldung unmittelbar beim EPA ist nach Art II § 14 mit Strafe bedroht. Nach Art 77 (2) EPÜ werden europäische Patentanmeldungen, die unter Geheimschutz gestellt worden sind, nicht vom DPMA an EPA weitergeleitet.   2

Internationale Patentanmeldungen, die beim DPMA als Anmeldeamt eingereicht werden, prüft DPMA nach Art III § 2 IntPatÜG darauf, ob die angemeldete Erfindung ein Staatsgeheimnis ist.   3

Lit: Kumm, Staatsgeheimnisschutz und Patentschutz von geheimen Erfindungen, 1980; Breith, Patente und Gebrauchsmuster für Staatsgeheimnisse, 2002; **Lit in GRUR:** Zschucke 54, 556; von der Osten 58, 465; Weller 59, 123; Reitstötter 59, 557; Gaul 66, 293; Kelbel 69, 155; Körner 70, 387; Gottlob/Fink 78, 67; Kumm 719, 672; Breith 03, 587; **Lit in Mitt:** Zschucke 60, 219; Kumm 80, 50; Paul 85, 29; Schrell 03, 544; Pflughoefft/Wolke 18, 50; **Lit in BB:** Trüstedt 60, 1141; Hesse 68, 1058; FAQ DPMA www.dpma.de/patent/patentschutz/geheimschutz/faqs/index.html.   4

1 Geheimhaltungsanordnung

5 iSd § 50 (1) ist die in Form eines Beschlusses getroffene deklaratorische Feststellung durch DPMA, dass jede Veröffentlichung sowohl durch Anmelder als auch durch DPMA unterbleibt, wenn eine Erfindung ein Staatsgeheimnis iSd § 93 StGB ist.[1] Sie ist deshalb keine Enteignung,[2] beeinträchtigt aber – wegen der nachteiligen Folge eines faktischen Verwertungsverbots – die Rechte des Anmelders.[3] Sie lässt die Geheimhaltungspflicht nicht entstehen, sondern setzt sie voraus. Daher macht eine unrichtige Anordnung nach § 50 eine Erfindung nicht zum Staatsgeheimnis.

6 Geheimanmeldungen gelten auf Grund gesetzlicher Fiktion des § 3 (2) 3 trotz fehlender Offenlegung 18 Monate nach Anmeldetag als der Öffentlichkeit zugänglich gemacht und können damit Stand der Technik sein (s § 3 Rdn 78).

2 Staatsgeheimnis

7 ist in *§ 93 StGB* definiert:
(1) Staatsgeheimnisse sind Tatsachen, Gegenstände oder Erkenntnisse, die nur einem begrenzten Personenkreis zugänglich sind und vor einer fremden Macht geheimgehalten werden müssen, um die Gefahr eines schweren Nachteils für die äußere Sicherheit der Bundesrepublik Deutschland abzuwenden.
(2) Tatsachen, die gegen die freiheitliche demokratische Grundordnung oder unter Geheimhaltung gegenüber den Vertragspartnern der Bundesrepublik Deutschland gegen zwischenstaatlich vereinbarte Rüstungsbeschränkungen verstoßen, sind keine Staatsgeheimnisse.

8 Auch nichtpatentfähige Erfindungen können Staatsgeheimnisse sein. In der Praxis kommen vor allem Patentanmeldungen mit Erfindungen auf den Gebieten Wehr- und Rüstungstechnologie, Kernenergietechnologie, Wert- und Sicherheitsdokumente sowie Kryptologie als Staatsgeheimnisse in Betracht. Offengelegte oder bekanntgemachte Anmeldungen sind dagegen keine Staatsgeheimnisse, da sie allgemein zugänglich sind. Ein Staatsgeheimnis gehört mindestens in den Verschlusssachengrad »Geheim«.[4] Bei der Einstufung als »Geheim« wird Bewertung durch das BMVg berücksichtigt; die Einstufung bezieht sich nur auf die Anmeldung und nicht auf außerhalb des DPMA befindliche Unterlagen.[5]

Handelt es sich bei der im DPMA eingegangenen Anmeldung um eine Erfindung, die für das Forschungsgebiet der Kernenergie eigentümlich ist oder mit der Entwicklung der Kernenergie zusammenhängt, besteht nach Artikel 16 EURATOM-Vertrag eine Mitteilungspflicht von Amts wegen an die Europäische Kommission in Brüssel.[6]

---

1 BGH BlPMZ **72**, 380 (II1) *Kernenergie*; **99**, 196 (II2d) *Staatsgeheimnis*.
2 BGH BlPMZ **72**, 380 (II1) *Kernenergie*; **99**, 196 (II2d) *Staatsgeheimnis*.
3 BGH GRUR **72**, 535 (III2) *Aufhebung der Geheimhaltung*.
4 BPatGE **22**, 136 = BlPMZ **80**, 288 L; BPatG BlPMZ **82**, 17 L; dazu krit: Breith GRUR **03**, 587 (III).
5 BPatGE **24**, 218 = BlPMZ **82**, 356 (s. Allgemeine Verwaltungsvorschrift des Bundesministeriums des Innern zum materiellen und organisatorischen Schutz von Verschlusssachen (VS-Anweisung-VSA) vom 31.03.06, idF vom 26.04.10, GMBl **10**, 846)).
6 S Art 16 und Art 24–27 Euratom (BlPMZ **57**, 252, 259 = Tabu Gewerbl. Rechtsschutz Nr 695, Konsolidierte Fassung in ABl EU Nr C 84 vom 30.03.10, S 1).

3 Anvertrautes ausländisches Staatsgeheimnis,

das aus »Verteidigungsgründen« geheimhaltungsbedürftig und nicht zugleich deutsches Staatsgeheimnis ist, ist nach § 50 (4) wie ein deutsches Staatsgeheimnis zu behandeln, jedoch wird eine Entschädigung nach § 55 nicht gewährt. Auch in diesem Falle ist Beteiligung des BMVg erforderlich.

4 Abkommen über wechselseitige Geheimbehandlung[7]

ermöglichen u.a. den Geheimerfindern die Auslandsanmeldung, sofern ihnen die Genehmigung nach § 52 erteilt wird.

5 Verfahren[8]

Für die Einreichung sind die üblichen Formulare zu verwenden und auf dem Postweg beim DPMA, nicht bei EPA oder einem PIZ (s § 34 (2)), einzureichen. Die Erfassung, Formalprüfung und Verwaltung der Anmeldungen, die den besonderen Geheimhaltungsanforderungen unterliegen, wird zentral im so genannten Büro 99 in der Hauptabteilung Patente, Referat 1.1.2, Geschäftsstelle 310, durch eigens qualifizierte Beschäftigte wahrgenommen. Das Verfahren wird nach der Vergabe eines Aktenzeichens und der Erfassung der bibliografischen Daten weiterhin in Papier geführt.

Ein hinreichend sicherer elektronischer Weg steht derzeit für die Einreichung von Erfindungen, die nach Einschätzung des Anmelders Staatsgeheimnisse enthalten, nicht zur Verfügung. Anmelder, die bereits konkrete Anhaltspunkte für ein mögliches Staatsgeheimnis haben, sollen dies durch Verwendung eines entsprechend gekennzeichneten zusätzlichen inneren Briefumschlags kenntlich machen oder formlos darauf hinweisen.[9]

Unverzüglich nach Eingang werden sämtliche Patentanmeldungen deutscher Anmelder durch Eingangsprüfer gemäß § 50 (1) 1 von Amts wegen im Hinblick auf die Voraussetzungen der §§ 93 ff StGB geprüft. Dabei werden bereits bei der Grobauszeichnung (ggf auch durch den elektronischen Klassifikator) potentiell vorlagepflichtige Anmeldungen aus den relevanten Klassen der Internationalen Patentklassifikation (IPC) herausgefiltert. Die Akten werden dem Beauftragten des BMVg vorgelegt, der über Weiterleitung an BMVg zur Anhörung nach § 50 (1) 2 entscheidet. Zeitgleich wird Anmelder über Prüfung auf Geheimhaltungsbedarf informiert. Nach der Stellungnahme des BMVg, die nach Grobsichtung im DPMA oder nach Feinsichtung im BMVg abgegeben wird, entscheidet der Prüfer durch Beschluss über eine etwaige

---

7 Abkommen: Art 24–27 Euratom (BlPMZ 57, 252, 259 = Tabu Gewerbl. Rechtsschutz Nr 695, Konsolidierte Fassung in ABl EU Nr C 84 vom 30.03.10 S 1); Übereinkommen v 21.9.60 über die wechselseitige Geheimbehandlung verteidigungswichtiger Erfindungen, die den Gegenstand von Patentanmeldungen bilden (BGBl 1964 II S 772 = Nato-GeheimÜ = BlPMZ 64, 225 = Tabu Gewerbl. Rechtsschutz Nr 628); Zweiseitige Abkommen mit Belgien v 1.2.63 (BlPMZ 63, 292; 65, 232); Frankreich v 28.9.61 (BlPMZ 63, 288); Griechenland v 15.10.71 (BlPMZ 75, 19); Italien v 27.1.60 (BlPMZ 73, 164); Niederlande v 16.5.61 (BlPMZ 64, 313); Kanada v 21./28.9.64 (BlPMZ 64, 373); Schweden v 5.3.56 (BlPMZ 92, 185); USA v 15.3.56 (BlPMZ 56, 144; 65, 275).
8 Vgl dazu im einzelnen MittDPA v 14.08.56 (BlPMZ 56, 242).
9 S weitere Hinweise des DPMA unter www.dpma.de.

Geheimhaltungsanordnung,[10] nachdem er dem Anmelder/Vertreter rechtliches Gehör gewährt hat.[11]

Ein Antrag auf Herabstufung des Geheimhaltungsgrades, weil er zu hoch bestimmt sei, ist unzulässig.[12]

5.1 Antrag

12   BMVg kann nach § 50 (1) 3 selbst den Erlass oder die Aufhebung einer Anordnung beantragen. Ein solcher Antrag kann in der Stellungnahme gegen eine Aufhebung der Anordnung liegen.[13]

5.2 Einspruch

13   gegen ein Geheimpatent ist unzulässig, da eine Veröffentlichung der Erteilung iSd §§ 59 (1) und 58 (1) 1 fehlt.[14] Nach Aufhebung der Geheimhaltungsanordnung und nachgeholter Veröffentlichung der Erteilung im Patentblatt ist ein Einspruch nach § 59 (1) statthaft.[15]

5.3 Form des Beschlusses

14   Beschluss mit Gründen, der dem Anmelder und dem BMVg – soweit dieses durch einen Antrag nach § 50 (1) 3 Verfahrensbeteiligter ist – zuzustellen ist. Die *Ablehnung* des Erlasses der Anordnung bedarf nur dann eines Beschlusses, wenn ein Antrag nach § 50 (1) 3 gestellt ist; sonst nur amtsinterne Feststellung, die jedoch dem BMVg bei Abweichen von dessen Stellungnahme mitzuteilen ist.

6 Aufhebung der Anordnung (§ 50 (2))

15   erfolgt auf Antrag oder von Amts wegen durch Beschluss, wenn nach jährlicher Überprüfung die Voraussetzungen entfallen sind oder nicht bestanden haben. Folge: War das Patent bereits erteilt, so wird eine PS veröffentlicht und das Verfahren wird in die elektronische Akte und in die amtliche Publikationsplattform DPMAregister aufgenommen. War es noch nicht erteilt, so ist die Anmeldung zunächst offenzulegen, wenn nicht bereits ein Patent erteilt werden kann. BMVg ist zu hören (§ 50 (2) 3); der beschwerdefähige Beschluss ist dem Anmelder oder Patentinhaber und dem BMVg zuzustellen.[16]

7 Beschwerde

16   ist *statthaft* a) gegen Erlass und Aufhebung der Anordnung[17]; b) gegen die Zurückweisung des Antrags auf Erlass oder Aufhebung der Anordnung für die gemäß § 74 (2) Beteiligten: BMVg und Anmelder; c) gegen die Mitteilung der Einstufung als geheim;[18]

---

10   Vgl BPatGE 21, 112 = GRUR 79, 230, 232.
11   S. Pflughoefft/Wolke Mitt 18, 50; BPatG BlPMZ 76, 144 Nr 93.
12   BPatGE 24, 218 = BlPMZ 82, 356.
13   BGH BlPMZ 99, 196 (II 2d) *Staatsgeheimnis*.
14   BPatG Mitt 85, 33; Paul Mitt 85, 29.
15   BPatGE 30, 17 = BlPMZ 88, 345; Benkard/Schäfers § 54 Rn 2; Mes § 54 PatG Rn 4; Busse/Keukenschrijver § 50 PatG Rn 18, 23; aA Paul Mitt 85, 29.
16   Wickenhöfer in BeckOK § 50 PatG Rn 20.
17   BPatG BeckRS 16, 01 490.
18   BPatGE 22, 136.

d) gegen Ablehnung der Herabstufung des Geheimhaltungsgrades.[19] Sie hat keine aufschiebende Wirkung gemäß § 75 (2).

Beschwer: Der Anmelder ist nur durch die Anordnung und deren antragswidrige Nichtaufhebung beschwert, nicht dagegen durch die Ablehnung der Anordnung oder deren Aufhebung.[20] Das BMVg ist auch dann zur Rechtsbeschwerde berechtigt, wenn die angegriffene Aufhebung der Geheimhaltungsanordnung seinem eigenen Willen entsprach.[21]

Feststellung der Rechtswidrigkeit einer Anordnung ist auch nach ihrer Aufhebung möglich, wenn dafür ein berechtigtes Interesse besteht, zB zur Vorbereitung einer Schadensersatzklage wegen Amtspflichtverletzung.[22]
Die Nachricht nach § 50 (3) hat die Wirkung gemäß § 53 (1).

§ 51 Akteneinsicht BMVg

Das Deutsche Patent- und Markenamt hat der zuständigen obersten Bundesbehörde zur Überprüfung der Frage, ob jede Veröffentlichung gemäß § 50 Abs 1 zu unterbleiben hat oder ob eine gemäß § 50 Abs 1 ergangene Anordnung aufzuheben ist, Einsicht in die Akten zu gewähren.

Cornelia Rudloff-Schäffer

Geltungsbereich: § 51 entspricht dem § 30b aF, der anstelle des Wortes »Veröffentlichung« die Worte »Bekanntmachung einer Anmeldung« enthielt. Durch Art 1 Nr 40 Buchstabe b des 2. PatMoG vom 10.08.21 (BGBl I S 3490)) wurde die Bezeichnung »Patentamt« durch die amtliche Bezeichnung »Deutsches Patent- und Markenamt« ersetzt.

Akteneinsichtsrecht des BMVg nach § 51 bezieht sich auf alle Anmeldungen. BMVg kann die Anmeldungen konkret oder global (zB nach Klassen) bezeichnen. § 51 geht § 31 vor. Es bedarf also keiner Glaubhaftmachung eines berechtigten Interesses oder einer Zustimmung des Anmelders und demgemäß auch keiner Zustellung an ihn. DPMA kann Akteneinsicht auch nicht mit der Begründung ablehnen, die Erfindung bedürfe keiner Geheimhaltung (zB weil sie nicht patentfähig sei); ausgenommen der Fall, dass eine Anordnung nach § 50 ausscheidet, weil die Anmeldung bereits offengelegt worden ist. Der Umfang der Akteneinsicht bezieht sich nur auf die Aktenteile, die die Erfindung selbst betreffen, sonstige personenbezogene Daten wie etwa Atteste oder Anträge auf Verfahrenskostenhilfe sind von der Akteneinsicht ausgenommen.[1]

---

19 BPatGE **24**, 218.
20 BGH GRUR **72**, 535 *Aufhebung der Geheimhaltung*; BGH GRUR **99**, 573 *Staatsgeheimnis*.
21 BGH GRUR **99**, 573 *Staatsgeheimnis*.
22 BPatGE **21**, 112 = GRUR **79**, 230; aA Benkard/Schäfers § 50 Rn 25.
1   Busse/Keukenschrijver § 51 Rn 2.

Ablehnung des Antrags auf Akteneinsicht erfolgt durch Beschluss, gegen den wegen des Sachzusammenhangs das BMVg Beschwerde einlegen kann, obwohl § 74 (2) den § 51 nicht erwähnt.[2]

§ 52 Geheimanmeldung im Ausland

(1) [1]Eine Patentanmeldung, die ein Staatsgeheimnis (§ 93 des Strafgesetzbuches) enthält, darf außerhalb des Geltungsbereichs dieses Gesetzes nur eingereicht werden, wenn die zuständige oberste Bundesbehörde hierzu die schriftliche Genehmigung erteilt. [2]Die Genehmigung kann unter Auflagen erteilt werden.

(2) Mit Freiheitsstrafe bis zu fünf Jahren oder mit Geldstrafe wird bestraft, wer
1. entgegen Absatz 1 Satz 1 eine Patentanmeldung einreicht, oder
2. einer Auflage nach Absatz 1 Satz 2 zuwiderhandelt.

Cornelia Rudloff-Schäffer

Übersicht
Geltungsbereich		1
Kommentierung zu § 52 PatG		
1	Schriftliche Genehmigung des BMVg	2
2	Verfahren	4
3	Strafandrohung	5

1 **Geltungsbereich:** § 52 = § 30c idF d Art IV Nr 13 IntPatÜG. Art II § 14 IntPatÜG (s Anhang 1) enthält eine Strafandrohung für unzulässige Anmeldungen beim EPA.

1 Schriftliche Genehmigung des BMVg

2 ist für die Einreichung einer Anmeldung im Ausland erforderlich, wenn diese ein Staatsgeheimnis (s § 50 Rdn 7) enthält. Dabei kommt es nicht darauf an, ob die beabsichtigte Anmeldung auch eine Erfindung enthält[1] und ob sie beim DPMA eingereicht ist.[2] Die Prüfung obliegt jedem Anmelder selbst. Zur Sicherung gegen eine Bestrafung nach § 52 (2) wird er daher entweder den Eintritt der Voraussetzungen nach § 53 abwarten oder die Genehmigung vorsorglich beantragen. Genehmigung kann auch Auflagen enthalten (§ 52 (1) 2).

3 *Ablehnung* ist nicht beschwerdefähig; dagegen sind Anfechtungs- und Verpflichtungsklage nach § 42 VwGO zulässig, denn die Erteilung der Genehmigung ist ein nachprüfbarer Ermessensakt.

---

2 Str., Benkard/Schäfers § 51 Rn 4; Wickenhöfer in BeckOK § 51 PatG Rn 4; aA Busse/Keukenschrijver § 51 Rn 7 (Verletzung der Pflicht zur Amtshilfe, daher »äußerstenfalls« verwaltungsgerichtliche Klage).
1 Vgl Bericht d Rechtsausschusses BlPMZ 76, 347 unter V Nr 2 u 5.
2 Dazu krit: Breith GRUR 03, 587 (VI 1.).

2 Verfahren

schriftlicher Antrag mit sämtlichen Anmeldungsunterlagen und Nennung des Landes, in dem angemeldet werden soll.[3] Kriterien für Genehmigung der Anmeldung im Ausland enthält § 52 nicht; entscheidend dürfte sein, ob geheimhaltungsbedürftige Erfindung dort vergleichbaren Schutz genießt.[4]

3 Strafandrohung

des § 52 (2)[5] setzt voraus, dass der Täter eine Anmeldung, die Staatsgeheimnis ist, ohne Genehmigung des BMVg oder gegen dessen Auflagen im Ausland einreicht und dabei vorsätzlich (nicht fahrlässig) handelt. Vorsatz wegen § 15 StGB erforderlich; bedingter Vorsatz genügt.[6] Die gleiche Strafe gilt nach Art II § 14 IntPatÜG (s Anhang 1) für eine unzulässige Anmeldung beim EPA, die gemäß Art II § 4 IntPatÜG beim DPMA hätte eingereicht werden müssen.

§ 53 Ausbleiben einer Geheimhaltungsanordnung

(1) Wird dem Anmelder innerhalb von vier Monaten seit der Anmeldung der Erfindung beim Deutschen Patent- und Markenamt keine Anordnung nach § 50 Abs 1 zugestellt, so können der Anmelder und jeder andere, der von der Erfindung Kenntnis hat, sofern sie im Zweifel darüber sind, ob die Geheimhaltung der Erfindung erforderlich ist (§ 93 des Strafgesetzbuchs), davon ausgehen, daß die Erfindung nicht der Geheimhaltung bedarf.

(2) Kann die Prüfung, ob jede Veröffentlichung gemäß § 50 Abs 1 zu unterbleiben hat, nicht innerhalb der in Absatz 1 genannten Frist abgeschlossen werden, so kann das Deutsche Patent- und Markenamt diese Frist durch eine Mitteilung, die dem Anmelder innerhalb der in Absatz 1 genannten Frist zuzustellen ist, um höchstens zwei Monate verlängern.

Cornelia Rudloff-Schäffer

Übersicht

Geltungsbereich		1
Kommentierung zu § 53 PatG		
1	Frist des § 53	2
2	Folgen des Fristablaufs	3

---

3 Ausführlich Pflughoefft/Wolke Mitt **18**, 50; Zschucke Mitt **60**, 223.
4 Benkard/Schäfers § 52 Rn 1; Busse/Keukenschrijver § 52 Rn 3.
5 Vgl dazu im Einzelnen Hesse BB **68**, 1058.
6 Zu Rechtsfolgen, Verfahren, Zuständigkeit s Busse/Keukenschrijver § 52 Rn 16.

§ 54 *Geheimanmeldungen*

1 **Geltungsbereich:** § 53 entspricht § 30d aF, der in Abs 2 anstelle des Wortes »Veröffentlichung« die Worte »Bekanntmachung einer Anmeldung« enthielt. Durch Art 1 Nr 23 des **2. PatMoG** vom 10.08.21 (BGBl I S 3490) wurde die Bezeichnung »Patentamt« in Abs 1 und 2 durch die amtliche Bezeichnung »Deutsches Patent- und Markenamt« ersetzt.

1 Frist des § 53

2 bezweckt die schnelle Beseitigung von Zweifeln über die Geheimhaltungsbedürftigkeit. Sie beträgt 4 Monate und nach § 53 (2) – bei Mitteilung durch DPMA – höchstens 6 Monate nach Eingang der Anmeldung.[1] Eine weitere Verlängerung ist wirkungslos.

2 Folgen des Fristablaufs

3 Fristablauf und Untätigkeit des DPMA ändern nichts am Charakter der Erfindung als Staatsgeheimnis, der sich nur nach den §§ 93 ff StGB richtet, aber nicht vom Erlass oder Ausbleiben einer Anordnung nach § 50 abhängig ist. Der Fristablauf räumt lediglich Zweifel an der Geheimhaltungsbedürftigkeit aus, so dass eine Strafbarkeit nach den §§ 93 ff StGB und § 52 (2) entfällt. Bestanden keine Zweifel, da die Geheimhaltungspflicht positiv bekannt war, so verbleibt es bei der Strafbarkeit nach den §§ 93 StGB. Das gilt insbes vom Zeitpunkt der Kenntnisnahme einer Anordnung nach § 50 an, die auch nach Fristablauf ergehen kann.

§ 54 Besonderes Register für Geheimpatente

[1]Ist auf eine Anmeldung, für die eine Anordnung nach § 50 Abs 1 ergangen ist, ein Patent erteilt worden, so ist das Patent in ein besonderes Register einzutragen. [2]Auf die Einsicht in das besondere Register ist § 31 Abs 5 Satz 1 entsprechend anzuwenden.

Cornelia Rudloff-Schäffer

Übersicht

Geltungsbereich...	1
Kommentierung zu § 54 PatG	
1 Besonderes Register...................................	2
2 Geheimpatent	3

1 **Geltungsbereich:** § 54 entspricht dem früheren § 30e, der durch das 6. ÜG eingefügt wurde. Das **Kostenregelungsbereinigungsgesetz** (BGBl 2001 I S 3656 = BlPMZ 02, 14) hat »Rolle« durch »Register« ersetzt.

1 Besonderes Register

2 ist eine Unterabteilung des allgemeinen (grundsätzlich elektronischen) Patentregisters, wird aber weiterhin in Papier geführt. Eintragungen in diesem Register werden nicht

---

1 Pflughoefft/Wolke Mitt **18**, 50.

veröffentlicht. Einsicht wird nur gewährt, wenn die Voraussetzungen des § 31 (5) 1 für die Einsichtnahme in Akten von Geheimpatenten erfüllt sind (vgl dazu § 31 Rdn 36).

2 Geheimpatent

hat, da Veröffentlichung unterbleibt, bereits ab Erteilung die gleichen Wirkungen wie ein offenes Patent. Es gehört – ebenso wie eine Geheimanmeldung – gemäß § 3 (2) 3 gegenüber nach dem 01.01.78 eingereichten Anmeldungen zum Stand der Technik. Es kann als älteres Recht gemäß § 4 (2) aF entgegengehalten werden. Verletzungsklage, Nichtigkeitsklage, Verwertung durch Veräußerung und Lizenzerteilung sind grundsätzlich zulässig, jedoch muss die Geheimhaltung gewahrt bleiben, ggf durch nicht öffentliches Verfahren nach § 172 Nr 1 GVG und Auflegung der Geheimhaltungspflicht iSd § 353c StGB für einen beteiligten Dritten (Zschucke Mitt **60**, 219, 224; Kelbel GRUR **69**, 155, 158).

3

§ 55 Entschädigung für unterlassene Verwertung

(1) ¹Ein Anmelder, Patentinhaber oder sein Rechtsnachfolger, der die Verwertung einer nach den §§ 1 bis 5 patentfähigen Erfindung für friedliche Zwecke mit Rücksicht auf eine Anordnung nach § 50 Abs 1 unterläßt, hat wegen des ihm hierdurch entstehenden Vermögensschadens einen Anspruch auf Entschädigung gegen den Bund, wenn und soweit ihm nicht zugemutet werden kann, den Schaden selbst zu tragen. ²Bei Beurteilung der Zumutbarkeit sind insbesondere die wirtschaftliche Lage des Geschädigten, die Höhe seiner für die Erfindung oder für den Erwerb der Rechte an der Erfindung gemachten Aufwendungen und der bei Entstehung der Aufwendungen für ihn erkennbare Grad der Wahrscheinlichkeit einer Geheimhaltungsbedürftigkeit der Erfindung sowie der Nutzen zu berücksichtigen, der dem Geschädigten aus einer sonstigen Verwertung der Erfindung zufließt. ³Der Anspruch kann erst nach der Erteilung des Patents geltend gemacht werden. ⁴Die Entschädigung kann nur jeweils nachträglich und für Zeitabschnitte, die nicht kürzer als ein Jahr sind, verlangt werden.

(2) ¹Der Anspruch ist bei der zuständigen obersten Bundesbehörde geltend zu machen. ²Der Rechtsweg vor den ordentlichen Gerichten steht offen.

(3) Eine Entschädigung gemäß Absatz 1 wird nur gewährt, wenn die erste Anmeldung der Erfindung beim Deutschen Patent- und Markenamt eingereicht und die Erfindung nicht schon vor dem Erlass einer Anordnung nach § 50 Abs 1 von einem fremden Staat aus Verteidigungsgründen geheimgehalten worden ist.

Cornelia Rudloff-Schäffer

Übersicht

Geltungsbereich..		1
Kommentierung zu § 55 PatG		
1	Zweck...	2
2	Voraussetzungen für die Entstehung des Anspruchs.....	3
2.1	Erstanmeldung beim DPMA...........................	3
2.2	Keine Geheimhaltung der Erfindung durch fremden Staat.	4

	2.3 Anordnung nach § 50 (1)	5
	2.4 Patentfähigkeit der Erfindung	6
	2.5 Verwertbarkeit für friedliche Zwecke	7
	2.6 Kausalität zwischen Anordnung nach § 50 (1) und Verwertungsverzicht	8
	2.7 Vorliegen eines Vermögensschadens	9
	2.8 Unzumutbarkeit der Schadenstragung	10
	3 Geltendmachung des Entschädigungsanspruchs	11

1 *Geltungsbereich:* Durch Artikel 1 Nr 40 Buchstabe a des **2.PatMoG** vom 10.08.21 (BGBl I S 3490) wurde die Bezeichnung »Patentamt« in Abs 3 durch die amtliche Bezeichnung »Deutsches Patent- und Markenamt« ersetzt.

1 Zweck

2 Der Charakter einer Erfindung als Staatsgeheimnis stellt eine Verwertungsbeschränkung dar, die nicht auf Enteignung oder enteignungsgleichem Eingriff beruht.[1] § 55 soll den dadurch entstehenden Vermögensschaden, soweit er unzumutbar ist, aus Billigkeitsgründen in etwa ausgleichen, um dadurch den Anreiz für Erfinder zu erhalten, die Technik fortzuentwickeln.[2]

2 Voraussetzungen für die Entstehung des Anspruchs

2.1 Erstanmeldung beim DPMA

3 Nach § 55 (3) darf die Erfindung nicht zeitlich vor der Anmeldung beim DPMA im Ausland angemeldet worden sein. Diese Voraussetzung gilt auch dann, wenn die Auslandsanmeldung mit Genehmigung nach § 52 erfolgt ist.

2.2 Keine Geheimhaltung der Erfindung durch fremden Staat

4 Sie steht nach Abs 3 dem Anspruch nach § 55 entgegen, wenn sie aus Verteidigungsgründen und vor einer Anordnung nach § 50 erfolgte. Dazu gehören insbes die nach § 50 (4) anvertrauten Erfindungen.

2.3 Anordnung nach § 50 (1)

5 Eine Anordnung nach § 50 (4) genügt nicht.

2.4 Patentfähigkeit der Erfindung

6 muss gegeben sein.

2.5 Verwertbarkeit für friedliche Zwecke

7 muss gegeben sein. Kein Anspruch nach § 55 für rein militärische Erfindungen.

2.6 Kausalität zwischen Anordnung nach § 50 (1) und Verwertungsverzicht

8 Sind auch andere Gründe maßgebend, ist der Anspruch ausgeschlossen. Als Verwertung kommt nur eine Verwertungsart nach § 9 in Betracht.[3]

---

[1] BGH BlPMZ **72**, 380 *Kernenergie*.
[2] BGH BlPMZ **72**, 380 *Kernenergie*; wegen der vom BVerfG entwickelten Ausgleichsanforderungen krit. zu § 55: Breith GRUR 03, 587 (V.).
[3] BGH GRUR 1973, 141 = BlPMZ **72**, 380 *Kernenergie*.

2.7 Vorliegen eines Vermögensschadens

nicht eines ideellen Schadens. Für Schadensermittlung und –berechnung gelten die allgemeinen zivilrechtlichen und zivilprozessualen Grundsätze.[4]

2.8 Unzumutbarkeit der Schadenstragung

Was unzumutbar ist, ergibt sich aus einer Gesamtbetrachtung aller zu berücksichtigenden Umstände im Wege der Abwägung zwischen entstandenem Schaden und der Gesamtheit aller anderen Umstände, die die Billigkeitsentscheidung beeinflussen können,[5] insbes die wirtschaftliche Lage (soziales Moment), die Höhe der Aufwendungen (selbst erbrachte Entwicklungs- und Versuchskosten, unberücksichtigt bleiben Kosten der Patentanmeldung,[6] staatliche Förderungsbeiträge;[7] Arbeitnehmererfindervergütung), Kennen oder Kennenmüssen der Geheimhaltungsbedürftigkeit (Berücksichtigung des eigenen Risikos), Nutzen aus sonstiger Verwertung (zu Verteidigungszwecken).

3 Geltendmachung des Entschädigungsanspruchs

zunächst bei BMVg als zuständiger oberster Bundesbehörde iSd § 56 oder bei Leugnung des Anspruchs durch Klage vor dem LG (Patentstreitsache iSd § 143).[8] Der entstandene Anspruch (Rdn 3) kann jedoch erst nach der Patenterteilung eingeklagt werden (§ 55 (1) 3), und zwar auch dann, wenn die Anordnung nach § 50 (1) bereits vorher wieder aufgehoben worden sein sollte. § 55 (1) 4 schließt eine Klage auf künftige Leistung aus, nicht dagegen eine Feststellungsklage. Nachträgliche Geltendmachung ist nur für Zeitabschnitte möglich, die mindestens 1 Jahr umfassen (§ 50 (1) 4).

§ 56 Zuständige oberste Bundesbehörde

Die Bundesregierung wird ermächtigt, die zuständige oberste Bundesbehörde im Sinne des § 31 Abs 5 und der §§ 50 bis 55 und 74 Abs 2 durch Rechtsverordnung zu bestimmen.

Cornelia Rudloff-Schäffer

Nach der PatG/GebrMAV vom 24.05.1961 (BGBl I S 595; BGBl III 420–1–3 = BlPMZ 61, 210 = Tabu Gewerbl. Rechtsschutz Nr 120) idF des Art 19 des 2. PatGÄndG (BGBl I 1827 = BlPMZ **98**, 382) ist das **Bundesministerium der Verteidigung** (BMVg) die einzige zuständige oberste Bundesbehörde (dazu krit: Breith GRUR **03**, 587 (IV 3).

---

[4] Pflughoefft/Wolke Mitt **18**, 50; Wickenhöfer in BeckOK § 55 PatG Rn 10.
[5] BGH BlPMZ **72**, 380 *Kernenergie*.
[6] Benkard/Schäfers § 55 Rn 11.
[7] BGH BlPMZ **72**, 380 *Kernenergie*.
[8] Mes § 55 PatG Rn 10 f; Benkard/Schäfers § 55 Rn 23; aA Wickenhöfer in BeckOK § 55 PatG Rn 20: Rechtsweg steht unmittelbar offen, aus Kostengründen allerdings vorherige Geltendmachung bei BMVg ratsam.

§ 57 (Erteilungsgebühr)

Zur Verfahrensvereinfachung aufgehoben durch Art 7 Nr 24 des Kostenregelungsbereinigungsgesetzes mit Wirkung vom 01.01.02 (BGBl 2001 I S 3656 = BlPMZ 02, 14). Die Prüfungsgebühr ist entsprechend erhöht worden.

§ 58 Veröffentlichung von Patenterteilung und Patentschrift; Eintritt der Patentwirkung; Rücknahmefiktion der Anmeldung

(1) [1]Die Erteilung des Patents wird im Patentblatt veröffentlicht. [2]Gleichzeitig wird die Patentschrift veröffentlicht. [3]Mit der Veröffentlichung im Patentblatt treten die gesetzlichen Wirkungen des Patents ein.

(2) Wird die Anmeldung nach der Veröffentlichung des Hinweises auf die Möglichkeit der Einsicht in die Akten (§ 32 Abs 5) zurückgenommen oder zurückgewiesen oder gilt sie als zurückgenommen, so gilt die Wirkung nach § 33 Abs 1 als nicht eingetreten.

(3) Wird bis zum Ablauf der in § 44 Abs 2 bezeichneten Frist ein Antrag auf Prüfung nicht gestellt oder wird eine für die Anmeldung zu entrichtende Jahresgebühr nicht rechtzeitig entrichtet (§ 7 Abs 1 des Patentkostengesetzes), so gilt die Anmeldung als zurückgenommen.

Cornelia Rudloff-Schäffer

Übersicht

Geltungsbereich		1
Literatur		2
Kommentierung zu § 58 PatG		
1	Veröffentlichung der Patenterteilung	3
1.1	Patentblatt	3
1.1.1	Inhalt	7
1.1.2	Widerruf	8
1.1.3	Teilung des Patents	9
1.1.4	Zäsurwirkung	10
1.2	Patentschrift	11
2	Eintritt der Patentwirkung	16
3	Wegfall des Entschädigungsanspruchs nach § 33	17
4	Fiktion der Rücknahme der Anmeldung	18
5	Erteilung nach Rücknahme der Anmeldung	21

1 Geltungsbereich: Art V Nr 3 IntPatÜG hat in § 35 (1) (jetzt § 58 (1)) die Worte »und fertigt für den Patentinhaber eine Urkunde aus« mit Wirkung vom 1.10.76 gestrichen. Eine Urkunde über die Patenterteilung und eine kostenpflichtige Schmuckurkunde fertigt DPMA nach § 25 DPMAV aus. Die Fassung des § 58 (1) und (2) beruht auf Art 8 Nr 34 des 1. GPatG. Das **Kostenregelungsbereinigungsgesetz** (BGBl 2001 I S 3656 = BlPMZ 02, 14, 25) hat durch Art 7 Nr 25 in § 58 (3) die Angabe »(§ 17)« durch »(§ 7 Abs 1 des Patentkostengesetzes)« ersetzt.

2 Lit: Mes, FS Loschelder 2010, 251; Hanßen, Schutz der Wettbewerber vor unzutreffenden Äußerungen über den Stand der Technik in Patent- und Gebrauchsmusterschriften, 2012.

Lit in GRUR: Pahlow 08, 97. **Lit in Mitt:** Uhlmann/Krauß 06, 337; Hofmeister 10, 178.

1 Veröffentlichung der Patenterteilung

1.1 Patentblatt

erscheint gemäß § 32 (1) 2 wöchentlich nur noch in elektronischer Form (vgl dazu § 32 Rdn 22 ff). 3
 Die Patenterteilung wird in Teil 3a des *Patentblatts* veröffentlicht
 DPMA stellt Patentblatt – ebenso wie amtliche Registerdaten und sonstige Publikationen – auf der Internetplattform DPMAregister[1] zum Herunterladen im PDF-Format zur Verfügung. Öffentliche Bekanntmachung der Patenterteilung in DPMAregister ist keine Veröffentlichung im Sinne des § 58 (1) 1.[2]
 Den Inhalt der Veröffentlichung schreibt PatG nicht vor (anders § 30 (2) aF für die Bekanntmachung).[3] Die Veröffentlichung muss ausreichende und zutreffende Angaben enthalten, so dass jeder Dritte den Patentinhaber und das erteilte Patent einwandfrei feststellen kann.[4] Ist das mit zumutbarem Aufwand nicht möglich, so liegt eine Veröffentlichung iSd § 58 (1) 1 nicht vor. Mängel der PS oder im Namensverzeichnis des Patentblatts[5] berühren die Wirksamkeit der Veröffentlichung nicht. Veröffentlichungstag iSd § 58 (1) ist das Erscheinungsdatum des Patentblatts,[6] dh das Datum der elektronischen Ausgabe im Internet.

Zuständig für die Veröffentlichung ist immer DPMA, auch wenn der Erteilungsbeschluss vom BPatG erlassen wurde. 4

Ablehnung der Veröffentlichung im Patentblatt kommt nur in Betracht, wenn der Erteilungsbeschluss nichtig ist (s dazu § 49 Rdn 20). Die Ablehnung ist beschwerdefähig. Sonst hat DPMA die Erteilung zeitnah und unverzüglich im Patentblatt zu veröffentlichen, auch wenn es erkennt, dass die Erteilung zu Unrecht beschlossen worden ist. 5

Aufschub der Veröffentlichung kann der Patentinhaber nur durch Aussetzung des Erteilungsbeschlusses erreichen (vgl § 49 Rdn 37). 6

1.1.1 Inhalt: a) *Nummer des Patents* wird aus dem Aktenzeichen der Anmeldung gebildet.[7] Dieses besteht seit 1. Januar 2004 aus 12 Ziffern plus Prüfziffer: die ersten beiden Ziffern benennen die Schutzrechtsart; nämlich 10 für deutsche Patentanmeldungen, 11 für PCT-Anmeldungen mit Bestimmung DE, 12 für ergänzende Schutzzertifikate, 20 für Gebrauchsmusteranmeldungen, 21 für Gebrauchsmusteranmeldungen aus PCT-Anmeldungen, 22 für Topografieanmeldungen; 50 für EP-Patente für DE in 7

---

1 S https://register.dpma.de.
2 BPatG BlPMZ 06, 329 = Mitt 06, 425 (in Bezug auf DPINFO; im Anschluss an BPatGE 20, 27; 30, 111).
3 DPA BlPMZ 85, 309.
4 DPA Beschluss PatAbt 13, BlPMZ 85, 309; BPatG BlPMZ 90, 328.
5 DPA BlPMZ 85, 309.
6 BPatGE 30, 111 = BlPMZ 89, 285.
7 Vgl MittDMPA Nr 3/03 BlPMZ 03, 225 (Tabu Gewerbl. Rechtsschutz Nr 499 S 487).

deutscher Sprache und 60 für EP-Patente für DE in englischer oder französischer Sprache.

Die folgenden 4 Ziffern geben das Anmeldejahr an, die folgenden 6 Ziffern bilden die fortlaufende Anmeldenummer und die letzte Ziffer ist die Prüfziffer.[8]

b) Name des Patentinhabers und dessen Wohnsitz; **c)** Vertreter und dessen Wohnsitz; **d)** Name des Erfinders (§ 63 (1) 1); **e)** Bezeichnung der Erfindung; **f)** Tag der Anmeldung, Offenlegung und Erteilung. Falscher Anmeldetag ist unschädlich,[9] weil dessen Angabe gesetzlich nicht vorgeschrieben ist; er kann nachträglich berichtigt werden; **g)** Prioritätsangaben, gemäß Art 4 D (2) und (5) PVÜ Zeit, Land und Aktenzeichen der Voranmeldung; **h)** Angabe der entgegengehaltenen Druckschriften gemäß § 32 (3) 2 (vgl § 32 Rdn 19); **i)** Zusatzverhältnis;[10] **k)** Klassifikation.

Seit 1. Januar 2008 gilt das neue Aktenzeichenformat auch für Marken- und Designanmeldungen (Kennziffer 30 für Marken-, Kennziffer 40 für Designanmeldungen).[11]

8 **1.1.2 Widerruf** einer wirksamen Veröffentlichung im Patentblatt ist unzulässig, da mit ihr die gesetzlichen Wirkungen des Patents eingetreten sind, die DPMA nicht wieder rückgängig machen kann. Wird gleichwohl widerrufen, so bleiben die Rechtswirkungen einer ordnungsgemäßen Veröffentlichung unberührt: Der Patentschutz bleibt bestehen, ein Einspruchsverfahren bleibt anhängig, eine 2. Veröffentlichung setzt keine neue Einspruchsfrist in Lauf.[12]

Ist die Veröffentlichung unwirksam, bedarf es keines Widerrufs (allenfalls zur Klarstellung), sondern der Neuvornahme einer wirksamen Veröffentlichung.

Auf nach teilweise festgestellter Nichtigkeit inhaltlich beschränkte Patentansprüche ist § 58 nicht anwendbar, vielmehr stellt rechtskräftige Entscheidung rückwirkende rechtsgestaltende Änderung der Anspruchsfassung dar.[13] Erklärung der Nichtigkeit oder Teilnichtigkeit ist nach § 30 (1) 2 im Patentregister zu vermerken und im Patentblatt bekannt zu machen (§ 32 (5)).

9 **1.1.3 Teilung des Patents:** Durch die bis zum 30.06.06 mögliche Teilung des Patents im Einspruchsverfahren entfielen nach § 60 (1) 4 aF die Wirkungen des Patents für den abgetrennten Teil, für den das Prüfungsverfahren wieder aufzunehmen und für den ggfls eine Erteilung gemäß § 58 (1) 1 erneut im Patentblatt zu veröffentlichen war.

10 **1.1.4 Zäsurwirkung:** Die Veröffentlichung der Erteilung hat für das Prüfungsverfahren keine Zäsurwirkung; diese tritt bereits mit dem Wirksamwerden des Erteilungsbeschlusses ein (s § 49 Rdn 23 ff).

1.2 Patentschrift

11 wird gemäß § 32 (1) 2 seit dem 01.01.04 – wie das Patentblatt – nur noch elektronisch veröffentlicht[14] (vgl § 32 Rdn 4 ff.). Sie wird nach § 58 (1) 2 »gleichzeitig« mit der

---

8 S DPMAinformativ Nr 5 (Juli 2012).
9 PA GrSenat BlPMZ **29**, 312; BGH GRUR 71, 565 (CI3) *Funkpeiler*.
10 Zur Streichung des § 16 (2) = Zusatzpatent durch Art 1 Nr 3 PatNovG s § 16 Rdn 6 ff.
11 MittDPMA Nr 6/07 BlPMZ 07, 353.
12 BGH BlPMZ **77**, 23 (II1 b cc) *Tampon*; **77**, 241 *Fadenvlies* zu § 32 aF.
13 LG Erfurt, 05.10.06, 3 O 317/06.
14 MittDPMA Nr 11/03 BlPMZ 03, 353 (Tabu Gewerbl. Rechtsschutz Nr 499 S 520).

Veröffentlichung der Erteilung im Patentblatt veröffentlicht, ohne dass sie deren notwendiger Bestandteil wäre.[15] Die Wirkung des Patents tritt nämlich nach § 58 (1) 3 mit der elektronischen Veröffentlichung der Patenterteilung im Patentblatt ein, auch wenn eine PS fehlen oder Mängel aufweisen sollte.[16] Alle denkbaren Mängel der elektronischen Veröffentlichung der PS berühren den Eintritt der Wirkung des Patents nicht, sofern nur die elektronische Veröffentlichung im Patentblatt wirksam ist (siehe Rdn 3).

Inhalt der PS bestimmt sich nach § 32 (3) (s § 32 Rdn 18). Sie muss mit dem Erteilungsbeschluss übereinstimmen,[17] weicht sie ab, kann sie berichtigt werden.[18]

Gestaltung der äußeren Form und der Bestimmtheit ihrer Aussagen obliegt dem DPMA.[19] Das Sachlichkeitsgebot, das für jedes Staatshandeln gilt,[20] gebietet es, in die PS nicht aufzunehmen[21]: **a)** Verstöße gegen die öffentliche Ordnung oder die guten Sitten, **b)** offensichtlich falsche Aussagen, **c)** eindeutig herabsetzende Äußerungen über den Stand der Technik[22] oder den Wert von Schutzrechten Dritter, **d)** Angaben, die den Umständen nach offensichtlich belanglos oder unnötig sind, wie zB Äußerungen polemischen Inhalts oder ohne Zusammenhang mit der Anmeldung.[23] Das setzt voraus, dass **a)** bis **d)** ohne Durchführung einer Beweisaufnahme, also ohne weiteres erkennbar sind.[24] Darüber hinaus hat DPMA den Wahrheitsgehalt einer kritischen Würdigung des Standes der Technik durch den Patentinhaber nicht zu prüfen, da dies für Frage der Patentfähigkeit unwesentlich sein kann; mit der Patenterteilung wird Wahrheitsgehalt daher nicht bestätigt. Wettbewerber hat keinen delikts- oder wettbewerbsrechtlichen Anspruch auf Unterlassung und Beseitigung von kritisch beschriebenem Stand der Technik.[25] Streichungen und Änderungen der Beschreibung in Patentschrift durch DPMA sind nur im Rahmen der §§ 38, 42, 45 PatG möglich.[26] Beschwerdeberechtigung des nicht am Erteilungsverfahren beteiligten Dritten ist nur in besonders gelagerten Ausnahmefällen denkbar (s § 49 Rdn 36).[27] Für die Entscheidung über Klage gegen DPMA, Veröffentlichung der PS zu unterlassen, ist BPatG, nicht Verwaltungsgericht zuständig.[28]

---

15 Vgl BPatGE **15**, 38; **15**, 142, 146 für AS; DPA Beschluss PatAbt 13, BlPMZ **85**, 309.
16 BPatGE **28**, 17 = BlPMZ **86**, 225.
17 Vgl BPatGE **15**, 142, 147 für AS; DPA BlPMZ **85**, 309.
18 Vgl BPatGE **13**, 77 für AS.
19 BayVGH Mitt **03**, 400 = InstGE **4**, 81 *Veröffentlichungsverbot für Patentschrift II*.
20 BVerfGE **57**, 1, 8 = DVBl **02**, 1358, 1360.
21 Vgl dazu Regel 48 EPÜ über unzulässige Angaben (beleidigende oder ähnlich herabsetzende Angaben).
22 Prüfungsrichtl 2.7.1 Abs 2 BlPMZ **19**, 73 (Tabu Gewerbl. Rechtsschutz Nr 136).
23 BPatG, 18.04.01, 8 W (pat) 38/00; BayVGH Mitt **03**, 400 = InstGE **4**, 81 *Veröffentlichungsverbot für Patentschrift II*.
24 BayVGH Mitt **03**, 400 = InstGE **4**, 81 *Veröffentlichungsverbot für Patentschrift II*; aA VG München Mitt **03**, 404 = InstGE **2**, 242.
25 BGH GRUR **10**, 253 = Mitt **10**,88 *Fischdosendeckel*; s auch Heinemann InTeR **13**, 119; Mes in FS Loschelder 2010, 251, 254 ff.
26 BGH GRUR **10**, 253 = Mitt **10**,88 *Fischdosendeckel*; BPatGE **52**, 256 *Aufreißdeckel*.
27 BGH GRUR **10**, 253 = Mitt **10**,88 *Fischdosendeckel*; BPatGE **52**, 256 *Aufreißdeckel*.
28 BayVGH Mitt **06**, 127.

14 **Sprachliche Fassung** ist nur dann zu beanstanden, wenn sie grobe Fehler enthält, die für ein amtliches Werk unvertretbar sind. Für die fehlerfreie Fassung ist der Anmelder verantwortlich; sprachliche Eigenheiten sind zu respektieren.[29]

15 **Amtliches Werk** iSd § 5 (2) UrhG ist die PS und darf daher im Interesse einer möglichst großen Verbreitung ungehindert vervielfältigt werden.

2 Eintritt der Patentwirkung

16 Die gesetzlichen Wirkungen des Patents gemäß §§ 9 ff PatG treten nach § 58 (1) 3 mit der Veröffentlichung der Erteilung im elektronischen Patentblatt ein,[30] auch wenn eine PS nicht gleichzeitig veröffentlicht wird oder Fehler aufwies.[31] Bei wortsinngemäßer Benutzung des Patentanspruchs ist der Verletzungsrichter an die Patenterteilung gebunden; nur eine wirksame Veröffentlichung der Patenterteilung lässt die Patentwirkung entstehen[32]. Daran fehlt es, wenn die Veröffentlichung gemäß § 32 (1) 2 in elektronischer Form einem Dritten nicht ermöglicht, in zumutbarer Weise den Patentinhaber und das erteilte Patent festzustellen.[33] Fehler, die eine zuverlässige Identifizierbarkeit nicht beeinträchtigen, sind unschädlich. Vor der Veröffentlichung besteht lediglich ein Anspruch auf angemessene Entschädigung nach § 33 (1).[34]

Durch eine gerichtliche Suspendierung der Veröffentlichung kann Patentinhaber in rechtlichen Interessen nachteilig berührt sein.[35]

Außerdem beginnt mit Tag der Veröffentlichung der Patenterteilung im elektronischen Patentblatt (nicht im Patentregister) die Frist zur Erhebung von Einsprüchen nach § 59 (1) und zur Geltendmachung der patentrechtlichen Vindikation nach § 8 Satz 3. Ein vor Veröffentlichung der Erteilung im Patentblatt erhobener Einspruch ist unzulässig.[36]

3 Wegfall des Entschädigungsanspruchs nach § 33

17 mit rückwirkender Kraft,[37] wenn nach der Offenlegung gemäß § 32 (5) die Anmeldung nach § 42 (3) oder § 48 zurückgewiesen wird, der Anmelder seine Anmeldung zurücknimmt oder die Anmeldung wegen Nichtzahlung der Jahresgebühr kraft Gesetzes als zurückgenommen gilt (siehe Rdn 18). Durch eine Wiedereinsetzung lebt der Entschädigungsanspruch wieder auf. Dritte können dann ein Weiterbenutzungsrecht nach § 123 (5) geltend machen. Möglicher Entschädigungsanspruch kann Rechtsschutzinteresse an Erteilung trotz Ablauf der maximalen Patentdauer begründen.[38]

---

29 Prüfungsrichtl 2.7.2 BlPMZ **19**, 73 (Tabu Gewerbl. Rechtsschutz Nr 136).
30 Bericht Rechtsausschuss z 1. GPatG BlPMZ **79**, 294 l Sp zu Nr 34; s. auch LG München I, 19.01.21 – 21 O 16782/20 GRUR **21**, 466 (Vorlagebeschluss) *Rechtsbestand im Verfügungsverfahren*; s Pichlmaier GRUR **21**, 557 zur Rechtswirkung der Veröffentlichung einer Patenterteilung.
31 BPatGE **28**, 17 = BlPMZ **86**, 225; BayVGH Mitt **03**, 400 *Veröffentlichungsverbot für Patentschrift II* mAnm Leine Mitt **03**, 403.
32 OLG Stuttgart BeckRS **14**, 18 047.
33 BPatG BlPMZ **90**, 328.
34 Pahlow GRUR **08**, 97; Uhlmann/Krauß Mitt **06**, 337.
35 BayVGH Mitt **03**, 400.
36 BPatG BlPMZ **06**, 329 = Mitt **06**, 425 (im Anschluss an BPatGE **20**, 27; **30**, 111).
37 BGH GRUR **69**, 677, 678 rSp *Rübenverladeeinrichtung*.
38 BPatG GRUR **00**, 1017.

4 Fiktion der Rücknahme der Anmeldung

tritt nach § 58 (3) kraft Gesetzes in folgenden Fällen ein: a) Nichtstellung des **Prüfungsantrags** innerhalb der 7-Jahresfrist des § 44 (2);[39] b) fehlende oder nicht rechtzeitige Zahlung einer **Jahresgebühr** (mit Verspätungszuschlag) gemäß § 7 (1) PatKostG iVm § 58 (3).[40] 18

Weitere Fälle gesetzlich fingierter Rücknahme – im Sinne des Abs 2 – sind: c) fehlende oder nicht rechtzeitige Zahlung der **Anmeldegebühr** gemäß § 6 PatKostG (s § 34 Rdn 285); d) fehlende oder nicht rechtzeitige Zahlung der **Prüfungsantragsgebühr**, weil dadurch der Prüfungsantrag gemäß § 6 (2) PatKostG als zurückgenommen gilt und somit die Rechtsfolge der Rücknahme der Anmeldung gemäß § 58 (3) eintritt.

Teilanmeldung: verspätete Entrichtung von Gebühren führt nach § 39 (3) zur Fiktion der Nichtabgabe der Teilungserklärung und damit zum Wegfall der Teilanmeldung (s § 39 Rdn 59). 19

Inanspruchnahme einer inneren Priorität führt nach § 40 (5) zur Fiktion der Rücknahme der früheren Anmeldung (s § 40 Rdn 25). 20

5 Erteilung nach Rücknahme der Anmeldung,

die der Anmelder erklärt hatte oder die gesetzlich fingiert war, ist nicht unwirksam, sofern die Patenterteilung als begünstigender Verwaltungsakt den Mangel heilt. Dazu und zu nichtigen Erteilungsbeschlüssen vgl § 49 Rdn 20 ff. 21

§ 59 Einspruch, Beitritt des vermeintlichen Verletzers
(opposition, intervention of the assumed infringer)

(1) [1]Innerhalb von neun Monaten nach der Veröffentlichung der Erteilung kann jeder, im Falle der widerrechtlichen Entnahme nur der Verletzte, gegen das Patent Einspruch erheben. [2]Der Einspruch ist schriftlich zu erklären und zu begründen. [3]Er kann nur auf die Behauptung gestützt werden, dass einer der in § 21 genannten Widerrufsgründe vorliege. [4]Die Tatsachen, die den Einspruch rechtfertigen, sind im Einzelnen anzugeben. [5]Die Angaben müssen, soweit sie nicht schon in der Einspruchsschrift enthalten sind, bis zum Ablauf der Einspruchsfrist schriftlich nachgereicht werden.

(2) [1]Ist gegen ein Patent Einspruch erhoben worden, so kann jeder Dritte, der nachweist, dass gegen ihn Klage wegen Verletzung des Patents erhoben worden ist, nach Ablauf der Einspruchsfrist dem Einspruchsverfahren als Einsprechender

---

39 St Rspr; BPatG, 09.05.11, 10 W (pat) 16/08 *Halbleiterbauelement*; BPatG, 16.03.06,10 W (pat) 42/04 (kein Anspruch auf Hinweis des DPMA auf Ablauf der Prüfungsantragsfrist bei Zahlung der Jahresgebühr).
40 BPatG BeckRS 13, 07 950; BPatG BeckRS 13, 14 756; BPatG BeckRS 13, 17 660 (Zahlungserinnerung des DPMA für Jahresgebühr ist bloße, gesetzl nicht vorgeschriebene Serviceleistung, aus deren Unterbleiben keine Rechte abgeleitet werden können); BPatG, 24.03.05,10 W (pat) 62/03.

beitreten, wenn er den Beitritt innerhalb von drei Monaten nach dem Tag erklärt, an dem die Verletzungsklage erhoben worden ist. ²Das gleiche gilt für jeden Dritten, der nachweist, dass er nach einer Aufforderung des Patentinhabers, eine angebliche Patentverletzung zu unterlassen, gegen diesen Klage auf Feststellung erhoben hat, dass er das Patent nicht verletze. ³Der Beitritt ist schriftlich zu erklären und bis zum Ablauf der in Satz 1 genannten Frist zu begründen. ⁴Absatz 1 Satz 3 bis 5 ist entsprechend anzuwenden.

(3) ¹Eine Anhörung findet im Einspruchsverfahren statt, wenn ein Beteiligter dies beantragt oder die Patentabteilung dies für sachdienlich erachtet. ²Mit der Ladung soll die Patentabteilung auf die Punkte hinweisen, die sie für die zu treffende Entscheidung als erörterungsbedürftig ansieht. ³Die Anhörung einschließlich der Verkündung der Entscheidung ist öffentlich. ⁴§ 169 Abs 1 Satz 2 sowie die §§ 171b bis 175 des Gerichtsverfassungsgesetzes sind entsprechend anzuwenden mit der Maßgabe, dass die Öffentlichkeit von der Anhörung auf Antrag eines Beteiligten auch dann ausgeschlossen werden kann, wenn sie eine Gefährdung schutzwürdiger Interessen des Antragstellers besorgen lässt.

(4) Der Vorsitzende der Patentabteilung sorgt für die Aufrechterhaltung der Ordnung in der Anhörung und übt insoweit das Hausrecht aus.

(5) Im Übrigen sind § 43 Abs 3 Satz 2 und die §§ 46 und 47 im Einspruchsverfahren entsprechend anzuwenden.

Rainer Moufang

Übersicht

Gesetzesentwicklung		1
Ergänzende Schutzzertifikate		2
Europäische Patente		3
Geheimpatente		4
Europäisches Patentrecht		5
	Art 99 EPÜ	6
	Art 100 EPÜ (s § 21 Rdn 3)	7
	Art 101 EPÜ	8
	Art 102–104 EPÜ	9
	Art 105 EPÜ	10
	R 75 EPÜ	11
	R 76 EPÜ	12
	R 77 EPÜ	13
	R 78 EPÜ	14
	R 79 EPÜ	15
	R 80 EPÜ	16
	R 81 EPÜ	17
	R 83 EPÜ	18
	R 85 EPÜ	19
	R 86 EPÜ	20
	R 89 EPÜ	21
Einspruchsrichtlinien		22
Literatur		23
Kommentierung zu § 59 PatG		
I.	Allgemeines	24
1	Grundsätzliche Ausgestaltung	24
2	Zuständigkeit	27
3	Rechtsnatur	28

4	Rechtsstellung der Beteiligten	29
5	Amtsermittlungsgrundsatz	30
II.	Einlegung des Einspruchs	31
1	Überblick	31
2	Prozessuale Erklärung	32
3	Adressat	33
3.1	Einspruch gegen ein deutsches Patent	33
3.2	Einspruch gegen ein europäisches Patent	34
4	Form	36
5	Vertretungszwang	39
6	Vollmacht des Vertreters des Einsprechenden	40
7	Gebühr	41
III.	Zulässigkeit des Einspruchs	51
1	Allgemeines	51
2	Einspruchsberechtigung	52
2.1	Allgemeines	52
2.2	Rechtsschutzinteresse	54
2.3	Patentinhaber	56
2.4	Einspruch des Erfinders	57
2.5	Berufsmäßiger Vertreter	58
2.6	Nichtangriffsverpflichtung	59
2.7	Strohmann	63
3	Patenterteilung	66
4	Einspruchsfrist	70
4.1	Beginn der Einspruchsfrist	71
4.2	Ende der Einspruchsfrist	72
4.3	Wiedereinsetzung	73
4.4	Wahrung der Einspruchsfrist	74
5	Notwendige Angaben in Einspruchsschrift	77
5.1	Identität des Einsprechenden	77
5.2	Angaben zum angegriffenen Patent	79
5.3	Antrag des Einsprechenden	80
5.4	Behauptung eines Widerrufsgrundes	82
6	Einspruchsbegründung	83
6.1	Substantiierung der Einspruchsgründe	84
6.2	Auseinandersetzung mit der patentierten Erfindung	88
6.3	Schlüssigkeit	90
6.4	Beweismittel	91
6.5	Stand der Technik	94
6.5.1	Technischer Zusammenhang	95
6.5.2	Öffentliche Zugänglichkeit	96
6.5.3	Schriftliche Beschreibungen	97
6.5.4	Mündliche Beschreibungen	106
6.5.5	Vorbenutzung	109
6.6	Mangelhafte Offenbarung	124
6.7	Widerrechtliche Entnahme	129
6.8	Unzulässige Erweiterung	131
6.9	Beispiele nicht ausreichender Begründung	132
IV.	Durchführung des Einspruchsverfahrens	133
1	Zuständigkeit	134
2	Beteiligte am Einspruchsverfahren	135
2.1	Patentinhaber	136
2.2	Einsprechender	137
2.2.1	Beginn der Verfahrensbeteiligung	139
2.2.2	Ende der Verfahrensbeteiligung	140
2.2.3	Umfang der Verfahrensbeteiligung	141
2.2.4	Änderung des Einsprechenden	144
2.3	Dritte	147
2.4	Beitretender	149

3	**Prüfung der Zulässigkeit des Einspruchs**	150
3.1	Unverzichtbare Verfahrensvoraussetzung	150
3.2	Entscheidung über die Zulässigkeit eines Einspruchs	151
3.2.1	Sind alle Einsprüche unzulässig	151
3.2.2	Zulässige und unzulässige Einsprüche	153
3.3	Material eines unzulässigen Einspruchs	158
4	**Prüfung der Begründetheit des Einspruchs**	159
4.1	Gegenstand der Prüfung	160
4.2	Umfang der Prüfung	164
4.3	Antrag des Patentinhabers	165
4.3.1	Beschränkte Verteidigung des Patents	166
4.3.2	Bindung des Patentinhabers	174
4.3.3	Bindung des Patentamts an Antrag des Patentinhabers	177
4.4	Antrag des Einsprechenden	178
4.4.1	Bindung des Einsprechenden an seinen Antrag	179
4.4.2	Bindung des Patentamts an Antrag des Einsprechenden	180
4.5	Einspruchsgründe des § 21 und des Art 100 EPÜ	182
4.5.1	Begriff des Einspruchsgrunds	183
4.5.2	Behauptung eines Widerrufsgrundes	184
4.5.3	Vorgreifliche Tatbestände	185
4.6	Bindung an Einspruchsgrund	186
4.6.1	Bindung des Einsprechenden an seinen Einspruchsgrund	187
4.6.2	Bindung der 1. Instanz an Einspruchsgrund	191
4.6.3	Bindung der 2. Instanz an Einspruchsgrund	196
4.7	Untersuchungsgrundsatz	202
4.7.1	Umfang der Amtsermittlung	205
4.7.2	Pflichtgemäßes Ermessen	207
4.7.3	Beweislast	209
4.8	Verspätetes Vorbringen	213
5	**Rechtliches Gehör**	214
5.1	Umfang	215
5.2	Grundsatz der Gleichbehandlung	216
5.3	Ausreichende Frist zur Äußerung	217
5.4	Übermittlung von Schriftsätzen	219
5.5	Zwischenbescheide	222
5.6	Beispiele aus der Rechtsprechung zum rechtlichen Gehör	227
6	**Anhörung**	229
6.1	Öffentlichkeit der Anhörung	230
6.2	Ausschluss der Öffentlichkeit	231
6.3	Aufrechterhaltung der Ordnung	232
7	**Anwendung von Vorschriften des Erteilungsverfahrens gemäß § 59 (5)**	233
7.1	Anwendung des § 43 (3) 2	233
7.2	Anwendung der §§ 46, 47	234
7.2.1	Ermittlungen, Ladung von Beteiligten, Zeugen und Sachverständigen	234
7.2.2	Niederschrift	235
7.2.3	Beschluss	236
8	**Kosten des Einspruchsverfahrens**	237
9	**Ende des Einspruchsverfahrens**	238
9.1	Formelle Rechtskraft	238
9.2	Rücknahme eines Einspruchs in der 1. Instanz	239
9.3	Rücknahme eines Einspruchs in der 2. Instanz	240
9.4	Wegfall des Einsprechenden aus anderen Gründen als Einspruchsrücknahme	241
9.5	Rücknahme der Beschwerde	242
9.6	»Rücknahme der Anmeldung«	243
9.7	Erlöschen des Patents	244
V.	**Beitritt des angegriffenen Patentverletzers**	246

1	Zulässigkeit des Beitritts	247
1.1	Beitrittserklärung	247
1.2	Erhebung eines Einspruchs	248
1.3	Anhängigkeit des Einspruchsverfahrens	249
1.4	Nachweis der Klageerhebung	252
1.4.1	Nachweis der erhobenen Verletzungsklage	252
1.4.2	Nachweis negativer Feststellungsklage	254
1.5	Ablauf der Einspruchsfrist	255
1.6	Beitrittsfrist von 3 Monaten	256
1.7	Begründung des Beitritts	258
2	**Prüfung der Zulässigkeit des Beitritts**	260
3	**Rechtsstellung des Beitretenden**	261
4	**Beitritt in der Beschwerdeinstanz**	262

Gesetzesentwicklung: § 59 ist durch Art 8 Nr 35 des 1. GPatG v 26.7.1979 als § 35a eingefügt worden. **KostenbereinigungsG** vom 13.12.2001 führte zu folgenden Änderungen: **a)** Einführung einer Einspruchsgebühr von 200 € durch Nr 313 600 des PatKostG (s Anhang 15); vgl unten Rdn 41); **b)** erstinstanzliche Zuständigkeit des BPatG für die Entscheidung über den Einspruch für begrenzte Zeit vom 1.1.2002 bis 1.1.2005 gemäß § 147 (3) PatG aF. Diese Zuständigkeit wurde durch Gesetz vom 9.12.2004 bis 30.6.2006 verlängert. Das **Gesetz zur Änderung des patentrechtlichen Einspruchsverfahrens** und des PatKostG vom 21.6.2006 (BGBl I 1318 = BlPMZ 06, 225) gibt dem BPatG die erstinstanzliche Zuständigkeit nur noch unter den besonderen Voraussetzungen des neu eingefügten § 61 (2). Das Änderungsgesetz hat ferner durch Art 1 Nr 5 in § 59 einen neuen Absatz (3) eingefügt, der eine Anhörung bei Antrag zwingend macht, sowie den bisherigen Absatz (3) geringfügig modifiziert und zu Absatz (4) (jetzt Absatz 5) umnummeriert. Außerdem hat es durch seinen Art 6 in Nr 313 600 PatKostG auch auf § 59 (2) PatG verwiesen und damit den Beitritt kostenpflichtig gemacht. Das **PatNovG** vom 19.10.2013 (BGBl I 3830 = BlPMZ 13, 361) hat die Einspruchsfrist von 3 auf 9 Monate verlängert und die Öffentlichkeit der Anhörung eingeführt. Letzteres führte zu einer Ergänzung des Absatzes 3 durch die Sätze 3 und 4, zur Einfügung des neuen Absatzes 4 und zur Umnummerierung des bisherigen Absatzes 4 in den redaktionell geänderten Absatz 5. Art 4 des Gesetzes über die Erweiterung der Medienöffentlichkeit in Gerichtsverfahren (**EMöGG**) vom 8.10.2017 (BGBl I 3546 = BlPMZ 18, 117) hat in Absatz 3, Satz 4 die Angabe »Absatz 1« nach »§ 169« eingefügt. 1

Ergänzende Schutzzertifikate: §§ 59 ff gelten gemäß § 16a (2) PatG nicht für sie, da das Einspruchsverfahren nach Art 18 (2) ArzneimittelV und PflanzenschutzmittelV (s § 16a Anhänge 1 und 2) ausgeschlossen ist. 2

Europäische Patente: Gegen sie kann Einspruch nur vor EPA, nicht vor DPMA erhoben werden, denn § 59 gilt nur für deutsche Patente, deren Erteilung im Patentblatt gemäß § 58 (1) PatG veröffentlicht wurde. 3

Geheimpatente können mit dem Einspruch nicht angefochten werden, da für sie gemäß § 50 (1) jede Veröffentlichung unterbleibt. Wird die Geheimhaltungsanordnung gemäß § 50 (2) aufgehoben, so beginnt mit der Veröffentlichung des Patents die Einspruchsfrist.[1] 4

Europäisches Patentrecht: Das europäische Einspruchsverfahren stimmt in Rechtsnatur und Ausgestaltung im Wesentlichen mit dem deutschen Einspruchsverfahren überein.[2] Das entspricht der Intention des deutschen Gesetzgebers, die dem 1. GPatG zu Grunde liegt, nämlich »das schon mit dem IntPatÜG verfolgte Ziel einer Harmonisierung des europäischen mit dem nationalen Recht weitgehend zu erreichen«.[3] Die 5

---

1 Siehe § 50 Rdn 13.
2 Grundsätzlich aA van Hees/Braitmayer, 4. Aufl, S 119.
3 So amtl Begr zum 1. GPatG unter A3 BlPMZ **79**, 276.

gesetzgeberische Absicht, »im Interesse der Rechtssicherheit und Gleichwertigkeit ... das Verfahren vor dem DPMA näher an das Verfahren vor dem EPA heranzuführen«,[4] muss bei einer Auslegung des deutschen Rechts berücksichtigt werden.[5]

Die am 13.12.2007 in Kraft getretene Revision 2000 hat einige EPÜ-Vorschriften über den Einspruch in die Ausführungsordnung verschoben, aber das Einspruchsverfahren nur sehr geringfügig sachlich geändert. Infolge der Einführung eines europäischen Beschränkungs- und Widerrufsverfahrens musste allerdings das Verhältnis beider Verfahren zueinander geregelt werden (vgl Rdn 245).

Wichtigster Unterschied zwischen europäischem und deutschem Einspruchsrecht: das EPÜ kennt anders als § 21 (1) Nr 3 nicht den Einspruchsgrund der widerrechtlichen Entnahme.

Wegen der weitgehenden Übereinstimmung des europäischen mit dem deutschen Einspruchsverfahren werden beide im Folgenden gemeinsam erläutert, wobei auf Unterschiede jeweils hingewiesen wird.

Artikel 99 EPÜ Einspruch

6   (1) ¹Innerhalb von neun Monaten nach Bekanntmachung des Hinweises auf die Erteilung des europäischen Patents im Europäischen Patentblatt kann jedermann nach Maßgabe der Ausführungsordnung beim EPA gegen dieses Patent Einspruch einlegen. ²Der Einspruch gilt erst als eingelegt, wenn die Einspruchsgebühr entrichtet worden ist.

(2) Der Einspruch erfasst das europäische Patent für alle Vertragsstaaten, in denen es Wirkung hat.

(3) Am Einspruchsverfahren sind neben dem Patentinhaber die Einsprechenden beteiligt.

(4) ¹Weist jemand nach, dass er in einem Vertragsstaat aufgrund einer rechtskräftigen Entscheidung anstelle des bisherigen Patentinhabers in das Patentregister dieses Staats eingetragen ist, so tritt er auf Antrag in Bezug auf diesen Staat an die Stelle des bisherigen Patentinhabers. ²Abweichend von Art 118 gelten der bisherige Patentinhaber und derjenige, der sein Recht geltend macht, nicht als gemeinsame Inhaber, es sei denn, dass beide dies verlangen.

7   **Artikel 100 EPÜ** (abgedruckt bei § 21 Rdn 3)

Artikel 101 EPÜ Prüfung des Einspruchs – Widerruf oder Aufrechterhaltung des europäischen Patents

8   (1) ¹Ist der Einspruch zulässig, so prüft die Einspruchsabteilung nach Maßgabe der Ausführungsordnung, ob wenigstens ein Einspruchsgrund nach Art 100 der Aufrechterhaltung des europäischen Patents entgegensteht. ²Bei dieser Prüfung fordert die Einspruchsabteilung die Beteiligten so oft wie erforderlich auf, eine Stellungnahme zu ihren Bescheiden oder zu den Schriftsätzen anderer Beteiligter einzureichen.

(2) und (3): *(abgedruckt bei § 61 Rdn 3)*

9   **Art 102 EPÜ** durch EPÜ-Revision 2000 gestrichen, **Art 103** EPÜ abgedruckt bei § 61 Rdn 4, **Art 104** EPÜ abgedruckt bei § 62 Rdn 3

Artikel 105 EPÜ Beitritt des vermeintlichen Patentverletzers

10   (1) Jeder Dritte kann nach Ablauf der Einspruchsfrist nach Maßgabe der Ausführungsordnung dem Einspruchsverfahren beitreten, wenn er nachweist, dass
a)   gegen ihn Klage wegen Verletzung dieses Patents erhoben worden ist oder
b)   er nach einer Aufforderung des Patentinhabers, eine angebliche Patentverletzung zu unterlassen, gegen diesen Klage auf Feststellung erhoben hat, dass er das Patent nicht verletze.

(2) Ein zulässiger Beitritt wird als Einspruch behandelt.

---

4 So amtl Begr zum 1. GPatG unter A3 BlPMZ 79, 276.
5 BGH GRUR **89**, 103 (III2b) *Verschlußvorrichtung für Gießpfannen.*

R 75 EPÜ Verzicht oder Erlöschen des Patents
Einspruch kann auch eingelegt werden, wenn in allen benannten Vertragsstaaten auf das europäische Patent verzichtet worden ist oder das Patent in allen diesen Staaten erloschen ist.

R 76 EPÜ Form und Inhalt des Einspruchs
(1) Der Einspruch ist schriftlich einzulegen und zu begründen.
(2) Die Einspruchsschrift muss enthalten:
a) Angaben zur Person des Einsprechenden nach Maßgabe der R 41 Abs 2 c);
b) die Nummer des europäischen Patents, gegen das der Einspruch eingelegt wird, sowie den Namen des Patentinhabers und die Bezeichnung der Erfindung;
c) eine Erklärung darüber, in welchem Umfang gegen das europäische Patent Einspruch eingelegt und auf welche Einspruchsgründe der Einspruch gestützt wird, sowie die Angabe der zur Begründung vorgebrachten Tatsachen und Beweismittel;
d) falls ein Vertreter des Einsprechenden bestellt ist, Angaben zur Person nach Maßgabe der R 41 Abs 2 d).

R 77 EPÜ Verwerfung des Einspruchs als unzulässig
(1) Stellt die Einspruchsabteilung fest, dass der Einspruch Art 99 Abs 1 oder R 76 Abs 2 c) nicht entspricht oder das europäische Patent, gegen das der Einspruch eingelegt worden ist, nicht hinreichend bezeichnet ist, so verwirft sie den Einspruch als unzulässig, sofern die Mängel nicht bis zum Ablauf der Einspruchsfrist beseitigt worden sind.
(2) ¹Stellt die Einspruchsabteilung fest, dass der Einspruch anderen als den in Abs 1 bezeichneten Vorschriften nicht entspricht, so teilt sie dies dem Einsprechenden mit und fordert ihn auf, innerhalb einer zu bestimmenden Frist die festgestellten Mängel zu beseitigen. ²Werden diese nicht rechtzeitig beseitigt, so verwirft die Einspruchsabteilung den Einspruch als unzulässig.
(3) Die Entscheidung, durch die ein Einspruch als unzulässig verworfen wird, wird dem Patentinhaber mit einer Abschrift des Einspruchs mitgeteilt.

R 78 EPÜ Verfahren bei mangelnder Berechtigung des Patentinhabers
(1) ¹Weist ein Dritter dem EPA während eines Einspruchsverfahrens oder während der Einspruchsfrist nach, dass er gegen den Inhaber des europäischen Patents ein Verfahren eingeleitet hat mit dem Ziel, eine Entscheidung im Sinne des Art 61 Abs 1 zu erwirken, so wird das Einspruchsverfahren ausgesetzt, es sei denn, der Dritte erklärt dem EPA gegenüber schriftlich seine Zustimmung zur Fortsetzung des Verfahrens. ²Diese Zustimmung ist unwiderruflich. ³Das Verfahren wird jedoch erst ausgesetzt, wenn die Einspruchsabteilung den Einspruch für zulässig hält. ⁴R 14 Abs 2 bis 4 ist entsprechend anzuwenden.
(2) Ist ein Dritter nach Art 99 Abs 4 in Bezug auf einen oder mehrere benannte Vertragsstaaten an die Stelle des bisherigen Patentinhabers getreten, so kann das im Einspruchsverfahren aufrechterhaltene europäische Patent für diesen Staat oder diese Staaten unterschiedliche Patentansprüche, Beschreibungen und Zeichnungen enthalten.

R 79 EPÜ Vorbereitung der Einspruchsprüfung
(1) Die Einspruchsabteilung teilt dem Patentinhaber den Einspruch mit und gibt ihm Gelegenheit, innerhalb einer zu bestimmenden Frist eine Stellungnahme einzureichen und gegebenenfalls die Beschreibung, die Patentansprüche und die Zeichnungen zu ändern.
(2) Sind mehrere Einsprüche eingelegt worden, so teilt die Einspruchsabteilung gleichzeitig mit der Mitteilung nach Abs 1 die Einsprüche den übrigen Einsprechenden mit.
(3) Die Einspruchsabteilung teilt vom Patentinhaber eingereichte Stellungnahmen und Änderungen den übrigen Beteiligten mit und fordert sie auf, wenn sie dies für sachdienlich erachtet, sich innerhalb einer zu bestimmenden Frist hierzu zu äußern.
(4) Im Fall eines Beitritts nach Art 105 kann die Einspruchsabteilung von der Anwendung der Abs 1 bis 3 absehen.

R 80 EPÜ Änderung des europäischen Patents
Unbeschadet der R 138 können die Beschreibung, die Patentansprüche und die Zeichnungen geändert werden, soweit die Änderungen durch einen Einspruchsgrund nach Art 100 veranlasst sind, auch wenn dieser vom Einsprechenden nicht geltend gemacht worden ist.

R 81 EPÜ Prüfung des Einspruchs

(1) ¹Die Einspruchsabteilung prüft die Einspruchsgründe, die in der Erklärung des Einsprechenden nach R 76 Abs 2 c) geltend gemacht worden sind. ²Sie kann von Amts wegen auch vom Einsprechenden nicht geltend gemachte Einspruchsgründe prüfen, wenn diese der Aufrechterhaltung des europäischen Patents entgegenstehen würden.

(2) ¹Bescheide nach Art 101 Abs 1 S 2 und alle hierzu eingehenden Stellungnahmen werden den Beteiligten übersandt. ²Die Einspruchsabteilung fordert, wenn sie dies für sachdienlich erachtet, die Beteiligten auf, sich innerhalb einer zu bestimmenden Frist hierzu zu äußern.

(3) ¹In den Bescheiden nach Art 101 Abs 1 S 2 wird dem Patentinhaber gegebenenfalls Gelegenheit gegeben, soweit erforderlich die Beschreibung, die Patentansprüche und die Zeichnungen zu ändern. ²Die Bescheide sind soweit erforderlich zu begründen, wobei die Gründe zusammengefasst werden sollen, die der Aufrechterhaltung des europäischen Patents entgegenstehen.

R 82 EPÜ: abgedruckt bei § 61 Rdn 5

R 83 EPÜ Anforderung von Unterlagen

¹Unterlagen, die von einem am Einspruchsverfahren Beteiligten genannt werden, sind zusammen mit dem Einspruch oder dem schriftlichen Vorbringen einzureichen. ²Sind solche Unterlagen nicht beigefügt und werden sie nach Aufforderung durch das EPA nicht rechtzeitig nachgereicht, so braucht das EPA das darauf gestützte Vorbringen nicht zu berücksichtigen.

R 84 EPÜ: abgedruckt bei § 61 Rdn 6

R 85 EPÜ Rechtsübergang des europäischen Patents

R 22 ist auf einen Rechtsübergang des europäischen Patents während der Einspruchsfrist oder der Dauer des Einspruchsverfahrens anzuwenden.

R 86 EPÜ Unterlagen im Einspruchsverfahren

Die Vorschriften des Dritten Teils der Ausführungsordnung sind auf die im Einspruchsverfahren eingereichten Unterlagen entsprechend anzuwenden.

R 87 EPÜ: abgedruckt bei § 61 Rdn 7.

R 88 EPÜ: abgedruckt bei § 62 Rdn 4.

R 89 EPÜ Beitritt des vermeintlichen Patentverletzers

(1) Der Beitritt ist innerhalb von drei Monaten nach dem Tag zu erklären, an dem eine der in Art 105 genannten Klagen erhoben worden ist.

(2) ¹Der Beitritt ist schriftlich zu erklären und zu begründen; R 76 und 77 sind entsprechend anzuwenden. ²Der Beitritt gilt erst als erklärt, wenn die Einspruchsgebühr entrichtet worden ist.

Einspruchsrichtlinien:

a) DPMA: vom 3.7.2018 (https://www.dpma.de/docs/formulare/patent/p2797.pdf, s Mitteilung PräsDPMA Nr 3/18, BlPMZ 18, 230 = Tabu Gewerbl. Rechtsschutz Nr 137 (gelten nur für das erstinstanzliche Verfahren vor dem DPMA, nicht aber vor dem BPatG)

b) EPA: Teil D der Richtlinien für die Prüfung im EPA betrifft das Einspruchsverfahren. Eine Darstellung des europäischen Einspruchsverfahrens unter Berücksichtigung der Rechtsprechung und Praxis enthält eine Mitteilung des EPA in ABl 16, A42[6] (s ferner A43). Ist bei einem nationalen Gericht eine Verletzungsklage aus einem europäischen Patent anhängig, kann jeder Beteiligte einen Beschleunigungsantrag stellen.[7] Die Rechtsauskunft Nr 15/05 (rev 2): Hilfsanträge im Prüfungs- und Einspruchsverfahren[8] ist aufgehoben worden.[9]

---

[6] Korrigendum ABl 16, A55.
[7] Vgl MittEPA ABl 08, 221. Für Beschwerdeverfahren s Art 10 (3) – (6) VerfOBK (2020).
[8] ABl 05, 357.
[9] ABl 12, 446.

Lit: Straus in FS Beier 1996, 171; **Chandler/Meinders:** C-Book – How to Write a Successful Opposition and Pass Paper C of the European Qualifying Examination 6. Aufl 2019; Lethem in Patent Practice in Japan and Europe (FS Rahn) 2011, 145; **Müller/Mulder:** Proceedings before the EPO – A Practical Guide to Success in Opposition and Appeal 2. Aufl 2020; **Blockhuis/Mulder:** Smart in C – A simple and efficient methodology for EQE paper C, 2016; Teschemacher in Kreativität und Charakter (FS Martin Vogel) 2017, 363; **Herrmann:** Zielorientierte Methodiken zum Bestehen der Europäischen Eignungsprüfung (EEP) 2017; Metzger in Methodenfragen des Patentrechts (FS Bodewig) 2018, 111.

Lit in epi-information: Knesch 94, 95; Huygens 96, 86; de Baere/Storz 15, 109; Walder-Hartmann 2/16, 32; 3/16, 27; Mulder 3/17, 20; **Lit in GRUR:** Schwanhäusser 91, 165; Bauer 93, 376; Hövelmann 97, 109 u 875; Sieckmann 97, 156; Hövelmann 07, 283; Harlfinger 09, 466; Pitz 09, 805; Keussen 14, 132; **Lit in GRUR Int:** Michaelis 91, 883; van den Berg 93, 354; Harden 93, 370; Flad 95, 178 u 709; Sedemund-Treiber 96, 390; **Lit in IIC:** Manu 17, 813; **Lit in Mitt:** Günzel 92, 203; 00, 81; Pitz 94, 239; Koch 97, 286; Liesegang 97, 290; Stamm 98, 207; Strehle 99, 416; Fitzner/Waldhoff 00, 446; Hövelmann 02, 49; 03, 303; 04, 59; 05, 193; 09, 481; Féaux de Lacroix 08, 6; Naumann 09, 52; Nieder 18, 201; Meitinger 21, 305.

I. Allgemeines

1 Grundsätzliche Ausgestaltung

§ 59 PatG und Art 99 EPÜ stellen ein kostengünstiges Verfahren zur Verfügung, das jedem Dritten die Möglichkeit eröffnet, die Rechtmäßigkeit der Erteilung eines Patents vor einem neuen Organ im Rahmen der Widerrufsgründe des § 21 bzw. der Einspruchsgründe des Art 100 EPÜ überprüfen zu lassen.[10]

Das Einspruchsverfahren ist – im Unterschied zum früheren deutschen Recht – der Patenterteilung **nachgeschaltet** *(post-grant opposition).* Der Patentanmelder erlangt also zunächst das volle Ausschließungsrecht, so dass ihm eine raschere Rechtsdurchsetzung ermöglicht wird. Das Einspruchsverfahren ist *nicht als Wiederholung oder Fortsetzung des Erteilungsverfahrens* anzusehen,[11] denn dieses hat durch die Erteilung des Patents sein Ende gefunden und lebt weder von Amts wegen noch auf Einspruch wieder auf.

Erklärtes Ziel des deutschen Gesetzgebers sowohl des IntPatÜG[12] als auch des 1. GPatG[13] war es, das nationale deutsche mit dem europäischen Recht zu harmonisieren (vgl oben Rdn 5). Insbesondere die Nachschaltung des Einspruchsverfahrens ist dem europäischen Vorbild nachgebildet. Bei der Interpretation der nationalen Vorschriften über das Einspruchsverfahren ist dem gesetzgeberischen »Anliegen der Angleichung von nationalem und europäischem Patentrecht Rechnung zu tragen«.[14] Soweit das nationale Recht keine abweichenden Bestimmungen enthält, sollte daher – wenn eine Aus-

---

10 Aufgrund seiner Vorzüge wurde das Einspruchsverfahren kürzlich auch in das französische Recht neu eingeführt (Ordonnance n° 2020–116 du 12 février 2020 portant création d'un droit d'opposition aux brevets d'invention).
11 BGH GRUR 95, 333 (BII2g) *Aluminium-Trihydroxid;* BPatGE 53, 153; GrBK G 0001/84 ABl 85, 299 (Nr 9) *Einspruch des Patentinhabers/MOBIL OIL;* T 0198/88 ABl 91, 254 (Nr 2.1); T 0182/89 ABl 91, 391 (Nr 3.2); T 0387/89 ABl 92, 583 (Nr 2.2); *abw:* BGH GRUR 94, 439 (IIc aa) *Sulfonsäurechlorid.*
12 Vgl amtl Begr zum IntPatÜG BlPMZ 76, 322 (A).
13 Vgl amtl Begr zum 1. GPatG BlPMZ 79, 276 (A3).
14 BGH GRUR 89, 103 (III2c) *Verschlußvorrichtung für Gießpfannen;* 95, 333 (II2f am Ende) *Aluminium-Trihydroxid;* aA van Hees/Braitmayer, 4. Aufl, S 119.

legung erforderlich ist – zur »Schaffung eines weitgehend übereinstimmenden Patentrechts«[15] eine Harmonisierung mit dem europäischen Recht angestrebt werden.

2 Zuständigkeit

27 Für die Durchführung des Einspruchsverfahrens gegen ein deutsches Patent ist nach § 61 (1) und (2) die Patentabteilung (vgl auch § 27 (1) Nr 2) bzw unter besonderen Voraussetzungen der Beschwerdesenat des BPatG (für Einzelheiten s § 61 Rdn 9) zuständig. Für Einspruchsverfahren gegen europäische Patente sind allein die Einspruchsabteilungen des EPA nach Art 19 EPÜ zuständig.

3 Rechtsnatur *(legal character)*

28 Das Einspruchsverfahren ist *ein verwaltungsrechtliches Rechtsbehelfsverfahren (administrative character)*. Es ist weder ein reines Amtsverfahren, wie das Verfahren bis zur Patenterteilung, noch ein gerichtliches Verfahren *(judicial procedure)*, wie das Parteistreitverfahren des Nichtigkeitsverfahrens,[16] dem es jedoch nahe steht, weil beide Verfahren sich gegen ein erteiltes Patent richten und in beiden Verfahren die gleichen Gründe geltend gemacht werden können.[17] Es ist vielmehr ein *selbständiges Rechtsbehelfsverfahren*, in dem über die Aufrechterhaltung oder den Widerruf eines bereits erteilten Patents entschieden wird.[18] Daher wird es auch als gerichtsähnliches Verwaltungsverfahren bezeichnet,[19] das anders als das einseitige Prüfungsverfahren quasi-kontradiktorisch ist.[20] Es ist ein Inter-partes-Verfahren, also ein *streitiges Verfahren zwischen Parteien* mit gegenteiligen Interessen *(contentious proceedings with opposite interests)*, die Anspruch auf die gleiche Behandlung haben.[21] Das europäische Einspruchsverfahren gewährleistet generell das Niveau des vom Grundgesetz gewährten Grundrechtsschutzes.[22]

4 Rechtsstellung der Beteiligten *(legal status of the parties)*

29 *Patentinhaber und Einsprechender* sind weder wie in einem gerichtlichen Verfahren echte Parteien, noch bloße Gehilfen des Patentamts, sondern *Beteiligte*.[23] Ohne Einspruch gibt es zwar kein Einspruchsverfahren, jedoch beherrschen die Beteiligten das einmal in Gang gesetzte Einspruchsverfahren nicht. PatG und EPÜ nehmen den Betei-

---

15 BGH GRUR 87, 231 (II3g) *Tollwutvirus* (für materielles Patentrecht).
16 BGH GRUR 95, 333 (BII2 f) *Aluminium-Trihydroxid*.
17 GrBK G 0009/91 ABl 93, 408 (Nr 2) *Prüfungsbefugnis/ROHM AND HAAS*.
18 BGH GRUR 95, 333 (BII2e) *Aluminium-Trihydroxid*; 99, 571 (II1b bb) *Künstliche Atmosphäre*; vgl dazu Kraßer/Ann Patentrecht 7. Aufl., § 26 B II Nr 3.
19 BGH BlPMZ 97, 396 (Nr 5) *Drahtbiegemaschine*; GRUR 07, 859 *Informationsübermittlungsverfahren I* (Einspruchsverfahren dient in Kern der gerichtlichen Überprüfung einer Verwaltungsentscheidung).
20 BGH BlPMZ 66, 234 (II2a und b) *Abtastverfahren*.
21 GrBK G 0009/91 ABl 93, 408 (Nr 2) *Prüfungsbefugnis/ROHM AND HAAS*; G 0010/91 ABl 93, 420 *Prüfung von Einsprüchen/Beschwerden*; G 0009/93 ABl 94, 891 (Nr 1 u 3) *Einspruch der Patentinhaber/PEUGEOT UND CITROEN*; G 0003/97 ABl 99, 245 (Nr 3.2.4) *Einspruch in fremdem Auftrag/INDUPACK*; s auch Teschemacher in Kreativität und Charakter (FS Martin Vogel) 2017, 363.
22 BVerfG GRUR 06, 569 *Strahlungssteuerung*.
23 BGH GRUR 95, 333 (BII2c aa) *Aluminium-Trihydroxid*; 96, 42 (II3b cc) *Lichtfleck*; BPatGE 36, 177, 183.

ligten die Disposition über das anhängige Einspruchsverfahren, denn die Rücknahme des Einspruchs beendet nur die Verfahrensbeteiligung des Einsprechenden, nicht aber notwendig das Einspruchsverfahren (vgl § 61 (1) 2 und R 84 (2) 2 EPÜ), und das Patentamt ist an die vom Einsprechenden geltend gemachten Widerrufsgründe nicht gebunden.

Weil die Beteiligten des Einspruchsverfahrens keine Parteien wie in einem gerichtlichen Verfahren sind, kommt einer Entscheidung im Einspruchsverfahren für ein nationales gerichtliches Nichtigkeitsverfahren, in dem die gleichen Beteiligten nunmehr Parteien sind, keine präkludierende oder präjudizielle Rechtskraft zu.[24] Vom Patentinhaber im Einspruchsverfahren abgegebene Erklärungen können aber einen Einwand aus Treu und Glauben gegen die Inanspruchnahme wegen Patentverletzung begründen.[25]

Die Einsprechendenstellung gibt nicht das Recht, im Falle einer Berichtigung des Erteilungsbeschlusses[26] am Verfahren vor der Prüfungsabteilung beteiligt zu werden und in diesem Verfahren eine Beschwerde einzulegen.[27]

5 Amtsermittlungsgrundsatz *(principle of ex officio examination)*

Der Amtsermittlungsgrundsatz gilt für das Einspruchsverfahren[28] in 1. Instanz grundsätzlich ebenso wie für das Erteilungsverfahren und eingeschränkt für das Einspruchsbeschwerdeverfahren. Der **Umfang der Prüfungsbefugnis im Einspruchsverfahren** wird durch den Einspruch, der gegen das Patent insgesamt eingelegt ist, für die 1. Instanz nicht auf die geltend gemachten Einspruchsgründe beschränkt.[29] Diese kann vielmehr nach pflichtgemäßem Ermessen andere Widerrufs- bzw. Einspruchsgründe zusätzlich oder an Stelle der geltend gemachten prüfen[30] (für Details s unten Rdn 191 ff). Darin zeigt sich der *verwaltungsrechtliche Charakter* des Einspruchsverfahrens vor dem Patentamt, das nicht nur die widerstreitenden Interessen der Beteiligten, sondern auch das *öffentliche Interesse* an der Aufrechterhaltung nur rechtsbeständiger Patente zu berücksichtigen hat. Diesem Ziel dient ferner die Fortsetzung des Einspruchsverfahrens nach Rücknahme des Einspruchs sowie die auch im Einspruchsverfahren bestehende Möglichkeit für Dritte, Hinweise zum Stand der Technik zu geben, die der Aufrechterhaltung entgegenstehen können (§ 59 (5) iVm § 43 (3) 2 und Art 115 EPÜ).

30

---

24 BGH GRUR **96**, 757 (II5a) *Zahnkranzfräser*. Anders die Rechtslage in Österreich nach vor dem EPA durchgeführten Einspruchsverfahren.
25 BGH Mitt **97**, 364 *Weichvorrichtung II*; GRUR **06**, 923 *Luftabscheider für Milchsammelanlage*.
26 Unter dem EPÜ ist eine derartige Berichtigung allerdings nach neuer Rechtsprechung nahezu ausgeschlossen, s GrBK G 0001/10 ABl **13**, 194 *Antrag auf Berichtigung des Patents/FISHER-ROSEMOUNT*.
27 T 1349/08 EPOR **10**, 418.
28 BGH GRUR **08**, 87 (Rn 27) *Patentinhaberwechsel im Einspruchsverfahren*.
29 Anders im Einspruchsbeschwerdeverfahren, s Rdn 196 ff.
30 BGH GRUR **95**, 333 *Aluminium-Trihydroxid*; GrBK G 0009/91 ABl **93**, 408 *Prüfungsbefugnis/ROHM AND HAAS*; G 0010/91 ABl **93**, 420 *Prüfung von Einsprüchen/Beschwerden*.

II. Einlegung des Einspruchs

1 Überblick

31 Zu unterscheiden ist zwischen einem nicht wirksam eingelegten Einspruch und einem unzulässigen Einspruch. Nur im ersteren Fall ist die Einspruchsgebühr, da ohne Rechtsgrund entrichtet, zurückzuerstatten. Die wirksame Einlegung eines Einspruchs setzt voraus, dass eine entsprechende prozessuale Erklärung (Rdn 32) dem richtigen Adressaten (Rdn 33 ff) in der richtigen Form (Rdn 36 ff) gegenüber abgegeben wird.

2 Prozessuale Erklärung

32 Einspruch ist die Verfahrenserklärung eines Dritten, mit der dieser eine förmliche Verfahrensbeteiligung mit dem Ziel erstrebt, das erteilte Patent ganz oder teilweise zu widerrufen. Er stellt eine Prozesshandlung, keinen Antrag dar.[31] Wie jede Verfahrenshandlung muss der Einspruch alle **allgemeinen Verfahrensvoraussetzungen** (vgl dazu Einl Rdn 41 ff) erfüllen. Fehlt die Absicht der Verfahrensbeteiligung, so liegen nur Hinweise zum Stand der Technik iSd § 59 (5) iVm § 43 (3) 2 oder Einwendungen Dritter iSd Art 115 EPÜ vor.[32]

3 Adressat

33 **3.1 Einspruch gegen ein deutsches Patent** ist beim **DPMA** einzulegen. Dies gilt auch dann, wenn gleichzeitig ein Antrag auf Befassung des Beschwerdesenats des BPatG nach § 61 (2) gestellt wird.[33] BPatG ist allerdings aufgrund prozessualer Fürsorgepflicht zur Weiterleitung an DPMA verpflichtet.[34] Der Eingang beim DPMA ist Voraussetzung für einen wirksamen Einspruch. Ein zB bei einem Patentinformationszentrum eingereichter Einspruch wird erst mit dessen Eingang beim DPMA wirksam. Das gleiche gilt bei versehentlicher Einreichung beim EPA. Die früher bestehende Verwaltungsvereinbarung zwischen DPMA und EPA, die das Problem von Irrläufern regelte, ist vom BPatG für unwirksam erachtet und mittlerweile aufgehoben worden[35] (vgl Einl Rdn 71).

34 **3.2 Einspruch gegen ein europäisches Patent** ist beim **EPA** in München, Den Haag oder Berlin[36] einzulegen. Der Einspruch kann nicht – wie eine Patentanmeldung gemäß Art 75 (1) b) EPÜ – wirksam bei einem nationalen Patentamt eingereicht werden.

35 **Sprache des Einspruchs** (*language for an opposition*) vor EPA: Der Einsprechende (ebenso der Beitretende) kann sich unabhängig von der für das Patent geltenden Ver-

---

31 BGH BlPMZ 05, 179 *Verspätete Zahlung der Einspruchsgebühr*; BPatGE **47**, 285.
32 BPatGE **17**, 223.
33 Auch in dem Zeitraum von 1.1.2002 bis 30.6.2006, während dem eine allgemeine erstinstanzliche Zuständigkeit des BPatG bestand, war der Einspruch beim DPMA einzureichen (s Satz 3 des mittlerweile aufgehobenen § 147 (3) aF).
34 BGH GRUR **15**, 472 (Rn 16) *Stabilisierung der Wasserqualität* betr Einspruch, über den zu entscheiden das BPatG nach § 147 aF zwar zuständig war, der aber gleichwohl nach § 147 (3) 3 aF beim DPMA hätte eingelegt werden müssen.
35 BPatGE **49**, 1.
36 BeschlPräsEPA v 10.5.1989 ABl **89**, 218; vgl GrBK G 0005/88 ABl **91**, 137 *Verwaltungsvereinbarung/MEDTRONIC*.

fahrenssprache gemäß R 3 (1) EPÜ einer der drei Amtssprachen (Deutsch, Englisch, Französisch) bedienen. Natürliche oder jur. Personen mit Wohnsitz oder Sitz in einem Vertragsstaat, in dem eine andere Sprache als Deutsch, Englisch oder Französisch Amtssprache ist, und die Angehörigen eines solchen Staats mit Wohnsitz in Ausland, können in dieser Sprache (zB Italienisch, Spanisch etc) fristgebundene Schriftstücke (= u.a. Einspruch) gemäß Art 14 (4) EPÜ einreichen. Maßgebend ist der Wohnsitz oder Sitz des Einsprechenden, nicht der seines Vertreters.[37] Nach Art 14 (4) 2 iVm R 6 (2) EPÜ muss innerhalb eines Monats nach Einreichung des Einspruchs oder bis zum Ablauf der Einspruchsfrist eine Übersetzung eingereicht werden, die nach R 3 (1) EPÜ in jeder Amtssprache des EPA (also Deutsch, Englisch oder Französisch) abgefasst sein kann. Wird der Einspruch in einer nicht zugelassenen Sprache oder die Übersetzung nicht rechtzeitig eingereicht, so gilt der Einspruch nach Art 14 (4) 3 EPÜ nicht als eingegangen. Die Einspruchsgebühr wird dann zurückgezahlt.[38]

4 Form

§ 59 (1) 2 und R 76 (1) EPÜ verlangen **Schriftform**. Dazu vgl Einl Rdn 352 ff. Der Einspruch bedarf der **Unterschrift** (s Einl Rdn 374). Ihr Fehlen ist unschädlich, wenn sich aus dem Inhalt hinreichend deutlich ergibt, dass der Einspruch mit Wissen und Wollen des Verfassers gefertigt und DPMA zugeleitet worden ist.[39] Eine fehlende Unterschrift kann unter dem deutschen Recht wirksam nur innerhalb der Einspruchsfrist nachgeholt werden.[40] Demgegenüber stellt das Fehlen der Unterschrift unter dem EPÜ einen behebbaren Mangel dar, der nach entsprechender Aufforderung durch das EPA auch noch nach Ablauf der Einspruchsfrist behoben werden kann (R 76 (3) iVm R 50 (3) EPÜ).

36

Einspruch kann beim DPMA auch per **Telegramm, Fernschreiber und Fax** eingereicht werden, vgl dazu Einl Rdn 414 und 361. Auch die signaturgebundene **elektronische Einreichung** ist für den Einspruch vor dem DPMA seit 4.10.2006 nach § 1 ERVDPMAV (s Anhang 19) zugelassen.

37

Vor EPA soll Formblatt 2300 verwendet werden.[41] Der Einspruch kann auch per Fax oder elektronisch[42] eingereicht werden. Letzteres kann über die Online-Einreichung (OLF) oder die Online-Einreichung 2.0, die beide eine Smartcard erfordern,[43] erfolgen, nicht aber mittels des EPA-Dienstes zur Web-Einreichung.[44]

Stückzahl der Schriftstücke: Es genügt ein Exemplar. Das Beifügen von Abschriften für die übrigen Beteiligten ist grundsätzlich nicht erforderlich, allerdings kann DPMA zum Nachreichen von Abschriften auffordern (§ 17 (2) 3 DPMAV). Unter dem EPÜ ist das frühere Erfordernis von Abschriften bereits seit langem aufgehoben worden.

38

---

37 T 0149/85 ABl **86**, 143.
38 EPA T 0193/87 ABl **93**, 207.
39 BGH GRUR **03**, 1068 *Computerfax* (für Beschwerde).
40 BGH BlPMZ **67**, 225 *Rohrhalterung*.
41 Verfügbar unter http://www.epo.org.
42 BeschlPräsEPA v 14.5.2021 über die elektronische Einreichung von Unterlagen ABl **21**, A42.
43 Art 6 (1) u (2) BeschlPräsEPA v 14.5.2021 ABl **21**, A42.
44 Art 3 (1) BeschlPräsEPA v 14.5.2021 ABl **21**, A42; s auch Mitteilung des EPA über das Einspruchsverfahren ab 1.7.2016 ABl **16**, A42 u A55 (Korrigendum).

5 Vertretungszwang

39 **Inlandsvertreter** ist für Auswärtige vor DPMA gemäß § 25 erforderlich. Vor EPA müssen Personen ohne Wohnsitz oder Sitz in einem Vertragsstaat gemäß Art 133 (2) EPÜ durch einen **zugelassenen Vertreter** Einspruch einlegen.

6 Vollmacht des Vertreters des Einsprechenden *(representative's authorisation)*

40 Vollmacht braucht nicht innerhalb der Einspruchsfrist, die nur für den Einspruch gilt, vorzuliegen.[45] Für die Beibringung der fehlenden Genehmigung ist gemäß § 89 (1) 2 ZPO eine angemessene Frist zu setzen. Erst wenn diese fruchtlos verstreicht, ist der Einspruch als unwirksam anzusehen. Vgl dazu Einl Rdn 509.

EPA: Vertreter haben nach R 152 (1) EPÜ in bestimmten Fällen eine Vollmacht einzureichen. Bei Versäumnis fordert das EPA gemäß R 152 (2) EPÜ zur Nachholung innerhalb einer zu bestimmenden Frist auf. Vgl dazu Einl Rdn 513.

7 Gebühr[46] *(opposition fee)*

41 *PatG:* Nach Nr 313 600 PatKostG (Anhang 15) ist »für das Einspruchsverfahren (§ 59 (1) PatG)« eine Gebühr von 200 € zu zahlen. Diese Gebühr ist nach § 6 (1) 1 PatKostG innerhalb der 9-monatigen Einspruchsfrist des § 59 (1) 1 PatG zu entrichten. Wird sie nicht fristgerecht gezahlt, gilt der Einspruch nach § 6 (2) PatKostG als nicht vorgenommen (s PatKostG § 6 Rdn 25).[47] Eine Wiedereinsetzung in die versäumte Frist zur Zahlung der Einspruchsgebühr ist ausgeschlossen (§ 123 (1) 1 Nr 1).[48] Einsicht in die die Zahlung der Einspruchsgebühr betreffenden Aktenteile kann der Patentinhaber in Anbetracht von § 31 (3b) nur insoweit verlangen, wie dies erforderlich ist, um die Rechtzeitigkeit und Vollständigkeit der Zahlung der Einspruchsgebühr beurteilen zu können.[49]

42 **Mehrere Einsprechende** haben jeder für seinen Einspruch eine Gebühr zu zahlen. Jedoch war nach der früheren Rechtslage – wie im europäischen Recht (s Rdn 47) – nur eine Gebühr ausreichend, wenn mehrere Personen (= Miteinsprechende) durch einen gemeinsamen Verfahrensbevollmächtigten mit einem gemeinsamen Schriftsatz mit einheitlicher Begründung Einspruch einlegten.[50] Soweit dies in der Rechtsprechung teilweise anders gesehen wurde,[51] war dies mit dem Rechtsstaatlichkeitsgebot unvereinbar.[52] Die Rechtslage hat sich jedoch seit dem 1.7.2006 geändert. Aus Anlage zu § 2

---

45 BGH GRUR 95, 333 (I) *Aluminium-Trihydroxid*; BGHZ 91, 111, 114; BPatGE 33, 218; BPatG BlPMZ 92, 473; GRUR 92, 309.
46 **Lit in Mitt:** Fuchs-Wissemann 03, 489; Hövelmann 04, 59.
47 BGH BlPMZ 05, 179 *Verspätete Zahlung der Einspruchsgebühr*; BPatGE 47, 285; 48, 1; aA BPatGE 48, 5.
48 BGH BlPMZ 05, 179 *Verspätete Zahlung der Einspruchsgebühr*; BPatGE 47, 170; 47, 285; 48, 1.
49 BPatG v 11.12.2018 7 W (pat) 4/17 BlPMZ 19, 200.
50 BPatGE 48, 13.
51 BPatGE 46, 260; vgl auch BPatG BlPMZ 09, 78.
52 BGH GRUR 11, 509 *Schweißheizung* (Rn 14).

(1) PatKostG Buchstabe A Vorbemerkung Abs 2 ergibt sich nunmehr ausdrücklich,[53] dass die Einspruchsgebühr der Nr 313 600 von jedem Antragsteller gesondert erhoben wird. »Antragsteller« ist jeder der mehreren Einsprechenden oder der mehreren Beitretenden, auch wenn sie gemeinsam auftreten.[54]

Rückzahlung der Einspruchsgebühr ist anzuordnen, wenn der Einspruch nach § 6 (2) PatKostG als nicht vorgenommen (s PatKostG § 6 Rdn 13) oder aus anderen Gründen als nicht eingelegt gilt (s Rdn 31). 43

Nach § 62 (1) 3 PatG kann die Patentabteilung die Einspruchsgebühr ganz oder teilweise zurückzahlen, wenn es der Billigkeit entspricht (vgl dazu § 62 Rdn 20). 44

Beitritt ist ebenfalls gebührenpflichtig, da Nr 313 600 PatKostG seit Inkrafttreten des Änderungsgesetzes vom 21.6.2006 auch auf § 59 (2) PatG verweist (s auch DPMA-Einspruchsrichtlinien Nr 5.1.1.2). Die Gebührenpflichtigkeit des Beitritts unter dem EPÜ ergibt sich aus R 89 (2) 2 und Art 2 Nr 10 GebO. 45

EPA: Nach Art 99 (1) 2 EPÜ gilt ein Einspruch erst als eingelegt, wenn die Einspruchsgebühr entrichtet worden ist. Die Gebühr muss daher innerhalb der 9-Monatsfrist gezahlt werden. Wird diese Frist versäumt, ist eine Wiedereinsetzung ausgeschlossen.[55] Die Nicht-Zahlung kann auch nicht gemäß R 139 EPÜ berichtigt werden.[56] Bei verspäteter Zahlung wird festgestellt, dass der Einspruch als nicht erhoben gilt; die Gebühr wird zurückgezahlt.[57] 46

Gemeinsamer Einspruch (*joint opposition*): Mehrere Einsprechende zahlen eine Gebühr, wenn der Einspruch von ihnen gemeinsam durch einen gemeinsamen Vertreter gemäß R 151 (1) 3 EPÜ eingelegt wird.[58] 47

Teilzahlung steht einer Nichtzahlung gleich, es sei denn, der fehlende Betrag ist geringfügig, dann kann er nach Art 8 (1) GebO unberücksichtigt bleiben. Ein *Fehlbetrag bis zu 20 %* der Einspruchsgebühr ist in der – wohl überholten – älteren Rechtsprechung als geringfügig iSd Art 8 (1) GebO angesehen worden[59] (vgl PatKostG § 6 Rdn 20). 48

Die Einspruchsgebühr wird **zurückgezahlt**, wenn ein Einspruch nicht als eingelegt gilt, zB weil die nach Art 14 (4) EPÜ erforderliche Übersetzung des Einspruchs nicht oder nicht innerhalb der Monatsfrist der R 6 (2) EPÜ eingereicht wird.[60] 49

---

53 Der Gesetzgeber hat dies unrichtigerweise als eine bloße Klarstellung angesehen, s Amtl Begr zum G v 21.6.2006 zu II 2 BlPMZ **06,** 225, 229 und BPatG GRUR **08,** 1031; kritisch hierzu BGH GRUR **11,** 509 (Rn 14) *Schweißheizung.*
54 Amtl Begr zum G v 21.6.2006 zu Art 6 Nr 6 BlPMZ **06,** 234.
55 T 0702/89 ABl **94,** 472.
56 T 0152/85 ABl **87,** 191.
57 GrBK v 18.7.2019 G 0001/18 ABl **20,** A26 (XI) *Einlegung der Beschwerde* unter zustimmender Zitierung der einschlägigen Beschwerderechtsprechung.
58 GrBK G 0003/99 ABl **02,** 347 *Zulässigkeit eines gemeinsamen Einspruchs bzw. einer gemeinsamen Beschwerde/HOWARD FLOREY.*
59 T 0290/90 ABl **92,** 368; J 0027/92 ABl **95,** 288; aA T 0905/90 ABl **94,** 306 u 556.
60 T 0193/87 ABl **93,** 207.

50 Die früher in R 6 (3) EPÜ iVm Art 14 (1) GebO unter bestimmten Voraussetzungen vorgesehene 20 %ige Ermäßigung der Einspruchsgebühr ist für alle ab dem 1.4.2014 eingelegten Einsprüche abgeschafft worden.[61]

III. Zulässigkeit des Einspruchs *(admissibility of an opposition)*

1 Allgemeines

51 Voraussetzung für eine sachliche Prüfung des Einspruchs ist seine Zulässigkeit.[62] Daher hat jede Stellungnahme zum materiell-rechtlichen Bestand des Patents zu unterbleiben, wenn der Einspruch als unzulässig verworfen wird,[63] auch wenn der mangelnde Rechtsbestand des Patents evident sein sollte.[64] Ein Einspruch ist entweder zulässig oder unzulässig, er kann nicht teilweise zulässig oder unzulässig sein.[65]

Zweck: Die Erfüllung der Voraussetzungen der Zulässigkeit eines Einspruchs innerhalb der Einspruchsfrist ist kein Selbstzweck, sondern dient der Konzentration des Verfahrens, damit dieses zügig durchgeführt werden kann. Wird dieses Ziel nicht gefährdet, sollte jeder Formalismus vermieden und eine Beseitigung etwaiger Mängel auch noch nach Fristablauf zugelassen werden, damit das Patent sachlich auf seinen Rechtsbestand überprüft werden kann, was letztlich im Interesse der Öffentlichkeit liegt.[66] Zur Prüfung der Zulässigkeit s Rdn 150 ff.

2 Einspruchsberechtigung *(right to oppose)*

52 **2.1 Allgemeines:** Einspruch kann grundsätzlich **jeder** erheben (§ 59 (1), Art 99 (1) EPÜ), es sei denn, ein Einspruch vor DPMA wird auf widerrechtliche Entnahme (§ 21 (1) Nr 3) gestützt. Es handelt sich um einen *Popularrechtsbehelf*. Eines wirtschaftlichen[67] oder rechtlichen Interesses am Widerruf des Patents bedarf es nicht (Rdn 54). Nur in Ausnahmefällen kann bestimmten Personen die Einspruchsberechtigung abgesprochen werden. Dies gilt für den Patentinhaber (Rdn 56), bei Rechtsmissbrauch mithilfe eines Strohmanns (Rdn 63) und im deutschen Recht bei Nichtangriffsverpflichtung (bestr, s Rdn 59).

Wegen widerrechtlicher Entnahme kann nur der verletzte Erfindungsbesitzer Einspruch erheben. Mehrere Erfindungsbesitzer sind notwendige Streitgenossen, die nur gemeinschaftlich Einspruch einlegen können. Legt von mehreren nur einer Einspruch ein, muss er seine Berechtigung dazu innerhalb der Einspruchsfrist darlegen, zB infolge rechtsgeschäftlichen Erwerbs des Erfindungsbesitzes oder kraft Vollmacht der übrigen Erfindungsbesitzer.[68]

---

61 Beschluss des Verwaltungsrats der EPO v 13.12.2013 ABl 14, A4.
62 BGH BlPMZ 72, 173 (III2) *Sortiergerät*; 85, 304 (II2) *Einspruchsbegründung*; BPatGE 26, 143; BPatG Mitt 85, 194; T 0289/91 ABl 94, 649; T 0925/91 ABl 95, 469; T 0522/94 ABl 98, 421.
63 T 0925/91 ABl 95, 469.
64 T 0522/94 ABl 98, 421.
65 Vgl zB T 0653/99 und T 0065/00 RechtsprBK/EPA 19, 1217.
66 GrBK G 0001/84 ABl 85, 299 (Nr 3) *Einspruch des Patentinhabers*/VOEST ALPINE; T 0925/ 91 ABl 95, 469 (Nr 2.2).
67 T 0289/91 ABl 94, 649.
68 BPatGE 47, 28.

Der Einsprechende muss anhand des angegebenen Namens und eventuell weiterer erforderlicher Angaben (wie zB Adresse) identifizierbar[69] und eine partei- und prozessfähige natürliche oder juristische Person sein (vgl Einl Rdn 41 ff).[70] Ein Unternehmen kann unter der Firma seiner *Zweigniederlassung* Einspruch einlegen.[71] Zur Rechtsstellung *mehrerer Einsprechender* vgl unten Rdn 138.

2.2 Rechtsschutzinteresse *(interest in the revocation)* braucht ein Einsprechender grundsätzlich nicht nachzuweisen, weil der Einspruch ein Popularrechtsbehelf ist (s Rdn 52).[72] Auf die Motive des Einsprechenden – Tätigwerden im eigenen oder fremden Interesse – kommt es grundsätzlich nicht an, es sei denn, es liegt ein rechtsmissbräuchliches Verhalten vor (s Rdn 59 ff). Daher hat auch der Patentinhaber keinen Anspruch darauf, dass der Einsprechende seine Interessen darlegt, die dem Einspruch zugrunde liegen. Legt dieselbe Person ein zweites Mal Einspruch gegen das gleiche Patent ein, so ist der später eingereichte Einspruch allerdings mangels Rechtsschutzbedürfnisses unzulässig.[73]

Einspruch gegen ein bereits erloschenes Patent ist nach europäischem Recht zulässig.[74] R 75 EPÜ (= Art 99 (3) EPÜ 1973) bestimmt, dass es der Einlegung eines Einspruchs nicht entgegensteht, wenn auf das Patent für alle benannten Vertragsstaaten verzichtet worden oder es für alle diese Staaten erloschen ist. Diese Regelung erklärt sich daraus, dass der rückwirkende Widerruf eines Patents ex tunc-Wirkung hat und damit die Gefahr einer Inanspruchnahme für die Vergangenheit beseitigt, während Erlöschen durch Verzicht oder Nichtzahlung der Jahresgebühren nur ex nunc-Wirkung hat.
Im deutschen Recht fehlt eine R 75 EPÜ entsprechende Vorschrift. Gleichwohl ist es auch hier sachgerecht, die Einleitung des Einspruchsverfahrens nicht vom Nachweis eines Rechtsschutzinteresses an dem rückwirkenden Widerruf des bereits ex nunc erloschenen Patents abhängig zu machen. Das gleiche gilt, wenn der Einspruch gegen ein Patent eingelegt wird, das wegen des Doppelschutzverbots gemäß Art II § 8 (1) IntPatÜG keine Schutzwirkung entfaltet.[75]
Zum Erlöschen eines Patents während eines bereits anhängigen Einspruchsverfahrens s Rdn 244.

---

69 BGH BlPMZ 90, 157 *Messkopf*: Angabe des Namens und einer Großstadt als Wohnsitz in concreto nicht ausreichend.
70 BGH GRUR 90, 348 *Gefäßimplantat*; **93**, 892 (II2a) *Heizkörperkonsole*.
71 *BPatG GRUR 83, 501*; zustimmend BPatG v 31.10.2019 7 W (pat) 14/17 BlPMZ **20**, 122.
72 BGH BlPMZ 63, 124, 126 rSp *Weidepumpe*; **94**, 284 (II2a) *Sulfonsäurechlorid*; GrBK G 0001/84 ABl **85**, 299 (Nr 3) *Einspruch des Patentinhabers/MOBIL OIL*; G 0003/97 ABl **99**, 245 (Nr 3.2.1) *Einspruch in fremdem Auftrag/INDUPACK*.
73 T 0009/00 ABl **02**, 275, offengelassen in T 0966/02 ABl 06 SonderA 93.
74 Beispielsfall: T 0606/10 EPOR 11, 394.
75 Offengelassen in BGH BlPMZ **94**, 284 (II2c cc) *Sulfonsäurechlorid* nur für den Fall, dass das europäische Patent unzweifelhaft voll mit dem deutschen Patent übereinstimmt und ein schutzwürdiges Interesse an einer Überprüfung der Schutzwirkungen des deutschen Patents nicht erkennbar ist. Auch für diesen Fall Zulässigkeit bejaht in BPatGE 49, 243.

56 **2.3 Patentinhaber** kann nicht Einsprechender sein,[76] auch nicht der Mitinhaber eines Patents,[77] es sei denn der Einspruch wird allein auf widerrechtliche Entnahme gestützt.[78] Ein vom Patentinhaber eingereichter Einspruch ist daher unzulässig. Er kann allerdings vor DPMA (§ 20 (1) Nr 1) auf sein Patent verzichten oder eine Beschränkung beantragen (§ 64) und vor EPA den Widerruf oder eine Beschränkung beantragen (Art 105a-105c EPÜ).[79] Im Rahmen eines bereits anhängigen Einspruchsverfahrens kann er ferner beantragen, sein Patent zu widerrufen,[80] oder es nur beschränkt verteidigen. Allerdings darf das Einspruchsverfahren nicht durch einen Strohmann des Patentinhabers eingeleitet werden, da dessen Einspruch in diesem besonderen Fall unzulässig ist (s Rdn 65). Zu den Auswirkungen späterer Erlangung der Patentinhaberschaft durch Einsprechenden s Rdn 241.

57 **2.4 Einspruch des Erfinders** ist hingegen grundsätzlich zulässig, selbst wenn er durch Aktien an der Patentinhaberin beteiligt ist.[81] Im Einzelfall können sich jedoch für das Einspruchsverfahren vor DPMA Einschränkungen aufgrund des Grundsatzes von Treu und Glauben (auch Rdn 59) ergeben, etwa wenn ein Miterfinder, der ohne Übertragung des Rechts an der Erfindung Mitinhaber geworden wäre, Einspruch einlegt.[82]

58 **2.5 Berufsmäßiger Vertreter** *(professional representative)*, zB ein Patentanwalt[83] oder ein vor EPA zugelassener Vertreter,[84] kann – weil jeder einspruchsberechtigt ist – selbst Einsprechender sein. Er kann im eigenen Namen Einspruch einlegen, auch wenn er im Interesse eines Dritten handelt. Nur er, nicht ein hinter ihm stehender Dritter, erlangt die Verfahrensstellung als Einsprechender.[85] Die Vermischung der Rollen als Partei und Vertreter mag – weil evtl dem Standesrecht widersprechend – nicht wünschenswert sein, führt aber nicht zur Unzulässigkeit des Einspruchs.[86]

2.6 Nichtangriffsverpflichtung *(exceptio pacti; no-challenge agreement)*

59 **PatG:** Ein Dritter (zB Lizenznehmer, Arbeitnehmererfinder) kann aufgrund vertraglicher Abrede gegenüber dem Patentinhaber verpflichtet sein, das Patent zu respektieren und weder Einspruch noch Nichtigkeitsklage zu erheben. Eine solche Verpflichtung

---

76 GrBK G 0009/93 ABl 94, 891 *Einspruch der Patentinhaber/PEUGEOT UND CITROEN* unter Aufgabe von G 0001/84 ABl 85, 299; BPatGE 30, 194.
77 BPatGE 32, 54, 63; DPMA-EinspruchsRichtl v 3.7.2018 (https://www.dpma.de/docs/formulare/patent/p2797.pdf) Nr 5.1.1.1. Zustimmend BGH GRUR 11, 409 *Deformationsfelder* (Rn 16).
78 BGH GRUR 11, 509 (Rn 8–12) *Schweißheizung*.
79 Der vom Patentinhaber beantragte Widerruf ist vom Verzicht zu unterscheiden, da er im Unterschied zu letzterem ex tunc-Wirkung hat. Ein Verzicht auf ein europäisches Patent ist nicht insgesamt, sondern nur für seine nationalen Teile durch entsprechende Erklärungen gegenüber nationalen Behörden möglich, s GrBK G 0001/90 ABl 91, 275 (Nr 8) *Widerruf des Patents*.
80 T 0186/84 ABl 86, 79; T 0237/86 ABl 88, 261; T 0459/88 ABl 90, 425.
81 T 0003/06 ABl 08 SonderA 101.
82 So jedenfalls tendenziell BGH GRUR 11, 409 *Deformationsfelder* (Rn 16).
83 BPatGE 17, 223.
84 GrBK G 0003/97 ABl 99, 245 (Nr 4.2.2) *Einspruch in fremdem Auftrag/INDUPACK*.
85 BPatGE 17, 223.
86 GrBK G 0003/97 ABl 99, 245 (Nr 4.2.2) *Einspruch in fremdem Auftrag/INDUPACK*.

kann auch implizit begründet sein,[87] wenn sich aus einem Vertragsverhältnis die unausgesprochene Pflicht ergibt, schädigende Handlungen zu unterlassen, oder wenn sich der Einsprechende treuwidrig zu seinem eigenen früheren Verhalten in Widerspruch setzt (*venire contra factum proprium*, s Einl Rdn 418). Hierfür genügt allerdings noch nicht, dass dem Einsprechenden durch Vertrag zugunsten Dritter ein Recht zur Benutzung der Erfindung eingeräumt worden ist.[88]

Im Nichtigkeitsverfahren schließt eine Nichtangriffsverpflichtung die Zulässigkeit der Klage aus (s § 81 Rdn 48). Im Einspruchsverfahren alten Rechts, das der Patenterteilung vorausging, stand eine solche Abrede der Zulässigkeit des Einspruchs nicht entgegen.[89] Das geltende Einspruchsverfahren ist dagegen der Patenterteilung nachgeschaltet. Der Einspruch richtet sich also wie die Nichtigkeitsklage gegen ein erteiltes Patent, und in beiden Verfahren können die gleichen Gründe geltend gemacht werden. Wegen dieser inhaltlichen Nähe schließt eine Nichtangriffsverpflichtung die Zulässigkeit eines gleichwohl erhobenen Einspruchs aus.[90] 60

Dagegen spricht nicht der verwaltungsrechtliche Charakter des Einspruchsverfahrens, in dem das öffentliche Interesse anders als im Nichtigkeitsverfahren zu berücksichtigen ist (s Rdn 30). Diesem kann nämlich nur Rechnung getragen werden, sofern ein zulässiger Einspruch vorliegt. Ist der Einspruch aber – gleich aus welchem Grund (Nichtangriffsverpflichtung, Versäumung der Frist, unzureichende Begründung etc) – unzulässig, scheidet eine sachliche Prüfung des Patents und damit eine Berücksichtigung öffentlicher Interessen aus. Zudem sollte der Einhaltung von Treu und Glauben gegenüber dem allgemeinen öffentlichen Interesse der Vorrang gebühren. 61

Der Ausschluss bestimmten tatsächlichen Vorbringens ist eine partielle Nichtangriffsabrede, das Patent mit bestimmten Gründen nicht anzugreifen. Ein solcher Anspruch ist im Einspruchsverfahren zu beurteilen und kann nicht klageweise vor Gericht geltend gemacht werden.[91]

EPA: Eine Nichtangriffsverpflichtung führt nach Auffassung der GrBK regelmäßig nicht zur Unzulässigkeit des Einspruchs.[92] Grund dafür ist aber nicht das öffentliche Interesse, das eine Prüfung des Patents verlange. Vielmehr sieht sich EPA wegen seiner beschränkten prozessualen Mittel nicht in der Lage, über die Rechtswirksamkeit einer Nichtangriffsabrede zu entscheiden. Daher wird der Patentinhaber an die nationalen Gerichte verwiesen, um seinen Vertragspartner zu vertragsgemäßem Verhalten zu veranlassen oder Ansprüche wegen Vertragsverletzung geltend zu machen. 62

---

87 BPatGE **32**, 54, 61.
88 BGH GRUR **11**, 409 *Deformationsfelder*.
89 BPatGE **10**, 18; PA BlPMZ **54**, 439; **58**, 190.
90 BPatGE **32**, 54; **36**, 177; Vollrath Mitt **82**, 43; Bartenbach/Volz GRUR **87**, 859; nunmehr auch Benkard/Schäfers/Schwarz 11. Aufl § 59 Rn 22 (aA 10. Aufl, § 59 Rn 5a); offen gelassen in BGH GRUR **11**, 409 *Deformationsfelder* (Rn 9); aA: BPatGE **48**, 203; Koppe FS 25 Jahre BPatG 229, 244; Pitz Mitt **94**, 239; vermittelnd Busse/Engels § 59 Rn 49. Vgl ferner Hauck ZGE **13**, 203.
91 BGH BlPMZ **82**, 166 *Einspruchsverbietungsklage*; aA früher BAG NJW **80**, 608.
92 GrBK G 0003/97 ABl **99**, 245 (Nr 3.3.2) *Einspruch in fremdem Auftrag/INDUPACK*; s auch T 0003/06 ABl **08** SonderA 101 (Einspruch durch Erfinder zulässig trotz Verpflichtung, bei Erwerb und Verteidigung von Patentschutz mitzuwirken).

63 **2.7 Strohmann** (*straw man*) ist eine als Einsprechender vorgeschobene Person, die im eigenen Namen, aber ohne eigenes Interesse im Interesse eines Hintermannes tätig wird.[93] Da jeder ohne die Notwendigkeit, ein irgendwie geartetes Interesse am Widerruf des Patents darzutun, einspruchsberechtigt ist, kann auch ein Strohmann im eigenen Namen, aber im fremden Auftrag wirksam Einspruch einlegen.[94] Einsprechender ist dann nur der Strohmann, nicht sein Hintermann.[95] Es ist daher falsch, den Hintermann als den »wahren« Einsprechenden zu bezeichnen, da Einsprechender nur die Person ist, die sich durch Einlegung des Einspruchs formell legitimiert hat. Nur sie ist Verfahrensbeteiligte, nur sie kann Anträge stellen, nur ihr können Kosten auferlegt werden, nur nach ihr richtet sich, ob sie einen Inlandsvertreter nach § 25 oder vor EPA einen zugelassenen Vertreter benötigt; sie kann ihre Verfahrensstellung nicht auf ihren Hintermann übertragen und sie kann bei Verlust der Rechtsfähigkeit nicht durch ihren Auftraggeber ersetzt werden.

64 Ist der Hintermann rechtlich gehindert, Einspruch zu erheben (zB durch eine Nichtangriffsabrede), so muss der von ihm vorgeschobene Strohmann vor DPMA die Einreden gegen sich gelten lassen, die sein Hintermann dulden müsste (vgl § 81 Rdn 9), es sei denn, der Vorgeschobene hat auch ein eigenes Interesse. Die Beweislast trägt, wer die Unzulässigkeit des Einspruchs geltend macht.[96]

65 *Einspruch durch Strohmann ist* nur dann *unzulässig,* wenn die Erhebung des Einspruchs durch ihn einen *Rechtsmissbrauch* darstellt. Beispiele: **a)** Strohmann handelt im Auftrag des Patentinhabers, dessen eigener Einspruch unzulässig wäre (s Rdn 56);[97] **b)** vor DPMA: Strohmann besorgt mit der Einlegung des Einspruchs unzulässiger Weise geschäftsmäßig fremde Rechtsangelegenheiten gemäß dem Rechtsdienstleistungsgesetz[98]; **c)** vor EPA: Strohmann handelt im Auftrag eines Mandanten im Rahmen einer typischer Weise zugelassenen Vertretern zugeordneten Gesamttätigkeit, ohne hierfür die nach Art 134 EPÜ erforderliche Qualifikation zu besitzen, zB ein nur nach nationalem Recht zugelassener Patentanwalt.[99] *Jedoch ist ein Einspruch nicht unzulässig,* wenn ein zugelassener Vertreter im eigenen Namen für seinen Mandanten handelt (s oben Rdn 58) oder wenn ein Einsprechender mit Sitz oder Wohnsitz in einem Vertragsstaat im Auftrag eines Dritten handelt, der keinen solchen Sitz oder Wohnsitz besitzt, so dass sich dieser die Bestellung eines zugelassenen Vertreters gemäß Art 133 (2) EPÜ erspart.[100]

3 Patenterteilung

66 Sie ist Voraussetzung eines zulässigen Einspruchs. Wie sich aus § 59 (1) für das deutsche Recht ergibt, kommt es nicht auf den Zeitpunkt des Wirksamwerdens des Ertei-

---

93 **Lit:** de Baere/Storz epi information **15**, 109.
94 BPatGE **49**, 199.
95 GrBK G 0003/97 ABl **99**, 245 (Nr 2.2 u 3.2.4) *Einspruch in fremdem Auftrag/INDUPACK*; BPatGE **17**, 223.
96 BGH GRUR **11**, 409 *Deformationsfelder* (Rn 19).
97 GrBK G 0003/97 ABl **99**, 245 (Nr 4.1) *Einspruch in fremdem Auftrag/INDUPACK*.
98 DPA PatAbt Mitt **86**, 170 (zum früheren Rechtsberatungsgesetz).
99 GrBK G 0003/97 ABl **99**, 245 (Nr 4.2.1) *Einspruch in fremdem Auftrag/INDUPACK*.
100 GrBK G 0003/97 ABl **99**, 245 (Nr 4.2.3) *Einspruch in fremdem Auftrag/INDUPACK*.

lungsbeschlusses an (vgl dazu § 49 Rdn 23 ff), sondern auf den (späteren) Zeitpunkt der Veröffentlichung der Erteilung im deutschen (nicht im europäischen)[101] Patentblatt. Nach europäischem Recht wird ein Patenterteilungsbeschluss erst mit Bekanntmachung des Hinweises auf die Erteilung im europäischen Patentblatt wirksam (für Details s Voraufl. § 49 Rn 2 ff). Ab diesem Zeitpunkt ist auch gemäß Art 99 (1) EPÜ ein Einspruch gegen ein europäisches Patent zulässig.

Falscher Hinweis im Patentblatt auf ein in Wirklichkeit nicht erteiltes Patent hat zur Folge, dass ein gleichwohl eingelegter Einspruch gegenstandslos und damit unzulässig ist. Allerdings sollte in diesem Fall die Einspruchsgebühr zurückerstattet werden.

Keine Voraussetzung ist die *Herausgabe einer Patentschrift*.[102] Mängel der PS (ihr Fehlen, Verzögerung der Herausgabe oder inhaltliche Fehler[103]) berühren daher nicht die Zulässigkeit des Einspruchs, insbesondere nicht den Beginn der Einspruchsfrist.[104] Veröffentlichung der Erteilung nach Aufhebung einer Geheimhaltungsanordnung ist eine Veröffentlichung iSd § 59 (1) und eröffnet daher die Möglichkeit, Einspruch einzulegen.[105]

67

Ein vor Patenterteilung erhobener Einspruch ist unzulässig,[106] er wird auch nicht automatisch mit Erteilung zulässig.

68

Erlischt das Patent vor Erhebung des Einspruchs ex nunc, berührt das die Zulässigkeit des Einspruchs nicht,[107] weil er sich gegen ein existent gewesenes Patent richtet, das durch den Einspruch ex tunc beseitigt werden kann. Auch das Rechtsschutzinteresse ist in diesem Fall idR zu bejahen (s Rdn 55).

69

4 Einspruchsfrist *(time allowed for filing notice of opposition)*

Sie beträgt nach § 59 (1) 1 PatG ebenso wie nach Art 99 (1) EPÜ 9 Monate. Die frühere 3-Monatsfrist von § 59 (1) 1 PatG aF ist durch das PatNovG erheblich verlängert worden (s Rdn 1). Dies soll zum einen zu einer weiteren Annäherung an das EPÜ führen, zum anderen eine bessere Vorbereitung und Begründung von Einsprüchen angesichts komplexer technischer Sachverhalte und notwendiger Abstimmungsprozesse in global agierenden Wirtschaftsunternehmen ermöglichen.[108]

70

4.1 Beginn der Einspruchsfrist knüpfen § 59 (1) an die Veröffentlichung im deutschen und Art 99 (1) EPÜ an die im europäischen Patentblatt (s Rdn 66). Maßgebend ist das im Patentblatt angegebene Datum seines Erscheinens, nicht eine etwaige frühere Auslieferung.[109] Eine 2. Veröffentlichung eröffnet keine neue Einspruchsfrist, wenn

71

---

101 DPA BlPMZ **84**, 114.
102 BPatGE **28**, 17; BPatG BlPMZ **88**, 254; T 0438/87 ABl 90 SonderA 52 = EPOR **89**, 489.
103 Vgl EPA-Richtlinien C-V.10.
104 T 0438/87 ABl 90 SonderA 52 = EPOR **89**, 489.
105 BPatGE **30**, 17; Mitt **85**, 33; krit: Paul Mitt **85**, 29.
106 BPatGE **20**, 27; **30**, 111; BlPMZ **06**, 329; DPMA-Einspruchsrichtlinien v 3.7.2018, Nr 5.2.
107 BPatG BlPMZ **93**, 62.
108 S Begründung des Gesetzesentwurfs BlPMZ **13**, 366, 372 (zu Nr 17).
109 BPatGE **30**, 111.

die erste wirksam war.[110] Die Frist beginnt auch, wenn entgegen § 58 (1) 2 und Art 98 EPÜ aF (das EPÜ 2000 hat das Erfordernis der Gleichzeitigkeit aufgegeben) eine Patentschrift nicht gleichzeitig mit der Veröffentlichung herausgegeben wird[111] oder die PS fehlerhaft ist und ein zweites Mal veröffentlicht wird.[112]

72 **4.2 Ende der Einspruchsfrist** tritt ein mit Ablauf der neun Monate. War Patentblatt am 15.2. erschienen, endet die Frist am 15.11. 24 Uhr. War der letzte Tag ein Sonnabend, Sonntag oder Feiertag, endet die Frist mit Ablauf des nächsten Werktags. Zur Fristberechnung s Einl Rdn 185 ff. Der Eingangsstempel einer Behörde begründet als öffentliche Urkunde den vollen Beweise des Eingangsdatums, ein Gegenbeweis ist aber möglich.[113] Geht der Einspruchsschriftsatz nicht vollständig vor Fristablauf ein, so sollte der Einspruch als eingelegt gelten, wenn die fristgemäß eingereichten Teile die hierfür notwendigen Voraussetzungen erfüllen.[114]

73 **4.3 Wiedereinsetzung** in die versäumte Einspruchsfrist sowie in die Frist zur Einlegung der Beschwerde des Einsprechenden[115] ist nach § 123 (1) 2 explizit und nach Art 122 (1) EPÜ implizit ausgeschlossen. Ein entsprechender Antrag ist als unzulässig zu verwerfen.[116] In die versäumte 4-Monatsfrist des Art 108 S 3 EPÜ zur Begründung der Beschwerde kann der Einsprechende jedoch wiedereingesetzt werden.[117]

74 **4.4 Wahrung der Einspruchsfrist** ist nur gegeben, wenn alle Zulässigkeitsvoraussetzungen innerhalb der Frist erfüllt sind. Fehlt eine Voraussetzung, ist der Einspruch unzulässig.

75 *Nachschieben von Tatsachen*, die zur Begründung eines andernfalls mangels Substantiierung unzulässigen Einspruchs erforderlich sind, ist nach Fristablauf nicht mehr möglich,[118] selbst wenn die Nachreichung innerhalb der Einspruchsfrist angekündigt war.[119] Tatsachen, die den Einspruch sachlich rechtfertigen, müssen spätestens bis zum Ablauf der Einspruchsfrist nachgereicht werden (§ 59 (1) 5).[120] Zur Behandlung verspäteten Vorbringens vor DPMA und EPA s Einl Rdn 238 ff und zum *Nachbringen von Beweismitteln* s Rdn 91.

76 *Unschädliche Mängel:* Erkennbare Fehler, die Patentamt ohne Rückfrage mit zumutbarem Aufwand aus anderen Angaben im Einspruchsschriftsatz, der Vollmacht oder den Erteilungsakten oder aus präsentem eigenen Wissen ohne weiteres richtig stellen oder ergänzen kann, stehen der Fristwahrung nicht entgegen. Unschädlich kann sein: **a)**

---

110 BGH BlPMZ **77**, 23 (II1b cc) *Tampon*; **77**, 241 *Fadenvlies*; T 1644/10 ABl **12** SonderA 77 u 128.
111 BPatG BlPMZ **88**, 254; BPatGE **28**, 17.
112 T 0438/87 ABl **90** SonderA 52 = EPOR **89**, 489.
113 BPatG v 27.11.2017 11 W (pat) 43/13 BeckRS **17**, 132614.
114 T 2061/12 ABl **17** ZPubl 4, 94; aA aber T 0858/18 v 20.5.2019 BeckRS **19**, 21653.
115 GrBK G 0001/86 ABl **87**, 447 *Wiedereinsetzung des Einsprechenden/VOEST ALPINE*; T 0210/89 ABl **91**, 433.
116 T 0702/89 ABl **94**, 472; T 2254/11 v 5.3.2013 BeckRS **16**, 9949.
117 GrBK G 0001/86 ABl **87**, 447 *Wiedereinsetzung des Einsprechenden/VOEST ALPINE*.
118 BPatGE **27**, 36; **31**, 180, 183; **33**, 24, 29.
119 BPatGE **27**, 36 (nachgereichte Begründung).
120 BGH BlPMZ **77**, 277 (II1b aa) *Gleichstromfernspeisung*.

Bezugnahme auf PS statt OS als Entgegenhaltung (s Rdn 104); **b)** falsche Angabe der Nr des angegriffenen Patents, die aus anderen Angaben in der Einspruchsschrift berichtigt werden kann (s Rdn 79);[121] **c)** Falsche Angabe der Nr einer entgegengehaltenen Patentschrift, wenn Patentamt sie innerhalb der Frist zweifelsfrei ermitteln kann (s Rdn 98)[122] oder wenn ein möglicher Hinweis gemäß § 139 ZPO zur Angabe der richtigen Nr geführt hätte;[123] **d)** zur Berichtigung der Bezeichnung des Einsprechenden s Rdn 77.

5 Notwendige Angaben in Einspruchsschrift

5.1 Identität des Einsprechenden muss feststehen, damit für Amt und Patentinhaber klar ist, wer Verfahrensbeteiligter ist.[124] Diesem Zweck dient R 76 (2) a) iVm R 41 (2) c) EPÜ, wonach Name, Anschrift, Staatsangehörigkeit und Wohnsitz oder Sitz des Einsprechenden anzugeben sind. Es genügt aber vor DPMA und EPA, wenn die Person des Einsprechenden innerhalb der Einspruchsfrist aus den amtlich verfügbaren Unterlagen ermittelbar ist,[125] zB aus einer allgemeinen Vollmacht.[126] Fehler in der Bezeichnung des Einsprechenden, die dessen Identität nicht ändern, können nachträglich beseitigt werden.[127] Wenn die Identität der im Einspruch angegebenen Person zweifelhaft ist, können DPMA und EPA zur Klärung auffordern, welche Person Einsprechender ist. Bleibt unklar, wer Einsprechender ist, kann der Einspruch als unzulässig verworfen werden.[128]

77

Wer in eigenem Namen Einspruch einlegt, ist Einsprechender, auch wenn es Anhaltspunkte oder sogar Gewissheit gibt, dass er in Wirklichkeit für einen Dritten tätig wird. Die formelle Legitimation als Einsprechender wird mit der Einlegung des Einspruchs begründet, sie beruht nicht etwa auf einer entsprechenden Vermutung.[129] Die Strohmann-Eigenschaft ändert daher nichts an der Identität des Einsprechenden noch macht sie diese unklar. Der Einspruch eines Strohmanns ist daher nicht wegen *»Zweifel an der wahren Identität«* des Einsprechenden unzulässig. Allerdings kann einem Strohmann in bestimmten Fällen die Einspruchsberechtigung fehlen (s Rdn 65).

78

5.2 Angaben zum angegriffenen Patent müssen so deutlich erfolgen, dass das Patent zumindest innerhalb der Einspruchsfrist ohne unzumutbaren Aufwand hätte ermittelt

79

---

121 BPatGE **27**, 84, 86; **39**, 186; EPA EinspruchsAbt ABl **84**, 118.
122 BPatGE **24**, 44; T 0344/88 ABl **92** SonderA 65.
123 BPatGE **24**, 44.
124 BGH GRUR **88**, 809 *Geschoss*; **90**, 348 *Gefäßimplantat*; **93**, 892 (II2a) *Heizkörperkonsole*; BPatGE **28**, 186; GrBK G 0003/97 ABl **99**, 245 (Nr 2.1) *Einspruch in fremdem Auftrag/ INDUPACK*; T 0025/85 ABl **86**, 81.
125 BGH GRUR **77**, 508 *Abfangeinrichtung*; **88**, 809 *Geschoss*; **90**, 108 *Meßkopf*; BPatGE **29**, 246; **33**, 139; T 0870/92 ABl **98** SonderA 97.
126 BPatGE **33**, 139; BPatG BlPMZ **08**, 333.
127 T 0219/86 ABl **88**, 254; T 0870/92 ABl **98** SonderA 97; T 1190/03 v 17.4.2007 BeckRS **07**, 30685534.
128 BGH GRUR **93**, 892 (II2a) *Heizkörperkonsole*; **90**, 108 *Messkopf*; **90**, 348 *Gefäßimplantat*; BPatGE **28**, 186; **51**, 119; BPatG BlPMZ **17**, 28; T 0635/88 ABl **93**, 608; T 0590/93 ABl **95**, 337 (Nr 5); T 0482/02 ABl **06** SonderA 94 (betr britische Partnership); s aber auch T 1426/13 RechtsprBK/EPA **19**, 1212 (betr deutsche GbR, Zulässigkeit bejaht).
129 GrBK G 0003/97 ABl **99**, 245 (Nr 2.2) *Einspruch in fremdem Auftrag/INDUPACK*.

werden können.[130] Ist das der Fall, kann eine falsche Nummer des Patents auch nach Fristablauf berichtigt werden,[131] insbesondere wenn andere Angaben in der Einspruchsschrift die richtige Zuordnung ermöglichen. R 76 (2) b) EPÜ verlangt ferner die Angabe des Namens des Patentinhabers und der Bezeichnung der Erfindung.

5.3 Antrag des Einsprechenden

80 PatG verlangt für den Einspruch im Gegensatz zur Nichtigkeitsklage (s § 81 (5)) keinen Antrag.[132] Jedoch muss der Einspruch wie jede Verfahrenshandlung dem Erfordernis der Bestimmtheit entsprechen (s Einl Rdn 60). Ist das Begehren des Einsprechenden unbestimmt und auch durch Auslegung nicht zu ermitteln, ist der Einspruch unzulässig. Erhebt ein Einsprechender lediglich Einspruch, ohne einen Antrag zu formulieren, so beantragt er idR damit, das angegriffene Patent in toto zu widerrufen. Will der Einsprechende das Verfahren auf einen bestimmten Teil des Patents beschränken,[133] weil ihn nur dieser Teil stört oder weil er den Streitgegenstand zur Beschleunigung des Verfahrens oder aus Kostengründen beschränken will,[134] muss er einen beschränkten Antrag formulieren (s Rdn 178), an den DPMA gebunden ist (str, s Rdn 180).

81 *EPÜ:* Nach R 76 (2) c) EPÜ muss die Einspruchsschrift eine Erklärung enthalten, in welchem Umfang gegen das europäische Patent Einspruch eingelegt wird. Fehlt eine ausdrückliche Erklärung, bedarf es der Auslegung. Da es in der Praxis ungewöhnlich ist, ein Patent beschränkt anzugreifen, wird idR das Patent in seinem gesamten Umfang angefochten sein, es sei denn, dass sich aus dem Gesamtzusammenhang etwas anderes ergibt.[135] Ist der Umfang des Einspruchs auch durch Auslegung nicht zu ermitteln, kann der Einspruch im Extremfall unzulässig sein.[136] Ist Widerruf des ganzen Patents beantragt, dann ergibt sich eine Beschränkung des Einspruchs nicht aus dem Umstand, dass die Begründung sich nur mit Teilen des Patents, zB nur mit bestimmten Ansprüchen befasst.[137] An einen beschränkten Antrag ist EPA gebunden, so dass nicht angegriffene Ansprüche nicht überprüft werden können.[138] Abhängige Ansprüche eines angegriffenen Anspruchs sind allerdings idR als implizit mit angegriffen anzusehen.[139]

82 **5.4 Behauptung eines Widerrufsgrundes** *(statement of the grounds on which the opposition is based)* ist nach § 59 (1) 3 und R 76 (2) c) EPÜ erforderlich. Innerhalb der Einspruchsfrist muss sich aus der Gesamtheit der Tatsachen, die den Einspruch

---

130 BPatGE **27**, 84, 86; **39**, 186; T 0317/86 ABl **89**, 378; T 0344/88 ABl **92** SonderA 65; EinspruchsAbt ABl **84**, 118.
131 BPatGE **37**, 135 (Gbm); **39**, 186.
132 So auch BPatGE **31**, 148, 149; Mitt **86**, 171, 172.
133 ZB auf einen von mehreren Nebenansprüchen BGH GRUR **03**, 695 *Automatisches Fahrzeuggetriebe.*
134 Vgl Busse/Engels § 59 Rn 73 u 291.
135 Vgl GrBK G 0009/91 ABl **93**, 408 (Nr 8) *Prüfungsbefugnis/ROHM AND HAAS*; G 0010/91 ABl **93**, 420 *Prüfung von Einsprüchen/Beschwerden.*
136 T 0376/90 ABl **94**, 906.
137 T 0926/93 ABl **97**, 447; T 0114/95 ABl **98** SonderA 100; T 1019/92 *RechtsprBK/EPA* **19**, 1227.
138 T 1066/92 ABl **96** SonderA 96.
139 GrBK G 0009/91 ABl **93**, 408 *Prüfungsbefugnis/ROHM AND HAAS*; G 0010/91 ABl **93**, 420 *Prüfung von Einsprüchen/Beschwerden.*

rechtfertigen sollen, erkennbar ergeben, welchen der in § 21 oder in Art 100 EPÜ genannten Widerrufsgründe der Einsprechende geltend machen will.[140] Es genügt, wenn das im Wege der Auslegung entnommen werden kann[141] (vgl Einl Rdn 130). Unschädlich ist es, wenn der Einsprechende sich einer patentrechtlich unzutreffenden Terminologie bedient, da es nur auf die tatsächliche Behauptung ankommt, während die rechtliche Würdigung dem Patentamt obliegt. Ist der behauptete gesetzliche Widerrufsgrund ausreichend erkennbar, besteht er aber nicht, so berührt das die Zulässigkeit des Einspruchs nicht, weil die Frage des Vorliegens des behaupteten Widerrufsgrundes zur Begründetheit, nicht aber zur Zulässigkeit des Einspruchs gehört. Ein Einspruch, der auf einen gesetzlich nicht vorgesehenen Einspruchsgrund (s § 21 Rdn 24) gestützt wird, ist unzulässig. Zur Behauptung mangelnder Klarheit des Anspruchs s § 21 Rdn 34.

6 Einspruchsbegründung *(reasoned statement)*

Sie ist nach § 59 (1) 2 und R 76 (1) EPÜ eine Voraussetzung der Zulässigkeit des Einspruchs. Sie bedarf der Schriftform (s Einl Rdn 352) und damit der Unterschrift (s Einl Rdn 374).[142]

83

6.1 Substantiierung der Einspruchsgründe *(substantiation of the grounds of opposition)*:
Zu den förmlichen Voraussetzungen für die Zulässigkeit des Einspruchs gehört die Substantiierung des geltend gemachten Einspruchsgrundes. Die Begründung muss nach § 59 (1) 4 und R 76 (2) c) EPÜ die *Tatsachen* im Einzelnen angeben, aus denen sich ergeben soll, dass der Einspruch gerechtfertigt, also das Patent ganz oder teilweise zu widerrufen ist. Sinn dieser gesetzlichen Forderung ist, das Verfahren zu konzentrieren und zu beschleunigen. Denn Patentamt und Patentinhaber werden dadurch in die Lage versetzt, bereits anhand der Einspruchsschrift zu erkennen, aus welchen tatsächlichen Gründen der Einsprechende das Patent für nicht rechtsbeständig hält. Allerdings dürfen die Anforderungen an die Substantiierung nicht überspannt werden, da das Einspruchsverfahren auch dem öffentlichen Interesse dient.[143]

84

Ausreichend substantiiert ist eine Einspruchsbegründung, wenn sie die für die Beurteilung des behaupteten Widerrufsgrundes maßgeblichen tatsächlichen Umstände im Einzelnen so darlegt, dass Patentamt und Patentinhaber daraus *abschließende Folgerungen* für das Vorliegen oder Nichtvorliegen eines Widerrufsgrundes *ohne eigene Ermittlungen* ziehen können.[144] Die Begründung muss einen bestimmten Tatbestand erkennen lassen, der sich sachlich auf den *behaupteten Widerrufgrund bezieht*[145] und der sich *auf seine Richtigkeit nachprüfen lässt*.[146] Sie darf es nicht dem Patentamt und dem

85

---

140 BGH BlPMZ **88**, 185 *Alkyldiarylphosphin*.
141 BPatGE **28**, 103; **28**, 112; **29**, 28; T 0455/94 ABl **98** SonderA 110.
142 Vgl BPatGE **45**, 14: Unterschrift auf der gleichzeitig eingereichten Einspruchserklärung reicht aus.
143 BPatG v 9.3.2017 8 W (pat) 49/12 BeckRS 17, 110869.
144 BGH BlPMZ **87**, 203 (II2c) *Streichgarn*; **93**, 439 (III3b) *Tetraploide Kamille*; **98**, 201 (II3a) *Tabakdose*; BPatGE **45**, 14, 18; BPatG GRUR 04, 231 (II 2a); T 0522/94 ABl **98**, 421; T 0613/10 ABl **14** ZPubl 5, 114.
145 BGH BlPMZ **87**, 203 *Streichgarn*; **88**, 185 (II2) *Alkyldiarylphosphin*; **98**, 201 (II3a) *Tabakdose*.
146 BGH BlPMZ **93**, 439 (III3b) *Tetraploide Kamille*; **98**, 201 (II3a) *Tabakdose*.

Patentinhaber überlassen, die *Umstände zu ermitteln*, die der Patentfähigkeit entgegenstehen.[147] Daher sind bloße *Werturteile* ohne tatsächliche Untermauerung nicht ausreichend.[148]

86 Die Begründung muss vielmehr so abgefasst sein, dass ein *Fachmann* des Gebiets sie *ohne unzumutbaren Aufwand*[149] richtig verstehen kann.[150] Ein gewisser Interpretationsaufwand ist ihm aber zumutbar.[151] Technische Sachverhalte, deren Kenntnis bei einem Fachmann wie dem Patentinhaber und dem Patentamt vorausgesetzt werden kann, bedürfen keiner Darlegung.[152]

87 *Mehrere Einspruchsgründe*, die mit einem Einspruch geltend gemacht werden, müssen jeder für sich ausreichend substantiiert werden. Wird von mehreren Einspruchsgründen nur einer substantiiert, ist der Einspruch nur insoweit ausreichend begründet, so dass die anderen Einspruchsgründe nicht als wirksam geltend gemacht anzusehen sind und sich daher (noch) nicht im Verfahren befinden.[153] Die Zulässigkeit des Einspruchs als solche bleibt hiervon aber unberührt.[154] Dies zeigt sich insbesondere an der Möglichkeit der 1. Instanz (DPMA-Patentabteilung oder EPA-Einspruchsabteilung), anstelle oder zusätzlich zu dem substantiierten Einspruchsgrund von Amts wegen einen anderen Einspruchsgrund – also auch einen vom Einsprechenden nicht wirksam geltend gemachten Grund – von Amts wegen zu prüfen oder ihn bei späterer Substantiierung nachträglich in das Verfahren zuzulassen.

88 **6.2 Auseinandersetzung mit der patentierten Erfindung** *(dealing with the invention as a whole or with its essential content)*: Eine Einspruchsbegründung erfüllt das Erfordernis der Angabe der Tatsachen im Einzelnen nur, wenn sie sich mit der Erfindung befasst, wie sie patentiert ist.[155] Sie muss also die gesamte patentierte Lehre ihrer Argumentation zugrunde legen.[156] Daher ist ein Einspruch unzulässig, wenn er sich nicht an der Erfindung in ihrer Gesamtheit orientiert, sondern sich nur mit *Teilen, Teilaspekten oder Teillehren* befasst, die isoliert für sich nicht unter Schutz gestellt sind,[157] so zB wenn bei einer Kombination lediglich die Elemente, nicht aber deren

---

147 BGH GRUR 72, 592 (III1b) *Sortiergerät*; BPatGE 17, 233, 237; 27, 79, 80; BlPMZ 97, 405; T 0002/89 ABl 91, 51; T 0204/91 RechtsprBK/EPA 19, 1218.
148 BPatGE 17, 233; T 0134/88 BeckRS 89, 30524102.
149 T 0199/92 ABl 95 SonderA 116.
150 BPatGE 36, 141; T 0222/85 ABl 88, 128, 132; T 0002/89 ABl 91, 51; T 0925/91 ABl 95, 469 (Nr 2.2).
151 T 0199/92 ABl 95 SonderA 116.
152 T 0533/94, T 0534/94 ABl 96 SonderA 94.
153 T 0288/84 ABl 86, 128, 131; T 0182/89 ABl 91, 391. Dies gilt ausnahmsweise dann nicht, wenn die Einspruchsgründe mangelnder Neuheit und fehlender erfinderischer Tätigkeit erhoben werden und nur die mangelnde Neuheit substantiiert wird, sofern sich aus dieser Begründung entsprechende Argumente für die fehlende erfinderische Tätigkeit ergeben; vgl T 0131/01 ABl 03, 115.
154 T 0131/01 ABl 03, 115.
155 BGH BlPMZ 88, 185 (II2a) *Alkyldiarylphosphin*.
156 BGH BlPMZ 88, 250 (IV2b) *Epoxidation*; T 0134/88 ABl 90 SonderA 54.
157 BGH BlPMZ 88, 250 (IV2b) *Epoxidation*; BPatGE 30, 246, 249; 32, 29, 31; einschränkend BPatG GRUR 13, 171.

Zusammenwirken gewürdigt werden[158] oder wenn lediglich der Oberbegriff als bekannt dargelegt wird, auf die wesentlichen Merkmale entweder überhaupt nicht oder nur pauschal (»handwerkliche Maßnahmen«) eingegangen wird.[159]

Ausreichend ist die Auseinandersetzung mit dem *Kern der patentierten Erfindung*.[160] Ist das der Fall, dann ist es unschädlich, wenn die Begründung nicht alle Merkmale des Anspruchs[161] oder alle Ausführungsformen des Patents behandelt. Richtet sich der Einspruch nur gegen bestimmte Ansprüche, können die nicht angegriffenen außer Betracht bleiben.[162] Ausreichend ist also die Auseinandersetzung mit einem Teil des Patents, wenn nur dieser angegriffen wird (s Rdn 178).[163] 89

6.3 Schlüssigkeit *(conclusiveness)* der Einspruchsbegründung ist keine Voraussetzung der Zulässigkeit, sondern der Begründetheit des Einspruchs.[164] Die Begründung muss zwar einen sachlichen Bezug zu einem der Widerrufsgründe haben (s Rdn 84); ob aber die vorgetragenen Tatsachen den Widerruf des Patents auch tatsächlich rechtfertigen, ist nicht bei der Zulässigkeit, sondern bei der Begründetheit des Einspruchs zu prüfen. 90

6.4 Beweismittel *(evidence)*: § 59 (1) 4 u 5 verlangt innerhalb der Einspruchsfrist nur die Angabe von Tatsachen, die den Einspruch rechtfertigen sollen. Beweismittel, die die Richtigkeit der Tatsachenangaben belegen sollen, sind keine Tatsachen idS und daher nicht fristgebunden.[165] Die Angabe von Zeugen, Sachverständigen oder Urkunden kann nachgebracht werden. 91

Unterlagen, die Angaben über Tatsachen enthalten, müssen dagegen innerhalb der Frist genannt oder eingereicht werden, so zB Entgegenhaltungen,[166] Vergleichsversuche mit ihren Ergebnissen oder Beweisanzeichen, wenn aus ihnen der Schluss auf das Vorliegen einer Tatsache gezogen werden soll. 92

EPA: **R 76 (2) c) EPÜ** schreibt ua die *Angabe der zur Begründung vorgebrachten Beweismittel* in der Einspruchsschrift vor. Innerhalb der Einspruchsfrist müssen die Beweismittel aber nur angegeben werden. Sie können nach Fristablauf eingereicht werden.[167]
Fehlt die Angabe notwendiger Beweismittel, ist der Einspruch nach R 77 (1) EPÜ als unzulässig zu verwerfen. Das gilt aber nur für solche Beweismittel, die zur Begründung des vom Einsprechenden geltend gemachten Einspruchsgrundes wirklich erfor- 93

---

158 BGH BlPMZ **88**, 289 (II2) *Messdatenregistrierung*; BPatGE **30**, 246, 249; **32**, 29, 31; BPatG BlPMZ **97**, 405; T 0134/88 ABl **90** SonderA 54.
159 BPatGE **35**, 263; **36**, 53.
160 T 0222/85 ABl **88**, 128.
161 BPatGE **47**, 186; BPatG BlPMZ **97**, 405, 407; T 0002/89 ABl **91**, 51.
162 BPatGE **30**, 143; Mitt **86**, 171; T 0926/93 ABl **97**, 447.
163 BGH GRUR **03**, 695 *Automatisches Fahrzeuggetriebe*: aA von BPatGE **45**, 9 ist überholt.
164 BGH BlPMZ **87**, 203 *Streichgarn*; **88**, 289 *Messdatenregistrierung*; GRUR **09**, 1098 *Leistungshalbleiterbauelement*; BPatGE **27**, 29; **45**, 149, 151; GRUR **13**, 171; T 0234/86 ABl **89**, 79; T 0538/89 ABl **92** SonderA 67; aA: BPatGE **23**, 144 (überholt).
165 BPatG Mitt **09**, 286 L *Hydromotor*.
166 BPatGE **16**, 211.
167 T 0328/87 ABl **92**, 701; T 0538/89 ABl **92** SonderA 67 = EPOR **91**, 445.

derlich sind. R 76 (2) c) EPÜ steht einer Einführung neuer Beweismittel nicht entgegen, wenn im Laufe des Einspruchsverfahrens entscheidungserhebliche Tatsachen streitig werden oder wenn die Einspruchsabteilung die Prüfung auf vom Einsprechenden nicht geltend gemachte Einspruchsgründe erstreckt.

6.5 Stand der Technik *(state of the art)*

94 Entsprechend der Pflicht zur Substantiierung des Einspruchs (s Rdn 84) muss der Stand der Technik, auf den der Einspruch gestützt wird, so *konkret* genannt werden, dass ein Fachmann anhand der Begründung ohne weiteres erkennen kann, warum gerade dieser Stand der Technik der Patentfähigkeit der patentierten Erfindung entgegenstehen soll, so dass er sinnvolle Überlegungen anstellen kann, ob das Patent zu Recht oder zu Unrecht erteilt worden ist.

95 **6.5.1 Technischer Zusammenhang** *(technical relevance)* des Gegenstands des Patents und des entgegengehaltenen Standes der Technik muss sich aus der Begründung des Einspruchs für einen Fachmann ergeben. Nur dann ist der Einspruch ausreichend substantiiert. Eine *pauschale Verweisung* auf einen Stand der Technik (zB bloße Nennung der Nr einer PS) reicht idR nicht, vielmehr muss die *spezielle Relevanz des Dokuments* gegenüber dem Patent dargelegt werden,[168] so dass der sachliche Bezug für den sachverständigen Leser deutlich ist. Es ist die Aufgabe des Angreifers und nicht des Patentamts, darzulegen, ob, inwieweit und durch welche Aussagen der genannte Stand der Technik der patentierten Erfindung entgegensteht. Davon kann ausnahmsweise nur dann abgesehen werden, wenn einem Fachmann der technische Zusammenhang auch ohne nähere Ausführungen ohne weiteres klar ist.[169]

96 **6.5.2 Öffentliche Zugänglichkeit** *(public availability)* des entgegengehaltenen Standes der Technik muss sich aus der Einspruchsbegründung ergeben. Ist der *maßgebliche Zeitpunkt* der öffentlichen Zugänglichkeit, der vor dem Anmelde- oder Prioritätstag des Streitpatents liegt, in der Begründung *genannt* oder ergibt er sich *konkludent* aus dem Dokument selbst, so ist der Einspruch zulässig. Wird der Zeitpunkt in Zweifel gezogen, so betrifft das nicht die Zulässigkeit, sondern die Begründetheit des Einspruchs. Das gilt auch, wenn das angegebene Datum nur für Teile des Dokuments als zutreffend bezweifelt wird, zB bei einer Loseblattsammlung.[170]

Eine Angabe über den Zeitpunkt der öffentlichen Zugänglichkeit ist für die Zulässigkeit des Einspruchs erforderlich, wenn das Dokument selbst kein Datum aufweist und nach der Lebenserfahrung nicht davon ausgegangen werden kann, dass es vor dem Prioritätstag des Streitpatents für Dritte zugänglich war. Dann bedarf es einer Darlegung über den Zeitpunkt, da sonst Patentamt und Patentinhaber nicht in der Lage sind zu überprüfen, ob es sich um Stand der Technik handelt. Die Notwendigkeit einer

---

168 BGH BlPMZ 88, 289 (II2) *Messdatenregistrierung;* BPatGE 10, 21; 17, 233; T 0222/85 ABl 88, 128; T 0448/89 ABl 92, 361.
169 BGH BlPMZ 72, 173 (III1b) *Sortiergerät;* BPatGE 10, 21, 26; 45, 14, 18; T 0199/92 ABl 95 SonderA 116; T 0003/95 ABl 98 SonderA 99.
170 BPatG v 22.6.1998 4 W (pat) 49/96; *abw*: BPatGE 38, 206 für eine Firmenschrift in Ringhefter mit austauschbaren Seiten und einem Datum nur auf dem Titelblatt.

speziellen Darlegung über den Zeitpunkt kann sich ergeben bei: Firmenschrift,[171] Prospekt, Betriebsanleitung,[172] Dokument mit Geheimvermerk,[173] private Druckschrift (zB Vortragsmanuskript oder Forschungsunterlage),[174] mündliche Beschreibungen (s Rdn 106), offenkundige Vorbenutzung (s Rdn 109). Ist nach der Art des Dokuments eine *alsbaldige Verteilung typisch*,[175] so kann – wenn ein ausreichender Zeitraum zwischen Datum des Dokuments und Prioritätsdatum des Patents liegt – prima facie von der öffentlichen Zugänglichkeit ausgegangen werden.

Die willkürliche Angabe eines ersichtlich unrichtigen Zeitpunkts der öffentlichen Zugänglichkeit, die der Einsprechende aus der Luft gegriffen hat, wäre rechtsmissbräuchlich und daher als unsubstantiiert anzusehen.

6.5.3 Schriftliche Beschreibungen *(written descriptions)* müssen, um der Pflicht zur Substantiierung zu entsprechen (s Rdn 84), in der Begründung des Einspruchs konkret bezeichnet (s Rdn 98) und gegenüber dem angegriffenen Patent gewertet werden (s Rdn 99).   97

a) Ausreichend deutliche Nennung der Entgegenhaltung ist erforderlich.[176] Fehler in der Bezeichnung der Entgegenhaltung sind unschädlich, wenn ein Fachmann sie ohne weiteres richtig stellen kann.[177] Eine *mittelbare Erwähnung* genügt nicht. Daher sind folgende Dokumente nicht automatisch Teil der Begründung: **i)** Dokumente, die in der vom Einsprechenden genannten Entgegenhaltung zitiert sind, auf die die Begründung aber nicht eingeht;[178] **ii)** Dokumente, die im Streitpatent zitiert sind, auf die sich aber der Einsprechende nicht stützt,[179] es sei denn, das Streitpatent hebt das Dokument besonders hervor, zB zum Verständnis der technischen Lehre;[180] **iii)** Dokumente, die im Recherchenbericht genannt sind, die der Einsprechende aber nicht heranzieht.[181]   98

b) Würdigung der Entgegenhaltung in Relation zum angegriffenen Patent muss die Begründung enthalten, so dass Patentinhaber und Patentamt ohne unzumutbaren Aufwand und ohne eigene Ermittlungen in der Lage sind, die Gültigkeit des Patents gegenüber dem Einspruch beurteilen zu können.[182] Der *technische Zusammenhang* zwischen dem Stand der Technik und der Vorveröffentlichung muss deutlich werden (s Rdn 95). Das setzt voraus, dass die Begründung des Einspruchs sich zumindest mit dem *Kern der patentierten Erfindung* auseinandersetzt (s Rdn 88 f). Dann ist es unschädlich, dass nicht jedes einzelne Merkmal behandelt wird.[183] Maßgebend für das   99

---

171 BPatGE 30, 40, 42; 41, 144 (Druckvermerk aus undifferenzierter Ziffernfolge); T 0308/87 EPOR 91, 464.
172 BPatG BlPMZ 90, 35; 05, 81; T 0511/03 ABl 05 SonderA 125.
173 BPatG Mitt 82, 151.
174 BPatGE 40, 90 ausreichend: Schrift war in Bibliothek X zugänglich.
175 *BPatGE 32, 109; 38, 206; T 0743/89 ABl 93 SonderA 53.*
176 BPatG v 17.10.2006 23 W (pat) 316/03 BeckRS 07, 7356; T 0016/14 v 25.1.2019 BeckRS 19, 8213 (bejaht für Autorenabzug).
177 BPatGE 17, 51; 24, 44; T 0344/88 ABl 92 SonderA 65.
178 BPatGE 30, 201; T 0501/94 ABl 97, 193.
179 T 0198/88 ABl 91, 254.
180 T 0536/88 ABl 92, 638.
181 T 0291/89 EPOR 92, 399.
182 Vgl zB BPatG Mitt 09, 285 L; T 1194/07 v 30.4.2009.
183 T 0003/95 ABl 98 SonderA 99.

Ausmaß der Würdigung ist der Adressat, der der Fachmann auf dem jeweiligen Gebiet ist. Was dieser kennt, braucht nicht dargelegt zu werden.[184] Dies bedeutet jedoch nicht, dass es ohne weiteres genügt, den Oberbegriff eines Patentanspruchs pauschal als bekannt zu bezeichnen, und zwar auch dann nicht, wenn die Patentschrift selbst (fehlerhaft) den Oberbegriff zum Stand der Technik zählt.[185]

100 *Allgemeines Fachwissen* steht jedem Fachmann zur Verfügung und hilft ihm, Entgegenhaltungen zu verstehen. Insoweit bedarf es keiner besonderen Darlegung.[186] Soll aber der Einspruch allein oder zum Zwecke der besonderen Interpretation der Entgegenhaltung oder des Patents auf allgemeines Fachwissen gestützt werden, dann muss es substantiiert und rechtzeitig vorgetragen werden.[187]

101 *Angabe der relevanten Stellen* einer Entgegenhaltung ist erforderlich, wenn sonst der Fachmann den objektiv gegebenen sachlichen Zusammenhang nur mühsam erkennen könnte, zB wegen des Umfangs der Schrift[188] oder weil sie mehrere Gegenstände enthält.[189] Sie ist entbehrlich, wenn der Fachmann auf Grund der Art des Dokuments (kurze Schrift, besondere Hervorhebung des maßgebenden technischen Details) ohne weiteres den sachlichen Bezug zum Patent erkennt.[190] Bei einer patentierten *Kombination* muss diese gewürdigt werden und nicht nur deren Einzelmerkmale.[191] Zu notwendigen *Angaben über den Zeitpunkt der öffentlichen Zugänglichkeit* vgl Rdn 96.

Neue Entgegenhaltungen muss der Einspruch nicht nennen. Ein Einspruch ist auch zulässig, wenn er allein auf Stand der Technik gestützt wird, der *im Patent genannt oder vorausgesetzt* wird, oder auf Entgegenhaltungen, die bereits *im Prüfungsverfahren in Betracht gezogen* wurden. Dieser ist in gleicher Weise wie ein neu genannter Stand der Technik zu würdigen.[192] Fehlt es daran, ist der Einspruch unzulässig.[193]

102 c) **Nachveröffentlichte Patentanmeldungen** gehören nach § 3 (2) und Art 54 (3) EPÜ zum Stand der Technik, wenn ihr *Zeitrang älter* ist als der des angegriffenen Patents. Dann kann der Inhalt der älteren Anmeldung in der ursprünglich eingereichten Fassung dem Streitpatent als neuheitsschädlich entgegengehalten werden, nicht aber der darüber hinausgehende Gegenstand, der in der nachveröffentlichten Patentschrift enthalten ist.[194] Dass eine nachveröffentlichte Anmeldung nicht den geltend gemachten

---

184 T 0533/94, T 0534/94 ABl 96 SonderA 94.
185 BPatGE **49**, 202.
186 T 0533/94 u T 0534/94 ABl 96 SonderA 94.
187 BPatGE **37**, 155, 178; T 0085/93 ABl **98**, 183.
188 T 0545/91 ABl **94** SonderA 104.
189 T 0448/89 ABl **92**, 361; BGH BlPMZ **88**, 289 (II2) *Messdatenregistrierung* für Textstellen bei einer Kombination.
190 BGH BlPMZ **72**, 173 (III1b) *Sortiergerät*; BPatGE **10**, 21, 26; BPatG GRUR **76**, 90; T 0199/92 ABl **95** SonderA 116; T 0003/95 ABl **98** SonderA 99.
191 BGH BlPMZ **88**, 289 (II2) *Messdatenregistrierung*; BPatGE **30**, 246, 249; **32**, 29, 31; BPatG BlPMZ **97**, 405; T 0134/88 ABl **90** SonderA 54.
192 BPatG v 17.7.1998 4 W (pat) 4/96 BeckRS 98, 14636; *abw*: BPatG GRUR **76**, 90, 91 (besondere Sorgfalt erforderlich).
193 BPatGE **17**, 51, 55; PA BlPMZ **89**, 365.
194 BPatGE **30**, 201; **32**, 182.

Mangel erfinderischer Tätigkeit stützen kann, ist nicht eine Frage der Zulässigkeit, sondern der Begründetheit.[195]

Nachveröffentlichte Dokumente, die einen *jüngeren Zeitrang* als das Streitpatent haben, gehören nicht zum Stand der Technik. Ein darauf gestützter Einspruch ist nur zulässig, wenn die Begründung erkennen lässt, dass in Wahrheit dem Streitpatent ein jüngerer oder der Entgegenhaltung ein älterer Zeitrang zukommt. Die Feststellung, ob das zutrifft, gehört nicht zur Zulässigkeit, sondern zur Begründetheit des Einspruchs.[196]

Nachveröffentlichte Dokumente können *gutachtlich gewertet* werden,[197] dh sie können zB als Beleg für einen Stand der Technik herangezogen werden, der jünger ist als das Streitpatent und damit diesem nicht entgegensteht.

d) Dokumente aus dem Prioritätsintervall, auf die sich der Einsprechende allein stützt, machen den Einspruch nur dann zulässig, wenn mit dem Einspruch begründet vorgetragen wird, dass die Priorität zu Unrecht in Anspruch genommen wird.[198]   103

e) Patentschrift statt Offenlegungsschrift: Stützt sich der Einspruch auf die nachveröffentlichte PS statt auf die vorveröffentlichte OS, dann berührt das die Zulässigkeit des Einspruchs nicht, wenn in der PS auf die OS hingewiesen ist und beide in den maßgeblichen Punkten inhaltlich übereinstimmen.[199]   104

Ist die genannte OS infolge der Inanspruchnahme der inneren Priorität nicht erschienen, so tritt nicht automatisch die OS der Nachanmeldung an deren Stelle, weil diese nur schwierig zu ermitteln ist.[200]

f) Ältere nationale Anmeldung (*national prior application*): Nach Art 54 (3) EPÜ gehören nur ältere europäische Anmeldungen zum Stand der Technik, ältere nationale Anmeldungen dagegen nicht. Ein europäischer Einspruch ist daher unzulässig, wenn er sich ausschließlich auf ältere nationale Anmeldungen stützt.[201]   105

6.5.4 Mündliche Beschreibungen (*oral descriptions*) müssen entsprechend der Pflicht zur Substantiierung (s Rdn 84) ausreichend deutlich dargelegt werden, so dass ein Fachmann konkrete Angaben erhält über **a)** den Autor der mündlichen Beschreibung; **b)** Art (Vortrag, Diskussion, Medienveranstaltung), Inhalt, Ort und Zeit der mündlichen Beschreibung; **c)** die öffentliche Zugänglichkeit durch Darlegung des beteiligten Personenkreises, von dem eine Geheimhaltung weder verlangt noch erwartet wurde.   106

Sind zur Substantiierung ausreichende Angaben gemacht, so ist der Einspruch zulässig. Die Entscheidung über die Frage, ob die Angaben tatsächlich zutreffen, gehört nicht zur Zulässigkeit, sondern zur Begründetheit des Einspruchs.[202]   107

---

195 BGH GRUR 09, 1098 *Leistungshalbleiterbauelement*.
196 T 0234/86 ABl 89, 79; BPatGE 41, 102.
197 Vgl zB T 0207/94 ABl 99, 273 (Nr 15).
198 BPatGE 35, 79; *überholt*: BPatGE 27, 79 und Mitt 87, 52; 86, 171.
199 BPatGE 27, 79 u 30, 3; T 0185/88 ABl 90, 451; *aA*: BPatGE 16, 211; Mitt 85, 194.
200 BPatG v 22.6.1998 4 W (pat) 39/96 BeckRS 98, 14634.
201 T 0550/88 ABl 92, 117.
202 T 0406/92 ABl 96 SonderA 95.

108 Nachweis des Inhalts einer mündlichen Beschreibung zum Zeitpunkt ihrer Kundgabe kann geführt werden durch a) Vorlage des Vortragsmanuskripts oder eines Protokolls; b) Zeugenaussagen der beteiligten Personen; c) spätere Veröffentlichung des Vortrags, wenn diese nachweisbar mit dem mündlich Vorgetragenen übereinstimmt und keine späteren zusätzlichen Erkenntnisse enthält, die für die Beurteilung des Streitpatents wesentlich sind. – Für den Nachweis gilt der Grundsatz der freien Beweiswürdigung (s Einl Rdn 155).

109 6.5.5 **Vorbenutzung** *(prior use)*[203] ist ausreichend substantiiert, wenn sie für Amt und Patentinhaber verständlich ist, ohne dass eigene Ermittlungen über Art, Ort oder Zeit des Gegenstands der Benutzung erforderlich sind.[204] Die Begründung eines Einspruchs, der sich auf eine Vorbenutzung (s § 3 Rdn 20) stützt, ist daher ausreichend substantiiert, wenn sie konkrete Angaben enthält, **was** (Rdn 110), **wo** (Rdn 111), **wann** (Rdn 112), **wie** (Rdn 113), **durch wen** (Rdn 114) **in öffentlich zugänglicher Weise** (s Rdn 115) geschehen ist[205] und diese Angaben **innerhalb der Einspruchsfrist** vorliegen (s Rdn 74 u 118).

110 a) **Gegenstand der Vorbenutzung** *(object of prior use)* ist so detailliert zu beschreiben, dass ein Fachmann ihn mit dem patentgemäßen Gegenstand vergleichen und feststellen kann, ob die Vorbenutzung der Neuheit oder erfinderischen Tätigkeit des Streitpatents entgegensteht.[206] Rein abstrakte Umschreibungen genügen nicht, wie zB die bloße Wiederholung des Wortlauts des Patentanspruchs des Streitpatents.[207] Aus der Beschreibung müssen sich die Merkmalsübereinstimmungen von vorbenutztem und patentiertem Gegenstand sowie die Erkennbarkeit und Ausführbarkeit der technischen Lehre aufgrund der Vorbenutzung ergeben.[208]
Beispiele: i) Bei einer **Kombination** ist neben den Elementen auch deren Zusammenwirken darzustellen;[209] ii) **Handelsprodukte**, die auf dem Markt erhältlich sind, gehören mit ihrer chemischen Zusammensetzung zum Stand der Technik, wenn das Erzeugnis selbst der Öffentlichkeit zugänglich ist und vom Fachmann analysiert und reproduziert werden kann, und zwar unabhängig davon, ob es besondere Gründe gibt, die Zusammensetzung zu analysieren[210] (vgl dazu aber § 3 Rdn 53).

111 b) **Ort der Vorbenutzung** *(place of prior use)* ist zur Individualisierung der Benutzung und der Prüfung ihrer öffentlichen Zugänglichkeit (s Rdn 115) erforderlich. Davon kann abgesehen werden, wenn der Ort sich aus der Art der Benutzung von selbst ergibt, wie zB dem Vertrieb eines Massenartikels.

---

203 **Lit:** Günzel in FS Nirk **92**, 441; Lederer in FS Vieregge **95**, 547; **Lit in GRUR Int:** Auz-Castro **96**, 1099 (= IIC **96**, 160); Mandel **96**, 1104 (= IIC **96**, 203); **Lit in GRUR:** Reimann **98**, 298.
204 T 0522/94 ABl **98**, 421.
205 T 0093/89 ABl **92**, 718; T 0522/94 ABl **98**, 421; T 1182/04 v 10.7.2007 BeckRS 07, 30685005; BPatG BlPMZ **90**, 35, 36 lSp.
206 BGH GRUR **97**, 740 *Tabakdose*.
207 BPatGE **3**, 167; **9**, 192; **22**, 119; **31**, 176, 178; BPatG GRUR **76**, 90; BlPMZ **91**, 308.
208 GrBK G 0001/92 ABl **93**, 277 (Nr 1.4) *Öffentliche Zugänglichkeit*; BGH BlPMZ **63**, 181, 182 rSp *Stapelpresse*.
209 BPatG v 11.2.1998 4 W (pat) 53/96.
210 GrBK G 0001/92 ABl **93**, 277 *Öffentliche Zugänglichkeit*.

c) Zeitpunkt der Vorbenutzung (*time of prior use*) muss so konkret angegeben werden, dass feststellbar ist, ob eine Vorbenutzung stattgefunden hat, der Gegenstand also zum Stand der Technik gehört. Der Angabe eines genauen Datums[211] oder gar des Beginns, der Dauer oder des Endes der Benutzung[212] bedarf es dazu nicht. Bloße allgemeine Zeitangaben wie »seit Jahren«,[213] »lange vor dem Anmeldetag«,[214] »vor dem Prioritätstag«,[215] »bereits seit 1979«[216] sind idR ungenügend, es sei denn, aus dem Gesamtzusammenhang der Begründung ergibt sich eine ausreichende zeitliche Substantiierung, zB aus der Schilderung eines fortlaufenden Vertriebs, der vor einem nicht näher bezeichneten Zeitpunkt vor dem Prioritätstag begann und bis in die Gegenwart andauert.[217] Kann aber weder den Umständen noch den Angaben in der Einspruchsschrift eine Angabe über den Zeitpunkt der Benutzung entnommen werden, ist ein nur auf die Vorbenutzung gestützter Einspruch unzulässig.[218] Datumsangaben auf Unterlagen (zB Zeichnungen) belegen nur, dass die Unterlage zu diesem Zeitpunkt erstellt wurde, nicht aber, dass sie auch öffentlich zugänglich war.[219]

112

d) Art der Vorbenutzung (*kind of prior use*) muss aus der Begründung ersichtlich sein, damit die Vorbenutzung hinreichend substantiiert ist. Es ist daher anzugeben, ob es sich um eine Herstellung, Lieferung, Verwendung, Ausstellung, Vorführung, Firmenbesichtigung, Informationsveranstaltung etc handelt, weil nur diese Angaben die behauptete Vorbenutzung individualisieren und idR die Beurteilung ermöglichen, ob die Vorbenutzung öffentlich zugänglich war (s Rdn 115).

113

e) Person des Vorbenutzers (*prior user*) kann nicht anonym bleiben, denn nur wenn diese bekannt ist, lassen sich Art, Zeit und Gegenstand der behaupteten Vorbenutzung idR eindeutig feststellen.[220]

114

f) Öffentliche Zugänglichkeit (*public availability*): Informationen, die eine Vorbenutzung vermitteln, müssen ebenso öffentlich zugänglich sein, wie Informationen aus Druckschriften.[221] Während die öffentliche Zugänglichkeit für Druckschriften sich idR von selbst versteht, bedarf sie bei einer Vorbenutzung idR der *Darlegung konkreter Umstände im Einzelnen*, weil nur durch sie festgestellt werden kann, ob die behauptete Vorbenutzung zum Stand der Technik gehört oder nicht.[222] Das gilt insbesondere für *betriebsinternen Stand der Technik*.[223] Zu verborgenen oder geheimen Benutzungen s § 3 Rdn 53.

115

---

211 BPatGE **3**, 167, 169.
212 BGH GRUR **97**, 740 (II3c) *Tabakdose.*
213 BPatGE **9**, 192.
214 BPatGE **10**, 218.
215 T 0328/87 ABl **92**, 701.
216 T 0093/89 ABl **92**, 718 (Nr 8.1).
217 BGH GRUR **97**, 740 (II3e) *Tabakdose.*
218 ZB über die Verwendung zu einem bestimmten Zweck: BPatGE **31**, 180, 182 f.
219 T 0328/87 ABl **92**, 701; T 0541/92 EPOR **96**, 395.
220 Vgl BPatG v 26.1.1998 4 W (pat) 16/97 BeckRS **98**, 14628.
221 GrBK G 0001/92 ABl **93**, 277 (Nr 1.2) *Öffentliche Zugänglichkeit.*
222 BGH BlPMZ **87**, 203 *Streichgarn*; **98**, 201 (II3a) *Tabakdose.*
223 BPatGE **31**, 176, 178; **31**, 180, 183.

Eine ausdrückliche Substantiierung der Umstände ist entbehrlich, wenn sich die öffentliche Zugänglichkeit aus der geschilderten Benutzung implizit ergibt, wie zB bei vorbehaltsloser Lieferung an Dritte[224] oder einer Serienproduktion.[225]

116 *Eine einzige Handlung*, die den Gegenstand des Patents der Öffentlichkeit zugänglich macht, reicht aus, um die Begründung hinreichend zu substantiieren und den Einspruch zulässig zu machen. Gibt es mehrere Handlungen, kann sich daher der Einsprechende auf eine beschränken.[226]

117 *Geheimhaltung* schließt die öffentliche Zugänglichkeit aus (s § 3 Rdn 27). Ergibt der Gesamtzusammenhang des vorgetragenen Sachverhalts, dass die Benutzung unter einer Geheimhaltungsverpflichtung oder in berechtigter Erwartung einer Geheimhaltung erfolgte, so muss substantiiert dargelegt werden, dass in dem konkreten Fall gleichwohl die Benutzung öffentlich zugänglich war.[227]

118 *Einspruchsfrist:* Die Tatsachen, aus denen sich die öffentliche Zugänglichkeit ergeben soll, sind innerhalb der Einspruchsfrist vorzutragen (s Rdn 74). *Nachschieben von Angaben*, durch die der Einspruch erst nach Fristablauf zulässig würde, ist nicht möglich.[228] Nach Fristablauf können ergänzend nur Umstände herangezogen werden, die jeder kennt.[229]

119 *Unzureichende Substantiierung der öffentlichen Zugänglichkeit:* a) »Lieferung an viele Firmen der Branche« ohne Nennung von Namen;[230] b) »Patentiertes Verfahren sei in der Spinnereiindustrie bekannt und habe schon 1972 zum allgemeinen Wissensstand gehört«;[231] c) Zugänglichkeit für »unbeschränkten Kreis von Personen im Rahmen der jedermann gegebenen Besichtigungsmöglichkeit«;[232] d) bloße Vorlage von Zeichnungen einer Bremsanlage, die einen Geheimhaltungsvermerk trugen;[233] e) wenn bei einem Verfahrenspatent nur vorgetragen wird, dass die Verfahrenserzeugnisse bekannt sind, nicht aber, wie daraus ein Fachmann das angewendete Verfahren hätte erkennen können;[234] f) wenn nur die Lieferung einer Vorrichtung mit einem Mikrochip vorgetragen wird, nicht aber, wie ein Fachmann das Programm erhalten könnte.[235]

120 g) **Amtsermittlung** (*ex officio examination*) gilt grundsätzlich auch für die Feststellung des Sachverhalts einer offenkundigen Vorbenutzung. Sie setzt voraus: a) einen zulässigen Einspruch; b) die Mitwirkung des Einsprechenden, wenn ohne ihn der Sachverhalt

---

224 BPatGE 5, 135; 31, 174, 175; 31, 176, 178.
225 BPatG Mitt 84, 115.
226 BGH BlPMZ 98, 201 (II3b) *Tabakdose*.
227 BPatGE 42, 221; BPatG Mitt 84, 151; BPatG v 26.1.1998 4 W (pat) 16/97 BeckRS 98, 14628; tendenziell großzügiger T 1553/07 ABl 11 SonderA 2, 101.
228 BPatGE 10, 218, 222; 25, 108; 31, 180, 183; BPatG BlPMZ 90, 35, 36.
229 BPatGE 21, 67.
230 BPatGE 9, 192, 195.
231 BGH BlPMZ 87, 203 (II2d) *Streichgarn*.
232 BPatGE 31, 180, 183.
233 BPatG Mitt 82, 151.
234 BGH GRUR 87, 513 *Streichgarn*.
235 Vgl T 0461/88 ABl 93, 295.

schwer zu ermitteln ist,[236] insbesondere wenn er selbst über alle Beweismittel verfügt.[237]

Wird vor *DPMA* zu einem zulässigen Einspruch nach Ablauf der Einspruchsfrist eine ausreichend substantiierte offenkundige Vorbenutzung geltend gemacht, so wird deren Relevanz geprüft. Ist sie entscheidungserheblich, muss sie berücksichtigt werden, sofern ihre Geltendmachung nicht rechtsmissbräuchlich ist (s Einl Rdn 239). 121

Wird vor *EPA* eine offenkundige Vorbenutzung nach Ablauf der Einspruchsfrist vorgebracht, so kann diese nach Art 114 (2) EPÜ unberücksichtigt bleiben (s Einl Rdn 247). Als verspätet wird eine offenkundige Vorbenutzung zurückgewiesen, a) wenn sie nicht relevant ist, weil sie entweder nicht ausreichend substantiiert ist[238] oder dem Rechtsbestand des Streitpatents nicht entgegensteht;[239] b) wenn ein Verfahrensmissbrauch vorliegt (s Einl Rdn 250); c) wenn das Verfahren übermäßig verzögert würde.[240] – Liegen a–c nicht vor, wird die zu einem zulässigen Einspruch vorgebrachte verspätete Vorbenutzung berücksichtigt.[241] 122

Zeugenvernehmung darf unterbleiben, a) wenn der Einspruch mangels Substantiierung unzulässig ist; b) wenn die vom Einsprechenden behaupteten Tatsachen, ihre Richtigkeit unterstellt, entscheidungsunerheblich sind;[242] c) wenn die Behauptungen rechtsmissbräuchlich – sozusagen aufs Geratewohl oder ins Blaue – vorgetragen werden (s Einl Rdn 163); d) wenn das Beweisangebot die Tatsachen so ungenau bezeichnet, dass die zuständige Instanz nicht entscheiden kann, ob die gesetzlichen Voraussetzungen einer offenkundigen Vorbenutzung vorliegen können.[243] 123

6.6 Mangelhafte Offenbarung *(insufficient disclosure)*: Nach § 21 (1) Nr 2 und Art 100 b) EPÜ kann ein Einspruch darauf gestützt werden, dass »das Patent die Erfindung nicht so deutlich und vollständig offenbart, dass ein Fachmann sie ausführen kann«. Zur Frage, wann ausreichende Deutlichkeit und Vollständigkeit der Offenbarung gegeben ist, vgl die Erläuterungen zu § 34 Rdn 314 ff. 124

Erfindung iSd § 21 (1) Nr 2 und des Art 100 b) EPÜ ist die *im Patent* (nicht etwa die in der ursprünglichen Anmeldung) offenbarte Erfindung, und zwar in ihrer *Gesamtheit*, wie sie durch das Patent unter Schutz gestellt ist. 125

Die Ausführbarkeit einer patentierten Erfindung ist die Regel. Wer das Gegenteil geltend macht, darf nicht nur *allgemeine Behauptungen* aufstellen, wie zB die Lehre sei »unklar, unrichtig und irreführend«[244] oder gebe keine klare technische Anweisung,[245] 126

---

236 BPatGE 14, 47; 24, 1; GRUR 78, 358; T 0129/88 ABl 93, 598; T 0830/90 ABl 94, 713 (Nr 2).
237 *T 0472/92 ABl 98, 161.*
238 T 0129/88 ABl 93, 598; T 0093/89 ABl 92, 718; T 0441/91 RechtsprBK/EPA 19, 1361.
239 T 0237/89 RechtsprBK/EPA 19, 1376.
240 T 0045/88 RechtsprBK/EPA 06, 458 (5 Jahre nach Einspruch); T 0503/94 ABl 96 SonderA 69 (2 Wochen vor mündl Verhandlung).
241 T 0628/90 RechtsprBK/EPA 19, 1444.
242 Merz Mitt 82, 224; BPatG Mitt 82, 151.
243 BGH v 1.10.1991 X ZR 31/91 *Erzeugung eines Wärmestaus.*
244 BGH GRUR 72, 592 (III1a) *Sortiergerät;* ähnlich BPatG BlPMZ 07, 83 L.
245 PA Mitt 39, 21.

der erteilte Anspruch sei nicht aus sich heraus verständlich, sei nicht deutlich genug gefasst und führe daher zu einem diffusen Schutzbereich,[246] oder lediglich unsubstantiiert bezweifeln, dass die Lehre ausführbar ist.[247]

127 *Ausreichende Substantiierung der Nichtausführbarkeit einer Erfindung* setzt voraus: a) Angabe *konkreter Tatsachen*, die einen bestimmten Tatbestand erkennen lassen, der auf seine Richtigkeit überprüfbar ist. Die Äußerung bloßer Zweifel genügt nicht,[248] es sei denn, der Zweifel ist belegt, sei es mit Tatsachen oder mit theoretischen Erörterungen;[249] b) Darlegung von Tatsachen, warum ein Fachmann die patentierte Erfindung als Ganzes nicht ausführen kann. Die Rüge von nicht ausführbaren Teilaspekten, die aber der Ausführung der Erfindung insgesamt nicht entgegenstehen oder sie lediglich erschweren,[250] reicht ebenso wenig aus wie eine nur selektive Auseinandersetzung mit isolierten Passagen der Beschreibung.[251] In diesem Fall genügt es nicht, lediglich zu behaupten: ein einzelnes Beispiel von mehreren tauglichen führe nicht zum Erfolg,[252] die Beispiele deckten nicht den gesamten Schutzbereich ab oder es fehle ein Beispiel für ein Merkmal[253] oder ein Begriff sei mehrdeutig[254] oder es bestünden Lücken, Unklarheiten oder Widersprüche in der Patentschrift;[255] c) Darlegung von Tatsachen, dass ein Fachmann die Erfindung auch nicht unter Zuhilfenahme von Beschreibung, Zeichnungen und seinem eigenem Fachwissen verwirklichen kann, zB infolge eines Rechenfehlers.[256]

128 *Schlüssigkeit* des tatsächlichen Vorbringens ist für die Zulässigkeit des auf § 21 (1) Nr 2 und Art 100 b) EPÜ gestützten Einspruchs nicht erforderlich.[257] Diese gehört in die Prüfung der Begründetheit.

6.7 Widerrechtliche Entnahme

129 Die Voraussetzungen des § 21 (1) Nr 3 (s § 21 Rdn 40 ff), der keine Entsprechung im EPÜ hat (s § 21 Rdn 39), sind substantiiert darzulegen,[258] nämlich a) **Erfindungsbesitz** des oder der Einsprechenden (s § 21 Rdn 41). Dazu genügt idR die bloße Wiederholung des Wortlauts des Patents nicht. Vielmehr müssen konkret die tatsächlichen Umstände dargelegt werden, aus denen sich der Besitz der patentierten Erfindung für den Einsprechenden ergibt; b) **Wesensgleichheit** zwischen entnommener und patentierter Erfindung (s § 21 Rdn 46). Soll die Erfindung einer Benutzung einer Vorrichtung oder eines Verfahrens entnommen sein, so ist für die Beurteilung der Wesens-

---

246 T 0023/86 ABl **87**, 316.
247 T 0016/87 ABl **92**, 212 (Nr 4).
248 T 0016/87 ABl **92**, 212 (Nr 4).
249 BGH GRUR **93**, 651 (III3b) *Tetraploide Kamille*.
250 BGH GRUR **72**, 592 (III1a) *Sortiergerät*.
251 BPatG Mitt **11**, 297.
252 T 0182/89 ABl **91**, 391.
253 T 0016/87 ABl **92**, 212 (Nr 4).
254 T 0016/87 ABl **92**, 212 (Nr 6).
255 BPatGE **50**, 54.
256 BPatGE **28**, 35.
257 BGH GRUR **93**, 651 (III3b) *Tetraploide Kamille*; BPatGE **28**, 35, 36.
258 BPatGE **47**, 28; **47**, 186 (II2a).

gleichheit die Identität aller patentbegründenden Merkmale mit der eigenen Benutzung darzulegen;[259] **c) Widerrechtlichkeit** der Entnahme (s § 21 Rdn 48).

Ein **Arbeitgeber** muss darlegen, dass das Patent auf einer nicht frei gewordenen Diensterfindung beruht. Wird darüber im Einspruchsverfahren gestritten, hat über diese Vorfrage die Patentabteilung zu entscheiden.[260] Zwar sind nach § 39 (1) ArbEG für Rechtsstreitigkeiten über Erfindungen eines Arbeitnehmers die Patentstreitkammern ausschließlich zuständig, aber nur wenn von den Parteien eine Klage eingereicht wird. Ist das nicht der Fall, muss die Vorfrage im Einspruchsverfahren incidenter entschieden werden. Der Arbeitgeber kann nicht von DPMA gezwungen werden, Klage gemäß § 8 zu erheben. 130

6.8 Unzulässige Erweiterung *(inadmissible extension)*

Ein Einspruch, der auf den Grund der unzulässigen Erweiterung des § 21 (1) Nr 4 und des **Art 100 c) EPÜ** gestützt wird, ist zulässig, wenn die Begründung ausreichende Tatsachen vorträgt, die Patentamt und Patentinhaber die Prüfung ermöglichen, ob der Gegenstand des Patents über den Inhalt der ursprünglichen Anmeldung hinausgeht. Dazu ist die Bezeichnung des Merkmals im Anspruch erforderlich, das in den ursprünglichen Unterlagen weder ausdrücklich noch für einen Fachmann implizit enthalten war. Eine rein philologische Begründung – Wort X findet sich in der Anmeldung nicht – reicht für die Zulässigkeit nur dann, wenn dieses Merkmal die patentierte Erfindung so maßgebend prägt, dass eine ausreichende Offenbarung der Erfindung für einen Fachmann nur vorliegt, wenn es explizit in der Ursprungsanmeldung genannt ist. Ist das nicht der Fall, muss die Begründung auch darlegen, warum ein Fachmann das kritisierte Merkmal der ursprünglichen Anmeldung nicht entnommen hätte. 131

Zu den Voraussetzungen einer unzulässigen Erweiterung vgl § 21 Rdn 53 ff. Zu Beispielen für unzulässige Erweiterungen s § 38 Rdn 20.

6.9 Beispiele nicht ausreichender Begründung: 1. Einspruch befasst sich lediglich mit Angaben in den ursprünglichen Unterlagen, die aber nicht patentiert wurden;[261] 2. Begründung befasst sich nur mit **Teilen, Teilaspekten oder Teillehren**, nicht aber mit der unter Schutz gestellten Erfindung;[262] 3. Begründung verweist pauschal auf eine Entgegenhaltung, ohne auf die Merkmale des Anspruchs einzugehen[263] oder ohne den technischen Zusammenhang mit dem Patent durch **Angabe der relevanten Stellen** darzulegen.[264] Darauf kann nur verzichtet werden, wenn der Fachmann den sachlichen Bezug ohne weiteres erkennt;[265] 4. Begründung befasst sich bei einer **Kombination** 132

---

259 BPatGE 47, 186.
260 PA BlPMZ 59, 115; aA: BPatGE 10, 207.
261 BGH BlPMZ 88, 185 (II2a) *Alkyldiarylphosphin.*
262 BGH BlPMZ 88, 289 (II2) *Messdatenregistrierung*; BPatGE 30, 246, 249; 32, 29, 31; BPatG BlPMZ 97, 405; T 0134/88 ABl 90 SonderA 54.
263 BPatG v 26.4.2018 11 W (pat) 1/15 BeckRS 18, 11084.
264 T 0448/89 ABl 92, 361; T 0545/91 ABl 94 SonderA 104; BGH BlPMZ 88, 289 (II2) *Messdatenregistrierung* für Textstellen bei einer Kombination.
265 BGH BlPMZ 72, 173 (III1b) *Sortiergerät*; BPatGE 10, 21, 26; BPatG GRUR 76, 90; T 0199/ 92 ABl 95 SonderA 116; T 0003/95 ABl 98 SonderA 99.

nur mit deren Elementen, nicht aber mit deren Zusammenwirken;[266] **5.** Begründung erschöpft sich in technischen **Werturteilen**;[267] **6.** Begründung beschränkt sich bei einem Verfahrenspatent auf die Darlegung des Bekanntseins der Verfahrenserzeugnisse, ohne auf das Herstellungsverfahren einzugehen;[268] **7.** Begründung legt lediglich **Bekanntsein des Oberbegriffs** dar, behandelt wesentliche Merkmale nicht oder bezeichnet sie pauschal als handwerkliche Maßnahmen;[269] **8.** Begründung stützt sich auf eine Entgegenhaltung, die mehrere unterschiedliche Gegenstände enthält, ohne im Einzelnen anzugeben, welcher Gegenstand patenthindernd sein soll;[270] **9.** Begründung gibt bei **umfangreichen**[271] Entgegenhaltungen keine **relevanten Textstellen** an; **10.** Begründung behauptet lediglich, die einmalige **Wiederholung eines Beispiels** des Patents habe nicht genau das patentgemäße Ergebnis erbracht;[272] **11.** Begründung stützt sich für einen technisch nicht einfachen Sachverhalt pauschal auf **allgemeines Fachwissen**;[273] **12.** Begründung nennt nicht den **Zeitpunkt der öffentlichen Zugänglichkeit** der Entgegenhaltung (s Rdn 96) oder einer Vorbenutzung (s Rdn 112), wenn dieser für den Fachmann nicht ersichtlich ist; **13.** Begründung stützt sich auf Dokumente, die **nachveröffentlicht** oder im **Prioritätsintervall** liegen, ohne darzulegen, dass sie zum Stand der Technik gehören (s Rdn 103); **14.** Begründung behauptet lediglich, dass die Erfindung **nicht ausführbar** sei, ohne diese Behauptung durch Tatsachen zu belegen (s Rdn 127).

IV. Durchführung des Einspruchsverfahrens *(running of opposition procedure)*

133 Zur Rechtsnatur s oben Rdn 28. Zu Einspruchsrichtlinien und amtlichen Mitteilungen s oben Rdn 22.

1 Zuständigkeit *(competence)*

134 Die Zuständigkeit liegt für DPMA (s oben Rdn 27 und § 61 Rdn 8 ff) nach § 61 (1) und (2) bei der Patentabteilung und für EPA nach Art 19 EPÜ bei der Einspruchsabteilung. Deren Zuständigkeit wird mit Eingang des Einspruchs begründet,[274] auch wenn der Einspruch unzulässig ist, und endet nicht mit der Rücknahme des Einspruchs, weil die Rücknahme einer Fortsetzung des Verfahrens nach § 61 (1) 2 und nach R 84 (2) 2 EPÜ nicht entgegensteht.

Beschlüsse der Prüfungsstelle anstelle der zuständigen Patentabteilung sind nicht nichtig, da nur die inneramtliche Zuständigkeit verletzt ist. Sie sind aber auf Beschwerde aufhebbar.[275]

Formelle Bearbeitung des Einspruchsverfahrens kann nach § 1 Nr 9 WahrnV auf Beamte des gehobenen Dienstes übertragen werden. Hierzu gehört nicht die Entschei-

---

266 BGH BlPMZ **88**, 289 (II2) *Messdatenregistrierung*; BPatGE **30**, 246, 249; **32**, 29, 31; BPatG BlPMZ **97**, 405; T 0134/88 ABl 90 SonderA 54.
267 BPatGE **17**, 233; T 0134/88 BeckRS 89, 30524102.
268 BGH BlPMZ **87**, 203 *Streichgarn*.
269 BPatGE **35**, 263 = **36**, 53.
270 BGH BlPMZ **88**, 289 (II2) *Messdatenregistrierung*; T 0448/89 ABl **92**, 361.
271 T 0545/91 ABl **94** SonderA 104 (86 Seiten).
272 T 0182/89 ABl **91**, 391.
273 BPatGE **37**, 155, 178.
274 BPatGE **25**, 147, 149.
275 Vgl BPatGE **12**, 151; **14**, 191; **23**, 44; aA Mitt **72**, 175.

dung über den Übergang der Einsprechendenstellung (s Rdn 145).[276] Vor **EPA** können nach R 11 (3) EPÜ auch Nicht-Prüfer mit Geschäften ohne technische oder rechtliche Schwierigkeiten betraut werden.[277] **Zuständigkeit des BPatG** anstelle der Patentabteilung des DPMA sah § 147 (3) aF für eine begrenzte Zeit vom 1.1.2002 bis 30.6.2006 vor (vgl dazu die Erläuterungen in der 7. Auflage zu § 147 Rn 9 ff).[278] Seit dem 1.7.2006 ist die Zuständigkeit des BPatG nur noch ausnahmsweise begründet (s § 61 Rdn 8 ff).

2 Beteiligte am Einspruchsverfahren *(parties to opposition proceedings)*

Es gibt immer nur ein Einspruchsverfahren, auch wenn mehrere Einspruch erhoben haben. An dem einheitlichen Verfahren sind in 1. Instanz gemeinsam beteiligt: der Patentinhaber (s Rdn 136), alle Einsprechenden (s Rdn 137) und der oder die Beitretenden (s Rdn 246). Sonstige *Dritte* gehören grundsätzlich nicht zu den Beteiligten (s Rdn 147). Zur *Rechtsstellung* der Beteiligten siehe oben Rdn 29. 135

2.1 Patentinhaber *(patentee)* ist die durch die Eintragung in das Register (s § 30 Rdn 17) oder in das europäische Patentregister legitimierte Person. Mehrere Patentinhaber sind – ebenso wie mehrere Anmelder im Prüfungsverfahren (s § 34 Rdn 16) – notwendige Streitgenossen (*procedural community of necessity*). Nach einer Umschreibung geht, wie der am 1.5.2022 in Kraft tretende § 30 (3) 3 nunmehr ausdrücklich vorschreibt, die Legitimation auf den neu eingetragenen Patentinhaber über.[279] Da der Einspruch »gegen das Patent« und nicht gegen den Patentinhaber einzulegen ist, bedarf es keiner Änderung des Einspruchs. Die gesetzliche Neuregelung war notwendig geworden, nachdem sich der BGH jedenfalls für das Einspruchsbeschwerdeverfahren für eine Anwendbarkeit von § 265 (2) ZPO bei Patentinhaberwechsel ausgesprochen hatte.[280] Danach sei der Rechtsnachfolger nicht berechtigt, ohne Zustimmung des Gegners[281] den Prozess als Hauptpartei an Stelle des Rechtsvorgängers zu übernehmen. Übertragung und Umschreibung des Patents ließen daher die Verfahrensbeteiligung des bisherigen Patentinhabers grundsätzlich unberührt. Der neue Patentinhaber könne jedoch als Streithelfer (Nebenintervention) dem Einspruchsverfahren beitreten (s dazu Rdn 147). Diese BGH-Rechtsprechung, die die Gefahr erzeugt, das Verfahren übermäßig zu verkomplizieren und zu verzögern,[282] ist nunmehr nach dem Willen des Gesetzgebers aufgrund der Einfügung von § 30 (3) 3 ab dem 1.5.2022 nicht mehr anwendbar. 136

---

276 BPatG v 10.7.2018 7 W (pat) 10/17 BeckRS **18**, 16978.
277 Siehe Beschluss PräsEPA vom 12.7.2007, konsolidierte Fassung in ABl **10** SonderA 1, 52 (D.1). Gegen dessen Art 2 Nr 4 (Rechtsverlustmitteilungen nach R 112) und Nr 7 (Prüfung und Entscheidung über Unzulässigkeit des Einspruchs im einseitigen Verfahren) bestehen keine rechtlichen Bedenken; vgl GrBK G 0001/02 ABl **03**, 165 *Zuständigkeit der Formalsachbearbeiter* (zur Vorgängerregelung).
278 Vgl. BPatGE **47**, 141; **47**, 148 (III1c).
279 T 0553/90 ABl **93**, 666.
280 BGH GRUR **08**, 87 (Rn 17–28) *Patentinhaberwechsel im Einspruchsverfahren*. Anders zuvor die ganz überwiegende Rechtsauffassung, s BPatGE **44**, 95; **49**, 48. Kritisch gegenüber einer Übertragung dieser BGH-Rechtsprechung auf das erstinstanzliche Einspruchsverfahren Pitz GRUR **09**, 805, 810.
281 Diese kann allerdings nach § 267 ZPO bei rügeloser Einlassung auf die Sache in der mündlichen Verhandlung vermutet werden, s BPatGE **53**, 167.
282 So die Begründung des Gesetzentwurfs (BR-Drucksache 19/25821, S 45).

Im Fall der Sequestration eines Patents erlangt der Sequester Vertretungsmacht, kraft welcher er für den Patentinhaber handeln und zB Beschwerde gegen den Widerruf des Patents einlegen kann.[283] Wird das Einspruchsverfahren durch Eröffnung eines Insolvenzverfahrens über das Vermögen des Patentinhabers unterbrochen (s Einl Rdn 425), können nach § 86 InsO nicht nur der Insolvenzverwalter, sondern auch der Einsprechende die Aufnahme des unterbrochenen Verfahrens erklären.[284]

Vor EPA wird ein Rechtsübergang des Patents, der während der Einspruchsfrist oder der Dauer des Einspruchsverfahrens eintritt, dem EPA gegenüber nach R 85 iVm R 22 (3) EPÜ erst wirksam, wenn er durch Vorlage von Urkunden nachgewiesen wird. Darüber entscheidet nach Art 20 EPÜ die Rechtsabteilung. Bis zum Nachweis bleibt die bisherige Partei berechtigt und verpflichtet.[285] Der neu eingetragene Patentinhaber tritt im Verfahren 1. und 2. Instanz an die Stelle des bisherigen Patentinhabers.[286] Zu Unterbrechung und Wiederaufnahme eines Einspruchsverfahrens, wenn der Patentinhaber stirbt, seine Geschäftsfähigkeit verliert oder aufgrund eines gegen sein Vermögen gerichteten Verfahrens an der Fortsetzung des Verfahrens gehindert ist, s R 142 EPÜ und Einl Rdn 429.

137 **2.2 Einsprechender** *(opponent)* ist Beteiligter, weder eine echte Partei wie in einem gerichtlichen Verfahren, noch bloßer Gehilfe des Patentamts (s Rdn 29). Ihm fehlt die Dispositionsbefugnis über das von ihm eingeleitete Verfahren, und er kann auch grundsätzlich seine Verfahrensstellung nicht frei übertragen (s Rdn 145). Seine parteiähnliche Stellung[287] zeigt sich in: **a)** Anspruch auf rechtliches Gehör; **b)** Beschwerdeberechtigung; **c)** uU Pflicht zur Tragung oder Anspruch auf Erstattung von Kosten;[288] **d)** Ausschluss als Zeuge.

138 **Mehrere Einsprechende** sind mit dem Patentinhaber und den Beitretenden (nicht sonstigen Dritten) an einem gemeinsamen Einspruchsverfahren beteiligt.[289] Sie sind im erstinstanzlichen Verfahren keine notwendigen Streitgenossen.[290] Die Verfahrensstellung eines Einsprechenden ist von der eines anderen Einsprechenden unabhängig. Die mehreren Einsprechenden können unterschiedliche Anträge stellen, die Beschwerde eines Einsprechenden vermittelt den anderen keine Beschwerdeführerstellung.

Schließen sich mehrere Personen zur Erhebung eines gemeinsamen Einspruchs vertraglich zusammen, bilden sie eine Gesellschaft des bürgerlichen Rechts. Zu deren Parteifähigkeit s Einl Rdn 42. Mehrere Einsprechende, die nicht in Rechtsgemeinschaft stehen, können gemeinsam einen Einspruch erheben, **a)** wenn sie durch einen gemeinsamen Bevollmächtigten vertreten sind, **b)** wenn sie gemeinsam Schriftsätze einreichen

---

283 BGH GRUR 08, 87 (Rn 9–14) *Patentinhaberwechsel im Einspruchsverfahren*.
284 BPatGE **53**, 153.
285 T 0656/98 ABl **03**, 385; einschränkend bei Universalsukzession T 0015/01 ABl **06**, 153.
286 T 0553/90 ABl **93**, 666.
287 BGH BlPMZ **68**, 327 (II2c) *Gelenkkupplung*; BPatGE **10**, 155, 157; **12**, 158, 161.
288 BGH GRUR **65**, 416 *Schweißelektrode I*; **68**, 613 (II2c) *Gelenkkupplung*; **71**, 246 *Hopfenextrakt*.
289 DPMA-EinspruchsRichtl v 3.7.2018, Nr 5.1.13 (s BlPMZ **18**, 230); EPA-PrüfRichtl D-I 6.
290 BPatGE **12**, 158; **12**, 163; **20**, 94, 96. Für das Einspruchsbeschwerdeverfahren hat BGH v 22.10.2019 X ZB 16/17 GRUR **20**, 110 *Karusseltüranlage* eine analoge Anwendung von § 62 ZPO befürwortet, so dass dort mehrere Einsprechende als notwendige Streitgenossen anzusehen sind.

und c) wenn sie sich auf den gleichen Einspruchsgrund stützen.[291] Sind diese Voraussetzungen nicht erfüllt, muss jeder Einsprechende selbst die Voraussetzungen erfüllen, die für einen wirksamen Einspruch oder eine Beschwerde erforderlich sind.
EPA:[292] Mehrere Personen können gemeinsam einen Einspruch einlegen, für den nur eine Einspruchsgebühr zu entrichten ist. Für einen gemeinsamen Einspruch ist die Bestellung eines gemeinsamen Vertreters gemäß Art 133 (4) und R 151 EPÜ erforderlich, der allein befugt ist, die Gesamtheit aller Einsprechenden zu vertreten. Eine Beschwerde, für die nur eine Beschwerdegebühr zu zahlen ist, kann daher auch nur vom gemeinsamen Vertreter und nicht von einem einzelnen der gemeinsamen Einsprechenden eingelegt werden. Es muss während des gesamten Verfahrens klar bleiben, wer zu den Einsprechenden zählt.[293]

2.2.1 Beginn der Verfahrensbeteiligung setzt mit der Einreichung des Einspruchs ein, auch wenn dieser unzulässig sein sollte. 139

2.2.2 Ende der Verfahrensbeteiligung des Einsprechenden (s auch Rdn 239 ff) tritt ein durch a) *Rücknahme* des Einspruchs,[294] die mit ihrem Eingang wirksam wird. Erklärung muss eindeutig sein, Bekundung des Desinteresses am Patent ist keine Rücknahme;[295] b) rechtskräftige Verwerfung des Einspruchs oder des Beitritts als unzulässig;[296] c) rechtskräftige Entscheidung über den Einspruch gemäß § 61; d) Rechtsuntergang des Einsprechenden ohne Rechtsnachfolger, zB durch Liquidation und Löschung einer Firma.[297] Lebt der Einsprechende wieder auf, da ein Rechtsuntergang nach dem maßgeblichen nationalen Recht mit ex-tunc-Wirkung rückgängig gemacht wird, ist das Einspruchsverfahren fortzusetzen, sofern es nicht bereits rechtskräftig beendet war.[298] Zur Unterbrechung des Einspruchsverfahrens bei Insolvenz des Einsprechenden s Einl Rdn 224. 140

2.2.3 Umfang der Verfahrensbeteiligung bezieht sich auf das *gesamte, einheitliche Einspruchsverfahren*. Eine sachlich beschränkte Verfahrensbeteiligung kennt das Verfahrensrecht nicht.[299] Der Einsprechende ist daher – was seine Beteiligung angeht – nicht beschränkt auf den von ihm gestellten Antrag (zB Teilwiderruf) oder auf die von 141

---

291 So jedenfalls implizit BGH GRUR **11**, 509 (Rn 14–15) *Schweißheizung*; aA noch BGH GRUR **82**, 414 *Einsteckschloß*; **84**, 36 *Transportfahrzeug I*; Aufgabe dieser Rspr bereits angedeutet in BGH GRUR **87**, 348 *Bodenbearbeitungsmaschine*.
292 GrBK G 0003/99 ABl 02, 347 *Zulässigkeit eines gemeinsamen Einspruchs bzw. einer gemeinsamen Beschwerde/HOWARD FLOREY*.
293 GrBK G 0003/99 ABl 02, 347 *Zulässigkeit eines gemeinsamen Einspruchs bzw. einer gemeinsamen Beschwerde/HOWARD FLOREY*; vgl aber auch T 0315/03 ABl 06, 15 (keine Überwachung der Verfahrensbeteiligung ex officio).
294 BGH GRUR **78**, 99 (IIIa) *Gleichstromfernspeisung*; BPatGE **31**, 21, 23.
295 T 0798/93 ABl **97**, 363 (Nr 3).
296 BGH GRUR **72**, 592 *Sortiergerät*; BPatGE **18**, 19, 21.
297 Vgl BPatGE **1**, 78 (Löschung einer GmbH); T 0525/94 BeckRS **98**, 30599458; s aber auch T 0796/12 v 26.10.2017 RechtsprBK/EPA **19**, 1313 (unter Berufung auf GrBK G 0001/13 ABl **15**, A42 *Fischer-Tropsch-Katalysatoren/SASOL TECHNOLOGY*): rechtswirksame Vornahme von Verfahrenshandlungen wie Beschwerdeeinlegung selbst nach Löschung einer Gesellschaft aus dem Handelsregister, wenn der Streit von wirtschaftlichem Interesse ist.
298 GrBK G 0001/13 ABl **15**, A42 *Fischer-Tropsch-Katalysatoren/SASOL TECHNOLOGY*.
299 BGH GRUR **78**, 99 (IIIb) *Gleichstromfernspeisung*.

ihm fristgerecht vorgetragene Begründung, sondern er ist an dem gesamten Verfahren[300] und an dem gesamten Verfahrensstoff[301] beteiligt. Er ist an allen Erörterungen zu beteiligen, auch wenn sie nicht den Rechtsbestand des Patents, sondern andere Verfahrensfragen betreffen, wie zB die Zulässigkeit eines Einspruchs, einen Wiedereinsetzungsantrag des Patentinhabers[302] oder die Behandlung verspäteten Vorbringens.

142 *Schriftsätze* der anderen Einsprechenden oder des Patentinhabers sowie *Bescheide* des Amts sind wegen der ungeteilten Verfahrensbeteiligung jedem Einsprechenden ausnahmslos zuzustellen (s Rdn 219).

143 *Beteiligung am Beschwerdeverfahren:* **a) Beschwerde des Patentinhabers:** an ihr sind alle Einsprechenden beteiligt, sofern ihre Verfahrensbeteiligung nicht bereits vorher beendet war (s Rdn 140). Enthält der angefochtene Beschluss neben dem Widerruf des Patents auch die Feststellung der Unzulässigkeit des Einspruchs, so sollte der unzulässige Einsprechende am Verfahren über die Beschwerde des Patentinhabers zunächst auch dann beteiligt sein, wenn er selbst nicht Beschwerde oder (nur unter dem PatG) Anschlussbeschwerde einlegt.[303] **b) *Beschwerde eines Einsprechenden:*** Sowohl *vor BPatG* als auch *vor Beschwerdekammer des EPA* sind neben dem Patentinhaber und den Einsprechenden, die Beschwerde eingelegt haben, auch die nicht beschwerdeführenden Einsprechenden beteiligt. Das ergibt sich für das EPÜ explizit aus Art 107 S 2 (vgl dazu Art 107 Rdn 17 im Anhang zu § 73). Entgegen früherer Rechtsauffassung[304] gilt dies aber auch im deutschem Recht aufgrund analoger Anwendung von § 62 ZPO, da alle Einsprechenden als notwendige Streitgenossen anzusehen sind.[305]

144 **2.2.4 Änderung des Einsprechenden** hat auf seine verfahrensrechtliche Stellung keinen Einfluss, wenn es sich lediglich um eine *Änderung des Namens oder der Bezeichnung,* nicht aber der Rechtsperson handelt.[306]

145 **Übertragung des Einspruchs** (*transfer of an opposition*) durch Rechtsgeschäft ist nach hM grundsätzlich ausgeschlossen, da die Stellung als Einsprechender kein frei übertragbares subjektives Recht, sondern nur eine jedem Dritten offen stehende prozessuale Möglichkeit ist.[307]
Für eine freie Übertragbarkeit sprechen jedoch gute Gründe: a) die Gleichbehandlung des Einsprechenden mit dem Patentinhaber, dessen Verfahrensstellung bei Übertragung des Patents auf den Erwerber übergeht (s § 30 (3) 3 nF); b) vereinfachte Feststellung, wer als Einsprechender Partei

---

300 BGH BlPMZ 71, 196 (B) *Hopfenextrakt*.
301 BPatGE 18, 19 für neues Material, das Amt oder Patentinhaber recherchiert haben.
302 BGH BlPMZ 71, 196 (B) *Hopfenextrakt*.
303 BPatGE 19, 29; T 384/08 ABl 10 SonderA 2, 88; *aA* BPatGE 22, 51; 24, 25; T 0898/91 ABl 98 SonderA 106. Die Zulässigkeit einer eigenen Beschwerde des betroffenen Einsprechenden ist in einem solchen Fall zumindest zweifelhaft, da er nur formal, nicht aber materiell beschwert ist (s § 61 Rdn 44).
304 BPatGE 12, 153; 12, 163; BPatG v 10.7.2018 19 W (pat) 16/17 BeckRS 17, 132732 (unter Zulassung der Rechtsbeschwerde); so auch die Voraufl.
305 BGH v 22.10.2019 X ZB 16/17 GRUR 20, 110 *Karusseltüranlage*.
306 BPatGE 33, 21; 45, 14, 16; T 0870/92 ABl 98 SonderA 107 (Zusatz »Geschäftsbereich S-K« unbeachtlich).
307 BGH BlPMZ 68, 327 (II2c) *Gelenkkupplung*; GrBK G 0002/04 ABl 05, 549 *Übertragung des Einspruchs*/HOFFMANN-LA ROCHE; für eine Erleichterung des Wechsels des Einsprechenden aber Hövelmann Mitt 09, 481.

ist, wenn Patentamt lediglich die übereinstimmenden Verfahrenserklärungen von altem und neuem Einsprechenden zu würdigen hat; c) das Interesse des bisherigen Einsprechenden, der aus wohl überlegten Gründen seinen Einspruch überträgt und nicht zurücknimmt; d) das Interesse der Öffentlichkeit, das der Einsprechende mit seinem Einspruch auch wahrnimmt, an der Prüfung der Gültigkeit des angegriffenen Patents.[308]

Auch eine analoge Anwendung von § 263 ZPO (Klageänderung bei Einwilligung des Beklagten oder Sachdienlichkeit) kommt für das deutsche Recht in Betracht.[309]

Rechtsübergang tritt nach der Rechtsprechung ausnahmsweise ein, wenn Gesamtrechtsnachfolge vorliegt oder ein rechtlich abgrenzbares Vermögen, zu dem der Einspruch gehört, übertragen wird *(accessio cedit principali).* Beispiele: **a)** Erbfall[310] (vgl R 84 (2) 1 EPÜ[311]); **b)** Fusion juristischer Personen;[312] **c)** Erwerb eines Handelsgeschäfts mit allen Rechten;[313] **d)** vollständige Rechtsnachfolge in ein Sondervermögen;[314] **e)** Übergang eines nach nationalem Recht übertragbaren Vermögensbestandteils – zB Geschäftsbetrieb oder Unternehmensteil –, zu dessen untrennbaren Zubehör der Einspruch gehört;[315] demgegenüber soll eine juristische Person, die bei Einlegung des Einspruchs eine Tochtergesellschaft der Einsprechenden war und die den Geschäftsbetrieb weiterführt, auf den sich das Patent bezieht, nicht die Einsprechendenstellung erwerben können, wenn ihre gesamten Aktien an eine andere Gesellschaft übertragen werden;[316] ferner genügt es nicht, wenn der relevante Geschäftsbetrieb nur teilweise übertragen wird;[317] **f)** im Falle von *Insolvenz* tritt Insolvenzverwalter an die Stelle des Einsprechenden (s Einl Rdn 188).

Nachweis des Rechtsübergangs ist erforderlich,[318] reine Parteierklärungen genügen nicht.[319] Bei Gesamtrechtsnachfolge[320] tritt der Parteiwechsel vor EPA automatisch ein,[321] in sonstigen Fällen erst dann, wenn der Nachweis des Rechtsübergangs erbracht

---

308 Für Details vgl T 1091/02 ABl 05, 14 (Vorlageentscheidung zu G 0002/04).
309 Hierfür BPatG v 10.7.2018 7 W (pat) 10/17 BeckRS 18, 16978.
310 BGH BlPMZ **68**, 327 (II2d) *Gelenkkupplung*; T 0074/00 ABl 06 SonderA 91.
311 Vgl T 0425/05 ABl EPA 07 SonderA Nr 6, 65 (Fortbestehen der von dem ursprünglichen Einsprechenden erteilten Prozessvollmacht).
312 T 0561/01 EPOR 07, 196. Nach BGH BlPMZ **68**, 327 (II2d) *Gelenkkupplung* ist auch der Eintritt der Hauptgesellschaft in die Einsprechendenstellung einer eingegliederten Gesellschaft zulässig.
313 BPatGE **30**, 24, 25.
314 BPatGE **38**, 44; nicht ausreichend: Erwerb von 51 % (BPatGE **32**, 39) oder Übertragung eines bestimmten Geschäftsanteils (BPatGE **35**, 241); DPMA Mitt **99**, 68; T 0563/89 ABl **92** SonderA 73 (betr Übergang des Beschwerderechts).
315 BPatGE **42**, 225; BPatG 7 W (pat) 10/17 BeckRS **18**, 16978; GrBK G 0004/88 ABl **89**, 480 *Übertragung des Einspruchs/MAN*; T 0659/92 ABl **95**, 519; T 0298/97 ABl **02**, 83.
316 GrBK G 0002/04 ABl **05**, 549 *Übertragung des Einspruchs/HOFFMANN-LA ROCHE*; T 0345/03 EPOR **10**, 58; vgl ferner T 1178/04 ABl **08**, 80.
317 T 0659/05 BeckRS **07**, 30620908; T 1982/09 ABl **14** ZPubl 5, 105.
318 S. zB T 0833/15 v 14.1.2019 BeckRS **19**, 7620.
319 EPA T 0298/97 ABl **02**, 83; T 0670/95 ABl **99** SonderA 69; T 0870/92 ABl **98** SonderA 107.
320 Wie in T 2357/12 (Nr 6–13) RechtsprBK/EPA **19**, 992 ausführlich dargelegt, wird dieser Begriff in der EPA-Rechtsprechung autonom ausgelegt, also unabhängig vom nationalen Recht.
321 T 0006/05 (Nr 1.2) EPOR **08**, 332; T 1421/05 (Nr 4.7) ABl **12** SonderA 120; T 0007/07 (Nr 1) ABl **12** SonderA 117; T 1744/09 (Nr 1.12–1.15) BeckRS **11**, 147505; T 2357/12 RechtsprBK/EPA **19**, 997.

ist (R 22 (3) EPÜ analog).³²² Dies ist ua von hoher Bedeutung für die Ermittlung des richtigen Verfahrensbeteiligten bei Einlegung oder Begründung einer Beschwerde.

147 **2.3 Dritte,** die weder Patentinhaber noch Einsprechender noch Beitretender sind, können sich grundsätzlich nicht am Einspruchsverfahren beteiligen, auch nicht im Wege der *Nebenintervention* (Streithilfe).³²³ Als Ausnahme ließ der BGH allerdings die Nebenintervention des Erwerbers eines im Einspruch befindlichen Patents zu, da dieser vor der am 1.5.2022 in Kraft tretenden Neufassung des § 30 (3) 3 nicht ohne weiteres befugt war, die Verfahrensstellung des früheren Patentinhabers zu übernehmen (s Rdn 136).³²⁴ Einiges spricht für eine ähnliche Ausnahme bei einer Nebenintervention auf Seiten des Einsprechenden.³²⁵

Strohmann sowie ein *berufsmäßiger Vertreter*, die Einspruch einlegen, sind Beteiligte, nicht dagegen ihr Hintermann (s oben Rdn 63 und 58).

148 **Einwendungen,** die für die Beurteilung der Patentierbarkeit bedeutsam sein können, sehen § 59 (5) iVm § 43 (3) 2 und Art 115 EPÜ für jeden Dritten vor, der dadurch jedoch keine Verfahrensbeteiligung erhält.³²⁶ Der Dritte hat daher keinen Anspruch auf Mitteilung, ob und wie seine Angaben berücksichtigt worden sind.

Während Art 115 EPÜ Einwendungen (*observations*) jeder Art zulässt, beschränkt § 59 (5) iVm § 43 (3) 2 diese an sich auf Hinweise zum Stand der Technik. Dadurch ist aber die Geltendmachung anderer Patenthindernisse wie Nichtausführbarkeit oder unzulässige Erweiterung nicht ausgeschlossen, die das Patentamt auf Grund des Untersuchungsgrundsatzes nach pflichtgemäßem Ermessen berücksichtigen wird, wenn sie entscheidungserheblich erscheinen.

Angaben zum Stand der Technik sind auch nicht auf den vom Einsprechenden geltend gemachten Widerrufsgrund beschränkt, da das Patentamt nicht über den Einspruch, sondern über den Rechtsbestand des Patents entscheidet.³²⁷

149 **2.4 Beitretender** *(intervener)* (vgl dazu Rdn 246) ist gemäß § 59 (2) und Art 105 EPÜ Beteiligter. Dabei handelt es sich nicht um eine Nebenintervention im zivilprozessualen Sinn.

3 Prüfung der Zulässigkeit des Einspruchs *(examination of the admissibility of an opposition)*

3.1 Unverzichtbare Verfahrensvoraussetzung *(essential procedural prerequisite)*

150 Ein Patent kann im Einspruchsverfahren sachlich auf Patentfähigkeit nur geprüft werden, wenn zumindest ein zulässiger Einspruch vorliegt. Patentamt und Gericht haben

---

322 Herrschende EPA-Rechtsprechung, s T 0956/03 ABl 07 SonderA Nr 6, 64; T 960/08 (Nr 2.2) BeckRS 11, 147468. Zweifelnd T 1091/02 ABl 05, 14 unter Formulierung einer Vorlagefrage, die aber von der GrBk in G 0002/04 nicht beantwortet zu werden brauchte.
323 BPatGE 1, 122; **12,** 158, 160 f.; so auch die 8. Aufl.
324 *BGH GRUR* 08, 87 (Rn 29–33) *Patentinhaberwechsel im Einspruchsverfahren.*
325 BPatGE **51,** 95.
326 Zur Berücksichtigung anonymer Eingaben nach Art 115 EPÜ T 0146/07 EPOR **12,** 172.
327 BGH GRUR 95, 333 (II2c bb) *Aluminium-Trihydroxid.*

daher die Zulässigkeit des Einspruchs zu prüfen[328] a) *von Amts wegen*, ein Antrag des Patentinhabers ist nicht erforderlich; b) *in jedem Verfahrensstadium*, auch im Beschwerdeverfahren, selbst wenn die 1. Instanz die Zulässigkeit bejaht hatte; c) auch wenn die Beteiligten sie nicht in Zweifel ziehen.[329]

3.2 Entscheidung über die Zulässigkeit eines Einspruchs *(decision concerning the admissibility of an opposition)*

3.2.1 Sind alle Einsprüche unzulässig, dann werden sie durch Endentscheidung als unzulässig verworfen[330] (s § 61 Rdn 22). Das Patent wird sachlich nicht geprüft, bleibt also unverändert bestehen, auch wenn das Patent materiell-rechtlich offensichtlich ungültig ist.[331] In der Verwerfungsentscheidung dürfen keine Ausführungen zur Patentfähigkeit des Gegenstands des angegriffenen Patents gemacht werden.[332]

Wird der einzige unzulässige Einspruch zurückgenommen, ist eine Fortsetzung des Einspruchsverfahrens ausgeschlossen, weil diese einen zulässigen Einspruch voraussetzt. Vielmehr ist der Einspruch als unzulässig zu verwerfen[333] oder seine Unzulässigkeit in einem Beschluss, mit dem das Verfahren beendet wird, festzustellen[334] (s auch Rdn 239). Mit Rechtskraft der Verwerfungsentscheidung endet das Einspruchsverfahren.

151

Beschwerdeverfahren: Wird im Beschwerdeverfahren festgestellt, dass der Einspruch des beschwerdeführenden Einsprechenden unzulässig ist, wird dessen gegen die Aufrechterhaltung des Patents gerichtete Beschwerde – wenn sie zulässig ist – ohne sachliche Prüfung des Patents wegen Unzulässigkeit seines Einspruchs als unbegründet zurückgewiesen,[335] und zwar unabhängig davon, ob im angefochtenen Beschluss der Einspruch als zulässig[336] oder als unzulässig[337] gewertet wurde.

152

3.2.2 Zulässige und unzulässige Einsprüche: Kann bereits sachlich über Widerruf oder Aufrechterhaltung des Patents entschieden werden, so können in der gleichen Entscheidung die unzulässigen Einsprüche verworfen werden. Ist das nicht möglich, kann über die Frage der Zulässigkeit von Einsprüchen eine Vorabentscheidung erlassen werden, um einen Zwischenstreit über die Verfahrensbeteiligung zu beenden.

153

Vorab- oder Zwischenentscheidung *(interlocutory decision)* ist zulässig für: a) positive Feststellung der Zulässigkeit[338] oder b) negative Feststellung der Unzulässigkeit[339] eines Einspruchs.

154

---

328 BGH BlPMZ **72**, 173 (III 2) *Sortiergerät;* **85**, 304 (II 2) *Einspruchsbegründung;* BPatGE **26**, 143; **38**, 199; BPatG Mitt **85**, 194; T 0289/91 ABl **94**, 649; T 0925/91 ABl **95**, 469 (Nr 1.3); T 0522/94 ABl **98**, 421.
329 T 0541/92 ABl **95** SonderA 115.
330 BPatGE **26**, 143; T 0222/85 ABl **88**, 128.
331 BPatGE **26**, 143; T 0522/94 ABl **98**, 421 (Nr 7).
332 T 0925/91 ABl **95**, 469.
333 BPatGE **31**, 21.
334 BPatG Mitt **05**, 555 L.
335 BPatGE **29**, 206 (III); **32**, 29; BPatG BlPMZ **90**, 35, 37.
336 BPatGE **10**, 218; **32**, 29; BPatG GRUR 76, 90; T 0028/93 RechtsprBK/EPA **19**, 1340.
337 BPatGE **2**, 80, 82; **9**, 192, 195; **16**, 211.
338 BPatGE **27**, 84; T 0376/90 ABl **94**, 906; T 0152/95 ABl **97** SonderA 100; aA: BPatGE **17**, 228.
339 BPatGE **27**, 84; T 0222/85 ABl **88**, 128; T 0925/91 ABl **95**, 469.

155 *Erlass einer Vorabentscheidung* steht im *Ermessen* des Patentamts (s Einl Rdn 522). Ein Anspruch der Beteiligten auf Erlass besteht nicht,[340] ein etwa gestellter Antrag ist nur eine Anregung.[341]

156 **Beschwerde gegen Vorabentscheidungen** des DPMA ist zulässig (zuständig jur Beschwerdesenat),[342] nicht jedoch gegen die Ablehnung einer Vorabentscheidung, da mit ihr zwar eine Regelung, aber keine abschließende getroffen wird.[343] *Rechtsbeschwerde* gegen BPatG-Beschluss, der den Einspruch für unzulässig erklärt, ist statthaft.[344]

157 *Zwischenentscheidungen vor EPA*, die das Verfahren gegenüber einem Beteiligten nicht abschließen, sind nach Art 106 (2) EPÜ nur mit der Endentscheidung anfechtbar, sofern nicht in der Entscheidung die gesonderte Beschwerde (*separate appeal*) zugelassen ist. Im Übrigen vgl Art 106 EPÜ Rdn 27 ff im Anhang zu § 73.

158 **3.3 Material eines unzulässigen Einspruchs** bleibt – wenn er der einzige Einspruch ist – unberücksichtigt, weil eine sachliche Prüfung des Patents nur vorgenommen werden darf, wenn ein zulässiger Einspruch vorliegt. Ist aber ein weiterer Einspruch zulässig, dann kann das Material des unzulässigen Einspruchs von der 1. Instanz auf Grund des Untersuchungsgrundsatzes von Amts wegen bei seiner Entscheidung berücksichtigt werden, wenn das Material durch seine Relevanz dazu Anlass gibt.

4 Prüfung der Begründetheit des Einspruchs *(substantive examination of an opposition)*

159 Unverzichtbare Voraussetzung für die sachliche Prüfung des Patents im Einspruchsverfahren ist das Vorliegen eines zulässigen Einspruchs (s Rdn 150).

160 **4.1 Gegenstand der Prüfung** ist das Patent, nicht der Einspruch,[345] obwohl § 62 vom »Beschluss über den Einspruch« spricht,[346] denn der Einspruch ist gemäß § 59 (1) 1 und Art 99 (1) 1 EPÜ »gegen das Patent« zu erheben. Das Patent ist daher Streitgegenstand.

161 *Maßgebliche Fassung des Patents* ergibt sich aus der Patentschrift. Weicht diese vom Erteilungsbeschluss ab, ist dieser maßgebend.

162 *Bestehen des Patents* ist als vorgreifliche Frage vor der Prüfung der Einspruchsgründe zu prüfen, denn der Widerruf eines Patents setzt voraus, dass das angegriffene Patent besteht.[347] Ist es nicht entstanden, so ist der Einspruch zwar an sich unzulässig (s Rdn 66), das Scheinrecht aber aus Gründen der Rechtsklarheit zu widerrufen (s Rdn 185).

---

340 BPatGE 17, 228.
341 BPatGE 27, 84.
342 BPatGE 26, 143; Präsidium des BPatG BlPMZ **84**, 45.
343 BPatGE 15, 134, 136; Mitt **67**, 77.
344 BGH GRUR **85**, 519 *Wärmeaustauscher*; BPatGE **49**, 84.
345 BGH GRUR **95**, 333 (II2c bb) *Aluminium-Trihydroxid*; BPatGE **47**, 148 (II).
346 BPatGE **29**, 65, 68; **29**, 84.
347 BGH GRUR **88**, 290 (II) *Kehlrinne*.

Bestimmung des Schutzbereichs des Patents durch Auslegung der erteilten oder aufrechterhaltenen Patentansprüche ist idR keine Aufgabe des Einspruchs- oder Einspruchsbeschwerdeverfahrens.[348] Mit dem Schutzbereich des Patents befasst sich das Patentamt nur bei der Prüfung, ob eine Änderung des Patents durch den Patentinhaber unzulässig ist, weil sie eine Erweiterung des Schutzbereichs darstellt (s Rdn 169).

4.2 Umfang der Prüfung *(legal and factual framework of opposition)*

Der Umfang der Prüfung eines Patents im Einspruchsverfahren wird bestimmt durch: a) *Anträge* des Patentinhabers (s Rdn 165) und des Einsprechenden (s Rdn 178); b) *Einspruchsgründe* des § 21 und des Art 100 EPÜ (s Rdn 182); c) *Einspruchsgrund oder Einspruchsgründe*, auf die der Einspruch gestützt wird; d) *Material des Einspruchs*, das zu seiner Begründung fristgerecht oder nach Ablauf der Einspruchsfrist vorgetragen oder von Amts wegen ermittelt wird (s Rdn 205); e) *Instanz*, in der die Prüfung durchgeführt, nämlich 1. Instanz: DPMA-Patentabteilung (ausnahmsweise BPatG) und EPA-Einspruchsabteilung (s Rdn 191) oder Beschwerdeinstanz: BPatG und EPA-Beschwerdekammer (s Rdn 196); f) *Untersuchungsgrundsatz* (s Rdn 202); g) *Beweislast* (s Rdn 209).

4.3 Antrag des Patentinhabers *(request of the patentee)* ist nicht zwingend erforderlich.[349] Auch ohne ausdrücklichen Antrag darf DPMA oder BPatG (anders allerdings die Rechtsprechung des EPA) ein Patent mit mehreren selbständigen Ansprüchen nur widerrufen, wenn die Widerrufsgründe auf alle diese Ansprüche zutreffen.[350] Wird ein Antrag gestellt, kann er lauten auf: a) *Zurückweisung des Einspruchs*, wenn der Patentinhaber sein Patent in der erteilten Fassung aufrechtzuerhalten wünscht; b) *Aufrechterhaltung in beschränkter Fassung*, wenn der Patentinhaber sein Patent unter Berücksichtigung des Vorbringens des Einspruchs nur beschränkt verteidigen will (s Rdn 166).

4.3.1 Beschränkte Verteidigung des Patents *(amendment of the patent by the patentee)*: Entsprechend dem Verfügungsgrundsatz (s Einl Rdn 11) ist der Patentinhaber wie im Nichtigkeitsverfahren[351] auch im Einspruchsverfahren berechtigt, sein Patent nicht in der erteilten, sondern in einer beschränkten Fassung zu verteidigen.[352] Dabei handelt es sich nicht um eine rechtsgestaltende Erklärung von sachlich-rechtlicher Bedeutung, sondern ausschließlich um eine auf Begrenzung des Prozessstoffs gerichtete Erklärung rein prozessualer Natur.[353]

Entscheidung: Wird allein beantragt, das Patent mit einer beschränkten Fassung aufrechtzuerhalten, dann ist – wenn die Beschränkung zulässig ist (vgl Rdn 167 ff) –

---

348 BGH GRUR **98**, 895, 896 rSp *Regenbecken*; T 0442/91 ABl **95** SonderA 58.
349 BGH GRUR **07**, 862 *Informationsübermittlungsverfahren II*; BPatGE **49**, 119.
350 BGH GRUR **07**, 862 *Informationsübermittlungsverfahren II* (Rn 21); vgl auch BGH GRUR **10**, 87 *Schwingungsdämpfer*. Eine Übertragung dieser Grundsätze auf abhängige Ansprüche wird von BPatG BeckRS 11, 13302 abgelehnt.
351 BGH GRUR **88**, 287 (II1) *Abschlussblende*; **90**, 432 *Spleißkammer*; **09**, 42 *Multiplexsystem*; BPatG GRUR **09**, 46.
352 BGH GRUR **90**, 508 (II2b) *Spreizdübel*; **95**, 113 (III3a) *Datenträger*; **98**, 901 (BIII2b) *Polymermasse*.
353 BPatG GRUR **12**, 99.

der Entscheidung das Patent nur in der beschränkten Fassung zugrunde zu legen. Ist die allein beantragte Beschränkung unzulässig und wird kein anderer zulässiger und begründeter Antrag gestellt, so ist das Patent insgesamt zu widerrufen oder eine Beschwerde des Patentinhabers zurückzuweisen.[354]

Bei Prüfung des Begehrens des Patentinhabers ist aber nicht am Wortlaut der Anträge zu haften, sondern das tatsächlich Gewollte unter Berücksichtigung des gesamten Vorbringens zu ermitteln. Enthält eine Anspruchssatz mehrere nebengeordnete Ansprüche, die sachlich unterschiedliche Lösungen enthalten, soll nach Auffassung des BGH idR davon auszugehen sein, dass der Patentinhaber jeden dieser Ansprüche für sich verteidigen wolle.[355]

167 Voraussetzungen beschränkter Verteidigung:

168 a) **Kein Rechtsmissbrauch:** beschränkte Verteidigung darf – wie jede Verfahrenshandlung – nicht rechtsmissbräuchlich sein. Ein Rechtsmissbrauch kann vorliegen, wenn der Antrag in vorwerfbarer Weise in einem sehr späten Verfahrensstadium gestellt wird oder wenn mit ihm lediglich eine Verfahrensverzögerung beabsichtigt ist.[356]

Rechtsschutzbedürfnis ist wie für jede Verfahrenshandlung auch Voraussetzung für eine beschränkte Verteidigung. Das kann fehlen, wenn der Patentinhaber ohne Bezug zum Gegenstand des Einspruchsverfahrens oder einem möglichen Einspruchsgrund **neue Unteransprüche** aufstellt.[357] Wird der Hauptanspruch beschränkt verteidigt, dann können daran Unteransprüche angepasst werden.[358] Auch die Formulierung mehrerer unabhängiger (nebengeordneter) Ansprüche, die jeweils unterschiedliche Beschränkungen gegenüber dem fallengelassenen Hauptanspruch aufweisen, ist grundsätzlich zulässig.[359]

169 b) **Keine Erweiterung des Schutzbereichs:** eine beschränkte Verteidigung darf den Schutzbereich des Patents nicht erweitern.[360] Das ist auch im Einspruchsverfahren unzulässig, weil dadurch der Nichtigkeitsgrund des § 22 (1) letzte Alternative und des Art 138 (1) d EPÜ geschaffen werden würde. Art 123 (3) EPÜ bestimmt ausdrücklich, dass im Einspruchsverfahren die Ansprüche nicht in der Weise geändert werden dürfen, dass der Schutzbereich erweitert wird.

170 Maßgebend ist der Inhalt der Ansprüche im Lichte der Offenbarung der Erfindung in der Patentschrift. Was ein Fachmann der Patentschrift als zur patentierten Erfindung

---

354 BGH GRUR 00, 1015 *Verglasungsdichtung*.
355 So BGH GRUR 17, 57 (Rn 28) *Datengenerator* (für NichtigkeitsV). Dies wird in der EPA-Rechtsprechung wegen Art 113 (2) EPÜ anders gesehen.
356 Vgl T 0132/92 ABl 97 SonderA 105; T 0331/89 BeckRS 92, 30566065.
357 BPatGE 43, 230. Unter dem EPÜ liegt hierin idR ein Verstoß gegen R 80; s T 0993/07 ABl 11 SonderA 2, 107.
358 BPatGE 44, 240.
359 BPatGE GRUR 13, 487 u BlPMZ 16, 241 L (für Nichtigkeitsverfahren); T 0937/00 ABl 94 SonderA 86; T 0099/04 v 28.8.2007; T 0263/05 EPOR 08, 169. Einschränkend aber BPatGE 49, 84.
360 BGH GRUR 90, 432 *Spleißkammer*; 98, 901 (BIII2b) *Polymermasse*; BPatGE 37, 155; BPatG GRUR 97, 48.

gehörend entnehmen kann, kann Gegenstand einer beschränkten Verteidigung des Patents sein.
Kein aliud: die beschränkte Verteidigung darf insbesondere *keine andere Erfindung* an die Stelle der patentierten Erfindung setzen.[361]

c) **Kein Hinausgehen über ursprünglich eingereichte Patentanmeldung:** Eine Beschränkung darf nicht durch Merkmale erfolgen, die in der Patentanmeldung nicht ursprünglich offenbart worden sind (für Details s § 38 Rdn 10 ff). Unzulässig ist es beispielsweise, ein Patent beschränkt mit Merkmalen zu verteidigen, die der Fachmann mit seinem Wissen weder dem Wortlaut noch dem Sinn und Zweck der angemeldeten Erfindung entnimmt.[362]

171

d) **Sachbezug zum Einspruch ist nicht erforderlich.** Eine beschränkte Verteidigung ist auch dann zulässig, wenn die Änderung nicht in einem sachlichen Zusammenhang mit dem Einspruchsgrund steht, den der Einsprechende geltend macht. Zulässig sind vielmehr alle Änderungen, die ihren Grund in einem der Einspruchsgründe des § 21 und des Art 100 EPÜ haben. Daher kann der Patentinhaber zB eine unzulässige Erweiterung bereinigen, auch wenn der Einspruch nur auf mangelnde Patentfähigkeit gestützt ist, oder einen Patentanspruch ändern, der mit dem Einspruch nicht angegriffen ist.

172

R 80 EPÜ (s Rdn 16) lässt alle Änderungen zu, die durch Einspruchsgründe nach Art 100 EPÜ veranlasst sind, auch wenn der betreffende Grund vom Einsprechenden nicht geltend gemacht worden ist (vgl dazu Einl Rdn 262). Den *Zeitpunkt,* bis zu dem Änderungen zulässig sind, lässt R 80 EPÜ offen (dazu vgl Einl Rdn 262). Auch Änderungen eines nicht angefochtenen Anspruchs sind zulässig.[363]

173

4.3.2 **Bindung des Patentinhabers** *(request of patentee and its binding effect)* an seinen Antrag auf beschränkte Verteidigung besteht grundsätzlich nicht. Wie jeder Verfahrensantrag kann auch der Antrag auf beschränkte Aufrechterhaltung des Patents jederzeit geändert oder auch ganz wieder zurückgenommen werden, sofern kein Verfahrensmissbrauch vorliegt. Der Patentinhaber kann also von einer beschränkten Verteidigung zur *Verteidigung in der erteilten Fassung* übergehen.[364]

174

Beschwerdeverfahren: Der Patentinhaber kann im Beschwerdeverfahren zur erteilten Fassung des Patents zurückkehren, a) wenn er selbst gegen den Widerruf des Patents Beschwerde erhoben hat; b) bei einer Beschwerde des Einsprechenden gegen die Zurückweisung seines Einspruchs; c) bei einer Beschwerde des Einsprechenden gegen die Aufrechterhaltung in geändertem Umfang, wenn er zwar selbst keine selbständige Beschwerde, aber eine (unselbständige) Anschlussbeschwerde erhoben hat.

175

---

361 BGH GRUR **76,** 299 (I3c) *Alkylendiamine I*; **90,** 432 (II2b) *Spleißkammer;* **98,** 901 (BIII2b) *Polymermasse.*
362 BGH GRUR **02,** 49 *Drehmomentübertragungseinrichtung:* Aufnahme einzelner Merkmale eines Beispiels geht über den Inhalt der Anmeldung hinaus, wenn ein Fachmann die sich ergebende Kombination nicht entnommen hätte.
363 T 0711/04 ABl 06 SonderA 103.
364 BGH GRUR **65,** 480 (BI) *Harnstoff* (für Nichtigkeitsverfahren); BPatGE **30,** 64; T 0123/85 ABl **89,** 336; T 1276/05 ABl 09 SonderA 2, 95; T 1188/09 ABl 12 SonderA 138.

176 *EPA:* Verteidigung in der erteilten Fassung ist im Beschwerdeverfahren vor EPA nach der Rechtsprechung[365] grundsätzlich wegen Verstoßes gegen das zugunsten des Einsprechenden wirkenden Verbot der reformatio in peius ausgeschlossen, wenn der Patentinhaber gegen die Aufrechterhaltung in geändertem Umfang keine zulässige Beschwerde erhoben hat. Eine nach Fristablauf erhobene Anschlussbeschwerde sieht das EPÜ nicht vor. Änderungen der aufrechterhaltenen Fassung können abgelehnt werden, wenn sie weder sachdienlich noch erforderlich sind, zB weil sie nicht durch die Beschwerde veranlasst sind. Auch in sonstigen Situationen wird in jüngeren Entscheidungen unter Verweis auf die VerfOBK eine Rückkehr zur erteilten Fassung zunehmend abgelehnt.

177 **4.3.3 Bindung des Patentamts an Antrag des Patentinhabers** *(request of patentee and its binding effect for the Patent Office):* Auf Grund des Antragsgrundsatzes (s Einl Rdn 7) ist das Patentamt an den Antrag des Patentinhabers, sein Patent in einer bestimmten Fassung aufrechtzuerhalten, gebunden. Das Patentamt ist nicht befugt, vom Antrag des Patentinhabers und der von ihm gebilligten Fassung des Patents ohne sein Einverständnis abzuweichen. Ist die Beschränkung zulässig, insbesondere durch die ursprüngliche Offenbarung und die erteilte Fassung des Patents gedeckt, so ist das Patent insoweit in beschränktem Umfang aufrechtzuerhalten. Ist die Fassung des Patentinhabers nicht gewährbar und stellt er für eine gewährbare andere Fassung nicht zumindest einen Hilfsantrag, so ist das Patent insgesamt zu widerrufen[366] (s Einl Rdn 206).

178 **4.4 Antrag des Einsprechenden** *(request of the opponent)* kann sich auf das ganze Patent oder bestimmte Teile des Patents beziehen (vgl oben Rdn 80). Stellt der Einsprechende keinen förmlichen Antrag, sondern erhebt er schlicht Einspruch, so ist damit der *Widerruf des ganzen Patents* beantragt, sofern sich nicht aus den Umständen ausnahmsweise etwas anderes ergibt.

Teilwiderruf kann der Einsprechende beantragen.[367] Dieser kann sich zB beziehen auf: **a)** bestimmte Ansprüche des Patents, zB nur Haupt-,[368] nur Neben-[369] oder nur bestimmter Unteranspruch, oder zB nur die Verfahrensansprüche des Patents; **b)** bestimmte Beschränkung eines Anspruchs durch Aufnahme weiterer Merkmale; **c)** Widerruf nur für einen bestimmten Gegenstand des Anspruchs;[370] **d)** Beseitigung einer unzulässigen Erweiterung eines Anspruchs;[371] **e)** Beschränkung durch Aufnahme eines Disclaimer; **f)** Streichung einer von mehreren Alternativen.

---

365 GrBK G 0009/92 ABl **94**, 875 *Nicht-beschwerdeführender Beteiligter/BMW* (zur Minderheitsmeinung s unter Nr 17).
366 BGH GRUR **89**, 103 *Verschlußvorrichtung für Gießpfannen*; **97**, 120 (II2c) *Speicherheizgerät*; 07, 862 *Informationsübermittlungsverfahren II*; BPatGE **50**, 69; GrBK G 0009/92 ABl **94**, 875 *Nicht-beschwerdeführender Beteiligter/BMW*.
367 BPatGE **30**, 143, 147.
368 BPatGE **42**, 84.
369 ZB nur auf einen von mehreren Nebenansprüchen BGH GRUR 03, 695 *Automatisches Fahrzeuggetriebe*, aA von BPatGE **45**, 9 ist überholt.
370 Vgl GrBK G 0009/91 ABl **93**, 408 *Prüfungsbefugnis/ROHM AND HAAS*: Widerruf nur für »Anhydridpolymere«, nicht auch für »Imidpolymere«.
371 Vgl GrBK G 0001/93 ABl **94**, 541 *Beschränkendes Merkmal/ADVANCED SEMICONDUCTOR PRODUCTS*: Merkmal »im Wesentlichen frei von Schlieren«.

4.4.1 Bindung des Einsprechenden an seinen Antrag *(request of the opponent and its binding effect)*

a) *Widerruf des ganzen Patents:* Diesen Antrag kann der Einsprechende jederzeit beschränken und nur noch den Teilwiderruf des Patents begehren (= Teilrücknahme des Einspruchs).

b) *Teilwiderruf:* Diesen Antrag kann der Einsprechende innerhalb der Einspruchsfrist ändern, zB den Widerruf des ganzen Patents begehren. Nach Ablauf der Einspruchsfrist kann der Einsprechende seinen Einspruch grundsätzlich nicht so *ändern*, dass der Einspruch sich auf einen neuen Streitgegenstand bezieht. Dies käme der Erhebung eines neuen Einspruchs gleich, die aber nach Fristablauf unzulässig ist, wie zB bei Übergang vom Widerruf eines Unteranspruchs auf den Widerruf eines kategoriefremden Nebenanspruchs. Eine solche Änderung ist aber zulässig, wenn der Patentinhaber zustimmt oder – unter PatG – Patentamt und Gericht sie für sachdienlich erachten (Analogie zu § 263 ZPO).

4.4.2 Bindung des Patentamts an Antrag des Einsprechenden *(request of the opponent and its binding effects for the Patent Office):*
Nach dem Antragsgrundsatz (s Einl Rdn 7), der im Verfahren vor dem Patentamt allgemein für alle Verfahrensbeteiligten gilt, ist das Patentamt auch an dem Antrag des Einsprechenden gebunden.[372] Beantragt der Einsprechende einen Teilwiderruf des Patents, können DPMA und BPatG gemäß § 99 (1) PatG iVm § 308 (1) ZPO das Patent nur insoweit überprüfen,[373] können also nicht gegen den Willen des Patentinhabers das angegriffene Patent über den ausdrücklich beantragten Teilwiderruf hinaus widerrufen, es sei denn der Patentinhaber beantragt nicht die Zurückweisung des Teileinspruchs, sondern beharrt ausdrücklich auf einer nicht gewährbaren Fassung des Patents.[374] § 61 (1) 2 PatG steht der Bindung an den Teileinspruch nicht entgegen, denn eine Fortführung des Einspruchsverfahrens nach Rücknahme des Einspruchs ist nur im Rahmen des Antrags des Einsprechenden möglich. Der nicht angegriffene Teil bleibt – wie im Nichtigkeitsverfahren – bestehen, auch wenn er nicht patentfähig sein sollte.

Die Bindung an den Antrag folgt zum einen aus dem generell geltenden Antragsgrundsatz und zum anderen aus dem Umstand, dass infolge des beschränkten Antrags ein Einspruch für den nicht angegriffenen Teil des Patents nicht eingelegt ist. Ist aber ein Einspruch nicht eingelegt, so fehlt dem Patentamt und dem Gericht (BPatG und EPA-Beschwerdekammer) die Prüfungskompetenz, denn das Einspruchsverfahren ist

---

372 GrBK G 0009/91 ABl 93, 408 *Prüfungsbefugnis/ROHM AND HAAS*; G 0009/92 ABl 94, 875 (Nr 3) *Nicht-beschwerdeführender Beteiligter/BMW*; BPatGE 42, 84, 90; 50, 66; *abw:* BPatGE 30, 143, 147; 44, 64; 49, 220; 8 W (pat) 49/12 BeckRS 17, 110869: Teilwiderruf sei nur eine Anregung.

373 Wie hier: BPatGE 42, 84; 50, 66; 50, 69; Harlfinger GRUR 09, 466; aA, also keine Bindung an Antrag des Einsprechenden: BGH GRUR 03, 695 *Automatisches Fahrzeuggetriebe* (da hier jedoch kein Teileinspruch eingelegt war, sondern Widerruf des Patents insgesamt beantragt war, besagt die Aussage, dass das Patentamt an Anträge des Einsprechenden nicht gebunden ist (vgl II3b am Ende), lediglich, dass ein Vollwiderruf auch dann ausreichend begründet ist, wenn die Einspruchsbegründung sich nur mit dem Widerruf einer von mehreren Nebenansprüche befasst); BPatGE 30, 142, 147; 44, 64; 49, 220; BPatG v 10.5.2007 20 W (pat) 76/03 BeckRS 07, 14612; BeckRS 16, 07053; 8 W (pat) 49/12 Beck RS 17, 110869.

374 BPatGE 50, 69.

ein Antrags-, kein amtliches Kassationsverfahren. Das bestätigt für das europäische Einspruchsverfahren zudem R 76 (2) c) EPÜ, nach der die Einspruchsschrift eine Erklärung enthalten muss, »in welchem Umfang gegen das Patent Einspruch eingelegt« wird.

Der Untersuchungsgrundsatz berechtigt nicht, den mit dem Einspruch nicht angegriffenen Teil zu prüfen und gegen den Willen des Patentinhabers zu widerrufen, da eine Amtsermittlung immer nur innerhalb der ursprünglich gestellten Anträge stattfindet.

181 *Abhängige Ansprüche (dependent claims)* eines angegriffenen selbständigen Anspruchs, die im Antrag des Einsprechenden nicht ausdrücklich genannt sind, können zusammen mit dem angegriffenen unabhängigen Anspruch geprüft und widerrufen werden, wenn der Antrag sich implizit – was die Regel sein dürfte – auf sie erstreckt.[375] Wenn jedoch der Antrag sich ausdrücklich nur auf den selbständigen Anspruch bezieht, bleiben die nicht angegriffenen Unteransprüche mit ihrer Rückbeziehung auf den selbständigen Anspruch bei dessen Widerruf bestehen.

182 **4.5 Einspruchsgründe des § 21 und des Art 100 EPÜ** *(grounds for opposition)* begrenzen den Umfang der Prüfung des angegriffenen Patents. Auf *andere Gründe*, die – wenn sie im Prüfungsverfahren berücksichtigt worden wären – zu einer Zurückweisung der Anmeldung geführt hätten, kann ein Widerruf des Patents im Einspruchsverfahren nicht gestützt werden (vgl dazu § 21 Rdn 24).

183 **4.5.1 Begriff des Einspruchsgrunds** *(concept of ground for opposition)*: § 21 nennt vier, Art 100 EPÜ drei Einspruchsgründe. Während § 21 Nr 2–4 und Art 100 b) und c) EPÜ sich jeweils auf einen bestimmten, abgegrenzten Tatbestand beziehen (mangelnde Ausführbarkeit, unzulässige Erweiterung und widerrechtliche Entnahme), umfasst § 21 Nr 1 und Art 100 a) EPÜ eine Vielzahl von unterschiedlichen Tatbeständen (wie mangelnde Neuheit, fehlende erfinderische Tätigkeit und gewerbliche Anwendbarkeit, vom Patentschutz ausgenommene Erfindungen wegen zB Verstoß gegen gute Sitten etc), die nur aus Gründen der Gesetzessystematik, nämlich der einheitlichen Verweisung auf die §§ 1–5 und die Art 52–57 EPÜ, zusammengefasst sind. § 21 Nr 1 und Art 100 a) EPÜ wird man daher nicht als einen einheitlichen Einspruchsgrund, sondern als die Zusammenfassung von mehreren möglichen Einspruchsgründen auffassen müssen[376] (für Details s § 21 Rdn 11). Welchen oder welche Einspruchsgründe geltend gemacht werden, bestimmt der Einsprechende mit seinem Einspruch.

184 **4.5.2 Behauptung eines Widerrufsgrundes** *(statement of the grounds on which the opposition is based)* ist nach § 59 (1) 3 erforderlich, und nach R 76 (2) c) EPÜ muss der Einspruch eine Erklärung enthalten, auf welche Einspruchsgründe der Einspruch gestützt wird. Anzugeben ist der konkrete Einspruchsgrund, eine bloße Verweisung auf § 21 oder Art 100 EPÜ ist nicht ausreichend. Eine irrige Zuordnung zu einem

---

375 GrBK G 0009/91 ABl 93, 408 (Nr 11) *Prüfungsbefugnis/ROHM AND HAAS*; T 2094/12 ABl 18 ZPubl 3, 65. Einschränkend aber T 0031/08 v 24.11.2009 für den Fall, dass der Einsprechende nur einige der abhängigen Ansprüche ausdrücklich angreift, andere aber nicht.
376 GrBK G 0001/95 ABl 96, 615 *Neue Einspruchsgründe/DE LA RUE*; G 0007/95 ABl 96, 626 *Neue Einspruchsgründe/ETHICON*.

unzutreffenden Einspruchsgrund ist unschädlich, wenn aus den vorgebrachten Tatsachen zur Stützung des Einspruchs für Patentamt und Patentinhaber ohne weiteres ersichtlich ist, welcher Einspruchsgrund tatsächlich gemeint ist.

4.5.3 Vorgreifliche Tatbestände *(points to be prejudged)*, deren Vorliegen Voraussetzung für eine Prüfung des behaupteten Einspruchsgrundes sind, sind von Amts wegen zu prüfen, auch wenn sie im Einspruch nicht ausdrücklich erwähnt sind. Dazu gehört die Frage, ob ein Patent besteht.[377] Ist ein Patent nicht entstanden, bedarf es keiner Entscheidung über den behaupteten Einspruchsgrund. Das Scheinrecht ist aus Gründen der Rechtsklarheit zu widerrufen. 185

4.6 Bindung an Einspruchsgrund *(ground for opposition and binding effect)*: a) *Einsprechender* ist nach Fristablauf insofern an den fristgerecht geltend gemachten Einspruchsgrund gebunden, als er keinen Anspruch darauf hat, dass ein neuer Einspruchsgrund in das Verfahren zugelassen und sachlich behandelt wird (s Rdn 187); b) *1. Instanz* (DPMA-Patentabteilung und EPA-Einspruchsabteilung) ist grundsätzlich nicht an den Einspruchsgrund gebunden, auf den der Einspruch gestützt ist (s Rdn 191); c) *2. Instanz* (BPatG und EPA-Beschwerdekammer) ist grundsätzlich an den oder an die in 1. Instanz behandelten Einspruchsgründe gebunden (s Rdn 196). 186

4.6.1 Bindung des Einsprechenden an seinen Einspruchsgrund:[378] Nach Fristablauf ist der Einsprechende an den von ihm gegen das Patent in der erteilten Fassung geltend gemachten Einspruchsgrund gebunden. Neue Einspruchsgründe, die nach Fristablauf vorgebracht werden, brauchen im Verfahren nicht mehr berücksichtigt zu werden. Nach einer *Änderung der Patentansprüche* durch den Patentinhaber kann der Einsprechende aber insoweit neue Einspruchsgründe geltend machen, zB unzulässige Erweiterung aufgrund der geänderten Ansprüche. 187

Änderung der Einspruchsbegründung ist zulässig, **a)** immer innerhalb der Einspruchsfrist; **b)** wenn zur Stützung des fristgerecht vorgetragenen Einspruchsgrunds neue Argumente geltend gemacht werden; **c)** wenn mit der Änderung auf Argumente des Patentinhabers, eine beantragte Änderung des Patents[379] oder Bedenken des Patentamts eingegangen werden soll; **d)** wenn damit behauptetes allgemeines Fachwissen belegt[380] oder die Aussage eines bereits zitierten Dokuments[381] gestützt werden soll; **e)** wenn neue, aber relevante Entgegenhaltungen genannt werden, deren Nachschieben nach Fristablauf nicht vorwerfbar ist.[382] 188

Keinen rechtlichen Anspruch auf Berücksichtigung einer geänderten Begründung hat der Einsprechende nach Fristablauf, **a)** wenn mit der Änderung ein neuer Einspruchs- 189

---

377 BGH GRUR **88**, 290 (II) *Kehlrinne* (für Nichtigkeitsklage).
378 Lit in GRUR: Sieckmann 97, 156.
379 T 0101/87 ABl 91 SonderA 54.
380 T 0271/84 ABl **87**, 405 (Nr 3); T 0379/88 EPOR **91**, 274; aA T 0085/93 ABl **98**, 183: Zurückweisung als verspätet möglich, wenn Dokument erstmals in der Beschwerdeinstanz vorgelegt. Angesichts der neuen VerfOBK 2020 (s Art 110 Rdn 28) dürfte sich die letztgenannte Auffassung in der EPA-Rechtsprechung in Zukunft durchsetzen.
381 T 0324/88 BeckRS **89**, 30564738; T 0322/87 BeckRS **90**, 30546306; T 0559/88 BeckRS **90**, 30604782; T 0149/89 BeckRS **91**, 30527396.
382 BPatGE **2**, 195; **10**, 218, 223; **16**, 211.

grund gegen das erteilte Patent eingeführt wird, zB unzulässige Erweiterung neben bisher mangelnder Patentfähigkeit; b) wenn mit der Änderung der Einspruch auf eine neue tatsächliche Grundlage gestellt wird, zB durch Nachschieben einer offenkundigen Vorbenutzung zum Nachweis mangelnder Neuheit.

190 *Verspätet vorgetragene Einspruchsgründe oder eine verspätete Einspruchsbegründung* kann aber Patentamt nach pflichtgemäßem Ermessen berücksichtigen, wenn der neue Grund oder die neue Begründung der Aufrechterhaltung des Patents prima facie entgegensteht.[383] Ist der neue Grund oder die neue Begründung dagegen nicht relevant, muss hierauf nicht sachlich eingegangen werden (vgl dazu Einl Rdn 240 und unten Rdn 214 ff).

191 **4.6.2 Bindung der 1. Instanz an Einspruchsgrund:** Die 1. Instanz prüft im Einspruchsverfahren in erster Linie die von den Beteiligten ordnungsgemäß vorgebrachten Einspruchsgründe. Es können jedoch nach pflichtgemäßen Ermessen zusätzlich auch *weitere Widerrufsgründe* nach § 21 (1) und Art 100 EPÜ *von Amts wegen* in das Verfahren einbezogen und zur Grundlage eines Widerrufs gemacht werden.[384] Das folgt aus der Rechtsnatur des Einspruchsverfahrens (vgl dazu oben Rdn 28) und wird in R 81 (1) 2 EPÜ ausdrücklich anerkannt.

192 *Pflichtgemäßes Ermessen:* Die 1. Instanz ist nicht verpflichtet, neben dem geltend gemachten Einspruchsgrund immer alle gesetzlichen Einspruchsgründe zu prüfen.[385] Vielmehr steht die Prüfung anderer Einspruchsgründe in ihrem pflichtgemäßen Ermessen.[386] Bei der Entscheidung, ob weitere Gründe von Amts wegen aufgegriffen werden sollen, ist zu berücksichtigen, »dass das Einspruchsverfahren zeitlich konzentriert ablaufen und eine Behinderung des Wettbewerbs durch zu Unrecht erteilte Patente möglichst vermieden werden soll«.[387] Pflichtgemäßem Ermessen entspricht es, die Prüfung auf andere Gründe zu erstrecken, wenn ausreichende Anhaltspunkte dafür sprechen, dass diese Gründe *auf den ersten Blick (prima facie)*[388] der Aufrechterhaltung des Patents ganz oder teilweise entgegenstehen.

193 *Anhaltspunkte für eine Prüfung weiterer Einspruchsgründe* können aus unterschiedlichsten Quellen stammen. Solche Kenntnisse kann die 1. Instanz zB gewinnen aus: **a)** Angaben im Recherchenbericht;[389] **b)** Einwendungen Dritter gemäß § 59 (5) iVm § 43 (3) 2 oder Art 115 EPÜ; **c)** Tatsachen aus anderen Einsprüchen, auch wenn diese zurückgenommen worden oder unzulässig sind, oder wenn es sich um verspätetes Vor-

---

383 Die Ermessensentscheidung ist zu begründen, s T 1549/07 (Nr 1.4) v 13.12.2010.
384 BGH GRUR **95**, 333 *Aluminium-Trihydroxid*; GrBK G 0010/91 ABl **93**, 420 *Prüfung von Einsprüchen/Beschwerden*; G 0009/92 ABl **94**, 875 (Nr 5) *Nicht-beschwerdeführender Beteiligter/BMW*.
385 GrBK G 0009/91 ABl **93**, 408 (Nr 14) *Prüfungsbefugnis/ROHM AND HAAS*.
386 S zB T 0021/15 v 18.7.2019 (korrekte Ermessensausübung bei Nichtzulassung des verspätet vorgebrachten Einspruchsgrunds des Art 100 b) EPÜ) und T 1340/15 RechtsprBK/EPA **19**, 1230 (korrekte Ermessensausübung bei Einführung des Einspruchsgrunds des Art 100 c) EPÜ).
387 BGH GRUR **95**, 333 (II2g) *Aluminium-Trihydroxid*.
388 GrBK G 0009/91 ABl **93**, 408 (Nr 16) *Prüfungsbefugnis/ROHM AND HAAS*.
389 T 0387/89 ABl **92**, 583.

bringen handelt; d) Tatsachen, die sich aus der Akte des Prüfungsverfahrens ergeben; e) Tatsachen, die auf eigenen Kenntnissen der 1. Instanz beruhen oder die sie auf Grund eigener Recherchen gewonnen hat.

Relevanz und Verfahrensökonomie sind gegeneinander abzuwägen bei der Entscheidung, ob ein weiterer Grund geprüft werden soll.[390] Je höher die voraussichtliche Relevanz der Fakten des neuen Grunds für den Rechtsbestand des Patents ist, um so eher wird das Postulat der Verfahrensökonomie, das Einspruchsverfahren zügig durchzuführen, zurücktreten. Andererseits kann gerade die Verfahrensökonomie für die Prüfung eines anderen Grundes sprechen, wenn dieser schneller (zB Neuheit) feststellbar ist als der geltend gemachte (zB Ausführbarkeit der Erfindung). 194

Rechtliches Gehör ist den Beteiligten zu dem neu zu berücksichtigenden Einspruchsgrund zu gewähren, damit sie ausreichend Gelegenheit haben, zu den neuen Grundlagen des Verfahrens rechtlich und tatsächlich Stellung zu nehmen[391] (vgl Einl Rdn 284 ff). 195

4.6.3 Bindung der 2. Instanz an Einspruchsgrund *(binding effect of the ground for opposition for the Board of Appeal)*: Nach der Rechtsprechung[392] sind BPatG und die EPA-Beschwerdekammer nicht befugt, im Einspruchsbeschwerdeverfahren von Amts wegen ohne Zustimmung des Patentinhabers *neue Widerrufsgründe*, die nicht Gegenstand des Einspruchsverfahrens in 1. Instanz waren, aufzugreifen und hierauf ihre Entscheidung zu stützen. BPatG und EPA-Beschwerdekammer entscheiden über Beschwerden gegen Beschlüsse der 1. Instanz und sind daher an den erstinstanzlich zugrunde gelegten Prüfungsumfang gebunden. Daher können sie nicht erstmalig neue Widerrufsgründe in das Verfahren einführen und damit unabhängig von den Anträgen des Beschwerdeführers über das Patent von Amts wegen entscheiden.[393] Zur Kritik s Einl Rdn 24. 196

Anders stellt sich nach Auffassung des BGH jedoch die Lage dar, wenn der Einsprechende im Rahmen einer zulässigen Beschwerde zusätzliche Widerrufsgründe geltend macht.[394] Eine Änderung des Verfahrensgegenstands sei im Beschwerdeverfahren in Patentsachen anhand der zivilprozessualen Bestimmung des § 263 ZPO zu beurteilen, der auf die Sachdienlichkeit abstellt. Das BPatG könne dann auch einen Widerrufsgrund prüfen, der nicht Gegenstand des erstinstanzlichen Verfahrens war. Demgegenüber darf vor dem EPA auch in diesen Fällen ein neuer Einspruchsgrund in der Beschwerde ohne Zustimmung des Patentinhabers nicht berücksichtigt werden.

Zur Prüfungskompetenz bei einer Änderung des Patents vgl Rdn 199.

---

390 Daher ist die Relevanz eines neuen Einspruchsgrundes stets zu prüfen: T 0736/95 ABl 01, 191.
391 T 0433/93 ABl **97**, 509.
392 BGH GRUR **95**, 333 *Aluminium-Trihydroxid*; **17**, 54 *Ventileinrichtung*; GrBK G 0010/91 ABl **93**, 420 *Prüfung von Einsprüchen/Beschwerden*; G 0001/95 ABl **96**, 615 *Neue Einspruchsgründe/DE LA RUE*; G 0007/95 ABl **96**, 626 *Neue Einspruchsgründe/ETHICON*; T 1900/07 EPOR **10**, 401.
393 BGH GRUR **95**, 333 (BII3) *Aluminium-Trihydroxid*. Einschränkend T 0913/05 BeckRS 07, 30657167 für den Fall von erheblichen Änderungen, durch die zahlreiche Ansprüche gestrichen werden und ein bislang abhängiger Anspruch zu einem unabhängigen wird (zweifelhaft).
394 BGH GRUR **17**, 54 *Ventileinrichtung*.

197 **Neuer Einspruchsgrund** (*fresh ground for opposition*) ist der Grund, der in 1. Instanz nicht Gegenstand des Verfahrens war, sondern *erstmals* im Beschwerdeverfahren geltend gemacht wird.[395] *Keine neuen Einspruchsgründe sind:*
 a) die Einspruchsgründe, die in der angefochtenen Entscheidung behandelt werden, sei es, dass sie von einem der Einsprechenden genannt waren, sei es, dass die 1. Instanz den Grund von Amts wegen aufgegriffen hatte;
 b) die Wiedereinführung eines Einspruchsgrundes, den einer der Einsprechenden ursprünglich genannt hatte, auch wenn darauf später verzichtet wurde[396] oder der Einsprechende, der den Grund vorgetragen hatte, sich am Beschwerdeverfahren nicht mehr beteiligt;[397]
 c) ein Einspruchsgrund, den die 1. Instanz als verspätet zurückgewiesen hat, wenn die Zurückweisung ermessensfehlerhaft war;[398]
 d) Einspruchsgrund, der zwar in der Einspruchsschrift nicht explizit genannt war, der sich aber aus ihr ohne weiteres ergibt;[399]
 e) Berücksichtigung neuer Tatsachen innerhalb des Einspruchsgrundes, der Gegenstand des erstinstanzlichen Verfahrens war, zB Berücksichtigung weiterer Entgegenhaltungen im Rahmen des geltend gemachten Einspruchsgrundes der mangelnden Patentfähigkeit gemäß § 21 (1) Nr 1 oder Art 100 a) EPÜ, oder im Rahmen des geltend gemachten Einspruchsgrundes gemäß § 21 (1) Nr 4 oder Art 100 c) EPÜ die Berücksichtigung von unzulässigen Erweiterungen, auf die die Begründung der angefochtenen Entscheidung nicht eingeht.[400] Entgegenhaltungen, die zur Stützung des neuen Einspruchsgrunds mangelnder Neuheit zitiert werden, können im Rahmen des bereits im Verfahren befindlichen Einspruchsgrunds mangelnder erfinderischer Tätigkeit verwendet werden.[401]

198 **Zustimmung des Patentinhabers** (*approval of the patentee*): Ist der Patentinhaber einverstanden, können BPatG und EPA-Beschwerdekammer einen neuen Einspruchsgrund, der in 1. Instanz nicht geprüft oder geltend gemacht worden war, im Beschwerdeverfahren erstmals berücksichtigen.[402] Die Zustimmung kann der Patentinhaber ausdrücklich oder konkludent erteilen, zB durch rügeloses Einlassen auf den neuen Grund.[403] Verweigert der Patentinhaber seine Zustimmung, so wird das in der

---

395 Überwiegend wird angenommen, dass dies auch dann gilt, wenn ausgehend von einer bereits im Verfahren befindlichen, aber nur gegen die Neuheit geltend gemachten Entgegenhaltung im Beschwerdeverfahren erstmals die erfinderische Tätigkeit angegriffen wird, s T 1029/14 RechtsprBK EPA **19**, 1357; aA T 0184/17 v 23.10.2019 GRUR-RS **19**, 36207.
396 T 0274/95 ABl **97**, 99; T 0275/05 BeckRS 07, 30555200; T 1242/06 ABl **13**, 42 (Nr 22–23); einschränkend T 0520/01 ABl **05** SonderA 126, wenn der nicht aufrechterhaltene Einspruchsgrund in der angefochtenen Entscheidung nicht behandelt wurde. Es ist zu erwarten, dass sich letztere Auffassung unter der neuen VerfOBK 2020 durchsetzen wird.
397 T 0758/90 BeckRS **94**, 30635181.
398 T 0986/93 ABl **96**, 215.
399 T 0455/94 ABl **98** SonderA 110.
400 BPatGE **43**, 132.
401 GrBK G 0007/95 ABl **96**, 626 *Neue Einspruchsgründe/ETHICON*; T 1698/09 BeckRS **11**, 146629.
402 GrBK G 0009/91 ABl **93**, 408 (Nr 18) *Prüfungsbefugnis/ROHM AND HAAS*; BPatGE **37**, 215, 222; offen gelassen von BGH GRUR **95**, 333 (BII3 rSp) *Aluminium-Trihydroxid*.
403 BPatGE **41**, 64; vgl T 0781/93 BeckRS **95**, 30638634.

Beschwerdeentscheidung erwähnt, ohne dass sachlich auf den neuen Einspruchsgrund eingegangen wird.[404]

Änderungen des Patents (*amendments of the patent*): Die Beschränkung der Prüfungskompetenz der 2. Instanz gilt nur, insoweit der Streitgegenstand in 1. und 2. Instanz identisch ist. Wird eine geänderte Fassung des Patents im Beschwerdeverfahren beantragt, so ist Streitgegenstand nicht mehr das Patent, das durch die angefochtene Entscheidung beurteilt wurde, sondern die Fassung des Patents, die der Patentinhaber nunmehr verteidigt. In der neuen Fassung, mit der die Ansprüche, die Beschreibung oder die Zeichnungen geändert werden, darf das Patent nur aufrechterhalten werden, wenn die Änderungen grundsätzlich *allen* Voraussetzungen des PatG oder des EPÜ für eine Patentierung entsprechen. BPatG und EPA-Beschwerdekammer haben daher die *neue Fassung des Patents in bezug auf die Änderungen in vollem Umfang auf die Erfüllung aller Erfordernisse des PatG oder des EPÜ* zu prüfen,[405] und zwar ohne Beschränkung auf die gesetzlichen Widerrufsgründe gemäß § 21 und Art 100 EPÜ oder auf den in 1. Instanz geltend gemachten Einspruchsgrund.[406] Dies wurde bei der EPÜ-Revision in Art 101 (3) b) EPÜ ausdrücklich klargestellt.[407]

199

Prüfung hinsichtlich der vorgenommenen Änderungen des Patents im Beschwerdeverfahren umfasst zB: **a)** Prüfung auf Vorliegen unzulässiger Erweiterung des Schutzbereichs;[408] **b)** Prüfung im Lichte sämtlicher gesetzlicher Widerrufsgründe nach § 21 mit Ausnahme einer nicht geltend gemachten widerrechtlichen Entnahme;[409] **c)** mangelnde Offenbarung des Gegenstands der geänderten Fassung[410] (s § 34 Rdn 292 ff); **d)** mangelnde Deutlichkeit, Klarheit und Knappheit der geänderten Ansprüche (s § 34 Rdn 111 ff), allerdings nur wenn sich der Mangel aus der Änderung selbst ergibt,[411] also etwa nicht bei bloßer Zusammenziehung des Hauptanspruchs mit einem abhängigen Anspruch;[412] **e)** Mängel von Beschreibung[413] (s § 34 Rdn 204 ff) oder Zeichnungen (s § 34 Rdn 217 ff).

200

Zurückverweisung (*remittal to the 1st instance*) wegen Nichtberücksichtigung eines nicht geltend gemachten Einspruchsgrunds kommt grundsätzlich nicht in Betracht.

201

---

404   GrBK G 0009/91 ABl 93, 408 (Nr 18 aE) *Prüfungsbefugnis/ROHM AND HAAS*.
405   GrBK G 0009/91 ABl 93, 408 (Nr 19) *Prüfungsbefugnis/ROHM AND HAAS*; T 0027/95 ABl 97 SonderA 111.
406   BGH GRUR 98, 901 (III 1) *Polymermasse*; BGH v 18.5.1999 X ZR 113/96 BeckRS 99, 30059791 *Ventilbetätigungsvorrichtung* (für das Nichtigkeitsverfahren); BPatGE 42, 84, 91; 52, 195.
407   Denkschrift zur Revisionsakte BlPMZ 07, 406, 414.
408   BPatGE 37, 155; BPatG GRUR 97, 48.
409   BPatGE 38, 93.
410   Vgl T 1066/92 BeckRS 95, 30675610.
411   GrBK G 0003/14 ABl 15, A102 *Änderungen im Einspruchsverfahren/FREEDOM INNOVATIONS*; s hierzu Lagler et al sic! 15, 476. Dieser Grundsatz gilt nach der BGH-Rechtsprechung ganz allgemein für Änderungen im Einspruchs- und Nichtigkeitsverfahren, s BGH GRUR 16, 361 (Rn 25) *Fugenband*; v 15.12.2020 X ZR 180/18 GRUR 21, 701 (Rn 41) *Scheibenbremse*.
412   BPatG GRUR 13, 53. So auch die ganz überwiegende EPA-Rechtsprechung bereits vor GrBK 0003/14 ABl 15, A102 *Änderungen im Einspruchsverfahren/FREEDOM INNOVATIONS*.
413   BPatGE 52, 195.

Ausnahmsweise kann zurückverwiesen werden, wenn das Verfahren in 1. Instanz an einem wesentlichen Verfahrensmangel leidet, weil diese ihre Pflicht zur Amtsermittlung grob verletzt hat, indem sie einen entscheidungserheblichen Einspruchsgrund unberücksichtigt ließ, obwohl sich dieser einem jedem Fachmann geradezu aufdrängt.

202 **4.7 Untersuchungsgrundsatz** *(principle of ex officio examination)* gilt auch im Einspruchsverfahren (§ 59 (5) iVm § 46 (1) und Art 114 (1) EPÜ). Er ist nach der Rechtsprechung[414] in 1. Instanz (s Rdn 203) und in 2. Instanz (s Rdn 204) unterschiedlich ausgestaltet (zur Kritik s Einl Rdn 24).

203 *1. Instanz: DPMA-Patentabteilung und EPA-Einspruchsabteilung* erforschen innerhalb der gestellten Anträge, an die sie gebunden sind (s oben Rdn 177 u 180), den Sachverhalt von Amts wegen. Dabei besteht weder eine Bindung an das tatsächliche Vorbringen zur Stützung des geltend gemachten Widerrufsgrunds noch eine Bindung an den geltend gemachten Widerrufsgrund (s oben Rdn 191). Die 1. Instanz kann nach pflichtgemäßem Ermessen entscheidungserhebliche Tatsachen berücksichtigen, auch wenn diese von den Beteiligten nicht vorgetragen waren, und zwar unabhängig davon, ob diese neuen Tatsachen unter den geltend gemachten oder einen neuen Widerrufsgrund fallen, den die 1. Instanz erstmalig von Amts wegen aufgreift.

204 *Beschwerdeinstanz: BPatG und EPA-Beschwerdekammer* können wie die 1. Instanz den Sachverhalt innerhalb der Anträge der Beteiligten, an die sie gebunden sind, zwar von Amts wegen ermitteln, jedoch nur innerhalb des geltend gemachten Einspruchsgrundes. Die Beschwerdeinstanz ist anders als die 1. Instanz dagegen nicht befugt, von Amts wegen neue Widerrufsgründe *(fresh grounds for opposition)*, die nicht Gegenstand des Einspruchsverfahrens in 1. Instanz waren, aufzugreifen, auch wenn sie einer Aufrechterhaltung des Patents entgegenstehen (s oben Rdn 196 ff).

Im gerichtlichen Einspruchsverfahren gemäß § 61 (2) wird BPatG erstinstanzlich tätig und hat daher dieselbe Prüfungskompetenz wie DPMA[415] (siehe Rdn 203).

205 **4.7.1 Umfang der Amtsermittlung** *(scope of ex officio examination)*: Das gesetzliche Postulat, den Sachverhalt von Amts wegen zu ermitteln, ist eine gesetzliche Pflicht, der Amt und Gericht nach pflichtgemäßem (nicht freiem) Ermessen (s Rdn 207) nachzukommen haben.[416] Die Amtsermittlung bezieht sich auf alle Umstände, die für die Entscheidung erheblich sind. Dabei ist es gleichgültig, wie die Kenntnis über die Umstände erlangt worden ist.[417]

206 *Von Amts wegen zu berücksichtigen* sind daher, sofern ein zulässiger Einspruch vorliegt: a) *Verspätetes Vorbringen*, das der Einsprechende seinem fristgerechten Einspruch nachschiebt;[418] b) Material eines *unzulässigen oder zurückgenommenen* Ein-

---

414 BGH GRUR **95**, 333 *Aluminium-Trihydroxid*; GrBK G 0009/91 ABl **93**, 420 *Prüfungsbefugnis/ROHM AND HAAS*; G 0009/92 ABl **94**, 875 (Nr 5) *Nicht-beschwerdeführender Beteiligter/BMW*.
415 BPatGE **47**, 141 (für die inzwischen aufgehobene Übergangsregelung des § 147 (3) PatG).
416 BGH GRUR **78**, 99 *Gleichstromfernspeisung*; **95**, 333 (BII2g) *Aluminium-Trihydroxid*.
417 BPatGE **17**, 80, 83.
418 BPatGE **18**, 19, 20; 40, 140, 142 (für eine spätere Richtigstellung fristgerechten Vorbringens).

spruchs;[419] **c)** *Angaben Dritter* gemäß § 59 (5) iVm § 43 (3) 2 und Art 115 EPÜ; **d)** Material des Recherchenberichts;[420] **e)** Tatsachen aus dem vorausgegangenen Prüfungsverfahren; **f)** Tatsachen, die auf eigenen Kenntnissen oder evtl durchgeführten *Nachrecherchen* beruhen.

4.7.2 Pflichtgemäßes Ermessen *(appropriate exercise of discretion)* begrenzt die Pflicht zur Amtsermittlung.[421] Der Untersuchungsgrundsatz verpflichtet Amt und Gericht nicht, aus Anlass eines zulässigen Einspruchs regelmäßig weitere Ermittlungen anzustellen. Vielmehr wird grundsätzlich für die Entscheidung über die Aufrechterhaltung des Patents von den Tatsachen ausgegangen, die die Beteiligten vorgetragen haben. Es ist nicht der Sinn des Untersuchungsgrundsatzes, einen unzureichenden Sachvortrag durch Amtsermittlung zu vervollkommnen. Gibt es jedoch einen hinreichend *konkreten und naheliegenden Anlass*, dass für die Entscheidung ein weiterer Sachverhalt von Bedeutung sein könnte, so besteht eine Verpflichtung, diesen zu erforschen. Die Erfüllung dieser Pflicht steht nicht im freien, sondern im pflichtgemäßen Ermessen (vgl Einl Rdn 173). 207

Keine Pflicht zu weiteren Ermittlungen besteht, **a)** wenn es sich nur um *Vermutungen* handelt; **b)** bei *Unterlassen notwendiger Mitwirkung* eines Beteiligten, wie der Ermittlung der Umstände einer *offenkundigen Vorbenutzung*[422] oder einer *mündlichen Beschreibung*;[423] **c)** bei *Unzumutbarkeit der Feststellung*, weil mit Aufwand an Zeit und Kosten im Verhältnis zum zu erwartenden Erfolg unvertretbar ist,[424] oder weil die Feststellung die Durchführung von Vergleichsversuchen erfordert. 208

4.7.3 Beweislast *(burden of proof)* (vgl dazu Einl Rdn 154) 209
Ein Patent kann nur widerrufen werden, wenn sich ergibt, dass ein Einspruchsgrund seiner Aufrechterhaltung entgegensteht (§ 21 (1) und Art 101 (2) EPÜ). Das setzt voraus, dass die Tatsachen, die den Widerruf begründen, zur Überzeugung von Amt oder Gericht feststehen. Können aber die vom Einsprechenden behaupteten Tatsachen – auch nach einer Ermittlung von Amts wegen – nicht festgestellt werden, so geht dieser Nachteil zu Lasten des Einsprechenden als Angreifer, und das Patent bleibt bestehen.[425]

Einsprechenden trifft die Beweislast für: **a)** fehlende Neuheit und damit für die öffentliche Zugänglichkeit der Entgegenhaltung vor dem Anmelde- oder Prioritätstag des Patents;[426] **b)** Nicht-Ausführbarkeit wegen unzureichender Offenbarung;[427] **c)** 210

---

419 BGH GRUR 69, 562 (III2) *Appreturmittel.*
420 T 0387/89 ABl 92, 583.
421 BGH GRUR 78, 99 *Gleichstromfernspeisung*; 95, 333 (BII2g) *Aluminium-Trihydroxid.*
422 BPatGE 14, 47; 24, 1; BPatG GRUR 78, 358; T 0129/88 ABl 93, 598; T 0830/90 ABl 94, 713 (Nr 2).
423 T 0034/94 ABl 95 SonderA 127; T 0060/89 ABl 92, 268 (Nr 3.1.1).
424 BPatGE 15, 122, 128; T 0129/88 ABl 93, 598 (Nr 3.2).
425 BGH GRUR 84, 339, 340 *Überlappungsnaht*; BGH Mitt 96, 204 (5c) *Spielfahrbahn*; T 0219/83 ABl 86, 211; T 0209/85 EPOR 87, 235.
426 T 0381/87 ABl 90, 213; T 0743/89 ABl 93 SonderA 53; T 0245/88 EPOR 91, 373; T 0308/87 EPOR 91, 464; T 0153/88 EPOR 97, 371.
427 T 0182/89 ABl 91, 391; T 0016/87 ABl 92, 212; T 0675/91 ABl 94 SonderA 89.

behauptetes allgemeines Fachwissen[428] (vgl oben Rdn 100); **d)** Voraussetzungen einer offenkundigen Vorbenutzung;[429] **e)** Behauptung, dass die versprochene Wirkung nicht im gesamten Bereich des Patents eintritt, es sei denn, dass ein Fachmann davon auch ohne Nachweis überzeugt ist.[430]

211 Näher belegte *Aussagen im erteilten Patent* können grundsätzlich bis zum Beweis des Gegenteils als zutreffend erachtet werden. Bestreitet der Einsprechende diese (zB Nichteintritt von dargelegten Vorteilen), so obliegt ihm der Nachweis dafür.[431] Hingegen obliegt es dem Patentinhaber, eine behauptete, in der eingereichten Anmeldung nicht erwähnte, verbesserte Wirkung gegenüber dem nächstliegenden Stand der Technik nachzuweisen.[432] Dies soll auch gelten, wenn die Wirkung zwar erwähnt, aber nicht glaubhaft gemacht worden ist.[433]

212 *Widersprüchliche Tatsachenbehauptungen*: Stellen die Beteiligten entgegengesetzte Tatsachenbehauptungen auf, ohne sie zur Überzeugung von Amt oder Gericht belegen zu können, und können Amt oder Gericht auch im Wege der Amtsermittlung die Richtigkeit weder der einen noch der anderen Behauptung feststellen, so geht dieser Nachteil zu Lasten desjenigen, der aus der jeweiligen Tatsache den Eintritt einer für ihn günstigen Rechtsfolge herleiten will. Dies ist idR der Einsprechende.[434]

213 **4.8 Verspätetes Vorbringen** *(late submission)*, vgl dazu ausführlich vor DPMA und BPatG Einl Rdn 239 und vor EPA Einl Rdn 244.

Trägt der Einsprechende nach Ablauf der Einspruchsfrist neue Tatsachen zur Stützung seines Einspruchs vor, so hat er keinen Anspruch, dass dieses verspätete Vorbringen in der Entscheidung über seinen Einspruch berücksichtigt wird (s Rdn 189 ff). Im Rahmen der Amtsermittlung prüft das Patentamt das verspätete Vorbringen auf seine Relevanz und entscheidet nach pflichtgemäßem Ermessen, ob es das neue, verspätet genannte Material in das Verfahren einführt.[435] Ist es erheblich und nicht rechtsmissbräuchlich[436] vorgebracht, wird es – nach Gewährung ausreichenden rechtlichen Gehörs für die Beteiligten – der Entscheidung zu Grunde gelegt. Andernfalls wird das verspätete Vorbringen nicht in das Verfahren zugelassen.

5 Rechtliches Gehör *(right to be heard)*

214 Vgl dazu ausführlich Einl Rdn 284. Der Anspruch auf Gewährung rechtlichen Gehörs ergibt sich für das europäische Einspruchsverfahren aus Art 113 (1) EPÜ und für das

---

428 T 0085/93 ABl **98**, 183; T 0475/88 BeckRS **89**, 30591159.
429 T 0472/92 ABl **98**, 161; T 0326/93 EPOR **95**, 297.
430 Vgl T 0939/92 ABl **96**, 309, 324.
431 T 0016/87 ABl **92**, 212; T 0675/91 ABl **94** SonderA 89.
432 T 1213/03 ABl **06** SonderA 36.
433 T 0355/97 RechtsprBK EPA **19**, 217; T 0097/00 ABl **04** SonderA 71.
434 T 0219/83 ABl **86**, 211; T 0675/91 ABl **94** SonderA 89.
435 BGH BlPMZ 77, 277 *Gleichstromfernspeisung*; T 1002/92 ABl **95**, 605 (neues Material muss in 1. Instanz prima facie relevant und in 2. Instanz prima facie hochrelevant sein); BPatGE **43**, 276, 278.
436 Die verspätete Geltendmachung einer eigenen Vorbenutzung kann als unangemessen erachtet werden, selbst wenn der Einsprechende sie nicht absichtlich zurückgehalten, jedoch eine rechtzeitige hauseigene Recherche unterlassen hat, s T 1955/13 v 9.5.2017 BeckRS **17**, 138258.

deutsche Einspruchsverfahren aus Art 103 (1) GG[437] sowie einer analogen Anwendung der §§ 48 S 2 iVm § 42 (3) 2 und des § 93 (2) PatG,[438] die eine Stützung der Entscheidung nur auf Umstände, Tatsachen und Beweisergebnisse erlauben, zu denen sich die Beteiligten äußern konnten. Überraschungsentscheidungen sind verboten.[439]

5.1 Umfang: Rechtliches Gehör ist zu allen für die Entscheidung wesentlichen Erwägungen tatsächlicher *und* rechtlicher Art zu gewähren,[440] so dass kein Beteiligter von der Entscheidung überrascht sein kann. Das bedeutet nicht, dass den Beteiligten die Rechtsauffassung, zu der Amt oder Gericht nach Beratung kommt, vor Erlass der Entscheidung mitgeteilt werden müsste.[441] Es genügt vielmehr, wenn den Beteiligten die entscheidungserheblichen Tatsachen und rechtlichen Gesichtspunkte einschließlich der technischen Würdigung der patentierten Erfindung und der Entgegenhaltungen[442] entweder positiv bekannt sind oder aus dem gesamten Inhalt des Einspruchsverfahrens ohne weiteres hätten bekannt sein können, sei es aus dem Einspruch, den Schriftsätzen, der Patentschrift des angegriffenen Patents,[443] dem Erteilungsverfahren oder einem Zwischenbescheid. Auch bei einer schwerpunktmäßigen Erörterung eines bestimmten Widerrufsgrunds in der Verhandlung darf der Patentinhaber nicht annehmen, allein dieser Widerrufsgrund sei entscheidungserheblich.[444]

215

5.2 Grundsatz der Gleichbehandlung *(right to equal treatment)* verlangt, dass die Beteiligten grundsätzlich in gleicher Weise Gelegenheit zur mündlichen oder schriftlichen Stellungnahme erhalten, dh idR gleich oft, sofern sonst eine Partei ungerechtfertigt bevorzugt wird.[445] Das scheidet aus, wenn die letzte Eingabe eines Beteiligten nichts Neues oder nichts Entscheidungserhebliches enthält oder wenn zugunsten des »Benachteiligten« entschieden wird. Eine gleiche Fristsetzung für alle Beteiligten verlangt der Grundsatz des rechtlichen Gehörs nicht.[446]

216

5.3 Ausreichende Frist zur Äußerung *(sufficient time to submit an adequate response)* muss so bemessen sein, dass dem Beteiligten eine sachgemäße Eingabe möglich ist. Im Normalfall wird eine Frist von 3 Monaten (so DPMA)[447] oder 4 Monaten (so EPA)[448] als angemessen anzusehen sein. Sie kann je nach Art des klärungsbedürfti-

217

---

437 Analoge Anwendung auf das gerichtsähnliche Einspruchsverfahren: BGH BlPMZ **66**, 234 (II2b) *Abtastverfahren*.
438 BGH BlPMZ **66**, 234 *Abtastverfahren*; **77**, 277 (III2b) *Gleichstromfernspeisung*; BPatGE **30**, 40, 41.
439 BPatGE **53**, 158.
440 BVerfG NJW **96**, 3202; NJW-RR **95**, 1033; T 0532/91 RechtsprBK/EPA **19**, 667; T 0433/93 ABl **97** SonderA 96; T 0187/95 ABl **98** SonderA 65.
441 Vgl BGH BlPMZ **66**, 234 (II2b) *Abtastverfahren*; **77**, 237 (IV1) *Leckanzeigeeinrichtung*; BPatGE **53**, 158; GrBK R 0012/09 ABl **11** SonderA 2, 117; R 0016/11 v 23.3.2012 BeckRS **12**, 215761 mwN.
442 BGH BlPMZ **66**, 234 (II2b Abs 6) *Abtastverfahren*.
443 T 0347/95 ABl **98** SonderA 90 für in der Beschreibungseinleitung gewürdigtes Dokument.
444 BGH GRUR **13**, 318 *Sorbitol*.
445 T 0682/89 ABl **94** SonderA 78; T 0532/91 RechtsprBK/EPA **19**, 1265.
446 BGH GRUR **97**, 223 (III1d) *Ceco*.
447 DPMA-EinspruchsRichtl v 3.7.2018, Nr 9.3.
448 EPA-PrüfRichtl E-VIII 1.2; Mitteilung der EPA über das Einspruchsverfahren ab 1.7.2016 ABl **16**, A42 (Nr 4).

gen Punktes kürzer (zB für Beseitigung formaler oder geringfügiger Mängel) oder länger sein (zB zur Stellungnahme zu Vergleichsversuchen). Bei der Fristbemessung ist die Geschäftslage der Abteilung zu berücksichtigen.

218 **Wartefrist** (*opportunity to file observations*): Werden Schriftsätze ohne Fristsetzung zur Kenntnisnahme übersandt, muss zwischen Zustellung und Erlass der Entscheidung eine solche Wartefrist liegen, dass der betroffene Beteiligte eine faire Chance hatte, sich sachlich zu äußern[449] oder – wenn ein größerer Zeitaufwand erforderlich ist – um die Gewährung einer angemessenen Frist zu bitten. Die Beteiligten können aber den Erlass in einer entscheidungsreifen Sache nicht durch stete Einreichung neuer Eingaben verhindern. Einer Wartefrist bedarf es nicht, wenn die Eingabe rechtsmissbräuchlich ist, zB nur der Verfahrensverschleppung dient, sich in bloßen Wiederholungen ergeht oder nichts Entscheidungserhebliches enthält oder wenn zugunsten dessen entschieden wird, dem gegenüber die sonst erforderliche Wartefrist nicht eingehalten wird.

219 **5.4 Übermittlung von Schriftsätzen** (*notification of submissions*) der Beteiligten und von Dritten an die übrigen Beteiligten hat – gleich welchen Inhalt sie haben – *unverzüglich* zu erfolgen,[450] denn der Anspruch auf rechtliches Gehör umfasst auch das Recht, von den Ausführungen des Gegners ohne unangemessene Zeitverzögerung Kenntnis zu erhalten. Aus § 17 (2) DPMAV ergibt sich, dass in mehrseitigen Patentverfahren aufgefordert werden kann, Abschriften von eingereichten Schriftstücken für die übrigen Beteiligten nachzureichen. Nach R 81 (2) EPÜ sind *alle* Bescheide und *alle* eingehenden Stellungnahmen den Beteiligten zu übersenden. Dies gilt auch für Beschwerdeschreiben einer Partei, die an eine andere Einheit des Amts gerichtet und von dieser beantwortet werden.[451] Kopien von beigefügten Patentdokumenten werden allerdings nur noch auf Antrag übersandt.[452]

220 *Formlose Übersendung* der Schriftsätze genügt, sofern nicht eine Zustellung vorgeschrieben ist oder von der Abteilung angeordnet wird (s § 21 DPMAV). Wird eine Frist gesetzt, ist zur Kontrolle der Einhaltung förmliche Zustellung anzuordnen. Bei Übersendung ohne Fristsetzung kann nach Ablauf der Wartefrist (s Rdn 218) entschieden werden.

221 **Unzulässig** ist es, a) die Übersendung eingegangener Schriftsätze willkürlich zu verzögern oder sie etwa erst mit der Einspruchsentscheidung zu übermitteln;[453] b) den Antrag des Patentinhabers nicht zuzustellen. Die Zustellung des Zwischenbescheids, mit dem eine Änderung der Unterlagen vorgeschlagen oder angeregt wird, ist dafür

---

449 BGH GRUR 00, 597 *Kupfer-Nickel-Legierung*.
450 BGH BlPMZ 77, 277 (II/2) *Gleichstromfernspeisung*; BPatGE **5**, 21, 23; **24**, 144, 148; DPMA-EinspruchsRichtl v 3.7.2018, Nr 9.3; EPA-PrüfRichtl D-IV 5.4.
451 T 1691/15 v 27.7.2016 BeckRS **16**, 120638.
452 EPA-Mitt v 3.6.2009 ABl 09, 434.
453 BPatGE **24**, 144, 148 (II2b bb); BPatG Mitt **70**, 176; BlPMZ **85**, 139 (Übersendung der Einspruchserwiderung erst mit der Entscheidung, die Einspruch als unzulässig verwirft); BPatGE **22**, 61 für Einspruchsschriftsatz.

kein Ersatz;[454] c) wenn der Einsprechende von der Erörterung von Entgegenhaltungen ausgeschlossen wird, die er erst nach Ablauf der Einspruchsfrist genannt hat.[455]

5.5 Zwischenbescheide *(communications)*: Während im Prüfungsverfahren vor der Entscheidung der Erlass eines Prüfungsbescheides vorgeschrieben ist, wenn die Prüfung ergibt, dass eine patentfähige Erfindung nicht vorliegt (s § 45 (2) und § 42 (2) PatG und Art 94 (3) EPÜ), ist der Erlass eines Zwischenbescheides im Einspruchsverfahren gemäß § 59 PatG sowie Art 101 (1) 2 und R 81 (2) EPÜ[456] nicht zwingend vorgeschrieben. §§ 42 (2) und 45 (2) sind auch nicht analog anzuwenden.[457] Es besteht somit *keine Verpflichtung, mindestens einen Zwischenbescheid* vor der Entscheidung zu erlassen. Wird allerdings eine Anhörung angeordnet, so soll diese durch einen Ladungsbescheid, in dem auf die erörterungsbedürftigen Punkte hinzuweisen ist, vorbereitet werden (§ 59 (3) und R 116 EPÜ). 222

Eine Entscheidung ohne vorherigen Zwischenbescheid setzt aber voraus, dass den Beteiligten zu den Grundlagen der Entscheidung ausreichendes rechtliches Gehör gewährt worden ist (s Rdn 214 ff). Deshalb ist in der Praxis der Erlass eines Zwischenbescheides vor der Entscheidung die Regel, um einen möglichen Verfahrensfehler, der zu einer unnötigen Zurückverweisung führt, zu vermeiden. 223

Unparteilichkeit ist für Form und Inhalt eines Zwischenbescheids erforderlich. Einseitigkeit kann Besorgnis der Befangenheit begründen.[458] 224

Beschwerde gegen Zwischenbescheid ist nicht statthaft, da dieser kein Beschluss iSd § 73 PatG (s § 73 Rdn 30)[459] bzw keine Entscheidung nach Art 106 (1) EPÜ ist.

Zwischenbescheid ist erforderlich 1. wenn neue Entgegenhaltungen eingeführt werden, zB verspätet genannte oder von der Abteilung recherchierte; 2. wenn der technische Sachverhalt einer Entgegenhaltung nicht eindeutig geklärt ist oder abweichend vom Prüfungsverfahren gewertet werden soll;[460] 3. wenn eine Entgegenhaltung in überraschender Abkehr von der bisherigen Interpretation technisch anders verstanden werden soll; 4. zur Klärung der Frage, ob ein bisher nicht erörtertes Fachwissen als allgemeines Fachwissen angesehen werden kann; 5. zu noch nicht erörterten Voraussetzungen der Zulässigkeit des Einspruchs.[461] 6. zur Vorbereitung einer Anhörung nach § 59 (3) (s Rdn 222). 225

Zwischenbescheid ist nicht erforderlich 1. zum Zweck der Ankündigung einer ungünstigen Entscheidung;[462] 2. zur bloßen Mitteilung der endgültigen Rechtsauffassung der Abteilung oder von Rechtssätzen oder rechtlichen Erwägungen;[463] 3. neben 226

---

454 BPatG BlPMZ *84,* 240; *86,* 181.
455 BGH BlPMZ 77, 277 *Gleichstromfernspeisung*; BPatGE 18, 19, 21.
456 T 0275/89 ABl *92,* 126.
457 BGH BlPMZ 66, 234 *Abtastverfahren*; BPatGE 3, 40; 21, 102, 104 f.
458 BPatGE *46,* 122.
459 BPatGE 3, 13, 14; 17, 226; 46, 122.
460 BPatGE *16,* 220.
461 BPatGE 30, 40.
462 BPatGE *22,* 61.
463 BGH BlPMZ 66, 234 *Abtastverfahren*; BPatGE 3, 40.

der Übersendung einer verspätet genannten Entgegenhaltung ein Hinweis auf deren Verwertbarkeit von Amts wegen;[464] 4. zur Mitteilung der Auslegung und Bewertung der den Beteiligten bekannten Entgegenhaltung, wenn diese sich im Rahmen der allgemeinen Denkgesetze und des jedem geläufigen allgemeinen Fachwissens halten;[465] 5. zur Nachfrage, ob der Patentinhaber an einem beschränkten Patent Interesse habe.[466]

Wiederholter Zwischenbescheid ist erforderlich, wenn die tatsächliche Entscheidungsgrundlage sich geändert hat, zB durch neue Entgegenhaltungen, aber unnötig, wenn die entscheidungserheblichen Gründe, die einer Aufrechterhaltung entgegenstehen, unverändert fortbestehen.[467]

5.6 Beispiele aus der Rechtsprechung zum rechtlichen Gehör *(case law concerning right to be heard)*

227 *Anspruch auf rechtliches Gehör wird verletzt,* **1.** wenn dem Einsprechenden Eingaben des Patentinhabers mit neuen Anträgen oder tatsächlichen Ausführungen vorenthalten werden;[468] **2.** wenn Patent mit geänderten Unterlagen aufrechterhalten wird, ohne den Einsprechenden dazu vorher zu hören;[469] **3.** wenn dem Patentinhaber die Einspruchserwiderung erst mit dem Beschluss übersandt wird, der den Einspruch als unzulässig verwirft;[470] **4.** wenn der Antrag des Patentinhabers, der sich den Vorschlag der Abteilung zu eigen macht, den anderen Beteiligten nicht zugestellt wird;[471] **5.** wenn dem Einsprechenden der Grund der Unzulässigkeit seines Einspruchs nicht bekannt ist;[472] **6.** wenn ein Beteiligter zu der Annahme verleitet wird, er brauche zur Wahrung seiner Interessen zu den vom Gegner eingereichten neuen Tatsachen und Beweismitteln nicht Stellung zu nehmen, diese aber Grundlage der Entscheidung sind;[473] **7.** wenn dem Patentinhaber eine Eingabe des Einsprechenden versehentlich nicht übersandt wird;[474] **8.** wenn ein Patent auf Grund eines Einspruchsgrundes (zB unzureichende Offenbarung) widerrufen wird, dessen Einführung von Amts wegen dem Patentinhaber vorher nicht mitgeteilt war;[475] **9.** wenn ohne Zwischenbescheid widerrufen wird, obwohl der Patentinhaber beantragt hatte, das Patent mit noch festzulegenden Ansprüchen beschränkt aufrechtzuerhalten;[476] **10.** wenn ein Einsprechender von der Erörterung der gegen die Aufrechterhaltung sprechenden Gründe ausgeschlossen wird, weil sein Einspruch zu Unrecht als unzulässig angesehen wurde;[477] **11.** wenn BPatG Patentfähigkeit unter Berufung auf eine vom Einsprechenden nur beiläufig erwähnte Veröffent-

---

464   BPatGE 21, 102.
465   BGH BlPMZ 66, 234, 237 lSp *Abtastverfahren.*
466   T 0165/93 ABl 95 SonderA 81.
467   T 0161/82 ABl 84, 551; T 0165/93 ABl 95 SonderA 81.
468   BGH BlPMZ 77, 277 *Gleichstromfernspeisung.*
469   BPatG BlPMZ 84, 240.
470   BGH BlPMZ 85, 139 *Einspruchserwiderung.*
471   BPatG BlPMZ 86, 181.
472   BPatGE 30, 40.
473   T 0669/90 ABl 92, 739.
474   T 0789/95 ABl 98 SonderA 91.
475   T 0433/93 ABl 97 SonderA 96.
476   T 0293/88 ABl 95 SonderA 8.
477   BGH BlPMZ 85, 304 *Zulässigkeit des Einspruchs.*

lichung verneint, ohne Patentinhaber hierauf hinzuweisen;[478] **12.** wenn die Patentabteilung die gezielte Frage, ob Hilfsanträge eingereicht werden sollen, unbeantwortet lässt;[479] **13.** bei fehlendem Hinweis im Falle nebengeordneter Ansprüche, von denen nur einer vom Patentinhaber verteidigt wird.[480]

Anspruch auf rechtliches Gehör wird nicht verletzt, **1.** wenn Druckschriften, auf die sich die Einspruchsschrift stützt, unter Zuhilfenahme des eigenen technischen Fachwissens technisch gewürdigt werden;[481] **2.** wenn eine offenkundige Vorbenutzung nach vorläufiger Ansicht als dem Streitpatent nicht entgegenstehend angesehen, in der mündlichen Verhandlung aber erörtert wird;[482] **3.** wenn der Patentinhaber eingeschränkte Ansprüche einreicht, die eine Berücksichtigung anderer Entgegenhaltungen erfordern, die sich im Einspruchsverfahren befinden, bisher aber keiner Erörterung bedurften;[483] **4.** wenn einer Partei die Eingabe des Gegners zur Kenntnisnahme ohne Anheimgeben einer Stellungnahme zugestellt wird, diese sich nicht äußert (auch keine Frist erbittet) und nach angemessener Zeit entschieden wird;[484] **5.** wenn BPatG erst in der mündlichen Verhandlung auf die hohe Relevanz einer im Erteilungsverfahren berücksichtigten Entgegenhaltung hinweist, die in der Einspruchsbegründung nur beiläufig angeführt ist.[485]

6 Anhörung

Eine Anhörung ist gemäß § 59 (3)[486] auf Antrag zwingend erforderlich,[487] selbst bei Verwerfung eines Einspruchs als unzulässig,[488] kann aber auch ohne Antrag von Amts wegen bei Sachdienlichkeit angeordnet werden. Zur Sachdienlichkeit s § 46 Rdn 11. Wird eine Anhörung angeordnet, so soll diese durch einen Ladungsbescheid, in dem auf die erörterungsbedürftigen Punkte hinzuweisen ist, vorbereitet werden (§ 59 (3) 2, ebenso R 116 EPÜ).

6.1 Öffentlichkeit der Anhörung: Durch das PatNovG 2013 hat der Gesetzgeber entschieden, zur Erhöhung der Transparenz des Einspruchsverfahrens und zur Befriedigung des Informationsinteresses der Allgemeinheit die Öffentlichkeit bei Anhörungen im Einspruchsverfahren grundsätzlich zuzulassen. Dies hat zur Einfügung der Sätze 3 und 4 in Absatz 3 und eines neuen Absatzes 4 in § 59 geführt (s Rdn 1).

§ 59 (3) 3 legt das Prinzip der Öffentlichkeit von Anhörungen fest und führt damit zu einer weiteren Annäherung an das europäische Einspruchsverfahren, in dem die Öffentlichkeit mündlicher Verhandlungen in Art 116 (4) EPÜ ebenfalls grundsätzlich anerkannt ist.[489] Zur Regelung der Einzelheiten verweist § 59 (3) 4 auf §§ 169 (1) 2,

---

478 BGH GRUR 09, 1192 *Polyolefinfolie.*
479 BPatG Mitt **12**, 223 L.
480 BGH GRUR **10**, 87 *Schwingungsdämpfer.*
481 BGH BlPMZ **66**, 234 (II2b) *Abtastverfahren.*
482 T 0558/95 ABl 98 SonderA 91.
483 T 0327/92 ABl 98 SonderA 92.
484 T 0494/95 ABl 98 SonderA 92.
485 BGH BlPMZ **11**, 300 *Modularer Fernseher.*
486 Eingefügt durch das ÄnderungsG vom 21.6.2006, s Rdn 1.
487 BGH GRUR **10**, 361 *Dichtungsanordnung.*
488 BGH Mitt **10**, 192 *Dichtungsanordnung II.*
489 Zur Online-Akteneinsicht im Einspruchsverfahren s MittEPA v 13.3.2020 ABl **20**, A31.

171b bis 175 GVG. Diese Verweisung ähnelt derjenigen, die in § 69 (1) 2 für die Verhandlung vor dem BPatG vorgesehen ist. Zu den sich hieraus ergebenden Einzelheiten zB hinsichtlich der Unzulässigkeit von Ton-, Fernseh- und Rundfunkaufnahmen s § 69 Rn 13 ff.

231 **6.2 Ausschluss der Öffentlichkeit:** Über §§ 172–175 GVG hinausgehend kann die Öffentlichkeit bereits dann per Beschluss ausgeschlossen werden, wenn eine Gefährdung schutzwürdiger Interessen des Antragstellers zu befürchten ist. Diese Regelung dient vornehmlich dem Schutz von Geschäftsgeheimnissen und setzt – im Unterschied zu § 172 Nr 2 GVG (s § 69 Rdn 9) – kein Überwiegen schutzwürdiger Interessen voraus. Vor dem EPA kann nach Art 116 (4) EPÜ die Öffentlichkeit insbesondere dann ausgeschlossen werden, wenn dies für einen Verfahrensbeteiligten schwerwiegende und ungerechtfertigte Nachteile zur Folge haben könnte.

232 **6.3 Aufrechterhaltung der Ordnung:** Nach § 59 (4) obliegt es dem Vorsitzenden, die Ordnung in den Anhörungen aufrecht zu erhalten. Daher regelt das Gesetz, dass ihm insoweit die Ausübung des Hausrechts obliegt, obwohl diese in Räumen des DPMA grundsätzlich der Präsidentin des DPMA zusteht.

7 Anwendung von Vorschriften des Erteilungsverfahrens gemäß § 59 (5)

233 **7.1 Anwendung des § 43 (3) 2** über Hinweise Dritter zum Stand der Technik, vgl oben Rdn 148.

7.2 Anwendung der §§ 46, 47

234 **7.2.1 Ermittlungen, Ladung von Beteiligten, Zeugen und Sachverständigen** kann die Patentabteilung ebenso wie die Prüfungsstelle durchführen, vgl § 46 Rdn 5, 23 und 42.

235 **7.2.2 Niederschrift:** zu Form, Inhalt, Berichtigung und Abschrift s § 46 Rdn 47 ff. Eine inhaltliche Protokollierung ist bei einer bloßen Anhörung eines Beteiligten nicht erforderlich, wohl aber bei der Vernehmung eines Zeugen, auch wenn es sich um einen Miterfinder handelt.[490]

236 **7.2.3 Beschluss:** zu Form, Unterschrift, Ausfertigung, Bindung, Berichtigung, Begründung, Wirksamwerden und Rechtsmittelbelehrung s § 47 Rdn 6 ff (auch für Details zu Fragen im Zusammenhang mit der elektronischen Akte).[491]

Einer Begründung bedarf es ausnahmsweise nicht, wenn dem Antrag des Patentinhabers entsprochen wird und nur noch dieser am Verfahren beteiligt ist, wenn also die Verfahrensbeteiligung aller Einsprechenden und eines nach § 59 (2) Beigetretenen vor der Entscheidung durch Rücknahme des Einspruchs oder rechtskräftige Vorabentscheidung beendet war.

---

490 BGH GRUR 11, 509 (Rn 21–25) *Schweißheizung.*
491 S insbesondere BPatG Mitt **13**, 520; BPatGE **54**, 189.

8 Kosten des Einspruchsverfahrens *(apportionment of costs)*
Vgl dazu die Erläuterungen zu § 62. 237
9 Ende des Einspruchsverfahrens *(termination of opposition proceedings)*
9.1 Formelle Rechtskraft der Entscheidung der 1. oder 2. Instanz, also wenn diese 238
mit einem Rechtsmittel nicht mehr angegriffen werden kann, führt zur Beendigung des
Einspruchsverfahrens. Zur Durchbrechung der Rechtskraft s Einl Rdn 343.

Vor EPA soll das Verfahren bereits mit dem Erlass der endgültigen Entscheidung
der Einspruchsabteilung abgeschlossen sein, und zwar unabhängig davon, wann diese
Entscheidung rechtskräftig wird.[492] Das ist nicht überzeugend. Denn wenn die Einspruchsabteilung ihre endgültige Entscheidung über Widerruf oder Aufrechterhaltung
in einer mündlichen Verhandlung verkündet, so ist damit zwar die Entscheidung existent und nicht mehr änderbar. Aber das Einspruchsverfahren endet damit nicht, da
die Einspruchsabteilung noch wesentliche Akte vornehmen muss, wie die schriftliche
Begründung ihrer Entscheidung und deren Zustellung, die nur in einem noch anhängigen Einspruchsverfahren erfolgen können.

9.2 Rücknahme eines Einspruchs in der 1. Instanz beendet das Einspruchsverfahren nicht, da eine Fortsetzung des Verfahrens von Amts wegen nach § 61 (1) 2 PatG 239
und R 84 (2) 2 EPÜ möglich ist (s § 61 Rdn 31 f). Die Rücknahme des Einspruchs
führt daher nur zur Beendigung der Verfahrensbeteiligung des Einsprechenden (s
Rdn 140), nicht aber des Einspruchsverfahrens.[493] Ist der zurückgenommene (einzige)
Einspruch unzulässig, so ist das Einspruchsverfahren ohne weitere Sachprüfung beendet[494] (s auch § 61 Rdn 29). Die Beendigung kann – soweit erforderlich – von BPatG
durch Beschluss festgestellt werden.[495] Der zurückgenommene unzulässige Einspruch
kann auch als unzulässig verworfen werden.[496]

9.3 Rücknahme eines Einspruchs in der 2. Instanz beendet das Einspruchsverfahren 240
nur dann, wenn der Einsprechende der einzige Beschwerdeführer ist. Denn die Rücknahme des Einspruchs stellt konkludent auch die Rücknahme der Beschwerde dar (s
§ 61 Rdn 34). Es ist daher nicht mehr angebracht, die Beschwerde des Einsprechenden,
der seinen Einspruch zurückgenommen hat, als unzulässig zu verwerfen.[497]

9.4 Wegfall des Einsprechenden aus anderen Gründen als Einspruchsrücknahme: Die Einsprechendenstellung kann auch dadurch nachträglich wegfallen, dass 241
der Einsprechende ohne Rechtsnachfolger untergeht, zB durch Liquidation und
Löschung einer Gesellschaft,[498] das Patent auf den Einsprechenden übertragen wird[499]

---

492 GrBK G 0004/91 ABl **93**, 339 *Beitritt/DOLEZYCH II*.
493 BGH GRUR **78**, 99 (III1a) *Gleichstromfernspeisung*; BPatGE **29**, 92, 95; **29**, 234, 236; **31**, 21, 23.
494 BGH GRUR **87**, 513 (II1) *Streichgarn*.
495 BPatGE **46**, 247.
496 BPatGE **31**, 21.
497 So aber BPatGE **29**, 92 u 334.
498 T 0525/94 BeckRS **98**, 30599458; vgl BPatGE **1**, 78 (Löschung einer GmbH).
499 BGH GRUR **96**, 42 *Lichtfleck* betr widerrechtlicher Entnahme, wenn der Einsprechende den Einspruch weiter verfolgt, weil er das Nachanmelderecht nach § 7 (2) in Anspruch nehmen will.

oder Patentinhaber und Einsprechender fusionieren (s auch Rdn 140). Diese Tatbestände sind entsprechend der Rücknahme des Einspruchs zu behandeln.[500] Denn es wäre wenig sachgerecht und nicht immer mit dem Interesse des Patentinhabers vereinbar, in solchen Fällen von einer nachträglichen Unzulässigkeit des zulässig erhobenen Einspruchs auszugehen. Die sachliche Prüfungskompetenz des Patentamts, die durch den zulässig erhobenen Einspruch entstanden ist, sollte nicht nachträglich durch solche Ereignisse, die nach Ablauf der Einspruchsfrist eintreten, wieder beseitigt werden können.[501] Dies bedeutet, dass das Verfahren in der 1. Instanz nicht automatisch beendet ist, sondern, sofern der Einspruch zulässig war, fortgesetzt werden kann. In der 2. Instanz ist allerdings das (Beschwerde-)Verfahren beendet, wenn der Einsprechende der einzige Beschwerdeführer war.

242 **9.5 Rücknahme der Beschwerde** beendet das Einspruchsverfahren, wenn die einzige oder bei mehreren eingelegten Beschwerden alle Beschwerden gegen die erstinstanzliche Endentscheidung zurückgenommen werden.

243 **9.6 »Rücknahme der Anmeldung«** beendet das Einspruchsverfahren nicht. Denn im Einspruchsverfahren kann gemäß § 20 (1) nur für die Zukunft auf das Patent verzichtet werden, nicht aber eine seit der rechtskräftigen Erteilung nicht mehr bestehende Anmeldung zurückgenommen werden.[502] Mit der Erklärung der »Rücknahme der Anmeldung« könnte aber im Einzelfall die Rücknahme der Beschwerde des Patentinhabers gegen den Widerruf seines Patents[503] oder ein Antrag auf Widerruf seines eigenen Patents gemeint sein,[504] was durch eine Rückfrage zu klären ist.

244 **9.7 Erlöschen des Patents** mit Wirkung ex nunc wegen Verzichts[505] oder Ablaufs der Schutzdauer[506] führt nach hM im deutschen Recht wegen fehlenden Rechtsschutzinteresses zur *Erledigung des Einspruchsverfahrens in der Hauptsache*.[507] Diese ist durch Beschluss festzustellen (s § 61 (1) 5 nF).[508] Das Einspruchsverfahren soll nur fortgesetzt werden, wenn der Einsprechende ein schutzwürdiges Interesse an dem rückwirkenden Widerruf des ex nunc erloschenen Patents dartun kann.[509] Dieses kann in der begründeten Gefahr bestehen, dass der Einsprechende oder seine Abnehmer noch für die Vergangenheit aus dem Patent in Anspruch genommen werden.[510] Es besteht nicht mehr, wenn der Patentinhaber gegenüber dem Einsprechenden verbindlich erklärt, gegen diesen aus dem Patent auch für die Vergangenheit keine Ansprüche geltend zu

---

500 BPatGE **52**, 19; BPatG BlPMZ **09**, 405.
501 AA aber BGH GRUR **12**, 1071 (Rn 9) *Sondensystem* für den Fall des Erlöschens des Streitpatents und Wegfall des Rechtsschutzbedürfnisses des Einsprechenden, s dazu Rdn 244.
502 BGH GRUR **99**, 571 *Künstliche Atmosphäre*; BPatGE **38**, 195.
503 T 0481/96 ABl 97 SonderA 113.
504 T 0237/86 ABl **88**, 261; T 0347/90 ABl **94** SonderA 117; T 0322/91 ABl **94** SonderA 116.
505 BGH GRUR **12**, 1071 *Sondensystem*; BPatGE **29**, 84; BPatG BIPMZ **13**, 315.
506 BGH GRUR **81**, 515 *Anzeigegerät*; **97**, 615 *Vornapf*; BPatGE **29**, 65; BlPMZ **97**, 175 L.
507 S zB BPatGE **53**, 12; dagegen mit guten Gründen aber Hövelmann GRUR **07**, 283.
508 So bereits BGH GRUR **12**, 1071 (Rn 6) *Sondensystem*; s Begründung des Entwurfs des 2. PatRModG (BR-Drucksache 19/25821, S 48).
509 BGH GRUR **81**, 515 *Anzeigegerät*; **97**, 615 *Vornapf*; **08**, 279 (Rn 13) *Kornfeinung*; BPatGE **26**, 15; **53**, 12; BPatG Mitt **13**, 412; aA BPatG GRUR **11**, 657.
510 Vgl BGH GRUR **10**, 1084 (Rn 10) *Windenergiekonverter* (für NichtigkeitsV).

machen.[511] Im Einzelnen vgl § 81 Rdn 42. Über die Frage des ausreichenden Rechtsschutzinteresses kann durch *Vorab-* oder *Zwischenentscheidung* entschieden werden, die selbständig anfechtbar ist[512] (s Einl Rdn 521). *Rückwirkender Fortfall des Erlöschens des Patents*, zB durch Wiedereinsetzung, versetzt Einspruchsverfahren wieder in die frühere Verfahrenslage, so dass es fortzusetzen ist.[513]

Kritik: Da die Einleitung eines Einspruchsverfahrens nicht den Nachweis eines Rechtsschutzinteresses erfordert (s Rdn 54) und die Rechtsfolge eines erfolgreichen Einspruchs die Beseitigung des angegriffenen Patents mit Wirkung ex tunc ist, ist schwer einzusehen, warum der bloße Wegfall der Wirkungen des Patents im Normalfall das Rechtsschutzinteresse des Einsprechenden beseitigen soll. Das Regel-Ausnahme-Verhältnis sollte daher umgekehrt bestimmt werden: Nur wenn es offensichtlich ist, dass der Einsprechende keinerlei Interesse an einer Beseitigung ex tunc hat, sollte von der Fortsetzung des Einspruchsverfahrens abgesehen werden können.[514]

Auch die Rechtsprechung verlangt jedoch dann kein besonderes Rechtsschutzbedürfnis, wenn das Patent nach Art II § 8 IntPatÜG wirkungslos wird, da das Patent in diesem Fall nicht erlischt, sondern formal bestehen bleibt.[515] Ebenso wenig führt das Wirkungsloswerden des Patents zu einer Erledigung der Hauptsache im Einspruchsverfahren.[516]

Vor EPA: Verzicht und Erlöschen des Patents für alle benannten Vertragsstaaten führt nur dann zur Beendigung des Einspruchsverfahrens, wenn der Einsprechende keinen Antrag nach R 84 (1) EPÜ auf Fortsetzung des Verfahrens stellt.

Einen Verzicht auf das europäische Patent kann der Patentinhaber nicht gegenüber EPA, sondern nur gegenüber den nationalen Behörden der benannten Vertragsstaaten erklären[517] oder durch Nichtzahlung der Jahresgebühren herbeiführen. Bestätigen die Vertragsstaaten dem EPA den Verzicht oder das Erlöschen,[518] wird dies von der Einspruchsabteilung oder der Beschwerdekammer[519] dem Einsprechenden mitgeteilt.

Antrag auf Fortsetzung des Einspruchsverfahrens kann der Einsprechende nach **R 84 (1) EPÜ** innerhalb von 2 Monaten ab der Mitteilung des EPA beantragen. Wird ein Antrag fristgerecht gestellt, *kann* das Einspruchsverfahren fortgesetzt werden. Der Antrag kann nur abgelehnt werden, wenn es offensichtlich ist, dass der Einsprechende keinerlei rechtlich schutzwürdiges Interesse am Widerruf des Patents für die Vergangenheit hat. Wird kein Antrag gestellt, ist das Einspruchsverfahren beendet. Einer Entscheidung, die dieses feststellt, bedarf es nur, wenn die Parteien darüber streiten. Zur analogen Anwendung von R 84 (1) EPÜ im Beschwerdeverfahren und ihren Grenzen s Anhang zu § 73 Art 106 Rn 31.

Das einseitige **Widerrufsverfahren nach Art 105a EPÜ** kann nicht mehr in Gang gesetzt werden, wenn bereits ein Einspruchsverfahren anhängig ist (s Art 105a (2) und R 93 (1) EPÜ). War das Widerrufsverfahren aber bereits anhängig, ist es unabhängig vom Einspruchsverfahren fortzusetzen. Dies folgt im Umkehrschluss aus R 93 (2), die

---

511 BGH GRUR **12**, 1071 (Rn 8) *Sondensystem.*
512 BPatGE **29**, 65, 67.
513 BPatG BlPMZ **93**, 62.
514 Noch weiter gehend van Hees/Braitmayer, 4 Aufl, S 146 ff.
515 BGH GRUR **08**, 279 (Rn 14) *Kornfeinung.*
516 BPatGE **49**, 243 im Anschluss an BGH GRUR **94**, 439 *Sulfonsäurechlorid* (vgl oben Rdn 55).
517 GrBK G 0001/90 ABl **91**, 275 (Nr 8) *Widerruf des Patents*; T 0073/84 ABl **85**, 241.
518 T 0194/88 RechtsprBK/EPA **19**, 1011.
519 T 0329/88 ABl **94** SonderA 117.

nur eine Einstellung des Beschränkungsverfahrens, nicht aber des Widerrufsverfahrens vorsieht. Wird der Widerruf ausgesprochen, so ist das Einspruchsverfahren beendet, da das Ziel des Einspruchs (Beseitigung des Patents mit Wirkung ex tunc) bereits erreicht ist.

V. Beitritt des angegriffenen Patentverletzers *(intervention of the assumed infringer)*

246 Lit: Brüning-Petit in FS Pagenberg 2006; Lit in EIPR: Willoughby 00, 373; Lit in GRUR: van Hees 87, 855; Lit in JIPLP: Straus 12, 801; Lit in Mitt: Hövelmann 03, 303.

§ 59 (2) und Art 105 EPÜ ermöglichen einem Dritten, der als Verletzer aus dem Patent in Anspruch genommen wird, den mangelnden Rechtsbestand des Patents in einem anhängigen Einspruchsverfahren geltend zu machen. Damit ist sichergestellt, dass der angegriffene Verletzer die Ungültigkeit des Patents auch dann geltend machen kann, wenn die nationale Rechtsordnung eine Erhebung der Nichtigkeitsklage während der Anhängigkeit eines Einspruchsverfahrens nicht zulässt (s § 81 (2) PatG) und die mangelnde Gültigkeit des Patents im Verletzungsverfahren nicht eingewandt werden kann.

1 Zulässigkeit des Beitritts *(admissibility of an intervention)*

247 **1.1 Beitrittserklärung** *(notice of intervention)* muss die allgemeinen Voraussetzungen jeder Verfahrenshandlung erfüllen (s Einl Rdn 41 ff). Schriftform gilt für Erklärung und Begründung (s Einl Rdn 352). Erklärender muss Partei eines Verletzungsverfahrens sein. Seine Erklärung muss erkennen lassen, dass eine förmliche Verfahrensbeteiligung als Einsprechender gewollt ist und nicht der bloße Hinweis auf entgegenstehenden Stand der Technik.

Gebühr sieht das PatKostG ebenso wie R 89 (2) 2 EPÜ nicht nur für den Einspruch, sondern auch für den Beitritt vor.

248 **1.2 Erhebung eines Einspruchs** *(notice of opposition)* durch einen anderen als den Beitretenden muss vorliegen.[520] Diese Voraussetzung sollte auch dann bejaht werden, wenn der Einspruch durch einen Strohmann des später Beitretenden eingelegt wurde.[521] Der Einspruch muss sich gegen ein Patent richten, das im Verletzungsprozess (zumindest auch) Klagepatent ist. *Zulässigkeit des Einspruchs* ist nicht erforderlich,[522] denn sonst könnte der vermeintliche Verletzer, solange das Einspruchsverfahren über den möglicherweise unzulässigen Einspruch anhängig ist, das Patent zu seiner Verteidigung überhaupt nicht angreifen, da § 81 (2) eine Nichtigkeitsklage ausschließt. Das müsste aus diesem Grunde auch gelten, wenn der Einspruch offensichtlich unzulässig ist,[523] weil der Sinn des § 59 (2) und des Art 105 EPÜ gerade darin liegt, dem angeblichen Verletzer zu jeder Zeit einen Angriff gegen das Patent zu ermöglichen, sei es im Einspruchs- oder im Nichtigkeitsverfahren.

---

520 T 0384/15 RechtsprBK/EPA **19**, 1002.
521 Offengelassen in T 0384/15 RechtsprBK/EPA **19**, 1002, da Strohmanneigenschaft nicht bewiesen wurde.
522 BGH GRUR **93**, 892 *Heizkörperkonsole* gegen BPatGE **34**, 95.
523 Offen gelassen von BGH GRUR **93**, 892 (II2b)*Heizkörperkonsole*.

1.3 Anhängigkeit des Einspruchsverfahrens *(pending opposition proceedings)* im Zeitpunkt des Eingangs der Beitrittserklärung ist Voraussetzung eines wirksamen Beitritts, da nach § 59 (2) und Art 105 EPÜ nur »dem Einspruchsverfahren« beigetreten werden kann. Anhängig ist ein Einspruchsverfahren von der Erhebung des Einspruchs bis zu seiner rechtskräftigen Erledigung, also bis zur Rechtskraft der Entscheidung der Patentabteilung oder des BPatG in einem Einspruchsbeschwerdeverfahren. Wirksam sollte daher auch ein Beitritt noch nach Erlass der Entscheidung der Patentabteilung innerhalb der Beschwerdefrist sein. Dadurch erlangt der Beitretende die Stellung als Einsprechender und kann selbst Beschwerde einlegen.

EPA: Ein Beitritt setzt nach Art 105 EPÜ ebenfalls voraus, dass ein Einspruchsverfahren zum Zeitpunkt der Einreichung der Beitrittserklärung anhängig ist.[524] Nach G 4/91 ist eine Beitrittserklärung jedoch wirkungslos, wenn sie nach Erlass einer endgültigen Entscheidung der Einspruchsabteilung während der 2-monatigen Beschwerdefrist des Art 108 EPÜ eingereicht wird und keine Beschwerde eines am ursprünglichen Einspruchsverfahren Beteiligten eingelegt wird.[525] Legt ein ursprünglich Beteiligter Beschwerde ein, so ist ein Beitritt während des anhängigen Beschwerdeverfahrens zulässig.[526]

Kritik: Die Entscheidung G 0004/91 beruht mE auf einer unrichtigen Interpretation des Begriffs »Einspruchsverfahren« in Art 105 EPÜ. Dieser Begriff wird im EPÜ sonst für das Verfahren von der Erhebung des Einspruchs bis zu dessen rechtskräftiger Erledigung verwendet, so zB in Art 99 (3), Art 104 (1) oder R 85 EPÜ. Für eine abweichende Auslegung des gleichen Begriffs in Art 105 EPÜ gibt es keinen Grund (vgl auch oben Rdn 238). Ein Dritter, der aus einem europäischen Patent in Anspruch genommen wird, sollte daher auch nach Erlass der Entscheidung der Einspruchsabteilung dem noch anhängigen Einspruchsverfahren beitreten können, auch wenn kein ursprünglich Beteiligter Beschwerde einlegt. Durch den Beitritt erlangt der Beitretende die Rechtsstellung eines Einsprechenden und kann daher selbst Beschwerde einlegen. Zu weiteren Argumenten der Kritik s 9. Aufl.

1.4 Nachweis der Klageerhebung *(proof of institution of proceedings)*

1.4.1 Nachweis der erhobenen Verletzungsklage *(proof that proceedings for infringement of the same patent have been instituted)*: Die Klage ist nach § 253 (1) ZPO mit der Zustellung der Klageschrift erhoben.[527] Die Klageerhebung kann durch Vorlage der zugestellten Abschrift, ihr Zeitpunkt durch Vorlage des Vermerks über den Zustellungstag auf der zugestellten Sendung (s § 182 (2) Nr 6 ZPO) nachgewiesen werden. Dessen bedarf es idR dann nicht, wenn der Patentinhaber die Klageerhebung bestätigt. Die Rücknahme der erhobenen Klage ist auf die Zulässigkeit des vorherigen Beitritts ohne Einfluss. Nachzuweisen ist auch die Identität des Patents im Einspruchs- und Verletzungsverfahren. Einer Verletzungsklage gleichzusetzen ist ein Antrag auf

---

524 GrBK G 0004/91 ABl 93, 339 *Beitritt/DOLEZYCH II* Leitsatz 1. Nach T 0791/06 EPOR 09, 184 soll sogar ein Beitritt, der zwischen Verkündung der Entscheidung in der mündlichen Verhandlung und schriftlicher Entscheidungsabfassung erklärt wird, außerhalb des erstinstanzlichen Einspruchsverfahrens erfolgen.
525 GrBK G 0004/91 ABl 93, 339 *Beitritt/DOLEZYCH II*; T 0631/94 ABl 96, 67.
526 GrBK G 0001/94 ABl 94, 787 *Beitritt/ALLIED COLLOIDS*.
527 BGHZ 7, 268; s auch T 1138/11 v 23.8.2012 (Nr 1.7): keine Anwendung von § 167 ZPO.

Erlass einer einstweiligen Verfügung,[528] wobei der Eingang der Antragsschrift bei Gericht die Rechtshängigkeit begründet.[529]
Die Zustellung einer *Verwarnung* auf Grund des Patents berechtigt als solche nicht zum Beitritt.[530]

253   *EPA:* Der Begriff der Verletzungsklage wird auch unter dem EPÜ weit ausgelegt und umfasst auch Anträge auf einstweilige Verfügung,[531] ja sogar strafrechtliche Verfahren.[532] Entscheidend ist das Verständnis des jeweiligen nationalen Rechts.[533] Allerdings muss es sich um ein Verfahren handeln, in dem darüber befunden werden soll, ob eine Verletzung vorliegt. Ein Vorverfahren wie ein Beweissicherungsverfahren nach § 485 (2) ZPO[534] oder eine saisie-contrefaçon nach französischem, italienischem oder spanischem Prozessrecht[535] genügt hierfür nicht. Eine Verletzungsklage muss sich (zumindest auch) auf das europäische Patent stützen. Klage allein aus einem nationalen Patent, dessen Priorität für das europäische Patent beansprucht wird, genügt nicht,[536] ebenso wenig eine Klage in einem Erstreckungsstaat.[537]

254   **1.4.2 Nachweis negativer Feststellungsklage** *(proof that proceedings for a court ruling have been instituted that the intervener is not infringing the patent):* Hat der Beitretende gegen den Patentinhaber Klage auf Feststellung erhoben, dass er das Patent nicht verletze, so muss er nach § 59 (2) 2 und Art 105 (1) b) EPÜ außer der Klageerhebung (Vorlage einer beglaubigten Abschrift der Klage und der Zustellungsurkunde) auch nachweisen, dass sein Feststellungsinteresse darauf beruht, dass er zur Unterlassung der angeblichen Patentverletzung vom Patentinhaber gerade aufgrund des Patents aufgefordert worden ist, das Gegenstand des Einspruchsverfahrens ist. Hierzu ist das Aufforderungsschreiben des Patentinhabers vorzulegen. Darauf kann verzichtet werden, wenn der Patentinhaber Klageerhebung und Verwarnung bestätigt. Die Einleitung eines selbständigen Beweisverfahrens nach § 487 ZPO durch den Patentinhaber begründet allein kein Feststellungsinteresse.[538] Die nachdrückliche Aufforderung zur Lizenznahme wegen andernfalls vorliegender Patentverletzung stellt eine Aufforderung zur Unterlassung einer Patentverletzung dar, da sich durch die Lizenz das unerlaubte Tun in ein rechtmäßiges verwandeln würde.[539] Ob eine Aufforderung iSv Art 105 (1) b) EPÜ vorliegt, ist nicht nach dem Verständnis des nationalen Rechts,

---

528   BGH v 29.8.2017 X ZB 3/15 BlPMZ **18**, 244 *Ratschenschlüssel;* so bereits BPatG BeckRS 11, 21844.
529   BGH v 29.8.2017 X ZB 3/15 BlPMZ **18**, 244 *Ratschenschlüssel.*
530   T 0195/93 u T 0887/04 RechtsprBK/EPA **19**, 1004.
531   T 0425/05 ABl 07 SonderA Nr 6, 65. Allerdings nicht, wenn der Patentinhaber vor einem Verwaltungsgericht eine einstweilige Verfügung gegen die vom Beitretenden beantragte Medikamentenzulassung erhebt und mit der Gefahr künftiger Patentverletzung begründet, s T 0223/11 RechtsprBK/EPA **19**, 1004.
532   T 1713/11 ABl **14** ZPubl 5, S 107 (betr Privatanklage nach öster Recht).
533   T 0305/08 (Nr 1.3.5) EPOR **11**, 22; T 0223/11 (Nr 2) RechtsprBK/EPA **19**, 1004.
534   T 1746/15 v 13.11.2017 BeckRS **17**, 147457; T 0439/17 v 7.5.2019 BeckRS **19**, 13243.
535   T 0305/08 (Nr 1.3.5) EPOR **11**, 22; T 1713/11 ABl **14** ZPubl 5, S 107.
536   T 0338/89 EPOR **91**, 268.
537   T 0007/07 (Nr 2) ABl **12** SonderA 117; T 1196/08 (Nr 3) ABl **12** SonderA 116.
538   BGH v 2.10.2018 X ZR 62/16 GRUR **19**, 110 *Schneckenköder.*
539   T 898/07 v 30.4.2009 (Nr 2).

sondern in autonomer Auslegung zu bestimmen.[540] Die Rücknahme der erhobenen Klage beeinträchtigt nicht die Zulässigkeit des vor der Rücknahme erklärten Beitritts.

1.5 Ablauf der Einspruchsfrist *(expiry of opposition period)*: Ein innerhalb der Einspruchsfrist erklärter Beitritt wird idR als Einspruch auszulegen sein.

1.6 Beitrittsfrist von 3 Monaten *(3-months-period for intervention)* beginnt mit dem Tag der Erhebung der Verletzungsklage durch den Patentinhaber oder mit dem Tag der Erhebung der negativen Feststellungsklage durch den Beitretenden. Maßgebend ist der Tag, an dem eine der beiden Klagen erhoben wurde.[541] Wird eine der Klagen zeitlich nach der anderen erhoben, eröffnet das nicht eine neue 3-Monatsfrist.

Fristwahrung ist Voraussetzung der Zulässigkeit des Beitritts und daher von Amts wegen zu prüfen. *Beginn der Frist* wird nachgewiesen durch Nachweis der Zustellung der Klage[542] bzw der einstweiligen Verfügung, wenn diese ohne vorherige Anhörung ergangen ist,[543] oder durch eine sachlich überzeugende Bestätigung des Patentinhabers.[544] Innerhalb der Frist müssen Erklärung und Begründung[545] (s Rdn 258) und Zahlung der Einspruchsgebühr (R 89 (2) EPÜ) vorliegen. Die Fristbindung für die Begründung gemäß § 59 (2) 3 soll Verfahrensverzögerungen einschränken. Bei Versäumung sollte Wiedereinsetzung möglich sein.[546]

1.7 Begründung des Beitritts *(reasoned statement for an intervention)* muss die gleichen Erfordernisse wie die Begründung eines Einspruchs erfüllen (§ 59 (2) 4 iVm § 59 (1) 3–5; vgl dazu oben Rdn 83 ff). Sie muss insbesondere den behaupteten Widerrufsgrund substantiiert durch Angabe der Tatsachen im Einzelnen belegen. Es spricht allerdings einiges dafür, die Bezugnahme auf das Vorbringen eines anderen Einsprechenden für ausreichend zu erachten.[547]

Widerrufsgrund kann nach § 59 (2) 4 iVm § 59 (1) 3 jeder Grund des § 21 und des Art 100 EPÜ sein, auch wenn von dem ursprünglichen Einsprechenden ein anderer Einspruchsgrund geltend gemacht wird. Beitretender kann also einen neuen Einspruchsgrund einführen.[548]

2 Prüfung der Zulässigkeit des Beitritts

Die Zulässigkeit des Beitritts ist in gleicher Weise zu prüfen wie die Zulässigkeit eines Einspruchs (vgl dazu oben Rdn 150 ff), also von Amts wegen und in jedem Verfahrensstadium. Erfüllt er die Zulässigkeitsvoraussetzungen nicht, wird er als unzulässig verworfen, und zwar nach pflichtgemäßem Ermessen entweder mit der Entscheidung über die Hauptsache (über Aufrechterhaltung oder Widerruf) oder durch eine Zwischenent-

---

540 T 1138/11 v 23.8.12 (Nr 1.8.3).
541 T 0296/93 ABl 95, 627.
542 Hierzu s T 0691/16 v 05.12.2018 BeckRS 18, 38141.
543 T 0452/05 ABl 07 SonderA Nr 6, 65.
544 BPatGE 29, 194, 196.
545 BPatG BlPMZ 94, 366 L Nr 22.
546 So auch Kraßer/Ann Patentrecht 7. Aufl § 26 B.II.5.
547 T 1659/07 v 21.1.2010 (Nr 2.3) BeckRS 10, 146222.
548 BGH GRUR 93, 892 (II2b rSp) *Heizkörperkonsole*; GrBK G 0001/94 ABl 94, 787 *Beitritt/ALLIED COLLOIDS*; T 0195/93 ABl 96 SonderA 105.

scheidung.[549] Der Beitretende ist in einem solchen Fall am Verfahren – auch am Beschwerdeverfahren – insoweit am Verfahren beteiligt, als es um die Zulässigkeit des Beitritts geht.[550]

3 Rechtsstellung des Beitretenden *(legal position of an intervener)*

261 Mit dem Eingang einer zulässigen Beitrittserklärung erhält der Beitretende die gleiche Rechtsstellung, die sonst durch die Erhebung eines fristgerechten Einspruchs erworben wird.[551] Der Beitritt ist praktisch ein an sich »verspäteter« Einspruch, der aber zulässig ist, wenn er wirksam in der 3-Monatsfrist des § 59 (2) und der R 89 (1) EPÜ erklärt wird. Vom Beitretenden eingeführte Dokumente bleiben auch nach Beitrittsrücknahme, die nur seine Verfahrensstellung beendet, im Verfahren.[552]

4 Beitritt in der Beschwerdeinstanz *(intervention during appeal stage)*

262 Beitritt in der Beschwerdeinstanz ist nach deutschem[553] wie nach europäischem[554] Recht grundsätzlich zulässig. Der im Beschwerdeverfahren Beitretende kann auch Widerrufsgründe geltend machen, die nicht Gegenstand des erstinstanzlichen Einspruchsverfahrens waren.[555] Ist aber Gegenstand des Beschwerdeverfahrens nur die Anpassung der Beschreibung, ist der Beitretende nur insoweit beteiligt und kann nicht die zugrunde liegende Sachentscheidung über die Aufrechterhaltung des Patents anfechten.[556]

263 *Beitritt innerhalb der Beschwerdefrist* macht den Beitretenden zu einem Einsprechenden mit allen Rechten, somit auch dem der Erhebung einer eigenen Beschwerde, die er gegen den Beschluss der Patentabteilung allein oder neben einem ursprünglichen Einsprechenden einlegen kann. Tut er das, muss er auch die Beschwerdegebühr zahlen, andernfalls gilt seine Beschwerde nach § 6 (2) PatKostG als nicht vorgenommen (siehe § 2 PatKostG Rdn 20 im Anhang 15), und er bleibt ein nicht beschwerdeführender Einsprechender.[557] *Abweichend* von diesen Grundsätzen soll jedoch nach der Rechtsprechung des *EPA*[558] ein Beitritt während der Beschwerdefrist mangels Anhängigkeit eines Einspruchsverfahrens wirkungslos sein, wenn kein am erstinstanzlichen Einspruchsverfahren Beteiligter Beschwerde einlegt (vgl dazu und zur Kritik oben Rdn 250 f).

264 Erfolgt der *Beitritt außerhalb der Beschwerdefrist*, erlangt der Beitretende allein durch den Beitritt – und ohne Zahlung einer Beschwerdegebühr[559] – die Rechtsstellung eines

---

549 BPatGE 29, 194.
550 T 614/13 RechtsprBK/EPA 19, 1008.
551 BPatGE 47, 148.
552 T 1665/16 v 25.6.2019 BeckRS 19, 21657.
553 BPatGE 29, 194; 30, 109; 34, 95.
554 GrBK G 0001/94 ABl 94, 787 *Beitritt/ALLIED COLLOIDS*; T 0195/93 ABl 96 SonderA 105.
555 BPatGE 50, 23; GrBK G 0001/94 ABl 94, 787 *Beitritt/ALLIED COLLOIDS*.
556 T 0694/01 ABl 03, 250.
557 BPatG v 12.7.2011 BeckRS 11, 21 844.
558 GrBK G 0004/91 ABl 93, 339 *Beitritt/DOLEZYCH II*.
559 BPatGE 29, 194; BPatG BeckRS 11, 21844; T 0027/92 ABl 94, 853; T 0471/93 ABl 97 SonderA 109; T 0590/94 ABl 97 SonderA 108.

Einsprechenden (also nicht eines bloßen Streithelfers)⁵⁶⁰ und ist damit am Beschwerdeverfahren beteiligt. Er kann insbesondere die Beschwerde eines ursprünglichen Einsprechenden unterstützen und der Beschwerde des Patentinhabers entgegentreten, ja sogar – unter dem deutschen Recht – (gebührenfreie) unselbständige Anschlussbeschwerde erheben. Darüber hinaus sollte ihm auch die Möglichkeit zugebilligt werden, bis zum Ablauf der Beitrittsfrist die erstinstanzliche Entscheidung mit einer »nachträglichen« selbständigen Beschwerde unter Entrichtung einer Beschwerdegebühr und Einreichung einer Begründung anzugreifen, und somit die Rechtsstellung eines Beschwerdeführers zu erlangen. In einem solchen Fall wäre – anders als bei einem bloßen Beitritt – auch bei Rücknahme aller übrigen Beschwerden das Verfahren fortzusetzen.⁵⁶¹

Unter dem EPÜ hat sich allerdings die Rechtsprechung explizit gegen diese Möglichkeit ausgesprochen. Es soll dem neu Beitretenden kein eigenes Beschwerderecht zustehen und bei Rücknahme der einzigen Beschwerde das Beschwerdeverfahren nicht mehr fortgeführt werden können.⁵⁶² **265**

Kritik: Wenn der in der Beschwerdeinstanz neu Beitretende den Widerruf des Patents durch Erhebung bisher nicht im Verfahren befindlicher Einspruchsgründe erreichen kann (oben Rdn 262), ist es wenig folgerichtig, ihm die selbständige Weiterführung ausserinstanzlicher Angriffe nicht zu erlauben und ihm keine eigene Rechtsstellung als Beschwerdeführer zuzubilligen. Das Argument, dass es dem neu Beitretenden mangels Beteiligung in der ersten Instanz an einer Beschwer fehlt, ist zu formalistisch und wird den verfahrensrechtlichen Besonderheiten, die durch das Eingreifen einer weiteren Verfahrenspartei in einem späten Verfahrensstadium entstehen, mE nicht gerecht.

§ 60 Teilung des Patents im Einspruchsverfahren (division of the patent)

(1) Der Patentinhaber kann das Patent bis zur Beendigung des Einspruchsverfahrens teilen. Wird die Teilung erklärt, so gilt der abgetrennte Teil als Anmeldung, für die ein Prüfungsantrag (§ 44) gestellt worden ist. § 39 Abs 1 Satz 2 und 4, Abs 2 und 3 ist entsprechend anzuwenden. Für den abgetrennten Teil gelten die Wirkungen des Patents als von Anfang an nicht eingetreten.
(2) Die Teilung des Patents wird im Patentblatt veröffentlicht.

§ 60 ist **mit Wirkung zum 1.7.2006 aufgehoben** worden (Art 1 Nr 6 des Gesetzes zur Änderung des patentrechtlichen Einspruchsverfahrens und des Patentkostengesetzes vom 21.6.2006, BGBl I S 1318 = BlPMZ 2006, 225). Da keine besondere Übergangsregelung getroffen wurde, galt die Vorschrift nur noch für jene **Alt-Fälle** fort, in denen **vor dem 1.7.2006 die Teilung erklärt** worden ist. Insoweit wird auf die **Kommentierung in der 8. Aufl.** verwiesen.

---

560 So ausdrücklich und zu Recht BPatGE **50**, 23.
561 Auch van Hees/Braitmayer, 4 Aufl, S 162 f, bejahen grundsätzlich eine eigene Beschwerdeführerstellung des während des Beschwerdeverfahrens Beitretenden; aA Busse/Engels § 59 Rn 192.
562 GrBK G 0003/04 ABl **06**, 118 *Beitritt/EOS*; anders noch T 1011/92 ABl **96** SonderA 106 und T 0195/93 ABl **96** SonderA 105.

§ 61 Entscheidung über Aufrechterhaltung oder Widerruf des Patents, Fortsetzung nach Rücknahme des Einspruchs, Entscheidung durch BPatG, neue Patentschrift
(maintenance or revocation of the patent, continuation of opposition proceedings, decision by Federal Patent Court, new specification)

(1) ¹Die Patentabteilung entscheidet durch Beschluss. ²Auf einen zulässigen Einspruch hin entscheidet die Patentabteilung, ob und in welchem Umfang das Patent aufrechterhalten oder widerrufen wird. ³Nimmt der Einsprechende den Einspruch zurück, so wird das Verfahren von Amts wegen ohne den Einsprechenden fortgesetzt. ⁴Abweichend von Satz 3 ist das Verfahren beendet, wenn sich der zurückgenommene Einspruch ausschließlich auf den Widerrufsgrund der widerrechtlichen Entnahme nach § 21 Abs 1 Nr 3 gestützt hat. ⁵In diesem Fall oder wenn das Verfahren in der Hauptsache erledigt ist, wird die Beendigung des Verfahrens durch Beschluss festgestellt.
(= Fassung von Abs 1 ab 1.5.2022)
(1) ¹*Die Patentabteilung entscheidet durch Beschluss, ob und in welchem Umfang das Patent aufrechterhalten oder widerrufen wird.* ²*Das Verfahren wird von Amts wegen ohne den Einsprechenden fortgesetzt, wenn der Einspruch zurückgenommen wird.*
(= Fassung von Abs 1 bis 30.4.2022)
(2) ¹Abweichend von Absatz 1 entscheidet der Beschwerdesenat des Bundespatentgerichts,
1. wenn ein Beteiligter dies beantragt und kein anderer Beteiligter innerhalb von zwei Monaten nach Zustellung des Antrags widerspricht, oder
2. auf Antrag nur eines Beteiligten, wenn mindestens 15 Monate seit Ablauf der Einspruchsfrist, im Fall des Antrags eines Beigetretenen seit Erklärung des Beitritts, vergangen sind.

²Dies gilt nicht, wenn die Patentabteilung eine Ladung zur Anhörung oder die Entscheidung über den Einspruch innerhalb von drei Monaten nach Zugang des Antrags auf patentgerichtliche Entscheidung zugestellt hat. ³Im Übrigen sind die §§ 59 bis 62, 69 bis 71 und 86 bis 99 entsprechend anzuwenden.

(3) Wird das Patent widerrufen oder nur beschränkt aufrechterhalten, so wird dies im Patentblatt veröffentlicht.

(4) ¹Wird das Patent beschränkt aufrechterhalten, so ist die Patentschrift entsprechend zu ändern. ²Die Änderung der Patentschrift ist zu veröffentlichen.

Rainer Moufang

Übersicht

Gesetzesentwicklung	1
Europäisches Patentrecht	2
Art 102 (2) u (3) EPÜ	3
Art 103 EPÜ	4
R 82 EPÜ	5
R 84 EPÜ	6

	R 87 EPÜ	7
Kommentierung zu § 61 PatG		
1	Entscheidungszuständigkeit.	8
1.1	Patentabteilung (DPMA) und Einspruchsabteilung (EPA)	8
1.2	BPatG	9
1.3	Alt-Fälle	10
2	Entscheidung im Einspruchsverfahren	11
2.1	Widerruf	12
2.2	Aufrechterhaltung in unveränderter (erteilter) Form	14
2.3	Aufrechterhaltung in beschränkter Fassung	15
2.4	Unzulässigkeit des Einspruchs	20
2.4.1	Mehrere Einsprüche, von denen einer unzulässig ist.	21
2.4.2	Einziger Einspruch ist unzulässig	22
2.5	Nichtzahlung der Einspruchsgebühr	23
2.6	Wiedereinsetzung	24
2.7	Kosten	26
3	Rücknahme des Einspruchs	27
3.1	Wirkung der Rücknahme	28
3.2	Fortsetzung des Einspruchsverfahrens nach Rücknahme des Einspruchs	31
3.2.1:	Vor DPMA oder BPatG als 1. Instanz.	31
3.2.2:	Vor EPA	32
3.3	Rücknahme des Einspruchs nach Beschwerdeeinlegung	33
3.3.1	Patentinhaber ist Beschwerdeführer.	33
3.3.2	Einsprechender ist Beschwerdeführer.	34
3.3.3	Rechtsbeschwerdeverfahren	35
3.4	Rücknahme des Beitritts	36
3.5	Rücknahme der Beschwerde	37
4	Beschwerde gegen Entscheidung im Einspruchsverfahren	40
4.1	Aufrechterhaltung des Patents in unverändertem Umfang	40
4.2	Aufrechterhaltung des Patents in geändertem Umfang	41
4.3	Widerruf des Patents	42
4.4	Verwerfung des Einspruchs als unzulässig	43
4.5	Feststellung der Zulässigkeit des Einspruchs	45
5	Veröffentlichung im Patentblatt	46
6	Änderung der Patentschrift.	47

Gesetzesentwicklung: § 61 ist durch Art 8 Nr 35 des 1. GPatG als § 35c mit Wirkung vom 1.1.1981 neu eingefügt worden. Das Gesetz zur Änderung des patentrechtlichen Einspruchsverfahrens und des Patentkostengesetzes (BGBl I 1318 = BlPMZ 06, 225) hat durch seinen Art 1 Nr 7 den § 61 (2), der die ausnahmsweise erstinstanzliche Zuständigkeit des BPatG regelt, eingefügt und die bisherigen Absätze (2) und (3) in Absätze (3) und (4) umnummeriert. Der am 1.5.2022 in Kraft tretende Art 1 Nr 24 des **2. PatRModG** v 10.8.2021 (BGBl I 3490 = BlPMZ **21**, 290) hat Abs 1 neu gefasst und um mehrere Sätze ergänzt. **1**

Europäisches Patentrecht: **2**

Artikel 101 EPÜ *Prüfung des Einspruchs – Widerruf oder Aufrechterhaltung des europäischen Patents*

(1) *(abgedruckt bei § 59 Rdn 8)* **3**
(2) ¹Ist die Einspruchsabteilung der Auffassung, dass wenigstens ein Einspruchsgrund der Aufrechterhaltung des europäischen Patents entgegensteht, so widerruft sie das Patent. ²Andernfalls weist sie den Einspruch zurück.
(3) Ist die Einspruchsabteilung der Auffassung, dass unter Berücksichtigung der vom Patentinhaber im Einspruchsverfahren vorgenommenen Änderungen das europäische Patent und die Erfindung, die es zum Gegenstand hat,

§ 61 Aufrechterhaltung oder Widerruf des Patents Art 101 u 103 EPÜ

a) den Erfordernissen dieses Übereinkommens genügen, so beschließt sie die Aufrechterhaltung des Patents in geänderter Fassung, sofern die in der Ausführungsordnung genannten Voraussetzungen erfüllt sind;
b) den Erfordernissen dieses Übereinkommens nicht genügen, so widerruft sie das Patent.

Artikel 103 EPÜ Veröffentlichung einer neuen europäischen Patentschrift

4 Ist das europäische Patent nach Art 101 Abs 3 a) in geänderter Fassung aufrechterhalten worden, so veröffentlicht das EPA eine neue europäische Patentschrift so bald wie möglich nach Bekanntmachung des Hinweises auf die Entscheidung über den Einspruch im Europäischen Patentblatt.

R 82 EPÜ Aufrechterhaltung des europäischen Patents in geändertem Umfang

5 (1) Bevor die Einspruchsabteilung die Aufrechterhaltung des europäischen Patents in geändertem Umfang beschließt, teilt sie den Beteiligten mit, in welcher Fassung sie das Patent aufrechtzuerhalten beabsichtigt, und fordert sie auf, innerhalb von zwei Monaten Stellung zu nehmen, wenn sie mit dieser Fassung nicht einverstanden sind.
(2) [1]Ist ein Beteiligter mit der von der Einspruchsabteilung mitgeteilten Fassung nicht einverstanden, so kann das Einspruchsverfahren fortgesetzt werden. [2]Andernfalls fordert die Einspruchsabteilung den Patentinhaber nach Ablauf der Frist nach Abs 1 auf, innerhalb einer Frist von drei Monaten die vorgeschriebene Gebühr zu entrichten und eine Übersetzung der geänderten Patentansprüche in den Amtssprachen des EPA einzureichen, die nicht die Verfahrenssprache sind. [3]Wurden in der mündlichen Verhandlung Entscheidungen nach Art 106 Abs 2 oder Art 111 Abs 2 auf Schriftstücke gestützt, die nicht der R 49 Abs 8 entsprachen, so wird der Patentinhaber aufgefordert, die geänderte Fassung innerhalb der Dreimonatsfrist in einer Form einzureichen, die der R 49 Abs 8 entspricht.
(3) [1]Werden die nach Abs 2 erforderlichen Handlungen nicht rechtzeitig vorgenommen, so können sie noch innerhalb von zwei Monaten nach der Mitteilung des Fristversäumnisses vorgenommen werden, sofern innerhalb dieser Frist eine Zuschlagsgebühr entrichtet wird. [2]Andernfalls wird das Patent widerrufen.
(4) In der Entscheidung, durch die das europäische Patent in geändertem Umfang aufrechterhalten wird, ist die ihr zugrunde liegende Fassung des Patents anzugeben.

R 84 EPÜ Fortsetzung des Einspruchsverfahrens von Amts wegen

6 (1) Hat der Patentinhaber in allen benannten Vertragsstaaten auf das europäische Patent verzichtet oder ist das Patent in allen diesen Staaten erloschen, so kann das Einspruchsverfahren fortgesetzt werden, wenn der Einsprechende dies innerhalb von zwei Monaten nach einer Mitteilung des EPA über den Verzicht oder das Erlöschen beantragt.
(2) [1]Stirbt ein Einsprechender oder verliert er seine Geschäftsfähigkeit, so kann das Einspruchsverfahren auch ohne die Beteiligung seiner Erben oder gesetzlichen Vertreter von Amts wegen fortgesetzt werden. [2]Das Verfahren kann auch fortgesetzt werden, wenn der Einspruch zurückgenommen wird.

R 87 EPÜ Inhalt und Form der neuen europäischen Patentschrift

7 [1]Die neue europäische Patentschrift enthält die Beschreibung, Patentansprüche und Zeichnungen in der geänderten Fassung. [2]R 73 Abs 2 und 3 und R 74 sind anzuwenden.

1 Entscheidungszuständigkeit

1.1 Patentabteilung (DPMA) und Einspruchsabteilung (EPA)

8 Aus § 61 (1) 1 ergibt sich, dass unter dem **PatG** grundsätzlich die Patentabteilung des DPMA als erstinstanzliches Organ in Einspruchsverfahren tätig wird. Allerdings erklärt § 61 (2), der die Rechtslage ab dem 1.7.2006 regelt (s Rdn 1), unter besonderen Voraussetzungen das BPatG für erstinstanzlich zuständig (s Rdn 9). Die zeitlich befristete Übergangsbestimmung des § 147 (3) aF, die eine weitgehende erstinstanzliche Zuständigkeit des BPatG in Einspruchsverfahren begründet hat, ist zum 1.7.2006 ausgelaufen und gilt daher nicht mehr für ab diesem Zeitpunkt erhobene Einsprüche. Für Alt-Fälle blieb die Zuständigkeit des BPatG jedoch erhalten (s Rdn 10).

Für das europäische Einspruchsverfahren nach dem EPÜ sind allein die Einspruchsabteilungen des EPA erstinstanzlich zuständig (s § 59 Rdn 134).

1.2 BPatG

§ 61 (2) enthält zwei Ausnahmetatbestände, in denen abweichend von der Grundsatzregel des Abs 1 nicht das DPMA, sondern das BPatG erstinstanzlich zuständig wird. Beide setzen voraus, dass ein Beteiligter (Patentinhaber, Einsprechender oder Beigetretener) einen entsprechenden Antrag stellt.

Der Antrag ist gebührenpflichtig, wobei die Gebühr mit Antragstellung (§ 3 (1) Nr 2 PatKostG) fällig wird. Die Zahlungsfrist beträgt drei Monate ab Antragstellung (§ 6 (1) PatKostG). Wird die Gebühr nicht gezahlt, gilt der Antrag nach § 6 (2) PatKostG als nicht vorgenommen, da er eine sonstige Handlung im Sinne des PatKostG ist.

Widerspricht kein anderer Beteiligter innerhalb von zwei Monaten nach Zustellung des Antrags, kann das BPatG zuständig werden. Unabhängig von einem möglichen Widerspruch kann das BPatG aber auch dann zuständig werden, wenn 15 Monate nach Ablauf der Einspruchsfrist – bzw im Falle des Antrags eines Beigetretenen nach dem Beitritt – verstrichen sind. Im Unterschied zur Regelung im zeitlich befristeten § 147 (3) aF wird das BPatG somit nicht erstinstanzlich tätig, wenn keiner der Verfahrensbeteiligten hieran interessiert ist.

Für beide Tatbestände gelten jedoch zwei Gegenausnahmen. Diese sind gegeben, wenn die Patentabteilung innerhalb von drei Monaten nach Zugang des Antrags auf patentgerichtliche Entscheidung eine Ladung zur Anhörung oder die Entscheidung über den Einspruch zugestellt hat.

Das erstinstanzliche Einspruchsverfahren vor dem BPatG ist verfassungsgemäß. Es verletzt weder die Rechtsweggarantie des Art 19 IV GG, da diese keinen Instanzenzug garantiert, noch den Gleichheitsgrundsatz (Art 3 I GG).[1] Bei der Durchführung des Verfahrens gelten die §§ 59 bis 62, 69 bis 71 und 86 bis 99 entsprechend.

1.3 Alt-Fälle

War die Zuständigkeit des BPatG nach § 147 (3) aF begründet, so dauerte diese Zuständigkeit nach dem Grundsatz der perpetuatio fori fort, der in allen gerichtlichen Verfahren Geltung beanspruchen kann.[2] Hierin lag insbesondere kein Verstoß gegen die grundgesetzliche Garantie des gesetzlichen Richters.

2 Entscheidung im Einspruchsverfahren

Sie kann lauten auf:

2.1 Widerruf *(revocation)*

Das Patent wird widerrufen, wenn ein zulässiger Einspruch vorliegt und einer der Gründe des § 21 oder des Art 100 EPÜ der Aufrechterhaltung des Patents entgegen-

---

1 BGH GRUR 07, 859 *Informationsübermittlungsverfahren I* (im Zusammenhang mit § 147 (3) PatG aF). Ebenso bereits BPatG Mitt 06, 511.
2 BGHZ 173, 47 *Informationsübermittlungsverfahren II*; BGH GRUR 09, 184 *Ventilsteuerung*; BPatGE 49, 173; aA BPatG GRUR 07, 904.

steht und auch eine beschränkte Fassung entweder nicht gewährbar oder vom Patentinhaber nicht gewollt ist.

13 *EPA:* Widerrufen wird ein Patent vor EPA ferner: a) ohne Sachprüfung, wenn der Patentinhaber selbst den Widerruf beantragt[3] oder erklärt, mit der Aufrechterhaltung des Patents in der erteilten oder einer beschränkten Fassung nicht einverstanden zu sein, oder eine gleichwertige andere eindeutige Erklärung abgibt;[4] b) wegen fehlender Druckkostengebühr oder fehlender Übersetzung der geänderten Ansprüche (R 82 (2) und (3) EPÜ); c) wegen fehlender Anzeige der Bestellung eines neuen Vertreters nach Unterbrechung (R 142 (3) a) EPÜ).
Tenor: »Das Patent Nr ... wird widerrufen«/»The patent No ... is revoked«.

2.2 Aufrechterhaltung in unveränderter (erteilter) Form *(rejection of the opposition)*

14 Ist mindestens ein Einspruch zulässig[5] und ergibt sich, dass keiner der in § 21 oder Art 100 EPÜ genannten Widerrufsgründe der Aufrechterhaltung des Patents in der erteilten Fassung entgegensteht, so wird vor DPMA gemäß § 61 (1) 1 das Patent in unveränderter Form aufrechterhalten und vor EPA gemäß Art 101 (2) 2 EPÜ der Einspruch zurückgewiesen.
Tenor: »Das Patent Nr ... wird (in unverändertem Umfang) aufrechterhalten«
Tenor vor EPA: »Der Einspruch wird zurückgewiesen«/»The opposition is rejected«

2.3 Aufrechterhaltung in beschränkter Fassung *(maintenance of the patent in amended form)*

15 Ein Patent wird in geänderter Fassung aufrechterhalten, a) wenn auf Grund eines zulässigen Einspruchs die Widerrufsgründe des § 21 oder des Art 100 EPÜ der erteilten Fassung nur zum Teil entgegenstehen und der Patentinhaber mit der beschränkten Fassung zumindest hilfsweise einverstanden ist, oder b) wenn der zulässige Einspruch sich nur gegen einen Teil des Patents richtet, insoweit die Widerrufsgründe gegeben sind und der Patentinhaber mit der beschränkten Aufrechterhaltung zumindest hilfsweise einverstanden ist, oder c) wenn der Patentinhaber sein Patent nur beschränkt verteidigt und der beschränkten Fassung kein Widerrufsgrund entgegensteht.

16 *EPA:* Nach R 82 (4) EPÜ ist in der Entscheidung, durch die das europäische Patent in geändertem Umfang aufrechterhalten wird, die der Aufrechterhaltung zugrunde liegende Fassung des europäischen Patents anzugeben.

17 **Tenor bei größeren Änderungen (Beispiel):**
»Das Patent Nr ... wird in beschränktem Umfang aufrechterhalten.
Der geänderten Fassung des Patents liegen folgende Unterlagen zugrunde:
Patentanspruch 1, eingegangen am ...
Patentansprüche 2 bis 4 der Patentschrift;

---

3 T 0186/84 ABl **86,** 79.
4 *T 0073/94 ABl **85,** 241;* T 0237/86 ABl **88,** 261 (»Verzicht«); T 0322/91 ABl 94 Sonder A 116 (»Rücknahme der Anmeldung«).
5 § 61 (1) 2. So bereits vor der Neufassung des § 61 (1) durch das 2. PatRModG BPatGE **26,** 143; BPatG Mitt **85,** 194.

Beschreibung der PS mit Ausnahme von Spalte 2 Zeile 8 bis Spalte 3 Zeile 19; dieser Beschreibungsteil wird ersetzt durch folgenden Text: »...« oder: »den Text in Anlage 1 dieses Beschlusses«, oder: »den Text gemäß Protokoll der Anhörung vom ...«
oder: »den Text der Anlage zum Schriftsatz vom ..., eingegangen am ...«,
oder: »den Text Blatt ... der Akte.«
»Zeichnungen der PS mit Ausnahme der Figur 3, die durch die im Beschluss anliegende Zeichnung« (oder: »die dem Protokoll der Anhörung vom ... beigefügte Zeichnung«; oder: »die durch die mit Schriftsatz vom ... eingegangen am ... überreichte Zeichnung«; oder: »die Zeichnung Blatt ... der Akte«) ersetzt wird.

Tenor bei geringfügigen Änderungen:
»Das Patent Nr ... wird mit der Maßgabe aufrechterhalten,
dass im Anspruch 1 in Zeile 6 vor dem Wort »...«, die Worte »...« eingefügt werden«.
Oder: »dass in Anspruch 1 Zeile 6 und 7 die Worte »...« gestrichen werden«;
oder: »dass in der Beschreibung Spalte 2 nach Zeile 9 folgender Text als neuer Absatz eingefügt wird: »...««;
oder: »dass Figur 3 der Zeichnung durch folgende Zeichnung ersetzt wird.«

Teilwiderruf statt beschränkter Aufrechterhaltung ist vor DPMA nach § 61 (1) 1 zulässig, vor EPA nicht,[6] weil nach R 82 (4) EPÜ in der Entscheidung die aufrechtzuerhaltende Fassung positiv anzugeben ist.
Teilwiderruf kommt in Betracht, wenn ein klar abgegrenzter Teil des Patents widerrufen werden soll, also wenn über den Umfang des danach aufrechterhaltenen Restpatents kein Zweifel entstehen kann.
Tenor: »Anspruch 2 des Patents Nr ... wird widerrufen. Zeilen 6 bis 24 von Spalte 2 der Beschreibung werden gestrichen.«

2.4 Unzulässigkeit des Einspruchs
(vgl § 59 Rdn 151)

2.4.1 Mehrere Einsprüche, von denen einer unzulässig ist: In diesem Fall hat die Patentabteilung nach pflichtgemäßem Ermessen (s Einl Rdn 173) die Wahl zwischen
a) *Erlass einer Vorab- oder Zwischenentscheidung*, mit der der unzulässige Einspruch verworfen wird; mit der Rechtskraft dieser Entscheidung endet die Verfahrensbeteiligung des unzulässig Einsprechenden, und das Einspruchsverfahren wird ohne ihn mit den anderen zulässig Einsprechenden fortgesetzt;
b) *Verbindung der Sachentscheidung* (über Aufrechterhaltung oder Widerruf des Patents) mit der Verwerfung des unzulässigen Einspruchs; zur Beschwerde des unzulässig Einsprechenden in diesem Fall s Rdn 43.

2.4.2 Einziger Einspruch ist unzulässig oder alle Einsprüche sind unzulässig: In diesem Fall kann lediglich der unzulässige Einspruch als unzulässig verworfen werden.[7] § 61 (1) 1 und 2 bestimmt zwar, dass durch Beschluss zu entscheiden ist, ob und in welchem Umfang das Patent aufrechterhalten oder widerrufen wird. Eine solche Sachentscheidung setzt aber, wie die Neufassung des § 61 (1) 2 nunmehr ausdrücklich klarstellt, zumindest einen zulässigen Einspruch voraus. Fehlt es daran, ist das zuständige Organ nicht befugt, sachlich über das angegriffene Patent zu entscheiden, weder

---

6 Vgl BGH GRUR **12**, 753 (Rn 17) *Tintenpatrone III*.
7 BPatGE **47**, 270; BPatG Mitt **11**, 297; GRUR **13**, 171.

positiv durch dessen Aufrechterhaltung[8] noch negativ durch dessen Widerruf, denn ein zulässiger Einspruch ist unverzichtbare Verfahrensvoraussetzung für einen Beschluss nach § 61 (1) 2.[9] Daher ist auch die Zulässigkeit des Einspruchs in jeder Lage des Verfahrens von Amts wegen zu prüfen.[10]
Tenor: »Der Einspruch wird als unzulässig verworfen«/»The opposition is rejected as inadmissible«
Rücknahme eines unzulässigen Einspruchs beendet das Verfahren (siehe Rdn 29).
Tenor: »Es wird festgestellt, dass das Verfahren beendet ist.«

2.5 Nichtzahlung der Einspruchsgebühr

23 macht den Einspruch nicht unzulässig, sondern hat nach § 6 (2) PatKostG zur Folge, dass der Einspruch (= die »Handlung« iSd § 6 (2) PatKostG) als nicht vorgenommen gilt,[11] so dass die verspätet entrichtete Einspruchsgebühr zurückzuzahlen ist, weil sie ohne Rechtsgrund entrichtet wurde (vgl PatKostG § 6 Rdn 11 u 25). Die gleichen Rechtsfolgen ergeben sich aus Art 99 (1) 2 EPÜ, wonach der Einspruch erst als eingelegt gilt, wenn die Einspruchsgebühr entrichtet worden ist. S auch § 59 Rdn 6 u 41 ff.
Tenor: »1. Der Einspruch gilt als nicht vorgenommen« oder »Der Einspruch gilt als nicht erhoben«; »2. Die Einspruchsgebühr ist zurückzuzahlen«.

2.6 Wiedereinsetzung

24 Wiedereinsetzung unzulässig: **a)** in die **Einspruchsfrist** gemäß § 123 (1) 2 Nr 1 PatG und (implizit) Art 122 EPÜ[12] (s § 59 Rdn 73); **b)** in die Frist zur **Zahlung der Einspruchsgebühr** (§ 123 (1) 2 Nr 1 PatG, s PatKostG § 6 Rdn 26 Anhang 15); **c)** in die **Frist für die Beschwerde** des Einsprechenden und des nach § 59 (2) Beigetretenen gegen die Aufrechterhaltung des Patents gemäß § 123 (1) 2 Nr 2 und (implizit) Art 122 EPÜ.

25 Wiedereinsetzung zulässig:
a) in die **Beitrittsfrist** des § 59 (2) PatG; dies sollte trotz des Wortlauts des Art 122 (1) EPÜ, der nur auf Anmelder oder Patentinhaber abstellt, auch im Rahmen von Art 105 EPÜ gelten, weil der Beitritt zu einem bereits anhängigen Verfahren erklärt wird und daher kein neues Verfahren einleitet (s auch § 59 Rdn 257); Tenor: »Der Beitretende wird in die versäumte Frist zur Erklärung des Beitritts wieder eingesetzt« oder: »1. Der Antrag auf Wiedereinsetzung in die versäumte Beitrittsfrist wird zurückgewiesen. 2. Der Beitritt wird als unzulässig verworfen«; **b)** in die Frist für die **Beschwerde des Patentinhabers**. Über dessen WE-Antrag entscheidet BPatG, es sei denn, alle Einsprechenden sind am Verfahren nicht mehr beteiligt. Dann könnte DPMA der Beschwerde abhelfen und auch Wiedereinsetzung gewähren;[13] **c)** vor EPA

---

8   BPatG GRUR **13**, 171; *aA* BPatG GRUR **04**, 357; BPatGE **47**, 261; **47**, 267. Danach soll der Tenor lauten: »Das Patent bleibt (infolge der Unzulässigkeit des Einspruchs) unverändert aufrechterhalten«. Ebenso Hövelmann Mitt **05**, 193.
9   BGH GRUR **72**, 592 *Sortiergerät*; BPatGE **46**, 247.
10 BGH GRUR **72**, 592 *Sortiergerät*; BlPMZ **85**, 304 *Einspruchsbegründung*; BPatGE **26**, 143.
11 BGH GRUR **05**, 184 *Verspätete Zahlung der Einspruchsgebühr*; BPatGE **47**, 285; **48**, 1; *aA* BPatGE **48**, 5: Mangels Zahlung gilt der Einspruch als zurückgenommen.
12 T 0002/87 ABl **88**, 264.
13 Vgl BPatGE **12**, 169.

in die Frist des Art 108 Satz 2 EPÜ zur **Begründung der** fristgerecht eingelegten **Beschwerde des Einsprechenden.**[14]

2.7 Kosten

s § 62.

3 Rücknahme des Einspruchs *(withdrawal of opposition)*

Sie ist jederzeit möglich. Sie wird mit ihrem Eingang wirksam[15] und kann als Verfahrenshandlung, die unmittelbar die Verfahrenslage beeinflusst, weder widerrufen noch angefochten werden (s Einl Rdn 91 u 543).

3.1 Wirkung der Rücknahme

Die Rücknahme führt nur zur Beendigung der *Verfahrensbeteiligung des Einsprechenden*, nicht aber des Einspruchsverfahrens,[16] da dessen Gegenstand das Patent und nicht der Einspruch ist und weil die Fortsetzung des Einspruchsverfahrens nach Rücknahme des Einspruchs gemäß § 61 (1) 3 zu erfolgen hat und gemäß R 84 (2) 2 EPÜ möglich ist (s Rdn 31). Rücknahme des ausschließlich auf widerrechtliche Entnahme gemäß § 21 (1) Nr 3 gestützten *Einspruchs des Verletzten* schließt aber eine Fortsetzung des Verfahrens von Amts wegen aus, wie die Neufassung des § 61 (1) in Satz 4 nunmehr ausdrücklich klarstellt. Zu diesem Ergebnis war die Rechtsprechung bereits unter der bisherigen Rechtslage gekommen, obwohl das Gesetz nicht zwischen den einzelnen Widerrufsgründen unterschieden hatte.[17]

Rücknahme des einzigen unzulässigen Einspruchs führt zur Beendigung des Einspruchsverfahrens ohne weitere Sachprüfung,[18] weil für dessen Durchführung ein zulässiger Einspruch unverzichtbare Voraussetzung ist. Der zurückgenommene und unzulässige Einspruch kann als unzulässig verworfen werden.[19] BPatG kann aber auch durch Beschluss feststellen, dass das Einspruchsverfahren beendet ist[20] (s § 59 Rdn 239).

Entscheidungen vor Eingang der Rücknahme des Einspruchs werden durch die Rücknahme nicht wirkungslos.[21] Ein Widerruf oder eine beschränkte Aufrechterhaltung des Patents bleibt bestehen.

---

14 GrBK G 0001/86 ABl 87, 447 (Nr 10) *Wiedereinsetzung des Einsprechenden/VOEST ALPINE.*
15 BPatGE 29, 92, 95.
16 BGH GRUR 78, 99 (IIIa) *Gleichstromfernspeisung;* BPatGE 12, 149; 31, 21, 23.
17 BPatG BlPMZ 12, 96: *Erledigung der Hauptsache;* s auch BPatGE 36, 213; 47, 141; 52, 19; offen gelassen von BGH GRUR 96, 42 (II3b dd) *Lichtfleck.*
18 BGH GRUR 87, 513 (II 1) *Streichgarn;* BPatGE 46, 247.
19 BPatGE 31, 21.
20 So BPatGE 46, 247.
21 BGH GRUR 69, 562 *Appreturmittel.*

3.2 Fortsetzung des Einspruchsverfahrens nach Rücknahme des Einspruchs (continuation of the opposition proceedings after withdrawal of the opposition)

31 **3.2.1: Vor DPMA oder BPatG als 1. Instanz**[22] wird das Einspruchsverfahren nach Rücknahme des Einspruchs gemäß § 61 (1) 3 von Amts wegen ohne den Einsprechenden fortgesetzt. § 61 (1) 3 ist eine Ausprägung des allgemein geltenden Untersuchungsgrundsatzes. Besteht auf Grund des Untersuchungsgrundsatzes kein Anlass für Ermittlungen von Amts wegen (vgl Einl Rdn 30), dann scheidet auch eine Fortsetzung des Einspruchsverfahrens gemäß § 61 (1) 3 aus, und das angefochtene Patent bleibt bestehen.

32 **3.2.2: Vor EPA** *kann* das Einspruchsverfahren nach R 84 (2) 2 EPÜ fortgesetzt werden, wenn der Einspruch zurückgenommen wird. Die Fortsetzung steht im pflichtgemäßen Ermessen. Fortzusetzen ist das Verfahren, wenn im Zeitpunkt des Eingangs der Rücknahmeerklärung gemäß dem konkreten Verfahrensstand ohne Hilfe des Einsprechenden und ohne aufwändige Ermittlungen das angegriffene Patent zu widerrufen oder nur beschränkt aufrechtzuerhalten ist.[23] Fortzusetzen ist daher das Verfahren, wenn bereits eine Mitteilung nach R 82 (1) EPÜ über die Aufrechterhaltung in geändertem Umfang ergangen war[24] oder wenn der Hauptantrag des Patentinhabers bereits durch eine Zwischenentscheidung zurückgewiesen worden und nur noch über einen Hilfsantrag zu entscheiden war.[25]

3.3 Rücknahme des Einspruchs nach Beschwerdeeinlegung (withdrawal of opposition after filing of appeal)

33 **3.3.1 Patentinhaber ist Beschwerdeführer:** Dann führt die Rücknahme des Einspruchs nur zur Beendigung der Verfahrensbeteiligung des Einsprechenden. Das Beschwerdeverfahren wird mit dem Patentinhaber allein oder zusammen mit den übrigen Einsprechenden weiter geführt.[26] Wird der ausschließlich auf widerrechtliche Entnahme nach § 21 (1) Nr 3 gestützte Einspruch zurückgenommen, so ist die Widerrufsentscheidung aufzuheben oder für wirkungslos zu erklären.[27]

34 **3.3.2 Einsprechender ist Beschwerdeführer:** *Rücknahme des Einspruchs des beschwerdeführenden Einsprechenden* ist auch als Rücknahme seiner Beschwerde zu interpretieren, weil mit der Rücknahme des Einspruchs zu erkennen gegeben wird, dass der Einsprechende an einer Entscheidung der Beschwerdeinstanz nicht mehr interessiert ist.[28] Ist der Einsprechende der einzige Beschwerdeführer, führt dies zur auto-

---

22 Auch das erstinstanzliche gerichtliche Einspruchsverfahren nach § 61 (2) kann gemäß § 61 (1) 3 von Amts wegen fortgesetzt werden, vgl BPatGE 46, 247 (zum mittlerweile aufgehobenen § 147 (3)).
23 T 0129/88 ABl 93, 598: idR keine Fortsetzung zur Ermittlung einer offenkundigen Vorbenutzung.
24 T 0197/88 ABl 89, 412.
25 T 0558/95 ABl 98 SonderA 96.
26 BPatGE 12, 149; T 0629/90 ABl 92, 654; T 0789/89 ABl 94, 482.
27 Nach BPatG BlPMZ 12, 96 ist das Einspruchsbeschwerdeverfahren in einem solchen Fall in der Hauptsache erledigt und der Widerrufsbeschluss für wirkungslos zu erklären.
28 GrBK G 0008/93 ABl 94, 887 *Rücknahme des Einspruchs/SERWANE II*. Vgl. aber BPatGE 29, 92 u 29, 234 (Verwerfung der Beschwerde als unzulässig).

matischen Beendigung des Beschwerdeverfahrens und, wenn sich die Beschwerde gegen eine erstinstanzliche Endentscheidung gerichtet hat, auch des Einspruchsverfahrens.

3.3.3 Rechtsbeschwerdeverfahren: Ist das Patent durch eine Beschwerdeentscheidung widerrufen worden, gegen die der Patentinhaber Rechtsbeschwerde erhoben hat, so ist das Rechtsbeschwerdeverfahren fortzusetzen, selbst wenn der Einspruch zurückgenommen wird.[29] Der in § 61 (1) 3 normierte Grundsatz gilt auch hier. 35

3.4 Rücknahme des Beitritts *(withdrawal of intervention)*
ist wie die Rücknahme eines Einspruchs zu behandeln, denn der Beitretende hat dieselbe Rechtsstellung wie ein Einsprechender (vgl § 59 Rdn 261). 36

3.5 Rücknahme der Beschwerde *(withdrawal of an appeal)*
Sie beendet das Beschwerdeverfahren, wenn alle Beschwerden zurückgenommen sind, sei es durch Erklärung a) des Patentinhabers als einzigen Beschwerdeführer; b) des oder der Einsprechenden als alleinige Beschwerdeführer; c) des beschwerdeführenden Patentinhabers und der beschwerdeführenden Einsprechenden. 37

Wirksame Rücknahme ist Voraussetzung für eine Beendigung des Beschwerdeverfahrens. Ist diese strittig, haben darüber BPatG und EPA-Beschwerdekammer zu entscheiden.[30] Über *Nebenfragen*, wie Rückzahlung der Beschwerdegebühr[31] und eine Kostenverteilung,[32] kann auch nach Rücknahme der Beschwerde entschieden werden. 38

Fortsetzung des Beschwerdeverfahrens von Amts wegen nach Rücknahme der Beschwerde ist anders als nach der Rücknahme des Einspruchs für das Einspruchsverfahren gesetzlich nicht vorgesehen und daher unzulässig. Wegen ihres Ausnahmecharakters können § 61 (1) 3 PatG[33] und R 84 (2) 2 EPÜ[34] auch nicht analog auf die Rücknahme der Beschwerde angewendet werden. 39

4 Beschwerde gegen Entscheidung im Einspruchsverfahren

4.1 Aufrechterhaltung des Patents in unverändertem Umfang *(maintenance of the patent in unamended form)*
Sie beschwert den Einsprechenden. Er ist daher beschwerdeberechtigt. 40

4.2 Aufrechterhaltung des Patents in geändertem Umfang *(maintenance of the patent in amended form)*
Sie berechtigt Patentinhaber und Einsprechenden zur Beschwerde, wenn sie durch die Entscheidung beschwert sind (s § 73 Rdn 46 und Anhang zu § 73, Art 107 EPÜ Rdn 11). Eine *Beschwer* ist nicht gegeben, wenn dem Antrag des Patentinhabers oder 41

---

29 BGH v 23.2.2021 X ZB 1/18 GRUR 21, 1052 *Gruppierungssystem*.
30 T 0659/92 ABl 95, 519.
31 J 0012/86 ABl 88, 83; T 0041/82 ABl 82, 256.
32 T 0117/86 ABl 89, 401; T 0323/89 ABl 92, 169.
33 BPatGE 29, 234, 235.
34 GrBK G 0007/91 ABl 93, 346 (Nr 7) *Rücknahme der Beschwerde/BASF*; G 0008/91 ABl 93, 346 *Rücknahme der Beschwerde/BELL*.

des Einsprechenden voll entsprochen worden ist. Zwar ist der Patentinhaber an eine beschränkte Verteidigung nicht gebunden (s § 59 Rdn 174), ist aber sein Antrag Grundlage einer Entscheidung geworden, die das Patent in der Fassung aufrechterhält, in der der Patentinhaber es zuletzt beschränkt verteidigt hatte, so ist eine von ihm gleichwohl eingelegte Beschwerde mangels Beschwer unzulässig. Das gleiche gilt für den Einsprechenden. Hatte er Teilwiderruf beantragt (zB Widerruf des Nebenanspruchs 2), so ist er nicht durch eine Entscheidung beschwert, die diesem Antrag voll entspricht. Eine gleichwohl eingelegte Beschwerde (zB weil Hauptanspruch 1 nicht widerrufen wurde) ist mangels Beschwer unzulässig.

4.3 Widerruf des Patents *(revocation of the patent)*

42 Er beschwert nur den Patentinhaber, grundsätzlich nicht den Einsprechenden, ausgenommen den Einsprechenden, der seinen Einspruch auf widerrechtliche Entnahme gestützt hatte, wenn das Patent wegen eines anderen Einspruchsgrundes widerrufen wurde, weil er dadurch das Nachanmelderecht gemäß § 7 (2) verliert.[35] Daher begründet bereits das Unterlassen, über den geltend gemachten Widerrufsgrund der widerrechtlichen Entnahme zu entscheiden, die Beschwer.[36]

4.4 Verwerfung des Einspruchs als unzulässig *(rejection of the opposition as inadmissible)*

43 Sie beschwert den Einsprechenden, so dass er grundsätzlich gegen jede Entscheidung, die seinen Einspruch als unzulässig verwirft (Vorab- oder Zwischenentscheidung, Endentscheidung über Aufrechterhaltung des Patents), eine zulässige Beschwerde einlegen kann.

44 Eine *Ausnahme* besteht bei Verwerfung des Einspruchs in der Widerrufsentscheidung: Sie beschwert den betroffenen Einsprechenden zwar formal, jedoch nicht materiell, weil seinem petitum – Widerruf des Patents – voll entsprochen ist. Seine Beschwerde wäre daher mangels Beschwer unzulässig.[37]

4.5 Feststellung der Zulässigkeit des Einspruchs

45 Durch sie wird der Patentinhaber beschwert, so dass er eine zulässige Beschwerde dagegen einlegen kann,[38] es sei denn, die Feststellung ist in einem Beschluss enthalten, durch den das Patent unverändert aufrechterhalten wird.

5 Veröffentlichung im Patentblatt

46 Zur Wirkung von Widerruf und Teilwiderruf vgl § 21 Rdn 108 f. Ihre Veröffentlichung im Patentblatt dient nur der Publizität der eingetretenen Rechtsfolge,[39] hat also nur deklaratorische Bedeutung.

---

35 BPatGE 9, 196, 199; PA Gr Sen BlPMZ **42**, 40.
36 BPatGE 9, 196, 199; PA Gr Sen BlPMZ **42**, 40.
37 In der Rechtsprechung wird jedoch teilweise angenommen, dass der Einsprechende, der in einem solchen Fall nicht Beschwerde einlegt, seine Verfahrensstellung rechtskräftig verliert, s § 59 Rdn 143; zur Kritik s T 384/08 ABl 10 SonderA 2, 88.
38 BGH GRUR 07, 996 (Rn 4) *Angussvorrichtung für Spritzgießwerkzeuge*.
39 Amtl Begr zum 1. BlPMZ **79**, 287 (zu § 35c).

6 Änderung der Patentschrift

schreibt § 61 (4) 1 vor, wenn das Patent beschränkt aufrechterhalten wird. Die neue Fassung der Unterlagen – Ansprüche, Beschreibung und Zeichnungen – müssen daher in der Entscheidung genau angegeben werden, damit danach eine Veröffentlichung gemäß § 61 (4) 2 möglich ist, die durch Herausgabe einer neuen vollständigen Patentschrift oder von Ergänzungsblättern zur PS erfolgt. Eine Anpassung der Beschreibung an beschränkt aufrechterhaltene Ansprüche ist zwar nicht zwingend vorgeschrieben, so dass auf sie verzichtet werden kann, wenn sie zur Auslegung nicht erforderlich ist.[40] Sie ist aber aus Gründen der Rechtsklarheit idR zweckmäßig.

EPA: Nach **Art 103 EPÜ** ist, wenn das Patent geändert wurde, sobald wie möglich nach der Bekanntmachung im Patentblatt eine neue Patentschrift herauszugeben, die gemäß R 87 EPÜ die Beschreibung, die Ansprüche und die Zeichnungen in der geänderten Form enthält. Die Form der neuen PS und welche Angaben sie enthält, bestimmt der Präsident des EPA[41] gemäß R 87 iVm R 73 (2) und (3) EPÜ.

§ 62 Kostenentscheidung und Kostenfestsetzung
(apportionment of costs and fixing of the costs)

(1) ¹In dem Beschluss nach § 61 Abs 1 kann die Patentabteilung nach billigem Ermessen bestimmen, inwieweit einem Beteiligten die durch eine Anhörung oder eine Beweisaufnahme verursachten Kosten zur Last fallen. ²Die Bestimmung kann auch getroffen werden, wenn ganz oder teilweise der Einspruch zurückgenommen oder auf das Patent verzichtet wird. ³Die Patentabteilung kann anordnen, dass die Einspruchsgebühr nach dem Patentkostengesetz ganz oder teilweise zurückgezahlt wird, wenn es der Billigkeit entspricht.

(2) ¹Zu den Kosten gehören außer den Auslagen des Deutschen Patent- und Markenamts auch die den Beteiligten erwachsenen Kosten, soweit sie zur zweckentsprechenden Wahrung der Ansprüche und Rechte notwendig waren. ²Der Betrag der zu erstattenden Kosten wird auf Antrag durch das Deutsche Patent- und Markenamt festgesetzt. ³Die Vorschriften der Zivilprozessordnung über das Kostenfestsetzungsverfahren (§§ 103 bis 107) und die Zwangsvollstreckung aus Kostenfestsetzungsbeschlüssen (§§ 724 bis 802) sind entsprechend anzuwenden. ⁴An die Stelle der Erinnerung tritt die Beschwerde gegen den Kostenfestsetzungsbeschluss; § 73 ist mit der Maßgabe anzuwenden, dass die Beschwerde innerhalb von zwei Wochen einzulegen ist. ⁵Die vollstreckbare Ausfertigung wird vom Urkundsbeamten der Geschäftsstelle des Patentgerichts erteilt.

Rainer Moufang

---

40   BPatG v 26.3.1997 7 W (pat) 64/95.
41   S Art 2 des Beschlusses der PräsEPA v 12.7.2007 über die Form der Veröffentlichung von europäischen Patentanmeldungen, europäischen Recherchenberichten und europäischen Patentschriften ABl 07 SonderA Nr 3, D.3, S 97.

Übersicht

	Gesetzesentwicklung	1
	Europäisches Patentrecht	2
	Art 104 EPÜ	3
	R 88 EPÜ u Art 16 VerfOBK	4
	Kommentierung zu § 62 PatG	
1	Kostenentscheidung	5
1.1	Inhalt	6
1.2	Erlass	7
1.3	Begründung	8
2	Voraussetzungen einer Kostenentscheidung	9
2.1	Kontradiktorisches Verfahren	9
2.2	Verteilungsfähige Kosten	11
2.2.1	Kosten einer Anhörung	12
2.2.2	Kosten einer Beweisaufnahme	13
2.3	Billigkeit	15
3	Tenor der Kostenentscheidung	19
4	Rückzahlung der Einspruchsgebühr	20
5	Beschwerde	24
6	Kostenfestsetzung	25
6.1	Verfahren	26
6.2	Voraussetzungen	27
6.3	Zur zweckentsprechenden Wahrung der Rechte notwendige Kosten	28
6.4	Rechtsmittel und Rechtsbehelfe	30
6.4.1	Vor DPMA	30
6.4.2	Vor EPA	31
6.5	Zwangsvollstreckung	32

1 **Gesetzesentwicklung:** § 62 ist durch Art 8 Nr 35 des 1. GPatG als § 35d eingefügt worden. Art 2 Nr 20 des 2. PatGÄndG hat in § 62 (2) 1 mit Wirkung vom 1.11.1998 nach den Worten »soweit sie« die Worte »nach billigem Ermessen« gestrichen.
Kostenbereinigungsgesetz (BGBl 2001 I 3656 = BlPMZ 02, 14) hat durch Art 7 Nr 26 den Satz 3 in § 62 (1) angefügt.
Das Gesetz zur Änderung des patentrechtlichen Einspruchsverfahrens und des Patentkostengesetzes vom 21.6.2006 (BGBl I 1318 = BlPMZ 06, 225) hat durch seinen Art 1 Nr 8 in § 62 (1) die Wörter »über den Einspruch« durch die Angabe »nach § 61 (1)« ersetzt und in § 62 (2) 3 die Angaben in Klammern eingefügt. Art 1 Nr 25 des **2. PatRModG** v 10.8.2021 (BGBl I 3490) änderte in Abs 2 S 1 u 2 die Bezeichnung Patentamt in Deutsches Patent- und Markenamt.

2 **Europäisches Patentrecht**

Artikel 104 EPÜ Kosten

3 (1) Im Einspruchsverfahren trägt jeder Beteiligte die ihm erwachsenen Kosten selbst, soweit nicht die Einspruchsabteilung, wenn dies der Billigkeit entspricht, nach Maßgabe der Ausführungsordnung eine andere Verteilung der Kosten anordnet.
(2) Das Verfahren zur Kostenfestsetzung regelt die Ausführungsordnung.
(3) ¹Jede unanfechtbare Entscheidung des EPA über die Festsetzung der Kosten wird in jedem Vertragsstaat in Bezug auf die Vollstreckung wie ein rechtskräftiges Urteil eines Zivilgerichts des Staats behandelt, in dem die Vollstreckung stattfindet. ²Eine Überprüfung dieser Entscheidung darf sich lediglich auf ihre Echtheit beziehen.

R 88 EPÜ Kosten

4 (1) ¹Die Kostenverteilung wird in der Entscheidung über den Einspruch angeordnet. ²Berücksichtigt werden nur die Kosten, die zur zweckentsprechenden Wahrung der Rechte notwendig waren. ³Zu den Kosten gehört die Vergütung für die Vertreter der Beteiligten.
(2) ¹Die Einspruchsabteilung setzt auf Antrag den Betrag der Kosten fest, die aufgrund einer rechtskräftigen Entscheidung über deren Verteilung zu erstatten sind. ²Dem Antrag sind eine Kos-

tenberechnung und die Belege beizufügen. ³Zur Festsetzung der Kosten genügt es, dass sie glaubhaft gemacht werden.
(3) ¹Innerhalb eines Monats nach Mitteilung der Kostenfestsetzung nach Abs 2 kann eine Entscheidung der Einspruchsabteilung über die Kostenfestsetzung beantragt werden. ²Der Antrag ist schriftlich einzureichen und zu begründen. ³Er gilt erst als gestellt, wenn die vorgeschriebene Gebühr entrichtet worden ist.
(4) Über einen Antrag nach Abs 3 entscheidet die Einspruchsabteilung ohne mündliche Verhandlung.

Art 16 VerfOBK (2020) Kosten
(1) ¹Vorbehaltlich des Art 104 (1) EPÜ kann die Kammer auf Antrag anordnen, dass ein Beteiligter die Kosten eines anderen Beteiligten teilweise oder ganz zu tragen hat. ²Unbeschadet des Ermessens der Kammer gehören hierzu die Kosten, die entstanden sind durch
a) Änderungen des Beschwerdevorbringens eines Beteiligten gemäß Art 13;
b) Fristverlängerung;
c) Handlungen oder Unterlassungen, die die rechtzeitige und effiziente Durchführung der mündlichen Verhandlung beeinträchtigen;
d) Nichtbeachtung einer Anweisung der Kammer;
e) Verfahrensmissbrauch.
(2) ¹Bei den Kosten, deren Erstattung angeordnet wird, kann es sich um die Gesamtheit oder einen Teil der dem Berechtigten erwachsenen Kosten handeln; sie können unter anderem als Prozentsatz oder als bestimmter Betrag angegeben werden. ²In letzterem Fall ist die Entscheidung der Kammer unanfechtbar im Sinne des Art 104 (3) EPÜ. ³Zu den Kosten, deren Erstattung angeordnet wird, können Kosten gehören, die einem Beteiligten von seinem zugelassenen Vertreter in Rechnung gestellt worden sind, Kosten, die einem Beteiligten selbst erwachsen sind, unabhängig davon, ob er durch einen zugelassenen Vertreter vertreten wurde, und Kosten für Zeugen oder Sachverständige, die ein Beteiligter getragen hat; die zu erstattenden Kosten sind auf notwendige und angemessene Aufwendungen beschränkt.

1 Kostenentscheidung *(decision on the apportionment of costs)*

Sie ist im deutschen wie im europäischen Einspruchsverfahren die *Ausnahme*, weil grundsätzlich *jeder Beteiligte seine Kosten selbst trägt*.¹ Das bestimmt Art 104 (1) EPÜ ausdrücklich und folgt im deutschen Recht aus dem Fehlen einer Bestimmung im PatG über die Kostenpflicht wie in § 91 ZPO.²

1.1 Inhalt

Die Kostenentscheidung regelt die Kostenpflicht dem Grunde nach, über die Höhe wird im Kostenfestsetzungsverfahren entschieden.

Vor EPA kann die Beschwerdekammer mit der Kostenentscheidung auch die Höhe der zu erstattenden Kosten festsetzen (Art 16 (2) 1 VerfOBK),³ wenn sich das ausnahmsweise anbietet, weil zB die Zuerkennung eines festen Betrags angemessen erscheint.⁴

1.2 Erlass

Die Kostenentscheidung ergeht im Beschluss über Aufrechterhaltung oder Widerruf des Patents. *Isolierte Kostenentscheidung* ergeht, a) wenn eine Sachentscheidung infolge

---

1 BGH BlPMZ **62**, 56 *Kosten des Widerspruchsverfahrens*; **73**, 23 *Lewapur*; BPatGE **28**, 39, 40.
2 Für die Berücksichtigung von Einspruchskosten als Kosten des Patentverletzungsprozesses plädieren Schrader/Kuchler Mitt **12**, 162.
3 Vgl. bereits T 0323/89 ABl **92**, 169; T 0934/91 ABl **94**, 184; T 0930/92 ABl **96**, 191 (Nr 4.4).
4 S zB T 0475/07 ABl 11 SonderA 2, 99.

Erlöschens des Patents oder Rücknahme des Einspruchs oder der Beschwerde[5] nicht mehr ergeht; **b)** im Wege der Ergänzung der Entscheidung gemäß § 321 ZPO, wenn die Sachentscheidung versehentlich keine Kostenentscheidung enthält.[6]

Kostenentscheidung muss ergehen, **a)** wenn eine Partei einen Kostenantrag gestellt hat; **b)** wenn eine Prüfung von Amts wegen ergibt, dass eine Kostenauferlegung der Billigkeit entspricht. Allerdings kann es für die Beschwerdekammer bei Zurückverweisung an die erste Instanz sinnvoll sein, dieser auch die Kostenentscheidung überlassen.[7]

Absehen von einer Kostenentscheidung ist – wenn sie nicht versehentlich unterlassen wurde – mit einer Entscheidung gleichbedeutend, dass jeder Beteiligte seine Kosten selbst zu tragen hat.[8]

1.3 Begründung

8   Die Kostenentscheidung ist zu begründen, **a)** wenn vom Grundsatz der eigenen Kostentragung abgewichen werden soll, wenn also Kosten auferlegt werden sollen, sei es von Amts wegen oder auf Antrag; **b)** wenn ein Kostenantrag gestellt ist, und zwar auch dann, wenn es entgegen dem Antrag beim Grundsatz der eigenen Kostentragung verbleiben soll.

Keiner Begründung bedarf das Absehen von einer Kostenentscheidung, sofern kein Kostenantrag gestellt ist.

2 Voraussetzungen einer Kostenentscheidung

2.1 Kontradiktorisches Verfahren

9   muss vorliegen, so dass über die Kosten von Verfahrensgegnern, zB dem Patentinhaber und dem Einsprechenden, zu entscheiden ist. Keine Kostenentscheidung ergeht **a)** in einem einseitigen (ex parte-) Verfahren;[9] **b)** über Kosten mehrerer Patentinhaber oder mehrerer Einsprechender untereinander; **c)** zur Festsetzung der Gebühren eines Patentanwalts gegenüber der von ihm vertretenen Partei;[10] **d)** zu Lasten des Amts; ein etwaiger Schadensersatzanspruch ist vor den ordentlichen Gerichten geltend zu machen;[11] **e)** in Beschwerdeverfahren vor EPA, wenn es um Ereignisse vor der Einspruchsabteilung geht, ohne dass dort ein entsprechender Antrag gestellt wurde.[12]

10 **Rücknahme des Einspruchs oder Verzicht auf das Patent** steht nach § 62 (1) 2 – für Beschwerdeverfahren gilt § 80 (4) – einer Kostenentscheidung nicht entgegen. Das gleiche gilt, wenn der Einsprechende aus anderen Gründen aus dem Verfahren ausscheidet.

---

5   T 0323/89 ABl **92**, 169.
6   BPatGE **28**, 39.
7   T 1282/08 ABl 12 SonderA 124 mwN.
8   PA Mitt **57**, 237; **59**, 179 (beide zitiert von BPatGE **28**, 39, 40).
9   BPatGE **13**, 201, 204.
10 BPatGE **9**, 272.
11 BPatGE **13**, 201, 204; T 315/03 (Nr 15), insoweit nur zusammengefasst in ABl 06, 15.
12 T 1059/98 u 1273/11 RechtsprBK/EPA **19**, 1045.

Art 104 u
R 88 EPÜ
Kosten im Einspruchsverfahren/ costs in opposition proceedings § 62

Vor EPA ist eine Kostenverteilung ebenfalls möglich, wenn der Einspruch[13] oder die Beschwerde[14] zurückgenommen worden ist, weil insoweit der Ausscheidende am Verfahren beteiligt bleibt.

2.2 Verteilungsfähige Kosten

Die Kosten müssen infolge einer Anhörung oder einer Beweisaufnahme angefallen sein. Andere Kosten können unter dem PatG nicht auferlegt werden, wohl aber nach dem EPÜ 2000, das die vorher in Art 104 (1) bestehende entsprechende Beschränkung[15] gestrichen hat. 11

2.2.1 Kosten einer Anhörung (costs incurred during oral proceedings) können auferlegt werden, wenn diese gemäß § 59 (3) auf Antrag oder von Amts wegen stattgefunden hat. Formlose Rücksprachen oder Interviews genügen nicht. 12

EPA: Jede Partei hat das unbestreitbare Recht, eine mündliche Verhandlung zu beantragen, ohne befürchten zu müssen, infolge des bloßen Antrags mit Kosten belastet zu werden.[16] Jedoch können Kosten einer mündlichen Verhandlung der Partei, die diese beantragt hatte, auferlegt werden, wenn sie der mündlichen Verhandlung fern bleibt, ohne darüber EPA oder den Gegner vorher zu unterrichten, und wenn dadurch dem Gegner vermeidbare Kosten entstanden sind.[17] Eine Kostenauferlegung ist nicht dadurch gerechtfertigt, dass in der mündlichen Verhandlung keine neuen Argumente vorgetragen werden.[18]

2.2.2 Kosten einer Beweisaufnahme *(costs incurred during taking of evidence):* Beweisaufnahme im Sinne des § 62 (1) 1 ist nicht in dem engeren Sinne der Erhebung eines Beweises auf Grund eines Beweisbeschlusses zu verstehen, sondern umfasst alle Ermittlungen, die auf Grund des Untersuchungsgrundsatzes (s hierzu auch Art 114 (1) EPÜ) gemäß § 59 (5) iVm § 46 durchgeführt werden. Beweisaufnahme iSd § 62 (1) 1 umfasst daher die Befassung mit sämtlichen im Verfahren zulässigen Beweismitteln, wie sie beispielhaft in Art 117 EPÜ aufgeführt sind.[19] 13

Beispiele für Beweisaufnahme: **1.** Vorlage eines Gutachtens;[20] **2.** Entgegennahme von Beweismitteln aller Art, wie neue Unterlagen und Affidavits;[21] **3.** Angabe eines Standes der Technik, wie neue Entgegenhaltungen oder eine Vorbenutzung.[22] 14

---

13 T 0789/89 ABl **94**, 482.
14 T 0265/93 RechtsprBK/EPA **10**, 615.
15 Vgl T 0554/98 EPOR **00**, 475 (Nr 7).
16 T 0081/92 ABl **94** SonderA 109; T 0383/87 ABl **90** SonderA 44; T 0079/88 EPOR **92**, 387.
17 T 0939/92 ABl **96**, 191; T 0275/89 ABl **92**, 126; T 0434/95 ABl **98** SonderA 104; T 280/15 ÖBl **19**, 133.
18 T 0303/86 EPOR **89**, 95; T 0125/89 EPOR **92**, 41; T 0918/92 ABl **96** SonderA 102; aA: T 0167/84 ABl **87**, 369.
19 T 0323/89 ABl **92**, 169 (Nr 4); T 0117/86 ABl **89**, 401.
20 BPatGE **1**, 94, 100.
21 T 0117/86 ABl **89**, 401 (Nr 3).
22 T 0323/89 ABl **92**, 169.

2.3 Billigkeit (reasons of equity)

15 Es ist billig, einem Beteiligten Kosten aufzuerlegen, a) wenn sein Verhalten mit der Sorgfalt nicht in Einklang steht, die von jedem Verfahrensbeteiligten in einem Verfahren verlangt werden kann[23] und b) wenn durch das zu beanstandende Verhalten einem anderen Beteiligten unnötige Mehrkosten entstanden sind[24] oder nach der Lebenserfahrung entstanden sein müssen, wenn also vermutet werden kann, dass höhere Kosten entstanden sind.[25]

16 Hauptfälle, in denen eine Kostenauferlegung in Betracht kommt, sind: a) vorwerfbar verspätete Vorlage von Dokumenten oder Anträgen; b) Unterlassen einer gebotenen rechtzeitigen Unterrichtung des Gegners, die diesem Kosten erspart hätte, wie zB Mitteilung über Rücknahme von Beschwerde oder Einspruch oder des Antrags auf mündliche Verhandlung oder über Fernbleiben von einer mündlichen Verhandlung.

17 **Kostenauferlegung wurde als billig angesehen:** 1. wenn **neuer Stand der Technik** beträchtliche Zeit **nach Ablauf der Einspruchsfrist**, zB erst mit der Beschwerdebegründung, ohne Angabe eines einleuchtenden Grundes – zB Widerlegung der Begründung der angefochtenen Entscheidung – genannt wird, insbesondere wenn dieser ohne weiteres auch innerhalb der Einspruchsfrist hätte angegeben werden können.[26] Die Einspruchsfrist dient der Konzentration des Verfahrens. Ein **scheibchenweises Vorbringen** der Einwände gegen das Patent (*presentation piecemeal*) verursacht beim Patentinhaber und seinem Vertreter in aller Regel höhere Kosten, als wenn alle Einwände in der Einspruchsschrift enthalten gewesen wären.[27] Ist das nicht der Fall, kommt eine Kostenauferlegung nicht in Betracht;[28] 2. wenn nach einer Änderung der Ansprüche neuer Stand der Technik mit **erheblicher Verspätung** ohne eine Erklärung für die Verspätung genannt wird;[29] 3. wenn die Sache wegen der Relevanz des verspätet genannten Materials **zurückverwiesen** wird, für die dadurch entstehenden zusätzlichen Kosten, sofern für die Verspätung keine triftigen Umstände vorgetragen werden;[30] 4. wenn Einsprechender 2 Wochen vor der mündlichen Verhandlung neuen Stand der Technik vorlegt und der Patentinhaber deshalb zusätzlich Fachleute zur mündlichen Verhandlung mitbringen muss[31] oder wenn **kurz vor der mündlichen Verhandlung** ein Versuchsbericht[32] oder neuer Stand der Technik eingereicht wird[33] und dadurch eine zweite mündliche Verhandlung notwendig wird; 5. wenn der Antragsteller der **mündlichen Verhandlung unentschuldigt fernbleibt** und dadurch den anderen Beteiligten vermeidbare Kosten entstanden sind,[34] zB weil geringfügige Änderungen des

---

23 BPatGE **26**, 194, 195; T 0461/88 ABl **93**, 295.
24 BPatGE **26**, 194, 195; T 0486/89 ABl **98** SonderA 103.
25 T 0416/87 ABl **90**, 415; T 0323/89 ABl **92**, 169.
26 T 0117/86 ABl **89**, 401; T 0867/92 ABl **95**, 126; T 0671/03 ABl **07** SonderA Nr 6, 67.
27 T 0323/89 ABl **92**, 169; T 0326/87 ABl **92**, 522 (Nr 2.3); T 0083/93 ABl **98** SonderA 103.
28 T 0212/88 ABl **92**, 28.
29 T 0867/92 ABl **95**, 126.
30 T 0326/87 ABl **92**, 522.
31 T 0314/90 BeckRS 91, 30562728.
32 T 0099/05 ABl **07** SonderA Nr 6, 67.
33 T 0906/05 BeckRS 07, 30556200.
34 T 0930/92 ABl **96**, 191; T 0338/90 ABl **94** SonderA 109.

Patents auch schriftlich hätten erfolgen können;[35] 6. wenn ein ersichtlicher **Verstoß gegen die Wahrheitspflicht** (s § 124 PatG) vorliegt;[36] 7. für die Kosten einer **zweiten mündlichen Verhandlung**, wenn aus Nachlässigkeit umfangreiche Hilfsanträge zu spät eingereicht werden;[37] 8. wenn der Einsprechende **erst eine Woche vor der mündlichen Verhandlung auf sein Fernbleiben** wegen der damit verbundenen Kosten **hinweist** und die Beschwerdekammer bei früherer Mitteilung die Verhandlung früher abgesetzt hätte;[38] 9. wenn durch **sehr späte Zeugenbenennung** eine Verschiebung der mündlichen Verhandlung erforderlich wird.[39]

Kostenauferlegung wurde nicht als billig angesehen: 1. wenn die späte Nennung des neuen Materials eine verständliche Reaktion auf die Begründung der angefochtenen Entscheidung, auf ein Vorbringen des Gegners, einen Antrag auf Änderung des Patents durch den Patentinhaber oder einen Bescheid der Kammer darstellt;[40] 2. wenn das neue Material zwar spät eingeführt wird, aber **dem Patentinhaber bekannt war**;[41] 3. wenn das verspätet genannte Dokument wegen seiner **Überschaubarkeit** vom Patentinhaber ohne weiteres – zB in einer Pause der mündlichen Verhandlung – gewürdigt werden kann;[42] 4. wenn ein Beschwerdeführer auf der **Vernehmung von Zeugen** beharrt, die eine offenkundige Vorbenutzung bestätigen sollen;[43] 5. wenn ein Antrag auf mündliche Verhandlung aufrechterhalten wird, obwohl nur eine **geringe Erfolgsaussicht** bestand;[44] 6. wenn die Partei, zu dessen Gunsten die Entscheidung getroffen wäre, darauf **verzichtet**;[45] 7. wenn eine mündliche Verhandlung beantragt wird, in der aber **keine neuen Argumente** vorgetragen werden, weil jeder Beteiligte das grundsätzliche Recht auf eine mündliche Verhandlung hat, ohne befürchten zu müssen, nur deshalb Kosten tragen zu müssen;[46] 8. wenn ein Vortrag (zB eine offenkundige Vorbenutzung) **mit Nichtwissen bestritten wird**, sofern nicht ein ersichtlicher Verstoß gegen die Wahrheitspflicht vorliegt;[47] 9. wenn die **Kosten auch bei rechtzeitigem Vorbringen** entstanden wären, also die Verspätung keine zusätzlichen Kosten verursacht;[48] 10. bei **Verzicht auf das Streitpatent** am Tag vor dem Termin zur mündlichen Verhandlung;[49] 11. wenn eine Partei zwar verspätet ihr Fernbleiben von der mündlichen Verhandlung mitteilt, die **Beschwerdekammer** aber die **Verhandlung in jedem Fall**

18

---

35 T 0641/94 BeckRS 96, 30625534.
36 BPatGE 26, 194, 195; 1, 171, 172; T 0952/00 RechtsprBK/EPA 19, 1039.
37 BPatG v 5.10.2006 6 W (pat) 93/01 BeckRS 07, 7828.
38 T 212/07 u ähnlich T 2179/09 RechtsprBK/EPA 19, 1029.
39 T 0493/11 ABl 15 ZPubl 4,110.
40 St Rspr vgl RechtsprBK/EPA 19, 1024.
41 T 0712/94 ABl 98 SonderA 103.
42 T 0029/96 ABl 98 SonderA 102; T 0330/88 BeckRS 90, 30565857.
43 T 0461/88 ABl 93, 295.
44 T 0081/92 ABl 94 SonderA 109.
45 T 0408/91 ABl 94 SonderA 111.
46 T 0303/86 EPOR 89, 95; T 0125/89 EPOR 92, 41; T 0079/88 EPOR 92, 387; abw: T 0167/84 ABl 87, 369.
47 BPatGE 26, 194, 195.
48 T 0212/88 ABl 92, 28 (Nr 8b ii).
49 BPatG Mitt 09, 233 L.

durchgeführt hätte;⁵⁰ **12.** trotz **klarer Unzulässigkeit** der Beschwerde;⁵¹ **13. bei beiderseitigen Versäumnissen,** die einen weiteren Verhandlungstermin verursachen;⁵² **14.** bei fristgerechter Einreichung einer **hohen Anzahl von Hilfsanträgen** vor der Einspruchsabteilung.⁵³

3 Tenor der Kostenentscheidung *(order of apportionment of costs)*

19 »Die durch die Anhörung (oder mündliche Verhandlung oder Zeugenvernehmung oder die Einholung des Gutachtens oder die Ortsbesichtigung) vom ... verursachten Kosten werden der Einsprechenden (oder dem Patentinhaber) auferlegt«.
»Die Einsprechende (der Patentinhaber) hat von den Kosten des Vertreters des Patentinhabers (des Einsprechenden), die durch die Einreichung der Eingabe vom ... entstanden sind, (50 %) zu erstatten«.⁵⁴
Bei Auferlegung eines festen Betrags vor EPA: »Die Einsprechende hat dem Patentinhaber einen Betrag von € ... zu zahlen«.⁵⁵

4 Rückzahlung der Einspruchsgebühr

20 Sie kann nach § 62 (1) 3 angeordnet werden, wenn es der Billigkeit entspricht. Die Anordnung steht somit im pflichtgemäßen Ermessen (s Einl Rdn 173) von DPMA und BPatG. Die Rückzahlung ist anzuordnen, wenn *besondere Umstände* vorliegen, die es als unangemessen erscheinen lassen, die Gebühr einzubehalten. Bei der Billigkeitsentscheidung kann die Rechtsprechung zur Rückzahlung der Beschwerdegebühr herangezogen werden.⁵⁶

21 *Rückzahlung ist billig,* wenn *offensichtlich* ist, dass bei ordnungsmäßiger und angemessener Sachbehandlung eine Patenterteilung ausgeschlossen gewesen wäre, so dass der Dritte zur Klärung der Rechtslage gezwungen war, gegen die rechtswidrige Patenterteilung Einspruch einzulegen und eine Einspruchsgebühr zu entrichten.

22 *Rückzahlung ist nicht bereits dann billig,* wenn der Einspruch erfolgreich ist. Selbst wenn die Patentabteilung oder BPatG feststellen, dass der Erteilung eine falsche Sachbeurteilung – zB der Neuheit, der erfinderischen Tätigkeit, der Rechtsprechung etc – oder eine unzureichende Recherche⁵⁷ zugrunde liegt, ist das noch kein Anlass für eine Rückzahlung, denn ein Irrtum in der Rechtsanwendung (*error in judgement*) ist kein unangemessenes Versagen des Prüfers.

23 **Gravierende Umstände,** die eine Rückzahlung billig erscheinen lassen, sind **a)** schwerer Verfahrensfehler, bei dessen Vermeidung Patent nicht erteilt worden wäre; **b)** Erteilung offensichtlich ohne jegliche Sachprüfung des Anmeldungsgegenstands; **c)** Patenterteilung auf eine nicht existente Anmeldung; **d)** klar zutage liegende Nichtigkeit des Erteilungsbeschlusses; **e)** Begründung, die dem Beschluss ausnahmsweise beigefügt ist,

---

50 T 0383/13 v 17.12.2015 BeckRS 15, 120126.
51 T 0964/14 RechtsprBK/EPA 19, 1038.
52 T 1404/10 ABl **14** ZPubl 5, 110.
53 T 1930/14 v 28.11.2019 GRUR-RS 19, 41917.
54 T 0117/86 ABl **89,** 401, 406.
55 T 0323/89 ABl **92,** 169 (Nr 6: 200 DM); T 0548/92 BeckRS 93, 30602992 (500 pounds); T 0930/92 ABl **96,** 191 (Nr 4.4: 20 750 DM).
56 BPatG BlPMZ 05, 241.
57 BPatG BlPMZ 05, 241.

ist gänzlich unverständlich oder verworren oder inhaltslos, so dass Dritte vor einem Rätsel stehen. EPÜ sieht eine Rückzahlung der Einspruchsgebühr aus Billigkeit nicht vor.

5 Beschwerde

Eine Beschwerde gegen Entscheidung über Kosten oder über die Rückzahlung der Einspruchsgebühr ist gemäß § 73 (1) statthaft und gebührenpflichtig (Nr 401 300 Pat-KostG, derzeit 200 EUR; vgl dazu § 2 PatKostG Rdn 7 im Anhang 15). Beschwerden gegen Kostenfestsetzungsbeschlüsse sind ebenfalls gebührenpflichtig (derzeit 50 EUR, s § 2 PatKostG Rdn 12 im Anhang 15). 24

Die Kostenentscheidung ist nur eingeschränkt überprüfbar, nämlich darauf, ob die Voraussetzungen des Ermessens und seiner Grenzen eingehalten sind und von diesem Ermessen in einer dem Zweck der Ermächtigung entsprechenden Weise Gebrauch gemacht wurde.[58]

Vor EPA kann nach Art 106 (3) iVm R 97 (1) EPÜ die Verteilung der Kosten nicht einziger Gegenstand der Beschwerde sein (vgl Art 106 EPÜ Rdn 32 im Anhang zu § 73).

6 Kostenfestsetzung *(fixing of costs)*

Die Kostenentscheidung bestimmt die Kostentragung dem Grunde nach, die Höhe wird im Kostenfestsetzungsverfahren festgestellt (Ausnahme vor EPA: keine Kostenfestsetzung, wenn ein fester zu erstattender Betrag bereits in der Kostenentscheidung bestimmt wurde). 25

6.1 Verfahren

a) Zuständigkeit: i) vor DPMA nach § 7 (2) Nr 1 WahrnV der Beamte des gehobenen Dienstes oder vergleichbare Angestellte;[59] ii) vor EPA die Einspruchsabteilung gemäß Art 104 (2) und R 88 (2) und (3) EPÜ: es ergeht zunächst eine Mitteilung der Kostenfestsetzung und nur auf danach gestelltem Antrag eine Entscheidung über die Kostenfestsetzung (s Rdn 31); b) *mündliche Verhandlung* vor DPMA nicht ausgeschlossen. EPA entscheidet gemäß R 88 (4) ohne mündliche Verhandlung. 26

6.2 Voraussetzungen

a) Rechtskraft der Kostenentscheidung;[60] b) wirksamer Antrag nebst Kostenberechnung (*bill of costs*) und beigefügter Belege (*supporting evidence*) (§ 103 (2) 2 ZPO und R 88 (2) EPÜ); c) rechtliches Gehör für Antragsgegner;[61] d) Glaubhaftmachung der Kosten (*credibility of costs*) gemäß § 104 (2) 1 ZPO und R 88 (2) 3 EPÜ. Vor DPMA genügt nach § 104 (2) 2 ZPO die Versicherung eines Anwalts für ihm erwachsene Auslagen für Post- und Telekommunikationsdienstleistungen. 27

---

[58] BPatGE 34, 99 (Markensache).
[59] Vgl BPatGE 1, 173; 3, 59; 3, 185; BPatG BlPMZ 67, 164 Nr 9.
[60] BPatGE 2, 114; R 88 (2) 1 EPÜ.
[61] BPatGE 7, 41.

§ 62 *Kosten im Einspruchsverfahren/ costs in opposition proceedings* **Art 104 u R 88 EPÜ**

6.3 Zur zweckentsprechenden Wahrung der Rechte notwendige Kosten (*expenses necessary to assure proper protection of the rights involved*)

28 sind nach § 62 (2) 1 und R 88 (1) 2 EPÜ erstattungsfähig. Notwendig sind grundsätzlich solche Kosten, die zur Zeit ihrer Aufwendung objektiv erforderlich und für den Zweck geeignet waren. Dabei sind die besonderen Umstände des konkreten Falles zu berücksichtigen. Die Entscheidung ergeht nicht nach billigem Ermessen, sondern es sind »alle Kosten notwendig, ohne die eine zweckentsprechende Maßnahme nicht hätte getroffen werden können«.[62] Es gelten also die gleichen Grundsätze wie nach § 91 (1) 2, (2) und (3) ZPO, § 109 PatG und § 63 MarkenG.

29 *Erstattungsfähige Kosten sind* a) an DPMA oder EPA geleistete Auslagen für die Entschädigung von Zeugen und Sachverständigen sowie für die Wahrnehmung von auswärtigen Terminen, zB für eine Einnahme des Augenscheins; b) Kosten der Beteiligten, die sie für ihre anwaltlichen Vertreter[63] und – soweit erforderlich – für sachverständige Berater aufgewendet haben. Zu den Kosten im Einzelnen vgl die Erläuterungen zu § 80 Rdn 23 ff, insbesondere die alphabetische Liste in § 80 Rdn 59 ff.

6.4 Rechtsmittel und Rechtsbehelfe

30 **6.4.1 Vor DPMA** kann nach § 62 (2) 4 gegen den Kostenfestsetzungsbeschluss Beschwerde (nicht Erinnerung) innerhalb von 2 Wochen nach Zustellung eingelegt werden. Bei Ablehnung der Kostenfestsetzung beträgt die Beschwerdefrist 1 Monat.[64] Mit der Beschwerde kann nur die Festsetzung der Kosten, nicht die Kostengrundentscheidung zur Nachprüfung gestellt werden. Die Entscheidung kann – auch wenn sie beantragt war – ohne mündliche Verhandlung ergehen, weil diese nach § 62 (2) 3 iVm § 104 ZPO nicht vorgesehen ist. Eine Rechtsbeschwerde findet nicht statt.[65]

31 **6.4.2 Vor EPA** kann nach R 88 (3) EPÜ gegen die Kostenfestsetzung Antrag auf Entscheidung durch die Einspruchsabteilung gestellt werden. Die Frist beträgt 1 Monat seit Zustellung der Mitteilung über die Kostenfestsetzung. Der Antrag ist zu begründen und gilt nach R 88 (3) 3 EPÜ und Art 2 Nr 16 GebO erst als gestellt, wenn die Kostenfestsetzungsgebühr entrichtet worden ist. Die Entscheidung der Einspruchsabteilung ist nach R 97 (2) EPÜ mit der Beschwerde nur anfechtbar, wenn der festgesetzte Betrag die Beschwerdegebühr übersteigt.

6.5 Zwangsvollstreckung (*enforcement*)

32 aus Kostenfestsetzungsbeschlüssen erfolgt auf Grund einer vollstreckbaren Ausfertigung (§§ 724, 795a ZPO), die nach § 62 (2) 5 der Urkundsbeamte der Geschäftsstelle des BPatG erteilt.

33 *EPA:* Unanfechtbare Entscheidungen über die Festsetzung der Kosten der Geschäftsstelle oder der Einspruchsabteilung oder der Beschwerdekammer stehen nach Art 104

---

62 So amtl Begr zum 2. PatGÄndG BlPMZ **98**, 393, 404 zu Nr 20.
63 BPatGE **53**, 142: Regelgegenstandswert im Einspruchsverfahren: 60.000 EUR.
64 BPatGE **3**, 59; **5**, 139.
65 BGH GRUR **86**, 453 *Transportbehälter* unter Aufgabe von **65**, 621 *Patentanwaltskosten*; **77**, 559 *Leckanzeigegerät*.

(3) EPÜ für die Vollstreckung einem rechtskräftigen Urteil eines Zivilgerichts des Staats, in dem die Vollstreckung beantragt wird, gleich. Die Entscheidung darf nur auf ihre Echtheit, nicht auf ihre Richtigkeit überprüft werden. Eine Übersetzung ist erforderlich, wenn die Entscheidung nicht in der Amtssprache des Vertragsstaats abgefasst ist.

§ 63 Erfindernennung
(publication of the mention of the inventor)

(1) ¹Auf der Offenlegungsschrift (§ 32 Abs 2), auf der Patentschrift (§ 32 Abs 3) sowie in der Veröffentlichung der Erteilung des Patents (§ 58 Abs 1) ist der Erfinder mit Namen und Ortsangabe zu nennen, sofern er bereits benannt worden ist. ²Die Nennung ist mit Namen und Ortsangabe im Register (§ 30 Abs 1) zu vermerken. ³Sie unterbleibt vollständig oder hinsichtlich der Ortsangabe, wenn der vom Anmelder angegebene Erfinder es beantragt. ⁴Der Antrag kann jederzeit widerrufen werden; im Falle des Widerrufs wird die Nennung nachträglich vorgenommen. ⁵Ein Verzicht des Erfinders auf Nennung ist ohne rechtliche Wirksamkeit.
(= Fassung von Abs 1 ab 1.5.2022)

(1) *¹Auf der Offenlegungsschrift (§ 32 Abs 2), auf der Patentschrift (§ 32 Abs 3) sowie in der Veröffentlichung der Erteilung des Patents (§ 58 Abs 1) ist der Erfinder zu nennen, sofern er bereits benannt worden ist. ²Die Nennung ist im Register (§ 30 Abs 1) zu vermerken. ³Sie unterbleibt, wenn der vom Anmelder angegebene Erfinder es beantragt. ⁴Der Antrag kann jederzeit widerrufen werden; im Falle des Widerrufs wird die Nennung nachträglich vorgenommen. ⁵Ein Verzicht des Erfinders auf Nennung ist ohne rechtliche Wirksamkeit.*
(= *Fassung von Abs 1 bis 30.4.2022*)

(2) ¹Ist die Person des Erfinders unrichtig oder im Falle des Absatzes 1 Satz 3 überhaupt nicht angegeben, so sind der Patentsucher oder Patentinhaber sowie der zu Unrecht Benannte dem Erfinder verpflichtet, dem Deutschen Patent- und Markenamt gegenüber die Zustimmung dazu zu erklären, daß die in Absatz 1 Satz 1 und 2 vorgesehene Nennung berichtigt oder nachgeholt wird. ²Die Zustimmung ist unwiderruflich. ³Durch die Erhebung einer Klage auf Erklärung der Zustimmung wird das Verfahren zur Erteilung des Patents nicht aufgehalten.

(3) Auf amtlichen Druckschriften, die bereits veröffentlicht sind, wird die nachträgliche Nennung des Erfinders (Absatz 1 Satz 4, Absatz 2) oder die Berichtigung (Absatz 2) nicht vorgenommen.

(4) ¹Das Bundesministerium der Justiz und für Verbraucherschutz wird ermächtigt, durch Rechtsverordnung Bestimmungen zur Ausführung der vorstehenden Vorschriften zu erlassen. ²Es kann diese Ermächtigung durch Rechtsverordnung auf das Deutsche Patent- und Markenamt übertragen.

Rainer Moufang

Übersicht

Gesetzesentwicklung 1

	Europäisches Patentrecht............................	2
	Literatur..	6
	Kommentierung zu § 63 PatG	
1	Allgemeines...................................	7
2	Durchführung der Erfindernennung..............	12
2.1	Angaben.....................................	12
2.2	Ort...	13
3	Nichtnennung aufgrund Erfinderwillens (§ 63 (1) 3 u 4, R 20 (1) EPÜ)................................	14
4	Nachholung und Berichtigung (§ 63 (2)).........	16
4.1	Nachholung..................................	16
4.2	Berichtigung.................................	20
4.3	Durchsetzung................................	22
5	Nachträgliche Nennung (§ 63 (3))................	27

1 Gesetzesentwicklung: § 63 entspricht § 36 PatG 1936, in den Art 8 Nr 36 des 1. GPatG v 26.7.1979 Abs 1 Satz 1 eingefügt hat. Art 7 Nr 27 KostenregelungsbereinigungsG vom 13.12.2001 ersetzte in § 63 (1) 2 »Rolle« durch »Register« und änderte den Bezug in § 63 (4) auf BMJ und DPMA. Durch Art 204 der **10. ZustAnpV** v 31.8.2015 (BGBl I 1474) wurde die frühere Bezeichnung »Bundesministerium der Justiz« in Absatz 4 in »Bundesministerium der Justiz und für Verbraucherschutz« geändert. Art 1 Nr 26 des **2. PatRModG** v 10.8.2021 (BGBl I 3490 = BlPMZ 21, 290) änderte in Abs 2 S 1 die Bezeichnung in Deutsches Patent- und Markenamt und hat durch am 1.5.2022 in Kraft tretende Änderungen in Abs 1 S 1 bis 3 klargestellt, dass die Erfindernennung grundsätzlich mit Ortsangabe zu erfolgen hat, sofern der Erfinder nichts Gegenteiliges beantragt.

2 Europäisches Patentrecht

Art 62 EPÜ Anspruch auf Erfindernennung

3 Der Erfinder hat gegenüber dem Anmelder oder Inhaber des europäischen Patents das Recht, vor dem EPA als Erfinder genannt zu werden.

R 20 EPÜ Bekanntmachung der Erfindernennung

4 (1) Der genannte Erfinder wird auf der veröffentlichten europäischen Patentanmeldung und auf der europäischen Patentschrift vermerkt, sofern er dem EPA gegenüber nicht schriftlich auf das Recht verzichtet, als Erfinder bekannt gemacht zu werden.
(2) Absatz 1 ist anzuwenden, wenn ein Dritter beim EPA eine rechtskräftige Entscheidung einreicht, aus der hervorgeht, dass der Anmelder oder Inhaber eines europäischen Patents verpflichtet ist, ihn als Erfinder zu nennen.

R 21 EPÜ Berichtigung der Erfindernennung

5 (1) *(abgedruckt bei § 37 Rdn 5)*
(2) Ist eine unrichtige Erfindernennung in das Europäische Patentregister eingetragen oder im Europäischen Patentblatt bekannt gemacht worden, so wird auch deren Berichtigung oder Löschung darin eingetragen oder bekanntgemacht.

6 Lit in GRUR: Starck 37, 599; Ehlers 50, 359; Benkard 50, 481; Lit in Mitt: Beyerlein 03, 65.

1 Allgemeines

7 § 63 regelt im Zusammenspiel mit § 37 das Recht des Erfinders auf seine Nennung, dh Bekanntmachung, durch das Patentamt. Entsprechende Vorschriften enthält in leicht abweichender Terminologie (s § 37 Rdn 9) das EPÜ in Gestalt von Art 62 und 81 sowie *R 19, 20 und 21* (s Rdn 3–5, § 37 Rdn 3–5). Dieses Recht ist Ausfluss des Erfinderpersönlichkeitsrechts[1] (§ 6 Rdn 15) und in seinem Kern, nämlich hinsichtlich der Nennung im Patent, konventionsrechtlich in Art 4ter PVÜ gewährleistet. § 63 wird ergänzt durch die Vorschrift des § 8 PatV,[2] die der PräsDPMA in Ausübung der Ermächtigung nach § 63 (4) iVm § 1 (2) DPMAV erlassen hat.

Die Erfindernennung durch das Patentamt basiert auf der Erfinderbenennung durch den Anmelder nach § 37 und Art 81 EPÜ (zu dem Erfordernis der Erfinderbenennung und den Rechtsfolgen bei Nichterfüllung s § 37 Rdn 9 ff). Das Patentamt hat die Richtigkeit der Benennung nicht zu prüfen (§ 37 (1) 3 und R 19 (2) EPÜ) und ist daher an diese bei der Erfindernennung gebunden. Allerdings kann der Erfinder beantragen, dass seine Nennung unterbleibt (s Rdn 14). 8

Unrichtige Erfinderbenennung oder -nennung ist für Bestand des Patents unschädlich.[3] Jedoch hat gemäß § 63 (2) und Art 62 iVm R 20 (2) und 21 EPÜ der zu Unrecht nicht Genannte einen zivilrechtlichen Anspruch gegen den Patentanmelder bzw -inhaber und den zu Unrecht Genannten auf Zustimmung zur Berichtigung oder Nachholung (s Rdn 22). Für die Entscheidung bei Streitigkeiten zwischen wirklichem Erfinder, Anmelder und benanntem Erfinder über die Richtigkeit der Erfindernennung und der Erfinderbenennung sind nicht das DPMA und das EPA, sondern die ordentlichen Gerichte zuständig (vgl Rdn 24). 9

Bei PCT-Anmeldungen erfolgt die Erfindernennung im Rahmen der internationalen Veröffentlichung durch das IB gemäß Art 21 PCT. 10

Das Recht auf Nennung ist unverzichtbar, nicht übertragbar, unpfändbar und nicht verpfändbar.[4] Das Recht ist vererblich,[5] der Erbe kann das Recht nur insoweit wahrnehmen, als es der Erfinder selbst noch nicht ausgeübt hat. Dritte können zur Geltendmachung des Anspruchs aus § 63 (2) und Art 62 EPÜ nicht ermächtigt werden.[6] 11

2 Durchführung der Erfindernennung

2.1 Angaben

Nur natürliche Personen, auch verstorbene (nicht ein Betrieb)[7] mit Vor- und Zunamen und Ortsangabe (privater Wohnort oder Arbeitsstätte)[8] auf der Basis der Angaben des Anmelders nach § 7 (2) Nr 1 PatV oder R 19 (1) 2 EPÜ. Miterfinder haben keinen Anspruch auf Angabe des Umfangs oder des Ausmaßes ihrer Beteiligung.[9] Vermerk im Fall des § 63 (1) 3 »Antrag auf Nichtnennung«. 12

---

1 BGH GRUR 04, 272 Rotierendes Schaftwerkzeug; öst OGH GRUR Int 94, 65, 66 rSp *Holzlamellen.*
2 PatV s Anhang 11.
3 Mes § 63 PatG Rn 16.
4 BGH GRUR 78, 583 *Motorkettensäge.*
5 BPatG GRUR 87, 234.
6 BGH GRUR 78, 583 *Motorkettensäge.*
7 PA BlPMZ 51, 294.
8 S Begründung des Entwurfs des 2. PatRModG (BR-Drucksache 19/25821, S 49).
9 BGH BlPMZ 69, 58 *Luftfilter.*

2.2 Ort

13 Die Nennung hat nach § 63 (1) 1 und R 20 (1) EPÜ auf der Patentschrift (so auch Art 4ter PVÜ) sowie auf der veröffentlichten Anmeldung (OS-Schrift) zu erfolgen, wobei letzteres nach PatG voraussetzt, dass der Erfinder bereits (dh vor Beginn der Drucklegung) benannt worden ist. Die Nennung wird außerdem im Patentregister oder Europäischem Patentregister vermerkt (§ 63 (1) 2, R 143 (1) g) EPÜ) und bei der Offenlegung und bei der Patenterteilung im Patentblatt (Teil 2a oder 3a) bzw. Europäischem Patentblatt veröffentlicht (s Art 129 a) EPÜ).

3 Nichtnennung aufgrund Erfinderwillens (§ 63 (1) 3 u 4, R 20 (1) EPÜ)

14 § 63 (1) 3 und R 20 (1) 2. HS EPÜ sind eine Ausprägung des allgemeinen Persönlichkeitsrechts, das im deutschen Recht gemäß Art 2 (1) iVm Art 1 GG anerkannt ist.[10] Es soll der Wille des Erfinders respektiert werden, ohne öffentliche Inanspruchnahme der Erfinderehre im Verborgenen zu bleiben.[11] Der Erfinder kann nach der Neufassung des § 63 (1) durch das 2. PatRModG auch beantragen, dass nur die Nennung der Ortsangabe unterbleibt. Erforderlich ist ein *schriftlicher Antrag* des Erfinders (§ 8 (1) PatV, R 20 (1) EPÜ). Ist die Nennung bereits erfolgt, besteht kein Anspruch auf Beseitigung der Nennung, der Antrag gilt dann nur für Veröffentlichungen ab dem Zeitpunkt des Eingangs des Antrags (s Rn 19).

15 Antragsberechtigt ist nach § 63 (1) 3, nicht jedoch nach EPÜ, nur der vom Anmelder Benannte; der wirkliche, aber nicht benannte Erfinder hat Berichtigungsanspruch gegen den Anmelder. Der Antrag ist jederzeit widerruflich, die Nennung wird dann nachträglich vorgenommen (Rdn 27). Antrag und Widerruf bedürfen keiner Begründung, jedoch der Schriftform, der Angabe des amtlichen Aktenzeichens und der Bezeichnung der Erfindung und auf Verlangen des DPMA der öffentlichen Beglaubigung (§ 17 PatV). Der *Verzicht* des Erfinders auf Nennung, gleich wo und gegenüber wem erklärt, ist nach § 63 (1) 5 nichtig, nicht aber gemäß R 20 (1) EPÜ, wonach der Verzicht im europäischen Recht sogar die Voraussetzung der Nichtnennung bildet.

4 Nachholung und Berichtigung (§ 63 (2))

4.1 Nachholung

16 Die Erfindernennung wird nachgeholt:

17 **4.1.1** auf Antrag des wirklichen, vom Anmelder aber nicht benannten Erfinders, wenn der Erfinder dem DPMA die schriftliche Zustimmungserklärung des Anmelders sowie des zu Unrecht Benannten vorlegt;[12] öffentliche Beglaubigung der Zustimmungserklärung auf Verlangen des DPMA (§§ 8 (2), 17 PatV). Für den Streitwert einer Klage ist maßgebend, dass der Anspruch auf Zustimmung zur Nachholung Ausfluss des Erfinderpersönlichkeitsrechts ist.[13]

---

10 *BGH BlPMZ 94*, 121 *Akteneinsicht XIII*.
11 BGH BlPMZ 94, 121 *Akteneinsicht XIII*.
12 OLG Karlsruhe GRUR 03, 1072.
13 BGH GRUR 78, 583 *Motorkettensäge*; 04, 272 *Rotierendes Schaftwerkzeug*.

4.1.2 auf Antrag des dem DPMA benannten Erfinders, der einen Antrag auf Nichtnennung gestellt hatte und diesen widerruft (§ 63 (1) 4). Vorlage einer Zustimmungserklärung nicht erforderlich.

4.1.3 von Amts wegen im Fall des § 37 (2).

4.2 Berichtigung

DPMA: Sie setzt voraus, dass die Person des Erfinders unrichtig genannt ist. Daher keine Berichtigung des angegebenen Wohnorts. Berichtigt wird auf schriftlichen Antrag des Erfinders, aber nur wenn dieser die schriftliche Zustimmungserklärung zur beantragten Berichtigung des Anmelders oder Patentinhabers und des zu Unrecht benannten Erfinders beibringt. Auch bei nachträglicher Benennung eines weiteren Miterfinders ist die schriftliche Zustimmung der bereits genannten Erfinder erforderlich, sofern bereits eine Offenlegungsschrift existiert[14] (anders nach EPÜ, s Rdn 21). Nicht ausreichend ist es, wenn der neu hinzu kommende Miterfinder bereits in einem Prioritätsbeleg genannt wurde.

Weicht DPMA bei der Nennung von der Benennung nach § 37 ab, so hat DPMA die unrichtige Mindernennung zu berichtigen.[15] Dazu bedarf es keiner Zustimmung des vom DPMA falsch (zB allein) genannten Erfinders.

EPA: Eine unrichtige Erfindernennung kann nach R 21 EPÜ nur auf Antrag, nicht von Amts wegen berichtigt werden. Mit dem Antrag ist die Zustimmungserklärung des zu Unrecht als Erfinder Genannten einzureichen. Soll eine weitere Person als Erfinder genannt werden, so ist eine Zustimmung der bisher Genannten nicht erforderlich.[16]

4.3 Durchsetzung

Das DPMA entspricht Anträgen auf Nachholung und Berichtigung nach § 63 (2) nur, wenn die schriftlichen Zustimmungserklärungen des Anmelders oder Patentinhabers und des zu Unrecht Benannten vorgelegt werden (§ 8 (2) PatV).[17] Zur Durchsetzung gibt § 63 (2) dem Erfinder einen materiell-rechtlichen Anspruch gegen diese auf Abgabe ihrer Zustimmungserklärung gegenüber dem DPMA.[18] Der Anspruch auf Berichtigung einer Erfinderbenennung besteht unabhängig von der Schutzfähigkeit der Erfindung.[19]

Der Berichtigungsanspruch steht, wie beim Vindikationsanspruch aus § 8 (1), demjenigen zu, der einen schöpferischen Beitrag zum Gegenstand der unter Schutz gestellten Erfindung geleistet hat.[20] Für die dafür vorzunehmende Prüfung ist die gesamte im Patent unter Schutz gestellte Erfindung einschließlich ihres Zustandekommens in den

---

14 BPatGE **26**, 152.
15 BPatGE **25**, 131.
16 J 0008/82 ABl **84**, 155.
17 OLG Karlsruhe GRUR 03, 1072.
18 BGH GRUR 11, 903 *Atemgasdrucksteuerung*. Vgl ferner OLG Karlsruhe GRUR 03, 1072: Zustimmungsverpflichtete sind nicht notwendige Streitgenossen im Sinne des § 62 ZPO, da es an der einheitlichen Feststellung des streitigen Rechtsverhältnisses fehlt; Mes 4. Aufl § 63 Rn 11; aA noch OLG Hamburg GRUR **58**, 78.
19 BGH GRUR 11, 903 *Atemgasdrucksteuerung*.
20 BGH GRUR 11, 903 *Atemgasdrucksteuerung*.

Blick zu nehmen.[21] Auf die Fassung der Patentansprüche kommt es nur insofern an, als sich aus ihnen ergeben kann, dass ein Teil der in der Beschreibung dargestellten Erfindung nicht zu demjenigen Gegenstand gehört, für den mit der Patenterteilung Schutz gewährt worden ist.[22]

24 Die erteilte Zustimmung ist unwiderruflich. Der Anspruch ist nicht im Verfahren vor dem DPMA, sondern durch Klage gemäß § 143 PatG vor dem Landgericht (Patentstreitkammer) geltend zu machen. Die Klage ist schon vor erfolgter Erfindernennung zulässig,[23] sie ist dann gegen den Anmelder auf Berichtigung der Erfinderbenennung (§ 63 (1)) zu richten.[24] Die Vorlage des rechtskräftigen Urteils ersetzt die Zustimmungserklärung (§ 894 ZPO). Wird die Anmeldung zurückgewiesen, dürfte das Rechtsschutzbedürfnis an Feststellung der Erfindereigenschaft fehlen.[25]

25 Durch den Rechtsstreit über die Zustimmungserklärung wird das Prüfungsverfahren nicht aufgehalten (§ 63 (2) 3); daher *keine Aussetzung* des Prüfungsverfahrens. § 63 (2) gilt nicht für eine Änderung der Erfinderbenennung nach § 37 (1).[26]

26 *EPA:* Liegt eine rechtskräftige Entscheidung vor, aus der hervorgeht, dass der Anmelder oder Inhaber eines europäischen Patents verpflichtet ist, einen Dritten als Erfinder zu nennen, so ist dies auf der veröffentlichten europäischen Patentanmeldung und auf der europäischen Patentschrift zu vermerken, sofern kein entsprechender Verzicht erklärt wird (R 20 (2) EPÜ). Eine analoge Anwendung von R 20 (2) ist geboten, wenn der zu Unrecht als Erfinder Benannte nicht in die Berichtigung einwilligt.[27]

5 Nachträgliche Nennung (§ 63 (3))

27 Nachträglich wird der Erfinder genannt im Falle des § 63 (1) 4 (Widerruf des Antrags auf Nichtnennung), des § 63 (2) (Nachholung und Berichtigung) und des § 37 (2). Bereits veröffentlichte, amtliche Druckschriften (OS, PS) bleiben unverändert. Eine nachträgliche Nennung *auf den Schriften* kommt nur *vor* deren Veröffentlichung (= Veröffentlichungstag der Schrift) in Betracht, sofern das technisch noch möglich ist. Die nachträgliche Nennung wird dagegen im Patentregister und im Patentblatt veröffentlicht.

§ 64 Beschränkungs- und Widerrufsverfahren
(limitation or revocation procedure)

(1) Das Patent kann auf Antrag des Patentinhabers widerrufen oder durch Änderung der Patentansprüche mit rückwirkender Kraft beschränkt werden.

---

21 BGH GRUR 11, 903 *Atemgasdrucksteuerung.*
22 BGH GRUR 11, 903 *Atemgasdrucksteuerung.*
23 LG Mannheim GRUR 57, 122.
24 PA BlPMZ 51, 294.
25 Busse/Keukenschrijver § 63 Rn 42.
26 BPatGE 13, 53.
27 BGH GRUR 11, 903 (Rn 11) *Atemgasdrucksteuerung.*

(2) Der Antrag ist schriftlich einzureichen und zu begründen.
(3) ¹Über den Antrag entscheidet die Patentabteilung. ²§ 44 Abs 1 und die §§ 45 bis 48 sind entsprechend anzuwenden. ³Wird das Patent widerrufen, so wird dies im Patentblatt veröffentlicht. ⁴Wird das Patent beschränkt, ist in dem Beschluss, durch den dem Antrag stattgegeben wird, die Patentschrift der Beschränkung anzupassen; die Änderung der Patentschrift ist zu veröffentlichen.

Thomas Voit

Übersicht

Geltungsbereich		1
Europäisches Patentrecht		2
Literatur		8
Kommentierung zu § 64 PatG		
1	Widerruf oder Beschränkung des Patents	9
1.1	Zweck	9
1.2	Wirkung	10
2	Voraussetzungen von Widerruf und Beschränkung gemäß § 64	12
2.1	Antrag	12
2.1.1	Zulässigkeit	13
2.1.2	Rechtsschutzbedürfnis	18
2.1.3	Begründung des Antrags	19
2.1.4	Rücknahme des Antrags	20
2.2	Gebühr	21
3	Verfahren vor DPMA	22
3.1	Zuständig	22
3.2	Amtsermittlung	23
3.3	Prüfung der Beschränkung	24
3.4	Verhältnis zum Einspruchsverfahren	30
3.5	Verhältnis zum Nichtigkeitsverfahren	31
3.6	Rechtliches Gehör	32
3.7	Entscheidung	33
4	Veröffentlichungen	34
4.1	Geänderte Patentschrift	34
4.2	Patentregister	36
4.3	Patentblatt	37
4.4	Kosten der Veröffentlichung	38
5	Beschwerde	39

Geltungsbereich: Art 8 Nr 37 des 1. GPatG hat § 64 als § 36a neu gefasst. § 64 (3) wurde neu gefasst und § 36a (4) aF, der die Erhebung einer Druckkostengebühr vorsah, wurde gestrichen. Kostenbereinigungsgesetz (BGBl 2001 I 3656 = BlPMZ 2002, 14): Art 7 Nr 28 hebt § 64 (2) 2 auf, da die Gebührenordnung in das PatKostG (abgedruckt im Anhang 15) übernommen ist. *Das Gesetz zur Umsetzung der Akte vom 29.11.2000 zur Revision des EPÜ* vom 24.08.07 (BGBl I 2166 = BlPMZ 07, 362) hat durch seinen Art 2 Nr 9 in § 64 (1) nach dem Wort »Patentinhabers« die Wörter »widerrufen oder« eingefügt und § 64 (3) Satz 3 und 4 neu gefasst. 1

Europäisches Patentrecht: Die Art 105a – 105c sind mit Wirkung vom 13.12.2007 in das EPÜ eingefügt worden. Die Regeln 90–96 EPÜ enthalten nähere Bestimmungen über **a)** Zuständigkeit (= Prüfungsabteilung); **b) Antragserfordernisse** (Regel 92); **c)** Vorrang des Einspruchsverfahrens (Regel 93); **d)** Entscheidung über den Antrag (Regeln 94 und 95); **e)** Inhalt und Form der geänderten europäischen Patentschrift (Regel 96). 2

§ 64 Beschränkung und Widerruf des Patents

Art 105a EPÜ Antrag auf Beschränkung oder Widerruf

3 (1) ¹Auf Antrag des Patentinhabers kann das europäische Patent widerrufen oder durch Änderung der Patentansprüche beschränkt werden. ²Der Antrag ist beim Europäischen Patentamt nach Maßgabe der Ausführungsordnung zu stellen. ³Er gilt erst als gestellt, wenn die Beschränkungs- oder Widerrufsgebühr entrichtet worden ist.

(2) Der Antrag kann nicht gestellt werden, solange ein Einspruchsverfahren in Bezug auf das europäische Patent anhängig ist.

Art 105b Beschränkung oder Widerruf des europäischen Patents

4 (1) Das Europäische Patentamt prüft, ob die in der Ausführungsordnung festgelegten Erfordernisse für eine Beschränkung oder den Widerruf des europäischen Patents erfüllt sind.

(2) ¹Ist das Europäische Patentamt der Auffassung, dass der Antrag auf Beschränkung oder Widerruf des europäischen Patents diesen Erfordernissen genügt, so beschließt es nach Maßgabe der Ausführungsordnung die Beschränkung oder den Widerruf des europäischen Patents ²Andernfalls weist es den Antrag zurück.

(3) ¹Die Entscheidung über die Beschränkung oder den Widerruf erfasst das europäische Patent mit Wirkung für alle Vertragsstaaten, für die es erteilt worden ist. ²Sie wird an dem Tag wirksam, an dem der Hinweis auf die Entscheidung im Europäischen Patentblatt bekannt gemacht wird.

Art 105c Veröffentlichung der geänderten europäischen Patentschrift

5 Ist das europäische Patent nach Artikel 105b Absatz 2 beschränkt worden, so veröffentlicht das Europäische Patentamt die geänderte europäische Patentschrift so bald wie möglich nach Bekanntmachung des Hinweises auf die Beschränkung im Europäischen Patentblatt.

6 **Europäisches und deutsches Beschränkungs- und Widerrufsverfahren:** Die Entscheidung des EPA über Beschränkung oder Widerruf erfasst nach Art 105a (3) EPÜ das europäische Patent mit Wirkung für alle Vertragsstaaten. Gleichwohl hat das europäische Beschränkungs- und Widerrufsverfahren keinen Vorrang vor nationalen Verfahren gemäß § 64 oder einem Nichtigkeitsverfahren gemäß § 81. Ergehen im europäischen Einspruchs- oder Beschränkungsverfahren und im nationalen Beschränkungsverfahren inhaltlich unterschiedliche Entscheidungen, so fehlt eine Regelung über die Konkurrenz dieser Entscheidungen. Da sowohl die europäische wie die deutsche Entscheidung wirksam ist, verbleibt als geschützt nur das, was zugleich nach beiden Entscheidungen noch unter Schutz steht.¹

§ 64 PatG kennt nicht den Vorrang des Einspruchsverfahrens Dagegen gilt nach Regel 93 EPÜ ein Antrag auf Beschränkung oder Widerruf als nicht eingereicht, wenn im Zeitpunkt der Antragstellung ein Einspruchsverfahren anhängig ist. Ein bereits vor der Einlegung des Einspruchs anhängiges Beschränkungsverfahren (nicht ein Widerrufsverfahren) stellt die Prüfungsabteilung des EPA ein.

Gegenstand des Verfahrens ist das Patent in der erteilten oder in einem europäischen Einspruchs-, Beschränkungs- oder Widerrufsverfahrens geänderten Fassung, nicht jedoch die Fassung nationaler Verfahren.

Der Entwurf einer Verordnung über das Gemeinschaftspatent (GPVO) sieht ein Beschränkungsverfahren vor.² Ebenso früher Art 51–54 GPÜ.³

7 **Anwendbarkeit von § 64 auf europäische Patente:** § 64 ist auf europäische Patente anwendbar, weil diese nach Art 2 (2) EPÜ nationalen Patenten gleichgestellt sind. Im Beschluss wird die europäische Patentschrift der Beschränkung entsprechend angepasst und vom DPMA veröffentlicht (vgl Rdn 35).

8 **Lit in GRUR:** van der Werth **51**, 109; Weißig **52**, 377; Harraeus **62**, 57; Rogge **93**, 284; Flad **95**, 178; Keukenschrijver **01**, 571; **Lit in Mitt:** Klötzer **55**, 135; Wichmann/Naumann **08**, 1; Féaux de Lacroix **08**, 6; **Lit in sic!:** Luginbuehl/Kohler **01**, 681.

---

1 BGH GRUR 01, 730 *Trigonellin.*
2 Dok. 10 404/03 c 11.06.03; vgl dazu Willems u Landfermann ABlEPA 03, SonderA 2, 190.
3 AblEG L 401 v 30.12.1989.

1 Widerruf oder Beschränkung des Patents

1.1 Zweck:

Vorbeugung und Vermeidung von Nichtigkeitsverfahren durch ein einfaches Verfahren auf Antrag des Patentinhabers ohne Beteiligung Dritter.[4]

9

1.2 Wirkung:

Der Widerruf oder die Beschränkung des Patents haben im Gegensatz zum Verzicht (§ 20 (1) Nr 1) rückwirkende Kraft. Das Patent gilt von Anfang an als widerrufen oder als in dem beschränkten Umfang erteilt und ist ab Wirksamkeit der Entscheidung nur in dieser Form zu werten, so im Verletzungsprozess[5] und im Nichtigkeitsverfahren.[6]

10

Verhältnis zur Nichtigkeit: Patentbeschränkung, Teilvernichtung nach §§ 22 (2) iVm 21 (2) und Selbstbeschränkung im Nichtigkeitsverfahren führen zum gleichen Ergebnis: dem beschränkten Erlöschen des Patents mit rückwirkender Kraft. Unterschied: bei Nichtigkeit auf Antrag eines Dritten, bei Patentbeschränkung auf Antrag des Inhabers.

11

2 Voraussetzungen von Widerruf und Beschränkung gemäß § 64

2.1 Antrag

des im Register eingetragenen Patentinhabers Zur Schriftform siehe Einl Rdn 352.
  Änderung und Rücknahme ist bis zur Entscheidung jederzeit zulässig.[7] Wird Antrag vor BPatG zurückgenommen, wird eine erstinstanzliche Entscheidung nach § 269 (3) 1 ZPO wirkungslos.[8]

12

2.1.1 Zulässigkeit: Antrag muss sich auf den Widerruf des gesamten Patents oder auf eine Änderung der Ansprüche, nicht der Beschreibung beziehen. Nach der Rechtsprechung[9] soll eine vollständige Streichung eines Anspruchs unzulässig sein, weil eine Streichung keine Änderung eines Anspruchs und eine Streichung eines Anspruchs nur als Teilverzicht nach § 20 (1) möglich sei. Eine Streichung eines Anspruchs ist aber eine »Änderung auf null« und ein Teilverzicht gemäß § 20 ist kein Ersatz, da dieser nur ex nunc wirkt. Warum sollte auch ein Patentinhaber gezwungen sein, statt einer klaren Streichung den Anspruch als inhaltslose Attrappe aufrechtzuerhalten.

13

Die frühere Auffassung, dass eine vollständige Rücknahme des Patents unzulässig sei,[10] ist überholt, da nach § 64 (1) der Widerruf des Patents beantragt werden kann.

14

---

4 Amtl Begr zum 5. ÜG BlPMZ **55**, 295.
5 BPatGE **29**, 8, 10.
6 BGH GRUR **62**, 577 *Rosenzüchtung*; für ergänzendes Schutzzertifikat: BPatG, Urt v 04.02.2014, 3 Ni 5/13 *Telmisartan*.
7 BGH GRUR **61**, 529, 531 *Strahlapparat*.
8 BPatG BlPMZ **02**, 229 *Lagerregal*.
9 BPatG v 16.12.97 – 6 W (pat) 91/96 Schulte-Kartei PatG 64 Nr 9 *Befestigungsvorrichtung für Sanitärartikel*.
10 PA Mitt **60**, 152; aA PA Mitt **58**, 35.

15 Die erstrebte Änderung muss eine **Verminderung des bisherigen Umfangs** der Ansprüche zum Ziele haben,[11] denn sonst liegt keine Beschränkung iSd § 64 (1) vor. Für eine Beschränkung kann die gesamte in der Patentschrift enthaltene Offenbarung herangezogen werden. Daher ist die Aufnahme eines Merkmals aus der Beschreibung oder der Zeichnung möglich.[12]

16 Streichung einer **unzulässigen Erweiterung** ist zwar eine Änderung des Patentanspruchs, aber nur dann zulässig, wenn damit das Patent beschränkt wird.[13] Führt die Streichung der unzulässigen Erweiterung zu einer Erweiterung des Patents oder zu einem aliud, so ist der Beschränkungsantrag unzulässig.

17 Keine Änderung der Patentansprüche ist eine alleinige **Änderung der Beschreibung**, auch wenn diese den Schutzbereich vermindert, sowie ein bloße Klarstellung in der Beschreibung.

18 **2.1.2 Rechtsschutzbedürfnis** für einen zulässigen Antrag nach § 64 ist grundsätzlich gegeben, so insbesondere bei drohender Nichtigkeitsklage, anhängigem Verletzungsstreit, Bekanntwerden eines neuen Standes der Technik oder einer offenkundigen Vorbenutzung. Es fehlt ausnahmsweise bei ersichtlich unnützer Inanspruchnahme des DPMA (s Einl Rdn 345), zB bei Antrag für ein erloschenes Patent, wenn ein anzuerkennendes Interesse an der Beschränkung für die Vergangenheit nicht zu erkennen ist.[14]

19 **2.1.3 Begründung des Antrags** ist nach § 64 (2) erforderlich, sofern sich der Grund für die Beschränkung nicht von selbst aus dem genannten Stand der Technik ergibt.[15] Der neue Stand der Technik (Druckschriften, ältere Rechte, offenkundige Vorbenutzung), der zur Beschränkung führen soll, ist anzugeben.[16] Eine behauptete offenkundige Vorbenutzung ist zu substantiieren.[17]

20 **2.1.4 Rücknahme des Antrags** ist bis zur Rechtskraft der beantragten Entscheidung zulässig,[18] also im Fall der Beschwerde gegen einen Beschluss des DPMA bis zur Verkündung oder Zustellung der Entscheidung des BPatG.[19]

2.2 Gebühr

21 beträgt 120 € (Nr 313 700 PatKostG im Anhang 15), die mit dem Antrag fällig wird (§ 3 (1) PatKostG). Wird sie nicht innerhalb von 3 Monaten gezahlt, gilt der Antrag als zurückgenommen (§ 6 (2) PatKostG). Zur Rückzahlung vgl PatKostG § 10 im Anhang 15.

---

11 BPatG v 16.12.97 Schulte-Kartei PatG 64 Nr 9 *Befestigungsvorrichtung für Sanitärartikel.*
12 PA BlPMZ 57, 129.
13 BPatG v 16.12.97 Schulte-Kartei PatG 64 Nr 9 *Befestigungsvorrichtung für Sanitärartikel.*
14 PA Mitt 60, 152; BPatGE 29, 8, 10 = BlPMZ 88, 20.
15 BPatG v 16.12.97 Schulte-Kartei PatG 64 Nr 9 *Befestigungsvorrichtung für Sanitärartikel.*
16 PA Mitt 58, 57.
17 So im Ergebnis PA Mitt 58, 57; aA Reimer § 36a Rn 4.
18 BGH GRUR 61, 529 (I) *Strahlapparat.*
19 BPatG BlPMZ 02, 229 *Lagerregal.*

3 Verfahren vor DPMA

3.1 Zuständig

ist nach § 64 (3) 1 iVm § 27 (1) Nr 2 die jeweilige Fachpatentabteilung, die auch über einen Einspruch gegen das Patent zu entscheiden hätte. Der Vorsitzende kann (nicht muss) das Verfahren allein führen. Davon ausgenommen sind nach § 27 (4) die Anhörung und die Beschlussfassung. Vor EPA ist dagegen die Prüfungsabteilung zuständig. Die formelle Bearbeitung des Beschränkungs- oder Widerrufsverfahrens, einschließlich der Feststellung, dass der Antrag auf Beschränkung oder Widerruf des Patents wegen Nichtzahlung der Gebühr als zurückgenommen gilt, ist durch § 1 (1) Nr 10 WahrnV dem gehobenen Dienst übertragen.

22

3.2 Amtsermittlung

gilt grundsätzlich auch im Beschränkungsverfahren, aber – wie generell – nur im Rahmen des gestellten Antrags § 64 (3) 2, der die entsprechende Anwendung der §§ 44 (1) und 45–48 vorschreibt, besagt nur, dass die gleichen Verfahrensgrundsätze wie im Erteilungsverfahren gelten sollen, und nicht, dass unabhängig vom Antrag DPMA verpflichtet oder befugt wäre, das Patent auf seinen Rechtsbestand zu prüfen.[20] Liegt eine Beschränkung vor, muss dem Antrag entsprochen werden, auch wenn die beantragte Beschränkung objektiv nicht erforderlich ist oder gegenüber dem Stand der Technik nicht weit genug geht oder wenn das verbleibende Restpatent nicht patentwürdig sein sollte. Auf solche Bedenken sollte die Patentabteilung den Patentinhaber aber hinweisen, damit er entscheiden kann, ob er seinen Antrag dementsprechend ändert.

23

3.3 Prüfung der Beschränkung:

Auszugehen ist von der geltenden Fassung des Patents, also der erteilten oder der rechtskräftig geänderten Fassung eines früheren Einspruchs- Beschränkungs- oder Nichtigkeitsverfahrens, nicht von den abweichenden ursprünglichen Unterlagen der Anmeldung.[21] Das erteilte Patent ist in gleicher Weise wie im Einspruchs- oder Nichtigkeitsverfahren auszulegen.

24

Voraussetzungen eines gewährbaren Beschränkungsantrags:

25

a) *Änderung der Ansprüche* – ihres Wortlauts – muss beantragt sein. Auch eine Streichung eines Anspruchs sollte beansprucht werden können (s Rdn 14). Eine alleinige Änderung von Beschreibungen und Zeichnungen genügt nicht;

26

b) *Beschränkung des Patents* muss die Änderung der Ansprüche bewirken. Eine bloße Änderung des Wortlauts, die keine Beschränkung darstellt, genügt nicht. Eine reine Klarstellung des Anspruchswortlauts ohne Beschränkung des Patents ist daher im Beschränkungsverfahren nicht möglich. Beschränkt aber die Änderung des Wortlauts der Ansprüche das Patent, dann ist der Antrag auch dann begründet, wenn sich das

27

---

20 BGH BlPMZ **64**, 243 *Dosier- und Mischanlage*; PA BlPMZ **66**, 53; abw: PA Mitt **58**, 35.
21 BPatGE **16**, 144.

gleiche Ergebnis ohne eine Änderung der Ansprüche im Wege der Auslegung der erteilten Ansprüche durch Beschreibung und Zeichnungen ergeben würde;[22]

28 c) *Unzulässige Erweiterung des Schutzbereichs* des Patents darf durch die Änderung der Ansprüche nicht eintreten. Ebenso wie im Einspruchsverfahren eine beschränkte Verteidigung den Schutzbereich nicht erweitern darf (vgl § 59 Rdn 169), darf auch im Beschränkungsverfahren der Schutzbereich nicht erweitert werden, weil dadurch der Nichtigkeitsgrund des § 22 (1) letzte Alternative, des Art II § 6 (1) Nr 4 IntPatÜG und des Art 138 (1) d EPÜ geschaffen werden würde. Noch weniger darf die Änderung zu einem aliud führen;

29 d) *Beseitigung einer unzulässigen Erweiterung* ist unter den gleichen Bedingungen wie im Einspruchsverfahren zulässig (vgl dazu § 21 Rdn 63 ff). Sie ist nur zulässig, wenn durch ihre Streichung nicht eine Erweiterung des Patents eintritt.

3.4 Verhältnis zum Einspruchsverfahren

30 Während nach Regel 93 EPÜ das Einspruchsverfahren (zuständig: Einspruchsabteilung) Vorrang vor einem Beschränkungsverfahren (zuständig: Prüfungsabteilung) hat, werden vor DPMA beide Verfahren gleichrangig von der Patentabteilung betrieben, die bei Entscheidungsreife beider Verfahren das Verfahren vorziehen wird, dessen Entscheidung das andere Verfahren gegenstandslos macht. Für eine förmliche Aussetzung gemäß § 148 ZPO fehlt es aber an der Vorgreiflichkeit (s Einl Rdn 142).

3.5 Verhältnis zum Nichtigkeitsverfahren

31 DPMA kann ein Beschränkungsverfahren nicht bis zur Entscheidung über eine anhängige Nichtigkeitsklage aussetzen, da es an der Vorgreiflichkeit iSd § 148 ZPO fehlt (s Einl 117),[23] denn einem Beschränkungsantrag kann auch dann entsprochen werden, wenn die Nichtigkeitsklage abgewiesen wird.

Materiell-rechtlich können die Grundsätze des § 64 aber auch im Nichtigkeitsverfahren zu berücksichtigen sein: Verteidigt ein Patentinhaber ein in vollem Umfang angegriffenes Streitpatent überhaupt nicht mehr, kann es ohne weitere Sachprüfung für nichtig zu erklären zu sein,[24] weil es der Verfahrensökonomie widerspräche, die Parteien auf ein Beschränkungsverfahren, das nunmehr auch den vollständigen Widerruf ermöglicht, zu verweisen.

3.6 Rechtliches Gehör

32 ist dem Patentinhaber zu allen formellen und materiellen Mängeln seines Antrags vor dessen Zurückweisung zu gewähren (§ 64 (3) 2 iVm § 45 PatG)

3.7 Entscheidung

33 ergeht durch Beschluss, der nach § 47 (1) 3 einer Begründung nur bedarf, wenn der Antrag zurückgewiesen wird. Wird dem Antrag entsprochen, muss der Beschluss,

---

22 AA BPatG v 16.12.97 Schulte-Kartei PatG 64 Nr 9 *Befestigungsvorrichtung für Sanitärartikel* für die Aufnahme eines Merkmals, das denkgesetzlich zwingend vorhanden sein muss.
23 PA BlPMZ 57, 320.
24 BPatG, GRUR 10, 137 *Oxaliplatin*.

damit die Änderung der PS veröffentlicht werden kann, enthalten: a) die *Neufassung der Ansprüche* und b) nach § 64 (3) 4 eine an die geänderten Ansprüche *angepasste Beschreibung*. Zur Anpassung gehört auch, dass in der Einleitung der PS der *neu berücksichtigte Stand der Technik* aufgenommen wird, der Anlass für die Beschränkung war und daher für die Auslegung des beschränkten Patents wesentlich sein kann[25] (vgl dazu § 32 Rdn 17). Ist das unterblieben, kann Akteneinsicht begehrt werden.

Der Patentinhaber hat Reinschriften der gewährbaren, geänderten Unterlagen einzureichen, auf die im Tenor des Beschlusses verwiesen werden kann.

4 Veröffentlichungen

4.1 Geänderte Patentschrift

ist nach § 64 (3) 4 ebenso wie im Einspruchsverfahren nach § 61 (3) 2 zu veröffentlichen, entweder durch Herausgabe einer neuen PS oder – weil nur die Änderung zu veröffentlichen ist – durch Ausgabe von Ergänzungsblättern zur PS Dabei sind die Druckschriften, die DPMA für die Beschränkung des Patents in Betracht gezogen hat, anzugeben (s oben Rdn 33). 34

Europäische Patente: DPMA veröffentlicht die Änderung einer europäischen PS Die frühere Praxis, eine geänderte europäische PS nicht zu veröffentlichen, ist überholt.[26] 35

4.2 Patentregister:

die Änderung wird gemäß § 30 (1) 2 vermerkt. 36

4.3 Patentblatt:

die Änderung wird gemäß § 32 (5) bekannt gegeben. Im Beschränkungsverfahren geänderte Patente werden in elektronischer Form im Patentblatt Teil 3 a) 3 veröffentlicht. Schriftartencode für geänderte PS ist C 5.[27] 37

4.4 Kosten der Veröffentlichung

sind durch die Gebühr für den Beschränkungsantrag abgegolten.[28] 38

5 Beschwerde

kann Patentinhaber – nicht ein Dritter – einlegen. Sie ist zulässig, wenn er beschwert ist, also wenn seinem Antrag nicht oder nicht voll oder nur einem Hilfsantrag stattgegeben ist. Der Beschwerde kann nach § 73 (3) abgeholfen werden, da nur Patentinhaber Verfahrensbeteiligter ist. 39

---

25 PA Mitt **58**, 35; abw: PA BlPMZ **57**, 120.
26 Die frühere MittDPA Nr 8/87 BlPMZ **87**, 185 ist aufgehoben und daher im Tabu Gewerbl. Rechtsschutz Nr 499 nicht mehr enthalten.
27 MittDPMA Nr 13/03 BlPMZ **03**, 353.
28 Vgl amtl Begr zum GPatG BlPMZ **79**, 266, 287.

4. Abschnitt Patentgericht
(Patent Court)

§ 65 Bundespatentgericht
(Federal Patent Court)

(1) ¹Für die Entscheidungen über Beschwerden gegen Beschlüsse der Prüfungsstellen oder Patentabteilungen des Deutschen Patent- und Markenamts sowie über Klagen auf Erklärung der Nichtigkeit von Patenten und in Zwangslizenzverfahren (§§ 81, 85 und § 85 a) wird das Patentgericht als selbständiges und unabhängiges Bundesgericht errichtet. ²Es hat seinen Sitz am Sitz des Deutschen Patent- und Markenamts.³ Es führt die Bezeichnung »Bundespatentgericht«.

(2) ¹Das Patentgericht besteht aus dem Präsidenten, den Vorsitzenden Richtern und weiteren Richtern. ²Sie müssen die Befähigung zum Richteramt nach dem Deutschen Richtergesetz besitzen (rechtskundige Mitglieder) oder in einem Zweig der Technik sachverständig sein (technische Mitglieder). ³Für die technischen Mitglieder gilt § 26 Abs 3 entsprechend mit der Maßgabe, daß sie eine staatliche oder akademische Abschlußprüfung bestanden haben müssen.

(3) Die Richter werden vom Bundespräsidenten auf Lebenszeit ernannt, soweit nicht in § 71 Abweichendes bestimmt ist.

(4) Der Präsident des Patentgerichts übt die Dienstaufsicht über die Richter, Beamten, Angestellten und Arbeiter aus.

Ilse Püschel

Übersicht

	Geltungsbereich	1
	Europäisches Patentrecht	2
	Literatur	3
	Kommentierung zu § 65 PatG	
1	Bundespatentgericht	4
1.1	Rechtsstellung	5
1.2	Zuständigkeit	6
1.3	Aufgaben des BPatG auf dem Gebiet des Patentrechts	7
2	Richter des BPatG	8
2.1	Rechtskundige Mitglieder	9
2.2	Technische Mitglieder	10
2.3	Dienstaufsicht	12
2.4	Richterliche Vertretungen	13
2.4.1	Präsidialrat	14
2.4.2	Richterrat	15
2.5	Ernennung der Richter	16

Geltungsbereich: § 65 wurde als § 36b durch Art 1 Nr 29 des 6. Überleitungsgesetzes (BGBl I 274 = BlPMZ **61**, 124, 126) mit Wirkung v 1.7.1961 in das PatG eingefügt. **1**
2. PatGÄndG v 16.7.1998 (BGBl I 1827 = BlPMZ **98**, 382) hat mit Wirkung v 1.11.1998 § 65 (1) 1 an den neu gefassten § 24 angepasst durch Streichung der Worte »oder Zurücknahme« und »auf Erteilung von Zwangslizenzen« und Einfügung der Worte »in Zwangslizenzverfahren«.

Art 40 Nr 4 des 2. Gesetzes zur Bereinigung von Bundesrecht im Zuständigkeitsbereich des BMJ v 23.11.2007 (BGBl I 2614 = BlPMZ 08, 1) hat mit Wirkung v 30.11.2007 in § 65 (2) 3 die Angabe »§ 26 Abs 2« durch die Angabe »§ 26 Abs 3« ersetzt.
PatRModG: Art 1 des Gesetzes zur Vereinfachung und Modernisierung des Patentrechts v 31.7.2009 (BGBl I 2521 = BlPMZ 09, 301) hat mit Wirkung v 1.10.2009 in § 65 (1) 1 PatG die Angabe »(§§ 81, 85)« durch die Angabe »(§§ 81, 85 und 85a)« ersetzt.
Art 1 Nr 40 des **Zweiten Gesetzes zur Vereinfachung und Modernisierung des Patentrechts** v 10.8.2021 (BGBl I 3490 = BlPMZ 2021, 290, amtl Begr BT-Drs 19/25821) hat mit Wirkung v 18.8.2021 in § 65 (1) S 1 u 2 jeweils das Wort »Patentamts« ersetzt durch die Wörter »Deutschen Patent- und Markenamts«.

2   **Europäisches Patentrecht:** Die früher als Generaldirektion 3 »Beschwerde« (GD 3) in das EPA integrierten Beschwerdekammern des EPA, die den Beschwerdesenaten des BPatG entsprechen, sind seit der am 01.07.2016 in Kraft getretenen Reform eine separate Organisationseinheit unter Führung des Präsidenten der Beschwerdekammern. Gegen die Entscheidungen der Beschwerdekammern ist allerdings kein Rechtsmittel wie die Rechtsbeschwerde gegeben. Durch den mit der Revision neu in das EPÜ 2000 eingefügten Art 112a EPÜ wurde aber eine begrenzte Überprüfungsmöglichkeit von Beschwerdekammerentscheidungen durch die Große Beschwerdekammer geschaffen. Das europäische Beschwerdeverfahren ist in den Art 106–112a EPÜ geregelt, die im Anhang zu § 73 erläutert sind.

3   **Lit: Fschr 10 Jahre BPatG** 1971: Jungbluth S 9; **Fschr 25 Jahre BPatG** 1986: Pakuscher S 1; Krieger S 31; Herbst S 47; **Fschr 10 Jahre Große Beschwerdekammer EPA** 1996: Brinkhof S 49; **Fschr Nirk** 1992: Engel S 195; Pakuscher S 829; Tagungsband Die nationale Patentgerichtsbarkeit in Europa 2011: Meier-Beck, BPatG und BGH als europäische Patentgerichte S 9; **Fschr 50 Jahre BPatG** 2011: Völp S 33; Grabrucker S 35; Sedemund-Treiber S 63; Landfermann S 79; Meier-Beck, BPatG und BGH – patentrechtliche Aufgaben und Lösungen S 403; Teschemacher, Die Entstehung des BPatG – ein Lehrstück für die Beschwerdekammern des EPA? S 911
Lit in GRUR: Krieger GRUR 77, 343; Pakuscher GRUR 81, 449; Leise GRUR 81, 470; Raible GRUR 81, 695; GRUR 09, 918 **Lit in Mitt:** Ballhaus Mitt 61, 101; Horn Mitt 62, 125; Kunze Mitt 71, 150; Ann Mitt 15, 197 (unter V.2); **Lit in NJW:** Röhl NJW 60, 1793; Schmieder NJW 86, 1715; **Lit in DRiZ:** Faber DRiZ 75, 49; **Lit in ABl** Sonderausgabe 1999: Steinacker S 16, Giradet S 30 und Davies S 44; **Lit in Jura:** Lorenz 2010, 46

1 Bundespatentgericht

4   Art 96 (1) GG lautet »Der Bund kann für Angelegenheiten des gewerblichen Rechtsschutzes ein Bundesgericht errichten«.[1] Dieses ist als BPatG durch § 65 mit Wirkung vom 1.7.1961 mit Sitz in München errichtet worden.[2] Anlass für die Schaffung des BPatG war ein Urteil des BVerwG vom 13.6.1959 über die fehlende Gerichtsnatur der Beschwerdesenate des Patentamts.[3]

---

1 Amtl Begr zum 12. Gesetz zur Änderung des GG BlPMZ **61**, 122.
2 Art 1 Nr 29 des 6. ÜG, amtl Begr BlPMZ **61**, 140, 151; vgl *Krieger* GRUR 77, 343.
3 BVerwGE **8**, 350 = GRUR **59**, 435 = BlPMZ **59**, 258; vgl *Grabrucker* Fschr 50 Jahre BPatG S 35.

Adresse: Cincinnatistraße 64, 81549 München
Postfach 90 02 53 81 502 München
Tel: 0 89–69937–0 Fax: 0 89–69937–51 00
Internet: http://www.bpatg.de
E-Mail: bundespatentgericht@bpatg.bund.de (kann nicht wirksam für Verfahrenshandlungen verwendet werden, zum elektronischen Rechtsverkehr bei BPatG s BGH/BPatGERVV[4])

1.1 Rechtsstellung

Das BPatG ist das einzige durch Art 96 (1) GG bundesrechtlich bestellte besondere Gericht. Es ist ein Gericht der ordentlichen Gerichtsbarkeit iSd Art 95 (1) GG.[5] Dementsprechend ist es dem BGH nachgeordnet (Art 96 (3) GG). Es gehört wie DPMA zum Geschäftsbereich des Bundesministeriums der Justiz und für Verbraucherschutz (BMJV). Seinem Rang nach ist es einem Oberlandesgericht (OLG) gleichgestellt.[6]

1.2 Zuständigkeit

Gemäß Art 96 GG ist das BPatG für »Angelegenheiten des gewerblichen Rechtsschutzes« errichtet. Den gleichen Begriff verwendet Art 73 Nr 9 GG. Neben den in § 65 (1) genannten Entscheidungen könnten daher dem BPatG verfassungsrechtlich unbedenklich weitere Aufgaben übertragen werden.[7]

1.3 Aufgaben des BPatG auf dem Gebiet des Patentrechts[8]

BPatG ist zuständig für: 1. Beschwerden gegen Beschlüsse der Prüfungsstellen und Patentabteilungen des DPMA; 2. Klagen auf Erklärung der Nichtigkeit von deutschen und für die Bundesrepublik Deutschland erteilten europäischen Patenten; 3. Erteilung von Zwangslizenzen (§ 24) und Erlass einstweiliger Verfügungen gemäß § 85 und § 85a; 4. Beschwerden gegen Kostenfestsetzungsbeschlüsse (§ 62 (2) 4); 5. Erteilung einer vollstreckbaren Ausfertigung des Kostenfestsetzungsbeschlusses (§ 62 (2) 5); 6. Beweiserhebung für den BGH für vor dem 1.10.2009 eingeleitete Nichtigkeitsverfahren (§ 115 (2) aF, s Übergangsvorschrift § 147 (2));[9] 7. Ordnungs- und Zwangsmittel gegen Zeugen und Sachverständige beim DPMA sowie Anordnung der Vorführung eines

---

4 Verordnung über den elektronischen Rechtsverkehr beim BGH u BPatG v 24.8.2007, BGBl I 2130 = BlPMZ 07, 368 (im Anhang 18 = Tabu Gewerbl. Rechtsschutz Nr 301), s Einl Rdn 363 ff u Erläuterungen zu § 125a.
5 BGH GRUR 95, 333, 337 rSp *Aluminium-Trihydroxid*; *Ballhaus* Mitt 61, 102.
6 Vgl amtl Begr zum 6. ÜG BlPMZ 61, 140, 155 rSp; BGH GRUR 86, 453 (II3) *Transportbehälter*.
7 Vgl hierzu Pakuscher GRUR 77, 371 u RIW 75, 305, 314; Schmieder GRUR 72, 682; Kuntze Mitt 71, 150, 151; Trüstedt Mitt 58, 122.
8 Nach § 99 (1) PatG iVm § 278 (5) ZPO idF durch Art 2 Nr 5 des Gesetzes zur Förderung der Mediation und anderer Verfahren der außergerichtlichen Konfliktbeilegung v 21.7.2012, BGBl I 1577, gehört auch die gütliche Streitbeilegung durch einen Güterichter zur unabhängigen richterlichen Tätigkeit, vgl hierzu *Ahrens*, Mediationsgesetz und Güterichter – Neue gesetzliche Regelungen der gerichtlichen und außergerichtlichen Mediation, NJW 12, 2465 ff, 2469.
9 Beweiserhebung für BGH weggefallen aufgrund Neufassung des § 115 durch Art 1 Nr 11 des Gesetzes zur Vereinfachung und Modernisierung des Patentrechts v 31.7.2009, BGBl I 2521 = BlPMZ 09, 301; Vorschrift hatte ohnehin kaum Anwendung gefunden (zB im Verfahren Xa ZR 131/04, s GRUR-RR 10, 136 (Tz 8)).

nicht erschienenen Zeugen (§ 128 (2)); **8.** Beschwerden gegen Verweigerung der Verfahrenskostenhilfe oder der Beiordnung eines Vertreters (§ 135 (3)); **9.** Wiederaufnahmeklagen nach § 578 ZPO; **10.** Vollstreckungsgegenklagen nach § 767 ZPO; **11.** übergeleitete Beschwerde- und Nichtigkeitsverfahren gemäß § 51 ErstrG; **12.** Beschwerden wegen Untätigkeit des DPMA (s § 73 Rdn 13); **13.** Entscheidung über den Einspruch gemäß § 147 (3) aF PatG;[10] **14.** Beschwerden gegen Entscheidungen des DPMA über Erinnerungen gemäß § 11 (2) PatKostG; **15.** Anspruch, eine PS nicht zu veröffentlichen[11]; **16.** Beschwerden gegen die Ablehnung der Ausstellung eines Prioritätsbelegs mit einem bestimmten Anmeldedatum.[12]

BPatG ist unzuständig: a) für die Überprüfung von Akten des Präsidenten des DPMA in Verwaltungsangelegenheiten[13]; **b)** für die Prüfung von Amtshaftungsansprüchen nach § 839 BGB iVm Art 34 GG gegen das DPMA (s §§ 13, 71 (2) Nr 2 GVG)[14]; **c)** für unmittelbar bei BPatG eingereichte Zahlungsklagen, sei es wegen Rückzahlung von Gebühren[15] oder aus anderen Gründen;[16] **d)** grundsätzlich für den Erlass einer **einstweiligen Verfügung.**[17] Ausnahmen: **aa)** in Zwangslizenzverfahren gemäß § 85 (1) und § 85a PatG; **bb)** zur Abwehr schwerer und unzumutbarer und anders nicht abwendbarer Nachteile;[18] **cc)** in Fällen bindender Verweisung an BPatG durch ein Gericht, dessen Verfahrensordnung vorläufigen Rechtsschutz vorsieht.[19]

2 Richter des BPatG

8 Die Richter des BPatG sind der Präsident, die Vorsitzenden Richter und die weiteren Richter. Sie haben als rechtskundige oder technische Mitglieder richterlichen Status.

2.1 Rechtskundige Mitglieder[20]

9 Die rechtskundigen Mitglieder müssen die Befähigung zum Richteramt gemäß §§ 5 ff DRiG besitzen. Sie waren vor ihrer Ernennung zum Richter am BPatG in der Regel entweder beim DPMA langjährig als rechtskundige Mitglieder tätig oder als Richter in der ordentlichen Justiz der Bundesländer.

---

10 Insoweit besteht eine vor dem 1.7.2006 begründete Zuständigkeit des BPatG auch nach der Aufhebung des § 147 (3) nach dem allgemeinen verfahrensrechtlichen Grundsatz der perpetuatio fori fort, BGH BlPMZ 08, 12 = GRUR 07, 862 (Tz 10) *Informationsübermittlungsverfahren II*; BlPMZ 09, 127 = GRUR 09, 184 *Ventilsteuerung*.
11 BayVGH Mitt 06, 127, wobei nach Verweisung des Verfahrens an das BPatG das Rechtsschutzbegehren als Beschwerde nach § 73 ausgelegt wurde, s BPatGE **52**, 256 *Aufreißdeckel*.
12 BPatGE 52, 86 *Prioritätsbescheinigung*, aufgrund des engen Zusammenhangs mit dem Anmeldeverfahren; aA BPatG BlPMZ **90**, 370; Busse/Keukenschrijver/Tochtermann, PatG, 8. Aufl 2016, vor § 40 Rn 18.
13 Vgl BPatG BlPMZ **90**, 370; BPatGE **52**, 256, 265 (II3) *Aufreißdeckel*.
14 Vgl BGH GRUR **08**, 549 (Tz 21) *Schwingungsdämpfung*; BPatGE **49**, 214, 218 (IIB2d) *Unvollständige Recherche*; BPatG v 18.02.16 – 15 W (pat) 23/14, juris Tz 57 (betr Dolmetscherkosten).
15 BPatG v 10.11.2015 – 7 W (pat) 33/14, juris (Tz 19).
16 ZB BPatG v 18.12.2012 – 10 W (pat) 7/10, juris (Tz 7), s GRUR 14, 409, 414 FN 39.
17 BPatG GRUR **01**, 339 = Mitt **01**, 129 *Markenregister*; BPatGE **47**, 68 = GRUR **04**, 82 *Thüringer Rostbratwurst*.
18 BPatGE **47**, 68 = GRUR **04**, 82 *Thüringer Rostbratwurst*.
19 BPatGE **47**, 68 = GRUR **04**, 82 *Thüringer Rostbratwurst*.
20 Vgl Pakuscher, Der Jurist als technischer Richter, FS Nirk 1992 S 829.

2.2 Technische Mitglieder

Die technischen Mitglieder, die regelmäßig vom DPMA kommen,[21] müssen die Befähigung zum Richteramt gemäß § 120 DRiG haben. Sie müssen nach § 65 (2) 2 »**in einem Zweig der Technik sachverständig sein**«. Das Bestehen einer staatlichen oder akademischen Abschlussprüfung ist nach § 65 (2) 3 zwingende Voraussetzung, in § 26 (2) dagegen nur Sollvorschrift. Das Erfordernis einer mindestens 5-jährigen beruflichen Tätigkeit im Bereich der Naturwissenschaften oder Technik ergibt sich durch die Verweisung des § 65 (2) 3 auf § 26 (3) und ist dort als Sollvorschrift genannt, im Regelfall muss aber ein technisches Mitglied am BPatG eine solche Tätigkeit vorweisen.[22] Nach ihrer Ernennung können die technischen Mitglieder auf allen Gebieten der Technik als Richter mitwirken, sie sind nicht auf das Gebiet ihrer speziellen Sachkunde beschränkt.[23]

10

Technische Sachkunde des Technischen Beschwerdesenats: Aufgrund der Anforderungen, die das Gesetz an die berufliche Qualifikation der technischen Richter stellt, und aufgrund deren durch die ständige Befassung mit Erfindungen in diesen Bereichen gebildetes Erfahrungswissen ist grundsätzlich davon auszugehen, dass der Technische Beschwerdesenat des BPatG auf den technischen Fachgebieten, die in seine Zuständigkeit fallen, über die zur Beurteilung der jeweils entscheidungserheblichen Fragen erforderliche technische Sachkunde verfügt.[24] Die Einholung eines *Sachverständigengutachtens* zu fachlich-technischen Fragen kann dennoch, im Einzelfall, in Betracht kommen.[25] Dies liegt grundsätzlich im pflichtgemäßen Ermessen des Senats[26] (s hierzu auch § 81 Rdn 159 u § 88 Rdn 5).

11

2.3 Dienstaufsicht

Die Dienstaufsicht über den Präsidenten obliegt dem BMJV, über Richter, Beamte, Angestellte und Arbeiter gemäß § 65 (4) dem Präsidenten. Die Dienstaufsicht über die Richter darf die richterliche Unabhängigkeit nicht beeinträchtigen (§ 26 DRiG).

12

2.4 Richterliche Vertretungen

Gemäß § 49 DRiG werden bei den Gerichten des Bundes und somit auch beim BPatG als Richtervertretungen ein Richterrat und ein Präsidialrat errichtet. Keine Interessenvertretung der Richter ist das Präsidium[27] (s hierzu § 68).

13

2.4.1 Präsidialrat Der Präsidialrat (s § 54 (3), § 55 DRiG) ist für die Beteiligung an der Ernennung eines Richters gebildet. Er gibt eine schriftliche begründete Stellung-

14

---

21 Vgl auch Hiersemenzel, Patentanwälte als techn Richter beim BPatG?, Mitt **81**, 185.
22 Vgl VGH München v 27.08.12 – 14 ZB 11.3041 in juris (Tz 8), betreffend ein Verfahren zur Besoldungsstufe.
23 BGH GRUR **63**, 129 *Kunststofftablett*; **65**, 234, 237 *Spannungsregler*; **76**, 719 (II2) *Elektroschmelzverfahren*; **78**, 492 *Fahrradgepäckträger II*; **98**, 373, 375 lSp *Fersensporn*; BPatG v 03.06.14 – 3 Ni 8/13, juris (Tz 42).
24 BGH GRUR **14**, 1235 *Kommunikationsrouter*.
25 BGHZ **53**, 283, 298 = GRUR **70**, 408, juris (Tz 41) *Anthradipyrazol*; BGH GRUR **14**, 1235 *Kommunikationsrouter*.
26 BPatGE **53**, 194 *Traglaschenkette*; BPatG v 28.06.12 – 4 Ni 2/11, Mitt **14**, 30 L *Vorschaltgerät*.
27 Vgl Zöller/Lückemann, ZPO, 33. Aufl 2020, § 21a GVG Rn 4; Roller DRiZ **12**, 242, 243.

nahme ab über die persönliche und fachliche Eignung des Bewerbers, die aber BMJV nicht bindet.

15 **2.4.2 Richterrat** Der Richterrat (s § 52 DRiG) wird für die Beteiligung an allgemeinen und sozialen Angelegenheiten gebildet. Er besteht aus 5 gewählten Richtern, üblicherweise 3 technische und 2 rechtskundige Mitglieder.

2.5 Ernennung der Richter

16 Die Ernennung der Richter erfolgt nach § 65 (3) durch den Bundespräsidenten. Dieser hat die Ernennung der »weiteren Richter« mit Ausnahmevorbehalt für besondere Fälle dem BMJV übertragen,[28] dem der Präsident des BPatG nach Durchführung einer Ausschreibung einen Vorschlag unterbreitet.[29]

§ 66 Senate des Bundespatentgerichts
(Boards of Appeal)

(1) Im Patentgericht werden gebildet
1. Senate für die Entscheidung über Beschwerden (Beschwerdesenate);
2. Senate für die Entscheidung über Klagen auf Erklärung der Nichtigkeit von Patenten und in Zwangslizenzverfahren (Nichtigkeitssenate).

(2) Die Zahl der Senate bestimmt der Bundesminister der Justiz und für Verbraucherschutz.

Ilse Püschel

Übersicht

Geltungsbereich		1
Kommentierung zu § 66 PatG		
1	2 Arten von Senaten	2
2	Zahl der Senate	3

1 **Geltungsbereich:** § 66 wurde als § 36c durch Art 1 Nr 29 des **6. Überleitungsgesetzes** (BGBl I 274 = BlPMZ **61**, 124, 127) mit Wirkung v 1.7.1961 in das PatG eingefügt.
2. **PatGÄndG** v 16.7.1998 (BGBl I 1827 = BlPMZ **98**, 382) hat mit Wirkung v 1.11.1998 § 66 (1) Nr 2 an den neu gefassten § 24 angepasst durch Streichung der Worte »und auf Zurücknahme« und »auf Erteilung von Zwangslizenzen« sowie Einfügung der Worte »in Zwangslizenzverfahren«.
Art 204 der 10. ZuständigkeitsanpassungsVO v 31.8.2015 (BGBl I 1474) hat mit Wirkung v 8.9.2015 in § 66 (2) »Justiz« durch »Justiz und für Verbraucherschutz« ersetzt.

---

28 Anordnung des Bundespräsidenten v 23.6.2004, BGBl I 1286.
29 Vgl auch Brunn, Die parlamentarische Wahl sämtlicher Richter des BPatG als die »von Verfassungs wegen naheliegende« Lösung Fschr 50 Jahre BPatG 2011, 1059.

1 2 Arten von Senaten

§ 66 sieht nur 2 Arten von Senaten vor: Beschwerde- und Nichtigkeitssenate. Eine weitere Unterscheidung innerhalb der Beschwerdesenate, etwa zwischen den technischen und dem juristischen Beschwerdesenat trifft § 66 nicht.[1]

2 Zahl der Senate

Die Zahl der Senate bestimmt gemäß § 66 (2) das BMJV. Die Entscheidung über die Zahl der jeweiligen Nichtigkeits- und Beschwerdesenate trifft das Präsidium bei der Geschäftsverteilung, die für das jeweilige Jahr im BlPMZ (idR im Februar-Heft) veröffentlicht wird.
Am 1.1.2021 waren 24 Senate gebildet:

6	Nichtigkeitssenate	1. – 6. Senat
1	Juristischer Beschwerdesenat und Nichtigkeitssenat	7. Senat
10	Technische Beschwerdesenate	8., 9., 11., 12., 14., 17. – 20., 23. Senat
4	Marken-Beschwerdesenate	25., 26., 28., 29. Senat
1	Marken- und Design-Beschwerdesenat	30. Senat
1	Gebrauchsmuster-Beschwerdesenat	35. Senat
1	Beschwerdesenat für Sortenschutzsachen	36. Senat

§ 67 Besetzung der Beschwerde- und Nichtigkeitssenate
(composition of boards of appeal and of revocation boards)

(1) Der Beschwerdesenat entscheidet in der Besetzung mit
1. einem rechtskundigen Mitglied als Vorsitzendem und zwei technischen Mitgliedern in den Fällen des § 23 Abs 4 und des § 50 Abs 1 und 2;
2. einem technischen Mitglied als Vorsitzendem, zwei weiteren technischen Mitgliedern sowie einem rechtskundigen Mitglied in den Fällen,
   a) in denen die Anmeldung zurückgewiesen wurde,
   b) in denen der Einspruch als unzulässig verworfen wurde,
   c) des § 61 Abs 1 und des § 64 Abs 1,
   d) des § 61 Abs 2 sowie
   e) der §§ 130, 131 und 133;
3. einem rechtskundigen Mitglied als Vorsitzendem, einem weiteren rechtskundigen Mitglied und einem technischen Mitglied in den Fällen des § 31 Abs 5;
4. drei rechtskundigen Mitgliedern in allen übrigen Fällen.
(2) Der Nichtigkeitssenat entscheidet in den Fällen der §§ 84 und 85 Abs 3 in der Besetzung mit einem rechtskundigen Mitglied als Vorsitzendem, einem weiteren rechtskundigen Mitglied und drei technischen Mitgliedern, im übrigen in der Beset-

---

1 BGH BlPMZ **72**, 266 *Zuständigkeitsstreit*.

zung mit drei Richtern, unter denen sich ein rechtskundiges Mitglied befinden muß.

Ilse Püschel

Übersicht

Geltungsbereich	1
Literatur	2
Kommentierung zu § 67 PatG	
1 Besetzung der Senate	3
2 Interne Mitwirkungsgrundsätze	4
3 Besetzung der Beschwerdesenate in Patentsachen	5
4 Besetzung der Nichtigkeitssenate	10
5 Technischer Beschwerdesenat	12
6 Juristischer Beschwerdesenat	13
7 Überbesetzung	15

1 **Geltungsbereich:** § 67 ist durch Art 8 Nr 38 des 1. GPatG v 26.7.1979 (BGBl I 1269 = BlPMZ 79, 266) als § 36d neu gefasst worden. Er gilt nach Art 17 (3) des 1. GPatG seit dem 1.1.1981.
Art 7 Nr 29 des **Kostenbereinigungsgesetzes** v 13.12.2001 (BGBl I 3656 = BlPMZ 02, 14) trägt in § 67 (1) der Streichung des § 73 (3) PatG aF Rechnung. Das **Gesetz zur Änderung des patentrechtlichen Einspruchsverfahrens und des Patentkostengesetzes** v 21.6.2006 (BGBl I 1318 = BlPMZ 06, 225 und Berichtigung BGBl I 2737 = BlPMZ 07, 1) hat durch seinen Art 1 Nr 9 § 67 (1) mit Wirkung v 1.7.2006 neu gefasst.
Art 1 Nr 27 des **Zweiten Gesetzes zur Vereinfachung und Modernisierung des Patentrechts** v 10.8.2021 (BGBl I 3490 = BlPMZ 2021, 290, amtl Begr BT-Drs 19/25821) hat mit Wirkung v 18.8.2021 in § 67 (1) Nr 2 c die Angabe »§ 61 Abs. 1 Satz 1« durch die Angabe »§ 61 Absatz 1« ersetzt, als redaktionelle Folgeänderung aufgrund der durch dieses Gesetz ebenfalls vorgesehenen Neufassung des § 61 (1).

2 **Lit: Fschr Vieregge** 1995: Bruchhausen, Der manipulierte Bundesrichter S 91; **Fschr 50 Jahre BPatG** 2011: Ann, Technische Richter in der Patentgerichtsbarkeit – ein Modell mit Perspektive? S 111; **Lit in GRUR:** Bender GRUR 98, 969; **Lit in Mitt:** Hövelmann Mitt 05, 193.

1 Besetzung der Senate

3 »§ 67 (1) ist eine dem Gerichtsverfassungsrecht zugehörige Besetzungsvorschrift und von einer Zuständigkeitsvorschrift zu unterscheiden. Von dessen Beachtung hängt es ab, ob der gesetzliche Richter iSd Art 101 (1) GG entschieden hat«.[1] Ein Verstoß gegen § 67 (1) eröffnet die zulassungsfreie Rechtsbeschwerde nach § 100 (3) Nr 1.

2 Interne Mitwirkungsgrundsätze

4 Die Geschäftsverteilung innerhalb der einzelnen Senate erfolgt durch Beschluss des Senats nach § 21g (2) GVG. Die internen Mitwirkungsgrundsätze für den einzelnen Senat müssen die personelle Zusammensetzung der Spruchgruppe festlegen, zB anhand des Aktenzeichens der Sache, damit eindeutig festgelegt ist, welche Sache an welchen Spruchkörper kommt, eine Manipulation des gesetzlichen Richters also ausgeschlossen

---

[1] BGH BlPMZ **67**, 223 = GRUR **67**, 543 *Bleiphosphit*; BlPMZ **64**, 244 *Kondenswasserableiter*; BlPMZ **64**, 283 *Akteneinsicht II*.

ist.[2] Sie unterliegen wie die Geschäftsverteilung für das BPatG dem Jährlichkeitsprinzip (vgl § 21e (1) Satz 2 GVG), wonach der für ein Geschäftsjahr beschlossene Geschäftsverteilungsplan an dessen Ende ohne weiteres außer Kraft tritt, das heißt, die Zusammensetzung des Senats – auch für bereits anhängige Verfahren – wird für jedes Jahr neu bestimmt.[3]

3 Besetzung der Beschwerdesenate in Patentsachen

Dreierbesetzung: 1 juristischer Vorsitzender + 2 Techniker (§ 67 (1) Nr 1): 5
a) Vergütung bei Lizenzbereitschaft gemäß § 23 (4)
b) Anordnung und Aufhebung der Geheimhaltung gemäß § 50 (1) und (2).
Nach der Geschäftsverteilung des BPatG ist mit diesen Aufgaben der 35. Senat (Gebrauchsmuster-Beschwerdesenat) befasst.

Viererbesetzung: 1 technischer Vorsitzender + 2 Techniker + 1 Jurist (§ 67 (1) Nr 2 = 6
Technischer Beschwerdesenat):
a) Beschwerden gegen Zurückweisung der Anmeldung gemäß § 67 (1) Nr 2 a; hierzu gehören auch Beschwerden gegen Zurückweisung einer Schutzzertifikatsanmeldung[4] gemäß Art 18 EG-V Nr 469/2009 und Art 17 EG-V Nr 1610/96 (s § 16a Anhänge 1 u 2), §§ 16a (2) und 73 PatG;
b) Beschwerden gegen Verwerfung des Einspruchs als unzulässig gemäß § 67 (1) Nr 2 b;[5]
c) Beschwerden gegen Beschlüsse über Aufrechterhaltung, Widerruf oder Beschränkung des Patents gemäß § 67 (1) Nr 2c;
d) Erstinstanzliche Entscheidung über Aufrechterhaltung oder Widerruf des Patents in den Fällen des § 61 (2) 1[6] und Beschwerden gegen Entscheidungen der Patentabteilung im Fall des § 61 (2) 2 gemäß § 67 (1) Nr 2d;
e) Beschwerden gegen Verweigerung von Verfahrenskostenhilfe oder der Beiordnung eines Vertreters gemäß §§ 130, 131 und 133 iVm § 135 (3) gemäß § 67 (1) Nr 2e.

Dreierbesetzung: 1 juristischer Vorsitzender + 1 Jurist + 1 Techniker (§ 67 (1) Nr 3): 7
Für Beschwerden in Verfahren der Akteneinsicht gemäß § 31 (5) PatG. Nach der Geschäftsverteilung des BPatG ist mit diesen Aufgaben der 35. Senat (Gebrauchsmuster-Beschwerdesenat) befasst.

Dreierbesetzung: 1 juristischer Vorsitzender + 2 Juristen (§ 67 (1) Nr 4 = **Juristischer** 8
Beschwerdesenat):

---

2 BGH BlPMZ **67**, 223 *Bleiphosphit*; BVerfGE **95**, 322, 329 = NJW **97**, 1497 *Überbesetzter Spruchkörper* (Plenum).
3 BGH GRUR **99**, 369 *interne Mitwirkungsgrundsätze*.
4 Vgl Benkard/Schwarz, PatG, 11. Aufl 2015, § 67 Rn 4.
5 Die Streitfrage, wie bei unzulässigem Einspruch zu tenorieren ist, wurde durch die mit Wirkung v 1.7.2006 erfolgte Neufassung von § 67 (1) entschieden, vgl *Winterfeldt/Engels* GRUR **08**, 553, 562; BPatG v 19.04.07 – 23 W (pat) 362/04 *Plasmaimpedanz*; die Tenorierungsfrage stand im Zusammenhang mit der zu § 67 (1) aF diskutierten Frage, ob über Beschwerden gegen Einspruchsverwerfungen der juristische oder ein technischer Beschwerdesenat zu entscheiden hat, vgl BPatGE **48**, 171, 175 *Messvorrichtung*.
6 Sowie in den Altfällen nach § 147 (3) idF bis 30.6.2006, s § 61 Rdn 10.

§ 67 BPatG: Besetzung der Senate

Für alle übrigen Beschwerden nach dem PatG, soweit sie nicht Senaten mit anderer Besetzung zugewiesen sind (s Rdn 14).

9 Soweit die Beschwerdesenate des BPatG nicht in Patentsachen, sondern in Gebrauchsmuster-, Marken-, Design- oder Sortenschutzsachen tätig werden, ergibt sich die vorgeschriebene Besetzung der Senate aus den entsprechenden Gesetzen, s § 18 (3) 2 und 3 GebrMG,[7] § 67 (1) MarkenG[8], § 23 (4) 2 DesignG,[9] und § 34 (5) 2 SortenschG.[10]

4 Besetzung der Nichtigkeitssenate

10 **Fünferbesetzung**: 1 juristischer Vorsitzender + 1 Jurist + 3 Techniker (§ 67 (2) Halbsatz 1):
a) Für Klagen auf Erklärung der Nichtigkeit eines Patents oder eines ergänzenden Schutzzertifikats.
b) Für Klagen auf Erteilung oder Rücknahme der Zwangslizenz.
c) Für Klagen wegen Anpassung der durch Urteil festgesetzten Vergütung für eine Zwangslizenz
d) Für Anträge auf Erlass einer einstweiligen Verfügung gemäß § 85 und § 85a.

11 **Dreierbesetzung** (§ 67 (2) Halbsatz 2): IdR 2 Juristen + 1 Techniker für alle übrigen Fälle im Nichtigkeitsverfahren, zB Aussetzung, Verfahrenskostenhilfe, Beweisbeschluss, isolierte Kostenentscheidung,[11] Akteneinsicht, Sicherheitsleistung, Erinnerungen gegen Kostenfestsetzungsbeschlüsse.

5 Technischer Beschwerdesenat

12 Der Technische Beschwerdesenat ist für die Entscheidung über alle Beschwerden zuständig, die § 67 (1) Nr 2 nennt (s Rdn 6), einschließlich der Entscheidungen, die in innerem Sachzusammenhang mit der Entscheidung über die Beschwerde stehen, für die der technische Beschwerdesenat in der Viererbesetzung zuständig ist, also zB auch für die Entscheidung über im Beschwerdeverfahren gestellte Wiedereinsetzungsanträge, über Anträge auf Akteneinsicht in Akten des Beschwerdesenats, Richterablehnung, über Erinnerungen gemäß § 23 (2) 1 RPflG gegen Entscheidungen des Rechtspflegers nach § 23 (1) Nr 3–11, Wiederaufnahme des Verfahrens (s Einl Rdn 546); ferner für Rechtsbehelfe und Klagen, deren Entscheidung dem BPatG nach § 3 II der besonderen Bestimmungen zur Einführung der Rechtsvorschriften auf dem Gebiet des

---

7 Dreierbesetzung mit unterschiedlicher Verteilung von Juristen und Technikern je nach Beschwerdegegenstand, vgl Bühring/Braitmayer, GbmG, 9. Aufl 2021, § 18 Rn 104; zuständig ist nach der Geschäftsverteilung des BPatG der 35. Senat (Gebrauchsmuster-Beschwerdesenat).
8 Dreierbesetzung mit 3 Juristen, vgl Knoll in Ströbele/Hacker/Thiering, MarkenG, 13. Aufl 2021, § 66 Rn 1, § 67 Rn 1; zuständig sind insoweit die 4 Marken-Beschwerdesenate und 1 Marken- und Design-Beschwerdesenat im BPatG.
9 Dreierbesetzung mit 3 Juristen mit der Möglichkeit der Zuziehung von techn Richtern; zuständig ist insoweit seit 1.1.2013 der 30. Senat (Marken- und Design-Beschwerdesenat).
10 Dreierbesetzung mit 3 Juristen oder Viererbesetzung (1 juristischer Vorsitzender + 1 Jurist + 2 Techniker); zuständig ist insoweit der 36. Senat (Beschwerdesenat für Sortenschutzsachen).
11 Auch die Bescheidung eines (Rückzahlungs)Antrags des Klägers zu der Frage, welche *Anzahl* von Gebühren bei mehreren Klageparteien zu entrichten sind, kann in der Dreierbesetzung des § 67 (2) Halbsatz 2 erfolgen, s BPatGE 53, 182 *Bitratenreduktion*.

gewerbl. Rechtsschutzes (Anlage I Kapitel III Sachgebiet E Abschn II Nr 1) im Einigungsvertrag obliegt.
Zur **technischen Sachkunde** des Technischen Beschwerdesenats s § 65 Rdn 11.

6 Juristischer Beschwerdesenat

Der Juristische Beschwerdesenat ist in Patentsachen[12] für die Entscheidung aller Beschwerden zuständig, mit denen Entscheidungen des DPMA angefochten werden, die nicht unter die Aufzählung des § 67 (1) Nr 1 bis 3 fallen, also unabhängig von den Fällen, für die die Viererbesetzung des technischen Beschwerdesenats vorgesehen ist, insbesondere eine Rechtsfrage isoliert entscheiden. Dabei kommt es auf den sachlichen Inhalt der Beschwerde (rechtliche oder technische Fragen) nicht an.

13

Juristischer Beschwerdesenat ist zuständig für: **1. Isolierte Vorabentscheidungen;** **2.** Isolierte Endentscheidungen über die Zulässigkeit von Verfahrenshandlungen, zB des Prüfungsantrags oder eine etwaige isolierte Feststellung der Zulässigkeit des Einspruchs. Dagegen ist für Beschwerden gegen Entscheidungen, durch die ein Einspruch als unzulässig verworfen wird, nach § 67 (1) Nr 2 b der technische Beschwerdesenat zuständig;[13] **3. Ablehnung der Wiedereinsetzung, 4.** Feststellung des Eintritts von Rechtsfolgen kraft Gesetzes, **5. Zurückweisung von Verfahrensanträgen,** zB von Anträgen auf Umschreibung im Register oder auf Rückzahlung von Gebühren, **6.** Ablehnung der **Rückzahlung der Beschwerdegebühr** nach § 73 (3) 2, **7.** Anordnung oder Ablehnung der **Aussetzung;**[14] **8.** Beschwerde gegen **Offenlegung, 9.** Ablehnung einer **Berichtigung, 10.** Beschwerden gegen Inhalt von **OS und PS, 11.** Fiktion der Nichtabgabe einer **Teilungserklärung** nach § 39 (3), **12. Isolierte Kostenauferlegung oder Kostenfestsetzung, 13.** Ersuchen des DPMA nach § 128, **14.** Beweiserhebung für BGH für vor dem 1.10.2009 eingeleitete Nichtigkeitsverfahren (§ 115 (2) aF, s Übergangsvorschrift § 147 (2)),[15] **15. Erinnerungen** gegen Kostenfestsetzungen des Rechtspflegers der technischen Beschwerdesenate (s § 80 Rdn 107); **16.** Entscheidung über einen Anspruch, eine Patentschrift nicht zu veröffentlichen,[16] **17.** Beschwerden gegen

14

---

12 Daneben ist der Juristische Beschwerdesenat, nach der Geschäftsverteilung des BPatG der 7. Senat (bis 31.12.2013 unter der Bezeichnung 10. Senat), auch Nichtigkeitssenat.
13 Zu der vor der Neufassung des § 67 (1) mit Wirkung v 1.7.2006 früher abweichenden Rechtsprechung vgl BPatGE **26,** 143 = BlPMZ **84,** 322; BPatGE **48,** 171 = BlPMZ **05,** 315 *Messvorrichtung;* Präsidium BPatG BlPMZ **84,** 45; BGH BlPMZ **84,** 247 *Besetzung;* dagegen befürworteten schon früher eine Zuständigkeit des Technischen Beschwerdesenats: BPatGE **47,** 252 *Streulichtmessung;* **47,** 270 *Einspruchsverwerfung;* **47,** 277 *Kabelverbindungsmodul;* dazu vgl Hövelmann Mitt **05,** 193.
14 Vgl BGH BlPMZ **72,** 266 *Zuständigkeitsstreit;* aA BPatGE **8,** 206.
15 Beweiserhebung für BGH weggefallen aufgrund Neufassung des § 115 durch Art 1 Nr 11 des Gesetzes zur Vereinfachung und Modernisierung des Patentrechts v 31.7.2009, BGBl I 2521 = BlPMZ **09,** 301.
16 BayVGH Mitt **06,** 127, wobei nach Verweisung des Verfahrens an das BPatG das Rechtsschutzbegehren als Beschwerde gegen den Erteilungsbeschluss ausgelegt wurde, s BPatGE **52,** 256 *Aufreißdeckel.*

die Ablehnung der Ausstellung eines Prioritätsbelegs mit einem bestimmten Anmeldedatum;[17] 18. Beschwerden gegen **Erteilungsbeschlüsse**[18].

7 Überbesetzung

15 Aus den Bestimmungen des § 67 über Zahl und Art der im Einzelfall an der Entscheidung mitwirkenden Richter lässt sich kein Verbot entnehmen, den einzelnen Senaten eine größere Zahl von Mitgliedern zuzuweisen.[19] Im Hinblick auf die Garantie des gesetzlichen Richters nach Art 101 (1) 2 GG wurde aber nach früherer Rechtsprechung die Grenze einer zulässigen Überbesetzung als überschritten angesehen, wenn die Zahl der insgesamt zugewiesenen Mitglieder die Bildung mehrerer, personell voneinander unabhängiger Spruchkörper ermöglichen würde,[20] wobei aber eine Überbesetzung als rechtlich unbedenklich angesehen wurde, soweit sie unvermeidbar ist, um eine geordnete Rechtsprechung zu gewährleisten.[21] Diese Voraussetzung wurde bei der Zuweisung von überzähligen technischen Mitgliedern im Hinblick auf die besondere Sachkunde der technischen Richter als erfüllt angesehen.[22]

16 Nach neuerer Rechtsprechung[23] ist eine Überbesetzung verfassungsrechtlich unbedenklich, wenn im überbesetzten Spruchkörper im Voraus nach abstrakt-generellen Merkmalen vorausbestimmt wird, welche Richter an dem jeweiligen Verfahren mitzuwirken haben. Dies ist in den nach § 21g GVG aufzustellenden senatsinternen Geschäftsverteilungsplänen und Mitwirkungsgrundsätzen sicherzustellen (s Rdn 4). Zu den sog »Kraft-Richtern« s § 71.

§ 68 Präsidium, Geschäftsverteilung
(presidium, allocation of duties)

Für das Patentgericht gelten die Vorschriften des Zweiten Titels des Gerichtsverfassungsgesetzes nach folgender Maßgabe entsprechend:
1. In den Fällen, in denen auf Grund des Wahlergebnisses ein rechtskundiger Richter dem Präsidium nicht angehören würde, gilt der rechtskundige Richter

---

17 BPatGE **52**, 86 = GRUR 11, 48 *Prioritätsbescheinigung*.
18 ZB BPatGE **45**, 149 *Valaciclovir* betreffend die Erteilung eines Schutzzertifikats; BPatG v 12.2.2015 – 7 W (pat) 77/14 Schulte-Kartei PatG 65–80, 86–99 Nr 469 *Aufhebung des Erteilungsbeschlusses*.
19 BGH GRUR **73**, 46 *Polytetrafluoräthylen*.
20 BVerfGE **17**, 294, 301; **18**, 65, 70; bei einem technischen Beschwerdesenat aber kein Problem, soweit ihm nur 1 Jurist zugewiesen ist, vgl BGH GRUR **73**, 46 *Polytetrafluoräthylen*.
21 BVerfGE **22**, 282; BGH NJW **85**, 2840.
22 BGH GRUR **73**, 46 *Polytetrafluoräthylen*, betreffend die Zulässigkeit der Zuweisung eines 6. technischen Richters zu einem technischen Beschwerdesenat; GRUR **98**, 373 *Fersensporn*, betreffend die Zuweisung aller technischen Richter zum Gebrauchsmuster-Beschwerdesenat; vgl dazu *Bender* GRUR **98**, 969.
23 BVerfGE **95**, 322 = NJW **97**, 1497 *Überbesetzter Spruchkörper* (Plenum); BVerfGE **97**, 1 = NJW **98**, 743; BGH NJW-RR **09**, 1220 u 1264; BGH v. 21.11.2016 – NotZ (Brfg) 2/16, NJW-RR **2017**, 894; s. auch Gravenhorst NJW **2018**, 2161 (II.1.).

als gewählt, der von den rechtskundigen Mitgliedern die höchste Stimmenzahl erreicht hat.
2. Über die Wahlanfechtung (§ 21b Abs 6 des Gerichtsverfassungsgesetzes) entscheidet ein Senat des Patentgerichts in der Besetzung mit drei rechtskundigen Richtern.
3. Den ständigen Vertreter des Präsidenten ernennt der Bundesminister der Justiz und für Verbraucherschutz.

Ilse Püschel

Übersicht

	Geltungsbereich	1
	Literatur	3
	Kommentierung zu § 68 PatG	
1	2. Titel des GVG. Allgemeine Vorschriften über das Präsidium und die Geschäftsverteilung	4
2	Geschäftsverteilung	11
2.1	Geschäftsverteilungsplan	11
2.2	Mängel der Geschäftsverteilung	12
3	Zuständigkeitsstreit	13
4	Vertretung der Richter	14
4.1	Verhinderung	14
4.2	Vertreter des Vorsitzenden	15
4.3	Vertretung der beisitzenden Richter	16
4.4	Dienstalter	17
5	Gesetzlicher Richter	19

Geltungsbereich: § 68 wurde als § 36e durch das 6. Überleitungsgesetz (BGBl I 274 = BlPMZ 61, 124, 126) mit Wirkung v 1.7.1961 in das PatG eingefügt, der durch **Gesetz v 26.5.1972** (BGBl I 841 = BlPMZ 72, 270) neu gefasst wurde. Das **Gesetz zur Stärkung der Unabhängigkeit der Richter und Gerichte** v 22.12.1999 (BGBl I 2598 = BlPMZ 2000, 43) hat § 68 Nr 1 neu gefasst. Art 204 der 10. ZuständigkeitsanpassungsVO v 31.8.2015 (BGBl I 1474) hat mit Wirkung v 8.9.2015 in § 68 Nr 3 »Justiz« durch »Justiz und für Verbraucherschutz« ersetzt.   1

Geschäftsverteilungsplan des BPatG wird jeweils im Februar-Heft des BlPMZ veröffentlicht, ferner auf der Internetseite des BPatG (unter »Geschäftsverteilung«).   2

Lit in DRiZ: Tappert, Einige Anmerkungen zu den Aufgaben des Präsidiums DRiZ 2017, 394.   3

1 2. Titel des GVG. Allgemeine Vorschriften über das Präsidium und die Geschäftsverteilung

§ 21a GVG Präsidium
(1) Bei jedem Gericht wird ein Präsidium gebildet.   4
(2) Das Präsidium besteht aus dem Präsidenten oder aufsichtführenden Richter als Vorsitzenden und
1. bei Gerichten mit mindestens achtzig Richterplanstellen aus zehn gewählten Richtern,
2. bei Gerichten mit mindestens vierzig Richterplanstellen aus acht gewählten Richtern,
3. bei Gerichten mit mindestens zwanzig Richterplanstellen aus sechs gewählten Richtern,
4. bei Gerichten mit mindestens acht Richterplanstellen aus vier gewählten Richtern,
5. bei den anderen Gerichten aus den nach § 21b Abs 1 wählbaren Richtern.

§ 68 BPatG: Präsidium, Geschäftsverteilung

§ 21b GVG Wahl zum Präsidium ...

§ 21c GVG Vertretung der Mitglieder des Präsidiums

(1) ¹Bei einer Verhinderung des Präsidenten oder aufsichtführenden Richters tritt sein Vertreter (§ 21h) an seine Stelle. ²Ist der Präsident oder aufsichtführende Richter anwesend, so kann sein Vertreter, wenn er nicht selbst gewählt ist, an den Sitzungen des Präsidiums mit beratender Stimme teilnehmen. ³Die gewählten Mitglieder des Präsidiums werden nicht vertreten.

(2) Scheidet ein gewähltes Mitglied des Präsidiums aus dem Gericht aus, wird es für mehr als drei Monate an ein anderes Gericht abgeordnet oder für mehr als drei Monate beurlaubt, wird es an eine Verwaltungsbehörde abgeordnet oder wird es kraft Gesetzes Mitglied des Präsidiums, so tritt an seine Stelle der durch die letzte Wahl Nächstberufene.

§ 21d GVG Größe des Präsidiums ...

§ 21e GVG Aufgaben und Befugnisse des Präsidiums; Geschäftsverteilung

(1) ¹Das Präsidium bestimmt die Besetzung der Spruchkörper, bestellt die Ermittlungsrichter, regelt die Vertretung und verteilt die Geschäfte. ²Es trifft diese Anordnungen vor dem Beginn des Geschäftsjahres für dessen Dauer. ³Der Präsident bestimmt, welche richterlichen Aufgaben er wahrnimmt. ⁴Jeder Richter kann mehreren Spruchkörpern angehören.[1]

(2) Vor der Geschäftsverteilung ist den Richtern, die nicht Mitglieder des Präsidiums sind, Gelegenheit zur Äußerung zu geben.

(3) ¹Die Anordnungen nach Absatz 1 dürfen im Laufe des Geschäftsjahres nur geändert werden, wenn dies wegen Überlastung oder ungenügender Auslastung eines Richters oder Spruchkörpers oder infolge Wechsels oder dauernder Verhinderung einzelner Richter nötig wird. ²Vor der Änderung ist den Vorsitzenden Richtern, deren Spruchkörper von der Änderung der Geschäftsverteilung berührt wird, Gelegenheit zu einer Äußerung zu geben.

(4) Das Präsidium kann anordnen, daß ein Richter oder Spruchkörper, der in einer Sache tätig geworden ist, für diese nach einer Änderung der Geschäftsverteilung zuständig bleibt.

(5) Soll ein Richter einem anderen Spruchkörper zugeteilt oder soll sein Zuständigkeitsbereich geändert werden, so ist ihm, außer in Eilfällen, vorher Gelegenheit zu einer Äußerung zu geben.

(6) Soll ein Richter für Aufgaben der Justizverwaltung ganz oder teilweise freigestellt werden, so ist das Präsidium vorher zu hören.

(7) ¹Das Präsidium entscheidet mit Stimmenmehrheit. ²§ 21i Abs 2 gilt entsprechend.

(8) ¹Das Präsidium kann beschließen, dass Richter des Gerichts bei den Beratungen und Abstimmungen des Präsidiums für die gesamte Dauer oder zeitweise zugegen sein können. ²§ 171b gilt entsprechend.

(9) Der Geschäftsverteilungsplan des Gerichts ist in der von dem Präsidenten oder aufsichtführenden Richter bestimmten Geschäftsstelle des Gerichts zur Einsichtnahme aufzulegen; einer Veröffentlichung bedarf es nicht.

§ 21 f GVG Vorsitz in den Spruchkörpern

(1) Den Vorsitz in den Spruchkörpern bei den Landgerichten, bei den Oberlandesgerichten sowie bei dem Bundesgerichtshof führen der Präsident und die Vorsitzenden Richter.

(2) ¹Bei Verhinderung des Vorsitzenden führt den Vorsitz das vom Präsidium bestimmte Mitglied des Spruchkörpers. ²Ist auch dieser Vertreter verhindert, führt das dienstälteste, bei gleichem Dienstalter das lebensälteste Mitglied des Spruchkörpers den Vorsitz.

§ 21g GVG Geschäftsverteilung innerhalb der Spruchkörper

(1) ¹Innerhalb des mit mehreren Richtern besetzten Spruchkörpers werden die Geschäfte durch Beschluss aller dem Spruchkörper angehörenden Berufsrichter auf die Mitglieder verteilt. ²Bei Stimmengleichheit entscheidet das Präsidium.

(2) Der Beschluss bestimmt vor Beginn des Geschäftsjahres für dessen Dauer, nach welchen Grundsätzen die Mitglieder an den Verfahren mitwirken; er kann nur geändert werden, wenn es wegen Überlastung, ungenügender Auslastung, Wechsels oder dauernder Verhinderung einzelner Mitglieder des Spruchkörpers nötig wird.

---

1 Dann muss die Rangfolge der Dienstgeschäfte geregelt werden, BGH NJW 73, 1291.

(3) Absatz 2 gilt entsprechend, soweit nach den Vorschriften der Prozessordnungen die Verfahren durch den Spruchkörper einem seiner Mitglieder zur Entscheidung als Einzelrichter übertragen werden können.
(4) Ist ein Berufsrichter an der Beschlussfassung verhindert, tritt der durch den Geschäftsverteilungsplan bestimmte Vertreter an seine Stelle.
(5) § 21i Abs 2 findet mit der Maßgabe entsprechende Anwendung, dass die Bestimmung durch den Vorsitzenden getroffen wird.
(6) Vor der Beschlussfassung ist den Berufsrichtern, die von dem Beschluss betroffen werden, Gelegenheit zur Äußerung zu geben.
(7) § 21e Abs 9 findet entsprechende Anwendung.[2]

§ 21h GVG Vertretung des Präsidenten

[1]Der Präsident oder aufsichtführende Richter wird in seinen durch dieses Gesetz bestimmten Geschäften, die nicht durch das Präsidium zu verteilen sind, durch seinen ständigen Vertreter, bei mehreren ständigen Vertretern durch den dienstältesten, bei gleichem Dienstalter durch den lebensältesten von ihnen vertreten. [2]Ist ein ständiger Vertreter nicht bestellt oder ist er verhindert, wird der Präsident oder aufsichtführende Richter durch den dienstältesten, bei gleichem Dienstalter durch den lebensältesten Richter vertreten.

§ 21i GVG Beschlussfähigkeit des Präsidiums

(1) Das Präsidium ist beschlußfähig, wenn mindestens die Hälfte seiner gewählten Mitglieder anwesend ist.
(2) [1]Sofern eine Entscheidung des Präsidiums nicht rechtzeitig ergehen kann, werden die in § 21e bezeichneten Anordnungen von dem Präsidenten oder aufsichtführenden Richter getroffen. [2]Die Gründe für die getroffene Anordnung sind schriftlich niederzulegen. [3]Die Anordnung ist dem Präsidium unverzüglich zur Genehmigung vorzulegen. [4]Sie bleibt in Kraft, solange das Präsidium nicht anderweit beschließt.

2 Geschäftsverteilung

2.1 Geschäftsverteilungsplan

Die Geschäftsverteilung in sachlicher und personeller Hinsicht bestimmt das Präsidium im Geschäftsverteilungsplan.[3] Die einzelnen Sachen werden nach der Zugehörigkeit nach bestimmten technischen Gebieten gemäß der Int. Patentklassifikation den einzelnen Senaten zugewiesen. Die Auszeichnung des DPMA ist für BPatG nicht bindend, ebensowenig ist die Klassenangabe in der Patentschrift maßgeblich; vielmehr hat das BPatG selbständig zu prüfen, welchem technischen Gebiet die Erfindung angehört.[4]

Bestimmt der Geschäftsverteilungsplan, dass Änderungen der Geschäftsverteilung auf solche Verfahren keine Anwendung finden, in denen bereits eine mündliche Verhandlung stattgefunden hat, so bleibt es bei dieser Zuständigkeitsregelung auch dann, wenn nach Durchführung einer mündlichen Verhandlung ins schriftliche Verfahren übergegangen wird.[5]

---

2 Vgl BGH v 25.09.2019 – IV AR(VZ) 2/18, NJW **2019**, 3307 zur Einsichtnahme in den senatsinternen Geschäftsverteilungsplan.
3 Veröffentlicht jeweils im Februar-Heft des BlPMZ und auf der Internetseite des BPatG (unter »Geschäftsverteilung«).
4 BGHZ **85**, 116, 118 = GRUR **83**, 114 *Auflaufbremse*; GRUR **96**, 346 (IIIb) *Fensterstellungserfassung*; Zuordnung nach dem wesentlichen technischen Inhalt ist ausreichend: BVerfG Mitt **78**, 93; BGH v 04.02.2020 – X ZR 3/18 (Tz 41).
5 BGH GRUR **86**, 47 *Geschäftsverteilung*; zur Zuständigkeitsänderung für bereits anhängige Verfahren s auch BVerfG v 20.02.2018 – 2 BvR 2675/17 NJW **2018**, 1155.

2.2 Mängel der Geschäftsverteilung

12 Mängel der Geschäftsverteilung[6] bei der Aufstellung oder Änderung des Geschäftsverteilungsplans sowie dessen sachlich falsche Anwendung können zu einer nicht vorschriftsmäßigen Besetzung des Gerichts führen. Während inhaltliche Mängel des Geschäftsverteilungsplans selbst (zB Zuweisung von einzeln ausgesuchten Akten statt generell-abstrakter Regelungen im Präsidiumsbeschluss), auf denen die Besetzung beruht, ohne weiteres einen Verstoß gegen den gesetzlichen Richter (Art (1) 2 GG) begründen,[7] können Mängel bei der Anwendung bzw Auslegung des Geschäftsverteilungsplans mit der Rechtsbeschwerde nur dann erfolgreich gerügt werden, wenn es sich um einen willkürlichen und nicht um einen nur irrtümlichen Verstoß handelt[8](vgl auch § 100 Rdn 34). Die fälschliche Annahme der Zuständigkeit eines Senats beruht nur dann auf Willkür, wenn sie sich bei objektiver Betrachtung als unverständlich und offensichtlich unhaltbar erweist.[9]

3 Zuständigkeitsstreit

13 Die Entscheidung von Meinungsverschiedenheiten zwischen mehreren Senaten über ihre Zuständigkeit (zB Streit über die richtige Auszeichnung nach der Patentklassifikation oder zwischen technischem und jur Beschwerdesenat) obliegt dem Präsidium. Grundlage hierfür war früher § 36e (4) aF, nach Streichung dieser Vorschrift[10] ergibt sich dies unmittelbar aus dem Aufgabenbereich des Präsidiums nach § 21e GVG, der nach § 68 entsprechend gilt. Dagegen ist § 36 Nr 6 ZPO ist auf einen solchen Zuständigkeitsstreit nicht anwendbar.[11]

Über die *Auslegung des Geschäftsverteilungsplans* bei internen Meinungsverschiedenheiten entscheidet das Präsidium nach pflichtgemäßem Ermessen.[12] Keine Anfechtung dieser Entscheidung durch eine Partei, möglich aber eine Anfechtung durch den von einer Anordnung des Präsidiums betroffenen Richter.[13] Eine falsche Besetzung kann von einer Partei aber mit der Rechtsbeschwerde gemäß § 100 (3) Nr 1 gerügt werden (vgl Rdn 12 und § 100 Rdn 34).

Verweisung einer Sache an einen anderen Senat, die für diesen bindend wäre (vgl § 102 GVG), ist nicht vorgesehen und daher nicht zulässig.[14]

---

6 Vgl *Wolf* DRiZ 76, 364.
7 BGH NJW 09, 1351; NJW-RR 09, 1264; BVerfG NJW 05, 2689.
8 BGH GRUR 76, 719 = BlPMZ 76, 428 *Elektroschmelzverfahren*; GRUR 80, 848 *Kühlvorrichtung*; BGHZ 85, 116, 118 = GRUR 83, 114 *Auflaufbremse*; BVerwG NVwZ 15, 1695.
  TURBO-TABS (bzgl einer Regelung zu Parallelverfahren); BVerwG NVwZ 15, 1695.
9 BGHZ 85, 116, 118 = GRUR 83, 114 *Auflaufbremse*; BlPMZ 85, 303; BGH v 29.08.2017 – X ZB 3/15 (Tz 32), GRUR 2018, 216 *Ratschenschlüssel*; BGH v 04.02.2020 – X ZR 3/18 (Tz 39, 42).
10 Durch Neufassung des § 36e aufgrund Gesetz v 26.5.1972 (BGBl I 841 = BlPMZ 72, 270, 271), die im Wesentlichen dem § 68 entspricht.
11 Vgl zur früheren Rechtslage BGH GRUR 72, 440 = BlPMZ 72, 266 *Zuständigkeitsstreit*.
12 BGH NJW 75, 1424; 75, 2304; DRiZ 78, 249.
13 BVerwGE 50, 11.
14 AA BPatGE 2, 41.

4 Vertretung der Richter

4.1 Verhinderung

Die Verhinderung des Richters kann dauernd (Abordnung, Sonderurlaub) oder vorübergehend sein (Urlaub, Dienstbefreiung, Überlastung, Krankheit, vorrangige Mitwirkung in einem anderen Senat). Die Feststellung der Verhinderung ist formfrei möglich.[15] Es empfiehlt sich jedoch, die Gründe für den Vertretungsfall in den Akten zu vermerken, soweit sie nicht bei der Gerichtsverwaltung aktenkundig sind, und zwar so, dass BGH sie auf Rechtsbeschwerde oder BVerfG auf Verfassungsbeschwerde hin überprüfen kann. Eine Vertretung ohne Verhinderung ist nicht zulässig. Die Feststellung vorübergehender Verhinderung fällt, soweit sie wegen nicht offensichtlicher Verhinderungsgründe einer Entscheidung bedarf, in den Verantwortungsbereich des PräsBPatG.[16] Die Zuständigkeit des Präsidiums beschränkt sich auf die generelle Festlegung der Vertretung in Verhinderungsfällen; länger dauernden Veränderungen hat es vorausschauend Rechnung zu tragen.[17]

14

Verhinderungsvermerk in Beschlüssen und Urteilen gemäß § 315 (1) 2 ZPO zB: »Der Richter ist wegen Erkrankung verhindert, seine Unterschrift beizufügen« mit Unterschrift des Vorsitzenden und bei dessen Verhinderung des (dienst-[18])ältesten Beisitzers. Keine Ersetzung der Unterschrift eines nicht verhinderten Richters.[19] Die Zustellung einer Ausfertigung mit nicht unterschriebenem Verhinderungsvermerk setzt die Beschwerdefrist nicht in Lauf[20] (Vgl auch § 47 Rdn 12 zur Unterschrift unter DPMA-Beschlüsse).

4.2 Vertreter des Vorsitzenden

Die Vertreter des Vorsitzenden sind nach § 21 f (2) GVG (abgedruckt in Rdn 7) in der angegebenen Reihenfolge unter Beachtung der Fakultätsbindung a) der im Geschäftsverteilungsplan bestimmte regelmäßige Vertreter; b) das dienstälteste, bei gleichem Dienstalter das lebensälteste Mitglied.

15

Den Eintritt der Verhinderung des Vorsitzenden kann entweder der Vorsitzende selbst[21] – zB bei Urlaub – oder sein Vertreter gemäß § 21 f (2) GVG (s Rdn 7) – zB bei Krankheit des Vorsitzenden – feststellen. Ist die Verhinderung unzweifelhaft und offensichtlich, ist eine ausdrückliche förmliche Feststellung entbehrlich.[22] Die senatsinternen Mitwirkungsgrundsätze können vorsehen, dass der stellvertretende Vorsitzende den Vorsitz behält, wenn er in einer mündlichen Verhandlung den verhinderten Vorsitzenden vertreten hatte; nur wenn zur Vertretung Richter eines anderen Senats benötigt werden, ist das Präsidium zuständig.[23]

---

15 BGHSt 21, 174, 179; BGH DRiZ 83, 234; BGH BlPMZ 00, 324 *Micro-PUR*.
16 BGH MDR 74, 416 unter Ablehnung der aA von Stanicki in DRiZ 73, 124 u 357.
17 BGH MDR 74, 416 unter Ablehnung der aA von Stanicki in DRiZ 73, 124 u 357.
18 Vgl § 21 f (2) GVG oben Rdn 7.
19 BGH NJW 77, 765.
20 BPatGE 24, 125 = BlPMZ 82, 191.
21 BGH DRiZ 83, 234; MDR 17, 51 (Tz 21).
22 BGH DRiZ 83, 234; GRUR 93, 894 *senatsinterne Mitwirkungsgrundsätze*.
23 BGH GRUR 93, 894 *senatsinterne Mitwirkungsgrundsätze*.

4.3 Vertretung der beisitzenden Richter

16 Die Vertretung der beisitzenden Richter richtet sich nach § 21g (4) GVG (Rdn 8) nach der Vertretungsregelung im senatsinternen Geschäftsverteilungsplan (Einsichtnahme nach § 21g (7) GVG, s Rdn 8, setzt kein besonderes Interesse voraus.[24]). Sind die senatsinternen Vertreter verhindert, sind die nach der Geschäftsverteilung des BPatG (§ 21e GVG, s Rdn 6) bestimmten regelmäßigen Vertreter maßgebend. Die dort angegebene Reihenfolge, die an das Dienstalter anknüpft (wobei in der Regel die Vertretung der technischen Mitglieder »in der umgekehrten Reihenfolge ihres Dienstalters« bestimmt ist, damit zunächst die dienstjüngsten Richter die Vertretung wahrzunehmen haben), ist streng einzuhalten (s Rdn 17).

Sind sämtliche regelmäßigen Vertreter verhindert, so vertritt nach dem Geschäftsverteilungsplan des BPatG der jeweils dienstjüngste, nicht verhinderte auf Lebenszeit ernannte Richter am BPatG. Bei technischen Richtern ist in erster Linie die jeweilige Senatsgruppe maßgebend.

4.4 Dienstalter

17 Das allgemeine Dienstalter eines Richters bestimmt sich nach § 20 S 1 DRiG nach dem Tage der Übertragung des Richteramts am BPatG. Hat der Richter zuvor ein anderes Richteramt (zB RiOLG, VorsRiLG) oder ein sonstiges Amt mit mindestens gleichem Anfangsgrundgehalt (zB RegDir beim DPMA) bekleidet, so bestimmt sich das allgemeine Dienstalter nach § 20 S 2 DRiG nach dem Tage der Übertragung dieses Amts. Angesichts der aufwendigen Ermittlung des korrekten Zeitpunkts nach § 20 S 2 DRiG bei den vom DPMA kommenden Richtern, da insoweit auf die Besoldung abzustellen ist, verwendet das BPatG zur Bestimmung der Rangfolge bei der Vertretung eine Dienstalterliste, die allein auf die Ernennung zum Richter bzw die Übertragung des Richteramts auf Lebenszeit beim BPatG abstellt.[25]

18 *Richter kraft Auftrags und abgeordnete Richter* (s § 71) stehen im allgemeinen Dienstalter hinter planmäßigen Richtern zurück. Für Richter kraft Auftrags untereinander ist der Zeitpunkt der Berufung in das Richterverhältnis kraft Auftrags maßgebend. Sind Richter kraft Auftrags und abgeordnete Richter derselben Besoldungsstufe in einem Senat, so bestimmt sich unter ihnen das Dienstalter nach dem Tage, an dem ihnen zuvor ein Amt dieser Besoldungsstufe verliehen worden ist.

5 Gesetzlicher Richter

19 Nach Art 101 (1) 2 GG darf niemand seinem gesetzlichen Richter entzogen werden. Das Recht auf den gesetzlichen Richter erstreckt sich nur auf eine bestimmte Zusammensetzung der jeweiligen Richterbank gemäß § 21g (2) GVG (s Rdn 8), nicht darauf, dass ein bestimmter Richter zum Berichterstatter bestellt wird.[26] Ebenso wenig betrifft die Überbeanspruchung eines einzelnen Richters oder eines Spruchkörpers – unabhän-

---

24 BGH v 25.09.2019 – IV AR (VZ) 2/18, NJW **2019**, 3307.
25 Siehe die Regelung unter E V Nr 2 c in der Geschäftsverteilung des BPatG für 2021.
26 BGH GRUR **80**, 848 *Kühlvorrichtung*.

gig davon, ob eine solche tatsächlich vorliegt – den Anspruch auf den gesetzlichen Richter aus Art 101 (1) 2.[27]

Eine Besetzungsrüge kann nur auf eine **willkürliche Abweichung** vom Geschäftsverteilungsplan des BPatG bzw des Senats nach § 21g (2) GVG gestützt werden[28] (vgl auch § 100 Rdn 34) oder auf eine Besetzung, die auf einem inhaltlich mangelhaften Geschäftsverteilungsbeschluss beruht[29] (vgl auch Rdn 12).   20

Eine Verletzung des Grundsatzes des gesetzlichen Richters wegen eines Verstoßes gegen die **Vorlagepflicht an EuGH** nach Art 267 (3) AEUV setzt voraus, dass die Vorlage an den EuGH willkürlich unterblieben ist, weil das Unterlassen der Vorlage bei Würdigung der das GG bestimmenden Gedanken nicht mehr verständlich erscheint und offensichtlich unhaltbar ist.[30] Offensichtlich unhaltbar wird die Vorlagepflicht gehandhabt bei: **a)** grundsätzlicher Verkennung der Vorlagepflicht[31]; **b)** bewusstem Abweichen von EuGH-Rspr ohne Vorlagebereitschaft;[32] **c)** willkürlicher Bejahung eines »acte clair« oder eines »acte éclairé«.[33]   21

Die Verpflichtung zur Vorlage an den EuGH *entfällt*: **a)** wenn eine auf den konkreten, im Streitfall gegenständlichen Sachverhalt bezogene Entscheidung des EuGH vorliegt; aber auch schon dann, **b)** wenn eine gesicherte Rechtsprechung des EuGH besteht, durch die die betreffende Rechtsfrage gelöst ist, gleich in welcher Art von Verfahren sich diese Rechtsprechung gebildet hat und selbst dann, wenn die strittigen Rechtsfragen nicht vollkommen identisch sind.[34]

§ 69 Öffentliche Verhandlung, Sitzungspolizei
(public oral proceedings)

(1) ¹Die Verhandlung vor den Beschwerdesenaten ist öffentlich, sofern ein Hinweis auf die Möglichkeit der Akteneinsicht nach § 32 Abs 5 oder die Patentschrift nach § 58 Abs 1 veröffentlicht worden ist. ²Die §§ 171b¹ bis 175 des Gerichtsverfassungsgesetzes sind entsprechend anzuwenden mit der Maßgabe, daß

---

27 BVerfG NJW 12, 2334 *Doppelvorsitz am BGH*.
28 BGH BlPMZ 76, 428 = GRUR 76, 719 *Elektroschmelzverfahren*; GRUR 80, 848 *Kühlvorrichtung*; BGHZ 85, 116; 118 = GRUR 83, 114 *Auflaufbremse*; BGH GRUR 03, 546 (III2a aa) *TURBO-TABS* (bzgl einer Regelung zu Parallelverfahren); BVerwG NVwZ 15, 1695; BGH v 29.08.2017 – X ZB 3/15 (Tz 32), GRUR 2018, 216 *Ratschenschlüssel*; BGH v 04.02.2020 – X ZR 3/18 (Tz 39, 42).
29 BGH NJW 09, 1351; NJW-RR 09, 1264; BVerfG NJW 05, 2689.
30 BVerfGE 82, 159, 194 f; BVerfG NJW 92, 678; GRUR 10, 999 (Tz 48); BVerfG NJW 14, 2489; BGH GRUR 03, 546, 548 (III3) *TURBO-TABS*; GRUR 09, 994 (Tz 11) *Vierlinden*; MarkenR 11, 177 (Tz 9) *Ivadal II*; GRUR 13, 1046 (Tz 17) *Variable Bildmarke*; zur Verletzung der Vorlagepflicht vgl auch Starck MarkenR 12, 53.
31 Vgl BVerfG NJW 14, 2489, 2490 (Tz 19 mwN) *Prüfmaßstab für Vorlage an EuGH*; BVerfG v 06.10.2017 – 2 BvR 987/16 NJW 2018, 606.
32 Vgl BVerfG NJW 14, 2489, 2490 (Tz 20 mwN) *Prüfmaßstab für Vorlage an EuGH*.
33 Vgl BVerfG NJW 14, 2489, 2490 (Tz 21 mwN) *Prüfmaßstab für Vorlage an EuGH*.
34 Vgl BGH v 30.04.2020 – I ZR 122/19 (Tz 3 mwN).
1 Zur Verweisung auf § 171b GVG s Rdn 1.

1. die Öffentlichkeit für die Verhandlung auf Antrag eines Beteiligten auch dann ausgeschlossen werden kann, wenn sie eine Gefährdung schutzwürdiger Interessen des Antragstellers besorgen läßt,
2. die Öffentlichkeit für die Verkündung der Beschlüsse bis zur Veröffentlichung eines Hinweises auf die Möglichkeit der Akteneinsicht nach § 32 Abs 5 oder bis zur Veröffentlichung der Patentschrift nach § 58 Abs 1 ausgeschlossen ist.

(2) ¹Die Verhandlung vor den Nichtigkeitssenaten einschließlich der Verkündung der Entscheidungen ist öffentlich. ²Absatz 1 Satz 2 Nr 1 gilt entsprechend.

(3) ¹Die Aufrechterhaltung der Ordnung in den Sitzungen der Senate obliegt dem Vorsitzenden. ²Die §§ 177 bis 180, 182 und 183 des Gerichtsverfassungsgesetzes über die Sitzungspolizei gelten entsprechend.

Ilse Püschel

Übersicht

	Geltungsbereich	1
	Literatur	2
	Kommentierung zu § 69 PatG	
1	Beschwerdesenate	3
1.1	Nichtöffentliche Verhandlung	4
1.2	Öffentliche Verhandlung	5
2	Nichtigkeitssenate	6
3	Ausschluss der Öffentlichkeit	7
3.1	Ausschluss nach §§ 171b, 172, 175 GVG	8
3.2	Ausschluss nach § 69 (1) 2 Nr 1 PatG	11
3.3	Beschluss über den Ausschluss	12
4	Ton- und Fernseh-Rundfunkaufnahmen	13
5	Verstoß gegen § 69 (1) und (2)	14
6	Sitzungspolizei	15
6.1	Ordnungsgewalt des Vorsitzenden nach § 69 (3) 1	15
6.2	Vorschriften des GVG	16

1 **Geltungsbereich:** § 69 (1) ist durch Art 8 Nr 39 des 1. GPatG v 26.7.1979 (BGBl I 1269 = BlPMZ 79, 266) als § 36g (1) neu gefasst worden.
PatNovG: Art 1 Nr 19 des Gesetzes zur Novellierung patentrechtlicher Vorschriften und anderer Gesetze des gewerblichen Rechtsschutzes v 19.10.2013 (BGBl I 3830 = BlPMZ 13, 362) hat mit Wirkung v 25.10.2013 in § 69 (1) 2 die Angabe »172« durch die Angabe »171b« ersetzt.

2 **Lit:** Eckertz-Höfer, Fernsehöffentlichkeit im Gerichtssaal DVBl **12**, 389; Stieper, Bildberichterstattung über Prozessbeteiligte, JZ **14**, 271; Hauck, Geheimnisschutz im Zivilprozess – was bringt die neue EU-Richtlinie für das deutsche Recht?, NJW **16**, 2218; Unger-Gugel, Sicherheit in Gerichten – Ein normativer Überblick DRiZ 2019, 138.

1 Beschwerdesenate

3 Die mündliche Verhandlung vor den Beschwerdesenaten ist nach § 69 (1) 1 unter bestimmten Voraussetzungen nicht öffentlich (einschließlich der Verkündung der Beschlüsse, § 69 (1) 2 Nr 2), im Übrigen öffentlich, aber mit der Möglichkeit zum Ausschluss der Öffentlichkeit in bestimmten Fällen (§ 69 (1) 2 Nr 1). Unter die Regelung des § 69 (1) fällt nicht nur die mündliche Verhandlung in einem Beschwerdeverfahren, sondern auch die mündliche Anhörung oder Verhandlung in den von den

Beschwerdesenaten des Patentgerichts nach § 147 (3) aF durchzuführenden erstinstanzlichen Einspruchsverfahren.[2]

1.1 Nichtöffentliche Verhandlung

Die mündliche Verhandlung vor den Beschwerdesenaten (einschließlich der Verkündung) ist bis zur Offenlegung (Veröffentlichung eines Hinweises auf die Möglichkeit der Akteneinsicht nach § 32 (5) im Patentblatt) oder Herausgabe einer Patentschrift nicht öffentlich. Bei PCT-Anmeldungen hat die Veröffentlichung der internationalen Anmeldung nach Art III § 8 (1) und (2) IntPatÜG die gleiche Wirkung wie die Veröffentlichung eines Hinweises nach § 32 (5) für eine nationale Anmeldung, sofern die Veröffentlichung in deutscher Sprache erfolgt ist, anderenfalls tritt diese Wirkung erst mit Veröffentlichung der deutschen Übersetzung ein. Zu nicht öffentlichen Verhandlungen sind außer Gerichtspersonen und Auszubildenden (§ 70 (1) 3) nur zugelassen: Verfahrensbeteiligte und deren Vertreter und etwaige Begleiter sowie Personen, denen der Zutritt nach § 175 (2) GVG vom Senat nach dessen Ermessen gestattet worden ist, zB wartenden Anwälten der nächsten Sache oder offizielle Besucher des BPatG.

4

1.2 Öffentliche Verhandlung

Die mündliche Verhandlung vor den Beschwerdesenaten einschließlich der Verkündung der Beschlüsse ist öffentlich ab der Veröffentlichung der Patentschrift oder des Offenlegungshinweises gemäß § 32 (5), auch wenn eine Offenlegungsschrift nicht erschienen sein sollte. Auch die mündliche Anhörung oder Verhandlung in den von den Beschwerdesenaten des Patentgerichts nach § 147 (3) aF durchzuführenden erstinstanzlichen Einspruchsverfahren ist öffentlich.[3] Für den Ausschluss der Öffentlichkeit gelten mit der Maßgabe des § 69 (1) 2 Nr 1 die entsprechenden Regelungen des GVG entsprechend (s Rdn 7).

5

2 Nichtigkeitssenate

Die mündliche Verhandlung vor den Nichtigkeitssenaten ist öffentlich einschließlich der Verkündung der Entscheidungen, § 69 (2). Einer Unterscheidung wie bei den Beschwerdesenaten bedarf es nicht, da Gegenstand des Verfahrens ausschließlich erteilte Patente sind. Für den Ausschluss der Öffentlichkeit von der mündlichen Verhandlung oder einem Teil davon gelten mit der Maßgabe des § 69 (1) 2 Nr 1 die entsprechenden Regelungen des GVG entsprechend (s Rdn 7). Die Verkündung der Urteilsformel ist dagegen stets öffentlich (§ 173 (1) GVG), für die Urteilsgründe oder einen Teil davon kann die Öffentlichkeit unter den Voraussetzungen des §§ 171 b, 172 GVG ausgeschlossen werden (§ 173 (2) GVG).

6

---

2 BGH GRUR 10, 361 (Tz 15) *Dichtungsanordnung.*
3 BGH GRUR 10, 361 (Tz 15) *Dichtungsanordnung.*

3 Ausschluss der Öffentlichkeit

7 Der Ausschluss der Öffentlichkeit ist möglich nach den §§ 171b,[4] 172 GVG sowie nach § 69 (1) (2) Nr 1; einzelnen Personen kann der Zutritt nach § 175 (1) GVG versagt werden. Der Grundsatz der Öffentlichkeit kann außer durch ausdrückliche Regelungen auch durch gesetzlich nicht erfasste unabweisbare Bedürfnisse der Rechtspflege modifiziert werden; dazu gehört die Notwendigkeit, durch geeignete vorbeugende Maßnahmen für eine sichere und ungestörte Durchführung der Verhandlung zu sorgen.[5]

In *Zwangslizenzverfahren nach § 81 (1) 1 PatG* weitergehender Geheimnisschutz möglich: gemäß § 145a PatG[6] sind die §§ 16 bis 20 des *Gesetzes zum Schutz von Geschäftsgeheimnissen (GeschGehG)*[7] entsprechend anwendbar. § 19 (1) Nr. 2 GeschGehG erlaubt auf Antrag einer Partei eine Begrenzung des Personenkreises der mündlichen Verhandlung auch bezüglich der *Parteien*; in Folge davon kann nach § 19 (2) Nr 1 GeschGehG auf Antrag die *Öffentlichkeit* von der mündlichen Verhandlung ausgeschlossen werden. Voraussetzung ist, dass das Gericht zuvor auf Antrag einer Partei nach § 16 (1) GeschGehG streitgegenständliche Informationen als geheimhaltungsbedürftig eingestuft hat, weil sie ein Geschäftsgeheimnis darstellen können; eine besondere Schutzbedürftigkeit des Geschäftsgeheimnisses ist nicht erforderlich.[8] Der Ausschluss der Öffentlichkeit nach § 172 Nr 2 GVG setzt demgegenüber ein wichtiges Geschäftsgeheimnis voraus.[9]

3.1 Ausschluss nach §§ 171b, 172, 175 GVG

8 § 171b GVG[10]
(1) ¹Die Öffentlichkeit kann ausgeschlossen werden, soweit Umstände aus dem persönlichen Lebensbereich eines Prozessbeteiligten, eines Zeugen oder eines durch eine rechtswidrige Tat (§ 11 Abs 1 Nr 5 des Strafgesetzbuchs) Verletzten zur Sprache kommen, deren öffentliche Erörterung schutzwürdige Interessen verletzen würde. ²Das gilt nicht, soweit das Interesse an der öffentlichen Erörterung dieser Umstände überwiegt. ³Die besonderen Belastungen, die für Kinder und Jugendliche mit einer öffentlichen Hauptverhandlung verbunden sein können, sind dabei zu berücksichtigen. ⁴Entsprechendes gilt bei volljährigen Personen, die als Kinder oder Jugendliche durch die Straftat verletzt worden sind.
(2) ... *(Abs 2 betrifft bestimmte Strafverfahren)*.
(3) ¹Die Öffentlichkeit ist auszuschließen, wenn die Voraussetzungen der Absätze 1 oder 2 vorliegen und der Ausschluss von der Person, deren Lebensbereich betroffen ist, beantragt wird. ²... *(Satz 2 bezieht sich auf die in Absatz 2 genannten Strafverfahren)*.

---

4 Aufgrund der Änderung des § 69 (1) 2 durch das Gesetz zur Novellierung patentrechtlicher Vorschriften und anderer Gesetze des gewerblichen Rechtsschutzes v 19.10.2013, BGBl I S 3830 = BlPMZ **13**, 362 wird zur Gewährleistung des Schutzes von Persönlichkeitsrechten auch § 171b GVG in die Verweisung des § 69 miteinbezogen.
5 BVerfG NJW **12**, 1863 zum Verbot des Tragens von Motorradwesten im Gerichtsgebäude (»Hells Angels«).
6 In das PatG eingefügt durch Art 1 Nr 38 des Zweiten Gesetzes zur Vereinfachung und Modernisierung des Patentrechts v 10.8.2021 (BGBl I 3490 = BlPMZ **2021**, 290, amtl Begr BT-Drs 19/25821) mit Wirkung v 18.8.2021.
7 Vom 18.04.2019, BGBl I 466.
8 S amtl Begr zu § 16 (1) GeschGehG BT-Drs 19/4724 S 35.
9 Vgl amtl Begr zu § 19 (2) Nr 1 GeschGehG BT-Drs 19/4724 S 37.
10 § 171b GVG idF des Art 2 Nr 3 des Gesetzes v 26.6.2013 (BGBl I 1805).

(4) Abweichend von den Absätzen 1 und 2 darf die Öffentlichkeit nicht ausgeschlossen werden, soweit die Personen, deren Lebensbereiche betroffen sind, dem Ausschluss der Öffentlichkeit widersprechen.
(5) Die Entscheidungen nach den Absätzen 1 bis 4 sind unanfechtbar.

§ 172 GVG[11]
Das Gericht kann für die Verhandlung oder für einen Teil davon die Öffentlichkeit ausschließen, wenn
1. eine Gefährdung der Staatssicherheit, der öffentlichen Ordnung oder der Sittlichkeit zu besorgen ist,
1a. eine Gefährdung des Lebens, des Leibes oder der Freiheit eines Zeugen oder einer anderen Person zu besorgen ist,
2. ein wichtiges Geschäfts-, Betriebs-, Erfindungs- oder Steuergeheimnis zur Sprache kommt, durch dessen öffentliche Erörterung überwiegende schutzwürdige Interessen verletzt würden,
3. ein privates Geheimnis erörtert wird, dessen unbefugte Offenbarung durch den Zeugen oder Sachverständigen mit Strafe bedroht ist,
4. eine Person unter 18 Jahren vernommen wird.

§ 175 GVG
(1) Der Zutritt zu öffentlichen Verhandlungen kann unerwachsenen und solchen Personen versagt werden, die in einer der Würde des Gerichts nicht entsprechenden Weise erscheinen.
(2) ¹Zu nicht öffentlichen Verhandlungen kann der Zutritt einzelnen Personen vom Gericht gestattet werden. ²In Strafsachen soll dem Verletzten der Zutritt gestattet werden. ³Einer Anhörung der Beteiligten bedarf es nicht.
(3) Die Ausschließung der Öffentlichkeit steht der Anwesenheit der die Dienstaufsicht führenden Beamten der Justizverwaltung bei den Verhandlungen vor dem erkennenden Gericht nicht entgegen.

3.2 Ausschluss nach § 69 (1) 2 Nr 1 PatG

Der Ausschlussgrund der Gefährdung schutzwürdiger Interessen des Antragstellers entspricht im Wesentlichen der Regelung § 172 Nr 2 GVG, die auf die Verletzung überwiegender schutzwürdiger Interessen abstellt.

3.3 Beschluss über den Ausschluss

Der Beschluss über den Ausschluss der Öffentlichkeit ist grundsätzlich öffentlich zu verkünden, es sei denn, hierdurch wäre eine erhebliche Störung der Ordnung in der Sitzung zu befürchten (§ 174 (1) 2 GVG). Dabei muss der Grund des Ausschlusses angegeben werden (§ 174 (1) 3 GVG).

4 Ton- und Fernseh-Rundfunkaufnahmen

Ton- und Fernseh-Rundfunkaufnahmen sowie Ton- und Filmaufnahmen zum Zwecke der öffentlichen Vorführung oder Veröffentlichung ihres Inhalts sind *während* der mündlichen Verhandlung nach § 169 (1) S 2 GVG (anzuwenden über § 99 (1) PatG) im Grundsatz unzulässig.[12] Das gilt auch dann, wenn Parteien, Vertreter und Gericht damit einverstanden wären.[13]

---

11 § 172 Nr 1a GVG eingefügt durch Art 4 des Gesetzes v 15.7.1992 (BGBl I 1302), Nr 2 neu gefasst durch Gesetz v 18.12.1986 (BGBl I 2496); Anhebung der Altersgrenze in Nr 4 von 16 auf 18 durch Art 2 Nr 4 des 2. Opferrechtsreformgesetzes v 29.7.2009 (BGBl I 2280).
12 Ausschluss nach § 169 S 2 GVG (entspricht seit 19.04.2018 § 169 Abs 1 S 2 GVG) ist verfassungsgemäß, vgl BVerfGE 103, 44; Lit: Wolf NJW 94, 681; Eberle NJW 94, 1637.
13 BGH NJW 68, 804.

Lockerung dieses generellen Verbots wird durch das *Gesetz zur Erweiterung der Medienöffentlichkeit in Gerichtsverfahren und zur Verbesserung der Kommunikationshilfen für Menschen mit Sprach- und Hörbehinderungen* ermöglicht.[14] Dieses hat § 169 GVG mit Wirkung vom 19.04.2018 geändert.[15] Danach können zugelassen werden **a)** die Tonübertragung der mündlichen Verhandlung und der Urteilsverkündung in einen Arbeitsraum für Medienvertreter (§ 169 (1) S 3 GVG); **b)** Tonaufnahmen von Gerichtsverfahren von herausragender zeitgeschichtlicher Bedeutung mit Möglichkeit der Archivierung (§ 169 (2) GVG); **c)** nur für BGH: Ton- und Fernseh-Rundfunkaufnahmen bei Urteilsverkündung (§ 169 (3) GVG).

Außerhalb der mündlichen Verhandlung (= vor Beginn und nach Schluss der mündlichen Verhandlung oder während einer Verhandlungspause) ist bei gewichtigem öffentlichen Interesse eine Fernsehberichterstattung grundsätzlich zulässig,[16] deren Gestaltung im Ermessen des Vorsitzenden liegt (durch sitzungspolizeiliche Anordnung des Vorsitzenden nach § 69 (3) 1). Eine Beschränkung, die gegenüber den Betroffenen zu begründen ist,[17] hat zu berücksichtigen: **a)** das Grundrecht der Freiheit der Berichterstattung durch Rundfunk gemäß Art 5 (1) 2 GG; **b)** das Persönlichkeitsrecht der Beteiligten; **c)** Grundsatz der Verhältnismäßigkeit.[18] Das Persönlichkeitsrecht ist im Rahmen einer sitzungspolizeilichen Verfügung vor Bildaufnahmen aber nicht in weiterem Rahmen zu schützen, als dies nach §§ 22, 23 KUG der Fall ist.[19] Die bloße Lästigkeit der Anwesenheit von Presse und Rundfunk als solche (mit untergeordneten Auswirkungen auf die Flüssigkeit des Verfahrensablaufs) rechtfertigt nicht die Einschränkung der Presse- und Rundfunkfreiheit durch das Verbot von Bildaufnahmen.[20]

Zuzulassen ist eine Berichterstattung in Verfahren mit historischer Dimension[21] oder wenn der Gegenstand des Verfahrens auf ein besonderes öffentliches Interesse stößt,[22] zB Pilotverfahren der Gentechnik. Eine zulässige Berichterstattung schließt auch mitwirkende Richter und Anwälte ein, denn das Informationsinteresse der Öffentlichkeit ist regelmäßig auch auf die Personen gerichtet, die als Mitglieder des Spruchkörpers oder als Sitzungsvertreter an der Rechtsfindung mitwirken.[23]

5 Verstoß gegen § 69 (1) und (2)

Ein Verstoß gegen § 69 (1) u (2) eröffnet die zulassungsfreie Rechtsbeschwerde nach § 100 (3) Nr 5 (s § 100 Rdn 51). Eine Verletzung der Vorschriften über die Öffentlich-

---

14 Gesetz über die Erweiterung der Medienöffentlichkeit in Gerichtsverfahren – EMöGG v 08.10.2017, BGBl 3546 = BlPMZ 2018, 117 (Auszug); s hierzu BT-Drs 18/10 144 v 26.10.2016.
15 S Hoeren, Medienöffentlichkeit im Gericht – die Änderungen des GVG NJW 2017, 3339.
16 BVerfGE 119, 309 = NJW 08, 977 *Fernsehberichterstattung*.
17 BVerfG NJW 14, 3013 *Beschränkung der Presseberichterstattung*.
18 BVerfGE 91, 125 = NJW 95, 184; BVerfGE 119, 309 = NJW 08, 977 *Fernsehberichterstattung*; BVerfGE 12, 2178; NJW 14, 3013 *Beschränkung der Presseberichterstattung*.
19 BGH GRUR 11, 750 *Bildveröffentlichung von Irak-Terroristen*.
20 BVerfG vom 17.08.2017 – 1 BvR 1741/17 NJW 2017, 3288.
21 BVerfGE 91, 125 = NJW 95, 184.
22 BVerfGE 119, 309 = NJW 08, 977 *Fernsehberichterstattung*; zur Vergabe von Plätzen im Sitzungssaal für Medienberichterstatter s BVerfG NJW 13, 1293 *Sitzplätze für Medienvertreter*.
23 BVerfGE 119, 309 = NJW 08, 977 *Fernsehberichterstattung*; BVerfG NJW 14, 3013 (Tz 2) *Beschränkung der Presseberichterstattung*.

keit des Verfahrens liegt nicht vor, wenn eine Beschränkung des Zugangs zum Sitzungssaal nicht auf einer Sorgfaltsverletzung des Gerichts beruht.[24]

6 Sitzungspolizei

6.1 Ordnungsgewalt des Vorsitzenden nach § 69 (3) 1

Die Vorschriften des § 69 (3) 1 und der §§ 177 bis 180, 182, 183 GVG, auf die § 69 (3) 2 verweist, dienen der Aufrechterhaltung der Ordnung in den Sitzungen. Die Sitzungspolizei iSv § 69 (3) 1, der § 176 GVG entspricht, umfasst alle Befugnisse und Maßnahmen des Vorsitzenden, die erforderlich sind, um – letztlich im Interesse der Wahrheitsfindung – den ungestörten Ablauf der Sitzung zu sichern.[25] Möglich: Ordnungsruf, Verwarnung, Wortentziehung, Untersagung störender Verrichtungen, Verfügungen zu Fernseh- und Bildaufnahmen (s Rdn 13).[26] Werden den zur Aufrechterhaltung der Ordnung getroffenen Anordnungen nicht Folge geleistet, kommen die Maßnahmen des § 177 GVG in Betracht, bei Ungebühr die Ordnungsmittel des § 178 GVG. Gegen sitzungspolizeiliche Anordnungen gemäß § 69 (3) 1 gibt es keinen Rechtsbehelf,[27] ebenso wenig gegen die Maßnahmen gemäß §§ 177, 178 GVG.

15

6.2 Vorschriften des GVG

§ 69 (3) 2 verweist auf folgende Vorschriften des GVG:
§ 177 GVG
[1]Parteien, Beschuldigte, Zeugen, Sachverständige oder bei der Verhandlung nicht beteiligte Personen, die den zur Aufrechterhaltung der Ordnung getroffenen Anordnungen nicht Folge leisten, können aus dem Sitzungszimmer entfernt sowie zur Ordnungshaft abgeführt und während einer zu bestimmenden Zeit, die vierundzwanzig Stunden nicht übersteigen darf, festgehalten werden. [2]Über Maßnahmen nach Satz 1 entscheidet gegenüber Personen, die bei der Verhandlung nicht beteiligt sind, der Vorsitzende, in den übrigen Fällen das Gericht.

16

§ 178 GVG
(1) [1]Gegen Parteien, Beschuldigte, Zeugen, Sachverständige oder bei der Verhandlung nicht beteiligte Personen, die sich in der Sitzung einer Ungebühr schuldig machen, kann vorbehaltlich der strafgerichtlichen Verfolgung ein Ordnungsgeld bis zu eintausend Euro oder Ordnungshaft bis zu einer Woche festgesetzt und sofort vollstreckt werden. [2]Bei der Festsetzung von Ordnungsgeld ist zugleich für den Fall, daß dieses nicht beigetrieben werden kann, zu bestimmen, in welchem Maße Ordnungshaft an seine Stelle tritt.
(2) Über die Festsetzung von Ordnungsmitteln entscheidet gegenüber Personen, die bei der Verhandlung nicht beteiligt sind, der Vorsitzende, in den übrigen Fällen das Gericht.
(3) Wird wegen derselben Tat später auf Strafe erkannt, so sind das Ordnungsgeld oder die Ordnungshaft auf die Strafe anzurechnen.

---

24 BGH GRUR 70, 621 *Sitzungsschild*; zur Wahrung des Grundsatzes der Öffentlichkeit bei Verhandlung im Dienstzimmer des Vorsitzenden s BAG NJW 16, 3611.
25 BGH GRUR 11, 750 (Tz 27); zur Abgrenzung von sitzungspolizeilicher Gewalt und Hausrecht in Gerichtsgebäuden Angermaier/Kujat DRiZ 12, 338; s auch Unger-Gugel, Sicherheit in Gerichten – Ein normativer Überblick DRiZ 2019, 138.
26 S Beispiele in Zöller/Lückemann, ZPO, 33. Aufl 2020, § 176 GVG Rn 5; zu sitzungspolizeilichen Maßnahmen gegen Anwalt wegen Nichttragens einer Krawatte s BVerfG NJW 12, 2570; zur Vergabe von Plätzen im Sitzungssaal für Medienberichterstatter s BVerfG NJW 13, 1293 *Sitzplätze für Medienvertreter*.
27 BVerfGE 87, 334 = NJW 92, 3288; BVerfGE 91, 125 = NJW 95, 184; OLG Hamburg NJW 76, 1987.

§ 179 GVG
Die Vollstreckung der vorstehend bezeichneten Ordnungsmittel hat der Vorsitzende unmittelbar zu veranlassen.

§ 180 GVG
Die in den §§ 176 bis 179 bezeichneten Befugnisse stehen auch einem einzelnen Richter bei der Vornahme von Amtshandlungen außerhalb der Sitzung zu.

§ 182 GVG
Ist ein Ordnungsmittel wegen Ungebühr festgesetzt oder eine Person zur Ordnungshaft abgeführt oder eine bei der Verhandlung beteiligte Person entfernt worden, so ist der Beschluß des Gerichts und dessen Veranlassung in das Protokoll aufzunehmen.

§ 183 GVG
[1]Wird eine Straftat in der Sitzung begangen, so hat das Gericht den Tatbestand festzustellen und der zuständigen Behörde das darüber aufgenommene Protokoll mitzuteilen. [2]In geeigneten Fällen ist die vorläufige Festnahme des Täters zu verfügen.

§ 70 Beratung und Abstimmung
(deliberation and votes)

(1) [1]Für die Beschlußfassung in den Senaten bedarf es der Beratung und Abstimmung. [2]Hierbei darf nur die gesetzlich bestimmte Anzahl der Mitglieder der Senate mitwirken. [3]Bei der Beratung und Abstimmung dürfen außer den zur Entscheidung berufenen Mitgliedern der Senate nur die beim Patentgericht zur Ausbildung beschäftigten Personen zugegen sein, soweit der Vorsitzende deren Anwesenheit gestattet.

(2) Die Senate entscheiden nach Stimmenmehrheit; bei Stimmengleichheit gibt die Stimme des Vorsitzenden den Ausschlag.

(3) [1]Die Mitglieder der Senate stimmen nach dem Dienstalter, bei gleichem Dienstalter nach dem Lebensalter; der Jüngere stimmt vor dem Älteren. [2]Wenn ein Berichterstatter ernannt ist, so stimmt er zuerst. [3]Zuletzt stimmt der Vorsitzende.

Ilse Püschel

Übersicht

Literatur	1
Kommentierung zu § 70 PatG	
1 Beratung	2
2 Abstimmung	6

1 **Lit in JZ:** Ernst, Abstimmen über Rechtserkenntnis JZ 12, 637.

1 Beratung

2 Die Beratung findet entweder im Anschluss an eine mündliche Verhandlung oder ohne solche in einer sog »stummen Sitzung« (= ohne Verfahrensbeteiligte) statt. Sie kann – ebenso wie die Abstimmung – bei einfachen Sachen schriftlich im sog »Umlaufverfah-

ren«[1] erfolgen. Darum wird im Rubrum angegeben: »Auf die mündliche Verhandlung vom ...« oder »in der Sitzung vom ...« oder beim Umlaufverfahren »am ...«.

Mitwirkende: Die Zahl und Fakultät der Richter ergibt sich aus § 67, die jeweils im Einzelfall berufenen Richter ergeben sich aus dem Geschäftsverteilungsplan des BPatG zusammen mit der senatsinternen Geschäftsverteilung nach § 68 iVm §§ 21e und 21g GVG. Die weiteren Richter desselben Senats sind ausgeschlossen. Das gilt nicht für sog »Plenarberatungen«, in denen bedeutendere Rechtsfragen losgelöst vom Einzelfall zur Wahrung der einheitlichen Rspr des Senats erörtert werden. Beratung und Abstimmung sind nach § 43 DRiG geheim.

Anwesenheit Dritter, zB Schriftführer, Wachtmeister, Prüfer, ist bei der Beratung und Abstimmung nicht gestattet. *Ausnahme*: Patentanwaltsbewerber und Rechtsreferendare (nicht: Schüler oder Studierende der Rechtswissenschaften[2]) bei Gestattung durch den Vorsitzenden. Die Gestattung der Anwesenheit steht nicht einer Teilnahme an der Meinungsbildung des Senats bei der Beratung und Abstimmung gleich.[3]

Beratungsgeheimnis: Nach § 43 DRiG hat ein Richter über den Hergang bei der Beratung und Abstimmung zu schweigen.

2 Abstimmung

Die Abstimmung muss eine Stimmenmehrheit erbringen, sonst Stichentscheid des Vorsitzenden. Der Stichentscheid hat Bedeutung bei der Entscheidung in Viererbesetzung der technischen Beschwerdesenate (s § 67 Rdn 6). Die Abstimmung ist auch über einzelne Abschnitte (Neuheit, erfinderische Tätigkeit, Kosten, Rechtsbeschwerdezulassung, usw) möglich. Auch nach erfolgter Beratung und Abstimmung kann erneut beraten und abgestimmt werden. Ein Richter, der sich in der Beratung und Abstimmung mit seinen Rechtsansichten ganz oder teilweise nicht durchgesetzt hat, muss sich gleichwohl mit der Abfassung der Gründe beauftragen lassen.[4]

§ 71 Auftragsrichter und abgeordnete Richter
(judges on a temporary basis and temporarily delegated)

(1) ¹Beim Patentgericht können Richter kraft Auftrags verwendet werden. ²§ 65 Abs 2 Satz 3 ist anzuwenden.
(2) Richter kraft Auftrags und abgeordnete Richter können nicht den Vorsitz führen.

---

1 Vgl zur Zulässigkeit eines Umlaufverfahrens BVerwG NJW 92, 257; zur Telefonkonferenz als zulässige Art der Beratung BGH NJW-RR 14, 243 *Beratung durch Telefonkonferenz; zur Videokonferenz als zulässige Art der Beratung BFH v 10.02.2021 – IV R 35/19 (Tz 34), NJW 2021,* 1558.
2 Vgl BVerfG v 30.09.2020 – 1 BvR 495/19 (Tz 13), NJW 2021, 1156 mwN zu § 193 GVG.
3 BPatG v 29.03.08 – 3 Ni 57/05 (EU) unter III.1 Schulte-Kartei PatG 65–80, 86–99 Nr 474 *Monoklines Metazachlor.*
4 Vgl *Ernst* JZ 12, 637, 648.

Ilse Püschel

Übersicht

1	Richter kraft Auftrags	1
2	Abgeordnete Richter	2
3	Verwendung	3

1 Richter kraft Auftrags

1 Richter kraft Auftrags sind Beamte, die später als Richter auf Lebenszeit verwendet werden sollen (§ 14 (1) DRiG). Sie müssen die Befähigung zum Richteramt besitzen (§ 65 Rdn 9, 10). Sie führen im Dienst die Bezeichnung »Richter' am Bundespatentgericht« (§ 19a (2) DRiG). Im Geschäftsverteilungsplan müssen sie als solche kenntlich gemacht werden (§ 29 S 2 DRiG), üblicherweise durch Hinzusetzen des Kürzels »k.A.«.

2 Abgeordnete Richter

2 Abgeordnete Richter sind Richter, die auf bestimmte Zeit von anderen Gerichten an das BPatG mit ihrer Zustimmung zum Zwecke der Übernahme abgeordnet sind (§ 37 DRiG). Zur Vertretung s § 68 Rdn 18.

3 Verwendung

3 Richter kraft Auftrags und abgeordnete Richter können nicht Vorsitzende sein, auch nicht deren Vertreter. Nur einer dieser Richter darf nach § 29 DRiG bei der jeweiligen Verhandlung und Entscheidung mitwirken. Ein Verstoß eröffnet die zulassungsfreie Rechtsbeschwerde (§ 100 (3) Nr 1).

§ 72 Geschäftsstelle
(registrar's office)

[1]Beim Patentgericht wird eine Geschäftsstelle eingerichtet, die mit der erforderlichen Anzahl von Urkundsbeamten besetzt wird. [2]Die Einrichtung der Geschäftsstelle bestimmt der Bundesminister der Justiz und für Verbraucherschutz.

Ilse Püschel

Übersicht

1	Geschäftsstelle	1
2	Urkundsbeamte	2
3	Aktenführung	3

Geltungsbereich: Art 204 der 10. ZuständigkeitsanpassungsVO v 31.8.2015 (BGBl I 1474) hat mit Wirkung v 8.9.2015 in § 72 S 2 »Justiz« durch »Justiz und für Verbraucherschutz« ersetzt.

1 Geschäftsstelle

Die Geschäftsstelle iSd § 72 ist in Einzelgeschäftsstellen aufgeteilt, nämlich in Senatsgeschäftsstellen, deren Bezeichnungen denen der Senate entsprechen.[1] Besetzung, Aufgaben und Organisation bestimmt die nach § 72 ergangene Anordnung des BMJ (jetzt BMJV) über die Einrichtung der Geschäftsstelle beim BPatG v 10.12.1980.[2] Aufgrund der Ermächtigung in § 8 dieser Anordnung wird im Wege der Anweisung durch den/die PräsBPatG die Geschäftsverteilung der Geschäftsstelle des BPatG geregelt.[3] Den Geschäftsgang für die Zentrale Eingangsstelle beim BPatG, die ebenfalls Aufgaben der Geschäftsstelle wahrnimmt, regelt die Dienstanweisung für die Zentrale Eingangsstelle beim BPatG.[4]

1

2 Urkundsbeamte

Mit den Aufgaben eines Urkundsbeamten der Geschäftsstelle kann der/die PräsBPatG die in § 153 (2) und (3) GVG bezeichneten Beamten betrauen (Rechtspfleger, Beamte des mittleren Justizdienstes), darüber hinaus andere Bedienstete (Justizangestellte), die einen entsprechenden Wissens- und Leistungsstand aufweisen.[5]

2

Die Aufgabenverteilung zwischen Beamten des mittleren Justizdienstes bzw Justizangestellten und Beamten des gehobenen Justizdienstes ergibt sich aus der Anweisung des PräsBPatG über die Geschäftsverteilung der Geschäftsstelle des BPatG.[6] Die Anweisung findet aber auf Beamte des gehobenen Dienstes keine Anwendung, soweit sie die ihnen als Rechtspfleger nach dem RPflG übertragenen Aufgaben wahrnehmen[7] (zur Geschäftsverteilung der Rechtspflegergeschäfte durch PräsBPatG vgl die Allgemeine Verfügung des BMJ v 26.11.1980[8]).

3 Aktenführung

Die den Geschäftsstellen obliegende Aktenführung regelt die Anordnung einer Aktenordnung für das BPatG (AktOBPatG) v 11.5.2010,[9] in Kraft getreten am 1.6.2010. Diese verweist im Wesentlichen auf die bayerische Aktenordnung für die Geschäftsstellen der Gerichte der ordentlichen Gerichtsbarkeit und Staatsanwaltschaften.[10] Die

3

---

1 § 5 (1) der Anordnung des BMJ über die Einrichtung der Geschäftsstelle beim BPatG v 10.12.1980, BAnz Nr 239 v 23.12.1980 = BlPMZ 81, 41 = Tabu Gewerbl. Rechtsschutz Nr 381.
2 BAnz Nr 239 v 23.12.1980 = BlPMZ 81, 41 = Tabu Gewerbl. Rechtsschutz Nr 381.
3 S Anweisung v 30.11.2000 mit Ergänzung v 6.12.2001 u Änderung v 19.6.2006, Tabu Gewerbl. Rechtsschutz Nr 382.
4 Tabu Gewerbl. Rechtsschutz Nr 383.
5 Vgl § 2 der Anordnung des BMJ über die Einrichtung der Geschäftsstelle beim BPatG v 10.12.1980, BAnz Nr 239 v 23.12.1980 = BlPMZ 81, 41 = Tabu Gewerbl. Rechtsschutz Nr 381; vgl auch Buhrow NJW 81, 907.
6 §§ 3–5 der Anweisung v 30.11.2000, Tabu Gewerbl. Rechtsschutz Nr 382.
7 § 7 der Anweisung v 30.11.2000, Tabu Gewerbl. Rechtsschutz Nr 382.
8 BlPMZ 81, 77; vgl auch Kappl, Der Rechtspfleger bei BPatG, RPflBl 92, 74.
9 BAnz Nr 73 v 18.5.2010; unter Aufhebung der bisherigen Anweisung für die Verwaltung des Schriftguts in Rechtssachen bei der Geschäftsstelle des BPatG vom 1.6.1979.
10 BayJMBl 84, 13.

Neufassung der AktOBPatG lässt insbesondere die Führung elektronischer Verzeichnisse zu. Die *elektronische Aktenführung* (vgl hierzu § 125a Rdn 30) hat ihre Rechtsgrundlage in § 125a (2) und der gem § 125a (3) Nr 2 erlassenen Verordnung über die elektronische Aktenführung bei dem Patentamt, dem Patentgericht und dem Bundesgerichtshof (EAPatV) v 10.2.2010,[11] in Kraft getreten am 1.3.2010. Aktenbestandteile in elektronischer Form sind danach ebenso lange aufzubewahren wie Aktenbestandteile in Papierform. Die Aufbewahrungsfristen für das Schriftgut in Rechtssachen beim BPatG regelt eine Anordnung des/der PräsBPatG. Danach gilt zB für Beschwerdeakten in Patentsachen, in denen die Beschwerde zu einer Erteilung oder Aufrechterhaltung eines Patents geführt hat, eine Aufbewahrungsfrist von 30 Jahren; dieselbe Frist gilt für Urteile, Vergleiche oder Beschlüsse mit Kostenentscheidungen.[12]

---

11 EAPatV (im Anhang 20 = Tabu Gewerbl. Rechtsschutz Nr 303), in Kraft getreten als Art 1 der Verordnung zur Einführung der elektronischen Aktenführung und zur Erweiterung des *elektronischen Rechtsverkehrs* bei DPMA, BPatG und BGH v 10.2.2010, BGBl I 83 = BlPMZ 10, 129.
12 S Anlage 2 der derzeitigen, am 1. April 2016 in Kraft getretenen Dienstanweisung; die bisherige Anordnung (AufbewAOBPatG) v 6.12.1989 wurde aufgehoben.

5. Abschnitt Verfahren vor dem Patentgericht
(proceedings before the Patent Court;)
1. Beschwerdeverfahren
(appeals procedure)

§ 73 Beschwerde
(appeal)

(1) Gegen die Beschlüsse der Prüfungsstellen und Patentabteilungen findet die Beschwerde statt.

(2) ¹Die Beschwerde ist innerhalb eines Monats nach Zustellung schriftlich beim Deutschen Patent- und Markenamt einzulegen. ²Der Beschwerde und allen Schriftsätzen sollen Abschriften für die übrigen Beteiligten beigefügt werden. ³Die Beschwerde und alle Schriftsätze, die Sachanträge oder die Erklärung der Zurücknahme der Beschwerde oder eines Antrags enthalten, sind den übrigen Beteiligten von Amts wegen zuzustellen; andere Schriftsätze sind ihnen formlos mitzuteilen, sofern nicht die Zustellung angeordnet wird.

(3) ¹Erachtet die Stelle, deren Beschluß angefochten wird, die Beschwerde für begründet, so hat sie ihr abzuhelfen. ²Sie kann anordnen, daß die Beschwerdegebühr nach dem Patentkostengesetz zurückgezahlt wird. ³Wird der Beschwerde nicht abgeholfen, so ist sie vor Ablauf von einem Monat ohne sachliche Stellungnahme dem Patentgericht vorzulegen.

(4) Steht dem Beschwerdeführer ein anderer an dem Verfahren Beteiligter gegenüber, so gilt die Vorschrift des Absatzes 3 Satz 1 nicht.

Ilse Püschel

Übersicht

	Geltungsbereich	1
	Europäisches Patentrecht	2
	Literatur	3
	Kommentierung zu § 73 PatG	
I.	Rechtsnatur der Beschwerde	4
1	Wirkung der Beschwerde	6
2	Gegenstand des Beschwerdeverfahrens	7
3	Verfügungsbefugnis über Beschwerdeverfahren	9
4	Untätigkeitsbeschwerde	13
5	Vornahme von Verfahrenshandlungen	17
6	Beteiligung des DPMA	18
II.	Zulässigkeit der Beschwerde	19
1	Voraussetzungen der Zulässigkeit der Beschwerde	20
2	Prüfung von Amts wegen	21
3	Statthaftigkeit der Beschwerde	22
4	Beschluss gemäß § 73 (1) PatG	26
4.1	Definition	26
4.2	Entscheidung	27
4.2.1	Materieller Gehalt	28

4.2.2	Akte ohne Entscheidungscharakter	30
4.2.3	Abschließende Regelung	31
4.2.4	Berührung der Rechte Dritter	34
4.3	Beschwerdefähige Beschlüsse	36
4.3.1	Unanfechtbare Beschlüsse	41
4.3.2	Beispiele anfechtbarer Beschlüsse	42
4.3.3	Beschwerden im PCT-Verfahren	43
5	**Beschwer**	46
5.1	Voraussetzungen der Beschwer	47
5.1.1	Begehren aus 1. Instanz	48
5.1.2	Zurückbleiben hinter Antrag	49
5.1.3	Abweichen vom Begehren	50
5.1.4	Feststellungen in den Gründen	51
5.1.5	Schlüssige Behauptung	52
5.1.6	Zeitpunkt	53
5.2	Beispiele	55
6	**Beschwerdeberechtigung**	56
7	**Beschwerdeeinlegung gemäß § 73 (2) PatG**	57
7.1	Beim Patentamt	58
7.2	Form	59
7.3	Frist	61
7.4	Beschwerdeführer	65
7.5	Inhalt	66
7.6	Antrag	69
7.7	Bindung an den Antrag	72
7.7.1	ne ultra petita	73
7.7.2	Verschlechterungsverbot	74
7.8	Begründung	76
8	**Verfahrensvoraussetzungen**	80
8.1	Allgemeine Verfahrensvoraussetzungen	80
8.2	Weitere unverzichtbare Verfahrensvoraussetzungen	81
8.3	Rechtsschutzbedürfnis	83
8.4	Vertreter	85
8.5	Inlandsvertreter	86
8.6	Rechtsmittelverzicht	87
8.7	Rechtskraft	88
9	Aussetzung	89
III.	**Beschwerdegebühr nach dem PatKostG**	90
1	Rechtsnatur	91
2	Gebührentatbestände	92
IV.	**Beteiligte am Beschwerdeverfahren**	94
1	Allgemeines	95
2	Erteilungsbeschwerdeverfahren	97
3	Einspruchsbeschwerdeverfahren	100
3.1	Bei Beschwerde des Patentinhabers	100
3.2	Bei Beschwerde des Einsprechenden	101
4	Nebenverfahren	102
5	Nebenintervention	105
6	Mehrere Anmelder/Patentinhaber, mehrere Einsprechende	106
V.	**Zustellungen gemäß § 73 (2) 3**	108
VI.	**Abhilfe und Vorlage gemäß § 73 (3) und (4)**	112
1	Bedeutung der Abhilfe	113
2	Voraussetzungen der Abhilfe	114
2.1	Einseitiges Verfahren	114
2.2	Zulässige Beschwerde	115
2.3	Begründete Beschwerde	117
3	Abhilfeverfahren	118
3.1	Zuständigkeit	118
3.2	Durchführung des Abhilfeverfahrens	119

3.3	Entscheidung in Abhilfeverfahren	121
3.3.1	Aufhebung des Beschlusses und Erlass der beantragten Entscheidung	121
3.3.2	Isolierte Aufhebung des Beschlusses und Fortsetzung des Verfahrens	122
3.3.3	Teilweise Abhilfe	125
3.3.4	Begründung des Abhilfebeschlusses	126
3.3.5	Rückzahlung der Beschwerdegebühr	127
3.4	Wirkung der Abhilfe	128
3.5	Beschwerde gegen Abhilfebeschluss	129
4	Vorlage	130
VII.	Rückzahlung der Beschwerdegebühr	133
1	Rückzahlung nach § 812 BGB	134
2	Rückzahlung nach § 73 (3) 2 und § 80 (3) PatG	136
2.1	Billiges Ermessen	136
2.2	Voraussetzungen	138
2.3	Billigkeitsgründe	140
2.3.1	Sachliche Fehlbeurteilung	141
2.3.2	Verfahrensfehler	144
2.3.3	Vorsorgliche Beschwerden	170
2.4	Verfahren	173
2.4.1	Von Amts wegen	173
2.4.2	Zuständigkeit für die Anordnung der Rückzahlung	174
2.4.3	Entscheidung	177
VIII.	Anschlussbeschwerde	179
1	Anwendbarkeit des § 567 (3) ZPO	180
2	Bedeutung der Anschlussbeschwerde	182
3	Selbständige und unselbständige Anschlussbeschwerde	183
4	Voraussetzungen der Anschlussbeschwerde	185
4.1	Allgemeine Verfahrensvoraussetzungen	185
4.2	Anhängigkeit der Hauptbeschwerde	187
4.3	Statthaftigkeit der Hauptbeschwerde	188
4.4	Zahlung der Beschwerdegebühr	191
4.5	Beschwer	192
5	Zeitpunkt	196
6	Verzicht auf Beschwerderecht	197
7	Verlust der Wirkung der Anschlussbeschwerde	198
8	Entscheidung über die Anschlussbeschwerde	199
IX.	Ende des Beschwerdeverfahrens	200
1	Rechtskraft der Entscheidung des BPatG	201
2	Rücknahme der Beschwerde	202
2.1	Keine Fortsetzung des Beschwerdeverfahrens	203
2.2	Teilrücknahme der Beschwerde	204
2.3	Rechtsfolge	205
3	Rücknahme der Anmeldung	206
4	Erlöschen des Patents	210
4.1	Bei Beschwerde des Patentinhabers	211
4.2	Bei Beschwerde des Einsprechenden	212
4.3	Bei Beschwerden in Nebenverfahren	213
5	Rücknahme des Einspruchs	214
5.1	Bei Beschwerde des Patentinhabers	215
5.2	Bei Beschwerde des Einsprechenden	216
6	Erledigungserklärung	218

§ 73 BPatG: Beschwerdeverfahren

1   **Geltungsbereich:** § 73 wurde als § 36l durch Art 1 Nr 29 des **6. Überleitungsgesetzes** (BGBl I 1274 = BlPMZ **61**, 124, 128) mit Wirkung v 1.7.1961 in das PatG eingefügt.
Art 2 Nr 21 des **2. PatGÄndG** v 16.7.1998 (BGBl I 1827 = BlPMZ **98**, 382) hat in § 73 (3) 3 mit Wirkung v 1.11.1998 die Angabe »drei Monaten« durch die Angabe »einem Monat« ersetzt.
Kostenbereinigungsgesetz v 13.12.2001 (BGBl I 3656 = BlPMZ **02**, 14) mit Wirkung v 1.1.2002: Dessen Art 7 Nr 30 hat § 73 (3) PatG aF gestrichen; der bisherige Abs 4 (Abhilfe) ist zum Abs 3, der bisherige Abs 5 zum Abs 4 geworden. Die Zahlung einer Beschwerdegebühr regelt nunmehr das Patentkostengesetz (PatKostG) in § 2 (1) PatKostG iVm Nr 401 100 bis 401 300. Das PatKostG ist abgedruckt und erläutert im Anhang 15.
Art 1 Nr 40 des **Zweiten Gesetzes zur Vereinfachung und Modernisierung des Patentrechts** v 10.8.2021 (BGBl I 3490 = BlPMZ **2021**, 290, amtl Begr BT-Drs 19/25821) hat mit Wirkung v 18.8.2021 in § 73 (2) 1 das Wort »Patentamt« ersetzt durch die Wörter »Deutschen Patent- und Markenamt«.

2   **Europäisches Patentrecht:** Das Beschwerdeverfahren vor den Beschwerdekammern des EPA ist im 6. Teil des EPÜ in den Art 106–112a EPÜ geregelt, die im Anhang zu § 73 gesondert erläutert werden, weil wegen der Unterschiede eine gemeinsame Erläuterung von deutschem und europäischem Beschwerdeverfahren nicht zweckmäßig ist.

3   **Lit:** Fschr 10 Jahre BPatG 1971: Jungbluth S 9; Fschr Nirk 1992: Bruchhausen S 103; Engel S 195; Fschr 50 Jahre BPatG 2011: Jänich S 289
Lit in GRUR: Kirchner GRUR **68**, 682; Papke GRUR **85**, 410; GRUR **86**, 864; Starck GRUR **85**, 798; Goebel GRUR **86**, 494; Hövelmann GRUR **01**, 303; **Lit in GRUR Int:** Gori GRUR Int **87**, 140; Sedemund-Treiber GRUR Int **96**, 390; Sieckmann GRUR Int **97**, 156; **Lit in Mitt:** Ballhaus Mitt **61**, 121; Bendler Mitt **62**, 98; Schlüter Mitt **64**, 48; Hiete Mitt **66**, 81; Röhl Mitt **66**, 83; H. Möhring Mitt **70**, 5; Kirchner Mitt **70**, 46; Dihm Mitt **84**, 29; Hirte Mitt **93**, 292; Hövelmann Mitt **99**, 129; Strehlke Mitt **99**, 416; **Lit in VPP-Rundbrief:** Winkler **02**, 81.

I. Rechtsnatur der Beschwerde

4   Die Beschwerde stellt die angefochtene Entscheidung vor ihrer Rechtskraft zur Nachprüfung in einer höheren Instanz.

5   *Die Beschwerde gemäß § 73 PatG ist ein echtes Rechtsmittel,*[1] das eine zweite, erstmals gerichtliche Tatsacheninstanz eröffnet. Sie ist auch als Rechtsbehelf nach Art der verwaltungsgerichtlichen Anfechtungsklage bezeichnet worden.[2] Das ist nur insofern zutreffend, als mit der Beschwerde wie mit der Anfechtungsklage ein Verwaltungsakt erstmals gerichtlich nachgeprüft wird. Während das Verwaltungsgericht aber auf die Rechtskontrolle gegenüber der Verwaltung beschränkt ist, besteht eine solche Beschränkung für BPatG gegenüber DPMA nicht.[3] Das Verwaltungsgericht kann nur den angefochtenen Verwaltungsakt aufheben oder die Verwaltungsbehörde zum Erlass eines Verwaltungsakts verpflichten, während BPatG den beantragten Verwaltungsakt auch selbst erlassen kann, also zB ein Patent erteilen, beschränkt aufrechterhalten oder widerrufen kann.[4] Das unterscheidet die Beschwerde des PatG auch von der

---

1   BGH GRUR **69**, 562 (III1b) *Appreturmittel*; **95**, 333 (BII3) *Aluminium-Trihydroxid*; **98**, 938, 939 rSp *DRAGON*; **17**, 54 (Tz 22) *Ventileinrichtung*.
2   So die amtl Begr zum 6. Überleitungsgesetz BlPMZ **61**, 140, 153 (2a); vgl auch BPatG v 02.06.10 – 35 W (pat) 454/08, in juris (Tz 10) = Mitt **10**, 483 L *Beschwerderücknahme nach Verkündung*.
3   BGH GRUR **95**, 333 (BII3) *Aluminium-Trihydroxid*.
4   BGH GRUR **69**, 562 (III1b) *Appreturmittel;* BGH v 07.05.2019 – X ZB 9/18 (Tz 13), GRUR **2019**, 766 *Abstandsberechnungsverfahren;* BPatGE **1**, 1; **5**, 224.

Beschwerde nach dem GWB in Kartellsachen,[5] da das OLG auf Beschwerde Verfügungen der Kartellbehörde nur aufheben oder sie verpflichten kann, eine Verfügung vorzunehmen (§ 71 GWB).

1 Wirkung der Beschwerde

Die Wirkung einer Beschwerde ist doppelter Natur: a) die Sache geht auf die höhere Instanz über (sog *Devolutiveffekt*[6]) und b) der Eintritt der formellen Rechtskraft der angefochtenen Entscheidung wird aufgeschoben (sog *Suspensiveffekt*), wie in § 75 (1) ausdrücklich bestimmt ist (zu Ausnahmen s § 75 Rdn 6 ff). Ebenso führt die Beschwerde nach Art 106 EPÜ zu einem Devolutiveffekt und einem Suspensiveffekt[7] (s Art 106 EPÜ Rdn 37 im Anhang zu § 73).

2 Gegenstand des Beschwerdeverfahrens

Der Gegenstand des Beschwerdeverfahrens ist entsprechend der Rechtsnatur der Beschwerde als einem echten Rechtsmittel nicht der vom DPMA erlassene Verwaltungsakt, sondern das diesem Verwaltungsakt zugrunde liegende *Begehren des Beschwerdeführers*. BPatG entscheidet nicht nur über die Rechtmäßigkeit des angefochtenen Verwaltungsakts, sondern kann auch über das Begehren des Beschwerdeführers selbst entscheiden. Daher kann BPatG sowohl die Zurückweisung einer Anmeldung aufheben als auch gleichzeitig ein Patent erteilen oder sowohl den Widerruf eines Patents aufheben als auch das Patent im erteilten oder einem beschränkten Umfang aufrechterhalten.

Die Befugnis des BPatG in der Sache selbst zu entscheiden, folgt im Umkehrschluss aus § 79 (3) PatG, der für BPatG nur unter den dort genannten Voraussetzungen die Möglichkeit vorsieht, die angefochtene Entscheidung aufzuheben, ohne in der Sache selbst zu entscheiden. Ebenso sieht Art 111 (1) 2 EPÜ für die europäische Beschwerdekammer vor, dass diese im Rahmen der Zuständigkeit des Organs tätig werden kann, das die angefochtene Entscheidung erlassen hat. BPatG kann daher jede denkbare Entscheidung treffen, die auch DPMA als Verwaltungsakt hätte erlassen können.[8]

3 Verfügungsbefugnis über Beschwerdeverfahren

Die Verfügungsbefugnis über das Beschwerdeverfahren steht BPatG nicht zu, die Verfügungsbefugnis über den Gegenstand des Beschwerdeverfahrens liegt vielmehr ausschließlich beim Beschwerdeführer.[9] BPatG ist an die Anträge der Parteien gebunden. Aus der *Antragsbindung* (vgl Einl Rdn 7) folgt,
a) BPatG kann nur entscheiden, solange die Beschwerde aufrechterhalten wird,[10]

---

5 Zur Abgrenzung s auch BGH v 23.02.2021 – X ZB 1/18 (Tz 27), GRUR 2021, 1052 *Gruppierungssystem*.
6 ZB BGH v 07.05.2019 – X ZB 9/18 (Tz 14), GRUR 2019, 766 *Abstandsberechnungsverfahren*.
7 Vgl dazu J 0028/03 ABl 05, 597 *Teilanmeldung/ERICSSON*.
8 BGH GRUR 69, 562 = BlPMZ 70, 161 (III1b) *Appreturmittel*; BPatGE 11, 179, 181.
9 BGH GRUR 17, 54 (Tz 23) *Ventileinrichtung*; BGH v 23.02.2021 – X ZB 1/18 (Tz 13), GRUR 2021, 1052 *Gruppierungssystem*.
10 BGH GRUR 17, 54 (Tz 23) *Ventileinrichtung*; zur Rücknahme des Einspruchs des beschwerdeführenden Einsprechenden s Rdn 216 u § 61 Rdn 34.

b) BPatG kann eine Entscheidung des DPMA nur insoweit abändern, als eine Änderung beantragt ist,[11]
c) BPatG darf dem Beschwerdeführer nicht mehr zuerkennen, als dieser beantragt hat.[12]

Gewährbare Unterlagen: entsprechend dem Verfügungsgrundsatz und der Antragsbindung besteht die Erörterungs- und Aufklärungspflicht des Gerichts nur darin, auf die Stellung sachdienlicher Anträge, insbesondere auf die Formulierung gewährbarer Unterlagen, hinzuwirken, nicht aber darin, diese Unterlagen von Gerichts wegen anstelle des Anmelders zu erarbeiten; dies ist vielmehr Aufgabe des Anmelders.[13]

10 *Untersuchungsgrundsatz* (s Einl Rdn 16 ff): BPatG erforscht nach § 87 (1) den Sachverhalt von Amts wegen. Der Amtsermittlungsgrundsatz gilt aber nur im Rahmen der Anträge und verleiht kein Recht, über die Anträge hinaus zu gehen und damit über den Gegenstand des Verfahrens zu verfügen.

11 *Erstmalige Prüfung neuer Widerrufsgründe, die nicht Gegenstand des Einspruchsverfahrens vor dem Patentamt waren, von Amts wegen* ist dem BPatG im Einspruchsbeschwerdeverfahren nach der Rechtsprechung verwehrt, weil es an die Anträge des Beschwerdeführers und an den von diesem geltend gemachten Gegenstand gebunden ist und weil aus dem Untersuchungsgrundsatz nicht die Befugnis des BPatG folgt, dem Beschwerdeverfahren einen anderen, von den Beteiligten vor dem DPMA im Einspruchsverfahren nicht ordnungsgemäß eingeführten Widerrufsgrund zugrunde zu legen und hierauf die Entscheidung über die Beschwerde zu stützen[14]. Neue Widerrufsgründe in der Beschwerdeinstanz können aber vom *Einsprechenden* geltend gemacht werden (s nachfolgend Rdn 12).

12 *Neue Angriffs- und Verteidigungsmittel im Beschwerdeverfahren*: Das PatG enthält keine besonderen Regelungen darüber, ob und in welchem Umfang neue Angriffs- u Verteidigungsmittel sowie eine Änderung des Verfahrensgegenstands in der Beschwerdeinstanz zulässig sind. Über § 99 (1) können aber die Vorschriften der ZPO entsprechend herangezogen werden, da Besonderheiten des Beschwerdeverfahrens in Patentsachen einer entsprechenden Anwendung dieser Grundsätze nicht entgegenstehen.[15] Neue Angriffs- und Verteidigungsmittel werden in § 571 (2) S 1 ZPO ausdrücklich zugelassen; die Änderung des Verfahrensgegenstands wie die Einführung eines neuen Widerrufsgrundes ist nach Maßgabe der §§ 263 ff ZPO zu berücksichtigen.[16] Wenn daher eine *das Patent aufrechterhaltende Entscheidung des Patentamts in zulässiger*

---

11 BGH GRUR **95**, 333 (BII3) *Aluminium-Trihydroxid*.
12 BGH GRUR **72**, 592 (III2b) *Sortiergerät*; **95**, 333 (BII3) *Aluminium-Trihydroxid*; BPatGE **9**, 30, 31.
13 BPatGE **16**, 130; **17**, 204, 206; BPatG Mitt **16**, 465 (II5) *Elektronisches Gerät*.
14 BGH GRUR **95**, 333 (BII3) *Aluminium-Trihydroxid*; BGHZ **212**, 351 = GRUR **17**, 54 *Ventileinrichtung*; BGH v 23.02.2021 – X ZB 1/18 (Tz 13), GRUR **2021**, 1052 *Gruppierungssystem*; zur Kritik s Einl Rdn 24.
15 BGHZ **212**, 351 = GRUR **17**, 54 (Tz 38) *Ventileinrichtung*; ebenso für das Markenbeschwerdeverfahren BGH v 18.10.2017 – I ZB 105/16 (Tz 26), BGHZ **216**, 208 *Quadratische Tafelschokoladenverpackung*.
16 BGHZ **212**, 351 = GRUR **17**, 54 (Tz 32, 38) *Ventileinrichtung*.

Weise mit der *Beschwerde* angefochten ist, darf jedenfalls der *Einsprechende* im Einspruchsbeschwerdeverfahren zusätzliche Widerrufsgründe geltend machen, die nicht zum Gegenstand der angefochtenen Entscheidung gehören.[17]

4 Untätigkeitsbeschwerde[18]

Eine Beschwerde wegen *Untätigkeit des DPMA*[19] oder wegen zu langsamer Bearbeitung[20] sieht PatG nicht vor[21] und ist daher grundsätzlich nicht statthaft.[22] In solchen Fällen gibt es die Dienstaufsichtsbeschwerde,[23] einzulegen beim PräsDPMA, der die Dienstaufsicht über die Beamten des Patentamts führt (vgl § 26 Rdn 21 ff). Im Einspruchsverfahren bietet § 61 (2) PatG, der die ausnahmsweise erstinstanzliche Zuständigkeit des BPatG regelt, eine geeignete Einflussnahme.

13

Ausnahmsweise Zulässigkeit entsprechend den für gerichtliche Verfahren geltenden Vorgaben aus EMRK und GG: Der Europäische Gerichtshof für Menschenrechte (EGMR) leitet aus Art 13 EMRK, der das Recht auf eine wirksame Beschwerde gewährt, ein Recht auf einen Rechtsbehelf ab, wenn gegen den Grundsatz des fairen Verfahrens nach Art 6 (1) EMRK durch überlange Verfahrensdauer verstoßen wird.[24] Das BVerfG leitet aus Art 2 (1) GG iVm dem Rechtsstaatsprinzip (Art 20 (3) GG) die Gewährleistung eines wirkungsvollen Rechtsschutzes für bürgerlichrechtliche Streitigkeiten ab.[25] Daraus ergibt sich die Verpflichtung der Fachgerichte, Gerichtsverfahren in angemessener Zeit zu einem Abschluss zu bringen.[26] Die Angemessenheit der Dauer eines Verfahrens ist stets nach den besonderen Umständen des Einzelfalls zu bestimmen,[27] wie die Bedeutung der Sache für die Parteien,[28] die Auswirkungen einer langen Verfahrensdauer für die Beteiligten,[29] die Schwierigkeit der Sachmaterie sowie Verfahrensverzögerungen durch die Parteien selbst.[30] Unter Heranziehung dieser Grundsätze für das justizförmige[31] Verfahren vor dem DPMA kann eine Untätigkeitsbeschwerde

14

---

17 BGHZ 212, 351 = GRUR 17, 54 *Ventileinrichtung*; BGH v 23.02.2021 – X ZB 1/18 (Tz 13), GRUR 2021, 1052 *Gruppierungssystem*; BPatG GRURPrax 16, 47 mit Anm von Albrecht.
18 Jakob, Zulässigkeit und Zukunft der Untätigkeitsbeschwerde ZZP 119, 303.
19 Vgl hierzu Ballhaus Mitt 61, 104; Starck GRUR 85, 798, 801; Jakob ZZP 06, 303; Papier DRiZ 06, 261.
20 BPatG BlPMZ 83, 182, 184 lSp.
21 Anders zB § 75 VwGO.
22 BPatG v 21.04.05 – 10 W (pat) 47/04 Schulte-Kartei PatG 65–80, 86–99 Nr 420 *Displayschutz*, s GRUR 12, 679 FN 81; BPatG v 20.05.08 – 33 W (pat) 123/07 Schulte-Kartei PatG 65–80, 86–99 Nr 421 *Untätigkeit des Patentamts*.
23 Vgl BPatG BlPMZ 83, 182, 184 lSp.
24 EGMR NJW 01, 2694 *Kudla*; NJW 06, 2389 *Sürmeli*; NJW 10, 3355 *Rumpf*.
25 BVerfG NJW 97, 2811; Mitt 09, 520.
26 BVerfGE 55, 349, 369; 60, 253, 269; BVerfG Mitt 09, 520 *Wirkungsvoller Rechtsschutz*.
27 BVerfG NJW 01, 214; Mitt 09, 520; EGMR NVwZ 08, 289.
28 BVerfGE 46, 17, 29; BVerfG Mitt 09, 520 *Wirkungsvoller Rechtsschutz*.
29 BVerfG NJW 97, 2811.
30 BVerfG NJW 01, 214; Mitt 09, 520 *Wirkungsvoller Rechtsschutz*.
31 Vgl dazu BGH GRUR 66, 583 (II2b) *Abtastverfahren*; GRUR 94, 724 (II2a) *Spinnmaschine*; GRUR 10, 231 (Tz 18) *Legostein*.

ausnahmsweise zulässig sein.[32] Zur *unangemessenen Dauer eines Verfahrens* vgl auch § 128b Rdn 4.[33]

15 Nicht anwendbar bei Untätigkeit des DPMA: Die in den *§§ 198 ff GVG* enthaltene Regelung,[34] die bei unangemessener Dauer eines Verfahrens einen Entschädigungsanspruch normiert.[35] Mit dieser Regelung sollen die bisher von der Rechtsprechung entwickelten außerordentlichen Rechtsbehelfe hinfällig werden, da die Entschädigungsregelung das Rechtsschutzproblem bei langer Verfahrensdauer abschließend lösen soll.[36] Diese Regelung gilt jedoch über die in das PatG eingefügte Verweisungsnorm des § 128b[37] nur für Verfahren vor dem BPatG und BGH entsprechend, *nicht für Verfahren vor dem DPMA*.[38] Mangels Vorliegens einer planwidrigen Regelungslücke ist insoweit auch kein Raum für eine analoge Anwendung auf Verfahren vor dem DPMA.

16 Unabhängig davon ist zu berücksichtigen, dass in einer Weigerung, einen Antrag zu bescheiden, dessen *Ablehnung* liegen und damit die Beschwerde eröffnen kann.[39] Die ungebührliche Hinauszögerung der Entscheidung über einen Prozesskostenhilfeantrag kann einer Ablehnung gleichstehen.[40]

5 Vornahme von Verfahrenshandlungen

17 Da das Beschwerdeverfahren ein echtes Rechtsmittelverfahren ist, können vor BPatG grundsätzlich auch alle Verfahrenshandlungen vorgenommen werden, die auch vor DPMA möglich gewesen wären. Daher zB zulässig: Antrag auf Wiedereinsetzung in vor DPMA versäumte Gebührenfristen,[41] Beschränkung des Patentbegehrens, Rücknahme der Anmeldung oder des Einspruchs, Erklärung der Teilung der Anmeldung. Ausgenommen sind nur solche Verfahrenshandlungen, über die **a)** sachlich nur die Stelle des DPMA entscheiden kann, die den Verwaltungsakt erlassen hat, wie ein Antrag auf Berichtigung des von ihr erlassenen Erteilungsbeschlusses, oder die **b)** nach

---

32 BPatG v 12.12.02 – 10 W (pat) 41/01 Schulte-Kartei 65–80, 86–99 Nr 505 *Untätigkeitsbeschwerde I*; BPatG v 16.10.03 – 10 W (pat) 42/03 Schulte-Kartei 65–80, 86–99 Nr 506 *Untätigkeitsbeschwerde II*, das Vorliegen eines Ausnahmefalls aber jeweils verneinend.
33 Sowie die Rspr zu § 198 (1) GVG, s die Nachweise bei Zöller/Lückemann, ZPO, 33. Aufl 2020, GVG § 198 Rn 2 ff.
34 Eingeführt durch das **Gesetz über den Rechtsschutz bei überlangen Gerichtsverfahren und strafrechtlichen Ermittlungsverfahren** v 24.11.2011, BGBl I 2302 = BlPMZ **12**, 46 (Auszug), in Kraft getreten am 3.12.2011.
35 Anstelle der generellen Einführung einer Untätigkeitsbeschwerde, s noch die 8. Auflage.
36 Gesetzesbegr BT-Drs 17/3802 S 16 unter Nr 6; zur Unstatthaftigkeit einer Untätigkeitsbeschwerde nach Inkrafttreten der §§ 198 ff GVG s BGH NJW **13**, 385; OLG Düsseldorf NJW **12**, 1455; zur Verfassungsbeschwerde nach Inkrafttreten der §§ 198 ff GVG s BVerfG JZ **13**, 145 = BVerfGK 20, 33 = NJW **12**, 3714 *Überlange Dauer eines Gerichtsverfahrens*.
37 Durch Art 13 des Gesetzes über den Rechtsschutz bei überlangen Gerichtsverfahren und strafrechtlichen Ermittlungsverfahren v 24.11.2011, BGBl I 2302 = BlPMZ **12**, 46.
38 Vgl BGH v 16.03.2017 – III ZA 6/17 (Tz 2); Schlick NJW **2017**, 2509, 2511 liSp.
39 Vgl BPatG v 20.05.08 – 33 W (pat) 123/07 Schulte-Kartei 65–80, 86–99 Nr 421 *Untätigkeit des Patentamts* (im konkreten Fall war aber keine Weigerung anzunehmen).
40 BPatGE **30**, 119 = BlPMZ **89**, 281.
41 In Beschwerdeverfahren, die die (verspätete) Zahlung dieser Gebühr betreffen, vgl BPatGE **2**, 172, 174; BPatG v 09.07.01 – 10 W (pat) 61/00 (II4b), in juris; ansonsten ist für Entscheidung DPMA zuständig: BPatG v 26.11.79 – 4 W (pat) 38/79, in juris; s auch Hövelmann Mitt **97**, 237 mwN.

gesetzlicher Vorschrift ausdrücklich gegenüber dem DPMA vorzunehmen sind wie der Verzicht auf das Patent nach § 20 (1) Nr 1 (vgl § 20 Rdn 15).[42]

6 Beteiligung des DPMA

Die Beteiligung des DPMA am Beschwerdeverfahren ist entsprechend seiner Rechtsnatur als einem echten Rechtsmittelverfahren und im Unterschied zum verwaltungsgerichtlichen Klageverfahren nicht vorgesehen. Nur in den Fällen der §§ 76 und § 77 PatG kann sich der Präsident des DPMA – nicht DPMA – beteiligen.

II. Zulässigkeit der Beschwerde

Die Zulässigkeit einer Beschwerde ist Voraussetzung für eine Überprüfung der angefochtenen Entscheidung in der Sache. Erst wenn festgestellt ist, dass die Beschwerde zulässig ist, kann geprüft werden, ob sie sachlich begründet ist.[43] Ist die Beschwerde unzulässig, kann der angefochtene Beschluss auch dann nicht aufgehoben werden, wenn er zu Unrecht ergangen sein sollte.[44]

1 Voraussetzungen der Zulässigkeit der Beschwerde

sind:
a) Feststellung, dass eine Beschwerde erhoben ist.[45] Daran fehlt es nach § 6 (2) PatKostG, wenn die Beschwerdegebühr nicht fristgerecht entrichtet wurde (vgl dazu § 2 PatKostG Rdn 20 und § 6 PatKostG Rdn 11 im Anhang 15).
b) Statthaftigkeit der Beschwerde, die sich gegen einen Beschluss iSd § 73 richten muss (vgl dazu Rdn 22).
c) Beschwer des Beschwerdeführers durch die angefochtene Entscheidung (vgl dazu Rdn 46).
d) Beschwerdeberechtigung des Beschwerdeführers (vgl dazu § 74).
e) Form- und fristgerechte Beschwerdeeinlegung (vgl dazu Rdn 59 ff).
f) Erfüllung allgemeiner Verfahrensvoraussetzungen (vgl dazu Rdn 80).

2 Prüfung von Amts wegen

Es ist Sache des Beschwerdeführers, die Voraussetzungen der Zulässigkeit seiner Beschwerde zu erfüllen. Sie werden nicht von Amts wegen ermittelt. Es wird nur von Amts wegen geprüft, ob sie erfüllt sind (vgl dazu Einl Rdn 18).

3 Statthaftigkeit der Beschwerde[46]

Die Statthaftigkeit der Beschwerde ist Voraussetzung für ihre Zulässigkeit. Eine Beschwerde ist statthaft, wenn sie sich gegen einen Beschluss einer Prüfungsstelle oder

---

42 Vgl dazu auch BGH v 22.09.09 – Xa ZR 72/06 (Tz 12) Schulte-Kartei PatG 20 Nr 18 *Identifikations- und Kontrollsystem für Verarbeitungs- und/oder Transportgut.*
43 BPatGE 2, 80 abw von RPA GrSenat BlPMZ 32, 243 u 43, 40; BPatGE 17, 11, 13; BPatG v 04.11.09 – 7 W (pat) 13/06: Zulässigkeit dahingestellt, da Beschwerde jedenfalls unbegründet.
44 BGHZ 2, 278, 280 für den Fall einer unzulässigen Revision.
45 BPatGE 46, 211 *Ermüdungsfreies Computergerät*: im Falle der Verweisung eines Rechtsstreits an BPatG kann Feststellungsklage vor LG Beschwerde sein; BPatGE 52, 256, 260 *Aufreißdeckel*: verwiesene Verwaltungsklage als Beschwerde.
46 Lit in GRUR: Starck GRUR 85, 798.

Patentabteilung richtet. Dabei ist es gleichgültig, wer ihn erlassen hat, Prüfer, Abteilung, Beamter des gehobenen oder mittleren Dienstes, Angestellter. Eine Beschwerde findet nicht statt, wenn sie gesetzlich ausgeschlossen ist, wie gemäß § 123 (4) für eine gewährte Wiedereinsetzung[47] und gemäß § 135 (3) PatG für die Bewilligung von Verfahrenskostenhilfe sowie gemäß § 46 (2) ZPO für einen Beschluss, der eine Ablehnung für begründet erklärt.

23 **Prüfungsstelle oder Patentabteilung** muss den Beschluss erlassen haben, gegen den sich die Beschwerde richtet. *Akte anderer Organisationseinheiten*, die keine den Prüfungsstellen und Patentabteilungen obliegenden Aufgaben wahrnehmen, sind mit der Beschwerde nicht anfechtbar, es sei denn, sie geben vor, ein Beschluss iSd § 73 zu sein. Beschwerde ist daher nicht statthaft gegen:

24 a) *Verwaltungsakte des Präsidenten* des DPMA,[48] wie zB Geschäftsverteilung, Regelung der Art der Bearbeitung, Auszeichnung oder Umklassifizierung einer Anmeldung oder eines Patents;[49] b) *Akte der Rechtsabteilung* des DPMA,[50] wie Justitiarsachen zur Unterstützung von Prüfungsstellen oder Patentabteilungen oder unverbindliche Beantwortung Anfragen Dritter; c) *Äußerungen von Mitgliedern des DPMA* zu Fragen außerhalb eines Erteilungs- oder Einspruchsverfahrens; d) *Ablehnung von Schadensersatzansprüchen*.[51]

25 Akte, gegen die eine Beschwerde nicht statthaft ist, können, wenn es sich um Verwaltungsakte handelt (s Einl Rdn 471), vor den Verwaltungsgerichten angefochten werden (§ 40 VwGO).

4 Beschluss gemäß § 73 (1) PatG

4.1 Definition

26 Beschluss iSd § 73 PatG ist eine Entscheidung (s Rdn 27) der Prüfungsstellen oder Patentabteilungen des DPMA (s Rdn 23), durch die eine abschließende Regelung ergeht (s Rdn 31), die die Rechte eines Beteiligten berühren kann[52] (s Rdn 34).

---

47 BPatG Mitt **91**, 63.
48 BPatGE **52**, 256, 265 *Aufreißdeckel*: Ablehnung des PräsDPMA, die Veröffentlichung einer PS zu stoppen; J 0002/93 ABl **95**, 675 für ein Schreiben eines VizePräs des EPA.
49 PA BlPMZ **59**, 11; differenzierend BPatGE **52**, 86 = GRUR **11**, 48 *Prioritätsbescheinigung*: Beschwerde statthaft gegen die Ablehnung der Ausstellung eines Prioritätsbelegs durch Priostelle des DPMA, entgegen BPatG BlPMZ **90**, 370.
50 BPatG v 23.12.83 – 4 W (pat) 76/82.
51 BPatGE **30**, 14 = BlPMZ **89**, 142; BPatG v 26.10.06 – 10 W (pat) 45/05 (II2d) BlPMZ **07**, 270 L *Jahresgebühren*.
52 StRspr seit BPatGE **2**, 56, 58 vgl BPatGE **10**, 35, 39; **10**, 43, 46; **13**, 163, 164; **15**, 134, 136; **17**, 226, 227; **24**, 149, 150; **25**, 208; **26**, 152, 153; **29**, 65, 67; **36**, 110, 111; **47**, 10 *Formularmäßige Mitteilung*; **47**, 23, 25 *Papierauflage*; **48**, 33, 36 *Rena-Ware*; **52**, 177, 180 = GRUR **11**, 362 *akustilon*; BPatGE **53**, 26, 28 *Reflexionsvorrichtung*; **54**, 89, 92 = BlPMZ **14**, 140 (II1) *Formularmäßige Mitteilung II*; BPatG GRUR **83**, 645 (IIA); Mitt **84**, 32; **93**, 144.

4.2 Entscheidung

Eine Entscheidung ist ein Akt, der vom Amt zur Regelung eines Sachverhalts gewollt ist oder der als solcher vom Adressaten verstanden werden kann, denn es genügt der äußere Anschein eines dem DPMA zurechenbaren Aktes.[53]   27

4.2.1 Materieller Gehalt

Der materielle Gehalt des Aktes ist maßgebend, ob der Akt eine Entscheidung darstellt, auf seine Bezeichnung oder seine äußere Form kommt es nicht an.[54] Daher kann auch ein Akt eine Entscheidung sein, der in die Form einer Benachrichtigung,[55] eines Bescheides,[56] eines Schreibens[57] oder einer Verfügung[58] gekleidet ist.   28

Allerdings müssen derartige Akte in formeller Hinsicht den Anforderungen an einen ordnungsgemäßen Beschluss iSv § 47 insoweit entsprechen, als sie den Entscheidungsträger erkennen lassen und von ihm *unterschrieben sind*.[59] Letzteres war, solange die Patentamtsakten in Papierform geführt wurden, regelmäßig der Fall, aber nicht mehr seit Einführung der elektronischen Aktenführung am 1. Juni 2011 (s. auch § 47 Rdn 9). Ist ein Akt daher elektronisch erstellt worden, ist eine *Elektronische Signatur* nach § 5 (3) EAPatV[60] erforderlich, damit einem Dokument die Qualität eines Beschlusses zuerkannt werden kann.[61]   29

4.2.2 Akte ohne Entscheidungscharakter

Akte ohne Entscheidungscharakter sind mit der Beschwerde nicht anfechtbar. Durch sie wird zwar etwas geregelt, aber nichts für die Beteiligten verbindlich entschieden, weil diese Akte nur der Vorbereitung oder dem Verfahrensgang für eine erst zu erlassende Entscheidung dienen. Daher sind folgende Akte mit der Beschwerde nicht anfechtbar: 30

a) **Ablehnung: aa) einer Zwischen- oder Vorabentscheidung,**[62] zB über Zulässigkeit eines Einspruchs, einer Ausscheidungs- oder Teilungserklärung; bb) **von Akten, auf die kein Anspruch**

---

53 BGH GRUR **94**, 724 (II1) *Spinnmaschine*; BlPMZ **06**, 415 (II5) *Paraphe*; BPatGE **52**, 184, 187 *Unterschriftsmangel II*; **54**, 189, 197 = GRUR **14**, 913 (III.1) *Elektrischer Winkelstecker II*.
54 BPatGE **8**, 205, 206; **10**, 35, 39; **10**, 43, 46; **17**, 226, 227; **36**, 110, 111; **47**, 10, 11 *Formularmäßige Mitteilung*; **48**, 33, 36 *Rena-Ware*; BPatG Mitt **93**, 144.
55 BPatGE **52**, 177 *akustilon* (Unterrichtung über Widerspruch gegen Löschungsantrag).
56 BPatGE **10**, 35 (Bescheid, der einen Antrag auf Aufhebung einer Benachrichtigung ablehnt); BPatGE **29**, 128 (Bescheid über Wirksamkeit einer Teilungserklärung); BPatGE **36**, 110 (Bescheid: Einspruchsverfahren wird fortgesetzt); BPatGE **53**, 26, 28 *Reflexionsvorrichtung* (Bescheid, dass Rückumschreibung nicht durchgeführt wird).
57 BPatGE **22**, 136 (Schreiben über Einstufung als geheim); BlPMZ **83**, 307 (Schreiben mit Hinweis auf die gesetzliche Folge des § 40 (5)); BPatGE **48**, 207 (Schreiben, dass eine Prioritätsrücknahme unwirksam sei).
58 BPatGE **48**, 33 *Rena-Ware* (Verfügung der Schutzentziehung einer Marke); BPatG v 17.06.13 – 35 W (pat) 1/11 (Eintragungsverfügung Gbm) Schulte-Kartei PatG 65–80, 86–99 Nr 475 *Eintragungsverfügung*.
59 BPatGE **54**, 89 = BlPMZ **14**, 140 (II1) *Formularmäßige Mitteilung II*.
60 IdF ab 10.1.2014, zuvor war die elektronische Signatur in § 5 (2) EAPatV geregelt; die Verordnung über die elektronische Aktenführung beim DPMA und BGH (EAPatV) ist abgedruckt im Anhang 20 = Tabu Gewerbl. Rechtsschutz Nr 303.
61 BPatGE **54**, 89 = BlPMZ **14**, 140 *Formularmäßige Mitteilung II*.
62 BPatGE **15**, 134; PA BlPMZ **55**, 216.

besteht, wie zB die in Betracht gezogenen Druckschriften in der PS nicht zu nennen;[63] cc) **von verfahrensleitenden Verfügungen**, auf deren Erlass die Beteiligten keinen Anspruch haben, wie die Ablehnung von *Fristgesuchen* oder von *Beschleunigungsanträgen*,[64] ein rechtskundiges Mitglied zuzuziehen, mehrere Verfahren zu verbinden;[65] dd) **von gesetzlich nicht vorgesehenen Maßnahmen**, wie Auskunft über die Wirksamkeit von Verfahrenshandlungen, zB eines Prüfungsantrags.[66]

b) **Akte, die eine Entscheidung erst vorbereiten sollen**, insbesondere **Prüfungsbescheide**[67] im Erteilungsverfahren gemäß §§ 42 und 45 sowie **Zwischenbescheide**[68] im Einspruchsverfahren.

c) **Erlass gesetzlich vorgeschriebener Akte mit Hinweisfunktion**, wie zB *Gebührenbenachrichtigungen* gemäß §§ 17 (3) PatG aF für Jahresgebühren,[69] *Aufforderungen* gemäß § 35 (1) 2 bei fehlenden Zeichnungen, *Aufruf* gemäß Art 7 (2) Nr 1 des PatÄndG 1967.[70]

d) **Mitteilungen mit reiner Hinweisfunktion**, mit denen nichts entschieden wird, sondern der Adressat auf bestimmte gesetzliche Folgen oder Tatbestände aufmerksam gemacht wird, zB über bevorstehenden Ablauf der Prüfungsantragsfrist oder über bevorstehenden Offenlegungstermin,[71] über den Eintritt der Rücknahmefiktion infolge Inanspruchnahme einer inneren Priorität[72] oder nicht vollständiger Zahlung der Anmeldegebühr bei Einleitung der nationalen Phase,[73] erläuternde Feststellung einer Geschäftsstelle,[74] Hinweis auf (neue) gesetzliche Bestimmungen[75] oder eine beabsichtigte Entscheidung.[76] Hält der Adressat die Mitteilung für unberechtigt, kann er beantragen, einen beschwerdefähigen Beschluss zu erlassen.

e) **Niederschrift** über die mündliche Anhörung.[77]
f) **Unverbindliche Meinungsäußerungen**, die den Adressaten bei der Gestaltung seines Verfahrens unterstützen sollen, wie zB *Aufklärungshinweise* gemäß § 139 ZPO (vgl Einl Rdn 114).

g) **Verfahrensleitende Verfügungen**, wie die Setzung einer Frist, Anberaumung einer Anhörung oder einer mündlichen Verhandlung, Information über das geltende Recht.[78]

h) **Ausnahme: Entwürfe für eine Entscheidung, nicht unterschriebene Beschlüsse** sind zwar unwirksam, aber *anfechtbar*, um den durch die Zustellung entstandenen Rechtsschein eines wirksamen Beschlusses zu beseitigen, s hierzu Rdn 40.

4.2.3 Abschließende Regelung

31 Das Vorliegen einer abschließenden Regelung ist wesentliches Kriterium eines Beschlusses iSd § 73 PatG. Hierfür ist es ohne Bedeutung, ob die entschiedene Frage

---

63 PA BlPMZ 55, 186.
64 BPatGE 10, 35, 40.
65 BPatGE 27, 82.
66 BPatGE 15, 134.
67 BPatGE 46, 211 *Ermüdungsfreies Computergerät*; BGH v 20.01.04 – X ZA 5/03 Schulte-Kartei PatG 65–80, 86–99 Nr 324 *Zwischenbescheid*.
68 BPatGE 3, 13, 14; 17, 226; 46, 122 *Zwischenbescheid*; BGH v 20.01.04 – X ZA 5/03 Schulte-Kartei PatG 65–80, 86–99 Nr 324 *Zwischenbescheid*.
69 BPatGE 3, 8; 10, 43; 37, 95, 97.
70 BPatGE 10, 43.
71 BPatG Mitt 84, 32 *Bibliografiemitteilung*.
72 BPatG BlPMZ 83, 307; BPatGE 47, 10 = BlPMZ 03, 244 *Formularmäßige Mitteilung*.
73 BPatGE 54, 89 = BlPMZ 14, 140 *Formularmäßige Mitteilung II* (wobei es auch an der notwendigen Unterschrift bzw elektronischen Signatur fehlt).
74 BPatG Mitt 93, 144: Einspruchsrecht ist durch Firmenänderung von A auf B übergegangen.
75 BPatG BlPMZ 83, 184 *Hinweis auf Gebührenänderung*.
76 BPatG v 19.02.16 – 7 W (pat) 33/15 Schulte-Kartei PatG 65–80, 86–99 Nr 476 *Mitteilung mit reiner Hinweisfunktion*.
77 BPatG v 24.05.2018 – 7 W (pat) 18/17 (II.1).
78 BPatG BlPMZ 83, 184, 185.

einen Punkt betrifft, der selbständiger Regelung fähig ist.[79] Handelt es sich bei dem Akt des DPMA um eine Regelung, die beim Adressaten den Eindruck erweckt, dass damit über einen Punkt abschließend befunden werden sollte, der seine Rechte berühren kann, so handelt es sich um einen anfechtbaren Beschluss iSd § 73 (bei nicht in der äußeren Form eines Beschlusses ergangenen Akten siehe aber auch Rdn 29). Weil der Betroffene nicht mit der Unsicherheit belastet werden kann, ob der Akt verbindlich ist oder nicht, ist auch eine objektiv wirkungslose Entscheidung anfechtbar, weil die Rechtssicherheit eine Klärung der Rechtslage erfordert.

Abschließend ist eine Regelung, wenn sie von der erlassenden Stelle als solche ersichtlich gewollt ist oder wenn sie von dem Adressaten als solche verständlicherweise empfunden werden konnte. Dann ist es gleichgültig, in welcher äußeren Form der Akt gekleidet ist, zB als Bescheid,[80] Schreiben oder Verfügung, sofern er jedenfalls unterschrieben oder mit einer elektronischen Signatur versehen ist[81] (s auch Rdn 28 u 29). 32

Keine abschließende Regelung enthalten Akte, durch die selbst nichts entschieden wird (s Rdn 30), insbesondere Akte, durch die eine Entscheidung erst vorbereitet werden soll. 33

4.2.4 Berührung der Rechte Dritter

Grundsätzlich wird der Betroffene in seinen Rechten durch jeden Akt des DPMA berührt, vor dessen Erlass ihm kein ausreichendes rechtliches Gehör gewährt wurde (s Einl Rdn 305), oder der ein gesetzlich mögliches petitum abschlägig behandelt. Ist aber ausnahmsweise eine Beeinträchtigung der Rechte Dritter zuverlässig ausgeschlossen, dann ist dieser Akt kein Beschluss iSd § 73, selbst wenn er eine abschließende Regelung eines Punktes enthalten sollte, und ist damit nicht anfechtbar. 34

Rechte Dritter werden nicht berührt, a) durch reine verfahrensleitende Verfügungen; b) Akte, mit denen dem Betroffenen das rechtliche Gehör gewährt werden soll, wie zB Prüfungs- und Zwischenbescheide zur Vorbereitung einer Entscheidung, selbst wenn sie eine für den Betroffenen negative Beurteilung enthalten; c) wenn der Antragsteller auf den Erlass der gewünschten Maßnahme keinen Anspruch hat, wie zB Gewährung eines weiteren Fristgesuchs[82] oder den Erlass einer Zwischen-, Vorabod Teilentscheidung;[83] d) wenn der Dritte kein Verfahrensbeteiligter ist, wie zB der Dritte, der gemäß § 43 (3) 3 dem DPMA Druckschriften nennt, oder der materiell Berechtigte, aber prozessual nicht Legitimierte (s § 30 Rdn 17 und 45). 35

4.3 Beschwerdefähige Beschlüsse

Mit der Beschwerde anfechtbar sind alle Akte, die als eine Entscheidung qualifiziert werden können oder die vorgeben, eine Entscheidung zu sein. Dabei ist es gleichgültig, 36

---

79 So stRspr seit BPatGE 2, 56 unter Aufgabe der früheren aA des PA MuW 37, 313; BlPMZ 51, 220; 53, 178; 55, 216.
80 BPatGE 36, 110, 111 (Bescheid: Einspruchsverfahren wird fortgesetzt); BPatGE 53, 26, 28 *Reflexionsvorrichtung* (Bescheid, dass Rückumschreibung nicht durchgeführt wird).
81 Vgl BPatGE 54, 89 = BlPMZ 14, 140 *Formularmäßige Mitteilung II.*
82 BPatGE 10, 35, 40.
83 BPatGE 15, 134; PA BlPMZ 55, 216.

ob der beschiedene Antrag gesetzlich vorgesehen ist oder nicht und ob er von einem Verfahrensbeteiligten oder einem Dritten stammt.[84]

37 Beschwerde ist daher statthaft gegen:

38 a) *Akte mit Entscheidungscharakter*, mögen sie als Beschluss ergangen oder mit einer anderen Bezeichnung versehen sein (s oben Rdn 27, 28 u 29);

39 b) *Zu Unrecht* als Beschluss ergangene Akte, zB wenn es sich bei dem angefochtenen Beschluss um eine lediglich in die äußere Form eines Beschlusses gekleidete bloße Meinungsäußerung ohne rechtliche Verbindlichkeit handeln sollte;[85]

40 c) *Schein- bzw Nichtentscheidungen*, die zwar in der äußeren Form eines Beschlusses zugestellt worden sind, aber wegen *Formmangels unwirksam* (nichtig) sind, zB wegen Fehler bei der Verkündung[86] oder wegen Fehlens der Unterschrift bzw einer wirksamen elektronischen Signatur bei im schriftlichen Verfahren erlassenen Beschlüssen: Entwürfe für eine Entscheidung, die der Prüfer oder die Mitglieder der Patentabteilung nicht unterschrieben haben, sind – auch wenn sie zugestellt wurden – unwirksam,[87] es sei denn, dass der Beschluss ordnungsgemäß verkündet war.[88] Die fehlende Unterschrift kann durch Zustellung des Entwurfs durch die Geschäftsstelle nicht ersetzt werden.[89] Eine Nachholung der Unterschrift kommt nicht in Betracht,[90] vielmehr ist ein ordnungsgemäß ausgefertigter Beschluss erneut zuzustellen. Solche Schein- bzw Nichtentscheidungen sind für Beteiligte und DPMA unbeachtlich und wirkungslos. Zur Beseitigung des durch die Zustellung entstandenen *äußeren Anscheins eines wirksamen Beschlusses* ist aber die Beschwerde gegen den Nicht-Beschluss zulässig,[91] weil die Unsicherheit, die sich aus dem Fehler der erlassenden Stelle ergibt, nicht zu Lasten des Betroffenen gehen darf.

---

84 BPatGE 17, 14, 15; 54, 176, 180 *Verdickungszusammensetzung*.
85 BPatGE 13, 163 (Nr 1).
86 BGHZ 10, 346.
87 BVerfG NJW 85, 788 Nr 2; BGHZ 137, 49, 51 = NJW 98, 609; OLG Köln NJW 88, 2805; OLG Karlsruhe NJW-RR 04,1507; BPatG BlPMZ 90, 34; 06, 415 *Paraphe*; 09, 130 *Unterschriftsmangel*; 12, 356, 357 *Fehlende Unterschrift unter Zurückweisungsbeschluss*; BPatG v 10.03.08 – 11 W (pat) 4/08 *Beschlussunterschrift* in Schulte-Kartei PatG 35.1 Nr 373 *Oberstatt Unterschrift*; BPatGE 32, 69 (Nr 3); 38, 16; 41, 44 *Formmangel*; 52, 184, 187 *Unterschriftsmangel II*; BPatG v 28.03.13 – 12 W (pat) 36/12 Schulte-Kartei PatG 65–80, 86–99 Nr 508 *Bewegungstrainingsgerät* (fehlende dritte elektronische Signatur begründet Zweifel, ob lediglich ein Entwurf vorliegt); zur wirksamen elektronischen Unterzeichnung von DPMA-Beschlüssen s BPatGE 54, 189 = GRUR 14, 913 *Elektrischer Winkelstecker II*; BPatG BlPMZ 14, 355 *Anordnung zur Erfassung von Berührungen auf einer Trägerplatte*; BPatG v 25.08.14 – 35 W (pat) 413/12, Mitt 15, 50 L *Fahrradgetriebenabe*.
88 BGHZ 137, 49, 52; BPatGE 54, 189, 198 = GRUR 14, 913 (II1,2.1) *Elektrischer Winkelstecker II* (aber Begründungsmangel, wenn schriftliche Begründung des verkündeten Beschlusses mangels Unterzeichnung nicht rechtzeitig vorliegt); BPatG BlPMZ 14, 355, 356 *Anordnung zur Erfassung von Berührungen auf einer Trägerplatte*.
89 BGHZ 137, 49, 53; BGH NJW 53, 622, 623.
90 BPatGE 38, 16; BlPMZ 06, 415 *Paraphe*; BPatGE 52, 184, 187 *Unterschriftsmangel II*.
91 BVerfG NJW 85, 788; BGH VersR 84, 1192 f; GRUR 94, 724 (III1) *Spinnmaschine*; NJW 95, 404; 96, 1969, 1970; BPatGE 13, 163 (Nr 1); 32, 69 (Nr 3); BPatG BlPMZ 06, 415 (II5) *Paraphe*; BPatGE 52, 184, 187 *Unterschriftsmangel II*.

4.3.1 Unanfechtbare Beschlüsse

Eine Beschwerde ist nicht statthaft und damit unzulässig, wenn sie vom Gesetz ausgeschlossen ist. Generell ausgeschlossen ist die Beschwerde gegen die *Bewilligung der Wiedereinsetzung* (§ 123 (4)) und der *Verfahrenskostenhilfe* (§ 135 (3)). *Selbständig nicht anfechtbar* ist die Ablehnung der *Zuziehung eines rechtskundigen Mitglieds* (§ 27 (3) 3) und die Zurückweisung eines *Antrags auf Anhörung* (§ 46 (1) 5).

41

4.3.2 Beispiele anfechtbarer Beschlüsse

Außer den Entscheidungen im Erteilungsverfahren über Zurückweisung der Anmeldung oder Erteilung des Patents und im Einspruchsverfahren über Aufrechterhaltung oder Widerruf des Patents sind in alphabetischer Reihenfolge folgende Entscheidungen anfechtbar:

42

a) **Ablehnung:** Entscheidung über Gesuch gemäß § 27 (6) 3.
b) **Akteneinsicht,** deren Gewährung und Ablehnung.
c) **Aussetzung,** anfechtbar ist, unter Berücksichtigung der Anfechtbarkeit nach § 252 ZPO, sowohl deren Anordnung[92] wie deren Ablehnung[93] sowie die Ablehnung der Fortsetzung eines ausgesetzten Verfahrens durch DPMA.[94] Rechtsmittel gegen Aussetzung durch BPatG ist nicht gegeben.[95]
d) **Berichtigung** und ihre Ablehnung[96]
e) **Einspruch:** Feststellung seiner Zulässigkeit oder Unzulässigkeit,[97] Bestehen eines Rechtsschutzinteresses nach Wegfall des Patents[98] sowie Mitteilung, dass Einspruch wegen Verzichts nicht mehr möglich sei.[99]
f) **Erfinderbenennung:** Anordnung, Ablehnung und ihre Änderung.[100]
g) **Geheimhaltung,** deren Anordnung und Ablehnung (vgl dazu § 50 Rdn 16).
h) **Kosten:** Kostenauferlegung gemäß § 62 (1)[101] sowie die Ablehnung der Rückzahlung von Gebühren (zur Anordnung der Wiedereinzahlung von Gebühren und der Anfechtbarkeit s § 1 PatKostG Rdn 25 f im Anhang 15). *Kostenfestsetzungsbeschluss* ist nach § 62 (2) 4 anfechtbar (insoweit verringerte Beschwerdegebühr, s Gebührenverzeichnis zum PatKostG Nr 401 200).
i) **Lizenzbereitschaft:** Festsetzung der angemessenen Vergütung sowie deren Änderung (§ 23 (4) u (5)).
j) **Offenlegungsschrift:** Entscheidung über deren Inhalt gemäß § 32 (2).[102]

---

92 BPatGE 8, 205.
93 BPatGE 12, 141.
94 BPatGE 6, 53; BPatG v 25.09.2018 – 27 W (pat) 551/17, GRURPrax 2018, 551 (Markensache).
95 BGH GRUR 07, 859 (Tz 8) *Informationsübermittlungsverfahren I*.
96 BPatGE 9, 202; 13, 77; BPatG Mitt 71, 157; GRUR 72, 90.
97 BGH GRUR 85, 519 *Wärmeaustauscher I*; BPatGE 17, 228; 26, 143; 27, 84; Präsidium BPatG BlPMZ 84, 45.
98 BPatGE 29, 65, 67.
99 BPatG BlPMZ 93, 62.
100 BPatGE 13, 53.
101 ZB BPatG v 20.07.15 – 19 W (pat) 2/14 (auf Kostenpunkt beschränkte Beschwerde gegen Einspruchsentscheidung) Schulte-Kartei PatG 65–80, 86–99 Nr 477 *Beschwerde gegen Kostenentscheidung*; vgl zur isolierten Anfechtung einer Kostenentscheidung im markenrechtlichen Widerspruchsverfahren: BPatG v 10.08.10 – 33 W (pat) 9/09, Mitt 10, 529 L *IGEL PLUS/PLUS*.
102 BPatGE 16, 115; vgl 10, 160 u 183 u 188; BGH BlPMZ 70, 423 OS.

k) **Priorität:** Feststellung über wirksame Inanspruchnahme[103] einer Unions-, Ausstellungs- oder inneren Priorität oder deren Verwirkung.[104] Nicht anfechtbar, ein bloßer Hinweis auf l)die gesetzliche Folge der Rücknahmefiktion gemäß § 40 (5).[105]

l) **Rechtsfolgen:** Feststellung über den Eintritt oder Nichteintritt von Rechtsfolgen, zB über Folgen die sich aus der Zustellung gesetzlich vorgesehener Benachrichtigungen oder der Nichtzahlung von Gebühren ergeben.

m) **Umschreibung** im Register und deren Ablehnung.[106]

n) **Teilbeschlüsse,**[107] zB nur über den Haupt-, nicht über den Hilfsantrag (s Einl Rdn 206).

o) **Teilungserklärung:** Feststellung über deren Wirksamkeit oder Unwirksamkeit[108] (vgl § 39 Rdn 67).

p) **Verfahrenskostenhilfe** gemäß § 135 (3) nur, wenn diese oder die Beiordnung eines Vertreters verweigert wird. Nicht anfechtbar ist die Bewilligung gemäß § 135 (3).

q) **Wiedereinsetzung,** nur im Falle der Ablehnung. Die Bewilligung ist nach § 123 (4) unanfechtbar.

r) **Zwischen- oder Vorabentscheidungen** sind selbständig beschwerdefähig,[109] nicht deren Ablehnung.[110]

4.3.3 Beschwerden im PCT-Verfahren

43 **Europäisches Patentrecht:** Vor EPA fehlt es für Beschwerden in der internationalen Phase an der Zuständigkeit der Beschwerdekammern (s Art 106 EPÜ Rdn 23 im Anhang zu § 73,). Für Widersprüche *(protests)* gegen zusätzliche Gebühren, die EPA als Internationale Recherchenbehörde oder mit der internationalen vorläufigen Prüfung beauftragte Behörde festsetzt, besteht seit dem Inkrafttreten des EPÜ 2000 (13.12.2007) keine Zuständigkeit der Beschwerdekammern mehr, nur noch für Altfälle, s Art 106 EPÜ Rdn 24 im Anhang zu § 73.

Lit: Fschr 10 Jahre BPatG 1971: Haertel S 55; Hallmann PCT 1976 S XXV; **Lit in GRUR Int:** Mast GRUR Int **68,** 251; Gall GRUR Int **81,** 417 u 491; GRUR Int Kolle/Schatz **83,** 521; Bartels GRUR Int **86,** 523; **Lit in Mitt:** Bartels Mitt **83,** 162; Gall Mitt **86,** 81 u Mitt **91,** 150; Pårup Mitt **98,** 210.

44 **DPMA als Bestimmungsamt:** Entscheidungen des DPMA in seiner Eigenschaft als Bestimmungsamt, mit denen es Beanstandungen nachprüft, die in der internationalen Phase durch Anmeldeamt (Zuerkennung eines internationalen Anmeldedatums abgelehnt, Anmeldung oder Bestimmung Deutschlands für zurückgenommen erklärt) oder Internationales Büro (Anmeldung als zurückgenommen behandelt) ergangen sind, sind nach Art III § 5 (1) 3 IntPatÜG mit der Beschwerde anfechtbar. Für sonstige bei bzw nach Eintritt in die nationale Phase ergehenden Entscheidungen durch DPMA als Bestimmungsamt und ausgewähltes Amt folgt die Geltung des PatG und damit die Anfechtbarkeit nach § 73 PatG aus der Gleichstellung mit der nationalen Anmeldung (Art 11 (3) PCT). Bei der internationalen Anmeldung in der nationalen Phase vor dem

---

103 BGH GRUR **85,** 34, 35 *Ausstellungspriorität*; BPatGE **6,** 39; **9,** 211.
104 BPatGE **11,** 34; 11, 204, 205; **12,** 133; **14,** 130; **14,** 135; **31,** 43, 46.
105 BPatG BlPMZ **83,** 307; BPatGE **47,** 10 = BlPMZ **03,** 244 *Formularmäßige Mitteilung*.
106 BGH GRUR **69,** 43 *Marpin*; BPatG BlPMZ **99,** 370 *Umschreibung/Rechtliches Gehör I*; BPatGE **49,** 136, 138 *Umschreibung/Rechtliches Gehör II*; **50,** 1, 3 *Mischvorrichtung*; **50,** 54 *Markenumschreibung*; **53,** 26, 28 *Reflexionsvorrichtung*.
107 BPatGE **28,** 94.
108 BPatGE **29,** 128.
109 BGH BlPMZ **67,** 294; BPatGE **17,** 228, 231; **29,** 65, 67; **54,** 176, 180 (IIIa) *Verdickungszusammensetzung*.
110 BPatGE **15,** 134; PA BlPMZ **55,** 216.

DPMA handelt es sich letztlich um eine nationale deutsche Anmeldung, die ohne weiteres nach den Vorschriften des PatG zu behandeln ist, sofern nicht PCT oder IntPatÜG besondere Vorschriften vorsehen.[111]

DPMA als Anmeldeamt: Entscheidungen des DPMA als Anmeldeamt iSd Art 10 PCT sind mit der Beschwerde anfechtbar.[112] PCT und IntPatÜG sehen zwar eine Beschwerde nicht vor (Art III § 1 (3) IntPatÜG verweist nur auf das Verfahren vor dem DPMA, nicht auch auf das Verfahren vor dem BPatG), schließen sie aber auch nicht aus. Sie muss dem Anmelder nach Art 19 (4) GG offenstehen, denn das GG garantiert die vollständige Nachprüfung jedes Aktes der deutschen öffentlichen Gewalt durch ein Gericht.[113] Die Entscheidung ist zwar für die Bestimmungsstaaten rechtlich unverbindlich, da der Anmelder nach Art 25 PCT nachteilige Entscheidungen des Anmeldeamts durch die Bestimmungsämter nachprüfen lassen kann. Gleichwohl ist der Anmelder bei Verlust des Anmeldetags in seinem Prioritätsrecht aus Art 4A PVÜ auch hinsichtlich nationaler Parallelanmeldungen unmittelbar berührt, so dass Rechtsschutz von Verfassungs wegen geboten ist.[114]

5 Beschwer *(adverse effect)*

Lit: Ohndorf Die Beschwer und die Geltendmachung der Beschwer als Rechtsmittelvoraussetzung 1972; Lit in ZZP: Brox 81, 379; Bettermann 82, 84; Kahlke 94, 423.

Beschwer ist im deutschen Recht eine ungeschriebene Voraussetzung für die Zulässigkeit der Beschwerde,[115] die Art 107 Satz 1 EPÜ für das europäische Recht ausdrücklich verlangt. Liegt sie vor, so ist das *Rechtsschutzbedürfnis* für die Anrufung des BPatG idR gegeben.[116] Trotz Vorliegen einer Beschwer fehlt das Rechtsschutzbedürfnis für eine Beschwerde nur, wenn ihre Erhebung einen Missbrauch darstellen würde.[117]

5.1 Voraussetzungen der Beschwer

Beschwer liegt vor, wenn die Entscheidung in ihrer Ganzheit betrachtet geeignet ist, Rechte des Beschwerdeführers zu beeinträchtigen.[118]

5.1.1 Begehren aus 1. Instanz

Das Begehren vor dem DPMA muss entweder ganz oder zumindest teilweise weiter verfolgt werden. Eine Beschwer fehlt daher, wenn mit der Beschwerde *ausschließlich* ein neues Begehren geltend gemacht wird, über das die angefochtene Entscheidung nicht entschieden hatte.[119] So fehlt der Beschwerde gegen einen Erteilungsbeschluss die Beschwer, wenn mit ihr ausschließlich eine Änderung der erteilten Patentansprüche

---

111 BPatGE 25, 8, 11.
112 Std Rspr: BPatGE 23, 146 = BlPMZ 81, 242; BPatG BlPMZ 89, 138; BlPMZ 90, 34; BlPMZ 05, 80 *PCT-Gebühren*.
113 BPatGE 23, 146, 148.
114 AA die 8. Auflage.
115 BGH GRUR 72, 535 *Aufhebung der Geheimhaltung*; BPatGE 11, 227; 22, 248; 25, 7; 25, 141; 26, 120; 29, 76; 33, 31.
116 BGHZ 85, 142; BGH NJW-RR 88, 959.
117 BGHZ 57, 224; BGH NJW 79, 428; BPatGE 29, 76, 79.
118 BPatGE 45, 149, 151 *Valaciclovir*.
119 BGH NJW 93, 597; 94, 3358; 96, 527; 08, 3570.

verfolgt wird, mit deren Fassung der Anmelder vor DPMA einverstanden war.[120] Es genügt auch nicht, wenn das Begehren aus 1. Instanz hilfsweise weiter verfolgt wird.[121]

5.1.2 Zurückbleiben hinter Antrag

49 Eine Beschwer ist gegeben, wenn die Entscheidung hinter dem Begehren des Beschwerdeführers zurückbleibt, insbesondere den wirksam gestellten und daher zu berücksichtigenden Anträgen (siehe Einl Rdn 73) nicht entspricht. Ein Minus gegenüber dem Begehren ergibt sich aus dem Vergleich zwischen Tenor der Entscheidung und gestelltem Antrag. Hatte zB der Patentinhaber auf seinen Hauptantrag verzichtet und wurde das Patent gemäß seinem 1. Hilfsantrag aufrechterhalten, so ist er nicht beschwert.[122] Wenn DPMA nach Erlöschen des Patents die Erledigung des Einspruchsverfahrens durch Beschluss feststellt, liegt die für eine dagegen gerichtete Beschwerde des Einsprechenden erforderliche Beschwer vor, wenn dieser den Einspruch trotz des Erlöschens weiterverfolgt.[123]

5.1.3 Abweichen vom Begehren

50 Der Beschwerdeführer ist beschwert, wenn von seinem Begehren *ohne sein Einverständnis* abgewichen wurde, insbesondere bei Erteilung (s § 49 Rdn 33) oder Aufrechterhaltung des Patents mit abweichend formulierten Ansprüchen oder geänderter Beschreibung, die zu einer einschränkenden Auslegung der Ansprüche führen kann.[124] Die Gefahr einer beschränkenden Interpretation reicht aus.[125]

5.1.4 Feststellungen in den Gründen

51 Feststellungen in den Gründen können losgelöst von der rechtskraftfähigen Entscheidung für sich allein keine Beschwer begründen, auch wenn sie der Beschwerdeführer als unerwünscht empfindet.[126] Eine Beschwer kann sich aber – obwohl den Anträgen voll entsprochen ist – daraus ergeben, a) dass die Gründe zur Auslegung der getroffenen Entscheidung heranzuziehen sind[127] und daher die Gefahr einer nachteiligen Interpretation begründen können;[128] b) dass einem Einsprechenden das Nachanmelderecht gemäß § 7 (2) PatG genommen wird, weil das Patent nicht wegen widerrechtlicher Entnahme, sondern wegen Fehlens der Patentfähigkeit widerrufen wird;[129] c) dass einer hilfsweisen Begründung gefolgt wird, die für den Betroffenen ungünstigere Rechtsfolgen als die eigentliche Begründung hat.[130]

---

120 BPatG v 13.03.03 – 10 W (pat) 30/01; v 23.06.05 – 10 W (pat) 12/04 Schulte-Kartei PatG 65–80,m 86–99 Nr 478 *Beschwerde gegen Erteilungsbeschluss.*
121 BGH NJW-RR **94**, 1404; **96**, 765.
122 T 0613/97 ABl **99** SonderA 73.
123 Vgl BGH GRUR **12**, 1071 (Tz 4) *Sondensystem* bzgl Beschwer bei einer Rechtsbeschwerde.
124 BGH GRUR **82**, 291 *Polyesterimide*; BPatG GRUR **83**, 366; J 0012/83 ABl **85**, 6; J 0012/85 ABl **86**, 155; T 0244/85 ABl **88**, 216; BPatG v 18.06.08 – 10 W (pat) 46/06 Schulte-Kartei PatG 65–80, 86–99 Nr 374 *Befestigungsanordnung.*
125 BGH GRUR **67**, 194 (I) *Hohlwalze.*
126 T 0073/88 ABl **92**, 557.
127 BGH NJW **86**, 2703; **99**, 3564.
128 BPatGE **11**, 227, 229; **28**, 188.
129 BGH GRUR **01**, 46 (IIA) *Abdeckrostverriegelung*; vgl auch BGH NJW **99**, 3564.
130 EuGH GRUR **01**, 1145 *Baby-dry.*

5.1.5 Schlüssige Behauptung

Die schlüssige Behauptung genügt. Dargelegt werden muss die Möglichkeit einer Beschwer, ob sie tatsächlich gegeben ist, ist eine Frage der Begründetheit der Beschwerde.[131]

52

5.1.6 Zeitpunkt

Beschwer muss bei Einlegung der Beschwerde[132] und noch im Zeitpunkt der Entscheidung[133] vorliegen. Ist die Beschwer entfallen, so dass eine spätere Beschwerdeentscheidung den Beschwerdeführer nicht mehr besser stellen kann,[134] ist die Hauptsache für erledigt zu erklären. Geschieht dies nicht, ist die Beschwerde als unzulässig zu verwerfen.[135]

53

Anträge sind für die Beurteilung der Beschwer nur maßgeblich, die bis zum Schluss der mündlichen Verhandlung oder im schriftlichen Verfahren bis zur Herausgabe der Entscheidung an die Postabfertigungsstelle vorliegen (vgl Einl Rdn 73). Danach eingehende Anträge oder Unterlagen können eine Beschwer nicht begründen.

54

5.2 Beispiele

Zur Beschwer des **Einsprechenden** vgl § 61 Rdn 40 ff.

55

Beschwer bejaht: 1. Ablehnung des **Hauptantrags** oder eines vorrangigen Hilfsantrags und Patenterteilung gemäß nachrangigen Hilfsantrag[136] (s Einl Rdn 206); 2. Patenterteilung mit den beantragten Patentansprüchen, aber einer **geänderten Beschreibung**, der nicht wirksam[137] zugestimmt war,[138] es sei denn, es handelt sich um rein redaktionelle Änderungen; 3. Nichtberücksichtigung **rechtzeitig eingegangener Anträge** oder Änderungen der Unterlagen; 4. Erteilung eines Zusatzpatents trotz Erlöschens des Hauptpatents;[139] 5. Beschränkung des **Schutzbereichs** in den Gründen des Erteilungsbeschlusses, zB auf die Gesamtheit aller Merkmale einer Kombination,[140] der Ablehnung eines Elementenschutzes oder des selbständigen Schutzes von Unteransprüchen;[141] 6. **Unzureichende Anpassung der Beschreibung** an die geänderten

---

131 BGH GRUR 67, 194 (I) *Hohlwalze*; BPatGE 11, 227; 26, 120; 28, 188; 45, 149, 151 *Valaciclovir*; BPatG v 18.06.08 – 10 W (pat) 46/06 Schulte-Kartei PatG 65–80, 86–99 Nr 374 *Befestigungsanordnung*.
132 BGHZ 1, 29.
133 BGH NJW-RR 04, 1365 = Mitt 04, 471 L = Schulte-Kartei PatG 65–80, 86–99 Nr 329 *Zeitpunkt der Beschwer*; BGH v 14.09.2017 – I ZB 9/17, NJW-RR 2018, 384; BPatG GRUR 08, 96 = BlPMZ 08, 30 L *Rauchbarer Artikel*.
134 BGH NJW-RR 95, 765.
135 BGH NJW-RR 04, 1365 = Mitt 04, 471 L = Schulte-Kartei PatG 65–80, 86–99 Nr 329 *Zeitpunkt der Beschwer*; BGH v 14.09.2017 – I ZB 9/17, NJW-RR 2018, 384; BPatG GRUR 08, 96 = BlPMZ 08, 30 L *Rauchbarer Artikel*; aA: BPatGE 9, 263 und die 8. Auflage.
136 BPatG GRUR 83, 366.
137 Telefonische Zustimmung ohne schriftliche Bestätigung genügt nicht: BPatGE 25, 141 u 34, 151 = BlPMZ 84, 137 u 95, 38.
138 BGH GRUR 82, 291 *Polyesterimide*; BPatG v 18.06.08 – 10 W (pat) 46/06 Schulte-Kartei PatG 65–80, 86–99 Nr 374 *Befestigungsanordnung*; BPatG v 05.03.2020 – 7 W (pat) 1/19, GRUR-RR 2020, 233 *MOSFET-Vorrichtung* (Änderung der Bezeichnung der Erfindung).
139 BPatGE 4, 164.
140 BPatGE 28, 188.
141 Vgl PA BlPMZ 52, 63.

Ansprüche;[142] **7. Im Erteilungsbeschwerdeverfahren trotz Ablauf der Patentdauer gemäß § 16 (1) 1,** weil Anmelder Entschädigungsansprüche nach § 33 geltend machen könnte,[143] es sei denn, er erklärt, ein Rechtsschutzbedürfnis an einer Patenterteilung nicht dartun zu können;[144] **8. Bei unklarem Erteilungsbeschluss.**[145]
Beschwer verneint: 1. Grundsätzlich für Beschwerde gegen einen **Erteilungsbeschluss** (vgl § 49 Rdn 33), wenn dieser antragsgemäß mit den gewünschten Unterlagen erteilt wurde, und zwar auch dann, wenn der Anmelder sich wegen **neu gefundenen Materials** weiter einschränken möchte[146] (hierfür gibt es das Beschränkungsverfahren gemäß § 64), wenn ohne vorherigen Prüfungsbescheid erteilt wurde,[147] sich der Anmelder bei der Aufnahme eines Merkmals geirrt hat[148] oder der vor dem Ablauf der Anhörung Mängel aufgewiesen hat;[149] **2.** wenn die erteilte oder aufrechterhaltene Fassung des Patents lediglich **redaktionelle Abweichungen** aufweist;[150] **3.** Ablehnung und Aufhebung einer **Geheimhaltungsanordnung** (s § 50 Rdn 17); **4.** Nichtberücksichtigung einer Eingabe nach Verkündung oder Abgabe des Beschlusses an die Postabfertigungsstelle (s Einl Rdn 73); **5. für Beschwerde des Anmelders,** wenn die Erteilung den Anträgen eines bestellten Sequesters entsprach;[151] **6. für Einsprechenden nach Erklärung seines Einverständnisses** mit einer geänderten Fassung der Ansprüche.[152]

6 Beschwerdeberechtigung

56   Die Beschwerdeberechtigung steht den am Verfahren vor DPMA Beteiligten zu, s die Erläuterungen zu § 74. Zu mehreren Anmeldern oder Patentinhabern, die notwendige Streitgenossen sind, s Rdn 106 und § 74 Rdn 7.

7 Beschwerdeeinlegung gemäß § 73 (2) PatG

57   **Europäisches Patentrecht:** vgl die Erläuterungen zu Art 108 EPÜ Anhang zu § 73.

7.1 Beim Patentamt

58   Die Beschwerde muss nach § 73 (2) 1 beim Patentamt eingelegt werden. Grund: DPMA soll prüfen, ob der Beschwerde abzuhelfen ist. Patentamt iSd § 73 (2) 1 ist DPMA in München, die Dienststelle Jena oder die Annahmestelle Berlin des DPMA,[153] nicht dagegen ein *Patentinformationszentrum (PIZ)*[154] oder *BPatG*.[155]

---

142 T 0273/90 ABl **92** SonderA 76.
143 BPatGE **12**, 119; **42**, 256 *Benutzerleitende Information.*
144 BPatG GRUR **08**, 96 = BlPMZ **08**, 30 L *Rauchbarer Artikel.*
145 BPatG v 30.09.13 – 10 W (pat) 10/12 *unklarer Erteilungsbeschluss.*
146 BPatGE **25**, 7.
147 BPatG GRUR **83**, 367.
148 BPatG v 13.03.03 – 10 W (pat) 30/01; BPatG v 30.03.06 – 10 W (pat) 42/05.
149 BPatG v 24.05.2018 – 7 W (pat) 18/17.
150 BPatGE **25**, 141, 143; **34**, 151; BPatG v 30.03.06 – 10 W (pat) 42/05.
151 BPatG BlPMZ **95**, 323 *Sequester.*
152 T 0156/90 ABl **92** SonderA 76.
153 MittDPMA Nr 11/98 v 30.07.98, BlPMZ **98**, 381 = Tabu Gewerbl. Rechtsschutz Nr 499 S 441.
154 Zu den Annahmebefugnissen eines PIZ s MittDPMA Nr 9/99 v 24.04.99, BlPMZ **99**, 169 u MittDPMA Nr 4/06 v 24.02.06, BlPMZ **06**, 77 = Tabu Gewerbl. Rechtsschutz Nr 499 S 569.
155 BPatG Mitt **65**, 211; BPatGE **18**, 65; **18**, 68; BPatG v 19.04.12 – 30 W (pat) 551/11 Schulte-Kartei PatG 65–80, 86–99 Nr 425 *Beschwerdeeinlegung bei BPatG.*

Ebenso keine Fristwahrung durch Eingang beim EPA.[156] Erst mit dem Eingang beim DPMA einer vom PIZ oder vom BPatG[157] weiter geleiteten Beschwerde wird die Beschwerdefrist gewahrt. Für fristwahrenden Eingang ist entscheidend, ob das Schriftstück innerhalb der Frist tatsächlich in die Verfügungsgewalt des DPMA gelangt ist.[158]

7.2 Form

Schriftlich mit eigenhändiger Unterschrift (zur Schriftform Einl Rdn 352 ff, Unterschrift Einl Rdn 374 ff; sog »Oberschrift« grs nicht ausreichend[159]) in deutscher Sprache (§ 126). Zu Fax, Computer-Fax, Telegramm, Fernschreiben, Telebrief vgl Einl Rdn 398, 385, 414, 397. Auch Einlegung als *elektronisches Dokument* (nicht als einfache E-Mail[160]; ebenso wenig sind die für Telefaxe entwickelten Grundsätze auf Übermittlung per E-Mail übertragbar[161]) ist zulässig, wobei die qualifizierte oder fortgeschrittene elektronische Signatur[162] die Unterschrift ersetzt, s die Erläuterungen zu § 125a u Einl Rdn 363 ff, 341 ff. Ebenso können weitere Eingaben zum Beschwerdeverfahren wirksam als elektronisches Dokument eingereicht werden.[163] Der Formmangel der fehlenden Unterzeichnung der Beschwerdeschrift kann bis zum Ablauf der Beschwerdefrist behoben werden.[164]

59

Abschriften sollen nach § 73 (2) 2 der Beschwerde und allen Schriftsätzen für die übrigen Beteiligten beigefügt werden. Fehlen sie, berührt das nicht die Zulässigkeit der Beschwerde, die Partei hat sie nachzuliefern oder die Kosten für ihre Anfertigung nach § 1 (1) 2 PatKostG iVm Nr 9000 Nr 1 GKG zu tragen.

60

7.3 Frist

Die Frist zur Einlegung der Beschwerde beträgt 1 Monat (im Falle des § 62 (2) 4 zwei Wochen) seit Zustellung des Beschlusses, auch wenn er nach § 47 (1) 3[165] verkündet worden ist (s § 47 Rdn 40). Die wirksame Zustellung (vgl Erläuterungen zu § 127) des Beschlusses ist Voraussetzung für den Beginn der Rechtsmittelfrist.[166] Zur Fristberech-

61

---

156 Vgl zur Einspruchsfrist BPatGE **49**, 1, 4 *Irrläufer*.
157 BPatG Mitt **65**, 211; BPatGE **18**, 65.
158 Vgl BGH NJW-RR **14**, 1401; BGH v 06.06.2018 – IV ZB 10/17 (Tz 10), NJW-RR **2018**, 957.
159 Vgl BPatG v 12.11.2020 – 30 W (pat) 527/20, GRUR-RR **2021**, 269 *ALMWURZEL* zu »Rubrumsunterschrift«.
160 Hierzu Einl Rdn 369; BPatG v 17.10.2019 – 30 W (pat) 4/18 (II3a; Markensache); s auch BPatG v 16.06.14 – 35 W (pat) 17/12 (Ausdruck von E-Mail unterschrieben per Post nachgesendet);
161 BGH v 08.05.2019 – XII ZB 8/19 (Tz 14 ff) NJW **2019**, 2096; BGH v 04.02.2020 – X ZB 11/18 (Tz 18 ff).
162 § 3 (3) der Verordnung über den elektronischen Rechtsverkehr beim DPMA (ERVDPMAV), abgedruckt im Anhang 19 = Tabu Gewerbl. Rechtsschutz Nr 302.
163 Beim BPatG nach der Verordnung über den elektronischen Rechtsverkehr beim BGH und BPatG (BGH/BPatGERVV), abgedruckt im Anhang 18 = Tabu Gewerbl. Rechtsschutz Nr 301; Einl Rdn 363 ff.
164 BGH v 19.02.2020 – XII ZB 291/19, NJW-RR **2020**, 648.
165 IdF ab 1.10.2016, zuvor war die Verkündung in § 47 (1) 2 geregelt.
166 Vgl BGHZ **183**, 95 = WRP 10, 114 *Endoskopiesystem*; BGHZ **186**, 22 = NJW **10**, 2519; formlos übersandter Beschluss setzt Beschwerdefrist nicht in Lauf: BGH NJW 03, 1192; BPatGE **50**, 275, 279 *Brennstoffe*; BPatG v 04.11.10 – 35 W (pat) 46/09 Schulte-Kartei PatG 65–80, 86–99 Nr 426 *Schutzhaube*; BPatG v 24.09.14 – 15 W (pat) 15/14 (falscher Zustellungsadressat).

§ 73 Zulässigkeit der Beschwerde

nung s Einl Rdn 185. Über die Rechtzeitigkeit der Beschwerde kann vorab entschieden werden.[167] Auch vor dem gesetzlich festgelegten Fristbeginn kann jedoch ein Rechtsmittel wirksam eingelegt werden.[168]

62 *Bei mehreren Beteiligten* beginnt die Frist *entweder* **a)** getrennt für jeden Beteiligten mit der Zustellung des Beschlusses an ihn,[169] so dass die Beschwerdefristen für jeden Beteiligten zu den unterschiedlichen Zustellungszeitpunkten beginnen und ablaufen, *oder* **b)** mit der zeitlich letzten Zustellung,[170] so dass die Beschwerdefrist einheitlich für alle Beteiligten beginnt und endet. Da beide Auffassungen in der Rechtsprechung vertreten werden,[171] wird jeder sorgfältige Beteiligte für die Berechnung der Beschwerdefrist von der Zustellung an ihn ausgehen. Geht man davon aus, dass eine Entscheidung erst mit der letzten Zustellung wirksam wird (s § 47 Rdn 38), ist b) der Vorzug zu geben, da eine Beschwerdefrist nicht vor dem Wirksamwerden einer Entscheidung beginnen kann.

63 *Keine neue Frist wird in Lauf gesetzt:* **a)** durch eine *Berichtigung*,[172] es sei denn, dass erst aus der Berichtigung die Beschwer hervorgeht[173] oder Tenor und Gründe sich hinsichtlich der Person, die obsiegt, widersprechen[174] oder erst die Berichtigung erkennen lässt, gegen wen die Beschwerde zu richten ist.[175] Zum Fehlen der *Rechtsmittelbelehrung* s § 47 Rdn 45; **b)** durch eine 2. *Zustellung* derselben Entscheidung, wenn die 1. Zustellung wirksam war.[176]

64 Innerhalb der Frist müssen *Beschwerdeerklärung und Beschwerdegebühr* vorliegen.[177] Erneute Einlegung innerhalb der Frist ist möglich, wenn frühere Beschwerde bereits als unzulässig verworfen war oder als nicht erhoben gilt.[178] Beschwerde kann ab Erlass des Beschlusses, also vor Zustellung erhoben werden.[179]

---

167 BPatGE 21, 50 = BlPMZ 79, 27.
168 BGH v 18.06.2020 – I ZB 83/19 (Tz 12 mwN), NJW-RR 2020, 1191.
169 So: BGH VersR 80, 928 für Berufungsfrist bei Streitgenossen; BGH FamRZ 02, 952 *Rechtsmittelfrist* (Abgrenzung zu BGH NJW 94, 3359); BPatGE 18, 5 = BlPMZ 76, 132; BPatGE 36, 106 = GRUR 96, 872; BPatGE 42, 107 = BlPMZ 00, 226 *COSMOS*; für Beschwerde nach ZPO: *Thomas/Putzo/Seiler*, ZPO, 42. Aufl 2021, § 329 Rn 6 und § 569 Rn 6; Musielak/Voit/Ball, ZPO 13. Aufl 2016, § 569 Rn 3.
170 So: BGH BlPMZ 62, 166, 168 lSp *Wiedereinsetzung III*; BGH NJW 94, 3359, 3360 (zu § 310 (3) ZPO); 96, 1969; BPatGE 31, 18 = BlPMZ 90, 404 L.
171 S hierzu auch Deichfuß GRUR 15, 1170, 1175 (IV3).
172 BGH Mitt 91, 200 *Rechtsmittelfristen*; NJW-RR 17, 55; BPatGE 9, 128; BPatG v 21.08.14 – 7 W (pat) 8/14 Schulte-Kartei PatG 65–80, 86–99 Nr 509 *Abgasanlage*.
173 BGH NJW 77, 297.
174 BPatGE 24, 229.
175 BGH Mitt 91, 200 *Rechtsmittelfristen*.
176 BPatG BlPMZ **96**, 357 = Mitt **96**, 120.
177 BPatGE 1, 137.
178 BGH BlPMZ 72, 142 *Dosiervorrichtung*; BPatGE 1, 137.
179 Vgl BPatGE 20, 27, 28; BPatG Mitt 69, 153; 70, 197; 72, 175.

7.4 Beschwerdeführer

Der Beschwerdeführer muss eindeutig erkennbar sein,[180] nicht notwendig allein aus der Beschwerdeschrift, auch andere innerhalb der Frist vorliegende Unterlagen sind zur Auslegung heranzuziehen, insbesondere die vorinstanzlichen Akten des DPMA.[181] Eine bloß mündliche oder fernmündliche Erklärung der Partei darf aber insoweit nicht berücksichtigt werden.[182] Bei objektiv unrichtiger oder auch mehrdeutiger Bezeichnung ist grundsätzlich diejenige Partei als Beschwerdeführer anzusehen, die erkennbar durch die Parteibezeichnung betroffen werden soll.[183] Bleiben dann noch nicht behebbare Zweifel an der Person des Beschwerdeführers, so ist die Beschwerde unzulässig.[184]

Allein die Verwendung der »Ich«-Form in einer Rechtsmittelschrift eines Anwalts lässt grundsätzlich keine Zweifel daran aufkommen, dass der Anwalt in seiner Eigenschaft als Prozessbevollmächtigter seiner Partei für diese das Rechtsmittel einlegen will.[185]

Der Tod des Beschwerdeführers unterbricht das Verfahren (Einl Rdn 424 ff).

65

7.5 Inhalt

Gebrauch des Wortes »Beschwerde« ist nicht erforderlich.[186] Beschwerdeerklärung muss aber den Willen zur Anfechtung erkennen lassen.[187] Die angefochtene Entscheidung muss zumindest identifizierbar sein. Fehlerhafte oder unvollständige Angaben schaden dann nicht, wenn sie auf Grund der gegebenen Umstände vom Gericht und vom Gegner nicht missverstanden werden können.[188] Entsprechendes gilt auch für

66

---

180 BGH GRUR 77, 508 *Abfangeinrichtung*; 82, 414 *Einsteckschloß*; 84, 36 *Transportfahrzeug I*; 90, 108 *Meßkopf*; BPatGE 10, 27; 11, 60; 12, 67; 33, 260; Mitt 83, 112; GRUR 85, 123.
181 BGH BlPMZ 65, 314 *Patentrolleneintrag*; 74, 210 *Warmwasserbereiter*; BGH v 14.07.09 – X ZR 39/05 Schulte-Kartei PatG 110–122a Nr 127 *Informationsaufzeichnungssystem*; BGH MDR 13, 1114 *Falschbezeichnung des Beklagten*; GRUR 14, 494 *Diplomierte Trainerin* (Tz 12: trotz Singularform zwei Rechtsmittelführer); BGH v 18.12.2019 – VIII ZR 332/18, NJW-RR 2020, 472.
182 BGH v 08.08.2017 – X ZB 9/15 (Tz 18), MDR 2017, 1318.
183 Vgl zur unrichtigen Parteibezeichnung im Patentnichtigkeitsverfahren: BGH Mitt 09, 30 (Tz 10) *Multiplexsystem*; BGH v 14.07.09 – X ZR 39/05 127 *Informationsaufzeichnungssystem*; BGH v 11.6.2013 – X ZR 38/12 (Tz 21) Schulte-Kartei PatG 110–122a Nr 129 *Falschbezeichnung des Klägers*; BGH NJW-RR 13, 394 *Projektentwickler* (Auslegung bei Angabe einer existierenden anderen Person); BGH NJW 15, 2577 (Tz 10).
184 BGH GRUR 77, 508 *Abfangeinrichtung*; GRUR 82, 414 *Einsteckschloß*; GRUR 90, 108 *Meßkopf*; GRUR 96, 513 L; BPatGE 12, 67; 33, 260; 34, 73, 75; BPatG GRUR 85, 123; BPatG v 14.03.2019 – 30 W (pat) 551/18 (Markensache).
185 BGH NJW 10, 3779; zur Unterzeichnung einer Rechtsmittelschrift durch Anwalt mit »i.A.« s BGH NJW 13, 237; vgl auch BPatGE 51, 119 *Patentanwalt als Einsprechender*.
186 BPatGE 6, 58, 61.
187 BPatGE 46, 211: Feststellungsklage vor LG als Beschwerde; BPatG BlPMZ 07, 293 *Formgerechte Beschwerdeeinlegung*.
188 BVerfG NJW 91, 3140 *Berufung, Urteilsbezeichnung*; BGH NJW-RR 13, 121 = Mitt 13, 149 L *Falschbezeichnung* (der angefochtenen Entscheidung und des statthaften Rechtsmittels); BGH v 25.01.2017 – XII ZB 567/15, NJW-RR 2017, 385 (falsches erstinstanzliches Aktenzeichen).

eine falsche Bezeichnung des Rechtsmittels (zB Erinnerung statt Beschwerde).[189] Die Beschwerde muss *unbedingt* eingelegt sein (s Rdn 80 u Einl Rdn 56); eine nur hilfsweise und damit bedingt eingelegte Beschwerde ist unzulässig.[190] Zur Auslegung von Verfahrenshandlungen vgl auch Einl Rdn 130 ff.

67 *Beschwerdeerklärung auf Überweisungsabschnitt* für die Beschwerdegebühr ist nur dann ausreichend, wenn die Beschwerdeerklärung auf dem Teil des Überweisungsformulars angebracht ist, der für DPMA bestimmt ist, und die Beschwerdeerklärung dort unterschrieben ist.[191] *Ausreichende Beschwerdeerklärung auf dem Gutschriftsträger* ist erst mit Eingang bei DPMA wirksam. Die Privilegierung des Zahlungstages nach § 2 PatKostZV (s Anhang 17) gilt nur für die Einzahlung von Kosten, nicht aber auch für Verfahrenserklärungen, die mit der Einzahlung verbunden sind.[192]

68 *Keine ausreichende Beschwerdeerklärung:* **a)** Bloße Angabe des Verwendungszwecks auf dem Gutschriftsträger, zB »Beschwerdegebühr für Aktz ...«;[193] **b)** Übersendung von Gebührenmarken unter Angabe von Aktz und Verwendungszweck;[194] **c)** *bloße Zahlung des Betrages der Beschwerdegebühr*;[195] **d)** *bloße Bitte um Nachfrist* nach Zustellung einer Zurückweisung;[196] **e)** *Wiedereinsetzungsantrag in Frist von Zwischenbescheid* nach Zustellung einer Zurückweisung;[197] **f)** *Ankündigung* der Beschwerdeeinlegung.[198]

7.6 Antrag

69 Ein Antrag ist anders als für die Rechtsbeschwerde (§ 102 (4) Nr 1) nicht ausdrücklich vorgeschrieben. Nach § 90 (3) sind Anträge in der mündlichen Verhandlung zu stellen. Fehlt ein Antrag, ist er durch Auslegung zu ermitteln. Im Zweifel wird wie beim

---

189 Vgl BGH GRUR 10, 1026 (Tz 9 ff) *Photodynamische Therapie* (zur falschen Bezeichnung des Rechtsmittels als Nichtzulassungsbeschwerde statt Revision); BGH NJW-RR 13, 121 = Mitt 13, 149 L *Falschbezeichnung*; s. auch BPatG v 15.01.07 – 25 W (pat) 72/05 Schulte-Kartei PatG 35.1 Nr 469 *my EDI* (zur Umdeutung einer Beschwerde in eine Erinnerung); BPatG v 09.03.2021 – 9 W (pat) 72/19 (keine Auslegung von ausdrücklich erklärter »Beschwerde« als Antrag auf Weiterbehandlung).
190 ZB BPatG v 29.05.12 – 12 W (pat) 14/12 Schulte-Kartei PatG PatG 65–80, 86–99 Nr 442 *Automatische Döner- und Gyrosmesser*; BPatG v 14.12.2016 – 17 W (pat) 28/16.
191 BGH BlPMZ 65, 311 *Hinterachse*; BlPMZ 66, 131 *Stromrichter*; BPatGE 4, 16; 4, 70; 6, 58; 19, 72.
192 BPatGE 2, 61, 67.
193 BGH BlPMZ 65, 311 *Hinterachse*; ebenso bzgl Erhebung des markenrechtlichen Widerspruchs BGH GRUR 89, 506, 508 *Widerspruchsunterzeichnung*; BPatG v 27.03.2017 – 27 W (pat) 123/16 (Markensache); BPatG v 11.10.2017 – 29 W (pat) 577/17 (Markensache).
194 BGH BlPMZ 66, 131 *Stromrichter*.
195 T 0371/92 ABl 95, 324; T 1100/97, T 0460/95 ABl 99 SonderA 72; BPatG v 19.04.05 – 23 W (pat) 65/04 Schulte-Kartei PatG 65–80, 86–99 Nr 427 *Beabsichtigte Beschwerdeeinlegung*; BPatG BlPMZ 07, 293 *Formgerechte Beschwerdeeinlegung*; BPatG v 11.10.2017 – 29 W (pat) 577/17 (Markensache).
196 BPatG BlPMZ 07, 293 *Formgerechte Beschwerdeeinlegung*.
197 BPatG v 20.05.09 – 10 W (pat) 9/08 (II2b) Schulte-Kartei PatG 123 u 123a Nr 326 *Entwertung von Fahrzeug-Kennzeichen-Schilder*.
198 BPatG v 19.04.05 – 23 W (pat) 65/04 Schulte-Kartei PatG 65–80, 86–99 Nr 427 *Beabsichtigte Beschwerdeeinlegung*.

Einspruch (s § 59 Rdn 80) die Entscheidung im vollem Umfang angefochten sein[199], da eine Teilanfechtung in der Praxis die Ausnahme ist.

Erweiterung einer zunächst beschränkt eingelegten Beschwerde ist nur innerhalb der laufenden Beschwerdefrist zulässig.[200]   70

Nachträgliche Beschränkung des Beschwerdeantrags ist jederzeit zulässig (vgl § 80 (4)). Sie ist eine Teilrücknahme der Beschwerde. Daher ist eine spätere Erweiterung der Beschwerde auf den ursprünglichen Umfang nicht mehr möglich.[201] Zur Teilrücknahme s Rdn 204.   71

7.7 Bindung an den Antrag

Die Bindung an den Antrag des Beschwerdeführers bedeutet (zur Antragsbindung s auch Einl Rdn 7 ff):   72

7.7.1 ne ultra petita

Dem Beschwerdeführer darf nicht mehr zuerkannt werden, als er beantragt hat.[202] BPatG darf daher die angefochtene Entscheidung nur im Rahmen des Antrags prüfen und ändern oder aufheben,[203] und zwar auch dann, wenn BPatG den nicht angefochtenen Teil für nicht rechtsbeständig halten sollte. Zur Bindung an den Antrag des Einsprechenden s § 59 Rdn 180.   73

7.7.2 Verschlechterungsverbot

Verbot der **reformatio in peius**: Da BPatG an das Beschwerdebegehren gebunden ist, darf es grundsätzlich keine Entscheidung zuungunsten des Beschwerdeführers treffen.[204] Richtet sich die Beschwerde gegen die Ablehnung des Hauptantrags, kann – wenn die Beschwerde unbegründet ist – nicht die (nicht angefochtene) Erteilung gemäß Hilfsantrag aufgehoben werden[205] (vgl § 79 Rdn 7).   74

Das Verbot der Schlechterstellung gilt nicht a) grundsätzlich für *Verfahrensfragen,* über die von Amts wegen zu befinden ist. Die *unverzichtbaren Verfahrensvoraussetzungen* hat BPatG daher ohne Bindung an den Antrag zu prüfen (vgl Rdn 81), wie zB die Zulässigkeit des Einspruchs (s § 59 Rdn 150), die Anhängigkeit der Anmeldung,[206] das Vorliegen eines wirksamen Prüfungsantrags[207] oder allgemeiner Verfahrensvorausset-   75

---

199 ZB BPatG v 21.02.2019 – 30 W (pat) 720/16 (Designsache).
200 BPatGE **50**, 60, 65 *Beschwerdeerweiterung*; BPatG v 22.10.2018 – 35 W (pat) 5/18 (III3, Gbm-Sache).
201 BPatGE **17**, 90.
202 BGH BlPMZ **72**, 173 (III2b) *Sortiergerät;* **73**, 315 *Anginetten;* BPatGE **16**, 153.
203 BGH GRUR **93**, 655 (II6) *Rohrausformer;* **83**, 171 *Schneidhaspel;* Mitt **79**, 198 *Schaltuhr.*
204 BGH GRUR **84**, 870 (II3a) *Schweißpistolenstromdüse II;* BPatGE **9**, 30, 31; **10**, 155, 157; **11**, 227, 230; **29**, 206, 209; BPatG v 19.04.2017 – 19 W (pat) 7/17 (II2; Berücksichtigung des Verschlechterungsverbots bei Auslegung eines Beschwerdeantrags); EPA GBK G 0009/92, G 0004/93 ABl **94**, 875 *Nicht-beschwerdeführender Beteiligter/MOTOROLA u BMW.*
205 BGH BlPMZ **90**, 131 *Weihnachtsbrief.*
206 BPatGE **19**, 81; BGH GRUR **84**, 870 (II3a) *Schweißpistolenstromdüse II* für Entrichtung der Anmeldegebühr.
207 BPatG BlPMZ **93**, 448.

zungen (vgl Einl Rdn 41 ff); **b)** wenn in zweiseitigen Verfahren beide Seiten Beschwerde eingelegt haben oder der Gegner Anschlussbeschwerde eingelegt hat (s Rdn 182); **c)** im Interesse der Rechtsklarheit für die *Beseitigung von erkennbaren Fehlern* (offenbaren Unrichtigkeiten) der angefochtenen Entscheidung; **d)** wenn ohne Änderung der Entscheidung in der Sache die *Begründung geändert* wird,[208] zB Zurückweisung eines Antrags als unbegründet statt unzulässig; **e)** *nach Aufhebung und Zurückverweisung.* Dann ist DPMA frei, eine richtige, möglicherweise ungünstigere Entscheidung zu treffen; **f)** für die *Festsetzung des Wertes* für zu erhebende Gebühren gemäß § 63 (3) GKG; **g)** für *Kostenentscheidungen*, weil sie von Amts wegen zu ergehen haben (str);[209] **h)** in *Kostenfestsetzungsverfahren*, weil sich das Verbot nur auf den Saldo aus mehreren Positionen bezieht, so dass einzelne Posten ungünstiger festgesetzt werden können, wenn das Endergebnis unverändert bleibt.[210]

7.8 Begründung

76 Eine Begründung wie für den Einspruch (§ 59 (1) 2 PatG und Regel 76 (1) EPÜ) oder die europäische Beschwerde (Art 108 Satz 3 und Regel 99 (2) EPÜ, vgl Art 108 Rdn 34 ff im Anhang zu § 73) ist für die Beschwerde im PatG nicht vorgeschrieben. Eine *Begründungspflicht* als *Sollvorschrift* ergibt sich aber nach den über § 99 (1) PatG für eine entsprechende Anwendung in Betracht kommenden Bestimmungen über die sofortige Beschwerde (§§ 567 ff ZPO)[211]: nach § 571 (1) ZPO soll der Beschwerdeführer sein Rechtsmittel begründen.

77 *Aufforderung zur Einreichung einer Begründung* steht im Ermessen des BPatG (zB unter Fristsetzung, vgl § 571 (3) ZPO) und ist nicht zwingend. Es reicht aus, wenn BPatG vor der Entscheidung eine angemessene Zeit auf eine mögliche Stellungnahme der Partei wartet.[212] Wenn aber BPatG durch besondere Mitteilung Gelegenheit zur Einreichung einer Begründung gibt, kann der Beschwerdeführer darauf vertrauen, dass er eine entsprechende Aufforderung erhält;[213] zugleich darf auch der Beschwerdegegner davon ausgehen, dass ihm die zu erwartende Beschwerdebegründung zur Kenntnis gegeben wird und ihm seinerseits eine angemessene Frist zur Erwiderung zur Verfügung steht.[214]

78 *Berücksichtigung der Begründung bis zum Erlass der Entscheidung:* BPatG muss im schriftlichen Verfahren einen Schriftsatz, der nach Beschlussfassung, aber vor Heraus-

---

208 BPatGE 9, 30; EPA GBK G 0010/93 ABl 95, 172 *Umfang der Prüfung bei ex-parte Beschwerde/SIEMENS* (zum Umfang der Prüfung im ex parte-Beschwerdeverfahren).
209 RG JW 1913, 696; BGHZ 92, 139; BGH MDR 81, 928; BGH GRUR 84, 870 (III3a) *Schweißpistolenstromdüse II*; BVerwGE 14, 171, 174; BayObLGZ 33, 254, 257; KG Rechtspfleger 59, 385, 386; **aA:** KG FamRZ 94, 1608; Kirchner Mitt 72, 156; NJW 72, 229.
210 KG MDR 77, 941; OLG Nürnberg JurBüro 75, 771.
211 BGH BlPMZ 08, 354 = GRUR-RR 08, 457 (Tz 6) *Tramadol.*
212 BGH GRUR 97, 223 (III3c) *Ceco*; GRUR 00, 597 *Kupfer-Nickel-Legierung*; BlPMZ 08, 354 = GRUR-RR 08, 457 *Tramadol*; BlPMZ 14, 345 = GRUR 13, 1276 *MetroLinien*; BPatG v 23.09.10 – 6 W (pat) 87/07 Schulte-Kartei PatG 65–80, 86–99 Nr 428 *Anmahnung fehlender Beschwerdebegründung*.
213 BGH BlPMZ 08, 354 = GRUR-RR 08, 457 *Tramadol.*
214 BGH BlPMZ 14, 345 = GRUR 13, 1276 *MetroLinien.*

gabe des Beschlusses durch die Geschäftsstelle eingegangen ist, berücksichtigen[215] (vgl hierzu auch Einl Rdn 73 ff). Denn ein im schriftlichen Verfahren gefasster Beschluss ist erst erlassen, sobald er die Akten endgültig verlassen hat, um nach außen zu dringen, also idR erst dann, wenn der Urkundsbeamte der Geschäftsstelle diesen Beschluss der Post zur Beförderung übergeben hat.[216]

Fehlende Begründung führt zwar, da sie nicht zwingend vorgeschrieben ist, nicht zur Unzulässigkeit der Beschwerde[217], jedoch kann ohne Begründung eine Beschwerde kaum im Sinne des Beschwerdeführers geprüft werden. Zudem kann eine fehlende Begründung zur Kostenauferlegung nach § 80 führen, wenn sich daraus ergibt, dass die Beschwerde mutwillig oder aus sachfremden Erwägungen eingelegt worden ist[218] oder der Beschwerdeführer unentschuldigt auch zu der von ihm beantragten mündlichen Verhandlung nicht erscheint.[219] 79

8 Verfahrensvoraussetzungen

8.1 Allgemeine Verfahrensvoraussetzungen

Allgemeine Verfahrensvoraussetzungen wie Partei[220] – und Prozessfähigkeit[221] (näher s Einl Rdn 41 ff), gesetzliche Vertretung (s Einl Rdn 49), ordnungsgemäße gewillkürte Vertretung (s Rdn 85, 86 u Einl Rdn 481 ff), keine entgegenstehende Rechtskraft (s Rdn 88 u Einl Rdn 340) oder anderweitige Rechtshängigkeit, Rechtsschutzbedürfnis (s Rdn 83 u Einl Rdn 345), Bedingungslosigkeit[222] (s Einl Rdn 56), Bestimmtheit der Erklärung (s Einl Rdn 60) muss die Beschwerde wie jede andere Verfahrenshandlung erfüllen. Sie sind in jeder Lage des Verfahrens von Amts wegen (vgl § 56 (1) ZPO) zu berücksichtigen.[223] 80

8.2 Weitere unverzichtbare Verfahrensvoraussetzungen

Verfahrensvoraussetzungen, die für das Verfahren in 1. Instanz (Prüfungs-, Einspruchs-, Kostenfestsetzungs-, Umschreibungsverfahren) *unverzichtbar* sind, sind auch im Beschwerdeverfahren jederzeit von Amts wegen zu prüfen.[224] Da sie von Amts wegen zu prüfen sind, können sie auch noch nach Ablauf der Beschwerdefrist geltend gemacht werden. Liegen sie im Zeitpunkt der Entscheidung nicht vor, ist die Beschwerde zurückzuweisen. 81

---

215 BGH GRUR 97, 223 *Ceco*; MDR 12, 1116 = Mitt 12, 475 L *Später Schriftsatz*; Eingang des Schriftsatzes bei Gericht genügt, er muss nicht schon zur richtigen Akte eingeordnet sein, vgl BVerfG NJW 13, 925.
216 BGH GRUR 97, 223 (III2) *Ceco*; MDR 17, 107 (Tz 12).
217 ZB BPatG v 01.07.2019 – 28 W (pat) 42/17 (II1a).
218 Vgl BPatGE 9, 204; 41, 18; Mitt 70, 235; 72, 98.
219 BPatGE 41, 18 *Kostenentscheidung*.
220 RGZ 86, 63; BGH NJW 04, 2523.
221 BGHZ 24, 94; BPatGE 52, 207, 211 *Unterbekleidungsteil*; BPatG v 11.03.2021 – 30 W (pat) 32/19 (nach Abwicklung gelöschte GmbH).
222 Bedingte Beschwerde ist unzulässig: J 0016/94 ABl 97, 331; für Auslegung, ob ein Rechtsmittel unbedingt eingelegt ist, objektiver Erklärungswert maßgeblich BGH NJW-RR 12, 755 = Schulte-Kartei PatG 65–80, 86–99 Nr 422 *Unbedingte Einlegung eines Rechtsmittels*.
223 ZB BPatG v 29.06.2020 – 28 W (pat) 8/18 (II1 Markensache: Feststellung der Prozessunfähigkeit erst nach Anhörung des Betroffenen).
224 BGH GRUR 72, 592 *Sortiergerät*; BPatGE 19, 81; 21, 27; BlPMZ 93, 448.

82 Folgende Voraussetzungen sind neben den allgemeinen Verfahrensvoraussetzungen in jeder Lage des Verfahrens von Amts wegen zu prüfen[225]: **a)** *Anhängigkeit der Anmeldung*,[226] sie darf also nicht zurückgenommen sein oder als zurückgenommen gelten, zB gemäß § 58 (3) wegen nicht fristgerechter Stellung des Prüfungsantrags oder nicht fristgerechter Zahlung der Prüfungsgebühr[227] oder von Jahresgebühren[228] (Ausnahme: Beschwerdeverfahren, mit denen der Eintritt der Rücknahmefiktion gerade angefochten wird, wie zB in Wiedereinsetzungsverfahren); **b)** *Zulässigkeit des Einspruchs*;[229] **c)** *Zulässigkeit eines Antrags*, zB auf Kostenfestsetzung[230] oder auf Umschreibung;[231] **d)** *Reihenfolge von Haupt- und Hilfsantrag*: keine Entscheidung nur über *Hilfsantrag* ohne Zurückweisung des Haupt- oder eines vorrangigen Hilfsantrags[232] (vgl Einl Rdn 206 ff); **e)** *Hinausgehen über die gestellten Anträge*;[233] **f)** *Widerspruch* zwischen Tenor und Gründen der angefochtenen Entscheidung;[234] **g)** Vorliegen von *Wiederaufnahmegründen* gemäß § 580 ZPO;[235] **h)** Mangel der Vollmacht in 1. Instanz;[236] **i)** Rechtmäßigkeit der Gewährung einer *Wiedereinsetzung* konnte nach früherer Rechtsprechung[237] von BPatG von Amts wegen überprüft werden. Dem steht § 123 (4) PatG entgegen,[238] nach dem eine Wiedereinsetzung unanfechtbar ist.

8.3 Rechtsschutzbedürfnis

83 Ein Rechtsschutzbedürfnis oder Rechtsschutzinteresse ist Voraussetzung für jede Rechtsverfolgung[239] (vgl Einl Rdn 345). Es ist idR bei Vorliegen einer Beschwer (s oben Rdn 46) gegeben. Es kann trotz Beschwer ausnahmsweise fehlen, wenn die Beschwerdeeinlegung missbräuchlich[240] ist, zB wenn **a)** Entscheidungsformel und Beschwerdeantrag gleichwertig sind[241] oder **b)** ein Wiedereinsetzungsantrag wegen

---

225 Zum europ Beschwerdeverfahren vgl G 0010/93 ABl **95**, 172 *Umfang der Prüfung bei exparte Beschwerde/SIEMENS*.
226 BPatGE **19**, 81; BPatG BlPMZ **93**, 448.
227 BPatG BlPMZ **93**, 448.
228 BPatG v 09.05.2017 – 10 W (pat) 141/14 (II2), BlPMZ **2017**, 338 *Trennwandeinrichtung*.
229 BGH GRUR **72**, 592 *Sortiergerät*; BPatGE **38**, 199 *Telefax-Einspruch*; T 0289/91 ABl **94**, 649 *ACE-Inhibitoren/HOECHST*.
230 BPatGE **21**, 27.
231 BPatG v 10.12.07 – 10 W (pat) 34/06 Schulte-Kartei PatG 65–80, 86–99 Nr 429 *Gesundheits-Werbekarte*.
232 BPatGE **24**, 149 = BlPMZ **82**, 212; BPatGE **25**, 37 = BlPMZ **83**, 46; BlPMZ **99**, 40 *Nähguthalteeinrichtung*; BPatG v 17.05.04 – 10 W (pat) 46/02 Schulte-Kartei PatG 44–49a, 58 Nr 200 *Regelung einer Fahrzeugbewegung*.
233 BGH MDR **61**, 395; GRUR **03**, 716 *Reinigungsgebühren*.
234 BGHZ **5**, 240; BGH NJW-RR **01**, 1351.
235 BGHZ **3**, 65; **5**, 240; **18**, 59; RGZ **150**, 395; **153**, 68.
236 Vgl BPatGE **22**, 37 = GRUR **79**, 699.
237 So BPatGE **19**, 39; **19**, 81 vor Einführung des § 123 (4) = § 43 (3a) PatG aF am 01.07.77.
238 Eingefügt als § 43 (3a) mit Wirkung vom 1.1.77, BlPMZ **1977**, 58.
239 BGH BlPMZ **95**, 442 (II2b aa) *Tafelförmige Elemente*; **97**, 320 (II2c) *Vornapf*.
240 Vgl auch BGH MDR **11**, 62 zur missbräuchlichen Einlegung aufgrund Verwirkung des Beschwerderechts.
241 BGHZ **57**, 224; BGH NJW **79**, 428; BPatGE **29**, 76, 79.

verspäteter Zahlung der Jahresgebühr weiterverfolgt wird, obwohl die Anmeldung wegen Nichtstellung des Prüfungsantrags als zurückgenommen gilt.[242]

Soweit es im *Einspruchsbeschwerdeverfahren* nach Patentverzicht, Nichtzahlung der Jahresgebühr oder Ablauf der Schutzdauer darauf ankommt, ob der Einsprechende ein Rechtsschutzbedürfnis für die Fortsetzung des Einspruchsverfahrens hat (vgl § 59 Rdn 244), ist dies keine Frage der Zulässigkeit des Rechtsmittels, sondern der Begründetheit.[243] Entsprechendes gilt für vor DPMA gestellte Anträge (zB Umschreibungsantrag), wenn für diese im Laufe des Beschwerdeverfahrens das Rechtsschutzbedürfnis entfällt.[244] 84

8.4 Vertreter

Zur Vertretung und Vollmacht vor BPatG s die Erläuterungen zu § 97. Ein Vertreter muss vom Vollmachtgeber wirksam bevollmächtigt sein (vgl Einl Rdn 481 ff). Zur Prüfung der Vollmacht und zum vollmachtlosen Vertreter vgl Einl Rdn 501. 85

8.5 Inlandsvertreter

Zum Inlandsvertreter s die Erläuterungen zu § 25. Seine Bestellung ist eine notwendige Zulässigkeitsvoraussetzung für den sachlichen Fortgang des Verfahrens.[245] Wird der Mangel trotz Aufforderung im Beschwerdeverfahren nicht beseitigt, ist die Beschwerde als unzulässig zu verwerfen[246] (zur Einreichung einer schriftlichen Vollmacht vor BPatG s § 97 Rdn 5). Ist die Zurückweisung der Anmeldung mit der fehlenden Bestellung begründet, ist die Beschwerde, wenn der Mangel auch vor BPatG nicht beseitigt wird, als unbegründet zurückzuweisen.[247] 86

8.6 Rechtsmittelverzicht

Ein Rechtsmittelverzicht macht eine gleichwohl eingelegte Beschwerde unzulässig.[248] 87

8.7 Rechtskraft

Die Rechtskraft der angefochtenen Entscheidung steht der Zulässigkeit einer jeden Beschwerde entgegen, es sei denn, es liegt ein dem Wiederaufnahmegrund gemäß § 580 ZPO vergleichbarer Sachverhalt vor.[249] Die Wiederaufnahme eines rechtskräftigen 88

---

242 BPatG v 09.05.11 – 10 W (pat) 16/08 Schulte-Kartei PatG 65–80, 86–99 Nr 423 *Rechtsschutzinteresse für jede Rechtsverfolgung.*
243 Vgl BGH GRUR **12**, 1071 (Tz 6) *Sondersystem* bzgl einer Rechtsbeschwerde gegen eine im erstinstanzlichen Einspruchsverfahren ergangene Entscheidung des BPatG; zur Rspr des BPatG bei Erledigung des Einspruchsverfahrens s auch Engels/Morawek GRUR **12**, 677.
244 Zum Gbm-Löschungsantrag BGH GRUR **83**, 725 (III2) *Ziegelsteinformling I*; zum Umschreibungsantrag BPatG v 11.10.07 – 10 W (pat) 26/06 (II2); BPatG v 10.12.07 – 10 W (pat) 34/06; Busse/Keukenschrijver, PatG, 9. Aufl 2020, § 73 Rn 78.
245 BGH BlPMZ **69**, 246 *Inlandsvertreter*; BPatG BlPMZ **56**, 24 = GRUR-RR **16**, 135 *Antennenanordnung*.
246 BPatGE **2**, 19; **17**, 11; **37**, 153 (Marke); BPatG BlPMZ **56**, 24 = GRUR-RR **16**, 135 *Antennenanordnung*; abw: BPatGE **1**, 31.
247 BPatGE **15**, 204 (Gbm).
248 BPatGE **15**, 153.
249 So BPatGE **21**, 234 für eine rechtskräftige Gebührenentscheidung und spätere Änderung der Praxis des DPMA (sehr weitgehend).

abgeschlossenen Verfahrens kann nur auf Nichtigkeits- oder Restitutionsklage gemäß §§ 578 ff ZPO erfolgen (zur Wiederaufnahme s Einl Rdn 546).

9 Aussetzung

89 Die Aussetzung des Beschwerdeverfahrens ist gemäß § 99 (1) PatG iVm § 148 ZPO zulässig (vgl Einl Rdn 142 ff), so zB für eine Vorlage gemäß Art 100 GG an BVerfG (Einl Rdn 532 ff) oder eine *Vorabentscheidung des EuGH*[250] gemäß Art 267 AEUV (Einl Rdn 537 ff), weil eine anzuwendende Norm für verfassungswidrig gehalten wird oder eine Auslegung von EG-Recht erforderlich ist. Aussetzung nicht zulässig allein wegen Parallelverfahren, die beim BGH anhängig sind.[251]

III. Beschwerdegebühr nach dem PatKostG

90 **Europäisches Patentrecht:** siehe Art 108 Rdn 12 ff im Anhang zu § 73.

Für die Beschwerde ist bis auf wenige Ausnahmefälle grundsätzlich eine Gebühr zu entrichten. Die Gebührenpflicht ergab sich bis zum Inkrafttreten des Kostenbereinigungsgesetzes[252] am 1.1.2002 unmittelbar aus § 73 (§ 73 (3) aF[253]), seit diesem Zeitpunkt aus dem Patentkostengesetz (PatKostG, im Anhang 15): § 2 (1) PatKostG iVm Gebührenverzeichnis Nr 401 100 bis 401 300.

1 Rechtsnatur

91 Die Entrichtung der Beschwerdegebühr ist keine Voraussetzung der Zulässigkeit der Beschwerde,[254] sondern eine *Wirksamkeitsvoraussetzung*, die der Statthaftigkeit und Zulässigkeit vorgeschaltet ist.[255] Ohne Zahlung der Beschwerdegebühr wird ein Beschwerdeverfahren nicht anhängig.[256] Das folgt aus der Fiktion des § 6 (2) PatKostG (s Anhang 15), wonach die Beschwerde als nicht vorgenommen gilt, wenn die Gebühr nicht, nicht vollständig oder nicht rechtzeitig gezahlt wurde (s § 2 PatKostG Rdn 19 ff im Anhang 15). Diese Regelung ist mit dem Grundgesetz vereinbar.[257]

Die in § 6 (2) PatKostG bestimmte *Rechtsfolge* von fehlender, nicht vollständiger oder verspäteter Zahlung der Beschwerdegebühr tritt kraft Gesetzes ein. Die Entscheidung des Rechtspflegers (§ 23 (1) Nr 4 RPflG), dass die Beschwerde als nicht erhoben gilt, hat nur deklaratorische Wirkung.[258] Die Entscheidung nach § 6 (2) PatKostG kann als instanzbeendende Entscheidung im Beschwerdeverfahren statthafter Gegenstand der Rechtsbeschwerde sein, unabhängig davon, ob das der Senat selbst die Entschei-

---

250 Auch wenn die Vorlage in einem anderen Verfahren erfolgt ist, das dieselbe Rechtsfrage betrifft: BGH Mitt **12,** 291 L; BPatGE **45,** 89 = GRUR 02, 734 *grün/grau*.
251 BGHZ **162,** 373 = GRUR 05, 615 *Aussetzung wegen Parallelverfahren*.
252 Kostenbereinigungsgesetz v 13.12.2001 (BGBl I 3656 = BlPMZ 02, 14).
253 Aufgehoben durch Art 7 Nr 30 des Kostenbereinigungsgesetzes.
254 BPatGE **23,** 61, 62.
255 BGH GRUR **82,** 414 (III1) *Einsteckschloß*.
256 BGH GRUR **82,** 414 (III1) *Einsteckschloß*; BGHZ **182,** 325 = GRUR 10, 231 (Tz 16) *Legostein*; BGH v 25.01.2016 – I ZB 15/15 (Tz 12).
257 BVerfGE **10,** 264, 268 (zu Art 24 bayr Kostengesetz); BGH GRUR **82,** 414 (III3) *Einsteckschloß*; BPatGE **21,** 106, 110 = BlPMZ **78,** 376; vgl auch Diggelmann/Altwicker, Finanzielle Gerichtszugangsschranken in Zivilprozessen im Licht von Art 6 (1) EMRK, DÖV **12,** 781.
258 BGHZ **182,** 325 = GRUR **10,** 231 (Tz 16) *Legostein*; zur funktionellen Zuständigkeit für die Entscheidung über die Wiedereinsetzung s BPatG BlPMZ **13,** 355.

dung trifft oder über eine Erinnerung gegen die Entscheidung des Rechtspflegers nach § 23 (1) Nr. 4 RPflG entscheidet.[259]

EPA: Auch vor EPA gilt nach Art 108 S 2 EPÜ eine Beschwerde erst als eingelegt, wenn die Beschwerdegebühr entrichtet worden ist.

2 Gebührentatbestände

Die Beschwerdegebühr beträgt a) 500 € für Beschwerden gegen Entscheidungen der Patentabteilung über den Einspruch (Nr 401 100 PatKostG); b) 50 € für Beschwerden gegen einen Kostenfestsetzungsbeschluss (Nr 401 200 PatKostG); c) 200 € in allen anderen Fällen (Nr 401 300 PatKostG). Die Zahlungsmodalitäten regelt die Patentkostenzahlungsverordnung (PatKostZV, im Anhang 17).

92

Die Beschwerdegebühr ist *entsprechend der Anzahl der Beschwerdeführer mehrfach zu entrichten* (s Absatz 1 der Vorbemerkung zu Teil B des Gebührenverzeichnisses zum PatKostG: »für jeden Antragsteller gesondert«). Dies galt nach bisheriger Rspr auch, wenn mehrere Inhaber eines Patents Beschwerde einlegen.[260] Eine andere Rechtslage ergibt sich jedoch aufgrund der Änderung des PatKostG durch das *Zweite Gesetz zur Vereinfachung und Modernisierung des Patentrechts*; danach wird Absatz 1 der Vorbemerkung zu Teil B des Gebührenverzeichnisses ergänzt um den Satz, dass gemeinschaftliche Inhaber oder Anmelder eines Schutzrechts als ein Antragsteller gelten, wenn sie gemeinsam Beschwerde einlegen.[261]

Haben mehrere Beteiligte gemeinsam eine Beschwerdeschrift eingereicht, aber nur eine Beschwerdegebühr gezahlt, obwohl jeder gebührenpflichtig ist, ist **a)** zunächst zu prüfen, ob die Gebühr einem bestimmten Beteiligten *zugeordnet* werden kann[262] (zB durch Angabe des Namens eines Beteiligten auf dem Überweisungsformular oder bei der Einzugsermächtigung[263]); fehlen solche Anhaltspunkte, ist **b)** die Beschwerdeerklärung *im Zweifel dahin auszulegen,* dass die Beschwerde, falls sie mangels Entrichtung einer ausreichenden Zahl von Gebühren nicht für alle in zulässiger Weise erhoben wurde, für den im Rubrum der angefochtenen Entscheidung *an erster Stelle Genannten* erhoben sein soll.[264] Wenn geltend gemacht wird, dass gleichwohl nur eine Beschwer-

---

259 BGH v 31.01.2019 – I ZB 58/18, GRUR **2019**, 548 *Future-Institute*.
260 BGH v 18.08.2015 – X ZB 3/14, GRUR **2015**, 1255 *Mauersteinsatz* (in Bestätigung von BPatGE **54**, 108 *Satz aus Mauersteinen*); BGH v 19.09.2017 – X ZB 1/17 (Tz 14), GRUR **2017**, 1286 *Mehrschichtlager*; dies galt ebenso für mehrere Patent*anmelder* s BGH v 28.03.2017 – X ZB 19/16; BPatG GRURPrax **16**, 501 mit Anm von Albrecht; ebenso für Markenanmelder BPatG v 14.01.16 – 30 W (pat) 520/15, Mitt **16**, 480 L *Life Tech IP*; aA BPatG Mitt **16**, 525 *Verkehrsschild-Einrichtung*; BPatG Mitt **17**, 138 (Marke); s auch Deichfuß, Gebühren im patentrechtlichen Verfahren bei Beteiligung mehrerer Personen, GRUR **15**, 1170, 1174 ff.
261 S Art 8 Nr 3 o des Gesetzes v 10.8.2021 (BGBl I 3490 = BlPMZ **2021**, 290, amtl Begr BT-Drs 19/25821), in Kraft getreten am 18.8.2021.
262 BGH v 18.08.2015 – X ZB 3/14 (Tz 17), GRUR **2015**, 1255 *Mauersteinsatz*; BGH v 19.09.2017 – X ZB 1/17 (Tz 27), GRUR **2017**, 1286 *Mehrschichtlager*.
263 BGH v 18.08.2015 – X ZB 3/14 (Tz 18), GRUR **2015**, 1255 *Mauersteinsatz*; BPatGE **12**, 158, 161 unten.
264 BGH v 19.09.2017 – X ZB 1/17, GRUR **2017**, 1286 *Mehrschichtlager*.

degebühr zu zahlen ist, weil eine Gesellschaft bürgerlichen Rechts besteht, muss dies innerhalb der Beschwerdefrist dargetan sein.[265]

Gebührenfrei ist die Beschwerde gemäß Nr 401 300 PatKostG in Verfahrenskostenhilfesachen[266] sowie Beschwerden gemäß § 11 (2) PatKostG und § 11 (2) DPMAVwKostV (vgl § 2 PatKostG Rdn 5).

Zahlungsfrist entspricht nach § 6 (1) 1 PatKostG iVm § 73 (2) 1 PatG der Beschwerdefrist (zur Beschwerdefrist s Rdn 61).

Siehe im Einzelnen die Erläuterungen zu § 2 PatKostG Rdn 4 ff im Anhang 15.

93 Rückzahlung der Beschwerdegebühr siehe Rdn 134 ff.

IV. Beteiligte am Beschwerdeverfahren

94 **Europäisches Patentrecht:** s Erläuterungen zu Art 107 S 2 EPÜ im Anhang zu § 73

1 Allgemeines

95 Eine dem Art 107 Satz 2 EPÜ vergleichbare Bestimmung, dass an einem Beschwerdeverfahren automatisch alle übrigen Verfahrensbeteiligten 1. Instanz auch an einem Beschwerdeverfahren beteiligt sind *(party as of right)*, enthält PatG nicht. Die Verfahrensbeteiligung vor BPatG ergibt sich aber ebenfalls grundsätzlich danach, wer im *Verfahren vor dem DPMA* zu den Verfahrensbeteiligten gehörte (vgl die Erläuterungen zu § 74). *PräsDPMA* ist nur dann am Beschwerdeverfahren beteiligt, wenn er im Einzelfall seinen Beitritt erklärt hat; mit Eingang der Beitrittserklärung erlangt er die Stellung eines Beteiligten (§ 77 S 2). Weitere Fälle der *Beteiligung Dritter* am Beschwerdeverfahren durch: a) Nebenintervention nach § 99 (1) iVm § 66 ZPO (s. Rdn 105); b) Beitritt des vermeintlichen Patentverletzers nach § 59 (2), vgl § 59 Rdn 246 ff; c) Zuständige oberste Bundesbehörde nach § 74 (2), wenn sie vom Beschwerderecht Gebrauch macht; d) Staatskasse, wenn sie in bestimmten VKH-Fällen von ihrem Beschwerderecht nach § 135 (3) S 2 iVm § 127 (3) ZPO Gebrauch macht.

Im Fall der *Verweisung* einer Klage an das BPatG bleibt die nach anderen Verfahrensordnungen vorgesehene Beteiligung (zB VwGO) vor BPatG bestehen, auch wenn es sich im Beschwerdeverfahren nach PatG um Dritte handelt.[267]

96 **Beteiligtenwechsel** durch: a) *Eintritt des Rechtsnachfolgers* von Anmelder oder Patentinhaber nach § 99 (1) iVm § 265 (2) 2 ZPO,[268] § 30 (3) 3, vgl § 74 Rdn 11; b) *Übergang der Einsprechendenstellung*[269], vgl § 59 Rdn 146.

---

265 BPatG v 17.12.2016 – 10 W (pat) 7/15, Mitt **2017**, 240 *Mehrschichtlager*; insoweit offen gelassen von BGH v 19.09.2017 – X ZB 1/17 (Tz 23), GRUR **2017**, 1286 *Mehrschichtlager*.
266 Hierzu zählt nicht die Beschwerde des beigeordneten Vertreters gegen die Festsetzung seiner Gebühren nach dem VertrGebErstG: BPatG v 24.09.09 – 10 W (pat) 38/06 Schulte-Kartei PatG 65–80, 86–99 Nr 430 *Beschwerde nach § 7 VertrGebErstG*.
267 Vgl BPatGE 52, 256, 257 *Aufreißdeckel*: Bundesrepublik Deutschland als Beschwerdegegnerin.
268 BGH GRUR **08**, 87 *Patentinhaberwechsel im Einspruchsverfahren*; zur Zustimmung zum Beteiligtenwechsel durch rügeloses Einlassen: BPatG v 30.03.12 – 7 W (pat) 306/11 = Schulte-Kartei PatG 65–80 86–99 Nr 418 *Maßstabträger*.
269 ZB BPatG v 20.01.2020 – 20 W (pat) 8/17 (II).

2 Erteilungsbeschwerdeverfahren

Bei Beschwerde des Anmelders gegen die *Zurückweisung der Anmeldung* oder gegen den *Erteilungsbeschluss*[270] ist nur dieser beteiligt, da Dritte sich erst nach Patenterteilung durch Einspruch beteiligen können. 97

Beteiligter ist nur der *Anmelder*, der die Anmeldung eingereicht hatte und durch die Eintragung im Register gemäß § 30 legitimiert ist. Nicht beteiligt ist der wahre Berechtigte an der Anmeldung oder an der Erfindung, solange er nicht im Register eingetragen ist (§ 30 Rdn 45), es sei denn, er ist als Einzelrechtsnachfolger Streithelfer des im Verfahren verbliebenen Anmelders (s § 74 Rdn 12). 98

Ebenfalls nur der Anmelder ist beteiligt, soweit innerhalb des Erteilungsverfahrens ohne formelle Beteiligung Dritter *Entscheidungen über Nebenpunkte* ergehen wie bei Beschwerde des Anmelders gegen die Ablehnung zB a) eines Befangenheitsantrags; b) der Rückzahlung von Gebühren c) der Wiedereinsetzung bei versäumter Zahlung von Gebühren.[271] 99

3 Einspruchsbeschwerdeverfahren

3.1 Bei Beschwerde des Patentinhabers sind alle Einsprechenden beteiligt, die am Verfahren vor DPMA beteiligt sind. Nicht beteiligt ist der unzulässig Einsprechende, der durch *rechtskräftige* Vorab- oder Zwischenentscheidung aus dem Verfahren gewiesen ist.[272] 100

3.2 Bei Beschwerde des Einsprechenden ist der Patentinhaber beteiligt und entgegen früherer Rspr[273] nicht nur die Einsprechenden, die eine wirksame Beschwerde eingelegt haben, sondern auch die nicht beschwerdeführenden Einsprechenden.[274] Dies ergibt sich aus einer entsprechenden Anwendung von § 62 ZPO; danach ist ein Einsprechender, der nicht selbst Beschwerde gegen eine Entscheidung einlegt, mit der das Patentamt das Streitpatent vollständig oder in beschränktem Umfang aufrechterhält, als *notwendiger Streitgenosse* am Einspruchsbeschwerdeverfahren beteiligt, das durch die Beschwerde eines weiteren Einsprechenden eingeleitet wird[275] 101

4 Nebenverfahren

In Nebenverfahren, die vor DPMA durch *Antrag eines Dritten* eingeleitet werden, wie zB a) Akteneinsicht in noch nicht offengelegte Anmeldungen, b) Umschreibung der Anmeldung oder des Patents, steht dem Anmelder/Patentinhaber im Beschwerdever- 102

---

270 Vgl zur ausnahmsweisen Beteiligung eines Dritten bei Schmähkritik in der Patentschrift: BPatGE **52**, 256 *Aufreißdeckel*.
271 Vgl BGH GRUR **15**, 927 *Verdickerpolymer II* zu einseitigen patentamtlichen Verfahren über einen Wiedereinsetzungsantrag.
272 Vgl BPatGE **19**, 29; **24**, 25.
273 BPatGE **12**, 153; **12**, 158; **12**, 163; *anders* Art 107 S 2 EPÜ, vgl dazu Art 107 Rdn 21 ff im Anhang zu § 73.
274 BGH v 22.10.2019 – X ZB 16/17, GRUR **2020**, 110 *Karusselltüranlage*.
275 BGH v 22.10.2019 – X ZB 16/17 (Tz 15 ff, Tz 19), GRUR **2020**, 110 *Karusselltüranlage*; überholt die frühere Rspr, die eine notwendige Streitgenossenschaft mehrerer Einsprechender verneint hat: BPatGE **12**, 158; **12**, 163; **20**, 94, 96.

fahren der Antragsteller als Verfahrensbeteiligter gegenüber. Eine Beteiligung an einem solchen Nebenverfahren – zB Akteneinsicht – begründet aber keine Beteiligung am Hauptsacheverfahren wie Erteilungs- oder Einspruchsverfahren.

103 Bei Beschwerde gegen die Ablehnung einer *Wiedereinsetzung:* a) ist nur der Anmelder/ Patentinhaber beteiligt, wenn er die Frist in einem *einseitigen* Hauptverfahren (zB Prüfungsverfahren, Validierungsverfahren für europ Patent) oder außerhalb eines solchen (Jahresgebührenzahlung) versäumt hat;[276] b) sind die am jeweiligen Hauptverfahren Beteiligten zu hören, wenn es um die in einem *mehrseitigen* Hauptverfahren (zB Einspruchsverfahren) einzuhaltende Frist geht.[277]

104 Die Frist zur Zahlung der Jahresgebühren ist allerdings nicht als eine *im* Einspruchsverfahren einzuhaltende Frist anzusehen. Bei Beschwerde des Patentinhabers gegen die *Ablehnung der Wiedereinsetzung in die Frist zur Zahlung der Jahresgebühr* während eines anhängigen Einspruchsverfahrens sind nach der Rechtsprechung zum vorgeschalteten Einspruchsverfahren nach früherem Recht auch die Einsprechenden beteiligt.[278] Dies kann jedoch nicht auf das geltende Einspruchsverfahren übertragen werden. Vom Ausgang des Wiedereinsetzungsverfahrens wird das Einspruchsverfahren ebenso wie das Nichtigkeitsverfahren[279] zwar berührt, aber die Jahresgebührenpflicht als eine materiellrechtliche Voraussetzung für den Fortbestand des Patents[280] besteht völlig unabhängig von der Anhängigkeit eines Einpruchsverfahrens. Der damaligen Rspr kann auch nicht entnommen werden, dass derjenige, auf dessen Rechtsposition sich der Ausgang eines Verfahrens unmittelbar oder mittelbar auswirkt, stets an dem Verfahren zu beteiligen sei.[281] Dem Einsprechenden ist daher von der Anhängigkeit des Wiedereinsetzungsverfahrens Mitteilung zu geben, eine förmliche Beteiligung am Beschwerdeverfahren des Patentinhabers besteht aber, ebenso wenig wie für den Nichtigkeitskläger, nicht.[282]

5 Nebenintervention

105 Die Nebenintervention (s Einl Rdn 231 u § 74 Rdn 12) im Beschwerdeverfahren war nach früherer Rechtsprechung weder zugunsten des Anmelders[283] noch zugunsten eines Einsprechenden[284] zulässig.[285] Die Besonderheiten des (Einspruchs)Beschwerdeverfahrens schließen aber eine Anwendbarkeit der ZPO-Vorschriften über die Streit-

---

276 Auch keine Beteiligung des wegen Verletzung des Patents in Anspruch genommenen Dritten: BGH GRUR 15, 927 Tz 17 *Verdickerpolymer II* in Bestätigung von BPatGE 54, 176 *Verdickungszusammensetzung.*
277 BGH GRUR 15, 927 (Tz 17) *Verdickerpolymer II.*
278 BGH BlPMZ 71, 196 *Hopfenextrakt.*
279 Ausnahmsweise Entscheidung über die Nichtigkeitsklage ohne Abwarten des Wiedereinsetzungsverfahrens: BGH v 24.06.10 – Xa ZR 76/08 (Tz 9) Schulte-Kartei PatG 65–80, 86–99 Nr 431 *Sicherung der Flucht.*
280 So BGH GRUR 08, 551 (Tz 13) = BlPMZ 08, 218 (II3) *Sägeblatt.*
281 BGH GRUR 15, 927 (Tz 18) *Verdickerpolymer II.*
282 Ebenso Benkard/Schäfers, PatG, 11. Aufl 2015, § 123 Rn 59.
283 BPatGE 10, 155.
284 BPatGE 1, 122; 2, 54; 12, 153, 157.
285 Vgl auch van Hees GRUR 87, 855.

hilfe nicht grundsätzlich aus.[286] Eine Nebenintervention ist daher nach § 99 (1) PatG iVm § 66 ZPO zulässig: **a)** zur Unterstützung des Patentinhabers durch den *Einzelrechtsnachfolger* des Patentinhabers,[287] der aber dadurch nicht zu dessen Streitgenossen wird (§ 265 (2) 3 ZPO);[288] **b)** zur Unterstützung des Einsprechenden durch einen Dritten, der ein *rechtliches Interesse* iSv § 66 (1) ZPO am Obsiegen des Einsprechenden hat.[289]

Durch Nebenintervention aber nicht möglich: die Beteiligung an einem einseitigen Verfahren zur Verfolgung gegenläufiger Interessen.[290]

Zum Beitritt des vermeintlichen Patentverletzers nach § 59 (2), der anders als ein Nebenintervenient eine selbständige Verfahrensstellung erlangt, vgl § 59 Rdn 246 ff.

6 Mehrere Anmelder/Patentinhaber, mehrere Einsprechende

Mehrere Anmelder oder Inhaber eines Patents sind *notwendige Streitgenossen* (§ 62 ZPO).[291] Jeder kann innerhalb seiner Frist fristwahrend Beschwerde einlegen; zur Beschwerdeeinlegung nur durch einen Streitgenossen s § 74 Rdn 7.

Als *notwendige Streitgenossen* müssen mehrere Anmelder oder Inhaber eines Patents *einheitliche Anträge* stellen. Bei Streit ist das Verfahren bis zur rechtskräftigen Erledigung eines Prozesses unter ihnen auszusetzen. Bleibt es bei unterschiedlichen Anträgen, ist wegen der Bindung an den Antrag die Anmeldung zurückzuweisen, das Patent zu widerrufen oder die Beschwerde zurückzuweisen. Ist einer der Mitinhaber in der *mündlichen Verhandlung nicht erschienen*, so umfasst die für Prozesshandlungen geltende Vertretungsfiktion des § 62 (1) ZPO (anzuwenden über § 99 (1) PatG) auch eine beschränkte Verteidigung des Streitpatents durch die weiteren, in der mündlichen Verhandlung erschienenen Mitinhaber des Patents als notwendige Streitgenossen.[292]

Eine Sachentscheidung kann nicht durch Teilentscheidung gegen nur einen Streitgenossen erfolgen.[293]

Mehrere gemeinschaftliche Anmelder oder Inhaber eines Patents haben *zusammen nur eine Beschwerdegebühr* zu entrichten, s Rdn 92.

---

286 BGH GRUR 08, 87 = BlPMZ 07, 459 *Patentinhaberwechsel im Einspruchsverfahren*; BPatGE 51, 95 *Kindersitzerkennung*; zur Zulässigkeit der Nebenintervention im Nichtigkeitsverfahren s BGH GRUR 06, 438 *Carvedilol I* u § 81 Rdn 20.
287 BGH GRUR 08, 87 = BlPMZ 07, 459 *Patentinhaberwechsel im Einspruchsverfahren*; entsprechendes dürfte für die Anmelderbeschwerde gelten, vgl zum Markenrecht: BGH GRUR 00, 892 *MTS*; BPatGE 54, 147, 155 = GRUR 14, 192 (II2) *Zoigl*.
288 BGH GRUR 12, 149 (Tz 98) *Sensoranordnung* zum Beitritt des Patenterwerbers im Patentnichtigkeitsverfahren; zur streitgenössischen Nebenintervention s § 81 Rdn 24.
289 BPatGE 51, 95 *Kindersitzerkennung*.
290 Vgl BGH GRUR 15, 927 (Tz 20) *Verdickerpolymer II* betreffend ein einseitiges Wiedereinsetzungsverfahren; BPatGE 54, 176, 183 (II2c) *Verdickungszusammensetzung*.
291 Vgl dazu Hövelmann Mitt 99, 129; BPatGE 21, 212 = GRUR 79, 696; BPatGE 40, 276 = BlPMZ 99, 158 *Verstellvorrichtung*; BPatGE 49, 219 = BlPMZ 07, 219 *Überwachungssystem*; BPatGE 53, 6 *Lysimeterstation*; BPatGE BlPMZ 99, 44, 45 (II1) *Gemeinsamer Zustellungsbevollmächtigter*; ebenso für mehrere Inhaber einer Marke BGH GRUR 14, 1024 *VIVA FRISEURE/VIVA*.
292 BPatGE 53, 6, 7 *Lysimeterstation* (bzgl erstmals gestellter Hilfsanträge in mündlicher Verhandlung); s auch BGH NJW 16, 716 = Mitt 16, 420 L *Widerruf von Prozesshandlung durch Streitgenossen*.
293 BPatGE 49, 219 *Überwachungssystem*; BPatG v 30.03.11 – 9 W (pat) 46/10 Schulte-Kartei PatG 44–49a, 58 Nr 201 *Unwuchtantrieb*.

107 Ebenso sind *mehrere Einsprechende* im Einspruchsbeschwerdeverfahren *notwendige Streitgenossen*, § 62 ZPO ist entsprechend anzuwenden.[294]

V. Zustellungen gemäß § 73 (2) 3

108 Nach § 73 (2) 3 sind die Beschwerde und alle Schriftsätze, die Sachanträge oder die Rücknahme der Beschwerde oder eines Antrags enthalten, den übrigen Beteiligten von Amts wegen zuzustellen; andere Schriftsätze sind ihnen formlos mitzuteilen, sofern nicht die Zustellung angeordnet wird. Die zu diesem Zweck in § 73 (2) 2 vorgeschriebene Beifügung von *Abschriften* der Beschwerde ist keine Voraussetzung für die Zulässigkeit der Beschwerde (s Rdn 60). Sachanträge in diesem Sinne sind auch die Einreichung neuer Unterlagen oder von Entgegenhaltungen. BPatG hat wie DPMA grundsätzlich unverzüglich zuzustellen[295] (vgl dazu Rdn 156).

109 Eine Zustellung oder Mitteilung gemeinsam mit dem Beschluss der Patentabteilung ist vor DPMA *ausnahmsweise* dann zulässig, wenn unzweifelhaft ausgeschlossen ist, dass damit der Anspruch auf rechtliches Gehör verletzt werden könnte.[296] Schriftsätze können daher nur dann mit dem Beschluss zugestellt werden,[297] a) wenn die Sache entscheidungsreif ist und zugunsten des Adressaten entschieden wird; b) wenn der Inhalt für die Entscheidung unerheblich ist, also in der Entscheidung keine Verwendung findet. Derartige Ausnahmefälle sind auch im Verfahren vor BPatG denkbar.[298]

110 *Fristsetzung* liegt im Ermessen des BPatG (§ 87 (2) iVm § 273 (2) Nr 1 ZPO, s § 87 Rdn 11). Vor DPMA sind mit Fristsetzung zuzustellen[299]: a) der Einspruchsschriftsatz; b) Schriftsätze mit einem Zwischenbescheid; c) die vom Patentinhaber eingereichten, gewährbar erscheinenden, inhaltlich geänderten Ansprüche.

111 Zur Übermittlung von verfahrensleitenden Verfügungen und Hinweisen des BPatG an die Beteiligten s § 87 Rdn 8 ff. Die Zustellung der Entscheidungen des BPatG regelt § 94 (1) S 3 bis 5. Für die Art und Weise der Zustellungen des BPatG gilt nach § 127 (2) PatG die ZPO (s § 127 Rdn 109 ff).

VI. Abhilfe und Vorlage gemäß § 73 (3) und (4)

112 **Europäisches Patentrecht:** Abhilfe vor EPA siehe die Erläuterungen zu Art 109 EPÜ im Anhang zu § 73.

Lit in GRUR: von Pechmann GRUR 85, 412; Goebel GRUR 86, 494; Papke GRUR 86, 864; Hövelmann GRUR 01, 303.

---

294 BGH v 22.10.2019 – X ZB 16/17, GRUR 2020, 110 *Karusselltüranlage*.
295 BGH BlPMZ 77, 277 (III2) *Gleichstromfernspeisung*; BPatGE 5, 21, 23; 18, 19, 21; 22, 61; 24, 144, 148; 37, 215, 222; 40, 276 *Verstellvorrichtung*; Mitt 70, 176; 77, 196; DPMA-Einspruchs-Richtl 9.3 (Tabu Gewerbl. Rechtsschutz Nr 137); EPA-PrüfRichtl D IV 5.4; aA (insoweit überholt): BPatGE 11, 216.
296 BGH GRUR 67, 292 (II2a) *Zwillingspackung* (Wz); BPatGE 11, 216, 218.
297 DPMA-EinspruchsRichtl 9.3 (Tabu Gewerbl. Rechtsschutz Nr 137).
298 BGH GRUR 67, 292 (II2a) *Zwillingspackung* (Wz).
299 DPMA-EinspruchsRichtl 9.3 (Tabu Gewerbl. Rechtsschutz Nr 137).

1 Bedeutung der Abhilfe

Abhilfe ist die Erledigung der Beschwerde im Sinne des Beschwerdebegehrens durch die Stelle, die den Beschluss erlassen hat, der mit der Beschwerde angefochten wird. Bei der Abhilfemöglichkeit handelt sich um ein aus Gründen der Prozessökonomie vorgeschriebenes Verfahren, das inhaltlich der Gegenvorstellung entspricht.[300] Der Sinn des Abhilfeverfahrens liegt darin, Beschwerden vom BPatG fernzuhalten, wenn die Korrekturbedürftigkeit des erlassenen Beschlusses bei der Prüfung der Beschwerde von DPMA erkannt wird.[301] Bei der Anwendung des § 73 (3) ist daher dieser gesetzgeberische Zweck (= Verfahrensökonomie) zu berücksichtigen. Die Unterlassung einer gebotenen Abhilfe stellt einen Verfahrensmangel dar.[302]

113

2 Voraussetzungen der Abhilfe

2.1 Einseitiges Verfahren

§ 73 (4) schließt eine Abhilfe aus, wenn dem Beschwerdeführer ein anderer Verfahrensbeteiligter gegenübersteht, zB ein Einsprechender oder ein Antragsgegner, wie zB bei Akteneinsicht oder Umschreibung, weil eine Abhilfe in *mehrseitigen Verfahren* die Rechte des Beschwerdegegners berühren kann. Ist das ausgeschlossen, ist Abhilfe zulässig, also wenn der Beschwerdeführer oder die mehreren Beschwerdeführer die alleinigen Beteiligten sind *(ex parte-Verfahren)* oder wenn ein zweiseitiges Verfahren wieder einseitig geworden ist,[303] weil der oder die Verfahrensgegner endgültig ausgeschieden sind, zB durch Rücknahme des Einspruchs.[304]

114

2.2 Zulässige Beschwerde

Da DPMA an seine erlassenen Beschlüsse gebunden ist (s § 47 Rdn 18) und es auch dann bleibt, wenn es seinen Beschluss als fehlerhaft erkennt,[305] darf nur einer zulässigen Beschwerde abgeholfen werden. Wenn die Beschwerde nicht statthaft oder aus einem anderen Grund unzulässig ist, ist allein das Beschwerdegericht zur Entscheidung befugt.[306] Das gilt nur dann nicht, wenn **a)** DPMA den Beschluss auch ohne Beschwerde aufheben dürfte[307] (zB Aussetzungsbeschluss) oder **b)** es sich um eine Scheinentscheidung (s Rdn 40) handelt, deren Anfechtbarkeit nicht von der Erfüllung der Zulässigkeitsvoraussetzungen abhängt.[308] Sonst sind unzulässige Beschwerden dem BPatG vorzulegen.

115

Wiedereinsetzung: Ist die Beschwerdefrist versäumt und Wiedereinsetzung beantragt (oder von Amts wegen zu gewähren) *und* will DPMA der Beschwerde abhelfen, so kann es die Wiedereinsetzung – wenn sie begründet ist – im Rahmen der Abhilfe

116

---

300 BGH GRUR 09, 521 (Tz 5) *Gehäusestruktur*.
301 BGH GRUR 85, 919 (III2) *Caprolactam*; BPatGE 27, 157; 29, 112, 116; 32, 139, 149.
302 BPatGE 27, 111, 113; BPatG v 08.01.08 – 17 W (pat) 40/05 (III); T 0647/93 ABl 95, 132.
303 BPatGE 12, 169.
304 Vgl zB EPA PrüfRichtl E XII 7.
305 BPatGE 14, 191, 193; 15, 142, 148.
306 BGH GRUR 09, 521 (Tz 6) *Gehäusestruktur*.
307 Vgl OLG Nürnberg MDR 61, 509.
308 BGH NJW 95, 404; MDR 12, 928 (Tz 18).

gewähren.[309] Will DPMA *nicht abhelfen* (aus welchen Gründen auch immer, sei es, weil es die Beschwerde für unzulässig oder unbegründet, die Wiedereinsetzung für nicht gewährbar hält) darf es weder a) die Wiedereinsetzung gewähren[310] noch b) den Wiedereinsetzungsantrag zurückweisen.[311] Es muss vielmehr die Sache dem BPatG vorlegen. Denn nach Einlegung der Beschwerde ist DPMA für andere Entscheidungen als die Abhilfe nicht zuständig; dies gilt auch für die Entscheidung über ein Wiedereinsetzungsgesuch.[312] Hat DPMA Wiedereinsetzung gewährt, obwohl es wegen der Nichtabhilfe der Beschwerde nicht zuständig war, wird dieser an sich unanfechtbare Beschluss wirkungslos, sobald BPatG in seiner Zuständigkeit rechtmäßig über die Wiedereinsetzung entschieden hat.[313]

2.3 Begründete Beschwerde

117   Hält DPMA die Beschwerde für begründet (zur teilweisen Abhilfe s Rdn 125), so muss es der Beschwerde abhelfen. Eine Beschwerde ist begründet, wenn unter Berücksichtigung des Beschwerdevorbringens oder aus anderen Gründen[314] der erlassene Beschluss nicht aufrechterhalten werden kann. Der Grund für den Erlass des Beschlusses kann zB beseitigt werden durch: a) *Erfüllung von Erfordernissen*, deren Fehlen Grund für die Zurückweisung war; b) *Ausräumen von in der Entscheidung erhobenen Einwänden*, zB durch Erklärung des Einverständnisses mit den vorgeschlagenen Patentansprüchen, Einreichung von Änderungen, die die Einwände der Entscheidung gegenstandslos machen,[315] Beseitigung einer unzulässigen Erweiterung, Bereitschaft zu erforderlichen Ermittlungen, wie zB Durchführung von Vergleichsversuchen.

3 Abhilfeverfahren

3.1 Zuständigkeit

118   Zuständig ist die Stelle, die den angefochtenen Beschluss erlassen hat, also gemäß § 27 (1) Nr 1 der Prüfer oder der Beamte des gehobenen Dienstes oder ein vergleichbarer Angestellter, wenn dieser gemäß § 1 (1) Nr 7 b WahrnV den Zurückweisungsbeschluss erlassen hatte. Dieser kann aber nur abhelfen, nicht aber auch über einen Antrag auf Rückzahlung der Beschwerdegebühr entscheiden.[316]

3.2 Durchführung des Abhilfeverfahrens

119   Es wird mit der Einlegung der Beschwerde eröffnet.[317] Vorher ist eine Abhilfe nicht möglich. Zur Vorbereitung der Abhilfeentscheidung kann DPMA alle zweckdienlichen

---

309 BPatGE **25**, 119; BPatG BlPMZ **08**, 334 *Gehäusestruktur*; BS PA GRUR **53**, 168, 169.
310 BPatG BlPMZ **08**, 334 *Gehäusestruktur*; BPatG v 29.07.10 – 11 W (pat) 30/09, Mitt **10**, 430 L *Heiz- oder Kühlplatte*; T 0473/91 ABl **93**, 630.
311 BPatGE **25**, 119; BS PA GRUR **53**, 168, 169.
312 BGH GRUR **09**, 521 *Gehäusestruktur* unter Bestätigung von BPatG BlPMZ **08**, 334 *Gehäusestruktur*; s auch BPatG v 02.09.14 – 21 W (pat) 20/14 Schulte-Kartei PatG 129–138 Nr 88 *Stütze für ein Streichinstrument* (II2 Bewilligung von VKH durch DPMA für beabsichtigte Beschwerde nichtig).
313 BPatG v 29.07.10 – 11 W (pat) 30/09, Mitt **10**, 430 L *Heiz- oder Kühlplatte*.
314 BPatGE **27**, 157 Leitsatz 2.
315 ZB T 0139/87 ABl **90**, 68; T 0047/90 ABl **91**, 486.
316 BPatGE **13**, 26.
317 BPatGE **27**, 25 = BlPMZ **85**, 164.

Verfahrensmaßnahmen und Ermittlungen durchführen, zB einen Zwischenbescheid zustellen, sofern das die Monatsfrist für die Vorlage zulässt. Ausnahmsweise kann es vertretbar sein, die Prüfung der Abhilfe über die Monatsfrist des § 73 (3) 3 auszudehnen.[318] Für *andere Entscheidungen* als die Abhilfe ist DPMA aber nicht zuständig[319] (s Rdn 116). Die Abhilfe erfolgt von Amts wegen, eines Antrags bedarf es nicht.

Der Abhilfe steht nicht entgegen, dass die Anmeldung andere Mängel aufweist, die eine Zurückweisung rechtfertigen würden, die aber nicht Gegenstand der angefochtenen Entscheidung waren.[320] In diesem Fall ist der angefochtene Beschluss mit den nicht mehr zutreffenden Gründen aufzuheben und ein neuer Beschluss mit den neuen Gründen zu erlassen.[321] Eine solche Vorgehensweise erscheint aber nur dann zweckmäßig, wenn bei nicht erfolgter Abhilfe mit Zurückverweisung der Sache durch BPatG zu rechnen wäre.

3.3 Entscheidung in Abhilfeverfahren

3.3.1 Aufhebung des Beschlusses und Erlass der beantragten Entscheidung: Diese Form der Abhilfe ist zu wählen, wenn mit der Beschwerde der Grund für den angefochtenen Beschluss beseitigt und damit die Sache für eine positive Endentscheidung reif ist. Dann ist ein Zurückweisungsbeschluss aufzuheben und ein Patenterteilungsbeschluss zu erlassen.

3.3.2 Isolierte Aufhebung des Beschlusses und Fortsetzung des Verfahrens: Diese sog rein *kassatorische Abhilfe* (Tenor: »Der Beschluss v ... wird aufgehoben und die Sache erneut in Behandlung genommen«) ist unter folgenden Voraussetzungen zulässig: a) durch die Beschwerde wird der Grund für den angefochtenen Beschluss beseitigt, der Prüfer ist aber nicht in der Lage, gleichzeitig mit der Aufhebung im Sinne des Beschwerdeführers zu entscheiden, weil dafür eine weitere Sachprüfung erforderlich ist, die auch nicht annähernd innerhalb der Monatsfrist des § 73 (3) 3 durchgeführt werden kann und b) der Beschwerdeführer ist mit dieser Form der Abhilfe einverstanden, dh er besteht nicht auf dem sofortigen Erlass einer ihm günstigen Entscheidung, sondern wünscht die Fortsetzung des Prüfungsverfahrens vor DPMA. Das Einverständnis kann in der Regel vermutet werden, soweit kein Rechtsnachteil eintritt.[322] Im Zweifel ist rückzufragen.

Die Zulässigkeit einer rein kassatorischen Abhilfe wird von der Rspr[323] zutreffend bejaht. Sie ist gerechtfertigt durch die besonderen Bedürfnisse des Patenterteilungsverfahrens,[324] das eine zeitaufwendige intensive Prüfung vor Erteilung eines Ausschlussrechts erfordert. Wenn diese aus verfahrensökonomischen Gründen noch nicht voll

---

318 ZB im Falle der Ablehnung des zuständigen Prüfers: BPatGE **27**, 23 = BlPMZ **85**, 139.
319 BGH GRUR 09, 521 *Gehäusestruktur*.
320 T 0180/95 RechtsprBK/EPA 06, 731.
321 BPatGE **27**, 157, 161.
322 BPatG v 18.08.06 – 15 W (pat) 11/06.
323 BPatGE **27**, 103; **27**, 111; **27**, 157; **30**, 32; BlPMZ **86**, 41; T 0919/95 ABl **98** SonderA 119, 120; früher aA der jur BS: BPatGE **26**, 156; **27**, 21; **27**, 25; BlPMZ **84**, 382; BlPMZ **85**, 16; BlPMZ **85**, 113; *Papke* GRUR **86**, 864; aufgegeben mit BPatGE **30**, 32 = BlPMZ **89**, 292.
324 Zur Unzulässigkeit einer kassatorischen Abhilfe in Markensachen s Knoll in Ströbele/Hacker/Thiering, MarkenG, 13. Aufl 2021, § 66 Rn 82.

durchgeführt ist, führt die Vorlage der Beschwerde in diesen Fällen sachlich zur gleichen Entscheidung des BPatG, nämlich Aufhebung und Zurückverweisung, wie sie das DPMA im Wege der Abhilfe treffen kann. Die rein kassatorische Abhilfe entspricht daher in diesen Fällen dem Sinn des Abhilfeverfahrens (s Rdn 113). Gegen die Zulässigkeit der rein kassatorischen Abhilfe bestehen somit – wenn die oben genannten Voraussetzungen vorliegen – keine Bedenken.

124 **Beispiele einer zulässigen, rein kassatorischen Abhilfe: a)** wenn mit der Beschwerde die Entscheidungsgrundlage sich derart ändert, dass bei Vorlage BPatG die Sache zurückverwiesen wird;[325] **b)** bei Zurückweisung wegen mangelnder Einheitlichkeit, die durch Ausscheidung mit der Beschwerde hergestellt wird; **c)** bei Zurückweisung wegen unzulässiger Erweiterung, wenn auf diese mit der Beschwerde verzichtet wird; **d)** wenn die Beschwerdebegründung den Prüfer überzeugt, dass die Zurückweisung nicht aufrechterhalten werden kann; **e)** bei Nichtberücksichtigung eines fristgemäß eingereichten Patentanspruchs, der erst nach der Entscheidung zur Akte gelangt;[326] **f)** wenn die Mängel nach § 42 (3) 1, auf die ein Zurückweisungsbeschluss in der Offensichtlichkeitsprüfung gestützt ist, beseitigt werden;[327] **g)** bei Zurückweisung des Verfahrenskostenhilfeantrags wegen unzureichender Angaben zu den wirtschaftlichen Verhältnissen, die nach erlassener Entscheidung nachgereicht werden.[328]

125 **3.3.3 Teilweise Abhilfe:** Denkbar ist teilweise Abhilfe bei *Haupt- und Hilfsantrag*, wenn dem Hilfsantrag innerhalb der Monatsfrist entsprochen werden kann; ferner wenn die Anmeldung zwischen Einlegung der Beschwerde und ihrer Vorlage an BPatG geteilt wird.[329] Hiervon abgesehen scheidet teilweise Abhilfe wegen der Einheit des Patentbegehrens aus, da ein vom Antrag abweichendes Patent nicht erteilt werden kann[330] (Einl Rdn 7).

126 **3.3.4 Begründung des Abhilfebeschlusses** ist nicht erforderlich, ausgenommen im Fall der teilweisen Abhilfe (s Rdn 125) oder wenn ein Antrag auf Rückzahlung der Beschwerdegebühr abgelehnt wird.

127 **3.3.5 Rückzahlung der Beschwerdegebühr**[331] nach § 73 (3) 2 ist im Abhilfebeschluss anzuordnen, wenn bei ordnungsgemäßer Verfahrensführung der Zurückweisungsbeschluss nicht hätte erlassen werden dürfen (s Rdn 137). Die Unterlassung einer gebotenen Abhilfe kann nicht zur Rückzahlung führen, da diese für die Erhebung der Beschwerde nicht ursächlich ist.[332]

---

325 BPatGE 27, 103 = BlPMZ **85**, 292.
326 BPatG BlPMZ **86**, 41; BPatGE 27, 111.
327 BPatGE 27, 14 = BlPMZ **85**, 114.
328 BPatG v 18.08.06 – 15 W (pat) 11/06.
329 BPatGE **32**, 139, 149.
330 BPatGE 27, 157, 162.
331 Vgl dazu Hövelmann GRUR 01, 303.
332 BPatGE **27**, 157, 178; **19**, 21, 23; **12**, 169; vgl auch **17**, 241; BPatG v 08.01.08 – 17 W (pat) 40/05 (III): Rückzahlung wegen Nichtabhilfe als Verfahrensmangel; dagegen vor EPA Rückzahlungsantrag nach Abhilfe mangels anhängiger Beschwerde unzulässig: T 0242/05 Abl 07 SonderA 80.

3.4 Wirkung der Abhilfe

Die Abhilfe erledigt die Beschwerde und beendet bei Erlass des Erteilungsbeschlusses das Verfahren vor der Prüfungsstelle. Wird nur der angefochtene Beschluss aufgehoben und das Verfahren fortgeführt, so begründet die Abhilfe keinen Vertrauensschutz in der Richtung, dass frühere Mängel nicht mehr berücksichtigt werden könnten, wie zB ein bisher übersehener Verzicht oder eine Rücknahme der Anmeldung;[333] denn die Abhilfe ist nur eine die endgültige Entscheidung über die Patenterteilung vorbereitende Maßnahme.

128

3.5 Beschwerde gegen Abhilfebeschluss

Für ihre Zulässigkeit ist Beschwer Voraussetzung, die darin liegen kann, dass dem Sachantrag nicht voll entsprochen oder der Antrag auf Rückzahlung der Beschwerdegebühr zurückgewiesen wurde. Der die Rückzahlung der Beschwerdegebühr zurückweisende Teil eines Abhilfebeschlusses ist beschwerdefähig.[334]

129

4 Vorlage

DPMA hat eine Beschwerde, der es nicht abhilft, stets vorzulegen, auch wenn die Vorlage nach seiner Auffassung sinnlos ist.[335] Die Vorlage begründet die alleinige Zuständigkeit des BPatG[336] bis zur Rücknahme der Beschwerde oder der Rechtskraft der Entscheidung, auch für vor BPatG gemäß § 39 entstandene Teilanmeldungen[337] (§ 39 Rdn 60). Nach der Vorlage kann die Sache nicht zur nachträglichen Prüfung der Abhilfe an DPMA zurückgegeben werden.[338]

130

Ein *fehlerhaftes Abhilfeverfahren*[339] oder das *Fehlen einer Abhilfeentscheidung*[340] hindern das BPatG nicht, über die Beschwerde zu entscheiden; denn die ordnungsgemäße Durchführung des Abhilfeverfahrens ist nicht Verfahrensvoraussetzung für das Beschwerdeverfahren.[341]

131

Frist von einem Monat dient der Überlegung, ob abgeholfen werden soll; die Beschwerdebegründung sollte daher abgewartet werden. Die Monatsfrist ist eine unei-

132

---

333 BGH GRUR 85, 919 (III2) *Caprolactam.*
334 BPatG v 03.05.07 – 10 W (pat) 19/06 Schulte-Kartei PatG 65–80, 86–99 Nr 364 *Röntgenstrahlungserzeuger*; BPatG v 25.06.08 – 10 W (pat) 25/06 Schulte-Kartei PatG 65–80, 86–99 Nr 375 *Elektronisches Keramikbauteil.*
335 BPatGE 29, 112 = BlPMZ 88, 192.
336 ZB BPatG v 16.07.13 – 12 W (pat) 45/12 Schulte-Kartei PatG 44–49a, 58 Nr 202 *Starter für Brennkraftmaschinen* (erst nach Vorlage erfolgter Abhilfebeschluss ohne Wirkung).
337 BGH GRUR 98, 458 (III3) *Textdatenwiedergabe*; GRUR 99, 574 *Mehrfachsteuersystem*; aA BPatG GRUR 11, 949 *Vorrichtung zur Detektion von Wasser in Brennstofftanks von Flugzeugen.*
338 BPatGE 29, 112 = BlPMZ 88, 192.
339 BPatG v 19.01.2017 – 17 W (pat) 34/16 (III2), juris Tz 115, 116 (Abhilfeentscheidung durch abgelehnten Prüfer).
340 Vgl BGH v 15.02.2017 – XII ZB 462/16, NJW-RR 2017, 707 (zum Abhilfeverfahren nach § 68 (1) FamFG).
341 Vgl Zöller/Heßler, ZPO, 33. Aufl 2020, § 572 Rn 4 u 16.

gentliche Frist. Deren Nichteinhaltung sowie die etwaige Beifügung einer sachlichen Stellungnahme entgegen § 73 (3) 3 sind verfahrensrechtlich ohne Rechtsfolgen.[342]

VII. Rückzahlung der Beschwerdegebühr

133 **Europäisches Patentrecht:** zur Rückzahlung siehe Art 108 Rdn 22 ff im Anhang zu § 73.

Nach § 73 (3) 2 »kann« DPMA und nach § 80 (3) »kann« BPatG »anordnen, dass die Beschwerdegebühr zurück gezahlt wird«. Von dieser Möglichkeit, eine nach Fälligkeit gezahlte und damit verfallene Gebühr[343] zurück zu zahlen (s Rdn 136), ist die Rückzahlung einer nicht geschuldeten Gebühr zu unterscheiden (s Rdn 134).

EPA: Nach Regel 103 (1) a EPÜ wird die Rückzahlung der Beschwerdegebühr angeordnet, wenn die Beschwerde Erfolg hat und die Rückzahlung wegen eines wesentlichen Verfahrensmangels der Billigkeit entspricht. Vgl dazu die Erläuterungen Art 108 Rdn 18 im Anhang zu § 73.

1 Rückzahlung nach § 812 BGB

134 Ein Anspruch auf Rückzahlung besteht, wenn die Gebühr *ohne Rechtsgrund* gezahlt worden ist. Ein Rechtsgrund fehlt, **a)** wenn die Beschwerde gebührenfrei ist (s Rdn 92); **b)** wenn die Beschwerde nicht existent geworden ist, weil sie tatsächlich nicht erhoben wurde; **c)** wenn die eingelegte Beschwerde vor oder mit der Zahlung der Gebühr widerrufen wurde; **d)** wenn die Beschwerde nach § 6 (2) PatKostG als nicht vorgenommen gilt, s § 6 PatKostG Rdn 11 im Anhang 15.

135 **Unzulässige Beschwerden:** Für sie fehlt es nicht an einem Rechtsgrund, denn sie sind existente Beschwerden und als solche nicht gebührenfrei.[344] Ist die Beschwerdeerklärung verspätet oder wegen eines Formverstoßes[345] unzulässig, die Gebühr aber rechtzeitig gezahlt, ist die Beschwerde existent und damit gebührenpflichtig.[346] Nur wenn sowohl die Beschwerdeerklärung wie die Beschwerdegebühr nach Ablauf der Beschwerdefrist eingehen, gilt die unzulässige Beschwerde als nicht erhoben und ist deshalb die Gebühr zurück zu zahlen.[347]

2 Rückzahlung nach § 73 (3) 2 und § 80 (3) PatG

2.1 Billiges Ermessen

136 Nach § 73 (3) 2 und § 80 (3) *»kann«* angeordnet werden, dass die Beschwerdegebühr zurück zu zahlen ist. Die Anordnung steht somit im *Ermessen* des DPMA und des BPatG. Es handelt sich nicht um ein freies, nicht nachprüfbares, sondern um ein *pflichtgemäßes Ermessen* (vgl Einl Rdn 173). Dieses Ermessen ist richtig ausgeübt, wenn die Rückzahlung der Beschwerdegebühr als gerechtfertigt angesehen wird, weil

---

342 BPatG BlPMZ 85, 139 = GRUR 85, 373.
343 ZB BPatG v 11.10.12 – 27 W (pat) 60/11, GRUR-RR 13, 312 L.
344 BPatGE 6, 55; 47, 10, 13 *Formularmäßige Mitteilung*; BPatGE 54, 89 = BlPMZ 14, 140 (II3) *Formularmäßige Mitteilung II*; BPatG v 20.10.2017 – 23 W (pat) 56/17; T 0013/82 ABl 83, 411; T 0324/90 ABl 93, 33 (Nr 9).
345 AA BPatGE 4, 16, 17 für nicht unterzeichnete Beschwerdeschrift.
346 BPatGE 6, 55; T 0013/82 ABl 83, 411; T 0089/84 ABl 84, 562; T 0323/90 ABl 93, 33 (Nr 9).
347 BPatGE 1, 102; 1, 107; 1, 132, 137; 3, 223; aA zu Unrecht BPatGE 12, 23.

es auf Grund besonderer Umstände nicht der *Billigkeit* entsprechen würde, die Gebühr einzubehalten.[348]

Grundsatz: Die Anordnung der Rückzahlung durch DPMA ist immer dann billig, wenn bei ordnungsmäßiger und angemessener Sachbehandlung der Erlass eines Zurückweisungsbeschlusses nicht in Betracht gekommen wäre und damit die Erhebung der Beschwerde sowie die Einzahlung der Beschwerdegebühr hätten vermieden werden können.[349] 137

2.2 Voraussetzungen

Einzige Voraussetzung für eine Rückzahlung ist nach § 73 (3) 2 und § 80 (3), dass die Rückzahlung der *Billigkeit* entspricht. Sie ist daher auch möglich nach der *Rücknahme einer Beschwerde* (s § 80 (4) PatG)[350] sowie bei einer *erfolglosen Beschwerde*.[351] 138

Regel 103 EPÜ setzt dagegen voraus, dass der Beschwerde abgeholfen oder ihr durch die Beschwerdekammer (zumindest beschränkt[352])stattgegeben wird und die Rückzahlung wegen eines wesentlichen Verfahrensmangels der Billigkeit entspricht. Daher kann vor EPA bei *Unzulässigkeit*[353] oder nach *Rücknahme*[354] einer Beschwerde die Beschwerdegebühr nicht zurückgezahlt werden, es sei denn, sie wird vor Einreichung der Beschwerdebegründung und vor Ablauf der Frist für deren Einreichung zurückgenommen (Regel 103 (1) b EPÜ). 139

2.3 Billigkeitsgründe

Die Billigkeitsgründe können sehr vielgestaltig sein. Sie können sowohl in der Sphäre des Anmelders, seines Vertreters, des DPMA und auch in äußeren Umständen liegen. Die Anordnung der Rückzahlung, kann daher nicht schlicht als Eingeständnis eines Fehlverhaltens des DPMA gewertet werden, sondern ist Ausdruck der Überzeugung des Prüfers, dass die Einbehaltung der Gebühr der Gerechtigkeit widersprechen würde. 140

---

348 St Rspr zB BPatGE 1, 90, 92; 2, 61, 67; 7, 1, 7 (weitere Fundstellennachweise s Vorauflage); aus jüngerer Zeit zB BPatGE 54, 238, 242; BPatG BlPMZ 16, 26, 29; Mitt 16, 503 (II8).
349 St Rspr zB BPatGE 2, 61, 67; 9, 177, 179; 9, 208, 210 (weitere Fundstellennachweise s Vorauflage); aus jüngerer Zeit zB BPatGE 54, 72, 87; 54, 89, 93 = BlPMZ 14, 140, 141; BlPMZ 15, 142, 143.
350 Bloße Rücknahme aber kein Rückzahlungsgrund: BPatGE 2, 69, 78; 5, 24; abw: 21, 20; auch nicht bei Rücknahme vor Ablauf der Beschwerdefrist: BPatG BlPMZ 07, 260 *Zurückzahlung der Beschwerdegebühr.*
351 St Rspr zB BPatGE 2, 61, 63; 22, 29, 32; 49, 154, 161 *Tragbares Gerät* (weitere Fundstellennachweise s Vorauflage); aus jüngerer Zeit zB BPatG v 17.12.2018 – 20 W (pat) 39/16 (II6).
352 J 0018/84 ABl 87, 215 (Nr 2.8).
353 T 0013/82 ABl 83, 411; T 0089/84 ABl 84, 562; T 0324/90 ABl 93, 33; J 0037/89 ABl 93, 201 (Nr 6).
354 T 0041/82 ABl 82, 256; J 0012/86 ABl 88, 83; T 0773/91 ABl 93 SonderA 87; Ausnahme J 0030/94 ABl 96 SonderA 113, wegen Verstoßes gegen Grundsatz eines fairen Verfahrens, weil Beschwerde erst 7 Jahre nach Ablehnung der Abhilfe vorgelegt wurde.

2.3.1 Sachliche Fehlbeurteilung

141 Wendet die angefochtene Entscheidung falsches Recht an (zB nicht mehr geltendes) und muss deshalb die Entscheidung aufgehoben und die Sache zurückverwiesen werden, ist es billig, die Gebühr zurück zu zahlen.[355]

142 Wird dagegen das richtige Recht angewendet, ist aber seine Anwendung auf den konkreten Fall unrichtig, so ist diese *falsche Beurteilung (error in judgement) allein* kein Grund für eine Rückzahlung,[356] selbst wenn ein erfahrener Patentrechtler sie ohne weiteres als unzutreffend ansehen würde.[357] So zB bei unrichtiger Beurteilung von Neuheit oder erfinderischer Tätigkeit,[358] des Offenbarungsgehalts der Anmeldung,[359] des Standes der Technik (zB einer Entgegenhaltung),[360] des allgemeinen Fachwissens,[361] der Rechtsprechung,[362] der Prüfungsrichtlinien[363] oder anderer entscheidungserheblicher Fragen.[364]

Besondere Umstände, die zu einer sachlich unrichtigen Beurteilung hinzutreten, können aber die Rückzahlung rechtfertigen, wie zB a) die sachliche Begründung liegt *völlig neben der Sache*;[365] b) die Gründe sind *nicht nachvollziehbar*, weil sie unverständlich sind,[366] weil eine entscheidungserhebliche Tatsache lediglich behauptet, aber nicht belegt wird, zB ein bestimmtes allgemeines Fachwissen,[367] weil eine mit der Gesetzessystematik gänzlich unvereinbare Auslegung vorliegt[368] oder weil sie aus nur pauschalen Ausführungen bestehen;[369] c) Fehlen eines *gesetzlichen Zurückweisungs-*

---

355 BPatGE 25, 129; 27, 12.
356 BPatGE 2, 78; 19, 129 (für eine Würdigung des gleichen Sach- und Rechtsstandes mit anderem Ergebnis); BPatGE 54, 72, 87 *Nationale Gebühr einer internationalen Anmeldung*; T 0162/82 ABl 87, 533 (Nr 15); T 0019/87 ABl 88, 268 (Nr 5); T 0860/93 ABl 95, 47; J 0008/84 ABl 85, 261 (Nr 12); J 0029/95 ABl 96, 489 (Nr 10).
357 T 0860/93 ABl 95, 47 (Nr 7); T 0588/92 ABl 95 SonderA 140.
358 BPatGE 2, 78, 79; BPatG v 30.07.2018 – 14 W (pat) 27/14 (II6).
359 BPatG v 06.12.2018 – 23 W (pat) 28/17, juris Tz 82.
360 BPatG v 05.06.2018 – 23 W (pat) 48/17 (II4); T 0162/82 ABl 87, 533; T 0367/91 ABl 94 SonderA 127; T 1047/92 ABl 95 SonderA 140.
361 T 0588/92 ABl 95 SonderA 140.
362 T 0530/93 ABl 95, 337 (Nr 6).
363 T 0051/94 ABl 95 SonderA 140.
364 ZB BPatG v 25.04.2018 – 19 W (pat) 31/16 (II9, Ausführbarkeit); BPatG v 02.08.2018 – 17 W (pat) 20/16 (II5 aE, Technizität).
365 BPatGE 14, 38, 40; 46, 272 *Beschwerdegebühr*; BPatG v 18.09.08 – 17 W (pat) 2/08 (III1) Schulte-Kartei PatG 65–80, 86–99 Nr 435 *Bedientafel*.
366 BPatG v 19.11.08 – 19 W (pat) 13/08 (II3), Mitt 09, 180 L *Verworrene Begründung*.
367 BPatGE 30, 250 = BlPMZ 90, 37; BPatG v 16.03.10 – 17 W (pat) 33/06; BPatG v 24.05.2017 – 18 W (pat) 1/15, juris Tz 80.
368 BlPMZ 14, 144, 146 *Anspruchsabhängige Anmeldegebühr*.
369 BlPMZ 16, 26, 29 *Blattgut*.

*grundes;*³⁷⁰ **d)** *schwerwiegender Fehler;*³⁷¹ **e)** Begründung und Ergebnis einer Entscheidung sind *schlechterdings unvertretbar;*³⁷² **f)** *Abweichen von einer gefestigten Amtspraxis*³⁷³ oder *ständigen Rechtsprechung,*³⁷⁴ es sei denn, die Entscheidung zieht gerade diese mit näheren Darlegungen in Zweifel; **g)** Zurückweisungsgrund war schon vor Erlass des angefochtenen Beschlusses *beseitigt;*³⁷⁵ **h)** zu Unrecht verweigerte sachliche Prüfung, weil ein Antrag fehlerhaft als unzulässig beurteilt wurde;³⁷⁶ **i)** Verstoß gegen die Bindungswirkung bei Zurückverweisung (§ 79 (3) 2).³⁷⁷

Keine Rückzahlung, wenn trotz der sachlichen Fehlbeurteilung die gleiche Entscheidung zu ergehen hat.³⁷⁸   143

2.3.2 Verfahrensfehler

Nicht jeder Verfahrensfehler, der bei Erlass einer Entscheidung unterlaufen ist, rechtfertigt die Rückzahlung der Beschwerdegebühr. Sie ist aber billig, wenn ein schwerwiegender Verstoß vorliegt (zB Verletzung des rechtlichen Gehörs) oder wenn der Verfahrensfehler für die Erhebung der Beschwerde *ursächlich* war.³⁷⁹ Ursächlich in diesem Sinne ist ein Verstoß, wenn aus der Sicht eines verständigen Beschwerdeführers nicht   144

---

370 Vgl zur Zurückweisung wegen unklaren Anspruchs: BPatG v 08.07.09 – 20 W (pat) 17/05 Schulte-Kartei PatG 65–80, 86–99 Nr 436 *Differentialverstärkerschaltung;* BPatGE 52, 100, 105 *Verstärker;* 54, 113, 118 *Elektronisches Steuergerät;* 54, 238, 242 *Gargerät;* BPatG v 18.12.2017 – 15 W (pat) 20/17, juris Tz 121; BPatG v 17.12.2018 – 11 W (pat) 24/14 (IIB), Mitt 2019, 501 *Abgassteuersystem.*
371 BPatG v 20.12.10 – 17 W (pat) 81/10 (Missachtung der Bindungswirkung nach § 79 (3) 2); BPatG v 16.11.11 – 9 W (pat) 60/05 (Verneinung erfinderischer Tätigkeit mit nachveröffentlichter Anmeldung nach § 3 (2)); BPatG v 30.10.14 – 7 W (pat) 71/14 (falschen Antragsteller zugrundegelegt); BPatG v 24.03.16 – 7 W (pat) 81/14 Schulte-Kartei 65–80, 86–99 Nr 513 *Schlauchbeutelmaschine* (Ankündigung der Nichtzahlung der Jahresgebühr als Verzicht behandelt).
372 BPatGE 46, 272 = GRUR 03, 1069 *Beschwerdegebühr;* BPatG v 22.05.13 – 19 W (pat) 14/11 Schulte-Kartei 65–80, 86–99 Nr 514 *Crimpautomat* (Beurteilung des Offenbarungsgehalts einer Druckschrift entgegen anerkannten Grundsätzen der Rspr).
373 BPatGE 47, 128, 133 *what's live:* in Markensache Abweichen von Amtspraxis bei Zulässigkeit des Warenverzeichnisses; T 0042/84 ABl 88, 251 für Abweichen gegenüber PrüfRichtl.
374 BPatGE 7, 1, 7; 50, 54, 60 *Markennachschreibung;* 53, 26, 30 *Reflexionsvorrichtung;* BPatG v 19.11.08 – 19 W (pat) 13/08 (II3), Mitt 09, 180 L *Verworrene Begründung;* T 0208/88 ABl 92, 22; T 0087/88 ABl 93, 430.
375 BPatG GRUR 10, 919 (IId) *Mangel der Uneinheitlichkeit;* BPatG v 05.10.2017 – 23 W (pat) 2/17 (II3; Entscheidung auf der Grundlage überholter Unterlagen).
376 BlPMZ 15, 142, 143 *Schwingungsabsorbierende Aufhängung;* s auch Busse/Keukenschrijver, PatG, 9. Aufl 2020, § 80 Rn 71.
377 BPatG v 20.05.2020 – 17 W (pat) 5/18 (III).
378 BPatGE 30, 207, 210 = BlPMZ 89, 360: Berücksichtigung nicht-vorveröffentlichter OS statt vorveröffentlichter, inhaltsgleicher US-PS; BPatG v 27.05.08 – 17 W (pat) 80/07 Schulte-Kartei PatG 65–80, 86–99 Nr 437 *Bediensystem für ein Fahrzeug.*
379 BPatGE 2, 79; 12, 169; 13, 65, 68; 16, 139, 140; 20, 263; 23, 110, 112; 32, 139, 147; 41, 231, 256 *Abamectin;* 47, 224, 231 *Mikroprozessor;* 49, 154, 160 *Tragbares Gerät;* 52, 106, 111 *Sachdienlichkeit der Anhörung;* BPatGE 52, 100, 105 *Sortimentierer;* 06, 372 (IIC) *Frequenzsignal;* 10, 41 (II3) *Mobilfunknetzwerk;* BPatG v 23.05.13 – 20 W(pat) 28/09, Mitt 13, 418 L *Prüfungsbescheid in Nachanmeldung;* BlPMZ 15, 142, 143 *Schwingungsabsorbierende Aufhängung;* BPatG Mitt 16, 503 (II8b) = Schulte-Kartei PatG 65–80, 86–99 Nr 512 *Strombegrenzungsschaltung.*

auszuschließen ist, dass die Entscheidung ohne den Fehler anders ausgefallen wäre[380] und er deshalb die Beschwerde für notwendig halten durfte.

145 *An der Kausalität kann es fehlen,* **a)** wenn die Beschwerde auch erhoben worden wäre, wenn die Entscheidung verfahrensfehlerfrei ergangen wäre[381] oder **b)** wenn ein kostenbewusster Beschwerdeführer von einer Beschwerde abgesehen hätte, zB weil zwar ein Verfahrensfehler vorliegt, die Entscheidung aber im Übrigen in der Sache gleichwohl einleuchtend und überzeugend begründet ist.[382]

146 **Einzelfälle:**

147 **Verletzung des rechtlichen Gehörs** rechtfertigt als schwerwiegender Verstoß idR die Rückzahlung der Beschwerdegebühr,[383] wenn die Entscheidung darauf beruht, sie also möglicherweise anders gelautet hätte, wäre das rechtliche Gehör gewährt worden.[384] Beispiele aus der Rechtsprechung für Verletzung rechtlichen Gehörs siehe bei Einl Rdn 323; ebenso sind die hier genannten weiteren Einzelfälle meist auch Unterfälle der Verletzung des rechtlichen Gehörs (zB Rdn 148, 149, 150, 151, 156, 159, 164, 167).

148 **Mängel der Begründung:** Fehlt eine Begründung[385] oder ist sie lediglich formelhaft,[386] nichtssagend,[387] widersprüchlich,[388] unvollständig[389] oder verworren,[390] so dass weder die Beteiligten noch die Beschwerdeinstanz in der Lage sind, die maßgebenden Gründe der Entscheidung zweifelsfrei zu entnehmen,[391] so ist es billig, die Gebühr zu erstatten. Dagegen ist es kein Grund für eine Rückzahlung, wenn die Begründung qualitativ schlecht ist, aber die tragenden Erwägungen erkennen lässt.

Enthält die Begründung Feststellungen, die den Anmelder beschweren, weil er ihnen nicht zugestimmt hatte (zB eine Beschränkung des Schutzbereichs im Patenterteilungsbeschluss), dann ist es

---

380 BPatGE 13, 65, 69; 14, 22, 30; 20, 263 (Wz); 49, 154 *Tragbares Gerät*.
381 BPatGE 30, 207, 211; 47, 224, 231 *Mikroprozessor*; BPatG v 11.04.11 – 19 W (pat) 61/06; BPatG v 05.07.12 – 23 W (pat) 36/07; BPatG v 20.2.2020 – 8 W (pat) 9/19 (II3).
382 T 0893/90 ABl 94 SonderA 126; BPatGE 49, 154, 163.
383 St Rspr vgl BPatGE 1, 105, 106; 29, 84, 89; 31, 212, 214; 47, 21, 23 *Reversible Krawattenbefestigung*; 47, 88, 93 *Verlängerung Altmarken*; 50, 54, 60 *Markenumschreibung*; 52, 219, 225 *Zusatzanmeldung*; 53, 158, 166 = Mitt 12, 223 L *Führen eines Leiterpfades für eine Schiebetür*; BlPMZ 15, 142, 143 *Frequenzsignal*; 08, 256 *Umschreibungsverfahren*.
384 BVerfG 13, 132, 144; BPatGE 47, 42, 50 *Rentabilität eines medizinischen Geräts*.
385 BPatG BlPMZ 99, 40 *Nähguthalteeinrichtung* (nicht beschiedene Hilfsanträge); BPatG v 08.07.09 – 20 W (pat) 17/05 (sachlich inhaltslose Begründung mit fehlender Begründung gleichzusetzen); BPatG v 26.03.12 – 15 W (pat) 14/11 (Beschluss nicht mit Gründen versehen, da elf Monate zwischen Erlass und Begründung); BPatGE 54, 189, 210 *Elektrischer Winkelstecker II* (fehlende bzw unwirksame elektronische Signaturen).
386 BPatGE 1, 76; 6, 50, 53; 7, 26, 29; 14, 209; 49, 154, 157 *Tragbares Gerät* (pauschale Behauptung fehlender Einheitlichkeit); BPatG v 07.11.2018 – 12 W (pat) 11/18 (II5, nur formelhafter Bezug auf Mängelbescheid).
387 BPatGE 1, 76; 6, 50, 53; 7, 26, 29; 14, 209; BPatG v 30.03.09 – 20 W (pat) 48/04 (pauschale Behauptung der Neuheitsschädlichkeit).
388 BPatGE 6, 50; 7, 26, 28; BPatG v 10.07.2017 – 20 W (pat) 41/14 (widersprüchliche Patentauslegung); J 0007/82 ABl 82, 391; T 0142/95 ABl 99 SonderA 81 (Nichtbehandlung eines geltend gemachten Einspruchsgrundes); aA: T 0856/91 ABl 93 SonderA 87.
389 BPatGE 6, 50; 7, 26, 28; 52, 33, 41 *Saugauf*; BlPMZ 15, 142, 143 *Verstärker*; BlPMZ 15, 142, 143 *Blattgut* (pauschale Verneinung von Rechtsschutzbedürfnis für Verfahrensanspruch); BPatG v 21.07.2017 – 18 W (pat) 4/15 (kein konkreter Merkmalsvergleich mit Entgegenhaltung); J 0007/82 ABl 82, 391; T 0142/95 ABl 99 SonderA 81 (Nichtbehandlung eines geltend gemachten Einspruchsgrundes); aA: T 0856/91 ABl 93 SonderA 87.
390 BPatG v 19.11.08 – 19 W (pat) 13/08, Mitt 09, 180 L *Verworrene Begründung*.
391 BPatGE 20, 157.

billig, ihm die Beschwerdegebühr zu erstatten, wenn wegen dieses Fehlers die Entscheidung aufzuheben ist[392] (s auch Rdn 165).

Übergehen erheblichen Vorbringens, insbesondere die Nichtberücksichtigung der vom Anmelder oder Patentinhaber vorgelegten Unterlagen für die Erteilung oder Aufrechterhaltung eines Patents[393] (zB geänderte Ansprüche), rechtfertigen eine Rückzahlung, und zwar auch dann, wenn das unbeabsichtigt geschah,[394] weil zB die bereits eingegangene Eingabe der entscheidenden Stelle noch nicht vorgelegt war[395] oder weil sie übersehen wurde oder weil ein Antrag irrtümlich als zurück genommen angesehen wurde.[396] Auch eine nach Ablauf einer vom Prüfer gesetzten Äußerungsfrist eingegangene Eingabe ist grundsätzlich zu berücksichtigen.[397] Zum maßgebenden Zeitpunkt für die Berücksichtigung durch Amt und Gericht s Einl Rdn 73 ff. Ein Vorbringen ist nicht bereits dann übergangen, wenn es in der Entscheidung nicht eigens erwähnt ist. Die Berücksichtigung kann sich aus dem Gesamtzusammenhang der Entscheidung ergeben. 149

Mangelhafte Prüfungsbescheide: Wird eine Anmeldung ohne vorherigen Prüfungsbescheid zurückgewiesen[398] oder werden die Mängel der Anmeldung, mit der die Zurückweisung begründet wird, nicht ausreichend konkret gerügt[399] (vgl dazu § 45 Rdn 16) oder werden im Prüfungsbescheid nicht alle für die Zurückweisung maßgebenden Gründe genannt oder ergeht nach neuem Vorbringen des Anmelders nicht ein weiterer Prüfungsbescheid über neue Einwände gegen die Gewährbarkeit[400] oder hat der Anmelder den Bescheid verzeihlicherweise missverstanden, so ist es billig, die Beschwerdegebühr zurück zu zahlen, wenn der Anmelder die Gründe für die Zurückweisung entweder vorher nicht kannte oder darüber im Zweifel sein konnte. 150

Unterlassen einer Antwort auf Anfragen des Anmelders zum Fortgang des Verfahrens[401] oder auf die Frage des Patentinhabers, ob er mitgebrachte bzw weitere *Hilfsanträge* einreichen soll.[402] 151

Verstoß gegen Aufklärungs- und Hinweispflicht gemäß § 139 ZPO (vgl dazu Einl Rdn 114) rechtfertigt eine Rückzahlung, wenn aus den Umständen erkennbar war, dass der Beteiligte keinen sachdienlichen Antrag stellt oder sein Vorbringen ergänzungsbedürftig ist, damit eine sachgerechte Entscheidung ergehen kann.[403] 152

Falsche Rechtsanwendung und Abweichen von Amtspraxis siehe oben Rdn 141 unter »Sachliche Fehlbeurteilung«. 153

---

392 BPatGE **28**, 188; BPatG v 18.06.08 – 10 W (pat) 46/06; BPatG v 27.06.08 – 10 W (pat) 35/06.
393 BPatGE **28**, 188; BPatG v 16.10.2019 – 19 W (pat) 40/19.
394 T 0543/92, T 0089/94 ABl **95** SonderA 79 u 140; vgl BPatGE **13**, 65, 68.
395 BPatG Mitt **75**, 86; BPatG v 16.10.2019 – 19 W (pat) 40/19 (erst am Tag der Beschlussfassung eingegangene Ansprüche sind zu berücksichtigen).
396 T 0552/97 ABl **98** SonderA 123 u ABl **99** SonderA 81.
397 ZB BPatG v 23.04.2019 – 19 W (pat) 23/19.
398 BPatG Mitt **71**, 137; BPatG **47**, 21 *Reversible Krawattenbefestigung (kein Beleg für Zugang des Prüfungsbescheids, auf den sich Zurückweisung bezieht)*; BPatGE **47**, 88, 93 *Verlängerung Altmarken (Markensache, Entscheidung ohne vorherigen Hinweis)*; BPatGE **52**, 219, 225 *Zusatzanmeldung*.
399 BPatGE **1**, 105 f; BPatG Mitt **73**, 53; BPatG v 23.05.13 – 20 W (pat) 28/09; Mitt **13**, 418 L *Prüfungsbescheid in Nachanmeldung (bloße Bezugnahme auf Prüfungsbescheid in Voranmeldung unzulässig)*; BPatG v 06.05.2019 – 19 W (pat) 4/18 (II8; Zurückweisung nach Einreichung geänderter Ansprüche ohne neuen Prüfungsbescheid).
400 T 0921/94 ABl **99** SonderA 82.
401 BPatG BlPMZ **02**, 229 *Sortimentierer*; BPatGE **53**, 26, 30 *TOLTEC/TOMTEC* (unterlassene Antwort auf Anfrage und sofortige Entscheidung als Verstoß gegen den selbstverständlichen Grundsatz des fairen Verfahrens).
402 BPatGE **53**, 158 = Mitt **12**, 223 L *Führen eines Leiterpfades für eine Schiebetür*; BPatG v 17.12.2018 – 20 W (pat) 39/16 (II6).
403 BPatG **24**, 241; BPatG v 20.02.2017 – 19 W (pat) 3/17 (II6; kein Hinweis auf offensichtliches Versehen der Anmelderin, die alten Anspruchssatz nochmals eingereicht hatte).

154 **Fristgesuche:** Wird ein Fristgesuch, das rechtzeitig vor Erlass der Entscheidung eingegangen war und über das deshalb entweder gesondert oder im Beschluss hätte entschieden werden müssen, nicht berücksichtigt, so rechtfertigt das eine Rückzahlung der Gebühr.[404] Zur Berücksichtigung von Verfahrenshandlungen durch Amt und Gericht vgl auch Einl Rdn 73.

155 Die *Ablehnung eines Fristgesuchs* kann die Rückzahlung dann rechtfertigen, wenn das Fristgesuch ausreichend begründet war[405] (vgl dazu § 45 Rdn 25) oder wenn die Prüfungsstelle von dem ihr eingeräumten Ermessensspielraum keinen Gebrauch gemacht hat.[406] Dann ist die Ablehnung auch eine Verletzung des ausreichenden rechtlichen Gehörs. Ist das Fristgesuch unbegründet, ist eine **Nachfrist** dann zu gewähren, wenn der Grundsatz der Verfahrensökonomie das erfordert (vgl unten Rdn 160 und § 45 Rdn 27).

156 **Unterlassen der Übermittlung von Schriftsätzen** eines Beteiligten an die anderen Beteiligten stellt einen schwerwiegenden Verfahrensverstoß dar, weil der Anspruch auf rechtliches Gehör auch das Recht umfasst, von den Ausführungen des Gegners ohne unangemessene Zeitverzögerung Kenntnis zu erhalten. Schriftsätze (mit ihren Anlagen[407]) sind daher – gleich welchen Inhalt sie haben – *unverzüglich* zu übersenden.[408] Daher dürfen eingegangene Schriftsätze nicht zeitlich willkürlich oder gar erst mit der getroffenen Entscheidung übersandt werden.[409] Das gilt auch für Schriftsätze, die nach Auffassung der entscheidenden Stelle nichts Relevantes enthalten, denn auch zu der Frage ob ein Vorbringen erheblich ist oder nicht, muss sich eine Partei äußern dürfen, die möglicherweise aus dem nicht erheblichen Vorbringen einen gegenteiligen, für sie günstigen Schluss zieht.

157 **Fehlerhafte Zustellung:** Unbillig ist es die Beschwerdegebühr einzubehalten, a) wenn zwingende Zustellungsvorschriften verletzt werden und deshalb die angefochtene Entscheidung aufgehoben werden muss;[410] b) wenn eine Ausfertigung eines Beschlusses zugestellt wird, ohne dass eine Urschrift in den Akten existiert.[411]

158 **Rücknahme der Beschwerde** vor Ablauf der Beschwerdefrist rechtfertigt für sich allein keine Rückzahlung.[412]

159 **Anhörung:** Die zu § 46 (1) 2 aF (Geltung bis 31.03.2014) ergangene Rspr, wonach die Ablehnung oder das Ignorieren eines Antrags auf Anhörung die Rückzahlung der Beschwerdegebühr rechtfertigt, wenn die Anhörung sachdienlich gewesen wäre (vgl zur früheren Rechtslage auch § 46 Rdn 11) und damit die Beschwerde wegen der unberechtigten Ablehnung erspart hätte,[413] ist überholt,

---

404 BPatGE 33, 111, 112; BPatG v 28.10.10 – 12 W (pat) 30/07 Schulte-Kartei PatG 65–80, 86–99 Nr 438 *Transporteinrichtung*.
405 BPatG 22, 61, 62; BlPMZ 83, 21; Mitt 97, 100 für Verbindung der Ablehnung mit der Entscheidung, wenn Fristgesuch ausreichend vor Fristablauf eingegangen war.
406 BPatG v 31.07.12 – 21 W (pat) 34/10 (Ablehnung auf überholte Prüfungsrichtlinie gestützt).
407 BVerfGE 11, 148 149; BPatG Mitt 77, 196.
408 BGH BlPMZ 77, 277 (III2) *Gleichstromfernspeisung*; BPatGE 5, 21, 23; 18, 19, 21; 22, 61; 24, 144, 148; 37, 215, 222; Mitt 70, 176; 77, 196; BPatG v 06.11.12 – 21 W (pat) 31/08; DPMA-EinspruchsRichtl 9.3 (Tabu Gewerbl. Rechtsschutz Nr 137); EPA-PrüfRichtl D IV 5.4; aA (insoweit überholt): BPatGE 11, 216.
409 BPatGE 22, 61 u 24, 144, 148 (II2b bb) = BlPMZ 80, 227 u 82, 210; BPatG Mitt 70, 176; BPatG 85, 139.
410 BPatG BlPMZ 88, 253 (Zustellung an Anmelder statt Inlandsvertreter).
411 BPatGE 32, 36, 38; zu Beschlüssen ohne Unterschrift s Rdn 163.
412 BPatG BlPMZ 07, 260 *Zurückzahlung der Beschwerdegebühr*.
413 ZB (weitere Fundstellennachweise s Vorauflage) BPatGE 49, 111 *Anhörung im Prüfungsverfahren*; 52, 100, 104 *Verstärker*; 52, 106, 111 *Sachdienlichkeit der Anhörung*; 52, 113. 114 *Dünnfilmmagnetspeichervorrichtung*; BPatG v 13.09.11 – 17 W (pat) 15/10 (Telefonat ersetzt keine Anhörung); BPatG v 13.10.14 – 20 W (pat) 15/11 (Nichtnachkommen der Aufforderung zu telefonischer Terminabsprache kein Verzicht auf Anhörung).

soweit sie entscheidend auf die Sachdienlichkeit abstellt. Denn nach § 46 (1) 2 nF[414] ist für die Anhörung lediglich ein entsprechender Antrag des Anmelders, nicht aber die Frage der Sachdienlichkeit entscheidend. Das Übergehen des Antrags auf Anhörung verletzt die gesetzliche Pflicht zur Durchführung einer Anhörung und infolgedessen das rechtliche Gehör des Anmelders, was die Rückzahlung der Beschwerdegebühr rechtfertigen kann.[415] Nach einer ersten Anhörung sind weitere Anhörungen durchzuführen, wenn der Anmelder dies beantragt; die Ablehnung einer zweiten Anhörung kann die Rückzahlung der Beschwerdegebühr rechtfertigen.[416] Nach anderer Ansicht ist jedenfalls eine weitere, zweite Anhörung auch unter Geltung von § 46 (1) 2 nF nur geboten, wenn sie sachdienlich erscheint.[417]

Ablehnung der Verlegung des Anhörungstermins, obwohl ein erheblicher Grund iSv § 227 (1) ZPO vorliegt, kann die Rückzahlung rechtfertigen.[418] Wird der Anhörungstermin antragsgemäß nicht durchgeführt und damit konkludent wieder ins schriftliche Verfahren übergegangen, ist das rechtliche Gehör verletzt, wenn die Entscheidung auf Grundlage bisher nicht mitgeteilter Gründe ergeht.[419]

Verstoß gegen Verfahrensökonomie: Die Billigkeit erfordert eine Rückzahlung der Beschwerdegebühr auch dann, wenn die Zurückweisung der Anmeldung zwar materiell- und verfahrensrechtlich fehlerfrei war, sich aber als eine **unangemessene oder unzweckmäßige Sachbehandlung** darstellt.[420] Eine unangemessene Sachbehandlung liegt idR vor, wenn für den Prüfer bereits im Zeitpunkt der Beschlussfassung die Notwendigkeit der alsbaldigen Wiederaufhebung des Beschlusses auf Beschwerde des Anmelders klar voraussehbar war und die Beseitigung des Zurückweisungsgrundes mit einiger Aussicht auf Erfolg durch eine zweckmäßige und weniger einschneidende Verfahrensmaßnahme hätte erreicht werden können,[421] wie zB nochmaliger kurzer Zwischenbescheid, telefonische Rücksprache, *Nachfristgewährung* bei unbegründetem Fristverlängerungsgesuch, wenn eine sachgerechte Bescheiderledigung alsbald zu erwarten ist (§ 45 Rdn 27), Durchführung einer gebotenen Anhörung zur Beseitigung formeller Bedenken auch ohne Antrag. Unangemessene Sachbehandlung liegt auch vor, wenn DPMA durch Teilbeschluss (s auch § 79 Rdn 7) nur über den Hauptantrag entscheidet und entscheidungsreifen *Hilfsantrag zurückstellt*.[422]

160

Keine Berufung auf den Grundsatz der Prozessökonomie, wenn ein Anmelder selbst die ihm obliegende Pflicht zur Verfahrensförderung gröblich verletzt, weil dann die Verzögerung des Verfahrens, die durch die Zurückweisung bedingt ist, eine Folge seines Verhaltens ist.

161

---

414 Fassung ab 1.4.2014 gemäß Art 1 Nr 17a PatNovG v 19.10.2013, BGBl I 3830 = BlPMZ 13, 362, s § 46 Rdn 2.
415 ZB BPatG v 23.04.2019 – 19 W (pat) 23/19 (hier neben weiteren Verfahrensfehlern); BPatG v 18.05.2020 – 11 W (pat) 33/17 (II5).
416 BPatGE 55, 253 = Mitt 16, 503 *Strombegrenzungsschaltung*.
417 BPatG v 10.01.2018 – 18 W (pat) 10/15 (III); zur Sachdienlichkeit einer zweiten Anhörung unter Geltung von § 46 (1) 2 aF: BPatG v 19.01.11 – 17 W (pat) 104/07 (Rückzahlung der Beschwerdegebühr wegen Verweigerung von zweiter Anhörung); BPatG v 06.05.15 – 20 W (pat) 36/13 (keine Rückzahlung, erneute Anhörung nicht sachdienlich).
418 BPatG v 15.03.2017 – 19 W (pat) 5/16 (II8).
419 BPatG v 08.02.2017 – 20 W (pat) 58/13 (II6).
420 BPatGE 14, 209, 213 (= Mitt 73, 52); 16, 28, 32; 18, 68, 73; 24, 210 f; 30, 32, 34; BPatG Mitt 72, 73; BPatG v 28.04.08 – 17 W (pat) 73/07 Schulte-Kartei PatG 35.1 Nr 381 *DMA-Mechanismus*; BPatG v 27.05.08 – 17 W (pat) 27/08 Schulte-Kartei PatG 65–80, 86–99 Nr 373 *Antwortreihenwiederherstellungsmechanismus*; BPatG BlPMZ 11, 308, 310 *Teilbeschluss*; BPatG v 19.03.2019 – 18 W (pat) 21/16.
421 BPatG v 25.06.08 – 10 W (pat) 25/06 Schulte-Kartei PatG 65–80, 86–99 Nr 375 *Elektronisches Keramikbauteil*.
422 BPatG v 28.04.08 – 17 W (pat) 73/07 Schulte-Kartei PatG 35.1 Nr 381 *DMA-Mechanismus*; BPatG v 27.05.08 – 17 W (pat) 27/08 Schulte-Kartei PatG 65–80, 86–99 Nr 373 *Antwortreihenwiederherstellungsmechanismus*; BPatG BlPMZ 11, 308, 310 *Teilbeschluss*.

§ 73 *BPatG: Beschwerdeverfahren, Rückzahlung der Beschwerdegebühr*

162 **Isolierte Kostenbeschwerden:** Bei erfolgreicher isolierter Kostenbeschwerde kann die Rückzahlung der Beschwerdegebühr ausnahmsweise gerechtfertigt sein, um so zu verhindern, dass die im Ergebnis erfolgreiche Beschwerde wirtschaftlich sinnlos wäre.[423]

163 **Formmängel:** Fehlt die Unterschrift unter dem Zurückweisungsbeschluss, so dass kein wirksamer Beschluss vorliegt und eine Sachentscheidung nicht ergehen kann, entspricht die Rückzahlung der Beschwerdegebühr der Billigkeit.[424]

164 **Nichtbeachtung der Unterbrechung des Verfahrens durch Insolvenz:** Mit der Eröffnung des Insolvenzverfahrens über das Vermögen des Anmelders wird das Patentanmeldeverfahren vor dem DPMA entsprechend § 240 ZPO unterbrochen. Gemäß § 249 (1) ZPO hat die Unterbrechung des Verfahrens die Wirkung, dass der Lauf einer jeden Frist aufhört und nach Beendigung der Unterbrechung die volle Frist von neuem zu laufen beginnt. Durch die Entscheidung vor Fristablauf wird das Recht des Anmelders auf rechtliches Gehör verletzt, was die Rückzahlung der Beschwerdegebühr rechtfertigt.[425] Die Rspr des BGH zu Jahresgebühren, deren Zahlungsfrist durch Insolvenz nicht unterbrochen wird,[426] ist nicht dahingehend zu verstehen, dass generell § 240 ZPO in patentamtlichen Verfahren nicht anzuwenden sei.[427]

165 **Patenterteilung** ohne genaue Bezeichnung der Unterlagen, die der Erteilung zugrunde liegen, kann die Rückzahlung der Beschwerdegebühr rechtfertigen;[428] dies gilt ebenso, wenn im Erteilungsbeschluss vom Prüfer Änderungen in den Ansprüchen oder der Beschreibung vorgenommen wurden, die zuvor mit dem Anmelder nicht abgestimmt waren, da dies eine Verletzung des Antragsgrundsatzes darstellt.[429]

166 **Unkenntnis des Einsprechenden vom Erlöschen des Patents:** hat er im Zeitpunkt der Beschwerdeeinlegung nicht gewusst und nicht wissen können, dass das Patent vorher wegen Nichtzahlung der Jahresgebühr erloschen ist und hat er kein Rechtsschutzinteresse am rückwirkenden Widerruf, ist es billig, die Beschwerdegebühr zu erstatten.[430]

167 **Ablehnung der Zeugenvernehmung** zu einer offenkundigen Vorbenutzung, die von den Einsprechenden hinreichend substantiiert vorgetragen ist und auf die es entscheidungserheblich ankommt, kann die Rückzahlung der Beschwerdegebühr rechtfertigen. Gerade bei Verfahren mit Amtsermittlung wie dem Einspruchsverfahren, darf ein schlüssiges Beweisangebot grundsätzlich nicht übergangen werden.[431]

---

423 Vgl BPatG v 10.08.10 – 33 W (pat) 9/09, Mitt 10, 529 L *IGEL PLUS/PLUS*.
424 BPatGE 38, 16, 17; 41, 44, 45 *Formmangel*; 52, 184, 187 *Unterschriftsmangel II*; BPatGE 47, 224, 231 *Paraphe*; 12, 356, 357 *Fehlende Unterschrift unter Zurückweisungsbeschluss*; BPatG v 10.03.08 – 11 W (pat) 4/08 *Beschlussunterschrift* in Schulte-Kartei PatG 35.1 Nr 373 *Oberstatt Unterschrift*; ebenso bei fehlender bzw unwirksamer elektronischer Signatur: BPatGE 54, 189, 210 *Elektrischer Winkelstecker II*; BPatG v 25.08.14 – 35 W (pat) 413/12, Mitt 15, 50 L *Fahrradgetriebenabe*.
425 BPatG v 26.01.12 – 6 W (pat) 3/11; ebenso BPatG v 03.05.2018 – 30 W (pat) 28/15 (Markensache).
426 BGH v 11.03.2008 – X ZB 5/07, GRUR 2008, 551 *Sägeblatt*.
427 Vgl zum Markenrecht BPatG v 19.11.2013 – 33 W (pat) 507/12; BPatG v 03.05.2018 – 30 W (pat) 28/15; s auch BGH v 31.01.2019 – I ZB 114/17, GRUR 2019, 549 *Kaffeekapsel* (zur Unterbrechung des Markenlöschungsverfahrens bei Insolvenz des Ast); zur Unterbrechung bei Insolvenz des Einsprechenden s BPatG v 17.06.2019 – 19 W (pat) 104/17 (II1).
428 BPatG v 30.09.13 – 10 W (pat) 10/12; BPatGE 54, 94, 100 *Modulanordnung* (mit noch weiteren formalen Mängeln des Beschlusses).
429 ZB BPatG v 09.07.2018 – 7 W (pat) 11/18; BPatG v 05.03.2020 – 7 W (pat) 1/19, GRUR-RR 2020, 233 *MOSFET-Vorrichtung* (Änderung der Bezeichnung der Erfindung).
430 BPatG BlPMZ 15, 133 *Großformat-Bogenoffsetdruckmaschine*.
431 BPatG v 03.09.2018 – 19 W (pat) 22/17 (III).

Nichtbeteiligung der eingetragenen Patentinhaberin im Einspruchsverfahren, die trotz nachfolgender Umschreibung Verfahrensbeteiligte geblieben ist, weil dem Beteiligtenwechsel nicht zugestimmt war.[432]

168

Einführung einer neuen Druckschrift erst in der Anhörung ohne Änderung der Ansprüche kann nur dann die Rückzahlung wegen Verletzung rechtlichen Gehörs rechtfertigen, wenn nicht genügend Zeit zum Erfassen der Druckschrift zur Verfügung gestellt wurde.[433]

169

2.3.3 Vorsorgliche Beschwerden

Vorsorgliche Beschwerden, die zur Wahrung eigener Interessen eingelegt und danach zurückgenommen werden, rechtfertigen die Rückzahlung der Beschwerdegebühr grundsätzlich nicht.[434]

170

Vorsorgliche Beschwerde des Einsprechenden, die dieser gegen einen Widerrufsbeschluss erhebt, der zugleich seinen Einspruch als unzulässig verwirft, ist gebührenpflichtig.[435] Wird der Widerruf des Patents rechtskräftig, weil der Patentinhaber keine Beschwerde einlegt, so erscheint eine Rückzahlung der Beschwerdegebühr nach Rücknahme der Beschwerde des Einsprechenden nicht billig. Der Einsprechende hätte ohne Nachteil abwarten können, bis der Patentinhaber Beschwerde einlegt und hätte dann sein Interesse durch eine gebührenfreie Anschlussbeschwerde ausreichend wahren können.[436]

171

Vorsorgliche Beschwerde des Arbeitgebers gegen den Widerruf seines nach dem ArbEG in Anspruch genommenen Patents, weil die 3-monatige Überlegungsfrist des § 16 (2) ArbEG für den Arbeitnehmererfinder später abläuft als die 1-monatige Beschwerdefrist, rechtfertigt die Rückzahlung der Beschwerdegebühr nicht, weil der Arbeitgeber die Fristenkollision durch ein rechtzeitiges Angebot an den Arbeitnehmererfinder, das Patent auf ihn zu übertragen, hätte vermeiden können.[437]

172

2.4 Verfahren

2.4.1 Von Amts wegen

Die Rückzahlung der Beschwerdegebühr wird von Amts wegen angeordnet. Eines Antrags eines Beteiligten bedarf es nicht.[438]

173

---

432 BPatG v 31.01.2020 – 23 W (pat) 19/18 (II4).
433 *BPatG* v 01.02.2019 – 23 W (pat) 53/17.
434 T 0500/92 Schulte-Kartei EPÜ 106.31 Nr 6.
435 BlPatGE **19**, 29, 30; BlPMZ **85**, 16.
436 BPatGE **4**, 162; **19**, 29, 31 (Rückzahlung aber billig wegen uneinheitlicher Rspr); BlPMZ **85**, 16; aA BPatGE **12**, 173; In Markensachen ist eine Rückzahlung billig, wenn die vorsorgliche Beschwerde eines unterlegenen Widersprechenden gegenstandslos wird, weil der Markeninhaber gegen die Löschung der Marke wegen eines anderen Widerspruchs kein Rechtsmittel eingelegt hat: BPatGE **1**, 217, 219; **3**, 75, 77; **39**, 160.
437 BPatGE **7**, 108; **7**, 113; **13**, 72; **21**, 82; aA: Witte Mitt **63**, 45; Werner GRUR **66**, 236, 238.
438 Vgl zB BPatGE **3**, 75; **33**, 111, 112.

2.4.2 Zuständigkeit für die Anordnung der Rückzahlung

174 Zuständig für die Anordnung ist

175 a) *vor DPMA* der Prüfer oder die Patentabteilung. Übertragung nach § 27 (5) auf Beamte des gehobenen Dienstes ist nicht möglich, weil Ausfüllung des Begriffs Billigkeit generell rechtlich schwierig ist.[439] Daher nimmt § 1 (1) Nr 4 WahrnV die Rückzahlung der Beschwerdegebühr von der Übertragung auf den gehobenen Dienst aus. DPMA ist bis zur Vorlage der Beschwerde zuständig, auch wenn die Beschwerde vorher zurückgenommen wird, denn nach dem Sinn (nicht nach dem Wortlaut) des § 73 (3) 2 ist es gleich, ob die Beschwerde durch Abhilfe oder durch Zurücknahme erledigt wird;[440]

176 b) *vor BPatG* nach Vorlage der Beschwerde der jeweils zuständige Beschwerdesenat, weil in § 23 RPflG nicht auf Rechtspfleger übertragen. Für Beschwerden gegen die Ablehnung der Rückzahlung (als isolierte Entscheidung) durch DPMA ist der juristische Beschwerdesenat zuständig.

2.4.3 Entscheidung

177 Ausspruch über die Rückzahlung in einer Abhilfeentscheidung ist nur erforderlich, wenn DPMA zurückzahlen oder einen Rückzahlungsantrag ablehnen will.[441] Schweigt der Abhilfebeschluss, so ist damit entschieden, dass die Gebühr einbehalten wird. Ein danach eingehender Antrag auf Rückzahlung ist unzulässig, weil über ihn bereits entschieden ist, er kann allenfalls als Beschwerde gewertet werden.[442]

178 *Begründung der Ablehnung* muss dem § 47 entsprechen. Fehlen nachprüfbare Gründe oder erschöpft die Begründung sich in einer summarischen Feststellung, kann die Sache nach § 79 (3) Nr 2 zurückverwiesen werden.[443]

VIII. Anschlussbeschwerde *(cross-appeal)*

179 **Europäisches Patentrecht:** Nach Auffassung der GBK gibt es im europäischen Beschwerdeverfahren keine Anschlussbeschwerde, s Rdn 181 u Art 107 EPÜ Rdn 23 ff im Anhang zu § 73.

Lit in GRUR: Kirchner GRUR **68**, 682; Schulte GRUR **01**, 999; **Lit in NJW:** Kirchner NJW **76**, 610.

1 Anwendbarkeit des § 567 (3) ZPO

180 § 567 (3) ZPO:[444]
[1]Der Beschwerdegegner kann sich der Beschwerde anschließen, selbst wenn er auf die Beschwerde verzichtet hat oder die Beschwerdefrist verstrichen ist. [2]Die Anschließung

---

439 BPatGE **13**, 26 = BlPMZ **72**, 27.
440 So Röhl Mitt **71**, 136; aA: BPatGE **12**, 28.
441 BPatGE **3**, 75; **17**, 60.
442 BPatGE **17**, 60.
443 BPatGE **14**, 209; Mitt **77**, 195.
444 Neu gefasst durch Art 2 ZPO-RG v 27.07.01 (BGBl I 1887), s auch Bekanntmachung der Neufassung der ZPO v 5.12.2005 (BGBl I 3202); eingefügt in die ZPO als § 577a durch G v 17.12.1990 (BGBl I 2847).

verliert ihre Wirkung, wenn die Beschwerde zurückgenommen oder als unzulässig verworfen wird.

Nach § 99 (1) PatG ist § 567 (3) ZPO entsprechend anzuwenden, weil Besonderheiten des Verfahrens vor BPatG dies nicht ausschließen.[445] Bereits vor Inkrafttreten des § 567 (3) ZPO war eine Anschlussbeschwerde nach der Rechtsprechung zulässig.[446]

EPA: Nach Auffassung der Großen Beschwerdekammer gibt es im europäischen Beschwerdeverfahren keine Anschlussbeschwerde, weil sie das EPÜ nicht vorsieht.[447] Wurde das Patent in geändertem Umfang aufrechterhalten, so kann nach dieser Entscheidung der Patentinhaber, der selbst keine Beschwerde eingelegt hatte, sein Patent nur in dem Umfang verteidigen, den es durch die angefochtene Entscheidung erhalten hatte. Er kann daher nicht zur erteilten Fassung zurückkehren. Umgekehrt kann der Einsprechende, wenn nur der Patentinhaber Beschwerde eingelegt hatte, der Einsprechende aber nicht, das Patent in der Fassung gemäß der angefochtenen Entscheidung nicht in Frage stellen. Zur Kritik vgl Art 107 EPÜ Rdn 22 im Anhang zu § 73.

Nach Erlass von G 0009/92 und G 0004/93 trat Regel 57a aF (jetzt Regel 80) EPÜ in Kraft. Danach kann der Patentinhaber sein Patent ohne Zustimmung des EPA ändern, wenn die Änderungen durch Einspruchsgründe des Art 100 EPÜ veranlasst sind (vgl dazu Einl Rdn 262).

181

2 Bedeutung der Anschlussbeschwerde

Da die Anschlussbeschwerde keine Beschwer voraussetzt (s Rdn 192), kann mit ihr die Entscheidung auch insoweit angefochten werden, als der Anschlussbeschwerdeführer durch die Entscheidung nicht beschwert ist. So kann zB ein Patentinhaber bei einer Beschwerde des Einsprechenden gegen eine beschränkte Aufrechterhaltung des Patents sein Patent mit der Anschlussbeschwerde in der erteilten Fassung verteidigen. Der Hauptbeschwerdeführer wird damit dem Risiko ausgesetzt, dass die Beschwerdeentscheidung für ihn auch ungünstiger ausfallen könnte als die angefochtene Entscheidung. Diese Gefahr verstößt nicht gegen das Verbot der reformatio in peius, da sie eine Folge der gesetzlich zugelassenen Anschlussbeschwerde ist. Eine drohende Verschlechterung kann der Hauptbeschwerdeführer jederzeit durch Rücknahme seiner Beschwerde begegnen, denn dadurch verliert die Anschlussbeschwerde ihre Wirkung. Die Anschlussbeschwerde, die das Rechtspflegevereinfachungsgesetz[448] in die ZPO eingefügt hat, dient somit dem allgemeinen Ziel der Prozessökonomie und der alsbaldigen Herstellung des endgültigen Rechtsfriedens.

182

3 Selbständige und unselbständige Anschlussbeschwerde

Selbständige und unselbständige Anschlussbeschwerde unterscheiden sich durch den Zeitpunkt ihrer Einlegung. Wird die Anschlussbeschwerde nach Ablauf der Beschwer-

183

---

445 BGH GRUR 83, 725, 727 rSp *Ziegelsteinformling I.*
446 BGH GRUR 83, 725 (III) *Ziegelsteinformling I;* BPatGE 2, 116; 3, 48; 4, 162; 12, 173; 12, 249, 250; 15, 90; 15, 142, 145; 17, 144; 19, 29; 22, 51; 24, 25, 26; 34, 64; 36, 177, 180; 37, 1; Mitt 80, 78.
447 EPA GBK G 0009/92, G 0004/93 ABl 94, 875 *Nicht-beschwerdeführender Beteiligter/ MOTOROLA u BMW.*
448 Vom 17.12.1990 (BGBl I 2847).

defrist erhoben, ist sie unselbständig, weil sie nach § 567 (3) ZPO in ihrer Wirkung von der Hauptbeschwerde abhängig ist.

184 **Selbständig** ist eine Beschwerde, auch wenn sie als Anschlussbeschwerde bezeichnet ist, wenn sie vor Ablauf der Beschwerdefrist erhoben wird. Sie muss daher alle Voraussetzungen einer normalen Beschwerde erfüllen, sie ist insbesondere nicht gebührenfrei und ihre Zulässigkeit ist von einer Beschwer abhängig. Wird die Beschwerdegebühr für eine selbständige Anschlussbeschwerde nicht entrichtet, gilt sie als nicht erhoben. Sie gilt dann nicht automatisch als unselbständige Anschlussbeschwerde, dazu bedarf es einer entsprechenden Verfahrenserklärung.[449]

4 Voraussetzungen der Anschlussbeschwerde

185 **4.1 Allgemeine Verfahrensvoraussetzungen** wie Partei- und Prozessfähigkeit, ausreichende gesetzliche Vertretung, Bedingungslosigkeit, Rechtsschutzbedürfnis[450] muss die Anschlussbeschwerde wie jede andere Verfahrenshandlung erfüllen, vgl dazu im einzelnen Einl Rdn 41 ff. Ihr Vorliegen ist in jeder Lage des Verfahrens zu berücksichtigen. Die Anschlussbeschwerde kann auch hilfsweise erhoben werden, wenn eine zulässige innerprozessuale Bedingung vorliegt.[451]

186 *Bezeichnung als Anschlussbeschwerde* ist nicht erforderlich. Das Begehren, Anschlussbeschwerde einlegen zu wollen, kann sich aus dem Vorbringen der Partei ergeben.[452]

187 **4.2 Anhängigkeit der Hauptbeschwerde** ist Voraussetzung für eine wirksame Anschließung. Ist die Hauptbeschwerde nicht existent, weil sie entweder nicht erhoben wurde oder weil sie wegen Nichtzahlung der Beschwerdegebühr nach § 6 (2) PatKostG als nicht vorgenommen gilt, ist eine Anschlussbeschwerde unzulässig.

188 **4.3 Statthaftigkeit der Hauptbeschwerde:** Unterliegt der angegriffene Akt keinem Rechtsmittel, ist die Anschließung an eine gleichwohl eingelegte Beschwerde unzulässig.[453]

189 *Unzulässigkeit der Hauptbeschwerde* steht einer Anschlussbeschwerde nicht entgegen, denn eine Anschließung verliert nach § 567 (3) ZPO ihre Wirkung erst mit der Verwerfung der Hauptbeschwerde als unzulässig.

190 *Eine Anschließung an eine Anschlussbeschwerde* ist nicht möglich, da nur ein Beschwerdegegner Anschlussbeschwerde erheben kann, nicht aber der Beschwerdeführer der Hauptbeschwerde.[454]

---

449 Zur evtl Umdeutung einer unzulässigen selbständigen Beschwerde in eine Anschlussbeschwerde vgl BGH NJW-RR **16**, 445 (bzgl einer Berufung).
450 BPatGE **3**, 48, 50; **15**, 142, 146; vgl BGH NJW-RR **87**, 1092 = BGHR ZPO § 621e *Anschlußbeschwerde, unselbständige 1.*
451 BGH NJW **84**, 1240; BPatG v 30.11.2020 – 35 W (pat) 412/19 (II3 Gbm).
452 BGH NJW-RR **90**, 259 (II A2) = BGHR ZPO § 621e ZPO *Anschlußbeschwerde 1.*
453 BGH LwZB 9/94 v 02.03.95, VersR **95**, 1371 = BGHR ZPO § 577a ZPO *Zwischenbeschluß 1.*
454 BGH NJW **86**, 1494 BGHZ **88**, 360 = NJW **84**, 437.

4.4 Zahlung der Beschwerdegebühr ist keine Voraussetzung einer unselbständigen Anschlussbeschwerde,[455] weil die Anschließung an das Rechtsmittel des Gegners keine Beschwerde iSd § 73 (3), sondern ein Antrag im Rahmen der Hauptbeschwerde ist, der nicht gebührenpflichtig ist.

4.5 Beschwer ist keine Voraussetzung der Zulässigkeit einer unselbständigen Anschlussbeschwerde,[456] weil sie keine Beschwerde iSd § 73, sondern ein von der Hauptbeschwerde abhängiger Antrag ist. Eine Ausnahme gilt vor BGH für die Anschlussrechtsbeschwerde wie für die Anschlussrevision gemäß § 554 ZPO, für die nach der Rechtsprechung eine Beschwer gegeben sein muss[457] (s § 102 Rdn 6).

Bei einer Aufrechterhaltung des Patents in beschränktem Umfang und

a) *einer Beschwerde des Einsprechenden* kann daher der Patentinhaber mit der Anschlussbeschwerde sein Patent im erteilten Umfang verteidigen, obwohl er wegen seines Einverständnisses mit der beschränkten Aufrechterhaltung in 1. Instanz nicht beschwert ist und daher selbst keine Beschwerde gegen die Entscheidung hätte einreichen können;

b) *bei einer Beschwerde des Patentinhabers* kann der Einsprechende mit der Anschlussbeschwerde den Widerruf des ganzen Patents beantragen, auch wenn er in 1. Instanz oder im Beschwerdeverfahren erklärt haben sollte, dass er mit einer beschränkten Aufrechterhaltung einverstanden ist.

5 Zeitpunkt

Anschlussbeschwerde kann jederzeit bis zum Schluss der mündlichen Verhandlung[458] oder im schriftlichen Verfahren bis zur Herausgabe der Entscheidung an die Postabfertigungsstelle erhoben werden (vgl Einl Rdn 77).

6 Verzicht auf Beschwerderecht

Der Verzicht auf das Beschwerderecht steht nach § 567 (3) ZPO der Erhebung der Anschlussbeschwerde nicht entgegen, auch nicht eine etwaige **Rücknahme** einer eigenen, früheren Beschwerde des Anschlussbeschwerdeführers.[459]

7 Verlust der Wirkung der Anschlussbeschwerde

Der Verlust der Wirkung der Anschlussbeschwerde tritt kraft Gesetzes nach § 567 (3) ZPO ein, wenn die Hauptbeschwerde zurückgenommen oder als unzulässig verworfen wird. Einer Entscheidung bedarf es nicht, es sei denn, die Anschlussbeschwerde wird weiter verfolgt. Dann ist sie als unzulässig zu verwerfen. Gilt die Hauptbeschwerde als nicht erhoben, ist die Anschlussbeschwerde unzulässig.

---

455 BPatGE 3, 48; 36, 177, 180; 49, 48, 52.
456 BPatGE 2, 116; 15, 142, 146; 36, 177, 180; BGHZ 4, 233; BGH MDR 84, 569; BGH FamRZ 80, 233; KG NJW-RR 87, 134 *Beschwer.*
457 BGH GRUR 83, 725, 727 rSp *Ziegelsteinformling I*; BGH NJW 95, 2563.
458 BPatGE 2, 116; 37, 1, 9.
459 BPatGE 15, 90, 96.

8 Entscheidung über die Anschlussbeschwerde

199 Über die Anschlussbeschwerde wird gemeinsam mit der Entscheidung über die Hauptbeschwerde entschieden. Betreffen dagegen Haupt- und Anschlussbeschwerde zwei verschiedene Gegenstände (zB Aufrechterhaltung des Patents und Zulässigkeit des Einspruchs), dann kann über die Anschlussbeschwerde eine *Vorab- oder Zwischenentscheidung* ergehen.[460]

IX. Ende des Beschwerdeverfahrens

200 Das Ende des Beschwerdeverfahrens tritt ein durch die Rechtskraft der Entscheidung des BPatG oder durch die Rücknahme der Beschwerde. Ebenso können die Rücknahme der Anmeldung, das Erlöschen des Patents oder eine übereinstimmende Erledigungserklärung die Beschwerde in der Hauptsache erledigen. Im Einzelnen:

1 Rechtskraft der Entscheidung des BPatG

201 Diese wird mit Ablauf der Monatsfrist für die Rechtsbeschwerde, auch wenn diese nicht zugelassen ist,[461] formell rechtskräftig. Die Bindung an die Entscheidung tritt für DPMA und BPatG bereits mit ihrem Erlass[462] ein (zur Selbstbindung des DPMA vgl § 47 Rdn 18, zu der des BPatG vgl § 79 Rdn 43 ff). Zum maßgebenden Zeitpunkt, bis zu dem Verfahrenshandlungen und Vortrag der Parteien berücksichtigt werden müssen, vgl Einl Rdn 73 ff. Zur Durchbrechung der Rechtskraft im Falle der *Wiederaufnahme* nach §§ 578 ff ZPO[463] vgl Einl Rdn 546 ff.

2 Rücknahme der Beschwerde

202 Die Rücknahme der Beschwerde ist in § 80 (4) erwähnt, aber gesetzlich nicht weiter geregelt. Sie nach hM solange zulässig, wie über die Beschwerde noch nicht entschieden ist;[464] dies gilt insbesondere für das *Einspruchsbeschwerdeverfahren* im Hinblick auf die Regelung in § 61 (1) 2[465]. Maßgebender Zeitpunkt: Verkündung oder Herausgabe des Beschlusses an die Postabfertigungsstelle (s Einl Rdn 73). Danach berührt eine Rücknahme die Wirksamkeit der Beschwerdeentscheidung nicht. Nach anderer Ansicht ist die Rücknahme der Beschwerde auch nach Erlass der Beschwerdeentscheidung bis zum Eintritt der Rechtskraft der Beschwerdeentscheidung möglich;[466] dieser Ansicht könnte für einseitige Beschwerdeverfahren zu folgen sein, da die im Bereich

---

[460] BPatGE 24, 25; Mitt 80, 78.
[461] BPatGE 10, 140, 141.
[462] Vgl zum Begriff »Erlass« iSv Existentwerden auch Zöller/Feskorn, ZPO, 33. Aufl 2020, § 329 Rn 6.
[463] Nach st Rspr vor BPatG entsprechend anwendbar, vgl BGH GRUR 66, 109 *Restitutionsverfahren*; BPatGE 25, 97; 27, 206, 208 = GRUR 86, 309; BPatG Mitt 78, 195; Mitt 93, 144.
[464] HM: BGH GRUR 69, 562 *Appreturmittel*; GRUR 79, 313 *Reduzier-Schrägwalzwerk*; GRUR 88, 364 *Epoxidation*; bestätigt durch BGH v 23.02.2021 – X ZB 1/18 (Tz 28), GRUR 2021, 1052 *Gruppierungssystem*; BPatGE 17, 90, 92.
[465] BGH v 23.02.2021 – X ZB 1/18 (Tz 28), GRUR 2021, 1052 *Gruppierungssystem*.
[466] BPatG v 02.06.10 – 35 W (pat) 454/08 Mitt 10, 483 L *Beschwerderücknahme nach Verkündung* für das Gebrauchsmusterlöschungs-Beschwerdeverfahren; BPatG v 12.10.2020 – 19 W (pat) 53/19 *Klappenantrieb* für das Einspruchsbeschwerdeverfahren; ebenso Busse/Keukenschrijver, PatG, 9. Aufl 2020, § 73 Rn 126 u Benkard/Schäfers/Schwarz, PatG, 11. Aufl 2015, § 73 Rn 104.

der ZPO insoweit bestehenden Beschränkungen (zB § 516 (1) ZPO) mit Rücksicht auf den Prozessgegner bestehen.[467]

Die Rücknahme einer wirksam eingelegten Beschwerde muss zwar nicht ausdrücklich, aber *klar und unzweideutig* erfolgen.[468] Die Rücknahme der Beschwerde gegenüber DPMA wird, wenn die Beschwerde schon bei BPatG anhängig war, erst wirksam mit Eingang beim BPatG.[469]

Die Rücknahme ist bedingungsfeindlich,[470] kann nicht widerrufen[471] und nicht angefochten werden[472] und bedarf keiner Einwilligung des Beschwerdegegners.[473] Ein *Widerruf der Beschwerderücknahme*, der am selben Tag wie die Beschwerderücknahme eingeht, genügt noch nicht, um die beiden Erklärungen als gleichzeitig zugegangen anzusehen iSv § 130 (1) S 2 BGB analog mit der Folge, dass die Beschwerderücknahme nicht wirksam geworden wäre; denn es kommt darauf an, dass der Widerruf der *Uhrzeit* nach zeitlich vor oder gleichzeitig mit der Rücknahme eingegangen ist.[474]

2.1 Keine Fortsetzung des Beschwerdeverfahrens

Eine Fortsetzung des Beschwerdeverfahrens von Amts wegen nach Rücknahme der Beschwerde ist nicht möglich.[475] Der Beschwerdeführer ist wie jeder Antragsteller zur Verfügung über die von ihm eingelegte Beschwerde befugt (vgl Einl Rdn 11). Die Ausnahmeregelung über die Fortsetzung des Einspruchsverfahrens nach Rücknahme des Einspruchs in § 61 (1) 2 PatG und Regel 84 (2) 2 EPÜ ist auf das gerichtliche Beschwerdeverfahren nicht übertragbar.[476] Nach Rücknahme der Beschwerde ist daher das Beschwerdeverfahren zur Überprüfung der angefochtenen Entscheidung beendet. Das gilt auch bei Rücknahme der Beschwerde gegen einen Beschluss, durch den der Einspruch als unzulässig verworfen worden ist.[477]

203

2.2 Teilrücknahme der Beschwerde

Die Teilrücknahme ist – wie sich aus § 80 (4) ergibt – zulässig und führt insoweit zum Verlust des Rechtsmittels. Der Anmelder kann seine Beschwerde danach nicht mehr

204

---

467 Vgl BAG NJW 08, 1979: mit Einwilligung des Gegners ist die Rücknahme der Berufung auch nach Verkündung des Berufungsurteils bis zum Eintritt der Rechtskraft zulässig.
468 Vgl BGH v 21.11.2018 – XII ZB 243/18, MDR 2019, 439.
469 BPatG v 25.04.2018 – 12 W (pat) 23/16.
470 BGH NJW-RR 08, 85 = Mitt 08, 44 L *bedingte Rechtsmittelrücknahme*: Sie kann auch nicht von einer innerprozessualen Bedingung abhängig gemacht werden.
471 BGH NJW-RR 08, 85 = Mitt 08, 44 L; BPatGE 38, 71 (auch bei irrtümlicher Rücknahme kein Widerruf); BPatGE 52, 82 *Widerruf der Beschwerderücknahme* (auch bei versehentlicher Absendung des Rücknahmeschriftsatzes kein Widerruf); BPatG v 02.01.2019 – 20 W (pat) 1/ 17, GRUR 2019, 870 *Widerruf der Beschwerderücknahme* (Beschwerderücknahme und deren Widerruf zwar am selben Tag eingegangen, aber maßgeblich ist die genaue Uhrzeit).
472 BGH NJW-RR 08, 85 = Mitt 08, 44 L; BPatGE 6, 183; 17, 90, 92; 52, 82 *Widerruf der Beschwerderücknahme*.
473 BPatGE 17, 90, 92.
474 BPatGE 33, 200, 202f; BPatG v 02.01.2019 – 20 W (pat) 1/17, GRUR 2019, 870 *Widerruf der Beschwerderücknahme*.
475 BPatGE 1, 87; 1, 89; 2, 80; 17, 90, 94; *Bendler* GRUR 63, 113.
476 G 0008/91 ABl 93, 346 *Rücknahme der Beschwerde/BELL*; G 0007/91 93, 356 *Rücknahme der Beschwerde/BASF*.
477 BGH BlPMZ 88, 250 *Epoxidation*.

auf das Beschwerdebegehren richten, für das die Teilrücknahme erklärt wurde. Soweit es für zulässig erachtet wird, dass ein Einsprechender einen bindenden beschränkten Beschwerdeantrag stellen kann (vgl zu der in der Rspr des BPatG strittigen Rechtsfrage der Bindung an einen Teileinspruch des Einsprechenden § 59 Rdn 80 u 180[478]), kann er seine Beschwerde auch teilweise zurücknehmen[479] und vom vollständigen Widerruf zum Teilwiderruf übergehen.

EPA: Beantragt der Einsprechende, das Patent nur in beschränktem Umfang aufrechtzuerhalten, so ist das Patent – wenn die Beschränkung zulässig ist – insoweit auf Patentfähigkeit nicht zu prüfen.[480]

2.3 Rechtsfolge

205 Die Rücknahme der Beschwerde hat die rechtsgestaltende Wirkung, dass die angefochtene Entscheidung in Rechtskraft erwächst.[481] Eine Entscheidung über Aufrechterhaltung oder Widerruf des Patents erwächst damit insoweit in Rechtskraft, die Rücknahme hat aber keinen Einfluss auf die Schutzbereichsbestimmung des Patents.[482]

3 Rücknahme der Anmeldung

206 Die Erklärung der Rücknahme der Anmeldung gegenüber BPatG[483] und die gesetzliche Fiktion der Rücknahme[484] (§ 58 Rdn 18; Art 110 Rdn 22 im Anhang zu § 73) – vor Rechtskraft der Entscheidung des BPatG – erledigt das *Erteilungsbeschwerdeverfahren* in der Hauptsache. Dem Verfahren ist damit wie im Fall einer Klagerücknahme im Zivilprozess die Grundlage entzogen; bisher ergangene Beschlüsse des DPMA sind in entsprechender Heranziehung von § 269 (3) 1 ZPO wirkungslos.[485] Möglich aber noch die Entscheidung über die Rückzahlung der Beschwerdegebühr, wie sich aus § 80 (4) ergibt.

207 Ist die Anmeldung *durch Zeitablauf erloschen* (Ablauf der Patentdauer nach § 16), ist das Beschwerdeverfahren ebenfalls in der Hauptsache erledigt, es sei denn, der Anmelder hat ein Rechtsschutzinteresse an der Fortsetzung des Beschwerdeverfahrens.[486]

208 Etwas anderes gilt bei Beschwerden in *Nebenverfahren*, nämlich a) Beschwerdeverfahren, deren Gegenstand gerade die Wirksamkeit der Rücknahme der Anmeldung vor DPMA oder den Eintritt der Rücknahmefiktion betrifft, zB *Wiedereinsetzungsbeschwerdeverfahren* wegen versäumter Jahresgebühren: durch eine Rücknahme der

---

478 Zum Meinungsstand in der Rspr des BPatG s *Winterfeldt/Engels* GRUR 08, 553, 563; *Engels/Morawek* GRUR 10, 465, 474; GRUR 11, 561, 581; von der Mehrheit der Senate nicht für zulässig erachtet, zB BPatG v 09.03.2017 – 8 W (pat) 49/12 (II5.3), juris Tz 84.
479 BPatGE 17, 90.
480 T 0006/92 ABl 94 SonderA 115.
481 Vgl BGH GRUR 10, 231 (Tz 18) *Legostein* zur Anwendung der Grundsätze des § 322 ZPO auf bestandskräftige DPMA-Entscheidungen.
482 BGH GRUR 02, 511 (III3) *Kunststoffrohrteil*.
483 BPatGE 8, 28; 10, 140; nach BPatG Mitt 73, 18 auch gegenüber DPMA.
484 ZB BPatG v 18.05.2020 – 9 W (pat) 17/19 (Nichtzahlung der Jahresgebühr).
485 Vgl BGH GRUR 11, 1052 *Telefonsystem* zur Rücknahme einer Patentanmeldung vor BGH.
486 Vgl BPatGE 12, 119; 42, 256 *Benutzerleitende Information*; BPatG v 14.05.13 – 20 W (pat) 20/11; BPatG v 20.05.2020 – 17 W (pat) 33/19; dagegen bei fehlendem Rechtsschutzinteresse für Verwerfung der Beschwerde als unzulässig: BPatGE 50, 256 *Rauchbarer Artikel*.

Anmeldung würde keine neue Sachlage geschaffen, nur durch eine Rücknahme der Beschwerde;[487] **b)** zweiseitigen Beschwerdeverfahren wie zB bezüglich *Akteneinsicht*[488] oder *Umschreibung*[489] der Anmeldung, bei denen ein Rechtsschutzinteresse des Antragstellers trotz Rücknahme der Anmeldung bestehen kann (s Rdn 84).

Im *Einspruchsbeschwerdeverfahren* kann eine Anmeldung ebenso wie im Einspruchsverfahren nicht mehr zurückgenommen werden,[490] weil es nach der Patenterteilung keine Anmeldung mehr gibt. Folglich wird das Einspruchsbeschwerdeverfahren durch eine Rücknahme der Anmeldung nicht erledigt. 209

4 Erlöschen des Patents

(vgl § 20 Rdn 5) 210

4.1 Bei Beschwerde des Patentinhabers

Bei Beschwerde des Patentinhabers führt das Erlöschen des Patents nicht zur Erledigung des Beschwerdeverfahrens, weil der Patentinhaber ein anzuerkennendes Interesse hat, sein Patent für die Vergangenheit ungeschmälert geltend machen zu können,[491] es sei denn, er gibt an, an der Fortführung kein Interesse zu haben.[492] Nach anderer Ansicht hat auch der Patentinhaber zur Fortsetzung seines *Einspruchsbeschwerdeverfahrens* wenigstens in einem Mindestmaß Umstände darzulegen, aus denen sich ein Rechtsschutzinteresse an einer rückwirkenden ungeschmälerten Aufrechterhaltung ergeben kann.[493] 211

4.2 Bei Beschwerde des Einsprechenden

Bei Beschwerde des Einsprechenden erledigt das Erlöschen des Patents das *Einspruchsbeschwerdeverfahren* in der Hauptsache. Es wird nur fortgesetzt, wenn der Einsprechende ein schutzwürdiges Interesse an dem rückwirkenden Widerruf des ex nunc erloschenen Patents dartun kann[494] (vgl § 59 Rdn 244). 212

Das *Rechtsschutzinteresse* fehlt, wenn der Patentinhaber nach dem Erlöschen des Patents gegenüber dem Einsprechenden verbindlich erklärt, gegen diesen aus dem

---

487 Aber fehlendes Rechtsschutzinteresse für Wiedereinsetzungsbeschwerdeverfahren, wenn noch aus anderem Grund eine Rücknahmefiktion eintritt, s BPatG v 09.05.11 – 10 W (pat) 16/08 Schulte-Kartei PatG 35.1 Nr 478 *Fehlendes Rechtsschutzinteresse.*
488 Zum berechtigten Interesse an Akteneinsicht in zurückgenommener Patentanmeldung: BGH BlPMZ 73, 173 = GRUR 73, 154 *Akteneinsicht XII.*
489 Rechtsschutzinteresse verneint zB in BPatG v 11.10.07 – 10 W (pat) 26/06 (II2); BPatG v 10.12.07 – 10 W (pat) 34/06.
490 BPatGE **38**, 195; BGH GRUR **99**, 571 *Künstliche Atmosphäre.*
491 BPatGE **12**, 119.
492 ZB BPatG v 15.12.15 – 10 W (pat) 53/14 Schulte-Kartei PatG 65–80, 86–99 Nr 515 *Erledigung des Einspruchsbeschwerdeverfahrens.*
493 BPatG Mitt **14**, 282 *Erlöschen des Patents im Einspruchsbeschwerdeverfahren*; s hierzu Anmerkung Köppen Mitt **14**, 283; BPatG v 20.03.2019 – 8 W (pat) 17/17 (konkretes Rechtsschutzinteresse durch beschwerdeführenden Patentinhaber nicht geltend gemacht).
494 BGH GRUR **81**, 515 *Anzeigegerät*; GRUR **97**, 615 *Vornapf*; GRUR **12**, 1071 *Sondensystem*; BPatGE **26**, 15; **29**, 84; **36**, 110, 112; **51**, 128 *Radauswuchtmaschine*; **53**, 12 *Optische Inspektion von Rohrleitungen*; BPatG BlPMZ **93**, 62; **15**, 133 *Großformat-Bogenoffsetdruckmaschine*; BPatG Mitt **13**, 412 *Verfahren zur Herstellung von Kunststoffbehältern für Flüssigkeiten*; Mitt **14**, 282 *Erlöschen des Patents im Einspruchsbeschwerdeverfahren.*

Patent auch für die Vergangenheit keine Ansprüche geltend zu machen.[495] In diesem Fall ist nicht die Beschwerde als unzulässig zu verwerfen, sondern die Erledigung des Beschwerdeverfahrens festzustellen. Denn die Frage des Rechtsschutzinteresses an der Weiterverfolgung des Einspruchs ist keine Frage der Zulässigkeit des Rechtsmittels, sondern der Begründetheit.[496] Das Fehlen des Rechtsschutzinteresses kann auch *ohne eine Freistellungserklärung* des Patentinhabers anzunehmen sein.[497]

Die Erledigung in der Hauptsache war nach ständiger Rspr aus Gründen der Rechtssicherheit durch *förmlichen Beschluss* festzustellen.[498] Dies ist nunmehr gesetzlich bestimmt: die Feststellung der Beendigung des Einspruchsverfahrens durch Beschluss sieht der durch *das Zweite Gesetz zur Vereinfachung und Modernisierung des Patentrechts* geänderte § 61 (1) PatG nF[499] ausdrücklich vor.

Die Erledigung des Einspruchsbeschwerdeverfahrens in der Hauptsache hat in entsprechender Anwendung von § 269 (3) 1 ZPO zur Folge, dass der mit der Beschwerde angefochtene Beschluss des DPMA *wirkungslos* wird.[500]

EPA: Zum Erlöschen des Patents im EPA-Beschwerdeverfahren s Art 106 Rdn 37 im Anhang zu § 73.

4.3 Bei Beschwerden in Nebenverfahren

213 Vgl hierzu Rdn 208.

5 Rücknahme des Einspruchs

214 (vgl auch § 61 Rdn 27; § 59 Rdn 240)

5.1 Bei Beschwerde des Patentinhabers

215 Bei Beschwerde des Patentinhabers ist die Rücknahme des Einspruchs ohne Einfluss; denn der in § 61 (1) 2 normierte Grundsatz, dass das Einspruchsverfahren nach Rücknahme des Einspruchs von Amts wegen fortzusetzen ist, beansprucht auch für ein

---

[495] BGH GRUR 12, 1071 *Sondensystem* in Bestätigung von BGH GRUR 97, 615, 617 *Vornapf*; für eine weitergehende allgemeine Freistellungserklärung: BPatG GRUR 11, 657 *Vorrichtung zum Heißluftnieten*; BPatG BlPMZ 15, 133 *Großformat-Bogenoffsetdruckmaschine*.

[496] Vgl BGH GRUR 12, 1071 (Tz 6) *Sondensystem* bzgl einer Rechtsbeschwerde gegen eine im erstinstanzlichen Einspruchsverfahren ergangene Entscheidung des BPatG; zur Rspr des BPatG bei Erledigung des Einspruchsverfahrens s auch *Engels/Morawek* GRUR 12, 677.

[497] BPatG Mitt 13, 412 *Verfahren zur Herstellung von Kunststoffbehältern für Flüssigkeiten*; BPatG BlPMZ 15, 133 *Großformat-Bogenoffsetdruckmaschine* (keine zusätzliche Erklärung durch Patentinhaber nötig, wenn Einsprechender selbst schon angibt, kein Rechtsschutzinteresse zu haben); BPatG v 20.03.2019 – 8 W (pat) 17/17 (Verweigerung der Freistellungserklärung).

[498] BPatGE 51, 128, 134 *Radauswuchtmaschine*; 51, 254 *Kugelgelenk*; 53, 12, 16 *Optische Inspektion von Rohrleitungen*; BPatG Mitt 13, 412, 414 *Verfahren zur Herstellung von Kunststoffbehältern für Flüssigkeiten*; Mitt 14, 282, 283 *Erlöschen des Patents im Einspruchsbeschwerdeverfahren*; zur Feststellung einer Teilerledigung BPatG BlPMZ 13, 315, 319 *Schrumpfkappe*.

[499] Geändert durch Art 1 Nr 24 des Gesetzes v 10.8.2021(BGBl I 3490 = BlPMZ 2021, 290, amtl Begr BT-Drs 19/25821), Inkrafttreten 1.5.2022.

[500] St Rspr zB BPatG v 16.07. 2015 – 10 W (pat) 27/14; BPatG v 20.02.2018 – 19 W (pat) 14/17; Busse/Keukenschrijver, PatG, 9. Aufl 2020, § 73 Rn 136; s auch BPatG v 25.09.2018 – 10 W (pat) 33/16 (Rechtsbeschwerde zugelassen, aber nicht eingelegt, zur Frage, ob Besonderheiten des Einspruchsverfahrens eine entsprechende Anwendung von § 269 (3) 1 ZPO als untunlich erscheinen lassen).

nachfolgendes, vom Patentinhaber eingeleitetes Beschwerde- oder Rechtsbeschwerdeverfahren Geltung.[501] Das (Beschwerde)Verfahren ist daher ohne den Einsprechenden von Amts wegen fortzusetzen, unabhängig davon, ob der Einsprechende den Einspruch im Verfahren vor dem Patentamt oder in einem späteren Stadium zurückgenommen hat.[502] Das gilt auch dann, wenn der Einspruch vor Erhebung der Beschwerde des Patentinhabers zurückgenommen wird.[503]

5.2 Bei Beschwerde des Einsprechenden

Bei Beschwerde des Einsprechenden beendet die Rücknahme des Einspruchs die Verfahrensbeteiligung des Einsprechenden und macht damit seine Beschwerde unzulässig, da ein wirksamer Einspruch unverzichtbare Verfahrensvoraussetzung ist (s oben Rdn 81). Jedoch wird idR mit der Rücknahme des Einspruchs auch die Rücknahme der Beschwerde gewollt sein, da an der Aufrechterhaltung einer unzulässigen Beschwerde kein Interesse bestehen wird. Im Zweifel ist rückzufragen. Wird nach Rücknahme des Einspruchs die Beschwerde gleichwohl aufrechterhalten, ist sie als unzulässig zu verwerfen.[504]   216

Hat allerdings das Patentgericht ein Patent auf Beschwerde des Einsprechenden ganz oder teilweise widerrufen, kann der Einsprechende dem Verfahren über eine dagegen gerichtete Rechtsbeschwerde auch nicht dadurch die Grundlage entziehen, dass er die Beschwerde zurücknimmt[505] (s auch Rdn 202 zum Zeitpunkt der Beschwerderücknahme).

EPA: Durch die Rücknahme des Einspruchs des Einsprechenden, der einziger Beschwerdeführer ist, wird das Beschwerdeverfahren unmittelbar beendet, auch wenn der Patentinhaber der Beendigung nicht zustimmt oder die Beschwerdekammer meint, dass das Patent nicht aufrechterhalten werden könne.[506]   217

6 Erledigungserklärung

Eine *übereinstimmende Erledigungserklärung* iSv § 91a (1) ZPO, die *als solche* das Verfahren beendet, ohne dass vom Gericht zu prüfen ist, ob die Hauptsache wirklich erledigt ist,[507] ist möglich im Gebrauchsmusterlöschungsverfahren[508] und Nichtigkeitsverfahren[509] (vgl auch § 81 Rdn 171). Gegen eine entsprechende Anwendung von § 91a ZPO im *Einspruchsbeschwerdeverfahren* spricht die fehlende uneingeschränkte Dispositionsbefugnis im Hinblick auf § 61 (1) 2 PatG; die Regelung soll verhindern, dass das auch im allgemeinen Interesse liegende Einspruchsverfahren durch Abspra-   218

---

501 BGH v 23.02.2021 – X ZB 1/18, GRUR **2021**, 1052 *Gruppierungssystem*.
502 *BGH v 23.02.2021* – X ZB 1/18 (Tz 18), GRUR **2021**, 1052 *Gruppierungssystem*.
503 BPatGE **12**, 149.
504 BPatGE **29**, 92; **29**, 234.
505 BGH v 23.02.2021 – X ZB 1/18, GRUR **2021**, 1052 *Gruppierungssystem*.
506 EPA GBK G 0008/93 ABl **94**, 887 *Rücknahme des Einspruchs/SERWANE II/SERWANE II*.
507 Vgl *Thomas/Putzo/Hüßtege*, ZPO, 42. Aufl 2021, § 91a Rn 17, 22.
508 BGH GRUR **97**, 625 *Einkaufswagen*; BPatGE **45**, 21 *beschränkte Erledigungserklärung* (Gbm); zum Gebrauchsmusterlöschungsbeschwerdeverfahren s *Bühring*/Braitmayer, GbmG, 9. Aufl 2021, § 18 Rn 99.
509 BGH GRUR **84**, 339 *Überlappungsnaht*.

chen der Verfahrensbeteiligten beendet wird[510]. Soweit im Falle des Erlöschens des Patents im *Einspruchsbeschwerdeverfahren* (vgl Rdn 212) eine übereinstimmende Erledigungserklärung der Beteiligten vorliegt, kann ihr aber entnommen werden, dass der Einsprechende kein Rechtsschutzbedürfnis für die Fortsetzung geltend macht. Das erledigende Ereignis bleibt auch in einem solchen Fall das *Erlöschen des Patents*, nicht die Erledigungserklärung als solche.

219 Eine übereinstimmende Erledigungserklärung nach § 99 (1) PatG iVm § 91a ZPO, die die Beschwerde in der Hauptsache erledigt, kommt aber in Betracht für Beschwerden in Nebenverfahren, sofern es sich um ein *echtes Streitverfahren* handelt, das einer Kostenentscheidung bedarf, wie zB ein Akteneinsichtsverfahren.[511]

---

510 S Amtl Begr zum 1. GPatG v 26.7.1979 in BlPMZ **79**, 276, 287 (unter § 35 c); vgl BGH GRUR **95**, 333 (BI2b) *Aluminium-Trihydroxid*; BGH v 23.02.2021 – X ZB 1/18 (Tz 11), GRUR **2021**, 1052 *Gruppierungssystem*; BPatGE **51**, 128, 135 *Radauswuchtmaschine*.
511 BGH GRUR **94**, 104 = BlPMZ **94**, 121 *Akteneinsicht XIII* (übereinstimmende Erledigungserklärung im Rechtsbeschwerdeverfahren).

Europäisches Beschwerdeverfahren
(European Appeal Procedure)

Art 106 Beschwerdefähige Entscheidungen
(decisions subject to appeal)

(1) ¹Die Entscheidungen der Eingangsstelle, der Prüfungsabteilungen, der Einspruchsabteilungen und der Rechtsabteilung sind mit der Beschwerde anfechtbar. ²Die Beschwerde hat aufschiebende Wirkung.

(2) Eine Entscheidung, die ein Verfahren gegenüber einem Beteiligten nicht abschließt, ist nur zusammen mit der Endentscheidung anfechtbar, sofern nicht in der Entscheidung die gesonderte Beschwerde zugelassen ist.

(3) Das Recht, Beschwerde gegen Entscheidungen über die Kostenverteilung oder Kostenfestsetzung im Einspruchsverfahren einzulegen, kann in der AusfO eingeschränkt werden.

R 97 Beschwerde gegen Kostenverteilung und Kostenfestsetzung
(1) Die Verteilung der Kosten des Einspruchsverfahrens kann nicht einziger Gegenstand einer Beschwerde sein.
(2) Eine Entscheidung über die Festsetzung des Betrags der Kosten des Einspruchsverfahrens ist mit der Beschwerde nur anfechtbar, wenn der Betrag den der Beschwerdegebühr übersteigt.

R 98 Verzicht oder Erlöschen des Patents
Beschwerde gegen die Entscheidung einer Einspruchsabteilung kann auch eingelegt werden, wenn in allen benannten Vertragsstaaten auf das europäische Patent verzichtet worden ist oder das europäische Patent in allen diesen Staaten erloschen ist.

Rainer Moufang

Übersicht

	Revision des EPÜ	1
	Kommentierung zu Art 106 EPÜ	
I.	Beschwerdekammern als Organe des EPA	3
1	Gerichtsqualität der Beschwerdekammern	3
2	Beschwerdeverfahren gerichtlicher Natur	7
2.1	Amtsermittlungsgrundsatz	8
2.2	Verfügungsgrundsatz	10
2.3	Allgemeine Rechtsgrundsätze	11
2.4	Zurückverweisung	12
II.	Rechtliche Bestimmungen	13
III.	Zuständigkeit der Beschwerdekammern	15
1	Juristische Beschwerdekammer	16
2	Technische Beschwerdekammer	18
IV.	Beschwerdefähige Entscheidungen	20
1	Entscheidung	20
1.1	Abschließende Entscheidungen gegenüber einem Beteiligten	21
1.2	Entscheidungscharakter	22
1.3	Feststellung eines Rechtsverlustes	23
2	Entscheidung 1. Instanz des EPA	24

3	PCT	25
3.1	PCT-Anmeldungen	25
3.2	Widersprüche	26
4	**Zwischenentscheidungen**	27
4.1	Zwischenentscheidung mit Zulassung der gesonderten Beschwerde	28
4.2	Nichtzulassung der gesonderten Beschwerde	29
4.3	Keine Beschwerde gegen Zwischenentscheidung	30
5	**Wegfall des Patents**	31
6	**Kostenentscheidung im Einspruchsverfahren**	32
7	**Entscheidungen über die Kostenfestsetzung**	33
8	**Entscheidungen einer Beschwerdekammer**	34
V.	**Wirkung der Beschwerde**	37

1 **Revision des EPÜ:** Durch die Revisionsakte vom 29.11.2000 (EPÜ 2000), die am 13.12.2007 in Kraft getreten ist, erfolgten folgende Änderungen: **Art 106 (2), (4) und (5) EPÜ (1973)** wurden gestrichen und in die Ausführungsordnung (R 97 und 98 EPÜ) überführt. Gleichzeitig wurde ein neuer **Art 106 (3)** eingeführt. Art 106 (3) EPÜ (1973) wurde zu Art 106 (2) EPÜ. Durch die Aufhebung der Art 154 und 155 EPÜ 1973 ist ferner die Kompetenz der Beschwerdekammern in PCT-Widersprüchen beseitigt worden (s Rdn 26).

2 **Lit: Meinders/Lanz/Weiss:** Overview of the Appeal Proceedings according to the EPC 3. Aufl 2020; **Müller/Mulder:** Proceedings before the EPO – A Practical Guide to Success in Opposition and Appeal 2. Aufl 2020. **Lit in epi-information:** Steinbrener/Teschemacher **12**, 190; Anetsberger et al. **15**, 63; **Lit in GRUR Int:** Broß **17**, 670; Broß/Lamping **18**, 907; Vissel **19**, 25; **Lit in IIC:** Ullrich **15**, 1; Broß/Lamping **18**, 887; **Lit in sic!:** Klett **17**, 119.

I. Beschwerdekammern als Organe des EPA

1 Gerichtsqualität der Beschwerdekammern

3 Die Beschwerdekammern (BK) sind nach Art 15 EPÜ Organe des EPA für die Prüfung von Beschwerden gemäß Art 21 EPÜ. Somit ist die Rechtsprechung durch das EPÜ den BK anvertraut. Sie sind allerdings organisatorisch Bestandteil der supranationalen Behörde EPA.[1] Gleichwohl ist ihre Gerichtsqualität bislang bejaht worden.[2]

4 Die Unabhängigkeit der Richter, ihre grundsätzliche Unabsetzbarkeit und ihre Weisungsfreiheit und Unparteilichkeit sollen durch Art 23 EPÜ gewährleistet werden. Das Verfahrensrecht hat rechtsstaatlichen Anforderungen zu genügen (Art 110, 113, 116 EPÜ).[3]

5 Die BK wurden mit Gerichten anderer internationaler Institutionen, wie zB dem Europäischen Gerichtshof *(European Court of Justice)* oder dem Verwaltungsgericht der Internationalen Arbeitsorganisation *(Administrative Tribunal of the International Labour Organisation)* verglichen. Die BK entscheiden in ausschließlicher internationa-

---

1 Zu früheren rechtspolitischen Bestrebungen zur organisatorischen Verselbständigung vgl Messerli in FS Kolle/Stauder 2005, 441; Teschemacher in FS 50 Jahre BPatG 2011, 911.
2 Vgl House of Lords RPC 1996, 76, 82 = GRUR Int **96**, 825, 826 lSp *Terfenadin*; Patents Court GRUR Int **97**, 1010; VG München ABl 00, 205; VGH München GRUR **07**, 444 *Fernsehgerät*; GrBK G 0001/86 ABl **87**, 447 (Nr 14) *Wiedereinsetzung des Einsprechenden/*VOEST ALPINE; G 0001/97 ABl 00, 322 (Nr 5c) *Antrag auf Überprüfung/ETA*; G 0003/08 ABl 11, 10 *Computerprogramme*; R 0001/10, ABl **12** SA 161.
3 Kritisch Broß GRUR Int **17**, 670; Broß/Lamping GRUR Int **18**, 907, 911 = IIC **18**, 887.

Anhang zu
§ 73 EPA: Beschwerdefähige Entscheidungen Art 106 EPÜ

ler Zuständigkeit[4] in letzter Instanz. Es ist nicht vorgesehen, dass ihre Entscheidungen vor den Gerichten der Vertragsstaaten angefochten und überprüft werden können[5] (s auch Rn 36). Eine Vorlage von Rechtsfragen an den EuGH zur Vorabentscheidung ist unter Hinweis auf die in Art 23 (3) EPÜ festgelegte Unabhängigkeit als nicht möglich erachtet worden.[6] Zur Überprüfung von Entscheidungen der BK durch die Große BK (GrBK) s Kommentierung zu Art 112a EPÜ.

Nachdem in einem Überprüfungsverfahren die Befangenheit des Vorsitzenden der GrBK aufgrund seiner Einbindung in die Verwaltung des Amtes auf Leitungsebene festgestellt wurde,[7] kam es im Jahre 2016 zu einer Strukturreform der BK.[8] Ihr erklärtes Ziel war es, die organisatorische Autonomie und Wahrnehmung der Unabhängigkeit der BK, gleichzeitig aber auch ihre Effizienz zu erhöhen. Die BK bilden nun nicht mehr den Kern einer Generaldirektion des EPA, sondern sind nach R 12a EPÜ als gesonderte Einheit (»BK-Einheit«) unter Leitung eines Präsidenten der BK (PräsBK), an den der EPA-Präsident bestimmte Befugnisse delegiert hat,[9] organisiert. Als neues Organ des Verwaltungsrats wurde ein BK-Ausschuss eingesetzt, der u.a. die Unabhängigkeit und die Effizienz der BK überwachen soll.[10] R 12d (3) EPÜ macht die Wiederernennung von Mitgliedern und Vorsitzenden der BK von einer positiven Stellungnahme und Leistungsbeurteilung durch den PräsBK abhängig.

6

2 Beschwerdeverfahren gerichtlicher Natur

Qualifiziert man die BK als Gerichte (s Rdn 3), so sind auch die Beschwerdeverfahren vor ihnen im Unterschied zu den Verwaltungsverfahren in 1. Instanz vor der Prüfungs-, Einspruchs- und Rechtsabteilung gerichtlicher Natur.[11] Daraus hat die Rechtsprechung weitreichende Folgen für die Gestaltung der Beschwerdeverfahren abgeleitet, so u.a. für das Verständnis von Amtsermittlungsgrundsatz (s Rdn 8) und Verfügungsgrundsatz (s Rdn 10) in einem Beschwerdeverfahren sowie für die Anwendung allgemeiner Rechtsgrundsätze (s Rdn 11) und bei der Zurückverweisung an die 1. Instanz (s Rdn 12).

7

---

4 Vgl dazu Koch epi-information 92, 42 gegen Beutil epi-information 92, 38.
5 BVerfG NJW 01, 2705; GRUR Int 11, 69 *Automatische Holzschneidemaschine*; VGH München GRUR 07, 444 *Fernsehgerät*. Vor dem BVerfG sind z.Z. weitere Verfassungsbeschwerden (ua gegen die Entscheidungen T 1676/08 und T 1022/09) anhängig; s hierzu Vissel GRUR Int 19, 25. Vgl ferner T 1473/13 v 24.1.2019 BeckRS 19, 7849 (keine Aussetzung des Beschwerdeverfahrens wegen anhängiger Verfassungsbeschwerden).
6 GrBK G 0002/06, ABl 09, 306 *Verwendung von Embryonen/WARF* (Nr 2–11); aA Gruber GRUR Int 09, 907.
7 R 19/12 Zwischenentscheidung v 25.4.2014 GRUR Int 14, 668 *Ablehnung wegen Besorgnis der Befangenheit*. Vgl aber auch R 0008/13 Zwischenentscheidung v 20.3.2015 BeckRS 15, 117697 u R 0002/14 Zwischenentscheidung v 17.2.2015 BeckRS 15, 113757 (keine Befangenheit u.a. aufgrund geänderter Umstände).
8 VR-Beschluss v 30.6.2016 (CA/D 6/16) ABl 16, A100. Kritik an der Reform übt Klett sic! 17, 119.
9 Beschluss PräsEPA v 1.7.2018 ABl 18, A63.
10 VR-Beschluss v 30.6.2016 zur Einsetzung eines BK-Ausschusses und zum Erlass seiner Geschäftsordnung (CA/D 7/16) ABl 16, A101.
11 GrBK G 0007/91 ABl 93, 356 (Nr 7) *Rücknahme der Beschwerde/BASF*; G 0008/91 ABl 93, 346 *Rücknahme der Beschwerde/BELL*; G 0009/91 ABl 93, 408 (Nr 18) *Prüfungsbefugnis/ROHM AND HAAS*; vgl BVerfG GRUR 06, 569.

Art 106 EPÜ   EPA: Beschwerdefähige Entscheidungen   Anhang zu § 73

8   **2.1 Amtsermittlungsgrundsatz** *(Untersuchungsgrundsatz; examination by the EPO of its own motion)*:[12] Nach Art 114 (1), der eine allgemeine Vorschrift für das Verfahren vor dem EPA ist, gilt der Amtsermittlungsgrundsatz grundsätzlich auch für das Beschwerdeverfahren. Die BK hat daher vor einer Entscheidung über eine Beschwerde den Sachverhalt zu ermitteln, damit ein gegen jedermann wirkendes Ausschlussrecht nur dann erteilt oder bestätigt wird, wenn der objektive Tatbestand die Gewährung eines solchen Rechts erlaubt.

9   Mit Rücksicht auf den gerichtlichen Charakter des Beschwerdeverfahrens ist nach der Rechtsprechung[13] der Amtsermittlungsgrundsatz in einem inter-partes-Verfahren eingeschränkter anzuwenden als im Verwaltungsverfahren vor der 1. Instanz. Während im Einspruchsverfahren die Einspruchsabteilung grundsätzlich auch befugt ist, Einspruchsgründe, die sie selbst ermittelt hat, bei ihrer Entscheidung zu berücksichtigen, auch wenn der Einsprechende sich darauf nicht gestützt hatte, ist die Einführung eines neuen Einspruchsgrundes (zB unzulässige Erweiterung) durch die Kammer von Amts wegen nicht möglich, es sei denn, der Patentinhaber selbst erklärt sich mit der Prüfung des Einspruchsgrundes einverstanden (vgl dazu §59 Rdn 198). Der gerichtliche Charakter des Beschwerdeverfahrens soll somit eine Beschränkung der generellen Befugnis der Kammer gemäß Art 111 (1) 2 EPÜ bewirken, im Rahmen der Zuständigkeit des Organs der 1. Instanz tätig zu werden. Zur Kritik vgl Einl Rdn 24. Durch die Neufassung der VerfOBK (s Art 110 Rdn 28) ist der Amtsermittlungsgrundsatz im Beschwerdeverfahren weiter eingeschränkt worden.

10   **2.2 Verfügungsgrundsatz** *(principle of party disposition)*:[14] Aus der gerichtlichen Natur des Beschwerdeverfahrens ist abgeleitet worden, dass Ausnahmen vom Verfügungsgrundsatz im Verfahren vor der BK grundsätzlich nicht möglich sind. Während das Einspruchsverfahren auch nach Rücknahme des Einspruchs von Amts wegen fortgesetzt werden kann, sei eine Fortsetzung des Beschwerdeverfahrens nach Rücknahme der Beschwerde mit dem gerichtlichen Charakter des Beschwerdeverfahrens nicht vereinbar.[15]

2.3 Allgemeine Rechtsgrundsätze (general legal principles)

11   Die BK wenden auch allgemeine Rechtsgrundsätze an, die als Rechtsquelle vor den nationalen Gerichten der Vertragsstaaten anerkannt sind und zur Auslegung des geschriebenen Rechts beitragen können (vgl auch Art 125 EPÜ).[16] So gilt zB der Grundsatz der gleichen Behandlung der Beteiligten eines Verfahrens vor einem Gericht auch vor den BK.[17]

---

12   Hierzu Teschemacher GRUR 01, 1021.
13   GrBK G 0009/91 ABl **93**, 408 *Prüfungsbefugnis/ROHM AND HAAS*.
14   Hierzu Teschemacher GRUR 01, 1021.
15   GrBK G 0007/91 ABl **93**, 356 *Rücknahme der Beschwerde/BASF*; G 0008/91 ABl **93**, 346 *Rücknahme der Beschwerde/BELL*.
16   GrBK *G 0001/86* ABl **87**, 447 (Nr 12–14) *Wiedereinsetzung des Einsprechenden/VOEST ALPINE*.
17   GrBK G 0001/86 ABl **87**, 447 (Nr 12–14) *Wiedereinsetzung des Einsprechenden/VOEST ALPINE*.

2.4 Zurückverweisung *(remittal)*: In Entscheidungen über die Zurückverweisung einer Sache an die 1. Instanz wurde von den BK häufig der gerichtliche Charakter des Beschwerdeverfahrens betont, der mehr auf eine Überprüfung der Rechtmäßigkeit der angefochtenen Entscheidung ausgerichtet sei und daher eine Zurückverweisung erfordere, wenn der Sachverhalt, der Grundlage für die angefochtene Entscheidung war, sich wesentlich geändert hat (vgl dazu Art 111 Rdn 4 ff).

II. Rechtliche Bestimmungen

Maßgebliche Rechtsquellen des europäischen Beschwerdeverfahrens sind
a) Art 106–112a und R 97–106 EPÜ;
b) VerfO der BK[18] (s Art 110 Rdn 28);
c) VerfO der GrBK;[19]
d) Übertragung von Aufgaben auf die Geschäftsstellenbeamten der GrBK[20] und der BK;[21]
e) Geschäftsverteilungspläne der GrBK, der Juristischen BK und der Technischen BK.[22]

Weitere Informationen zur Praxis enthalten die Hinweise für die Parteien und ihre Vertreter im Beschwerdeverfahren *(Guidance for parties to appeal proceedings and their representatives)*,[23] die sich allerdings nicht auf dem neuesten Stand befinden.

III. Zuständigkeit der Beschwerdekammern *(Boards of Appeal)*

Die BK entscheiden über Beschwerden gegen Entscheidungen der 1. Instanz des EPA. Art 21 (1) unterscheidet zwischen Juristischer (s Rdn 16) und Technischer BK (s Rdn 18).

1 Juristische Beschwerdekammer *(Legal Board)*

Die Juristische BK ist mit drei rechtskundigen Mitgliedern besetzt. Sie ist zuständig[24] i) für Beschwerden gegen Entscheidungen der Eingangsstelle und der Rechtsabteilung (Art 21 (2)); ii) nach Art 21 (3) c) in allen Fällen, für die die Technische BK nicht zuständig ist.[25] Das sind Entscheidungen der Prüfungsabteilung mit drei Mitgliedern, wenn sie nicht die Zurückweisung einer Anmeldung oder die Erteilung eines Patents

---

18 Die revidierte VerfOBK (VerfOBK 2020, s ABl 19, A63 = ABl 21 ZPubl 1, 41) trat am 1.1.2020 in Kraft (s hierzu Art 110 Rdn 28). Eine weitere Änderung erfolgte 2021, s ABl 21 A19; geänderte Fassung veröffentlicht in ABl 21, A35. Einzelne Vorschriften der früheren VerfOBK (VerfOBK 2007, s ABl 07, 536 = ABl 21 ZPubl 1, 57) sind noch für Alt-Fälle anwendbar.
19 Vom 10.12.1982 ABl 83, 3; 89, 362 (Einfügung von Art 11a aF); 94, 443 (Einfügung von Art 11b aF); 03, 58; 15, A35 (Änderung von Art 2 und Einfügung von Art 12a). Konsolidierte Fassung ABl 15, A35 = ABl 21 ZPubl 1, 30.
20 Beschluss der GrBK v 12.11.2007 ABl 21 ZPubl 1, 78.
21 Präsidiumsbeschluss vom 12.11.2007 ABl 21 ZPubl 1, 81.
22 Die Geschäftsverteilungspläne werden idR in einer Zusatzpublikation zum Januarheft des ABl veröffentlicht (zuletzt ABl 21 ZPubl 1, S 3, 12 u 14), weitere Änderungen auf der EPA-Website des EPA.
23 ABl 03, 419.
24 Schulte, Zuständigkeit der JBK in: 10 Jahre Rechtspr der GrBK 1996 S 73.
25 GrBK G 0002/90 ABl 92, 10 *Zuständigkeit der Jur Beschwerdekammer/KOLBENSCHMIDT*.

betreffen,[26] zB Wiedereinsetzung, Gebührenrückzahlungen, Prioritätsfragen, Feststellung von Rechtsverlusten. Ausnahmsweise gilt dies nicht für Beschwerden gegen Zwischenentscheidungen der Prüfungsabteilung über die Nichtrückzahlung von Recherchegebühren, für die nach der Rechtsprechung die Technische BK zuständig ist.[27]

17 **Unzuständig ist die Juristische Beschwerdekammer**
  i) für Beschwerden gegen die Zurückweisung einer Anmeldung oder die Erteilung eines Patents (Art 21 (3) a);[28]
  ii) für Beschwerden gegen Entscheidungen der Einspruchsabteilung (Art 21 (4) a);[29]
  iii) für Beschwerden gegen Entscheidungen, bei denen die Prüfungsabteilung mit 4 Mitgliedern besetzt war (Art 21 (3) b);[30]
  iv) für Beschwerden gegen Entscheidungen von Formalsachbearbeitern, die nach R 11 (3) Geschäfte der Prüfungs- oder Einspruchsabteilungen iSd Art 21 (3) a) u b) oder 21 (4) wahrnehmen;[31]
  v) für Schadensersatzforderungen gegen EPA;[32] diese sind nach Art 9 (4) vor den zuständigen nationalen Gerichten geltend zu machen;
  vi) für Beschwerden gegen die Zurückweisung eines Antrags auf Berichtigung der Patenterteilungsentscheidung nach R 140 (= R 89 aF).[33]

2 Technische Beschwerdekammer *(Technical Board of Appeal)*

18 Während es nur eine Juristische BK gibt, existiert eine Vielzahl von Technischen BK. Jede von ihnen ist in einem konkreten Fall normalerweise mit zwei Technikern und einem Juristen besetzt. Sie ist zuständig i) für Beschwerden gegen die Zurückweisung einer Anmeldung oder die Erteilung eines Patents (Art 21 (3) a); ii) für Beschwerden gegen Entscheidungen der Einspruchsabteilung (Art 21 (4) a).

19 **Eine erweiterte Technische Beschwerdekammer** ist mit drei Technikern und zwei Juristen besetzt. Sie ist zuständig **i)** für Beschwerden gegen die Zurückweisung der Anmeldung oder die Erteilung eines Patents, wenn die Prüfungsabteilung aus vier Mitgliedern (= 3 Techniker + 1 Jurist) bestand (Art 21 (3) b); **ii)** für Beschwerden gegen Entscheidungen der Einspruchsabteilung, wenn diese aus vier Mitgliedern bestand (Art 21 (4) b); **iii)** wenn die BK der Meinung ist, dass es die Art der Beschwerde erfordert (Art 21 (3) b und Art 21 (4) b). Ein Beschluss, die Kammer zu erweitern, kann wieder aufgehoben werden, wenn der Grund für die Erweiterung fortgefallen ist.

---

26 GrBK G 0002/90 ABl **92**, 10 *Zuständigkeit der Jur Beschwerdekammer/KOLBENSCHMIDT*.
27 GrBK G 0001/11 ABl **14**, A122 *Nichtrückzahlung von weiteren Recherchengebühren/BAUER*.
28 GrBK G 0002/90 ABl **92**, 10 *Zuständigkeit der Jur Beschwerdekammer/KOLBENSCHMIDT*.
29 GrBK G 0002/90 ABl **92**, 10 *Zuständigkeit der Jur Beschwerdekammer/KOLBENSCHMIDT*.
30 GrBK G 0002/90 ABl **92**, 10 *Zuständigkeit der Jur Beschwerdekammer/KOLBENSCHMIDT*.
31 GrBK G 0002/90 ABl **92**, 10 *Zuständigkeit der Jur Beschwerdekammer/KOLBENSCHMIDT*.
32 J 0014/87 ABl **88**, 295.
33 GrBK G 0008/95 ABl **96**, 481 *Berichtigung des Erteilungsbeschlusses/US GYPSUM II*; derartige Berichtigungsanträge sind unter dem EPÜ allerdings nach neuerer Rechtsprechung nahezu ausgeschlossen, s GrBK G 0001/10 ABl **13**, 194 *Antrag auf Berichtigung des Patents/FISHER-ROSEMOUNT*. Einen möglichen Ausweg bei offenkundigem Versehen der Prüfungsabteilung weisen allerdings T 2081/16 v 15.11.2018 BeckRS 18, 41520 u T 1003/19 v 30.8.2019 Öbl **19**, 284; aA T 2277/19 v 11.12.2019 GRUR-RS **19**, 40235.

Anhang zu § 73 EPA: Beschwerdefähige Entscheidungen Art 106 EPÜ

IV. Beschwerdefähige Entscheidungen *(decisions subject to appeal)*

1 Entscheidung

Entscheidungen iSd Art 106 (1) sind Endentscheidungen, die ein Verfahren gegenüber einem Beteiligten abschließen. Das folgt aus Art 106 (2). Danach sind Entscheidungen, die ein Verfahren gegenüber einem Beteiligten nicht abschließen, Zwischenentscheidungen und als solche nur separat anfechtbar, wenn die gesonderte Beschwerde zugelassen ist. Andernfalls können sie nur zusammen[34] mit der Endentscheidung angefochten werden.

Entscheidung iSd Art 106 ist die Feststellung der 1. Instanz in der **Entscheidungsformel** *(order)*. Nur gegen diese Entscheidung kann sich die Beschwerde richten. Eine Beschwerde allein gegen die Entscheidungsgründe ohne Beschwerde gegen die Entscheidung selbst ist unzulässig[35] (s Art 107 Rdn 14).

1.1 Abschließende Entscheidungen gegenüber einem Beteiligten sind solche Entscheidungen, die endgültig über eine Anmeldung, einen Einspruch oder einen Antrag entscheiden. Entscheidungen über einzelne Punkte innerhalb eines Verfahrens sind keine das »Verfahren« abschließende Entscheidungen, sondern Zwischenentscheidungen (s Rdn 27).

Keine abschließenden Entscheidungen sind: Prüfungsbescheide gemäß Art 94 (3),[36] Bescheide im Einspruchsverfahren gemäß Art 101 (1) 2, Beweisbeschlüsse,[37] Ablehnung von Fristgesuchen[38] oder des Erlasses einer Zwischenentscheidung oder eines Befangenheitsantrages,[39] Anordnung einer mündlichen Verhandlung, Feststellung der Zusammensetzung des entscheidenden Organs.[40]

1.2 Entscheidungscharakter: Ob eine Äußerung des EPA eine Entscheidung ist, hängt nicht von ihrer Form, sondern allein von ihrem Inhalt ab.[41] Daher kann auch ein Bescheid *(communication)*, obwohl er nicht als Entscheidung bezeichnet ist, eine beschwerdefähige Entscheidung sein,[42] und umgekehrt kann ein Schreiben, das in der äußeren Form einer Entscheidung abgefasst ist, ein bloßer Bescheid sein.[43] IdR stellt jedoch ein Bescheid keine Entscheidung dar,[44] so dass eine Beschwerde verfrüht und damit unzulässig ist.[45]

Nicht als Entscheidung wurde angesehen: **a)** Mitteilung nach R 112 (1) EPÜ (s Rdn 23); **b)** Protokoll einer mündlichen Verhandlung;[46] **c)** Protokollberichtigung;[47] **d)**

---

34 Auch nach Ergehen der Endentscheidung können sie nicht selbständig (= als getrennter Teil der Endentscheidung) angefochten werden, vgl T 1012/03 GRUR Int 08, 241.
35 T 0611/90 ABl 93, 50.
36 T 0005/81 ABl 82, 249; J 0029/92 BeckRS 92, 30488869.
37 T 1954/14 v 13.5.2016 BeckRS 16, 120371.
38 J 0037/89 ABl 93, 201.
39 GrBK G 0005/91 ABl 92, 617 *beschwerdefähige Entscheidung/DISCOVISION*.
40 Vgl GrBK G 0005/91 ABl 92, 617*beschwerdefähige Entscheidung/DISCOVISION*.
41 J 0008/81 ABl 82, 10; T 0055/90 BeckRS 92, 30506269.
42 J 0008/81 ABl 82, 10; J 0026/87 ABl 89, 329, 332; T 1849/12 ABl 14 ZPubl 5, 129.
43 T 0934/91 EPOR 93, 219.
44 T 0222/85 ABl 88, 128; J 0001/06 BeckRS 06, 30481142; T 0165/07 EPOR 08, 424.
45 J 0029/92 BeckRS 92, 30488869.
46 T 0838/92 RechtsprBK/EPA 19, 1296.
47 T 0231/99 ABl 01 SonderA 3, 81.

Mitteilung nach R 71 (3), es sei denn, der Adressat der Mitteilung kann aufgrund besonderer Umstände von einer bereits getroffenen Regelung ausgehen;[48] e) Mitteilung der Prüfungsabteilung, dass ein Einspruch nicht als eingelegt gilt, weil der Erteilungsbeschluss bezüglich des angegriffenen Patents im Wege der Abhilfe aufgehoben wurde;[49] f) Zurückweisung des Antrags, eine mündliche Verhandlung nicht in Den Haag, sondern in München abzuhalten.[50]

23 **1.3 Feststellung eines Rechtsverlustes** *(noting of loss of rights)* gemäß R 112 (1) ist – wie schon der Name sagt – keine Entscheidung iSd Art 106 (1) und daher mit der Beschwerde nicht anfechtbar.[51] Das zulässige Rechtsmittel gegen die Feststellung eines Rechtsverlustes ist der Antrag auf Entscheidung gemäß R 112 (2). Die Entscheidung nach R 112 (2) ist mit der Beschwerde anfechtbar, da sie das Verfahren über die Feststellung eines Rechtsverlustes abschließt. Ihr Erlass setzt voraus, dass zuvor ein Rechtsverlust nach R 112 (1) festgestellt und mitgeteilt ist.[52]

2 Entscheidung 1. Instanz des EPA

24 Die erstinstanzliche Entscheidung des EPA muss in Erfüllung von Verpflichtungen unter dem EPÜ[53] ergangen und von der Eingangsstelle, der Prüfungsabteilung, der Einspruchsabteilung oder der Rechtsabteilung getroffen worden sein.

Beschlüsse anderer Organe des EPA, zB einer BK, der Recherchenabteilung,[54] des Präsidenten oder eines Vizepräsidenten des EPA,[55] des für eine Einspruchsabteilung zuständigen Direktors[56] sind nicht mit der Beschwerde anfechtbar, da diese in Art 106 (1) nicht aufgeführt sind. Sie können aber im Rahmen einer zulässigen Beschwerde gegen eine Entscheidung der 1. Instanz auf ihre Rechtmäßigkeit überprüft werden, wenn es darauf entscheidungserheblich ankommt.[57]

---

48 T 1181/04 ABl 05, 312; T 1255/05 ABl 05, 424; T 0560/05 BeckRS 07, 30605097; T 1226/07 ABl 11 SonderA 2, 109 = EPOR 10, 293.
49 J 22/12 RechtsprBK/EPA 19, 1297 (zweifelhaft).
50 T 1142/12 RechtsprBK/EPA 19, 1297 (zweifelhaft).
51 J 0013/83 RechtsprBK/EPA 19, 1296; J 0015/05 v 29.1.2007 BeckRS 07, 30485926; J 0001/15 v 3.6.2015 BeckRS 15, 119786.
52 J 0043/92 RechtsprBK/EPA 19, 961.
53 Entscheidungen des EPA in Erfüllung seiner Verpflichtungen aus Erstreckungsabkommen beruhen nicht auf dem EPÜ und können daher allenfalls vor den jeweiligen nationalen Gerichten, nicht aber vor den BK des EPA angegriffen werden; vgl J 0009/04 u J 0002/05 ABl 06 SonderA 104; J 002/10 EPOR 12, 156; J 0009/11 RechtsprBK/EPA 19, 1295.
54 Die mangelnde Berechtigung einer nach R 64 (1) angeforderten weiteren Recherchengebühr ist nach R 64 (2) vor der Prüfungsabteilung geltend zu machen; vgl GrBK G 0002/92 ABl 93, 591 *Nichtzahlung weiterer Recherchengebühren*.
55 Vgl GrBK G 0005/88 ABl 89, 127 *Verwaltungsvereinbarung/MEDTRONIC*: Überprüfung einer vom PräsEPA abgeschlossenen Verwaltungsvereinbarung; J 0002/93 ABl 95, 675 (VP der Generaldirektion 5).
56 GrBK G 0005/91 ABl 92, 617 *beschwerdefähige Entscheidung/DISCOVISION*: Entscheidung über Zusammensetzung der Abteilung.
57 Vgl GrBK G 0005/88 ABl 89, 127 *Verwaltungsvereinbarung/MEDTRONIC*; G 0005/91 ABl 92, 617 *beschwerdefähige Entscheidung/DISCOVISION*: Entscheidung über Zusammensetzung der Abteilung; J 0002/93 ABl 95, 675 (VP der Generaldirektion 5). AA offenbar T 1142/12 RechtsprBK/EPA 19, 1297: keine Entscheidungskompetenz der BK betr Ort der mündlichen Verhandlung vor PrüfA, da durch Management-Entscheidung gemäß Art 10 (2) EPÜ bestimmt.

Ferner sind Beschlüsse von Organen des EPA, die nicht in Art 106 aufgeführt sind, anfechtbar, wenn sie in angemaßter Kompetenz ergangen sind, zB a) Zurückweisung einer Anmeldung oder eines Antrags durch den Vizepräsidenten anstatt durch das nach dem EPÜ zuständige Organ; b) Erteilungsbeschluss ohne Berücksichtigung eines Berichtigungsantrags durch Formalsachbearbeiter.[58]

3 PCT

3.1 PCT-Anmeldungen können nach Art 150 (2) Gegenstand von Verfahren vor dem EPA sein. Für sie gelten der PCT und seine AusfO sowie nach Art 150 (2) 2 ergänzend auch das EPÜ. Entscheidungen der 1. Instanz über internationale Anmeldungen, die gemäß Art 153 (2) als europäische Anmeldungen gelten, wenn EPA als Bestimmungsamt oder als ausgewähltes Amt tätig wird, sind daher mit der Beschwerde anfechtbar.[59] Unzuständig sind dagegen die BK für Beschwerden gegen Entscheidungen, die das EPA in seiner Funktion als internationale Behörde unter dem PCT getroffen hat.[60]

3.2 Widersprüche *(protests)* gemäß R 40.2 c) oder 68.3 c) PCT gegen eine vom EPA nach Art 17 (3) a) oder 34 (3) a) PCT für die internationale Recherche oder internationale vorläufige Prüfung festgesetzte zusätzliche Gebühr (vgl dazu § 34 Rdn 277) wurden nach Art 154 (3) und Art 155 (3) EPÜ 1973 von den BK entschieden. Diese Zuständigkeit besteht seit dem Inkrafttreten des EPÜ 2000 (13.12.2007) infolge Aufhebung der Bestimmungen nicht mehr.

4 Zwischenentscheidungen *(interlocutory decisions)*

Zwischenentscheidungen, also alle Entscheidungen, die ein Verfahren gegenüber dem Beteiligten nicht abschließen (für Beispiele s Rdn 21), sind nach Art 106 (2) grundsätzlich nicht selbständig anfechtbar. Eine Ausnahme gilt, wenn die gesonderte Beschwerde zugelassen worden ist.

Bezeichnet sich eine Entscheidung als Zwischenentscheidung, ist sie aber in Wahrheit eine abschließende Entscheidung gegenüber einem Beteiligten, so ist sie keine Zwischenentscheidung, sondern eine anfechtbare Endentscheidung, so zB eine »Zwischenentscheidung« über die Unzulässigkeit eines von mehreren Einsprüchen.

Der Erlass einer Zwischenentscheidung steht im Ermessen des EPA.[61] Die Ablehnung einer beantragten Zwischenentscheidung ist selbst eine (prozessuale) Zwischenentscheidung.

4.1 Zwischenentscheidung mit Zulassung der gesonderten Beschwerde *(separate appeal)* kann zweckmäßig sein, wenn der entschiedene Zwischenstreit (zB über die Priorität oder die Zulässigkeit eines Einspruchs[62]) für die endgültige Entscheidung über Anmeldung oder Patent entscheidungserheblich ist. Bei einem zeitlich gebunde-

---

58 J 0010/82 ABl **83**, 94; T 0790/93 RechtssprBK/EPA **19**, 1493.
59 J 0020/89 ABl **91**, 375; J 0015/91 ABl **94**, 296.
60 J 0020/89 ABl **91**, 375; T 0506/08 Mitt **13**, 49; J 0010/15 v 30.1.2018 Öbl **18**, 229 (für Entscheidungen des EPA als PCT-Anmeldeamt).
61 T 0089/90 ABl **92**, 456 (2.4).
62 T 0010/82 ABl **83**, 407; T 0376/90 ABl **94**, 906.

nen Antrag ist die Zulassung erforderlich, wenn nur so eine Beseitigung der Beschwer erreicht werden kann.[63]
Hauptanwendungsfall für die Zulassung ist die Aufrechterhaltung des Patents unter Änderungen im Einspruchsverfahren. In diesem Fall beschließt die Einspruchsabteilung nicht unmittelbar gemäß Art 101 (3) a) die Aufrechterhaltung des Patents in geänderter Fassung, sondern stellt lediglich fest, dass die Einspruchsgründe einer solchen Aufrechterhaltung nicht entgegenstehen, und lässt gegen diese Zwischenentscheidung die gesonderte Beschwerde zu. Dadurch wird vermieden, dass der Patentinhaber die gemäß R 82 (2) erforderlichen Übersetzungen der geänderten Patentansprüche in die beiden anderen Verfahrenssprachen bereits zu einem Zeitpunkt einreichen muss, zu dem das Ergebnis eines Beschwerdeverfahrens noch nicht feststeht. Diese Verfahrensweise entlastet den Patentinhaber von einer sonst möglicherweise notwendigen zweifachen Einreichung der Übersetzungen. Der Erlass derartiger Zwischenentscheidungen steht im Einklang mit dem EPÜ.[64]

29 **4.2 Nichtzulassung der gesonderten Beschwerde** ist nicht anfechtbar, da Art 106 keine Nichtzulassungsbeschwerde vorsieht. Enthält eine Entscheidung keinen Ausspruch über die gesonderte Beschwerde, so ist damit entschieden, dass sie nicht zugelassen ist.[65] Eine nachträgliche Zulassung ist nur im Wege der Berichtigung gemäß R 140 möglich, wenn nämlich die Nichtzulassung der gesonderten Beschwerde auf einem Schreibfehler oder einer offenbaren Unrichtigkeit beruht.
Hatte die Einspruchsabteilung in einer 1. Zwischenentscheidung über bestimmte Teilaspekte (Gewährbarkeit nur der Ansprüche oder Nichtgewährbarkeit des Hauptantrags) ohne Zulassung der gesonderten Beschwerde entschieden, so kann in der 2. Zwischenentscheidung, die der Vorbereitung der Aufrechterhaltung in geänderter Fassung gemäß Art 101 (3) a) dient (s Rdn 28), die gesonderte Beschwerde zugelassen werden, mit der dann auch die 1. Zwischenentscheidung angegriffen werden kann.[66]

30 **4.3 Keine Beschwerde gegen Zwischenentscheidung:** Wird trotz Zulassung keine Beschwerde eingelegt, so wird die nicht angefochtene Zwischenentscheidung rechtskräftig. Die durch die Zwischenentscheidung getroffene Feststellung (zB über die Priorität) kann daher auch nicht mehr später mit der Beschwerde gegen die Endentscheidung angefochten werden.

5 Wegfall des Patents

31 Fällt das Patent durch Verzicht oder Erlöschen weg, so steht dies einer Beschwerde gegen eine Entscheidung der Einspruchsabteilung gemäß R 98 nicht entgegen. Diese Vorschrift ist eine logische Folge der R 75, die einen Einspruch auch nach Verzicht oder Erlöschen des Patents zulässt. Die Bestimmungen gewährleisten, dass ein ex nunc weggefallenes Patent im Einspruchsverfahren noch mit Wirkung ex tunc widerrufen werden kann.

---

63 T 1849/12 ABl 14 ZPubl 5, 129; hierzu Müll/Wilming epi-information 13, 63.
64 GrBK G 0001/88 ABl 89, 189 (II) *Schweigen des Einsprechenden/HOECHST*; T 0089/90 ABl 92, 456; T 0762/90 EPOR 91, 213.
65 S auch T 0756/14 v 21.9.2018 ÖBl 19, 82: Da Zulassung der Beschwerde konstitutiven Charakter hat, ist sie in den Entscheidungstenor aufzunehmen.
66 T 0762/90 EPOR 91, 213; T 0857/06 (Nr 7–11) ABl 09 SonderA 2, 97.

Tritt der Wegfall des Patents während eines anhängigen Einspruchsbeschwerdeverfahrens ein und beantragt der beschwerdeführende Einsprechende nicht die Fortsetzung des Verfahrens gemäß R 84 (1) innerhalb von 2 Monaten nach Zustellung der Mitteilung über den Wegfall des Patents, so erledigt sich damit das Beschwerdeverfahren.[67] Hat hingegen der Patentinhaber Beschwerde eingelegt, ist das Beschwerdeverfahren idR fortzuführen. Der Patentinhaber kann dabei auch beantragen, das Patent mit Wirkung nur für die Vergangenheit in geändertem Umfang aufrechtzuerhalten.[68]

6 Kostenentscheidung im Einspruchsverfahren

Trifft die 1. Instanz eine Kostenentscheidung im Einspruchsverfahren gemäß Art 104 (1), so kann diese nach Art 106 (3) iV R 97 (1) nicht der einzige Gegenstand einer Beschwerde sein.[69] Dabei macht es keinen Unterschied, ob die Kostenentscheidung in der Sachentscheidung oder davon getrennt, also isoliert getroffen worden ist. Nur mit einer zulässigen Beschwerde gegen die Entscheidung in der Hauptsache kann auch die Kostenentscheidung zur Nachprüfung gestellt werden.[70] Die selbständige Anfechtung der Kostenentscheidung durch einen Verfahrensbeteiligten ist auch dann nicht zulässig, wenn ein anderer Verfahrensbeteiligter die Entscheidung in der Hauptsache angegriffen hat.[71] Wird mit der Beschwerde die Kostenentscheidung angegriffen und zugleich ein wesentlicher Verfahrensmangel bei Erlass der angefochtenen Entscheidung geltend gemacht, der Grundlage für die Kostenentscheidung war, so ist die Verteilung der Kosten nicht der einzige Gegenstand der Beschwerde, so dass die Beschwerde gemäß R 97 (1) nicht ausgeschlossen ist.[72]

32

Zu den Voraussetzungen für den Erlass einer Kostenentscheidung siehe die Erläuterungen zu § 62.

7 Entscheidungen über die Kostenfestsetzung

Trifft die Einspruchsabteilung eine Entscheidung über die Kostenfestsetzung gemäß R 88 (3), so ist diese mit der Beschwerde nach Art 106 (3) iV R 97 (2) und Art 2 (1) Nr 11 GebO nur anfechtbar, wenn der festgesetzte Betrag höher als die Beschwerdegebühr ist.

33

8 Entscheidungen einer Beschwerdekammer

Die Entscheidung einer BK kann nur mit dem außerordentlichen Rechtsbehelf des Antrags auf Überprüfung durch die GrBK angefochten werden (s Kommentierung zu Art 112a).

34

Vor Einführung dieses Rechtsbehelfs durch EPÜ 2000 hatte die Rechtsprechung keinerlei Möglichkeit gesehen, BK-Entscheidungen aufzuheben, selbst wenn sie unter gravierender Rechtsverletzung ergangen sein sollten.[73] Der Verweis in Art 125 auf die

35

---

67 T 0329/88 u T 0977/14 RechtsprBK/EPA 19, 1011.
68 T 0708/01 RechtsprBK/EPA 16, 1012.
69 T 0154/90 ABl 93, 505.
70 T 0154/90 ABl 93, 505.
71 T 1237/05 ABl 08 SonderA 111.
72 Vgl. T 0154/90 ABl 93, 505.
73 GrBK G 0001/97 ABl 00, 322 *Antrag auf Überprüfung/ETA*; T 0431/04 ABl 05 SonderA 133.

allgemein anerkannten Grundsätze des Verfahrensrechts bilde nur ein Instrument zur Ergänzung der im EPÜ geregelten Verfahren, sei aber keine Rechtsgrundlage für die Schaffung eines neuen Rechtsmittels.[74] Anträge, mit denen eine Überprüfung einer rechtskräftigen Entscheidung einer BK wegen Verletzung wesentlicher Verfahrensgrundsätze verfolgt wurde, waren daher als unzulässig abzuweisen, und zwar durch die Kammer, die die Entscheidung erlassen hat. Zur Kritik s 7. Aufl.

36 Die Anfechtung von rechtskräftigen EPA-Entscheidungen einer BK oder der GrBK vor nationalen Gerichten ist bislang als ausgeschlossen angesehen worden,[75] da es sich um einen Hoheitsakt einer zwischenstaatlichen Organisation, nicht um einen Akt der Ausübung nationaler öffentlicher Gewalt handele und die sich aus der Rechtsprechung des BVerfG ergebenden Anforderungen an den Grundrechtsschutz auf der Ebene des EPÜ generell gewahrt seien.[76] Das Gleiche wurde für den Schutz der Menschenrechte durch die EMRK angenommen.[77]

V. Wirkung der Beschwerde *(effect of appeal)*

37 *Die Wirkung der Beschwerde* besteht darin, dass die BK nach Vorlage gemäß Art 109 (2) zuständig wird und die 1. Instanz ihre Zuständigkeit verliert *(Devolutiveffekt)*[78] und dass die angefochtene Entscheidung bis zur Erledigung des Beschwerdeverfahrens gemäß Art 106 (1) 2 keine Wirkung hat *(aufschiebende Wirkung, Suspensiveffekt).*[79]

Die aufschiebende Wirkung der Beschwerde gewährleistet im Interesse des Beschwerdeführers, dass der Rechtszustand vor Erlass der angefochtenen Entscheidung erhalten bleibt und dass nicht durch Ausführung der angefochtenen Entscheidung vollendete Tatsachen geschaffen werden. Ein Verstoß gegen Art 106 (1) 2 durch die 1. Instanz stellt daher einen wesentlichen Verfahrensfehler dar.[80] Unter Verstoß gegen Art 106 (1) 2 vorgenommene Akte sind unverzüglich zu korrigieren, zB durch Berichtigung im Patentblatt, dass der Hinweis auf die Erteilung unwirksam ist.[81]

Das bedeutet zB, dass eine zurückgewiesene Anmeldung oder ein widerrufenes Patent unverändert existent bleiben oder dass ein festgestellter Rechtsverlust nicht eintritt.[82] Nach der Rechtsprechung soll auch eine während der aufschiebenden Wirkung

---

74 GrBK G 0001/97 ABl 00, 322 *Antrag auf Überprüfung/ETA.*
75 BVerfG BlPMZ **98**, 31; Patents Court BlPMZ **97**, 210 *Lenzing*; VG München GRUR Int 00, 77; VGH München GRUR 07, 444.
76 BVerfG GRUR 01, 728 *Europäische Eignungsprüfung*; **10**, 1031 *Supranationale Hoheitsakte* = GRUR Int **11**, 69 *Automatische Holzschneidemaschine*; vgl. auch Kunz-Hallstein GRUR **11**, 1072; aA Zuck GRUR Int **11**, 302.
77 EGMR GRUR Int **10**, 840 *Rambus/Deutschland.*
78 W 0001/97 ABl 99, 33 (unter früherem Recht) für PCT-Widerspruch, nach dessen Eingang keine weitere Zahlungsaufforderung ergehen kann; T 0939/95 ABl **98**, 481: 1. Instanz verliert Entscheidungsbefugnis grundsätzlich bereits mit Ablauf der Abhilfefrist. Für eine Protokollberichtigung bleibt aber weiterhin die 1. Instanz zuständig, s T 1198/97 ABl 02 SonderA 74.
79 Devolutiveffekt und Suspensiveffekt erstrecken sich allerdings nicht auf vom Beschwerdeführer nicht angegriffene Teile der Entscheidung (zB Rückerstattung von Recherchengebühr oder Kostenentscheidung), s T 1382/08 ABl SonderA 2, 87; T 448/09 ABl **12** SonderA 135.
80 J 0005/81 ABl **82**, 155 (Nr 10); T 0001/92 ABl **93**, 685 (Nr 3.1).
81 J 0028/94 ABl **95**, 742; T 0001/92 ABl **93**, 685 (Nr 3.1).
82 T 0290/90 ABl **92**, 368 (Nr 2); J 0023/90 BeckRS **91**, 30487871.

eintretende Gesetzesänderung zu berücksichtigen sein.[83] Allerdings ist es nicht möglich, sich für die Zulässigkeit der Beschwerde auf Umstände zu berufen, die sich unmittelbar aus der aufschiebenden Wirkung ergeben.[84] Die Rechtsprechung lässt es ferner grundsätzlich nicht zu, sich auf die aufschiebende Wirkung einer Beschwerde gegen einen Patenterteilungsbeschluss zu stützen, nur um eine Teilanmeldung einzureichen.[85]

Keine aufschiebende Wirkung tritt ein, wenn sich eine Beschwerde gegen eine Entscheidung einer BK richtet, und zwar auch dann, wenn diese erstmals eine von der 1. Instanz abweichende Entscheidung in der Sache trifft, zB ein Patent erstmals widerruft.[86] Auch der Antrag auf Überprüfung durch die GrBK hat gemäß Art 112a (2) keine aufschiebende Wirkung.

Ende der aufschiebenden Wirkung tritt ein, wenn die angefochtene Entscheidung rechtskräftig geworden ist,[87] also mit Erlass der Entscheidung der BK, die die Beschwerde zurückweist, oder nach Rücknahme der Beschwerde.[88]

Vgl auch die Erläuterungen zu § 75 PatG, insbesondere dazu, dass offensichtlich unzulässige Beschwerden keine aufschiebende Wirkung haben.

Art 107 Beschwerdeberechtigte und Verfahrensbeteiligte
(persons entitled to appeal and to be parties to appeal proceedings)

¹Jeder Verfahrensbeteiligte, der durch eine Entscheidung beschwert ist, kann Beschwerde einlegen. ²Die übrigen Verfahrensbeteiligten sind am Beschwerdeverfahren beteiligt.

Rainer Moufang

Übersicht

Revision des EPÜ		1
Kommentierung zu Art 107 EPÜ		
1	Beschwerdeberechtigung	2
1.1	Erstinstanzliche Verfahrensbeteiligung	3
1.1.1	Mehrheit von Personen als Beschwerdeführer	8
1.1.2	Fehlerhaft Nichtbeteiligter	9
1.1.3	Keine Verfahrensbeteiligte iS von Art 107	10
1.2	Beschwer	11
2	Verfahrensbeteiligte	17
2.1	Beschwerdegegner	20
	Keine Anschlussbeschwerde	21
2.2	Sonstige Verfahrensbeteiligte kraft Gesetzes	23
3	Verbot der reformatio in peius	26

---

83 T 0544/88 ABl 90, 428 (Nr 4); T 0814/90 BeckRS 91, 30643435.
84 T 0591/05 ABl 07 SonderA Nr 6, 68.
85 J 0018/03 ABl 05, 597 (mit zweifelhafter Begründung).
86 GrBK G 0001/97 ABl 00, 322 (Nr 2a) *Antrag auf Überprüfung/ETA*.
87 Vgl J 0018/84 ABl 87, 215 (Nr 2.7); T 0001/92 ABl 93, 685 (Nr 3.1).
88 GrBK G 0008/91 ABl 93, 346 (Nr 11.2) *Rücknahme der Beschwerde/BELL*.

Art 107 EPÜ

EPA: Beschwerdeberechtigte und Verfahrensbeteiligte

Anhang zu § 73

1 **Revision des EPÜ:** Durch die Revisionsakte vom 29.11.2000 (EPÜ 2000), die am 13.12.2007 in Kraft getreten ist, wurde Art 107 sprachlich prägnanter gefasst. Eine sachliche Änderung gegenüber der bisherigen Fassung ist damit nicht verbunden.

1 Beschwerdeberechtigung *(entitlement to appeal)*

2 Sie ist eine Voraussetzung der Zulässigkeit der Beschwerde, die – wie alle Zulässigkeitsvoraussetzungen – von Amts wegen zu prüfen ist. Fehlt sie, ist die Beschwerde gemäß R 101 (1) als unzulässig zu verwerfen. Art 107 S 1 ist nur erfüllt, wenn der Beschwerdeführer am erstinstanzlichen Verfahren beteiligt war (s Rdn 3) und wenn er durch die Entscheidung beschwert ist (s Rdn 11).

1.1 Erstinstanzliche Verfahrensbeteiligung

3 Beschwerdeberechtigt kann nur derjenige sein, der an dem erstinstanzlichen Verfahren, das zu der angegriffenen Entscheidung geführt hat, beteiligt war. Dies bedeutet:

4 i) **ex parte-Verfahren:** Beteiligt ist nur der Anmelder.
5 ii) **inter partes-Verfahren:** Beteiligt sind der Patentinhaber, die Einsprechenden sowie der Beitretende, der vor Abschluss des Einspruchsverfahrens seinen Beitritt erklärt hat.[1]
6 iii) **Nebenverfahren:** Beteiligt sind die Parteien des Hauptverfahrens sowie der jeweilige Antragsteller für zB folgende Anträge: a) Aussetzungsantrag nach R 14 oder 78;[2] b) Antrag auf Berichtigung der Erfindernennung nach R 21; c) Antrag auf Eintragung eines Rechtsübergangs nach R 22 oder von Lizenzen und anderen Rechten nach R 23;[3] d) Antrag auf Akteneinsicht nach Art 128 EPÜ.[4]

7 *Übergang der Beteiligtenstellung:* Ist die Beteiligtenstellung in dem Zeitraum zwischen Beendigung des erstinstanzlichen Verfahrens und Einlegung der Beschwerde oder Einreichung der Beschwerdebegründung wirksam auf einen anderen übergegangen, so ist (nur) dieser zur Einlegung der Beschwerde oder Einreichung der Beschwerdebegründung berechtigt. Zu den Voraussetzungen eines solchen Übergangs s Rdn 19.

8 **1.1.1 Mehrheit von Personen als Beschwerdeführer:** Mehrere Einsprechende, die unabhängig voneinander Einspruch eingelegt haben, sind jeder für sich am Einspruchsverfahren beteiligt und können daher jeder für sich Beschwerde einlegen. Hingegen können gemeinsame Anmelder, mehrere Patentinhaber und gemeinsame Einsprechende nur gemeinsam Beschwerde durch den nach R 151 (1) bestimmten gemeinsamen Vertreter einlegen.[5]

9 **1.1.2 Fehlerhaft Nichtbeteiligter:** Hat die 1. Instanz eine Person an einem Verfahren gesetzwidrig nicht beteiligt, so ist diese gleichwohl beschwerdeberechtigt. Ein solcher

---

1 T 0631/94 ABl **96**, 67.
2 J 0028/94 ABl **97**, 400.
3 J 0018/84 ABl **87**, 215.
4 J 0014/91 ABl **93**, 479.
5 So für gemeinsame Einsprechende GrBK G 0003/99 ABl **02**, 347 (Nr 17 u 18) *Zulässigkeit eines gemeinsamen Einspruchs bzw. einer gemeinsamen Beschwerde/HOWARD FLOREY*; für mehrere Patentinhaber R 0018/09 ABl **11** SonderA 2, 115 bezüglich Überprüfungsantrag nach Art 112a.

Verfahrensverstoß darf nicht dazu führen, dass die fehlerhafte Entscheidung nicht überprüft werden kann.

1.1.3 Keine Verfahrensbeteiligte iS von Art 107 sind: a) Dritte, die ihre materielle Berechtigung geltend machen vor Erfüllung der Voraussetzungen des Art 61; b) Dritte, die gegen die Patentierbarkeit Einwendungen nach Art 115 erhoben haben,[6] selbst wenn die 1. Instanz die Einwendungen aufgreift.[7] Dass die Nichterfüllung bestimmter Erteilungsvoraussetzungen, wie etwa Klarheit nach Art 84, nicht in einem späteren Einspruchsverfahren geltend gemacht werden kann,[8] rechtfertigt nicht die Anerkennung eines außerordentlichen Rechtsbehelfs;[9] c) Vertreter eines Beteiligten;[10] d) nicht genannte Hintermänner eines im eigenen Namen handelnden Strohmanns; e) bloße Beteiligte eines Nebenverfahrens, wie zB Antragsteller, die Akteneinsicht, Berichtigung der Erfindernennung oder Aussetzung des Verfahrens beantragt hatten, in Hinblick auf die Entscheidung im Erteilungs- oder Einspruchsverfahren; f) Einsprechende hinsichtlich der Berichtigung des Erteilungsbeschlusses durch die Prüfungsabteilung;[11] sie sind nicht an diesem Verfahren beteiligt und können daher gegen eine solche Berichtigung keine Beschwerde einlegen.[12]

1.2 Beschwer *(adverse effect)*

Nur wenn der Verfahrensbeteiligte in 1. Instanz durch die angefochtene Entscheidung beschwert ist, ist seine Beschwerde nach Art 107 S 1 iVm R 101 (1) zulässig. Im Falle der rechtsgeschäftlichen Übertragung eines Patents ist der Erwerber nur dann zur Einlegung der Beschwerde berechtigt, wenn er die Voraussetzungen nach R 22 iVm R 85 vor Ablauf der Beschwerdefrist erfüllt hat.[13] Im Falle der Universalsukzession ist dies nicht erforderlich.[14] Entsprechend wird auch für den Übergang der Einsprechendenstellung danach differenziert, ob er aufgrund Rechtsgeschäfts oder aber durch Universalsukzession erfolgt. Im ersteren Fall ist der neue Einsprechende nur beschwerdeberechtigt, wenn er die Voraussetzungen analog R 22 erfüllt hat,[15] im zweiten Fall kommt es hierauf nicht an.[16] Vgl auch Rdn 7 u 19 sowie § 59 Rdn 146.

---

6 So explizit Satz 2 von Art 115.
7 GrBK G 0002/19 ABl 20, A87 (BII3b) *Rechtliches Gehör und richtiger Verhandlungsort/IPCOM*.
8 GrBK G 0003/14 ABl 15, A102 *Änderungen im Einspruchsverfahren/FREEDOM INNOVATIONS*.
9 GrBK G 0002/19 ABl 20, A87 (BII6) *Rechtliches Gehör und richtiger Verhandlungsort/IPCOM*.
10 J 0001/92 RechtsprBK/EPA 19, 1302.
11 Unter dem EPÜ ist eine derartige Berichtigung allerdings nahezu ausgeschlossen, s GrBK G 0001/10 ABl 13, 194 *Antrag auf Berichtigung des Patents/FISHER-ROSEMOUNT*.
12 T 1349/08 EPOR 10, 418.
13 T 0656/98 ABl 03, 385; T 0593/04 ABl 07 SonderA Nr 6, 68.
14 T 0015/01 ABl 06, 153 (Verlust der Rechtsfähigkeit des früheren Patentinhabers).
15 Herrschende EPA-Rechtsprechung, s T 0956/03 ABl 07 SonderA 6, 64. Zweifelnd T 1091/02 ABl 05, 14 unter Formulierung einer Vorlagefrage, die aber von der GrBK in G 0002/04 nicht beantwortet zu werden brauchte.
16 T 0006/05 (Nr 1.6.4) BeckRS 07, 30494250; T 1421/05 (Nr 4.7) ABl 12 SonderA 120; T 0007/07 (Nr 1) BeckRS 11, 146798.

12 Beschwer ist gegeben, wenn die angefochtene Entscheidung dem in 1. Instanz gestellten Antrag (nicht etwa einem davon abweichenden Antrag in der Beschwerdeschrift) nicht oder nicht voll entspricht, also wenn die Entscheidung hinter dem Begehren des Anmelders oder Antragstellers zurückbleibt oder ohne sein Einverständnis von seinem Antrag abweicht.[17] Ergibt sich aus einem Vergleich von Entscheidungsformel (order) und Antrag ein Minus zu Ungunsten des Beschwerdeführers, dann ist er beschwert.

13 *Zuletzt gestellter Antrag* ist maßgebend für die Beschwer. Daher fehlt eine Beschwer, wenn die angefochtene Entscheidung einem früheren Antrag oder Patentanspruch nicht entspricht, wenn diese zurückgenommen oder durch einen eingeschränkteren Antrag oder Anspruch endgültig ersetzt wurden.[18] Ob eine Beschwer besteht, sollte nicht von dem Inhalt der Beschwerdebegründung abhängig gemacht werden.[19]

14 *Gründe der angefochtenen Entscheidung* können den Beschwerdeführer grundsätzlich nicht beschweren, wenn seinem Antrag voll entsprochen worden ist. Daher kann mit einer Beschwerde nur die getroffene Entscheidung angefochten werden, nicht aber allein die für die Entscheidung gegebene Begründung.[20] Der Wunsch des Beschwerdeführers, eine andere Begründung für die gleiche Entscheidung zu erhalten, ist grundsätzlich nicht ausreichend für eine Beschwer iSd Art 107.[21] Das sollte ausnahmsweise dann nicht gelten, wenn durch Feststellungen in den Gründen die naheliegende Gefahr besteht, dass der Schutzbereich des Patents durch ein nationales Verletzungsgericht einschränkend ausgelegt wird.[22]

15 Eine Beschwer liegt vor: a) idR sowohl für Patentinhaber wie für den Einsprechenden, wenn das Patent im beschränkten Umfang aufrechterhalten wird, zB Aufrechterhaltung (unter Zurückweisung des Hauptantrags) gemäß Hilfsantrag des Patentinhabers;[23] b) bei unzutreffender Anpassung der Beschreibung an beschränkt aufrechterhaltene Ansprüche;[24] c) bei Patenterteilung ohne ausreichende Zustimmung des Anmelders zur Fassung des Patents;[25] d) wenn bei Antrag auf Teilwiderruf dem Antrag nur teilweise

---

17 GrBK G 0002/19 ABl 20, A87 (BII3d) *Rechtliches Gehör und richtiger Verhandlungsort/ IPCOM*; J 0012/83 ABl 85, 6; T 0244/85 ABl 88, 216 (Nr 3); T 1783/12 v 12.5.2017 RechtsprBK/EPA 19, 1307.
18 T 0506/91 u T 0528/93 RechtsprBK/EPA 19, 1304; T 0434/00 ABl 03 SonderA 3, 65.
19 So aber T 0332/06 ABl 09 SonderA 2, 98: nachträglicher Wegfall der Beschwer; T 0028/10 v 12.12.2011 (Nr 1.1) BeckRS 11, 147449: Beschwer müsse auch bei Begründung der Beschwerde, aufgrund der sich erst der Umfang der Beschwerde erschließe, gegeben sein. Noch weitergehend T 0327/13 RechtsprBK/EPA 19, 1307.
20 T 0611/90 ABl 93, 50; T 1147/01 BeckRS 04, 30682510; T 0084/02 ABl 03 SonderA Nr 3, 65.
21 T 0073/88 ABl 92, 557; T 0018/92 BeckRS 93, 30497410.
22 In T 193/07 ABl 12 SonderA 140 wurde es im Zusammenhang mit der Beschwerde eines Einsprechenden allerdings abgelehnt, potenziell nachteilige Situationen bei nationalen Patentstreitigkeiten in die Begründung für eine Beschwer zu berücksichtigen.
23 T 0369/91 ABl 93, 561; T 0234/86 ABl 89, 79; vgl GrBK G 0002/91 ABl 92, 206 (Nr 1) *Beschwerdegebühren/KROHNE*. Einschränkend für den Fall, dass der Patentinhaber keine Gründe gegen die Ablehnung vorrangiger Anträge in der erstinstanzlichen Entscheidung vorbringt, sondern diese nur durch neue Anträge ersetzt T 0039/05 ABl 07 SonderA 6, 73 (sehr zweifelhaft); anders zu Recht T 0137/09 BeckRS 10, 147207.
24 T 0273/90 (= EPOR 92, 104) u T 0281/90 ABl 92 SonderA 76.
25 J 0012/83 ABl 85, 6; T 0831/90 EPOR 92, 56.

entsprochen wird;[26] e) bei Zurückweisung eines Antrags wegen Nichteinhaltung einer Frist, auch wenn danach Wiedereinsetzung gewährt wurde, sofern Weiterbenutzungsrechte gemäß Art 122 (5) entstanden sein können;[27] f) für Beschwerde eines Einsprechenden, auch wenn er gegenüber einer Aufforderung nach R 82 (1) geschwiegen hat;[28] g) wenn Antrag auf Entscheidung nach Lage der Akten gestellt wurde *(decision on the state of the file)* und eine Entscheidung ergeht, denn ein solcher Antrag ist kein Verzicht.[29]

Eine Beschwer fehlt: a) wenn der Beteiligte sich mit der vorgeschlagenen Entscheidung zweifelsfrei einverstanden erklärt hatte,[30] bloßes Schweigen auf einen Vorschlag des Amts genügt nicht;[31] **b)** wenn ein Einsprechender sich mit einer beschränkten Aufrechterhaltung des Patents einverstanden erklärt hatte[32] oder erklärt, seinen Einspruch für den Gegenstand eines beschränkten (Hilfs-)Antrags zurückzunehmen.[33] Die bloße Rücknahme eines Antrags auf mündliche Verhandlung beseitigt nicht die Beschwer des Einsprechenden;[34] **c)** für den Widerruf des ganzen Patents, wenn in 1. Instanz nur ein Teilwiderruf beantragt war;[35] **d)** idR bei belastenden Feststellungen in den Gründen einer Entscheidung (s Rdn 14); **e)** wenn nach Patenterteilung, mit der dem Antrag des Patentanmelders in vollem Umfang stattgegeben wurde, zusätzlicher Stand der Technik im nationalen Verfahren ermittelt wird, der im Patent berücksichtigt werden soll;[36] **f)** wenn nach Rücknahme des Einspruchs das Einspruchsverfahren eingestellt wird und der Patentinhaber Zurückweisung des Einspruchs beantragt hatte;[37] **g)** wenn Patentinhaber mit seiner Beschwerde nur den Teil der Entscheidung angreift, der den Vertragsstaat DE betrifft, und sein diesbezüglicher Hauptantrag vor der 1. Instanz für gewährbar erachtet wurde (zweifelhaft, s Rdn 13);[38] **h)** für Beschwerde des Einsprechenden, dessen Einspruch als unzulässig verworfen wurde, wenn das Patent aufgrund eines anderen Einspruchs widerrufen wurde;[39] **i)** für Beschwerde gegen Patenterteilungsbeschluss wegen Berichtigung von Fehlern in der veröffentlichten Patentschrift;[40] **j)** wenn der Anmelder sein Einverständnis mit der ihm mitgeteilten Fassung, in der die Prüfungsabteilung das Patent zu erteilen beabsichtigt, erklärt hat.[41]

16

---

26 T 0299/89 ABl 92 SonderA 76 = EPOR 92, 107.
27 J 0005/79 ABl 80, 71.
28 GrBK G 0001/88 ABl 89, 189 *Schweigen des Einsprechenden/HOECHST*.
29 T 0391/88 BeckRS 89, 30576735.
30 T 0833/90 RechtsprBK/EPA 19, 1309; T 0554/98 EPOR 00, 475 (Nr 3: Einreichung beschränkter Patentansprüche als Hauptantrag, dem entsprochen wird); T 1234/11 EPOR 12, 161.
31 GrBK G 0001/88 ABl 89, 189 *Schweigen des Einsprechenden/HOECHST*.
32 T 0156/90 EPOR 94, 515 = ABl 92 SonderA 76.
33 T 0562/94 BeckRS 95, 30605348.
34 T 0266/92 RechtsprBK/EPA 19, 1308.
35 T 0299/89 ABl 92 SonderA 76 = EPOR 92, 107.
36 T 0591/05 ABl 07 SonderA Nr 6, 71.
37 T 0036/11 RechtsprBK/EPA 19, 1015.
38 T 0332/06 ABl 09 SonderA 2, 98.
39 AA aber T 898/91 ABl 98 SonderA 106 = BeckRS 97, 30654999; dagegen T 0384/08 (Nr 7) ABl 10 SonderA 2, 88.
40 T 2248/16 v 5.9.2018 BeckRS 18, 22382.
41 T 2277/19 v 11.12.2019 GRUR-RS 19, 40235; aA bei falscher Fassung, die offenkundig auf einem Versehen der Prüfungsabteilung beruht, allerdings T 1003/19 v 30.8.2019 ÖBl 19, 284 u T 2081/16 v 15.11.2018 BeckRS 18, 41520.

2 Verfahrensbeteiligte *(parties to the proceedings)*

17 Der Beschwerdeführer ist Beteiligter am Beschwerdeverfahren. Art 107 Satz 2 dehnt die Verfahrensbeteiligung auf alle Verfahrensbeteiligten der 1. Instanz aus. Sie sind kraft Gesetzes automatisch am Beschwerdeverfahren beteiligt *(Partei kraft Gesetzes, party as of right)*, auch wenn sie keine Beschwerde eingelegt haben oder mangels Beschwer nicht einlegen konnten. Beteiligter nach Artikel 107 Satz 2 ist also zunächst der Beschwerdegegner, insbesondere der Patentinhaber, wenn nur der Einsprechende Beschwerde eingelegt hat, oder der Einsprechende, wenn nur der Patentinhaber Beschwerde eingelegt hat. Beteiligter nach Artikel 107 Satz 2 ist aber auch jeder andere Verfahrensbeteiligter des erstinstanzlichen Verfahrens, der nicht Beschwerdeführer ist, also etwa ein weiterer Einsprechender,[42] wenn nur ein Einsprechender Beschwerde eingelegt hat.

18 *Rechtsstellung der Partei kraft Gesetzes gemäß Art 107 Satz 2 EPÜ* ist nicht die gleiche wie die des Beschwerdeführers. Nur letzterer hat das Verfügungsrecht über die von ihm eingelegte Beschwerde. Verfahrensbeteiligte kraft Gesetzes haben keine von der Beschwerde unabhängige Rechtsstellung, denn Art 107 Satz 2 garantiert lediglich, dass sie an einem anhängigen Beschwerdeverfahren beteiligt sind.[43] Ob sie von dieser automatischen Beteiligung aktiv Gebrauch machen wollen, bleibt ihnen überlassen.

19 *Übergang der Beteiligtenstellung*: Es gelten – wie im erstinstanzlichen Verfahren – auch im Beschwerdeverfahren unterschiedliche Bedingungen für Patentanmelder/-inhaber und Einsprechenden: Die Beteiligtenstellung des Patentanmelders oder -inhabers geht, sofern keine Universalsukzession vorliegt, auf den Erwerber der Anmeldung oder des Patents erst zu dem Zeitpunkt über, an dem er die Voraussetzungen für eine Umschreibung im Register gemäß R 22 und 85 erfüllt hat (Antrag, Gebührenzahlung[44] und Nachweis des Rechtsübergangs).[45] Die Beteiligtenstellung des Einsprechenden ist nach der Rechtsprechung nur übertragbar, wenn eine Gesamtrechtsnachfolge vorliegt oder wenn sie zusammen mit dem Geschäftsbetrieb übertragen wird, in dessen Interesse der Einspruch erhoben wurde.[46] Zu Einzelheiten und formalen Erfordernissen s § 59 Rdn 145 ff, s ferner Rdn 7 u 11.

2.1 Beschwerdegegner *(respondent)*

20 Er kann vollständige oder teilweise Zurückweisung der Beschwerde beantragen. Will er die angefochtene Entscheidung zu seinen Gunsten geändert haben, muss er insoweit selbst Beschwerde einlegen.[47] Tut er das nicht, sind seine prozessualen Möglichkeiten grundsätzlich durch den Rahmen der Fassung, die das Patent durch die angefochtene

---

42 Nach T 0898/91 ABl 98 SonderA 106 = BeckRS 97, 30654999 soll dies nicht gelten, wenn der Einspruch dieses Einsprechenden als unzulässig verworfen wurde. Dagegen aber zu Recht T 384/08 ABl 10 SonderA 2, 88; T 0540/13 v 29.3.2017 ABl 18 ZPubl 3, 63.
43 GrBK G 0002/91 ABl 92, 206 *Beschwerdegebühren/KROHNE*.
44 T 128/10 ABl 12 SonderA 141.
45 T 0656/98 ABl 03, 385; vgl auch T 0553/90 ABl 93, 666; J 0026/95 ABl 99, 667.
46 GrBK G 0002/04 ABl 05, 549 *Übertragung des Einspruchs/HOFFMANN-LA ROCHE*.
47 T 0073/88 ABl 92, 557; GrBK G 0001/99 ABl 01, 381 *reformatio in peius/3M*. Für Details s unten Rdn 27.

Anhang zu § 73 *EPA: Beschwerdeberechtigte und Verfahrensbeteiligte* **Art 107 EPÜ**

Entscheidung erhalten hat, begrenzt. Das bedeutet: a) der Patentinhaber als bloßer Beschwerdegegner kann das Patent nicht mit weiter gehenden Ansprüchen, sondern grundsätzlich nur in der durch die Einspruchsabteilung aufrechterhaltenen Fassung verteidigen;[48] b) der Einsprechende als bloßer Beschwerdegegner muss das Patent in der durch die Einspruchsabteilung akzeptierten Fassung hinnehmen, kann also zB nicht vollständigen Widerruf beantragen.[49] Für Details s Rdn 26 ff.

Keine Anschlussbeschwerde *(no cross-appeal)*:[50] Unter dem PatG kann sich ein Beschwerdegegner mit einer Anschlussbeschwerde der Hauptbeschwerde des Beschwerdeführers auch noch nach Ablauf der Beschwerdefrist anschließen. Die nach Fristablauf eingelegte Anschlussbeschwerde ist unselbständig, das heißt in ihrer Wirkung abhängig von der Anhängigkeit der Hauptbeschwerde. Für sie muss eine eigene Beschwer nicht vorliegen. Dazu und zu den weiteren Voraussetzungen vgl § 73 Rdn 185 ff. 21

Die Anschlussbeschwerde wurde im europäischen Beschwerdeverfahren bis zu den Entscheidungen der GrBK G 9/92 und G 4/93[51] als zulässig angesehen.[52] Nach Auffassung der GrBK sieht aber das EPÜ keine Anschlussbeschwerde vor. Es ist daher im europäischen Beschwerdeverfahren nach der Rechtsprechung nicht möglich, eine (unselbständige) Anschlussbeschwerde einzureichen. Es gäbe allerdings gute Gründe für die Zulassung der Anschlussbeschwerde auch unter dem EPÜ, da sie der Verfahrensökonomie dienen kann, indem sie dazu beiträgt, dass unnötige Beschwerden nicht erhoben und bereits erhobene Beschwerden unter dem Eindruck der Argumente der Anschlussbeschwerde zurückgenommen werden.[53] 22

2.2 Sonstige Verfahrensbeteiligte kraft Gesetzes *(other parties as of right)*[54]

Ist ein Verfahrensbeteiligter nach Art 107 S 2 nicht Beschwerdegegner, so hat er typischerweise ähnliche Interessen wie der Beschwerdeführer. Er kann diese Interessen aber nur im Rahmen der (zulässigen) Beschwerdeanträge des Beschwerdeführers geltend machen. Beantragt der beschwerdeführende Einsprechende Teilwiderruf, kann ein nichtbeschwerdeführender Einsprechender, der aber nach Art 107 S 2 kraft Gesetzes beteiligt ist, nicht Widerruf des ganzen Patents beantragen. 23

Kosten: Bei der Kostenverteilung kann die nach Art 107 S 2 beteiligte Partei herangezogen werden, wenn dies der Billigkeit entspricht.[55] 24

Ende der Beteiligung der nach Art 107 S 2 beteiligten Partei tritt ein a) mit der **Beendigung des Beschwerdeverfahrens**, also mit Erlass der Entscheidung der BK oder mit 25

---

48 T 0369/91 ABl **93**, 561; GrBK G 0001/99 ABl **01**, 381 (Nr 4.1) *reformatio in peius/3M*.
49 GrBK G 0001/99 ABl **01**, 381 (Nr 4.1) *reformatio in peius/3M*.
50 Hierzu Schulte GRUR **01**, 999.
51 GrBK G 0009/92 ABl **94**, 875 (Nr 10) *Nicht-beschwerdeführender Beteiligter/BMW*; G 0004/93 ABl **94**, 875 *Nicht-beschwerdeführender Beteiligter/BMW u MOTOROLA*.
52 Vgl zB T 0123/85 ABl **89**, 336; T 0073/88 ABl **92**, 557; T 0576/89 ABl **93**, 543 (Nr 3.3).
53 Für Details s Vorauflage Art 107 Rn 22.
54 Lit: Weinmiller IIC **01**, 281.
55 T 0789/89 ABl **94**, 482.

Rücknahme der einzigen oder aller Beschwerden.[56] Die Beteiligten nach Art 107 S 2 haben kein eigenes Recht, das Beschwerdeverfahren fortzusetzen;[57] **b) durch Verzicht auf die Verfahrensbeteiligung** (bei Rücknahme eines Einspruchs).[58] Wer auf seine Beteiligung verzichtet, dem sind Zustellungen und Ladungen nicht mehr zu übermitteln.

3 Verbot der reformatio in peius *(prohibition of reformatio in peius)*

26   Die BK ist an die vom Beschwerdeführer gestellten Anträge gebunden und kann keinem darüber hinausgehenden Antrag stattgeben *(ne ultra petita)*. Der nicht beschwerdeführende Beteiligte darf das Verfahren nicht durch seine eigenen Anträge in eine andere Richtung lenken. Durch eine Entscheidung einer BK kann ein Beschwerdeführer daher grundsätzlich nicht schlechter als in der Entscheidung 1. Instanz gestellt werden (= *Verbot der reformatio in peius*). Etwas anderes ergibt sich auch nicht aus dem Untersuchungsgrundsatz,[59] weil dieser nur innerhalb der gestellten Anträge gilt (vgl Einl Rdn 31).

27   Daraus folgt:[60] **a)** *Bei alleiniger Beschwerde des Patentinhabers* kann weder die BK von Amts wegen noch ein nur nach Art 107 Satz 2 beteiligter Einsprechender, der also selbst keine Beschwerde erhoben hat, die gemäß der angefochtenen Zwischenentscheidung der 1. Instanz als beschränkt aufrechtzuerhalten erachtete Fassung des Patents in Frage stellen. Der Patentinhaber setzt sich mit seiner (alleinigen) Beschwerde nicht der Gefahr aus, dass er im Beschwerdeverfahren mehr verliert, als er in der 1. Instanz – unangefochten von den anderen Beteiligten – erhalten hatte. Vielmehr führt die Zurückweisung seiner Beschwerde dazu, dass die Zwischenentscheidung rechtskräftig wird.[61] Das Verbot der reformatio in peius soll den Patentinhaber sogar davor schützen, dass einzelne der in einem neuen Anspruchssatz enthaltenen Ansprüche im Beschwerdeverfahren auf ihre Gewährbarkeit hin überprüft werden, wenn sie erstinstanzlich akzeptiert worden sind.[62]

28   **b)** *Bei alleiniger Beschwerde des Einsprechenden* kann der Patentinhaber, der keine Beschwerde erhoben hat, sein Patent grundsätzlich nur in der beschränkten Fassung verteidigen, die die Entscheidung in 1. Instanz für gewährbar erachtet hat.[63] Von diesem Grundsatz kann jedoch ausnahmsweise abgewichen werden, um einen im

---

56   Wird die Beschwerde erst in der mündlichen Verhandlung nach Verkündung der Endentscheidung zurückgenommen, muss die Kammer gleichwohl noch eine schriftliche Entscheidungsbegründung abfassen und dem Beschwerdeführer zustellen, s T 1033/04 ABl 07 SonderA Nr 6, 75 = GRUR Int 07, 527.
57   GrBK G 0002/91 ABl 92, 206 *Beschwerdegebühren/KROHNE*.
58   Im EPÜ-Vorentwurf 1970 war ein solcher Verzicht vorgesehen, der auf der Münchner Konferenz wieder beseitigt wurde (M/PR/I Seite 52 Nr 433), aber nur zur Sicherstellung einer etwaigen Haftung für Kosten (vgl dazu T 0789/89 ABl 94, 482). Eine Schlechterstellung der Beteiligten nach Art 107 S 2 gegenüber Beschwerdeführern war damit nicht beabsichtigt.
59   So aber die Minderheitsmeinung in GrBK G 0009/92 ABl 94, 875 (Nr 17) *Nicht-beschwerdeführender Beteiligter/BMW*.
60   GrBK G 0009/92 ABl 94, 875 *Nicht-beschwerdeführender Beteiligter/BMW*.
61   T 2344/08 EPOR 13, 58.
62   T 1626/11 v 21.10.2015 mwN.
63   GrBK G 0001/99 ABl 01, 381 *reformatio in peius/3M*. Vgl hierzu Schulte GRUR 01, 999.

Beschwerdeverfahren vom Einsprechenden (Beschwerdeführer) oder von der BK erhobenen Einwand auszuräumen, wenn andernfalls das in geändertem Umfang für gewährbar erachtete Patent als unmittelbare Folge einer unzulässigen Änderung, die die Einspruchsabteilung in ihrer Entscheidung akzeptiert erachtet hatte, widerrufen werden müsste.[64] Unter diesen Umständen ist dem Patentinhaber (Beschwerdegegner) zu gestatten:
- in erster Linie eine Änderung, durch die ein oder mehrere ursprünglich offenbarte Merkmale aufgenommen werden, die den Schutzbereich des Patents in der erstinstanzlich für gewährbar erachteten Fassung einschränken;[65]
- falls eine solche Beschränkung nicht möglich ist, eine Änderung, durch die ein oder mehrere ursprünglich offenbarte Merkmale aufgenommen werden, die den Schutzbereich des Patents in der für gewährbar erachteten Fassung erweitern, ohne jedoch gegen Art 123 (3) zu verstoßen;
- erst wenn solche Änderungen nicht möglich sind, die Streichung der unzulässigen Änderung, sofern nicht gegen Art 123 (3) verstoßen wird.[66]

Diese Ausnahme vom Verbot der reformatio in peius soll aus Billigkeitsgründen den nicht beschwerdeführenden Patentinhaber vor einer Benachteiligung im Verfahren schützen, wenn ihn das Verbot an der angemessenen Verteidigung seines Patents hindern würde.[67] Sie ist daher nicht auf Situationen beschränkt, in denen der im Beschwerdeverfahren erhobene Einwand eine unzulässige Erweiterung des Gegenstands der Anmeldung betrifft.[68]

Grenzen des Verbots: Eine Schlechterstellung ist nicht gegeben, wenn die BK die erstinstanzliche Entscheidung mit einer abweichenden Begründung bestätigt. Der Beschwerdegegner kann die angegriffene Entscheidung auch mit Argumenten verteidigen, die von der ersten Instanz nicht für durchgreifend angesehen wurden.[69]

Das Verbot der reformatio in peius findet zudem keine Anwendung bei unverzichtbaren Verfahrensvoraussetzungen, die von der BK ex officio zu überprüfen sind, wie zB die Zulässigkeit des Einspruchs oder die Berechtigung zur Teilnahme am Verfahren.[70] Auf das Recht, nicht schlechter gestellt zu werden, kann verzichtet werden.[71]

Fortwirkung: Das Verbot der reformatio in peius wirkt im Falle einer Zurückverweisung und eines zweiten Beschwerdeverfahrens fort.[72]

---

64 GrBK G 0001/99 ABl 01, 381 *reformatio in peius/3M.*
65 S hierzu T 2277/18 v 10.02.2021 GRUR-RS 21, 11102 (Einschränkung auf Ausführungsbeispiel möglich und erforderlich).
66 GrBK G 0001/99 ABl 01, 381 *reformatio in peius/3M.* Zur Anwendung dieser Grundsätze s T 0724/99, T 0994/97, T 0594/97 und T 0076/99 ABl 02 SonderA 77–78; T 0023/04 u T 1380/04 ABl 07 SonderA Nr 6, 69; T 2129/14 v 1.6.2016 BeckRS 16, 122141.
67 T 1843/09 ABl 13, 508; T 1979/11 EPOR 13, 433.
68 T 974/10 ABl 12 SonderA 137 (Klarheitseinwand); ebenso T 1845/16 v 10.3.2020 GRUR-RS 20, 8161. Noch weiter verallgemeinernd T 1843/09 (Nr 2.4.1–2.4.9) ABl 13, 508; T 1979/11 EPOR 13, 433.
69 S. zB T 1341/04 ABl 08 SonderA 108.
70 T 1178/04 ABl 08, 80.
71 T 1544/07 ABl 11 SonderA 2, 109.
72 T 1843/09 ABl 13, 508 (Nr 2.3.1).

Art 108 EPÜ   EPA: Beschwerde   Anhang zu § 73

Art 108 Frist und Form
(time limit and form)

[1]Die Beschwerde ist nach Maßgabe der AusfO innerhalb von zwei Monaten nach Zustellung der Entscheidung beim EPA einzulegen. [2]Die Beschwerde gilt erst als eingelegt, wenn die Beschwerdegebühr entrichtet worden ist. [3]Innerhalb von vier Monaten nach Zustellung der Entscheidung ist die Beschwerde nach Maßgabe der AusfO zu begründen.

R 99 Inhalt der Beschwerdeschrift und der Beschwerdebegründung
(1) Die Beschwerdeschrift muss enthalten:
a) den Namen und die Anschrift des Beschwerdeführers nach Maßgabe der R 41 Abs 2 c);
b) die Angabe der angefochtenen Entscheidung und
c) einen Antrag, in dem der Beschwerdegegenstand festgelegt wird.
(2) In der Beschwerdebegründung hat der Beschwerdeführer darzulegen, aus welchen Gründen die angefochtene Entscheidung aufzuheben ist oder in welchem Umfang sie abzuändern ist und auf welche Tatsachen und Beweismittel er seine Beschwerde stützt.
(3) Die Vorschriften des Dritten Teils der AusfO sind auf die Beschwerdeschrift, die Beschwerdebegründung und die im Beschwerdeverfahren eingereichten Unterlagen entsprechend anzuwenden.

R 103 Rückzahlung der Beschwerdegebühr
(1) Die Beschwerdegebühr wird in voller Höhe zurückgezahlt, wenn
a) der Beschwerde abgeholfen oder ihr durch die Beschwerdekammer stattgegeben wird und die Rückzahlung wegen eines wesentlichen Verfahrensmangels der Billigkeit entspricht oder
b) die Beschwerde vor Einreichung der Beschwerdebegründung und vor Ablauf der Frist für deren Einreichung zurückgenommen wird.
(2) Die Beschwerdegebühr wird in Höhe von 75 % zurückgezahlt, wenn die Beschwerde in Erwiderung auf eine Mitteilung der Beschwerdekammer, dass sie beabsichtigt, die inhaltliche Prüfung der Beschwerde aufzunehmen, innerhalb von zwei Monaten ab Zustellung dieser Mitteilung zurückgenommen wird.
(3) Die Beschwerdegebühr wird in Höhe von 50 % zurückgezahlt, wenn die Beschwerde nach Ablauf der Frist nach Abs 1 b) zurückgenommen wird, vorausgesetzt, die Rücknahme erfolgt:
a) falls ein Termin für eine mündliche Verhandlung anberaumt wurde, innerhalb eines Monats ab Zustellung einer von der Beschwerdekammer zur Vorbereitung dieser mündlichen Verhandlung erlassenen Mitteilung,
b) falls kein Termin für eine mündlichen Verhandlung anberaumt wurde und die Beschwerdekammer den Beschwerdeführer in einer Mitteilung zur Einreichung einer Stellungnahme aufgefordert hat, vor Ablauf der von der Beschwerdekammer für die Stellungnahme gesetzten Frist,
c) in allen anderen Fällen vor Erlass der Entscheidung.
(4) Die Beschwerdegebühr wird in Höhe von 25 % zurückgezahlt, wenn
a) die Beschwerde nach Ablauf der Frist nach Abs 3 a), aber vor Verkündung der Entscheidung in der mündlichen Verhandlung zurückgenommen wird,

Anhang zu § 73 — EPA: Beschwerde — Art 108 EPÜ

b) die Beschwerde nach Ablauf der Frist nach Abs 3 b), aber vor Erlass der Entscheidung zurückgenommen wird,
c) ein etwaiger Antrag auf mündliche Verhandlung innerhalb eines Monats ab Zustellung einer von der Beschwerdekammer zur Vorbereitung der mündlichen Verhandlung erlassenen Mitteilung zurückgenommen wird und keine mündliche Verhandlung stattfindet.

(5) Die Beschwerdegebühr wird nur nach einer der vorstehenden Vorschriften zurückgezahlt. Bei Anwendbarkeit von mehr als einem Rückzahlungssatz erfolgt die Rückzahlung nach dem höheren Satz.

(6) Das Organ, dessen Entscheidung angefochten wurde, ordnet die Rückzahlung an, wenn es der Beschwerde abhilft und die Rückzahlung wegen eines wesentlichen Verfahrensmangels für billig erachtet. In allen anderen Fällen entscheidet die Beschwerdekammer über die Rückzahlung.

Rainer Moufang

Übersicht

	Revision des EPÜ	1
Kommentierung zu Art 108 EPÜ		
1	Beschwerdeeinlegung	2
1.1	Form	3
1.2	Inhalt	4
1.3	Sprache	8
1.4	2-Monatsfrist	9
2	Beschwerdegebühr	12
2.1	Nichtzahlung der Beschwerdegebühr	13
2.2	Ermäßigung der Beschwerdegebühr	14
2.3	Mehrere Beschwerden	15
2.4	Teilweise Zahlung	16
2.5	Nachweis der Zahlung	17
2.6	Rückzahlung der Beschwerdegebühr	18
2.6.1	Fehlender Rechtsgrund	19
2.6.2	Rückzahlung der Beschwerdegebühr nach R 103 (1) a)	23
2.6.2.1	Stattgabe der Beschwerde	25
2.6.2.2	Wesentlicher Verfahrensmangel	26
2.6.2.3	Billigkeit	29
2.6.2.4	Beispiele aus der Rechtsprechung	30
2.6.3	Rückzahlung der Beschwerdegebühr in voller Höhe nach R 103 (1) b)	32
2.6.4	Teilweise Rückzahlung der Beschwerdegebühr	33
3	Beschwerdebegründung	34
3.1	Form	34
3.2	Sprache	35
3.3	4-Monatsfrist	36
3.4	Inhalt der Begründung	37
3.4.1	Notwendiger Umfang der Begründung	38
3.4.2	Auseinandersetzung mit der angefochtenen Entscheidung	39
3.4.3	Bezugnahme auf Vorbringen in 1. Instanz	43
3.4.4	Begründetheit	44
3.4.5	Bindung an die Beschwerdebegründung	45
3.4.6	Beispiele unzureichender Begründung	46

Art 108 EPÜ   EPA: Beschwerde   Anhang zu § 73

1 Revision des EPÜ: Durch EPÜ 2000 (in Kraft ab 13.12.2007) wurde Art 108 geringfügig verändert. Mit Rücksicht auf die künftige Verwendung elektronischer Kommunikationsmittel wurde das Erfordernis der Schriftlichkeit für Einlegung und Begründung der Beschwerde gestrichen. Formerfordernisse werden durch die AusfO, insbesondere durch den in R 99 (3) enthaltenen Verweis, geregelt. Ferner ist durch R 103 (1) b) ein neuer Rechtsgrund für die Rückerstattung der Beschwerdegebühr geschaffen worden.

1 Beschwerdeeinlegung *(filing of notice of appeal)*

2 Lit: Teschemacher in FS Kolle/Stauder 2005, 455.

1.1 Form

3 Die Beschwerde ist schriftlich mit eigenhändiger Unterschrift (R 99 (3) iVm R 50 (3)) einzulegen beim EPA in München, der Zweigstelle in Den Haag oder der Dienststelle in Berlin, nicht bei den nationalen Behörden eines Vertragsstaats und nicht bei der Dienststelle Wien.[1] Zur Schriftform siehe R 1, die darauf abstellt, dass sich der Inhalt der Unterlagen in lesbarer Form auf Papier reproduzieren lässt, und Einl Rdn 371, zur Übermittlung durch Telekommunikation s R 2 (1) und Einl Rdn 385, 398, 415, zum Unterschriftserfordernis s R 2 (2).

Die elektronische Einreichung von Beschwerden und anderen Unterlagen im Beschwerdeverfahren ist zulässig,[2] und zwar sowohl mittels Online-Einreichung (OLF) oder über die Online-Einreichung 2.0, nicht aber über den EPA-Dienst zur Web-Einreichung.[3] Das zunächst eingeführte besondere Erfordernis für Beschwerdeverfahren, wonach die Authentizität eingereichter Unterlagen durch eine *fortgeschrittene* elektronische Signatur einer im Verfahren handlungsberechtigten Person bestätigt sein musste,[4] ist wieder entfallen. Ist die elektronische Signatur auf eine nicht handlungsberechtigte Person ausgestellt, fehlt die Unterschrift, so dass R 50 (3) zur Anwendung kommt.[5]

Die bloße Übermittlung eines Abbuchungsauftrags ist keine wirksame Einlegung der Beschwerde.[6]

Eine *bedingte oder hilfsweise* eingelegte Beschwerde ist grundsätzlich unzulässig.[7] Besteht aber bei Einlegung der Beschwerde aus berechtigtem Grund Rechtsunsicherheit über den richtigen Verfahrensbeteiligten, ist es legitim, die Beschwerde im Namen der Person einzulegen, die für den richtigen Verfahrensbeteiligten gehalten wird und zugleich hilfsweise im Namen einer anderen Person, die im Falle einer anderen Rechtsauslegung der richtige Verfahrensbeteiligte ist.[8]

---

1 MittEPA ABl **92**, 183.
2 Dies ergibt sich aus dem Beschluss PräsEPA v 14.5.2021 über die elektronische Einreichung von Unterlagen ABl **21**, A42.
3 Vgl Art 3 Beschluss PräsEPA v 14.5.2021 über die elektronische Einreichung von Unterlagen ABl **21**, A42.
4 Art 8 (2) Beschluss PräsEPA v 26.2.2009 ABl **09**, 182.
5 T 1427/09 ABl **10** SonderA 2, 90 = EPOR **10**, 201.
6 T 0778/00 ABl **01**, 554 mwN; T 1943/09 ABl **11** SonderA Nr 2, 111; T 377/11 EPOR **12**, 378.
7 GrBK G 0002/04 ABl **05**, 549 (3.2.1) *Übertragung des Einspruchs/HOFFMANN-LA ROCHE*; J 0016/94 ABl **97**, 331; T 0460/95 ABl **98**, 587; T 0854/02 BeckRS **02**, 30649017; T 0254/03 ABl *06 SonderA 106*.
8 GrBK G 0002/04 ABl **05**, 549 (3.2.6) *Übertragung des Einspruchs/HOFFMANN-LA ROCHE*; T 1091/02 v 28.6.2006 BeckRS **06**, 30678121; einschränkend T 0960/08 (Nr 3.2) BeckRS **11**, 147468.

1.2 Inhalt *(content)*

Nach R 99 muss die Beschwerdeschrift enthalten:

a) **Name** (= Familien- und Vorname; amtliche Bezeichnung der juristischen Person) und *Anschrift*,[9] so dass eine schnelle Postzustellung gewährleistet ist (s R 41 (2) c). Angaben sind ausreichend, wenn Person und Adresse (unter Berücksichtigung der Vorakten[10]) identifiziert werden können. Erhebt ein Vertreter in eigenem Namen Beschwerde, so ist er und nicht ein anderer Beschwerdeführer.[11] Staatsangehörigkeit muss nicht angegeben werden.[12] Berichtigung des Namens ist nach R 101 (2) und nach R 139 möglich.[13] Allerdings muss die Identifizierbarkeit des Beschwerdeführers innerhalb der Beschwerdefrist gewährleistet sein.[14] Die Berichtigung darf keine nachträgliche Meinungsänderung zur Person des Beschwerdeführers widerspiegeln, sondern darf nur zum Ausdruck bringen, was bereits beim Einlegen der Beschwerde beabsichtigt war.[15]

b) **Angefochtene Entscheidung** ist nach R 99 (1) b) anzugeben. Es genügt, wenn sie aus dem Gesamtzusammenhang zweifelsfrei feststellbar ist.

c) **Antrag**, in dem der Beschwerdegegenstand festgelegt wird, ist nach R 99 (1) c) erforderlich.[16] Ist er nicht explizit gestellt, so kann er sich implizit aus den Umständen ergeben.[17] Enthält die Beschwerde keinen ausdrücklichen Antrag, so wird sie idR dahin auszulegen sein, dass die vollständige Aufhebung der angefochtenen Entscheidung begehrt[18] und der Antrag aus der 1. Instanz weiterverfolgt wird.[19] Stellt der Beschwerdeführer aber einen Antrag in der Hauptsache, ohne die in der Entscheidung ebenfalls getroffene Kostenentscheidung anzugreifen, beschränkt sich das Beschwerdeverfahren auf die Hauptsache.[20] Der in der Beschwerdeschrift gestellte Antrag kann bereits in der Beschwerdebegründung geändert werden, ohne die Zulässigkeit der Beschwerde in Frage zu stellen.[21]

---

9   Vgl T 774/05 ABl 09 SonderA 2, 100.
10 T 0483/89 BeckRS 90, 30592480.
11 J 0001/92 ABl 93 SonderA 84.
12 T 0146/86 BeckRS 88, 30526691.
13 GrBK G 0001/12 ABl 14, A114 (Nr 21 ff) *Identität des Beschwerdeführers/ZENON*. S bereits T 0097/98 ABl 02, 183; T 0715/01 ABl 03 SonderA Nr 3, 68; T 1421/05 ABl 12 SonderA 141; tendenziell aA aber der Vorlageentscheidung T 0445/08 ABl 12, 588.
14 GrBK G 0001/12 ABl 14, A114 (Nr 21 ff) *Identität des Beschwerdeführers/ZENON*.
15 GrBK G 0001/12 ABl 14, A114 (Nr 29) *Identität des Beschwerdeführers/ZENON* unter Verweis auf T 0097/98 ABl 02, 183.
16 T 620/13 ABl 15 ZPubl 4, 128.
17 T 358/08 ABl 10 SonderA Nr 2, 90: Mit der Neufassung der Formalerfordernisse für die Beschwerdeschrift in R 99 (1) ist keine Verschärfung der früheren Entscheidungspraxis zu R 64 (b) aF (s zB J 0002/87 ABl 88, 330) bezweckt worden; ähnlich T 0689/09 RechtsprBK/EPA 19, 1322.
18 T 0007/81 ABl 83, 98 (zu R 64 (b) aF).
19 T 0007/81 ABl 83, 98; T 0554/98 EPOR 00, 475 (Nr 1); T 0001/88 BeckRS 89, 30492656; T 0085/88 BeckRS 89, 30512935.
20 T 0420/03 ABl 07 SonderA Nr 6, 72.
21 T 642/05 ABl 08 SonderA 114; T 0689/09 (Nr 1.7) RechtsprBK/EPA 19, 1320; T 0226/09 (Nr 1–1.11) ABl 14 ZPubl 5, 127.

1.3 Sprache *(language)*

8 Die Beschwerde kann wie der Einspruch nach R 3 (1) in jeder Amtssprache des EPA eingereicht werden. Für Einreichung in Nichtamtssprachen und von Übersetzungen gilt das Gleiche wie beim Einspruch (s § 59 Rdn 35). Wird die Beschwerde in einer nicht zugelassenen Sprache eingereicht[22] oder eine nach Art 14 (4) erforderliche Übersetzung nicht rechtzeitig eingereicht, so gilt die Beschwerde nach Art 14 (4) 3 als nicht eingegangen, so dass die Beschwerdegebühr zurückzuzahlen ist.[23]

1.4 2-Monatsfrist *(time limit for filing of notice of appeal)*

9 Sie beginnt gemäß Art 108 S 1 mit der Zustellung der Entscheidung. Wird mit eingeschriebenem Brief zugestellt, gilt dieser nach R 126 (2) mit dem 10. Tag nach der Abgabe zur Post als zugestellt, auch wenn der Adressat ihn früher erhält. Die 10-Tagesregel gilt nicht, wenn die Entscheidung nicht oder später zugegangen ist. Den tatsächlichen Zugang hat im Zweifel das EPA nachzuweisen. Ist eine Entscheidung am 12.7. vom EPA zur Post gegeben, so gilt sie am 22.7. als zugestellt, so dass die 2-Monatsfrist am 22.9. endet.

10 Wird die angefochtene Entscheidung berichtigt, so setzt dies grundsätzlich keine neue Beschwerdefrist in Gang. Eine Ausnahme hiervon gilt aber, wenn die Berichtigung eine über die ursprüngliche Entscheidung hinausgehende Beschwer enthält.[24]

Eine Beschwerde kann vor Beginn der 2-Monatsfrist wirksam eingelegt werden.[25] Die 2-Monatsfrist ist nicht verlängerbar.[26] Fehlerhaftes Verhalten des EPA (zB nochmalige Zustellung einer Entscheidung, insbesondere einer berichtigten Entscheidung, mit geändertem Datum) kann allerdings Vertrauensschutz begründen, so dass die an sich verspätete Beschwerdeeinlegung als fristgerecht zu behandeln ist.[27]

11 **Wiedereinsetzung** des Patentanmelders oder -inhabers (nicht aber des Einsprechenden, s § 59 Rdn 73) in die versäumte 2-Monatsfrist für die Einlegung der Beschwerde ist möglich. Sie kann die 1. Instanz gewähren, wenn sie der Beschwerde gemäß Art 109 abhelfen will. Will die 1. Instanz nicht abhelfen, so muss sie die Beschwerde ohne Entscheidung über den Wiedereinsetzungsantrag vorlegen, über den die Kammer zu entscheiden hat.[28] Wiedereinsetzung ohne Abhilfe ist ultra vires und daher nichtig.[29]

---

22 Nach T 1152/05 ABl 09 SonderA 2, 100 und T 41/09 ABl 11 SonderA 2, 111 = EPOR 11, 110 hilft in diesem Fall auch das gleichzeitige Einreichen einer Übersetzung in eine Amtssprache nicht (zweifelhaft).
23 T 0323/87 ABl 89, 343.
24 T 0313/86 BeckRS 88, 30562493.
25 T 0389/86 ABl 88, 87 L = EPOR 88, 381; T 1947/07 v 17.7.2008. Ebenso R 0020/09 BeckRS 10, 146905 für Antrag auf Überprüfung nach Art 112a EPÜ.
26 T 0516/91 BeckRS 92, 30597977.
27 T 0830/03 ABl SonderA 05 137; T 0876/04 ABl 07 SonderA Nr 6, 72; T 0105/11 v 10.3.2016 ABl 17 ZPubl 4, 57 mwN.
28 T 0473/91 ABl 93, 630.
29 T 0808/03 RechtsprBK/EPA 19, 1341.

2 Beschwerdegebühr *(appeal fee)*

Zahlung der Beschwerdegebühr ist keine Voraussetzung der Zulässigkeit, sondern kraft der gesetzlichen Fiktion des Art 108 S 2 eine Voraussetzung der Existenz einer Beschwerde. Wenn keine Gebühr entrichtet ist, liegt keine Beschwerde vor,[30] selbst wenn Beschwerdeschrift und Beschwerdebegründung eingereicht sein sollten. Bei Beschwerde gegen eine einheitliche Entscheidung der Rechtsabteilung ist, selbst wenn diese mehrere Anmeldeverfahren betrifft, nur eine Beschwerdegebühr zu zahlen.[31]

2.1 Nichtzahlung der Beschwerdegebühr

Bei Nichtzahlung der Gebühr gilt die Beschwerde als nicht eingelegt (für Details s Rdn 20). Diese Feststellung trifft der Geschäftsstellenbeamte.[32] Eine Mitteilung über den Rechtsverlust ergeht entsprechend R 112 (1) EPÜ an den Beschwerdeführer. Für die Entscheidung über einen Antrag nach R 112 (2) ist die Beschwerdekammer (BK) zuständig.[33] Erklärung einer Zahlungsabsicht genügt nicht.[34]

Hinweis auf fehlende Beschwerdegebühr ergeht an den Beschwerdeführer grundsätzlich nicht vor Ablauf der Beschwerdefrist, weil der Grundsatz von Treu und Glauben die BK dazu nicht verpflichtet, es sei denn, es besteht dazu ein besonderer Anlass, weil zB der Beschwerdeschrift oder den Umständen zu entnehmen ist, dass die Frist zur Entrichtung der Gebühr ohne eine solche Mitteilung versehentlich versäumt werden würde.[35]

2.2 Ermäßigung der Beschwerdegebühr *(reduction of appeal fee)*

Eine Ermäßigung der Gebühr ist für Beschwerden, die ab 1.4.2018 eingelegt werden, zugunsten bestimmter Personen vorgesehen (Art 2 (1) Nr 11 GebO).[36] Das Gebührenprivileg gilt für natürliche Personen sowie die in R 6 (4) und (5) genannten Einheiten (s § 34 Rdn 287).[37]

2.3 Mehrere Beschwerden

Haben Patentinhaber und Einsprechender oder mehrere Einsprechende jeder für sich Beschwerde eingelegt, so ist jede Beschwerde gebührenpflichtig. Eine Rückzahlung von Beschwerdegebühren für Beschwerden, die nach der ersten wirksam eingelegten Beschwerde eingereicht werden, ist daher ausgeschlossen.[38]

---

30 T 0105/85 EPOR **87**, 186, 189.
31 J 0019/14 v 15.6.2015 BeckRS **15**, 119322; J 0001/16 v 25.11.2016 BeckRS **16**, 113669.
32 Art 2 (7) des Beschlusses des Präsidiums v 12.11.2007 ABl 21 ZPubl 1, 81.
33 J 0002/78 ABl **79**, 283; J 0021/80 ABl **81**, 101.
34 T 0198/16 v 20.3.2018 Obl **18**, 229 = BeckRS **18**, 7411; in einem besonders gelagerten Ausnahmefall (T 0317/19 v 22.10.2019 GRUR-RS **19**, 34764) ist allerdings eine Berichtigung nach R 139 EPÜ für zulässig erachtet worden.
35 GrBK G 0002/97 ABl **99**, 123 *Vertrauensschutz/UNILEVER*; T 0703/19 v 7.8.2019 BeckRS **19**, 18468.
36 VR-Beschluss v 13.12.2017 ABl **18**, A4.
37 Für Details s MittEPA v 18.12.2017 über die ermäßigte Beschwerdegebühr ABl **18**, A5. Es ist allerdings zweifelhaft, ob alle Erfordernisse in der dort beschriebenen Weise erfüllt sein müssen. S auch J 0008/18 v 27.3.2019 BeckRS **19**, 11710; T 1060/19 v 11.2.2020 GRUR-RS **20**, 7341.
38 GrBK G 0002/91 ABl **92**, 206 *Beschwerdegebühren/KROHNE*.

2.4 Teilweise Zahlung *(partial payment)*

16 Die teilweise Zahlung der Beschwerdegebühr steht grundsätzlich einer Nichtzahlung gleich, denn nach Art 8 S 1 GebO wird eine Zahlungsfrist nur durch Zahlung der vollen Gebühr eingehalten. Nach Art 8 S 4 GebO können **geringfügige Fehlbeträge** ohne Rechtsnachteil für den Einzahler unberücksichtigt gelassen werden. In der älteren Rechtsprechung sind Beträge bis zu 20 % als geringfügig angesehen worden;[39] dem scheint die jüngere Rechtsprechung aber nicht mehr zu folgen.[40] Die fehlerhafte Angabe eines zu niedrigen Betrages in einem Abbuchungsauftrag ist unschädlich, wenn nach den Umständen ersichtlich der richtige Betrag gemeint war.[41] Ausnahmsweise soll Vertrauensschutz in Betracht kommen, wenn eine zu niedrige Zahlung über mehrere Jahre hinweg unbeanstandet blieb.[42]

2.5 Nachweis der Zahlung

17 Es obliegt dem Beschwerdeführer, die fristgerechte Zahlung nachzuweisen. Der Nachweis ist geführt, wenn nach den Umständen zur Überzeugung der BK für die Entrichtung eine ausreichend hohe Wahrscheinlichkeit spricht.[43]

2.6 Rückzahlung der Beschwerdegebühr *(refund of appeal fee)*

18 Eine Erstattung der Beschwerdegebühr findet statt, wenn sie ohne Rechtsgrund gezahlt wurde (s Rdn 19) oder wenn ihre Rückzahlung in voller Höhe nach R 103 (1) a) (s Rdn 23) oder R 103 (1) b) (Rdn 32) oder teilweise nach R 103 (2) – (5) (Rdn 33) anzuordnen ist. Diese Voraussetzungen sind von Amts wegen zu prüfen, eines Antrags bedarf es dafür nicht.[44]

2.6.1 Fehlender Rechtsgrund *(payment where no fee is due = without legal basis)*

19 **a) Fehlt überhaupt eine Beschwerde,** weil eine Beschwerdeschrift nicht eingereicht worden ist, so ist die Beschwerdegebühr zurückzuzahlen, weil sie ohne Rechtsgrund entrichtet worden ist.[45] Das gleiche gilt, wenn die Beschwerde aus anderen Gründen als nicht eingegangen gilt (vgl Art 14 (4) 3,[46] R 2 (1), 99 (3) iV 50 (3), R 152 (6)). Die Gebühr ist aber nicht zurückzuzahlen, wenn der Vertreter Beschwerde eingelegt hat, bevor er von der gegenteiligen Weisung seines Mandanten Kenntnis erhält, und nachträglich Berichtigung beantragt.[47] Die Zulassung einer Berichtigung von Verfahrenserklärungen, durch die ein neues Verfahren eröffnet wird, würde die Rechtssicherheit zu stark gefährden.

---

39 T 0130/82 ABl **84**, 172 (141 £ statt 157 £); J 0011/85 ABl **86**, 1 (ca 10 %); J 0022/88 ABl **90**, 244 Nr 4 (10 %); T 0290/90 ABl **92**, 368, 374 (20 %); J 0027/92 ABl **95**, 288 (20 %); aA: T 0905/90 ABl **94**, 306, 556 (20 % nicht geringfügig).
40 S zB T 3023/18 v 06.12.2019 GRUR-RS **19**, 36381 (17% nicht geringfügig).
41 T 0451/90 BeckRS **90**, 30581742; T 1424/08 (Nr 1.2) v 18.10.2012; T 2035/14 (Nr 1) v 9.11.2016 BeckRS **16**, 109400; vgl aber auch T 1060/19 v 11.2.2020 GRUR-RS **20**, 7341.
42 T 0595/11 v 27.5.2015.
43 T 0127/87 ABl **89**, 406 (bzgl Einreichung eines Schecks; eine Zahlung per Scheck ist allerdings seit dem 1.4.2008 beim EPA nicht mehr möglich; s ABl 07, 626).
44 J 0007/82 ABl **82**, 391 (Nr 6); J 0016/82 ABl **83**, 262; T 0231/85 ABl **89**, 74 (Nr 10).
45 T 0041/82 ABl **82**, 256; T 1943/09 ABl **11** SonderA 2, 111; T 0377/11 EPOR **12**, 378.
46 T 0323/87 ABl **89**, 343.
47 T 0309/03 ABl **04**, 91.

b) Ist die Beschwerdeschrift rechtzeitig eingegangen, aber die Beschwerdegebühr verspätet entrichtet worden, also nicht innerhalb der 2-Monatsfrist und scheidet auch eine Wiedereinsetzung aus,[48] so gilt die Beschwerde nach **Art 108 S 2** als nicht erhoben.[49] Denn Satz 2 des Art 108 ist in einem temporalen Zusammenhang mit Satz 1 zu lesen: die Rechtsfolge (Fiktion der Nichteinlegung) tritt also nicht nur dann ein, wenn überhaupt keine Beschwerdegebühr gezahlt wird, sondern auch dann, wenn sie nicht innerhalb der 2-Monatsfrist des Satz 1 entrichtet wird.[50] Eine nicht erhobene Beschwerde ist nicht existent, also auch nicht gebührenpflichtig. Daher ist die Beschwerdegebühr zurückzuzahlen, und zwar von Amts wegen.[51]

c) Ist sowohl die Beschwerdeschrift verspätet eingereicht als auch die Beschwerdegebühr verspätet entrichtet worden, greift die gleiche Rechtsfolge wie unter b).[52] Auch in diesem Fall gilt die Beschwerde als nicht eingelegt gemäß Art 108 S 2, da diese Bestimmung auf die Nichtentrichtung innerhalb der 2-Monatsfrist abstellt.

d) Ist die **Beschwerdegebühr fristgerecht** gezahlt, die **Beschwerdeschrift** aber **verspätet** eingereicht, bereitet die Anwendung von Art 108 S 2 prima facie gewisse Schwierigkeiten. Man könnte mithin der Auffassung sein, die verspätete Beschwerde entspreche nicht Art 108 S 1 und sei daher nach R 101 (1) als unzulässig zu verwerfen. Das hätte zur Folge, dass die Beschwerdegebühr nicht zurückgezahlt werden kann, weil unzulässige Beschwerden nicht gebührenfrei sind.

Gleichwohl ist es korrekt, auch in dieser Situation die Beschwerde als nicht eingelegt zu erachten.[53] Die GrBK hat zur Begründung maßgeblich darauf abgestellt, dass die Beschwerdegebühr erst bei Einreichung der Beschwerdeschrift fällig wird. Weil nach allgemeinen EPÜ-Grundsätzen Gebühren nicht vor dem Fälligkeitstag wirksam entrichtet werden können, verschiebe sich der Tag der Zahlung der Beschwerdegebühr auf den Tag der (verspäteten) Einreichung der Beschwerdeschrift. Dies führe dazu, dass die rechtliche Situation die gleiche sei wie bei der obigen Fallgestaltung c). Ergänzend zu dieser Begründung lässt sich auch darauf hinzuweisen, dass das EPÜ bei Nichteinhaltung gesetzlich vorgeschriebener Fristen für die Einreichung von Schriftstücken idR hinsichtlich der Rechtsfolgen nicht danach differenziert, ob das Schriftstück zu spät oder gar nicht eingereicht wird,[54] und dass daher eine zu späte Einrei-

---

48 T 0287/84 ABl **85**, 333 (Nr 11).
49 GrBK G 0001/18 v 18.7.2019 ABl 20, A26 *Einlegung der Beschwerde*. So bereits auch die langjährige überwiegende Rechtsprechung, s zB T 1325/15 v 7.6.2016 RechtsprBK/EPA **19**, 1476 mwN; aufgrund vereinzelter gegenteiliger Entscheidungen (zB T 1897/17 v 14.2.2018 RechtsprBK/EPA **19**, 1477) war aber die Befassung der GrBK (G 0001/18) erforderlich geworden. Eine frühere Vorlage war in GrBK G 0001/14 ABl **16**, A95 = GRUR Int **16**, 132 *Zulässigkeit der Vorlage/TENNECO* mangels Relevanz im konkreten Fall für unzulässig erachtet worden.
50 GrBK G 0001/18 v 18.07.2019 ABl 20, A26 (BIV1(2)b) *Einlegung der Beschwerde*.
51 GrBK G 0001/18 v 18.07.2019 ABl 20, A26 (BVIII) *Einlegung der Beschwerde*; so bereits J 0016/82 ABl **83**, 262.
52 GrBK G 0001/18 v 18.07.2019 ABl 20, A26 (BVI) *Einlegung der Beschwerde*.
53 GrBK G 0001/18 v 18.07.2019 ABl 20, A26 (BIX) *Einlegung der Beschwerde*; so bereits zB J 19/90 (Nr 1.2.2 u 4) ABl **93** SonderA 83; T 778/00 (Nr 6) ABl **01**, 554.
54 T 1325/15 v 7.6.2016 (Nr 40) RechtsprBK/EPA **19**, 1476; s auch GrBK G 0001/18 v 18.7.2019 ABl 20, A26 (BIV2) *Einlegung der Beschwerde*.

chung der Beschwerdeschrift mit ihrer Nichteinreichung gemäß der obigen Fallgestaltung a) gleichgesetzt werden kann.

23 **2.6.2 Rückzahlung der Beschwerdegebühr nach R 103 (1) a)** *(reimbursement of appeal fee according to Rule 103(1)(a))*: Die Rückzahlung nach R 103 (1) a) steht nicht im Ermessen der BK,[55] sondern setzt voraus: **a)** Stattgabe der Beschwerde (s Rdn 25), **b)** Vorliegen eines wesentlichen Verfahrensmangels (s Rdn 26) und **c)** Billigkeit (s Rdn 29).

24 **Zuständig** für die **Rückzahlung** ist nach Vorlage der Beschwerde grundsätzlich die BK (R 103 (6) 2). Gewährt die 1. Instanz gemäß Art 109 Abhilfe, so hebt sie die angefochtene Entscheidung auf und kann gleichzeitig die Rückzahlung der Beschwerdegebühr anordnen (R 103 (6) 1), dagegen nicht den Antrag auf Rückzahlung der Beschwerdegebühr zurückweisen.[56] Für eine Ablehnung der Rückzahlung ist die BK zuständig, die im Falle der Nicht-Abhilfe zuständig gewesen wäre,[57] dh idR eine Technische BK. Wird der Antrag auf Rückzahlung aber erst nach Abhilfe gestellt, ist die BK mangels anhängigen Beschwerdeverfahrens nicht zuständig.[58]

25 **2.6.2.1 Stattgabe der Beschwerde** *(allowability)* iSd R 103 (1) a) ist erfüllt, wenn die Beschwerde ganz oder zum Teil[59] erfolgreich ist. Aufhebung und Zurückverweisung an die 1. Instanz genügen. Eine Rückzahlung der Beschwerdegebühr scheidet daher grundsätzlich aus bei *Zurückweisung* der Beschwerde[60] und bei *Verwerfung* der Beschwerde als unzulässig.[61] Auch im Fall der *Rücknahme* der Beschwerde ist eine Rückzahlung nach R 103 (1) a) nicht möglich.[62] Eine Rückzahlung kann allerdings auch dann erfolgen, wenn sich die Beschwerde in der Hauptsache durch Rücknahme der Anmeldung erledigt hat.[63] In besonderen Ausnahmefällen kann eine Rückzahlung außerhalb des Anwendungsbereichs von R 103 aus Gründen des Vertrauensschutzes gerechtfertigt sein, etwa bei irreführendem Hinweis der 1. Instanz auf Beschwerdefähigkeit einer Entscheidung.[64]

26 **2.6.2.2 Wesentlicher Verfahrensmangel** *(substantial procedural violation)* liegt vor, wenn der 1. Instanz vorgeworfen werden kann, Verfahrensrecht missachtet oder übersehen zu haben.[65] Zum Verfahrensrecht gehören nicht nur die prozessualen Vorschriften des EPÜ und der AusfO, sondern auch **allgemeine Anforderungen**, die an ein ordnungsgemäßes Verfahren zu stellen sind, zB die Vermeidung von Missverständnis-

---

55 T 0041/82 ABl **82**, 256 (Nr 4).
56 GrBK G 0003/03 ABl **05**, 344 *Rückzahlung der Beschwerdegebühr/HIGHLAND*; s bereits J 0032/95 ABl **99**, 713.
57 GrBK G 0003/03 ABl **05**, 344 *Rückzahlung der Beschwerdegebühr/HIGHLAND*.
58 T 1703/12 RechtsprBK/EPA **19**, 1502 mwN.
59 J 0018/84 ABl **87**, 215 (Nr 2.8).
60 J 0009/84 ABl **85**, 233 (Nr 7).
61 T 0089/84 ABl **84**, 562; T 0013/82 ABl **83**, 411.
62 J 0012/86 ABl *88*, *83 L*; T 0041/82 ABl **82**, 256 (Nr 6); D 0002/87, D 0002/88 ABl **89**, 448.
63 T 2434/09 ABl **14** ZPubl 5, 118.
64 T 0613/14 v 11.1.2019 BeckRS **19**, 6282.
65 J 0011/85 ABl **86**, 1 (Nr 14).

sen durch unklare Bescheide⁶⁶ oder eine effektive Organisation des EPA, die eine zügige Zuleitung von Eingaben an die zuständige Stelle sicherstellt.⁶⁷

Zu den allgemeinen Anforderungen zählen auch die **allgemein anerkannten Denkgesetze** und die **allgemeinen Erfahrungssätze**. Wird gegen diese Grundregeln, zB der Logik, gröblich verstoßen, so handelt es sich nicht um eine bloße unrichtige Beurteilung des Sachverhalts, sondern um einen wesentlichen Verstoß gegen die allgemeinen Grundsätze des Verfahrensrechts. — 27

Kein Verfahrensmangel liegt vor, i) wenn es sich nur um eine andere Auslegung⁶⁸ oder um eine nach Auffassung der Kammer unrichtige Beurteilung handelt (*error of judgement*);⁶⁹ ii) wenn es sich um einen Verstoß gegen materielles Recht, zB die Beurteilung der Patentierbarkeit,⁷⁰ handelt. — 28

2.6.2.3 Billigkeit (*equity*): Eine Rückzahlung der Beschwerdegebühr ist billig, wenn der wesentliche Verfahrensmangel den Betroffenen gezwungen hat, zur Wahrung seines Rechts Beschwerde einzulegen, die bei normaler Verfahrensführung nicht notwendig gewesen wäre. Liegt zwar ein Verfahrensverstoß vor, war er aber für die Entscheidung nicht ursächlich oder nicht entscheidungserheblich oder betrifft er nicht die tragenden Gründe der Entscheidung, so ist eine Rückzahlung idR nicht billig.⁷¹ — 29

2.6.2.4 Beispiele aus der Rechtsprechung:

Rückzahlung wurde angeordnet: — 30
a) Bei **falscher Besetzung** der Prüfungs- oder Einspruchsabteilung,⁷² etwa wenn sich aus der öffentlichen Akte keine genügenden Anhaltspunkte ergeben, dass die zunächst um einen rechtskundigen Prüfer erweiterte Einspruchsabteilung (s Art 19 (2) 5) ihre Erweiterung durch eine entsprechende Entscheidung rückgängig gemacht hat;⁷³
b) bei Verstoß gegen Gebot der Gewährung ausreichenden **rechtlichen Gehörs** gemäß Art 113 (1), zB weil die Partei sich zu den Gründen der Entscheidung nicht äußern konnte,⁷⁴ oder weil zu ihren Gunsten genannte Druckschriften überraschend zu ihrem Nachteil verwendet werden,⁷⁵ oder wenn der Vertreter der Partei geschäftsunfähig war,⁷⁶ oder wenn den Parteien Ergebnisse einer Ermittlung von Amts wegen nicht mitgeteilt werden;⁷⁷

---

66 J 0003/87 ABl **89**, 3 (Nr 8).
67 T 0231/85 ABl **89**, 74 (Nr 10); T 0598/88 BeckRS **89**, 30611195.
68 J 0004/86 ABl **88**, 119 (Nr 6).
69 T 0019/87 ABl **88**, 268 (Nr 5); J 0008/84 ABl **85**, 261 (Nr 12); J 0001/85 ABl **85**, 126 (Nr 9).
70 T 0162/82 ABl **87**, 533 (Nr 15): falsche Auslegung einer Entgegenhaltung.
71 T 0005/81 ABl **82**, 249; T 0299/85 BeckRS **88**, 30559856.
72 S zB T 0135/12 u T 1788/14 RechtsprBK/EPA **19**, 1463 u 1497.
73 T 1088/11 Mitt **16**, 421.
74 J 0007/82 ABl **82**, 391; J 0014/82 ABl **83**, 121 (Nr 9); T 0197/88 ABl **89**, 412.
75 T 0018/81 ABl **85**, 166.
76 J xx/86 ABl **87**, 528, 532.
77 J 0003/90 ABl **91**, 550.

c) wenn **Bescheide unklar oder missverständlich** sind, so dass sie einen vernünftigen Empfänger irreführen können;[78]
d) wenn eine Entscheidung nach R 112 (2) nicht innerhalb angemessener Frist ergeht;[79]
e) wenn **Eingaben** infolge mangelhafter Organisation des EPA **zu spät die zuständige Stelle** erreichen;[80]
f) wenn von einer **feststehenden Rechtsprechung** auf dem Gebiet des Verfahrensrechts,[81] insbesondere der GrBK, ohne triftigen Grund abgewichen wird;
g) wenn eine Partei über Verfahrensrecht **falsch informiert** wird;[82]
h) wenn die **aufschiebende Wirkung** einer Beschwerde gemäß Art 106 (1) 2 nicht beachtet wird;[83]
i) wenn **nur über Hilfsanträge** und nicht über den Hauptantrag entschieden wird;[84]
j) wenn **Fristen falsch berechnet** werden, zB R 134 nicht beachtet wird;[85]
k) wenn trotz Ankündigung der Vorlage von Beweismitteln mit der Entscheidung **nicht angemessene Zeit gewartet** oder eine Frist gesetzt wird;[86]
l) wenn Entscheidung durch **unzuständigen Formalsachbearbeiter** ergangen ist;[87]
m) wenn Verfahrensbestimmungen nicht angewendet werden, zB Art 8 S 4 GebO über **geringfügigen Fehlbetrag**;[88]
n) wenn Gebühren abweichend vom Willen des Einzahlers verwendet werden;[89]
o) wenn der Erlass einer **Entscheidung nicht ausgesetzt** wird, obwohl die Rechtsfrage der GrBK vorliegt;[90]
p) wenn die Entscheidung entgegen R 111 (2) nicht begründet ist;[91]
q) wenn dem Patentinhaber der **Einspruch nicht gemäß R 79 (1) mitgeteilt** wird;[92]
r) wenn Entscheidung gegen **Art 113 (2)** verstößt, zB weil sie sich auf nicht mehr gültige Unterlagen stützt;[93]
s) wenn trotz eines Antrags **keine mündliche Verhandlung** abgehalten wird;[94] (jedoch keine Rückzahlung, wenn der Antrag nur falsch ausgelegt wurde)[95];
t) wenn nach einer Umbesetzung der Abteilung einer Partei keine Gelegenheit gegeben wird, eine erneute mündliche Verhandlung zu beantragen;[96]

---

78 J 0003/87 ABl **89**, 3 (Nr 8); T 0669/90 ABl **92**, 739.
79 J 0029/86 ABl **88**, 84 L = EPOR 88, 194.
80 T 0231/85 ABl **89**, 74 (Nr 10): 6 Wochen; T 0598/88 BeckRS **89**, 30611195 (20 Tage).
81 T 0208/88 ABl **92**, 22 (Nr 6).
82 J 0006/79 ABl **80**, 225.
83 J 0005/81 ABl **82**, 155 (Nr 10).
84 J 0001/80 ABl **80**, 289, 292.
85 J 0001/81 ABl **83**, 53 (Nr 9).
86 J 0004/82 ABl **82**, 385 (Nr 11).
87 J 0010/82 ABl **83**, 94; J 0019/82 ABl **84**, 6; T 0114/82, T 0115/82 ABl **83**, 323, 326.
88 J 0011/85 ABl **86**, 1.
89 J 0016/84 ABl **85**, 357.
90 T 0166/84 ABl **84**, 489 (zweifelhaft).
91 T 0234/86 ABl **89**, 251 (Hilfsantrag).
92 T 0716/89 ABl **92**, 132.
93 *T 0872/90 BeckRS **91**, 30651315.*
94 T 0668/89 BeckRS **90**, 30622023.
95 T 0019/87 ABl **88**, 268.
96 T 0563/11 v 6.11.2012.

Anhang zu § 73 — EPA: Beschwerde — Art 108 EPÜ

u) wenn eine naheliegende **Aufklärung unterlassen** wird;[97]
v) wenn der **Beschwerde nicht abgeholfen** wird, obwohl sie eindeutig begründet ist[98] (s Art 109 EPÜ Rdn 11);
w) wenn der Zeitraum zwischen der Entscheidung in der Verhandlung und dem Abfassen der Entscheidungsgründe **ungebührlich lang** ist,[99] sowie bei **außerordentlichen Verfahrensverzögerungen** vor 1. Instanz.[100]

Rückzahlung wurde abgelehnt: 31
a) wenn **Prüfungsabteilung** zwischen Ladung und mündlicher Verhandlung **umbesetzt** wurde;[101]
b) wenn Anmeldung bereits **nach dem 1. Bescheid zurückgewiesen** wurde;[102]
c) wenn **Prüfungsrichtlinien nicht beachtet** wurden, es sei denn, darin liegt auch ein Verstoß gegen EPÜ-Verfahrensrecht;[103]
d) wenn der Entscheidung der Wortlaut der Art 106–108 nicht beigefügt war;[104]
e) wenn die angefochtene Entscheidung zur Begründung eine **BK-Entscheidung** zitiert, soweit darin nur eine Wiederholung bekannter Argumente und nicht ein neuer Grund iSd Art 113 (1) liegt;[105]
f) wenn in der Entscheidung zwar **neue Argumente** erwähnt sind, zu denen sich der Beschwerdeführer nicht äußern konnte, diese aber für die Entscheidung **überflüssig und nebensächlich** sind;[106]
g) wenn die Prüfungsabteilung **irrtümlich** ein nachveröffentlichtes Dokument als StdT nach A 54 (2) angesehen hat;[107]
h) wenn der Beschwerdeführer seine **Mitwirkungsmöglichkeiten nicht genutzt** hat, indem er **nicht zur mündlichen Verhandlung** vor der Prüfungsabteilung erschienen ist.[108]

2.6.3 Rückzahlung der Beschwerdegebühr in voller Höhe nach R 103 (1) b) *(reimbursement of appeal fee according to Rule 103(1)(b))*: Mit Inkrafttreten des EPÜ 2000 (am 13.12.2007) wurde durch R 103 (1) b) ein weiterer Rechtsgrund für die Rückzahlung der Beschwerdegebühr geschaffen. Er setzt voraus, dass die Beschwerde vor Einreichung der Beschwerdebegründung und vor Ablauf der Frist zu deren Einreichung zurückgenommen wird. Dies ermöglicht es den Verfahrensbeteiligten ohne finanzielle 32

---

97 J 0007/87 ABl **88**, 422, 425.
98 T 0268/85 EPOR **89**, 229 (zweifelhaft wg mangelnder Kausalität zwischen Verfahrensverstoß und Einlegung der Beschwerde).
99 T 0358/10 RechtsprBK/EPA **19**, 1491 (22 Monate).
100 T 0823/11 RechtsprBK/EPA **19**, 1492; T 2377/17 ABl **20** ZPubl **4**, 91; aA T 1824/15 ABl **17** ZPubl **4**, 118. In T 2707/16 ABl **20** ZPubl **4**, 90 wurde extreme Verfahrensverzögerung in 1. Instanz zwar als wesentlicher Verfahrensfehler angesehen, jedoch die Rückzahlung mangels Reaktion des Anmelders auf die Verzögerung nicht als billig erachtet.
101 T 0160/09 u T 1207/09 ABl **15** ZPubl **4**, 92.
102 T 0066/83 BeckRS **89**, 30508627; T 0088/87 BeckRS **89**, 30513591.
103 T 0042/84 ABl **88**, 251.
104 S hierzu auch T 1325/15 v 7.6.2016 BeckRS **16**, 106331.
105 T 0033/93 BeckRS **93**, 30501332.
106 T 0990/91 EPOR **92**, 351.
107 T 0970/10 RechtsprBK/EPA **19**, 1489.
108 T 1500/10 EPOR **13**, 251.

Nachteile, zunächst fristwahrend Beschwerde einzureichen und die Entscheidung, ob das Beschwerdeverfahren wirklich durchgeführt werden soll, für weitere 2 Monate zurückzustellen.

33 **2.6.4 Teilweise Rückzahlung der Beschwerdegebühr** *(partial reimbursement of appeal fee)*: Seit 1.4.2020[109] ist eine gestaffelte Rückzahlung der Beschwerdegebühr vorgesehen, wenn die Beschwerde in bestimmten Verfahrensstadien vor Erlass der Entscheidung zurückgenommen wird. Hat die BK mitgeteilt, dass sie die inhaltliche Prüfung der Beschwerde aufzunehmen beabsichtigt, führt die Rücknahme innerhalb von 2 Monaten gemäß R 103 (2) zu einer 75%igen Erstattung. Eine 50%ige Erstattung ist insbesondere vorgesehen, wenn die Rücknahme 1 Monat nach Zustellung einer vorbereitenden Mitteilung zu einer mündlichen Verhandlung oder vor Ablauf einer von der BK gesetzten Frist zur Stellungnahme auf ihre Mitteilung im schriftlichen Verfahren erfolgt. Zu einer 25%igen Erstattung kommt es, wenn die Beschwerde noch vor der Entscheidungsverkündung in der mündlichen Verhandlung oder vor dem Erlass der Entscheidung im schriftlichen Verfahren nach Ablauf der Frist zur Stellungnahmen auf eine Mitteilung der Kammer zurückgenommen wird. Außerdem führt auch die Zurücknahme eines Antrags auf mündliche Verhandlung unter bestimmten Bedingungen zu einer 25%igen Erstattung.

Diese recht komplexe und differenzierende Regelung gibt dem Beschwerdeführer einen finanziellen Anreiz, auf die Entscheidung über seine Beschwerde oder die Durchführung einer mündlichen Verhandlung in jenen Fällen zu verzichten, in denen das Interesse hieran aufgrund Zeitablaufs oder in Anbetracht der Mitteilung der vorläufigen Rechtsauffassung der BK gesunken ist. Dies soll dazu beitragen, die Ressourcen der BK zu schonen und damit ihre Effizienz zu erhöhen.

Die Rücknahme einer Beschwerde kann sich auch implizit ergeben, zB aus der Rücknahme der Anmeldung. Keine Beschwerderücknahme iS von R 103 liegt hingegen vor, wenn die Anmeldung wegen Nichtzahlung einer Jahresgebühr als zurückgenommen gilt. Eine die Gebührenerstattung auslösende Beschwerderücknahme ist dann auch nicht mehr nachträglich möglich.[110]

3 Beschwerdebegründung *(statement of grounds)*

3.1 Form

34 Die Beschwerde ist schriftlich (vgl Rdn 3) zu begründen. Sie muss vom Beschwerdeführer oder seinem Rechtsnachfolger eingereicht werden.[111]

---

109 Vgl VR-Beschluss v 12.12.2019 ABl 20, A5.
110 T 1402/13 v 25.2.2016 (Zwischenentscheidung) RechtsprBK/EPA 19, 1511. Durch eine am 1.1.2017 in Kraft getretene Änderung von R 51 (s ABl 16, A102 und hierzu Mitteilung in ABl 16, A103) ist allerdings klargestellt worden, dass die Fiktion der Rücknahme noch nicht, wie in der Entscheidung angenommen, bei Ablauf der Grundfrist nach R 51 (1), sondern erst mit Ablauf der Nachfrist der R 51 (2) eintritt.
111 T 0298/97 ABl 02, 83.

3.2 Sprache *(language)*

Es gilt die gleiche Regelung wie für die Beschwerdeschrift (s Rdn 8). 35

3.3 4-Monatsfrist *(time limit for filing statement of grounds)*

Sie beginnt gemäß Art 108 S 3 mit der Zustellung der Entscheidung. Zur Berechnung 36
vgl Rdn 9. Der fristgerechte Eingang kann, wenn die Begründung verlorengegangen
ist, durch geeignete Beweismittel nachgewiesen werden.[112]
Die Begründungsfrist ist nicht verlängerbar. Wiedereinsetzung ist sowohl für den
Patentanmelder oder -inhaber als auch für den Einsprechenden möglich (s § 59
Rdn 73).

3.4 Inhalt der Begründung *(contents of the statement of grounds)*

Im Gegensatz zum nationalen Recht (s § 73 Rdn 76) schreibt Art 108 S 3 eine 37
Beschwerdebegründung vor. Ihr notwendiger Inhalt ergibt sich aus R 99 (2). Danach
muss der Beschwerdeführer darlegen, aus welchen Gründen die angefochtene Entscheidung aufzuheben oder in welchem Umfang sie abzuändern ist und auf welche
Tatsachen und Beweismittel er seine Beschwerde stützt.[113] Die Beschwerdebegründung ist erforderlich, damit die BK die Rechtmäßigkeit der angegriffenen Entscheidung
überprüfen kann.[114] Gerade zur Erfüllung dieses Zweckes räumt Art 108 S 3 dem
Beschwerdeführer eine Frist ein, die zwei Monate länger als die Beschwerdefrist selbst
ist.

3.4.1 Notwendiger Umfang der Begründung *(minimum contents)* hängt im 38
Wesentlichen von den Umständen des Einzelfalls ab. Aus dem Sinn des Begründungszwangs und aus Art 12 (3) VerfOBK 2020 folgt, dass der Beschwerdeführer seinen Fall
zwar knapp, aber doch so deutlich umreißen soll, dass die Gründe für sein Begehren
sowohl für EPA und einen etwaigen Gegner[115] nicht zweifelhaft sein können.[116] Die
Begründung muss so substantiiert sein, dass eine Prüfung der Beschwerde durch die
1. Instanz gemäß Art 109 und durch die BK gemäß Art 110 möglich ist. Das setzt
voraus, dass die Begründung die **rechtlichen und tatsächlichen Gründe** *(legal and
factual reasons)* angibt, warum die angefochtene Entscheidung aufgehoben werden
soll.[117] Ein Antrag, der sich mehr oder minder darin erschöpft, zu behaupten, dass die
Entscheidung falsch ist, ist nicht ausreichend.[118] Sind dem Richter, nachdem er die
Entscheidung und das sachliche petitum des Beschwerdeführers gelesen hat, die
Gründe für die Aufhebung sofort augenfällig *(immediately apparent)*, so kann die
Begründung ausnahmsweise sehr kurz sein.[119]

---

112 T 0243/86 BeckRS 86, 30548376.
113 Hierzu T 358/08 ABl 10 SonderA 2, 90.
114 T 95/10 ABl 12 SonderA 142.
115 T 0491/89 BeckRS 90, 30593795.
116 Einen strengen Maßstab legt T 922/05 ABl 08 SonderA 114 an.
117 J 0022/86 ABl 87, 280; T 0102/91 EPOR 93, 198; T 0095/10 ABl 12 SonderA 142.
118 T 0220/83 ABl 86, 249; T 0287/90 EPOR 92, 531; T 0359/12 ABl 14 ZPubl 5, 120; T 2170/10
v 9.9.2016 BeckRS 16, 122281.
119 J 0022/86 ABl 87, 280 (Nr 2); T 0195/90 EPOR 90, 646.

39 **3.4.2 Auseinandersetzung mit der angefochtenen Entscheidung** *(response to the grounds of the decision)*: Die Beschwerdebegründung muss sich gerade mit den Gründen befassen, die die angefochtene Entscheidung zu ihrer Begründung anführt.[120] Werden zwar ausführliche Gründe genannt (zB über Patentierbarkeit), haben diese aber keinerlei Bezug zur angefochtenen Entscheidung (zB Verwerfung eines Einspruchs als unzulässig), so ist die Beschwerde wegen unzureichender Begründung unzulässig.[121] Das soll auch gelten, wenn Zurückweisung des Einspruchs mit dem Vorliegen erfinderischer Tätigkeit begründet war, die Beschwerde mit einer neuen Entgegenhaltung aber erstmals mangelnde Neuheit geltend macht.[122]

40 Es genügt nicht, wenn lediglich pauschal auf den Stand der Technik verwiesen wird, wenn unklar bleibt, welche Schlussfolgerungen *(inferences)* daraus hergeleitet werden sollen.[123]

41 **Keiner Auseinandersetzung** mit den Argumenten der angefochtenen Entscheidung bedarf es, wenn der Beschwerdeführer mit der Beschwerde **neue Umstände** geltend macht, die – wenn sie zutreffen – zur Aufhebung der angefochtenen Entscheidung führen.[124] In diesen Fällen ist ein Eingehen auf die angefochtene Entscheidung überflüssig, weil die Basis für die Entscheidung nicht mehr besteht.[125] Bei Einreichung geänderter Ansprüche ist anzugeben, warum aufgrund der Änderungen die Gründe der Entscheidung nicht mehr zutreffen.[126] Allerdings muss der Beschwerdeführer bei geändertem Vorbringen damit rechnen, dass es von der BK nach Art 12 (4) VerfOBK 2020 nicht zugelassen wird.

42 Die neuen Umstände müssen sich im gleichen rechtlichen und tatsächlichen Rahmen bewegen, der bereits Gegenstand des Verfahrens vor der Einspruchsabteilung war.[127] Ein neuer Umstand in diesem Sinne kann für den beschwerdeführenden Einsprechenden zB das Auffinden eines neuen, aber relevanten Standes der Technik[128] oder die Tatsache sein, dass der Patentinhaber selbst den Widerruf des Patents beantragt.[129] Wird die Relevanz neuen Stands der Technik nicht ausreichend dargetan, ist die Beschwerde unzulässig.[130]

---

120 T 1007/95 ABl **99**, 733.
121 T 0213/85 ABl **87**, 482.
122 T 1007/95 ABl **99**, 733 (zweifelhaft).
123 T 0220/83 ABl **86**, 249; T 0250/89 ABl **92**, 355.
124 J xx/87 ABl **88**, 323; T 0105/87 EPOR **91**, 206; J 0002/87 ABl **88**, 330; s auch T 0393/15 v 17.3.2017 BeckRS **17**, 119389: erstmalige Geltendmachung unzureichender Offenbarung gegen erstinstanzlich geänderte Ansprüche.
125 T 0935/12 v 5.12.2013; T 1738/11 v 9.9.2015 BeckRS **15**, 119481; aA offenbar T 399/13 v 8.9.2015.
126 T 760/08 ABl **11** SonderA 2, 112; s ferner T 2532/11 RechtsprBK/EPA **16**, 1242 (zweifelhaft).
127 GrBK G 0009/91 ABl **93**, 408 *Prüfungsbefugnis/ROHM AND HAAS*; T 0027/13 ABl **15** ZPubl 4, 133.
128 T 0611/90 ABl **93**, 50: Entscheidung ist auf Vorveröffentlichung, Beschwerde auf offenkundige Vorbenutzung gestützt.
129 T 0459/88 ABl **90**, 425.
130 T 2342/08 v 23.09.2010 BeckRS **10**, 146979.

3.4.3 Bezugnahme auf Vorbringen in 1. Instanz *(referral back to previous submissions)* oder dessen bloße Wiederholung kann – wenn sich darin die Begründung erschöpft – grundsätzlich nicht als ausreichend angesehen werden,[131] weil sich dieses Vorbringen logischerweise mit der zeitlich nachfolgenden Entscheidung 1. Instanz nicht auseinandersetzen kann. Daher müssten BK und Beschwerdegegner ausfindig machen, aus welchem Grund die angefochtene Entscheidung aufgehoben werden soll. Das aber soll durch die Beschwerdebegründung gerade vermieden werden.[132] Nur ganz ausnahmsweise könnte eine solche Bezugnahme ausreichend sein, wenn die Entscheidung sich mit einem ganz spezifischen, begrenzten Punkt befasst und der Grund für die beantragte Aufhebung ohne weiteres ersichtlich ist.[133] 43

3.4.4 Begründetheit *(allowability)*: Die ausreichende Beschwerdebegründung ist eine Voraussetzung der Zulässigkeit der Beschwerde. Diesem Erfordernis ist auch dann genügt, wenn die vorgetragenen Gründe die Beschwerde zwar zu stützen vermögen, sie aber die beantragte Aufhebung der angefochtenen Entscheidung nicht rechtfertigen können.[134] Daher kann eine Beschwerde zulässig sein, obwohl die Beschwerdebegründung in sich nicht schlüssig ist (s Einl Rdn 351). Greifen die in der Beschwerdebegründung enthaltenen Einwände nicht mehr gegenüber Änderungen, die der Patentinhaber im Beschwerdeverfahren vornimmt, so kann dies nicht zu einer nachträglichen Unzulässigkeit der Beschwerde führen.[135] 44

3.4.5 Bindung an die Beschwerdebegründung: Der Beschwerdeführer ist an die fristgerecht vorgetragenen Gründe nicht gebunden. Der Vortrag weiterer Gründe nach Fristablauf kann aber gemäß Art 114 (2) und Art 13 VerfOBK 2020 als verspätet zurückgewiesen werden (s Einl Rdn 247). 45

3.4.6 Beispiele unzureichender Begründung

Eine Begründung ist unzureichend, 46
a) wenn die angefochtene Entscheidung mit mangelnder erfinderischer Tätigkeit begründet war und ohne nähere Ausführungen lediglich ein neuer Anspruchsatz eingereicht wird[136] oder ohne Begründung der erstinstanzlich zugrunde gelegte nächstliegende StdT durch einen anderen ersetzt wird;[137]
b) wenn lediglich auf eine Stelle einer Entgegenhaltung hingewiesen wird, die nicht gemäß den Prüfungsrichtlinien bewertet worden sei;[138]
c) wenn lediglich ein Fristversäumnis entschuldigt und die unterlassene Handlung nachgeholt wird, aber kein WE-Antrag und keine weitere Begründung eingereicht werden;[139]

---

131 T 0154/90 ABl 93, 505 (Nr 1.2); T 0349/09 EPOR 10, 386.
132 T 0432/88 EPOR 90, 38 = ABl 90 SonderA 58; T 0154/90 ABl 93, 505 (Nr 1.2).
133 T 0140/88 BeckRS 90, 30525310.
134 T 0169/89 EPOR 91, 262.
135 AA aber T 1462/08 (Nr 2.2.4) v 17.1.2013.
136 T 0145/88 ABl 91, 251.
137 T 1649/10 RechtsprBK/EPA 19, 1358.
138 T 0220/83 ABl 86, 249.
139 T 0022/88 ABl 93, 143.

d) wenn in der Beschwerdeschrift lediglich auf die Gründe des Einspruchs und die Argumente in der mündlichen Verhandlung vor der Einspruchsabteilung hingewiesen wird;[140]
e) wenn bei einer Beschwerde gegen eine Entscheidung nach R 112 (2) sich die Beschwerdebegründung nicht mit den Gründen der Entscheidung auseinandersetzt;[141]
f) wenn lediglich ausgeführt wird, dass der Gegenstand des Anspruchs 1 gegenüber dem Stand der Technik naheliegend sei und er sich kaum vom Stand der Technik unterscheide;[142]
g) wenn die Begründung zwar ausführliche Darlegungen zur Patentierbarkeit enthält, die angefochtene Entscheidung aber den Einspruch als unzulässig verworfen hatte;[143]
h) wenn logisch erforderliche Glieder einer Begründungskette fehlen;[144]
i) wenn die Beschwerdebegründung sich nur mit einzelnen Entscheidungsgründen oder nur mit Einwänden gegen bestimmte Ansprüche, nicht aber mit allen Gründen und Einwänden befasst.[145]

Art 109 Abhilfe
(interlocutory revision)

(1) [1]Erachtet das Organ, dessen Entscheidung angefochten wird, die Beschwerde für zulässig und begründet, so hat es ihr abzuhelfen. [2]Dies gilt nicht, wenn dem Beschwerdeführer ein anderer an dem Verfahren Beteiligter gegenübersteht.

(2) Wird der Beschwerde innerhalb von drei Monaten nach Eingang der Begründung nicht abgeholfen, so ist sie unverzüglich ohne sachliche Stellungnahme der Beschwerdekammer vorzulegen.

Rainer Moufang

Übersicht

Kommentierung zu Art 109 EPÜ
1	Abhilfe	1
2	Voraussetzungen der Abhilfe	2
2.1	Ex parte-Verfahren	2
2.2	Zulässige Beschwerde	4
2.3	Begründete Beschwerde	5
3	Verfahren der Abhilfe	8
3.1	Zuständigkeit	8

---

140 T 0432/88 EPOR 90, 38.
141 T 0298/89 EPOR 90, 252.
142 T 0287/90 EPOR 92, 531.
143 T 0213/85 ABl 87, 482.
144 T 0922/05 BeckRS 07, 30658375.
145 T 1045/02 ABl 04 SonderA 105; T 473/09 ABl 14 ZPubl 5, 121; T 1904/14 v 4.7.2019 BeckRS 19, 16851; s auch T 2884/18 v 28.5.2020 GRUR-RS 20, 14794 (zweifelhaft).

Anhang zu § 73 — EPA: Abhilfe — Art 109 EPÜ

3.2	Durchführung der Abhilfe	9
3.3	Rückzahlung der Beschwerdegebühr	10
3.4	Unterlassen der Abhilfe	11
4	Vorlage	12

1 Abhilfe *(interlocutory revision)*

Der durch die EPÜ-Revision 2000 unangetastet gebliebene Art 109 verpflichtet die 1. Instanz, ihre eigene Entscheidung aufzuheben, wenn gegen sie eine zulässige und begründete Beschwerde erhoben wird. Die Abhilfe dient einer Beschleunigung des Verfahrens im Interesse des EPA und des Beschwerdeführers und vermeidet eine unnötige Belastung der Beschwerdekammern (BK). Die Abhilfe steht nicht im Ermessen, sondern ist eine Pflicht der 1. Instanz.[1]

2 Voraussetzungen der Abhilfe

2.1 Ex parte-Verfahren

Eine Abhilfe ist nach Art 109 (1) 2 unzulässig, wenn dem Beschwerdeführer ein anderer an dem Verfahren Beteiligter gegenübersteht, also in einem inter-partes-Verfahren. Dazu gehört jedes kontradiktorische Verfahren zwischen zwei Parteien, wie Einspruch, Akteneinsicht, Anträge nach R 14 oder 21.

Wird ein inter-partes-Verfahren endgültig wieder zu einem ex-parte-Verfahren, so ist Abhilfe zulässig. Abhilfe ist daher möglich, wenn der einzige oder alle Einsprüche wirksam zurückgenommen werden, denn dadurch endet die Verfahrensbeteiligung des Einsprechenden endgültig.[2] In diesem Falle ist am Einspruchsverfahren nur noch der Patentinhaber beteiligt.

2.2 Zulässige Beschwerde *(admissible appeal)*

Unzulässigen Beschwerden kann nicht abgeholfen werden, sie sind der BK vorzulegen.

Beruht die Unzulässigkeit der Beschwerde auf einem Versäumnis der Fristen des Art 108 S 1 oder S 3, so kann Abhilfe gewährt werden, wenn *Wiedereinsetzung* gemäß Art 122 in diese Fristen gewährt werden kann, denn nach Gewährung der Wiedereinsetzung liegt eine zulässige Beschwerde vor. Zur Zurückweisung eines Wiedereinsetzungsantrags ist dagegen die 1. Instanz nicht befugt. Gewährt die 1. Instanz keine Abhilfe, so hat sie die Beschwerde ohne Entscheidung über den Wiedereinsetzungsantrag vorzulegen (s Art 108 Rdn 11). Über den Antrag auf Wiedereinsetzung entscheidet die Kammer.

2.3 Begründete Beschwerde *(allowable appeal)*

Wird durch das Beschwerdevorbringen der Grund der angefochtenen Entscheidung beseitigt, so ist der Beschwerde abzuhelfen und das Verfahren fortzusetzen. Begründet iSd Art 109 (1) ist eine Beschwerde, wenn die 1. Instanz erkennen kann, dass die BK unter Berücksichtigung der Beschwerdebegründung die Entscheidung aufheben wird.

---

1 T 0139/87 ABl 90, 68; T 2528/12 u T 1060/13 ABl 14 ZPubl 5, 23.
2 T 1558/18 (Nr 2) v 3.6.2019.

6   Daher ist auch dann einer Beschwerde abzuhelfen, wenn die gleiche negative Entscheidung, aber mit anderer Begründung erlassen werden muss. Deshalb stehen Einwände, die nicht Gegenstand der angefochtenen Entscheidung waren, einer Abhilfe nicht entgegen.[3]

7   **Beispiele für begründete Beschwerde:** a) Einreichung von **Änderungen zur Patentanmeldung** (zB beschränkte Patentansprüche), die die Einwände, auf die sich die angefochtene Entscheidung stützt, gegenstandslos macht;[4] b) eine unzulässige Erweiterung, die Grund für die Zurückweisung war, wird nicht mehr beansprucht; c) **formale Erfordernisse** der Beschreibung, der Ansprüche oder der Zeichnungen gemäß R 42–46 werden mit der Beschwerde erfüllt; d) ein behaupteter, aber zur Überzeugung der 1. Instanz nicht nachgewiesener **Effekt** wird mit der Beschwerde ausreichend **überzeugend dargelegt;** e) ein **Fristversäumnis,** das Grund für die negative Entscheidung war, wird durch antragsgemäß zu gewährende Wiedereinsetzung **beseitigt.**

3 Verfahren der Abhilfe *(procedure of interlocutory revision)*

3.1 Zuständigkeit

8   Zuständig für die Abhilfe ist das Organ, das die angefochtene Entscheidung erlassen hat, also die Prüfungs-, Einspruchs- oder Rechtsabteilung oder die Eingangsstelle. War die Entscheidung von einem Formalsachbearbeiter erlassen, dem die Wahrnehmung des Geschäfts übertragen war,[5] so kann dieser auch über die Abhilfe entscheiden. An seiner Stelle kann auch die zuständige Abteilung entscheiden.[6]

3.2 Durchführung der Abhilfe

9   Liegt eine zulässige und begründete Beschwerde vor, so hat die 1. Instanz zwei Möglichkeiten, der Beschwerde abzuhelfen. Sie kann den angefochtenen Beschluss aufheben und entweder gleichzeitig eine Entscheidung zugunsten des Beschwerdeführers erlassen oder das Verfahren vor der Instanz fortsetzen[7] (zB um nach der Behebung formaler Mängel nunmehr die Patentierbarkeit zu prüfen). Wird das Verfahren fortgesetzt, kann die 1. Instanz bei Erlass einer neuen Entscheidung alle Gründe berücksichtigen, und zwar auch solche, die sie bei Erlass der 1. Entscheidung übersehen hatte. Die 1. Entscheidung entfaltet nach ihrer Aufhebung keine Bindungswirkung für den Erlass der 2. Entscheidung.

3.3 Rückzahlung der Beschwerdegebühr

10 Im Fall der Abhilfe kann die 1. Instanz auch die Rückzahlung der Beschwerdegebühr anordnen, wenn die Voraussetzungen der R 103 (1) a) gegeben sind (vgl Art 108 Rdn 23). Liegt ein Antrag auf Rückzahlung vor, den die 1. Instanz nicht für gewährbar

---

3   T 0180/95 ABl 98 SonderA 119; T 2247/09 RechtsprBK/EPA 19, 1504.
4   T 0139/87 ABl 90, 68; T 0047/90 ABl 91, 486; T 0099/88 EPOR 90, 568; T 0313/90 EPOR 91, 354.
5   Siehe für Einzelheiten: Beschluss PräsEPA vom 12.12.2013 über die Wahrnehmung einzelner den Prüfungs- und Einspruchsabteilungen obliegender Geschäfte durch Bedienstete, die keine Prüfer sind, ABl 14, A6, mit Änderungen in ABl 15, A104 u ABl 20 A80.
6   Art 3 Beschluss PräsEPA vom 12.12.2013 ABl 16 ZPubl 4, 74.
7   T 0919/95 ABl 98 SonderA 119.

erachtet, so hat sie ungeachtet der gewährten Abhilfe die Beschwerde der BK zur Entscheidung über die Rückzahlung vorzulegen[8] (s Art 108 Rdn 24). Unzulässig ist aber ein Antrag auf Rückerstattung nach Gewährung der Abhilfe.[9]

3.4 Unterlassen der Abhilfe

Die Frage, ob Abhilfe zu gewähren ist, darf von der 1. Instanz nicht vor Eingang der Beschwerdebegründung verneint werden.[10] Ist in einem ex-parte-Verfahren die Beschwerde zulässig und begründet und hilft gleichwohl die 1. Instanz der Beschwerde nicht ab, so verstößt sie damit gegen ihre Pflicht aus Art 109.[11] Auf diesem Verfahrensverstoß beruht die angefochtene Entscheidung nicht, weil er erst nach ihrem Erlass begangen wurde.[12] Gleichwohl ist eine Rückzahlung der Beschwerdegebühr vereinzelt für zulässig gehalten worden.[13] Das Unterlassen einer Abhilfe bedarf keiner besonderen Entscheidung mit Begründung, und zwar auch dann nicht, wenn der Beschwerdeführer die Abhilfe eigens beantragt hatte. Die Entscheidung, nicht abzuhelfen, wird durch Vorlage an die BK gemäß Art 109 (2) getroffen. 11

4 Vorlage *(remittal to the Board of Appeal)*

Vorlage der Beschwerde ohne Abhilfe begründet die Zuständigkeit der BK. Von diesem Zeitpunkt an ist die 1. Instanz grundsätzlich zu keinen Entscheidungen in dem Verfahren mehr befugt. 12

Frist für Vorlage beträgt drei Monate. Mit Ablauf der Dreimonatsfrist endet die Zuständigkeit des Organs der ersten Instanz, so dass danach Abhilfe nicht mehr möglich ist.[14] Die Kürze der Frist erlaubt im Rahmen der Abhilfeentscheidung idR keine Ermittlungen von Amts wegen gemäß Art 114 (1) EPÜ. Ist die Sache innerhalb der Frist nicht entscheidungsreif, dann ist sie vorzulegen, und zwar unverzüglich nach Ablauf der Frist. Geschieht das gravierend später, kann das ein Grund für die Rückzahlung der Beschwerdegebühr sein.[15] 13

Sachliche Stellungnahme zur Beschwerde soll die 1. Instanz gemäß Art 109 (2) ihrer Vorlage der Beschwerde nicht beifügen. Ein Verstoß dagegen ist sanktionslos. 14

---

8   R 103 (3) Satz 2. So auch bereits EPA GBK G 0003/03 ABl 05, 344 *Rückzahlung der Beschwerdegebühr/HIGHLAND*.
9   T 0242/05 ABl 07 SonderA Nr 6, 76; vgl auch T 0021/02 ABl 06 SonderA 105 (keine Kompetenz der BK).
10 T 1994/11 RechtsprBK/EPA 19, 1505.
11 T 0139/87 ABl 90, 68; T 0219/93 BeckRS 93, 30543431. Zurückhaltend bei der Annahme eines Verfahrensverstoßes aber T 0704/05 ABl 08 SonderA 118.
12 T 1765/13 ABl 15 ZPubl 4, 70.
13 T 0268/85 EPOR 89, 229 (zweifelhaft). Anders aber T 0041/97 RechtsprBK/EPA 19, 1505 (Verfahrensverstoß nicht kausal für Beschwerdeeinlegung).
14 T 0778/06 ABl 07 SonderA Nr 6, 76 = GRUR Int 07, 341.
15 J 0030/94 ABl 96 SonderA 113.

Art 110 Prüfung der Beschwerde
(examination of appeals)

¹Ist die Beschwerde zulässig, so prüft die Beschwerdekammer, ob die Beschwerde begründet ist. ²Die Prüfung der Beschwerde ist nach Maßgabe der AusfO durchzuführen.

R 100 Prüfung der Beschwerde
(1) Die Vorschriften für das Verfahren vor dem Organ, das die mit der Beschwerde angefochtene Entscheidung erlassen hat, sind im Beschwerdeverfahren anzuwenden, soweit nichts anderes bestimmt ist.
(2) Bei der Prüfung der Beschwerde fordert die Beschwerdekammer die Beteiligten so oft wie erforderlich auf, innerhalb einer zu bestimmenden Frist eine Stellungnahme zu Mitteilungen der Beschwerdekammer oder zu den Stellungnahmen anderer Beteiligter einzureichen.
(3) Unterlässt es der Anmelder, auf eine Aufforderung nach Abs 2 rechtzeitig zu antworten, so gilt die europäische Patentanmeldung als zurückgenommen, es sei denn, die angefochtene Entscheidung ist von der Rechtsabteilung erlassen worden.

R 101 Verwerfung der Beschwerde als unzulässig
(1) Entspricht die Beschwerde nicht den Art 106 bis 108, R 97 oder R 99 Abs 1 b) oder c) oder Abs 2, so verwirft die Beschwerdekammer sie als unzulässig, sofern die Mängel nicht vor Ablauf der Fristen nach Art 108 beseitigt worden sind.
(2) Stellt die Beschwerdekammer fest, dass die Beschwerde R 99 Abs 1 a) nicht entspricht, so teilt sie dies dem Beschwerdeführer mit und fordert ihn auf, innerhalb einer zu bestimmenden Frist die festgestellten Mängel zu beseitigen. Werden diese Mängel nicht rechtzeitig beseitigt, so verwirft die Beschwerdekammer die Beschwerde als unzulässig.

Rainer Moufang

Übersicht

	Revision des EPÜ...	1
	Kommentierung zu Art 110 EPÜ	
1	Prüfung der Zulässigkeit einer Beschwerde...........	2
1.1	Voraussetzungen der Zulässigkeit einer Beschwerde.....	4
1.2	Zeitpunkt der Zulässigkeit.................................	5
1.3	Mängelhinweis...	7
2	Prüfung der Begründetheit einer Beschwerde.........	9
2.1	Bindung an den Antrag.....................................	11
2.2	Änderung von Patentansprüchen........................	15
2.3	Amtsermittlung...	16
2.4	Bedeutung der Beschwerdebegründung................	17
3	Aufforderung zur Stellungnahme nach R 100 (2).....	19
3.1	Unterlassen einer rechtzeitigen Antwort..............	22
3.2	Voraussetzungen der Rücknahmefiktion nach R 100 (3)...	23
3.3	Verfahren..	24
4	Anwendung der erstinstanzlichen Verfahrensvorschriften..	25
5	Verfahrensordnung der Beschwerdekammern (VerfOBK).	28
5.1	Allgemeines...	28
5.1	Berichterstatter...	31

5.2 Beteiligung von Dolmetschern 32
5.3 Beteiligung des EPA-Präsidenten 36

Revision des EPÜ: Durch das EPÜ 2000 wurde Art 110 (2) und (3) EPÜ 1973 in die AusfO (R 100 (2) und (3)) überführt. R 65 aF wurde zu R 101, R 66 (1) aF zu R 100 (1) und R 66 (2) aF zu R 102 (abgedruckt bei Art 111).

1 Prüfung der Zulässigkeit einer Beschwerde

Eine Entscheidung, ob eine Beschwerde sachlich begründet ist, setzt nach Art 110 Satz 1 eine zulässige Beschwerde voraus. Erst wenn die Zulässigkeit festgestellt ist, kann die Begründetheit geprüft werden. Daher kann die Zulässigkeit einer Beschwerde nicht dahingestellt bleiben.[1] Eine unzulässige Beschwerde ist ohne Prüfung ihrer Begründetheit als unzulässig nach R 101 zu verwerfen, auch wenn die angefochtene Entscheidung sachlich unzutreffend ist. Eine Beschwerde ist entweder zulässig oder unzulässig; das Konzept einer teilweisen Zulässigkeit oder Unzulässigkeit ist dem EPÜ fremd.[2]

Keine Prüfung der Zulässigkeit der Beschwerde findet statt, wenn die Beschwerde kraft Gesetzes als nicht eingereicht gilt, so zB wenn innerhalb der Beschwerdefrist keine Beschwerdeschrift eingereicht oder keine Beschwerdegebühr entrichtet wird (s Art 108 Rdn 13 u 19–22) oder wenn eine Vollmacht nicht fristgerecht eingereicht wird (R 152 (6), vgl Einl Rdn 517 und Art 108 Rdn 19).

1.1 Voraussetzungen der Zulässigkeit einer Beschwerde

ergeben sich aus R 101 iVm Art 106–108 und R 99 (abgedruckt bei Art 108). Zulässigkeitsvoraussetzungen sind demnach:
a) **Förmliche Erfordernisse** der R 99 muss die Beschwerdeschrift erfüllen (s Art 108 Rdn 3);
b) **Amtssprache des EPA:** Beschwerde muss in Deutsch, Englisch oder Französisch oder in einer zugelassenen Nichtamtssprache (zB Niederländisch, Spanisch) eingereicht werden (s Art 108 Rdn 8);
c) **Beschwerdefähige Entscheidung** muss vorliegen, dh es muss eine abschließende Entscheidung eines der in Art 106 (1) genannten Organe des EPA vorliegen (vgl Art 106 Rdn 24); bei einer *Zwischenentscheidung* muss die Beschwerde zugelassen sein (s Art 106 Rdn 27 ff);
d) **Ausschluss der Beschwerde** nach Art 106 (2) (unanfechtbare Zwischenentscheidung) oder Art 106 (3) iVm R 97 (gesonderte Anfechtung der Kostenentscheidung) darf nicht vorliegen (s Art 106 Rdn 27, 32 und 33);
e) **Beschwerdeführer ist Verfahrensbeteiligter in 1. Instanz** gewesen (s Art 107 Rdn 3 ff). Beschwerden Dritter, die zB Einwendungen gemäß Art 115 erhoben haben, sind unzulässig;[3]

---

1 AA T 2023/09 EPOR 13, 115; T 1467/11 RechtsprBK/EPA 19, 1340.
2 S zB T 0382/96 ABl 00 SonderA, 93; T 0682/11 v 3.12.2014 BeckRS 14, 118668; T 2001/14 RechtsprBK/EPA 19, 1339.
3 GrBK G 0002/19 ABl 20, A87 (BII3b) *Rechtliches Gehör und richtiger Verhandlungsort/ IPCOM.*

f) **Beschwer des Beschwerdeführers** durch die angefochtene Entscheidung muss gegeben sein (s Art 107 Rdn 11 ff);
g) **Beschwerdebegründung** muss innerhalb der 4-Monatsfrist eingereicht sein (s Art 108 Rdn 36) und den Anforderungen an ihren sachlichen Inhalt entsprechen (s Art 108 Rdn 37 ff);
h) **Allgemeine Voraussetzungen**, die für jede Verfahrenshandlung gelten, müssen erfüllt sein (vgl dazu Einl Rdn 41 ff), wie zB Partei- und Prozessfähigkeit, gesetzliche Vertretung etc;
i) **Vertretung durch zugelassenen Vertreter** gemäß Art 133 (2) muss vorliegen, wenn Beschwerdeführer keinen Wohnsitz oder Sitz in einem Vertragsstaat hat;
j) **Antrag** ist nach Regel 99 (1) c) erforderlich (vgl dazu Art 108 Rdn 7).

1.2 Zeitpunkt der Zulässigkeit

5   Die Voraussetzungen der Zulässigkeit der Beschwerde gemäß Art 106–108, R 97 und R 99 (1) b) und c) müssen nach R 101 (1) »vor Ablauf der Fristen nach Art 108« vorliegen, also spätestens am Ende der 2-Monatsfrist des Art 108 Satz 1 (s Art 108 Rdn 9). Nur für die Beschwerdebegründung gilt die 4-Monatsfrist des Art 108 Satz 3 (s Art 108 Rdn 36).

6   Die Unzulässigkeit der Beschwerde kann während der gesamten Dauer des Beschwerdeverfahrens gerügt und festgestellt werden. Die Beschwerde ist dann als unzulässig zu verwerfen. Verliert der einzige Beschwerdeführer nach Einlegung einer zulässigen Beschwerde seine Parteifähigkeit, ohne dass eine Rechtsnachfolge eintritt, ist das Beschwerdeverfahren beendet.[4]

1.3 Mängelhinweis

7   Hinweise auf Mängel, die die Zulässigkeit der Beschwerde berühren, sieht EPÜ nur in R 101 (2) für die Angaben gemäß R 99 (1) a) (Name und Anschrift des Beschwerdeführers) vor. Der Grundsatz des Vertrauensschutzes vor EPA (vgl Einl Rdn 462) erfordert es jedoch, dass die 1. Instanz den Beschwerdeführer auf behebbare Mängel hinweist, wenn sie diese bei Eingang der Beschwerde feststellt und wenn diese innerhalb der Frist behoben werden können.

8   Die Beschwerdekammer (BK) wird zu solchen Hinweisen in ex parte-Fällen nur selten eine Möglichkeit haben, weil ihr wegen der 3-Monatsfrist des Art 109 (2) die Beschwerde häufig erst nach Ablauf der 2-Monatsfrist für die Beschwerdeeinlegung vorgelegt wird. Ein Hinweis auf die fehlende Beschwerdegebühr ist grundsätzlich nicht erforderlich.[5]

2 Prüfung der Begründetheit einer Beschwerde

9   Über die Begründetheit einer Beschwerde kann erst entschieden werden, wenn die Zulässigkeit der Beschwerde festgestellt ist. Der Umfang der Prüfung der Begründetheit wird durch den Sinn und Zweck einer Beschwerde bestimmt, der darin besteht,

---

4   T 0353/95 RechtsprBK/EPA **19**, 1311.
5   GrBK G 0002/97 ABl **99**, 123 *Vertrauensschutz/UNILEVER*.

dass die Entscheidung der 1. Instanz von der BK auf ihre Rechtmäßigkeit überprüft wird.[6] Gegenstand des Beschwerdeverfahrens ist also die Beschwerde und die angefochtene Entscheidung, nicht die gesamte Anmeldung oder das ganze Patent.

Der rechtliche Rahmen des Beschwerdeverfahrens wird begrenzt durch a) die *Anträge* der Parteien (s Rdn 11), b) das *Vorbringen* der Parteien zur Stützung ihrer Anträge, insbesondere durch den Inhalt der Beschwerdebegründung (s Rdn 17); c) im Einspruchsbeschwerdeverfahren durch den oder die substantiiert vorgetragenen *Einspruchsgründe*. Dazu vgl näher §59 Rdn 196 und Einl Rdn 21.

2.1 Bindung an den Antrag

Die BK ist bei der Prüfung der Beschwerde an den Antrag des Beschwerdeführers, den dieser gemäß R 99 (1) c) gestellt hat, insoweit gebunden,[7] als sie bei ihrer Entscheidung nicht über etwas befinden darf, das von dem durch den Antrag festgelegten Beschwerdegegenstand abweicht. Insbesondere darf sie grundsätzlich den Beschwerdeführer nicht schlechter stellen, als er ohne die Beschwerde stünde *(= Verbot der reformatio in peius)* (s Art 107 Rdn 26 ff). Sie kann ihm auch nicht mehr zusprechen, als er beantragt hat *(= ne ultra petita)*.

Im inter-partes-Verfahren kann der Umfang der Prüfung auch von den Anträgen des Beschwerdegegners bestimmt werden, wenn dieser das Patent nur beschränkt verteidigt oder wenn er selbst eine Beschwerde einlegt.

Stellt der Patentinhaber *keinen Antrag*, dann ist nicht automatisch nach dem Antrag des Einsprechenden zu entscheiden, sondern es ist die Beschwerde sachlich zu prüfen und nach dem Ergebnis dieser Prüfung zu entscheiden.[8] Die Beschwerde kann also zurückgewiesen werden, selbst wenn der Patentinhaber sich passiv verhält. Hat aber die Einspruchsabteilung den Einspruch zurückgewiesen, so kommt eine beschränkte Aufrechterhaltung des Patents in der Beschwerdeinstanz nach der Rechtsprechung nur in Betracht, wenn der Patentinhaber einen entsprechenden Antrag stellt.

Erklärt der Patentinhaber sein *Nichteinverständnis mit einem an sich gewährbaren Text, ohne einen weiteren Antrag zu stellen,* so wird a) seine Beschwerde gegen eine Zurückweisung seiner Anmeldung zurückgewiesen; b) seine Beschwerde gegen den Widerruf des Patents zurückgewiesen; c) das Patent widerrufen, das die Einspruchsabteilung wie erteilt oder beschränkt aufrechterhalten hatte.

2.2 Änderung von Patentansprüchen

Betrifft die Beschwerde eine Patentanmeldung, so bedarf ihre Änderung nach R 137 (3), der im Beschwerdeverfahren analog angewendet wird, der Zustimmung der BK (dazu näher Einl Rdn 256). Im Einspruchsbeschwerdeverfahren sind nach R 100 (1) iVm R 80 Änderungen des Patents zulässig, wenn sie durch Einspruchsgründe veran-

---

6 T 0534/89 ABl **94**, 404 (Nr 3.1).
7 GrBK G 0009/92 *Nicht-beschwerdeführender Beteiligter/BMW* ABl **94**, 875; T 0501/92 ABl **96**, 261.
8 T 0501/92 ABl **96**, 261.

lasst sind, auch wenn diese nicht vom Einsprechenden geltend gemacht werden (dazu näher Einl Rdn 262). Änderungen des Patents im Beschwerdeverfahren, insbesondere Änderungen der Ansprüche, sind *voll überprüfbar*, ob sie den Erfordernissen des EPÜ entsprechen.[9] Dies gilt aber nur, sofern die Änderung selbst einen möglichen Verstoß herbeiführt.[10]

2.3 Amtsermittlung

16 Der Grundsatz der Amtsermittlung gemäß Art 114 (1) gilt grundsätzlich auch für das Beschwerdeverfahren. Sie ist aber begrenzt durch die Anträge und den Charakter des Beschwerdeverfahrens, das der Überprüfung einer angefochtenen Entscheidung dient. Zu den Grenzen des Untersuchungsgrundsatzes vgl Einl Rdn 30 u Art 106 Rdn 8.

2.4 Bedeutung der Beschwerdebegründung

17 Bei der Prüfung nach Art 110 Satz 1, ob die Beschwerde begründet ist, muss insbesondere der Inhalt der Beschwerdebegründung beachtet werden. Das folgt aus dem Anspruch auf rechtliches Gehör gemäß Art 113 (1), der die Bereitschaft zur Kenntnisnahme von Vorbringen garantiert.[11] Dem entspricht auch Art 114 (1). Danach ist die BK auf das Vorbringen der Beteiligten nicht beschränkt. Das bedeutet aber nur, dass die BK auch über die Beschwerdebegründung hinaus noch weiteren Sachverhalt berücksichtigen kann, der für die Entscheidung erheblich ist.

18 **Neues Vorbringen von Tatsachen und Beweismitteln** in der Beschwerdebegründung ist nicht grundsätzlich unzulässig und bei der Prüfung der Beschwerde zu berücksichtigen. Allerdings kann die BK von ihrem Ermessen nach Art 114 (2) und Art 12 (4) VerfOBK Gebrauch machen und die neuen Tatsachen und Beweismittel als verspätet vorgebracht zurückweisen[12] (vgl dazu Rdn 28 u Einl Rdn 247).

3 Aufforderung zur Stellungnahme nach R 100 (2) *(invitation to file observations)*

19 R 100 (2) betont den sich schon aus Art 113 (1) ergebenden Grundsatz des rechtlichen Gehörs, der sicherstellt, dass die Entscheidung der BK nur auf Gründe gestützt werden darf, zu denen sich die Beteiligten äußern konnten. Zu diesem Zweck sieht R 100 (2) Aufforderungen der BK mit Fristsetzung vor, zu Mitteilungen der Kammer oder Argumenten der anderen Beteiligten Stellung zu nehmen.

20 Bescheide gemäß R 100 (2) sind »so oft wie erforderlich« notwendig. Erforderlich ist ein Bescheid immer, wenn das Argument oder die Tatsache in einer ohne mündliche Verhandlung ergehenden Entscheidung der Kammer verwendet werden soll und nicht gewährleistet ist, dass der Partei dieses Argument oder diese Tatsache in ihrer für die

---

9 GrBK G 0010/91 ABl **93**, 420 (Nr 19) *Prüfung von Einsprüchen/Beschwerden*; T 0027/95 ABl 97 SonderA 111.
10 Vgl GrBK G 0003/14 ABl **15**, A102 *Änderungen im Einspruchsverfahren/FREEDOM INNOVATIONS* (für Überprüfung der Erfordernisse von Art 84); hierzu Lagler et al. sic! **15**, 476.
11 T 0094/84 ABl **86**, 337.
12 S zB T 0621/14 v 18.1.2018 Öbl **18**, 276: Zurückweisung ergänzender Beweismittel in Beschwerdeinstanz.

Entscheidung erheblichen Bedeutung hinreichend bekannt ist. Mit dem Bescheid wird sichergestellt, dass die Partei durch die Entscheidung nicht überrascht werden kann. Im Zweifel wird daher eine BK, die ja in letzter Instanz entscheidet, in einem solchen Fall einen Bescheid erlassen.

Das bedeutet aber nicht, dass in jedem Beschwerdeverfahren mindestens ein Bescheid vor der Entscheidung zugestellt werden müsste. Sind alle entscheidungserheblichen Umstände den Parteien hinlänglich bekannt, zB aus der angefochtenen Entscheidung oder dem Vorbringen der am Beschwerdeverfahren Beteiligten, so kann auch ohne einen Bescheid gemäß R 100 (2) entschieden werden.[13]   21

3.1 Unterlassen einer rechtzeitigen Antwort *(failing to reply in due time)*

Nach R 100 (3) gilt eine Anmeldung als zurückgenommen, wenn dem Anmelder eine Aufforderung nach R 100 (2) zugestellt worden war und der Anmelder innerhalb der Frist, die ihm in dieser Aufforderung gesetzt worden ist, nicht antwortet. Ist die Fiktion der Rücknahme eingetreten, ist die Beschwerde gegenstandslos und damit erledigt.   22

3.2 Voraussetzungen der Rücknahmefiktion nach R 100 (3)

a) Vorliegen einer Aufforderung gemäß R 100 (2). Es muss sich um eine Aufforderung der Kammer handeln, die nach Art 5 (4) VerfOBK 2020 im Auftrag der Kammer vom Berichterstatter entworfen wird. Wird in einem Bescheid zum Ausdruck gebracht, dass eine Antwort nicht erforderlich ist, oder wird keine Frist gesetzt oder die Folge der R 100 (3) ausdrücklich ausgenommen, so liegt keine Aufforderung iSd R 100 (2) vor, so dass die Rücknahmefiktion nicht eintritt. Eine Aufforderung nach R 100 (2) kann auch zugestellt werden, wenn der Beschwerdeführer einen Antrag auf mündliche Verhandlung gestellt hatte. Antwortet er nicht, ist der Antrag auf mündliche Verhandlung wegen Erledigung der Beschwerde gegenstandslos.   23
b) Wirksame Zustellung der Aufforderung nach R 100 (2) gemäß Art 119 iVm R 125 – 130;
c) Ablauf der gemäß R 100 (2) gesetzten Frist;
d) die angefochtene Entscheidung muss von der Eingangsstelle oder der Prüfungsabteilung erlassen worden sein. Ist sie von der Rechtsabteilung erlassen, tritt die Rücknahmefiktion nicht ein, weil deren Entscheidungen im Rahmen des Art 20 die Anmeldung nicht direkt betreffen;
e) die Aufforderung muss in einem Verfahren ergangen sein, das eine Patentanmeldung betrifft. R 100 (3) ist im Einspruchsverfahren daher nicht anwendbar. Die Rücknahmefiktion der R 100 (3) tritt auch dann ein, wenn die angefochtene Entscheidung nicht auf Zurückweisung der Anmeldung, sondern auf Ablehnung eines Antrags für die Anmeldung lautet, zB auf Berichtigung der Staatenbenennung.[14]

---

13 T 0021/92 BeckRS **92**, 30498319.
14 J 0029/94 ABl **98**, 147.

3.3 Verfahren

24 Ist die Rücknahmefiktion gemäß R 100 (3) eingetreten, wird dem Anmelder dieser Rechtsverlust nach R 112 (1) vom Geschäftsstellenbeamten[15] mitgeteilt. Dagegen hat der Anmelder zwei Rechtsbehelfe: **a)** Antrag auf Entscheidung nach R 112 (2), der von der BK entschieden wird, aber nur erfolgversprechend ist, wenn die Feststellung gemäß R 112 (1) falsch ist; **b)** Antrag auf Weiterbehandlung gemäß Art 121 (vgl dazu näher §123a Rdn 6 ff); ein Antrag auf Wiedereinsetzung gemäß Art 122 ist ausgeschlossen nach R 136 (3).

4 Anwendung der erstinstanzlichen Verfahrensvorschriften

25 Nach **R 100 (1)** sind Verfahrensvorschriften, die für die 1. Instanz gelten, die die angefochtene Entscheidung erlassen hat, grundsätzlich auch von der BK anzuwenden. Damit wird sichergestellt, dass das Verfahren vor der BK im Wesentlichen das gleiche ist wie vor der 1. Instanz.[16] Seit Inkrafttreten des EPÜ 2000 wird diese Anwendung vom Gesetzgeber nicht mehr explizit als »entsprechende« bezeichnet.

26 Eine Anwendung scheidet aus, **a)** wenn etwas anderes bestimmt ist (R 100 (1)) und **b)** wenn die Anwendung mit dem gerichtlichen Charakter des Beschwerdeverfahrens nicht in Einklang steht.[17] Daher kommt zB eine Anwendung der R 84 (2) über die Fortsetzung des Verfahrens nach Rücknahme des Einspruchs auf die Rücknahme der Beschwerde nicht in Betracht.[18]

27 Beispiele aus der Rechtsprechung für Anwendung erstinstanzlicher Verfahrensvorschriften: **R 137 (3)** über die Zustimmung zur Änderung von Patentansprüchen, Beschreibung und Zeichnungen (s Rdn 15);[19] **R 82 (1)** über die Mitteilung an die Beteiligten, in welchem Umfang die BK das Patent aufrechtzuerhalten beabsichtigt;[20] sie ist nach einer mündlichen Verhandlung vor der BK nur erforderlich, wenn den Beteiligten eine abschließende sachliche Stellungnahme zu der Änderung nicht zuzumuten ist;[21] **R 84 (1)** über die Fortsetzung des Einspruchsverfahrens nach Wegfall des Patents für alle Vertragsstaaten;[22] **Art 105** über den Beitritt des angegriffenen Patentverletzers zum Einspruchsverfahren.[23]

---

15 Art 2 (7) des Beschlusses des Präsidiums v 12.11.2007 ABl 21 ZPubl 1, 81.
16 T 0390/86 ABl **89**, 30, 34.
17 GrBK G 0007/91 ABl **93**, 356 (Nr 7) *Rücknahme der Beschwerde/BASF*; G 0008/91 ABl **93**, 346 *Rücknahme der Beschwerde/BELL*; GrBK G 0009/91 ABl **93**, 408 (Nr 18) *Prüfungsbefugnis/ROHM AND HAAS*; G 0010/91 ABl **93**, 420 *Prüfung von Einsprüchen/Beschwerden*.
18 GrBK G 0009/91 ABl **93**, 408 *Prüfungsbefugnis/ROHM AND HAAS*.
19 T 0012/81 ABl **82**, 296; T 0079/89 ABl **92**, 283 (Nr 2.1).
20 T 0219/83 ABl **86**, 211 (Nr 13 ff); T 0185/84 ABl **86**, 373; vgl auch T 0390/86 ABl **89**, 30.
21 T 0219/83 ABl **86**, 211 (Nr 13 ff); T 0185/84 ABl **86**, 373.
22 T 0329/88 BeckRS **93**, 30565687; T 0289/06 RechtsprBK/EPA **19**, 1011. Vgl. hierzu Art 106 Rdn 31.
23 T 0338/89 EPOR **91**, 268 (Nr 4); EPA GBK G 0001/94 ABl **94**, 787 *Beitritt/ALLIED COLLOIDS*.

5 Verfahrensordnung der Beschwerdekammern (VerfOBK) *(Rules of Procedure of the Boards of Appeal (RPBA))*[24]

5.1 Allgemeines

Die VerfOBK enthält ergänzende Verfahrensvorschriften, die – wie sich aus ihrem Art 23 ergibt – im Verhältnis zu EPÜ und AusfO subsidiär sind. Sie wurde bis 2016 gemäß R 12 (3) aF von dem Präsidium der BK erlassen und bedurfte nach Art 23 (4) 2 der Genehmigung des Verwaltungsrats. Die am 1.7.2016 in Kraft getretene Strukturreform der BK (s Art 106 Rdn 6) weist dem Präsidium in der neuen R 12b nur noch eine beratende Funktion zu; der Erlass der VerfOBK erfolgt nunmehr gemäß R 12c (2) durch den BK-Ausschuss des Verwaltungsrats auf Vorschlag des Präsidenten der BK, bedarf aber weiterhin der Genehmigung durch den Verwaltungsrat.

28

Am 1.1.2020 ist eine grundlegend überarbeitete Neufassung der Verfahrensordnung (VerfOBK 2020) in Kraft getreten.[25] Sie ersetzt die zuvor geltende VerfOBK 2007,[26] die allerdings für Altfälle übergangsweise hinsichtlich einzelner Bestimmungen anwendbar bleibt. Die mit der Überarbeitung verfolgten Ziele waren Steigerung der Effizienz, Verbesserung der Vorhersehbarkeit für die Beteiligten und Förderung der Harmonisierung.[27] Zum einen sollte die Gesamtarbeitslast der BK verringert und der Verfahrensablauf in den einzelnen Fällen verbessert werden; zum anderen sollte als vorrangiger Zweck des Beschwerdeverfahrens hervorgehoben werden, die angefochtene Entscheidung gerichtlich zu überprüfen.[28] Diese Ziele dienen zur Rechtfertigung dafür, dass die Beteiligten unter der Geltung der VerfOBK 2020 mit zunehmendem Fortschreiten des Beschwerdeverfahrens immer weniger Möglichkeiten zur Änderung ihres Vorbringens erhalten.[29]

29

Die VerfOBK 2020 regelt nunmehr auch in Art 15 (1) und (2) die Anberaumung und Verlegung von mündlichen Verhandlungen[30] und in Art 10 (3) bis (6) die Beschleuni-

30

---

24 Lit: Blöchle sic! **19**, 417; Mercer/Nollen epi information 18/1, 14; Thomas epi information 19/1, 11; Rennie-Smith/Samuels CIPA J 19/6; Weiden GRUR **19**, 1276.
25 Sie wurde vom BK-Ausschuss des Verwaltungsrats am 4.4.2019 erlassen und vom Verwaltungsrat durch Beschluss (CA/D 5/19) am 26.6.2019 genehmigt, s ABl **19**, A63 = ABl **21** ZPubl 1, 41. Die Änderungen gegenüber der früheren VerfOBK sind in einer tabellarischen Übersicht in ABl 20 ZPubl 2, 17 = ABl 21 ZPubl 1, 183 zusammenfassend erläutert. Eine weitere Änderung erfolgte 2021, s Rdn 30; geänderte Fassung veröffentlicht in ABl **21**, A35.
26 Abgedruckt in ABl **21** ZPubl 1, 57.
27 S Vorwort des PräsBK in ABl **20** ZPubl 2.
28 S Vorwort des PräsBK in ABl **20** ZPubl 2.
29 S Vorwort des PräsBK in ABl **20** ZPubl 2.
30 *Durch eine weitere Änderung im Jahre 2021* wurde die VerfOBK um einen neuen Art 15a ergänzt, der die Durchführung von mündlichen Verhandlungen als Videokonferenz vorsieht und regelt, s VR-Beschluss v 23.3.2021 ABl **21**, A19; geänderte Fassung veröffentlicht in ABl **21**, A35. Über die Vereinbarkeit solcher Videokonferenzen mit Art 116 ist eine Vorlage vor GrBK (G 0001/21) anhängig gemacht worden, s T 1807/15 v 12.3.2021 GRUR-RS **21**, 4945. Durch Zwischenentscheidung der GrBK vom 17.5.2021 Exclusion and objection I/ANDREW wurde der Einwand der Befangenheit den Vorsitzenden und ein weiteres Mitglied der GrBK für begründet angesehen. In ihrer Endentscheidung v 16.7.2021 erachtete die GrBK jedenfalls für die Zeit einer Pandemie Videokonferenzen selbst ohne Zustimmung aller Parteien als mit Art 113 (1) und 116 vereinbar.

gung des Verfahrens vor den BK. Die diesbezüglichen Mitteilungen des früheren VP3 des EPA vom 16.7.2007 und 17.3.2008 wurden daher aufgehoben.[31] Für weitere Details, die bei der Durchführung mündlicher Verhandlungen zu beachten sind, vgl **a)** Mitteilung VP3/EPA v 16.7.2007 betr. Tonaufzeichnungen während mündlicher Verhandlungen vor den BK des EPA[32]; **b)** Mitteilung VP3/EPA v 10.2.2014 über die Benutzung tragbarer Computer und anderer elektronischer Geräte in mündlichen Verhandlungen vor den BK;[33] **c)** Mitteilung PräsBK v 1.8.2020 betr. die mündlichen Verhandlungen vor den BK in den Räumlichkeiten in Haar sowie im Isargebäude in München während der Coronavirus-Pandemie (COVID-19);[34] **d)** Beschluss PräsEPA v 13.5.2020 über die Einreichung von Unterlagen bei telefonischen Rücksprachen und als Videokonferenz durchgeführten Rücksprachen und mündlichen Verhandlungen.[35]

5.1 Berichterstatter *(rapporteur)*

31   Der Berichterstatter bereitet nach Art 5 VerfOBK 2020 die Besprechungen und mündlichen Verhandlungen der Kammer vor. Zu diesem Zweck führt er eine vorläufige Untersuchung der Beschwerde durch und kann vorbehaltlich einer Anweisung des Vorsitzenden Bescheide an die Beteiligten im Auftrag der Kammer abfassen. Der Berichterstatter wird grundsätzlich in eigener Verantwortung tätig, die endgültige Entscheidung wird aber von der Kammer getroffen. Daher kann der Inhalt eines Bescheids von der Kammer beraten werden. Aber auch ein solcher Bescheid ist wie jeder andere Zwischenbescheid für die endgültige Entscheidung der Kammer nicht bindend. Art 17 (2) VerfOBK 2020 bestimmt, dass eine Unterrichtung der Beteiligten, die die Kammer für zweckmäßig hält, so zu geschehen hat, dass sie nicht als bindend für die Kammer verstanden werden kann.

5.2 Beteiligung von Dolmetschern

32   Nach Art 7 VerfOBK 2020 sorgt der Vorsitzende für die Übersetzung, soweit dies erforderlich ist, durch Beteiligung von Dolmetschern an mündlichen Verhandlungen, Beweisaufnahmen oder Beratungen der Kammer. Nach R 4 (1) kann sich jeder Beteiligte an einer mündlichen Verhandlung anstelle der Verfahrenssprache (zB Französisch) einer anderen Amtssprache des EPA (zB Englisch oder Deutsch) bedienen, sofern er dies spätestens einen Monat vor dem angesetzten Termin für die mündliche Verhandlung mitgeteilt hat oder selbst für die Übersetzung in die Verfahrenssprache sorgt.

33   Eine Mitteilung nach R 4 (1) im Verfahren 1. Instanz gilt nicht auch für das sich dem erstinstanzlichen Verfahren anschließende Beschwerdeverfahren. Für letzteres ist eine eigene Mitteilung gemäß R 4 (1) erforderlich.[36]

---

31 Mitt PräsBK v 28.11.2019 ABl **19**, A112 = ABl **21** ZPubl 1, 76.
32 ABl **07** SonderA 3, 117 = ABl **21** ZPubl 1, 91: Inbetriebnahme von Tonaufzeichnungsgeräten nur Amtsangehörigen gestattet.
33 ABl **14**, A21 = ABl **21** ZPubl 1, 92.
34 ABl **20**, A103 = ABl **21** ZPubl 1, 85.
35 ABl **20**, A71 = ABl **21** ZPubl 1, 88.
36 Mitteilung des (früheren) VP3 des EPA vom 16.7.2007 (ABl **07** SonderA Nr 3, 118 = **ABl 21** ZPubl 1, 94 unter Verweis auf T 0034/90 ABl **92**, 454.

Anhang zu § 73
EPA: Entscheidung über die Beschwerde — Art 111 EPÜ

Bei fristgerechter Mitteilung gemäß R 4 (1) übernimmt EPA nach R 4 (5) die Kosten für die Übersetzung. Sonst muss der Beteiligte selbst für die Übersetzung in die Verfahrenssprache sorgen. — 34

Ausnahmen von R 4 (1) kann EPA nach R 4 (1) 3 zulassen, zB wenn der Beteiligte seine verspätete Mitteilung hinreichend entschuldigt und EPA trotz der verspäteten Mitteilung noch in der Lage ist, für eine Übersetzung zu sorgen. — 35

5.3 Beteiligung des EPA-Präsidenten

Wenn sich Fragen von allgemeinem Interesse in einem vor der Kammer anhängigen Verfahren stellen, so kann nach Art 18 VerfOBK 2020 die Kammer den Präsidenten auffordern, sich dazu schriftlich oder mündlich zu äußern. Diese Aufforderung kann die Kammer von Amts wegen oder auf schriftlich begründeten Antrag des Präsidenten erlassen. Der Erlass steht im Ermessen der Kammer. Ihrem Sinn entsprechend ist eine Aufforderung vorgesehen, wenn Entscheidungen von besonderer Tragweite für die Gestaltung des Verfahrens vor dem EPA zu treffen sind, damit bei der Entscheidung alle Aspekte Berücksichtigung finden, die für eine angemessene und gerechte Lösung des Problems maßgebend sind. In der Praxis ist eine solche Aufforderung äußerst selten.[37] — 36

Gemäß dem Sinn und Zweck der Aufforderung bedarf sie – wie jede Ermittlung des Sachverhalts von Amts wegen gemäß Art 114 (1) – nicht der Zustimmung der Parteien des Verfahrens, vielmehr ergeht diese unmittelbar an den Präsidenten.[38] Der Präsident erhält mit der Aufforderung nicht den Status eines Verfahrensbeteiligten gemäß Art 107.[39] Ihm können daher keine Kosten auferlegt werden. Er hat aber das Recht, an einer mündlichen Verhandlung teilzunehmen, um sich dort mündlich zu äußern. — 37

Die Verfahrensbeteiligten haben nach Art 18 S 2 VerfOBK 2020 das selbstverständliche Recht, das sich bereits aus Art 113 (1) ergibt, zu der schriftlichen und mündlichen Äußerung des Präsidenten Stellung zu nehmen. — 38

Art 111 Entscheidung über die Beschwerde
(decision in respect of appeal)

(1) ¹Nach der Prüfung, ob die Beschwerde begründet ist, entscheidet die Beschwerdekammer über die Beschwerde. ²Die Beschwerdekammer wird entweder im Rahmen der Zuständigkeit des Organs tätig, das die angefochtene Entscheidung erlassen hat, oder verweist die Angelegenheit zur weiteren Entscheidung an dieses Organ zurück.

---

37 Vgl allerdings T 0854/12 v 8.8.2016 BeckRS 16, 108034: Die BK hatte über die Rechtsfrage zu befinden, ob sie über die Unterbrechung nach R 142 in eigener Zuständigkeit entscheiden kann oder diesbezüglich eine Entscheidung der Rechtsabteilung herbeiführen muss. Sie bejahte ihre eigene Zuständigkeit entgegen der Stellungnahme des PräsEPA.
38 J 0014/90 ABl **92**, 505.
39 J 0014/90 ABl **92**, 505.

(2) ¹Verweist die Beschwerdekammer die Angelegenheit zur weiteren Entscheidung an das Organ zurück, das die angefochtene Entscheidung erlassen hat, so ist dieses Organ durch die rechtliche Beurteilung der Beschwerdekammer, die der Entscheidung zugrunde gelegt ist, gebunden, soweit der Tatbestand derselbe ist. ²Ist die angefochtene Entscheidung von der Eingangsstelle erlassen worden, so ist die Prüfungsabteilung ebenfalls an die rechtliche Beurteilung der Beschwerdekammer gebunden.

R 102 Form der Entscheidung der Beschwerdekammer
Die Entscheidung ist von dem Vorsitzenden der Beschwerdekammer und dem dafür zuständigen Bediensteten der Geschäftsstelle der Beschwerdekammer durch ihre Unterschrift oder andere geeignete Mittel als authentisch zu bestätigen. Die Entscheidung enthält:
a) die Feststellung, dass sie von der Beschwerdekammer erlassen worden ist;
b) den Tag, an dem die Entscheidung erlassen worden ist;
c) die Namen der Vorsitzenden und der übrigen Mitglieder der Beschwerdekammer, die bei der Entscheidung mitgewirkt haben;
d) die Bezeichnung der Beteiligten und ihrer Vertreter;
e) die Anträge der Beteiligten;
f) eine kurze Darstellung des Sachverhalts;
g) die Entscheidungsgründe;
h) die Formel der Entscheidung, gegebenenfalls einschließlich der Entscheidung über die Kosten.

Rainer Moufang

Übersicht

	Kommentierung zu Art 111 EPÜ	
1	Entscheidungskompetenz der Beschwerdekammer	1
1.1	Rechtsgestaltende Entscheidung	2
1.2	Zurückverweisung an die 1. Instanz	4
1.3	Ermessen für Zurückverweisung	7
1.4	Beispiele aus der Rechtsprechung	10
1.5	Entscheidung über Kosten	12
1.6	Form der Entscheidung	13
2	Entscheidungsformeln	14
2.1	Nicht existente Beschwerde	16
2.2	Unzulässige Beschwerde	17
2.3	Unbegründete Beschwerde	18
2.4	Begründete Beschwerde ohne Zurückverweisung	19
2.5	Zurückverweisung	20
2.5.1	Generelle Entscheidungsformel	20
2.5.2	Erteilung eines Patents im ex parte-Verfahren	21
2.5.3	Aufrechterhaltung des Patents im geänderten Umfang im inter partes-Verfahren	22
2.6	Kostenentscheidungen	23
2.7	Vorlage an GrBK	24
2.8	Rückzahlung der Beschwerdegebühr	25
2.9	Wiedereinsetzung	26
2.10	Aussetzung des Verfahrens	27
2.11	Beweisaufnahme	28
3	Bindung an Beschwerdeentscheidungen	29

Anhang zu § 73
EPA: Entscheidung über die Beschwerde — **Art 111 EPÜ**

3.1	Res judicata	29
3.2	Bindung an rechtliche Beurteilung	30
3.2.1	Zugrundeliegen	32
3.2.2	Identität des Tatbestands	33
3.2.3	Bindung der 1. Instanz	37
3.2.4	Bindung nur für entschiedenen Fall	39
3.3	Selbstbindung der Beschwerdekammern	42

1 Entscheidungskompetenz der Beschwerdekammer

Art 111 ist bei der EPÜ-Revision 2000 unverändert geblieben und sieht für die Beschwerdekammer (BK) zwei mögliche Entscheidungen vor:
a) eine eigene rechtsgestaltende Entscheidung, die das Verfahren abschließt (s Rdn 2) und
b) Zurückverweisung der Angelegenheit an die 1. Instanz (s Rdn 4).

1.1 Rechtsgestaltende Entscheidung

Nach Art 111 ist die BK nicht darauf beschränkt, die angefochtene Entscheidung auf ihre Rechtmäßigkeit zu überprüfen und sie bei negativem Ergebnis aufzuheben *(kassatorische Entscheidung)*, sie kann auch rechtsgestaltend in der Sache abschließend selbst entscheiden *(reformatorische Entscheidung)*. Die Befugnis dazu kommt in der Bestimmung zum Ausdruck, dass die BK im Rahmen der Zuständigkeit des Organs tätig wird, das die angefochtene Entscheidung erlassen hat. Grundsätzlich kann daher die BK die gleichen Entscheidungen treffen wie die 1. Instanz.[1] Die Entscheidungszuständigkeit der BK erstreckt sich auch auf zur Verfahrensführung erforderliche Nebenfragen wie etwa die Unterbrechung des Verfahrens nach R 142, unabhängig von der diesbezüglichen Kompetenzverteilung in der ersten Instanz (Prüfungs- oder Einspruchsabteilung/Rechtsabteilung).[2]

Abschließende Sachentscheidungen der Kammer können zB lauten auf: **a)** Zurückweisung der Beschwerde; damit wird die angefochtene Entscheidung rechtskräftig; **b)** Widerruf des Patents, das in 1. Instanz aufrechterhalten wurde; **c)** Verwerfung eines Einspruchs als unzulässig; **d)** Gewährung von Wiedereinsetzung.

1.2 Zurückverweisung an die 1. Instanz

Nach Art 11 VerfOBK 2020 soll eine BK die Angelegenheit an die 1. Instanz nur dann zurückverweisen, wenn besondere Gründe dafür sprechen. Die Vorschrift steht allerdings in einem gewissen Spannungsverhältnis zur grundsätzlichen Neugestaltung der VerfOBK, die darauf abzielt, die Kammern dadurch zu entlasten, dass eine Auseinandersetzung mit neuem Vorbringen im Beschwerdeverfahren möglichst vermieden wird. Angesichts dieser Zielsetzung erscheint es berechtigt, das Vorliegen besonderer Gründe iSd Art 11 VerfOBK relativ rasch zu bejahen. Die BK wird die Zurückverweisung wählen, wenn es nicht sinnvoll ist, das Beschwerdeverfahren mit ihrer Entschei-

---

1 Vgl zB J 0013/12 ABl 14 ZPubl 5, 88 betr. Fortsetzung des Erteilungsverfahrens nach Aussetzung gemäß R 14, wofür erstinstanzlich die Rechtsabteilung zuständig ist.
2 T 0854/12 v 8.8.2016 ABl 17 ZPubl 4, 99.

dung endgültig abzuschließen. Die bisherige Rechtsprechung hierzu ist weiterhin relevant.

5   **Beispiele für eine Zurückverweisung: a)** Es sind noch weitere Prüfungen erforderlich, wie zB Durchführung der noch ausstehenden Prüfung von Voraussetzungen der Patentierung, die in 1. Instanz noch nicht erörtert wurden, wie zB der erfinderischen Tätigkeit; **b)** Prüfung erheblich geänderter Ansprüche; **c)** Würdigung von neuen Tatsachen und Beweismitteln, insbesondere wesentlichen neuen Dokumenten oder einer neuen Vorbenutzung; **d)** Beurteilung eines mit Einverständnis des Patentinhabers zu prüfenden neuen Einspruchsgrundes.[3]

6   **Zurückverweisung an anders besetzte 1. Instanz** ist möglich, wenn ein Beteiligter triftige Gründe für die Befürchtung hat, dass die gleiche Besetzung von ihrer früheren Entscheidung beeinflusst und somit befangen wäre.[4]

1.3 Ermessen für Zurückverweisung

7   Die Entscheidung, ob die Kammer abschließend in der Sache selbst entscheidet oder die Sache zurückverweist, steht in ihrem Ermessen. Eine Pflicht zur Zurückverweisung besteht also nicht, auch nicht in einem inter partes-Verfahren, wenn die Kammer *erstmals eine von der 1. Instanz abweichende Entscheidung* trifft, zB erstmals das Patent widerruft.[5] Dem widerspricht nicht der Rechtsgedanke des Art 32 TRIPS, der eine gerichtliche Überprüfung jeder Widerrufsentscheidung vorsieht.

8   Die Kammer wird von einer endgültigen Sachentscheidung absehen, wenn nach den Gegebenheiten des Einzelfalles die Zurückverweisung für die Entscheidung des Falles angemessener ist. Vor- und Nachteile einer Zurückverweisung sind gegeneinander abzuwägen. Einerseits hat eine Zurückverweisung immer eine Verfahrensverzögerung zur Folge, andererseits ermöglicht die Zurückverweisung die normal vorgesehene Prüfung in zwei Instanzen.

9   **Bei der Abwägung** sind folgende Gesichtspunkte zu berücksichtigen:
   a) der Umfang der Änderung der Grundlage des Verfahrens gegenüber der angefochtenen Entscheidung;[6]
   b) das Interesse der Öffentlichkeit und der Beteiligten an einer möglichst zügigen Durchführung des Verfahrens;[7]
   c) Interesse des EPA, das Verfahren möglichst kostenbewusst durchzuführen. Die dem Amt durch eine Zurückverweisung entstehenden zusätzlichen Kosten können nach Art 104 nicht einem Beteiligten auferlegt werden;
   d) Vermeidung einer fortdauernden wirtschaftlichen Unsicherheit, die nicht im öffentlichen Interesse liegt;[8]

---

3 GrBK G 0009/91 ABl **93**, 408 (Nr 18) *Prüfungsbefugnis/ROHM AND HAAS.*
4 T 0433/93 ABl **97**, 509.
5 GrBK G 0001/97 ABl **00**, 322 (Nr 2a) *Antrag auf Überprüfung/ETA*; T 0557/94 ABl **97** SonderA 89.
6 T 0063/86 ABl **88**, 224; T 0611/90 ABl **93**, 50; T 0852/90 EPOR **92**, 522 (Nr 4).
7 T 0611/90 ABl **93**, 50 (Nr 3).
8 T 0229/90 BeckRS **92**, 30545506.

Anhang zu § 73 — EPA: Entscheidung über die Beschwerde — Art 111 EPÜ

e) Tatsache, dass Art 111 den Parteien keinen absoluten Anspruch auf zwei Instanzen gewährt;[9]

f) Wille der Parteien, dass BK ohne Zurückverweisung entscheiden möge. Ein solcher Antrag ist allerdings für die Kammer nicht bindend,[10] sondern nur eine Anregung.

1.4 Beispiele aus der Rechtsprechung

Zurückverweisung wurde gewählt:

1. Wenn mit der Beschwerde die **Gründe der Zurückweisungsentscheidung völlig ausgeräumt** wurden und die 1. Instanz gleichwohl eine gebotene **Abhilfe gemäß Art 109 (1) unterließ**[11] und ein entgegenstehendes Interesse des Beschwerdeführers nicht ersichtlich ist;
2. wenn durch eine **Entscheidung der GrBK** eine Rechtslage grundlegend geklärt und eine neue Anspruchsart zugelassen wurde;[12]
3. wenn zwei in 1. Instanz verspätet vorgebrachte Entgegenhaltungen **ohne Prüfung ihrer Relevanz** nicht berücksichtigt wurden;[13]
4. wenn im Beschwerdeverfahren **wesentliche Änderungen der Ansprüche** *(substantial amendments of the claims)* vorgeschlagen werden, die eine weitere Sachprüfung[14] oder möglicherweise eine neue Recherche[15] erforderlich machen;
5. wenn der Einsprechende erstmals im Beschwerdeverfahren **neue Dokumente** einführt, die relevant genug sind, um zum Einspruchsverfahren zugelassen zu werden;[16]
6. wenn durch verspätet genanntes Material – insbesondere eine offenkundige Vorbenutzung – das **Verfahren auf eine neue Grundlage** gestellt wird *(fresh case)*;[17]
7. wenn ein **neues Dokument so relevant** ist, dass es die Aufrechterhaltung des Patents in Frage stellt;[18]
8. wenn mit der Beschwerde ein **neuer Anspruch** eingereicht wird, den die 1. Instanz als gewährbar bezeichnet hatte, gleichwohl auf die Beschwerde aber keine Abhilfe gewährte, weil dann anzunehmen ist, dass die 1. Instanz andere Einwände hat, die sie bei der Vorlage gemäß Art 109 (2) nicht mitteilen darf;[19]
9. wenn das **Verfahren vor der 1. Instanz wesentliche Mängel** aufweist (vgl Art 11 VerfOBK 2020), die angefochtene Entscheidung zB ohne beantragte mündliche Verhandlung[20] oder vor Ablauf einer gesetzten Frist[21] erging;
10. zur **Anpassung der Beschreibung** an Ansprüche, die im Beschwerdeverfahren geändert wurden. In diesem Fall ist die 1. Instanz an die Fassung der Ansprüche

---

9 T 0133/87 BeckRS 88, 30523928; T 0392/89 v 3.7.1990 BeckRS 90, 30576905.
10 Vgl zB T 0538/11 v 19.9.2014 BeckRS 14, 120596.
11 T 0139/87 ABl 90, 68; T 0219/93 BeckRS 93, 30543431.
12 T 0017/81 ABl 85, 130.
13 T 0156/84 ABl 88, 372 (Nr 3.8 u 3.9); T 0047/90 ABl 91, 486; T 0125/93 ABl 98 SonderA 71.
14 T 0063/86 ABl 88, 224; T 0296/86, T 0501/88 ABl 90 SonderA 61.
15 T 0125/94 ABl 97 SonderA 123; T 0230/98 EPOR 00, 123.
16 T 0258/84 ABl 87, 119; T 0273/84 ABl 86, 346.
17 T 0611/90 ABl 93, 50; T 0097/90 ABl 93, 719.
18 T 0326/87 ABl 92, 522; T 0097/90 ABl 93, 719.
19 T 0313/90 EPOR 91, 354.
20 T 0892/92 ABl 94, 664.
21 T 0125/91 ABl 93 SonderA 78.

gebunden (= *res judicata*) und kann nur noch über die Form der Anpassung der Beschreibung entscheiden. Gegen diese Entscheidung ist eine neue Beschwerde möglich, mit der aber nur die Art der Anpassung der Beschreibung, nicht die Fassung der Ansprüche angegriffen werden kann.[22] Dies gilt auch für den Beitretenden nach Art 105, der den Beitritt erst nach Erlass der Beschwerdeentscheidung, die die geänderten Ansprüche gebilligt hat, erklärt hat.[23] Gegen eine Zurückverweisung nur zur Anpassung der Beschreibung spricht allerdings, dass die Kammer, die ja über die Patentierbarkeit der in den geänderten Ansprüchen definierten Erfindung entschieden hat, mit der Materie besser vertraut ist als die 1. Instanz;[24]

11. wenn das **Aufgabe- und Lösungskonzept** ohne Begründung nicht angewendet wurde und deshalb die erfinderische Tätigkeit unzutreffend beurteilt wurde.[25]

11 *Eigene Sachentscheidung statt Zurückverweisung wurde gewählt:*
1. wenn ein neues Dokument die Aufrechterhaltung des Patents nicht in Frage stellt,[26] selbst wenn es als nächster Stand der Technik genannt wird;[27]
2. wenn ein Mangel beseitigt wurde, der Gegenstand patentfähig ist und die Beschwerdeführerin auf eine Prüfung in zwei Instanzen ausdrücklich verzichtet hatte;[28]
3. wenn davon ausgegangen werden kann, dass der 1. Instanz ein bestimmtes Dokument bekannt war, so dass ein Instanzverlust nicht eintritt;[29]
4. wenn spät eingereichtes neues Material lediglich als weitere, wenn auch wichtige Erläuterung des gleichen Sachverhalts zu verstehen ist, so dass sich der Fall nicht wesentlich von dem unterscheidet, den die 1. Instanz entschieden hat;[30]
5. wenn die Anmeldung wegen mangelnder Neuheit zurückgewiesen worden war und die Kammer in der Lage ist, auch auf die nicht erörterte Frage der erfinderischen Tätigkeit einzugehen;[31]
6. wenn die 1. Instanz die Möglichkeit hatte, sich mit einem Einwand zu befassen, den erst die Kammer erhoben hat;[32]
7. wenn die Aufrechterhaltung des Patents aufgrund eines Hilfsantrags beschlossen wird, dessen Gegenstand die 1. Instanz bereits für gewährbar gehalten hatte;[33]
8. wenn eine Zurückverweisung mit Rücksicht auf das **Alter der Anmeldung** untunlich ist.[34]

---

22 T 0843/91 ABl **94**, 832; T 0757/91 ABl **93** SonderA 81; T 0113/92 EPOR **99**, 94.
23 T 0694/01 ABl 03, 250.
24 T 0977/94 ABl 99 SonderA 76.
25 T 0248/85 ABl **86**, 261 (Nr 10).
26 T 0326/87 ABl **92**, 522; T 0097/90 EPOR **93**, 135.
27 T 0416/87 ABl **90**, 415.
28 T 0274/88 ABl **90** SonderA 60.
29 T 0425/87 EPOR **90**, 623.
30 T 0852/90 EPOR **92**, 522 (Nr 4); T 0229/90 BeckRS **92**, 30545506.
*31 T 0137/90 ABl **92** SonderA 79.*
32 T 0392/89 ABl **91** SonderA 60.
33 T 0005/89 ABl **91** SonderA 61.
34 J 0013/90 ABl **94**, 456 (Nr 10).

1.5 Entscheidung über Kosten

Eine Kostenentscheidung ist, sofern eine solche zu treffen ist, in die Entscheidungsformel nach R 102 h) aufzunehmen. Zur Kostenverteilung im Einspruchsverfahren s die Erläuterungen zu § 62.

1.6 Form der Entscheidung

R 102 regelt detailliert die Form der Entscheidung. Insbesondere hat die Entscheidung Sachverhaltsdarstellung, Entscheidungsgründe und Entscheidungsformel (s hierzu Rdn 15 ff) zu enthalten. Art 15 (7) u (8) VerfOBK 2020 lassen unter bestimmten Bedingungen eine gekürzte Abfassung der Entscheidungsgründe zu. Die Authentizität der Entscheidung ist vom Vorsitzenden und Geschäftsstellenbeamten zu bestätigen. Dies kann auch durch elektronische Mittel erfolgen.[35]

Leitsätze *(headnotes)* sind kein Bestandteil der Entscheidung der BK,[36] sondern dienen lediglich der übersichtlichen Information des Lesers.

2 Entscheidungsformeln *(orders) (zweisprachig, DE, EN)*

Die folgenden Entscheidungsformeln gehen auf eine Empfehlung der BK-Vorsitzenden v 1.10.1993 sowie auf Beispiele aus der Rechtsprechung zurück. Für Entscheidungsformeln in französischer Verfahrenssprache s 7. Auflage.

Aus diesen Gründen wird entschieden:
For these reasons, it is decided that:

2.1 Nicht existente Beschwerde *(non-existent appeal)*

Die Beschwerde gilt als nicht eingelegt.
The appeal is deemed not to have been filed.

2.2 Unzulässige Beschwerde *(inadmissible appeal)*

Die Beschwerde wird als unzulässig verworfen.
The appeal is rejected as inadmissible.

2.3 Unbegründete Beschwerde *(unallowable appeal)*

Die Beschwerde wird zurückgewiesen.
The appeal is dismissed.

2.4 Begründete Beschwerde ohne Zurückverweisung *(allowable appeal without remittal)*

1. Die angefochtene Entscheidung wird aufgehoben.
2. Das Patent wird in unveränderter Form aufrechterhalten.
oder
2. Das Patent wird widerrufen.

1. The decision under appeal is set aside.
2. The patent is maintained unamended.

---

35 Vgl Mitteilung VP3/EPA vom 15.12.2011 über die elektronische Bestätigung von Entscheidungen der BK des EPA, ABl **12**, 14 = ABl **21** ZPubl 1, 77.
36 T 0415/91 EPOR **93**, 279.

or
2. The patent is revoked.

2.5 Zurückverweisung *(remittal)*

2.5.1 Generelle Entscheidungsformel

20
1. Die angefochtene Entscheidung wird aufgehoben.
2. Die Angelegenheit wird an die 1. Instanz zur weiteren Entscheidung zurückverwiesen.

1. The decision under appeal is set aside.
2. The case is remitted to the department of first instance for further prosecution.

2.5.2 Erteilung eines Patents im ex parte-Verfahren *(grant of the patent)*

21
1. Die angefochtene Entscheidung wird aufgehoben.
2. Die Angelegenheit wird an die erste Instanz mit der Anordnung zurückverwiesen, ein Patent mit folgender Fassung zu erteilen:
Beschreibung:
Seiten: ... wie ursprünglich eingereicht.
Seiten: ... eingegangen am ... mit Schreiben vom ...
Ansprüche:
Nr: ... wie ursprünglich eingereicht.
Nr: ... eingegangen am ... mit Schreiben vom ...
Zeichnungen:
Blatt: ... wie ursprünglich eingereicht.
Blatt: ... eingegangen am ... mit Schreiben vom ...

1. The decision under appeal is set aside.
2. The case is remitted to the department of first instance with the order to grant a patent in the following version:
Description:
Page(s): ... as originally filed.
Page(s): ... received on ... with letter of ...
Claim(s):
No: ... as originally filed.
No: ... received on ... with letter of ...
Drawing(s):
Sheet(s): ... as originally filed.
Sheet(s): ... received on ... with letter of ...

Entscheidungsformel, wenn in mündlicher Verhandlung die Erteilungsunterlagen, also Ansprüche, Beschreibung und Zeichnungen überreicht wurden:
1. Die angefochtene Entscheidung wird aufgehoben.
2. Die Angelegenheit wird an die erste Instanz mit der Anordnung zurückverwiesen, ein Patent mit den in der mündlichen Verhandlung vom ... eingereichten Unterlagen zu erteilen.

1. The decision under appeal is set aside.
2. The case is remitted to the department of first instance with the order to grant a patent with the documents filed during oral proceedings of ...

Entscheidungsformel, wenn die 1. Instanz die Anpassung der Beschreibung durchführen soll:
1. Die angefochtene Entscheidung wird aufgehoben.
2. Die Angelegenheit wird an die erste Instanz mit der Anordnung zurückverwiesen, ein Patent mit folgenden Ansprüchen und einer noch anzupassenden Beschreibung zu erteilen:

Anhang zu § 73 — EPA: Entscheidung über die Beschwerde — Art 111 EPÜ

Ansprüche: ...
1. The decision under appeal is set aside.
2. The case is remitted to the department of first instance with the order to grant a patent with the following claims and a description to be adapted:
Claim(s): ...

2.5.3 Aufrechterhaltung des Patents im geänderten Umfang im inter partes-Verfahren *(maintenance of the patent in amended form)*

1. Die angefochtene Entscheidung wird aufgehoben.
2. Die Angelegenheit wird an die erste Instanz mit der Anordnung zurückverwiesen, das Patent mit folgender Fassung aufrechtzuerhalten:
Beschreibung:
Spalten/Seiten: ... der Patentschrift.
Spalten/Seiten: ... eingegangen am ... mit Schreiben vom ...
Ansprüche:
Nr: ... der Patentschrift.
Nr: ... eingegangen am ... mit Schreiben vom ...
Zeichnungen:
Blatt: ... der Patentschrift.
Blatt: ... eingegangen am ... mit Schreiben vom ...

1. The decision under appeal is set aside.
2. The case is remitted to the department of first instance with the order to maintain the patent in the following version:
Description:
Column(s)/Page(s): ... of the patent specification.
Column(s)/Page(s): ... received on ... with letter of ...
Claim(s):
No: ... of the patent specification.
No: ... received on ... with letter of ...
Drawing(s):
Sheet(s): ... of the patent specification.
Sheet(s): ... received on ... with letter of ...

Entscheidungsformel, wenn die erste Instanz die Anpassung der Beschreibung an die geänderten Ansprüche durchführen soll:
1. Die angefochtene Entscheidung wird aufgehoben.
2. Die Angelegenheit wird an die erste Instanz mit der Anordnung zurückverwiesen, das Patent mit folgenden Ansprüchen und einer noch anzupassenden Beschreibung aufrechtzuerhalten:
Ansprüche:
Nr: ... der Patentschrift.
Nr: ... eingegangen am ... mit Schreiben vom ...

1. The decision under appeal is set aside.
2. The case is remitted to the department of first instance with the order to maintain the patent with the following claims and a description to be adapted:
Claim(s):
No: ... of the patent specification.
No: ... received on ... with letter of ...

2.6 Kostenentscheidungen *(decision on costs)*

2.6.1 Der Antrag auf Kostenverteilung wird zurückgewiesen.
The request for apportionment of costs is refused.

2.6.2[37] Der Beschwerdeführer(-gegner) hat ... % der dem Beschwerdegegner(-führer) durch die mündliche Verhandlung vom ... und/oder Beweisaufnahme vom ... erwachsenen Kosten zu tragen.
The appellant (respondent) shall bear ... % of costs incurred by the respondent (appellant) in oral proceedings of ... and/or during taking of evidence of ...
2.6.3[38] Die Beschwerdeführerin trägt einen Teil der Kosten der Beschwerdegegnerin und zahlt an diese einen Betrag von 500 €.
The appellant shall pay the respondent the sum of 500 € to defray part of the latter's expenses.
2.6.4[39] Die Kosten des künftigen Verfahrens vor der Einspruchsabteilung und eines etwa folgenden Beschwerdeverfahrens werden so verteilt, dass die Einsprechende der Patentinhaberin sämtliche im Zusammenhang mit der Zurückverweisung rechtmäßig entstehenden Kosten erstattet.
The costs in the future proceedings before the opposition division, and in any subsequent appeal, be apportioned so that the opponent shall pay to the proprietor the whole of the costs which will be legitimately incurred by the proprietor in dealing with the case as remitted.

2.7 Vorlage an GrBK *(referral to the EBA)*

2.7.1 Folgende Rechtsfrage wird der GrBK vorgelegt: 1. ...
2. Wenn die Frage zu 1 bejaht (verneint) wird: ...
The following point of law is referred to the Enlarged Board of Appeal: 1. ...
2. If the answer to question 1 is yes (no): ...
2.7.2 Der Antrag auf Vorlage an die GrBK wird zurückgewiesen.
The request for referral to the Enlarged Board of Appeal is refused.

2.8 Rückzahlung der Beschwerdegebühr *(reimbursement of appeal fee)*

2.8.1 Der Antrag auf Rückzahlung der Beschwerdegebühr wird zurückgewiesen.
The request for reimbursement of the appeal fee is refused.
2.8.2 Dem Antrag auf Rückzahlung der Beschwerdegebühr wird stattgegeben.
The request for reimbursement of the appeal fee is allowed.
2.8.3 Entscheidungsformel bei Rückzahlung von Amts wegen:
Die Rückzahlung der Beschwerdegebühr wird angeordnet.
Reimbursement of the appeal fee is ordered.

2.9 Wiedereinsetzung *(restitutio in integrum)*

2.9.1 Der Beschwerdeführer wird wieder in den vorigen Stand eingesetzt.
The appellant is re-established in his rights.
2.9.2 Der Antrag auf Wiedereinsetzung wird zurückgewiesen.
The application for re-establishment is refused.
2.9.3 Der Antrag auf Wiedereinsetzung gilt als nicht gestellt.
The application for re-establishment is deemed not to have been filed.
2.9.4 Der Antrag auf Wiedereinsetzung wird als unzulässig zurückgewiesen.
The application for re-establishment is refused as inadmissible.
2.9.5 Die Rückzahlung der Wiedereinsetzungsgebühr wird angeordnet.
The reimbursement of the fee for re-establishment is ordered.

2.10[40] Aussetzung des Verfahrens *(stay of proceedings)*

1. Das Beschwerdeverfahren wird bis zur Erledigung des vor dem ... (Gericht oder Behörde) anhängigen Verfahrens (oder bis zum Erlass einer anderweitigen Anordnung) ausgesetzt.
2. Das Beschwerdeverfahren wird nach dem ... fortgesetzt werden.

1. The appeal proceedings are stayed until the proceedings pending before ... (court or other authority) have been finally disposed of (or until further order).

---

37 Vgl T *0117/86* ABl **89**, 401, 406; T 0326/87 ABl **92**, 522, 529.
38 Vgl T 0323/89 ABl **92**, 169, 172.
39 T 0611/90 ABl **93**, 50, 54.
40 Vgl T 0392/89 v 3.7.1990 BeckRS **90**, 30576905.

Anhang zu § 73 EPA: Entscheidung über die Beschwerde Art 111 EPÜ

2. The appeal proceedings will be resumed on ... (date).

2.11 Beweisaufnahme *(taking of evidence)*

Entscheidung über die Beweisaufnahme gemäß R 117 EPÜ 28
1. Es soll Beweis erhoben werden über folgende Fragen: ...
2. Die Beweisaufnahme soll erfolgen durch Vernehmung von: ...
3. Die Beweisaufnahme wird stattfinden am ... um ... Uhr im EPA, Saal ...
4. Die Durchführung der Beweisaufnahme wird davon abhängig gemacht, dass der Beschwerdeführer(-gegner) innerhalb einer Frist von 2 Monaten nach Zustellung dieser Entscheidung einen Vorschuss zur Sicherung der zu erstattenden Kosten in Höhe von ... € einzahlt (R 122 (1) EPÜ) oder eine Kostenverzichtserklärung der zu vernehmenden Person(en) einreicht. Kommt bei einer beantragten Beweisaufnahme der Antragsteller der Aufforderung zur Hinterlegung des Vorschusses nicht nach, so braucht diese nicht vorgenommen zu werden.
5. Ein vor das EPA geladener Beteiligter, Zeuge oder Sachverständiger kann beim EPA beantragen, dass er vor einem zuständigen Gericht in seinem Wohnsitzstaat vernommen wird (R 120 EPÜ).
6. Der Zeuge wird gebeten, schriftliche Unterlagen, über die er verfügt und die mit den Beweisfragen in Zusammenhang stehen, zum Beweisaufnahmetermin mitzubringen.
7. Dem Beschwerdeführer(-gegner) wird aufgegeben, binnen 2 Monaten seit Zustellung dieser Entscheidung die ladungsfähige Anschrift der Zeugen mitzuteilen, die von ihm benannt worden sind.
8. Für die Regelung der Kosten der Beweisaufnahme wird auf R 122 EPÜ verwiesen.
9. Eine etwa erforderlich werdende Ergänzung dieser Entscheidung bleibt vorbehalten.

Decision on the taking of evidence pursuant to R 117 EPC
1. Evidence is to be taken on the following points: ...
2. The following witnesses are to be examined: ...
3. The examination of witnesses will take place on ... at ... hrs in the EPO room ...
4. The examination of witnesses will only take place provided the appellant (respondent) within a period of 2 months from the date of notification of this decision pays to the EPO a sum of € ... by way of deposit to cover reimbursable witness expenses (R 122 (1) EPC) or files a waiver of their entitlement to expenses signed by the witnesses to be examined. Where a party requesting that evidence be taken fails to pay the deposit, the EPO is not obliged to proceed with the taking of evidence.
5. A witness who is summoned before the EPO as a party, witness to fact or expert witness, may request the EPO to allow his evidence to be taken before a court having the competence to do so in his country of residence (R 120 EPC).
6. The witness is requested to bring with him all documents in his possession and control which relate to the points to be considered at the examination of witnesses.
7. The appellant (respondent) is requested, within a period of two months after notification of this decision, to supply the address at which the summons should be served on the witnesses.
8. Reference should be made to R 122 EPC for the detailed provisions on the costs of taking evidence.
9. The Board reserves the power to make supplementary decisions on this taking of evidence if this proves necessary.

3 Bindung an Beschwerdeentscheidungen

3.1 Res judicata[41]

Die Entscheidung einer BK, die in der Entscheidungsformel ihren Niederschlag findet, ist – abgesehen von der eng begrenzten Möglichkeit eines Überprüfungsantrags nach 29

---

41 Vgl T 0694/01 ABl 03, 250 (Nr 2.10).

Art 112a – endgültig, so dass jede neue Verhandlung und Entscheidung über den entschiedenen Punkt ausgeschlossen ist.[42] Das gilt sowohl für die 1. Instanz als auch für die Beschwerdeinstanz in späteren Beschwerdeverfahren.[43] Im Interesse des Rechtsfriedens sind endgültige Entscheidungen selbst dann zu respektieren, wenn sie im Einzelfall unrichtig sein sollten. Wird teils endgültig entschieden (zB über Gewährbarkeit der Ansprüche) und teils zurückverwiesen (zB zur Anpassung der Beschreibung), so ist der endgültig entschiedene Teil res judicata.[44]

3.2 Bindung an rechtliche Beurteilung *(the binding ratio decidendi)*

30 Im Falle der Aufhebung der angefochtenen Entscheidung und der Zurückverweisung der Angelegenheit ist die 1. Instanz gemäß Art 111 (2) an die rechtliche Beurteilung der BK gebunden.[45] Zur rechtlichen Beurteilung *(ratio decidendi)* gehören die Rechtsausführungen in der Entscheidung in ihrer Gesamtheit.

31 *Voraussetzungen der Bindung*

32 **3.2.1 Zugrundeliegen:** Die rechtliche Beurteilung muss der Entscheidung zugrunde gelegt sein, dh es binden nur die Rechtsausführungen, die für die getroffene Entscheidung nach Auffassung der Kammer maßgebend waren. Weitere rechtliche Beurteilungen, die nur anlässlich der Entscheidung aufgenommen, die aber für die Begründung der Entscheidung nicht erforderlich sind (obiter dicta), binden nicht.[46]

33 **3.2.2 Identität des Tatbestands** *(same facts):* Eine Bindung an die rechtliche Beurteilung setzt voraus, dass der Tatbestand derselbe ist (s Art 111 (2) 1). Ändert sich nach der Entscheidung in zulässiger Weise der Tatbestand, auf dem die Entscheidung fußt, so entfällt eine Bindung an die rechtliche Beurteilung. Dazu gehört zB eine wesentliche Änderung der Ansprüche oder, wenn sich die rechtliche Beurteilung ausdrücklich auf die Überprüfung einer Patentierungsvoraussetzung gegenüber einem bestimmten Stand der Technik beschränkt, das Auffinden weiterer relevanten Standes der Technik.[47]

34 Ist der Tatbestand einer Zurückverweisungsentscheidung und einer Folgeentscheidung derselbe, so können die Tatsachen der Zurückverweisungsentscheidung nicht mit *neuem Vorbringen* in Zweifel gezogen werden.[48] Ist nur wegen Anpassung der Beschreibung zurückverwiesen worden, ist die materielle Entscheidung über die Patentfähigkeit res judicata und kann nicht mehr durch neue Tatsachen, zB neue Entgegenhaltungen, in Frage gestellt werden.[49] Hat die Kammer im Einspruchsbeschwerdeverfahren die Klarheit eines Anspruchsmerkmals im Rahmen von Art 84 bejaht, so

---

42 T 0934/91 ABl **94**, 184; T 0757/91 ABl **93** SonderA 81; T 0179/08 EPOR **10**, 325.
43 T 0934/91 ABl **94**, 184; T 0757/91 ABl **93** SonderA 81. Dies gilt auch gegenüber einem neu Beitretenden, s T 0694/01 ABl **03**, 250.
44 T 0843/91 ABl **94**, 832; T 0757/91 ABl **93** SonderA 81; T 0113/92 EPOR **99**, 94.
45 Vgl auch BGH GRUR **12**, 753 (Rn 15) *Tintenpatrone III.*
46 T 0252/90 BeckRS **92**, 30550292.
47 T 0378/88 EPOR **90**, 578.
48 T 0843/91 ABl **94**, 832; T 0153/93 ABl **95** SonderA 134; T 365/09 ABl **11** SonderA 2, 113.
49 T 1063/92 RechtsprBK/EPA **19**, 1474; T 0757/91 ABl **93** SonderA 81.

darf die Einspruchsabteilung nicht auf mangelnde Ausführbarkeit (Art 83) wegen Unklarheit des Merkmals erkennen.[50]

Wird durch eine Entscheidung *teilweise endgültig entschieden und teilweise zurückverwiesen*, so ist der entschiedene Teil endgültig bindend, der zurückverwiesene Teil dagegen nur unter der Voraussetzung, dass der Tatbestand derselbe ist. Daher berechtigt eine endgültige Entscheidung, die nur wegen der *Anpassung der Beschreibung* zurückverweist, nicht zur Überprüfung des endgültig entschiedenen Teils (zB Patentfähigkeit der Ansprüche), selbst wenn sich der Tatbestand insoweit geändert haben sollte, weil dieser Teil res judicata ist.[51] 35

Bei *Zurückweisung des Hauptantrags* und Zurückverweisung zur Prüfung des Hilfsantrags ist die rechtliche Beurteilung des Gegenstands des Hauptantrags bindend.[52] Wird zur Prüfung auf der Grundlage eines bestimmten Antrags zurückverwiesen, so sind Änderungen, etwa durch Hinzufügung weiterer Ansprüche, nicht von vornherein ausgeschlossen.[53] Nicht zulässig sind allerdings solche Änderungen, die eine völlig neue Prüfung des Einspruchs erfordern würden.[54] 36

3.2.3 **Bindung der 1. Instanz:** Die Bindung erstreckt sich nur auf das erstinstanzliche Organ, an das zurückverwiesen wurde (zB Prüfungsabteilung), nicht auf andere Organe (zB Einspruchsabteilung). Einzige Ausnahme enthält Art 111 (2) 2. Danach ist auch die Prüfungsabteilung gebunden, wenn an die Eingangsstelle zurückverwiesen wurde, weil die von der Juristischen BK entschiedenen Verfahrensfragen nicht erneut in Frage gestellt werden sollen. 37

Eine Einspruchsabteilung kann daher die gleiche Rechtsfrage, zB der erfinderischen Tätigkeit, anders beurteilen als die Entscheidung einer BK, mit der diese eine Entscheidung der Prüfungsabteilung aufgehoben hat.[55] 38

3.2.4 **Bindung nur für entschiedenen Fall:** Die Bindung erstreckt sich nicht auf **Parallelfälle**, mögen sie auch gleichgelagert sein. In anderen Fällen sind 1. Instanz und Kammer (vgl auch Art 20 VerfOBK) frei, einer abweichenden früheren Kammerentscheidung zu folgen oder nicht.[56] Dies gilt grundsätzlich auch für das Verhältnis von Verfahren über Stamm- und Teilanmeldung[57] sowie über hierauf erteilte Patente.[58] 39

Hat daher eine Entscheidung einer BK im Verfahren A eine bestimmte Feststellung getroffen, so bindet diese Feststellung nicht in einem Verfahren B, auch wenn die zu entscheidende Rechtsfrage vollkommen identisch sein sollte.[59] 40

---

50 T 0308/14 Mitt **16**, 390.
51 T 0843/91 ABl **94**, 832; T 0757/91 EPOR **93**, 595; T 0113/92 BeckRS **92**, 30519343.
52 T 0079/89 ABl **92**, 283.
53 T 0609/94 (Nr 2.1–2.3) BeckRS **97**, 30612989; T 1630/08 (Nr 2.3.1) v 17.6.2009.
54 T 0383/11 EPOR **12**, 565.
55 T 0167/93 ABl **97**, 229.
56 J 0027/94 ABl **95**, 831; PrüfAbt ABl **90**, 156.
57 Einschränkend aber T 0051/08 ABl **11** SonderA Nr 2, 93 (bei identischen Anträgen); noch weiter gehend T 0790/10 RechtsprBK/EPA **19**, 623.
58 T 2084/11 (Nr 1–2) ABl **15** ZPubl 4, 66.
59 Das übersieht T 0386/94 ABl **96**, 658 (Nr 21 u 22).

41 Eine einzelne Kammerentscheidung begründet für sich allein keinen Vertrauensschutz, dass in gleichgelagerten Fällen ebenso entschieden wird.⁶⁰ Eine solche Erwartung ist erst berechtigt, wenn die Entscheidung zu einer gefestigten Praxis geführt hat. Im Falle einer Abweichung empfiehlt sich die Vorlage an die GrBK.⁶¹

3.3 Selbstbindung der Beschwerdekammern

42 Die BK sind an ihre eigenen Zurückverweisungsentscheidungen ebenso gebunden wie die 1. Instanz.⁶² Gelangt die Angelegenheit durch eine zweite Beschwerde gegen eine Entscheidung des gleichen Organs 1. Instanz erneut an eine BK, so ist sie an die rechtliche Beurteilung einer früheren Kammerentscheidung gebunden, und zwar sowohl an die eigene wie die Entscheidung einer anderen Kammer.

43 An die rechtliche Beurteilung einer Entscheidung in einem ex-parte-Verfahren ist die Kammer in einem inter-partes-Verfahren nicht gebunden.⁶³

Art 112 Entscheidung oder Stellungnahme der Großen Beschwerdekammer
(decision or opinion of the Enlarged Board of Appeal)

(1) Zur Sicherung einer einheitlichen Rechtsanwendung oder wenn sich eine Rechtsfrage von grundsätzlicher Bedeutung stellt,
a) befasst die Beschwerdekammer, bei der ein Verfahren anhängig ist, von Amts wegen oder auf Antrag eines Beteiligten die Große Beschwerdekammer, wenn sie hierzu eine Entscheidung für erforderlich hält. Weist die Beschwerdekammer den Antrag zurück, so hat sie die Zurückweisung in der Endentscheidung zu begründen;
b) kann der Präsident des Europäischen Patentamts der Großen Beschwerdekammer eine Rechtsfrage vorlegen, wenn zwei Beschwerdekammern über diese Frage voneinander abweichende Entscheidungen getroffen haben.
(2) In den Fällen des Abs 1 a) sind die am Beschwerdeverfahren Beteiligten am Verfahren vor der Großen Beschwerdekammer beteiligt.
(3) Die in Abs 1 a) vorgesehene Entscheidung der Großen Beschwerdekammer ist für die Entscheidung der Beschwerdekammer über die anhängige Beschwerde bindend.

Artikel 22 Große Beschwerdekammer
(1) Die Große Beschwerdekammer ist zuständig für:
a) Entscheidungen über Rechtsfragen, die ihr von den Beschwerdekammern nach Art 112 vorgelegt werden;

---

60 J 0027/94 ABl 95, 831.
61 J 0027/94 ABl 95, 831.
62 T 0079/89 ABl 92, 283; T 0934/91 ABl 94, 184; T 0690/91 ABl 97 SonderA 117; T 365/09 ABl 11 SonderA 2, 113.
63 T 1099/06 ABl 09 SonderA 2, 104 = EPOR 08, 412.

b) die Abgabe von Stellungnahmen zu Rechtsfragen, die ihr vom Präsidenten des Europäischen Patentamts nach Art 112 vorgelegt werden;
(...)
(2) ¹In Verfahren nach Abs 1 a) und b) setzt sich die Große Beschwerdekammer aus fünf rechtskundigen und zwei technisch vorgebildeten Mitgliedern zusammen. (...) ³In allen Verfahren führt ein rechtskundiges Mitglied den Vorsitz.

Rainer Moufang

Übersicht

	Revision des EPÜ	1
	Literatur	2
	Kommentierung zu Art 112 EPÜ	
1	Große Beschwerdekammer (GrBK)	3
1.1	Zuständigkeit der GrBK	4
1.2	Zusammensetzung	5
1.3	Verfahren vor GrBK	7
2	Fortbildung des Rechts	10
2.1	Einheitliche Rechtsanwendung	11
2.2	Grundsätzliche Bedeutung	13
3	Vorlage durch eine Kammer gemäß Art 112 (1) a)	14
3.1	Voraussetzungen einer zulässigen Vorlage nach Art 112 (1) a)	16
3.1.1	Anhängigkeit eines Beschwerdeverfahrens	16
3.1.2	Rechtsfrage	17
3.1.3	Erforderlichkeit einer Entscheidung der GrBK	18
3.1.4	Entscheidungserheblichkeit	19
3.1.5	Zulässigkeit der Beschwerde	24
3.2	Antrag eines Beteiligten gemäß Art 112 (1) a)	25
3.2.1	Zurückweisung des Antrags	26
3.2.2	Gründe für die Zurückweisung eines Antrags	27
3.3	Beteiligte vor GrBK	28
3.4	Beschwerdeverfahren während einer Vorlage	33
3.5	Rücknahme der Vorlage	34
3.6	Rücknahme der Beschwerde	35
4	Vorlage durch EPA-Präsidenten gemäß Art 112 (1) b)	36
4.1	Voraussetzungen einer zulässigen Präsidentenvorlage	37
4.1.1	Zwei Entscheidungen	37
4.1.2	Dieselbe Rechtsfrage	41
4.1.3	Abweichende rechtliche Beurteilungen	42
4.2	Sprache	43
4.3	Rechtsstellung des Präsidenten	44
5	Bindung an die Entscheidung der GrBK	45

Revision des EPÜ: Art 112 ist durch die EPÜ-Revision 2000 nur redaktionell[1] geändert worden. *Allerdings regelt die Vorschrift* nunmehr nicht mehr alle Kompetenzen der GrBK, da mit der Schaffung des neuen Art 112a EPÜ eine zusätzliche wichtige Kompetenz geschaffen wurde, nämlich die begrenzte Überprüfung von Entscheidungen der Beschwerdekammern. 1

Lit: Paterson, Seitz, Teschemacher, Antony, Benussi, Payraudeau u Persson in FS 10 Jahre Rechtsprechung der GrBK im EPA 1996, 65, 79, 85, 107, 111, 149 u 157; Moufang in Methodenfragen 2

---

1 Zweifelnd aber GrBK G 0001/07 ABl **11**, 134 (Nr 1.1) *Chirurgische Behandlung/MEDIPHYSICS*.

des Patentrechts (FS Bodewig) 2018, 31; **Lit in EIPR:** Jacob **97**, 224; Cook **97**, 367; **Lit in epi information:** Wesela-Bauman 20/4, 15; **Lit in GRUR:** Teschemacher **93**, 320; **Lit in GRUR Int:** Schachenmann **08**, 702; Steinbrener **08**, 713.

1 Große Beschwerdekammer (GrBK)   *(Enlarged Board of Appeal)*

3   Die GrBK ist nach Art 15 g) EPÜ ein Organ des EPA. Sie ist nach Art 22 zuständig für Entscheidungen über Rechtsfragen, die ihr von den Beschwerdekammern (BK) vorgelegt werden, sowie für die Abgabe von Stellungnahmen zu Rechtsfragen, die ihr vom EPA-Präsidenten vorgelegt werden. Die GrBK ist also grundsätzlich keine weitere, 3. Instanz zur Entscheidung über eine Beschwerde,[2] sondern eine Institution zur Sicherung einer einheitlichen Rechtsanwendung sowie zur Klärung von Rechtsfragen von grundsätzlicher Bedeutung. Die Entscheidung über die konkrete Beschwerde wird immer von der zuständigen BK getroffen.

1.1 Zuständigkeit der GrBK

4   Die Zuständigkeit der GrBK ist nach Art 112 nicht auf Rechtsfragen beschränkt, die sich aus der Anwendung des EPÜ ergeben, sondern umfasst auch solche Rechtsfragen, die sich aus dem PCT ergeben, soweit diesen die Kammern anzuwenden haben.[3] Sind die BK unzuständig (vgl Art 106 Rdn 15 ff), so kann insoweit auch die GrBK nicht mit Rechtsfragen befasst werden, es sei denn, die Vorlage betrifft gerade eine Frage der Zuständigkeit der Kammern.

Als **Revisionsgericht in engem Umfang** fungiert die GrBK nur bei Überprüfungsanträgen *(petitions for review)*, in denen geltend gemacht wird, dass Entscheidungen der BK auf fundamentalen Verfahrensverstößen oder Straftaten beruhen (s Kommentierung zu Art 112a).

1.2 Zusammensetzung   *(composition)*

5   Nach Art 22 (2) beschließt die GrBK in der Besetzung von 5 rechtskundigen und 2 technisch vorgebildeten Mitgliedern. Ihre Mitglieder dürfen nach Art 23 (2) nicht der Eingangsstelle, den Prüfungsabteilungen, den Einspruchsabteilungen oder der Rechtsabteilung angehören. Daraus folgt, dass Mitglieder der BK auch Mitglied der GrBK sein können. Mitgliedschaft in einer BK ist aber keine Voraussetzung für die Mitgliedschaft in der GrBK. Ferner können nach Art 11 (5) auch rechtskundige Mitglieder nationaler Gerichte und gerichtsähnlicher Behörden der Vertragsstaaten zu Mitgliedern der GrBK ernannt werden. Diese Vorschrift wurde durch das EPÜ 2000 eingefügt und ersetzte die zuvor als Rechtsgrundlage dienende Übergangsbestimmung des Art 160 (2) EPÜ (1973).

6   Nach Art 2 (4) VerfOGrBK müssen mindestens 4 Mitglieder an dem Verfahren vor der GrBK mitwirken, die nicht an dem Verfahren der vorlegenden Kammer beteiligt waren.

---

2   T 0079/89 ABl **92**, 283, 293.
3   GrBK G 0001/89 ABl **91**, 155 (Nr 1) *Polysuccinatester/Nichteinheitlichkeit a posteriori.*

Anhang zu § 73   EPA: Vorlage an Große Beschwerdekammer   Art 112 EPÜ

1.3 Verfahren vor GrBK

Das Verfahren vor der GrBK bestimmt die VerfOGrBK.[4] Soweit diese keine Regelung enthält, sind ergänzend die Vorschriften über das Beschwerdeverfahren (6. Teil des EPÜ) und die Gemeinsamen Vorschriften (7. Teil des EPÜ) sowie Art 24 über Ausschließung und Ablehnung und Art 133 u 134 über die Vertretung anzuwenden.

Bindung an die Formulierung der Rechtsfrage durch die BK oder den Präsidenten besteht für die GrBK nicht. Ist die Rechtsfrage unrichtig formuliert oder sind die mehreren Rechtsfragen nicht in logischer Abhängigkeit gestellt, ist aber nach der Begründung der Vorlage oder den Umständen des Falles eine korrekte Formulierung möglich, so kann die GrBK die Rechtsfrage in geeigneter Weise umformulieren oder auslegen,[5] so wie es der EuGH im Verfahren der Vorabentscheidung ebenfalls praktiziert (vgl Einl Rdn 540).

Während der Anhängigkeit einer Vorlage vor der GrBK sollten Beschwerdeverfahren, bei denen die Rechtsfrage entscheidungsrelevant ist, zur Sicherung einer einheitlichen Rechtsanwendung ausgesetzt werden.[6] Auch betroffene erstinstanzliche Verfahren werden idR ausgesetzt,[7] wobei das EPA insoweit zumeist mit einer offiziellen Mitteilung für entsprechende Klarstellung sorgt.[8]

2 Fortbildung des Rechts

Sicherung einer einheitlichen Rechtsanwendung oder Klärung einer Rechtsfrage von grundsätzlicher Bedeutung ist nach Art 112 (1) Grundvoraussetzung sowohl für die Vorlage einer BK wie für die Vorlage einer Rechtsfrage durch den EPA-Präsidenten. Erfüllt eine Vorlage diese Voraussetzung ganz offensichtlich nicht, zB weil sie eine reine Tatfrage und keine Rechtsfrage betrifft, muss sie als unzulässig abgelehnt werden.

2.1 Einheitliche Rechtsanwendung

Diesem Ziel dient insbesondere die Vorlage des Präsidenten, da sie nach Art 112 (1) b) nur möglich ist, wenn 2 Kammern die gleiche Rechtsfrage unterschiedlich entschieden haben. Die Vorlage einer Kammer dient der einheitlichen Rechtsprechung, wenn die Kammer von einer Entscheidung der GrBK oder einer anderen Kammer abweichen will.

Will eine Kammer von der Entscheidung einer anderen Kammer abweichen und hält sie gleichwohl eine Vorlage nicht für erforderlich, so soll sie auf diese Abweichung

---

4 ABl **83**, 3; **89**, 362; **94**, 443; 03, 58; 07, 303; **15**, A35. Konsolidierte Fassung in ABl **15**, A35 = ABl 21 ZPubl 1, 30.
5 Vgl zB GrBK G 0002/10 ABl **12**, 376 (Nr 2.1) *Disclaimer/SCRIPPS*; G 0001/12 ABl **14**, A114 *Identität des Beschwerdeführers/ZENON*.
6 Dies entspricht der ständigen Praxis der BK, s zB T 426/00 v 27.6.2003 Rechtspr/BK **19**, 1525. Eine Ausnahme ist nur dann angezeigt, wenn die BK die Rechtsfrage so entscheidet, dass hieraus kein Rechtsnachteil für eine der Parteien entstehen kann, wie etwa bei der Rückzahlung einer Beschwerdegebühr.
7 Vgl T 166/84 ABl **84**, 489.
8 S zB MittEPA v 7.8.2014 über die Aussetzung von Verfahren aufgrund der Vorlage G 3/14 ABl **14**, A87.

hinweisen und nach Art 20 (1) VerfOBK 2020 grundsätzlich begründen (s Rdn 15). Darüber ist der Präsident des EPA nach Art 20 (1) 2 VerfOBK 2020 zu unterrichten, damit er nach Art 112 (1) b) tätig werden kann.[9]

2.2 Grundsätzliche Bedeutung

13 Von grundsätzlicher Bedeutung ist eine Rechtsfrage, wenn sie über den konkreten Fall hinaus von allgemeiner Bedeutung ist. Diese Voraussetzung ist zB erfüllt
a) wenn die Rechtsfrage für eine größere Zahl ähnlicher Fälle entscheidungserheblich ist;
b) wenn an der rechtlichen Klärung ein allgemeines Interesse der Öffentlichkeit besteht;
c) wenn die Bedeutung von Rechtsbegriffen des EPÜ geklärt werden soll, wie zB die Begriffe »gute Sitten« in Art 53 a) oder »offensichtlicher Missbrauch« in Art 55 (1) a).

3 Vorlage durch eine Kammer gemäß Art 112 (1) a)

14 Die Vorlage durch eine BK kann von Amts wegen oder auf Antrag eines Beteiligten erfolgen. Die Disziplinarkammer kann der GrBK keine Rechtsfragen vorlegen, da sie keine BK iSd Art 112 (1) a) ist.[10] Sie ist in Art 15 EPÜ nicht als Organ für ein Verfahren vor dem EPA aufgeführt. Auch die GrBK selbst kann in Überprüfungsverfahren nach Art 112a, obwohl sie dort nur in einer Besetzung mit 3 oder 5 Mitgliedern tätig wird, keine Rechtsfrage an die GrBK gemäß Art 112 (1) a) vorlegen.[11]

15 Abweichung von einer früheren Entscheidung einer Kammer ist nach Art 20 (1) VerfOBK 2020 zu begründen, es sei denn, die jüngere Entscheidung steht im Einklang mit einer früheren Entscheidung oder Stellungnahme der GrBK in einem Verfahren nach Art 112 (1).

3.1 Voraussetzungen einer zulässigen Vorlage nach Art 112 (1) a)

16 **3.1.1 Anhängigkeit eines Beschwerdeverfahrens** vor der vorlegenden Kammer ist Voraussetzung für eine Vorlage.[12] Die Anhängigkeit beginnt mit der Einreichung der Beschwerde und endet mit ihrer Rücknahme oder mit der endgültigen Entscheidung über die Beschwerde.

17 **3.1.2 Rechtsfrage** *(point of law)* muss Gegenstand einer Vorlage sein. Daher können zu entscheidende Fragen, die sich auf *Tatsachen* beziehen, nicht vorgelegt werden, insbesondere *keine technischen Fragen*,[13] zB die Frage, ob und wie ein Fachmann den technischen Inhalt eines Dokuments verstehen würde.[14]

18 **3.1.3 Erforderlichkeit einer Entscheidung der GrBK:** Die Kammer beschließt eine Vorlage, wenn sie eine Entscheidung der GrBK entweder zur Sicherung einer einheitli-

---

9 GrBK G 0001/89 ABl 91, 155 (Nr 2) *Polysuccinatester/Nichteinheitlichkeit a posteriori*.
10 D 0005/82 ABl 83, 175; D 0007/82 ABl 83, 185; offengelassen in D 0003/89 ABl 91, 257 (Nr 9).
11 R 7/0008; R 0001/11; R 0007/12, alle in RechtsprBK/EPA 19, 1516.
12 T 0079/89 ABl 92, 283 (Nr 4.1).
13 T 0181/82 ABl 84, 401 (Nr 14); T 0939/92 ABl 96, 309.
14 T 0181/82 ABl 84, 401; T 0082/93 ABl 96, 274.

chen Rechtsanwendung oder zur Klärung einer Rechtsfrage von grundsätzlicher Bedeutung für erforderlich hält. Die Erfüllung dieser Voraussetzung ist in der Vorlageentscheidung zu begründen. Ist sie ersichtlich nicht erfüllt, wird die GrBK die Vorlage für unzulässig erklären.[15]

3.1.4 Entscheidungserheblichkeit: Eine Entscheidung der GrBK kann iSd Art 112 nur erforderlich sein, wenn von der Entscheidung der GrBK die Entscheidung der vorlegenden Kammer über die konkrete Beschwerde abhängt. Ist das nicht der Fall, so ist die Vorlage nicht erforderlich, so dass ein Antrag abgelehnt werden muss.[16] Wird gleichwohl vorgelegt, ist die Vorlage unzulässig,[17] denn die GrBK ist nicht dafür geschaffen, rein akademische oder hypothetische Rechtsfragen zu behandeln.

Die vorlegende Kammer muss begründen, warum sie die Rechtsfrage für erforderlich hält. Sie hat nach Art 22 (2) 2 VerfOBK 2020 anzugeben, in welchem Zusammenhang sich die Frage stellt. Damit soll erreicht werden,
a) dass die GrBK sich nicht mit theoretischen Rechtsfragen befassen muss[18] und
b) dass sich die GrBK grundsätzlich erst dann mit einer Rechtsfrage befassen muss, wenn die vorlegende Kammer alle anderen Fragen, die sich in dem Vorlageverfahren ebenfalls stellen und die weder logisch noch nach üblicher Prüfungsreihenfolge nachrangig sind,[19] so entscheiden will, dass es letztlich für die Entscheidung des Falles auf die Beantwortung der gestellten Rechtsfrage ankommt, die Rechtsfrage also für die Entscheidung des Einzelfalls relevant ist[20] *(Grundsatz der Subsidiarität der Vorlage).*

Eine Ausnahme vom Grundsatz der Subsidiarität der Vorlage wird dann zuzulassen sein, wenn dem *Grundsatz der Verfahrensökonomie* der Vorzug gebührt. Die Klärung anderer entscheidungserheblicher Fragen tatsächlicher oder rechtlicher Natur, die sich in dem Vorlageverfahren stellen, kann aus verfahrensökonomischen Gründen ausnahmsweise zurückgestellt werden, wenn die berechtigte Erwartung besteht, dass die Beantwortung der Vorlagefrage ein Eingehen auf diese Fragen überflüssig machen wird und dadurch zB eine aufwändige und kostenintensive Beweisaufnahme erspart werden kann.[21]

Unter Abwägung der Grundsätze der Subsidiarität und der Verfahrensökonomie ist es Aufgabe der GrBK, über die Zulässigkeit einer Vorlage zu entscheiden. Unzulässig ist eine Vorlage jedenfalls, a) wenn offensichtlich ist, dass die Beantwortung der gestellten Rechtsfrage unter keinem Gesichtspunkt für die Entscheidung im Vorlageverfahren

---

15 So das Minderheitsvotum in GrBK G 0001/12 ABl 14, A114 (Nr 42 ff) *Identität des Beschwerdeführers/ZENON.*
16 J 0016/90 ABl 92, 260; J 0014/91 ABl 93, 479.
17 GrBK G 0001/14 ABl 16, A95 *Zulässigkeit der Vorlage/TENNECO;* hierzu Visser epi information 16/2, 37.
18 GrBK G 0002/99 ABl 01, 83 (Nr 1.2.3) *Sechsmonatsfrist/DEWERT.*
19 Vgl GrBK G 0001/03 ABl 04, 413 (Nr 1.2) *Disclaimer/PPG;* G 0002/10 ABl 12, 376 (Nr 1) *Disclaimer/SCRIPPS.*
20 GrBK G 0001/98 ABl 00, 111 (Nr 6) *transgene Pflanze/NOVARTIS II;* G 0002/99 ABl 01, 83 (Nr 1.2.3) *Sechsmonatsfrist/DEWERT.*
21 GrBK G 0002/99 ABl 01, 83 (Nr 1.2.4) *Sechsmonatsfrist/DEWERT.*

von Bedeutung ist;²² **b)** wenn die Vorlage verfrüht ist *(referral is premature)*; dies kann zB der Fall sein, wenn noch nicht über einen Wiedereinsetzungsantrag für eine verspätete Beschwerde entschieden ist²³ oder wenn die vorlegende Kammer bewusst andere Fragen, über die sie im Vorlageverfahren ebenfalls zu entscheiden hat und die weder logisch nachrangig sind noch nach üblicher Prüfungsreihenfolge später zu behandeln sind, zurückstellt, ohne dass dafür einleuchtende verfahrensökonomische Überlegungen geltend gemacht oder ersichtlich sind.

22 **Mehrere Rechtsfragen:** Werden der GrBK mehrere Rechtsfragen vorgelegt, so muss die Beantwortung aller Fragen für die Entscheidung über die Beschwerde notwendig sein. Sind Fragen entscheidungsunerheblich, weil sie sich nicht in dem vor der Kammer anhängigen Verfahren stellen, so werden sie von der GrBK nicht beantwortet.²⁴

23 **Vorlage durch Präsidenten des EPA** nach Art 112 (1) b) steht einer weiteren Vorlage der gleichen Rechtsfrage durch eine BK nach Art 112 (1) a) nicht entgegen. Sie ist vielmehr wünschenswert, weil dadurch die Parteien die Gelegenheit erhalten, sich am Verfahren zu beteiligen.

24 **3.1.5 Zulässigkeit der Beschwerde:** Für die Vorlage muss die vor der Kammer anhängige Beschwerde zulässig sein, es sei denn, die Vorlage betrifft gerade eine Frage der Zulässigkeit der Beschwerde.²⁵ Ist eine Beschwerde unzulässig, zB wegen Versäumung der Beschwerdebegründungsfrist, und ist auch (noch) kein Wiedereinsetzungsantrag gestellt, so ist die Vorlage zumindest verfrüht und damit unzulässig.²⁶

3.2 Antrag eines Beteiligten gemäß Art 112 (1) a)

25 Ein am Beschwerdeverfahren Beteiligter (= Beschwerdeführer, Beschwerdegegner und sonstiger Beteiligter gemäß Art 107 S 2) kann den Antrag stellen, eine Rechtsfrage der GrBK zur Entscheidung vorzulegen. An Umfang und Formulierung des Antrags des Beteiligten ist die Kammer nicht gebunden, wenn sie entsprechend dem Antrag eine Vorlage beschließt. Der Antrag muss vor Erlass der Endentscheidung der Kammer gestellt werden, ein danach eingereichter Antrag ist unzulässig.²⁷

26 **3.2.1 Zurückweisung des Antrags** nach Art 112 (1) a) EPÜ hat die Kammer gemäß Satz 2 der Vorschrift in ihrer Endentscheidung (also nicht vorab in einer Zwischenentscheidung) zu begründen.

---

22 GrBK G 0001/14 ABl **16**, A95 *Zulässigkeit der Vorlage/TENNECO* (im Ergebnis zweifelhaft); hierzu Visser epi information 16/2, 37.
23 GrBK G 0008/92 BeckRS **93**, 30480455 *Vorlage an die GrBK/KLEHR*.
24 GrBK G 0004/91 ABl **93**, 339, 345 *Beitritt/DOLEZYCH II*; G 0005/92 ABl **94**, 22 *Wiedereinsetzung/HOUPT*; G 0006/92 ABl **94**, 25 *Wiedereinsetzung/DURIRON*; vgl aber auch GrBK G 0001/03 ABl 04, 413 (Nr 1.3) *Disclaimer/PPG*.
25 GrBK G 0002/90 ABl **92**, 10 (Nr 1) *Zuständigkeit der JurBK/KOLBENSCHMIDT*.
26 GrBK G 0008/92 BeckRS **93**, 30480455 *Vorlage an die GrBK/KLEHR*.
27 T 0079/89 ABl **92**, 283 (Nr 4.1).

3.2.2 Gründe für die Zurückweisung eines Antrags

Ein Antrag auf Vorlage einer Rechtsfrage an die GrBK wurde abgelehnt: 27
1. wenn sich die Beantwortung der Frage in einer für die Kammer zweifelsfreien Weise aus dem EPÜ ableiten lässt, die **Frage also im EPÜ eindeutig geregelt ist**;[28]
2. wenn sich die Frage auf einen **Einzelfall** im Rahmen des jeweiligen Sachverhalts bezieht;[29]
3. wenn es sich um die **technische Interpretation** einer Entgegenhaltung handelt;[30]
4. wenn **keine widersprüchliche Rechtsprechung** vorliegt, die Kammer also die **bisherige Rechtsprechung** lediglich fortsetzt[31] und keinen Grund sieht, davon abzuweichen.[32] Eine einzelne Entscheidung, die einer gefestigten Rechtsprechung nicht entspricht, ist noch keine widersprüchliche Rechtsprechung in diesem Sinne;
5. wenn **keine abweichenden Entscheidungen** zu der Rechtsfrage bekannt sind;[33]
6. wenn die **Rechtsfrage bereits von der GrBK beantwortet** worden ist, es sei denn, dass neue rechtliche oder technische Gesichtspunkte aufgetreten sind, die eine erneute Vorlage an die GrBK rechtfertigen;[34]
7. wenn die Kammer eine Zurückverweisungsentscheidung erlassen hatte und trotz der Bindung der Kammer **bereits entschiedene Rechtsfragen** später der GrBK vorgelegt werden sollen;[35]
8. wenn der Antrag mit einem **Widerspruch zu den Prüfungsrichtlinien** begründet ist;[36]
9. wenn der **Antrag zu spät** – erst nach Erlass der Endentscheidung der Kammer – gestellt wurde;[37]
10. wenn der Antrag sich **lediglich auf eine konkrete Sachverhaltsfrage** bezieht, zB ob eine konkrete Änderung mit Art 123 (2) EPÜ vereinbar ist;[38]
11. wenn die **Rechtslage nicht umstritten** ist und daher keiner Klärung durch die GrBK bedarf;[39]
12. wenn die Rechtsfrage, die vorgelegt werden soll, in der Begründung der Entscheidung umfassend beantwortet wird;[40]
13. wenn die **Rechtslage sich geändert hat**, so dass sich die vorzulegende Rechtsfrage künftig kaum mehr stellt;[41]

---

28 J 0005/81 ABl 82, 155; T 0603/89 ABl 92, 230 (Nr 3.10); J 0014/91 ABl 93, 479 (Nr 5.1).
29 T 0162/82 ABl 87, 533 (Nr 16); T 0184/91 EPOR 92, 419; T 0161/96 ABl 99, 331.
30 T 0181/82 ABl 84, 401 (Nr 14); T 0939/92 ABl 96, 309.
31 T 0170/83 ABl 84, 605 (Nr 10); T 0219/83 ABl 86, 211 (Nr 18); T 0444/88 EPOR 91, 94.
32 J 0047/92 ABl 95, 180; T 0082/93 ABl 96, 274.
33 T 0198/88 ABl 91, 254 (Nr 2.3).
34 T 0082/93 ABl 96, 274 (Nr 3); T 0297/88 RechtsprBK/EPA 19, 1523.
35 T 0079/89 ABl 92, 283.
36 T 0162/82 ABl 87, 533 (Nr 16); T 0603/89 ABl 92, 230 (Nr 3.5); T 0079/89 ABl 92, 283 (Nr 4.2).
37 T 0079/89 ABl 92, 283 (Nr 4.1).
38 T 0162/82 ABl 87, 533 (Nr 16); T 0248/88 EPOR 90, 274; vgl auch GrBK G 0005/91 ABl 92, 617 (Nr 6) *beschwerdefähige Entscheidung/DISCOVISION*.
39 T 0762/90 EPOR 93, 296 (Nr 4.1.2).
40 J 0007/96 ABl 99, 443 (Nr 14).
41 T 0026/88 ABl 91, 30; T 2459/12 ABl 14 ZPubl 5, 140.

14. wenn die Kammer **zugunsten der Partei entscheidet**, die die Vorlage beantragt hat;[42]
15. wenn die **Rechtsfrage nicht relevant** ist für die Entscheidung über die Beschwerde.[43]
16. wenn die Rechtsprechung der BK nur von der **nationalen Rechtsprechung** eines Vertragsstaats abweicht.[44]

3.3 Beteiligte vor GrBK

28   Nach Art 112 (2) sind im Fall des Art 112 (1) a), also wenn eine BK eine Frage vorlegt, die Beteiligten am Beschwerdeverfahren der vorlegenden Kammer auch am Verfahren vor der GrBK beteiligt. Die GrBK trifft zwar keine Entscheidung über den konkreten Fall, denn diese Entscheidung bleibt immer der BK vorbehalten, sie entscheidet aber mit bindender Wirkung für die BK (Art 112 (3)) über eine Rechtsfrage. Die Entscheidung der GrBK berührt damit direkt die Rechte der Verfahrensbeteiligten. Aus diesem Grund sieht Art 112 (2) vor, dass die Parteien des Beschwerdeverfahrens auch Parteien des Verfahrens vor der GrBK sind, damit sie ihren Anspruch auf rechtliches Gehör geltend machen können. Daher stehen den Parteien vor der GrBK grundsätzlich alle Rechte zu, die sie auch vor der BK haben.

29   **Ein Äußerungsrecht des EPA-Präsidenten** zu Fragen von allgemeinen Interesse, die sich im Rahmen eines anhängigen Verfahrens stellen, besteht nach Art 9 VerfOGrBK, wenn die GrBK ihn dazu von Amts wegen oder auf dessen schriftlichen begründeten Antrag aufgefordert hat. Ergeht eine solche Aufforderung, ist der Präsident zu einer Äußerung verpflichtet. Diese hat entsprechend der Aufforderung schriftlich oder mündlich oder sowohl schriftlich wie mündlich zu erfolgen. Ergeht keine Aufforderung, so kann der Präsident wie jeder Dritte eine Stellungnahme gemäß Art 10 VerfOGrBK einreichen.

30   Die GrBK hat von einer Aufforderung nach Art 9 VerfOBK abgesehen, **a)** wenn die GrBK die Frage nicht behandelt, zu der der Präsident sich äußern möchte,[45] **b)** wenn der Antrag vom Präsidenten zu spät gestellt wurde, nämlich in einem lange anhängigen, weit fortgeschrittenen Verfahren, in dem schon eine mündliche Verhandlung stattgefunden hatte.[46]

31   **Amicus curiae-Stellungnahmen:** Art 10 VerfOGrBK eröffnet Dritten die Möglichkeit, Stellungnahmen einzureichen, die Rechtsfragen betreffen, die sich im Rahmen eines Verfahrens vor der GrBK stellen. Sie werden von der GrBK zur Kenntnis genommen und nach ihrem Ermessen behandelt. Durch die Einreichung einer Stellungnahme erhält der Dritte keinen Anspruch, dass die GrBK in ihrer Entscheidung auf die dargelegten Argumente eingeht.

32   **Mögliche Verfahrensanträge eines Beteiligten** sind ua:

---

[42] T 0301/87 ABl 90, 335 (Nr 6.6); T 0461/88 ABl 93, 295 (Nr 10).
[43] J 0016/90 ABl 92, 260; J 0007/90 ABl 93, 133; J 0014/91 ABl 93, 479.
[44] T 0154/04 ABl 08, 46.
[45] GrBK G 0002/90 ABl 92, 10 (Nr VI) *Zuständigkeit der JurBK/KOLBENSCHMIDT*.
[46] GrBK G 0002/88 ABl 90, 93 (Nr VII) *Reibungsverringernder Zusatz/MOBIL OIL*.

a) Ablehnung eines Mitglieds der GrBK gemäß Art 24 (3);[47]
b) Antrag auf mündliche Verhandlung, der gemäß Art 116 für die GrBK ebenso bindend ist wie für jedes andere Organ des EPA. Nach Art 7 (1) VerfOGrBK muss sogar auf Antrag eines Beteiligten eine erneute mündliche Verhandlung stattfinden, wenn sich die Zusammensetzung der GrBK nach einer mündlichen Verhandlung ändert;
c) Antrag auf Gewährung einer angemessenen Frist zur Einreichung einer schriftlichen Stellungnahme;
d) Antrag auf Einholung eines Sachverständigengutachtens, sofern die GrBK ein solches für die Beantwortung der vorgelegten Rechtsfrage für notwendig erachten soll.

3.4 Beschwerdeverfahren während einer Vorlage

Das Beschwerdeverfahren ist vom Zeitpunkt der Vorlage bis zur Entscheidung der GrBK nicht mehr bei der vorlegenden BK anhängig, so dass sie während dieses Zeitraums keine Entscheidung über die Beschwerde treffen kann. Eine versehentlich gleichwohl erlassene Entscheidung dürfte wegen mangelnder Zuständigkeit wirkungslos sein.

3.5 Rücknahme der Vorlage

Ändert sich der Sachverhalt eines Beschwerdeverfahrens, so dass es für die Entscheidung über die Beschwerde auf die Beantwortung der vorgelegten Rechtsfrage nicht mehr ankommt, so dürfte die vorlegende Kammer ihren Vorlagebeschluss aufheben können mit der Folge, dass eine Beantwortung der gestellten Rechtsfrage durch die GrBK sich erübrigt, wenn die GrBK die Auffassung der BK teilt. Die GrBK trifft dann die Feststellung, dass das vor ihr anhängige Verfahren nicht fortgesetzt wird.[48] Damit endet die Anhängigkeit des Verfahrens vor der GrBK.

3.6 Rücknahme der Beschwerde

Wird ein Beschwerdeverfahren durch Rücknahme der Beschwerde beendet, so findet damit auch das Verfahren vor der GrBK sein Ende.[49]

4 Vorlage durch EPA-Präsidenten gemäß Art 112 (1) b)

Zur Sicherung einer einheitlichen Rechtsanwendung oder zur Klärung einer Rechtsfrage von grundsätzlicher Bedeutung kann der EPA-Präsident gemäß Art 112 (1) b) der GrBK eine Rechtsfrage vorlegen, wenn zwei BK über die Rechtsfrage voneinander

---

[47] S dazu GrBK G 0001/05 ABl 07, 362 Ausschließung und Ablehnung/XXX; G 0001/21 Zwischenentscheidungen v 17.5.2021 Exclusion and objection I/ANDREW u 28.5.2021 GRUR-RS 21, 16590 Exclusion and objection II/ANDREW.
[48] So zB in G 0006/93, weil der Antrag des gemäß Art 105 Beitretenden zurückgenommen worden war (vgl ABl 95 SonderA 123).
[49] So zB im Verfahren G 0007/92 (Vorlage J 0009/92 v 4.9.1992) und im Verfahren G 0003/88 (Vorlage T 0013/87 v 15.7.1988). Ähnlich die Situation im Verfahren G 0004/03 Beitritt/KALLE (Vorlage T 1026/98 v 13.6.2003), in der die Frage, ob ein Einspruchsbeschwerdeverfahren, zu dem ein Beitritt nach Art 105 erfolgt, auch nach Rücknahme der Beschwerde fortzusetzen ist, sich dadurch erledigte, dass auch der Beitritt zurückgenommen wurde.

abweichende Entscheidungen getroffen haben. Die Stellungnahme der GrBK dient nur der Fortentwicklung des Rechts, sie hat keine Auswirkung auf die Fälle der abweichenden Entscheidungen, da diese bereits rechtskräftig entschieden sind.

4.1 Voraussetzungen einer zulässigen Präsidentenvorlage

37 4.1.1 **Zwei Entscheidungen** von (jur oder technischer) BK müssen vorliegen, die Disziplinarkammer ist keine BK iSd Art 112 (s Rdn 14). Die Abweichung von einer Amtspraxis des EPA, auch wenn sie in die Prüfungsrichtlinien aufgenommen ist, berechtigt nicht zur Vorlage.[50]

38 Mit dem Begriff der »Beschwerdekammern« in Art 112 (1) b) sind *die Kammern in der jeweiligen Besetzung* für den konkret entschiedenen Fall gemeint, *nicht die Kammern mit ihrer Bezeichnung* gemäß der Geschäftsverteilung (zB 3.3.01). Der Präsident kann daher auch vorlegen, wenn eine BK mit derselben Bezeichnung (zB 3.3.01) zwei voneinander abweichende Entscheidungen erlassen hat.[51] Sonst könnte der Präsident zB nie vorlegen, wenn die Juristische BK abweichend von ihrer früheren Rechtsprechung entscheidet.

Eine Vorlage ist nach dem Sinn des Art 112 EPÜ auch dann nicht ausgeschlossen, wenn die abweichenden Entscheidungen von der gleichen Kammer in der gleichen Besetzung erlassen wurden oder wenn eine Kammer in einer jüngeren Entscheidung ihre Rechtsprechung in einer älteren Entscheidung korrigiert, denn auch dann besteht zur Sicherung einer einheitlichen Rechtsanwendung ein erhebliches Bedürfnis der Öffentlichkeit nach Klarstellung, welche Rechtsauffassung in Zukunft für alle Kammern gelten soll.

39 Die Möglichkeit zur Vorlage für den Präsidenten sollte auch dann bestehen, wenn die entscheidende Kammer »ihre« frühere *Rechtsprechung aufgibt*.[52] Auch dann liegen zwei voneinander abweichende Entscheidungen vor. Der Präsident sollte daher vorlegen können, wenn er der Auffassung ist, dass die neue Rechtsprechung falsch, die frühere dagegen richtig ist.

40 Ist der *Vortrag unrichtig*, dass die vom Präsidenten zitierten Entscheidungen voneinander abweichen, so ist die Vorlage der Rechtsfrage unzulässig.[53] Die GrBK kann dann keine Stellungnahme zu der Vorlagefrage abgeben.

41 4.1.2 **Dieselbe Rechtsfrage:** Beide Entscheidungen müssen dieselbe Rechtsfrage behandeln. Diese Voraussetzung kann auch dann erfüllt sein, wenn die Bestimmungen, zu denen die Entscheidungen ergangen sind, zwischenzeitlich geändert wurden, dadurch aber die zu entscheidende Rechtsfrage nicht berührt wird.

42 4.1.3 **Abweichende rechtliche Beurteilungen,** die den Entscheidungen zugrunde gelegt sind, müssen vorliegen. Enthält eine Entscheidung Ausführungen, die nicht zur

---

50 GrBK G 0004/98 ABl 01, 131 (Nr 1.1) *Benennungsgebühren.*
51 GrBK G 0004/98 ABl 01, 131 (Nr 1.2) *Benennungsgebühren.*
52 Einschränkend und mE zu restriktiv jedoch GrBK G 0003/08 ABl 11, 10 (Nr 1–7) *Computerprogramme;* Steinbrener GRUR Int 08, 713.
53 GrBK G 0003/95 ABl 96, 169 *Vorlage unzulässig.*

ratio decidendi gehören, die die Kammer lediglich beiläufig gemacht hat *(obiter dictum)*, so reicht eine solche Divergenz zwischen zwei Entscheidungen für eine Abweichung nach dem Wortlaut des Art 112 (1) b) an sich nicht aus, weil nur eine Kammer die Rechtsfrage entschieden, die andere lediglich eine entscheidungsunerhebliche Meinung geäußert hat. Andererseits kann gerade ein obiter dictum, dessen Verbindlichkeit manchmal schwer abzuschätzen ist, eine nicht unbeträchtliche Rechtsunsicherheit verursachen, deren Beseitigung gerade Aufgabe der GrBK ist. In der Praxis hält daher die GrBK eine Vorlage des Präsidenten stillschweigend auch dann für zulässig, wenn die Abweichung auf einem obiter dictum beruht.[54]

4.2 Sprache

Im Fall der Vorlage durch den Präsidenten schreibt das EPÜ keine bestimmte Verfahrenssprache vor. Der Präsident kann daher eine der Amtssprachen des EPA wählen, tunlichst eine Sprache, in der wenigstens eine der beiden Kammerentscheidungen abgefasst ist. An die Wahl der Sprache durch den Präsidenten ist GrBK nicht gebunden. Ihre Stellungnahme kann auch in einer anderen Amtssprache abgegeben werden. Wählt die GrBK eine andere Sprache, so ist es zur Vermeidung von Missverständnissen zweckmäßig, die Entscheidungsformel der Stellungnahme der GrBK in der Sprache abzufassen, in der der Präsident die Rechtsfrage gestellt hat. 43

4.3 Rechtsstellung des Präsidenten

Durch die Vorlage erhalten weder der Präsident noch die Parteien der vom Präsidenten zitierten Entscheidungen die Stellung von Verfahrensbeteiligten. Das sieht Art 112 (2) nur für die Beteiligten eines anhängigen Beschwerdeverfahrens vor, wenn die Kammer eine Frage nach Art 112 (1) a) vorlegt. Infolgedessen können weder der Präsident noch die ehemaligen Verfahrensbeteiligten die Rechte geltend machen, die einem Verfahrensbeteiligten zustehen, zB einen Antrag auf mündliche Verhandlung stellen. 44

5 Bindung an die Entscheidung der GrBK

Die Entscheidung der GrBK im Falle des Art 112 (1) a), also bei Vorlage durch eine Kammer, ist nach Art 112 (3) für die Entscheidung der vorlegenden Kammer bindend. Das bedeutet, dass die vorlegende Kammer bei ihrer Entscheidung an die Entscheidung der GrBK, wie sie sich aus der Entscheidungsformel ergibt, gebunden ist. Die Bindung erfasst in analoger Anwendung des Art 111 (2) auch die rechtliche Beurteilung, die die GrBK ihrer Entscheidung als maßgebend zugrunde gelegt hat. 45

Ändert sich der Sachverhalt nach der Entscheidung der GrBK im Verfahren vor der Beschwerdekammer, der zur Vorlage an die GrBK geführt hat, ist es möglich, dass die entschiedene Rechtsfrage für die Entscheidung über die Beschwerde obsolet wird. Die Entscheidung der GrBK hat dann keine Auswirkung mehr auf den konkreten Fall, der zu der Vorlage geführt hat. 46

---

54 Vgl G 0002/92 ABl 93, 591 *Nichtzahlung weiterer Recherchengebühren*: T 0087/88 (ABl 93, 430, 436 Nr 4.1) weicht ausdrücklich von einem obiter dictum in T 0178/84 (ABl 89, 157) ab; ähnlich G 0003/93 ABl 95, 18 (Nr 2) *Prioritätsintervall*: T 0301/87 (ABl 90, 335, 354 Nr 7.4) erörtert die Prioritätsfrage, obwohl sie – wie betont wird – für die Entscheidung unerheblich ist.

47 Die Bindung nach Art 112 (3) gilt nur für die anhängige Beschwerde in dem Beschwerdeverfahren, in dem die Rechtsfrage vorgelegt wurde. Eine Bindung in anderen Beschwerdeverfahren tritt nach Art 112 (3) nicht ein, selbst wenn in diesen Verfahren die gleiche Rechtsfrage zu entscheiden ist. Will jedoch eine Kammer von der Entscheidung oder Stellungnahme der GrBK abweichen, so hat sie nach Art 21 VerfOBK 2020 die Frage der GrBK vorzulegen. Ein Verstoß dagegen ist allerdings sanktionslos, er eröffnet den Parteien auch nicht die Anrufung der GrBK. Wie Art 21 VerfOBK 2020 nunmehr explizit klargestellt hat, bezieht sich die Bestimmung nur auf Entscheidungen und Stellungnahmen in Vorlageverfahren und gilt daher nicht bei Abweichen von einer Rechtsauffassung der GrBK in Überprüfungsverfahren nach Art 112a.[55]

Art 112a Antrag auf Überprüfung durch die Große Beschwerdekammer
(petition for review by the Enlarged Board of Appeal)

(1) Jeder Beteiligte an einem Beschwerdeverfahren, der durch die Entscheidung einer Beschwerdekammer beschwert ist, kann einen Antrag auf Überprüfung der Entscheidung durch die Große Beschwerdekammer stellen.

(2) Der Antrag kann nur darauf gestützt werden, dass
a) ein Mitglied der Beschwerdekammer unter Verstoß gegen Art 24 Abs 1 oder trotz einer Ausschlussentscheidung gemäß Art 24 Abs 4 an der Entscheidung mitgewirkt hat;
b) der Beschwerdekammer eine Person angehörte, die nicht zum Beschwerdekammermitglied ernannt war;
c) ein schwerwiegender Verstoß gegen Art 113 vorliegt;
d) das Beschwerdeverfahren mit einem sonstigen, in der AusfO genannten schwerwiegenden Verfahrensmangel behaftet war oder
e) eine nach Maßgabe der AusfO festgestellte Straftat die Entscheidung beeinflusst haben könnte.

(3) Der Antrag auf Überprüfung hat keine aufschiebende Wirkung.

(4) [1]Der Antrag ist nach Maßgabe der AusfO einzureichen und zu begründen. [2]Wird der Antrag auf Abs 2 a) bis d) gestützt, so ist er innerhalb von zwei Monaten nach Zustellung der Beschwerdekammerentscheidung zu stellen. [3]Wird er auf Abs 2 e) gestützt, so ist er innerhalb von zwei Monaten nach Feststellung der Straftat, spätestens aber fünf Jahre nach Zustellung der Beschwerdekammerentscheidung zu stellen. [4]Der Überprüfungsantrag gilt erst als gestellt, wenn die vorgeschriebene Gebühr entrichtet worden ist.

(5) [1]Die Große Beschwerdekammer prüft den Antrag nach Maßgabe der AusfO. [2]Ist der Antrag begründet, so hebt die Große Beschwerdekammer die Entscheidung auf und ordnet nach Maßgabe der AusfO die Wiederaufnahme des Verfahrens vor den Beschwerdekammern an.

---

55 Offengelassen in T 1938/09 (Nr 7.4) v 2.10.2014 BeckRS 14, 120525 für die Rechtslage unter der früheren VerfOBK 2007.

(6) Wer in einem benannten Vertragsstaat in gutem Glauben die Erfindung, die Gegenstand einer veröffentlichten europäischen Patentanmeldung oder eines europäischen Patents ist, in der Zeit zwischen dem Erlass der Beschwerdekammerentscheidung und der Bekanntmachung des Hinweises auf die Entscheidung der Großen Beschwerdekammer über den Überprüfungsantrag im Europäischen Patentblatt in Benutzung genommen oder wirkliche und ernsthafte Veranstaltungen zur Benutzung getroffen hat, darf die Benutzung in seinem Betrieb oder für die Bedürfnisse seines Betriebs unentgeltlich fortsetzen.

Art 22 Große Beschwerdekammer
(1) Die Große Beschwerdekammer ist zuständig für: (...)
c) Entscheidungen über Anträge auf Überprüfung von Beschwerdekammerentscheidungen nach Art 112a.
(2) (...) ²In Verfahren nach Abs 1 c) setzt sich die Große Beschwerdekammer nach Maßgabe der AusfO aus drei oder fünf Mitgliedern zusammen. ³In allen Verfahren führt ein rechtskundiges Mitglied den Vorsitz.

R 104 Weitere schwerwiegende Verfahrensmängel
Ein schwerwiegender Verfahrensmangel nach Art 112a Abs 2 d) kann vorliegen, wenn die Beschwerdekammer
a) entgegen Art 116 eine vom Antragsteller beantragte mündliche Verhandlung nicht anberaumt hat oder
b) über die Beschwerde entschieden hat, ohne über einen hierfür relevanten Antrag zu entscheiden.

R 105 Straftaten
Ein Antrag auf Überprüfung kann auf Art 112a Abs 2 e) gestützt werden, wenn die Straftat durch ein zuständiges Gericht oder eine zuständige Behörde rechtskräftig festgestellt worden ist; einer Verurteilung bedarf es nicht.

R 106 Rügepflicht
Ein Antrag nach Art 112a Abs 2 a) bis d) ist nur zulässig, wenn der Verfahrensmangel während des Beschwerdeverfahrens beanstandet wurde und die Beschwerdekammer den Einwand zurückgewiesen hat, es sei denn, der Einwand konnte im Beschwerdeverfahren nicht erhoben werden.

R 107 Inhalt des Antrags auf Überprüfung
(1) Der Antrag muss enthalten:
a) den Namen und die Anschrift des Antragstellers nach Maßgabe der R 41 Abs 2 c);
b) die Angabe der zu überprüfenden Entscheidung.
(2) Im Antrag ist darzulegen, aus welchen Gründen die Entscheidung der Beschwerdekammer aufzuheben ist und auf welche Tatsachen und Beweismittel der Antrag gestützt wird.
(3) Die Vorschriften des Dritten Teils der AusfO sind auf den Antrag auf Überprüfung und die im Verfahren eingereichten Unterlagen entsprechend anzuwenden.

Art 112a EPÜ

EPA: Überprüfung durch die Große Beschwerdekammer

Anhang zu § 73

R 108 Prüfung des Antrags
(1) Entspricht der Antrag nicht Art 112a Abs 1, 2 oder 4, R 106 oder R 107 Abs 1 b) oder 2, so verwirft die Große Beschwerdekammer den Antrag als unzulässig, sofern die Mängel nicht vor Ablauf der nach Art 112a Abs 4 maßgebenden Frist beseitigt worden sind.
(2) [1]Stellt die Große Beschwerdekammer fest, dass der Antrag R 107 Abs 1 a) nicht entspricht, so teilt sie dies dem Antragsteller mit und fordert ihn auf, innerhalb einer zu bestimmenden Frist die festgestellten Mängel zu beseitigen. [2]Werden diese nicht rechtzeitig beseitigt, so verwirft die Große Beschwerdekammer den Antrag als unzulässig.
(3) [1]Ist der Antrag begründet, so hebt die Große Beschwerdekammer die Entscheidung der Beschwerdekammer auf und ordnet die Wiedereröffnung des Verfahrens vor der nach R 12 Abs 4 zuständigen Beschwerdekammer an. [2]Die Große Beschwerdekammer kann anordnen, dass Mitglieder der Beschwerdekammer, die an der aufgehobenen Entscheidung mitgewirkt haben, zu ersetzen sind.

R 109 Verfahren bei Anträgen auf Überprüfung
(1) [1]In Verfahren nach Art 112a sind die Vorschriften für das Verfahren vor den Beschwerdekammern anzuwenden, sofern nichts anderes bestimmt ist. [2]R 115 Abs 1 Satz 2, R 118 Abs 2 Satz 1 und R 132 Abs 2 sind nicht anzuwenden. [3]Die Große Beschwerdekammer kann eine von R 4 Abs 1 Satz 1 abweichende Frist bestimmen.
(2) Die Große Beschwerdekammer
a) in der Besetzung mit zwei rechtskundigen und einem technisch vorgebildeten Mitglied prüft alle Anträge auf Überprüfung und verwirft offensichtlich unzulässige oder unbegründete Anträge; eine solche Entscheidung bedarf der Einstimmigkeit;
b) in der Besetzung mit vier rechtskundigen und einem technisch vorgebildeten Mitglied entscheidet, wenn der Antrag nicht nach Buchstabe a verworfen wurde.
(3) In der Besetzung nach Abs 2 a) entscheidet die Große Beschwerdekammer ohne Mitwirkung anderer Beteiligter auf der Grundlage des Antrags.

R 110 Rückzahlung der Gebühr für einen Antrag auf Überprüfung
Die Große Beschwerdekammer ordnet die Rückzahlung der Gebühr für einen Antrag auf Überprüfung an, wenn das Verfahren vor den Beschwerdekammern wiedereröffnet wird.

Rainer Moufang

Übersicht

	Entstehung und Geltungsbereich	1
	Literatur	2
	Kommentierung zu Art 112a EPÜ	
1	Zweck der Regelung	3
2	Stellung des Antrags	6
2.1	Form	6
2.2	Sprache	7
2.3	Gebühr	8
3	Zulässigkeit	9
3.1	Formale Angaben	9
3.2	Verfahrensbeteiligung	10

Anhang zu § 73

EPA: Überprüfung durch die Große Beschwerdekammer

Art 112a EPÜ

3.3	Beschwer	11
3.4	Frist	12
3.5	Antragsbegründung	13
3.6	Stützung auf Überprüfungsgrund	14
3.7	Rügepflicht	15
4	Begründetheit des Überprüfungsantrags	18
4.1	Art 112a (2) a) – Verstoß gegen Art 24 (1)	18
4.2	Art 112a (2) b) – Mitwirkung einer nicht ernannten Person	19
4.3	Art 112a (2) c) – schwerwiegender Verstoß gegen Art 113	20
4.4	Art 112a (2) d) – sonstiger schwerwiegender Verfahrensmangel	25
4.5	Art 112a (2) e) – Beeinflussung durch Straftat	26
5	Verfahren	27
5.1	Allgemeines	27
5.2	Vorprüfungsverfahren	28
5.3	Hauptverfahren	29
5.4	Positive Entscheidung	30
5.5	Weiterbenutzungsrechte	32

Gesetzesentwicklung: Art 112a wurde durch die Revision neu in das EPÜ 2000 eingefügt. Dies bedingte eine entsprechende Modifizierung des Art 22 und der VerfOGrBK.

Lit: Günzel in FS 50 Jahre BPatG 2011, 801; **Lit in epi information:** Wegner 14, 32; Ehlich 15, 100; **Lit in GRUR:** Messerli 01, 979; Günzel 09, 269; Hüttermann/Malessa/Sommer 14, 448; **Lit in Mitt:** Teschemacher 08, 97; 09, 297; Wallinger 16, 197.

1 Zweck der Regelung

Mit der Einfügung des neuen Art 112a wurde eine begrenzte Überprüfungsmöglichkeit von BK-Entscheidungen durch die Große Beschwerdekammer (GrBK) geschaffen. Diese soll in Ausnahmefällen, insbesondere bei schwerwiegenden Verfahrensmängeln oder dem Verdacht, dass eine Straftat die Entscheidung beeinflusst haben könnte, eine Korrektur dieser Entscheidung ermöglichen.

Es handelt sich um einen *außerordentlichen Rechtsbehelf*, dessen bloße Einlegung die Rechtskraft der angefochtenen Entscheidung nicht berührt. Er hat daher *keine aufschiebende Wirkung* (Art 112a (3)). Erst eine stattgebende Entscheidung der GrBK führt zur Aufhebung der Entscheidung und durchbricht deren Rechtskraft mit der Folge, dass das Beschwerdeverfahren wieder aufgenommen werden muss.[1]

Die Schaffung dieses besonderen Rechtsbehelfs war rechtspolitisch dringend geboten, nachdem sich die GrBK außerstande gesehen hatte, eine derartige Korrekturmöglichkeit unter dem EPÜ 1973 durch richterliche Rechtsfortbildung unter Rückgriff auf allgemeine Verfahrensgrundsätze der Vertragsstaaten (Art 125) zu schaffen (s Art 106 Rdn 35) und den Gesetzgeber zum Tätigwerden aufgefordert hatte.[2]

---

1 Denkschrift zur Revisionsakte BlPMZ 07, 406, 415.
2 GrBK G 0001/97 ABl 00, 322 *Antrag auf Überprüfung/ETA*.

2 Stellung des Antrags

2.1 Form

6   Der Antrag ist schriftlich mit eigenhändiger Unterschrift (R 107 (3) iVm R 50 (3)) beim EPA in München, der Zweigstelle in Den Haag oder der Dienststelle in Berlin zu stellen. Zur Schriftform siehe R 1, die darauf abstellt, dass sich der Inhalt der Unterlagen in lesbarer Form auf Papier reproduzieren lässt, und Einl Rdn 352 ff, zur Übermittlung durch Telekommunikation s R 2 (1) und Einl Rdn 385, 398, 414, zum Unterschriftserfordernis s R 2 (2). Auch eine elektronische Einreichung von Überprüfungsanträgen ist zulässig,[3] und zwar sowohl mittels Online-Einreichung (OLF) als auch über die Online-Einreichung 2.0, nicht aber über den EPA-Dienst zur Web-Einreichung.[4] Das zunächst eingeführte besondere Erfordernis für Beschwerde- und Überprüfungsverfahren, wonach die Authentizität eingereichter Unterlagen durch eine *fortgeschrittene elektronische Signatur* einer im Verfahren handlungsberechtigten Person bestätigt sein musste,[5] ist wieder entfallen. Die bloße Bezahlung der Überprüfungsgebühr stellt keinen Überprüfungsantrag dar.[6]

2.2 Sprache

7   Der Überprüfungsantrag kann wie der Einspruch und die Beschwerde nach R 3 (1) in jeder Amtssprache des EPA eingereicht werden. Zur Einreichung in Nichtamtssprachen und von Übersetzungen vgl § 59 Rdn 35. Wird eine nach Art 14 (4) erforderliche Übersetzung nicht rechtzeitig gemäß R 6 (2) eingereicht, so gilt der Überprüfungsantrag nach Art 14 (4) 3 als nicht eingegangen.

2.3 Gebühr

8   Zahlung der Antragsgebühr ist keine Voraussetzung der Zulässigkeit, sondern kraft der gesetzlichen Fiktion des Art 112a (4) 4 eine Voraussetzung der Existenz eines Antrags. Solange keine Gebühr entrichtet ist, liegt kein Überprüfungsantrag vor. In einem solchen Fall ergeht eine Mitteilung über den Rechtsverlust entsprechend R 112 (1) an den Antragsteller. Für die Entscheidung über einen Antrag nach R 112 (2) ist die GrBK zuständig. Auch wenn die Gebühr zu spät gezahlt wird, gilt der Überprüfungsantrag als nicht eingelegt. Die ohne Rechtsgrund entrichtete Gebühr wird dann zurückerstattet.[7]

Eine Ermäßigung der Antragsgebühr zugunsten bestimmter Personen ist im Unterschied zur Beschwerdegebühr[8] nicht vorgesehen (s Art 2 (1) Nr 11a). **Zur teilweisen Zahlung** der Antragsgebühr vgl Art 8 GebO und Art 108 Rdn 16.

---

3   Dies ergibt sich aus dem Beschluss PräsEPA v 14.5.2021 über die elektronische Einreichung von Unterlagen ABl **21,** A42.
4   Vgl Art 3 Beschluss PräsEPA v 14.5.2021 über die elektronische Einreichung von Unterlagen ABl **21,** A42.
5   Art 8 (2) BeschlPräsEPA v 26.2.2009 ABl **09,** 182.
6   GrBK R 0002/10 ABl **11** SonderA 2, 117 *Verschluss/ZIMMERMANN*.
7   GrBK R 0001/18 v 30.9.2019 ABl **20** ZPubl 4, 94; GrBK G 0001/18 v 18.7.2019 ABl **20,** A26 (BI2(1)a) *Einlegung der Beschwerde*; s auch bereits GrBK R 0004/15 v 16.9.2016 (Nr 12) BeckRS **16,** 121562 *Flexible vacuum packaging/MORA NEGRIN*.
8   S Art 108 Rdn 14.

Anhang zu § 73 EPA: *Überprüfung durch die Große Beschwerdekammer* **Art 112a EPÜ**

3 Zulässigkeit

3.1 Formale Angaben

Nach R 107 muss der Antrag enthalten: 9
a) **Name** (= Familien- und Vorname; amtliche Bezeichnung der juristischen Person) und *Anschrift* (s R 41 (2) c)). Die Angaben sind als ausreichend anzusehen, wenn Person und Adresse unter Berücksichtigung der Vorakten identifiziert werden können. Berichtigung des Namens ist nach R 108 (2) oder R 139 möglich.[9] Allerdings muss die Identifizierbarkeit des Antragstellers innerhalb der Antragsfrist gewährleistet sein.[10] Die Berichtigung darf keine nachträgliche Meinungsänderung zur Person des Antragstellers widerspiegeln, sondern darf nur zum Ausdruck bringen, was bereits bei der Antragstellung beabsichtigt war.[11]
b) **Zu überprüfende Entscheidung** ist nach R 107 (1) b) anzugeben. Es genügt, wenn sie aus dem Gesamtzusammenhang zweifelsfrei feststellbar ist. Selbständig begründete Zwischenentscheidungen können als solche mit einem Überprüfungsantrag angegriffen werden.[12] Es ist auch zulässig, nur einen selbständigen Teil einer Entscheidung (zB Ablehnung der beantragten Rückzahlung der Beschwerdegebühr) anzugreifen.[13] Das Protokoll einer mündlichen Verhandlung stellt keine Entscheidung dar und kann daher nicht im Rahmen von Art 112a überprüft werden.[14]

3.2 Verfahrensbeteiligung

Der Antrag muss nach Art 112a (1) von einer Person gestellt werden, die an dem Beschwerdeverfahren beteiligt war, in dem die angegriffene Beschwerdeentscheidung ergangen ist. Ebenso wie im Zusammenhang mit Art 107 Satz 1 sollte allerdings auch hier eine Ausnahme gelten, wenn eine Person gesetzwidrig nicht am Verfahren beteiligt worden ist (s Art 107 Rdn 9). Im Falle der Übertragung einer Patentanmeldung oder eines Patents sind R 22 und R 85 zu beachten, die Rechtsnachfolge in eine Einsprechendenstellung R 22 analog (s Art 107 Rdn 7). Mehrere Patentinhaber und gemeinsame Einsprechende können den Antrag nur gemeinsam stellen.[15]   10

3.3 Beschwer

Eine weitere Voraussetzung ist, dass der Antragsteller durch die angegriffene Entscheidung beschwert ist. Ähnlich wie im Zusammenhang mit Art 107 Satz 1 ist hierfür ent-   11

---

9 Es gelten auch hier die in GrBK G 0001/12 ABl 14, A114 (Nr 21 ff) *Identität des Beschwerdeführers/ZENON* zur Berichtigung des Namens des Beschwerdeführers entwickelten Grundsätze.
10 Vgl GrBK G 0001/12 ABl 14, A114 (Nr 21 ff) *Identität des Beschwerdeführers/ZENON*.
11 Vgl GrBK G 0001/12 ABl 14, A114 (Nr 29) *Identität des Beschwerdeführers/ZENON* unter Verweis auf T 0097/98 ABl 02, 183.
12 GrBK R 0005/08 ABl 09 SonderA 2, 107 *Monoclonal antibodies/BAYER* (implizit); R 0002/15 v 21.11.2016 RechtsprBK/EPA 19, 1531; R 0005/15 v 29.5.2017 (Nr 1.2) BeckRS 17, 146615 *Right to be heard II/EURO-CELTIQUE*.
13 GrBK R 0019/12 v 12.4.2016 (Nr 4.1) BeckRS 16, 119724 *Verletzung des rechtlichen Gehörs/IXETIC*.
14 GrBK R 0004/18 v 10.10.2018 (Nr 10–13) ABl 20 ZPubl 4, 93 *Existence of decision/ASHA NUTRITION*.
15 GrBK R 0018/09 ABl 11 SonderA 2, 115 *Fundamental violation of Art 113/JOHNSON*. S auch Art 107 Rdn 8.

scheidend, ob die Entscheidung dem zuletzt vor der BK gestellten Antrag voll entsprochen hat oder nicht. Für Einzelheiten Art 107 Rdn 11 ff.

3.4 Frist

12 Grundsätzlich muss der Antrag innerhalb einer Frist von zwei Monaten ab Zustellung der BK-Entscheidung[16] gestellt werden (Art 112a (4) 2), damit die Möglichkeit des Überprüfungsantrags keine unzumutbar lange Rechtsunsicherheit für Dritte entstehen lässt.[17] Eine Ausnahme gilt für den Überprüfungsgrund des Art 112a (2) e): Ist die Entscheidung durch eine Straftat beeinflusst worden, so beginnt die Zweimonatsfrist erst ab Feststellung der Straftat. Hierunter ist gemäß R 105 die rechtskräftige Feststellung durch ein Gericht oder eine Behörde zu verstehen. In diesem Fall gilt außerdem eine Ausschlussfrist von fünf Jahren nach Zustellung der Entscheidung (Art 112a (4) 3).

3.5 Antragsbegründung

13 Der Antrag muss die Gründe, aus denen die zu überprüfende Entscheidung aufgehoben werden soll, und die Tatsachen und Beweismittel, auf die der Antrag gestützt wird, enthalten (R 107 (2)). Diese Begründungspflicht entspricht den Regelungen für den Einspruch (R 76 (1) u (2) c, s § 59 Rdn 84) und die Beschwerde (R 99 (2), s Art 108 Rdn 37). Ihr Umfang hängt im Wesentlichen von den Umständen des Einzelfalls ab. Die Begründung muss so substantiiert sein, dass die GrBK nachvollziehen kann, welcher Sachverhalt den Tatbestand des vorgebrachten Überprüfungsgrunds rechtfertigen soll.[18] Späteres Nachschieben von Gründen kann die unzureichende Substantiierung nicht heilen.[19]

3.6 Stützung auf Überprüfungsgrund

14 Der Antrag ist nur zulässig, wenn er auf einen der in Art 112a (2) iV mit R 104 abschließend[20] aufgeführten Überprüfungsgründe gestützt wird.[21] Diese Beschränkung rechtfertigt sich dadurch, dass die Überprüfung nach Art 112a einen außerordentlichen Rechtsbehelf darstellt und nicht eine allgemeine Revisionsinstanz gegen BK-Entscheidungen schaffen will.[22] Der Antrag erlaubt unter keinen Umständen die Überprüfung der korrekten Anwendung materiellen Rechts.[23] Selbst wenn eine Entscheidung Verfahrensrecht betrifft, soll ihre inhaltliche Beurteilung vermieden werden.[24] Auch die

---

16 Auch ein vor Fristbeginn gestellter Antrag ist wirksam, s GrBK R 0020/09 v 7.9.2010 (Nr 1.2) BeckRS 10, 146905 *Hsp70 Protein/MULTHOFF*.
17 Denkschrift zur Revisionsakte BlPMZ 07, 406, 415.
18 Vgl GrBK R 0005/08 ABl 09 SonderA 2, 107 *Monoclonal antibodies/BAYER*.
19 GrBK R 0005/08 (Nr 26) EPOR 09, 498 *Monoclonal antibodies/BAYER*.
20 GrBK R 0020/11 v 23.10.2012 (Nr 4) *Verfahren zum Authentifizieren/ANDAWARI*.
21 GrBK R 0003/18 v 12.11.2018 BeckRS 18, 34988 *Wood treatment/HARROWER*.
22 GrBK R 0001/08 ABl 09 SonderA 2, 78.
23 GrBK R 0002/08 und 0009/08 ABl 09 SonderA 2, 105.
24 GrBK R 0005/15 v 29.5.2017 (Nr 1.3) *Right to be heard II/EURO-CELTIQUE*; R 0003/18 (Nr 2.4) v 12.11.2018 BeckRS 18, 34988 *Wood treatment/HARROWER*.

Verletzung von Bestimmungen der VerfOBK stellt als solche keinen Überprüfungsgrund dar.[25]

3.7 Rügepflicht

Nach R 106 ist ein Antrag, der nicht auf den Überprüfungsgrund des Art 112a (2) e) (Beeinflussung durch Straftat) gestützt wird, nur zulässig, wenn der Verfahrensmangel während des Beschwerdeverfahrens beanstandet und die BK den Einwand zurückgewiesen hatte oder wenn der Einwand im Beschwerdeverfahren nicht erhoben werden konnte. Die gesetzlich vorgeschriebene Rügepflicht ist ein für die Praxis äußerst wichtiges Zulässigkeitserfordernis und verstößt nicht gegen den Wesensgehalt des Art 112a.[26] Sie verhindert insbesondere, dass ein Verfahrensbeteiligter einen Verfahrensverstoß während des Beschwerdeverfahrens bereits bemerkt, die BK aber nicht darauf hinweist, um nach Erlass einer für ihn ungünstigen Entscheidung eine Überprüfung beantragen zu können. Die Rügepflicht greift ferner, wenn zwar keiner der Verfahrensbeteiligten den Verfahrensmangel vor Erlass der Entscheidung im Beschwerdeverfahren bemerkt hat, ihn aber hätte bemerken können. Sie besteht auch noch in dem Zeitraum zwischen dem Schließen der Debatte und Verkündung der Entscheidung.[27]

Die Rüge muss *spezifisch* sein, dh in bezug auf einen konkreten Verfahrensverstoß vorgebracht werden.[28] Es muss auch eindeutig erkennbar sein, dass es sich um eine Rüge nach R 106 handelt. Ein bloßes Protestieren zB gegen die Zulassung eines Hilfsantrags genügt daher nicht.[29] Auch wenn Zeitdruck in einer mündlichen Verhandlung rechtliche Präzision erschweren mag, muss aus der Rüge deutlich werden, dass sie sich gegen einen Verfahrensmangel iS von R 106 und nicht gegen die unrichtige Bewertung einer Sachfrage wendet.[30] Ist keine Rüge im Protokoll vermerkt, ist dies ein deutliches Indiz dafür, dass der Vortrag einer Partei nicht als eine solche verstanden wurde.[31]

Die Möglichkeit, den Verfahrensverstoß im Beschwerdeverfahren zu beanstanden, fehlt zB dann, wenn er erst durch den – möglicherweise verfrühten und überraschenden – Erlass der Entscheidung[32] oder mit der Zustellung der schriftlichen Entscheidungsbegründung offenbar wird.[33] So kann sich etwa erst durch die Entscheidungs-

---

25 GrBK R 0003/17 v 24.5.2018 (Nr 3.1.2) BeckRS **18**, 41525 *Composition de mortier/PAREX-GROUP*.
26 GrBK R 0001/10 (Nr 6.1.1) ABl **12** SonderA 146, 161 *Offensichtlich unzulässiger Überprüfungsantrag/AHRWEILER*; R 0014/11 v 5.7.2012 (Nr 2.5–2.9) *Method of removing organic iodides/CELANESE*.
27 GrBK R 0006/12 v 18.1.2013 (Nr 1.3.2) *Couverture de toiture/PIRONT*.
28 GrBK R 0004/08 (Nr 2.1) *Fundamental violation of Art 113/CANON* und R 0008/08 *Ensemble imprimante/PELIKAN*, beide zusammengefasst in ABl **10** SonderA 2, 96; R 0009/09 ABl **11** SonderA 2, 116 *Electrolytic production/TECNICAS REUNIDAS*.
29 GrBK R 0004/08 (Nr 2.1) ABl **10** SonderA 2, 96 *Fundamental violation of Art 113/CANON*.
30 GrBK R 0018/12 ABl **15** ZPubl 4, 149 *Multi-point probe/CAPRES A/S*.
31 GrBK R 0007/18 v 4.2.2019 (Nr 2.3) BeckRS **19**, 11874 *Drain/EASY SANITARY*; s auch R 0008/18 v 14.10.2019 (Nr 10) GRUR-RS **19**, 34404 *Resin composition/NIPPON SHOKUBAI*.
32 GrBK R 0010/08 v 13.3.2009 (Nr 3) *Cement dispersant method/NIPPON SHOKUBAI*.
33 GrBK R 0003/09 (Nr 1.4) ABl **10** SonderA 2, 97 *Procédé de positionnement/BOBST*.

gründe ergeben, dass ein im Verfahren befindlicher Antrag übersehen oder das rechtliche Gehör verletzt worden ist.

4 Begründetheit des Überprüfungsantrags

4.1 Art 112a (2) a) – Verstoß gegen Art 24 (1)

18 BK-Mitglieder dürfen nicht an der Erledigung einer Sache mitwirken, an der sie ein persönliches Interesse haben, in der sie vorher als Vertreter eines Beteiligten tätig gewesen sind oder an deren abschließender Entscheidung in der Vorinstanz sie mitgewirkt haben. Verstößt ein Kammermitglied gegen einen dieser drei zwingenden Ausschlusstatbestände, ist ein Überprüfungsgrund gegeben. Ist eine Ausschlussentscheidung bereits getroffen worden, so ist eine Mitwirkung unabhängig davon untersagt, ob tatsächlich ein Ausschlussgrund vorliegt. Ist über einen Befangenheitsantrag ablehnend entschieden worden, so stellt dies noch keinen Überprüfungsgrund nach Art 112 (2) a) dar.[34]

4.2 Art 112a (2) b) – Mitwirkung einer nicht ernannten Person

19 Bei enger Auslegung erfasst dieser Tatbestand nur den Fall, dass eines der Mitglieder der Kammer in Wirklichkeit nicht zum BK-Mitglied ernannt worden ist. Diese Fallkonstellation dürfte in der Praxis wohl äußerst selten vorkommen. Bei weiter Auslegung lässt sich der Tatbestand aber auch auf den Fall anwenden, dass zusätzlich zu den korrekt ernannten Mitgliedern unbefugt ein Nicht-Kammermitglied mitgewirkt hat. Art 112a (2) b) ist aber jedenfalls nicht schon dann erfüllt, wenn bei der Entscheidungsberatung eine vom Kammervorsitzenden gemäß Art 19 (1) 2 VerfOBK hierzu zugelassene Person (zB ein Assistent der Kammer) zugegen war.[35] Der Vorwurf mangelnden technischen Verständnisses gegen ein technisches Kammermitglied kann keinen Verstoß gegen Art 112a (2) b) begründen.[36]

4.3 Art 112a (2) c) – schwerwiegender Verstoß gegen Art 113

20 Art 113 (1) enthält das grundlegende Gebot der Gewährung rechtlichen Gehörs. Art 113 (2) verpflichtet die Organe des EPA, sich bei ihren Entscheidungen an die vom Anmelder vorgelegte oder gebilligte Fassung der Anmeldung oder des Patents zu halten. Beide Grundsätze gehören zu den elementaren Verfahrensgrundsätzen im europäischen Patentrecht. Schwere Verstöße hiergegen durch eine BK[37] verwirklichen daher einen Überprüfungsgrund.[38] Hingegen obliegt es den Parteien, bei der Darlegung ihrer Argumente und der Stellung von Anträgen Aufmerksamkeit walten zu lassen. Wenn sie es versäumen, das für die Rechtsverfolgung Angemessene oder gar Notwendige

---

34 GrBK R 0003/16 v 6.10.2017 (Nr 18) ABl 20 ZPubl 4, 95 *Amplifier/CALLAHAN CELLULAR*.
35 Vgl T 0857/06 v 5.6.2008 (Nr 5.2).
36 GrBK R 0003/12 EPOR 13, 18 (Nr 2.4) *Use of cyclopamine/TAS, SINAN*.
37 Ein Verstoß gegen Art 113 (1) durch die 1. Instanz bildet keinen Überprüfungsgrund für die danach ergangene Entscheidung der Beschwerdekammer; vgl GrBK R 0020/10 ABl 12 SonderA 145 *Grounds for review/BOREALIS TECHNOLOGY* sowie R 0008/11 v 29.11.2011 BeckRS 11, 147215 *Horizontale Werkzeugmaschine/SCHWÄBISCHE WERKZEUGMASCHINEN*.
38 GrBK R 0007/09 ABl 10 SonderA 2, 8 u 98 *Endoscope capable of being autoclaved/OLYMPUS CORPORATION*.

Anhang zu § 73

EPA: Überprüfung durch die Große Beschwerdekammer

Art 112a EPÜ

zum richtigen Zeitpunkt zu tun, wird idR keine Gehörsverletzung durch die BK vorliegen.[39]

Ob ein Verstoß als schwerwiegend im Sinne der Vorschrift anzusehen ist, ist unter Berücksichtigung des konkreten Einzelfalls zu entscheiden. Wichtige Beurteilungskriterien hierfür lassen sich aus der Rechtsprechung zur Frage der Rückzahlung der Beschwerdegebühr nach R 103 (1) a) wegen eines wesentlichen Verfahrensmangels (s Art 108 Rdn 23 ff) und zur sofortigen Zurückverweisung an die erste Instanz nach Art 11 Satz 2 VerfOBK wegen wesentlicher Verfahrensmängel (s Art 111 Rdn 10 Nr 9) gewinnen. Voraussetzung ist insbesondere, dass zwischen dem Verstoß und dem Ergebnis der Entscheidung eine kausale Verknüpfung besteht.[40] Beruht eine Entscheidung zusätzlich auf Gründen, zu denen der Antragsteller gehört wurde, so ist die Kausalität zu verneinen.[41] Nicht schwerwiegend kann ein behaupteter Verstoß sein, wenn er keine nachteilige Wirkung für den Antragsteller hervorrufen hat.[42]

21

Ein Verstoß gegen Art 113 (1) kann auch darin liegen, dass relevante Gründe und Argumente in der schriftlichen Entscheidung nicht oder nicht vollständig berücksichtigt worden sind.[43] Dies gilt aber nicht unbegrenzt. Das entscheidende Organ ist nicht verpflichtet, jedes einzelne Argument eines Beteiligten aufzugreifen.[44] Die Beschwerdekammer muss in ihrer Entscheidung Tatsachen und Argumente insoweit erörtern, als diese entscheidungserheblich sind, kann aber irrelevante Argumente außer Acht lassen.[45] Die Kammer muss keine spezifischen Begriffe und auch nicht denselben Wortlaut wie die Beteiligten benutzen; aus der Argumentation in der schriftlichen Begründung der Entscheidung kann implizit eine Widerlegung bestimmter Argumente abgeleitet werden.[46] Die bloße Unvollständigkeit einer Entscheidungsbegründung verletzt, selbst wenn sie gegen R 102 g) verstoßen sollte, noch nicht ohne weiteres das Recht auf rechtliches Gehör.[47]

22

---

39 S zB GrBK R 0001/17 v 10.7.2018 (Nr 6) RechtsprBK/EPA 19, 1543 *Überprüfungsantrag/IFM ELECTRONIC* mwN; R 0005/17 v 4.3.2019 (Nr 1.2.6) BeckRS 19, 11673 *Control system/ BAMFORD EXCAVATORS.*
40 GrBK R 0001/08 ABl 09 SonderA 2, 108; R 0011/09 (Nr 8); R 0019/09 (Nr 7) ABl 11 SonderA 2, 119 = BeckRS 10, 146432 *Tool with protective layer system/UNAXIS BALZERS AG*; R 0017/14 RechtsprBK/EPA 19, 1541 = BeckRS 15, 113547 *Adhäsionsfolie/VISI/ONE GmbH.*
41 GrBK R 0019/09 (Nr 7) ABl 11 SonderA 2, 119 = BeckRS 10, 146432 *Tool with protective layer system/UNAXIS BALZERS AG.*
42 GrBK R 0008/16 v 10.7.2017 (Nr 23) ABl 20 ZPubl 4, 96 *Laying head/DANIELI.*
43 GrBK R 0019/10 (Nr 6.2) ABl 12 SonderA 148; R 0023/10 (Nr 2) ABl 12 SonderA 148; R 0019/ 12 (Nr 6.1) v 12.4.2016 BeckRS 16, 119724 *Verletzung des rechtlichen Gehörs/IXETIC.*
44 GrBK R 0019/10 (Nr 6.2) ABl 12 SonderA 148; R 0019/12 (Nr 6.1) v 12.4.2016 BeckRS 16, 119724 *Verletzung des rechtlichen Gehörs/IXETIC.*
45 GrBK R 0013/12 (Nr 2.2) ABl 14 ZPubl 5, 144 *Titanium alloy/VSMPO-AVISMA*; R 0019/12 (Nr 6.2) v 12.4.2016 BeckRS 16, 119724 *Verletzung des rechtlichen Gehörs/IXETIC*; s hierzu Teschemacher Mitt 16, 364, 365.
46 GrBK R 0013/12 (Nr 2.2) ABl 14 ZPubl 5, 144 *Titanium alloy/VSMPO-AVISMA*; R 0019/12 (Nr 6.2) v 12.4.2016 BeckRS 16, 119724 *Verletzung des rechtlichen Gehörs/IXETIC.*
47 GrBK R 0008/15 v 18.7.2016 BeckRS 16, 121189 *Fundamental violation of right to be heard/ ASTRAINS.*

23 *Verneint wurde ein Verstoß:* **1.** bei Nicht-Zurückverweisung der Sache an die erste Instanz trotz Neueinführung einer Entgegenhaltung[48] oder trotz geänderter Ansprüche;[49] **2.** bei Zurückweisung von Vorbringen als verspätet;[50] **3.** bei Nichtzulassung von Hilfsanträgen in Ausübung des Ermessens nach Art 12 (4) VerfOBK[51] oder Nichtzulassung von Dokumenten in Ausübung des Ermessens nach Art 13 (1) VerfOBK;[52] **4.** bei nur subjektiver, nicht aber objektiv gerechtfertigter[53] Überraschung durch die Entscheidungsgründe; **5.** bei Nichterkennbarkeit der Rechtsauffassung der Kammer vor der Entscheidung[54]; **6.** bei Unterlassen eines Hinweises auf die Relevanz einer Frage;[55] **7.** bei Absehen von Hinweis auf einschlägige Rechtsprechung;[56] **8.** wenn Kammer in Entscheidungsbegründung ein nicht vorgebrachtes hypothetisches Argument behandelt und zurückweist;[57] **9.** bei Nichtgestattung von mündlichen Ausführungen durch Begleitperson;[58] **10.** wenn Kammer nach Erörterung und Bestimmung des nächsten Standes der Technik als Ausgangspunkt für den Aufgabe-Lösungs-Ansatz dem Einsprechenden keine Gelegenheit mehr gibt, ausgehend von einem anderen Dokument die erfinderische Tätigkeit anzugreifen;[59] **11.** wenn Kammer in der mündlichen Verhandlung zwar unspezifiziert allgemeines Fachwissen einführt, der Antragsteller aber nicht um Klarstellung ersucht;[60] **12.** wenn Kammer in mündlicher Verhandlung Anträge in bestimmter Reihenfolge behandelt.[61]

24 *Bejaht wurde ein Verstoß:* **1.** wenn BK in der mündlichen Verhandlung über einen Einspruchsgrund entscheidet, obwohl die Parteien bei objektiver Betrachtung davon ausgehen konnten, hierzu noch angehört zu werden;[62] **2.** wenn weder die Entscheidung noch die übrige Akte einen Hinweis darauf enthält, dass der Antragsteller zu einem

---

48 GrBK R 0009/10 (Nr 10) ABl 11 SonderA 2, 150 *Fundamental violation of Art 113/SONY*; R 0007/13 v 10.6.2016 (Nr 5) BeckRS 16, 109216 *Petition for review/GE.MA.TA.*
49 GrBK R 0007/16 v 4.4.2018 ABl 20 ZPubl 4, 97 *Storage system/PLASTIC OMNIUM.*
50 GrBK R 0020/09 (Nr 3.4.4) ABl 11 SonderA 2, 121 *Hsp70 Protein/MULTHOFF* (in dieser Allgemeinheit zweifelhaft). Differenzierender hingegen R 0010/11 v 9.11.2011 (Nr 5.2) BeckRS 11, 147034 *Flux de protection/ACANTHE* und R 17/11 v 19.3.2012 (Nr 10) BeckRS 12, 215537 *Filter Tow Ballen/RHODIA ACETOW*: Überprüfung möglich, wenn Kammer bei Ausübung ihres Ermessens ein schwerwiegender Verstoß gegen Art 113 (1) unterlaufen ist.
51 GrBK R 0013/11 v 20.4.2012 BeckRS 12, 215536 *Petition for review/VECTURA*; R 0009/11 v 7.12.2012 *Multilayer film/KUREHA*; R 0001/13 ABl 14 ZPubl 5, 146 *Petition for review/NTT*; R 0004/13 ABl 14 ZPubl 5, 137, 141 *Bicycle crank assembly/SHIMANO.*
52 GrBK R 0006/17 v 28.5.2018 (Nr 3.5) *Illumination structure/MAZDA MOTOR.*
53 Vgl zB GrBK R 0014/12 v 25.10.2013 *Petition for review/HYDRO-QUEBEC.*
54 Vgl. zB GrBK R 0012/09 ABl 11 SonderA 2, 117 *Metallischer Werkstoff/LEIBNIZ-INSTITUT*; R 0016/11 EPOR 13, 10 *Alendronate/MERCK SHARP & DOHME*; R 19/11 v 2.10.2012 *Synchronous drive apparatus/LITENS AUTOMOTIVE.*
55 GrBK R 0009/14 v 24.2.2015 BeckRS 15, 113736 *Fundamental violation of Art 113/LARSEN* (zweifelhaft).
56 GrBK R 0004/09 ABl 11 SonderA 2, 118 = BeckRS 10, 146593 *Shipping reels/OY LANGH SHIP.*
57 GrBK R 0007/12 v 6.12.2013 RechtsprBK/EPA 19, 1544 *Preparing fat/SUNTORY.*
58 GrBK R 0003/08 ABl 09 SonderA 2, 110 *Fundamental violation of Art 113/HPT SINERGY.*
59 GrBK R 0005/13 v 10.1.2014 ABl 15 ZPubl 4, 151 *Magnesium salt/ASTRAZENECA.*
60 GrBK R 12/12 v 14.1.2013 *Antrag auf Überprüfung/DEUTSCHE SISI-WERKE.*
61 GrBK R 0008/16 v 10.7.2017 (Nr 25) ABl 20 ZPubl 4, 96 *Laying head/DANIELI*: kein Verstoß gegen Art 113 (2).
62 GrBK R 0003/10 ABl 12 SonderA 146 = EPOR 12, 133.

entscheidungserheblichem Einwand gehört worden ist (*negativa non sunt probanda*);[63]
3. wenn von Amts wegen in der Entscheidungsbegründung im Verfahren nicht erörterte Gründe herangezogen werden und es der Partei nach dem Verfahrensablauf nicht möglich gewesen ist, sich aus eigenem Fachwissen die Argumentation der Kammer zu erschließen;[64] 4. wenn BK ihre Entscheidung überraschend auf eine neue, im gesamten bisherigen Verfahren nicht erörterte Auslegung des Patentanspruchs stützt;[65] 5. wenn die Entscheidungsbegründung angesichts ihrer Kürze und Unvollständigkeit keine Erkenntnis darüber gestattet, ob die Parteien zu den zugrundeliegenden Tatsachen und Erwägungen Stellung nehmen konnten und ob der Vortrag der Parteien ausreichend in Erwägung gezogen wurde;[66] 6. wenn schriftlich vorgebrachte Angriffe gegen die erfinderische Tätigkeit mit der überraschenden Begründung, dass der Aufgabe-Lösungs-Ansatz nicht verwendet wurde, unberücksichtigt bleiben;[67] 7. wenn nicht nachzuweisen war, dass dem Beschwerdegegner Beschwerde und Beschwerdebegründung zugestellt worden waren.[68]

4.4 Art 112a (2) d) – sonstiger schwerwiegender Verfahrensmangel

Wegen der außerordentlichen Natur des durch Art 112a gewährten Rechtsbehelfs hat der Gesetzgeber es vermieden, diesen Tatbestand generalklauselartig offen zu lassen. Es kommen daher nur solche weiteren Verfahrensmängel in Betracht, die in der AusfO explizit genannt sind. Dies sind gegenwärtig nach R 104 a) und b) nur Verstöße gegen das Recht auf mündliche Verhandlung nach Art 116 (hierzu s § 78 Rdn 2 ff) sowie die Nichtberücksichtigung von relevanten Anträgen in Entscheidungen. Ein solcher Verstoß liegt vor, wenn die BK einen eingereichten Antrag aufgrund eines Kommunikationsmangels oder eines Missverständnisses übersieht,[69] nicht aber, wenn Patentinhaber seinem Wunsch, noch einen weiteren Antrag zu stellen, nicht rechtzeitig Ausdruck verleiht,[70] wenn BK einen unspezifischen Hilfsantrag nicht im Verfahren zulässt[71] oder wenn BK ihre Kompetenz zur Entscheidung über einen Antrag verneint.[72] R 104 b) ist nicht betroffen, wenn geltend gemacht wird, die BK hätte unrichtigerweise die Beschwerde als unzulässig erachten müssen und daher nicht über die Anträge des Beschwerdeführers entscheiden dürfen.[73]

---

63 GrBK R 0015/11 EPOR 13, 406 *Fundamental violation of Art 113/IVIS TECHNOLOGIES*.
64 GrBK R 0016/13 v 8.12.2014 ABl 16 ZPubl 3, 9 *Kristallines Mikronisat/BOEHRINGER INGELHEIM*; hierzu Ehlich epi information 15, 100.
65 GrBK R 0003/15 v 28.11.2017 ABl 18 ZPubl 3, 77 = BeckRS 17, 137938 *Verletzung des rechtlichen Gehörs/SWAROVSKI-OPTIC*.
66 GrBK R 0002/14 (Nr 10–11) v 22.4.2016 ABl 17 ZPubl 4, 124 = BeckRS 16, 120100 *Desaturases/WASHINGTON STATE*.
67 GrBK R 0005/19 v 15.3.2021 GRUR-RS 21, 20502 *Verletzung des rechtlichen Gehörs/SIEMENS SCHWEIZ*.
68 GrBK R 0004/17 v 29.1.2018 ABl 20 ZPubl 4, 98 = Öbl 18, 117 *Fundamental violation of right to be heard/RHODIA CHIMIE*.
69 GrBK R 0021/11 v 15.6.2012 BeckRS 12, 216196 *Relevanter Antrag nicht entschieden/BAYER*.
70 GrBK R 0010/08 v 13.3.2009 ABl 09 SonderA 2, 106 u 111 *Cement dispersant method/NIPPON SHOKUBAI*.
71 GrBK R 0011/08 v 6.4.2009 ABl 10 SonderA 2, 98 u 101 *Fundamental violation of Art 113/PANASONIC*.
72 GrBK R 0013/14 v 15.1.2016 BeckRS 16, 108299 *Polyethylene composition/BOREALIS*.
73 GrBK R 0010/14 v 29.5.2015 BeckRS 15, 119845 *Entfernen von Rußpartikeln/EMITEC*.

4.5 Art 112a (2) e) – Beeinflussung durch Straftat

26 Dieser Tatbestand ist vom Gesetzgeber mit Recht als der schwerwiegendste eingestuft worden, da im Unterschied zu anderen Überprüfungsgründen die 2-Monats-Frist grundsätzlich nicht an die Zustellung der Entscheidung, sondern an die Feststellung der Straftat geknüpft wird (vgl Rdn 12). Zu den Straftaten, die in Betracht kommen, dürften insbesondere Aussagedelikte oder Betrug gehören. Der Überprüfungsgrund ist aber nur dann verwirklicht, wenn die Straftat durch ein zuständiges Gericht oder eine zuständige Behörde rechtskräftig festgestellt worden ist. Dies muss nicht notwendigerweise durch eine Verurteilung erfolgen (R 105).

5 Verfahren

5.1 Allgemeines

27 Auf das Überprüfungsverfahren nach Art 112a sind im Allgemeinen die Vorschriften für das Verfahren vor den BK anzuwenden (s R 109 (1)). Allerdings besteht eine Reihe von Besonderheiten. Die wichtigste ist die Zweistufigkeit des Verfahrens, da zwei Verfahrensstadien zu unterscheiden sind, eine Art Vorprüfungsverfahren und eine Art Hauptverfahren. Zu Vorlagen gemäß Art 112 (1) a) ist die GrBK in diesem Verfahren nicht befugt (s Art 112 Rdn 15).[74]

Grundsätzlich ist der Antragsteller für das Vorliegen eines Überprüfungsgrunds beweispflichtig, wobei eine Ausnahme bei negativen Tatsachen besteht.[75] Der Ablauf einer mündlichen Verhandlung ergibt sich aus dem angefertigten Protokoll (R 124).[76] Behauptet der Antragsteller, dass das Protokoll unrichtig oder unvollständig sei, sollte er nach dessen Erhalt unverzüglich einen Protokollberichtigungsantrag gestellt haben.[77] Eine Beweiserhebung (zB durch Zeugeneinvernahme oder Vorlage von Mitschriften der Parteien) ist bislang von der GrBK in diesem Zusammenhang vermieden worden.

5.2 Vorprüfungsverfahren

28 Nach R 109 (2) a) prüft die GrBK den Antrag zunächst in einer 3er Besetzung (2 Juristen, 1 Techniker). Dieses Vorverfahren ist gemäß R 109 (3) einseitig, dh ohne Mitwirkung anderer Beteiligter, ausgestaltet. Dies ist allerdings nicht unproblematisch, wenn im Rahmen des Vorverfahrens eine mündliche Verhandlung stattfindet. Dann sollten die übrigen Beteiligten zumindest informiert werden, um ihnen eine Verfolgung des Ablaufs der Verhandlung zu ermöglichen.[78] Erweist sich der Antrag als offensicht-

---

74 GrBK R 7/0008; R 0001/11; R 0007/12, alle in RechtsprBK/EPA 19, 1516.
75 GrBK R 0015/11 EPOR 13, 406 *Fundamental violation of Art 113/IVIS TECHNOLOGIES*; R 0004/17 v 29.1.2018 ABl 20 ZPubl 4, 98 *Fundamental violation of right to be heard/RHODIA CHIMIE*; zur Abgrenzung s aber auch R 0008/18 v 14.10.2019 (Nr 10) GRUR-RS 19, 34404 *Resin composition/NIPPON SHOKUBAI*.
76 GrBK R 0007/19 v 5.3.2021 (Nr 2.1) GRUR-RS 21, 9748 *Removal of mercury/CDEM HOLLAND*.
77 GrBK R 0017/10 v 15.6.2011 (Nr 2.2) BeckRS 11, 146505 *Microcapsule/KUREHA*; R 0008/17 v 18.6.2018 (Nr 10) BeckRS 18, 19298 *Violation of right to be heard/HOLLISTER*; s auch R 0007/17 v 13.6.2019 (Nr 22–26) GRUR-RS 19, 36172 *Stator assembly/DAEWOO*.
78 Vgl hierzu GrBK R 0005/08 (Nr 28–34) ABl 09 SonderA 2, 108 *Monoclonal antibodies/BAYER*.

lich unzulässig oder offensichtlich unbegründet, so verwirft die GrBK ihn. Hierfür ist Einstimmigkeit erforderlich.

5.3 Hauptverfahren

Wird der Antrag nicht verworfen, ist hierüber von der GrBK in 5er Besetzung (4 Juristen, 1 Techniker) zu entscheiden. An diesem Verfahren wirken die anderen Verfahrensbeteiligten mit. Wird eine mündliche Verhandlung beantragt, so ist diese durchzuführen. 29

5.4 Positive Entscheidung

Ist der Antrag zulässig und begründet, so hebt die GrBK gemäß R 108 (3) die angefochtene Entscheidung auf und ordnet die Wiedereröffnung des Verfahren an. Dabei kann sie bestimmen, dass die Mitglieder, die an der angefochtenen Entscheidung mitgewirkt haben, ersetzt werden. Dies kann insbesondere dann veranlasst sein, wenn andernfalls die Besorgnis der Befangenheit dieser Mitglieder entstehen könnte.[79] Ferner ist nach R 110 die Überprüfungsgebühr zurückzuerstatten, ohne dass – wie bei R 103 (1) a) – Billigkeitserwägungen angestellt werden müssen. Die Entscheidung ist nach R 143 (1) y) im Europäischen Patentregister einzutragen und im Europäischen Patentblatt zu veröffentlichen (s Art 112a (6)). Wird eine Entscheidung aufgehoben, mit der ein Patent widerrufen wurde, werden in Deutschland zu entrichtende Jahresgebühren erst mit dem Tag der Zustellung der Entscheidung der GrBK fällig (s Art II § 7 (2) IntPatÜG).[80] 30

Nach Wiederaufnahme des Beschwerdeverfahrens stellt sich die Frage, ob es auf die Behebung des erfolgreich geltend gemachten Verfahrensfehlers zu beschränken ist.[81] In einem Fall, in dem das rechtliche Gehör in Hinblick auf die Interpretation eingereichter Vergleichsversuche verletzt worden war,[82] hat die BK im wieder aufgenommenen Verfahren zwar das versagte Gehör gewährt, aber weder dem Patentinhaber die Einreichung neuer Vergleichsversuche noch dem Einsprechenden das Vorbringen neuer Angriffslinien gestattet.[83] Die GrBK hat sich demgegenüber in einer jüngeren Entscheidung explizit gegen eine solche Beschränkung des Verfahrensgegenstands ausgesprochen.[84] 31

---

79 Ersetzungsantrag wurde abgelehnt in GrBK R 0015/11 EPOR **13**, 406 *Fundamental violation of Art 113/IVIS TECHNOLOGIES*; R 0021/11 v 15.6.2012 BeckRS **12**, 216196 *Relevanter Antrag nicht entschieden/BAYER*; 0005/19 v 15.3.2021 (II4) GRUR-RS **21**, 20502 *Verletzung des rechtlichen Gehörs/SIEMENS SCHWEIZ*; s aber auch T 0584/09 v 1.3.2013 BeckRS **16**, 9965 (Befangenheit bejaht).
80 Diese explizite Bestimmung wurde 2013 durch Art 7 Nr 1 b) PatNovG eingeführt.
81 So offenbar GrBK R 0021/11 v 15.6.2012 (Nr 30) BeckRS **12**, 216196 *Relevanter Antrag nicht entschieden/BAYER* (als Argument gegen Ersetzung von BK-Mitgliedern).
82 GrBK R 0016/13 ABl **16** ZPubl 3, 9 *Kristallines Mikronisat/BOEHRINGER INGELHEIM*.
83 T 0379/10 v 21.9.2015 RechtsprBK/EPA **19**, 1390.
84 GrBK R 0005/19 v 15.3.2021 (II.3) GRUR-RS **21**, 20502 *Verletzung des rechtlichen Gehörs/SIEMENS SCHWEIZ*.

5.5 Weiterbenutzungsrechte

32 In Anlehnung an Art 122 (5) (vgl dazu § 123 Rdn 175 ff) sieht Art 112a (6) die Entstehung von Weiterbenutzungsrechten gutgläubiger Dritte vor, die zwischen dem Erlass der angefochtenen Beschwerdekammerentscheidung und der Veröffentlichung des Hinweises auf die Entscheidung der GrBK im Europäischen Patentblatt die Erfindung in Benutzung genommen haben.

§ 74 Beschwerderecht
(persons entitled to appeal)

(1) Die Beschwerde steht den am Verfahren vor dem Deutschen Patent- und Markenamt Beteiligten zu.
(2) In den Fällen des § 31 Abs 5 und des § 50 Abs 1 und 2 steht die Beschwerde auch der zuständigen obersten Bundesbehörde zu.

Ilse Püschel

Übersicht

	Geltungsbereich	1
	Europäisches Patentrecht	2
	Literatur	3
	Kommentierung zu § 74 PatG	
1	Grundsatz	4
2	Beschwerderecht des Anmelders/Patentinhabers	5
2.1	Eintragung im Register	5
2.2	Umschreibung im Register	8
2.2.1	Registeränderung ohne Beteiligtenwechsel	10
2.2.2	Beteiligtenwechsel nach Registeränderung	11
2.3	Nicht eingetragener Rechtsnachfolger	12
3	Einspruchsverfahren	13
4	Nebenverfahren	14
5	Vertreter von Beteiligten	15
6	Beschwerderecht Dritter	16
6.1	Dritte ohne formelle Beteiligung	16
6.2	Formelle Beteiligung Dritter	17
7	Ausschluss des Beschwerderechts	18
8	Oberste Bundesbehörde	19

1 **Geltungsbereich:** § 74 wurde als § 36m durch das **6. Überleitungsgesetz** (BGBl I 1274 = BlPMZ 61, 124, 128) mit Wirkung vom 1.7.1961 in das PatG eingefügt.
Art 1 Nr 40 des **Zweiten Gesetzes zur Vereinfachung und Modernisierung des Patentrechts** v 10.8.2021 (BGBl I 3490 = BlPMZ 2021, 290; amtl Begr BT-Drs 19/25821) hat mit Wirkung v 18.8.2021 in § 74 (1) das Wort »Patentamt« ersetzt durch die Wörter »Deutschen Patent- und Markenamt«.

2 **Europäisches Patentrecht:** Nach Art 107 EPÜ sind die Verfahrensbeteiligten in 1. Instanz *beschwerdeberechtigt.* Vgl dazu die Erläuterungen zu Art 107 EPÜ im Anhang zu § 73.

3 **Lit in GRUR:** van Hees GRUR 87, 855; **Lit in Mitt:** Hövelmann Mitt 99, 129; **Lit in IIC:** Weinmiller 01, 281.

1 Grundsatz

Das Beschwerderecht steht den Personen zu, die am Verfahren vor DPMA beteiligt waren. Maßgebend ist die gesetzlich vorgesehene, rein *formelle Beteiligung*.[1] Nur wer am Verfahren vor DPMA formell *tatsächlich beteiligt* war, ist auch beschwerdeberechtigt, nicht dagegen Dritte, denen eine Beteiligung aus welchen Gründen auch immer verwehrt war.[2] § 74 wird ergänzt insbesondere durch die ZPO-Vorschriften über die Nebenintervention und Veräußerung der Streitsache (zum Beteiligtenwechsel s Rdn 9 ff, zur formellen Beteiligung und dem Beschwerderecht Dritter s Rdn 17).

4

2 Beschwerderecht des Anmelders/Patentinhabers

2.1 Eintragung im Register

Für die Beschwerdeberechtigung und Verfahrensbeteiligung des *Anmelders* oder *Patentinhabers* ist grundsätzlich die Eintragung im Patentregister maßgebend, auch wenn diese nicht die materiell Berechtigten sein sollten.[3]

5

Ohne Registereintragung beschwerdeberechtigt sind nur Personen, die in besonderen Fällen an die Stelle des eingetragenen Pateninhabers oder Anmelders treten wie zB **a)** *Erbe und gesellschaftsrechtlicher Gesamtrechtsnachfolger* (vgl § 30 Rdn 51);[4] **b)** *Sequester* eines Patents gemäß § 938 (2) ZPO;[5] **c)** *Insolvenzverwalter* nach § 80 (1) InsO als Partei kraft Amtes.[6]

6

Mehrere Anmelder oder Patentinhaber, die gemäß § 62 ZPO notwendige Streitgenossen sind (vgl § 34 Rdn 16 und § 73 Rdn 106): Jeder ist für sich beschwerdeberechtigt. Legt nur einer Beschwerde ein, wirkt dies kraft der Fiktion des § 62 (1) ZPO auch für die anderen, die dann ebenfalls Beteiligte im Beschwerdeverfahren sind, aber nicht Beschwerdeführer sind.[7] Der rechtzeitig Beschwerde Einlegende wahrt somit die Beschwerdefrist für den, der verspätet Beschwerde einlegt. Nimmt der rechtzeitig Beschwerde Einlegende seine Beschwerde zurück, entfällt die Fiktion des § 62 ZPO, so dass die verspätete Beschwerde als unzulässig zu verwerfen ist.

7

---

1 BPatGE **8**, 5, 8; **9**, 196, 198; **17**, 223, 225; BPatG BlPMZ **95**, 256 *Formelle Beteiligung*; zur formellen Beteiligung in Nebenverfahren s BGH GRUR **09**, 701 *Niederlegung der Inlandsvertretung*; zum ebenfalls verfahrensrechtlich zu verstehenden Beteiligtenbegriff des § 46 (1) s BGH GRUR **11**, 509 *Schweißheizung*.
2 BPatGE **10**, 31, 34; vgl BGH BlPMZ **67**, 223 (II3) *Bleiphosphit*.
3 Es sei denn, auf den Nichteingetragenen lautet fälschlich der Beschluss: BPatGE **33**, 260 (Gbm); vgl auch BGH GRUR **08**, 551 = BlPMZ **08**, 218 (II1) *Sägeblatt*; nicht beschwerdeberechtigt auch der zu einem früheren Zeitpunkt Eingetragene, s BPatG v 06.05.14 – 10 W (pat) 130/14.
4 ZB BPatG v 23.10.14 – 21 W (pat) 8/10 (II1) juris Tz 98, s auch GRUR **16**, 543 FN 56 = Schulte-Kartei PatG 39 Nr 74 *Zurückweisung einer Teilanmeldung*.
5 BGH GRUR **08**, 87 *Patentinhaberwechsel im Einspruchsverfahren*; BPatGE **44**, 95 = GRUR **02**, 371 *Pressform*.
6 Vgl Thomas/Putzo/Hüßtege, ZPO, 37. Aufl 2016, vor § 50 Rn 16, § 51 Rn 25 ff; BPatGE **53**, 153,156 *Akustischer Mehrschichtenabsorber*.
7 ZB BGH v 19.09.2017 – X ZB 1/17 (Tz 32), GRUR **2017**, 1286 *Mehrschichtlager*; BPatG v 29.11.05 – 21 W (pat) 70/04, juris Tz 6; BPatG v 01.04.14 – 23 W (pat) 2/11.

2.2 Umschreibung im Register

8 Bei *rechtsgeschäftlicher Übertragung* der Anmeldung oder des Patents ändert sich erst mit dem Vollzug der Änderung der Eintragung die Legitimation des Eingetragenen (s auch Rdn 12). Denn nach § 30 (3) 2 bleibt der Eingetragene so lange berechtigt und verpflichtet, bis die betreffende Änderung im Patentregister eingetragen ist (vgl § 30 Rdn 46).[8]

9 Die Wirkungen der *vollzogenen Umschreibung* auf laufende Verfahren ergeben sich grundsätzlich aus § 99 (1) PatG iVm § 265 (2) ZPO.[9] Danach können Einspruchs(beschwerde)verfahren und Erteilungsbeschwerdeverfahren unverändert mit den bisherigen Beteiligten fortgesetzt werden (s Rdn 10) oder es kann zum Beteiligtenwechsel (s Rdn 11) kommen. Der Beteiligtenwechsel, der gemäß bisheriger Rechtslage nur mit Zustimmung der Gegenseite und des bisher Eingetragenen möglich war, bedarf gemäß § 30 (3) 3 PatG nF[10] nicht mehr der Zustimmung der übrigen Verfahrensbeteiligten (s Rdn 11).

10 **2.2.1 Registeränderung ohne Beteiligtenwechsel:** Der bisher im Patentregister eingetragene Anmelder oder Patentinhaber ist in entsprechender Anwendung des § 265 (2) 1 ZPO zur Beschwerde berechtigt bzw zur Weiterführung des Beschwerdeverfahrens befugt[11]. Dies gilt nicht nur für zweiseitige Beschwerdeverfahren, sondern auch bei einer Anmelderbeschwerde.[12] Denn § 265 (2) 1 ZPO dient nicht nur dem Schutz des Gegners der Partei, auf deren Seite eine Änderung der sachlichen Legitimation eingetreten ist, sondern auch der Ökonomie des Verfahrens, so dass dieses unbeeinflusst von einer Änderung der Inhaberschaft an dem streitbefangenen Gegenstand mit den bisherigen Beteiligten fortgesetzt werden soll.[13]

11 **2.2.2 Beteiligtenwechsel nach Registeränderung:** Eine Verfahrensübernahme von Einspruchs- oder Erteilungsbeschwerdeverfahren durch den neu im Register als Anmelder oder Patentinhaber Eingetragenen *ohne Zustimmung der übrigen Verfahrensbeteiligten* sieht der durch das *Zweite Gesetz zur Vereinfachung und Modernisie-*

---

[8] ZB BGH GRUR 08, 87 (II3a cc, Tz 26) *Patentinhaberwechsel im Einspruchsverfahren*; GRUR 08, 551 = BlPMZ 08, 218 (II2a, Tz 9) *Sägeblatt*; GRUR 13, 713 (III3c, Tz 52) *Fräsverfahren*.

[9] Zur entsprechenden Anwendung von § 265 (2) ZPO im Einspruchs(beschwerde)verfahren BGH GRUR 08, 87 *Patentinhaberwechsel im Einspruchsverfahren*; zum Markenrecht BGH GRUR 98, 940 *Sanopharm*; GRUR 00, 892 = BlPMZ 00, 325 *MTS*.

[10] Satz 3 in § 30 (3) angefügt durch Art 1 Nr 11 c bb des Zweiten Gesetzes zur Vereinfachung und Modernisierung des Patentrechts v 10.8.2021 (BGBl I 3490 = BlPMZ 2021, 290, amtl Begr BT-Drs 19/25821), Inkrafttreten dieser Änderung am 1.5.2022.

[11] St Rspr seit BGH GRUR 08, 87 (II3a aa, Tz 18) *Patentinhaberwechsel im Einspruchsverfahren*; zB BPatG v 31.01.2020 – 23 W (pat) 19/18 (Tz 17).

[12] BGH GRUR 00, 892 = BlPMZ 00, 325 *MTS*; BPatG v 13.01.11 – 21 W (pat) 16/09; BPatG v 25.05.2020 – 11 W (pat) 39/19 (III), GRUR-RR 2020, 477 *Lasergestütztes Fräsen*; dagegen war nach früherer Rspr der bisher Eingetragene nicht mehr beschwerdeberechtigt, es sei denn, auf ihn lautete fälschlich der Beschluss: BPatGE **34**, 73 (Wz); **34**, 79 (Wz); BPatGE **33**, 260 (Gbm).

[13] BGH GRUR 98, 940 *Sanopharm*; GRUR 00, 892 = BlPMZ 00, 325 *MTS*; GRUR 08, 87 (II3a aa) *Patentinhaberwechsel im Einspruchsverfahren*.

rung des Patentrechts neugefasste § 30 (3) 3 PatG vor.[14] Die abweichend von § 265 (2) 2 ZPO geregelte, nunmehr zustimmungsunabhängige Verfahrensübernahme des Rechtsnachfolgers erfolgt in Angleichung an § 28 (2) 3 MarkenG[15] und soll der Verfahrensvereinfachung dienen. Schon nach der früheren, bis zur BGH-Entscheidung »*Patentinhaberwechsel im Einspruchsverfahren*«[16] bestehenden Praxis wurde der neue Inhaber mit Vollzug seiner Eintragung im Register ohne weiteres als Verfahrensbeteiligter angesehen.[17] Die Regelung in § 30 (3) 3 nF schafft allerdings keine gleichsam automatische Verfahrensübernahme durch den neu im Register Eingetragenen, sondern bietet ihm lediglich die Möglichkeit, dies ohne Zustimmungserfordernisse zu tun; wenn er nicht übernimmt, ist die Fortführung durch den bisher Eingetragenen weiterhin möglich (s Rdn 10). Da § 30 (3) 3 nF ausdrücklich auf die Eintragung im Register abstellt, bleibt es im Übrigen dabei, dass allein die materielle Rechtsnachfolge die Verfahrensübernahme noch nicht ermöglicht.[18]

Nach der bis zum Inkrafttreten des § 30 (3) 3 nF am 1.5.2022 bestehenden Rechtslage war der neu in das Patentregister Eingetragene in entsprechender Anwendung des § 265 (2) 2 ZPO nur mit Zustimmung des Einsprechenden und des bisher Eingetragenen[19] berechtigt, das Verfahren anstelle des bisher eingetragenen Patentinhabers zu übernehmen[20] (es sei denn, dass der Veräußerer des Streitpatents nicht mehr fortexistiert[21]). War die *Zustimmung* nicht ausdrücklich erklärt worden, war sie nach § 99 (1) PatG iVm § 267 ZPO zu vermuten, wenn der Beteiligte, von dessen Zustimmung der Beteiligtenwechsel abhängig ist, **a)** sich in der mündlichen Verhandlung auf die Sache eingelassen hat, ohne dem Beteiligtenwechsel zu widersprechen[22] oder **b)** der mündlichen Verhandlung ferngeblieben ist, was einer rügelosen Einlassung auf die Sache gleichsteht.[23] **Fehlende Zustimmung** konnte nicht dadurch ersetzt werden, dass das Gericht die Übernahme als sachdienlich ansieht.[24] Wurde die Zustimmung versagt, blieb es bei den bisherigen Beteiligten.[25]

---

14 S Art 1 Nr 11 c bb des Gesetzes v 10.8.2021 (BGBl I 3490 = BlPMZ 2021, 290, amtl Begr BT-Drs 19/25821), Inkrafttreten dieser Änderung am 1.5.2022.
15 S amtl Begr BT-Drs 19/25821, S 43.
16 BGH GRUR 08, 87 *Patentinhaberwechsel im Einspruchsverfahren*.
17 Vgl BPatGE 44, 95, 104 *Pressform*.
18 S amtl Begr BT-Drs 19/25821, S 43.
19 Vgl Thomas/Putzo/Seiler, ZPO, 42. Aufl 2021, § 265 Rn 17: Veräußerer darf nicht gegen seinen Willen zum Ausscheiden gezwungen werden; BPatG v 03.04.14 – 7 W (pat) 6/14 (II1), juris Tz 18; BPatG v 31.01.2020 – 23 W (pat) 19/18 juris Tz 18.
20 St Rspr seit BGH GRUR 08, 87 *Patentinhaberwechsel im Einspruchsverfahren*; zB BPatG v 08.04.2019 – 11 W (pat) 4/17, juris Tz 46.
21 BPatG v 09.12.11 – 23 W (pat) 351/05, juris, s GRUR 13, 550 FN 56 (urspr Inhaberin aufgrund Verschmelzung erloschen).
22 Vgl BPatGE 53, 167, 168 = Schulte-Kartei PatG 65–80 86–99 Nr 418 *Maßstabträger*.
23 BPatGE 53, 167, 168 = Schulte-Kartei PatG 65–80 86–99 Nr 418 *Maßstabträger*.
24 BGH NJW 88, 3209; 96, 2799; BPatG v 05.07.12 – 7 W (pat) 31/10, juris Tz 22 = Schulte-Kartei PatG 25 Nr 39 *Verfahren zum Vorfüllen des exkorporalen Kreislaufs*.
25 ZB BPatGE 53, 153, 158 *Akustischer Mehrschichtabsorber*; BPatG v 23.10.14 – 21 W (pat) 8/10 (II2), juris Tz 108.

2.3 Nicht eingetragener Rechtsnachfolger

12 Der aufgrund rechtsgeschäftlicher Übertragung materiell berechtigte, aber noch nicht in das Patentregister eingetragene Rechtsnachfolger des Anmelders oder Patentinhabers ist mangels prozessualer Legitimation *nicht anstelle* des eingetragenen Anmelders oder Patentinhabers beschwerdeberechtigt oder zur Verfahrensbeteiligung befugt.[26] Die frühere Rechtsprechung des BPatG,[27] den Rechtsnachfolger als einen »am Verfahren Beteiligten« bereits mit Eingang eines Umschreibungsantrags gemäß § 28 (2) MarkenG anzusehen, hat der BGH missbilligt.[28] Hieran hat sich auch durch § 30 (3) 3 PatG nF[29] nichts geändert (s Rdn 11).

Ein noch nicht eingetragener Rechtsnachfolger des Patentinhabers – letzterer bleibt unverändert Partei im Beschwerdeverfahren – kann aber dem Beschwerdeverfahren als *Streithelfer* nach § 99 (1) PatG iVm § 66 ZPO beitreten.[30] Tritt der Rechtsnachfolger bereits dem Einspruchsverfahren bei, kann er gegen den Widerruf des Patents Beschwerde einlegen (§ 66 (2) ZPO). Nur darf er sich gemäß § 67 ZPO nicht mit Verfahrenshandlungen in Widerspruch zur Hauptpartei – dem Veräußerer des Patents – setzen; denn der beigetretene Erwerber des Patents ist nach § 99 (1) PatG iVm § 265 (2) 3 ZPO nicht streitgenössischer Nebenintervenient.[31]

3 Einspruchsverfahren

13 Beteiligte im Einspruchsverfahren und damit beschwerdeberechtigt sind der Patentinhaber, die Einsprechenden und die Beigetretenen (zur Beteiligung Dritter s auch Rdn 17). Sofern ein Einsprechender – bei Aufrechterhaltung des Patents – Beschwerde eingelegt hat, sind nach neuerer Rspr nicht nur die beschwerdeführenden Einsprechende, sondern auch die nicht beschwerdeführenden Einsprechenden am Beschwerdeverfahren beteiligt[32] (s auch § 73 Rdn 101). Damit sind wie beim EPA nach Art 107 S 2 EPÜ alle Verfahrensbeteiligten 1. Instanz auch am Beschwerdeverfahren beteiligt.

Die Verfahrensbeteiligung des Einsprechenden beginnt mit der Einreichung seines Einspruchs, mag dieser auch unzulässig sein oder verspätet zur Akte gelangen.[33] Mit dem Ende der Verfahrensbeteiligung des Einsprechenden, zB durch Rücknahme seines Einspruchs, wird seine Beschwerde unzulässig, die daher zu verwerfen ist.[34] In der Regel wird damit aber auch die Rücknahme der Beschwerde gewollt sein, im Zweifel ist rückzufragen, vgl § 73 Rdn 216.

---

26 ZB BPatG v 19.05.14 – 19 W (pat) 62/12.
27 BPatGE **44**, 156 = BlPMZ **01**, 401 *Rechtsnachfolge und Beschwerdeberechtigung*; BPatGE **49**, 39 = BlPMZ **06**, 159 *Beleuchtungseinheit*.
28 BGH GRUR **08**, 87 (II3b) *Patentinhaberwechsel im Einspruchsverfahren*.
29 Satz 3 in § 30 (3) angefügt durch Art 1 Nr 11 c bb des Zweiten Gesetzes zur Vereinfachung und Modernisierung des Patentrechts v 10.8.2021 (BGBl I 3490 = BlPMZ **2021**, 290, amtl Begr BT-Drs 19/25821), Inkrafttreten dieser Änderung am 1.5.2022.
30 BGH GRUR **08**, 87 (II3b) *Patentinhaberwechsel im Einspruchsverfahren*; Zulässigkeit von gewillkürter Prozessstandschaft oder Streithilfe offen gelassen von BGH GRUR **08**, 551 = BlPMZ **08**, 218 (II2b) *Sägeblatt*.
31 BGH GRUR **12**, 149 (Tz 98) *Sensoranordnung* zum Beitritt des Patenterwerbers im Patentnichtigkeitsverfahren; zur streitgenössischen Nebenintervention s § 81 Rdn 24.
32 BGH v 22.10.2019 – X ZB 16/17, GRUR **2020**, 110 *Karusselltüranlage*.
33 BPatGE **12**, 151; **14**, 191.
34 BPatGE **29**, 92; **29**, 234.

4 Nebenverfahren

Die Beschwerdeberechtigung gegen eine Entscheidung des Patentamts setzt in Nebenverfahren nicht voraus, dass der Beschwerdeführer Verfahrensbeteiligter im Hauptsacheverfahren ist.[35] Zu den Beteiligten in Nebenverfahren siehe § 73 Rdn 102.

5 Vertreter von Beteiligten

Vertreter eines am Ausgangsverfahren Beteiligten ist grundsätzlich nicht selbst Verfahrensbeteiligter iSv § 74 (1),[36] es sei denn, es handelt sich um ein *Nebenverfahren*, das er selbst durch Antragstellung in Lauf gesetzt hat wie zB bei Beschwerde a) gegen die Ablehnung des Antrags auf *Löschung eines Vertreters im Patentregister*;[37] b) gegen die Ablehnung des durch einen Vertreter in eigenem Namen gestellten Antrags auf *Akteneinsicht*;[38] c) des beigeordneten Vertreters gegen die Festsetzung der *Gebühren nach dem VertrGebErstG*.

6 Beschwerderecht Dritter

6.1 Dritte ohne formelle Beteiligung

Dritte, die sich am Verfahren nicht förmlich beteiligt haben oder nicht beteiligen konnten, sind keine Beteiligten iSd § 74 (1). Daher *nicht beschwerdeberechtigt:* a) der *materiell Berechtigte*, der durch eine Eintragung im Register (noch) nicht legitimiert ist (s § 30 Rdn 46), es sei denn er ist als Einzelrechtsnachfolger Streithelfer des im Verfahren verbleibenden Patentinhabers (s Rdn 12); b) der *wirtschaftlich Interessierte*, dessen wirtschaftliche Betätigungsfreiheit durch ein entstehendes oder aufrechterhaltenes Patent berührt werden könnte;[39] c) der *Recherche- oder Prüfungsantragsteller*, weil diese nach § 43 (2) 1 und § 44 (2) nicht am Verfahren beteiligt sind; d) Dritte, die *Druckschriften gemäß § 43 (3) 3* nennen (s § 43 Rdn 40); e) der durch eine *widerrechtliche Entnahme Verletzte*;[40] f) der *Hintermann eines im eigenen Namen Handelnden*, denn die unechte oder mittelbare Stellvertretung führt nur zur Verfahrensbeteiligung des Handelnden, nicht des hinter ihm stehenden Dritten;[41] g) Dritte, denen *Rechte an der Erfindung, der Anmeldung oder dem Patent* zustehen, wie zB der Lizenznehmer oder Pfändungsgläubiger; h) Wettbewerber, die durch die *Würdigung des Standes der Technik* in der Patentbeschreibung berührt werden, es sei denn, es handelt sich um unzulässige Schmähkritik.[42]

6.2 Formelle Beteiligung Dritter

Fälle, in denen Dritte aufgrund besonderer Vorschriften am Verfahren vor dem DPMA förmlich beteiligt und beschwerdeberechtigt sind: a) Beitritt des vermeintlichen *Patentverletzers* nach § 59 (2), vgl § 59 Rdn 246 ff; b) Beitritt des *Nebenintervenienten* nach

---

35 BGH GRUR 09, 701 *Niederlegung der Inlandsvertretung*.
36 BPatGE 17, 14, 15 = BlPMZ 75, 145; BPatG BlPMZ 95, 256.
37 BGH GRUR 09, 701 *Niederlegung der Inlandsvertretung*.
38 Vgl BGH GRUR 99, 226 = Mitt 99, 34 *Akteneinsicht XIV*.
39 BPatGE 8, 5, 8; BPatG BlPMZ 95, 256.
40 BPatGE 9, 196.
41 BPatGE 17, 223; BPatG Mitt 72, 238.
42 BPatGE 52, 256 *Aufreißdeckel*, im Anschluss an BGH GRUR 10, 253 *Fischdosendeckel*.

§ 99 (1) iVm § 66 ZPO auf Seiten des Patentinhabers[43] oder auf Seiten des Einsprechenden,[44] vgl Rdn 12, § 59 Rdn 147 u Einl Rdn 231 (zur Nebenintervention im Beschwerdeverfahren s § 73 Rdn 105); Beschwerderecht auch ohne vorherige formelle Beteiligung am DPMA-Verfahren: c) Beschwerderecht der obersten Bundesbehörde nach § 74 (2), s Rdn 19; d) Beschwerderecht der Staatskasse in bestimmten VKH-Fällen nach § 135 (3) S 2 iVm § 127 (3) ZPO, vgl § 135 Rdn 19.

Nicht beschwerdeberechtigt ist das DPMA bzw PräsDPMA, letzterer kann sich nur nach den §§ 76, 77 am Beschwerdeverfahren beteiligen, vgl § 73 Rdn 18, 95.

7 Ausschluss des Beschwerderechts

18 Der Ausschluss des Beschwerderechts ist ohne Verstoß gegen Art 19 (4) GG[45] vorgesehen in §§ 27 (3) 3, 46 (1) 5, 123 (4) und 135 (3) 1 PatG.

8 Oberste Bundesbehörde

19 Die oberste Bundesbehörde gemäß § 74 (2) ist bei Geheimanmeldungen das Bundesministerium für Verteidigung (§ 56 PatG), dem auch ohne formelle Verfahrensbeteiligung ein Beschwerderecht zusteht.

§ 75 Aufschiebende Wirkung
(suspensive effect)

(1) Die Beschwerde hat aufschiebende Wirkung.
(2) Die Beschwerde hat jedoch keine aufschiebende Wirkung, wenn sie sich gegen einen Beschluß der Prüfungsstelle richtet, durch den eine Anordnung nach § 50 Abs 1 erlassen worden ist.

Ilse Püschel

Übersicht

	Geltungsbereich	1
	Europäisches Patentrecht	2
	Kommentierung zu § 75 PatG	
1	Wirkung der Beschwerde	3
2	Missachtung der aufgeschobenen Wirkung	4
3	Voraussetzungen für den Eintritt der aufschiebenden Wirkung	6
4	Rücknahme der Beschwerde	7

---

43 BGH GRUR 08, 87 = BlPMZ 07, 459 *Patentinhaberwechsel im Einspruchsverfahren.*
44 BPatGE 51, 95 *Kindersitzerkennung.*
45 BPatG Mitt 91, 63, 64.

Geltungsbereich: § 75 wurde als § 36n durch das 6. Überleitungsgesetz (BGBl I 1274 = BlPMZ 61, 124, 128) mit Wirkung vom 1.7.1961 in das PatG eingefügt.

Europäisches Patentrecht: Die europäische Beschwerde hat gemäß Art 106 (1) 2 EPÜ ebenso wie die deutsche Beschwerde aufschiebende Wirkung. Vgl die Erläuterungen Art 106 EPÜ Rdn 37, im Anhang zu § 73.

1 Wirkung der Beschwerde

Die Beschwerde schiebt die Wirksamkeit des angefochtenen Beschlusses bis zur Entscheidung über die Beschwerde auf, so dass dem Beschluss, und zwar rückwirkend, keine Wirkung zukommt.[1] Sinn der Vorschrift: Erhaltung des Rechtszustands vor Erlass des Beschlusses im Interesse des Betroffenen.[2] Daher ist nach der Beschwerdeerhebung jede Ausführung des angefochtenen Beschlusses unzulässig.

§ 75 (1) gilt für alle Beschlüsse iSd § 73, unabhängig von ihrem Inhalt. Einzige Ausnahme: § 75 (2).

2 Missachtung der aufgeschobenen Wirkung

Die Missachtung der aufgeschobenen Wirkung verpflichtet DPMA zur Korrektur gleichwohl vorgenommener Akte und rechtfertigt die Rückzahlung der Beschwerdegebühr. Bis zum Ablauf der Beschwerdefrist hat DPMA alle Maßnahmen zu unterlassen, die eine Beschwerde sinnlos machen würden, wie zB Gewährung der Akteneinsicht, Eintragung in das Register,[3] Veröffentlichung der Patenterteilung im Patentblatt[4] oder Veröffentlichung der Patentschrift.[5] Das entspricht dem Sinn des § 75 (1), der den Beschwerdeführer davor bewahren will, vor vollendete Tatsachen gestellt zu werden, die seine Beschwerde gegenstandslos machen.[6] Gleichwohl vorgenommene Akte sind – soweit möglich, zB durch Berichtigung im Patentblatt – rückgängig zu machen.[7]

Einzelfälle: a) Erteilungsbeschluss nach § 49: Beschwerde des Anmelders (zB bei Erteilung abweichend vom Antrag) bewirkt, dass die gesetzlichen Wirkungen des Patents nach §§ 9 u 10 nicht eintreten, auch wenn der Erteilung nach § 58 (1) bereits im Patentblatt veröffentlicht sein sollte.[8] Es bleibt beim Entschädigungsanspruch nach § 33; **b) Widerruf und beschränkte Aufrechterhaltung des Patents:** Beschwerde lässt die Wirkungen des § 21 (3) nicht eintreten, die gesetzlichen Wirkungen des Patents in der erteilten Fassung nach §§ 9 und 10 bleiben bestehen;[9] **c) Jahresgebühren:** Ihr Fälligwerden wird durch die Erhebung einer Beschwerde nicht berührt (Ausnahme: wenn Gegenstand der Beschwerde die wegen Nichtzahlung eingetretene Rücknahmefiktion ist: erst mit Gewährung der Wiedereinsetzung werden Gebühren wieder fällig,

---

1 BPatGE 1, 15, 19; T 0001/92 ABl 93, 685 (Nr 3.1); J 0028/03 ABl 05, 597.
2 Bayer VGH BlPMZ 58, 194, 195 rSp; OLG Düsseldorf BlPMZ 59, 42, 43.
3 *BPatGE 18*, 7, 12.
4 BPatG v 21.10.92 – 9 W(pat) 6/91 GRUR 93, 633 FN 14; J 0028/94 ABl 95, 742; J 0033/95 ABl 96 SonderA 112; T 0001/92 ABl 93, 685 (Nr 3.1).
5 Vgl EPA-PrüfRichtl E X 1.
6 BPatGE 18, 7, 12; J 0028/94 ABl 95, 742; J 0033/95 ABl 96 SonderA 112; T 0001/92 ABl 93, 685 (Nr 3.1).
7 J 0028/94 ABl 95, 742; J 0033/95 ABl 96 SonderA 112.
8 Vgl BGH GRUR 00, 698 *Graustufenbild*.
9 Vgl BPatGE 44, 95, 102 *Pressform*: Patent mangels Bestandskraft des Widerrufs als existenter Vermögensgegenstand rechtsgeschäftlich übertragbar.

s § 17 Rdn 25); **d) Kostenentscheidungen** werden wie jeder andere Beschluss von der aufschiebenden Wirkung der Beschwerde betroffen. Daher kann eine **Kostenfestsetzung** und eine **Vollstreckung** erst nach Unanfechtbarkeit der Kostenentscheidung erfolgen;[10] **e) Offenlegung:** Der Anspruch aus § 33 wird durch eine Beschwerde nicht berührt, weil er mit dem Offenlegungshinweis gemäß § 32 (5) und nicht auf Grund der angefochtenen Entscheidung entsteht; **f) Veröffentlichung der Erteilung im Patentblatt:** Wird ein Antrag, den Hinweis auf die Erteilung gemäß § 58 (1) zu verschieben, abgelehnt, so darf nach Erhebung einer Beschwerde dieser Hinweis nicht veröffentlicht werden oder er muss – wenn er bereits erfolgt ist – berichtigt werden.[11]

3 Voraussetzungen für den Eintritt der aufschiebenden Wirkung

6   Voraussetzungen für den Eintritt der aufschiebenden Wirkung: a) eine wirksame Beschwerde, die bei DPMA eingelegt wurde; b) Zahlung der *Beschwerdegebühr*, denn eine nach § 6 (2) PatKostG als nicht vorgenommen geltende Beschwerde ist rechtlich nicht existent und kann daher keine aufschiebende Wirkung haben;[12] c) *Statthaftigkeit der Beschwerde*; ist die Beschwerde gesetzlich ausgeschlossen – zB durch §§ 46 (2) ZPO, 123 (4) und 135 (3) PatG – so entfaltet sie keine aufschiebende Wirkung.
Zulässigkeit der Beschwerde ist nicht erforderlich.[13] Jedoch kommt einer offensichtlich unzulässigen Beschwerde[14] und einer verspätet eingelegten Beschwerde, für die eine Wiedereinsetzung nach § 123 (1) nicht gewährt werden kann, keine aufschiebende Wirkung zu. Mit Gewährung einer Wiedereinsetzung tritt die aufschiebende Wirkung rückwirkend ein, weil dadurch die verspätete Beschwerde zu einer rechtzeitigen wird.

4 Rücknahme der Beschwerde

7   Die Rücknahme der Beschwerde durch einzigen oder alle Beschwerdeführer lässt die aufschiebende Wirkung entfallen und die angefochtene Entscheidung wird rechtskräftig.[15]

§ 76 Erklärungen des Präsidenten des Patentamts im Beschwerdeverfahren
(statements of the president of the patent office)

[1]Der Präsident des Deutschen Patent- und Markenamts kann, wenn er dies zur Wahrung des öffentlichen Interesses als angemessen erachtet, im Beschwerdeverfahren dem Patentgericht gegenüber schriftliche Erklärungen abgeben, den Terminen beiwohnen und in ihnen Ausführungen machen. [2]Schriftliche Erklärungen des

---

10 BPatGE 2, 114, 116.
11 J 0028/94 ABl 95, 742; J 0033/95 ABl 96 SonderA 112; T 0001/92 ABl 93, 685 (Nr 3.1).
12 BPatGE 6, 186, 188; BPatG v 06.05.14 – 10 W (pat) 130/14, juris Tz 8 = Schulte-Kartei PatG 39 Nr 74 *Zurückverweisung einer Teilanmeldung*.
13 BPatGE 3, 119, 121 f.
14 BPatGE 3, 119, 121 f.
15 EPA GBK G 0008/91 ABl 93, 346 = GRUR Int 03, 955 *Rücknahme der Beschwerde/BELL*.

Präsidenten des Deutschen Patent- und Markenamts sind den Beteiligten von dem Patentgericht mitzuteilen.

Ilse Püschel

Übersicht

Geltungsbereich		1
Europäisches Patentrecht		2
Literatur		3
Kommentierung zu § 76 PatG		
1	Zweck	4
2	Mitwirkung des Präsidenten des DPMA	6
2.1	Beschwerdeverfahren	6
2.2	Öffentliches Interesse	7
2.3	Rechte des Präsidenten des DPMA	8
2.3.1	Schriftliche Erklärungen	8
2.3.2	Rechte im Termin	9
2.3.3	Vertreterbestellung	10
3	Verfahren	11

Geltungsbereich: § 76 ist durch Art 8 Nr 42 des 1. GPatG v 26.7.1979 (BGBl I 1269 = BlPMZ 79, 266) als § 36o mit Wirkung vom 1.1.81 neu eingefügt worden.
Art 1 Nr 40 des **Zweiten Gesetzes zur Vereinfachung und Modernisierung des Patentrechts** v 10.8.2021 (BGBl I 3490 = BlPMZ 2021, 290, amtl Begr BT-Drs 19/25821) hat mit Wirkung v 18.8.2021 in § 76 jeweils das Wort »Patentamts« ersetzt durch die Wörter »Deutschen Patent- und Markenamts«.   **1**

Europäisches Patentrecht: Zur Beteiligung des Präsidenten des EPA im europäischen Beschwerdeverfahren vgl Art 110 EPÜ Rdn 36 im Anhang zu § 73.   **2**

Lit: Häußer **FS 25 Jahre BPatG** 1986, 63; **Lit in GRUR:** Goebel GRUR 85, 641; **Lit in Mitt:** Schäfers Mitt 81, 6.   **3**

1 Zweck

§ 76 gibt dem Präsidenten des DPMA die Möglichkeit, im Beschwerdeverfahren ihm wesentlich erscheinende Gesichtspunkte dem Beschwerdesenat schriftlich oder mündlich vorzutragen, ohne sich förmlich am Verfahren zu beteiligen.   **4**

§ 76 ist § 90 (2) GWB nachgebildet, für den § 52 (2) PatG 1936 Vorbild war.[1] Nach § 90 *(2) GWB* kann der Präsident des Bundeskartellamts in Kartellrechtsstreitigkeiten »aus den Mitgliedern des Bundeskartellamts eine Vertretung bestellen, die befugt ist, dem Gericht schriftliche Erklärungen abzugeben, auf Tatsachen und Beweismittel hinzuweisen, den Terminen beizuwohnen, in ihnen Ausführungen zu machen und Fragen an Parteien, Zeugen und Sachverständige zu richten«. Nach *§ 52 (2) PatG 1936* stand dem PräsRPA die gleiche Befugnis in Patentstreitsachen vor den Verletzungsgerichten zu (= »technischer Staatsanwalt«).   **5**

---

1 Amtl Begr zum 1. GPatG BlPMZ 79, 288 lSp.

2 Mitwirkung des Präsidenten des DPMA

2.1 Beschwerdeverfahren

6 § 76 gilt nur für Beschwerdeverfahren nach dem PatG vor BPatG, daher nicht für Nichtigkeitsverfahren sowie für Beschwerden nach dem Sortenschutzgesetz und nach § 45 ErstrG. In Rechtsbeschwerdeverfahren ist § 76 nach § 105 (2) entsprechend anzuwenden.

2.2 Öffentliches Interesse

7 Der Wahrung des öffentlichen Interesses muss die Mitwirkung des Präsidenten des DPMA dienen. Dieses ist unabhängig vom Interesse der Verfahrensbeteiligten und der Stelle, die die angefochtene Entscheidung erlassen hat. Auch das Interesse des Patentamts selbst ist nicht zwingend mit dem öffentlichen Interesse identisch. Ein öffentliches Interesse dürfte jedoch immer gegeben sein, wenn die zu erwartende Entscheidung über den Einzelfall hinaus für die künftige Gestaltung des Verfahrens vor DPMA Bedeutung erlangen kann.

Wann das öffentliche Interesse gegeben ist, entscheidet der Präsident des DPMA nach pflichtgemäßem Ermessen. Auf seine Entscheidung haben weder Gericht noch Beteiligte Einfluss. Das Unterlassen einer im öffentlichen Interesse gebotenen Mitwirkung kann allenfalls im Wege der Dienstaufsichtsbeschwerde beanstandet werden. An eine Weisung des BMJV ist der Präsident des DPMA gebunden.

2.3 Rechte des Präsidenten des DPMA

2.3.1 Schriftliche Erklärungen

8 Schriftliche Erklärungen des Präsidenten des DPMA müssen nach § 99 (1) iVm §§ 129 ff ZPO die für die Schriftsätze geltenden Anforderungen erfüllen. Die für die Zustellung an die übrigen Beteiligten erforderliche Anzahl von Abschriften soll beigefügt sein.

Inhalt der schriftlichen Erklärung kann alles sein, was Grundlage der Entscheidung des Beschwerdesenats sein kann. Sie kann also sowohl Tatsachen wie Rechtsausführungen enthalten; insbesondere wird der Präsident des DPMA auf die mögliche Auswirkung einer Entscheidung hinweisen, damit der Beschwerdesenat die Tragweite seiner Entscheidung mit in Rechnung stellen kann.

2.3.2 Rechte im Termin

9 Der Präsident des DPMA kann an allen öffentlichen und nicht öffentlichen mündlichen Verhandlungen vor einem Beschwerdesenat teilnehmen, auch wenn er keine schriftliche Erklärung abgegeben hatte. Vom Vorsitzenden ist ihm Gelegenheit zu Ausführungen zu geben. Die Befugnis, Fragen an Parteien, Zeugen und Sachverständige zu richten, gewährt § 76 dem Präsidenten des DPMA im Gegensatz zu § 90 (2) GWB nicht, wohl weil DPMA anders als das Kartellamt kein eigenes verwaltungsmäßiges Ziel verfolgt. BPatG kann aber nach seinem Ermessen Fragen zulassen.

2.3.3 Vertreterbestellung

10 Der Präsident des DPMA braucht im Termin nicht persönlich zu erscheinen. Er kann einen Vertreter bestellen, dessen Auswahl ihm das Gesetz freistellt (anders § 90 (2)

GWB). Die Vertretung durch eine dem DPMA nicht angehörende Person (zB Anwalt oder Beamter des BMJV) ist nicht ausgeschlossen. In der Regel wird er sich durch einen Angehörigen des DPMA seiner Wahl[2] vertreten lassen, zB durch einen Angehörigen der Rechtsabteilung, den Leiter der Hauptabteilung Patentwesen oder der Markenabteilung.

3 Verfahren

Die **Berücksichtigung des Vorbringens des Präsidenten des DPMA** bei der Entscheidung über die Beschwerde ergibt sich aus dem Untersuchungsgrundsatz, nach dem der Sachverhalt von Amts wegen zu erforschen und der Entscheidung zugrunde zu legen ist. Schriftliche Erklärungen und mündliche Ausführungen müssen daher in Erwägung gezogen werden. Schriftliche Erklärungen, die erst nach Herausgabe des Beschlusses durch die Geschäftsstelle an die Postabfertigungsstelle eingehen, brauchen nicht mehr berücksichtigt zu werden[3] (vgl Einl Rdn 73). 11

Schriftliche Erklärungen des Präsidenten des DPMA sind den Beteiligten nach § 76 Satz 2 mitzuteilen, bedürfen also *keiner förmlichen Zustellung*. Nach Eingang der Erklärung sind Zwischenverfügungen des Senats und Schriftsätze der Beteiligten dem Präsidenten des DPMA zu übermitteln, damit dieser sie für eine etwaige Ergänzung oder für seine Ausführungen in der mündlichen Verhandlung berücksichtigen kann. Versehentliches Unterlassen ist aber ohne Rechtsfolge. 12

Ladung: Hat der Präsident des DPMA eine schriftliche Erklärung abgegeben, so ist er auch vom Termin zur mündlichen Verhandlung zu benachrichtigen. 13

Anträge kann der Präsident des DPMA im Verfahren gemäß § 76 nicht stellen, da er nicht Verfahrensbeteiligter ist. § 87 (1) 1 gebietet, dass BPatG seine Anregungen zur Kenntnis nimmt und würdigt. 14

Kosten können dem Präsidenten des DPMA bei dessen Beteiligung gemäß § 76 nicht auferlegt werden (arg §§ 80 (2), 109 (2)). 15

§ 77 Beitritt des Präsidenten des Patentamts zum Beschwerdeverfahren
(intervention of the president of the patent office)

[1]Das Patentgericht kann, wenn es dies wegen einer Rechtsfrage von grundsätzlicher Bedeutung als angemessen erachtet, dem Präsidenten des Deutschen Patent- und Markenamts anheimgeben, dem Beschwerdeverfahren beizutreten. [2]Mit dem

---

2 AA Bericht des Rechtsausschusses BlPMZ 79, 294 rSp: durch die Formulierung »PräsDPA« könne kein Prüfer, sondern nur ein Angehöriger der Präsidialabteilung (die es im DPMA nicht gibt, vgl BlPMZ 78, 342) Vertreter sein.
3 BGH GRUR 67, 435 *Isoharnstoffäther*; GRUR 82, 406 *Treibladung*; GRUR 97, 223 *Ceco*; GRUR 00, 688 (II2b) *Graustufenbild*.

§ 77 Beitritt des PräsDPMA

Eingang der Beitrittserklärung erlangt der Präsident des Deutschen Patent- und Markenamts die Stellung eines Beteiligten.

Ilse Püschel

Übersicht

Geltungsbereich	1
Europäisches Patentrecht	2
Literatur	3
Kommentierung zu § 77 PatG	
1 Zweck	4
2 Anheimgeben des Beitritts	5
2.1 Beschluss des Beschwerdesenats	5
2.2 Voraussetzungen der Anheimgabe	6
3 Beitritt des Präsidenten des DPMA	7
3.1 Beitrittserklärung	7
3.2 Rechtsstellung des Präsidenten des DPMA	8
3.2.1 Rechtsbeschwerde	9
3.2.2 Kosten	10

1 **Geltungsbereich:** § 77 ist durch Art 8 Nr 42 des **1. GPatG** v 26.7.1979 (BGBl I 1269 = BlPMZ 79, 266) als § 36p mit Wirkung vom 1.1.81 neu eingefügt worden.
Art 1 Nr 40 des **Zweiten Gesetzes zur Vereinfachung und Modernisierung des Patentrechts** v 10.8.2021 (BGBl I 3490 = BlPMZ 2021, 290, amtl Begr BT-Drs 19/25821) hat mit Wirkung v 18.8.2021 in § 77 jeweils das Wort »Patentamts« ersetzt durch die Wörter »Deutschen Patent- und Markenamts«.

2 **Europäisches Patentrecht:** Zur Beteiligung des Präsidenten des EPA im europäischen Beschwerdeverfahren vgl Art 110 EPÜ Rdn 36 im Anhang zu § 73.

3 **Lit in GRUR:** Goebel GRUR 85, 641

1 Zweck

4 Nach § 77 kann BPatG dem Präsidenten des DPMA die Möglichkeit eröffnen, sich anders als nach § 76 als echter Verfahrensbeteiligter an einem Beschwerdeverfahren zu beteiligen. Diese Stellung befähigt ihn zur Einlegung der Rechtsbeschwerde, wenn sie zugelassen wird, so dass grundsätzliche Rechtsfragen auch in einseitigen Verfahren, die zugunsten des Anmelders entschieden werden, dem BGH zur Entscheidung durch den Präsidenten des DPMA unterbreitet werden können.[1]

2 Anheimgeben des Beitritts

2.1 Beschluss des Beschwerdesenats

5 Das Anheimgeben des Beitritts erfolgt durch unanfechtbaren Beschluss des zuständigen Beschwerdesenats (nicht des Vorsitzenden oder des Berichterstatters) *von Amts wegen*. Ein entsprechender *Antrag des Präsidenten des DPMA* ist lediglich eine Anregung, bedarf daher keiner Ablehnung in Beschlussform. Als nobile officium wird der Senat in der Begründung seiner Endentscheidung darauf eingehen.

---

[1] Amtl Begr zum 1. GPatG BlPMZ **79**, 288 lSp.

Eine *Bindung an den Beschluss* sieht § 77 nicht vor. Er wird daher bis zum Eingang der Beitrittserklärung des Präsidenten des DPMA aufgehoben werden können, zB weil die grundsätzliche Rechtsfrage inzwischen höchstrichterlich geklärt ist.

2.2 Voraussetzungen der Anheimgabe

Voraussetzungen: **a)** Vorliegen einer **Rechtsfrage von grundsätzlicher Bedeutung**. Dieser Begriff deckt sich mit dem Zulassungsgrund für die Rechtsbeschwerde (vgl daher § 100 Rdn 15);

b) Entscheidungserheblichkeit der grundsätzlichen Rechtsfrage aus der Sicht des erkennenden Senats, denn die Beteiligung ist nicht für die Erörterung interessanter Rechtsfragen vorgesehen, die gar nicht zu entscheiden sind;

c) Erachten des Beitritts als angemessen. Nach dem Sinn des § 77 sollte der Beitritt idR anheimgegeben werden, wenn die Entscheidung Auswirkung auf eine Vielzahl beim DPMA zu bearbeitender Einzelfälle haben kann, so dass eine etwaige Änderung der Verfahrensgestaltung des DPMA erst vorgenommen werden muss, wenn die Rechtsfrage höchstrichterlich geklärt ist;

d) Keine Zustimmung der Parteien vor dem Anheimgeben erforderlich. Wie gegen alle erstinstanzlichen Beschlüsse des BPatG ist auch gegen diesen Beschluss keine Rechtsbeschwerde statthaft (vgl § 100 Rdn 10);

e) Kein Ermessen: Liegen die Voraussetzungen zu a – c vor, hat BPatG den Beitritt anheimzugeben.

3 Beitritt des Präsidenten des DPMA

3.1 Beitrittserklärung

Die Beitrittserklärung steht im Ermessen des Präsidenten des DPMA. Sie muss erkennen lassen, dass nicht nur eine schriftliche Erklärung gemäß § 76, sondern eine förmliche Verfahrensbeteiligung gewollt ist.

Die Beitrittserklärung setzt voraus, **a)** dass der Beschwerdesenat dem Präsidenten des DPMA den Beitritt anheimgegeben hatte, und **b)** dass das Beschwerdeverfahren im Zeitpunkt des Eingangs der Erklärung vor BPatG oder BGH noch anhängig ist. Eine Rücknahme eines zulässigen Einspruchs beendet die Anhängigkeit nicht, da es nach § 61 (1) 2 fortzusetzen ist.[2] Der Beitritt kann daher auch nach Verkündung des Beschlusses, aber vor Eintritt der Rechtskraft erklärt werden. Ein Beitritt nach Herausgabe des Beschlusses durch die Geschäftsstelle an die Postabfertigungsstelle ist jedoch nur sinnvoll, wenn die Rechtsbeschwerde zugelassen ist. Dann kann der Präsident des DPMA innerhalb der Rechtsbeschwerdefrist den Beitritt erklären und Rechtsbeschwerde einlegen.[3]

3.2 Rechtsstellung des Präsidenten des DPMA

Nach § 77 Satz 2 erhält der Präsident des DPMA mit dem Eingang seiner Beitrittserklärung die Stellung eines Beteiligten. Er muss daher das Beschwerdeverfahren in der Verfahrenslage hinnehmen, in der es sich zu diesem Zeitpunkt befindet. Von diesem

---

2 BGH GRUR **87**, 513 *Streichgarn.*
3 AA Goebel GRUR **85**, 641, 647 wegen fehlender förmlicher Beschwer.

Zeitpunkt an erhält der Präsident des DPMA wie die anderen Verfahrensbeteiligten alle Zwischenverfügungen des Senats, Schriftsätze, Ladungen zu mündlichen Verhandlungen zugestellt. Er kann Sach- und Verfahrensanträge stellen, ohne dabei auf die grundsätzliche Rechtsfrage beschränkt zu sein. Enthält die Beitrittserklärung wesentliche Gesichtspunkte, kann eine bereits durchgeführte mündliche Verhandlung wiederholt werden.

3.2.1 Rechtsbeschwerde

9   Die Rechtsbeschwerde kann der wirksam beigetretene Präsident des DPMA wie jeder andere Verfahrensbeteiligte einlegen. Sie ist zulässig, wenn sie vom Beschwerdesenat zugelassen ist oder einer der Gründe des § 100 (3) vorliegt. Beschwer und Rechtsschutzbedürfnis sind gegeben, wenn sein Begehren zur Wahrung eines öffentlichen Interesses geeignet erscheint. Der Zulässigkeit steht eine Rücknahme des Einspruchs nicht entgegen, wenn mit der Rechtsbeschwerde die Frage der Zulässigkeit des Einspruchs geklärt werden soll.[4] Zur Frist, Form, Begründung, Anwaltszwang vgl § 102. An der Rechtsbeschwerde eines anderen Beteiligten ist er beteiligt, sofern er seinen Beitritt vor BPatG oder BGH erklärt hat.

3.2.2 Kosten

10 Kosten im Beschwerdeverfahren können dem Präsidenten des DPMA nach § 80 (2) nur auferlegt werden, wenn er nach seinem Beitritt Anträge gestellt hat (§ 90 (3)), also nicht, wenn er sich auf schriftliche oder mündliche Ausführungen beschränkt und lediglich Anregungen für die zu erlassende Entscheidung gegeben hat.

11 **Im Rechtsbeschwerdeverfahren** können dem Präsidenten des DPMA nach § 109 (2) Kosten nur auferlegt werden, wenn er die Rechtsbeschwerde eingelegt oder Anträge gestellt hat. Nach § 109 (1) 1 hat der BGH über eine Kostenerstattung nach billigem Ermessen zu entscheiden.[5] Es wird idR der Billigkeit entsprechen, dem Präsidenten des DPMA die gesamten Kosten des Rechtsbeschwerdeverfahrens auch dann aufzuerlegen, wenn seine Rechtsbeschwerde erfolgreich ist, denn es wäre unbillig, einen einzelnen Verfahrensbeteiligten, der vor BPatG obgesiegt hatte, mit den Kosten einer vom Präsidenten des DPMA eingelegten Rechtsbeschwerde zu belasten, die im öffentlichen Interesse erhoben wurde, nämlich zur Klärung einer grundsätzlichen Rechtsfrage und Herstellung einer einheitlichen Rechtsprechung. Einem einzelnen Bürger die Finanzierung öffentlicher Interessen aufzubürden, widerspricht der Billigkeit.[6]

---

4   BGH GRUR 87, 513 *Streichgarn*.
5   *Vgl BGH GRUR 11*, 1052 *Telefonsystem* zur Ablehnung eines von PräsDPMA gestellten Antrags, der Anmelderin die Kosten aufzuerlegen, nachdem sie vor BGH die Anmeldung zurückgenommen hat.
6   BPatGE 31, 88 = BlPMZ 90, 273.

§ 78 Mündliche Verhandlung
(oral proceedings)

Eine mündliche Verhandlung findet statt, wenn
1. einer der Beteiligten sie beantragt,
2. vor dem Patentgericht Beweis erhoben wird (§ 88 Abs 1) oder
3. das Patentgericht sie für sachdienlich erachtet.

Ilse Püschel

Übersicht

Geltungsbereich		1
Europäisches Patentrecht		2
Literatur		2
Kommentierung zu § 78 PatG		
1	Voraussetzungen nach § 78 Nr 1	10
1.1	Antrag eines Beteiligten	10
1.1.1	Hilfsantrag	12
1.1.2	Wiederholung des Antrags	13
1.1.3	Rücknahme des Antrags	14
1.1.4	Entbehrlichkeit von mündlicher Verhandlung trotz Antrag	15
1.2	Zulässigkeit der Beschwerde	16
1.3	Entrichtung der Beschwerdegebühr	17
1.4	Anhängigkeit eines Beschwerdeverfahrens	18
2	Verstoß gegen § 78 Nr 1	23
3	Beweiserhebung (§ 78 Nr 2)	24
4	Sachdienlichkeit (§ 78 Nr 3)	25
5	Durchführung der mündlichen Verhandlung	26
6	Vertagung	32
7	Schriftsatzfrist	34
8	Übergang in das schriftliche Verfahren	36

Geltungsbereich: § 78 wurde als § 36o durch das 6. Überleitungsgesetz (BGBl I 1274 = BlPMZ 61, 124, 128) mit Wirkung vom 1.7.1961 in das PatG eingefügt. 1

Europäisches Patentrecht: 2
Nach **Art 116 EPÜ**[1] muss – wenn ein Antrag gestellt ist – eine mündliche Verhandlung anberaumt werden. Der Anspruch auf eine mündliche Verhandlung ist ein Grundrecht der Partei,[2] das nicht durch verfahrensökonomische Erwägungen[3] oder eine Kostenauferlegung, zB weil keine neuen Argumente vorgetragen wurden,[4] eingeschränkt werden darf.

Mündliche Verhandlung findet vor EPA nach Art 116 (1) EPÜ vor der Prüfungsabteilung wie vor 3
der Beschwerdekammer statt a) *von Amts wegen*, wenn dies EPA für sachdienlich erachtet; b) *auf Antrag eines Beteiligten*. Ist der Antrag eindeutig und vorbehaltlos gestellt,[5] führt er obligatorisch zu einer mündlichen Verhandlung. Ein Ermessensspielraum, den Antrag abzulehnen, besteht nicht,[6] auch nicht, wenn die zu erlassende Entscheidung im Ermessen des EPA steht. Eine Ablehnung ist

---

1 Lit: Rau Fschr Schilling 2007, 341; **Lit in VPP Rundbrief:** Göken 00, 74; Teschemacher 01, 1.
2 T 0019/87 ABl 88, 225; T 0556/95 ABl 97, 205 (Nr 4.2).
3 T 0598/88 ABl 90 SonderA 43; T 0870/93 ABl 99 SonderA 45.
4 T 0383/87 ABl 90 SonderA 44; T 0125/89 EPOR 92, 41; T 1051/92 ABl 95 SonderA 77.
5 T 0299/86 ABl 88, 88; T 0019/87 ABl 88, 268.
6 T 0283/88 EPOR 89, 225; T 0556/95 ABl 97, 205 (Nr 4.2).

allenfalls bei eindeutigem Rechtsmissbrauch möglich, eine Vermutung reicht nicht.[7] Solange das Verfahren vor EPA anhängig ist, ist dem Antrag stattzugeben.[8] Wird ein Antrag übersehen, ist die Entscheidung aufzuheben und die Beschwerdegebühr zurückzuzahlen.[9]

Durchführung einer mündlichen Verhandlung als *Videokonferenz* findet sowohl vor Prüfungs[10]- und Einspruchsabteilungen[11] als auch vor den Beschwerdekammern statt.[12]

Ort der mündlichen Verhandlung ist der Ort, wo das für die Entscheidung zuständige Organ des EPA seinen Sitz hat, also München als Sitz des EPA oder Den Haag als dessen Zweigstelle (Art 6 EPÜ). Es gibt keinen Anspruch, dass ein in Den Haag ansässiges Organ eine mündliche Verhandlung in München durchführt.[13] Wenn es für das Verfahren erforderlich ist, zB im Fall einer Inaugenscheinnahme, so kann eine mündliche Verhandlung auch an jedem dritten Ort stattfinden.[14] Mündliche Verhandlungen der Beschwerdekammern an deren Standort in Haar verstoßen nicht gegen Art 113 (1) und Art 116 (1) EPÜ.[15]

4   Nach einer Zurückverweisung muss der ursprünglich in 1. Instanz gestellte Antrag berücksichtigt werden.[16]

Rücknahme eines Antrags muss ausdrücklich und eindeutig erklärt werden,[17] Schweigen auf eine entsprechende Anfrage des EPA ist keine Rücknahme.[18]

5   *Vor der Eingangsstelle* findet eine mündliche Verhandlung nach Art 116 (2) EPÜ nur statt, **a)** wenn sie es für sachdienlich erachtet; **b)** wenn sie die Anmeldung zurückweisen will. Keine Zurückweisung ist die Feststellung eines Rechtsverlusts nach Regel 112 EPÜ.[19]

6   *Erneute mündliche Verhandlung* vor demselben Organ kann EPA nach Art 116 (1) 2 EPÜ zurückweisen, wenn die Parteien und der dem Verfahren zugrunde liegende Sachverhalt unverändert geblieben sind. Werden neue Entgegenhaltungen oder neue Beweismittel eingereicht, so musss auf Antrag eine 2. mündliche Verhandlung stattfinden,[20] auch wenn nach der 1. mündlichen Verhandlung beschlossen wurde, das Verfahren schriftlich fortzuführen.[21] Werden neue Ansprüche gemäß 137 (3) EPÜ nicht zugelassen (vgl dazu Einl Rdn 256), so bleibt der Sachverhalt unverändert.[22]

7   *Nichterscheinen in einer mündlichen Verhandlung*, vgl dazu Rdn 27 und die Erläuterungen Einl Rdn 315.

---

7   T 0194/96 ABl 97 SonderA 65.
8   T 0556/95 ABl 97, 205.
9   T 0019/87 ABl 88, 88; T 0093/88 RechtsprBK/EPA 06, 387.
10 S Mitteilung des EPA v 17.12.2020 über als Videokonferenz durchgeführte mündliche Verhandlungen vor Prüfungsabteilungen, ABl 2020, A134.
11 S Mitteilung des EPA v 10.11.2020 über die Änderung und Verlängerung des Pilotprojekts zur Durchführung mündlicher Verhandlungen vor Einspruchsabteilungen als Videokonferenz, ABl 2020, A121.
12 S hierzu den am 1.4.2021 in Kraft getretenen neuen Art 15a »Als Videokonferenz durchgeführte mündliche Verhandlung« der Verfahrensordnung der Beschwerdekammern, ABl 2021, A19 u A35; zur Frage der Vereinbarkeit mit Art 116 (1) EPÜ bei mündlichen Verhandlungen als Videokonferenz ohne Einverständnis aller Parteien s die Vorlage an die GBK G 1/21, vorgelegt durch T 1807/15 v 12.03.2021; Verstoß gegen Art 116 EPÜ verneint von T 2320/16 v 04.02.2021.
13 T 1012/03 ABl 08 SA S 69 = GRUR Int 08, 241.
14 Offengelassen von T 1012/03 (Nr 38) ABl 08 SA S 69 = GRUR Int 08, 241.
15 GBK G 0002/19 v 16.07.2019.
16 T 0892/92 ABl 94, 664.
17 T 0003/90 ABl 92, 737; T 0795/91 ABl 94 SonderA 75.
18 T 0035/92 ABl 93 SonderA 64; T 0686/92 ABl 94 SonderA 74.
19 JBK v 1.3.85 ABl 85, 159; vgl J 0020/87 ABl 89, 67 zu Regel 69 EPÜ aF.
20 T 0194/96 ABl 97 SonderA 65; T 0731/93 ABl 95 SonderA 78.
21 T 0441/90 ABl 97 SonderA 67.
22 T 0529/94 ABl 98 SonderA 64.

Übersehen eines Antrags auf mündliche Verhandlung ist ein schwerwiegender Verfahrensmangel, auf den nach Art 112a (2) d iVm Regel 104e EPÜ ein Antrag auf Überprüfung durch die Große Beschwerdekammer gestützt werden kann. Eine Entscheidung ohne die beantragte mündliche Verhandlung stellt auch einen schwerwiegenden Verstoß gegen Art 113 EPÜ dar,[23] auf den gemäß Art 112a (2) c EPÜ ein Antrag auf Überprüfung gestellt werden kann.

Lit in GRUR: Kirchner GRUR 74, 363; **Lit in Mitt:** Ballhaus Mitt 61, 121; Müller-Arends Mitt 62, 9; **Lit in NJW:** Schmieder NJW 77, 1217.

1 Voraussetzungen nach § 78 Nr 1

1.1 Antrag eines Beteiligten

Antragsberechtigt ist nur ein Beteiligter am Beschwerdeverfahren (s § 73 Rdn 95 ff u § 74 Rdn 4). Antrag ist jedes Begehren, aus dem sich ergibt, dass der Beteiligte mündlich gehört werden möchte. Bei Zweifeln ist rückzufragen.[24] Jedoch kann auch im Falle eines unbedingten Antrags auf Durchführung einer mündlichen Verhandlung ohne eine solche entschieden werden, wenn dem Beschwerdeantrag in der Hauptsache entsprochen wird.[25]

Eingang des Antrags vor Erlass der Entscheidung ist Voraussetzung, also im schriftlichen Verfahren spätestens bis zur Herausgabe des zuzustellenden Beschlusses an die Postabfertigungsstelle.[26]

1.1.1 Hilfsantrag Der Antrag auf mündliche Verhandlung kann hilfsweise gestellt werden für den Fall, dass eine für den Antragsteller nachteilige Entscheidung ergehen soll.[27] Nachteilig idS ist die Zurückweisung der Beschwerde, nicht auch die Aufhebung und Zurückverweisung der Sache an die 1. Instanz.[28] Einer hilfsweise beantragten mündlichen Verhandlung bedarf es auch dann nicht, wenn dem Begehren des Antragstellers in der Hauptsache entsprochen und nur die Rückzahlung der Beschwerdegebühr abgelehnt wird.[29]

Hat im zweiseitigen Beschwerdeverfahren *nur der Beschwerdeführer* für den Fall, dass seinem Rechtsmittel nicht schon nach Lage der Akten entsprochen werden kann, eine mündliche Verhandlung beantragt, wird der Anspruch des Beschwerdegegners auf Gewährung rechtlichen Gehörs nicht verletzt, wenn BPatG der Beschwerde ohne mündliche Verhandlung stattgibt.[30]

---

23 T 2009/88 RechtsprBK/EPA 06, 377; T 0560/88 ABl 91 SonderA 42.
24 T 0870/93 ABl 99 SonderA 45.
25 BPatGE 1, 163, 165; **13**, 69, 71; BPatG v 26.02.13 – 10 W (pat) 4/12 (IV) Schulte-Kartei PatG 65–80, 86–99 Nr 481 *Vorrichtung zur Bestimmung des Blutvolumens*; s. auch Rdn 22.
26 BGH GRUR 67, 435 *Isoharnstoffäther*; BGH GRUR 82, 406 *Treibladung*; GRUR 97, 223 *Ceco*; GRUR 00, 688 (II2b) *Graustufenbild*; EPA GBK G 0012/91 ABl **94**, 285 *Endgültige Entscheidung/NOVATOME II*.
27 BGH Mitt 06, 450 (Tz 8) *Rossi/ROSSI*; BGH GRUR 08, 731 *alphaCAM*.
28 Std Rspr BPatGE 7, 107; BPatG BlPMZ 12, 356, 357 *Fehlende Unterschrift unter Zurückweisungsbeschluss*; BPatGE 54, 94, 100 *Modulanordnung*; 54, 113, 118 *Elektronisches Steuergerät*; 54, 222, 237 *Batterieüberwachungsgerät*; BPatG v 23.04.2019 – 19 W (pat) 23/19 (II3);T 0924/91 ABl **94** SonderA 74.
29 BPatGE **13**, 69, 71; BPatG v 18.06.15 – 7 W (pat) 74/14 (II5) Schulte-Kartei PatG 65–80, 86–99 Nr 482 *Akteneinsicht in Nichtpatentliteratur*.
30 BGH GRUR 08, 731 *alphaCAM*.

13 **1.1.2 Wiederholung des Antrags** nach durchgeführter mündlicher Verhandlung ist zulässig. § 78 gibt zwar keinen Anspruch auf Wiedereröffnung einer geschlossenen mündlichen Verhandlung, einem Antrag für eine weitere mündliche Verhandlung ist aber zu entsprechen, wenn sich die *Verfahrenslage wesentlich geändert* hat.[31] Zur Wiedereröffnung der mündlichen Verhandlung nach § 91 (3) 2 PatG und § 156 ZPO s § 91 Rdn 6.

14 **1.1.3 Rücknahme des Antrags** ist jederzeit möglich. Es bedarf einer eindeutigen Verfahrenserklärung oder eines eindeutigen Verhaltens.[32] Schweigen auf eine Aufforderung, ob Antrag aufrechterhalten wird, ist keine Rücknahme.[33]

Im zweiseitigen Verfahren ist darüber vor der Entscheidung der andere Beteiligte, der mit Rücksicht auf den gestellten Antrag selbst keinen Antrag gestellt hatte, mit Frist zu unterrichten.

15 **1.1.4 Entbehrlichkeit von mündlicher Verhandlung trotz Antrag** ist gegeben bei *Sonderbestimmungen*, die dem § 78 vorgehen[34] und eine Entscheidung über die Beschwerde ohne mündliche Verhandlung erlauben: a) § 79 (2) 2 PatG für die *Verwerfung der Beschwerde* als unzulässig;[35] das gleiche gilt für die Feststellung nach § 6 Abs. 2 PatKostG bei nicht fristgemäßer Zahlung der Beschwerdegebühr, auch wenn dabei ein Wiedereinsetzungsantrag zurückgewiesen wird;[36] b) § 136 S 1 PatG iVm § 127 (1) 1 ZPO für die (Beschwerde-) Entscheidung über die *Verfahrenskostenhilfe*; c) die Beschwerde gegen einen *Kostenfestsetzungsbeschluss*[37] (arg: § 62 (2) 3 u 4 PatG iVm § 104 (3) 1, § 572 (4), § 128 (4) ZPO); d) § 95 (2) 1 für die *Berichtigung* von Beschwerdeentscheidungen.

Weitere *Fälle* ohne zwingende mündliche Verhandlung unter Heranziehung von § 99 (1) PatG iVm § 128 (3) ZPO[38]: e) die isolierte Entscheidung über die *Kosten des Beschwerdeverfahrens*[39] und die *Rückzahlung der Beschwerdegebühr*[40]; f) der Erlass von *Vorab- und Zwischenentscheidungen*.[41]

---

31 BGH GRUR **96**, 399 (II3b bb) *Schutzverkleidung*; BPatGE **12**, 171, 172; vgl **10**, 296; BPatG Mitt **98**, 95 (Rücknahme einer Teilungserklärung).
32 T 0003/90 ABl **92**, 737 (Erklärung in der mündl Verhandlung nicht vertreten zu sein).
33 T 0035/92, T 0766/90 ABl **93** SonderA 64 u 65.
34 BGH BlPMZ **63**, 124 (II1) *Weidepumpe*; BPatGE **13**, 77, 87.
35 BGH BlPMZ **63**, 124 (II1) *Weidepumpe*; zur eingeschränkten Anwendbarkeit für die Verwerfung des Einspruchs als unzulässig im erstinstanzlichen Einspruchsverfahren vor BPatG s BGH GRUR **10**, 361 *Dichtungsanordnung*.
36 St Rspr zB BGH v 11.01.2017 – X ZA 2/15 (Tz 5); BGH v 15.01.2018 – X ZB 2/16 (Tz 4); BPatGE **1**, 132, 136; BPatG v 24.04.2018 – 25 W (pat) 581/17 (II.5, Markensache).
37 BPatGE **32**, 123 = BlPMZ **91**, 391 (Gbm); st Rspr, zB BPatG v 20.10.10 – 35 W (pat) 49/09 (II4), Schulte-Kartei PatG 65–80, 86–99 Nr 483 *Kostenfestsetzungsbeschwerde*; BPatG GRUR-RR **13**, 311 (II S 1, Markensache); vgl Kirchner GRUR **74**, 363; ebenso Busse/Keukenschrijver, PatG, 9. Aufl 2020, § 78 Rn 2; Benkard/Schäfers/Schwarz, PatG, 11. Aufl 2015, § 78 Rn 5.
38 § 128 (3) ZPO ist mit Wirkung v 1.1.2020 ergänzt um »oder Nebenforderungen« (durch Art 2 Nr 4 des Gesetzes v 12.12.2019, BGBl I 2633), s hierzu Fölsch, Neuerungen im Zivilprozess – Entfristung, Spezialisierung, Effizienz NJW **2020**, 801,805.
39 BPatGE **16**, 188.
40 BPatGE **13**, 69; **21**, 50, 51; BPatG BlPMZ **10**, 374 *Mikro-Schweißspitze* (§ 99 (1) PatG iVm § 128 (3) ZPO als lex specialis gegenüber § 78 Nr 1).
41 Vgl BGH BlPMZ **67**, 294 (II2b) *UHF-Empfänger II*; BPatGE **44**, 95 *Pressform* bzgl Zwischenbeschluss über Parteiwechsel.

1.2 Zulässigkeit der Beschwerde

Eine unzulässige Beschwerde kann (nicht muss) nach § 79 (2) 2, der § 78 vorgeht,[42] ohne mündliche Verhandlung verworfen werden.

1.3 Entrichtung der Beschwerdegebühr

Voraussetzung für die Anwendung des § 78 ist auch die *fristgerechte* Entrichtung der Beschwerdegebühr, sofern die Beschwerde nicht gebührenfrei ist (s § 73 Rdn 92). Gilt die Beschwerde nach § 6 (2) PatKostG als nicht vorgenommen, trifft diese Feststellung nach § 23 (1) Nr 4 RPflG der Rechtspfleger ohne mündliche Verhandlung.

1.4 Anhängigkeit eines Beschwerdeverfahrens

Voraussetzung für die Anwendung des § 78 ist auch die Anhängigkeit eines Beschwerdeverfahrens, denn § 78 bezieht sich – wie sich aus der Überschrift vor § 73 ergibt – nur auf Beschwerdeverfahren. § 78 gilt für alle Beschwerdeverfahren.

Keine Beschwerdeverfahren sind a) *erstinstanzliche Verfahren vor BPatG*,[43] wie zB Entscheidungen über *vor BPatG gestellte Anträge* auf Akteneinsicht, Berichtigung (§ 95 (2) 1 PatG), *Wiedereinsetzung* in die versäumte Frist für die Einlegung der Beschwerde und die Zahlung der Beschwerdegebühr[44] sowie erstinstanzliche Einspruchsverfahren vor BPatG nach § 147 (3) PatG aF;[45] b) *Erinnerungsverfahren* gegen Entscheidungen des Rechtspflegers gemäß § 23 RPflG.[46] In diesen Verfahren ist BPatG eine mündliche Verhandlung frei gestellt.

Konnte die angefochtene Entscheidung ohne mündliche Verhandlung ergehen, weil sie zB gemäß § 46 (1) 2 nicht als sachdienlich angesehen wurde, ist sie für das anschließende Beschwerdeverfahren nicht frei gestellt, sondern muss auf Antrag anberaumt werden.

Der Gegenstand der angefochtenen Entscheidung, Hauptsache oder Nebenpunkt, ist für die Erforderlichkeit der mündlichen Verhandlung vor BPatG ohne Belang. Daher findet eine mündliche Verhandlung auf Antrag statt, wenn die Beschwerde sich auf eine Entscheidung des DPMA über Akteneinsicht, Rückzahlung der Beschwerdegebühr, Prioritätsverwirkung, Unzulässigkeit des Einspruchs, Wiedereinsetzung, Stundung oder isolierte Kostenentscheidung bezieht, sofern nicht nach einer gesetzlichen Sonderbestimmung (s oben Rdn 15) eine mündliche Verhandlung entbehrlich ist.

Einseitiges Verfahren: Auf Antrag findet eine mündliche Verhandlung statt, es sei denn, es wird den Anträgen des Beschwerdeführers voll entsprochen.[47] Nach Zurück-

---

42 BGH BlPMZ **63**, 124 (III) *Weidepumpe*.
43 BPatGE **1**, 132; **9**, 272, 275; BPatG BlPMZ **94**, 292, 294; Mitt **95**, 174, 177 rSp.
44 BPatGE **1**, 132; BPatG BlPMZ **94**, 292, 294; Mitt **95**, 174, 177 rSp.
45 Vgl BGH GRUR **10**, 361 *Dichtungsanordnung* zur Erforderlichkeit einer mündlichen Anhörung oder mündlichen Verhandlung im erstinstanzlichen Einspruchsverfahren vor BPatG.
46 BPatGE **9**, 272, 275.
47 BPatGE **1**, 163, 165; **13**, 69; vgl T 0003/90 ABl **92**, 737; T 0494/92 ABl **94** SonderA 74.

verweisung lebt ein ursprünglich in 1. Instanz gestellter und nicht zurückgenommener Antrag wieder auf.[48]

2 Verstoß gegen § 78 Nr 1

23 Wird einem wirksamen Antrag auf mündliche Verhandlung nicht entsprochen, so stellt dies eine Verletzung des rechtlichen Gehörs[49] und damit einen wesentlichen Verfahrensmangel dar, der zur Aufhebung der angefochtenen Entscheidung und Rückzahlung der Beschwerdegebühr führt, auch wenn der Antrag unverschuldet übersehen wurde.[50] Der Mangel vor DPMA kann aber durch Gewährung des rechtlichen Gehörs in der Beschwerdeinstanz geheilt werden.[51] Ein Verstoß des BPatG eröffnet nach § 100 (3) Nr 3 PatG[52] die zulassungsfreie Rechtsbeschwerde, wenn dadurch einem Beteiligten das rechtliche Gehör versagt war.

EPA: Ein Verstoß der Beschwerdekammer des EPA berechtigt zum Antrag auf Überprüfung durch die Große Beschwerdekammer gemäß Art 112 (2) d iVm Regel 104a EPÜ.

3 Beweiserhebung (§ 78 Nr 2)

24 Für die Beweiserhebung ist nach § 78 Nr 2 eine mündliche Verhandlung erforderlich, wenn sie vor dem Senat (§ 78 Nr 2 iVm § 88 (1)), nicht wenn sie vor dem beauftragten oder ersuchten Richter (§ 88 (2)) stattfindet.[53] § 78 Nr 2 betrifft nur die Beweiserhebung, nicht auch das übrige Verfahren, so dass Stellungnahme zum Ergebnis der Beweisaufnahme ohne mündliche Verhandlung erfolgen kann, ebenso die Würdigung des technischen Inhalts neu in das Beschwerdeverfahren eingeführter Druckschriften (= keine Beweiserhebung), es sei denn, ihr tatsächlicher Inhalt oder ihre Vorveröffentlichung ist ausnahmsweise streitig.

4 Sachdienlichkeit (§ 78 Nr 3)

25 Sachdienlich ist eine mündliche Verhandlung, wenn durch sie eine Klärung der Sach- oder Rechtslage gefördert wird (vgl dazu näher § 46 Rdn 11). Auch wenn ein Antrag auf mündliche Verhandlung zurückgenommen wird, kann der Senat eine solche durchführen, wenn er sie für sachdienlich erachtet.[54]

5 Durchführung der mündlichen Verhandlung

26 Für die Durchführung der mündlichen Verhandlung siehe §§ 90 bis 92.

27 *Nichterscheinen in der mündlichen Verhandlung* hindert eine Entscheidung nicht, s § 89 Rdn 13. § 89 (2) schreibt zwingend vor, dass in der Ladung darauf hinzuweisen ist, dass beim Ausbleiben auch ohne den Beteiligten verhandelt und entschieden wer-

---

48 T 0892/92 ABl **94**, 664.
49 BGH Mitt **06**, 450 *Rossi/ROSSI*; GRUR **10**, 361 *Dichtungsanordnung*.
50 T 0405/96 ABl **97** SonderA 123; T 0543/92 ABl **95** SonderA 140 (Übergehen eines Hilfsantrags).
51 BPatGE **31**, 176 = GRUR **91**, 123.
52 Eingefügt durch Art 2 Nr 25 des 2. PatGÄndG mit Wirkung v 1.11.98.
53 Beweisantritt ist keine Beweisaufnahme BGH Mitt **96**, 118 (II2) *Flammenüberwachung*.
54 BPatGE **54**, 128 *Präzisionskoaxialkabel*.

den kann. Eine gleiche Bestimmung enthält Regel 115 (2) EPÜ. Zur Frage der Gewährung rechtlichen Gehörs, wenn der Betroffene, zu dessen Ungunsten entschieden werden soll, zur mündlichen Verhandlung nicht erschienen ist vgl Einl Rdn 315. Bei Nichterscheinen ist auch ein *Übergang in das schriftliche Verfahren nicht veranlasst*, etwa zur notwendigen Anpassung der Beschreibung.[55]

Power-Point-Präsentationen in der mündlichen Verhandlung sind zulässig, wenn sie sachdienlich sind und nicht nur den schriftsätzlichen Vortrag wiederholen[56] (siehe dazu näher § 90 Rdn 5).   28

Durchführung der mündlichen Verhandlung als *Videokonferenz* regelt § 128a ZPO, der über § 99 (1) PatG auch für die mündlichen Verhandlungen vor BPatG anwendbar ist. Diese Möglichkeit hat aufgrund der Corona-Pandemie an Bedeutung gewonnen.[57] Die »kann«-Regelung des § 128a ZPO stellt die Anordnung zur Gestattung einer Verhandlung im Wege der Videokonferenz in das pflichtgemäße Ermessen des Gerichts.[58] Anders als die Bestimmung für die Beschwerdekammern des EPA[59] gestattet § 128a (1) ZPO nicht den Richtern, sondern nur Parteien, ihren Bevollmächtigten und Beiständen die Teilnahme per Videokonferenz.[60]   29

Schließung der mündlichen Verhandlung s § 91 Rdn 5.   30

Wiedereröffnung der mündlichen Verhandlung s § 91 Rdn 6.   31

6 Vertagung

Vertagung (= Bestimmung eines neuen Termins nach Beginn der mündlichen Verhandlung[61]) einer mündlichen Verhandlung ist zwingend erforderlich, **a)** wenn eine Partei ohne Verschulden verhindert war, einen Verhandlungstermin wahrzunehmen;[62] **b)** wenn eine Partei sich zu allen entscheidungserheblichen Umständen nicht sachgemäß und erschöpfend äußern kann, insbesondere wenn sie erstmals mit neuen Tatsachen oder Rechtsfragen konfrontiert wird, zu denen ihr eine Stellungnahme »aus dem Stand« nicht zugemutet werden kann,[63] es sei denn, für die ausreichende Gewährung des rechtlichen Gehörs genügt eine zeitlich angemessene Unterbrechung, um sich zB   32

---

55 BPatG Mitt **16**, 465 (II6) *Elektronisches Gerät*.
56 BPatG v 15.06.05 – 4 Ni 38/03 Schulte-Kartei PatG 65–80, 86–99 Nr 370 *Power-Point-Präsentation I*; BPatG GRUR **07**, 543 FN 234 = Schulte-Kartei PatG 65–80, 86–99 Nr 371 *Power-Point-Präsentation II*; EPA T 1122/01 v 06.05.04 Schulte-Kartei EPÜ 106.6 Nr 49 *Power-Point-Präsentation in mündlicher Verhandlung* (zugelassen); Rau Fschr Schilling 2007, 341.
57 Lit: Windau, Die Verhandlung im Wege der Bild- und Tonübertragung, NJW **2020**, 2753; Reuß, Die digitale Verhandlung im deutschen Zivilprozessrecht, JZ **2020**, 1135.
58 *Zur Ermessensausübung* s Windau NJW **2020**, 2753, 2755.
59 S Abs 3 des am 1.4.2021 in Kraft getretenen neuen Art 15a »Als Videokonferenz durchgeführte mündliche Verhandlung« der Verfahrensordnung der Beschwerdekammern, ABl **2021**, A19 u A35.
60 Zum Sitzungszimmer-Erfordernis s Reuß JZ **2020**, 1135, 1136.
61 Zur Begriffsbestimmung s Thomas/Putzo/Hüßtege, ZPO, 42. Aufl 2021, § 227 Rn 1 und § 89 Rdn 7.
62 BSG Mitt **04**, 44 L.
63 BGH GRUR **04**, 354 = Mitt **04**, 232 *Crimpwerkzeug*; BGH v 06.07.2017 – I ZB 59/16, GRUR **2018**, 111 *PLOMBIR*; BGH v 11.04.2018 – VII ZR 177/17, NJW **2018**, 2202.

mit einer neuen Entgegenhaltung vertraut zu machen oder um telefonisch mit der vertretenen Partei Kontakt aufzunehmen.

33 **Beispiele.** *Erforderlichkeit einer Vertagung bejaht* (zB im *Nichtigkeitsverfahren*[64]): **a)** neuer Hilfsantrag des Patentinhabers mit umfangreichen Änderungen;[65] **b)** geänderter Anspruch mit Aufnahme von Merkmalen aus der Beschreibung;[66] **c)** nähere Ausführungen zum Nichtigkeitsgrund mangelnder Ausführbarkeit erstmals in mündlicher Verhandlung;[67] **d)** Geltendmachung eines weiteren Nichtigkeitsgrunds erstmals in mündlicher Verhandlung;[68] **e)** neue Verteidigung eines Unteranspruchs mit der Behauptung eigenständiger Erfindungsqualität[69]; **f)** im *Einspruchsbeschwerdeverfahren*, wenn der Nachweis des Übergangs der Einsprechendenstellung nicht aus dem Stand erbracht werden kann.[70] *Erforderlichkeit einer Vertagung verneint:* **f)** geänderter Anspruch, der lediglich die von Kläger gerügte unzulässige Erweiterung beseitigt hat;[71] **g)** Erweiterung der Klage auf weitere Ansprüche, wenn sich Kläger hierzu ausschließlich auf die bereits vorliegenden Druckschriften beruft.[72]

7 Schriftsatzfrist

34 Gewährung einer Schriftsatzfrist erfolgt nach § 99 (1) iVm § 283 ZPO[73] bzw § 139 (5) ZPO. Die Wahrung des *rechtlichen Gehörs* erfordert zwingend Gewährung von Schriftsatzfrist oder Vertagung der mündlichen Verhandlung auch ohne Antrag auf Schriftsatznachlass, wenn eine Partei zu einem in der mündlichen Verhandlung erteilten Hinweis des Gerichts nicht abschließend Stellung nehmen kann.[74] Hatte der Anmelder aber bereits vor und in der mündlichen Verhandlung ausreichend Gelegenheit, zu den tatsächlichen und rechtlichen Gesichtspunkten, die in der mündlichen Verhandlung erörtert wurden, Stellung zu nehmen, kommt ein Schriftsatznachlass nicht Betracht.[75]

Kein Übergang in das schriftliche Verfahren: Ist den Beteiligten gemäß § 283 zum Zwecke der Vermeidung einer Vertagung vorbehalten worden, zur Ergänzung des mündlich Erörterten noch Schriftsätze nachzureichen, so bedeutet das keinen Übergang in das schriftliche Verfahren.[76] Es wird vielmehr auf Grund der mündlichen Verhandlung entschieden. § 93 ist anwendbar. Eine neue mündliche Verhandlung oder Übergang in das schriftliche Verfahren ist geboten, wenn in dem nachgelassenen

---

64 Nach § 81 (4) Nr 1 eine der Voraussetzungen für die Zurückweisung von Parteivorbringen als verspätet, s hierzu § 83 Rdn 23.
65 BPatGE **53**, 40, 45 *Wiedergabeschutzverfahren*.
66 BPatG v 12.03.13 – 4 Ni 13/11 Mitt **13**, 352 L, juris Tz 87 *Dichtungsring*.
67 BPatG v 21.03.13 – 10 Ni 14/11 (EP), juris Tz 47, s GRUR **14**, 420, 421 FN 88.
68 BPatG Mitt **14**, 396, juris Tz 36 *Abdeckung* (betr unzulässiger Erweiterung).
69 BPatG v 12.02.14 – 5 Ni 59/10 (EP) Mitt **15**, 460 L, juris Tz 143, 145 *vitre de véhicule*.
70 BPatG v 05.05.2016 – 23 W (pat) 7/14.
71 BPatG v 29.04.15 – 4 Ni 26/13 (EP) Mitt **15**, 331 L *apparatus*.
72 BPatG v 03.07.15 – 5 Ni 12/13 (EP), juris Tz 51.
73 = § 272a aF ZPO.
74 BGH v 06.07.2017 – I ZB 59/16, GRUR **2018**, 111 PLOMBIR; BGH v 11.04.2018 – VII ZR 177/17, NJW **2018**, 2202.
75 ZB BPatG v 10.07.2019 – 20 W (pat) 20/17 (II.6).
76 BGH GRUR **74**, 294 *Richterwechsel II*.

Schriftsatz neue entscheidungserhebliche Tatsachen vorgetragen werden, um dem Gegner rechtliches Gehör zu gewähren.[77]

Schriftsatzfrist vor der Verkündung eines Beschlusses über die Patenterteilung: Dem Anmelder kann nach § 283 ZPO unter Anberaumung eines Termins zur Verkündung einer Entscheidung eine Frist nachgelassen werden, in der er angepasste Unterlagen an die vom Senat für gewährbar erachteten Patentansprüche einreichen kann.[78] In diesem Fall kann der Verkündungstermin nach § 94 (1) 2 auch über 3 Wochen hinaus angesetzt werden. Eines Übergangs in das schriftliche Verfahren bedarf es nicht.   35

8 Übergang in das schriftliche Verfahren[79]

Grundsätzlich ist das Verfahren vor BPatG schriftlich, ausgenommen die Fälle des § 78. Hat eine mündliche Verhandlung stattgefunden und hat sie nicht zur Entscheidungsreife geführt, so dass weder eine Entscheidung verkündet noch ein Verkündungstermin angesetzt werden kann, so kann mit Einverständnis der Beteiligten das Verfahren wieder in das übliche schriftliche Verfahren übergeleitet werden.[80] Das ist verfahrensrechtlich zulässig[81] und bedeutet einen Verzicht auf die Grundsätze der Mündlichkeit und Unmittelbarkeit des Verfahrens. Durch die Rückführung in das schriftliche Verfahren verliert die mündliche Verhandlung ihre verfahrensrechtliche Bedeutung.[82] Zur Grundlage der Entscheidung kann daher das in der mündlichen Verhandlung Erörterte nur insofern gemacht werden, als es schriftlicher Akteninhalt geworden ist (Protokoll, Schriftsätze), § 93 (3) ist nicht anwendbar.[83]   36

Auf die Bedeutung des Übergangs in das schriftliche Verfahren im Gegensatz zur Schriftsatzfrist (s Rdn 34), sind die Beteiligten hinzuweisen.   37

Eine (unbedingt zu erklärende[84]) Zustimmung zum Übergang in das schriftliche Verfahren ist nicht frei widerruflich[85] (str), Widerruf nach § 128 (2) 1 ZPO aber zulässig bei wesentlicher Änderung der Verfahrenslage.[86] Um eine Verfahrensverzögerung zu vermeiden, ist nach § 128 (2) 3 ZPO eine Entscheidung ohne mündliche Verhandlung unzulässig, wenn seit der Zustimmung mehr als 3 Monate verstrichen sind.   38

Der Übergang ins schriftliche Verfahren lässt die Zuständigkeitsregelung im Geschäftsverteilungsplan, die an die Durchführung einer mündlichen Verhandlung anknüpft, unberührt (s § 68 Rdn 11).[87]   39

---

77 BGH NJW-RR 11, 1558 = Mitt 12, 199 L *Schriftsatzrecht*; zur Berücksichtigung eines verspätet eingereichten nachgelassenen Schriftsatzes BGH NJW-RR 14, 505 = Mitt 14, 295 L *verspäteter Schriftsatz*; BGH v 10.12.2019 – VIII ZR 377/18, NJW-RR 2020, 284.
78 *Schmieder* NJW 77, 1217; BPatGE 19, 131.
79 *Hövelmann* Mitt 06, 546.
80 BGH GRUR 74, 294 *Richterwechsel II*.
81 BGHZ 11, 27, 29.
82 BGH GRUR 74, 294 *Richterwechsel II*.
83 BGH GRUR 74, 294 *Richterwechsel II*.
84 BGHZ 18, 61, 62.
85 BGH WPM 70, 75; BSG MDR 65, 1029; BPatGE 10, 296; aA: BGHZ 11, 27, 31; BAG NJW 62, 509; offengelassen von BGH GRUR 74, 294 *Richterwechsel II* mwN.
86 Vgl BPatGE 10, 296, 297.
87 BGH GRUR 86, 47 *Geschäftsverteilung*.

40 Übergang vom schriftlichen Verfahren zur mündlichen Verhandlung bedarf keines ausdrücklichen Beschlusses, auch dann nicht, wenn vorher auf Grund eines Beschlusses das Verfahren in das schriftliche Verfahren überführt worden war.[88] Ladung gemäß § 89 genügt. Mit ihr endet das schriftliche Verfahren.[89] Nur die gemäß § 92 gestellten Anträge gelten und sind zu bescheiden, nicht auch etwaige frühere Anträge aus dem schriftlichen Verfahren.[90]

§ 79 Entscheidung über die Beschwerde
(decision in respect of appeals)

(1) Über die Beschwerde wird durch Beschluß entschieden.

(2) ¹Ist die Beschwerde nicht statthaft oder nicht in der gesetzlichen Form und Frist eingelegt, so wird sie als unzulässig verworfen. ²Der Beschluß kann ohne mündliche Verhandlung ergehen.

(3) ¹Das Patentgericht kann die angefochtene Entscheidung aufheben, ohne in der Sache selbst zu entscheiden, wenn
1. das Deutsche Patent- und Markenamt noch nicht in der Sache selbst entschieden hat,
2. das Verfahren vor dem Deutschen Patent- und Markenamt an einem wesentlichen Mangel leidet,
3. neue Tatsachen oder Beweismittel bekannt werden, die für die Entscheidung wesentlich sind.

²Das Deutsche Patent- und Markenamt hat die rechtliche Beurteilung, die der Aufhebung zugrunde liegt, auch seiner Entscheidung zugrunde zu legen.

Ilse Püschel

Übersicht

	Geltungsbereich	1
	Europäisches Patentrecht	2
	Literatur	3
	Kommentierung zu § 79 PatG	
I.	Beschwerdeentscheidung (§ 79 (1) PatG)	4
1	Allgemeines	4
2	Verwerfung als unzulässig (§ 79 (2) PatG)	8
3	Zurückweisung der Beschwerde	9
4	Aufhebung mit eigener Sachentscheidung	10
5	Aufhebung mit Übertragung von Anordnungen nach § 572 (3) ZPO	13
6	Aufhebung ohne eigene Sachentscheidung nach § 79 (3) PatG	15
6.1	Allgemeines	15
6.2	Fehlende Sachentscheidung des DPMA (§ 79 (3) Nr 1)	20

---

[88] BGH Mitt 77, 36 *optische Einrichtung.*
[89] BGH Mitt 79, 120 *Bildspeicher.*
[90] BGH Mitt 79, 198 *Schaltuhr.*

6.3	Wesentlicher Verfahrensmangel (§ 79 (3) Nr 2)	22
6.4	Neue Tatsachen oder Beweismittel (§ 79 (3) Nr 3)	24
6.4.1	Tatsachen	25
6.4.2	Beweismittel	32
II.	Bindung des DPMA an Beschlüsse des BPatG	33
1	Bindung durch Rechtskraft	33
2	Bindung nach § 79 (3) 2 PatG	34
2.1	Aufhebung	36
2.2	Zurückverweisung	37
2.3	Rechtliche Beurteilung (ratio decidendi)	39
2.4	Identität des Gegenstandes der Entscheidung	41
2.5	Identität des Tatbestands	42
III.	Bindung des BPatG	43
1	Selbstbindung des BPatG	43
2	Bindung des BPatG an Beschlüsse des BGH	49

Geltungsbereich: § 79 wurde als § 36p durch das 6. Überleitungsgesetz (BGBl I 1274 = BlPMZ 61, 124, 128) mit Wirkung v 1.7.1961 geschaffen. § 79 (3) fügte das PatÄndG 1967 ein.[1] Art 1 Nr 28 des Zweiten Gesetzes zur Vereinfachung und Modernisierung des Patentrechts v 10.8.2021 (BGBl I 3490 = BlPMZ 2021, 290, amtl Begr BT-Drs 19/25821) hat mit Wirkung v 18.8.2021 in § 79 (3) Satz 1 Nr 1 und Nr 2 und Satz 2 jeweils das Wort »Patentamt« ersetzt durch die Wörter »Deutsche(n) Patent- und Markenamt«.

Europäisches Patentrecht: Im europäischen Beschwerdeverfahren ist die Prüfung und die Entscheidung über eine Beschwerde in Art 110 und Art 111 EPÜ geregelt, die im Anhang zu § 73 erläutert sind.

Lit in GRUR: Schulte GRUR 75, 573; GRUR 93, 300; Flad GRUR 95, 178; Hövelmann GRUR 97, 875; GRUR 09, 718; Keukenschrijver GRUR 01, 571; Lit in Mitt: Strehlke Mitt 99, 416.

I. Beschwerdeentscheidung (§ 79 (1) PatG)

1 Allgemeines

Nach § 79 (1) wird »über die Beschwerde«, die ein echtes Rechtsmittel ist (vgl § 73 Rdn 5), durch Beschluss entschieden. *Voraussetzungen* für eine Entscheidung des BPatG als echtem Rechtsmittelgericht sind: **a)** Anhängigkeit einer Beschwerde. Die Verfügung über seine Beschwerde steht dem Beschwerdeführer zu (Einl Rdn 11); **b)** Entscheidung nur im Rahmen der gestellten Anträge. Zur Antragsbindung s Einl Rdn 7. BPatG darf nicht über die Anträge hinausgehen *(ne ultra petita,* vgl § 73 Rdn 73); **c)** BPatG darf den angefochtenen Beschluss nicht zuungunsten des Beschwerdeführers abändern. Zum Verschlechterungsverbot oder dem Verbot der *reformatio in peius* und seinen Ausnahmen s § 73 Rdn 74; **d)** Eine unzulässige Beschwerde steht einer Prüfung ihrer Begründetheit entgegen (s § 73 Rdn 19).

Form des Beschlusses: Gemäß § 99 (1) PatG iVm § 313 ZPO sind anzugeben: Parteien, gesetzliche Vertreter, Verfahrensbevollmächtigte, Namen der Richter, Tag der Entscheidung (ggf Tag der mündlichen Verhandlung), Tatbestand in knapper Darstellung (wegen Einzelheiten soll auf Schriftsätze verwiesen werden), Entscheidungsgründe in kurzer Zusammenfassung der tatsächlichen und rechtlichen Erwägungen, Beschluss-

---

1 Amtl Begr BlPMZ **67**, 244, 262.

formel (= Tenor), ggfls Nebenentscheidungen zB über Rückzahlung der Beschwerdegebühr, Kostenauferlegung, Zulassung der Rechtsbeschwerde.

6 **Tenor** muss aus sich heraus ohne Bezugnahmen verständlich sein. Daher ist der Wortlaut neu gefasster Patentansprüche wiederzugeben.[2] Eine Bezugnahme auf Aktenteile kommt nur ausnahmsweise in Betracht, wenn sie sich nicht vermeiden lässt, weil der Gegenstand sich im Tenor (insbesondere wegen seines Umfangs) nur schwer beschreiben lässt, wie zB bei Computerprogrammen,[3] Nukleotid- und Aminosäuresequenzen oder biotechnologischen Erfindungen.

Zulassung der Rechtsbeschwerde erfolgt nach § 100 (1) »in dem Beschluss«. Daher genügt ihre Aufnahme in den Tenor wie in den Gründen.[4]

Begründung der Entscheidung über die Beschwerde ist erforderlich nach § 94 (2) (s § 94 Rdn 18).

7 **Teilbeschlüsse** nach § 99 (1) PatG iVm § 301 ZPO sind zwar prozessual zulässig, soweit es um die Bescheidung von *Haupt- und Hilfsantrag* geht,[5] aus Gründen der Verfahrensökonomie sollte aber möglichst in einem einheitlichen Beschluss entschieden werden[6] (vgl Einl Rdn 211, § 48 Rdn 12). Nicht zulässig ist eine Teilentscheidung nur über einen Teil der Ansprüche, da über ein einheitliches Schutzbegehren[7] nur einheitlich entschieden werden kann (vgl Einl Rdn 7, § 48 Rdn 11), es sei denn, der Anmelder oder Patentinhaber gibt die Einheit der Anmeldung oder des Patents durch Teilung selbst auf.[8] Zulässig ist auch eine **Zwischenentscheidung** nach § 99 (1) PatG iVm § 303 ZPO[9] (vgl Einl Rdn 522 ff), die anders als ein Teilbeschluss nicht über den Beschwerdegegenstand entscheidet, sondern einen Zwischenstreit über einzelne prozessuale, den Fortgang des Verfahrens betreffende Fragen.[10]

2 Verwerfung als unzulässig (§ 79 (2) PatG)

8 Die Verwerfung der Beschwerde als unzulässig erfolgt, wenn die Beschwerde nicht statthaft ist oder ihr eine sonstige Zulässigkeitsvoraussetzung fehlt. Zur Statthaftigkeit und Zulässigkeit der Beschwerde s § 73 Rdn 19 ff. Mündliche Verhandlung ist nach

---

2 BGH GRUR **89**, 494 (V) *Schrägliegeeinrichtung*.
3 BGH GRUR **85**, 1041 *Inkassoprogramm*.
4 BGHZ **20**, 188, 189 = NJW **56**, 830; BGH LM Nr 3 zu § 551 Nr 7 ZPO; zur Unzulässigkeit der nachträglichen Zulassung der Rechtsbeschwerde vgl § 95 Rdn 10.
5 BGHZ **166**, 347 = GRUR **06**, 748 *Mikroprozessor*; BPatGE **27**, 1 = BlPMZ **85**, 47; vgl auch Hövelmann, Der nicht beschiedene Hilfsantrag, GRUR **09**, 718.
6 Vgl BPatGE **23**, 48 u **24**, 149 (= BlPMZ **81**, 214 u **82**, 212); BPatG BlPMZ **99**, 40 (II1b) *Nähguthalteeinrichtung*; **07**, 80 *Aceclofenac*; BPatG v 28.04.08 – 17 W (pat) 73/07 Schulte-Kartei PatG 35.1 Nr 383 *DMA-Mechanismus*; BPatG v 27.05.08 – 17 W (pat) 27/08 Schulte-Kartei PatG 65–80 86–99 Nr 373 *Antwortreihenwiederherstellungsmechanismus*; BPatG BlPMZ **11**, 308, 310 *Teilbeschluss*.
7 Vgl BGH GRUR **79**, 220, 221 li Sp β-*Wollastonit*: Gegenstand des Antrags auf Patenterteilung ist die Gesamtheit der eingereichten Patentansprüche, nicht der einzelne Anspruch.
8 BPatGE **32**, 139; BPatG BlPMZ **89**, 393.
9 BGH GRUR **67**, 477 *UHF-Empfänger II*; GRUR **08**, 87 (Tz 8) *Patentinhaberwechsel im Einspruchsverfahren*; BPatGE **21**, 50; **29**, 194; **44**, 95 *Pressform*.
10 Vgl *Thomas/Putzo/Seiler*, ZPO, 42. Aufl 2021, § 303 Rn 1.

§ 79 (2) 2, der § 78 vorgeht, nicht erforderlich.[11] Die Entscheidung über die Zulässigkeit kann nicht dahingestellt bleiben, weil nur eine zulässige Beschwerde zur Prüfung der Begründetheit berechtigt. Eine unzulässige Beschwerde ist daher auch dann zu verwerfen, wenn BPatG die sachliche Unrichtigkeit der angefochtenen Entscheidung erkennt.
Tenor: »Die Beschwerde gegen den Beschluss des DPMA ... wird als unzulässig verworfen.«

3 Zurückweisung der Beschwerde

Eine Beschwerde wird zurückgewiesen, wenn sie zulässig, aber nicht begründet ist.
Tenor: »Die Beschwerde gegen den Beschluss des DPMA v ... wird zurückgewiesen.« Bei geringfügigen Abänderungen des angefochtenen Beschlusses kann tenoriert werden: »Die Beschwerde ... wird mit der Maßgabe zurückgewiesen, dass ...«

4 Aufhebung mit eigener Sachentscheidung

Aufhebung mit eigener Sachentscheidung ergeht, wenn die Beschwerde zulässig und ganz oder teilweise begründet ist BPatG ersetzt den aufgehobenen Beschluss durch eine eigene Entscheidung. Als echtes Rechtsmittelgericht erkennt BPatG in der Sache und erlässt selbst zB den Beschluss über Erteilung, Aufrechterhaltung oder Widerruf des Patents.[12] Ist eine endgültige Sachentscheidung möglich, scheidet eine Zurückverweisung aus, auch wenn die angefochtene Entscheidung auf einem schweren Verfahrensverstoß beruht.[13]

Tenor (vgl auch § 61 Rdn 11–25):
1. Der Beschluss des DPMA v ... wird aufgehoben.
2. Das Patent Nr ... wird in unverändertem Umfang aufrechterhalten; *oder:*
2. Das Patent Nr ... wird in beschränktem Umfang aufrechterhalten; der geänderten Fassung des Patents liegen folgende Unterlagen zugrunde: ...; *oder:*
2. Anspruch 2 des Patents Nr ... wird widerrufen, die Beschreibung erhält in Spalte 2 Zeilen 6–24 folgende Fassung: ...; *oder:*
2. Das Patent Nr ... wird widerrufen; *oder:*
2. Ein Patent wird auf Grund folgender Unterlagen erteilt: ...

Bei **Haupt- und Hilfsantrag** vor DPMA (vgl dazu Einl Rdn 206) gilt folgendes:
a) Hatte DPMA Haupt- und Hilfsantrag zurückgewiesen und richtet sich die Beschwerde gegen beides, so kann – wenn keine anderen Beschwerdeanträge gestellt werden – ein Patent gemäß Haupt- oder Hilfsantrag erteilt oder die Beschwerde zurückgewiesen werden.
b) Hatte DPMA Hauptantrag zurückgewiesen und gemäß Hilfsantrag Patent erteilt, so kann bei Beschwerde gegen die Zurückweisung des Hauptantrags i) bei begründeter

---

11 BGH BlPMZ **63**, 124 (II1) *Weidepumpe*; zur eingeschränkten Anwendbarkeit des § 79 (2) 2 auf die Verwerfung des Einspruchs als unzulässig im erstinstanzlichen Einspruchsverfahren vor BPatG s BGH GRUR **10**, 361 (Tz 15) *Dichtungsanordnung*.
12 BGH BlPMZ **70**, 161 (III1b) *Appreturmittel*; BPatGE 1, 1; 5, 224.
13 BGH GRUR **97**, 637 (II2a) *Top Selection*; **98**, 394 (III1a) *Active Line*; BPatGE **43**, 221 = BlPMZ **01**, 108 *Basisstation*.

Beschwerde ein Patent gemäß Hauptantrag erteilt und die Erteilung gemäß Hilfsantrag aufgehoben werden; **ii)** bei unbegründeter Beschwerde, die Beschwerde zurückgewiesen werden, wobei Erteilung gemäß Hilfsantrag, weil nicht angefochten, bestehen bleibt.[14]

5 Aufhebung mit Übertragung von Anordnungen nach § 572 (3) ZPO

13 Erachtet BPatG die Beschwerde für zulässig und begründet, so kann es die angefochtene Entscheidung aufheben und gemäß § 99 (1) PatG iVm § 572 (3) ZPO dem DPMA »die erforderliche Anordnung übertragen«.[15] Anordnungen in diesem Sinne sind solche Maßnahmen, die im Anschluss an die aufhebende Sachentscheidung des BPatG erforderlich sind, die aber BPatG selbst nicht vornehmen kann, zB eine Eintragung im Patentregister oder die Nachholung einer unterlassenen, für den Gegenstand der Erfindung aber gebotenen Recherche des Standes der Technik.[16]
An die rechtliche Beurteilung, die der Aufhebung und der Übertragung von Anordnungen zugrunde liegt, ist DPMA entsprechend § 79 (3) 2 PatG gebunden (s Rdn 39). Diese Bindungswirkung entfällt nur, wenn vor DPMA neue Tatsachen festgestellt werden, so dass ein Sachverhalt zu beurteilen ist, der nicht Gegenstand des Beschwerdeverfahrens war.

14 **Beispiele für Anordnungen nach § 572 (3) ZPO: a)** Anordnung der **Zustellung gesetzlicher Benachrichtigungen** zB nach §§ 35 (2) 1, 44 (3) 2 PatG; **b)** Vornahme von **Eintragungen in das Patentregister;**[17] **c) Anpassung der Beschreibung** an vom Gericht festgelegte Patentansprüche (rechtlich zulässig, aber unzweckmäßig, weil das mit der Sache befasste Gericht dazu besser als die 1. Instanz in der Lage ist[18] und weil das bei Meinungsverschiedenheiten über eine zutreffende Anpassung zu einer weiteren, vermeidbaren Beschwerde führen kann); **d) Durchführung einer Nachrecherche**, wenn DPMA offensichtlich in sachlich einschlägigen Patentklassen nicht recherchiert hat[19] oder wenn der Gegenstand der Anmeldung so geändert wurde, dass er durch die Recherche des DPMA nicht mehr gedeckt sein kann. Eine Zurückverweisung wegen eines vermuteten Standes der Technik ist aber nicht zulässig.[20] Einer solchen Vermutung kann BPatG im Wege der Amtsermittlung nur selbst nachgehen.
Tenor: »1. Der Beschluss des DPMA v … wird aufgehoben;
2. die Eintragung … ist im Register zu löschen; *oder:*
2. die Beschwerdegebühr ist zurückzuzahlen; *oder:*
2. die PS ist wie folgt zu berichtigen: …

---

14 BGH BlPMZ 90, 131 *Weihnachtsbrief*.
15 BGH BlPMZ 66, 234 (II1) *Abtastverfahren*; 69, 311 (BIII4b) *Waschmittel*; BPatGE 17, 64.
16 Abw Kraßer/Ann, Lehrbuch, 7. Aufl 2016, § 23 IIa Nr 10 FN 56 (= S 468).
17 BPatGE 2, 178; 18, 7, 12.
18 T 0977/94 ABl 99 SonderA 552.
19 BPatGE 17, 64 = BlPMZ 75, 325.
20 Kraßer/Ann, Lehrbuch, 7. Aufl 2016, § 23 IIa Nr 10 FN 56 (= S 468).

6 Aufhebung ohne eigene Sachentscheidung nach § 79 (3) PatG

6.1 Allgemeines

Der Katalog des § 79 (3) ist grundsätzlich abschließend, lässt aber Mischformen, wie die Aufhebung und Übertragung von Anordnungen nach § 572 (3) ZPO zu (s Rdn 13). 15

Zurückverweisung gemäß § 79 (3) dient der sachgerechten Durchführung der Prüfung auf Patentfähigkeit, die DPMA mit dem ihm zur Verfügung stehenden Prüfstoff besser durchführen kann als BPatG.[21] Sie ist daher angezeigt, wenn eine neue Sachaufklärung notwendig wird, die BPatG nicht oder DPMA zuverlässiger zu leisten vermag oder wenn es sachgerechter ist, mit der Durchführung des weiteren Verfahrens nicht das Kollegium des Senats, sondern den Prüfer zu betrauen.[22] 16

Zurückverweisung steht nach § 79 (3) PatG und Art 111 EPÜ iVm Art 11 VerfOBK[23] im **Ermessen des Gerichts**.[24] Das Gericht kann, muss aber nicht zurückverweisen. Auch bei einem schweren Verfahrensverstoß kann BPatG von einer Zurückverweisung absehen und abschließend entscheiden.[25] 17

Bei der Ermessensentscheidung sind Instanzverlust, Verfahrensverzögerung und ausreichende Prüfung in der Sache gegeneinander abzuwägen.[26] (Vgl dazu auch Art 111 EPÜ Rdn 6 im Anhang zu § 73). Bei Entscheidungsreife kommt eine Zurückverweisung nicht in Betracht,[27] auch wenn BPatG selbst neuen Stand der Technik ermittelt hat.[28] Gericht kann daher ein Patent widerrufen, das in 1. Instanz aufrechterhalten war. Eine Verpflichtung zur Zurückverweisung ergibt sich nicht aus Art 32 TRIPS.[29] 18

Voraussetzungen einer Zurückverweisung gemäß § 79 (3) PatG: 19

---

21 BPatGE 30, 250, 254.
22 Amtl Begr zum PatÄndG 1967 BlPMZ 67, 262 rSp; hierzu krit Kraßer/Ann, Lehrbuch, 7. Aufl 2016, § 23 IIa Nr 10 FN 56 (= S 468); vgl BPatG 46, 238, 242 *Gedruckte Schaltung*; BPatG v 11.09.2018 – 23 W (pat) 31/17 (II5).
23 Verfahrensordnung der Beschwerdekammern (am 1.1.2020 in Kraft getretene revidierte Fassung mit Änderung v. 1.4.2021) ABl 2021, A35 = Tabu Gewerbl. Rechtsschutz Nr 819 (alte Fassung ABl 07, 536 = Tabu Gewerbl. Rechtsschutz Nr 820).
24 BGH BlPMZ 77, 23 (II1c) *Tampon*; 92, 496 (II3a) *Entsorgungsverfahren*; 94, 33 (III3) *Piesporter Goldtröpfchen*; 98, 150 (III1a) *Active Line*; BPatGE 43, 221 = BlPMZ 01, 108 *Basisstation*; BPatGE 54, 94, 100 *Modulanordnung*; 54, 113, 118 *Elektronisches Steuergerät*; 54, 128 *Präzisionskoaxialkabel*; 54, 189, 209 *Elektrischer Winkelstecker II*; BPatG BlPMZ 07, 290 (II3) *Jahresgebührzahlung für Teilanmeldung*; BlPMZ 14, 355 *Anordnung zur Erfassung von Berührungen auf einer Trägerplatte*; BPatG v 12.05.16 – 35 W (pat) 410/14, Mitt 17, 36 L *Gitter an Lüftungsanlagen*; BPatG v 14.06.16 – 35 W (pat) 416/13, BlPMZ 17, 96 L *G-CSF-Flüssigformulierung*.
25 BGH BlPMZ 97, 359 (II2a) *Top Selection*; 98, 150 (III1a) *Active Line*; BPatG BlPMZ 14, 355, 356 *Anordnung zur Erfassung von Berührungen auf einer Trägerplatte* BPatG v 12.05.16 – 35 W (pat) 410/14, Mitt 17, 36 L *Gitter an Lüftungsanlagen*; BPatG v 14.06.16 – 35 W (pat) 416/13 (II5), BlPMZ 17, 96 L *G-CSF-Flüssigformulierung*.
26 St Rspr zB BPatGE 30, 250, 254; BPatG v 18.02.2020 – 17 W (pat) 27/17 (II3).
27 BGH BlPMZ 92, 496 (II3a) *Entsorgungsverfahren*; 98, 150 (III1a) *Active Line*; BPatGE 5, 224; 54, 128 *Präzisionskoaxialkabel*.
28 BGH BlPMZ 92, 496 (II3a) *Entsorgungsverfahren*; BPatGE 5, 224, 225; BPatG BlPMZ 88, 114, 115.
29 T 0557/94 ABl 97 SonderA 552.

6.2 Fehlende Sachentscheidung des DPMA (§ 79 (3) Nr 1)

20 Fehlende Sachentscheidung des DPMA ist dann gegeben, wenn die Entscheidung des DPMA auf Gründen beruht, die ein Eingehen auf die Frage der Patentfähigkeit der Erfindung entweder vollständig oder teilweise entbehrlich machten. Werden die Gründe im Beschwerdeverfahren ausgeräumt, dann *kann* zurückverwiesen werden, wenn wesentliche Patentierungsvoraussetzungen noch nicht ausreichend geprüft sind und BPatG sie nicht selbst abschließend beurteilen kann.

21 Beispiele für fehlende Sachentscheidung des DPMA: 1. wenn Anmeldung aus **formellen Gründen** zurückgewiesen wurde,[30] zB wegen angenommener Unzulässigkeit oder wegen Uneinheitlichkeit[31] oder wegen Nichterfüllung von Formerfordernissen des § 34[32] oder der PatV[33]; 2. wenn die **Gründe der angefochtenen Entscheidung vor BPatG beseitigt oder anders beurteilt** werden und eine neue Sachprüfung und damit eine neue Sachentscheidung erforderlich ist, zB wenn **a)** die angefochtene Entscheidung auf mangelnde Neuheit gestützt war, die der Senat aber für gegeben erachtet, die weiteren Patentierungsvoraussetzungen, insbesondere die erfinderische Tätigkeit, noch nicht oder nicht ausreichend Gegenstand der Prüfung waren;[34] gleiches gilt, wenn **b)** die Zurückweisung zu Unrecht allein auf *fehlende Klarheit* gestützt war[35] oder **c)** das *Rechtsschutzbedürfnis* für einen Verfahrensanspruch nicht hätte verneint werden dürfen;[36] oder **d)** die Zurückweisung nur auf *fehlende Ausführbarkeit* gestützt war, die der Senat aber für gegeben erachtet;[37] **e)** wenn der Mangel der **unzulässigen Erweiterung vor BPatG beseitigt** wird;[38] 3. wenn der angefochtenen Entscheidung eine **unzutreffende Priorität** zu Grunde lag, so dass es an einer Sachentscheidung mit dem zutreffenden Stand der Technik fehlt;[39] 4. wenn das Begehren vor BPatG in zulässiger Weise so geändert wird, dass es nunmehr an einer Sachentscheidung des DPMA fehlt, weil das **geänderte Begehren vom DPMA noch nicht geprüft** war,[40] letzteres betrifft

---

30 BPatG BlPMZ 78, 251; **14**, 144, 145 *Anspruchsabhängige Anmeldegebühr*; T 0274/88 ABl 90 SonderA 60.
31 BPatGE **49**, 154, 160 *Tragbares Gerät*; BPatG GRUR **10**, 919 *Mangel der Uneinheitlichkeit*.
32 BPatG v 27.05.08 – 17 W (pat) 27/08 Schulte-Kartei PatG 65–80, 86–99 Nr 373 *Antwortreihenwiederherstellungsmechanismus* (bzgl § 34 (3) Nr 3).
33 ZB BPatG v 16.12.13 – 14 W (pat) 46/12, s GRUR **15**, 517 FN 34 *Eliminierung von Alterungsgenen*.
34 BPatGE **27**, 12, 13.
35 BPatG v 08.07.09 – 20 W (pat) 17/05 Schulte-Kartei PatG 65–80, 86–99 Nr 436 *Differentialverstärkerschaltung*; BPatGE **54**, 113 *Elektronisches Steuergerät* (hier aber Zurückweisung nach § 79 (3) Nr 2); BPatGE **54**, 222, 237 *Batterieüberwachungsgerät*; **54**, 238, 239 *Gargerät*; BPatG BlPMZ **15**, 380, 385 *Polyurethanschaum*.
36 BPatG v 28.04.08 – 17 W (pat) 73/07 Schulte-Kartei PatG 35.1 Nr 383 *DMA-Mechanismus*; BPatG BlPMZ **16**, 26, 29 *Blattgut*.
37 BPatG v 17.06.2019 – 19 W (pat) 104/17(II6).
38 BPatG v 24.4.2008 – 6 W (pat) 36/05 Schulte-Kartei PatG 65–80, 86–99 Nr 365 *Verbrauch unter Druck befindlicher Flüssigkeiten*; T 0720/93 ABl 97 SonderA 117, 118.
39 Aber keine Zurückweisung, wenn anstelle der nicht vorveröffentlichten OS die inhaltsgleiche vorveröffentlichte US-PS tritt: BPatGE **30**, 207, 210.
40 ZB BPatGE **46**, 239 = BlPMZ **03**, 301 *Gedruckte Schaltung*, BPatG v 13.10.14 – 20 W (pat) 15/11 Schulte-Kartei PatG 65–80, 86–99 Nr 485 *Geändertes Begehren*; BPatG v 26.02.2020 – 18 W (pat) 25/19.

auch vor BPatG gestellte **Hilfsanträge**;[41] 5. wenn durch **Teilung vor BPatG** eine Teilanmeldung entstanden ist;[42] 6. wenn der **Einspruch** zu Unrecht für unzulässig erachtet wurde[43] oder nicht vollständig geprüft wurde.[44]

6.3 Wesentlicher Verfahrensmangel (§ 79 (3) Nr 2)

Verfahrensmangel ist ein Verstoß gegen eine Verfahrensnorm, nicht ein Fehler bei der materiellen Würdigung. Ein Mangel ist wesentlich, wenn das Verfahren nicht mehr als ordnungsgemäße Entscheidungsgrundlage angesehen werden kann[45] und wenn nicht auszuschließen ist, dass der angefochtene Beschluss darauf beruht;[46] ein Verfahrensmangel, der sich auf das Ergebnis der Entscheidung rechtlich nicht ausgewirkt hat, rechtfertigt keine Zurückverweisung.[47] Ist die Sache entscheidungsreif, sollte trotz des Vorliegens eines Verfahrensfehlers nicht zurückverwiesen werden.[48] 22

Beispiele für wesentlichen Verfahrensmangel: 1. **Verletzung des rechtlichen Gehörs**[49] (vgl dazu Einl Rdn 321, 323); 2. Verstoß gegen **Aufklärungspflicht** nach § 139 ZPO (Einl Rdn 114); 3. Zurückweisung von Vorbringen als **verspätet**, das von Amts wegen hätte aufgegriffen werden müssen (Einl Rdn 238); 4. Verstoß gegen 23

---

41 BPatGE 53, 158, 166 *Führen eines Leiterpfades für eine Schiebetür*; BPatG BlPMZ 15, 356, 357 *III-Nitrid Halbleitervorrichtung mit Grabenstruktur*; BPatG v 30.01.2018 – 19 W (pat) 40/17 (II9); s auch Rdn 26.
42 ZB BPatG v 14.01.02 – 10 W (pat) 54/01, in juris (Tz 9, 17); BPatG v 06.05.14 -10 W (pat) 130/14; BPatG v 14.04.14 – 20 W (pat) 51/13; BPatG v 21.04.2020 – 19 W (pat) 54/19; s auch Rdn 27; bei Teilung nach verkündeter Beschwerdeentscheidung stets Empfangs- u Prüfungszuständigkeit für Teilung bei DPMA, s BGH v 07.05.2019 – X ZB 9/18, GRUR **2019**, 766 *Abstandsberechnungsverfahren*; BPatGE **48**, 271 *Entwicklungsvorrichtung*; anders BPatG GRUR **11**, 949 *Vorrichtung zur Detektion von Wasser in Brennstofftanks von Flugzeugen* (den Anfall der Teilanmeldung im Beschwerdeverfahren gänzlich verneinend, überholt durch BGH v 07.05.2019 – X ZB 9/18, GRUR **2019**, 766 *Abstandsberechnungsverfahren*).
43 ZB BPatG v 27.10.14 – 8 W (pat) 26/09 (wg fehlender Anhörung zusätzlich auch Verweisungsgrund des § 79 (3) Nr 2).
44 ZB BPatG v 09.12.13 – 15 W (pat) 24/12 Schulte-Kartei PatG 65–80, 86–99 Nr 486 *Reduzierung der Geruchsbelastung*.
45 BGH NJW **57**, 714; GRUR **62**, 86, 87 *Fischereifahrzeug*; GRUR **11**, 230 (Tz 8) *SUPERgirl*; BPatGE **15**, 122, 130.
46 BGH BlPMZ **77**, 277 (III3) *Gleichstromfernspeisung*; BPatGE **20**, 157.
47 *BGH GRUR* **90**, 68, 69 *VOGUE-Ski*; NJW **96**, 2155; GRUR **11**, 230 (Tz 8) *SUPERgirl*.
48 BPatGE **13**, 65, 68; **20**, 157; **25**, 131; BlPMZ **88**, 114; **99**, 370 (III3); BPatG Mitt **15**, 145 (II2) *Fehlende Erfinderbenennung*; BPatG v 14.02.2018 – 19 W (pat) 15/17 (III.3); BPatG v 02.05.2018 – 9 W (pat) 3/18 (II2).
49 BGH BlPMZ **77**, 277 (III2b) *Gleichstromfernspeisung*; BPatGE **7**, 33; **8**, 157; **14**, 191; **18**, 21, 23; **31**, 212, 217; **47**, 21, 22 *Reversible Krawattenbefestigung*; **53**, 158 *Führen eines Leiterpfades für eine Schiebetür*; BPatG BlPMZ 08, 256 *Umschreibungsverfahren*; BPatG v 23.04.2019 – 19 W (pat) 23/19 (Nichtberücksichtigung einer vor Beschlussfassung eingegangenen Eingabe, grs auch nach Ablauf einer Äußerungsfrist zu berücksichtigen); BPatG v 17.06.2019 – 19 W (pat) 104/17 (II6.1: neuer Widerrufsgrund von DPMA erstmals in Anhörung eingeführt).

Begründungspflicht[50] (§ 47 Rdn 23 ff); 5. Unberechtigte Ablehnung einer **Anhörung**[51] (vgl § 46 Rdn 11, § 73 Rdn 159); 6. fehlerhafte Behandlung einer **Teilungserklärung**, die zur Zugrundelegung eines unrichtigen Gegenstands der Anmeldung oder des Patents im Prüfungs- oder Einspruchsverfahren führte, zB Behandlung einer Teilungserklärung als wirksam, die nach Auffassung des Senats nach § 39 (3) als nicht abgegeben gilt (oder umgekehrt); 7. Beschluss durch **unzuständige Stelle**[52] (§ 27 Rdn 8 u 13), zB durch unzuständigen Beamten des gehobenen Dienstes;[53] 8. **Unterlassen der Übersendung von Schriftsätzen** (vgl § 73 Rdn 156); 9. Nichtberücksichtigung eines rechtzeitigen Einspruchs;[54] 10. **Anwendung falschen Rechts**;[55] 11. **Verstoß gegen Bindung des DPMA** an Zurückverweisung durch BPatG;[56] 12. Zurückweisung der Anmeldung ohne vorherige Zustellung eines Prüfungsbescheides, der den patenthindernden Stand der Technik konkret und nachprüfbar angibt und nicht nur behauptet;[57] 13. Gröbliche **Verletzung der Pflicht zur Amtsermittlung**, zB weil 1. Instanz einen offensichtlich entscheidungserheblichen Einspruchsgrund nicht von Amts wegen aufgegriffen hat; 14. **Verstoß gegen einschlägige Verfahrensgrundsätze**;[58] 15. **Fehlende Unterschrift** unter Beschlüssen oder **fehlende bzw unwirksame elektronische Signatur**;[59] 16. Patenterteilung ohne genaue Bezeichnung der Unterlagen[60] oder mit Ände-

---

50 BPatGE 6, 50; 7, 26, 32; 30, 256, 257 = BlPMZ 90, 37; BPatGE 49, 154, 157 *Tragbares Gerät* (pauschale Behauptung fehlender Einheitlichkeit); BPatG v 19.11.08 – 19 W (pat) 13/08, Mitt 09, 180 L *Verworrene Begründung*; BPatG v 31.07.12 – 21 W (pat) 34/10 (Ermessensnichtgebrauch bei Ablehnung eines Fristgesuchs); BPatGE 54, 113 *Elektronisches Steuergerät* (Zurückweisung wg Unklarheit als Verstoß gegen die Begründungspflicht nach § 47 (1) 1); BPatGE 54, 189, 198 *Elektrischer Winkelstecker II* (mangels wirksamer Signatur: fehlende Begründung von verkündetem Beschluss); später als 5 Monate nach Verkündung abgesetzte Entscheidung nicht mit Gründen versehen: BPatG v 28.10.15 – 9 W (pat) 43/09; ebenso BPatG v 12.05.16 – 35 W (pat) 410/14, Mitt 17, 36 L *Gitter an Lüftungsanlagen*; BPatG v 04.10.2017 – 19 W (pat) 31/17, verb.m. 19 W (pat) 47/17 (unwirksame Zustellung des Prüfungsbescheids, auf den sich der Beschluss allein stützt); BPatG v 07.11.2018 – 12 W (pat) 11/18 (nur formelhafter Bezug auf Mängelbescheid, der seinerseits schon nicht deutlich und klar genug ist); T 0135/96 ABl 98 SonderA 81 (völliges Übergehen von eingeführten Dokumenten).
51 BPatGE 7, 26, 32; 15, 149; 18, 30.
52 BPatGE 31, 212, 214 (Wz); BPatG v 30.04.13 – 20 W (pat) 35/12 (Entscheidung nur durch einzelnes technisches Mitglied bei fehlender Delegationsverfügung nach § 27 (4)); BPatG Mitt 15, 145 (II2) *Fehlende Erfinderbenennung* (hier aber keine Zurückverweisung, da in der Sache keine andere Entscheidung zu treffen war).
53 BPatGE 13, 65; 25, 131, 132; 30, 71, 73; BPatG v 07.11.2018 – 12 W (pat) 11/18 (II1); BPatG v 10.07.2018 – 7 W (pat) 10/17 (Entscheidung über Übergang der Einsprechendenstellung); BPatG v 23.11.2020 – 9 W (pat) 21/20.
54 BPatGE 12, 151; 14, 191.
55 BPatGE 25, 129.
56 BPatG v 20.12.10 – 17 W (pat) 81/10; T 0227/95 ABl 97 SonderA 125.
57 BPatGE 30, 250.
58 BPatGE 53, 26, 29 *Reflexionsvorrichtung*.
59 BPatG BlPMZ 12, 356, 357 *Fehlende Unterschrift unter Zurückweisungsbeschluss*; zu fehlender bzw unwirksamer elektronischer Signatur: BPatG v 28.03.13 – 12 W (pat) 36/12 (fehlende dritte elektronische Signatur begründet Zweifel, ob lediglich ein Entwurf vorliegt); BPatGE 54, 189, 209 *Elektrischer Winkelstecker II*; BPatG BlPMZ 14, 355, 356 *Anordnung zur Erfassung von Berührungen auf einer Trägerplatte*; BPatG v 25.08.14 – 35 W (pat) 413/12, Mitt 15, 50 L *Fahrradgetriebenabe*.
60 BPatG v 30.09.13 – 10 W (pat) 10/12; BPatGE 54, 94 *Modulanordnung* (mit noch weiteren formalen Mängeln des Beschlusses).

rungen in den Unterlagen, die zuvor mit dem Anmelder nicht abgestimmt waren, was eine Verletzung des Antragsgrundsatzes darstellt;[61] **17.** Nichtbeachtung der **Unterbrechung des Verfahrens durch Insolvenz**;[62] **18. Nichtbeteiligung der eingetragenen Patentinhaberin** im Einspruchsverfahren, die trotz nachfolgender Umschreibung Verfahrensbeteiligte geblieben ist, weil dem Beteiligtenwechsel nicht zugestimmt war.[63]

6.4 Neue Tatsachen oder Beweismittel (§ 79 (3) Nr 3)

Die neuen Tatsachen oder Beweismittel müssen für die Entscheidung wesentlich sein, dh sie müssen entscheidungserheblich sein können. 24

6.4.1 Tatsachen

Tatsachen iSd § 79 (3) Nr 3 sind der gesamte Sachverhalt im Gegensatz zur rechtlichen oder technischen Qualifizierung dieses Sachverhalts. Ansichten, Argumente oder Rechtsauffassungen sind keine Tatsachen. Tatsachen iSd § 79 (3) Nr 3 sind eine Änderung des Patentbegehrens und neuer Stand der Technik. 25

Änderung des Patentbegehrens: Werden Ansprüche, Beschreibung oder Zeichnungen geändert, so wird damit eine neue Tatsache bekannt, die grundsätzlich eine Zurückverweisung möglich macht.[64] Es muss sich aber um eine für die Entscheidung wesentliche Änderung handeln, so dass der angefochtene Beschluss nicht mehr als eine Entscheidung über das neue Begehren angesehen werden kann, insbesondere wenn das neu formulierte Begehren eine *Nachrecherche* erforderlich macht.[65] Eine Zurückverweisung wegen geänderten Patentbegehrens, auch im Hinblick auf vor BPatG gestellte *Hilfsanträge*, wird idR auch auf § 79 (3) Nr 1 gestützt[66] (s Rdn 21 unter Nr 4). 26

Teilung einer Anmeldung im Beschwerdeverfahren:[67] Vielfach wird dem BPatG zwar eine eigene Entscheidung auch über die Teilanmeldung möglich sein, weil die insoweit relevanten Fragen im Verfahren über die Zurückweisung der Stammanmeldung hinreichend aufbereitet sind oder mit vertretbarem Aufwand geklärt werden können; dann wäre eine Zurückverweisung auch nicht verfahrensökonomisch[68]. Ist eine eigene Sachentscheidung über die Teilanmeldung aber nicht möglich oder nicht zweckmäßig, kommt eine *Zurückverweisung der Teilanmeldung* gemäß § 79 (3) Nr 3, aber auch gemäß § 79 (3) Nr 1 in Betracht; idR wird sie auf beide Gründe[69] gestützt (s Rdn 21 unter Nr 6). Eine Zurückverweisung auch für die *Stammanmeldung*, zB wenn diese durch die Verlagerung des technischen Inhalts nunmehr unter einem neuen technischen 27

---

61 ZB BPatG v 09.07.2018 – 7 W (pat) 11/18; BPatG v 05.03.2020 – 7 W (pat) 1/19, GRUR-RR 2020, 233 *MOSFET-Vorrichtung (Änderung der Bezeichnung der Erfindung)*.
62 BPatG v 03.05.2018 – 30 W (pat) 28/15 (Markensache); s auch § 73 Rdn 164.
63 BPatG v 31.01.2020 – 23 W (pat) 19/18.
64 BPatGE 1, 85; 2, 83; **16**, 193, 197; **52**, 219, 223 *Zusatzanmeldung*; **46**, 239 = BlPMZ **03**, 301 *Gedruckte Schaltung*; BPatG Mitt **77**, 198.
65 BPatGE **17**, 64 = BlPMZ **75**, 325; BPatG v 26.02.2020 – 18 W (pat) 25/19.
66 ZB BPatG v 30.01.2018 – 19 W (pat) 40/17 (II1 u II9); BPatG v 26.02.2020 – 18 W (pat) 25/19; BPatG v 27.10.2020 – 23 W (pat) 19/19 (II4.2).
67 Zur Zuständigkeit des BPatG für die Prüfung der Teilanmeldung s BGH v 07.05.2019 – X ZB 9/18 (Tz 11 mwN), GRUR **2019**, 766 *Abstandsberechnungsverfahren*.
68 BGH v 07.05.2019 – X ZB 9/18 (Tz 13), GRUR **2019**, 766 *Abstandsberechnungsverfahren*.
69 ZB BPatG v 21.04.2020 – 19 W (pat) 54/19.

Blickwinkel auf Patentfähigkeit zu prüfen sind, kann bei einer Ausscheidung (s § 39 Rdn 11) in Betracht kommen, nicht bei der freien Teilung nach § 39, mit der kein gegenständlich bestimmter Teil von der Stammanmeldung abgetrennt werden muss (s § 39 Rdn 8).

28 **EPA:** Werden im Beschwerdeverfahren die Ansprüche im Erteilungsverfahren wesentlich geändert, so dass eine weitere Sachprüfung erforderlich ist, wird in der Regel an die Prüfungsabteilung zurück verwiesen, damit sie zunächst gemäß Regel 137 (3) 2 EPÜ entscheidet, ob sie der Änderung ihre Zustimmung erteilt, und danach – wenn sie zugestimmt hat – über die geänderten Ansprüche sachlich entscheidet.[70] Gegen beide Entscheidungen ist Beschwerde möglich, so dass dem Anmelder die Prüfung in zwei Instanzen erhalten bleibt.

29 **Neuer Stand der Technik:** Insbesondere *neue Entgegenhaltungen* sind Tatsachen, die – gleichgültig ob sie von den Beteiligten oder vom Gericht ermittelt sind – eine Zurückverweisung ermöglichen, aber nicht erfordern. BPatG würdigt die neuen Entgegenhaltungen idR selbst und erlässt eine Sachentscheidung.

30 *Bekannt* muss der neue Stand der Technik nach § 79 (3) Nr 3 geworden sein. Daher berechtigt die bloße *Vermutung*, dass entgegenstehendes Material vorhanden sein müsse, nicht zur Zurückverweisung. Ist aber offensichtlich, dass DPMA überhaupt nicht oder in einer unzutreffenden Patentklasse recherchiert hat, so kann zurückverwiesen werden.[71]

31 **EPA** verweist zur Vermeidung eines Instanzverlustes in der Regel an die 1. Instanz zurück, wenn ein erstmals in der Beschwerdeinstanz vorgelegtes Dokument wegen seiner Relevanz nicht als verspätet zurück gewiesen wird und nach Auffassung der Kammer die Aufrechterhaltung des Patents gefährden kann.[72] Ist dagegen das neue Dokument zwar relevant, kann aber gleichwohl das Patent aufrechterhalten werden, so wird nicht zurückverwiesen.[73] In diesem Fall ist der Verlust einer Instanz für den Einsprechenden für die Prüfung der verspäteten Entgegenhaltung nicht unbillig.

6.4.2 Beweismittel

32 Beweismittel sind die Vernehmung der Beteiligen und von Zeugen, Sachverständigengutachten, Vorlage von Urkunden (zB über durchgeführte Versuche zum Zwecke des Vergleichs oder Nachweises der Ausführbarkeit), Einholung von Auskünften, Einnahme des Augenscheins und nach Art 117 (1) g EPÜ die Abgabe einer schriftlichen Erklärung unter Eid *(sworn statements)*. Werden sie erst im Beschwerdeverfahren bekannt und sind sie entscheidungserheblich, so kann (nicht muss) das Gericht die Sache an die 1. Instanz zurückverweisen. Die Verfahrensökonomie spricht dafür, von einer Zurückverweisung abzusehen, zumal dem Gericht wegen der ständigen Mitwir-

---

70 T 0063/86 ABl **88**, 224; T 0047/90 ABl **91**, 486 (Nr 4).
71 BPatGE **17**, 64.
72 T 0273/84 ABl **86**, 346; T 0258/84 ABl **87**, 119; T 0416/87 ABl **90**, 415 (Nr 9); T 0611/90 ABl **93**, 50 (Nr 4).
73 T 0416/87 ABl **90**, 415.

II. Bindung des DPMA an Beschlüsse des BPatG[74]

1 Bindung durch Rechtskraft

Vgl dazu Einl Rdn 340.   33

2 Bindung nach § 79 (3) 2 PatG

Nach § 79 (3) 2, § 563 (2) ZPO und Art 111 (2) EPÜ ist die 1. Instanz nach Zurückver-   34
weisung an die rechtliche Beurteilung, die der Entscheidung der Beschwerdeinstanz zu
Grunde liegt, gebunden.

Voraussetzungen einer Bindung an die rechtliche Beurteilung: 35

2.1 Aufhebung

Aufhebung der angefochtenen Entscheidung.   36

2.2 Zurückverweisung

Zurückverweisung an die 1. Instanz. Daran fehlt es hinsichtlich der Patenterteilung,   37
wenn mit der Auflage »zurückverwiesen« wird, ein Patent mit bestimmten Ansprüchen
nach Anpassung der Beschreibung zu erteilen, denn dann ist bereits über die Patenterteilung bindend entschieden.[75]

Anordnungen gemäß § 572 (3) ZPO binden DPMA, wie zB die Anordnung, die   38
Beschreibung den geänderten Ansprüchen anzupassen.[76] DPMA kann dann nur noch
darüber entscheiden, ob die eingereichte Beschreibung ordnungsgemäß den bereits bindend erteilten Ansprüchen angepasst ist, und darf nicht mehr prüfen, ob die geänderten
Ansprüche patentfähig sind, selbst wenn sich neuer Stand der Technik ergeben hat.

2.3 Rechtliche Beurteilung (ratio decidendi)

Zur rechtlichen Beurteilung gehören die Rechtsausführungen in ihrer Gesamtheit. Sie   39
binden nur insoweit, als sie der Aufhebung zugrunde liegen. Das gilt nur für solche
Darlegungen, die für die ausgesprochene Aufhebung unmittelbar ursächlich waren, die
also den aufgehobenen Beschluss missbilligen. Die 1. Instanz soll nur bei unveränderter
Sach- und Rechtslage die gerügten Fehler (zB unzutreffende Beurteilung einer Priorität,[77] einer unzulässigen Erweiterung[78] oder der Neuheit gegenüber bestimmten Entgegenhaltungen[79]) nicht wiederholen dürfen, sonst aber in der Entscheidung frei sein,
also hinsichtlich der übrigen Patentierungsvoraussetzungen.

---

74 Lit in GRUR: *Schulte* GRUR 75, 573.
75 BGH GRUR 69, 433 *Waschmittel*; T 0843/91 ABl 94, 832; T 0153/93 ABl 95 SonderA 134.
76 BPatGE 9, 47; T 0843/91 ABl 94, 818; T 0113/92 ABl 94 SonderA 118; T 0027/94 ABl 97
    SonderA 116, 117.
77 T 0690/91 ABl 97 SonderA 117.
78 T 0720/93 ABl 97 SonderA 117, 118.
79 T 0027/94 ABl 97 SonderA 116.

40 *Keine Bindung* besteht für Äußerungen in der Entscheidung, wenn sie ersichtlich unverbindlichen Charakter haben, wie zB Hinweise für die weitere Behandlung des Verfahrens (sogenannte »*Segelanweisungen*«)[80] oder *obiter dicta*, die das Gericht anlässlich der Entscheidung allgemein oder für künftige Fallgestaltungen für nützlich gehalten hat.

2.4 Identität des Gegenstandes der Entscheidung

41 Daran fehlt es, wenn die zurückverweisende Entscheidung im Erteilungsverfahren ergangen war, die 1. Instanz nunmehr über das erteilte Patent im Einspruchsverfahren zu entscheiden hat.[81] Wenn auch keine Bindung besteht, wird die rechtliche Beurteilung in der früheren Entscheidung des Gerichts bei der Einspruchsentscheidung mit in Erwägung zu ziehen sein.

2.5 Identität des Tatbestands

42 Die Identität des Tatbestands von zurückverweisender und von zu erlassender Entscheidung der 1. Instanz muss gegeben sein. Die Bindung der 1. Instanz gilt nur, wenn die tatsächliche und rechtliche Grundlage der Entscheidung sich nach der Zurückverweisung nicht ändert. Keine Bindung daher bei entscheidungserheblichen Änderungen a) *des Patentbegehrens*, insbesondere der Ansprüche,[82] b) *des zu berücksichtigenden Standes der Technik*, insbesondere durch Ermittlung einer neuen Entgegenhaltung, c) *der Rechtslage*, wenn nachträglich das Gesetz geändert oder die bisherige Rechtsprechung ausdrücklich aufgegeben wird.[83]

III. Bindung des BPatG

1 Selbstbindung des BPatG

43 BPatG ist an seine eigenen *Zwischen- und Endentscheidungen* gemäß § 99 (1) PatG iVm § 318 ZPO gebunden, die es weder aufheben noch abändern kann, zB durch Nachschieben von Gründen.[84] Die Bindung tritt bereits mit dem Erlass[85] der Entscheidung ein, nicht erst mit Rechtskraft (s § 73 Rdn 201). Beschlüsse, die keine Zwischen- oder Endentscheidung über den Beschwerdegegenstand treffen, sondern nur der *Verfahrensleitung und Vorbereitung der Entscheidung* dienen wie zB über die Trennung, Verbindung oder Aussetzung von Verfahren (§ 99 (1) PatG iVm § 150 ZPO) oder Beweisbeschlüsse (§ 99 (1) PatG iVm §§ 358a, 360 ZPO), sind dagegen von Amts wegen oder auf Anregung der Beteiligten abänderbar.

44 **Ausnahmen von der Selbstbindung** bestehen:

---

80 BGH BlPMZ 72, 289 *Zurückverweisung* (zu Hinweisen für die weitere Behandlung einer zurückverwiesenen Ausscheidungsanmeldung).
81 BGH BlPMZ 72, 267 *Parkeinrichtung*; BPatG BlPMZ 84, 47 = GRUR 83, 503; T 0167/93 ABl 97, 229; T 0026/93 ABl 95 SonderA 134.
82 BPatG Mitt 07, 414 *Optisches System*; T 0027/94 ABl 97 SonderA 116.
83 GmS-OBG BGHZ 60, 392 = NJW 73, 1273.
84 BGH GRUR 71, 484 *Entscheidungsformel*.
85 Vgl zum Begriff »Erlass« iSv Existentwerden auch Zöller/Feskorn, ZPO, 33. Aufl 2020, § 329 Rn 6.

a) nach §§ 95, 96 PatG für **Berichtigung** offenbarer Unrichtigkeiten und Unrichtigkeiten im Tatbestand;

b) nach § 99 (1) PatG iVm § 321 ZPO für eine **Ergänzung** des Beschlusses (s § 95 Rdn 10);

c) nach § 99 (1) PatG iVm § 321a ZPO[86] für die Abhilfe bei Erhebung der **Anhörungsrüge** wegen Verletzung des Anspruchs auf rechtliches Gehör[87] (vgl Einl Rdn 331 ff). Dies gilt aber nur für *unanfechtbare (insbesondere erstinstanzliche) Entscheidungen* des BPatG[88] wie zB über **i)** das Ablehnungsgesuch wegen Besorgnis der Befangenheit eines Richters[89] oder **ii)** über die (isolierte) Gewährung von Wiedereinsetzung in die versäumte Beschwerdefrist.[90] Die Anhörungsrüge ist dagegen nicht statthaft für Entscheidungen über die Beschwerde, für die bei Verletzung des rechtlichen Gehörs die zulassungsfreie Rechtsbeschwerde nach § 100 (3) Nr 3 PatG eröffnet ist (Subsidiarität der Anhörungsrüge, § 321a (1) 1 Nr 1 ZPO).[91]

d) für die Abänderung des Beschlusses auf **Gegenvorstellung** (vgl auch Einl Rdn 329): **i)** gegen einen unanfechtbaren[92] *Streitwertbeschluss* nach § 2 (2) 4 PatKostG iVm § 53 (1) GKG im Hinblick auf die in § 63 (3) 1 GKG bestehende Möglichkeit der *Änderung von Amts wegen*, die ein Beteiligter anregen kann,[93] zu erheben innerhalb der Sechsmonatsfrist des § 63 (3) 2 GKG;[94] **ii)** gegen die unanfechtbare[95] *Festsetzung des Gegenstandswerts* für das Beschwerdeverfahren nach § 33 (1) RVG in entsprechender Heran-

---

[86] Neugefasst durch das Anhörungsrügengesetz v 9.12.2004 (BGBl I 3220), in Folge der Entscheidung BVerfGE 107, 395 = NJW 03, 1924.

[87] Nicht statthaft bei anderen Verfahrensverstößen, s BGH GRUR 08, 932; MDR 16, 787.

[88] Vgl auch Einl Rdn 333; ebenso zum Markenrecht Knoll in *Ströbele/Hacker/Thiering*, MarkenG, 13. Aufl 2021, § 83 Rn 4.

[89] BVerfG NJW 09, 833 in verfassungskonformer Auslegung des § 321a (1) 2 ZPO; insoweit überholt daher BGH NJW 07, 3786 = Mitt 08, 45 L.

[90] Vgl BGH NJW-RR 09, 642 = Mitt 09, 142 L, trotz Unanfechtbarkeit der gewährten Wiedereinsetzung.

[91] BPatGE 50, 16, 18 *Anhörungsrüge*; BPatG v 28.07.10 – 27 W (pat) 211/09, in juris (Tz 10); BPatG v 10.01.13 – 19 W (pat) 7/11 Schulte-Kartei PatG 65–80, 86–99 Nr 518 *Unzulässige Anhörungsrüge*.

[92] Vgl BGH Mitt 12, 41 *Streitwertbeschwerde*; BPatGE 54, 88 *Streitwertbeschwerde im Patentnichtigkeitsverfahren*.

[93] Std Rspr, zB BPatGE 53, 126 *Streitwert im Patentnichtigkeitsverfahren*; 54, 88 *Streitwertbeschwerde im Patentnichtigkeitsverfahren*; ebenso *Benkard/Hall/Nobbe*, PatG, 11. Aufl 2015, § 84 Rn 45; *Hartmann/Touissant*, Kostenrecht, 50. Aufl 2020, § 68 GKG Rn 40; Gegenvorstellung der Verfahrensbevollmächtigten zulässig analog § 32 (2) 1 RVG: BGH GRUR 12, 1287 (Tz 4) *Antimykotischer Nagellack II*; Zulässigkeit offengelassen: BGH GRUR 12, 1288 (Tz 2) *Vorausbezahlte Telefongespräche II*.

[94] BGH NJW-RR 86, 737 (zu § 25 (2) 3 GKG aF, der § 63 (3) 2 GKG entspricht); BGH v 08.10.12 – X ZR 2/10; BGH v 23.07.2019 – I ZB 1/16; *Hartmann/Touissant*, Kostenrecht, 50. Aufl 2020, § 68 GKG Rn 44.

[95] § 99 (2) PatG, iü auch nach § 33 (4) 3 RVG keine Rechtsbeschwerdemöglichkeit, vgl BPatG GRUR 12, 1172 (II letzter Abs) *Gegenstandswert in markenrechtlichen Beschwerdeverfahren*.

ziehung der für Streitwertbeschlüsse nach dem GKG bestehenden Abänderbarkeit;[96] iii) (str) gegen sonstige unanfechtbare[97] Beschlüsse des BPatG bei Verletzung *anderer Verfahrensgrundrechte*[98] als das rechtliche Gehör oder bei *»greifbarer Gesetzwidrigkeit«* in entsprechender Anwendung des Rechtsgedankens des § 321a ZPO,[99] zu erheben innerhalb von zwei Wochen nach Zustellung der Entscheidung.[100] Für die von der Rechtsprechung entwickelten Grundsätze, wonach unter *Verletzung des rechtlichen Gehörs* ergangene Entscheidungen auf Gegenvorstellung[101] oder von Amts wegen im Wege der gerichtlichen Selbstkontrolle[102] überprüft werden, ist dagegen im Verfahren vor BPatG nach Inkrafttreten des Anhörungsrügengesetzes kein Raum mehr.[103] Eine Gegenvorstellung ist – soweit mit ihr die Verletzung rechtlichen Gehörs gerügt wird – neben der Anhörungsrüge unzulässig.[104] Grundsätzlich kommt die gesetzlich nicht geregelte Gegenvorstellung nur dann in Betracht, wenn das Gericht zu einer Änderung seiner Entscheidung befugt ist und diese auch von Amts wegen vornehmen durfte.[105]

47 Zur Durchbrechung der Rechtskraft nach § 99 (1) PatG iVm §§ 578 ff ZPO[106] im Fall der **Wiederaufnahme** vgl Einl Rdn 546 ff.

48 **Selbstbindung des BPatG im 2. Beschwerdeverfahren:** BPatG ist, wenn es (nach Zurückverweisung) mit dem gleichen Gegenstand der Entscheidung durch eine 2. Beschwerde ein weiteres Mal befasst wird, an seinen eigenen 1. Beschluss im gleichen

---

96 Vgl die std Rspr für die Festsetzung des Gegenstandswerts nach früherem Recht im erstinstanzlichen Nichtigkeitsverfahren nach § 10 BRAGO (dem § 33 RVG entspricht): BPatGE **16**, 157; **22**, 129 = GRUR **80**, 331; BPatGE **33**, 4, 5; BPatG v 5.6.2000 – 2 Ni 10/96, in juris; vgl auch BGH GRUR **06**, 704 *Markenwert* = Mitt **06**, 282 *Gegenvorstellung* (gegen Gegenstandswert im markenrechtlichen Rechtsbeschwerdeverfahren); BPatG v 16.03.2016 – 26 W (pat) 59/13 (Markensache); *Gerold/Schmidt/Mayer*, RVG, 25. Aufl 2021, § 32 Rn 104.
97 ZB nach § 135 (3) 1 Halbsatz 2 PatG Ausschluss der Rechtsbeschwerde in Verfahrenskostenhilfesachen, vgl BPatG v 08.06.11 – 19 W (pat) 22/08, in juris.
98 Vgl BGH NJW-RR **07**, 1654 (Verstoß gegen das Verfassungsgebot des gesetzlichen Richters); BGHZ **202**, 288 = GRUR **14**, 1237 *Kurznachrichten* (Tz 2: unbegründete Anhörungsrüge zugleich als Gegenvorstellung angesehen); *Thomas/Putzo/Seiler*, ZPO, 42. Aufl 2021, § 321a Rn 18.
99 BGHZ **150**, 133 = NJW **02**, 1577; BGH NJW-RR **07**, 1654; OLG Karlsruhe Mitt **04**, 189 L *Greifbare Gesetzwidrigkeit*; BPatG v 05.10.10 – 35 W (pat) 9/10 (II1.2); BPatG v 16.03.11 – 3 ZA (pat) 35/10 (II1); BPatG v 08.06.11 – 19 W (pat) 22/08; BPatG v 20.10.11 – 35 W (pat) 19/10 (II1.3), jeweils in juris; zur Zulässigkeit einer Gegenvorstellung nach Inkrafttreten des Anhörungsrügengesetzes s auch BVerfGE **122**, 190 = NJW **09**, 829 (Tz 37).
100 Vgl § 321a (2) 1 ZPO; BGH GRUR **04**, 1061 *Kosmetisches Sonnenschutzmittel II*; GRUR **05**, 614 *Gegenvorstellung im Nichtigkeitsberufungsverfahren*; OLG Dresden NJW **06**, 851; BPatG v 04.05.2020 – 19 W (pat) 25/19.
101 BGHZ **130**, 97 = NJW **95**, 2497.
102 BVerfGE **73**, 322, 329 = NJW **87**, 1319, 1320; BVerwG NJW **94**, 674; BGHZ **130**, 97 = NJW **95**, 2497; OLG Rostock Mitt **03**, 337.
103 Ebenso zum Markenrecht *Knoll* in *Ströbele/Hacker/Thiering*, MarkenG, 13. Aufl 2021, § 83 Rn 4.
104 BGH NJW **07**, 3786 = Mitt **08**, 45 L.
105 BGH v 18.10.2018 – IX ZB 31/18 (Tz 13), BGHZ **220**, 90.
106 Nach st Rspr vor BPatG entsprechend anwendbar, vgl BGH GRUR **66**, 109 *Restitutionsverfahren*; BPatGE **25**, 97; **27**, 206, 208 = GRUR **86**, 309; BPatG Mitt **78**, 195; Mitt **93**, 144.

Umfang wie DPMA gebunden[107] (s 37 ff). Das setzt Identität von Patentbegehren, Sachverhalt und Parteien (oder deren Rechtsnachfolger) voraus.
Gleichheit des Entscheidungsgegenstandes ist nicht gegeben, **a)** wenn Ansprüche oder der Stand der Technik sich geändert haben; **b)** wenn der 1. Beschluss des BPatG ein Erteilungsbeschluss war und die 2. Beschwerde sich gegen die Entscheidung des DPMA über einen Einspruch gegen das erteilte Patent richtet.[108]
War mit der Auflage zurückverwiesen, die Beschreibung anzupassen, so kann mit einer Beschwerde gegen die vorgenommene Anpassung nur noch die Frage der Anpassung angegriffen werden, nicht dagegen die mit der zurückverweisenden Entscheidung erteilten oder aufrechterhaltenen Ansprüche.[109]
An einen Wiederaufnahmebeschluss bleibt BPatG gebunden.[110]
Ausnahmsweise entfällt die Selbstbindung im 2. Beschwerdeverfahren, wenn zwischenzeitlich erstmalig eine davon abweichende höchstrichterliche Entscheidung ergangen ist.[111] Selbstbindung des BPatG wirkt im Rechtsbeschwerdeverfahren nicht gegenüber BGH.[112]

2 Bindung des BPatG an Beschlüsse des BGH

Die Bindung des BPatG an Entscheidungen des BGH beruht auf § 108 (2) PatG. Danach hat BPatG die rechtliche Beurteilung, die der Aufhebung zugrunde gelegt ist, auch seiner Entscheidung zugrunde zu legen. Damit ist BPatG an die tragenden Erwägungen der BGH-Entscheidung gebunden, nicht dagegen an sonstige Äußerungen, der BGH anlässlich der Entscheidung für nützlich empfunden hat, z.B. obiter dicta oder »Segelanweisungen« für das weitere Verfahren.[113] *Ausnahmsweise* entfällt eine Bindung an die rechtliche Beurteilung des BGH, wenn die entscheidungserhebliche Rechtsfrage zwischenzeitlich vom EuGH abweichend entschieden ist.[114]

49

§ 80 Kosten des Beschwerdeverfahrens
(costs of appeals procedure)

(1) ¹Sind an dem Verfahren mehrere Personen beteiligt, so kann das Patentgericht bestimmen, daß die Kosten des Verfahrens einem Beteiligten ganz oder teilweise zur Last fallen, wenn dies der Billigkeit entspricht. ²Es kann insbesondere auch bestimmen, daß die den Beteiligten erwachsenen Kosten, soweit sie zur zweck-

---

107 BPatGE 9, 47, 53; BlPMZ 71, 286; BPatG v 20.05.2020 – 17 W (pat) 5/18 (II1aE); T 0934/91 ABl **94**, 184; T 0690/91 ABl **97** SonderA 117; vgl GmS-OGB BGHZ **60**, 392, 396.
108 BPatG BlPMZ **91**, 31, 34.
109 T 0843/91 ABl **94**, 818; T 0113/92 ABl **94** SonderA 118; T 0027/94 ABl **97** SonderA 116, 117.
110 BPatGE **25**, 97.
111 Vgl BGH NJW **13**, 1310 = Mitt **13**, 298 L *Verweisungsbeschluss*.
112 BGH GRUR 04, 331 *Westie-Kopf*.
113 BGH GRUR 67, 548 (II2 a und b) *Schweißelektrode II*; **72**, 548 (BII1b) *Zurückweisung*; BlPMZ **73**, 259 (II1) *Lenkradbezug II*.
114 BGH GRUR 07, 55 (III1a, Tz 11,12) *Farbmarke gelb/grün II* unter Bestätigung von BPatG GRUR 05, 1049, 1051 *zweifarbige Kombination Grün/Gelb II*; BPatG GRUR 06, 946, 948 *Taschenlampen II*; BVerwGE **87**, 154 = MDR **91**, 685.

entsprechenden Wahrung der Ansprüche und Rechte notwendig waren, von einem Beteiligten ganz oder teilweise zu erstatten sind.

(2) Dem Präsidenten des Deutschen Patent- und Markenamts können Kosten nur auferlegt werden, wenn er nach seinem Beitritt in dem Verfahren Anträge gestellt hat.

(3) Das Patentgericht kann anordnen, daß die Beschwerdegebühr nach dem Patentkostengesetz zurückgezahlt wird.

(4) Die Absätze 1 bis 3 sind auch anzuwenden, wenn ganz oder teilweise die Beschwerde, die Anmeldung oder der Einspruch zurückgenommen oder auf das Patent verzichtet wird.

(5) Im Übrigen sind die Vorschriften der Zivilprozessordnung über das Kostenfestsetzungsverfahren (§§ 103 bis 107) und die Zwangsvollstreckung aus Kostenfestsetzungsbeschlüssen (§§ 724 bis 802) entsprechend anzuwenden.

Ilse Püschel

Übersicht

	Geltungsbereich	1
	Europäisches Patentrecht	2
	Literatur	3
	Kommentierung zu § 80 PatG	
I.	Kostenentscheidung	4
1	Grundsatz	6
2	Voraussetzungen einer Kostenentscheidung nach § 80	7
2.1	Beschwerdeverfahren	7
2.2	Mehrseitiges Beschwerdeverfahren	8
2.3	Billigkeit	9
2.3.1	Erfolg der Beschwerde	10
2.3.2	Aussichtslosigkeit der Beschwerde	12
2.3.3	Verstoß gegen prozessuale Sorgfaltspflicht	13
2.4	Ursächlichkeit	17
3	Form der Kostenentscheidung	18
3.1	Von Amts wegen	18
3.2	Isolierter Beschluss	19
3.3	Begründung der Kostenentscheidung	20
4	Rechtsmittel	21
II.	Kosten des Präsidenten des DPMA nach § 80 (2)	22
III.	Kostenerstattung	23
1	Vertreterkosten	25
1.1	Rechtsanwalt	26
1.2	Patentanwalt	35
1.3	Erlaubnisscheininhaber (Patentingenieur)	38
1.4	Doppelvertretung durch Patentanwalt und Rechtsanwalt	39
1.4.1	Beschwerdeverfahren	39
1.4.2	Nichtigkeitsverfahren	40
1.4.3	Höhe der erstattungsfähigen Kosten	44
1.4.4	Mitwirkung	45
1.5	Gegenstandswert	48
1.5.1	Antrag auf Wertfestsetzung	48
1.5.2	Bestimmung nach billigem Ermessen	49
1.5.3	Regelgegenstandswert	52
1.5.4	Rechtsmittel	57
2	Parteikosten	58

3	Einzelfälle aus der Kostenrechtsprechung im Beschwerde- und Nichtigkeitsverfahren (alphabetisch)	59
IV.	Kostenfestsetzungsverfahren	98
1	Zuständigkeit	99
2	Voraussetzungen der Zulässigkeit	100
3	Kostenfestsetzungsbeschluss	101
4	Erinnerung	106
5	Rechtsbeschwerde	111
6	Zwangsvollstreckung	112
V.	Rückzahlung der Beschwerdegebühr (§ 80 (3))	114

Geltungsbereich: § 80 wurde als § 36q durch das **6. Überleitungsgesetz** (BGBl I 1274 = BlPMZ **61,** 124, 128) mit Wirkung vom 1.7.1961 geschaffen. Art 8 Nr 44 des **1. GPatG** v 26.7.1979 (BGBl I 1269 = BlPMZ **79,** 266) hat den Abs 2 eingefügt und den Abs 4 neu gefasst.
Das **2. PatGÄndG** v 16.7.1998 (BGBl I 1827 = BlPMZ **98,** 382) hat in § 80 (1) 2 die Worte »nach billigem Ermessen« zwischen den Worten »soweit sie« und »zur zweckentsprechenden Wahrung« gestrichen.
Das **Kostenbereinigungsgesetz** vom 13.12.2001 (BGBl I 3656 = BlPMZ **02,** 14) hat in § 80 (3) die Angabe »(§ 73 Abs 3)« durch »nach dem Patentkostengesetz« ersetzt.
Das **Gesetz zur Änderung des patentrechtlichen Einspruchsverfahrens und des Patentkostengesetzes** vom 21.6.2006 (BGBl I 1318 = BlPMZ **06,** 225) hat durch seinen Art 1 Nr 10 in § 80 (5) die Angaben in Klammern eingefügt.
Art 1 Nr 40 des **Zweiten Gesetzes zur Vereinfachung und Modernisierung des Patentrechts** v 10.8.2021 (BGBl I 3490 = BlPMZ **2021,** 290, amtl Begr BT-Drs 19/25821) hat mit Wirkung v 18.8.2021 in § 80 (2) das Wort »Patentamts« ersetzt durch die Wörter »Deutschen Patent- und Markenamts«.

Europäisches Patentrecht: Während vor BPatG nach § 80 eine Kostenentscheidung in jedem Verfahren ergehen kann, an dem mehrere Personen beteiligt sind, sieht das EPÜ eine Kostenverteilung in Art 104 EPÜ nur für das Einspruchs- und das Einspruchsbeschwerdeverfahren vor. Grundsätzlich trägt nach Art 104 (1) EPÜ jeder Beteiligte seine Kosten selbst, so dass eine Kostenentscheidung die Ausnahme ist. Im Einspruchsbeschwerdeverfahren kann die Beschwerdekammer nach Art 104 EPÜ eine andere Verteilung der Kosten anordnen, wenn und soweit dies der Billigkeit entspricht. Art 104 EPÜ, Regel 88 EPÜ und Art 16 VerfOBK sind abgedruckt bei § 62 PatG.

Lit: Fschr 50 Jahre BPatG 2011: Brandi-Dohrn, S 569; **Lit in Mitt:** Rojahn/Lunze Mitt **11,** 533; Schickedanz Mitt **12,** 60; Vierkötter/Schneider/Thierbach Mitt **12,** 149; **Lit in GRUR:** Gruber, GRUR Int **2017,** 859; **Lit in NJW:** Schneider, Erstattung der anwaltlichen Reisekosten im Zivilprozess, NJW **2017,** 307.

I. Kostenentscheidung

Nach der abschließenden gesetzlichen Regelung kann BPatG nur in den vom PatG vorgesehenen Fällen über Kosten entscheiden. Das sind: **a)** § 80 für das Beschwerdeverfahren, **b)** § 84 (2) für das Nichtigkeitsverfahren, **c)** § 85 (3) iVm § 84 (2) für Verfahren in einstweiligen Verfügungen; **d)** § 85a (2) iVm § 84 (2) für Zwangslizenzverfahren nach der Verordnung (EG) Nr 816/2006.

In anderen Verfahren kann BPatG keine Kosten auferlegen. Erinnerungen gemäß § 23 (2) RPflG gegen Festsetzung der Kosten durch den Rechtspfleger sind nach § 11 (4) RPflG gerichtsgebührenfrei, die Kosten eines Anwalts können auferlegt werden.[1]

---

1 BPatGE 40, 144.

1 Grundsatz

6 Im Beschwerdeverfahren vor BPatG trägt jeder Beteiligte seine Kosten selbst.[2] Von diesem Grundsatz geht § 80 (1) aus. Soll ausnahmsweise dieser Grundsatz nicht gelten, muss daher eine Kostenentscheidung ergehen. Enthält eine Beschwerdeentscheidung keine Kostenentscheidung, ist damit entschieden, dass es bei dem Grundsatz der eigenen Kostentragung bleibt.[3] Nur bei einem versehentlichen Fehlen einer Kostenentscheidung kann der Beschluss nach § 321 ZPO ergänzt werden (s Rdn 19). Ohne Kosten(grund)entscheidung scheidet ein Kostenfestsetzungsverfahren aus.[4]

2 Voraussetzungen einer Kostenentscheidung nach § 80

2.1 Beschwerdeverfahren

7 Es muss ein Beschwerdeverfahren iSd §§ 73 ff PatG vorliegen. Auf andere Verfahren findet § 80 (1) keine Anwendung. Keine Kostenentscheidung kann daher ergehen: a) in erstinstanzlichen Verfahren vor BPatG (zB Einsicht in BPatG-Akten[5] oder Anhörungsrüge gegen BPatG-Entscheidung;[6] b) wenn die Beschwerde nach § 6 (2) PatKostG als nicht eingelegt gilt[7] (s § 6 PatKostG Rdn 26 im Anhang 15).

2.2 Mehrseitiges Beschwerdeverfahren

8 § 80 (1) setzt ein mehrseitiges Beschwerdeverfahren voraus, da Kostenentscheidung nur ergehen kann, wenn sich mehrere Beteiligte im Beschwerdeverfahren gegenüberstehen. Daher keine Kostenauferlegung in einseitigen Verfahren[8] oder zu Lasten eines Vertreters.[9]

2.3 Billigkeit

9 Die Ermessensentscheidung über die Kosten beschränkt sich nicht auf den sachlichen Inhalt der Kostenentscheidung, sondern bezieht sich auch auf die Frage, ob überhaupt der Erlass einer Kostenentscheidung angebracht ist.[10] Ein Abweichen vom Grundsatz der eigenen Kostentragung bedarf stets besonderer Umstände, die sich aus dem Verhalten der Beteiligten ergeben können, insbesondere einem Verstoß gegen die allgemeine prozessuale Sorgfaltspflicht.[11]

---

2 BGH BlPMZ **73**, 23 *Lewapur*; **96**, 411 (II3b aa) *Schutzverkleidung*; GRUR **11**, 1052 (Tz 4) *Telefonsystem*; BPatGE **8**, 240; **28**, 39, 40; **47**, 23, 28 *Papierauflage*; BPatG Mitt **71**, 76; GRUR 01, 329.
3 BGH BlPMZ **62**, 56 (2b) *Beschwerdekosten*; **73**, 23 (III) *Lewapur*; BPatGE **8**, 240; **28**, 39, 40.
4 S Rdn 98; BGH v 11.01. 2018 – IX ZB 99/16, NJW **2018**, 1169.
5 BPatGE **27**, 96 = Mitt **85**, 214.
6 BPatG v 14.03.12 – 26 W (pat) 56/11; aA BPatG v 28.07.10 – 27 W (pat) 211/09, jeweils in juris.
7 BPatGE **45**, 201 *Kosten bei Nichterhebungsfiktion*; BPatG v 12.08.2019 – 26 W (pat) 25/14 (III1; Markensache).
8 BPatGE **13**, 201; **17**, 172; BPatG v 28.06.2018 – 8 W (pat) 14/16 (II4).
9 Ausgenommen der vollmachtlose Vertreter BPatGE **22**, 37, 39.
10 BGH BlPMZ **62**, 56 *Beschwerdekosten*; **73**, 23 *Lewapur*.
11 BGH BlPMZ **96**, 411 (II3b aa) *Schutzverkleidung*; BPatGE **1**, 94, 41, 18; Mitt **71**, 158.

2.3.1 Erfolg der Beschwerde

Der Erfolg der Beschwerde ist allein kein Anlass für eine Kostenentscheidung, weil § 80 – anders als §§ 91 ff ZPO und in Nichtigkeitsverfahren § 84 (2) – nicht am Unterliegen eines Beteiligten anknüpft,[12] sondern Billigkeit voraussetzt. Es ist daher nicht ausgeschlossen, auch zugunsten eines Unterlegenen eine Kostenentscheidung zu treffen, wenn besondere Umstände vorliegen, die eine solche Entscheidung rechtfertigen können. Daher rechtfertigt weder das *nochmalige Unterliegen*[13] noch die Tatsache, dass der Beteiligte sich *freiwillig in die Rolle des Unterlegenen* begeben hat,[14] *für sich allein* eine Kostenauferlegung noch nicht.

10

Nebenverfahren: In sogenannten echten Streitverfahren,[15] wie Beschwerden gegen Entscheidungen des DPMA in *Akteneinsichtsverfahren*,[16] in *Umschreibungsverfahren*[17] sowie gegen *isolierte Kostenentscheidungen*,[18] sieht es die Rechtsprechung als billig an, den Verfahrensausgang bei der Kostenauferlegung stärker zu berücksichtigen.[19] Für eine Kostenauferlegung in Verfahren der Einsicht in Nichtigkeitsakten gemäß § 99 (3) 3 besteht keine Rechtsgrundlage.[20]

11

2.3.2 Aussichtslosigkeit der Beschwerde

Die Aussichtslosigkeit der Beschwerde kann eine Kostenauferlegung als billig erscheinen lassen, nämlich wenn die Beschwerde keinerlei Aussicht auf Erfolg bot und das für den Beschwerdeführer erkennbar war, so dass eine kostenbewusste Partei von der Erhebung einer Beschwerde abgesehen hätte.[21]

12

2.3.3 Verstoß gegen prozessuale Sorgfaltspflicht

Der Verstoß gegen die prozessuale Sorgfaltspflicht kann eine Kostenauferlegung als billig erscheinen lassen, wenn es unbillig erscheint, die ohne weiteres vermeidbaren

13

---

12 BGH BlPMZ 73, 23 (IV2) *Lewapur*; BPatGE 1, 94; 12, 238, 239 (für nochmaliges Unterliegen); dagegen für verstärkte Berücksichtigung der Unterliegenshaftung des § 91 (1) ZPO im Rahmen der Billigkeitsentscheidung (hier nach § 71 (1) MarkenG): BPatG GRUR 12, 529 *Fotografierter Schuh*; ebenso *Brandi-Dohrn*, Fschr 50 Jahre BPatG, 2011, 569, 582; zu Nebenverfahren s Rdn 11.
13 BPatGE 12, 238, 241; Mitt 71, 76.
14 BPatGE 2, 69; 9, 204, 206; 12, 238, 241; Mitt 70, 235; 71, 74 u 76; 75, 237; aA BlPMZ 71, 28 Nr 19.
15 Dagegen ist das Einspruchs(beschwerde)verfahren nicht durchgehend wie ein echtes zweiseitiges Streitverfahren ausgestaltet, s BGH GRUR 95, 333 (BII2c aa) *Aluminium-Trihydroxid*; zur Unterscheidung kritisch s *Knoll* in *Ströbele/Hacker/Thiering*, MarkenG, 13. Aufl 2021, § 71 Rn 30.
16 BPatGE 3, 23, 29; 4, 130, 133; 6, 30, 33; 13, 33, 41; 33, 175, 181, 40, 33, 37; vgl auch BGH GRUR 94, 104 (III) *Akteneinsicht XIII*.
17 BPatG GRUR 01, 328 *Umschreibungsverfahren I*; GRUR 01, 329 *Umschreibungsverfahren II*; BlPMZ 01, 354, 356 = Mitt 01, 379, 381 *Widerruf der Umschreibungsbewilligung*; BPatGE 46, 42, 44 *Umschreibung*; 49, 136, 141 *Umschreibung/Rechtliches Gehör II*.
18 BPatG Mitt 76, 99; für die vergleichbare Vorschrift § 71 (1) MarkenG BPatGE 46, 71, 76 (II4) *Token & Medaillen Manager*; aA BPatG Mitt 10, 529 L (Nr 4) *IGEL PLUS/PLUS*.
19 Für generelle Berücksichtigung des Verfahrensausgangs BPatG GRUR 12, 529 *Fotografierter Schuh*; ebenso *Brandi-Dohrn*, Fschr 50 Jahre BPatG, 2011, 569, 582.
20 BPatGE 27, 96; Mitt 92, 148; abw Mitt 70, 34 (Wz).
21 Vgl BPatGE 2, 145, 146; 7, 210, 212; 8, 60, 62; 9, 125, 128; 12, 238, 240.

Kosten die anderen Beteiligten tragen zu lassen.[22] Wer vorwerfbar durch Säumnis, Nachlässigkeit oder sonstige vermeidbare Störungen des Verfahrensablaufs unnötige Kosten verursacht, muss sie billigerweise tragen.[23]

14 **EPA:** Nach **Art 16 VerfOBK**[24] (abgedruckt § 62 Rdn 5) kann auf Antrag angeordnet werden, dass ein Beteiligter die Kosten eines anderen Beteiligten teilweise oder ganz zu tragen hat a) bei nachträglicher Änderung des Vorbringens eines Beteiligten;[25] b) bei erforderlichen Fristverlängerungen; c) bei Handlungen oder Unterlassungen, die die rechtzeitige und effiziente Durchführung der mündlichen Verhandlung beeinträchtigen; d) bei Nichtbeachtung einer Anweisung der Kammer; e) im Fall eines Verfahrensmissbrauchs.

15 **Verstoß bejaht** (vgl auch § 62 Rdn 17): **1.** Einlegung einer ganz offensichtlich **unbegründeten Beschwerde**,[26] die zB eine stRspr ignoriert[27] oder als mutwillig erscheint; **2.** Anmeldung einer bekannten identischen Erfindung;[28] **3. Vorwerfbar späte Rücknahme** der Beschwerde, des Einspruchs oder der Anmeldung oder des Antrags auf mündliche Verhandlung, wenn dadurch für den Gegner vermeidbare Kosten entstanden sind;[29] **4. Unterlassen der Unterrichtung von Gericht und Parteien**, dass eine Teilnahme an der auf eigenen Antrag anberaumten mündlichen Verhandlung nicht beabsichtigt ist,[30] insbesondere wenn die eigene Beschwerde nicht begründet wurde;[31] **5.** Sinnlose Aufrechterhaltung eines **Antrags auf mündliche Verhandlung**;[32] **6.** Ersichtlicher Verstoß gegen die **Wahrheitspflicht**;[33] **7.** Bei Rücknahme einer Teilungserklärung, die aus **prozesstaktischen Gründen** erklärt wurde;[34] **8.** Antrag auf 2. münd-

---

22 BGH BlPMZ **96**, 411 (II3b aa) *Schutzverkleidung*; BPatGE **1**, 94; **7**, 210; Mitt **71**, 76; BPatG BlPMZ **17**, 28, 30 (III) *Gabelschlüssel*.
23 BPatGE **2**, 69, 74; **2**, 98, 99; **7**, 36; **22**, 194 f; Mitt **72**, 99; Mitt **75**, 237; Mitt **78**, 76; Mitt **07**, 348 L *Kostenauferlegung für zweiten Verhandlungstermin*.
24 Verfahrensordnung der Beschwerdekammern (am 1.1.2020 in Kraft getretene revidierte Fassung mit Änderung v 1.4.2021) ABl **2021**, A35 = Tabu Gewerbl. Rechtsschutz Nr 819 (alte Fassung ABl **07**, 536 = Tabu Gewerbl. Rechtsschutz Nr 820).
25 So bei verspäteter Vorlage von neuen Tatsachen und Beweisen, wenn es an einem triftigen Grund für die Verspätung fehlt T 0611/90 ABl **93**, 50.
26 BPatGE **2**, 98; Mitt **69**, 155.
27 BPatGE **1**, 217, 222; **5**, 204, 206 (bedenklich, weil es das gute Recht eines Bürgers ist, auch eine etablierte Rspr, die er nicht kennt oder für falsch hält, in Frage zu stellen, ohne dafür mit zusätzlichen Kosten bestraft zu werden. Nur durch solche Beschwerden kann eine neue Rspr entstehen!).
28 BPatGE **1**, 94, 99; **1**, 171.
29 BPatGE **5**, 144, 145; Mitt **61**, 177; **72**, 15; abw BPatG GRUR **99**, 91 für Rücknahme 2 Tage vor mündl Verhandlung und BPatG v 07.04.09 – 6 W (pat) 312/06 Mitt **09**, 233 L *Kostenauferlegung im Einspruchsverfahren nach Patentverzicht* für Verzicht 1 Tag vor mündl Verhandlung.
30 BPatG Mitt **72**, 99; **78**, 76, 77; **99**, 198; **01**, 577; T 0434/95 ABl **98** SonderA 104.
31 BPatGE **41**, 18; BPatG Mitt **72**, 99; BPatG v 06.10.2016 – 11 W (pat) 16/10 (IIC); aber keine Kostenauferlegung, wenn Patentinhaber der Ladung nicht entnehmen konnte, dass die Anhörung nur auf seinen Antrag hin erfolgte: BPatG v 20.07.15 – 19 W (pat) 2/14 = Schulte-Kartei PatG 65–80, 86–99 Nr 477 *Beschwerde gegen Kostenentscheidung*.
32 BPatGE **7**, 36; Mitt **75**, 237; BPatG BlPMZ **17**, 28, 30 (III) *Gabelschlüssel* (Auferlegung der Kosten, die dem Beschwerdegegner durch die Teilnahme an der MV entstanden sind).
33 BPatGE **26**, 194, 195.
34 BPatGE **34**, 242 = BlPMZ **95**, 257.

liche Verhandlung, wenn nach Teilung in der 1. mündlichen Verhandlung sich eine geänderte Sach- und Rechtslage nicht ergibt;[35] **9.** Teilung 1 Tag vor mündlicher Verhandlung;[36] **10.** Vorwerfbar **verspätete Einführung von Beweismitteln**[37] oder von umfangreichen **Hilfsanträgen**,[38] die unnötige Kosten, zB **Vertagung**, erforderlich macht; **11.** Ergebnislose erste mündliche Verhandlung wegen fehlender Klärung von Existenz und Identität der Einsprechenden, so dass zweite mündliche Verhandlung notwendig war;[39] **12.** Vorwerfbar verspätete Zahlung der Beschwerdegebühr.[40]

Verstoß verneint (vgl auch § 62 Rdn 18): **1. Unterlassen einer Beschwerdebegründung**, weil nicht vorgeschrieben;[41] **2.** Bloße Tatsache der **Rücknahme der Anmeldung** oder des Verzichts auf das Patent,[42] auch 1 Tag vor der mündlichen Verhandlung;[43] **3.** Einführung einer neuen **Entgegenhaltung** wenige Tage vor mündlicher Verhandlung;[44] **4.** Bestreiten einer offenkundigen Vorbenutzung mit Nichtwissen;[45] **5.** Bloße **Rücknahme der Beschwerde**, denn dann gilt § 80 (4) PatG (anders dagegen § 516 (3) ZPO), auch 1 Tag[46] oder 2 Tage[47] vor mündlicher Verhandlung, oder aus sachdienlichen Gründen;[48] **6.** Notwendigkeit von **zweitem Verhandlungstermin** wegen Einreichung von **geänderten Ansprüchen** unmittelbar vor oder in dem ersten Verhandlungstermin, wenn dem Patentinhaber kein Sorgfaltspflichtverstoß vorzuwerfen ist,[49] zB wenn dies als Reaktion auf neuen Sachvortrag der Einsprechenden oder Zweifel des Gerichts an der Patentfähigkeit erfolgt;[50] **7.** Bloßes **Nichterscheinen** zur mündlichen Verhandlung, das zudem der Gegenseite rechtzeitig angekündigt war;[51] **8.** Bloße **Nichtäußerung** der Patentinhaberin.[52]

16

---

35 BGH BlPMZ **96**, 411 *Schutzverkleidung*; BPatGE **36**, 45 = GRUR **96**, 478.
36 BPatG Mitt **01**, 577.
37 T 0083/93 ABl **98** SonderA 103.
38 BPatG v 05.10.06 – 6 W (pat) 93/01 Mitt **07**, 348 L = Schulte-Kartei PatG 65–80, 86–99 Nr 358 *Kostenauferlegung für zweiten Verhandlungstermin*; BPatG v 23.06.2016 – 10 W (pat) 116/14 (III).
39 BPatG v 13.12.10 – 20 W (pat) 49/06, in juris, s GRUR **12**, 680 FN 89.
40 BPatG GRUR-RR **11**, 438 (Markensache).
41 BPatG Mitt **70**, 235; **72**, 98; **74**, 17; abw BPatGE **9**, 204, 207.
42 BGH GRUR **11**, 1052 *Telefonsystem* (bzgl Rücknahme der Patentanmeldung im Rechtsbeschwerdeverfahren); BPatGE **2**, 69; **9**, 204, 206; **26**, 194, 195.
43 BPatG v 07.04.09 – 6 W (pat) 312/06 Mitt **09**, 233 L *Kostenauferlegung im Einspruchsverfahren nach Patentverzicht*.
44 BPatGE **31**, 13 = Mitt **89**, 239.
45 BPatGE **29**, 194, 195.
46 BPatG v 29.04.08 – 6 W (pat) 6/07.
47 BPatG GRUR **99**, 91 L.
48 BPatG GRUR **01**, 329 *Umschreibungsverfahren II*.
49 BPatG v 05.03.12 – 9 W (pat) 345/06 Schulte-Kartei PatG 59–62 Nr 447 *Windenergieanlage* (zu § 62 (1) PatG).
50 BPatG v 17.05.10 – 15 W (pat) 305/05 (zu § 62 (1) PatG); BPatG v 03.03.15 – 8 W (pat) 5/12.
51 BPatG v 18.05.10 – 8 W (pat) 318/07 (zu § 62 (1) PatG).
52 BPatG v 14.02.14 – 14 W (pat) 19/09.

2.4 Ursächlichkeit

17 Liegt zwar eine Verletzung der Sorgfaltspflicht vor, wären aber die Kosten auch ohne diesen Verstoß entstanden, dann hat der Gegner keine unnötigen zusätzlichen Kosten aufgewendet, so dass eine Kostenauferlegung nicht billig erscheint.[53]

3 Form der Kostenentscheidung

3.1 Von Amts wegen

18 Die Entscheidung über die Kosten in der Endentscheidung ergeht von Amts wegen, eines Antrags bedarf es nicht. Anders als nach Art 104 und Regel 88 (1) EPÜ ist für eine Anordnung über die Kostentragung nach Art 16 (1) VerfOBK (abgedruckt § 62 Rdn 4) ein Antrag erforderlich.

3.2 Isolierter Beschluss

19 Eine Kostenentscheidung als isolierter Beschluss ist erforderlich, a) in den Fällen des § 80 (4), also wenn im Beschwerdeverfahren Beschwerde, Anmeldung oder Einspruch zurückgenommen oder auf das Patent verzichtet wurde oder wenn die Rücknahme kraft gesetzlicher Fiktion eingetreten ist,[54] zB gemäß § 58 (3) (s § 58 Rdn 18). In diesen Fällen kann der Antrag unverzüglich nachträglich gestellt werden;[55] b) bei *Beschlussergänzung nach § 99 (1) PatG iVm § 321 ZPO*, wenn die Kostenentscheidung versehentlich übergangen wurde[56] und ein Antrag innerhalb von 2 Wochen nach Zustellung des Beschlusses gestellt worden ist. Das setzt eine Entscheidungslücke voraus.[57] Ist aber von einer Kostenentscheidung nicht versehentlich abgesehen worden, dann ist damit entschieden, dass es beim Grundsatz der eigenen Kostentragung bleiben soll, so dass eine Ergänzung nicht möglich ist.

3.3 Begründung der Kostenentscheidung

20 Eine Begründung der Kostenentscheidung ist erforderlich, wenn Kosten auferlegt werden oder nach § 94 (2) wenn ein Antrag abgelehnt wird. Ist kein Antrag gestellt, bedarf das *Absehen von einer Kostenentscheidung* keiner Begründung.[58]

4 Rechtsmittel

21 Kosten(grund)entscheidungen des BPatG nach § 80 (1) sind von BGH überprüfbar, wenn Rechtsbeschwerde in der Hauptsache eingelegt ist. Beschwerdeentscheidungen können dagegen beschränkt auf den Kostenpunkt nicht angefochten werden.[59] Rechtsbeschwerde gegen eine **isolierte Kostenentscheidung** (im Fall des § 80 (4) nach Rücknahme von Beschwerde, Anmeldung, Einspruch oder Patentverzicht) ist nach § 100 (1)

---

53 BPatG BlPMZ 99, 40 *Turbo-Fliehkraftsichter*.
54 BPatG Mitt 71, 76; gilt dagegen die Beschwerde als *nicht eingelegt*, kann eine Kostenentscheidung nicht ergehen, s BPatGE 45, 201 *Kosten bei Nichterhebungsfiktion*.
55 BPatG Mitt 72, 15.
56 BPatGE 28, 39 = BlPMZ 86, 263.
57 BGH NJW 80, 840; NJW-RR 96, 1238; NJW 06, 1351.
58 BGH BlPMZ 62, 56 (2b) *Beschwerdekosten*; 73, 23 *Lewapur* BPatGE 1, 233, 237.
59 BGH GRUR 67, 94 *Stute*; 01, 139, 140 *Parkkarte*; BPatGE 2, 209; 7, 210, 214; 12, 238.

nicht statthaft.⁶⁰ Soweit aber Gegenstand der Beschwerde eine isolierte Kosten(grund)entscheidung des DPMA ist und BPatG hierüber entschieden hat, ist die Rechtsbeschwerde zulässig, wenn es um die Frage geht, ob eine Grundlage für die Erhebung der fraglichen Gebühr besteht⁶¹ oder wenn die BPatG-Entscheidung die Ablehnung einer vor DPMA beantragten Kosten(grund)entscheidung zum Gegenstand hat.⁶² Eine (Rechts-)Beschwerde gegen Entscheidungen des BPatG findet dagegen nicht statt, wenn sie den Kostenansatz betrifft.⁶³

Zur Anfechtbarkeit bei der Kostenfestsetzung s Rdn 111.

II. Kosten des Präsidenten des DPMA nach § 80 (2)

Dem Präsidenten des DPMA können nach § 80 (2) Kosten im Beschwerdeverfahren nur auferlegt werden, a) wenn er seinen Beitritt nach § 77 erklärt hatte (also nicht, wenn er sich auf eine Mitwirkung nach § 76 beschränkt hatte) und b) wenn er Anträge gestellt hatte (also nicht, wenn er zwar seinen Beitritt erklärt hatte, aber sich auf schriftliche oder mündliche Ausführungen oder Anregungen für den Erlass der Entscheidung beschränkt hatte) und c) wenn die Kostenauferlegung der Billigkeit entspricht.⁶⁴ 22

Zur Auferlegung von Kosten für den Präsidenten des DPMA in Rechtsbeschwerdeverfahren s § 77 Rdn 11.

III. Kostenerstattung

Eine Erstattung der Kosten, die dem Beteiligten erwachsen sind, erfolgt im Beschwerdeverfahren nur, wenn diese von BPatG nach § 80 (1) 2 bestimmt worden ist, also eine Kosten(grund)entscheidung vorliegt (s Rdn 98), und nur, soweit sie zur zweckentsprechenden Wahrung *notwendig* waren, das heißt, wenn sie zur Zeit ihrer Aufwendung zur Rechtswahrung erforderlich und geeignet waren. Billigkeitserwägungen kann BPatG insoweit nicht anstellen.⁶⁵ 23

Notwendige außergerichtliche Kosten sind insbesondere Vertreterkosten und Parteikosten. Zu weiteren Kosten s die alphabetische Aufstellung Rdn 59 ff. 24

---

60 BPatGE 7, 210, 214; **12**, 238, 242; BPatG v 15.12.08 – 20 W (pat) 80/05 (letzter Abs), in juris.
61 BGH GRUR **93**, 890 *Teilungsgebühren*; GRUR **08**, 549 *Schwingungsdämpfung* (zur Rückerstattung von Jahresgebühren); GRUR **11**, 1053 *Ethylengerüst* (Tz 9, 10; zur Rückerstattung der Veröffentlichungsgebühr für die Übersetzung nach Art II § 3 (1) IntPatÜG aF); GRUR **15**, 1144 (Tz 6) *Überraschungsei*.
62 BGH GRUR **01**, 139, 140 *Parkkarte*.
63 BGH GRUR **15**, 1144 *Überraschungsei*.
64 Vgl BGH GRUR **11**, 1052 *Telefonsystem* zur Ablehnung eines von PräsDPMA gestellten Antrags, der Anmelderin die Kosten aufzuerlegen, nachdem sie vor BGH die Anmeldung zurückgenommen hat.
65 Anders vor Inkrafttreten des 2. PatGÄndG am 1.11.1998, das die Worte »nach billigem Ermessen« in § 80 (1) 2 gestrichen hat.

1 Vertreterkosten

25 Die Kosten der Vertretung durch *einen* Rechtsanwalt oder Patentanwalt sind stets erstattungsfähig[66] (vgl § 91 (2) 1 ZPO), auch wenn er in eigener Sache tätig wird.[67] Zu erstatten sind lediglich die Regelsätze des RVG[68] und nicht ein aufgrund einer Honorarvereinbarung mit dem RA übersteigendes Honorar.[69] Auch die Kosten des dienstleistenden europäischen Patentanwalts, der nach § 16 S 1 EuPAG[70] die Stellung eines inländischen Patentanwalts hat und damit vertretungsbefugt ist (s § 97 Rdn 17, § 25 Rdn 18), sind grs erstattungsfähig, wenn er in das von der Patentanwaltskammer geführte Melderegister (§ 15 (4) S 1 EuPAG) eingetragen wurde.[71]

Kosten *mehrerer* Rechtsanwälte sind nach § 91 (2) 2 ZPO nur zu erstatten, a) wenn sie die Kosten eines RA nicht übersteigen oder b) wenn ein Anwaltswechsel unverschuldet erforderlich war.[72] Zur Doppelvertretung durch RA und PA´s Rdn 39 ff.

1.1 Rechtsanwalt

26 Nach dem Rechtsanwaltsvergütungsgesetz (RVG) stehen dem RA vor dem BPatG folgende Gebühren zu.

27 Für *Beschwerdeverfahren*, die unter **Nr 3510 VV RVG** fallen:

28 a) eine **Verfahrensgebühr** (Satz der Gebühr nach § 13 RVG 1,3). Sie entsteht nach Vorbemerkung 3 (2) VV RVG für das Betreiben des Geschäfts einschließlich der Information und zwar nach **Nr 3510 VV RVG**, wenn sich die Beschwerde vor BPatG nach dem Patentgesetz gegen einen Beschluss richtet, i) durch den die Vergütung bei Lizenzbereitschaftserklärung festgesetzt wird oder Zahlung der Vergütung an das DPMA angeordnet wird; ii) durch den eine Anordnung nach § 50 (1) PatG oder die Aufhebung dieser Anordnung erlassen wird; iii) durch den die *Anmeldung zurückgewiesen* oder über die *Aufrechterhaltung, den Widerruf oder die Beschränkung des Patents* entschieden wird.

---

66 BGH GRUR **65**, 621 *Patentanwaltskosten*; **77**, 559, 560 *Leckanzeigegerät*; **14**, 709 (Tz 9); BPatGE **15**, 195, 196.
67 BPatGE **24**, 165 = GRUR **82**, 293; abw OLG München Mitt **91**, 175; vgl auch OLG Dresden Mitt **08**, 42: keine eigene Sache, wenn Partei eine Partnerschaftsgesellschaft ist, der der mitwirkende PA selbst als Partner angehört.
68 Zur Erhöhung der Anwaltsgebühren ab 1.1.2021 durch das Kostenrechtsänderungsgesetz 2021 v 21.12.2020 (KostRÄG 2021, BGBl I 3229), s Mayer NJW **2021**, 345; zuletzt davor Anpassung der Anwaltsvergütung durch das 2. Kostenrechtsmodernisierungsgesetz v 23.7.2013 (2. KostRMoG, BGBl I 2586), s hierzu Vierkötter Mitt **13**, 541.
69 BGH v 24.01.2018 – VII ZB 60/17 mwN, NJW **2018**, 1477; vgl auch BPatG v 04.11.2019 – 1 ZA (pat) 2/19 (Bestreiten des tatsächlichen Anfalls der Kosten durch Kostenschuldnerin, wonach nur Kosten unterhalb der RVG-Gebühren entstanden seien, greift nicht durch).
70 Gesetz über die Tätigkeit europäischer Patentanwälte in Deutschland, als Art 5 des Gesetzes zur Umsetzung der Berufsanerkennungsrichtlinie und zur Änderung weiterer Vorschriften im Bereich der rechtsberatenden Berufe v 12.05.2017 (BGBl I 1121 = BlPMZ **2017**, 226, 230) am 18.5.2017 in Kraft getreten.
71 Vgl Gruber, Die Neuregelung der Vertretung durch ausländische Patentanwälte und deren Auswirkung auf den Kostenerstattungsanspruch, GRUR Int **2017**, 859; zur Kostenerstattung eines bei EPA zugelassenen Vertreters in Patentstreitsache nach § 143 (3) s BGH v 14.04.2020 – X ZB 2/18, BGHZ **225**, 155 *EPA-Vertreter*.
72 Vgl BGH MDR **12**, 1436; NJW **12**, 3790.

Die Verfahrensgebühr entsteht nach Vorbemerkung 3.5 VV RVG nicht **i)** für Rechtsbeschwerdeverfahren nach § 1065 ZPO; **ii)** für Verfahren vor dem BGH über die Beschwerde oder Rechtsbeschwerde gegen Entscheidungen des BPatG. 29

b) eine **Terminsgebühr** (Satz der Gebühr nach § 13 RVG 1,2). Sie entsteht nach Vorbemerkung 3 (3) VV RVG[73] sowohl für die Wahrnehmung von gerichtlichen Terminen als auch von außergerichtlichen Terminen und Besprechungen; zu letzteren zählt die Mitwirkung an Besprechungen, die auf die Vermeidung oder Erledigung des Verfahrens gerichtet sind, ausgenommen Besprechungen mit dem Auftraggeber. Sie entsteht nach **Nr 3516 VV RVG** in den Verfahren, in denen nach Nr 3510 VV RVG eine Verfahrensgebühr entsteht (s Rdn 28). 30

Beschwerden, die **nicht unter Nr 3510 VV RVG** fallen, zB solche bezüglich Akteneinsicht, Umschreibung, gemäß § 11 (2) PatKostG etc, sowie **Erinnerungen**, zB gemäß § 11 (1) PatKostG gegen den Kostenansatz: In diesen Verfahren erhält der Rechtsanwalt nach Nr 3500 VV RVG eine Verfahrensgebühr, deren Satz nach § 13 RVG 0,5 beträgt. 31

Für *Nichtigkeitsverfahren* nach § 81 sind dagegen die Gebührennummern im Teil 3 VV RVG für den ersten Rechtszug einschlägig: **a) Verfahrensgebühr** nach **Nr 3100 VV RVG**; **b) Terminsgebühr** nach **Nr 3104 VV RVG**[74] (s Rdn 88); möglich auch, ebenso bei zweiseitigen Beschwerdeverfahren **c) Einigungsgebühr** nach **Nr 1000 VV RVG** (s Rdn 67). 32

Fälligkeit der Vergütung: Die Vergütung wird nach § 8 (1) RVG fällig, wenn der Auftrag erledigt oder die Angelegenheit beendet ist. Für Honoraransprüche gilt die regelmäßige Verjährungsfrist des § 195 BGB von 3 Jahren, die nach § 199 BGB mit dem Schluss des Jahres beginnt, in dem der Anspruch entstanden ist. Der Verjährungsbeginn ist von einer Festsetzung des Gegenstandswertes unabhängig.[75] 33

Anwendbarkeit des RVG: Das RVG ist am 1.7.2004 in Kraft getreten. Für eine unbedingte Auftragserteilung vor dem 1.7.2004 ist nach § 61 RVG die BRAGO weiter anzuwenden. 34

1.2 Patentanwalt

Anders als für Rechtsanwälte gibt es für Patentanwälte keine gesetzliche Regelung. Bis 1971 wurde die von der Patentanwaltskammer herausgegebene Gebührenordnung für Patentanwälte (PatanwGebO Ausgabe 1.10.68[76]) zugrunde gelegt, die jedoch ab Mitte 1971 von der Mehrzahl der Patentanwälte nicht mehr angewendet wurde. Wegen kar- 35

---

[73] IdF gem Art 8 (2) Nr 26 des Zweiten Gesetzes zur Modernisierung des Kostenrechts v 23.7.2013 (2. KostRMoG, BGBl I 2586) mit einer klarstellenden Neufassung der Vorbemerkung 3 (3) VV RVG, s auch Rdn 38.
[74] Zur Terminsgebühr bei Vergleichsabschluss s die Änderung der Anmerkung zu Nr 3104 in Abs 1 Nr 1 VV RVG durch Art 7 (2) Nr 20 des Kostenrechtsänderungsgesetzes 2021 v 21.12.2020 (KostRÄG 2021, BGBl I 3229); zur früheren Fassung Schneider NJW **2018**, 523; BGH v 07.05.2020 – V ZB 110/19, NJW **2020**, 2474.
[75] BGH NJW **98**, 2670.
[76] Abgedruckt in Tabu Gewerbl. Rechtsschutz Nr 366.

tellrechtlicher Bedenken konnte eine neue Gebührenordnung nicht erlassen werden.[77] Fehlt es an einer üblichen Vergütung iSd § 612 (2) BGB, wird die Vergütung gemäß den §§ 315, 316 BGB nach *billigem Ermessen* bestimmt.[78] Diese Bestimmung erfolgte nach früherer Rechtsprechung durch Berechnung von Teuerungszuschlägen zur PatanwGebO von 1968 (dazu im Einzelnen die 7. Auflage Rn 34 ff.), nunmehr durch Heranziehung des RVG.

36   **Erstattung nach dem RVG**: Die frühere Rechtsprechung zur PatanwGebO von 1968 nebst Teuerungszuschlägen (s Rdn 35) ist nicht mehr anwendbar, nachdem der Gesetzgeber die gebührenrechtliche Gleichstellung von Rechtsanwalt und Patentanwalt mehrfach zum Ausdruck gebracht hat. Sowohl nach § 143 (3) PatG wie nach § 27 (3) GebrMG wie nach § 140 (3) MarkenG sind nämlich die Gebühren eines Patentanwalts nach dem RVG zu erstatten. Die vergleichbare berufliche Tätigkeit von Rechtsanwalt und Patentanwalt erfordert es daher, die Kosten von Patentanwälten für alle Verfahren, an denen ein Patentanwalt gemeinsam mit einem Rechtsanwalt oder allein mitwirkt, nach den für Rechtsanwälte gültigen Vorschriften zu berechnen. Indem der Patentanwalt unter Heranziehung der Vergütungsvorschriften des RVG abrechnet und eine entsprechende Festsetzung begehrt, trifft er damit eine Leistungsbestimmung nach billigem Ermessen, § 315 (1), § 316 BGB.[79]

37   Die Erstattung nach dem RVG ist in der Rechtsprechung anerkannt: **a)** im Nichtigkeitsverfahren (schon seit 1983[80]); **b)** in markenrechtlichen Verfahren vor DPMA;[81] **c)** in Marken-Beschwerdeverfahren;[82] **d)** in Gebrauchsmusterlöschungsverfahren vor DPMA[83] und BPatG.[84]

Nicht anwendbar für Patentanwalt ist aber § 11 RVG, dh die Festsetzung der Vergütung des Patentanwalts für die Vertretung einer Partei *gegen den Auftraggeber ist nicht möglich*.[85]

1.3 Erlaubnisscheininhaber (Patentingenieur)

38   Die vom Verband der Patentingenieure und Patentassessoren (VPP) herausgegebenen Gebührenrichtlinien werden nicht allgemein angewendet, so dass sie nicht als übliche Bemessungsgrundlage in Betracht kommen.[86] Bei Angemessenheit sind Gebühren bis zur Höhe der PA-Gebühren erstattungsfähig,[87] sie werden idR jedoch dahinter zurückbleiben.[88] IdR sind für einen Patentingenieur 8/10 der Gebühren eines Patent-

---

77   LG München Mitt 72, 56.
78   BPatGE 15, 195, 198; 16, 63, 65; 17, 77; 18, 189, 193; 18, 201, 204.
79   BGH GRUR 15, 1253 (Tz 17) *Festsetzung der Patentanwaltsvergütung*.
80   Vgl BPatGE 25, 222; 26, 68; 28, 107 u 193.
81   BPatGE 49, 20 = BlPMZ 05, 239 *Kostenfestsetzung im patentamtlichen Markenverfahren*.
82   Vgl BPatGE 41, 6 *Kostenfestsetzung im Markenverfahren*.
83   BPatGE 49, 29 = BlPMZ 06, 413 *Gebühren des Patentanwalts im Gbm-Löschungsverfahren*; abw früher BPatGE 45, 166, 167 *Informationsstand*.
84   BPatGE 49, 26 = BlPMZ 05, 355 *Gebühren des Patentanwalts im Gbm-Löschungs-Beschwerdeverfahren*.
85   BGH GRUR 15, 1253 *Festsetzung der Patentanwaltsvergütung*.
86   BGH BlPMZ 73, 27 *Straßenleitpfosten*; BPatGE 10, 154; 12, 45.
87   OLG Frankfurt GRUR 62, 166; OLG Düsseldorf GRUR 67, 326.
88   BPatGE 5, 228.

anwalts im Gbm-Löschungs- und in Nichtigkeitsverfahren als erstattungsfähig anzusehen.[89]

1.4 Doppelvertretung durch Patentanwalt und Rechtsanwalt

1.4.1 Beschwerdeverfahren

Im Beschwerdeverfahren wird idR *eine Doppelvertretung* nicht als notwendig angesehen. Im Einspruchsbeschwerdeverfahren sollte unter den gleichen Voraussetzungen wie in einem erstinstanzlichen Nichtigkeitsverfahren (Rdn 40) eine Vertretung durch Rechtsanwalt und Patentanwalt als notwendig anerkannt werden oder jedenfalls dann, wenn schwierige technische und rechtliche Fragen zu entscheiden sind.[90] 39

1.4.2 Nichtigkeitsverfahren

Im **erstinstanzlichen** Nichtigkeitsverfahren vor BPatG wurde die Doppelvertretung von RA und PA nach früherer Rechtsprechung zunächst nur ausnahmsweise als erforderlich angesehen[91] und dann in langjähriger Spruchpraxis[92] unter analoger Heranziehung von § 143 (5) PatG aF[93] erstattet; die Kosten eines mitwirkenden Rechtsanwalts waren danach bis zur Höhe einer Gebühr erstattungsfähig, ohne dass die Notwendigkeit einer Doppelvertretung für den Einzelfall geprüft wurde. 40

Nach neuerer Rechtsprechung wird dagegen die **analoge Anwendung des § 143 (3) PatG abgelehnt**.[94] Die Erstattungsfähigkeit einer Doppelvertretung beurteilt sich vielmehr danach, ob sie im Einzelfall nach § 84 (2) PatG iVm § 91 (1) 1 ZPO als notwendig anzusehen ist, wobei aber eine **typisierende Betrachtungsweise**[95] zugrunde gelegt wird: die Zuziehung eines Rechtsanwalts neben einem Patentanwalt ist typischerweise 41

---

89 BGH BlPMZ 73, 27 *Straßenleitpfosten*; BPatGE 10, 154; 12, 45; 29, 242.
90 Vgl zum markenrechtlichen Löschungsverfahren BPatG v 28.04.11 – 28 W (pat) 95/10 Mitt 12, 94 L *Doppelvertretung in Markenlöschung*; BPatG v 19.10.2016 – 24 W (pat) 35/14.
91 BPatGE 5, 230; 22, 10; 22, 283; 23, 122; ebenso in Gbm-Löschungsverfahren: BGH GRUR 65, 621 *Patentanwaltskosten*; BGH v 18.09.06 – 5 W (pat) 422/05 Schulte-Kartei PatG 81–85 Nr 350; BPatGE 51, 81 = GRUR 10, 556 *Medizinisches Instrument*; BPatG v 13.10.2016 – 35 W (pat) 16/12 Mitt 17, 123 *Doppelvertretungskosten in Gebrauchsmuster-Löschungsverfahren*; aber Änderung der Rspr in Gbm-Löschungsverfahren seit BPatG v 17.05.2017 – 35 W (pat) 1/14, BPatGE 56, 28 *Doppelvertretungskosten im Gebrauchsmuster-Löschungsverfahren* (Anschluss an die Rspr im patentrechtlichen Nichtigkeitsverfahren).
92 Seit BPatGE 31, 51 = GRUR 89, 910; BPatGE 31, 75; 33, 160; 34, 67; 34, 85.
93 Zum Teil auch noch nach Neufassung der Vorschrift durch Art 7 Nr 36 des Kostenbereinigungsgesetzes (BGBl I 01, 3656 = BlPMZ 02, 14, 25), wodurch ab 1.1.2002 die Beschränkung auf höchstens eine Gebühr entfiel, s BPatGE 46, 167 *Christbaumständer*; 47, 50 *Kosten des Patentanwalts*.
94 BGH GRUR 13, 427 (Tz 20) *Doppelvertretung im Nichtigkeitsverfahren*; GRUR 13, 430 (Tz 20) *Rechtsanwalt im Nichtigkeitsverfahren*, unter Bestätigung der std Rspr des BPatG seit BPatG v 24.10.06 – 4 ZA (pat) 36/06, in juris; BPatGE 50, 85 = GRUR 08, 735 = BlPMZ 08, 62 *Doppelvertretung im Patentnichtigkeitsverfahren*; vgl hierzu auch *Lit in Mitt*: *Schickedanz* Mitt 12, 60; *Vierkötter/Schneider/Thierbach* Mitt 12, 149, 151 ff.
95 BGH GRUR 13, 427 (Tz 23, 26) *Doppelvertretung im Nichtigkeitsverfahren*; GRUR 13, 430 (Tz 23, 26) *Rechtsanwalt im Nichtigkeitsverfahren*; zur typisierenden Betrachtungsweise vgl auch BGH NJW 03, 901 *Auswärtiger Rechtsanwalt I*; GRUR 05, 271 *Unterbevollmächtigter III*; GRUR 05, 1072 *Auswärtiger Rechtsanwalt V*; NJW-RR 08, 1378; GRUR 11, 754 *Kosten des Patentanwalts II*; NJW-RR 12, 695.

§ 80   Kosten des Beschwerdeverfahrens

als notwendig iSv § 91 (1) 1 ZPO anzusehen, wenn zeitgleich mit dem Nichtigkeitsverfahren ein das Streitpatent betreffender *Verletzungsstreit anhängig* ist, an dem die betreffende Partei oder ein mit ihr wirtschaftlich verbundener Dritter beteiligt ist,[96] oder zumindest eine mit den Besonderheiten des Verletzungsverfahrens vergleichbare Situation vorliegt;[97] auf die formale Parteiidentität beider Prozesse kommt es insoweit nicht an.[98] Auch ein selbständiges Beweisverfahren (§§ 485 ff ZPO) ist ein Verletzungsstreitverfahren, da es sich um eine Patentsache iSv § 143 PatG handelt.[99]

Ausnahmen: a) wenn sich die Verfahren nur kurz zeitlich überschneiden,[100] es sei denn, die Mitwirkung eines Rechtsanwalts ist über den rechtskräftigen Abschluss des Verletzungsverfahrens hinaus erforderlich;[101] b) keine Terminsgebühr für mitwirkenden Rechtsanwalt bei rechtskräftigem Abschluss des Verletzungsrechtsstreits vor der mündlichen Verhandlung im Nichtigkeitsverfahren;[102] c) wenn die Mitwirkung eines Rechtsanwalts ersichtlich als entbehrlich erscheint;[103] d) wenn eine Einigung der Parteien hinsichtlich der Verletzung vorliegt und diese allein noch vom Rechtsbestand des Patents abhängt.[104]

---

96 BGH GRUR 13, 427 *Doppelvertretung im Nichtigkeitsverfahren*; GRUR 13, 430 *Rechtsanwalt im Nichtigkeitsverfahren*, unter Bestätigung der überwiegenden Rspr des BPatG: BPatGE 51, 67 *Doppelvertretungskosten im Nichtigkeitsverfahren I*; 51, 72 *Doppelvertretungskosten im Nichtigkeitsverfahren II*; 51, 225 *Doppelvertretungskosten im Nichtigkeitsverfahren III*; 52, 154 *Doppelvertretungskosten im Nichtigkeitsverfahren IV*; 52, 159 *Doppelvertretungskosten im Nichtigkeitsverfahren V*; 52, 233 *Doppelvertretungskosten im Nichtigkeitsverfahren VI*; 53, 173 = BlPMZ 12, 358 *Doppelvertretungskosten im Nichtigkeitsverfahren VIII*; BPatG GRUR-RR 12, 130 = Mitt 11, 576 L *Doppelvertretungskosten im Nichtigkeitsverfahren VII*.
97 BPatG BlPMZ 13, 150, 153 *Erstattungsfähigkeit der Kosten für mehrere Anwälte*; bloße Berechtigungsanfrage nicht ausreichend: BPatG v 28.09.15 – 3 ZA (pat) 9/15 Schulte-Kartei PatG 65–80, 86–99 Nr 488 *Berechtigungsanfrage*; Verletzungsverfahren betreffend andere, technisch eng verwandte Streitpatente nicht ausreichend: BPatG v 19.02.14 – 4 ZA (pat) 22/13 *Mitwirkender Vertreter II*.
98 BGH GRUR 13, 427 (Tz 35, 36) *Doppelvertretung im Nichtigkeitsverfahren*; BPatGE 52, 233 *Doppelvertretungskosten im Nichtigkeitsverfahren VI* (Kläger des Verletzungsprozesses nicht Patentinhaber, sondern Lizenznehmer); vgl auch BPatG 52, 146, 150 (2. Abs) *Mitwirkender Rechtsanwalt II*.
99 BPatG v 26.06.2020 – 3 Ni 45/16 (EP), KoF 5/19 (II2a).
100 Vgl. BGH GRUR 13, 427 (Tz 34) *Doppelvertretung im Nichtigkeitsverfahren*; 13, 430 (Tz 32) *Rechtsanwalt im Nichtigkeitsverfahren* unter Hinweis auf BPatGE 53, 173 = Mitt 12, 371 *Doppelvertretungskosten im Nichtigkeitsverfahren VIII* (nur kurzzeitige Anhängigkeit eines Antrags auf Erlass einer einstweiligen Verfügung); BPatG v 23.08.2017 – 3 ZA (pat) 73/16, BlPMZ 2018, 60 *Doppelvertretung im Nichtigkeitsverfahren VIII* (Verletzungsverfahren durch Vergleich vor Zustellung der Nichtigkeitsklage beendet).
101 BPatG v 02.08.2019 – 4 Ni 12/17 verb.m. 4 Ni 14/17, 19/17 u 21/17 *Doppelvertretungskosten* (Nichtigkeitsangriff gegen ergänzendes Schutzzertifikat mit komplexen juristischen Fragen).
102 Vgl. BGH GRUR 13, 427 (Tz 34) *Doppelvertretung im Nichtigkeitsverfahren*; GRUR 13, 430 (Tz 32) *Rechtsanwalt im Nichtigkeitsverfahren* unter Hinweis auf BPatG v 05.04.11 – 2 ZA (pat) 68/09; BPatG v 05.05.2017 – 4 ZA (pat) 8/17; BPatG v 08.08.2018 – 5 ZA (pat) 34/18; BPatG v 17.07.2019 – 6 ZA (pat) 43/18.
103 Vgl BPatGE 52, 154, 158 *Doppelvertretungskosten im Nichtigkeitsverfahren IV*; BPatGE 50, 85 = GRUR 08, 735 *Doppelvertretung im Patentnichtigkeitsverfahren* (keine Doppelvertretung notwendig bei sofortigem Anerkenntnis).
104 BPatG BlPMZ 16, 150, 153 *Erstattungsfähigkeit der Kosten für mehrere Anwälte*.

Nach anderer Ansicht ist jedoch die Zuziehung eines Rechtsanwalts grundsätzlich nur in *besonders gelagerten Ausnahmefällen* erstattungsfähig,[105] wobei insbesondere die Anhängigkeit eines Verletzungsverfahrens nicht für ausreichend erachtet wird, um die Erstattungsfähigkeit zu begründen.[106]

Nicht entscheidend bei der Frage der Doppelvertretung ist es, ob zuerst bzw in erster Linie ein Rechts- oder Patentanwalt bestellt worden ist und welcher von beiden als Prozessbevollmächtigter und welcher als mitwirkender Anwalt auftritt; vielmehr geht es allein um die Frage, ob die Beauftragung eines Rechtsanwalts und eines Patentanwalts nebeneinander als notwendig angesehen werden kann, zumal beide Anwaltsarten als gleichgestellte Organe der Rechtspflege zur selbständigen und alleinigen Vertretung in Nichtigkeitsklagen berechtigt sind und aufgrund ihrer Ausbildung befähigt sind.[107]

Die Kosten einer Doppelvertretung vor BPatG in **Nebenverfahren** (wie zB im Kostenfestsetzungsverfahren) sind dagegen grundsätzlich nicht erstattungsfähig.[108] 42

Die Doppelvertretung von Rechtsanwalt und Patentanwalt im **Nichtigkeits*berufungs*verfahren** wird regelmäßig als notwendig iSv § 91 (1) 1 ZPO angesehen.[109] Die Erstattungsfähigkeit kann auch dann geben sein, wenn die Berufung wegen nicht rechtzeitiger Einreichung einer Begründung verworfen wird.[110] 43

1.4.3 Höhe der erstattungsfähigen Kosten

Die Höhe der erstattungsfähigen Kosten ist bei einer notwendigen Doppelvertretung für den mitwirkenden Anwalt nicht mehr – wie in entsprechender Anwendung des § 143 (5) PatG aF – auf die Kosten bis zur Höhe einer vollen Gebühr begrenzt. Abgesehen davon, dass diese Begrenzung in § 143 (3) seit 1.1.2002 entfallen ist, ist Grundlage der Erstattung auch nicht die analoge Anwendung von § 143 (3) PatG, sondern die Notwendigkeit nach § 91 (1) 1 ZPO. 44

Sind dagegen nur die Kosten *eines* Anwalts und nicht diejenigen des mitwirkenden weiteren Vertreters als notwenige Kosten zu erstatten, beschränkt sich die Ersatzfähigkeit unabhängig von der Reihenfolge der Antragstellung auf die Kosten des zuerst mandatierten Anwalts.[111]

---

105 BPatGE **51**, 62 = Mitt **08**, 570 *Kosten des mitwirkenden Rechtsanwalts I.*
106 BPatGE **51**,76 *Doppelvertretung im Nichtigkeitsverfahren;* **52**, 146, 149 *Mitwirkender Rechtsanwalt II;* **53**, 30, 34 *Rechtsbeschwerde im Kostenfestsetzungsverfahren;* BPatG v 07.05.12 – 4 ZA (pat) 13/12, BlPMZ **12**, 359 *Mitwirkender Rechtsanwalt III;* BPatG v 16.05.12 – 4 ZA (pat) 52/10, BlPMZ **12**, 389 *Mitwirkender Vertreter.*
107 BPatG v 23.08.2017 – 3 ZA (pat) 73/16, BlPMZ **2018**, 60 *Doppelvertretung im Nichtigkeitsverfahren* VIII (II2a bb; juris Tz 29, mwN).
108 BPatGE **54**, 210 *Doppelvertretung in Nebenverfahren.*
109 BGH GRUR **65**, 621, 626 *Patentanwaltskosten;* BPatGE **5**, 230, 233; **6**, 193, 195; **15**, 155; **24**, 215; **52**, 142 *Doppelvertretungskosten, Nichtigkeitsberufungsverfahren;* **54**, 141 *Doppelvertretungskosten im Nichtigkeitsberufungsverfahren II;* nicht notwendig aber Rechtsanwalt neben einem BGH zugelassenen Rechtsanwalt: BPatGE **51**,76 *Doppelvertretung im Nichtigkeitsverfahren.*
110 BPatGE **54**, 141 *Doppelvertretungskosten im Nichtigkeitsberufungsverfahren II.*
111 BPatG v 16.05.12 – 4 ZA (pat) 52/10, BlPMZ **12**, 389 *Mitwirkender Vertreter.*

1.4.4 Mitwirkung

45 Die Erstattungsfähigkeit der Kosten des mitwirkenden Rechtsanwalts setzt weiter voraus, dass er neben dem Patentanwalt ebenfalls eine streitbezogene, die Rechtsverfolgung oder -verteidigung fördernde Tätigkeit entfaltet, die im Innenverhältnis zum Mandanten unter einen der Gebührentatbestände des RVG fällt; dies entspricht den Voraussetzungen, die für § 143 (3) gelten, s § 143 Rdn 35. Dazu zählen solche Tätigkeiten nicht, die keinen sachlichen Bezug zum Streitgegenstand des Nichtigkeitsverfahrens haben, wie zB bloße Entgegennahme und Weitergabe des Mandats (vgl auch § 143 Rdn 36). Die Mitwirkung muss nicht nach außen in Erscheinung treten, sie kann in jeder Förderung des Verfahrens – zB Beratung – bestehen,[112] sofern diese eine Unterstützung und ein Zusammenwirken mit dem prozessführenden Anwalt darstellt.[113]

46 Einer Erstattungsfähigkeit steht *nicht entgegen*: a) PA und RA gehören einer Sozietät an;[114] allerdings kann bei Beauftragung einer Anwaltssozietät nicht ohne weiteres angenommen werden, dass nicht nur die Sozietät, sondern mehrere bei ihr tätige Anwälte gesondert beauftragt worden sind[115] (zu Sozietäten s auch Rdn 85); b) PA und RA haben zusätzliche Qualifikation in der jeweils anderen Fakultät;[116] c) neben RA Mitwirkung eines PA, der auch als RA zugelassen ist.[117]

47 Dagegen *keine* Erstattungsfähigkeit: a) neben einem doppelt qualifizierten Anwalt, der als RA und PA zugelassen ist, noch die Mitwirkung eines weiteren PA oder RA (idR nein,[118] es sei denn, der doppelt Qualifizierte ist auf die spezielle Sachkunde eines weiteren PA angewiesen); b) Doppelvertretung durch zwei RAe;[119] c) Qualifikation als RA und PA in einer Person (Doppelqualifikation, str).[120]

1.5 Gegenstandswert

1.5.1 Antrag auf Wertfestsetzung

48 Im Beschwerdeverfahren wird der maßgebende Wert nicht von Amts wegen gerichtlich festgesetzt, da die Gerichtskosten durch die Beschwerdegebühr nach § 2 (1) iVm Nr 411 100 und 411 200 PatKostG (s Anhang 15) abgegolten sind. Einen Wert setzt

---

112 OLG Düsseldorf Mitt **84**, 99.
113 BPatGE **34**, 85; BPatG v 24.10.13 – 4 ZA (pat) 35/13, juris Tz 25 (in Vergleichsgespräche mit einbezogen).
114 BPatGE **29**, 201; BPatG BlPMZ **16**, 150 *Erstattungsfähigkeit der Kosten für mehrere Anwälte*.
115 BPatG BlPMZ **16**, 150 *Erstattungsfähigkeit der Kosten für mehrere Anwälte*.
116 BPatGE **30**, 136.
117 BPatGE **31**, 256.
118 BPatGE **30**, 136; offengelassen von **31**, 256, 259.
119 BPatGE **25**, 155; **30**, 43.
120 Erstattungsfähigkeit abgelehnt: BPatGE **27**, 155; **31**, 256 = GRUR **91**, 205; Erstattungsfähigkeit bejaht: BGH GRUR **03**, 639 *Kosten des Patentanwalts I* (für die Erstattung nach § 140 (3) MarkenG, bei der die Prüfung einer Notwendigkeit von Kosten aber nicht stattfindet); BPatG v 10.08.2011 – 2 ZA (pat) 8/10; BPatG v 17.05.2017 – 35 W (pat) 1/14 (II1d), BPatGE **56**, 28 *Doppelvertretungskosten im Gebrauchsmuster-Löschungsverfahren*; OLG München AnwBl **72**, 363; JurBüro **83**, 1815.

daher das Gericht[121] nach § 33 (1) RVG (früher § 10 (1) BRAGO[122]) nur auf **Antrag** fest.

Antragsberechtigt sind nach § 33 (2) 2 RVG der Rechtsanwalt, der Auftraggeber, ein erstattungspflichtiger Gegner und die Staatskasse im Fall des § 45 RVG und ein Patentanwalt, da dieser nach der Rechtsprechung seine Gebühren nach dem RVG zu berechnen berechtigt ist.[123] Die frühere Rechtsprechung, dass ein Gegenstandswert nur festgesetzt werden könne, wenn am Verfahren ein Rechtsanwalt beteiligt war, ist aufgegeben.[124] Der Antrag kann im Einzelfall wegen Fehlen des Rechtsschutzbedürfnisses unzulässig sein, wenn Gebühren überhaupt nicht angefallen sein können.[125]

Für ein Nichtigkeitsverfahren wird der Streitwert nach § 2 (2) 4 PatKostG iVm §§ 51 (1), 63 GKG von BPatG festgesetzt (siehe § 2 PatKostG Rdn 27 ff, Anhang 15). Diese Festsetzung ist nach § 32 (1) RVG auch für die Gebühren des Rechtsanwalts maßgebend.[126]

Dagegen besteht *vor DPMA* in Patentverfahren[127] für einen eigenständigen Beschluss, der den Gegenstandswert festsetzt, keine Rechtsgrundlage, da § 33 RVG nur für gerichtliche Verfahren gilt; er kann nur innerhalb des Kostenfestsetzungsbeschlusses bestimmt werden.[128]

1.5.2 Bestimmung nach billigem Ermessen

Der Gegenstandswert ist nach der allgemeinen Wertvorschrift des § 23 (3) 2 RVG »nach billigem Ermessen zu bestimmen; in Ermangelung genügender tatsächlicher Anhaltspunkte für eine Schätzung und bei nichtvermögensrechtlichen Gegenständen ist der Gegenstandswert mit 5.000 Euro,[129] nach Lage des Falles niedriger oder höher, jedoch nicht über 500.000 Euro anzunehmen«. Dies gilt auch für die Festsetzung des Gegenstandswerts im Rechtsbeschwerdeverfahren.[130]

49

---

121 Die str Frage, ob der Gegenstandswert nach § 33 (1) RVG durch den Einzelrichter festzusetzen ist (so bestimmt in § 33 (8) 1 RVG), auch wenn institutionell keine Einzelrichterentscheidung vorgesehen ist, hat der Große Senat für Zivilsachen des BGH vor dem BGH bejaht: BGH v 09.08.2021 – GSZ 1/20 (auf Vorlage von BGH v 06.10.2020 – XI ZR 355/18).
122 BPatGE **35**, 195 = BlPMZ **96**, 133.
123 BPatGE **41**, 6 für markenrechtliches Beschwerdeverfahren; **49**, 20 für markenrechtliches Verfahren vor DPMA; **49**, 26 für Gbm-Löschungsbeschwerdeverfahren; **49**, 29 für Gbm-Löschungsverfahren vor DPMA; seit 1983 für Nichtigkeitsverfahren: BPatGE **25**, 222; **26**, 68; **28**, 107 u 193.
124 BPatG GRUR **99**, 65 *P-Plus*; BPatGE **41**, 6 *Kostenfestsetzung im Markenverfahren*.
125 Vgl BGH v 08.03.2017 – X ZB 11/16, Mitt **2017**, 236.
126 Vgl BGH GRUR **13**, 1287 (Tz 2) *Nichtigkeitsstreitwert II*; BPatG BlPMZ **14**, 113 *Streitwert für die Berechnung der Anwaltsgebühren bei verbundenen Nichtigkeitsklagen*.
127 Anders in Markenverfahren, s § 63 (2) MarkenG sowie für Gbm-Verfahren gemäß der Neufassung des § 17 (3) GebrMG mit Wirkung v 1.5.2022 durch Art 3 Nr 6 c des Zweiten Gesetzes zur Vereinfachung und Modernisierung des Patentrechts v 10.8.2021 (BGBl I 3490 = BlPMZ **2021**, 290, amtl Begr BT-Drs 19/25821).
128 BPatGE **51**, 55 *Gegenstandswertfestsetzung durch das DPMA*; BPatG v 25.09.08 – 5 W (pat) 18/06, in juris.
129 IdF gem Art 8 (1) Nr 12b des Zweiten Gesetzes zur Modernisierung des Kostenrechts v 23.7.2013 (2. KostRMoG, BGBl I 2586), wonach ab 1.8.2013 der bisherige Auffangwert von 4.000 € auf 5.000 € erhöht wird.
130 BGH v 27.03.2018 – X ZB 3/15 (Tz 5), GRUR **2018**, 654 *Ratschenschlüssel II*.

50 **Erteilungsverfahren:** Für die Festsetzung des Gegenstandswerts ist das wirtschaftliche Interesse des Patentanmelders an der Erteilung eines Patents maßgebend. Anhaltspunkte für den wirtschaftlichen oder gemeinen Wert der Anmeldung können Umsätze, Erträge, Lizenzgebühren oder Schadensersatzforderungen für die unter einstweiligen Schutz gestellte Anmeldung sein.[131]

51 **Einspruchsverfahren:** Die Festsetzung im Einspruchsbeschwerdeverfahren erfolgt nach den *gleichen Grundsätzen wie im Patentnichtigkeitsverfahren* oder *Gebrauchsmusterlöschungsverfahren*,[132] wenn genügende tatsächliche Anhaltspunkte für eine Schätzung des gemeinen Werts des Patents vorliegen. Für die Höhe des Gegenstandswerts ist danach das wirtschaftliche Interesse der Allgemeinheit an dem Widerruf des Patents maßgebend und nicht das Interesse des jeweiligen Einsprechenden an der ungehinderten Nutzung der patentierten Lehre.[133] Demgemäß ist der Wertbestimmung im Allgemeinen der gemeine Wert des Patents zuzüglich entstandener Schadensersatzforderungen zugrunde zu legen, für die mangels sonstiger Anhaltspunkte der Streitwert eines anhängigen oder anhängig gewesenen Verletzungsverfahrens den greifbarsten Anhalt bieten kann; der darüberhinausgehende gemeine Wert des Patents kann dabei mit einem pauschalen Zuschlag in Höhe des Viertels zum Wert des Verletzungsverfahrens bemessen werden.[134] S hierzu auch die Erläuterungen zum Streitwert im Nichtigkeitsverfahren[135] § 2 PatKostG Rdn 38 ff im Anhang 15.

Die Festsetzung des Gegenstandswertes erfolgt nach den **tatsächlichen Anhaltspunkten**, die die Parteien glaubhaft vorgetragen haben. Sind solche im konkreten Fall vorhanden, so sind diese zugrunde zu legen, wie zB die Tatsache, dass der Anmelder oder Patentinhaber die Erfindung bereits gewinnbringend nutzt oder dass bereits Dritte Lizenzen an der Erfindung genommen haben. Beispiele aus der Rechtsprechung: 20.000 DM;[136] 50.000 €;[137] 110.000 €;[138] 120.000 €;[139] 250.000 €;[140] 1 Million DM;[141] 1.100.000 DM;[142] 600.000 € und 1.000.000 €.[143] Nur wenn tatsächliche Anhaltspunkte für die Schätzung des Gegenstandswertes fehlen, ist der Regelgegenstandswert zugrunde zu legen (s Rdn 52).

---

131 St Rspr vgl BPatGE **35**, 195 = GRUR **96**, 303; BPatG v 03.02.98 – 9 W (pat) 96/93.
132 BGH v 27.03.2018 – X ZB 3/15 (Tz 7), GRUR **2018**, 654 *Ratschenschlüssel II*; BPatGE **6**, 63 = GRUR **66**, 222; BPatG Mitt **80**, 200; BPatG v 06.03.03 – 10 W (pat) 35/01 (III), in juris.
133 BPatGE **6**, 63, 64 = GRUR **66**, 222; BPatG Mitt **80**, 200; BPatGE **53**, 142 *Regelgegenstandswert*.
134 BGH v 27.03.2018 – X ZB 3/15 (Tz 7), GRUR **2018**, 654 *Ratschenschlüssel II*.
135 Zum Nichtigkeitsstreitwert s insb BGH GRUR **57**, 79; GRUR **09**, 1100 *Druckmaschinen-Temperierungssystem III*; GRUR **11**, 757 *Nichtigkeitsstreitwert*; GRUR **12**, 1288 *Vorausbezahlte Telefongespräche II*; GRUR **13**, 1287 *Nichtigkeitsstreitwert II*; zur Streitwertfestsetzung im Patentrecht vgl auch *Rojahn/Lunze* Mitt **11**, 533.
136 BPatG v 11.04.79 – 21 W (pat) 80/75, in juris.
137 BPatG v 26.07.06 – 28 W (pat) 39/05 *Classe E*.
138 BPatG v 05.12.06 – 5 W (pat) 4/06 (II4c) Schulte-Kartei 65–80, 86–99 Nr 359 *Gegenstandswert 100.000 €*.
139 BPatGE **49**, 29 = BlPMZ **06**, 413 *Gebühren des Patentanwalts im Gbm-Löschungsverfahren*.
140 BPatG v 06.03.03 – 10 W (pat) 35/01 (III), in juris.
141 BPatG Mitt **80**, 200.
142 BPatGE **6**, 63, 66 = GRUR **66**, 222.
143 BPatG v 17.01.07 – 32 W (pat) 237/04 Schulte-Kartei 65–80, 86–99 Nr 360 *Fußball WM 2006*.

Die Angaben, die zu einer Festsetzung des Gegenstandswerts dienen sollen, haben die Parteien (Anmelder, Patentinhaber, Einsprechender, Beschwerdeführer) in nachprüfbarer Weise vorzutragen. Es genügt nicht der bloße Vortrag, dass die Parteien sich auf einen bestimmten Gegenstandswert geeinigt hätten. Hieran ist das Gericht nicht gebunden. Solchen **übereinstimmenden Angaben** kommt jedoch, wenn sie nicht offensichtlich unzutreffend sind, erhebliches Gewicht zu, insbesondere wenn sie zu einem Zeitpunkt erfolgen, zu dem die Kostentragungspflicht noch offen ist.[144] Übereinstimmende und nicht offensichtlich unzutreffende Angaben sind daher ein – widerlegbares – Indiz für die Höhe des festzusetzenden Gegenstandswerts.[145]

1.5.3 Regelgegenstandswert

Der Regelgegenstandswert des § 23 (3) 2 RVG ist nur dann anwendbar, wenn konkrete Angaben fehlen, die einen Rückschluss auf den Wert im Einzelfall erlauben. 52

Höhe des Regelgegenstandswerts: Der von § 23 (3) 2 RVG angegebene Regelgegenstandswert von 5.000 €,[146] wenn tatsächliche Anhaltspunkte für eine Wertfestsetzung fehlen, ist für Patentverfahren, bei denen es um die Erlangung oder den Bestand des Schutzrechts geht, angesichts der wirtschaftlichen Bedeutung an der Erlangung oder Verteidigung eines gegen jedermann wirkenden Ausschlussrechts deutlich zu gering. Dementsprechend nimmt der BGH für das patentrechtliche Rechtsbeschwerdeverfahren um das Mehrfache gegenüber dem Wert von 5000 € erhöhte Regelgegenstandswerte an.[147] 53

Die vom BGH für das patentrechtliche Rechtsbeschwerdeverfahren angenommenen Regelgegenstandswerte sind grs *auch für das patentrechtliche Beschwerdeverfahren vor dem BPatG* von Bedeutung; denn der BGH folgt bei der Festsetzung des Gegenstandswerts im Rechtsbeschwerdeverfahren den auch für das Beschwerdeverfahren vor dem BPatG maßgeblichen Vorschriften (§ 23 (3) 2 RVG)[148] und die Wertvorschriften differenzieren nicht nach der Instanz.[149] Danach gilt: 54

Regelgegenstandswert Erteilungsverfahren: Ist mangels anderer Anhaltspunkte regelmäßig mit **50.000 €** zu bemessen.[150] Denn in der Regel bildet schon der Umstand, dass der Anmelder die Mühen und Kosten einer Patentanmeldung und der Beschwerde gegen die Zurückweisung der Anmeldung in Kauf nimmt und dies regelmäßig nur dann tun wird, wenn er auch bereit ist, die Jahresgebühren jedenfalls für eine gewisse

---

144 BGH GRUR **12**, 1288 (Tz 4) *Vorausbezahlte Telefongespräche II*.
145 Vgl BGH GRUR **12**, 1288 *Vorausbezahlte Telefongespräche II* zum Streitwert im Patentverletzungsverfahren; hierzu Anm *Köllner* Mitt **13**, 8.
146 IdF gem Art 8 (1) Nr 12b des Zweiten Gesetzes zur Modernisierung des Kostenrechts v 23.7.2013 (2. KostRMoG, BGBl I 2586), wonach seit 1.8.2013 der bisherige Auffangwert von 4.000 € auf 5.000 € erhöht worden ist.
147 BGH v 27.03.2018 – X ZB 3/15 (Tz 9, 10), GRUR **2018**, 654 *Ratschenschlüssel II*.
148 BGH v 27.03.2018 – X ZB 3/15 (Tz 5), GRUR **2018**, 654 *Ratschenschlüssel II*; ebenso für das markenrechtliche Rechtsbeschwerdeverfahren: BGH v 30.07.2015 – I ZB 61/13 (Tz 6); BGH v 24.11.2016 – I ZB 52/15 (Tz 2) GRUR-RR **2017**, 127; BGH v 18.10. 2017 – I ZB 6/16 (Tz 3, 4), MarkenR **2018**, 454.
149 Vgl BGH v 18.10. 2017 – I ZB 6/16 (Tz 8), MarkenR **2018**, 454.
150 BGH v 27.03.2018 – X ZB 3/15 (Tz 9), GRUR **2018**, 654 *Ratschenschlüssel II*.

Zeit zu zahlen, einen hinreichenden Anhalt dafür, dass der Wert mit 5000 € nicht angemessen erfasst ist.[151]

Regelgegenstandswert Einspruchsverfahren: Hier ist dem höheren Allgemeininteresse in der Regel durch einen Aufschlag in Höhe von 25.000 € je Einsprechendem Rechnung zu tragen, dh der Regelgegenstandswert ist bei einem *einzelnen* Einsprechenden auf **75.000 €** zu bemessen.[152] Derartige Werte sind auch in der Rechtsprechung des BPatG angenommen worden (Regelgegenstandswert im patentrechtlichen Einspruchsverfahren 60.000 €.[153]).

55 Die für Patentbeschwerdeverfahren genannten Regelgegenstandswerte stehen im Einklang mit denen für das *markenrechtliche* Beschwerdeverfahren. Die Mehrheit der Markensenate erachtet, in Anlehnung an die regelmäßige Festsetzung des BGH für das Rechtsbeschwerdeverfahren in Höhe von 50.000 €,[154] auch bei unbenutzten Marken einen Regelgegenstandswert von 50.000 € für angemessen.[155] Auch im *Designnichtigkeitsverfahren* entspricht ein Gegenstandswert in Höhe von 50.000 € im Regelfall billigem Ermessen.[156]

56 **Nebenverfahren:** Für Nebenverfahren kommt nicht der Regelgegenstandswert des Hauptsacheverfahrens in Betracht (Ausnahme: Verfahren über die Bewilligung von Verfahrenskostenhilfe[157]). Festgesetzt worden sind zB in: **a)** *Akteneinsichtsverfahren*, bei denen es zwar auf das wirtschaftliche Interesse an dem von der Einsicht betroffenen Schutzrecht, nicht auf das Interesse des Antragstellers ankommt, aber der vorbereitende Charakter der Akteneinsicht zu berücksichtigen ist, Gegenstandswerte, die in aller Regel erheblich geringer sind als der Wert der Hauptsache,[158] zB 2.500 €[159] oder 12.000 €;[160] **b)** *Umschreibungsverfahren*, bei denen vom gemeinen Wert des Patents ein Abzug zu machen ist, da es nicht um dessen Bestand an sich, sondern um eine formale Rechtsposition geht, bei fehlenden Anhaltspunkten der Regelgegenstandswert

---

151 BGH v 27.03.2018 – X ZB 3/15 (Tz 9) *Ratschenschlüssel II*.
152 BGH v 27.03.2018 – X ZB 3/15 (Tz 10) *Ratschenschlüssel II*.
153 BPatGE 53, 142 *Regelgegenstandswert*.
154 BGH GRUR 06, 704 *Markenwert* = Mitt 06, 282 *Gegenvorstellung*; BGH v 30.07.15 – I ZB 61/13 (Tz 7) Schulte-Kartei PatG 65–80, 86–99 Nr 487 *Regelfall 50.000*; BGH v 24.11.2016 – I ZB 52/15 (Tz 3), GRUR-RR 2017, 127; BGH v 18.10. 2017 – I ZB 6/16 (Tz 10), MarkenR 2018, 454; BGH v 22.12.2017 – I ZB 45/16, WRP 2018, 349.
155 ZB BPatGE 53, 128 *Regelgegenstandswert im Widerspruchsbeschwerdeverfahren*; 53, 136 = GRUR 12, 1174 *Gegenstandswert im Widerspruchsverfahren 50.000 €*; BPatG GRUR-RR 16, 381 *Regelgegenstandswert für das Widerspruchsbeschwerdeverfahren – Universum*; aA BPatG GRUR-RR 15, 229 *Gegenstandswert im Widerspruchs(beschwerde)verfahren*.
156 BGH v 28.05.2020 – I ZB 25/18, GRUR 2020, 1016.
157 § 23a (1) RVG, eingefügt durch Art 8 (1) Nr 13 des Zweiten Gesetzes zur Modernisierung des Kostenrechts v 23.7.2013 (2. KostRMoG, BGBl I 2586).
158 BPatG GRUR 92, 854 *Streitwert Akteneinsicht*; BPatGE 49, 57 = BlPMZ 05, 266 *Gegenstandswert Akteneinsichtsverfahren*.
159 BPatGE 49, 57 = BlPMZ 05, 266 *Gegenstandswert Akteneinsichtsverfahren* (ausgehend von einem Wert der Hauptsache von 10.000 €).
160 BPatG v 28.03.11 – 10 W (pat) 27/09 bzgl Einsicht in die Erfinderbenennung (ausgehend von einem Wert der Hauptsache von 50.000 €).

des § 23 (3) 2 RVG von 4.000 €,[161] sonst höhere Gegenstandswerte;[162] c) in Verfahren betreffend die *Rückzahlung von Gebühren* ein Gegenstandswert, der der Gebühr entspricht.[163]

1.5.4 Rechtsmittel

Rechtsmittel gegen die Festsetzung des Gegenstandswerts durch BPatG ist nicht gegeben, da eine Anfechtung nach § 99 (2) PatG nur stattfindet, soweit das PatG sie zulässt. Zudem findet nach § 33 (4) 3 RVG eine Beschwerde an einen obersten Gerichtshof nicht statt. Daher scheidet eine Beschwerde[164] oder Rechtsbeschwerde[165] aus. Möglich lediglich Gegenvorstellung[166] (vgl auch Einl Rdn 329 und § 79 Rdn 46), zu erheben innerhalb von zwei Wochen nach Zustellung der Entscheidung.[167]

Kosten für das Festsetzungsverfahren werden nach § 33 (9) 2 RVG nicht erstattet. Das Verfahren vor BPatG über den Antrag ist gebührenfrei.

2 Parteikosten

Kosten für die Zeitversäumnis, die der Partei, ihrem gesetzlichen Vertreter oder einem Mitarbeiter[168] durch die Inanspruchnahme im Beschwerdeverfahren (Bearbeitung des Verfahrens wie zB Durch- und Aufarbeitung des Prozessstoffs, Verfassen oder Vorbereiten von Schriftsätzen, das Sammeln und Sichten von Tatsachen und Beweismaterial, die Informationserteilung an den Anwalt, Teilnahme an vorbereitenden Besprechungen) entstehen, gehören zum *allgemeinen Prozessaufwand* und sind nicht erstattungsfähig.[169] Zum allgemeinen Prozessaufwand zählt auch der mit einer Recherche nach einschlägigem Stand der Technik verbundene Zeit- und Müheaufwand, wenn diese

---

161 BPatG v 05.02.01 – 10 W (pat) 42/00, juris (Regelwert des § 8 (2) 2 BRAGO von 8.000 DM); BPatG v 11.08.03 – 10 W (pat) 34/01.
162 BPatG v 13.02.06 – 10 W (pat) 1/04 (50.000 €); BPatG v 11.04.11 – 10 W (pat) 25/07 (30.000 €).
163 ZB BGH v 22.01.08 – X ZB 4/07 *Schwingungsdämpfung* (3.900 €); BGH v 10.08.11 – X ZB 2/11 *Ethylengerüst* (150 €).
164 BGH Mitt 12, 41 *Streitwertbeschwerde*; BPatGE 54, 88 *Streitwertbeschwerde im Patentnichtigkeitsverfahren*.
165 ZB BPatGE 53, 130, 136 = GRUR 12, 1172, 1174 *Gegenstandswert in markenrechtlichen Beschwerdeverfahren*.
166 So die std Rspr für die Festsetzung des Gegenstandswerts nach früherem Recht im erstinstanzlichen Nichtigkeitsverfahren nach § 10 BRAGO (dem § 33 RVG entspricht): BPatGE 16, 157; 22, 129 = GRUR 80, 331; BPatGE 33, 4, 5; BPatG v 5.6.2000 – 2 Ni 10/96, in juris; vgl auch BGH GRUR 06, 704 *Markenwert* = Mitt 06, 282 *Gegenvorstellung (gegen Gegenstandswert in markenrechtlichen Rechtsbeschwerdeverfahren)*; *Gerold/Schmidt/Mayer*, RVG, 25. Aufl 2021, § 32 Rn 104; aA die 8. Auflage.
167 BPatGE 22, 129 = GRUR 80, 331 unter Heranziehung von § 10 (3) 3 BRAGO, dem § 33 (3) 3 RVG entspricht; vgl auch BPatGE 33, 4, 5 (Gegenvorstellung nach Fristablauf erhoben).
168 BPatG Mitt 66, 123; BPatGE 9, 137; 12, 71 (hier: keine Erstattung des auf die Zeitversäumnis entfallenden Gehaltsanteils von Partei oder Mitarbeitern, weil Gehaltskosten nicht unmittelbar durch das Verfahren entstehen); vgl dazu *Kirchner* Mitt 70, 188.
169 BGHZ 66, 112 = NJW 76, 1256 (IIIa); BGH NJW-RR 14, 1096 (Tz 10); NJW 15, 633 (Tz 20); OLG Schleswig-Holstein JurBüro 81, 122; *Zöller/Herget*, ZPO, 33. Aufl 2020, § 91 Rn 13.5 »Allgemeiner Prozessaufwand«.

§ 80 *Kosten des Beschwerdeverfahrens*

von der Partei selbst durchgeführt wird.[170] Anders dagegen die unmittelbar durch die Wahrnehmung einer mündlichen Verhandlung entstandenen Kosten, zu denen nach § 91 (1) 2 ZPO die Entschädigung für *Zeitversäumnis* nach § 20 JVEG[171] und (weil sinngemäß ebenfalls von der Verweisung des § 91 (1) 2 ZPO erfasst[172]) für *Verdienstausfall* nach § 22 JVEG[173] gehört, sowie *Reisekosten* (vgl unten Rdn 83). Hat die Partei zur notwendigen Wahrnehmung der mündlichen Verhandlung bezahlten Urlaub genommen, steht ihr kein Anspruch auf Verdienstausfallentschädigung (§ 22 JVEG) sondern nur ein Anspruch auf Zeitversäumnisentschädigung (§ 20 JVEG) zu.[174]

3 Einzelfälle aus der Kostenrechtsprechung im Beschwerde- und Nichtigkeitsverfahren (alphabetisch):

59 • **Ablichtungen**: Mit den Gebühren, die ein Rechtsanwalt nach dem RVG erhält, sind auch die allgemeinen Geschäftskosten entgolten.[175] Fotokopierkosten sind daher grundsätzlich nicht erstattungsfähig.[176] Ablichtungen sind nur erstattungsfähig, wenn die Ausnahmetatbestände des Teils 7 Nr 7000 VV RVG vorliegen, nämlich für a) **Ablichtungen aus Behörden- und Gerichtsakten**, soweit deren Herstellung zur sachgemäßen Bearbeitung der Rechtssache geboten war, wie zB Ablichtungen aus den Erteilungsakten für ein Nichtigkeitsverfahren[177] oder von Entgegenhaltungen; b) **für Verfahrensbeteiligte und Vertreter sowie für den Auftraggeber**, wenn mehr als 100 Ablichtungen zu fertigen waren. Auch die 5 für die Mitglieder des Nichtigkeitssenats bestimmten Kopiensätze werden als erstattungsfähig angesehen (als Ablichtungen iSv VV RVG Nr 7000 Nr 1d).[178] Rein vorsorgliche, aber nicht benötigte Ablichtungen sind nicht erstattungsfähig.[179]

60 • **Akteneinsichtsgebühr des PA** ist als notwendige Vorbereitung einer Nichtigkeitsklage neben Verfahrensgebühr erstattungsfähig,[180] es sei denn, die Akteneinsicht steht jedermann frei.[181]

61 • **Anrechnung** der vorgerichtlichen Geschäftsgebühr auf die gerichtliche Verfahrensgebühr nach Vorbemerkung 3 (4) zu Teil 3 VV RVG: Durch die Einfügung von § 15a RVG[182] hat der Gesetzgeber die bereits bestehende Rechtslage klargestellt. Die Anrechnungsvorschrift der Vorbemerkung 3 (4) zu Teil 3 VV RVG wirkt sich grundsätzlich im Verhältnis zu Dritten und damit insbesondere im Kostenfestsetzungsverfahren nicht aus.[183]

---

170 BPatG BlPMZ 15, 328 *Selbst (eigenhändig) durchgeführte Recherche*; zur ausnahmsweisen Erstattung von allgemeinem Prozessaufwand, zB bei Unzumutbarkeit der Eigenleistung OLG Nürnberg MDR 01, 1439.
171 Auch wenn nicht die Partei selbst, sondern ein Mitarbeiter den Termin wahrnimmt, vgl OLG Hamm NJW-RR 97, 767; OLG Düsseldorf AnwBl 98, 284.
172 BGH NJW 09, 1001 (II2b) = Mitt 09, 90 L *Verdienstausfall*.
173 ZB Anspruch einer GmbH auf Verdienstausfall wegen der Teilnahme ihres Geschäftsführers am Termin, s BGH NJW 09, 1001 = Mitt 09, 90 L *Verdienstausfall*.
174 BGH NJW-RR 12, 761 = Mitt 12, 196 L *Zeitversäumnisentschädigung*.
175 BGH Mitt 03, 336 L = AnwBl 03, 241; OLG Stuttgart JurBüro 95, 127; NJW-RR 00, 1726.
176 BGH NJW 03, 1127; NJW-RR 05, 840 = MDR 05, 956; OLG München MDR 03, 1143.
177 BPatGE 15, 49 unter Aufgabe von 5, 233.
178 BPatG v 19.03.12 – 2 ZA (pat) 77/11 Schulte-Kartei PatG 81–85a Nr 526 *Überstücke für die Richter*.
179 OLG Düsseldorf Mitt 77, 138.
180 BPatGE 15, 49.
181 BPatGE 23, 125.
182 Durch Art 7 (4) Nr 3 des Gesetzes zur Modernisierung von Verfahren im anwaltlichen und notariellen Berufsrecht, zur Errichtung einer Schlichtungsstelle der Rechtsanwaltschaft sowie zur Änderung sonstiger Vorschriften v 30.07.09, BGBl I 2449, mit Wirkung v 5.8.2009.
183 BGH NJW 09, 3101; GRUR-RR 11, 200 *Abzug der Geschäftsgebühr I*; GRUR-RR 11, 232 *Abzug der Geschäftsgebühr II*; BPatGE 52, 169 *Anrechnung der Beschwerdeverfahrensgebühr im Kostenfestsetzungsverfahren*; dagegen § 15a nicht als bloße Klarstellung ansehend BGH WRP 09, 1554 *Gebührenanrechnung im Nachprüfungsverfahren*.

- **Ausgleich:** Bei der Kostenfestsetzung kann anstelle eines unbegründeten Ansatzes von Amts wegen ein anderer gesetzt werden, der an sich begründet, aber nicht gefordert ist.[184] Ausgleichsfähig sind aber nur Einzelposten aus dem gleichen Sachverhalt: Kosten für Recherche und Reise der Partei nicht ausgleichsfähig mit Verfahrens- und Verhandlungsgebühr.[185] 62

- **Ausländischer Verkehrsanwalt** siehe unter »Korrespondenzanwalt«.

- **Beratungsgebühr:** Nach § 34 RVG soll, soweit in Teil 2 Abschnitt 1 des Vergütungsverzeichnisses (Vergütung für die Prüfung der Erfolgsaussicht eines Rechtsmittels) keine Gebühren bestimmt sind, für einen mündlichen oder schriftlichen Rat oder eine Auskunft (Beratung), die nicht mit einer anderen gebührenpflichtigen Tätigkeit zusammenhängen, auf eine Gebührenvereinbarung hingewirkt werden. Wenn keine Vereinbarung getroffen worden ist, erhält der Rechtsanwalt Gebühren nach den Vorschriften des bürgerlichen Rechts. Allerdings beträgt die Gebühr für die Beratung oder für die Ausarbeitung eines schriftlichen Gutachtens jeweils höchstens 250 €, wenn der Auftraggeber Verbraucher ist. Dabei gilt § 14 (1) RVG entsprechend, wobei für ein erstes Beratungsgespräch die Gebühr jedoch höchstens 190 € beträgt. Wenn nichts anderes vereinbart ist, ist die Gebühr für die Beratung auf eine Gebühr für eine sonstige Tätigkeit, die mit der Beratung zusammenhängt, anzurechnen. 63

- **Beweisgebühr** ist seit Inkrafttreten des RVG am 1.7.2004 weggefallen. 64

- **Datenbanken:** Kosten für Recherchen in Datenbanken (zB juris, EUR-Lex) sind erstattungsfähig, wenn sie notwendig waren.[186] Daran fehlt es, wenn die Datenbankrecherche nichts anderes als ein Blick in eine Bibliothek ist, der auch nicht gesondert erstattungsfähig ist. Für Recherchen zum Stand der Technik (zB Chemical Abstracts Service oder Derwent) gilt das gleiche wie für Recherchekosten allgemein (s unter »Recherchekosten«). 65

- **Demonstrationshilfen** siehe unter »Vorführung«. 66

- **Einigungsgebühr** (früher Vergleichsgebühr gemäß § 23 (1) BRAGO) entsteht nach Nr 1000 VV RVG für die Mitwirkung beim Abschluss eines Vertrags, durch den der Streit über ein Rechtsverhältnis beseitigt wird, es sei denn, der Vertrag beschränkt sich ausschließlich auf ein Anerkenntnis oder einen Verzicht. Diese Gebühr entsteht neben anderen Gebühren, insbesondere neben der Verfahrens- und Terminsgebühr. Der Satz der Gebühr beträgt 1,5. *Außergerichtlicher Vergleich* ist ausreichend; anders als nach § 23 BRAGO ist die Protokollierung eines als Vollstreckungstitel tauglichen Vergleichs nach § 794 (1) Nr 1 ZPO für die Festsetzbarkeit der Einigungsgebühr nicht erforderlich.[187] Die Kosten eines außergerichtlichen Vergleichs gehören aber nur dann zu den erstattungsfähigen Kosten des Rechtsstreits, wenn die Parteien dies vereinbart haben.[188] Die Einigungsgebühr kann sowohl beim Hauptbevollmächtigtem als auch beim Terminsvertreter anfallen.[189] 67

- **Erhöhungsgebühr:** Wird der Anwalt in derselben Angelegenheit für mehrere Auftraggeber tätig, erhält er gemäß § 7 (1) RVG zwar die Gebühren nur einmal, jedoch erhöht sich nach § 2 RVG iVm VV Nr 1008 die Verfahrens- oder Geschäftsgebühr für jede weitere Person um 0,3 (er Satz), wobei allerdings mehrere Erhöhungen einen Gebührensatz von 2,0 nicht übersteigen dürfen (siehe § 139 Rdn 348). 68

- **Erledigungsgebühr** (früher § 24 BRAGO) entsteht nach Nr 1002 VV RVG, wenn sich eine Rechtssache ganz oder teilweise nach Aufhebung oder Änderung des mit einem Rechtsbehelf angefochtenen Verwaltungsakts durch die anwaltliche Mitwirkung erledigt. Der Satz der Gebühr beträgt 1,5. Zur Erledigungserklärung im Beschwerdeverfahren vgl § 73 Rdn 218. 69

- **Fahrtkosten** siehe unter »Reisekosten«. 70

---

184 BPatGE **18**, 189, 195; BPatG v 28.09.10 – 33 W (pat) 100/09, in juris; BPatG v 28.09.10 – 33 W (pat) 138/09, in juris.
185 BPatGE **11**, 171; **33**, 65; **33**, 188; abw früher BPatGE **10**, 64; **11**, 109.
186 LG Köln CR **92**, 609.
187 BGH NJW **07**, 2187.
188 BGH NJW **09**, 519 = Mitt **09**, 91 L; BGH NJW **11**, 1680.
189 BGH NJW-RR **14**, 763 (Tz 11 ff).

- **Fotokopien** siehe unter »Ablichtungen«.

71 - **Geschäftsgebühr** (Nr 2300 VV RVG): Die Schwellengebühr von 1,3 ist die Regelgebühr für durchschnittliche Fälle; eine Erhöhung kann nur gefordert werden, wenn die Tätigkeit des Anwalts umfangreich oder schwierig und damit überdurchschnittlich war.[190] Gebrauchsmuster- oder Gemeinschaftsgeschmacksmustersachen können nicht allein wegen ihres Gegenstands pauschal als überdurchschnittlich umfangreich oder schwierig bewertet werden.[191]

- **Gutachten** siehe unter »Privatgutachten«.

72 - **Korrespondenzanwalt:** Sein Auftrag beschränkt sich auf die Führung des Verkehrs der Partei mit dem Verfahrensbevollmächtigten. Nach Nr 3400 VV RVG erhält er eine Verfahrensgebühr in Höhe der dem Verfahrensbevollmächtigten zustehenden Verfahrensgebühr, höchstens 1,0. Seine Kosten sind nur erstattungsfähig, wenn seine Zuziehung mit Rücksicht auf die geschäftsungewandte Partei oder die Schwierigkeit der Sache[192] oder die weite Entfernung[193] notwendig erscheint. Die Notwendigkeit[194] ist im Erteilungs- und Nichtigkeitsverfahren insbesondere bei ausländischen Anmeldern zu bejahen, bis zur Höhe der Gebühren eines deutschen RA,[195] auch wenn diese im Patentwesen erfahren sind.[196] Auch bei ausländischen Parteien bedarf aber die Kostenerstattung für den Verkehrsanwalt stets einer Notwendigkeitsprüfung im Einzelfall.[197]

Notwendigkeit für ausländischen Verkehrsanwalt ist daher zu verneinen: **a)** wenn die ausländische Partei infolge der Übersetzung aller wesentlichen Unterlagen eines ausländischen Verkehrsanwalts nicht bedarf;[198] **b)** wenn der deutsche Verfahrensbevollmächtigte bereits über alle nötigen Informationen verfügt;[199] **c)** wenn es für die ausländische Partei möglich, zumutbar und kostengünstiger ist, den inländischen Prozessbevollmächtigten unmittelbar zu informieren.[200]

Kosten eines nicht notwendigen Verkehrsanwalts können bis zur Höhe von sonst erforderlich gewordenen Informationsreisen ersetzt werden[201] (vgl auch § 139 Rdn 349). Einer Erstattung steht nicht entgegen, dass Korrespondenz- und Prozessanwalt einer überörtlichen Sozietät angehören.[202]

73 - **Kostenübernahmeerklärung** eines berufsmäßigen Vertreters führt zu einer Kostenrechnung gegen ihn, die aber näherer Begründung bedarf.[203]

74 - **Materialkosten** sind auch bei Geringfügigkeit zu ersetzen.[204]

- **Mehrwertsteuer** siehe unter »Umsatzsteuer«.

75 - **Mündliche Verhandlung:** Ihre Wahrnehmung ist auch dann nicht unnötig, wenn Gegner auf eine Teilnahme vorher verzichtet hatte.[205] Rücknahme der Beschwerde im Einspruchsverfahren zwei

---

190 BGH NJW 12, 2813 = GRUR-RR 12, 491; GRUR 14, 206 (Tz 23) *Einkaufskühltasche*.
191 BGH GRUR 14, 206 (Tz 25) *Einkaufskühltasche*.
192 BPatGE 7, 223, 226.
193 OLG Bamberg JurBüro 75, 1369.
194 Vgl für Verletzungsprozess § 139 Rdn 349.
195 BGH Mitt 04, 395 = NJW 05, 1373 *Kosten eines ausländischen Verkehrsanwalts*; BPatG v 24.11.98 – 5 W (pat) 18/98, in juris; BPatG GRUR 11, 463 = Mitt 11, 99 *Britischer Verkehrsanwalt*; s auch Gruber, Kostenerstattung in Kennzeichen- und Patentstreitsachen bei Einschaltung ausländischer Patentanwälte, GRUR Int 16, 1025.
196 BPatG Mitt 78, 96.
197 BGH GRUR 12, 319 *Ausländischer Verkehrsanwalt*.
198 BPatGE 33, 102.
199 BGH GRUR 12, 319 *Ausländischer Verkehrsanwalt*; KG, MDR 09, 1312.
200 BGH GRUR 12, 319 *Ausländischer Verkehrsanwalt*; BPatG v 29.02.2016 – 35 W (pat) 13/13 (II2d, juris Tz 30).
201 BPatGE 33, 102; vgl Kirchner Mitt 67, 230.
202 OLG Frankfurt AnwBl 94, 46.
203 BPatGE 30, 256 = BlPMZ 89, 358.
204 BPatGE 12, 71.
205 BPatGE 15, 195.

Tage vor mündlicher Verhandlung verstößt nicht gegen prozessuale Sorgfaltspflicht.[206] Wer seine Beschwerde nicht begründet und in der von ihm beantragten mündlichen Verhandlung nicht erscheint, hat die dadurch entstehenden Kosten zu tragen.[207] Die Kosten eines Unterbevollmächtigten, der für den auswärtigen Prozessbevollmächtigten die Vertretung in der mündlichen Verhandlung wahrnimmt, sind erstattungsfähig, wenn eine verständige und wirtschaftlich vernünftige Partei die kostenauslösende Maßnahme ex ante als sachdienlich ansehen durfte.[208] Siehe auch unter »Reisekosten« u »Terminsgebühr«.

- **Nachliquidation:** Nachträgliche Geltendmachung in 1. Instanz nicht verlangter Kosten (zB Zinsen,[209] Mehrwertsteuer[210]) ist im Beschwerdeverfahren zulässig,[211] auch wenn Beschwerde sich nur gegen die nicht anerkannten Kosten richtete und die Beschwerdefrist bereits abgelaufen ist. Nicht Gegenstand eines Kostenfestsetzungsantrags bildende Kosten können aber nur dann mit der Beschwerde geltend gemacht werden, wenn das Rechtsmittel unabhängig von der Anspruchserweiterung zulässig, nämlich eine Beschwer vorhanden ist; anderenfalls sind sie zur nachträglichen Festsetzung anzumelden.[212] 76

- **Nebenintervention:** Der Gegenstandswert bemisst sich nach dem wirtschaftlichen Interesse der Allgemeinheit an der Beseitigung des angegriffenen Schutzrechts.[213] Zur Kostentragung bei einfacher und streitgenössischer Nebenintervention s § 81 Rdn 27. Regelt ein Vergleich, dem der Nebenintervenient ausdrücklich zugestimmt hat, nur die Verteilung der Kosten des Rechtsstreits zwischen den Parteien des Rechtsstreits, ohne die Kosten der Nebenintervention zu erwähnen, schließt dies idR einen prozessualen Kostenerstattungsanspruch des Nebenintervenienten aus.[214] 77

- **Post- und Telekommunikationsdienstleistungen** können als Auslagen entweder nach Nr 7002 VV RVG als Pauschale[215] von 20 % der Gebühren, höchstens 20 € ohne Glaubhaftmachung oder nach Nr 7001 VV RVG in voller Höhe der tatsächlichen Auslagen geltend gemacht werden, wenn deren Entstehung durch anwaltliche Versicherung und deren Notwendigkeit durch Spezifizierung glaubhaft gemacht sind. Nach § 104 (2) 2 ZPO genügt für die einem RA erwachsenden Auslagen für Post- und Telefondienstleistungen dessen Versicherung, dass diese Auslagen entstanden sind. Bei Entgelten für Post- und Telekommunikationsdienstleistungen genügt nach § 10 (2) 2 RVG die Angabe des Gesamtbetrags. 78

- **Privatgutachten** sind Bestandteil des Parteivortrags[216] und daher wie dieser grundsätzlich nicht erstattungsfähig,[217] sondern mit den Gebühren nach dem RVG abgegolten. Erstattungsfähig sind Kosten für Privatgutachten sind nur in besonders gelagerten Ausnahmefällen;[218] dieser strenge Maß- 79

---

206 BPatG GRUR 99, 91 L; auch nicht bei Rücknahme 1 Tag vorher: BPatG v 29.04.08 – 6 W (pat) 6/07.
207 BPatGE 41, 18.
208 BGH NJW 12, 2888; NJW-RR 14, 763.
209 BPatGE 18, 201.
210 BPatGE 29, 201.
211 BPatGE 16, 229; aA: BPatG Mitt 86, 36.
212 BGH NJW-RR 11, 499 = Mitt 11, 99 L *Kosten-Nachtrag*.
213 BPatGE 27, 61 = BlPMZ 85, 212.
214 BGH NJW 16, 1893 = Mitt 16, 192 L *Kostenerstattungsanspruch des Nebenintervenienten*; zur Ablehnung eines Kostenantrags gegen den Nebenintervenienten bei Vergleich der Hauptparteien BPatGE 54, 135 *Kostentragung bei streitgenössischer Nebenintervention*.
215 Lit: Franz/Dardat, Die Post- und Telekommunikationspauschale nach dem RVG, NJW 2018, 11.
216 BGH GRUR 97, 741 (III3) *Chinaherde*.
217 BPatGE 2, 106, 107; 17, 70, 76; 18, 46, 48; 23, 122, 123; 30, 263, 265; 51, 114 *Gegengutachten*; BPatG v 23.08.2017 – 3 ZA (pat) 73/16 (II2b), BlPMZ 2018, 60 *Doppelvertretung im Nichtigkeitsverfahren VIII*; BPatG v 18.12.2018 – 3 ZA (pat) 41/18, Mitt 2019, 185 *Experimentelle Privatgutachten zum Beleg der Ausführbarkeit von Entgegenhaltungen*; BVerfG NJW 93, 2793 für Rechtsgutachten; OLG München Mitt 91, 175.
218 BPatGE 30, 263, 265; 51, 114, 116 *Gegengutachten*; 53, 190, 193 *Privatsachverständigenkosten im Nichtigkeitsberufungsverfahren*.

stab gilt ebenso im Nichtigkeitsberufungsverfahren.[219] Die Beurteilung der Notwendigkeit eines Privatgutachtens hat sich daran auszurichten, ob eine verständige und wirtschaftlich vernünftige Partei diese die Kosten auslösende Maßnahme *ex ante* als sachdienlich ansehen durfte.[220] Die Erstattungsfähigkeit setzt daher nicht zusätzlich voraus, dass das Privatgutachten im Rahmen einer *ex-post*-Betrachtung tatsächlich die Entscheidung des Gerichts beeinflusst hat.[221]

Erstattungsfähigkeit eines Privatgutachtens wird *bejaht*: a) wenn die Partei mangels eigener Sachkunde nur mit Hilfe des Privatgutachters ihrer Darlegungspflicht oder Beweisführungslast genügen kann;[222] b) wenn Vortrag ausländischen Rechts notwendig ist;[223] c) wenn Spezialfragen entlegener Rechtsgebiete zu behandeln sind;[224] d) wenn die Partei sachverständigen Beistandes bedarf, um ein gerichtliches Sachverständigen-Gutachten zu entkräften,[225] und ihr Vertreter nicht über die erforderliche Sachkunde verfügt; e) wenn sonst die Waffengleichheit (s Einl Rdn 542) nicht gewährleistet ist;[226] f) für experimentelles Privatgutachten des Nichtigkeitsklägers zur Ausführbarkeit einer Entgegenhaltung, wenn Patentinhaber die Ausführbarkeit mit eigenem experimentellen Privatgutachten bestritten hat, da hier rein argumentatives Vorbringen regelmäßig nicht ausreicht;[227] g) zur Glaubhaftmachung des öffentlichen Interesses an der Erteilung einer Zwangslizenz im einstweiligen Verfügungsverfahren.[228]

Eine maßgebliche Verwertung in der Entscheidung[229] oder ein bestimmender Einfluss auf die Rechtsfindung[230] können für die Notwendigkeit sprechen, ist aber nicht Voraussetzung einer Erstattungsfähigkeit.[231]

Erstattungsfähigkeit eines Privatgutachtens wurde *verneint*: a) neben einer Doppelvertretung durch RA und PA;[232] b) nur weil die Gegenseite eines eingereicht hat;[233] c) ein patentjuristisches Gutachten in 1. Instanz;[234] d) um ein ungünstiges Gerichtsgutachten zu entkräften, wenn die Partei durch RA und PA vertreten ist;[235] ist sie nur durch einen RA vertreten, können die Kosten eines technischen Gutachtens – jedenfalls bis zur Höhe der Kosten einer Doppelvertretung – erstattungs-

---

219 BPatGE **53**, 190 *Privatsachverständigenkosten im Nichtigkeitsberufungsverfahren*.
220 BGHZ **153**, 235 = NJW 03, 1398 (II2); NJW 06, 2415 (II2b); BGHZ **192**, 140 = NJW **12**, 1370 = Mitt **12**, 290 L *Privatgutachterkosten*; BPatGE **51**, 114, 118 *Gegengutachten*; **53**, 190, 192 *Privatsachverständigenkosten im Nichtigkeitsberufungsverfahren*.
221 BGHZ **192**, 140 = NJW **12**, 1370 = Mitt **12**, 290 L *Privatgutachterkosten*; BGH NJW **13**, 1823 zur Erstattungsfähigkeit eines im Rechtsstreit nicht vorgelegten Privatgutachtens; BGH v 01.02.2017 – VII ZB 18/14 (Tz 17), NJW 2017, 1397; BPatGE **51**, 114, 118 *Gegengutachten*.
222 BGHZ **153**, 235 = NJW 03, 1398 (II2); NJW 06, 2415 (II2b); BGHZ **192**, 140 = NJW **12**, 1370 (Tz 13) = Mitt **12**, 290 L *Privatgutachterkosten*; BGH v 12.09.2018 – VII ZB 56/15 (Tz 24), MDR 2018, 1406; BPatGE **30**, 263; **33**, 274, 275; **51**, 114, 116 *Gegengutachten*; **53**, 190, 193 *Privatsachverständigenkosten im Nichtigkeitsberufungsverfahren*; BPatG v 23.08.2017 – 3 ZA (pat) 73/16 (II2b), BlPMZ 2018, 60 *Doppelvertretung im Nichtigkeitsverfahren VIII*.
223 OLG München Mitt **06**, 284 *Parteigutachten zum schweizerischen Patentrecht*.
224 OLG München Mitt **06**, 284; OLG Frankfurt AnwBl **88**, 69.
225 BGHZ **192**, 140 = NJW **12**, 1370 (Tz 13) = Mitt **12**, 290 L *Privatgutachterkosten*; BPatGE **30**, 263, 264; **51**, 114, 117 *Gegengutachten*; BPatG v 28.04.2020 – 3 ZA (pat) 13/18, Mitt 2020, 574 L *Kosten im Zwangslizenzverfahren* (IIB2b, juris Tz 55,56 u LS Nr 5: mit Einschränkung, wenn Privatgutachter an MV teilnimmt); OLG Koblenz RPfleger **91**, 388; OLG Saarbrücken JurBüro **88**, 1360; OLG München Mitt **91**, 175.
226 OLG Zweibrücken NJW-RR **97**, 613.
227 BPatG v 18.12.2018 – 3 ZA (pat) 41/18, Mitt 2019, 185 *Experimentelle Privatgutachten zum Beleg der Ausführbarkeit von Entgegenhaltungen*.
228 BPatG v 28.04.2020 – 3 ZA (pat) 13/18 (IIB2a, juris Tz 52), Mitt 2020, 574 L *Kosten im Zwangslizenzverfahren*.
229 BPatGE **18**, 46; **2**, 106; OLG Frankfurt GRUR **87**, 472.
230 BGH Mitt **55**, 67.
231 BGHZ **192**, 140 = NJW **12**, 1370 = Mitt **12**, 290 L *Privatgutachterkosten*.
232 BPatGE **17**, 70.
233 BPatGE **18**, 46.
234 BPatGE **23**, 122; OLG München Mitt **91**, 175 generell für Rechtsgutachten.
235 BPatGE **30**, 263 (entgegen BPatGE **24**, 30); BPatGE **51**, 114, 119 *Gegengutachten*.

fähig sein;[236] **e)** zur Beurteilung der Prozessaussichten;[237] **f)** Beauftragung eines Privatgutachters im Vorgriff einer Untersuchung durch das Gericht ist in der Regel nicht geboten;[238] **g)** nicht notwendig, nur weil Gericht von Beauftragung eines gerichtlichen Sachverständigen abgesehen hat;[239] **h)** nicht deshalb erstattungsfähig, weil einem Gutachten höheres Gewicht zukäme als sonstigem Parteivortrag.[240] Bei fehlender Erstattungsfähigkeit sind auch Kosten für die Übersetzung des Privatgutachtens nicht erstattungsfähig.[241]

Höhe der Kosten eines Privatgutachtens ist zwar nicht auf die Vergütung beschränkt, die ein gerichtlich bestellter Sachverständiger nach dem JVEG erhält (s dazu § 128a Rdn 12),[242] jedoch ist dessen Vergütung ein Maßstab für die Angemessenheit. Bei ganz erheblicher Abweichung von den Sätzen JVEG besondere Darlegung der Notwendigkeit erforderlich.[243] Bei der Prüfung der Notwendigkeit dürfen im Rahmen der erforderlichen Gesamtbetrachtung aus der ex ante-Sicht einer verständigen und wirtschaftlich vernünftig denkenden Partei auch die Kosten des Privatgutachtens nicht völlig außer Betracht bleiben.[244]

Jurist kann trotz Doppelvertretung durch RA und PA Privatgutachter sein, wenn es auf patentrechtliche Fragen ankommt.[245]

- **Recherchekosten** sind erstattungsfähig, wenn die Nachforschung nach sorgfältiger Abwägung aller Umstände für notwendig gehalten werden durfte.[246] Das ist nicht rückblickend, sondern vom Zeitpunkt der Auftragserteilung zu beurteilen.[247] Dabei kommt es nicht darauf an, ob die Recherche erfolgreich war und ob etwa ermittelte Entgegenhaltungen in der Entscheidung verwertet wurden;[248] eine Verwertung unterstreicht nur die Notwendigkeit.[249] Vielmehr kommt es darauf an, was eine kostenbewusste Partei im Zeitpunkt der Auftragserteilung für erforderlich halten durfte.[250] Daher können die Kosten einer 2. oder 3. Recherche – selbst wenn sie kein Material zutage fördern – erstattungsfähig sein. Keine Partei ist gehalten, einer bestimmten Recherchestelle (zB DPMA statt EPA) den Vorzug zu geben, da jede Partei die Institution beauftragen kann, die sie für erfolgversprechend ansieht, es sei denn, die beauftragte Stelle erscheint gerade für diese Recherche ungeeignet erscheint. Kosten einer Recherche zur Vorbereitung einer Beschwerde sind Kosten des Beschwerdeverfahrens. Wenn ein Patentanwalt Recherchen übernommen hat, die zum typischen Arbeitsgebiet eines Patentanwalts gehören, kann seine Mitwirkung neben einem Rechtsanwalt erstattungsfähig sein.[251] Dies muss substantiiert vorgetragen werden.[252]

80

Zur Berücksichtigung eines Ansatzes genügt nach § 104 (2) 1 ZPO, dass er glaubhaft gemacht ist. Die Notwendigkeit von Recherchekosten ist aber nicht dargetan, wenn weder die Stunden

---

236 Vgl BPatGE **25**, 155.
237 OLG Hamburg JurBüro **88**, 1022; OLG Koblenz JurBüro **90**, 1474.
238 BPatG v 18.05.10 – 3 ZA (pat) 1/09, in juris.
239 BPatGE **53**, 190 *Privatsachverständigenkosten im Nichtigkeitsberufungsverfahren.*
240 BGH v 01.02.2017 – VII ZB 18/14, NJW **2017**, 1397; BPatG v 23.08.2017 – 3 ZA (pat) 73/16 (II2b), BlPMZ **2018**, 60 *Doppelvertretung im Nichtigkeitsverfahren VIII.*
241 BPatGE v 02.10.14 – 4 ZA (pat) 6/14 Schulte-Kartei PatG 81–85a Nr 527 *Übersetzung von Privatgutachten.*
242 BGH NJW **07**, 1532; BPatGE **25**, 155, 157 zum früheren ZuSEG; zu den Kosten des gerichtlichen Sachverständigen vgl BGH Mitt **13**, 247 *Kosten des Sachverständigen.*
243 BGH NJW **07**, 1532; BPatG v 28.04.2020 – 3 ZA (pat) 13/18 (IIB2a, juris Tz 53), Mitt **2020**, 574 L *Kosten im Zwangslizenzverfahren.*
244 BGHZ **192**, 140 = NJW **12**, 1370 (Tz 13) = Mitt **12**, 290 L *Privatgutachterkosten.*
245 BPatGE **25**, 114.
246 BPatGE **8**, 181; **12**, 201; **26**, 54, 59; **34**, 122; BPatG Mitt **94**, 54; bloßer Verdacht nicht ausreichend: OLG Frankfurt Mitt **94**, 52; OLG München Mitt **89**, 93; OLG Nürnberg Mitt **63**, 144.
247 BPatGE **23**; **34**, 122.
248 BPatGE **23**, 22.
249 Vgl BPatGE **3**, 127; **3**, 132, 134; **5**, 230; **8**, 181; BPatG v 10.09.2019 – 35 W (pat) 8/17 (II2a a1, juris Tz 26).
250 BPatGE **16**, 229; **34**, 122; BPatG Mitt **94**, 54.
251 Vgl zur Erstattungsfähigkeit von Kosten bei markenrechtlicher Abmahnung BGH GRUR **11**, 754 *Kosten des Patentanwalts II*; GRUR **12**, 756 *Kosten des Patentanwalts III.*
252 BGH GRUR **12**, 759 *Kosten des Patentanwalts IV.*

genannt noch die konkreten Umstände ersichtlich sind, die eine Beurteilung der Notwendigkeit der Recherche und der Höhe der Kosten zulassen.[253]

Höhe der Recherchekosten muss sich nicht am Wert des Streitpatents ausrichten. Die Höhe des Stundensatzes richtet sich nach der Vergütung gemäß JVEG (s § 128a).[254] Eine Recherche für mehrere Verfahren kann nur anteilig geltend gemacht werden.[255] Ist die Erstattungsfähigkeit im Verletzungsprozess rechtskräftig verneint, sollen diese Kosten vor BPatG nicht mehr geltend gemacht werden können.[256] Auslandsrecherchekosten könnten ohne Spezifikation bis zur Höhe einer PA-Gebühr anerkannt werden.[257]

Eigenrecherche durch beauftragten Anwalt: Mit der Verfahrensgebühr sind nur die typischen anwaltlichen Leistungen wie Sichtung, Ordnung und Auswertung von Material zum Stand der Technik abgegolten, nicht aber die Beschaffung von Material, so dass eine Eigenrecherche erstattungsfähig ist,[258] auch als Nachrecherche[259] zu durchgeführten Fremdrecherchen. Bei einer Eigenrecherche kann der PA für den Zeitaufwand bei der Beschaffung des Materials zum Stand der Technik eine Vergütung erstattet verlangen, deren Höhe in Anlehnung an die die Vergütung des JVEG (siehe § 128a) bestimmt werden kann.[260]

Eigenrecherche durch Partei: wenn Partei die Recherche selbst (eigenhändig) durchführt, anstatt sie entgeltlich in Auftrag zu geben, handelt es sich bei dem damit verbundenen Zeit- und Müheaufwand nicht um Kosten iSd § 91 (1) 1 ZPO, sondern um allgemeinen Prozessaufwand iSd § 91 (1) 2 ZPO, der grundsätzlich nicht erstattet wird.[261] Zu Parteikosten s auch Rdn 58.

81 • **Regelgebühren** mit Möglichkeit der Erhöhung aufgrund Schwierigkeit, Umfang oder Bedeutung des Falls sah die PatanwGebO (s Rdn 35) vor[262]. Entsprechendes ist nach dem RVG nur bei den Rahmengebühren nach § 14 RVG vorgesehen, zB bei der Geschäftsgebühr, s Rdn 71.

82 • **Reisekosten eines Anwalts**[263], der am Sitz des DPMA und BPatG weder niedergelassen ist noch dort wohnt, sind nach § 91 (2) 1 ZPO erstattungsfähig, wenn seine Zuziehung zur zweckentsprechenden Rechtsverfolgung oder Rechtsverteidigung notwendig war. Das ist für eine am oder in der Nähe des Gerichtsorts ansässige Partei idR zu verneinen, es denn, es liegen besondere Umstände vor.[264] Die Notwendigkeit ist dagegen für eine auswärtige Partei idR zu bejahen für einen Auftrag

---

253 BPatG v 06.05.2020 – 35 W (pat) 7/19 (juris Tz 30); BPatG v 09.12.2020 – 35 W (pat) 3/18 (II2a juris Tz 22, 24).
254 BPatGE **16**, 229; BPatG v 20.10.10 – 35 W (pat) 49/09, in juris; OLG Frankfurt/M GRUR **96**, 967 *Recherche-Kosten*.
255 BPatGE **26**, 54 (Gbm); BPatG v 30.04.2015 – 2 ZA (pat) 10/14 (IIc, juris Tz 38: Nichtigkeitsverfahren betr EP-Patent in zwei Ländern).
256 BPatGE **25**, 59 (Gbm).
257 BPatGE **23**, 22; aA BPatG v 30.04.2015 – 2 ZA (pat) 10/14 (IIb bb, juris Tz 34 f: bei umfangreicher und kostenintensiver Auslandsrecherche Spezifikation erforderlich).
258 BPatGE **5**, 142; **16**, 229 (Gbm); BPatG v 03.02.99 – 1 ZA (pat) 6/98 *Eigenrecherche*; BPatG v 10.10.11 – 10 ZA (pat) 8/10 (juris Tz 20);OLG Karlsruhe GRUR **83**, 507; OLG München Mitt **89**, 93; OLG Frankfurt GRUR **96**, 967; OLG München InstGE **5**, 79.
259 BPatG v 18.02.2019 – 35 W (pat) 6/16.
260 BPatGE **16**, 229 (Gbm); BPatG v 03.02.99 – 1 ZA (pat) 6/98 *Eigenrecherche*; BPatG v 10.10.11 – 10 ZA (pat) 8/10 juris Tz 21; BPatG v 18.02.2019 – 35 W (pat) 6/16 (III1b); OLG Frankfurt GRUR **96**, 967.
261 BPatG BlPMZ **15**, 328 *Selbst (eigenhändig) durchgeführte Recherche*.
262 Vgl BGH GRUR **65**, 621 *Patentanwaltskosten*; BPatGE **7**, 2, 21; **8**, 176; **9**, 220, 223; **12**, 201; **25**, 136.
263 Lit: Schneider, Erstattung der anwaltlichen Reisekosten im Zivilprozess, NJW **17**, 307.
264 Vgl BGH NJW **03**, 901 = Mitt **03**, 336 L *Auswärtiger Rechtsanwalt I*; BGH GRUR **10**, 367 = Mitt **10**, 319 L *Auswärtiger Rechtsanwalt VIII*; bei fehlender Notwendigkeit der Hinzuziehung des auswärtigen RA kein gänzlicher Ausschluss der Erstattungsfähigkeit von Reisekosten: BGH v 09.05.2018 – I ZB 62/17, GRUR **2018**, 969 *Auswärtiger Rechtsanwalt IX*; s hierzu Anm Schneider NJW **18**, 2574 u Schneider NJW-Spezial **2018**, 507; BGH v 04.12.2018 – VIII ZB 37/18, NJW **2019**, 681.

Kosten des Beschwerdeverfahrens § 80

an einen *RA* oder *PA*, der am Wohn- oder Geschäftsort der Partei ansässig ist,[265] selbst wenn er einer überörtlichen Sozietät angehört, die auch am Gerichtsort vertreten ist;[266] Ausnahme: wenn schon im Zeitpunkt der Beauftragung feststeht, dass ein eingehendes Mandantengespräch für die Prozessführung nicht erforderlich sein wird, zB bei gewerblichem Unternehmen, das über eine eigene, die Sache bearbeitende Rechtsabteilung verfügt.[267]

Ist die Zuziehung des am Wohn- oder Geschäftsort der auswärtigen Partei ansässigen Anwalts als notwendig anzuerkennen, darf dieser Anwalt, der der Partei vertraut ist, zur mündlichen Verhandlung selbst reisen;[268] seine erstattungsfähigen Reisekosten sind der Höhe nach nicht auf diejenigen Kosten beschränkt, die durch die Beauftragung eines Terminsvertreters entstanden wären,[269] auch wenn die Reisekosten die Kosten der Terminsvertretung beträchtlich übersteigen.[270] Wird aber ein Terminsvertreter beauftragt, sind dies notwendige Kosten, wenn durch die Tätigkeit des Unterbevollmächtigten erstattungsfähige Reisekosten des Hauptbevollmächtigten erspart werden, die ansonsten bei der Wahrnehmung des Termins durch den Hauptbevollmächtigten entstanden wären;[271] die Kosten des Terminsvertreters sind erstattungsfähig, wenn sie die fiktiven Reisekosten des Hauptbevollmächtigten nicht wesentlich, nämlich um nicht mehr als 10 % übersteigen.[272] Reisekosten des Anwalts zu einem Verkündungstermin sind nicht erstattungsfähig.[273]

Reisekosten von *Anwälten am dritten Ort* (weder am Gerichtsort noch am Wohn- oder Geschäftsort der auswärtigen Partei ansässig) werden in Höhe der fiktiven Reisekosten abgerechnet, die angefallen wären, wenn ein Anwalt am Sitz von DPMA und BPatG (dann Reisekosten der Partei zum Anwalt) oder ein Anwalt am Wohn- oder Geschäftsort der Partei beauftragt worden wäre.[274] Ausnahmsweise Erstattung der Reisekosten wie bei einem am Wohn- oder Geschäftsort der Partei ansässigen Anwalt: **a)** wenn Anwalt an dem Ort beauftragt wird, an dem die Sache nach unternehmensinterner Organisation der Partei vorprozessual bearbeitet worden ist;[275] **b)** wenn ein spezialisierter, vergleichbarer ortsansässiger Anwalt nicht beauftragt werden kann;[276] **c)** bei ausländischer Partei, der grs nicht zuzumuten ist, die Wahl des deutschen Anwalts am Sitz des Prozessgerichts auszurichten.[277]

Im Nichtigkeitsverfahren bei zulässiger Doppelvertretung ist Reise des RA zum PA sachgemäß.[278] Für eine Reise des PA zu seinem Mandanten sind idR nur die niedrigeren Kosten der Reise

---

265 BGH NJW 03, 898; BGHReport 04, 639; BGH GRUR 04, 447 *Auswärtiger Rechtsanwalt III*; BGH GRUR 05, 1072 (1) *Auswärtiger Rechtsanwalt V*.
266 BGH NJW 08, 2122 = Mitt 08, 285 L *Reisekosten*.
267 BGH NJW 03, 898 (juris Tz 20); GRUR 03, 725 *Auswärtiger Rechtsanwalt II*; GRUR 04, 447 (II2) *Auswärtiger Rechtsanwalt III*; GRUR 04, 448 = Mitt 04, 234 L *Auswärtiger Rechtsanwalt IV*; GRUR 04, 623 *Unterbevollmächtigter I*; GRUR 05, 84 *Unterbevollmächtigter II*; GRUR 05, 271 *Unterbevollmächtigter III*; ebenso für Wettbewerbsverband BGH GRUR 09, 191 *Auswärtiger Rechtsanwalt VII*.
268 Muss also nicht einen billigeren Terminsvertreter beauftragen BGH GRUR 05, 1072 (2) *Auswärtiger Rechtsanwalt V*.
269 BGH GRUR 05, 1072 *Auswärtiger Rechtsanwalt V*; BGH NJW-RR 08, 1378 = Schulte-Kartei PatG 410 Nr 83 *Anwaltliche Reisekosten*.
270 BGH NJW-RR 08, 1378 = Schulte-Kartei PatG 410 Nr 83 *Anwaltliche Reisekosten*.
271 BGH NJW 03, 898 (juris Tz 9, 22); GRUR 04, 623 *Unterbevollmächtigter I*; GRUR 05, 84 *Unterbevollmächtigter II*; GRUR 05, 271 *Unterbevollmächtigter III*; GRUR 15, 509 (Tz 9) *Flugkosten*; BGH NJW 12, 2888 (Tz 7); NJW-RR 14, 763 (Tz 8).
272 BGH NJW 03, 898; NJW-RR 14, 763; GRUR 15, 509 *Flugkosten*.
273 BVerwG NJW 12, 1827 (Tz 6).
274 BGH GRUR 04, 447 *Auswärtiger Rechtsanwalt III*; GRUR 05, 1072 (1) *Auswärtiger Rechtsanwalt V*; BGH NJW-RR 04, 858; NJW 11, 3520; NJW-RR 12, 381 = Mitt 12, 140 L *Rechtsanwalt am dritten Ort*; NJW-RR 12, 695; NJW-RR 12, 697 = Mitt 12, 246 L *Rechtsanwalt am dritten Ort*; OLG Köln JurBüro 04, 435; OLG Hamburg MDR 05, 1317.
275 BGH GRUR 07, 726 *Auswärtiger Rechtsanwalt VI*; BGH NJW-RR 11, 1430.
276 BGH NJW-RR 12, 697 = Mitt 12, 246 L *Rechtsanwalt am dritten Ort*.
277 BGH v 04.07.2017 – X ZB 11/15, BGHZ 215, 170, in Fortführung von BGH GRUR 14, 607 *Klageerhebung an einem dritten Ort*.
278 BGH BlPMZ 57, 292 (Gebühren PA).

des Mandanten zum Anwalt erstattungsfähig.[279] Bei überörtlichen Sozietäten können Reisekosten auch erstattet werden, wenn am Gerichtsort ein Sozius ansässig ist.[280]

Kraftfahrzeug (Nr 7003 VV RVG): An Fahrtkosten werden bei Benutzung eines eigenen Kfz für jeden gefahrenen Kilometer 0,42 €[281] erstattet. Mit den Fahrtkosten sind die Anschaffungs-, Unterhaltungs- und Betriebskosten sowie die Abnutzung des Kfz abgegolten. Bei Benutzung anderer Verkehrsmittel werden nach Nr 7003 VV RVG angemessene Fahrtkosten in voller Höhe erstattet. *Taxikosten* sind grs erstattungsfähig.[282]

Tage- und Abwesenheitsgeld (Nr 7005 VV RVG) von nicht mehr als 4 Stunden 30 €,[283] von mehr als 4 bis 8 Stunden 50 €,[284] von mehr als 8 Stunden 80 €.[285] Sonstige Auslagen werden, soweit sie angemessen sind, in voller Höhe erstattet. *Hotelkosten* können in Messezeiten auch in höherem Umfang erstattungsfähig sein.[286] Anreise zur Nachtzeit (21 Uhr bis 6 Uhr morgens) ist nicht geschuldet; bei frühem Termin ist daher Anreise am Vortag mit Übernachtung nicht zu beanstanden.[287] Kosten einer **Bahncard** werden nicht anteilig erstattet, da sie allgemeine Geschäftsunkosten sind.[288] Auch bei Anreise mit dem **Flugzeug** ist der Grundsatz der Kostengeringhaltung zu beachten; daher nur »economy class«, nicht »business class« erstattungsfähig.[289] Für die Prüfung, ob die Mehrkosten einer Flugreise außer Verhältnis zu den Kosten der Bahnbenutzung stehen, kommt es außer auf die Höhe der Mehrkosten und die Bedeutung des Rechtsstreits auch auf die bei Benutzung des Flugzeugs gewonnene Zeitersparnis an.[290]

83 • **Reisekosten der Partei:** Nach § 91 (1) 2 ZPO umfasst die Kostenerstattung auch die Entschädigung des Gegners für die durch notwendige Reisen oder durch die notwendige Wahrnehmung von Terminen entstandene Zeitversäumnis;[291] die für die Entschädigung von Zeugen geltenden Vorschriften sind entsprechend anzuwenden.

Fahrtkosten zu ihrem Vertreter zum Zwecke der Information sind idR erstattungsfähig,[292] sofern nicht ausnahmsweise ein Schriftwechsel genügt. Kosten der Reise zu Verhandlungs- und Beweisterminen ist für die nicht vertretene Partei immer, für eine vertretene Partei idR erstattungsfähig, da im Erteilungs-, Einspruchs-, Beschwerde- und Nichtigkeitsverfahren idR schwierige technische Sachverhalte zu erörtern sind, die eine Anwesenheit der sachkundigen Partei neben ihrem Anwalt vertretbar erscheinen lässt.[293] Statt der Partei kann auch eine sachkundige Person ihres Vertrauens

---

279 BPatGE 20, 165.
280 BGH NJW 08, 2122 = Mitt 08, 285 L *Reisekosten*; anders noch OLG München Mitt 94, 249, einschränkend OLG München Mitt 94, 220.
281 Von 0,30 € auf 0,42 € erhöht seit 1.1.2021 (KostRÄG 2021 BGBl 2020 I 3229).
282 ZB BPatG v 02.02.2021 – 4 Ni 71/17 (EP), KoF 93/19 (hier Fahrt vom BPatG zum Flughafen).
283 Von 25 € auf 30 € erhöht seit 1.1.2021 (KostRÄG 2021 BGBl 2020 I 3229); davor von 20 € auf 25 € erhöht seit 1.8.2013.
284 Von 40 € auf 50 € erhöht seit 1.1.2021 (KostRÄG 2021 BGBl 2020 I 3229); davor von 35 € auf 40 € erhöht seit 1.8.2013.
285 Von 70 € auf 80 € erhöht seit 1.1.2021 (KostRÄG 2021 BGBl 2020 I 3229); davor von 60 € auf 70 € erhöht seit 1.8.2013.
286 BPatG v 26.11.2020 – 35 W (pat) 4/20 (juris Tz 25).
287 OLG Naumburg MDR 16, 1475; BPatG v 17.05.2018 – 35 W (pat) 3/15 (II2c1, juris Tz 26).
288 So die überwiegende Rspr: OVG Münster NJW 06, 1897; OLG Celle MDR 04, 1445; OLG Karlsruhe JurBüro 00, 145; aA: OLG Frankfurt NJW 06, 2337; BPatG v 28.10.97 – 5 W (pat) 48/96; **Lit:** Schneider, Abrechnungsfähige Kosten einer Bahnfahrt, NJW-Spezial 2017, 603.
289 OLG Düsseldorf NJW-RR 09, 1422.
290 BGH NJW-RR 08, 654 (Tz 13 f); GRUR 15, 509 *Flugkosten*.
291 Vgl BGH NJW-RR 12, 761 = Mitt 12, 196 L *Zeitversäumnisentschädigung*.
292 OLG Hamm AnwBl 87, 48; OLG Düsseldorf NJW-RR 97, 128; BPatGE 33, 160, 163; **53**, 173, 177 *Doppelvertretungskosten im Nichtigkeitsverfahren VIII*.
293 Für Nichtigkeitsverfahren: BPatGE 19, 133; **25**, 1; **33**, 160, 163; **36**, 42, 44; **53**, 173, 177 *Doppelvertretungskosten im Nichtigkeitsverfahren VIII*; aA für Gbm-Lö-Verfahren BPatGE 11, 109; **21**, 88.

reisen, wenn Partei selbst nicht teilnehmen konnte.[294] Zur Höhe der Fahrtkosten siehe § 128a Rdn 5.

- **Sachverständiger:** Hat DPMA oder BPatG im Erteilungsverfahren von Amts wegen einen Sachverständigen vernommen, weil die eigene Sachkunde nicht ausreicht, so sind dessen Kosten nicht vom Anmelder zu tragen. Die Durchführung einer von Amts wegen angeordneten Beweiserhebung durch Sachverständigengutachten darf nicht von einem Auslagenvorschuss abhängig gemacht werden,[295] dies schließt aber die Anordnung eines Auslagenvorschusses nicht aus (§ 17 (3) GKG).[296] Die Kosten eines gerichtlichen Sachverständigen im Nichtigkeitsverfahren sind Kosten des Rechtsstreits. Der Sachverständige erhält nach § 128a PatG eine Vergütung nach dem JVEG. Dazu und zur Höhe der Vergütung siehe § 128a Rdn 12. 84

- **Schreibauslagen** siehe unter »Ablichtungen«.

- **Sozietät:** Ist der Auftrag mehreren Rechtsanwälten zur gemeinschaftlichen Erledigung übertragen, so erhält nach § 6 RVG (früher § 5 BRAGO) jeder Rechtsanwalt für seine Tätigkeit die volle Vergütung. Wird eine Anwaltssozietät mit der Vertretung beauftragt, liegt aber grundsätzlich ein Vertrag mit nur einem einzigen Auftragnehmer – nämlich der Sozietät- vor, es sei denn **a)** es sind mehrere Anwälte ausdrücklich einzeln beauftragt oder **b)** es ergibt sich eindeutig aus den Gesamtumständen, dass nicht nur die Sozietät als solche, sondern mehrere bei ihr tätige Anwälte gesondert beauftragt sollen;[297] letzteres liegt bei gemischten, aus PA und RA bestehenden Sozietäten vor allem dann nahe, wenn neben dem Nichtigkeitsverfahren auch ein Verletzungsverfahren anhängig war[298] (zur Erstattungsfähigkeit von Doppelvertretungskosten s Rdn 39 ff). Der in einer Markensache einer Sozietät erteilte Auftrag beinhaltet nicht automatisch die Beauftragung auch eines der RA-Sozietät angehörenden PA.[299] 85

  Honorarforderungen aus einem Vertrag mit der Sozietät stehen den Sozietätsanwälten zur gesamten Hand und nicht als Gesamtgläubigern zu. Ein Sozietätsmitglied kann daher eine Begleichung einer Honorarforderung der Sozietät nicht im eigenen Namen an sich selbst verlangen.[300]

- **Streitgenossen** haften nach § 32 GKG als Gesamtschuldner, wenn die Kosten nicht durch gerichtliche Entscheidung unter sie verteilt sind. Auch für Gerichtskostenvorschüsse haften Streitgenossen als Gesamtschuldner, so dass von jedem der ganze Vorschuss verlangt werden kann. Eine Anforderung nach Kopfteilen wird nach § 8 (3) S 2 Nr 3 Kostenverfügung nur gewährt, wenn nicht eine andere Art der Inanspruchnahme geboten ist.[301] 86
  Erheben mehrere Kläger[302] gegen dasselbe Streitpatent eine gemeinsame Klage mit demselben Klageantrag und demselben Nichtigkeitsgrund, ist nur eine Klagegebühr zu zahlen.[303] Greifen mehrere Nichtigkeitskläger das Patent in demselben Umfang an, ist kein Raum für eine Aufteilung des Streitwerts auf die einzelnen Klagen und eine gesonderte Wertfestsetzung für den Wert des Gegen-

---

294 BPatGE **19**, 133; **36**, 42; **53**, 173, 177 *Doppelvertretungskosten im Nichtigkeitsverfahren VIII*; OLG Koblenz MDR **95**, 424; OLG Düsseldorf AnwBl **98**, 284 für einen Mitarbeiter.
295 Vgl BGH GRUR **10**, 365 *Quersubventionierung von Laborgemeinschaften II*; ein Vorschuss kann aber angefordert werden.
296 BGH GRUR **76**, 213 *Brillengestelle*.
297 BPatG BlPMZ **16**, 150 *Erstattungsfähigkeit der Kosten für mehrere Anwälte*.
298 BPatG BlPMZ **16**, 150 *Erstattungsfähigkeit der Kosten für mehrere Anwälte*.
299 OLG Frankfurt Mitt **07**, 186.
300 BGH Mitt **97**, 99 = NJW **96**, 2859 *Honorarforderung einer Sozietät*.
301 BGH v 20.6.00 – X ZR 113/99 *Kostenrechnung Schulte-Kartei PatG 139.43 Nr 18*.
302 Insoweitonkurrierende Streitgenossenschaft: BGH GRUR **16**, 361 (Tz 48) *Fugenband*.
303 St Rspr BGH GRUR **87**, 348 *Bodenbearbeitungsmaschine*; bestätigt durch BGH v 17.09.2020 – X ZR 147/18, GRUR **2021**, 45 *Signalumsetzung*; BGH v 16.03.2021 – X ZR 149/18 (Tz 58); BPatG GRUR **21**, 149 = Mitt **12**, 140 *Verfahrensrechtliche Kosten bei Klageverbindung*; BPatG BlPMZ **16**, 150, 152 *Erstattungsfähigkeit der Kosten für mehrere Anwälte* (unter Aufgabe von BPatGE **53**, 182 *Bitratenreduktion*); s auch § 81 Rdn 68; zur Rechtslage bei der Beschwerdegebühr und mehreren Beschwerdeführern, s § 73 Rdn 92.

stands der anwaltlichen Tätigkeit des Prozessbevollmächtigten des einzelnen Klägers.[304] Zu Gebühren bei Klageverbindung s auch Rdn 91.

Mehrere gemeinsam klagende Nichtigkeitskläger sind bei Obsiegen wegen der Kosten keine Gesamtgläubiger, sondern Gläubiger nach Kopfteilen. Kosten sind daher für jeden Streitgenossen getrennt festzusetzen.[305] Beim Unterliegen von Streitgenossen ergibt sich die Haftung nach Kopfteilen unmittelbar aus § 100 (1) ZPO. Grundsätzlich kann jeder kostenrechtlich obsiegende Streitgenosse die Kosten eines eigenen Anwalts erstattet verlangen, etwas anderes gilt nur in besonderen, atypischen Konstellationen.[306]

Zur Kostentragung bei streitgenössischer Nebenintervention (im Patentnichtigkeitsverfahren gilt der Streithelfer des Klägers entsprechend § 69 ZPO als dessen Streitgenosse[307]) s § 81 Rdn 27.

87 • **Teilung des Patents:** Hat der Patentinhaber nach Teilung seines Patents in der mündlichen Verhandlung eine weitere mündliche Verhandlung veranlasst, ohne neue, über den Gegenstand der ersten mündlichen Verhandlung hinausgehende und die Verfahrenslage ändernde Gesichtspunkte zur Patentfähigkeit seines Stammpatents vorzutragen, so ist es billig, dass er die dadurch entstandenen Kosten dem Gegner erstattet.[308]

88 • **Terminsgebühr** (s Vorbemerkung 3 (3) VV RVG[309], s auch Rdn 30, 32) für die Vertretung in einem Gerichtstermin entsteht nur, wenn der Termin auch stattfindet; dies setzt voraus, dass das Gericht, sofern der Termin nicht förmlich aufgerufen wird, zumindest konkludent mit dem Termin begonnen hat.[310] Eine durch außergerichtliche Verhandlungen entstandene Terminsgebühr kann in Ansatz gebracht werden, wenn die tatbestandlichen Voraussetzungen unstreitig oder nach § 138 (3) ZPO als unstreitig anzusehen sind.[311] Für eine Besprechung iSd des Gebührentatbestandes ist nicht ausreichend: a) der Austausch von E-Mails zwischen den Verfahrensbeteiligten,[312] dagegen aber telefonische Besprechungen;[313] b) wenn bloß eine zuvor erzielte Einigung mitgeteilt wird; die Terminsgebühr fällt nur an, wenn bei Beginn des Gesprächs eine Einigung der Parteien noch nicht erzielt worden war.[314]

Nach der Verbindung mehrerer Nichtigkeitsklagen liegt dieselbe Angelegenheit iSd §§ 7 (1), 15 (2) RVG vor, so dass ein Anwalt, der mehrere Kläger in der mündlichen Verhandlung vertritt, die Terminsgebühr nur einmal verlangen kann.[315] Im Fall der Doppelvertretung durch PA u RA (s

---

304 BGH GRUR **13**, 1287 *Nichtigkeitsstreitwert II*; ebenso BPatG BlPMZ **14**, 113 *Streitwert für die Berechnung der Anwaltsgebühren bei verbundenen Nichtigkeitsklagen*;
305 BPatGE **29**, 201; BPatG v 17.12.2020 – 26 W (pat) 3/19 (II2a, Kostenfestsetzung in Markensache).
306 BGH NJW **12**, 319 = Mitt **12**, 92 L *Anwaltskosten des Streitgenossen*.
307 St Rspr BGH GRUR **08**, 60 (Tz 44) *Sammelhefter II*; GRUR **14**, 911 (Tz 26) *Sitzgelenk*; BGH v 05.11.2019 – X ZR 66/17 (Tz 125).
308 BGH GRUR **96**, 399 *Schutzverkleidung*.
309 Seit 1.8.2013 klarstellende Neufassung der Vorbemerkung 3 (3) VV RVG durch Art 8 (2) Nr 26 des Zweiten Gesetzes zur Modernisierung des Kostenrechts v 23.7.2013 (2. KostRMoG, BGBl I 2586): die Terminsgebühr für außergerichtliche Besprechungen fällt auch dann an, wenn die gerichtliche Entscheidung ohne mündliche Verhandlung durch Beschluss ergeht (s Begründung Bundestagsdrucksache 17/11 471 S 430; Schneider NJW **13**, 1553, 1558); zur fiktiven Terminsgebühr bei Vergleichsabschluss nach Änderung der Anmerkung zu Nr. 3104 in Abs 1 Nr 1 VV RVG durch das Kostenrechtsänderungsgesetz 2021 v 21.12.2020 (KostRÄG 2021, BGBl I 3229) s Mayer NJW 2021, 345, 349.
310 BGH NJW **11**, 388.
311 BGH NJW **08**, 2993 = Mitt **09**, 91 L *Außergerichtliche Terminsgebühr*.
312 BGH NJW **10**, 381; vgl auch Vierkötter/Schneider/Thierbach Mitt **12**, 149, 150.
313 BGH NJW-RR **14**, 958 (Tz 15), hier aber Erstattungsfähigkeit für ein Gespräch über die bloße Zustimmung zum Ruhen des Verfahrens verneint.
314 BGH v 09.05.2017 – VIII ZB 55/16, NJW-RR 2017, 1148.
315 BPatG v 21.10.15 – 5 ZA (pat) 31/15 u 32/15 (II1a) Mitt **16**, 143, 144 *Streitwert bei mehreren Klägern*.

Rdn 39 ff): Keine Terminsgebühr für mitwirkenden Rechtsanwalt bei rechtskräftigem Abschluss des Verletzungsrechtsstreits vor der mündlichen Verhandlung im Nichtigkeitsverfahren.[316]

- **Übersetzungskosten** für Unterlagen, die für den Ablauf des Verfahrens wesentlich sind (zB Klage, Schriftsätze des Gegners, Gutachten, Urteilsbegründung) und auf deren genauen Wortlaut es ankommen kann, zur Unterrichtung eines nicht ausreichend deutsch sprechenden ausländischen Verfahrensbeteiligten, können erstattet werden,[317] auch dann, wenn die nicht ausreichend deutsch beherrschende ausländische Partei neben einem deutschen Anwalt durch einen ausländischen Verkehrsanwalt vertreten ist.[318] Im einstweiligen Verfügungsverfahren sind die Kosten für die Übersetzung von fremdsprachigen Schriftstücken, die der Verfügungsantragsteller zur Glaubhaftmachung einzureichen hat, erstattungsfähig.[319] Auch die Kosten für die Übersetzung der vom eigenen Anwalt gefertigten Schriftsätze sind erstattungsfähig,[320] ebenso die Übersetzungskosten der vom eigenen Anwalt eingereichten fremdsprachigen Entgegenhaltungen[321].

89

Nicht erstattungsfähig sind dagegen Übersetzungskosten, die entstanden sind, weil sich eine Beteiligte, eine inländische Tochtergesellschaft, obwohl sie rechts- und parteifähig ist, noch mit der ausländischen Konzernmutter abstimmen musste, da sich konzerninterne Entscheidungsstrukturen nicht zu Lasten des Verfahrensgegners auswirken dürfen.[322] Dies gilt auch für Fälle, in denen neben dem inländischen Tochterunternehmen auch die ausländische Konzernmutter oder ausländische Schwesterunternehmen am Verfahren beteiligt sind;[323] ausnahmsweise aber doch Erstattungsfähigkeit, wenn die vor dem BPatG klagenden ausländischen Schwestergesellschaften zuvor vom Beklagten ihrerseits vor einem inländischen Gericht verklagt worden sind.[324]

Vom Gericht angeforderte Übersetzungen sind immer erstattungsfähig.[325] Für die Erstattungsfähigkeit ist jedoch nicht Voraussetzung, dass das Gericht eine Übersetzung angefordert hat oder die Übersetzung nach § 14 PatV beglaubigt ist.[326] Auch die Übersetzungskosten einer von DPMA angeforderten Übersetzung eines Vertrages können erstattungsfähig sein.[327]

Übersetzungen durch einen Anwalt werden nicht durch die Anwaltsgebühren abgegolten, sondern sind als Übersetzertätigkeit gesondert zu vergüten.[328]

---

316 Vgl. BGH GRUR 13, 427 (Tz 34) *Doppelvertretung im Nichtigkeitsverfahren*; GRUR 13, 430 (Tz 32) *Rechtsanwalt im Nichtigkeitsverfahren* unter Hinweis auf BPatG v 05.04.11 – 2 ZA (pat) 68/09; BPatG v 05.05.2017 – 4 ZA (pat) 8/17; BPatG v 08.08.2018 – 5 ZA (pat) 34/18; BPatG v 17.07.2019 – 6 ZA (pat) 43/18.
317 BPatGE 3, 132; 14, 49; 15, 49, 51; 25, 4; 33, 102; OLG Düsseldorf InstGE 12, 177; GRUR-RR 12, 493.
318 BPatGE 33, 102 unter Aufgabe von 25, 103 u Mitt 78, 96.
319 BPatG v 28.04.2020 – 3 ZA (pat) 13/18 (IIB1a aa, juris Tz 43), Mitt 2020, 574 L *Kosten im Zwangslizenzverfahren*.
320 OLG Düsseldorf InstGE 12, 177; s hierzu auch Vierkötter/Schneider/Thierbach Mitt 12, 149.
321 BPatG v 10.11.2020 – 4 Ni 11/17 (EP), KoF 1/19.
322 BPatG v 29.03.2007 – 3 ZA (pat) 1/07; BPatG v 06.03.08 – 5 W (pat) 443/03; BPatG v 28.04.2020 – 3 ZA (pat) 13/18 (IIB1a bb, juris Tz 45), Mitt 2020, 574 L *Kosten im Zwangslizenzverfahren*.
323 BPatG v 28.04.2020 – 3 ZA (pat) 13/18 (IIB1a bb, juris Tz 45), Mitt 2020, 574 L *Kosten im Zwangslizenzverfahren*.
324 BPatG v 28.04.2020 – 3 ZA (pat) 13/18 (IIB1a bb, juris Tz 46), Mitt 2020, 574 L *Kosten im Zwangslizenzverfahren*.
325 BPatGE 25, 103, 104; BPatG v 16.11.12 – 3 ZA (pat) 50/12 Schulte-Kartei PatG 81–85a Nr 528 *Gerichtlich angeforderte Übersetzungen*.
326 BPatG v 10.11.2020 – 4 Ni 11/17 (EP), KoF 1/19 (juris Tz 17).
327 BPatG v 03.06.08 – 27 W (pat) 69/08 Schulte-Kartei PatG 81–85a Nr 529 *von DPMA angeforderte Übersetzung*.
328 BPatGE 25, 4; 33, 102; OLG Düsseldorf InstGE 12, 177; KG Berlin v 17.02.2014 – 2 W 165/13; BPatG v 29.02.2016 – 35 W (pat) 13/13 (II2b bb, juris Tz 26).

Die *Höhe* der erstattungsfähigen Übersetzungskosten ist in entsprechender Anwendung des § 11 (1) JVEG auf die dort einschlägigen Vergütungssätze begrenzt[329] (s § 128a Rdn 24). Bei nicht nachvollziehbaren Berechnungsmaßstäben kann ein Sicherheitsabschlag gerechtfertigt sein.[330] Es besteht keine Verpflichtung zu kostengünstigeren maschinell gefertigten Übersetzungen.[331]

90 • **Umsatzsteuer**[332] auf die Vergütung ist in voller Höhe erstattungsfähig, es sei denn, sie bleibt nach § 19 (1) UStG unerhoben (Teil 7 Nr 7008 VV RVG). Umsatzsteuerfrei sind Aufwendungen des Anwalts namens und für Rechnung seines Mandanten, zB Beschaffung von Fotokopien und vorveröffentlichten Druckschriften;[333] sie sind als durchlaufende Posten nicht umsatzsteuerpflichtig.[334] Die Zahlung der Umsatzsteuer auf umsatzsteuerpflichtige Auslagen (zB Reisekosten) stellt für den vorsteuerabzugsberechtigten Anwalt keine bleibende Ausgabe dar, weil die Umsatzsteuer wirtschaftlich im Wege des Vorsteuerabzugs wieder zurückfließt, und ist daher nicht bei der Kostenfestsetzung berücksichtigungsfähig.[335] Zur Berücksichtigung von Umsatzsteuerbeträgen genügt nach § 104 (2) 3 ZPO die Erklärung des Antragstellers, dass die Beträge nicht als Vorsteuer abziehen kann.[336]

91 • **Verbindung:** Ab der Verbindung mehrerer Verfahren besteht nur noch ein Verfahren, für das Gebühren nur noch einmal anfallen können.[337] Die Verbindung mehrerer Klagen führt allerdings nicht dazu, dass die bei Einleitung der Klage jeweils für die einzelnen Verfahren fällig gewordenen und entrichteten Verfahrensgebühren (pro Klage 4,5-fach) rückwirkend entfallen oder ermäßigt werden;[338] vielmehr bleibt es auch bei einer Verbindung dabei, dass ein für das einheitliche Verfahren endgültig festgesetzter Streitwert die bereits bei Erhebung jeder einzelnen Ausgangsklage fällig gewordenen Klagegebühren nachträglich der Höhe nach korrigiert.[339]

Werden 2 Klagen mit unterschiedlichem Gegenstandswert verbunden, so bleibt der jeweilige Gegenstandswert der einzelnen Klage maßgebend, eine Zusammenrechnung der Gegenstandswerte findet nicht statt.[340] Werden im Falle der Verbindung mehrerer Nichtigkeitsklagen ein einheitlicher Streitwert, aber für die einzelnen Parteien unterschiedliche Gegenstandswerte festgesetzt, kann für die Berechnung der Gerichtsgebühren nicht auf den Gegenstandswert abgestellt werden.[341]

Sind bei verbundenen Verfahren Übersetzungskosten entstanden, die beide Verfahren gleichermaßen betreffen, und werden die Verfahren wieder getrennt, sind die Kosten anteilig auf beide Verfahren zu verteilen.[342]

---

329 ZB BPatG v 10.09.2019 – 35 W (pat) 8/17 (II2b b2, juris Tz 33); OLG Düsseldorf GRUR-RR **12**, 493; zur Aufteilung von Übersetzungskosten, die vor einer Verfahrenstrennung entstanden sind: OLG Düsseldorf v 10.01.2017 – I-2 W 31/16; aA BPatG v 10.11.2020 – 4 Ni 11/17 (EP), KoF 1/19 (juris Tz 18): keine Begrenzung durch § 11 JVEG bei von Partei beauftragter Übersetzung.
330 OLG Düsseldorf GRUR-RR **12**, 493.
331 BPatG v 10.09.2019 – 35 W (pat) 8/17 (II2b b1, juris Tz 32).
332 **Lit:** Schneider, Festsetzung der Umsatzsteuer, NJW-Spezial **2019**, 475.
333 OLG Düsseldorf Mitt **74**, 139.
334 BPatGE **18**, 189; **18**, 201.
335 BGH NJW-RR **12**, 1016 = Mitt **12**, 473 *Umsatzsteuer*; BPatG v 22.04.2021 – 35 W (pat) 406/19, KoF 133/20 (II4c).
336 ZB BPatG GRUR-RR **13**, 311 (Markensache).
337 BGH GRUR **68**, 447 (II4) *Flaschenkasten*; BPatGE **21**, 120; **53**, 147 *Verfahrensgebühren bei Klageverbindung*; BPatG v 21.10.15 – 5 ZA (pat) 31/15 u 32/15 (II1a) Mitt **16**, 143, 144 *Streitwert bei mehreren Klägern* (nur eine Terminsgebühr).
338 BPatGE **53**, 147 = Mitt **12**, 140 *Verfahrensgebühren bei Klageverbindung*; BPatG v 20.07.2017 – 4 Ni 21/12 (EP), Mitt **2017**, 517 L *Klagegebühr bei Verbindung von Nichtigkeitsklagen.*
339 BPatG v 21.10.15 – 5 ZA (pat) 26/15 BlPMZ **16**, 127, 128 = Mitt **16**, 146, 147, juris Tz 11 *Streitwert bei mehreren Klägern mit unterschiedlichen Gegenstandswerten.*
340 BPatGE **31**, 272 = BlPMZ **91**, 310; BPatG **33**, 79; OLG Düsseldorf GRUR **79**, 191.
341 BPatG v 21.10.15 – 5 ZA (pat) 26/15 BlPMZ **16**, 127, 128 = Mitt **16**, 146, 147 *Streitwert bei mehreren Klägern mit unterschiedlichen Gegenstandswerten.*
342 OLG Düsseldorf v 10.01.2017 – I-2 W 31/16, hierzu Anm Pantze NJW **17**, 2630.

- **Vergleich** (s auch unter »Einigungsgebühr«): Nach der Regel des § 98 ZPO gehören die Kosten eines (gerichtlichen oder außergerichtlichen) Vergleichs nicht zu den Kosten des Rechtsstreits. Die Kosten eines außergerichtlichen Vergleichs gehören nur dann zu den zu erstattenden Kosten des Rechtsstreits, wenn die Parteien dies vereinbart haben.[343] Ein nach Urteilserlass getroffener außergerichtlicher Vergleich, in dem eine vom Urteil abweichende Kostenregelung getroffen wurde, steht – aufgrund der für materiell-rechtliche Einwendungen geltenden Grundsätze[344] – der Kostenfestsetzung, die eine Partei aufgrund des Urteils beantragt hat, nicht entgegen.[345]

- **Verkehrsanwalt** siehe unter »Korrespondenzanwalt«.

- **Vorführung** dient idR dem besseren Verständnis des Parteivortrags Sie ist auch dann keine Beweisaufnahme, wenn sie eine bessere Anschauung über unstreitige Tatsachen bezweckt. Auch Aufwendungen für *Demonstrationshilfen* (Modelle, Zeichnungen, Fotos, Filme etc) zur Erläuterung und Veranschaulichung des Parteivortrags, die nicht Gegenstand einer gerichtlichen Beweiserhebung waren, sind nicht erstattungsfähig.[346] Im Verletzungsprozess könnten Kosten der Vorführung ausnahmsweise erstattungsfähig sein.[347]

- **Zeichnungen:** Kosten für deren Anfertigung kann der beigeordnete Anwalt ersetzt verlangen.[348]

- **Zeitversäumnis** siehe oben Rdn 58.

- **Zeugen** erhalten vor DPMA und BPatG gemäß § 128a PatG eine Entschädigung nach dem JVEG, siehe dazu § 128a Rdn 4.

- **Zinsen:** Ansprüche auf Zahlung und Rückerstattung von Kosten werden nach § 5 (4) GKG, auf den § 12 PatKostG und § 13 DPMAVwKostV verweisen, nicht verzinst.

  Im Kostenfestsetzungsverfahren[349] wird auf Antrag[350] ausgesprochen, dass die festgesetzten Kosten vom Eingang des Festsetzungsantrags[351] ab mit 5 % über dem Basiszinssatz nach § 247 BGB zu verzinsen sind (§ 104 (1) 2 ZPO). Zinsen stehen dem Gläubiger frühestens dem Zeitpunkt an zu, in dem eine Kostengrundentscheidung vorliegt, die zumindest vorläufig vollstreckbar ist; dieser Zeitpunkt wird durch § 104 (1) 2 ZPO nicht vorverlegt.[352]

- **Zwangsvollstreckungskosten** gemäß § 788 ZPO können im Kostenfestsetzungsverfahren nur geltend gemacht werden, wenn sie gemäß § 91 ZPO notwendig waren; dem Schuldner ist eine angemessene Frist zur Bewirkung der Leistung einzuräumen.[353]

---

343 BGH NJW 09, 519 = Mitt 09, 91 L; BGH NJW 11, 1680 = Mitt 11, 308 L *Kosten des außergerichtlichen Vergleichs.*
344 Vgl BGH NJW-RR 10, 718 (Tz 9); NJW 14, 2287 = Mitt 14, 345 L *materiell-rechtliche Einwendungen gegen den Kostenerstattungsanspruch.*
345 BPatG v 21.10.15 – 5 ZA (pat) 31/15 u 32/15 (II2) Mitt 16, 143, 145 *Streitwert bei mehreren Klägern.*
346 BPatG BlPMZ 86, 39; BPatGE 51, 233 = GRUR 09, 1196 *Demonstrationshilfen*; s hierzu auch Vierkötter/Schneider/Thierbach Mitt 12, 149, 150.
347 OLG Düsseldorf GRUR 79, 191.
348 BPatGE 31, 272 = BlPMZ 91, 310; BPatG v 20.11.2018 – 7 W (pat) 20/17, Mitt 2019, 183 *Gebühren des beigeordneten Vertreters II.*
349 Lit: Stamm, Die Verzinsung des zivilprozessualen Kostenerstattungsanspruchs, NJW 2019, 3473.
350 Der auch noch im Erinnerungsverfahren und im Nichtigkeitsverfahren auch noch nach rechtskräftigem Abschluss des Kostenfestsetzungsverfahrens gestellt werden kann (BPatG Mitt 90, 20).
351 Nicht mit dem Eingang des Verzinsungsantrags (BPatGE 24, 165 = GRUR 82, 293).
352 BGH NJW 16, 165 (Tz 12) = Mitt 16, 142 L *Verzinsung des Kostenerstattungsanspruchs* (zum Beginn der Verzinsung bei Klagerücknahme sowie im Falle der Aufhebung und späteren Wiederherstellung der Kostengrundentscheidung).
353 BPatGE 27, 210.

IV. Kostenfestsetzungsverfahren[354]

98 Nach § 80 (5) sind die §§ 103 bis 107 ZPO entsprechend anzuwenden (abgedruckt im Anhang zu § 80). Die Kostenfestsetzung setzt eine rechtskräftige oder für vorläufig vollstreckbar erklärte Kosten(grund)entscheidung voraus.[355]

1 Zuständigkeit

99 Die Kostenfestsetzung im Beschwerde- und im Nichtigkeitsverfahren obliegt nach § 23 (1) Nr 12 RPflG dem Rechtspfleger, auch für ein Wiederaufnahmeverfahren gegen ein BGH-Urteil.[356]

2 Voraussetzungen der Zulässigkeit

100 a) **Antrag**[357] vor DPMA oder in Beschwerdeverfahren vor BPatG; b) Kostenentscheidung ist rechtskräftig oder im Urteil des Nichtigkeitssenats für vorläufig vollstreckbar erklärt worden;[358] c) **Antragsteller** ist der nach der Kostenentscheidung Berechtigter oder sein legitimierter Rechtsnachfolger, nicht ein Dritter oder der zur Zahlung Verpflichtete. RA kann Festsetzung auch *gegenüber dem eigenen Mandanten* beantragen, dagegen **nicht PA**;[359] d) **Kostenberechnung** nebst Abschrift zur Mitteilung an den Gegner sowie **Belege** in Urschrift (nicht in Abschrift) zur Rechtfertigung der einzelnen Ansätze (§ 103 (2) 2 ZPO). Bloße Bezugnahme auf BPatG-Akten genügt nicht. Bei der Geltendmachung von RA-Kosten richtet sich der erforderliche Inhalt der Kostenberechnung nach § 10 (2) RVG.[360] Anforderungen an die Substantiierungslast des Erstattungsgläubigers gehen im formalisierten Kostenfestsetzungsverfahren grs nicht über die im Zivilprozess geltenden Grundsätze hinaus.[361] e) **Glaubhaftmachung** der Kostenansätze. Anwaltliche Versicherung ist hierfür grs ausreichend.[362] Für das Entstehen (nicht deren Höhe[363]) von Post und Telekommunikationsdienstleistungen genügt nach § 104 (2) 2 ZPO die Versicherung des RA oder PA. Wird die Höhe bestritten, bedarf es eines Einzelnachweises.[364] Für die Berücksichtigung der Mehrwertsteuer genügt nach § 104 (2) 3 ZPO die Erklärung, zum Vorsteuerabzug nicht berechtigt zu sein.[365]

3 Kostenfestsetzungsbeschluss

101 Der Rechtspfleger prüft das Vorliegen eines zulässigen Antrags[366] und die Begründetheit des Gesuchs, also ob die Kosten zur zweckentsprechenden Rechtsverfolgung not-

---

354 Lit: von Eicken/*Hellstab/Dörndorfer/Asperger*, Die Kostenfestsetzung 23. Aufl. 2018.
355 Vgl BGH MDR 13, 669 = NJW 13, 2438 (Erfordernis der wirksamen Zustellung der Kostengrundentscheidung); BGH v 11.01.2018 – IX ZB 99/16, NJW 2018, 1169.
356 BPatG Mitt **99**, 239.
357 OLG München JurBüro **95**, 427; OLG München MDR **81**, 502.
358 BPatGE **2**, 114; **21**, 27; **25**, 82; **26**, 65.
359 BGH GRUR **15**, 1253 *Festsetzung der Patentanwaltsvergütung.*
360 BGH v 13.09.2018 – I ZB 16/18 (Tz 7), NJW 2019, 679.
361 BGH v 29.04.2019 – X ZB 4/17 (Tz 15), GRUR **2019**, 870 *Kommunikationssystem.*
362 BGH v 29.04.2019 – X ZB 4/17 (Tz 19), GRUR **2019**, 870 *Kommunikationssystem*; BPatG v 02.09.2019 – 5 Ni 44/16 (EP).
363 OLG München MDR **92**, 1004.
364 *OLG München MDR* **92**, 1004; OLG Frankfurt MDR **81**, 454.
365 ZB BPatG GRUR-RR **13**, 311 (Markensache).
366 Vgl BGH NJW **11**, 3722: keine Rüge des Mangels der Vollmacht im Kostenfestsetzungsverfahren, wenn im Hauptsacheverfahren dieser Mangel bereits verneint wurde.

wendig waren. Das sind Kosten, die eine verständige Partei, die darum bemüht ist, die Kosten niedrig zu halten, als sachdienlich angesehen hätte.

Bindung an den Antrag gemäß § 308 (1) ZPO gilt auch im Erinnerungsverfahren. Sie beschränkt sich auf den geltend gemachten Gesamtbetrag.[367]   102

Rechtspfleger prüft nicht: a) die Richtigkeit der Kostengrundentscheidung; b) Erlöschen (etwa durch Erfüllung, Hinterlegung, Aufrechnung) oder Hemmung (durch Verjährung, Stundung) des Erstattungsanspruchs. Diese Einwendungen sind durch Vollstreckungsgegenklage nach § 767 ZPO oder nach § 775 Nr 4 u 5 ZPO geltend zu machen;[368] c) ob ein Erstattungsanspruch gegenüber Dritten (zB Lizenznehmer) besteht.[369]   103

Vor der Festsetzung sind die Beteiligten zu hören (§ 11 (2) 2 RVG).

Begründung des Beschlusses ist erforderlich, wenn durch ihn eine Partei beschwert sein könnte.   104

Kostenausgleichung gemäß § 106 ZPO soll – wenn die Kosten zwischen den Parteien verteilt sind – eine doppelte Kostenfestsetzung ersparen. Dieser Zweck rechtfertigt die Anwendung des § 106 ZPO nicht nur bei Kostenverteilung nach Quoten, sondern auch bei Verteilung nach Rechtszügen (zB Beklagte trägt Kosten vor BPatG, Kläger die vor BGH).[370]   105

Unterbrechung des Kostenfestsetzungsverfahrens durch Insolvenz eines Verfahrensbeteiligten, auch wenn zum Zeitpunkt der Insolvenzeröffnung die Kostengrundentscheidung bereits rechtskräftig ist.[371] Aussetzung des Kostenfestsetzungsverfahrens erforderlich, wenn die Entscheidung über den für die Gebühren maßgeblichen Gegenstandswert noch nicht ergangen ist.[372]

4 Erinnerung

Zur Überprüfung der Entscheidung des Rechtspflegers sieht § 23 (2) RPflG die Erinnerung vor. Frist: 2 Wochen seit Zustellung. Die Erinnerung erfordert Beschwer und einen eindeutigen Antrag, der später erweitert werden kann.[373] Der Rechtspfleger kann der Erinnerung abhelfen, sonst legt er sie dem zuständigen Senat vor. Auf die Erinnerung sind nach § 11 (2) 7 RPflG (abgedruckt im Anhang zu § 80) die Vorschriften der ZPO über die sofortige Beschwerde sinngemäß anzuwenden.[374] Welches Beschwerdeverfahren entsprechend herangezogen werden soll, war nach früherer Fassung des § 11 (2) RPflG nicht ausdrücklich bestimmt, es sind aber die Vorschriften des Beschwerde-   106

---

367 BPatG Mitt **67**, 18.
368 Vgl BGH NJW **14**, 2287 = Mitt **14**, 345 L *materiell-rechtliche Einwendungen gegen den Kostenerstattungsanspruch.*
369 BPatG Mitt **67**, 18.
370 BPatG **31**, 256 = GRUR **91**, 205.
371 BGH MDR **12**, 990 = Mitt **12**, 474 L *Unterbrechung des Kostenfestsetzungsverfahrens.*
372 Vgl BGH NJW-RR **14**, 765.
373 BPatGE **24**, 165.
374 Seit der Änderung des § 11 (2) RPflG durch Art 4 Nr 2 des Gesetzes zur Einführung einer Rechtsbehelfsbelehrung im Zivilprozess und zur Änderung anderer Vorschriften vom 5.12.2012, BGBl I 2418, mit Wirkung v 1.1.2014.

verfahrens der jeweiligen Verfahrensordnung entsprechend herangezogen worden, in der die Erinnerungsentscheidung ergeht.[375] Letzteres kommt nach der Neufassung des § 11 (2) mit dem ausdrücklichen Verweis auf die Vorschriften der ZPO nicht mehr in Betracht. Nicht entsprechend anwendbar auf die Erinnerung dürfte aber § 567 (2) ZPO sein, wonach die sofortige Beschwerde gegen Entscheidungen über die Kosten nur zulässig ist, sofern der Wert des Beschwerdegegenstandes 200 € übersteigt. Denn ansonsten wäre bei Kostenerinnerungen unterhalb dieses Werts im Ergebnis jede Möglichkeit der richterlichen Überprüfung verwehrt, was mit Art 19 (4) GG nicht in Einklang steht.[376]

107 **Zuständigkeit:** Besetzung des Senats nach § 67 (1) mit 3 Juristen. Nach der Geschäftsverteilung des BPatG ist der 7. Senat zuständig für Entscheidungen des Rechtspflegers des juristischen Beschwerdesenats und der technischen Beschwerdesenate. Über Erinnerungen in Nichtigkeitssachen entscheidet der jeweils zuständige Senat mit 2 Juristen und 1 Techniker.

108 **Mündliche Verhandlung** ist – auch wenn sie beantragt wird – nicht erforderlich[377] (s § 78 Rdn 19).

109 **Rahmen der Überprüfung** ist begrenzt durch die beanstandeten Rechnungsposten.[378] Ist daher die Erinnerung auf einzelne Posten der Festsetzung beschränkt, dann können auch nur diese Posten überprüft werden, nicht also auch die Posten, die mit der Erinnerung nicht beanstandet werden.

Nachanmeldung von Kosten: Berücksichtigung im Erinnerungsverfahren möglich, sofern der Kostenschuldner entsprechend § 263 ZPO einer solchen Antragserweiterung zustimmt oder sie das Gericht als sachdienlich zulässt und solange über den Kostenfestsetzungsantrag noch keine rechtskräftige Entscheidung ergangen ist.[379]

110 **Kosten:** Entscheidung über die Kosten eines Erinnerungsverfahrens bestimmt sich, wenn die Erinnerungsentscheidung in einem patentgerichtlichen Beschwerdeverfahren ergeht, nach § 80 (1) PatG.[380] Es gilt also der Grundsatz, dass jeder Beteiligte seine Kosten trägt, sofern der Senat nicht ausnahmsweise anders entschieden hat (s § 80 Rdn 6 und Rdn 11). Bei der Erinnerungsentscheidung im Nichtigkeitsverfahren wird über die Kosten des Erinnerungsverfahrens nach den Vorschriften der ZPO (über § 84 (2) PatG) und nicht nach § 80 (1) PatG entschieden,[381] ebenso im Gbm-Löschungsbe-

---

375 BPatGE **38**, 166, 167.
376 Vgl BVerfG NJW-RR **2001**, 1077.
377 BPatGE **9**, 272, 275.
378 BPatGE **30**, 69 (unter Aufgabe von BPatGE **11**, 109, 113 u **29**, 54, 60); std Rspr: BPatGE **47**, 50 (II) *Kosten des Patentanwalts;* **51**, 81, 83 *Medizinisches Instrument;* **51**, 225, 229 *Doppelvertretungskosten im Nichtigkeitsverfahren III;* **52**, 169, 171 *Anrechnung der Beschwerdeverfahrensgebühr im Kostenfestsetzungsverfahren.*
379 BPatG v 28.04.2020 – 3 ZA (pat) 13/18 (IIA2a, juris Tz 36), Mitt **2020**, 574 L *Kosten im Zwangslizenzverfahren;* KG NJW-RR **91**, 768.
380 BPatGE **38**, 166.
381 BPatG Mitt **99**, 239; std Rspr: BPatGE **46**, 167, 169; **47**, 50, 54; **50**, 85, 89; **51**, 62, 67; **51**, 67, 71; **51**, 72, 75; **51**, 76, 80; **51**, 225, 232; **51**, 233, 235; **52**, 142, 145; **52**, 146, 154; **52**, 154, 159; **52**, 159, 164; **52**, 233, 236; **53**, 30, 40.

schwerdeverfahren.[382] Das Erinnerungsverfahren ist nach § 11 (4) RPflG gerichtsgebührenfrei. Ein Rechtsanwalt oder Patentanwalt erhält für die Erinnerung nach Nr 3500 VV RVG eine Gebühr von 0,5 des Satzes der Gebühr nach § 13 RVG.

5 Rechtsbeschwerde

Die Rechtsbeschwerde nach § 100 (1) PatG findet zwar gegen die Entscheidung des BPatG über die Erinnerung nicht statt, weil diese eine Entscheidung über eine Beschwerde gemäß § 73 voraussetzt.[383] Nach neuerer Rechtsprechung unterliegen aber im Patentnichtigkeitsverfahren Beschlüsse des Patentgerichts, mit denen über eine Erinnerung gegen die Kostenfestsetzung entschieden wird, der **Rechtsbeschwerde nach § 574 (1) Nr 2 ZPO**,[384] anzuwenden über § 84 (2) 2 PatG. Begründet wird dies damit, dass für das Kostenfestsetzungsverfahren trotz der Regelung in § 99 (2) PatG seit jeher das Rechtsmittelsystem der ZPO als maßgeblich erachtet wurde[385] und dieser Gleichklang der Rechtsmittelsysteme im Kostenfestsetzungsverfahren auch auf der Grundlage der seit 1.1.2002 geltenden ZPO-Vorschriften zu wahren ist.[386] Die Neuregelung des Beschwerderechts der ZPO durch das Zivilprozessreformgesetz vom 27.7.2001[387] hat die Möglichkeit einer Rechtsbeschwerde gegen Beschlüsse in Kostenfestsetzungsverfahren eröffnet.[388] Entsprechendes gilt daher auch im Rahmen der Kostenfestsetzung nach § 80 (5) PatG.[389]

111

6 Zwangsvollstreckung

Der Kostenfestsetzungsbeschluss ist nach § 794 (1) Nr 2 ZPO ein Vollstreckungstitel, aus dem nach § 798 ZPO die Zwangsvollstreckung nur begonnen werden darf, wenn der Schuldtitel mindestens zwei Wochen vorher zugestellt ist.

112

Einwendungen gegen den festgesetzten Anspruch können durch **Vollstreckungsabwehrklage** nach § 767 ZPO geltend gemacht werden.[390] Besetzung des Senats nach § 67 (1): 3 Juristen, zuständig nach Geschäftsverteilung des BPatG früher im jur Beschwerdesenat, nach jetziger Regelung der Senat, der über eine Beschwerde oder Erinnerung gegen den Kostenfestsetzungsbeschluss zu entscheiden hätte (unter E I 3). Bis zum Erlass des Urteils kann die Zwangsvollstreckung nach § 769 ZPO einstweilen

113

---

382 BPatGE 51, 81, 91 *Medizinisches Instrument*.
383 ZB BPatGE 51, 81, 91 (II4) *Medizinisches Instrument*; BPatG v 22.03.12 – 35 W (pat) 410/08, in juris (Tz 25).
384 BGH GRUR 13, 427 *Doppelvertretung im Nichtigkeitsverfahren*; GRUR 13, 430 *Rechtsanwalt im Nichtigkeitsverfahren*; BPatG 53, 30 *Rechtsbeschwerde im Kostenfestsetzungsverfahren*; BPatG v 07.05.12 – 4 ZA (pat) 13/12, BlPMZ 12, 359 *Mitwirkender Rechtsanwalt III*; BPatG v 16.05.12 – 4 ZA (pat) 52/10, BlPMZ 12, 389 *Mitwirkender Vertreter*.
385 Vgl BGH GRUR 86, 453 *Transportbehälter* zur fehlenden Statthaftigkeit einer Rechtsbeschwerde nach den bis zum 31.12.2001 geltenden ZPO-Vorschriften.
386 BGH GRUR 13, 427 (Tz 13) *Doppelvertretung im Nichtigkeitsverfahren*; GRUR 13, 430 (Tz 13) *Rechtsanwalt im Nichtigkeitsverfahren*.
387 BGBl I 1897, 1902.
388 Vgl Stein/Jonas/Jacobs, ZPO, Bd 6, 22. Aufl, § 574 Rn 2, BT-Drs 14/4722, S 69, 116.
389 Ebenso für das Kostenfestsetzungsverfahren in Marken(beschwerde)sachen *Knoll* in Ströbele/Hacker/Thiering, MarkenG, 13. Aufl 2021, § 83 Rn 14.
390 BPatGE 24, 160; 33, 65.

eingestellt werden. Gegen ein Urteil des BPatG über eine Vollstreckungsabwehrklage ist ein Rechtsmittel nicht statthaft.[391]

V. Rückzahlung der Beschwerdegebühr (§ 80 (3))

114 BPatG kann nach § 80 (3) von Amts wegen anordnen, dass die Beschwerdegebühr zurückgezahlt wird. Eines Antrags bedarf es nicht.

115 Billiges Ermessen ist für die Entscheidung des BPatG maßgebend, weil nach § 80 (3) eine Rückzahlung angeordnet werden »*kann*«. Die Beschwerdegebühr wird daher – ebenso wie im Falle des § 80 (1) 1 und des § 73 (3) – zurück gezahlt, wenn dies der Billigkeit entspricht. Die Billigkeit der Rückzahlung kann sich aus der Sachbehandlung durch DPMA (zB sachliche Fehlbeurteilung, Verfahrensfehler, Verstoß gegen Verfahrensökonomie), dem Verhalten der Beteiligten oder der Vertreter oder sonstigen Umständen ergeben, die eine Einbehaltung der Gebühr als unbillig erscheinen lässt.

116 Billigkeitsgründe sind die gleichen wie bei der Rückzahlung nach § 73 (3) PatG. Vgl daher die Erläuterungen zu § 73 Rdn 140 ff.

117 Anders als vor EPA nach Regel 103 EPÜ ist eine Rückzahlung auch möglich, wenn die Beschwerde unzulässig ist[392] oder zurückgenommen wurde. Auch eine Rücknahme von Anmeldung oder Einspruch sowie der Verzicht auf das Patent[393] stehen einer Rückzahlung nach § 80 (4) nicht entgegen. Die Rücknahme der Anmeldung kann auf einer Erklärung oder einer gesetzlichen Fiktion (zB des § 58 (3)) beruhen.[394]

Anhang 1 zu § 80

§§ 91–107 ZPO

§ 91 ZPO[395] **Grundsatz und Umfang der Kostenpflicht**

(1) ¹Die unterliegende Partei hat die Kosten des Rechtsstreits zu tragen, insbesondere die dem Gegner erwachsenen Kosten zu erstatten, soweit sie zur zweckentsprechenden Rechtsverfolgung oder Rechtsverteidigung notwendig waren. ²Die Kostenerstattung umfasst auch die Entschädigung des Gegners für die durch notwendige Reisen oder durch die notwendige Wahrnehmung von Terminen entstandene Zeitversäumnis; die für die Entschädigung von Zeugen geltenden Vorschriften sind entsprechend anzuwenden.

(2)[396] ¹Die gesetzlichen Gebühren und Auslagen des Rechtsanwalts der obsiegenden Partei sind in allen Prozessen zu erstatten, Reisekosten eines Rechtsanwalts, der nicht in dem Bezirk des Prozessgerichts niedergelassen ist und am Ort des Prozessgerichts auch nicht wohnt, jedoch nur insoweit, als die Zuziehung zur zweckentsprechenden Rechtsverfolgung oder Rechtsverteidigung notwendig war. ²Die Kosten mehrerer Rechtsanwälte sind nur insoweit zu erstatten, als sie die Kosten

---

391 BGH GRUR 02, 52 *Vollstreckungsabwehrklage* unter Ablehnung der aA der 6. Auflage.
392 BPatGE **32**, 36, 38 = BlPMZ **91**, 248.
393 BPatGE **29**, 84, 89 = BlPMZ **88**, 193.
394 BPatGE **12**, 145.
395 Mit Wirkung v 1.1.2022 Anfügung eines neues Absatzes 5 in § 91 ZPO, s Art 1 Nr 2 des *Gesetzes zum Ausbau des elektronischen Rechtsverkehrs mit den Gerichten und zur Änderung weiterer Vorschriften* v 5.10.2021, BGBl I 4607.
396 § 91 (2) 1 ZPO geändert durch Art 4 Nr 1a des Gesetzes zur Stärkung der Selbstverwaltung der Rechtsanwaltschaft v 26.3.2007, BGBl I 358, mit Wirkung v 1.6.2007.

Anhang 1 · Kosten des Beschwerdeverfahrens § 80

eines Rechtsanwalts nicht übersteigen oder als in der Person des Rechtsanwalts ein Wechsel eintreten musste. ³In eigener Sache sind dem Rechtsanwalt die Gebühren und Auslagen zu erstatten, die er als Gebühren und Auslagen eines bevollmächtigten Rechtsanwalts erstattet verlangen könnte.

(3) *(Gebühren in Güteverfahren)*
(4) Zu den Kosten des Rechtsstreits im Sinne von Absatz 1 gehören auch Kosten, die die obsiegende Partei der unterlegenen Partei im Verlaufe des Rechtsstreits gezahlt hat.

§ 91a ZPO Kosten bei Erledigung der Hauptsache
(1) ¹Haben die Parteien in der mündlichen Verhandlung oder durch Einreichung eines Schriftsatzes oder zu Protokoll der Geschäftsstelle den Rechtsstreit in der Hauptsache für erledigt erklärt, so entscheidet das Gericht über die Kosten unter Berücksichtigung des bisherigen Sach- und Streitstandes nach billigem Ermessen durch Beschluss. ²Dasselbe gilt, wenn der Beklagte der Erledigungserklärung des Klägers nicht innerhalb einer Notfrist von zwei Wochen seit der Zustellung des Schriftsatzes widerspricht, wenn der Beklagte zuvor auf diese Folge hingewiesen worden ist.
(2) ¹Gegen die Entscheidung findet sofortige Beschwerde statt. ²Dies gilt nicht, wenn der Streitwert der Hauptsache den in § 511 genannten Betrag nicht übersteigt. ³Vor der Entscheidung über die Beschwerde ist der Gegner zu hören.

§ 92 ZPO Kosten bei teilweisem Obsiegen
(1) ¹Wenn jede Partei teils obsiegt, teils unterliegt, so sind die Kosten gegeneinander aufzuheben oder verhältnismäßig zu teilen. ²Sind die Kosten gegeneinander aufgehoben, so fallen die Gerichtskosten jeder Partei zur Hälfte zur Last.
(2) Das Gericht kann der einen Partei die gesamten Prozesskosten auferlegen, wenn
1. die Zuvielforderung der anderen Partei verhältnismäßig geringfügig war und keine oder nur geringfügig höhere Kosten veranlasst hat[397] oder
2. der Betrag der Forderung der anderen Partei von der Festsetzung durch richterliches Ermessen, von der Ermittlung durch Sachverständige oder von einer gegenseitigen Berechnung abhängig war.

§ 93 ZPO Kosten bei sofortigem Anerkenntnis
Hat der Beklagte nicht durch sein Verhalten zur Erhebung der Klage Veranlassung gegeben, so fallen dem Kläger die Prozesskosten zur Last, wenn der Beklagte den Anspruch sofort anerkennt.

§ 93a ZPO
Aufgehoben

§ 93b Kosten bei Räumungsklagen
...

§§ 93c, 93d
Aufgehoben

§ 94 ZPO Kosten bei übergegangenem Anspruch
...

§ 95 ZPO Kosten bei Säumnis oder Verschulden
Die Partei, die einen Termin oder eine Frist versäumt oder die Verlegung eines Termins, die Vertagung einer Verhandlung, die Anberaumung eines Termins zur Fortsetzung der Verhandlung oder die Verlängerung einer Frist durch ihr Verschulden veranlasst, hat die dadurch verursachten Kosten zu tragen.

§ 96 ZPO Kosten erfolgloser Angriffs- oder Verteidigungsmittel
Die Kosten eines ohne Erfolg gebliebenen Angriffs- oder Verteidigungsmittels können der Partei auferlegt werden, die es geltend gemacht hat, auch wenn sie in der Hauptsache obsiegt.

§ 97 ZPO Rechtsmittelkosten[398]
(1) ¹Die Kosten eines ohne Erfolg eingelegten Rechtsmittels fallen der Partei zur Last, die es eingelegt hat.

---

397 Vgl BPatG BlPMZ 06, 413 (III) = Mitt 06, 518 *Gebühren für die anwaltliche Tätigkeit.*
398 § 97 (3) ZPO aufgehoben durch Art 29 Nr 5 FGG-Reformgesetz v 17.12.2008, BGBl I 2586, mit Wirkung v 1.9.2009.

(2) Die Kosten des Rechtsmittelverfahrens sind der obsiegenden Partei ganz oder teilweise aufzuerlegen, wenn sie auf Grund eines neuen Vorbringens obsiegt, das sie in einem früheren Rechtszug geltend zu machen imstande war.

§ 98 ZPO Vergleichskosten
¹Die Kosten eines abgeschlossenen Vergleichs sind als gegeneinander aufgehoben anzusehen, wenn nicht die Parteien ein anderes vereinbart haben. ²Das gleiche gilt von den Kosten des durch Vergleich erledigten Rechtsstreits, soweit nicht über sie bereits rechtskräftig erkannt ist.

§ 99 ZPO Anfechtung von Kostenentscheidungen
(1) ¹Die Anfechtung der Kostenentscheidung ist unzulässig, wenn nicht gegen die Entscheidung in der Hauptsache ein Rechtsmittel eingelegt wird.
(2) ¹Ist die Hauptsache durch eine auf Grund eines Anerkenntnisses ausgesprochene Verurteilung erledigt, so findet gegen die Kostenentscheidung die sofortige Beschwerde statt. ²Dies gilt nicht, wenn der Streitwert der Hauptsache den in § 511 genannten Betrag nicht übersteigt. ³Vor der Entscheidung über die Beschwerde ist der Gegner zu hören.

§ 100 ZPO Kosten bei Streitgenossen
(1) ¹Besteht der unterliegende Teil aus mehreren Personen, so haften sie für die Kostenerstattung nach Kopfteilen.
(2) Bei einer erheblichen Verschiedenheit der Beteiligung am Rechtsstreit kann nach dem Ermessen des Gerichts die Beteiligung zum Maßstab genommen werden.
(3) Hat ein Streitgenosse ein besonderes Angriffs- oder Verteidigungsmittel geltend gemacht, so haften die übrigen Streitgenossen nicht für die dadurch veranlassten Kosten.
(4) ¹Werden mehrere Beklagte als Gesamtschuldner verurteilt, so haften sie auch für die Kostenerstattung, unbeschadet der Vorschrift des Absatzes 3, als Gesamtschuldner. ²Die Vorschriften des bürgerlichen Rechts, nach denen sich diese Haftung auf die im Absatz 3 bezeichneten Kosten erstreckt, bleiben unberührt.

§ 101 ZPO Kosten einer Nebenintervention
(1) ¹Die durch eine Nebenintervention verursachten Kosten sind dem Gegner der Hauptpartei aufzuerlegen, soweit er nach den Vorschriften der §§ 91 bis 98 die Kosten des Rechtsstreits zu tragen hat; soweit dies nicht der Fall ist, sind sie dem Nebenintervenienten aufzuerlegen.
(2) Gilt der Nebenintervenient als Streitgenosse der Hauptpartei (§ 69), so sind die Vorschriften des § 100 maßgebend.

§ 102 ZPO
Aufgehoben

§ 103 ZPO Kostenfestsetzungsgrundlage; Kostenfestsetzungsantrag
(1) ¹Der Anspruch auf Erstattung der Prozesskosten kann nur auf Grund eines zur Zwangsvollstreckung geeigneten Titels geltend gemacht werden.
(2) ¹Der Antrag auf Festsetzung der zu erstattenden Betrages ist bei dem Gericht des ersten Rechtszuges anzubringen. ²Die Kostenberechnung, ihre zur Mitteilung an den Gegner bestimmte Abschrift und die zur Rechtfertigung der einzelnen Ansätze dienenden Belege sind beizufügen.

§ 104 ZPO Kostenfestsetzungsverfahren
(1) ¹Über den Festsetzungsantrag entscheidet das Gericht des ersten Rechtszuges. ²Auf Antrag ist auszusprechen, dass die festgesetzten Kosten vom Eingang des Festsetzungsantrags, im Falle des § 105 Abs 3 von der Verkündung des Urteils ab mit fünf Prozentpunkten über dem Basiszinssatz nach § 247 des Bürgerlichen Gesetzbuchs zu verzinsen sind. ³Die Entscheidung ist, sofern dem Antrag ganz oder teilweise entsprochen wird, dem Gegner des Antragstellers unter Beifügung einer Abschrift der Kostenrechnung von Amts wegen zuzustellen. ⁴Dem Antragsteller ist die Entscheidung nur dann von Amts wegen zuzustellen, wenn der Antrag ganz oder teilweise zurückgewiesen wird; im Übrigen ergeht die Mitteilung formlos.
(2) ¹Zur Berücksichtigung eines Ansatzes genügt, dass er glaubhaft gemacht ist. ²Hinsichtlich der einem Rechtsanwalt erwachsenen Auslagen für Post- und Telekommunikationsdienstleistungen genügt die Versicherung des Rechtsanwalts, dass diese Auslagen entstanden sind. ³Zur Berücksichtigung von Umsatzsteuerbeträgen genügt die Erklärung des Antragstellers, dass er die Beträge nicht als Vorsteuer abziehen kann.
(3) ¹Gegen die Entscheidung findet sofortige Beschwerde statt. ²Das Beschwerdegericht kann das Verfahren aussetzen, bis die Entscheidung, auf der der Festsetzungsantrag gestützt wird, rechtskräftig ist.

Anhang 2   Kosten des Beschwerdeverfahrens   § 80

§ 105 ZPO   Vereinfachter Kostenfestsetzungsbeschluss
(1) ¹Der Festsetzungsbeschluss kann auf das Urteil und die Ausfertigungen gesetzt werden, sofern bei Eingang des Antrags eine Ausfertigung des Urteils noch nicht erteilt ist und eine Verzögerung der Ausfertigung nicht eintritt. ²Erfolgt der Festsetzungsbeschluss in der Form des § 130b, ist er in einem gesonderten elektronischen Dokument festzuhalten. ³Das Dokument ist mit dem Urteil untrennbar zu verbinden.
(2) ¹Eine besondere Ausfertigung und Zustellung des Festsetzungsbeschlusses findet in den Fällen des Absatzes 1 nicht statt. ²Den Parteien ist der festgesetzte Betrag mitzuteilen, dem Gegner des Antragstellers unter Beifügung der Abschrift der Kostenberechnung. ³Die Verbindung des Festsetzungsbeschlusses mit dem Urteil soll unterbleiben, sofern dem Festsetzungsantrag auch nur teilweise nicht entsprochen wird.
(3) Eines Festsetzungsantrags bedarf es nicht, wenn die Partei vor der Verkündung des Urteils die Berechnung ihrer Kosten eingereicht hat; in diesem Fall ist die dem Gegner mitzuteilende Abschrift der Kostenberechnung von Amts wegen anzufertigen.

§ 106 ZPO   Verteilung nach Quoten
(1) ¹Sind die Prozesskosten ganz oder teilweise nach Quoten verteilt, so hat nach Eingang des Festsetzungsantrags das Gericht den Gegner aufzufordern, die Berechnung seiner Kosten binnen einer Woche bei Gericht einzureichen. ²Die Vorschriften des § 105 sind nicht anzuwenden.
(2) ¹Nach fruchtlosem Ablauf der einwöchigen Frist ergeht die Entscheidung ohne Rücksicht auf die Kosten des Gegners, unbeschadet des Rechts des letzteren, den Anspruch auf Erstattung nachträglich geltend zu machen. ²Der Gegner haftet für die Mehrkosten, die durch das nachträgliche Verfahren entstehen.

§ 107 ZPO   Änderung nach Streitwertfestsetzung
(1) ¹Ergeht nach der Kostenfestsetzung eine Entscheidung, durch die der Wert des Streitgegenstandes festgesetzt wird, so ist, falls diese Entscheidung von der Wertberechnung abweicht, die der Kostenfestsetzung zugrunde liegt, auf Antrag die Kostenfestsetzung entsprechend abzuändern. ²Über den Antrag entscheidet das Gericht des ersten Rechtszuges.
(2) ¹Der Antrag ist binnen der Frist von einem Monat bei der Geschäftsstelle anzubringen. ²Die Frist beginnt mit der Zustellung und, wenn es einer solchen nicht bedarf, mit der Verkündung des den Wert des Streitgegenstandes festsetzenden Beschlusses.
(3) Die Vorschriften des § 104 Abs 3 sind anzuwenden.

Anhang 2 zu § 80

§§ 11 und 23 Rechtspflegergesetz

§ 11 RPflG   Rechtsbehelfe
(1) Gegen die Entscheidungen des Rechtspflegers ist das Rechtsmittel gegeben, das nach den allgemeinen verfahrensrechtlichen Vorschriften zulässig ist.
(2)[399] ¹Kann gegen die Entscheidung nach den allgemeinen verfahrensrechtlichen Vorschriften ein Rechtsmittel nicht eingelegt werden, so findet die Erinnerung statt, die innerhalb einer Frist von zwei Wochen einzulegen ist. ²Hat der Erinnerungsführer die Frist ohne sein Verschulden nicht eingehalten, ist ihm auf Antrag Wiedereinsetzung in den vorigen Stand zu gewähren, wenn er die Erinnerung binnen zwei Wochen nach der Beseitigung des Hindernisses einlegt und die Tatsachen, welche die Wiedereinsetzung begründen, glaubhaft macht. ³Ein Fehlen des Verschuldens wird vermutet, wenn eine Rechtsbehelfsbelehrung unterblieben oder fehlerhaft ist. ⁴Die Wiedereinsetzung kann nach Ablauf eines Jahres, von dem Ende der versäumten Frist an gerechnet, nicht mehr beantragt werden. ⁵Der Rechtspfleger kann der Erinnerung abhelfen. ⁶Erinnerungen, denen er nicht abhilft, legt er dem Richter zur Entscheidung vor. ⁷Auf die Erinnerung sind im Übrigen die Vorschriften der Zivilprozessordnung über die sofortige Beschwerde sinngemäß anzuwenden.

---

399   § 11 (2) RPflG idF durch Art 4 Nr 2 des Gesetzes zur Einführung einer Rechtsbehelfsbelehrung im Zivilprozess und zur Änderung anderer Vorschriften vom 5.12.2012, BGBl I 2418, mit Wirkung v 1.1.2014.

(3) ...
(4) Das Erinnerungsverfahren ist gerichtsgebührenfrei.

§ 23 RPflG Verfahren vor dem Patentgericht
(1) Im Verfahren vor dem Patentgericht werden dem Rechtspfleger die folgenden Geschäfte übertragen:
1. – 3. ...
4. der Ausspruch, dass eine Klage, ein Antrag auf einstweilige Verfügung, ein Antrag auf gerichtliche Entscheidung im Einspruchsverfahren sowie eine Beschwerde als nicht erhoben gilt (§ 6 Abs 2 des Patentkostengesetzes) oder eine Klage nach § 81 Abs 6 Satz 3 des Patentgesetzes als zurückgenommen gilt;
5. – 11. ...
12. die Festsetzung der Kosten nach §§ 103 ff der Zivilprozessordnung in Verbindung mit § 80 Abs 5, § 84 Abs 2 Satz 2, § 99 Abs 1, § 109 Abs 3 des Patentgesetzes, § 18 Abs 2 des Gebrauchsmustergesetzes, § 4 Abs 4 Satz 3 des Halbleiterschutzgesetzes, § 71 Abs 5, § 82 Abs 1, 90 Abs 4 des Markengesetzes, § 23 Abs 4 und 5 des Designgesetzes;[400]
13. ...

(2) ¹Gegen die Entscheidungen des Rechtspflegers nach Absatz 1 ist die Erinnerung zulässig. ²Sie ist binnen einer Frist von zwei Wochen einzulegen. ³§ 11 Abs 1 und 2 Satz 1 ist nicht anzuwenden.

Vor §§ 81–85a PatG

Am 10. August 2021 wurde das Zweite Gesetz zu Vereinfachung und Modernisierung des Patentrechts (2. PatRModG) im Bundegesetzblatt verkündet.[1] Im Hinblick auf das Nichtigkeitsverfahren wurden dabei die Vorschriften des § 81 (5), des § 82 und des § 83 inhaltlich und die Vorschrift des § 85 durch die Anpassung der Verweisung geändert.[2]

Zu beachten ist der unterschiedliche Zeitpunkt des Inkrafttretens; während die Änderungen der §§ 81 und 82 am Tag nach der Verkündung in Kraft treten, tritt die Änderung des § 83 erst am 1. Mai 2022 in Kraft.[3]

Wesentliches Ziel des hier zu behandelnden Teils des 2. PatRModG ist eine verbesserte Synchronisierung des Verletzungs- und des Nichtigkeitsverfahrens, insbesondere eine Beschleunigung des Nichtigkeitsverfahrens. Hierzu finden sich Änderungen der §§ 82 und 83 im Gesetz, die im Wesentlichen in der Einführung neuer Fristen bestehen: So wird in § 82 eine gesetzliche Frist von zwei Monaten zur Begründung des Widerspruchs eingeführt, die bei Vorliegen – glaubhaft zu machender – erheblicher Gründe einmalig um einen Monat verlängerbar ist, in § 83 wird in Form einer Sollvorschrift bestimmt, dass der gerichtliche Hinweis innerhalb von sechs Monaten nach Zustellung der Klage erfolgen soll.

Bei der Kommentierung wird auf die Änderungen eingegangen; auch bei der Vorschrift des neuen § 83 (1) der erst am 1. Mai 2022 in Kraft tritt.

400　IdF durch Art 9 Nr 4 des Gesetzes zur Änderung des Designgesetzes und weiterer Vorschriften des gewerblichen Rechtsschutzes v 4.4.2016, BGBl I 558 mit Wirkung v 1.7.2016.
1　*Zweites Gesetz zur Vereinfachung und Modernisierung des Patentrechts* vom 10. August 2021, BGBl I S. 3490.
2　G. v. 10. August 2021, Art. 1 Nr. 29, 30 und 31, BGBl I S. 3492, 3493.
3　G. v. 10. August 2021, Art. 13 Abs. 1 und 2, BGBl I S. 3502.

Der Sinn und Zweck des gestaffelten Inkrafttretens (die geänderte Fassung der §§ 81, 82 und 85 PatG treten am 18. August 2021 in Kraft, diejenige des § 83 PatG zum 1. Mai 2022)[4] soll darin bestehen, dem BPatG die Anwendung der in § 83 (1) S. 2 ff. PatG vorgesehenen Fristen zu ermöglichen.

2. Nichtigkeits- und Zwangslizenz-Verfahren *(nullity and compulsory license proceedings)*

§ 81 Erhebung der Klage, Sicherheitsleistung

(1) ¹Das Verfahren wegen Erklärung der Nichtigkeit des Patents oder des ergänzenden Schutzzertifikats oder wegen Erteilung oder Rücknahme der Zwangslizenz oder wegen der Anpassung der durch Urteil festgesetzten Vergütung für eine Zwangslizenz wird durch Klage eingeleitet. ²Die Klage ist gegen den im Register als Patentinhaber Eingetragenen oder gegen den Inhaber der Zwangslizenz zu richten. ³Die Klage gegen das ergänzende Schutzzertifikat kann mit der Klage gegen das zugrundeliegende Patent verbunden werden und auch darauf gestützt werden, daß ein Nichtigkeitsgrund (§ 22) gegen das zugrundeliegende Patent vorliegt.

(2) Klage auf Erklärung der Nichtigkeit des Patents kann nicht erhoben werden, solange ein Einspruch noch erhoben werden kann oder ein Einspruchsverfahren anhängig ist. Klage auf Erklärung der Nichtigkeit des ergänzenden Schutzzertifikats kann nicht erhoben werden, soweit Anträge nach § 49a Abs 4 gestellt werden können oder Verfahren zur Entscheidung über diese Anträge anhängig sind.

(3) Im Falle der widerrechtlichen Entnahme ist nur der Verletzte zur Erhebung der Klage berechtigt.

(4) ¹Die Klage ist beim Patentgericht schriftlich zu erheben. ²Der Klage und allen Schriftsätzen sollen Abschriften für die Gegenpartei beigefügt werden. ³Die Klage und alle Schriftsätze sind der Gegenpartei von Amts wegen zuzustellen.

(5) ¹Die Klage muß den Kläger, den Beklagten und den Streitgegenstand bezeichnen und soll einen bestimmten Antrag enthalten. ²Die zur Begründung dienenden Tatsachen und Beweismittel sind anzugeben. ³Entspricht die Klage diesen Anforderungen nicht in vollem Umfang, so hat der Vorsitzende den Kläger zu der erforderlichen Ergänzung innerhalb einer bestimmten Frist aufzufordern. ⁴Das gerichtliche Aktenzeichen eines das Streitpatent betreffenden Patentstreits und dessen Streitwert sollen angegeben werden.

(6) ¹Kläger, die ihren gewöhnlichen Aufenthalt nicht in einem Mitgliedstaat der Europäischen Union oder einem Vertragsstaat des Abkommens über den Europäischen Wirtschaftsraum haben, leisten auf Verlangen des Beklagten wegen der Kosten des Verfahrens Sicherheit; § 110 Abs 2 Nr 1 bis 3 der Zivilprozeßordnung gilt entsprechend. ²Das Patentgericht setzt die Höhe der Sicherheit nach billigem

---

4 G. v. 10. August 2021, Art. 13 Abs. 1 und 2, Bl I S. 3502.

Ermessen fest und bestimmt eine Frist, innerhalb welcher sie zu leisten ist. ³Wird die Frist versäumt, so gilt die Klage als zurückgenommen.

Thomas Voit

Übersicht

	Geltungsbereich	1
	Europäisches Patentrecht	2
	Einheitspatent und Einheitliches Patentgericht	3
	Entscheidungssammlungen	4
	Literatur	6
	Kommentierung zu § 81 PatG	
I.	**Verfahrensbeteiligte**	7
1	**Kläger**	7
1.1	Strohmann	9
1.2	Mehrere Kläger	10
1.3	Wechsel des Klägers	11
1.3.1	Gewillkürter Klägerwechsel	11
1.3.2	Gesetzlicher Parteiwechsel	12
1.4	Widerrechtliche Entnahme	13
2	**Beklagter**	14
2.1	Mehrere Beklagte	15
2.2	Wechsel des Beklagten	16
2.3	Tod des Eingetragenen	17
2.4	Insolvenz (Konkurs) des Beklagten	18
2.5	Umschreibung im Patentregister	19
3	**Streithilfe (Nebenintervention)**	20
3.1	Rechtsstellung	23
3.2	Beitritt	25
3.3	Vorabentscheidung	26
3.4	Kosten der Streithilfe	27
4	**Vertreter**	28
II.	**Die Klage**	29
1	**Zulässigkeit der Klage**	29
1.1	Schriftform	29
1.2	Kläger, Beklagter	31
1.3	Antrag	32
1.4	Begründung	33
1.5	Mängel	35
1.6	Kein Einspruchsverfahren	36
1.7	Nichtigkeitsgrund	40
1.8	Rechtsschutzinteresse (RI)	41
1.9	Klagebefugnis	46
1.10	Rechtskräftige Entscheidung	47
1.11	Nichtangriffsabrede	48
1.11.1	Voraussetzungen	50
1.11.2	Kartellrecht	51
1.11.3	Stillschweigende Nichtangriffrede	54
1.12	Treu und Glauben	63
2	**Gebühr**	64
2.1	Zustellung der Klage	65
2.2	Ausbleiben der Gebühr	66
2.3	Mehrere Klagen	67
2.4	Mehrere Patente	69
3	**Klageänderung**	71
4	**Klageverbindung**	74
5	**Zustellung**	77

6	Abschriften	78
III.	Verfahren	79
1	Verfahrensgrundsätze	79
2	Anzuwendendes Recht	80
3	Gegenstand des Verfahrens	81
3.1	Europäische Patente	82
3.1.1	Sinn des Art 138 EPÜ und des Art II § 6 IntPatÜG	83
3.1.2	Vor dem 1.6.92 erteilte europäische Patente	85
3.1.3	Nach dem 1.6.92 erteilte und vor dem 1.5.2008 veröffentlichte europäische Patente	87
3.1.4	Übereinkommen über die Anwendung des Art 65 EPÜ v 17.10.2000	92
3.2	DDR-Patente	93
3.3	Schutzzertifikate	94
4	Bindung an den Klagegrund	96
5	Bindung an die Begründung	99
6	Antrag des Klägers	100
6.1	Antrag auf Vollvernichtung	104
6.2	Antrag auf Vernichtung eines Unteranspruchs	105
6.3	Antrag auf Vernichtung eines Nebenanspruchs	108
7	Antrag des Patentinhabers	109
7.1	Einverständnis des Patentinhabers	110
7.2	Rechtliches Gehör	111
7.3	Entgegenstehender Wille des Patentinhabers	112
8	Selbstbeschränkung des Patentinhabers (beschränkte Verteidigung)	116
8.1	Voraussetzungen einer zulässigen Selbstbeschränkung	118
8.1.1	Antrag des Beklagten	118
8.1.2	Beschränkung nur im Rahmen der Offenbarung	119
8.1.3	Beschränkung nur im Rahmen des Schutzbereichs des Patents	123
8.1.4	Beschränkung nur des angegriffenen Teils des Patents	124
8.1.5	Formulierung der verteidigten Ansprüche	126
8.1.6	Sprache bei europäischen Patenten	127
8.2	Prüfung der Selbstbeschränkung	129
8.3	Bindung an die beschränkt verteidigte Fassung	133
8.3.1	BPatG	133
8.3.2	Beklagter	135
IV.	Prüfung des Patents	137
1	Bestehen des Patents	137
2	Fassung des Patents	138
3	Prüfung der Gültigkeit des Patents	140
4	Rückbeziehungen in Unteransprüchen	142
5	Bestimmung des Schutzbereichs	144
6	Untersuchungsgrundsatz	145
7	Verspätetes Vorbringen	149
8	Beweislast	152
8.1	Kläger hat materielle Darlegungslast	154
8.2	Patentinhaber hat materielle Darlegungslast	157
8.3	Sachverständiger vor BPatG	159
9	Aussetzung	163
10	Unterbrechung	166
11	Ruhen des Verfahrens	167
12	Klagerücknahme	168
13	Erledigungserklärung	171
13.1	Rückwirkendes Erlöschen	173
13.2	Erlöschen ex nunc	174
14	Vergleich	177
V.	Sicherheitsleistung	187
1	Voraussetzungen	188

§ 81 BPatG: Nichtigkeitsverfahren

1.1	Antrag des Beklagten	188
1.2	Nur der Kläger	189
1.3	Gewöhnlicher Aufenthalt	190
1.4	Land außerhalb der Europäischen Union (EU)	193
1.5	Land außerhalb des Europäischen Wirtschaftsraums (EWR)	194
1.6	Völkerrechtliche Verträge gemäß § 110 (2) Nr 1 u 2 ZPO	195
1.6.1	Art 17 Haager ZPÜ v 1.3.54	196
1.6.4	Deutsch-britisches Abkommen v 20.3.28 über den Rechtsverkehr	197
1.6.5	Keine Befreiung von einer Sicherheitsleistung gemäß § 110 (2) ZPO	198
1.7	Inlandsvermögen des Klägers gemäß § 110 (2) Nr 3 ZPO	199
1.8	Bewilligung der Verfahrenskostenhilfe	201
2	**Verfahren**	**202**
2.1	Anordnung	202
2.2	Höhe der Sicherheit	203
2.3	Frist	204
2.4	Art der Sicherheitsleistung	205
2.5	Beweislast	206

1   **Geltungsbereich:** Art 8 Nr 45 des 1. GPatG hat den jetzigen § 81 (2) eingefügt. Art 1 Nr 5 des 1. PatGÄndG hat in § 81 (1) die Worte »oder des ergänzenden Schutzzertifikats« eingefügt und Satz 3 angefügt. Art 2f des 3. Gesetzes zur Änderung des Rechtspflegergesetzes (Bl 98, 442, 444) hat § 81 (7) Satz 1 neu gefasst. Art 2 Nr 23 des 2. PatGÄndG hat § 81 (1) Satz 1 und 2 zur Anpassung an den geänderten § 24 neu gefasst.

Kostenbereinigungsgesetz (BGBl 2001 I 3656 = BlPMZ 2002, 14): Art 7 Nr 32 hat § 81 (6) aufgehoben, da die Kostenbestimmung in das PatKostG (abgedruckt im Anhang 15) übernommen worden ist (siehe unten Rdn 64).

PatRModG: Art 1 des Gesetzes zur Vereinfachung und Modernisierung des Patentrechts (BGBl 2009 I 2521 = BlPMZ 2009, 301) hat § 81 (2) PatG um Satz 2 ergänzt.

2. PatRModG: Art. 1 Nr. 21 des 2. Gesetzes zur Vereinfachung und Modernisierung des Patenrechts vom 10. August 2021 (BGBl 2021 I 3492) hat § 81 (5) um Satz 4 ergänzt.

2   **Europäisches Patenrecht:**
Europäische Patente, die mit Wirkung für die Bundesrepublik Deutschland erteilt worden sind, werden nach Art II § 6 IntPatÜG (siehe Anhang 1 Rdn 42) auf Antrag durch das BPatG für nichtig erklärt.

3   **Einheitspatent und Einheitliches Patentgericht:** Zum Gesetzgebungsverfahren für das Vertragsgesetz und die notwendigen Anpassungen des IntPatÜG, des PatG (§ 30 PatG wegen der Registerführung des DPMA) und der organisatorischen Vorgaben für das Einheitliche Patentgericht siehe Anlage 5. Die aktuelle Planung sah für Deutschland vier Lokalkammern (Düsseldorf, Hamburg, Mannheim und München) sowie eine Abteilung der Zentralkammer in München vor. In Art. II IntPatÜG sollten die §§ 15–20 eingefügt, die insbesondere das Einheitspatent und die Geltung der ZPO für die Zwangsvollstreckung beschrieben hätten. Hingewiesen sei insbesondere auf den Entwurf für Art. II § 18 IntPatÜG, der die doppelte Inanspruchnahme eines potenziellen Verletzers verhindern soll und der wegen der Beschränkung des Art. II § 8 IntPatÜG auf nicht der (ausschließlichen) Gerichtsbarkeit durch das Einheitliche Patentgericht unterfallende Patente notwendig wird. Ein eventuelles opt-out, also die Beibehaltung des derzeitigen Rechtsschutzes bei europäischen Patenten muss aktiv durch den Patentinhaber durchgeführt werden und unterliegt einer Verwaltungsgebühr (Art 83

(1) bzw. (3) des Übereinkommens über ein Einheitliches Patentgericht). Bemerkenswert ist dabei Art 83 (3) des Übereinkommens, wonach die Möglichkeit der Rechtswahl nur besteht, solange keine Klage erhoben wurde, was zumindest fragwürdig erscheint.

Nachdem das Bundesverfassungsgericht mit Beschluss vom 23. Juni 2021 die Eilanträge gegen das Abkommen über ein Einheitliches Patentgericht zurückgewiesen hat (2 BvR 2216/20 und 2 BvR 2217/20) war der Weg zur Verabschiedung des Zustimmungsgesetzes eröffnet, das der Bundestag am 20. August 2021 beschlossen hat.[1]

Betreffend den Inhalt darf auf die Kommentierung zum Gesetz über internationale Patentübereinkommen (IntPatÜG) verwiesen werden.

Entscheidungssammlungen:
Bausch: Nichtigkeitsrechtsprechung in Patentsachen 2000 ff; Liedl: Entscheidungen des BGH in Zivilsachen; Schulte-Kartei PatG 81–85.

Literatur: Liedel Das deutsche Patentnichtigkeitsverfahren 1979; Pitz Das Verhältnis von Einspruchs- und Nichtigkeitsverfahren nach deutschem und europäischem Patentrecht Diss 1994; Keukenschrijver Patentnichtigkeitsverfahren, 6. Aufl. 2016.
Festschriften: Preu FS Wendel 69, 115; Pakuscher FS Oppenhoff 85, 233; von Maltzahn FS von Gamm 90, 597; Bruchhausen FS Nirk 92, 103; Jestaedt FS Traub 94, 141 und FS Piper 96, 695; Rogge FS Odersky 96, 639. In FS 50 Jahre BPatG 2011: Jestaedt S 305, Keukenschrijver S 317, Keussen S 331, Schülke S 435.
Lit in GRUR: Horn 69, 169; Schmieder 72, 682; 78, 561; 80, 74 u 895; 82, 12 u 348; Preu 74, 623; Pakuscher 77, 371; 95, 705; von Albert 81, 451; von Maltzahn 85, 163; Struif 85, 248; Dörries 88, 649; Schwanhäusser 91, 165; van Venroy 91, 92; Flad 95, 178; Pitz 95, 231; Dihm 95, 295; Sredl 01, 596; Walter 01, 1032.
Lit in GRUR Int: Preu 81, 63; Schweyer 83, 149; Marterer 89, 455 (= IIC 89, 311); Neervoort 89, 457 (= IIC 89, 317); Schulte 89, 460 (= IIC 89, 323); Bruchhausen 89, 468 (= IIC 89, 341); Falconer 89, 471 (= IIC 89, 348); Le Tallec 89, 475 (= IIC 89, 355); Rogge 96, 1111 (= IIC 96, 217); Brinkhof 96, 1115 (= IIC 96, 225).
Lit in Mitt: Ballhaus 61, 182; Nölle 65, 129; Hesse 77, 45; Dihm 98, 441; Raible 99, 241; Münster-Horstkotte 12, 1.
Lit in VPP-Rundbrief: Kurbel 91, 17; Keukenschrijver 93, 49.

I. Verfahrensbeteiligte

1 Kläger

kann – ausgenommen den Fall des § 81 (3) – jeder sein, da die Nichtigkeitsklage als **Popularklage** ausgestaltet ist[2]. Solange das Patent in Kraft befindlich ist, bedarf es daher keines Nachweises eines eigenen Interesses des Klägers oder seines Willens, ein öffentliches Interesse wahrzunehmen.[3] Zum Rechtsschutzbedürfnis nach Erlöschen des Patents s Rdn 41.

---

1 Gesetz zur Anpassung patentrechtlicher Vorschriften auf Grund der europäischen Patentreform vom 20. August 2021, BGBl I 3914.
2 BGH GRUR **12**, 540 *Rohrreinigungsdüse*.
3 BGH GRUR **63**, 253 *Bürovorsteher*; **90**, 667 *Einbettungsmasse*; **98**, 904 *Bürstenstromabnehmer*.

8 **Patentinhaber** kann nicht gegen sich selbst klagen, auch nicht ein Gesellschafter einer Handelsgesellschaft, die Inhaber des Patents ist.[4] **Einsprechender**, dessen Einspruch ohne Erfolg war, kann Klage – auch mit dem gleichen Material – erheben.[5] BPatG ist an die patentrechtliche Beurteilung im vorangegangenen nationalen oder europäischen Verfahren nicht gebunden.[6]

9 **1.1 Strohmann** ist ein vorgeschobener Kläger, der ohne jedes eigene Interesse im eigenen Namen, aber im Auftrag und Interesse eines Dritten handelt. Er kann Kläger sein, muss aber die Einreden gegen sich gelten lassen, die sein Hintermann dulden müsste.[7] Dies gilt allerdings nur für auf Treu und Glauben basierende Einreden, insbesondere Nichtangriffsverpflichtungen. Bei gesetzlichen Klagehindernissen, zB § 325 ZPO, soll dies nicht gelten[8] Wäre die Klage des Hintermanns unzulässig, ist es auch die Klage des Strohmanns. Hat der angebliche Strohmann aber ein eigenes Interesse an der Vernichtung des Patents (oder kann dieses nicht ausgeschlossen werden[9]), dann ist die Klage zulässig. Dann können gegen ihn Einreden, die gegenüber einem vorgeblichen Hintermann möglich sind, nicht erhoben werden. Das gilt nicht, wenn Kläger und Hintermann zwar zwei getrennte Rechtspersonen mit jeweils eigenem Interesse sind, wirtschaftlich aber ein- und dieselbe Person sind.[10] Die Beweislast für die Strohmann-Einrede obliegt dem Beklagten.[11] Wird ein Patent auf die Klage eines Strohmanns für nichtig erklärt, so wird die durch Urteil festgestellte Rechtsfolge nicht durch die Tatsache berührt, dass der Kläger ein Strohmann war.[12]

10 **1.2 Mehrere Kläger**, die gemeinsam klagen, sind wegen der Gestaltungswirkung der Entscheidung notwendige Streitgenossen, auch wenn ursprünglich selbständige Verfahren gegen dasselbe Patent zur gemeinsamen Verhandlung und Entscheidung verbunden werden.[13] Bei gemeinsamer Klage von Anfang an müssen sie einen einheitlichen Antrag stellen[14] und den gleichen Nichtigkeitsgrund geltend machen.[15] Zur Gebühr bei mehreren Klägern siehe unten Rdn 67.

Beitritt eines weiteren Klägers ist unter den Voraussetzungen der §§ 59, 60 zulässig, wenn der alte Kläger zustimmt.[16] Sonst muss der Beitretende eine eigene Klage erheben, die gemäß § 147 ZPO mit dem Verfahren des älteren Klägers verbunden werden kann, mit der Konsequenz einer notwendigen Streitgenossenschaft.[17] Zu prozessunfähigen Klägern s Einl Rdn 44.

---

4 BPatGE 9, 42 = BlPMZ **68**, 129 L.
5 BGH GRUR **96**, 753 *Zahnkranzfräser*; BPatGE **46**, 118, 119 *Hochdruckreiniger*.
6 BPatG v 08.10.92 – 3 Ni 50/91, Schulte-Kartei PatG 81–85 Nr 301.
7 BGH GRUR **63**, 253 *Bürovorsteher*; **87**, 900 *Entwässerungsanlage*; BPatGE **2**, 102; **22**, 20; **27**, 87.
8 BGH GRUR **12**, 540 *Rohrreinigungsdüse*.
9 BGH Liedl 67/68, 527 f; BPatG v 21.05.92 – 3 Ni 41/91 Schulte-Kartei PatG 81–85 Nr 298 *Strohmanneinrede*.
10 BGH GRUR **87**, 900 *Entwässerungsanlage*; **57**, 482 *Chenillefäden*.
11 BPatG v 21.05.92 – 3 Ni 41/91 Schulte-Kartei PatG 81–85 Nr 298 *Strohmanneinrede*.
12 BGH BlPMZ **63**, 299, 301 *Klebemax*.
13 BGH GRUR **16**, 361 *Fugenband*.
14 Vgl BPatGE **32**, 204, 205.
15 Vgl BPatGE **20**, 94 (Gbm).
16 BPatGE **32**, 204, 205.
17 BGH, Urt v 27.10.2015, X ZR 11/13 *Fugenband*.

1.3 Wechsel des Klägers

1.3.1 Gewillkürter Klägerwechsel ist vor BPatG und BGH als Klageänderung gemäß § 263 ZPO möglich.[18] Voraussetzung: **a)** Übereinstimmende Erklärungen des alten und neuen Klägers und **b)** Beklagter willigt ein oder das Gericht erachtet sie für sachdienlich. Sie ist sachdienlich, wenn sie den objektiv zu bewertenden Interessen beider Parteien sowie der Rechtspflege dient. Daher Wechsel zuzulassen, wenn sich der Prozessstoff nicht ändert, die Erledigung des Rechtsstreits nicht verzögert wird und ein weiterer Rechtsstreit vermieden wird.[19] Die ausdrückliche oder stillschweigende Zulassung durch BPatG ist nicht anfechtbar.[20]

11

1.3.2 Gesetzlicher Parteiwechsel tritt ein bei Tod des Klägers (= Verfahren geht nach Aufnahme gemäß § 239 ZPO auf die Erben über) sowie mit Beginn und Ende von Konkurs und Insolvenz (vgl dazu Einl Rdn 216 u 200). Zur Unterbrechung des Verfahrens s Einl Rdn 424.

12

1.4 Widerrechtliche Entnahme kann nach § 81 (3) nur der Verletzte – nicht ein Dritter[21] – zulässig geltend machen. Für die Zulässigkeit genügt die schlüssige Behauptung, Verletzter zu sein. Vgl im Übrigen § 21 Rdn 38.

13

2 Beklagter

ist, wer in der Klage als solcher bezeichnet ist. Ihm ist zuzustellen, auch wenn er nicht im Register eingetragen ist. Damit der Kläger den wahren Patentinhaber nicht zu ermitteln hat, muss (nicht kann) die Klage nach § 81 (1) 2 gegen den im deutschen Register als Patentinhaber Eingetragenen gerichtet werden.[22] Das gilt auch für europäische Patente.[23] Eine Umschreibung des europäischen Patents im europäischen Patentregister ist unbeachtlich.[24] Die Klage ist auch dann gegen den Eingetragenen zu richten, wenn Testamentsvollstreckung, Nachlass- oder Konkurs- oder Insolvenzverwaltung besteht[25] oder wenn durch die Erteilung einer Zwangslizenz Rechte eines Lizenznehmers berührt werden.[26] Nur der eingetragene, nicht der wahre, aber nicht eingetragene Berechtigte besitzt die passive Prozessführungsbefugnis,[27] die als Prozessvoraussetzung von Amts wegen in jeder Lage des Verfahrens zu beachten ist.[28] Die gegen einen nicht Eingetragenen (zB Lizenznehmer) gerichtete Klage ist daher als unzulässig abzuweisen, wenn bis zur letzten mündlichen Verhandlung die Eintragung nicht vorliegt[29] oder die Klage gegen den Eingetragenen gerichtet wird. § 81 (1) 2 ist genügt, wenn die

14

---

18 BGH GRUR **96**, 865 *Parteiwechsel*.
19 BGH GRUR **96**, 865 *Parteiwechsel*; BPatGE **33**, 240.
20 BGH GRUR **87**, 351 *Mauerkasten II*.
21 BGH GRUR **92**, 157 (III1b) *Frachtcontainer*.
22 BGH GRUR **96**, 190 (BII) *Polyferon*.
23 BPatG v 29.11.05 – 4 Ni 53/04 (EU), zit: GRUR **07**, 537 FN 174 *Prozessführungsbefugnis*.
24 BPatGE **32**, 204 = GRUR **92**, 435.
25 BGH GRUR **67**, 56 *Gasheizplatte*.
26 BGH GRUR **96**, 190 (BII) *Polyferon*; BPatGE **32**, 184.
27 BPatG v 29.11.05 – 4 Ni 53/04 (EU), zit: GRUR **07**, 537 FN 174 *Prozessführungsbefugnis*.
28 BGH GRUR **66**, 107 *Patentrolleneintrag*; **96**, 190 (BII) *Polyferon*; aA Pietzcker GRUR **73**, 561, 567 f.
29 BGH GRUR **66**, 107 *Patentrolleneintrag*.

Klage die neue anstelle der alten Bezeichnung des Eingetragenen nennt, zB im Falle einer *Namensänderung*.[30] Im Zweifel ist bei der Auslegung der Parteibezeichnung der gesamte Inhalt der Klageschrift einschließlich etwaiger Anlagen zu berücksichtigen; wird daraus deutlich, welche Partei tatsächlich gemeint ist, schadet auch eine Falschbezeichnung nicht.[31] Veräußerung und Umschreibung des angefochtenen Schutzrechts während des Nichtigkeitsverfahrens bleiben ohne Auswirkung auf die Parteistellung (§§ 81 (1) S 2,)) (1) PatG, § 265 (2) ZPO; der bisherige Beklagte führt das Verfahren in gesetzlicher Prozessstandschaft für den neuen Schutzrechtsinhaber fort. Mit Zustimmung aller kann der Beklagte ausgetauscht werden

15   **2.1 Mehrere Beklagte,** die im Register eingetragen sind, sind notwendige Streitgenossen. Ihnen gegenüber kann über den Rechtsbestand des Patents nur einheitlich entschieden werden. Unterliegen sie, haften sie für die Kosten nach § 84 (2) 2 PatG iVm § 100 (1) ZPO nach Kopfteilen und nach § 100 (4) ZPO gesamtschuldnerisch nur, wenn sie als Gesamtschuldner verurteilt werden. Mehreren Bekl die Kosten analog § 159 (2) VwGO regelmäßig als Gesamtschuldner aufzuerlegen, verstößt gegen § 84 (2) 2, der eine von § 100 ZPO abweichende Entscheidung nur erlaubt, wenn das aus Gründen der Billigkeit erforderlich ist.[32] Hat einer der Beklagten ein besonderes Angriffs- oder Verteidigungsmittel geltend gemacht, so haften nach § 100 (3) ZPO die übrigen nicht für die dadurch veranlassten Kosten. Macht daher nur die Verteidigung eines der Beklagten eine Beweisaufnahme erforderlich, können ihm allein die dadurch entstandenen Kosten auferlegt werden.[33]

16   **2.2 Wechsel des Beklagten** vor BPatG ist Klageänderung iSd § 263 ZPO, kann also, wenn sachdienlich, auch ohne Zustimmung des neuen Beklagten vom Gericht zugelassen werden.[34] Vor BGH ist sie dagegen nur zulässig, wenn der neue Beklagte zustimmt oder die Zustimmung rechtsmissbräuchlich verweigert.[35] Nach Beginn der mündlichen Verhandlung zur Hauptsache bedarf es entsprechend § 269 (1) ZPO der Zustimmung des ausscheidenden bisherigen Beklagten.[36]

17   **2.3 Tod des Eingetragenen:** Die Klage ist gegen den Erben zu richten. Für den unbekannten Erben kann ein Pfleger bestellt werden (§§ 1913, 1961 BGB). Stirbt der Beklagte während des anhängigen Verfahrens, kann es unterbrochen werden (s Einl Rdn 424). Die Klage ist auf den Erben umzustellen, der auch vor seiner Eintragung im Register in das Verfahren eintreten kann (vgl § 30 Rdn 51).

18   **2.4 Insolvenz (Konkurs) des Beklagten** nach Rechtshängigkeit unterbricht das Verfahren nach § 240 ZPO (s Einl Rdn 224 u 200). Die Aufnahme des Rechtsstreits kann sowohl durch den Insolvenzverwalter als auch durch den Kläger erfolgen (arg.: § 86

---

30   BPatGE 22, 9 = GRUR 79, 634.
31   BGH Mitt. 09, 30 – *Multiplexsystem*.
32   BGH GRUR 98, 138 (II2) *Staubfiltereinrichtung*; aA: BPatGE 36, 75.
33   BGH GRUR 98, 138 *Staubfiltereinrichtung*.
34   BGH NJW 62, 347; BGHZ 65, 264.
35   BGH NJW 74, 750; BGHZ 21, 285; 65, 264, 268.
36   BGH, Urt v 28.06.2016, X ZR 50/14.

(1) Nr 1 InsO).³⁷ Ein Konkurs oder Insolvenz nur im Ausland unterbricht dagegen nicht, weil diese das inländische Vermögen nicht berühren.³⁸

2.5 Umschreibung im Patentregister nach Eintritt der Rechtshängigkeit ist eine Legitimationsänderung, die auf den Prozess gemäß § 265 (2) ZPO ohne Einfluss ist.³⁹ Sie bewirkt nicht einen automatischen Übergang der passiven Prozessführungsbefugnis auf den neu eingetragenen Pateninhaber. Ohne Zustimmung des Klägers ist der neu im Register eingetragene Patentinhaber nicht berechtigt, das Verfahren anstelle des bisherigen Beklagten zu übernehmen. Ein Urteil im schwebenden Nichtigkeitsverfahren zwischen den Parteien vor der Umschreibung wirkt gemäß § 325 (1) ZPO gegen den Rechtsnachfolger,⁴⁰ der dem Beklagten als Streithelfer beitreten, das Verfahren aber nur mit Zustimmung des Klägers übernehmen kann.

3 Streithilfe (Nebenintervention)

eines Dritten ist zugunsten beider Parteien gemäß § 99 (1) PatG iVm § 66 ZPO zulässig,⁴¹ wenn ein *rechtliches Interesse* am Obsiegen der unterstützten Partei besteht (§ 66 ZPO). Ein rein tatsächliches oder allgemein öffentliches Interesse genügt nicht. Es muss allerdings – über das rechtliche Interesse an der Vernichtung oder Aufrechterhaltung des Streitpatents und die daraus resultierenden vorteilhaften Wirkungen für die eigene Rechtsposition des Beitretenden hinaus – keine besondere Rechtsbeziehung zum Kläger oder Beklagten bestehen, die durch die Nichtigkeitsentscheidung beeinflusst werden kann, vielmehr reicht die abstrakte Möglichkeit der Behinderung der wirtschaftlichen Betätigung.⁴² Die Nebenintervention ist in jeder Lage des Verfahrens zulässig, auch noch in der Berufungsinstanz und auch bei Beitritt eines Nebenintervenienten, der ein eigenes Klageverfahren gegen dasselbe Streitpatent betreibt.⁴³

Nebenintervention zulässig: a) *zugunsten des Klägers*, (unabhängig vom Einverständnis des Patentinhabers⁴⁴) **i)** wenn der Dritte verwarnt wurde oder gegen ihn Verletzungsklage erhoben wurde;⁴⁵ **ii)** wenn Dritter das Streitpatent verletzt und ein Dritter wegen der gleichen Verletzungsform bereits verklagt ist;⁴⁶ **iii)** wenn Dritter eine Benutzung beabsichtigt, die der Patentinhaber als Verletzung auffasst; **iv)** für den Lieferanten des Klägers, wenn er einer eigenen Ersatzpflicht ausgesetzt sein kann;⁴⁷

---

37 BGH GRUR 13, 862 *Aufnahme des Patentnichtigkeitsverfahrens*.
38 BPatGE **25**, 39; **26**, 23 (Einspruch).
39 BGH GRUR **92**, 430 *Tauchcomputer* u BPatGE **33**, 1 (beide abw von RGZ **72**, 242 u GRUR **38**, 581); vgl BGH GRUR **79**, 145 (Id) *Aufwärmvorrichtung*.
40 BPatGE **33**, 1 u BGH GRUR **92**, 430 *Tauchcomputer*.
41 BGH Liedl **67/68**, 368; BGH v 1.3.94 – X ZR 11/92, Schulte-Kartei PatG 81–85 Nr 176 *Bauelement*.
42 BGH GRUR **06**, 438 *Carvedilol I*.
43 BGH GRUR **20**, 1387 *Pemetrexed*.
44 BGH v 01.3.94 – X ZR 11/92 *Bauelement*, Schulte-Kartei PatG 81–85 Nr 176.
45 BGH GRUR **52**, 260 *Nebenintervention I*; **62**, 290 *Brieftaubenreisekabine I*; **98**, 382 *Schere*.
46 BGH GRUR **68**, 86 *Ladegerät I*.
47 BGH v 01.3.94 – X ZR 11/92 *Bauelement*, Schulte-Kartei PatG 81–85 Nr 176; GRUR **68**, 86 *Ladegerät I*.

b) *zugunsten des Beklagten*, wenn **i)** der beitretende Dritte eine einfache oder ausschließliche Lizenz am Streitpatent hat[48] oder **ii)** sonst ein rechtliches Interesse an der Abweisung der Klage hat.

22 **Nebenintervention unzulässig a)** bei einseitiger Selbstbezichtigung der Verletzung, die der Patentinhaber bestreitet,[49] **b)** wenn Dritter ein ähnliches Patent hat,[50] **c)** Dritter ist selbst Nichtigkeitskläger gegen dasselbe Patent.[51]

23 **3.1 Rechtsstellung** Streitgehilfe ist nicht Partei,[52] er kann aber alle Prozesshandlungen wirksam vornehmen, sofern sie denen der unterstützten Partei nicht widersprechen (§ 67 ZPO), also Tatsachen behaupten und bestreiten, Beweise antreten, ergänzende (nicht abweichende) Anträge stellen, Wiedereinsetzung beantragen, Berufung einlegen. Er kann nicht Klage ändern oder zurücknehmen, Prozesshandlungen der unterstützten Partei widerrufen, anerkennen, Verfahren fortführen trotz Klagerücknahme durch die Hauptpartei[53] oder Patent in weiterem Umfang verteidigen als der Beklagte.

24 **Streitgenössische Nebenintervention:** Erstreckt sich die Rechtskraft oder die Gestaltungswirkung des Urteils auf das Rechtsverhältnis des Nebenintervenienten zum Gegner der unterstützten Partei, dann gilt der Nebenintervenient nach § 69 ZPO als Streitgenosse der Hauptpartei, so zB der ausschließliche Lizenznehmer, der gegen den Kläger Verletzungsklage erhoben hat.[54] Regelmäßig aber nicht der zur Zeit der Rechtshängigkeit der Klage noch nicht eingetragene Erwerber des Patents, der dem Beklagten beitritt.[55] Streitgenössischer Nebenintervenient ist ebenfalls, wer dem Kläger beitritt, weil er vom Patentinhaber als Verletzer in Anspruch genommen wird.[56] Nach dieser Entscheidung dürfte vom Regelfall der streitgenössischen Nebenintervention auf Klägerseite auszugehen sein, nachdem die Rechtsprechung des BGH[57] keine besondere Rechtsbeziehung mehr zwischen Kläger und Streithelfer mehr erfordert.

25 **3.2 Beitritt** ist durch Einreichung eines Schriftsatzes (§ 70 ZPO) bis zur rechtskräftigen Entscheidung, auch iVm Berufungseinlegung, möglich § 66 (2) ZPO). Unzulässig nach Rechtsmittelverzicht oder Klagerücknahme.

26 **3.3 Vorabentscheidung** über die Unzulässigkeit der Nebenintervention erfolgt nach § 71 (1) ZPO idR nur auf Antrag. Mit dem Erlass des Beschlusses ist der Nebenintervenient vom weiteren Verfahren vor dem BPatG ausgeschlossen, obwohl der Beschluss nicht rechtskräftig wird, da er nach § 110 (7) PatG nur zusammen mit dem Urteil angefochten werden kann. § 71 (3) ZPO, der eine Zuziehung des Nebenintervenienten bis zur rechtskräftigen Feststellung oder Unzulässigkeit seiner Nebenintervention vorsieht, ist nach § 110 (7) PatG nicht anzuwenden.

---

48 BGH GRUR **61**, 572 *Metallfenster*.
49 BGHZ **4**, 5 = GRUR **52**, 260 *Nebenintervention I*.
50 PA Mitt **34**, 142.
51 RG GRUR **33**, 135.
52 BGH GRUR **65**, 297 *Nebenintervention II*.
53 BGH GRUR **65**, 297 *Nebenintervention II*; GRUR **2011**, 359 *Magnetowiderstandssensor*
54 BGH Liedl **69/70**, 325.
55 BGH GRUR **09**, 149 *Sensoranordnung*.
56 BGH GRUR **08**, 60 *Sammelhefter II*.
57 BGH GRUR **06**, 438 *Carvedilol I*.

3.4 Kosten der Streithilfe: a) Bei einfacher Streithilfe, die nur noch auf Beklagtenseite anzunehmen sein wird,[58] ist über die Kosten gemäß § 101 (1) ZPO gesondert zu entscheiden, da sie nicht Kosten des Verfahrens sind; **b)** ist der Streithelfer Streitgenosse iSd § 61 ZPO, dh wirkt die Nichtigkeitsentscheidung auf das Rechtsverhältnis zwischen Streithelfer und Gegner, so sind die Kosten der Streithilfe Kosten des Verfahrens (§§ 101 (2) iVm § 100 ZPO). Im Fall des Unterliegens hat er die gesamten Verfahrenskosten wie ein Streitgenosse zu tragen,[59] im Fall des Obsiegens kann er seine Verfahrenskosten vom Gegner ersetzt verlangen.[60]

27

4 Vertreter

Vgl dazu § 97 und zur Vollmacht Einl Rdn 481. Fehlen eines notwendigen *Inlandsvertreters* nach § 25 führt beim Kläger zur Abweisung der Klage als unzulässig und beim Beklagten zum Verfahren nach § 82 (2). Wird Inlandsvertretung niedergelegt, kann das Verfahren fortgeführt werden.[61]

28

II. Die Klage

1 Zulässigkeit der Klage

1.1 Schriftform mit eigenhändiger Unterschrift (s Einl Rdn 352) in deutscher Sprache (§ 126), auch für europäische Patente in fremder Sprache. Mängel sind für die Zukunft heilbar.[62] Möglich ist auch Einreichung in elektronischer Form über die Poststelle des BPatG gemäß der Verordnung über den elektronischen Rechtsverkehr beim Bundesgerichtshof und Bundespatentgericht (BGH/BPatGERVV v. 24.08.2007, BGBl I S 2130, zuletzt geändert durch § 10 (2) Nr. 1 V v. 24.11.2017, BGBl I S 3803). Voraussetzung ist das Vorliegen des Dokuments in einem der unterstützen Standards sowie eine qualifizierte elektronische Signatur. Zu den Einzelheiten:
https://www.bundespatentgericht.de/DE/Rechtsprechung/ElektronischerRechtsverkehr/elektronischerRechtsverkehr_node.html

29

Gemäß Art. I Nr. 29 des 2. PatRModG ist das gerichtliche Aktenzeichen eines eventuellen Verletzungsrechtsstreits betreffend das Streitpatent sowie der dort gegenständliche Streitwert angegeben werden. Abgesehen von der etwas missglückten Formulierung des Gesetzestextes entspricht das schon bisher der gängigen Praxis und ist zudem nicht sanktioniert, Verstöße daher folgenlos.

30

1.2 Kläger, Beklagter (ggfls ihre gesetzlichen Vertreter) und **Streitpatent** sind nach § 81 (5) 1 zu bezeichnen.

31

1.3 Antrag ist in der Klage nicht zwingend erforderlich (»soll«), muss aber in der mündlichen Verhandlung gestellt werden (§§ 90 (3), 92 (2) PatG iVm § 160 (3) ZPO).
Beispiele: »*Patent X im Umfang seiner Ansprüche* 1 *und* 6 (evtl: »einschließlich der Rückbeziehungen in Ansprüchen 2 und 3 auf Anspruch 1«) *für nichtig zu erklären*«.

32

---

58 BGH GRUR 08, 60 *Sammelhefter I II.*
59 BGH GRUR 68, 86, 91 *Ladegerät I.*
60 BPatGE 28, 206 = GRUR 87, 235.
61 BGH GRUR 94, 360 *Schutzüberzug für Klosettbrillen.*
62 BPatGE 29, 132 (Gbm).

»Das europäische Patent X wird mit Wirkung für die BRD für nichtig erklärt«. Wird nur ein *Teil eines Anspruchs* angegriffen (zB durch Aufnahme eines Disclaimers, Ausnahme eines Ausführungsbeispiels oder Beseitigung einer unzulässigen Erweiterung, so wird damit der Rechtsbestand des ganzen Anspruchs in Frage gestellt. Ob der Patentinhaber sein Patent in der angeregten oder einer anderen Fassung oder überhaupt nicht verteidigen will, unterliegt allein seiner Entscheidung.[63]

Enthält die Klage keinen Antrag und muss deshalb vertagt werden, so hat der Kläger nach § 95 ZPO die dadurch verursachten Kosten zu tragen. Eine Anregung[64] oder ein Anheimgeben[65] der Überprüfung des Patents ist kein Antrag. Antrag auf Feststellung, dass Patent nicht rechtsbeständig war, wenn es bereits erloschen ist, kann uU als Antrag auf Nichtigerklärung umgedeutet werden.[66] Ein Antrag ist unzulässig, wenn er unter einer Bedingung gestellt ist (s Einl Rdn 56) oder wenn er ersichtlich auf eine bloße Klarstellung hinausläuft.[67]

33 **1.4 Begründung** § 81 (5) 2 verlangt die Angabe von *Tatsachen und Beweismitteln*. Tatsachen sind konkrete Umstände, die substantiiert und nachprüfbar vorgetragen werden müssen. Für die Nichtigkeitsklage gelten insofern keine geringeren Anforderungen als für die Begründung des Einspruchs nach § 59 (1) 4, vgl dazu § 59 Rdn 83 ff. Wie im Zivilprozess gehört die Schlüssigkeit nicht zu den Zulässigkeitsvoraussetzungen, kann aber im Rahmen des § 82 (2) Bedeutung erlangen.

34 Nicht ausreichend ist die bloße Vorlage von Entgegenhaltungen ohne Vortrag dazu, woraus sich die Relevanz dieser Entgegenhaltungen in Bezug auf das Streitpatent im Zusammenhang mit dem Ziel der Klage ergeben soll. Denn auch wenn es sich beim Ziel einer Klage um eine rechtliche Schlussfolgerung handelt, sind die dafür einschlägigen Tatsachen vorzutragen; das Gericht ist nicht verpflichtet, derartiges von sich aus zu ermitteln, vielmehr ist es ihm – nicht zuletzt aus Gründen der Neutralität – verwehrt, von Amts wegen die Relevanz einzelner Entgegenhaltungen zu eruieren.[68]

35 **1.5 Mängel** einer Klage stehen einer Zustellung der Klage nicht entgegen. Sie können auch nach Ablauf einer gemäß § 81 (5) 3 gesetzten Frist beseitigt werden, auch noch in der mündlichen Verhandlung, sofern § 83 (4) nicht entgegensteht.

36 **1.6 Kein Einspruchsverfahren** Eine Nichtigkeitsklage ist nach § 81 (2) unzulässig, **a)** während des Laufs der Einspruchsfrist (= 9 Monate gemäß § 59 (1) 1 und 9 Monate gemäß Art 99 (1) EPÜ); **b)** während der Anhängigkeit eines deutschen oder eines europäischen Einspruchsverfahrens.,[69] bei letzterem jedenfalls, soweit Einspruchsgründe

---

63 Vgl BGH GRUR 97, 272 (I) *Schwenkhebelverschluß*; BPatG GRUR 10, 137 *Oxaliplatin*
64 BPatGE 16, 153 = GRUR 75, 20.
65 RG GRUR 37, 835 f.
66 BGH Liedl 67/68, 368; BGH v 01.3.94 – X ZR 11/92 *Bauelement*, Schulte-Kartei PatG 81–85 Nr 176.
67 BPatG v 29.4.92 – 3 Ni 18/91, Schulte-Kartei *PatG 81–85* Nr 152.
68 BGH GRUR 13, 1272 *Tretkurbeleinheit*.
69 BGH GRUR 05, 967 *Strahlungssteuerung*.

und Nichtigkeitsgründe identisch sind,[70] aber auch, wenn die Klage auf ein älteres nationales Recht im Sinne von Art 139 (2) EPÜ gestützt wird.[71]

Sinn des § 81 (2) (und des Art 55 (2) GPÜ 1989 = Art 56 (2) GPÜ 1975) ist es, parallele Verfahren über den Rechtsbestand eines Patents und einander widersprechende Entscheidungen hierzu zu vermeiden,[72] wobei dem Einspruchsverfahren der Vorrang gebührt, um BPatG zu entlasten,[73] insbesondere aber, weil einem potenziellen Nichtigkeitsverfahren durch das Einspruchsverfahren der Boden entzogen werden könnte. Kann der Dritte, gegen den der Patentinhaber Verletzungsklage erhoben hat, nicht mehr selbst Einspruch einlegen, so kann er dem deutschen Einspruchsverfahren nach § 59 (2) und dem europäischen Einspruchsverfahren nach Art 105 EPÜ beitreten und den Widerruf des Patents beantragen. Ein schützenswertes Bedürfnis, statt des Beitritts Nichtigkeitsklage zu erheben, besteht jedenfalls insoweit nicht, wie die Widerrufs- und Nichtigkeitsgründe identisch sind.[74] Der zusätzliche (weil nur im Nichtigkeitsverfahren relevante) Nichtigkeitsgrund der Erweiterung des Schutzbereichs setzt ein abgeschlossenes Einspruchsverfahren voraus.[75]

Anhängigkeit eines Einspruchsverfahrens endet mit seiner rechtskräftigen Erledigung, nicht durch Rücknahme des Einspruchs, wenn dieser nur die Verfahrensbeteiligung des Einsprechenden beendet, das Einspruchsverfahren aber nach § 61 (1) fortgesetzt wird (vgl dazu § 59 Rdn 245 und § 61 Rdn 32).

§ 81 (2) gilt nicht für ergänzende Schutzzertifikate, da nach Art 18 (2) EWG-V Nr 1768/92 (abgedruckt im Anhang zu § 16a) Einspruchsverfahren ausgeschlossen sind.

1.7 Nichtigkeitsgrund gemäß § 22 (1) iVm § 21 (1) und für europäische Patente gemäß Art II § 6 IntPatÜG muss geltend gemacht sein. Zu unzulässigen Nichtigkeitsgründen vgl § 21 Rdn 24.

1.8 Rechtsschutzinteresse (RI): Die Nichtigkeitsklage ist als **Popularklage** ausgestaltet, weil die Vernichtung nicht rechtsbeständiger Patente (auch) im öffentlichen Interesse liegt. Daher braucht der Kläger ein eigenes Interesse an der Nichtigerklärung nicht nachzuweisen,[76] weil es – solange das Patent bestandskräftig ist – durch das öffentliche Interesse an der Vernichtung zu Unrecht erteilter Patente unterstellt wird.[77] Zur Strohmannproblematik s Rdn 9.

---

70 BGH GRUR 05, 967 *Strahlungssteuerung.*
71 BGH GRUR 11, 848 *Mautberechnung.*
72 BGH GRUR 05, 967 *Strahlungssteuerung.*
73 Amtl Begr in BlPMZ 79, 276, 288 zu Nr 45.
74 BGH GRUR 05, 967 *Strahlungssteuerung.*
75 BPatG GRUR 07, 261 *Torasemid.*
76 BGH GRUR 63, 253 *Bürovorsteher.*
77 BGH GRUR 74, 146 *Schraubennahtrohr;* **76,** 30 *Lampenschirm;* **83,** 725 *Ziegelsteinformling I;* 63, 253 *Bürovorsteher;* **98,** 904 *Bürstenstromabnehmer;* BPatGE 44, 133 *Stretchfolie;* BPatGE 47, 145 = BlPMZ 04, 58 *Nagelfeile.*

42 **Nachweis des Rechtsschutzinteresses** ist erforderlich, wenn mit dem Erlöschen des Patents (zB durch Verzicht oder Zeitablauf) das Interesse der Allgemeinheit entfällt.[78] Dann hat der Kläger sein Interesse an der Vernichtung *ex tunc* des bereits *ex nunc* erloschenen Patents darzutun und auch zu beweisen.[79] Erforderlich ist, dass die rückwirkende Nichtigerklärung dem Kläger einen *rechtlichen Vorteil* bringt.[80] Die *Besorgnis, möglicherweise Ansprüchen ausgesetzt zu sein*, genügt. Das Rechtsschutzinteresse erstreckt sich auch auf rückbezogene Ansprüche und gegebenenfalls auf Nebenansprüche, wenn eine Verletzungsklage nur auf den Hauptanspruch gestützt betrieben wird[81]. Das Interesse fehlt nur bei einer *offensichtlich nicht schutzwürdigen Rechtsverfolgung*. Das Rechtsschutzinteresse ist für Nebenansprüche jeweils gesondert darzutun.[82] Gleichgültig ist, ob das Patent vor oder nach Klageerhebung erloschen ist.[83] Ein gegebenes Rechtsschutzinteresse entfällt, wenn der Beklagte verbindlich auf alle Ansprüche aus dem erloschenen Patent verzichtet,[84] er sich also nicht mehr auf die ursprüngliche Wirksamkeit des Patents berufen kann.[85]

43 **Rechtsschutzinteresse bejaht: a) Begründete Gefahr** der Inanspruchnahme des Klägers oder seiner Abnehmer für die Zeit vor Erlöschen des Patents.[86] Dazu ist nicht erforderlich, dass der Kläger verwarnt wurde oder der Patentinhaber sich des Bestehens von Ansprüchen berühmt hat;[87] **b)** Anhängigkeit eines **Schadenersatzprozesses**, dessen Erfolgsaussicht nicht zu prüfen ist; **c) Verwarnung**, die nicht nur auf Unterlassung gerichtet ist, sondern die Geltendmachung von Schadenersatzansprüchen für die Vergangenheit ernsthaft besorgen lässt;[88] **d) Schweigen des Patentinhabers** auf eine Aufforderung, auf Ansprüche aus dem Patent gegenüber dem Kläger zu verzichten;[89] **e)** für Klage eines Patentanwalts zur Abwendung von **Regressansprüchen**;[90] **f)** wenn der Kläger den Patentinhaber auf **Schadenersatz gemäß § 945 ZPO** in Anspruch nehmen will;[91] **g)** wenn Schadensersatzverpflichtung des Nichtigkeitsklägers bereits rechtskräftig festgestellt worden ist und für den Fall eines Erfolgs der Nichtigkeitsklage die **Möglichkeit der Restitutionsklage** in Betracht gezogen wird.[92]

44 **Rechtsschutzinteresse verneint: a)** Für **Klage eines Lizenznehmers**, wenn er mit der Nichtigerklärung seine Lizenzzahlungspflicht nicht beseitigen kann, weil er zur Zah-

---

78 BGH GRUR 74, 146 *Schraubennahtrohr*; 76, 30 *Lampenschirm*; 83, 725 *Ziegelsteinformling I*; 82, 355 *Bauwerksentfeuchtung*; 95, 342 *Tafelförmige Elemente*; 90, 667 *Einbettungsmasse*; 98, 904 *Bürstenstromabnehmer*.
79 BGH GRUR 95, 342 (II2b aa) *Tafelförmige Elemente*.
80 BGH GRUR 81, 516 *Klappleitwerk*; 83, 560 *Brückenlegepanzer I*; BGH v 10.04.01 – X ZR 157/98 *reflektierendes Bahnmaterial*, Schulte-Kartei PatG 81–85 Nr 266.
81 BGH GRUR 20, 1284 *Datenpaketumwandlung*.
82 BGH GRUR 05, 749 *Aufzeichnungsträger*.
83 BGH GRUR 65, 231 *Zierfalten*.
84 BPatGE 18, 50; BGH GRUR 65, 231, 233 *Zierfalten*.
85 BGH GRUR 65, 231 *Zierfalten*.
86 BGH GRUR 65, 231 *Zierfalten*.
87 BGH GRUR 81, 515 *Anzeigegerät*; 85, 871 *Ziegelsteinformling II*.
88 BPatGE 20, 186 (Gbm).
89 BGH GRUR 85, 871 *Ziegelsteinformling II*.
90 BPatGE 26, 137 = GRUR 84, 645.
91 BPatGE 23, 7 = GRUR 81, 124 (Gbm).
92 BGH GRUR 06, 316 *Koksofentür*.

lung unabhängig vom Rechtsbestand des Patents rechtskräftig verurteilt ist;[93] **b)** für **Klage eines Arbeitgebers**, auch wenn über die Vergütung noch Streit besteht;[94] **c)** für eine zunächst zulässige Klage, die durch Ablauf des Patents unzulässig wird, wenn die Nichtigerklärung dem Kläger **keinen rechtlichen Vorteil** bringt;[95] **d)** für **Mehrheitsgesellschafter einer GmbH**, die wegen Verletzung des Patents in Anspruch genommen wird;[96] **e)** Inanspruchnahme aus einem **parallelen Schutzrecht**;[97] **f)** für Klage gegen ein abgelaufenes Patent, wenn Klägerin allein aus dem ergänzenden Schutzzertifikat in Anspruch genommen wird;[98] **g)** für Insolvenzverwalter, wenn bei ihm keine Ansprüche angemeldet wurden, das Streitpatent abgelaufen ist und der Ni-Beklagte verbindlich erklärt, keine Ansprüche geltend zu machen.[99]

Art II § 8 (1) IntPatÜG sieht das **Verbot des Doppelschutzes** durch europäisches und deutsches Patent vor. Das deutsche Patent verliert in dem Umfang, in dem es dieselbe Erfindung wie das europäische Patent schützt, seine Wirkung, und zwar von den Zeitpunkten an, die Art II § 8 (1) nennt. Da es ansonsten bestehen bleibt, besteht für eine Nichtigkeitsklage gegen das deutsche Patent ein Rechtsschutzbedürfnis, zumindest, wenn der Kläger aus dem Patent in Anspruch genommen wird.[100] Dagegen sieht das PatG keine Nichtigkeitsklage mit dem Antrag vor, das Patent von den in Art II § 8 (1) genannten Zeitpunkten insoweit für nichtig zu erklären, als es in seinem Schutzumfang über das parallele europäische Patent hinausgeht.[101] Art II § 8 (1) IntPatÜG stellt keinen zusätzlichen Nichtigkeitsgrund dar; Nichtigerklärungen erfordern stets das Vorliegen eines Nichtigkeitsgrundes nach §§ 21, 22 PatG bzw. Art 138 EPÜ. 45

1.9 Klagebefugnis ist für die Nichtigkeitsklage bei in Kraft befindlichen Patenten grundsätzlich gegeben, da sie Popularklage ist.[102] Ausnahmsweise kann sie ausgeschlossen sein (s Rdn 47–63). 46

1.10 Rechtskräftige Entscheidung einer früheren, als unbegründet abgewiesenen Klage steht einer neuen Klage desselben Klägers,[103] aber auch der Klage eines streitgenössischen Nebenintervenienten,[104] die sich auf denselben Nichtigkeitsgrund stützt, entgegen. Die spätere Klage ist auch dann unzulässig, wenn dort neues Material genannt wird.[105] Zulässig ist dagegen eine neue Klage, die sich auf einen anderen Nichtigkeitsgrund stützt[106] oder wenn früher Teilvernichtung beantragt war und jetzt auf 47

---

93 BGH GRUR 82, 355 *Bauwerksentfeuchtung*.
94 BGH GRUR 81, 516 *Klappleitwerk*.
95 BGH GRUR 83, 560 *Brückenlegepanzer II*.
96 BGH GRUR 95, 342 *Tafelförmige Elemente*.
97 BPatGE 34, 93; 34, 131.
98 BPatGE 42, 240.
99 BGH GRUR 04, 849 *Duschabtrennung*.
100 BGH v 12.11.02 – X ZR 118/99 Schulte-Kartei PatG 81–85 Nr 310 *Knochenschraubensatz*.
101 BPatGE 46, 118 = BlPMZ 03, 349 L *Hochdruckreiniger*.
102 BGH GRUR 12, 540 *Rohrreinigungsdüse*.
103 Nicht ausgeschlossen ist: **a)** (einfacher) Nebenintervenient des Kl (BGH GRUR 98, 382 (VI) *Schere*), s. Fußnote 94; **b)** bei Konzernverbundenheit mit früherem Kl (BPatGE 27, 55).
104 BGH GRUR 08, 60 *Sammelhefter II*.
105 BGH GRUR 64, 18 *Konditioniereinrichtung*.
106 BGH BlPMZ 54, 332, 334 *Entwicklungsgerät*.

volle Vernichtung oder auf eine andere Teilvernichtung geklagt wird. Ebenfalls bestehen keine Zulässigkeitshindernisse bei der Klage einer Kapitalgesellschaft, auch wenn eine frühere Klage ihres Alleingesellschafters rechtskräftig abgewiesen worden war.[107] Neben einem neu geltend gemachten Nichtigkeitsgrund kann der abgewiesene nicht von Amts wegen erneut geprüft werden.[108] Zur Auswirkung des Nichtigkeitsurteils auf Verletzungsverfahren und auf Verträge s § 21 Rdn 112 und 114.

1.11 Nichtangriffsabrede[109]

48 Die vertragliche Verpflichtung, ein Patent mit der Nichtigkeitsklage überhaupt nicht oder nicht mit einer bestimmten Begründung[110] anzugreifen, kann, falls kartellrechtlich zulässig, vom Beklagten dem Kläger entgegengehalten werden. Sie bindet grundsätzlich nur den Vertragspartner, ausnahmsweise Dritte, die als Strohmann für den durch die Abrede Gebundenen oder im kollusivem Zusammenwirken mit diesem agieren.[111] Als exceptio pacti ist die Nichtangriffsabrede nur auf Rüge zu beachten. Ist sie in einem ausländischem Recht unterfallenden Vertrag enthalten, ist das Recht des jeweiligen Staates maßgebend.[112]

Rechtsfolge einer gültigen Nichtangriffsabrede:
Die Klage wird als unzulässig abgewiesen,[113] sofern die Abrede in der letzten mündlichen Verhandlung noch rechtswirksam war.[114]

49 *Beweislast* für den Abschluss und das noch wirksame Bestehen einer Nichtangriffsabrede liegt bei demjenigen, der sich darauf beruft, also regelmäßig dem beklagten Patentinhaber.

50 **1.11.1 Voraussetzungen:** Die Nichtangriffsabrede darf nicht aufgehoben,[115] gekündigt[116] oder angefochten[117] sein. Das Vertragsende lässt das Angriffsverbot erlöschen. Es wirkt nur ausnahmsweise darüber hinaus, wenn der Vertrag ein besonderes, fortwirkendes Treueverhältnis begründet.[118] Eine Nachwirkung der Vertragsbeziehungen scheidet nach einer Kündigung aus, wenn diese für beide Partner vertraglich vorgesehen war.[119] Die Abrede darf nicht nichtig sein, zB gemäß § 138 BGB, wenn sie zB missbräuchlich in Kenntnis der Vernichtbarkeit getroffen wurde.[120] Das frühere

---

107 BGH GRUR **12**, 540 *Rohrreinigungsdüse.*
108 BPatGE **6**, 189.
109 Von Maltzahn FS von Gamm **90**, 597.
110 BPatGE **6**, 191.
111 BPatG v 30.3.2004 – 1 Ni 28/02 (EU), zit. GRUR **05**, 460 FN 123.
112 Vgl BPatGE **43**, 125, 129 *Gatterfeldlogik.*
113 StRspr BGH GRUR **53**, 385 *Konservendosen I*; **56**, 264 *Wendemanschette I*; **65**, 135 *Vanal-Patent*; **71**, 243 *Gewindeschneidevorrichtungen*; **89**, 39 *Flächenentlüftung*; **93**, 895 *Hartschaumplatten.*
114 BGH Mitt **75**, 117 *Rotationseinmalentwickler.*
115 BGH BlPMZ **53**, 382, 386 lSp *Konservendosen I*; GRUR **71**, 243 *Gewindeschneidevorrichtungen.*
116 BGH GRUR **89**, 39 *Flächenentlüftung.*
117 BGH GRUR **56**, 264 *Wendemanschette I.*
118 BGH GRUR **65**, 135 *Vanal-Patent.*
119 BGH GRUR **89**, 39 *Flächenentlüftung.*
120 BGH BlPMZ **53**, 382, 386 lSp *Konservendosen I.*

Schriftformerfordernis des § 34 GWB aF ist durch die 6. GWB-Novelle abgeschafft worden, gilt aber für Altverträge fort.

1.11.2 Kartellrecht[121]**:** a) § 17 (2) Nr 3 GWB aF (abgedruckt im Anhang 1 zu § 15): 51
Die Nichtangriffsabrede kann grundsätzlich mit dem Erwerber oder Lizenznehmer des Patents zulässig vereinbart werden, da sie nicht zu den verbotenen Beschränkungen des § 17 (1) GWB aF gehört.

b) **Art 101 AEUV (vormals 81 EG-Vertrag):** Verbot gegen Wettbewerbsbeschrän- 52
kungen (abgedruckt im Anhang 2 zu § 15):
Die Nichtangriffsabrede ist unzulässig, wenn sie geeignet ist, den Handel zwischen den Mitgliedstaaten zu beeinträchtigen. Die EG-Kommission wertete sie als eine unzulässige Wettbewerbsbeschränkung, die auch nach Art 105 (3) AEUV nicht freistellungsfähig ist.[122] Für den EuGH[123] gehörte die Nichtangriffsklausel offenkundig nicht zum spezifischen Gegenstand des Patents, der sich nicht in dem Sinn auslegen lasse, dass er auch gegen Angriffe auf das Patent Schutz gewähre, denn es liege im öffentlichen Interesse, alle Hindernisse auszuräumen, die sich aus einem zu Unrecht erteilten Patent ergeben könnten. Daher stelle eine Nichtangriffsverpflichtung des Lizenznehmers idR eine unzulässige Beschränkung des Wettbewerbs dar. Nur ausnahmsweise verstoße eine Nichtangriffsklausel nicht gegen Art 101 AEUV (Art 85 EG-Vertrag), wenn sie im Rahmen einer Freilizenz oder für technisch überholte Schutzrechte vereinbart wurde.[124]

c) **Verordnung (EG) Nr 772/2004 über die Anwendung von Art 101 AEUV (vor-** 53
mals Art 81 (3) EG-Vertrag) auf Gruppen von Technologietransfer-Vereinbarun-
gen[125] (abgedruckt im Anhang 3 zu § 15) tritt an die Stelle der aufgehobenen Verordnung (EG) Nr 240/96[126]:
Nach Art 5 EGV Nr 772/2004 können Verpflichtungen des Lizenznehmers in Technologietransfer-Vereinbarungen (zB Patentlizenz, Know-how-Vereinbarung, Softwarelizenz), die Gültigkeit der Rechte an geistigem Eigentum nicht anzugreifen, nicht nach Art 2 EGV Nr 772/2004 freigestellt werden. Es kann aber die Beendigung der Technologietransfer-Vereinbarung vorgesehen werden, wenn der Lizenznehmer die Gültigkeit des Schutzrechts angreift.

1.11.3 Stillschweigende Nichtangriffsabrede: Fehlt eine ausdrückliche Nichtangriffs- 54
abrede, so kann die Klage wegen unzulässiger Rechtsausübung als unzulässig abzuweisen sein, wenn ein zwischen den Parteien bestehender Vertrag ein besonderes Vertrauensverhältnis geschaffen hat, dessen Sinn bei ergänzender Auslegung des Vertrags eine

---

121 Lit: Immenga/Mestmäcker EG-Wettbewerbsrecht-Kommentar Loseblatt 1998 ff; Immenga/Mestmäcker GWB 3. Aufl; Hailbronner/Klein/Magiera/Müller-Graff Handkommentar zum Vertrag über die Europäische Union 1997 ff; Ullrich GRUR Int **96**, 555 u Mitt **98**, 50; Winkler/Jugel EuZW **96**, 364.
122 EG-Kommission GRUR Int **79**, 212 Vaessen/Moris mwN; **84**, 171, 178 *Windsurfing International*; **86**, 253 *Pitica/Kyria* zur vorherigen Fassung.
123 EuGH GRUR Int **86**, 635 *Windsurfing International*; abw früher BPatGE **24**, 171.
124 EuGH Slg **88**, 5249 = GRUR Int **89**, 534 *Bayer/Süllhöfer (Schaumstoffplatten)*.
125 EG-ABl L 123 v 27.04.04 S 11 = BlPMZ **04**, 337.
126 EG-ABl L 31 v 09.02.96 S 2 = BlPMZ **96**, 217.

Klage ausschließt.[127] Eine stillschweigende Nichtangriffsabrede setzt voraus, dass besondere Umstände vorliegen, die nach Treu und Glauben dem Kläger die Pflicht auferlegen, alles zu unterlassen, was den Bestand des Patents gefährden könnte.

55 **Lizenzvertrag** schließt nicht generell die Klageerhebung aus, sondern nur, wenn er eine vertrauensvolle Zusammenarbeit begründet oder einen gesellschaftsähnlichen Charakter hat.[128]

56 **Klage unzulässig: a)** IdR bei ausschließlicher Lizenz,[129] jedenfalls dann, wenn über das Lizenzverhältnis als solches hinaus eine Zusammenarbeit vorgesehen ist, zB die Pflicht zur gemeinsamen Verteidigung des Schutzrechts;[130] **b)** Abrede gemeinsamer Ausnutzung[131] oder gemeinsamer Abwehr von Angriffen auf das Patent;[132] **c)** bei unentgeltlicher Überlassung eines Patents im Rahmen einer Verbesserungsklausel;[133] **d)** Verpflichtung zur Geheimhaltung, zum Erfahrungsaustausch und zur gegenseitigen Überlassung künftiger Schutzrechte, enge Zusammenarbeit oder Verpflichtung des Klägers, von der Lizenz Gebrauch zu machen;[134] **e)** wenn sich der Kläger nach Erlöschen des Patents nachträglich seinen Verpflichtungen aus dem Lizenzvertrag entziehen will.[135]

57 **Klage zulässig: a)** Bei Abrede möglichst gewinnbringender Verwertung oder bei Fehlen auf Gegenseitigkeit beruhender gemeinsamer Leistungen;[136] **b)** Stützung der Klage auf Material, das während des beendeten Lizenzvertrags überlassen worden war;[137] **c)** wenn der Patentinhaber den Kläger ohne Rücksicht auf den Lizenzvertrag wegen Verletzung in Anspruch nimmt;[138] **d)** grundsätzlich nach Ablauf des Lizenzvertrags, wenn sich nicht ausnahmsweise aus besonderen Umständen eine Nachwirkung ergibt;[139] bei einfacher Lizenz.[140]

58 **Kaufvertrag** über das Patent schließt idR Klage für den Verkäufer aus.[141]

---

127 BGH GRUR 57, 482 *Chenillefäden*; 58, 177 *Aluminiumflachfolien*; 65, 135 *Vanal-Patent*; 71, 243 *Gewindeschneidevorrichtungen*; 89, 39 *Flächenentlüftung*; 90, 667 *Einbettungsmasse*; BPatGE 2, 102; 9, 34, 38; 9, 42.
128 BGH GRUR 57, 482 *Chenillefäden*; 71, 243 *Gewindeschneidevorrichtungen*; 89, 39 *Flächenentlüftung*.
129 BGH GRUR 71, 243 (II1) *Gewindeschneidevorrichtungen*; BPatG 9, 34, 38; 24, 171.
130 BPatG v 29.11.2005 – 4 Ni 53/04 (EU) zit: GRUR 07, 537 FN 166, 174 *Prozessführungsbefugnis*.
131 BGH GRUR 57, 482 *Chenillefäden*.
132 BGH GRUR 56, 264 *Wendemanschette I*.
133 BGH GRUR 57, 485 *Chenillemaschine*.
134 BPatGE 9, 34, 38.
135 BPatGE 24, 171 = BlPMZ 82, 209.
136 BPatGE 2, 102, 104.
137 BGH GRUR 71, 243 (II4) *Gewindeschneidevorrichtungen*.
138 BPatGE 36, 50 = GRUR 96, 480.
139 BGH GRUR 89, 39 (II1) *Flächenentlüftung*; 65, 135 *Vanal-Patent*.
140 BPatGE 49, 34 *Monokulares Fernrohr*.
141 BGH GRUR 55, 535 *Zählwerkgetriebe*; 89, 39, 40 *Flächenentlüftung*; BPatGE 9, 42, 44; 43, 125 für den Verkäufer einer Anmeldung, auf die das Patent erteilt wurde.

Gesellschaftsvertrag: Unzulässig ist die Klage des Gesellschafters, der das Patent einbringt[142] oder der gegen Abfindung ausgeschieden ist.[143]   59

Arbeits- oder Dienstvertrag hindert Angestellten an der Klage gegen eine dem Dienstherrn übertragene Erfindung, wenn nach dem Inhalt des Vertrags erfinderische Leistungen erwartet wurden.[144]   60

Arbeitnehmererfinder kann während des Arbeitsverhältnisses eine in Anspruch genommene Erfindung idR nicht nichtig klagen, zumal er daran kein eigenes Interesse haben kann. Auch nach Beendigung des Arbeitsverhältnisses verstößt eine Klage gegen Treu und Glauben, wenn die Erfindung des angegriffenen Patents in Anspruch genommen ist und der Arbeitnehmererfinder einen durchsetzbaren Vergütungsanspruch hat oder bereits voll abgefunden ist.[145] Der Einwand der Nichtangriffspflicht kann auch einer GmbH entgegengehalten werden, deren Geschäftsführer und alleiniger Gesellschafter der Arbeitnehmererfinder ist[146].   61

Arbeitgeber ist bei Diensterfindungen an Klage nicht gehindert,[147] **a)** wenn die Erfindung nicht in Anspruch genommen oder durch Versäumung der Inanspruchnahmefrist frei geworden ist; **b)** wenn der Arbeitgeber eine zunächst in Anspruch genommene Diensterfindung auf den Arbeitnehmer zurück überträgt, ohne sich ein Recht zur Benutzung vorzubehalten;[148] **c)** wenn der Arbeitgeber unter dem Vorbehalt der nicht ausschließlichen Benutzung die Erfindung auf den Arbeitnehmer übertragen und auf sein Benutzungsrecht verzichtet hat[149] oder der Arbeitnehmer das vorbehaltene Benutzungsrecht bestreitet und den Arbeitgeber wegen Patentverletzung verklagt.[150]   62

1.12 Treu und Glauben können – wenn keine vertraglichen Beziehungen zwischen den Parteien bestehen – die Zulässigkeit einer Klage ausschließen, wenn ihre Erhebung eine unzulässige Rechtsausübung darstellt. Unzulässigkeit kann sich ergeben aus **a)** *Arglist*,[151] so wenn die offenkundige Vorbenutzung auf widerrechtlicher Entnahme des Klägers beruht; **b)** einem *venire contra factum proprium*, zB weil der Kläger begründetermaßen das Vertrauen erweckt hat, er werde nicht gegen das Patent vorgehen.[152]   63

2 Gebühr

für Klage vor dem BPatG richtet sich gemäß § 2 (2) PatKostG (s Anhang 15) nach dem Streitwert. Zur *Streitwertfestsetzung* und deren Änderung, zur *Höhe des Streitwerts*   64

---

142   BGH GRUR 87, 900 *Entwässerungsanlage*; 90, 667 (II2b) *Einbettungsmasse*; BPatGE 22, 20 = GRUR 79, 851.
143   BPatGE 9, 42.
144   BGH GRUR 55, 535 *Zählwerkgetriebe*.
145   BGH GRUR 87, 900 *Entwässerungsanlage*; 90, 667 (II2b) *Einbettungsmasse*; BPatGE 22, 20 = GRUR 79, 851.
146   BGH GRUR 87, 900 *Entwässerungsanlage*.
147   BGH GRUR 65, 135 *Vanal-Patent*; 90, 667 *Einbettungsmasse*.
148   BPatG GRUR 91, 755.
149   BGH GRUR 90, 667 *Einbettungsmasse*.
150   BPatG Urt 05.10.04 – 1 Ni 13/03 (EU), zit: GRUR 05, 451 FN 120 *Treuwidrige Nichtigkeitsklage*.
151   BGH GRUR 58, 177 *Aluminiumflachfolien*; RGZ 167, 339, 357.
152   BGH Liedl 78–80, 524 *Gießform für Metalle*.

und der Gebühren, zur *Angabe des Wertes* durch die Parteien, zur *Streitwertherabsetzung* und zur *Klageverbindung* siehe die Erläuterungen zu § 2 PatKostG Rdn 25 im Anhang 15.

65 **2.1 Zustellung der Klage** soll nach § 5 (1) 3 PatKostG (= § 65 (1) 1 GKG) erst nach Zahlung der Gebühr erfolgen. Bei ausdrücklicher Zustimmung (§ 174 (3) ZPO) kann auch in elektronischer Form zugestellt werden. Nichtbeachtung dieser Ordnungsvorschrift berührt die Wirksamkeit einer gleichwohl erfolgten Zustellung nicht.

66 **2.2 Ausbleiben der Gebühr:** Nach fruchtlosem Hinweis stellt der Rechtspfleger nach § 23 (1) Nr 4 RPflG fest, dass die Klage als nicht erhoben gilt. Dagegen ist nach § 23 (2) RPflG Erinnerung binnen einer Frist von 2 Wochen zulässig, über die der Senat entscheidet, wenn der Rechtspfleger nach § 11 (2) 2 RPflG nicht abhilft.

67 **2.3 Mehrere Klagen:** Erheben mehrere Kläger gegen dasselbe Patent Klage in gleichem Umfang, hat grundsätzlich jeder Kläger eine Gebühr zu entrichten. Klägern kann nicht vorgehalten werden, mutwillig getrennte Klage erhoben zu haben, da Popularklage vorliegt.[153] Geben die mehreren Kläger unterschiedliche Streitwerte an, wird der Streitwert durch BPatG festgesetzt. Bis zur Zahlung evtl nachzuzahlender Unterschiedsbeträge wird die Klage nicht zugestellt. Verbindet BPatG die Klagen gemäß § 147 ZPO, so werden die einzelnen Streitwerte nicht zusammen gerechnet, sondern es bleibt für jede Klage der Streitwert maßgebend, der ihrem Umfang entspricht.[154]

68 Mehrere Kläger zahlen ausnahmsweise nur eine Gebühr, wenn sie durch einen gemeinsamen Prozessbevollmächtigten gemeinsam Klage mit demselben Klageantrag und demselben Nichtigkeitsgrund gegen dasselbe Patent erheben. Dann handelt es sich um einen einheitlichen Streitgegenstand (§ 35 GKG). Das gilt auch, wenn die Kläger nicht in Rechtsgemeinschaft stehen.[155] Für den Beitritt eines weiteren Klägers ist im Allgemeinen keine weitere Gebühr zu entrichten, wenn er denselben Vertreter hat, denselben Antrag stellt und denselben Nichtigkeitsgrund geltend macht[156], auch wenn Verbindung erst später erfolgt.[157]

Nach einer Entscheidung des BPatG soll es bei mehreren rechtlich selbständigen Klageparteien auch dann einer gesonderten Gerichtsgebühr für jede Klagepartei bedürfen, wenn diese durch einen gemeinsamen Prozessbevollmächtigten vertreten werden und gemeinsam Nichtigkeitsklage mit demselben Antrag und gestützt auf denselben Nichtigkeitsgrund erheben.[158] Diese Auffassung wird nicht mehr vertreten werden können, da sie mit der gesetzlichen Regelung des PatKostG, die in Anbetracht der Gerichtskosten bei Antragstellermehrheit gesonderte Gerichtskosten bei den Gebüh-

---

153 BGH, Urt v 26.02.2015, X ZR 54/11 Schulte-Kartei PatG 81–85a Nr 530 *Handover*.
154 Vgl BPatGE **33**, 79; **35**, 127, 129 f; BGH GRUR **13**, 1287 *Nichtigkeitsstreitwert II*
155 BGH GRUR **87**, 348 *Bodenbearbeitungsmaschine*; BPatGE **28**, 225 = **29**, 1; **42**, 233 (Gbm).
156 BPatGE **32**, 204 = GRUR **92**, 435.
157 BPatG, Beschl. v. 23.11.2015, 5 Ni 44/15 (EP), nicht veröffentl.; *Benkard/Schramm*, PatG, 11. Aufl. § 3 PatKostG, Rn 29.
158 BPatGE **53**, 182 = BlPMZ **13**, 429 *Bitratenreduktion*. Anders noch BGH, GRUR **87**, 348 *Bodenbearbeitungsmaschine*, die der 5. Senat des BPatG nach Inkrafttreten des PatKostG als überholt ansieht.

rentatbeständen¹⁵⁹ Nr. 400 000 bis 401 300, nicht aber bei der, die Nichtigkeitsklage betreffenden Nr. 402 100 vorsieht¹⁶⁰. Da es insoweit an einer gesetzlichen Grundlage für die Erhebung mehrerer Gerichtsgebühren für eine Angelegenheit fehlt, kann eine Erhebung der Gerichtsgebühren nur einheitlich erfolgen.¹⁶¹ Das erscheint auch sachgerecht, da der Streitwert eines Nichtigkeitsverfahrens regelmäßig nicht durch die Anzahl der Nichtigkeitsklagen bestimmt wird¹⁶². Da es bei einem späteren Beitritt auf der Klägerseite auch der Zustimmung des ursprünglichen Klägers bedarf, sind auch dessen Interessen gewahrt.

2.4 Mehrere Patente: Richtet sich die Klage gegen mehrere Patente, so ist je eine Gebühr für jedes angegriffene Patent (auch für Haupt- und Zusatzpatent) zu zahlen, da es sich um mehrere aus Vereinfachungsgründen miteinander verbundene Klagen handelt.¹⁶³   **69**

Werden die Klagen gegen das Grundpatent und das ergänzende Schutzzertifikat gemäß § 81 (1) 3 verbunden, so ist nur eine Gebühr zu zahlen, wenn der geltend gemachte Nichtigkeitsgrund für beide identisch ist und daher eine Nichtigerklärung des Grundpatents das Schutzzertifikat automatisch erfasst.¹⁶⁴ Gebührenpflichtig ist eine isolierte Klage gegen ein Schutzzertifikat sowie eine Klage, die sich auf unterschiedliche Nichtigkeitsgründe für Grundpatent und Schutzzertifikat stützt.   **70**

3 Klageänderung

ist nach § 99 (1) PatG iVm § 263 ZPO zulässig, wenn nach entsprechender Willensäußerung des Klägers der Beklagte einwilligt *oder* das Gericht sie für sachdienlich erachtet. Sie ist idR sachdienlich, wenn dadurch ein weiterer Streit zwischen den Parteien vermieden werden kann. Bsp: Nichtigkeitsklage gegen deutsches Patent, Erweiterung des Klageangriffs auf den parallelen dt Teil eines europ Patents,¹⁶⁵ sofern § 83 (4) nicht entgegensteht.   **71**

Klageänderung liegt vor, a) wenn Klage nachträglich auf einen neuen Nichtigkeitsgrund des § 22 (1) iVm § 21 (1) PatG (vgl dazu § 21 Rdn 21) gestützt wird;¹⁶⁶ **b)** wenn statt des Unteranspruchs nunmehr auch der Hauptanspruch angegriffen wird;¹⁶⁷ **c)** wenn zusätzlich ein Nebenanspruch angegriffen wird;¹⁶⁸ **d)** wenn die Klage auf weitere   **72**

---

159 Vgl. dazu Nr. B Abs. 1 des Gebührenverzeichnisses zum PatKostG.
160 So jetzt auch BGH GRUR **21**, 45 *Signalumsetzung*.
161 BPatG, Beschluss v. 21.10.2015, 5 ZA (pat) 31/15 und 5 ZA (pat) 32/15 zu 5 Ni 64/11 (EP), Tz 27 (bei juris).
162 BPatG, Beschluss v. 21.10.2015, 5 ZA (pat) 31/15 und 5 ZA (pat) 32/15 zu 5 Ni 64/11 (EP), Tz 31 (bei juris).
163 BPatGE **28**, 121.
164 Amtl Begr zum 1. PatGÄndG BlPMZ **93**, 205, 212 bezeichnet in diesem Fall das Schutzzertifikat als »Anhängsel« des Grundpatents.
165 BPatG v 22.11.06 – 4 Ni 15/05 Schulte-Kartei PatG 81–85 Nr 352 *Klageerweiterung auf europ Patent*.
166 BGH v 24.06.97 – X ZR 13/94 *Vorrichtung zum Auspressen*, Schulte-Kartei PatG 81–85 Nr 233; BGH GRUR **01**, 730 *Trigonellin*.
167 BGH Liedl **59/60**, 432, 436.
168 BPatGE **25**, 85 (Gbm).

Unteransprüche ausgedehnt wird;[169]e) wenn die Klage auf den parallelen deutschen Teil eines europ Patents erstreckt wird.[170] Als Klageänderung idS wird auch der Beitritt eines weiteren Klägers behandelt.[171]

73 **Keine Klageänderung** ist gemäß § 264 ZPO die **Klageerweiterung** innerhalb des gleichen Klagegrundes, wie zB: **a)** die Änderung der Begründung, zB durch Nennung neuer Entgegenhaltungen[172] oder Einführung einer Vorbenutzung; **b)** eine Änderung des Antrags von Teil- auf Vollvernichtung eines Patentanspruchs.[173]

4 Klageverbindung

74 kann nach § 147 ZPO durch Beschluss angeordnet werden, zB für mehrere Klagen gegen dasselbe Patent[174] oder für die Klagen gegen Haupt- und Zusatzpatent.[175] Die Gegenstandswerte der einzelnen Klagen werden nicht zusammen gerechnet.[176]

75 Unproblematisch ist dabei stets die subjektive Klagehäufung gemäß § 59 ZPO; im Fall der objektiven Klagehäufung iSv § 260 ZPO wird es auf die Klassifikation der angegriffenen Patente im Rahmen der IPC ankommen, weil sich hiernach die Zuständigkeit und die Zusammensetzung des Spruchkörpers richtet. Im Zweifel wird hier eine Prozesstrennung nach § 145 ZPO unumgänglich sein.[177]

76 **Prozesstrennung** kann nach § 145 ZPO durch Beschluss angeordnet werden, zB wenn mehrere Patente mit einer Klage angegriffen werden.

Die Beschlüsse, die im freien Ermessen des BPatG stehen, sind nach § 110 (7) nicht anfechtbar.

5 Zustellung

77 der Klage und aller Schriftsätze erfolgt nach § 81 (4) 3 von Amts wegen, bei ausdrücklicher Zustimmung aller Beteiligter auch in elektronischer Form (§ 174 (3) ZPO). Die Klage ist nach § 271 (1) ZPO unverzüglich zuzustellen, jedoch nicht vor ihrer Erhebung, also erst nach Zahlung der Gebühr. Entsprechend § 73 (2) 3 und § 270 (2) ZPO sind nur Schriftsätze, die Sachanträge oder eine Zurücknahme der Klage enthalten, förmlich zuzustellen, alle anderen formlos mitzuteilen.

6 Abschriften

78 sind gemäß § 81 (4) 2 beizufügen. Fehlen sie, hat die Partei die Kosten für ihre Anfertigung nach § 98 PatG iVm § 3 (2) GKG Anlage 1 Kostenverzeichnis Nr 9000 (1) zu tragen.

---

169 BGH GRUR 08, 90 *Verpackungsmaschine*; anders noch: Liedl **65/66**, 328, 332; BPatGE **36**, 35.
170 BPatG v 22.11.06 – 4 Ni 15/05 Schulte Kartei PatG 81–85 Nr 352 *Klageerweiterung auf europ Patent*.
171 BPatGE 32, 204 = GRUR **92**, 435; zulässig, wenn bisheriger Kläger zustimmt.
172 BGH GRUR **55**, 531 *Schlafwagen*.
173 BGH GRUR **55**, 531 *Schlafwagen*.
174 BGH GRUR **60**, 27 *Verbindungsklemme*.
175 BGH GRUR **59**, 102 *Filterpapier*.
176 BPatGE **33**, 79; **35**, 127, 129 f.
177 BPatGE **52**, 80.

III. Verfahren

1 Verfahrensgrundsätze:

Wie für jedes Verfahren nach dem PatG gelten auch für das Nichtigkeitsverfahren der Antragsgrundsatz (s Einl Rdn 4), der *Verfügungsgrundsatz* (s Einl Rdn 11) und der *Amtsermittlungsgrundsatz* (s Einl Rdn 16 und unten Rdn 177).

2 Anzuwendendes Recht

ist das Recht zZ der Patenterteilung, das sich nach dem Recht am Anmeldetag richtet,[178] auch wenn eine Priorität in Anspruch genommen worden ist.[179] Die durch die Anmeldung begründete Rechtsposition kann nicht durch eine nachträgliche Änderung der Rechtslage entzogen werden.[180] Für Übergangsregelungen steht dem Gesetzgeber eine weitgehende Gestaltungsfreiheit zu, die nur vom Willkürverbot eingegrenzt ist.[181] Eine *Änderung der Rechtsprechung* ist auch auf früher erteilte Patente anzuwenden.
   Europäische Patente: Zum anwendbaren Recht siehe unten Rdn 82.

3 Gegenstand des Verfahrens

kann sein: deutsches Patent, dt Teil eines europäischen Patents (s Rdn 82), erstrecktes DDR-Patent (s Rdn 93) und ergänzendes Schutzzertifikat (s Rdn 94).

3.1 Europäische Patente, die mit Wirkung für die BRD erteilt sind, können, solange das Europäische Patentgericht seinen Betrieb noch nicht aufgenommen hat, im Umfang des nationalen Teils vom BPatG für nichtig erklärt werden. Es gelten die Nichtigkeitsgründe des Art II § 6 IntPatÜG, die mit Art 138 EPÜ übereinstimmen. BPatG hat nach diesen Bestimmungen nicht nationales (nicht § 22 PatG), sondern *materielles europäisches Recht* anzuwenden, nämlich die in Art II § 6 (1) Nr 1 u 5 IntPatÜG zitierten Art 52–57 und 60 (1) EPÜ, sowie gemäß Art II § 6 (1) Nr 2 IntPatÜG den Art 83 EPÜ und gemäß Art II § 6 (1) Nr 3 IntPatÜG den Art 123 (2) EPÜ sowie Art 123 (2) iVm Art 76 und 61 EPÜ. Das materielle europäische Recht wird auf das europäische Patent nach Art 2 (2) EPÜ nach den *deutschen Verfahrensvorschriften* für das Nichtigkeitsverfahren angewandt.[182]

3.1.1 Sinn des Art 138 EPÜ und des Art II § 6 IntPatÜG ist es, die Gültigkeit europäischer Patente in allen Vertragsstaaten nach gleichartigen Kriterien einheitlich zu beurteilen. Vom europäischen Recht abweichende nationale Bestimmungen oder Vorstellungen (zB über den Begriff der guten Sitten in Art 53 lit a EPÜ[183]) dürfen nicht auf europäische Patente übertragen werden, vielmehr ist immer ein europäischer Maßstab anzulegen.

---

178 BGH GRUR **55**, 393 (BIV) *Zwischenstecker II.*
179 BGH GRUR **66**, 309 (II2) *Flächentransistor.*
180 BGH GRUR **55**, 393 (BIV) *Zwischenstecker II*; **66**, 309 (II2) *Flächentransistor*; **62**, 642 *Drahtseilverbindung.*
181 BGH GRUR **70**, 456 (II3) *Salzlösung.*
182 BPatGE **32**, 204: maßgeblich ist die Eintragung des Patentinhabers im deutschen Register, nicht im europäischen Patentregister.
183 Vgl dazu § 2 Rdn 22; Rogge GRUR **98**, 303.

84 **Keine Bindung:** Bei der Anwendung des materiellen europäischen Rechts sind weder das EPA an die nationale Rechtsprechung noch die nationalen Gerichte an die Spruchpraxis des EPA oder die Rechtsprechung der anderen Vertragsstaaten gebunden.[184] Alle stehen vielmehr im Wettbewerb um das richtige Verständnis des materiellen europäischen Rechts. Dieses hohe Ziel einer möglichst einheitlichen Auslegung des materiellen europäischen Rechts kann nur erreicht werden, wenn nationale Gerichte, aber auch das EPA, gegenseitig die jeweils andere Rechtsprechung oder Spruchpraxis berücksichtigen.[185] Wenn auch eine Verbindlichkeit einer europäischen Entscheidung für ein nationales Verfahren und umgekehrt eine Verbindlichkeit einer nationalen Entscheidung für das europäische Verfahren nicht besteht, so sind sie doch *gewichtige sachverständige Stellungnahmen*, mit der sich der nationale Richter ebenso wie die Kammern des EPA auseinanderzusetzen haben.[186]

85 **3.1.2 Vor dem 1.6.92 erteilte europäische Patente**[187]: Ein europ Patent, für das vor dem 1.6.92 der Hinweis auf die Erteilung des europ Patents im europ Patentblatt veröffentlicht worden ist, entfaltet seine Wirkung für die BRD auch dann, wenn die Patentschrift in englischer oder französischer Sprache abgefasst ist und lediglich die Patentansprüche in die deutsche Sprache übersetzt sind.[188] BPatG kann jedoch nach der bis zum 1.6.92 geltenden Fassung des Art II § 3 IntPatÜG die Vorlage einer Übersetzung verlangen (s § 126 Rdn 19).

86 Die Beschränkung eines solchen Patents hat grundsätzlich in der für das europ Patent gemäß Art 70 EPÜ verbindlichen Verfahrenssprache zu erfolgen,[189] sie kann aber nach der Rechtsprechung auch durch Änderung der ins Deutsche übersetzten Patentansprüche in deutscher Sprache geschehen, auch wenn das europ Patent in Englisch oder Französisch abgefasst ist.[190] Das in Englisch oder Französisch abgefasste europ Patent kann durch eine in deutscher Sprache gehaltene eingeschränkte Neufassung des Patentanspruchs beschränkt verteidigt werden.[191]

87 **3.1.3 Nach dem 1.6.92 erteilte und vor dem 1.5.2008 veröffentlichte**[192] **europäische Patente:** Art 65 (1) EPÜ[193] gestattet den Vertragsstaaten, eine Übersetzung des europäischen Patents in ihre Amtssprache zu verlangen. Diese Regelung beeinträchtigt trotz

---

184 Eine Ausnahme sieht § 11 des österreich Patentverträge-EinführungsG (öBGBl Nr 52/1979, 475 = BlPMZ 79, 165) vor. Danach besteht eine Bindung der Nichtigkeitsabteilung des ATPA an Entscheidungen der EPA-Beschwerdekammern, durch die das europ Patent ganz oder teilweise aufrechterhalten wird.
185 BGH GRUR 10, 950 (GbM).
186 BGH GRUR 98, 895 = ABl 99, 322 *Regenbecken*.
187 Inkrafttreten am 1.6.92 des Art II § 3 IntPatÜG idF von Art 6 des Gesetzes v 20.2.91 gemäß Art 15 (2) iVm Art 12 des 2. GPatG.
188 BGH GRUR 88, 290 *Kehlrinne*.
189 Vgl hierzu Rogge GRUR 93, 284.
190 BPatGE 31, 113; 32, 225.
191 BGH GRUR 92, 839 *Linsenschleifmaschinen*.
192 Art XI § 4 IntPatÜG.
193 In der am 1.1.96 in Kraft getretenen Fassung, ABl 95, 9 = BlPMZ 95, 104. Die Revisionsakte v 29.11.00 berücksichtigt in Art 65 (1) EPÜ das neue europäische Beschränkungsverfahren gemäß den Art 105a–105c EPÜ, so dass eine Übersetzung des Patents auch für ein beschränktes europäisches Patent verlangt werden kann.

der damit verbundenen hohen Übersetzungskosten nicht den innergemeinschaftlichen freien Warenverkehr und ist daher nach Ansicht des EuGH mit Art 30 und 36 EGV (jetzt Art 28 und 30 EG) vereinbar.[194] Von Art 65 (1) EPÜ haben alle Vertragsstaaten (außer Luxemburg und Monaco) Gebrauch gemacht, die BRD durch **Art II § 3 Int-PatÜG**, der nach Art 15 (2) iVm Art 12 des 2. GPatG nur für europäische Patente gilt, für die der Hinweis auf die Erteilung des europ Patents im europ Patentblatt nach dem 1.6.92 veröffentlicht wurde.

Das Übersetzungserfordernis gilt für erteilte und für im Einspruchsverfahren in geändertem Umfang aufrechterhaltene oder im Beschränkungsverfahren nach Art 105a – 105c EPÜ beschränkte europ Patente. Es genügt eine Übersetzung der Beschreibung und des Textes der Zeichnungen, wenn eine deutsche Übersetzung der Ansprüche bereits in der europ Patentschrift veröffentlicht ist.[195]   88

Dreimonats-Frist zur Einreichung der Übersetzung beim DPMA, wenn das europ Patent nicht in deutscher Sprache vorliegt, beginnt nach Art II § 3 (1) 1 IntPatÜG mit der Veröffentlichung des Hinweises auf die Erteilung im europ Patentblatt[196] (zB Veröffentlichung: 15. 2., Fristende: 15. 5.), in den Fällen der beschränkten Aufrechterhaltung bzw Beschränkung (Art 105a – 105 c EPÜ) mit der Veröffentlichung des Hinweises auf die Einspruchs- bzw Beschränkungsentscheidung. Wird eine ordnungsgemäße Übersetzung[197] nicht fristgerecht eingereicht, so gelten nach Art II § 3 (2) IntPatÜG die Wirkungen des europ Patents für die BRD als von Anfang an nicht eingetreten. Eine Nachfrist kann DPMA nicht gewähren.[198] Gegen die Versäumung der Frist kann Wiedereinsetzung gewährt werden.   89

Gebühr von 150 € für die Veröffentlichung der Übersetzung oder der berichtigten Übersetzung (Nr 313 820 PatKostG) muss innerhalb der 3-Monatsfrist entrichtet werden.   90

Inlandsvertreter vor DPMA gemäß § 25 PatG für die Entgegennahme der Übersetzung einer europ PS und deren Berichtigung ist nicht erforderlich.[199]   91

Ist der Patentinhaber im Register eingetragen, obwohl die Wirkungen des europ Patents nach Art II § 3 (2) IntPatÜG als nicht eingetreten gelten, so kann das der Beklagte in einem Verletzungsverfahren einwenden. Zweifelhaft, ob ihm auch die Möglichkeit gegeben werden müsste, in einem Nichtigkeitsverfahren inter omnes feststellen zu lassen, dass die Wirkungen des europ Patents für die BRD als von Anfang an nicht eingetreten gelten.

3.1.4 Übereinkommen über die Anwendung des Art 65 EPÜ v 17.10.2000[200] sieht einen Verzicht auf die in Art 65 (1) EPÜ vorgesehenen Übersetzungserfordernisse vor.   92

---

194   EuGH C-44/98 Slg **99**, 6269 = GRUR Int **00**, 71 = BlPMZ **99**, 445 *BASF AG/PräsidentDPA* (auf Vorlage von BPatGE **39**, 177 = GRUR **98**, 563 = ABl **98**, 267).
195   BPatGE **38**, 150 = GRUR **97**, 820.
196   Zu den Fristen vor Bekanntmachung des Hinweises im europ Patentblatt s § 58 Rdn 3.
197   Dazu gehört auch die Übersetzung des Textes der Zeichnungen.
198   BPatG BlPMZ **96**, 27.
199   MittDPA Nr 20/92 BlPMZ **92**, 481.
200   BGBl 2003 II 1666 = BlPMZ **04**, 55.

Nach dessen Inkrafttreten sind Art II § 3 IntPatÜG und Nr 313 820 PatKostG aufgehoben,[201] siehe dazu IntPatÜG Rdn 16 im Anhang 1.

93 **3.2 DDR-Patente,** die nach § 4 ErstrG erstreckt worden sind, können, soweit noch von Relevanz, mit der Nichtigkeitsklage angegriffen werden. Für sie gilt nach § 12 (4) ErstrG der Vorrang des Einspruchsverfahrens nicht. Eine Aussetzung des Verfahrens nach § 148 ZPO wird deshalb idR ausscheiden.

94 **3.3 Schutzzertifikate:** Die Erklärung der Nichtigkeit eines ergänzenden Schutzzertifikats, das gemäß §§ 16a und 49a PatG erteilt wurde, kann gemäß § 81 (1) 1 mit der Nichtigkeitsklage geltend gemacht werden. Die Klage gegen das Schutzzertifikat kann gemäß § 81 (1) 1 isoliert – also bereits vor Ablauf des Grundpatents – oder nach § 81 (1) 3 zusammen mit der Nichtigkeitsklage gegen das Grundpatent erhoben werden. Gemäß § 81 (2) 2 PatG kann Klage auf Erklärung der Nichtigkeit des ergänzenden Schutzzertifikats nicht erhoben werden, soweit Anträge nach § 49a (4) gestellt werden können oder Verfahren zur Entscheidung über diese Anträge anhängig sind.

95 **Nichtigkeitsgründe:** Für die Nichtigerklärung gelten gemäß der Verweisung in § 16a (2) die gleichen Nichtigkeitsgründe des § 22 wie für das Grundpatent. Nach § 81 (1) 3 kann die Klage auch darauf gestützt werden, dass ein Nichtigkeitsgrund gegen das Grundpatent vorliegt. Nichtigkeitsgründe nach Art 15 der Arzneimittel- (EG Nr 469/09) und Pflanzenschutzmittel-Verordnung (EG Nr 1610/96) (beide abgedruckt im Anhang zu § 16a) sind: **a)** Erteilung verstößt gegen Art 3 der VO, **b)** Erlöschen des Grundpatents vor Ablauf seiner gesetzlichen Laufzeit, **c)** Nichtigerklärung des Grundpatents oder derartige Beschränkung, dass das Erzeugnis des Zertifikats nicht mehr von den Ansprüchen des Grundpatents erfasst wird, **d)** nach Erlöschen des Grundpatents: Vorliegen von Gründen, die dessen Nichtigerklärung oder Beschränkung gerechtfertigt hätten. Wird das Grundpatent beschränkt verteidigt, ist eine Nichtigkeitserklärung des Zertifikats nur gerechtfertigt, wenn sich das erloschene Patent auch in seiner beschränkten Fassung nicht als rechtsbeständig erweist oder das Zertifikatserzeugnis nicht mehr vom Schutzbereich des bestandskräftigen Grundpatents erfasst wird.[202]

4 Bindung an den Klagegrund:

96 Ist die Klage auf einen oder mehrere Klage- oder Nichtigkeitsgründe gestützt, ist damit der Rahmen für die gerichtliche Nachprüfung festgelegt.[203] Ein nicht geltend gemachter Klagegrund darf nicht von Amts wegen berücksichtigt werden.[204] Nach der Rechtsprechung bildet jeder der in § 22 (1) iVm § 21 (1) PatG und Art II § 6 IntPatÜG aufgezählten 5 Nichtigkeitsgründe für sich einen einheitlichen Klagegrund[205] (vgl dazu § 21 Rdn 21). Demnach gibt es den umfassenden Nichtigkeitsgrund der mangelnden Patentfähigkeit, der alle wesentlichen Teilaspekte der Patentierbarkeit zusammenfasst

---

201 Art 8a des Gesetzes zur Verbesserung der Durchsetzung von Rechten des geistigen Eigentums (DurchsetzungsG) v 7.7.2008 BGBl I S 1191 = BR-Drucksache 279/08 v 2.5.2008, abgedruckt im Anhang 8.
202 BPatG Mitt 07, 68 *Alendronsäure*.
203 BGH GRUR 54, 317 aE *Entwicklungsgerät*.
204 BPatGE 24, 36; 34, 1; 35, 255; BPatG BlPMZ 04, 58.
205 BGH GRUR 64, 18 *Konditioniereinrichtung*.

(ua Neuheit, erfinderische Tätigkeit, gewerbliche Anwendbarkeit)[206] und weitere 4 spezielle Nichtigkeitsgründe.

Neben dem geltend gemachten Nichtigkeitsgrund kann grundsätzlich ein anderer Grund, auf den die Klage nicht gestützt ist, nicht ohne weiteres herangezogen werden. Beschränkt sich die Klage (nach entsprechender Auslegung tatsächlich) auf mangelnde Ausführbarkeit isd § 22 (1) iVm § 21 (1) Nr 2 PatG oder Art II § 6 (1) Nr 2 IntPatÜG[207] oder auf unzulässige Erweiterung[208] des Patents (§ 21 (1) Nr 4, Art II § 6 (1) Nr 3 IntPatÜG), dann ist das Patent nur insoweit, nicht aber auch auf andere Nichtigkeitsgründe – zB den der mangelnden Patentfähigkeit – zu prüfen. Möglich bleiben aber Klageerweiterung oder Klageänderung zur Einführung eines weiteren Nichtigkeitsgrundes.

Ob eine Ausnahme für die nicht gerügte unzulässige Erweiterung gelten muss, ist umstritten, im Ergebnis aber abzulehnen.[209] Richtig ist wohl allenfalls ein Hinweis gemäß § 139 ZPO, sollte eine unzulässige Erweiterung als vorgreifliche Frage zu prüfen sein, wenn nur mangelnde Patentfähigkeit geltend gemacht wird. Ist das gedanklich um die unzulässige Erweiterung bereinigte Patent nicht patentfähig, ist es für nichtig zu erklären. Ist es dagegen trotz der unzulässigen Erweiterung patentfähig, ist die Klage abzuweisen. Ist es beschränkt patentfähig, ist es ohne Berücksichtigung der unzulässigen Erweiterung teilweise für nichtig zu erklären.

5 Bindung an die Begründung

für den geltend gemachten Klagegrund besteht weder für den Kläger noch für BPatG. Der Kläger kann daher innerhalb eines Klagegrundes seine Begründung ändern und BPatG kann das Patent zB wegen mangelnder erfinderischer Tätigkeit für nichtig erklären, obwohl Kläger nur die Neuheit bestritten hatte. Wird mit der Änderung der Begründung der Klagegrund geändert, liegt eine Klageänderung vor (s oben Rdn 72). Mit einer Nichtangriffsabrede soll auch eine bestimmte Begründung, zB mangelnde erfinderische Tätigkeit, wirksam ausgeschlossen werden können.[210]

6 Antrag des Klägers

bestimmt für das Gericht gemäß § 99 (1) PatG iVm § 308 (1) ZPO bindend den Umfang des Nichtigkeitsverfahrens.[211] Diese Bindung erstreckt sich auf den gestellten *Sachantrag*, mit dem das Patent ganz oder teilweise angegriffen wird. Beantragt der Kläger, den Hauptanspruch und/oder bestimmte Unteransprüche für nichtig zu erklären, so sind grundsätzlich nur diese im Antrag genannten Ansprüche zu prüfen und – wenn der Antrag begründet ist – für nichtig zu erklären. Soweit der Kläger das Streitpatent nur im Umfang einer von mehreren nebengeordneten technischen Lehren

---

206 BPatG v 10.2.98 – 2 Ni 27/97 (EU), Schulte-Kartei PatG 81–85 Nr 250.
207 BPatGE **34**, 1; **35**, 255; **41**, 120.
208 BPatGE **35**, 255.
209 Bejahend noch die 8.Auflage, zu Recht ablehnend: Keukenschrijver, Patentnichtigkeitsverfahren, Rn 289mwN.
210 BPatGE **6**, 191.
211 So für Gbm-Lö-Verfahren: BPatGE **26**, 191, 193; **28**, 26; **32**, 18, 22.

angreift, die den Gegenstand eines einzigen Patentanspruchs bilden, kann auch nur insoweit – ohne Verstoß gegen die Vorschrift des § 308 ZPO – eine Nichtigerklärung erfolgen.[212]

101 *Nicht angegriffene Ansprüche* können nicht auf Rechtsbeständigkeit überprüft werden.[213] Ist nur der Hauptanspruch angegriffen, ist nur dieser auf Patentfähigkeit zu prüfen, und nicht ein Gegenstand des Streitpatents, der sich aus Hauptanspruch und nicht angegriffenen Unteransprüchen ergibt.[214] Etwas anderes gilt nur, wenn im Wege der Auslegung sich aus dem Vortrag des Klägers oder den Umständen ergibt, dass mit dem Antrag die Nichtigerklärung nicht nur des Hauptanspruchs, sondern auch seiner von ihm abhängigen echten Unteransprüche gewollt war.[215] Bestehen Zweifel über die Auslegung des Antrags, ist der Kläger gemäß § 139 ZPO zu fragen.

102 *Unteransprüche*, die nicht angegriffen sind, können nicht überprüft werden.[216] Sie bleiben unverändert bestehen. Daraus folgt, dass die *Rückbeziehungen in nicht angegriffenen Unteransprüchen* sich nach wie vor auf die alte und nicht auf die durch Urteil geänderte Fassung des Hauptanspruchs beziehen, es sei denn, der Patentinhaber verteidigt sein Patent in der Weise beschränkt, dass auch die nicht angegriffenen Unteransprüche auf Grund ihrer Rückbeziehung sich auf den angegriffenen und beschränkt aufrechterhaltenen Hauptanspruch beziehen sollen (vgl Rdn 142).[217]

103 Nach einer früheren Rechtsprechung[218] wurden mit der Vernichtung des Hauptanspruchs auch seine echten Unteransprüche mit für nichtig erklärt, auch wenn deren Nichtigerklärung nicht beantragt war, weil sie für sich nicht schutzwürdig seien und daher das Schicksal des Hauptanspruchs zu teilen hätten. Gemäß § 308 ZPO kann aber über einen eindeutig auf den Hauptanspruch beschränkten Klageantrag nicht hinausgegangen werden. Auch im deutschen und europäischen Einspruchsverfahren sind Amt und Gericht an den vom Einsprechenden gestellten Antrag gebunden, so dass abhängige Ansprüche nur widerrufen werden können, wenn sich der Antrag des Einsprechenden zumindest implizit auf sie erstreckt (s § 59 Rdn 181).[219]

104 **6.1 Antrag auf Vollvernichtung** des Patents umfasst auch jede teilweise Nichtigerklärung des Patents. Beantragt der Patentinhaber lediglich Klageabweisung, kann daher BPatG jede zwischen beantragter Vollvernichtung und Klageabweisung liegende Entscheidung über den Rechtsbestand des Patents treffen. Dafür bedarf es keines förmli-

---

212 BGH Mitt. 13, 123 *Polymerzusammensetzung.*
213 StRspr von BGH und BPatG: BGH GRUR 96, 857, 861 lSp *Rauchgasklappe*; BGH v 18.02.97 – X ZR 25/95, Schulte-Kartei PatG 81–85 Nr 256 *Vorrichtung zum Zerstäuben*; BGH v 18.02.98 – X ZR 45/96, Schulte-Kartei PatG 81–85 Nr 260 *Hub-Kipp-Vorrichtung*; BPatGE **16**, 153; **23**, 103 – Überholt BGH GRUR **55**, 466 *Kleinkraftwagen.*
214 BGH GRUR **96**, 857, 861 lSp *Rauchgasklappe* unter Berufung auf BGH Liedl **59/60**, 302, 308.
215 Vgl BGH v 18.02.98 – X ZR 45/96, Schulte-Kartei PatG 81–85 Nr 260 *Hub-Kipp-Vorrichtung.*
216 BGH v 18.02.97 – X ZR 25/95, Schulte-Kartei PatG 81–85 Nr 256 *Vorrichtung zum Zerstäuben.*
217 BPatGE **28**, 26 = GRUR **86**, 609 (Gbm).
218 BGH GRUR **55**, 466 *Kleinkraftwagen*; **55**, 476 *Spülbecken.*
219 BGH GRUR **12**, 149 *Sensoranordnung.*

chen Antrags des Klägers, der auf die von BPatG für gewährbar erachtete Fassung des Patents gerichtet ist, denn ein **Gericht kann immer ein Weniger zusprechen**.[220] Auf einen Antrag auf Vollvernichtung kann – wenn der Patentinhaber lediglich Klageabweisung beantragt – daher das Patent auch teilweise für nichtig erklärt werden.

6.2 Antrag auf Vernichtung eines Unteranspruchs

Wird ein Unteranspruch angegriffen, der sich auf einen übergeordneten Anspruch – Haupt- oder Nebenanspruch – rückbezieht, so ist der Inhalt des übergeordneten Anspruchs infolge der Rückbeziehung Bestandteil des Unteranspruchs.

Ist der *übergeordnete Anspruch nicht rechtsbeständig*, ist zu prüfen, ob der gemeinsame Gegenstand von übergeordnetem und Unteranspruch rechtsbeständig ist.[221] Ist dieser rechtsbeständig, ist der angegriffene Unteranspruch unverändert aufrechtzuerhalten. Die Rückbeziehung auf den – aus welchen Gründen auch immer – nicht rechtsbeständigen übergeordneten Anspruch kann nicht gestrichen werden, weil das zu einer unzulässigen Erweiterung des für sich rechtsbeständigen Unteranspruchs führen würde.[222]

Ist der *übergeordnete Anspruch rechtsbeständig*, weil entweder die Klage insoweit unbegründet ist oder die Klage ihn als rechtsbeständig hinnimmt und daher nicht angreift, dann ist es auch der sich auf den gültigen übergeordneten Anspruch rückbeziehende Unteranspruch, es sei denn, es liegt ein Nichtigkeitsgrund für die Kombination aus den Merkmalen des übergeordneten und des Unteranspruchs vor. Für die Aufrechterhaltung eines Unteranspruchs bedarf es nicht der Prüfung, dass er gegenüber dem übergeordneten Anspruch über Selbstverständlichkeiten hinausgeht,[223] denn diese Feststellung gehört nicht zu den gesetzlichen Nichtigkeitsgründen des § 22 und des Art II § 6 IntPatÜG. Eine Klage, die sich gegen einen Unteranspruch richtet, der sich auf einen rechtsbeständigen übergeordneten Anspruch rückbezieht und für den kein gesetzlicher Nichtigkeitsgrund gegeben ist, ist daher abzuweisen.[224]

6.3 Antrag auf Vernichtung eines Nebenanspruchs: Ein Nebenanspruch ist wie ein Hauptanspruch auf Patentfähigkeit zu prüfen, da dieser eine vom Hauptanspruch unabhängige, selbständige Erfindung enthält (s § 34 Rdn 161). Ein etwa in Bezug genommener Inhalt eines anderen Anspruchs ist in den Oberbegriff einzubeziehen.[225]

7 Antrag des Patentinhabers

Da dem Patentinhaber die Verfügungsbefugnis über sein Patent zusteht, steht es im Rahmen des klägerischen Angriffs grundsätzlich in seinem Belieben, in welchem Umfang er sein Patent verteidigen will.[226] Der Beklagte kann vollständige oder teilweise Abweisung der Klage beantragen, indem er sein Patent nur beschränkt verteidigt (s Rdn 116). Beantragt der Kläger Vollvernichtung und der Beklagte Klageabweisung,

---

220 BPatG 14.09.95 – 2 Ni 29/94 (EU), Schulte-Kartei PatG 81–85 Nr 255.
221 BGH GRUR 80, 166 (I3) *Doppelachsaggregat*.
222 BGH GRUR 80, 166 (III) *Doppelachsaggregat*.
223 So früher BGH GRUR 54, 317 *Entwicklungsgerät*; 55, 476 *Spülbecken*.
224 BPatGE 34, 215.
225 BGH GRUR 65, 355 *Bolzenschießgerät*.
226 BGH GRUR 05, 145 *Elektronisches Modul*; GRUR 07, 309 *Schussfädentransport*.

so kann BPatG das Patent auch teilweise vernichten, da jede Teilvernichtung im Rahmen beider Anträge liegt, vorausgesetzt, der Patentinhaber lehnt die vom BPatG beabsichtigte beschränkte Aufrechterhaltung des Patents nicht ab (s Rdn 113).

110 **7.1 Einverständnis des Patentinhabers** mit beschränkter Fassung des Patents.

111 **7.2 Rechtliches Gehör:** Beabsichtigt BPatG das Patent in einer Fassung aufrechtzuerhalten, die dem Antrag oder den Hilfsanträgen des Patentinhabers nicht entspricht, dann ist dem Beklagten zum Umfang der beabsichtigten Teilvernichtung und damit zum Umfang der Aufrechterhaltung des Patents ausreichendes rechtliches Gehör zu gewähren, damit er entscheiden kann, ob er die beschränkte Fassung des Patents akzeptieren will oder nicht.[227] Dem Beklagten kann und soll nicht durch eine Überraschungsentscheidung eine Fassung des Patents aufoktroyiert werden, die er möglicherweise nicht will.

Ist der Patentinhaber zu einer gewährbaren Fassung seines Patents gehört worden und macht er sie sich nicht zu eigen, dann hat BPatG seiner Amtsermittlungspflicht genügt und muss nicht von Amts wegen dem Patent eine eingeschränkte Fassung geben.[228]

7.3 Entgegenstehender Wille des Patentinhabers

112 Billigt der Patentinhaber die für gewährbar gehaltene Fassung des Patents oder gibt er dazu keine eindeutig negative Erklärung ab, so kann BPatG dem Patent die für gewährbar erachtete Fassung geben.

113 Lehnt dagegen der Patentinhaber die für gewährbar gehaltene Fassung des Patents ab, indem er entweder erklärt, diese Fassung nicht zu wollen, oder es ausdrücklich ablehnt, für diese Fassung zumindest einen Hilfsantrag zu stellen, so kann BPatG nur das gesamte Patent für nichtig erklären, da eine Teil-Aufrechterhaltung des Patents gegen den Willen des Rechtsinhabers nach dem Antragsgrundsatz nicht in Betracht kommt.[229] Es ist »allein Sache des Patentinhabers, den erteilten Patentanspruch in einer von ihm formulierten eingeschränkten Fassung zu verteidigen«.[230]

114 *Eindeutigkeit des entgegenstehenden Willens* des Patentinhabers ist Voraussetzung, dem Patent eine für gewährbar gehaltene Fassung nicht zu geben und damit das Patent insgesamt für nichtig zu erklären.[231] An einer ausdrücklichen Erklärung, eine nach Auffassung des Gerichts mögliche beschränkte Fassung nicht zu wollen, fehlt es, wenn der Patentinhaber eine im Verfahren als möglich diskutierte Fassung lediglich nicht aufgreift oder mehrere Hilfsanträge stellt, die von der für gewährbar gehaltenen Fas-

---

227 BPatG v 14.08.97 – 3 Ni 51/95 (EU), Schulte-Kartei PatG 81–85 Nr 259 und v 5.03.98 – 3 Ni 60/95, Schulte-Kartei PatG 81–85 Nr 261.
228 BGH GRUR 07, 309 *Schussfädentransport*.
229 So im Ergebnis: BGH GRUR 97, 272 (I) *Schwenkhebelverschluß*; BPatG v 14.08.97 – 3 Ni 51/95, Schulte-Kartei PatG 81–85 Nr 259 und v 5.03.98 – 3 Ni 60/95, Schulte-Kartei PatG 81–85 Nr 261.
230 BGH GRUR 97, 272 (I) *Schwenkhebelverschluß*; GRUR 07, 309 – *Schussfädentransport*.
231 BPatG v 14.08.97 – 3 Ni 51/95, Schulte-Kartei PatG 81–85 Nr 259 und v 5.03.98 – 3 Ni 60/95, Schulte-Kartei PatG 81–85 Nr 261.

sung des Patents abweichen,[232] es sei denn, der Patentinhaber will damit zum Ausdruck bringen, dass er andere Fassungen seines Patents ablehnt.

In der Rechtsprechung wird teils die Auffassung vertreten, dass es für eine beschränkte Aufrechterhaltung des Patents nicht darauf ankomme, dass der Patentinhaber mit der beschränkten Fassung seines Patents einverstanden ist und sie billigt.[233] Es gibt jedoch keinen einleuchtenden Grund, bei einer Teilnichtigerklärung von der vorherigen Einholung des Einverständnisses des Patentinhabers zu der gewährbaren Fassung abzusehen, die sowohl im deutschen (vgl § 59 Rdn 177) wie im europäischen Einspruchsverfahren (vgl Art 101 (3) EPÜ, Regel 58) für eine beschränkte Aufrechterhaltung des Patents erforderlich ist. Es besteht kein Anlass, anders als im Einspruchsverfahren im Nichtigkeitsverfahren ein Patent in einer Fassung aufrechtzuerhalten, an der der Patentinhaber kein Interesse hat.

115

8 Selbstbeschränkung des Patentinhabers (beschränkte Verteidigung)

Der Patentinhaber und Beklagte kann im Nichtigkeitsverfahren sein Patent – ebenso wie im Einspruchsverfahren[234] – nach seinem Belieben im Rahmen des Klageantrags beschränkt verteidigen[235], ohne vorher ein Beschränkungsverfahren nach § 64 durchführen zu müssen.[236] Art II § 6 (3) IntPatÜG bestimmt dies für europäische Patente ausdrücklich. Durch die Selbstbeschränkung wird der Prozessstoff – soweit der eingeschränkte Klageabweisungsantrag reicht – wirksam begrenzt, wobei die Beschränkung bis zur völligen Nichtigerklärung reichen kann, also einem vollen Verzicht entsprechen kann (»*Beschränkung auf Null*«).[237]

116

Die beschränkte Verteidigung ist *kein Verzicht* gemäß § 20 (1) Nr 1 PatG[238] – dieser müsste gegenüber DPMA erklärt werden – und *kein Anerkenntnis* gemäß § 307 ZPO.[239]

117

8.1 Voraussetzungen einer zulässigen Selbstbeschränkung

8.1.1 Antrag des Beklagten unter Vorlage neu gefasster Patentansprüche ist erforderlich. Der Antrag eines Streitgehilfen darf nicht im Widerspruch zu den Anträgen der Hauptpartei stehen.[240]

118

---

232 BPatG v 14.09.95 – 2 Ni 29/94 (EU), Schulte-Kartei PatG 81–85 Nr 255.
233 BPatG v 14.09.95 – 2 Ni 29/94 (EU), Schulte-Kartei PatG 81–85 Nr 255 unter Berufung auf BGH v 31.05.94 – X ZR 64/92 *Eindrehen von Schrauben*, Schulte-Kartei PatG 81–85 Nr 178, in der beiläufig eine Übertragung des Erfordernisses des Einverständnisses für einen Teilwiderruf auf das Nichtigkeitsverfahren abgelehnt wird. Diese Auffassung hat BGH in GRUR 97, 272 (I) *Schwenkhebelverschluß* praktisch aufgegeben.
234 BGH GRUR 98, 901 (BIII2b) *Polymermasse*; 95, 113 (III3a) *Datenträger*; 90, 432 *Spleißkammer*; 90, 508 (II2b) *Spreizdübel*.
235 BGH Urt v 11.10.2011, X ZR 107/07; BGH GRUR 05, 145 *Elektronisches Modul*.
236 BGH v 22.02.00 – X ZR 111/98 *Positioniervorrichtung*, Schulte-Kartei PatG 81–85 Nr 262; BGH GRUR 90, 432; *Spleißkammer*; 88, 287 (II1) *Abschlussblende*; 62, 294 *Hafendrehkran*; 60, 542 *Flugzeugbetankung I*; 56, 409 *Spritzgußmaschine I*;.
237 BPatG GRUR 10, 137 *Oxaliplatin*.
238 BPatGE 4, 30.
239 BGH GRUR 04, 138 (IV) *Dynamisches Mikrofon*; 95, 577 rSp *Drahtelektrode*; 65, 231 233 rSp *Zierfalten*; 61, 278 *Lampengehäuse*; BPatGE 17, 86, 88.
240 BGH GRUR 61, 572 (I1) *Metallfenster*.

119 **8.1.2 Beschränkung nur im Rahmen der Offenbarung:** Der Gegenstand des Beschränkungsantrags muss sich im Rahmen der ursprünglichen Offenbarung halten.[241] Zum Begriff der Offenbarung, der für das Gebiet des Patentrechts ein einheitlicher ist,[242] siehe § 34 Rdn 289. Es ist nicht am Wortlaut zu haften. Entscheidend ist der Sinn, den der Fachmann mit seinem Wissen der ursprünglichen Offenbarung entnimmt.[243] Daher können auch Merkmale für eine Beschränkung herangezogen werden, die zwar nicht expressis verbis beschrieben sind, die aber dem Fachmann nach der Lektüre der Patentschrift auf Grund seines Fachwissens, mit dem er die Patentschrift liest, ohne weiteres präsent sind.

120 Der BGH will dagegen eine Beschränkung auf eine bestimmte Ausführungsform nur dann zulassen, wenn der Fachmann durch die *bloße Lektüre* der Patentschrift die beantragte Ausgestaltung kommt, nicht dagegen, wenn der Fachmann sich nähere und weiterführende Gedanken über die Ausführbarkeit der Erfindung machen muss und dabei Informationen, die die Beschreibung nicht vermittelt, mit seinem Fachkönnen aus seinem Fachwissen ergänzt, auch wenn dies erfinderische Überlegungen nicht erfordert.[244] Ein zu restriktives Verständnis wird dem Institut der Selbstbeschränkung nicht gerecht, das ja ein sonst notwendiges Beschränkungsverfahren gemäß § 64 ersparen will. Außerdem würde dann die Einheitlichkeit des Begriffs der Offenbarung im Patentrecht unnötig aufgegeben.

121 **Zulässige Beschränkungen: a)** Aufnahme eines **Unteranspruchs** in den Hauptanspruch; **b)** Aufnahme von **Merkmalen aus Ansprüchen**, auch wenn sie nicht angegriffen sind, sofern dies innerhalb der mit dem qualifizierten Hinweis gesetzten Frist erfolgt. Nach diesem Zeitpunkt soll dies nach der jüngeren Rechtsprechung des BGH[245] deswegen unzulässig sein, weil Streitgegenstand nur das Patent ist, soweit es angegriffen ist und das Nichtigkeitsverfahren nicht der Überprüfung des Patents im Übrigen dienen soll. **c)** Aufnahme von Merkmalen, die in der **Beschreibung, den Beispielen oder den Zeichnungen**[246] ausreichend deutlich offenbart sind, wobei nicht sämtliche Merkmale eines Ausführungsbeispiels in die beschränkte Verteidigung aufgenommen werden müssen,[247] allerdings wiederum nur innerhalb der vom qualifizierten Hinweis bestimmten Fristen, nicht danach und keinesfalls in der mündlichen Verhandlung. **d)** Rückzug auf ein **Ausführungsbeispiel**[248] oder auf eine **Alternative**;[249] **e) Kategoriewechsel**, aber ausnahmsweise nur, wenn dadurch der Schutzbereich nicht erweitert wird (§ 1 Rdn 195).

---

241 BGH GRUR 08, 56 = Mitt 07, 411 *injizierbarer Mikroschaum*.
242 BGH GRUR 81, 812 *Etikettiermaschine*; 04, 133 (II2a) *Elektronische Funktionseinheit*; BGH GRUR 04, 407 (VI2) *Fahrzeugleitsystem*; EPA GBK G 0001/03 ABl 04, 413 (Nr 2.2.2) = Mitt 04, 261 *Disclaimer/PPG*.
243 BGH GRUR 08, 56 = Mitt 07, 411 *injizierbarer Mikroschaum*.
244 BGH GRUR 04, 407 (VI2) *Fahrzeugleitsystem*; zur Neuheit aber BGH GRUR 09, 382 *Olanzapin*; zum Sinngehalt von Patentansprüchen BGH GRUR 15, 875 *Rotorelemente*.
245 BGH GRUR 17, 604 *Ankopplungssystem*; Urt. v. 18.12.2018, X ZR 113/16.
246 BGH GRUR 07, 578 *Rückspülbare Filterkerze*.
247 BGH GRUR 07, 578 *Rückspülbare Filterkerze*.
248 BGH v 18.05.99 – X ZR 113/96 *Ventilbetätigungsvorrichtung*, Schulte-Kartei PatG 81–85 Nr 252; BGH GRUR 67, 585 *Faltenrohre*.
249 BGH GRUR 01, 730 (I3) *Trigonellin*.

Unzulässige Beschränkungen: a) Änderung macht das Patent zu einem **aliud**;[250] b) Änderung ist keine Beschränkung, sondern (auch) eine (teilweise) **Erweiterung** des Gegenstands oder des Schutzbereichs des Patents; c) beantragte Änderung ist keine Beschränkung, sondern lediglich eine **Klarstellung** oder Verschönerung des Streitpatents, die das Patent materiell unangetastet lassen, d) Änderungen gemäß Buchstaben b) und c) der zulässigen Änderungen außerhalb der gesetzten Fristen.

8.1.3 Beschränkung nur im Rahmen des Schutzbereichs des Patents, denn eine Änderung, die den Schutzbereich gegenüber der erteilten Fassung erweitern würde, würde damit den Nichtigkeitsgrund des § 22 (1) schaffen (vgl dazu § 22 Rdn 10).[251] Eine Beschränkung ist daher nur zulässig, wenn der Gegenstand der Beschränkung nicht nur für den Fachmann in der Patentschrift offenbart ist, sondern vom Patent auch geschützt wird.[252] Ist durch das erstinstanzliche Nichtigkeitsurteil – entsprechend der dort vorgenommenen Selbstbeschränkung – ein Merkmal gestrichen worden, so dass der Schutzbereich unzulässig erweitert ist, konnte sich der Patentinhaber im Berufungsverfahren bisher auf eine abweichende Anspruchsfassung zurückziehen, mit der die Erweiterung (durch Einfügung des betreffenden Merkmals) rückgängig gemacht wird.[253] Nach dem Gesetzeswortlaut in der Fassung des PatRModG[254] dürfte das nach der Vorschrift des § 116 (2) nicht ohne weiteres möglich sein, vgl. dazu § 116 Rdn 4.

8.1.4 Beschränkung nur des angegriffenen Teils des Patents: Anders als im Einspruchsverfahren (vgl § 59 Rdn 172) muss die Beschränkung in einem sachlichen Zusammenhang zum Angriff des Klägers stehen, denn die Selbstbeschränkung dient nur der Verteidigung gegenüber dem Klagebegehren, nicht der Revision des Patents anlässlich einer Teilnichtigkeitsklage. Daher ist grundsätzlich eine beschränkende Änderung von nicht angegriffenen (Neben- oder Unter-) Ansprüchen nicht zulässig,[255] die somit unverändert bestehen bleiben.[256]

Eine Ausnahme sollte lediglich für die **Änderung der Rückbeziehung** in nicht angegriffenen Unteransprüchen gelten. Dem Patentinhaber sollte es – wenn der Kläger keine begründeten Einwände erhebt – im Interesse der Rechtsklarheit gestattet sein, die Rückbeziehung *aller* Unteransprüche auf den zu beschränkenden Hauptanspruch zu ändern, damit nicht ein Patent in 2 Fassungen entsteht (vgl dazu Rdn 143). Ebenso sollte eine **neue Nummerierung** der Ansprüche des Streitpatents möglich sein, wenn einzelne Ansprüche für nichtig erklärt werden.

---

250 BGH GRUR **11**, 1003 *Integrationselement.*
251 BGH GRUR **05**, 145, 146 *Elektronisches Modul.*
252 BGH GRUR **05**, 145, 146 *Elektronisches Modul.*
253 BGH GRUR **08**, 56 = Mitt 07, 411 *injizierbarer Mikroschaum.*
254 BGBl I 2521 = BlPMZ 2009, 301.
255 BGH Liedl **1959/60**, 395, 410 *Schwingungswalze*; BGH v 11.11.03 – X ZR 61/99 *Humanmedizinische Abschabungsvorrichtung*, Schulte-Kartei PatG 81–85 Nr 318; BPatGE **36**, 35; BGH GRUR **17**, 604 *Ankopplungssystem*; Urt. v. 18.12.2018, X ZR 113/16.
256 Vgl zB BGH v 18.02.97 – X ZR 25/95 *Vorrichtung zum Zerstäuben* und v 18.02.98 – X ZR 45/96 *Hub-Kipp-Vorrichtung*, Schulte-Kartei PatG 81–85 Nr 256 u 260; BPatG v 06.10.94 – 3 Ni 32/93, Schulte-Kartei PatG 81–85 Nr 254.

126 **8.1.5 Formulierung der verteidigten Ansprüche** muss den allgemeinen Erfordernissen für die Abfassung von Patentansprüchen entsprechen. Ansprüche müssen insbesondere deutlich und klar sein (vgl § 34 Rdn 111 ff), sofern die Unklarheit nicht von Anbeginn an in der erteilten Fassung vorhanden war,[257] allerdings fehlt dem deutschen Recht eine dem Art. 84 (2) EPÜ entsprechende Vorschrift.[258] Neue Ansprüche, die im Erteilungsverfahren zu beanstanden wären, können im Nichtigkeitsverfahren nicht als beschränkte Verteidigung zugelassen werden.

8.1.6 Sprache bei europäischen Patenten

127 Beschränkte Verteidigung eines europäischen Patents, das für die BRD in der Verfahrenssprache Englisch oder Französisch erteilt wurde, kann – obwohl die fremdsprachige Fassung gemäß Art 70 (1) EPÜ für die BRD allein verbindlich ist – auch durch eine *in deutscher Sprache* gehaltene eingeschränkte Neufassung der Patentansprüche erfolgen.[259] Der Patentinhaber ist jedoch nicht gehindert, die Neufassung der eingeschränkten Patentansprüche seines europäischen Patents in der EPA-Verfahrenssprache beschränkt zu verteidigen, also *in Englisch oder Französisch*,[260] was sich zur Vermeidung von Übersetzungsfehlern aus praktischen Gesichtspunkten anbieten dürfte.

128 Ob die deutsche oder die Fremdsprache vorzuziehen ist, ist eine Frage der sachgerechten Abwägung im Einzelfall. Dabei ist zu berücksichtigen, dass nach Art 70 (1) EPÜ der Wortlaut eines europäischen Patents in der Verfahrenssprache für Verfahren in jedem Vertragsstaat die verbindliche Fassung darstellt.[261] Bei der Änderung der Patentansprüche ist daher der Verfahrenssprache der Vorzug zu geben, außer es gibt triftige Gründe für eine Beschränkung in deutscher Sprache. Grundsätzlich ist das BPatG an die vom Patentinhaber für seine beschränkte Verteidigung gewählte, nicht-deutsche Erteilungssprache gebunden.

129 **8.2 Prüfung der Selbstbeschränkung:** Liegt eine *zulässige Beschränkung* vor (s oben Rdn 118), so ist der über die Beschränkung hinausgehende Teil des Patents ohne weitere Sachprüfung für nichtig zu erklären.[262] Die Zulässigkeit einer Beschränkung ist – wie beim Einspruchsverfahren (vgl § 59 Rdn 199) – ohne Beschränkung auf die geltend gemachten Nichtigkeitsgründe[263] zu prüfen.[264] Die zulässigerweise beschränkt vertei-

---

257 BGH GRUR **16**, 361 *Fugenband*.
258 BPatGE **54**, 238 = Mitt **15**, 135 *Gargerät* (Beschwerdeverf.); BPatG Beschl. v. 17.12.2018, 11 W (pat) 24/14 (Beschwerdeverf.).
259 BGH GRUR **92**, 839 *Linsenschleifmaschine*; **96**, 862 (I) *Bogensegment*; BlPMZ **95**, 322 (I2) *Isothiazolon*; BPatGE **31**, 113; **35**, 255, 256.
260 BGH v 08.06.93 – X ZR 121/90, Schulte-Kartei PatG 81–85 Nr 151 *locking device* (Schließvorrichtung); BGH GRUR **04**, 407 (VI) *Fahrzeugleitsystem*; aA früher BPatGE **32**, 225.
261 BGH GRUR **04**, 407 (VI) *Fahrzeugleitsystem*; Rogge GRUR **93**, 284.
262 St. Rspr.: BGHZ **170**, 215 = GRUR 2007, 404 *Carvedilol II*; BGH GRUR **62**, 294 *Hafendrehkran*; **64**, 308, 309 *Dosier- und Mischanlage*; **96**, 857 (II) *Rauchgasklappe*; BGH Liedl **67/68**, 253, 261; BGH v 12.09.00 – X ZR 110/98 *Druckentlastungs-Paneelaufbau* und BPatG v 06.10.94 – 3 Ni 32/93 (EU), Schulte-Kartei **81–85** Nr 265 und 254 und BGH v 26.09.00 – X ZR 33/97 *Verwendung von Heparin*, Schulte-Kartei PatG 110–122 Nr 48.
263 BGH v 18.05.99 – X ZR 113/96 *Ventilbetätigungsvorrichtung*, Schulte-Kartei PatG 81–85 Nr 252.
264 Vgl. dazu Keukenschrijver, Patentnichtigkeitsverfahren, Rn 266 mwN.

digte Fassung des Streitpatents wird im Rahmen der Klageanträge auf das Vorliegen der geltend gemachten Nichtigkeitsgründe geprüft.
Liegen sie vor, wird das Patent insgesamt für nichtig erklärt. Liegen sie nicht vor, weil das verteidigte Restpatent patentfähig ist, so wird dem Patent im Urteil die der Selbstbeschränkung entsprechende Fassung gegeben und die Nichtigkeitsklage im Übrigen abgewiesen.[265]

Eine Sachprüfung des Streitpatents auf Schutzfähigkeit findet nicht statt, wenn Klageantrag und zulässige Selbstbeschränkung sich decken, sich also auf die gleiche Fassung des Streitpatents beziehen, sei es, dass der Beklagte sein Patent nur noch entsprechend dem Klageantrag beschränkt verteidigt, sei es, dass der Kläger nach einer zulässigen Selbstbeschränkung seine weitergehende Klage zurücknimmt. Damit haben die Parteien den Streitstoff durch Klageantrag, Selbstbeschränkung oder Klagerücknahme zulässig beschränkt, so dass dem Streitpatent nur noch durch rechtsgestaltendes Urteil die gewollte Fassung zu geben ist.[266]   130

Ist die **Selbstbeschränkung unzulässig**, so ist der Beklagte darauf hinzuweisen und der Prüfung im Nichtigkeitsverfahren ggfs. die erteilte Fassung zugrunde zu legen.   131

Beschränkt der Beklagte die Verteidigung des Patents ausdrücklich auf die vorgelegte (unzulässig) beschränkte Fassung, dürfte nach Hinweis in letzter Konsequenz ebenfalls auf die erteilte Fassung als Grundlage der Sachprüfung abzustellen sein.[267]   132

8.3 Bindung an die beschränkt verteidigte Fassung

8.3.1 BPatG ist an die verteidigte Fassung gebunden, sofern die Beschränkung zulässig[268] und nicht nur hilfsweise beantragt ist.[269] Bei *mehreren Hilfsanträgen* prüft BPatG zweckmäßigerweise zunächst die am wenigsten beschränkte Fassung,[270] es sei denn, der Patentinhaber besteht auf einer anderen *Reihenfolge*. Die bloße *Nummerierung von Hilfsanträgen* soll die Prüfungsreihenfolge für BPatG nicht bindend festlegen.[271] Dies wird dem Willen des Patentinhabers aber nicht gerecht,[272] daher ist zunächst von der mitgeteilten Reihenfolge und sodann zu Gunsten des Beklagten von der sachlich am wenigsten einschränkenden Fassung des Patents auszugehen.   133

Wird ein europäisches Patent, das in der maßgeblichen Verfahrenssprache Englisch oder Französisch für die BRD erteilt ist, vom Patentinhaber in der Fremdsprache   134

---

265 BGH GRUR **56**, 409, 410 *Spritzgußmaschine I*; **60**, 542, 543 *Flugzeugbetankung I*; **62**, 294, 296 *Hafendrehkran*; BlPMZ **91**, 306 *Überdruckventil*.
266 *BGH GRUR **62**, 294 Hafendrehkran*; **64**, 308 *Dosier- und Mischanlage*; BPatG v 6.10.94 – 3 Ni 32/93 (EU), Schulte-Kartei PatG 81–85 Nr 254.
267 A. A. BPatG, GRUR **09**, 145 *Fentanylpflaster* unter Verkennung von § 308 ZPO und des numerus clausus der Nichtigkeitsgründe; konnte vom BGH in der Berufungsentscheidung GRUR **11**, 129 *Fentanyl-TTS* offen gelassen werden.
268 BGH GRUR **60**, 542 *Flugzeugbetankung I*; BPatGE **4**, 30.
269 BGH Liedl **56/58**, 376, 380.
270 BPatGE **34**, 230; BPatG v 14.09.95 – 2 Ni 29/94 (EU), Schulte-Kartei PatG 81–85 Nr 255.
271 BPatGE **34**, 203.
272 BPatGE **51**, 45 = GRUR **09**, 46 *Ionenaustauschverfahren*.

beschränkt verteidigt, so ist BPatG hieran gebunden und kann nicht davon abweichend das Patent in Deutsch beschränken.

135 **8.3.2 Beklagter** ist an seinen beschränkten Antrag erst mit der Rechtskraft des Nichtigkeitsurteils gebunden. Bis dahin konnte er ihn bisher ändern oder widerrufen und das Patent in einer anderen oder wieder in der erteilten Fassung verteidigen,[273] auch und gerade im Berufungsverfahren vor BGH, wenn der Patentinhaber Berufungskläger war[274] oder er als Berufungsbeklagter Anschlussberufung einlegt hat.[275] Wurde die Berufung teilweise zurückgenommen, konnte er nicht mehr zum alten Gegenstand des Patents zurückkehren, weil eine wirksame Berufungsrücknahme nicht rückgängig gemacht werden kann.[276]

136 Nach der Neufassung des § 116 (2) PatG durch das PatRModG[277] steht diese Möglichkeit nur noch eingeschränkt zur Verfügung. Bisher hat der BGH sich gegen eine Sachdienlichkeit einer Verteidigung mit geänderten Ansprüchen dann ausgesprochen, wenn der Beklagte diese Änderung bereits in der ersten Instanz vornehmen hätte können;[278] das soll dann nicht gegeben sein, wenn der Hinweis des BPatG gemäß § 83 (1) den jetzt strittigen und zur beschränkten Verteidigung führenden Gesichtspunkt anders beurteilte.[279]

IV. Prüfung des Patents

1 Bestehen des Patents

137 ist als vorgreifliche Frage im Nichtigkeitsverfahren immer zu prüfen,[280] denn eine Nichtigerklärung setzt voraus, dass das Patent entstanden und nicht bereits erloschen ist. Zum Nachweis des Rechtsschutzinteresses nach Erlöschen des Patents s oben Rdn 42.

2 Fassung des Patents:

138 Maßgeblich ist die Fassung, die das Patent im Zeitpunkt der Entscheidung hat. Eine Veränderung der Patentlage ist wie eine Änderung der Gesetzeslage zu beachten. BGH, BPatG und EPA müssen ihrer Entscheidung das Patent in der Fassung zu Grunde legen, die es in der letzten mündlichen Verhandlung hat.[281] Die Fassung wird bestimmt durch **a)** den Erteilungsbeschluss (nicht durch eine davon abweichende PS[282]); **b)** einen Teilwiderruf in einem Einspruchsverfahren; **c)** eine Beschränkung in

---

273 BGH GRUR 65, 480, 483 *Harnstoff*.
274 BGH GRUR 65, 480 *Harnstoff*; 95, 210 (II2c) *Lüfterkappe*; 96, 757 (II) *Zahnkranzfräser*; 04, 583 *Tintenstandsdetektor*; 05, 145, 146 *Elektronisches Modul*.
275 BGH BlPMZ 53, 14 (II) *Schreibhefte*.
276 BGH GRUR 56, 317 *Wasch- und Bleichmittel*; 95, 210 (III1c) *Lüfterkappe*; BGH GRUR 04, 583 *Tintenstandsdetektor*.
277 BGBl I, 2521 = BlPMZ 2009, 301.
278 BGH GRUR 16, 182 *Telekommunikationsverbindung*.
279 BGH GRUR 16, 182 *Telekommunikationsverbindung*.
280 BGH GRUR 88, 290 (II) *Kehlrinne*.
281 BGH GRUR 62, 577 (II) *Rosenzüchtung*; 64, 433 (I) *Christbaumbehang I*; 71, 78 (I) *Dia-Rähmchen V*; BGH v 13.01.04 – X ZR 5/00, Schulte-Kartei PatG 139.4 Nr 39 *Analytisches Testgerät 01*.
282 RGZ 153, 315, 320.

einem Verfahren nach § 64 d) eine Teilvernichtung in einem früheren Nichtigkeitsverfahren; e) eine spätere Berichtigung des Erteilungsbeschlusses, die auch dann maßgebend ist, wenn sie materiell unzutreffend sein sollte.[283]

Feststellung des Gegenstands eines angegriffenen Patentanspruchs ist nur in dem Umfang notwendig, wie dies zur Prüfung der Bestandsfähigkeit des Patents gegenüber dem geltend gemachten Nichtigkeitsgrund erforderlich ist.[284] Für diese Feststellung gelten die gleichen Grundsätze wie bei der Feststellung des Sinngehalts und bei der Auslegung des Patents im Verletzungsstreit.[285] Eine einengende Auslegung der angegriffenen Patentansprüche darf nicht deshalb zugrunde gelegt werden, weil mit dieser die Schutzfähigkeit eher bejaht werden könnte, denn eine Auslegung des angegriffenen Patentanspruchs unter seinem Sinngehalt kommt nicht in Betracht.[286] 139

3 Prüfung der Gültigkeit des Patents:

Für die Ermittlung des Patentgegenstands haben die Patentansprüche Vorrang,[287] da sie für den Schutzbereich des Patents maßgeblich sind.[288] Daher ist bei einer Auslegung zunächst von der Bedeutung der im Anspruch verwendeten Worte auszugehen.[289] Beschreibung und Zeichnungen können und müssen als Auslegungshilfe herangezogen werden, weil sie als Teil des Patents eine sinnvolle Erläuterung enthalten können.[290] Bei der Auslegung ist nicht am Wortlaut zu haften, sondern auf den technischen Gesamtzusammenhang abzustellen, den der Inhalt der PS dem Fachmann vermittelt.[291] Entscheidend ist das Verständnis des unbefangenen Fachmanns und der im Patent verwendete Sprachgebrauch, nicht dagegen ein rein philologisches Verständnis oder eine rein sprachliche oder logisch-wissenschaftliche Ausdeutung der verwendeten Begriffe.[292] Zur Auslegung vgl auch § 3 Rdn 98 und § 14 Rdn 13; zu Bereichsangaben vgl. § 3 Rdn 122 bzw. Rdn 103. 140

Patenthindernde Tatsachen, die der Entscheidung zugrunde gelegt werden können, müssen vor dem Anmelde- oder Prioritätstag liegen. Entgegenhaltungen aus dem Prioritätsintervall können nur berücksichtigt werden, wenn die Priorität materiell zu Unrecht in Anspruch genommen worden ist (vgl § 41 Rdn 28). Ob die förmlichen Voraussetzungen des § 41 erfüllt waren, ist ohne Belang.[293] 141

---

283 Vgl RG GRUR 27, 472; MuW 32, 500.
284 BGH GRUR 04, 47 *blasenfreie Gummibahn I*; 04, 579 *Imprägnieren von Tintenabsorbierungsmitteln* (I1).
285 BGH GRUR 01, 232 *Brieflocher*; 04, 579 *Imprägnieren von Tintenabsorbierungsmitteln* (I1); BGH v 11.11.03 – X ZR 61/99 *Humanmedizinische Abschabungsvorrichtung*, Schulte-Kartei PatG 81–85 Nr 320.
286 BGH GRUR 04, 579 *Imprägnieren von Tintenabsorbierungsmitteln*; GRUR 07, 309 *Schussfädentransport*.
287 BGH GRUR 81, 338 (II2a) *Magnetfeldkompensation*.
288 Zu § 14 PatG: BGH GRUR 86, 803 (5b) *Formstein*; 88, 896 (II2a) *Ionenanalyse*; 89, 205 (II3) *Schwermetalloxidationskatalysator*; 89, 903 (II2) *Batteriekastenschnur*.
289 BGH Mitt 00, 105 *Extrusionskopf*.
290 BGH GRUR 90, 346 (V4) *Aufzeichnungsmaterial*.
291 BGH GRUR 99, 909 *Spannschraube*.
292 BGH GRUR 99, 909 *Spannschraube*; BGH GRUR 2005, 754 *Knickschutz* (GbM-Sache).
293 Vgl PA BlPMZ 26, 221; 35, 33; RG MuW 32, 500.

4 Rückbeziehungen in Unteransprüchen:

142 Werden mit der Klage nicht alle Ansprüche angegriffen, so bleiben die nicht im Streit stehenden Ansprüche unverändert bestehen,[294] weil das Gericht an den Klageantrag gebunden ist. Nicht angegriffene Unteransprüche kann das Gericht nicht in seine Prüfung einbeziehen, so dass sie sich nach wie vor auf den Hauptanspruch in der erteilten Fassung rückbeziehen. Eine Änderung nicht angegriffener Unteransprüche lässt die Rechtsprechung auch nicht im Wege der Selbstbeschränkung zu.[295]

143 Eine Änderung in der Rückbeziehung nicht angegriffener Unteransprüche sollte dem Beklagten im Wege der Selbstbeschränkung jedoch gestattet werden, auch wenn er nur den Hauptanspruch beschränkt verteidigt. Das entspräche auch dem Sinn der Selbstbeschränkung in einem Nichtigkeitsverfahren, die ein förmliches Beschränkungsverfahren ersparen soll. Ansonsten wäre der Patentinhaber gezwungen, nur deshalb ein Beschränkungsverfahren nach § 64 durchzuführen, um einer erneuten Klage zu begegnen, die sich nach der eigenen Auffassung des Patentinhabers mit Erfolg gegen den bisher nicht angegriffenen Unteranspruch richten würde, weil sich dieser unverändert auf den Hauptanspruch in der alten Fassung vor der Selbstbeschränkung bezieht. Ein Widerspruch zur jüngeren Rechtsprechung des BGH[296] dürfte darin nicht liegen, weil es nicht um die Überprüfung des nicht angegriffenen Teils des Patents geht, sondern nur um die Anpassung der Rückbeziehung.

Die Zulassung der Änderung in der Rückbeziehung eines nicht angegriffenen Unteranspruchs, so dass sich dieser wie die angegriffenen Unteransprüche einheitlich auf den beschränkt verteidigten Hauptanspruch bezieht, stellt sicher, a) Rechtsklarheit für die Öffentlichkeit, die nicht mit einem Patent in zwei Fassungen (alter und beschränkt verteidigter Hauptanspruch) konfrontiert wird; b) keine Aufrechterhaltung eines Patents, das der Patentinhaber in diesem Umfang selbst nicht will; c) Vermeidung der Veröffentlichung einer neuen Patentschrift (C 5-Schrift[297]) mit zwei unterschiedlichen Anspruchssätzen, nämlich beschränkt verteidigter Hauptanspruch mit den Unteransprüchen, die mit der Klage angegriffen waren, und Hauptanspruch in alter Fassung mit den Unteransprüchen, die mit der Klage nicht angegriffen waren.

5 Bestimmung des Schutzbereichs

144 des Patents durch Auslegung der ganz oder teilweise bestehen bleibenden Ansprüche ist primär keine Aufgabe des Nichtigkeitsverfahrens, sondern dem Verletzungsrichter vorbehalten. Mit dem Schutzbereich befasst sich das Nichtigkeitsverfahren nur, wenn gemäß § 22 (1) PatG geltend gemacht wird, dass der Schutzbereich des Patents erweitert worden ist (s § 22 Rdn 10).

---

294 Vgl zB BGH v 18.02.97 – X ZR 25/95 *Vorrichtung zum Zerstäuben* und v 18.02.98 – X ZR 45/96 *Hub-Kipp-Vorrichtung*, Schulte-Kartei PatG 81–85 Nr 256 u 260; BPatG v 06.10.94 – 3 Ni 32/93, Schulte-Kartei PatG 81–85 Nr 254.
295 BGH Liedl 1959/60, **395**, 410 *Schwingungswalze*; BGH v 11.10.03 – X ZR 61/99 *Humanmedizinische Abschabungsvorrichtung*, Schulte-Kartei PatG 81–85 Nr 318; BPatGE **36**, 35; BGH GRUR **17**, 604 *Ankopplungssystem*.
296 BGH GRUR **17**, 604 *Ankopplungssystem*.
297 MittDPMA Nr 13/03 BlPMZ **03**, 353.

6 Untersuchungsgrundsatz

(vgl dazu Einl Rdn 16)
Lit: Jestaedt FS Piper 96, 695; Lit in GRUR: Pakuscher 77, 371; Schmieder 80, 74; 82, 348.

145

BPatG erforscht gemäß § 87 (1), der als gemeinsame Verfahrensvorschrift auch im Nichtigkeitsverfahren gilt, den Sachverhalt von Amts wegen.[298] Zu eigenen Ermittlungen wird idR aber kein Anlass bestehen, da der Kläger die zur Begründung dienenden Tatsachen und Beweismittel gemäß § 81 (5) 2 anzugeben hat und dies im eigenen Interesse so vollständig wie möglich tun wird. Vielmehr besteht der Untersuchungsgrundsatz im Nichtigkeitsverfahren lediglich dazu, das präsente technische Wissen der (technischen) Richter des BPatG zu berücksichtigen.[299] Keinesfalls entbindet das den Kläger von eigenem patenthinderndem Vortrag.[300] Aber auch wenn der Hinweis des BPatG gemäß § 83 (1) keinen Anlass zu weiterem Vortrag bot, wird der Kläger von weiterem Vortrag, ggfs. in zweiter Instanz, nicht entbunden.[301]

146

BPatG *kann* (nicht muss!) selbst nach entgegenstehendem Stand der Technik recherchieren, wenn dafür ein vernünftiger Anlass besteht.[302] BPatG kann dazu auf Grund des Untersuchungsgrundsatzes verpflichtet sein, wenn der sachverständig besetzte Senat der festen Überzeugung ist, es gebe relevantes Material, das für die zutreffende Beurteilung des angegriffenen Patents – sei es rechtserhaltend oder schutzrechtsbeschränkend – von Bedeutung ist, oder wenn BPatG Belege für einen ihm bekannten Stand der Technik oder für ein bestimmtes allgemeines Fachwissen ermitteln will. Grundsätzlich sollte aber Zurückhaltung angewendet werden.

147

Der Amtsermittlungsgrundsatz berechtigt nicht zum Übergehen von erheblichen Beweisantritten, weil zweckdienliche Ergebnisse nicht zu erwarten seien.[303]

148

7 Verspätetes Vorbringen

(vgl dazu Einl Rdn 238): Dessen Zurückweisung sah PatGaF ausnahmsweise in § 117 für BGH vor, nicht aber für BPatG. Grund: Für BGH gilt nach § 115 aF der Untersuchungsgrundsatz nur eingeschränkt, nicht dagegen für BPatG (§ 87 (1)). Daher keine Anwendung der §§ 282, 296 ZPO über § 99 (1), der dem § 173 VwGO nachgebildet ist,[304] nach dem eine Zurückweisung verspäteten Vorbringens ebenfalls ausgeschlossen ist.

149

Nach der Neufassung des PatG durch das PatRModG wurde eine entsprechende Vorschrift in § 83 (4) eingeführt; Näheres siehe bei der Kommentierung zu § 83 Rdn 18.

150

---

298 BGH BlPMZ 63, 124, 127 lSp *Weidepumpe*; 67, 198 (II2aa) *Korrosionsschutzbinde* (Gbm).
299 BGH GRUR 15, 365 *Zwangsmischer*.
300 BGH GRUR 15, 365 *Zwangsmischer*.
301 BGH Urt v 21.04.2015, X ZR 19/13 und X ZR 74/13 = CIPR 15,79 = Schulte-Kartei PatG 110–122a Nr 131 *Rückstrahlende Folie*.
302 BGH v 01.07.03 – X ZR 8/00, Schulte-Kartei PatG 81–85 Nr 314 für Druckschriften, die in Entgegenhaltungen der Klage genannt sind.
303 BGH GRUR 81, 185 *Pökelvorrichtung*.
304 Amtl. Begr. zum 6. Überleitungsgesetz BlPMZ 61, 155.

Grundsätzlich ist danach die Zurückweisung möglich, aber nur bei kumulativem Vorliegen der in § 83 (4) genannten Voraussetzungen.

151 Beruhte die Verspätung des neuen Vorbringens auf *Rechtsmissbrauch*, zB Verfahrensverschleppung oder grober Nachlässigkeit, so konnte es auch bisher schon zurückgewiesen werden, weil es – wie jede andere missbräuchliche Verfahrenshandlung auch – unzulässig war.[305]

8 Beweislast

152 Weil nach dem Untersuchungsgrundsatz der Sachverhalt von Amts wegen zu ermitteln ist, gibt es keine Pflicht des Beteiligten zur Führung eines Beweises für eine bestimmte Tatsache wie im Zivilprozess *(Beweisführungslast).*[306] Lässt sich eine Tatsache im Wege der Amtsermittlung mit zumutbarem Aufwand nicht feststellen (s Einl Rdn 30), so trifft dieser Nachteil den Beteiligten, der sich auf diese behauptete Tatsache stützt *(materielle Beweislast).*[307] Kann BPatG und BGH nicht eindeutig feststellen, dass ein Nichtigkeitsgrund vorliegt, so geht das zu Lasten des Klägers, da einem Patentinhaber die durch die Patenterteilung erlangte Rechtsstellung nur genommen werden kann, wenn zweifelsfrei festgestellt werden kann, dass sie zu Unrecht erlangt worden ist. Eine Klage ist daher abzuweisen, wenn zweifelhaft bleibt, ob der geltend gemachte Nichtigkeitsgrund gegeben ist.

153 Angaben über technische Tatbestände im Patent können grundsätzlich bis zum Beweis des Gegenteils als zutreffend unterstellt werden. Das gilt nicht, wenn die Unrichtigkeit sich für einen Fachmann ohne weiteres ergibt. Erscheinen die gegensätzlichen Erklärungen der Parteien zu technischen Sachverhalten dem Gericht beide plausibel und kann es nicht endgültig entscheiden, welche zutreffend ist, so geht das zu Lasten des Klägers.[308]

154 **8.1 Kläger hat materielle Darlegungslast** für a)*Vorliegen eines Nichtigkeitsgrundes*, den der Kläger geltend macht, also für fehlende Patentfähigkeit, mangelnde Ausführbarkeit, unzulässige Erweiterung und widerrechtliche Entnahme; b)*Unrichtigkeit technischer Aussagen* in der Patentschrift, zB von Angaben über Temperatur, Viskosität oder biologische Aktivität oder die Ergebnisse von Versuchen oder von Vergleichstests; c) Angriffe gegen *Ausführungsbeispiele*, zB weil diese überhaupt nicht nachvollziehbar oder nicht mit dem angegebenen Ziel ausführbar seien; d) Nichterreichbarkeit der angegebenen *Vorteile eines Patents*. Nicht der Patentinhaber muss die Vorteile seines Patents glaubhaft machen, sondern der Kläger hat deren Fehlen nachzuweisen.[309]

---

305 BPatGE 23, 1 für grob nachlässig verspätete Beweisanträge; 2, 116, 118 für eine in der letzten mündlichen Verhandlung erhobene Anschlussbeschwerde.
306 BGH GRUR 99, 920 (II2d) *Flächenschleifmaschine.*
307 BGH GRUR 84, 339 (Nr 4) *Überlappungsnaht;* 91, 522, 523 rSp *Feuerschutzabschluß;* Mitt 99, 362 (III2c bb) *Herzklappenprothese;* BlPMZ 91, 151, 161 *Haftverband;* 99, 311 (II2d) *Flächenschleifmaschine;* vgl auch EPA GBK G 0003/97, G 0004/97 ABl 99, 245 (Nr 5).
308 Beispiel: T 0219/83 ABl 86, 211 (Nr 12) = GRUR Int 86, 548 für entgegengesetzte Behauptungen zum Erreichen einer gewünschten Alkalifreiheit.
309 BGH v 22.10.85 – X ZR 39/82 *Beweislast im Nichtigkeitsverfahren;* vgl. a. BPatG Mitt. 19, 64 *Praluent.*

Substantiierung des Klagevorbringens ist erforderlich. Der Kläger genügt seiner Darlegungs- und Beweislast nicht, wenn er die Richtigkeit einer technischen Aussage lediglich in Frage stellt. Vielmehr hat er nachprüfbare Tatsachen vorzutragen, auf die sich seine Behauptung stützt[310]. 155

Insoweit trifft den Kläger dann auch die Beweislast. 156

8.2 Patentinhaber hat materielle Darlegungslast für alle *Einwendungen*, die – wenn sie festgestellt werden – die schlüssig begründete Klage unzulässig oder unbegründet machen würden. Daher Patentinhaber beweispflichtig a) für Einwendungen gegen die *Zulässigkeit der Klage*, zB auf Grund einer Nichtangriffsabrede, b) für *Angriffe gegen die schlüssige Klage*,[311] zB dass eine Entgegenhaltung entgegen ihrem äußerem Anschein nicht zum Stand der Technik gehört, c) im Fall der *Umkehr der Beweislast*, wenn der Kläger zur Überzeugung des Gerichts ausreichenden Beweis geführt hat, den der Patentinhaber zu entkräften versucht.[312] 157

Zum Grundsatz der freien Beweiswürdigung, zum Anscheinsbeweis, zur vorweggenommenen Beweiswürdigung und der Ablehnung einer Beweiserhebung vgl Einl Rdn 155 ff 158

8.3 Sachverständiger vor BPatG ist idR nicht erforderlich, da der Nichtigkeitssenat mit sachverständigen Richtern besetzt ist. Einem Antrag auf Bestellung eines Sachverständigen ist jedoch dann zu entsprechen, wenn ausnahmsweise die Sachkunde des Senats nicht ausreicht,[313] zB bei spezieller Technologie. Dann kann auch von Amts wegen ein Sachverständiger bestellt werden. 159

Ablehnung eines Sachverständigen ist nach § 406 iVm §§ 41, 42 ZPO aus denselben Gründen wie bei einem Richter möglich, vgl dazu § 86 und zum Ablehnungsgrund § 27 Rdn 37. Besorgnis der Befangenheit besteht, a) wenn der Sachverständige Handlungen ohne Unterrichtung der Gegenseite vornimmt,[314] b) wenn er den Anwalt des Gegners mit seiner Patentanmeldung betraut hatte,[315] c) wenn eine nachwirkende Abhängigkeit aus früherer Tätigkeit für eine Partei besteht,[316] wie zB eine wissenschaftliche Zusammenarbeit zwischen der Partei und dem Institut des Sachverständigen;[317] d) bei gehäufter gemeinsamer Mitgliedschaft des Sachverständigen und des Geschäftsführers einer Partei in Vorständen und Beiräten von Institutionen, wenn den Gremien eine lediglich geringe Mitgliederzahl angehört;[318] e) wenn der SV auf Kritik an seinem Gutachten mit Bemerkungen wie »Unverschämtheit«, »völlig absurd und 160

---

310 BGH GRUR **13**, 1272 *Tretkurbeleinheit*; GRUR **15**, 365 *Zwangsmischer*.
311 BPatGE **9**, 34, 39.
312 Vgl dazu BPatG v 14.08.97 – 3 Ni 51/95, Schulte-Kartei PatG 81–85 Nr 257 und T 0109/91 EPOR **92**, 163 = ABl 93 SonderA 53 u 75.
313 Vgl BGH GRUR **70**, 408 (III6 f) *Anthradipyrazol*; **78**, 162 (B2b) *7-chlor-6-demethyltetracyclin*; BGH GRUR **04**, 413 *Geflügelkörperhaltung*.
314 BGH GRUR **75**, 507 *Schulterpolster*.
315 BGH GRUR **87**, 350 *Werkzeughalterung*.
316 OVG Berlin NJW **70**, 1390.
317 BGH v 10.12.98 – X ZR 64/97 *Sachverständigenablehnung*, Schulte-Kartei PatG 81–85 Nr 249.
318 OLG Düsseldorf InstGE **7**, 62 *Umhüllungsverfahren*.

inkompetent« sprachlich entgleist;[319] f) wenn der Sachverständige Miterfinder eines Patents der Partei ist.[320] – **Kein Ablehnungsgrund** ist: a) üblicher Kontakt von Hochschullehrern einer TU zur Industrie,[321] b) Eigenschaft als Vertreter eines Verbands, dem auch die Partei angehört.[322]

161 Der Ablehnungsgrund ist innerhalb der **Frist** des § 406 (2) Satz 1 ZPO (dh binnen 2 Wochen nach Verkündung bzw Zustellung des Beschlusses über die Ernennung des Sachverständigen) geltend zu machen. Bis zum Ablauf dieser Frist trifft jede Partei die Pflicht, im Rahmen des Zumutbaren eigene Nachforschungen darüber anzustellen, ob Umstände vorliegen, die Zweifel an der Unvoreingenommenheit des Sachverständigen rechtfertigen.[323] Unterbleiben sie, ist die Unkenntnis vom Vorliegen eines Befangenheitsgrundes iSv § 406 (2) Satz 2 ZPO verschuldet und ein außerhalb der Zweiwochen-Frist eingereichter Befangenheitsantrag unzulässig. Zumutbar sind zB Recherchen im Internet nach etwaigen Verbindungen des Sachverständigen zur gegnerischen Partei.[324] Erfährt die Partei unverschuldet außerhalb der Zweiwochen-Frist von einem Ablehnungsgrund, hat sie das Befangenheitsgesuch unverzüglich nach ihrer Kenntnis anzubringen.[325]

162 Zur **Entschädigung** s § 80 Rdn 84 unter »Sachverständiger«, zum **Auslagenvorschuss** s § 46 Rdn 26.

9 Aussetzung

163 nach 148 ZPO, der im Nichtigkeitsverfahren entsprechend anwendbar ist,[326] setzt die Abhängigkeit der Entscheidung über die Nichtigkeitsklage von dem Bestehen oder Nichtbestehen eines Rechtsverhältnisses voraus, das Gegenstand eines anderen Verfahrens ist (*Vorgreiflichkeit*, vgl dazu Einl Rdn 142). Fehlt es an der Vorgreiflichkeit, besteht keine gesetzliche Grundlage für eine Aussetzung, auch wenn aus der Sicht des Gerichts prozessökonomische Gründe dafür sprechen mögen.[327] Die Aussetzung gegen den Willen einer Partei ist bei fehlender Vorgreiflichkeit unzulässig. Es könnte nur auf Antrag beider Parteien das Ruhen des Verfahrens nach § 251 ZPO angeordnet werden.

164 **Aussetzung zulässig** wegen Verdachts einer Straftat, deren Ermittlung für die Entscheidung von Einfluss ist (§ 149 ZPO), zB für die Glaubwürdigkeit eines Zeugen.

---

319 KG MDR 08, 528.
320 BGH v 11.06.08 – X ZR 124/06 *Sachverständiger/Miterfinder* Schulte-Kartei PatG 139.42 Nr 35.
321 BGH v 11.7.95 – X ZR 99/93 *Befangenheit*, Schulte-Kartei PatG 26–29 Nr 39.
322 BGH v 3.8.00 – X ZR 33/97 *Sachverständigenablehnung*, Schulte-Kartei PatG 81–85 Nr 263.
323 OLG Düsseldorf InstGE 7, 62 *Umhüllungsverfahren*.
324 OLG Düsseldorf InstGE 7, 62 *Umhüllungsverfahren*.
325 OLG Düsseldorf InstGE 7, 62 *Umhüllungsverfahren*.
326 BPatGE 41, 134 *Aussetzung*.
327 BPatGE 41, 134 hält Aussetzung für zulässig, wenn Berufung vor BGH anhängig ist und Streitpatent in 1. Instanz für nichtig erklärt wurde.

Aussetzung unzulässig a) wegen einer anderen Nichtigkeitsklage gegen dasselbe Patent, auch wenn diese in der Berufung anhängig ist,[328] weil es an der Vorgreiflichkeit fehlt. Die vage Erwartung, dass der BGH die in 1. Instanz ausgesprochene Nichtigerklärung bestätigen wird, rechtfertigt nicht, dem zweiten Kläger durch Aussetzung den Rechtsschutz zeitlich begrenzt zu versagen, nur weil BPatG sich möglicherweise dadurch unnötige Arbeit erspart; b) wegen anhängiger Nichtigkeitsklage gegen ein dem Streitpatent entgegengehaltenes älteres Recht, wenn dieses nach § 3 (2) als Stand der Technik gilt (früher Aussetzung wegen § 4 (2) aF möglich[329]); c) wegen eines Beschränkungsverfahrens nach § 64;[330] d) wenn Streitpatent noch gar nicht erteilt ist.[331]

165

10 Unterbrechung

vgl dazu allgemein Einl Rdn 424, zur Unterbrechung durch Insolvenz oder Konkurs vgl Einl Rdn 216 ff und 200.

166

11 Ruhen des Verfahrens

nach § 251 ZPO anzuordnen, wenn beide Parteien dies beantragen und anzunehmen ist, dass wegen Schwebens von Vergleichsverhandlungen oder aus sonstigen wichtigen Gründen diese Anordnung zweckmäßig ist.

167

12 Klagerücknahme

ist in jeder Lage des Verfahrens bis zum Erlass der Berufungsentscheidung zulässig,[332] auch teilweise.[333] Einer Zustimmung des Beklagten bedarf es abweichend von § 269 ZPO nicht, da die Rechtsstellung des Beklagten dadurch nicht beeinträchtigt wird.[334] Der Beklagte im Nichtigkeitsverfahren muss jederzeit mit einem weiteren Verfahren gegen sein Patent rechnen, worin der Unterschied zum Zivilprozess liegt. Die Klagerücknahme ist Verfahrenserklärung, daher bedingungsfeindlich, nicht anfechtbar, unwiderruflich und unabhängig von der Rechtswirksamkeit des Grundgeschäfts, zB eines Vergleichs.

168

Wirkung:
a) Keine Fortsetzung des Verfahrens von Amts wegen,[335] auch nicht durch Streitgehilfen;[336] In der Berufungsinstanz auch keine Fortsetzung des Verfahrens durch einen streitgenössischen Nebenintervenienten, der selbst kein Rechtsmittel eingelegt hat[337]

169

---

328 RPA 1900, 18; PA 1. Senat BlPMZ 58, 189 = GRUR 58, 513; RGZ 70, 322; aA: BPatGE 41, 134.
329 BGH GRUR 54, 317 *Entwicklungsgerät*.
330 PA BlPMZ 54, 438; 58, 61.
331 Vgl BPatGE 3, 119.
332 BGH GRUR 64, 18 *Konditioniereinrichtung*; 93, 895 *Hartschaumplatten*.
333 BGH GRUR 62, 294 *Hafendrehkran*.
334 BGH GRUR 64, 18 *Konditioniereinrichtung*; 93, 895 *Hartschaumplatten*.
335 BGH BlPMZ 53, 382, 386 rSp *Konservendosen I*; RGZ 150, 280, 282.
336 BGH GRUR 65, 297 *Nebenintervention II*.
337 BGH GRUR 11, 359 *Magnetowiderstandssensor*.

b) ein bereits ergangenes, noch nicht rechtskräftiges Urteil wird nach § 269 (3) ZPO ohne ausdrückliche Aufhebung wirkungslos;[338]
c) Kläger hat die Kosten zu tragen (§ 269 (3) 2 ZPO);[339]
d) keine Rückzahlung der Klagegebühr, aber je nach Zeitpunkt eine teilweise Rückzahlung des geleisteten Vorschusses;[340]
e) erneute Klage durch denselben Kläger ist zulässig.[341]

170 **Beschluss nach § 269 (3) 3 ZPO** für die Wirkungen zu b) und c) auf Antrag, sofern Kläger nicht bereits einen Titel über die Kosten (zB gerichtlicher Vergleich) hat.[342] Zuständig BPatG bis zur Berufungseinlegung.[343]

13 Erledigungserklärung

171 Nach § 264 Nr 2 ZPO ist die Erledigungserklärung eine stets zulässige Klageänderung. Sie ist keine Rücknahme von Klage oder Berufung. Form: schriftlich oder in mündlicher Verhandlung. Widerruf der einseitigen Erklärung möglich, der übereinstimmenden nur gemeinsam, aber nur bis zum Schluss der letzten mündlichen Verhandlung oder bis zum Entscheidungserlass. Als Hilfsantrag neben Vernichtungsantrag ist sie gegenstandslos. Zu § 93 ZPO s § 84 Rdn 27.

172 **Erledigung der Hauptsache nach Erlöschen des Patents**[344]

173 **13.1 Rückwirkendes Erlöschen** (zB durch Vernichtung in einem anderen Verfahren) und eine dem Klageantrag entsprechende Beschränkung nach § 64 bewirken immer eine Erledigung, bei der dem Beklagten die Kosten aufzuerlegen sind.[345]

174 **13.2 Erlöschen ex nunc** (zB durch Verzicht oder Zeitablauf[346]) bewirkt allein noch keine Erledigung. Für eine etwaige Fortführung des Verfahrens muss der Kläger aber ein Rechtsschutzinteresse nachweisen (Rdn 41). Gelingt ihm das nicht, wird die Klage kostenpflichtig als unzulässig abgewiesen.

175 Erklärt der Kläger wegen eines Verzichts des Beklagten auf das Patent und auf die sich aus ihm ergebenden Ansprüche seine (ursprünglich zulässige) Klage in der Hauptsache für erledigt, so hat der Beklagte grundsätzlich die Kosten des Verfahrens zu tragen.[347] Für die Anwendung des § 91a ZPO kommt es nicht darauf an, ob die Klage durch das erledigende Ereignis unbegründet oder durch den nachträglichen Wegfall einer Zulässigkeitsvoraussetzung (zB des Rechtsschutzinteresses) unzulässig wird.

---

338 BGH GRUR **64**, 18 *Konditioniereinrichtung*; **93**, 895 *Hartschaumplatten*.
339 BPatGE **3**, 170.
340 Bei Zurücknahme vor dem Schluss der mündlichen Verhandlung ermäßigt sich die Gebühr auf 1,5 Gebühren, § 2 (2) PatKostG, Nr 412 110 des Geb.-Verz.
341 BGH GRUR **64**, 18 *Konditioniereinrichtung*; **93**, 895 *Hartschaumplatten*.
342 BPatGE **1**, 119.
343 Vgl BGH GRUR **70**, 151 *Berufungsrücknahme* zu § 114 aF.
344 **Lit in GRUR:** Horn **71**, 333.
345 BGH GRUR **60**, 27 *Verbindungsklemme*.
346 BGH GRUR **83**, 560 *Brückenlegepanzer II*.
347 Vgl BPatGE **3**, 53 u 172; **17**, 86; **18**, 50; **31**, 191.

Verzicht des Beklagten auf das Patent[348] und auf Ansprüche aus dem Patent für die Vergangenheit sowie eine Rücknahme der Verletzungsklage oder des Widerspruchs iSd § 83[349] können dafür sprechen, dass die Nichtigkeitsklage Erfolg gehabt hätte, so dass dem Beklagten die Kosten aufzuerlegen sind. Der Anlass für den Verzicht, zB vom Kläger oder Gericht erst nach Klageerhebung genanntes (oder vom Beklagten selbst aufgefundenes) Material, ist unerheblich.[350]

War vor Klageerhebung bereits verzichtet worden und hat der Kläger für die Vergangenheit kein Rechtsschutzinteresse, so hat er die Kosten zu tragen.[351]

Ausnahme: Ein Verzicht führt dann nicht zur Kostentragung des Beklagten, wenn nach dem bisherigen Sach- und Streitstand das Streitpatent sich voraussichtlich als patentfähig erwiesen hätte, weil zB die Klage in einem vergleichbaren Parallelverfahren abgewiesen wurde[352] oder weil die Rücknahme der Verletzungsklage kein Indiz für das Unterliegen im Nichtigkeitsverfahren ist, weil sie auf einer zwischenzeitlichen Änderung der BGH-Rechtsprechung beruht.[353]

Aufhebung der Kosten gegeneinander kommt in Betracht, wenn eine eindeutige Prognose des Prozessausgangs nicht möglich ist.[354]

Kosten bei sofortigem Anerkenntnis gemäß § 93 ZPO s § 84 Rdn 27.

176

14 Vergleich

§ 278 (1) ZPO: »Das Gericht soll in jeder Lage des Verfahrens auf eine gütliche Beilegung des Rechtsstreits bedacht sein«. Zustandekommen möglich durch a) Protokollerklärungen in der Nichtigkeitsverhandlung, b) Annahme eines gerichtlichen Vergleichsvorschlages durch Schriftsatz (§ 99 (1) PatG, § 278 (6) ZPO), c) Unterbreiten eines übereinstimmenden Vergleichsvorschlages gegenüber dem Gericht durch Schriftsatz (§ 99 (1) PatG, § 278 (6) ZPO). Bei b) und c) stellt Gericht das Zustandekommen des Vergleichs durch Beschluss fest.[355]

177

Der Rechtsbestand eines Patents kann nur durch rechtsgestaltendes Urteil geändert werden, nicht durch den Abschluss eines Vergleichs. Der Kläger kann aber seine Klage oder Berufung zurücknehmen, der Beklagte kann sich zur Rücknahme seiner Verletzungsklage oder Berufung verpflichten und die Parteien können eine Lizenz und eine bestimmte Verteilung der Kosten vereinbaren. Ein Dritter, der nicht Partei ist, kann dem Verfahren zum Zwecke des Abschlusses eines Vergleichs beitreten. Wird das Patent in Kenntnis seiner mangelnden Rechtsbeständigkeit zum Nachteil Dritter als Scheinrecht aufrechterhalten, kann der Vergleich wegen Verstoßes gegen § 138 BGB unwirksam sein.[356]

178

---

348 Vgl BPatGE **3**, 53 u 172; **17**, 86; **18**, 50; **31**, 191.
349 BPatGE **18**, 50; einschränkend: **31**, 253.
350 BGH GRUR **61**, 278 *Lampengehäuse*; BPatGE **3**, 53; **28**, 197; **31**, 191.
351 BPatGE **24**, 11.
352 BGH GRUR **04**, 623 *Stretchfolienumhüllung*.
353 BPatGE **31**, 253 = GRUR **91**, 204.
354 BGH BlPMZ **84**, 213 *Kosten nach Erledigung*; BPatGE **31**, 253, 255.
355 BPatG Mitt **06**, 319 L *Schriftlicher Vergleich*.
356 BGH GRUR **53**, 385, 386 rSp *Konservendosen I*.

179 **Widerruf** kann sich jede Partei vorbehalten, am besten durch einen Schriftsatz, der bis zu einem bestimmten Datum bei Gericht eingegangen sein muss, weil dann der Zugang iSd § 130 (1) 1 BGB genügt und es nicht der Form der Einreichung von Schriftsätzen bedarf.[357] Keine Wiedereinsetzung in die versäumte Widerrufsfrist.[358] Da die Widerrufsfrist von den Parteien vereinbart ist, kann sie vom Gericht nach § 224 (2) ZPO nicht verlängert werden. Dieses Recht steht nur den Parteien zu.[359] Ein Widerrufsvorbehalt stellt idR eine aufschiebende Bedingung für die Wirksamkeit des Vergleichs dar.[360] Ein wirksam erklärter Verzicht auf den Widerruf macht einen danach erklärten Widerruf unwirksam.

180 **Kosten:** Enthält ein gerichtlicher oder außergerichtlicher Vergleich keine Kostenregelung, so gilt § 98 ZPO, dh die Kosten sind als gegeneinander aufgehoben anzusehen.[361] Eine Beweisgebühr entfällt, wenn die Klagerücknahme auf dem Vergleich beruht.[362]

181 **Beispiel:** 1. Der Beklagte räumt dem Kläger am Patent X eine einfache, nicht ausschließliche Lizenz zu folgenden Bedingungen ein: ... *oder*:
1. Der Kläger verpflichtet sich, es zu unterlassen, den Gegenstand des Streitpatents herzustellen, anzubieten, in Verkehr zu bringen oder zu gebrauchen oder für diese Zwecke einzuführen oder zu besitzen. Für jeden Fall der Zuwiderhandlung wird die Zahlung einer Vertragsstrafe von X € vereinbart. Zum Ausgleich von Schadensersatzansprüchen aus der Vergangenheit zahlt der Kläger den einmaligen Betrag von X €.
2. Der Kläger nimmt die Nichtigkeitsklage zurück.
3. Der Beklagte verpflichtet sich, die beim Landgericht Y unter dem Aktenzeichen Z anhängige Verletzungsklage zurückzunehmen. Der Kläger stimmt dieser Klagerücknahme zu.
4. Die Kosten des Nichtigkeits- und des Verletzungsverfahrens werden gegeneinander aufgehoben. *Oder*:
4. Von den Kosten des Nichtigkeits- und Verletzungsverfahrens, die der Kläger/der Beklagte trägt, übernimmt der Beklagte/der Kläger einen Betrag in Höhe von X €.
5. Die Parteien verpflichten sich, die Tatsache des Vergleichsabschlusses werbemäßig nicht zu verwenden.
6. Die Parteien/Der Kläger/Der Beklagte behalten sich den Widerruf dieses Vergleichs vor, der durch einen spätestens am ... 24 Uhr beim BPatG eingegangenen Schriftsatz erklärt werden kann. Gegen eine unverschuldete Versäumung der Widerrufsfrist soll Wiedereinsetzung gewährt werden können. *Oder*:
6. Der Vergleich soll nur wirksam sein, wenn die Parteien/der Kläger/der Beklagte den Vergleich durch einen spätestens am ... 24 Uhr beim BPatG eingegangenen Schriftsatz bestätigen.

182 15 Akteneinsicht s § 99 Rdn 25.

---

357 Vgl dazu BGH NJW 80, 1752.
358 BGHZ 61, 394; BGH NJW 95, 521.
359 BGHZ 61, 394; BGH NJW 95, 521.
360 BGHZ 88, 364; 46, 277.
361 BPatGE 24, 100 (Gbm); OLG München VersR 76, 395; aA: BPatGE 23, 81 (Wz).
362 BGH GRUR 66, 523 *Kunstharzschaum*.

16 Urteil s § 84 Rdn 2. 183
17 Kosten s § 84 Rdn 19. 184
18 Vorläufige Vollstreckbarkeit s § 84 Rdn 52. 185
19 Streitwert s § 84 Rdn 62. 186

V. Sicherheitsleistung[363]:

§ 81 (6) bezweckt die Sicherung des Kostenerstattungsanspruchs des Beklagten gegen einen unterlegenen Kläger, der seinen gewöhnlichen Aufenthalt nicht in der EU oder dem EWR hat. 187

1 Voraussetzungen

1.1 Antrag des Beklagten, der jederzeit, auch noch in der Berufung gestellt werden kann.[364] Prozesseinrede. 188

1.2 Nur der Kläger ist zur Sicherheitsleistung verpflichtet, auch wenn er in 2. Instanz Berufungsbeklagter ist.[365] Ferner der Nebenintervenient des Klägers für die Kosten der Nebenintervention, der streitgenössische Nebenintervenient (§ 69 ZPO) auch für die Kosten der Klage. 189

1.3 Gewöhnlicher Aufenthalt des Klägers muss außerhalb eines Mitgliedsstaats der EU oder eines Vertragsstaats des EWR sein. Auf die Staatsangehörigkeit[366] des Klägers, auf dessen Staatenlosigkeit sowie auf den Aufenthalt des Beklagten kommt es nicht an. Auch ein Deutscher, der sich in einem Nicht-EU- oder Nicht-EWR-Staat gewöhnlich aufhält, muss Sicherheit leisten,[367] ein Staatsangehöriger, gleich welcher Nationalität, mit gewöhnlichem Aufenthalt in einem EU- oder einem EWR-Land dagegen nicht. 190

Begriff: Gewöhnlicher Aufenthalt wird durch ein *tatsächlich* längeres Verweilen an einem Ort begründet,[368] der als sein Daseinsmittelpunkt angesehen werden kann. Es kommt nur auf die Dauer und Beständigkeit des Aufenthalts an, nicht auch – wie für die Begründung eines Wohnsitzes gemäß § 7 (1) BGB – auf einen rechtsgeschäftlichen Willen, durch ständige Niederlassung an einem Ort einen Wohnsitz zu begründen.[369] Eine vorübergehende Abwesenheit ist bei Rückkehrwillen unschädlich.[370] Für juristische Personen ist nach § 17 ZPO der Sitz (= Ort wo die Verwaltung geführt wird) maßgebend. 191

Keinen gewöhnlichen Aufenthalt begründen a) eine zwangsweise Unterbringung;[371] b) ein gewolltes Verweilen, das gegen fremdenrechtliche Bestimmungen verstößt, zB 192

---

363 Lit in GRUR: Schmieder 82, 12; Lit in Mitt: Nölle 65, 129.
364 RGZ 127, 194 = BlPMZ 30, 156; 154, 225 = GRUR 37, 456.
365 BGH GRUR 05, 359 *Ausländersicherheit im Patentnichtigkeitsverfahren*.
366 So zum alten Recht BGH GRUR 60, 429 *Deckelfugenabdichtung*.
367 So zum alten Recht RGZ 154, 225.
368 BGH NJW 83, 2771.
369 BGH NJW 75, 1068; 81, 520; 93, 2048.
370 OLG Frankfurt NJW 61, 1586; BayObLG NJW 93, 670 (*2-jähriger Klinikaufenthalt*).
371 OLG Köln FamRZ 96, 946; OLG Hamm FamRZ 93, 69; OLG Hamburg NJW-RR 93, 40.

bei aussichtslosem oder abgelehnten Asylantrag,[372] es sei denn, es ist ein Daseinsmittelpunkt bereits tatsächlich durch mehrjährigen Aufenthalt begründet.[373]

193 **1.4 Land außerhalb der Europäischen Union (EU):** Sicherheitspflichtig ist ein Kläger nicht, wenn er seinen gewöhnlichen in einem Mitgliedstaat der EU hat. Die 27 EU-Länder sind: Belgien, Bulgarien, Dänemark, Deutschland, Estland, Finnland, Frankreich, Griechenland, Irland, Italien, Kroatien, Lettland, Litauen, Luxemburg, Malta, Niederlande, Österreich, Polen, Portugal, Rumänien, Schweden, Slowakei, Slowenien, Spanien, Tschechien, Ungarn, Zypern. Mit Großbritannien gilt derzeit noch eine Übergangsphase bis mindestens 31.12.2020, die einmalig um ein oder zwei Jahre verlängert werden kann; die Ausgestaltung der Beziehungen nach dieser Phase ist Gegenstand laufender Verhandlungen zwischen der EU und Großbritannien.

194 **1.5 Land außerhalb des Europäischen Wirtschaftsraums (EWR):** Sicherheitspflichtig ist ein Kläger nicht, wenn er seinen gewöhnlichen in einem Vertragsstaat des EWR hat. Dazu gehören neben den EU-Ländern Island, Liechtenstein und Norwegen.

195 **1.6 Völkerrechtliche Verträge gemäß § 110 (2) Nr 1 u 2 ZPO**, die Befreiung von der Sicherheitsleistung gewähren. Im Zweifelsfall erteilen die Landesjustizverwaltungen Auskunft über die Rechtslage:

196 **1.6.1 Art 17 Haager ZPÜ v 1.3.54** gilt ua für Israel, Japan, Kroatien, Rumänien, Russland, Schweiz, Türkei, Ukraine.

197 **1.6.4 Deutsch-britisches Abkommen v 20.3.28 über den Rechtsverkehr** gilt ua für Australien, Neuseeland, Singapur.

198 **1.6.5 Keine Befreiung von einer Sicherheitsleistung gemäß § 110 (2) ZPO** besteht ua für China (Volksrepublik),[374] China (Taiwan), Vereinigte Staaten von Amerika (USA),[375] Kanada.[376]

199 **1.7 Inlandsvermögen des Klägers gemäß § 110 (2) Nr 3 ZPO** befreit von der Sicherheitsleistung, wenn der Kläger im Inland ein zur Deckung der Verfahrenskosten hinreichendes Grundvermögen (= Grundstück oder grundstücksgleiche Rechte wie Erbbaurecht, Wohnungseigentum) oder dinglich gesicherte Forderungen besitzt. Die Forderung muss sich aus einem Schuldverhältnis zwischen Kläger und Drittem ergeben, die dinglich gesichert ist, zB durch Pfandrecht, Grundschuld oder Hypothek.

200 Hatte der Kläger bei Klageerhebung ein solches Vermögen und fällt es im Laufe des Nichtigkeitsverfahrens weg, zB durch Veräußerung, so kann der Beklagte nachträgliche Sicherheitsleistung gemäß § 111 ZPO verlangen. Diesen Anspruch verliert der

---

372 OLG Karlsruhe FamRZ **90**, 1351; OLG Bremen FamRZ **92**, 962; OLG Köln FamRZ **96**, 946; OLG Koblenz FamRZ **98**, 756.
373 OLG Hamm NJW **90**, 651; OLG Nürnberg FamRZ **89**, 1304; OLG Koblenz FamRZ **90**, 536; OLG Karlsruhe FamRZ **92**, 317.
374 BPatG GRUR **05**, 973 *Ausländersicherheit für WTO-Ausländer*.
375 LG München I GRUR-RR **05**, 335; LG Düsseldorf InstGE **1**, 157 *Prozesskostensicherheit I*; **3**, 215 *Prozesskostensicherheit III*; **4**, 287 *Prozesskostensicherheit IV*; von Falck/Rinnert GRUR **05**, 225; aA: OLG Frankfurt aM IPRax **02**, 222.
376 BGH Beschluss 19.7.2007 IX ZR 150/05.

Beklagte, wenn er ihn nicht unverzüglich nach Kenntnis geltend macht, es sei denn, er kann eine Verspätung genügend entschuldigen.

1.8 Bewilligung der Verfahrenskostenhilfe bewirkt gemäß § 136 PatG iVm § 122 (1) Nr 2 ZPO Befreiung von der Verpflichtung zur Sicherheitsleistung.

2 Verfahren

2.1 Anordnung der Sicherheitsleistung ergeht gemäß § 67 (2) in der Besetzung mit 3 Richtern. Eine mündliche Verhandlung ist nicht erforderlich, da gemäß §§ 84 (1) 1 iVm § 83 (2) nicht über die Klage entschieden wird.

2.2 Höhe der Sicherheit ist nach billigem Ermessen festzusetzen. Sie bemisst sich gemäß § 112 (2) ZPO nach den gesamten gerichtlichen und außergerichtlichen Kosten, die dem Beklagten in allen Instanzen (BPatG und BGH) entstehen können.[377] Da aber nicht feststeht, ob es überhaupt zu einer Berufung kommt und wer der Berufungskläger sein wird, ist es auch billig, die Höhe nach den Kosten vor BPatG plus den Kosten für eine etwaige Berufungseinlegung zu bemessen.[378] Kommt es zu einer Berufung und reicht die Sicherheit nicht aus, kann der Beklagte vor BGH weitere Sicherheit gemäß § 112 (3) ZPO verlangen.

2.3 Frist zur Leistung der Sicherheit bestimmt BPatG im Beschluss. Sie kann auf einen innerhalb der Frist gestellten Antrag innerhalb der Frist von BPatG verlängert werden.[379] Nach fruchtlosem Ablauf der gesetzten Frist gilt die Klage nach § 81 (6) 3 kraft Gesetzes als zurückgenommen, auch wenn Kläger bereits vor BPatG obsiegt hatte.[380] Bei Fristversäumnis kann Wiedereinsetzung gewährt werden.[381]

2.4 Art der Sicherheitsleistung bestimmt § 108 ZPO. BPatG kann nach freiem Ermessen die Art der Leistung bestimmen. Zweckmäßig ist die selbstschuldnerische, schriftliche, unbedingte und unbefristete Bürgschaftserklärung einer europäischen oder inländischen Großbank oder eines öffentlichen Kreditinstituts,[382] einer Volksbank oder Raiffeisenbank[383] gegenüber dem Beklagten (nicht gegenüber BPatG).

Fehlt eine Bestimmung und haben die Parteien nichts anderes vereinbart, so ist nach § 108 (1) 2 ZPO Sicherheit durch Hinterlegung von Geld oder von gemäß § 234 BGB geeigneten Wertpapieren zu leisten. Hinterlegung bei jedem Amtsgericht, nicht bei der Zahlstelle des DPMA.[384]

2.5 Beweislast trifft a) den Beklagten für den gewöhnlichen Aufenthalt des Klägers in einem Land, das nicht von der Sicherheitsleistung befreit ist (s oben Rdn 198), und b) den Kläger für seine Befreiung gemäß § 110 (2) Nr 1–3 ZPO.

---

377 RGZ **155**, 241; BGH ZIP **81**, 780; BGH NJW **81**, 2646; BPatG v 11.3.92 – 3 Ni 40/91, Schulte-Kartei PatG 81–85 Nr 299.
378 So Schmieder GRUR **82**, 12; vgl OLG Frankfurt NJW **52**, 1418.
379 Vgl RG GRUR **36**, 319; PA BlPMZ **24**, 218.
380 RGZ **154**, 225, 227.
381 BPatGE **7**, 35.
382 BGH WPM **66**, 378.
383 OLG Düsseldorf ZIP **82**, 366.
384 BPatGE **7**, 35.

§ 82 Zustellung der Klage, Säumnisverfahren

(1) Das Patentgericht stellt dem Beklagten die Klage unverzüglich zu und fordert ihn auf, sich darüber innerhalb eines Monats zu erklären.

(2) Erklärt sich der Beklagte nicht rechtzeitig, so kann ohne mündliche Verhandlung sofort nach der Klage entschieden und dabei jede vom Kläger behauptete Tatsache für erwiesen angenommen werden.

(3) [1]Widerspricht der Beklagte rechtzeitig, so teilt das Patentgericht den Widerspruch dem Kläger mit. [2]Der Beklagte kann den Widerspruch innerhalb von zwei Monaten nach Zustellung der Klage begründen. [3]Der Vorsitzende kann auf Antrag die Frist um bis zu einen Monat verlängern, wenn der Beklagte hierfür erhebliche Gründe darlegt. [4]Diese sind glaubhaft zu machen. [5]§ 8 Absatz 5 Satz 3 gilt entsprechend, soweit sich die betreffenden Informationen nicht schon aus der Klageschrift ergeben.

(4) [1]Der Vorsitzende bestimmt einen möglichst frühen Termin zur mündlichen Verhandlung. [2]Mit Zustimmung der Parteien kann von einer mündlichen Verhandlung abgesehen werden. [3]Absatz 2 bleibt unberührt.

Thomas Voit

Übersicht

	Geltungsbereich	1
	Kommentierung zu § 82 PatG	
1	Zustellung der Klage	2
2	(Unechtes) Säumnisverfahren	4
3	Rücknahme des Widerspruchs	9
4	Nichterscheinen in der mündlichen Verhandlung	10
5	Rechtzeitige Begründung des Widerspruchs	12
6	Schriftliches Verfahren nach Absatz 4	14

1 Geltungsbereich: § 82 (= § 38 PatG 1936) idF des 6. ÜG vom 23.3.61 (Bl 61, 124, 128).
PatRModG: Art 1 des Gesetzes zur Vereinfachung und Modernisierung des Patentrechts hat Absatz 3 hinzugefügt.
2. PatRModG: Durch Art. 1 Nr. 30 des zweiten Gesetzes zur Vereinfachung und Modernisierung des Patentrechts wurde in Absatz 1 nach den Wörtern »die Klage« das Wort »unverzüglich« eingefügt und der bisherige Absatz 3 durch die o. a. Absätze 3 und 4 ersetzt (G. v. 10. August 2021, BGBl I S. 3942, 3943).

1 Zustellung der Klage

2 erfolgt an den in der Klage bezeichneten Beklagten gemäß § 127 PatG, sofern Schriftform gewahrt (s Einl Rdn 352) und Gebühr entrichtet ist. Andere Zulässigkeitsmängel stehen der Zustellung nicht entgegen.

3 **Monatsfrist** ist nicht verlängerbar und gegenüber BPatG einzuhalten, also Eingang bei der Annahmestelle München erforderlich.[1] Bei Eingang nach Fristablauf sieht die Pra-

---

[1] Mitt Präs BPatG BlPMZ **75**, 121.

xis zur Vermeidung einer unnötigen Berufung idR zu Recht von einem Verfahren nach § 82 (2) ab. Eingang eines Verzichts innerhalb der Frist des § 82 (1) kann als sofortiges Anerkenntnis iSd § 93 ZPO gewertet werden[2] (vgl § 84 Rdn 47). Die Einfügung des Wortes »unverzüglich« durch das 2. PatRModG bedeutet nach der Legaldefinition in § 121 Abs. 1 BGB, dass dies ohne schuldhaftes Zögern entsprechend § 271 ZPO geschehen soll. Nach der hier vertretenen Auffassung bedeutet das keine Änderung der bisherigen Praxis, die Klage erst nach der notwendigen Wertfestsetzung durch das Gericht (vgl. § 65 GKG) zuzustellen.

2 (Unechtes) Säumnisverfahren

des § 82 (2) steht im Ermessen des Gerichts (»kann«). Während nach § 17 (1) 2 GbmG die Löschung des Gbm ohne Sachprüfung erfolgt, wenn der Gbm-Inhaber nicht oder nicht rechtzeitig widerspricht, eröffnet § 82 (2) nur die Möglichkeit, »sofort nach der Klage« zu entscheiden, also eine Sachentscheidung über den Rechtsbestand des Patents zu treffen. Das setzt voraus: 4

2.1 Ordnungsgemäße Zustellung der Klage;   5

2.2 fehlender oder nicht rechtzeitiger Widerspruch: Dem steht gleich: a) Rücknahme des Widerspruchs;[3] b) Erklärung, nicht widersprechen zu wollen; c) Anerkennung des Klageantrags; d) Erklärung des Verzichts, es sei denn, dass daneben zum Ausdruck gebracht wird, das Patent für die Vergangenheit verteidigen zu wollen; e) hat sich der Patentinhaber durch einen Prozessvertrag verpflichtet, der Klage nicht zu widersprechen, kann einem Widerspruch die Einrede der Arglist entgegenstehen.[4]   6

2.3 Möglichkeit der Entscheidung nach dem Klageantrag: Das setzt Zulässigkeit und Schlüssigkeit[5] der Klage voraus, dh die Prüfung muss ergeben, dass auf Grund der behaupteten Tatsachen (ihre Richtigkeit unterstellt) ein Nichtigkeitsgrund vorliegt. Ein fehlender Widerspruch oder ein Anerkenntnis entbindet BPatG nicht von einer Sachprüfung.[6] Dabei kann jede vom Kläger behauptete Tatsache (zB Vorbenutzung, Veröffentlichungsdatum einer Entgegenhaltung) für erwiesen angenommen werden.   7

Teilwiderspruch innerhalb der Monatsfrist schließt ein Säumnisverfahren nach § 82 (2) aus. Er stellt – wenn sich aus den Umständen nichts anderes ergibt – eine beschränkte Verteidigung des Patents dar, die auf Zulässigkeit und im Rahmen der Klageanträge auf Schutzfähigkeit zu prüfen ist.   8

Entscheidung ergeht ohne mündliche Verhandlung (§ 82 (2)) durch Urteil (§ 84 (1)) und damit in der Fünferbesetzung gemäß § 67 (2). Gegen das Urteil ist Berufung möglich.

---

2 BGH GRUR **61**, 278 *Lampengehäuse*; BPatGE **19**, 126; **22**, 33; **28**, 197.
3 BGH Liedl **61/62**, 549, 552; BPatGE **18**, 50; **30**, 267; BPatG v 07.10.92 – 3 Ni 15/92 Schulte-Kartei PatG 81–85 Nr 300.
4 BPatGE **34**, 58.
5 BPatGE **30**, 267, 268.
6 Vgl BGH GRUR **95**, 577 rSp *Drahtelektrode*.

3 Rücknahme des Widerspruchs

9 ist jederzeit möglich. Sie muss eindeutig erklärt sein. In der Einreichung beschränkter Patentansprüche allein liegt nicht automatisch eine Teilrücknahme des Widerspruchs.[7] Als Verfahrenshandlung ist sie bedingungsfeindlich und nicht nicht anfechtbar.[8] Eine eindeutig erklärte Rücknahme des Widerspruchs wird idR – wenn sich aus den Umständen nichts anderes ergibt – als Selbstbeschränkung des Patentinhabers im Umfang der Klageanträge gewertet werden können.[9]

4 Nichterscheinen in der mündlichen Verhandlung

10 nach Widerspruch des Beklagten ermöglicht nicht den Erlass eines Versäumnisurteils gemäß §§ 330 ff ZPO.[10] Dem steht die lex specialis des § 82 (2) und der geltende Untersuchungsgrundsatz entgegen. Bei Nichterscheinen einer ordnungsgemäß geladenen Partei kann ohne sie verhandelt und durch streitiges Urteil entschieden werden. Das gilt auch im Berufungsverfahren vor BGH.[11]

11 *Analoge Anwendung des § 82 (2)* sieht BPatG vor, wenn Beklagter zwar widersprochen hat, aber zur Klage weder sachlich Stellung nimmt noch in der mündlichen Verhandlung erscheint.[12] In diesem Fall dürfen bei der Sachprüfung des Patents die vom Kläger behaupteten Tatsachen als erwiesen angesehen werden, so dass eine Beweisaufnahme nicht erforderlich ist.

5 Rechtzeitige Begründung des Widerspruchs

12 Hierbei handelt es sich um eine echte Neuerung mit einem, im Vergleich zur bisherigen Praxis, rigiden Fristenregime. Dies umso mehr, als die Zweimonatsfrist zur Begründung des Widerspruchs nicht mit dem Ablauf der Widerspruchsfrist gemäß Abs. 1, sondern bereits mit der **Zustellung der Klage** zu laufen beginnt und dem Gericht kein Ermessen einräumt. Die Frist erscheint – gerade im Hinblick auf den Umgang mit im Ausland ansässigen Mandanten – für die Anwaltschaft sehr knapp bemessen, entspricht aber der Intention des Gesetzgebers zur zeitlichen Straffung des Verfahrens.[13] Ein eventuelles Fristverlängerungsgesuch bedarf nicht nur der Darlegung erheblicher Gründe, sondern erfordert **gleichzeitig deren Glaubhaftmachung** (§ 294 (1) ZPO).

13 Die Verweisung auf § 81 Abs. 5 S. 3 dürfte fehlerhaft sein; gemeint ist eine Verweisung auf den neu hinzugefügten § 81 (5) S. 4, also das Aktenzeichen eines eventuellen Verletzungsstreits und dessen Streitwertangabe. Die Verpflichtung des Beklagten zu dieser Angabe wird damit begründet, dass der (beklagte) Patentinhaber über die aus seinem

---

7 Vgl zum Gbm-Lö-Verfahren: BGH GRUR **95**, 210 *Lüfterkappe*; **97**, 625 (II3a cc) *Einkaufswagen*.
8 BPatGE **34**, 64 = GRUR **94**, 278 (Gbm).
9 Offen gelassen von BPatG v 08.10.92 – 3 Ni 50/91 (EU), Schulte-Kartei PatG 81–85 Nr 301.
10 Vgl BGH GRUR **64**, 18 *Konditioniereinrichtung*; **66**, 107, 108 *Patentrolleneintrag*; **96**, 757 *Tracheotomiegerät*.
11 BGH GRUR **94**, 360 (I2) *Schutzüberzug für Klosettbrillen*.
12 BPatGE **30**, 267 = BlPMZ **90**, 33.
13 RegEntwurf https://www.bmjv.de/SharedDocs/Gesetzgebungsverfahren/Dokumente/RegE_PatMog2.pdf?__blob=publicationFile&v=2, S. 56 f.

Schutzrecht geführten Verletzungsstreitigkeiten regelmäßig informiert sein wird.[14] Zwar wäre auch eine Verweisung auf die Substantiierungspflicht des § 81 Abs. 5 S. 3 grundsätzlich denkbar, gleichwohl aber wenig sinnvoll, weil es bereits Aufgabe des Vorsitzenden darstellt, eine entsprechende Substantiierung des Klagevortrags zu bewirken, was zudem kaum dem Interesse des Beklagten entsprechen dürfte.

6 Schriftliches Verfahren nach Absatz 4

als Möglichkeit wurde durch das PatRModG (BGBl I 2521) mit Wirkung ab 1. Oktober 2009 eingefügt und entspricht der Vorschrift des früheren § 83 (2) PatG ohne inhaltliche Änderung.[15]

§ 83 (Fassung ab 1. Mai 2022)   Hinweispflicht, Fristsetzung, Ausschluss

(1) ¹In dem Verfahren wegen Erklärung der Nichtigkeit des Patents oder des ergänzenden Schutzzertifikats weist das Patentgericht die Parteien so früh wie möglich auf die Gesichtspunkte hin, die für die Entscheidung voraussichtlich von besonderer Bedeutung sein werden oder der Konzentration der Verhandlung auf die für die Entscheidung wesentlichen Fragen dienlich sind. ²Dieser Hinweis soll innerhalb von sechs Monaten nach Zustellung der Klage erfolgen. ³Ist eine Patentstreitsache anhängig, soll der Hinweis auch dem anderen Gericht von Amts wegen übermittelt werden. ⁴Das Patentgericht kann den Parteien zur Vorbereitung des Hinweises nach Satz 1 eine Frist für abschließende schriftliche Stellungnahmen setzen. ⁵Setzt das Patentgericht keine Frist, darf der Hinweis nicht vor Ablauf der Frist des § 82 Abs. 3 Satz 2 und 3 erfolgen. ⁶Stellungnahmen der Parteien, die nach Fristablauf eingehen muss das Patentgericht für den Hinweis nicht berücksichtigen. ⁷Eines Hinweises nach Satz 1 bedarf es nicht, wenn die zu erörternden Gesichtspunkte nach dem Vorbringen der Parteien offensichtlich erscheinen. ⁸§ 139 der Zivilprozessordnung ist ergänzend anzuwenden.

(2) ¹Das Patentgericht kann den Parteien eine Frist setzen, binnen welcher sie zu dem Hinweis nach Absatz 1 durch sachdienliche Anträge oder Ergänzungen und auch im Übrigen abschließend Stellung nehmen können. ²Die Frist kann verlängert werden, wenn die betroffene Partei hierfür erhebliche Gründe darlegt. ³Diese sind glaubhaft zu machen.

(3) Die Befugnisse nach den Absätzen 1 und 2 können auch von dem Vorsitzenden oder einem von ihm zu bestimmenden Mitglied des Senats wahrgenommen werden.

(4) ¹Das Patentgericht kann Angriffs- und Verteidigungsmittel einer Partei oder eine Klageänderung oder eine Verteidigung des Beklagten mit einer geänderten Fassung des Patents, die erst nach Ablauf einer hierfür nach Absatz 2 gesetzten

---

14 RegE: https://www.bmjv.de/SharedDocs/Gesetzgebungsverfahren/Dokumente/RegE_Pat-Mog2.pdf?__blob=publicationFile&v=2, S. 57, 2. Absatz.
15 Amtl. Begründung, BTDrs 16/11 339, S 21 = BlPMZ 09, 313 re. Sp.

Frist vorgebracht werden, zurückweisen und ohne weitere Ermittlungen entscheiden, wenn
1. die Berücksichtigung des neuen Vortrags eine Vertagung des bereits anberaumten Termins zur mündlichen Verhandlung erforderlich machen würde und
2. die betroffene Partei die Verspätung nicht genügend entschuldigt und
3. die betroffene Partei über die Folgen einer Fristversäumung belehrt worden ist.
²Der Entschuldigungsgrund ist glaubhaft zu machen.

Thomas Voit

Übersicht

Geltungsbereich		1
Kommentierung zu § 83 PatG		
I.	Regelung des Nichtigkeitsverfahrens erster Instanz	2
II.	Im Einzelnen	4
1	Qualifizierter Hinweis, § 83 (1) PatG	4
1.1	Allgemeiner Zweck	4
1.2	Form und Zeitpunkt des Hinweises	5
1.3	Inhalt des Hinweises	8
1.4	Entfall bei Offensichtlichkeit, Absatz 2 S 2	9
1.5	Verhältnis zu § 139 ZPO, Absatz 1 S 3	10
2	Fristsetzung, § 83 (2) PatG	11
2.1	Fristsetzung als Grundregel	11
2.2	Derzeitige Praxis	14
3	Delegationsbefugnis, § 83 (3) PatG	15
4	Zurückweisung von Parteivorbringen nach Fristablauf, § 83 (4) PatG	18
4.1	Allgemeine Voraussetzungen	20
4.1.1	Vertagungserfordernis, § 83 (4) Nr 1 PatG	21
4.1.1.1	Angriffs- und Verteidigungsmittel	22
4.1.1.2	Vertagungserfordernis im engeren Sinn	23
4.1.1.3	Anberaumter Termin	24
4.1.2	Ungenügende Entschuldigung, § 83 (4) Nr 2 PatG	25
4.1.3	Belehrung über die Folgen einer Fristversäumung, § 83 (4) Nr 3 PatG	26
4.1.4	Glaubhaftmachung	27
4.2	Kumulatives Vorliegen	28
4.3	Praktische Erfahrung	29

1 **Geltungsbereich:** § 83 idF des PatRModG vom 31.7.2009 (BGBl I 2521) mWv 1.10.2009.
Zum bisherigen Verfahren und zum Wortlaut von § 83 PatG aF vgl. die 8. Auflage, zu den Unterschieden die 9. Auflage.
Der o. a. Gesetzestext sowie die Kommentierung entsprechen der Fassung gemäß Art. 1 Nr. 31 des zweiten Gesetzes zur Vereinfachung und Modernisierung des Patentrechts vom 10. August 2021 (BGBl I 3493), auch wenn diese erst am **1. Mai 2022** in Kraft tritt. Zur bisherigen Fassung s. die Vorauflage und unten letzter Punkt.

I. Regelung des Nichtigkeitsverfahrens erster Instanz

Die durch das PatRModG[1] vollkommen neu gefasste Vorschrift bildet die sedes materiae für das Nichtigkeits- und Zwangslizenzverfahren erster Instanz für alle Verfahren, die nach dem 30. September 2009 eingeleitet wurden.[2]

Durch das zweite Gesetz zur Vereinfachung und Modernisierung des Patentrechts wurde § 83 (1) erneut geändert, insbesondere ist eine Fristbestimmung für den qualifizierten Hinweis aufgenommen worden.

II. Im Einzelnen

1 Qualifizierter Hinweis, § 83 (1) PatG

1.1 Allgemeiner Zweck

Hiermit soll erreicht werden, dass das Patentgericht seine vorläufige Einschätzung der Sach- und Rechtslage den Parteien so früh wie möglich mitteilt, um damit einerseits die Parteien in die Lage zu versetzen, mögliche Defizite ihres bisherigen Vortrags, egal ob rechtlich oder tatsächlich, erkennen und hierauf reagieren zu können. Ebenso soll dieser Hinweis dazu dienen, den Parteien die bisherige Einschätzung des Falls durch das Gericht darzulegen, so dass die Parteien ihren weiteren Vortrag daran ausrichten können und eine Konzentration des Streitstoffs zu erreichen ist.[3]

1.2 Form und Zeitpunkt des Hinweises

werden durch den Gesetzeswortlaut insoweit ab dem 1. Mai 2022 vorgegeben, als der Hinweis innerhalb von sechs Monaten nach der Zustellung der Klage erfolgen soll. Bei dieser Frist, die wegen der richterlichen Unabhängigkeit nur als Sollvorschrift ausgestaltet sein kann und mit der eine verbesserte Nutzung für das Verletzungsverfahren erreicht werden soll,[4] erscheint aber fraglich, ob dieser angestrebte Zweck tatsächlich erreicht werden kann. In der bisherigen Praxis des Bundespatentgerichts schien es sich überwiegend so eingespielt zu haben, dass der Hinweis in schriftlicher Form etwa vier bis sechs Monate vor dem Zeitpunkt der mündlichen Verhandlung an die Parteien erging. Dies erfolgte regelmäßig unter einer Fristsetzung von 1 Monat, um den Parteien eine umfassende Stellungnahme auf die vom Gericht mitgeteilten Gesichtspunkte zu ermöglichen.

In der ab dem 1. Mai 2022 geltenden Fassung ist nunmehr vorgesehen, dass der Hinweis innerhalb von sechs Monaten nach Zustellung der Klage an die Parteien ergehen soll, wobei das Gericht den Parteien eine Frist zur abschließenden Stellungnahme setzen und etwaiges, später eingehendes Vorbringen, für den Hinweis außer Betracht lassen kann. Dies mag auf den ersten Blick eine stringente Verfahrensweise ermöglichen, berücksichtigt aber eventuell die Besonderheiten des Nichtigkeitsverfahrens, gerade bei komplexen Patenten, nicht. Bei einer auf mehrere Nichtigkeitsgründe

---

1 BGBl I 2521.
2 § 147 (2) PatG idF Art. I Nr 16 G. v 31.07.2009, BGBl I 2521.
3 S. dazu die amtliche Begründung, BTDrS 16/1139, S 21 = BlPMZ 09, 301, 308.
4 RegE: https://www.bmjv.de/SharedDocs/Gesetzgebungsverfahren/Dokumente/RegE_PatMog2.pdf?__blob=publicationFile&v=2, S. 57 zu Nummer 31.

nungsbedürftige Gesichtspunkte hervortreten. Dieses, der Verfahrensordnung der Technischen Beschwerdekammern des Europäischen Patentamts entliehene Merkmal,[8] scheint überflüssig, da es sich von selbst versteht, dass ein Gericht in diesem Stadium nur auf strittige Punkte hinweist und zum anderen durch die gewählte Formulierung nur weitere Frage aufgeworfen werden, insbesondere danach, wann etwas als »offensichtlich« erscheint. Schließlich basiert auch der Hinweis des Gerichts in Bezug auf den Sachverhalt ausschließlich auf dem Vorbringen der Parteien, das wiederum auch für die Parteien eigentlich offensichtlich ist; hinzu tritt nur die (vorläufige) gerichtliche Wertung.

1.5 Verhältnis zu § 139 ZPO, Absatz 1 S 8

Grund für die – an und für sich selbstverständliche – Erwähnung der Anwendbarkeit von § 139 ZPO über den in Satz 1 genannten Hinweis hinaus soll nach der amtlichen Begründung[9] in der Möglichkeit darüber hinausgehender Maßnahmen durch das Bundespatentgericht bestehen. Da es sich von selbst versteht, dass gemäß § 99 PatG iVm § 139 ZPO Hinweise erteilt werden können und dies auch langjähriger Praxis des Bundespatentgerichts weit vor dem PatRModG entspricht, kann die Erwähnung von § 139 ZPO hier nur im Zusammenspiel mit Satz 7 von § 83 (1) PatG Sinn machen: Wird die Klage gegen ein Streitpatent ausschließlich auf Druckschriften und sonstige Dokumente gestützt, die bereits Gegenstand des Erteilungsverfahrens waren, könnte an und für sich in Anbetracht der Offensichtlichkeit ein Hinweis unterbleiben. Bei Beachtung von § 139 ZPO kann er aber wieder obligatorisch sein.

10

2 Fristsetzung, § 83 (2) PatG

2.1 Fristsetzung als Grundregel

Die Möglichkeit einer Fristsetzung durch das Gericht soll ebenfalls der Straffung und Konzentration des Verfahrens dienen. Zwar waren über § 99 PatG iVm § 273 ZPO auch schon bisher Fristsetzungen möglich; deren Einhaltung war aber in keiner Weise sanktioniert, weshalb es der früheren Praxis entsprach, erst in der mündlichen Verhandlung mit neuem Tatsachenvortrag konfrontiert zu werden.[10] Nunmehr kann nach Absatz 2 der qualifizierte Hinweis nach Absatz 1 mit einer Frist zur Stellungnahme versehen werden, die als gerichtliche Frist verlängert werden kann,[11] im Regelfall aber nicht verlängert werden soll (»nur in begründeten Ausnahmefällen«[12]).

11

Voraussetzung einer Fristverlängerung sind »erhebliche« Gründe, deren Vorliegen glaubhaft zu machen ist (vgl. § 294 ZPO). Worin solche erheblichen Gründe bestehen, hat der Gesetzgeber offen gelassen; nicht dazu zählt aber mit Sicherheit eine nachlässige Prozessführung durch eine Partei, also zB eine ungenügende Recherche, schwierige Kommunikation mit dem Auftraggeber etc. Im Ergebnis wird es vom Einzelfall

12

---

8 Amtl. Begründung, BTDrS 16/11 339, S 21, re. Sp = BlPMZ 09, 301, 314, li. Sp.
9 Amtl. Begründung, BTDrS 16/11 339, S 21, re. Sp. = BlPMZ 09, 301, 314 li. Sp.
10 Zur zeitlichen Grenze vgl. BGH, GRUR 04, 354 *Crimpwerkzeug*.
11 Vgl. § 224 (2) ZPO.
12 Amtl. Begründung, BTDrS 16/11 339, S 21, re. Sp = BlPMZ 09, 301, 314 re. Sp.

abhängen, wann ein erheblicher Grund zur Fristverlängerung vorliegt; es ist im Interesse aller Beteiligter Zurückhaltung bei der Annahme der Erheblichkeit angebracht.[13]

13 Die Fristen nach § 83 (2) sind grundsätzlich verbindlich, um routinemäßige Anträge auf Fristverlängerungen zu vermeiden.

2.2 Derzeitige Praxis

14 In der bisherigen Zeit der Anwendung der Vorschrift des § 83 PatG hat sich bei den Nichtigkeitssenaten des Bundespatentgerichts folgende, im Wesentlichen von allen Nichtigkeitssenaten praktizierte Praxis herausgebildet: Die Stellungnahme auf den gerichtlichen Hinweis wird mit **vier Wochen** bemessen, daran schließt sich regelmäßig eine weitere Frist gleicher Länge zur Erwiderung auf das Vorbringen der jeweiligen Gegenseite an. Zusätzlich besteht die Möglichkeit einer Schriftsatzfrist gemäß § 99 PatG iVm § 283 ZPO in geeigneten Einzelfällen.

3 Delegationsbefugnis, § 83 (3) PatG

15 Die Delegationsbefugnis, die im Ergebnis nur die Erscheinung des Hinweises nach außen betrifft, ist – abgesehen eben von der Unterzeichnung des Hinweises – weitgehend bedeutungslos. Der rechtskundige Vorsitzende wird sich, so jedenfalls die Praxis am Bundespatentgericht, nicht dazu versteigen, den Parteien Hinweise auf dem technischen Gebiet der Klage zu geben; ebenso wird der technische Berichterstatter regelmäßig auf die Hilfestellung der rechtskundigen Mitglieder des Senats zurückgreifen wollen. Das mit dem Gesetz verfolgte Ziel der Ermöglichung der Flexibilität[14] wird so nicht erreicht, zumal ja dem Hinweis des Gerichts insoweit ein verbindlicher Charakter zukommt und spätestens bei einer Änderung der mitgeteilten Ansicht in Form eines neuen Hinweises eine vollständige Senatsbeteiligung angezeigt sein dürfte.

16 Grundsätzlich entspricht es daher der Vernunft – schließlich soll diese Vorgehensweise ja der Konzentration des Verfahrens dienen – die Abfassung des Hinweises durch das Senatsplenum vornehmen zu lassen. So entspricht es jedenfalls der gängigen Praxis, ausgenommen von seltenen Ausnahmefällen, wo sich alle Senatsmitglieder einerseits über das Ergebnis, andererseits aber auch über dessen Begründung einig sind.

17 Davon zu trennen ist die Frage, wer den Hinweis nach außen bekannt gibt; dies erfolgt regelmäßig durch den Vorsitzenden bzw. dessen Vertreterin oder Vertreter.

4 Zurückweisung von Parteivorbringen nach Fristablauf, § 83 (4) PatG

18 Diese Regelung betrifft eine wirkliche Neuerung des Patentnichtigkeitsverfahrens erster Instanz, indem erstmals die Möglichkeit der Zurückweisung eines Vorbringens nach Ablauf der dafür gesetzten Fristen ermöglicht werden soll.

---

13 Vgl. dazu auch die amtl. Begründung, BTDrS 16/11 339, S 21, re. Sp. = BlPMZ 09, 301, 314 re. Sp., wonach eine Fristverlängerung den Ausnahmefall darstellen soll.
14 So amtl. Begründung, BTDrS 16/11 339, S 22, li. Sp. = BlPMZ 09, 301, 314 re. Sp.

Obwohl diese, der Vorschrift des § 87b VwGO nachgebildete Regelung den Besonderheiten des Patentnichtigkeitsverfahrens angepasst wurde[15] bleibt, neben Fragen der praktischen Handhabung, besonders das Verhältnis zu § 87 PatG ungeklärt. Der Grund für die Ausgestaltung der Patentnichtigkeitsklage als Popularklage[16] liegt ja darin, die Wirtschaft vor nicht als patentwürdig angesehenen Schutzrechten im Sinne eines möglichst freien Wettbewerbs zu bewahren. Dies kann dann nicht gewährleistet werden, wenn ein Schutzrecht bloß wegen der Nichtberücksichtigung von unter Verstoß gegen die Prozessförderungspflicht zu spät vorgebrachten Materials Bestand haben kann. Insoweit sind die Vergleiche mit den Regelungen der ZPO und der VwGO[17] nicht überzeugend, weil sich auch die Interessenlage der Beteiligten unterscheidet: Im Patentnichtigkeitsverfahren geht es um regelmäßig nicht unbedeutende wirtschaftliche Werte aufgrund eines Ausschließlichkeitsrechts, das den Wettbewerb beschränken kann. Sowohl im Zivilprozess als auch im verwaltungsgerichtlichen Verfahren geht es dagegen vorrangig im subjektive Rechtspositionen, bei denen im Verstoß gegen die Prozessförderungspflichten durch Ausschluss entsprechenden Vorbringens primär die verstoßende Partei, nicht aber die Allgemeinheit belastet. Abgemildert wird dies im Patentnichtigkeitsverfahren allerdings dadurch, dass grundsätzlich jedermann ein Klageverfahren anstrengen kann.

In der Praxis erweist sich die Verspätungsregelung auch eher als »stumpfes Schwert«, nachdem den Voraussetzungen des § 83 (1) im Regelfall genügt werden kann, sich andererseits im Rahmen der mündlichen Verhandlung jedoch neue Gesichtspunkte ergeben können, auf die die Parteien zuvor nicht einzugehen in der Lage waren und eine Reaktion darauf daher aus Gründen der Waffengleichheit auch nicht ohne weiteres zurück gewiesen werden kann.[18]

4.1 Allgemeine Voraussetzungen Die Zurückweisung, die im Ermessen des Bundespatentgerichts steht und vom Bundesgerichtshof nur im Hinblick auf die Richtigkeit der Ermessensausübung überprüft werden kann,[19] setzt folgende Merkmale voraus, die **kumulativ** vorliegen müssen:

4.1.1 Vertagungserfordernis, § 83 (4) Nr 1 PatG

Verspätet vorgebrachte Angriffs- und Verteidigungsmittel einer Partei oder eine Verteidigung des Patentinhabers mit einer geänderten Fassung können zurück gewiesen werden, wenn ihre Berücksichtigung eine Vertagung des bereits anberaumten Termins zur mündlichen Verhandlung erfordern würde.

---

15 Amtl. Begründung, BTDrS 16 11 339, S 22 li. Sp. = BlPMZ 09, 301, 314 re. Sp.: »Es hat sich insoweit gezeigt, dass weder die Verspätungsregelungen der Zivilprozessordnung (§ 296 ZPO) noch die der Verwaltungsgerichtsordnung (§ 87b VwGO) den spezifischen Anforderungen des Patentverfahrens vollständig gerecht werden«, weil sich beide Vorschriften nur auf verspäteten Tatsachenvortrag beziehen.
16 S. dazu § 81 Rdn 7.
17 So aber die amtl. Begründung: BTDrS 16/11 339, S 22 li. Sp. = BlPMZ 09, 301, 314 re. Sp.
18 Vgl. dazu auch BGH, Beschl v 23.08.2016, Az: X ZR 81/14 *Photokatalytische Titandioxidschicht* (zu § 91a ZPO).
19 BGH GRUR 15, 976 *Einspritzventil*.

4.1.1.1 Angriffs- und Verteidigungsmittel

22 entsprechen auch im Patennichtigkeitsverfahren denjenigen des § 282 (1) ZPO. Es handelt sich also um jedes sachliche und prozessuale Vorbringen, das der Durchsetzung oder der Abwehr des geltend gemachten prozessualen Anspruchs dient, also Einwendungen, Einreden einschließlich Tatsachenbehauptungen und Beweismitteln zu ihrer Rechtfertigung, **nicht** aber Rechtsausführungen, verfahrensbestimmende Anträge wie Klagen, Klageänderungen und Klageerweiterungen.

Auf Beklagtenseite ist am bedeutsamsten die Verteidigung des Patents mit geänderten Ansprüchen, die in § 83 (4) Nr 1 PatG ausdrücklich Erwähnung findet und die damit, jedenfalls in Bezug auf die Möglichkeit einer Zurückweisung den sonstigen Angriffs- und Verteidigungsmitteln gleichgestellt wird. Auch die Verteidigung mit nur einem Unteranspruch unter Wegfall eines diesem übergeordneten Anspruchs ist als eine Verteidigung des Streitpatents in einer geänderten Fassung zu sehen, jedenfalls dann, wenn der Beklagte zuvor nicht wenigstens hilfsweise einen eigenen erfinderischen Gehalt der in diesem Unteranspruch hinzutretenden Merkmale für die technische Lehre geltend gemacht hat.[20]

4.1.1.2 Vertagungserfordernis im engeren Sinn

23 Weiteres Erfordernis für eine Zurückweisung von Angriffs- und Verteidigungsmitteln ist, dass die Berücksichtigung des betroffenen Angriffs- oder Verteidigungsmittels oder der geänderten Fassung des Patents die Vertagung eines anberaumten Termins zur mündlichen Verhandlung erforderlich macht. Eine Vertagung ist immer dann unabdingbar, wenn sich nicht an Ort und Stelle eine (geänderten) Vorbringen der Gegenpartei äußern kann.[21] Dies kann sowohl bei Einführung bisher nicht genannter Dokumente als auch bei einer Verteidigung mit neugefassten Patentansprüchen der Fall sein, wobei die unterschiedliche Interessenlage und die Belastung des Bundespatentgerichts mit Nichtigkeitsverfahren[22] unerwünschte Konsequenzen haben können. Naturgemäß ist dem Kläger an einer zeitnahen Entscheidung gelegen, wohingegen der Beklagte ein Interesse am Aufschieben der Entscheidung haben und deshalb eher versucht sein könnte, eine Verteidigung mit einer geänderten Fassung des Patents erst unmittelbar vor oder sogar im Termin vorzunehmen, dies im Bewusstsein, dass ein neuer Termin häufig erst in Jahresfrist anberaumt werden kann. Hier wird dem Kläger nichts anderes übrig bleiben, als sich nolens volens im Termin auf die geänderte Fassung des Patents einzulassen, zumal das Gericht gemäß § 139 ZPO gehalten ist, seine Auffassung darzutun.

---

[20] BGH, Beschl v 23.08.2016, Az. X ZR 81/14 *Photokatalytische Titandioxidschicht* (zu § 91a ZPO).
[21] BGH, GRUR 04, 354 *Crimpwerkzeug*
[22] Neueingänge von Nichtigkeitsverfahren beim BPatG: 2004: 200 Verfahren; 2005: 225 Verfahren; 2006: 222 Verfahren; 2007: 234 Verfahren; 2008: 275 Verfahren; 2009: 227 Verfahren; 2010: 254 Verfahren; 2011: 296 Verfahren; 2012: 261 Verfahren; 2013: 226 Verfahren; 2014: 221 Verfahren; 2015: 217 Verfahren; 2016: 284 Verfahren; 2017: 244 Verfahren; 2018: 219 Verfahren; 2019: 205 Verfahren; 2020: 230 Verfahren.

4.1.1.3 Anberaumter Termin

Da die Patentnichtigkeitsverfahren grundsätzlich in einer mündlichen Verhandlung erledigt werden, gibt es per se regelmäßig nur einen anberaumten Termin. 24

4.1.2 Ungenügende Entschuldigung, § 83 (4) Nr 2 PatG

Hierzu kann auf die zu § 296 ZPO ergangene Rechtsprechung Bezug genommen werden. § 85 ZPO ist über § 99 PatG auch im Patentnichtigkeitsverfahren anwendbar[23] 25

4.1.3 Belehrung über die Folgen einer Fristversäumung, § 83 (4) Nr 3 PatG

Die Belehrung erfolgt zusammen mit der Erteilung des Hinweises. Verfassungsrechtlich ist sie im Fall anwaltlicher Vertretung nicht geboten.[24] 26

4.1.4 Glaubhaftmachung

Die Voraussetzungen der Glaubhaftmachung richten sich nach § 294 ZPO. 27

4.2 Kumulatives Vorliegen

Die in § 83 (4) PatG genannten Voraussetzungen müssen grundsätzlich **kumulativ** vorliegen. 28

4.3 Praktische Erfahrung

Bisher sind praktische Erfahrungen mit dem Instrumentarium des § 83 (4) überwiegend positiv, bedingen aber stets eine sorgfältige Prüfung des Parteivorbringens. 29

Zur Frage der Verspätung unmittelbar (Ermessensfehlgebrauch) sind auch bisher noch keine Entscheidungen des Bundesgerichtshofs ergangen.. Die erste Zurückweisung verspäteten Vorbringens erfolgte durch den 4. Senat des BPatG;[25] eine sehr ausführlich begründete Entscheidung findet sich in einem Urteil des 5. Senats vom 25. April 2012.[26] Die Entscheidung des 4. Senats behandelt eine in der mündlichen Verhandlung erstmals vorgelegte Entgegenhaltung,[27] die Entscheidung des 5. Senats die Stellung von neuen Hilfsanträgen im Termin.[28], deren Zurückweisung nach der hier vertretenen Auffassung zumindest problematisch wäre.

Instruktiv sind insoweit jedoch die Entscheidungen, in denen der BGH die Sachdienlichkeit neuer Angriffs- bzw. Verteidigungsmittel in zweiter Instanz behandelt hat, insbesondere bei der Einführung neuer Verteidigungsmittel, vgl dazu die Kommentierung zu § 116, Rdn 6 ff.

---

23 Vgl. § 99 Rdn 4.
24 BVerfGE **75**, 302.
25 BPatG, Urt v 12.04.2011, Az. 4 Ni 16/10, nicht rk.
26 BPatG, Urt v 25.04.2012, Az. 5 Ni 28/10 = BPatGE 53,40.
27 Im Berufungsurteil v 28.08.2012 (GRUR **12**, 1236 *Fahrzeugwechselstromgenerator*) geht der Bundesgerichtshof auf die Frage der Verspätung in erster Instanz nicht ein.
28 Kritisch dazu: Keukenschrijver, Patentnichtigkeitsverfahren, Vorwort zur 5. Aufl. (2014), S. VI,

§ 84 Urteil, Zwischenurteil, Kosten

(1) ¹Über die Klage wird durch Urteil entschieden. ²Über die Zulässigkeit der Klage kann durch Zwischenurteil vorab entschieden werden.

(2) ¹In dem Urteil ist auch über die Kosten des Verfahrens zu entscheiden. ²Die Vorschriften der Zivilprozeßordnung über die Prozeßkosten sind entsprechend anzuwenden, soweit nicht die Billigkeit eine andere Entscheidung erfordert; die Vorschriften der Zivilprozeßordnung über das Kostenfestsetzungsverfahren und die Zwangsvollstreckung aus Kostenfestsetzungsbeschlüssen sind entsprechend anzuwenden. ³§ 99 Abs 2 bleibt unberührt.

Thomas Voit

Übersicht

	Geltungsbereich	1
	Kommentierung zu § 84 PatG	
I.	Urteil	2
1	Endurteil	2
2	Zwischenurteil	3
3	Teilurteil	4
4	Urteilstenor	5
4.1	Klageabweisung	5
4.2	Vollvernichtung	6
4.3	Teilvernichtung	7
4.4	Europäisches Patent	8
4.5	Beseitigung einer unzulässigen Erweiterung	9
4.6	Zwangslizenz	10
5	Begründung	11
6	Verkündung des Urteils	13
7	Wirkung des Nichtigkeitsurteils	14
8	Herausgabe einer neuen PS	15
II.	Beschlüsse	16
III.	Kostenentscheidung (§ 84 (2) PatG)	19
1	Notwendigkeit	19
1.1	Fehlen einer Kostenentscheidung	20
1.2	Isolierte Kostenentscheidung	22
1.3	Mehrere Kläger sind notwendige Streitgenossen	23
1.4	Mehrere Beklagte	24
1.5	Kosten der Streithilfe	25
2	Unterliegensprinzip	26
3	Kosten bei sofortigem Anerkenntnis	27
3.1	Veranlassung zur Klage	30
3.2	Voraussetzungen einer Verzichtsaufforderung	34
3.2.1	Schriftform	34
3.2.2	Eindeutigkeit der Aufforderung	35
3.2.3	Angabe der Gründe	37
3.2.4	Angemessene Frist	39
3.2.5	Entbehrlichkeit einer Verzichtsaufforderung	40
3.3	Sofortiges Anerkenntnis	44
3.3.1	Anerkenntnis	44
3.3.2	Sofort	47
3.3.3	Bindung	48
3.4	Beweislast für Voraussetzungen des § 93 ZPO	49
4	Billigkeit	50
5	Vorläufige Vollstreckbarkeit	52

5.1	Sicherheitsleistung	53
5.2	Tenor	54
5.3	Art der Sicherheitsleistung	55
5.4	Änderung der Sicherheitsleistung	56
5.5	Unterlassene Entscheidung über die vorläufige Vollstreckbarkeit	57
6	Anfechtung der Kostenentscheidung eines Nichtigkeitsurteils	58
7	Verzögerung des Rechtsstreits	59
IV.	Streitwert	62
V.	Verfahrenskostenhilfe	63
VI.	Kostenfestsetzung	64
3	Erinnerung	67
4	Kostenerstattung	68
4.1	Vertreterkosten	68
4.2	Parteikosten	69
4.3	Einzelfälle	70

Geltungsbereich: § 84 (= § 40 PatG 1936) Abs 1 idF des 6. ÜG v 23.3.61 (Bl 61, 124, 129) und Abs 2 idF des Art 8 Nr 46 des 1. GPatG, der anstelle der früheren Verweisung auf § 36q aF (= § 80) eine eigene Kostenbestimmung gesetzt hat. Durch das PatRModG v. 31. Juli 2009 (BGBl I2521) nicht geändert.

I. Urteil

1 Endurteil:

Im Nichtigkeits- und Zwangslizenzverfahren ergeht ein Endurteil, wenn iSd § 84 (1) 1 »über die Klage« entschieden wird, und zwar unabhängig davon, ob eine mündliche Verhandlung stattgefunden hat oder nicht. »Über die Klage« wird entschieden, a) bei Nichtigerklärung im vollen Umfang; b) bei Teilnichtigerklärung; c) bei Klageabweisung als unzulässig oder als unbegründet; d) bei Feststellung der Erledigung der Hauptsache, wenn dieser der Beklagte widerspricht (s § 81 Rdn 176); e) bei einer Entscheidung gemäß § 23 (2) RPflG über die Erinnerung gegen eine Entscheidung des Rechtspflegers, weil damit über die Frage entschieden wird, ob die Klage gemäß § 81 (7) 3 als zurückgenommen oder gemäß § 81 (6) als nicht erhoben gilt.[1]

2 Zwischenurteil

kann nach § 84 (1) 2 ergehen, wenn positiv vorab entschieden werden soll, dass die Klage zulässig ist. Das gilt auch im Berufungsverfahren.[2] Durch eine Vorabentscheidung kann über einen Streit über die Zulässigkeit der Klage gesondert entschieden und damit – wenn sie endgültig verneint werden sollte – eine sonst notwendige Beweisaufnahme vermieden werden.[3] Ist die Klage unzulässig, wird sie durch Endurteil abgewiesen.

---

1 Vgl für Beschwerde, die nicht als erhoben gilt: BGH GRUR 72, 142 *Dosiervorrichtung*; 79, 676 *Kunststoffrad*; **97**, 636 *Makol*.
2 BGH GRUR **91**, 443 *Schneidwerkzeug*.
3 BGH GRUR **96**, 865 (I) *Parteiwechsel*; 71, 243 (I) *Gewindeschneidevorrichtungen*; **65**, 135 *Vanal-Patent*.

3 Teilurteil

4 gemäß § 301 ZPO ist möglich, wenn mit einer Klage mehrere Patente angegriffen sind und zunächst nur über eines entschieden werden soll. Kein Teilurteil über Anschlussrechtsmittel.[4]

4 Urteilstenor

5 4.1 **Klageabweisung:** »Die Klage wird abgewiesen«.

6 4.2 **Vollvernichtung:** »Das Patent Nr ... wird für nichtig erklärt«.

4.3 **Teilvernichtung:**

7 1. Das Patent Nr ... wird dadurch teilweise für nichtig erklärt, dass Anspruch 1 folgende Fassung erhält: ... *oder:* dass Anspruch 2 gestrichen wird *oder:* dass die Worte ... in Zeile 7 des Anspruchs 1 durch die Worte ... ersetzt werden *oder:* dass Figur 3 auf Blatt 2 der Zeichnungen gestrichen wird.
2. Im Übrigen wird die Klage abgewiesen.
1. Für nichtig erklärt werden die Patentansprüche 1 und 3 des Patents Nr ... sowie die Patentansprüche 4 bis 7, soweit sie auf die Patentansprüche 1 und 3 rückbezogen sind.
2. Im Übrigen wird die Klage abgewiesen.

Die Klage wird mit der Maßgabe abgewiesen, dass Patentanspruch 1 folgende Fassung erhält ...

8 4.4 **Europäisches Patent:** »Das europäische Patent Nr ... wird mit Wirkung für die Bundesrepublik Deutschland für nichtig erklärt«. Bei Teilvernichtung gestattet Art II § 6 (2) IntPatÜG nur noch eine Änderung der Patentansprüche; eine Beschränkung allein durch Änderung der Beschreibung oder der Zeichnungen ist nicht mehr zugelassen.

9 4.5 **Beseitigung einer unzulässigen Erweiterung** s § 21 Rdn 58 ff.

10 4.6 **Zwangslizenz:** Dem Kläger wird eine Zwangslizenz erteilt, die es ihm gestattet, den Gegenstand des Patentanspruchs 1 des Patents Nr ... herzustellen und zu vertreiben.

Die Zwangslizenz wird befristet bis zum ... erteilt.

Der Kläger hat dem Beklagten eine Lizenz in Höhe von 5 % vom Verkaufspreis zu zahlen, und zwar jeweils 1 Monat nach dem Ende eines jeden Vierteljahres, erstmals am ... Zur Sicherung der Lizenzzahlung hat der Kläger eine Sicherheit in Höhe von 100 000 € zu hinterlegen, die auch durch die selbstschuldnerische Bürgschaft einer Großbank oder eines öffentlichen Kreditinstituts erbracht werden kann.

Die Kosten des Verfahrens trägt der Beklagte.

Das Urteil ist für die Erteilung der Zwangslizenz gegen Sicherheitsleistung von ... € und für die Kosten von ... € vorläufig vollstreckbar.

---

4 BGH NJW **94**, 2235 *Vorabentscheidung über Anschlussberufung*.

5 Begründung

muss sich auf alle entscheidungserheblichen Punkte tatsächlicher und rechtlicher Art erstrecken. Vgl dazu § 100 Rdn 54 ff und § 47 Rdn 23.

Bei seiner Entscheidung ist BPatG an eine Beurteilung in einem vorangegangenen nationalen oder europäischen Erteilungs-, Einspruchs- oder Beschwerdeverfahren nicht gebunden, auch dann nicht, wenn der Stand der Technik identisch ist.[5] Diese vorausgegangenen Entscheidungen des DPMA, des BPatG und des EPA sind jedoch als sachverständige Stellungnahmen von erheblichem Gewicht zu berücksichtigen[6], soweit Tatsachen betroffen sind; da die Frage der erfinderischen Tätigkeit vom BGH inzwischen als Rechtsfrage angesehen wird[7], dürfte dort die Bedeutung – trotz weiterhin gebotener grundsätzlicher Beachtung und argumentativer Auseinandersetzung – geringer werden.[8]

6 Verkündung des Urteils

erfolgt gemäß § 94 (s § 94 Rdn 6 ff). Wird das Urteil nicht in dem Termin, in dem die mündliche Verhandlung geschlossen wird, verkündet, so muss es nach § 99 (1) PatG iVm § 310 (2) ZPO bei der Verkündung in vollständiger Form abgefasst sein.[9] Ein Verkündungstermin *soll* nach § 94 (1) 2 PatG zwar nicht über 3 Wochen hinaus angesetzt werden, ist aber wegen Umfang und Schwierigkeit der Sache möglich, so dass für die Abfassung des in der Regel sachlich schwierigen und wegen der Mitwirkung von 5 Richtern zeitaufwendigen Nichtigkeitsurteils ausreichend Zeit zur Verfügung steht, max jedoch 5 Monate.[10]

7 Wirkung des Nichtigkeitsurteils:

Vgl die Erläuterungen zu § 21 Rdn 113 ff und zu § 81 Rdn 47.

8 Herausgabe einer neuen PS

publiziert DPMA unter dem Schriftartencode C 5, wenn im Nichtigkeitsverfahren die Patentschrift geändert wurde.[11] Das schreibt PatG zwar nicht ausdrücklich vor, entspricht jedoch einer entsprechenden Anwendung der §§ 61 (3) 2, 64 (3) 4 PatG sowie des Art 60 GPÜ.

II. Beschlüsse

ergehen, wenn nicht durch Urteil zu entscheiden ist, also wenn nicht gemäß § 84 (1) »über die Klage« zu entscheiden ist (s Rdn 2 ff).

Beispiele für Beschlüsse: Akteneinsicht, Aussetzung, isolierte Kostenentscheidung nach Zurücknahme der Klage (§ 269 (3) 2, 3 ZPO) oder nach übereinstimmender Erle-

---

5 BGH GRUR **96**, 757 (II5a) *Zahnkranzfräser*; **96**, 862 (IV2a) *Bogensegment*; **98**, 895, 896 rSp *Regenbecken*; vgl auch **05**, 967 *Strahlungssteuerung*.
6 BGH GRUR **98**, 895, 896 rSp *Regenbecken* (für Entscheidungen des EPA).
7 BGH GRUR **06**, 663 *Vorausbezahlte Telefongespräche*; **06**, 842 *Demonstrationsschrank* (GbM).
8 BGH GRUR **10**, 950 *Walzenformgebungsmaschine* (GbM).
9 AA BPatG BlPMZ **86**, 256, 258 rSp.
10 Vgl §§ 517, 548 ZPO.
11 MittDPMA Nr 13/03 BlPMZ **03**, 353.

digungserklärung (§ 91a ZPO), Verfahrenskostenhilfe, Entscheidungen über Erinnerungen gemäß § 23 (2) RPflG oder in Kostenfestsetzungsverfahren, Beweisbeschluss, Berichtigung des Urteils nach §§ 95 u 96, Anordnung der Sicherheitsleistung und Festsetzung der Höhe einer Sicherheit nach § 81 (7) 2, Zulässigkeit einer Nebenintervention (§ 81 Rdn 26), Festsetzung des Gegenstandswerts,[12] Streitwertherabsetzung,[13] Verbindung und Trennung von Klagen, Zulassung einer Klageänderung als sachdienlich, sofern nicht ein Zwischenurteil gemäß § 303 ZPO ergeht.

18 Besetzung des Senats für Beschlüsse außerhalb der mündlichen Verhandlung gemäß § 67 (2): 3 Richter. Der Beschlussausspruch kann auch in ein Urteil aufgenommen werden. Ein Beschluss ist nach § 110 (7) nur zusammen mit dem Urteil anfechtbar.

III. Kostenentscheidung (§ 84 (2) PatG)

1 Notwendigkeit:

19 Jedes Endurteil (nicht ein Zwischenurteil) muss eine Kostenentscheidung enthalten, also einen Ausspruch darüber, wer die Kosten zu tragen hat. Sie ergeht von Amts wegen, bedarf also keines Antrags, und zwar einheitlich für die gesamten Kosten, also für die Gerichts- und die Parteikosten. Unberührt bleibt die Möglichkeit, bestimmte Kosten gesondert aufzuerlegen, zB die durch Verschulden veranlasst sind (§ 95 ZPO).

20 **1.1 Fehlen einer Kostenentscheidung** kann nach § 321 ZPO auf Antrag (Frist 2 Wochen seit Zustellung des Urteiles) nachträglich ergänzt werden, wenn der Kostenpunkt ganz oder teilweise übergangen ist. Das Ergänzungsurteil bedarf nach § 99 (1) iVm § 321 (3) ZPO anders als eine isolierte Kostenentscheidung (§ 99 (1) iVm §§ 269 (3) 4, 91a ZPO) einer mündlichen Verhandlung, sofern nicht die Parteien ihr Einverständnis gemäß § 83 (2) 2 erklären, so dass ohne mündliche Verhandlung entschieden werden kann. Am Ergänzungsurteil können andere Richter mitwirken. Eine Anfechtung ist nach § 99 ZPO unzulässig.

21 Fehlt die Kostenentscheidung lediglich im Tenor, ist sie aber in den Gründen enthalten, so kann der Tenor nach § 95 ohne mündliche Verhandlung von Amts wegen durch Beschluss berichtigt werden.

22 **1.2 Isolierte Kostenentscheidung** ergeht auf Antrag nach Klagerücknahme (§ 269 (3) ZPO) sowie nach übereinstimmender Erledigterklärung der Parteien (§ 91a ZPO, vgl dazu § 81 Rdn 171) ohne mündliche Verhandlung in der Dreierbesetzung durch Beschluss, der nicht anfechtbar ist (§ 110 (6)). Gegenvorstellung gegen einen solchen Beschluss soll nicht statthaft sein[14], was aber durch Einführung des § 321a ZPO[15] und unter Berücksichtigung der Plenarentscheidung des BVerfG vom 30. April 2003[16] so nicht mehr vertretbar scheint. Vielmehr dürfte hier § 321a ZPO mindestens entsprechend anwendbar sein.

---

12 BPatGE 25, 222; 26, 68.
13 BPatGE 24, 169.
14 BPatGE 27, 201 = BlPMZ 86, 219.
15 BGBl I 2001, 1887; zuletzt geändert durch das Anhörungsrügengesetz, BGBl I 2004, 3220.
16 BVerfGE 107, 395 = NJW 2003, 1924.

1.3 Mehrere Kläger sind notwendige Streitgenossen[17] und haften nach Kopfteilen.[18] 23

1.4 Mehrere Beklagte vgl dazu § 81 Rdn 15. 24

1.5 Kosten der Streithilfe s § 81 Rdn 27. 25

2 Unterliegensprinzip:

Da nach § 84 (2) 2 die ZPO-Vorschriften über die Prozesskosten (abgedruckt im 26
Anhang zu § 80) entsprechend anzuwenden sind, hat nach § 91 ZPO die unterliegende Partei die Kosten zu tragen. Das ist bei Klageabweisung der Kläger, bei antragsgemäßer Vernichtung des Patents der Beklagte. Bei teilweisem Obsiegen sind die Kosten verhältnismäßig zu teilen (zB ¾: ¼) oder bei hälftigem Obsiegen entweder 50:50 zu teilen oder gegeneinander aufzuheben (§ 92 ZPO). In letzterem Fall werden die Gerichtskosten geteilt, während jede Partei ihre eigenen außergerichtlichen Kosten selbst trägt.

3 Kosten bei sofortigem Anerkenntnis

(§ 93 ZPO abgedruckt im Anhang zu § 80**):** 27
Nach § 93 ZPO fallen dem Kläger die Kosten zur Last, wenn folgende Voraussetzungen kumulativ erfüllt sind a) der Beklagte hat durch sein Verhalten zur Erhebung der Klage keine Veranlassung gegeben (s Rdn 30) *und* b) der Beklagte erkennt den Klageanspruch an (s Rdn 44) *und* c) das Anerkenntnis erfolgt sofort (s Rdn 47).

Dieser Rechtsgedanke, den Beklagten vor Kosten vermeidbarer Prozesse zu schützen, 28
ist auch im Nichtigkeitsverfahren anzuwenden, so dass bei sofortigem Verzicht auf das Patent der Kläger die Kosten zu tragen hat.[19] Das gilt auch, wenn der Patentinhaber sofort einen Teilverzicht erklärt und dementsprechend das Patent für teilnichtig erklärt wird.[20] Sofern im Nichtigkeitsverfahren idR eine Doppelvertretung durch PA und RA notwendig iSv § 91 ZPO ist, sind deshalb auch die RA-kosten erstattungsfähig;[21] führt die patentanwaltliche Prüfung zu einem sofortigen Verzicht auf das Patent, bedarf es der Hinzuziehung eines RA neben dem PA nicht, so dass die RA-kosten nicht zu erstatten sind.[22] Ausn: Bereits die zum Verzicht führende Entschließung hat besondere rechtliche Schwierigkeiten aufgeworfen[23] oder möglicherweise, wenn bereits ein Verletzungsverfahren anhängig war.[24]

---

17 BGH Urt v 27.10.2015 *Fugenband*; auch wenn Klagen separat erhoben wurden.
18 BGH GRUR **59**, 102 *Filterpapier*; GRUR **16**, 361 *Fugenband*; aA: BGH GRUR **53**, 477 *Streitwertfestsetzung im Nichtigkeitsverfahren*: Gesamtschuldner; differenzierend GRUR **13**, 1287 *Nichtigkeitsstreitwert II*.
19 BGH GRUR **82**, 364 *Figur 3* = **82**, 417 *Gbm-Lö-Verfahren*; **84**, 272 *Isolierglasscheibenrandfugenfüllvorrichtung*; BPatGE **17**, 86; **19**, 126; **22**, 33; **22**, 290; **25**, 138; **26**, 139; **28**, 80; **30**, 177; **31**, 191, 193; **34**, 93; **34**, 131, 132.
20 BGH GRUR **84**, 272 *Isolierglasscheibenrandfugenfüllvorrichtung*; BPatGE **22**, 57, 60 (Gbm: teilweise Nichterhebung des Widerspruchs).
21 BPatGE **50**, 85 = BlPMZ **08**, 62 = Mitt **07**, 478 *Doppelvertretung im Nichtigkeitsverfahren*.
22 BPatGE **50**, 85 = BlPMZ **08**, 62 = Mitt **07**, 478 *Doppelvertretung im Nichtigkeitsverfahren*.
23 BPatGE **50**, 85 = BlPMZ **08**, 62 = Mitt **07**, 478 *Doppelvertretung im Nichtigkeitsverfahren*.
24 BGH GRUR **13**, 427 *Doppelvertretung im Nichtigkeitsverfahren*.

29 § 93 ZPO sieht nur eine Kostentragung zu Lasten des Klägers, nicht aber zu Lasten des Beklagten vor, wenn dieser die Klage veranlasst hatte und der Kläger sich sofort auf die Kosten beschränkt.[25] Dessen bedarf es auch nicht, wenn der Kläger obsiegt.

30 **3.1 Veranlassung zur Klage** gibt der Patentinhaber (PI), wenn er sich vor Klageerhebung so verhalten hat, dass der Kläger vernünftigerweise annehmen musste, sein Ziel der Beseitigung des Patents nur durch die Klage erreichen zu können.[26] Dabei kommt es nur auf das objektive Verhalten des Beklagten – wie es der Kläger verstehen durfte –, nicht auf ein Verschulden des Beklagten an.[27]

31 Der PI darf auf den Rechtsbestand des ihm erteilten Patents vertrauen.[28] Er darf sich daher auf das Patent gegenüber Dritten berufen[29] und den Kläger *verwarnen*,[30] ohne dass dies den Kläger zur sofortigen Klageerhebung berechtigen würde. Der Kläger muss vielmehr den Patentinhaber vorher *zum Verzicht auf das Patent auffordern* (s Rdn 34 ff., zur Entbehrlichkeit s Rdn 40).

32 **Der Beklagte gibt Veranlassung zur Klage, a)** wenn er gegenüber dem Kläger zum Ausdruck bringt, dass er dem Verzichtsverlangen nicht entsprechen will; **b)** wenn er eine ordnungsgemäße Verzichtsaufforderung innerhalb der angemessen gesetzten Frist unbeachtet lässt;[31] **c)** wenn er der Verzichtsaufforderung ausweicht, indem er lediglich ein kostenloses Mitbenutzungsrecht anbietet,[32] das Patent also unverändert bestehen bleiben soll; **d)** wenn bereits Verletzungsklage aus dem Streitpatent (nicht einem Parallelpatent, s Rdn 41) erhoben ist;[33] **e)** wenn eine einstweilige Verfügung auf Grund des Streitpatents beantragt oder angedroht ist;[34] **f)** wenn er lediglich sein Patent von Anfang an entsprechend einer vorherigen Ankündigung beschränkt verteidigt.[35]

33 **Der Beklagte gibt keine Veranlassung zur Klage**, die zu einer Klageerhebung ohne vorherige Verzichtsaufforderung berechtigen würde, **a)** wenn der Beklagte den Kläger auf sein Patent hinweist oder verwarnt;[36] **b)** wenn der Beklagte gegen den Kläger aus einem Parallelpatent, nicht aber aus dem Streitpatent in Anspruch nimmt (s Rdn 41); **c)** wenn der Beklagte einer Aufforderung zur Einräumung einer Freilizenz, die kein Verlangen nach einem Verzicht auf das Patent enthielt, keine Folge leistet (s Rdn 36).

---

25 BPatGE **24**, 11, 13 (Gbm).
26 BPatGE **21**, 38, 39 (Gbm); **22**, 285, 289 (Gbm); **26**, 139, 140 (Gbm).
27 BPatGE **2**, 211, 213 (Gbm); **8**, 47, 52 (Gbm).
28 BPatGE **22**, 290, 292 (Gbm); etwas anderes gilt für Gbm, die nicht wie Patente geprüft werden, vgl BPatGE **8**, 171, 175.
29 BPatG GRUR **78**, 40 (Ni).
30 BPatGE **19**, 126, 128 (Ni); **21**, 17, 18 (Gbm); **22**, 57, 60 f (Gbm); **25**, 138 = GRUR **83**, 504 (Ni); **29**, 237, 239.
31 BPatGE **26**, 139 (Gbm).
32 BPatGE **25**, 43.
33 BPatGE **19**, 126, 128 (Ni); **22**, 285, 289 (Gbm); **28**, 197 = GRUR **87**, 233 (Ni); **34**, 93 (Ni).
34 BPatGE **2**, 211 (Gbm); **22**, 285, 289 (Gbm).
35 BPatGE **42**, 92.
36 BPatG GRUR **78**, 40 (Ni); BPatGE **22**, 57, 60 f (Gbm); **25**, 138 (Ni).

3.2 Voraussetzungen einer Verzichtsaufforderung

3.2.1 Schriftform ist keine gesetzliche Voraussetzung, so dass grundsätzlich auch telefonisch zum Verzicht aufgefordert werden kann,[37] aber wegen des Nachweises ist Schriftform ratsam.

3.2.2 Eindeutigkeit der Aufforderung: Die ernstlich gemeinte[38] Aufforderung muss ausreichend deutlich erkennen lassen, dass der Pl auf das Patent verzichten soll, um dadurch die Erhebung einer Klage zu vermeiden. Ist dieses Begehren klar erkennbar, kommt es auf die Formulierung im einzelnen nicht an. Einer Verzichtsaufforderung ist ein Verlangen nach einer Erklärung gleich zu setzen, dass aus dem Patent keine Rechte geltend gemacht werden.[39] Unschädlich ist es, wenn sich Verzichtsaufforderung und späterer Klageantrag im Umfang nicht vollständig decken.[40]

Verzichtsaufforderung ist nicht ausreichend, a) wenn lediglich Einräumung eines kostenlosen Mitbenutzungsrechts verlangt wird, denn dieses setzt notwendig die Aufrechterhaltung des Patents voraus;[41] sie genügt aber, wenn zugleich ausdrücklich eine Klage angedroht wird;[42] **b)** wenn lediglich Entgegenhaltungen mitgeteilt werden und die Androhung einer Klage offen gelassen wird; **c)** wenn tatsächlich ungewiss bleibt, ob Klage erhoben werden wird, weil darüber ein Dritter, zB der Mandant, entscheidet.

3.2.3 Angabe der Gründe, auf die die Nichtigkeitsklage gestützt werden soll, müssen so substantiiert angegeben werden,[43] dass der Beklagte prüfen kann, ob das Verlangen eines Verzichts berechtigt ist. Daher reichen *summarische Behauptungen*, die der Beklagte nicht auf ihre Relevanz überprüfen kann, nicht aus, so insbesondere über behauptete offenkundige Vorbenutzungen Dritter.[44] Ist der mangelnde Rechtsbestand des Patents offenkundig, können an die Angabe der Gründe geringere Anforderungen gestellt werden.

Dass die angegebenen Gründe tatsächlich auch die Nichtigerklärung des Patents rechtfertigen, ist keine Voraussetzung einer wirksamen Verzichtsaufforderung,[45] es sei denn, sie sind offensichtlich abwegig,[46] zB wenn die genannte Entgegenhaltung unbestreitbar nachveröffentlicht ist. Werden mit der Aufforderung lediglich Entgegenhaltungen genannt, die der Aufrechterhaltung des Patents ersichtlich nicht entgegen stehen, und erst mit der Klage das allein entscheidende Material mitgeteilt, so hat der Kläger die Kosten zu tragen, wenn der Beklagte nach Zustellung der Klage sofort anerkennt.[47]

---

37 BPatGE **8**, 47, 52 *ergänzende telefonische Aufforderung*.
38 BPatGE **8**, *171, 175* (Gbm).
39 BPatGE **13**, 210, 213 (Gbm); **18**, 185, 187 (Gbm).
40 BPatGE **30**, 177 (Gbm).
41 BGH GRUR **82**, 364 *Figur 3* = **82**, 417 *Gbm-Lö-Verfahren*.
42 Vgl BPatGE **18**, 185, 187; **21**, 38; **22**, 285, 289; **30**, 177 (alle Gbm).
43 BPatGE **25**, 138 (Ni).
44 BPatGE **20**, 132, 133 (Ni).
45 BPatGE **26**, 139, 142 (Gbm).
46 BPatGE **26**, 139, 141 (Gbm); **30**, 177, 179 (Gbm).
47 BPatGE **25**, 138, 139 (Ni).

39 3.2.4 **Angemessene Frist** muss die Verzichtsaufforderung enthalten, damit der PI in der Lage ist, das Verzichtsbegehren sorgfältig zu prüfen.[48] IdR wird eine Frist von 1 Monat angemessen sein, die § 82 (1) auch für die Erklärung zur Klage vorsieht. Sie wird länger sein müssen, wenn die Aufforderung sich auf Entgegenhaltungen stützt, die schwer zu beschaffen sind und evtl übersetzt werden müssen. Sie kann kürzer sein, wenn das Material dem Beklagten bereits bekannt ist oder wenn es der Aufforderung beigefügt war. Eine zu kurze Frist ist unschädlich, wenn tatsächlich bis zur Klageerhebung genügend Zeit war.[49]

40 3.2.5 **Entbehrlichkeit einer Verzichtsaufforderung** ist ausnahmsweise gegeben, wenn sie unzumutbar oder aussichtslos ist. Entbehrlich ist sie daher, wenn der PI – bei mehreren Inhabern einer von ihnen[50] –:

41 a) gegen den Ni-Kläger bereits *Verletzungsklage erhoben* hatte, die auf das Streitpatent – nicht auf andere Anspruchsgrundlagen – gestützt ist, denn dann muss der PI ohne Vorwarnung mit dem Gegenangriff der Ni-Klage rechnen.[51] Das soll nicht gelten, wenn Verletzungsklage nicht aus dem Streitpatent, sondern einem Parallelpatent erhoben war, zB aus einem europäischen Patent im Ausland[52] oder aus einem erstreckten DDR-Patent;[53]

42 b) eine einstweilige Verfügung auf Grund des Streitpatents beantragt oder angedroht hatte;[54]

43 c) gegenüber dem Kläger – nicht gegenüber einem Dritten[55] – einen Verzicht auf das Patent abgelehnt hatte.

3.3 Sofortiges Anerkenntnis

44 3.3.1 **Anerkenntnis** iSd § 93 ZPO ist nicht ein Anerkenntnis gemäß § 307 ZPO, das es im Nichtigkeitsverfahren nicht gibt (s § 81 Rdn 117), sondern die unmissverständliche und vorbehaltlose Erklärung des Patentinhabers, mit der dem Kläger verbindlich zugesichert wird, dass sein Klagebegehren erfolgreich ist,[56] er also sicher sein kann, aus dem Patent nicht in Anspruch genommen zu werden. Widerspruch gegen die Kostenlast ist unschädlich.

45 **Ausreichend: a) Verzicht auf das Patent** durch Erklärung gemäß § 20 (1) Nr 1, der mit Eingang bei DPMA wirksam wird und nicht zurückgenommen werden kann (s

---

48 BPatGE **26**, 139 (Gbm).
49 BPatGE **2**, 211, 214 (Gbm); **8**, 47, 52 (Gbm).
50 BPatGE **22**, 285, 289 (Gbm, für einen Miterben).
51 BPatGE **22**, 285, 289 = BlPMZ **81**, 34 L (Gbm); **28**, 197 = GRUR **87**, 233 (Ni); offen gelassen von BGH GRUR **04**, 138 (IV) *Dynamisches Mikrofon*.
52 BPatGE **34**, 93 (mE nicht billig, weil dem Bekl, der den Kl aus dem europ Streitpatent in Nachbarländern gerichtlich in Anspruch nimmt, dem Kl genügend Veranlassung gibt, sofort gegen den Rechtsbestand dieses Patents in allen Vertragsstaaten vorzugehen).
53 BPatGE **34**, 131.
54 BPatGE **2**, *211 (Gbm);* **22**, 285, 289 (Gbm).
55 BPatG GRUR **78**, 40 (Ni).
56 BGH GRUR **04**, 138 (IV) *Dynamisches Mikrofon*; BPatGE **22**, 290 und **28**, 197 = GRUR **80**, 782 und **87**, 233.

§ 20 Rdn 13 f). Ausreichend auch die fristgemäße Erklärung gegenüber dem erkennenden Senat.[57] Da der Verzicht nur ex nunc wirkt, muss sich der Verzicht auch auf Ansprüche für die Vergangenheit beziehen, sofern für den Bekl erkennbar ist, dass der Kläger konkret ein Rechtsschutzinteresse an der Vernichtung ex tunc hat;[58] die lediglich abstrakte Gefahr einer Inanspruchnahme für die Vergangenheit genügt dafür nicht; **b)** Erklärung innerhalb der Widerspruchsfrist des § 82, der **Klage nicht zu widersprechen**;[59] **c)** Einreichung eines **Beschränkungsantrags gemäß § 64** beim DPMA im Umfang des Klageantrags und Verzicht auf dessen Rücknahme;[60] **d) beschränkte Verteidigung des Patents** und Verzicht auf den darüber hinaus gehenden Schutz für die Vergangenheit und Zukunft.[61]

Nicht ausreichend: a) Einreichung eines **Beschränkungsantrags gemäß § 64** beim DPMA im Umfang des Klageantrags ohne Verzicht auf dessen Rücknahme;[62] **b) Beschränkte Verteidigung des Patents** ohne Verzicht auf den darüber hinaus gehenden Schutz für die Vergangenheit und Zukunft.[63]   46

3.3.2 Sofort ist ein Anerkenntnis erklärt, **a)** wenn es innerhalb der angemessenen *Frist einer Verzichtsaufforderung* dem Kläger gegenüber erklärt wird und **b)** wenn es – soweit keine wirksame Verzichtsaufforderung vorausgegangen ist – innerhalb der *einmonatigen Widerspruchsfrist* des § 82 (1) dem BPatG gegenüber erklärt wird.[64] Die materielle Wirksamkeit des erklärten Verzichts gemäß § 20 (1) Nr 1 durch Eingang beim DPMA sowie Zustellung des Verzichts an den Kläger können später liegen.[65] Hatte der PI eine wirksame Verzichtsaufforderung unbeachtet gelassen und damit Anlass zur Klage gegeben, nützt ihm ein Verzicht innerhalb der Widerspruchsfrist des § 82 (1) nichts.[66]   47

3.3.3 Bindung an ein erklärtes Anerkenntnis tritt mit seinem Eingang bei BPatG ein. Danach kann der Beklagte nicht geltend machen, dass das ihm mit der Verzichtsaufforderung genannte Material den Rechtsbestand des Patents nicht berührt hätte. Beseitigung ist nicht möglich durch **a) Anfechtung** gemäß §§ 119, 123 BGB, obwohl das Anerkenntnis wegen des Verzichts auf das Patent auch materiell-rechtlicher Natur ist;[67] **b) Widerruf** analog § 290 ZPO,[68] es sei denn, es liegt ein Restitutionsgrund vor.[69]   48

---

57 BPatGE 22, 290.
58 BPatGE 19, 126; 22, 33; 22, 290.
59 BPatG v 04.03.98 – 2 Ni 48/97 Schulte-Kartei PatG 81–85 Nr 294.
60 BGH GRUR 04, 138 (IV) *Dynamisches Mikrofon*.
61 BGH GRUR 84, 272 (IV) *Isolierglasscheibenrandfugenfüllvorrichtung*; BGH GRUR 04, 138 (IV) *Dynamisches Mikrofon*.
62 BGH GRUR 04, 138 (IV) *Dynamisches Mikrofon*.
63 BGH GRUR 04, 138 (IV) *Dynamisches Mikrofon*.
64 BPatGE 8, 47, 50 (Gbm); 18, 185, 186 (Gbm); 19, 126 (Ni); 22, 33 (Ni); 31, 190, 193 (Ni).
65 BPatGE 22, 290, 294 unter Aufgabe von 3, 172.
66 BPatGE 25, 43.
67 BGHZ 80, 389, 392 = NJW 81, 2193 *Anfechtbarkeit eines prozessualen Anerkenntnisses*.
68 BGHZ 80, 389, 392 = NJW 81, 2193 *Anfechtbarkeit eines prozessualen Anerkenntnisses*; 107, 142, 147 = NJW 89, 1934 *Wirksamkeit eines Anerkenntnisses*.
69 BGHZ 12, 285; 80, 389, 394; NJW 93, 1717, 1718 *Fortwirkung eines Anerkenntnisses*.

49 **3.4 Beweislast für Voraussetzungen des § 93 ZPO** trifft den Beklagten, da er sich auf die Ausnahme von der Regel, wonach der Unterlegene nach § 91 ZPO die Kosten zu tragen hat, beruft.[70] Der Beklagte hat darzutun und zu beweisen, a) Unwirksamkeit einer ergangenen Verzichtsaufforderung, weil sie nach Inhalt und Angemessenheit der Frist nicht ordnungsgemäß war; b) dass er keine Veranlassung zur Klage gegeben hat; c) dass er sofort anerkannt hat. Für die Tatsache des Fehlens einer Aufforderung zum Verzicht und deren Zugang ist der Beklagte beweispflichtig.[71] Allerdings treffen den Kläger sekundäre Darlegungslasten bzgl. korrekter Adressierung der Verzichtsaufforderung, Datum und Art der Versendung, mangelnder Rücklauf.[72]

4 Billigkeit:

50 Nach § 84 (2) 2 kann abweichend von den §§ 91 ff ZPO über die Kosten entschieden werden, wenn dies die Billigkeit erfordert. Das Unterliegensprinzip gemäß § 91 ZPO und die Kostenüberbürdung auf den Kläger nach sofortigem Anerkenntnis des Beklagten gemäß § 93 ZPO gelten also nicht strikt, sondern können durch Billigkeitsgesichtspunkte modifiziert werden.

51 **Billigkeitsgründe**, die eine vom Unterliegensprinzip des § 91 ZPO abweichende Kostenentscheidung erfordern, können zB sein: 1. Verursachung **überflüssiger Kosten** ohne jede Not, insbesondere wenn die **Klage mutwillig** ist;[73] 2. vorwerfbar **verspätetes Vorbringen** von relevantem Material, das auch schon mit der Klage hätte genannt werden können,[74] zB Vorlage einer neuen Druckschrift erst vor BGH;[75] soweit diese überhaupt zu berücksichtigen ist 3. kostensparende **beschränkte Verteidigung** des Patents;[76] 4. intensive **unnötige Terminsvorbereitung**, weil Nichtigkeitsgrund später fallen gelassen wurde;[77] 5. Unterlassen eines Hinweises des Bekl, dass er nicht der richtige Bekl sei.[78]

5 Vorläufige Vollstreckbarkeit

52 für Nichtigkeitsurteile sieht PatG nicht ausdrücklich vor. BPatG wendet über § 99 (1) die §§ 708 ff ZPO entsprechend an und erklärt seine Urteile hinsichtlich der Kosten für vorläufig vollstreckbar.[79] Isolierte Kostenentscheidungen sind nicht für vorläufig vollstreckbar zu erklären, weil sie nach § 99 (2) PatG nicht anfechtbar und damit rechtskräftig und gemäß § 704 (1) ZPO vollstreckbar sind.[80]

---

70 BPatGE 22, 131, 132; OLG Düsseldorf NJW-RR 93, 74; OLG Frankfurt NJW-RR 96, 62; BGH GRUR 07, 629 *Zugang des Abmahnschreibens*.
71 BGH GRUR 07, 629 *Zugang des Abmahnschreibens*.
72 BGH GRUR 07, 629 *Zugang des Abmahnschreibens*.
73 BPatGE 46, 255 = GRUR 03, 726 *Luftverteiler*.
74 BPatGE 20, 132 = BlPMZ 79, 244 L; abw BGH GRUR 61, 278 *Lampengehäuse* für Vorlage einer Druckschrift erst mit ergänzender Berufungsbegründung.
75 BGH GRUR 90, 594 *Computerträger*.
76 BPatGE 34, 264, 268 = BlPMZ 95, 323 L.
77 BPatGE 36, 75 = BlPMZ 96, 500 L.
78 BGH BlPMZ 65, 314 (IV) Patentrolleneintrag (nicht in GRUR).
79 StRspr seit BPatGE 21, 16; 27, 41 = 27, 150; vgl zB 28, 199; 32, 184, 200 (für Zwangslizenz); 33, 79 (Ni); überholt die aA von BPatGE 26, 189.
80 BPatGE 31, 191, 193 (Ni).

5.1 Sicherheitsleistung ist nach § 709 S 1 iVm § 708 Nr 11 ZPO erforderlich, wenn die allein vollstreckungsfähige Entscheidung über die Kosten eine Vollstreckung im Wert von mehr als 1 500 € ermöglicht. Die Höhe ist nach dem mit der Vollstreckung verbundenen Risiko des Schuldners zu bemessen und muss den Betrag der voraussichtlich festzusetzenden Kosten plus Zinsen erreichen.[81] Die Sicherheit ist nach § 108 (1) ZPO durch Hinterlegung zu leisten, wenn nicht im Urteil (oder in einem nachträglichen Beschluss) eine andere Art (zB Bankbürgschaft) zugelassen wird.

5.2 Tenor: »Das Urteil ist im Kostenpunkt in Höhe von 120 % des zu vollstreckenden Betrages vorläufig vollstreckbar.«, vgl. § 709 S 2 ZPO.

5.3 Art der Sicherheitsleistung kann BPatG nach freiem Ermessen bestimmen. Vgl dazu § 81 Rdn 205.

5.4 Änderung der Sicherheitsleistung in der Höhe kann BPatG weder im Wege der Berichtigung noch der Ergänzung des Urteils vornehmen, auch nicht bei einer Zustimmung des Gegners, da BPatG an sein Urteil gemäß § 99 (1) PatG iVm § 318 ZPO gebunden ist.[82] Änderung kann nur BGH nach Einlegung einer zulässigen Berufung im Wege der Vorabentscheidung gemäß § 718 ZPO aussprechen.[83] Vor BGH kann auch die einstweilige Einstellung der Zwangsvollstreckung aus dem für vorläufig vollstreckbar erklärten Urteil beantragt werden (§§ 719, 707 ZPO).

5.5 Unterlassene Entscheidung über die vorläufige Vollstreckbarkeit, die von Amts wegen hätte ergehen müssen, kann im Wege der Ergänzung des Urteils gemäß § 99 (1) PatG iVm §§ 716, 321 ZPO nachgeholt werden.

6 Anfechtung der Kostenentscheidung eines Nichtigkeitsurteils

ist nur mit einer zulässigen Berufung möglich. Eine *isolierte Anfechtung nur der Kostenentscheidung* eines Nichtigkeitsurteils sieht das PatG nicht vor,[84] auch nicht in § 99 (1) PatG, der auf Regelungen des Verfahrens, nicht aber auf Rechtsmittel der ZPO verweist. Daher ist auch § 99 (2) ZPO (Verurteilung auf Grund eines Anerkenntnisses) nicht anwendbar.

Isolierte Kostenentscheidung ist gemäß §§ 99 (2), 110 (7) PatG nicht anfechtbar (s Rdn 22).

Anschlussberufung kann sich nur gegen die Kostenentscheidung richten, wenn eine zulässige Berufung vorliegt.[85]

7 Verzögerung des Rechtsstreits:

BPatG kann dem Kläger oder dem Beklagten sowie Nebenintervenienten und Beitretenden von Amts wegen nach § 38 GKG eine **besondere Gebühr** in Höhe einer *Gebühr, die* nach § 38 Satz 2 auf einen Gebührensatz von 0,3 ermäßigt werden kann, auferlegen, a) wenn durch Verschulden des Klägers, des Beklagten oder eines Vertre-

---

81 BGH v 16.6.92 – X ZR 50/91 *Sicherheitsleistung* Schulte-Kartei PatG 81–85 Nr 167.
82 BPatGE **28**, 199.
83 BGH v 16.6.92 – X ZR 50/91 *Sicherheitsleistung,* Schulte-Kartei PatG 81–85 Nr 167.
84 BGH GRUR **95**, 577 *Drahtelektrode.*
85 BGH Liedl **59/60**, 372, 387.

ters die Vertagung einer mündlichen Verhandlung oder die Anberaumung eines neuen Termins zur mündlichen Verhandlung nötig wird; b) wenn die Erledigung des Rechtsstreits durch nachträgliches Vorbringen von Angriffs- oder Verteidigungsmitteln (siehe dazu § 100 Rdn 65) oder Beweiseinreden, die früher vorgebracht werden konnten, verzögert worden ist.

60 Da ein Verschulden nur schwer nachweisbar sein wird, kommt eine Verzögerungsgebühr aus diesem Grund nur selten in Betracht. Wer aber Entgegenhaltungen, offenkundige Vorbenutzungen oder unzulässige Erweiterungen erst in der mündlichen Verhandlung geltend macht, muss mit einer Verzögerungsgebühr rechnen, wenn es auf dieses Vorbringen entscheidungserheblich ankommt. Eine Verzögerungsgebühr kommt nicht in Betracht, wenn BPatG auch aus anderen Gründen vertagen musste oder wenn BPatG die Verzögerung hätte abwenden können,[86] zB durch Gewährung einer ausreichend bemessenen Unterbrechung der mündlichen Verhandlung.

61 **Beschwerde** gegen die Auferlegung der Verzögerungsgebühr sieht § 69 GKG vor, die jedoch nach § 99 (2) PatG ausgeschlossen ist, weil PatG sie nicht zulässt. Eine Auferlegung durch den Nichtigkeitssenat ist nach § 110 (7) PatG zusammen mit dem Urteil anfechtbar.

In Anbetracht der speziellen Regelung der Verspätung in § 83 (4) PatG wird die Auferlegung einer Verzögerungsgebühr allenfalls noch dort in Betracht kommen, wo es sich weder um Angriffs- oder Verteidigungsmittel noch um geänderte Fassungen des Streitpatents handelt oder der Rechtsstreit noch nach altem Recht zu entscheiden ist (§ 147(2) PatG)

IV. Streitwert

62 Für Klagen und einstweilige Verfügungen vor dem BPatG richten sich die Gebühren gemäß § 2 (2) PatKostG nach dem Streitwert. Erläuterungen hierzu sind bei § 2 PatKostG im Anhang 15 abgedruckt, und zwar zu folgenden Themen:

1	Streitwertfestsetzung	§ 2 PatKostG Rdn 26
2	Angabe des Wertes	§ 2 PatKostG Rdn 27
3	Vorläufige Streitwertfestsetzung	§ 2 PatKostG Rdn 29
4	Änderung der Festsetzung	§ 2 PatKostG Rdn 36
5	Höhe des Streitwerts	§ 2 PatKostG Rdn 39
5.1	Gemeiner Wert	§ 2 PatKostG Rdn 39
5.2	Schadensersatzforderungen	§ 2 PatKostG Rdn 44
6	Maßgebender Zeitpunkt	§ 2 PatKostG Rdn 46
7	Nebenintervention	§ 2 PatKostG Rdn 47
8	Klagenverbindung	§ 2 PatKostG Rdn 48
9	Streitwertherabsetzung	§ 2 PatKostG Rdn 49
10	Höhe der Gebühren	§ 2 PatKostG Rdn 50.

---

86 OLG München NJW-RR 01, 71; OLG Düsseldorf MDR **95**, 752 = NJW-RR **95**, 638.

V. Verfahrenskostenhilfe

wird den Beteiligten im Nichtigkeitsverfahren gemäß § 132 PatG gewährt, wenn der Antragsteller ein schutzwürdiges Interesse glaubhaft macht. Siehe dazu § 132 Rdn 7 ff. 63

VI. Kostenfestsetzung:

Nach § 84 (2) 2 Halbsatz 2 sind die §§ 103 – 107 ZPO entsprechend anzuwenden (abgedruckt im Anhang zu § 80). Zuständig ist der Rechtspfleger gemäß § 23 (1) Nr 12 RPflG. 64

1   Kostenfestsetzungsantrag siehe § 80 Rdn 100. 65
2   Kostenfestsetzungsbeschluss siehe § 80 Rdn 101. 66

3 Erinnerung

gegen Kostenfestsetzungsbeschluss siehe § 80 Rdn 106. Eine Anfechtung der Erinnerungsentscheidung sieht PatG zwar nicht ausdrücklich vor; allerdings unterliegen Beschlüsse des BPatG im Kostenfestsetzungsverfahren der Rechtsbeschwerde gemäß § 574 (1) Nr 2 ZPO.[87] Die Begründung ist, dass § 99 (2) im Nichtigkeitsverfahren schon bisher keine Bedeutung zukam und der BGH schon bisher das Rechtsmittelsystem der ZPO trotz des in § 99 (2) PatG normierten Grundsatzes als maßgeblich erachtet hat.[88] Da sich das Rechtsmittelsystem der ZPO durch das ZPO-RG mit Wirkung vom 1. Januar 2002[89] wesentlich dahin geändert habe, dass nunmehr eine Rechtsbeschwerde zulässig ist, sei dieser Gleichklang der Rechtsmittelsysteme auch auf dieser Grundlage zu wahren. Im Übrigen sei weder § 84 (2) noch § 99 (2) PatG der Grundsatz zu entnehmen, dass die Überprüfung eines Kostenfestsetzungsbeschlusses in der Rechtsbeschwerdeinstanz schlechthin ausgeschlossen sein soll.[90] Der Regelungsgehalt von § 99 (2) und § 84 (2) S 3 PatG soll sich danach auf Sachverhalte abseits vom Kostenfestsetzungsverfahren beschränken, wo ihnen dieselbe Bedeutung zukommen soll, wie zuvor.[91] 67

4 Kostenerstattung

4.1 Vertreterkosten siehe § 80 Rdn 25. 68

4.2 Parteikosten siehe § 80 Rdn 58. 69

4.3 Einzelfälle aus der Kostenrechtsprechung in alphabetischer Zusammenstellung siehe § 80 Rdn 59 ff. 70

---

87   BGH GRUR **13**, 427 *Doppelvertretung im Nichtigkeitsverfahren.*
88   BGH GRUR **13**, 427, 428 *Doppelvertretung im Nichtigkeitsverfahren* unter Hinweis auf BGH GRUR **86**, 453 *Transportbehälter* (GbM-Löschungssache).
89   Zivilprozessreformgesetz vom 27. Juli 2001, BGBl I 01, 1887.
90   BGH GRUR **13**, 427, 428 *Doppelvertretung im Nichtigkeitsverfahren.*
91   BGH GRUR **13**, 427, 428 *Doppelvertretung im Nichtigkeitsverfahren.*

§ 85 Einstweilige Verfügung im Zwangslizenzverfahren, vorläufige Vollstreckbarkeit

(1) In dem Verfahren wegen Erteilung der Zwangslizenz kann dem Kläger auf seinen Antrag die Benutzung der Erfindung durch einstweilige Verfügung gestattet werden, wenn er glaubhaft macht, daß die Voraussetzungen des § 24 Abs 1 bis 6 vorliegen und daß die alsbaldige Erteilung der Erlaubnis im öffentlichen Interesse dringend geboten ist.

(2) Der Erlaß der einstweiligen Verfügung kann davon abhängig gemacht werden, daß der Antragsteller wegen der dem Antragsgegner drohenden Nachteile Sicherheit leistet.

(3) ¹Das Patentgericht entscheidet auf Grund mündlicher Verhandlung. ²Die Bestimmungen des § 82 Abs 4 Satz 2 und des § 84 gelten entsprechend.

(4) Mit der Zurücknahme oder der Zurückweisung der Klage auf Erteilung der Zwangslizenz (§§ 81 und 85a) endet die Wirkung der einstweiligen Verfügung; ihre Kostenentscheidung kann geändert werden, wenn eine Partei innerhalb eines Monats nach der Zurücknahme oder nach Eintritt der Rechtskraft der Zurückweisung die Änderung beantragt.

(5) Erweist sich die Anordnung der einstweiligen Verfügung als von Anfang an ungerechtfertigt, so ist der Antragsteller verpflichtet, dem Antragsgegner den Schaden zu ersetzen, der ihm aus der Durchführung der einstweiligen Verfügung entstanden ist.

(6) ¹Das Urteil, durch das die Zwangslizenz zugesprochen wird, kann auf Antrag gegen oder ohne Sicherheitsleistung für vorläufig vollstreckbar erklärt werden, wenn dies im öffentlichen Interesse liegt. ²Wird das Urteil aufgehoben oder geändert, so ist der Antragsteller zum Ersatz des Schadens verpflichtet, der dem Antragsgegner durch die Vollstreckung entstanden ist.

Thomas Voit

Übersicht

	Geltungsbereich	1
	Kommentierung zu § 85 PatG	
1	Voraussetzungen für einstweilige Verfügung	2
1.1	Antrag	2
1.2	Dringlichkeit	3
1.3	Anhängigkeit der Klage	5
1.4	Glaubhaftmachung	6
1.5	Gebühr	7
1.6	Sicherheitsleistung	8
2	Entscheidung	9
3	Vorläufige Vollstreckbarkeit	12
4	Schadensersatzanspruch nach § 85 (5)	13

1 **Geltungsbereich:** In § 85 (= § 41 PatG aF) hat Art 2 Nr 24 des 2. PatGÄndG die *Verweisung* »*§ 24 (1)*« durch »*§ 24 (1) bis (5)*« ersetzt. Art 1 Nr 12 des BiopatentG hat die Verweisung geändert in »*§ 24 (1) bis (6)*«. Das **Kostenbereinigungsgesetz** (BGBl 2001 I 3656 = BlPMZ 2002, 14) hat durch Art 7 Nr 33 § 85 (2) 1 über die Vor-

auszahlung der Gebühr aufgehoben, die für einstweilige Verfügungen nicht sinnvoll ist. § 5 (1) PatKostG (abgedruckt im Anhang 15) führt daher die einstweilige Verfügung auch nicht auf.

PatRModG: Durch Art 1 des Gesetzes zur Vereinfachung und Modernisierung des Patentrechts sind in § 85 (3) 2 PatG die Angabe »§ 83 (2) Satz 2« durch die Angabe »§ 82 Abs 3 Satz 2« und in § 85 (4) die Angabe »(§ 81)« durch die Angabe »(§§ 81 und 85a)« ersetzt worden.

§ 85 gilt für deutsche und europäische Patente und Schutzzertifikate.

Entwurf 2. PatRModG: Absatz 3 Satz wird dahingehend geändert, dass es nicht mehr »§ 82 Abs. 3 Satz 2«, sondern »§ 83 Abs. 4 Satz 2« heißt. Dabei handelt es sich um eine bloße Anpassung der Verweisung.[1]

1 Voraussetzungen für einstweilige Verfügung

1.1 Antrag

des Klägers wegen Erteilung der Zwangslizenz. Da die Erteilung einer Zwangslizenz die Rechtsposition des Patentinhabers schwerwiegend beeinträchtigt, muss als materielle Voraussetzung neben dem öffentlichen Interesse ein ernsthaftes Bemühen des Klägers um eine Lizenz vorliegen, wozu es nicht reicht, sich in »letzter Minute« um eine solche zu bemühen.[2]   2

1.2 Dringlichkeit

für den Erlass ist wie bei jeder einstweiligen Verfügung Voraussetzung.[3] Zum gleichen Erfordernis gemäß §§ 935, 940 ZPO, vgl § 139 Rdn 439.   3

Die Regelung des § 85 ist in Bezug auf die Dringlichkeit jedoch als abschließende Sonderregelung anzusehen, einer prozessualen Dringlichkeit iSd §§ 935, 940 ZPO bedarf es nicht.[4] Ein Erlass kurz vor Ablauf der Schutzdauer des Patents wird selten dringlich sein, aber ein zögerliches Verhalten des Lizenzsuchers beseitigt die Dringlichkeit nicht per se, weil es insoweit auf das öffentliche Interesse ankommt.[5] Dringlichkeit ist nur gegeben, wenn ein längeres Zuwarten beim Erteilen der Benutzungserlaubnis nicht verantwortet werden kann, um wesentliche Nachteile von der Öffentlichkeit abzuwenden.[6] Das träfe zB zu, wenn sonst die Gesundheitsversorgung der Bevölkerung in schwerwiegender Weise beeinträchtigt werden würde.   4

1.3 Anhängigkeit der Klage

auf Erteilung der Zwangslizenz, da nur der Kläger nach § 85 (1) antragsberechtigt ist.   5

1.4 Glaubhaftmachung

der Voraussetzungen des § 24 (1) bis (6) und der Dringlichkeit der alsbaldigen Erteilung der Erlaubnis im öffentlichen Interesse ist nur mit präsenten Beweismitteln mög-   6

---

1 Art. I Nr. 30 des Diskussionsentwurfs.
2 BPatG Mitt. 19, 117 *Praluent*; bestätigt vom BGH GRUR 19, 1038 *Alirocumab*.
3 BGH GRUR 72, 471 *Cafilon*.
4 BGH GRUR 17, 1017 *Raltegravir*; ebenso zuvor BPatGE 55, 154 *Isentress* als Vorinstanz.
5 BGH GRUR 17, 1017 *Raltegravir*.
6 BGH GRUR 52, 393 *Paladon*; BPatGE 36, 96.

lich (vgl dazu Einl Rdn 199). Auf ein Eigeninteresse des Antragstellers kommt es nicht an, ausreichend kann auch ein öffentliches Interesse einer relativ kleinen Gruppe von Patienten sein, wenn sie bei Nichtverfügbarkeit des Medikaments einer besonders hohen Gefährdung ausgesetzt wäre.[7] Öffentliches Interesse ist auch zu bejahen, wenn durch eine nach anerkannten Grundsätzen der Biostatistik signifikant nachgewiesen ist, dass der Wirkstoff bei der Behandlung schwerer Krankheiten Eigenschaften aufweist, die für andere am Markt erhältliche Wirkstoffe so nicht belegt sind, insbesondere wenn das Mortalitätsrisiko gesenkt werden kann.[8] Dieser Nachweis bzw. die Glaubhaftmachung obliegen dem Lizenzsucher.[9]

1.5 Gebühr

7   für den Antrag richtet sich gemäß § 2 (2) PatKostG nach dem Streitwert. Zur Streitwertfestsetzung und deren Änderung, zur Höhe des Streitwerts und der Gebühren, zur Angabe des Wertes durch die Parteien, zur Streitwertherabsetzung und zur Klageverbindung siehe die Erläuterungen zu § 2 PatKostG Rdn 31 ff im Anhang 15.

1.6 Sicherheitsleistung,

8   sofern BPatG sie nach § 85 (2) 2 fordert. Ihre Höhe richtet sich nach einem möglichen Schadensersatzanspruch gemäß § 85 (5).

2 Entscheidung

9   ergeht durch Urteil in der Besetzung mit fünf Richtern, idR nach mündlicher Verhandlung; ohne mündliche Verhandlung nur mit Zustimmung der Parteien, das ergibt sich aus der Verweisung auf § 82 (3) S 2, 84 PatG.

10 **Inhalt:** a) Zurückweisung des Antrags, wenn dieser unzulässig oder wegen Fehlens der gesetzlichen Voraussetzungen unbegründet ist, oder **b)** Erteilung der Zwangslizenz unter Angabe des Umfangs der gestatteten Benutzung. Festsetzung der Vergütung für die Benutzung kann dem Hauptverfahren überlassen werden.[10]

11 **Beschwerde** nach § 122 an BGH, der keine aufschiebende Wirkung zukommt, da nach § 122 § 75 (1) nicht entsprechend anwendbar ist.

3 Vorläufige Vollstreckbarkeit:

12 § 85 (6) bezieht sich auf das Urteil im Hauptsacheverfahren, nicht auf den Erlass der einstweiligen Verfügung.[11] Bei einer Erteilung der Zwangslizenz *kann* das Urteil auf Antrag für vorläufig vollstreckbar erklärt werden, wenn dies im öffentlichen Interesse liegt. Ihre Anordnung wird idR zu erfolgen haben, wenn die Zwangslizenz zugesprochen wird. Wird das Urteil für vorläufig vollstreckbar erklärt, so kann der Kläger das Patent ebenso wie nach Erlass einer einstweiligen Verfügung sofort (ggf nach Leistung der Sicherheit) benutzen.

---

7   BGH GRUR 17, 1017 *Raltegravir.*
8   BGH GRUR 19, 1038 *Alirocumab.*
9   BPatG Mitt. 19, 117 *Praluent.*
10 RGZ **171**, 227, 237.
11 BPatGE **32**, 184, 199.

4 Schadensersatzanspruch nach § 85 (5)

besteht, wenn die Anordnung der einstweiligen Verfügung von Anfang an ungerechtfertigt war (ähnlich § 945 ZPO), also wenn die tatsächlichen und rechtlichen Voraussetzungen im Zeitpunkt ihres Erlasses nicht vorlagen. Daran fehlt es, wenn das Patent nach Erlass der einstweiligen Verfügung widerrufen oder für nichtig erklärt wird, weil damit die Wirkungen des Patents als von Anfang an nicht eingetreten gelten (§§ 22 iVm 21 (3) 1 PatG).[12] Auf ein Verschulden kommt es nicht an. Zuständig: Landgericht gemäß § 143. 13

§ 85a

(1) Die Verfahren nach Artikel 5 Buchstabe c, Artikel 6, 10 Abs 8 und Artikel 16 Abs 1 und 4 der Verordnung (EG) Nr 816/2006 des Europäischen Parlaments und des Rates vom 17. Mai 2006 über Zwangslizenzen für Patente an der Herstellung von pharmazeutischen Erzeugnissen für die Ausfuhr in Länder mit Problemen im Bereich der öffentlichen Gesundheit (ABl. EU Nr. L 157 S 1) werden durch Klage nach § 81 Abs 1 Satz 1 eingeleitet.

(2) Die §§ 81 bis 85 sind entsprechend anzuwenden, soweit die Verfahren nicht durch die Verordnung (EG) Nr 816/2006 bestimmt sind.

Thomas Voit

Übersicht

Geltungsbereich...		1
Kommentierung zu § 85a PatG		
1	Regelungsgegenstand................................	2
1.1	Verschiedene Verfahren der VO (EG) 816/2006	2
1.2	Klageverfahren, BPatG als zuständige »Behörde«.......	3
1.3	Verfahren zur Beachtung der Lizenzbedingungen	4
2	Entscheidung..	5
3	Ergänzende Anwendbarkeit von §§ 81 bis 85	6

Geltungsbereich: Verfahren nach der VO (EG) 816/2006
PatRModG: Durch Art 1 Nr 9 des Gesetzes zur Vereinfachung und Modernisierung des Patentrechts (PatRModG) vom 31.7.2009 (BGBl I, 2521) neu eingefügt.

1

---

12 BGH GRUR **79**, 869 *Oberarmschwimmringe*; vgl OLG Düsseldorf MDR **61**, 606.

§ 85a Zwangslizenzverfahren nach VO (EG) 816/2006

1 Regelungsgegenstand

1.1 Verschiedene Verfahren der VO (EG) 816/2006

2 werden hiermit als Klageverfahren ausgestaltet.[1]

1.2 Klageverfahren, BPatG als zuständige »Behörde«

3 nach Art 1–11, 16 und 17 der VO (EG) 816/2006 ist danach das Bundespatentgericht als die nach nationalem Recht gemäß § 65 (1) für die Erteilung von Zwangslizenzen zuständige Eingangsinstanz

1.3 Verfahren zur Beachtung der Lizenzbedingungen

4 gemäß Art 10 (8) und 16 (1) S 2 der VO (EG) 816/2006 ist gemäß der Vorschrift ebenfalls als Klageverfahren ausgestaltet worden, um so dem Zwangslizenzinhaber zur Gewährleistung eines rechtsstaatlichen Verfahrens die Möglichkeit einer Beteiligung am Verfahren zu eröffnen.[2]

2 Entscheidung

5 ergeht durch Urteil in der Besetzung mit fünf Richtern, idR nach mündlicher Verhandlung; ohne mündliche Verhandlung nur mit Zustimmung der Parteien.

3 Ergänzende Anwendbarkeit von §§ 81 bis 85:

6 § 85a (2) stellt klar, dass – soweit das Verfahren nicht durch die VO (EG) 816/2006 bestimmt wird – ergänzend die allgemeinen Verfahrensgrundsätze der §§ 81 ff. Anwendung finden.

---

1 Amtl. Begründung, BTDrS 16/11 339, S 23, li. Sp. = BlPMZ 09, 301, 315 re. Sp.
2 Amtl. Begründung, BTDrS 16/11 339, S 23, li. Sp. = BlPMZ 09, 301, 314 re. Sp.

3. Gemeinsame Verfahrensvorschriften

§ 86 Ausschließung und Ablehnung
(exclusion and objection)

(1) Für die Ausschließung und Ablehnung der Gerichtspersonen gelten die §§ 41 bis 44, 47 bis 49 der Zivilprozeßordnung entsprechend.

(2) Von der Ausübung des Amtes als Richter ist auch ausgeschlossen
1. im Beschwerdeverfahren, wer bei dem vorausgegangenen Verfahren vor dem Deutschen Patent- und Markenamt mitgewirkt hat;
2. im Verfahren über die Erklärung der Nichtigkeit des Patents, wer bei dem Verfahren vor dem Deutschen Patent- und Markenamt oder dem Patentgericht über die Erteilung des Patents oder den Einspruch mitgewirkt hat.

(3) ¹Über die Ablehnung eines Richters entscheidet der Senat, dem der Abgelehnte angehört. ²Wird der Senat durch das Ausscheiden des abgelehnten Mitglieds beschlußunfähig, so entscheidet ein Beschwerdesenat des Patentgerichts in der Besetzung mit drei rechtskundigen Mitgliedern.

(4) Über die Ablehnung eines Urkundsbeamten entscheidet der Senat, in dessen Geschäftsbereich die Sache fällt.

Ilse Püschel

Übersicht

	Geltungsbereich	1
	Europäisches Patentrecht	2
	Literatur	3
	Kommentierung zu § 86 PatG	
1	Allgemeine Voraussetzungen	4
1.1	Ausschließung	4
1.2	Ablehnung	5
1.3	Richter	7
1.4	Verfahrenshandlungen	8
1.5	Enge Auslegung	9
1.6	Entscheidung über Ablehnung	10
2	Ausschließungsgründe nach § 86 (2)	12
2.1	Beschwerdeverfahren	13
2.2	Nichtigkeitsverfahren	17
3	Entsprechende Anwendung der ZPO	18

Geltungsbereich: § 86 – der frühere § 41a – ist durch Art 8 Nr 47 des 1. GPatG v 26.7.1979 (BGBl I 1269 = BlPMZ 79, 266) mit Wirkung vom 1.1.1981 neu gefasst worden. 1
Art 1 Nr 40 des **Zweiten Gesetzes zur Vereinfachung und Modernisierung des Patentrechts** v 10.8.2021 (BGBl I 3490 = BlPMZ **2021**, 290, amtl Begr BT-Drs 19/25821) hat in § 86 (2) Nr 1 u 2 das Wort »Patentamt« ersetzt durch die Wörter »Deutschen Patent- und Markenamt«.

Europäisches Patentrecht: Ausschließung und Ablehnung von Mitgliedern der Beschwerdekammern und der Großen Beschwerdekammer regelt Art 24 EPÜ. Besorgnis der Befangenheit zB bejaht 2 bei Vorsitzendem der Großen Beschwerdekammer aufgrund gleichzeitiger Funktion als Vizepräsident des EPA.[1]

3 **Lit in NJW:** Ghassemi-Tabar/Nober, Die Richterablehnung im Zivilprozess, NJW **13**, 3686; Rojahn/Jerger, Richterliche Unparteilichkeit und Unabhängigkeit im Zeitalter sozialer Netzwerke, NJW **14**, 1147; Windau, Taktische Ablehnungsgesuche und das Recht auf den gesetzlichen Richter NJW **2018**, 3206; **Lit in JZ:** Schwab/Hawickenbrauck, Die Ablehnung eines Richters wegen wissenschaftlicher Stellungnahmen zu entscheidungsrelevanten Rechtsfragen JZ **2019**, 77.

1 Allgemeine Voraussetzungen

1.1 Ausschließung

4 Der Ausschluss in den Fällen des § 41 ZPO (über § 86 (1) PatG), wobei die Aufzählung erschöpfend ist,[2] und denen des § 86 (2) PatG wirkt kraft Gesetzes ohne Rücksicht auf Kenntnis. Liegt ein Ausschließungsgrund zweifelsohne vor, darf ohne weiteres der Vertreter herangezogen werden.[3]

1.2 Ablehnung

5 Gegenstand eines Ablehnungsgesuchs kann nach § 42 (1) ZPO sowohl der Ausschluss nach §§ 41 ZPO, 86 (2) PatG als auch die Ablehnung wegen Besorgnis der Befangenheit sein. Ein Besetzungsmangel kann nicht mit Hilfe eines Ablehnungsgesuchs gerügt werden.[4] Zur *Zulässigkeit eines Ablehnungsgesuchs*, wozu insbesondere auch gehört, dass kein Verlust des Ablehnungsrechts nach § 43 ZPO eingetreten ist, vgl § 27 Rdn 38.

6 **Ablehnungsgrund:** Zur Besorgnis der Befangenheit siehe die Erläuterungen § 27 Rdn 41 ff.

Ein nicht ernst gemeintes Ablehnungsgesuch ist unzulässig.[5] Das Ablehnungsverfahren ist kein Instrument zur Fehler- oder Verfahrenskontrolle; wird die Überprüfung richterlichen Handelns angestrebt, muss grs der gegen die Sachentscheidung vorgesehene Rechtsbehelf eingelegt werden.[6]

1.3 Richter

7 Richter iSd § 86 ist immer nur eine bestimmte Person, nicht das Gericht als solches. Die Ablehnung eines gesamten Senats als solchen ist daher grs unzulässig.[7] Möglich ist jedoch, dass Befangenheitsgründe individuell gleichermaßen für alle Richter eines Senats vorliegen.[8] Auch wenn sämtliche Mitglieder eines Spruchkörpers im Hinblick auf eine von ihnen zuvor getroffene Kollegialentscheidung abgelehnt werden, ist ein solches Ablehnungsgesuch nur dann rechtsmissbräuchlich und daher unzulässig, wenn

---

1 EPA GBK R 0019/12 GRUR Int **14**, 668; hierzu Teschemacher Mitt **14**, 379, 380 ff u Mitt **15**, 357, 359; zur Behandlung von Ablehnungsanträgen im EPÜ s auch Sendrowski Mitt **2017**, 535.
2 BGH NJW **04**, 163 (II2a).
3 Vgl *Thomas/Putzo/Hüßtege*, ZPO, 42. Aufl 2021, § 48 Rn 1aE.
4 BGH NJW-RR **09**, 210.
5 BPatGE **24**, 144 = BlPMZ **82**, 210.
6 BPatG v 02.03.2020 – 35 W (pat) 427/18 (II4a, Gbm).
7 BGH NJW **74**, 55; NJW-RR **02**, 789; NJW-RR **12**, 61 (Tz 8); BGH v 17.01.2018 – V ZB 214/17 (Tz 4).
8 BVerwG NJW **77**, 312; NJW **14**, 953 (Tz 7); BGH v 25.08.2020 – VIII ARZ 2/20 (Tz 19), NJW **2021**, 385; BPatGE **10**, 229.

es gar nicht oder ausschließlich mit Umständen begründet wird, die unter keinem denkbaren Gesichtspunkt eine Besorgnis der Befangenheit rechtfertigen können; dies ist dann der Fall, wenn der Ablehnungsantrag sich bereits ohne jedes Eingehen auf den Verfahrensgegenstand als unzulässig darstellt.[9]

Ist ein Richter wegen Wechsels in einen anderen Senat oder durch Eintritt in den Ruhestand aus dem Spruchkörper ausgeschieden, besteht für ein Ablehnungsgesuch gegen ihn kein *Rechtsschutzbedürfnis*;[10] das gleiche gilt, wenn der abgelehnte Richter an ein anderes Gericht abgeordnet wird.[11]

Zur Ablehnung von **Sachverständigen**, die nach § 406 (1) ZPO iVm §§ 41, 42 ZPO aus denselben Gründen wie bei einem Richter abgelehnt werden können,[12] vgl § 81 Rdn 160.

1.4 Verfahrenshandlungen

Verfahrenshandlungen des Senats, an denen der ausgeschlossene Richter mitgewirkt hat, können mit dem Vertreter wiederholt werden, sofern eine Bindung nach § 318 ZPO nicht entgegensteht. Ein Ablehnungsgrund kann zu einem Ausscheiden des abgelehnten Richters frühestens dann führen, wenn die Beteiligten deswegen eine Besorgnis der Befangenheit geltend machen (vgl § 47 ZPO); hingegen werden die bisherigen richterlichen Handlungen nicht dadurch rückwirkend unwirksam oder anfechtbar, selbst wenn das Ablehnungsgesuch Erfolg hat.[13] Verfahrenshandlungen der Beteiligten vor dem ausgeschlossenen oder abgelehnten Richter bleiben wirksam.

1.5 Enge Auslegung

Eine enge Auslegung ist geboten,[14] da § 86 den gesetzlichen Richter iSd Art 101 (1) 2 GG bestimmt.[15] Daher keine Ausdehnung auf den Fall der Mitwirkung des Richters in verschiedenen Verfahren mit verschiedenen Verfahrensgegenständen bei gleicher Rechtsfrage.[16] Daher steht frühere Mitwirkung in einem Gbm-Löschungsverfahren einer Mitwirkung bei der Entscheidung über die Erteilung oder Aufrechterhaltung des Patents für die gleiche Erfindung nicht entgegen. Keine analoge Anwendung von § 86

---

9 BVerfG NJW 07, 3771 (II2a); BFH v 16.10.2019 – X B 99/19, NJW 2020, 1614; BGH v 23.04.2020 – I ZR 28/19 (Tz 6).
10 BGH NJW 11, 1358 (Tz 10; Befangenheitsablehnung gegen verbliebene Richter, weil pensionierter Richter nunmehr Kanzlei der Prozessbevollmächtigten angehört, unbegründet: Tz 16); zum Auftreten ehemaliger Beschwerdekammermitglieder vor EPA s G 2/94 ABl 96, 401 u T 585/06 v 29.07.08 ABl 09 SonderA 2, 125.
11 BGH NJW-RR **16**, 127 = Schulte-Kartei PatG 65–80, 86–99 Nr 490 *Richterablehnung und Abordnung*.
12 ZB bei wirtschaftlicher Verbindung zu einer Partei, vgl BGH GRUR **13**, 100 *Sachverständigenablehnung VI*; je nach Umständen des Einzelfalls bei Überschreitung des Gutachterauftrags, vgl BGH NJW-RR **13**, 851; unzulängliches Gutachten für sich allein nicht ausreichend: BGH GRUR **12**, 92 *Sachverständigenablehnung IV*; vgl auch *Pritzel-Funk* GRUR **09**, 322.
13 BGH NJW-RR **07**, 775 = Mitt 07, 187 L *Ablehnung eines Richters*.
14 BGH GRUR **93**, 466 (II1) *Fotovoltaisches Halbleiterbauelement* (bzw *Preprint-Versendung*); BGH NJW **91**, 425; BGH BlPMZ **00**, 412 (II2a) *Ausweiskarte*.
15 BGH BlPMZ **76**, 192 *Textilreiniger*.
16 BGH GRUR **65**, 50 *Schrankbett*.

(2) Nr 2 auf Fälle des § 86 (2) Nr 1 und umgekehrt von § 86 (2) Nr 1 auf Fälle des § 86 (2) Nr 2.[17]

1.6 Entscheidung über Ablehnung

10 Die Entscheidung über die Ablehnung trifft nach § 86 (3) der betroffene Senat unter Ausschluss des abgelehnten und unter Hinzuziehung seines geschäftsplanmäßigen Vertreters. Erst wenn diese Vertreter erschöpft sind, entscheidet der juristische Beschwerdesenat mit drei rechtskundigen Mitgliedern.[18] Über offensichtlich unzulässige oder rechtsmissbräuchliche Ablehnungsgesuche kann der Senat unter Beteiligung der abgelehnten Richter entscheiden (sog Selbstentscheidung);[19] in diesem Falle bedarf es auch keiner Stellungnahme des abgelehnten Richters.[20]

Die Zurückweisung eines Ablehnungsgesuchs ist unanfechtbar.[21] Möglich aber Erhebung der Anhörungsrüge nach § 321a ZPO;[22] ein Ablehnungsgesuch ist nicht erledigt, solange eine zulässige Anhörungsrüge gegen seine Zurückweisung nicht beschieden ist.[23]

Eine offensichtlich unhaltbare Zurückweisung eines Richterablehnungsgesuchs verletzt das Recht auf den gesetzlichen Richter nach Art 101 (1) 2 GG.[24]

11 **Selbstablehnung** eines Richters[25] bewirkt nicht automatisch seinen Ausschluss.[26] Vielmehr bedarf es gemäß § 86 (3) PatG einer Entscheidung des Senats. Vorher sind die Beteiligten zu hören, denn eine richterliche Selbstanzeige muss den Beteiligten gemäß Art 103 (1) GG zur Stellungnahme mitgeteilt werden.[27] Das Recht auf den gesetzlichen Richter (Art 101 (1) 2 GG) gestattet es keinem Richter, sich nach Belieben aus dem Verfahren zurückzuziehen.[28] Wenn jedoch der Selbstablehnende einen Grund nennt, der objektiv die Besorgnis der Befangenheit begründen könnte, dann sollte dieser Grund respektiert werden, damit er nicht an einer Sache mitwirken muss, wenn er befürchtet, nicht unparteiisch sein zu können.

---

17 BPatGE 30, 258.
18 BPatG v 28.10.77 – 4 ZA (pat) 19/77.
19 In Anlehnung an § 26a StPO, vgl hierzu BVerfG NJW 07, 3771, 3772 f; NJW 13, 1665 L; BGH GRUR-RR 10, 360 L; GRUR-RR 11, 391 L; NJW-RR 12, 61; BGH v 25.01.16 – I ZB 15/15 (gänzlich ungeeignete Begründung für Ablehnung steht rechtlich völligem Fehlen einer Begründung gleich); BAG NJW 12, 1531; BPatG v 09.06.2020 – 7 W (pat) 10/19 (II, juris Tz 10); Lit: NJW 13, 3686, 3687.
20 ZB BVerfG v 18.02.16 – 2 BvC 69/14 Schulte-Kartei PatG 65–80, 86–99 Nr 489 *Stellungnahme des abgelehnten Richters*; BGH v 17.01.2018 – V ZB 214/17 (Tz 3).
21 BGH GRUR 85, 1039 *Farbfernsehsignal II*; 90, 434 *Wasserventil*.
22 BVerfG NJW 09, 833 in verfassungskonformer Auslegung des § 321a (1) 2 ZPO; insoweit überholt daher BGH NJW 07, 3786 = Mitt 08, 45 L.
23 BGH NJW-RR 11, 427.
24 BVerfG NJW 12, 3228 (Befangenheit eines Richters, der mit offensichtlich unzureichender Begründung Strafanzeige gegen Prozesspartei ankündigt).
25 Zur Anzeige eines Befangenheitsgrundes ist ein Richter verpflichtet, BGH GRUR 95, 216 (II2b) = Mitt 95, 107 *Oxygenol II*.
26 Anders Regel 28 (3) der Verfahrensordnung des EGMR.
27 BVerfG NJW 93, 2229 *Richter-Selbstablehnung*; 95, 403 u 1679; Vollkommer NJW 94, 2007.
28 EPA GBK G 0001/05 ABl 07, 362 (Nr 8) *Ausschließung und Ablehnung/XXX*.

Selbstablehnung kann für alle Richter eines Senats begründet sein, wenn einer als Erfinder benannt war[29].

2 Ausschließungsgründe nach § 86 (2)

§ 86 (2) ist notwendig, da § 41 Nr 6 ZPO nicht anwendbar ist, weil BPatG immer als 1. gerichtliche Instanz entscheidet. § 86 (2) ist weiter als § 41 Nr 6 ZPO, da er auf die Mitwirkung am Verfahren – nicht nur an der Entscheidung – abstellt.[30]   12

2.1 Beschwerdeverfahren

Im Beschwerdeverfahren ist nur ausgeschlossen, wer bei den vorausgegangenen Verfahren bei DPMA mitgewirkt hat. **Vorausgegangen** ist nur ein Verfahren, das das gleiche Verfahren (= Patentanmeldung) und den gleichen Gegenstand betrifft. Daher keine Ausschließung im Beschwerdeverfahren bei früherer Mitwirkung in Gbm-Löschungsverfahren[31] für dieselbe Erfindung (oder umgekehrt[32]) oder bei Erstellung einer Recherche gemäß § 43.[33] Frühere Mitwirkung in der Stamm- oder Hauptanmeldung steht der Entscheidung über Ausscheidungs- oder Zusatzanmeldung nicht entgegen.[34]   13

Im Einspruchsbeschwerdeverfahren ist ausgeschlossen, wer am vorausgegangenen Einspruchsverfahren vor DPMA mitgewirkt hat, nicht aber, wer am Verfahren über die Erteilung des angegriffenen Patents mitgewirkt hat;[35] denn im Einspruchsverfahren geht es nicht um die Erteilung des Patents, sondern um dessen Widerruf oder Aufrechterhaltung.[36] Einem Einspruchsbeschwerdeverfahren ist nur das Einspruchsverfahren vorausgegangen, in dem die Entscheidung ergangen ist, die mit der Beschwerde angegriffen wird, nicht dagegen Einspruchsverfahren über ein Patent, das auf eine Anmeldung erteilt wurde, die auf Grund einer Teilung vor BPatG entstanden war.[37]   14

Mitwirkung bedeutet Tätigkeit in der Sache, zB Entwurf oder Erlass von Prüfungsbescheiden gemäß § 42 oder § 45, Beweisbeschlüsse, Vorabentscheidungen, Durchführung einer Beweisaufnahme oder Anhörung.   15

Keine Mitwirkung iSd § 86 (2) ist ein lediglich formelles Tätigwerden[38] wie verfahrensfördernde, aber sachlich neutrale Maßnahmen wie bloße Sichtvermerke,[39] Kenntnisnahmen oder rein verfahrensleitende Verfügungen über Zustellungen, Fristgesuche, Wiedervorlagen, Klassifikation, Anforderung von Akten oder Druckschriften.   16

---

29 BPatGE 10, 229.
30 BGH GRUR 99, 43 *Ausgeschlossener Richter*; vgl auch BGH v 21.12.09 – X ZR 61/07 (Tz 4).
31 BGH BlPMZ 76, 192 *Textilreiniger*; BGH GRUR 65, 50 *Schrankbett*.
32 BPatG BlPMZ 08, 63 *Ablehnung des techn. Mitgliedes des Gbm-Beschwerdesenats*.
33 BPatGE 20, 116.
34 BGH GRUR 99, 43 *Ausgeschlossener Richter* (unter Ablehnung der aA in der 5. Auflage).
35 Abw für eine Mitwirkung an der Entscheidung über die Zurückweisung der europ Anmeldung: T 1028/96 ABl 00, 475.
36 BGH GRUR 93, 466 (II1) *Fotovoltaisches Halbleiterbauelement* (bzw *Preprint-Versendung*).
37 BGH BlPMZ 00, 412 *Ausweiskarte*.
38 BGH GRUR 99, 43 *Ausgeschlossener Richter*.
39 BPatGE 20, 159.

2.2 Nichtigkeitsverfahren

17 Im Nichtigkeitsverfahren ist ausgeschlossen, wer im Erteilungs- oder Einspruchsverfahren vor DPMA oder BPatG in irgendeiner Weise sachlich tätig geworden ist, also nicht nur, wer an der Entscheidung mitgewirkt hat. Zum Begriff der Mitwirkung s Rdn 15. Zwischenverfügungen eines Richters zur Vorbereitung der mündlichen Verhandlung können den Ausschlusstatbestand begründen.[40] Kein Ausschluss im Nichtigkeitsverfahren gegen europäisches Patent bei früherer Mitwirkung im deutschen Einspruchsbeschwerdeverfahren, das sich auf dieselbe Erfindung bezog (deutsche Prioritätsanmeldung[41]). Frühere Mitwirkung in einem Beschränkungsverfahren steht einer Mitwirkung in einem späteren Nichtigkeitsverfahren nicht entgegen, da im Beschränkungsverfahren nicht über die Schutzfähigkeit des eingeschränkten Patents entschieden wird.[42] § 86 (2) gilt nicht für eine frühere Mitwirkung in einem Patentverletzungsverfahren.[43]

3 Entsprechende Anwendung der ZPO

§ 41 ZPO Ausschluss von der Ausübung des Richteramtes

18 Ein Richter ist von der Ausübung des Richteramtes kraft Gesetzes ausgeschlossen:
1. in Sachen, in denen er selbst Partei ist oder bei denen er zu einer Partei in dem Verhältnis eines Mitberechtigten, Mitverpflichteten oder Regresspflichtigen steht;[44]
2. in Sachen seines Ehegatten, auch wenn die Ehe nicht mehr besteht;
2a. in Sachen seines Lebenspartners, auch wenn die Lebenspartnerschaft nicht mehr besteht;
3. in Sachen einer Person, mit der er in gerader Linie verwandt oder verschwägert, in der Seitenlinie bis zum dritten Grad verwandt oder bis zum zweiten Grad verschwägert ist oder war;
4. in Sachen, in denen er als Prozessbevollmächtigter oder Beistand einer Partei bestellt oder als gesetzlicher Vertreter einer Partei aufzutreten berechtigt ist oder gewesen ist;[45]
5. in Sachen, in denen er als Zeuge oder Sachverständiger vernommen ist;[46]
6. in Sachen, in denen er in einem früheren Rechtszug oder im schiedsrichterlichen Verfahren bei dem Erlass der angefochtenen Entscheidung mitgewirkt hat, sofern es sich nicht um die Tätigkeit eines beauftragten oder ersuchten Richters handelt;[47]
7. [48]in Sachen wegen überlanger Gerichtsverfahren, wenn er in dem beanstandeten Verfahren in einem Rechtszug mitgewirkt hat, auf dessen Dauer der Entschädigungsanspruch gestützt wird;
8. [49]in Sachen, in denen er an einem Mediationsverfahren oder einem anderen Verfahren der außergerichtlichen Konfliktbeilegung mitgewirkt hat.

---

40 Amtl Begr zum 1.GPatG BlPMZ 79, 289 lSp.
41 BPatG v 28.06.11 – 3 Ni 10/10 (EU): keine analoge Anwendung von § 86 (2) Nr 2 PatG.
42 BGH 28.01.92 – X ZR 33/90 Schulte-Kartei PatG 81–85 Nr 149 *Standschirm*.
43 BGH GRUR 03, 550 *Richterausschluss*.
44 ZB der als Erfinder benannte Richter (BPatGE 10, 229); Mitglied einer Personalgesellschaft, nicht einer jur Person, wie AG.
45 Tätigwerden des Richters für die Partei in einer anderen Sache füllt den gesetzlichen Ausschließungsgrund nicht aus, vgl BGH v 18.01.05 – X ZR 108/04.
46 Bloße Benennung ohne Vernehmung genügt nicht.
47 Nicht ausreichend: Mitwirkung von Ehegatten der Rechtsmittelrichterin an angefochtener Entscheidung, s BGH NJW 08, 1672 = Mitt 08, 375 L *Gesetzlicher Richter*, ebenso wenig Mitwirkung von Vater des Schwiegersohns, s BGH MDR 16, 49.
48 Eingefügt durch Art 5 Nr 2 des Gesetzes über den Rechtsschutz bei überlangen Gerichtsverfahren und strafrechtlichen Ermittlungsverfahren v 24.11.2011, BGBl I 2302, mit Wirkung v 3.12.2011.
49 Eingefügt durch Art 2 Nr 2 b des Gesetzes zur Förderung der Mediation und anderer Verfahren der außergerichtlichen Konfliktbeilegung v 21.7.2012, BGBl I 1577, mit Wirkung v 26.7.2012.

§ 42 ZPO Ablehnung eines Richters[50]

(1) Ein Richter kann sowohl in den Fällen, in denen er von der Ausübung des Richteramts kraft Gesetzes ausgeschlossen ist, als auch wegen Besorgnis der Befangenheit abgelehnt werden.
(2) Wegen Besorgnis der Befangenheit findet die Ablehnung statt, wenn ein Grund vorliegt, der geeignet ist, Misstrauen gegen die Unparteilichkeit eines Richters zu rechtfertigen.
(3) Das Ablehnungsrecht steht in jedem Falle beiden Parteien zu.

§ 43 ZPO Verlust des Ablehnungsrechts[51]

Eine Partei kann einen Richter wegen Besorgnis der Befangenheit nicht mehr ablehnen, wenn sie sich bei ihm, ohne den ihr bekannten Ablehnungsgrund geltend zu machen, in eine Verhandlung eingelassen oder Anträge gestellt hat.

§ 44 ZPO Ablehnungsgesuch

(1) Das Ablehnungsgesuch ist bei dem Gericht, dem der Richter angehört, anzubringen; es kann vor der Geschäftsstelle zu Protokoll erklärt werden.
(2) ¹Der Ablehnungsgrund ist glaubhaft zu machen; zur Versicherung an Eides Statt darf die Partei nicht zugelassen werden.[52] ²Zur Glaubhaftmachung kann auf das Zeugnis des abgelehnten Richters Bezug genommen werden.
(3) Der abgelehnte Richter hat sich über den Ablehnungsgrund dienstlich zu äußern.[53]
(4) ¹Wird ein Richter, bei dem die Partei sich in eine Verhandlung eingelassen oder Anträge gestellt hat, wegen Besorgnis der Befangenheit abgelehnt, so ist glaubhaft zu machen, dass der Ablehnungsgrund erst später entstanden oder der Partei bekannt geworden sei. ²Das Ablehnungsgesuch ist unverzüglich anzubringen.[54]

§ 45 ZPO Entscheidung über das Ablehnungsgesuch

(1) Über das Ablehnungsgesuch entscheidet das Gericht, dem der Abgelehnte angehört, ohne dessen Mitwirkung.
(2) ¹Wird ein Richter beim Amtsgericht abgelehnt, so entscheidet ein anderer Richter des Amtsgerichts über das Gesuch. ²Einer Entscheidung bedarf es nicht, wenn der abgelehnte Richter das Ablehnungsgesuch für begründet hält.
(3) Wird das zur Entscheidung berufene Gericht durch Ausscheiden des abgelehnten Mitglieds beschlussunfähig, so entscheidet das im Rechtszug zunächst höhere Gericht.

§ 46 ZPO Entscheidung und Rechtsmittel

(1) Die Entscheidung über das Ablehnungsgesuch ergeht durch Beschluss.
(2) Gegen den Beschluss, durch den das Gesuch für begründet erklärt wird, findet kein Rechtsmittel, gegen den Beschluss, durch den das Gesuch für unbegründet erklärt wird, findet sofortige Beschwerde statt.

§ 47 ZPO Unaufschiebbare Amtshandlungen

(1) Ein abgelehnter Richter hat vor Erledigung des Ablehnungsgesuchs nur solche Handlungen vorzunehmen, die keinen Aufschub zulassen.
(2) ¹Wird ein Richter während der Verhandlung abgelehnt und würde die Entscheidung über die Ablehnung eine Vertagung der Verhandlung erfordern, so kann der Termin unter Mitwirkung

---

50 Zum Ablehnungsgrund vgl § 27 Rdn 37.
51 Kein Verlust, wenn sich Partei *nach* Anbringen des Ablehnungsgesuchs auf die weitere Verhandlung einlässt, BGH NJW-RR **16**, 887 = Mitt **16**, 480 L *Ablehnungsrecht*.
52 Zum *non liquet* bei der Glaubhaftmachung der tatsächlichen Grundlagen des Ablehnungsgesuch BGH NJW-RR **11**, 136 = Mitt **11**, 106 L *non liquet*.
53 Zur dienstlichen Äußerung muss Antragsteller Stellung nehmen können, wenn sie zu seinem Nachteil verwertet werden soll; dienstliche Äußerung entbehrlich bei unschlüssigen Gesuchen, s BGH NJW **11**, 1358 (Tz 17); NJW-RR **12**, 61 (II3b).
54 § 44 (4) Satz 2 ZPO eingefügt durch Art 2 Nr 1 des Gesetzes zur Regelung der Wertgrenze für die Nichtzulassungsbeschwerde in Zivilsachen, zum Ausbau der Spezialisierung bei den Gerichten sowie zur Änderung weiterer prozessrechtlicher Vorschriften v 12.12.2019, BGBl I 2633, mit Wirkung v 1.1.2020; s hierzu Fölsch, Neuerungen im Zivilprozess – Entfristung, Spezialisierung, Effizienz NJW **2020**, 801, 803.

des abgelehnten Richters fortgesetzt werden. ²Wird die Ablehnung für begründet erklärt, so ist der nach Anbringung des Ablehnungsgesuchs liegende Teil der Verhandlung zu wiederholen.

§ 48 ZPO Selbstablehnung; Ablehnung von Amts wegen

25 Das für die Erledigung eines Ablehnungsgesuchs zuständige Gericht hat auch dann zu entscheiden, wenn ein solches Gesuch nicht angebracht ist, ein Richter aber von einem Verhältnis Anzeige macht, das seine Ablehnung rechtfertigen könnte, oder wenn aus anderer Veranlassung Zweifel darüber entstehen, ob ein Richter kraft Gesetzes ausgeschlossen sei.

§ 49 ZPO Urkundsbeamte

26 Die Vorschriften dieses Titels sind auf den Urkundsbeamten der Geschäftsstelle entsprechend anzuwenden; die Entscheidung ergeht durch das Gericht, bei dem er angestellt ist.

§ 87 Erforschung des Sachverhalts, vorbereitende Anordnungen (*examination by Patent Court of its own motion, preparation of oral proceedings*)

(1) ¹Das Patentgericht erforscht den Sachverhalt von Amts wegen. ²Es ist an das Vorbringen und die Beweisanträge der Beteiligten nicht gebunden.

(2) ¹Der Vorsitzende oder ein von ihm zu bestimmendes Mitglied hat schon vor der mündlichen Verhandlung oder, wenn eine solche nicht stattfindet, vor der Entscheidung des Patentgerichts alle Anordnungen zu treffen, die notwendig sind, um die Sache möglichst in einer mündlichen Verhandlung oder in einer Sitzung zu erledigen. ²Im übrigen gilt § 273 Abs 2, 3 Satz 1 und Abs 4 Satz 1 der Zivilprozeßordnung entsprechend.

Ilse Püschel

Übersicht

Geltungsbereich		1
Europäisches Patentrecht		2
Literatur		3
Kommentierung zu § 87 PatG		
I.	Verfahrensgrundsätze	4
1	Untersuchungsgrundsatz	4
2	Antragsgrundsatz	5
3	Verfügungsgrundsatz	6
II.	Vorbereitung der mündlichen Verhandlung	7
1	Zwischenbescheid	8
2	Anordnungen nach § 273 ZPO	11
3	Urkundenvorlegung	12

1 **Geltungsbereich:** § 87 (2) 2 (vor 1981 § 41b) geändert durch die Vereinfachungsnovelle 1976 (BlPMZ 77, 58). § 87 entspricht § 73 Markengesetz.

2 **Europäisches Patentrecht:** Der Untersuchungsgrundsatz ist geregelt in Art 114 (1) EPÜ und gilt für alle Verfahren vor EPA, auch von den Beschwerdekammern, s hierzu Einl Rdn 16 ff. Art 114 (2) EPÜ enthält eine Regelung über die Zurückweisung verspätet vorgebrachter Tatsachen und Beweismittel, s hierzu Einl Rdn 244 ff.

Lit in GRUR: Fischer GRUR 61, 459; Witte GRUR 67, 130; Schmieder GRUR 82, 348; Lit in 3
GRUR Int: Schulte GRUR Int 93, 300; Lit in Mitt: Reinländer Mitt 77, 19; Keukenschrijver Mitt
10, 162; Lit in NJW: Röhl NJW 66, 630.

I. Verfahrensgrundsätze

1 Untersuchungsgrundsatz

Der Untersuchungsgrundsatz (vgl Einl Rdn 16) gilt für BPatG wie für DPMA. BPatG 4
ist weder auf das Vorbringen der Beteiligten noch auf eine Nachprüfung des angefochtenen DPMA-Beschlusses beschränkt. Es prüft die Voraussetzungen der Patentfähigkeit selbst und kann zu diesem Zweck alle Tatsachen selbst ermitteln, insbesondere – bei ausreichendem Anlass (zB bei Änderung des Patentbegehrens im Beschwerdeverfahren,[1] sofern genügend Anhaltspunkte die Annahme nahelegen, dass weiterer Stand der Technik vorliegen könnte[2]) – eine Recherche nach dem Stand der Technik durchführen,[3] kann also selbst ermittelte Dokumente des Standes der Technik in das Verfahren – natürlich unter Gewährung des rechtlichen Gehörs – einführen.[4] Der Amtsermittlungsgrundsatz entbindet den Kläger im *Nichtigkeitsverfahren* allerdings nicht von seiner Darlegungslast und bedeutet nicht, dass es bei fehlendem Sachvortrag Aufgabe des Gerichts ist, anstelle des Klägers Sachverhaltselemente zu ermitteln und zusammenzufügen, die für sich oder zusammen mit anderen das Klageziel rechtfertigen könnten;[5] BPatG ist daher nicht verpflichtet, die Relevanz unkommentiert genannter Druckschriften zu untersuchen.[6] BPatG ist aber auch im Nichtigkeitsverfahren nicht gehindert, eine von den Parteien nicht eingeführte Druckschrift einzuführen und zu berücksichtigen[7] oder eine vorgelegte Druckschrift in Bezug auf weitere Aspekte des Nichtigkeitsgrundes zu bewerten.[8]

BPatG hat das gesamte, ihm vorliegende Material – soweit erheblich – zu berücksichtigen, mag es verspätet (zB nach einer gesetzten Frist), von einem unzulässig Einsprechenden oder von nicht am Verfahren beteiligten Dritten vorgebracht sein. In *Nichtigkeitsverfahren* ist aber durch die Neufassung des § 83 PatG[9] nach § 83 (4) unter engen Voraussetzungen Zurückweisung von verspätetem Vorbringen möglich, vgl Einl

---

1 BGH BlPMZ 92, 496 (II3a) *Entsorgungsverfahren*; BGH v 04.10.07 – X ZB 21/06 *Niveau eines Fahrzeugaufbaus* Schulte-Kartei PatG 65–80, 86–99 Nr 357.
2 BGH v 04.10.07 – X ZB 21/06 *Niveau eines Fahrzeugaufbaus* Schulte-Kartei PatG 65–80, 86–99 Nr 357.
3 BPatGE 1, 109; 4, 24.
4 BGH Mitt 04, 213 *Gleitvorrichtung* (Einführung von Druckschrift, auf die in der vom Kläger genannten Entgegenhaltung Bezug genommen wird).
5 BGH GRUR 13, 1272 (Tz 36) *Tretkurbeleinheit*; GRUR 15, 365 (Tz 49) *Zwangsmischer*; BGH v 09.05.2017 – X ZR 97/15 (Tz 29).
6 BGH GRUR 13, 1272 (Tz 36) *Tretkurbeleinheit*; BPatG v 16.04.13 – 4 Ni 1/12 Mitt 13, 418 L, juris Tz 65 *Arretiervorrichtung*.
7 BGH Mitt 04, 213 *Gleitvorrichtung*; BPatG v 04.05.15 – 5 Ni 60/12 (EP) Mitt 15, 564 L *Amtsermittlung im Nichtigkeitsverfahren*; BPatG v 18.07.2019 – 1 Ni 20/17 (EP) (Gründe unter I, juris Tz 59: Einführung von Druckschrift aus Erteilungsverfahren vor EPA und dort miteinbezogenen Druckschriften).
8 BPatG Mitt 14, 396 *Abdeckung*.
9 Durch Art 1 Nr 7 des Gesetzes zur Vereinfachung und Modernisierung des Patentrechts v 31.7.2009 (BGBl I 2521 = BlPMZ 09, 301) mit Wirkung v 1.10.2009.

Rdn 238 und Erläuterungen zu § 83. Auf das *Einspruchsbeschwerdeverfahren* ist § 83 (4) nicht übertragbar.[10]
Der Untersuchungsgrundsatz hindert BPatG nicht, **Verhalten der Beteiligten frei zu würdigen.**[11] An übereinstimmenden Vortrag oder ein **Geständnis** ist BPatG nicht gebunden.[12] Unvollständige Sachaufklärung kann nicht mit zulassungsfreier Rechtsbeschwerde gerügt werden.[13]
Umfang des Untersuchungsgrundsatzes und *Grenzen der Amtsermittlung* und zur *Verletzung des Untersuchungsgrundsatzes* vgl Einl Rdn 19, 30 und 38.

2 Antragsgrundsatz

5   Zum Antragsgrundsatz vgl Einl Rdn 4. BPatG ist nach § 87 (1) 2 nicht an das Vorbringen und die Beweisanträge gebunden, wohl dagegen an die Sachanträge.[14] Ein Patent kann abweichend vom Antrag weder erteilt noch aufrechterhalten werden (s Einl Rdn 7). Zur Bindung an den Antrag im Beschwerdeverfahren s § 73 Rdn 72.
Beweisanträge der Parteien binden BPatG nicht; es kann auch andere, ihm sachdienlich erscheinende Beweise erheben. § 87 (1) 2 erlaubt es aber nicht, gestellte Beweisanträge der Parteien zu übergehen. Sie müssen bei Entscheidungserheblichkeit grundsätzlich erhoben werden.
Zur *Ablehnung einer Beweiserhebung,*[15] zur *unzulässigen vorweggenommenen Beweiswürdigung,* zum *Anscheinsbeweis,* zur Umkehr der Beweislast, zur *formellen und materiellen Beweislast* und zum Grundsatz der *freien Beweiswürdigung* siehe die Erläuterungen Einl Rdn 154 ff.

3 Verfügungsgrundsatz

6   Der Verfügungsgrundsatz, wonach die Verfahrensbeteiligten insofern Herr des Verfahrens sind, als sie über Beginn, Umfang und Beendigung des Verfahrens bestimmen können, gilt für BPatG wie für DPMA (s Einl Rdn 11).

II. Vorbereitung der mündlichen Verhandlung

7   Nach § 87 (2) kann zum Zwecke der Erledigung der Sache in einer mündlichen Verhandlung der Vorsitzende oder der Berichterstatter folgende Anordnungen treffen:

1 Zwischenbescheid

8   Er enthält in vorsichtiger Formulierung[16] eine vorläufige Stellungnahme zu allen entscheidungserheblichen Umständen[17], insbesondere den Voraussetzungen der Patentfä-

---

10 BPatG v 23.09.2020 – 9 W (pat) 27/17 (II1); Einl Rdn 239.
11 BGH GRUR 81, 649 *Polsterfüllgut.*
12 BGH GRUR 02, 609 (IV1b aa) *Drahtinjektionseinrichtung.*
13 BGH GRUR 64, 697 = BlPMZ 65, 151 *Fotoleiter.*
14 ZB BPatG v 22.09.2015 – 1 Ni 30/14 (EP) (I7, juris Tz 133).
15 Zum unzulässigen Beweisermittlungsantrag BPatGE 52, 245, 255 *Tintenpatrone*; zur Ablehnung der Einholung eines Sachverständigengutachtens s BGH GRUR 14, 1235 *Kommunikationsrouter*; BPatG 53, 194, 207 (juris Tz 74) *Traglaschenkette.*
16 Eingangsformel zB: »Zur Vorbereitung der mündl Verhandlung wird nach § 82 (2) PatG ohne der Entscheidung des Senats vorgreifen zu wollen, auf Folgendes hingewiesen:«....
17 Vgl zu den Anforderungen an einen richterlichen Hinweis zB BGH MDR 13, 1424 = Mitt 14, 199 L *richterlicher Hinweis.*

higkeit sowie Vorschläge oder Hinweise zur Abgrenzung gegenüber dem Stand der Technik oder zu einer gewährbaren Formulierung der Patentansprüche. Ein Anspruch darauf besteht jedoch nicht,[18] es sei denn, es wäre sonst das rechtliche Gehör (s Einl Rdn 284) nicht gewährt; das Gebot der Gewährung rechtlichen Gehörs schließt keine allgemeine Pflicht zu Hinweisen an die Parteien ein.[19] In *Nichtigkeitsverfahren* ist aber aufgrund der Neufassung des § 83 PatG[20] regelmäßig ein Hinweis auf die Gesichtspunkte zu geben, die für die Entscheidung voraussichtlich von besonderer Bedeutung sein werden oder der Konzentration der Verhandlung auf die entscheidungswesentlichen Fragen dienlich sind (§ 83 (1) 2); dieser ist nach § 83 (1) 2 nur ausnahmsweise entbehrlich (vgl die Erläuterungen zu § 83).

Von einer in einem gerichtlichen Hinweis geäußerten Rechtsauffassung darf das Gericht in der Endentscheidung nur *abweichen*, wenn für die Verfahrensbeteiligten durch den Verlauf der mündlichen Verhandlung oder einen ausdrücklichen weiteren gerichtlichen Hinweis erkennbar wird, dass sich entweder die Grundlage verändert hat, auf der das Gericht den ursprünglichen Hinweis erteilt hat, oder dass das Gericht bei unveränderter Entscheidungsgrundlage nunmehr eine andere rechtliche Beurteilung in Erwägung zieht als angekündigt.[21]

9

Ein *erneuter Hinweis* kann daher geboten sein[22], wenn a) das Gericht hinsichtlich einer entscheidungserheblichen Frage von einer zuvor geäußerten Beurteilung abweichen will,[23] b) erkennbar ist, dass ein Beteiligter einen erteilten Hinweis falsch aufgenommen hat[24] oder c) der Beteiligte aufgrund des erteilten Hinweises davon ausgehen durfte, dass die darin geäußerten Bedenken durch sein ergänzendes Vorbringen ausgeräumt sind.[25]

10

2 Anordnungen nach § 273 ZPO

§ 273 ZPO Vorbereitung des Termins
(1) Das Gericht hat erforderliche vorbereitende Maßnahmen rechtzeitig zu veranlassen.
(2) Zur Vorbereitung jedes Termins kann der Vorsitzende oder ein von ihm bestimmtes Mitglied des Prozessgerichts insbesondere
1. den Parteien die Ergänzung oder Erläuterung ihrer vorbereitenden Schriftsätze aufgeben, insbesondere eine Frist zur Erklärung über bestimmte klärungsbedürftige Punkte setzen;
2. Behörden oder Träger eines öffentlichen Amtes um Mitteilung von Urkunden oder um Erteilung amtlicher Auskünfte ersuchen;
3. das persönliche Erscheinen der Parteien anordnen;

11

---

18 BGH GRUR **66**, 583 *Abtastverfahren*; BPatGE **1**, 151, 154; **10**, 60, 63; **10**, 246, 252.
19 BGH GRUR **00**, 792 *Spiralbohrer*; GRUR **09**, 91 (Tz 9) *Antennenhalter*; GRUR **12**, 1242 (Tz 6) *Steckverbindung*.
20 *Durch Art 1 Nr 7 des Gesetzes zur Vereinfachung und Modernisierung des Patentrechts* v 31.7.2009 (BGBl I 2521 = BlPMZ 09, 301) mit Wirkung v 1.10.2009.
21 Vgl BVerfG v 25.05.2021 – 2 BvR 1719/16, NJW **2021**, 2581; BGH GRUR **11**, 851 *Werkstück*.
22 Vgl BGH v 27.03.2018 – X ZB 11/17 (Tz 20), MDR **2018**, 1209; BGH v 15.09.2020 – X ZB 16/19 (Tz 13).
23 Vgl BVerfG v 25.05.2021 – 2 BvR 1719/16, NJW **2021**, 2581; BGH GRUR **11**, 851 *Werkstück*; NJW **14**, 2796 (Tz 5) = Mitt **14**, 347 L *geänderte rechtliche Beurteilung*; BGH v 10.12.2019 – II ZR 451/18 (Tz 7), MDR **2020**, 364.
24 BGH NJW **02**, 3317, 3320, juris Tz 30.
25 BGH NJW-RR **04**, 281, 282, juris Tz 18.

4. Zeugen, auf die sich eine Partei bezogen hat, und Sachverständige zur mündlichen Verhandlung laden sowie eine Anordnung nach § 378 treffen;
5. Anordnungen nach den §§ 142, 144 treffen.
(3) ¹Anordnungen nach Absatz 2 Nr 4 und, soweit die Anordnungen nicht gegenüber einer Partei zutreffen sind, 5 sollen nur ergehen, wenn der Beklagte dem Klageanspruch bereits widersprochen hat. ²Für die Anordnungen nach Absatz 2 Nr 4 gilt § 379 entsprechend.
(4) ¹Die Parteien sind von jeder Anordnung zu benachrichtigen. ²Wird das persönliche Erscheinen der Parteien angeordnet, so gelten die Vorschriften des § 141 Abs 2, 3.

3 Urkundenvorlegung

12   Gemäß § 273 (2) Nr 5 iVm § 142 ZPO kann BPatG die Urkundenvorlegung von den Parteien *und* jedem Dritten verlangen (vgl dazu Einl Rdn 435). Die Vorlage von Urkunden oder sonstigen Unterlagen (zB Schriftwechsel, Konstruktionszeichnungen, Manuskripte etc) kann insbesondere bedeutsam sein für die Klärung a) des Gegenstands und des Zeitpunkts einer offenkundigen Vorbenutzung; b) des Zeitpunkts der öffentlichen Zugänglichkeit einer Entgegenhaltung, zB im Internet.

§ 88 Beweiserhebung
(taking of evidence)

(1) ¹Das Patentgericht erhebt Beweis in der mündlichen Verhandlung. ²Es kann insbesondere Augenschein einnehmen, Zeugen, Sachverständige und Beteiligte vernehmen und Urkunden heranziehen.

(2) Das Patentgericht kann in geeigneten Fällen schon vor der mündlichen Verhandlung durch eines seiner Mitglieder als beauftragten Richter Beweis erheben lassen oder unter Bezeichnung der einzelnen Beweisfragen ein anderes Gericht um die Beweisaufnahme ersuchen.

(3) ¹Die Beteiligten werden von allen Beweisterminen benachrichtigt und können der Beweisaufnahme beiwohnen. ²Sie können an Zeugen und Sachverständige sachdienliche Fragen richten. ³Wird eine Frage beanstandet, so entscheidet das Patentgericht.

Ilse Püschel

Übersicht

	Geltungsbereich	1
	Europäisches Patentrecht	2
	Literatur	3
	Kommentierung zu § 88 PatG	
1	Beweiserhebung	4
2	Freibeweis	7
3	Beweisbeschluss	9
4	Beweismittel	10
5	Rechte der Beteiligten	11

Geltungsbereich: § 88 galt vor 1981 als § 41c und entspricht § 74 MarkenG.

Europäisches Patentrecht: Art 117 (1) EPÜ (s § 128 Rdn 4) enthält eine beispielhafte Aufzählung zulässiger Beweismittel in Verfahren vor EPA, was auch die Beschwerdekammern einschließt. Für die Durchführung der Beweisaufnahme verweist Art 117 (2) EPÜ auf die Ausführungsordnung; maßgebend sind dort die Regeln 117 ff, abgedruckt bei § 128 Rdn 4. Beispiel eines Beweisbeschlusses im Beschwerdeverfahren s Art 111 EPÜ Rdn 28 im Anhang zu § 73. Zur Beweisaufnahme vor EPA s § 128 Rdn 5.

Lit in GRUR: Asendorf, Zu den Aufgaben des gerichtlichen Sachverständigen in Patentnichtigkeitsverfahren GRUR 09, 15.

1 Beweiserhebung

Eine Beweiserhebung ist – wie sich aus dem Untersuchungsgrundsatz ergibt – von Amts wegen nur dann erforderlich, wenn BPatG sie zur Gewinnung seiner richterlichen Überzeugung (§ 87 (1)) für notwendig hält. Beweisanträge der Beteiligten dürfen nicht übergangen werden[1] (vgl dazu Einl Rdn 158).

Sachverständigenbeweis ist in der Regel vor BPatG nicht notwendig, da die technischen Beschwerdesenate (s auch § 65 Rdn 11) und Nichtigkeitssenate (s § 81 Rdn 159) mit sachverständigen Richtern besetzt sind.[2] Insbesondere bedarf es eines Sachverständigenbeweises nicht, wenn sich das Gericht die erforderlichen Sachkenntnisse durch Studium der Fachliteratur selbst beschaffen kann.[3] Dies ist auch nicht erforderlich, wenn sich die Hochschulausbildung bzw praktische Tätigkeit der Richter nicht speziell auf das (Teil-) Fachgebiet der Erfindung bezogen hat. Denn die technischen Richter müssen lediglich – ebenso wie ein gerichtlicher Sachverständiger – in der Lage sein, das Wissen und die Kenntnisse des für die Erfindung einschlägigen Fachmanns festzustellen und inhaltlich zu bewerten.[4]

Der Anspruch auf rechtliches Gehör kann aber dann verletzt sein, wenn ein technischer Beschwerdesenat von der Einholung eines Sachverständigengutachtens absieht, obwohl es sich aufgrund konkreter Umstände aufdrängt, dass es zur Beurteilung des Sachverhalts zusätzlicher externer Sachkunde bedarf.[5]

Beweiserhebung findet nach §§ 78 Nr 2, 88 (1) 1 in der mündlichen Verhandlung statt *(Unmittelbarkeitsprinzip)*; Ausnahme: **a)** nach § 88 (2) für beauftragten (Senatsmitglied) oder ersuchten Richter (Amtsgericht), wenn es auf den unmittelbaren Eindruck nicht ankommt; **b)** Freibeweis (s Rdn 7).

2 Freibeweis[6]

Die Unterscheidung zwischen Streng- und Freibeweis betrifft die Art der Beweisaufnahme. Statt Anwendung der Vorschriften der ZPO für die Beweisaufnahme nach

---
1 Zum unzulässigen Beweisermittlungsantrag BPatGE 52, 245, 255 *Tintenpatrone*.
2 BGH GRUR 14, 1235 *Kommunikationsrouter*; im Nichtigkeitsverfahren: BGH GRUR 13, 164 *Führungsschiene*; BPatGE 53, 194 (II6, juris Tz 74) *Traglaschenkette*; zur Sachkunde im Markensenat s BGH v 09.05.2018 – I ZB 68/17 (Tz 15), MarkenR 2018, 389.
3 BPatG v 02.04.2019 – 3 Ni 13/17 (EP) (III4, juris Tz 82).
4 BPatG v 13.04.2021 – 6 Ni 10/19 (EP) (AII.2.2.1), juris Tz 184.
5 BGH GRUR 14, 1235 (Tz 8) *Kommunikationsrouter*; BGH v 20.12.2016 – X ZB 7/16 (Tz 7f).
6 Eingeführt durch das 1. Justizmodernisierungsgesetz v 24.08.04 BGBl I 04, 2198.

§§ 355–484 ZPO (Strengbeweis) kann das Gericht unter den Voraussetzungen des § 284 S 2 ZPO die Beweisaufnahme auch ohne Bindung an diese Vorschriften durchführen (Freibeweis). Nach § 99 (1) PatG iVm § 284 S 2 ZPO kann daher BPatG »mit Einverständnis der Parteien die Beweise in der ihm geeignet erscheinenden Art aufnehmen«. Dieser Freibeweis muss *nicht unmittelbar vor BPatG* (§ 355 (1) ZPO, § 78 Nr 2 PatG) und *nicht in Anwesenheit der Parteien* (§ 357 ZPO, § 88 (3) 1 PatG) durchgeführt werden. Das Einverständnis kann als Verfahrenshandlung (s Einl Rdn 41 ff) schriftlich oder mündlich erteilt werden. Schweigen ist kein Einverständnis. *Widerruf* ist nach § 284 S 4 ZPO nur bei wesentlicher Änderung der Verfahrenslage vor Beginn der Beweiserhebung möglich.

8 BPatG könnte zB mit Zeugen oder mit Sachverständigen *telefonieren* oder mit ihnen per *E-Mail* korrespondieren, wenn alle Beteiligten dazu vorher oder nach Durchführung des Freibeweises ihr Einverständnis erklärt haben. Erkenntnisse ohne Einverständnis dürfen nicht verwertet werden. Ein Freibeweis kann zur Kostenersparnis zB sinnvoll sein, wenn nach Entlassung einer Beweisperson lediglich ein einzelner Punkt weiterer Aufklärung bedarf. Dagegen dürften umfassendere Beweisaufnahmen kaum als »*geeignet*« iSd § 284 S 2 ZPO angesehen werden können.

Über das Ergebnis des Freibeweises ist nach § 92 (2) PatG eine Niederschrift aufzunehmen, die den Parteien zur Gewährung des rechtlichen Gehörs mitzuteilen ist.

3 Beweisbeschluss

9 Vgl die Erläuterungen zu § 46 Rdn 24 ff.

4 Beweismittel

10 § 88 (1) 2 nennt beispielhaft:
a) Augenscheinseinnahme s § 46 Rdn 45;
b) Zeugenvernehmung s § 46 Rdn 27;
c) Sachverständige s § 46 Rdn 43;
d) Vernehmung von Beteiligten ist ein subsidiäres Beweismittel (wenn andere Beweismittel fehlen) zur Ergänzung des Ergebnisses der Verhandlungen und einer etwaigen Beweisaufnahme, vgl §§ 448 ff ZPO. Aufgrund des Untersuchungsgrundsatzes kann BPatG die Beteiligten jederzeit hören;
e) Heranziehung von Urkunden, die sich im Besitz eines Beteiligten oder einer Behörde befinden (§§ 415–444 ZPO), s Einl Rdn 435 ff. Urkunden idS sind nicht die öffentlichen Druckschriften.

Die Aufzählung in § 88 (1) 2 ist nicht abschließend. Als weiteres Beweismittel kommt insbesondere die Einholung einer amtlichen Auskunft in Betracht (s § 273 (2) Nr 2 ZPO sowie § 437 (2) ZPO), die je nach Inhalt die Zeugenvernehmung des Amtsträgers ersetzen kann.[7]

---

[7] Vgl Thomas/Putzo/Seiler, ZPO, 42. Aufl 2021, § 273 Rn 7.

5 Rechte der Beteiligten

Sie haben Anspruch auf 11
a) *Benachrichtigung* von allen Beweisterminen, so rechtzeitig, dass Teilnahme noch möglich ist. Dafür gilt die Ladungsfrist des § 89 nicht.
b) *Teilnahme* an jeder Beweisaufnahme, auch durch Vertreter. Ihr Nichterscheinen ist unschädlich.
c) *Unmittelbare Fragen* an den zu Vernehmenden. Zeitpunkt der Fragestellung bestimmt der Vorsitzende, § 90 (1). Zur Sachdienlichkeit s § 46 Rdn 40. Über die Zulässigkeit entscheidet der Senat, nicht der Vorsitzende.

§ 89 Terminsbestimmung und Ladung
(date of and summonts to oral proceedings)

(1) ¹Sobald der Termin zur mündlichen Verhandlung bestimmt ist, sind die Beteiligten mit einer Ladungsfrist von mindestens zwei Wochen zu laden. ²In dringenden Fällen kann der Vorsitzende die Frist abkürzen.
(2) Bei der Ladung ist darauf hinzuweisen, daß beim Ausbleiben eines Beteiligten auch ohne ihn verhandelt und entschieden werden kann.

Ilse Püschel

Übersicht
    Geltungsbereich.. 1
    Europäisches Patentrecht.................................... 2
    Kommentierung zu § 89 PatG
    1   Terminsbestimmung....................................... 3
    2   Terminsänderung... 5
    3   Rechtsbehelfe.. 11
    4   Ladung... 12
    5   Ausbleiben eines Beteiligten............................... 13

Geltungsbereich: § 89 galt vor 1981 als § 41d und entspricht § 75 MarkenG. 1

Europäisches Patentrecht: Ladung zur mündlichen Verhandlung (Art 116 EPÜ[1]) erfolgt nach Regel 115 (1) EPÜ mit einer Ladungsfrist von mindestens zwei Monaten, sofern die Beteiligten nicht mit einer kürzeren Frist einverstanden sind. Die gleiche Frist gilt nach Regel 118 (2) EPÜ für eine Ladung zur Beweisaufnahme (Art 117 (2) EPÜ). Zur Verhandlung und Entscheidung trotz Ausbleibens eines Beteiligten s Einl Rdn 317 2

1 Terminsbestimmung

Sie erfolgt nach § 99 (1) PatG iVm § 216 ZPO: 3
§ 216 ZPO **Terminsbestimmung**
    (1) Die Termine werden von Amts wegen bestimmt, wenn Anträge oder Erklärungen eingereicht werden, über die nur nach mündlicher Verhandlung entschieden werden kann oder über die mündliche Verhandlung vom Gericht angeordnet ist.

---

[1] Gilt auch vor Beschwerdekammer, vgl hierzu § 78 Rdn 2 ff, 22.

(2) Der Vorsitzende hat die Termine unverzüglich zu bestimmen.
(3) Auf Sonntage, allgemeine Feiertage oder Sonnabende sind Termine nur in Notfällen anzuberaumen.

4 **Terminswahl** steht im Ermessen des Vorsitzenden. Die mündliche Verhandlung soll nach § 272 (3) ZPO so früh wie möglich stattfinden. Dabei sind Geschäftsanfall, Reihenfolge des Eingangs und Verhandlungsreife der Sache zu berücksichtigen. Die Terminsbestimmung selbst muss unverzüglich, dh ohne schuldhaftes Zögern erfolgen. Sie ergeht durch Verfügung.

2 Terminsänderung

5 Sie erfolgt nach § 99 (1) PatG iVm § 227 ZPO[2]:

§ 227 ZPO Terminsänderung

6 (1) [1]Aus erheblichen Gründen kann ein Termin aufgehoben oder verlegt sowie eine Verhandlung vertagt werden. [2]Erhebliche Gründe sind insbesondere nicht
1. das Ausbleiben einer Partei oder die Ankündigung, nicht zu erscheinen, wenn nicht das Gericht dafür hält, dass die Partei ohne ihr Verschulden am Erscheinen verhindert ist;
2. die mangelnde Vorbereitung einer Partei, wenn nicht die Partei dies genügend entschuldigt;
3. das Einvernehmen der Parteien allein.
(2) Die erheblichen Gründe sind auf Verlangen des Vorsitzenden, für eine Vertagung auf Verlangen des Gerichts glaubhaft zu machen.
(3) *(Abs 3 nicht anwendbar gemäß § 99 (4) PatG)*
(4) [1]Über die Aufhebung sowie Verlegung eines Termins entscheidet der Vorsitzende ohne mündliche Verhandlung; über die Vertagung einer Verhandlung entscheidet das Gericht. [2]Die Entscheidung ist kurz zu begründen. [3]Sie ist unanfechtbar.

7 *Aufhebung* (Beseitigung eines Termin ohne gleichzeitige Bestimmung eines neuen) und *Verlegung* (Beseitigung eines Termins unter gleichzeitiger Bestimmung eines neuen) sind Terminsänderungen vor Beginn der mündlichen Verhandlung; *Vertagung* ist die Bestimmung eines neuen Termins nach Beginn der mündlichen Verhandlung.[3]

8 **Erhebliche Gründe gemäß § 227 (1) ZPO** sind zB Erkrankung,[4] normaler Urlaubswunsch,[5] bestehender anderer Gerichtstermin, besondere Familienereignisse,[6] alle Wiedereinsetzungsgründe gemäß § 123 PatG, erfolgversprechende Vergleichsverhandlungen[7], Mängel der Ladung, Nichteinhaltung der Ladungsfrist gemäß § 89 (1) 1. *Kein erheblicher Grund* liegt vor zB bei kurzfristig erklärtem Mandatsentzug ohne Angabe konkreter Gründe.[8]

9 **Ablehnung einer Terminsänderung** kann Anspruch auf rechtliches Gehör verletzen, wenn ein erheblicher Grund dafür gegeben war oder der Beteiligte unverschuldet den

---

2 Zur Anwendbarkeit vor BPatG s BGH GRUR 04, 354 = Mitt 04, 232 *Crimpwerkzeug*.
3 Zur Begriffsbestimmung s Thomas/Putzo/Hüßtege, ZPO, 42. Aufl 2021, § 227 Rn 1.
4 Vgl BGH v 12.06.12 – X ZA 3/11 zur Rechtzeitigkeit einer Krankmeldung Schulte-Kartei PatG 65–80, 86–99 Nr 491 *Pyrolyse*; nicht ausreichend Erkrankung des Erfinders s BPatG v 19.02.2019 – 12 W (pat) 25/17 (II8).
5 OLG Hamm NJW-RR 92, 121; wenn Verschiebung nicht zumutbar: OLG Brandenburg FamRZ 02, 1042.
6 BVerwG NJW 92, 2042 für Pflege naher Angehöriger ohne Vertretungsmöglichkeit.
7 ZB BGH v 13.12.2019 – V ZR 152/18 (Tz 8 ff), MDR 2020, 282.
8 BPatG v 15.10.14 – 20 W (pat) 22/13.

Termin nicht einhalten konnte.⁹ Der Anspruch auf rechtliches Gehör ist gegenüber dem Beschleunigungsgebot höherrangig.

Vertagung der mündlichen Verhandlung siehe § 78.

3 Rechtsbehelfe

Keine, da Terminsbestimmung und -änderung unanfechtbar sind.¹⁰ Eine sich dadurch ergebende Versagung rechtlichen Gehörs (s Rdn 9) kann aber in Beschwerdeverfahren mit der Rechtsbeschwerde gegen die Endentscheidung (§ 100 (3) Nr 3 PatG), in Nichtigkeitsverfahren mit der Berufung gegen das Endurteil¹¹ gerügt werden.

4 Ladung

Ladung zum Termin bewirkt die Geschäftsstelle (§ 72) von Amts wegen. Sie muss neben Aktenzeichen, Beteiligten, Terminstag und -zeit usw nach § 89 (2) auch den Hinweis enthalten, dass beim Ausbleiben eines Beteiligten auch ohne ihn verhandelt und entschieden werden kann. Ladung ist nach § 218 ZPO zu Terminen entbehrlich, die in verkündeten Entscheidungen bestimmt sind. Es muss aber zum Verkündungstermin ordnungsgemäß geladen gewesen sein. In die zweiwöchige *Ladungsfrist* sind Zustellungs- und Terminstag nicht einzurechnen.

5 Ausbleiben eines Beteiligten

Ausbleiben bei ordnungsgemäßer Ladung¹² des Beteiligten oder Vertreters hindert nicht: die Durchführung der Verhandlung, die Verwertung einer erst in dieser Verhandlung genannten Entgegenhaltung,¹³ Berücksichtigung bisher nicht erörterter patentrechtlicher Aspekte,¹⁴ Beratung und Verkündung der Entscheidung. Wer nicht erscheint, begibt sich der Möglichkeit der Äußerung zum Vorbringen der Erschienenen oder zu den Ermittlungen des Gerichts. Mit der ordnungsgemäßen Ladung wird das rechtliche Gehör gewährt. Wer es aus freien Stücken nicht wahrnimmt, kann eine Entscheidung in seiner Abwesenheit nicht mit Erfolg rügen;¹⁵ zur Abwesenheit in der mündlichen Verhandlung und der Gewährung des rechtlichen Gehörs vgl Einl Rdn 315. Vertagung steht im Ermessen des Gerichts, die bei genügender Entschuldigung gemäß § 227 Nr 1 ZPO angeordnet wird.

---

9   BVerwG NJW 91, 2097; BSG Mitt 04, 44 L; OLG Hamm Mitt 93, 27.
10 Auch nicht mit Verfassungsbeschwerde anfechtbar: BVerfG v 25.05.16 – 1 BvR 1094/16 Schulte-Kartei PatG 65–80, 86–99 Nr 492 *Terminsverlegung*.
11 Vgl BGH GRUR 04, 354 = Mitt 04, 232 *Crimpwerkzeug*.
12 BGH GRUR 66, 160 *Terminsladung*: Verstoß eröffnet zulassungsfreie Rechtsbeschwerde.
13 BPatGE 8, 40; 17, 80.
14 BPatGE 46, 86 *Zahnrad-Getriebe*; vgl auch BPatGE 53, 128, 134 (II7) *Präzisionskoaxialkabel* (Rückkehr in das schriftliche Verfahren, um Anpassung der Ansprüche zu ermöglichen, nicht veranlasst).
15 BGH BlPMZ 92, 496 (II3b) *Entsorgungsverfahren*; BPatGE 8, 40; 13, 76; EPA T 0484/90 ABl 93, 444 (Nr 6); T 0215/84 EPOR 86, 6; T 0186/83 EPOR 86, 11. Nach der Entscheidung der GBK des EPA G 0004/92 ABl 94, 149 *Rechtliches Gehör* darf eine Entscheidung zuungunsten eines Beteiligten, der trotz ordnungsgemäßer Ladung der mündlichen Verhandlung ferngeblieben ist, nicht auf erstmals in dieser mündlichen Verhandlung vorgebrachte Tatsachen gestützt werden.

§ 90 Gang der Verhandlung
(oral proceedings)

(1) Der Vorsitzende eröffnet und leitet die mündliche Verhandlung.
(2) Nach Aufruf der Sache trägt der Vorsitzende oder der Berichterstatter den wesentlichen Inhalt der Akten vor.
(3) Hierauf erhalten die Beteiligten das Wort, um ihre Anträge zu stellen und zu begründen.

Ilse Püschel

Übersicht

Geltungsbereich		1
Europäisches Patentrecht		2
Kommentierung zu § 90 PatG		
1	Verhandlungsleitung durch den Vorsitzenden	3
2	Vortrag des Akteninhalts	4
3	Antragstellung und Begründung	5

1 **Geltungsbereich:** § 90 galt vor 1981 als § 41e und entspricht § 76 (1) bis (3) MarkenG.

2 **Europäisches** Patentrecht: Nach Art 15 (4) der VerfOBK[1] leitet der Vorsitzende die mündliche Verhandlung und stellt ihre faire, ordnungsgemäße und effiziente Durchführung sicher.

1 Verhandlungsleitung durch den Vorsitzenden

3 Die Verhandlungsleitung umfasst die *Sitzungspolizei* (§ 69 Rdn 15), die *förmliche Leitung* (Aufruf, Eröffnung, Feststellung der Erschienenen und der ordnungsmäßigen Ladung der Nichterschienenen, Worterteilung und -entziehung (§ 136 (2) ZPO), Zeugenvernehmung, Erörterung mit Sachverständigen, Verkündung der Entscheidung, Schließung der Verhandlung) und die *sachliche Leitung* (§ 91).

Der Vorsitzende kann einzelne Aufgaben an einen anderen Richter delegieren, wenn dieser damit einverstanden ist.

2 Vortrag des Akteninhalts

4 Dies ist Aufgabe des Vorsitzenden oder des Berichterstatters und stellt die Einführung in den Sach- und Streitstand dar.

3 Antragstellung und Begründung

5 **Antragstellung** bedarf besonderer Sorgfalt, da BPatG an die Sachanträge gebunden ist und ein Patent davon abweichend nicht erteilen kann (s Einl Rdn 7). Hilfsanträge (s Einl Rdn 206) sind daher empfehlenswert. Es gelten nur die in der mündlichen Ver-

---

1 *Verfahrensordnung der Beschwerdekammern* (am 1.1.2020 in Kraft getretene revidierte Fassung mit Änderung v 1.4.2021) ABl 2021, A35 = Tabu Gewerbl. Rechtsschutz Nr 819 (alte Fassung ABl 07, 536 = Tabu Gewerbl. Rechtsschutz Nr 820), vgl hierzu Art 110 EPÜ Rdn 28 im Anhang zu § 73; zur Benutzung tragbarer Computer in MV s Mitteilung v 10.02.14, ABl EPA **14**, A21.

handlung gestellten Anträge, nicht frühere, schriftsätzlich gestellte Anträge. Zur Teilrücknahme der Beschwerde s § 73 Rdn 204.

Formulierung der Anträge entspricht dem Tenor der zu erlassenden Entscheidung, vgl daher dazu § 79 Rdn 8 ff. Über Kosten und die Zulassung der Rechtsbeschwerde wird von Amts wegen entschieden, Anträge sind daher insoweit entbehrlich.

Vortrag der Parteien ist in der mündlichen Verhandlung nach § 99 (1) PatG iVm § 137 (2) ZPO in freier Rede zu halten. Bezugnahme auf Dokumente ist nach § 137 (3) ZPO zulässig. Der Ersatz des früheren Begriffs Schriftstücke durch Dokumente lässt die Verwendung von allen technischen Hilfsmitteln zu, zB Film, Dia-Projektionen, Computergenerierte Darstellungen, Power-Point-Präsentationen.[2] Voraussetzung ist nach § 137 (3) 1 ZPO, dass keine Partei widerspricht und BPatG die Verwendung für angemessen hält. Für die Entscheidung über eine Zulassung sind zu berücksichtigen: **a)** Chancengleichheit der Parteien, **b)** frühzeitige Ankündigung, so dass sich BPatG und Gegner (zB zur eventuellen Vorbereitung einer Gegen-Präsentation) darauf einstellen können, **c)** Notwendigkeit der Präsentation (zB visuelle Darstellung würde einen technischen Sachverhalt klären helfen oder den sonst erforderlichen mündlichen Vortrag verkürzen), **d)** Vermeidung einer unnötigen Verzögerung des Verfahrens. Sind a) – d) erfüllt, kann trotz eines Widerspruchs des Gegners die Präsentation zugelassen werden. Erweist sich während der Präsentation, dass sie nicht sachdienlich ist, kann der weitere Vortrag untersagt werden.

Eine Ablehnung der Zulassung stellt keine Verletzung des Anspruchs auf rechtliches Gehör dar, da dem Antragsteller nur eine technische Möglichkeit für die Darstellung seines Vortrags nicht gestattet wird, nicht aber sein Recht zum ausreichenden Vortrag.

§ 91 Erörterung der Sach- und Rechtslage
(discussion of the questions of fact and of law)

(1) Der Vorsitzende hat die Sache mit den Beteiligten tatsächlich und rechtlich zu erörtern.

(2) ¹Der Vorsitzende hat jedem Mitglied des Senats auf Verlangen zu gestatten, Fragen zu stellen. ²Wird eine Frage beanstandet, so entscheidet der Senat.

(3) ¹Nach Erörterung der Sache erklärt der Vorsitzende die mündliche Verhandlung für geschlossen. ²Der Senat kann die Wiedereröffnung beschließen.

Ilse Püschel

---

2 BPatG v 15.06.05 – 4 Ni 38/03 (EU) Schulte-Kartei PatG 65–80, 86–99 Nr 370 *Power-Point-Präsentation I* (zugelassen); BPatG v 08.11.05 – 4 Ni 58/04 (EU) Schulte-Kartei PatG 65–80, 86–99 Nr 371 *Power-Point-Präsentation II* (nicht zugelassen); EPA T 1122/01 v 06.05.04 Schulte-Kartei EPÜ 106.6 Nr 49 *Power-Point-Präsentation in mündlicher Verhandlung* (zugelassen); T 0555/06 ABl 09 SonderA 2, 50 (nicht zugelassen); T 0373/05 ABl 09 SonderA 2, 51 (zugelassen): Vgl Rau Fschr Schilling 07, 341; Bühler in Singer/Stauder/Luginbühl, EPÜ, 8. Aufl 2019, Art 116 Rn 61.

§ 91 Erörterung der Sach- und Rechtslage

Übersicht

Geltungsbereich	1
Europäisches Patentrecht	2
Kommentierung zu § 91 PatG	
1 Tatsächliche und rechtliche Erörterung	3
2 Fragerecht der Beisitzer	4
3 Schließung	5
4 Wiedereröffnung	6

1 **Geltungsbereich:** § 91 galt vor 1981 als § 41f und entspricht § 76 (4) bis (6) MarkenG.

2 **Europäisches Patentrecht:** Art 15 (4) und (5) sowie Art 15a VerfOBK[1] enthalten Bestimmungen über die Durchführung der mündlichen Verhandlung vor den Beschwerdekammern.[2] Die Erklärung des Vorsitzenden nach Art 15 (5) 1 VerfOBK, dass die sachliche Debatte beendet ist, markiert das Ende der Verhandlung.[3]

1 Tatsächliche und rechtliche Erörterung

3 Die tatsächliche und rechtliche Erörterung »mit« den Beteiligten soll sicherstellen, dass keine Partei von einer ergehenden Entscheidung überrascht sein kann.

Aufgabe des Vorsitzenden: Hinwirken auf Stellung sachdienlicher Anträge,[4] insbesondere auf Formulierung erteilungsfähiger Unterlagen; Beseitigung von Unklarheiten und Mängeln; Hinweise auf möglicherweise entscheidungserhebliche rechtliche Gesichtspunkte, insbesondere wenn sie den Beteiligten noch nicht bekannt sind oder der Senat von einer bisher geäußerten Rechtsauffassung abweichen will.[5] Das Gericht muss aber den Beteiligten nicht mitteilen, wie es den die Grundlage seiner Entscheidung bildenden Sachverhalt voraussichtlich würdigen wird.[6]

Zur *Aufklärungspflicht* gemäß § 139 ZPO, der nach § 99 (1) auch für das Verfahren vor dem BPatG anwendbar ist, s Einl Rdn 114 ff; zur Gewährung des *rechtlichen Gehörs* s Einl Rdn 284 ff.

2 Fragerecht der Beisitzer

4 Vorsitzender bestimmt gemäß § 90 (1) den Zeitpunkt der Frage an Parteien, Vertreter, Zeugen oder Sachverständige, zurückweisen kann er sie nicht. Wird eine Frage von einem Mitglied des Senats oder einem Beteiligten (als unzulässig, s § 140 ZPO) beanstandet, so entscheidet darüber der Senat.

---

1 Verfahrensordnung der Beschwerdekammern (am 1.1.2020 in Kraft getretene revidierte Fassung mit Änderung v 1.4.2021 bzgl Einführung von Art 15a) ABl 2021, A35 = Tabu Gewerbl. Rechtsschutz Nr 819 (alte Fassung ABl 07, 536 = Tabu Gewerbl. Rechtsschutz Nr 820), vgl hierzu Art 110 EPÜ Rdn 28 im Anhang zu § 73.
2 Vgl hierzu Bühler in Singer/Stauder/Luginbühl, EPÜ, 8. Aufl 2019, Art 116 Rn 56 ff, zum Fragerecht der Beisitzer Rn 56 aE.
3 Vgl Bühler in Singer/Stauder/Luginbühl, EPÜ, 8. Aufl 2019, Art 116 Rn 64.
4 Vgl BGH GRUR 07, 862 (Tz 23) *Informationsübermittlungsverfahren II*; GRUR 10, 87 (Tz 915) *Schwingungsdämpfer*; GRUR 11, 950 (Tz 22) *Walzenformgebungsmaschine*.
5 BGH GRUR 11, 851 *Werkstück*; vgl auch § 87 Rdn 9.
6 St Rspr BGH GRUR 09, 91 *Antennenhalter*; GRUR 11, 851 (Tz 10 aE) *Werkstück*; GRUR 13, 318 (Tz 10) *Sorbitol*; GRUR 14, 1235 (Tz 11) *Kommunikationsrouter*; BGH v 27.03.2018 – X ZB 11/17 (Tz 5), MDR 2018, 1209.

3 Schließung

Die Schließung der mündlichen Verhandlung erfolgt, wenn nach Ansicht des Senats (nicht des Vorsitzenden) die Sache vollständig erörtert ist (§ 136 (4) ZPO) und reif ist für die Endentscheidung.[7] Danach ist sachliches Vorbringen ausgeschlossen[8] **und wird nicht mehr berücksichtigt, es sei denn a)** der Partei ist gemäß § 283 ZPO bewilligt worden, innerhalb gesetzter Frist eine Erklärung in einem Schriftsatz nachzubringen;[9] oder **b)** der Senat beschließt die Wiedereröffnung (s Rdn 6).

Ist die mündliche Verhandlung geschlossen, ist der Anspruch auf Gewährung rechtlichen Gehörs nicht verletzt, wenn BPatG nach Schluss der mündlichen Verhandlung eine Entscheidung an Verkündungs statt zustellt, ohne zu klären, ob noch weiterer Vortrag beabsichtigt ist.[10]

4 Wiedereröffnung

Die Wiedereröffnung einer mündlichen Verhandlung steht grundsätzlich im pflichtgemäßen Ermessen des Gerichts,[11] zB weil die Beratung eine weitere Aufklärungsbedürftigkeit ergibt. Senat beschließt von Amts wegen. Antrag[12] ist nur Anregung, der nicht beschieden werden muss.[13]

Nach § 99 (1) PatG iVm § 156 ZPO ist die Wiedereröffnung *zwingend geboten* **a)** wenn ein entscheidungserheblicher Verfahrensfehler des Gerichts vorliegt,[14] wie Verletzung der Hinweis- und Aufklärungspflicht gemäß § 139 ZPO[15] oder eine Verletzung des Anspruchs auf rechtliches Gehör; **b)** nachträglicher Vortrag eines Wiederaufnahmegrundes (§§ 579, 580 ZPO); **c)** Wegfall eines Richters nach Schluss der mündlichen Verhandlung vor Entscheidungsfällung,[16] es sei denn, es liegt Zustimmung nach § 93 (3) PatG vor.

Wiedereröffnung oder Übergang in das schriftliche Verfahren ist auch dann zwingend geboten, wenn das Gericht einer Partei zu einem erst in der mündlichen Verhandlung erteilten Hinweis ein Schriftsatzrecht zur Stellungnahme einräumt und in dem daraufhin eingegangenen Schriftsatz neuer entscheidungserheblicher Prozessstoff eingeführt wird, um dem Gegner rechtliches Gehör zu gewähren.[17]

---

7 Vgl BPatG v 30.10.2019 – 4 Ni 2/17 (EP), Mitt 2020, 94 *Ermäßigung der Klagegebühr* (kein Schluss der MV im Rechtssinne, wenn Termin mit widerruflichem Vergleich endet).
8 BGH GRUR 79, 219 *Schaltungschassis*.
9 BGH GRUR 03, 530 (II1) *Waldschlößchen*; GRUR 99, 350 *Ruoc/ROC*; s auch § 78 Rdn 34.
10 BGH GRUR 12, 89 *Stahlschluessel*.
11 BGH NJW 00, 142, 143; BPatG v 30.06.14 – 4 Ni 18/12 (EP), juris Tz 97; BPatG v 17.07.2017 – 2 Ni 7/15 (EP), juris Tz 69: keine Wiedereröffnung bei Auffinden von neuem Stand der *Technik nach Schluss der MV*).
12 Unzulässig nach instanzabschließender Entscheidung, s BPatG v 09.02.11 – 20 W (pat) 352/05, in juris.
13 BGH GRUR 79, 219 *Schaltungschassis*.
14 BGH GRUR 03, 530 (II1) *Waldschlößchen*.
15 Vgl BGH NJW 09, 2378.
16 Vgl BGH NJW-RR 12, 508 = Mitt 12, 374 L *Richterwechsel* (wirkt ausgeschiedener Richter an Entscheidung noch mit, ist Gericht nicht ordnungsgemäß besetzt); BPatG v 10.01.2020 – 28 W (pat) 18/19 (Markensache).
17 BGH NJW-RR 11, 1558 = Mitt 12, 199 L *Schriftsatzrecht*.

§ 92 Protokoll
(minutes)

(1) ¹Zur mündlichen Verhandlung und zu jeder Beweisaufnahme wird ein Urkundsbeamter der Geschäftsstelle als Schriftführer zugezogen. ²Wird auf Anordnung des Vorsitzenden von der Zuziehung des Schriftführers abgesehen, dann besorgt ein Richter die Niederschrift.

(2) ¹Über die mündliche Verhandlung und jede Beweisaufnahme ist eine Niederschrift aufzunehmen. ²Die §§ 160 bis 165 der Zivilprozessordnung sind entsprechend anzuwenden.

Ilse Püschel

Übersicht

	Geltungsbereich	1
	Europäisches Patentrecht	2
	Literatur	3
	Kommentierung zu § 92 PatG	
1	Schriftführer	4
2	Inhalt der Niederschrift	6
3	Beweiskraft des Protokolls	8
4	Abschriften	10
5	§§ 160–165 ZPO	11

1 **Geltungsbereich:** § 92 (vor 1981 § 41g) in Abs 2 geändert und Abs 3 infolge Bezugnahme auf die ZPO gestrichen durch Art 8 Nr 48 des 1. GPatG v 26.7.1979 (BGBl I 1269 = BlPMZ 79, 266). § 92 ist mit § 77 MarkenG wortgleich.

2 **Europäisches Patentrecht:** Nach Regel 124 EPÜ ist über die mündliche Verhandlung eine Niederschrift aufzunehmen, die den wesentlichen Gang der mündlichen Verhandlung und die rechtserheblichen Erklärungen der Beteiligten enthält. Das Protokoll der mündlichen Verhandlung vor den Beschwerdekammern beschränkt sich in der Regel darauf, die anhängigen Anträge und Erklärungen der Verfahrensbeteiligten nur wiederzugeben, soweit sie unmittelbar für die Entscheidung relevant sind.[1]

3 **Lit in JZ:** Stürner, Protokollierung von Aussagen im deutschen Zivilverfahren, JZ 16, 137.

1 Schriftführer

4 Die Niederschrift – in der ZPO Protokoll genannt – besorgt der Urkundsbeamte der Geschäftsstelle oder – wenn der Vorsitzende (nicht der Senat) auf seine Zuziehung verzichtet – ein Richter. Das kann der Vorsitzende selbst oder ein Mitglied des Senats sein. Findet sich kein Richter bereit, muss trotz der Anordnung des Vorsitzenden, einen Schriftführer nicht zuzuziehen, ein Urkundsbeamter zugezogen werden, den die Justizverwaltung auswählt.[2] Anders als nach § 159 (1) 2 ZPO steht die Zuziehung eines Schriftführers nicht im Ermessen des BPatG.

---

1 Vgl Bühler in Singer/Stauder/Luginbühl, EPÜ, 8. Aufl 2019, Art 116 Rn 65.
2 BGH NJW 88, 417.

Ganz üblicherweise übernimmt das juristische Mitglied eines technischen Beschwerdesenats die Protokollierung. Besorgt ein Richter die Niederschrift, wird er damit Schriftführer iSd § 92 (1) 1 PatG. Er hat die gleichen Rechte und Pflichten wie ein Urkundsbeamter, insbesondere hat er gemäß § 92 (2) 2 PatG iVm § 163 (1) 1 ZPO die Niederschrift neben dem Vorsitzenden zu unterschreiben. Eine fehlende Unterschrift kann jederzeit nachgeholt, Unrichtigkeiten können nach § 164 (1) ZPO jederzeit berichtigt werden.

2 Inhalt der Niederschrift

Dieser ergibt sich aus § 160 ZPO (s Rdn 11). Die Beteiligten können nach § 160 (4) ZPO beantragen, dass bestimmte Vorgänge oder Äußerungen in die Niederschrift aufgenommen werden; der Antrag kann aber nur bis zum Schluss der mündlichen Verhandlung gestellt werden.[3] Der Senat (nicht der Vorsitzende) kann von der Aufnahme absehen, wenn es auf die Feststellung des Vorgangs oder der Äußerung nicht ankommt. Ein solcher Beschluss ist in die Niederschrift aufzunehmen und unanfechtbar.

Bei Meinungsverschiedenheiten über den Inhalt der Niederschrift zwischen Vorsitzendem und Urkundsbeamten oder dem Richter, der an dessen Stelle die Niederschrift besorgt, kann – wenn keine Einigung erzielt wird – der Vorsitzende seine Ansicht in einem Zusatz zum Protokoll niederlegen, den nur er unterschreibt.

Die Verweigerung der unverzüglichen Protokollierung von Anträgen kann die Besorgnis der Befangenheit aller Mitglieder des Senats begründen.[4]

3 Beweiskraft des Protokolls

Das Protokoll erbringt nach § 165 ZPO Beweis für die Beachtung der für die mündliche Verhandlung vorgeschriebenen Förmlichkeiten,[5] insbesondere für die Stellung oder Nichtstellung eines Antrags und seinen Inhalt.[6]

Zu protokollierten Erklärungen kann sich eine Partei nicht in Widerspruch setzen, wenn keine neuen Umstände eingetreten sind, aus denen sich ihre Unrichtigkeit ergibt.[7]

4 Abschriften

Nach § 1 (1) 2 PatKostG gilt für Auslagen vor BPatG das GKG. Nach KV 9000 Anmerkung Abs 3 S 1 Nr 3 GKG ist eine Kopie oder ein Ausdruck jeder Niederschrift für jede Partei, jeden Beteiligten und deren bevollmächtigte Vertreter frei von der

---

3 BPatG v 19.05.14 – 2 Ni 11/12 (EP) Schulte-Kartei PatG 65–80, 86–99 Nr 493 *Protokollberichtigung*; BPatG v 17.12.2018 – 4 Ni 16/17 (EP) (VI, juris Tz 244); Zöller/Schultzky, ZPO, 33. Aufl 2020, § 160 Rn 15.
4 BPatG Mitt **96**, 350 *Befangenheit*.
5 Vgl BGH NJW **12**, 354 (zum fehlenden Hinweis im Protokoll, dass die Parteien zum Beweisergebnis verhandelt haben); bzgl Verkündung des Urteils: BGH NJW **12**, 1591 = Mitt **12**, 291 L *Förmliche Verlautbarung*; NJW **15**, 2342.
6 BGH Mitt **79**, 120 *Bildspeicher* (für einen Antrag auf Verbindung); Mitt **79**, 198 *Schaltuhr* (für einen Hilfsantrag); BayVGH v 07.03.2017 – 7 ZB 16.281 (zum Fehlen des Vermerks »v.u.g.«).
7 BGH GRUR **81**, 649 (Nr 2) *Polsterfüllgut*.

§ 92 Protokoll

Dokumentenpauschale. BPatG versendet ohne gesonderten Antrag zwei Abschriften auslagenfrei.[8]

5 §§ 160–165 ZPO

§ 160 ZPO Inhalt des Protokolls

11 (1) Das Protokoll enthält
1. den Ort und den Tag der Verhandlung;[9]
2. die Namen der Richter, des Urkundsbeamten der Geschäftsstelle und des etwa zugezogenen Dolmetschers;
3. die Bezeichnung des Rechtsstreits;
4. die Namen der erschienenen Parteien, Nebenintervenienten, Vertreter, Bevollmächtigten, Beistände, Zeugen und Sachverständigen und im Falle des § 128a der Ort, von dem aus sie an der Verhandlung teilnehmen;
5. die Angabe, dass öffentlich verhandelt oder die Öffentlichkeit ausgeschlossen worden ist.

(2) Die wesentlichen Vorgänge[10] der Verhandlung sind aufzunehmen.

(3) Im Protokoll sind festzustellen
1. Anerkenntnis, Anspruchsverzicht und Vergleich;
2. die Anträge;[11]
3. Geständnis und Erklärung über einen Antrag auf Parteivernehmung sowie sonstige Erklärungen, wenn ihre Feststellung vorgeschrieben ist;
4. die Aussagen der Zeugen, Sachverständigen und vernommenen Parteien; bei einer wiederholten Vernehmung braucht die Aussage nur insoweit in das Protokoll aufgenommen zu werden, als sie von der früheren abweicht;
5. das Ergebnis eines Augenscheins;
6. die Entscheidungen (Urteile, Beschlüsse und Verfügungen) des Gerichts;
7. die Verkündung der Entscheidungen;
8. die Zurücknahme der Klage oder eines Rechtsmittels;
9. der Verzicht auf Rechtsmittel;
10. das Ergebnis des Güteverhandlung.

(4) ¹Die Beteiligten können beantragen, dass bestimmte Vorgänge oder Äußerungen in das Protokoll aufgenommen werden. ²Das Gericht kann von der Aufnahme absehen, wenn es auf die Feststellung des Vorgangs oder der Äußerung nicht ankommt. ³Dieser Beschluss ist unanfechtbar; er ist in das Protokoll aufzunehmen.

(5) Der Aufnahme in das Protokoll steht die Aufnahme in eine Schrift gleich, die dem Protokoll als Anlage beigefügt und in ihm als solche bezeichnet ist.

§ 160a ZPO Vorläufige Protokollaufzeichnung

12 (1) Der Inhalt des Protokolls kann in einer gebräuchlichen Kurzschrift, durch verständliche Abkürzungen oder auf einem Ton- oder Datenträger vorläufig aufgezeichnet werden.

(2) ¹Das Protokoll ist in diesem Fall unverzüglich nach der Sitzung herzustellen. ²Soweit Feststellungen nach § 160 Abs 3 Nr 4 und 5 mit einem Tonaufnahmegerät vorläufig aufgezeichnet worden sind, braucht lediglich dies in dem Protokoll vermerkt zu werden. ³Das Protokoll ist um die Feststellungen zu ergänzen, wenn eine Partei dies bis zum rechtskräftigen Abschluss des Verfahrens beantragt oder das Rechtsmittelgericht die Ergänzung anfordert. ⁴Sind Feststellungen nach § 160 Abs 3 Nr 4 unmittelbar aufgenommen und ist zugleich das wesentliche Ergebnis der Aussagen vorläufig aufgezeichnet worden, so kann eine Ergänzung des Protokolls nur um das wesentliche Ergebnis der Aussagen verlangt werden.

---

8 Mitt PräsBPatG Nr 1/95 BlPMZ 95, 1.
9 Dagegen genaue Uhrzeit des Schlusses der mündlichen Verhandlung nicht erforderlich, s BPatG v 24.03.99 – 34 W (pat) 35/96, in juris.
10 Wesentlich sind alle entscheidungs- und ergebniserheblichen Vorgänge, damit sich die Rechtsmittelinstanz von der Ordnungsmäßigkeit des Verfahrens überzeugen kann, vgl BPatG v 08.01.09 – 4 Ni 48/07, in juris.
11 Hierunter fallen nur die Sachanträge iSv § 297 ZPO, nicht die Beweisanträge, s BPatG v 29.01.09 – 4 Ni 66/06, in juris.

(3) ¹Die vorläufigen Aufzeichnungen sind zu den Prozessakten zu nehmen oder, wenn sie sich nicht dazu eignen, bei der Geschäftsstelle mit den Prozessakten aufzubewahren. ²Aufzeichnungen auf Ton- oder Datenträgern können gelöscht werden,
1. soweit das Protokoll nach der Sitzung hergestellt oder um die vorläufig aufgezeichneten Feststellungen ergänzt ist, wenn die Parteien innerhalb eines Monats nach Mitteilung der Abschrift keine Einwendungen erhoben haben;
2. nach rechtskräftigem Abschluss des Verfahrens.

³Soweit das Gericht über eine zentrale Datenspeichereinrichtung verfügt, können die vorläufigen Aufzeichnungen an Stelle der Aufbewahrung nach Satz 1 auf der zentralen Datenspeichereinrichtung gespeichert werden.

(4) Die endgültige Herstellung durch Aufzeichnung auf Datenträger in der Form des § 130b¹² ist möglich.

§ 161 ZPO Entbehrliche Feststellungen

(1) Feststellungen nach § 160 Abs 3 Nr 4 und 5 brauchen nicht in das Protokoll aufgenommen zu werden,
1. wenn das Prozessgericht die Vernehmung oder den Augenschein durchführt und das Endurteil der Berufung oder der Revision nicht unterliegt;
2. soweit die Klage zurückgenommen, der geltend gemachte Anspruch anerkannt oder auf ihn verzichtet wird, auf ein Rechtsmittel verzichtet oder der Rechtsstreit durch einen Vergleich beendet wird.

(2) ¹In dem Protokoll ist zu vermerken, dass die Vernehmung oder der Augenschein durchgeführt worden ist. ²§ 160a Abs 3 gilt entsprechend.

§ 162 ZPO Genehmigung des Protokolls

(1) ¹Das Protokoll ist insoweit, als es Feststellungen nach § 160 Abs 3 Nr 1, 3, 4, 5, 8, 9 oder zu Protokoll erklärte Anträge enthält, den Beteiligten vorzulesen oder zur Durchsicht vorzulegen. ²Ist der Inhalt des Protokolls nur vorläufig aufgezeichnet worden, so genügt es, wenn die Aufzeichnungen vorgelesen oder abgespielt werden. ³In dem Protokoll ist zu vermerken, dass dies geschehen und die Genehmigung erteilt ist oder welche Einwendungen erhoben worden sind.

(2) ¹Feststellungen nach § 160 Abs 3 Nr 4 brauchen nicht abgespielt zu werden, wenn sie in Gegenwart der Beteiligten unmittelbar vorläufig aufgezeichnet worden sind; der Beteiligte, dessen Aussage aufgezeichnet ist, kann das Abspielen verlangen. ²Soweit die Feststellungen nach § 160 Abs 3 Nr 4 und 5 in Gegenwart der Beteiligten diktiert worden sind, kann das Abspielen, das Vorlesen oder die Vorlage zur Durchsicht unterbleiben, wenn die Beteiligten nach Aufzeichnung darauf verzichten; in dem Protokoll ist zu vermerken, dass der Verzicht ausgesprochen worden ist.

§ 163 ZPO Unterschreiben des Protokolls

(1) ¹Das Protokoll ist von dem Vorsitzenden und von dem Urkundsbeamten der Geschäftsstelle zu unterschreiben. ²Ist der Inhalt des Protokolls ganz oder teilweise mit einem Tonaufnahmegerät vorläufig aufgezeichnet worden, so hat der Urkundsbeamte der Geschäftsstelle die Richtigkeit der Übertragung zu prüfen und durch seine Unterschrift zu bestätigen; dies gilt auch dann, wenn der Urkundsbeamte der Geschäftsstelle zur Sitzung nicht zugezogen war.

(2) ¹Ist der Vorsitzende verhindert, so unterschreibt für ihn der älteste beisitzende Richter; war nur ein Richter tätig und ist dieser verhindert, so genügt die Unterschrift des zur Protokollführung zugezogenen Urkundsbeamten der Geschäftsstelle. ²Ist derselbe verhindert, so genügt die Unterschrift des Richters. ³Der Grund der Verhinderung soll im Protokoll vermerkt werden.

§ 164 Protokollberichtigung

(1) Unrichtigkeiten des Protokolls können jederzeit berichtigt werden.
(2) *Vor der Berichtigung sind die Parteien und, soweit es die in § 160 Abs 3 Nr 4 genannten Feststellungen betrifft, auch die anderen Beteiligten zu hören.*
(3) ¹Die Berichtigung wird auf dem Protokoll vermerkt; dabei kann auf eine mit dem Protokoll zu verbindende Anlage verwiesen werden. ²Der Vermerk ist von dem Richter, der das Protokoll unterschrieben hat, oder von dem allein tätig gewesenen Richter, selbst wenn dieser an der Unter-

---

12 § 130b ZPO ist abgedruckt Einl Rdn 361.

schrift verhindert war, und von dem Urkundsbeamten der Geschäftsstelle, soweit er zur Protokollführung zugezogen war, zu unterschreiben.

(4) ¹Erfolgt der Berichtigungsvermerk in der Form des § 130b, ist er in einem gesonderten elektronischen Dokument festzuhalten. ²Das Dokument ist mit dem Protokoll untrennbar zu verbinden.

§ 165 ZPO Beweiskraft des Protokolls

17 ¹Die Beachtung der für die mündliche Verhandlung vorgeschriebenen Förmlichkeiten kann nur durch das Protokoll bewiesen werden. ²Gegen seinen diese Förmlichkeiten betreffenden Inhalt ist nur der Nachweis der Fälschung zulässig.

§ 93 Beweiswürdigung, rechtliches Gehör (consideration of evidence; right to be heard)

(1) ¹Das Patentgericht entscheidet nach seiner freien, aus dem Gesamtergebnis des Verfahrens gewonnenen Überzeugung. ²In der Entscheidung sind die Gründe anzugeben, die für die richterliche Überzeugung leitend gewesen sind.

(2) Die Entscheidung darf nur auf Tatsachen und Beweisergebnisse gestützt werden, zu denen die Beteiligten sich äußern konnten.

(3) Ist eine mündliche Verhandlung vorhergegangen, so kann ein Richter, der bei der letzten mündlichen Verhandlung nicht zugegen war, bei der Beschlußfassung nur mitwirken, wenn die Beteiligten zustimmen.

Ilse Püschel

Übersicht

Geltungsbereich	1
Europäisches Patentrecht	2
Literatur	3
Kommentierung zu § 93 PatG	
1 Freie Beweiswürdigung	4
2 Gründe	5
3 Rechtliches Gehör	6
4 Richterwechsel	9

1 **Geltungsbereich:** § 93 galt vor 1981 als § 41h und ist mit § 78 MarkenG wortgleich.

2 **Europäisches Patentrecht:** Grundsatz der freien Beweiswürdigung gilt auch vor EPA einschließlich der Beschwerdekammern, vgl Einl Rdn 155. Grundsatz des rechtlichen Gehörs ist garantiert in Art 113 (1) EPÜ, vgl Einl Rdn 284 ff; Verstoß hiergegen im Beschwerdeverfahren kann nach Art 112a (2) c EPÜ mit Antrag auf Überprüfung durch die Große Beschwerdekammer gerügt werden (vgl Art 112a Rdn 20 ff im Anhang zu § 73).

Bei Änderung der Zusammensetzung einer Beschwerdekammer nach mündlicher Verhandlung vor Endentscheidung kann nach Art 8 (1) VerfOBK[1] eine erneute mündliche Verhandlung in neuer

---

1 Verfahrensordnung der Beschwerdekammern (am 1.1.2020 in Kraft getretene revidierte Fassung mit Änderung v 1.4.2021) ABl 2021, A35 = Tabu Gewerbl. Rechtsschutz Nr 819 (alte Fassung ABl 07, 536 = Tabu Gewerbl. Rechtsschutz Nr 820), vgl hierzu Art 110 EPÜ Rdn 28 im Anhang zu § 73.

Besetzung stattfinden. An bereits getroffene Zwischenentscheidungen ist das neue Mitglied gebunden (Art 8 (3) VerfOBK).

Lit in Mitt: Hegel Mitt 75, 159; Reinländer Mitt 77, 19; Hövelmann Mitt 06, 546; **Lit in GRUR:** Kirchner GRUR 71, 503.

1 Freie Beweiswürdigung

Der in § 93 (1) 1 niedergelegte Grundsatz der freien Beweiswürdigung entspricht inhaltlich § 286 (1) 1 ZPO. Die Überzeugung von der Wahrheit gewinnt der Richter in freier Würdigung des *Gesamtergebnisses des Verfahrens*, also des Werts des Vortrags und des Verhaltens der Beteiligten, der eingeführten Dokumente, insbesondere zum Stand der Technik, und erbrachten Beweise (vgl Einl Rdn 157). Dabei ist er an Beweisregeln nicht gebunden,[2] er kann daher zB einem Beteiligten mehr folgen als einem beeideten Zeugen. Da absolute Gewissheit selten zu erreichen ist, genügt ein so hoher Grad von Wahrscheinlichkeit, der nach der Lebenserfahrung der Gewissheit gleichkommt, so dass vernünftige Zweifel schweigen.[3]

Zur *Beweislast, Ablehnung einer Beweiserhebung, vorweggenommener Beweiswürdigung und Anscheinsbeweis* vgl Einl Rdn 154 ff.

2 Gründe

Welche Entscheidungen des BPatG zu begründen sind, ergibt sich aus § 94 (2) PatG, die inhaltlichen Anforderungen an die Entscheidungsgründe aus § 93 (1) 2. Die Gründe in der Entscheidung müssen konkret im Einzelnen die gewonnene richterliche Überzeugung darlegen, so dass sie objektiv und logisch nachprüfbar sind. Es ist aber nicht erforderlich, alle Einzelpunkte des Parteivorbringens in den Gründen der Entscheidung ausdrücklich zu bescheiden;[4] denn eine Begründung ist nicht nur anhand des Wortlauts, sondern auch des Kontexts zu beurteilen.[5] Es genügt, dass »die Entscheidung erkennen lässt, dass eine sachentsprechende Würdigung des Vorgetragenen stattgefunden hat«.[6] Zu jedem selbständigen Angriffs- und Verteidigungsmittel ist Stellung zu nehmen.[7] Bezugnahme auf Gründe der angefochtenen Entscheidung[8] oder auf Zwischenbescheid ist zulässig. Behauptete technische Erfahrungssätze bedürfen eingehender Auseinandersetzung.[9] Kein Begründungsmangel liegt vor, wenn das Gericht keine

---

2 Ausnahme nach § 286 (2) ZPO die Beweisregeln der ZPO, aber nur, soweit sie im Verfahren vor BPatG anwendbar sind, zB bei Urkunden aus §§ 415–418 ZPO.
3 RGZ 102, 316, 321; 163, 324; BGHZ 53, 245, 256; BGH NJW 51, 83; 94, 1348; NJW-RR 94, 567; GRUR 01, 730 (III, juris Tz 21) *Trigonellin*.
4 BVerfGE 96, 205, 216 f (II) = NJW 97, 2310; BGH NJW 87, 1557 (2a); NJW 05, 1432 (juris Tz 10); BGHZ 173, 47 (Tz 31) *Informationsübermittlungsverfahren II*; BGH GRUR 10, 950 (Tz 11) *Walzenformgebungsmaschine*; MarkenR 12, 378 *Anhörungsrüge II (ODDSET)*; BGH v 09.05.2018 – I ZB 68/17 (Tz 9), MarkenR 2018, 389; EuGH GRUR Int 05, 227 (Nr 65) *Farbe Orange*.
5 EuGH GRUR Int 05, 227 (Nr 65) *Farbe Orange*.
6 BGHZ 3, 162, 175; BGH BlPMZ 64, 357 (II1) *Rippenstreckmetall II*; NJW 87, 1557 (2a).
7 BGH GRUR 97, 761 *Makol*; GRUR 01, 46 *Abdeckrostverriegelung*; GRUR 03, 546, 548 *TURBO-TABS*; GRUR 05, 258 (III1a) *Roxymycin*; GRUR 09, 992 (Tz 25) *Schuhverzierung*; GRUR 13, 1046 (Tz 8) *Variable Bildmarke*; BGH v 09.05.2018 – I ZB 68/17 (Tz 18), MarkenR 2018, 389; vgl auch § 100 Rdn 60 ff.
8 BGH GRUR 93, 896 *Leistungshalbleiter*; zB BPatG v 29.03.2021 – 9 W (pat) 71/19.
9 BGH GRUR 70, 408 (III5b) *Anthradipyrazol*.

Begründung für die Nichtzulassung der *Rechtsbeschwerde* gegeben hat;[10] eine unterbliebene Zulassung ist idR nur zu begründen, wenn ein Verfahrensbeteiligter einen entsprechenden Zulassungsgrund geltend gemacht hat.[11]

Auseinandersetzung mit Entscheidungen der Instanzen des EPA und Gerichte anderer Vertragsstaaten des EPÜ: soweit diese Entscheidungen eine im Wesentlichen gleiche Fragestellung betreffen, erscheint es sowohl unter dem Gesichtspunkt der Rechtssicherheit als auch im Interesse einer Harmonisierung der Rechtsprechung im Geltungsbereich des EPÜ erforderlich, sie zu beachten und sich gegebenenfalls mit den Gründen auseinanderzusetzen, die bei der vorangegangenen Entscheidung zu einem abweichenden Ergebnis geführt haben.[12] Diesem Erfordernis kann auch dadurch Genüge getan werden, dass das Gericht bei der Begründung seiner eigenen Entscheidung auf die Erwägungen eingeht, auf denen die abweichende Beurteilung beruht.[13] Es gilt aber nur dort, wo inhaltlich übereinstimmende materiell-rechtliche Vorschriften zur Anwendung kommen.[14]

Zum *Inhalt der Begründung* vgl auch § 100 Rdn 54 ff.

Verstoß gegen § 93 (1) 2 eröffnet die zulassungsfreie Rechtsbeschwerde nach § 100 (3) Nr 6.

3 Rechtliches Gehör

6 Den Grundsatz des rechtlichen Gehörs des Art 103 (1) GG wiederholt § 93 (2). Die Bestimmung des Art 103 (1) GG garantiert den Beteiligten eines gerichtlichen Verfahrens, dass sie Gelegenheit erhalten, sich zu dem einer gerichtlichen Entscheidung zugrundeliegenden Sachverhalt vor Erlass der Entscheidung zu äußern, und dass das Gericht das Vorbringen zur Kenntnis nimmt und bei seiner Entscheidung in Erwägung zieht.[15] Auf einen Gesichtspunkt, mit dem ein gewissenhafter und kundiger Prozessbeteiligter nicht zu rechnen braucht, darf das Gericht ohne vorherigen Hinweis oder Erörterung mit den Beteiligten nicht abstellen.[16] Vgl im Einzelnen die Erläuterungen Einl Rdn 284 ff.

---

10 BGH v 10.07.2018 – X ZA 2/18 (Tz 10) unter Hinweis auf BGHZ **41**, 360, 363 f *Damenschuh-Absatz.*
11 BVerfG GRUR **12**, 601 (Tz 28); BGH GRUR **14**, 1232 (Tz 15) *S-Bahn*; BGH v 07.10.2020 – I ZB 123/19 (Tz 17).
12 BGH GRUR **10**, 950 *Walzenformgebungsmaschine*; vgl hierzu Stauder in Fschr 50 Jahre BPatG 2011, S 905; BGH GRUR **15**, 199 *Sitzplatznummerierungseinrichtung*; BGH v 22.06.2020 – X ZB 7/19 (Tz 16).
13 BGH GRUR **15**, 199 *Sitzplatznummerierungseinrichtung.*
14 Vgl BPatG v 21.02.13 – 10 W (pat) 30/10 (III1b) Schulte-Kartei PatG 65–80, 86–89 Nr 494 *extrudierte Harzfolie.*
15 BVerfGE **86**, 133, 144; BVerfG NJW-RR **04**, 1710, 1712 (juris Tz 45); zB BGHZ **173**, 47 (Tz 30) *Informationsübermittlungsverfahren II*; BGH GRUR **12**, 314 *Medicus.log*; GRUR **13**, 318 (Tz 9) *Sorbitol*; GRUR **16**, 500 (Tz 24) *Fünf-Streifen-Schuh*; BGH v 06.07.2017 – I ZB 59/16 (Tz 11), GRUR **2018**, 111*PLOMBIR*; BGH v 31.03.2020 – X ZB 12/18 (Tz 9).
16 BVerfGE **86**, 133, 144; **98**, 218, 263; zB BGH GRUR **13**, 318 (Tz 10) *Sorbitol*; GRUR **14**, 1235 (Tz 11) *Kommunikationsrouter*; BGH v 27.03.2018 – X ZB 11/17 (Tz 5), MDR **2018**, 1209; zu Hinweisen des Gerichts s auch § 87 Rdn 9, 10.

Verletzung eröffnet nach § 100 (3) Nr 3 PatG die zulassungsfreie Rechtsbeschwerde.[17] Wenn diese oder ein anderer Rechtsbehelf gegen die Entscheidung des BPatG nicht eröffnet ist, kommt eine Anhörungsrüge nach § 99 (1) PatG iVm § 321a ZPO in Betracht (vgl § 79 Rdn 45 u Einl Rdn 331), schließlich nach § 90 BVerfGG die Verfassungsbeschwerde, sofern die gerügte Versagung des rechtlichen Gehörs nicht auf andere Weise hätte beseitigt werden können[18] (vgl Einl Rdn 450).

7

Berücksichtigung neuer Schriftsätze ist bis zur Verkündung oder im schriftlichen Verfahren bis zur Herausgabe des Beschlusses von der Geschäftsstelle an die Postabfertigungsstelle erforderlich,[19] und zwar auch dann, wenn eine Äußerungsfrist bereits verstrichen war oder der Senat bereits beraten und beschlossen hatte (vgl auch Einl Rdn 73 ff). Eingang des Schriftsatzes bei Gericht genügt, er muss nicht schon zur richtigen Akte eingeordnet sein.[20] Eine Gehörsrechtsverletzung ist auch dann gegeben, wenn ein fristgerecht eingereichter Schriftsatz lediglich versehentlich unberücksichtigt bleibt.[21]

8

4 Richterwechsel

Nach § 99 (1) PatG iVm § 309 ZPO kann eine Entscheidung nur von den Richtern gefällt werden, die an der letzten mündlichen Verhandlung teilgenommen haben, die der Entscheidung zugrunde liegt.[22] Nach § 93 (3) PatG kann mit Zustimmung der Beteiligten ein Richter, der bei der letzten mündlichen Verhandlung nicht zugegen war, bei der Beschlussfassung mitwirken. § 93 (3) gilt nur für die Beschlussfassung auf Grund einer mündlichen Verhandlung. Ist nach einer mündlichen Verhandlung in das schriftliche Verfahren übergegangen worden, so verliert die mündliche Verhandlung insoweit ihre prozessuale Bedeutung, denn sie liegt der Entscheidung iSd § 309 ZPO nicht mehr zugrunde. In diesem Fall ist daher ein Richterwechsel ohne Zustimmung der Beteiligten möglich.[23]

9

---

17 Mit der Einführung des § 100 (3) Nr 3 ist die frühere abw Rspr des BGH überholt, vgl zB BGH BlPMZ **65**, 179 *Kontaktmaterial*; BlPMZ **65**, 213 *Gaselan*; BlPMZ **78**, 188 *Titelsetzgerät*; BlPMZ **91**, 305 *La Perla*.
18 BVerfGE **33**, 192 mwN.
19 BGH GRUR **67**, 435 *Isoharnstoffäther*; GRUR **82**, 406 *Treibladung*; GRUR **97**, 223 *Ceco*; GRUR **00**, 688 (II2b) *Graustufenbild*; BGH MDR **12**, 1116 = Mitt **12**, 475 L *Später Schriftsatz*; zur Berücksichtigung von nachgelassenem Schriftsatz s BGH v 10.12.2019 – VIII ZR 377/18, NJW-RR **2020**, 284; EPA GBK G 0012/91 ABl **94**, 285 *Endgültige Entscheidung/NOVATOME II*.
20 BVerfG NJW **13**, 925.; BVerfG v 19.03.2018 – 1 BvR 2313/17 (Tz 12).
21 BVerfGE **62**, 347, 352 (juris Tz 19); BGH NJW-RR **11**, 424 (Tz 14); BGH v 28.05.2020 – I ZR 214/19 (Tz 8), Mitt **2021**, 93.
22 ZB BGH GRUR **09**, 418 (Tz 11) *Fußpilz*; NJW-RR **12**, 508 = Mitt **12**, 374 L *Richterwechsel*; NJW-RR **15**, 893; bei Ausscheiden eines Richters aus dem Richterdienst *nach* Verkündung, aber vor schriftlicher Abfassung der Entscheidung kann Unterschrift nach § 315 (1) 2 ZPO ersetzt werden, s BPatG v 19.06.15 – 4 Ni 4/14 (EP) Mitt **16**, 85 L *Systeme zur Platzierung von Material in Knochen*; letzteres gilt aber nicht bei Wechsel zu anderem Spruchkörper innerhalb desselben Gerichts, s BGH GRUR **16**, 860 *Deltamethrin II*.
23 BGH GRUR **71**, 532 u GRUR **74**, 294 u GRUR **87**, 515 *Richterwechsel I u II u III*; GRUR **91**, 521 (II1) *La Perla*; GRUR **92**, 627 *Pajero*; GRUR **03**, 546 *TURBO-TABS*.

§ 94 Verkündung, Zustellung, Begründung
(promulgation, notification, grounds)

(1) ¹Die Endentscheidungen des Patentgerichts werden, wenn eine mündliche Verhandlung stattgefunden hat, in dem Termin, in dem die mündliche Verhandlung geschlossen wird, oder in einem sofort anzuberaumenden Termin verkündet. ²Dieser soll nur dann über drei Wochen hinaus angesetzt werden, wenn wichtige Gründe, insbesondere der Umfang oder die Schwierigkeit der Sache, dies erfordern. ³Die Endentscheidungen sind den Beteiligten von Amts wegen zuzustellen. ⁴Statt der Verkündung ist die Zustellung der Endentscheidung zulässig. ⁵Entscheidet das Patentgericht ohne mündliche Verhandlung, so wird eine Verkündung durch Zustellung an die Beteiligten ersetzt.

(2) Die Entscheidungen des Patentgerichts, durch die ein Antrag zurückgewiesen oder über ein Rechtsmittel entschieden wird, sind zu begründen.

Ilse Püschel

Übersicht

	Geltungsbereich	1
	Europäisches Patentrecht	2
	Literatur	3
	Kommentierung zu § 94 PatG	
1	Endentscheidungen	4
1.1	Endentscheidungen auf Grund mündlicher Verhandlung	5
1.1.1	Verkündung	6
1.1.2	Zustellung an Verkündungs statt	12
1.2	Endentscheidungen im schriftlichen Verfahren	13
2	Zwischenentscheidungen	14
3	Wirkung der Zustellung	16
4	Wirksamwerden einer Entscheidung	17
5	Begründungspflicht	18
6	Rechtsmittelbelehrung	21

1 **Geltungsbereich:** § 94 galt vor 1981 als § 41i und entspricht § 79 MarkenG.

2 **Europäisches Patentrecht:** Entscheidungen können nach Regel 111 (1) EPÜ am Schluss der mündlichen Verhandlung verkündet und später zugestellt werden oder im schriftlichen Verfahren erlassen und zugestellt werden; ein eigener Verkündungstermin ist im europäischen Verfahren nicht vorgesehen.[1]

3 **Lit:** Pakuscher GRUR 73, 609; Schmieder NJW 77, 1217 und Mitt 88, 202; Hövelmann Mitt 06, 546.

1 Endentscheidungen

4 Endentscheidungen sind Beschlüsse der Beschwerdesenate, mit denen über die Beschwerde entschieden wird (§ 79) und die Endurteile der Nichtigkeitssenate (§ 84).

---

1 Vgl Bühler in Singer/Stauder/Luginbühl, EPÜ, 8. Aufl 2019, Art 116 Rn 74.

§ 94 unterscheidet zwischen Endentscheidungen, die auf Grund mündlicher Verhandlung (Rdn 5) und ohne eine solche ergehen (Rdn 13).

1.1 Endentscheidungen auf Grund mündlicher Verhandlung

Sie werden – auch wenn die Einreichung von Schriftsätzen nachgelassen war – erlassen durch Verkündung oder Zustellung an Verkündungs statt. 5

1.1.1 Verkündung

Sie erfolgt nach § 99 (1) PatG iVm § 311 ZPO durch Verlesen der schriftlich vorliegenden (nicht notwendig unterschriebenen) Entscheidungsformel, nachdem die mündliche Verhandlung gemäß § 91 (3) geschlossen worden war. Die Entscheidungsgründe werden, wenn es für angemessen erachtet wird, zB weil die Parteien zugegen sind, nach § 311 (3) ZPO durch Verlesung der Gründe oder durch mündliche Mitteilung des wesentlichen Inhalts verkündet. 6

Sitzungsprotokoll hat die Entscheidungsformel sowie die Verkündung zu enthalten (§ 160 (3) Nr 6 u Nr 7 ZPO, s § 92 Rdn 11).[2]

Verkündungsmängel stehen dem wirksamen Erlass einer Entscheidung nur entgegen, wenn gegen elementare, zum Wesen der Verlautbarung gehörende Formerfordernisse verstoßen wurde, so dass von einer Verlautbarung im Rechtssinne nicht mehr gesprochen werden kann.[3] 7

Verkündungstermin: Statt der Verkündung im Termin kann die Entscheidungsformel in einem späteren Termin verkündet werden. Diese Verkündung kann nach § 311 (4) ZPO der Vorsitzende allein, also ohne Beisitzer vornehmen. Anwesenheit von Beisitzern, auch anderer als an der Entscheidung mitgewirkt haben, ist unschädlich. Ist keine Partei erschienen, bedarf es keiner Verlesung, es genügt Bezugnahme auf die vorliegende Entscheidungsformel. 8

Anberaumung eines Verkündungstermins sofort in der mündlichen Verhandlung anstelle der Verkündung der Entscheidungsformel. Ansetzung idR nicht über 3 Wochen. Diese Frist kann nach § 310 (1) 2 ZPO aus wichtigen Gründen überschritten werden, zB wegen Umfang, Schwierigkeit oder Bedeutung der Sache, Überlastung des Senats,[4] Notwendigkeit der Einreichung einer angepassten Beschreibung an die vom Senat für gewährbar erachteten Patentansprüche zur Verkündung eines Erteilungsbeschlusses.[5] Auch in diesem Fall ergeht die Entscheidung *auf Grund mündlicher Verhandlung*, es braucht also nicht in das schriftliche Verfahren übergegangen zu werden. 9

Vollständig abgefasste Entscheidung oder – wenn das nicht möglich ist – die unterschriebene Entscheidung (Rubrum und Tenor) muss 3 Wochen nach Verkündung der 10

---

[2] Zur Beweiskraft des Protokolls für die wirksame Urteilsverkündung zB BGH NJW 15, 2342.
[3] BGHZ 14, 39, 44 ff; BGH NJW 04, 2019, 2020; NJW 12, 1591 = Mitt 12, 291 L *Förmliche Verlautbarung*; GRUR 14, 407 (Tz 11) *Abmahnkosten*; BGH v 05.12.2017 – VIII ZR 204/16, NJW-RR 2018, 127 (Verkündung im Dienstzimmer des Richters statt in öffentlicher Sitzung im Sitzungssaal).
[4] BVerfG NJW-RR 93, 253.
[5] Vgl Schmieder NJW 77, 1218; BPatGE 19, 131.

Geschäftsstelle übergeben werden (§ 315 (2) ZPO). Wird die Entscheidung nicht in dem Termin, in dem die mündliche Verhandlung geschlossen wird, verkündet, so muss sie nach § 310 (2) ZPO bei der Verkündung in vollständiger Form abgefasst sein.[6] Verstoß gegen die Ordnungsvorschrift macht Verkündung nicht unwirksam.[7] Begründung muss jedoch im Hinblick auf § 548 ZPO spätestens 5 Monate nach Verkündung vorliegen, sonst gilt die Entscheidung iSd § 100 (3) Nr 6 PatG als »nicht mit Gründen versehen«.[8] Urteile in Nichtigkeitssachen liegen vielfach im Verkündungstermin noch nicht in vollständig abgefasster Form vor.[9] Es muss aber zumindest ein vertretbarer zeitlicher Zusammenhang gegeben sein, denn sonst ist die Entscheidung nicht mehr ordnungsgemäß mit Gründen versehen.[10]

11   Zustellung der verkündeten Endentscheidungen erfolgt nach § 94 (1) 3 von Amts wegen durch Zustellung der vollständigen Entscheidung, also der verkündeten Formel und der Begründung nach § 94 (2). Verkündete, aber nicht zugestellte Entscheidung ist wirksam;[11] auch bei Fehlen von Gründen liegt nämlich eine wirksame Entscheidung vor, die nur auf ein zulässiges Rechtsmittel hin aufgehoben werden kann.[12]

1.1.2 Zustellung an Verkündungs statt

12   Sie ist nach § 94 (1) 4 zulässig. Sie ersetzt die mündliche Verkündung. Zuzustellen ist die vollständige Entscheidung, also Formel und Begründung. Wird nur die Formel zugestellt, kann eine Begründung nicht mehr nachgeschoben werden, da die Entscheidung bereits mit der Zustellung der Formel wirksam geworden ist.[13] Der Beschluss ist dann iSd § 100 (3) Nr 6 nicht mit Gründen versehen.

Auch eine an Verkündungs statt zugestellte Entscheidung ergeht auf Grund mündlicher Verhandlung, so dass danach eingehende Schriftsätze – wenn ihre Nachreichung nicht nachgelassen war (siehe § 78 Rdn 34) – unberücksichtigt bleiben können.[14]

1.2 Endentscheidungen im schriftlichen Verfahren

13   Das sind alle Entscheidungen in Verfahren, in denen keine mündliche Verhandlung stattgefunden hat oder in denen nach einer mündlichen Verhandlung ins schriftliche Verfahren übergegangen worden ist. Sie sind zuzustellen; die Zustellung ersetzt nach § 94 (1) 5 die Verkündung. Bis zur Herausgabe der Entscheidung an die Postabfertigungsstelle sind eingehende Schriftsätze zu berücksichtigen[15] (Einl Rdn 73).

---

6   Gründe in Steno oder auf Tonband genügen nicht: OLG München OLGZ 85, 491 f.
7   BGH NJW 88, 2046; NJW 89, 1156; NJW 99, 143, 144; NJW-RR 15, 508 (Tz 6).
8   GmS-OGB NJW 93, 2603; BGH NJW-RR 98, 267; BVerfG NJW 01, 2161; BGH NJW-RR 09, 1712; GRUR-RR 09, 191; NJW 15, 2342 (Tz 16).
9   BPatG BlPMZ 86, 256.
10 Vgl BVerwG NJW 83, 466.
11 BGH NJW-RR 15, 508 (Tz 3).
12 BGH NJW 99, 143, 144; 15, 2342 (Tz 16).
13 BGH BlPMZ 71, 316 = GRUR 71, 484 *Entscheidungsformel*.
14 BPatGE 43, 77, 80 = BlPMZ 01, 24 *VISION*; BPatG v 22.06.2020 – 1 Ni 6/18 (1, juris Tz 91).
15 BGH GRUR 97, 223 *Ceco*; MDR 12, 1116 = Mitt 12, 475 L *Später Schriftsatz*; zum Abwarten einer Beschwerdebegründung s § 73 Rdn 77.

2 Zwischenentscheidungen

Zwischenentscheidungen regelt § 94 nicht (vgl auch § 79 Rdn 7).

Zwischenurteile gemäß § 84 (1) 2 sind nach § 99 (1) PatG iVm § 310 (1) ZPO (inhaltsgleich mit § 94 (1) 1 u 2) nach Schluss der mündlichen Verhandlung oder gemäß § 311 (4) ZPO (Rdn 8) in einem Verkündungstermin zu verkünden.

Zwischenbeschlüsse sind nach § 99 (1) iVm § 329 ZPO zu verkünden, wenn sie auf Grund mündlicher Verhandlung ergangen sind, entweder sofort oder in einem Verkündungstermin. Nicht verkündete Beschlüsse sind den Parteien formlos mitzuteilen. Zuzustellen sind sie nur, wenn sie eine Terminsbestimmung enthalten oder eine Frist in Lauf setzen.

3 Wirkung der Zustellung

Die Zustellung gemäß § 94 (1) 3–5 setzt die Fristen für die Einlegung eines Rechtsmittels (§§ 102 (1), 110 (1), 122) und einen Antrag auf Tatbestandsberichtigung (§ 96) in Lauf.[16]

4 Wirksamwerden einer Entscheidung

Eine Entscheidung wird wirksam mit ihrer Verkündung oder ohne Verkündung mit ihrer Zustellung (vgl dazu § 47 Rdn 32). Von diesem Zeitpunkt an ist BPatG an die Entscheidung gebunden. Davor kann BPatG jede Änderung vornehmen, mag auch bereits beraten, abgestimmt und unterschrieben sein.[17] Die Entscheidung ist mit der Herausgabe durch die Geschäftsstelle an die Postabfertigungsstelle erlassen.[18] Danach besteht keine Verpflichtung mehr zum Rückruf (s Einl Rdn 77).

Der Ablauf der Rechtsmittelfrist, die nur durch die Zustellung in Lauf gesetzt wird, ist für den Zeitpunkt der Wirksamkeit einer Entscheidung ohne Belang. Sie bestimmt lediglich den Eintritt der formellen Rechtskraft, also den Zeitpunkt der Unanfechtbarkeit der Entscheidung.

Sind *mehrere Beteiligte* am Beschwerdeverfahren beteiligt, wird die Entscheidung mit der letzten Zustellung an einen der mehreren Beteiligten wirksam (vgl § 47 Rdn 39). Zur Frage, wann in diesem Fall die Rechtsbeschwerdefrist beginnt, vgl § 47 Rdn 41 und § 73 Rdn 62.

5 Begründungspflicht[19]

Begründungspflicht besteht für alle Entscheidungen, durch die ein Antrag zurückgewiesen oder durch die über ein Rechtsmittel (Beschwerde) entschieden wird. Zum *Inhalt der Begründung* vgl § 93 Rdn 5, § 47 Rdn 23 und § 100 Rdn 54 ff. Zur Behandlung von Unteransprüchen s § 34 Rdn 185. Zur Ergänzung der Entscheidung s § 95 Rdn 10.

---

16 BPatG BlPMZ **86**, 256.
17 Vgl BPatGE **32**, 69, 70 = BlPMZ **91**, 315.
18 BGH GRUR **67**, 435 *Isoharnstoffäther*; GRUR **82**, 406 *Treibladung*; GRUR **97**, 223 *Ceco*; GRUR **00**, 688 (II2b) *Graustufenbild*; EPA GBK G 0012/91 ABl **94**, 285 *Endgültige Entscheidung/NOVATOME II*.
19 Vgl *Pakuscher* GRUR **73**, 609; Schmieder NJW **77**, 1218 u Mitt **88**, 202.

19 **Begründung ist entbehrlich, a)** wenn im einseitigen Verfahren einem Antrag durch Zwischenentscheidung voll entsprochen wird, zB bei Wiedereinsetzung, Verfahrenskostenhilfe, Richterablehnung. Das gilt nicht, wenn ein Gegner beteiligt war und die Entscheidung allein oder mit der Endentscheidung anfechtbar ist; **b)** wenn im gerichtlichen Einspruchsverfahren gemäß § 147 (3) nach Rücknahme des Einspruchs oder aller Einsprüche dem (Haupt)Antrag des allein beteiligten Patentinhabers entsprochen wird.[20]

20 **Nicht anwendbar** wegen der Besonderheiten des Verfahrens vor BPatG: **a)** § 313a ZPO, der den Wegfall von Tatbestand und Entscheidungsgründen unter der kumulativen Voraussetzung des Verzichts der Parteien und der Unstatthaftigkeit eines Rechtsmittels zulässt. Von der ursprünglich vorgesehenen entsprechenden Anwendung des § 313a ZPO in § 94 (2) hat die Vereinfachungsnovelle v 3.12.1976[21] ausdrücklich abgesehen. **b)** § 540 ZPO, wonach das Berufungsurteil anstelle von Tatbestand und Entscheidungsgründen eine Bezugnahme auf die tatsächlichen Feststellungen im angefochtenen Urteil enthält mit Darstellung etwaiger Änderungen oder Ergänzungen und eine kurze Begründung. In § 94 PatG ist eine solche Knappheit der Begründung nicht übernommen worden. Zur Vermeidung überflüssiger Schreibarbeit bestehen aber keine Bedenken, dass BPatG in seiner Begründung auf die nach seiner Ansicht zutreffende Begründung der angefochtenen Entscheidung (zB hinsichtlich der Zulässigkeit des Einspruchs) verweist.[22]

6 Rechtsmittelbelehrung

21 Eine Belehrung über Rechtsbehelfe oder Rechtsmittel ist für die anfechtbaren Entscheidungen des BPatG seit dem 1.1.2014 vorgeschrieben. Nach § 232 S 1 ZPO nF,[23] der über § 99 (1) auch für das BPatG gilt,[24] hat jede anfechtbare gerichtliche Entscheidung eine Belehrung über das statthafte Rechtsmittel, den Einspruch, den Widerspruch oder die Erinnerung sowie über das Gericht, bei dem der Rechtsbehelf einzulegen ist, über den Sitz des Gerichts und über die einzuhaltende Form und Frist zu enthalten.

Eine Rechtsmittelbelehrung wird, wenn ihr die Unterschriften der entscheidenden Richter nachfolgen, zwar formal ein Bestandteil der Entscheidung; allein aus ihrer Beifügung kann aber *nicht auf eine Zulassung der Rechtsbeschwerde* geschlossen werden, wenn sich dies weder im Ausspruch noch aus den Gründen der Entscheidung ergibt.[25]

22 Von der Belehrungspflicht aber *nicht erfasst* werden außerordentliche Rechtsbehelfe wie die Wiedereinsetzung in den vorigen Stand, die Anhörungsrüge, die Ergänzung

---

20 BPatGE 47, 168 = BlPMZ 04, 60 *Fehlende Begründungspflicht*: Anwendung von § 47 (1) 3 statt § 94 (2) im erstinstanzlichen Einspruchsverfahren.
21 BGBl I 3281 = BlPMZ 77, 58 (Auszug).
22 BGH GRUR 93, 896 *Leitungshalbleiter*.
23 IdF durch Art 1 Nr 4 des Gesetzes zur Einführung einer Rechtsbehelfsbelehrung im Zivilprozess und zur Änderung anderer Vorschriften v 5.12.2012, BGBl I 2418, mit Wirkung v 1.1.2014; vgl hierzu Fölsch NJW **13**, 970; Hartmann NJW **14**, 117.
24 Vgl amtl Begr zur Neufassung des § 232 ZPO BT-Drs 17/10 490 S 14 liSp unten.
25 BGH NJW-RR **14**, 639 mwN; BGH v 30.01.2019 – XII ZB 554/18 (Tz 8 ff), NJW-RR **2019**, 449.

bzw. Berichtigung der Entscheidung und die Tatbestandsberichtigung;[26] ebenso wenig die Anschlussberufung, die kein Rechtsmittel ist, sondern nur eine Antragstellung innerhalb eines vom Gegner eingelegten Rechtsmittels.[27]

Belehrungsmangel: Fehlende oder fehlerhafte Belehrung hat keinen Einfluss auf die Wirksamkeit der Entscheidung,[28] aber Bedeutung für die Begründetheit einer Wiedereinsetzung (s § 233 S 2 ZPO). Bei offenkundig falscher Rechtsmittelbelehrung kann die Versäumung einer Rechtsmittelfrist nicht als unverschuldet angesehen werden.[29] Bei einer unrichtigen Belehrung, deren Unrichtigkeit nicht offensichtlich ist, wird aber auch für einen Rechtsanwalt ein Vertrauenstatbestand geschaffen.[30]   23

§ 95 Berichtigung offenbarer Unrichtigkeiten
(correction of obvious mistakes)

(1) Schreibfehler, Rechenfehler und ähnliche offenbare Unrichtigkeiten in der Entscheidung sind jederzeit vom Patentgericht zu berichtigen.

(2) ¹Über die Berichtigung kann ohne vorgängige mündliche Verhandlung entschieden werden. ²Der Berichtigungsbeschluß wird auf der Entscheidung und den Ausfertigungen vermerkt.

Ilse Püschel

Übersicht

	Geltungsbereich	1
	Europäisches Patentrecht	2
	Kommentierung zu § 95 PatG	
I.	Berichtigung	3
1	Unrichtigkeit	4
2	Offenbar	6
3	Verfahren	8
4	Wirkung	9
II.	Ergänzung	10

Geltungsbereich: § 95 galt vor 1981 als § 41k. §§ 95 und 96 entsprechen § 80 MarkenG.   1

Europäisches Patentrecht: Nach Regel 140 EPÜ können in Entscheidungen des EPA, was die Beschwerdekammerentscheidungen einschließt, nur sprachliche Fehler, Schreibfehler und offenbare Unrichtigkeiten berichtigt werden.[1]   2

---

26 Vgl amtl Begr zur Neufassung des § 232 ZPO BT-Drs 17/10 490 S 13 liSp.
27 BGH v 16.05.2017 – X ZR 120/15 (Tz 47), BGHZ **215**, 89 *Abdichtsystem*.
28 Vgl BGH NJW-RR **16**, 623 (Tz 11, 12).
29 BGH v 25.11.2020 – XII ZB 256/20, NJW **2021**, 784; zur anwaltlichen Haftung bei falschen Rechtsbehelfsbelehrungen s Deckenbrock, Die Haftung des Anwalts für gerichtliche Fehler NJW **2018**, 1636.
30 BVerfG v 04.09.2020 – 1 BvR 2427/19, NJW **2021**, 915.
1 Vgl hierzu Schmitz, Berichtigung von Entscheidungen im Verfahren vor dem Europäischen Patentamt GRUR Int **08**, 707.

§ 95 Berichtigung offenbarer Unrichtigkeiten

I. Berichtigung

3 § 95 entspricht § 319 ZPO und enthält wie dieser einen allgemeinen Rechtsgedanken, der auch im Verfahren vor DPMA anwendbar ist.[2]

1 Unrichtigkeit

4 Die Unrichtigkeit muss dem Schreib- oder Rechenfehler *ähnlich* sein. Diese Voraussetzung ist gegeben, wenn ein Widerspruch zwischen dem tatsächlich vom Gericht Erklärten und dem erkennbar Gewollten, eine Divergenz zwischen Wille und Erklärung vorliegt.[3] Beispiele: **a)** *Formulierungsfehler*,[4] **b)** Vergreifen im Ausdruck, **c)** versehentliche Auslassung eines Worts in einem Patentanspruch in der Entscheidungsformel,[5] **d)** *Widerspruch zu Naturgesetzen oder naturwissenschaftlichen Erkenntnissen (= naturwissenschaftliche Unmöglichkeit)*,[6] **e)** erkennbarer Fehler in einer Formel, der zu einer mathematisch unlösbaren Aufgabe führt,[7] **f)** Ausspruch der Zurückweisung weitergehender Beschwerde, obwohl dem Hauptantrag des Beschwerdeführers voll entsprochen wurde.[8]

5 Die Berichtigung muss der Entscheidung den wahren, schon bei Erlass gewollten Inhalt geben. Decken sich daher Wille und Erklärung, liegt nur ein *Fehler bei der Bildung* (nicht der Niederlegung) des Willens vor, so ist die Berichtigung ausgeschlossen,[9] so zB bei nachträglicher Feststellung einer falschen Gesetzesanwendung, Übersehen gesetzlicher Bestimmungen, Auslassung der Entscheidung über einen Punkt (Kostenentscheidung, Zulassung der Rechtsbeschwerde, Entscheidung über Hilfsanträge), der hätte beschieden werden müssen. Ergibt sich aber aus den Gründen, dass die im Tenor fehlende Entscheidung getroffen wurde, dann kann der Tenor berichtigt werden.[10] Wird gleichwohl ein Fehler bei der Willensbildung berichtigt, so ist ein solcher Beschluss nicht ohne weiteres unwirksam.[11]

2 Offenbar

6 Die Unrichtigkeit ist offenbar, wenn sie für jeden Dritten aus den Unterlagen selbst oder damit eng in Zusammenhang stehenden Umständen als solche klar erkennbar und der richtige Inhalt feststellbar ist.[12] Auch *Auslassungen* können offenbar sein, zB wenn für die Erteilung oder Bekanntmachung bestimmte Unterlagen (Ansprüche, Beschrei-

---

2 BGH BlPMZ 77, 305 *Metalloxyd*; BPatGE **13**, 77, 81; **24**, 50; BPatG BlPMZ **06**, 376 (IIB1) *Mischvorrichtung*.
3 BGH BlPMZ 77, 305 *Metalloxyd*; BGH v 07.08.2018 – X ZR 143/15 (Tz 4); BPatGE **13**, 77, 81; **24**, 50.
4 BPatGE 13, 77, 82.
5 BGH v 05.10.93 – X ZR 100/90 *Schneidewerkzeug* Schulte-Kartei PatG 65–80, 86–99 Nr 165.
6 BGH GRUR 77, 780 (II2b) *Metalloxyd*; BPatGE **13**, 77, 84; GRUR **72**, 90.
7 BPatG Mitt 71, 157.
8 BPatGE 54, 172, 174 (III) *Dachhaken*.
9 BGHZ 106, 373 = NJW **89**, 1281; NJW **85**, 742.
10 BGH NJW **64**, 1858; NJW-RR **91**, 1278.
11 BGH NJW **94**, 2832.
12 BGH BlPMZ 77, 305 *Metalloxyd*; BGHZ 20, 188, 192; **78**, 22; **106**, 73; **127**, 80; BGH v 16.01.2020 – I ZR 80/18 (Tz 3).

bungsteile[13], Figuren) nicht genannt sind; oder Fehlen eines Ausspruchs im Tenor (zB über Kosten[14]), der in den Gründen enthalten ist;[15] auch der fehlende Ausspruch über die Zulassung der Rechtsbeschwerde kann sich im Ausnahmefall als offenbare Unrichtigkeit darstellen.[16]

Ein berichtigungsfähiger Tenorierungsfehler kann sich aus einem Vergleich zwischen Tenor, Gründen und Protokoll ergeben.[17] Daher kann im Wege der Berichtigung ein Merkmal in einen Anspruch eingefügt werden, wenn der verkündete Tenor dieses Merkmal versehentlich nicht enthält.[18]

3 Verfahren

Die Berichtigung erfolgt auf Antrag oder von Amts wegen. Sie ist jederzeit zulässig, auch nach Rechtskraft[19] oder nach Einlegung eines Rechtsmittels. Sie ergeht durch Beschluss des Senats, der die Entscheidung erlassen hat. Besetzung mit den gleichen Richtern ist nicht erforderlich. Mündliche Verhandlung steht im Ermessen des Gerichts, auch wenn sie beantragt sein sollte (§ 95 (2) 1).

Kein Rechtsmittel gegen Berichtigungsbeschluss (§§ 100 (1), 110 (4)) und gegen eine Zurückweisung eines Antrags auf Berichtigung durch BPatG (§ 99 (1), § 319 (3) ZPO), selbst wenn diese greifbar falsch sein sollte.[20]

Eines selbständigen Berichtigungsbeschlusses bedarf es nicht, wenn die Berichtigung eines falsch verkündeten Tenors in der zur Zustellung vorgesehenen vollständigen Fassung des Beschlusses erfolgen kann.[21]

Für DPMA-Beschlüsse s § 47 Rdn 22. Berichtigung einer offenbaren Unrichtigkeit in DPMA-Beschluss kann auch BPatG als Rechtsmittelinstanz vornehmen.[22]

4 Wirkung

Die berichtigte Fassung tritt rückwirkend an die ursprüngliche.[23] Die Berichtigung setzt keine neue Rechtsmittelfrist in Lauf,[24] es sei denn, die Berichtigung enthält eine erstmalige Beschwer.[25] Vermerk nach § 95 (2) 2 ist nur rechtsbekundend und daher ohne Einfluss auf die Wirkung.

---

13 BPatG v 03.12.12 – 9 W (pat) 36/06 Schulte-Kartei PatG 65–80, 86–99 Nr 495. *Beschlussberichtigung*.
14 BPatGE 11, 281; BGH v 16.01.2020 – I ZR 80/18 (Tz 4: fehlender Ausspruch im Tenor zu Kosten der Streithelferin hier nicht offenkundig).
15 BGH NJW 64, 1858.
16 Vgl BGHZ 78, 22 = NJW 80, 2813; NJW 04, 2389; NJW 05, 156; NJW 13, 2124; NJW 14, 2879 (Tz 8); BGH v 05.07.2017 – XII ZB 509/15, MDR 2017, 1072.
17 ZB BPatG v 17.12.2018 – 11 W (pat) 21/14 (IIA: Anzahl der Beschreibungsseiten im Tenor von Erteilungsbeschluss offenbar unrichtig).
18 *BGH v 05.10.93* – X ZR 100/90 *Schneidewerkzeug* Schulte-Kartei PatG 65–80, 86–99 Nr 165.
19 BPatG v 06.09.07 – 10 W (pat) 58/03 Schulte-Kartei PatG 65–80, 86–99 Nr 356 *Montageeinheit*.
20 BGH NJW 05, 157 = Schulte-Kartei PatG 65–80, 86–99 Nr 326 *Anfechtung abgelehnter Urteilsberichtigung*.
21 BPatG v 17.12.2018 – 11 W (pat) 21/14 (IIA); BPatG v 16.09.2020 – 35 W (pat) 429/18 (II1).
22 BGH NJW-RR 06, 1630 (III); BGH v 29.04.2019 – X ZB 5/17 (Tz 9); BPatG v 12.09.2019 – 11 W (pat) 37/16 (IIC, juris Tz 10)).
23 BGH NJW 84, 1041; 94, 2834.
24 BGH NJW 86, 936; NJW-RR 93, 1213; GRUR 95, 50 *Success*; BPatGE 1, 15, 19; 9, 128, 130.
25 BGHZ 17, 149, 151; BGH VersR 81, 548; BPatGE 24, 229.

II. Ergänzung

10 Die Ergänzung der Entscheidung ist nach § 99 (1) PatG iVm § 321 ZPO im Verfahren vor dem BPatG zulässig.[26] Sie setzt voraus, dass der Tenor versehentlich ganz oder teilweise nicht über einen Haupt- oder Nebenantrag entschieden hat, der zwar im Tatbestand (evtl nach einer Berichtigung gemäß § 96), nicht aber in den Gründen behandelt ist.[27] Eine nachträgliche Zulassung der Rechtsbeschwerde scheidet nach gefestigter Rechtsprechung im Wege der Beschlussergänzung aus;[28] dies kann aber ausnahmsweise aufgrund einer Anhörungsrüge nach § 321a ZPO zulässig sein.[29] Auch eine nachträgliche Entscheidung über die Kosten im Beschwerdeverfahren[30] ist im Wege der Ergänzung nicht möglich, da mit dem Fehlen eines Kostenausspruchs bereits entschieden ist, dass es beim Grundsatz der eigenen Kostentragung bleibt (s § 80 Rdn 6, 19).
Antragsfrist: 2 Wochen ab Zustellung (vgl § 321 (2) ZPO).

§ 96 Tatbestandsberichtigung
(correction of the statement of facts)

(1) Enthält der Tatbestand der Entscheidung andere Unrichtigkeiten oder Unklarheiten, so kann die Berichtigung innerhalb von zwei Wochen nach Zustellung der Entscheidung beantragt werden.

(2) ¹Das Patentgericht entscheidet ohne Beweisaufnahme durch Beschluß. ²Hierbei wirken nur die Richter mit, die bei der Entscheidung, deren Berichtigung beantragt ist, mitgewirkt haben. ³Der Berichtigungsbeschluß wird auf der Entscheidung und den Ausfertigungen vermerkt.

Ilse Püschel

Übersicht

Geltungsbereich		1
Literatur		2
Kommentierung zu § 96 PatG		
1	Berichtigung des Tatbestands	3
2	Beweiskraft des Tatbestands	4
3	Berichtigung des mündlichen Parteivorbringens	6
4	Verfahren	7

---

26 BGH v 23.04.2020 – I ZB 77/19 (Tz 26; Designsache); BPatGE **2**, 200; **28**, 39; BPatG v 24.03.16 – 4 Ni 15/10 (EU) Schulte-Kartei PatG 65–80, 86–99 Nr 496 *Ergänzung der Entscheidung*; Benkard/Schäfers, PatG, 11. Aufl 2015, § 94 Rn 24.
27 ZB BGH v 28.08.2018 – X ZR 41/16 (Tz 2).
28 BPatGE **2**, 200, 201; **22**, 45; **50**, 16, 17 *Anhörungsrüge*; BPatG v 09.02.11 – 20 W (pat) 352/05; ebenso zur Rechtsbeschwerde nach § 574 (1) 1 Nr 2 ZPO BGH NJW **04**, 779; zur ausnahmsweisen nachträglichen Zulassung bei Verletzung von Verfahrensgrundrechten BGH NJW **04**, 2529; NJW-RR **13**, 256; BGH v 28.02.2018 – XII ZB 634/17 (Tz 7), NJW-RR **2018**, 900.
29 BGH v 13.05.2020 – VII ZB 41/19, NJW-RR **2020**, 1190; BGH v 14.10.2020 – IV ZB 4/20, NJW-RR **2020**, 1389.
30 AA BPatGE **28**, 39 = BlPMZ **86**, 263.

§ 96

Geltungsbereich: § 96 galt vor 1981 als § 41l. § 96 entspricht § 80 (2), (4) und (5) MarkenG.

Lit in NJW: Müller/Heydn NJW 05, 1750; Wach/Kern NJW 06, 1315.

1 Berichtigung des Tatbestands

Während § 95 für die Berichtigung offenbarer Unrichtigkeiten in der gesamten Entscheidung gilt, regelt § 96 beschränkt auf den Tatbestand die Berichtigung »anderer« (also nicht offenbarer) Unrichtigkeiten oder Unklarheiten, die auch auf irriger Willensbildung beruhen können. Nach § 99 (1) PatG iVm § 320 (1) ZPO sind ferner Auslassungen, Dunkelheiten oder Widersprüche berichtigungsfähig.

Tatbestand iSd § 96 sind alle Teile einer Entscheidung, die Feststellungen über das Parteivorbringen enthalten.[1] Sie können in der eigentlichen Sachdarstellung, aber auch in den Entscheidungsgründen enthalten sein.[2]

§ 96 ist entsprechend anwendbar vor DPMA[3] und im Berufungsverfahren vor BGH.[4]

2 Beweiskraft des Tatbestands

Die Beweiskraft des Tatbestands wirkt positiv wie negativ, nämlich dass die Parteien etwas tatsächlich mündlich (evtl durch Bezugnahme auf Schriftsätze gemäß § 137 (3) ZPO) vorgetragen haben[5] oder dass die Parteien etwas nicht vorgetragen haben, wenn der Tatbestand schweigt.[6] Diese Beweiskraft kann nach § 314 S 2 ZPO nur durch das Sitzungsprotokoll entkräftet werden. Sie gilt nach § 99 (1) PatG iVm § 314 S 1 ZPO aber nur für das *mündliche* Parteivorbringen. Hat daher keine mündliche Verhandlung stattgefunden, ist § 96 nicht anwendbar.[7]

Der Inhalt von **Entscheidungen im schriftlichen Verfahren** hat keine Beweiskraft für das *schriftliche* Parteivorbringen. Dessen bedarf es auch nicht, weil es sich urkundlich aus den zu den Akten eingereichten Schriftsätzen ergibt. Ein Antrag auf Tatbestandsberichtigung in einem Verfahren, in dem keine mündliche Verhandlung stattgefunden hat, ist daher unzulässig. § 96 gibt keinen Anspruch darauf, dass schriftsätzliches Vorbringen im Tatbestand aufzunehmen oder in Bezug zu nehmen ist.[8] Ist nach einer mündlichen Verhandlung in das schriftliche Verfahren übergegangen worden, dann verliert damit die mündliche Verhandlung zwar ihre Wirkung, es kann aber mündlicher Parteivortrag aus der mündlichen Verhandlung wiedergegeben werden, so dass ein Tatbestandsberichtigungsantrag zulässig ist.[9]

---

1 Auch tatsächliche Feststellungen in den Entscheidungsgründen: BGH VersR 74, 1021; BVerwG NVwZ 85, 337.
2 *BGH NJW 93, 1851;* NJW 94, 517, 519; NJW 97, 1931; BPatG v 26.04.2021 – 6 Ni 15/19 (EP) (III).
3 BPatGE 15, 45.
4 BGH GRUR 97, 119 *Schwimmrahmen-Bremse.*
5 BGH GRUR 84, 530, 532 rSp *Valium Roche.*
6 BGH NJW 83, 885; BGH VersR 90, 974; differenzierend BGH NJW 04, 1876 (keine negative Beweiskraft des Tatbestands für schriftsätzlich angekündigtes Vorbringen).
7 BPatGE 38, 69; BGHZ 65, 30 (§ 314 gilt für Beschlussverfahren mit mündlicher Verhandlung).
8 BGH GRUR 97, 119, 120 rSp *Schwimmrahmen-Bremse.*
9 Vgl BGH NJW 56, 945; BFH BB 83, 755.

3 Berichtigung des mündlichen Parteivorbringens

6 Die Berichtigung des mündlichen Parteivorbringens im Tatbestand hat auf Antrag zu erfolgen, wenn dessen Wiedergabe als sachliche Entscheidungsgrundlage für die Rechtsmittelinstanz, die an die tatsächlichen Feststellungen gebunden ist (§ 107 (2)),[10] bedeutsam sein kann.[11] Dazu gehören ua Anträge, selbständige Angriffs- und Verteidigungsmittel,[12] Nennung neuheitsschädlicher Umstände, Darlegung von Tatsachen, aus denen auf Erfindungshöhe geschlossen werden kann. Ausführungen, die im Wege der Würdigung und Bewertung aus den Tatsachen Schlüsse ziehen, sind dagegen nicht berichtigungsfähig. Ist das Berichtigungsverlangen unter keinem Aspekt für die Rechtsmittelinstanz bedeutsam, ist der Antrag mangels Rechtsschutzbedürfnis unzulässig.[13]

4 Verfahren

7 Berichtigung nur auf Antrag, nicht von Amts wegen. Frist: 2 Wochen nach Zustellung der Entscheidung. Wiedereinsetzung zulässig. Mündliche Verhandlung steht im Ermessen des Gerichts, auch wenn sie beantragt sein sollte; es fehlt zwar eine dem § 95 (2) 1 vergleichbare Bestimmung, doch sieht die entsprechende ZPO-Vorschrift, § 320 ZPO (idF ab 1.1.2020[14]), keine zwingende mündliche Verhandlung mehr vor. Anders als bei der Berichtigung nach § 95 dürfen bei der Tatbestandsberichtigung nach § 96 (2) 2 nur die Richter mitwirken, die bei der Entscheidung mitgewirkt haben, deren Berichtigung beantragt ist; der Wechsel eines Richters an einen anderen Spruchkörper desselben Gerichts führt nicht dazu, dass er an der Mitwirkung an der Berichtigung nach § 96 verhindert ist,[15] jedoch wenn er aus dem richterlichen Dienst ausgeschieden ist.[16] Bei Unzulässigkeit des Antrags kann dieser analog § 79 (2) 2 ohne mündliche Verhandlung verworfen werden.[17] Zur Wirkung s § 95 Rdn 9.

8 Wenn der Berichtigungsbeschluss nach § 320 (3) 6 ZPO in der elektronischen Form des § 130b ZPO (s Einl Rdn 361) ergeht, ist er in einem gesonderten elektronischen Dokument festzuhalten und mit der Entscheidung untrennbar zu verbinden.

---

10 Ausnahme, wenn der Tatbestand in sich widersprüchlich ist BGH MDR **69**, 133.
11 BGH GRUR **97**, 634 (III3a dd) *Turbo II*; BPatGE **19**, 35; enger: **12**, 176.
12 BPatGE **20**, 57 = GRUR **78**, 40.
13 BPatGE **19**, 35; BPatG Mitt **05**, 165 *Antrag auf Tatbestandsberichtigung*; BPatG v 13.05.08 – 11 W (pat) 24/04.
14 § 320 (3) ZPO aF, der die mündliche Verhandlung vorsah, ist gestrichen durch Art 2 Nr 11a des Gesetzes zur Regelung der Wertgrenze für die Nichtzulassungsbeschwerde in Zivilsachen, zum Ausbau der Spezialisierung bei den Gerichten sowie zur Änderung weiterer prozessrechtlicher Vorschriften v 12.12.2019, BGBl I 2633, mit Wirkung v 1.1.2020; s hierzu Fölsch, Neuerungen im Zivilprozess – Entfristung, Spezialisierung, Effizienz NJW **2020**, 801, 805.
15 BPatGE **54**, 273 *Verhinderung bei Tatbestandsberichtigung*.
16 ZB BPatG v 18.07.2019 – 35 W (pat) 428/17.
17 BPatGE **38**, 69, 71.

§ 97 Vertretung und Vollmacht vor BPatG
(representation, authorisation)

(1) ¹Die Beteiligten können vor dem Patentgericht den Rechtsstreit selbst führen. ²§ 25 bleibt unberührt.

(2) ¹Die Beteiligten können sich durch einen Rechtsanwalt oder Patentanwalt als Bevollmächtigten vertreten lassen. ²Darüber hinaus sind als Bevollmächtigte vor dem Patentgericht vertretungsbefugt nur
1. Beschäftigte des Beteiligten oder eines mit ihm verbundenen Unternehmens (§ 15 des Aktiengesetzes); Behörden und juristische Personen des öffentlichen Rechts einschließlich der von ihnen zur Erfüllung ihrer öffentlichen Aufgaben gebildeten Zusammenschlüsse können sich auch durch Beschäftigte anderer Behörden oder juristischer Personen des öffentlichen Rechts einschließlich der von ihnen zur Erfüllung ihrer öffentlichen Aufgaben gebildeten Zusammenschlüsse vertreten lassen,
2. volljährige Familienangehörige (§ 15 der Abgabenordnung, § 11 des Lebenspartnerschaftsgesetzes), Personen mit Befähigung zum Richteramt und Streitgenossen, wenn die Vertretung nicht im Zusammenhang mit einer entgeltlichen Tätigkeit steht.

³Bevollmächtigte, die keine natürlichen Personen sind, handeln durch ihre Organe und mit der Prozessvertretung beauftragten Vertreter.

(3) ¹Das Gericht weist Bevollmächtigte, die nicht nach Maßgabe des Absatzes 2 vertretungsbefugt sind, durch unanfechtbaren Beschluss zurück. ²Prozesshandlungen eines nicht vertretungsbefugten Bevollmächtigten und Zustellungen oder Mitteilungen an diesen Bevollmächtigten sind bis zu seiner Zurückweisung wirksam. ³Das Gericht kann den in Absatz 2 Satz 2 bezeichneten Bevollmächtigten durch unanfechtbaren Beschluss die weitere Vertretung untersagen, wenn sie nicht in der Lage sind, das Sach- und Streitverhältnis sachgerecht darzustellen.

(4) Richter dürfen nicht als Bevollmächtigte vor dem Gericht auftreten, dem sie angehören.

(5) ¹Die Vollmacht ist schriftlich zu den Gerichtsakten einzureichen. ²Sie kann nachgereicht werden; hierfür kann das Patentgericht eine Frist bestimmen.

(6) ¹Der Mangel der Vollmacht kann in jeder Lage des Verfahrens geltend gemacht werden. ²Das Patentgericht hat den Mangel der Vollmacht von Amts wegen zu berücksichtigen, wenn nicht als Bevollmächtigter ein Rechtsanwalt oder ein Patentanwalt auftritt.

Ilse Püschel

Übersicht

	Geltungsbereich	1
	Europäisches Patentrecht	2
	Literatur	3
	Kommentierung zu § 97 PatG	
1	Verfahrensführung durch die Beteiligten	4
1.1	Grundsatz: kein Anwaltszwang	4
1.2	Ausnahme: Inlandsvertreter	5
2	Vertretungsbefugte Bevollmächtigte	6

2.1	Rechtsanwalt (RA)	7
2.2	Patentanwalt (PA)	12
2.3	Beistand	19
2.4	Beschäftigte des Beteiligten	21
2.5	Beschäftigte von Behörden oder juristischen Personen des öffentlichen Rechts	24
2.6	Unentgeltliche Verfahrensvertretung	25
2.6.1	Volljährige Familienangehörige	26
2.6.2	Personen mit Befähigung zum Richteramt	29
2.6.3	Streitgenossen	30
2.7	Juristische Personen als Bevollmächtigte	31
3	Zurückweisung von Bevollmächtigten	32
3.1	Fehlende Vertretungsbefugnis	32
3.2	Fehlende Eignung zur sachgerechten Darstellung	33
4	Vollmacht	36
4.1	Form	37
4.2	Umfang	38
5	Verfahren bei Mangel der Vollmacht	39
5.1	Auftreten eines Nichtanwalts als Bevollmächtigter	44
5.2	Auftreten eines Rechtsanwalts oder eines Patentanwalts	45
5.3	Einstweilige Zulassung	46
5.4	Mündliche Verhandlung	47
5.5	Amtsermittlung	48
5.6	Genehmigung vollmachtloser Vertretung	49
5.7	Entscheidung	50

1 **Geltungsbereich:** § 97 PatG wurde durch Art 15 Nr 1 des Gesetzes zur Neuregelung des Rechtsberatungsrechts vom 12.12.2007 (BGBl I 2840 = BlPMZ 08, 33) mit Wirkung vom 1.7.2008 neu gefasst. Art 1 dieses Gesetzes enthält das Gesetz über außergerichtliche Rechtsdienstleistungen (Rechtsdienstleistungsgesetz – RDG).
§ 97 PatG entspricht § 81 MarkenG.

2 **Europäisches Patentrecht:** Nach Art 133 (1) EPÜ besteht für Personen aus Vertragsstaaten des EPÜ kein Vertretungszwang. Dagegen müssen nach Art 133 (2) EPÜ Personen aus Nichtvertragsstaaten, die weder Wohnsitz noch Sitz in einem Vertragsstaat haben, durch einen zugelassenen Vertreter (Art 134 (1) EPÜ) oder Rechtsanwalt (Art 134 (8) EPÜ) vertreten sein. Zur Vollmacht s Einl Rdn 513 ff.

3 **Lit in AnwBl:** Sabel 08, 390; Kleine-Cosack 16, 101; **Lit in Mitt:** Fitzner Mitt 10, 171; Fitzner Mitt 2017, 315;Ulrich Mitt 2017, 489; **Lit in NJW:** Offermann-Burckart NJW 16, 113; **Lit in GRUR:** Gruber GRUR Int 2017, 859.

1 Verfahrensführung durch die Beteiligten

1.1 Grundsatz: kein Anwaltszwang

4 Beteiligte vor BPatG können nach § 97 (1) alle Verfahren selbst führen, sind also nicht verpflichtet, einen Vertreter zu bestellen.[1] Beteiligte in diesem Sine sind: Beschwerdeführer, Beschwerdegegner, Kläger, Beklagter, Streitgenossen (s § 97 (2) Nr 2), Beitretender in der Beschwerdeinstanz, Dritte, die zulässigerweise an einem Nebenverfahren (zB Akteneinsicht, Wiedereinsetzung) teilnehmen.

Prozessunfähige (vgl Einl Rdn 46) können sich nur durch ihren gesetzlichen Vertreter an einem Verfahren vor BPatG beteiligen (vgl Einl Rdn 49).

---

1 BPatGE 4, 160; BPatG Mitt 97, 160.

Personen, die behaupten, Beteiligte zu sein, sind bis zur rechtskräftigen Feststellung, dass sie kein Beteiligter sind, als Beteiligte zu behandeln. Sie können gegen eine Entscheidung, die ihnen die Beteiligtenstellung abspricht, wirksam Beschwerde einlegen.[2]

Die frühere Möglichkeit, nach § 97 (1) 2 PatG aF durch Beschluss anzuordnen, dass ein Bevollmächtigter bestellt werden muss, ist aufgehoben, weil eine Einschränkung des Rechts, das Verfahren vor BPatG selbst zu betreiben, nicht mehr möglich sein soll.[3]

1.2 Ausnahme: Inlandsvertreter

§ 97 (1) 2 PatG stellt klar, dass auch im Verfahren vor BPatG die Bestellung eines Inlandsvertreters notwendig ist. Wird die Bestellung unterlassen, ist die Beschwerde als unzulässig zu verwerfen (vgl § 25 Rdn 17). Hat sich ein anwaltlicher Vertreter zwar bestellt, aber seine wirksame Bestellung als Inlandsvertreter nicht durch Einreichung einer den Anforderungen des § 25 entsprechenden schriftlichen Vollmacht[4] (s § 25 Rdn 24) *nachgewiesen*, ist seine Beschwerde ebenfalls als unzulässig zu verwerfen; § 25, dessen Einhaltung als Sachurteilsvoraussetzung in jeder Lage des Verfahrens von Amts wegen zu prüfen ist (vgl § 25 Rdn 34 ff), geht als lex specialis der Regelung des § 97 (6) 2 vor.[5] Die Bestellung des Inlandsvertreters hindert den Vertretenen nicht, selbst Verfahrenshandlungen vorzunehmen (vgl § 25 Rdn 29).

2 Vertretungsbefugte Bevollmächtigte

Diese nennt § 97 (2) abschließend. Andere Personen, zB ein Anwalt ohne wirksame Zulassung,[6] können als Vertreter vor BPatG nicht auftreten. Nichtvertretungsberechtigte Bevollmächtigte weist BPatG durch Beschluss zurück (s Rdn 32). Ob ein Bevollmächtigter unter die Personengruppen des § 97 (2) 2 fällt, hat er darzulegen. IdR wird sich die Vertretungsberechtigung aus der Verfahrensvollmacht ergeben, zB wenn Bevollmächtigter der Ehe- oder Lebenspartner oder ein Mitarbeiter eines konzernabhängigen Unternehmens ist. BPatG entscheidet darüber im Wege des Freibeweises.

2.1 Rechtsanwalt (RA)

Nach § 3 (1) BRAO ist der RA der berufene unabhängige Berater und Vertreter in allen Rechtsangelegenheiten. Voraussetzung ist eine wirksame Zulassung zur Rechtsanwaltschaft gemäß § 12 BRAO, die nicht gemäß § 13 BRAO erloschen ist. Die Zulassung kann durch die von der Rechtsanwaltskammer ausgestellte Urkunde nachgewie-

---

2 BPatG Mitt 06, 574 L *Prozessunfähigkeit*.
3 Art 15 des Gesetzes vom 12.12.2007 BGBl I 2840 = BlPMZ 08, 33.
4 Vgl BPatG v 16.11.10 – 21 W (pat) 10/08: Vollmacht, die lediglich zur Vertretung vor BPatG ermächtigt, insoweit nicht ausreichend.
5 BPatGE **55**, 57 = Mitt **15**, 574 *Antennenanordnung* im Anschluss an BPatG v 16.11.10 – 21 W (pat) 10/08; BPatG v 27.10.11 – 21 W (pat) 6/07 Schulte-Kartei PatG 25 Nr 35 *Überwachung des Leistungsverlustes*; BPatG v 11.11.2019 – 20 W (pat) 26/17; ebenso für § 96 MarkenG: BPatGE **54**, 276 = Mitt **14**, 426 *Zickzackabtastpfad*; BPatG BlPMZ **96**, 505 (Markensache); zu der umstrittenen Frage der Vollmachtseinreichung s auch Gruber Mitt 2020, 449.
6 Durch nicht zugelassenen Anwalt eingelegtes Rechtsmittel ist in Verfahren mit Vertretungszwang (zB § 113 S 1 PatG) unzulässig, s BGH Mitt **01**, 137 *Unzulässige Berufung*; NJW-RR **08**, 1290; GRUR **14**, 508 *IP-Attorney (Malta)*.

sen werden. Ein Berufs- oder Vertretungsverbot berührt die Wirksamkeit von Rechtshandlungen des RA sowie von Rechtshandlungen, die ihm gegenüber vorgenommen werden, nicht (§§ 114a (2), 155 (5) BRAO).[7]

8 **Syndikusrechtsanwälte**[8] sind Anwälte, die im Rahmen ihres Arbeitsverhältnisses für ihren Arbeitgeber anwaltlich tätig und als solche zur Rechtsanwaltschaft zugelassen sind, s § 46 (2) BRAO[9]. Sie können nach § 46 (5) BRAO ihren Arbeitgeber und ua konzernverbundene Dritte iSv § 15 AktG *als Rechtsanwalt* vertreten, und zwar auch vor dem BPatG; denn es handelt sich um kein Verfahren mit Anwaltszwang, in denen Syndikusrechtsanwälte ihren Arbeitgeber nicht vertreten dürfen (s § 46c (2) Nr 1 BRAO).

9 **Referendar** kann nach § 99 (1) PatG iVm § 157 ZPO von einem bevollmächtigten RA in Verfahren, die die Beteiligten selbst führen können, zur Vertretung in der Verhandlung bevollmächtigt werden, wenn der Referendar bei ihm im Vorbereitungsdienst beschäftigt ist.

10 **Europäischer Rechtsanwalt**[10] ist ein Staatsangehöriger eines Mitgliedstaats der EU[11], des EWR oder der Schweiz, der berechtigt ist, als RA unter einer in der Anlage zu § 1 EuRAG[12] genannten Berufsbezeichnung (zB avocat, advocate) selbständig tätig zu sein. Er darf nach § 25 EuRAG vorübergehend und gelegentlich in Deutschland die Tätigkeiten eines RA ausüben (= dienstleistender europ RA)[13]. Er kann die Tätigkeit eines RA ausüben, wenn er von der RA-Kammer aufgenommen wurde, die für den Ort seiner Niederlassung zuständig ist (= niedergelassener europ RA). In Verfahren, in denen der Mandant den Rechtsstreit nicht selbst führen kann (= Verfahren mit Anwaltszwang), kann der europ RA als Vertreter nach § 28 EuRAG nur im Einvernehmen mit einem RA (= Einvernehmensanwalt) handeln. Sobald der europ RA in Verfahren vor Gerichten oder Behörden tätig wird, hat er nach § 31 EuRAG grs einen RA als Zustellungsbevollmächtigten zu bestellen.

---

7 Vgl BGH NJW-RR 10, 67 = Mitt 09, 423 L *Wirksamkeit der Prozessvollmacht*; NJW-RR 10, 1361 = Mitt 10, 319 L *Ausschluss eines Bevollmächtigten*; NJW 12, 2592.
8 **Lit:** Offermann-Burckart, Die neue Zulassung als Syndikusrechtsanwalt und ihre rechtlichen Folgen AnwBl **2016**, 125; Dahns, Rechtsangelegenheiten des Arbeitgebers NJW-Spezial **2020**, 318.
9 IdF durch Art 1 Nr 3 des Gesetzes zur Neuordnung des Rechts der Syndikusanwälte und zur Änderung der Finanzgerichtsordnung v 21.12.2015, BGBl I 2517, mit Wirkung v 1.1.2016.
10 **Lit in NJW:** Zuck NJW **87**, 3033; Feuerich NJW **91**, 1144; Oberheim NJW **94**, 1846; Rabe NJW **95**, 1403; **Lit in AnwBl:** Hoffmann/Neundörfer AnwBl **99**, 680; zum Auftreten in Verfahren mit Anwaltszwang vgl BAG NJW **13**, 1620.
11 Zum Wegfall der Vertretungsbefugnis britischer Rechtsanwälte (Brexit) ab 1.1.2021 MittDPMA Nr 1/21 BlPMZ **2021**, 29; s hierzu auch die VO zur Anpassung des anwaltlichen Berufsrechts an den Austritt des Vereinigten Königreichs aus der Europäischen Union v 10.12.2020, BGBl I 2929 = BlPMZ **2021**, 69 sowie Änderung des EuRAG durch Art 4 des Gesetzes v 22.12.2020, BGBl I 3320 = BlPMZ **2021**, 70.
12 Gesetz über die Tätigkeit europäischer Rechtsanwälte in Deutschland (EuRAG) v 9.3.2000 BGBl I 182.
13 Zum vorübergehenden Charakter s BVerfGE **134**, 239 = NJW **14**, 619; dienstleistender europ RA kann Inlandsvertreter sein, zB BPatG v 03.04.2020 – 29 W (pat) 600/17 (österreichischer RA).

Ab 1. August 2022: Berufsausübungsgesellschaften, in denen sich Rechtsanwälte miteinander oder mit Angehörigen anderer Berufe (s §§ 59b, 59c BRAO[14]) zur gemeinschaftlichen Berufsausübung verbinden, können als solche als Prozess- oder Verfahrensbevollmächtigte beauftragt werden, § 59l BRAO[15]. Die Berufsausübungsgesellschaften haben in diesem Fall die Rechte und Pflichten eines Rechtsanwalts. Sie handeln durch ihre Gesellschafter und Vertreter, in deren Person die für die Erbringung von Rechtsdienstleistungen gesetzlich vorgeschriebenen Voraussetzungen im Einzelfall vorliegen müssen, § 59l (2) BRAO.

Nach derzeitiger gesetzlicher Regelung (§§ 59a ff BRAO[16]) ist nur die Rechtsform der GmbH vorgesehen, in der eine Rechtsanwaltsgesellschaft zugelassen und als Prozess- oder Verfahrensbevollmächtigte beauftragt werden kann, §§ 59c, 59l BRAO.

2.2 Patentanwalt (PA)

Durch § 97 (2) 1 ist ein PA dem RA in Verfahren vor dem BPatG gleichgestellt. Er muss von der Patentanwaltskammer[17] zur Patentanwaltschaft zugelassen sein. Die Patentanwaltskammer führt ein elektronisches Verzeichnis der zugelassenen Patentanwälte[18] (§ 29 PatAnwO), in dem ein etwaiges Erlöschen der Zulassung eingetragen wird. Ein Berufs- oder Vertretungsverbot berührt die Wirksamkeit von Rechtshandlungen des PA sowie von Rechtshandlungen, die ihm gegenüber vorgenommen werden, nicht (§ 137 (5) PatAnwO).

Die Vertretung anderer vor dem Patentgericht gehört nach § 3 (2) Nr 2 PatAnwO zu den beruflichen Aufgaben des PA.[19] Nach § 4 PatAnwO ist ein PA darüber hinaus – soweit eine Vertretung durch RAe nicht geboten ist – als Bevollmächtigter in Rechtsstreitigkeiten vertretungsbefugt, in denen ein Anspruch aus einem der im PatG geregelten Rechtsverhältnisse geltend gemacht wird; ist eine Vertretung durch RAe geboten, ist ihm auf Antrag einer Partei das Wort zu gestatten, § 4 (1) PatAnwO (im Rechtsbeschwerdeverfahren gegen Beschlüsse der Beschwerdesenate des BPatG auch nach § 102 (5) 2; dagegen volle Vertretungsbefugnis im Nichtigkeitsberufungsverfahren, § 3 (2) Nr 3 PatAnwO, § 113 S 1 PatG).

---

14 IdF durch Art 1 Nr 25 des Gesetzes zur Neuregelung des Berufsrechts der anwaltlichen und steuerberatenden Berufsausübungsgesellschaften sowie zur Änderung weiterer Vorschriften im Bereich der rechtsberatenden Berufe v 7.7.2021, BGBl I 2363, Inkrafttreten am 1.8.2022.
15 IdF durch Art 1 Nr 25 des Gesetzes zur Neuregelung des Berufsrechts der anwaltlichen und steuerberatenden Berufsausübungsgesellschaften sowie zur Änderung weiterer Vorschriften im Bereich der rechtsberatenden Berufe v 7.7.2021, BGBl I 2363, Inkrafttreten am 1.8.2022.
16 IdF bis zum 31.7.2022.
17 Patentanwaltskammer statt PräsDPMA seit 1.9.2009 für Zulassung zuständig, s Art 1 des Gesetzes zur Modernisierung von Verfahren im patentanwaltlichen Berufsrecht v 14.8.2009, BGBl I 2827 = BlPMZ 09, 365.
18 Und ab 1.8.2022 auch der zugelassenen Berufsausübungsgesellschaften, s Art 3 Nr 15a des Gesetzes zur Neuregelung des Berufsrechts der anwaltlichen und steuerberatenden Berufsausübungsgesellschaften sowie zur Änderung weiterer Vorschriften im Bereich der rechtsberatenden Berufe v 7.7.2021, BGBl I 2363 = BlPMZ 2021, 304.
19 Zu den Aufgaben eines PA s auch BGH BlPMZ 16, 332, 335 (juris Tz 36 ff) *Rechtsberatung durch Entwicklungsingenieur.*

14 **Syndikuspatentanwälte**[20] sind Patentanwälte, die im Rahmen ihres Arbeitsverhältnisses für ihren Arbeitgeber patentanwaltlich nach § 3 (2) u (3) PatAnwO tätig und als solche zur Patentanwaltschaft zugelassen sind, s § 41a (2) PatAnwO[21]. Sie können nach § 41a (5) PatAnwO ihren Arbeitgeber und ua konzernverbundene Dritte iSv § 15 AktG *als Patentanwalt* vertreten, und zwar auch vor dem BPatG; denn für sie gelten nach § 41d (1) PatAnwO grs die Vorschriften über Patentanwälte, mithin § 3 (2) Nr 2 PatAnwO. Ein Syndikuspatentanwalt kann von einem auswärtigen Dritten auch zum Inlandsvertreter nach § 25 PatG bestellt werden, wenn der Dritte und der Dienstherr des PA zueinander Konzernunternehmen iSv § 18 AktG sind.[22]

15 **Patentassessor** ist als *Beschäftigter seines Dienstherrn* oder eines mit diesem verbundenen Unternehmens (s Rdn 22) gemäß § 97 (2) 2 Nr 1 vor BPatG als deren Bevollmächtigter vertretungsbefugt. Patentassessor kann zudem nach § 155 (1) PatAnwO unter den dort genannten Voraussetzungen im Rahmen seines Dienstverhältnisses einen Dritten gemäß § 3 (2) u (3) PatAnwO beraten und vertreten, wozu die *Vertretung vor dem Patentgericht* gehört (§ 3 (2) Nr 2 PatAnwO): § 155 (1) Nr 1 PatAnwO deckt sich weitgehend mit § 97 (2) 2 Nr 1. Im Fall des § 155 (1) Nr 2 PatAnwO kann Patentassessor einen auswärtigen Dritten, der Vertragspartner seines Dienstherrn ist, vertreten[23] und auch Inlandsvertreter nach § 25 PatG sein, s § 25 Rdn 17. In Rechtsstreitigkeiten nach § 4 PatAnwO ist dem Patentassessor nach § 156 PatAnwO auf Antrag der Partei das Wort zu gestatten.

16 **Patentanwaltsbewerber** sind nur vertretungsbefugt, wenn sie allgemeiner Vertreter eines Patentanwalts, §§ 46 (2) 2, 47 (1) 1 PatAnwO,[24] oder Beschäftigte des Beteiligten gemäß § 97 (2) 2 Nr 1 (s Rdn 21) sind. Dazu gehört ein freier Mitarbeiter eines Patentanwalts nicht.[25]

17 **Europäischer Patentanwalt** ist nach dem – in Anlehnung an das EuRAG, s Rdn 10 geschaffenen – Gesetz über die Tätigkeit europäischer Patentanwälte in Deutschland (EuPAG)[26] eine in einem anderen Mitgliedstaat der EU[27], des EWR oder in der Schweiz zur Ausübung des Berufs des Patentanwalts rechtmäßig niedergelassene natürliche Person. § 13 EuPAG sieht vor, dass diese Person die Tätigkeiten eines PA in

---

20 **Lit in Mitt:** Fitzner, Der Syndikuspatentanwalt Mitt 2017, 315; Ulrich, Der Syndikuspatentanwalt in der (inner)betrieblichen Praxis Mitt 2017, 489.
21 IdF durch Art 6 Nr 1 des Gesetzes zur Neuordnung des Rechts der Syndikusanwälte und zur Änderung der Finanzgerichtsordnung v 21.12.2015, BGBl I 2517, mit Wirkung v 1.1.2016.
22 BPatG v 15.06.2020 – 11 W (pat) 35/19, GRUR 2020, 1125 *Antriebsinverter*.
23 AA Busse/Keukenschrijver, PatG, 9. Aufl 2020, § 97 Rn 15: keine über § 97 hinausgehende Vertretungsbefugnis aufgrund Vorschriften der PatAnwO.
24 IdF durch Art 18 Nr 16 des Gesetzes zur Modernisierung des notariellen Berufsrechts und zur Änderung weiterer Vorschriften v 25.6.2021, BGBl I 2154 = BlPMZ 2021, 300, mit Wirkung v 1.8.2021.
25 BPatG Mitt 06, 141 *Windenergieanlage*.
26 Als Art 5 des Gesetzes zur Umsetzung der Berufsanerkennungsrichtlinie und zur Änderung weiterer Vorschriften im Bereich der rechtsberatenden Berufe v 12.05.2017 (BGBl I 1121 = BlPMZ 2017, 226, 230) am 18.5.2017 in Kraft getreten; s hierzu auch § 25 Rdn 18.
27 Zum Wegfall der Vertretungsbefugnis britischer Patentanwälte (Brexit) ab 1.1.2021 MittDPMA Nr 1/21 BlPMZ 2021, 29; s hierzu auch Änderung des EuPAG durch Art 5 des Gesetzes v 22.12.2020, BGBl I 3320 = BlPMZ 2021, 70.

Deutschland vorübergehend und gelegentlich ausüben darf (dienstleistender europ PA), obligatorisch ist aber eine Meldepflicht an die Patentanwaltskammer vor der ersten Erbringung der Dienstleistungen.[28] Der dienstleistende europäische PA hat grs die Stellung eines inländischen PA, insbesondere dessen Rechte und Pflichten (§ 16 EuPAG). Damit ist er auch zur Vertretung vor dem Patentgericht berechtigt[29] (zur Berechtigung als Inlandsvertreter s § 25 Rdn 18). Die daneben vorgesehene Möglichkeit, sich als europ PA in Deutschland niederzulassen (niedergelassener europ PA, § 20 EuPAG), entspricht der bisher in §§ 154a, 154b PatAnwO enthaltenen Regelung und berechtigt nur zur Rechtsbesorgung auf dem Gebiet des ausländischen und des internationalen gewerblichen Rechtsschutzes.

Ab 1. August 2022: Berufsausübungsgesellschaften, in denen sich Patentanwälte miteinander oder mit Angehörigen anderer Berufe (s §§ 52b, 52c PatAnwO[30]) zur gemeinschaftlichen Berufsausübung verbinden, sind wie ein Patentanwalt zur unabhängigen Beratung und Vertretung nach § 3 (2) u (3) PatAnwO befugt und können als solche als Prozess- oder Verfahrensbevollmächtigte beauftragt werden. Die Berufsausübungsgesellschaften haben in diesem Fall die Rechte und Pflichten eines Patentanwalts, § 52k (1) u (2) PatAnwO[31]. Sie handeln durch ihre Gesellschafter und Vertreter, in deren Person die gesetzlich vorgeschriebenen Voraussetzungen für eine Vertretung nach § 3 (2) u (3) PatAnwO im Einzelfall vorliegen müssen, § 52k (3) PatAnwO. 18

Nach derzeitiger gesetzlicher Regelung (§§ 52a ff PatAnwO[32]) ist nur die Rechtsform der GmbH vorgesehen, in der eine Patentanwaltsgesellschaft zugelassen und als Prozess- oder Verfahrensbevollmächtigte beauftragt werden kann, §§ 52c, 52l PatAnwO.

2.3 Beistand

Der Beistand kann nach § 99 (1) PatG iVm § 90 (1) 1 ZPO in der Verhandlung mit der Partei erscheinen. Beistand kann nach § 90 (1) 2 ZPO sein, wer in Verfahren, in denen die Partei den Rechtsstreit selbst führen kann, als Bevollmächtigter zur Vertretung in der Verhandlung befugt ist. BPatG kann nach § 90 (1) 3 ZPO andere Personen als Beistand zulassen, wenn dies sachdienlich ist und hierfür nach den Umständen des Einzelfalls ein Bedürfnis besteht, so zB den Erfinder oder den Sachbearbeiter des Anmelders, Patentinhabers oder Einsprechenden oder einen ausländischen Anwalt. 19

---

28 S hierzu auch Hinweis in BlPMZ 2017, 225, 226 liSp; vgl BGH v 08.03.2021 – PatAnwZ 1/20 zum Nachweis für die Eintragung in das Meldeverzeichnis nach § 15 (4) EuPAG.
29 Vgl Gruber, Die Neuregelung der Vertretung durch ausländische Patentanwälte und deren Auswirkung auf den Kostenerstattungsanspruch, GRUR Int 2017, 859; zur Kostenerstattung eines bei EPA zugelassenen Vertreters in Patentstreitsache nach § 143 (3) s BGH v 14.04.2020 – X ZB 2/18, BGHZ 225, 155 *EPA-Vertreter*.
30 IdF durch Art 3 Nr 31 des Gesetzes zur Neuregelung des Berufsrechts der anwaltlichen und steuerberatenden Berufsausübungsgesellschaften sowie zur Änderung weiterer Vorschriften im Bereich der rechtsberatenden Berufe v 7.7.2021, BGBl I 2363 = BlPMZ 2021, 304, Inkrafttreten am 1.8.2022.
31 IdF durch Art 3 Nr 31 des Gesetzes zur Neuregelung des Berufsrechts der anwaltlichen und steuerberatenden Berufsausübungsgesellschaften sowie zur Änderung weiterer Vorschriften im Bereich der rechtsberatenden Berufe v 7.7.2021, BGBl I 2363 = BlPMZ 2021, 304, Inkrafttreten am 1.8.2022.
32 IdF bis zum 31.7.2022.

20 Beistand wird legitimiert durch die Benennung des Beteiligten oder des vertretungsbefugten Bevollmächtigten oder durch eine sich aus den Umständen ergebene Anscheins- oder Duldungsvollmacht.[33] Sein Vortrag ist Vortrag der Partei,[34] sofern diese nach § 90 (2) ZPO nicht sofort widerruft oder berichtigt. Wer nur »im Beistand eines Anwalts« erscheint, um ihm persönlich zu helfen, ohne selbst vorzutragen, ist kein Beistand iSd § 90 ZPO.

2.4 Beschäftigte des Beteiligten

21 Der Begriff des Beschäftigten gemäß § 97 (2) 2 Nr 1 PatG (= § 79 (2) Nr 1 ZPO) ist weit auszulegen. Er umfasst alle öffentlich-rechtlichen oder privaten Beschäftigungsverhältnisse. Die Vertretungsbefugnis ist aber auf die Vertretung des Dienstherrn oder Arbeitgebers beschränkt, erstreckt sich also nicht auf Dritte, mit denen Dienstherr oder Arbeitgeber rechtliche oder wirtschaftliche Beziehungen pflegt, wie Kunden oder Mitglieder einer Vereinigung.

22 Eine Ausnahme gilt für **Beschäftigte verbundener Unternehmen**. Deren Mitarbeiter können innerhalb des Unternehmensverbundes eine Vertretung übernehmen. § 97 (2) 2 Nr 1 stellt wie § 79 (2) ZPO nicht auf den Begriff des Konzerns, sondern auf den weiteren Begriff des verbundenen Unternehmens ab, wie er sich aus § 15 AktG ergibt. Mit Fragen des Konzernrechts, zB ob die Konzernvermutung bei verbundenen Unternehmen widerlegt ist, braucht sich BPatG nicht zu befassen. Zum Nachweis, dass der Vertreter für ein verbundenes Unternehmen iSd § 15 AktG auftritt, genügt die schriftliche Verfahrensvollmacht.

§ 15 AktG Verbundene Unternehmen
23 Verbundene Unternehmen sind rechtlich selbständige Unternehmen, die im Verhältnis zueinander in Mehrheitsbesitz stehende Unternehmen und mit Mehrheit beteiligte Unternehmen (§ 16), abhängige und herrschende Unternehmen (§ 17), Konzernunternehmen (§ 18), wechselseitig beteiligte Unternehmen (§ 19) oder Vertragsteile eines Unternehmensvertrags (§§ 291, 292) sind.

2.5 Beschäftigte von Behörden oder juristischen Personen des öffentlichen Rechts

24 sowie von Zusammenschlüssen, die sie gebildet haben, können sich nach § 97 (2) 2 Nr 1 außer durch eigene Beschäftigte auch durch Beschäftigte anderer Behörden oder juristischer Personen vertreten lassen, zB durch Beamte oder Angestellte der zuständigen Aufsichtsbehörde oder eines kommunalen Spitzenverbandes.

2.6 Unentgeltliche Verfahrensvertretung

25 § 97 (2) 2 Nr 2 (= § 79 (2) Nr 2 ZPO) regelt für die dort genannten Personengruppen (s Rdn 26–30) die Zulässigkeit unentgeltlicher Verfahrensvertretung. Der Begriff der Unentgeltlichkeit ist wie in § 6 RDG grundsätzlich eng auszulegen. Auch wenn für die in Frage stehende Verfahrensvertretung selbst kein Entgelt vereinbart ist, kann die Voraussetzung der Unentgeltlichkeit fehlen, wenn nämlich die Tätigkeit im Zusammenhang mit einer entgeltlichen Tätigkeit für den Vertretenen steht. Liegt eine entgelt-

---

33 BPatGE **36**, 246, 249.
34 BGH v 26.07.05 – X ZB 1/04 Schulte-Kartei 65–80, 86–99 Nr 335 *Kondensator für die Klimaanlage*.

liche Beschäftigung vor, so kann sich eine Vertretungsbefugnis gemäß § 97 (2) 2 Nr 1 ergeben.

2.6.1 Volljährige Familienangehörige

sind im Verfahren vor BPatG stets zuzulassen, wenn die Vertretung unentgeltlich erfolgt (s Rdn 25) und der Vertreter volljährig ist, also gemäß § 2 BGB das 18. Lebensjahr vollendet hat.

26

Die Vertretung ist nicht auf eine einmalige Tätigkeit beschränkt. Zulässig ist auch eine Vertretung in sämtlichen Verfahren des Vertretenen vor BPatG, so dass zB ein Sohn seinen Vater in allen Beschwerdeverfahren des Vaters vertreten kann.

Der Begriff des Familienangehörigen ist weit auslegen, wie er sich aus § 15 AO und § 11 (1) LPartG ergibt.

§ 15 Abgabenordnung (AO) Angehörige
(1) Angehörige sind:
1. der Verlobte, 2. der Ehegatte oder Lebenspartner, 3. Verwandte und Verschwägerte gerader Linie, 4. Geschwister, 5. Kinder der Geschwister, 6. Ehegatten oder Lebenspartner der Geschwister und Geschwister der Ehegatten oder Lebenspartner, 7. Geschwister der Eltern, 8. Personen, die durch ein auf längere Dauer angelegtes Pflegeverhältnis mit häuslicher Gemeinschaft wie Eltern und Kind miteinander verbunden sind (Pflegeeltern und Pflegekinder).
(2) Angehörige sind die in Absatz 1 aufgeführten Personen auch dann, wenn
1. in den Fällen der Nummern 2, 3 und 6 die die Beziehung begründende Ehe oder Lebenspartnerschaft nicht mehr besteht;
2. in den Fällen der Nummern 3 bis 7 die Verwandtschaft oder Schwägerschaft durch Annahme als Kind erloschen ist;
3. im Fall der Nummer 8 die häusliche Gemeinschaft nicht mehr besteht, sofern die Personen weiterhin wie Eltern und Kind miteinander verbunden sind.

27

§ 11 Lebenspartnerschaftsgesetz (LPartG) Sonstige Wirkungen der Lebenspartnerschaft
(1) Ein Lebenspartner gilt als Familienangehöriger des anderen Lebenspartners, soweit nicht etwas anderes bestimmt ist.
(2) ¹Die Verwandten eines Lebenspartners gelten als mit dem anderen Lebenspartner verschwägert. ²Die Linie und der Grad der Schwägerschaft bestimmen sich nach der Linie und dem Grad der sie vermittelnden Verwandtschaft. ³Die Schwägerschaft dauert fort, auch wenn die Lebenspartnerschaft, die sie begründet hat, aufgelöst wurde.

28

2.6.2 Personen mit Befähigung zum Richteramt

Personen mit Befähigung zum Richteramt gemäß § 5 DRiG können Dritte vor BPatG vertreten, wenn dieses unentgeltlich geschieht (s Rdn 25). Die Befugnis ist nicht auf eine einmalige Vertretung beschränkt, sie gilt auch für mehrere oder alle Verfahren des Vertretenen vor BPatG. Die weiteren Voraussetzungen für unentgeltliche Rechtsdienstleistungen gemäß § 6 RDG gelten nach § 97 (2) 2 Nr 2 nicht. Nach § 97 (4) PatG (= § 79 (4) 1 ZPO) dürfen dem BPatG angehörende Richter nicht als Bevollmächtigte vor BPatG auftreten.[35] Dieses Verbot gilt nur für aktive BPatG-Richter, nicht für ausgeschiedene BPatG-Richter.

29

2.6.3 Streitgenossen

Streitgenossen gewährt § 97 (2) 2 Nr 2 eine Vertretungsbefugnis für andere Streitgenossen des gleichen Verfahrens, wenn eine entsprechende Bevollmächtigung vorliegt und

30

---

35 Vgl OVG NRW DRiZ 15, 398 zur gleichlautenden Vorschrift § 67 (5) 1 VwGO.

die Vertretung unentgeltlich erfolgt (s Rdn 25). Der Streitgenosse kann nicht etwa auch Beteiligte in Verfahren vertreten, in denen er kein Streitgenosse ist.

2.7 Juristische Personen als Bevollmächtigte

31 Juristische Personen können – wie sich aus § 97 (2) 3 PatG ergibt – als Bevollmächtigte vertretungsbefugt sein. Sie handeln nach § 97 (2) 3 PatG (= § 79 (2) 3 ZPO) als Bevollmächtigte oder als den Rechtsstreit selbst führende Beteiligte durch ihre Organe oder den Vertreter, der mit der Verfahrensvertretung beauftragt ist.

3 Zurückweisung von Bevollmächtigten

3.1 Fehlende Vertretungsbefugnis

32 Nach § 97 (3) 1 PatG (= § 79 (3) ZPO) kann BPatG Bevollmächtigte zurückweisen, denen die **Vertretungsbefugnis** gemäß § 97 (2) PatG (= § 79 (2) ZPO) fehlt. Die Zurückweisung erfolgt durch unanfechtbaren Beschluss, den BPatG im Wege der richterlichen Selbstkontrolle aufheben kann. Bis zur Verkündung oder Zustellung der Zurückweisung vorgenommene Verfahrenshandlungen des nicht vertretungsberechtigten Bevollmächtigten sowie Zustellungen oder Mitteilungen an ihn bleiben wirksam. Eine Zurückweisung des Bevollmächtigten erfolgt auch in dem Sonderfall der unzulässigen Prozessvertretung nach § 97 (4).[36]

3.2 Fehlende Eignung zur sachgerechten Darstellung

33 Sind gemäß § 97 (2) 2 PatG (= § 79 (2) ZPO) grundsätzlich vertretungsberechtigte Bevollmächtigte nicht in der Lage, das Sach- und Streitverhältnis sachgerecht darzustellen, so kann BPatG ihnen gemäß § 97 (3) 3 die weitere Vertretung untersagen. Die Versagung betrifft anders als nach § 157 (2) ZPO aF,[37] der sich nur auf den Vortrag in der mündlichen Verhandlung bezog, die gesamte Verfahrensführung.[38] Nur schwerwiegende Mängel rechtfertigen eine Untersagung, zB Betrunkenheit, wiederholter Verstoß gegen Anordnungen zur Aufrechterhaltung der Ordnung in den Sitzungen, wie zB wiederholtes Nichtbefolgen eines Wortentzugs. Nicht ausreichend ist die Unbeholfenheit, technische Sachverhalte kurz und klar darzustellen.

34 Da nur die *weitere* Vertretung untersagt wird, bleiben alle Verfahrenshandlungen und Verwaltungsakte vor Verkündung oder Zustellung der Untersagung wirksam. Die Untersagung erfolgt durch unanfechtbaren Beschluss, den BPatG im Wege der richterlichen Selbstkontrolle aufheben kann.

35 Rechtsanwälten und Patentanwälten kann die weitere Vertretung nicht untersagt werden, da § 97 (3) 3 nur für Bevollmächtigte gemäß § 97 (2) 2 gilt.

4 Vollmacht

36 § 97 (5) und (6) regelt die gewillkürte Vertretung eines Beteiligten durch Erteilung einer Vollmacht. Zur gesetzlichen Vertretung siehe Einl Rdn 49.

---

36 Vgl Sabel AnwBl 08, 390, 393.
37 Fassung bis 30.6.2008, vor Änderung durch Art 8 Nr 6 des Gesetzes zur Neuregelung des Rechtsberatungsgesetzes v 12.12.2007, BGBl I 2840 = BlPMZ 08, 33 (Auszug).
38 Vgl Rauch in Fitzner/Lutz/Bodewig, PatR, § 97 PatG Rn 13.

Zur Erteilung, Wirkung, Nachweis der Vollmacht und Heilung des Mangels der Vollmacht vgl Einl Rdn 481 ff. § 97 gilt auch für *Untervollmachten*[39] und grundsätzlich auch für die Vollmacht eines *Inlandsvertreters*[40] (Ausnahme: § 97 (6) 2, s Rdn 5).

4.1 Form

Schriftlich (s Einl Rdn 352) mit Unterschrift (s Einl Rdn 374). Sie ist zu den Gerichtsakten einzureichen, bei denen sie verbleibt.[41] Es genügt, wenn die Vollmacht sich bei den beigezogenen DPMA-Akten befindet.[42] Eine Bezugnahme auf eine dem DPMA eingereichte *allgemeine Vollmacht* oder eine *Angestelltenvollmacht* (s Einl Rdn 485) genügt dagegen nicht.[43] Diese deckt nur Verfahrenshandlungen gegenüber DPMA.

4.2 Umfang

Vollmacht ermächtigt zu allen Verfahrenshandlungen, sie kann jedoch nach § 99 (1) PatG iVm § 83 (2) ZPO auf einzelne Handlungen beschränkt sein. Einzelne Handlungen (zB Zustellungen) können ausgenommen werden. Prokura (§ 49 HGB) und die Handlungsvollmacht im Falle des § 54 (2) HGB enthalten die Prozessvollmacht (vgl auch Einl Rdn 498). Terminsvollmacht gilt auch für gemäß § 283 ZPO nachgelassene Schriftsätze.[44]

5 Verfahren bei Mangel der Vollmacht

Ein Mangel der Vollmacht iSd § 97 (6) (= § 88 ZPO) liegt vor, wenn die Vollmacht nie oder nicht wirksam erteilt worden ist, wenn sie wirksam widerrufen oder erloschen ist oder wenn sie nicht in der erforderlichen Form nachgewiesen wird. Folgende Fälle sind zu unterscheiden:

a) der Mangel der Vollmacht bestand nur vor DPMA und nicht bei Beschwerdeeinlegung; dann ist das Beschwerdeverfahren fortzuführen, denn ein Mangel der Vollmacht vor BPatG liegt nicht vor;

b) der Mangel der Vollmacht bestand nicht vor DPMA, sondern bei Beschwerdeeinlegung, dann ist die Beschwerde als unzulässig zu verwerfen, es sei denn, der Vertretene genehmigt rückwirkend die vollmachtlose Beschwerdeerhebung. Die Genehmigung kann auch nach Ablauf der Beschwerdefrist – auch noch im Rechtsbeschwerdeverfahren[45] – erklärt werden. Sie heilt den Mangel rückwirkend;[46]

---

39 OLG München OLGZ **93**, 223.
40 BPatG BlPMZ **96**, 505 (Markensache).
41 MittPräsBPatG vom 10.01.70 BlPMZ **70**, 33.
42 BPatGE **1**, 10, 11; **1**, 119.
43 Amtl Begr zu § 41m (= § 97) des 6. ÜG BlPMZ **61**, 140, 155; BPatG Mitt **73**, 18.
44 BPatGE **19**, 131.
45 Vgl GemS OGB BGHZ **91**, 111 = NJW **84**, 2149; BGH NJW **92**, 627; BGH JZ **97**, 855 = AnwBl **98**, 350.
46 BGH VersR **84**, 781; BGHZ **92**, 137, 140 = NJW **87**, 130; BGH NJW **91**, 1175 f; NJW-RR **93**, 669 f; NJW **09**, 3162 (II2d = Tz 11).

42 c) der Mangel der Vollmacht tritt erst nach Beschwerdeeinlegung auf, dann sind danach vorgenommene Verfahrenshandlungen des Vertreters unwirksam, die aber mit rückwirkender Kraft von dem Vertretenen genehmigt werden können;[47]

43 d) Beschwerde richtet sich gegen eine Entscheidung des DPMA, die ein Verfahren wegen fehlender Vollmacht als unzulässig verworfen hat. Ist das zutreffend und fehlt die Vollmacht auch vor BPatG, so ist die Beschwerde als unbegründet zurückzuweisen.[48]

5.1 Auftreten eines Nichtanwalts als Bevollmächtigter

44 ZB Auftreten eines Patentanwaltsbewerbers, eines Erlaubnisscheininhabers,[49] eines Patentingenieurs: BPatG hat von Amts wegen zu prüfen, ob eine ordnungsgemäße Vollmacht gemäß § 97 (5) eingereicht ist.

5.2 Auftreten eines Rechtsanwalts oder eines Patentanwalts

45 Deren Vollmacht oder Untervollmacht[50] *prüft BPatG grundsätzlich nicht* (zur Ausnahme bei Inlandsvertreter s Rdn 5). Es genügt, dass eine Vollmachtsurkunde gemäß § 97 (5) 1 schriftlich zu den Gerichtsakten eingereicht ist. Auch wenn keine Vollmachtsurkunde eingereicht worden ist, gilt: Eine Prüfung erfolgt nur, **a)** wenn der Mangel von einem Beteiligten gerügt wird, wozu dieser in jeder Lage des Verfahrens berechtigt ist. Die Rüge kann auch der Vertretene[51] und der Vertreter[52] selbst erheben. Sie ist rücknehmbar;[53] **b)** ganz ausnahmsweise auf Grund des Untersuchungsgrundsatzes, wenn offensichtlich begründete Zweifel an der Bevollmächtigung des Anwalts bestehen.[54]

5.3 Einstweilige Zulassung

46 Wird keine Vollmachtsurkunde zu den Gerichtsakten eingereicht, kann der Vertreter – wenn der Mangel behebbar ist – gemäß § 89 ZPO durch Beschluss oder stillschweigend (wenn der Gegner nicht widerspricht) einstweilen zugelassen werden.[55] Der Rechtspfleger fordert gemäß § 23 (1) Nr 5 RPflG iVm § 97 (5) 2 mit Fristsetzung zur Nachreichung auf. Mit Ablauf der Frist endet die einstweilige Zulassung.

5.4 Mündliche Verhandlung

47 Eine mündliche Verhandlung findet bei der Prüfung der Vollmacht auf Rüge durch BPatG statt, wenn ein Beteiligter sie beantragt oder BPatG sie für sachdienlich erachtet.

---

47 BGH VersR **84**, 781; BGHZ **92**, 137, 140 = NJW **87**, 130; BGH NJW **91**, 1175 f; NJW-RR **93**, 669 f; NJW **09**, 3162 (II2d = Tz 11); zum Fall eines ohne ordnungsgemäße Vollmacht aufgetretenen Terminsvertreters BPatG v 20.05.14 – 23 W (pat) 4/11.
48 BPatGE **15**, 204.
49 BPatGE **29**, 242, 243.
50 BGH VersR **84**, 781; BAG NJW **90**, 2706.
51 OLG Saarbrücken NJW **70**, 1464 *Scheinvollmacht des Vertreters*.
52 OLG Köln NJW-RR **92**, 1162; vgl auch BGH NJW **01**, 2095 (Vertreter selbst weckt ernsthafte Zweifel *an* wirksamer eigener Bevollmächtigung).
53 OLG Köln NJW-RR **92**, 1162.
54 BVerwG NJW **85**, 2963, 2964; **01**, 2095 f; vgl BFH NJW **96**, 1030; **97**, 1029.
55 ZB BPatG v 20.05.14 – 23 W (pat) 4/11.

5.5 Amtsermittlung

durch BPatG, ob eine gültige Vollmacht vorliegt, findet nicht statt (zum Unterschied zwischen Amtsermittlung und Prüfung von Amts wegen s Einl Rdn 18). Vielmehr hat der Vertreter seine Vollmacht oder Untervollmacht nachzuweisen.[56]

48

Wird der Vollmachtsmangel nicht behoben, weist BPatG gemäß § 97 (3) 1 den nicht legitimierten Vertreter zurück (s Rdn 32).

5.6 Genehmigung vollmachtloser Vertretung

Die Genehmigung vollmachtloser Vertretung vor BPatG kann der Vertretene gemäß § 89 (2) ZPO ausdrücklich (gegenüber BPatG, Verfahrensgegner oder Vertreter) oder stillschweigend (zB durch rügelose Weiterführung des Verfahrens) erklären. Die Genehmigung muss die gesamte Verfahrensführung umfassen, sie kann nicht auf einzelne Verfahrenshandlungen beschränkt werden.[57] Die Genehmigung heilt die verfahrensrechtlichen Folgen des Vollmachtsmangels rückwirkend (s auch Rdn 41, 42). Daher braucht sie nicht innerhalb der Frist erklärt zu werden, die für die genehmigte Verfahrenshandlung (zB Beschwerdefrist[58]) gilt. Daher ist auch eine Genehmigung im Rechtsbeschwerdeverfahren wirksam, es sei denn, BPatG hat die Beschwerde gerade wegen fehlender Vollmacht verworfen.[59] Hat BPatG das Vorliegen einer Vollmacht übersehen, kann sie vor BGH geltend gemacht[60] und die Vollmachtsurkunde nachgereicht werden.[61]

49

Eine Wiedereinsetzung ist überflüssig, wenn die vollmachtlose Vertretung nachträglich genehmigt wurde.[62]

5.7 Entscheidung

Wird auch nach Fristsetzung gemäß § 97 (5) 2 keine Vollmachtsurkunde nachgereicht, so ist die vom vollmachtlosen Vertreter eingelegte Beschwerde als unzulässig zu verwerfen[63] und der Vertreter von Amts wegen ohne Rücksicht auf sein Verschulden[64] zu den Kosten zu verurteilen, die dem Gegner durch die einstweilige Zulassung entstanden sind.[65] Nach Verwerfung der Beschwerde ist der Nachweis der erteilten Vollmacht noch im zulässigen Rechtsbeschwerdeverfahren möglich.[66]

50

---

56 ZB BPatG v 18.01.2016 – 20 W (pat) 52/13 (II2, juris Tz 47, 48); BPatG v 12.03.2020 – 1 Ni 6/18 (unter I, juris Tz 90); zur Notwendigkeit einer Originalurkunde BGHZ **126**, 266 = NJW **94**, 2298; BGH NJW-RR **02**, 933.
57 BGH GRUR **84**, 870 *Schweißpistolenstromdüse II*; BPatG BlPMZ **84**, 204 L.
58 BGH v 09.07.2020 – I ZB 80/19 (Tz 11), GRUR **2020**, 1202 *YOOFOOD/YO*; BPatGE **30**, *148* = GRUR **89**, 495.
59 Vgl GemS OGB BGHZ **91**, 111 = NJW **84**, 2149; BGH NJW **91**, 1175.
60 Vgl GemS OGB BGHZ **91**, 111 = BGH NJW **84**, 2149.
61 BGH NJW **92**, 627.
62 BGH GRUR **95**, 333 (BI2b) *Aluminium-Trihydroxid*.
63 BGHZ **111**, 219, 221 = NJW **90**, 3152; BGH NJW **91**, 1175 f.
64 OLG Frankfurt OLGR **95**, 250.
65 RGZ **107**, 58; OLG München MDR **55**, 176.
66 Vgl GemS OGB BGHZ **91**, 111 = NJW **84**, 2149; BGH NJW **92**, 627; BGH JZ **97**, 855 = AnwBl **98**, 350.

51 Richtet sich die Beschwerde gegen eine Entscheidung, die mit einem Mangel der Vollmacht begründet ist, so ist die Beschwerde dagegen als unbegründet zurückzuweisen, wenn der gerügte Mangel zu Recht festgestellt wurde und der Mangel auch vor BPatG nicht beseitigt wird.[67] Hat DPMA den Mangel der Vollmacht übersehen und ist auch die Beschwerde mit dem gleichen Mangel behaftet, so ist der angefochtene Beschluss aufzuheben, damit der Mangel in 1. Instanz beseitigt werden kann, und nicht die Beschwerde als unzulässig zu verwerfen.[68]

§ 98 (Auslagen)

Art 7 Nr 34 des Kostenbereinigungsgesetzes (BGBl 2001 I 3656 = BlPMZ 2002, 14) hat § 98 wegen Übernahme in das PatKostG (abgedruckt im Anhang 15) aufgehoben.

§ 99 Anwendung von GVG und ZPO, Anfechtbarkeit, Akteneinsicht

(1) Soweit dieses Gesetz keine Bestimmungen über das Verfahren vor dem Patentgericht enthält, sind das Gerichtsverfassungsgesetz und die Zivilprozeßordnung entsprechend anzuwenden, wenn die Besonderheiten des Verfahrens vor dem Patentgericht dies nicht ausschließen.

(2) Eine Anfechtung der Entscheidung des Patentgerichts findet nur statt, soweit dieses Gesetz sie zuläßt.

(3) [1]Für die Gewährung der Akteneinsicht an dritte Personen ist § 31 entsprechend anzuwenden. [2]Über den Antrag entscheidet das Patentgericht. [3]Die Einsicht in die Akten von Verfahren wegen Erklärung der Nichtigkeit des Patents wird nicht gewährt, wenn und soweit der Patentinhaber ein entgegenstehendes schutzwürdiges Interesse dartut.

(4) § 227 Abs 3 Satz 1 der Zivilprozeßordnung ist nicht anzuwenden.

Ilse Püschel

Übersicht

Geltungsbereich	1
Europäisches Patentrecht	2
Literatur	3
Kommentierung zu § 99 PatG	
1 GVG und ZPO	4
1.1 GVG	5
1.2 ZPO	6
1.3 Andere Gesetze	7

---

[67] BPatGE 15, 204.
[68] BPatGE 22, 37.

2	Anfechtbarkeit von Entscheidungen des BPatG	8
3	Akteneinsicht	12
3.1	Akteneinsicht durch Verfahrensbeteiligte	12
3.1.1	BPatG-Akten	12
3.1.2	Beiakten des DPMA	15
3.1.3	Beiakten des EPA	16
3.2	Akteneinsicht durch Dritte	19
3.2.1	Freie Einsicht	20
3.2.2	Berechtigtes Interesse	21
3.2.3	Anonymisierte Beschlussabschrift	22
3.3	Einsicht in Nichtigkeitsakten	25
3.3.1	Nichtigkeitsakten	25
3.3.2	Gewährung der Akteneinsicht	26
3.4	Verfahren bei Akteneinsicht	32
3.4.1	Kosten	33
3.4.2	Rechtsmittel	34
3.5	Akteneinsicht bei BGH	35
3.6	Unterlagen Verfahrenskostenhilfe	37

Geltungsbereich: § 99 galt vor 1981 als § 41 o. § 99 (4) geändert durch Art 3 (13) des Gesetzes zur Abschaffung der Gerichtsferien vom 28.10.1996 (BGBl I 1546 = BlPMZ 97, 1). § 99 PatG entspricht § 82 MarkenG. **1**

Europäisches Patentrecht: Zur Akteneinsicht vor EPA s Rdn 16. **2**

Lit: Ann/Barona Schuldrechtsmodernisierung und gewerblicher Rechtsschutz 2002; – **Lit in VPP-Rundbrief:** Winkler 02, 81 Auswirkungen der ZPO-Reform auf die Beschwerdeverfahren vor BPatG. **3**

1 GVG und ZPO

sowie **GVGEG**[1] und **EGZPO** sind nach § 99 (1) zur Ausfüllung von Lücken des PatG anzuwenden. Dafür müssen zwei Voraussetzungen erfüllt sein: **4**

a) Fehlen einer Regelung im PatG nach Wortlaut oder Sinn und
b) Fehlen von Besonderheiten des Verfahrens vor dem BPatG, die eine Anwendung von GVG- oder ZPO-Vorschriften ausschließen. Besonderheiten ergeben sich insbesondere aus dem Untersuchungsgrundsatz (§ 87 (1)) und dem Fehlen eines Anwaltszwangs. Daher sind alle Vorschriften der ZPO und des GVG, die auf dem Verhandlungsgrundsatz beruhen, unanwendbar. Mit dieser generellen Einschränkung sind folgende Vorschriften des GVG und der ZPO im Beschwerde- oder Nichtigkeitsverfahren vor BPatG entsprechend anwendbar oder unanwendbar:

1.1 GVG
5

§ 17 (1) 1	Fortgeltung einer begründeten Zuständigkeit (Grundsatz der perpetuatio fori)[2]
§ 17a (2) 1	Verweisung wegen Unzulässigkeit des Rechtswegs[3]
§§ 21a – 21i	Präsidium und Geschäftsverteilung, abgedruckt bei § 68

---

1 Vgl BPatGE 21, 112, 113; aA Hirte Mitt 93, 292, 300 rSp.
2 BGH GRUR 07, 862 (Tz 10) *Informationsübermittlungsverfahren II*; GRUR 09, 184 *Ventilsteuerung*; BPatGE 49, 173 *Rundsteckverbinder/perpetuatio fori*; 49, 233 *Einspruchszuständigkeit*; GRUR 09, 184 *Gehäuse/perpetuatio fori*; aA: BPatGE 49, 224 *Gesetzlicher Richter*.
3 BPatG GRUR 11, 949 *Vorrichtung zur Detektion von Wasser in Brennstofftanks von Flugzeugen* (Verweisung an DPMA, gestützt auf § 17a (2) GVG).

§ 153	Geschäftsstelle
§§ 156–164	Rechtshilfe
§ 169 S 2	Ton-, TV- und Filmaufnahmen, s § 69 Rdn 13
§§ 171b, 172, 175	Ausschluss der Öffentlichkeit, Zutritt zur mündlichen Verhandlung, abgedruckt bei § 69 Rdn 9 u 10
§§ 177–183	Sitzungspolizei, abgedruckt bei § 69 Rdn 16
§§ 184–191	Gerichtssprache gemäß § 126 Satz 2 PatG
§§ 194–197	Abstimmung
EGGVG	Anfechtung von Justizverwaltungsakten Art 23–30

1.2 ZPO

§§ 41–49	Ausschließung und Ablehnung, abgedruckt bei § 86
§§ 50–57	Partei- und Prozessfähigkeit[4] s Einl Rdn 41
§§ 59–63	Streitgenossenschaft,[5] vgl § 34 Rdn 16 und § 73 Rdn 56
§§ 66–71	Nebenintervention (s Einl Rdn 231) im Beschwerdeverfahren (anders nach früherer Rspr[6]) zulässig[7] s § 73 Rdn 105, ebenso im Nichtigkeits- und Nichtigkeitsberufungsverfahren[8] s § 81 Rdn 20; § 71 (3) ZPO ist nach § 110 (7) PatG nicht anzuwenden
§§ 79–90	Prozessbevollmächtigte[9] und Vollmacht s Einl Rdn 481 ff und § 97
§§ 91–107	Verfahrenskosten und Kostenfestsetzung, abgedruckt im Anhang zu § 80
§ 93	sofortiges Anerkenntnis,[10] vgl § 84 Rdn 27
§ 98	Vergleich ohne Kostenregelung, vgl § 81 Rdn 180
§§ 114–127	Prozesskostenhilfe, s §§ 129 ff PatG
§§ 128–137	mündliche Verhandlung ergänzend zu § 87 ff.; zu § 128 Abs 4 ZPO s § 78 Rdn 15; zu § 137 (2) u (3) ZPO s § 90 Rdn 5
§ 128a	Verhandlung im Wege der Bild- und Tonübertragung, Videokonferenz[11]
§ 139	Materielle Prozessleitung/Aufklärungspflicht[12] s Einl Rdn 114 ff; § 123 Rdn 38
§ 142	Anordnung der Urkundenvorlegung[13] s Einl Rdn 435.
§ 145	Prozesstrennung s § 81 Rdn 76
§ 147	Verbindung[14] s Einl Rdn 443 und § 81 Rdn 74
§§ 148–150	Aussetzung[15] s Einl Rdn 142; § 81 Rdn 163.
§ 156	Möglichkeit und Pflicht zur Wiedereröffnung der mündlichen Verhandlung, s § 91 Rdn 6.
§ 157	Untervertretung in der mündlichen Verhandlung s § 97 Rdn 12

---

4 BPatG v 16.12.92 – 20 W (pat) 137/90 Schulte-Kartei PatG 35.1 Nr 142 *Querulant*; BPatGE 44, 113 *DR. JAZZ*; 52, 207 *Unterbekleidungsteil*.
5 BPatGE 21, 212; 40, 276 *Verstellvorrichtung*; 49, 219 = BlPMZ 07, 46 *Überwachungssystem*; 53, 6 *Lysimeterstation*; BPatGE BlPMZ 99, 44, 45 *Gemeinsamer Zustellungsbevollmächtigter*.
6 BPatGE 1, 122; 2, 54; 10, 155; 12, 153, 158; 30, 109, 110 Beitritt als Fall der Nebenintervention.
7 BGH GRUR 08, 87 = BlPMZ 07, 459 *Patentinhaberwechsel im Einspruchsverfahren*; BPatGE 51, 95 *Kindersitzerkennung*.
8 ZB BGH v 07.07.2020 – X ZR 150/18, GRUR 2020, 1178 *Pemetrexed II* (Nebenintervention auf Klägerseite zulässig trotz eigener Nichtigkeitsklage).
9 Vgl BPatGE 12, 128; 17, 211; BPatG v 20.05.14 – 23 W (pat) 4/11, juris Tz 79 (insb zu § 89 ZPO).
10 ZB BGH v 13.08.13 – X ZR 73/12, GRUR 2013, 1282 *Druckdatenübertragungsverfahren*; BPatGE 53, 59 *Klageveranlassung bei EP-Patent*.
11 BPatGE 45, 227 = GRUR 03, 176 = BlPMZ 03, 29 *Leiterplattennutzen-Trennvorrichtung/Videokonferenz*.
12 ZB BGH GRUR 10, 950 (Tz 22) *Walzenformgebungsmaschine*; BGH v 22.09.15 – X ZB 11/14 (Tz 14).
13 BPatGE 44, 47 = BlPMZ 01, 246 *Künstliche Atmosphäre*.
14 BPatGE 16, 130; 17, 204; 21, 30; BPatG Mitt 12, 140 *Verfahrensgebühren bei Klageverbindung*.
15 Bzgl Nichtigkeitsverfahren s BPatG Mitt 15, 146 *Extrudierte Platte*; GRUR-RR 16, 397 *(Keine) Aussetzung des Nichtigkeitsverfahrens wegen Vindikationsklage*.

§ 158	Entfernung infolge Prozessleitungsanordnung (s § 69 (3) 2 PatG iVm § 177 GVG)
§§ 160 – 165	Protokoll, abgedruckt bei § 92
§ 166	Zustellung s § 127 Rdn 109 ff
§§ 170–176	Zustellung s § 127 Rdn 109 ff
§§ 177–182	Zustellung s § 127 Rdn 109 ff
§§ 183–185	Zustellung s § 127 Rdn 109 ff
§ 189	Heilung von Zustellungsmängeln s § 127 Rdn 102 ff
§ 190	Zustellungsvordrucke
§ 216	Terminsbestimmung, abgedruckt bei § 89 Rdn 3.
§§ 221–229	Fristbeginn und Berechnung, Einl Rdn 185
§ 227	Terminsänderung, abgedruckt bei § 89 Rdn 5, ausgenommen § 227 (3) 1 ZPO für Termine zwischen 1. 7. und 31. 8. gemäß § 99 (4) PatG
§ 232[16]	Rechtsbehelfsbelehrung, auch im Verfahren vor BPatG anwendbar[17], s § 94 Rdn 21
§§ 233–238	Wiedereinsetzung, ergänzend zu § 123 PatG[18]
§§ 239–251	Unterbrechung s Einl Rdn 424
§ 251	Ruhen des Verfahrens[19]
§ 252	Rechtsmittel bei Aussetzung, unanwendbar im Verfahren vor BPatG[20]
§ 256	Feststellungsantrag[21]
§ 261 (3) Nr 2	Fortdauer der Zuständigkeit (Grundsatz der perpetuatio fori)[22]
§§ 263–264	Klageänderung[23] s § 81 Rdn 71
§ 265	Veräußerung der Streitsache (Umschreibung des Patents) s § 74 Rdn 9; § 81 Rdn 19
§ 265 (2)	Rechtsfolgen der Veräußerung: Veräußerung oder Abtretung des Rechts haben auf das Verfahren keinen Einfluss. Ein Rechtsnachfolger kann anstelle seines Rechtsvorgängers nur mit Zustimmung des Gegners treten[24]
§ 267	Vermutete Einwilligung in Klageänderung[25]
§ 269	Klagerücknahme[26] s § 81 Rdn 168
§ 273	Vorbereitung der mündlichen Verhandlung, abgedruckt bei § 87 Rdn 11
§§ 278 (1), 279	Güteverhandlung im Nichtigkeitsverfahren vgl § 81 Rdn 177, nicht im Beschwerdeverfahren[27]
§ 278 (5)[28]	Güterichter[29]

---

16 IdF durch Art 1 Nr 4 des Gesetzes zur Einführung einer Rechtsbehelfsbelehrung im Zivilprozess und zur Änderung anderer Vorschriften v 5.12.2012, BGBl I 2418, mit Wirkung v 1.1.2014.
17 Vgl amtl Begr zur Neufassung des § 232 ZPO BT-Drs 17/10 490 S 14 liSp unten.
18 Vgl zB BGH GRUR 95, 50; BPatGE 19, 39.
19 BGH GRUR 15, 200 *Ruhen des Verfahrens*.
20 BGH GRUR 07, 859 (Tz 8) *Informationsübermittlungsverfahren I*.
21 Im Patentnichtigkeitsverfahren bzgl Erledigung des Rechtsstreits s BPatG BlPMZ 16, 343 *Reit-/Pferdehalfter*.
22 BGH GRUR 07, 862 (Tz 10) *Informationsübermittlungsverfahren II*; GRUR 09, 184 *Ventilsteuerung*; BPatGE 49, 173 *Rundsteckverbinder/perpetuatio fori*; 49, 233 *Einspruchszuständigkeit*; GRUR 09, 184 *Gehäuse/perpetuatio fori*; BPatGE 50, 196 = Schulte-Kartei PatG 65–80, 86–99 Nr 372 *Abdeckhaube*; aA zu Unrecht BPatGE 49, 224 *Gesetzlicher Richter*.
23 Vgl BPatGE 10, 207, 212; 12, 193, 196; 19, 53.
24 *BGH GRUR 08, 87* = BlPMZ 07, 459 *Patentinhaberwechsel im Einspruchsverfahren*.
25 Vgl BPatGE 53, 167 *Maßstabträger* zum rügelosen Einlassen auf Beteiligtenwechsel im Einspruchsverfahren.
26 Vgl BPatGE 3, 170; 12, 193, 196.
27 Winkler VPP-Rundbrief 2002, 81, 82.
28 IdF durch Art 2 Nr 5 des Gesetzes zur Förderung der Mediation und anderer Verfahren der außergerichtlichen Konfliktbeilegung v 21.7.2012, BGBl I 1577; vgl hierzu **Lit in NJW**: Ahrens NJW 12, 2465 ff, 2469; Fritz/Schröder NJW 14, 1910; **Lit in GRUR**: Brose GRUR 16, 146.
29 Insoweit trifft der Geschäftsverteilungsplan des BPatG eine Regelung, zB für 2021 unter E VII.

§ 281	Verweisung bei Unzuständigkeit[30]
§ 283	Nachgelassener Schriftsatz,[31] vgl § 78 Rdn 34
§ 284	Beweisaufnahme[32] § 46 Rdn 5; § 88 Rdn 6 ff.
§ 287	für die Bestimmung der angemessenen Vergütung nach §§ 23 u 24 (1) PatG
§ 291	offenkundige Tatsachen[33]
§ 293	Feststellung fremden Rechtes
§ 294	Glaubhaftmachung s Einl Rdn 199 ff und § 46 Rdn 46 (eidesstattliche Versicherung)
§ 296	verspätet vorgebrachte Angriffs- und Verteidigungsmittel, unanwendbar[34] vgl dazu Einl Rdn 238
§ 296a	Sachvortrag nach mündlicher Verhandlung[35]
§ 299	Akteneinsicht s § 99 Rdn 12
§ 301	Teilbeschluss,[36] vgl Einl Rdn 211; § 48 Rdn 12; § 79 Rdn 7
§ 303	Zwischenurteil s Einl Rdn 521, § 79 Rdn 7
§ 307	Anerkenntnis im Zwangslizenzverfahren sonst unanwendbar,[37] vgl § 81 Rdn 117, § 84 Rdn 44
§ 308	Bindung an Antrag,[38] vgl Einl Rdn 7 ff; § 73 Rdn 73
§ 309	Erkennende Richter, s § 93 Rdn 9
§§ 310–313	Verkündung (ergänzend s § 94), zu § 310 (2) ZPO[39] vgl § 94 Rdn 5 ff.
§ 313a	Wegfall von Tatbestand und Entscheidungsgründen, unanwendbar s § 94 Rdn 20
§ 314	Beweiskraft des Tatbestandes, s § 96 Rdn 4
§ 315 (1) 2	Unterschrift des Richters[40]
§ 318	Bindung des Gerichts,[41] s § 79 Rdn 43
§ 321	Ergänzung s § 95 Rdn 10
§ 321a ZPO	Abhilfe bei Verletzung des Anspruchs auf rechtliches Gehör Einl Rdn 286; § 79 Rdn 45; § 99 Rdn 9
§ 329	Verkündung und Zustellung von Beschlüssen s § 94 Rdn 15
§§ 355–370	Beweisaufnahme s § 46 u § 88
§§ 371–372	Beweis durch Augenschein[42]
§§ 373–401	Beweis durch Zeugen, vgl § 46 Rdn 23 ff.

---

30 BPatGE **37**, 91, 95; vgl dazu aber § 60 Rn 48 in der 8. Auflage des Kommentars; s auch BPatG GRUR **11**, 949 *Vorrichtung zur Detektion von Wasser in Brennstofftanks von Flugzeugen* (Verweisung an DPMA, gestützt auf § 17a (2) GVG).
31 Vgl BPatGE **19**, 131; **22**, 54.
32 ZB BPatGE **52**, 245 *Tintenpatrone*.
33 BGH BlPMZ **97**, 359 (III2b bb) *Top Selection*.
34 Im Patentnichtigkeitsverfahren gibt es aber mit § 83 (4) PatG eine Verspätungsvorschrift, s die Erläuterungen zu § 83.
35 BPatGE **43**, 77 = BlPMZ **01**, 24 *VISION*.
36 BGHZ **166**, 347 = GRUR **06**, 748 *Mikroprozessor*; vgl auch Hövelmann, Der nicht beschiedene Hilfsantrag, GRUR **09**, 718.
37 BGH GRUR **95**, 577 *Drahtelektrode* mwN; BPatGE **15**, 253 (Wz); zulässig lediglich die Feststellung der Erledigung des Rechtsstreits durch Anerkenntnisurteil: BPatG v 07.08.14 – 2 Ni 2/12 (EP) Schulte-Kartei PatG 81–85a Nr 531 *Bildanzeigevorrichtung*.
38 BGH GRUR **84**, 870 (III3a) *Schweißpistolenstromdüse II*; BPatGE **9**, 47; **16**, 153; **17**, 90, 93; **18**, 189, 195 *Kostenfestsetzung*; **23**, 103; **50**, 66 (II 2.1) = GRUR **08**, 634 *Teileinspruch*.
39 Unanwendbar für Nichtigkeitsurteile nach BPatG BlPMZ **86**, 256.
40 BGH GRUR **94**, 724 *Spinnmaschine*; BPatGE **24**, 125 (für Gbm-Lö-Verfahren); **38**, 16 (für Markeneintragungsverfahren); BPatG v 19.06.15 – 4 Ni 4/14 (EP), Mitt **16**, 85 L *Systeme zur Platzierung von Material in Knochen*; zur fehlenden Unterschrift unter DPMA-Beschlüsse s auch § 73 Rdn 40.
41 BGH BlPMZ **69**, 311 (BIII3c cc) *Waschmittel*; BPatG BlPMZ **71**, 286 L.
42 Vgl zB BlPMZ **07**, 339 *Beweisgebühr für Einsicht von Glaubhaftmachungsmitteln*.

§§ 402–414	Beweis durch Sachverständige[43]
§§ 415–444	Beweis durch Urkunden
§§ 445–455	Beweis durch Parteivernehmung
§§ 478–484	Abnahme von Eiden und Bekräftigungen
§§ 485–494a	Selbständiges Beweisverfahren
§§ 511 ff.	Berufung,[44] ergänzend zu §§ 73 ff.
§ 524	Anschlussberufung
§ 530	verspätet vorgebrachte Angriffs- und Verteidigungsmittel, unanwendbar vgl Einl Rdn 238
§ 567 ff	sonstige Beschwerde[45]
§ 567 (3)	Anschlussbeschwerde s § 73 Rdn 180
§ 572 (3)	Übertragung erforderlicher Anordnungen s § 79 Rdn 13
§ 574 (1) Nr 2	Rechtsbeschwerde, nur im Kostenfestsetzungsverfahren, s § 80 Rdn 111, § 84 Rdn 67
§ 574 (4)	Anschlussrechtsbeschwerde s § 102 Rdn 6
§§ 578–591	Wiederaufnahme s Einl Rdn 546[46]
§§ 704 ff.	Zwangsvollstreckung,[47] für vorläufig vollstreckbare Nichtigkeitsurteile s § 84 Rdn 52
§§ 1067–1069	Zustellung nach Verordnung (EG) Nr 1393/2007, s § 127 Rdn 109.

1.3 Andere Gesetze

Andere Gesetzes als GVG und ZPO können – wenn dazu ein Bedürfnis besteht, zB zur Ausfüllung von Lücken im PatG – sinngemäß angewendet werden, denn § 99 (1) stellt keine abschließende Regelung dar. Daher ergänzend anwendbar auch **BGB**,[48] auf das zudem die ZPO selbst verweist (zB in §§ 50–52, 222 ZPO), GVGEG,[49] **VwGO**[50] und **GWB**, zB zu Fragen, die im Zusammenhang mit dem Untersuchungsgrundsatz stehen. Das Verwaltungsverfahrensgesetz gilt nach seinem § 2 (2) Nr 3 VwVfG[51] nicht für Verfahren vor DPMA und damit auch nicht vor BPatG.

2 Anfechtbarkeit von Entscheidungen des BPatG

Die Anfechtbarkeit von Entscheidungen des BPatG regelt § 99 (2) abschließend.[52] Zulässig sind daher nur Rechtsbeschwerde (§ 100), Berufung (§ 110) und Beschwerde

---

43 Vgl zB BGH GRUR 02, 957 *Zahnstruktur*; 10, 410 *Insassenschutzsystemsteuereinheit*; **14**, 1235 *Kommunikationsrouter*; BPatGE **53**, 194 *Traglaschenkette*; BPatG v 28.06.12 – 4 Ni 2/11, Mitt **14**, 30 L *Vorschaltgerät*.
44 Vgl BGH BlPMZ **77**, 23 (II1b aa) *Tampon* für §§ 512, 548 ZPO; BGH GRUR **84**, 870 *Schweißpistolenstromdüse II* für § 536 ZPO; BPatGE **6**, 66 für § 537 ZPO; **17**, 90, 92 f für §§ 515, 536, 559 ZPO.
45 BGH BlPMZ 08, 354 (Tz 6) *Tramadol* = Schulte-Kartei PatG 65–80, 86–99 Nr 378.
46 Vgl BGH GRUR **95**, 171 *Senatsbesetzung* (für § 579 (1) Nr 1 ZPO); BPatGE **25**, 97.
47 Vgl zB BPatG GRUR **96**, 402 bzgl Vollstreckung aus gerichtlichem Vergleich.
48 Zur Unzulässigkeit einer Nichtigkeitsklage wegen Verstoß gegen Treu und Glauben, § 242 BGB s § 81 Rdn 63.
49 Vgl BPatGE **21**, 112, 113.
50 BGH GRUR **95**, 333 (II3) *Aluminium-Trihydroxid* (§§ 88, 122, 128, 141 VwGO zur Antragsbindung); **97**, 119 (II1a) *Schwimmrahmen-Bremse* (§ 125 (1) 1 VwGO zur Lückenausfüllung); **98**, 138 (II2) *Staubfiltereinrichtung* (zu § 159 S 2 VwGO); BPatGE **21**, 112, 113; **36**, 75, 76 (§ 159 S 2 VwGO); abw: BPatGE **49**, 188 = BlPMZ 07, 236, 239 *CASHFLOW*.
51 § 2 VwVfG idF v 21.9.98 abgedruckt BlPMZ **98**, 490.
52 Amtl Begr zum 6. ÜG BlPMZ 1961, 140, 155.

gemäß § 122, nicht dagegen eine sofortige Beschwerde.[53] § 110 (7) bestimmt lediglich, dass zulässige Beschwerden nicht isoliert erhoben werden können, begründet aber nicht die Zulässigkeit einer nach § 99 (2) unzulässigen Beschwerde.[54] Im *Kostenfestsetzungsverfahren* kommt nach neuerer Rechtsprechung[55] die Rechtsbeschwerde nach § 84 (2) 2 PatG iVm § 574 (1) Nr 2 ZPO in Betracht, vgl § 80 Rdn 111 u § 84 Rdn 67.

9 **Beschwerde wegen greifbarer Gesetzwidrigkeit** ist gesetzlich nicht vorgesehen und kommt nur dann in Betracht, »wenn die Entscheidung jeder rechtlichen Grundlage entbehrt oder mit der geltenden Rechtsordnung schlechthin unvereinbar ist, weil sie dem Gesetz inhaltlich fremd ist«.[56] Seit Inkrafttreten des Zivilprozessreformgesetzes ist ein außerordentlicher Rechtsbehelf wegen greifbarer Gesetzwidrigkeit nicht mehr zulässig,[57] weil dem das Gebot der Rechtsmittelklarheit entgegensteht.[58] Dessen bedarf es auch nicht mehr, da in diesen Fällen nunmehr eine Selbstkorrektur bzw **Gegenvorstellung** in analoger Anwendung des § 321a ZPO eröffnet ist[59] (siehe dazu § 79 Rdn 46 unter iii; § 123 Rdn 14; Einl Rdn 330 f). Gegenvorstellung, mit der eine *Verletzung des rechtlichen Gehörs* gerügt wird, ist aber unzulässig, da hierfür bei Entscheidungen über die Beschwerde die zulassungsfreie Rechtsbeschwerde nach § 100 (3) Nr 3 PatG eröffnet und im Übrigen die **Anhörungsrüge** zur Verfügung steht[60] (vgl Einl Rdn 331 ff; § 79 Rdn 45).

10 Zur **Anschlussbeschwerde** vgl § 73 Rdn 180, zur **Erinnerung** gegen Entscheidungen des Rechtspflegers vgl § 80 Rdn 106, zum Rechtsmittel gegen **Justizverwaltungsakte** s unten Rdn 24, zur **Vorlage an Bundesverfassungsgericht** vgl Einl Rdn 532, zur **Verfassungsbeschwerde** gemäß § 90 BVerfGG vgl Einl Rdn 327, zur **Vorlage an EuGH** vgl Einl Rdn 537 und zur **Individualbeschwerde an EGMR** vgl Einl Rdn 328.

11 **Anfechtbarkeit ist ausgeschlossen: a)** Beschlüsse der Nichtigkeitssenate nur zusammen mit ihren Urteilen gemäß § 110 (7); **b)** für **isolierte Kostenentscheidungen** im

---

53 BGH GRUR **79**, 696 *Kunststoffrad;* BGH v 03.12.02 –X ZB 20/02 Schulte-Kartei PatG 65–80, 86–99 Nr 307 *BPatG-Beschluss, Anfechtung.*
54 BGH v 03.12.02 – X ZB 20/02 Schulte-Kartei PatG 65–80, 86–99 Nr 307 *BPatG-Beschluss, Anfechtung;* BGH v 27.08.13 – X ZR 89/13.
55 BGH GRUR **13**, 427 *Doppelvertretung im Nichtigkeitsverfahren;* GRUR **13**, 430 *Rechtsanwalt im Nichtigkeitsverfahren;* BPatGE **53**, 30 *Rechtsbeschwerde im Kostenfestsetzungsverfahren;* BPatG BlPMZ **12**, 359 *Mitwirkender Rechtsanwalt III;* **12**, 389 *Mitwirkender Vertreter.*
56 BGH GRUR **00**, 151 *Späte Urteilsbegründung;* Mitt **02**, 425 *Außerordentliche Beschwerde;* NJW **94**, 2363 *Greifbare Gesetzwidrigkeit II;* Schwarze ZZP 115 (2002), 25.
57 BGHZ **150**, 133 = NJW **02**, 1577; BGH NJW **03**, 3137; NJW-RR **04**, 1654 = Schulte-Kartei PatG 65–80, 86–99 Nr 326 *Anfechtung abgelehnter Urteilsberichtigung;* BGH NJW-RR **05**, 214; OLG Celle Mitt **04**, 328 L.
58 BVerfG NJW **03**, 1924, 1928 *Rechtsschutz gegen den Richter I;* BGH NJW **04**, 292; NJW-RR **04**, 1654; **05**, 214, 215; **05**, 294, 295.
59 Vgl dazu BGHZ **150**, 133 = NJW **02**, 1577; BGH NJW-RR **07**, 1654; OLG Karlsruhe Mitt **04**, 189 L *Greifbare Gesetzwidrigkeit;* BPatG v 05.10.10 – 35 W (pat) 9/10 (II1.2); BPatG v 16.03.11 – 3 ZA (pat) 35/10 (II1); BPatG v 08.06.11 – 19 W (pat) 22/08; BPatG v 20.10.11 – 35 W (pat) 19/10 (II1.3), jeweils in juris.
60 BGH NJW **07**, 3786 = Mitt **08**, 45 L.

Nichtigkeits-[61] und Beschwerdeverfahren;[62] **c)** isolierte Anfechtung der Kostenentscheidung in einem Nichtigkeitsurteil;[63] **d)** für Entscheidungen des BPatG über den **Streitwert**;[64] **e)** für Rechtsmittel gegen Urteil des BPatG über eine Vollstreckungsabwehrklage;[65] **f)** für Ablehnung einer Berichtigung nach §§ 95, 96; **g)** für Zwischenentscheidung des BPatG über **Aussetzung**;[66] **h)** für Entscheidungen des BPatG über den **Kostenansatz**; nach § 11 (3) PatKostG ist insoweit nicht nur eine Beschwerde, sondern auch eine Rechtsbeschwerde ausgeschlossen.[67]

3 Akteneinsicht

3.1 Akteneinsicht durch Verfahrensbeteiligte

3.1.1 BPatG-Akten

Einsicht bestimmt sich nach § 99 (1) iVm §§ 299 und 299a ZPO. 12
§ 299 ZPO Akteneinsicht, Abschriften
(1) Die Parteien können die Prozessakten einsehen und sich aus ihnen durch die Geschäftsstelle Ausfertigungen, Auszüge und Abschriften erteilen lassen.
(2) Dritten Personen kann der Vorstand des Gerichts ohne Einwilligung der Parteien die Einsicht der Akten nur gestatten, wenn ein rechtliches Interesse glaubhaft gemacht wird.
(3)[68] ¹Werden die Prozessakten elektronisch geführt, gewährt die Geschäftsstelle Akteneinsicht durch Bereitstellung des Inhalts der Akten zum Abruf. ²Auf besonderen Antrag wird Akteneinsicht durch Einsichtnahme in die Akten in Diensträumen gewährt. ³Ein Aktenausdruck oder ein Datenträger mit dem Inhalt der Akte wird auf besonders zu begründenden Antrag nur übermittelt, wenn der Antragsteller hieran ein berechtigtes Interesse darlegt. ⁴Stehen der Akteneinsicht in der nach Satz 1 vorgesehenen Form wichtige Gründe entgegen, kann die Akteneinsicht in der nach den Sätzen 2 und 3 vorgesehenen Form auch ohne Antrag gewährt werden. ⁵Eine Entscheidung über einen Antrag nach Satz 3 ist nicht anfechtbar.
(4) Die Entwürfe zu Urteilen, Beschlüssen und Verfügungen, die zu ihrer Vorbereitung gelieferten Arbeiten sowie die Dokumente, die Abstimmungen betreffen, werden weder vorgelegt noch abschriftlich mitgeteilt.

§ 299a ZPO Datenträgerarchiv
¹Sind die Prozessakten nach ordnungsgemäßen Grundsätzen zur Ersetzung der Urschrift auf 13
einen Bild- oder anderen Datenträger übertragen worden und liegt der schriftliche Nachweis darüber vor, dass die Wiedergabe mit der Urschrift übereinstimmt, so können Ausfertigungen, Auszüge und Abschriften von dem Bild- oder dem Datenträger erteilt werden. ²Auf der Urschrift anzubringende Vermerke werden in diesem Fall bei dem Nachweis angebracht.

---

61 BGH GRUR **68**, 447 (II2b ee) *Flaschenkasten*; BGH v 27.08.13 – X ZR 89/13 Schulte-Kartei PatG 81–85a Nr 532 *Anfechtung BPatG-Kostenbeschluss*; BPatGE **26**, 65, 66.
62 BGH BlPMZ **67**, 134, 135 *Stute*; BPatGE **12**, 238.
63 BGH GRUR **95**, 577 *Drahtelektrode*; keine isolierte Anfechtbarkeit auch im Falle von nachträglicher Änderung der Kostenentscheidung aufgrund Gegenvorstellung s BGH NJW-RR **15**, 1405 = Mitt **15**, 344 L *Rechtsmittelsperre*.
64 BGH Mitt **12**, 41 *Streitwertbeschwerde*; BPatGE **54**, 88 = Mitt **13**, 473 *Streitwertbeschwerde im Patentnichtigkeitsverfahren*.
65 BGH GRUR **02**, 52 *Vollstreckungsabwehrklage*.
66 BGH GRUR **07**, 859 (Tz 8) *Informationsübermittlungsverfahren I*.
67 BGH GRUR **15**, 1144 *Überraschungsei* (die Frage der Niederschlagung von Kosten wg unrichtiger Sachbehandlung betrifft den Kostenansatz).
68 § 299 (3) ZPO idF des Art 11 Nr 5 des Gesetzes zur Einführung der elektronischen Akte in der Justiz und zur weiteren Förderung des elektronischen Rechtsverkehrs v 5.7.2017 mit Wirkung v 1.1.2018, BGBl I 2208.

14 **Freie Einsicht für Verfahrensbeteiligte** besteht grundsätzlich für die gesamte Verfahrensakte – hierzu gehören alle Schriftsätze und Unterlagen, die bei dem Gericht zu dem Verfahren geführt werden[69] – einschließlich der dazugehörigen Akte des DPMA, die sich auf das dem Beschwerdeverfahren vorangegangene patentamtliche Verfahren bezieht;[70] sie ist mit der Beschwerde vorzulegen,[71] wenn nicht abgeholfen wird, und somit notwendiger Bestandteil.[72] Zu anderen beigezogenen Akten von DPMA und EPA s Rdn 15, 16. Soweit die Verfahrensbeteiligten Aktenteile aus dem Verletzungsverfahren oder Erteilungs- bzw Einspruchsverfahren eines parallelen europäischen Patents in das Beschwerdeverfahren eingeführt haben, sind diese ebenfalls Teil der BPatG-Akte und von der Einsicht in die BPatG-Akte umfasst.[73]

Die Verfahrensbeteiligten[74] haben auch Anspruch auf Ausfertigungen, Auszüge und Abschriften, die nach § 299a ZPO auch von einem Bild- oder Datenträger erteilt werden können. Insoweit unterliegt auch die Akteneinsicht in urheberrechtlich geschützte Bestandteile der Akten (*Nichtpatentliteratur*, zB zu den Akten eingereichte Auszüge aus Fachbüchern oder Zeitschriften) für Verfahrensbeteiligte keinen Beschränkungen (s Rdn 19 u § 31 Rdn 47).

In *Zwangslizenzverfahren nach § 81 (1) 1 PatG* Beschränkungen der freien Einsicht für Verfahrensbeteiligte möglich: gemäß § 145a PatG[75] sind die §§ 16 bis 20 des *Gesetzes zum Schutz von Geschäftsgeheimnissen (GeschGehG)*[76] entsprechend anwendbar. § 19 (1) Nr 1 GeschGehG ermöglicht auf Antrag einer Partei eine gänzliche oder teilweise Begrenzung des Personenkreises, der Zugang zu Dokumenten hat, die Geschäftsgeheimnisse enthalten können. Voraussetzung ist, dass zuvor auf Antrag einer Partei eine Einstufung nach § 16 (1) GeschGehG erfolgt ist.

Ausnahmen: Keine Akteneinsicht wird gewährt: a) in **gerichtsinterne Dokumente** des § 299 (4) ZPO; b) Erklärung und Belege über **persönliche und wirtschaftliche Verhältnisse** gemäß § 117 (2) 2 ZPO iVm § 136 PatG, es sei denn, die Partei stimmt zu; c) in Unterlagen, deren Offenlegung die **Menschenwürde** verletzen würde,[77] wie zB ärztliche Atteste zur Begründung eines Wiedereinsetzungsgesuchs; d) Unterlagen, deren Offenlegung eine so gravierende Beeinträchtigung des Beteiligten bedeuten würde, dass der eintretende **materielle oder immaterielle Schaden** in keinem Verhältnis zum Informationsbedürfnis des Antragstellers steht. Wird die Einsicht in solche

---

69 Vgl BGH v 14.01.2020 – X ZR 33/19, GRUR 2020, 327 *Akteneinsicht XXIV* (zu Prozessakten iSv § 299 (1) ZPO).
70 Ebenso Busse/Keukenschrijver, PatG, 9. Aufl 2020, § 99 Rn 29; Rauch in Fitzner/Lutz/Bodewig, PatR, § 99 Rn 14.
71 Die Vorlage von elektronischen Akten oder Aktenbestandteilen des DPMA erfolgt nach § 8 (1) EAPatV (im Anhang 20 = Tabu Gewerbl. Rechtsschutz Nr 303), wobei dem BPatG der Zugriff auf eine elektronische Kopie der elektronischen DPMA-Akte eröffnet wird.
72 Vgl auch VGH Stuttgart NJW **59**, 906.
73 Vgl zur Einsicht in Nichtigkeitsakten BGH GRUR 07, 815 = BlPMZ 07, 492 *Akteneinsicht XVIII*.
74 Vgl LG München I v 13.08.2019 – 7 O 3890/19 zum uneingeschränkten Einsichtsrecht eines Nebenintervenienten, auch wenn Geschäftsgeheimnisse einer Partei betroffen sind.
75 Eingefügt durch Art 1 Nr 38 des Zweiten Gesetzes zur Vereinfachung und Modernisierung des Patentrechts v 10.8.2021, BGBl I 3490 = BlPMZ 2021, 290, mit Wirkung v 18.8.2021.
76 Vom 18.04.2019, BGBl I 466.
77 BPatGE **17**, 18.

Unterlagen abgelehnt, dürfen sie bei der Entscheidung nicht verwertet werden;[78] **e)** in vor BPatG gestellten Antrag auf **Nichtnennung des Erfinders** nach § 63; **f)** wenn das Gericht mit Rücksicht auf einen bei der Einreichung der Unterlagen erklärten Vorbehalt einer Partei von einer Weitergabe der Unterlagen an die Gegenpartei abgesehen hat.[79]

3.1.2 Beiakten des DPMA

Bei beigezogenen Verfahrensakten des DPMA, die sich nicht auf das dem Beschwerdeverfahren vorangegangene patentamtliche Verfahren (insoweit ohne weiteres Einsicht, s Rdn 14) beziehen, sondern auf andere, etwa vergleichbare oder parallele patentamtliche Verfahren, ergibt sich ein nach § 31 PatG etwa erforderliches berechtigtes Interesse für *Verfahrensbeteiligte* idR aus § 93 (2) PatG. Wird die Einsicht abgelehnt, darf die Entscheidung gemäß § 93 (2) nicht auf den Inhalt dieser Akten gestützt werden.[80]

15

Solange das Beschwerdeverfahren anhängig ist, kann nach bisheriger Rechtsprechung das BPatG auch über die Einsicht *Dritter* in die DPMA-Akten entscheiden.[81] Es kann aber Antrag auch an DPMA abgeben.[82] Die Einsicht wird nach § 31 (= § 24 (3) aF) gewährt.[83] Ein solches Wahlrecht besteht nach Einführung der elektronischen DPMA-Akte nicht mehr: Soweit nämlich dem BPatG die DPMA-Akte nicht als Original in Papierform vorgelegt, sondern lediglich eine elektronische Zugriffsberechtigung eröffnet wird (nach § 8 (1) EAPatV[84]), bleibt allein das DPMA als maßgebende aktenführende Stelle für Akteneinsichtsanträge Dritter zuständig. Zur freien Akteneinsicht in DPMA-Akten auf elektronischem Wege s § 31 Rdn 44.

3.1.3 Beiakten des EPA[85]

Nach Veröffentlichung der europäischen Patentanmeldung wird nach Art 128 (4) EPÜ grundsätzlich auf Antrag Einsicht in die Akten der Anmeldung und des darauf erteilten Patents gewährt. Die online-Akteneinsicht ist kostenlos, ebenso die Erteilung von nicht beglaubigten Papierkopien[86]; beglaubigte Kopien aus der Akte sind gebührenpflichtig.[87] Art 128 (4) und Regel 144 EPÜ nehmen von der Akteneinsicht aus: **a)** Vorgänge über Ausschließung und Ablehnung von Kammermitgliedern; **b)** Entwürfe zu Entscheidungen und Bescheiden; **c)** Erfindernennung, wenn der Erfinder nach Regel 20 (1) EPÜ auf seine Nennung verzichtet hat; **d)** Schriftstücke, die vom Präsidenten des EPA von der Einsicht ausgeschlossen werden (s Rdn 18).

16

---

78 Vgl auch BGH v 14.01.2020 – X ZR 33/19, GRUR 2020, 327 (Tz 20, 23) *Akteneinsicht XXIV*.
79 Vgl BGH v 14.01.2020 – X ZR 33/19, GRUR 2020, 327 *Akteneinsicht XXIV*.
80 Vgl *Stein/Jonas/Leipold*, ZPO, 22. Aufl 2008, § 299 Rn 11.
81 BPatGE **1**, 36; **1**, 38; **2**, 35; **2**, 182; **5**, 113; **6**, 14; BGH BlPMZ **66**, 308 (II) *Akteneinsicht III*.
82 Vgl BGH BlPMZ **66**, 308 (II) *Akteneinsicht III*.
83 Vgl BGH BlPMZ **66**, 308 (II) *Akteneinsicht III*; BPatGE **2**, 182, 185; **6**, 14.
84 S Anhang 20 = Tabu Gewerbl. Rechtsschutz Nr 303.
85 IdR besteht die Beiziehung durch BPatG, etwa im Nichtigkeitsverfahren zu europäischen Patenten, nur in einer Papierkopie der frei einsehbaren elektronischen Akte des erteilten Patents, so dass sich keine Geheimhaltungsprobleme stellen.
86 MittEPA ABl 2019, A15; BeschlPräsEPA ABl 2019, A16.
87 BeschlPräsEPA ABl 2019, A14.

17 Schriftstücke, die von der Akteneinsicht nicht ausgeschlossen werden können, dem EPA aber vertraulich mit der Bitte um Geheimhaltung eingereicht werden, dürfen bei der Entscheidung nicht verwertet werden und werden daher dem Einreicher zurückgegeben.[88]

18 Beschluss der Präsidentin des EPA v 12. Juli 2007[89]
1. Von der Akteneinsicht werden von Amts wegen ausgeschlossen:
   a) ärztliche Atteste;[90]
   b) Unterlagen, die sich auf die Ausstellung von Prioritätsbelegen, auf Akteneinsichtsverfahren oder auf Auskünfte aus den Akten beziehen und Anträge auf Ausschluss von Unterlagen von der Akteneinsicht nach Absatz 2 Buchstabe a).
   c) Anträge auf beschleunigte Recherche und beschleunigte Prüfung nach dem »PACE«-Programm, soweit sie mit EPA-Form 1005 oder in einem gesonderten Schriftstück gestellt werden.
2. Andere als in Absatz 1 genannte Schriftstücke oder Teile solcher Schriftstücke
   a) werden auf begründeten Antrag eines Beteiligten oder seines Vertreters von der Akteneinsicht ausgeschlossen, wenn die Akteneinsicht schutzwürdige persönliche oder wirtschaftliche Interessen von natürlichen oder juristischen Personen beeinträchtigen würde;
   b) können ausnahmsweise von Amts wegen von der Akteneinsicht ausgeschlossen werden, wenn die Akteneinsicht prima facie schutzwürdige persönliche oder wirtschaftliche Interessen einer anderen natürlichen oder juristischen Person als die eines Beteiligten oder seines Vertreters beeinträchtigen würde.
3. Die von einem Antrag nach Absatz 2 Buchstabe a) betroffenen Unterlagen werden bis zur rechtskräftigen Entscheidung über den Antrag vorläufig von der Akteneinsicht ausgeschlossen. Wird einem solchen Antrag nicht stattgegeben, so wird Akteneinsicht in diese Unterlagen gewährt, sobald die ablehnende Entscheidung rechtskräftig geworden ist.

3.2 Akteneinsicht durch Dritte

19 Einsicht in die gesamten Gerichtsakten (einschließlich der Verfahrensakten des DPMA, s Rdn 15) mit Ausnahme der in § 299 (4) ZPO genannten Unterlagen und der Erklärung über persönliche und wirtschaftliche Verhältnisse (s § 136 iVm § 117 (2) 2 ZPO) wird auf schriftlichen Antrag gewährt, wenn gemäß § 99 (3) 1 die Voraussetzungen des § 31[91] erfüllt sind (dazu vgl § 31 Rdn 5 ff). Soweit die Akteneinsicht durch Herstellung und Überlassung von Kopien erfolgt, ist dies auch bei urheberrechtlich geschützten Bestandteilen der Akten (*Nichtpatentliteratur,* zB von den Beteiligten zu den Akten eingereichte Auszüge aus Fachbüchern oder Zeitschriften), nicht ausgeschlossen.[92]

Das *Informationsfreiheitsgesetz(IFG)*[93] findet dagegen auf die Akteneinsicht Dritter keine Anwendung; nach seinem § 1 (3) ergibt sich, dass Regelungen wie die Akteneinsicht nach §§ 99 (3), 31 PatG dem IFG vorgehen.[94] Danach gilt:

---

88 Vgl T 0516/89 ABl **92**, 436; T 0811/90 ABl **93**, 728.
89 ABl 07 Sonderausgabe Nr 3 J.3, S 125.
90 Vgl JBK v 1.3.85 ABl **85**, 159; JBK v 17.8.87 ABl **88**, 323.
91 Geändert durch Art 1 Nr 12 des Zweiten Gesetzes zur Vereinfachung und Modernisierung des Patentrechts v 10.8.2021, BGBl I 3490 = BlPMZ **2021**, 290, mit Wirkung v 18.8.2021.
92 Vgl BPatGE **55**, 44 = BlPMZ **15**, 259 *Akteneinsicht in Nichtpatentliteratur* zu Kopien aus DPMA-Akten.
93 Vom 5.9.2005, BGBl I 2722, vgl zum IFG zB VG Berlin JZ **12**, 796 u 799.
94 Vgl BGH GRUR **12**, 317 *Schokoladenstäbchen* (bzgl der Bestimmungen des MarkenG über die Akteneinsicht).

3.2.1 Freie Einsicht

Freie Einsicht besteht, wenn die Anmeldung offengelegt ist sowie in die Akten erteilter 20
Patente, abgetrennter Teile eines Patents und von Beschränkungsverfahren sowie bei
erklärtem Einverständnis. Nicht erfasst sind die Akten selbständiger Nebenverfahren
(vgl § 31 Rdn 14), zB von Kostenfestsetzungsverfahren.[95]

3.2.2 Berechtigtes Interesse

Ein berechtigtes Interesse (vgl dazu § 31 Rdn 18) ist glaubhaft zu machen, a) wenn die 21
Voraussetzungen für eine freie Einsicht nicht gegeben sind, also insbesondere für noch
nicht offengelegte Anmeldungen; b) für Einsicht in Akten von Zwangslizenzverfahren;[96] c) für Einsicht in selbständige Nebenverfahren, s Rdn 20, § 31 Rdn 14.
In *Zwangslizenzverfahren nach § 81 (1) 1 PatG* Beschränkung der Einsicht Dritter
auch bei berechtigtem Interesse möglich: gemäß § 145a PatG[97] sind die §§ 16 bis 20
des *Gesetzes zum Schutz von Geschäftsgeheimnissen (GeschGehG)*[98] entsprechend
anwendbar. Nach § 16 (3) GeschGehG darf Dritten, die ein Recht auf Akteneinsicht
haben, nur ein Akteninhalt zur Verfügung gestellt werden, in dem die Geschäftsgeheimnisse enthaltenden Ausführungen unkenntlich gemacht wurden. Voraussetzung
ist, dass zuvor auf Antrag einer Partei eine Einstufung nach § 16 (1) GeschGehG
erfolgt ist.

3.2.3 Anonymisierte Beschlussabschrift[99]

Der Bitte um Übersendung einer neutralisierten Abschrift einer BPatG-Entscheidung 22
kann ohne Durchführung eines förmlichen Akteneinsichtsverfahrens entsprochen werden.[100] Das gilt nicht, wenn eine vollständige, also nicht anonymisierte Beschlussabschrift erbeten wird.[101] Die Übermittlung anonymisierter Beschlussabschriften ist eine
Angelegenheit der Gerichtsverwaltung,[102] da es sich hierbei um einen Antrag auf Information über Entscheidungen des Gerichts und nicht um Akteneinsicht handelt. Dem
Antrag wird entsprochen[103]: a) wenn die Entscheidung vom zuständigen Senat zur
Veröffentlichung vorgesehen ist oder in JURIS oder ins Internet eingestellt werden
soll; b) bei nicht zur Veröffentlichung vorgesehenen Entscheidungen, wenn ein öffentliches Interesse substantiiert dargelegt ist. Da die Verbreitung höchstrichterlicher Entscheidungen grundsätzlich im allgemeinen Interesse liegt, wird die Überlassung einer

---

95 Vgl BPatGE 25, 123, 124; Benkard/Schäfers, PatG, 11. Aufl 2015, § 31 Rn 78.
96 So BPatG v 25.07.74 – 3 ZA (pat) 5/74; BPatGE 32, 268 lässt offen, ob berechtigtes Interesse nach § 31 PatG oder rechtliches Interesse gemäß § 299 (2) ZPO maßgebend ist.
97 Eingefügt durch Art 1 Nr 38 des Zweiten Gesetzes zur Vereinfachung und Modernisierung des Patentrechts v 10.8.2021, BGBl I 3490 = BlPMZ 2021, 290, mit Wirkung v 18.8.2021.
98 Vom 18.04.2019, BGBl I 466.
99 Schmieder Mitt **91**, 207.
100 BGH NJW 2017, 1819; BGH v 25.03.2021 – IX AR (VZ) 1/19 (Tz 13), MDR 2021, 837; BPatGE **32**, 133 = GRUR **92**, 53 *Neutralisierte Beschlussabschrift I*; BPatGE **32**, 172; **32**, 272 = GRUR **92**, 434 *Wissenschaftlicher Interessent*; aA: BPatGE **32**, 241.
101 BPatGE **10**, 145; **14**, 232; **23**, 55.
102 BGH NJW 2017, 1819; BPatGE **32**, 133 = GRUR **92**, 53 *Neutralisierte Beschlussabschrift I*; BPatGE **32**, 272 = GRUR **92**, 434 *Wissenschaftlicher Interessent*.
103 Verfügung des PräsBPatG v 07.09.92 und v 08.07.05.

nicht veröffentlichten Entscheidung wohl nur abgelehnt werden können, wenn der Antrag ersichtlich einem rein privaten Interesse dient.

23 **Auslagen:** Für anonymisierte Beschlussabschriften wird nach KV Teil 2 Nr 2000 JVKostG[104] eine Dokumentenpauschale erhoben (für die ersten 50 Seiten 0,50 € je Seite und 0,15 € für jede weitere Seite; je Datei 1,50 €).[105] Entscheidungen im Internet sind kostenfrei.

24 **Rechtsmittel:** Antrag auf gerichtliche Entscheidung sieht EGGVG vor: **a)** zur Überprüfung der Rechtmäßigkeit des Justizverwaltungsakts binnen einer Frist von 1 Monat seit Zustellung des Bescheids (§§ 23, 26 EGGVG); **b)** bei Untätigkeit der Behörde ohne zureichenden Grund innerhalb von 3 Monaten seit Antragstellung (§ 27 EGGVG).

3.3 Einsicht in Nichtigkeitsakten[106]

3.3.1 Nichtigkeitsakten

25 Nichtigkeitsakten sind alle beim BPatG erwachsenen Teile, auch wenn die Klage als nicht erhoben gilt.[107] Zu den Akten gehören auch die Angaben zum Streitwert,[108] ein im Verfahren erstelltes Sachverständigengutachten,[109] eingereichte Unterlagen eines Verletzungsprozesses[110] (sofern nicht ein entgegenstehendes schutzwürdiges Interesse geltend gemacht ist[111]), Akten erloschener Patente[112] und die Akten erledigter Berufungsverfahren, die mit den Akten des BPatG gemäß § 19 (2) GO des BGH vereinigt werden.[113] Zu den Akten selbständiger Nebenverfahren, wie zB von Kostenfestsetzungsverfahren, s Rdn 20, 21.

3.3.2 Gewährung der Akteneinsicht

26 Nach § 99 (3) gilt für die Gewährung der Akteneinsicht durch andere als die Parteien des Nichtigkeitsverfahrens § 31 entsprechend; diese Regelungen sind im *Nichtigkeits-*

---

104 In Kraft getreten am 1.8.2013 als Art 2 des Zweiten Gesetzes zur Modernisierung des Kostenrechts v 23.7.2013 (2. KostRMoG, BGBl I 2586, s Tabu Gewerbl. Rechtsschutz Nr 361); hinsichtlich dieser Pauschale keine Änderung durch das Kostenrechtsänderungsgesetz 2021 v 21.12.2020 (KostRÄG 2021, BGBl I 3229); zuvor fällige Kosten richteten sich nach § 4 JVKostO iVm § 136 (2) KostO; vgl BPatGE **32**, 133 u **32**, 272; abw: BPatGE **32**, 172 u **32**, 241.
105 Die gleiche Dokumentenpauschale wird nach § 1 (1) 2 PatKostG iVm GKG KV Teil 9 Nr 9000 erhoben.
106 **Lit in Mitt:** Nölle Mitt **69**, 21; Horn Mitt **70**, 41; **Lit in GRUR:** Boehme GRUR **87**, 668.
107 BPatGE **26**, 165; **53**, 64 = GRUR **12**, 755 *Zulässigkeit der Akteneinsicht.*
108 BGH BlPMZ **72**, 293 (dort *Akteneinsicht VIII*) = GRUR **72**, 441 *Akteneinsicht IX;* auch bzgl Streitwert substantiierte Darlegung von schutzwürdigem Interesse erforderlich, zB BGH v 18.12.14 – X ZR 38/14 (Tz 4).
109 BGH GRUR-RR **11**, 31 *Akteneinsicht XXI;* auch wenn es nicht einfoliert wird: BPatGE **22**, 66, 69.
110 BGH GRUR **07**, 133 *Akteneinsicht XVII;* BGH v 14.02.12 – X ZR 114/11, Mitt **12**, 223 L *Anspruch auf uneingeschränkte Akteneinsicht in Patentnichtigkeitsverfahren.*
111 BGH GRUR **07**, 815 *Akteneinsicht XVIII;* GRUR **08**, 633 *Akteneinsicht XIX;* BGH v 14.02.12 – X ZR 114/11 Mitt **12**, 223 L *Anspruch auf uneingeschränkte Akteneinsicht in Patentnichtigkeitsverfahren.*
112 BGH v 23.05.06 – X ZR 240/02 Schulte-Kartei PatG 65–80, 86–90 Nr 344 *Einsicht in erloschenes Patent.*
113 BPatGE **22**, 66.

berufungsverfahren entsprechend anzuwenden.[114] Danach ist die Einsicht in die Akten des Nichtigkeitsverfahrens grundsätzlich frei (§ 99 (3) 1 iVm § 31 (1) 2). Die Gewährung der Akteneinsicht erfolgt nach § 99 (3) 3 auf Antrag eines Dritten, der keiner Begründung, keiner Benennung des Auftraggebers des antragstellenden Anwalts und keiner Darlegung eines eigenen berechtigten Interesses[115] bedarf, sofern der Patentinhaber (= Nichtigkeitsbeklagter) nicht **ein entgegenstehendes schutzwürdiges Interesse** substantiiert darzutun vermag. Dies kann sich zB daraus ergeben, dass durch die Akteneinsicht geheimhaltungsbedürftige Betriebsinterna, vertrauliche Informationen über die geschäftlichen Verhältnisse bekannt werden können, s Rdn 30. Hierfür genügt dagegen nicht die bloße Erklärung, das Einverständnis zur Akteneinsicht werde nicht erteilt[116] oder das Vorbringen, die Einsicht vermittle Informationen, die für die Rechtsbeständigkeit des Streitpatents nicht relevant seien[117] (weitere Beispiele s Rdn 31).

Ein solches Gegeninteresse kann auch der *Nichtigkeitskläger*[118] oder ein *Nebenintervenient* haben, die daher zur Gewährung des rechtlichen Gehörs vorher zu hören sind.

Interessenabwägung zwischen Antragsteller und Parteien des Nichtigkeitsverfahrens ist erforderlich, wenn ein Gegeninteresse geltend gemacht wird. Einsicht wird nicht gewährt, wenn ein entgegenstehendes schutzwürdiges Interesse des Patentinhabers das Interesse des Antragstellers überwiegt. Da die Einsicht lediglich von einem förmlichen Antrag, nicht aber der Darlegung eines berechtigten Interesses abhängig ist, muss auch ein Anwalt grundsätzlich nicht bereits bei der Antragstellung seinen Mandanten namhaft machen, in dessen Auftrag oder Interesse er den Antrag stellt, oder sein eigenes persönliches Interesse darlegen.[119]

27

Erst wenn der Patentinhaber oder der Nichtigkeitskläger substantiiert (bloßes Widersprechen der Gewährung der Einsicht genügt nicht) ein entgegenstehendes schutzwürdiges Interesse darlegt und – wenn erforderlich – glaubhaft macht, muss der antragstellende Anwalt sein Interesse darlegen und – wenn erforderlich – glaubhaft machen, das

28

---

114 BGH BlPMZ 71, 371 = GRUR 72, 195, 195 *Akteneinsicht VIII*; BlPMZ 72, 293 (dort *Akteneinsicht VIII*) = GRUR 72, 441 *Akteneinsicht IX*; BGH GRUR-RR 11, 31 *Akteneinsicht XXI*; BGH v 07.12.11 – X ZR 84/11; BGH v 18.12.14 – X ZR 38/14 Schulte-Kartei PatG 65–80, 86–99 Nr 499 *Akteneinsicht durch Dritte*.
115 BGH GRUR 01, 143 *Akteneinsicht XV*; st Rspr: BGH v 28.11.00 BGH-Report 01, 223 *Akteneinsicht O20*; BGH v 04.05.04 – X ZR 231/02 Schulte-Kartei PatG 65–80, 86–99 Nr 327 *Akteneinsicht 022*; BGH GRUR 07, 133 *Akteneinsicht XVII*; GRUR 07, 815 *Akteneinsicht XVIII*; GRUR 08, 633 *Akteneinsicht XIX*; GRUR 08, 733 *Akteneinsicht XX*; GRUR-RR 11, 31 *Akteneinsicht XXI*; GRUR-RR 12, 87 *Akteneinsicht XXII*; BPatGE 29, 240; 51, 235 *Umfang der Akteneinsicht*; BPatG Mitt 05, 367 *Akteneinsicht bei Nichtigkeitsverfahren*; BPatGE 51, 235, 236 *Umfang der Akteneinsicht*; BPatGE 55, 55 = BlPMZ 16, 241 *Akteneinsicht bei Geheimhaltungsvereinbarung*.
116 BGH v 14.7.99 – X ZR 225/98 *Akteneinsicht 018* Schulte-Kartei PatG 65–80, 86–99 Nr 291; BGH GRUR 01, 143 *Akteneinsicht XV*; GRUR-RR 11, 31 *Akteneinsicht XXI*.
117 BGH v 14.02.12 – X ZR 114/11(Tz 6), Mitt 12, 223 L *Anspruch auf uneingeschränkte Akteneinsicht in Patentnichtigkeitsverfahren*; BPatGE 51, 235 *Umfang der Akteneinsicht*.
118 BGH BlPMZ 72, 293 (dort *Akteneinsicht VIII*) = GRUR 72, 441 *Akteneinsicht IX*; 07, 133 *Akteneinsicht XVII*.
119 BGH GRUR 01, 143 *Akteneinsicht XV* unter Aufgabe von BGH GRUR 64, 548 *Akteneinsicht I*; BGH GRUR 08, 733 *Akteneinsicht XX*; GRUR-RR 12, 87 *Akteneinsicht XXII*; daher überholt: BPatGE 26, 53; 32, 270, 271.

in seiner Person oder der seines Mandanten bestehen kann. Tut er das nicht, bleibt bei der Interessenabwägung sein Interesse an der beantragten Akteneinsicht unberücksichtigt.[120] Ist der Auftraggeber genannt, kann der Patentinhaber nicht einwenden, es handele sich um einen Strohmann für einen Dritten.[121]

Grundsätzlich kann nur die Berufung auf ein *eigenes* Interesse eine weitergehende Darlegungslast des Antragstellers auslösen.[122] Ein entgegenstehendes schutzwürdiges Interesse liegt daher nicht vor, wenn a) die Beklagte der Einsicht im Hinblick auf Ausführungen über vom Kläger gefertigte Konstruktionen widerspricht;[123] b) der Kläger der Einsicht widerspricht, weil die Akten Angaben zu vom Beklagten Dritten eingeräumten Lizenzen enthalten;[124] c) der Beklagte, der ein Privatgutachten eingereicht hat, ein Geheimhaltungsinteresse des Privatgutachters geltend macht.[125]

29 **Substantiierung**: Die Gründe, die gegen eine Akteneinsicht sprechen, haben die Parteien des Nichtigkeitsverfahrens darzulegen,[126] s Rdn 26. Sie müssen die auszunehmenden Aktenteile grundsätzlich genau bezeichnen,[127] sofern sie sich aus seinem Vortrag nicht ohne weiteres ergeben. Ein Begehren, alle Hinweise auf ein Verletzungsverfahren zu tilgen, ist zu unbestimmt.[128]

30 **Schutzwürdiges Interesse bejaht**: 1. Für **Betriebsinterna**, wie Angaben über Stückzahlen der Herstellung und des Verkaufs[129] und geheimes technisches Know-how;[130] 2. detaillierte Angaben über *betriebliche Verhältnisse* für die Streitwertfestsetzung;[131] 3. für technische Erläuterung der **Verletzungsform** und damit verbundene Ausführungen zum **Schutzumfang**;[132] 4. eingereichtes Urteil, das persönlichkeitsbezogene Umstände enthält;[133] 5. für Aktenteile über die Geltendmachung einer **widerrechtlichen Entnahme**;[134] 6. für Aktenteile, die einen abgeschlossenen **Vergleich** mit vertrau-

---

120 BGH GRUR 01, 143 *Akteneinsicht XV*.
121 BPatGE 33, 101 = BlPMZ 93, 62.
122 BGH v 14.02.2018 – X ZR 110/17, GRUR 2018, 444 *Akteneinsicht XXIII*.
123 BPatGE 22, 66, 69 (Gründe Nr 7).
124 BGH v 07.03.2006 – X ZR 64/05.
125 BGH v 14.02.2018 – X ZR 110/17, GRUR 2018, 444 *Akteneinsicht XXIII*.
126 ZB BGH BlPMZ 07, 322 *MOON* (für Markenanmelder); BGH v 16.06.15 – X ZR 96/14 (Tz 3).
127 BGH BlPMZ 71, 371 = GRUR 72, 195 *Akteneinsicht VIII*; BGH v 07.12.11 – X ZR 84/11 (Tz 4); BGH v 16.06.15 – X ZR 96/14 (Tz 3); BPatG v 20.11.09 – 1 ZA (pat) 6/09, juris (Tz 11).
128 BGH GRUR 07, 133 *Akteneinsicht XVII*.
129 BGH BlPMZ 72, 293 (dort *Akteneinsicht VIII*) = GRUR 72, 441 *Akteneinsicht IX*; BGH v 04.05.04 – X ZR 189/03 Schulte-Kartei PatG 65–80, 86–99 Nr 328 *Schutzwürdiges Gegeninteresse*; BPatGE 22, 66, 67.
130 BGH v 28.09.10 – X ZR 137/09 (versehentliche Einreichung der vertraulichen Version eines Urteils des engl High Court of Justice durch Nichtigkeitskläger).
131 BGH BlPMZ 72, 293 (dort *Akteneinsicht VIII*) = GRUR 72, 441 *Akteneinsicht IX*.
132 BGH GRUR 08, 633 *Akteneinsicht XIX*; BPatGE 25, 34 = GRUR 83, 264.
133 BGH v 04.05.04 – X ZR 189/03 Schulte-Kartei PatG 65–80, 86–99 Nr 328;: BPatGE 26, 66 = GRUR 84, 342.
134 BPatGE 28, 37 = GRUR 86, 806.

lichem Inhalt enthalten;[135] **7. wenn** unter Verletzung einer gerichtlich vereinbarten Geheimhaltung Aktenteile, zB eines amerikanischen pre-trial-discovery-Verfahrens, eingeführt wurden;[136] **8.** im Interesse des Nichtigkeitsklägers für ein eingereichtes **Verletzungsurteil**, in dem eine angegriffene **Ausführungsform** technisch näher erläutert ist;[137] **9.** sofern das **Recht auf informationelle Selbstbestimmung** (Einl Rdn 215) entgegensteht;[138] **10.** für Ausführungen zum **Grund- u Immobilienbesitz** der Nichtigkeitsklägerin, die für die Beurteilung der Nichtigkeitsgründe ohne Bedeutung sind.[139]

Schutzwürdiges Interesse verneint: 1. Für ungefähre **Angaben der Markteinführung** und vertriebene Stückzahlen, die keine Rückschlüsse auf die innerbetriebliche Kalkulation zulassen;[140] **2. vertragliche Vereinbarung** der Parteien, Bestand des Patents nicht zu gefährden;[141] **3.** Liste der ausländischen **Parallelpatente**;[142] **4.** für **Sachverständigengutachten**, das vor BGH erstattet wurde;[143] **5.** für Hinweis auf ein laufendes **Verletzungsverfahren** sowie Kopien von Akten oder Aktenteilen des Verletzungsprozesses bei fehlendem schutzwürdigen Gegeninteresse;[144] der Hinweis darauf, dass der Prozessstoff im Verletzungsprozess der Regelung des § 299 (2) ZPO unterliegt, genügt insoweit nicht;[145] **6.** für nicht näher bezeichnete Aktenteile, die einem später abgeschlossenen Vergleich vorausgehen;[146] **7.** für Aktenteile über die Geltendmachung einer **offenkundigen Vorbenutzung**;[147] **8.** für die Nichtigkeitsakten, wenn die Klage auf Grund eines Vergleichs zurückgenommen wurde,[148] mit Ausnahme des Vergleichs selbst;[149] **8.** für bloße Erklärung der Klägerin, Einverständnis zur Einsicht werde nicht erteilt;[150] **9.** wenn Patentinhaberin lediglich **private Interessen** am Bestand des Patents geltend macht, nämlich dass Wettbewerber keine Details über

---

135 BGH GRUR 08, 733 *Akteneinsicht XX* = Schulte-Kartei PatG 65–80, 86–99 Nr 366 *Akteneinsicht Vergleichsprotokoll;* BPatGE 51, 235 *Umfang der Akteneinsicht;* dagegen einen Vergleich wohl grundsätzlich ausnehmend BGH BlPMZ 71, 371 = GRUR 72, 195, 196 *Akteneinsicht VIII;* BPatG GRUR 86, 806 = BPatGE 28, 37; BPatGE 34, 9, 10.
136 BPatGE 34, 83.
137 BGH GRUR 07, 133 *Akteneinsicht XVII;* BGH GRUR 08, 633 *Akteneinsicht XIX* = Akteneinsicht, Ausführungsform; aber Darlegung erforderlich, weshalb die Angaben zu den angegriffenen Ausführungsformen besonders schutzbedürftig sind vgl BGH v 11.07.2017 – X ZR 17/17 (Tz 4); BPatG v 28.02.2018 – 4 ZA (pat) 59/17 Mitt 2018, 502.
138 BGH BlPMZ 07, 322 *MOON* (III2c bb); BPatG v 20.11.09 – 1 ZA (pat) 6/09, juris (Tz 11).
139 BGH v 15.12.15 – X ZR 96/14 (Tz 4) Schulte-Kartei PatG 65–80, 86–99 Nr 502 *Immobilien, Betriebsinterna.*
140 BPatGE 23, 58 = GRUR 80, 989.
141 BPatGE 22, 66.
142 BPatGE 22, 66.
143 BPatGE 22, 66, 68.
144 BGH GRUR 07, 133 *Akteneinsicht XVII;* GRUR 07, 815 *Akteneinsicht XVIII;* GRUR 08, 633 *Akteneinsicht XIX;* BGH v 14.02.12 – X ZR 114/11 Mitt 12, 223 L *Anspruch auf uneingeschränkte Akteneinsicht in Patentnichtigkeitsverfahren;* BPatGE 25, 34 = GRUR 83, 264.
145 St Rspr BGH GRUR 07, 815 *Akteneinsicht XVIII;* BGH v 12.01.2021 – X ZR 11/19 (Tz 3); BPatG v 28.02.2018 – 4 ZA (pat) 59/17 Mitt 2018, 502.
146 BGH BlPMZ 71, 371.
147 BGH v 15.12.15 – X ZR 96/14 (Tz 5) Schulte-Kartei PatG 65–80, 86–99 Nr 503 *offenkundige Vorbenutzung;* BPatGE 28, 37.
148 BPatGE 34, 9.
149 BGH BlPMZ 71, 371 = GRUR 72, 195 (1) *Akteneinsicht VIII.*
150 BGH v 14.07.99 – X ZB 225/98 Schulte-Kartei PatG 65–80, 86–99 Nr 291 *Akteneinsicht 018.*

Angriffsmöglichkeiten gegen das Streitpatent erfahren sollen;[151] ein solches Vorbringen rechtfertigt auch keine Ausnahme des **gerichtlichen Hinweises nach** § 83 (1) von der Einsicht;[152] **10.** für Vorbringen, die Einsicht vermittle Informationen, die für die Rechtsbeständigkeit des Streitpatents nicht relevant seien;[153] **11.** für **Betriebsinterna** gegenüber dem vorrangigen Interesse der Öffentlichkeit, sich über die Wirksamkeit der **Inanspruchnahme der Priorität** zu informieren, die von der Anmelderin der Voranmeldung an die Beklagte übertragen wurde;[154] **12.** bei bloßer **Geheimhaltungsvereinbarung** der Parteien des Nichtigkeitsverfahrens, ohne dass der Akteninhalt tatsächlich ein schutzwürdiges Gegeninteresse begründet.[155]

3.4 Verfahren bei Akteneinsicht

32   Schriftlicher Antrag erforderlich. *Zuständig* für die Entscheidung ist BPatG. DPMA kann nicht entscheiden **a)** über Einsicht in die Beschwerdeakten, die das gleiche Patent betreffen,[156] **b)** über Einsicht in Nichtigkeitsurteile, die sich in den Akten des erteilten Patents befinden.[157]

Nach § 23 Nr 11 RPflG entscheidet der **Rechtspfleger**, sofern kein Beteiligter Einwendungen erhebt oder eine Geheimhaltung nach § 50 angeordnet wurde, sonst nach § 99 (3) 2 der Senat.[158] Das gilt auch für Anträge auf Einsicht in *Akten eines Zwangslizenzverfahrens*, für die BPatG (nicht dessen Präsident) zuständig ist.[159]

Konkurs oder Insolvenz des Nichtigkeitsklägers unterbricht Akteneinsichtsverfahren nicht.[160]

3.4.1 Kosten

33   Einsicht in Gerichtsakten ist gebührenfrei. Für Ausfertigungen, Auszüge und Abschriften ist die Dokumentenpauschale gemäß § 1 (1) 2 PatKostG iVm KV Teil 9 Nr 9000 GKG zu zahlen: Für die ersten 50 Seiten 0,50 € je Seite und 0,15 € für jede weitere Seite; je Datei 1,50 €.[161]

Eine Kostenauferlegung zu Lasten eines Beteiligten des Akteneinsichtsverfahrens ist nicht möglich.[162] Im Rechtsbeschwerdeverfahren kann die Hauptsache entsprechend § 91a ZPO für erledigt erklärt werden.[163]

---

151   BPatG Mitt 05, 367 *Akteneinsicht bei Nichtigkeitsverfahren*.
152   BPatG Mitt **16**, 556 = BlPMZ **17**, 30 *Akteneinsicht betr den Hinweis nach § 83 Abs 1 PatG*.
153   BGH v 14.02.12 – X ZR 114/11(Tz 6), Mitt **12**, 223 L *Anspruch auf uneingeschränkte Akteneinsicht in Patentnichtigkeitsverfahren*; BPatGE **51**, 235 *Umfang der Akteneinsicht*.
154   BGH v 21.01.13 – X ZR 49/12 Schulte-Kartei PatG 65–80, 86–99 Nr 504 *Priorität*.
155   BPatGE **55**, 55 = BlPMZ **16**, 241 *Akteneinsicht bei Geheimhaltungsvereinbarung*.
156   BPatGE **6**, 14.
157   BPatG BlPMZ **93**, 484.
158   BPatGE **2**, 28, 30; **17**, 18, 21.
159   BPatGE **32**, 268.
160   BPatG v 23.07.92 – 3 ZA (pat) 10/92 Schulte-Kartei PatG 81–85 Nr 302 *Akteneinsicht: Konkurs des Klägers*.
161   Seit 1.8.2013 (zuvor 2,50 €), s Art 3 (2) Nr 108 des Zweiten Gesetzes zur Modernisierung des Kostenrechts v 23.7.2013 (2. KostRMoG, BGBl I 2586).
162   BPatGE **27**, 96; **32**, 270, 272; Mitt **92**, 148; vgl Herden Mitt **94**, 299; abw: BPatG Mitt **70**, 34 (Wz).
163   BGH GRUR **94**, 104 *Akteneinsicht XIII*.

3.4.2 Rechtsmittel

Gegen die Entscheidung des Rechtspflegers ist nach § 23 (2) RPflG die Erinnerung 34
möglich, die er – wenn er ihr nach § 11 (2) 5 RPflG nicht abhilft – dem Senat vorlegt.
Das Erinnerungsverfahren ist nach § 11 (4) RPflG gerichtsgebührenfrei.
Eine Beschwerde gegen eine erstinstanzliche Entscheidung des BPatG findet nicht statt.[164] Entscheidet BPatG über eine Beschwerde gegen eine Akteneinsichtsentscheidung des DPMA, ist Rechtsbeschwerde möglich.
Anfechtung von Justizverwaltungsakten des Präsidenten des BPatG s oben Rdn 24.

3.5 Akteneinsicht bei BGH

In Nichtigkeitsberufungs- und in Rechtsbeschwerdeakten gewährt der BGH-Senat 35
(nicht der BGH-Präsident gemäß § 299 (2) ZPO) analog § 99 (3) Akteneinsicht, und
zwar gemäß § 99 (3) 1 iVm § 31, wenn und solange sich die Akten beim BGH befinden.[165] Sind sie dem EuGH vorgelegt, dann erst nach deren Rückleitung.[166] Einsicht
in BGH-Akten, die nach Erledigung an BPatG zurückgegeben wurden, gewährt
BPatG.[167]

Nennung des Auftraggebers ist nicht erforderlich, wenn Einsicht in **Rechtsbeschwerdeakten** begehrt wird und die Akteneinsicht gemäß § 31 (2) jedermann freisteht. Dann 36
kann ein Anwalt im eigenen Namen auch ohne Nennung seines etwaigen Auftraggebers Einsicht beantragen.[168] Zur Einsicht in **Akten eines Nichtigkeitsberufungsverfahrens** s Rdn 26.

3.6 Unterlagen Verfahrenskostenhilfe

Nach § 117 (2) 2 ZPO dürfen die **Erklärung und die Belege über die persönlichen** 37
und wirtschaftlichen Verhältnisse des Antragstellers dem Gegner nur mit Zustimmung der Partei zugänglich gemacht werden; diese Vorschrift gewährt dem Prozessgegner aber kein subjektives Recht auf Einsicht.[169] Eine Zustimmung liegt nicht darin,
dass die Angaben in einem der Akteneinsicht unterliegenden Schriftsatz enthalten sind.
Entweder reicht der Antragsteller getrennte Schriftsätze ein oder es werden die auszunehmenden Teile geschwärzt.

---

164 BPatGE **32**, 270, 271.
165 BGH GRUR **83**, 365 *Akteneinsicht-Rechtsbeschwerdeakten* unter Aufgabe von BGH BlPMZ **71**, 345; BGH v 21.9.93 – X ZB 24/92 BGH-DAT Zivilsachen.
166 BGH v 28.11.00 – X ZR 237/98 *Akteneinsicht EuGH* Schulte-Kartei PatG 65–80, 86–99 Nr 257.
167 BPatGE **22**, 66.
168 BGH Mitt **99**, 34 für Akten von Gbm-Löschungsverfahren, deren Einsicht nach § 8 (5) 1 GbmG jedermann freisteht; BGH v 21.9.93 – X ZB 24/92 für Rechtsbeschwerdeakten eines erteilten Patents; überholt (s Rdn 26, 28) die aA: BGH v 29.01.91 – X ZB 5/90 Patentrechercheur für Rechtsbeschwerdeakten offengelegter Patentanmeldungen, beide in BGH-DAT Zivilsachen.
169 BGH NJW **15**, 1827 = Mitt **15**, 345 L *Akteneinsicht in Prozesskostenhilfeantrag*.

6. Abschnitt Verfahren vor dem Bundesgerichtshof

1. Rechtsbeschwerdeverfahren

§ 100 Zugelassene und zulassungsfreie Rechtsbeschwerde

(1) Gegen die Beschlüsse der Beschwerdesenate des Patentgerichts, durch die über eine Beschwerde nach § 73 oder über die Aufrechterhaltung oder den Widerruf eines Patents nach § 61 Abs 2 entschieden wird, findet die Rechtsbeschwerde an den Bundesgerichtshof statt, wenn der Beschwerdesenat die Rechtsbeschwerde in dem Beschluß zugelassen hat.

(2) Die Rechtsbeschwerde ist zuzulassen, wenn
1. eine Rechtsfrage von grundsätzlicher Bedeutung zu entscheiden ist oder
2. die Fortbildung des Rechts oder die Sicherung einer einheitlichen Rechtsprechung eine Entscheidung des Bundesgerichtshofs erfordert.

(3) Einer Zulassung zur Einlegung der Rechtsbeschwerde gegen Beschlüsse der Beschwerdesenate des Patentgerichts bedarf es nicht, wenn einer der folgenden Mängel des Verfahrens vorliegt und gerügt wird:
1. wenn das beschließende Gericht nicht vorschriftsmäßig besetzt war,
2. wenn bei dem Beschluß ein Richter mitgewirkt hat, der von der Ausübung des Richteramtes kraft Gesetzes ausgeschlossen oder wegen Besorgnis der Befangenheit mit Erfolg abgelehnt war,
3. wenn einem Beteiligten das rechtliche Gehör versagt war,
4. wenn ein Beteiligter im Verfahren nicht nach Vorschrift des Gesetzes vertreten war, sofern er nicht der Führung des Verfahrens ausdrücklich oder stillschweigend zugestimmt hat,
5. wenn der Beschluß auf Grund einer mündlichen Verhandlung ergangen ist, bei der die Vorschriften über die Öffentlichkeit des Verfahrens verletzt worden sind, oder
6. wenn der Beschluß nicht mit Gründen versehen ist.

Voß

Übersicht

	Geltungsbereich	1
	Literatur	2
	Kommentierung zu § 100 PatG	
I.	Allgemeines	3
II.	Rechtsbeschwerdefähige Entscheidungen	6
1	Beschluss über eine Beschwerde nach § 73	7
2	Einspruchsentscheidung nach § 61 Abs 2	13
III.	Zulassung der Rechtsbeschwerde	14
1	Gründe für die Zulassung der Rechtsbeschwerde	15
1.1	Grundsätzliche Rechtsfrage (§ 100 (2) Nr 1)	15
1.2	Sicherung einheitlicher Rechtsprechung (§ 100 (2) Nr 2)	19
2	Inhalt der Zulassungsentscheidung	20
3	Wirkungen der Zulassung	24
3.1	Rechtsmittel gegen die Nichtzulassung	26

3.2	Bindungswirkung für den BGH		27
IV.	**Zulassungsfreie Rechtsbeschwerde**		**28**
1	Statthaftigkeit einer zulassungsfreien Rechtsbeschwerde		28
1.1	Substanziierter Vortrag der Verfahrensrüge		29
1.2	Teilweise statthafte Rechtsbeschwerde		30
2	Allgemeines zu den Rechtsbeschwerdegründen		31
2.1	Kein Rechtsbeschwerdegrund		32
2.2	Kausalität zwischen Gesetzesverletzung und Entscheidung		33
3	Vorschriftswidrige Besetzung des Gerichts (§ 100 (3) Nr 1)		34
4	Mitwirkung ausgeschlossener oder abgelehnter Richter (§ 100 (3) Nr 2)		37
5	Versagung des rechtlichen Gehörs (§ 100 (3) Nr 3)		38
5.1	Anspruch auf rechtliches Gehör		39
5.2	Voraussetzungen einer erfolgreichen Rüge		42
5.2.1	Mangelnde Kenntnisnahme durch BPatG		43
5.2.2	Erwägung von Vorbringen durch BPatG		44
5.2.3	Kausalität zwischen Verstoß und Entscheidung		45
5.3	Rechtsprechung		46
6	Vertretungsmangel (§ 100 (3) Nr 4)		48
7	Öffentlichkeit der Verhandlung (§ 100 (3) Nr 5)		51
8	Fehlende Gründe (§ 100 (3) Nr 6)		53
8.1	Zweck		53
8.2	Begründungszwang		54
8.3	Fehlen von Gründen		56
8.4	Kausalität		57
8.5	Rechtsprechung		58
8.6	Selbstständige Angriffs- und Verteidigungsmittel		60
8.6.1	Begriff		61
8.6.2	Begründungszwang		63
8.6.3	Kausalität		64
8.6.4	Rechtsprechung zu Angriffs- und Verteidigungsmitteln		65

1 **Geltungsbereich:** In § 100 (= § 41p PatG aF) hat Art 2 Nr 25 des 2. PatGÄndG in Abs 3 mit Wirkung vom 1.11.98 die Nr 3 neu eingefügt und die alten Nrn 3–5 in Nrn 4–6 umnummeriert. Art 1 Nr 11 des Gesetzes zur Änderung des patentrechtl Einspruchsverfahrens und des PatKostG v 21.6.2006 hat die Worte »oder über die Aufrechterhaltung oder den Widerruf eines Patents nach § 61 Abs 2« hinzugesetzt.

2 **Lit in GRUR: Kockläuner** 65, 178; **Löscher** 66, 5; **Röhl** 66, 117; **Möhring** 72, 245; **Hesse** 74, 711; **von Gamm** 77, 413; **Kraßer** 80, 420; **Schülke** 94, 468; **Bühling** 94, 890; **Seiler** 11, 287; **Lit in Mitt: Wiehle** 63, 2; **Kockläuner** 66, 131; **Engel** 79, 61; **Bender** 98, 85.

I. Allgemeines

3 § 100 PatG regelt die Statthaftigkeit der Rechtsbeschwerde gegen bestimmte Entscheidungen des BPatG. Die Rechtsbeschwerde ist ein der Revision vergleichbares Rechtsmittel,[1] das mit seiner Einlegung zu einem revisionsmäßig ausgestalteten Rechtsbeschwerdeverfahren führt, wenn die Rechtsbeschwerde statthaft ist und die weiteren Voraussetzungen für ihre Zulässigkeit vorliegen.

4 Die Statthaftigkeit der Rechtsbeschwerde setzt voraus: **a)** gemäß § 100 (1) eine rechtsbeschwerdefähige Entscheidung und **b)** gemäß § 100 (1) u (2) die Zulassung der Rechts-

---

[1] BGH GRUR 83, 725, 727 *Ziegelsteinformling I*; 97, 360 (II1) *Profilkrümmer*.

beschwerde (s Rdn 14–27) oder gemäß § 100 (3) die Rüge eines Verfahrensmangels (s Rdn 28–66).

Fehlt eine der Voraussetzungen zu a) und b), ist die Rechtsbeschwerde unzulässig, so zB wenn die Rechtsbeschwerde zwar zugelassen ist, sich aber nicht gegen eine Entscheidung isD § 100 (1) richtet oder kraft Gesetzes ausgeschlossen ist (§ 62 (2) 3,[2] § 135 (3)). Die Regelung ist mit dem Grundgesetz vereinbar.[3]

II. Rechtsbeschwerdefähige Entscheidungen

Der Rechtsbeschwerde sind gemäß § 100 (1) Beschlüsse der Beschwerdesenate des BPatG (nicht eines Nichtigkeitssenats) zugänglich, durch die über eine Beschwerde nach § 73 oder über einen Einspruch nach § 61 (2) entschieden wurde.

1 Beschluss über eine Beschwerde nach § 73

Voraussetzungen für einen Beschluss über eine Beschwerde nach § 73:

a) *Beschluss einer Prüfungsstelle oder Patentabteilung* des DPMA, der eine abschließende Regelung enthält, die die Rechte der Beteiligten berühren kann (vgl § 73 Rdn 26–45). Ein solcher Beschluss kann sich auf die Hauptsache (Anmeldung oder Patent), auf Zwischenstreite (zB Zulässigkeit,[4] Aussetzung[5]) oder auf Nebenfragen beziehen, wie zB Rückzahlung von Gebühren,[6] Rechtzeitigkeit der Erklärung nach § 37 (1) (vgl § 20 (2)), Akteneinsicht. § 11 (5) PatKostG steht Statthaftigkeit nicht entgegen, solange sich die Rechtsbeschwerde nicht gegen den Kostenansatz wendet,[7] sondern die Grundlage für die Erhebung oder Erstattung einer Gebühr in Frage steht.[8]

b) *Beschwerde* gegen einen Beschluss zu a) gemäß § 73 oder eine vom BPatG angenommene Beschwerdezuständigkeit, zB über eine nach § 60 aF entstandene Teilanmeldung entscheiden zu dürfen;[9]

c) *zweitinstanzlicher Beschluss des BPatG* über die Beschwerde. Entscheidet BPatG *erstinstanzlich*, also über Fragen, die erstmals im Beschwerdeverfahren auftreten, über die DPMA nicht entschieden hatte, so ist die Rechtsbeschwerde insoweit nicht statthaft,[10] es sei denn, BPatG entscheidet auf Grund einer angenommenen Beschwerdezuständigkeit.[11] »*Über die Beschwerde*« entscheidet BPatG durch Beschluss gemäß § 79 (Stattgabe oder Zurückweisung der Beschwerde, Verwerfung als unzulässig, Zurück-

---

2 BGH GRUR 86, 453 *Transportbehälter.*
3 BGH GRUR 68, 59 (III) *Golden Toast.*
4 BGH GRUR 85, 519 *Wärmeaustauscher.*
5 BPatGE 8, 205.
6 BGH GRUR 93, 890 *Teilungsgebühren.*
7 BGH GRUR 15, 1144 *Überraschungsei.*
8 BGH GRUR 11, 1053 *Ethylengerüst*; 14, 102 (Tz 5) *Prüfungsgebühr.*
9 BGH GRUR 99, 148 (II) *Informationsträger.*
10 BPatGE 29, 194, 198 = BlPMZ 88, 257.
11 BGH GRUR 99, 148 (II) *Informationsträger.*

§ 100 *Rechtsbeschwerdeverfahren*

verweisung[12]) sowie durch die Feststellung, dass die Beschwerde als nicht erhoben gilt[13] oder dass sie zurückgenommen ist.

11 **Rechtsbeschwerdefähigkeit bejaht** für folgende Entscheidungen: **1.** Zurückverweisung;[14] **2.** Feststellung, dass Beschwerde als nicht erhoben gilt;[15] **3.** Verwerfung als unzulässig wegen Versäumung der Beschwerdefrist,[16] wegen fehlender Beschwerdebefugnis[17] oder Beschwer;[18] **4.** Entscheidung über eine erst vor BPatG erklärte Ausscheidung,[19] Teilung[20] oder Erweiterung; **5.** Zwischenentscheidung des BPatG, die Einspruch für unzulässig erklärt;[21] **6.** Ablehnung der Wiedereinsetzung bei Versäumung der Beschwerdefrist, weil damit entschieden wird, dass die Beschwerde als nicht erhoben gilt (bestr);[22] **7.** Gebührenermäßigung bei Lizenzbereitschaft;[23] **8.** Ablehnung der beantragten Gebührenrückerstattung;[24] **9.** Gebührenerhebung, wenn Grundlage für Erhebung in Streit steht;[25] **10.** Ablehnung einer beantragten Kosten(grund)entscheidung.[26]

12 **Rechtsbeschwerdefähigkeit verneint** für folgende Entscheidungen: **1.** Zwischenentscheidungen über erstmals vor BPatG auftretende Zwischenstreite, wie vor BPatG gestellte Anträge Dritter auf Einsicht in die Beschwerdeakten[27] oder in die Akten der Patentanmeldung oder des Patents,[28] Zulassung einer Streithilfe,[29] Zurückweisung eines Ablehnungsgesuchs;[30] **2.** über **Prozesskosten** wie über die Wertfestsetzung, die Kostentragung, die Beitreibung oder die Festsetzung der Patentanwaltskosten,[31] den Nebenpunkt einer Entscheidung über die Kosten,[32] die Ablehnung der **Rückzahlung der Beschwerdegebühr** oder eine isolierte **Kostenentscheidung**;[33] **3.** Entscheidungen im **Kostenfestsetzungsverfahren**;[34] **4.** Festsetzung der Gebühren des beigeordneten

---

12 BGH GRUR **72**, 472 *Zurückverweisung*; vgl **78**, 591 *KABE*.
13 BGH GRUR **72**, 196 *Dosiervorrichtung*; **79**, 696 *Kunststoffrad*; **97**, 636 *Makol*; BPatGE **12**, 163.
14 BGH GRUR **72**, 472 *Zurückverweisung*.
15 BGH GRUR **72**, 196 *Dosiervorrichtung*.
16 BGH GRUR **68**, 615 *Ersatzzustellung*.
17 BGH GRUR **67**, 543 *Bleiphosphit*.
18 BGH GRUR **67**, 435 *Isoharnstoffäther*.
19 BGH GRUR **72**, 472 *Zurückverweisung*.
20 BGH GRUR **99**, 148 (II) *Informationsträger*.
21 BGH GRUR **85**, 519 *Wärmeaustauscher*.
22 So auch Hesse in Klauer-Möhring § 41p Anm 2; aA: BPatGE **1**, 137, 141.
23 BGH GRUR **67**, 245 *Lizenzbereitschaft für Geheimpatent*.
24 BGH GRUR **93**, 890 (II) *Teilungsgebühren*; **14**, 710 *Prüfungsgebühr*.
25 BGH GRUR **11**, 1053 *Ethylengerüst*.
26 BGH GRUR **01**, 139 *Parkkarte*.
27 BPatGE **17**, 18, 25.
28 BPatGE **5**, 113, 115; Mitt **63**, 18.
29 BGH GRUR **69**, 439 *Bausteine*; BPatGE **2**, 54, 56; Mitt **68**, 214, 216.
30 BGH GRUR **85**, 1039 *Farbfernsehsignal II*; **90**, 434 *Wasserventil*; BPatGE **2**, 86, 89.
31 BGH GRUR **93**, 890 (II) *Teilungsgebühren*.
32 BGH GRUR **67**, 94, 96 *Stute*; **01**, 139 (B1) *Parkkarte*; BPatGE **2**, 209; **3**, 173, 178; **7**, 210, 214; **12**, 238; abw: **2**, 61, 68.
33 BPatGE **12**, 238.
34 BGH GRUR **86**, 453 *Transportbehälter*; **01**, 139 *Parkkarte*.

Vertreters;[35] **5.** für Fragen eines erst im Beschwerdeverfahren erklärten **Beitritts**;[36] **6.** Aussetzung oder Ablehnung der **Aussetzung des Einspruchsverfahrens**;[37] **7.** Ablehnung der Bewilligung von **Verfahrenskostenhilfe** durch BPatG.[38]

2 Einspruchsentscheidung nach § 61 Abs 2

Beschlüsse des BPatG, durch die über die Aufrechterhaltung oder den Widerruf eines Patents nach § 61 (2) entschieden wird, unterliegen ebenfalls der Rechtsbeschwerde. Dies kann jede das Einspruchsverfahren abschließende Entscheidung sein, die das BPatG an Stelle des Patentamts trifft, entgegen dem Wortlaut der Regelung auch die Verwerfung des Einspruchs.[39] In **Alt-Fällen** vor der Geltung von § 61 (2) findet nach § 147 (3) 5 aF weiterhin die Rechtsbeschwerde gegen den angefochtenen Beschluss statt, wenn die Zuständigkeit des BPatG für die Einspruchsentscheidung gemäß § 147 (3) Nr 1 aF begründet war.[40] **13**

III. Zulassung der Rechtsbeschwerde

Die Zulassung der Rechtsbeschwerde erfolgt durch BPatG von Amts wegen, wenn einer der Gründe aus § 100 (2) vorliegt. **14**

1 Gründe für die Zulassung der Rechtsbeschwerde

1.1 Grundsätzliche Rechtsfrage (§ 100 (2) Nr 1): *Rechtsfrage* ist ein umfassender Begriff, Gegensatz: Tatfragen[41] (zB technische Würdigung der Erfindung, Beweiswürdigung). Jede Subsumtion eines Sachverhalts unter eine Norm oder einen unbestimmten Rechtsbegriff ist Rechtsfrage. **15**

Entscheidungserheblich muss die Rechtsfrage sein, weil sie nach § 100 (2) Nr 1 »zu entscheiden sein« muss.[42] Kommt es auf die Beantwortung der Rechtsfrage nicht an, weil aus anderen Gründen zu Ungunsten des Beschwerten zu entscheiden ist, scheidet eine Zulassung aus. **16**

Grundsätzlich ist eine Rechtsfrage, wenn ein Interesse der Allgemeinheit (nicht des Einzelnen[43]) für die Zukunft besteht, insbes wenn sie für eine größere Zahl gleicher Fälle entscheidungserheblich ist,[44] und sie vom BGH noch nicht entschieden ist[45] oder die Auslegung einer BGH-Entscheidung im Streit ist.[46] Wirtschaftliche Bedeutung ist nicht synonym mit grundsätzlicher Bedeutung.[47] Verfassungsrechtliche Bedenken **17**

---

35 BGH GRUR **88**, 115 *Wärmeaustauscher II*; 01, 139 *Parkkarte*.
36 BPatGE 29, 194 = BlPMZ **88**, 257.
37 BGH GRUR **07**, 859 *Informationsübermittlungsverfahren I*.
38 BGH GRUR **08**, 732 *Tegeler Floristik*.
39 BGH GRUR **09**, 1098 *Leistungshalbleiterbauelement*.
40 BGH GRUR **09**, 1098 *Leistungshalbleiterbauelement*.
41 Vgl BPatGE **6**, 84, 90; **7**, 63, 70; **8**, 55, 60.
42 BPatGE **13**, 216, 223.
43 BPatGE **5**, 192, 198.
44 BPatGE **3**, 173, 178; **4**, 85, 90.
45 BPatGE **9**, 263, 271.
46 BGH BlPMZ **71**, 165, 168 *Dilactame*.
47 BGH NJW **79**, 219 zu § 554b ZPO.

§ 100　　Rechtsbeschwerdeverfahren

können die Zulassung rechtfertigen.[48] War dem Präsidenten des DPMA gemäß § 77 der Beitritt wegen einer grundsätzlichen Rechtsfrage anheimgegeben, so ist auch die Rechtsbeschwerde zuzulassen, wenn die Rechtsfrage noch entscheidungserheblich ist.[49]

18　EPA-Rechtsprechung ist von BPatG als sachverständige Stellungnahme von erheblichem Gewicht zu berücksichtigen.[50] Will BPatG davon abweichen, insbesondere von Entscheidungen und Stellungnahmen der Großen Beschwerdekammer oder von Entscheidungen der Beschwerdekammern zu europäischen Vorschriften, die in das PatG im Wege der Harmonisierung übernommen worden sind, so ist die Rechtsbeschwerde wegen der grundsätzlichen Bedeutung einer europaweit möglichst einheitlichen Anwendung des gleichen Rechts zuzulassen. Eine grundsätzliche Bedeutung fehlt, wenn BPatG im Einzelfall den gleichen Stand der Technik anders wertet als EPA.[51]

19　**1.2 Sicherung einheitlicher Rechtsprechung (§ 100 (2) Nr 2):** Zulassung ist erforderlich, wenn Senat von einer Entscheidung des BGH oder eines anderen Senats des BPatG oder von einer Amtsübung des DPMA abweichen will. Dagegen nicht, wenn der Senat seine eigene Rspr ändert oder der andere Senat auf Anfrage an seiner Rspr nicht festhält oder wenn eine früher unterschiedliche Rspr sich inzwischen vereinheitlicht hat.[52]

2 Inhalt der Zulassungsentscheidung

20　Die Zulassung der Rechtsbeschwerde erfolgt durch BPatG von Amts wegen »in dem Beschluss«, also im Tenor oder in den Gründen.[53] Schweigt der Beschluss, so ist die Rechtsbeschwerde nicht zugelassen.[54] Die Zulassung kann nicht nachgeholt werden, weder gemäß § 321 ZPO[55] noch im Wege der Berichtigung nach § 95,[56] selbst wenn die Zulassung nur versehentlich unterblieben ist.[57] Begründung der Zulassung oder Nichtzulassung ist nicht erforderlich, ihr Fehlen eröffnet daher nicht die zulassungsfreie Rechtsbeschwerde gemäß § 100 (3) Nr 6.[58]

21　Eine **beschränkte Zulassung** der Rechtsbeschwerde ist möglich: **a)** für bestimmte *abgrenzbare Verfahrensteile*,[59] zB einen von mehreren Nebenansprüchen[60] oder einen von mehreren Löschungsgründen im Gebrauchsmusterlöschungsverfahren;[61] es muss sich um einen tatsächlich und rechtlich selbstständigen Teil des Gesamtstreitstoffs han-

---

48　BPatGE **21**, 106 = BlPMZ **78**, 376.
49　BGH BlPMZ **87**, 203 (II1) *Streichgarn*.
50　BGH GRUR **98**, 895 = ABl **99**, 322 *Regenbecken*.
51　BPatG Mitt **89**, 115.
52　BPatGE **17**, 11.
53　BGH GRUR **78**, 420 *Fehlerortung*.
54　BPatGE **2**, 200.
55　BPatGE **22**, 45, 46.
56　BPatGE **22**, 45, 46.
57　BGHZ **20**, 188, 190 f.
58　BGH GRUR **63**, 593 (IV2c) *Radgehäuse*; **64**, 519 *Damenschuhabsatz*; **65**, 502 (III1) *Gaselan*.
59　BGH GRUR **78**, 420 *Fehlerortung*; **94**, 730 *Value*.
60　BGH GRUR **78**, 420 *Fehlerortung*.
61　BGH GRUR **12**, 1243 *Feuchtigkeitsabsorptionsbehälter*; **13**, 1135 (Tz 39) *Tintenstrahldrucker*.

deln, der Gegenstand einer Teilentscheidung sein könnte *oder* auf den der Rechtsbeschwerdeführer selbst sein Rechtsmittel zulässig beschränken könnte;[62] **b)** für bestimmte *Verfahrensbeteiligte*,[63] zB den beschwerten Beteiligten oder auch nur für die Vorfrage der Zulässigkeit eines Beitritts eines Beteiligten zum Einspruchsverfahren.[64]

Unzulässig ist eine Beschränkung auf eine bestimmte Rechtsfrage,[65] auf einzelne rechtliche Gesichtspunkte oder auf einen von mehreren Beurteilungsgesichtspunkten eines Begriffs.[66] Eine solche Beschränkung ist ohne Wirkung, so dass die Rechtsbeschwerde uneingeschränkt zugelassen ist. 22

Eine Beschränkung muss *ausdrücklich und unzweideutig* ausgesprochen sein.[67] Sie wird im Tenor ausgesprochen oder ergibt sich aus den Gründen der Beschwerdeentscheidung. Letzteres ist anzunehmen, wenn sich die Frage, die Anlass zur Zulassung gab, nur für einen eindeutig abgrenzbaren selbstständigen Teil des Streitstoffes stellt.[68] Der Wille für eine beschränkte Zulassung kann sich auch durch die Abfolge der Aussprüche des angefochtenen Beschlusses ergeben.[69] Bei Zweifeln ist von unbeschränkter Zulassung auszugehen. Eine zulässige Beschränkung hindert nicht das Eingehen auf Rechtsfragen, die mit der beschränkten Rechtsbeschwerde in sachlichem Zusammenhang stehen. 23

3 Wirkungen der Zulassung

Die Zulassung eröffnet die Rechtsbeschwerde, **a)** vorausgesetzt sie richtet sich gegen eine rechtsbeschwerdefähige Entscheidung (s Rdn 6–13); eine nicht-rechtsbeschwerdefähige Entscheidung kann nicht im Wege der Zulassung der Rechtsbeschwerde zugänglich gemacht werden; **b)** im Rahmen einer wirksamen Beschränkung der Zulassung (s Rdn 21) **c)** für den beschwerten Verfahrensbeteiligten, wenn und soweit die angefochtene Entscheidung hinter seinem sachlichen Begehren zurückbleibt.[70] 24

Eine unbeschränkte Zulassung führt zu einer vollen Nachprüfung einer statthaften Rechtsbeschwerde durch den BGH. Das gilt auch, wenn für BPatG Motiv der Zulassung eine bestimmte Rechtsfrage war.[71] Der beschwerte Rechtsbeschwerdeführer kann jeden revisiblen Verstoß rügen. Er braucht nicht zu rügen, dass die Rechtsfrage falsch entschieden sei, wegen der die Rechtsbeschwerde zugelassen ist.[72] 25

---

62 BGH GRUR 07, 859 *Informationsübermittlungsverfahren I*; 09, 90 *Beschichten eines Substrats*.
63 BGH GRUR 93, 969 *Indorektal II*.
64 BGH Beschl v 29.8.17, X ZB 3/15, GRUR 18, 216 (Tz 11) *Ratschenschlüssel I*.
65 *BGH GRUR* 65, 416, 418 *Schweißelektrode I*; 84, 797 *Zinkenkreisel*; 91, 307 *Bodenwalze*; 93, 744, 745 *MICRO CHANNEL*; 95, 732 *Füllkörper*; 98, 394 *Active Line*; 97 360 *Profilkrümmer*.
66 BGH GRUR 94, 730 *Value*.
67 BGH GRUR 83, 725 *Ziegelsteinformling I*; 93, 969 *Indorektal II*; 94, 730 (III) *Value*.
68 BGH GRUR 12, 1243 (Tz 5) *Feuchtigkeitsabsorptionsbehälter*; 13, 1135 (Tz 36) *Tintenstrahldrucker*.
69 BGH Beschl v 29.8.17, X ZB 3/15, GRUR 18, 216 (Tz 10) *Ratschenschlüssel I*.
70 BGH GRUR 84, 797 *Zinkenkreisel*; 97, 360 *Profilkrümmer*.
71 BGH GRUR 64, 276 *Zinnlot*; 71, 115 *Lenkradbezug I*; 79, 619 *Tabelliermappe*.
72 BGH GRUR 84, 797 *Zinkenkreisel*; 97, 360 *Profilkrümmer*; 02, 47 *Idarubicin III*.

26 **3.1 Rechtsmittel gegen die Nichtzulassung** der Rechtsbeschwerde als solche sind unzulässig. Eine Nichtzulassungsbeschwerde ist nicht gegeben.[73] Allerdings kann die unterbliebene Zulassung eine Verletzung des Anspruchs auf rechtliches Gehör begründen und eine zulassungsfreie Rechtsbeschwerde aus Nr 3 begründen.[74]

27 **3.2 Bindungswirkung für den BGH** durch eine (Nicht-)Zulassung ist grundsätzlich gegeben, selbst wenn die Nichtzulassung fehlerhaft ist oder wenn die Zulassungsgründe des § 100 (2) für eine Zulassung nicht vorliegen; *Ausnahmen:* offensichtlich gesetzwidrige Zulassung, zB in einem nicht-rechtsbeschwerdefähigen Beschluss (s Rdn 6 ff), Zulassung durch nachträgliche Ergänzung oder Berichtigung eines keine Zulassung aussprechenden, wirksamen Beschlusses oder wenn eine Entscheidungserheblichkeit unter keinem Gesichtspunkt besteht[75] (abstrakte Rechtsfrage).

IV. Zulassungsfreie Rechtsbeschwerde

1 Statthaftigkeit einer zulassungsfreien Rechtsbeschwerde

28 Die zulassungsfreie Rechtsbeschwerde ist gegen eine rechtsbeschwerdefähige Entscheidung (s Rdn 6 ff.) bereits dann statthaft, wenn durch substanziierten Vortrag das Vorliegen einer der Verfahrensmängel in § 100 (3) Nr 1–6 behauptet wird.[76]

29 **1.1 Substanziierter Vortrag der Verfahrensrüge** genügt für die Statthaftigkeit der Rechtsbeschwerde; entgegen dem ungenauen Wortlaut der Regelung ist das – objektive – Vorliegen eines Verfahrensmangels keine Zulässigkeitsvoraussetzung für dieses Rechtsmittel.[77] Eine ausreichende Substanziierung fehlt, wenn der Verfahrensmangel (zB Fehlen von Gründen) lediglich bezeichnet wird, aber keine Angaben vorgetragen werden, aus denen er sich ergeben kann.[78] Ob der Rechtsbeschwerdegrund tatsächlich vorliegt, ist eine Frage der Begründetheit, nicht der Statthaftigkeit.[79]

30 **1.2 Teilweise statthafte Rechtsbeschwerde** ist insgesamt statthaft. Jedoch können neben einem zulässig gerügten, aber nicht vorliegenden Mangel des § 100 (3) andere Mängel nicht gerügt werden.[80]

2 Allgemeines zu den Rechtsbeschwerdegründen

31 § 100 (3) zählt die Rechtsbeschwerdegründe gegen eine rechtsbeschwerdefähige Entscheidung (s Rdn 6–13) erschöpfend auf,[81] andere Rügen eröffnen die zulassungsfreie Rechtsbeschwerde nicht. Auch die auf die Frage der Zulässigkeit des Beitritts zum Einspruchsverfahren beschränkte Zulassung der Beschwerde ermöglicht für sich genommen nicht die Überprüfung der Beschwerdeentscheidung über die in § 100 (3)

---

73 Amtl Begr zum 6. ÜG BlPMZ **61**, 140, 156; BGH GRUR **68**, 59 *Golden Toast*; **14**, 1232 (Tz 9–11) *S-Bahn*.
74 BGH GRUR **14**, 1232 *S-Bahn* (zu § 83 (3) Nr 3 MarkenG).
75 BGH LM Nr 11 zu § 546 ZPO.
76 BGH GRUR **63**, 645 *Warmpressen*; GRUR **83**, 640 *Streckenausbau*.
77 BGH GRUR **63**, 645 *Warmpressen*.
78 *BGH GRUR* **83**, 640 *Streckenausbau*.
79 BGH GRUR **63**, 645 *Warmpressen*; **98**, 396 (III1) *Individual*.
80 BGH GRUR **63**, 645 *Warmpressen*.
81 BGH GRUR **67**, 548 *Schweißelektrode II* mwN.

genannten Mängel hinaus.[82] Sie sind auch dann nicht zu prüfen, wenn der Verfahrensmangel ansonsten von Amts wegen zu berücksichtigen ist.[83]

2.1 Kein Rechtsbeschwerdegrund iSd § 100 (3) ist a) die Verletzung von *in § 100 (3) nicht genannten Verfahrensvorschriften*,[84] wie Fehler bei der Beweiswürdigung (§ 93 (1) PatG, § 286 ZPO)[85] oder unvollständige Erforschung des Sachverhalts nach dem Untersuchungsgrundsatz des § 87 (1)[86] oder Aufgreifen eines neuen Widerrufsgrundes (zB unzulässige Erweiterung), der nicht Gegenstand des Beschwerdeverfahrens war;[87] b) Verstoß gegen § 78,[88] Ablehnung der Wiedereröffnung der mündlichen Verhandlung;[89] c) Verstoß gegen § 126 PatG über die Gerichtssprache; d) Verstöße gegen das GG oder die europ Menschenrechtskonvention, soweit sie nicht durch § 100 (3) gedeckt sind;[90] e) formelle Mängel des Beschlusses wie fehlendes Ausstellungsdatum oder nicht vollständige Unterschriften.[91]

2.2 Kausalität zwischen Gesetzesverletzung und Entscheidung wird bei absoluten Rechtsbeschwerdegründen, die weitgehend den absoluten Revisionsgründen des § 547 ZPO entsprechen, unwiderleglich vermutet, so dass nicht geprüft werden muss, ob die Entscheidung auf diesem Mangel beruht und ob ohne ihn anders entschieden worden wäre.[92] Das gilt nicht, wenn selbstständige Angriffs- und Verteidigungsmittel übergangen sind (s Rdn 57) oder wenn das rechtliche Gehör versagt wurde (s Rdn 45).

3 Vorschriftswidrige Besetzung des Gerichts (§ 100 (3) Nr 1)

Das beschließende Gericht ist ua dann nicht gemäß § 100 (3) Nr 1 vorschriftsmäßig besetzt, wenn a) § 67 (1) verletzt ist;[93] b) ein willkürlicher, nicht aber ein irrtümlicher Verstoß gegen den Geschäftsverteilungsplan vorliegt.[94] Willkür idS ist nur gegeben, wenn sich die fälschliche Annahme der Zuständigkeit eines Senats bei objektiver Betrachtung als unverständlich und offensichtlich unhaltbar erweist;[95] c) der Senat unzulässig überbesetzt war[96] (= wenn zwei personell voneinander verschiedene Spruchgruppen Recht sprechen könnten). Verneint für die Besetzung eines technischen Beschwerdesenats mit insgesamt 6 Richtern;[97] ebenso für die Heranziehung aller technischen Richter der Technischen Beschwerdesenate des BPatG für die Besetzung des

---

82 BGH Beschl v 29.8.17, X ZB 3/15, GRUR 18, 216 (Tz 15 f) *Ratschenschlüssel I*.
83 BGH GRUR 97, 636 = NJW-RR 97, 1195 *Makol*.
84 BGH Mitt 85, 152 (3b) *Tetrafluoräthylenpolymere*.
85 BGH GRUR 63, 645 (III3d) *Warmpressen*; 64, 201 (IVB) *Elektrohandschleifgerät*.
86 BGH GRUR 64, 697 *Fotoleiter*; 98, 907 (II2d) *Alkyläther*.
87 BGH GRUR 98, 907 *Alkyläther*.
88 BGH GRUR 64, 697, 698 *Fotoleiter*; 87, 515 (III1) *Richterwechsel III*.
89 BGH GRUR 74, 294 (II2b bb) *Richterwechsel II*.
90 BGH X ZB 2/86 v 10.7.86.
91 BGH GRUR 11, 1055 *Formkörper mit Durchtrittsöffnungen*.
92 BGH GRUR 63, 645 (III1) *Warmpressen*.
93 BGH GRUR 64, 602 *Akteneinsicht II*; 67, 543 *Bleiphosphit*.
94 BGH GRUR 76, 719 *Elektroschmelzverfahren*; BlPMZ 85, 303 *Unhaltbare Annahme der Zuständigkeit*.
95 BGH GRUR 83, 114 *Auflaufbremse*; 96, 346 (III1c) *Fensterstellungserfassung*.
96 BGH GRUR 73, 46 *Polytetrafluoräthylen*; vgl 70, 737 *Appetitzügler II* (Hilfsrichter).
97 BGH GRUR 73, 46 *Polytetrafluoräthylen*; vgl 70, 737 *Appetitzügler II* (Hilfsrichter).

Gebrauchsmuster-Beschwerdesenats.[98] Richterwechsel nach mündl Verhandlung ist unschädlich, wenn auf Grund schriftlichen Verfahrens entschieden wird;[99] oder d) bei willkürlicher Abweichung von § 21g (2) GVG, nicht bei Bestellung eines anderen Berichterstatters.[100]

35 § 100 (3) Nr 1 ist nicht erfüllt, a) wenn der Berichterstatter in der mündlichen Verhandlung eine Tonbandaufnahme als Gedächtnisstütze macht;[101] b) wenn die Zuordnung einer Sache zum Geschäftsbereich des Senats vertretbar ist;[102] c) wenn ein Verhinderungsfall vorliegt und der geschäftsplanmäßige Vertreter mitwirkt, auch wenn die Verhinderung und ihre Gründe nicht aktenmäßig dokumentiert sind;[103] d) wenn BPatG Vorlage an EuGH unterlässt, dann aber ggf Verletzung des Anspruchs auf rechtliches Gehör.[104]

36 Zur **ordnungsgemäßen Rüge** (s Rdn 29) nicht vorschriftsmäßiger Besetzung reicht die Äußerung bloßer Vermutungen nicht, vielmehr müssen Einzeltatsachen angegeben werden, aus denen sich der Besetzungsfehler ergeben soll.[105] Maßgebend ist nicht die vom Spruchkörper zur Rechtfertigung seiner Zuständigkeit gegebene Begründung, sondern ob sich die Annahme seiner Zuständigkeit bei objektiver Betrachtung als unverständlich und offensichtlich unhaltbar erweist.[106] Kommt es auf gerichtsinterne Vorgänge an, muss zumindest der Versuch einer Aufklärung dargelegt werden.[107]

4 Mitwirkung ausgeschlossener oder abgelehnter Richter (§ 100 (3) Nr 2)

37 Wirkt ein ausgeschlossener oder abgelehnter Richter bei der Beschlussfassung mit, begründet dies einen absoluten Rechtsbeschwerdegrund (vgl hierzu § 86), der geltend gemacht werden kann, wenn der Richter mit Erfolg abgelehnt oder wenn über das Ablehnungsgesuch noch nicht entschieden war. Ist ein Ablehnungsgesuch von BPatG zurückgewiesen worden, ist die Entscheidung in keiner Hinsicht anfechtbar oder nachprüfbar.[108]

5 Versagung des rechtlichen Gehörs (§ 100 (3) Nr 3)

38 Der Rechtsbeschwerdegrund der Verletzung des rechtlichen Gehörs wurde durch Art 2 Nr 25a des 2. PatGÄndG (Bl 98, 382, 385) mit Wirkung vom 1.11.98 in § 100 (3) als neue Nr 3 eingefügt und damit der Regelung in § 83 (3) Nr 3 MarkenG angeglichen.

---

98 BGH GRUR **98**, 373 *Fersensporn*.
99 BGH GRUR **71**, 532 *Richterwechsel I*; 03, 546, 547 (III2a bb) *TURBO-TABS* (zu § 83 MarkenG).
100 BGH GRUR **80**, 848 *Kühlvorrichtung*.
101 BGH BlPMZ **82**, 55 *Tonbandaufnahme*.
102 BGH GRUR **96**, 346 (II1c) *Fensterstellungserfassung*.
103 BGH GRUR **00**, 894 *Micro-PUR*.
104 BGH GRUR **14**, 1132 *Schwarzwälder Schinken* (zu § 83 MarkenG).
105 BGH GRUR **05**, 572 *Vertikallibelle*.
106 *BGH Beschl v 29.8.17*, X ZB 3/15, GRUR **18**, 216 (Tz 32) *Ratschenschlüssel I*.
107 BGH NJW-RR **95**, 700 *Flammenüberwachung*; GRUR 05, 572 *Vertikallibelle*; Beschl v 29.8.17, X ZB 3/15, GRUR **18**, 216 (Tz 33) *Ratschenschlüssel I*.
108 BGH GRUR **85**, 1039 *Farbfernsehsignal II*; 90, 434 *Wasserventil*.

Damit ist die frühere Rechtsprechung des BGH,[109] dass die Verletzung des rechtlichen Gehörs nicht mit der zulassungsfreien Rechtsbeschwerde geltend gemacht werden könne, überholt.

5.1 Anspruch auf rechtliches Gehör ist ein in jedem gerichtlichen Verfahren zu berücksichtigendes verfassungsrechtliches Gebot (vgl dazu ausführlich Einl Rdn 284). § 100 (3) Nr 3 knüpft damit an die verfassungsrechtliche Gewährleistung dieses Anspruchs und seine Ausprägung insbesondere in der Rechtsprechung des BVerfG an. Bei der Interpretation der Vorschrift sind die vom BVerfG entwickelten Grundsätze zu Inhalt und Ausbildung dieses Rechts heranzuziehen.[110] 39

Das Gebot der Gewährung rechtlichen Gehörs verpflichtet das Gericht, die Ausführungen der Parteien zur Kenntnis zu nehmen und bei der Entscheidung zu berücksichtigen.[111] Verletzt ist der Anspruch auf Gewährung rechtlichen Gehörs, wenn das entscheidende Gericht entscheidungserhebliches Vorbringen entweder a) überhaupt nicht zur Kenntnis genommen oder bei seiner Entscheidung nicht in Erwägung gezogen hat[112] oder b) wenn es Erkenntnisse verwertet hat, zu denen die Verfahrensbeteiligten nicht Stellung nehmen konnten.[113] 40

§ 100 (3) Nr 3 dient allein der Einhaltung des Verfassungsgrundsatzes der Gewährung des rechtlichen Gehörs und nicht der Überprüfung der Richtigkeit der Entscheidung des BPatG.[114] 41

5.2 Voraussetzungen einer erfolgreichen Rüge: Eine auf § 100 (3) Nr 3 gestützte Rechtsbeschwerde setzt neben dem für die Statthaftigkeit erforderlichen substantiierten Vortrag eines Verstoßes gegen den Anspruch auf rechtliches Gehör[115] für ihre Begründetheit voraus, dass a) dem Beschwerdeführer ein bestimmter Umstand tatsächlicher oder rechtlicher Art nicht bekannt ist, der aber in der Entscheidung als erheblich verwendet wird, b) BPatG nicht bereit gewesen ist, einen vorgetragenen Umstand zur Kenntnis zu nehmen oder c) den Vortrag bei der Entscheidung zu erwägen, und d) die Entscheidung auf dem Verstoß beruht. 42

5.2.1 Mangelnde Kenntnisnahme durch BPatG: Ein Verstoß gegen den Grundsatz des rechtlichen Gehörs liegt insbes vor, wenn das BPatG nicht bereit gewesen ist, einen vorgetragenen Umstand zur Kenntnis zu nehmen. Die Kenntnisnahme ergibt sich aus dem Empfang eines Schriftsatzes oder der Entgegennahme von Erklärungen in der mündlichen Verhandlung. Die Kenntnisnahme wird dokumentiert in der Wiedergabe des Tatbestandes im Beschluss sowie im Protokoll der mündlichen Verhandlung. 43

---

109 Bislang stRspr BGH GRUR 65, 270 *Kontaktmaterial*; zuletzt GRUR 98, 362 *Rechtliches Gehör II*.
110 BGH GRUR 02, 792, 793 *Spiralbohrer*; 02, 957 *Zahnstruktur*.
111 StRspr zB BGH GRUR 02, 957 *Zahnstruktur* mwN;
112 StRspr zB BGH GRUR 99, 919 (II2) *Zugriffsinformation*; 02, 957 *Zahnstruktur*; 07, 862 (Tz 31) *Informationsübermittlungsverfahren II* mwN.
113 StRspr zB BGH GRUR 97, 637 *TOP-Selection*; 02, 957 *Zahnstruktur*;
114 BGH Mitt 99, 111 *DILZEM*; GRUR 07, 862 *Informationsübermittlungsverfahren II*; GRUR 09, 90 *Beschichten eines Substrats*.
115 BGH GRUR 97, 223 *Ceco*; 99, 919 (II) *Zugriffsinformation*; Mitt 99, 111 *DILZEM*.

44 **5.2.2 Erwägung von Vorbringen durch BPatG:** BPatG darf sich nicht damit begnügen, Vorbringen zur Kenntnis zu nehmen, es ist auch verpflichtet, den zur Kenntnis genommenen Vortrag bei der Entscheidung zu erwägen.[116] Dabei ist grundsätzlich davon auszugehen, dass das Gericht das von ihm entgegengenommene Parteivorbringen auch zur Kenntnis genommen und in Erwägung gezogen hat, ohne dass das Gericht verpflichtet wäre, sich in den Gründen seiner Entscheidung mit jedem Vorbringen ausdrücklich zu befassen.[117] Geht das Gericht indessen auf den wesentlichen Kern des Tatsachenvortrags einer Partei zu einer Frage, die für das Verfahren von besonderer Bedeutung ist, nicht ein, lässt dies auf die Nichtberücksichtigung des Vortrags schließen, sofern er nicht nach dem Rechtsstandpunkt des Gerichts unerheblich oder aber offensichtlich unsubstanziiert war.[118] Daher muss der Verletzte besondere Umstände vortragen, die deutlich machen, dass tatsächliches Vorbringen entweder überhaupt nicht zur Kenntnis genommen oder bei der Entscheidung überhaupt nicht erwogen worden ist. Bspw muss er eine abweichende Entscheidung des EPA vorlegen und die tragenden Erwägungen dieser Entscheidung darlegen, damit das BPatG auf diese eingehen kann.[119]

45 **5.2.3 Kausalität zwischen Verstoß und Entscheidung:** Die Verletzung des Anspruchs auf Wahrung rechtlichen Gehörs setzt weiterhin voraus, dass die beanstandete Entscheidung auf dem behaupteten Mangel beruht oder beruhen kann, es also nicht ausgeschlossen werden kann, dass die ordnungsgemäße Gewährung rechtlichen Gehörs zu einer der Partei günstigeren Entscheidung geführt hätte.[120] Davon ist auszugehen, wenn derjenige Umstand, zu dem sich die Beteiligten nicht äußern konnten, zur Begründung der getroffenen Entscheidung (nicht nur hilfsweise oder als nicht tragende Zusatzerwägung) herangezogen worden ist.[121] Wird eine Verletzung von Hinweispflichten gerügt, muss ausgeführt werden, wie die Partei auf einen Hinweis reagiert hätte.[122] Die Kausalität wird nicht dadurch beseitigt, dass die weiteren Begründungselemente, auf die sich die Entscheidung stützt, auch für sich genommen das Ergebnis hätten tragen können.[123] Liegt der Gehörsverstoß im Übergehen eines Antrags auf mündliche Verhandlung, braucht nicht im Einzelnen dargetan werden, was im Falle einer mündlichen Verhandlung zusätzlich vorgebracht worden wäre.[124] Gleiches gilt,

---

116 StRspr zB BVerfGE **65**, 293, 295; BGH GRUR 07, 862 (Tz 31) = BGHZ **173**, 47 Rn 31 *Informationsübermittlungsverfahren II* mwN.
117 BGH GRUR 00, 140 *Tragbarer Informationsträger;* 07, 996 *Angussvorrichtung für Spritzgießwerkzeuge;* 07, 862 (Tz 31) = BGHZ **173**, 47 Rn 31 *Informationsübermittlungsverfahren II.*
118 BGH GRUR 07, 862 = BGHZ **173**, 47 Rn 31 *Informationsübermittlungsverfahren II;* 07, 996 *Angussvorrichtung für Spritzgießwerkzeuge;* Mitt **99**, 111 *Walzenformgebungsmaschine.*
119 BGH GRUR **10**, 950 *Walzenformgebungsmaschine;* **15**, 199 *Sitzplatznummerierungseinrichtung.*
120 BVerfGE **13**, 132, 144; **52**, 131, 152; BGH GRUR **97**, 637 *Top Selection;* 09, 1192 *Polyolefinfolie.*
121 BGH GRUR 04, 76, 77 *turkey & corn* (zu § 83 (3) Nr 3 MarkenG).
122 BGH GRUR **10**, 1034 (Tz 17) *LIMES LOGISTIK.*
123 BGH GRUR 04, 76, 77 (rSp) *turkey & corn;* 07, 534 *WEST.*
124 BGH Mitt 06, 450 *Rossi/ROSSI.*

wenn die Berücksichtigung offenkundiger Tatsachen ohne vorherigen Hinweis gerügt wird.[125]

5.3 Rechtsprechung

Versagung rechtlichen Gehörs bejaht: 1. Wenn BPatG im schriftlichen Verfahren entscheidet, **ohne einen ordnungsgemäß vorher eingegangenen Schriftsatz zu berücksichtigen;**[126] **2.** wenn ein Beteiligter gemäß § 78 eine mündliche Verhandlung beantragt und BPatG im **schriftlichen Verfahren** entscheidet, ohne dies vorher anzukündigen,[127] auch wenn die mündliche Verhandlung nur hilfsweise beantragt war,[128] es sei denn, nur der Rechtsbeschwerdegegner hatte Terminsantrag gestellt und der Rechtsbeschwerdeführer konnte nach den gesamten Umständen nicht davon ausgehen, dass das BPatG erst nach mündlicher Verhandlung entscheiden werde.[129] **3.** wenn BPatG seiner Entscheidung **offenkundige Tatsachen** iSd § 291 ZPO zugrunde legt, ohne sie vorher in das Verfahren einzuführen, damit die Beteiligten Stellung nehmen können;[130] ob und dass die Tatsachen in das Verfahren eingeführt worden sind, muss sich aus der Sitzungsniederschrift ergeben oder spätestens in den Entscheidungsgründen unmissverständlich dokumentiert sein,[131] **4.** wenn BPatG **Erkenntnisse** verwertet, die BPatG erst **nach Abschluss der mündlichen Verhandlung** gewonnen hat, so dass sich die Beteiligten dazu nicht äußern konnten;[132] **5.** wenn die Vorlage der Beschwerde an BPatG nicht mitgeteilt wurde und deshalb dem Anmelder das **Recht abgeschnitten wird, Antrag auf mündliche Verhandlung zu stellen;**[133] **6.** wenn Beteiligter zur **mündlichen Verhandlung nicht geladen** wurde;[134] **7.** wenn der **Zugang** eines formlos übersandten Schreibens **nicht feststellbar** ist, denn dieses kann verloren gegangen sein und den Beteiligten trifft keine Beweislast für den Nichtzugang;[135] **8.** wenn **Patentfähigkeit** aufgrund einer Veröffentlichung, die der Einsprechende nur beiläufig im Zusammenhang mit einem (neben der fehlenden Patentfähigkeit) zusätzlichen Widerrufsgrund erwähnt hat, **ohne Hinweis darauf verneint wird, dass Veröffentlichung der Patentfähigkeit entgegenstehen könnte;**[136] **9.** wenn bei sich aus der Antragsfassung oder seiner Begründung ergebenden **Zweifeln an dem prozessualen Begehren nicht auf Klarstellung hingewirkt wird**, in welchem Umfang das Patent (hilfsweise) verteidigt werden soll;[137] **10.** wenn das BPatG **von einer zuvor in einem gerichtlichen Hinweis geäußerten Rechtsauffassung abweicht**, ohne dass für Verfah-

46

---

125 BGH GRUR 07, 534 *WEST.*
126 BGH GRUR 97, 223 (III2) *Ceco.*
127 BGH GRUR 03, 1067, 1068 *Bach-Blüten-Ohrkerze* (zu §§ 69, 83 MarkenG).
128 BGH Mitt 06, 450 *Rossi/ROSSI.*
129 BGH GRUR 08, 731 *alphaCAM.*
130 BGH GRUR 97, 637 (III2b bb) *Top Selection;* GRUR 04, 77, 78 *PARK & BIKE.*
131 BGH GRUR 04, 77, 78 f (III2b) *PARK & BIKE.*
132 BGH GRUR 98, 817 *DORMA.*
133 BGH BlPMZ 00, 187 *COMPUTER ASSOCIATES.*
134 BGH v 21.10.97 – X ZB 22/97 *Terminsladung II* Schulte-Kartei PatG 100–109 Nr 82.
135 BVerfGE 42, 243, 246 = NJW 76, 1837; BGH BlPMZ 00, 187 *COMPUTER ASSOCIATES.*
136 BGH GRUR 09, 1192 *Polyolefinfolie.*
137 BGH GRUR 10, 87 *Schwingungsdämpfer.*

rensbeteiligte erkennbar war, dass dies durch eine veränderte Entscheidungsgrundlage oder andere rechtliche Beurteilung des BPatG begründet ist.[138]

47 **Versagung rechtlichen Gehörs verneint: 1.** Wenn BPatG gemäß § 78 **ohne mündliche Verhandlung** entscheidet und im schriftlichen Verfahren weder eine Äußerungsfrist setzt noch einen Termin für die Beschlussfassung mitteilt,[139] aber eine angemessene Zeit auf eine Stellungnahme der Partei wartet, es sei denn, **Vertrauen der Partei auf Fristsetzung** zur Beschwerdebegründung[140] oder auf Kenntnisgabe einer Beschwerdebegründung und Setzen einer Erwiderungsfrist; wurde geweckt;[141] **2.** wenn BPatG einen **Hinweis auf Umstände unterlässt**, die allen Beteiligten ohne weiteres gegenwärtig sind und deren Entscheidungserheblichkeit sie kennen;[142] **3.** wenn aus dem Zusammenhang der Begründung hervorgeht, dass die Behauptung, ein Schriftsatz sei nicht beachtet worden, unzutreffend ist;[143] **4.** wenn **mündliches Vorbringen** in den Gründen des angefochtenen Beschlusses nicht abgehandelt ist und keine besonderen Umstände vorgetragen werden, dass das Vorbringen nicht zur Kenntnis genommen und nicht erwogen ist;[144] **5.** wenn sich aus der angefochtenen Entscheidung eindeutig ergibt, dass BPatG einen **Vortrag zur Kenntnis genommen** und die Rechtsbeschwerde nicht dargetan hat, dass dieser Vortrag gleichwohl nicht in Erwägung gezogen sei und das auch nicht ersichtlich ist;[145] **6.** wenn **nach Rücknahme des Antrags auf mündliche Verhandlung** den weiteren Beteiligten ausreichend Zeit zur Überlegung bleibt, ob sie selbst einen Antrag auf mündliche Verhandlung stellen wollen;[146] **7.** wenn die Zulässigkeit von Änderungen der Patentansprüche erörtert wurde, neue Ansprüche eingereicht werden und **keine erneuter Hinweis erfolgt, dass auch die Zulässigkeit dieser Ansprüche zweifelhaft ist,** auch wenn die Partei von ihrer Zulässigkeit ausgegangen und zu weiteren Änderungen bereit war;[147] **8.** wenn ein **Beweisantrag** auf Einholung eines **Sachverständigengutachtens abgelehnt** wird, weil BPatG eigene Sachkunde bejaht,[148] es sei denn, Bedarf externer Sachkunde drängte sich auf;[149] **9.** wenn im Verhandlungstermin von einem Beteiligten **neue Unterlagen eingereicht** worden sind und diese weder verlesen oder erörtert worden sind, noch den anderen Beteiligten Abschriften überlassen worden sind;[150] **10.** wenn der Einspruchsgrund der **widerrechtlichen Entnahme** geltend gemacht war und vom BPatG dahingestellt bleibt, weil Neuheit oder Erfindungshöhe verneint werden und darauf der Widerruf gestützt wird;[151] **11.** wenn BPatG vom Patentinhaber angeführte **Beweisanzeigen** für

---

138 BGH GRUR 11, 851 *Werkstück.*
139 BGH GRUR 97, 223 (III1a u b) *Ceco*; 00, 597, 598 (II1b aa) *Kupfer-Nickel-Legierung.*
140 BGH GRUR 08, 1128 *Tramadol* (LS) = BlPMZ 08, 354.
141 BGH GRUR 13, 1276 *MetroLinien.*
142 BGH GRUR 97, 637 (III2b bb) *Top Selection*; 00, 792, 793 *Spiralbohrer*; 07, 534 *WEST.*
143 BGH Mitt 99, 111 *DILZEM.*
144 BGH GRUR 99, 919 (III2) *Zugriffsinformation.*
145 BGH GRUR 00, 140 (II2b) *Tragbarer Informationsträger.*
146 BGH GRUR 00, 597 *Kupfer-Nickel-Legierung.*
147 BGH GRUR 00, 792 *Spiralbohrer.*
148 BGH Mitt 02, 561 *Zahnstruktur.*
149 BGH GRUR 14, 1235 *Kommunikationsrouter.*
150 BGH GRUR 04, 77, 78 (III2baa) *PARK & BIKE* (zu § 83 (3) Nr 3 MarkenG).
151 BGH GRUR 07, 996 *Angussvorrichtung für Spritzgießwerkzeuge.*

erfinderische Tätigkeit in den Gründen nicht abhandelt;[152] 12. wenn zur Vorbereitung der mündlichen Verhandlung der Hinweis erteilt wird, eine bestimmte beschränkte Verteidigung des Streitpatents könne erörtert werden, und das **Patent ohne erneuten Hinweis vollständig widerrufen** wird;[153] 13. wenn BPatG nicht darauf hinweist, wie es den die Grundlage seiner Entscheidung bildenden Sachverhalt (voraussichtlich) würdigen wird, hier: welchen Offenbarungsgehalt es einer in der mündlichen Verhandlung erörterten Veröffentlichung entnimmt;[154] 14. wenn BPatG nicht ausdrücklich darauf hinweist, dass es in Patentschrift wiedergegebene Zeichnung als schematische Darstellung und nicht als maßstabsgetreue Konstruktionszeichnung ansieht;[155] 15. wenn in mündlicher Verhandlung ein Widerrufsgrund, dem BPatG zuneigt, ausführlich besprochen wird, das Patent aber aus anderem Grund widerrufen wird, der in Verhandlung zumindest angesprochen wurde.[156]

6 Vertretungsmangel (§ 100 (3) Nr 4)

Ein Vertretungsmangel iSd § 100 (3) Nr 4 entspricht dem absoluten Revisionsgrund des § 547 Nr 4 ZPO und bezweckt den Schutz des nicht vorschriftsmäßig vertretenen Beteiligten, der deshalb seine Angelegenheiten im Verfahren nicht verantwortlich regeln konnte oder dem die Handlungen vollmachtloser Vertreter nicht zugerechnet werden dürfen.[157] Rüge kann nur der erheben, der im Verfahren vor BPatG nicht vertreten war, nicht etwa auch die Gegenpartei.[158]   48

Vertretungsmangel wurde bejaht: 1. Wenn für eine Partei ein unberufener Dritter gehandelt hat, eine prozessunfähige Partei im Verfahren selbst aufgetreten ist (= ohne oder mit falschem gesetzlichen Vertreter) oder ein nicht Parteifähiger das Verfahren betrieben hat;[159] 2. wenn einem Vertreter die Vertretungsmacht (nicht etwa nur die Vollmachtsurkunde) fehlt und der Vertretene die Erklärungen des Vertreters nicht gegen sich gelten lassen will;[160] 3. wenn ein Beteiligter zu einem Verfahren überhaupt nicht zugezogen wurde[161] oder ihm eine Ladung zu einem Termin, der daraufhin ohne ihn stattfand, nicht zugestellt wurde oder diese ihm nicht zuging.[162]   49

Vertretungsmangel wurde verneint: 1. Bloßes Fehlen der schriftlichen Vollmacht;[163] 2. Tod des Inlandvertreters;[164] 3. Entscheidung ohne mündliche Verhandlung entgegen § 78 Nr 1;[165] 4. Ladung ohne Hinweis, dass vom schriftlichen Verfahren wieder ins   50

---

152 BGH GRUR 07, 997 *Wellnessgerät*.
153 BGH GRUR 08, 1128 *Installiereinrichtung* (LS) = BlPMZ 12, 260.
154 BGH GRUR 09, 91 *Antennenhalter*.
155 BGH Mitt 13, 36 *Steckverbindung*.
156 BGH GRUR 13, 318 *Sorbitol*.
157 BGH BlPMZ 86, 251 *Rechtsbeschwerde/Vertretungsmangel*.
158 BGH GRUR 90, 348 *Gefäßimplantat*; 14, 1024 *VIVA FRISEURE/VIVA*.
159 BGH GRUR 66, 160 *Terminsladung*; BlPMZ 86, 251 *Rechtsbeschwerde/Vertretungsmangel*.
160 BGH GRUR 90, 348 *Gefäßimplantat*.
161 BGH NJW 84, 494; GRUR 91, 442 (II1) *pharmazeutisches Präparat*.
162 BGH GRUR 66, 160 *Terminsladung*; BGH v 21.10.97 – X ZB 22/97 *Terminsladung II*, Schulte-Kartei PatG 100–109 Nr 82.
163 BGH v 22.12.64 – Ia ZB 14/64 zit bei Löscher GRUR 66, 15 rSp.
164 BGH GRUR 69, 437 *Inlandvertreter*.
165 BGH GRUR 65, 273 *Anodenkorb*; 70, 258 *Faltbehälter*.

mündliche Verfahren übergegangen wird;[166] **5.** Vertretung durch einen vollmachtlosen Vertreter, nachdem der Beteiligte selbst vorher wirksam Beschwerde eingelegt hatte;[167] **6.** Rüge des Verlustes der Beteiligtenstellung (zB als Einsprechender), weil diese nicht die Verfahrensvertretung, sondern das Prozessführungsrecht betrifft;[168] **7.** Rüge, dass trotz Rücknahme der Beschwerde entschieden worden sei;[169] **8.** Verkündung einer Entscheidung nach Unterbrechung der mündlichen Verhandlung zwecks der Beratung ohne Wiedereröffnung der mündlichen Verhandlung;[170] **9.** Erkrankung des Vertreters, wenn Partei selbst oder ein nicht erkrankter Vertreter der Sozietät die mündliche Verhandlung hätte wahrnehmen können;[171] **10.** wenn eine in der Sitzungspause gefertigte Anspruchsfassung zur Grundlage der Entscheidung ohne Wiedereröffnung der mündl Verhandlung gemacht wird und dem der Vertreter nicht widerspricht;[172] **11.** wenn die ordnungsgemäß vertretene Partei es unterlässt, die gegebenen Beteiligungsmöglichkeiten auszunutzen, zB einen Termin im Vertrauen auf den Erfolg ihres Verlegungsantrags nicht wahrnimmt[173] oder davon absieht, eine weitere Entgegenhaltung vor der angekündigten Verkündung vorzulegen oder auf der Erörterung einer neuen Anspruchsfassung zu bestehen,[174] oder wenn BPatG einem Beteiligten den Schriftwechsel der Geschäftsstelle über Rücknahme der Beschwerde und Rechtsnachfolge vorenthalten hat;[175] **12.** wenn ein von der Partei hinzugezogener weiterer technischer Beistand verhindert ist, an der mündlichen Verhandlung teilzunehmen.[176]

7 Öffentlichkeit der Verhandlung (§ 100 (3) Nr 5)

51 Vorschriften über die Öffentlichkeit des Verfahrens (= § 69 PatG, §§ 169f GVG) sind verletzt, a) wenn die Öffentlichkeit in der letzten mündlichen Verhandlung vorschriftswidrig ausgeschlossen oder zugelassen war; b) wenn über die Ausschließung der Öffentlichkeit entgegen § 174 (1) 1 GVG in öffentlicher statt in nicht öffentlicher Sitzung verhandelt wurde; c) wenn der Verstoß zu a) auf einer Sorgfaltsverletzung des Gerichts beruht. Diese besteht nicht, wenn das Schild »Öffentliche Sitzung« oder »Nichtöffentliche Sitzung« vom Wachtmeister versehentlich falsch angebracht wurde und die Richter dieses Versehen nicht hätten bemerken müssen.[177]

52 § 100 (3) Nr 5 ist nicht verletzt, wenn BPatG den Beschluss vorschriftswidrig ohne mündliche Verhandlung erlassen hat.[178]

---

166 BGH Mitt 77, 36 *optische Einrichtung*.
167 BGH GRUR 81, 507 *Elektrode*.
168 BGH GRUR 81, 507 *Elektrode*.
169 BGH GRUR 81, 507 *Elektrode*.
170 BGH BlPMZ 84, 215 *Übergehen von Beweisanzeichen*.
171 BGH BlPMZ 86, 251 *Rechtsbeschwerde/Vertretungsmangel*.
172 BGH GRUR 86, 667 *Raumzellenfahrzeug II*.
173 BGH BlPMZ 86, 251 *Rechtsbeschwerde/Vertretungsmangel*.
174 BGH GRUR 86, 667 *Raumzellenfahrzeug II*.
175 BGH GRUR 81, 507 *Elektrode*.
176 BGH GRUR 98, 362 (II1) *Rechtliches Gehör II*.
177 BGH GRUR 70, 621 *Sitzungsschild*.
178 BGH GRUR 64, 697, 698 *Fotoleiter*; 65, 273, 274 *Anodenkorb*; 74, 294 (II2b bb) *Richterwechsel II*.

8 Fehlende Gründe (§ 100 (3) Nr 6)

8.1 Zweck des § 100 (3) Nr 6 besteht in der Sicherung des Begründungszwangs (§ 94 (2) PatG), nicht in der Sicherung einer einheitlichen und richtigen Rechtsprechung. Dem letzteren Ziel dient § 100 (2). Dem BGH ist es daher im Rechtsbeschwerdeverfahren versagt, auf Rügen einzugehen, die sich nicht mit dem Fehlen von Gründen, sondern mit deren sachlicher Richtigkeit befassen[179] (Beispiele s Rdn 59 unter Nr 1).

8.2 Begründungszwang ist erfüllt, wenn die Ausführungen mit hinreichender Deutlichkeit erkennen lassen, auf welche tatsächlichen und rechtlichen Erwägungen BPatG seine Entscheidung gestützt hat.[180] Ist die Begründung nachvollziehbar, so ist damit dem Begründungszwang genügt und die Entscheidung iSd § 100 (3) Nr 6 mit Gründen versehen, und zwar auch dann, wenn die angegebenen Gründe sachlich unvollständig, unzureichend, unrichtig oder sonst rechtsfehlerhaft sein sollten.[181] Daher liegt der Rechtsbeschwerdegrund des § 100 (3) Nr 6 nicht vor, wenn erkennbar ist, welcher Grund – mag dieser tatsächlich vorgelegen haben oder nicht, mag er rechtsfehlerhaft beurteilt worden sein oder nicht – für die Entscheidung maßgebend gewesen ist.

§ 100 (3) Nr 6 ist nicht verletzt, wenn sich die Gründe für die tragenden Erwägungen[182] aus dem Gesamtinhalt der Entscheidung ergeben, zB weil diese iVm den Erörterungen in dem vorausgegangenen Verfahren zu betrachten sind[183] oder auf Zwischenbescheide, andere Entscheidungen oder jedermann zugängliche Quellen verweisen.[184]

8.3 Fehlen von Gründen iSd § 100 (3) Nr 6,[185]
a) wenn der Entscheidung überhaupt keine Gründe beigegeben sind;
b) wenn zwar Gründe vorhanden sind, diese aber ganz unverständlich und verworren sind, so dass sie nicht erkennen lassen, welche Überlegungen für die Entscheidung maßgebend waren;
c) wenn die Gründe sachlich inhaltslos sind und sich auf leere Redensarten oder einfach auf die Wiedergabe des Gesetzestextes beschränken;
d) wenn auf selbstständige Angriffs- und Verteidigungsmittel überhaupt nicht eingegangen ist;
e) wenn die Beweiswürdigung vollständig fehlt.

8.4 Kausalität ist grundsätzlich nicht zu prüfen. Fehlen Gründe iSd § 100 (3) Nr 6, so gilt grundsätzlich wie für jeden absoluten Revisionsgrund gemäß § 547 ZPO, dass die Entscheidung auf diesem Mangel beruht. Eine **Ausnahme** macht die Rspr, wenn das Übergehen einzelner Angriffs- und Verteidigungsmittel gerügt wird. Diese Rüge ist nur dann erfolgreich, wenn die Berücksichtigung des übergangenen Mittels zu einer

---

179 BGH GRUR **07**, 862 *Informationsübermittlungsverfahren II*.
180 StRspr, vgl zB BGH GRUR **63**, 645 (III2) *Warmpressen*; **98**, 907 (II2a) *Alkyläther*.
181 StRspr, vgl zB BGH GRUR **63**, 645 (III2) *Warmpressen*; Mitt 08 299 *Durchflusszähler*.
182 BGH GRUR **92**, 159 (II3 f) *Crackkatalysator II*.
183 BGH GRUR **78**, 356 *Atmungsaktiver Klebestreifen*.
184 BGH GRUR **71**, 86 *Eurodigina*; **79**, 220 (II3a) *β-Wollastonit*.
185 Die Punkte a – e sind alle genannt in der grundlegenden Entscheidung BGH GRUR **63**, 645 (III2) *Warmpressen* und sind seitdem stRspr des BGH, vgl zB aus neuerer Zeit BGH GRUR **92**, 159 (II3) *Crackkatalysator II*; **96**, 753 (BII2b aa) *Informationssignal*; **98**, 907 (II2b) *Alkyläther*; Mitt **08**, 219 *Durchflusszähler*.

anderen Entscheidung hätte führen können, dagegen nicht, wenn das übergangene Mittel unerheblich ist.[186] Dann scheidet aus Gründen der Prozessökonomie eine Aufhebung und Zurückverweisung aus, weil das nur zur Wiederholung der gleichen Entscheidung führen würde.

8.5 Rechtsprechung

58 Begründungsmangel bejaht:
1. **vollständiges Fehlen von Gründen**, wenn zB zunächst allein der Tenor und später der vollständige Beschluss zugestellt wird;[187]
2. Übergehen **selbstständiger Angriffs- und Verteidigungsmittel**, die also für sich allein rechtsbegründend oder rechtsvernichtend sind (Beispiele s Rdn 65);
3. Übergehen eines **Haupt- oder Hilfsantrags** auf Patenterteilung;[188]
4. vollständiges **Fehlen einer Beweiswürdigung**;[189]
5. wenn die Gründe gänzlich **unverständlich und verworren** sind,[190] so dass auch bei einer Würdigung der Begründung in ihrer Gesamtheit der eigentliche Grund für die Entscheidung nicht mehr erkennbar ist;
6. für **gravierende Widersprüche**, wenn diese nicht mehr erkennen lassen, welche Überlegungen für die Entscheidung maßgebend waren,[191] so zB wenn ein Merkmal einerseits als unklar und andererseits als gegen den Stand der Technik nicht genügend abgegrenzt gewertet wird;[192]
7. für Darlegungen, die **patentrechtlich unverständlich** sind;[193]
8. wenn die Gründe gänzlich **inhaltslos** sind oder bloße Redensarten darstellen, zB **lapidare Feststellung**, es sei nicht ohne weiteres erkennbar, wie die Schaltung in anderer Weise gestaltet werden könnte,[194] oder bloße Behauptung der Neuheit ohne jeden Vergleich mit dem Stand der Technik[195] oder bloße Wiedergabe des Gesetzestextes;[196]
9. völlige Nichtberücksichtigung eines **übergeordneten Anspruchs**, zB eines Nebenanspruchs;[197]
10. wenn zu einem nicht mit Gründen versehenen Beschluss **nachträglich Ausführungen** gemacht werden;[198]
11. wenn die Entscheidung **nicht aus sich heraus verständlich** ist, weil sie zB auf ein nichtveröffentlichtes Parallelurteil zwischen anderen Parteien verweist.[199]

---

186 BGH GRUR 63, 645 (III2) *Warmpressen;* 64, 259 (IV) *Schreibstift;* 67, 543 (II2c) *Bleiphosphit;* 77, 666 (II) *Einbauleuchten;* 81, 507 (II1b) *Elektrode.*
187 BGH GRUR 71, 484 *Entscheidungsformel.*
188 BGH GRUR 71, 532 *Richterwechsel I;* Mitt 67, 16 *Nähmaschinenantrieb.*
189 BGH GRUR 63, 645 (III2) *Warmpressen.*
190 BGH Mitt 79, 198 *Schaltuhr;* 80, 77 *Biegerollen;* BlPMZ 97, 401 *Sicherheitspapier.*
191 BGH GRUR 78, 423 *Mähmaschine;* 80, 984 *Tomograph;* 90, 346 *Aufzeichnungsmaterial.*
192 BGH GRUR 80, 984 *Tomograph.*
193 BGH Mitt 80, 77 *Biegerollen.*
194 BGH BlPMZ 84, 19 *Schaltungsanordnung II.*
195 BGH BlPMZ 89, 314 *Schrägliegeeinrichtung.*
196 BGH BlPMZ 06, 929 *Rohrleitungsprüfverfahren.*
197 BGH GRUR 83, 63 *Streckenvortrieb.*
198 BGH GRUR 90, 109 (II2) *Weihnachtsbrief.*
199 BGH GRUR 91, 403 *Parallelurteil.*

Begründungsmangel verneint:
1. für **sachliche Unrichtigkeiten** in der Begründung. Selbst bei grob fehlerhafter Beurteilung[200] liegt kein Begründungsmangel vor. So zB a) wenn ein **Antrag falsch ausgelegt** wird;[201] b) wenn das Wesen einer **Kombination** verkannt wird;[202] c) wenn der Umfang **allgemeinen Fachwissens** zu groß oder zu niedrig angesehen wird oder wenn für ein dargelegtes Fachwissen **keine Belegstellen** angegeben werden;[203] d) wenn die Beurteilung nicht aus der **Gesamtschau des Standes der Technik** erfolgt;[204] e) wenn ein falscher **Durchschnittsfachmann** zugrunde gelegt wird;[205] f) wenn **vorteilhafte Eigenschaften** unzutreffend beurteilt werden;[206] g) wenn eine ausländische **Druckschrift** nicht in der **Originalsprache**, sondern anhand ihrer Übersetzung gewürdigt wird;[207] h) wenn die **Offenbarung einer Entgegenhaltung** unzutreffend beurteilt wird;[208] i) wenn die Begründung zum Vorliegen oder Fehlen einer erfinderischen Tätigkeit eine **gedankliche Lücke** enthält;[209]
2. für **Unvollständigkeit** einer Begründung, es sei denn, es wird ein selbstständiges Angriffs- und Verteidigungsmittel übergangen (s Rdn 60);
3. für **widersprüchliche Aussagen** in der Entscheidung, vorausgesetzt, sie lassen die maßgebenden Überlegungen gleichwohl noch erkennen;[210]
4. für fehlende Berücksichtigung **höchstrichterlicher Rechtsprechung**;[211]
5. wenn **Unteransprüche** nicht gesondert erörtert werden, für die der Anmelder oder Patentinhaber nicht zum Ausdruck gebracht hat, dass sich darauf sein Begehren richtet, denn es ist nicht die Aufgabe des BPatG, aus dem gestellten Antrag einen patentfähigen Gegenstand herauszusuchen;[212]
6. für **unerhebliche Ausführungen** in einer Entscheidung, zB zu **nicht-tragenden Erwägungen** oder **obiter dicta**. Sie bedürfen keiner Begründung, weil sie unschädlich auch ganz fehlen könnten;[213] ob BPatG die Entscheidungserheblichkeit richtig oder unrichtig beurteilt hat, ist unerheblich;[214]
7. Übergehen eines **Beweisangebots**, zB einen Sachverständigen zu hören;[215]

---

200 BGH Mitt 85, 152 (II3b) *Tetrafluoräthylenpolymere*; GRUR 04, 79, 80 *Paroxetin*.
201 BGH GRUR 94, 188 *alkoholfreies Bier*; 98, 373, 376 *Fersensporn*.
202 BGH Mitt 81, 105 f *Mikroskop*; 83, 112 *Flüssigkristall*; Mitt 85, 152 *Tetrafluoräthylenpolymere*.
203 BGH GRUR 93, 655 (II5) *Rohrausformer*; 78, 423 (II3c) *Mähmaschine*.
204 BGH GRUR 64, 259 *Schreibstift*.
205 BGH BlPMZ 86, 247 *Rechtsbeschwerde/Begründungsmangel*.
206 BGH GRUR 79, 220 β-*Wollastonit*; BlPMZ 87, 357 (II3c) *Zigarettenfilter*.
207 BGH BlPMZ 88, 111 *Siebgewebe*.
208 BGH GRUR 97, 120 (II2a) *Elektrisches Speicherheizgerät*.
209 BGH GRUR 06, 929 *Rohrleitungsprüfverfahren*.
210 *BGH GRUR 78, 423 Mähmaschine; 80, 984 Tomograph; 90, 346 Aufzeichnungsmaterial;* BGH v 30.09.97 – X ZB 23/96 *Koppelung von Maschinen* Schulte-Kartei PatG 100–109 Nr 86 für Inkonsequenzen in der Argumentation.
211 BGH GRUR 98, 907 (II2a) *Alkyläther*.
212 BGH GRUR 64, 697 (II Abs 7) *Fotoleiter*; 79, 220 β-*Wollastonit*; 97, 120 (II2c) *Elektrisches Speicherheizgerät*; BlPMZ 66, 125 *Fleischwolf*.
213 BGH GRUR 89, 425 (II2) *Superplanar*; 92, 159 (II3 f) *Crackkatalysator II*; 98, 373, 376 rSp *Fersensporn*; BlPMZ 86, 336 (II3d) *Beschreibung Mikroorganismus*.
214 BGH GRUR 01, 46 (IIB1c) *Abdeckrostverriegelung*.
215 BGH GRUR 74, 419 *Oberflächenprofilierung*; 92, 159 (II3h) *Crackkatalysator II*.

8. Verstoß gegen **Untersuchungsgrundsatz**, soweit es sich um Punkte handelt, die nicht im Streit sind, auch wenn sie von Amts wegen zu berücksichtigen sind;[216]
9. fehlende Befassung mit der **Aufgabenstellung**;[217]
10. wenn eine Begründung für die **Zulassung oder Nichtzulassung der Rechtsbeschwerde** fehlt, fehlerhaft oder unvollständig ist, denn eine Zulassung ist auch ohne ausreichende Begründung wirksam und eine Nichtzulassung kann über § 100 (3) Nr 6 wegen Fehlens von Gründen nicht angefochten werden, weil damit der gesetzlich gewollte Ausschluss der Nichtzulassungsbeschwerde umgangen würde;[218]
11. für **Verweisung auf die Begründung des angefochtenen Beschlusses**, die sich BPatG zu eigen macht.[219]

60 **8.6 Selbstständige Angriffs- und Verteidigungsmittel** stellen, wenn sie übergangen werden, einen Begründungsmangel dar.

61 **8.6.1 Begriff:** Angriffs- oder Verteidigungsmittel iSd § 146 ZPO ist jedes sachliche oder prozessuale Vorbringen, das rechtsbegründend, -vernichtend, -hindernd, -hemmend oder -erhaltend wirkt. Es ist **selbstständig** iSd § 146 ZPO, wenn das Mittel die genannte Wirkung für sich allein auslöst. Dazu gehören zB nicht: Rechtsausführungen oder ein Vortrag, aus dem erst mittelbar auf eine Rechtsfolge geschlossen werden kann, wie zB zu Beweisanzeichen für erfinderische Tätigkeit.[220]

62 Das Angriffs- oder Verteidigungsmittel kann **sachlicher Natur** (zB Neuheit, erfinderische Tätigkeit, offenkundige Vorbenutzung) oder **verfahrensrechtlicher Natur** sein (zB allgemeine Verfahrensvoraussetzungen oder die Zulässigkeit der Beschwerde betreffen).

63 **8.6.2 Begründungszwang:** Wird auf das selbstständige Angriffs- oder Verteidigungsmittel nicht gesondert eingegangen, weil begründet dargelegt wird, dass es entscheidungsunerheblich ist, weil auch seine Berücksichtigung zu keiner anderen Entscheidung führen würde, so ist die Begründung ausreichend.[221] Das gilt auch dann, wenn der Widerrufsgrund der widerrechtlichen Entnahme gemäß § 21 (1) Nr 3 aus genau diesem Grund dahingestellt bleibt, weil Widerruf des Patents nach § 21 (1) Nr 1 erfolgt, obwohl der Einsprechende bei widerrechtlicher Entnahme gemäß § 7 (2) die Erfindung nachträglich selbst hätte anmelden können.[222] Der BGH hat aufgrund der kontroversen Auffassungen zu der Frage, ob der Widerrufsgrund der widerrechtlichen Entnahme

---

216 BGH GRUR **63**, 645 (III3c) *Warmpressen*.
217 BGH GRUR **63**, 645 (IV) *Warmpressen*; **77**, 214 *Aluminiumdraht*; **90**, 33 (II2a) *Schüsselmühle*.
218 BGH GRUR **64**, 519, 521 *Damenschuhabsatz*; **65**, 273 *Anodenkorb*; **68**, 59 *Golden Toast*; **77**, 214, 215 *Aluminiumdraht*.
219 BGH GRUR **93**, 896 *Leistungshalbleiter*.
220 BGH GRUR **80**, 846 *Lunkerverhütungsmittel*.
221 BGH GRUR **77**, 666 (II) *Einbauleuchten*; 01 46 (IIB1c) *Abdeckrostverriegelung*; FamRZ **91**, 322 f.
222 BGH GRUR **01**, 46 (IIB1c) *Abdeckrostverriegelung*; **07**, 996 *Angussvorrichtung für Spritzgießwerkzeuge*.

dahinstehen kann, ausdrücklich aufgefordert, die Rechtsbeschwerde bei gegebenem Anlass zuzulassen.[223]

8.6.3 Kausalität: Sind selbstständige Angriffs- und Verteidigungsmittel übergangen worden, so hat diese Rüge nach ständiger Rechtsprechung nur Erfolg, wenn die Berücksichtigung des übergangenen Mittels zu einer anderen Entscheidung hätte führen können.[224]

8.6.4 Rechtsprechung zu Angriffs- und Verteidigungsmitteln

Als selbstständige Angriffs- und Verteidigungsmittel gelten: 1. **Ausscheidung** von Teilen des Gegenstands eines Patentanspruchs,[225] sowie **Teilung** von Anmeldung oder Patent; 2. **Entgehaltung**, weil sie allein geeignet ist, die Patentfähigkeit in Frage zu stellen;[226] 3. **erfinderische Tätigkeit** als Gesamtkomplex,[227] weil er die Patentfähigkeit allein bestimmen kann, nicht dagegen die einzelnen Komponenten – wie Beweisanzeichen oder Indizien –, die nur eine mittelbare Schlussfolgerung zulassen (s Rdn 66 unter Nr 2); 4. **Formmängel**, wenn sie allein geeignet sind, rechtsvernichtend zu wirken, zB zur Zurückweisung der Anmeldung führen, zB wegen Verstoßes gegen die PatAnmV;[228] 5. **Neuheit** als Gesamtkomplex;[229] 6. **offenkundige Vorbenutzung**, weil sie für sich allein geeignet ist, die Patentfähigkeit zu verneinen;[230] 7. **Offensichtlichkeit** eines gerügten Mangels im Verfahren gemäß § 42;[231] 8. **Verfahrensvoraussetzungen** wie die **Zulässigkeit** der Beschwerde[232] oder das **Rechtsschutzinteresse**.[233] Ihr Fehlen muss entweder vorgetragen sein oder ihre Prüfung muss von Amts wegen ins Auge springen;[234] 9. **unzulässige Erweiterung**, denn sie steht für sich allein der Aufrechterhaltung des Patents entgegen; 10. **Antrag auf Wiedereinsetzung**.[235]

Als selbstständige Angriffs- und Verteidigungsmittel gelten nicht: 1. **Beweisanträge und Beweismittel**,[236] es sei denn, sie beziehen sich auf ein selbstständiges Angriffs- oder Verteidigungsmittel; 2. **Beweisanzeichen**, vorteilhafte Eigenschaften oder andere Anhaltspunkte, weil sie nur mittelbar den Schluss auf einen anderen Tatbestand ermöglichen,[237] zB die erfinderische Tätigkeit; 3. **Patentansprüche** sind als solche keine

---

223 BGH GRUR **07**, 996 (Tz 13, 14) *Angussvorrichtung für Spritzgießwerkzeuge*.
224 BGH GRUR **63**, 645 (III2) *Warmpressen*; **64**, 259 (IV) *Schreibstift*; **67**, 543 (II2c) *Bleiphosphit*; **77**, 666 (II) *Einbauleuchten*; **81**, 507 (III1b) *Elektrode*; BGH FamRZ **91**, 322.
225 BGH GRUR **81**, 507 (II2c) *Elektrode*.
226 BGH GRUR **82**, 406 *Treibladung*; **89**, 494 (IV) *Schrägliegeeinrichtung*.
227 StRspr: BGH GRUR **64**, 201 *Elektrohandschleifgerät*; **74**, 419 *Oberflächenprofilierung*; **79**, 220 β-*Wollastonit*.
228 BGH GRUR **90**, 346 (III1a) *Aufzeichnungsmaterial*.
229 BGH GRUR **74**, 352 (II2c) *Farbfernsehsignal I*.
230 BGH GRUR **64**, 259 (IV) *Schreibstift*; **79**, 538 (II3) *Drehstromöltransformator*.
231 BGH GRUR **79**, 46 *Corioliskraft*.
232 BGH GRUR **81**, 507 *Elektrode*.
233 BGH GRUR **85**, 376 (II2b) *Werbedrucksache*.
234 BGH GRUR **87**, 286 *Emissionssteuerung*.
235 BGH GRUR **68**, 615 (II2) *Ersatzzustellung*.
236 BGH NJW **84**, 1964; GRUR **74**, 419 *Oberflächenprofilierung*; **92**, 159 (II3h) *Crackkatalysator II*; **96**, 753 *Informationssignal*.
237 StRspr: BGH GRUR **64**, 201, 202 *Elektrohandschleifgerät*; BlPMZ **97**, 401, 402 rSp *Sicherheitspapier*.

selbstständigen Angriffs- und Verteidigungsmittel, denn Anspruch iSd § 146 ZPO ist der prozessuale Anspruch, also der Patenterteilungsantrag, nicht der einzelne Patentanspruch;[238] **4. einzelnes Merkmal einer Gesamtkombination;**[239] **5. Aufgabenstellung** ist zwar für das Verständnis der Erfindung bedeutsam, kann aber nicht für sich allein die Patentfähigkeit begründen.[240]

§ 101 Beschwerdeberechtigung und Rechtsbeschwerdegründe

(1) Die Rechtsbeschwerde steht den am Beschwerdeverfahren Beteiligten zu.

(2) [1]Die Rechtsbeschwerde kann nur darauf gestützt werden, daß der Beschluß auf einer Verletzung des Rechts beruht. [2]Die §§ 546 und 547 der Zivilprozeßordnung gelten entsprechend.

Voß

Übersicht

Geltungsbereich...	1
Kommentierung zu § 101 PatG	
1 Beschwerdeberechtigung..	2
2 Rechtsbeschwerdegründe.......................................	4

1   **Geltungsbereich:** § 101 entspricht wörtlich dem § 41q, der durch das 6. ÜG eingeführt wurde. Art 42 des **Zivilprozessreformgesetzes (ZPO-RG)** vom 27.7.2001 (BGBl I 1887 = BlPMZ 2001, 303) hat mit Wirkung vom 1.1.2002 § 101 (2) PatG neu gefasst. Ersetzt wurde »Verletzung des Gesetzes« durch »Verletzung des Rechts« und in Satz 2 wird anstelle der §§ 550 und 551 Nr 1–3 auf §§ 546 und 547 ZPO verwiesen.

1 Beschwerdeberechtigung

2   § 101 regelt die Beschwerdeberechtigung. Sie steht – wenn die Rechtsbeschwerde zugelassen ist oder ein Fall des § 100 (3) vorliegt – allen gemäß § 74 (1) am Beschwerdeverfahren Beteiligten ohne Beschränkung zu. Wurde der Beitritt eines Einsprechenden zum Einspruchsverfahren als unzulässig zurückgewiesen, erlangt dieser den Status eines Verfahrensbeteiligten nur, wenn – sofern die Rechtsbeschwerde insoweit nicht zugelassen worden ist – die Zurückweisung des Beitritts an einem Mangel iSv § § 100 (3) leidet.[1]

3   Neben der Beschwerdeberechtigung und der Statthaftigkeit (s § 100) sind die **Beschwer** (vgl § 73 Rdn 46 ff), das Einhalten der **Beschwerdefrist** (s § 102 Rdn 3), die **Beschwerdebegründung** (s § 102 Rdn 4–5), das **Rechtsschutzbedürfnis** (vgl Einl Rdn 345) und

---

238   BGH GRUR 79, 220 (II3a) β-*Wollastonit*; Mitt 75, 38 *Laufrolle;* BlPMZ 86, 247 *Rechtsbeschwerde/Begründungsmangel*; abw: BGH GRUR 74, 210 *Aktenzeichen* (für neugefasste Ansprüche); 83, 63 (II2c) *Streckenvortrieb* (Ausnahmefall!).
239   BPatGE 30, 275 Nr 87 *Skistockteller*.
240   BGH GRUR 77, 214 *Aluminiumdraht*; 90, 33 (II2a) *Schüsselmühle*.
1   BGH Beschl v 29.8.17, X ZB 3/15, GRUR 18, 216 (Tz 15) *Ratschenschlüssel I*.

das Fehlen eines **Rechtsmittelverzichts** Voraussetzungen für die Zulässigkeit der Rechtsbeschwerde.²

2 Rechtsbeschwerdegründe

Rechtsbeschwerde muss auf die Verletzung im Inland geltenden Rechts, dh eines inländischen Gesetzes oder unmittelbar geltenden EG-Rechts gestützt sein, und zwar materiellen und prozessualen Rechts. Nachprüfbar ist nur die Rechtsanwendung, nicht die Tatsachenfeststellung (s § 107 (2)).   4

Gesetz iSd § 101 ist jede Rechtsnorm, wie zB Gesetz, Verordnung, PatV, Gewohnheitsrecht, in innerstaatliches Recht umgesetzte Staatsverträge.³ *Denkgesetze* (= Gesetze der Logik), ausnahmslos geltende *Erfahrungssätze, Naturgesetze* und allgemein anerkannte *wissenschaftliche Grundsätze* (wie zB der Satz von der Erhaltung der Energie) sind zwar keine Normen, wirken aber wie solche, weil sie Maßstab für die Beurteilung von Tatsachen sind.⁴ Kein Gesetz iSd § 101 sind: a) Prüfungsrichtlinien; b) Amtsübung des DPMA; c) langjährige Spruchpraxis, von der abgewichen wurde.⁵   5

Gesetzesverletzung liegt nach § 546 ZPO vor, »wenn eine Rechtsnorm nicht oder nicht richtig angewendet worden ist«. Sie kann daher bestehen in a) dem Übersehen einer Rechtsnorm, b) fehlerhafter Interpretation oder c) fehlerhafter Subsumtion, wozu auch ein Verstoß gegen *Denkgesetze und Erfahrungssätze* gehört.   6

Mit einer unbeschränkt zugelassenen Rechtsbeschwerde können alle Gesetzesverletzungen gerügt werden, ohne an die Frage gebunden zu sein, die für BPatG Motiv der Zulassung war.⁶ Die Prüfung einer zulassungsfreien Rechtsbeschwerde ist auf die Mängel des § 100 (3) beschränkt, die gerügt wurden.   7

Kausalität zwischen Gesetzesverletzung und Entscheidung: Vgl dazu § 100 Rdn 33, 45, 57 und 64.   8

§ 102 Frist und Begründung der Rechtsbeschwerde, Streitwertherabsetzung, Vertretung durch BGH-Anwalt

(1) Die Rechtsbeschwerde ist innerhalb eines Monats nach Zustellung des Beschlusses beim Bundesgerichtshof schriftlich einzulegen.
(2) In dem Rechtsbeschwerdeverfahren vor dem Bundesgerichtshof gelten die Bestimmungen des § 144 über die Streitwertfestsetzung entsprechend.

---

2 BGH GRUR 67, 435 (III) *Isoharnstoffäther*; 84, 797 (II) *Zinkenkreisel*; 90, 109 (III) *Weihnachtsbrief*; zum Beschwerderecht des Bundesministeriums der Verteidigung vgl BGH GRUR 99, 573 = NJW-RR 99, 836 *Staatsgeheimnis*.
3 Vgl BGHZ 32, 76.
4 Vgl OGH MDR 50, 156; BGH LM § 561 ZPO Nr 8–10; BVerwG MDR 74, 304.
5 BGHZ 63, 524 (II2a) *Digesta*; 66, 50 (V2) *Hinterachse*.
6 StRspr: BGH GRUR 84, 797 (II) *Zinkenkreisel*; 97, 360 (III) *Profilkrümmer*; 98, 394 (III) *Active Line*.

§ 102 *Rechtsbeschwerdeverfahren*

(3) ¹Die Rechtsbeschwerde ist zu begründen. ²Die Frist für die Begründung beträgt einen Monat; sie beginnt mit der Einlegung der Rechtsbeschwerde und kann auf Antrag von dem Vorsitzenden verlängert werden.
(4) Die Begründung der Rechtsbeschwerde muß enthalten
1. die Erklärung, inwieweit der Beschluß angefochten und seine Abänderung oder Aufhebung beantragt wird;
2. die Bezeichnung der verletzten Rechtsnorm;
3. insoweit die Rechtsbeschwerde darauf gestützt wird, daß das Gesetz in bezug auf das Verfahren verletzt sei, die Bezeichnung der Tatsachen, die den Mangel ergeben.
(5) ¹Vor dem Bundesgerichtshof müssen sich die Beteiligten durch einen beim Bundesgerichtshof zugelassenen Rechtsanwalt als Bevollmächtigten vertreten lassen. ²Auf Antrag eines Beteiligten ist seinem Patentanwalt das Wort zu gestatten. ³§ 143 Abs 3 gilt entsprechend.

Voß

Übersicht

	Geltungsbereich	1
	Kommentierung zu § 102 PatG	
2	Beschwerdefrist	3
3	Beschwerdebegründung	4
4	Anschlussrechtsbeschwerde	6
5	Rücknahme der Rechtsbeschwerde	7
6	Rücknahme der Anmeldung	8
7	Rücknahme des Einspruchs	10
8	Rücknahme von Verfahrensanträgen	11
9	Postulationsfähigkeit	12
10	Kosten des Rechtsbeschwerdeverfahrens	14

1 **Geltungsbereich:** In § 102 (= § 41r PatG aF) hat Art 2 Nr 26 des 2. PatGÄndG Abs 2 des § 102 neu gefasst. Die bisherige Bestimmung, dass eine volle Gebühr nach den Sätzen für das Revisionsverfahren erhoben wird, wurde gestrichen. Nach § 1 Nr 14 GKG gilt das GKG auch für die Erhebung von Kosten für Rechtsmittelverfahren vor dem BGH nach dem PatG. Zu den Kosten des Rechtsbeschwerdeverfahrens siehe § 109. In Abs 5 wurde der frühere S 3 durch Art 15 Nr 2 des Gesetzes zur Neuregelung des Rechtsberatungsrechts (**RBerNG**) v 12.12.2007 (BGBl I 2840) mit Wirkung vom 1.7.2008 gestrichen.

2 Rechtsbeschwerde ist schriftlich (s Einl Rdn 352) einzulegen. Sie kann nur beim BGH eingelegt werden, Einlegung beim BPatG ist unwirksam.

2 Beschwerdefrist

3 Frist zur Einlegung der Beschwerde beträgt 1 Monat ab Zustellung – auch wenn der Beschluss vorher verkündet war. Zur Streitfrage, welcher Zustellungszeitpunkt maßgebend ist, wenn an mehrere Beteiligte zu unterschiedlichen Zeitpunkten zugestellt worden ist, vgl § 73 Rdn 62. Wiedereinsetzung in versäumte Frist ist möglich.

3 Beschwerdebegründung

4 Begründung der Beschwerde ist Zulässigkeitsvoraussetzung. Frist beträgt 1 Monat seit Eingang der Rechtsbeschwerde beim BGH. Verlängerungsantrag ist nach § 102 (3)

2 zulässig, muss aber von einem BGH-Anwalt (§ 102 (5) 1) vor Fristablauf gestellt werden.

Inhalt gemäß § 102 (4): **Nr 1:** Förmlicher Antrag ist nicht vorgeschrieben. Es muss aber der Umfang der Anfechtung erkennbar sein.[1] Es kann nur die Aufhebung beantragt werden und entgegen § 102 (4) Nr 1 gemäß § 108 nicht eine Abänderung. **Nr 2:** Verletzte Rechtsnorm ist zu spezifizieren. Angabe des § ist nicht erforderlich. **Nr 3:** Werden Verfahrensmängel gerügt, muss nicht nur die verletzte Rechtsnorm, sondern auch die Tatsache bezeichnet werden, die den Mangel ergeben soll. Verfahrensverletzungen sind alle Tatbestände, die nicht zum materiellen Recht der Patentfähigkeit gehören.

4 Anschlussrechtsbeschwerde

Anschlussrechtsbeschwerde ist gemäß § 99 (1) iVm § 574 (4) ZPO statthaft.[2] **Voraussetzungen: a)** *Anhängigkeit* einer Rechtsbeschwerde, über die also noch nicht entschieden und die noch nicht zurückgenommen ist; **b)** Anschlussrechtsbeschwerdeführer ist ein *Beteiligter* im Beschwerdeverfahren vor BPatG; **c)** *Beschwer* des Anschlussrechtsbeschwerdeführers ist – anders als bei der normalen Anschlussbeschwerde (s § 73 Rdn 192) – wie bei einer Anschlussrevision nach § 554 ZPO erforderlich,[3] das heißt, es muss der Anschlussrechtsbeschwerdeführer einen eigenen Anfechtungsgrund bei einer zugelassenen Rechtsbeschwerde oder einen gesetzlichen Rechtsbeschwerdegrund gemäß § 100 (3) PatG bei einer zulassungsfreien Rechtsbeschwerde geltend machen; **d)** Anschließung zulässig innerhalb eines Monats (Notfrist) nach Zustellung der Rechtsbeschwerdebegründung gemäß entsprechender Anwendung des für die ZPO-Anschlussrechtsbeschwerde geltenden § 574 (4) ZPO.[4]

5 Rücknahme der Rechtsbeschwerde

Rücknahme der (Anschluss-)Rechtsbeschwerde ist jederzeit ohne Zustimmung des Gegners zulässig. Sie ist gegenüber BGH durch BGH-Anwalt zu erklären. Ein Beteiligter, dessen Rechtsbeschwerde unzulässig ist, weil er entgegen § 102 (5) 1 nicht durch einen BGH-Anwalt vertreten ist, kann sie auch ohne Anwalt zurücknehmen.[5] *Folge der Rücknahme:* Verlust des Rechtsmittels und Kostentragungspflicht in einem mehrseitigen Verfahren.

6 Rücknahme der Anmeldung

Anmeldung kann jederzeit zurückgenommen werden,[6] und zwar vor einer wirksamen Einlegung der Rechtsbeschwerde durch Erklärung gegenüber BPatG, danach gegenüber BGH. Kopie der Rücknahmeerklärung gegenüber BPatG mit einer Begleitmitteilung an BGH genügt.[7] Eine wirksame Rücknahme der Anmeldung vor BGH setzt

---

1 BGH GRUR 79, 619 (IIb) *Tabelliermappe*.
2 BGH GRUR 83, 725 *Ziegelsteinformling I*.
3 BGH GRUR 83, 725 (III Abs 5) *Ziegelsteinformling I*; NJW 95, 2563.
4 BGH GRUR 83, 725 (III 1 letzter Abs) *Ziegelsteinformling I*.
5 BGH NJW-RR 94, 759.
6 BGH Mitt 85, 52 *Zurücknahme der Patentanmeldung*.
7 BGH GRUR 11, 1052 *Telefonsystem*.

nicht die volle Zulässigkeit der Rechtsbeschwerde voraus. Es genügt, dass die Rechtsbeschwerde statthaft und von einem beim BGH zugelassenen Anwalt eingelegt ist.[8] Rücknahme muss nicht durch einen beim BGH zugelassenen Anwalt erklärt werden.[9]

9 Folge: Mit Rücknahme der Patentanmeldung hat sich das Rechtsbeschwerdeverfahren erledigt; bis dahin ergangene Beschlüsse von DPMA und BPatG sind gemäß § 99 (1) iVm § 269 (3) 1 ZPO wirkungslos.[10] Über die Kosten des Rechtsbeschwerdeverfahrens ist gemäß § 109 nach Billigkeit, nicht nach § 269 (3) 2 ZPO zu entscheiden.[11]

7 Rücknahme des Einspruchs

10 Rücknahme des Einspruchs erledigt hingegen die Rechtsbeschwerde wegen § 61 (1) 2 nicht, vgl dazu § 61 Rdn 31.

8 Rücknahme von Verfahrensanträgen

11 Verfahrensanträge im Rahmen einer Rechtsbeschwerde können mit gleicher Wirkung durch Erklärung sowohl vor BGH wie vor DPMA zurückgenommen werden, so zB die Rücknahme eines Akteneinsichtsantrags. Dafür bedarf es keines beim BGH zugelassenen Anwalts.

9 Postulationsfähigkeit

12 Nach § 102 (5) sind alle Beteiligten nur durch einen beim BGH zugelassenen Anwalt postulationsfähig, der nicht Inlandsvertreter gemäß § 25 sein muss.[12] Verfahrenshandlungen, die ohne BGH-Anwalt vorgenommen werden, sind unwirksam. Wird Rechtsbeschwerde entgegen § 102 (5) 1 nicht durch einen beim BGH zugelassenen Anwalt, sondern etwa vom Beteiligten selbst eingelegt, ist sie unzulässig.[13] Der Anwaltszwang gilt ua für die Einlegung und Begründung der Rechtsbeschwerde, für Verlängerungsanträge nach § 102 (3) 2,[14] für die Stellung des Kostenantrags nach Rücknahme der Rechtsbeschwerde und für die Erklärung eines weiteren Beteiligten nach § 105.[15]

13 **Kein Anwaltszwang** besteht für a) einen Beteiligten, der sich vor BGH iSv § 102 (5) 1 nicht vertreten lassen will, sondern sich auf seine Rolle als passiv Beteiligter beschränkt;[16] b) Antrag auf Verfahrenskostenhilfe (§ 138 (2) iVm § 78 (2) ZPO); c) Rücknahme der Rechtsbeschwerde (s Rdn 7); d) Rücknahme der Anmeldung (s Rdn 8); e) Rücknahme von Verfahrensanträgen (s Rdn 11); f) Antrag, dem Rechtsmittelführer die Kosten aufzuerlegen, wenn Rechtsbeschwerde zurückgenommen wurde, bevor der Gegner einen BGH-Anwalt beauftragt hatte.[17]

---

8 BGH GRUR 85, 1052 *LECO*.
9 BGH GRUR 74, 465 *Lomapect*; 11, 1052 *Telefonsystem*.
10 BGH GRUR 11, 1052 *Telefonsystem*.
11 BGH GRUR 11, 1052 (1053) *Telefonsystem*.
12 BGH GRUR 94, 360 *Schutzüberzug für Klosettbrillen*.
13 BGH BlPMZ 84, 367 *Anwaltszwang* (bei Rechtsbeschwerde); **86**, 246 *Rechtsbeschwerde durch BGH-Anwalt*; GRUR 85, 1052 *LECO*.
14 BGH v 4.11.80 – X ZB 7/80.
15 BGH GRUR 90, 346 *Aufzeichnungsmaterial*.
16 BPatGE 12, 188, 191; BPatG GRUR 99, 44, 45.
17 BGH GRUR 95, 338 *Rechtsmittelrücknahme*.

10 Kosten des Rechtsbeschwerdeverfahrens
Siehe § 109.

14

§ 103 Aufschiebende Wirkung

¹Die Rechtsbeschwerde hat aufschiebende Wirkung. ²§ 75 Abs 2 gilt entsprechend.

Voß

Geltungsbereich: § 103 entspricht wörtlich dem § 41s, der durch das 6. ÜG eingeführt wurde.

1

Aufschiebende Wirkung kommt jeder wirksam eingelegten Rechtsbeschwerde – auch einer unzulässigen – zu. Ausnahmen: a) Offensichtlich unzulässige oder b) verspätet eingelegte Rechtsbeschwerde; c) Einlegung ohne BGH-Anwalt entgegen § 102 (5). Im Übrigen vgl die Erläuterungen zu § 75, dem § 103 entspricht.

2

§ 104 Zulässigkeitsprüfung durch BGH

¹Der Bundesgerichtshof hat von Amts wegen zu prüfen, ob die Rechtsbeschwerde an sich statthaft und ob sie in der gesetzlichen Form und Frist eingelegt und begründet ist. ²Mangelt es an einem dieser Erfordernisse, so ist die Rechtsbeschwerde als unzulässig zu verwerfen.

Voß

Geltungsbereich: § 104 entspricht wörtlich dem § 41t, der durch das 6. ÜG eingeführt wurde.

1

§ 104 entspricht §§ 552, 577 (1) ZPO und § 79 (2) PatG. Die Entscheidung ergeht nach Anhörung des Rechtsbeschwerdeführers und seines etwaigen notwendigen Streitgenossen durch Beschluss (§ 107 (1)). Ein Zwischenstreit über die Zulässigkeit kann durch bindenden (auch positiven) Zwischenbeschluss entschieden werden.¹ Fällt danach ein Zulässigkeitserfordernis fort, so kann die Rechtsbeschwerde gleichwohl als unzulässig verworfen werden.

2

§ 105 Verfahren mit mehreren Beteiligten

(1) ¹Sind an dem Verfahren über die Rechtsbeschwerde mehrere Personen beteiligt, so sind die Beschwerdeschrift und die Beschwerdebegründung den anderen

---

1 BGH GRUR 67, 294 *UHF-Empfänger II.*

Beteiligten mit der Aufforderung zuzustellen, etwaige Erklärungen innerhalb einer bestimmten Frist nach Zustellung beim Bundesgerichtshof schriftlich einzureichen. ²Mit der Zustellung der Beschwerdeschrift ist der Zeitpunkt mitzuteilen, in dem die Rechtsbeschwerde eingelegt ist. ³Die erforderliche Zahl von beglaubigten Abschriften soll der Beschwerdeführer mit der Beschwerdeschrift oder der Beschwerdebegründung einreichen.

(2) Ist der Präsident des Deutschen Patent- und Markenamts nicht am Verfahren über die Rechtsbeschwerde beteiligt, so ist § 76 entsprechend anzuwenden.

Voß

Übersicht

Geltungsbereich		1
Kommentierung zu § 105 PatG		
1	Beteiligte	2
2	Verfahren	3
2.1	Zustellung	3
2.2	Gegenerklärung	4
2.3	Abschriften	5
3	Präsident des DPMA	6

1 **Geltungsbereich:** § 105 (1) entspricht dem durch das 6. ÜG eingeführten § 41u PatG. Das 1. GPatG hat Abs 2 angefügt. Durch das 2. Gesetz zur Vereinfachung und Modernisierung des Patentrechts vom 10.08.2021 (BGBl 2021 I 3490) wurde mit Wirkung zum 18.08.2021 in Abs 2 das Wort »Patentamts« durch »Deutschen Patent- und Markenamts« ersetzt.

1 Beteiligte

2 Beteiligte iSd § 105 sind grundsätzlich *alle Beteiligten* des Beschwerdeverfahrens vor BPatG. Ihnen ist Rechtsbeschwerdeschrift und -begründung zur Gewährleistung des rechtlichen Gehörs zuzustellen. Deshalb muss bei mehreren Anmeldern, Patentinhabern, Einsprechenden, Streitgenossen oder Beigetretenen, wenn nur einer von ihnen Rechtsbeschwerde einlegt, den anderen zugestellt werden. Das ist nur dann nicht erforderlich, wenn mehrere Rechtsbeschwerdeführer gemeinsam handeln.

2 Verfahren

2.1 Zustellung

3 **von Beschwerdeschrift und -begründung** erfolgt gemäß § 106 (1) nach der ZPO unter Setzung einer Frist, die verlängerbar ist. Adressat ist der bereits bestellte BGH-Anwalt, sonst der BPatG-Anwalt oder der Beteiligte selbst. Eine Zustellung kann unterbleiben, wenn die Rechtsbeschwerde offensichtlich unzulässig ist und daher sogleich nach § 104 verworfen werden kann.

2.2 Gegenerklärung

4 ist gemäß § 102 (5) durch einen BGH-Anwalt schriftlich einzureichen.[1] Unterbleibt sie, besteht nach Fristablauf Möglichkeit zur Entscheidung, hat aber sonst keine Folgen.

---

1 BGH GRUR 90, 346 *Aufzeichnungsmaterial.*

2.3 Abschriften

sollen nach § 105 (1) 3 **in der erforderlichen Anzahl** für die Zustellung eingereicht werden. Fehlen sie, hat die Partei die Kosten für ihre Anfertigung nach § 3 (2) GKG Anlage 1 Kostenverzeichnis Nr 9 000 1. b) zu tragen.

3 Präsident des DPMA

Der Präsident des DPMA hat nach § 105 (2) »die Möglichkeit zur Darstellung des größeren Gesamtzusammenhangs und der praktischen Tragweite der Entscheidung« (= amtl Begr zum 1. GPatG BlPMZ 79, 289 lSp), auch wenn er nicht Verfahrensbeteiligter ist. Im Übrigen vgl die Erl zu § 76.

§ 106 Anwendung der ZPO

(1) ¹Im Verfahren über die Rechtsbeschwerde gelten die Vorschriften der Zivilprozeßordnung über Ausschließung und Ablehnung der Gerichtspersonen, über Prozeßbevollmächtigte und Beistände, über Zustellungen von Amts wegen, über Ladungen, Termine und Fristen und über Wiedereinsetzung in den vorigen Stand entsprechend. ²Im Falle der Wiedereinsetzung in den vorigen Stand gilt § 123 Abs 5 bis 7 entsprechend.

(2) Für die Öffentlichkeit des Verfahrens gilt § 69 Abs 1 entsprechend.

Voß

Geltungsbereich: In § 106, der als § 41v durch das 6. ÜG eingefügt worden ist, hat Art 2 Nr 27 des 2. PatGÄndG die Angabe in Abs 1 Satz 2 »§ 123 Abs 5« durch die Angabe »§ 123 Abs 5 bis 7« ersetzt.

Die **Verweisung auf die ZPO** erfolgt nicht wie in § 99 (1) PatG generell, sondern gezielt auf §§ 41–49, 78–90, 166–190, 214–229, 233–238 ZPO. Dadurch bedingte Lücken sind durch die sachnächsten Vorschriften des PatG über das Beschwerdeverfahren vor BPatG und damit über § 99 (1) PatG der ZPO auszufüllen.

Für die **Wiedereinsetzung in den vorigen Stand** gelten nach § 106 (1) 2 neben den §§ 233–238 ZPO auch die Vorschriften über das Weiterbenutzungsrecht gemäß § 123 (5) – (7) PatG.

Zur **Akteneinsicht in Rechtsbeschwerdeakten** vgl § 99 Rdn 35.

§ 107 Entscheidung über die Rechtsbeschwerde

(1) Die Entscheidung über die Rechtsbeschwerde ergeht durch Beschluß; sie kann ohne mündliche Verhandlung getroffen werden.

(2) Der Bundesgerichtshof ist bei seiner Entscheidung an die in dem angefochtenen Beschluß getroffenen tatsächlichen Feststellungen gebunden, außer wenn in

bezug auf diese Feststellungen zulässige und begründete Rechtsbeschwerdegründe vorgebracht sind.
(3) Die Entscheidung ist zu begründen und den Beteiligten von Amts wegen zuzustellen.

Voß

Übersicht

Geltungsbereich		1
Kommentierung zu § 107 PatG		
1	Entscheidungsform	2
2	Umfang der Nachprüfung	3
2.1	Rechtsbeschwerde aufgrund Zulassung	3
2.2	Zulassungsfreie Rechtsbeschwerde	6
2.3	Bindungswirkung tatsächlicher Feststellungen	7
2.4	Neues tatsächliches Vorbringen	9

1   **Geltungsbereich:** § 107 entspricht dem früheren § 41w, der durch das 6. ÜG eingeführt wurde.

1 Entscheidungsform

2   Die Entscheidung ergeht durch begründeten und zuzustellenden Beschluss. Die Anberaumung einer **mündlichen Verhandlung** steht im Ermessen des BGH, sie findet praktisch nie statt; ein Antrag ist nur eine Anregung.

2 Umfang der Nachprüfung

2.1 Rechtsbeschwerde aufgrund Zulassung

3   Sie führt grundsätzlich zu einer vollen Nachprüfung, es sei denn, BPatG hat die Rechtsbeschwerde wirksam nur beschränkt zugelassen (s § 100 Rdn 21–22) oder der Rechtsbeschwerdeführer stellt einen beschränkten Antrag.[1]

4   **Volle Überprüfung** der angefochtenen Entscheidung bezieht sich wie bei einer Revision auf a) alle Verstöße gegen sachliches Recht, b) alle unverzichtbaren Verfahrensvoraussetzungen[2] und c) auf gemäß § 102 (4) Nr 3 gerügte Verfahrensfehler.

5   **Keine Bindung** besteht an den speziellen Grund oder die bestimmte Rechtsfrage, die der Beschluss zur Begründung der Zulassung angibt.[3] Daraus folgt a) für einen Beteiligten, dass er jeden revisiblen Verstoß rügen kann, ohne rügen zu müssen, dass die Frage falsch entschieden sei, wegen der BPatG die Rechtsbeschwerde zugelassen hat;[4] b) für BGH, dass der Beschluss aus einem anderen Grund, der nicht eigens gerügt war, aufgehoben werden kann, wenn zB die erhobene Sachrüge unbegründet ist oder die vom BPatG genannte grundsätzliche Rechtsfrage nicht entscheidungserheblich ist.[5]

---

1   BGH GRUR 98, 130 (II1) *Handhabungsgerät*.
2   BGH GRUR 72, 535 (II1) *Aufhebung der Geheimhaltung*.
3   *BGH GRUR 84*, 797 (II) *Zinkenkreisel*; 97, 360 (II1) *Profilkrümmer*; 98, 394 (III) *Active Line*; BlPMZ 89, 133 (II) *Gurtumlenkung*; 92, 496 (II1) *Entsorgungsverfahren*.
4   BGH GRUR 84, 797 (II) *Zinkenkreisel*; 91, 37 (II1) *Spektralapparat*; 97, 360 *Profilkrümmer*.
5   BGH BlPMZ 74, 210 (II1) *Warmwasserbereiter*; GRUR 91, 37 (II1) *Spektralapparat*.

2.2 Zulassungsfreie Rechtsbeschwerde

Wird eine Rechtsbeschwerde auf § 100 (3) gestützt, so prüft BGH nur den zulässig gerügten Rechtsbeschwerdegrund. Liegt er vor, wird der Beschluss aufgehoben. Liegt er nicht vor, kann der BGH nicht andere Mängel zum Gegenstand seiner Prüfung machen,[6] und zwar auch dann nicht, wenn der Verfahrensmangel an sich von Amts wegen zu berücksichtigen gewesen wäre.[7]

6

2.3 Bindungswirkung tatsächlicher Feststellungen

besteht für BGH, soweit diese im Protokoll und im Beschluss (einschließlich der in Bezug genommenen Schriftstücke) enthalten sind, solange keine Berichtigung erfolgt.[8]

7

Nachprüfbar – weil nicht zu den tatsächlichen Feststellungen gehörend – sind: a) Auslegung von Verfahrenserklärungen,[9] wie zB Verzicht,[10] Ausscheidung,[11] Beschwerdeerklärung,[12] sowie von Verwaltungsakten; b) Rechtsbegriffe nur als solche ohne die sie ausfüllenden Tatsachen, wie zB der Komplex der Neuheit[13] und der erfinderischen Tätigkeit,[14] Priorität und Anmeldetag,[15] Patentkategorie,[16] Treu und Glauben; c) Verstoß gegen Denkgesetze, Erfahrungssätze oder Grundsätze der Technik, nicht dagegen die technische Tatsachenwürdigung (vgl § 101 Rdn 5); d) Beweiswürdigung, soweit gegen anerkannte Grundsätze, Denkgesetze oder Erfahrungssätze verstoßen ist; e) Ermessensmissbrauch; f) Tatsachenfeststellungen, gegen die sich eine zulässige Verfahrensrüge richtet; g) die Beachtung unverzichtbarer Verfahrensvoraussetzungen durch BPatG, wie zB die Zulässigkeit der Beschwerde gegen DPMA-Beschluss.[17]

8

2.4 Neues tatsächliches Vorbringen

ist unzulässig.[18] Da BGH nach § 107 (2) an die getroffenen Feststellungen gebunden ist, sind sie einer Überprüfung entzogen, es sei denn, es wird eine erfolgreiche Verfahrensrüge gegen diese Feststellung erhoben. Sonst sind die tatsächlichen Feststellungen, wenn sie nicht oder nicht mit Erfolg angegriffen werden, für den BGH bindend.[19] Neue Tatsachen sind zu berücksichtigen, wenn von ihnen die Zulässigkeit (§ 104) oder

9

---

6 BGH GRUR **64**, 697 (III Abs 4) *Fotoleiter*; **94**, 215 (III3) *Boy*.
7 BGH GRUR **97**, 636 = NJW-RR **97**, 1195 *Makol*.
8 BGH GRUR **72**, 642 (IVd) *Lactame*.
9 BGH GRUR **66**, 146 (II2b) *beschränkter Bekanntmachungsantrag*; Beschl v 13.5.14, X ZR 25/13, GRUR **14**, 911 (Rn 9) *Sitzgelenk*; Beschl v 19.9.17, X ZB 1/17, GRUR **17**, 1286 (Rn 16) *Mehrschichtlager*.
10 BGH GRUR **66**, 146 (II3) *beschränkter Bekanntmachungsantrag*; **67**, 413 *Kaskodeverstärker*.
11 BGH GRUR **71**, 565 *Funkpeiler*.
12 BGH BlPMZ **74**, 210 (II3) *Warmwasserbereiter*.
13 BGH GRUR **74**, 352 (II2c) *Farbfernsehsignal I*.
14 BGH GRUR **64**, 201 *Elektrohandschleifgerät*; **74**, 419 *Oberflächenprofilierung*; **79**, 220 β-Wollastonit; **96**, 753 *Informationssignal*.
15 BGH GRUR **71**, 565 *Funkpeiler*.
16 BGH GRUR **66**, 201 *Ferromagnetischer Körper*.
17 BGH GRUR **72**, 535 (II1) *Aufhebung der Geheimhaltung*.
18 BGH GRUR **66**, 28, 29 *Darmreinigungsmittel*; **68**, 86, 90 *Ladegerät I*; **72**, 642 (IVd aE) *Lactame*; **93**, 466, 468 lSp *Preprint-Versendung*; **93**, 655 (II4) *Rohrausformer*.
19 BGH GRUR **72**, 595 (II4b) *Schienenschalter I*; **95**, 113 (III3b(1)) *Datenträger*; **98**, 899 (IIC3) *Alpinski*.

die Fortsetzung des Rechtsbeschwerdeverfahrens abhängt, wie zB Wegfall von Anmeldung oder Patent.

10 **Tatsächliche Würdigung des BPatG** kann nach ständiger Rechtsprechung des BGH[20] in der Rechtsbeschwerde **nicht durch eine eigene tatsächliche Würdigung ersetzt werden**, selbst wenn es Anhaltspunkte geben sollte, dass die neue tatsächliche Würdigung zutreffender wäre. BGH kann – wie im Revisionsverfahren – den angefochtenen Beschluss lediglich daraufhin überprüfen, ob er auf einem Verkennen eines Rechtsbegriffs, zB der erfinderischen Tätigkeit, und damit auf einer Verletzung materiellen Rechts beruht oder – bei einer entsprechenden Verfahrensrüge (§ 102 (4) Nr 3 PatG) – ob gegen prozessuale Vorschriften, die Lebenserfahrung oder die Denkgesetze verstoßen worden ist oder bei der Entscheidungsfindung wesentliche Umstände außer Acht gelassen worden sind.[21]

§ 108 Zurückverweisung und Bindung des BPatG

(1) Im Falle der Aufhebung des angefochtenen Beschlusses ist die Sache zur anderweiten Verhandlung und Entscheidung an das Patentgericht zurückzuverweisen.

(2) Das Patentgericht hat die rechtliche Beurteilung, die der Aufhebung zugrunde gelegt ist, auch seiner Entscheidung zugrunde zu legen.

Voß

Übersicht

Geltungsbereich	1
Kommentierung zu § 108 PatG	
1 Zurückverweisung	2
2 Bindungswirkung gegenüber BPatG	4

1 **Geltungsbereich:** § 108 wurde als § 41x durch das 6. ÜG in das PatG eingefügt.

1 Zurückverweisung

2 Die Rechtsbeschwerde kann als unzulässig verworfen (§ 104) oder als unbegründet zurückgewiesen werden, letzteres auch dann, wenn sich die angefochtene Entscheidung aus anderen Gründen als richtig erweist.[1] Im Übrigen kann BGH nur aufheben und an BPatG zurückverweisen, nicht aber in der Sache selbst erkennen,[2] selbst wenn die

---

20 BGH GRUR 84, 797 (III3b) *Zinkenkreisel*; 87, 510 (II2a) *Mittelohr-Prothese*; 96, 753 (BII2b bb) *Informationssignal*; 98, 899 (IIC3) *Alpinski*; 98, 913 (II2) *Induktionsofen*; 99, 920 (II1b) *Flächenschleifmaschine*.
21 BGH GRUR 96, 753 *Informationssignal*.
1 BGH GRUR 98, 394, 396 *Active Line*; 14, 376 *grill meister* (jeweils MarkenG).
2 Vgl amtl Begr zum 6. ÜG BlPMZ 61, 140, 158 unter kk; BGH GRUR 90, 109 (III) *Weihnachtsbrief*; 99, 148 (III2) *Informationsträger*.

Sache entscheidungsreif ist. **Zurückverweisung an einen anderen Senat** ist entsprechend § 563 (1) S 2 ZPO möglich.[3]

Keine Zurückverweisung, sondern lediglich eine Aufhebung der Entscheidung erfolgt, **a)** wenn es nach der Aufhebung keiner Sachentscheidung mehr bedarf, weil zB keine Beschwerde vor BPatG anhängig geworden ist[4] oder weil das Prüfungsverfahren nicht vor BPatG, sondern für eine nach § 60 aF entstandene[5] oder eine während des Rechtsbeschwerdeverfahrens vorgenommene[6] Teilanmeldung vor DPMA fortzusetzen ist **b)** wenn zwar ein selbstständiges Angriffs- und Verteidigungsmittel übergangen wurde, dessen Berücksichtigung aber nicht zu einer anderen Entscheidung hätte führen können.[7]

2 Bindungswirkung gegenüber BPatG

BPatG ist an die rechtliche Beurteilung, die der Aufhebung zugrunde liegt, gebunden. Im Übrigen ist es frei und an Erwägungen nicht gebunden, die nur anlässlich der Entscheidung geäußert sind, aber die Entscheidung nicht tragen.[8] Keine Bindung besteht daher für *obiter dicta* sowie für Hinweise für die weitere Behandlung des Verfahrens (sog »Segelanweisungen«[9]).

Ein Verstoß gegen § 108 (2) eröffnet nicht die zulassungsfreie Rechtsbeschwerde.[10]

§ 109 Kostenentscheidung und -festsetzung

(1) ¹Sind an dem Verfahren über die Rechtsbeschwerde mehrere Personen beteiligt, so kann der Bundesgerichtshof bestimmen, daß die Kosten, die zur zweckentsprechenden Erledigung der Angelegenheit notwendig waren, von einem Beteiligten ganz oder teilweise zu erstatten sind, wenn dies der Billigkeit entspricht. ²Wird die Rechtsbeschwerde zurückgewiesen oder als unzulässig verworfen, so sind die durch die Rechtsbeschwerde veranlaßten Kosten dem Beschwerdeführer aufzuerlegen. ³Hat ein Beteiligter durch grobes Verschulden Kosten veranlaßt, so sind ihm diese aufzuerlegen.

(2) Dem Präsidenten des Deutschen Patent- und Markenamts können Kosten nur auferlegt werden, wenn er die Rechtsbeschwerde eingelegt oder in dem Verfahren Anträge gestellt hat.

---

3 BGH GRUR *64, 602* (II4) *Akteneinsicht II;* **90**, 346 (IV) *Aufzeichnungsmaterial.*
4 BGH GRUR **90**, 109 (III) *Weihnachtsbrief.*
5 BGH GRUR **99**, 148 (III2) *Informationsträger.*
6 BGH Beschl v 7.5.19, X ZB 9/18, GRUR **19**, 766 (Rn 23) *Abstandsberechnungsverfahren.*
7 BGH GRUR **63**, 645 (III2) *Warmpressen;* **64**, 259 (IV) *Schreibstift;* **67**, 543 (II2c) *Bleiphosphit;* **77**, 666 (II) *Einbauleuchten;* **81**, 507 (II1b) *Elektrode.*
8 BGH GRUR **67**, 548, 551 *Schweißelektrode II;* **72**, 472 *Zurückverweisung,* BlPMZ **73**, 259 (III1) *Lenkradbezug I.*
9 BGH BlPMZ **73**, 259 (III1) *Lenkradbezug I.*
10 BGH GRUR **67**, 548, 550 *Schweißelektrode II;* BlPMZ **73**, 259 (III1) *Lenkradbezug II.*

§ 109

(3) Im übrigen gelten die Vorschriften der Zivilprozeßordnung über das Kostenfestsetzungsverfahren und die Zwangsvollstreckung aus Kostenfestsetzungsbeschlüssen entsprechend.

Voß

Übersicht

Geltungsbereich		1
Kommentierung zu § 109 PatG		
1	Kostenentscheidung	2
1.1	Ermessen	4
1.1.1	Gerichtskosten	5
1.1.2	Außergerichtliche Kosten	6
1.1.3	Billigkeit	7
1.2	Ermessensausschluss	10
1.3	Präsident des DPMA	14
2	Kostenfestsetzung	15
3	Gerichtskosten des Rechtsbeschwerdeverfahrens	16
4	Anwaltskosten im Rechtsbeschwerdeverfahren	17
4.1	Rechtsanwalt	17
4.2	Patentanwalt	18

1 **Geltungsbereich:** § 109 (1) und (3) entsprechen § 41y PatG, der durch das 6. ÜG eingefügt wurde. § 109 (2) wurde durch das 1. GPatG eingefügt. Das **2. PatGÄndG** hat die frühere Kostenregelung in § 102 (2) PatG aF beseitigt und durch eine Änderung des GKG ersetzt. Zum 1.7.2006 wurden durch Art 3 Nr 1 des Gesetzes zur Änderung des patentrechtl Einspruchsverfahrens und des PatKostG v 21.6.2006 (BGBl I 1318) für das Rechtsbeschwerdeverfahren Festbeträge eingeführt. Durch das 2. Gesetz zur Vereinfachung und Modernisierung des Patentrechts vom 10.08.2021 (BGBl 2021 I 3490) wurde mit Wirkung zum 18.08.2021 in Abs 2 das Wort »Patentamts« durch »Deutschen Patent- und Markenamts« ersetzt.

1 Kostenentscheidung

2 § 109 (1) u (2) regeln die Grundsätze der Kostenentscheidung im **Rechtsbeschwerdeverfahren mit mehreren Beteiligten.** In einem **einseitigen Beschwerdeverfahren** bedarf es keiner Kostenentscheidung, da der Rechtsbeschwerdeführer außer im Fall von § 21 (1) GKG (Niederschlagung der Gerichtskosten wegen unrichtiger Sachbehandlung) als Antragsteller nach § 22 (1) 1 GKG die Kosten zu tragen hat.

3 § 109 (1) 1 geht wie § 80 (1) 1 von dem **Grundsatz** aus, dass jeder Beteiligte seine **Kosten selbst zu tragen** hat. Fehlt eine Kostenentscheidung, so trägt jeder seine Kosten selbst. Das gilt auch, wenn BPatG nach Zurückverweisung der Sache über die Kosten zu entscheiden hat.[1]

1.1 Ermessen

4 Eine vom Grundsatz der eigenen Kostentragungspflicht abweichende Kostenentscheidung ergeht nur, wenn dies der Billigkeit entspricht. BGH hat insofern gemäß § 109 (1) 1 grundsätzlich ein **nach Billigkeitsgesichtspunkten auszuübendes Ermessen** (»kann«), ob und mit welchem Inhalt eine Kostenentscheidung getroffen wird. Ent-

---

1 BPatG Mitt 02, 571 (LS).

scheidung ergeht **von Amts wegen**, eines Antrags bedarf es nicht. Bei **Zurückverweisung** wird Kostenentscheidung regelmäßig BPatG überlassen. Die Kostenentscheidung umfasst sowohl die **Gerichtskosten**, als auch die **außergerichtlichen Kosten**.

1.1.1 Gerichtskosten hat grundsätzlich der Rechtsbeschwerdeführer als Antragsteller nach § 22 (1) 1 GKG zu tragen. Eine abweichende Entscheidung sieht § 109 (1) 1 nicht vor, weil danach nur über die notwendigen Kosten der Beteiligten, nicht aber über die Gerichtskosten entschieden werden kann. Dagegen bestimmt § 90 (1) 1 MarkenG, dass BGH bestimmen kann, dass »die Kosten des Verfahrens einschließlich der den Beteiligten erwachsenen Kosten« einem Beteiligten zur Last fallen. Eine analoge Anwendung des § 90 (1) 1 MarkenG ist geboten, da es keinen Grund gibt, Rechtsbeschwerden in Marken- und Patentverfahren kostenrechtlich unterschiedlich zu behandeln, zumal BGH nach § 109 in den Sonderfällen des Abs 1 Sätze 2 und 3 dem Rechtsbeschwerdeführer die Gerichtskosten auferlegen kann.

5

1.1.2 Außergerichtliche Kosten: es gilt vorbehaltlich einer abweichenden Kostenentscheidung der Grundsatz, dass jeder Beteiligte seine eigenen Kosten zu tragen hat.

6

1.1.3 Billigkeit: es müssen besondere Umstände vorliegen, die ein Abweichen vom Grundsatz der eigenen Kostentragung rechtfertigen, zB Verstöße gegen die allgemeine prozessuale Sorgfaltspflicht. Ermessensentscheidung kommt mit Blick auf § 109 (1) 2 nur **bei einer erfolgreichen Rechtsbeschwerde** oder in folgenden Fällen in Betracht:

7

Rücknahme der Beschwerde führt zu einer Kostenentscheidung zu Lasten des Rechtsbeschwerdeführers, wenn der Beschwerdegegner sie durch seinen BGH-Anwalt beantragt[2] und die Auferlegung – wie in aller Regel gemäß dem Grundsatz der §§ 516 (3), 565 ZPO – der Billigkeit entspricht.[3]

8

Erledigung der Hauptsache führt zu einer Entscheidung über die Kosten gemäß §§ 106, 99 und § 91a ZPO.[4]

9

1.2 Ermessensausschluss

besteht in den folgenden Fällen:

10

a) **bei Zurückweisung oder Verwerfung als unzulässig** sind die Kosten nach § 109 (1) 2 zwingend dem Rechtsbeschwerdeführer aufzuerlegen; Ausnahme: § 109 (1) 3 (s Rdn 12).

11

b) hat ein Beteiligter **durch grobes Verschulden Kosten veranlasst**, sind ihm diese gemäß § 109 (1) 3 aufzuerlegen

12

c) **Unrichtige Sachbehandlung:** Kosten, die bei richtiger Behandlung der Sache nicht entstanden wären, werden gemäß § 21 (1) GKG nicht erhoben.[5]

13

---

2 BGH GRUR 67, 166 *Anwaltszwang*.
3 BGH GRUR 67, 553 *Rechtsbeschwerdekosten*.
4 BGH GRUR 94, 104 *Akteneinsicht XIII*.
5 BGH GRUR 90, 109 (III) *Weihnachtsbrief*.

1.3 Präsident des DPMA

14 Vgl dazu die Erläuterungen § 77 Rdn 11.

2 Kostenfestsetzung

15 Zuständig ist der Rechtspfleger des BPatG.[6] Zur **Erstattung der Kosten**, die zur zweckentsprechenden Erledigung notwendig waren, vgl die Erläuterungen in § 80 Rdn 23 ff sowie die Einzelfälle aus der Rechtsprechung in § 80 Rdn 59 (alphabetische Liste).

3 Gerichtskosten des Rechtsbeschwerdeverfahrens

16 Für das Rechtsbeschwerdeverfahren bestimmen sich die Gerichtskosten nach §§ 1 Nr 14; 6 (1) Nr 4; 22 (1) 1; 51 (1) u (5) GKG. Gemäß Nr 1255 des Kostenverzeichnisses der Anlage 1 zum GKG beträgt die Gebühr für das Verfahren über die Rechtsbeschwerde 750 EUR. Gemäß Nr 1256 des Kostenverzeichnisses ermäßigt sie sich auf 100 EUR, wenn das gesamte Verfahren durch Zurücknahme der Rechtsbeschwerde beendet wird, bevor die Schrift zur Begründung der Rechtsbeschwerde bei Gericht eingegangen ist, oder bei übereinstimmender Erledigung, wenn keine Entscheidung über die Kosten ergeht oder sie einer Kostenübernahmerklärung folgt.

4 Anwaltskosten im Rechtsbeschwerdeverfahren

4.1 Rechtsanwalt

17 Nach §§ 1 (1) 1, 2 (1) u (2) RVG iVm Nr 3208 und Vorbemerkung 3.2.2 Nr 2 des Vergütungsverzeichnisses (VV) erhält RA eine Verfahrensgebühr iHd 2,3-fachen Satzes. Bei vorzeitiger Beendigung des Auftrages (vgl Abs (1) der Anm zu Nr 3201 VV) reduziert sich der Gebührensatz auf das 1,8-fache (Nr 3209 VV). Eine Termingebühr (Nr 3210 VV) fällt idR nicht an, da im Rechtsbeschwerdeverfahren im Allgemeinen keine mündliche Verhandlung stattfindet. Der Gegenstandswert richtet sich nach § 23 (2) 1 u 2, (3) 2 RVG und ist unter Berücksichtigung des Interesses des Beschwerdeführers nach billigem Ermessen zu bestimmen, wird jedoch durch den Wert des zugrunde liegenden gerichtlichen Verfahrens begrenzt; fehlen genügend tatsächliche Anhaltspunkte für eine Schätzung, ist der Gegenstandswert mit 5000 Euro, nach Lage des Falls niedriger oder höher, jedoch nicht über 500.000 Euro anzunehmen.[7] Danach ist der Wert der anwaltlichen Tätigkeit nach den für die Wertbestimmung in Patentnichtigkeitssachen maßgeblichen Grundsätzen zu bestimmen, wenn genügend tatsächliche Anhaltspunkte für eine Schätzung des gemeinen Werts des Patents vorliegen, andernfalls regelmäßig in Verfahren der Anmelderbeschwerde mit 50.000 Euro und in Einspruchsverfahren mit einem nach der Anzahl der Einsprechenden um je 25.000 Euro höheren Wert.[8]

---

6 BGH BlPMZ **61**, 408 *Kostenfestsetzung*; GRUR **68**, 447 *Flaschenkasten*.
7 BGH Beschl v 27.3.18, X ZB 3/15, GRUR **18**, 654 (Rn 5) *Ratschenschlüssel II*.
8 BGH Beschl v 27.3.18, X ZB 3/15, GRUR **18**, 654 (Rn 6) *Ratschenschlüssel II*.

4.2 Patentanwalt

Er erhält für seine Mitwirkung im Rechtsbeschwerdeverfahren gemäß §§ 102 (5) 4 und 143 (3) PatG iVm §§ 1 (1) 1, 2 (2), 23 (1) 1 RVG eine Verfahrensgebühr iHd 2,3-fachen Satzes (Nr 3208 VV). Mitwirkung sind alle das Rechtsbeschwerdeverfahren fördernden Tätigkeiten,[9] zB eine Beratung. PA muss nicht gemäß § 102 (5) 2 zu Wort gekommen sein. Die Gebühr fällt auch an, a) wenn neben dem PA ein gemäß § 102 (5) notwendiger BGH-RA bestellt ist;[10] b) wenn Rechtsbeschwerde nach Zustellung zurückgenommen wird, bevor der Gegner einen BGH-RA bestellt hatte.[11]

18

2. Berufungsverfahren (procedure on appeal; procédure d'appel)

§ 110 Berufung, Berufungsschrift, Berufungsfrist

(1) Gegen die Urteile der Nichtigkeitssenate des Patentgerichts (§ 84) findet die Berufung an den Bundesgerichtshof statt.

(2) Die Berufung wird durch Einreichung der Berufungsschrift beim Bundesgerichtshof eingelegt.

(3) ¹Die Berufungsfrist beträgt einen Monat. ²Sie beginnt mit der Zustellung des in vollständiger Form abgefaßten Urteils, spätestens aber mit dem Ablauf von fünf Monaten nach der Verkündung.

(4) Die Berufungsschrift muß enthalten:
1. die Bezeichnung des Urteils, gegen das die Berufung gerichtet wird;
2. die Erklärung, daß gegen dieses Urteil Berufung eingelegt werde.

(5) Die allgemeinen Vorschriften der Zivilprozessordnung über die vorbereitenden Schriftsätze sind auch auf die Berufungsschrift anzuwenden.

(6) Mit der Berufungsschrift soll eine Ausfertigung oder beglaubigte Abschrift des angefochtenen Urteils vorgelegt werden.

(7) Beschlüsse der Nichtigkeitssenate sind nur zusammen mit ihren Urteilen (§ 84) anfechtbar; § 71 Abs 3 der Zivilprozeßordnung ist nicht anzuwenden.

(8) Die §§ 515, 516 und 521 Abs 1 und 2 Satz 1 der Zivilprozessordnung gelten entsprechend.

Thomas Voit

Übersicht

Geltungsbereich	1
Kommentierung zu § 110 PatG	
I. Zulässigkeit der Berufung	2

---

9 OLG Düsseldorf Mitt **84**, 99; BPatG GRUR **99**, 44, 45.
10 BGH GRUR **99**, 44 *Mitwirkender Patentanwalt* (zur BRAGO).
11 BPatGE **12**, 188.

§ 110 Berufungsverfahren

1	Statthaftigkeit	2
2	Berufungskläger	4
2.1	Jede Partei	5
2.2	Streitgehilfe	6
2.3	Beteiligter	8
3	Rechtsschutzbedürfnis	9
4	Beschwer	10
5	Form	14
6	Frist	15
7	Adressat	19
8	Inhalt der Berufungsschrift	20
9	Verweisung auf §§ 130 ff. ZPO	22
10	Angefochtenes Urteil	23
II.	Beschlüsse der Nichtigkeitssenate	24
III.	§ 71 (3) ZPO	25
IV.	Verweisung auf Berufungsvorschriften der ZPO, Absatz 8	26
V.	Situation vor dem PatRModG	28

1 **Geltungsbereich der §§ 110 – 121:** Das Berufungsverfahren wurde durch das PatRModG vom 30. Juli 2009 mit Wirkung ab 1. Oktober 2009 vollkommen neu geregelt.
Die Vorschrift des § 110 wurde dabei um die Absätze 5 und 8 ergänzt, wobei Abs 5 vom Regelungsgehalt inhaltlich neu ist, wohingegen Abs 8 dem vormaligen § 112 entspricht.
Die §§ 110–121 sind den Regelungen der ZPO nachgebildet. Es entspricht § 110 (2) – (6) PatG den Berufungsvorschriften der ZPO. Im Einzelnen: § 110 (2) PatG → § 519 (1) ZPO, § 110 (3) PatG → § 517 ZPO, § 110 (4) → § 519 (2) ZPO, § 110 (5) PatG → § 519 (4) ZPO; § 110 (6) PatG → § 519 (3) ZPO.

I. Zulässigkeit der Berufung

1 Statthaftigkeit:

2 Berufung kann nur gegen Urteile der Nichtigkeitssenate des BPatG gemäß § 84 – auch gegen Zwischenurteile, die Zulässigkeit betreffend – eingelegt werden.

3 **Unstatthaft** ist eine Berufung a) für isolierte Anfechtung von *Beschlüssen* des BPatG, da diese nach § 110 (7) nicht selbständig, sondern nur zusammen mit ihren Urteilen anfechtbar sind;[1] b) für isolierte Anfechtung der Entscheidung über den Kostenpunkt, wenn also nicht gegen die Entscheidung in der Hauptsache Berufung eingelegt wird (§ 99 (1) ZPO); c) gegen BPatG-Urteil gemäß § 122, weil dagegen die Beschwerde stattfindet; d) für Anfechtung der Entscheidung, dass eine Klageänderung nicht vorliegt oder zugelassen wird (§ 268 ZPO), zB wenn ein Parteiwechsel auf der Klägerseite als sachdienlich angesehen wird;[2] e) gegen BPatG-Urteil über die Vollstreckungsgegenklage gegen die Zwangsvollstreckung aus einem Kostenfestsetzungsbeschluss des DPMA.[3]

---

1 BGH GRUR **95**, 577 *Drahtelektrode*; BlPMZ **61**, 20 *Armenrecht*.
2 BGH GRUR **87**, 351 *Mauerkasten II*.
3 BGH GRUR 02, 52 = Mitt 01, 360 *Vollstreckungsabwehrklage*.

2 Berufungskläger

kann sein:

2.1 Jede Partei des Verfahrens vor BPatG, es sei denn, die Partei hat auf die Berufung verzichtet (§ 515 ZPO). Wer Berufungskläger ist, kann auch nach Ablauf der Berufungsfrist klargestellt werden.[4] Berufung eines *Mitinhabers* des Patents wirkt auch für die anderen Mitinhaber, weil über das Patent nur einheitlich entschieden werden kann.[5] Ebenso wirkt die nunmehr anzunehmende notwendige Streitgenossenschaft zweier Kläger in einem bzw. in verbundenen Verfahren dahin, dass Kläger auch dann am (Berufungs-) Verfahren beteiligt bleiben, auch dann, wenn selbst kein Rechtsmittel ergriffen wurde.[6] *Parteiwechsel* ist zulässig, wenn alter und neuer Kläger Parteiwechselerklärung abgeben[7] und entweder der Beklagte zustimmt oder BGH ihn für sachdienlich erachtet (§ 99 (1) PatG iVm § 263 ZPO).[8] Maßgebend für die Sachdienlichkeit sind die objektiv zu bewertenden Interessen beider Parteien sowie die der Rechtspflege, zB Vermeidung einer unangemessenen Verzögerung des Verfahrens.

2.2 Streitgehilfe kann Berufung mit seinem Beitritt verbinden, es sei denn, dieser ist bereits rechtskräftig zurückgewiesen.[9] Der Nebenintervenient darf sich mit der Berufungseinlegung nicht in Widerspruch zum ausdrücklichen Willen der Hauptpartei setzen,[10] zB wenn diese auf die Berufung verzichtet,[11] durch Selbstbeschränkung Patentschutz teilweise aufgegeben[12] oder einen außergerichtlichen Vergleich geschlossen hatte.[13] Dann wäre die Berufung des Nebenintervenienten als unzulässig zu verwerfen.[14] Ein Widerspruch liegt nicht bereits darin, dass die Hauptpartei keine Berufung einlegt oder ihre Berufung zurücknimmt.[15] Der Nebenintervenient auf Klägerseite, der selbst kein Rechtsmittel eingelegt hat, geht allerdings des Rechtsmittels verlustig, wenn die Hauptpartei die Berufung zurücknimmt[16] Ist die Hauptpartei untätig, kann der Nebenintervenient seine Berufung beschränken oder zurücknehmen.

Dagegen darf der *streitgenössische Nebenintervenient* (§ 69 ZPO) selbständig ohne und gegen den Willen der unterstützten Hauptpartei Berufung einlegen.[17]

2.3 Beteiligter, dessen Eintritt als Partei das Urteil ablehnt.

---

4 BGH NJW 93, 2943.
5 BGH GRUR 98, 138 rSp *Staubfilter*.
6 BGH Urt v 27.10.2015, X ZR 11/13 *Fugenband*.
7 BGH NJW 96, 2799: in der Berufungseinlegung kann die stillschweigende Erklärung liegen, das Verfahren als Partei zu übernehmen.
8 BGH GRUR 96, 865 *Parteiwechsel*.
9 BGH NJW 82, 2070.
10 BGH NJW 93, 2944; GRUR 65, 297 *Nebenintervention II*.
11 PA BlPMZ 10, 186.
12 BGH GRUR 61, 572 (I2) *Metallfenster*.
13 OLG Dresden NJW-RR 94, 1550.
14 BGHZ 92, 279; BGH NJW 93, 2944.
15 BGH NJW 80, 1693; 93, 2944; OLG Hamm NJW-RR 97, 1156; RGZ 97, 215, 216.
16 BGH GRUR 11, 359 *Magnetowiderstandssensor*.
17 BGH NJW-RR 97, 865; BAGE 34, 150; offen gelassen von BGH GRUR 61, 572 (I1) *Metallfenster*.

3 Rechtsschutzbedürfnis

9 muss gegeben sein, vgl dazu Einl Rdn 345. Es wird nicht dadurch ausgeschlossen, dass das angefochtene Urteil nach § 319 ZPO berichtigt werden könnte.[18]

4 Beschwer

10 ist gegeben, wenn der rechtskraftfähige Inhalt des BPatG-Urteils gegenüber dem Antrag des Berufungsklägers sachlich nachteilig ist. Maßgebend dafür ist allein der Tenor, nicht die Urteilsgründe, selbst wenn diese den Gegenstand oder den Schutzumfang des Patents abweichend vom Tenor einschränkend oder erweiternd auslegen; denn die Gründe nehmen an der Rechtskraft nicht teil,[19] und zwar auch dann nicht, wenn sie bei einer Teilvernichtung teilweise an die Stelle der Beschreibung treten.

11 **Klarstellung** des Patents bei Klageabweisung ist wegen fehlender Kompetenz des BPatG unzulässig (s § 21 Rdn 100). Wird sie gleichwohl vorgenommen, ist der Patentinhaber durch die unzulässige Änderung des Wortlauts seiner Patentansprüche beschwert, da nicht auszuschließen ist, dass die Klarstellung in Wahrheit eine Beschränkung ist[20] oder die ernsthafte Gefahr einer einschränkenden Auslegung des Patents durch den Verletzungsrichter begründet.[21]

12 **Vorliegen einer Beschwer** muss für die Zulässigkeit der Berufung schlüssig dargelegt werden, ob sie tatsächlich gegeben ist, ist eine Frage der Begründetheit.[22]

13 **Beschränkte Verteidigung des Patents** vor BPatG steht der Zulässigkeit einer Berufung oder Anschlussberufung des Patentinhabers, mit der eine Aufrechterhaltung in der erteilten oder einer anderen Fassung begehrt wird, nicht entgegen, da er an seinen Antrag auf beschränkte Verteidigung nicht gebunden ist.[23] Im Berufungsverfahren gilt insoweit nichts anderes als im Einspruchsbeschwerdeverfahren (vgl § 59 Rdn 174). Allerdings ist bei einer Rückkehr zur erteilten Fassung § 117 zu beachten.

5 Form:

14 Zu Schriftform und Unterschrift s Einl Rdn 374. Die Berufungsschrift muss nach § 110 (5)[24] den Erfordernissen der §§ 130 ff. ZPO genügen und daher entweder von einem RA oder einem PA[25] eigenhändig unterschrieben sein.[26] Zu Telebrief, Fax, Fernschreiben, Telegramm s Einl Rdn 397, 398 und 377. Die Verantwortung für die ordnungsge-

---

18 BGH WPM 78, 69.
19 BGH GRUR 68, 33 *Elektrolackieren.*
20 BGH GRUR 67, 194 *Hohlwalze.*
21 BGH GRUR 79, 222 *Überzugsvorrichtung.*
22 BGH GRUR 67, 194 (I) *Hohlwalze.*
23 BGH GRUR 65, 480, 481 lSp *Harnstoff*; 96, 757, 758 *Zahnkranzfräser*; 04, 583, 584 *Tintenstandsdetektor.*
24 Diese Regelung wurde eingefügt, um einen »Gleichklang« mit § 519 Abs 4 und § 549 Abs 2 ZPO herbeizuführen, vgl. BTDrS 16/11 339, S 21 li. Sp. = BlPMZ 2009, 301, 315 re. Sp.
25 Ergibt sich aus § 113, wonach die Partei durch einen Patent- oder Rechtsanwalt vertreten sein muss.
26 § 110 Abs 5 ivM § 130 Nr 6 ZPO.

mäße Einreichung trägt der handelnde RA oder PA. Der BGH ist nicht verpflichtet, auf etwaige Mängel hinzuweisen.[27]

6 Frist:

a) Frist von 1 Monat: Zur Fristberechnung s Einl Rdn 185. Beispiel: Zustellung 4.6., Ende der Berufungsfrist 4.7. Frist beginnt mit dem Tag der wirksamen Amtszustellung des *in vollständiger Form abgefassten Urteils* (= einer Urteilsausfertigung oder einer beglaubigten Abschrift), denn der Bürger muss auf sicherer Grundlage entscheiden können, ob er Berufung einlegen soll. Urteil ist vollständig, wenn es gemäß § 99 (1) PatG die Angaben des § 313 (1) ZPO enthält, nämlich Parteien, gesetzliche Vertreter, Verfahrensbevollmächtigte, Namen der Richter, Urteilsformel, Tatbestand und Entscheidungsgründe. Fehlen einer Seite lässt Frist nicht beginnen.[28] Fehlen des Tags der mündlichen Verhandlung hindert Fristbeginn nicht.[29]

b) 5 Monate nach Verkündung beginnt 1-Monatsfrist für die Einlegung der Berufung, wenn Urteil nicht oder nicht wirksam zugestellt wurde, so dass spätestens 6 Monate nach Verkündung Berufung eingelegt sein muss. Beispiel: Verkündung 15.3., Beginn der Monatsfrist 15.8. (auch wenn dieser Tag ein Samstag, Sonntag oder gesetzlicher Feiertag ist[30]), Ende der Berufungsfrist 15.9. Wurde Urteil am 14.8. zugestellt, endet Berufungsfrist am 14.9. Verkündung muss wirksam sein. Mängel setzen 5-Monatsfrist nicht in Lauf, wenn Partei von dem Urteilserlass keine Kenntnis nehmen konnte,[31] zB Verkündung nicht in dem dazu bestimmten oder nicht ordnungsgemäß bekannt gemachten Termin.[32]

c) Wiedereinsetzung in die 1-Monatsfrist (nicht in die 5-Monatsfrist, die keine Frist iSd § 222 ZPO ist) ist gemäß § 233 ZPO möglich. Die Frist bemisst sich nach § 234 (1) S. 1 ZPO und beträgt 2 Wochen nach Wegfall des Hindernisses. § 123 PatG mit seiner angemesseneren 2-Monatsfrist ist nicht anwendbar, da diese nur für Fristen gegenüber DPMA und BPatG gilt.[33]

d) Unselbständige Anschlussberufung kann nur noch unter den Voraussetzungen des § 115 PatG erhoben werden, nicht mehr wie früher bis zum Schluss der mündlichen Berufungsverhandlung.[34] Näheres s. Kommentierung zu § 115.

---

27 BGH VersR **85**, 767.
28 BGH NJW **98**, 1959.
29 BGH VersR **80**, 744.
30 OLG Frankfurt NJW **72**, 2313.
31 BGH NJW-RR **94**, 127; BGH NJW **85**, 1782; **89**, 1156; **97**, 770.
32 BGH GrZS **14**, 39; BGH NJW-RR **94**, 1022.
33 Vgl dazu Stellungnahme Bundesrat und Gegenäußerung Bundesregierung BlPMZ **98**, 415.
34 BGH GRUR **05**, 888 *Anschlussberufung im Patentnichtigkeitsverfahren*; zuletzt BGH, Urt v 20.03.2012, Az. X ZR 58/09 zum alten Recht.

7 Adressat

19 für die Berufung ist der BGH. Einlegung bei BPatG wahrt die Frist nicht.

8 Inhalt der Berufungsschrift:

20 § 110 (4) PatG verlangt wie § 519 (2) ZPO nur die Bezeichnung des angefochtenen Urteils (so dass dessen Identität nicht zweifelhaft sein kann) und die Erklärung, dass Berufung eingelegt werde (Berufungsanträge müssen nach § 112 (3) Nr 1 erst in der Berufungsbegründung enthalten sein).

21 Über diesen Wortlaut hinaus verlangt die Rechtsprechung[35] aus Gründen der Rechtssicherheit, der Prozessökonomie und des berechtigten Interesses des Gegners folgende zusätzliche Angaben, deren Fehlen die Berufung unzulässig machen: **a) Angabe des Berufungsklägers,**[36] die sich auch aus den Umständen oder den während der Berufungsfrist eingereichten Unterlagen, zB aus dem gemäß § 110 (6) beigefügten Urteil, ergeben kann.[37] Ladungsfähige Anschrift ist nicht erforderlich;[38] **b) Berufungsbeklagter** muss bestimmbar bezeichnet oder innerhalb der Berufungsfrist erkennbar sein.[39]

9 Verweisung auf §§ 130 ff. ZPO:

22 Durch den mit dem PatRModG neu eingefügten Absatz 5 soll hinsichtlich der allgemeinen Formalien ein Gleichklang mit den Vorschriften der ZPO erreicht werden, so insbesondere mit § 519 (4) und § 549 (2) ZPO.[40]

10 Angefochtenes Urteil

23 *soll* nach § 110 (6) = § 519 (3) ZPO) mit der Berufungsschrift vorgelegt werden. Unterlassen ist ohne Folge. Vorlage ist aber anzuraten, weil sich aus dem Urteil fehlende Angaben, von denen die Zulässigkeit der Berufung abhängt, ermitteln lassen.

II. Beschlüsse der Nichtigkeitssenate

24 sind nach § 110 (7) nicht selbständig anfechtbar. Nur bei Vorliegen einer zulässigen Berufung können sie zusammen mit dem angefochtenen Urteil überprüft werden,[41] vorausgesetzt ihre Anfechtbarkeit ist nicht gesetzlich ausgeschlossen, wie durch § 135 (3) S 1 PatG. Nur die Bundeskasse kann gemäß § 135 (3) iVm § 127 (3) ZPO sofortige Beschwerde einlegen (s § 135 Rdn 19).

III. § 71 (3) ZPO

25 sieht vor, dass der Nebenintervenient im Hauptverfahren zugezogen wird, solange nicht die Unzulässigkeit der Intervention rechtskräftig ausgesprochen ist. Deshalb schreibt § 110 (7) 1. HS PatG vor, dass § 71 (3) ZPO nicht anzuwenden ist, weil sonst

---

35 BGHZ 21, 168; **65**, 114; BGH NJW 93, 2943; **94**, 1879.
36 BGHZ 21, 168; BGH NJW 91, 2775; 97, 3383.
37 BVerfG NJW 91, 3140; BGH NJW 93, 2943.
38 BGHZ 102, 332.
39 BGH VersR 84, 1093; **86**, 471.; für das Verfahren insgesamt vgl. BGH GRUR 09, 42 *Multiplexsystem*.
40 Amtl. Beg. BTDrS 16/11 339, S 23, l. Sp. = BlPMZ 09, 301, 315 re. Sp.
41 BGH v 03.12.02 – X ZB 20/02, Schulte-Kartei PatG 110–122 Nr 61.

ein die Unzulässigkeit aussprechender Beschluss des BPatG ohne Wirkung wäre, denn dieser wird nach § 110 (7) 1. HS nicht rechtskräftig.[42]

IV. Verweisung auf Berufungsvorschriften der ZPO, Absatz 8

Bei dem durch das PatRModG eingefügten Absatz 8 der Vorschrift handelt es sich einmal, nämlich in Form der Aufnahme der Verweisung auf § 521 (1) und (2) S 1 ZPO, um die inhaltlich unveränderte Aufnahme der Regelung des § 112 aF[43] Gleichzeitig erfolgt durch die Verweisung auf §§ 515 und 516 ZPO eine ausdrückliche Normierung des Verfahrens beim Verzicht auf die Berufung und bei der Rücknahme der Berufung.[44] Damit sind auch formelle Fragen geklärt.[45] 26

Nach § 521 (1) ZPO sind die Berufungsschrift sowie die Berufungsbegründung der Gegenseite zuzustellen; nach § 521 (2) S 1 ZPO kann der Vorsitzende oder der gesamte Senat eine Frist zur schriftlichen Stellungnahme auf die Berufungserwiderung setzen. Eine Verpflichtung hierzu gibt es nicht. 27

V. Situation vor dem PatRModG

Zur früheren Praxis ergibt sich aus der Neufassung von § 110 keine durchgreifende Änderung. Lediglich die Einfügung des neuen Absatz 5 zwingt zur direkten Anwendung der §§ 129 ff. ZPO und die bisher in § 112 PatG aF enthaltene Vorgehensweise nach Eingang der Berufungsschrift und der Berufungsbegründung wurde ohne inhaltliche Änderung in Absatz 8 durch einen Verweis auf § 521 ZPO ersetzt. Die in Absatz 8 enthaltene Verweisung auf die §§ 515, 516 ZPO kodifiziert die bisherige Praxis. 28

§ 111 Rechtsverletzung als Berufungsvoraussetzung

(1) Die Berufung kann nur darauf gestützt werden, dass die Entscheidung des Patentgerichts auf der Verletzung des Bundesrechts beruht oder nach § 117 zugrunde zu legende Tatsachen eine andere Entscheidung rechtfertigen.
(2) Das Recht ist verletzt, wenn eine Rechtsnorm nicht oder nicht richtig angewendet worden ist.
(3) Eine Entscheidung ist stets als auf einer Verletzung des Rechts beruhend anzusehen,
1. wenn das Patentgericht nicht vorschriftsmäßig besetzt war;
2. wenn bei einer Entscheidung ein Richter mitgewirkt hat, der von der Ausübung des Richteramts kraft Gesetzes ausgeschlossen war, sofern nicht dieses Hindernis mittels eines Ablehnungsgesuchs ohne Erfolg geltend gemacht ist;

---

42 Vgl dazu amtl Begr zum 1. GPatG BlPMZ 79, 289 Nr 53 u BlPMZ 79, 292 zu Nr 6.
43 BTDrS 16/11 339, S 23 re. Sp. = BlPMZ 09, 301, 315 re. Sp.
44 Hier erfolgte bisher durch die Rechtsprechung eine entsprechende Anwendung, vgl. Keukenschrijver, Patentnichtigkeitsverfahren, 4. Aufl. 2011, Rn 324.
45 Die Form der Berufungsrücknahme war bisher nicht ausdrücklich geklärt, insbesondere nicht die Frage, ob § 516 Abs 2 ZPO insgesamt Anwendung findet.

3. wenn bei der Entscheidung ein Richter mitgewirkt hat, obgleich er wegen Besorgnis der Befangenheit abgelehnt und das Ablehnungsgesuch für begründet erklärt war;
4. wenn eine Partei in dem Verfahren nicht nach Vorschrift der Gesetze vertreten war, sofern sie nicht die Prozessführung ausdrücklich oder stillschweigend genehmigt hat;
5. wenn die Entscheidung auf Grund einer mündlichen Verhandlung ergangen ist, bei der die Vorschriften über die Öffentlichkeit des Verfahrens verletzt sind;
6. wenn die Entscheidung entgegen den Bestimmungen des Gesetzes nicht mit Gründen versehen ist.

Thomas Voit

Übersicht

Geltungsbereich		1
Kommentierung zu § 111 PatG		
I.	Gegenstand der Berufung	2
1	Rechtsverletzung als Voraussetzung	2
2	Inhalt der Berufung	3
3	Rechtsverletzung	5
4	Absolute Berufungsgründe (Absatz 3)	7
4.1	Nicht vorschriftsgemäße Besetzung	8
4.2	Mitwirkung eines ausgeschlossenen Richters	11
4.3	Mitwirkung eines abgelehnten Richters	12
4.4	Nicht ordnungsgemäße Vertretung	13
4.5	Verletzung der Vorschriften über die Öffentlichkeit	14
4.6	Fehlende Begründung	15
II.	Situation vor dem PatRModG	17

1 **Geltungsbereich:** Das 6. ÜG hatte in dem früheren § 42a die ursprünglich vorgesehene Pflicht zur Begründung der Berufung gestrichen.
Das **2. PatGÄndG** hat durch seinen Art 2 Nr 28 den Begründungszwang in § 111 wieder eingeführt. § 111 (1) – (3) PatG aF weicht von § 520 ZPO ab.
PatRModG: Art 1 Nr 11 des Gesetzes zur Vereinfachung und Modernisierung des Patentrechts v. 31.7.2009 hat § 111 PatG neugefasst; der bisherige § 111 PatG aF ist teilweise in § 112 PatG aufgegangen.

I. Gegenstand der Berufung

1 Rechtsverletzung als Voraussetzung

2 Bei dem durch das PatRModG eingeführten Begriff der Rechtsverletzung handelt es sich materiell nicht um eine vollständige Neuerung. In jeder Rechtsmitteleinleitung ist inzident die Behauptung der Unrichtigkeit der Vorentscheidung enthalten; genauso ist ein Rechtsmittel dann begründet, wenn nach Ansicht des Rechtsmittelgerichts eine Rechtsverletzung, mag sie auf dem Gebiet des formellen oder des materiellen Rechts liegen, gegeben ist. Neu ist allerdings die Beschränkung des Prüfungsgegenstands.

2 Inhalt der Berufung:

Nach § 111 (1) 1. Alt. kann eine Berufung nur darauf gestützt werden, dass die angegriffene Entscheidung des Patentgerichts Bundesrecht[1] verletzt. Die Vorschrift ist – mit Ausnahme des Tatbestandmerkmals »Bundesrecht« der Regelung des § 513 (1) ZPO nachempfunden.[2] Dadurch wird bestimmt, dass das Berufungsverfahren nicht wie nach der bis zum Inkrafttreten des PatRModG geltenden Rechtslage eine umfassende zweite Tatsacheninstanz eröffnet, sondern der Fehlerkorrektur dient. Das Berufungsgericht beschränkt sich darauf, das erstinstanzliche Urteil im Rahmen der von der ersten Instanz festgestellten Tatsachen auf Fehler zu untersuchen und diese zu korrigieren. Die Berufung steht nach ihrer Funktion zwischen dem rein tatrichterlichen Verfahren erster Instanz und der auf eine reine Rechtskontrolle beschränkten Revision und vereint Elemente beider Verfahrensarten.[3]

§ 111 (1) 2. Alt. erlaubt hierbei die Berücksichtigung neuen Vorbringens in den Grenzen des § 117.

3 Rechtsverletzung

Der Begriff der Rechtsverletzung ist in Anlehnung an § 546 ZPO in Absatz 2 definiert, wonach Recht oder Vorschrift im materiellen Sinn als objektiv allgemein verbindliches Recht, zustande gekommen in einem formell ordnungsgemäßen Verfahren, zu verstehen ist. Dazu gehören insbesondere Gesetze im eigentlichen Sinn, Rechtsverordnungen, Verwaltungsanordnungen, die über innerdienstliche Anweisungen hinaus für Dritte die Grundlage von Rechtsansprüchen sind oder die Entstehung rechtlich bindender Verpflichtungen zur Folge haben.[4] Hierzu gehören auch Gewohnheitsrecht, Völkerrecht,[5] ratifizierte und verkündete Staatsverträge. Nicht dazu zählen tatsächliche Feststellungen und rein interne Verwaltungsanweisungen.

Die Rechtsverletzung kann sich aus einem Interpretationsfehler oder einem Subsumtionsfehler ergeben.

4 Absolute Berufungsgründe (Absatz 3)

Absatz 3 definiert, angelehnt an die absoluten Revisionsgründe des § 547 ZPO,[6] eine Reihe von so schwerwiegenden Rechtsverletzungen, dass die Kausalität zwischen dem Verfahrensverstoß und der Rechtsverletzung unwiderlegbar vermutet wird. Gemäß § 116 (1) PatG bedarf es gleichwohl auch für diese absoluten Berufungsgründe der Rüge.

---

1 Nachdem dem Bund gemäß Art 73 (1) Nr 9 GG die ausschließliche Gesetzgebung über den gewerblichen Rechtsschutz zusteht, ist die Einschränkung auf die Verletzung von Bundesrecht nicht recht verständlich und wohl in der Übernahme der Regelung aus der ZPO begründet.
2 Vgl. BTDrS 16/11 339, S 23, re. Sp. = BlPMZ 09, 315, re. Sp.
3 Musielak/Ball, ZPO, 8. Aufl. 2011, § 513 Rn 3.
4 BGH MDR 70, 210.
5 Art 25 GG.
6 BTDrS 16/11 339 S 23, re. Sp. = BlPMZ 09, 315, re. Sp.

§ 111 Berufungsverfahren

8 **4.1 Nicht vorschriftsgemäße Besetzung** erfasst jeden Verstoß gegen § 67 (1)[7] und willkürliche, nicht irrtümliche Verstöße gegen den Geschäftsverteilungsplan,[8] Besetzung des Spruchkörpers mit mehr als einem Richter kraft Auftrags oder einem abgeordneten Richter (§ 71 PatG, § 29 S 1 DRiG),[9] was auch kombiniert vorliegen kann; Über- oder Unterbesetzung des Spruchkörpers;[10] fehlerhafte Besetzung von Vorsitzendenstellen, insbesondere auch eine § 21e GVG widersprechende Vertretung im Fall dauernder Verhinderung.[11]

9 An einer ordnungsgemäßen Besetzung fehlt es auch bei objektiv willkürlicher, nicht bloß irrtümlicher Abweichung[12] vom Geschäftsverteilungsplan oder den nach § 21g GVG aufzustellenden senatsinternen Geschäftsverteilungen; aber auch, wenn der Geschäftsverteilungsplan des Gerichts nicht ordnungsgemäß zustande gekommen oder unzulässig geändert worden ist.[13]

10 Fehlerhaft ist die Besetzung auch bei Mitwirkung bei der Entscheidung durch einen Richter, der nicht an der dem Urteil zugrundeliegenden mündlichen Verhandlung teilgenommen hat (§ 309 ZPO). Die Fälle des Nichtverfolgens der mündlichen Verhandlung können die Rüge der Falschbesetzung begründen.

11 **4.2 Mitwirkung eines ausgeschlossenen Richters** Die Mitwirkung eines gemäß § 86 (2) PatG iVm § 41 ZPO ausgeschlossenen Richters ist absoluter Berufungsgrund.

12 **4.3 Mitwirkung eines abgelehnten Richters** Absoluter Berufungsgrund nur, wenn der mit Erfolg abgelehnte Richter an der Entscheidung des Patentgerichts beteiligt war;[14] nicht, wenn der Ablehnungsgrund erst nach Fällung des Urteils (§ 309 ZPO) und Unterschriftsleistung (§ 315 ZPO) aber vor Verkündung entsteht.[15] Keinen absoluten – wohl aber relativen – Berufungsgrund stellt Entscheidung in der Sache ohne vorherige Behandlung des Ablehnungsgesuchs oder einer Selbstablehnung (§ 86 (1) iVm §§ 41, 48 ZPO) oder der Gewährung rechtlichen Gehörs dazu dar.[16]

13 **4.4 Nicht ordnungsgemäße Vertretung** Erfasst grundsätzlich die Fälle, in denen eine prozessunfähige Partei nicht ordnungsgemäß vertreten wird,[17] allerdings ist Genehmigung rückwirkend möglich;[18] wenn ein Dritter sich als Partei ausgegeben hat, die Klage nicht ordnungsgemäß zugestellt[19] und eine Partei zur mündlichen Verhandlung nicht ordnungsgemäß geladen wurde. Nach hM[20] wird die Vorschrift analog auf

---

7 BGH GRUR **64**, 602 *Akteneinsicht II*; **67**, 543 *Bleiphosphit*.
8 BGH GRUR **76**, 719 *Elektroschmelzverfahren*.
9 BGHZ **130**, 304.
10 BGH NJW **65**, 1715; **70**, 901.
11 BGHZ **164**, 87; BGH NJW-RR **09**, 210.
12 BGHZ **126**, 63; BGH NJW-RR **01** 329; BVerfG NJW **88**, 1339.
13 BVerwG NJW **87**, 2031.
14 BGHZ **120**, 141.
15 BGH NJW **01**, 1502.
16 Vgl. BVerfE **89**, 28; BGH NJW **95**, 403.
17 *BGH NJW-RR* **91**, 926.
18 BGH NJW-RR **93**, 669.
19 BGH NJW **92**, 2099.
20 BGH NJW **95**, 2563.

den Fall angewandt, dass trotz Eröffnung des Insolvenzverfahrens über das Vermögen der Partei der Prozess mit dieser fortgesetzt und entschieden wird.

4.5 Verletzung der Vorschriften über die Öffentlichkeit Betrifft sowohl gesetzwidrigen Ausschluss als auch gesetzwidrige Zulassung der Öffentlichkeit. Maßgebend sind insoweit die §§ 169 ff. GVG. Die Vorschriften über die Öffentlichkeit sind auch dann verletzt, wenn bei der Entscheidung über den Ausschluss § 174 (1) GVG nicht beachtet wird, insbesondere, wenn Gründe für den Ausschluss nicht angegeben werden.

14

4.6 Fehlende Begründung Betrifft zwei Fallgruppen, nämlich die überhaupt nicht erfolgte Begründung und die verspätete Begründung. Bei Nichtzustellung des (vollständigen) Urteils am letzten Tag der Fünfmonatsfrist des § 110 (3) ist dieser Grund anzunehmen.[21]

15

Lückenhafte Begründung liegt vor, wenn die tragenden Erwägungen des Urteils der Begründung nicht zu entnehmen sind.[22] Das ist aber nicht schon dann gegeben, wenn die Begründung fehlerhaft, unklar oder rechtlich unvollständig,[23] wenn sie sehr knapp gefasst ist[24] oder wenn sie lediglich auf veröffentlichte Literatur oder Rechtsprechung Bezug nimmt.[25] Ebenso wenig kommt es auf Richtigkeit oder Vertretbarkeit der Begründung an.[26] Dagegen leidet das Urteil an einem Mangel, wenn es auf einen oder mehrere Anträge oder selbständige Angriffs- und Verteidigungsmittel nicht eingeht.[27] Erforderlich, aber auch ausreichend ist eine Begründung, die erkennen lässt, welche tatsächlichen Feststellungen und welche rechtlichen Erwägungen die Grundlagen der getroffenen Entscheidung bilden. Dies erfordert aber keine ausdrückliche Auseinandersetzung mit allen denkbaren Gesichtspunkten, sofern sich der Begründung entnehmen lässt, dass überhaupt eine Auseinandersetzung stattgefunden hat.[28] Auf Angriffs- und Verteidigungsmittel, die zur Begründung oder Abwehr der Klage ungeeignet sind, muss das Urteil daher nicht eingehen.[29]

16

II. Situation vor dem PatRModG

Die vorherige Fassung von § 111 entsprach im Wesentlichen der jetzt geltenden Fassung des § 112; insoweit kann auf die Kommentierung zu § 112 verwiesen werden. Eine dem § 111 entsprechende Vorschrift gab es im Berufungsnichtigkeitsverfahren vor der Neufassung durch das PatRModG nicht, weil das seinerzeitige Verfahren als echte zweite Tatsacheninstanz ausgestaltet war.

17

---

21 GemSOGB BVerwGE **92**, 367; BGH NJW **91**, 1547; **99**, 794; NJW-RR 04, 1439.
22 BGHZ **39**, 333.
23 BGH NJW **81**, 1045.
24 BGHZ **48**, 222.
25 BGH NJW **91**, 2761.
26 BGH NJW **81**, 1045.
27 BGHZ **39**, 333; NJW **99**, 1110; NJW-RR **95**, 700.
28 BGH NJW **91**, 1110; NJW-RR **95**, 700.
29 BGHZ **39**, 333; NJW **83**, 2318; NJW-RR **89**, 856.

§ 112 Berufungsbegründung, Berufungsinhalt

(1) Der Berufungskläger muss die Berufung begründen.
(2) ¹Die Berufungsbegründung ist, sofern sie nicht bereits in der Berufungsschrift enthalten ist, in einem Schriftsatz beim Bundesgerichtshof einzureichen. ²Die Frist für die Berufungsbegründung beträgt drei Monate. ³Sie beginnt mit der Zustellung des in vollständiger Form abgefassten Urteils, spätestens aber mit Ablauf von fünf Monaten nach der Verkündung. ⁴Die Frist kann auf Antrag von dem Vorsitzenden verlängert werden, wenn der Gegner einwilligt. ⁵Ohne Einwilligung kann die Frist bis zu einem Monat verlängert werden, wenn nach freier Überzeugung des Vorsitzenden der Rechtsstreit durch die Verlängerung nicht verzögert wird oder wenn der Berufungskläger erhebliche Gründe darlegt. ⁶Kann dem Berufungskläger innerhalb dieser Frist Einsicht in die Prozessakten nicht für einen angemessenen Zeitraum gewährt werden, kann der Vorsitzende auf Antrag die Frist um bis zu zwei Monate nach Übersendung der Prozessakten verlängern.
(3) Die Berufungsbegründung muss enthalten:
1. die Erklärung, inwieweit das Urteil angefochten wird und dessen Aufhebung beantragt wird (Berufungsanträge);
2. die Angabe der Berufungsgründe, und zwar:
    a) die Bezeichnung der Umstände, aus denen sich die Rechtsverletzung ergibt;
    b) soweit die Berufung darauf gestützt wird, dass das Gesetz in Bezug auf das Verfahren verletzt sei, die Bezeichnung der Tatsachen, die den Mangel ergeben;
    c) die Bezeichnung neuer Angriffs- und Verteidigungsmittel sowie der Tatsachen, aufgrund deren die neuen Angriffs- und Verteidigungsmittel nach § 117 zuzulassen sind.
(4) § 110 Abs 5 ist auf die Berufungsbegründung entsprechend anzuwenden.

Thomas Voit

Übersicht

	Geltungsbereich	1
	Kommentierung zu § 112 PatG	
I.	Berufungsbegründung	2
1	Form	3
2	Frist	4
3	Inhalt	8
3.1	Berufungsanträge	8
3.2	Berufungsgründe	9
3.2.1	Rechtsverletzung	11
3.2.2	Neue Angriffs- und Verteidigungsmittel	17
4	Formales (Absatz 4)	18
5	Verstoß gegen § 112 (3)	19
II	Situation vor dem PatRModG	20

Geltungsbereich des § 112: Art 2 Nr 28 des 2. PatGÄndG hat § 112 mit Wirkung vom 1.11.98 neu gefasst, der an die Stelle des § 113 PatG aF (= § 42c PatG aF) tritt. § 112 PatG in der Fassung des PatRModG stimmt im Wesentlichen mit den Regelungen des § 520 ZPO überein; inhaltlich waren die Regelungen des § 112 PatG bis zum Wirksamwerden des PatRModG in § 111 PatG enthalten.

I. Berufungsbegründung

kann entweder bereits in der Berufungsschrift oder in einem gesonderten Schriftsatz enthalten sein.

1 Form:

Die Begründung muss nach § 112 (2) 1 »in einem Schriftsatz« eingereicht werden, der erkennbar zur Begründung einer eingelegten Berufung bestimmt ist. Dazu gehört auch ein Schriftsatz, der einem Antrag auf Verfahrenskostenhilfe beigefügt ist und gleichzeitig den Anforderungen des § 112 (3) PatG genügt.[1] Als bestimmender Schriftsatz bedarf die Begründung der Schriftform und der eigenhändigen Unterschrift eines RA oder PA (vgl dazu Einl Rdn 325). Zu Telebrief, Fax, Fernschreiben, Telegramm s Einl Rdn 397, 398 und 377.

Zu den Voraussetzungen und den Anforderungen im elektronischen Rechtsverkehr siehe Verordnung über den elektronischen Rechtsverkehr beim BGH und beim BPatG vom 24.08.2007.[2]

2 Frist:

a) Fristbeginn wird durch den Tag der Zustellung des in vollständiger Form abgefassten Urteils bestimmt, spätestens aber fünf Monate nach dem Zeitpunkt der Verkündung.

b) Frist ist durch das PatRModG neu gefasst worden. Abweichend von der bisherigen Regelung in § 111 PatG aF beträgt sie grundsätzlich drei Monate nach Zustellung des in vollständiger Form abgefassten Urteils, also in der Form des § 313 ZPO, so dass eine Anpassung an die ZPO-Vorschriften, insbesondere an § 520 ZPO, erreicht wird. Um gleichzeitig der Komplexität der Materie gerecht zu werden und routinemäßige Fristverlängerungsgesuche zu vermeiden, ist die Regelfrist von einem bzw. zwei Monaten (§ 111 aF und § 520 (1) ZPO) auf drei Monate verlängert worden.[3] Der Zeitpunkt der Zustellung soll dabei der Rechtssicherheit dienen, weil er leicht feststellbar und der jeweiligen Partei aufgrund eigenen Wissens bekannt ist.[4]

Die Fünfmonatsregelung für die Begründung der Berufung – entsprechend der Regelung des § 110 (3) für die Einlegung der Berufung – ist aus § 520 (2) ZPO übernommen worden und gilt auch im Fall fehlerhafter Verkündung.[5] Durch die Anknüpfung an den Zeitpunkt der Verkündung erfolgt hier ein Gleichlauf mit der Berufungsfrist selbst.

---

1 BGH NJW 95, 2112.
2 BGBl I S 2130., zuletzt geändert durch Art 5 Abs 3 G vom 10.10.2013, BGBl I S 3799.
3 BTDrS 16/11 339, S 23, re. Sp. = BlPMZ 09, 315 re. Sp.
4 Vgl. Museliak/Ball, ZPO, 8. Aufl. 2011, § 520 Rn 2.
5 BGH NJW 99, 143.

Bei verspäteter Einlegung der Berufung ist dies ohne Auswirkung auf den Lauf der Begründungsfrist, ebenso ein Wiedereinsetzungsantrag[6]

Auch ein Verfahrenskostenhilfeantrag berührt den Fristlauf grundsätzlich nicht;[7] jedoch darf die Berufung vor Entscheidung über den Antrag wohl nicht mangels ordnungsgemäßer Begründung verworfen werden.[8] Bei Unmöglichkeit der fristgerechten Begründung nach Entscheidung über ein Verfahrenskostenhilfegesuch dürfte eine Wiedereinsetzung in Betracht kommen,. allerdings würde sich hier die Begründungsfrist gemäß § 99 (1) iVm § 234 (1) S 2, (2) ZPO auf einen Monat verkürzen.

Berufungsbegründungsfrist ist **keine** Notfrist (§ 224 (2) S 2 ZPO) und berechnet sich nach §§ 187 (1), 188 (2) und 3 BGB, § 222 ZPO; d. h., sie läuft mit Ende des Tages ab, der durch seine Benennung oder Zahl dem der Zustellung oder Verkündung des angegriffenen Urteils entspricht. Beispiel: Zustellung am 28.02., Fristablauf am 28.05.; Verkündung des nicht ordnungsgemäß zugestellten Urteils am 10.01., Fristablauf am 10.06. usw.

Beweislast für Fristwahrung trifft den Berufungskläger, aber nur für seinen Verantwortungs-, nicht für den gerichtsinternen Bereich.[9] Eidesstattliche Versicherung ist zulässig.[10] Zu Aussetzung und Unterbrechung s Einl Rdn 142 und 423.

6   c) **Verlängerung** setzt voraus: **i)** Schriftlicher Antrag eines RA oder PA, ggfs auch des Streithelfers des Berufungsklägers,[11] innerhalb der Frist, ansonsten unwirksam[12] **ii)** Inhaltlich muss Antrag erkennen lassen, das Fristverlängerung beantragt wird, nicht nur Bitte um Ruhen des Verfahrens[13] oder spätere Ergänzung der Begründung im Fall des Scheiterns von Vergleichsverhandlungen.[14] **iii)** Antrag bedarf keiner Begründung, wenn der Gegner einwilligt (Absatz 2 S 4) **iv)** Für eine von der Einwilligung des Gegners unabhängige Verlängerung bedarf es der Darlegung erheblicher Gründe (Absatz 2 S 5), wie zB Arbeitsüberlastung, Erkrankung des Personals, fehlende Information.[15] Ein damit begründeter, erster Antrag darf nicht zurückgewiesen werden.[16] **v)** Zuständig zur Entscheidung ist der Vorsitzende, auch für die Ablehnung. Inhaltlich ist er an den Antrag nicht gebunden; in der Bewilligung einer kürzeren Zeitspanne ist zugleich auch die Ablehnung des weitergehenden Antrags zu sehen.[17] Er entscheidet nach seinem freien, nicht nachprüfbaren Ermessen.[18] **vi)** Bei fehlender Einwilligung des Gegners ist die Fristverlängerung im Interesse der Beteiligten auf einen Monat begrenzt (Absatz 2 S 5). **viii)** Von § 520 ZPO abweichend möglich ist eine weitere Fristverlängerung um bis zu zwei Monate nach Ermessen des Vorsitzenden, wenn der Berufungs-

---

6 Vgl. zum früheren Recht der ZPO: BGH NJW **98**, 1155.
7 Vgl. insoweit zur PKH: BGH NJW **06**, 2857.
8 Vgl. insoweit zur PKH: BGH NJW-RR **04**, 1218.
9 BVerfG NJW **91**, 2076.
10 BGH NJW **96**, 2038.
11 BGH NJW **82**, 2069.
12 BGHZ **116**, 377.
13 BGH NJW-RR **10**, 275.
14 BGH NJW **90**, 2628.
15 BGH NJW **97**, 400.
16 BVerfG NJW **89**, 1147; Mitt **99**, 64; BGH NJW **85**, 1558; **98**, 1155.
17 BGH NJW-RR **89**, 1278.
18 BGH NJW **93**, 134.

kläger innerhalb dieser Frist keine Einsicht für einen angemessenen Zeitraum in die Prozessakten nehmen konnte (Absatz 2 S 6), damit soll den Besonderheiten des Patentnichtigkeitsverfahrens genügt werden. **ix)** Eine wiederholte Verlängerung wird, das Vorliegen erheblicher Gründe vorausgesetzt, nur mit Zustimmung des Gegners möglich sein.[19] **x)** Entscheidung auch nach Fristablauf möglich.[20] Verwerfung der Berufung wegen Versäumung der Begründungsfrist vor Entscheidung ist nicht möglich.[21]
Wirkung: Verlängerung wie schriftlich bewilligt. Verlängerung ohne, auf unwirksamen[22] Antrag oder verfahrensfehlerhaft bewilligt,[23] ist wirksam.

d) Wiedereinsetzung gegen versäumte Frist ist nach §§ 234 (1) 2, (2) ZPO innerhalb von 1 Monat seit Wegfall des Hindernisses möglich[24] (s § 110 Rdn 17), dagegen nicht für einen verspätet gestellten Verlängerungsantrag.[25] Dieser könnte allenfalls in einen Antrag auf Wiedereinsetzung in die versäumte Begründungsfrist umgedeutet werden. 7

3 Inhalt

3.1 Berufungsanträge bestehen nach der Klammerdefinition des § 112 (3) Nr 1 in der Erklärung, inwieweit das Urteil angefochten und seine Aufhebung beantragt wird. Dieses Erfordernis ist erfüllt, wenn zwar kein förmlicher Berufungsantrag formuliert ist, aber aus dem gesamten Inhalt der Berufungsschrift oder der Berufungsbegründung der Umfang der Anfechtung und das Ziel des Änderungsbegehrens eindeutig zu entnehmen ist.[26] Allerdings ergibt sich durch das PatRModG insoweit eine Neuerung, als nunmehr nur noch die gesamte oder teilweise Aufhebung des Urteils beantragt werden kann, nicht mehr die potenziell weitergehende Abänderung, wie in § 111 (3) Nr 1 PatG aF Bloßer Antrag auf Aufhebung und Zurückverweisung wird idR nicht genügen,[27] es sei denn, daraus ist ohne weiteres entnehmbar, dass der Kläger seinen Antrag aus 1. Instanz weiter verfolgen will.[28] 8

3.2 Berufungsgründe: Der Begründungszwang ermöglicht die »Zusammenfassung und Beschleunigung des Rechtsstreits in der Berufungsinstanz, da das Gericht sachlich vorbereitende Anordnungen, zB die Ladung von Zeugen oder die Einholung eines Sachverständigengutachtens, treffen kann, die der Erledigung des Rechtsstreits in einem Termin dienen können«;[29] mit Ausnahme der Sachverhaltsermittlung gilt dies wohl weiter. Dementsprechend *konkret* muss die Begründung aus sich heraus erkennen lassen, aus welchen rechtlichen oder tatsächlichen Gründen das Urteil des BPatG 9

---

19 So jedenfalls für § 520 ZPO: Amtl. Begr. des ZPO-Reformgesetzes, BTDrS 14/4722, S 95.
20 BGHZ **83**, 217; BAG GrS NJW **80**, 309.
21 BGH NJW-RR **01**, 931.
22 BGHZ **93**, 300.
23 BGHZ **37**,125.
24 BGH GRUR **08**, 280 *Mykoplasmennachweis*.
25 BGH VersR **87**, 308.
26 BGH NJW **87**, 1335; **95**, 2112; **97**, 3377; zu § 111 PatG aF: BGH GRUR **91**, 448 *Entschließung*; **97**, 272 (I) *Schwenkhebelverschluß*; BGH v 13.01.04 – X ZR 124/02, Schulte-Kartei PatG 110–122 *Analytisches Testgerät 02*.
27 BGH NJW **94**, 2835 (nur Zurückverweisung ohne Angriff in der Sache).
28 BGH NJW-RR **95**, 1154.
29 Amtl Begr zum 2. PatGÄndG BlPMZ **98**, 393, 396 A II 5.

aus der Sicht des Klägers unrichtig sein soll,[30] denn nach § 112 (3) Nr 2 sind die Gründe »im einzelnen« bestimmt zu bezeichnen. Obwohl es auch weiterhin ausreicht, etwa die Patentfähigkeit des Gegenstands des Streitpatents anders zu beurteilen als es durch das BPatG geschehen ist, weil darin die Rüge einer Rechtsverletzung enthalten ist, bedarf es dennoch der Angabe, aus welchen tatsächlichen oder rechtlichen Gründen der Berufungskläger die Beurteilung durch das BPatG für unzutreffend hält.[31]

10 Nach der Fassung des § 112 (3) durch das PatRModG ist auch zu unterscheiden, ob die Berufung auf gemäß § 117 zu berücksichtigende Tatsachen und eine daraus folgende Unrichtigkeit des erstinstanzlichen Urteils oder aber auf eine Rechtsverletzung durch das Urteil des Patentgerichts gestützt wird. Allerdings wird auch die Kombination beider Gruppen von Berufungsbegründungen möglich sein.

Erreicht werden soll damit, dass der Rechtsstreit in der zweiten Instanz ausreichend aufbereitet wird und Gericht und Gegner schnell und sicher darüber unterrichtet werden, wie der Berufungsführer den Streitfall entscheiden wissen will.

11 **3.2.1 Rechtsverletzung** Absatz 3 Nr 2 a ist § 520 (3) Nr 2 ZPO nachgebildet,[32] wobei auf die Verpflichtung zur Darlegung der Kausalität zwischen der behaupteten Rechtsverletzung und der Entscheidung verzichtet wird.

12 Obwohl Absatz 3 Nr 2 a vom Wortlaut sowohl unrichtige Anwendung materiellen Rechts als auch Verfahrensrechts umfasst, wird wegen der Sonderregelung des Absatz 3 Nr 2 b hier wohl nur die Verletzung materiellen Rechts in Betracht kommen. Eine solche erfordert die Darlegung, in welchen Punkten und aus welchen Gründen die erstinstanzliche Entscheidung unrichtig ist; eine bloße Wiederholung des Vorbringens erster Instanz genügt nicht, vielmehr muss die Begründung erkennen lassen, aus welchen rechtlichen oder tatsächlichen Gesichtspunkten der Berufungskläger die angefochtene Entscheidung für unrichtig hält.[33] Erforderlich, aber auch ausreichend, ist die Mitteilung der Umstände, die aus der Sicht des Berufungsklägers den Bestand des erstinstanzlichen Urteils gefährden.[34]

13 Bei der gerügten Verletzung von Verfahrensrecht bedarf es, sofern die Verfahrensverstöße nicht aus dem Urteil selbst ersichtlich sind, der Darlegung derjenigen Umstände, aus denen sich die Verstöße ergeben. Da es sich um eine Berufung handelt, ist es bei der Rüge des fehlerhaften Übergehens von Sachvortrag oder von Beweisantritten wohl nicht erforderlich, wie bei der Revision die Fundstellen in Schriftsätzen oder Protokollen genau zu bezeichnen.[35] Wird eine Verletzung der richterlichen Hinweispflicht (§ 139 ZPO) gerügt, ist anzugeben, was bei erfolgtem Hinweis vorgetragen worden wäre.[36]

---

30 BGH NJW 90, 2628; 92, 3244; 94, 1481; 95, 1560.
31 BGH GRUR 13, 1279 *Seitenwandmarkierungsleuchte*.
32 BTDrS 16/11 339 S 23, re. Sp. = BlPMZ 09, 315.
33 BGH GRUR 13, 1279 *Seitenwandmarkierungsleuchte*; BAG NJW 05, 1884.
34 BGH GRUR 13, 1279 *Seitenwandmarkierungsleuchte*; BGH NJW-RR 03, 1580; NJW 06, 142.
35 BGHZ 158, 269.
36 BGH-NJW-RR 88, 477.

14 Das Begründungserfordernis ist formaler Natur, die Gründe müssen nicht schlüssig und eine Rechtsansicht muss nicht vertretbar sein. Der Vortrag, dass der Klageantrag wegen Fehlens einer Prozessvoraussetzung unzulässig ist, kann genügen.[37]

15 **Begründung ist unzureichend, a)** wenn sie sich in **formelhaften Aussagen** oder allgemeinen Redewendungen erschöpft;[38] so zB pauschale Angaben, wie Rechtsansicht ist unhaltbar, Würdigung des Vorbringens und der erhobenen Beweise ist unzutreffend; **b)** wenn sie in einer **generellen Bezugnahme** auf das Vorbringen in 1. Instanz besteht[39] oder wenn bloß auf übergangene Beweisangebote verwiesen wird;[40] **c)** Bezugnahme auf einen

16 **Verfahrenskostenhilfeantrag** eines beim BGH nicht zugelassenen Anwalts.[41] Ist das VKH-Gesuch innerhalb der Begründungsfrist beim BGH eingereicht und entspricht es § 112 (3) Nr 2, dann kann es als Berufungsbegründung gewertet werden.[42]

17 **3.2.2 Neue Angriffs- und Verteidigungsmittel** Ebenso wie § 520 (3) Nr 4 ZPO lässt Absatz 3 Nr 2 c es zu, eine Berufung alternativ oder kumulativ mit neuen Angriffs- und Verteidigungsmitteln zu begründen. Ist die Berufung exklusiv auf neue Angriffs- oder Verteidigungsmittel gestützt, bedarf es in der Begründung keiner Auseinandersetzung mit den Gründen des Ersturteils,[43] die Begründung muss allerdings erkennen lassen, in welchen Punkten das Ersturteil im Ergebnis unrichtig ist. Klageänderung, Klageerweiterung und Parteiwechsel in der Berufungsinstanz setzen eine zulässige Berufung voraus,[44] weshalb die ausschließliche Einführung eines neuen Nichtigkeitsgrundes vor dem BGH ohne Angriff der patentgerichtlichen Entscheidung unzulässig seinwird.

Mit der Bezeichnung neuer Angriffs- und Verteidigungsmittel sind gleichzeitig die Voraussetzungen für deren Zulassung gemäß § 117 anzugeben.

4 Formales (Absatz 4)

18 Die entsprechende Anwendung des § 110 (5) auf die Berufungsbegründung entspricht § 520 (5) ZPO.

5 Verstoß gegen § 112 (3)

19 macht die Berufung unzulässig (s. § 114 (1)). Sind die Berufungsgründe unzureichend, kann der Mangel nicht durch Wiedereinsetzung beseitigt werden.[45]

II Situation vor dem PatRModG

20 Die jetzige Fassung des § 112 entspricht im Wesentlichen derjenigen des § 111 aF, wobei die Begründungsfrist auf drei Monate erweitert wurde, um der Komplexität der

---

37 BGH GRUR 00, 872 *Schiedsstellenanrufung*.
38 BGH NJW 95, 1560; NJW-RR 98, 354.
39 BGH NJW 93, 3333; 94, 1481; 95, 1560; NJW-RR 91, 1186; 96, 572.
40 BGHZ 35, 103, 106.
41 BGHZ 7, 170; NJW 81, 1620.
42 BGH NJW 95, 2112; NJW-RR 89, 184.
43 BGH NJW-RR 07, 934.
44 BGH NJW 94, 3358.
45 BGH NJW 97, 1309.

§ 113   *Berufungsverfahren*

Materie und der damit verbundenen Frsitverlängerungsgesuche zu begegnen.[46] Fristverlängerungsgesuche wurden regelmäßig gestellt, wobei dem ersten regelmäßig stattgegeben wurde, einem weiteren aber nur mit Einverständnis der Gegenpartei.

Gegenüber der Regelung des § 111 aF wurde auch der erforderliche Inhalt der Berufungsbegründung in Absatz 3 den Erfordernissen des § 111 der geltenden Fassung angepasst.

§ 113 Vertretungszwang

Vor dem Bundesgerichtshof müssen sich die Parteien durch einen Rechtsanwalt oder einen Patentanwalt als Bevollmächtigten vertreten lassen. Dem Bevollmächtigten ist es gestattet, mit einem technischen Beistand zu erscheinen.

Thomas Voit

Übersicht

Geltungsbereich		1
Literatur		2
Kommentierung zu § 113 PatG		
I.	Rechtsanwalt oder Patentanwalt	3
II.	Technischer Beistand	4
III.	Kostenerstattung	5
IV.	Situation vor dem PatRModG	6

1   **Geltungsbereich des § 113:** Neu gefasst durch Art 1 des Gesetzes zur Vereinfachung und Modernisierung des Patentrechts; die Vorschrift entspricht 111 (4) PatG aF.

2   **Lit in Mitt:** Hesse 77, 45; König 98, 349

I. Rechtsanwalt oder Patentanwalt,

3   die nach der BRAO oder der PatAnwO zugelassen sind, müssen als Bevollmächtigte (zur Vollmacht vgl Einl Rdn 481 ff.) die Parteien vor dem BGH nach § 113 vertreten. Die Zulassung muss tatsächlich vorliegen,[1] unerheblich ist, ob eventuell die Voraussetzungen zur Zulassung vorliegen, solange eine Zulassung nicht gegeben ist.[2] Vertretungszwang besteht bereits bei der Einlegung der Berufung[3]. Vertretung durch einen BGH-Anwalt, wie für die Rechtsbeschwerde nach § 102 (5), ist nicht erforderlich. Trotz der Annäherung an das Revisionsverfahren wurde davon abgesehen, eine Vertretung durch einen beim Bundesgerichtshof zugelassenen Rechtsanwalt zu fordern.[4] Zur Vertretung durch einen europäischen RA vgl § 97 Rdn 16. Die Vertretung durch einen beim Nationalen Amt für Geistiges Eigentum der Republik Malta eingetragenen Ver-

---

46   BTDrS 16, 11 339, S 23 re. Sp. = BlPMZ 09, 315 re. Sp. Umdruck.
1   BGH Mitt.01, 137.
2   BGH GRUR 14, 508 *IP-Attorney (Malta)*.
3   Vgl. Begr. zum 2. PatÄndG, BlPMZ 98, 406.
4   BTDrS 16/11 339, S 23, re. Sp. = BlPMZ 09, 316, li. Sp.

treter reicht nicht aus.[5] Patentassessoren und Erlaubnisscheininhaber können nicht vertreten. Ist der Anwalt Partei, kann er sich selbst vertreten.[6] Der Anwalt muss nicht Inlandsvertreter gemäß § 25 sein.[7]

II. Technischer Beistand

(zB Techniker des Betriebs, Privatgutachter, Patentingenieur, Patentassesor) darf neben dem bevollmächtigten RA oder PA erscheinen und auch wie ein Beistand gemäß § 90 ZPO vortragen. Sein Vortrag ist Vortrag der Partei, sofern diese nicht gemäß § 90 (2) ZPO sofort widerspricht. Mangelt ihm die Fähigkeit zum Vortrag, kann ihm nach § 157 (2) ZPO der weitere Vortrag untersagt werden.

III. Kostenerstattung

Ausnahmslos alle Nichtigkeitssenate erkennen bei Doppelvertretung vor dem Bundesgerichtshof die Kosten beider Bevollmächtigter als notwendig zur zweckentsprechenden Rechtsverfolgung iSv § 91 (1) S 1 ZPO an, wenn eine Entscheidung über die Kosten durch das BPatG erfolgt.[8]

IV. Situation vor dem PatRModG

Die bisherige Regelung sah in § 111 (4) dieselbe Vertretungsregelung vor.

§ 114 Entscheidung über die Zulässigkeit der Berufung, Terminierung

(1) Der Bundesgerichtshof prüft von Amts wegen, ob die Berufung an sich statthaft und ob sie in der gesetzlichen Form und Frist eingelegt und begründet ist. Mangelt es an einem dieser Erfordernisse, so ist die Berufung als unzulässig zu verwerfen.
(2) Die Entscheidung kann durch Beschluss ergehen.
(3) Wird die Berufung nicht durch Beschluss als unzulässig verworfen, so ist Termin zur mündlichen Verhandlung zu bestimmen und den Parteien bekanntzumachen.
(4) § 525 der Zivilprozessordnung gilt entsprechend. Die §§ 348 bis 350 der Zivilprozessordnung sind nicht anzuwenden.

Thomas Voit

Übersicht
    Geltungsbereich 1
    Kommentierung zu § 114 PatG
    1   Zulässigkeitsprüfung 3

---

5 BGH GRUR 14, 508 *IP-Attorney (Malta)*.
6 BGH GRUR 87, 353 *Sonnendach*.
7 BGH GRUR 94, 360 *Schutzüberzug für Klosettbrillen*.
8 Vgl. zB BPatG GRUR-RR 10, 401.

2	Entscheidung	4
3	Aussetzung des Verfahrens	7
4	Wiedereinsetzung	8
5	Keine Einzelrichterübertragung	9
6	Situation vor dem PatRModG	10

1 **Geltungsbereich:** § 114 ist durch Art 1 Nr 11 des PatRModG eingefügt worden. Er stimmt mit den bisherigen §§ 113 und 114 PatG, ergänzt um einen Hinweis auf 525 ZPO überein.

2 Wird – wie früher regelmäßig – ein schriftliches Sachverständigengutachten eingeholt, wird Termin sinnvoll erst nach dessen Eingang bestimmt.

1 Zulässigkeitsprüfung

3 umfasst: Statthaftigkeit, Form und Frist der Berufungseinlegung (s § 110 Rdn 2, 14, 15) und der Berufungsbegründung (s § 112 Rdn 9), Berufungsberechtigung (s § 110 Rdn 4), Beschwer, Partei- und Prozessfähigkeit (Einl Rdn 39 und 42), gesetzliche Vertretung (Einl Rdn 49) sowie Einlegung durch einen zugelassenen Vertreter (s. § 113 Rdn 3).[1] Die Anforderungen an die Erfüllung der formalen Voraussetzungen dürfen nicht überspannt werden, damit der Zugang zum Berufungsgericht nicht unangemessen erschwert wird.[2] Fehlt eine Zulässigkeitsvoraussetzung, ist zu prüfen, ob das Rechtsmittel als Anschlussberufung – bei Vorliegen der Voraussetzungen des § 115 – zulässig ist.[3]

2 Entscheidung

4 setzt Gewährung rechtlichen Gehörs für Kläger[4] und Beklagten[5] voraus. Vor der Entscheidung über einen Verlängerungsantrag gemäß § 112 (2) darf nicht über die Hauptsache entschieden werden.[6]

5 Die Entscheidung kann durch Endurteil, durch Zwischenurteil oder durch Beschluss ergehen. Die Entscheidung kann die Zulässigkeit bejahen (»Berufung ist zulässig«) oder verneinen (»Berufung wird verworfen«). In beiden Fällen ist BGH an seine Entscheidung gebunden, damit auch an einen die Zulässigkeit bejahenden Beschluss.[7] Nur wenn nach Erlass des Beschlusses die Berufung unzulässig wird, kann sie verworfen werden. Einen fehlerhaften Verwerfungsbeschluss kann der BGH nicht korrigieren.[8] Daher sollte nur in völlig zweifelsfreien Fällen oder wenn die Parteien darauf verzichten, ohne mündliche Verhandlung entschieden werden.

6 Eine **Anfechtung** der Entscheidung sieht PatG nicht vor.

---

1 BGH GRUR 14, 508 *IP-Attorney (Malta)*.
2 BVerfG NJW 86, 244; 93, 1635; 97, 2941.
3 Vgl BGH NJW 96, 2659.
4 BGH NJW 94, 392.
5 BGH VersR 82, 246.
6 BGH FamRZ 88, 1136.
7 BGH LM § 238 Nr 2.
8 BGH NJW-RR 95, 765; VersR 74, 1110; BAG NJW 71, 1823; aA: OLG Frankfurt NJW 70, 715.

3 Aussetzung des Verfahrens

gemäß § 148 ZPO kann der BGH anordnen, wenn die Berufung zulässig und gegen das gleiche Patent ein weiteres Nichtigkeitsverfahren vor BPatG anhängig ist, um zB eine parallele Beweisaufnahme zu vermeiden.[9]

7

4 Wiedereinsetzung

Bis zum PatRModG fehlte eine gesetzliche Regelung, da § 123 nur für Verfahren vor DPMA und BPatG gilt und die Berufung nicht mehr wie früher beim BPatG, sondern beim BGH einzulegen ist. Der BGH wendete §§ 233, 234, 236 ZPO analog an, so dass die Frist für eine Wiedereinsetzung 2 Wochen beträgt.[10] Nunmehr ist dies durch § 114 (4) mit der Verweisung auf § 525 ZPO unmittelbar möglich.

8

5 Keine Einzelrichterübertragung

Die allgemeine Verweisung auf § 525 ZPO in § 114 (4) mit der Folge der Anwendbarkeit des Verfahrens vor den Landgerichten bedingt die ausdrückliche Ausnahme der Einzelrichterübertragung wie in § 555 ZPO.[11]

9

6 Situation vor dem PatRModG

Die Neufassung des § 114 entspricht der Zusammenfassung der bisher in den §§ 113 und 114 PatG enthaltenen Regelungen, lediglich ergänzt um eine Verweisung auf § 525 ZPO. Inhaltliche Abweichungen zum bisherigen Verfahren ergeben sich daher nicht.

10

§ 115 Anschlussberufung

(1) ¹Der Berufungsbeklagte kann sich der Berufung anschließen. ²Die Anschließung ist auch statthaft, wenn der Berufungsbeklagte auf die Berufung verzichtet hat oder die Berufungsfrist verstrichen ist.

(2) ¹Die Anschließung erfolgt durch Einreichung der Berufungsanschlussschrift bei dem Bundesgerichtshof und ist bis zum Ablauf von zwei Monaten nach der Zustellung der Berufungsbegründung zu erklären. ²Ist dem Berufungsbeklagten eine Frist zur Berufungserwiderung gesetzt, ist die Anschließung bis zum Ablauf dieser Frist zulässig.

(3) ¹Die Anschlussberufung muss in der Anschlussschrift begründet werden. ²§ 110 Ab. 4, 5 und 8 sowie § 112 Abs 3 gelten entsprechend.

(4) Die Anschlussberufung verliert ihre Wirkung, wenn die Berufung zurückgenommen oder verworfen wird.

Thomas Voit

---

9 BGH v 16.5.00 X ZR 91/98 *Stent*, Schulte-Kartei PatG 110–122 Nr 47.
10 BGH GRUR 00, 1010 *Schaltmechanismus*; 01, 271 (II1b) *Kreiselpumpe*.
11 BTDrS 16/11 339, S 24 li. Sp. = BlPMZ 2009, 301, 316 li. Sp.

Übersicht

Geltungsbereich		1
Literatur		2
Kommentierung zu § 115 PatG		
1	Anwendungsbereich	3
2	Neuregelung der unselbständigen Anschlussberufung	4
2.1	Statthaftigkeit (Absatz 1)	5
2.2	Erhebung der Anschlussberufung (Absatz 2)	6
2.3	Begründung der Anschlussberufung	7
2.4	Wirkungslosigkeit der Anschlussberufung (Absatz 4)	8
3	Unterschied zur Regelung vor dem PatRModG	9

1 **Geltungsbereich:** § 115 wurde durch das PatRModG vollkommen neu gefasst.

2 **Literatur:** Keukenschrijver, Patentnichtigkeitsverfahren, 6. Aufl., 2016

1 Anwendungsbereich

3 § 115 in der Fassung des PatRModG regelt nur den Fall der unselbständigen Anschlussberufung. Für die selbständige Anschlussberufung gelten die allgemeinen Regeln der Berufung.

Auch bisher wurde durch den BGH die Anschlussberufung, auch die unselbständige, grundsätzlich zugelassen; die unselbständige Anschlussberufung regelmäßig bis zum Schluss der mündlichen Verhandlung,[1] jedenfalls sofern der die Anschlusserklärung beinhaltende Schriftsatz so fristgerecht eingereicht wurde, dass er dem Gegner mindestens eine Woche vor der Verhandlung zugestellt werden konnte (§ 132 (1) ZPO).[2]

2 Neuregelung der unselbständigen Anschlussberufung

4 Die an die Vorschriften der §§ 524 und 554 ZPO angelehnte[3] Neuregelung der unselbständigen Anschlussberufung bringt gegenüber der früher praktizierten Übung eine Einschränkung dergestalt, dass nunmehr die Möglichkeit der Anschließung im Interesse der »angestrebten Beschleunigung des Berufungsverfahrens«[4] befristet ist.

2.1 Statthaftigkeit (Absatz 1)

5 Die Anschlussberufung ist grundsätzlich auch dann statthaft, wenn der Berufungsbeklagte auf die Berufung verzichtet hat oder die Berufungsfrist verstrichen ist, Absatz 1 S 1, entsprechend § 524 (2) ZPO. Voraussetzung ist aber selbstverständlich eine Hauptberufung, die noch nicht als unzulässig verworfen oder zurückgenommen worden ist.

2.2 Erhebung der Anschlussberufung (Absatz 2)

6 erfolgt durch Einreichung der Anschlussschrift beim BGH. Neu gegenüber der früheren Praxis ist die Befristung. Danach ist die Anschlussberufung bis zum Ablauf von zwei Monaten nach Zustellung der Berufungsbegründung des Berufungsklägers zu

---

1 BGH, GRUR 05, 888 *Anschlussberufung im Patentnichtigkeitsverfahren.*
2 BGH, Urt v 22.02.2005, X ZR 183/01 *Mengendosierer*, red. LS in Mitt. 05, 506.
3 BTDrS 16/11 339, S 24, li. Sp. = BlPMZ 09, 316 li. Sp.
4 BTDrS 16/11 339, S 24, li. Sp. = BlPMZ 09, 316 li. Sp.

erklären. Sofern dem Berufungsbeklagten eine Frist zur Erwiderung auf die Berufungsbegründung gesetzt worden, so ist die Anschließungserklärung innerhalb dieser Frist zulässig.

2.3 Begründung der Anschlussberufung

hat gleichzeitig mit der Einreichung der Anschlussschrift zu erfolgen (Absatz 3). Dabei ist das angegriffene Urteil zu bezeichnen sowie die Erklärung der Anschließung erforderlich. Auf den Schriftsatz finden die allgemeinen Vorschriften der ZPO über vorbereitende Schriftsätze Anwendung, also §§ 130 bis 133 ZPO. Durch die Verweisung auf § 110 (8) ergibt sich die entsprechende Anwendung der §§ 515, 516, 521 (1) und (2) Satz 1 ZPO.

Zudem muss die Anschlussschrift Berufungsanträge, die Angabe des Berufungsgrundes bzw. der –gründe sowie neue Angriffs- und Verteidigungsmittel einschließlich der Angabe der Gründe über deren Zulassung enthalten (Absatz 2 iVm § 112 (3)).

2.4 Wirkungslosigkeit der Anschlussberufung (Absatz 4)

tritt ein, wenn die (Haupt-) Berufung zurückgenommen oder verworfen wird (Absatz 4, entsprechend § 524 (4) ZPO). Das ist die Folge der Unselbständigkeit.

3 Unterschied zur Regelung vor dem PatRModG

Dieser besteht insbesondere in der Befristung der Anschlussberufung. Die bisherige Rechtsprechung des BGH[5] ließ die Anschlussberufung grundsätzlich bis zum Schluss der (letzten) mündlichen Verhandlung zu,[6] wobei allerdings das Fristerfordernis des § 132 (1) Satz 1 ZPO zu beachten war, sollte ein Schriftsatznachlass oder eine Vertagung vermieden werden.[7]

Wenn auch durch das Fristerfordernis des § 115 (2) die Möglichkeit einer Anschlussberufung beschränkt wird, ist gleichzeitig zu beachten, dass auch der Berufungskläger in Bezug auf die Einführung neuer Angriffs- und Verteidigungsmittel wegen der Vorschrift des § 117 beschränkt wird und daher nicht mit einer Konfrontation mit vollkommen neuem Material gerechnet werden muss, wie es vorher der Fall sein konnte.

§ 116 Prüfungsumfang, Klageänderung, Verteidigung

(1) Der Prüfung des Bundesgerichtshofs unterliegen nur die von den Parteien gestellten Anträge.

(2) Eine Klageänderung und in dem Verfahren wegen Erklärung der Nichtigkeit des Patents oder des ergänzenden Schutzzertifikats eine Verteidigung mit einer geänderten Fassung des Patents sind nur zulässig, wenn

---

5 BGHZ 17, 305 *Schlafwagen*; BGH, Urt v 22.02.2005 *Mengendosierer*; BGH GRUR 05, 888 *Anschlussberufung im Patentnichtigkeitsverfahren*.
6 BGH, Urt v 20.03.2012, Az. X ZR 58/09 Schulte-Kartei PatG 110–122a Nr 132 *Blutfiltrationssystem*.
7 BGH, Urt v 22.02.2005 *Mengendosierer*

1. der Gegner einwilligt oder der Bundesgerichtshof die Antragsänderung für sachdienlich hält und
2. die geänderten Anträge auf Tatsachen gestützt werden können, die der Bundesgerichtshof seiner Verhandlung und Entscheidung über die Berufung nach § 117 zugrunde zu legen hat.

Thomas Voit

Übersicht

Geltungsbereich		1
Kommentierung zu § 116 PatG		
I.	Prüfungsumfang	2
II.	Klageänderung und Verteidigung mit geänderten Ansprüchen	3
1	Klageänderung	3
2	Verteidigung mit geänderter Fassung des Patents	4
III.	Voraussetzungen	5
1	Einverständnis des Gegners	5
2	Bejahung der Sachdienlichkeit	6
3	Berücksichtigungsfähigkeit nach § 117	7

1 **Geltungsbereich:** § 116 wurde durch das PatRModG vollkommen neu gefasst.
Lit.: Loschelder, GRUR 09, 296

I. Prüfungsumfang

2 Absatz 1 regelt den Prüfungsumfang entsprechend §§ 528 und 557 (1) ZPO. Der Berufungsführer wird dabei die – zumindest teilweise – Abänderung des erstinstanzlichen Urteils beantragen, der Berufungsgegner die – zumindest teilweise – Zurückweisung der Berufung. Eine Änderung zur früher geübten Praxis besteht in sachlicher Hinsicht nicht.[1]

II. Klageänderung und Verteidigung mit geänderten Ansprüchen

1 Klageänderung

3 Kommt im Patentnichtigkeitsverfahren zunächst vor bei der Einführung eines weiteren Nichtigkeitsgrundes,[2] dem Angriff auf bisher nicht angegriffene Hauptansprüche,[3] Nebenansprüche[4] und bei der Einbeziehung von Unteransprüchen.[5]
Entsprechend der Klageänderung wird im Nichtigkeitsverfahren auch der Parteiwechsel behandelt.[6]

---

1 BTDrS 16/11 339, S 24, l. Sp. = BlPMZ 09, 301, 316 li. Sp.
2 BGH GRUR 07, 309 *Schussfädentransport*; GRUR 09, 933 *Druckmaschinen-Temperierungssystem II*.
3 BPatG, Urt v 17.07.2002, 4 Ni 38/00.
4 BPatGE 25, 85 (GbM-Löschungssache).
5 BGH GRUR 08, 90 *Verpackungsmaschine*.
6 BGH GRUR 96, 865 *Augentropfen*.

Die Regelung des § 116 (2) ist dabei der Vorschrift des § 533 ZPO nachempfunden und soll verhindern, dass noch unmittelbar vor Abschluss des Berufungsverfahrens neue Nichtigkeitsgründe eingeführt werden.[7]
Zulässig ist die Klageerweiterung auch nach Ablauf der Berufungsfrist.[8]
Eine Klageänderung im Weg einer Anschlussberufung ist grundsätzlich möglich, dann aber gemäß § 115 (2) 2 nur bis zum Ablauf der Frist zur Berufungserwiderung.

2 Verteidigung mit geänderter Fassung des Patents

In Betracht kommt hier ausschließlich eine Verteidigung mit eingeschränkten Ansprüchen, was in der Praxis die Hauptverteidigungsmöglichkeit des Patentinhabers darstellt. Zu den Einzelheiten § 81 Rdn 110, 116. 4

An eine in erster Instanz erklärte Selbstbeschränkung ist der Patentinhaber nach wie vor nicht gebunden; unter Beachtung der Grenzen der §§ 116, 117 kann der Patentinhaber variieren und gegebenenfalls auf die erteilte Fassung zurückgreifen.[9] Insbesondere ist eine Verteidigung auch mit erstmals in der Berufungsinstanz geänderten Ansprüchen zulässig, wenn sich der neue Antrag von dem in erster Instanz gestellten nur dadurch unterscheidet, dass einzelne, zur erteilten Fassung hinzutretenden Merkmale gestrichen worden sind.[10]

III. Voraussetzungen

1 Einverständnis des Gegners

Bei vorliegendem Einverständnis des Klägers – auch in der Form einer rügelosen Einlassung – sind sowohl die Klageänderung als auch die Verteidigung mit einer geänderten Fassung des Patents als Ausfluss der Dispositionsmaxime per se zulässig. 5

2 Bejahung der Sachdienlichkeit

entspricht im Wesentlichen der gängigen Praxis, wobei die Rechtsprechung einen großzügigen Maßstab anlegte, wenn dadurch ein weiterer Angriff zu vermeiden war.[11] Nunmehr stellt der Bundesgerichtshof darauf ab, ob und inwieweit aufgrund des gerichtlichen Hinweises gemäß § 83 (1) Anlass bestand, bereits in erster Instanz weitere Angriffsmittel einzuführen[12], beziehungsweise inwieweit ein Patentinhaber mit einer erstmals in zweiter Instanz erfolgenden Verteidigung mit geänderten Ansprüchen einer von der Beurteilung des BPatG abweichenden Auffassung des Bundesgerichtshofes Rechnung trägt, jedenfalls, sofern der Gegenstand des Streitpatents auf dasjenige beschränkt wird, was nach Auffassung des BPatG bereits in der erteilten Fassung enthalten war.[13] Auch kann die Sachdienlichkeit bejaht werden, wenn das BPatG im Hinweis nur einzelne Angriffsmittel der klagenden Partei aufgreift und die beklagte Partei 6

---

7 BTDrS 16/11 339, S 24, li. Sp. = BlPMZ 09, 301, 316 li. Sp.
8 BGHZ 17, 305 *Schlafwagen*.
9 BGH GRUR 96, 757 *Zahnkranzfräser*.
10 BGH GRUR 20, 1284 *Datenpaketumwandlung*.
11 BGH GRUR 01, 730 *Trigonellin*.
12 BGH GRUR 12, 1236 *Fahrzeugwechselstromgenerator*; GRUR 13, 912 *Walzstraße*.; GRUR 15, 365 *Zwangsmischer*.
13 BGH GRUR 13, 912 *Walzstraße*.

in erster Instanz daher keinen Anlass hatte, vorsorglich weitere Hilfsanträge im Hinblick auf im Hinweis als wenig erfolgversprechend beurteilte Angriffsmittel einzuführen,[14] gleichwohl sich aber in der mündlichen Verhandlung die Einschätzung des Gerichts ändert.[15] Die Sachdienlichkeit wird jedoch zu verneinen sein, wenn eine beklagte Partei bereits in erster Instanz Veranlassung gehabt hätte, in Anbetracht der Prozessförderungspflicht bereits in erster Instanz auf den in Rede stehenden Angriff angemessen zu reagieren.[16]

Im Fall des Parteiwechsels wird Sachdienlichkeit anzunehmen sein, wenn sich dadurch der Prozessstoff nicht ändert und ein weiterer Prozess vermieden wird[17]

3 Berücksichtigungsfähigkeit nach § 117

7 Dieses durch das PatRModG neu eingefügte und kumulativ zu berücksichtigende Tatbestandsmerkmal bedingt eine erhebliche Einschränkung, insbesondere für den verteidigenden Patentinhaber, dem es verwehrt sein kann, sich auf eine erfolgreich zu verteidigende Fassung des Patents zurück zu ziehen.[18]

Kann die durch § 116 (2) Nr 2 eingeführte Beschränkung für den Kläger noch hingenommen werden, da er an einer neuen Klage, gestützt auf einen anderen Klagegrund, nicht gehindert ist, trifft die Einschränkung den verteidigenden Patentinhaber in wesentlich größerem Maße. Erst aus den Entscheidungsgründen des Urteils des Bundespatentgerichts wird erkennbar, welche Gründe für eine Nichtigerklärung ausschlaggebend waren. Frühestens dann wird es für den Patentinhaber Sinn machen, seine Verteidigung umzustellen, worin er durch §§ 116 (2) Nr 2, 117 gehindert sein kann.[19] Da der Patentinhaber deshalb bereits in der ersten Instanz alles ihm zur Verteidigung Mögliche in das Verfahren einführen muss, wird das erstinstanzliche Verfahren erheblich belastet[20].

8 Da sowohl Klageänderung als auch die Verteidigung mit geänderten Ansprüchen Angriffs- bzw. Verteidigungsmittel darstellen, müssen sie den Voraussetzungen der §§ 116 (2), 117 PatG iVm §§ 530, 531 ZPO genügen, was im Regelfall wohl dann nicht gegeben sein wird, wenn nicht vorsorglich alle Möglichkeiten bereits in der ersten Instanz ausgeschöpft wurden. Das wiederum konterkariert die Beschränkung auf das Wesentliche in der ersten Instanz.

9 Der Bundesgerichtshof hat bisher dazu entschieden, dass eine Verteidigung des Streitpatents mit erstmals in der zweiten Instanz geänderten Patentansprüchen dann regelmäßig zulässig sein wird, wenn der Patentinhaber wegen damit einer von der ersten Instanz abweichenden Beurteilung durch den Bundesgerichtshof Rechnung trägt und den Gegenstand des Streitpatents auf dasjenige einschränkt, was sich nach Auffassung des BPatG bereits aus der erteilten Fassung ergab.[21]

---

14 BGH GRUR 14, 1026 *Analog-Digital-Wandler*.
15 BGH, GRUR 16, 1038 *Fahrzeugscheibe II*.
16 BGH GRUR 16, 365 *Telekommunikationsverbindung*.
17 BPatGE 33, 240.
18 Loschelder, GRUR 09, 296, 299.
19 Loschelder, GRUR 09, 296, 299/300.
20 BGH GRUR 13, 1272 *Tretkurbeleinheit*.
21 BGH GRUR 13, 912 *Walzstraße*.

Dasselbe gilt auch für den Kläger, der regelmäßig keine Veranlassung haben wird, weiteres Material vorzutragen, sofern der Hinweis des BPatG erkennen ließ, dass der Argumentation des Nichtigkeitsklägers seitens des Gerichts gefolgt werden wird.[22] Stets unzureichend ist aber die bloße Einführung von Material ohne weiteren Sachvortrag zu denjenigen Tatsachen, aufgrund derer und mit welchem konkreten Beitrag die eingeführten Entgegenhaltungen zur (behaupteten) mangelnden Rechtsbeständigkeit des Streitpatents beitragen sollen.[23] Es ist dem BPatG weder auferlegt noch ist es überhaupt berechtigt, von sich aus zu ermitteln, worin die Relevanz der Entgegenhaltungen bestehen soll.[24] Damit soll der manchmal zu beobachtenden Vorgehensweise begegnet werden, mit der eine Vielzahl von Entgegenhaltungen ohne dezidierten Vortrag hierzu eingeführt werden.

10

Umgekehrt kann eine (hilfsweise) Verteidigung des Streitpatents mit geänderten Ansprüchen dann nicht als sachdienlich iSv § 116 (2) Nr 1 angesehen werden, wenn der Patentinhaber bereits in erster Instanz Veranlassung gehabt hätte, so zu verfahren, wozu der Bundesgerichtshof insbesondere zählt, dass im gerichtlichen Hinweis gemäß § 83 (1) die erfinderische Tätigkeit des Streitpatents angezweifelt wurde.[25]

11

Kein Raum für eine Zurückweisung in zweiter Instanz ist dann, wenn das BPatG in erster Instanz die Frage der Zurückweisung eines geltend gemachten Nichtigkeitsgrundes nicht entschieden, sondern offen gelassen hat.[26] Dieser Nichtigkeitsgrund ist dann auch in zweiter Instanz zu behandeln, wenn er durch das BPatG sachlich verbeschieden wurde[27] und kann wegen des bei der Frage der Zurückweisung auszuübenden Ermessens des BPatG in zweiter Instanz nicht (erstmalig) zurückgewiesen werden.[28]

12

§ 117 Prüfungsumfang

Auf den Prüfungsumfang des Berufungsgerichts, die verspätet vorgebrachten, die zurückgewiesenen und die neuen Angriffs- und Verteidigungsmittel sind die §§ 529, 530 und 531 der Zivilprozessordnung entsprechend anzuwenden. Dabei tritt an die Stelle des § 520 der Zivilprozessordnung der § 112.

Thomas Voit

Übersicht

Geltungsbereich 1
Literatur 2

---

22 BGH GRUR 12, 1236 *Fahrzeugwechselstromgenerator*; GRUR 13, 912 *Walzstraße*;. GRUR 13, 1272 *Tretkurbeleinheit*.
23 BGH GRUR 13, 1272 *Tretkurbeleinheit*.
24 BGH GRUR 13, 1272 *Tretkurbeleinheit*.
25 BGH GRUR 16, 365 *Telekommunikationsverbindung*.
26 BGH GRUR 15, 976 *Einspritzventil*.
27 BGH GRUR 15, 976 *Einspritzventil*.
28 BGH GRUR 15, 976 *Einspritzventil*.

Kommentierung zu § 117 PatG

1	Inhalt der Vorschrift	3
2	Prüfungsumfang	4
3	Präklusion	5
4	Neues Vorbringen	7
4.1	Neuheit	8
4.2	Zulassung	10
4.3	Verfahrensmangel	11
5	Verspätung in der Berufungsinstanz	12
6	»Entsprechende« Anwendung	13

1 **Geltungsbereich:** § 117 wurde durch das PatRModG vollkommen neu gefasst.

2 **Lit:** Meier-Beck in FS Hirsch, 08, 593; Keukenschrijver, Patentnichtigkeitsverfahren, 6.Aufl., 2016; **Lit in GRUR:** Loschelder,09, 296; Mühlens, 09, 308.

1 Inhalt der Vorschrift

3 § 117 in der Fassung des PatRModG stellt den Kernpunkt des Berufungsrechts dar, indem er anstatt der vorher eröffneten zweiten Tatsacheninstanz den Prüfungsumfang unter Verweisung auf das geltende Berufungsrecht der ZPO auf die vom Patentgericht festgestellten Tatsachen beschränkt (§ 529 (1) ZPO) und gleichzeitig in erster Instanz zu Recht zurückgewiesene Angriffs- und Verteidigungsmittel auch in der Berufungsinstanz nicht zulässt (§ 531 ZPO). Damit stellt § 117 klar, dass es sich beim Berufungsverfahren nicht um eine vollständige, neue Tatsacheninstanz, sondern um ein Mittel der Fehlerkontrolle und Fehlerbeseitigung handelt. Dabei ist das Berufungsgericht an die von der ersten Instanz festgestellten Tatsachen gebunden, sofern nicht konkrete Zweifel an deren Richtigkeit und Vollständigkeit bestehen. Die Vorschrift ersetzt dabei die früheren §§ 115 und 117, nach denen neuer Tatsachenvortrag bis zum Schluss der mündlichen Verhandlung vorgebracht werden konnte – jedenfalls so lange der gerichtlich bestellte Sachverständige sich hierzu äußern konnte – und der Bundesgerichtshof an das Vorbringen der Parteien nicht gebunden war (§ 115 (1) PatG aF). Insbesondere hatte der Bundesgerichtshof eine beschränkte Verteidigung des Patentinhabers mit neuen Patentansprüchen jederzeit zugelassen, weil es sich dabei nicht um neue Tatsachen und Beweismittel handelt.[1] Anders aber bei dem Begriff der Angriffs- und Verteidigungsmittel, zu denen der Bundesgerichtshof alle Tatbestände zählt, die für sich allein rechtsbegründend, rechtsvernichtend, rechtshindernd oder rechtserhaltend wären.[2]

2 Prüfungsumfang

4 Der Prüfungsumfang bestimmt sich zunächst nach den vom BPatG festgestellten Tatsachen, entspricht also dem Berufungsverfahren nach der ZPO (§ 529 ZPO). Die Berufungsinstanz soll nur dann neue Tatsachenfeststellungen zu treffen haben, wenn sich konkrete Zweifel an der Richtigkeit und Vollständigkeit der Tatsachenfeststellung ers-

---

1 BGH GRUR 07, 578 *Rückspülbare Filterkerze*.
2 BGH GRUR 10, 950 *Walzenformgebungsmaschine*.

ter Instanz ergeben und sich im Übrigen in einem Instrument der Fehlerkontrolle und Fehlerbehebung erschöpfen.³

3 Präklusion

Gemäß § 117 iVm § 531 (1) ZPO bleiben die Parteien mit Angriffs- und Verteidigungsmitteln, die bereits in der ersten Instanz zu Recht zurück gewiesen wurden, ausgeschlossen. Dabei obliegt es dem Bundesgerichtshof nur, die Berechtigung der Zurückweisung nach § 83 (1) zu prüfen. Geschah die Zurückweisung zu Recht, verbleibt dem Berufungsgericht kein Spielraum und das Vorbringen bleibt ohne weiteres ausgeschlossen.

Ein Nichtigkeitsgrund, dessen Zurückweisung als verspätet das BPatG zwar nicht verbeschieden, gleichwohl aber sachlich behandelt hat, ist in der zweiten Instanz als gegeben zu betrachten. § 117 erlaubt keine erstmalige Zurückweisung in zweiter Instanz.⁴

4 Neues Vorbringen

(vgl dazu Einl Rdn 237): Die Frist für die Berufungsbegründung gemäß § 112 (1) begrenzt neues Vorbringen in zeitlicher Hinsicht. Inhaltlich wird die Zulassung durch § 117 iVm § 531 (2) ZPO beschränkt, wobei § 112 (3) Nr 2 c) den formellen Rahmen bestimmt.

4.1 Neuheit

ist gegeben, wenn das Vorbringen im ersten Rechtszug bis zum Schluss der mündlichen Verhandlung, aus welchem Grund auch immer, nicht vorgebracht worden ist. Entscheidend ist dabei, wie konkret ein Vorbringen in erster Instanz erfolgt ist: Ist in erster Instanz sehr allgemein gehaltener Vortrag in zweiter Instanz (erstmals) konkretisiert, ist er als neu zu behandeln.⁵ Anders aber, wenn ein in erster Instanz bereits schlüssig vorgebrachter Vortrag in zweiter Instanz (weiter) konkretisiert wird; in diesem Fall ist keine Neuheit in diesem Sinne gegeben.⁶

Auch Vorbringen, das zwar in erster Instanz bereits vorgebracht, aber aufgrund der Verfahrensleitung durch das Gericht nicht weiter behandelt wurde, kann daher neu iSv § 117 PatG sein. In diesem Fall wird aber eine Zulassung gemäß § 117 PatG iVm § 531 (2) Nr 3 ZPO in Betracht kommen, da die Nichtbehandlung erster Instanz auf ein im weitesten Sinn nachlässiges Verhalten der einbringenden Partei zurückzuführen sein muss⁷ und eine Partei, jedenfalls als Kläger, grundsätzlich nicht gehalten sein soll, ihren Angriff auf alle denkbaren Gesichtspunkte zu stützen, die infolge der Verfahrensleitung durch das erstinstanzliche Gericht als nicht unmittelbar durchgreifend angesehen werden können.⁸ Das erstreckt sich auch auf den Hinweis gem. § 83 (1) PatG: Nach Ansicht des Bundesgerichtshofes soll vielmehr schon der Hinweis nach § 83 (1) PatG

---

3 BTDrS 16/11 339, S 24, re Sp. = BlPMZ, 301, 316 re Sp.
4 BGH GRUR **15**, 976 *Einspritzventil*.
5 BGH GRUR **12**, 1236 *Fahrzeugwechselstromgenerator*.
6 BGH GRUR **12**, 1236 *Fahrzeugwechselstromgenerator*.
7 BGH GRUR **12**, 1236 *Fahrzeugwechselstromgenerator*.
8 BGH, GRUR **12**, 1236 *Fahrzeugwechselstromgenerator*.

das Vorbringen entsprechend fokussieren.[9] Hat danach die klagende Partei keinen Anlass, weiter zu einem bestimmten Punkt vorzutragen, wird das an sich neue Vorbringen zu diesem spezifischen Bestandteil in zweiter Instanz zuzulassen sein.[10] Dasselbe gilt, wenn der gerichtliche Hinweis nach § 83 (1) nur einzelne Angriffsmittel der klagenden Partei aufgreift und die beklagte Partei demzufolge keinen Anlass hat, vorsorglich durch weitere Verteidigungsmittel auf Angriffsmittel zu reagieren, die entweder als nicht aussichtsreich eingeschätzt wurden, oder aber auf die im Hinweis überhaupt nicht eingegangen wurde.[11] Dies soll auch dann gelten, wenn im Hinweis ein Verteidigungsmittel als erfolgversprechend beurteilt wurde, gleichwohl sich die Sachlage aber durch – zulässigerweise – neu vorgebrachte Angriffsmittel anschließend geändert hat, ohne dass das BPatG den Parteien die Änderung seiner Auffassung vor der mündlichen Verhandlung kund tat.[12] Diese Rechtsprechung berücksichtigt zwar möglicherweise die – übliche – Fallkonstellation, in der die Verteidigungslinie als Reaktion auf den Hinweis geändert wird und sich damit auch die Position des Angreifers verändert, dürfte mit dem Erfordernis der Kundgabe einer gerichtlichen Einschätzung noch vor der mündlichen Verhandlung[13] jedoch zu weit gehen: Einmal ist es Aufgabe des Hinweises, die Parteien auf Gesichtspunkte hinzuweisen, die nicht als offensichtlich erscheinen und neue Angriffsmittel dürften regelmäßig als offensichtlich erscheinen; zum anderen ist ja gerade Sinn einer mündlichen Verhandlung, sie ergebnisoffen zu betreiben, anderenfalls wäre sie obsolet.

In der Praxis lässt sich diesem Problem aber ohne weiteres durch eine großzügige Handhabung bei der Zulassung neuer Verteidigungsmittel begegnen.

4.2 Zulassung

10 Eine Zulassung ist in zwei Fällen möglich, nämlich wenn das Berufungsgericht den Fall materiellrechtlich anders beurteilt als die erste Instanz, weswegen andere Tatsachen den Ausschlag geben oder wenn die Geltendmachung von Angriffs- oder Verteidigungsmitteln in der ersten Instanz infolge der dortigen Prozessleitung unterblieben ist, weil es darauf nicht ankam.[14]

Nicht zuzulassen ist Vorbringen, wenn es aufgrund nachlässiger Prozessführung bisher nicht eingeführt worden war, so etwa bei Material, das nur aufgrund einer breiter als in der ersten Instanz durchgeführten Recherche aufgefunden werden konnte.[15]

Alternative 1 dürfte im Patentnichtigkeitsberufungsverfahren wegen dessen Besonderheiten, der wegen der Natur der Sache beschränkten Grundlagen des Sachverhalts und der Begrenztheit möglicher Angriffs- und Verteidigungsmittel die Ausnahme bilden.

Anders liegt es bei Angriffs- und Verteidigungsmitteln, die in erster Instanz nicht vorgebracht wurden, weil es nach Meinung des erstinstanzlichen Gerichts nicht darauf

---

9 BGH GRUR 12, 1236 *Fahrzeugwechselstromgenerator*.
10 BGH GRUR 13, 912 *Walzstraße*; GRUR 15, 365 *Zwangsmischer*.
11 BGH GRUR 14, 1026, *Analog-Digital-Wandler*.
12 *BGH*, GRUR 16, 1038 *Fahrzeugscheibe II*.
13 BGH, GRUR 16, 1038 *Fahrzeugscheibe II*.
14 BGH GRUR 12, 1236 *Fahrzeugwechselstromgenerator*.
15 BGH GRUR 13, 1272 *Tretkurbeleinheit*.

ankam; hier zeigt die Praxis, dass die Parteien, um dieser Gefahr vorzubeugen, entsprechend agieren und alle denkbaren Angriffs- und Verteidigungsmittel einführen.[16]

Allerdings ist auch in diesen Fällen eine Berücksichtigungsfähigkeit nur dann anzuerkennen, wenn der jeweilige Beteiligte darlegt und erforderlichenfalls glaubhaft macht, warum eine umfassendere Recherche, die das Angriffs- bzw. Verteidigungsmittel zu Tage gefördert hätte, in erster Instanz noch nicht veranlasst war. Der BGH verlangt insoweit die Darlegung des Suchprofils sowie die Begründung, warum dieses Suchprofil und nicht dasjenige, das das Angriffs- oder Verteidigungsmittel umfasst, gewählt wurde.[17] Zu neuen Hilfsanträgen vgl. § 116 Rn. 4 und BGH, Urt. v. 11. August 2020, XZR 96/18.[18]

4.3 Verfahrensmangel

Leidet das Verfahren erster Instanz an einem von Amts wegen zu berücksichtigenden Mangel, bedarf es keiner Rüge in der Berufungsbegründung. Anders im Fall eines nur auf Rüge zu berücksichtigenden Mangels, dieser ist aufgrund der Bezugnahme auf § 112, die wohl wegen der Verweisung des § 529 (2) ZPO auf § 520 ZPO für notwendig gehalten wurde, in der Berufungsbegründung zu rügen. **11**

5 Verspätung in der Berufungsinstanz

§ 117 regelt auch den Fall, dass an und für sich zulässiges Vorbringen in der Berufungsinstanz entgegen der Fristsetzung in § 112 (2) verspätet vorgebracht wird. Hierbei wird es entsprechend der Regelung in § 530 ZPO keinen Unterschied machen, ob es sich um schon in der 1. Instanz vorgebrachte Angriffs- und Verteidigungsmittel oder solche handelt, die erstmals in der zweiten Instanz angebracht werden. **12**

Zum Sonderfall von in der ersten Instanz weder zugelassenen noch zurückgewiesenen, aber sachlich behandelten Angriffs- oder Verteidigungsmitteln: Keine erstmalige Zurückweisung in der zweiten Instanz.[19]

6 »Entsprechende« Anwendung

Die im Wortlaut des § 117 enthaltene entsprechende Anwendbarkeit der §§ 529, 530 und 531 ZPO soll den Besonderheiten des Streits um die Gültigkeit von Patenten Rechnung tragen, etwa bei der Abgrenzung von Tatsachen und Rechtsbegriffen.[20] **13**

§ 118 Mündliche Verhandlung

(1) ¹Das Urteil des Bundesgerichtshofs ergeht auf Grund mündlicher Verhandlung. ²§ 69 Abs 2 gilt entsprechend.
(2) Die Ladungsfrist beträgt mindestens zwei Wochen.

---

16 Vgl. dazu auch zur Verteidigung mit beschränkten Patentansprüchen Loschelder, GRUR 09, 296.
17 BGH Mitt **21**, 127 *Scheibenbremse*.
18 BGH GRUR **20**, 1284 *Datenpaketumwandlung*.
19 BGH GRUR **15**, 976 *Einspritzventil*.
20 BTDrS 16/11 339, S 24, re Sp = BlPMZ 09, 301, 316 re Sp.

(3) Von der mündlichen Verhandlung kann abgesehen werden, wenn
1. die Parteien zustimmen oder
2. nur über die Kosten entschieden werden soll.

(4) ¹Erscheint eine Partei im Termin nicht, so kann ohne sie verhandelt und durch streitiges Urteil entschieden werden. ²Erscheint keine der Parteien, ergeht das Urteil auf Grund der Akten.

Thomas Voit

Übersicht

Geltungsbereich...		1
Kommentierung zu § 118 PatG		
I	Mündliche Verhandlung.........................	2
II	Urteil..	3
1	Zurückweisung der Berufung	4
2	Eigene Sachentscheidung des BGH........	5
3	Zurückverweisung.............................	7
II	Beschluss..	9
III	Mündliche Verhandlung.......................	10
IV	Unechtes Versäumnisurteil (Absatz 4) ...	11

1 Geltungsbereich: § 118 wurde durch das PatRModG neu gefasst.

I Mündliche Verhandlung

2 § 118 in der Fassung nach dem PatRModG entspricht dem früheren § 116, ergänzt um den Absatz 4, der der Rechtsprechung des Bundesgerichtshofes zum so genannten »unechten Versäumnisurteil« in Patentnichtigkeitssachen entspricht.[1]

II Urteil

3 kann Endurteil, Zwischenurteil (zB über Zulässigkeit der Berufung[2]) oder Teilurteil (zB über Sicherheitsleistung gemäß § 718 ZPO[3]) sein. Nach § 540 (1) ZPO kann im Urteil von der Darstellung des Tatbestandes und, soweit BGH den Gründen des angefochtenen BPatG-Urteils folgt und dies in seinem Urteil feststellt, auch von der Darstellung der Entscheidungsgründe abgesehen werden.

1 Zurückweisung der Berufung

4 erfolgt, wenn die Entscheidung des BPatG – soweit sie angefochten ist – zutreffend ist.

2 Eigene Sachentscheidung des BGH

5 ergeht, wenn die Voraussetzungen des § 119 (5) vorliegen. Das wird sich insbesondere dann anbieten, wenn die Tatsachengrundlage zutreffend ist, das Urteil aber einen Rechtsfehler aufweist. Sie lautet auf Abänderung des angefochtenen Urteils, die nach § 116 (1) iVm § 528 S 2 ZPO nur im Rahmen der Berufungsanträge erfolgen darf.

---

1 *BTDrS 16/11 339, S 24., re. Sp.* = BlPMZ 09, 301, 316 re. Sp.
2 BGH GRUR **91**, 443 (I) *Schneidwerkzeug*; BGH v 05.06.97 – X ZR 73/96 *Zulässigkeit der Berufung, Berufungsanträge*, Schulte-Kartei PatG 110–122 Nr 41.
3 BGH v 19.05.98 – X ZR 95/97 *Dilatationskatheter*, Schulte-Kartei PatG 110–122 Nr 44.

Tenor: »1. Auf die Berufung der Klägerin (Beklagten) wird das Urteil des 2. Senats (Nichtigkeitssenat) des BPatG vom ... (im Kostenpunkt aufgehoben und im Übrigen) (teilweise) abgeändert. 2. Das deutsche Patent XX (das europäische Patent YY) wird (mit Wirkung für die BRD) (dadurch teilweise) für nichtig erklärt, dass seine Patentansprüche folgende Fassung erhalten: »...«. 3. Die weitergehende Klage wird abgewiesen. 4. Die Klägerin (der Beklagte) hat die Kosten des Rechtsstreits zu tragen.«

3 Zurückverweisung

an das BPatG ist nunmehr ausdrücklich in § 119 geregelt.

Tenor: »Auf die Berufung des Klägers (Beklagten) wird das Urteil des 2. Senats (Nichtigkeitssenat) des BPatG vom ... aufgehoben. Die Sache wird zur anderweiten Verhandlung und Entscheidung, auch über die Kosten der Berufung, an das BPatG zurückverwiesen«.

II Beschluss

kann ergehen a) nach § 114 (2) für die Verwerfung der Berufung als unzulässig; b) isolierte Kostenentscheidung, wenn Klage oder Berufung zurückgenommen werden oder die Hauptsache übereinstimmend für erledigt erklärt wird;[4] c) Erklärung des Verlusts der Berufung nach deren Zurücknahme und Verpflichtung, die durch die Berufung entstandenen Kosten zu tragen (§ 516 (3) ZPO); d) Berichtigung des Tatbestandes eines Berufungsurteils nach § 96 (1) PatG.[5]

III Mündliche Verhandlung

ist immer notwendig, wenn durch Urteil entschieden wird, es sei denn, es liegen die Ausnahmefälle des § 118 (3) vor oder es kann durch Beschluss entschieden werden.

IV Unechtes Versäumnisurteil (Absatz 4)

Die Hinzufügung des Absatz 4 kodifiziert die Rechtsprechung des Bundesgerichtshofes, der schon bisher, auch bei Fernbleiben einer Partei, durch streitiges Urteil entschied. § 118 (2) schließt die Anwendung der §§ 330 ff ZPO über das Versäumnisurteil aus,[6] weil dem Erlass eines Versäumnisurteils der Untersuchungsgrundsatz entgegensteht. Erscheint der Kläger[7] oder der Beklagte[8] nicht oder sind sie im Termin durch ihren ordnungsgemäß geladenen RA oder PA nicht vertreten, so ist mit der erschienenen Gegenpartei die mündliche Verhandlung durchzuführen und durch streitiges Urteil zu entscheiden.

Absatz 4 Satz 2 entspricht dem vorherigen § 118 (2): **Nichterscheinen beider Parteien** führt ebenfalls zum Erlass eines streitigen Urteils, ausschließlich auf Grundlage der Akten.

---

4 BGH v 11.07.95 – X ZR 78/94 *Befangenheit* und v 28.01.97 – X ZR 78/94 *Kosten des Rechtsstreits*, Schulte-Kartei PatG 110–122 Nr 31 u 39.
5 BGH GRUR 97, 119 *Schwimmrahmen-Bremse*.
6 BGH GRUR 64, 18 (I Abs 3) *Konditioniereinrichtung*; 96, 757 *Tracheotomiegerät*.
7 BGH GRUR 66, 107 (I) *Patentrolleneintrag*; Mitt 04, 171, 172 *Kerzenleuchter*.
8 BGH GRUR 94, 360 (I2) *Schutzüberzug für Klosettbrillen*; 96, 757 *Tracheotomiegerät*; BGH v 16.01.96 – X ZR 64/93 *Schlauchaufwickelvorrichtung*, Schulte-Kartei PatG 110–122 Nr 34.

13 Ladung einer nicht erschienenen Partei zu Händen ihres früheren Vertreters, der sein Mandat bereits vor Zustellung der Ladung niedergelegt hatte, ist ordnungsgemäß, da der frühere Vertreter gemäß § 87 (1) ZPO bis zur Bestellung eines anderen Anwalts weiter als Vertreter gilt.

§ 119 Entscheidung des Bundesgerichtshofs

(1) Ergibt die Begründung des angefochtenen Urteils zwar eine Rechtsverletzung, stellt sich die Entscheidung selbst aber aus anderen Gründen als richtig dar, so ist die Berufung zurückzuweisen.

(2) [1]Insoweit die Berufung für begründet erachtet wird, ist das angefochtene Urteil aufzuheben. [2]Wird das Urteil wegen eines Mangels des Verfahrens aufgehoben, so ist zugleich das Verfahren insoweit aufzuheben, als es durch den Mangel betroffen wird.

(3) [1]Im Falle der Aufhebung des Urteils ist die Sache zur neuen Verhandlung und Entscheidung an das Patentgericht zurückzuverweisen. [2]Die Zurückverweisung kann auch an einen anderen Nichtigkeitssenat erfolgen.

(4) Das Patentgericht hat die rechtliche Beurteilung, die der Aufhebung zugrunde gelegt ist, auch seiner Entscheidung zugrunde zu legen.

(5) [1]Der Bundesgerichtshof kann in der Sache selbst entscheiden, wenn dies sachdienlich ist. [2]Er hat selbst zu entscheiden, wenn die Sache zur Entscheidung reif ist.

Thomas Voit

Übersicht

Geltungsbereich		1
Kommentierung zu § 119 PatG		
I	Inhalt der Vorschrift	2
II	Regelungsgehalt im Einzelnen	3
1	§ 119 (1)	3
2	§ 119 (2)	6
3	§ 119 (3)	7
3.1	Zurückverweisung an die Vorinstanz	8
3.2	Zurückverweisung an einen anderen Nichtigkeitssenat	9
4	§ 119 (4)	12
5	§ 119 (5)	14
5.1	Absatz 5 Satz 1	15
5.2	Absatz 5 Satz 2	16

1 **Geltungsbereich:** § 119 wurde durch das **PatRModG** vollkommen neu gefasst.

I Inhalt der Vorschrift

2 Die Neufassung des § 119 führt revisionsrechtliche Elemente in das Nichtigkeitsberufungsverfahren ein und entspricht im Ausgangspunkt den Bestimmungen der §§ 561

bis 563 ZPO; lediglich Absatz 5 enthält mit der Einschränkung des Ermessens eine wesentliche Abweichung[1]

II Regelungsgehalt im Einzelnen

1 § 119 (1)

entspricht der Regelung des § 561 ZPO. Danach wird die Berufung durch Urteil zurück zu weisen sein, wenn (1) die gerügte Rechtsverletzung nicht besteht, (2) wenn das Urteil des Bundespatentgerichts nicht auf der Rechtsverletzung beruht, und schließlich, (3) wenn das Urteil des Bundespatentgerichts **im Ergebnis inhaltlich richtig ist.**

Wie im Revisionsrecht der ZPO dürfte die Zurückweisung des Rechtsmittels eine Berichtigung der Formel des Urteils des Bundespatentgerichts nicht ausschließen.

Der Bundesgerichtshof hat unter Berücksichtigung von §§ 116 (1), 117 das Urteil des Bundespatentgerichts unter allen rechtlichen Gesichtspunkten zu prüfen. Kommt er dabei zum gleichen oder einem für den Berufungskläger ungünstigeren Ergebnis, so ist das Rechtsmittel zurück zu weisen.

Im Ergebnis folgt daraus, dass ein Urteil nicht nur wegen einer fehlerhaften Begründung aufzuheben ist.[2]

2 § 119 (2)

entspricht der Regelung des § 562 ZPO. Im Fall einer begründeten Berufung ist danach die Aufhebung des erstinstanzlichen Urteils der Regelfall.[3] Sofern auch die Tatsachenfeststellung des Bundespatentgerichts als fehlerhaft angesehen wird, so sind auch die tatsächlichen Feststellungen mit aufzuheben.

Die Aufhebung und Zurückverweisung ist nach Ansicht des Bundesgerichtshofes der Regelfall, wenn eine Prüfung auf (geltend gemachte) fehlende Patentfähigkeit in der ersten Instanz nicht erfolgt ist, weil diese Prüfung durch die mit sachverständigen technischen Richtern besetzte erste Instanz als obligatorisch angesehen wird,[4] auch wenn diese erste Instanz bereits andere Nichtigkeitsgründe für durchgreifend erachtete. Das ist aus Sicht des mit technisch nicht sachkundigen Richtern besetzten BGH-Senats nachvollziehbar, aber in dieser Allgemeinheit kritisch zu sehen, jedenfalls, wenn es mit Antragsgrundsatz kollidieren sollte. Diese Frage stellte sich freilich bei den bisherigen Entscheidungen des Bundesgerichtshofes nicht.[5]

3 § 119 (3)

entspricht der Vorschrift des § 563 (1) ZPO, die Regelung in Satz 2 wurde ohne Berücksichtigung der Zuständigkeitsregelungen des Bundespatentgerichts eingefügt.

---

1 BTDrS 16/11 339, S 24 f. = BlPMZ 09, 316 f.
2 BTDrS 16/11 339, S 24, re. Sp. = BlPMZ 09, 316, re. Sp.
3 BTDrS 16/11 339, S 24, re. Sp. = BlPMZ 09, 316 re. Sp.
4 Vgl. nur BGH GRUR **15**, 1095 *Bitratenreduktion*.
5 Vgl. BGH GRUR **15**, 1095, *Bitratenreduktion;* **15**, 875 *Rotorelemente;* GRUR **16**, 50 *Teilreflektierende Folie;* GRUR **16**, 361 *Fugenband.*

8   **3.1 Zurückverweisung an die Vorinstanz** stellt im Fall der Aufhebung des erstinstanzlichen Urteils den Regelfall dar, wenn der Bundesgerichtshof die Berufung für begründet ansieht. Dies wird auch dann der Fall sein, wenn das Bundespatentgericht eine Klage als unzulässig abgewiesen hat, der Bundesgerichtshof sie aber als begründet erachtet, weil dann die Tatsachenfeststellungen fehlen.[6] Unproblematisch ist – auch in Anbetracht des Absatzes 4 der Vorschrift – die Zurückverweisung an den Spruchkörper, der in erster Instanz entschieden hat.[7]

9   **3.2 Zurückverweisung an einen anderen Nichtigkeitssenat** gemäß § 119 (3) Satz 2 ist eine wörtliche Übernahme aus § 563 (1) Satz 2 ZPO, die den Besonderheiten des Nichtigkeitsverfahrens nicht gerecht wird. Die Zuständigkeit der Nichtigkeitssenate des Bundespatentgerichts bestimmt sich grundsätzlich nach der Klassifizierung des Streitpatents und der daraus folgenden Zuständigkeit der technischen Mitglieder (§ 67 (2)). Dadurch soll ein größtmöglicher technischer Sachverstand auf der Richterbank sichergestellt werden. Bei Zurückverweisung an einen anderen Senat kann dies aber nicht garantiert werden, weil schon die Anzahl der technischen Richter des Bundespatentgerichts keine mehrfache Abdeckung einzelner technischer Fachgebiete gestattet.

10 Die Geschäftsverteilung des Bundespatentgerichts sieht daher für diesen Fall die Zuständigkeit der jeweiligen Vertreter vor,[8] die nicht im selben Maße über die praktische Erfahrung verfügen, weshalb von dieser, dem allgemeinen Zivilprozessrecht entstammenden Vorschrift nur in Ausnahmefällen Gebrauch gemacht werden sollte.

11 **Ausgeschlossen** ist die Zurückverweisung an einen andersartigen Spruchkörper, etwa einen Technischen Beschwerdesenat.

4 § 119 (4)

12 besteht in einer wörtlichen Übernahme von § 563 (2) ZPO. Die Bindung an die rechtliche Beurteilung durch den Bundesgerichtshof besteht bei gleich bleibenden tatsächlichen Feststellungen sowie bei Tatsachenfeststellungen, die der Bundesgerichtshof selbst getroffen hat (§ 116 (2)). Ändert sich der zu beurteilende Sachverhalt, etwa durch die Einführung neuer Angriffs- oder Verteidigungsmittel, die in dem durch die Zurückverweisung wieder eröffneten erstinstanzlichen Verfahren vorgebracht werden können,[9] besteht insoweit auch **keine Bindungswirkung**. Eine anderweitig vertretene Ansicht[10], die § 531 ZPO analog anwenden will, übersieht, dass § 83 lex specialis einer Präklusion im Patentnichtigkeitsverfahren darstellen dürfte.

13 **Keine Bindung** besteht an die rechtliche Beurteilung anderer Ansprüche, so etwa bei nach Zurückverweisung erfolgter Geltendmachung weiterer Nichtigkeitsgründe; bei Änderung der Rechtslage oder wenn der Bundesgerichtshof vor Erlass des neuen

---

6   BGH GRUR **12**, 540 *Rohrreinigungsdüse*.
7   Vgl. dazu BGH, GRUR **12**, 1124 *Polymerschaum*.
8   Vgl. http://www.bpatg.de/cms/media/Das_Gericht/Organisation/geschaeftsverteilung.pdf, *Abschnitt E. I. 1. b)*
9   Vgl. Keukenschrijver, Patentnichtigkeitsverfahren, 6, Aufl. 2016, Rn 469, S 295 unter Hinweis auf BGH GRUR **15**, 868 *Polymerschaum II*.
10 Nieder, Mitt. **14**, 201.

Urteils erster Instanz seine Rechtsauffassung ändert und dies bekannt gemacht hat,[11] wenn die rechtliche Beurteilung für die Aufhebung nicht ursächlich war[12] oder wenn es wegen eines neuen rechtlichen Gesichtspunktes auf die rechtliche Beurteilung durch den Bundesgerichtshof nicht mehr ankommt.[13] Weiterhin besteht keine Bindung an technische Regeln und Erfahrungssätze, die der Bundesgerichtshof seiner rechtlichen Beurteilung zugrunde legt,[14] nur hinsichtlich deren rechtlicher Beurteilung entsteht eine Bindungswirkung.

5 § 119 (5)

geht auf § 563 (3) ZPO zurück, ist aber wegen der Verquickung berufungs- und revisionsrechtlicher Vorschriften und der sich daraus ergebenden Möglichkeit eigener Tatsachenfeststellungen durch den Bundesgerichtshof abgeändert worden. Nach § 563 (3) ZPO wäre eine eigene Sachentscheidung nur möglich bei Zugrundelegung des festgestellten Sachverhalts erster Instanz und gleichzeitiger fehlerhafter Rechtsanwendung, wobei der festgestellte Sachverhalt aus dem erstinstanzlichen Urteil zugrunde zu legen ist.[15] Das berücksichtigt die Regelung der §§ 112 und 116 nicht, so dass Tatsachen ausschließlich im Rahmen des § 117 zu berücksichtigen wären.

5.1 Absatz 5 Satz 1 stellt daher eine eigene Sachentscheidung in das Ermessen des Bundesgerichtshofs, wenn die Verfahrensökonomie dies gebietet.[16] Das soll dann in Betracht kommen, wenn sich das Verfahren im Interesse der Beteiligten einfach und schnell beim Bundesgerichtshof erledigen lässt, zB wenn eine nach Ansicht des Bundesgerichtshofes noch erforderliche Beweisaufnahme oder sonstige Ermittlungen sich ohne großen Aufwand durchführen lassen.[17]

5.2 Absatz 5 Satz 2 schränkt das nach Satz 1 eröffnete Ermessen dahin ein, dass der Bundesgerichtshof im Fall der Entscheidungsreife grundsätzlich selbst zu entscheiden hat. Die Vorschrift, die § 563 (3) ZPO entspricht, stellt diese Regel für den Fall auf, dass der Bundesgerichtshof ausschließlich auf Grundlage der Feststellungen des Bundespatentgerichts[18] entscheidet.[19] Denkbar könnte dies zB bei einer Nichtigerklärung auf der Grundlage eines anderen, bereits erstinstanzlich geltend gemachten und festgestellten Nichtigkeitsgrundes sein.[20]

Soweit der Bundesgerichtshof bisher im Verfahren nicht berücksichtigten Tatsachenvortrag zugrunde legen will, soll nach Absicht des Gesetzgebers[21] ähnlich dem Vorbild der Revision verfahren werden: Zunächst sind die behaupteten Tatsachen zugunsten der begünstigten Partei zu unterstellen. Bedarf es danach einer Beweisaufnahme oder

---

11 GemSOGB BGHZ 60, 392.
12 *BGH NJW 69*, 661.
13 OLG Karlsruhe NJW-RR 95, 237.
14 BGH NJW 82, 1049.
15 BTDrS 16/11 339, S 25, li. Sp. = BlPMZ 09, 316 re. Sp. Umdr.
16 BTDrS 16/11 339, S 25, li. Sp. = BlPMZ 09, 317 li. Sp.
17 Verneint in BGH, GRUR 12, 1124 *Polymerschaum*.
18 Vgl. BGHZ 122, 308.
19 BTDrS 16/11 339, S 25, li. Sp. = BlPMZ 09, 317 li. Sp.
20 Vgl. BGHZ 46, 281; verneint in BGH GRUR 12, 1124 *Polymerschaum*.
21 BTDrS 16/11 339, S 25, li. Sp. = BlPMZ 09, 317 li. Sp.

sind weitere Ermittlungen erforderlich, führt dies grundsätzlich – vorbehaltlich der Möglichkeit der eigenen Sachentscheidung nach Absatz 5 Satz 1 – gemäß § 119 (2) und (3) zur Aufhebung und Zurückverweisung des Rechtsstreits an das Bundespatentgericht.

§ 120 Wegfall der Begründung bei Verfahrensmängeln

[1]Die Entscheidung braucht nicht begründet zu werden, soweit der Bundesgerichtshof Rügen von Verfahrensmängeln nicht für durchgreifend erachtet. [2]Dies gilt nicht für Rügen nach § 111 Abs 3.

Thomas Voit

Übersicht

Geltungsbereich		1
Kommentierung zu § 120 PatG		
I	Zweck der Vorschrift	2
II	Verkündung und Zustellung des Berufungsurteils	3
III	Entscheidung im Beschlussweg	4

1 **Geltungsbereich:** § 120 ist durch das **PatRModG**: Art 1 des Gesetzes zur Vereinfachung und Modernisierung des Patentrechts – vollkommen neu gefasst worden.

I Zweck der Vorschrift:

2 § 120 entspricht § 564 ZPO und bezweckt die Entlastung des Bundesgerichtshof von Schreibarbeit in weniger wichtigen Fällen. Die Vorschrift stellt sich als Ausnahme der grundsätzlichen Begründungspflicht nach § 114 (4) iVm § 525 ZPO dar[1] und bezieht sich auf alle gerügten Verfahrensmängel mit Ausnahme der in § 120 S 2 erwähnten »absoluten« Verfahrensmängel gemäß § 111 (3). In diesen Fällen ist eine Begründung erforderlich.

II Verkündung und Zustellung des Berufungsurteils:

3 Hierzu enthält das PatG keine besonderen Regelungen mehr, weshalb die allgemeinen Bestimmungen der ZPO Anwendung finden, also §§ 310 ff ZPO für die Verkündung und §§ 166 bis 190 ZPO für die Zustellung.

III Entscheidung im Beschlussweg

4 ist grundsätzlich möglich bei Verwerfung der Berufung als unzulässig, § 114 (2). In diesem Fall bedarf es – ebenso wie bei nach § 110 (8) iVm § 516 (3) S 2 ZPO im Beschlussweg zu treffenden isolierten Kostenentscheidungen nach Rücknahme der Klage, der Berufung oder übereinstimmender Erledigterklärung in der Hauptsache iSd

---

1 BTDrS 16/11 339, S 25 li. Sp. Umdr. = BlPMZ 09, 317 li. Sp.

§ 91a ZPO zwar keiner mündlichen Verhandlung (§ 114 Rdn 5), wohl aber eines Ausspruchs.

Das Verfahren nicht abschließende Nebenentscheidungen werden grundsätzlich im Beschlussweg gefällt.

§ 121 Streitwertfestsetzung, Kosten des Verfahrens

(1) In dem Verfahren vor dem Bundesgerichtshof gelten die Bestimmungen des § 144 über die Streitwertfestsetzung entsprechend.

(2) ¹In dem Urteil ist auch über die Kosten des Verfahrens zu entscheiden. ²Die Vorschriften der Zivilprozeßordnung über die Prozeßkosten (§§ 91 bis 101) sind entsprechend anzuwenden, soweit nicht die Billigkeit eine andere Entscheidung erfordert; die Vorschriften der Zivilprozeßordnung über das Kostenfestsetzungsverfahren (§ 103 bis 107) und die Zwangsvollstreckung aus Kostenfestsetzungsbeschlüssen (§§ 724 bis 802) sind entsprechend anzuwenden.

Thomas Voit

Übersicht

	Geltungsbereich	1
	Kommentierung zu § 121 PatG	
I	Wert des Streitgegenstands	2
1	Änderung der Wertfestsetzung	3
2	Streitwertherabsetzung	4
II	Gerichtskosten	5
1	Gebühren für Berufungsverfahren	6
2	Kostenschuldner	7
III	Auslagen	8
IV	Kostenentscheidung	9
1	Kosten des Verfahrens	10
2	Hauptsacheerledigung	11
3	Billigkeit	12

Geltungsbereich: Art 2 Nr 28 des 2. PatGÄndG hat § 121 mit Wirkung vom 1.11.98 neu gefasst. § 121 (1) entspricht § 110 (2) 4 PatG aF und § 110 (3) entspricht § 110 (3) PatG aF. § 121 (2) stimmt mit § 84 (2) überein.

I Wert des Streitgegenstands

ist vom Gericht nach § 51 (1) GKG nach billigem Ermessen zu bestimmen. Maßgebend ist nach § 40 GKG der Zeitpunkt der Einlegung der Berufung, nicht der Erhebung der Klage. Wird nach teilweiser Nichtigerklärung Berufung allein vom Kläger mit dem Ziel einer weitergehenden Vernichtung des Streitpatents eingelegt, bemisst sich der Streitwert nach dem Interesse, das über die teilweise Vernichtung hinaus an der vollständigen Nichtigerklärung besteht.[1]

---

1 BGH WRP 05, 1182.

Bei Anhängigkeit eines Verletzungsverfahrens ist regelmäßig der Verletzungsstreitwert anzusetzen und um ein Viertel zu erhöhen.[2] Bei mehreren anhängigen Verletzungsverfahren ergibt sich der Streitwert für das Nichtigkeitsberufungsverfahren aus der Summe der Streitwerte aller Verletzungsprozesse zuzüglich eines Aufschlags von 25 % auf sich hieraus ergebenden Betrag, womit der gemeine Wert des Patents für die verbleibende Laufzeit pauschal berücksichtigt wird.[3]

1 Änderung der Wertfestsetzung

3   kann BGH nach § 63 (3) S 1 GKG von Amts wegen vornehmen. Sie ist nach § 63 (3) S 2 GKG nur innerhalb von 6 Monaten zulässig, nachdem die Entscheidung in der Hauptsache Rechtskraft erlangt oder das Verfahren sich anderweitig erledigt hat. Eine Beschwerde gegen die Festsetzung durch den BGH sowie gegen eine nach Abschluss des Berufungsverfahrens durch das BPatG erfolgte Festsetzung[4] ist ausgeschlossen. Auf eine **Gegenvorstellung**, die innerhalb der 6-Monatsfrist erhoben wird, kann der BGH die Wertfestsetzung von Amts wegen ändern.

2 Streitwertherabsetzung

4   ist nach § 121 (1) iVm § 144 auch im Berufungsverfahren möglich.

II Gerichtskosten:

5   Die maßgebenden Vorschriften des GKG sind die §§ 1 Nr 1 o), 6 (1), 22 (1) und 51 GKG. Die relevanten Bestimmungen im Kostenverzeichnis zum GKG lauten:
Rechtsmittelverfahren des gewerblichen Rechtsschutzes vor dem Bundesgerichtshof
   Unterabschnitt 1
   Berufungsverfahren

   1250   Verfahren im Allgemeinen   6,0
   1251   Beendigung des gesamten Verfahrens durch Zurücknahme der Berufung   1,0
          oder der Klage, bevor die Schrift zur Begründung der Berufung bei Gericht
          eingegangen ist:
          Die Gebühr 1250 ermäßigt sich auf
          Erledigungserklärungen nach § 91a ZPO iVm § 121 Abs 2 Satz 2 PatG, § 20
          GebrMG stehen der Zurücknahme gleich, wenn keine Entscheidung über
          die Kosten ergeht oder die Entscheidung einer zuvor mitgeteilten Einigung
          der Parteien über die Kostentragung oder der Kostenübernahmeerklärung
          einer Partei folgt.

---

2   BGH GRUR **11**, 757 *Nichtigkeitsstreitwert*.
3   BGH GRUR **11**, 340 (LS).
4   BGH Mitt. **12**, 41.

| 1252 | Beendigung des gesamten Verfahrens, wenn nicht Nummer 1251 anzuwenden ist, durch | 3,0 |

1. Zurücknahme der Berufung oder der Klage vor dem Schluss der mündlichen Verhandlung,
2. Anerkenntnis- oder Verzichtsurteil,
3. gerichtlichen Vergleich oder
4. Erledigungserklärungen nach § 91a ZPO iVm § 121 Abs 2 Satz 2 PatG, § 20 GebrMG, wenn keine Entscheidung über die Kosten ergeht oder die Entscheidung einer zuvor mitgeteilten Einigung der Parteien über
   - die Kostentragung oder der Kostenübernahmeerklärung einer Partei folgt,
   es sei denn, dass bereits ein anderes als eines der in Nummer 2 genannten Urteile vorausgegangen ist:
   Die Gebühr 1250 ermäßigt sich auf
   Die Gebühr ermäßigt sich auch, wenn mehrere Ermäßigungstatbestände erfüllt sind.

1 Gebühren für Berufungsverfahren:

Gebühr für das Verfahren im allgemeinen bemisst sich nach Nr 1250 des Kostenverzeichnisses zum GKG nach dem sechsfachen Satz der Gebühr nach § 34 GKG. Sie wird nach § 6 (1) Nr 3 GKG mit der Einreichung der Berufungsschrift fällig. Werden Berufung oder Klage zurückgenommen, bevor die Berufungsbegründungsschrift bei Gericht eingegangen ist, so ermäßigt sich nach Nr 1251 GKG die Gebühr auf den einfachen Satz der Gebühr nach § 34 GKG. Eine Erledigungserklärung steht der Zurücknahme gleich, wenn keine Kostenentscheidung ergeht oder diese einer zuvor mitgeteilten Kostenregelung der Parteien folgt. Die Verfahrensgebühr vermindert sich auf den dreifachen Satz, wenn die Berufung oder Klage nach Eingang der Berufungsbegründung, aber vor Schluss der mündlichen Verhandlung zurückgenommen wird (Nr 1252). Das gleiche gilt, wenn das Verfahren durch Anerkenntnis- oder Verzichtsurteil oder durch Vergleich endet. Neben der allgemeinen Verfahrensgebühr werden keine gesonderten Urteilsgebühren mehr erhoben. **6**

2 Kostenschuldner

ist nach § 22 (1) S 1 GKG derjenige, der das Verfahren beantragt hat. **7**

III Auslagen

umfassen insbesondere die Entschädigung für Zeugen und einen gerichtlich bestellten Sachverständigen, die sich nach dem JVEG bestimmt. Zu Einzelheiten vgl die Kommentierung zu § 128a. **8**

IV Kostenentscheidung:

§ 121 (2) entspricht der Bestimmung des § 84 (2) für das Verfahren vor BPatG. Es gelten daher die Erläuterungen zu § 84 Rdn 16 ff. Kostenentscheidung ergeht nach § 121 (2) S 1 im Urteil, im Beschluss nach § 113 (2) oder in einer isolierten Kostenentscheidung (§ 116 (3) Nr 3). **9**

1 Kosten des Verfahrens

iSd § 121 (2) S 1 sind die Kosten des Berufungsverfahrens und die Kosten vor BPatG, weil das Berufungsgericht die erstinstanzliche Kostenentscheidung von Amts wegen **10** einschränkungslos zu überprüfen hat.[5] Daher kann die Kostenentscheidung des BPatG auch dann geändert werden, wenn die Berufung zurückgewiesen wird. Bei Zurückverweisung wird die Entscheidung über die Kosten des Berufungsverfahrens dem BPatG übertragen. §§ 91 – 101 und §§ 103–107 ZPO sind abgedruckt im Anhang zu § 80.

2 Hauptsacheerledigung

11   Der BGH legt im Beschluss gemäß § 91a ZPO dem Patentinhaber die Kosten auf, wenn dieser im Berufungsverfahren auf sein Patent verzichtet, und zwar auch dann, wenn der Verzicht wegen einer erstmals im Berufungsverfahren genannten Druckschrift[6] oder Vorbenutzung[7] erklärt wird, weil der Patentinhaber das Risiko trage, dass eine zunächst unbegründete Klage im Laufe des Verfahrens so untermauert wird, dass der Patentinhaber sein Patent aufgibt. Hätte aber der Kläger sein neues Vorbringen, auf Grund dessen er obsiegt, auch schon vor BPatG geltend machen können, dann können dem Kläger die Kosten gemäß § 97 (2) ZPO ganz oder teilweise auferlegt werden,[8] es sei denn, der Kläger hätte auch ohne das neue Vorbringen obsiegt.

3 Billigkeit

12   kann nach § 121 (2) S 2 eine von den §§ 91 ff ZPO abweichende Kostenentscheidung rechtfertigen. Zu den Billigkeitsgründen s § 84 Rdn 51.

3. Beschwerdeverfahren

§ 122   Beschwerde gegen Urteile nach § 85 und § 85a

(1) ¹Gegen die Urteile der Nichtigkeitssenate des Patentgerichts über den Erlaß einstweiliger Verfügungen im Verfahren wegen Erteilung einer Zwangslizenz (§ 85 und § 85a) findet die Beschwerde an den Bundesgerichtshof statt. ²§ 110 Abs 7 gilt entsprechend.

(2) Die Beschwerde ist innerhalb eines Monats schriftlich beim Bundesgerichtshof einzulegen.

(3) Die Beschwerdefrist beginnt mit der Zustellung des in vollständiger Form abgefaßten Urteils, spätestens aber mit dem Ablauf von 5 Monaten nach der Verkündung.

(4) Für das Verfahren vor dem Bundesgerichtshof gelten §§ 74 Abs 1, 84, 110 bis 121 entsprechend.

Thomas Voit

---

5   BGH GRUR 98, 138 (II1) *Staubfilter.*
6   BGH GRUR 61, 278 *Lampengehäuse.*
7   BGH v 11.07.95 – X ZR 78/94 *Befangenheit*, Schulte-Kartei PatG 110–122 Nr 31.
8   BGH GRUR 90, 594 *Computerträger.*

Übersicht

Geltungsbereich 1
Kommentierung zu § 122 PatG
1   Beschwerde 2
2   Gebühr 3
3   Urteil 4

Geltungsbereich: § 122 ist als § 42m durch das 6. ÜG eingefügt worden. Art 2 Nr 30 des 2. Pat- **1**
GÄndG hat § 122 (2) – (4) neu gefasst und in § 122 (1) 2 die Verweisung geändert.
PatRModG: Art 1 des Gesetzes zur Vereinfachung und Modernisierung des Patentrechts hat, in
§ 122 (1) 1 PatG die Angabe »(§ 85)« durch die Angabe »(§§ 85 und 85a)« ersetzt und die Verweisung auf § 110 (7) geändert.

1 Beschwerde

findet nur gegen Urteile des BPatG statt, Beschlüsse sind nur zusammen mit dem **2**
Urteil im Wege der Berufung anfechtbar, die beim BGH nach § 122 (4) iVm § 111
(4) durch einen RA oder PA einzulegen ist. Zur Beschwerdefrist vgl § 110 Rdn 15.
Wiedereinsetzung in die Monatsfrist ist nach §§ 233 ff ZPO innerhalb von 2 Wochen
nach Wegfall des Hindernisses möglich (s § 110 Rdn 17).

Durch die Einfügung des § 85a wurde die Ergänzung der Beschwerdemöglichkeit
gegen Urteile des Bundespatentgerichts betreffend den Erlass einstweiliger Verfügungen, die auf der Verordnung (EG) Nr 816/2006 beruhen, erforderlich. Das gilt aber
nur, soweit die vorrangigen Verfahrensregelungen der VO (EG) 816/2006 nicht entgegenstehen.[1]

2 Gebühr

für das Verfahren über die Beschwerde nach § 122 beträgt nach Nr 1253 des Kosten- **3**
verzeichnisses zum GKG das 2-fache des Betrages nach § 34 GKG. Die Wirksamkeit
der Beschwerde ist aber nicht von der Zahlung der Gebühr abhängig, da § 122 (2) S 2
PatG aF (»wird sie nicht gezahlt, gilt sie als nicht erhoben«) aufgehoben ist.[2]

3 Urteil

über die Beschwerde ergeht nach § 122 (4) iVm § 116 auf Grund mündlicher Verhand- **4**
lung, in dem auch über die Kosten zu entscheiden ist (§§ 122 (4), 121).

§ 122a   Gehörsrüge

[1]Auf die Rüge der durch die Entscheidung beschwerten Partei ist das Verfahren
fortzuführen, wenn das Gericht den Anspruch dieser Partei auf rechtliches Gehör
in entscheidungserheblicher Weise verletzt hat. [2]Gegen eine der Endentscheidung
vorausgehende Entscheidung findet die Rüge nicht statt. [3]§ 321a Abs 2 bis 5 der
Zivilprozessordnung ist entsprechen anzuwenden.

---

1   BTDrS 16/11 339, S 23 li. Sp. = BlPMZ 09, 315 re. Sp.
2   Amtliche Begründung zum 2. PatGÄndG, BlPMZ 98, 393, 406 zu Nr 30.

§ 122a Beschwerdeverfahren

Thomas Voit

Übersicht

Geltungsbereich		1
Kommentierung zu § 122a PatG		
1	Verfahren	2
2	Voraussetzungen	5
2.1	Endentscheidung	6
2.2	Beschwer	7
2.3	Frist	8
2.3.1	Notfrist	8
2.3.2	Glaubhaftmachung	10
2.3.3	Ausschlussfrist	11
2.4	Schriftform	12
2.5	Einlegung beim BGH	13
2.6	Gelegenheit zur Stellungnahme	14
2.7	Substantiierter Vortrag	15
3	Entscheidung	16
3.1	Verletzung rechtlichen Gehörs	17
3.2	Entscheidungserheblichkeit	18
3.3	Form der Entscheidung	19
4	Anwaltszwang	20
5	Anfechtbarkeit	21
6	Praxis	23

1 **Geltungsbereich:** § 122a ist durch Art 1 Nr 12 des Gesetzes zur Änderung des patentrechtlichen Einspruchsverfahrens und des Patentkostengesetzes vom 21. Juni 2006 (BGBl I, S 1318) mit Wirkung zum 1. Juli 2006 neu eingefügt worden.

1 Verfahren

2 Obwohl die Gesetzesfassung mit der Überschrift »Gemeinsame Verfahrensvorschriften« vom Regierungsentwurf abweicht, der die Geltung des § 122a ausdrücklich auf das Verfahren vor dem Bundesgerichtshof beschränkt haben wollte,[1] ergibt doch die Stellung im 6. Unterabschnitt, der das Verfahren vor dem Bundesgerichtshof regelt, dass eine unmittelbare Anwendbarkeit des § 122a nur für den Bundesgerichtshof gegeben ist. Vor dem BPatG ist eine Anhörungsrüge nicht vorgesehen.[2]

3 Unter **Verfahren** im Sinn des § 122a sind alle Verfahren des Bundesgerichtshofs bei Anwendbarkeit des PatG zu verstehen, also das Rechtsbeschwerdeverfahren (§§ 100 ff.), das Nichtigkeitsberufungsverfahren (§§ 110 ff.) und das Beschwerdeverfahren im Rahmen der einstweiligen Verfügungsverfahren bei Zwangslizenzen (§ 122), **nicht** aber die nach der Zivilprozessordnung geführten Verletzungsstreitsachen.

4 Grundlage des § 122a ist – ebenso wie bei der jetzigen Fassung des § 321a ZPO – die Plenarentscheidung des BVerfG vom 30. April 2003,[3] wonach die eine Gehörsverletzung behauptende Partei innerhalb von 14 Tagen nach Zustellung der Entscheidung

---

1 Begr. Reg.-Entw., BlPMZ 06, 232, li. Sp.
2 Amtl. Begr. BlPMZ 06, 232, li. Sp.
3 BVerfGE 107, 395 = NJW 03, 1924.

die Fortsetzung des Verfahrens zu beantragen hatte. Bis dahin war eine Überprüfung nur im Wege der Verfassungsbeschwerde möglich, weshalb die Norm der unmittelbaren Entlastung des BVerfG dient.

2 Voraussetzungen

Gewährung von **Prozesskostenhilfe** für die Erhebung der Anhörungsrüge ist möglich.[4] 5

2.1 Endentscheidung

im Sinne des § 122a ist jede die Instanz beendende Entscheidung, gleich welcher Art, also nicht andere, die Instanz nicht beendende Verfahrensentscheidungen, auch wenn sie im Einzelfall unanfechtbar sind. 6

2.2 Beschwer

Eine Beschwer ist Voraussetzung, wobei sich die Frage der Beschwer am allgemeinen Verfahrensrecht orientiert. Eine Beschwer in diesem Sinn kann in formeller wie materieller Hinsicht bestehen. 7

2.3 Frist

2.3.1 Notfrist Durch die Verweisung in Satz 3 ergibt sich eine zweiwöchige **Notfrist** zur Einreichung der Rügeschrift (§ 321a (2) S 2 ZPO). Die Frist beginnt mit der Erlangung der Kenntnis der Gehörsverletzung (§ 122a iVm § 321a (2) S 1 ZPO); der Zeitpunkt der Kenntniserlangung ist glaubhaft zu machen (§ 294 ZPO). 8

Wiedereinsetzung ist möglich bei Fristversäumnis, § 99 iVm §§ 230 ff. ZPO; die Wiedereinsetzungsfrist berechnet sich im Patentnichtigkeitsberufungsverfahren nach § 234 (1) ZPO,[5] die Frist beträgt 2 Wochen (§ 99 iVm § 234 (1) S 1 ZPO). 9

2.3.2 Glaubhaftmachung Die Erhebung der Beweise zur Glaubhaftmachung ist nicht an die Formen der ZPO gebunden, muss aber **sofort** möglich sein (§ 294 (2) ZPO). Neben den Beweismitteln des Zeugen-, des Urkundenbeweises oder des Augenscheins kommt insbesondere auch eine eidesstattliche Versicherung der Partei oder Dritter in Betracht,[6] ebenso auch eine anwaltliche Versicherung über Vorgänge, die ein Patent- oder Rechtsanwalt in Ausübung seiner Berufstätigkeit wahrgenommen hat.[7] Grundsätzlich kann jedes Mittel genügen, da das Gericht bei der Glaubhaftmachung den Beweiswert frei würdigen kann und eine überwiegende Wahrscheinlichkeit für das Zutreffen behaupteter Tatsachen ausreichen kann.[8] 10

2.3.3 Ausschlussfrist Die Anhörungsrüge ist ausgeschlossen, wenn seit Bekanntgabe der angegriffenen Entscheidung ein Zeitraum von mindestens einem Jahr vergangen ist (§ 122a S 3 iVm § 321a (2) S 3 ZPO). Bekanntgabe ist grundsätzlich der Tag der Zustel- 11

---

4 BGH, Beschl v 13.03.2012, X ZR 7/11 = Schulte-Kartei PatG 35.1 Nr 472 *Prozesskostenhilfe und Anhörungsrüge* u PatG 129–138 Nr 83 *Prozesskostenhilfe und Anhörungsrüge*
5 BGH GRUR 08, 280 *Mykoplasmennachweis*; GRUR 01, 271 *Kreiselpumpe*.
6 BGH NJW 03, 3558.
7 OLG Köln, GRUR 86, 196.
8 BGH NJW 03, 3558.

lung; bei formloser Mitteilung gilt die angegriffene Entscheidung mit dem dritten Tag nach Aufgabe zur Post als bekannt gegeben (§ 122a S 3 iVm § 321a (2) S 3 ZPO).

2.4 Schriftform

12 Die Rüge ist schriftlich zu erheben, muss die angegriffene Entscheidung bezeichnen und das Vorliegen der erforderlichen Voraussetzungen bezeichnen (§ 122a S 3 iVm § 321a (2) S 4 und 5 ZPO).

2.5 Einlegung beim BGH

13 ergibt sich aus § 122a S 3 iVm § 321a (2) S 4 ZPO.

2.6 Gelegenheit zur Stellungnahme

14 ist, soweit erforderlich, dem Gegner einzuräumen, § 122a S 3 iVm § 321a (3) ZPO.

2.7 Substantiierter Vortrag

15 zum Vorliegen der Voraussetzungen ist unabdingbar.[9]

3 Entscheidung

16 Kommt der BGH zu der von Amts wegen zu treffenden Feststellung des Vorliegens der Statthaftigkeit, der genügenden Form und der Fristgemäßheit, ist die Frage der Verletzung des rechtlichen Gehörs zu prüfen, anderenfalls ist die Anhörungsrüge als unzulässig zu verwerfen, § 122a S 3 iVm § 321a (4) S 2 ZPO.[10]

3.1 Verletzung rechtlichen Gehörs

17 liegt dann vor, wenn Ausführungen der Prozessbeteiligten entweder gar nicht zur Kenntnis genommen werden oder nicht in die Entscheidungserwägungen einbezogen werden. Der Grundsatz rechtlichen Gehörs verpflichtet Gerichte, Ausführungen der Prozessbeteiligten zur Kenntnis zu nehmen, auf die materiellrechtliche und verfahrensrechtliche Relevanz für die Entscheidung zu prüfen und insbesondere keine Erkenntnisse zu verwerten, zu denen die Verfahrensbeteiligten sich nicht äußern konnten.[11] Damit soll sichergestellt werden, dass Gerichtsentscheidungen wegen fehlender Kenntnisnahme des Sachvortrags der Parteien verfahrensfehlerhaft sind.[12] Im Nichtigkeitsberufungsverfahren ergibt sich keine Verletzung des rechtlichen Gehörs daraus, dass das Gericht einen Sachverständigen nicht zur Gesamtheit seines schriftlichen Gutachtens befragt, sondern nur zu einzelnen, aus Sicht des Gerichts weiterer Erörterung oder Erklärung bedürfender Punkte.[13] das ergibt sich zwanglos auch aus der Tatsache, dass auch die Parteien den Sachverständigen befragen können. Es kann daraus auch nicht gefolgert werden, das Gericht halte den Rest des Gutachtens, der nicht mündlich erörtert wurde, für unerheblich; insoweit besteht nur kein weiterer Aufklärungsbedarf.[14]

---

9   BGH, Beschl v 16.03.2010, Az. X ZR 169/07 = Schulte Kartei PatG 35.1 Nr 474 *Unzulässige Anhörungsrüge.*
10 BGH GRUR 11, 852 (Beschwerdesache).
11 BGHZ 173, 47 Rn 30 = GRUR 07, 862 *Informationsübermittlungsverfahren II.*
12 BVerfGE 60, 250; BVerfG NJW-RR 04, 1150.
13 BGH GRUR 11, 461 *Formkörper.*
14 BGH GRUR 11, 461 *Formkörper.*

Begründet könnte die Rüge in diesem Fall nur sein, wenn das Gericht von tatsächlichen Behauptungen abgewichen wäre, ohne über die erforderliche eigene Sachkunde zu verfügen.[15]
Auch die **versehentliche** Nichtberücksichtigung ist geeignet, einen Gehörsverstoß zu begründen.[16]
Gegenstand der Anhörungsrüge gemäß § 122a kann nur eine Verletzung des rechtlichen Gehörs durch den BGH sein; nicht aber eine behauptete Verletzung des rechtlichen Gehörs durch die Vorinstanz oder die Selbstkorrektur sonstiger Verfahrensfehler.[17]

3.2 Entscheidungserheblichkeit

ist weitere Voraussetzung zur Fortführung des Verfahrens. Sie ist gegeben, wenn nicht ausgeschlossen werden kann, dass die Entscheidung bei Gehörsgewährung anders ausgefallen wäre. Ist zwar eine Gehörsverletzung gegeben, war diese aber nicht entscheidungserheblich, so ist die Anhörungsrüge als unbegründet zurück zu weisen.

3.3 Form der Entscheidung

ist im Fall einer **unzulässigen** oder **unbegründeten** Anhörungsrüge unanfechtbarer und regelmäßig gar nicht[18] oder allenfalls kurz begründeter Beschluss (§ 122a S 3 iVm § 321a (4) S 4 ZPO).

Im Fall einer **begründeten** Anhörungsrüge ist das Verfahren fortzuführen, soweit das erforderlich ist (§ 122a S 3 iVm § 321a (5) S 1 ZPO), wobei das Verfahren in diejenige Lage zurück versetzt wird, in der es sich vor der mündlichen Verhandlung befand (§ 122a iVm § 321a (5) S 2 ZPO); im schriftlichen Verfahren tritt der Zeitpunkt, bis zu dem Schriftsätze eingereicht werden konnten, an die Stelle der mündlichen Verhandlung (§ 122a S 3 iVm § 321a (5) S 3 ZPO). § 343 ZPO ist entsprechend anzuwenden (§ 122a iVm § 312a (5) S 2 ZPO).

4 Anwaltszwang

gilt auch im Verfahren über die Anhörungsrüge.

5 Anfechtbarkeit

der Entscheidung ist nicht eröffnet. Bei Verwerfung als unzulässig oder Zurückweisung als unbegründet ausdrücklich geregelt (§ 122a S 3 iVm § 321a (4) S 3 ZPO); bei Fortführung des Verfahrens ist die anschließende Endentscheidung des BGH unanfechtbar.

Gegenvorstellung neben der Anhörungsrüge dürfte unzulässig sein, da keine gesetzliche Grundlage gegeben ist.[19]

---

15 BGH GRUR 11, 461 *Formkörper*.
16 BGH NJW-RR 11, 424.
17 BGH GRUR 08, 932 *Gehörsrügenbegründung*.
18 BGH, Beschl v 09.08.2016, Az. X ZR 112/14, unter Bezugnahme auf die Zurückweisung einer Nichtzulassungsbeschwerde bei der Revision Schulte-Kartei PatG 139.43 Nr 50 *Keine Begründung letztinstanzlicher Entscheidungen*; vgl. dazu BVerfG, NJW 11, 1497.
19 BVerfGE 107, 395.

6 Praxis

23 des BGH ging schon vor der Einführung des § 122a dahin, gegen Verfahrensgrundrechte verstoßende Entscheidungen selbst zu korrigieren und ließ innerhalb der im Berufungsrecht für eine Wiedereinsetzung vorgesehenen Zweiwochenfrist eine Gegenvorstellung zu.[20] Dabei war erneut in die Verhandlung einzutreten, wenn ein selbständiger Angriff übergangen wurde, was aber keine Befassung mit Fragen erlaubte, für die eine Verletzung eines Verfahrensgrundrechts nicht dargelegt wurde.[21] Aufgrund einer Entscheidung des Bundesverfassungsgerichts[22] gilt dies auch für die Möglichkeit der mündlichen Befragung des gerichtlichen Sachverständigen, sofern dessen Gutachten streitentscheidend ist und keine unzumutbare Verfahrensverzögerung eintritt.

---

20 BGHZ 160, 214 = GRUR 04, 1061 *Kosmetisches Sonnenschutzmittel II*.
21 BGH Beschl v 21.02.2006, Az. X ZR 171/01 = Schulte Kartei PatG 35.1 Nr 475.
22 BVerfG, 14.5.2007, 1 BvR 2485/06, BauR 07, 1786 (LS) = Schulte-Kartei PatG 35.1 Nr 476.

7. Abschnitt Gemeinsame Vorschriften

§ 123 Wiedereinsetzung in den vorigen Stand
(restitutio in integrum or re-establishment)

(1) ¹Wer ohne Verschulden verhindert war, dem Deutschen Patent- und Markenamt oder dem Patentgericht gegenüber eine Frist einzuhalten, deren Versäumung nach gesetzlicher Vorschrift einen Rechtsnachteil zur Folge hat, ist auf Antrag wieder in den vorigen Stand einzusetzen. ²Dies gilt nicht für die Frist
1. zur Erhebung des Einspruchs (§ 59 Abs 1) und zur Zahlung der Einspruchsgebühr (§ 6 Abs 1 Satz 1 des Patentkostengesetzes),
2. für den Einsprechenden zur Einlegung der Beschwerde gegen die Aufrechterhaltung des Patents (§ 73 Abs 2) und zur Zahlung der Beschwerdegebühr (§ 6 Abs 1 Satz 1 des Patentkostengesetzes) und
3. zur Einreichung von Anmeldungen, für die eine Priorität nach § 7 Abs 2 und § 40 in Anspruch genommen werden kann.

(2) ¹Die Wiedereinsetzung muss innerhalb von zwei Monaten nach Wegfall des Hindernisses schriftlich beantragt werden. ²Der Antrag muss die Angabe der die Wiedereinsetzung begründenden Tatsachen enthalten; diese sind bei der Antragstellung oder im Verfahren über den Antrag glaubhaft zu machen. ³Innerhalb der Antragsfrist ist die versäumte Handlung nachzuholen; ist dies geschehen, so kann Wiedereinsetzung auch ohne Antrag gewährt werden. ⁴Ein Jahr nach Ablauf der versäumten Frist kann die Wiedereinsetzung nicht mehr beantragt und die versäumte Handlung nicht mehr nachgeholt werden.

(3) Über den Antrag beschließt die Stelle, die über die nachgeholte Handlung zu beschließen hat.

(4) Die Wiedereinsetzung ist unanfechtbar.

(5) ¹Wer im Inland in gutem Glauben den Gegenstand eines Patents, das infolge der Wiedereinsetzung wieder in Kraft tritt, in der Zeit zwischen dem Erlöschen und dem Wiederinkrafttreten des Patents in Benutzung genommen oder in dieser Zeit die dazu erforderlichen Veranstaltungen getroffen hat, ist befugt, den Gegenstand des Patents für die Bedürfnisse seines eigenen Betriebs in eigenen oder fremden Werkstätten weiterzubenutzen. ²Diese Befugnis kann nur zusammen mit dem Betrieb vererbt oder veräußert werden.

(6) Absatz 5 ist entsprechend anzuwenden, wenn die Wirkung nach § 33 Abs 1 infolge der Wiedereinsetzung wieder in Kraft tritt.

(7) Ein Recht nach Absatz 5 steht auch demjenigen zu, der im Inland in gutem Glauben den Gegenstand einer Anmeldung, die infolge der Wiedereinsetzung die Priorität einer früheren ausländischen Anmeldung in Anspruch nimmt (§ 41), in der Zeit zwischen dem Ablauf der Frist von 12 Monaten und dem Wiederinkrafttreten des Prioritätsrechts in Benutzung genommen oder in dieser Zeit die dazu erforderlichen Veranstaltungen getroffen hat.

Jürgen Schell

Übersicht

	Geltungsbereich	1
	Europäisches Patentrecht	2
	Literatur	8
	Kommentierung zu § 123 PatG	
I.	Wirkung der Wiedereinsetzung (WE)	9
II.	Bindung an die gewährte Wiedereinsetzung (WE)	11
1	Deutsches Recht	11
2	Europäisches Recht	15
III.	Voraussetzungen der Wiedereinsetzung (WE)	16
1	Antrag	16
1.1	Wiedereinsetzung von Amts wegen	17
1.2	Antragsberechtigter	19
2	Antragsfrist	24
2.1	Fristbeginn	25
2.2	Wegfall des Hindernisses	26
2.3	Maßgebender Zeitpunkt	28
2.4	Versäumung der 2-Monatsfrist	30
3	Jahresfrist	31
4	Inhalt des WE-Antrags	33
4.1	Vollständigkeit des Sachvortrags	35
4.2	Nachschieben von WE-Gründen	37
4.3	Ergänzendes Vorbringen	40
5	Nachholung der versäumten Handlung	41
6	Glaubhaftmachung	43
7	Versäumung einer Frist	45
7.1	Frist	49
7.1.1	Frist gemäß § 123 PatG	49
7.1.2	Frist gemäß Art 122 EPÜ	52
7.2	Rechtsverlust durch Fristversäumnis	53
7.2.1	Rechtsnachteil gemäß § 123 PatG	53
7.2.2	Unmittelbarer Rechtsverlust gemäß Art 122 EPÜ	56
7.2.3	Grundsatz der Verhältnismäßigkeit	59
7.3	Wiedereinsetzungsfähige Fristen gemäß § 123 PatG	60
7.4	Nicht wiedereinsetzungsfähige Fristen	61
7.4.1	§ 123 (1) PatG	61
7.4.2	§ 123 a (3) PatG	62
7.4.3		63
7.5	EPA: Ausschluss der Wiedereinsetzung	64
7.5.1	Regelrechtsbehelf der Weiterbehandlung	64
7.5.2	Von der Wiedereinsetzung ausgeschlossene Fristen	65
8	Verhinderung an der Fristeinhaltung	67
9	Verschulden	69
9.1	Sorgfalt	72
9.1.1	Grundsatz	72
9.1.2	Maßstab für die zu fordernde Sorgfalt	73
9.2	Vertreter von Verfahrensbeteiligten	77
9.3	Hilfspersonen	82
9.4	Sorgfalt des Anwalts	89
10	Gebühr für die Wiedereinsetzung	99
IV.	Einzelfälle aus der Rechtsprechung	103
V.	Verfahren	162
1	Antragsberechtigung	162
2	Beteiligte am Verfahren	163
3	Zuständigkeit	164
4	Entscheidung	169
4.1	Mündliche Verhandlung	170
4.2	Rechtliches Gehör	171
5	Rechtsmittel	173

Art 122 EPÜ   Wiedereinsetzung/restitutio in integrum   § 123

    5.1   Gewährung der Wiedereinsetzung 173
    5.2   Versagung der Wiedereinsetzung 174
    VI.   Weiterbenutzungsrechte 175

Geltungsbereich: § 123 entspricht dem früheren § 43 PatG aF, den das 1. GPatG in § 43 (1) 2 PatG aF (jetzt § 123 (1) 2 PatG) und in § 43 (5) PatG aF (jetzt § 123 (6) PatG) neu fasste. Das 2. PatGÄndG fügte mit Wirkung vom 1.11.98 in § 123 (1) 2 nach dem Wort »Priorität« die Worte »nach § 7 Abs 2 und § 40« ein und fügte § 123 (7) an. Amtliche Begründung dazu BlPMZ 98, 393, 407 zu Nr 31. Das Gesetz zur Änderung des patentrechtlichen Einspruchsverfahrens und des Patentkostengesetzes vom 21.06.06 (BGBl I 1318 = BlPMZ 2006, 225) hat durch seinen Art 1 Nr 13 § 123 (1) 2 neu gefasst.
Art 1 Nr. 40 des Zweiten Gesetzes zur Vereinfachung und Modernisierung des Patentrechts (2. PatRModG) hat Absatz 1 redaktionell geändert.   **1**

Europäisches Patentrecht kennt zwei Rechtsbehelfe gegen Rechtsverluste infolge von Fristversäumnissen: den Antrag auf Wiedereinsetzung gemäß Art 122 EPÜ und den Antrag auf Weiterbehandlung gemäß Art 121 EPÜ (siehe dazu bei § 123aPatG).   **2**

Art 122 EPÜ entspricht im wesentlichen § 123 PatG. Zwar muss nach § 123 PatG die Fristversäumnis unverschuldet sein, während sie nach Art 122 EPÜ »trotz Beachtung aller nach den gegebenen Umständen gebotenen Sorgfalt« eingetreten sein muss Daraus ergeben sich aber keine unterschiedlichen Anforderungen für die Gewährung der Wiedereinsetzung. § 123 PatG und Art 122 EPÜ werden daher auf Grund der deutschen und europäischen Rechtsprechung gemeinsam erläutert. Auf Besonderheiten des europäischen Rechts ist jeweils hingewiesen.   **3**
    Für Fristversäumnisse ist vor dem EPA die Weiterbehandlung gemäß Art 121 EPÜ der Regelrechtsbehelf, da er für alle im Erteilungsverfahren dem EPA gegenüber einzuhaltenden Fristen beantragt werden kann. Soweit nach Art 121 EPÜ eine Weiterbehandlung möglich ist, ist nach Regel 136 (3) EPÜ die Wiedereinsetzung ausgeschlossen. Wiedereinsetzung kommt daher vor dem EPA im Erteilungsverfahren nicht in Betracht, wohl dagegen im Einspruchs- und im Beschwerdeverfahren, für die Art 121 EPÜ nicht gilt.

Regel 133 EPÜ: Ein beim Europäischen Patentamt verspätet eingegangenes Schriftstück gilt als rechtzeitig eingegangen, wenn es nach Maßgabe der vom Präsidenten des Europäischen Patentamts festgelegten Bedingungen rechtzeitig vor Ablauf der Frist bei einem anerkannten Postdiensteanbieter aufgegeben wurde, es sei denn, das Schriftstück ist später als drei Monate nach Ablauf der Frist eingegangen.   **4**

PCT: Nach Art 150 EPÜ iVm Art 48 (2) PCT kann einem Euro-PCT-Anmelder wie einem europäischen Direktanmelder nach Art 122 EPÜ Wiedereinsetzung gewährt werden.[1]   **5**

Artikel 122 EPÜ Wiedereinsetzung in den vorigen Stand (*re-establishment of rights*)   **6**
    (1) Der Anmelder oder Patentinhaber, der trotz Beachtung aller nach den gegebenen Umständen gebotenen Sorgfalt verhindert worden ist, gegenüber dem Europäischen Patentamt eine Frist einzuhalten, wird auf Antrag wieder in den vorigen Stand eingesetzt, wenn die Versäumung dieser Frist zur unmittelbaren Folge hat, dass die europäische Patentanmeldung oder ein Antrag zurückgewiesen wird, die Anmeldung als zurückgenommen gilt, das europäische Patent widerrufen wird oder der Verlust eines sonstigen Rechts oder eines Rechtsmittels eintritt.

---

[1] EPA GBK G 0003/91 ABl 93, 8 (Nr 1.4) *Wiedereinsetzung/FABRITIUS II*; EPA GBK G 0005/93 ABl 94, 447 *Wiedereinsetzung/NELLCOR* für Frist zur Zahlung der Anspruchsgebühren nach Regel 104b (1)b iii) EPÜ (= Regel 162 EPÜ 2000); EPA T 0227/97 ABl 99, 495 für die Fristen nach Regel 28 (2) EPÜ (= Regel 31 (2) a EPÜ 2000) und Regel 13bis.4 PCT; EPA W 0004/87 ABl 88, 425 und W 0003/93 ABl 94, 931 für Frist nach Regel 40.3 PCT; J 0023/87 EPOR 88, 52 und J 0032/90 EPOR 01, 60 für Frist zur Einreichung der Übersetzung nach Art 22 (1) PCT.

(2) Das Europäische Patentamt gibt dem Antrag statt, wenn die Voraussetzungen des Absatzes 1 und die weiteren, in der Ausführungsordnung festgelegten Erfordernisse erfüllt sind. Andernfalls weist es den Antrag zurück.
(3) Wird dem Antrag stattgegeben, so gelten die Rechtsfolgen der Fristversäumung als nicht eingetreten.
(4) Von der Wiedereinsetzung ausgeschlossen ist die Frist für den Antrag auf Wiedereinsetzung. Die Ausführungsordnung kann weitere Fristen von der Wiedereinsetzung ausnehmen.
(5) Wer in einem benannten Vertragsstaat in gutem Glauben die Erfindung, die Gegenstand einer veröffentlichten europäischen Patentanmeldung oder eines europäischen Patents ist, in der Zeit zwischen dem Eintritt eines Rechtsverlusts nach Absatz 1 und der Bekanntmachung des Hinweises auf die Wiedereinsetzung im Europäischen Patentblatt in Benutzung genommen oder wirkliche und ernsthafte Veranstaltungen zur Benutzung getroffen hat, darf die Benutzung in seinem Betrieb oder für die Bedürfnisse seines Betriebs unentgeltlich fortsetzen.
(6) Dieser Artikel lässt das Recht eines Vertragsstaats unberührt, Wiedereinsetzung in Fristen zu gewähren, die in diesem Übereinkommen vorgesehen und den Behörden dieses Staats gegenüber einzuhalten sind.

Regel 136 Wiedereinsetzung[2]

7   (1) Der Antrag auf Wiedereinsetzung nach Artikel 122 Absatz 1 ist innerhalb von zwei Monaten nach Wegfall des Hindernisses, spätestens jedoch innerhalb eines Jahres nach Ablauf der versäumten Frist schriftlich zu stellen. Wird Wiedereinsetzung in eine der Fristen nach Artikel 87 Absatz 1 und Artikel 112a Absatz 4 beantragt, so ist der Antrag innerhalb von zwei Monaten nach Ablauf dieser Frist zu stellen. Der Antrag auf Wiedereinsetzung gilt erst als gestellt, wenn die vorgeschriebene Gebühr entrichtet worden ist.
(2) Der Antrag auf Wiedereinsetzung ist zu begründen, wobei die zur Begründung dienenden Tatsachen glaubhaft zu machen sind. Die versäumte Handlung ist innerhalb der nach Absatz 1 maßgeblichen Antragsfrist nachzuholen.
(3) Von der Wiedereinsetzung ausgeschlossen sind alle Fristen, für die Weiterbehandlung nach Artikel 121 beantragt werden kann, sowie die Frist für den Antrag auf Wiedereinsetzung in den vorigen Stand.
(4) Über den Antrag auf Wiedereinsetzung entscheidet das Organ, das über die versäumte Handlung zu entscheiden hat.
Zu den weiteren Einzelheiten wird verwiesen auf die Kommentierung bei Singer/Stauder/Luginbühl, Europäisches Patentübereinkommen, 8. Aufl. 2019.

8   Lit: Straus in FS Vieregge 1995, 835. – **Lit in GRUR:** Trüstedt **50**, 490; Schade **53**, 49; Schulte **61**, 525; Schmieder **77**, 244. – **Lit in GRUR Int:** Singer **81**, 719; Ford **87**, 458: Schubarth **87**, 461; Persson **87**, 463; Beier u Katzenberger **90**, 227; J. Beier **94**, 164; Schulte 08, Heft 8/9 Festschrift Teschemacher; – **Lit in Mitt:** Ostler **66**, 161, 181; Kirchner **72**, 26; Giliard **74**, 46; Reinländer **74**, 46; Radt **79**, 162; Füchsle/Giebe **96**, 232; Hövelmann **97**, 237; Schennen **99**, 258. Wichmann/Zimmermann 09, 105. – **Lit in NJW:** Johannsen **52**, 525; Goerlich **76**, 1326; Müller **93**, 681; Jungk **13**, 667; Koch **14**, 2391; Toussaint **14**, 200; Toussaint **15**, 3207; – **Lit in MDR:** Greger 01, 486; – **Lit in epi-information:** Burt/Shortt **96**, 15.

I. Wirkung der Wiedereinsetzung (WE)   *(effect of re-establishment)*

9   Die WE beseitigt Rechtsnachteile, die durch Fristversäumnisse eingetreten sind. Die versäumte und nachgeholte Handlung wird als rechtzeitig fingiert.[3] Erloschene Rechte, wie die als zurückgenommen geltende Anmeldung oder das erloschene Patent leben rückwirkend wieder auf. Auf der Fristversäumnis beruhende Entscheidungen werden, auch wenn sie rechtskräftig sind, hinfällig.[4] Während des WE-Verfahrens anfallende Jahresgebühren werden mit der Gewährung der WE fällig (s § 17 Rdn 26). Benutzungs-

---

2   Amtliche Begründung zu Regel 85b (= Regel 136) EPÜ ABl 2003 Sonderausgabe Nr 1 Seite 192.
3   BGH GRUR **95**, 333 (I2b) *Aluminium-Trihydroxid*.
4   BGH NJW **87**, 327 mwN; EPA W 0003/93 ABl **94**, 931.

handlungen vor Gewährung der WE und nach Erlöschen des Patents werden dagegen nicht rückwirkend zu Patentverletzungen[5] (s Rdn 175 ff).

Weiter ist zu berücksichtigen, dass der WE in den vorigen Stand auch in anderen Fallkonstellationen keine Rückwirkung zukommt. So bewirkt eine WE in die versäumte Frist zur Zahlung der Jahresgebühren nicht, dass eine ursprünglich unzutreffende Angabe über bestehenden Patentschutz rückwirkend wahr und damit der Tatbestand der irreführenden Werbung beseitigt wird. Eine wahrheitswidrige Werbung mit Hinweis auf bestehenden Patentschutz im Zeitraum zwischen Erlöschen des Patents und Wirksamwerden der WE bleibt somit unlauter.[6]

II. Bindung an die gewährte Wiedereinsetzung (WE)

1 Deutsches Recht:

Nach § 123 (4) PatG (§ 238 (3) ZPO) ist die Wiedereinsetzung *unanfechtbar*. Daher ist eine Beschwerde gegen die Gewährung der Wiedereinsetzung unzulässig. Gegen die Versagung der WE durch das DPMA findet die Beschwerde statt (vgl Rdn 173).

Anlässlich einer Beschwerde gegen die Entscheidung in der Sache kann nicht geprüft werden, ob die Voraussetzungen für eine Bewilligung der WE gemäß § 123 vorgelegen haben,[7] denn Sinn des § 123 (4) ist es, die erstinstanzliche Sachentscheidung nicht durch eine andere Beurteilung des Wiedereinsetzungsbegehrens zu entwerten.[8] Im *Nichtigkeitsverfahren* kann nicht geprüft werden, ob das DPMA eine WE sachlich zu Recht gewährt hat.[9]

Voraussetzung für die Unanfechtbarkeit ist, dass die 1. Instanz für die Entscheidung zuständig war.[10] Daran fehlt es, wenn sie fälschlich angenommen hat, das Verfahren sei bei ihr (noch) anhängig.[11] Zulässig bleibt der Einwand, der Inhaber des Patents habe die WE durch bewusst unrichtige Angaben erschlichen.[12]

Selbstbindung des DPMA (s § 47 Rdn 18) und des BPatG (s § 79 Rdn 49) gilt auch für eine von ihnen gewährte WE.[13] *Ausnahme* gilt, wenn WE unter Verletzung des rechtlichen Gehörs der Gegenseite gewährt wurde und das Verfahren noch anhängig ist.[14] Dann können das DPMA und das BPatG auf Gegenvorstellung oder von Amts wegen im Wege der Selbstkorrektur[15] ihren eigenen Beschluss überprüfen und aufhe-

---

5 BGH GRUR **56**, 265 *Rheinmetall-Borsig*; **63**, 519 *Klebemax*.
6 OLG Düsseldorf, GRUR-RR **14**, 1 *Schneeschieber*.
7 AA zum Recht vor Einführung des § 43 (3a) (= § 123 (4)) mit Wirkung v 1.7.77: BPatGE **19**, 39; **19**, 81.
8 BT-Drucksache VI 790, 47 zur Vereinfachungsnovelle v 3.12.76.
9 BGH GRUR Int **60**, 506, 507 *Schiffslukenverschluss*; **03**, 47 (II3b) *Sammelhefter I*.
10 Vgl BPatGE **39**, 98.
11 BGH GRUR **99**, 574 (II2e bb) *Mehrfachsteuersystem*.
12 BGH GRUR **56**, 265 *Rheinmetall-Borsig I*.
13 Vgl BGH NJW **54**, 880; **95**, 2497 *Gerichtliche Selbstkorrektur*.
14 BGHZ **130**, 97 = NJW **95**, 2497; BPatG Mitt **91**, 63.
15 BVerfGE **73**, 322, 329 = NJW **87**, 1319, 1320; BGHZ **130**, 97; BVerwG NJW **94**, 674; OLG Rostock Mitt **03**, 337.

ben. Unzulässig ist eine Gegenvorstellung zu einem rechtskräftigen Beschluss.[16] Ist die Entscheidung über WE eine Endentscheidung, dann tritt an die Stelle der Gegenvorstellung die Anhörungsrüge nach § 321a ZPO.[17]

2 Europäisches Recht:

15 Entscheidungen in Wiedereinsetzungsverfahren sind gemäß Art 106 (1) EPÜ mit der Beschwerde anfechtbar. Eine dem § 123 (4) PatG vergleichbare Bestimmung über die Unanfechtbarkeit einer gewährten Wiedereinsetzung kennt das EPÜ nicht.

III. Voraussetzungen der Wiedereinsetzung (WE) *(requirements for re-establishment)*

1 Antrag *(request)*

16 bedarf der Schriftform (s Einl Rdn 352), auch hilfsweise möglich.[18]
Es genügt der Wille, eine Verfahrenshandlung als rechtzeitig anzusehen. Eine Beschwerde kann daher als WE-Antrag gewertet werden.[19] Ein Wiedereinsetzungsantrag braucht nicht ausdrücklich gestellt zu werden; er kann auch stillschweigend in einem Schriftsatz enthalten sein, wobei es ausreicht, dass in diesem Schriftsatz konkludent zum Ausdruck gebracht wird, das Verfahren trotz verspäteter Einreichung der Rechtsmitteleinlegungs- oder Rechtsmittelbegründungsschrift fortsetzen zu wollen.[20] Stillschweigender WE-Antrag kann sich aus den Umständen ergeben, so wenn alle WE-Tatsachen aktenkundig sind und die versäumte Handlung in der WE-Frist bereits nachgeholt ist.[21] Wird die versäumte Handlung innerhalb der Antragsfrist nachgeholt, kann WE auch ohne Antrag gewährt werden.[22] Eine Auslegung als Antrag auf Wiedereinsetzung oder Weiterbehandlung kommt aber nicht in Betracht, wenn erkennbar »Widerspruch« gegen den Bescheid erklärt wurde.[23] Ein vorsorglich gestellter Antrag auf Wiedereinsetzung ist gegenstandslos.[24]

17 **1.1 Wiedereinsetzung von Amts wegen** ohne Antrag ist nach § 123 (2) 3 (= § 236 (2) 2 ZPO) möglich, wenn die versäumte Handlung vor oder innerhalb der Antragsfrist nachgeholt ist. Dann ist ein Antrag entbehrlich, und zwar auch dann, wenn der Nachholende nicht wusste, dass die Frist versäumt war. Die Tatsachen, die die WE rechtfertigen, müssen akten- oder offenkundig (§ 291 ZPO) sein.[25] Soweit sie es nicht sind, müssen sie innerhalb der 2-Monatsfrist dargelegt sein.[26] Ist keinerlei WE-Grund ersichtlich, scheidet eine WE von Amts wegen aus.

---

16 BGH FamRZ 93, 1191.
17 BGH NJW 07, 3786 = Mitt 08, 45 (Ls) *Anhörungsrüge statt Gegenvorstellung*; BGH NJW-RR 09, 642.
18 BGH NJW 97, 1312; 00, 814; BPatG v. 25.4.19 – 17 W (pat) 38/17 = BeckRS 2019, 10781.
19 T 0014/89 ABl 90, 432 (Nr 3); T 0522/88 EPOR 90, 237.
20 BGH, Beschluss vom 12.06.2019 – XII ZB 432/18 = NJW-RR 19, 1394.
21 BGHZ 63, 389 = NJW 75, 928; BPatG v 2.11.76 – 4 W (pat) 101/75.
22 BGH NJW 13, 2822, Rn 15.
23 *BPatG* v 16.03.09 – 8 W (pat) 57/08 = BeckRS 2009, 10 245.
24 BGH NJW-RR 14, 1532, Rn 10.
25 BGH NJW 75, 257; NJW-RR 93, 1091; BAG NJW 95, 2125; BGH NJW-RR 11, 568.
26 BGH VersR 78, 825.

Das BPatG kann WE von Amts wegen gewähren, wenn das vor DPMA unterblieben ist, auch wenn inzwischen Jahresfrist des § 123 (2) 4 abgelaufen ist.[27] Eine WE von Amts wegen setzt voraus, dass dem DPMA die Tatsachen bekannt sind, die eine WE rechtfertigen.
Art 122 EPÜ sieht eine WE von Amts wegen nicht vor.

1.2 Antragsberechtigter *(person entitled to a request of re-establishment)* ist nur der Inhaber des wiederherzustellenden Rechts, der gegenüber dem DPMA, BPatG oder EPA legitimiert ist, also wer im deutschen oder europäischen Patentregister oder den Akten als Inhaber vermerkt ist, denn nur der Eingetragene erleidet iSd § 123 (1) 1 »nach gesetzlicher Vorschrift« einen Rechtsnachteil durch die Fristversäumung.[28] Daraus folgt, dass *Dritte*, die gegenüber dem DPMA keine Frist einzuhalten haben, keinen Rechtsnachteil dadurch erleiden, dass der Eingetragene eine Frist versäumt. Zu diesen Dritten, denen Rechte an der Anmeldung oder dem Patent zustehen, aber nicht eingetragen sind, gehören: a) der rechtsgeschäftliche Erwerber,[29] b) ein Nießbraucher, c) ein Pfandgläubiger, d) ein Lizenznehmer, e) ein Arbeitnehmererfinder, f) ein durch widerrechtliche Entnahme Verletzter,[30] g) ein gemäß § 267f BGB Gebührenzahlender,[31] h) ein Dritter, der einen Prüfungsantrag nach § 44 stellen will.

Der materiell Berechtigte an Anmeldung oder Patent, der aber nicht eingetragen ist, kann selbst keinen Wiedereinsetzungsantrag stellen, da ihm dazu die Legitimation fehlt, weil nach § 30 (3) 2 PatG der frühere Anmelder oder Patentinhaber berechtigt oder verpflichtet bleibt, solange die Änderung nicht eingetragen ist.[32] Stellt der eingetragene Veräußerer keinen Wiedereinsetzungsantrag, können dem nicht eingetragenen Erwerber möglicherweise Schadensersatzansprüche zustehen.[33] Hat der Erwerber einen Umschreibungsantrag gestellt, so kann er in Markenverfahren gemäß § 28 (2) MarkenG – sobald sein Umschreibungsantrag eingegangen ist – einen Wiedereinsetzungsantrag stellen. Eine dem § 28 (2) MarkenG vergleichbare Vorschrift enthält das PatG nicht. Für eine analoge Anwendung des § 28 (2) MarkenG[34] besteht kein Anlass mehr, da nach dem BGH[35] der materiell Berechtigte, aber noch nicht durch Eintragung im Register legitimierte Rechtsnachfolger dem Einspruchs- oder dem Einspruchsbeschwerdeverfahren als Streithelfer beitreten und als solcher gemäß § 67 ZPO auch einen Wiedereinsetzungsantrag stellen kann (vgl Einl Rdn 231).

Ein *Erbe* tritt durch Gesamtrechtsnachfolge in die Rechtsstellung des Anmelders oder Patentinhabers ein und ist daher auch vor seiner Eintragung in das Register zur Antragstellung berechtigt.[36]

---

27 BPatGE **25**, 121 = BlPMZ **83**, 367; vgl BGH NJW 82, 1873.
28 BGH GRUR 08, 551 = BlPMZ 08, 218 (Tz 9) *Sägeblatt*.
29 BGH GRUR 08, 551 = BlPMZ 08, 218 (Tz 9) *Sägeblatt*.
30 BPatGE **9**, 196.
31 Schulte GRUR **61**, 525.
32 BGH GRUR 08, 551 = BlPMZ 08, 218 (Tz 9) *Sägeblatt*.
33 BGH GRUR 08, 551 = BlPMZ 08, 218 (Tz 9) *Sägeblatt*.
34 So BPatG **3**, 140, 141; **44**, 156; sowie Kommentierung in der 7. Auflage.
35 BGH GRUR 08, 87 = BlPMZ 07, 459 *Patentinhaberwechsel im Einspruchsverfahren*.
36 BPatGE **29**, 244 = BlPMZ **88**, 320.

21 Grundsätzlich sind nur Tatsachen zu berücksichtigen, die in der Person des WE-Berechtigten liegen, jedoch können Ereignisse bei Dritten – zB bei einem Rechtsvorgänger des Antragstellers –, auf denen die Fristversäumnis beruht, berücksichtigt werden.[37] Ein Streithelfer kann sich auf Umstände berufen, die in seiner[38] oder der Person der Hauptpartei liegen.

22 **EPÜ:** Nach Art 122 (1) EPÜ ist nur der Anmelder oder Patentinhaber antragsberechtigt, nicht der Einsprechende oder der Beitretende, die Art 122 (1) EPÜ nicht erwähnt. Versäumt der Einsprechende Fristen, kann er nicht wiedereingesetzt werden.[39] Einzige Ausnahme ist die Beschwerdebegründungsfrist (4 Monate gemäß Art 108 S 3), bei deren Versäumung kann der Einsprechende Wiedereinsetzung beantragen.[40]

23 **Rechtsnachfolger** *(successor in title)* kann Wiedereinsetzung beantragen, wenn der Rechtsübergang gemäß Regel 22 (3) EPÜ durch Vorlage von Urkunden für das EPA wirksam geworden ist. Ein Rechtsübergang kann auch nach Eintritt der Rücknahmefiktion eingetragen werden, wenn Wiedereinsetzung innerhalb der Jahresfrist der Regel 136 (1) 1 EPÜ noch möglich ist und der Rechtsnachfolger geeignete Verfahrensschritte zur Wiederherstellung der Anmeldung unternommen hat.[41]

2 Antragsfrist *(time limit for a request)*

24 beträgt **2 Monate** für Fristen, die gegenüber dem DPMA, BPatG und EPA einzuhalten sind. Für Fristen, die gegenüber dem BGH einzuhalten sind, muss nach § 234 (1) 1 ZPO die Wiedereinsetzung innerhalb von **2 Wochen** beantragt werden.[42] Die Frist beträgt nach § 234 (1) 2 ZPO **1 Monat**, wenn die Partei verhindert ist, die Frist zur Begründung der Berufung (auch im Patentnichtigkeitsverfahren[43]), der Revision, der Nichtzulassungsbeschwerde, der Rechtsbeschwerde oder der Beschwerde nach §§ 621e, 629a Abs 2 ZPO einzuhalten.

25 **2.1 Fristbeginn** wird durch den Wegfall des Hindernisses bestimmt. Fiel dieses am 16.3. weg, endet die Frist am 16.5. 24 Uhr. Wegfall und damit Fristbeginn kann vor oder nach Ablauf der zu wahrenden Frist liegen.[44]

26 **2.2 Wegfall des Hindernisses** *(removal of the cause of non-compliance)* tritt ein, sobald das Ereignis seine hindernde Wirkung auf den Säumigen oder dessen Vertreter verliert, also wenn Säumiger oder Vertreter bei der Anwendung der ihm zuzumutenden Sorgfalt nicht mehr gehindert ist, die versäumte Handlung vorzunehmen[45] oder

---

37 BPatGE 1, 126; J 0009/90 ABl 93 SonderA 62.
38 Bestr, wie hier OLGR Frankfurt OLGR 05, 641; offen gelassen von BGH NJW **91**, 229 und BGH GRUR **08**, 551 = BlPMZ 08, 218 (Tz 10) *Sägeblatt.*
39 T 0002/87 ABl **88**, 264 (Nr 10); T 0210/89 ABl **91**, 433; T 0323/87 ABl **89**, 343 (Nr 5); T 0702/89 ABl **94**, 472 (Nr 3).
40 EPA GBK G 0001/86 ABl **87**, 447 *Wiedereinsetzung des Einsprechenden/VOEST ALPINE.*
41 J 0010/93 ABl **97**, 91.
42 BGH GRUR **00**, 1010 *Schaltmechanismus* und **01**, 271 *Kreiselpumpe*; BGH NJW-RR **11**, 1284 = MDR 11, 748.
43 BGH GRUR **08**, 280 *Mykoplasmennachweis.*
44 BGH NJW-RR **90**, 830; NJW **94**, 2831; **00**, 592; BGH GRUR **04**, 80 *Zeitpunkt der Berufungsbegründung*; T 0248/91 EPOR **92**, 145.
45 BGH NJW **59**, 2063; BPatGE **13**, 87, 90; **15**, 52, 54; J 0027/90 ABl **92** SonderA 53.

wenn das Fortbestehen des Hindernisses nicht mehr als unverschuldet angesehen werden kann.[46] Im Fall der Unkenntnis oder des Irrtums, wenn diese aufhören unverschuldet zu sein,[47] also wenn die Säumnis bei Beachtung der zu erwartenden Sorgfalt hätte erkannt werden können.[48]

Positive Kenntnis von der Fristversäumnis lässt das Hindernis für die Vornahme der fristgebundenen Handlung wegfallen. So zB der Empfang a) der Mitteilung, dass die Anmeldung als zurückgenommen gilt;[49] b) der Feststellung eines Rechtsverlusts gemäß Regel 112 (1) EPÜ;[50] c) der Mitteilung über das Eingangsdatum einer Eingabe, aus der sich die Verspätung ergibt;[51] d) des Beschlusses über Bewilligung[52] oder Versagung[53] der Verfahrenskostenhilfe. 27

2.3 Maßgebender Zeitpunkt ist der Tag, an dem das Hindernis tatsächlich entfiel[54] oder hätte beseitigt werden müssen,[55] nicht wann es hätte beseitigt werden können. Für den Fristbeginn ist *nicht maßgebend* a) der Zeitpunkt der Fiktion einer Zustellung;[56] b) bei mehreren gleichzeitigen Hindernissen – zB Irrtum und Krankheit – der Wegfall nur eines Hindernisses;[57] c) ausnahmsweise das Zustellungsdatum, wenn eine entschuldbare Unkenntnis oder Irrtum vorliegt. Dann beginnt die Frist erst mit positiver Kenntnis oder mit der Erkenntnis der Fehldatierung.[58] 28

Kenntnis des Vertreters steht der Kenntnis der Partei gleich (§ 85 (2) ZPO). Erkennt ein bestellter Vertreter den Wegfall des Hindernisses, beginnt daher die Frist auch für die Partei selbst zu laufen, ohne dass diese erkannt haben müsste, dass die Frist versäumt ist.[59] Das gilt erst recht, wenn die Partei auf eine Unterrichtung durch den Vertreter verzichtet hatte.[60] Maßgebend ist die Kenntnis des Vertreters selbst, nicht die einer Hilfsperson des Anwalts.[61] Für einen Anwalt ist der Zeitpunkt maßgeblich, zu dem er Anlass zur Prüfung hatte, ob die Frist eingehalten ist,[62] insbesondere wenn 29

---

46 BGH NJW 52, 469; 97, 1311; VersR 78, 825; 85, 1183; 87, 764; 92, 636; 93, 205.
47 StRspr: BGH NJW 94, 2831; 01, 1430; NJW-RR 02, 860; BGH NJW-RR 05, 76 = Schulte-Kartei PatG 123 Nr 210 *Beginn der Wiedereinsetzungsfrist*; BPatGE 15, 52, 54; Mitt 73, 169, 170 rSp mwN; T 0840/94 ABl 96, 680.
48 BGH NJW-RR 90, 379 u 830; VersR 87, 764; 92, 636; BPatG GRUR 09, 93 = BlPMZ 08, 177 *Dreidimensionale Daten*; J 21/10 v 22.12.11, Nr 5); BGH MDR 11, 1208 = Mitt 12, 45 (Ls); BGH NJW 12, 159.
49 BPatG v 22.02.07 – 10 W (pat) 18/05 = BeckRS 2007, 07 962; Schulte-Kartei PatG 123 u 123a Nr 254 *Extremhochhaus*.
50 J 0007/82 ABl 82, 391; J 0029/86 ABl 88, 84; J 0027/90 ABl 93, 422; T 0315/90 EPOR 97, 497; T 0900/90 EPOR 00, 500 (Nr 2.1) zu Regel 69 aF.
51 BGH NJW 92, 2098.
52 BGH NJW-RR 93, 451; VersR 92, 516; 94, 1324.
53 *BGH NJW-RR 90, 451; NJW 93, 732.*
54 J 0009/86 u J 0027/88 Schulte-Kartei EPÜ 119–122 Nr 42 u 44.
55 J 0027/88 EPOR 88, 48; T 0315/90 EPOR 97, 497.
56 J 0007/82 ABl 82, 391; J 0027/90 ABl 93, 422.
57 J 0016/93 ABl 96 SonderA 63.
58 BGH VersR 68, 301 u 309; 72, 667; 75, 924.
59 BGH NJW 56, 1879; 74, 994; VersR 76, 492.
60 T 0840/94 ABl 96, 680.
61 BGH NJW 90, 188; VersR 80, 678; 95, 217; T 0191/82 ABl 85, 189.
62 BGH NJW 80, 1847; 94, 2831; VersR 95, 69.

ihm die Sache wegen des bevorstehenden Fristablaufs mit oder ohne Akten vorgelegt wird.[63]

30 **2.4 Versäumung der 2-Monatsfrist** macht den Antrag unzulässig. **WE in die WE-Frist** ist möglich, da die 2-Monatsfrist eine nach § 123 (1) 1 PatG gegenüber dem DPMA oder BPatG einzuhaltende Frist ist.[64] Für sie gilt eine eigene 2-Monatsfrist, die mit dem Tage beginnt, an dem das Hindernis behoben ist.[65] WE in die WE-Frist lassen auch § 233 ZPO und § 60 VwGO zu, dagegen ist sie nach 136 (3) EPÜ ausgeschlossen.

3 Jahresfrist

31 des § 123 (2) 4 und Regel 136 (1) 1 EPÜ schließt aus Gründen der *Rechtssicherheit*[66] eine Wiedereinsetzung grundsätzlich aus, wenn nach Ablauf der versäumten Frist ein Jahr verstrichen ist. Billigkeitsgründe können regelmäßig nicht berücksichtigt werden.[67] In Ausnahmefällen kann jedoch aus Gründen eines wirkungsvollen Rechtsschutzes und zur Wahrung des rechtlichen Gehörs ein Antrag auf Wiedereinsetzung trotz Überschreiten der Jahresfrist zulässig sein, wenn die Überschreitung der Frist auf Umstände zurückzuführen ist, die ausschließlich oder überwiegend der Verantwortungssphäre des DPMA[68] oder des Gerichts[69] zuzurechnen sind.[70] Für die Annahme solcher Ausnahmen von der Jahresausschlussfrist gilt jedoch ein strenger Maßstab.[71]

Die Frist läuft unabhängig von der Kenntnis des Säumigen, also auch dann, wenn die unverschuldete Verhinderung fortdauert. Deshalb ist ein nach Jahresfrist gestellter WE-Antrag selbst dann unzulässig, wenn die Fristversäumung dadurch verursacht worden ist, dass ein Schriftstück von der Person, an die eine zulässige Ersatzzustellung erfolgte, dem Empfänger vorenthalten wurde.[72]

Die Jahresfrist ist eine uneigentliche, nicht verlängerbare Frist, in die keine WE gewährt werden kann[73] (§ 233 ZPO, Regel 136 (3)). Ist Gewährung der WE in 1. Instanz unterblieben, kann 2. Instanz sie auch noch nach Ablauf der Jahresfrist bewilligen.[74]

Die Jahresfrist hat absoluten Charakter.[75] Dennoch kann in besonders gelagerten Ausnahmefällen ein Antrag auf Wiedereinsetzung trotz Überschreitung der Jahresaus-

---

63 BGH NJW **92**, 841; **94**, 2381; **97**, 1708; NJW-RR **91**, 827; **97**, 759.
64 BGH NJW **11**, 153; BGH NJW **13**, 697.
65 BGH NJW-RR **99**, 430.
66 BGH NJW-RR **08**, 878; BPatGE **47**, 151 (IIB2b) *Rollrechen*.
67 BPatG BlPMZ **96**, 357 = Mitt **96**, 120.
68 BPatG v 30.07.15 – 7 W (pat) 43/14 (mwN) = BeckRS 2015, 15 648.
69 BGH v 30.08.10 – X ZR 193/03, Rn 18 mwN *Crimpwerkzeug IV* = Mitt **11**, 24 = BeckRS 2010, 22 663.
70 BPatG v 13.10.14 – 19 W (pat) 12/14 = BeckRS 2014, 23 667; vgl hierzu auch.
71 BPatG v 30.01.14 – 7 W (pat) 13/14 =, BeckRS 2014, 04 602 = GRUR Prax **14**, 130.
72 BGH MDR **16**, 343 = BeckRS 2016, 03 440.
73 *BPatG v 10.11.06 – 10 W (pat) 701/06 Schulte-Kartei PatG 123 u 123a Nr 244 Aufrechterhaltungsgebühr.*
74 BPatGE **25**, 141; BFH NJW **78**, 1600 L.
75 BGH NJW **13**, 1684.

schlussfrist zulässig sein, wenn die Überschreitung der Frist allein der Behörde bzw. dem Gericht zuzurechnen ist.[76]

Entsprechend ihrem Sinn wird die Jahresfrist bereits gewahrt, wenn die Akte eine klare Absichtserklärung enthält, die Anmeldung aufrechterhalten zu wollen,[77] denn dann ist dem Sinn des § 123 (2) 4, Rechtssicherheit für Dritte zu gewährleisten, voll entsprochen. Alle weiteren Erfordernisse für eine WE können auch später erfüllt werden. Die Jahresfrist kann gemäß 142 EPÜ unterbrochen werden.[78] Sie beginnt nach Regel 136 (1) 1 einheitlich mit dem Ablauf der versäumten Frist. Art 122 (2) 4 EPÜ aF, der als Beginn der Jahresfrist für die Zahlung von Jahresgebühren den Fälligkeitstag vorsah, ist aufgehoben. Die Jahresfrist gilt nach Regel 136 (1) 2 nicht für die Inanspruchnahme der Priorität des Art 87 (1) und den Antrag auf Überprüfung durch die Große Beschwerdekammer gemäß Art 112a (4) EPÜ. Werden diese Fristen versäumt, kann ein Wiedereinsetzungsantrag nur innerhalb von 2 Monaten nach Ablauf dieser Fristen gestellt werden.

Die Jahresfrist des § 123 (2) 4 ist nicht verfassungswidrig.[79]

4 Inhalt des WE-Antrags:

Die Tatsachen, die die WE begründen, müssen nach § 123 (2) 2 im Antrag enthalten sein, müssen also – auch nach Regel 136 (1) EPÜ[80] – **innerhalb der 2-Monatsfrist** vorgetragen worden sein,[81] wobei die maßgeblichen Umstände genau und umfassend darzulegen sind.[82] Nur erkennbar unklare oder ergänzungsbedürftige Angaben, deren Aufklärung geboten ist (§ 139 ZPO) dürfen noch nach Fristablauf erläutert bzw. vervollständigt werden.[83] Genügen die zur Begründung des WE-Antrags vorgetragenen Angaben den Anforderungen nicht, deutet dies nicht ohne weiteres auf Unklarheiten oder aufklärungsbedürftige Lücken des Vortrags hin.[84] Fehlt ein notwendiger Sachvortrag überhaupt, ist der WE-Antrag unzulässig. Stellen die vorgetragenen Tatsachen keinen WE-Grund dar, ist der WE-Antrag unbegründet. An den Vortrag der Versäumnisgründe dürfen keine überspannten Anforderungen gestellt werden, insbesondere nicht beim ersten Zugang zum Gericht.[85]

Keiner Angabe von Tatsachen bedarf es, wenn von Amts wegen WE gewährt werden kann, also wenn die versäumte Handlung innerhalb der 2-Monatsfrist nachgeholt wird

---

76 BGH NJW-RR 08, 878; BGH, NJW-RR 16, 638 Rn 6 ff *Jahresausschlussfrist, Sphäre des Zustellungsempfängers* = BeckRS 2016, 03 440; BPatG Mitt 12, 293 *Wäschespinne*.
77 J 0006/90 ABl 93, 714; T 0270/91, T 0270/91 u T 0493/95 RechtsprBK/EPA 01, 340; offen gelassen von BPatG v 29.3.2007 – 10 W (pat) 54/03 Schulte-Kartei PatG 123 u 123a Nr 246 *Leichtlehmplatte*; RechtsprBK/EPA 10 VI. E.3.2.2, S 572.
78 J./87 ABl 88, 323 zu Regel 90 aF.
79 BPatGE 34, 195.
80 J 0008/95 ABl 97 SonderA 69 zu Art 122 (2) EPÜ 1973.
81 BGH NJW-RR 12, 743 Rn 12.
82 BGH NJW 12, 2201 Rn 27.
83 BGH NJW 11, 1601, Rn 15; BGH NJW 16, 874, Rn 8 f.; BGH NJW-RR 19, 1394 Rn. 13.
84 BGH NJW 19, 3234 Rn. 20; NJOZ 20, 461 Rn. 13; NJW 19, 2028 Rn. 21.
85 StRspr BVerfGE 26, 315, 319; 319, 37, 103; 103, 40, 44; 44, 40, 91; BVerfG NJW 97, 1770; BGHZ 151, 221, 227; BGH NJW-RR 12, 744.

und die Tatsachen, die die WE rechtfertigen, akten- oder offenkundig sind (s oben Rdn 17).

35   **4.1 Vollständigkeit des Sachvortrags:** Der WE-Antrag muss eine schlüssige Darlegung aller Umstände enthalten, aus denen sich Zulässigkeit und Begründetheit der WE ergeben. Die Frage, wie, durch wen und wann die Frist versäumt worden ist, muss lückenlos beantwortet werden. Ein Sachverhalt, der sich aus den Akten ergibt, muss aber nicht eigens wiederholt werden.[86] Der Vortrag eines nur möglichen Geschehensablaufs reicht nicht aus.[87] Was aber nicht aufklärbar ist, muss auch nicht vorgetragen werden.[88]

36   **Notwendiger Inhalt des WE-Antrags: a)** Darlegung der *Rechtzeitigkeit des WE-Antrags.* Zur Fristwahrung der 2-monatigen Antragsfrist muss dargetan werden, dass das Hindernis, das der Fristwahrung entgegenstand, nicht früher als zwei Monate vor dem Eingang des WE-Antrags entfallen ist.[89] Davon kann nur abgesehen werden, wenn die Frist nach Lage der Akten offensichtlich eingehalten ist;[90] **b)** Darlegung der die *WE begründenden Tatsachen.* Dazu gehört bei Vertretern Darlegung insbesondere über **i)** *Büroorganisation,* deren Beachtung eine Fristversäumnis vermieden hätte,[91] wie zB Fristenkontrolle, Ausgangskontrolle,[92] die auch tatsächlich praktiziert wurden;[93] **ii)** Zuverlässigkeit der beschäftigten *Hilfskräfte* und deren ausreichende Unterweisung und Kontrolle; **c)** Darlegung der *Ursächlichkeit,* nämlich dass die Einhaltung der Frist durch das dargestellte Ereignis verhindert wurde; **d)** Darlegung des *Ausschlusses eines Verschuldens* des Beteiligten oder dessen Vertreter, die die Frist einzuhalten hatten.

Entspricht die Antragsbegründung diesen Anforderungen – die einem Anwalt auch ohne richterliche Hinweise geläufig sein müssen – nicht, lässt dies den Schluss darauf zu, dass entsprechende organisatorische Maßnahmen nicht vorhanden waren.[94]

37   **4.2 Nachschieben von WE-Gründen** *(subsequent submission of new grounds)* ist nach Ablauf der WE-Frist unzulässig,[95] wenn der Antrag eine in sich geschlossene, nicht ergänzungsbedürftige Sachdarstellung enthält.[96] Erstmals nach Fristablauf vorgetragene Tatsachen können nicht berücksichtigt werden,[97] auch nicht im Beschwerdeverfahren.[98] Unzulässig ist ein Nachschieben auch mit der Begründung, der innerhalb

---

86   BGH NJW 11, 1601.
87   BPatGE 29, 244, 246.
88   BGH NJW-RR 99, 428.
89   BPatGE 19, 47, 48; 25, 65, 66; BGHZ 5, 157, 160; BGH VersR 97, 507; BGH GRUR 04, 80 *Zeitpunkt der Berufungsbegründung.*
90   BGHZ 5, 157, 160; BGH NJW 97, 1079; VersR 80, 264; 92, 636, 637; BGH NJW-RR 11, 1284 = MDR 11, 748.
91   BPatG Mitt 76, 219; BGH NJW 04, 688 = Mitt 04, 94 L *Mündliche Einzelanweisung.*
92   BGH NJW-RR 13, 506.
93   BGH NJW-RR 97, 1153.
94   BGH NJW 16, 1742, Rn 11 mwN = BeckRS 2016, 04 967.
95   BGHZ 2, 342; 5, 157; NJW 71, 2269; 91, 1892; BGH GRUR 04, 80 *Zeitpunkt der Berufungsbegründung.*
96   BGH NJW 92, 697; 96, 2513; 97, 1079; 97, 1708; 97, 3177.
97   BGH NJW 91, 1892.
98   BGH NJW 94, 2097; 97, 2120.

der Frist nicht erwähnte Umstand sei selbstverständlich.[99] Zum ergänzenden Vorbringen s unten Rdn 40.

Hinweise gemäß § 139 ZPO (vgl dazu Einl Rdn 114 und unten 165) haben das DPMA und das BPatG bei erkennbar unklaren oder ergänzungsbedürftigen Angaben dem Antragsteller zu geben, um damit auf eine etwa erforderliche Ergänzung oder Vervollständigung hinzuwirken.[100] Fehlt eine Begründung oder ist sie völlig unzureichend, so bedarf es eines Hinweises, wenn der Mangel noch innerhalb der 2-Monatsfrist beseitigt werden kann.[101] Eine Rechtspflicht des DPMA gemäß § 139 ZPO, den Absender eines Fax auf offenkundige Mängel bei der Übermittlung hinzuweisen, besteht zwar nicht,[102] jedoch hat die Amtsleitung für das DPMA eine solche Unterrichtung angeordnet.

38

Hinweis des EPA (*warning of any loss of rights if it can be expected*): Enthält der WE-Antrag offensichtliche, leicht behebbare Mängel, die noch innerhalb der 2-Monatsfrist beseitigt werden können, so ist das EPA auf Grund des Vertrauensschutzes (vgl Einl Rdn 462) zu einem aufklärenden Hinweis verpflichtet, wenn dieser erwartbar war.[103] Wird ein gebotener Hinweis unterlassen, kann sich das EPA auf eine Fristversäumnis nicht berufen. Zur Beseitigung der Mängel ist dem Beteiligten auch nach Ablauf der 2-Monatsfrist eine Frist zu setzen. Innerhalb dieser gesetzten Frist behobene Mängel gelten als fristgerecht vorgenommen.[104]

39

4.3 Ergänzendes Vorbringen (*completing submission filed in due time*) des fristgerechten Sachvortrags ist zulässig, sofern die fristgerecht vorgetragenen, ursprünglichen Angaben ergänzungsbedürftig sind.[105] Sind sie es nicht, handelt es sich um ein unzulässiges Nachschieben, weil die WE auf neue Umstände gestützt wird.[106] Die nachgebrachten Tatsachen müssen sich im Rahmen des bisherigen Tatsachenvortrags halten. Wird das WE-Begehren nicht auf eine andere Grundlage gestellt,[107] ist eine nachträgliche Erläuterung unklarer und Ergänzung unvollständiger Tatsachen zulässig.[108] Ein solches Vorbringen muss auch noch nach Fristablauf berücksichtigt werden,[109] insbesondere wenn es eines Aufklärungshinweises vom Amt oder Gericht bedurft hätte[110] (vgl Rdn 38 u 163).

40

---

99 BGH VersR **95**, 933, 934;
100 BGH NJW **91**, 1359 u 1892; **92**, 697; VersR **82**, 802; **85**, 1184; BGH GRUR **08**, 837 = MDR **08**, 877 = Schulte-Kartei PatG 123 u 123a Nr 251 *Münchner Weißwurst* (Markensache, fehlender Vortrag zur Büroorganisation).
101 BGH NJW-RR **09**, 564; BPatGE **13**, 30, 33; abw BlPMZ **72**, 288 Nr 65.
102 BPatGE **33**, 24, 29 = BlPMZ **92**, 427, 430.
103 EPA GBK G 0062/97 ABl **99**, 123 (Nr 4.1) *Vertrauensschutz/UNILEVER*; J 0012/94 ABl 97 SonderA 61; J 0013/90 ABl **94**, 456; J 0025/92 EPOR **94**, 298; T 0014/89 ABl **90**, 432.
104 J 0013/90 ABl **94**, 456 (Nr 9).
105 BGH NJW **98**, 1870; BGH GRUR **05**, 971 *Schutzfristüberwachung*.
106 BGH NJW **92**, 697; BPatG GRUR **96**, 872, 873 rSp = BPatGE **36**, 106 (dort nicht abgedruckt).
107 BGH VersR **60**, 80 u 114; 64, 171; BPatGE **19**, 44; J 0005/94 ABl 95 SonderA 87.
108 BGH NJW **91**, 1892; VersR **78**, 719; J 0002/86, J 0003/86 ABl **87**, 362.
109 BGH NJW **99**, 2284; GRUR **58**, 53 *Wiedereinsetzung I*; VersR **71**, 1125; **74**, 387; **76**, 966; **79**, 1028.
110 BGH NJW **91**, 1359; **91**, 1892; **92**, 697; **00**, 365, 366; BGH GRUR **05**, 971 *Schutzfristüberwachung*; BGH NJW-RR **11**, 1284 = MDR **11**, 748; BGH NJW-RR **12**, 743.

5 Nachholung der versäumten Handlung *(completion of the omitted act)*

41 innerhalb der 2-Monatsfrist ist Voraussetzung für die Gewährung der WE. Innerhalb der Frist ist exakt die Handlung nachzuholen, die versäumt wurde. Ist eine Frist zur Stellungnahme zu einem Prüfungsbescheid versäumt worden, ist innerhalb der Frist die Stellungnahme einzureichen. Ein Fristgesuch[111] oder ein Verfahrenskostenhilfeantrag[112] genügen nicht, denn diese sind kein Äquivalent einer Stellungnahme. Nicht ausreichend ist auch eine Stellungnahme, die auf den Prüfungsbescheid überhaupt nicht eingeht. Etwaige Mängel der nachgeholten Handlung stehen der Gewährung von WE nicht entgegen, sie berühren die Zulässigkeit des WE-Antrags nicht, denn erst nach gewährter WE kann über die Wirksamkeit der nachgeholten Handlung entschieden werden.[113]

42 Die fristgerechte Nachholung kann einen Antrag entbehrlich machen, selbst wenn der Säumige die Fristversäumung nicht kannte. Sie ersetzt aber nicht die Angabe der Tatsachen, die die WE begründen sollen. Sind diese aber aktenkundig, kann WE ohne Antrag von Amts wegen allein auf Grund der Nachholung gewährt werden (s oben Rdn 17). Dem steht eine bereits ergangene Entscheidung auf Grund der Fristversäumnis nicht entgegen.

6 Glaubhaftmachung *(substantiation of the facts):*

43 Alle Tatsachen, die die WE begründen sollen, einschließlich der Rechtzeitigkeit des WE-Antrags[114] sind glaubhaft zu machen. Voller Beweis ist nicht erforderlich, überwiegende Wahrscheinlichkeit genügt,[115] pauschale Behauptungen genügen nicht.[116] So ist der bloße, unspezifizierte Hinweis auf eine Erkrankung der Anmelderin, die es ihr unmöglich gemacht habe, die Beschwerdegebühr fristgemäß zu überweisen zur Begründung eines Wiedereinsetzungsantrags nicht ausreichend.[117] Weitere Substantiierung ist unabdingbar.[118] Aber die Möglichkeit eines Verschuldens muss ausgeräumt sein.[119] Eine Erkrankung des Anwalts kann nicht nur durch ärztliches Attest glaubhaft gemacht werden; bei Krankheiten, die typischerweise plötzlich auftreten und nicht über längere Zeit anhalten, kann insoweit eine anwaltliche Versicherung ausreichen.[120]

Keine Glaubhaftmachung erforderlich für: a) Amts- oder gerichtsbekannte sowie aktenkundige Tatsachen;[121] b) Darlegung von Gründen, die ein Versehen erklären kön-

---

111 BPatGE **50**, 90 *Weiterbehandlung*; J 0016/92 ABl **95** SonderA S. 85 *Weiterbehandlung/Plaksin*; Ebenso bei Versäumung der Frist für eine Rechtsmittelbegründung: BGH v 20.03.03 – IX ZB 596/02 NJOZ **03**, 1113; BGH NJW **99**, 3051; VersR **95**, 480; **91**, 122; BFH GrS BFHE **148**, 414, 416 ff; BAG NJW **96**, 1365, 1366.
112 BGH VersR **84**, 761.
113 Anders EPA T 0167/97 ABl **99**, 488.
114 BGH VersR **92**, 636 = BeckRS 1991, 30 403 372.
115 BGH NJW **98**, 1870; VersR **86**, 463; **92**, 849.
116 BGH NJW **02**, 2107.
117 BPatG v 12.12.13 – 15 W (pat) 12/13 = BeckRS 2015, 09 591.
118 BGH NJW-RR **19**, 1394 Rn. 15.
119 BGH NJW **92**, 574; VersR **92**, 120.
120 BGH NJW **08**, 3571; BGH NJOZ **12**, 922.
121 BGH NJW **11**, 160.

nen;[122] c) Verschulden einer Angestellten, wenn ein Verstoß einer sonst zuverlässigen Kraft glaubhaft gemacht ist.[123]
2-Monatsfrist gilt für Glaubhaftmachung nicht, da sie nach § 123 (2) 2 Hs 2 auch später »im Verfahren über den Antrag« erfolgen kann,[124] ebenso nach Art 122 EPÜ.[125] Auch noch im Beschwerdeverfahren,[126] nicht dagegen im Rechtsbeschwerdeverfahren.

Glaubhaftmachung ist auf **präsente Beweismittel** beschränkt (§ 294 (2) ZPO), zu denen ein vom Gericht erst einzuholendes Sachverständigengutachten nicht zählt.[127]**Glaubhaftmachungsmittel** sind eidesstattliche Versicherungen[128] – auch eine eigene.[129] In der eidesstattlichen Versicherung ist ein eigener Sachvortrag erforderlich; die bloße Bezugnahme auf Vortrag in anderen Schriftsätzen reicht nicht aus.[130] Außerdem: Atteste, Bescheinigungen, unbeglaubigte Fotokopien,[131] Sendeprotokoll, anwaltliche Versicherungen.[132] – so kann von der Richtigkeit eines anwaltlich als zutreffend versicherten Vorbringens grundsätzlich ausgegangen werden, es sei denn konkrete Anhaltspunkte schließen es aus, den geschilderten Sachverhalt mit überwiegender Wahrscheinlichkeit als zutreffend anzusehen.[133] Allein die anwaltliche Versicherung, der Prozessbevollmächtigte habe mit dem Versuch einer Übersendung des Schriftsatzes um 23:45 Uhr begonnen, ist zur Glaubhaftmachung nicht ausreichend. Vielmehr bedarf es zusätzlich einer eidesstattlichen Versicherung des Anwalts bzw der Vorlage eines Sendeprotokolls, das den Beginn der Sendeversuche erkennen lässt.[134]

Ein Empfangsbekenntnis bescheinigt nur den Zeitpunkt des Willens, ein Schriftstück als zugestellt anzusehen, schließt aber eine mögliche, frühere Kenntnisnahme nicht aus.[135]

Glaubhaftmachungsmittel können geprüft werden, ob ihr Inhalt nach den Umständen des Einzelfalls überwiegend wahrscheinlich ist.[136]

7 Versäumung einer Frist

(*non-observance of a time limit*): Nur wenn eine Frist versäumt ist, kommt eine Wiedereinsetzung in Betracht. Eine Frist ist auch versäumt, wenn die Verfahrenshandlung zwar rechtzeitig, aber unwirksam vorgenommen wurde.[137] Dagegen scheidet WE aus,

---

122 BGH Mitt 05, 136 = NJW 05, 2625 *Glaubhaftmachung eines Versehens*.
123 BGH Mitt 06, 237 *Verstoß gegen Büroanweisung*.
124 BGH NJW 92, 1898; FamRZ 87, 925.
125 EPA T 0324/90 ABl 93, 33.
126 BGH NJW 96, 1682.
127 BGH NJW-RR 16, 574, Rn 9 = BeckRS 2015, 19 552.
128 BGH NJW 96, 1682; NJW-RR 97, 955.
129 BGHR ZPO § 236 II *Glaubhaftmachung* 5 = FamRZ 96, 408.
130 *BGH, NJW* 15, 349, Rn 19.
131 BGH NJW-RR 87, 900.
132 OLG Köln VersR 83, 711; BGH NJW 08, 3571; BGH NJOZ 12, 922.
133 BGH NJW 15, 349 *Anwaltliche Versicherung als Mittel der Glaubhaftmachung* = Mitt 15, 90 (Ls).
134 BGH GRUR 14, 707 = NJW 14, 2047.
135 BPatGE 19, 47.
136 BGH v 17.05.04 – II ZB 14/03 Schulte-Kartei PatG 123 Nr 206 *Anwaltliche Versicherung* = NJW-RR 04, 1500.
137 BGH NJW 00, 3286.

wenn sie letztlich dazu dienen soll, inhaltliche Unvollständigkeiten einer an sich fristgerecht eingereichten Rechtsmittelbegründung zu heilen.[138] Für eine bloße Verkürzung einer Frist[139] gibt es ebenso wenig eine Wiedereinsetzung wie für virtuelle Fristen.[140]

46 Ist keine Frist versäumt, ist der WE-Antrag gegenstandslos, so zB a) wenn eine Fristversäumnis irrtümlich angenommen wurde, b) wenn die Verspätung nicht nachweisbar ist,[141] c) bei einer Fristerstreckung wegen Unterbrechung der Postzustellung nach Regel 85 (2) EPÜ,[142] d) bei Entrichtung einer Gebühr mit einem geringfügigen Fehlbetrag gemäß Art 9 (1) 4 GebO (EPA)[143]

47 **Fristwahrung:** Für die Wahrung einer Frist genügt es, wenn das Schriftstück innerhalb der Frist tatsächlich in die Verfügungsgewalt der Behörde gelangt.[144] Dabei kommt es weder auf das Ende der Dienstzeit noch auf eine Entgegennahme durch den zuständigen Beamten an.

48 **Andere Rechtsbehelfe,** die die Versäumung der Frist oder den Rechtsnachteil beseitigen könnten – wie zB die Niederschlagung einer Gebühr oder die Nichtberücksichtigung geringfügiger Fehlbeträge gemäß Art 9 (1) 4 GebO (EPA) – stehen der Stellung eines WE-Antrags nicht entgegen. Eine Rangfolge der Rechtsbehelfe, die einzuhalten wäre, gibt es nicht.[145]

7.1 Frist (time limit)

49 **7.1.1 Frist gemäß § 123 PatG** sind nur Fristen, deren Versäumung nach gesetzlicher Vorschrift einen Rechtsnachteil (s Rdn 53) zur Folge hat.
Zu den gesetzlich ausgeschlossenen Fristen s Rdn 61.

50 *Nicht wiedereinsetzungsfähig* sind **a)** *Gesetzte Handlungsfristen*, die auf Grund einer gesetzlichen Norm vom DPMA oder vom BPatG erst bestimmt werden, deren fruchtloser Ablauf keinen unmittelbaren Rechtsnachteil zur Folge hat, sondern dem Amt oder Gericht nur den Erlass einer Entscheidung oder eines Verwaltungsakts ermöglichen,[146] **b)** *Nicht fristgebundene Verfahrenshandlungen,* an deren Vornahme zu einem bestimmten Zeitpunkt das Gesetz eine bestimmte Rechtsfolge knüpft, die sich mittelbar als nachteilig erweisen kann, wie zB **i)** der Nichteintritt der Ermäßigung einer Jahresgebühr wegen verspäteten Eingangs der Lizenzbereitschaftserklärung;[147] **ii)** Einreichung der Anmeldung zu einem Zeitpunkt, zu dem eine Offenbarung der Erfindung nach § 3 (4) PatG nicht mehr außer Betracht bleibt.

---

138 BGH NJW 97, 1309; BFH, Beschl v 14.11.2012 – V B 41/11 (NV) = BeckRS 2013, 94 047.
139 BGH NJW 13, 3181 Rn 7.
140 EPA GBK G 0001/97 ABl 00, 322 (Nr 2b) *Antrag auf Überprüfung/ETA.*
141 EPA J 0020/88 Schulte-Kartei EPÜ 119–122 Nr 50.
142 EPA T 0192/84 ABl 85, 39.
143 EPA J 0011/85 ABl 86, 1.
144 BVerfG NJW 91, 2076; BVerfGE 69, 381, 385 (= NJW 86, 244); 41, 323, 328 (= NJW 76, 747); 40, 42, 44 (= NJW 75, 1405).
145 J 0011/85 ABl 86, 1, 6.
146 ZB BPatGE 31, 29 = BlPMZ 90, 205 (Frist zur Bestellung eines Inlandsvertreters).
147 BPatGE 4, 122.

DPMA und BPatG gegenüber muss die Frist einzuhalten sein. Fristen gegenüber dem BGH für eine Rechtsbeschwerde oder Berufung bestimmen sich nach §§ 233 ff ZPO (vgl § 106 (1) 1 und § 110 Rdn 17).

7.1.2 Frist gemäß Art 122 EPÜ: Nach Art 122 (1) EPÜ sind grundsätzlich sowohl Fristen, die das EPÜ selbst festlegt, als auch Fristen, deren Dauer das EPA bestimmt, wiedereinsetzungsfähig. Jedoch ist eine Wiedereinsetzung nach Regel 136 (3) EPÜ für alle Fristen ausgeschlossen, für die eine Weiterbehandlung nach Art 121 EPÜ beantragt werden kann. Der Regelrechtsbehelf gegen die Versäumung von Fristen ist daher die Weiterbehandlung und nicht mehr die Wiedereinsetzung (s Rdn 64).

7.2 Rechtsverlust durch Fristversäumnis (right prejudiced in consequence of the non-observance of a time limit)

7.2.1 Rechtsnachteil gemäß § 123 PatG ist jede Verschlechterung der Rechtslage, die ohne die Fristversäumnis nicht eingetreten wäre. Ob dies der Fall ist, ist nach objektiven Kriterien zu beurteilen.[148] Eine Verschlechterung der Rechtslage liegt immer vor, wenn die Vorschrift für den Fall der Nichteinhaltung der Frist (*generell einen Nachteil*) vorsieht. Es kommt nicht darauf an, ob sich die Rechtsfolge im konkreten Einzelfall als nachteilig oder – aus welchen Gründen auch immer – ggf sogar als Vorteil erweist.[149] Besondere rechtliche oder wirtschaftliche Umstände oder Verfahrenslagen des konkreten Einzelfalls haben daher außer Betracht zu bleiben. Zu vergleichen ist nur die Rechtslage, die die Vorschrift generell für die Rechtslage vor und nach der Versäumung der Frist vorsieht.

Unmittelbar muss der Rechtsnachteil durch das Ereignis eintreten, das die Fristversäumnis verursacht hat.[150] Beruht der Rechtsnachteil nicht auf dem unverschuldeten Umstand, sondern auf einer späteren Entscheidung, so fehlt es an der Ursächlichkeit zwischen Fristversäumnis und Rechtsnachteil[151] (s Rdn 68).

Beispiele für Rechtsnachteil: 1. Verlust der Anmeldung oder des Patents, weil eine Gebühr nicht oder verspätet oder ohne den tarifmäßigen Zuschlag gezahlt wurde oder weil die Erfinderbenennung (§ 37 (2) 4) oder die Übersetzung einer fremdsprachigen Anmeldung (§ 35 (2) Nr 2 S 2) nicht fristgerecht eingereicht wurde; **2.** Fiktion der Rücknahme oder Nichtstellung einer Verfahrenshandlung (zB des Recherche- oder des Prüfungsantrags, gemäß § 43 (2) 4 und 44 (3)); **3.** Eintritt der Fälligkeit eines Zuschlags, zB nach § 7 (1) PatKostG;[152] **4.** Fiktion der Nichtabgabe einer Teilungserklärung gemäß § 39 (3) und § 60 (1) 3 PatG aF; **5.** verspätetes Entstehen des Entschädigungsanspruchs (vgl Art II § 1 IntPatÜG, s dazu Anhang 1); **6.** Fiktion des Nichteintritts der Wirkungen eines europ Patents für die BRD (Art II § 3 (2) IntPatÜG, s dazu Anhang 1); **7.** Verwirkung einer Priorität (§ 41 (1) 3) oder Fiktion der Nichtabgabe einer Prioritätserklärung (§ 40 (4)).

---

148 Vgl BPatG v 20.12.12 – 10 W (pat) 28/10 *Haltemodul für Rollkugeln* = BeckRS 2013, 05 707.
149 BGH GRUR 99, 574, 575 *Mehrfachsteuersystem*.
150 BPatGE **47**, 151 (IIB2b) *Rollrechen*.
151 Vgl BPatG v 20.12.12 – 10 W (pat) 28/10 *Haltemodul für Rollkugeln*.
152 BPatGE 1, 15, 20; PA BlPMZ **55**, 90; zu § 17 (3) PatG aF.

56 **7.2.2 Unmittelbarer Rechtsverlust gemäß Art 122 EPÜ** *(loss of right as direct consequence of the non-observance of the time limit)* ist nach Art 122 (1) EPÜ Voraussetzung für eine Wiedereinsetzung. Dieser kann bestehen in der Zurückweisung eines Antrags, dem Verlust der Anmeldung, des Patents, eines Rechtsmittels oder eines sonstigen Rechts.

57 **Sonstiges Recht iSd Art 122 (1) EPÜ** *(loss of any other right)*: a) Möglichkeit der zuschlagsfreien Zahlung einer Gebühr, b) Verlust der Rechtsposition des rechtzeitigen Eingangs eines Schriftstücks gemäß Regel 133 EPÜ (= Regel 84a EPÜ aF), c) Verlust des Prioritätsrechts nach Aufforderung gemäß Regel 53 (3) (= Regel 38 EPÜ aF), d) Fiktion der Streichung der Bezugnahmen auf Zeichnungen gemäß Regel 56 (= Regel 43 EPÜ aF), e) Versäumung der 16-Monatsfrist der Regel 31 (2) a (= Regel 28 (2) a EPÜ aF), weil danach die Angaben gemäß Regel 31 (1) c und d (= Regel 28 (1) c und d EPÜ aF) nicht mehr vorgenommen werden können.[153]

Ist für den Verlust eines sonstigen Rechts ein Antrag auf Weiterbehandlung gemäß Art 121 EPÜ zulässig, so ist eine Wiedereinsetzung gemäß Regel 136 (3) EPÜ ausgeschlossen.

58 *Mittelbare Folgen* berechtigen nicht zur Wiedereinsetzung, wie bspw die Versäumung der 16-Monatsfrist gemäß Regel 52 EPÜ (= Regel 38 EPÜ aF), die zunächst nur zur Aufforderung der Nennung des Aktenzeichens der Voranmeldung gemäß Regel 59 führt.[154] Erst wenn der Anmelder auf diese Aufforderung nicht rechtzeitig reagiert, tritt für ihn ein Rechtsnachteil (Art 90 (5) EPÜ) ein.

59 **7.2.3 Grundsatz der Verhältnismäßigkeit** findet bei der Prüfung des Antrags grundsätzlich keine Anwendung.[155] Ein Rechtsverlust tritt auch dann ein, wenn die Frist nur um 1 Tag versäumt wurde. Jedoch kann bei der Bewertung, ob eine Verletzung der im Verkehr üblichen Sorgfalt vorliegt, die Schwere des Rechtsverlusts – endgültiger Verlust von Anmeldung oder Patent – mitberücksichtigt werden.[156] Dies gilt nicht für Sorgfaltspflichtverletzungen von professionellen Vertretern wie Anwälten.[157]

60 **7.3 Wiedereinsetzungsfähige Fristen gemäß § 123 PatG** sind:
a) im PatG die Fristen der § 16 (1) 2, § 35 (1) 1, § 35 (2) Nr 2 Satz 2, § 37 (2) 4, § 39 (3), § 40 (4), § 41 (1), § 43 (2) 5, § 44 (2) u (3), § 59 (2) 1–3, § 73 (2) 1 (wenn Anmelder oder Patentinhaber Beschwerdeführer ist), § 81 (6), 85 (4), § 123 (2) 1.
b) im IntPatÜG die Fristen des Art II § 3 (1), Art II § 9 (2), Art III § 4 (2)[158]
c) im PCT die Fristen des Art 47 iVm Art 48 (2) und § 123.[159]
d) 12-Monatsfrist für die Inanspruchnahme der Unionspriorität gemäß Art 4 C PVÜ[160] sowie für die Inanspruchnahme einer Priorität gemäß § 41 (2).

---

153 T 0227/97 ABl 99, 495.
154 J 0001/80 ABl 80, 289; EPA-PrüfRichtl 11/2015 A III 6.5.3.
155 T 0439/06 ABl 07, 491; T 1651 ABl 07 SonderA Nr 6 S 47.
156 J 0022/92 ABl 95 SonderA 90; BPatG v 10.05.12 – 10 W (pat) 13/11 = Schulte-Kartei PatG 123 u 123a Nr 295.
157 BPatG v 10.05.12 – 10 W (pat) 13/11 = Schulte-Kartei PatG 123 u 123a Nr 295.
158 BPatG v 10.09.13 10 W (pat) 13/13 = BeckRS 2013, 17 845.
159 BPatGE 25, 8; 26, 1, 9.
160 Seit 1.11.98, vgl amtl Begr zum 2. PatGÄndG BlPMZ 98, 393, 407 zu Nr 31.

7.4 Nicht wiedereinsetzungsfähige Fristen

7.4.1 § 123 (1) PatG nimmt folgende Fristen ausdrücklich aus:
a) Frist des § 59 (1) zur **Erhebung des Einspruchs** sowie die Frist gemäß § 6 (1) 1 PatKostG zur **Entrichtung der Einspruchsgebühr**.[161]
b) Monatsfrist des § 73 (2) für eine **Beschwerde des Einsprechenden** gegen die Aufrechterhaltung des Patents sowie die Frist zur **Entrichtung der Beschwerdegebühr**.[162] WE dagegen möglich in die versäumte Beschwerdefrist bei Verwerfung des Einspruchs als unzulässig;
c) Monatsfrist des § 7 (2) PatG zur Einreichung einer **Nachanmeldung des Einsprechenden**;
d) **12-Monatsfrist des § 40 (1)** zur Einreichung einer Nachanmeldung des Anmelders zur Inanspruchnahme einer **inneren Priorität**. Die 2-monatige Frist des § 40 (4) zur Inanspruchnahme der inneren Priorität ist der Wiedereinsetzung zugänglich.

7.4.2 § 123 a (3) PatG schließt Wiedereinsetzung in die Monatsfrist gemäß § 123a (2) für einen Antrag auf Weiterbehandlung sowie für die Frist zur Zahlung der Weiterbehandlungsgebühr nach § 6 (1) 1 PatKostG aus.

7.4.3 Darüber hinaus soll auch eine WE in die Frist zur Abgabe einer Teilungserklärung nach § 39 (1) PatG nicht statthaft sein, da diese Vorschrift für die Teilung der Anmeldung keine Frist im Sinn des § 123 (1) Satz 1 PatG enthält.[163]

7.5 EPA: Ausschluss der Wiedereinsetzung (no re-establishment of rights):

7.5.1 Regelrechtsbehelf der Weiterbehandlung: Regel 136 (3) EPÜ schließt generell eine Wiedereinsetzung für alle Fristen aus, für die eine Weiterbehandlung nach Art 121 EPÜ beantragt werden kann. Das sind alle dem EPA gegenüber einzuhaltenden Fristen, deren Versäumung für den Anmelder (nicht für den Patentinhaber oder Einsprechenden) einen Rechtsnachteil für seine europäische Patentanmeldung (nicht seines Patents) mit sich bringt. Im Anmeldeverfahren tritt somit der Antrag auf Weiterbehandlung an die Stelle der früher möglichen Wiedereinsetzung. Nur für Fristen, für die ein Antrag auf Weiterbehandlung ausgeschlossen ist, kommt eine Wiedereinsetzung in Betracht.

Zulässigkeit einer Wiedereinsetzung ergibt sich im Umkehrschluss zu Regel 136 (3) für alle Fristen, für die eine Weiterbehandlung ausgeschlossen ist, es sei denn, eine Wiedereinsetzung ist ebenfalls ausgeschlossen (s Rdn 65). Zu den Fristen, für die eine Weiterbehandlung ausgeschlossen ist, siehe § 123a Rdn 8.

7.5.2 Von der Wiedereinsetzung ausgeschlossene Fristen:
a) **2-Monats- und Jahresfrist für den Antrag gemäß Regel 136 (1) EPÜ auf Wiedereinsetzung** *(Art 122 (4) EPÜ und Regel 136 (3) EPÜ).*

---

161 So schon früher: BGH GRUR 05, 184 *Verspätete Zahlung der Einspruchsgebühr*; BPatGE 47, 170 *Lampenkolbenglas*; 47, 285 *Einspruch als Handlung*; 48, 1 *Fördergutspeicher*.
162 So schon früher: BGH GRUR 84, 337 *Schlitzwand*; BPatGE 1, 137.
163 So BPatG v 12.06.18 – 19 W (pat) 33/17 – Abstandsberechnung = Mitt **18**, 498 (der BGH hat in seiner Entscheidung über die zugelassene Rechtsbeschwerde zu dieser Frage nicht Stellung genommen, vgl GRUR 19, 766.

b) Fristen, die nicht der Anmelder oder Patentinhaber einzuhalten hat, wie die Frist der Regel 37 für die Übermittlung europäischer Patentanmeldungen an das EPA.[164]

66 c) Versäumung von Fristen durch den Einsprechenden, da Art 122 EPÜ grundsätzlich nicht für den Einsprechenden gilt. Daher keine Wiedereinsetzung in die 9-Monatsfrist zur Einlegung des Einspruchs[165] und in die Beschwerdefrist für den Einsprechenden.[166] Wegen des Grundsatzes der Gleichbehandlung der Beteiligten an einem Verfahren kann dem Einsprechenden dagegen Wiedereinsetzung in die 4-Monatsfrist des Art 108 Satz 3 EPÜ für die Begründung der Beschwerde gewährt werden.[167]

8 Verhinderung an der Fristeinhaltung

67 § 123 setzt voraus, dass der Säumige an der Einhaltung der Frist verhindert war, also muss der vorgetragene WE-Grund die Vornahme der versäumten Verfahrenshandlung innerhalb der Frist tatsächlich unmöglich gemacht haben. Eine Verhinderung idS liegt nicht vor, wenn entweder das vorgetragene Ereignis objektiv nicht geeignet ist, an der Fristwahrung zu hindern, oder wenn ein solcher, äußerer Umstand überhaupt nicht dargetan ist, wie zB im Fall des bewussten Verstreichenlassens einer Frist.[168]

68 **Ursächlichkeit:** Die Fristversäumnis muss gerade auf dem vorgetragenen, unverschuldeten Umstand beruhen.[169] Kommen für die Fristversäumung insoweit mehrere Gründe in Betracht, deren Zusammenwirken zur Versäumung der Frist geführt haben können, ist innerhalb der Antragsfrist zu jeder von ihnen vorzutragen.[170] War nicht das vorgetragene Ereignis kausal oder war neben dem vorgetragenen, unverschuldeten Umstand auch ein verschuldeter Umstand ursächlich, so scheidet eine WE aus. Daher keine WE, wenn der Beteiligte oder dessen Vertreter auch nur eine nach den Umständen vermeidbare Ursache für die Fristversäumung gesetzt hat,[171] es sei denn, dass die Frist auch ohne den verschuldeten Umstand versäumt worden wäre.[172] Sonst ist es gleichgültig, ob an der Fristversäumnis auch unverschuldete Umstände mitgewirkt haben.[173] Ein unzureichender Vortrag ist unschädlich, wenn eine WE von Amts wegen möglich ist (s Rdn 17).

9 Verschulden

69 umfasst Vorsatz und jede Art von Fahrlässigkeit. Fahrlässig handelt nach § 276 (1) 2 BGB, wer die im Verkehr übliche Sorgfalt außer Acht lässt. Auch leichte Fahrlässigkeit[174] und ein Mitverschulden[175] schließen eine Wiedereinsetzung aus.

---

164 J 0003/80 ABl 80, 92; J 18/04, ABl 06, 560.
165 T 0702/89 ABl 94, 472.
166 T 0210/89 ABl 91, 433.
167 EPA GBK G 0001/86 ABl 87, 447 *Wiedereinsetzung des Einsprechenden/VOEST ALPINE*; T 0290/89 ABl 91, 433; T 0702/89 ABl 94, 472.
168 BGHZ 2, 347; BGH JR 73, 470; BPatG Mitt 73, 176; T 0413/91 ABl 93 SonderA 60.
169 BGH NJW 97, 3242; NJW-RR 97, 955; 97, 1289; Mitt 05, 233 *Kanold*.
170 BGH v 27.03.13 – III ZB 84/12 = BeckRS 2013, 12 248.
171 BGH GRUR 74, 679 *Internes Aktenzeichen*.
172 BGH VersR 80, 88.
173 Vgl BPatGE 19, 44 = BlPMZ 76, 253.
174 BGH VersR 85, 139 mwN.
175 BGH NJW-RR 01, 1072.

EPA: Art 122 EPÜ stellt nicht auf Verschulden ab, sondern auf die »Beachtung aller nach den gegebenen Umständen gebotenen Sorgfalt« *(all due care required by the circumstances).* Aus diesem Unterschied ergibt sich aber für die Zurechnung eines Fehlverhaltens der Partei oder ihres Vertreters im deutschen und europäischen Recht keine sachliche Abweichung, denn wer die gebotene Sorgfalt nicht beachtet, handelt zumindest leicht fahrlässig.

Personen: Nur das Verschulden der Partei, ihres gesetzlichen Vertreters (§ 51 (2) ZPO) und ihres Bevollmächtigten (§ 85 (2) ZPO) (s Rdn 77) schließt eine WE aus, nicht das Verschulden Dritter, insbesondere des Büropersonals (s Rdn 82). Bei mehreren Vertretern genügt das Verschulden eines Vertreters.

9.1 Sorgfalt (all due care)

9.1.1 Grundsatz: Die Anforderungen an die Sorgfalt werden wesentlich durch den Sinn und Zweck des Instituts der Wiedereinsetzung bestimmt.[176] Einerseits dienen die Fristen dem möglichst effektiven und reibungslosen Ablauf des Verfahrens vor dem DPMA, BPatG und EPA. Andererseits folgt aus dem Prinzip des Rechtsstaats, dass der Bürger einen Anspruch auf effektiven Rechtsschutz hat, der einen freien Zugang zu den Gerichten voraussetzt.[177] Bei der Entscheidung über ein Wiedereinsetzungsbegehren bedarf es daher einer sorgfältigen Abwägung dieser widerstreitenden Interessenlagen, die ein hohes Maß an Augenmaß erfordert, damit die Anforderungen an die Zumutbarkeit der Fristenwahrung nicht überspannt werden.[178] Die Wahrung der Einzelfallgerechtigkeit und des rechtlichen Gehörs lassen es nicht zu, dass eine Partei mit formalen Anforderungen einer Verfahrensordnung unverhältnismäßig belastet wird.[179] Daher ist jede Art von Kleinlichkeit bei der Entscheidung, ob der Rechtssuchende die nötige Sorgfalt angewendet hat, zu vermeiden.[180]

9.1.2 Maßstab für die zu fordernde Sorgfalt

ist die übliche Sorgfalt eines ordentlichen Verfahrensbeteiligten, die dieser im konkreten Einzelfall angewendet haben würde. Dabei sind zu berücksichtigen:

a) *Person des Säumigen:* Das Maß der Sorgfalt bestimmt sich nach der Person des Säumigen,[181] dh die entsprechenden Anforderungen sind bei einem Einzelanmelder, bei der Patentabteilung eines größeren Unternehmens oder bei einem Anwalt[182] unterschiedlich stark ausgeprägt. Nur was objektiv von einer vergleichbaren, ordentlichen

---

176 Vgl dazu BVerfG NJW **95**, 711 *Versehen des Gerichts.*
177 BVerfG Mitt **02**, 376, 377 rSp *Stillschweigende Verlängerung der Berufungsbegründungsfrist* = NJW-RR **02**, 1007.
178 *BVerfG NJW* **08**, 2167.
179 BVerfG Mitt **02**, 376, 377 rSp *Stillschweigende Verlängerung der Berufungsbegründungsfrist* = NJW-RR **02**, 1007.
180 BGH GRUR **08**, 837 *Münchner Weißwurst* (Markensache); BGH NJW-RR **16**, 507 = BeckRS 2016, 03 900.
181 BGH NJW **85**, 1710; VersR **82**, 495; **83**, 374; BPatGE **24**, 127; **24**, 140, 142; T 1962/08 v 12.12.10 (Überwachungssystem für größere Betriebe).
182 BGH NJW **14**, 700 Rn 13; BGH NJW-RR **16**, 636, Rn 9 *Anforderungen an die Überwachung der Angestellten* = BeckRS **2016**, 05 285; BGH Beschl. v. 12.12.20 – IV ZB 23/19, IV ZB 24/19; BeckRS 2020, 1903 Rn. 13.

Person im Einzelfall erwartet werden kann, ist Grundlage für das Maß der zu fordernden Sorgfalt. Rein persönliche Eigenschaften des Säumigen im konkreten Fall – zB unordentlicher Charakter – bleiben außer Betracht.

Für die Vermeidung einer Fristversäumnis kommt es also nicht darauf an, dass sie durch eine objektiv mögliche Sorgfalt, sondern durch die dem Säumigen zumutbare Sorgfalt erreicht worden wäre. Jede Partei ist verpflichtet, für den ordnungsgemäßen Fortgang des Verfahrens zu sorgen, zB sich nach Form und Frist zu erkundigen[183] oder einen Anwalt hinzuziehen[184] oder als Fremdsprachler sich ausreichende Kenntnisse in der Amtssprache zu verschaffen.[185] Wird ein Vertreter hinzugezogen, müssen beide ausreichende Sorgfalt beobachten.[186]

75 **b)** *Gesamtheit der Umstände des Einzelfalles;*[187]

76 **c)** *Sinn der Wiedereinsetzung*, die auf einer Abwägung der Erfordernisse der Rechtssicherheit gegen die Forderung nach materieller Gerechtigkeit beruht. Sie dient der Verwirklichung der Einzelfallgerechtigkeit und der Gewährleistung des rechtlichen Gehörs. Daher dürfen die *Anforderungen an die Sorgfalt nicht überspannt* werden[188] (s oben Rdn 72).

9.2 Vertreter von Verfahrensbeteiligten (representatives)

77 Im Verfahren vor dem DPMA, BPatG und EPA[189] steht das Verschulden eines gesetzlichen Vertreters (§ 51 (2) ZPO) oder eines Bevollmächtigten (§ 85 (2) ZPO[190]) dem Verschulden des Verfahrensbeteiligten gleich.

78 **Vertretungsdauer** beginnt mit der Bevollmächtigung und endet mit deren Erlöschen, beim Anwalt mit der Annahme des Mandats[191] (nicht bereits mit dem Zugang des Auftrags) bis zu dessen Niederlegung[192] oder Kündigung.[193]

79 **Beispiele für Vertreter: a)** Jeder Verfahrensbevollmächtigte, wie RA und PA, deren Untervertreter, zB zur Wahrnehmung eines Termins; **b)** Vertreter gemäß § 46 PatAnwO und § 53 BRAO;[194] **c)** Angestellter und freie Mitarbeiter des bevollmächtigten Anwalts, wenn sie mit der selbständigen Bearbeitung eines Verfahrens betraut wurden und nicht als bloße Hilfsarbeiter in untergeordneter Funktion tätig gewor-

---

183 BGH NJW 97, 1989.
184 BGH NJW-RR 92, 97; VersR 93, 377; FamRZ 91, 425; 92, 300; J 0023/87 EPOR 88, 52.
185 BPatG BlPMZ 05, 359 L *Stromabschaltungs-Schutzschaltung*.
186 J 0003/93 ABl 95 SonderA 92; T 0366/98 EPOR 00, 512.
187 T 0287/84 ABl 85, 333.
188 St Rspr des BVerfG NJW 95, 711; 97, 2941; BGH NJW-RR 16, 636, Rn 9.
189 J 0005/80 ABl 81, 343; J 0027/90 ABl 93, 422.
190 BGH GRUR 00, 1010 (II2e) *Schaltmechanismus*.
191 BGHZ 47, 320, 322; 50, 82, 83.
192 BGH VersR 92, 378; BGH NJW 08, 2713.
193 BGH VersR 92, 378, 379.
194 BGH NJW 94, 2957.

den sind;[195] **d)** Verkehrsanwalt;[196] **e)** Urlaubsvertreter;[197] **f)** alle Anwälte einer Sozietät, wenn diese beauftragt ist,[198] auch wenn ein Anwalt nicht Sachbearbeiter ist oder war;[199] **g)** der den Verkehr mit dem Verfahrensbevollmächtigten führende Nichtanwalt;[200] **h)** der mit einer Verfahrenshandlung Beauftragte;[201] **i)** der Leiter einer Patentabteilung;[202] **k)** ausländisches Patentbüro[203] und ausländische Vertreter;[204] **l)** Zustellungsbevollmächtigter;[205] **m)** der vollmachtslose Vertreter bei späterer Genehmigung;[206] **n)** Leiter einer Patentabteilung, der mit seiner Unterschrift Verantwortung übernimmt.[207]

Beispiele für Vertreter vor EPA: a) zugelassener Vertreter (Art 134 EPÜ); **b)** Rechtsanwalt (*legal practitioner, advocate*) gemäß Art 134 (8) EPÜ; **c)** amerikanischer Patentvertreter eines Anmelders ohne Sitz in einem Vertragsstaat, der mit einem zugelassenen Vertreter zusammen arbeitet.[208]

80

Keine Vertreter, für deren Handeln der Anmelder oder Patentinhaber deshalb nicht einzustehen braucht, sind Personen, die in der Sache zwar tätig, aber nicht bevollmächtigt sind: **a)** Büropersonal oder Angestellte des bevollmächtigten PA oder RA;[209] **b)** nicht unterbevollmächtigter Mitarbeiter,[210] wie freier Mitarbeiter oder angestellter Anwalt, der nicht Sozietätsmitglied ist. Der bevollmächtigte Anwalt muss sich aber deren Handlungen aus dem Gesichtspunkt der Pflichtenübertragung zurechnen lassen;[211] **c)** Ersatzpersonen bei der Zustellung iSd § 181 ZPO,[212] zB Ehefrau;[213] **d)** Beauftragter zur Gebührenzahlung;[214] **e)** Einsprechender, der im Auftrag eines Dritten handelt, wenn sein Auftreten als missbräuchliche Gesetzesumgehung anzusehen ist;[215] **f)** Personen, die ohne Zulassung zur Anwaltschaft als Rechtsanwalt auftreten und deren Rechtshandlungen wegen der Löschung in der Liste der zugelassenen Anwälte unwirksam sind.[216]

81

195 BGH NJW-RR 93, 893; BVerwGE 86, 1178; BGH NJW 01, 1575; BGH NJW-RR 04, 993 = Schulte-Kartei PatG 123 Nr 203 *Angestellter Rechtsanwalt.*
196 BGH NJW 82, 2447; BPatGE 41, 130, 132.
197 BGH VersR 75, 1150.
198 BGH NJW 71, 1801; 91, 2224; 95, 1841.
199 BGH VersR 75, 1028.
200 BPatGE 13, 87.
201 BPatGE 13, 204, 207.
202 BPatGE 7, 230, 232.
203 BPatGE 1, 132.
204 BPatG Mitt 68, 157.
205 BPatGE 1, 132, 135.
206 RGZ 138, 346, 354.
207 BPatGE 40, 42.
208 J 0003/88 ABl 89 SonderA 25.
209 J 0003/88 ABl 89 SonderA 25.
210 BGH NJW-RR 92, 1019.
211 BGH VersR 95, 194, 195.
212 BSG NJW 63, 1645.
213 BPatGE 2, 202, 206; OVG Münster NJW 95, 2508.
214 BPatGE 18, 196; J 0027/90 ABl 93, 422.
215 EPA GBK G 0003/97 ABl 99, 245 *Einspruch in fremdem Auftrag/INDUPACK* und G 0004/97 ABl 99, 270 *Einspruch in fremdem Auftrag/GENENTECH.*
216 BGH NJW-RR 08, 1290.

82 **9.3 Hilfspersonen** *(assistants)* darf ein Beteiligter oder ein Vertreter zur Erledigung normaler Büroarbeiten einsetzen. Wo die Grenze zwischen selbstständiger Bearbeitung des Rechtsstreits und lediglich untergeordneter Hilfstätigkeit verläuft, richtet sich nach den gesamten Umständen des jeweiligen Einzelfalls.[217] Versagen von Hilfspersonen wird dem Verfahrensbeteiligten oder seinem Vertreter nicht zugerechnet, wenn folgende Voraussetzungen erfüllt sind:

83 a) *Auswahl einer qualifizierten Hilfskraft (choice of a suitable person)*, die zur Erledigung der ihr übertragenen Aufgaben in der Lage ist;
84 b) *Unterweisung der Hilfsperson* in ihre Aufgaben *(proper instruction in the tasks to be performed)*, Belehrung über Zustellung und Fristen ist erforderlich;
85 c) *Überwachung in vernünftigem Umfang (reasonable supervision).* Anfänger bedürfen intensiver Kontrolle, während bei erfahrenen Kräften Stichproben genügen können, deren Häufigkeit von der Zuverlässigkeit des Angestellten[218] und der Bedeutung der ihm übertragenen Arbeiten abhängt.[219]
86 d) *Übertragung geeigneter Aufgaben*, insbesondere von *Routinearbeiten (routine tasks).* Andere als Routinesachen dürfen den Bürokräften nicht zur selbständigen Erledigung übertragen werden, insbesondere solche Arbeiten nicht, für die es der Qualifikation des Anwalts selber bedarf,[220] die also typischerweise in den *Verantwortungsbereich eines Anwalts* fallen,[221] wie zB die Ausarbeitung einer Patentanmeldung,[222] die komplizierte Berechnung von Fristen[223] oder Prüfung von Schriftsätzen vor Unterzeichnung auf Vollständigkeit, inhaltliche Richtigkeit[224] und richtige Adresse.[225]

Beispiele für Routinearbeiten: 1. Schreiben von Briefen nach Diktat;[226] 2. Ausgangskontrolle ausgehender Post[227] einschließlich Prüfung auf Unterschriften;[228] 3. Aufgabe eines Fax[229] und Prüfung des Sendeprotokolls;[230] 4. Führung des Fristenka-

---

217 BGH GRUR-RR 14, 470 *Sozius*.
218 BGH VersR 94, 369, 370; T 0309/88 Schulte-Kartei EPÜ 119–122 Nr 48; T 836/09 v 17.02.10.
219 BGH NJW 72, 2269; VersR 71, 1145; MDR 88, 479; BGH NJW-RR 13, 304; zur einschlägigen Rspr der BK vgl T 1149/11 v 20.9.11; BGH NJW-RR 13, 572.
220 BGH NJW 91, 1179; 91, 2082; VersR 95, 69, 70; BPatGE 37, 241; 41, 130; J 0005/80 ABl 81, 343.
221 BPatGE 37, 241.
222 BPatGE 37, 241, 244 (für Markenanmeldung).
223 BGH NJW 94, 2551; BGH GRUR 11, 357.
224 BGH VersR 82, 191; 82, 769; 86, 1209; BGH NJW 12, 1591 BPatG v 17.09.12 – 10 W (pat) 22/09 = Mitt 13, 98; bestätigt durch BGH GRUR 14, 102 *Bergbaumaschine*.
225 BGH VersR 93, 1381.
226 Prüfung auf Diktat- und Übertragungsfehler obliegt Anwalt: BGH NJW 96, 393.
227 BGH NJW-RR 94, 510 (Lehrling); VersR 71, 454; 79, 1028; BGH v 17.10.00 – X ZB 25/99 *Wiedereinsetzung, Ausgangskontrolle* = Schulte-Kartei PatG § 123 Nr 179; BGH NJW-RR 13, 304, Rn 10.
228 BVerfG NJW 96, 309; BGH NJW 75, 56; 85, 1226; 96, 998; NJW-RR 96, 245; BGH NJW-RR 20, 313 Rn. 23.
229 *BGH NJW 94, 329; 96, 309; BGH NJW-RR 04, 711 Wiedereinsetzung, Einzelanweisung (2)*; BGH Mitt 08, 285 L *Fax durch Büropersonal*; BGH NJW-RR 14, 634; EPA T 1062/96 RsprBK/EPA 06, 444.
230 BGH VersR 96, 778.

lenders, der auch durch Computer geführt werden kann,[231] abendliche Überprüfung des Fristenkalenders;[232] 5. **Berechnung und Notieren einfacher Fristen**, und deren Überwachung;[233] 6. **Vorlage von Terminsachen**; 7. **Jahresgebührenüberwachung**;[234] 8. **Absenden unterzeichneter Schreiben**,[235] Überbringen von Schriftsätzen zum Gericht oder zur Post, auch durch Ehefrau des Anwalts;[236] 9. Überprüfen der zutreffenden **Gebührenhöhe**;[237] 10. Ausführung von **Einzelanweisungen** des Anwalts, siehe Rdn 93.

Sind die Voraussetzungen zu a bis d erfüllt, dann sind gleichwohl vorkommende Fehler einer Hilfsperson für den Beteiligten oder den Vertreter unverschuldet. Die Erfüllung dieser Voraussetzungen muss substantiiert dargelegt werden, summarische Behauptungen reichen nicht.[238] 87

Büroersatzkräfte (substitutes), die eine erkrankte oder verhinderte Hilfsperson vertreten, müssen grundsätzlich die gleichen Anforderungen erfüllen.[239] Bei ausreichender Kontrolle darf aber auch eine unerfahrene Bürokraft eingesetzt werden.[240] 88

9.4 Sorgfalt des Anwalts: Hat ein Anwalt eine Frist versäumt, obwohl er die übliche und objektiv erforderliche Sorgfalt eines ordentlichen Anwalts angewendet hatte, so kann Wiedereinsetzung gewährt werden.[241] Der Anwalt muss die von ihm unter den gegebenen Umständen zu erwartende und ihm zumutbare Sorgfalt anwenden.[242] Die Anforderungen an die Sorgfaltspflicht dürfen nicht überspannt werden.[243] Kann ein Verschulden des Anwalts ausgeschlossen werden, kann WE gewährt werden, nicht dagegen, wenn die Möglichkeit offen bleibt, dass die Fristversäumung verschuldet war.[244] Er ist aber nur verantwortlich für Fehler, die in seinem Einflussbereich liegen, nicht dagegen für Fehler, auf deren Entstehung er keinen Einfluss hat. 89

Der Anwalt muss in allen **Zweifelsfällen** selbst tätig werden[245] und sich anhand der Fachliteratur (Kommentare, Zeitschriften[246]) informieren.[247] Bei zweifelhafter Rechtslage muss er so handeln, wie es bei einer für seine Partei ungünstigen Entscheidung 90

---

231 BGH NJW 95, 1756.
232 BGH VersR 93, 772; BGH NJW 15, 2041.
233 BGH GRUR 01, 411 (II2) *Wiedereinsetzung V*; BGH NJW-RR 97, 55, 697, 759; 98, 1526; NJW 03, 1815; BGH NJW-RR 04, 350 = Schulte-Kartei PatG 123 Nr 208 *Komplizierte Fristberechnung*; EPA T 0309/88 ABl 91 SonderA 40.
234 Vgl J 0027/90 ABl 93, 422; BPatGE 26, 116.
235 EPA T 1062/96 RsprBK/EPA 06, 444.
236 BPatG Mitt 06, 574 L *Ehefrau als Bote*.
237 BPatGE 44, 180 = Mitt 02, 354 *Abhaken*.
238 BGH VersR 76, 933; BPatG Mitt 76, 219; T 0013/82 ABl 83, 411.
239 J 0016/82 ABl 83, 262; T 0105/85 EPOR 87, 186.
240 BGH NJW 96, 319; BGH NJW-RR 14, 634.
241 BGH NJW 85, 1710; VersR 82, 495; 83, 374, 375.
242 BGH NJW 88, 2672; 90, 1239: RA und PA obliegt grundsätzlich die gleiche Sorgfaltspflicht BGH GRUR 01, 411 (II1) *Wiedereinsetzung V*; T 1149/11 v 20.9.11.
243 BGH NJW 82, 2670.
244 BGH NJW 92, 574; 96, 319; 97, 327; 97, 1860.
245 BGH NJW 55, 1358.
246 BGH NJW 79, 877.
247 BGH BlPMZ 66, 73 *Benachrichtigung*; BPatGE 16, 50.

erforderlich wäre.[248] Kommen **mehrere Maßnahmen in Betracht**, muss er die sicherste und gefahrloseste wählen.[249]

91 **Vorsorge** muss ein Anwalt treffen a) für den Fall der Störung des normalen Geschäftsablaufs;[250] b) für den Fall seiner Verhinderung,[251] zB durch Erkrankung[252] oder mehrtägiges Fernbleiben[253] oder Urlaub,[254] zumindest durch eine allgemeine Anweisung für das Büro, welcher Vertreter hinzuzuziehen ist;[255] c) für den Fall der Verhinderung seiner Angestellten durch eine geeignete **Vertretungsregelung** (siehe unten Rdn 131). Dies gilt auch für den Einzelanwalt.[256]

92 **Überörtliche Sozietät:** Verantwortung liegt bei dem postulationsfähigen Anwalt, der die Partei vertritt, auch wenn einem anderen Mitglied der Sozietät die Beratung der Partei obliegt.[257] Für einen **Zusammenschluss von Rechts- und Patentanwälten** gilt für die Fristwahrung der normale Sorgfaltsmaßstab.[258]

93 **Einzelanweisung:** Ein der Partei zuzurechnendes Verschulden ihres Anwalts an der Fristversäumung ist grundsätzlich nicht gegeben, wenn der Anwalt einer Kanzleiangestellten, die sich bisher als zuverlässig erwiesen hat, eine konkrete Einzelanweisung erteilt, die bei Befolgung die Fristwahrung gewährleistet hätte.[259] Dass eine konkrete Einzelanweisung befolgt wird, darauf darf sich ein Anwalt verlassen,[260] es sei denn, es liegen besondere Fallumstände vor, die zu einem erhöhten Fehlerrisiko führen.[261] Der Anwalt ist also grundsätzlich nicht verpflichtet, die ordnungsgemäße Ausführung einer Einzelanweisung zu überprüfen.[262] Dies gilt jedoch nicht, wenn er in der gleichen

---

248 BGHZ **5**, 275, 279; **8**, 47, 55; VersR **74**, 751; BGH GRUR **01**, 271 *Kreiselpumpe* für die Frist für den Antrag auf Wiedereinsetzung von 2 Wochen nach § 234 (1) ZPO oder von 2 Monaten nach § 123 (2) 1 PatG.
249 BGH GRUR **95**, 45 (II2b) *Prüfungsantrag*; NJW **88**, 1079; NJW-RR **90**, 1241; OLG München Mitt **99**, 475.
250 BPatGE **3**, 223.
251 BGH NJW **58**, 995; MDR **61**, 305; BPatGE **10**, 307, 310.
252 BGH NJW **15**, 171; BGH NJW-RR **20**, 122 Rn. 11 f.; BGH NJW-RR **19**, 1340 Rn. 11.
253 BGH LM Nr 72 zu § 233 ZPO.
254 BGH GRUR **08**, 280 *Mykoplasmennachweis*.
255 BGH VersR **68**, 850; **94**, 1207.
256 BGH NJW-RR **19**, 1207 Rn. 11; NJW **20**, 157 Rn. 12.
257 BGH NJW **94**, 1878.
258 BGH NJW **99**, 142 = Mitt **99**, 320 L *Notierung der Berufungsbegründungsfrist*.
259 StRspr: BGH VersR **96**, 348; NJW-RR **98**, 1360; **02**, 60; **02**, 1289; NJW **00**, 2823; BGH Mitt **04**, 134 L *Wiedereinsetzung, Einzelanweisung (1)*; BGH NJW-RR **04**, 711 = Schulte-Kartei § 123 Nr 205 *Wiedereinsetzung, Einzelanweisung (2)*; BGH NJW **08**, 526 = Mitt **08**, 91 L *Mündliche Einzelanweisung*; BGH NJW-RR **12**, 428; MDR **11**, 1442; BGH NJW-RR **13**, 572.
260 BGH Mitt **04**, 94 L *Mündliche Einzelanweisung*; BGH NJW **97**, 1930; MDR **03**, 763; BGH NJW-RR **07**, 127 = Schulte-Kartei PatG 123 u 123a Nr 242; BGH NJW-RR **11**, 1686.
261 BGH NJOZ **16**, 265, Rn 13 ff = BeckRS **2015**, 18 579.
262 BGH VersR **82**, 471; BGH MDR **03**, 763; BGH NJW-RR **04**, 711 = Schulte-Kartei § 123 Nr 205 *Wiedereinsetzung, Einzelanweisung (2)*.

Sache mehrere Einzelanweisungen erteilt.²⁶³ Wird eine Fristeintragung nur mündlich angewiesen, muss für eine korrekte Eintragung vorgesorgt sein.²⁶⁴

Patentanwalt: Für ihn gelten die gleichen Anforderungen an die Sorgfalt wie für einen Rechtsanwalt.²⁶⁵   94

Büroorganisation: Ein Anwalt hat sein Büro so zu organisieren, dass Fristversäumnisse bei normalem Ablauf bei Beobachtung seiner Weisungen nicht vorkommen können.²⁶⁶ Die allgemeine Anweisung, wonach die Kanzleimitarbeiter »bei Unklarheiten« Rücksprache mit dem Anwalt halten müssen, reicht insoweit nicht aus,²⁶⁷ da sie in Zweifelsfällen einen Beurteilungsspielraum eröffnet.²⁶⁸ Eine einmalige Fehlleistung lässt keine Rückschlüsse auf einen allgemeinen Organisationsmangel zu.²⁶⁹   95

Bei uneinheitlicher Rspr des BGH zu den Anforderungen an die Büro/Kanzleiorganisation, genügt ein Anwalt nur dann dem Gebot des sichersten Weges, wenn er sich an der strengeren Auffassung ausrichtet.²⁷⁰

Einzelheiten zum Umfang der Anwalts-Sorgfalt: 1. **Führung eines Fristenkalenders**²⁷¹ durch geeignete Kräfte,²⁷² in den die zu wahrende Frist (für die Verfahrenshandlung und die Zahlung einer etwaigen Gebühr²⁷³) einzutragen ist,²⁷⁴ und zwar mit einer angemessenen **Vorfrist**.²⁷⁵ Eine **Kalenderführung durch Computer** muss die gleiche Sicherheit wie ein herkömmlicher Fristenkalender bieten.²⁷⁶ Dann bedarf es daneben nicht eines schriftlichen Kalenders, sofern für Störfälle Vorsorge getroffen ist;²⁷⁷ 2. **Eigenverantwortliche Prüfung der Frist** durch den Anwalt ist nicht bei jeder Vorlage,²⁷⁸ aber bei Vorlage zur Bearbeitung der fristgebundenen Angelegenheit erforderlich,²⁷⁹ nicht erst bei Beginn der Bearbeitung.²⁸⁰ Er muss aber nur die Einhaltung der Frist prüfen, wegen der ihm die Sache zur Bearbeitung vorgelegt wurde, nicht   96

---

263 BGH VersR 95, 558; BGH NJW-RR 04, 711 = Schulte-Kartei § 123 Nr 205 *Wiedereinsetzung, Einzelanweisung (2)*.
264 BGH NJW-RR 08, 928 = Mitt 08, 219 L *Mündliche Weisung einer Fristeintragung*.
265 BGH GRUR 01, 411 *Wiedereinsetzung V*; GRUR 04, 80 (II2b) *Zeitpunkt der Berufungsbegründung*.
266 BVerwG NJW 75, 228; BGH NJW 10, 3305; T 1149/11 v 20.9.11; BPatG v 17.09.12 – 10 W (pat) 22/09 = Mitt 13, 98; bestätigt durch BGH GRUR 14, 102 *Bergbaumaschine*.
267 BPatG v 17.09.12 – 10 W (pat) 22/09 = Mitt 13, 98; bestätigt durch BGH GRUR 14, 102 *Bergbaumaschine*.
268 BGH GRUR 14, 102 *Bergbaumaschine* = Mitt 14, 98 = GRUR-Prax 14, 15.
269 BVerfG Mitt 2000, 73 (BI2d Abs 3) *Kurierdienst*; BGH NJW-RR 12, 380.
270 BGH NJW 11, 312; BGH NJW 14, 1390 = MDR 14, 176.
271 BGH VersR 76, 937.
272 BGH NJW 74, 2282; VersR 80, 142.
273 BPatG Mitt 76, 219.
274 *BPatG GRUR 74*, 354.
275 BGH NJW 94, 2551; 94, 2831; 95, 2831; 95, 1682; 97, 2825; 97, 3242; BlPMZ 52, 438; BGH GRUR 01, 411 (II2) *Wiedereinsetzung V*; BPatG GRUR 74, 354.
276 BGH NJW 95, 1756; 99, 582.
277 BGH NJW 97, 327.
278 BGH NJW 99, 2048; NJW-RR 99, 429; VersR 71, 1125; 74, 548.
279 BGH NJW-RR 99, 2680; NJW-RR 90, 830; NJW 97, 1311; 97, 1708; BGH GRUR 04, 80 (II2b); BGH Mitt 04, 328 *Frist für Prozesshandlung*; 05, 187 *Fristenprüfung*; T 0439/06 ABl 07, 491; T 1561/05 ABl 07 SonderA Nr 6 S 47.
280 BGH NJW 92, 84; 92, 841; 92, 1632.

auch die Einhaltung sämtlicher anderen Fristen;[281] Wird dem Anwalt eine Fristsache vorgelegt, muss er die Einhaltung seiner Anweisung zur Berechnung und Notierung laufender Rechtsmittelfristen einschließlich deren Eintragung in den Fristenkalender eigenverantwortlich prüfen, wobei die Prüfung der Handaktenvermerke ausreicht.[282] **3. Löschung im Fristkalender** erst nach Erledigung der fristwahrenden Maßnahme,[283] nicht bevor das Schriftstück postversandfertig ist;[284] **4. Prüfung der Erledigung der Fristsachen** anhand des Kalenders durch Bürokraft am Ende eines jeden Arbeitstages;[285] **5.** Überwachung der Absendung fristwahrender Schriftsätze durch eine **End- oder Ausgangskontrolle**;[286] eine Nachfrage über den Eingang eines rechtzeitig abgesandten Schreibens ist nicht erforderlich,[287] es sei denn, es bestehen begründete Zweifel an einer ordnungsgemäßen Postbeförderung[288] oder dem Anwalt werden entsprechende Fehler des Kanzleipersonals offenbar;[289] **6. Prüfung einer Eingabe auf Vollständigkeit**, wenn diese für Fristwahrung notwendig ist;[290] **7. eigene Berechnung unüblicher Fristen**[291] oder bei Zweifeln über den Fristbeginn;[292] **8.** Unterweisung und periodische **Kontrolle des Personals** (s Rdn 85). Zu einer allgemeinen Überwachung der Angestellten darauf, ob Anweisungen ausgeführt werden, ist der Anwalt nicht verpflichtet.[293]

97 **Beispiele für Sorgfaltsverletzung des Anwalts: 1.** Bloße Unterzeichnung eines Empfangsbekenntnisses und alles weitere dem Bürovorsteher[294] bzw der Kanzleikraft[295] überlassen; **2.** Unterlassen der eigenen Prüfung des Posteingangs;[296] **3.** Vertrauen auf den Erfolg eines Vertagungsantrags;[297] **4.** lediglich mündliche Weisung an eine Angestellte zur Überweisung einer erforderlichen Beschwerdegebühr;[298] **5.** Unterlassen der Vorsorge für geeignete Vertretung bei Urlaub oder Krankheit eines Büroangestellten[299] (zur Vertretungsregelung s Rdn 132); **6.** Unterlassen der Überprüfung der Büroorganisation bei Häufung von Fristenversäumnissen;[300] **7.** mangelnde Sorgfalt bei der Aus-

---

281 BPatG GRUR 09, 93 = BlPMZ 08, 177 *Dreidimensionale Daten*.
282 BGH Beschl. v. 26.9.2019 – III ZR 282/18, Rn. 9; Beschl. v. 19.2.2020 – XII ZB 458/19, Rn. 13; BGH NJW 19, 2028 Rn. 11.
283 BGH VersR 91, 1309; BGH Mitt 91, 200 L; BGH FamRZ 91, 423; 92, 296; BPatG v 17.09.12 – 10 W (pat) 22/09 = Mitt 13, 98; bestätigt durch BGH GRUR 14, 102 *Bergbaumaschine*.
284 BGH VersR 71, 446; 71, 480; 76, 962; 81, 463.
285 BGH NJW-RR 92, 1277.
286 BGH NJW 93, 732; 91, 830; 91, 1178; BPatGE 32, 32; BGH NJW-RR 13, 506; BGH NJW-RR 13, 572.
287 BVerfG NJW 92, 38; BGH NJW 90, 188; 67, 1568.
288 BGH NJW 93, 1332; 93, 1333.
289 BGH NJW-RR 13, 304, Rn 11.
290 BGH GRUR 79, 626 *Elektrostatisches Ladungsbild*; NJW 99, 1006.
291 BPatGE 9, 128, 132; 16, 50; BGH Mitt 04, 188 (Ls).
292 BGH VersR 75, 854.
293 BGH NJW-RR 13, 304, Rn 11.
294 BGH NJW 80, 1846 *Zeugenerfolgshonorar*.
295 BGH NJW-RR 12, 122.
296 BPatG BlPMZ 86, 41 u 73; BGH NJW 74, 861; BPatGE 41, 130, 132.
297 BGH BlPMZ 86, 251 *Rechtsbeschwerde/Vertretungsmangel*.
298 BPatGE 28, 94.
299 BGH VersR 85, 574.
300 BGH VersR 85, 270.

wahl von Ersatzkräften, die regelmäßig Hilfspersonen im Falle von Urlaub, Krankheit etc vertreten sollen;[301] **8.** Unterlassen der Übermittlung von Verwaltungsakten des DPMA an den Mandaten auch nach dessen Weisung, in der Sache nichts mehr zu unternehmen;[302] **9.** wenn der Anwalt errechnete Fristen seinem Personal nur mitteilt, ohne sicherzustellen, dass sie auch notiert werden;[303] **10.** keine Befreiung des Anwalts von eigener Verantwortung durch Anweisung an Personal, Fristwahrung zu kontrollieren und ihn an Erledigung zu erinnern;[304] **11.** großer Arbeitsanfall vermag Anwalt nicht zu entschuldigen;[305] **12.** Versäumung der Beschwerdebegründungsfrist gemäß Art 108 S 3 EPÜ, weil ein Dokument nicht zur Verfügung stand, wenn die Begründung auch ohne dieses angefertigt werden kann.[306]

Keine Sorgfaltsverletzung des Anwalts: 1. Absehen von vorsorglicher Einlegung einer Beschwerde oder vorsorglicher Entrichtung von Gebühren.[307] Ist der Anwalt dagegen mit der Einlegung der Beschwerde[308] oder der Entrichtung von Gebühren[309] beauftragt, so muss er alles tun, damit eine WE nicht notwendig wird; **2.** Verzicht auf nochmalige Vorlage eines Schriftsatzes, in dem der Anwalt eine Korrektur angeordnet hatte;[310] **3.** Freistellung von routinemäßigen Büroarbeiten;[311] **4.** Fehler bei Handlungen, zu denen der Anwalt nach der Rechtsprechung nicht verpflichtet ist, zB Anruf bei Gericht über Eingang eines Schreibens[312] oder doppelte Fristenkontrolle;[313] **5.** Unterlassen einer Nachfrage, ob ein rechtzeitig abgesandter Schriftsatz auch wirklich eingegangen ist[314] oder ob eine klare Weisung an zuverlässiges Hilfspersonal auch ausgeführt ist;[315] **6.** Vertrauen auf langjährige Praxis der Rechtsprechung;[316] **7.** Vertrauen auf die Befolgung seiner – auch mündlich erteilten – Anweisungen in Routinesachen.[317] Es besteht dann keine Verpflichtung, sich in jedem Einzelfall von der tatsächlichen Ausführung zu überzeugen.[318] Es müssen jedoch Vorkehrungen dagegen getroffen werden, dass lediglich mündlich erteilte Weisungen in Vergessenheit geraten und ihre Ausführung deshalb unterbleibt.[319]

98

---

301 J 0016/82 ABl **83**, 262.
302 BPatGE **15**, 42.
303 BGH NJW **92**, 574; BGH NJW-RR **12**, 293.
304 BGH NJW **92**, 841.
305 T 0167/90 Schulte-Kartei EPÜ 119–122 Nr 59.
306 T 0250/89 ABl **92**, 355.
307 BPatGE **13**, 87, 91; aA BPatG Mitt **69**, 39.
308 BGH NJW **74**, 2321.
309 BPatGE **16**, 116.
310 *BGH Mitt 83, 33 unrichtige Adressierung (2)*; BGH Mitt **83**, 34 *unrichtige Adressierung (1)*.
311 BGH VersR **74**, 385; NJW **64**, 106.
312 BGH NJW **90**, 188.
313 BGH NJW **92**, 1047.
314 BVerfG NJW **92**, 38; BGH NJW **90**, 188; **67**, 1568.
315 BGH NJW **91**, 1179.
316 BVerfG NJW **93**, 720.
317 BGH NJW **95**, 1682; **96**, 130; **97**, 1930; NJW-RR **97**, 58; **97**, 955.
318 BGH NJW **97**, 1930; BGH NJW-RR **13**, 304, Rn 11.
319 BGH NJW **14**, 700.

10 Gebühr für die Wiedereinsetzung *(fee for re-establishment)*

99 sieht nur das EPÜ, nicht jedoch das PatG vor.

100 Regel 136 (1) 3 EPÜ bestimmt, dass ein Wiedereinsetzungsantrag erst als gestellt gilt, wenn die vorgeschriebene Gebühr[320] gezahlt ist. Ein rechtzeitig eingereichter Antrag gilt daher als nicht gestellt, wenn die Gebühr erst nach Ablauf der 2-Monatsfrist entrichtet wurde. Eine verspätete Zahlung der Gebühr ist ausnahmsweise unschädlich, wenn nach dem Vertrauensgrundsatz (s Einl Rdn 462) der Antragsteller berechtigterweise erwarten konnte, dass das EPA ihn auf die fehlende Zahlung hinweist.[321]

101 Rückzahlung der Gebühr – wie nach Regel 103 für die Beschwerdegebühr – sieht das EPÜ nicht vor. Sie kommt nur in Betracht a) wenn ein Rechtsgrund für die Zahlung fehlte, also wenn kein Antrag gestellt war; b) wenn der Antrag nur vorsorglich gestellt wurde, der Antrag also gegenstandslos ist, weil keine Frist versäumt wurde[322] oder die Säumnis bereits anderweit behoben war,[323] zB durch einen Antrag auf Weiterbehandlung gemäß Art 121 EPÜ.

102 Keine Rückzahlung a) nach Ermessen oder Billigkeit; b) für unzulässige Anträge, denn auch diese sind gebührenpflichtig.[324]

IV. Einzelfälle aus der Rechtsprechung

103 zur Wiedereinsetzung in alphabetischer Reihenfolge:

104 **Abwesenheit** *(absence)*: Nach der Rspr des BVerfG[325] braucht der Bürger vor einer nur vorübergehenden Abwesenheit von seiner sonst ständig benutzten Wohnung keine besonderen Vorkehrungen wegen möglicher, aber zeitlich ungewisser Zustellungen zu treffen. Normale Vorkehrungen, die auch bei Anwesenheit zu verlangen sind, wie zB ordnungsgemäßer Briefkasten, müssen immer getroffen sein.[326]

105 Die kurzfristige (= bis zu 6 Wochen) urlaubsbedingte, also idR jährlich einmalige Abwesenheit braucht nicht in die allgemeine Ferienzeit zu fallen. Für diese Zeit ist weder ein Nachsendeauftrag noch die Bestellung eines Zustellungsbevollmächtigten oder die Zuziehung einer Person seines Vertrauens zur Entgegennahme von Zustellungen erforderlich. Das gilt nicht, wenn die Abwesenheit beruflich bedingt und häufig ist[327] oder länger dauert.[328]

---

320 Art 2 Nr 13 GebOEPÜ.
321 T 0014/89 ABl **90**, 432; J 0041/92 ABl **95**, 93 (2.4); zu restriktiv T 0690/93 Schulte-Kartei EPÜ 300 Nr 140.
322 T 0069/86 und T 0243/86 Schulte-Kartei EPÜ 300 Nr 12 u 6.
323 J 0012/87 ABl **89**, 366 zu Regeln 85a oder 85b EPÜ aF.
324 AA ohne Begründung T 0301/96 v 5.3.97.
325 BVerfGE **37**, 100; **40**, 88; **40**, 182; NJW **75**, 1355; **76**, 1537; **77**, 542.
326 BVerfG NJW **75**, 1537.
327 BGH VersR **75**, 344 (Matrose auf See).
328 BGH VersR **79**, 573.

Erreichbar muss ein Beteiligter sein, wenn notwendige Kontakte mit seinem Vertreter, **106**
dem Patentamt oder Gericht zu erwarten waren.[329]

Ein **Einzelanwalt** ohne eigenes Personal muss für seine Vertretung sorgen. Für unvor- **107**
hergesehene Krankheiten muss er geeignete Vorkehrungen für eine eventuelle Vertretung treffen.[330] Bei kurzfristiger krankheitsbedingter Verhinderung an der Wahrnehmung eines Termins muss der Anwalt alles ihm Mögliche und Zumutbare veranlassen, um dem Gericht rechtzeitig seine Verhinderung mitzuteilen, um so eine Vertagung zu ermöglichen.[331]

Änderung der Rechtsprechung (*change of jurisprudence*): Auf eine langjährige Praxis **108**
der Rechtsprechung darf man vertrauen.[332] Bezieht sich die Änderung auf die Vornahme fristgebundener Handlungen (zB Einlegung der Beschwerde, Zahlung der Gebühren), so kann das in einer Übergangszeit WE-Grund sein.[333]

Auszubildende dürfen mit Notierung und Überwachung von Fristen grundsätzlich **109**
nicht ohne Kontrolle des Anwalts oder geeigneter Kräfte betraut werden.[334]

Der Sorgfalt bei der Verwendung eines **Computers** wird genügt[335]: a) wenn für ein **110**
funktionstüchtiges Gerät gesorgt ist; b) wenn das Gerät ordnungsgemäß bedient wird; c) wenn die korrekte Adresse des Empfängers eingegeben wird; d) wenn so rechtzeitig mit der Übermittlung begonnen wird, dass unter normalen Umständen mit dem Abschluss der Übermittlung noch vor 24 Uhr des letzten Fristtages gerechnet werden kann.
Ereignisse, die trotz der Beachtung von a-d auftreten, und die die fristgerechte Übermittlung unmöglich machen, sind unverschuldet, so zB ein nicht vorhersehbarer Absturz des Computers[336] oder ein technischer Mangel des Geräts des Adressaten (s Rdn 149).
Einmaliges Versehen (*isolated oversight*) siehe unter »Isolierter Fehler« Rdn 129.

E-Mail: Übermittelt ein Anwalt die Berufungsbegründung einschließlich seiner eigen- **111**
händigen Unterschrift in Form einer Bilddatei als E-Mail-Anhang an das Berufungsgericht, so ist die Frist nur dann gewahrt, wenn die angehängte Bilddatei noch vor Fristablauf ausgedruckt wird.[337] Der bloße Eingang der E-Mail auf der Geschäftsstelle nach Ende der Dienstzeit genügt dagegen nicht.[338]

---

329 BGH VersR **95**, 810.
330 BGH NJW **14**, 228 *Vorkehrungen für den Krankheitsfall*.
331 *BGH NJW-RR* **16**, 60 Rn, 6 ff *Schuldhafte Säumnis trotz plötzlicher Erkrankung*.
332 BVerfG NJW **93**, 720; J 0022/86 ABl **87**, 280.
333 BPatGE **1**, 15, 20; **6**, 196, 198.
334 BGH NJW **07**, 3497 = Mitt **08**, 42 L *Fristüberwachung durch Auszubildende*; BGH NJW-RR **13**, 506.
335 BVerfG NJW **96**, 2857 = Mitt **96**, 281; BGH NJW-RR **01**, 916; BGH NJW-RR **04**, 283 = Schulte-Kartei PatG 123 Nr 197 *Scheitern der Übermittlung durch Fax*.
336 OLG Celle v 30.06.03 – 14 U 49/03 Schulte-Kartei PatG 123 Nr 202.
337 BGH NJW **19**, 2096 Rn. 9 ff.
338 BGH NJW **15**, 1027, Rn 17 = BeckRS **2015**, 02 353.

112 Anwalt muss selbst E-Mails ebenso wie eingehende Post daraufhin überprüfen, ob sie fristenrelevant sind.[339] Wenn Vertreter eine E-Mail-Adresse auch für fristrelevante Post angibt, muss zumindest am Ende eines jeden Geschäftstags der E-Mail-Eingang überprüft werden (Ausfiltern einer E-Mail aufgrund Fehler des Mailfilters).[340]

113 Beanstandet das Gericht eine Beschwerdeeinlegung mittels E-Mail nicht rechtzeitig und hinreichend deutlich, kann ein Verschulden der Partei an der Versäumung der Beschwerdefrist zu verneinen sein.[341]

114 Elektronische Arbeitsmittel: Ist der Zugriff auf einen ausschließlich elektronisch geführten Fristenkalender wegen eines technischen Defekts vorübergehend (einen ganzen Arbeitstag) nicht störungsfrei gewährleistet, kann die Sorgfaltspflicht des Anwalts die Umstellung auf eine manuelle Fristenkontrolle gebieten.[342]
Bei erkennbar fehlerhafter Funktionsweise des verwendeten Spracherkennungssoftware beim Anfertigen von Schriftsätzen, muss der Anwalt dies bei der Berechnung des Zeitraums für den Beginn der Telefaxübertragung fristgebundener Schriftsätze an das Gericht berücksichtigen.[343]
Aus der Praxis des Anwalts, die Handakte ausschließlich elektronisch zu führen, darf sich gegenüber der herkömmlichen Praxis keine geringere Überprüfungssicherheit ergeben.[344]

115 Empfangsbekenntnis *(receipt)* siehe unten Rdn 161.
Einzelanweisung des Anwalts an zuverlässige Büroangestellte siehe Rdn 93.

116 Elektronische Signatur: Geht ein elektronisches Dokument deshalb nicht fristgerecht bei Gericht ein, weil das verwendete Zertifikat im Zeitpunkt der Signatur noch nicht »freigeschaltet« war, kann es dem Anwalt nicht als Verschulden zur Last gelegt werden, dass er die Signaturverordnung nicht kennt, deren Adressat in erster Linie die Zertifizierungsstellen sind. Konnte er berechtigterweise davon ausgehen, eine wirksame Signatur erstellt zu haben, ist Wiedereinsetzung in den vorigen Stand zu gewähren.[345]
Muss bei einem elektronisch übermittelten Schriftsatz eine qualifizierte elektronische Signatur verwendet werden, darf diese grundsätzlich nur durch den vertretungsberechtigten Anwalt erfolgen. Wird die Signatur unter Verwendung der Signaturkarte des berechtigten Anwalts weisungsgemäß durch das Kanzleipersonal vorgenommen, ohne dass der Anwalt den Inhalt des betreffenden Schriftsatzes geprüft und sich zu eigen gemacht hat, liegt lediglich eine nicht fristwahrende Scheinsignierung vor. Eine WE scheidet in diesen Fällen aufgrund des anwaltlichen Organisationsfehlers aus.[346]

---

339 KG Mitt 06, 188.
340 T 1289/10 v 13.4.11.
341 BGH v 11.06.15 – I ZB 64/14, Rn 15 = BeckRS 2015, 12 068.
342 BGH NJW 15, 2038 *Ausfall des elektronischen Fristenkalenders* = Mitt 15, 344 (Ls).
343 BGH NJW-RR 15, 1196.
344 BGH NJW 14, 3102 *Elektronische Aktenführung* = Mitt 14, 522 Ls.
345 BGH NJW 10, 2134.
346 BGH NJW 11, 1294 = WM 11, 478 = BGHZ 188, 38 *Elektronische Signatur*.

Falschbelehrung der Behörde, die zu einer unzutreffenden Fristberechnung führt, ist ein WE-Grund (vgl auch Rdn 143).[347] Kausalität zwischen dem Belehrungsmangel und der Fristversäumung muss gegeben sein.[348] Auch eine anwaltlich vertretene Partei darf sich im Grundsatz auf die Richtigkeit einer Belehrung durch das Gericht verlassen.[349] Wenn der Beteiligte allerdings anwaltlich vertreten ist, ist der Rechtsirrtum regelmäßig verschuldet und verhindert eine WE weil ein anwaltlich vertretener Beteiligter für die zutreffende Information über seine Rechtsmittelmöglichkeiten keiner Unterstützung durch eine Rechtsbehelfsbelehrung bedarf.[350] Einer unrichtigen Rechtsbelehrung kommt eine scheinbar alle Einzelheiten enthaltende Belehrung gleich, auf deren Richtigkeit und Vollständigkeit sich der Empfänger verlässt.[351] Entschuldbar ist das Vertrauen auf einen Hinweis, der infolge einer zwischenzeitlichen Änderung der Rechtsprechung unrichtig ist.[352] Auf eine bestehende Praxis, deren Gesetzmäßigkeit später in Zweifel gezogen wird, darf man sich verlassen.[353]

117

Fehler des Patentamts (*mistake by the Patent Office*): Druckfehler im Patentblatt,[354] falsche Angabe von Daten, deren Zugrundelegung für die Fristberechnung nicht vorwerfbar ist, berechtigt zur WE. Auf die Richtigkeit von Verwaltungsakten des Patentamts darf man sich grundsätzlich verlassen, sofern ihre Unrichtigkeit nicht ohne weiteres erkennbar ist.[355]

118

Ein **Vertrauen wird nicht geschützt**, a) wenn Formulare ersichtlich unvollständig sind;[356] b) grundsätzlich darf man auf gerichtliche Auskünfte vertrauen,[357] aber nicht, wenn eine Geschäftsstelle einem Anwalt eine Auskunft erteilt, die ersichtlich unrichtig ist.[358]

Fax siehe unter »Telefax«.

Fehler des Gerichts und anderer staatlicher Stellen: Beruht die Fristversäumnis maßgeblich auf einem Fehler des Gerichts oder anderen staatlichen Stellen, dürfen für die Beteiligten daraus keine Verfahrensnachteile abgeleitet werden. Die Anforderungen an eine Wiedereinsetzung sind in solchen Fällen mit besonderer Fairness zu handhaben.[359] Einreichung der Rechtsmittelschrift bei unzuständigem Gericht ist zwar als relevante Sorgfaltspflichtverletzung anzusehen, die vom Gericht unterlassene Weiterleitung an das zuständige Gericht verstößt jedoch gegen den Grundsatz des fairen Verfahrens und lässt die Kausalität der Pflichtverletzung für die Fristversäumung entfallen.[360] Das

119

---

347 RGZ 129, 173, 175; 145, 250, 252; BGH NJW 93, 3206; BGH NJW-RR 04, 1714; BGH NJW 12, 2443.
348 BGH MDR 12, 928; BGH NJW 12, 2443.
349 BGH NJW 93, 3206; BGH NJW-RR 04, 408.
350 BGH NJW-RR 10, 1297; BGH NJW 12, 453; BGH MDR 12, 928.
351 BPatGE 11, 230; 13, 204, 209.
352 BPatGE 27, 212.
353 J 0022/86 ABl 87, 280.
354 RGZ 125, 58, 63.
355 BPatGE 16, 4 = BlPMZ 74, 195.
356 BPatG Mitt 86, 115.
357 EPA T 0428/98 ABl 01, 494 *Wiedereinsetzung/KLIMA*.
358 BGH GRUR 95, 50 *Success*.
359 BVerfG NJW 08, 2167.
360 BGH NJW-RR 14, 1; BGH NJW-RR 14, 699, Rn 13; BGH NJW 14, 3159.

Gericht trifft aber keine weitergehenden Verpflichtungen, etwa zur beschleunigten Weiterleitung oder zur Information des Anwalts per Telefon oder Fax.[361]
Ein unterlassener Hinweis des Gerichts (§ 139 ZPO) kann den Anspruch des Antragstellers auf rechtliches Gehör verletzen und WE begründen, wenn dessen Vortrag im Wiedereinsetzungsantrag in einem wesentlichen Punkt ersichtlich unklar oder unvollständig ist.[362]

120 **Finanzielle Schwierigkeiten** (*financial hardship*): Unverschuldete finanzielle Schwierigkeiten können ein Grund für die Gewährung von WE sein, wenn die Mittellosigkeit der betroffenen Partei für die Fristversäumung kausal geworden ist[363] und der Antragsteller sich mit der gebotenen Sorgfalt um finanzielle Unterstützung bemüht hat.[364] (s auch Rdn 134 Mittellosigkeit).

121 **Fristausnutzung bis zum letzten Tag** 24 Uhr ist das Recht eines jeden Bürgers.[365] Wegen des damit verbundenen Risikos wird seine Sorgfaltspflicht erhöht.[366] Dieser genügt aber ein Beteiligter, wenn er den fristgebundenen Schriftsatz zu einem Zeitpunkt auf den Weg bringt, an dem er unter normalen Umständen davon ausgehen kann, dass er den Empfänger am letzten Tag noch erreicht[367] oder wenn er am letzten Tag der Frist eine Blitzüberweisung tätigt, deren Ausführung ihm die angewiesene Bank noch für denselben Tag bestätigt. Wird die berechtigte Erwartung enttäuscht, trifft den Beteiligten kein Verschulden an der Fristversäumnis.[368]
Wird eine Frist bis zum letzten Tag ausgeschöpft, kann sich der Anwalt nicht auf unterlassene gerichtliche Hinweise betreffend eines Formmangels berufen.[369]
Wird eine Frist bis zum letzten Tag ausgeschöpft, dann ist von dem Anwalt eine erhöhte Sorgfalt zu verlangen, um sicherzustellen, dass die Gebührenzahlung rechtzeitig erledigt wird und damit auch rechtzeitig beim Empfänger eingeht.[370]
Gelingt es dem Vertreter trotz zahlreicher Anwählversuche nicht, einen Antrag auf Fristverlängerung am letzten Tag per Telefax an eine vom Gericht genannte Telefaxnummer zu übermitteln, so kann verlangt werden, dass er über den Internetauftritt des Gerichts nach einer weiteren Telefaxnummer recherchiert und dann diese Nummer anwählt.[371]

122 **Fristenberechnung** und Notierung darf ein Anwalt einer gut ausgebildeten, als zuverlässig erprobten und sorgfältig überwachten Angestellten (nicht einer Auszubilden-

---

361 BGH NJW-RR 14, 2.
362 BGH NJW-RR 15, 1196 = BeckRS 2015, 05 677.
363 BGH NJW-RR 16, 507 Rn 10.
364 J 0022/88 ABl 90, 244; J 0011/83 Schulte-Kartei EPÜ 119–122 Nr 38 (offen gelassen).
365 StRspr des BVerfG NJW 75, 1405; 94, 1854; 92, 1952; 91, 2076; 86, 244; BGH NJW 97, 2825 für WE in WE-Frist; BGH Mitt 03, 238 *Postlaufzeit*.
366 BGH Mitt 99, 76 = NJW 98, 2677 *Ausnutzung einer Frist*; BGH NJW 06, 2637 *Erhöhte Sorgfaltspflicht*; BGH v 09.04.08 – I ZB 101/06 (Tz 11) Mitt 08, 285 (Ls) = Schulte-Kartei PatG 123 u 123a Nr 250 *Fax durch Büropersonal*.
367 BVerfG NJW 92, 38; 83, 1479; 80, 769.
368 BPatG Mitt 10, 486 (Markensache).
369 BGH NJW 19, 2230 Rn. 28.
370 BPatG v 25.04.19 – 17 W (pat) 38/17 = BeckRS 2019, 10781, Rn 23.
371 BGH – VII ZB 25/12 = NJW-Spezial 12, 703 *Pflicht zur Recherche alternativer Faxnummern*.

den[372]) überlassen, sofern es sich um einfache und im Büro geläufige Fristen handelt und dem Personal eindeutige Anweisungen gegeben wurden.[373]

Fristenkontrolle muss so organisiert sein, dass bei einwandfreier Handhabung durch das Büropersonal eine Frist nicht versäumt wird.[374] Gleichwohl durch Fehler des Büropersonals entstehende Fristversäumnisse sind für den Anwalt unverschuldet. Eine wirksame Fristenkontrolle wird unterlaufen, wenn die Fristenlöschung durch eine Bürokraft ohne Vorliegen der Akte und ohne eine direkte Einzelanweisung des Anwalts erfolgt, sondern auf bloße Mitteilung einer anderen Bürokraft, die betreffende Frist solle gelöscht werden.[375] Welche Organisation der Kontrolle gewählt wird (Kalender, EDV), ist dem Anwalt überlassen,[376] sie muss nur »wasserdicht« sein, also bei Befolgung die Gewähr bieten, dass Fristen nicht versäumt werden können. Schwachstellen müssen sofort nach Erkennen repariert werden (s Rdn 129). Eine doppelte Kontrolle einer Frist ist nicht erforderlich.[377] Jedoch muss sicher gestellt sein, dass an die Erledigung der notierten Frist zuverlässig erinnert wird.[378] Für Fristennotierung und -überwachung darf nur *eine*, qualifizierte Kraft zuständig sein,[379] nicht eine Auszubildende.[380]

Im Kalender ist immer das tatsächliche Ende der Frist einzutragen.[381] Der bloße Vermerk einer Vorfrist genügt nicht.[382] Eine Frist darf erst gelöscht werden, wenn das fristwahrende Schreiben postfertig oder im Ausgangsfach liegt.[383] Die fristgemäße Erledigung kann durch Abhaken im Kalender dokumentiert werden.[384] Auf die Befolgung einer schriftlichen oder mündlichen Anordnung, eine Frist einzutragen, darf sich ein Anwalt verlassen.[385] Nur ausnahmsweise muss ein Anwalt die Fristenkontrolle persönlich durchführen,[386] zB bei Ausfall von 2 der 3 Bürokräfte.[387] Besteht in einer Kanzlei aber die Möglichkeit, dass ein Anwalt selbst Fristen streicht, und bleibt offen, wer eine Frist zu Unrecht gestrichen hat, muss der Anwalt ein eigenes Verschulden ausräumen und ggf zu den kanzleiinternen Maßnahmen zur Vermeidung von Kompetenzüberschneidungen Stellung nehmen.[388]

---

372 BGH NJW 07, 3497 = Mitt 08, 42 L *Fristüberwachung durch Auszubildende*.
373 BGH NJW 03, 1815; NJW-RR 97, 55; 98, 1526; BGH Mitt 04, 188 *Komplizierte Fristberechnung*; BGH NJW 11, 1080; BGH NJW 14, 1390 = MDR 14, 176.
374 BGH NJW-RR 14, 440 *Gegenkontrolle der Fristennotierung*.
375 BGH NJW 15, 2041 = Mitt 15, 344 (Ls).
376 BGH NJW-RR 93, 1213.
377 BGH NJW 00, 3006; 03, 435.
378 EPA T 0428/98 ABl 01, 494 *Wiedereinsetzung/KLIMA*.
379 BGH Mitt 07, 237 *Fristnotierung*; KG Mitt 06, 188.
380 BGH NJW 07, 3497 = Mitt 08, 42 L *Fristüberwachung durch Auszubildende*.
381 BGH NJW 01, 2975.
382 BGH NJW-RR 98, 1526.
383 BGH NJW 97, 3446; 01, 1444; BGH NJW-RR 94, 565.
384 BGH NJW 93, 3333; BPatGE 44, 180 *Abhaken*.
385 BGH NJW-RR 95, 58; NJW 01, 1578.
386 BGH NJW 06, 2778 = Mitt 06, 573 *Eintragung im Fristenkalender*; BGH Beschl. v. 12.2.20 – IV ZB 23/19, IV ZB 24/19 = BeckRS 2020, 1903 Rn. 13.
387 BGHZ 151, 221, 227 = NJW 02, 3029.
388 BGH NJW 11, 385 Rn 9, 11 f *Fristenkontrolle*.

124 **Fristenkontrolle durch EDV:** Daneben muss nicht noch ein schriftlicher Fristenkalender geführt werden.[389] Versehentlichen Erledigungsvermerken muss vorgebeugt werden.[390] Die Computer-Eingabe ist zu kontrollieren, zB anhand eines Ausdrucks.[391]

125 Fristenprüfung durch den Anwalt selbst ist immer erforderlich, wenn die Sache ihm zur Bearbeitung vorgelegt wird,[392] jedoch nur hinsichtlich der Frist, die Anlass für die Vorlage war (zB Frist für Stellungnahme zum Prüfungsbescheid), nicht auch die Einhaltung sämtlicher anderer Fristen (zB für Anmelde-, Prüfungs- und Jahresgebühren, Einreichung der Erfinderbenennung etc).[393]

126 **Fristverlängerung** *(extension of a time limit):* Beim *ersten* Verlängerungsgesuch kann ein Anwalt regelmäßig erwarten, dass seinem Antrag entsprochen wird,[394] wenn er spätestens am letzten Tag der zu verlängernden Frist eingeht und gemäß § 224 (2) ZPO erhebliche Gründe glaubhaft gemacht sind, wie zB Arbeitsüberlastung,[395] Erkrankung des Personals, fehlende Information,[396] die aber keiner ins einzelne gehenden Darlegung bedürfen.[397] Grundsätzlich darf auch darauf vertraut werden, dass einem mit Einwilligung der Gegenseite begründeten Antrag auf Verlängerung der Berufungsbegründungsfrist stattgegeben wird.[398] Obwohl ein Anwalt idR nicht verpflichtet ist, innerhalb des Laufs der Berufungsbegründungsfrist bei Gericht nachzufragen, ob sein Antrag auf Verlängerung der Frist rechtzeitig eingegangen sei und ihm stattgegeben werde,[399] kann es für Ihn (um auf der »*sicheren Seite*« zu sein), dennoch geboten sein, sich rechtzeitig durch Rückfrage bei Gericht Gewissheit verschaffen.[400] Solche Nachfragen sind organisatorisch sicherzustellen.[401]

Im **Verfahren** vor dem DPMA gilt eine großzügigere Regelung, siehe § 45 Rdn 23 und § 59 Rdn 217.

127 **Gebührenentrichtung** *(payment of fees):* Dem Einzahler oder seinem Vertreter obliegt die Pflicht, dass Gebühren, von deren Entrichtung die Wirksamkeit einer Verfahrenshandlung abhängig ist, rechtzeitig und in richtiger Höhe entrichtet werden. Dabei sind

---

389 BGH NJW 97, 327.
390 BGH NJW 00, 1997; 01, 76.
391 BGH NJW 95, 1756; NJW-RR 97, 698; BGH Mitt 06, 142 *EDV-gestützter Fristenkalender*.
392 BGH NJW-RR 99, 2680; NJW-RR 90, 830; NJW 97, 1311; 97, 1708; BGH GRUR 04, 80 (II2b); BGH Mitt 04, 328 *Frist für Prozesshandlung*; 05, 187 *Fristenprüfung*; T 0439/06 ABl 07, 491; T 1561/05 ABl 07 SonderA Nr 6 S 47.
393 BPatG BlPMZ 08, 177 *Dreidimensionale Daten*.
394 BVerfG Mitt 02, 376, 377 rSp *Stillschweigende Verlängerung der Berufungsbegründungsfrist* = NJW-RR 02, 1007; BGH NJW 14, 700.
395 BGH NJW-RR 12, 694; BGH NJW 14, 700 Rn 15.
396 BVerfG NJW 89, 1147; Mitt 99, 64 *Verlängerung der Berufungsbegründungsfrist*; Mitt 02, 376 *Stillschweigende Verlängerung der Berufungsbegründungsfrist* = NJW-RR 02, 1007; BGH NJW 85, 1558; 98, 1155.
397 BVerfG Mitt 99, 64; BGH NJW 91, 2080; 93, 134; 94, 2597; 97, 400; NJW-RR 89, 1280; VersR 85, 972; 93, 771.
398 BGH NJW 09, 3100.
399 BGH NJW 12, 2522.
400 BGH NJW 13, 2821 Rn 6; BGH NJW 14, 226 Rn 9; BGH NJW-RR 15, 700 = Mitt 15, 91 Ls.
401 BGH NJW-RR 15, 700, Rn 12.

die zulässigen Zahlungswege und die wirksamen Zahlungstage gemäß der PatKostZV (s Anhang 17) zu berücksichtigen. Eine Unkenntnis der PatKostZV ist grundsätzlich nicht unverschuldet.[402]
Höhe der Gebühr, Zulässigkeit des Zahlungsweges sowie Gewähr für die Rechtzeitigkeit der Zahlung für den gewählten Zahlungsweg hat ein Anwalt grundsätzlich selbst zu prüfen.[403] Ist in der Kanzlei eine einwandfrei funktionierende Überprüfung eingeführt, die der Prüfung durch den Anwalt gleich kommt, wie zB eine Prüfung durch den Kanzleivorsteher, so genügt das den Anforderungen an die Sorgfalt.[404]
Zu »Überweisung« s Rdn 154, zu »Jahresgebührenentrichtung« s Rdn 122 Absatz 2.

Hinweispflicht des Gerichts: Aus dem Gebot eines fairen Verfahrens ergibt sich die Pflicht des Gerichts, eine Partei auf einen leicht erkennbaren Mangel in ihrem Schriftsatz hinzuweisen und ihr ggf Gelegenheit zu geben, den Fehler fristgerecht zu beheben.[405] Ein unterlassener Hinweis des Gerichts (§ 139 ZPO), wenn der Vortrag im Wiedereinsetzungsantrag in einem wesentlichen Punkt unklar oder ersichtlich unvollständig ist, kann den Anspruch des Antragstellers auf rechtliches Gehör verletzen und WE begründen.[406]
Eine generelle Verpflichtung des Gerichts zur sofortigen Prüfung der Zuständigkeit bei Eingang eines Schriftsatzes besteht jedoch nicht.[407]

Isolierter Fehler in einem bisher zufriedenstellenden System (*isolated mistake within a normally satisfactory system*) ist nach der Rspr entschuldbar.[408] Dem liegt der Gedanke zugrunde, dass man sich auf ein System verlassen darf, das bisher einwandfrei gewährleistete, dass Fristen eingehalten wurden. Erst der aufgetretene Fehler zeigt, dass das System nicht so wasserdicht ist, wie angenommen. Daher kann der erstmalige Fehler, der eine Schwachstelle aufdeckt, entschuldigt werden,[409] es sei denn, das System als solches hätte als ungeeignet gar nicht eingeführt werden dürfen. Ein »einmaliges Versehen« in diesem Sinne kann somit nur dann zugunsten der fristversäumenden Partei berücksichtigt werden, wenn es sich innerhalb eines ausreichend sorgfältig ausgestalteten Kontrollsystems ereignet hat.[410] Der Antragsteller ist für das bisher einwandfrei arbeitende System darlegungs- und beweispflichtig.[411]

Jahresgebühren: Abzustellen ist grundsätzlich auf den eingetragenen Patentinhaber, nicht auf dessen Rechtsnachfolger,[412] es sei denn, der Umschreibungsantrag ist vor

---

402 BPatG Mitt **80**, 39 lässt Ausnahme für ersichtlich unerfahrenen Einzelanmelder zu.
403 BPatGE **18**, 208; BPatG Mitt **76**, 219.
404 BPatGE **44**, 180 *Abhaken*, abweichend von BPatGE **18**, 208.
405 BGH GRUR 08, 837 = MDR 08, 877 *Münchner Weißwurst* (Markensache); BGH NJW-RR 09, 564.
406 *BGH NJW-RR* **15**, *1196* = BeckRS 2015, 05 677.
407 BGH NJW **12**, 78.
408 BPatG v 08.06.10 – 10 W (pat) 13/09 = Schulte Kartei PatG 123 u 123a Nr 296; J 0002/86, J 0003/86 ABl **87**, 362; J 0031/90, J 0032/90, T 0166/87, T 0309/88 und T 0030/90 RechtsprBK/EPA **01**, 433 f; J 13/07 v 10.07.08; RechtsprBK/EPA **06**, 433, VI-E, 6.2.2; BGH NJW-RR **12**, 380.
409 T 0869/90 Mitt **92**, 255 = EPOR **94**, 581.
410 BPatG v 29.10.20 – 7 W (pat) 11/19.
411 T 0715/91 EPOR **93**, 76; T 0371/92 ABl **95**, 324.
412 BPatG BlPMZ **06**, 244 *Triazolverbindungen*.

Fristablauf beim DPMA bereits eingegangen. Ein Schuldner darf mit der Entrichtung der Jahresgebühren einen Anwalt oder ein Dienstleistungsunternehmen[413] beauftragen. Für Sorgfaltsverletzungen, die diese begehen, hat der Auftraggeber einzustehen (§ 85 (2) ZPO), so wenn der Beauftragte vorwerfbar auftragswidrig handelt, zB nicht in Vorlage tritt, obwohl dies vereinbart ist.[414]

131 **Krankheit** (*illness*), die die Vornahme der fristwahrenden Handlung unmöglich oder unzumutbar macht, rechtfertigt die WE;[415] anders nur bei periodisch zu erwartenden Krankheitszuständen[416] oder dem Bestehen erheblicher Beschwerden seit Monaten.[417] Die Erkrankung einer Partei kann die WE insbesondere rechtfertigen, wenn sie krankheitsbedingt nicht mehr in der Lage ist, (auch telefonisch)den Rat ihres Anwalts einzuholen, und ihn sachgemäß über eine Fristensache zu unterrichten.[418] Es muss glaubhaft sein, dass die Fehlleistung auf der Krankheit beruht und dass die Erkrankung nicht voraussehbar war, zB weil es die erste derartige Erkrankung war. Wird der Anwalt trotz plötzlicher Krankheit tätig und unterläuft ihm krankheitsbedingt ein Fehler, so liegt kein Verschulden vor.[419] Wird der Antrag wegen psychischer Beeinträchtigung, ist darzulegen, welcher Art und Schwere die durch aus dem geltend gemachten Gründen die kognitiven Einschränkungen waren, wann sie erstmals in der Folgezeit auftraten sowie über welchen Zeitraum und dass dies so unvorhersehbar war, dass hierfür keine Vorkehrungen getroffen werden konnten.[420] Ein Anwalt muss allerdings stets allgemeine Vorkehrungen dafür treffen, dass auch dann alles Erforderliche zur Fristwahrung unternommen wird, wenn er unvorhergesehen ausfällt.[421] Im Fall der Erkrankung ist eine Fristversäumung nur dann unvermeidbar, wenn sie die zur Fristwahrung nötigen Schritte entweder unmöglich oder doch bei vernünftiger Betrachtung unzumutbar macht.[422] Kann der Anwalt krankheitsbedingt einen Termin nicht wahrnehmen, muss er das ihm Mögliche und Zumutbare tun, um dem Gericht seine Verhinderung mitzuteilen.[423] Der Anwalt handelt schuldhaft, wenn er bei Erkrankung nicht versucht, eine gesetzlich mögliche Fristverlängerung zu erreichen.[424]

132 **Krankheitsbedingte Vertretungsregelung** für den Anwalt selbst oder für sein Büropersonal entspricht der Sorgfalt eines ordentlichen Anwalts oder eines Unternehmens,

---

413 EPA J 0027/90 ABl 93, 422.
414 BPatGE **26**, 116 = BlPMZ **84**, 292.
415 BGH GRUR 99, 522 *Konzentrationsstörung* (verursacht durch Stresssituation); VersR **85**, 47 (seelische Belastung durch familiäre Sorgen); MDR **67**, 585 (Kreislaufstörungen); Mitt 04, 328 *Plötzliche Erkrankung*; T 0315/87 ABl 90 SonderA 48 (seelisch-geistige Beeinträchtigung); T 0099/96 EPOR 00, 458 (situation of great tension and concern).
416 BPatGE **21**, 229.
417 BGH NJW **96**, 1540.
418 BGH NJW-RR **19**, 1394 Rn. 15.
419 BGH NJW-RR **98**, 639; BGH NJW **09**, 3037.
420 BGH Beschl. v. 29.8.2019 – III ZB 26/19 = BeckRS 2019, 21198 Rn. 8 ff.
421 *BGH NJW* **15**, 171.
422 BGH NJW **09**, 3037.
423 BGH GRUR 06, 260 *Schuldhafte Säumnis*.
424 BGH NJW-RR **13**, 1011 Fristversäumnis wegen Erkrankung.

damit im Ernstfall nach Möglichkeit kein Rechtsverlust eintritt.[425] Das gilt gleichermaßen für eine Sozietät[426] wie für einen Einzelanwalt.
Krankheit einer Hilfsperson, die zu einer Fehlleistung in ihrem Zuständigkeitsbereich führt, ist eine unverschuldete Fristversäumnis.[427]

Kurierdienst (*recognised delivery service*): Ein Beteiligter muss auch bei der Wahl des Zustellweges die gebotene Sorgfalt beachten.[428] Anerkannte Übermittlungsdienste, wie zB DHL, Express Post, Federal Express, TNT, UPS[429] oder Kurierdienst eines Anwaltsvereins,[430] dürfen ebenso wie die Post beauftragt werden (vgl auch Einl Rdn 68).

133

Mittellosigkeit: kann Wiedereinsetzungsgrund sein, wenn sie die Ursache für die Fristversäumung ist,[431] etwa weil sich die Partei infolge der Mittellosigkeit nicht im Stande sieht, einen Anwalt mit der Einlegung und Begründung ihres Rechtsmittels zu beauftragen.

134

Hat der Anwalt der bedürftigen Partei Beschwerde eingelegt, muss diese glaubhaft machen, dass ihr Anwalt nicht bereit war, das Rechtsmittel ohne Bewilligung von Verfahrenskostenhilfe fortzuführen.[432]

Mittellosigkeit als Wiedereinsetzungsgrund scheidet aus, wenn die Partei im Kostenhilfeantrag wahrheitswidrige Angaben macht.[433]

In jedem Fall ist es erforderlich, rechtzeitig einen Antrag auf Verfahrenskostenhilfe zu stellen, um die Säumnisfolge abzuwenden.

Das Hindernis der Mittellosigkeit ist behoben, wenn die Partei oder ihr Anwalt bei Anwendung der gebotenen Sorgfalt erkennen können, dass die Partei aufgrund einer Vermögensänderung objektiv in die Lage versetzt wird, die erforderlichen Mittel selbst aufzubringen.[434]

Post: Ist ein richtig frankiertes und adressiertes[435] Schriftstück so rechtzeitig zur Post gegeben worden, dass es bei der regelmäßigen, auf Erfahrung beruhenden Dauer der Postbeförderung rechtzeitig eingegangen wäre, so ist die Verspätung infolge einer Postverzögerung ein WE-Grund.[436] Adressierung und Frankierung sowie deren evtl Korrektur darf ein Anwalt als einfache Aufgabe seinen ausgebildeten Angestellten ohne weitere Überprüfung übertragen.[437]

135

---

425 T 0324/90 ABl 93, 33; J 0041/92 ABl 95, 93; BGH NJW 92, 1898; 95, 2497.
426 BGH GRUR-RR 14, 470 = BeckRS 2014, 15 807.
427 BGH GRUR 01, 411 *Wiedereinsetzung V*.
428 T 0667/92 ABl 95 SonderA 92; T 0381/93 ABl 95 SonderA 93.
429 Regel 133 EPÜ 2000 = Regel 84a EPÜ 1973 iVm BeschlussPräsEPA v 11.12.98 ABl 99, 45.
430 BVerfG Mitt 00, 73 *Kurierdienstbeförderung*.
431 BGH NJW 12, 2041; BGH NJW 14, 1307; BGH NJW 15, 1312; BGH NJW-RR 16, 507, Rn 10.
432 BGH NJW-RR 19, 899 Rn. 11.
433 BGH NJW 15, 1312.
434 BGH NJW-RR 15, 753; BGH NJW-RR 16, 507, Rn 9.
435 BGH NJW 91, 109; BGHR ZPO § 233 *Postbeförderung 3 u 4*.
436 BVerfG NJW 92, 1952; 94, 1854; 99, 2118; BVerfG Mitt 01, 230; BGH NJW 98, 1870; BPatGE 21, 80; 23, 88.
437 BGH Mitt 03, 238 *Postlaufzeit*.

136 **Postlaufzeiten:** Auf die üblichen Postlaufzeiten darf sich der Bürger,[438] und ebenso der Anwalt[439] verlassen, auch vor und an Feiertagen.[440] Er darf davon ausgehen, dass ein Brief den Empfänger am nächsten Tag[441] oder übernächsten Zustelltag im Bundesgebiet erreicht.[442]

Wird WE wegen Verlustes eines Schriftstücks auf dem Postweg begehrt, ist eine aus sich heraus verständliche, geschlossene Schilderung der tatsächlichen Abläufe bis zur rechtzeitigen Aufgabe des Schriftstück zur Post oder Einwurf in den Gerichtsbriefkasten erforderlich.[443]

Mit einer längeren Postlaufzeit infolge von Störungen, zB wegen großen Postanfalls am Wochenende oder vor Feiertagen,[444] sowie einer Fehlleitung durch die Post trotz richtiger Adresse[445] braucht er nicht zu rechnen. Das gilt nicht, wenn eine generelle Störung vor Absendung bekannt ist, zB durch Poststreik.[446] Dann muss der Eingang durch Nachfrage geklärt werden.[447] Ob eine Postverzögerung erwartbar war, hat das Gericht bei Zweifeln durch eine Auskunft der Post zu belegen.[448]

137 **Überwachung des Eingangs** (*control of receipt*) beim Empfänger ist bei rechtzeitiger Aufgabe zur Post nicht erforderlich.[449] Ein Anwalt braucht nicht nachzufragen, ob der Adressat sein Schreiben erhalten hat.[450] Anders nur, wenn besondere Umstände – zB Streik – eine Rückfrage nahe legen.[451] Wegen einer solchen Anfrage darf die WE nicht verweigert werden.[452]

Das unaufgeklärte **Abhandenkommen eines Schriftstückes** kann grundsätzlich Wiedereinsetzungsgrund sein, dies setzt jedoch die Glaubhaftmachung der organisatorischen Maßnahmen voraus, mit denen ein solcher Verlust von Schriftsätzen verhindert werden soll.[453]

Verlust eines Briefes bei der Post ist immer unverschuldet.[454]

138 **Allgemeine Störung der Zustellung oder der Übermittlung der Post** (*general dislocation in the delivery or transmission of mail*) in einem Vertragsstaat oder zwischen einem Vertragsstaat und dem EPA führt nach 134 (2) EPÜ zu einer Erstreckung der

---

438 BVerfG NJW 83, 1479; BGH VersR 94, 495 u 496; BGH Mitt 03, 238 *Postlaufzeit*.
439 BGH NJW-RR 19, 1392 Rn. 9; BGH NJW-RR 20, 311 Rn. 10.
440 BGH NJW 08, 587 = Mitt 08, 92 L *Brieflaufzeiten an Feiertagen*.
441 So Postuniversaldienstleistungsverordnung (PUDLV) v 15.12.99 (BGBl I 4218) u BGH Mitt 04, 383 *beschleunigte Absendung*; BGH NJW 11, 458.
442 BGH NJW 90, 188; BGH Mitt 03, 238 *Postlaufzeit*; EPA T 0777/98 ABl 01, 509 verlangt einen Beleg für die konkrete Postlaufzeit.
443 BGH NJW-RR 19, 950 Rn. 11.
444 BVerfG NJW 92, 1952; BVerfG Mitt 01, 228; BPatGE 23, 88; BGH NJW 08, 587 = Mitt 08, 92 L *Brieflaufzeiten an Feiertagen*.
445 BVerfG NJW 92, 1952; BVerfG Mitt 01, 228; BGH VersR 75, 811; BFH NJW 73, 2000.
446 BGH NJW 90, 188; BGH Mitt 03, 238 *Postlaufzeit*.
447 BVerfG NJW 95, 1210; BGH NJW 93, 1332.
448 BVerfG NJW 95, 2546 mwN; BVerfG Mitt 01, 230.
449 BVerfG NJW 92, 38; BGH NJW 90, 188, BGH NJW 15, 3517; Rn 12.
450 BGH NJW 58, 2015; BPatGE 13, 87, 94.
451 BVerfG NJW 95, 1210; BGH MDR 63, 507.
452 BGH NJW 90, 188.
453 BPatG v 13.11.14 – 12 W (pat) 60/14 = BeckRS 2014, 23 743.
454 BGH NJW-RR 00, 948.

Frist auf den 1. Tag nach Beendigung der Störung, und zwar für Beteiligte mit Wohnsitz oder Sitz sowie für bestellte Vertreter mit Geschäftssitz in diesem Vertragsstaat. Die Erstreckung dieser Frist findet kraft Gesetzes statt.[455] Eine Verlängerung darüber hinaus durch Ermessensentscheidung ist unzulässig.[456] Eine »allgemeine« Störung bedeutet nicht, dass sie sich auf das gesamte Gebiet des Vertragsstaats beziehen muss,[457] darunter können auch wilde, örtlich begrenzte Streiks fallen.

Kurierdienste siehe oben Rdn 133. 139

Prüfungsantragsfrist s § 44 Rdn 12. 140

Rechtsirrtum (*mistake of Law*[458]), mangelnde Gesetzeskenntnis[459] oder irrige Gesetzesauslegung (*misinterpretation of a provision*)[460] sind grundsätzlich kein WE-Grund. Jeder Verfahrensbeteiligte ist grundsätzlich verpflichtet, sich die Kenntnis über das geltende Recht zu verschaffen, das für das Verfahren gilt, an dem er sich beteiligen möchte.[461] Das Ausmaß der vorauszusetzenden Kenntnis des geltenden Rechts richtet sich nach den persönlichen Fähigkeiten des Beteiligten. Ein Anwalt muss das jeweils geltende Recht vollinhaltlich kennen, da er sich durch stetige Fortbildung anhand der Veröffentlichungen des Patentamts und der Entscheidungen der Gerichte (zB in BlPMZ, GRUR, Mitt, ABl-EPA, Internet, BPatGE, EPA-E) sowie der einschlägigen Literatur (Kommentare zum PatG) auf dem Laufenden zu halten hat. 141

Ein unverschuldeter Rechtsirrtum kann allerdings anzunehmen sein, wenn die Rechtslage durch eine Rechtsänderung unübersichtlich geworden ist, ohne dass eine höchstrichterliche Klärung bereits vorliegt und eine unzutreffende Auslegung wegen der Unübersichtlichkeit der neuen Rechtslage entschuldbar erscheint.[462] Bei zweifelhafter Rechtslage, muss der Anwalt den sicheren Weg wählen.[463] Ebenfalls entschuldbar kann ein auch bei zumutbarer Sorgfalt nicht zu vermeidender Rechtsirrtum sein, wenn er auf schwerwiegenden Verfahrensfehlern des Amtes beruht.[464]

Anders als von einem Anwalt kann dagegen von einem nicht vertretenen Einzelanmelder eine detaillierte Kenntnis der jeweils geltenden Bestimmungen nicht erwartet werden.[465] Bei ersichtlichen Zweifeln oder nach der Zustellung einer Entscheidung[466] ist er allerdings verpflichtet, sachkundigen Rat einzuholen, zumindest sollte er die Auskunftsstelle des Patentamts konsultieren.

---

[455] Die in Regel 85 (2) vorgesehene Mitteilung des PräsEPA hatte nur deklaratorische Bedeutung; vgl J 0011/88 ABl 89, 433.
[456] J 0004/87 ABl 88, 172.
[457] J 0003/90 ABl 91, 550; J 0004/90 EPOR 90, 576.
[458] BPatGE 11, 230, 233; EPA D 0006/82 ABl 83, 337.
[459] BGH NJW 71, 1704; BGH VersR 77, 835; BPatGE 26, 1, 9; 47, 285, 287; T 0881/98 ABl 01 SonderA 53.
[460] BGH VersR 75, 769 (Irrtum über Zustellung); J 0031/89 ABl 90 SonderA 46 (irrtümliche Fristberechnung); T 0881/98 ABl 01 SonderA 53; T 0733/98 ABl 01, SonderA 54; T 743/05 v 12.10.06.
[461] EPA D 0006/82 ABl 83, 337 (Nr 8); T 493/08 v 29.9.09 (Nr 6); T 1764/08 v 2.12.10 (Nr 10).
[462] BGH NJW 14, 1454.
[463] BGH NJW 19, 2230, Rn. 25.
[464] BPatG v 02.09.14 – 21 W (pat) 20/14 = BeckRS 2014, 18 610.
[465] BGH NJW-RR 09, 890.
[466] BGH NJW 97, 1989; BGH NJW 87, 440 für Verfahrenskostenhilfe.

142 Ausnahmsweise kann bei **Rechtsirrtum** WE gewährt werden, nämlich wenn dieser auch bei zumutbarer Sorgfalt nicht zu vermeiden war.[467] WE wurde gewährt: **1.** wenn es sich um den entschuldbaren Irrtum eines im Patentrecht **offensichtlich unerfahrenen Einzelanmelders**[468] oder **Patentinhabers**[469] handelt; **2.** wenn Irrtum auf einer **falschen Rechtsbelehrung** oder einer **unrichtigen Auskunft** beruhte (s Rdn 117, Rdn 143); **3.** wenn durch eine Rechtsänderung die **Rechtslage unübersichtlich** geworden ist, so dass eine irrtümliche Auslegung entschuldbar erscheint;[470] **4.** wenn die Darstellung in **Kommentaren** oder der Fachpresse unrichtig, unvollständig oder widerspruchsvoll ist;[471] **5.** wenn man auf die Richtigkeit und Vollständigkeit **einer scheinbar vollständigen Belehrung** vertrauen durfte;[472] **6.** bei **schwieriger Rechtslage** iVm einem irreführenden Zitat eines Kommentars;[473] **7.** bei **zweifelhafter Rechtslage**, der ein Sachverhalt von ausnahmsweiser Eigenart zugrunde liegt;[474] **8. vor EPA: wenn versehentlich nationales Recht** zugrunde gelegt wird, das aber mit dem EPÜ nicht übereinstimmt, zB Annahme der Verlängerbarkeit der Beschwerdebegründungsfrist[475] oder Möglichkeit der Nachholung der versäumten Gebührenzahlung erst nach Gewährung der Wiedereinsetzung;[476] **9.** wenn eine **Fehlinterpretation des Gesetzes** durch einen Vertreter vertretbar erscheint.[477]

143 **Rechtsbehelfsbelehrung:** Bei fehlender Rechtsmittelbelehrung gilt seit dem 1. Januar 2014 die sog Wiedereinsetzungslösung – danach wird ein Fehlen des Verschuldens an der Fristversäumung vermutet, wenn die nach § 232 ZPO vorgeschriebene Rechtsbehelfsbelehrung unterblieben oder fehlerhaft ist. Gemäß § 232 S 2 ZPO gilt in Verfahren, die dem Anwaltszwang unterliegen, zwar keine entsprechende Belehrungspflicht – der BGH wendet das Erfordernis einer Rechtsbehelfsbelehrung aber über den Wortlaut des § 232 S 2 ZPO hinaus auch auf Entscheidungen an, die im Anwaltsprozess gegenüber einer Partei ergangen sind, wenn diese entgegen § 78 Abs ZPO nicht anwaltlich vertreten ist bzw wenn aufgrund der konkreten Verfahrenssituation eine Beratung und Belehrung durch einen Anwalt nicht sichergestellt war.[478] Dies im Hinblick auf die Schutzwirkung des § 233 S 2 ZPO, nach der es nicht darauf ankommt, ob für das konkrete Verfahren eine anwaltliche Vertretung vorgeschrieben ist, sondern ob sie tatsächlich vorhanden ist.[479] Allerdings gilt auch insoweit das allge-

---

467 BPatGE 13, 204, 208 mwN.
468 BPatG Mitt 80, 39 für Unkenntnis von § 3 GebZahlVO (jetzt § 2 PatKostZV).
469 BPatG BlPMZ 00, 165 für Folgen des Doppelschutzverbots gemäß Art II § 8 (1) IntPatÜG.
470 BPatGE 1, 239, 245; 31, 266, 269.
471 BGH NJW 85, 495; 95, 1015; DPA 1.BS Bl 53, 402 zu § 13 des 5. ÜG.
472 BPatGE 11, 230; 13, 204.
473 BPatGE 7, 35.
474 BGH BlPMZ 62, 166, 168 Wiedereinsetzung III.
475 T 0281/87 Schulte-Kartei EPÜ 119–122 Nr 35; abw: T 0516/91 ABl 93 SonderA 61; T 0601/93 RechtsprBK/EPA 06, 437.
476 J 0013/90 ABl 94, 456 (Nr 7).
477 J 0028/92 ABl 95 SonderA 89.
478 BGH v 28.01.16 – V ZB 131/15 = BeckRS 2016, 05 321.
479 BGH NJW 16, 1827, Rn 6 *Rechtsmittelbelehrung gegenüber anwaltlich nicht vertretenem Berufungsführer* = BeckRS 2016, 05 321.

meine Erfordernis, dass Wiedereinsetzung grundsätzlich nur dann nur gewährt werden kann, wenn das unverschuldete Hindernis ursächlich für die Fristversäumung war.[480]

Sprache: Ein Ausländer ohne Inlandsvertreter muss über ausreichende Kenntnisse der Amtssprache verfügen[481]   144

Telefax *(facsimile)* (vgl dazu näher Einl Rdn 398):   145

Absenden: Es muss so rechtzeitig mit der Übermittlung begonnen werden, dass unter normalen Umständen mit ihrem Abschluss bis 24 Uhr zu rechnen ist,[482] denn ein Fax ist erst mit vollständigem Ausdruck beim Empfänger zugegangen. Übermittlungsversuch, der um 23:55 Uhr gestartet, wegen eingehender anderer Schriftsätze aber erst nach 0:00 Uhr beendet wird, genügt diesen Anforderungen nicht.[483] Eine gewisse Zeitreserve muss eingeplant werden.[484] Die Auswahl der richtigen Empfängernummer darf der Anwalt seinem zuverlässigen Büropersonal übertragen.[485] Für die Wahl der Fax-Nummer darf man sich auf die neueste Fassung eines EDV-Programms (zB RA Micro) verlassen, ohne dass eine zusätzliche Abgleichung mit einem Telefonbuch oder Schreiben des Gerichts erforderlich wäre.[486]   146

Verfügt die Behörde über ein Fax, muss es auch nach Dienstschluss funktionsfähig sein.[487] Inneramtlich ist das Fax unverzüglich – nicht erst am 3. Arbeitstag nach Eingang – der zuständigen Stelle vorzulegen.[488]

Sendebericht muss nach Übermittlung erstellt und überprüft werden,[489] auf richtige Empfängernummer,[490] Zahl der übermittelten Seiten.[491] Den Sendebericht muss ein Anwalt nicht selbst überprüfen.[492] Auf den Inhalt des Sendeberichts darf man sich verlassen[493] und danach die Frist im Kalender löschen. Bestätigt der Sendebericht den Empfang, obwohl er gescheitert ist, ist die Fristversäumnis unverschuldet.[494]   147

Ausgangskontrolle, die von einer geeigneten Bürokraft durchgeführt werden darf, für die per Fax zu übermittelnden, fristwahrenden Schriftsätze muss vorgesehen sein. Sie muss gewährleisten, dass ein Fehler beim Absenden noch am Tag des Fristablaufs bemerkt wird.[495] Daher darf eine Frist im Kalender erst nach einer Kontrolle des Sen-   148

---

480 BGH NJW-RR 16, 623 Rn 14 = BeckRS 2016, 07 038.
481 BPatG BlPMZ 05, 359 *Stromabschaltungs-Schutzschaltung*.
482 BVerfG NJW 96, 2857 = Mitt 96, 281; BGH NJW-RR 01, 916; BGH NJW-RR 04, 283 = Schulte-Kartei PatG 123 Nr 197 *Scheitern der Übermittlung durch Fax*.
483 BGH NJW-RR 15, 1196.
484 BGH NJW 19, 3310 Rn. 16 f.
485 BGH NJW 95, 2105; VersR 96, 778; AnwBl 00, 373.
486 BGH NJW 04, 2830 = Schulte-Kartei PatG 123 Nr 207 *Fax-Nr aus EDV-Programm*.
487 BGH NJW 92, 244.
488 BPatG v 12.03.93 – 14 W (pat) 55/92 = Schulte-Kartei PatG 123 Nr 96 *Vorlage eines Fax*.
489 BGH NJW 93, 1655 u 3140; BGH NJOZ 20, 724 Rn. 16; BGH NJW 19, 2096 Rn. 14.
490 BGH NJW 95, 2105; 97, 948.
491 BGH NJW 94, 1879; 96, 2513.
492 BGH NJW 01, 1595.
493 BGH NJW 97, 1311; BGH NJW-RR 14, 316; BGH NJW-RR 14, 683.
494 BGH NJW 97, 1311; BGH NJW 16, 2042. Rn 18.
495 BGH GRUR 00, 1010 (II2e) *Schaltmechanismus*; BGH FamRZ 95, 1135; BGH NJW-RR 13, 506.

deberichts gelöscht werden.[496] Bei unverschuldetem Versagen der ordnungsgemäß organisierten Postausgangskontrolle, ist der Rückgriff auf ein zeitlich vor der unterbliebenen Unterschriftskontrolle liegendes Anwaltsversehen im Zusammenhang mit der Unterzeichnung des Schriftstückes ausgeschlossen.[497]

149 **Scheitern der Übermittlung ist unverschuldet,** wenn die Ursache in der **Sphäre des Empfängers** liegt, zB weil das Empfangsgerät defekt oder ständig besetzt ist oder eine Leitungsstörung vorliegt (Nachweis durch Sendeprotokoll mit Uhrzeit).[498] In diesem Fall kann den Anwalt allerdings insoweit ein Verschulden treffen, wenn er nach Erkennen des Scheiterns ihm vielleicht noch weitere mögliche Schritte unterlässt.[499] Noch nicht abschließend geklärt ist die Frage, ob ein Rechtsanwalt, der sich für den Versand per Telefax entschieden hat, bei technischen Problemen seines Faxgeräts kurz vor Fristablauf zwingend einen Übermittlungsversuch über das besondere elektronische Anwaltspostfach (beA) unternehmen muss.[500] Für Patentanwälte besteht ohnehin keine Pflicht zur Nutzung eines beA.[501]

150 **Scheitern der Übermittlung ist verschuldet,** wenn die Ursache vorwerfbar in der **Sphäre des Senders** liegt, zB weil die Fax-Nr des Empfängers nicht greifbar war[502] oder weil eine falsche Nr gewählt wurde.[503] Mit der Kontrolle, ob die Nr richtig ist, darf eine Bürokraft beauftragt werden.[504] Ein Anwalt darf sich darauf verlassen, dass die von ihm richtig angegebene Nr auch verwendet wird.[505] Wird die Störung des eigenen Geräts frühzeitig genug erkannt, muss ein anderer Weg der Übermittlung gewählt werden.[506] Dass ein solcher fehlte oder unzumutbar war, gehört zur Begründung des Wiedereinsetzungsantrags.[507]

Auf offenkundige Mängel bei der Übermittlung eines Fax hinzuweisen, besteht für das DPMA zwar keine Rechtspflicht gemäß § 139 ZPO,[508] jedoch hat der Präsident des DPMA eine solche Unterrichtung angeordnet.

Gelingt es dem Vertreter trotz zahlreicher Anwählversuche nicht, einen Antrag auf Fristverlängerung am letzten Tag per Telefax an eine vom Gericht genannte Telefaxnummer zu übermitteln, so kann verlangt werden, dass er über den Internetauftritt des

---

496 BGH v 21.07.04 – X ZB 27/03 (II2b) Schulte-Kartei PatG 123 Nr 211 *Ausgangskontrolle für Fax*; BGH NJW-RR 10, 1648 = Mitt 10, 493 (Ls).
497 BGH NJW 14, 2961 *Unterschriftenkontrolle*.
498 BGH – VII ZB 25/12 – NJW-Spezial 12, 703 *Pflicht zur Recherche alternativer Faxnummern*.
499 BVerfG NJW 96, 2857 = Mitt 96, 281; BGH NJW-RR 04, 283 = Schulte-Kartei PatG 123 Nr 197 *Scheitern der Übermittlung durch Fax*; beachte jedoch BGH – VII ZB 25/12, Rn 11, NJW-Spezial 12, 703 *Pflicht zur Recherche alternativer Faxnummern*.
500 BGH NJW 20, 2194, Rn 16 *Keine Pflicht des Patentanwalts zur Nutzung des beA zwecks Fristwahrung.*; vgl hierzu auch die Entscheidungsbesprechung von Dahns, NJW-Spezial 20, 415.
501 BGH NJW 20, 2194, Rn 17 *Keine Pflicht des Patentanwalts zur Nutzung des beA zwecks Fristwahrung.*
502 BGH NJW 94, 2300; 04, 516; Mitt 04, 94 L *Faxnummer des Empfängers.*
503 BGH Mitt 02, 475 L; BVerwG NJW 88, 2814.
504 BGH NJW 95, 2105.
505 BGH NJW-RR 98, 1361.
506 BGH Beschl. v. 18.2.2020 – XI ZB 8/19 = NJOZ 20, 1235, Rn 12.
507 BGH NJW-RR 96, 1275; BAG NJW 95, 743.
508 BPatGE 33, 24, 29 = BlPMZ 92, 427, 430.

Gerichts nach einer weiteren Telefaxnummer recherchiert und dann diese Nummer anwählt.[509]
Bei Versendung von Schriftsätzen per Telefax muss sichergestellt werden, dass die Faxnummer des zuständigen Gerichts verwendet wird. Wird ein richtig adressiertes Fax (Beispiel: OLG) versehentlich an die Faxnummer eines unzuständigen Gerichts gesendet (Beispiel: LG), kann dies dennoch fristwahrend sein, wenn das betreffende Telefaxgerät zu einer gemeinsamen Post- und Faxannahmestelle gehört, die als Geschäftsstelle sämtlicher angeschlossener Gerichte und Behörden gilt.[510]

Substantiierung: Für einen Computerdefekt oder -absturz sind die näheren Umstände im Einzelnen darzulegen.[511] Wurde eine falsche Fax-Nr verwendet, bedarf es der Darlegung, welche Vorkehrungen gegen einen solchen Fehler getroffen worden sind.[512] 151

Beweis für das unverschuldete Scheitern der Übermittlung kann geführt werden durch Vorlage des Sendeprotokolls, Darlegung der organisatorischen Vorkehrungen im Falle einer Störung, eidesstattliche Versicherung der Bürokraft über durchgeführte Endkontrolle. Dazu gehört Kontrolle des Sendeberichts auf richtige Nr[513] und Zahl der Seiten.[514] 152

Übermittlungsdienst (*delivery service*) siehe oben Rdn 133. 153

Überweisung (*transfer to a bank account*): Als Zahlungstag einer Überweisung auf ein Konto der zuständigen Bundeskasse für das DPMA gilt nach § 2 Nr 2 PatKostZV der Tag der Gutschrift auf dem DPMA-Konto, nicht der Tag der Erteilung des Überweisungsauftrags Daher muss der Überweisende die normale Laufzeit in Rechnung stellen, mit der erfahrungsgemäß im Durchschnitt zu rechnen ist. Auf sie darf er vertrauen.[515] Für Überweisungen ist eine Laufdauer von mehr als einer Woche nicht ungewöhnlich.[516] Nur wenn die Laufzeit erwartungswidrig überschritten wird, kann Wiedereinsetzung gewährt werden.[517] 154
Besteht objektiv die Befürchtung, dass mit einer Überweisung der Tag der Gutschrift innerhalb der Frist nicht zu erreichen ist, so ist der Einzahlende gehalten, einen schnelleren Zahlungsweg zu wählen,[518] zB statt Überweisung die Bareinzahlung auf das DPMA-Konto gemäß § 2 Nr 3 (Zahlungstag ist der Tag der Einzahlung bei dem Geldinstitut des Schuldners) oder Erteilung einer Lastschrifteinzugsermächtigung, die

---

509 BGH v 05.09.12 – VII ZB 25/12 – NJW-Spezial **12**, 703 *Pflicht zur Recherche alternativer Faxnummern.*
510 BGH VersR **13**, 879 = BeckRS **2013**, 08 624; BGH NJW-RR **16**, 126, Rn 7 = BeckRS **2015**, 17 904.
511 BGH NJW **04**, 2525 = Schulte-Kartei PatG 123 Nr 204 *Computer-Defekt.*
512 BGH Mitt **05**, 326 *Falsche Faxnummer;* **05**, 524 *von Hand gelöschte Faxnummer;* **06**, 381 *Überprüfung der Faxnummer.*
513 BGH NJW **95**, 2105; **97**, 948; BAG NJW **95**, 2742; BayObLG NJW **95**, 668.
514 BGH NJW **96**, 2513.
515 BPatGE **21**, 80 = BlPMZ **79**, 180.
516 BPatGE **18**, 154.
517 BPatGE **27**, 33 = BlPMZ **85**, 271.
518 BPatGE **21**, 80.

auch per Fax übermittelt werden kann (Zahlungstag ist der Tag des Eingangs der Ermächtigung beim DPMA oder BPatG).

Veranlasst ein Beteiligter am letzten Tag der Frist eine **Blitzüberweisung**, deren Ausführung von der angewiesenen Bank noch für denselben Tag bestätigt wird, ist aus seiner Sicht alles Erforderliche veranlasst worden, um eine rechtzeitige Zahlung der Gebühr zu bewirken.[519]

Auf Unkenntnis des Gesetzes – hier der PatKostZV – kann sich ein Schuldner grundsätzlich nicht berufen.[520]

Überweist eine Bank auftragswidrig einen zu geringen Betrag, zB wegen Abzug von Bankspesen, so trifft den Einzahlenden kein Verschulden.[521]

155 **Unfall** (*accident*), insbesondere Verkehrsunfall oder ungewöhnliche Verkehrsstauung kann die Wiedereinsetzung begründen, wenn die fristgebundene Handlung nicht mehr auf andere zumutbare Weise vorgenommen werden konnte.

156 **Urlaub** (*vacation*) siehe oben Rdn 105.

157 **Verfahrenskostenhilfe (VKH):**[522] Ein rechtzeitig und ordnungsgemäß gestellter VKH-Antrag, der die notwendigen Angaben über die persönlichen und wirtschaftlichen Verhältnisse enthält,[523] genügt zur Wahrung der Frist des Antrags in der Hauptsache und bildet die Grundlage für eine WE.[524] Nach Bekanntgabe der Bewilligung kann WE beantragt werden.[525] Nach Ablehnung der VKH kann WE gewährt werden, wenn vernünftigerweise nicht mit der Ablehnung gerechnet werden musste.[526] Maßgebend dafür ist, ob der Antragsteller sich für bedürftig halten konnte, auch wenn das Gesuch mangels Erfolgsaussicht zurückgewiesen worden ist,[527] weil sonst die Chancengleichheit zwischen bemittelten und mittellosen Parteien nicht gewahrt wäre.[528] Die WE-Frist beginnt spätestens mit der Bekanntgabe des Bewilligungsbeschlusses.[529] Im Fall der Versagung von Prozesskostenhilfe beginnt die WE-Frist in der Regel nach einer Bedenkzeit von drei bis vier Werktagen nach Zustellung des Ablehnungsbeschlusses, damit die Partei prüfen kann, ob sie das Rechtsmittel auf eigene Kosten durchführen will.[530] Konnte die Partei dagegen bereits vor Zustellung des Beschlusses nicht mehr mit einer Bewilligung von Verfahrenskostenhilfe rechnen, beginnt die WE-Frist bereits in diesem Zeitpunkt, zB mit Zugang eines gerichtlichen Hinweises, dass die Voraussetzungen für eine Bewilligung nicht vorliegen.[531] Wurde der Partei bereits

---

519 BPatG Mitt 10, 486 (in einer Markensache).
520 BPatG Mitt 80, 39 lässt Ausnahme für ersichtlich unerfahrenen Einzelanmelder zu.
521 BPatGE 42, 23.
522 Instruktiver Ablaufplan zur Wiedereinsetzung in VKH-Sachen bei Jungk, NJW 13, 667.
523 BGH BlPMZ 00, 113 *Verfahrenskostenhilfe*; BGHR ZPO § 233 *Prozesskostenhilfe 4*.
524 BVerfG NJW 93, 720; BGH 94, 2097; 97, 1078.
525 BGH NJW 87, 1023; VersR 85, 147.
526 BGH NJW 58, 183; VersR 85, 395.
527 BGH NJW-RR 90, 1212; VersR 85, 395.
528 BGHR ZPO § 233 *Prozesskostenhilfe 5*.
529 BGH NJW 08, 2713; BGH NJW 13, 2822, Rn 16.
530 BGH NJW-RR 09, 789; BGH NJW 13, 2822, Rn 16; dagegen ablehnend in Bezug auf die Berufungsbegründungsfrist: BGH NJW 14, 2442, Rn 13 = BeckRS 2014, 11 501.
531 BGH NJW 09, 854; BGH NJW 11, 230.

für den ersten Rechtszug VKH bewilligt, so kann sie bei unveränderten Angaben erwarten, auch vom Rechtsmittelgericht als bedürftig angesehen zu werden.[532] WE ist auch dann zu gewähren, wenn das Gericht ein Rechtsmittel wegen Versäumung der Rechtsmittelbegründungsfrist verworfen hat, ohne zuvor über das VKH-Gesuch des Rechtsmittelführers zu entscheiden.[533]

Die Besonderheiten der WE-Rechtsprechung bei Prozesskostenhilfe sind allerdings grundsätzlich nicht auf andere Fallgestaltungen übertragbar.[534]

Verlust eines Schriftstücks (*loss of a document*) beim Beteiligten oder dessen Vertreter kann grundsätzlich Wiedereinsetzungsgrund sein, dies setzt jedoch die Glaubhaftmachung der organisatorischen Maßnahmen voraus, mit denen ein solcher Verlust von Schriftsätzen verhindert werden soll.[535] Das unaufgeklärte Abhandenkommen eines Schriftstückes ist nur dann Wiedereinsetzungsgrund, wenn dieser nicht auf einen Sorgfaltsfehler (zB Nachlässigkeit, Organisationsmangel) zurückzuführen ist.[536] Verlust bei der Post oder der Behörde rechtfertigt WE. Die Art des Verlustes braucht nicht aufgeklärt zu werden, sofern glaubhaft gemacht ist, dass der Verlust mit großer Wahrscheinlichkeit nicht in dem Bereich eingetreten ist, für den der Antragsteller verantwortlich ist.[537] Keine Pflicht, statt gewöhnlichem Brief Einschreiben zu verwenden.[538]

158

Zugang des Schriftstückes: Maßgeblich für die Beurteilung des rechtzeitigen Eingangs eines Schriftstücks, mit dem eine bei einem Gericht zu wahrende Frist eingehalten werden soll, ist der Zeitpunkt, ab dem das Schriftstück dem Zugriff des Absenders entzogen und in die Verfügungsgewalt des Gerichts übergegangen ist.[539]

159

Zustellung (*notification*): Das Zustellungsdatum ist durch den Anwalt zu ermitteln.[540]

160

Ein Anwalt muss sein Büro auf eine Änderung von Zustellungsvorschriften hinweisen.[541]

Ist die Unkenntnis von der Zustellung unverschuldet, so kann Wiedereinsetzung gewährt werden, zB bei unterlassener Weitergabe eines an die Ehefrau ausgehändigten Briefes,[542] unverschuldeter Unkenntnis von öffentlicher Zustellung[543] oder von der schriftlichen Mitteilung über die Niederlegung bei der Postanstalt gemäß § 182 ZPO.[544]

---

532 BGH NJW 13, 2822.
533 BGH NJW-RR 11, 995; BGH NJW-RR 12, 308.
534 BGH MDR 10, 947 = NJOZ 11, 647.
535 BPatG v 13.11.14 – 12 W (pat) 60/14 = BeckRS 2014, 23 743.
536 *BGH NJW 57, 790.*
537 BGHZ 23, 291; NJW 74, 994 rSp.
538 BGH NJW 74, 994; MDR 58, 916.
539 BGH NJW-RR 14, 1401 *Abgabe der Rechtsmittelschrift an der Gerichtspoststelle* = Mitt 14, 575.
540 BGH NJW 96, 1968.
541 BGH GRUR 03, 724 *Zustellung*: Für die Änderung des § 127 (2) PatG durch das ZustRG.
542 BPatGE 2, 202, 206.
543 BGH BlPMZ 58, 34 = BGHZ 25, 11.
544 BGH VersR 77, 836.

161 **Empfangsbekenntnis (EB)** (*receipt*) darf ein Anwalt nicht ohne Vorlage der darin genannten Schriftstücke unterzeichnen.[545] Der Zustellungszeitpunkt des EB muss zuverlässig festgehalten werden.[546] Für den Fristbeginn maßgebend ist das Datum im EB, nicht der Eingangsstempel des Anwaltsbüros.[547]

V. Verfahren

1 Antragsberechtigung

162 siehe oben Rdn 19.

2 Beteiligte am Verfahren:

163 Ein am Hauptverfahren Beteiligter ist auch an einem innerhalb dieses Verfahrens stattfindenden Wiedereinsetzungsverfahren zu beteiligen.[548] Dagegen ist im Prüfungsverfahren eine Beteiligung Dritter am Verfahren ausdrücklich ausgeschlossen.[549]

3 Zuständigkeit:

164 Zuständig ist nach § 123 (3) die Stelle, die über die nachgeholte Handlung zu beschließen hat, beim DPMA also die Prüfungsstelle oder Patentabteilung, vor dem BPatG der Senat oder der Rechtspfleger. Eine Übertragung der Entscheidung auf Beamte des gehobenen Dienstes ist durch § 27 (5) nicht gedeckt.[550] § 7 (1) Nr 1 WahrnV überträgt die rein formelle Bearbeitung eines Wiedereinsetzungsantrags und, sofern der Beamte des gehobenen Dienstes über die nachgeholte Handlung zu entscheiden hat, die Prüfung der materiellen Antragsvoraussetzungen und die Entscheidung über solche Anträge. Wird Beschwerde gegen Beschlüsse der Prüfungsstellen und Patentabteilungen eingelegt, so ist bei einem Wiedereinsetzungsgesuch das DPMA jedoch nur für die Abhilfe und nicht für andere Entscheidungen zuständig.[551]

165 **Wiedereinsetzung in die versäumte Beschwerdefrist** kann das DPMA gewähren, wenn es der Beschwerde nach § 73 (3) abhelfen will, Wiedereinsetzung ablehnen darf das DPMA nicht.[552]

166 Für die **Wiedereinsetzung in die Frist zur Zahlung einer Jahresgebühr** ist das DPMA zuständig, weil es gemäß § 123 (3) über die ihm gegenüber vorzunehmende nachgeholte Handlung zu beschließen hat, und zwar auch dann, wenn der Antrag nach Anhängigkeit des Beschwerdeverfahrens gestellt wurde (str).[553]

Nach der **Teilung im Beschwerdeverfahren** ist das BPatG auch für die Wiedereinsetzung in die Frist zur Zahlung der Gebühr für die Trennanmeldung zuständig.[554]

---

545 BGH NJW 80, 1846 *Zeugenerfolgshonorar*.
546 BGH NJW 92, 574; 80, 2188; FamRZ 91, 319; BGH Beschl. v. 26.9.2019 – III ZR 282/18 = BeckRS 2019, 25232 Rn. 9; Beschl. v. 13.6.2019 – V ZB 132/17 = BeckRS 2019, 15712 Rn. 7.
547 BGH VersR 92, 118.
548 BGH GRUR 71, 246 *Hopfenextrakt*.
549 BGH GRUR 15, 927 *Verdickerpolymer II* = Mitt 15, 460 (Ls).
550 BPatGE 13, 30; 19, 39.
551 BGH GRUR 09, 521 = Mitt 09, 196 *Gehäusestruktur*.
552 BPatGE 25, 119; PA BlPMZ 53, 83; BGH GRUR 09, 521 = Mitt 09, 196 *Gehäusestruktur*.
553 So Hövelmann Mitt 97, 237 mwN; aA: BPatGE 2, 172.
554 BGH GRUR 99, 574 *Mehrfachsteuersystem*.

EPA: Nach 136 (4) EPÜ entscheidet das Organ, das über die versäumte Handlung zu entscheiden hat. Das kann die Prüfungs-, die Einspruchs- oder Rechtsabteilung oder die Beschwerdekammer[555] sein. Ist das Verfahren vor einem bestimmten Organ anhängig, dann kann dieses nicht über einen Wiedereinsetzungsantrag entscheiden, der sich auf eine Handlung bezieht, die gegenüber einem anderen Organ vorzunehmen war.[556] 167

Wiedereinsetzung in die versäumte Beschwerdefrist kann die 1. Instanz im Wege der Abhilfe gemäß Art 109 EPÜ gewähren, wenn eine positive Entscheidung anhand der Beschwerdebegründung möglich ist.[557] Für eine Zurückweisung eines Wiedereinsetzungsantrags ist ausschließlich die Beschwerdekammer zuständig. Sie kann auch über Wiedereinsetzungsanträge entscheiden, für die die 1. Instanz zuständig ist, weil die Beschwerdekammer nach Artikel 111 (1) 2 EPÜ auch im Rahmen der Zuständigkeit des Organs tätig werden kann, das die angefochtene Entscheidung erlassen hat.[558] 168

4 Entscheidung

über den WE-Antrag ist nach § 238 (1) ZPO mit dem Verfahren über die nachgeholte Verfahrenshandlung zu verbinden. Es kann jedoch nach § 238 (1) 2 ZPO das Verfahren auf die Entscheidung über den WE-Antrag beschränkt werden, dann ergeht ein Zwischenbeschluss gemäß § 303 ZPO. 169

Über den Antrag auf Wiedereinsetzung entscheidet idR das Gericht, dem die Entscheidung über die nachgeholte Prozesshandlung obliegt (§ 237 ZPO). Das Rechtsmittelgericht hat daher grundsätzlich dessen Entscheidung herbeizuführen, gegen das dann ggf Rechtsmittel eingelegt werden kann. Es kann die Wiedereinsetzung jedoch dann selbst aussprechen, wenn die Sache entscheidungsreif ist und die WE nach dem Aktenstand ohne Weiteres zu gewähren ist, wenn im Falle der Stattgabe des Wiedereinsetzungsgesuchs die Vorinstanz verfahrensfehlerhaft eine Entscheidung über den bei ihm gestellten WE-Antrag unterlassen hat, oder sie die Berufung verworfen und dabei den Wiedereinsetzungsantrag abgelehnt hat, oder wenn die Entscheidung über das Rechtsmittel materiell-rechtlich zu demselben Ergebnis führt wie eine Versagung der WE.[559]

Über den WE-Antrag darf nicht vor Ablauf der WE-Frist entschieden werden, denn die Partei darf innerhalb der Frist jederzeit noch ergänzend vortragen, unabhängig davon, ob sich die Sache entscheidungsreif darstellt oder nicht.[560] Der Anspruch auf rechtliches Gehör ist durch eine vorzeitige Entscheidung aber nur dann verletzt, wenn die Partei substantiiert darlegt, dass sie vor Ablauf der WE-Frist noch weiter vorgetragen hätte.[561]

Einer Begründung bedarf die Gewährung der WE nicht, da sie nach § 123 (4) unanfechtbar ist. Die Versagung muss begründet werden.

4.1 Mündliche Verhandlung ist erforderlich, wenn über die WE und die nachgeholte Handlung zusammen entschieden wird und die mündliche Verhandlung für die nach- 170

---

555 T 1973/09 v 9.8.2011 (Nr 1); RechtsprBK/EPA 10 VI. E.3.1, S 565.
556 J 0010/93 ABl 97, 91; T 1973/09 v 9.08.11.
557 T 0473/91 ABl 93, 630.
558 J 0022/86 ABl 87, 280 (Nr 15).
559 BGH NJW-RR 14, 1532, Rn 11–13 = BeckRS 2014, 12 529.
560 BGH NJW 11, 1363.
561 BGH NJW 12, 2201.

geholte Handlung erforderlich ist.[562] Daher kann die WE in die versäumte Frist zur Zahlung der Beschwerdegebühr ohne mündliche Verhandlung abgelehnt werden.[563] Bei Sachdienlichkeit kann das BPatG die mündliche Verhandlung gemäß § 78 anordnen. An einen Antrag auf mündliche Verhandlung besteht keine gesetzliche Bindung.[564]

171 **4.2 Rechtliches Gehör** muss vor der Entscheidung allen Beteiligten gewährt werden.[565] Dazu gehören auch Hinweise an die Parteien, sich zu allen erheblichen Tatsachen vollständig zu erklären (vgl dazu Einl Rdn 114), insbesondere wenn Hinweise auf Grund des Vertrauensschutzes erwartbar sind[566] (vgl dazu Einl Rdn 458). Nach Ablauf der Wiedereinsetzungsfrist sind Hinweise nur zur Ergänzung oder zur Erläuterung des fristgerecht vorgetragenen Sachverhalts erforderlich, nicht aber für ein Vorbringen, das ein unzulässiges Nachschieben von Wiedereinsetzungsgründen (vgl dazu oben Rdn 37) darstellen würde.[567] Wird zu aufklärungsbedürftigen Angaben ein Hinweis unterlassen, können sie auch noch nach Fristablauf vorgetragen werden.[568]

172 Bescheid »WE ist gegenstandslos« oder »für WE ist kein Raum« stellt keine das WE-Verfahren abschließende Entscheidung dar.[569]

5 Rechtsmittel

173 **5.1 Gewährung der Wiedereinsetzung** ist nach § 123 (4) unanfechtbar. Auch eine sog. außerordentliche Beschwerde ist nicht statthaft.[570] Wird gegen die Sachentscheidung Beschwerde eingelegt, kann die vom DPMA bewilligte Wiedereinsetzung vom BPatG nicht erneut überprüft werden.[571] Zur Bindung an die gewährte Wiedereinsetzung vgl oben Rdn 12.

174 **5.2 Versagung der Wiedereinsetzung** durch das DPMA eröffnet die Beschwerde gemäß § 73.
Die Versagung durch den Beschwerdesenat des BPatG ist gemäß § 99 (2) PatG unanfechtbar, weil Rechtsbeschwerde nur gegen Beschlüsse stattfindet, durch die über eine Beschwerde nach § 73 entschieden wurde. Eine zugelassene Rechtsbeschwerde eröffnet aber die volle Überprüfung des angefochtenen Beschlusses nach Art einer Revision und damit auch die Prüfung der Rechtmäßigkeit einer Entscheidung über die Wiedereinsetzung.
Ein Beschluss eines Nichtigkeitssenats ist nach § 110 (6) nur zusammen mit seinem Urteil anfechtbar.

---

562 BPatGE 1, 132, 136.
563 BPatGE 41, 130, 134.
564 BPatGE 34, 186; BPatG BlPMZ 94, 292.
565 BVerfG NJW 80, 1095; 82, 2234; BGH NJW-RR 09, 642.
566 BGH GRUR 08, 837 = MDR 08, 877 *Münchner Weißwurst* (Markensache).
567 BPatG GRUR 96, 872, 873 rSp.
568 BGH NJW 99, 2284; BGH NJW-RR 10, 998.
569 BPatGE 23, 248; aA: 22, 121.
570 BPatG Mitt 91, 63.
571 AA zum Recht vor Einführung des § 43 (3a) (= § 123 (4)) mit Wirkung v 1.7.77: BPatGE 19, 39; 19, 81.

VI. Weiterbenutzungsrechte *(continuation of use)*

des § 123 (5) – (7) schützen aus Gründen der Billigkeit den gutgläubigen Dritten, der 175
im Vertrauen auf den Wegfall der Patentanmeldung oder auf das Erlöschen des Patents
oder den Ablauf der 12-monatigen Unionspriorität den Gegenstand der Anmeldung
oder des Patents in Benutzung genommen hatte, bevor durch Wiedereinsetzung
Anmeldung oder Patent oder Prioritätsrecht wieder in Kraft traten. Der Gutglaubensschutz kommt dabei auch dem unbewussten Benutzer zugute.[572]

Teilung: Wird der Gegenstand vor dessen Herausnahme aus dem Patent durch Teilung 176
von einem Dritten in Benutzung genommen, so steht ihm – wenn er gutgläubig handelte – eine Weiterbenutzungsrecht analog zu § 123 (5) zu[573] (zur Kritik s Vorauflage
§ 60 Rn 53).

Art 122 (5) EPÜ sieht wie § 123 (5) – (7) PatG ein kostenloses Weiterbenutzungsrecht 177
für den gutgläubigen Benutzer zugunsten einer Benutzung in der Zeit zwischen dem
Rechtsverlust einer veröffentlichten[574] Anmeldung oder eines Patents und der
Bekanntmachung des Hinweises auf die Wiedereinsetzung vor. Art 122 (5) kann analog
angewendet werden, wenn die versehentliche Rücknahme der Anmeldung nachträglich
durch **Berichtigung** rückgängig gemacht wird.[575] Bei der Entscheidung, ob Wiedereinsetzung gewährt werden soll, kann bei geringfügigen Fehlern, die den Verlust der ganzen Anmeldung zur Folge haben, bei Anwendung des Grundsatzes der Verhältnismäßigkeit auch berücksichtigt werden, dass Dritte durch Art 122 (5) EPÜ geschützt sind
(vgl Einl Rdn 454).

Voraussetzungen eines Weiterbenutzungsrechts:
a) materielles Erlöschen von Anmeldung oder Patent, Löschung im Register allein 178
   genügt nicht.[576] Für § 123 (7) muss eine mögliche Inlandsanmeldung unter Inanspruchnahme einer früheren ausländischen Anmeldung innerhalb der 12-monatigen Prioritätsfrist nicht entstanden sein;
b) Wiederinkrafttreten von erloschener Anmeldung oder erloschenem Patent oder 179
   von verwirkter ausländischer Priorität;
c) Inbenutzungnahme des Gegenstands im Inland iSd § 9 im eigenen Interesse oder 180
   Vornahme dazu erforderlicher Veranstaltungen iSd § 12 zu einer eigenen Inbenutzungnahme.[577] Handlungen zugunsten eines Dritten in dessen Interesse lassen kein
   eigenes Benutzungsrecht des Handelnden entstehen.[578] Betriebsangehörige und
   Organe handeln grundsätzlich im Interesse ihres Betriebs oder ihrer Gesellschaft,
   nicht im eigenen Interesse. Für den Erwerb eines eigenen Benutzungsrechts genügt

---

572 BGH GRUR **52**, 564 *Wäschepresse* = BGHZ **6**, 172.
573 LG München Mitt **98**, 33.
574 Vgl dazu J 0005/79 ABl **80**, 71.
575 J 0004/97 ABl **98** SonderA 73.
576 BGH GRUR **52**, 564 *Wäschepresse* = BGHZ **6**, 172; BGH **56**, 265, 268 *Rheinmetall-Borsig I*;
    93, 460 *Wandabstreifer*.
577 BGH GRUR **93**, 460 (II2b) *Wandabstreifer*.
578 BGH GRUR **93**, 460 *Wandabstreifer*.

181	d)	es, wenn der Handelnde sowohl im eigenen wie im Interesse eines Dritten tätig geworden ist; Benutzung zwischen Erlöschen und Wiederinkrafttreten. Benutzung *vor* Erlöschen ist Patentverletzung, Fortsetzung nach Erlöschen begründet kein Weiterbenutzungsrecht.[579] Ein Weiterbenutzungsrecht entsteht nicht, wenn Rechtsverlust und Wiedereinsetzung vor Eintritt der Wirkungen nach § 33 (1) liegen;[580]
182	e)	guter Glaube des Benutzers. Er muss das Schutzrecht und den Wegfall der Anmeldung oder des Patents nicht gekannt haben, darf aber nicht mit Wiederaufleben gerechnet haben.[581]
183		Übertragung des Weiterbenutzungsrechts ist zusammen mit dem Betrieb möglich, durch dessen Benutzung es entstanden ist.[582]

§ 123a Antrag auf Weiterbehandlung
(request for further processing)

(1) Ist nach Versäumung einer vom Deutschen Patent- und Markenamt bestimmten Frist die Patentanmeldung zurückgewiesen worden, so wird der Beschluss wirkungslos, ohne dass es seiner ausdrücklichen Aufhebung bedarf, wenn der Anmelder die Weiterbehandlung der Anmeldung beantragt und die versäumte Handlung nachholt.

(2) ¹Der Antrag ist innerhalb einer Frist von einem Monat nach Zustellung der Entscheidung über die Zurückweisung der Patentanmeldung einzureichen. ²Die versäumte Handlung ist innerhalb dieser Frist nachzuholen.

(3) Gegen die Versäumung der Frist nach Absatz 2 und der Frist zur Zahlung der Weiterbehandlungsgebühr nach § 6 Abs. 1 Satz 1 des Patentkostengesetzes ist eine Wiedereinsetzung nicht gegeben.

(4) Über den Antrag beschließt die Stelle, die über die nachgeholte Handlung zu beschließen hat.

Jürgen Schell

Übersicht

Geltungsbereich		1
Literatur		2
Europäisches Patentrecht		3
Kommentierung zu § 123a PatG		
1	Voraussetzungen einer Weiterbehandlung nach § 123a PatG	11
1.1	Antrag	11
1.2	Erteilungsverfahren	12

---

579 BGH GRUR 56, 265, 268 *Rheinmetall-Borsig I*; BGH 93, 460 *Wandabstreifer*.
580 J 0005/79 ABl 80, 71 zu Art 122 (6) EPÜ 1973 = Art 122 (5) EPÜ 2000.
581 BGH GRUR 52, 564 *Wäschepresse* = BGHZ 6, 172.
582 BGH GRUR 66, 370 *Dauerwellen II*.

§ 123a

1.3	Antragsteller	13
1.4	Zurückweisung der Anmeldung	14
1.5	Nach Versäumung einer vom DPMA bestimmten Frist...	15
1.6	Fehlen eines Verschuldens an der Fristversäumnis	18
1.7	Frist	19
1.8	Ausschluss der Wiedereinsetzung	20
1.9	Nachholung der versäumten Handlung	21
1.10	Weiterbehandlungsgebühr	23
2	Verfahren	24
2.1	Zuständig	24
2.2	Entscheidung	25
2.3	Weiterbehandlung und Wiedereinsetzung	26
2.4	Weiterbehandlung und Beschwerde	27
2.5	Wirkung der Weiterbehandlung	29
3	Weiterbenutzungsrecht	30

Geltungsbereich: § 123aPatG wurde durch Art 21 (2) Kostenbereinigungsgesetz (BGBl 2001 I 3656 = BlPMZ 2002, 14) mit Wirkung vom 1.1.2005 (Art 30 (3)) eingefügt. § 123a basiert auf dem Versuch, eine mit Art 121 EPÜ vergleichbare Regelung in das PatG aufzunehmen, um den Säumigen und auch dem DPMA die Durchführung des oft aufwendigen Wiedereinsetzungsverfahrens zu ersparen.[1]   1
Das Gesetz zur Änderung des patentrechtlichen Einspruchsverfahrens und des Patentkostengesetzes vom 21.06.06 (BGBl I 1318 = BlPMZ 2006, 220) hat durch seinen Art 1 Nr 14 in § 123a (3) die Wörter »und der Frist zur Zahlung der Weiterbehandlungsgebühr nach § 6 Abs 1 des Patentkostengesetzes« eingefügt.
Art 1 Nr. 40 des Zweiten Gesetzes zur Vereinfachung und Modernisierung des Patentrechts (2. PatRModG) hat Absatz 1 redaktionell geändert.

Lit: Braitmayer FS 50 Jahre BPatG, 129; **Lit in GRUR Int:** Schulte 2008 Heft 8/9 Festschrift Teschemacher; **Lit in Mitt:** Bender 06, 63 (zum Markenrecht); Hövelmann 09, 1; Wichmann/Zimmermann 09, 105; **Lit in Mitt:** Pfleghar/Schramek 07, 288 (zum Markenrecht).   2
Amtliche Begründung zum Kostenregelungsbereinigungsgesetz BlPMZ 02, 14, 54 und zum Gesetz zur Änderung des patentrechtlichen Einspruchsverfahrens BlPMZ 06, 225, 232.

Europäisches Patentrecht   3
Amtliche Begründung zur Regel 85a EPÜ aF (= Regel 135 EPÜ 2000) ABl 03, Sonderausgabe Nr 1 Seite 190.
Zur Regel 135 EPÜ siehe ABl 07 Sonderausgabe 5 Seite 204 (englisch).

Artikel 121 EPÜ Weiterbehandlung der europäischen Patentanmeldung (further processing of the European patent application)
(1) Hat der Anmelder eine gegenüber dem Europäischen Patentamt einzuhaltende Frist versäumt, so kann er die Weiterbehandlung der europäischen Patentanmeldung beantragen.   4
(2) Das Europäische Patentamt gibt dem Antrag statt, wenn die in der Ausführungsordnung festgelegten Erfordernisse erfüllt sind. Andernfalls weist es den Antrag zurück.
(3) Wird dem Antrag stattgegeben, so gelten die Rechtsfolgen der Fristversäumung als nicht eingetreten.
(4) Von der Weiterbehandlung ausgeschlossen sind die Fristen des Artikels 87 Absatz 1, des Artikels 108 und des Artikels 112a Absatz 4 sowie die Fristen für den Antrag auf Weiterbehandlung und Wiedereinsetzung in den vorigen Stand. Die Ausführungsordnung kann weitere Fristen von der Weiterbehandlung ausnehmen.

Regel 135 Weiterbehandlung (further processing)
(1) Der Antrag auf Weiterbehandlung nach Artikel 121 Absatz 1 ist durch Entrichtung der vorgeschriebenen Gebühr innerhalb von zwei Monaten nach der Mitteilung über die Fristversäumnis   5

---

1 BT-Drs. 14/6203, S 64, zu Nummer 35 = BlPMZ 02, 14, 54.

§ 123a Weiterbehandlung

oder einen Rechtsverlust zu stellen. Die versäumte Handlung ist innerhalb der Antragsfrist nachzuholen.

(2) Von der Weiterbehandlung ausgeschlossen sind die in Artikel 121 Absatz 4 genannten Fristen sowie die Fristen nach Regel 6 Absatz 1, Regel 16 Absatz 1 a), Regel 31 Absatz 2, Regel 36 Absatz 2, Regel 40 Absatz 3, Regel 51 Absätze 2 bis 5, Regel 52 Absätze 2 und 3, Regeln 55, 56, 58, 59, 62a, 63, 64, Regel 112 Absatz 2 und Regel 164 Absätze 1 und 2.

(3) Über den Antrag auf Weiterbehandlung entscheidet das Organ, das über die versäumte Handlung zu entscheiden hat.

Zu den weiteren Einzelheiten wird verwiesen auf die Kommentierung bei Singer/Stauder/Luginbühl, Europäisches Patentübereinkommen, 8. Aufl. 2019

6   **1. Regelrechtsbehelf:** Nach Art 121 EPÜ ist die Weiterbehandlung der Regelrechtsbehelf bei Fristversäumnissen im Erteilungsverfahren, denn er gilt für alle dem EPA gegenüber einzuhaltenden Fristen, also anders als bisher auch für die Fristen zur Zahlung von Gebühren oder zur Stellung des Prüfungsantrags. Ausgenommen sind nur die in Art 121 (4) und Regel 135 (2) genannten Fristen (s Rdn 8 und 9).

Da nur die Weiterbehandlung einer Anmeldung möglich ist, gilt Art 121 EPÜ nicht für Fristen im Einspruchs- und Einspruchsbeschwerdeverfahren. Für Fristen, für die eine Weiterbehandlung beantragt werden kann, ist nach Regel 136 EPÜ die Wiedereinsetzung ausgeschlossen.

7   **2. Antrag** ist nach Regel 135 (1) »durch Entrichtung der vorgeschriebenen Gebühr« zu stellen. Es bedarf also nicht eines förmlichen Antrags Es genügt die Zahlung der Gebühr (Art 2 Nr 12 GebO-EPÜ) innerhalb von 2 Monaten nach Zustellung der Mitteilung über die Fristversäumnis oder einen Rechtsverlust unter Angabe des betroffenen Verfahrens (Aktenzeichen).

8   **3. Von der Weiterbehandlung ausgeschlossene Fristen:**

3.1 Fristen gemäß Art 121 (4) EPÜ: a) Frist der Regel 135 (1) für Antrag auf Weiterbehandlung **b)** Fristen der Regel 136 (1) (2-Monats- und Jahresfrist) für Antrag auf Wiedereinsetzung; **c)** Frist des Art 87 (1) EPÜ von 12 Monaten für die Inanspruchnahme einer Priorität; **d)** Frist des Art 108 EPÜ von 2 Monaten für die Einlegung einer Beschwerde; **e)** Frist des Art 108 Satz 2 EPÜ von 2 Monaten für die Entrichtung der Beschwerdegebühr; **f)** Frist des Art 108 Satz 2 EPÜ von 4 Monaten für die Begründung der Beschwerde; **g)** Fristen des Art 112a (4) EPÜ von 2 Monaten für einen Antrag auf Überprüfung durch die Große Beschwerdekammer und die Entrichtung der Gebühr.

9   **3.2 Fristen gemäß Regel 135 (2) EPÜ: a)** Frist der Regel 6 (1) von 2 Monaten für die Einreichung einer Übersetzung nach Art 14 (2) EPÜ; **b)** Frist der Regel 16 (1) a von 3 Monaten für die Rechtsbehelfe nach Art 61 (1) EPÜ; **c)** Fristen der Regel 31 (2) von 16 und 1 Monat für die Nachreichung der Angaben gemäß Regel 31 c und d für die Hinterlegung biologischen Materials; **d)** Frist der Regel 40 (3) von 2 Monaten für die Einreichung einer beglaubigten Abschrift der früher eingereichten Anmeldung; **d)** Fristen der Regel 51 (2) – (5) für die Entrichtung von Jahresgebühren; **e)** Fristen der Regel 52 (2) und (3) von 16 Monaten für die Abgabe der Prioritätserklärung; **f)** Frist der Regel 55 von 2 Monaten für die Beseitigung von Mängeln in der Eingangsprüfung; **g)** Frist der Regel 56 von 2 Monaten für die Nachreichung fehlender Teile der Beschreibung oder von Zeichnungen; **h)** Frist der Regel 58 von 2 Monaten zur Beseitigung festgestellter Mängel; **i)** Frist der Regel 59 zur Einreichung von Aktenzeichen und Abschrift der früheren Anmeldung; **j)** Frist der Regel 62a von 2 Monaten für die Einreichung der Regel 43 (2) entsprechenden Patentansprüche, auf deren Grundlage die Recherche durchzuführen ist; **k)** Frist der Regel 63 (1) von 2 Monaten zur Abgabe einer Erklärung mit Angaben zu dem zu recherchierenden Gegenstand; **l)** Frist der Regel 64 (1) von 2 Monaten zur Entrichtung einer weiteren Recherchengebühr; **m)** Frist der **Regel 112** (2) von 2 Monaten für den Antrag auf eine Entscheidung über einen festgestellten Rechtsverlust.

10   **4. Wiedereinsetzung** in eine versäumte Frist ist nach Regel 136 (3) ausgeschlossen, wenn für diese Frist eine Weiterbehandlung beantragt werden kann. Im Umkehrschluss ist eine Wiedereinsetzung grundsätzlich für solche Fristen möglich, für die eine Weiterbehandlung ausgeschlossen ist (s Rdn 8 f), es sei denn, die Wiedereinsetzung ist für diese Frist ebenfalls ausgeschlossen (dazu s § 123 Rdn 65).

1 Voraussetzungen einer Weiterbehandlung nach § 123a PatG

1.1 Antrag

ist schriftlich (siehe Einleitung 316) beim DPMA einzureichen und muss ausreichend deutlich machen, dass eine Weiterbehandlung gewollt ist.[2] Die bloße Zahlung der Weiterbehandlungsgebühr reicht grundsätzlich nicht, es sei denn, dass aus besonderen Umständen – zB Zahlung der Gebühr und Nachholung der versäumten Handlung innerhalb der Frist – klar ersichtlich ist, dass Weiterbehandlung eines bestimmten Verfahrens gewollt ist. Eine Auslegung als Antrag auf Weiterbehandlung kommt nicht in Betracht, wenn lediglich »Widerspruch« gegen den Bescheid erklärt und die versäumte Handlung nicht nachgeholt wurde.[3] Da Weiterbehandlungsanträge dem Anwendungsbereich des § 1 Abs. 1 Nr. 1 ERVDPMAV unterfallen, können sie auch als elektronisches Dokument eingereicht werden.[4]

11

1.2 Erteilungsverfahren

muss anhängig gewesen sein. Im Einspruchs- sowie im Beschränkungs- und Widerrufsverfahren ist § 123a nicht anwendbar. Patentanmeldung iSd § 123a ist eine nationale Patentanmeldung oder eine PCT-Anmeldung. Auf *Schutzzertifikatsanmeldungen* ist § 123a wegen der Rechtsähnlichkeit analog anzuwenden,[5] obwohl die – nicht abschließende (s § 16a Rdn 136) – Aufzählung in § 16a (2) auf den erst seit dem 1.1.2005 geltenden § 123a (wohl versehentlich) nicht verweist.

12

1.3 Antragsteller

kann nur der Anmelder oder dessen Rechtsnachfolger sein, sofern dieser im Register eingetragen ist oder sein begründeter, eintragungsreifer Antrag auf Umschreibung beim DPMA eingegangen ist (s § 30 Rdn 46 f).

13

1.4 Zurückweisung der Anmeldung

muss vorliegen. Daher keine Weiterbehandlung möglich a) wenn eine Anmeldung ohne Zurückweisung aus anderen Gründen untergeht, zB weil die Anmeldung nach § 6 (2) PatKostG als zurückgenommen oder nach § 35 (2) 2 als nicht erfolgt gilt; b) wenn nur ein *Teilrechtsverlust* vorliegt, zB dass jede Bezugnahme auf Zeichnungen nach § 35 (2) 3 als nicht erfolgt gilt.

14

1.5 Nach Versäumung einer vom DPMA bestimmten Frist

muss die Zurückweisung der Anmeldung erfolgt sein. Die Frist muss vom DPMA rechtswirksam bestimmt worden sein. Daran kann es fehlen, wenn der Bescheid missverständlich war oder wenn er dem Anmelder nicht zugegangen ist.[6]

15

---

2 BPatG 10 W (pat) 9/08 = BeckRS 2010, 21 971.
3 BPatG 8 W (pat) 54/08 = BeckRS 2009, 09 672.
4 BPatG v 4.11.16 – 7 W (pat) 12/15 Weiterbehandlung IV = BlPMZ 16, 400.
5 Ebenso Mes, PatG, 4. Aufl 2015, § 123a Rn 3; Keukenschrijver in Busse, PatG, 8. Aufl 2016, § 123a Rn 3; aA dagegen wohl Hacker in Busse, aaO, Anh § 16a Rn 130.
6 Vgl EPA T 0107/88 Schulte-Kartei EPÜ 119–122 Nr 84 zu Art 121 EPÜ aF.

16 Da die Zurückweisungsentscheidung *nach* Versäumen der vom Amt gesetzten Frist und *nicht wegen* der Fristversäumung erfolgt sein muss, wird vom Tatbestand des § 123a die Versäumung einer fristgemäßen Beseitigung von formellen Mängeln (§ 45 Abs 1) ebenso erfasst, wie die Versäumung einer im Prüfungsbescheid zur mangelnden Patentfähigkeit (§ 45 Abs 2) gesetzten Frist zur Stellungnahme bzw zur Einreichung inhaltlich geänderter Anmeldungsunterlagen.[7]

17 War die versäumte Frist nicht vom DPMA gesetzt, sondern ist die Frist durch Gesetz oder Verordnung bestimmt, so kommt – wenn wegen Versäumung dieser Frist die Anmeldung zurückgewiesen wurde – eine Weiterbehandlung nicht in Betracht.[8]
Eine Weiterbehandlung ausgeschlossen, wenn folgende Fristen versäumt wurden: a) gesetzliche Frist zur Stellung eines Antrags, zB für Recherche- oder Prüfungsantrag; b) gesetzliche Frist zur Zahlung einer Gebühr, zB Monatsfrist oder 3-Monatsfrist zur Zahlung von Gebühren gemäß § 6 (1) PatKostG; c) gesetzliche Fristen für die Inanspruchnahme einer Priorität gemäß Art 4 C PVÜ, §§ 40 und 41 PatG.
EPA: *Weiterbehandlung ist für alle dem EPA gegenüber einzuhaltenden Fristen möglich, nicht nur für vom EPA bestimmte Fristen.*

1.6 Fehlen eines Verschuldens an der Fristversäumnis

18 ist für einen Weiterbehandlungsantrag (anders als nach § 123 für die Wiedereinsetzung) keine Voraussetzung.

1.7 Frist:

19 Der Antrag nach § 123a muss innerhalb eines Monats nach Zustellung der Zurückweisungsentscheidung gestellt werden. Wird diese Frist versäumt, ist keine Weiterbehandlung mehr möglich.[9] Anders als bei der Wiedereinsetzung kommt es für den Beginn der Monatsfrist nicht auf den Wegfall des Hindernisses, sondern auf den Zeitpunkt der Zustellung der Zurückweisungsentscheidung des DPMA an. Es bestehen jedoch keine Bedenken gegen die Zulässigkeit eines Weiterbehandlungsantrags, der bereits vor Beginn der Monatsfrist gestellt wird, dh *nach* Beschlussfassung, aber *vor* Zustellung der Entscheidung.

1.8 Ausschluss der Wiedereinsetzung:

20 Wird die Monatsfrist für die Stellung des Weiterbehandlungsantrags, für die Nachholung der versäumten Handlung oder für die Zahlung der Weiterbehandlungsgebühr versäumt, so ist dagegen eine Wiedereinsetzung gemäß § 123a (3) nicht statthaft.[10]

---

7 BPatG GRUR 09, 95 f, dort II 2b = BPatGE 50, 90 *Weiterbehandlung*; idS auch Busse/Keukenschrijver, PatG, 8. Aufl 2016, § 123a Rn 9; Mes, PatG, 4. Aufl 2015, § 123a Rn 8; Hövelmann 09, 1; aA van Hees/Braitmayer, Verfahrensrecht in Patentsachen, 4. Aufl 2010, Rn 1336.
8 Vgl EPA J./87 ABl 88, 177 (Nr 7); J 0042/89 Schulte-Kartei EPÜ 119–122 Nr 74.
9 BPatG v 04.06.20 – 7 W (pat) 3/20 = GRUR-RS 2020, 13251.
10 BPatG v 04.06.20 – 7 W (pat) 3/20 = GRUR-RS 2020, 13251, Rn 13.

1.9 Nachholung der versäumten Handlung,

und zwar innerhalb der Monatsfrist, ist Voraussetzung für die beantragte Weiterbehandlung.[11] Was unter der nachzuholenden Handlung zu verstehen ist, wird in § 123a ebenso wenig definiert wie in § 123, der diesen Begriff ebenfalls verwendet. Im konkreten Einzelfall hängt dies davon ab, auf welche Handlung sich die Fristsetzung des DPMA bezogen hat. Je nach Inhalt patentamtlichen Prüfungs- bzw Zwischenbescheids kann es sich dabei um die Einreichung formell korrigierter Anmeldungsunterlagen, oder im Falle eines Prüfungsbescheids zur fehlenden Patentfähigkeit um die Einreichung inhaltlich geänderter Anmeldungsunterlagen bzw um die bloße Abgabe einer Stellungnahme handeln.[12] Werden daher im patentamtlichen Bescheid formelle Mängel, das Fehlen von Neuheit oder erfinderischer Tätigkeit gerügt, ist es ausreichend, dass sich die als nachzuholende Handlung eingereichte Stellungnahme sachlich mit den gerügten Mängeln auseinander setzt,[13] bspw durch Einreichung geänderter Unterlagen, die zur Mängelbeseitigung dienen sollen. Etwaige (inhaltliche) Mängel der nachgeholten Handlung sind insoweit nicht von Belang, da die Frage, ob die versäumte und nunmehr nachgeholte Stellungnahme auch ihrem Inhalt nach zum Erfolg führt, Gegenstand des – nach Erfüllung aller Voraussetzungen für die Weiterbehandlung – weiter zu führenden (Formal-)Prüfungsverfahrens ist.[14]

Die Vornahme einer anderen Handlung als die der versäumten ist nicht ausreichend, zB ein nach der Zurückweisung der Patentanmeldung gestellter Antrag auf Verlängerung der versäumten Frist[15] oder ein Antrag auf Verfahrenskostenhilfe. Dies gilt auch dann, wenn der Zurückweisungsbeschluss trotz eines zuvor eingegangenen, der Prüfungsstelle aber erst nach Beschlussfassung vorgelegten Fristverlängerungsantrags und somit unter Verletzung des rechtlichen Gehörs ergangen ist.[16]

1.10 Weiterbehandlungsgebühr

beträgt nach Nr 313 000 PatKostG (Anhang 15) 100 €. Sie ist nach § 6 (1) 1 PatKostG innerhalb der Monatsfrist des § 123a (2) zu zahlen. Insoweit gilt bei Banküberweisungen gemäß § 2 Nr 2 PatKostZV derjenige Tag als Zahlungstag, an dem der Betrag auf dem Konto des DPMA gutgeschrieben wird und nicht derjenige, an dem die Bank den Überweisungsauftrag erhalten oder ausgeführt hat.[17] Wird die Gebühr nicht, nicht

---

11 BPatG v 04.06.20 – 7 W (pat) 3/20 = GRUR-RS 2020, 13251.
12 BPatG GRUR 09, 95, 96 = BPatGE 50, 90 *Weiterbehandlung*; BPatG v 16.10.12 – 10 W (pat) 22/10 *Weiterbehandlung II* = Mitt 13, 48 (Ls) = BeckRS 2012, 24 241; EPA J 0016/92 ABl 95 SonderA 85 zu Art 121 EPÜ aF.
13 Vgl hierzu Schulte, GRUR Int 08, 710, 712.
14 BPatGE 54, 267 = BlPMZ 15, 297 *Weiterbehandlung III* = Mitt 15, 346 (Ls) = BeckRS 2015, 13 985.
15 BPatG v 04.06.20 – 7 W (pat) 3/20 = GRUR-RS 2020, 13251; BPatG GRUR 09, 95 = BPatGE 50, 90 *Weiterbehandlung*; EPA J 0016/92 ABl 95 SonderA 85 zu Art 121 EPÜ aF.
16 BPatG v 16.10.12 – 10 W (pat) 22/10 Mitt 13, 48 (Ls) = BeckRS 2012, 24 241 *Weiterbehandlung II*.
17 BPatG v 30.08.12 – 10 W (pat) 23/10 = BeckRS 2012, 22 504 *Drahtlose Funkidentifikation*.

vollständig oder nicht rechtzeitig gezahlt, so gilt der Antrag nach § 6 (2) PatKostG als zurückgenommen. Eine Wiedereinsetzung ist nach § 123a (3) ausgeschlossen.[18]

2 Verfahren

2.1 Zuständig

24 für die Entscheidung über den Antrag ist nach § 123a (4) die Stelle, die über die nachgeholte Handlung zu beschließen hat. Das ist im Erteilungsverfahren die Prüfungsstelle, der Prüfer oder ein nach der WahrnV zuständiger Beamter oder vergleichbarer Tarifbeschäftigter.

§ 7 (1) Nr 1 WahrnV überträgt auf den gehobenen Dienst die rein formelle Bearbeitung eines Weiterbehandlungsantrags und, sofern dieser über die nachgeholte Handlung zu entscheiden hat, die Prüfung der materiellen Antragsvoraussetzungen und die Entscheidung über solche Anträge.

2.2 Entscheidung:

25 Eines förmlichen Beschlusses, die Weiterbehandlung anzuordnen, bedarf es nicht. Aber es muss für den Anmelder klar ersichtlich sein, dass das Verfahren fortgeführt wird. Eine Zurückweisung des Antrags, weil dieser unstatthaft oder unzulässig ist, bedarf der Begründung (s § 47 Rdn 23). Dagegen findet die Beschwerde statt. Ist die Beschwerde zulässig und begründet, kann das BPatG die Weiterbehandlung der Anmeldung anordnen.

2.3 Weiterbehandlung und Wiedereinsetzung:

26 Das PatG sieht anders als das EPÜ in Regel 136 (3) keinen ausdrücklichen Ausschluss der Wiedereinsetzung für versäumte Fristen vor, für die eine Weiterbehandlung beantragt werden kann. Mögliche Überschneidungen der Anwendungsbereiche von § 123 und § 123a sind dennoch nicht ersichtlich. Denn die Weiterbehandlung ist nur für Fristen eröffnet, die das DPMA dem Anmelder gesetzt hat und deren Versäumung nicht unmittelbar einen Rechtsnachteil bewirkt.[19] Demgegenüber beschränkt sich die Wiedereinsetzung gerade auf solche Fristen, deren Versäumung nach gesetzlicher Vorschrift unmittelbar (dh ohne Entscheidung des DPMA) einen Rechtsnachteil zur Folge hat. Die vom Gesetzgeber vorgesehene Wahlmöglichkeit zwischen WB und WE[20] erschließt sich deshalb nicht ohne weiteres.

2.4 Weiterbehandlung und Beschwerde

27 schließen sich nicht aus. Gegen die Zurückweisungsentscheidung kann der Anmelder sowohl die Weiterbehandlung beantragen wie Beschwerde einlegen, was bei Bedenken am Vorliegen der Weiterbehandlungsvoraussetzungen stets angezeigt sein wird. Die Beschwerde kann nicht hilfsweise neben dem WB-Antrag eingelegt werden.[21] Für Weiterbehandlung und Beschwerde sowie für die Zahlung der Weiterbehandlungs- und

---

18 Vgl hierzu BPatG v 30.08.12 – 10 W (pat) 23/10 = BeckRS 2012, 22 504 *Drahtlose Funkidentifikation*.
19 Anschaulich: BPatG 10 W (pat) 9/08, II 2 a) = BeckRS 2010, 21 971.
20 BT-Drs 14/6203, 64, zu Nr 35.
21 BPatG 12 W (pat) 14/12 = BeckRS 2012, 16 513.

der Beschwerdegebühr gilt jeweils eine Frist von 1 Monat nach Zustellung der Zurückweisungsentscheidung.

Ist ein parallel neben der Beschwerde gestellter Weiterbehandlungsantrag wirksam, kommt eine Beschwerdeentscheidung in der Sache nicht mehr in Betracht, da der angefochtene Beschluss gemäß § 123a (1) wirkungslos ist. Die Rückzahlung der Beschwerdegebühr kann angeordnet werden, wenn dies der Billigkeit entspricht (§§ 70 (3), 80 (3)). Dies wird jedoch nur dann der Fall sein, wenn der Erlass des Zurückweisungsbeschlusses bei ordnungsmäßiger und angemessener Sachbehandlung durch das DPMA nicht in Betracht gekommen wäre. 28

Wird die WB abgelehnt, kann der Anmelder gegen die Zurückweisung des WB-Antrags Beschwerde einlegen und daneben ggf seine parallel eingelegte Beschwerde gegen die Zurückweisung der Anmeldung weiterverfolgen.

2.5 Wirkung der Weiterbehandlung:

Ein rechtswirksamer Weiterbehandlungsantrag (= schriftlicher Antrag, Nachholung der versäumten Handlung und Zahlung der Gebühr innerhalb der Monatsfrist) macht den Zurückweisungsbeschluss nach § 123a (1) kraft Gesetzes wirkungslos Es bedarf nicht seiner Aufhebung. Es wird vielmehr das Anmeldeverfahren in der Lage vor Erlass des Beschlusses fortgeführt, also zB mit der nachgeholten Stellungnahme zu einem Prüfungsbescheid. 29

3 Weiterbenutzungsrecht

für Dritte wie nach § 123 (5) für die Wiedereinsetzung sieht das PatG für § 123a nicht vor. 30

§ 124 Wahrheitspflicht
(truthful statements)

Im Verfahren vor dem Deutschen Patent- und Markenamt, dem Patentgericht und dem Bundesgerichtshof haben die Beteiligten ihre Erklärungen über tatsächliche Umstände vollständig und der Wahrheit gemäß abzugeben.

Jürgen Schell

Übersicht
    Geltungsbereich 1
    Literatur 2
    Kommentierung zu § 124 PatG
    1   Wahrheitspflicht 3
    1.1   Vollständigkeit 6
    1.2   Tatsächliche Umstände 7
    1.3   Vertreter 8
    1.4   Beispiele 9
    2   Folge eines Verstoßes gegen § 124 11
    2.1   Zurückweisung der Anmeldung 11
    2.2   Aufhebung der Bewilligung von VKH 12

§ 124 Wahrheitspflicht

	2.3	Prozessuale Folgen	13
	2.3	Kosten	14
	3	Wahrheitswidrige Angaben in der Patentschrift	15

1 **Geltungsbereich:** § 124 stimmt mit dem früheren § 44 PatG überein. Art 1 Nr. 40 des Zweiten Gesetzes zur Vereinfachung und Modernisierung des Patentrechts (2. PatRModG) hat § 124 redaktionell geändert.

2 **Lit: Kraßer FS Nirk** 92, 531; **Lit in Mitt: Funke** 92, 282; **Prange** 99, 91, 214 und 294; **Lit in GRUR: Mes** 00, 934; **Lit in ZZP:** Olzen 98, 403; **Lit in DRiZ:** Schneider 63, 343.

1 Wahrheitspflicht:

3 § 124 PatG verpflichtet wie § 138 (1) ZPO zur subjektiven Wahrhaftigkeit. Die Erklärungen müssen der anzuerkennenden Überzeugung des Beteiligten entsprechen. Der Beteiligte darf daher im Rahmen der Zumutbarkeit nichts vortragen, was er für unwahr oder in vorwerfbarer Art für wahr hält.

4 Im Hinblick auf die für das Erteilungsverfahren maßgeblichen Angaben ist das DPMA regelmäßig auf die von den Anmeldern eingereichten Informationen angewiesen, denen insoweit eine **Wahrheits- und Offenlegungspflicht** obliegt.[1] Dies gilt in besonderem Maße für marktbeherrschende Unternehmen.[2] Der EuGH hat klargestellt, dass sie sämtliche einschlägigen Informationen offenlegen müssen, um es dem Patentamt zu ermöglichen, in voller Kenntnis der Sachlage zu entscheiden[3] (s auch § 49a, Rdn 10). Die bewusste Übermittlung irreführender Informationen gegenüber dem DPMA ist rechtsmissbräuchlich und wettbewerbsbeschränkend.[4] Dies gilt gleichermaßen für ein entsprechendes Vorgehen gegenüber den Gerichten gelten.

5 Wahrheitspflicht gilt für sämtliche Beteiligten und deren Vertreter in sämtlichen nach dem PatG (ggf. kraft Verweisung) zu betreibenden Verfahren vor dem DPMA, BPatG und BGH, sowohl für Haupt- wie für Nebenverfahren in jeder Instanz. Im Verletzungsprozess vor den ordentlichen Gerichten gilt § 138 (1) ZPO unmittelbar.[5]

1.1 Vollständigkeit:

6 § 124 bezieht sich auf *alle entscheidungserheblichen Tatsachen*, auch wenn sie für den Beteiligten ungünstig sein sollten. Unvollständig sind auch *Halbwahrheiten*, nämlich wenn ein Teil von Tatsachen unterdrückt wird, so dass über die wahren tatsächlichen Umstände ein falscher Eindruck entsteht.[6]

---

1 Vgl auch Schennen, S 69 Art 10 Rn 8.
2 Vgl hierzu Besen, PharmR 13, 226; Seitz EuZW 13, 377.
3 EuGH PharmR 13, 8, Rn 95 *AstraZeneca AB ua/Europäische Kommission* = GRUR Int 13, 837 (Ls) = BeckRS 2012, 82 567.
4 EuGH PharmR 13, 8, Rn 98 *AstraZeneca AB ua/Europäische Kommission* = GRUR Int 13, 837 (Ls) = BeckRS 2012, 82 567.
5 Vgl Baumbach-Lauterbach-Albers-Hartmann, ZPO, 75. Aufl 2016, § 138 ZPO Rn 5 ff.
6 BGH NJW 59, 1235; 64, 1074.

1.2 Tatsächliche Umstände

sind konkrete Geschehnisse und Zustände der Außenwelt, die das Gesetz zur Voraussetzung einer Rechtswirkung macht und die durch Dritte nachprüfbar sind. Dazu zählen nur entscheidungserhebliche Tatsachen, nicht Rechtsausführungen. Wahr sein müssen daher tatsächliche Angaben, die für die Patentfähigkeit von Bedeutung sein können, wie der dem Beteiligten bekannte Stand der Technik, der ihm zB in ausländischen Verfahren entgegen gehalten wurde, ferner Versuchsergebnisse, Ergebnisse von Vergleichstests, zutreffende Erfinderbenennung.[7]

1.3 Vertreter

hat die gleiche subjektive Wahrheitspflicht wie der von ihm Vertretene.[8] Was der Beteiligte nicht darf, darf auch nicht sein Verfahrensbevollmächtigter. Bei Anlass zu Zweifeln am Wahrheitsgehalt der Angaben des Mandanten muss der Vertreter für Aufklärung sorgen. Steht eine Erklärung des Beteiligten vor dem DPMA oder BPatG im Widerspruch zu einer dem Vertreter gegebenen Information, muss das der Vertreter nicht anzeigen, da er davon ausgehen kann, dass der Beteiligte vor Gericht die Wahrheit sagt. Bei Verstoß gegen Wahrheitspflicht als berufliche Grundpflicht (§§ 39, 39a (3) PatAnwO, §§ 43, 43a (3) BRAO) durch Patent- oder Rechtsanwälte drohen berufsrechtliche Sanktionen.

1.4 Beispiele:

Ein Verstoß gegen § 124 liegt vor: **a)** bei **bewusster Lüge**; **b)** bei **Unterdrücken und Verschweigen** bekannter, für das Verfahren wesentlicher Umstände;[9] **c)** bei **Behauptungen ins Blaue** hinein; **d)** bei Vortrag von **Halbwahrheiten** (s Rdn 6).

Kein Verstoß gegen § 124 liegt vor: **a) Bestreiten von Umständen**, sofern es nicht wider besseres Wissen erfolgt. Dem Erklärenden unbekannte Tatsachen (zB über eine Vorbenutzung) dürfen mit **Nichtwissen** bestritten werden;[10] **b)** Vortrag von **vermuteten Tatsachen**;[11] **c) unsubstantiiertes Bestreiten** von Tatsachen, die aber der Gegner kennt; **d) Unterlassen des Bestreitens** des als falsch erkannten Vortrags des Gegners; **e)** für **Haupt- und Hilfsantrag** sowie für **Haupt- und Hilfsbegründung**, selbst wenn diese sich gegenseitig ausschließen, aber beide nicht bewusst falsch sind; **f)** Verschweigen oder Bestreiten von **Tatsachen, die ehrenrührig** sind oder **strafrechtliche Verfolgung** befürchten lassen;[12] **g)** Unterlassen, einen **Zeugen von einer Falschaussage abzuhalten**, wenn die Tatsache für wahr gehalten wird;[13] **h) Verschweigen von Fakten**, sofern diese verschwiegenen Fakten objektiv eine Patenterteilung nicht hätten ver-

---

7 BGH GRUR **69**, 133 *Luftfilter*; BGH GRUR **06**, 754 *Haftetikett*.
8 BGHZ **116**, 47.
9 BPatG v 22.05.06 – 14 W (pat) 43/00 = BeckRS **2007**, 07 256.
10 BPatGE **26**, 194, 195.
11 BGH NJW-RR **88**, 1529.
12 RGZ **156**, 269.
13 BGH NJW **53**, 1720.

§ 124 Wahrheitspflicht

hindern können.[14] **i) Erschleichen von Verfahrenskostenhilfe** mit vorsätzlich falschen Angaben.[15]

2 Folge eines Verstoßes gegen § 124

2.1 Zurückweisung der Anmeldung

11 wenn ohne die unwahre Angabe die Patentfähigkeit nicht gegeben ist oder wenn gleichzeitig ein Verstoß gegen § 34 (7) vorliegt (vgl dazu § 34 Rdn 208).

2.2 Aufhebung der Bewilligung von VKH

12 Hat der Begünstigte VKH mit vorsätzlich falschen Angaben erschlichen hat ist er in keiner Weise schutzwürdig ist und darf nicht auf den Bestand der Bewilligung vertrauen. Daher entfaltet die Aufhebung der VKH-Bewilligung Fall volle Rückwirkung.[16]

2.3 Prozessuale Folgen:

13 Die unwahre Angabe wird nicht berücksichtigt,[17] wenn das DPMA oder das Gericht gemäß § 286 (1) ZPO nach freier Überzeugung zu der Entscheidung kommen, dass eine tatsächliche Behauptung für nicht wahr zu erachten ist.

Eine unwahre Erklärung kann dazu führen, den Vortrag des Erklärenden allgemein für unglaubhaft zu halten.

Beruht eine Patenterteilung auf einer unwahren Behauptung, so kann im Patentverletzungsverfahren die *Einrede der Patenterschleichung* erhoben werden. Die Nichtigkeitsklage kann darauf allein nicht gestützt werden.

Ein auf § 124 gestützter Einwand der unzulässigen Rechtsausübung ist nicht zulässig, solange in einem Patentnichtigkeitsverfahren geltend gemacht werden kann, das Patent sei zu Unrecht erteilt worden.[18]

Die Lüge kann als *Prozessbetrug* strafbar sein. Wird der Erklärende dafür rechtskräftig verurteilt, kann nach §§ 580, 581 ZPO *Restitutionsklage* erhoben werden.

§ 124 stellt als reine Verfahrensvorschrift kein Schutzgesetz iSd § 823 (2) BGB dar.

2.3 Kosten:

14 Ein Verstoß gegen die Wahrheitspflicht, durch den vermeidbare Kosten entstanden sind, kann zur Auferlegung der zusätzlichen Kosten führen.[19]

3 Wahrheitswidrige Angaben in der Patentschrift:

15 siehe dazu § 58 Rdn 13.

---

14 OLG Düsseldorf, NJOZ 08, 2831, 2835 = GRUR 09, 53 (Ls) *Brandschutzvorrichtung*.
15 BPatG v 14.2.217 – 14 W (pat) 26/14 = GRUR-RS 2017, 109127.
16 BPatG v 14.2.217 – 14 W (pat) 26/14 = GRUR-RS 2017, 109127.
17 BGH NJW-RR 03, 69.
18 OLG Düsseldorf, NJOZ 08, 2831 = GRUR 09, 53 (Ls) *Brandschutzvorrichtung*
19 BPatGE 1, 171, 172; 26, 194, 195.

§ 125 Einreichung neuheitsschädlicher Druckschriften, Übersetzung
(furnishing of citations, translations)

(1) Wird der Einspruch oder die Klage auf Erklärung der Nichtigkeit des Patents auf die Behauptung gestützt, dass der Gegenstand des Patents nach § 3 nicht patentfähig sei, so kann das Deutsche Patent- und Markenamt oder das Patentgericht verlangen, dass Urschriften, Ablichtungen oder beglaubigte Abschriften der im Einspruch oder in der Klage erwähnten Druckschriften, die im Deutschen Patent- und Markenamt und im Patentgericht nicht vorhanden sind, in je einem Stück für das Deutsche Patent- und Markenamt oder das Patentgericht und für die am Verfahren Beteiligten eingereicht werden.

(2) Von Druckschriften in fremder Sprache sind auf Verlangen des Deutschen Patent- und Markenamts oder des Patentgerichts einfache oder beglaubigte Übersetzungen beizubringen.

Jürgen Schell

Übersicht

Geltungsbereich	1
Europäisches Patentrecht	2
Literatur	3
Kommentierung zu § 125 PatG	
1 Zweck	4
2 Voraussetzungen für Verlangen gemäß § 125	5
3 Nichtvorlage der Druckschrift	6
4 Übersetzungen	7

Geltungsbereich: § 125 stimmt mit dem früheren § 44a PatG überein. Art 1 Nr 33 des Zweiten Gesetzes zur Vereinfachung und Modernisierung des Patentrechts (2. PatRModG) vom 10. August 2021 (BGBl 2021 I S 3490) hat § 125 Absatz 1 und 2 geändert. 1

Europäisches Patentrecht: Zu den **weiteren** Einzelheiten wird verwiesen auf die Kommentierung bei Singer/Stauder/Luginbühl, Europäisches Patentübereinkommen, 8. Aufl. 2019. 2

Lit in GRUR: Bacher/Nagel 01, 873. 3

1 Zweck:

Die Regelung diente ursprünglich dem Wiederaufbau des im Kriege verloren gegangenen Prüfstoffs des Patentamts.[1] Heute ist § 125 entbehrlich und wird in der Praxis (jedenfalls bezüglich englisch- und französischsprachiger Druckschriften) auch nicht mehr angewandt. Handelt es sich um Urkunden im Sinne der §§ 415 u 416 ZPO, so besteht eine Verpflichtung zur Vorlage, die das *DPMA und BPatG* auch gemäß § 426 ZPO anordnen können. Handelt es sich um sonstige Druckschriften oder Nicht-Patentliteratur, zB Unterlagen über offenkundige Vorbenutzungen (zB Firmenschriften, Prospekte, Kataloge), die dem DPMA fehlen und die auch im Wege der Amtser- 4

---

1 Vgl Amtl Begr zum 1. ÜG BlPMZ **49**, 241 rSp u zum 5. ÜG BlPMZ **53**, 295, 298.

§ 125a Einreichung elektronischer Dokumente

mittlung nicht oder nur mit unverhältnismäßigem Aufwand zu beschaffen sind, so geht die Unaufklärbarkeit des Sachverhalts zu Lasten dessen, der aus ihm Rechte herleiten will (vgl dazu Einl Rdn 39). Keine analoge Anwendung vor dem BGH.[2]

2 Voraussetzungen für Verlangen gemäß § 125:

5 a) *Anhängigkeit* eines Einspruchs- oder Nichtigkeitsverfahrens; b) Einspruch oder Klage erwähnen *Druckschriften*, also nicht sonstige schriftliche Beschreibungen, die im DPMA oder BPatG nicht vorhanden sind. Negative Auskunft der Bibliothek genügt; c) Einspruch oder Klage werden auf die *Behauptung mangelnder Neuheit* gemäß § 3 PatG gestützt. § 125 ist also unanwendbar, wenn die Druckschriften mangelnde erfinderische Tätigkeit belegen sollen; d) die Druckschriften müssen im *Einspruch oder in der Klage erwähnt* sein. Eine analoge Anwendung auf eine *Erwähnung in späteren Schriftsätzen* ist nach dem Sinn der Vorschrift gerechtfertigt. Einen übereinstimmenden Vortrag der Beteiligten über den Inhalt einer nach § 125 (1) nicht eingereichten Druckschrift haben das DPMA und BPatG frei zu würdigen.

3 Nichtvorlage der Druckschrift:

6 § 3 Nr 5 des 1. ÜG[3] sah vor, dass ein Einspruch als nicht erhoben gilt, wenn die Druckschriften innerhalb einer gesetzten Frist nicht eingereicht wurden. § 125 kennt keine Sanktion. Kann DPMA oder BPatG nicht feststellen, ob die Behauptung mangelnder Neuheit zutrifft, weil ihm die Druckschrift nicht bekannt ist und trotz Anforderung nicht eingereicht wird, so kann der Vortrag insoweit nicht berücksichtigt werden. Den Nachteil hat die Partei zu tragen, die sich auf die ihr günstige Tatsache beruft, wenn das DPMA oder BPatG den Sachverhalt nicht aufklären können (vgl 37).

4 Übersetzungen

7 gemäß § 125 (2) können das DPMA oder BPatG in beglaubigter oder nicht beglaubigter Form, nicht aber die anderen Verfahrensbeteiligten, nur von den nach § 125 (1) eingereichten (nicht von anderen) Druckschriften verlangen.[4] Die Anforderung einer Übersetzung zugunsten einer Partei kann im Einzelfall aber nach § 142 Abs 3 ZPO von Amts wegen geboten sein, wenn eine Partei nachvollziehbar darlegt, dass sie sich aus bestimmten Gründen keine Übersetzung verschaffen kann.[5] Zu Übersetzungen vgl § 126 Rn 18.

§ 125a Einreichung elektronischer Dokumente

(1) Soweit in Verfahren vor dem Deutschen Patent- und Markenamt für Anmeldungen, Anträge oder sonstige Handlungen die Schriftform vorgesehen ist, gelten die Regelungen des § 130a Abs 1, 2 Satz 1, Abs 5 und 6 der Zivilprozessordnung entsprechend.

---

2 Vgl Bacher/Nagel, GRUR 01, 873.
3 BlPMZ 49, 230 rSp.
4 BPatGE 44, 47, 51 = BlPMZ 01, 246 = GRUR 01, 774 *Künstliche Atmosphäre*.
5 BPatGE 44, 47, 51 = BlPMZ 01, 246 = GRUR 01, 774 *Künstliche Atmosphäre*.

(2) ¹Die Prozessakten des Patentgerichts und des Bundesgerichtshofs können elektronisch geführt werden. ²Die Vorschriften der Zivilprozessordnung über elektronische Dokumente, die elektronische Akte und die elektronische Verfahrensführung im Übrigen gelten entsprechend, soweit sich aus diesem Gesetz nichts anderes ergibt.
(3) Das Bundesministerium der Justiz und für Verbraucherschutz bestimmt durch Rechtsverordnung ohne Zustimmung des Bundesrates
1. den Zeitpunkt, von dem an elektronische Dokumente bei dem Deutschen Patent- und Markenamt und den Gerichten eingereicht werden können, die für die Bearbeitung der Dokumente geeignete Form, ob eine elektronische Signatur zu verwenden ist und wie diese Signatur beschaffen ist;
2. den Zeitpunkt, von dem an die Prozessakten nach Absatz 2 elektronisch geführt werden können, sowie die hierfür geltenden organisatorisch-technischen Rahmenbedingungen für die Bildung, Führung und Aufbewahrung der elektronischen Prozessakten.

Jürgen Schell

Übersicht

	Geltungsbereich	1
	Europäisches Patentrecht	2
	Literatur	3
	Kommentierung zu § 125a PatG	
1	Elektronische Kommunikation mit den Gerichten	4
2	Begriffserklärungen	5
2.1	Elektronisches Dokument	5
2.2	Signatur	11
2.3	De-Mail	15
2.4	Besonderes elektronisches Anwaltspostfach (beA)	17
3	Elektronischer Rechtsverkehr	19
3.1	Verfahren vor dem DPMA	19
3.2	Verfahren vor dem BPatG und dem BGH	22
4	Elektronische Aktenführung und Sachbehandlung	30
5	Verordnungsermächtigung	32

Geltungsbereich: § 125a wurde durch Art 4 (1) Nr 2 des Transparenz- und Publizitätsgesetzes vom 19.07.02 (BGBl I S 2681 = BlPMZ 02, 297) mit Wirkung vom 26.07.02 eingefügt. Art 1 Nr 13 des **Gesetzes zur Vereinfachung und Modernisierung des Patentrechts (PatRModG)** vom 31.7.2009¹ hat § 125a mit Wirkung zum 1.10.09 neu gefasst und damit die Rechtsgrundlage für das elektronische Verfahren vor dem DPMA, BPatG und BGH geschaffen. Bislang haben die technischen Unwägbarkeiten und rechtlichen Unsicherheiten dazu geführt, dass der elektronische Rechtsverkehr (E-Justice) von den Parteien eher zögerlich angenommen wird. Durch die Änderungen des PatRModG soll der elektronische Rechtsverkehr in Patentsachen vereinheitlicht und an moderne Standards angepasst werden können. Die hierfür erforderliche technische Infrastruktur und eine entsprechend angepasste Aktenordnung beim DPMA, BPatG und BGH sollen nach und nach aufgebaut werden.
Art 1 des **Gesetzes zur Novellierung patentrechtlicher Vorschriften und anderer Gesetze des gewerblichen Rechtsschutzes (PatNovG)** vom 19.10.2013 (BGBl 2013 I S 3830 = BlPMZ 13, 362) hat § 125a (3) Nr 1 PatG neugefasst. Mit der Änderung soll klargestellt werden, dass das BMJ nicht

---

1 BlPMZ 09, 301, 304.

§ 125a   Einreichung elektronischer Dokumente

nur ermächtigt ist, die Art der für die Kommunikation zwischen Nutzer und DPMA erforderlichen elektronischen Signatur zu bestimmen, sondern in dem bestehenden gesetzlichen Rahmen auch festlegen kann, für welche Fälle der elektronischen Kommunikation mit dem DPMA ein Signaturerfordernis überhaupt gelten soll.[2]
Art 9 des **Gesetzes zur Förderung des elektronischen Rechtsverkehrs mit den Gerichten** vom 10.10.2013 (BGBl 2013 I S 3786 = BlPMZ **13**, 381) hat mit Wirkung zum **1. Januar 2018** in Abs 1 die Wörter »§ 130a Abs 1 Satz 1 und 3 sowie Abs 3« durch die Wörter »§ 130a Absatz 1, 2 Satz 1, Absatz 5 und 6« ersetzt.[3]
Art 204 der **10. Zuständigkeitsanpassungsverordnung** vom 31.08.15 (BGBl I S 1474) hat in § 125a (3) das Wort »Justiz« durch die Wörter »Justiz und für Verbraucherschutz« ersetzt.
Art 1 Nr. 40 des Zweiten Gesetzes zur Vereinfachung und Modernisierung des Patentrechts (2. PatRModG) hat Absatz 1 und 3 Nummer 1 redaktionell geändert.

2   **Europäisches Patentrecht:**
Die näheren Einzelheiten und Bedingungen, unter denen im Verfahren vor dem EPA Unterlagen durch technische Einrichtungen zur Nachrichtenübermittlung eingereicht werden können, werden von Präsident/in des EPA festgelegt[4] (Regel 2 EPÜ 2000, s Einl Rdn 373). Nicht zulässig ist die Einreichung von europäischen und PCT-Anmeldungen per E-Mail, auf Diskette, per Teletex, Telegramm oder Fernschreiben oder auf vergleichbare Weise.[5] Zulässig ist die Einreichung von Unterlagen per E-Mail dagegen bei Rücksprachen und der Durchführung von mündlichen Verhandlungen als Videokonferenz.[6] Dies gilt allerdings nicht für die Einreichung von Vollmachten.[7] In keinem Fall dürfen E-Mails jedoch vom EPA einfach ignoriert werden, sondern sind zu bearbeiten, wobei sicherzustellen ist, dass ihr Inhalt in die Akte aufgenommen wird.[8]
Für die elektronische Kommunikation mit den Verfahrensbeteiligten stellt das EPA im Rahmen eines Pilotprojekts sukzessive weitere technische Einrichtungen bereit, insbesondere für die Einreichung von Unterlagen in Verfahren nach dem EPÜ und für die Einreichung internationaler Patentanmeldungen und anderer Schriftstücke in Verfahren nach dem PCT.[9] Das Pilotprojekt steht allen Verfahrensbeteiligten und Nutzern offen, die die spezifischen Teilnahmevoraussetzungen erfüllen und dem EPA ihre Bereitschaft zur Teilnahme an dem Projekt mitgeteilt haben.
Zu den weiteren Einzelheiten vgl die Kommentierung bei Singer/Stauder/Luginbühl, Europäisches Patentübereinkommen, 8. Aufl. 2019
Regel 136 Einreichung von Unterlagen; Formvorschriften
(1) Im Verfahren vor dem Europäischen Patentamt können Unterlagen durch unmittelbare Übergabe, durch Postdienste oder durch Einrichtungen zur elektronischen Nachrichtenübermittlung eingereicht werden. Der Präsident des Europäischen Patentamts legt die näheren Einzelheiten und Bedingungen sowie gegebenenfalls besondere formale und technische Erfordernisse für die Einreichung von Unterlagen fest. Er kann insbesondere bestimmen, dass eine Bestätigung nachzureichen ist. Wird diese Bestätigung nicht rechtzeitig eingereicht, so wird die europäische Patentanmeldung zurückgewiesen; nachgereichte Unterlagen gelten als nicht eingegangen.
(2) Wo im Übereinkommen bestimmt ist, dass ein Schriftstück zu unterzeichnen ist, kann dessen Authentizität durch eigenhändige Unterschrift oder andere geeignete Mittel bestätigt werden, deren Benutzung vom Präsidenten des Europäischen Patentamts gestattet wurde. Ein Schriftstück, das durch solche anderen Mittel authentifiziert worden ist, erfüllt die rechtlichen Erfordernisse der

---

2 Vgl Entwurf eines Gesetzes zur Novellierung patentrechtlicher Vorschriften und anderer Gesetze des gewerblichen Rechtsschutzes, BT-Drs 17/10 308 v 12.07.12, zu Nummer 19 = S 19.
3 Vgl Art 9 des Gesetzes zur Förderung des elektronischen Rechtsverkehrs mit den Gerichten vom 10.10.2013 = BGBl 2013 I S 3786, 3795.
4 Beschluss PräsEPA v 04.07.12 ABl EPA **12**, 486 ff.; Beschluss PräsEPA v 12.07.07 Sonderausgabe Nr 3 ABl EPA **07**, 12 (Art 2).
5 Beschluss PräsEPA v 26.02.09 ABl EPA **09**, 182 ff.
6 Beschluss PräsEPA v 20.04.12 ABl EPA **12**, 348 (Art 1).
7 Beschluss PräsEPA v 20.04.12 ABl EPA **12**, 348 (Art 2).
8 EPA-PrüfRichtl, Teil C VII-5, 2.6.2.
9 Vgl Beschluss PräsEPA v 11.03.15 ABl EPA **15**, A28 unter Aufhebung von Beschluss PräsEPA v 04.07.12 ABl EPA **12**, 486.

Unterschrift ebenso wie ein handschriftlich unterzeichnetes Schriftstück, das in Papierform eingereicht wurde.

Lit in FS 50 Jahre BPatG: Mayer/Kleinschmidt, 1001; Mayer, 1015; **Lit in MDR:** Vollkommer 19, 1273; **Lit in NJW:** Roßnagel 01, 1817; 03, 469; Hähnchen 01, 2831; Dästner 01, 3469; Viefhues 05, 1009; Köbler 06, 2089; Fischer-Dieskau, Hornung 07, 2897; Bacher 09, 1548; Hadidi/Mödl 10, 2097; Roßnagel 13, 2710; Bacher 15, 2753; Brosch/Sandkühler 15, 2760; Sorge/Krüger 15, 2764; Delhey 16, 1274; Ulrich/Schmieder 19, 113; Leuering 19, 2739; Günther 20, 1785; **Lit in Mitt:** Mayer 11, 349; Mayer/Kleinschmidt 13, 477; **Lit in GRUR:** Metternich 01, 647; **Lit in VPP-Rundbrief:** Mayer 09, 162; **Lit in CR:** Schmidl 02, 508.

1 Elektronische Kommunikation mit den Gerichten

Nachdem die Nutzung des elektronischen Rechtsverkehrs mit den Gerichten in den letzten zehn Jahren deutlich hinter den Erwartungen zurückgeblieben ist,[10] sollen die mit dem Gesetz zur Förderung des elektronischen Rechtsverkehrs mit den Gerichten (vom 10.10.2013, kurz »E-Justice-Gesetz«) beschlossenen Änderungen die Zugangshürden für die elektronische Kommunikation mit der Justiz abbauen, damit dann spätestens ab 2022 für alle Verfahrensordnungen (ausgenommen nur die Strafprozessordnung) eine Pflicht für Anwälte zur Nutzung elektronischer Kommunikationswege in Kraft treten kann.[11] Dieser Zielsetzung entsprechend beinhaltet das E-Justice-Gesetz Regelungen, die eine Kommunikation sowohl per De-Mail als auch über das Elektronische Gerichts- und Verwaltungspostfach sowie über andere elektronische Kommunikationswege ohne qualifizierte elektronische Signatur vorsehen. Gerade die Einführung einer De-Mail-Infrastruktur bezweckt eine Vereinfachung des elektronischen Rechtsverkehrs, da bereits die Absenderbestätigung des Providers als ausreichend angesehen wird, um der per De-Mail abgegebenen Erklärung den erforderlichen Anschein der Echtheit zu vermitteln.

Zum 1.1.2018 soll gemäß § 174 (3) S 4 ZPO in seiner ab diesem Zeitpunkt geltenden Fassung eine »passive Nutzungspflicht« eingeführt werden, dh Anwälte müssen ab diesem Zeitpunkt einen sicheren Zugang für gerichtliche Zustellungen auf elektronischem Wege zu Verfügung stellen.[12] Erweiternd soll dann zum 1.1.2022 gemäß § 130 d ZPO eine Verpflichtung zur Nutzung der elektronischen Kommunikationswege in Kraft treten, nach der Anwälte ab diesem Zeitpunkt den Gerichten ihre Schriftstücke in entsprechender elektronischer Form übermitteln müssen.[13]

2 Begriffserklärungen

2.1 Elektronisches Dokument

ist ein Dokument, das in digitaler Form gespeichert ist, über Rechnernetze verbreitet wird und nur mit Hilfe eines Computers und entsprechender Software zu lesen ist. Der Begriff des elektronischen Dokuments ersetzt den 1977 in die ZPO in § 690 (3)

---

10 Vgl Gesetzentwurf eines Gesetzes zur Förderung des elektronischen Rechtsverkehrs mit den Gerichten = BT-Drs. 17/12 634, S 1.
11 Kritisch unter Hinweis auf verfassungsrechtliche Bedenken: Delhey NJW **16**, 1274.
12 Art 1 und Art 26 (1) des Gesetzes zur Förderung des elektronischen Rechtsverkehrs mit den Gerichten.
13 Art 1 und Art 26 (7) des Gesetzes zur Förderung des elektronischen Rechtsverkehrs mit den Gerichten.

eingeführten Begriff der »nur maschinell lesbaren« Aufzeichnung.[14] Die Einreichung von Schriftsätzen in Form eines elektronischen Dokuments ist als Alternative zur Schriftform nach §§ 129, 130 ZPO vorgesehen, ein Zwang zur Einreichung in elektronischer Form ist damit nicht verbunden.[15] Elektronische Dokumente bedürfen für ihre Wirksamkeit im Rechtsverkehr in der Regel einer qualifizierten elektronischen Signatur (E-Signatur), die den Absender zweifelsfrei als Urheber des Dokuments legitimiert und nachträgliche Veränderungen des Dokuments erkennbar machen.

6   Der Anwendungsbereich von § 130a Abs (1) ZPO schließt sowohl vorbereitende Schriftsätze wie auch bestimmende Schriftsätze[16] mit ein, sowie Erklärungen, Auskünfte, Aussagen oder Gutachten von Dritten. Ist für eine Verfahrenshandlung Schriftform vorgeschrieben, so **kann** sie wirksam durch Aufzeichnung als elektronisches Dokument vorgenommen werden.[17] Bestimmende Schriftsätze, die als elektronische Dokumente eingereicht werden, **müssen** mit einer qualifizierten E-Signatur versehen sein.[18]

7   Ein elektronisches Dokument wahrt die Schriftform nur dann, wenn es für die Bearbeitung durch das DPMA oder die Gerichte geeignet ist.[19] Die näheren Einzelheiten zur Form der einzureichenden Dokumente enthält für das DPMA die Verordnung über den elektronischen Rechtsverkehr beim Deutschen Patent- und Markenamt (ERVDPMAV[20]) sowie für das BPatG und den BGH die Verordnung über den Elektronischen Rechtsverkehr beim BGH und BPatG (BGH/BPatGERVV),[21] die auf Grundlage der Verordnungsermächtigung des § 125a (3) Nr 1 ergangen sind.

8   Der Zeitpunkt des Eingangs eines elektronischen Dokuments ist dessen Aufzeichnung durch die Einrichtung, die das DPMA, das BPatG und der BGH für den Empfang bestimmt haben (§ 125a PatG iVm § 130a (5) ZPO). Maßgebend ist der Zeitpunkt der Speicherung auf der für den Empfang bestimmten Einrichtung des Gerichts,[22] also nicht ein danach durchgeführter Ausdruck des elektronischen Dokuments.[23] Bei E-Mail wird der Zeitpunkt des Eingangs in der Spalte »erhalten« mit Datum und Uhrzeit angegeben. Das Risiko des rechtzeitigen Zugangs des elektronischen Dokuments trägt der Absender. Ist das Dokument aus technischen Gründen nicht lesbar, muss das DPMA oder das Gericht den Absender unter Angabe der erforderlichen technischen Rahmenbedingungen unverzüglich darauf hinweisen (§ 130a (1) S 3 ZPO).

---

14 Vgl BT-Drs 14/4987, S 24.
15 Vgl BT-Drucks 14/4987 S 23, Zu Artikel 2.
16 Vgl BT-Drucks 14/4987 S 24, Zu Artikel 2, Nummer 2 (§ 130a).
17 BGH NJW 08, 2649 = GRUR 08, 838.
18 BGH NJW 10, 2134 BGHZ 184, 75 *Qualifizierte Signatur*.
19 BGH GRUR 20, 980 *Aktivitätsüberwachung*
20 Abgedruckt im Anhang 19.
21 V v 24.8.2007 (s Anhang 18, BGBl I S 2130 = BlPMZ 07, 68= Tabu Gewerbl. Rechtsschutz Nr 301).
22 Beschlussempfehlung und Bericht des Rechtsausschusses BlPMZ 02, 298; BGH GRUR 08, 838 *Berufungsbegründung per E-Mail* = Mitt 08, 426; s Schulte-Kartei PatG 35.1 Nr 390.
23 OLG Karlsruhe NJW-RR 07, 1222.

E-Mail ist ein elektronisches Dokument.[24] Die in E-Mails üblicherweise vorhandene Absenderbezeichnung stellt jedoch lediglich eine einfache und keine qualifizierte E-Signatur dar, so dass eine E-Mail grundsätzlich nicht die für bestimmende Schriftsätze vorgeschriebene Schriftform wahrt.[25] 9

Computerfax ist kein elektronisches Dokument gemäß § 125a, sondern fällt unter die Übermittlungsart nach § 130 Nr 6 ZPO.[26] Es ist zwar im PC des Absenders, nicht aber des Empfängers als elektronisches Dokument enthalten und erreicht den Empfänger als papiergebundene Telekopie. Die Schriftform wird bei einem Computerfax durch Einscannen der Unterschrift gewahrt oder durch einen Hinweis des Urhebers auf dem Schriftsatz, dass er wegen der gewählten Übertragungsform nicht unterzeichnen könne.[27] Ein Computerfax, bei dem ein Schriftsatz als im Computer erstellte Textdatei mit eingescannter Unterschrift unmittelbar aus dem **Computer an das Faxgerät** des Gerichts versandt wird, ist als Ausnahme vom Erfordernis der eigenhändigen Unterschrift zulässig.[28] Dagegen wahrt die Versendung einer Computerdatei direkt per E-Mail von **Computer zu Computer** im Gegensatz zur Übermittlung von Computerfax zu Telefax das Schriftformerfordernis für bestimmende Schriftsätze iSd § 130 Nr 6 ZPO nicht.[29] 10

2.2 Signatur

Elektronische Signaturen stellen eine Entsprechung zur herkömmlichen Unterschrift dar und legitimieren den Absender als Urheber des betreffenden Dokuments. Sie sind mit den übermittelten Daten so verknüpft, dass nachträgliche Veränderungen des Dokuments erkennbar sind. Muss ein Dokument von mehreren Personen unterschrieben werden, ist eine Mehrfachsignatur erforderlich. Zum Verhältnis Unterschrift und elektronische Signatur siehe Einl Rdn 376. 11

Es wird zwischen **einfachen** und **qualifizierten** elektronischen Signaturen sowie **fortgeschrittenen** elektronischen Signaturen einer internationalen Organisation auf dem Gebiet des gewerblichen Rechtsschutzes[30] unterschieden. Die einfache Signatur iSv § 130 a ZPO meint die einfache Wiedergabe des Namens am Ende des Textes, beispielsweise bestehend aus einem maschinenschriftlichen Namenszug unter dem Schriftsatz oder einer eingescannten Unterschrift.[31] Im Vergleich zur einfachen und fortgeschrittenen Signatur vermittelt die qualifizierte E-Signatur das höchste Maß an Beweissicherheit. Die »Qualifizierung« gegenüber der fortgeschrittenen elektronischen 12

---

24 BGH GRUR 08, 838 *Berufungsbegründung per E-Mail* = NJW 08, 2649 = Mitt 08, 426.
25 BGH NJW-RR 09, 357; BGH v 11.06.15 – I ZB 64/14 *Einlegung einer Beschwerde mittels E-Mail* = BeckRS 2015, 12 068.
26 GmS-OGB 1/98 = BGHZ 144, 160; BGH GRUR 03, 1068; vgl hierzu Mayer/Kleinschmidt, Mitt 13, 477, 479.
27 BGH NJW-RR 15, 624, Rn 10 ff = BeckRS 2014, 19 928.
28 GmS-OGB, NJW 00, 2340 = BGHZ 144, 160; BGH NJW 15, 1527, Rn 9 ff.
29 BGH GRUR 08, 838 *Berufungsbegründung per E-Mail* = NJW 08, 2649 = Mitt 08, 426; BGH NJW-RR 09, 357 *Formerfordernis für bestimmenden Schriftsatz (E-Mail)* = Mitt 09, 92 = BeckRS 2009, 00 075.
30 Vgl EG-Richtlinie 1999/93/EG (SignaturRL).
31 BAG NJW 20, 3476 *Einfache Signatur und Wiedereinsetzung in den vorigen Stand.*

Signatur besteht in strengeren Anforderungen (§ 2 Nr 2 SigG). So beruht die qualifizierte E-Signatur auf einem zum Zeitpunkt ihrer Erzeugung gültigen qualifizierten Zertifikat und wird mit einer sicheren Signaturerstellungseinheit erzeugt (§§ 5 ff SigG).

13 Die elektronische Signatur ist – wie die eigenhändige Unterschrift – personengebunden und muss von der Person vorgenommen werden, die das signierte Dokument zu verantworten hat, dh in der Regel durch den vertretungsberechtigten Anwalt.[32] Nur dann ist sie als gleichwertig zu einer eigenhändigen Unterzeichnung anzusehen. Dieses Erfordernis ist jedoch nicht gewahrt, wenn die Signatur unter Verwendung der Signaturkarte des berechtigten Anwaltes durch Dritte vorgenommen wird (bspw durch Kanzleipersonal), ohne dass der Anwalt den Inhalt des betreffenden Schriftsatzes geprüft und sich zu eigen gemacht hat. In diesem Fall liegt lediglich eine **Scheinsignierung** vor.[33]

14 Indem § 125a (1) von der Verweisung auf § 130a (3) ZPO dessen Satz 2 ausnimmt, wird für die Verfahren vor dem **DPMA** die Möglichkeit eröffnet, neben den Signaturen nach dem Signaturgesetz (SigG) auch andere Formen von elektronischen Signaturen vorzusehen.[34] Für die Verfahren vor dem **BPatG** und dem **BGH** müssen elektronisch übermittelte bestimmende Schriftsätze müssen mit einer qualifizierten elektronischen Signatur der verantwortenden Person versehen sein oder von der verantwortenden Person (einfach) signiert und auf einem sicheren Übermittlungsweg eingereicht werden, um wirksam bei Gericht einzugehen. Ausgenommen von diesem Erfordernis sind lediglich Anlagen, die vorbereitenden Schriftsätzen beigefügt sind (vgl § 130a (3) Satz 2 ZPO).

Diese Voraussetzung ist nicht erfüllt, wenn das verwendete Zertifikat im Zeitpunkt der Signatur noch nicht freigeschaltet und damit nicht nachprüfbar war.[35]

Die im EGVP-Verfahren eingesetzte qualifizierte **Container-Signatur** genügt seit dem 1.1.2018 **nicht** mehr den Anforderungen des § 130 a ZPO.[36]

2.3 De-Mail

15 De-Mail ist ein auf der E-Mail-Technik beruhendes, anders als dieses aber verschlüsseltes Kommunikationsmittel, das eine rechtssichere Übermittlung von Inhalten ermöglicht, da der Inhalt von De-Mails sowie deren Versand und Empfang jederzeit rechtswirksam nachgewiesen werden kann. Für die Eröffnung eines De-Mail-Kontos ist eine Erstregistrierung gesetzlich vorgeschrieben, dh Nutzer müssen sich vor Einrichtung eines De-Mail-Kontos zunächst gegenüber dem von ihnen ausgewählten De-Mail-Anbieter registrieren und identifizieren lassen. Erst nach Abschluss dieser Erstregistrierung kann das De-Mail-Konto genutzt werden. Die Anbieter von De-Mail-Diensten müssen sich ihrerseits vor Aufnahme ihrer Tätigkeit durch das Bundesamt für Sicherheit in der Informationstechnik (BSI) akkreditieren lassen.[37] Auf diese Weise ist sicher-

---

32 BGH NJW 11, 1294 = WM 11, 478 = BGHZ 188, 38 *Elektronische Signatur.*
33 BGH NJW 11, 1294 = WM 11, 478 = BGHZ 188, 38 *Elektronische Signatur.*
34 Begr PatRModG, BlPMZ 09, 317.
35 BGH NJW 10, 2134 = BGHZ 184, 75 *Qualifizierte Signatur.*
36 BGH NJW 19, 2230 *Unzulässigkeit einer Container Signatur*
37 § 17 des Gesetzes zur Regelung von De-Mail-Diensten und zur Änderung weiterer Vorschriften (De-Mail-Gesetz).

gestellt, dass eine elektronische Kommunikation ausschließlich zwischen Personen bzw Institutionen stattfindet, die ihre Identität gesetzeskonform ausgewiesen haben. Zudem sind De-Mails auf dem Transportweg ständig verschlüsselt und werden auch verschlüsselt abgelegt, so dass ein Mitlesen oder das Verändern einer De-Mail grundsätzlich nicht möglich ist. Die durch die Absenderbestätigung des De-Mail-Anbieters gewährleistete Authentizität wird daher als ausreichend erachtet, um von der Echtheit der per De-Mail abgegebenen Erklärung ausgehen zu können.

Das DPMA und das BPatG bieten aktuell noch einen Zugang für De-Mail an: 16
DPMA unter: info@dpma.de-mail.de
BPatG unter: bundespatentgericht@bundespatentgericht.de-mail.de
Die Kommunikationsoption »De-Mail« hat sich jedoch nie wirklich durchgesetzt und wird aktuell so gut wie nicht mehr genutzt.

2.4 Besonderes elektronisches Anwaltspostfach (beA)

Das besondere elektronische Anwaltspostfach (beA) ist ein auf Basis der EGVP-Infrastruktur aufgebautes elektronisches Postfach für Mitglieder der Rechtsanwaltskammern, die in das Gesamtverzeichnis eingetragen wurden. Es soll die sichere elektronische Kommunikation der Anwälte mit Justiz und Behörden sowie unter den Anwälten gewährleisten.[38] § 31a Abs. 6 BRAO verpflichtet die Rechtsanwälte, die für dessen Nutzung erforderlichen technischen Einrichtungen vorzuhalten sowie Zustellungen und den Zugang von Mitteilungen über das besondere elektronische Anwaltspostfach zur Kenntnis zu nehmen. Die aktive Nutzungspflicht, durch die den Rechtsanwälte die Pflicht zur elektronischen Übermittlung von Dokumenten an Gerichte auferlegt wird, tritt am 1. Januar 2022 in Kraft. Der BGH hat klargestellt, dass für Patentanwälte keine solche Pflicht besteht.[39]   17

Bislang haben Bremen und Schleswig-Holstein von der Möglichkeit Gebrauch 18
gemacht, für ihr Bundesland durch Verordnung zu bestimmen, dass die aktive Nutzungspflicht ganz oder teilweise bereits früher in Kraft tritt.

3 Elektronischer Rechtsverkehr

3.1 Verfahren vor dem DPMA:

§ 125a (1) ersetzt die bisherigen Regelungen für das Einreichen elektronischer Dokumente beim DPMA durch einen Verweis auf § 130a ZPO. Damit werden zwischenzeitlich erfolgte Ergänzungen bzw Änderungen des § 130a nachvollzogen und grundsätzlich sichergestellt, dass weitere Änderungen unmittelbar auch für das DPMA gelten.   19
Im DPMA werden seit dem 01.06.11 Patente, Gebrauchsmuster, Topografien und ergänzende Schutzzertifikate von der Anmeldung bis zur Publikation komplett elektronisch bearbeitet.[40] Elektronische Dokumente können grundsätzlich für folgende Verfahrenshandlungen, für die gesetzlich Schriftform vorgeschrieben ist, nach Maß-

---

38 Vgl hierzu etwa BGH NJW 18, 2645 *Einführung des besonderen elektronischen Anwaltspostfachs.*
39 BGH 20, 2194 *Keine Pflicht des Patentanwalts zur Nutzung des beA*
40 MittDPMA Nr 10/11, BlPMZ 11, 313.

gabe des § 12 der Verordnung über das Deutsche Patent- und Markenamt (DPMAV)[41] und des § 1 (1) ERVDPMAV[42] eingereicht werden:
a) Patentanmeldung nach PatG und IntPatÜG (siehe dazu § 34 Rdn 38 ff) mit Antrag auf Erteilung, Erfinderbenennung und Patentbeschreibung mit Ansprüchen, auch Zusatzanmeldung, siehe dazu § 34 Rdn 38 ff;
b) Anträge, zB Recherche- und Prüfungsantrag;
c) sonstige Handlungen, zB Rechtsbehelfe und Rechtsmittel wie Einspruch und Beschwerde. In diesem Sinne wird der Begriff »Handlung« auch in § 3 (1) 2 PatKostG näher umschrieben[43] (s Anhang 15). Der Begriff »elektronische Dokumente« umfasst dabei nicht nur verfahrenseinleitende Dokumente, sondern erfasst alle Verfahrensvorgänge einschließlich der Nebenverfahren wie Anträge auf Verfahrenskostenhilfe und Wiedereinsetzungs-Anträge.[44]

20 Nach § 3 (2) PatV ist die Einreichung in elektronischer Form für den Antrag des Erfinders auf Nichtnennung sowie bei Änderungen der Erfindernennung nach § 8 PatV sowie in den Fällen nach den §§ 14 bis 21 PatV ausdrücklich ausgenommen.

21 Für elektronische Patentanmeldungen gelten ermäßigte Gebührensätze (vgl Anl zu § 2 (1) PatKostG Nr 311 000 bis 311 100). Die Anmeldegebühr für elektronisch eingereichte Patentanmeldungen beträgt 40 EUR gegenüber 60 EUR für Anmeldungen in Papierform. Umfasst eine Patentanmeldung mehr als 10 Ansprüche, erhöht sich die Anmeldegebühr für jeden weiteren Anspruch um jeweils 20 EUR bei elektronischen Anmeldungen, bei Papieranmeldungen um jeweils 30 EUR.

3.2 Verfahren vor dem BPatG und dem BGH:

22 § 125a Abs (2) S 1 bildet die gesetzliche Grundlage für die Einführung der elektronischen Akte in Patentverfahren vor dem BPatG sowie dem BGH.[45] Er übernimmt dafür den Wortlaut des § 298a Abs (1) S 1 ZPO, mit dem die elektronische Prozessakte im allgemeinen Zivilprozessverfahren ermöglicht wird. Darüber hinaus verweist § 125a Abs (2) S 1 auf die Vorschriften der ZPO über elektronische Dokumente, die elektronische Akte und die elektronische Verfahrensführung im Übrigen, soweit sich aus dem PatG nichts anderes ergibt. Dazu zählen neben der bereits genannten Vorschrift zur elektronischen Aktenführung, insbesondere die nachfolgend aufgeführten, im Rahmen des Justizkommunikationsgesetzes[46] (JKomG) vom 01.04.05 in die ZPO eingefügten Vorschriften, die für die elektronische Verfahrensführung erforderlich sind und diese umfassend regeln:
– § 105 (1) ZPO – Vereinfachter Kostenfestsetzungsbeschluss,

---

41 Abgedruckt im Anhang 10.
42 Verordnung über den elektronischen Rechtsverkehr beim Deutschen Patent- und Markenamt und zur Änderung weiterer Verordnungen für das Deutsche Patent- und Markenamt = BlPMZ **13**, 378; zuletzt geändert durch Art 5 der VO zur weiteren Modernisierung des Designrechts und zur Einführung des Nichtigkeitsverfahrens in Designangelegenheiten v 02.01.14, BGBl I S 18 = BlPMZ **14**, 34.
43 Vgl BT-Drs 16/735, S 15 f zur Änderung des § 3 PatKostG.
44 BPatG v 4.11.16 – 7 W (pat) 12/15 Weiterbehandlung IV = BlPMZ **16**, 400, 401.
45 Begr PatRModG, BlPMZ **09**, 317.
46 BGBl 2005, I S 837.

- § 130a ZPO – Elektronisches Dokument,
- § 130b ZPO – Gerichtliches elektronisches Dokument,
- § 164 (4) ZPO – Protokollberichtigung,
- § 186 (2) ZPO – Bewilligung und Ausführung der öffentlichen Zustellung,
- § 253 (5) ZPO – Klageschrift,
- § 298 ZPO – Aktenausdruck
- § 298a ZPO – Elektronische Akte
- § 299 (3) ZPO – Akteneinsicht; Abschriften,
- § 315 (3) ZPO – Unterschriften der Richter
- § 317 (3) ZPO – Urteilszustellung- und Ausfertigung
- § 319 (2) ZPO – zum elektronischen Urteilsberichtigungsbeschluss,
- § 320 (4) ZPO – Berichtigung des Tatbestandes,
- § 371 (1) ZPO – Beweis durch Augenschein,
- § 371a ZPO – Beweiskraft elektronischer Dokumente
- § 416a ZPO – Beweiskraft des Ausdrucks eines öffentlichen elektronischen Dokuments,
- § 734 ZPO – Vermerk über Ausfertigungserteilung auf der Urteilsurschrift.

Für das Verfahren vor dem BPatG stellt die umfassende Verweisung des § 125a (2) auf die Regelungen der ZPO insoweit eine Wiederholung der allgemeinen Verweisung des § 99 Abs 1 dar, durch die verdeutlicht werden soll, dass die betreffenden ZPO-Vorschriften für beide Gerichte gleichermaßen gelten. Die umfassende Verweisung erstreckt sich auf alle Regelungen der ZPO, die eine rein elektronische Verfahrensführung ermöglichen. Soweit das PatG weiterhin das rein schriftliche Verfahren zugrunde legt und in diesem Zusammenhang Begriffe wie »Schriftsatz« oder »schriftlich« verwendet, soll von einer sprachlichen Anpassung für die Zwecke des rein elektronischen Verfahrens abgesehen werden, da nicht erkennbar ist, dass der Wortlaut des PatG insoweit dem elektronischen Verfahren entgegenstehen könnte.[47]

Die Einreichung elektronischer Dokumente ist seit dem 1. September 2007 in **allen Verfahren nach dem Patentgesetz, Gebrauchsmustergesetz, Markengesetz, Halbleiterschutzgesetz und Designgesetz** möglich, (§ 1 iVm Nr 6 und 9 der Anl zu § 1 BGH/BPatGERVV[48]). Damit fehlen aus dem Zuständigkeitsbereich des BPatG nur noch die Verfahren nach dem Sortenschutzgesetz sowie die Beschwerden nach dem Patentkostengesetz.[49]

Ein elektronisches Dokument ist **wirksam** beim Bundesgerichtshof **eingegangen**, wenn es auf dem für diesen eingerichteten Empfänger-Intermediär im Netzwerk für das elektronische Gerichts- und Verwaltungspostfach (EGVP) gespeichert worden ist.[50]

---

47 Begr PatRModG, BlPMZ 09, 317.
48 V v 24.08.07 (s Anhang 18, BGBl I S 2130 = BlPMZ 07, 68 = Tabu Gewerbl. Rechtsschutz Nr 301).
49 Zu den Gründen vgl Mayer/Kleinschmidt, Mitt **13**, 477, 478.
50 BGH GRUR **20**, 980 *Aktivitätsüberwachung*.

§ 125a *Einreichung elektronischer Dokumente*

Ein im internen Gerichtsbetrieb auftretender Fehler führt nicht zur Unwirksamkeit der Einreichung,[51] vielmehr für die Frage, ob ein Dokument für die Bearbeitung durch das Gericht geeignet ist, die Regelungen maßgeblich, die der Verordnungsgeber auf der Grundlage von § 130a II 2 ZPO und § 125a III Nr. 1 PatG getroffen hat.

26 Elektronische Dokumente können für folgende Verfahrenshandlungen, für die gesetzlich Schriftform vorgeschrieben ist, verwendet werden: a) **vorbereitende** und **bestimmende Schriftsätze**, die gemäß § 129 (2) ZPO der Vorbereitung einer mündlichen Verhandlung im Beschwerde- und Nichtigkeitsverfahren dienen.[52] b) **Anträge** jeder Art, die das anhängige Verfahren betreffen, zB Änderung der Patentansprüche. Darunter fallen auch *bestimmende* Schriftsätze, wie Klage, Rechtsmitteleinlegung, Klagerücknahme etc; c) **Erklärungen** der Beteiligten, zB Teilung; d) **Anlagen** vorbereitender Schriftsätze, zB eingescannte Entgegenhaltungen oder sonstige Urkunden; e) **Auskünfte**, zB gemäß § 273 (2) Nr 2 ZPO; f) **Aussagen**, zB schriftliche Beantwortung einer Beweisfrage durch einen Zeugen gemäß § 377 (3) 1 ZPO; g) **Gutachten**, zB im Auftrag einer Partei gefertigtes Privatgutachten; h) **Erklärungen Dritter**, zB die Angabe von Druckschriften gemäß § 43 (3) 3 PatG.

27 Elektronische Dokumente müssen dabei entweder gemäß § 2 (2a) BGH/BPatGERVV mit einer qualifizierten elektronischen Signatur gemäß Artikel 3 Nummer 12 der Verordnung (EU) Nr. 910/2014 des Europäischen Parlaments und des Rates vom 23. Juli 2014 über elektronische Identifizierung und Vertrauensdienste für elektronische Transaktionen im Binnenmarkt und zur Aufhebung der Richtlinie 1999/93/EG (ABl. L 257 vom 28.8.2014, S. 73) versehen sein

oder

mit einer fortgeschrittenen elektronischen Signatur gemäß Artikel 3 Nummer 11 der Verordnung (EU) Nr. 910/2014, die von einer internationalen Organisation auf dem Gebiet des gewerblichen Rechtsschutzes herausgegeben wird und sich zur Bearbeitung durch das jeweilige Gericht eignet.

28 Die Signatur und das ihr zugrunde liegende Zertifikat müssen überprüfbar sein. Die Einzelheiten, die bei der Einreichung elektronischer Dokumente in Patentverfahren zu beachten sind, sind in der BGH/BPatGERVV geregelt. Weitere Informationen finden sich gemäß den Vorgaben von § 3 BGH/BPatGERVV auf den Internetseiten des Bundesgerichtshofs (Menüpunkt »Elektronischer Rechtsverkehr«) und des Bundespatentgerichts (Menüpunkt »E-Rechtsverkehr«).

29 Für die **Entgegennahme** elektronischer Dokumente sind ausschließlich die elektronischen Poststellen der Gerichte bestimmt, die über die auf deren Internetseiten bezeichneten Kommunikationswege erreichbar sind (§ 2 (1) BGH/BPatGERVV). Auf diesen Internetseiten finden sich auch nähere Informationen zum Verfahren sowie zu den technischen Anforderungen an die Signatur und den bearbeitbaren Versionen der zulässigen Dateiformate. Übermittlung elektronischer Dokumente **auf Datenträgern** ist im Verfahren vor dem BPatG und dem BGH **unzulässig**.

---

51 Zur Gegenmeinung vgl Vollkommer, MDR 19, 1273, 1274.
52 Vgl BT-Drs 14/4987 S 24, Zu Artikel 2, Nummer 2 (§ 130a).

4 Elektronische Aktenführung und Sachbehandlung:

Seit dem 01.03.10 können Verfahrensakten beim DPMA, BPatG und BGH elektronisch geführt werden.[53] Die genauen Bedingungen bestimmt die auf Grundlage der Verordnungsermächtigungen des § 125a (3) Nr 2 erlassene Verordnung über die elektronische Aktenführung bei dem Patentamt, dem Patentgericht und dem Bundesgerichtshof (EAPatV). Die EAPatV enthält einheitliche Regelungen für das DPMA, das BPatG und den BGH über die Vernichtung von Schriftstücken, die in elektronische Dokumente übertragen wurden, die in Frage kommenden Herkunftsnachweise, über die Ausfertigung elektronischer Dokumente, die Akteneinsicht durch elektronischen Zugriff auf den Inhalt der Akten sowie über die Vorlage von Akten an andere Gerichte oder Behörden und die Aufbewahrung elektronischer Aktenbestandteile.

30

Nach § 6 EAPatV ist es für die Ausfertigung elektronischer Dokumente durch das DPMA ist erforderlich aber auch ausreichend, wenn
1. der Namen der Person angegeben wird, die das Dokument mit einer elektronischen Signatur versehen hat, sowie
2. der Tag, an dem das Dokument mit einer elektronischen Signatur oder einem anderen Herkunftsnachweis versehen wurde, und
3. der Hinweis, dass die Ausfertigung nicht unterschrieben wird.

31

Vor der Neufassung des § 6 EAPatV durch die Verordnung vom 1.11.2013 (BGBl 2013, S 3906) war es in der Einführungsphase der elektronischen Akte im DPMA hinsichtlich der Anforderungen an die schriftliche Ausfertigung von Beschlüssen in einigen Fällen zu unterschiedlichen Bewertungen durch das Amt und das BPatG[54] gekommen. Hintergrund war die für das gerichtliche Verfahren zunächst unübersichtlich gestaltete Signaturpraxis des DPMA, nach der die elektronische Akte zahlreiche Dateikomponenten enthielt, deren Zuordnung sich teilweise als problematisch erwies.[55]

5 Verordnungsermächtigung:

Auf Grundlage der Verordnungsermächtigungen des § 125a (3) hat das BMJ die Verordnung über die elektronische Aktenführung bei dem Patentamt, dem Patentgericht und dem Bundesgerichtshof (EAPatV)[56] erlassen, mit der auch die bereits unter der Geltung des § 125a aF erlassenen Verordnungen über den elektronischen Rechtsverkehr beim Deutschen Patent- und Markenamt (ERVDPMAV)[57] und die Verordnung

32

---

53 S hierzu Mayer/Kleinschmidt, Mitt 13, 477, 480 ff.
54 Vgl bspw BPatG GRUR 14, 913 Elektrischer Winkelstecker II = Mitt 14, 299 (Ls); sowie Busse/Keukenschrijver, PatG, 8. Aufl 2017, § 125a, Rn 22 und Benkard/Schäfers PatG, 11. Aufl 2015, § 125a, Rn 14 f, jeweils mwN.
55 BPatG BlPMZ 14, 355 Anordnung zur Erfassung von Berührungen auf einer Trägerplatte = Mitt 15, 148 = BeckRS 2014, 18 178; Zur seit März 2014 geänderten Praxis bei der Erstellung und Versendung von Beschlüssen und Niederschriften in Patent- und Gebrauchsmustersachen, einschließlich ergänzender Schutzzertifikate und Topografien vgl Hinweis des DPMA, BlPMZ 14, 276.
56 EAPatV abgedruckt im Anhang 20.
57 ERVDPMAV, BlPMZ 13, 378; abgedruckt auch im Anhang 19.

über den elektronischen Rechtsverkehr beim Bundesgerichtshof und Bundespatentgericht (BGH/BPatGERVV)[58] geändert wurden.

§ 126 Amts- und Gerichtssprache
(Official language)

¹ Die Sprache vor dem Patentamt und dem Patentgericht ist deutsch, sofern nichts anderes bestimmt ist. ²Im übrigen finden die Vorschriften des Gerichtsverfassungsgesetzes über die Gerichtssprache Anwendung.

Jürgen Schell

Übersicht

	Geltungsbereich	1
	Europäisches Patentrecht	2
	Literatur	3
	Kommentierung zu § 126 PatG	
1	Zweck	4
2	Deutsche Sprache	7
2.1	Fachsprache	8
2.2	Fehlerfreies Deutsch	9
3	Behandlung fremdsprachiger Eingaben	10
3.1	Wirksamkeit fremdsprachiger Eingaben	12
3.2	Fremdsprachiger Stand der Technik	15
3.3	Fremdsprachige Urkunden	16
3.4	Europäische Patente im Nichtigkeitsverfahren	17
4	Übersetzungen fremdsprachiger Schriftstücke	19
4.1	Anmeldungsunterlagen	19
4.2	Andere Schriftstücke als Anmeldungsunterlagen	20
4.2.1	in anderer Sprache als englisch, französisch, italienisch oder spanisch	21
4.2.2	in englischer, französischer, italienischer oder spanischer Sprache	22
4.3	Übersetzung nach Fristablauf	23
5	Mündliche Verhandlungen	24
6	Übersetzungen für europäische Patente	25

1 **Geltungsbereich des § 126:** Art 2 Nr 32 des 2. PatGÄndG hat § 126 Satz 1 mit Wirkung vom 01.11.98 durch Hinzufügung der Worte »sofern nichts anderes bestimmt ist« neu gefasst und § 126 Satz 2 aF (»Eingaben in anderer Sprache werden nicht berücksichtigt«) aufgehoben.
Art 1 Nr. 40 des Zweiten Gesetzes zur Vereinfachung und Modernisierung des Patentrechts (2. PatRModG) § 126 redaktionell geändert.

---

58 BGH/BPatGERVV abgedruckt im Anhang 18.

Amts- und Gerichtssprache § 126

Europäisches Patentrecht: Zum Sprachenregime des EPÜ[1] sowie den geltenden Möglichkeiten von Gebührenermäßigungen zum Ausgleich der Übersetzungskosten[2] vgl Art 14 EPÜ, abgedruckt bei § 35 Rdn 4.

Lit in GRUR: Seeger 76, 400; Kretschmer 01, 40; Rogge 93, 284; **Lit in Mitt:** Barb 82, 108; Bauer 99, 153.

1 Zweck:

Für *nationale Anmeldungen* ist Deutsch grundsätzlich Verfahrenssprache, aber nicht ausschließlich, da nach § 126 Satz 1 durch Gesetz oder Verordnung etwas anderes bestimmt werden kann. Dieser Vorbehalt ermöglicht es, a) gemäß § 35 (1) 1 PatG die Einreichung der **Unterlagen für eine Patentanmeldung** ganz oder teilweise in einer fremden Sprache zu gestatten und b) gemäß § 14 PatV die Einreichung von **Übersetzungen fremdsprachiger Schriftstücke** zu regeln, nämlich von i) Schriftstücken, die nicht zu den Unterlagen der Anmeldung zählen, und ii) Prioritätsbelegen und Abschriften früherer Anmeldungen.

Internationale Anmeldungen können nach Art III § 1 (2) IntPatÜG in **deutscher Sprache** beim DPMA oder gemäß § 34 (2) PatG über ein Patentinformationszentrum eingereicht werden. Für **fremdsprachige PCT-Anmeldungen** ist nach Art III § 4 (2) IntPatÜG eine Übersetzung in deutscher Sprache innerhalb der Frist des Art 22 (1) PCT oder nach Art III § 6 (2) IntPatÜG bei vorläufiger internationaler Prüfung innerhalb der Frist des Art 39 (2) PCT einzureichen.[3]

Europäische Anmeldungen, für die ein wirksamer **Umwandlungsantrag** gemäß Art 135 und 136 EPÜ gestellt wurde, können in einer nicht-deutschen Sprache abgefasst sein. Für fremdsprachige europäische Anmeldungen kann das DPMA eine Übersetzung in die deutsche Sprache innerhalb einer Frist von 3 Monaten seit Zustellung der Aufforderung verlangen (Art 137 EPÜ iVm Art II § 9 (2) 1 IntPatÜG).

2 Deutsche Sprache:

Nach § 126 ist die Sprache vor dem DPMA und BPatG Deutsch, so wie nach § 184 GVG für den BGH. Deutsch ist nur die im Bundesgebiet, in Österreich und in der Schweiz allgemein (auch von der UNO) anerkannte Sprache. Regional- und Minderheitensprachen sind – auch wenn sie mit dem Deutschen verwandt sind – keine deutsche Sprache, so zB das Niederdeutsche[4] (Plattdeutsche), Sorbische,[5] Friesische,

---

1 Vgl hierzu Kraßer/Ann, Patentrecht, 7. Aufl 2016, § 27 a).
2 Zuletzt geändert durch Mitteilung des EPA v 10.01.14, ABl EPA 14, A23, nun nur noch für kleine und mittlere Unternehmen im Sinne der Empfehlung der Kommission 2003/361/EG v 06.05.03 (ABl EU 2003, L 124/36).
3 BPatG v 15.12.05 – 10 W (pat) 17/02 = BeckRS 2011, 27 921 *Maßstab des Übersetzungserfordernisses*.
4 BGH GRUR 03, 226 *Läägeünnerloage*; Niederdeutsch wird nur in einigen norddeutschen Bundesländern für zulässig gehalten: OLG Oldenburg HRR 1928 Nr 392; Antwort des BMJ auf eine parlamentarische Anfrage GRUR 01, 40.
5 Sorbisch und Wendisch sind westslawische Sprachen.

Luxemburgische, Schweizerdeutsch. Sie sind im Sinne der Europäischen Charta der Regional- und Minderheitensprachen[6] eigenständige Sprachen.

2.1 Fachsprache

8 ist die deutsche Sprache. Fremdsprachige Ausdrücke oder Begriffe, zB in der Anmeldungsbezeichnung oder in Zeichnungen, stehen der deutschen Sprache nicht entgegen, **a)** wenn deren Verwendung auf dem Fachgebiet allgemein anerkannt ist[7] (zB in Fach-, Lehr- oder Handbüchern oder in Fachzeitschriften oder in Nachschlagewerken, wie zB Römpp Chemie Lexikon), **b)** wenn sich eine einheitliche deutsche Entsprechung noch nicht herausgebildet hat, **c)** wenn dem Deutsch sprechenden Fachmann ihre Bedeutung (auch im Kontext der Beschreibung) auch ohne Übersetzung ohne Weiteres klar ist[8] und er sie auf dem einschlägigen Fachgebiet beherrscht.[9]

2.2 Fehlerfreies Deutsch

9 ist für § 126 nicht erforderlich. § 126 verlangt weder einen bestimmten Sprachstil[10] noch ausschließlich Duden-Deutsch.[11] Für die Herausgabe der amtlichen Patentschrift können sprachbereinigte Unterlagen verlangt werden. Jede Kleinlichkeit ist aber zu vermeiden.

3 Behandlung fremdsprachiger Eingaben:

10 Eingaben, die nicht in deutscher Sprache (s oben Rdn 7) abgefasst sind, waren nach § 126 Satz 2 PatG aF nicht zu berücksichtigen. Die Streichung von § 126 Satz 2 PatG aF[12] stellt klar, dass fremdsprachige Eingaben nicht unberücksichtigt gelassen werden dürfen.[13] Das erfordern auch der Grundsatz der Gewährung des rechtlichen Gehörs sowie der Vertrauensschutz der am Verfahren Beteiligten. Das DPMA und BPatG haben daher auf fremdsprachige Eingaben zu reagieren, die Beteiligten über die Rechtsfolgen aufzuklären und eine Frist zur Einreichung einer notwendigen Übersetzung zu setzen.

---

6 Vom 05.11.92 BGBl 1998 II 1314. Text: http://conventions.coe.int/Treaty/ger/Treaties/Html/148.htm.
7 BPatGE 9, 6, 9; BPatG v 15.11.07 -10 W (pat) 15/06 = BeckRS 2007, 65 374 (für Gebiet der »Mobilfunktechnik«) Schulte-Kartei PatG 124–128a Nr 69 *3GPP IP based Multimedia Subsystem*.
8 St Rspr BPatG Mitt 74, 263 für chemische Bezeichnungen »solvens, resins, carbon, oleic, acid, naphthalene, acetic, chlorinated, rubber, urea«; BPatG v 15.10.04 – 10 W (pat) 31/04 = BeckRS 2009, 07 149 (Software-Technik); BPatG v 15.12.05 – 10 W (pat) 17/02 = BeckRS 2011, 27 921 (zum Übersetzungserfordernis bei Einl der nationalen Phase); BPatG v 21.09.07 – 10 W (pat) 22/07 = BeckRS 2007, 17 036 (für Fachgebiet »Nucleotide«); BPatG v 15.11.07 -10 W (pat) 15/06, 16/06 und 17/06 (für Gebiet der »Mobilfunktechnik«) = Schulte-Kartei PatG 124–128a Nr 69 *3GPP IP based Multimedia Subsystem*; offen gelassen für »nebensächliche Bestandteile« LG Düsseldorf InstGE 7, 136 *Tamsulosin* = GRUR Int 07, 429.
9 BPatG v 21.09.07 – 10 W (pat) 22/07 = BeckRS 2007, 17 036.
10 AA PA Mitt 34, 107: bestimmter Satzbau und Stil soll erforderlich sein.
11 BPatG v 03.05.67 – 5 W (pat) 33/67: Abweichen von Groß- und Kleinschreibung unschädlich.
12 Mit Wirkung v 01.11.98 durch Art 2 Nr 32 des 2. PatGÄndG, BlPMZ 98, 382, 386.
13 Amtl Begr zum 2. PatGÄndG BlPMZ 98, 407.

Ohne Übersetzung können das DPMA und BPatG fremdsprachige Schriftstücke nach ihrem Ermessen berücksichtigen.[14] Sind andere Parteien am Verfahren beteiligt, ist dann aber – soweit erforderlich – zur Gewährung des rechtlichen Gehörs von Amts wegen eine Übersetzung zu fertigen und den anderen Beteiligten zuzustellen.

3.1 Wirksamkeit fremdsprachiger Eingaben:

Eingaben in fremder Sprache haben im Interesse eines geordneten und zügigen Verfahrens keine unmittelbar rechtserhebliche Wirkung.[15] Wirkung entfalten sie erst mit Eingang ihrer Übersetzung, erst dann ist bei fristgebundenen Verfahren, zB Einreichung einer Rechtsmittelschrift, die Frist gewahrt.[16] Auch wenn keine Übersetzung eingereicht wird, bleiben sie eingereicht, sind also nicht zurückzugeben.

Patentanmeldung in fremder Sprache ist nach § 35 (1) 1 zulässig. Zur Offenbarung kann auch auf fremdsprachige Dokumente in einer Anmeldung verwiesen werden[17] (s § 34 Rdn 420). Die Einreichung fremdsprachiger Texte neben (vollständigen) deutschen Anmeldungsunterlagen ist ohne nachteilige Wirkung und kein Zurückweisungsgrund.[18]

Verstoß gegen § 126 ist kein Widerrufs- oder Nichtigkeitsgrund.[19]

3.2 Fremdsprachiger Stand der Technik

ist in der fremden Sprache zu würdigen, in der dieser abgefasst ist. Beherrscht ein Beteiligter die Sprache nicht, muss er selbst eine Übersetzung fertigen lassen, deren Kosten er ggf nach § 80 (1) 2 und § 84 (2) iVm § 91 ZPO geltend machen kann.[20] Nach § 142 (3) ZPO *kann* angeordnet werden, dass eine Übersetzung beigebracht wird, wenn die insoweit maßgeblichen Sprachkenntnisse vom DPMA, BPatG oder BGH (nicht die eines Beteiligten) nicht ausreichen.[21] Eine Partei hat grundsätzlich keinen Anspruch auf eine Anordnung nach § 142 (3) ZPO, es sei denn, es wäre für sie sonst ein faires Verfahren (s Einl Rdn 458) nicht garantiert.[22]

3.3 Fremdsprachige Urkunden,

die Beweiszwecken dienen sollen, sind in der fremden Sprache zu würdigen, in der sie abgefasst sind. Dazu gehören zB: Rechtsübergangsnachweise, Umschreibungsbelege, Bestallungen von Insolvenz- oder Nachlassverwaltern, Erfinderbenennungen, Vollmachten, Affidavits. Zur Übersetzung s Rdn 19.

---

14 BPatG v 21.07.04 – 19 W (pat) 48/02 (Glaubhaftmachung für Wiedereinsetzung).
15 *BGH NJW* **82**, 532; *BSG MDR* **87**, 436.
16 BGH Neue Zeitschrift f Strafrecht **00**, 533; BayObLG MDR **87**, 416; OLG Hamburg MDR **89**, 90; KG NJW **77**, 129; BPatG v 03.04.03 – 20 W (pat) 5/03 Schulte-Kartei PatG 124–128 Nr 64 *Japanische Beschwerdeschrift*; abw VGH München NJW **76**, 1048.
17 BGH GRUR **98**, 899 (II2 und III2b) *Alpinski*; aA zu § 126 S 2 PatG aF BPatGE **37**, 215.
18 BPatGE **8**, 159.
19 BGH GRUR **98**, 899 (III1) *Alpinski*.
20 BPatGE **44**, 47, 51 = BlPMZ **01**, 246 *Künstliche Atmosphäre*.
21 BPatGE **44**, 47, 51.
22 BVerfGE **64**, 135, 145; BPatGE **44**, 47, 52.

3.4 Europäische Patente im Nichtigkeitsverfahren:

17 War vor dem EPA die Verfahrenssprache Englisch oder Französisch, so können die beschränkten Ansprüche auch in der maßgeblichen fremden Verfahrenssprache neu formuliert werden[23] s § 81 Rdn 127).

18 Die einschränkende Neufassung der Patentansprüche kann in deutscher Sprache erfolgen, auch wenn vor dem EPA Deutsch nicht die Verfahrenssprache war.[24] Wird ein europäisches Patent im Nichtigkeitsverfahren vor deutschen Gerichten durch eine in deutscher Sprache gehaltene Fassung der Patentansprüche beschränkt verteidigt, obwohl Deutsch nicht die Verfahrenssprache des Erteilungsverfahrens war, ist dies zwar zur Vermeidung zusätzlicher Auslegungsprobleme unzweckmäßig,[25] aber dennoch grundsätzlich zulässig. Dies ändert jedoch nichts daran, dass zur Auslegung der Patentansprüche der übrige Inhalt der Patentschrift in der maßgeblichen Verfahrenssprache heranzuziehen ist.[26]

4 Übersetzungen fremdsprachiger Schriftstücke

4.1 Anmeldungsunterlagen

19 Durch § 126 wird klargestellt, dass nur Anmeldeunterlagen in deutscher Sprache den Anforderungen des § 34 (3) genügen.[27] Anmeldeunterlagen, die ganz oder teilweise nicht in deutscher Sprache abgefasst sind, bedürfen nach § 35 (1) 1 der Übersetzung innerhalb einer Frist von 3 Monaten nach Einreichung der Anmeldung,[28] die nach § 14 (1) PatV zu beglaubigen ist.

4.2 Andere Schriftstücke als Anmeldungsunterlagen

20 iSd § 14 (2) und (3) PatV können alle das Verfahren betreffenden Eingaben sein, wie zB Anträge, Einspruch, Unterlagen zur Glaubhaftmachung[29] oder zum Nachweis von Tatsachen (zB Vergleichstests), Stellungnahmen, Bescheinigungen, Gutachten.

21 **4.2.1 in anderer Sprache als englisch, französisch, italienisch oder spanisch:** Sie bedürfen nach § 14 (3) Nr 2 PatV zwingend der Übersetzung, die von einem Rechtsanwalt oder Patentanwalt beglaubigt oder einem öffentlich bestellten Übersetzer angefertigt ist. Sie muss nach § 14 (4) PatV innerhalb eines Monats nach Eingang des Schriftstücks eingereicht werden.

22 **4.2.2 in englischer, französischer, italienischer oder spanischer Sprache:** Für sie ist eine Übersetzung nicht zwingend vorgeschrieben. Das DPMA kann aber nach seinem Ermessen gemäß § 14 (3) PatV verlangen, dass innerhalb einer von ihm bestimmten Frist eine von einem Rechtsanwalt oder Patentanwalt beglaubigte oder einem öffentlich

---

23 BGH Mitt 04, 208 *Fahrzeugleitsystem*.
24 BGH Mitt 04, 208 *Fahrzeugleitsystem*.
25 BGH GRUR 10, 414 Rn 8 *Thermoplastische Zusammensetzung*.
26 BGH GRUR 10, 904 *Maschinensatz*.
27 Vgl BPatG v 22.01.13 – 10 W (pat) 3/11 *Übersetzungserfordernis*= BeckRS 2013, 05 939.
28 Vgl hierzu BPatG v 4.04.12 – 10 W (pat) 46/08 = Mitt **12**, 271, 273 *Virtuelle Arbeitspunktbestimmung* = BeckRS 2012, 08 993.
29 BPatG v 21.07.04 – 19 W (pat) 48/02 = Mitt 04, 551 (Ls); BlPMZ 05, 359 (Ls) = BeckRS 2004, 15 144 (Glaubhaftmachung für Wiedereinsetzung).

bestellten Übersetzer angefertigte Übersetzung einzureichen ist. Davon wird das DPMA für Schriftstücke in englischer und französischer Sprache nur selten Gebrauch machen, da der Prüfer an diese Sprachen gewöhnt ist, weil er den Stand der Technik in diesen Sprachen zu würdigen hat. Auch kann es genügen, eine Übersetzung nur bestimmter Stellen, auf die es ersichtlich besonders ankommt, zu fordern.

4.3 Übersetzung nach Fristablauf:

Wird die Übersetzung nach der gesetzlichen Frist des § 14 (4) PatV oder der nach § 14 (3) PatV bestimmten Frist eingereicht, so gilt das Schriftstück zum Zeitpunkt des Eingangs der Übersetzung als eingegangen. Eine innerhalb der Frist eingereichte Übersetzung erhält also als wirksamen Tag des Eingangs den Tag, an dem das fremdsprachige Schriftstück eingegangen ist.   23

Werden die Fristen des § 14 (3) und (4) PatV nicht eingehalten und dadurch eine Frist versäumt, so hilft nur Wiedereinsetzung, sofern die nicht fristgerechte Einreichung unverschuldet war.

5 Mündliche Verhandlungen

Wegen der Verhandlungen vor dem Patentamt und dem Patentgericht verweist § 126 S 2 auf die Anwendung der Vorschriften des Gerichtsverfassungsgesetzes über die Gerichtssprache (§§ 184 bis 191a GVG). Diese beziehen sich insbesondere auf die Notwendigkeit der Hinzuziehung eines Dolmetschers oder eines Übersetzers sowie auf die zu beachtenden Standards im Hinblick auf die Kommunikation mit hör-, sprach- oder sehbehinderten Personen (Recht auf Information in wahrnehmbarer Form), durch die ihnen die Ausübung ihrer verfahrensmäßigen Rechte erleichtert werden soll.   24

Für den BGH sind die §§ 184 bis 191a GVG unmittelbar anwendbar.

6 Übersetzungen für europäische Patente

vgl dazu näher § 81 Rdn 85 ff   25

§ 127 Zustellungen
(notifications)

(1) Für Zustellungen im Verfahren vor dem Deutschen Patent- und Markenamt gelten die Vorschriften des Verwaltungszustellungsgesetzes mit folgenden Maßgaben:
1. Wird die Annahme der Zustellung durch eingeschriebenen Brief ohne gesetzlichen Grund verweigert, so gilt die Zustellung gleichwohl als bewirkt.
2. ¹An Empfänger, die sich im Ausland aufhalten und die entgegen dem Erfordernis des § 25 keinen Inlandsvertreter bestellt haben, kann mit eingeschriebenem Brief durch Aufgabe zur Post zugestellt werden. ²Gleiches gilt für Empfänger, die selbst Inlandsvertreter im Sinne des § 25 Abs 2 sind. ³§ 184 Abs 2 Satz 1 und 4 der Zivilprozessordnung gilt entsprechend.
3. Für Zustellungen an Erlaubnisscheininhaber (§ 177 der Patentanwaltsordnung) ist § 5 Abs 4 des Verwaltungszustellungsgesetzes entsprechend anzuwenden.

4. ¹An Empfänger, denen beim Deutschen Patent- und Markenamt ein Abholfach eingerichtet worden ist, kann auch dadurch zugestellt werden, dass das Schriftstück im Abholfach des Empfängers niedergelegt wird. ²Über die Niederlegung ist eine Mitteilung zu den Akten zu geben. ³Auf dem Schriftstück ist zu vermerken, wann es niedergelegt worden ist. ⁴Die Zustellung gilt als am dritten Tag nach der Niederlegung im Abholfach bewirkt.

5. ¹Für die Zustellung von elektronischen Dokumenten ist ein Übermittlungsweg zu verwenden, bei dem die Authentizität und Integrität der Daten gewährleistet ist und der bei Nutzung allgemein zugänglicher Netze die Vertraulichkeit der zu übermittelnden Daten durch ein Verschlüsselungsverfahren sicherstellt. ²Das Bundesministerium der Justiz und für Verbraucherschutz erlässt durch Rechtsverordnung, die nicht der Zustimmung des Bundesrates bedarf, nähere Bestimmungen über die nach Satz 1 geeigneten Übermittlungswege sowie die Form und den Nachweis der elektronischen Zustellung.

(2) Für Zustellungen im Verfahren vor dem Bundespatentgericht gelten die Vorschriften der Zivilprozessordnung.

Jürgen Schell

Übersicht

	Geltungsbereich	1
	Europäisches Patentrecht	3
	Art 119 EPÜ Zustellung	3
	R 125 Allgemeine Vorschriften	4
	R 126 Zustellung durch die Post	5
	R 127 Zustellung durch technische Einrichtungen zur Narichtenübermittlung	6
	R 128 Zustellung durch unmittelbare Übergabe	7
	R 129 Öffentliche Zustellung	8
	R 130 Zustellung an Vertreter	9
	R 131 Berechnung der Fristen	10
	R 132 Vom Europäischen Patentamt bestimmte Fristen	10
	R 133 Verspäteter Zugang von Schriftstücken	10
Literatur		25
Kommentierung zu § 127 PatG		
I.	Anwendbare Vorschriften	12
II.	Zustellung	13
1	Begriff	13
2	Zweck	16
3	Wirksamkeit der Zustellung	17
4	Erfordernis der Zustellung	21
5	Wahl der Zustellungsart	22
5.1	DPMA	23
5.1.1	Niederlegung durch Behörde im Abholfach	24
5.1.2	Zustellung durch Behörde gegen Empfangsbekenntnis (EB)	25
5.1.3	Zustellung durch private Postdienstleister	26
5.1.4	Mit Zustellungsurkunde (ZU)	27
5.1.5	Öffentliche Zustellung	28
5.2	Vom DPMA nicht zu verwendende Zustellungsarten	29
5.3	Formlose Bekanntgabe	30
5.4	Akten, Beweisstücke, Modelle, Probestücke	31
5.5	Sammelsendungen	32
5.6	Verstoß gegen die Hausverfügung Nr 10	33

6	**Zustellungsadressat**	34
6.1	Betroffener	36
6.2	Gesetzlicher Vertreter	37
6.3	Behördenleiter, gesetzlicher Vertreter	38
6.4	Bevollmächtigte	39
6.4.1	Zustellungen an den Bevollmächtigten	40
6.4.2	Zwingende Zustellung an Bevollmächtigten	41
6.4.3	Wahlweise Zustellung an Bevollmächtigten	42
6.4.4	Mehrere Bevollmächtigte	43
6.4.5	Mehrere Vertretene	44
6.4.6	Zustellungsbevollmächtigter	45
III.	**Zustellungsarten (§ 127 (1) PatG iVm §§ 3 ff VwZG)**	46
1	Zustellung mit Zustellungsurkunde (ZU)	47
1.1	Verfahren der Behörde	51
1.2	Bewirken der Zustellung	52
1.3	Annahmeverweigerung	53
1.4	Nachweis der Zustellung	55
2	**Zustellung durch Einschreiben**	56
2.1	Verfahren der Behörde	57
2.2	Bewirken der Zustellung	60
2.3	Annahmeverweigerung	62
2.4	Tag der Zustellung	63
3	**Zustellung gegen Empfangsbekenntnis (EB)**	65
3.1	Aushändigung durch die Behörde	66
3.2	Vereinfachte Zustellung gegen Empfangsbekenntnis (EB)	67
3.2.1	Verfahren	68
3.2.2	Tag der Zustellung	70
3.2.3	Unberechtigte Verweigerung der Annahme	75
4	**Elektronische Zustellung (§§ 5 (5), 5a VwZG)**	76
5	**Zustellung im Abholfach nach § 127 (1) Nr 4**	84
6	**Zustellung im Ausland**	88
6.1	Zustellung nach § 9 (1) Nr 1 VwZG	89
6.2	Zustellung nach § 9 (1) Nr 2 und 3 VwZG	90
6.3	Zustellung nach § 9 (1) Nr 4 VwZG	91
6.4	Zustellung nach § 127 (1) Nr 2 iVm §§ 184 (2) 1 u 4 ZPO	92
6.4.1	Voraussetzung einer Zustellung nach § 127 (1) Nr 2 iVm §§ 184 (2) ZPO sind	93
6.4.2	Bewirken der Zustellung erfolgt durch	94
6.5	Zustellung nach der Verordnung (EG) Nr 1393/2007 (EuZVO)	96
7	**Öffentliche Zustellung nach § 10 VwZG**	97
IV.	**Heilung von Zustellungsmängeln**	102
1	Anwendbarkeit	104
2	Zustellungsmängel	106
3	Heilung	107
V.	**Zustellung in Verfahren vor dem BPatG**	109

Geltungsbereich: Das 2. PatGÄndG hat mit Wirkung vom 01.11.98 § 127 (1) Nr 5 (»Ist ein Vertreter bestellt und die Vollmacht schriftlich zu den Akten eingereicht, so sind die Zustellungen an den Vertreter zu richten«) gestrichen und Abs 2 an die Änderungen der §§ 110, 112 und 122 angepasst. 1

Art 2 (26) des **Zustellungsreformgesetzes (ZustRG)** vom 25.06.01 hat mit Wirkung vom 01.07.02 § 127 (1) Nr 2 und § 127 (2) neu gefasst und in § 127 (1) 1 die Wörter »und dem Patentgericht« und in § 127 (1) Nr 4 die Wörter »oder beim Patentgericht« gestrichen. 2

§ 127 gilt somit nur noch für Zustellungen des DPMA. Die ZPO gilt für Verfahren vor **a)** dem BPatG gemäß § 127 (2). Niederlegung im Abholfach nach § 127 (1) Nr 4 ist daher nicht mehr möglich; **b)** dem BGH; **c)** den Verletzungsgerichten.

§ 127 Zustellungen/notifications

Art 1 Nr 15 des **Gesetzes zur Änderung des patentrechtlichen Einspruchsverfahrens und des Patentkostengesetzes** v 21.06.06 (BGBl I S 1318 = BlPMZ 06, 225) hat in § 127 (1) Nr 3 die Angabe »§ 5 Abs 2« durch die Angabe »§ 5 Abs 4« ersetzt.
Art 1 Nr 14 des **Gesetzes zur Vereinfachung und Modernisierung des Patentrechts (PatRModG)** vom 31. Juli 2009 (BlPMZ 09, 301, 304) hat § 127 Abs 1 Nr 2 neu gefasst.
Art 2 Nr 4 des **Gesetzes zur Änderung des Designgesetzes und weiterer Vorschriften des gewerblichen Rechtsschutzes (DesignÄndG)** vom 8. April 2016 (BGBl I Nr 15, 558 = BlPMZ 16, 161) hat in § 127 Änderungen zur Erleichterung des elektronischen Rechtsverkehrs vorgenommen: mit Wirkung zum 1. Oktober 2016 wurde in § 127 (1) Nr 4 S 2 das Wort »schriftliche« gestrichen sowie neue Nummer 5 angefügt.
Art 1 Nr 40 des **Zweiten Gesetzes zur Vereinfachung und Modernisierung des Patentrechts (2. PatRModG)** hat § 127 Absatz 1 in dem Satzteil vor Nummer 1 und in Nummer 4 Satz 1 redaktionell geändert.

3 **Europäisches Patentrecht**
Artikel 119 EPÜ Zustellung (notification)

4 Regel 125 EPÜ Allgemeine Vorschriften *(general provisions)*[1]

5 Regel 126 EPÜ Zustellung durch die Post *(notification by post)*[2]

6 Regel 127 EPÜ Zustellung durch technische Einrichtungen zur Nachrichtenübermittlung *(notification by technical means of communication)*[3]

7 Regel 128 EPÜ Zustellung durch unmittelbare Übergabe *(notification by delivery by hand)*

8 Regel 129 EPÜ Öffentliche Zustellung *(public notification)*[4]

9 Regel 130 EPÜ Zustellung an Vertreter *(notification to representatives)*

10 Regel 131 EPÜ Berechnung der Fristen *(calculation of periods)*

Regel 132 EPÜ Vom Europäischen Patentamt bestimmte Fristen *(periods specified by the European Patent Office)*

Regel 133 EPÜ Verspäteter Zugang von Schriftstücken *(late receipt of documents)*[5]

11 **Lit:** Engelhardt/App/Schlatmann, VwVG VwZG 10. Aufl 2014; Sadler, VwVG/VwZG 9. Aufl 2014; Rosenbach, Das neue Verwaltungszustellungsrecht (VwZG) des Bundes DVBl 05, 816; Tegethoff, Das neue Verwaltungszustellungsrecht JA 07, 131.
Lit in Mitt: Rapp 96, 15; Schlee 98, 210; **Lit in NJW:** Hartmann 01, 2580, Zivilprozess 2001/2002; Heß 01, 15, Die Zustellung von Schriftstücken im europ Raum; Heß 02, 2417, Neues deutsches und europäisches Zustellungsrecht; Kremer, 06, 332, Neuerliche Reform des Verwaltungszustellungsrechts des Bundes; Sujecki, 08, 1628, Die reformierte Zustellungsverordnung.

---

1 Absätze 1 und 2 a) und b) mit Wirkung zum 01.04.15, vgl Beschluss des Verwaltungsrats CA/D 6/14 vom 15.10.14 (ABl EPA 15, A17).
2 Mit Wirkung zum 01.04.15, vgl Beschluss des Verwaltungsrats CA/D 6/14 vom 15.10.14 (ABl EPA 15, A17).
3 Mit Wirkung zum 01.04.15, vgl Beschluss des Verwaltungsrats (CA/D 6/14)v 15.10.04 (ABl EPA 15, A17).
4 Deutsche Fassung des Abs 1 mit Wirkung zum 01.04.15 geändert durch Beschluss des Verwaltungsrats CA/D 6/14 vom 15.10.14 (ABl EPA 15, A17).
5 Vgl Siehe hierzu Beschluss PräsEPA v 11.03.15, ABl EPA 15, A29.

I. Anwendbare Vorschriften:

a) für das DPMA gilt § 127 (1) iVm dem VwZG[6] und der Hausverfügung Nr 10 des DPMA b) für das BPatG gilt nach Abs 2 – wie für den BGH und die **Verletzungsgerichte** – die ZPO; c) für Zustellungen gerichtlicher und außergerichtlicher Schriftstücke in Zivil- und Handelssachen in den **EU-Mitgliedstaaten** gilt die Verordnung (EG) Nr 1393/2007[7] (nicht für Verfahren vor dem DPMA); d) für die Schiedsstelle nach dem ArbEG gilt das VwZG.

II. Zustellung

1 Begriff:

Zustellung ist die Bekanntgabe eines Schriftstücks an eine Person in der gesetzlich bestimmten Form (Legaldefinition des § 166 (1) ZPO). Wesentlich ist also die formgerechte Bekanntgabe des Schriftstücks. Diese Definition lässt auch die Nutzung elektronischer Kommunikationsdienste für die Übermittlung zu, wie E-Mails[8] oder De-Mail-Dienste,[9] wobei die Kommunikation per De-Mail sowohl beim DPMA als auch beim BPatG aktuell nur in Verwaltungsangelegenheiten eröffnet ist (s Rdn 83).

Die De-Mail-Adresse des DPMA lautet: info@dpma.de-mail.de – die des BPatG lautet: bundespatentgericht@bundespatentgericht.de-mail.de

Das DPMA sieht gegenwärtig noch aus technischen Gründen von der Möglichkeit der förmlichen Zustellung in elektronischer Form ab,[10] übersendet aber nach § 5 (4) VwZG elektronische EB für elektronisch eingereichte Anmeldungen und andere elektronische Verfahrenserklärungen nach der Verordnung über den elektronischen Rechtsverkehr im gewerblichen Rechtsschutz vom 05.08.03.[11]

Kein konstitutiver Bestandteil der Zustellung ist die Beurkundung der erfolgten Zustellung gemäß § 182 ZPO. Sie besitzt lediglich Nachweisfunktion.

2 Zweck:

a) Der Adressat soll angemessene Gelegenheit erhalten, von dem Inhalt des Dokuments Kenntnis zu nehmen;[12] b) Zeit und Art der Bekanntgabe sollen urkundlich festgehalten werden, weil hiervon der Beginn von Fristen, der Eintritt von gesetzlichen Fiktionen abhängen und Rechte des Adressaten beeinflusst werden können; c) Bei mehrfachen Zustellungen an denselben Adressaten ist für den Beginn und Ablauf einer Rechtsmittelfrist die erste wirksame Zustellung maßgebend.[13]

---

6 VwZG in der Neufassung v 12.08.05 (BGBl I S 2354) = Tabu Gewerbl. Rechtsschutz Nr 325 = BlPMZ **06**, 4; Gesetzentwurf und Begr s BT-Drs 15/5216, 15/5475. Mit der Novellierung des *Verwaltungszustellungsrechts mit* Wirkung vom 01.02.06 wurde das VwZG modernisiert und stärker an die Zustellungsvorschriften der ZPO angeglichen.
7 Siehe Rdn 96.
8 Vgl Art 9a VwVfÄndG v 11.12.2008, BGBl I S 2418, Begr s BT-Drs 16/10 844, S 4.
9 Vgl De-Mail-Gesetz v 28.04.11 (BGBl I S 666), geändert durch Art 2 Abs 3 d G v 22.12.11 (BGBl I S 3044), Begr s BT-Drs 17/3630, S 45 f.
10 DPMA-Hausverfügung Nr 10 Abschnitt 1.
11 Vgl Hinweis des DPMA in BlPMZ **06**, 45.
12 BVerfG NJW **84**, 2567; BGH NJW **92**, 2280.
13 BGH NJOZ **20**, 724, Rn 11.

3 Wirksamkeit der Zustellung:

17 Nach § 2 (1) VwZG besteht die Zustellung in der Bekanntgabe eines schriftlichen oder elektronischen Dokuments in Urschrift, Ausfertigung oder beglaubigter Abschrift oder in dem Vorlegen der Urschrift. Die Übersendung einer bloßen Kopie genügt nicht. *Urschrift* (= Original) ist auch jedes ordnungsmäßige, vom DPMA hergestellte Schriftstück, das mit dem Abdruck des Dienstsiegels versehen ist, sofern dieses nach § 20 (2) DPMAV genügt.[14] *Ausfertigung* ist die amtliche Abschrift eines amtlichen Schriftstücks, das die Urschrift ersetzen soll.[15]

18 Bei mehrfachen Zustellungen an denselben Adressaten ist für den Beginn und Ablauf einer Rechtsmittelfrist die erste wirksame Zustellung maßgebend.[16]

19 Wird die gesetzlich vorgeschriebene Form nicht eingehalten, so ist die Zustellung grundsätzlich unwirksam, es sei denn, es handelt sich um eine nicht zwingende Sollvorschrift oder der Mangel kann ausnahmsweise geheilt werden (vgl unten Rdn 102). Darüber hinaus ist wegen des förmlichen Charakters des Zustellungswesens kein Raum für Billigkeitserwägungen.

20 **Beispiele unwirksamer Zustellung:** 1. Zustellung an **Beteiligten statt an den bestellten Bevollmächtigten**,[17] auch wenn keine schriftliche Vollmacht zur Akte eingereicht wurde; 2. Fehlen einer der Ausfertigung entsprechenden Urschrift des Beschlusses in den Akten;[18] 3. **Fehlen der ZU**[19] oder deren Unterzeichnung;[20] 4. wenn die **Zustellung an eine andere Person** als den Zustellungsadressaten gerichtet ist; 5. Zustellung an **Vertretenen statt an Inlandsvertreter** (vgl unten Rdn 40); 6. Ist bereits wirksam zugestellt, so ist eine **wiederholte Zustellung** unwirksam;[21] 7. Hat ein Zustellungsadressat keinen Bevollmächtigten bestellt, so ist die **Zustellung an einen Nichtbevollmächtigten** gegenüber dem Adressaten unwirksam. Sie kann aber wirksam werden, wenn der Adressat nachträglich in der Weise Vollmacht erteilt, dass die bisher nicht bevollmächtigten Empfänger rückwirkend Empfangsberechtigte werden;[22] 8. Zustellung an **geschäftsunfähigen Bevollmächtigten**.

---

14 BGH BlPMZ 71, 196, 199 rSp *Hopfenextrakt*.
15 Ausfertigungsvermerk bedarf der Unterschrift: BSG NJW 60, 981.
16 BGH NJOZ 20, 724, Rn 11.
17 S § 7 VwZG iVm HV Nr 10 Abschnitt 3.5.3, s BPatG GRUR 08, 364; dahingestellt in BPatG v 19.04.06 – 11 W (pat) 40/03 BeckRS 2008, 25 432; BPatG v 21.12. 20 – 7 W (pat) 14/19 = GRUR-RS 2020, 41007.
18 BGH GRUR 91, 814 *Zustellungsadressat*; 93, 476 *Zustellungswesen*; BPatGE 3, 54; 17, 8, 10; BPatG Mitt 66, 152; 69, 153; aA: BPatG Mitt 68, 179; BlPMZ 90, 440 (Ls).
19 RGZ 124, 24.
20 BGH LM § 195 ZPO Nr 2.
21 Vgl BPatGE 17, 45, 48.
22 BPatGE 28, 230, 233 f.

4 Erfordernis der Zustellung:

Nach § 1 (2) VwZG wird zugestellt, soweit dies durch Rechtsvorschrift (PatG[23] und DPMAV[24]) oder behördliche Anordnung bestimmt ist. 21
Zustellung ist für das DPMA nach der Hausverfügung Nr 10[25] angeordnet für:
a) Ladungen der Beteiligten, Zeugen und Sachverständigen zu Anhörungen;[26]
b) Mitteilung über Verlegung von Terminen zu Anhörungen.[27]

Sonstige Dokumente sind nur dann zuzustellen, wenn dies im Einzelfall angezeigt ist,[28] so zB:
a) Aufforderung zur Bestellung eines Inlandsvertreters nach § 25;
b) ablehnender Beschluss der Patentabteilung in Verfahrenskostenhilfesachen;
c) Fristbestimmung zur Leistung der Sicherheit wegen der Kosten des Verfahrens gemäß § 81 (6);
d) wenn bei Fristsetzungen der formlose Zugang mangels Reaktion/Antwort nicht sicher ist;
e) wenn nach Fristablauf auf der Grundlage des mitgeteilten Sachverhalts eine abschließende Entscheidung ergehen soll.[29]

5 Wahl der Zustellungsart:

Ob formlos oder förmlich zugestellt wird, bestimmt sich nach dem PatG und der DPMAV. *Wie* zugestellt wird, steht im pflichtgemäßen Ermessen der Behörde. Das DPMA hat nach § 2 (3) VwZG grundsätzlich die Wahl zwischen den einzelnen Zustellungsarten – allerdings sieht § 127 (1) Nr 2[30] in den dort aufgeführten Fällen bestimmte Zustellungsarten vor. Danach kann an Inlandsvertreter iSv § 25, die in einem Mitgliedstaat der EU oder des EWR ansässig sind, mit eingeschriebenem Brief durch Aufgabe zur Post zugestellt werden. Diese vereinfachte Form der Zustellung kommt ebenfalls gegenüber Empfängern in Betracht, die sich – nicht nur zeitweilig – im Ausland aufhalten und entgegen § 25 keinen Inlandsvertreter bestellt haben. 22

Von der Möglichkeit der förmlichen Zustellung in elektronischer Form sieht das DPMA gegenwärtig noch aus technischen Gründen ab.[31]

5.1 DPMA hat nach der Hausverfügung Nr 10[32] folgende Arten zu verwenden: 23

5.1.1 Niederlegung durch Behörde im Abholfach,[33] wenn Empfänger über ein solches verfügt. 24

---

23 Vgl zB für Beschlüsse: §§ 47 (1) 1; §§ 49a (3), 59 (4), 64 (3) je iVm § 47; § 134; für Benachrichtigungen, Aufforderungen etc: §§ 35 (1), 37 (2), 43 (2) 4, 44 (3) sowie §§ 49a (3) 2, 53 (1) iVm 50 (1), 59 (4) je iVm § 47 PatG.
24 S *§ 21 DPMAV FN 33.*
25 Vom 01.02.06 (s Schulte-Kartei PatG 124–128 Nr 68).
26 BPatGE **22,** 29; DPMA-Hausverfügung Nr 10 Abschnitt 3.1.2.1.
27 DPMA-Hausverfügung Nr 10 Abschnitt 3.1.2.1.
28 DPMA-Hausverfügung Nr 10 Abschnitt 3.1.2.2.
29 Vgl BPatG Mitt **79,** 178.
30 Geändert durch Art 3 Nr 5 des PatRModG vom 31.07.09 mit Wirkung vom 1.10.09.
31 DPMA-Hausverfügung Nr 10 Abschnitt 1.
32 Vom 01.02.06; abgedruckt in Schulte-Kartei PatG 124–128 Nr 68.
33 DPMA-Hausverfügung Nr 10 Abschnitt 3.4.1.

25 **5.1.2 Zustellung durch Behörde gegen Empfangsbekenntnis (EB),**[34] wenn der Empfänger a) zu den Personen des § 5 (4) VwZG oder des § 127 (1) Nr 3 gehört, also insbesondere Rechtsanwalt, Patentanwalt oder Erlaubnisscheininhaber ist (nicht aber bei Patentassessoren[35]), es sei denn, es ist für diese Personen ein Abholfach eingerichtet; b) persönlich zur Übergabe im DPMA anwesend ist.

26 **5.1.3 Zustellung durch private Postdienstleister**[36] mittels Einschreiben durch Übergabe oder mittels Einschreiben mit Rückschein,[37] wenn eine Zustellung im Abholfach oder gegen Empfangsbekenntnis ausscheidet. **Einschreiben mit Rückschein** ist zu verwenden, wenn Empfänger mehrfach den Erhalt des Einschreibens durch Übergabe bestritten hat und die Anforderung des Auslieferungsbelegs erforderlich war. Wird ein Einschreiben durch Übergabe nicht angenommen oder abgeholt, ohne dass der Empfänger erkennbar rechtsmissbräuchlich handelt, ist eine zweite Zustellung mit ZU erforderlich. Zum Verfahren s Rdn 57 f.

27 **5.1.4 Mit Zustellungsurkunde (ZU)**[38] kann die Zustellung gemäß § 3 (1) VwZG iVm § 127 (1) bewirkt werden.

28 **5.1.5 Öffentliche Zustellung,**[39] bei allgemein unbekannten Aufenthalt und wenn alle sonstigen Mittel erschöpft sind.[40] Eine öffentliche Zustellung wegen Undurchführbarkeit sonstiger Zustellungsarten durch öffentliche Bekanntmachung erfolgt nach den in § 10 VwZG geregelten Voraussetzungen.

Die Anwendung der Ausnahmevorschrift des § 10 VwZG kommt auch in Fällen in Betracht, in denen der Zustellungsempfänger im Ausland lebt oder ansässig ist, sein Aufenthaltsort dort aber unbekannt ist. Allerdings trifft die Behörden hier immer die Pflicht, Nachforschungen durchzuführen und in den Akten zu dokumentieren. Eine öffentliche Zustellung ist unwirksam, wenn die auf hinreichenden Nachforschungen basierende Feststellung der Behörde fehlt, dass der Aufenthalt des Empfängers allgemein unbekannt ist. Das bloße Scheitern von Zustellungsversuchen per Einschreiben, rechtfertigt eine solche Feststellung jedenfalls nicht.[41]

5.2 Vom DPMA nicht zu verwendende Zustellungsarten:

29 a) **Einwurfeinschreiben,** weil es zur Bewirkung einer Zustellung nicht ausreicht;[42] b) Zustellung im Ausland durch Ersuchen einer ausländischen Behörde oder der Vertre-

---

34 DPMA-Hausverfügung Nr 10 Abschnitt 3.4.2.
35 BPatG GRUR **98**, 729.
36 S § 2 (2) VwZG.
37 DPMA-Hausverfügung Nr 10 Abschnitt 3.4.3.
38 DPMA-Hausverfügung Nr 10 Abschnitt 3.4.4.
39 DPMA-Hausverfügung Nr 10 Abschnitt 3.4.5.
40 BGH NJW **02**, 827 *Unwirksamkeit der öffentlichen Zustellung* = BGHZ **149**, 311; BGH NJW-RR **13**, 307 *Anforderungen an die öffentliche Zustellung* = Mitt **13**, 428; BFH v 25.02.16 – X S 23/15 (PKH) (NV) *Öffentliche Zustellung, Obdachloser* = BeckRS 2016, 94 531.
41 Vgl BPatG, Beschl. v. 7.3.19 – 30 W (pat) 38/18 *Inlandsvertreter IV* = GRUR **20**, 65 (Markensache).
42 BVerwG NJW **01**, 458; DPMA-Hausverfügung Nr 10 Abschnitt 3.4.3., s Schulte-Kartei PatG 124–128 Nr 68.

tungen des Bundes oder durch Übermittlung elektronischer Dokumente gemäß § 9 (1) Nr 2, 3 und 5, 5a VwZG.[43]

5.3 Formlose Bekanntgabe von Dokumenten, die keiner förmlichen Zustellung bedürfen, kann durch das DPMA nach der Hausverfügung 10 erfolgen durch: **a) einfachen Brief**, sofern nicht Fax aus Kostengründen vorzuziehen ist oder ein Abholfach besteht; **b) Fax**, zB für die Formulierung von Ansprüchen, die Anpassung der Beschreibung sowie die Angabe des Standes der Technik. Einer nachfolgenden Übersendung von Originalen oder Bestätigungskopien bedarf es nur ausnahmsweise, zB wenn Anhaltspunkte für fehlerhafte Übermittlung gegeben sind; **c)** Einlegen in ein eingerichtetes **Abholfach**.

Das DPMA übersendet nach § 5 (4) VwZG elektronische EB für elektronisch eingereichte Anmeldungen und andere elektronische Verfahrenserklärungen nach der Verordnung über den elektronischen Rechtsverkehr im gewerblichen Rechtsschutz vom 05.08.03.[44]

5.4 Akten, Beweisstücke, Modelle, Probestücke: Sie sind als Frachtgut, sonst als eingeschriebener Brief, Päckchen oder Paket mit Rückschein oder unversiegeltes Wertpaket zu übersenden.

5.5 Sammelsendungen[45]**:** Mehrere für einen Empfänger bestimmte Dokumente können zu einer Sammelsendung zusammengefasst werden. Ausnahme: bei Zustellung mit ZU. Formlos zuzustellende Dokumente dürfen nicht mit förmlich zuzustellenden verbunden werden; Ausnahme bei Zustellung gegen EB. Einschreiben durch Übergabe oder mittels Rückschein muss ein Inhaltsverzeichnis mit den Aktenzeichen sämtlicher Dokumente, die förmlich zuzustellen sind, beigefügt werden.

5.6 Verstoß gegen die Hausverfügung Nr 10: Hier ist zu differenzieren:
1. Ist die Wahl einer bestimmten, von mehreren gesetzlich möglichen Zustellungsarten durch die Hausverfügung Nr 10 verbindlich vorgeschrieben und nicht nur empfohlen, so macht ein Verstoß gegen diese Anordnung die Zustellung grundsätzlich *nicht unwirksam*, weil ihre Bindungswirkung lediglich verwaltungsintern eintritt.
2. Eine Ermessensbindung des DPMA kann jedoch bei solchen Regelungen der Hausverfügung Nr 10 eintreten, denen eine Außenwirkung zukommt,[46] wie bspw der Regelung, an welchen Zustellungsadressaten zuzustellen ist.[47] Ein Verstoß ist aber ggf heilungsfähig (vgl Rdn 102).

6 Zustellungsadressat

ist die Person, der zugestellt werden soll, also die Person, an die die Zustellung gerichtet ist. *Zustellungsempfänger* ist die Person, der tatsächlich zugestellt wurde. Bei der Ersatzzustellung sind das die Personen der nach § 5 (2) VwZG anwendbaren §§ 178

---

43 DPMA-Hausverfügung Nr 10 Abschnitt 3.7.4.
44 Vgl Hinweis des DPMA in BlPMZ 06, 45.
45 DPMA-Hausverfügung Nr 10 Abschnitt 3.6.
46 Zur Rechtsbedeutung der Hausverfügung Nr 10 des DPMA vgl BGH GRUR **91**, 814, 815 unter III.3 *Zustellungsadressat* = NJW-RR **91**, 1533.
47 Vgl BPatG GRUR **08**, 364 *Zustellung an Verfahrensbevollmächtigten des Insolvenzverwalters*= Mitt **07**, 435 (Ls).

bis 181 ZPO (s Rdn 48 ff), denen mit Wirkung für den Adressaten zugestellt wurde. In der widerspruchslosen Entgegennahme des zuzustellenden Schriftstücks durch eine in den Geschäftsräumen beschäftigte Person (§ 178 (1) Nr 2 ZPO) ist deren konkludente Erklärung zu sehen, dass der eigentliche Zustellungsadressat abwesend bzw. an der Entgegennahme der Zustellung verhindert ist. Weitere Nachforschungen des Zustellers sind dann regelmäßig nicht veranlasst.[48] Wird nicht dem Adressaten, seinem Bevollmächtigten oder einer gesetzlich anerkannten Ersatzperson zugestellt, ist die Zustellung unwirksam, aber heilungsfähig (vgl Rdn 102).

Ist jedoch der Zustellungsadressat nicht korrekt, kann dieser Mangel nicht geheilt werden; der Zustellungswille muss sich auf die Person beziehen, der gegenüber die Heilung eintreten soll.[49]

35 Zustellungsadressaten sind:

6.1 Betroffener

36 dh der vom Gegenstand der Zustellung betroffene Beteiligte, Zeuge oder Sachverständige. Sind am Verfahren mehrere Personen beteiligt, zB als Mitinhaber eines Schutzrechts, so muss jeder Person, auch wenn sie in einer Rechtsgemeinschaft steht, gesondert zugestellt werden, es sei denn, es ist ein Bevollmächtigter (§ 167 BGB) bestellt.[50]

6.2 Gesetzlicher Vertreter

37 (s Einl Rdn 49) für Geschäftsunfähige oder beschränkt Geschäftsfähige oder für Personen, für die ein Betreuer bestellt ist, soweit der Aufgabenkreis des Betreuers reicht (§ 6 (1) VwZG; § 170 (1) ZPO). Zustellung an eine prozessunfähige Partei ist unwirksam. Die Unwirksamkeit wird durch Zugang des Schriftstücks beim gesetzlichen Vertreter der Partei geheilt (§ 189 ZPO).[51] Bei **mehreren gesetzlichen Vertretern**, zB Eltern, Vormündern, Pflegern, Betreuern oder Vertretern einer juristischen Person, genügt die Zustellung an einen von ihnen (§ 6 (3) VwZG, § 170 (3) ZPO).

6.3 Behördenleiter, gesetzlicher Vertreter

38 bei Behörden, juristischen Personen, nicht rechtsfähigen Personenvereinigungen und Zweckvermögen (§ 6 (2) VwZG = § 170 (2) ZPO). Für die Adresse genügt die jeweils verbindliche Bezeichnung der juristischen Person, während das jeweilige Vertretungsorgan nicht genannt werden muss, da eine Zustellung »an den Leiter« ausreichend ist. Behördenleiter oder gesetzliche Vertreter sind nur dann namentlich zu benennen, wenn das Dokument aus besonderen Gründen diesen persönlich und nicht anderen Mitarbeitern zugestellt werden soll. Bei Zweifeln über das Vertretungsverhältnis ist die Adresse vom DPMA zu ergänzen.

---

48 BGH NJW-RR 15, 702.
49 BGH NJW 17, 2472, Rn 29; BPatG v 21.12. 20 – 7 W (pat) 14/19 = GRUR-RS 2020, 41007.
50 BPatGE **45**, 159 *Verkleidungsplatten*.
51 BGH NJW 15, 1760.

6.4 Bevollmächtigte

6.4.1 Zustellungen an den Bevollmächtigten sind nach § 7 (1) 2 VwZG zwingend an rechtsgeschäftlich bestellten Vertreter zu richten, wenn dieser eine schriftliche Vollmacht vorgelegt hat.[52] Nicht erforderlich ist, dass die Vollmacht zu den Akten gelangt ist[53] (so der frühere § 127 (1) Nr 5). Dem Vertreter ist daher auch dann zuzustellen, wenn er auf Grund einer beim DPMA hinterlegten allgemeinen Vollmacht handelt. Die Zustellung des Beschlusses an die Anmelderin statt an den von ihr bevollmächtigten Anwalt ist fehlerhaft und setzt die Rechtsmittelfrist nicht in Lauf.[54] Kein Wirksamkeitsmangel der Zustellung, wenn DPMA den **Verfahrensbevollmächtigten** der Patentinhaberinnen nur eine statt zwei Ausfertigungen der Entscheidung übermittelt hat (§§ 127 (1) PatG iVm 7 (1) S 3 VwZG). Nur für den Fall, dass für mehrere Beteiligte lediglich ein **Zustellungsbevollmächtigter** bestellt ist, sieht § 7 (2) VwZG vor, dass diesem so viele Ausfertigungen oder Abschriften zuzustellen sind, als Beteiligte vorhanden sind.[55]

Der Wirksamkeit einer gemäß § 172 (1) Satz 1 ZPO an den Prozessbevollmächtigten gerichteten Zustellung steht nicht entgegen, dass sich später ein anderer Rechtsanwalt als gemäß § 53 BRAO bestellter amtlicher Vertreter zur Akte meldet. Auf den Zugang bei dem Vertreter kommt es nicht an. Die Bestellung zum amtlichen Vertreter verleiht dem Vertreter die im Vertretungsfall erforderliche Vertretungsmacht nach außen, schränkt aber nicht die Rechtsposition des Vertretenen aufgrund seiner Mandatierung durch die Partei und Bestellung zum Prozessbevollmächtigten ein.[56]

Zuzustellen ist an den **Inlandsvertreter**, nicht an den Vertretenen,[57] auch wenn der Vertreter die Niederlegung seines Mandats bereits angezeigt hat, aber noch kein neuer Inlandsvertreter bestellt ist.[58] Eine zweite Zustellung an einen neu bestellten Inlandsvertreter lässt die Wirksamkeit der wirksamen ersten Zustellung unberührt.[59]

Tod des Vertretenen steht der Zustellung an seinen Vertreter nicht entgegen.[60]

Vollmachtloser Vertreter gemäß § 89 (1) ZPO ist wie ein Bevollmächtigter zu behandeln, so dass ihm zugestellt werden muss.[61]

Fehlen der Angabe des Bevollmächtigten im Rubrum einer Entscheidung berührt die Wirksamkeit der Zustellung an ihn nicht.[62]

---

52 BPatG Mitt 09, 285 (LS) *Fotoelektrochemisches Ätzen*.
53 BGH GRUR 91, 814, 815 unter III3 *Zustellungsadressat* = NJW-RR 91, 1533; vgl hierzu auch BPatG GRUR 08, 364 *Zustellung an Verfahrensbevollmächtigten des Insolvenzverwalters=* Mitt 07, 435 (Ls).
54 BPatG v 24.09.14 – 15 W (pat) 15/14 = BeckRS 2014, 21 484.
55 BGH GRUR 15, 1255, Rn 15 *Mauersteinsatz* = Mitt 15, 525.
56 BGH v. 12.2.20 – IV ZB 29/18 = BeckRS 2020, 2121 Rn 10.
57 BPatG v 26.05.03 – 10 W (pat) 22/02 = BeckRS 2011, 28 080.
58 BPatGE 28, 219 = BlPMZ 87, 305; BPatG BlPMZ 88, 253; 96, 357; aA 23. Senat: BPatGE 34, 186 u BPatG BlPMZ 94, 292. BPatG GRUR 02, 369 *Passepartout*.
59 BPatG BlPMZ 96, 357.
60 BPatGE 22, 285.
61 Vgl BPatGE 28, 230, 232; BPatG GRUR 08, 364 *Zustellung an Verfahrensbevollmächtigten des Insolvenzverwalters*.
62 BGH GRUR 95, 50 *Success*.

6.4.2 Zwingende Zustellung an Bevollmächtigten

41 **Voraussetzungen nach § 7 (1) 2 VwZG für die zwingende Zustellung an Bevollmächtigten** sind grundsätzlich:
a) Vorlage einer schriftlichen Vollmacht, die Spezial- oder allgemeine Vollmacht sein kann; b) Zustellungsempfang ist in der Vollmacht nicht ausgeschlossen; c) Vollmacht ist nicht widerrufen.
Gemäß Nr 3.5.3 der Hausverfügung Nr 10 DPMA ist aber selbst dann an den Verfahrensbevollmächtigten (und nicht den Beteiligten) zuzustellen, wenn dieser *keine* schriftliche Vollmacht vorgelegt hat.[63]

6.4.3 Wahlweise Zustellung an Bevollmächtigten

42 **Voraussetzungen nach § 7 (1) 1 VwZG einer möglichen Zustellung an den Bevollmächtigten** sind: a) Bestellung des Bevollmächtigten entweder allgemein (zB Postvollmacht) oder für die Angelegenheit, in der zugestellt werden soll; b) wirksame Bevollmächtigung mit echter Vertreterbefugnis nach § 164 BGB, die durch ausdrückliche oder schlüssige Erklärung[64] oder stillschweigend[65] erfolgen kann; c) Zustellungsempfang ist in der Vollmacht nicht ausgeschlossen; d) Vollmacht ist nicht widerrufen.

Kann nach § 7 (1) 1 VwZG wahlweise an den Bevollmächtigten oder an den Vollmachtgeber zugestellt werden, ist in Verfahren vor dem DPMA nach Abschnitt 3.5.3 der Hausverfügung Nr 10[66] immer an den Bevollmächtigten zuzustellen.[67] Da sich darauf Vertreter und Parteien verlassen dürfen, ist eine abweichende Zustellung an den Vollmachtgeber unwirksam,[68] insbesondere wenn frühere Zustellungen an den Bevollmächtigten gerichtet waren, der Adressat also willkürlich gewechselt worden ist.[69]

43 **6.4.4 Mehrere Bevollmächtigte** eines Zustellungsadressaten können diesen nach § 84 ZPO auch einzeln vertreten, so dass Zustellung an einen ausreichend ist.[70] Wird mehreren Bevollmächtigten gesondert zugestellt, ist die erste Zustellung für den Beginn von Fristen maßgebend.[71] Bei einer Anwaltssozietät ist jeder berechtigt, Zustellungen entgegen zu nehmen.[72]

44 **6.4.5 Mehrere Vertretene:** Nach § 7 (1) 3 VwZG genügt die Zustellung eines Dokuments an den Bevollmächtigten für alle Beteiligten.

---

63 BGH GRUR 91, 814; 815 unter III3 *Zustellungsadressat* = NJW-RR 91, 1533; vgl hierzu auch BPatG GRUR 08, 364 *Zustellung an Verfahrensbevollmächtigten des Insolvenzverwalters=* Mitt 07, 435 (Ls).
64 BGH GRUR 91, 814 *Zustellungsadressat*; BPatG GRUR 08, 364 = Mitt 07, 435 (Ls) = MarkenR 07, 344.
65 BGH GRUR 91, 37 *Spektralapparat*.
66 Abgedruckt in Schulte-Kartei PatG 124–128 Nr 68.
67 BPatG GRUR 08, 364 = Mitt 07, 435 (Ls) = MarkenR 07, 344.
68 BGH GRUR 91, 814 *Zustellungsadressat*; dahingestellt in BPatG v 19.04.06 -11 W (pat) 40/03 BeckRS 2008, 25 432.
69 BFH BStBl 54 III 327.
70 BVerwG NJW 75, 1795, 1796.
71 BGH NJW 91, 1176.
72 BGH NJW 80, 999; 69, 1486.

6.4.6 Zustellungsbevollmächtigter erhält nach § 7 (2) VwZG für jeden Beteiligten ein Dokument zugestellt, so zB die von mehreren Anmeldern gemäß § 14 (1) 1 DPMAV angegebene Person, die zum Empfang amtlicher Bescheide befugt ist.[73] Verstoß gegen § 7 (2) macht die Zustellung unwirksam,[74] denn es ist nicht Aufgabe des Zustellungsbevollmächtigten, für die anderen Beteiligten Kopien amtlicher Dokumente auf seine Kosten zu fertigen, die unter Umständen sehr umfangreich sein können, wie zB Beschlüsse oder Prüfungsbescheide.[75] Änderung des schriftlich bestimmten Zustellungsbevollmächtigten mehrerer Anmelder bedarf der schriftlichen Bestätigung.[76]

Eine wirksame Zustellung an den Zustellungsbevollmächtigten setzt voraus, dass dieser seine Bevollmächtigung zur Entgegennahme kennt, denn nur dann kann an ihn eine Zustellung mit Wirkung für einen Dritten bewirkt werden. Zudem muss für ihn *erkennbar* (zB durch namentliche Aufführung aller Beteiligten) sein, dass er eine Zustellung mit Wirkung für Dritte in Empfang nehmen soll.[77]

Wird ein nach § 14 (1) und (2) DPMAV erforderlicher Zustellungsbevollmächtigter trotz Rüge nicht bestellt, so kann die Anmeldung zurückgewiesen werden.[78]

III. Zustellungsarten (§ 127 (1) PatG iVm §§ 3 ff VwZG)
(für BPatG gelten gemäß § 127 (2) die §§ 177 bis 182 ZPO)

1 Zustellung mit Zustellungsurkunde (ZU)

§ 177 ZPO Ort der Zustellung

§ 178 ZPO Ersatzzustellung in der Wohnung, in Geschäftsräumen und Einrichtungen

Erläuterungen zu § 178 ZPO: Es kann eine unzulässige Rechtsausübung darstellen, wenn der Zustellungsadressat, der einen Irrtum über seinen tatsächlichen Lebensmittelpunkt bewusst und zielgerichtet herbeigeführt hat, sich auf die Fehlerhaftigkeit einer Ersatzzustellung an diesem scheinbaren Wohnsitz beruft.[79].

§ 179 ZPO Zustellung bei verweigerter Annahme

Erläuterungen zu § 179 ZPO: Verweigert der Adressat die Annahme an einem anderen Zustellort als seiner Wohnung oder seinem Geschäftsraum, ist das Schriftstück nach § 179 S 2 ZPO an die absendende Stelle zurückzusenden, da seine Zurücklassung an einem solchen anderen Ort unzulässig ist, weil es dem ungehinderten Zugriff Dritter nicht preisgegeben werden darf.[80]

---

73 BPatG v 09.12.04 – 10 W (pat) 40/04 (für notwendige Streitgenossen iSd § 62 ZPO, auch wenn nur einer im eigenen Namen Anträge stellt) BeckRS 2011, 27 628.
74 BPatGE **40**, 276 = BlPMZ **99**, 158; BPatGE **45**, 159, 161; PA BlPMZ **58**, 136; aA: BPatG v 3.7.89 – 31 W (pat) 118/86; bejahend zu § 7 (2): BPatG v 09.12.04 – 10 W (pat) 40/04 BeckRS 2011, 27 628.
75 BPatGE **45**, 159 *Verkleidungsplatten*.
76 BPatG v 12.02.04 – 10 W (pat) 39/02 = BeckRS 2011, 27 624.
77 BPatG v 11.11.97 – 4 W (pat) 65/96 Schulte-Kartei PatG 124–128 Nr 50; BPatG v 21.03.05 – 10 W (pat) 31/02 = BeckRS 2011, 27 945.
78 Bestimmung durch das DPMA nicht zulässig, vgl BPatG Mitt 05, 569 (zur entsprechenden Regelung in § 73 MarkenV aF).
79 BGH NJW **19**, 2942 *Scheinwohnsitz*.
80 VGH München NJW **12**, 950.

§ 180 ZPO Ersatzzustellung durch Einlegen in den Briefkasten

50 **Erläuterungen zu § 180 ZPO:** Der einem überschaubaren Personenkreis zugängliche Briefschlitz in einem Mehrparteienhaus ist auch dann für eine Ersatzzustellung gemäß § 180 Satz 1 ZPO geeignet, wenn die Sendungen nicht in ein geschlossenes Behältnis, sondern auf den Boden des Hausflurs fallen, sofern der Adressat seine Post typischerweise auf diesem Weg erhält und eine eindeutige Zuordnung des Einwurfschlitzes zum Empfänger möglich ist.[81]

Die Ersatzzustellung setzt voraus, dass die Wohnung oder der Geschäftsraum des Adressaten an dem Ort, an dem zugestellt werden soll, tatsächlich von dem Adressaten genutzt wird. Der bloße dem Empfänger zurechenbare Rechtsschein, dieser unterhalte unter der jeweiligen Anschrift eine Wohnung oder Geschäftsräume, genügt für eine ordnungsgemäße Zustellung nicht. Es kann jedoch eine unzulässige Rechtsausübung darstellen, wenn der Zustellungsadressat, der einen Irrtum über seinen tatsächlichen Lebensmittelpunkt bewusst und zielgerichtet herbeigeführt hat, sich auf die Fehlerhaftigkeit einer Ersatzzustellung an diesem scheinbaren Wohnsitz beruft.[82]

§ 181 ZPO Ersatzzustellung durch Niederlegung

§ 182 ZPO Zustellungsurkunde

51 **1.1 Verfahren der Behörde** Soll durch die Post mit Zustellungsurkunde zugestellt werden, übergibt die Behörde der Post den Zustellungsauftrag, das zuzustellende Dokument in einem verschlossenen Umschlag und einen vorbereiteten Vordruck einer Zustellungsurkunde (§ 3 (1)). ZU soll aus Kostengründen nur gewählt werden, wenn es wegen des eindeutigen Zugangsnachweises durch eine öffentliche Urkunde im Einzelfall erforderlich ist, zB weil der Empfänger frühere Übergabeeinschreiben nicht angenommen oder abgeholt hat. Zum Text des § 3 VwZG s Rdn 47; für die ZU, den Zustellungsauftrag, den verschlossenen Umschlag nach § 3 (1) VwZG und die schriftliche Mitteilung nach § 181 (1) 3 ZPO sind die Vordrucke nach der Zustellungsvordruckverordnung zu verwenden.[83]

52 **1.2 Bewirken der Zustellung** Für die Ausführung der Zustellung mit ZU gelten nach § 3 (2) VwZG die §§ 177–182 ZPO entsprechend. Danach kann das Schriftstück dem Zustellungsadressaten an jedem Ort übergeben werden, an dem er angetroffen wird (§ 177 ZPO). Wird der Adressat in seiner Wohnung, im Geschäftsraum oder einer Gemeinschaftseinrichtung,[84] in der er wohnt, nicht angetroffen, kommt eine **Ersatzzustellung** in Betracht (§ 178 ZPO). Für die Wirksamkeit einer Ersatzzustellung genügt es dabei grundsätzlich nicht, dass der Adressat den Rechtsschein geschaffen hat, unter der fraglichen Anschrift noch eine Wohnung oder Geschäftsräume zu nutzen, etwa weil er nach deren Aufgabe ein Schild mit seinem Namen an dem Briefeinwurf belässt, außer er handelt dolos.[85] Soweit eine Ersatzzustellung nicht ausführbar ist, besteht die

---

81 BGH NJW 11, 2440.
82 BGH NJW 19, 2942 *Scheinwohnsitz*
83 DPMA-Hausverfügung Nr 10 Abschnitt 3.4.4.2.; ZuStVV vom 12.02.02, BGBl I S 671, 1019 = http://bundesrecht.juris.de/zustvv/index.html (Stand 31.05.16).
84 BGH NJW 11, 2440.
85 BGH NJW 11, 2440.

Möglichkeit einer Ersatzzustellung durch Einlegen des Schriftstücks in den Briefkasten (§ 180 ZPO), es sei denn, der Wille des Adressaten, seine Geschäftsräume bzw. Wohnung aufzugeben, hat nach außen erkennbaren Ausdruck gefunden.[86] Ein Postfach ist jedenfalls dann eine ähnliche Vorrichtung im Sinne von § 180 S 1 ZPO, wenn eine Wohnanschrift des Zustelladressaten unbekannt oder nicht vorhanden ist.[87] Im Fall des Scheiterns aller anderen Formen der Ersatzzustellung, ist die Ersatzzustellung durch Niederlegung bei der Geschäftsstelle des Amtsgerichts, einer von der Post bestimmten Stelle oder gemäß § 3 (2) S 2 VwZG (iVm § 127 (1) beim DPMA zulässig (§ 181 ZPO).

1.3 Annahmeverweigerung Bei unberechtigter **Annahmeverweigerung** gilt das Schriftstück als zugestellt (§ 179 ZPO). 53

Eine durch Täuschung treuwidrig vereitelte Zustellung ist wirksam.[88] Täuscht der Adressat den Zustellbediensteten über seinen tatsächlichen wahren Wohnort, hindert dies deshalb die Wirksamkeit der Zustellung nicht. 54

1.4 Nachweis der Zustellung Zum **Nachweis der Zustellung** nach den §§ 171, 177 bis 181 ZPO ist eine Urkunde zu fertigen, deren Inhalt und unverzügliche Zurückleitung durch § 182 ZPO geregt wird. Für die Beweiswirkung der ZU gilt § 418 ZPO.[89] Fehlt die erforderliche Unterschrift auf der ZU, bspw wegen Anbringen einer Paraphe anstelle einer Unterschrift, ist die Zustellung unwirksam. Der Mangel kann zwar durch eine ergänzte Zustellungsurkunde geheilt werden, diese besitzt jedoch nicht die Beweiskraft des § 418 ZPO, sondern ist nach § 419 ZPO frei zu würdigen.[90] 55

2 Zustellung durch Einschreiben

(für das BPatG gilt gemäß § 127 (2) der § 175 ZPO) 56

§ 4 VwZG Zustellung durch die Post mittels Einschreiben

2.1 Verfahren der Behörde: Der Tag, an dem das Dokument unter der Bezeichnung »Einschreiben durch Übergabe (Zustellung)« oder »Einschreiben mit Rückschein (Zustellung)« an den Dokumentenversand abgegeben wurde, wird auf dem Aktenexemplar vermerkt. Der Tag der Aufgabe zur Post wird durch den Dokumentenversand vermerkt. Das ist für den **Aktenvermerk** des § 4 (2) 4 VwZG ausreichend. Eines Vermerks des Tages auf dem zuzustellenden Dokument bedarf es nicht,[91] denn § 4 (2) 4 VwZG ist keine zwingende Zustellungsvorschrift, sondern nur für die Vermutung des § 4 (2) 1 VwZG von Bedeutung.[92] 57

---

86 BGH MDR 10, 229 = NJW-RR 10, 489.
87 *BGH NJW-RR 12, 1012.*
88 VGH München NJW 12, 950 *Wirksamkeit einer durch Täuschung vereitelten Zustellung* = BeckRS 2012, 45 685.
89 BGH v. 12.2.20 – IV ZB 29/18 = BeckRS 2020, 2121 Rn 7.
90 BGH NJW-RR 08, 218; BGH v. 12.2.20 – IV ZB 29/18 = BeckRS 2020, 2121 Rn 7.
91 Vgl BPatGE 40, 270 = GRUR 99, 569 (II1).
92 BayObLG NJW 67, 2064; BSG MDR 70, 87; 71, 960; aA: BFH NJW 70, 80 (Fehlen des Vermerks macht die Zustellung unwirksam; offen gelassen: BPatG v 12.02.04 – 10 W (pat) 39/02 (II 2a) BeckRS 2011, 27 624; BPatG BlPMZ 05, 206 *Frontkraftheber*; BPatG v 13.01.05 – 10 W (pat) 19/03 BeckRS 2011, 27 927.

58 Zur förmlichen Zustellung zugelassen sind nach § 4 VwZG lediglich das »**Übergabe-Einschreiben**« und das »**Einschreiben mit Rückschein**«, nicht das seit 1997 von der Deutschen Post AG eingeführte »**Einwurf-Einschreiben**«, bei dem die Post ohne Empfangsbestätigung lediglich den Einwurf in den Briefkasten oder das Postfach quittiert.[93]

59 **Rechtsmittelbelehrung** ist nach der Hausverfügung Nr 10 Abschnitt 3.4.3.3 bei Zustellung durch Einschreiben durch Übergabe oder mit Rückschein wie folgt zu ergänzen: »Bei der Zustellung durch die Post mittels Einschreiben durch Übergabe gilt dieses am dritten Tag nach der Aufgabe zur Post als zugestellt, es sei denn, dass das zuzustellende Dokument nicht oder zu einem späteren Zeitpunkt zugegangen ist. Bei der Zustellung mittels Einschreiben mit Rückschein gilt diese an dem Tag bewirkt, den der Rückschein angibt.«.

60 **2.2 Bewirken der Zustellung** erfolgt durch Aushändigung an den Empfänger, seinen Ehegatten oder an den – entsprechend den AGB des Postdienstleisters – dazu Postbevollmächtigten. Werden diese nicht angetroffen, so kann die Sendung einem dazu bereiten *Ersatzempfänger* (= Angehörige des Empfängers, seines Ehegatten oder des Postbevollmächtigten, in Wohnung oder Geschäft angestellte Personen, Inhaber oder Vermieter der Wohnung) übergeben werden. Mit der Übergabe an eine dieser Personen ist die Zustellung bewirkt, mag das Dokument den Empfänger selbst auch nicht erreichen.[94] Bestreitet der Adressat, die Sendung vom Ersatzempfänger ausgehändigt erhalten zu haben, so obliegt es der Behörde, das Gegenteil zu beweisen, etwa durch Bezug auf den **Auslieferungsbeleg** des Postdienstleisters.[95]

61 Werden Empfänger oder Ersatzempfänger nicht angetroffen oder weigern sich letztere, so wird das Dokument beim Postdienstleister hinterlegt und der Empfänger erhält einen **Benachrichtigungsschein**. Bei Zustellung eines Übergabe-Einschreibens durch Einlegung des Benachrichtigungsscheins in Postabholfach ist das Schriftstück dann zugestellt, wenn es dem Empfänger oder seinem Empfangsberechtigten ausgehändigt wird.[96] Allgemeine Obliegenheit zur Abholung existiert nicht.[97] Erst mit der Abholung ist die Zustellung bewirkt.[98] Kommt ein eingeschriebenes Dokument als unzustellbar zurück, muss neu zugestellt werden.

Ersatzzustellung nach den §§ 178 bis 181 ZPO ist bei Zustellung durch Einschreiben nicht möglich.[99]

62 **2.3 Annahmeverweigerung** hindert nach § 127 (1) Nr 1 die Zustellung nicht, sofern sich der Empfänger, sein Ehegatte oder sein Postbevollmächtigter ohne gesetzlichen Grund weigert oder die Empfangsbestätigung nicht abgibt. Die Weigerung der Ersatzempfänger (Rdn 60) lässt die Zustellung scheitern.

---

93 Vgl BVerwG NJW 01, 458.
94 BPatGE 2, 202.
95 BPatG 19 W (pat) 28/06 BeckRS 2007, 11 411.
96 VGH München v 21.06.07 – 12 ZB 06.3183; BVerwG NJW 83, 2344.
97 OLG Brandenburg NJW 05, 1585.
98 BVerwG MDR 71, 73 u 419; BAG NJW 63, 554; BSG MDR 67, 160.
99 Vgl zu § 4 VwZG: BT-Drs 15/5216, S 12.

2.4 Tag der Zustellung ist nach § 4 (2) 2 VwZG der dritte Tag nach der tatsächlichen Aufgabe zur Post, mag auch der Poststempel ein früheres[100] oder späteres Datum wiedergeben (evtl Wiedereinsetzung möglich). »am dritten Tag« = im Laufe des dritten Tages.[101] *Beispiel:* Aufgabe am 15., fingierte Zustellung am 18. (auch wenn dieser ein Samstag, Sonn- oder Feiertag ist[102]), Fristbeginn 19. (wenn dieser ein Werktag ist). Zur Fristberechnung s Einl Rdn 185 ff.

Die Vermutung des § 4 (2) VwZG ist nur beschränkt widerlegbar, nämlich nur für den Fall, dass das Dokument nicht oder später als am dritten Tag zugegangen sei. Eine Abkürzung der 3-Tage-Frist, weil der Empfänger das Dokument nachweislich früher erhalten hat, ist nicht möglich.[103] Die Vermutung wird durch glaubhaftes, substantiiertes Bestreiten des Zugangs widerlegt.[104] Ergeben sich daraus Zweifel am Zugang oder am Zeitpunkt des Zugangs, so hat die Behörde beides zu beweisen. Beweismittel: der Auslieferungsbeleg (beschaffbar durch Rückfrage bei der Post) und der Rückschein (§ 4 (2) 1 VwZG). Der Rückschein ist keine öffentliche Urkunde im Sinne des § 418 ZPO, da die Post Zustellungen nach § 4 VwZG im Rahmen einer privatrechtlichen Beauftragung als Postdienstleistung nach § 4 Nr 1 Buchstabe a und b PostG erledigt. Der von ihm ausgehende Nachweis der Zustellung ist daher auf das Maß eines normalen Beweismittels eingeschränkt (§ 416 ZPO). Die Einlieferungsbescheinigung reicht als Nachweis des Zugangs nicht aus.

3 Zustellung gegen Empfangsbekenntnis (EB)

(für das BPatG gilt gemäß § 127 (2) der § 174 ZPO)

Mit der Verweisung des § 5 (2) VwZG auf die Regelungen zur Ersatzzustellung und der Zustellung bei Annahmeverweigerung (§§ 177–181 ZPO) ist eine weitgehende Gleichstellung der Zustellung gegen EB und der Zustellung mit ZU verbunden.

Ein Empfangsbekenntnis erbringt als Privaturkunde den Beweis für die Entgegennahme des darin bezeichneten Schriftstücks als zugestellt sowie für den Zeitpunkt der Entgegennahme durch den Unterzeichner und damit für die Zustellung. Der Gegenbeweis der Unrichtigkeit der im Empfangsbekenntnis enthaltenen Angaben ist zulässig. Hierzu muss die Beweiswirkung des § 174 ZPO vollständig entkräftet und jede Möglichkeit ausgeschlossen sein, dass die Angaben des Empfangsbekenntnisses richtig sein können. Die Möglichkeit der Unrichtigkeit reicht nicht.[105]

§ 5 VwZG Zustellung durch die Behörde gegen Empfangsbekenntnis; elektronische Zustellung

3.1 Aushändigung durch die Behörde gegen Empfangsbekenntnis nach § 5 (1)1 VwZG erfolgt nur, wenn Empfänger zufällig im Gebäude anwesend ist.

---

100 Vgl BPatG v 24.02.17 – 7 W (pat) 22/16 *Zustellungsfiktion* = Mitt **17**, 294.
101 DPA BlPMZ **55**, 217.
102 BPatGE **40**, 270 = GRUR **99**, 569 (II1); BPatG v 24.02.17 – 7 W (pat) 22/16 *Zustellungsfiktion* = Mitt **17**, 294.
103 BVerwG NJW **65**, 2363; BFH NJW **67**, 1296; BPatG v 24.02.17 – 7 W (pat) 22/16 *Zustellungsfiktion* = Mitt **17**, 294.
104 BPatG BlPMZ **05**, 206 *Frontkraftheber*; BPatG v 13.01.05 – 10 W (pat) 19/03 BeckRS **2011**, 27 927.
105 BGH NJOZ **20**, 724, Rn 19.

67 **3.2 Vereinfachte Zustellung gegen Empfangsbekenntnis (EB)** nach § 5 (4) ist anwendbar für Rechts- und Patentanwälte sowie Erlaubnisscheininhaber (§ 127 (1) Nr 3, §§ 177, 178 PatAnwO), nicht dagegen für Patentassessoren.[106] Voraussetzung: Vorliegen einer wirksamen Vollmacht.

68 **3.2.1 Verfahren:** Dokument wird auf beliebigem Wege mit vorbereitetem EB übermittelt, und zwar idR durch einfachen Brief oder Fax. Möglich ist auch eine Übergabe im DPMA durch Boten. Bei Verwendung eines eingeschriebenen Briefs gilt § 4 (2) VwZG. EB muss das Schriftstück so ausreichend bezeichnen, dass seine Identität außer Zweifel steht.[107]

69 EB kann **Einzel- und Sammel-EB** sein. Sammel-EB (= Stückeverzeichnis der in der Sendung enthaltenen Dokumente) wird vom Dokumentenversand dreifach erstellt. Zusammen mit dem Dokument erhält der Empfänger zwei Exemplare mit einfacher Post, von denen er eines mit Datum und Unterschrift als EB zurückzusenden hat. Dieses wird mit dem zurückbehaltenen Exemplar vereinigt und drei Jahre aufbewahrt. Kopie der Rechtsmittelbelehrung mit Eingangsstempel der Kanzlei ist kein Ersatz für EB.[108]
Nachträgliche Ausstellung des EB ist möglich.[109] Gegenbeweis gegen seine Richtigkeit ist zulässig,[110] zB aus den Handakten eines Anwalts.[111] Es genügt nicht die Möglichkeit der Unrichtigkeit seiner Datierung, vielmehr muss jede Möglichkeit der Richtigkeit ausgeschlossen sein.[112]
Widerruf[113] **oder Anfechtung**[114] eines wirksam erteilten EB ist ausgeschlossen.
Verlust des EB berührt – wenn EB wirksam erteilt war – Wirksamkeit der Zustellung nicht. Liegt keine nachweisbare Zustellung vor, da trotz mehrfacher Anmahnung kein EB beim DPMA eingeht, ist ein Beschluss mangels Zustellung unwirksam.[115]

70 **3.2.2 Tag der Zustellung** ist der Tag der wirklichen Entgegennahme des Dokuments, sofern das EB a) vom Empfänger (s Rdn 72), b) mit dessen Unterschrift (s Rdn 73), c) mit einem Datum versehen ist (s Rdn 74).

71 Voraussetzung einer wirksamen Zustellung gegen EB gem § 174 Abs 1 ZPO ist dabei neben der Übermittlung des Schriftstücks in Zustellungsabsicht die Empfangsbereitschaft des Empfängers, dh dessen Wille, es »als zugestellt gegen sich gelten zu lassen«.[116] Nimmt der Anwalt ein Schriftstück einen Tag später zur Kenntnis als er selbst auf dem Empfangsbekenntnis angibt, muss er das frühere Datum grundsätzlich gegen sich gelten lassen.[117] Wird trotz dem mit vorbehaltlos unterzeichnetem EB bestätigte

---

106 BPatGE **39**, 162 = GRUR **98**, 729.
107 BGH BlPMZ **72**, 142 mwN *Dosiervorrichtung*; BGH NJW-RR **92**, 1150.
108 BPatG v 12.09.06 – 33 W (pat) 155/04 = BeckRS 2009, 00 351.
109 BGH NJW **94**, 2295, 2296 u NJW-RR **92**, 251, 252 u 1150; BPatGE **23**, 248.
110 BPatGE **23**, 248; BGH NJW **87**, 325; BGH NJW **12**, 2117 = MDR **12**, 798.
111 BGH NJW **87**, 325 mwN.
112 BGH NJW **90**, 2125.
113 KG OLGE **39**, 53.
114 BGH NJW **74**, 1469, 1470.
115 BPatG v 11.11.04 – 11 W (pat) 44/04 BeckRS 2011, 28 593.
116 BGH NJW **12**, 2117 Rn 6; BGH v 22.10.14 – IV ZB 13/14, BeckRS **2014**, 20 664 Rn 9.
117 BGH v 22.10.14 – IV ZB 13/14, BeckRS **2014**, 20 664 Rn 10.

Zustellung nachträglich vorgetragen, die Sendung sei unvollständig gewesen, so trägt der Anwalt hierfür die volle Beweislast. Eine eidesstattliche Versicherung reicht insoweit als Gegenbeweis nicht aus.[118] Der Gegenbeweis der Unrichtigkeit der im EB enthaltenen Angaben setzt vielmehr voraus, dass die Beweiswirkung des § 174 ZPO vollständig entkräftet und jede Möglichkeit ausgeschlossen ist, dass die Angaben des Empfangsbekenntnisses richtig sein können. Es genügt nicht, wenn lediglich die Möglichkeit der Unrichtigkeit besteht.[119] Bestreitet der Rechtsanwalt den Empfang und ist das EB bei Gericht nicht auffindbar, trägt das Gericht die Beweislast für den Zugang.[120]

Zu a): Empfänger kann sich durch Bevollmächtigten vertreten lassen. Bei Unterzeichnung des EB durch Büroangestellte ist die Zustellung grundsätzlich unwirksam.[121] Die Zustellung gegen EB ist nicht bereits mit dem Eingang des Schriftstücks in der Kanzlei des Anwalts als bewirkt anzusehen, sondern erst, wenn der Anwalt das ihm zugestellte Schriftstück mit dem Willen entgegengenommen hat, es als zugestellt gegen sich gelten zu lassen, und dies auch durch Unterzeichnung des EB beurkundet.[122] Ein Anwalt wird durch den amtlich bestellten Vertreter,[123] den allgemeinen Vertreter (§§ 46 PatAnwO, 53 BRAO) oder einen durch Vollmacht ausgewiesenen Bevollmächtigten vertreten, zB Sozius,[124] angestellter Anwalt,[125] Referendar,[126] Anwaltsassessor,[127] dritter Anwalt;[128] in Verfahren ohne Anwaltszwang jede/r Dritte (zB Büroangestellte/r[129]), wenn diese/r zumindest stillschweigend durch Duldung ermächtigt war.[130] 72

Zu b): Unterschrift bedeutet eigenhändige Unterzeichnung mit dem vollen Namen[131] (vgl Einl Rdn 374), keine Abkürzung oder Faksimilestempel.[132] Sie kann nachgeholt werden und wirkt dann auf den Tag des wirklichen Zugangs zurück. Unbeabsichtigtes Fehlen der Unterschrift unter EB macht daher Zustellung nicht endgültig unwirksam.[133] Unterschrift eines Dritten kann nachträglich rückwirkend genehmigt werden. 73

Zu c): Datumsangabe gehört zu ordnungsgemäßem EB. Nach § 174 (4) 1 ZPO hat Fehlen der Datumsangabe nicht die Unwirksamkeit der Zustellung zur Folge, vielmehr kann Datum der Zustellung in der Regel auch durch Eingangsstempel bei Gericht oder 74

---

118 BPatG v 21.08.14 – 7 W (pat) 8/14 = BeckRS 2014, 17 169.
119 BGH NJOZ 20, 724, Rn 19; BGH NJOZ 19, 876.
120 BVerwG NJW 15, 3386 = BeckRS 2015, 50 287.
121 BSG NJW 10, 317.
122 BGH NJW 12, 2117 Rn 6; BGH v 22.10.14 – IV ZB 13/14 = BeckRS 2014, 20 664 Rn 9.
123 BAG NJW 71, 871.
124 Selbst wenn keine ausdrückliche Vollmacht vorliegt, vgl BGH MDR 69, 1001.
125 BGH NJW 75, 1652.
126 BGHZ 14, 342.
127 BGHZ 67, 10 = MDR 76, 1015.
128 BGHZ 67, 10 = MDR 76, 1015.
129 BGHZ 67, 10 = MDR 76, 1015; str vgl BPatG v 11.04.04 – 11 W (pat) 44/04 BeckRS 2011, 28 593; BSG NJW 10, 317.
130 BGHZ 67, 10 = MDR 76, 1015.
131 BGH BlPMZ 72, 142 *Dosiervorrichtung*.
132 BGH NJW 89, 838.
133 BVerwG MDR 72, 893.

Behörde konkretisiert oder ermittelt werden.[134] Angabe des Datums kann nachgeholt und berichtigt werden. Das Wesen des Empfangsbekenntnisses besteht in der Bestätigung des konkreten Tags der Kenntnisnahme *des Zugangs* eines Schriftstücks; maßgeblich für wirksame Zustellung ist der Tag, an dem der Zustellungsadressat vom Zugang (nicht auch vom Inhalt) Kenntnis erhalten und es als zugestellt angenommen hat.[135]

75 3.2.3 **Unberechtigte Verweigerung der Annahme** einer Zustellung gegen EB führt nach § 5 (2) VwZG iVm § 179 ZPO dazu, dass das Dokument am Ort der Zustellung zurückgelassen wird und damit die Zustellung als bewirkt gilt (vgl auch Rdn 53 f). In diesem Fall sind der Zeitpunkt und der Ort der verweigerten Annahme und die verweigernde Person in den Akten zu vermerken.

Verweigerung der Unterschrift oder der Rückgabe des EB ohne Verweigerung der Annahme fällt nicht unter § 5 (2) VwZG, so dass in diesem Fall die Zustellung als nicht bewirkt gilt.[136] Sie muss daher in diesem Fall wiederholt werden. Die Weigerung, das EB zu unterzeichnen oder zurückzugeben, stellt einen Verstoß gegen § 12 (2) der Berufsordnung der Patentanwälte (BOPA[137]) dar.

4 Elektronische Zustellung (§§ 5 (5), 5a VwZG)

76 Die Regelung des § 5 (5) VwZG eröffnet die Möglichkeit einer elektronischen Zustellung an jeden, der hierfür durch eine ausdrückliche oder konkludente Widmung einen Zugang eröffnet hat. Hinsichtlich der Zugangseröffnung ist wie folgt zu unterscheiden:

77 Weist der Briefkopf von **Behörden, Firmen oder Anwälten** eine E-Mail- Adresse auf, ist dies als konkludente Erklärung zu deuten, am elektronischen Rechtsverkehr teilnehmen und Übermittlungen auf diesem Weg annehmen zu wollen. Wenn dies nicht gewollt ist, bedarf es einer ausdrücklichen Erklärung, etwa durch einen entsprechenden Hinweis auf der Internetseite. Dagegen kann bei **Privatpersonen** nur dann von einer entsprechenden Bereitschaft ausgegangen werden, wenn dies gegenüber der Behörde oder dem Gericht ausdrücklich erklärt worden ist.[138]

78 Eine **Verpflichtung** zur elektronischen Zustellung besteht, wenn auf Grund einer Rechtsvorschrift ein Verfahren auf Verlangen des Empfängers in elektronischer Form abgewickelt wird (§ 5 (5) 2 VwZG).

79 Soweit für ein Dokument durch Rechtsvorschrift zwingend die Schriftform vorgesehen ist, muss das elektronische Dokument mit einer qualifizierten elektronischen Signatur nach dem SigG versehen sein. Für die Wirksamkeit eines elektronischen EB bedarf es ebenfalls einer solchen qualifizierten Signatur. Für den Nachweis der Zustellung genügt die Rücksendung des mit Datum und Unterschrift versehenen EB an das DPMA (§ 5 (5) S 1 VwZG).

---

134 BGH NJW 05, 3216 unter Aufgabe von BGH NJW **94**, 526.
135 BPatG v 08.03.07 – 7 W (pat) 2/07.
136 BGH NJW-RR **89**, 57; BPatGE **21**, 1 Rücksendung des EB mit Vermerk »ungültig«; OLG Nürnberg MDR **76**, 939 *durchgestrichene Unterschrift*.
137 In Kraft getreten am 5.08.97 (Mitt **97**, 243 ff).
138 Vgl BT-Drs 17/1630 S 46; BT-Drs 15/5216, S 13, zu § 5 VwZG.

Als **Nachweis** für die erfolgte Zustellung dient regelmäßig die EB, die entweder eben- 80
falls elektronisch übermittelt werden kann, oder auch schriftlich oder durch Telefax.
Nach § 5 (7) 2 VwZG gilt eine **Zustellungsfiktion**, nach der das elektronisches Dokument am dritten Tag nach der Absendung an den vom Empfänger hierfür eröffneten
Zugang als zugestellt anzusehen ist, wenn der Behörde nicht spätestens an diesem Tag
das Empfangsbekenntnis zugeht. Den Nicht- oder verspäteten Zugang des elektronischen Dokuments hat der Empfänger zu beweisen (§ 5 (2) S 3 VwZG). Der Empfänger
muss über den Eintritt der Zustellungsfiktion und seine Beweislast belehrt werden (§ 5
(2) S 4 VwZG).

Das DPMA hat mit »DPMAdirektPro« zum 1. Januar 2018 einen neuen E-Service 81
gestartet, mit dem das bis dahin geltende »DPMAdirekt« ersetzt wurde. Das DPMA
kann nun sowohl Bescheide elektronisch versenden als auch Beschlüsse elektronisch
zustellen und auch die Verfahrensbeteiligten können auf diesem elektronischen Weg
in einem gewissen Umfang mit dem DPMA kommunizieren. Die DPMA Verfahrensakten können damit erstmals vollständig elektronisch geführt werden.[139] Das Amt
stellt hierfür eine **spezielle Zugangs- und Übertragungssoftware** zur Verfügung, die
über die Internetseite www.dpma.de unentgeltlich heruntergeladen werden kann. Um
am elektronischen Dokumentenversand teilzunehmen, ist eine Registrierung erforderlich.[140]

Daneben setzt das DPMA setzt für die elektronische Kommunikation mit Anmeldern 82
die **Virtuelle Poststelle** des Bundes (VPS)[141] ein. Um den elektronischen Rechtsverkehr beim DPMA, insbesondere einen automatisierten Betrieb durch die virtuelle Poststelle des DPMA zu erleichtern, soll diese als ein weiterer sicherer Übermittlungsweg
für eine elektronische Zustellung etabliert werden. Durch die 2016 neu angefügte
Nummer 5 in § 127 (1)[142] wird das BMJV ermächtigt, die hierfür erforderlichen
Bestimmungen zu erlassen, aus denen hervorgeht, dass die Übermittlung von Dokumenten im Rahmen einer elektronischen Zustellung mit einer fortgeschrittenen Signatur als Transportsignatur gesichert werden kann. Durch die Erweiterung der VPS sollen dann künftig auch Rückantworten des DPMA in elektronischer Form ermöglicht
werden. Aktuell sieht § 21 (2) Satz 2 DPMAV bereits die Möglichkeit der *formlosen*
elektronischen Übermittlung von Dokumenten vor, sofern der Empfänger hierfür
einen Zugang eröffnet hat. Nach einer entsprechenden Anpassung der Rechtsvorschriften[143] sollen dann auch *zustellungsbedürftige* Dokumente elektronisch übermittelt
werden können.

---

139 Vgl. *BlfPMZ 18, 32 Hinweis auf den neuen E-Service »DPMAdirektPro«*
140 Nähere Informationen finden sich auf der Homepage des DPMA.
141 Vgl hierzu auf der Homepage des DPMA unter https://www.dpma.de/service/e_dienstleis-
tungen/dpmadirekt/allgemeineinformationen/virtuellepoststelle/index.html.
142 Durch Art 2 Nr 4 des **Gesetzes zur Änderung des Designgesetzes und weiterer Vorschriften des gewerblichen Rechtsschutzes (DesignÄndG)** vom 8. April 2016 (BGBl I Nr 15,
558 = BlPMZ **16**, 161).
143 Vgl Gesetzentwurf zur Änderung des Designgesetzes und weiterer Vorschriften des
gewerblichen Rechtsschutz v 06.01.16, BT-Drs 18/7195, S 31, zu Nummer 4 (§ 127 Absatz 1
Nummer 4 und 5).

§ 5a VwZG Elektronische Zustellung gegen Abholbestätigung über De-Mail-Dienste

83   Gemäß § 5a (1) VwZG[144] besteht die Möglichkeit, elektronische Dokumente durch Übersendung an ein **De-Mail-Postfach** des Empfängers zuzustellen, wenn hierfür ein entsprechender Zugang eröffnet ist (s hierzu Rdn 77). Mit dem Einlegen einer Nachricht in das De-Mail-Postfach des Nutzers durch den Dienstanbieter, gilt die betreffende Nachricht grundsätzlich als iSv § 130 BGB zugegangen. Sowohl beim DPMA als auch beim BPatG ist dieser Kommunikationsweg aktuell nur in Verwaltungsangelegenheiten eröffnet. Die De-Mail-Adresse des DPMA lautet: info@dpma.de-mail.de – die des BPatG: bundespatentgericht@bundespatentgericht.de-mail.de.

Die erhöhte Beweissicherheit dieser Kommunikationsvariante beruht darauf, dass sich jeder Dienstanbieter akkreditieren lassen muss und die Nutzung eines De-Mail-Kontos erst nach erfolgreicher Identitätsprüfung des jeweiligen Nutzers durch den Dienstanbieter möglich ist. Bei dieser Zustellungsvariante tritt an die Stelle des Empfangsbekenntnisses die **elektronische Abholbestätigung**, die der akkreditierte Dienstanbieter erzeugen und der absendenden Behörde oder dem Gericht unverzüglich übermitteln muss (§ 5a (2) VwZG, § 5 (9) De-Mail-G). Auf die elektronische Abholbestätigung finden die Vorschriften über die Beweiskraft öffentlicher Urkunden entsprechende Anwendung (§ 5 (3) 2 VwZG iVm § 371a (2) ZPO).

Nach § 5a (4) S 1 VwZG gilt eine **Zustellungsfiktion** für den Fall, das ein Verfahren auf Verlangen des Empfängers elektronisch über De-Mail-Dienste abgewickelt wird. Dabei gelten gemäß § 5a S 2–4 VwZG wiederum entsprechende Beweislast- und Hinweisregelungen (siehe Rdn 80).

Das DPMA macht von der Möglichkeit förmlicher Zustellungen in elektronischer Form aus Sicherheitsgründen vorläufig noch keinen Gebrauch, übersendet aber nach § 5 (4) VwZG elektronische EB für elektronisch eingereichte Anmeldungen und andere elektronische Verfahrenserklärungen nach der Verordnung über den elektronischen Rechtsverkehr im gewerblichen Rechtsschutz vom 05.08.03.[145]

5 Zustellung im Abholfach nach § 127 (1) Nr 4

84   Die Wirksamkeit dieser Zustellungsart setzt voraus:
a) Vermerk des Zeitpunkts der Niederlegung auf dem Dokument (zB Stempel), **b)** Einlegen in das Abholfach, **c)** Mitteilung über die Niederlegung zu den Akten. Diese kann nachgeholt werden.[146] Nach der Neufassung von § 127 (1) Nummer 4 Satz 2[147] kann die Mitteilung über die erfolgte Niederlegung auch in die elektronische Akte aufgenommen werden.

85   **Bewirkung der Zustellung** tritt am dritten Tag nach der Niederlegung ein. Beispiel: Niederlegung 15., fingierte Zustellung 18. Maßgebend ist der dritte Kalendertag, nicht der 3. Werktag.[148] Eine frühere Abholung ändert nicht den Zustellungstag. Wird das

---

144   BGBl 2011 I S 666; BT-Drs 17/3630 S 46 f.
145   Vgl Hinweis des DPMA in BlPMZ 06, 45.
146   Vgl BGH MDR **61**, 212; BGH VersR **62**, 123 jeweils zu § 213 ZPO.
147   Durch **Gesetz zur Änderung des Designgesetzes und weiterer Vorschriften des gewerblichen Rechtsschutzes (DesignÄndG)** vom 8. April 2016 (BGBl I Nr 15, 558 = BlPMZ **16**, 161).
148   BPatG Mitt **84**, 177.

niedergelegte Dokument nicht innerhalb von 6 Monaten nach Bewirkung der Zustellung abgeholt, wird es an die zuständige Geschäftsstelle mit dem Vermerk zurückgegeben, dass es nicht abgeholt worden ist.

§ 127 (1) Nr 4 S 4 enthält eine **unwiderlegbare Vermutung**. Sie kann weder durch den Nachweis eines früheren oder späteren Zugangs noch des Nichtzugangs überhaupt entkräftet werden. Es hilft nur Wiedereinsetzung. 86

Das **BPatG** kann nicht durch Niederlegen im Abholfach gemäß § 127 (1) Nr 4 zustellen, weil § 127 (1) nur für das DPMA und nicht für das BPatG gilt. Das BPatG kann aber ein Schriftstück mit Empfangsbekenntnis in das Abholfach des Adressaten einlegen. Für die Bewirkung der Zustellung gilt dann aber nicht § 127 (1) Nr 4 Satz 3, sondern gemäß § 174 (4) ZPO das Datum des zurückgesandten EB. 87

6 Zustellung im Ausland

(für das BPatG gelten gemäß § 127 (2) die §§ 183 und 184 ZPO) 88

§ 9 VwZG Zustellung im Ausland

6.1 Zustellung nach § 9 (1) Nr 1 VwZG durch Einschreiben mit Rückschein, soweit die Zustellung von Dokumenten unmittelbar durch die Post *völkerrechtlich zulässig* ist. Hintergrund dieses völkerrechtlichen Vorbehalts ist, dass nach international herrschender Rechtsauffassung jede amtliche Zustellungshandlung auf fremdem Staatsgebiet Hoheitsrechte des Empfängerstaats berührt und deshalb dessen Einverständnis voraussetzt. Zustellung nach § 9 (1) Nr 1 VwZG entspricht weitgehend § 183 (1) Nr 1 ZPO und ist erstmals zum 01.02.06 in § 9 VwZG aufgenommen worden. Abweichend von § 183 (1) Nr 1 ZPO umfasst die Formulierung nicht nur *völkerrechtliche Übereinkünfte*, sondern auch etwaiges *Völkergewohnheitsrecht*, ausdrückliches nichtvertragliches Einverständnis und Tolerierung einer entsprechenden Zustellungspraxis durch den Staat, in dem zugestellt werden soll.[149] Nach der DPMA-Hausverfügung Nr 10 Abschnitt 3.7.3. kann derart bereits an Empfänger in Belgien, Estland, Frankreich, Italien, Luxemburg, Österreich und Spanien unmittelbar zugestellt werden. Mangels Gegenseitigkeit ist dies fraglich, da Deutschland bei der Ratifizierung des dieser Praxis zugrundeliegenden Europäischen Übereinkommens v 24.11.77 über die Zustellung von Schriftstücken in Verwaltungssachen im Ausland (BGBl 1981 II S 533) der unmittelbaren Zustellung durch die Post in D (Art 11) widersprochen und zentrale Behörden benannt hat (BGBl 1982 II S 1057, 1058; BGBl 2008 II S 120: Behördenliste). 89

6.2 Zustellung nach § 9 (1) Nr 2 und 3 VwZG durch Ersuchen der ausländischen Behörde, der deutschen Auslandsvertretung oder durch das Auswärtige Amt kommt nur in Betracht, wenn Zustellung nach Nr 1 völkerrechtlich unzulässig ist. *Zustellung durch Ersuchen ist vor dem DPMA* nach der Hausverfügung Nr 10 Abschnitt 3.7.4. *nicht vorgesehen*, da das Verfahren zu langwierig ist und der Verwaltungsaufwand sich als zu hoch erwiesen hat. Außerdem wird gegenwärtig die Möglichkeit nicht genutzt, in den Fällen der Nr 2 und 3 statt dessen von der auswärtigen Person, an die zugestellt 90

---

[149] Amtl Begr BT-Drs 15/5216 v 07.04.05 S 14 zu § 9 VwZG; Übersicht über völkerrechtliche Vereinbarungen s Engelhardt/App/Schlatmann, VwZG, 10. Aufl. **2014**, § 9 VwZG Rn 8 ff.

werden soll, nach § 9 (3) VwZG die Benennung eines Zustellungsbevollmächtigten im Inland innerhalb einer angemessenen Frist zu verlangen und bei Unterlassung dieser Obliegenheit das Dokument unter der Anschrift der Person, der zugestellt werden soll, durch einfache Aufgabe zur Post (= fingierte Inlandszustellung[150]) zuzustellen. Vielmehr wird in der Praxis des DPMA die einfachere Zustellung gemäß § 127 (1) Nr 2 (s Rdn 92 ff) angewandt. Zum Erfordernis der Bestellung eines Zustellungsbevollmächtigten für auswärtigen Inlandsvertreter nach § 25 (2) 2 s § 25 Rdn 20 ff; zur geplanten Streichung des § 25 (2) 2 s dort Rdn 12.

91 **6.3 Zustellung nach § 9 (1) Nr 4 VwZG** durch Übermittlung elektronischer Dokumente nach § 5 (5) VwZG ist im DPMA aus technischen Gründen gegenwärtig noch nicht möglich (DPMA Hausverfügung Nr 10 Abschnitt 1 und 3.7.4.).

6.4 Zustellung nach § 127 (1) Nr 2 iVm §§ 184 (2) 1 u 4 ZPO

92 Das Verhältnis von § 127 (1) Nr 2 zu § 25 (2) 2 und zu § 9 VwZG wurde im Zusammenhang mit der gesetzgeberischen Neugestaltung des Erfordernisses der Bestellung eines Zustellungsbevollmächtigten in § 25 klargestellt und auch im Kontext mit der Parallelvorschrift des § 94 MarkenG einheitlich geregelt.[151] Die Zustellung nach § 127 (1) Nr 2 S 1 setzt eine Verletzung der – auch für auswärtige Verfahrensteilnehmer ohne weiteres erkennbaren – **Obliegenheit** des Zustellungsadressaten (in der Regel der Antragsteller selbst) zur Bestellung eines Inlandsvertreters gemäß § 25 (1) voraus. Eine Ausnahme gilt lediglich dann, wenn der Zustellungsadressat durch die beabsichtigte Zustellung in Bezug auf das konkrete Schutzrecht **erstmals** in ein Verfahren vor dem DPMA einbezogen werden soll und deshalb zuvor keinen Anlass hatte, einen Inlandsvertreter zu bestellen.[152] In diesem Fall ist § 127 (1) Nr 2 nicht anwendbar, so dass verfahrenseinleitende Dokumente nach den allgemeinen Vorschriften, ua des § 127 (1) Satz 1 iVm § 9 VwZG, zuzustellen sind.[153]

An Inlandsvertreter aus dem EU-Ausland oder dem EWR kann mit dem Wegfall der Notwendigkeit eines Zustellungsbevollmächtigten für solche Inlandsvertreter seit dem 01.10.09 ebenfalls mit eingeschriebenem Brief durch Aufgabe zur Post zugestellt werden (§ 127 (1) Nr 1 S 2).[154] Anders als die entsprechende Auslandszustellung infolge der Nichtbestellung eines Inlandsvertreters nach Satz 1 knüpft die Regelung nach Satz 2 nicht an eine Obliegenheitsverletzung des Empfängers an (da das Erfordernis eines Zustellungsbevollmächtigten für Inlandsvertreter nach § 25 Abs (2) mit dem PatRModG gerade abgeschafft wurde), sondern dient lediglich einer effektiven und zeitnahen Zustellung.[155]

---

150 BVerfG NJW 97, 1772; BGH NJW 02, 521.
151 BlPMZ 09, 301, 317 f, zu Nummer 14.
152 BlPMZ 09, 301, 317 f, zu Nummer 14.
153 Zur Notwendigkeit der Gewährleistung rechtlichen Gehörs bei Auslandszustellungen s allgemein BVerfG NJW 88, 2361; BGH NJW 92, 1701; BGH NJW 00, 3284.
154 BGBl 2009 I S 2521, 2525.
155 BlPMZ 09, 301, 318, zu Nummer 14.

6.4.1 Voraussetzung einer Zustellung nach § 127 (1) Nr 2 iVm §§ 184 (2) ZPO sind

der (nicht nur kurzzeitige) Aufenthalt des Empfängers im Ausland, der entgegen § 25 keinen Inlandsvertreter bestellt hat. Gleiches gilt für Empfänger, die selbst Inlandsvertreter iSd § 25 Abs 2 sind.

6.4.2 Bewirken der Zustellung erfolgt durch:

a) Aufgabe des Dokuments zur Post mit einfachem Brief, der die richtige Adresse trägt;

b) Hinweis auf Rechtsfolgen: § 127 (1) Nr 2 verweist zwar nicht auf § 184 (2) 3 ZPO, so dass Zustellung auch ohne diesen Hinweis wirksam wäre. Die Hausverfügung Nr 10 Abschnitt 3.7.2.[156] schreibt jedoch folgenden Hinweis zwingend vor: »Die Zustellung erfolgt nach § 127 (1) Nr 2 iVm § 184 (2) 1 ZPO. Daher gilt das Dokument kraft Gesetzes zwei Wochen nach dem Tag der Aufgabe zur Post als zugestellt. Mit diesem Tag beginnen in dem Dokument gesetzte Fristen und Fristen, deren Beginn von der Zustellung des Dokuments abhängen, zu laufen. Der Zeitpunkt der Aufgabe zur Post ist aus dem Aufgabestempel ersichtlich.«

c) Vermerk von Anschrift und Tag der Aufgabe auf dem Aktenstück durch den Dokumentenversand. Er darf nicht zeitlich vor der Aufgabe gefertigt werden.[157] Er kann jedoch nachgeholt werden,[158] wenn der Bedienstete noch die Verantwortung für seine Richtigkeit übernehmen kann. Er kann durch andere Unterlagen (zB Posteinlieferungsschein) nicht ersetzt werden.[159] Bei falschem Datum gilt das richtige.[160] Der Vermerk hat als öffentliche Urkunde Beweiskraft gemäß § 418 ZPO, er ersetzt die Zustellungsurkunde.

Wirksam ist die Zustellung, wenn a) bis c) erfüllt sind. Ist die Adresse unrichtig, ist die Zustellung unwirksam. Fehlt der Aktenvermerk,[161] so ist die Zustellung gemäß § 184 (2) 4 ZPO nicht nachweisbar, ist daher zu wiederholen. Kommt die Sendung als unzustellbar zurück, gilt das Dokument gleichwohl gemäß § 184 (2) 1 ZPO zwei Wochen nach der aktenkundigen Aufgabe zur Post als zugestellt.[162]

6.5 Zustellung nach der Verordnung (EG) Nr 1393/2007 (EuZVO)[163]

ist in patentamtlichen Verfahren **nicht eröffnet.** Der Anwendungsbereich der EuZVO ist auf gerichtliche oder außergerichtliche Schriftstücke bezogen. Verwaltungsrechtliche Angelegenheiten werden ausdrücklich nicht erfasst (Art (1) S 2 EuZVO).

---

156 Vom 01.02.06, abgedruckt in Schulte-Kartei PatG 124–128 Nr 68.
157 BGH LM § 213 Nr 8 = JVBl **66**, 10.
158 Vgl BGH MDR **61**, 212; BGH VersR **62**, 123 jeweils zu § 213 ZPO.
159 BGHZ **32**, 370.
160 BGH LM § 213 Nr 7.
161 BGHZ **8**, 314; **32**, 320.
162 AA Büscher in Büscher/Dittmer/Schiwy, 3. Aufl **2015**, § 94 MarkenG Rn 14.
163 ABl EU Nr L 324 S 9.

7 Öffentliche Zustellung nach § 10 VwZG

97 (für das BPatG gelten gemäß § 127 (2) die §§ 185 bis 188 ZPO)

98 Die Zustellungsvorschriften dienen der Verwirklichung des rechtlichen Gehörs. An die Feststellung der Voraussetzungen für eine öffentliche Zustellung sind wegen der besonderen Bedeutung der Zustellung für die Gewährung rechtlichen Gehörs sowie der Intensität eines Eingriffs in dieses grundrechtsgleiche Recht durch eine öffentliche Zustellung hohe Anforderungen zu stellen.[164]
Vor jeder Bewilligung der öffentlichen Zustellung eines Schriftstücks ist ggf. erneut zu prüfen, ob die Zustellung weder unter einer aus dem Handelsregister ersichtlichen noch unter einer anderweitig bekannten Anschrift möglich ist. Der Fehlschlag von der Bewilligung vorangegangenen oder nachfolgenden Zustellversuche anderer Schriftstücke kann allenfalls dann genügen, wenn der Zeitabstand sehr kurz ist und zwischenzeitlich keine weitergehenden Erkenntnisse gewonnen werden konnten.[165]
Sie ist als ultima ratio erst dann zulässig, a) wenn bei Inlandszustellungen der Aufenthaltsort des Empfängers unbekannt ist; Eine öffentliche Zustellung ist unwirksam, wenn die Feststellung der Behörde fehlt, dass der Aufenthalt des Adressaten allgemein unbekannt ist. Das bloße Scheitern von Zustellungsversuchen per Einschreiben, bei denen die Briefe jeweils mit entsprechenden postalischen Vermerken des ausländischen Zustellers zurückgelangen, rechtfertigt eine solche Feststellung nicht.[166] b) eine Zustellung an einen Vertreter oder Zustellungsbevollmächtigten nicht möglich ist oder c) die Zustellung im Ausland nach § 9 VwZG nicht möglich ist oder keinen Erfolg verspricht.
Der Aufenthaltsort darf nicht nur dem DPMA oder dem BPatG unbekannt sein, sondern muss allgemein unbekannt sein.[167] Daher sind vorher alle geeigneten und zumutbaren Nachforschungen anzustellen, um den Aufenthalt des Zustellungsempfängers zu ermitteln (Einwohnermeldeamt oder sonstige Registerbehörden, Polizei, Vermieter, Nachbarn, Arbeitgeber, Verwandte des Zustellungsadressaten etc), jedoch nicht im Ausland.[168] An einer öffentlichen Zustellung bzw an der durch sie in Gang gesetzten Rechtsmittelfrist darf **nicht mehr festgehalten** werden, wenn der Aufenthaltsort des Betroffenen während der Bekanntmachungsfrist bekannt wird.[169]

99 Verfahren: a) Bekanntmachung einer Benachrichtigung durch das DPMA mittels Aushang am Schwarzen Brett in den Recherchesälen[170] über öffentliche Zustellung mit weitgehend neutralem Inhalt und Hinweis auf Stelle, wo Dokument eingesehen werden kann sowie auf Folgen eines drohenden Fristversäumnisses (s § 10 (2) 2 VwZG), Aushängefrist nach § 10 (2) 7 VwZG: 2 Wochen; b) Bekanntmachung der Benachrichtigung im Amtsblatt (BlPMZ) oder im (elektronischen) Bundesanzeiger; c) zuständig im

---

164 BGH GRUR 19, 322 *Öffentliche Zustellung*
165 BGH GRUR 19, 322 *Öffentliche Zustellung*. BGH NJW 07, 303 *Fehlerhafte öffentliche Zustellung*.
166 BPatG GRUR 20, 65 (Markensache)
167 BGH NJW 02, 827; BPatGE 15, 158, 159 = BlPMZ 73, 336 (Postfach war bekannt); BGH NJW 12, 3582 *Öffentliche Zustellung im Erkenntnisverfahren*= Mitt 13, 148 (Ls).
168 BGH MDR 70, 1006; BPatG Mitt 05, 131 (Ls).
169 VGH Mannheim NJW 08, 2519.
170 Nr 3.4.5.2. der Hausverfügung Nr 10, s Schulte-Kartei PatG 124–128 Nr 68.

DPMA: Patentabteilung oder Prüfungsstelle;[171] **d)** Vermerk über Art und Tag der Bekanntmachung der Benachrichtigung in den Akten.

Unwirksam ist die öffentliche Zustellung, wenn die Voraussetzungen für die öffentliche Zustellung nicht vorgelegen haben und die Behörde dies hätte erkennen können.[172] 100
Eine öffentliche Zustellung ist unwirksam, wenn die Feststellung der Behörde fehlt, dass der Aufenthalt des Adressaten allgemein unbekannt ist. Das bloße Scheitern von Zustellungsversuchen per Einschreiben, bei denen die Briefe jeweils mit entsprechenden postalischen Vermerken des ausländischen Zustellers zurückgelangen, rechtfertigt eine solche Feststellung nicht.[173]
Eine öffentliche Zustellung durch das DPMA ist unwirksam, wenn sich aus den Akten eine E-Mail-Adresse der Partei, deren Aufenthalt nicht bekannt ist, ergibt und die Partei auf diesem Weg selbst zur Bekanntgabe ihres Aufenthalts aufgefordert werden kann.[174]
Heilung nach § 8 VwZG (s Rdn 103), Wiedereinsetzung nach § 123 möglich.

Zustellungsfiktion tritt nach § 10 (2) S 7 VwZG zwei Wochen nach dem Tag der 101
Bekanntmachung der Benachrichtigung ein, auch wenn der Empfänger sich vor Fristablauf meldet.

IV. Heilung von Zustellungsmängeln
nach § 8 VwZG und § 189 ZPO. 102

1 Anwendbarkeit: 103

Heilung ist möglich für alle Fristen, auch Notfristen (anders § 187 S 2 ZPO aF). § 127 104
(2) aF sah vor, dass § 9 (1) VwZG aF nicht anzuwenden ist, wenn mit der Zustellung die Frist für die Einlegung der Beschwerde, der Rechtsbeschwerde oder der Berufung beginnt. § 127 (2) aF ist durch das Zustellungsreformgesetz[175] mit Wirkung vom 01.07.02 aufgehoben worden, so dass Heilung nach § 8 VwZG nunmehr möglich ist, wenn mit der Zustellung die Monatsfrist der gemäß § 73 beim DPMA einzulegenden Beschwerde in Lauf gesetzt wird.[176] Heilung nach § 127 (2) iVm § 189 ZPO ist für Zustellungsmängel *des BPatG* möglich, auch wenn mit der Zustellung Fristen für die Rechtsbeschwerde, Berufung oder Beschwerde nach § 122 (3) in Lauf gesetzt werden. Der Zustellungsadressat ist ausreichend geschützt, weil nach der gesetzlichen Fiktion des § 8 VwZG (kein Ermessen wie nach § 187 ZPO aF) die Zustellung erst mit dem tatsächlichen Zugang beim Adressaten wirksam wird.

§ 8 VwZG und § 189 ZPO gelten für alle Zustellungen, auch für **Telekopie** gemäß 105
§ 174 (2) ZPO und ggf auch für **elektronisches Dokument** gemäß § 174 (3) ZPO sowie

---

171 Eine Übertragung sieht WahrnV nicht vor.
172 BGHZ 149, 311, 321 = NJW 02, 827; BPatG v 29.04.09 – 25 W (pat) 52/08 (Markensache) BeckRS 2009, 11 552.
173 BPatG GRUR 20, 65 (Markensache)
174 BPatG v 31.1.20 – 28 W (pat) 28/19 *Öffentliche Bekanntmachung des Löschungsantrags* (Markensache) = GRUR-RS 2020, 4681.
175 V 25.5.2001 BGBl I S 1206.
176 BPatG v 24.01.03 – 34 W (pat) 57/02 BeckRS 2012, 12 219.

für Auslandszustellungen.[177] Im Falle der elektronischen Zustellung gilt das Dokument aber erst in dem Zeitpunkt als zugestellt, in dem der Empfänger das Empfangsbekenntnis schriftlich oder elektronisch zurückgesandt hat.

2 Zustellungsmängel

106 sind gegeben bei: a) Verstoß gegen zwingende Zustellungsvorschriften; die Verletzung bloßer Ordnungsvorschriften (zB § 4 (2) 4 VwZG, Rdn 57) berührt die Wirksamkeit nicht;[178] b) fehlendem Nachweis einer durchgeführten Zustellung, zB ZU oder EB sind verloren gegangen oder können nicht nachträglich vervollständigt oder berichtigt werden; c) Mängeln in der zugestellten Ausfertigung, aber nur, wenn diese sich in einer Beeinträchtigung der Rechtsmittelmöglichkeit auswirken.[179] d) Zustellung an eine prozessunfähige Partei[180].

3 Heilung

107 ist von Amts wegen zu prüfen. Da die Zustellung kein Selbstzweck ist, sondern nur der Sicherung des tatsächlichen Zugangs beim Adressaten und des Zeitpunkts des Zugangs dient, können grundsätzlich alle Zustellungsmängel geheilt werden.[181] Eine Heilung des Zustellungsmangels tritt erst ein, wenn das zuzustellende Dokument dem richtigen Zustellungsadressaten tatsächlich zugegangen ist.[182]

Für den tatsächlichen Zugang als Voraussetzung der Heilung eines Zustellungsmangels gemäß § § 189 ZPO ist nicht der Zugang des zuzustellenden Originals erforderlich. Die erfolgreiche Übermittlung einer (elektronischen) Kopie bspw in Form eines Telefaxes, einer Fotokopie oder eines Scans ist ausreichend. Es genügt also, dass der Adressat anstelle des Originals eine elektronische Kopie erhält.[183] Die bloße mündliche Überlieferung oder eine handschriftliche oder maschinenschriftliche Abschrift des zuzustellenden Originals führen dagegen wegen der Fehleranfälligkeit einer solchen Übermittlung nicht zur Heilung des Zustellungsmangels.[184]

Zeitpunkt des Zugangs muss in jedem Fall nachgewiesen sein.[185]

Der tatsächliche Zugang beim Empfangsberechtigten (nicht bei einer Ersatzperson) kann mit allen zulässigen Beweismitteln nachgewiesen werden. Der Nachweis nimmt der unwirksamen Zustellung die nachteiligen Folgen. Zustellungstag ist dann der nachgewiesene Tag des Empfangs beim Zustellungsadressaten. Spätester Zeitpunkt des tatsächlichen Zugangs ist der Tag, an dem der Adressat auf die Zustellung reagiert. Beweislast hat die Behörde. Misslingt der Nachweis, muss neu zugestellt werden.

---

177 AA BGH NJW **97**, 598 (für § 187 ZPO aF).
178 Vgl BSG NJW **62**, 838.
179 BGH NJW **77**, 297.
180 BGH NJW **15**, 1760.
181 BGH MDR **64**, 995 Nr 12 für falsche Zustellungsart; BPatGE **28**, 230 (Schriftstück mit falschem Adressaten erhält bestellter Anwalt des richtigen Adressaten).
182 BPatG GRUR **08**, 364 (Zustellung an Verfahrensbevollmächtigten des Insolvenzverwalters); BGH NJW **15**, 1760.
183 BGH GRUR **20**, 776 *Übermittlung per E-Mail*
184 BGH GRUR **20**, 776 *Übermittlung per E-Mail*
185 BPatG BlPMZ **10**, 227 = Mitt **09**, 292 (Ls) *Unwirksame Zustellung*; BGH NJW **17**, 2472.

Heilung ist ausgeschlossen, a) wenn der Zustellungswille beim DPMA oder BPatG fehlte, weil zB nur eine formlose Übersendung, Übermittlung einer Kopie zur Information oder im Wege der Akteneinsicht gewollt war;[186] **b)** wenn der Nachweis misslingt, dass der Empfangsberechtigte das Dokument erhalten hat; **c)** wenn bei mehreren Beteiligten willentlich nur ein einziges Exemplar eines Bescheids oder Beschlusses zugestellt werden sollte;[187] **d)** wenn fehlerhaft nicht an den gesetzlichen Vertreter natürlicher Personen oder an den Betreuer zugestellt wurde. Die Zustellung an einen falschen Adressaten (zB Klage wird A statt B zugestellt) ist grundsätzlich unwirksam, es sei denn, der richtige Adressat oder sein Vertreter erhält nachweislich das Dokument, weil zB der Adressat lediglich falsch bezeichnet war.[188]

V. Zustellung in Verfahren vor dem BPatG

Vorschriften über die Zustellung enthalten für das BPatG:
  a) die ZPO gemäß § 127 (2), insbesondere die §§ 166 bis 213a ZPO);
  b) für Zustellungen in den **EU-Mitgliedstaaten** die ab 13.11.08 geltende Verordnung (EG) Nr 1393/2007 über die Zustellung gerichtlicher und außergerichtlicher Schriftstücke in Zivil- oder Handelssachen in den Mitgliedstaaten (Zustellung von Schriftstücken) und zur Aufhebung der Verordnung (EG) Nr 1348/2000 des Rates (**EuZVO**)[189] für Zustellungen in den EU-Mitgliedstaaten (mit Ausnahme von Dänemark[190]) gemäß § 183 (3) ZPO iVm §§ 1068 (1) und 1069 (1) ZPO. Die Verabschiedung der EuZVO erfolgte im Zuge der Umgestaltung des europäischen Zustellungsrechts, wobei ein Schwerpunkt der Reform in der Änderung des Annahmeverweigerungsrechts und dem damit zusammenhängenden Sprachproblem liegt.[191] Die EuZVO findet gemäß Art 1 Abs (2) EuZVO nur dann Anwendung, wenn die Adresse des Zustellungsadressaten im europäischen Ausland **bekannt** ist; Art 14 EuZVO sieht generell die Möglichkeit vor, gerichtliche Schriftstücke durch Einschreiben mit Rückschein oder gleichwertigem Beleg zuzustellen. Die EuZVO ist umgesetzt in Buch 11, Abschnitt 1 (§§ 1067–1071) ZPO, unter Wegfall der §§ 1070 und 1071.[192] Der EuZVO kommt bei internationalen Zustellungen innerhalb der EU gegenüber den ZPO-Bestimmungen eine Vorrangstellung zu[193] (s Rdn 124). Ist eine Zustellung im Ausland jedoch fehlgeschlagen oder unmöglich bzw nicht Erfolg versprechend, kommt eine öffentliche Zustellung gemäß § 185 Satz 1 Nr 2 ZPO in Betracht (s Rdn 125).

---

186 BGH NJW **52**, 1375; BGH FamRZ **93**, 309; BPatG v 12.02.04 – 10 W (pat) 39/02 = BeckRS **2011**, 27 624; BPatG v 19.04.06 – 11 W (pat) 40/03 = BeckRS **2008**, 25 432; BPatG BlPMZ **08**, 219 *Brennstoffe*; BPatG BlPMZ **10**, 227 = Mitt **09**, 292 (Ls) *Unwirksame Zustellung*.
187 BPatG v 09.12.04 – 10 W (pat) 40/04 = BeckRS **2011**, 27 628; BPatG v 21.03.05 – 10 W (pat) 31/02 BeckRS **2011**, 27 945.
188 BGH NJW **81**, 1453; **83**, 2448; BPatGE **22**, 9 (Namensänderung des Bekl.).
189 ABl EU Nr L 324 S 9.
190 Vgl im Hinblick auf Dänemark das Abkommen zwischen der EG und dem Königreich Dänemark vom 19.10.05 = ABl EU Nr L 94 S 70.
191 Vgl hierzu Sujecki, NJW **08**, 1628, 1629.
192 Neufassung durch das Gesetz zur Verbesserung der grenzüberschreitenden Forderungsdurchsetzung und Zustellung vom 30.10.08 (BGBl I S 2122) mit Wirkung vom 13.11.2008 = BlPMZ **09**, 41.
193 Vgl. EuGH, NJW **13**, 443 = EuZW **2013**, 187.

Unanwendbar sind die Zustellungsvorschriften des § 127 (1), die nur für das DPMA gelten, insbesondere also das VwZG sowie die früher mögliche Zustellung durch Niederlegung im Abholfach (s Rdn 87);

c) Zustellungen in **Nicht-EU-Mitgliedstaaten** erfolgen gemäß § 183 ZPO nach den bestehenden völkerrechtlichen Vereinbarungen. Soweit solche Vereinbarungen existieren, können Schriftstücke nach § 183 Abs (1) Nr 1 ZPO durch Einschreiben mit Rückschein übersandt werden. Die wichtigste völkerrechtliche Vereinbarung, die sich mit der Zustellung gerichtlicher Schriftstücke im Ausland befasst, ist in diesem Zusammenhang das Haager Zustellungsübereinkommen (HZÜ) vom 15. November 1965, das in Deutschland am 26. Juni 1979 in Kraft getreten ist.

Zustellung im Ausland kann nach § 183 Abs (4) S 2 ZPO durch das schriftliche Zeugnis der ersuchten Behörde mit der Beweiskraft des § 418 Abs (1) ZPO nachgewiesen werden.[194]

§ 166 ZPO Zustellung[195]

§ 167 ZPO Rückwirkung der Zustellung

§ 168 ZPO Aufgaben der Geschäftsstelle

§ 169 ZPO Bescheinigung des Zeitpunktes der Zustellung; Beglaubigung

§ 170 ZPO Zustellung an Vertreter

§ 171 ZPO Zustellung an Bevollmächtigte

§ 172 Zustellung an Prozessbevollmächtigte

110 **Erläuterungen zu § 172 ZPO:** An bestellte Verfahrensbevollmächtigte ist nach § 172 (1) 1 zwingend zuzustellen. »*Bestellt*« ist ein Bevollmächtigter, wenn ein Verfahrensbeteiligter die Bevollmächtigung dem BPatG so zur Kenntnis gebracht hat, dass das BPatG die Bevollmächtigung im Zeitpunkt der Zustellung kannte oder kennen musste. Für die Bestellung ist keine Form vorgeschrieben. Es bedarf daher keiner Vorlage schriftlichen Vollmacht. Vielmehr kann die Bestellung auch durch schlüssige Handlung erfolgen, zB durch formlose Mitteilung der Bevollmächtigung durch den Anwalt oder Vertretenen, durch entsprechendes Auftreten vor dem BPatG[196] oder durch Einreichen eines Verfahrenskostenhilfeantrags.[197]

111 **Bestellung eines anderen Rechtsanwalt als amtlicher Vertreter gemäß § 53 BRAO:** Der Wirksamkeit einer gemäß § 172 (1) Satz 1 ZPO an den Prozessbevollmächtigten gerichteten Zustellung steht nicht entgegen, dass sich später ein anderer Rechtsanwalt als gemäß § 53 BRAO bestellter amtlicher Vertreter zur Akte meldet. Auf den Zugang bei dem Vertreter kommt es nicht an. Die Bestellung zum amtlichen Vertreter verleiht dem Vertreter die im Vertretungsfall erforderliche Vertretungsmacht nach außen,

---

194 BGH NJW-RR 13, 435 = Mitt 13, 376 (Ls). zur von einem türkischen Richter unterschrieben Urkunde ((Art 6 HZÜ))
195 Das *Justizkommunikationsgesetz* (JKomG) vom 27.03.05 (BGBl I S 837) hat in § 166 ZPO den früher verwendeten Begriff »Schriftstück« durch »Dokument« ersetzt.
196 BGH NJW-RR 92, 699.
197 BGH NJW 02, 1728.

§ 127 Zustellungen/notifications

schränkt aber nicht die Rechtsposition des Vertretenen aufgrund seiner Mandatierung durch die Partei und Bestellung zum Prozessbevollmächtigten ein.[198]

Erlöschen der Vollmacht, zB Beendigung des Mandats durch Kündigung oder Niederlegung, beendet für das BPatG die Pflicht zur Zustellung an den bisher Bevollmächtigten, und zwar ab Anzeige des Erlöschens der Vollmacht gemäß § 87 (1) ZPO.[199] Nur in Anwaltsprozessen (§ 78 ZPO) endet die Pflicht später, nämlich mit der Bestellung eines neuen Bevollmächtigten (§ 87 (1) ZPO); vgl Einl Rdn 493. Der bisherige Prozessbevollmächtigte bleibt im Rahmen des § 87 Abs 2 ZPO aber grundsätzlich berechtigt, Zustellungen entgegenzunehmen. Macht er hiervon Gebrauch, ist die Zustellung wirksam.[200]

Inlandsvertreter: Fällt dieser durch rechtsgeschäftliche Beendigung weg, zB durch Kündigung oder Mandatsniederlegung, so wird diese nach § 25 (3) PatG (früher § 25 (4) PatG) erst wirksam, wenn sowohl die Beendigung als auch die Bestellung eines neuen Vertreters dem BPatG angezeigt wird. Bis zu diesem Zeitpunkt sind Zustellungen an den im Register eingetragenen Inlandsvertreter zu richten (s § 25 Rdn 31 und 40).[201]

§ 173 ZPO Zustellung durch Aushändigung an der Amtsstelle

§ 174 ZPO Zustellung gegen Empfangsbekenntnis

Erläuterungen zu § 174 ZPO: Pflicht zur Zustellung gegen EB besteht für das BPatG nicht. Auch der Adressat ist nicht verpflichtet, Dokumente mit EB entgegenzunehmen oder ein EB an das BPatG zurückzusenden. Bei Anwälten ist insoweit jedoch von einer standesrechtlichen Mitwirkungspflicht auszugehen.[202] Im Fall der Verweigerung der Annahme gilt die Zustellung als nicht bewirkt und muss wiederholt werden.[203]

Empfangsbekenntnis (EB) ist eine Urkunde, die gemäß § 418 ZPO vollen Beweis für die Entgegennahme des genannten Schriftstücks und das angegebene Datum begründet.[204]

Gegenbeweis, an den hohe Anforderungen zu stellen sind,[205] ist möglich.[206] Die Beweiswirkung des § 174 (4) 1 ZPO muss vollständig entkräftet werden; es genügt nicht, wenn die Unrichtigkeit des Datums des EB lediglich möglich ist.[207] Zur Entkräftung des im EB angegebenen Datums können Zeugen und eidesstattliche Versicherungen berücksichtigt werden.[208]

112

113

114

115

116

---

198 BGH NJW-RR 08, 218; BGH v. 12.2.20 – IV ZB 29/18 = BeckRS 2020, 2121, Rn 10.
199 BGH NJW 91, 295.
200 *BGH NJW 07, 2124; BGH NJW 08, 234.*
201 BPatG GRUR 02, 369 *Passepartout*; BPatG BlPMZ 07, 421 *Inlandsvertreter*.
202 Vgl zB § 12 (2) der Berufsordnung der Patentanwälte (BOPA), Mitt 97, 243 ff.
203 BGH NJW-RR 89, 57; BPatGE 21, 1 Rücksendung des EB mit Vermerk »ungültig«; OLG Nürnberg MDR 76, 939 *durchgestrichene Unterschrift*.
204 BGH Mitt 02, 558 (III); BGH NJW 06, 1206; BGH MDR 12, 798 = NJW 12, 2117.
205 BVerfG Mitt 01, 324; BGH NJW 96, 2514; BGH NJW-RR 98, 1442.
206 BGH NJW 00, 814; 01, 2723.
207 BGH Mitt 02, 558; BGH NJW 12, 2117 = MDR 12, 798.
208 BGH Mitt 02, 558; BGH NJW-RR 12, 509.

117 **Form:** Zulässig sind: **a)** Schriftform mit Datum und Unterschrift (s Einl Rdn 352) des Adressaten oder seines Vertreters, nicht des Büropersonals; **b)** Fax mit Datum und Wiedergabe der Unterschrift (s Einl Rdn 393); **c)** elektronisches Dokument mit Signatur im Nichtigkeitsverfahren gemäß § 1 Nr 1 BGH/BPatGERVV (s Einl Rdn 364); **d)** Das BPatG kann nicht durch Niederlegen im Abholfach gemäß § 127 (1) Nr 4 zustellen. Wenn aber das BPatG ein Schriftstück mit EB in das beim DPMA eingerichtete Abholfach des Adressaten einlegt, so gilt für die Zustellung dann nicht § 127 (1) Nr 4 Satz 3, sondern gemäß § 174 (4) ZPO das Datum des zurückgesandten EB. Wird EB nicht zurückgesandt, ist die Zustellung gescheitert.

118 **Zeitpunkt der Zustellung** ist nicht der Eingang des Dokuments im Büro des Anwalts, sondern die Kenntnisnahme durch ihn mit dem Willen, dieses als zugestellt entgegen zu nehmen.[209]

§ 175 ZPO Zustellung durch Einschreiben mit Rückschein

119 **Erläuterungen zu § 175 ZPO:** Pflicht zur Zustellung durch Einschreiben mit Rückschein besteht für das BPatG nicht. Verweigert der Adressat die Annahme oder holt er die niedergelegte Sendung nicht innerhalb der Abholfrist ab, so ist die Zustellung gescheitert, da die Post die Sendung als unzustellbar zurückschickt.

120 **Wirksam** ist die Zustellung mit Übergabe der Übergabe (nicht Einwurf) des Einschreibens an den Adressaten, Ersatzempfänger oder Postbevollmächtigten.

121 **Rückschein** ist keine öffentliche Urkunde im Sinne des § 418 ZPO, da die Post Zustellungen nach § 175 ZPO im Rahmen einer privatrechtlichen Beauftragung als Postdienstleistung nach § 4 Nr 1 Buchstabe a und b PostG erledigt. Der von ihm ausgehende Nachweis der Zustellung ist daher auf das Maß eines normalen Beweismittels nach § 416 ZPO eingeschränkt.

§ 176 ZPO Zustellungsauftrag

122 § 177 ZPO Ort der Zustellung

§ 178 ZPO Ersatzzustellung in der Wohnung, in Geschäftsräumen und Einrichtungen
siehe Rdn 48.

§ 179 ZPO Zustellung bei verweigerter Annahme
siehe Rdn 49.

§ 180 ZPO Ersatzzustellung durch Einlegen in den Briefkasten
siehe Rdn 50.

§ 181 ZPO Ersatzzustellung durch Niederlegung

§ 182 ZPO Zustellungsurkunde

§ 183 ZPO Zustellung im Ausland

123 **Erläuterungen zu § 183 ZPO:** Die Anordnungsbefugnis des Gerichts erstreckt sich bei einer Zustellung im Ausland nach § 183 ZPO nur auf diejenigen Zustellungen im

---

209 BVerfG Mitt 01, 324 = NJW 01, 1563; BGH NJW-RR 98, 1442 (2a); BGH Mitt 02, 558 (II1); BGH MDR 12, 798 = NJW 12, 2117.

Ausland, die gemäß § 183 (1) bis (4) ZPO nach den bestehenden völkerrechtlichen Vereinbarungen vorzunehmen sind.[210] Diese Anordnungsbefugnis gilt nicht für solche Auslandszustellungen, die nach den von § 183 ZPO unberührt bleibenden Bestimmungen der EuZVO vorgenommen werden (§ 183 (5) ZPO).[211]

§ 184 ZPO Zustellungsbevollmächtigter; Zustellung durch Aufgabe zur Post

Erläuterungen zu § 184 ZPO: Die Möglichkeit der **Zustellung durch Aufgabe zur Post** gemäß § 184 Abs 1 S 2 ZPO ist grundsätzlich für alle der Klageerhebung nachfolgenden Zustellungen, auch für die Klage erweiternde Schriftsätze, anwendbar. Die Regelung, die eine Zustellung durch Aufgabe zur Post unter der Anschrift des außerhalb des Bundesgebiets und **außerhalb** des Anwendungsbereichs der Verordnung (EG) Nr 1393/2007 **(EuZVO)** ansässigen Zustellungsadressaten erlaubt, ist weder verfassungswidrig noch verstößt sie gegen Art 6 Abs 1 EMRK noch ist sie durch völkerrechtliche Vereinbarungen ausgeschlossen.[212]

124

Wird eine Vorschrift über das Verfahren bei Zustellungen verletzt, ist die Zustellung nur dann unwirksam, wenn der Zweck der verletzten Verfahrensvorschrift dies erfordert.[213] Zustellungshindernisse, die im Verantwortungsbereich des Verfahrensbeteiligten liegen, stehen dem Eintritt der Zustellungsfiktion des § 184 Abs 2 S 1 ZPO nicht entgegen.[214]

Für internationale Zustellungen **innerhalb der EU** ist die EuZVO vorrangig geltendes Recht. § 184 ZPO ist daher innerhalb des Anwendungsbereichs der EuZVO nicht anwendbar.[215]

§ 185 ZPO Öffentliche Zustellung

Erläuterungen zu § 185 ZPO: Unwirksam ist die öffentliche Zustellung, wenn die Voraussetzungen des § 185 ZPO für die öffentliche Zustellung nicht vorgelegen haben und die Behörde dies hätte erkennen können[216] (vgl auch Rdn 98). Gleiches gilt, wenn die bekannt gemachte Entscheidung nicht richtig bezeichnet ist.[217] Das Verfahren kommt bei Unwirksamkeit der Zustellung nicht zum Abschluss, sondern ist bei Entdeckung des Fehlers fortzusetzen, ohne dass es dazu einer Wiedereinsetzung bedarf.[218] Allerdings kann sich derjenige nicht auf die Unwirksamkeit der öffentlichen Zustellung berufen, der zuvor **zielgerichtet** versucht **hat**, eine Zustellung, mit der er sicher rechnen musste, zu verhindern.[219]

125

---

210 BGH NJW 11, 1885 = EuZW 11, 276.
211 EuGH, NJW 13, 443; BGH NJW 11, 1885 = EuZW 11, 276.
212 BGH NJW 12, 2588 = WM 12, 1499.
213 BGH NJW 12, 2588 = WM 12, 1499.
214 BGH NZI 10, 276 = MDR 10, 650.
215 BGH NJW 11, 1885 = EuZW 11, 276; EuGH, NJW 13, 443.
216 BGHZ 149, 311, 321 = NJW 02, 827.
217 BGH NJW-RR 12, 179 = MDR 12, 302.
218 BGH NJW 07, 303; BGH NJW 12, 3582 *Nachforschungen zum Aufenthalt des Zustellungsadressaten bei öffentlicher Zustellung.*
219 BGH NJW-RR 08, 1310 = MDR 08, 995.

§ 128 Rechtshilfe; Ordnungs- und Zwangsmittel

§ 186 ZPO Bewilligung und Ausführung der öffentlichen Zustellung

§ 187 ZPO Veröffentlichung der Benachrichtigung

§ 188 ZPO Zeitpunkt der öffentlichen Zustellung

§ 189 ZPO Heilung von Zustellungsmängeln

126 siehe Rdn 102.

127 **Erläuterungen zu § 189 ZPO:** Werden bei einer Zustellung in Nicht-EU-Mitgliedsstaaten nach dem Haager Übereinkommen über die Zustellung gerichtlicher und außergerichtlicher Schriftstücke im Ausland in Zivil- oder Handelssachen (HZÜ) die Anforderungen dieses Abkommens gewahrt und bei der Zustellung nur Formvorschriften des Verfahrensrechts des Zustellungsstaates verletzt, wird der Zustellungsmangel nach § 189 ZPO geheilt, wenn das Schriftstück dem Zustellungsempfänger tatsächlich zugegangen ist. Dies gilt auch dann, wenn das gemäß Art 5 (1) a HZÜ anwendbare Recht des Zustellungsstaates eine Heilung nicht vorsieht.[220]

§ 190 ZPO Einheitliche Zustellungsformulare[221]

§ 1067 ZPO Zustellung durch diplomatische oder konsularische Vertretungen

§ 1068 ZPO Zustellung durch die Post

§ 1069 ZPO Zuständigkeiten nach der Verordnung (EG) Nr 1393/2007

§ 128 Rechtshilfe; Ordnungs- und Zwangsmittel gegen Zeugen

(1) Die Gerichte sind verpflichtet, dem Deutschen Patent- und Markenamt und dem Patentgericht Rechtshilfe zu leisten.

(2) ¹Im Verfahren vor dem Deutschen Patent- und Markenamt setzt das Patentgericht Ordnungs- oder Zwangsmittel gegen Zeugen oder Sachverständige, die nicht erscheinen oder ihre Aussage oder deren Beeidigung verweigern, auf Ersuchen des Deutschen Patent- und Markenamts fest. ²Ebenso ist die Vorführung eines nicht erschienenen Zeugen anzuordnen.

(3) ¹Über das Ersuchen nach Absatz 2 entscheidet ein Beschwerdesenat des Patentgerichts in der Besetzung mit drei rechtskundigen Mitgliedern. ²Die Entscheidung ergeht durch Beschluss.

Jürgen Schell

Übersicht

Geltungsbereich	1
Europäisches Patentrecht	2
Art 131 EPÜ	3

---

220 BGH NJW 11, 3581 = MDR 11, 1374 = Mitt 12, 246 (Ls).
221 Vgl Verordnung zur Einführung von Vordrucken für die Zustellung in gerichtlichen Verfahren v 12.02.02 (BGBl I S 671, 1019), am 01.07.02 in Kraft getreten.

Art 117 EPÜ, Regel 117 bis 120 EPÜ	4
Literatur	8
Kommentierung zu § 128 PatG	
1 Rechtshilfe	9
2 Zwischenstaatliche Rechtshilfe	10
3 Ordnungs- oder Zwangsmittel	11

Geltungsbereich: § 128 stimmt mit § 46 PatG aF überein. Sein Abs 2 wurde durch Art 135 EGStGB (BGBl 1974 I S 469, 572 = BlPMZ 74, 182, 184) neu gefasst.
Art 1 Nr 34 des Zweiten Gesetzes zur Vereinfachung und Modernisierung des Patentrechts (2. PatRModG) vom 10. August 2021 (BGBl 2021 I S 3490) hat § 128 (1) und (2) redaktionell geändert. 1

Europäisches Patentrecht 2

Artikel 131 EPÜ Amts- und Rechtshilfe *(administrative and legal cooperation)* 3

Artikel 117 EPÜ Beweismittel und Beweisaufnahme *(Means and taking of evidence)* 4
Das Verfahren ist in der Ausführungsordnung wie folgt geregelt:
Regel 117 EPÜ Entscheidung über eine Beweisaufnahme *(Decision on taking evidence)*

Regel 118 EPÜ Ladung zur Vernehmung vor dem Europäischen Patentamt *(Summons to give evidence before the European Patent Office)*

Regel 119 EPÜ Durchführung der Beweisaufnahme vor dem Europäischen Patentamt *(Examination of evidence before the European Patent Office)*

Regel 120 EPÜ Vernehmung vor dem zuständigen nationalen Gericht *(Hearing by a competent national court)*

Beweisaufnahme durch das EPA: Das EPA kann nach Art 117 (1) und (2) iVm Regel 117 ff EPÜ einen Beteiligten, Zeugen oder Sachverständigen selbst vernehmen oder das zuständige Gericht des Wohnsitzstaats des Betroffenen darum ersuchen. Der Betroffene wird durch das zuständige Gericht auch vernommen, **a)** wenn er dies nach Regel 120 (1) 1 EPÜ beantragt oder **b)** wenn er sich auf die Ladung des EPA nach Regel 118 (2) (c) EPÜ nicht äußert. 5

Amts- und Rechtshilfe für das EPA: Das EPA verkehrt nach Regel 148 (1) 1 EPÜ unmittelbar mit den nationalen Patentämtern der Vertragsstaaten. Für vom EPA ausgehende Rechtshilfeersuchen bestimmt nach Regel 150 (1) EPÜ jeder Vertragsstaat eine zentrale Behörde für die Entgegennahme und Weiterleitung an das zuständige Gericht oder die zuständige Behörde. Auf Grund von Art II § 11 IntPatÜG ist durch Verordnung v 22.06.79[1] das DPMA als zentrale Behörde bestimmt worden. 6

Das zuständige Gericht führt die Beweisaufnahme nach dem geltenden nationalen Recht durch. Es unterrichtet das EPA über Zeit und Ort der Beweisaufnahme. Ein Mitglied des EPA (Prüfer, Berichterstatter, juristisches Kammermitglied[2]) kann nach Regel 120 (3) EPÜ das zuständige Gericht darum ersuchen, an der Vernehmung beiwohnen und Fragen stellen zu können. 7

Lit: Geimer, R./Schütze Internationaler Rechtsverkehr in Zivil- und Handelssachen, Loseblatt 2007; Geimer, E. Internationale Beweisaufnahme, Diss 1998. 8

1 Rechtshilfe:

§ 128 (1) PatG wiederholt die Verpflichtung zur gegenseitigen Rechts- und Amtshilfe des Art 35 (1) GG. Zuständig ist das Amtsgericht, in dessen Bezirk die Amtshandlung 9

---

1 BGBl 1979 II S 742 = BlPMZ 79, 229 = Tabu Gewerbl. Rechtsschutz Nr 330.
2 So praktiziert in T 0582/90 v 11.12.92 vor einem französischen Gericht.

vorgenommen werden soll (§ 157 GVG). Das gilt auch für das AG am Sitz des DPMA und BPatG.³

2 Zwischenstaatliche Rechtshilfe

10 richtet sich für die Beweisaufnahme in den EU-Mitgliedstaaten (außer Dänemark[4]) nach der Verordnung (EG) Nr 1206/2001 v 28.5.2001 über die Zusammenarbeit zwischen den Gerichten der Mitgliedstaaten auf dem Gebiet der Beweisaufnahme in Zivil- und Handelssachen (ABl EG Nr L 174 S 1; siehe auch § 46 Rdn 30) und dem EG-Beweisaufnahmedurchführungsgesetz vom 04.11.2003 (BGBl I S 2166 = BlPMZ 04, 46), mit dem die §§ 1067 bis 1075 ZPO neu eingefügt wurden. Daneben sind das (alte) Haager Abkommen über den Zivilprozess vom 17.7.1905[5] und das (neue) Haager Übereinkommen über den Zivilprozess vom 1.3.1954,[6] das Haager Übereinkommen vom 18.3.1970 über die Beweisaufnahme im Ausland in Zivil- und Handelssachen (HaagÜbkAG)[7] sowie die Rechtshilfeordnung für Zivilsachen (ZRHO)[8] anwendbar.

EPA: Gegenseitige Rechts- und Amtshilfe zwischen EPA, DPMA, BPatG und BGH regelt Art 131 EPÜ.

3 Ordnungs- oder Zwangsmittel:

11 Das DPMA kann gegen Zeugen und Sachverständige keine Ordnungsstrafe oder die Vorführung anordnen (s § 46 Rdn 34), wenn diese nicht erscheinen, nicht aussagen oder den Eid verweigern. Um die Anordnung muss es das BPatG ersuchen, das einem begründeten Gesuch zu entsprechen hat. Liegen dagegen die Voraussetzungen für ein Ordnungs- oder Zwangsmittel oder eine Vorführung nicht vor, hat das BPatG das Gesuch abzulehnen, denn einem gesetzwidrigen Ersuchen braucht es nicht zu entsprechen.[9] Dagegen wird es dem Ersuchen des DPMA auf Aufhebung der vorgenannten Maßnahmen in aller Regel zu entsprechen haben, unabhängig davon, ob es selbst die nachträglich vorgebrachten Entschuldigungsgründe iSd § 381 (1) S 2 ZPO für das Ausbleiben als genügend ansieht oder nicht.[10]

---

3 RGBl 06, 4.
4 Zwischen Dänemark und den anderen Mitgliedstaaten gilt das Haager Übereinkommen vom 18.3.1970 über die Beweisaufnahme im Ausland in Zivil- oder Handelssachen (BGBl 1977 II S 1472 = BlPMZ 78, 285).
5 RGBl 1909 II S 409, BGBl 1958 II S 576, für Deutschland nur noch im Verhältnis zu Island und Estland.
6 BGBl 1958 II S 576; s Vertragsstaaten zum **Oktober 2015** unter https://www.justiz.nrw.de/Bibliothek/ir_online_db/ir_htm/vertragsstaaten01 031 954.htm (Stand: 10.09.16).
7 BGBl 1977 II S 1472 = BlPMZ **78,** 285, geändert durch Art 3 des Gesetzes zur Durchführung des Übereinkommens vom 30. Oktober 2007 über die gerichtliche Zuständigkeit und die Anerkennung und Vollstreckung von Entscheidungen in Zivil- und Handelssachen und zur Änderung des Bürgerlichen Gesetzbuchs, v.10.12.08, BGBl 2008 I, Nr 57, S 2399.
8 ZRHO abgedruckt bei Geimer/Schütze, Internationaler Rechtsverkehr in Zivil- u Handelssachen.
9 Busse/Keukenschrijver, PatG, 8. Aufl **2016,** § 128 Rn 10; Benkard/Schäfers, PatG 11. Aufl **2015,** § 128 Rn 3.
10 Vgl auch Benkard/Schäfers, 11. Aufl **2015,** § 128 Rn 3a.

Zuständigkeit liegt nach dem Geschäftsverteilungsplan des BPatG beim 7. Senat (Jur Beschwerde- und Nichtigkeitssenat).[11] Die Festsetzung eines Ordnungsmittels durch das BPatG kann nicht angefochten werden (vgl § 181 GVG für OLG).

§ 128a Zeugenentschädigung und Sachverständigenvergütung

Zeugen erhalten eine Entschädigung und Sachverständige eine Vergütung nach dem Justizvergütungs- und -entschädigungsgesetz.

Jürgen Schell

Übersicht

	Geltungsbereich	1
	Literatur	2
	Europäisches Patentrecht	3
	Kommentierung zu § 128a PatG	
1	Zeugenentschädigung	4
1.1	Fahrtkostenersatz	5
1.2	Entschädigung für Aufwand	6
1.3	Sonstige Aufwendungen	7
1.4	Entschädigung für Zeitversäumnis	8
1.5	Nachteile der Haushaltsführung	9
1.6	Verdienstausfall	10
2	Sachverständigenvergütung	12
2.1	Vergütung nach § 8 JVEG	13
a)	Honorar für die Leistung	14
b)	Fahrtkostenersatz	17
c)	Entschädigung für Aufwand	18
d)	Sonstige Aufwendungen	19
e)	Besondere Aufwendungen	20
2.2	Besondere Vergütung	21
2.3	Verlust des Anspruchs auf Vergütung	22
2.4	Übergangsrecht	23
3	Übersetzer	24
4	Dolmetscher	25
5	Zuständigkeit	26
6	Festsetzung von Amts wegen	27

Geltungsbereich: Das Kostenrechtsmodernisierungsgesetz vom 05.05.04 (BGBl I S 718 = BlPMZ 04, 321) hat § 128a durch Art 4 Abs 41 Nr 1 mit Wirkung vom 01.07.04 in das PatG eingefügt und *durch Art 4 Abs 45 den § 19 DPMAV* über die Entschädigung von Zeugen und Sachverständigen aufgehoben. § 128 verweist auf das Justizvergütungs- und -entschädigungsgesetz vom 05.05.04 (JVEG), BGBl I S 718, 776. 1

Lit: Jessnitzer/Frieling/Ulrich Der gerichtliche Sachverständige 12. Aufl. 2006; Ulrich, Der gerichtliche Sachverständige 13. Aufl 2016; Binz/Dorndörfer/Petzold/Zimmermann GKG/JVEG, Kom- 2

---

11 Vgl Geschäftsverteilung des BPatG, veröffentlicht unter https://www.bundespatentgericht.de/cms/.

mentar, 3. Aufl 2014; Meyer/Höver/Bach Die Vergütung und Entschädigung von Sachverständigen, Zeugen, Dritten und von ehrenamtlichen Richtern nach dem JVEG, Kommentar 26 Aufl 2014; Schneider, Justizvergütungs- und -entschädigungsgesetz (JVEG), Kommentar, 2. Aufl 2014; Zimmermann Justizvergütungsgesetz und Justizentschädigungsgesetz (JVEG) 2005.

3 Europäisches Patentrecht:
Zeugen und Sachverständige, die vom EPA geladen worden sind und vor diesem erscheinen (sowie ohne Ladung erschienene und vernommene Zeugen oder Sachverständige), haben nach Regel 122 (2) und (3) EPÜ iVm der Verordnung des Verwaltungsrats der EPO vom 21.10.77[1] Anspruch auf **a)** Erstattung angemessener Reise- und Aufenthaltskosten (*travel and subsistence expenses*). Es gelten die Dienstreisebestimmungen für einen EPA-Beamten der Besoldungsgruppe A4; **b)** eine angemessene Entschädigung für Verdienstausfall (*compensation for loss of earnings*). Diese beträgt 1/60 des Monatsgrundgehalts eines EPA-Beamten der Besoldungsgruppe A4 in der niedrigsten Dienstaltersstufe; **c)** Sachverständige haben Anspruch auf Vergütung ihrer Tätigkeit (*remuneration of their services*), deren Höhe auf Vorschlag des Sachverständigen und nach Stellungnahme der Beteiligten vom EPA festgesetzt wird.

1 Zeugenentschädigung:

4 Zeugen erhalten nach § 19 JVEG eine Entschädigung für:

1.1 Fahrtkostenersatz

5 gemäß § 5 (1) und (2) Nr 1 JVEG. Ersetzt wird: 1. Klasse Bahn einschließlich der Auslagen für Platzreservierung und Beförderung des notwendigen Gepäcks oder bei Benutzung von Kfz 0,25 Euro/km zuzüglich Parkentgelte. Höhere Fahrtkosten werden nach § 5 (3) JVEG ersetzt, soweit dadurch Mehrbeträge an Vergütung oder Entschädigung erspart werden oder höhere Fahrtkosten wegen besonderer Umstände notwendig sind. Taxikosten vom Flughafen werden im Normalfall in Höhe der S-Bahn anerkannt.[2]

1.2 Entschädigung für Aufwand:

6 Nach § 6 JVEG erhält ein **Tagegeld**, wer innerhalb der Gemeinde, in der der Termin stattfindet, weder wohnt noch berufstätig ist, und zwar für die Zeit, während der er aus Anlass der Wahrnehmung des Termins von seiner Wohnung und seinem Tätigkeitsmittelpunkt abwesend sein muss. Das Tagegeld bemisst sich nach § 4 (5) 1 Nr 5 Satz 2 des Einkommensteuergesetzes.[3] **Übernachtungsgeld** wird nach § 6 (2) JVEG iVm § 7 Bundesreisekostengesetz (BRKG)[4] bei einer notwendigen Übernachtung gewährt. Es beträgt ohne Nachweis pauschal 20 Euro. Höhere **Übernachtungskosten** werden nach § 7 (1) 2 BRKG erstattet, soweit sie notwendig sind.[5]

1.3 Sonstige Aufwendungen:

7 Nach § 7 JVEG werden ersetzt, i) notwendige **Barauslagen** zB für notwendige Vertretungen und Begleitpersonen; ii) für **Ablichtungen** 0,50 Euro für die ersten 50 Seiten und 0,15 Euro für jede weitere Seite, für Farbkopien 2 Euro, für elektronische **Dateien** anstelle von Ablichtungen 2,50 Euro je Datei.

---

1 ABl 83, 102.
2 BPatG Mitt 96, 223.
3 S Begr zu § 6 JVEG in BT-Drs 15/1971 S 181.
4 Gesetz v 26.05.05 (BGBl I S 1418).
5 S Begr zu § 7 BRKG in BT-Drs 15/4919 S 13.

1.4 Entschädigung für Zeitversäumnis

beträgt nach § 20 JVEG 3 Euro pro Stunde, soweit keine Entschädigung für Verdienstausfall oder für Nachteile bei der Haushaltsführung zu gewähren ist.

1.5 Nachteile der Haushaltsführung:

Zeugen, die einen eigenen Haushalt für mehrere Personen führen, erhalten gemäß § 21 JVEG 12 Euro/Stunde, wenn sie nicht erwerbstätig oder wenn sie teilzeitbeschäftigt sind.

1.6 Verdienstausfall:

Entschädigung richtet sich nach § 22 JVEG nach dem regelmäßigen Bruttoverdienst, höchstens 17 Euro/Stunde.

Zeugen mit gewöhnlichem Aufenthalt im Ausland kann nach § 19 (4) JVEG nach billigem Ermessen eine höhere Entschädigung als nach den §§ 20 bis 22 JVEG für Zeitversäumnis, Nachteile bei der Haushaltsführung und Verdienstausfall gewährt werden.

2 Sachverständigenvergütung

Nach § 1 (1) 2 JVEG wird Sachverständigen eine Vergütung oder Entschädigung nur nach dem JVEG gewährt. Dieses Gesetz regelt die Vergütung und Entschädigung grundsätzlich abschließend.[6]

2.1 Vergütung nach § 8 JVEG

erhalten Sachverständige, Dolmetscher und Übersetzer.

a) Honorar für die Leistung: Nach § 9 JVEG[7] werden die Leistungen Honorargruppen mit festen Stundensätzen zugeordnet. Das Honorar beträgt je Stunde in den Honorargruppen (HG) 1 bis 10: HG 1: 65 Euro; HG 2: 70 Euro; HG 3: 75 Euro; HG 4: 80 Euro; HG 5: 85 Euro; HG 6: 90 Euro; HG 7: 95 Euro; HG 8: 100 Euro; HG 9: 105 Euro; HG 10: 110 Euro; HG 11: 115 Euro; HG 12: 120 Euro; HG 13: 125 Euro; M 1: 65 Euro; M 2: 75 Euro; M 3: 100 Euro.

Honorargruppen sind nach Anlage 1 zu § 9 JVEG zB: Baustoffe 5; Beton-, Stahlbeton- und Spannbetonbau 5; Datenverarbeitung 8; Elektrotechnische Anlagen und Geräte 5; Fahrzeugbau 6; Heizungs-, Klima- und Lüftungstechnik 4; Kältetechnik 6; Maschinen und Anlagen 6; Rundfunk- und Fernsehtechnik 4; Sanitärtechnik 5; Schweißtechnik 3; Sprengtechnik 2; Stahlbau 4; Vermessungstechnik 1; Wärme- und Kälteschutz 6.

Leistungen, die in keiner Honorargruppe genannt sind, werden nach § 9 (1) 3 JVEG einer Honorargruppe nach billigem Ermessen zugeordnet.[8] Die Arbeitsweise bleibt

---

6 BGH v 14.10.10 – Xa ZR 62/07 = DS 11, 33, Rn 11.
7 IdF des 2. KostRMoG vom 23.07.13 (BGBl I S 2586), geändert mit Wirkung zum 1.08.13.
8 BGH v 16.12.10 – Xa ZR 68/07 = BeckRS 2011, 00 734.

§ 128a

dabei dem gerichtlichen Sachverständigen grundsätzlich selbst überlassen,[9] zwischen Fachkunde und zeitlichem Aufwand muss jedoch plausible **Proportionalität** bestehen.[10] Einem Stundenaufwand von weniger als 150 Stunden kann bei einem Gutachten in einer Patentnichtigkeitssache die Erforderlichkeit jedenfalls nicht ohne weiteres abgesprochen werden.[11] Wegen der schwierigen Fragen im **Patentnichtigkeitsverfahren** kann es im Einzelfall bei einem gerichtlichem Sachverständigen angemessen sein, den oberen Bereich des Gebührenrahmens (HG 10) auszuschöpfen.[12] Der Einwand, das Gutachten beantworte die gestellten Fragen nur teilweise und sei daher nachzubessern, rechtfertigt es nicht ohne Weiteres, dem Sachverständigen die geltend gemachte Vergütung vorzuenthalten, wenn die offen gebliebenen Fragen nach Lage des Einzelfalls ggf in der mündlichen Verhandlung geklärt werden müssen.[13] Für eine Vergütung des Aufwands, der dem Sachverständigen durch seine Stellungnahme zu einem ihn betreffenden **Ablehnungsgesuch** entsteht, gibt es keine gesetzliche Grundlage.[14]

17 b) **Fahrtkostenersatz** gemäß § 5 JVEG, siehe Rdn 5. Nach § 5 (2) Nr 2 iVm § 1 (1) 1 Satz 1 und 2 erhalten Sachverständige, Dolmetscher und Übersetzer im Gegensatz zu Zeugen wegen der unterschiedlichen Häufigkeit der Heranziehung eine höhere Wegstreckenentschädigung in Höhe von 0,30 Euro/km bei der Benutzung eines Kraftfahrzeuges zuzüglich Parkentgelt.[15]

18 c) **Entschädigung für Aufwand** gemäß § 6 JVEG, siehe Rdn 6.

19 d) **Sonstige Aufwendungen** gemäß § 7 JVEG, siehe Rdn 7.

20 e) **Besondere Aufwendungen** gemäß § 12 JVEG, nämlich Vorbereitungskosten, Kosten für notwendige Hilfskräfte[16] erforderliche Lichtbilder und Farbausdrucke (2 Euro für den 1., 0,50 Euro für jeden weiteren Ausdruck), Schreibaufwendungen für schriftliches Gutachten 0,75 Euro je 1000 Anschläge,[17] Umsatzsteuer.

---

9 BGH DS 07, 349 = GRUR 08, 736 (Ls) *Sachverständigenentschädigung V.*
10 BGH GRUR-RR 09, 120; BGH GUR 13, 863 *Sachverständigenentschädigung VI* = Mitt 13, 426 = NJW-RR 13, 1403.
11 BGH GRUR 07, 175 *Sachverständigenentschädigung IV*; BGH X ZR 116/08 = BeckRS 2012, 00 397.
12 BGH GRUR 07, 175 *Sachverständigenentschädigung IV* (Honorargruppe 10); BGH v 31.07.07 – X ZR 150/03 = Mitt 05, 165 = BeckRS 2004, 08 139: BGH v 27.07.04 – X ZB 38/03 (Honorargruppe 7) = BeckRS 2004 30 343 506; Zum Zeitaufwand BGH GRUR 04, 446 *Sachverständigenentschädigung III* = Mitt 04, 284; BGH v 15.05.07 – X ZR 75/05; BGH GRUR 07, 175 (Entschädigung nur für erforderliche Zeitaufwand; hier 150 Stunden); BGH v 01.04.08 – X ZR 84/05 = BeckRS 2008, 12 100 = DS 08, 302 = (Honorargruppe 10, 100 Stunden) = Schulte-Kartei PatG 139.42 Nr 36 *Sachverständigenvergütung (100 Stunden)*; BGH v 15.02.11 – X ZR 7/09 = BeckRS 2011, 23 248.
13 BGH GRUR-RR 2009, 120.
14 BGH v 24.06.08 – X ZR 100/05 = DS 11, 33 = BeckRS 2008, 14 008.
15 Zur Begründung vgl Beschlussempfehlung und Bericht BT-Drs 15/2487 S 139 unter Bezugnahme auf Stellungnahme des BR, BR-Drs 830/03 (Beschl) S 19.
16 BGH v 01.04.08 – X ZR 84/05 = BeckRS 2008, 12 100 = Schulte-Kartei PatG 139.42 Nr 36 *Sachverständigenvergütung (100 Stunden)*.
17 BGH v 15.02.11 – X ZR 7/09 = BeckRS 2011, 23 248.

2.2 Besondere Vergütung

wird gemäß § 13 JVEG gewährt, wenn die Parteien sich dem Gericht gegenüber mit einer bestimmten Vergütung einverstanden erklärt haben und bereits vor der Heranziehung ein ausreichender Betrag an die Staatskasse gezahlt ist.[18] Die Erklärung einer Partei genügt, wenn das DPMA oder das BPatG ihr zustimmen. Das Eineinhalbfache des Honorars nach §§ 9 bis 11 JVEG soll nicht überschritten werden. Die andere Partei ist vorher zu hören. Zustimmung wie Ablehnung sind unanfechtbar.

21

2.3 Verlust des Anspruchs auf Vergütung

tritt ein, wenn der Sachverständige bewusst die Unverwertbarkeit seines Gutachtens herbeigeführt hat (zB durch Parteilichkeit), jedoch nicht bei seiner Ablehnung infolge leichter Fahrlässigkeit.[19]

22

2.4 Übergangsrecht:

Für Aufträge, die vor dem 1.7.04 dem Sachverständigen erteilt wurden, gilt nach § 25 JVEG das bisherige ZuSEG.[20] Regelstundensatz 25 bis 52 Euro, der nach § 3 (3) a ZuSEG bis zu 50 % erhöht wird, wenn das Gutachten sich eingehend mit der wissenschaftlichen Lehre (= Patentschriften aus dem Stand der Technik[21]) auseinandersetzt.

23

3 Übersetzer

erhalten nach § 8 JVEG eine Vergütung wie Sachverständige, siehe Rdn 12 ff. Das Honorar beträgt nach § 11 JVEG 1,25 Euro für jeweils angefangene 55 Anschläge. Das Honorar erhöht sich auf 1,85 Euro, wenn die Übersetzung erheblich erschwert ist, zB durch Verwendung von Fachausdrücken, und auf 4 Euro bei außergewöhnlich schwierigen Texten. Bei Entgegenhaltungen (Patentschriften, technische Literatur) in Verfahren vor dem DPMA und BPatG handelt es sich idR um außergewöhnlich schwierige Texte, wenn es sich – wie regelmäßig – um komplizierte, technische Sachverhalte handelt, deren Verständnis schon das intensive Bemühen von Prüfer und Richter erfordert.[22]

24

4 Dolmetscher

erhalten nach § 8 JVEG eine Vergütung wie Sachverständige, siehe Rdn 12 ff. Das Honorar beträgt nach § 9 (3) 1 JVEG für jede Stunde 55 Euro. Abweichend davon ist eine höhere Vergütung nach § 13 JVEG möglich, wenn die Parteien sich mit dieser einverstanden erklärt haben und ein ausreichender Betrag an die Staatskasse gezahlt ist.

25

---

18 BGH GRUR 07, 175 *Sachverständigenentschädigung IV*; BGH GUR 13, 863 *Sachverständigenentschädigung VI* = Mitt 13, 426 = NJW-RR 13, 1403.
19 BGH GRUR 76, 606 *Sachverständigenhonorar*.
20 BlPMZ 69, 330.
21 BGH GRUR 67, 553 *Bratpfanne*; 84, 340 *Sachverständigen-Entschädigung II*; BGH Mitt 68, 238 *Sachverständigenvergütung*.; BGH NJW-RR 87, 1470; BGH GRUR 07, 264; Meier-Beck GRUR 07, 913, 920.
22 Restriktiver zum früheren ZuSEG: BPatGE 27, 155, 157; BPatGE 33, 102, 106.

5 Zuständigkeit

26 Für die Festsetzung der Entschädigung und Vergütung sowie für das Rechtsbehelfsverfahren richtet sich für das BPatG nach § 4 JVEG. § 4 JVEG ist im Verfahren vor dem DPMA analog anzuwenden, da § 128a uneingeschränkt auf das JVEG verweist. Die DPMAVwKostV und das Rechtsschutzsystem des PatKostG sind auf das Verhältnis DPMA zu Kostenschuldner, nicht aber auf das Verhältnis DPMA zu Erstattungsberechtigtem anwendbar.[23]

6 Festsetzung von Amts wegen

27 durch Urkundsbeamten der Geschäftsstelle beim BPatG oder beim DPMA durch Beamten des gehobenen Dienstes nach § 7 (2) Nr 4 WahrnV (Kostensachbearbeiter). Bei **förmlichem Antrag** oder Einwendungen gegen die Berechnung der Vergütung, der Entschädigung oder des Vorschusses durch gerichtlichen Beschluss; beim DPMA Beschluss durch die Stelle, die den Zeugen oder Sachverständigen im Erteilungs- oder Einspruchsverfahren hinzugezogen hat (Prüfungsstelle/Patentabteilung), idR durch ein Mitglied (§ 4 (7) 1 JVEG). **Beschwerde** gegen Festsetzungsbeschluss ist nach § 4 (8) 1 JVEG gebührenfrei und nicht fristgebunden.[24]

§ 128b Anwendung des Gerichtsverfassungsgesetzes

Die Vorschriften des Siebzehnten Titels des Gerichtsverfassungsgesetzes sind auf Verfahren vor dem Patentgericht und dem Bundesgerichtshof entsprechend anzuwenden.

Jürgen Schell

Übersicht

Geltungsbereich	1
Literatur	2
Europäisches Patentrecht	3
Kommentierung zu § 128b PatG	
1 Unangemessene Dauer eines Gerichtsverfahrens	4
2 Entschädigung	5
3 Verhältnis zur Amtshaftung	6
4 Umfang des Entschädigungsanspruchs	8
5 Geltendmachung des Entschädigungsanspruchs	13
6 Übergangsregelungen	16

---

23 Vgl hierzu Benkard/Schäfers, PatG, 11. Aufl 2015, § 128a Rn 8; Hofmeister in Fitzner/Lutz/Bodewig, Patentrechtskommentar, 4. Aufl 2012, § 128a, Rn 2.
24 Vgl hierzu Binz/Dörndorfer/Petzold/Zimmermann, GKG/FamGKG/JVEG, 3. Aufl 2014, § 4 JVEG.

Geltungsbereich: Das Gesetzes über den Rechtsschutz bei überlangen Gerichtsverfahren und strafrechtlichen Ermittlungsverfahren (ÜVerfBesG) vom 24.11.11 (BGBl I S 2302) hat § 128b durch Art 13 mit Wirkung vom 03.12.11 in das PatG eingefügt. § 128b verweist auf den Siebzehnten Titel (§ 198 bis § 201) des Gerichtsverfassungsgesetzes vom 05.05.04 (GVG). Mit der Regelung soll eine Rechtsschutzlücke geschlossen werden, die sowohl den Anforderungen des GG als auch denen der Europäischen Menschenrechtskonvention (EMRK) widerspricht, nach denen die Bürger einen Anspruch auf Rechtsschutz in angemessener Zeit besitzen (Art 19 Abs 4, Art 20 Abs 3 GG und Art 6 Abs 1 EMRK). Die Konventionsstaaten müssen dem Rechnung tragen (Art 13 EMRK) und sicherstellen, dass das die nationalen Rechtsschutzsysteme Rechtsbehelfe zur Verfügung stellen, mit denen Betroffene eine Verfahrensverzögerung und deren Folgen wirksam bekämpfen können. Für seine Wirksamkeit muss dieser Rechtsbehelf geeignet sein, die befassten Gerichte zu einer schnelleren Entscheidungsfindung zu veranlassen (präventive Wirkung) oder dem Rechtsuchenden für die bereits entstandenen Verzögerungen eine angemessene Entschädigung zu gewähren (kompensatorische Wirkung). 1
Die Regelung des § 128b gilt für das BPatG und den BGH. Für die beim BGH durchgeführten Patentstreitsachen gelten die §§ 198 bis 201GVG jedoch bereits unabhängig von der Verweisung in § 128b. Für Verfahren vor dem DPMA hat die Vorschrift keine Relevanz, da sie nur Gerichtsverfahren erfasst.[1]

Lit: Lit in Festschrift: Schlick, FS Tolksdorf (2014), 549; Lit in NJW: Althammer/Schäuble 12, 1; Reiter 15, 2554; Schlick 14 2686; 18, 2684; 19, 2671; 20, 2690; Steinbeiß-Winkelmann/Sporrer 14, 177; Schenke 15 433; Lit in NVwZ: Schenke 12 257; Schmidt 15, 1710; Lit in DStR: Böcker 11, 2173; Lit in ZRP: Hinne 15, 201; Lit in ZZP: Magnus 12, Bd 125, 75. 2

Europäisches Patentrecht: Das EPÜ beinhaltet keine vergleichbare Regelungen. 3

1 Unangemessene Dauer eines Gerichtsverfahrens

Voraussetzung für einen Entschädigungsanspruch ist, dass die angemessene Dauer des Gerichtsverfahrens überschritten wurde (§ 198 (1) Satz 1 GVG). Ob dies der Fall ist, muss über eine Abwägung aller relevanten Umstände des Einzelfalls bestimmt werden[2] (§ 198 (1) Satz 2 GVG). Hierzu kann auf die einschlägige Rechtsprechung des BVerfG und des EGMR zurückgriffen werden.[3] Entscheidend für die Beurteilung, ob die Verfahrensdauer unangemessen ist oder nicht,[4] sind demnach insbesondere die Schwierigkeit und die Bedeutung des jeweiligen Verfahrens sowie das Verhalten der Beteiligten und dritter Personen.[5] Bei der dementsprechenden Prüfung des Sachverhalts darf der verfassungsrechtliche Grundsatz richterlicher Unabhängigkeit (Art 97 (1) GG nicht unberücksichtigt bleiben, insbesondere muss beachtet werden, dass dem Gericht in jedem Einzelfall eine angemessene Vorbereitungs- und Bearbeitungszeit sowie ein Gestaltungsspielraum zur Verfügung stehen muss, um dem Umfang und der Schwierigkeit der einzelnen Rechtssachen ausgewogen Rechnung zu tragen und darüber zu entscheiden, wann es welchem Verfahren mit welchem Aufwand sinnvollerweise fördern kann und welche Verfahrenshandlungen dazu erforderlich sind.[6] 4

Verzögerungen, die daraus entstehen, dass die Verfahrensbeteiligten von den ihnen zur Verfügung gestellten Verfahrensrechten Gebrauch machen (zB Ablehnungsgesuche

---

1 BGH v. 16.3.17 – III ZA 6/17 = BeckRS 2017, 105802.
2 Vgl. Böcker, DStR 11, 2173, 2174 mit einem Überblick zu den Kriterien des § 198 Abs 1 Satz 2 GVG.
3 BT-Drs 17/3802, S 18.
4 Vgl hierzu auch die Rspr-Übersicht von Schlick, NJW 14, 1183.
5 Bspw wiederholte Erkrankung eines Verfahrensbeteiligten, häufiger Anwaltswechsel.
6 BGH NJW 14, 220 = Mitt 14, 199.

gegen Richter oder Sachverständige, Fristverlängerungsgesuche im üblichen Umfang), können weder dem Gericht noch den Verfahrensbeteiligten vorgeworfen werden.[7] Das Gericht (bzw der Staat) muss sich jedoch Verzögerungen vorhalten lassen, die auf einer mangelhaften Ausstattung der Gerichte oder auf wiederholtem Richterwechsel beruhen. Denn die Konventionsstaaten sind dazu verpflichtet, ihre Justiz so zu organisieren, dass die Gerichte ihre Pflicht zur Verhandlung und Entscheidung innerhalb angemessener Frist erfüllen können.[8] Die daraufhin eingeführte Regelung des § 198 GVG wurde inzwischen vom EGMR als wirksamer Rechtsschutz iSv Art 13 EMRK grundsätzlich anerkannt.[9]

Der Anspruch des Betroffenen auf Rechtsschutz in angemessener Zeit darf auch nicht mit der Erwägung relativiert werden, seinem Rechtsschutzbegehren fehle die Erfolgsaussicht. Liegt eine sachlich nicht gerechtfertigte Verfahrensverzögerung vor, entfällt die haftungsbegründende Rechtsgutsverletzung – die unangemessene Verfahrensdauer – deshalb selbst dann nicht, wenn die Klage oder der Rechtsbehelf im Ausgangsverfahren von vornherein erkennbar aussichtslos waren.[10]

Durch eine Anhörungsrüge oder eine Gegenvorstellung wird kein entschädigungsrechtlich isoliert zu betrachtendes Verfahren eingeleitet. Vielmehr ist die Bearbeitungsdauer für diese Rechtsbehelfe dem Hauptsacheverfahren hinzuzurechnen.[11]

Wegen angeblicher Untätigkeit des DPMA besteht grundsätzlich keine förmliche Beschwerdemöglichkeit; der Betroffene muss ggf Dienstaufsichtsbeschwerde einlegen.[12]

2 Entschädigung

5 für unangemessene Verfahrensdauer steht nur einem Verfahrensbeteiligten zu, wenn er bei dem mit der Sache befassten Gericht die Dauer des Verfahrens gerügt hat (§ 198 GVG). Die **Verzögerungsrüge** bedarf grundsätzlich keiner Begründung, es muss jedoch zum Ausdruck kommen, dass der Verfahrensbeteiligte die Dauer des Verfahrens für unangemessen hält. Widerruf der Rüge ist möglich. Nach Abschluss des Verfahrens bei dem befassten Gericht scheidet eine Verzögerungsrüge aus. Ein **Entschädigungsanspruch** ist nicht nur für Hauptsacheverfahren möglich, sondern etwa auch für Verfahren zur Bewilligung von Verfahrenskostenhilfe (§ 198 (6) Nr 1 GVG). Anspruchsvoraussetzung ist eine unangemessene Dauer eines Gerichtsverfahrens. Der Anspruch setzt dabei grundsätzlich keine Pflichtwidrigkeit des für das Verfahren zuständigen Gerichts voraus. Maßgeblich ist vielmehr nur, dass die Verzögerungen des Verfahrens dem Staat zurechenbar sind.[13]

3 Verhältnis zur Amtshaftung

6 Der Entschädigungsanspruch nach § 198 GVG stellt einen staatshaftungsrechtlichen Anspruch sui generis dar, der weder ein Verschulden des Gerichts noch Rechtswidrig-

---

7   EGMR NJW 06, 2389, Rn 131.
8   EGMR NJW 06, 2389, Rn 129.
9   EGMR NJW 15, 1433.
10 BGH NJW 17, 2478.
11 BGH NJW 17, 2478; BGH NJW 14, 2443.
12 BGH v. 16.3.17 – III ZA 6/17 = BeckRS 2017, 105802.
13 BT-Drs 17/3802, S 19; BVerfG, NVwZ-RR 11, 625.

keit voraussetzt,[14] sondern der als prozessrechtlich fundierte Risikohaftung ausgestaltet ist.[15] Soweit ersichtlich, waren die seit Inkrafttreten der Regelung bisher vom BGH entschiedenen Entschädigungsklagen überwiegend erfolglos (etwa 70 %). Als erste rechtspolitische Bilanz hat die Bundesregierung für den Zeitraum vom 3.12.2011 bis 31.12.2013 einen Erfahrungsbericht über die Anwendung des neuen Gesetzes erstellt, in dem auch im Einzelnen zu den erfolgreichen Entschädigungsklagen Stellung genommen wird.[16]

Mögliche Ansprüche aus § 839 BGB iVm Artikel 34 GG werden vom Entschädigungsanspruch nicht berührt.[17]

4 Umfang des Entschädigungsanspruchs

umfasst zum einen den angemessenen Ausgleich materieller Nachteile, wie verzögerungsbedingte Kostenerhöhungen im Ausgangsverfahren sowie die erforderlichen Anwaltskosten für die vorprozessuale Verfolgung des Entschädigungsanspruchs.[18] Zum anderen umfasst der Entschädigungsanspruch auch immaterielle Nachteile, wie psychische Beeinträchtigungen auf Grund der unangemessenen Verfahrensdauer.[19] Materielle wie immaterielle Nachteile können jedoch nur dann als durch eine unangemessene Verfahrensdauer verursacht angesehen werden, wenn sie dem betroffenen Verfahrensbeteiligten bei angemessener Verfahrensdauer nicht oder nicht in dem eingetretenen Ausmaß entstanden wären. Ein geltend gemachter Nachteil, der bereits entstanden ist, bevor die Verfahrensverzögerung eingetreten ist, kann nicht auf diese zurückgeführt werden.[20]
Die Frage, ob die betreffende Klage letztlich erfolgreich war, ist ohne Belang.[21]

Um den Nachweis immaterieller Nachteile zu erleichtern, wird gemäß § 198 (2) vermutet, dass diese bei unangemessener Dauer des Verfahrens gegeben sind. Im Entschädigungsprozess kann diese Vermutung jedoch widerlegt werden. Die Vermutung ist dann widerlegt, wenn der Bekl. das Fehlen eines immateriellen Nachteils darlegt und beweist, wobei ihm, da es sich um einen Negativbeweis handelt, die Grundsätze der sekundären Behauptungslast zugute kommen können. Dabei dürfen an den Beweis des Gegenteils keine übertriebenen Anforderungen gestellt werden. Die Vermutung eines auf der Verfahrensdauer beruhenden immateriellen Nachteils ist dann widerlegt, wenn das Entschädigungsgericht unter Berücksichtigung der vom Kl. gegebenenfalls geltend gemachten Beeinträchtigungen nach einer Gesamtbewertung der Folgen, die die Verfahrensdauer mit sich gebracht hat, die Überzeugung gewinnt, dass die (unangemessene) Verfahrensdauer nicht zu einem Nachteil geführt hat[22]

---

14 Vgl hierzu auch Hinne, ZRP 15, 201 f.
15 Vgl Reiter, NJW 15, 2554, 2558.
16 Vgl BT-Drs 18/2950, S 10 ff.
17 BT-Drs 17/3802, S 19.
18 Vgl hierzu auch die Rspr-Übersicht von Schlick, NJW 14, 1183.
19 Vgl zur Frage der Beweislast: BGH NJW 15, 1312.
20 BGH NJW 15, 1312, 1315.
21 BVerfG NJW 15, 3361, Rn 46 = BeckRS 2015, 51 365.
22 BGH NJW 17, 2478; BGH NJW 15, 1312.

§ 128b Anwendung des Gerichtsverfassungsgesetzes

Eine Entschädigung kann jedoch nur beansprucht werden, soweit nach den Umständen des Einzelfalls eine **Wiedergutmachung** gem. § 198 (4) GVG nicht ausreichend ist (§ 198 (2) GVG).

10 Als mögliche Form der Wiedergutmachung auf andere Weise ist insbesondere die gerichtliche Feststellung der überlangen Verfahrensdauer vorgesehen. Die Frage, ob es dem betroffenen Verfahrensbeteiligten möglich sein soll, die Feststellung der Unangemessenheit der Verfahrensdauer im Klageweg zu erzwingen, ist umstritten[23]: das BVerwG[24] bejaht die Zulässigkeit einer derartigen Feststellungsklage gem. § 198 GVG iVm § 173 S 2 VwGO, während der BGH[25] diese Möglichkeit verneint.

11 Kommt eine Wiedergutmachung auf andere Weise nicht in Betracht, beträgt die Entschädigung in der Regel 1200 Euro für jedes Jahr der Verzögerung. Erscheint dieser Betrag nach den Umständen des Einzelfalles unbillig, kann das Gericht einen höheren oder niedrigeren Betrag festsetzen (§ 198 (2) Satz 4 GVG). Die Höhe der Entschädigung wird jedoch in aller Regel hinter einem vollen Schadensersatz zurückbleiben.[26]

12 Bis zur rechtskräftigen Entscheidung über die Entschädigungsklage ist der Anspruch nicht übertragbar (§ 198 (5) Satz 3 GVG).

5 Geltendmachung des Entschädigungsanspruchs

13 muss in einem eigenen Verfahren erfolgen. Zuständig für die Geltendmachung des Entschädigungsanspruchs ist diejenige Fachgerichtsbarkeit, in welcher der verzögerte Rechtsstreit geführt wurde.[27]

14 Für Nachteile, die auf Grund von Verzögerungen bei Gerichten der Länder eingetreten sind, haftet das jeweilige Bundesland. Für Nachteile, die auf Grund von Verzögerungen bei Gerichten des Bundes eingetreten sind, haftet der Bund (§ 200 GVG). Für Klagen, die sich gegen ein Bundesland richten ist ausschließlich das OLG zuständig, in dessen Bezirk die Landesregierung ihren Sitz hat. Bei gegen den Bund gerichteten Klagen ist ausschließlich der BGH zuständig (§ 201 (1) GVG).

Die Entschädigungsklage kann frühestens sechs Monate nach Erhebung der Verzögerungsrüge erhoben werden. Sie muss jedoch spätestens sechs Monate nach Eintritt der Rechtskraft der Entscheidung, die das Verfahren beendet, oder einer anderen Erledigung des Verfahrens erhoben werden (§ 198 (5) Satz 2 GVG).[28]

15 Die Frage der Erhebung bzw der Rechtzeitigkeit einer Verzögerungsrüge ist eine haftungsbegründende Obliegenheit,[29] die nicht die Zulässigkeit, sondern die Begründetheit der Entschädigungsklage betrifft.[30]

---

23 Vgl hierzu Schenke NJW 15, 433.
24 BVerwG NJW 14, 96.
25 BGH NJW 14, 939.
26 Vgl hierzu Magnus, ZZP 12, 75, 85.
27 Kritisch hierzu Hinne, ZRP 15, 201 f.
28 BGH NJW 14, 218 = BeckRS 2013, 14 144.
29 Vgl BT-Drs 17/3802, S 20; BGH NJW 14, 939, Rn 27.
30 BGH NJW 14, 2588.

6 Übergangsregelungen

Die Bestimmungen des ÜVerfBesG gelten auch für solche Verfahren, in denen eine rügepflichtige Situation bei Inkrafttreten des Gesetzes bereits eingetreten ist[31] (Art 23 ÜVerfBesG), so dass eine Untätigkeitsrüge ab diesem Zeitpunkt (03.12.11) nicht mehr statthaft ist.[32] Hier muss die Verzögerungsrüge **unverzüglich nach Inkrafttreten des ÜVerfBesG** erhoben worden sein, um den Entschädigungsanspruch auch für den vorausgehenden Zeitraum zu wahren. Eine Verzögerungsrüge ist noch »unverzüglich« im Sinne des Art 23 S 2 ÜVerfBesG erhoben, wenn sie spätestens drei Monate nach Inkrafttreten des Gesetzes über den Rechtsschutz bei überlangen Gerichtsverfahren und strafrechtlichen Ermittlungsverfahren beim Ausgangsgericht eingegangen ist.[33] Wenn bei einem anhängigen Verfahren die Verzögerung in einer schon abgeschlossenen Instanz erfolgt ist, bedarf es keiner Verzögerungsrüge (Art 23 S 4 ÜVerfBesG).

Für abgeschlossene Verfahren gelten die Regelungen des ÜVerfBesG nur dann, wenn sie wegen ihrer Dauer beim Inkrafttreten des ÜVerfBesG bereits Gegenstand von anhängigen Beschwerden beim EGMR oder noch zu einer Beschwerde vor dem EGMR führen können – da die Beschwerdefrist nach Art 35 (1) EMRK sechs Monate beträgt, darf der Verfahrensabschluss in den letztgenannten Fällen also nicht länger als sechs Monate zurückliegen.[34]

Bei Gerichtsverfahren, die zum Zeitpunkt des Inkrafttretens des ÜVerfBesG bereits abgeschlossen waren, muss die Klage zur Durchsetzung eines Entschädigungsanspruchs gemäß der Übergangsregelung des Art 23 ÜVerfBesG spätestens am 3. Juni 2012 erhoben worden sein.

---

31 BT-Drs 17/3802, S 19.
32 BGH NJW **13**, 385; BGH v. 9.1.20 – III ZB 54/19 = BeckRS **2020**, 481.
33 Vgl BGH NJW **14**, 1967; BGH NJW **14**, 2588.
34 Vgl BGH NJW **14**, 218 = BeckRS **2013**, 14 144.

8. Abschnitt Verfahrenskostenhilfe

§ 129 Verfahrenskostenhilfe

Im Verfahren vor dem Deutschen Patent- und Markenamt, dem Patentgericht und dem Bundesgerichtshof erhält ein Beteiligter Verfahrenskostenhilfe nach Maßgabe der Vorschriften der §§ 130 bis 138.

Jürgen Schell

Übersicht

Geltungsbereich		1
Europäisches Patentrecht		2
Literatur		3
Kommentierung zu § 129 PatG		
1	**Personen, denen Verfahrenskostenhilfe (VKH) bewilligt werden kann**	4
1.1	**Natürliche Personen**	4
1.2	**Juristische Personen**	5
1.2.1	Inländischen juristischen Personen	5
1.2.2	Ausländischen juristischen Personen	6
2	**Sachlicher Geltungsbereich**	7
3	**Andere Kostenvergünstigungen**	9
3.1	**Nichterhebung wegen unrichtiger Sachbehandlung**	9
3.2	**Verwaltungskostenermäßigung**	10
3.3	**Stundung, Niederschlagung und Erlass**	11
3.4	**Streitwertherabsetzung**	12

Geltungsbereich: § 129 entspricht dem früheren § 46a PatG aF Art 2 Nr 34 des 2. PatGÄndG hat § 129 Satz 2 (»Angehörige ausländischer Staaten, mit Ausnahme der Mitgliedstaaten der Europäischen Gemeinschaften, erhalten die Verfahrenskostenhilfe nur, soweit die Gegenseitigkeit verbürgt ist«) mit Wirkung vom 1.11.98 aufgehoben. Art 1 Nr. 40 des Zweiten Gesetzes zur Vereinfachung und Modernisierung des Patentrechts (2. PatRModG) hat § 129 redaktionell geändert. 1

Europäisches Patentrecht: Das EPÜ kennt für Verfahren vor dem EPA die Bewilligung von Verfahrenskostenhilfe *(legal aid)* nicht. Das versucht die Rechtsprechung dadurch zu mildern, dass unverschuldete finanzielle Schwierigkeiten als Grund für die Gewährung von Wiedereinsetzung anerkannt werden, wenn der Antragsteller sich mit der gebotenen Sorgfalt um finanzielle Unterstützung bemüht hatte.[1] 2

Für eine frühere europäische Anmeldung, die nach Art 135 (1) EPÜ und Art II § 9 IntPatÜG in eine nationale Anmeldung umgewandelt wurde, kann Verfahrenskostenhilfe bewilligt werden.

EU: Die Richtlinie 2003/8/EG vom 27.1.2003 (ABl EG Nr L 26 S 41, ABl EU Nr L 32 S 15) gewährleistet durch gemeinsame Mindestvorschriften eine angemessene Prozesskostenhilfe in Streitsachen mit grenzüberschreitendem Bezug. Sie ist in deutsches Recht durch Einfügung der §§ 1076–1078 ZPO umgesetzt worden. Standardformulare und Übermittlungs- und Empfangsstellen erleichtern Kostenhilfe-Anträge im Ausland.

Lit in GRUR: Kelbel **81**, 5; Hübenett **94**, 13; **Lit in Mitt**: Hoffmeister **73**, 28; Coldewey **80**, 182; Kelbel **81**, 109; Ney **85**, 69; Tönnies **14**, 549; **Lit in NJW**: Burgard **90**, 3240; Zuck **12**, 37; Toussaint **14**, 3209; Jungk **13**, 667; Nickel **16**, 853; **Lit in NJ:** Niebling **10**, 150. 3

---

1 EPA J 0022/88 ABl **90**, 244; J 0011/98 RsprBK/EPA **06**, 413, 430; offen gelassen von J 0011/83 Schulte-Kartei EPÜ 119–122 Nr 38.

Amtliche Begründung zum a) 5.ÜG BlPMZ **53**, 295; b) 6.ÜG BlPMZ **61**, 140; c) Gesetz über die Prozesskostenhilfe BlPMZ **80**, 249.
Formulare: Merkblatt über Verfahrenskostenhilfe vor dem DPMA (Formular A 9540/5.15);[2] Die Erklärung zu den persönlichen und wirtschaftlichen Verhältnissen (§ 117 Abs 2 S 1 ZPO oder § 120a Abs 1 S 3 ZPO) muss auf dem durch die ProzesskostenhilfeformularVO (PKHFV) vom 6.01.14 vorgesehenen Formular (A 9541/5.15) erfolgen (BGBl I 341 = BlPMZ **14**, 69). Alle erhältlich über http://www.dpma.de/service/formulare_merkblaetter/formulare/index.html.[3]

1 Personen, denen Verfahrenskostenhilfe (VKH) bewilligt werden kann

1.1 Natürliche Personen:

4   Nach § 129 kann jeder Beteiligte (Partei, Streitgenosse, Nebenintervenient[4]) VKH erhalten, also wie nach § 114 ZPO jede natürliche Person, unabhängig von ihrem Wohnsitz oder ihrer Staatsangehörigkeit. Daher kann VKH bewilligt werden: a) Deutschen Staatsangehörigen, auch wenn sie im Ausland leben; b) Ausländern, auch wenn sie im Ausland leben. Die frühere Voraussetzung gemäß § 129 Satz 2 PatG aF der Verbürgung der Gegenseitigkeit für Ausländer aus Nicht-EG-Staaten ist durch das 2. PatGÄndG mit Wirkung vom 1.11.98 aufgehoben worden; c) Heimatlosen Ausländern nach dem Gesetz vom 25.4.51 (BGBl I 269); d) Flüchtlingen iSd Genfer Flüchtlingsabkommens v 28.7.51[5] und des Gesetzes v 22.7.80 (BGBl I 1057); e) als asylberechtigt anerkannten Ausländern nach dem Asylverfahrensgesetz;[6] f) Staatenlosen, unabhängig von ihrem Wohnsitz; g) Parteien kraft Amtes (zB Insolvenzverwalter, Testamentsvollstrecker, Nachlass- oder Zwangsverwalter) gemäß § 116 Satz 1 Nr 1 ZPO.

Vertretung: Wird eine Person durch ihren gesetzlichen oder gewillkürten Vertreter vertreten, ist die vertretene Person, nicht der Vertreter maßgebend.

1.2 Juristische Personen

5   **1.2.1 Inländischen juristischen Personen** (wie zB GmbH, AG, eingetragener Verein) und parteifähigen Vereinigungen (OHG, KG, Gesellschaft bürgerlichen Rechts (GbR vgl dazu *Einl Rdn 42*)), die im Inland, der EU oder dem EWR gegründet und dort ansässig sind,[7] kann gemäß §§ 130 Abs 2 und 3, 133 ff. PatG iVm §§ 114, 116 Nr 2 ZPO VKH bewilligt werden, wenn die Kosten weder von ihr noch vom am Gegenstand des Rechtsstreits wirtschaftlich Beteiligten aufgebracht werden können und wenn die Unterlassung der Rechtsverteidigung allgemeinen Interessen zuwiderlaufen würde.[8] Darlegung der Mittellosigkeit kann bspw durch die Vorlage der Bilanz oder einer Vermögensaufstellung erfolgen; nicht ausreichend ist bloßer Hinweis auf geringe Umsätze, da dies die Möglichkeit einer Kreditaufnahme zum Bestreiten der Verfahrenskosten grundsätzlich nicht ausschließt.[9] Für die Darlegung der Mittellosigkeit

---

2   Tabu Gewerbl. Rechtsschutz Nr 341.
3   Stand 10.09.16.
4   Tabu Gewerbl. Rechtsschutz Nr 341.
5   BGBl 1953 II 560 = BlPMZ **54**, 15; Protokoll v 31.01.67 BGBl 1969 II 1293 = BlPMZ **70**, 114.
6   AsylVfG idF v 02.11.08 (BGBl I S 1798), zuletzt geändert durch Art 4 des Gesetzes vom 22.11.11 (BGBl I S 2258).
7   Vgl hierzu auch das Merkblatt über Verfahrenskostenhilfe vor dem Deutschen Patent- und Markenamt (2020), Seite 5.
8   BPatG Mitt **16**, 93, unter II.2 (Markensache) = BeckRS 2015, 09 308; BPatG Beschl. v. 22.3.2018 – 30 W (pat) 802/15, BeckRS 2018, 40495 (Designsache).
9   BPatG Mitt **16**, 93, unter II.2 (Markensache) = BeckRS 2015, 09 308.

inländischer juristischer Personen kann im Einzelfall auch die Vorlage einer Auskunft der Industrie- und Handelskammer genügen.

1.2.2 Ausländischen juristischen Personen oder parteifähigen Vereinigungen, die zwar im Inland, der EU oder dem EWR ansässig sind, dort aber nicht gegründet wurden, kann gemäß § 116 Satz 1 Nr 2 ZPO keine VKH bewilligt werden.[10] Das gilt auch für den Insolvenzverwalter einer solchen ausländischen juristischen Person.

2 Sachlicher Geltungsbereich:

VKH kann nach § 129 nur für die in §§ 130 – 138 PatG *abschließend* genannten Verfahren bewilligt werden: a) vor dem **DPMA** im Erteilungs-, Einspruchs- und Beschränkungsverfahren; b) vor dem **BPatG** i) im Beschwerdeverfahren des Anmelders, Patentinhabers, Einsprechenden, ii) im Nichtigkeits- und Zwangslizenzverfahren; c) vor dem **BGH** im Rechtsbeschwerde- und Nichtigkeits- und Zwangslizenzberufungsverfahren; d) für DDR-Altverfahren seit Inkrafttreten des Erstreckungsgesetzes.

VKH kann insoweit für alle selbständigen Gerichtsverfahren bewilligt werden; dazu zählt auch das Verfahren über die Gehörsrüge.[11]

VKH ist ausgeschlossen: a) für **Bewilligungsverfahren von VKH** sowie die Beiordnung eines Vertreters,[12] weil in der abschließenden Regelung des § 129 nicht genannt und weil dieses Verfahren kein »Verfahren zur Erteilung des Patents« iSd § 130 (1) 1 PatG ist; VKH wird als Ausprägung des aus dem Sozialstaatsprinzip, Art. 20 Abs. 1 GG, dem Gleichheitssatz, Art. 3 Abs. 1 GG, und dem Rechtsstaatsprinzip, Art. 20 Abs. 3 GG, ausfließenden Armenrechts in gebührenpflichtigen Verfahren gewährt. Das VKH-Verfahren selbst ist jedoch gebührenfrei, so dass die Nichtgewährung von VKH für das VKH-Verfahren folgerichtig erscheint.[13] Dies steht auch im Einklang mit der Europäischen Menschenrechtskonvention (EMRK), die nicht dazu verpflichtet, für alle Streitigkeiten über zivilrechtliche Ansprüche und Verpflichtungen Prozesskostenhilfe zu geben. Art 6 EMRK (Recht auf ein faires Verfahren) garantiert zwar ein Recht auf Zugang zu einem Gericht, lässt den Staaten aber die Wahl der Mittel, mit denen sie dieses Ziel erreichen wollen.[14]

b) für das **Beschwerdeverfahren gemäß § 135 (3) PatG** wegen Verweigerung der VKH,[15] da es nicht zu den in §§ 130–138 PatG genannten Verfahren gehört; c) für **selbständige Antragsverfahren**, wie zB Akteneinsicht oder Beweisaufnahme; d) für Verfahren in **internationalen Anmeldungen** nach dem PCT,[16] da der PCT Zahlungserleichterungen nicht vorsieht und in der internationalen Phase eine hinreichende Aus-

---

10 Vgl zu § 116 ZPO aF: OLG Düsseldorf MDR **94**, 301.
11 BGH Beschl v 13.03.2012 – X ZR 7/11 = BeckRS **2012**, 07 174.
12 BPatGE **28**, 119 (Gbm); **43**, 187, 191; **46**, 192, 193; BGHZ **91**, 311 = NJW **84**, 2106; BGH v 20.03.03 – I ZA 4/02, Schulte-Kartei PatG 129–138 Nr 73.
13 BPatG v 20.11.2018 – 7 W (pat) 20/17 *Verfahrenskostenhilfe für das Anfertigen von Patentzeichnungen* = BeckRS 2018, 33026.
14 EMGR NJW **10**, 3207 *Faires Verfahren trotz Verweigerung von Prozesskostenhilfe*
15 BPatGE **28**, 119; **43**, 187 *Luftfilter*; **46**, 38 *Gebührenfreie VKH-Beschwerde*; **47**, 120 *VKH für VKH-Beschwerdeverfahren*; **47**, 151 *Rollrechen.*; abw, sofern die Beschwerde nicht für gebührenfrei gehalten wird, für die Zahlung der Beschwerdegebühr: BPatGE **46**, 191 *wartungsfreies Gerät*.
16 BPatG BlPMZ **90**, 34.

§ 130 Verfahrenskostenhilfe (VKH)

sicht auf Erfolg nicht geprüft werden kann; e) für Verfahren zur Erteilung eines **ergänzenden Schutzzertifikats**, da nach § 16a (2) PatG die §§ 129–138 PatG nicht entsprechend gelten(s § 16a Rdn 148).

3 Andere Kostenvergünstigungen

3.1 Nichterhebung wegen unrichtiger Sachbehandlung

9 nach § 9 PatKostG, § 9 (1) DPMAVwKostV und § 21 GKG.

3.2 Verwaltungskostenermäßigung

10 nach § 9 (2) u (3) DPMAVwKostV (Anhang 16).

3.3 Stundung, Niederschlagung und Erlass

11 nach § 59 BHO (siehe § 1 PatKostG Rdn 26 im Anhang 15).

3.4 Streitwertherabsetzung

12 a) in Patentstreitsachen gemäß § 144 PatG;
 b) für Rechtsbeschwerdeverfahren gemäß § 102 (2) PatG;
 c) für Nichtigkeitsverfahren vor dem BPatG gemäß § 2 (2) 5 PatKostG (siehe § 2 PatKostG im Anhang 15);
 d) für Nichtigkeitsberufungsverfahren vor dem BGH gemäß § 121 (1) PatG.

§ 130 Verfahrenskostenhilfe für Erteilungsverfahren und Jahresgebühren

(1) ¹Im Verfahren zur Erteilung des Patents erhält der Anmelder auf Antrag unter entsprechender Anwendung der §§ 114 bis 116 der Zivilprozessordnung Verfahrenskostenhilfe, wenn hinreichende Aussicht auf Erteilung des Patents besteht. ²Auf Antrag des Anmelders oder des Patentinhabers kann Verfahrenskostenhilfe auch für die Jahresgebühren gemäß § 17 gewährt werden. ³Die Zahlungen sind an die Bundeskasse zu leisten.

(2) ¹Die Bewilligung der Verfahrenskostenhilfe bewirkt, dass bei den Gebühren, die Gegenstand der Verfahrenskostenhilfe sind, die für den Fall der Nichtzahlung vorgesehenen Rechtsfolgen nicht eintreten. ²Im Übrigen ist § 122 Abs 1 der Zivilprozessordnung entsprechend anzuwenden.

(3) Beantragen mehrere gemeinsam das Patent, so erhalten sie die Verfahrenskostenhilfe nur, wenn alle Anmelder die Voraussetzungen des Absatzes 1 erfüllen.

(4) Ist der Anmelder oder Patentinhaber nicht der Erfinder oder dessen Gesamtrechtsnachfolger, so erhält er die Verfahrenskostenhilfe nur, wenn auch der Erfinder die Voraussetzungen des Absatzes 1 erfüllt.

(5) ¹Auf Antrag können so viele Jahresgebühren in die Verfahrenskostenhilfe einbezogen werden, wie erforderlich ist, um die einer Bewilligung der Verfahrenskostenhilfe nach § 115 Absatz 4 der Zivilprozessordnung entgegenstehende Beschränkung auszuschließen. ²Die gezahlten Raten sind erst dann auf die Jahresgebühren zu verrechnen, wenn die Kosten des Patenterteilungsverfahrens ein-

schließlich etwa entstandener Kosten für einen beigeordneten Vertreter durch die Ratenzahlungen gedeckt sind. ³Soweit die Jahresgebühren durch die gezahlten Raten als entrichtet angesehen werden können, ist § 5 Abs 2 des Patentkostengesetzes entsprechend anzuwenden.

(6) Die Absätze 1 bis 3 sind im Fall des § 44 auf den antragstellenden Dritten entsprechend anzuwenden, wenn dieser ein eigenes schutzwürdiges Interesse glaubhaft macht.

Jürgen Schell

Übersicht

	Geltungsbereich	1
	Europäisches Patentrecht	2
	Literatur	3
	Kommentierung zu § 130 PatG	
I.	**Voraussetzungen für Verfahrenskostenhilfe (VKH)**	4
1	Antrag	5
2	Erklärung über persönliche und wirtschaftliche Verhältnisse	9
3	Anmelder	14
3.1	Unterhaltsberechtigter Anmelder	15
3.2	Mehrere Anmelder	16
3.3	Minderjährige	17
3.4	PCT-Anmelder	18
3.4	Übertragung	19
4	**Angabe des Erfinders**	20
5	**Einzusetzendes Einkommen**	22
5.1	Abzüge vom Einkommen gemäß § 115 (1) Satz 3 ZPO	26
5.2	Monatsraten nach der Tabelle	31
5.3	Gewerbetreibende und juristische Personen	34
5.4	Insolvenzverwalter	35
6	**Einsatz des Vermögens**	36
7	**Einbeziehung von Jahresgebühren nach § 130 (5) PatG**	38
7.1	Voraussetzungen der Einbeziehung	39
7.2	Verrechnung der Raten auf die Jahresgebühren	40
7.3	Wirkung der Einbeziehung der Jahresgebühren	42
8	**Hinreichende Aussicht auf Erteilung des Patents**	43
8.1	Voraussetzungen für Erfolgsaussicht	47
8.1.1	Unbehebbare Patenthindernisse	47
8.1.2	Stand der Technik	49
8.2	Verfahren, für die VKH bewilligt werden kann	51
8.3	Verfahren, für die keine VKH bewilligt werden kann	55
9	**Mutwillen**	56
9.1	Anschein von Mutwilligkeit	56
9.2	Begriff des Mutwillens	59
II.	**Verfahrenskostenhilfe für Dritten, der Antrag nach § 44 stellt (§ 130 (6) PatG)**	64
III.	**Wirkung der Bewilligung der Verfahrenskostenhilfe**	67
1	Nichteintritt nachteiliger Rechtsfolgen	68
2	Keine Geltendmachung von Verfahrenskosten gegen den Anmelder	69
IV.	**Änderung der bewilligten VKH**	73
V.	**Verfahrenskostenhilfe für Jahresgebühren**	74

§ 130

1 **Geltungsbereich:** § 130 entspricht dem § 46 b PatG aF – Das **Kostenbereinigungsgesetz** (BGBl 2001 I 3656 = BlPMZ 2002, 14) hat durch Art 7 Nr 35 § 130 (5) neu gefasst und eingefügt: a) § 130 (1) 2; b) in § 130 (4) die Worte »oder Patentinhaber« nach dem Wort »Anmelder«.
Art 1 des **Gesetzes zur Novellierung patentrechtlicher Vorschriften und anderer Gesetze des gewerblichen Rechtsschutzes (PatNovG)** vom 19.10.2013 (BGBl 2013 I S 3830 = BlPMZ 13, 362) hat § 130 PatG neu gefasst, indem in Abs (1) Satz 2 die Angabe »§ 17 Abs 1« durch die Angabe »§ 17« ersetzt wurde und in Absatz (6) die Wörter »in den Fällen der §§ 43 und 44« durch die Wörter »im Fall des § 44« ersetzt wurden. Dabei handelt es sich um eine redaktionelle Anpassung, da im neuen § 17 PatG keine Absatzdifferenzierung mehr existiert und aufgrund der Neuregelung des § 43 die bislang in § 44 enthaltene Verweisung auf § 43 nicht mehr greift.
Art 1 Nr 35 des **Zweiten Gesetzes zur Vereinfachung und Modernisierung des Patentrechts (2. PatRModG)** vom 10. August 2021 (BGBl 2021 I S 3490) hat § 130 (5) geändert, indem die Angabe »§ 115 Abs. 3« durch die Angabe »§ 115 Absatz 4« ersetzt wurde.

2 **Europäisches Patentrecht:** Siehe § 129 Rdn 2.

3 **Lit:** Siehe § 129 Rdn 3. – **Amtliche Begründung** zu § 130 (= § 46 b aF) BlPMZ 80, 260.
Formulare: Merkblatt über Verfahrenskostenhilfe vor dem DPMA (Formular A 9540/5.15);[1] Die Erklärung zu den persönlichen und wirtschaftlichen Verhältnissen (§ 117 Abs 2 S 1 ZPO oder § 120a Abs 1 S 3 ZPO) muss auf dem durch die ProzesskostenhilfeformularVO (PKHFV) vom 6. Januar 2014 vorgesehenen Formular (A 9541/5.15) erfolgen (BGBl I 341 = BlPMZ 14, 69). Alle erhältlich über http://www.dpma.de/service/formulare_merkblaetter/formulare/index.html.[2]

I. Voraussetzungen für Verfahrenskostenhilfe (VKH)

4 Nach § 130 kann unter den gleichen Voraussetzungen (siehe Rdn 5 ff) VKH für das Erteilungsverfahren und für die Entrichtung von Jahresgebühren (siehe dazu Rdn 74) bewilligt werden.[3]

1 Antrag:

5 Gemäß § 135 (1) 1 PatG schriftlich (siehe Einl Rdn 352), auch zu Protokoll der Geschäftsstelle (§ 138 (2) PatG analog). Bereits der Hinweis einer Partei auf seine unzureichenden wirtschaftlichen Verhältnisse kann ggf erkennen lassen, dass er für die Durchführung des Verfahrens die Gewährung von VKH anstrebt.[4] Der Antrag bezieht sich grundsätzlich auf das gesamte Erteilungsverfahren der jeweiligen Instanz. Bewilligung vor dem DPMA gilt nicht für anschließende Verfahren vor dem BPatG.[5] Der Antrag muss vor Abschluss der Instanz gestellt sein.[6] Eine Bewilligung für bestimmte Verfahrensabschnitte, zB nur für die Offensichtlichkeitsprüfung nach § 42, ist möglich. Ein ohne Verschulden der Partei unvollständiger VKH-Antrag kann ggf innerhalb der Frist des § 234 ZPO ergänzt werden.[7] Ggf muss das Gericht einen nicht rechtskundig beratenen Antragsteller auf die Unvollständigkeit seines Antrags und auf die innerhalb der geltenden Frist nachzureichende Unterlagen hinweisen.[8] Ein unterbliebener Hin-

---

1 Tabu Gewerbl. Rechtsschutz Nr 341.
2 Stand 10.09.16.
3 Vgl hierzu auch das Merkblatt über Verfahrenskostenhilfe vor dem Deutschen Patent- und Markenamt (2020)
4 BGH GRUR-RR 11, 344 (Ls) = BeckRS 2011, 7922.
5 BPatGE 19, 92; 32, 128 = BlPMZ 91, 392.
6 Vgl BPatGE 24, 169.
7 BGH NJW 10, 3101.
8 BGH NJW 19, 3727 *Berufungsgerichtliche Hinweispflicht bei unvollständigem Pkh-Antrag*

weis ist unschädlich, wenn die Prüfung im normalen Geschäftsgang nicht vor Ablauf der Rechtsmittelfrist hätte erfolgen können.[9]

Wird ein VKH für die Rechtsmittelinstanz erst unmittelbar vor Ablauf der Rechtsmittelfrist unvollständig, insbesondere ohne die erforderlichen Belege, eingereicht, so ist die VKH zu versagen. Eine nachträgliche Vervollständigung oder eine Wiedereinsetzung in den vorigen Stand kommt nicht in Betracht.[10]

Wiederholung des Antrags ist zulässig.[11] Ein Rechtsschutzinteresse fehlt dafür ausnahmsweise, wenn ein Antrag mit derselben Begründung bereits zurückgewiesen war.[12] 6

Keine Erledigung im VKH-Verfahren: Der Antragsteller kann den Antrag auf VKH nicht für erledigt erklären, sondern nur zurücknehmen, wenn der Anlass für die zu erhebende Klage entfallen ist.[13] 7

Keine VKH wird gewährt für die Durchführung des Bewilligungsverfahrens selbst und in PCT-Verfahren, siehe dazu § 129 Rdn 8. 8

2 Erklärung über persönliche und wirtschaftliche Verhältnisse

ist nach § 136 iVm § 117 (2) ZPO dem Antrag beizufügen, und zwar für jeden Anmelder sowie für den Erfinder, wenn dieser mit dem Anmelder nicht identisch ist.[14] Antragsteller hat seine persönlichen und wirtschaftlichen Verhältnisse **per Formblatt** darzulegen und zu belegen.[15] Diese Erklärung muss Angaben enthalten über: Familienverhältnisse, Beruf, Vermögen, Einkommen und Lasten. Diese Angaben müssen so ausführlich und genau gehalten sein, dass sie dem DPMA oder dem BPatG eine ausreichende Gewissheit über die Einkommens- und Vermögensverhältnisse des Antragstellers verschaffen. Eine unvollständige Ausfüllung des Vordrucks ist unschädlich, wenn die Lücken durch beigefügte Anlagen ohne weiteres geschlossen werden können.[16] Eigenhändige Unterschrift ist nicht erforderlich, wenn feststeht, dass die Erklärung vom Antragsteller stammt.[17] 9

DPMA oder BPatG können aber nach § 118 (2) ZPO die *Glaubhaftmachung* der tatsächlichen Angaben verlangen, Erhebungen anstellen, die Vorlegung von Urkunden anordnen und Auskünfte einholen. Unterlässt der Antragsteller eine ihm mögliche Mitwirkung (zB Belegung behaupteter Belastungen), so kann die Bewilligung nach § 118 (2) 4 ZPO insoweit abgelehnt werden.

Wenn die vom Antragsteller angegebenen Einkünfte auch für einen noch so bescheidenen Lebensunterhalt nicht ausreichen, ist die Vermutung gerechtfertigt, dass bestimmte 10

---

9 *BGH* Beschl. v. 10.12.2019 – XI ZR 180/19, BeckRS 2019, 34286, Rn 17 f.
10 BGH NJW 17, 735.
11 BPatGE 12, 183.
12 BGH NJW 09, 857.
13 BGH v 15.07.09 – I ZB 118/08 = BeckRS 2009, 22 721.
14 Vgl hierzu auch das Merkblatt über Verfahrenskostenhilfe vor dem Deutschen Patent- und Markenamt **(2020)**.
15 BPatG v 11.03.09 – 8 W (pat) 54/08 = BeckRS 2009, 09 672.
16 BGH NJW 86, 62.
17 BGH NJW 86, 62.

Einkünfte verschwiegen wurden. Diese Vermutung muss der Antragsteller ausräumen.[18] Andernfalls ist sein Begehren nach staatlicher Prozessfinanzierung rechtsmissbräuchlich.[19]

11 Es muss somit insgesamt schlüssig dargelegt und glaubhaft gemacht werden, wie der Lebensunterhalt finanziert wird. Auch freiwillige Zuwendungen Dritter sind dabei nach der umfassenden Definition des § 115 ZPO grundsätzlich dem Einkommen hinzuzurechnen, wenn sie regelmäßig und in nennenswertem Umfang gewährt werden. Bei freiwilligen Leistungen Dritter müssen etwa eidesstattliche Versicherungen der Dritten über Umfang und Grund der Hilfeleistung vorgelegt werden.[20]

12 VKH kann *nicht* wegen absichtlich oder aus grober Nachlässigkeit erfolgten **falschen Angaben** des Antragstellers über seine persönlichen oder wirtschaftlichen Verhältnisse versagt werden.[21] Eine Verwirkung des Anspruchs auf Verfahrenskostenhilfe auf Grundlage einer analogen Anwendung von § 124 (1) Nr 2 ZPO im Bewilligungsverfahren scheidet aus, da dieser seinem Regelungsinhalt nach nur die *nachträgliche* Aufhebung einer Bewilligung wegen falscher Angaben ermöglicht.[22] Eine analoge Anwendung bereits im Bewilligungsverfahren würde möglicherweise einer verfassungsrechtlicher Prüfung nicht standhalten.

Allerdings kann in einem solchen Fall bei zuvor erfolgter Fristversäumung des Antragstellers Wiedereinsetzung in den vorigen Stand versagt werden.[23]

13 **Belege** über die persönlichen und wirtschaftlichen Verhältnisse sind der Erklärung beizufügen, insbesondere über das Einkommen (zB durch Vorlage von Verdienstbescheinigungen), das Vermögen (zB durch Bescheinigungen von Geldinstituten über Konten und Wertpapierbesitz, Unterlagen über unbewegliches Vermögen) und Lasten (vgl § 82 (2) SGB XII; zu § 90 SGB XII vgl unten Rdn 29). Kontoauszüge reichen idR aus; ebenso zB Mitgliedsbescheinigungen einer Krankenkasse, denen sich die Beitragshöhe entnehmen lässt.[24]

3 Anmelder

14 muss der Antragsteller sein, dh er muss eine den Mindesterfordernissen (vgl § 35 Rdn 16 ff) entsprechende Patentanmeldung beim DPMA eingereicht haben, die noch anhängig ist. Die Offenbarung der Erfindung muss so ausreichend deutlich sein (vgl § 34 Rdn 314 ff), dass danach die Erfolgsaussicht beurteilt werden kann. Dem Pfändungsgläubiger einer Patentanmeldung kann keine VKH bewilligt werden.[25]

---

18 BGH NJW-RR **18**, 190 *Anforderungen an Prozesskostenhilfeantrag – Substanzloser Vortrag zu Lebensunterhalt*
19 BGH Beschl. v. 27.11.2018 – X ZA 1/17 = BeckRS 2018, 36776.
20 BGH Beschl. v. 27.11.2018 – X ZA 1/17 = BeckRS 2018, 36776.
21 Zu den bestehenden Wahrheits- und Sorgfaltspflichten vgl das Merkblatt über Verfahrenskostenhilfe vor dem Deutschen Patent- und Markenamt (**2020**), Seite 5 und 7.
22 BGH Mitt **15**, 527 (Ls) = NJW-RR **15**, 1338; zustimmend Bruns, NZFam **15**, 1012; ebenso Zapf in FamRZ **15**, 375.
23 BGH Mitt **15**, 345 (Ls) = NJW **15**,1312.
24 BPatG v 27.9.2004 – 20 W (pat) 29/04 = BeckRS 2004, 17 284.
25 BPatG v 3.5.2004 – 10 W (pat) 12/01 = BeckRS 2011, 27 833.

3.1 Unterhaltsberechtigter Anmelder
Um einem missbräuchlichen Vorschieben mittelloser Angehöriger durch den leistungsfähigen Erfinder vorzubeugen, verlangt das DPMA von einem Antragsteller, der Unterhaltsleistungen Dritter bezieht, die Vorlage einer Erklärung des Dritten über dessen persönliche und wirtschaftliche Verhältnisse.[26] Da die Patentanmeldung als »persönliche Angelegenheit« iSv § 1360a (4) BGB[27] zu werten ist, gilt der Grundsatz, dass Familiensolidarität und damit die Kostenvorschusspflicht des Unterhaltsverpflichteten der Gewährung staatlicher Fürsorge in Form von Verfahrenskostenhilfe vorgeht. Liegen bei dem Dritten die Voraussetzungen für die Gewährung von VKH nicht vor, soll der Antrag zurückgewiesen werden.[28]

3.2 Mehrere Anmelder
erhalten für die gemeinsam eingereichte Anmeldung VKH nach § 130 (3) nur, wenn alle Anmelder die Verfahrenskosten nicht, nur zum Teil oder nur in Raten aufbringen können.

3.3 Minderjährige
müssen durch ihren gesetzlichen Vertreter handeln. Bei der Prüfung ihrer wirtschaftlichen Leistungsfähigkeit kommt es zwar grundsätzlich auf die finanziellen Verhältnisse des Kindes (einschließlich des von den Eltern gezahlten Unterhalts) an, die Eltern, die die Anmeldung erlaubten, sind aber ggf nach § 1360a (4) BGB analog kostenvorschusspflichtig, da die Patentanmeldung als »persönliche Angelegenheit«[29] zu werten ist, so dass der Grundsatz gilt, dass Familiensolidarität der Gewährung staatlicher Fürsorge in Form von Verfahrenskostenhilfe vorgeht.[30]

3.4 PCT-Anmelder
kann für die internationale Phase keine VKH erhalten, da es sich nicht um deutsche Kosten handelt.

3.4 Übertragung:
Wird die Anmeldung ohne triftigen Grund auf eine finanziell nicht leistungsfähige Person übertragen (zB nahen Angehörigen), damit diese das Erteilungsverfahren auf Basis von VKH betreiben kann, sind neben den finanziellen Verhältnissen des Erwerbers auch die des Veräußerers zu berücksichtigen.[31]

4 Angabe des Erfinders

und wegen § 130 (4) nachprüfbare Darlegung, dass auch der Erfinder die Verfahrenskosten nicht, nur zum Teil oder nur in Raten aufbringen kann. § 130 (4) geht § 37 vor. Trotz eines Antrags auf Nichtnennung gemäß § 63 (1) 3 muss für einen Antrag gemäß § 130 der Erfinder genannt werden. Ohne die Angabe, wer Erfinder ist, kann das VKH-Verfahren nicht durchgeführt werden.[32] Bei mehreren Erfindern müssen die Voraussetzungen für die VKH auch bei den Miterfindern vorliegen, die nicht Anmelder oder Patentinhaber sind.[33]

---

26 Vgl DPMA Formular A 9541Anlage/5.15 unter http://dpma.de/service/formulare_merkblaetter/formulare/index.html, Stand 10.09.16.
27 Vgl zum Verständnis des Begriffs »persönliche Angelegenheit« BGH NJW 10, 372, Rn 5 ff.
28 Kritisch: Tönnies Mitt 14, 549.
29 Siehe Fußnote 21.
30 Vgl Hübenett GRUR 94, 13.
31 KG MDR 02, 1396; OLG Köln NJW-RR 95, 1405.
32 BPatG Mitt 15, 145 = BlPMZ 15, 56; GRUR-RR 15, 232 (Ls).
33 BPatGE 28, 201 = BlPMZ 87, 358.

21 Dem Antrag muss daher entweder die Erfinderbenennung (§ 37) beigefügt oder glaubhaft gemacht werden, dass der Anmelder zugleich der Erfinder ist.

5 Einzusetzendes Einkommen:

22 Ein Anmelder erhält nach § 130 (1) 1 PatG iVm § 114 ZPO auf Antrag Verfahrenskostenhilfe, wenn er nach seinen persönlichen und wirtschaftlichen Verhältnissen die Verfahrenskosten nicht, nur zum Teil oder nur in Raten aufbringen kann.

23 Nach § 130 (1) 1 PatG iVm § 115 (1) ZPO hat der Anmelder sein **Einkommen** einzusetzen, zu dem alle Einkünfte in Geld oder Geldeswert zählen. Dazu gehören alle Einkünfte aus selbständiger und nicht selbständiger Arbeit, aus Land- und Forstwirtschaft, Gewerbebetrieb, Kapitalvermögen, Vermietung und Verpachtung, Renten, Wohngeld sowie Sachbezüge, wie Naturalleistungen, Kost, Wohnung. Die Prozessfinanzierungszusage eines leistungsfähigen Dritten, die mit rechtlicher Bindung und Erzwingbarkeit erfolgt, stellt vorrangig zu verwertendes Vermögen iSv § 115 (3) ZPO dar.[34] Außer Betracht bleiben insoweit bloße Absichtsbekundungen ohne Rechtsbindungswillen.

24 Von seinem Einkommen sind nach § 130 (1) 1 PatG die in § 115 (1) Satz 3 Nr 1–4 ZPO genannten Beträge abzusetzen. Die Differenz zwischen Einkommen und Abzügen (s Rdn 26) ergibt das **einzusetzende Einkommen**, das für die Höhe der vom Anmelder zu zahlenden Monatsraten gemäß § 115 (1) Satz 4 ZPO maßgebend ist.

25 Einkünfte die aus zweckgerichteten öffentlich-rechtlichen Zuwendungen stammen sind Einkommen iSv § 115 I ZPO.[35]

5.1 Abzüge vom Einkommen gemäß § 115 (1) Satz 3 ZPO

26 **§ 115 (1) Nr 1 ZPO:** Vom Einkommen abzusetzen sind die in § 82 (2) SGB XII aufgeführten Beträge, im Wesentlichen für Steuern, Sozialversicherungsbeiträge, Versicherungsprämien und Werbungskosten sowie geförderte Altersvorsorgebeträge nach § 82 EStG.

27 **§ 115 (1) Nr 2 ZPO:** Abzüge für **Unterhaltsleistungen** a) für die Partei und ihren Ehegatten ein jährlich sich ändernder Festbetrag, der nicht für jeden Einzelfall berechnet werden muss, sondern durch das BMJ jedes Jahr neu durch die sogenannte »Prozesskostenhilfebekanntmachung« (PKHB) festgesetzt wird.[36] Freiwillige Unterhaltsleistungen sind nicht absetzbar.[37]

28 **§ 115 (1) Nr 3 ZPO:** Abzüge für **Unterkunft und Heizung.** Soweit sie nicht in einem auffälligen Missverhältnis zu den Lebensverhältnissen der Partei stehen – also bei Luxus – sind abzugsfähig. Mietzins, Mietnebenkosten, Umlagen für Betriebskosten,

---

34 BGH NJW 15, 3101 = BeckRS 2015, 15 940.
35 BGH NJW-RR 20, 882.
36 Vgl. BGBl 2006 I 1292 = BlPMZ 06, 257. Die jährliche Neufestsetzung (PKHB) wird im BGBl sowie im BlPMZ (dort jeweils im Heft 2 des laufenden Jahres veröffentlicht, vgl bspw BlPMZ 21, 43). Als Alternative empfiehlt sich eine Internetsuche, bspw mit dem Stichwort »Prozesskostenhilfebekanntmachung 2021«.
37 Vgl BPatGE 25, 93; DPA BlPMZ 83, 134.

Belastung durch Fremdmittel für den Erwerb eines Familienheims oder einer Eigentumswohnung und die Kosten der Instandhaltung.

§ 115 (1) Nr 4 ZPO: Weitere Beträge können abgesetzt werden, wenn dies mit Rücksicht auf **besondere Belastungen** angemessen ist. Als besondere Belastung kann alles gelten, was über den Regelbedarf für den laufenden Bedarf (für Ernährung, Körperpflege, Reinigung, Haushaltsenergie, Wäsche und Hausrat von geringem Wert etc) iSd §§ 27 (1), 28 SGB XII hinausgeht. Daher können auch allgemeine Lebenshaltungskosten besondere Belastungen iSd § 115 (1) Nr 4 ZPO sein.[38]

Besondere Belastungen sind zB: Schuldverpflichtungen, insbesondere Abzahlungsverpflichtungen, die vor Beginn des Verfahrens eingegangen worden sind; Belastungen durch Familienereignisse, wie Geburt, Heirat, Tod; Aufwendungen für die Beschaffung oder Erhaltung der Unterkunft, zB Tilgungsbeiträge, Abtragung von Mietrückständen, Zahlungen an Bausparkassen; Aufwendungen für Fort- und Weiterbildung; vertretbare Aufwendungen für weitere Schutzrechte und Anmeldungen;[39] **keine** besondere Belastung sind freiwillig aufgebrachte Patentanmeldekosten, wenn insoweit keine Gewinnerzielungsabsicht besteht, sondern reine Liebhaberei vorliegt.[40]

5.2 Monatsraten nach der Tabelle: Die Partei hat nach § 115 (1) Satz 4 ZPO Monatsraten zu zahlen, deren Höhe sich nach der Höhe des einzusetzenden Einkommens (= Einkommen minus Abzüge nach § 115 (1) Satz 3 Nr 1–4 ZPO) richten. Beträgt das einzusetzende Einkommen bis zu 15 €, sind keine Raten zu zahlen. Die Höhe der Raten ergibt sich aus der Tabelle in § 115 (1) Satz 4 ZPO. Höchstens sind 48 Raten zu zahlen. Die *vorläufige Einstellung der Zahlungen* soll das Gericht nach § 120 (3) ZPO bestimmen, wenn abzusehen ist, dass die Zahlungen der Partei die Kosten decken.

Betreibt eine Partei *mehrere Verfahren*, sind für jedes Verfahren bis zu 48 Raten zu zahlen. In dem späteren Verfahren können die Raten aus einem früheren Verfahren als besondere Belastung berücksichtigt werden.

Anhörung des Gegners vor Bewilligung der VKH ist nach § 118 (1) ZPO erforderlich, aber nur zu den sachlichen Voraussetzungen der *Erfolgsaussicht und der Mutwilligkeit*, nicht zu den *persönlichen und wirtschaftlichen Verhältnissen* der Partei, die nach § 117 (2) 2 ZPO dem Gegner nur mit Zustimmung der Partei zugänglich gemacht werden dürfen.[41] Verweigert der Antragsteller dem Gegner dieses Wissen, *können* (nicht müssen!) die betreffenden Angaben bei der Entscheidung über den Antrag unberücksichtigt bleiben.[42]

5.3 Gewerbetreibende und juristische Personen: Ist der Antragsteller Gewerbetreibender, ist Bedürftigkeit nur zu bejahen, wenn die Verfahrenskosten nach den konkreten wirtschaftlichen Verhältnissen des Betriebes weder aus dem Unternehmensvermögen noch vom am Gegenstand des Rechtsstreits wirtschaftlich Beteiligten oder durch

---

38 OLG Köln FamRZ **93**, 579.
39 BPatGE **25**, 93 = BlPMZ **83**, 123.
40 BPatG v 13.1.04 – 17 W (pat) 54/03 = BeckRS 2012, 00 569.
41 BVerfG NJW **91**, 2078; BGH NJW **84**, 740.
42 BGH Mitt **05**, 165 (zu § 115 PatG).

eine Kreditaufnahme[43] aufgebracht werden können, die dem Gewerbetreibenden im Rahmen eines ordnungsgemäßen kaufmännischen Geschäftsbetriebes zugemutet werden kann.[44] Handelt es sich bei dem Antragsteller nicht um eine natürliche, sondern eine juristische Person (GmbH, AG, KGaA) oder eine parteifähige Vereinigung (OHG, KG, nicht rechtsfähige Vereine,[45] als GbR geführte Anwaltssozietät[46]), kommt VKH-Bewilligung nach § 116 Nr 2 ZPO nur in Betracht, wenn (a) die voraussichtlichen Verfahrenskosten weder von der juristischen Person oder Vereinigung als solcher noch von ihren Gesellschaftern getragen werden können und (b) die Unterlassung der Rechtsverfolgung allgemeinen Interessen zuwiderlaufen würde. Ein allgemeines Interesse kann angenommen werden, wenn außer den an der Führung des Rechtsstreits wirtschaftlich Beteiligten ein erheblicher Kreis von Personen durch die Unterlassung der Rechtsverfolgung in Mitleidenschaft gezogen würde, etwa weil die VKH-Partei ohne die Durchführung des Rechtsstreits gehindert wäre, der Allgemeinheit dienende Aufgaben zu erfüllen. Gleiches kann gelten, wenn von der Durchführung des Prozesses die Existenz eines Unternehmens abhängt, an dessen Erhaltung wegen der großen Zahl von Arbeitsplätzen ein allgemeines Interesse besteht.[47] Relevante Beeinträchtigungen der Allgemeinheit lassen sich dagegen nicht schon damit begründen, dass die VKH-Partei ein Patent durch großzügige Lizenzvergabe zu verwerten beabsichtigt.[48] Vielmehr ist insoweit Voraussetzung, dass durch die Entscheidung größere Kreise der Bevölkerung oder des Wirtschaftslebens konkret angesprochen und die Entscheidung soziale Wirkungen nach sich ziehen kann oder ein allgemeines Interesse an einer richtigen Entscheidung besteht.[49] Die Vorschrift ist allerdings nur so lange einschlägig, wie der bestimmungsgemäße Betrieb des Unternehmens andauert, was nicht mehr der Fall ist, wenn und sobald das Insolvenzverfahren eröffnet ist.

35 **5.4 Insolvenzverwalter:** Von diesem Zeitpunkt an gilt für einen vom Insolvenzverwalter gestellten Verfahrenskostenhilfeantrag – unanhängig davon, ob der Insolvenzverwalter das Unternehmen liquidiert oder vorerst fortführt – die Vorschrift des § 116 Nr 1 ZPO (und nicht § 116 Nr 2 ZPO).[50] Die Rechtslage ist dieselbe, wenn es während eines laufenden Rechtsstreits zur Insolvenzeröffnung kommt, weil VKH dem Insolvenzverwalter als Partei kraft Amtes zu gewähren ist und es deswegen auf die Bewilligungsvoraussetzungen ankommt, die für seine Person gelten.[51] Insoweit geltend für den Insolvenzverwalter keine höheren Voraussetzungen als für jede andere (anwaltlich vertretene) Partei. Auch ein Anwalt als Insolvenzverwalter hat bei Vorliegen der weiteren Voraussetzungen Anspruch auf Bewilligung von VKH. Insbesondere ist er nicht

---

43 BPatG Mitt **16**, 93, unter II.2 (Markensache) = BeckRS **2015**, 09 308.
44 BGH NJW-RR **07**, 379 *PKH-Antrag für gewerbebetriebsbezogenen Rechtsstreit*.
45 BGH, NJW **08**, 69 = NZG **07**, 826 = WM **07**, 1932.
46 BGH NJW **11**, 1595.
47 BGH NJW **11**, 1595.
48 BGH Beschl v 04.05.2010 – X ZR 135/09 = BeckRS **2010**, 14 054.
49 BGH GRUR-RR **12**, 48; BPatG Beschl. v. 22.3.2018 – 30 W (pat) 802/15, BeckRS **2018**, 40495 (Designsache)
50 BGH NJW-RR **05**, 1640 *PKH für juristische Person*.
51 BGH MDR **07**, 851 *Prozesskostenhilfe für Insolvenzverwalter*.

verpflichtet, für die Dauer des Bewilligungsverfahrens auf eigenes Kostenrisiko hin fristwahrende Handlungen vorzunehmen.[52]

Im Einzelnen gilt:

a) Zum Ersten müssen die Kosten eines vom Insolvenzverwalter geplanten Aktivprozesses nicht aus der verwalteten Vermögensmasse aufgebracht werden können. Davon ist bei Masseunzulänglichkeit auszugehen,[53] wobei die Anzeige der Masseunzulänglichkeit, sofern sie noch nicht allzu lange zurückliegt, im Allgemeinen ausreichendes Indiz dafür ist, dass die Kosten tatsächlich nicht aus der Insolvenzmasse beglichen werden können.[54]

b) Zum Zweiten kommt es darauf an, ob den am Gegenstand des Rechtsstreits wirtschaftlich beteiligten Gläubigern zuzumuten ist, die Prozesskosten aufzubringen (§ 116 (1) S 1 ZPO). Letzteres ist anhand einer wertenden Abwägung aller Gesamtumstände des Einzelfalles zu prüfen, wobei insbesondere die bei einem Obsiegen zu erwartende Quotenverbesserung, das Prozess- und Vollstreckungsrisiko und die Gläubigerstruktur zu berücksichtigen sind.[55] Da Neumassegläubiger vorrangig bedient werden, so dass Altmassegläubiger sich von einem Prozesserfolg nichts oder nur wenig versprechen können, ist ihnen nicht zuzumuten, die Prozesskosten aufzubringen. Die Frage nach der Bedürftigkeit der Masse ist deswegen unter Einbeziehung der Altmasseverbindlichkeiten zu beantworten.[56]

c) Die Masseunzulänglichkeit macht die beabsichtigte Rechtsverfolgung noch nicht mutwillig.[57] Ob gleiches auch gilt, wenn die Masse nicht einmal ausreicht, um die Kosten des Insolvenzverfahrens zu decken, ist offen.[58]

6 Einsatz des Vermögens:

Nach § 130 (1) 1 PatG iVm § 115 (2) ZPO hat der Anmelder sein Vermögen einzusetzen, soweit dies ihm zumutbar ist. Das Vermögen muss verwertbar sein, also zu einem vertretbaren Preis veräußert werden können. Darunter können auch dem Antragsteller gehörende Patente fallen. Die Prozessfinanzierungszusage eines leistungsfähigen Dritten, die mit rechtlicher Bindung und Erzwingbarkeit erfolgt, stellt ebenfalls vorrangig zu verwertendes Vermögen iSv § 115 (3) ZPO dar.[59] Außer Betracht bleiben dagegen bloße Absichtsbekundungen ohne Rechtsbindungswillen.

Die aus dem Vermögen zu zahlenden Beträge setzen das DPMA und das BPatG gemäß § 136 Satz 1 PatG iVm § 120 (1) 1 ZPO fest, die in einem einmaligen oder ratenweise zu entrichtenden Betrag zu beziffern sind.

36

Kein Vermögen iSd § 115 (2) ZPO ist a) das pfändungsfreie Vermögen; b) ein Vermögen, das nicht angemessen verwertet werden kann; c) Vermögen, von dessen Einsatz die Sozialhilfe gemäß § 90 (2) SGB XII nicht abhängig gemacht werden darf.

37

---

52 BGH Beschl v 23.04.2013 – II ZB 21/11 = BeckRS 2013, 11 092.
53 BGH MDR 08, 107 *Insolvenzverwalter Masseunzulänglichkeit*; BGH v 12.03.08 – XII ZB 4/08 = BeckRS 2008, 08 101 = NZI 08, 368 *Insolvenzverwalter Massearmut*.
54 BGH v 12.03.08 – XII ZB 4/08 = BeckRS 2008, 08 101 *Insolvenzverwalter Massearmut*.
55 BGH NJW-RR 06, 1064 = ZIP 06, 682 *Insolvenzverwalter Zumutbarkeit*.
56 BGH MDR 08, 107 *Insolvenzverwalter Masseunzulänglichkeit*.
57 BGH ZInsO 08, 378 = BeckRS 2008, 05 527 *Insolvenzverwalter Mutwilligkeit*.
58 BGH ZInsO 08, 378 = BeckRS 2008, 05 527 *Insolvenzverwalter Mutwilligkeit*.
59 BGH NJW 15, 3101 = BeckRS 2015, 15 940.

7 Einbeziehung von Jahresgebühren nach § 130 (5) PatG

38 Nach § 115 (3) ZPO wird Prozesskostenhilfe nicht bewilligt, wenn die Kosten 4 Monatsraten voraussichtlich nicht übersteigen. Danach würden durch Anwälte nicht vertretene Anmelder vielfach keine VKH erhalten können, weil die Kosten für Anmelde-, Prüfungsantrags- und Patenterteilungsgebühr den nach der Tabelle zu zahlenden Betrag von 4 Monatsraten in vielen Fällen nicht übersteigen würde. Um das auszuschließen, dürfen nach § 130 (5) PatG auf Antrag so viele Jahresgebühren in die VKH einbezogen werden, dass die Beschränkung des § 115 (3) ZPO entfällt. Darüber hinaus können Jahresgebühren nicht einbezogen werden.

Zur Bewilligung von VKH für die Entrichtung von Jahresgebühren siehe Rdn 74.

39 **7.1 Voraussetzungen der Einbeziehung: a)** Antrag, von Amts wegen werden Jahresgebühren nicht einbezogen; **b)** bereits entrichtete Jahresgebühren können nicht eingerechnet werden.

40 **7.2 Verrechnung der Raten auf die Jahresgebühren:** Nach § 130 (5) 2 werden die gezahlten Monatsraten zunächst auf die Kosten des Erteilungsverfahrens und eines etwaigen beigeordneten Vertreters verrechnet und erst dann auf die einbezogenen Jahresgebühren. Einbezogene Jahresgebühren werden daher erst dann durch die Raten entrichtet, wenn zuvor die gesamten anderen Verfahrenskosten gedeckt sind.

41 Die jeweils einbezogene Jahresgebühr ist in dem Zeitpunkt entrichtet, in dem die zuletzt gezahlte Rate den Betrag der jeweils niedrigsten, noch nicht entrichteten Jahresgebühr abdeckt. War die Jahresgebühr bereits fällig, ist der durch Raten in Höhe der Jahresgebühr entrichtete Betrag verfallen. Nach § 130 (5) 3 PatG iVm § 5 (2) PatKostG können Jahresgebühren durch Raten frühestens 1 Jahr vor Fälligkeit entrichtet werden (siehe dazu § 5 PatKostG Rdn 12 im Anhang 15).

42 **7.3 Wirkung der Einbeziehung der Jahresgebühren:** Die Einbeziehung in die VKH hat für die betroffenen Jahresgebühren die Wirkung, dass ihre Entrichtung so lange gestundet ist, bis durch die Monatsraten die Kosten des Erteilungsverfahrens und eines etwa beigeordneten Vertreters gedeckt sind und die darüber hinaus gezahlten Raten die Höhe der jeweils niedrigsten, noch nicht entrichteten Jahresgebühr erreichen. Die Stundung endet mit der Aufhebung der VKH nach § 137 oder nach § 124 ZPO.

8 Hinreichende Aussicht auf Erteilung des Patents

43 muss nach § 130 (1) 1 PatG bestehen, um VKH erhalten zu können. Die Gewährung von VKH davon abhängig zu machen, dass die beabsichtigte Rechtsverfolgung oder Rechtsverteidigung hinreichende Aussicht auf Erfolg hat und nicht mutwillig erscheint, ist verfassungsrechtlich unbedenklich.[60]

Zur Beurteilung der Erfolgsaussicht einer Patentanmeldung ist der aus den Unterlagen der Anmeldung sich ergebende Anmeldungsgegenstand mit dem Stand der Technik zu vergleichen.

Dabei handelt es sich um ein summarisches Verfahren, bei dem die angestrebte Rechtsverfolgung selbst nicht in das Verfahrenskostenhilfeverfahren verlagert werden

---

60   BVerfG NJW **16**, 1378 (Ls) = BeckRS **2016**, 40 279.

darf, so dass dieses praktisch an die Stelle des Hauptsacheverfahrens tritt.[61] Summarische Prüfung setzt voraus, dass der Antragsteller Angaben zur Erfindung macht, die eine Beurteilung der Erfolgsaussichten ermöglichen.[62] Die Prüfung ist aber nicht nur auf eine kursorische Neuheitsprüfung zu reduzieren, vielmehr ist auch die Frage der erfinderischen Tätigkeit miteinzubeziehen.[63] Ausreichend ist es insoweit, wenn unter Berücksichtigung des Gesamtinhalts der Anmeldung ein erfinderischer Überschuss gegenüber dem vorläufig ermittelten Stand der Technik nicht ausgeschlossen erscheint.[64]

Hängt die Erfolgsaussichten der Patentanmeldung von der Beantwortung einer schwierigen, bislang ungeklärten Rechtsfrage ab, so ist beim Vorliegen der weiteren Voraussetzungen VKH zu gewähren.[65] Dies gilt selbst dann, wenn das zuständige Gericht die Auffassung vertritt, dass die Rechtsfrage zu Ungunsten des Antragstellers zu entscheiden ist.[66] Jedoch führt die bloße Schwierigkeit einer Rechtsmaterie – wie sie etwa in Patentnichtigkeitsklagen regelmäßig gegeben sein werden – als solche noch nicht dazu, dass im VKH-Verfahren keine ablehnende Entscheidung getroffen werden kann.[67] Aus »verfahrensökonomischen Gründen« darf VKH nicht verweigert werden.[68]   44

Wird ein Antrag auf VKH nicht vor Ablauf der Rechtsmittelfrist – ohne dass das Rechtsmittel eingelegt wurde – bei der für die Durchführung des weiteren Verfahrens zuständigen Stelle gestellt, besteht keine Aussicht auf Erfolg.[69]   45

Das VKH-Verfahren soll den Zugang zum Rechtsschutz sicherstellen, ihn aber nicht eigenständig umsetzen. Zu beachten bleibt daher stets, dass »Erfolgsaussicht« iSv § 130 etwas anderes ist als der Erfolg selbst, dh, die Entscheidung in der Hauptsache wird von der VKH-Entscheidung in keiner Hinsicht präjudiziert. Die VKH-Partei kann sich somit nicht darauf verlassen, dass eine VKH-Bewilligung zum Erfolg der Hauptsache führt oder das Gericht einen entsprechenden Hinweis erteilt, falls die Rechtslage später abweichend vom VKH-Beschluss beurteilt wird.[70]   46

8.1 Voraussetzungen für Erfolgsaussicht

8.1.1 Unbehebbare Patenthindernisse stehen einer Bewilligung von VKH entgegen, wie zB a) Fehlen der Mindesterfordernisse für die Zuerkennung eines Anmeldetages (vgl § 35 Rdn 16), b) Fehlen einer Erfindung iSd § 1 PatG (vgl § 1 Rdn 12 ff), insbesondere bei Fehlen der Offenbarung einer technischen Lehre (§ 1 Rdn 16 ff) oder – was   47

---

61 BVerfGE 81, 347, 357 (= NJW 91, 413); BVerfG NJW 04, 1789.; BGH NJW 13, 1310; BGH NJW-RR 14, 131 = BeckRS 2013, 14 700; BVerfG NJW 15, 2173 = BeckRS 2015, 46 293.
62 BPatG v 21.07.15 – 7 W (pat) 13/15 = BeckRS 2015, 14 192.
63 BPatG v 13.07.10 – 19 W (pat) 23/07 = BeckRS 2011, 08 870.
64 BPatG v 13.05.14 – 10 W (pat) 62/14 = BeckRS 2014, 11 323.
65 BVerfGE 81, 347, 357 (= NJW 91, 413); BVerfG NJW 04, 1789; BVerfG NJW 08, 1060 = Schulte-Kartei PatG 129–138 Nr 77 *Prozesskostenhilfe bei ungeklärten Rechtsfragen*.
66 BGH NJW 13, 2198; BGH NJW 13, 1310 = FamRZ 13, 369.
67 BVerfG NJOZ 09, 4434 = BeckRS 2009, 39 170.
68 BPatG v 26.07.10 – 15 W (pat) 10/10 = GRUR-Prax 10, 442.
69 BGH Beschl v 21.08.2008 – X ZA 2/08 = BeckRS 2008, 19 823; BGH Beschl v 05.02.2009 – I ZA 6/08 = BeckRS 2009, 05 312.
70 BGH GRUR 12, 317 = NJW-RR 12, 128 *Levitationsanlage*.

§ 130

dem gleichbedeutend ist – wenn diese für einen Fachmann unverständlich oder unvollständig ist,[71] c) **Verstoß gegen § 2 PatG**.[72]

48 *Behebbare Mängel* können die Erfolgsaussicht auf Erteilung eines Patents nicht beeinträchtigen, weil der Anmelder sie nach entsprechender Aufforderung durch das DPMA ohne Rechtsverlust beseitigen kann.[73] Dazu gehören alle formalen Mängel, wie zB mangelnde Einheitlichkeit, fehlende oder ungeschickt formulierte[74] Patentansprüche, Verstöße gegen die Patentanmeldeverordnung etc.

49 **8.1.2 Stand der Technik** darf eine Patenterteilung *nicht ausgeschlossen* erscheinen lassen. Da § 130 (1) 1 PatG nur »hinreichende« Aussicht auf Patenterteilung verlangt, genügt es, wenn DPMA und BPatG überzeugt sind, dass eine Erteilung möglich ist,[75] weil Neuheit und erfinderische Tätigkeit gegeben zu sein scheinen.[76] Ausreichend ist es insoweit, wenn unter Berücksichtigung des Gesamtinhalts der Anmeldung ein erfinderischer Überschuss gegenüber dem vorläufig ermittelten Stand der Technik nicht ausgeschlossen erscheint.[77] Weil es sich um eine *summarische Prüfung* handelt, dürfen die Anforderungen nicht überspannt werden.[78]

50 *Bei der Prüfung auf Erfolgsaussicht zu berücksichtigender Stand der Technik* ist nicht nur der, den der Anmelder selbst genannt hat, sondern jeder Stand der Technik, der dem DPMA im Zeitpunkt der Entscheidung bekannt ist oder auf Grund einer durchgeführten *vorläufigen Recherche* bekannt wird.[79] Das DPMA kann aber die Entscheidung über den VKH-Antrag nicht zurückstellen bis ihm der gesamte für den Anmeldetag maßgebende Stand der Technik vorliegen wird,[80] weil das eine ungerechtfertigte Verfahrensverzögerung von ca 6 Monaten bedeuten würde.

8.2 Verfahren, für die VKH bewilligt werden kann

51 a) **Offensichtlichkeitsprüfung nach § 42**, sofern keine unbehebbaren Formmängel vorliegen.[81]
b) **Rechercheantrag nach § 43**, wenn die Offensichtlichkeitsprüfung zu keinen unbehebbaren Beanstandungen geführt hat.[82] VKH für Dritte s Rdn 64.

---

71 BPatGE 39, 260.
72 BPatGE 29, 39 *Scheintotenentlarvungssystem* (Sittenverstoß).
73 BPatGE 12, 177, 180 f.
74 BPatGE 42, 271.
75 BPatGE 42, 180, 186 = BlPMZ 00, 191 *Verfahrenskostenhilfe*.
76 BPatGE 42, 271 = BlPMZ 00, 283 *Schutzanlage*; nach BPatGE 43, 185 = BlPMZ 01, 60 *Nagelschneidzange* ist ein Überschuss allein aufgrund einer Neuheitsprüfung ausreichend. Aber einer zwar neuen Erfindung, die aber nicht erfinderisch ist, fehlt die hinreichende Erfolgsaussicht.
77 BPatG v 13.05.14 – 10 W (pat) 62/14 = BeckRS 2014, 11 323.
78 BVerfGE 81, 347, 358 = NJW 91, 413; NJW 92, 889; BGH NJW 94, 1161; zu weitgehend BPatGE 43, 185 = BlPMZ 01, 60 *Nagelschneidzange*, wonach nur geprüft werden soll, ob die Erfindung neu, nicht aber, ob sie erfinderisch ist. Eine hinreichende Erfolgsaussicht fehlt aber auch dann, wenn die Erfindung zwar neu, aber ersichtlich nicht erfinderisch ist.
79 BPatG BlPMZ **88**, 290.
80 Dafür aber wohl BPatGE 30, 119, 121.
81 BPatGE 12, 177.
82 BPatGE 12, 177, 181.

c) **Beschwerdeverfahren:** Im Erteilungsverfahren kann für eine Beschwerde gegen die Zurückweisung einer Anmeldung VKH bewilligt werden, wenn sowohl die Patenterteilung wie die Beschwerde hinreichende Aussicht auf Erfolg haben.[83] Es genügt, wenn nicht ausgeschlossen werden kann, dass die angefochtene Entscheidung aufzuheben und die Sache zurückzuverweisen ist. Weil es sich um eine summarische Prüfung handelt, dürfen die Anforderungen nicht überspannt werden.[84] Ist die Beschwerde bereits wegen Unzulässigkeit zu verwerfen, kommt Gewährung von Verfahrenskostenhilfe nicht in Betracht.[85]

d) **Anhörungsrüge:** VKH kann für alle selbständigen Gerichtsverfahren bewilligt werden; dazu zählt auch das Verfahren über die Gehörsrüge.[86]

Erfolgsaussicht fehlt, a) wenn die Beschwerde unzulässig ist;[87] **b)** wenn die Beschwerde als unbegründet zurückzuweisen ist, weil die angefochtene Entscheidung richtig oder im Ergebnis zutreffend ist.

Erfolgsaussicht der Verteidigung gegen eine Beschwerde des Gegners darf das BPatG nach § 119 (1) 2 ZPO nicht verneinen, also wenn der Hilfsbedürftige vor dem DPMA obsiegt hatte.

Beschwerdegebühr: Beschwerden gegen die Verweigerung der VKH oder die Ablehnung der Beiordnung eines Vertreters sind nach Nr 401 300 PatKostG nicht gebührenpflichtig.[88]

8.3 Verfahren, für die keine VKH bewilligt werden kann

a) **Antrag auf Bewilligung von VKH**,[89] denn das VKH-Verfahren ist weder in der abschließenden Regelung des § 129 genannt noch in »Verfahren zur Erteilung des Patents« iSd § 130 (1) 1 PatG;[90] Das VKH-Verfahren ist gebührenfrei, so dass die Nichtgewährung von VKH für das VKH-Verfahren folgerichtig erscheint.[91]

b) **Beschwerde gegen die Zurückweisung eines Antrags auf Bewilligung von VKH**,[92] die ab dem 1.6.2004 gebührenfrei gestellt ist;[93] ob vor dem 1.6.2004 ebenfalls Gebührenbefreiung bestanden hat, ist streitig;[94]

---

83 BPatGE 43, 187, 191 *Luftfilter*; 46, 192, 197 *wartungsfreies Gerät*; BGH NJW 13, 1310.
84 BVerfGE 81, 347, 358; BVerfG NJW 92, 889; BGH NJW 94, 1161.
85 BPatG 18.12.12 – 10 W (pat) 7/10 = BeckRS 2013, 02 509; BPatG v 12.02.15 7 W (pat) 77/14 = BeckRS 2015, 09 656.
86 BGH Beschl v 13.03.2012 – X ZR 7/11 = BeckRS 2012, 07 174.
87 BGH BlPMZ 84, 389 *Unzulässiges Rechtsmittel, Prozesskostenhilfe*; BPatG v 12.02.15 – 7 W (pat) 77/14 = BeckRS 2015, 09 656.
88 So schon zum alten Recht: BPatGE 46, 38; 47, 151 *Rollrechen*; aA zum alten Recht: BPatGE 46, 192 *wartungsfreies Gerät*; 47, 120 *VKH für VKH-Beschwerdeverfahren*.
89 BPatGE 28, 119 (Gbm); 43, 187, 191; 46, 192, 193; BGHZ 91, 311 = NJW 84, 2106; BGH v 20.03.03 – I ZA 4/02 = BeckRS 2003, 03 465 = Schulte-Kartei PatG 129–138 Nr 73.
90 BPatGE 46, 192, 193 *wartungsfreies Gerät*;
91 BPatG v 20.11.2018 – 7 W (pat) 20/17 *Verfahrenskostenhilfe für das Anfertigen von Patentzeichnungen* = BeckRS 2018, 33026.
92 BPatGE 43, 187 *Luftfilter*; 46, 38 = GRUR 03, 87 *Gebührenfreie Verfahrenskostenhilfebeschwerde*; OLG Karlsruhe JurBüro 94, 606; aA: BPatGE 46, 191.
93 §§ 1 (1) 1, 2 (1) PatKostG iVm Nr 411 200 des Gebührenverzeichnisses (s Anhang 15).
94 Bejahend: BPatG BlPMZ 05, 206 *Frontkrafheber*; Beschl 01.09.04 21 W (pat) 29/04; verneinend: Beschl. 12.01.04 – 11 W (pat) 53/03 = BeckRS 2011, 28 811.

c) **einzelne Verfahrenshandlung** innerhalb des Erteilungsverfahrens, zB Akteneinsicht oder die Durchführung einer Beweisaufnahme.

Wird VKH entgegen a) bis c) bewilligt, so ist sie bis zu ihrer Aufhebung wirksam, da der Antragsteller sich darauf verlassen darf.

9 Mutwillen

56 **9.1 Anschein von Mutwilligkeit:** Nach § 130 (1) 1 PatG iVm § 114 ZPO darf die beabsichtigte Patentanmeldung – auch wenn sie hinreichende Aussicht auf Erfolg bietet – nicht mutwillig erscheinen. Weil der volle Nachweis des Mutwillens kaum möglich ist, verlangt das Gesetz nicht, dass die Anmeldung mutwillig *ist*, es genügt, dass sie mutwillig *erscheint*.

57 Das bedeutet aber nicht, dass Vermutungen – mögen sie auch noch so nahe liegen – ausreichend wären. Vielmehr müssen auf Grund des auch im VKH-Verfahren geltenden Untersuchungsgrundsatzes Tatsachen ermittelt und festgestellt werden, die objektiv den Schluss zulassen, dass die Anmeldung aus Mutwillen eingereicht wurde.[95] Der Begriff »erscheinen« bedeutet somit keine Umkehr der Beweislast in dem Sinne, dass der Antragsteller fehlende Mutwilligkeit nachzuweisen hätte. Vielmehr ist es de facto erforderlich, der VKH-Partei einen Rechtsmissbrauch **nachzuweisen**.[96] Verfahrenskostenhilfe kann nicht aus »verfahrensökonomischen Gründen« verweigert werden.[97] Erst wenn dem Antragsteller die tatsächlichen Umstände mitgeteilt worden sind, aus denen sich für das DPMA und das BPatG schlüssig der Anschein von Mutwillen ergibt, obliegt dem Antragsteller die Darlegung, dass die Feststellung der tatsächlichen Umstände und/oder die aus ihnen gezogene Schlussfolgerung nicht zutrifft.

58 **Prüfung auf Mutwilligkeit** kommt erst dann in Betracht, wenn die hinreichende Aussicht auf Patenterteilung nicht verneint werden kann,[98] denn patentwürdige Erfindungen werden höchst selten mutwillig angemeldet. Der unbestimmte Rechtsbegriff der Mutwilligkeit ist vom **BPatG** voll überprüfbar.[99]

59 **9.2 Begriff des Mutwillens:** Gemäß dem durch das Gesetz zur Änderung des Prozesskostenhilfe- und Beratungshilferechts (v 31.08.13) neugefassten § 114 (2) ZPO ist eine Rechtsverfolgung oder -verteidigung mutwillig, wenn eine Partei, die keine Prozesskostenhilfe beansprucht, bei verständiger Würdigung aller Umstände von der Rechtsverfolgung oder Rechtsverteidigung absehen würde, obwohl eine hinreichende Aussicht auf Erfolg besteht. Mutwillig handelt demnach, wer sein Recht nicht in gleicher Weise verfolgt oder verteidigt wie eine verständige und vermögende Person, die keine VKH erhält und sich scheuen würde, die Kosten für eine Anmeldung, einen Antrag oder eine Beschwerde aufzuwenden.[100] Dadurch wird der Unbemittelte dem Bemittel-

---

95 BPatGE **45**, 49, 51 = BlPMZ **02**, 387 *Massenanmeldung.*
96 Vgl BGH NJW **09**, 857.
97 BPatG v 26.7.2010 15 W (pat) 10/10 = GRUR-Prax **10**, 442.
98 BPatGE **40**, 224, 226; **41**, 45, 47; **42**, 178; **43**, 20; aA BPatGE **42**, 180, 183.
99 BPatGE **42**, 180, 185 = BlPMZ **00**, 191; BPatG v 15.03.99 – 34 W (pat) 6/99 Schulte-Kartei PatG 129–138 Nr 55; **abw**: BPatGE **38**, 227 = BlPMZ **97**, 443.
100 BVerfGE **22**, 83, 86; **63**, 380, 394; **81**, 347, 357; BPatGE **45**, 49, 51 = Bl **02**, 387.

ten weitgehend gleichgestellt, der vernünftigerweise nur aussichtsreiche und nicht mutwillige Verfahren führt.[101]

Beispiele für Mutwillen: a) Querulantentum, insbesondere bei Wiederholung eines abgelehnten VKH-Antrags – der ja nicht in Rechtskraft erwächst – ohne Änderung der subjektiven oder objektiven Voraussetzungen;[102] **b)** vom Antragsteller **herbeigeführte eigene Mittellosigkeit; c)** Vorschieben eines mittellosen **Strohmanns; d)** schuldhafte **Verletzung der Verfahrensförderungspflicht** in 1. Instanz;[103] **e)** wenn objektiv eine **Verwertung eines erteilten Patents** ausgeschlossen werden kann[104] oder wenn VKH für Aufrechterhaltungsgebühren (zB 7. und 8. beim Gebrauchsmuster) begehrt wird und bisher keine ernsthaften Anstrengungen zur wirtschaftlichen Verwertung der Erfindung unternommen wurden;[105] **f)** wenn die Anmeldung ersichtlich **nicht ernst gemeint ist,**[106] was aber kaum feststellbar sein wird.   60

Kein Mutwillen liegt vor: **a)** wenn der Anmeldungsgegenstand sich von den Gegenständen früherer, wegen Mutwilligkeit abgelehnter Anmeldungen unterscheidet;[107] **b)** wenn nur Zweifel eine **wirtschaftliche Verwertung** nicht aussichtsreich erscheinen lassen;[108] **c)** wenn der Anmelder sich um die **Verwertung – wenn auch erfolglos –** bemüht hat; **d)** wenn der Markt zur Zeit keinen Bedarf hat,[109] denn dieser kann sich künftig ergeben;[110] **e)** in der Regel, wenn die **Aussicht auf Patenterteilung positiv** zu bewerten ist.   61

Große Zahl von Patentanmeldungen desselben Anmelders, die dieser trotz Patenterteilung nicht gewinnbringend verwerten konnte, ist *kein Indiz für Mutwillen* und berechtigt daher nicht zur Zurückweisung eines VKH-Antrags für eine neue Anmeldung des erfolglosen Vielanmelders[111] aus folgenden Gründen: 62

---

101 BVerfGE **67,** 245, 248 = NJW **85,** 425; BVerfGE **81,** 347, 357 = NJW **91,** 413; BVerfG NJW 04, 1789.
102 BGH NJW 09, 857.
103 BPatGE **38,** 236 = BlPMZ **97,** 443.
104 Vgl BPatGE **42,** 180, 184 = BlPMZ **00,** 191 *Kreativer Enthusiast;* **46,** 249 *Versagung von VKH im Erteilungsverfahren wegen Mutwilligkeit.*
105 BPatG GRUR **06,** 946 = Mitt **06,** 453 *Taschenlampen II.*
106 BPatGE **42,** 180, 186 = BlPMZ **00,** 191; BPatGE **45,** 49, 52 = BlPMZ **02,** 387: Anmelder bestätigt »Sorglosigkeit«.
107 BPatGE **44,** 110 = BlPMZ **02,** 223 L *Biologischer Raumluftfilter.*
108 BPatGE **41,** 45 mwN = BlPMZ **99,** 370 L; **42,** 180, 186 = BlPMZ **00,** 191; aA: BPatGE **38,** 227 = BlPMZ **97,** 443; **46,** 249.
109 AA BPatG BlPMZ **96,** 361.
110 BPatGE **43,** 20, 20 f = BlPMZ **00,** 420 *Differenzgetriebemaschine.*
111 Wie hier im Ergebnis: 6. Senat: BPatGE **36,** 254 (150 Patentanmeldungen in ca 14 Jahren) und **41,** 45; 8. Senat: BPatGE **40,** 224 = BlPMZ **99,** 229 L und v 9.10.96 – 8 W (pat) 5 und 12/96 Schulte-Kartei PatG 129–138 Nr 46; 11. Senat: BPatGE **42,** 178 = BlPMZ **00,** 220; **44,** 110 = BlPMZ **02,** 223 L; 19. Senat: BPatGE **43,** 20 = BlPMZ **00,** 420; 34. Senat: BlPMZ **96,** 507 (120 Patentanmeldungen in 15 Jahren); – abw: 9. Senat: BPatGE **42,** 180 = BlPMZ **00,** 191 (Anzahl kann Indiz sein); 10. Senat: BPatGE **45,** 49 = BlPMZ **02,** 387 (Geschmacksmuster); 20. Senat: BlPMZ **96,** 361 (150 Anmeldungen in 13 Jahren) und 21.9.06 20 W (pat) 23/06 (seit 1998 deutlich mehr als 700 Anmeldungen auf unterschiedlichen Fachgebieten ohne wirtschaftliche Verwertung in auch nur einem Fall); 23. Senat: BPatGE **38,** 227 = BlPMZ **97,** 443 (63 Patentanmeldungen in 8 Jahren).

a) Wirtschaftlicher Erfolg aus erteilten Patenten ist weder eine Patentierungsvoraussetzung noch eine Bedingung für die Bewilligung von VKH;
b) mutwillig eingereichte frühere Anmeldungen lassen keinen Schluss darauf zu, dass die vorliegende Anmeldung ebenfalls auf Mutwillen beruht;
c) auch ein bemittelter Anmelder darf so viele Anmeldungen einreichen wie er wünscht, ohne befürchten zu müssen, dass seine 100. Anmeldung zurückgewiesen wird, weil alle ihm früher erteilten Patente wirtschaftlich ein Misserfolg waren;
d) ein bemittelter Erfinder wird sich kaum davon abhalten lassen, seinen neuesten Geistesblitz zum Patent anzumelden, nur weil alle seine zahlreichen früheren Versuche wirtschaftlich ohne Erfolg waren. Die Lebenserfahrung lehrt vielmehr, dass ein normaler Erfinder, der von seiner Idee überzeugt ist, lieber seine letzten Barmittel einsetzt, als auf eine Patentanmeldung zu verzichten. Das beruht darauf, dass neben der Aussicht auf materiellen auch ein ideeller Gewinn winkt. Wird die Hoffnung auf einen Geldsegen – wofür es viele Gründe geben kann, die nicht dem Anmelder anzulasten sind – auch enttäuscht, so bleibt die Genugtuung, dass durch eine etwaige Patenterteilung die Erfinderehre öffentlich anerkannt werden wird, denn die Erteilung eines Patents ist die Anerkennung und Belohnung für eine besondere Leistung des Erfinders, die die Technik bereichert hat (s § 1 Rdn 9). Das Erfinderpersönlichkeitsrecht wird deshalb auch gemäß § 5a DPMAV durch eine besondere Patenturkunde anerkannt.

63 Die Zahl der Anmeldungen lässt insbesondere dann nicht auf Mutwillen schließen, wenn der Antragsteller hierfür in der Vergangenheit selbst erhebliche Beträge aufgewendet hat.[112] Um auf Mutwillen zu schließen, müssen vielmehr besondere Umstände hinzutreten, wie querulatorisches Verhalten, bewusst nicht ernst gemeinte Anmeldungen oder dass der Anmelder nach eigenem Bekunden keine Verwertung beabsichtigt und es ihm nur um den ideellen Wert des Patents geht.[113]

II. Verfahrenskostenhilfe für Dritten, der Antrag nach § 44 stellt (§ 130 (6) PatG)

64 Nach § 130 (6) kann ein Dritter, der für eine eingereichte Anmeldung einen Prüfungsantrag nach § 44 stellt, VKH erhalten, wenn die Voraussetzungen des § 130 (1) – (3) erfüllt sind und der Dritte ein eigenes schutzwürdiges Interesse glaubhaft macht. Dieses ist gegeben, wenn der Dritte ein Interesse an der Entscheidung haben kann, ob er die angemeldete Erfindung zu respektieren hat oder nicht. Es wird idR zu bejahen sein, wenn der Dritte sich auf dem technischen Gebiet der Erfindung betätigt und ihn ein mögliches Verbot der Erfindung beeinträchtigen kann.

65 Erfolgt die Verfahrensbeteiligung ausschließlich zur Unterstützung Dritter und nicht, um – zumindest auch – eigene Rechte zu verfolgen oder zu verteidigen, kommt VKH nicht in Betracht.[114]

---

112 BPatG v 05.11.2004 – 5 W (pat) 20/04.
113 BPatG v 05.11.2004 – 5 W (pat) 20/04.
114 BGH NJW 15, 234 = BeckRS 2014, 20 929.

Eine Bewilligung kommt nicht in Betracht, wenn vier nach der Tabelle zu § 114 ZPO aufzubringende Monatsraten oder die aus dem Vermögen aufzubringenden Teilbeträge den Gebührenbetrag nicht übersteigen.

III. Wirkung der Bewilligung der Verfahrenskostenhilfe

Eine nach § 130 (2) für das Erteilungsverfahren bewilligte VKH befreit nur von der Zahlung der Gebühren und Auslagen, die in diesem Verfahren nach dem Patentkostengesetz (s Anhang 15) oder der DPMA-Verwaltungskostenverordnung (s Anhang 16) anfallen können. Dazu gehören Anmeldegebühr, Recherche- und Prüfungsantragsgebühr, Jahresgebühren gemäß § 17, künftig die Weiterbehandlungsgebühr gemäß § 123a PatG, Dokumentenpauschale nach Nr 302 100 DPMAVwKostV.

Eine nach § 130 gewährte VKH umfasst dagegen nicht die Kosten eines Einspruchs- oder Beschwerdeverfahrens, für die gesonderte VKH-Anträge gestellt werden müssen, so zB für die Beschwerdegebühr.[115]

Die bewilligte VKH wirkt für die **gesamte Instanz**. Dies bedeutet, dass nach einer Zurückverweisung des Verfahrens in die Instanz, die vor Einlegung des Rechtsmittels Verfahrenskostenhilfe bewilligt hat, diese weiterhin gegeben ist.[116]

1 Nichteintritt nachteiliger Rechtsfolgen

Rechtsfolgen, die für den Fall der Nichtzahlung der Gebühren gesetzlich vorgesehen sind, treten nach § 130 (2) für die Gebühren, für die VKH bewilligt wurde, nicht ein. Daher gilt eine Anmeldung gemäß § 6 (2) PatKostG nicht als zurückgenommen, wenn die Verfahrensgebühren nicht, nicht vollständig oder nicht rechtzeitig gezahlt werden.

Die Bewilligung von VKH setzt eine anhängige Anmeldung voraus. War die Rücknahmefiktion bereits eingetreten, ist ein Antrag auf VKH gegenstandslos und daher ohne Erfolgsaussicht.

Wird der VKH-Antrag während des Laufs einer Frist gestellt, gilt § 134. Nach dem Erlass einer Aufhebung der VKH nach § 137 PatG oder nach § 124 ZPO müssen Gebühren, die durch die Monatsraten noch nicht entrichtet sind, gezahlt werden, wenn die nachteiligen Rechtsfolgen der Nichtzahlung vermieden werden sollen.

2 Keine Geltendmachung von Verfahrenskosten gegen den Anmelder

Nach § 130 (2) 2 iVm § 122 (1) ZPO bewirkt die Bewilligung von VKH:

a) Ausschluss der Geltendmachung rückständiger und künftig entstehender **Verfahrenskosten**, nämlich von:
i) Verfahrensgebühren des DPMA, die im Erteilungsverfahren anfallen können. Für Einspruch und Beschwerde muss ein eigener VKH-Antrag gestellt werden; ii) Auslagen, auch für Zeugen und Sachverständige. Auch ein Auslagenvorschuss nach § 379 ZPO kann nicht gefordert werden. Auf Antrag kann der Mittellose **Reisekosten** erhalten, wenn sein persönliches Erscheinen notwendig ist. Eine Erstattung von **Verdienstausfall, Schreibkosten, Post- und Fernmeldegebühren** oder eines

---

[115] BPatGE 19, 92; 32, 128 = BlPMZ 91, 392; BPatG v 18.09.14 – 15 W (pat) 19/12 = BeckRS 2014, 18 682.
[116] BVerwG NJW 08, 3157.

Privatgutachtens kommt nur in Betracht, wenn sie angeordnet ist. Gegen eine Ablehnung findet die Beschwerde gemäß § 136 PatG iVm § 127 (2) ZPO unabhängig vom Verfahrenswert statt.

71 b) **Ausschluss der Geltendmachung von Vergütungsansprüchen beigeordneter Anwälte.** Sie erhalten einen Erstattungsanspruch gegen die Staatskasse nach dem Vertretergebühren-Erstattungsgesetz.[117]

72 c) **Ausschluss der nach § 59 RVG auf die Staatskasse übergegangenen Ansprüche der beigeordneten Anwälte.**

IV. Änderung der bewilligten VKH

73 ist nach § 120a ZPO zu Gunsten oder zu Lasten des Hilfsbedürftigen möglich.

Die Änderung einer bewilligten VKH setzt eine nachträgliche, wesentliche Verbesserung oder Verschlechterung der wirtschaftlichen Verhältnisse voraus. Wesentlich ist eine nachhaltige Veränderung der Wirtschaftslage zB durch späteren Vermögenserwerb, Erbschaft, Beschäftigung eines bisher Arbeitslosen. Eine Änderung der Abzüge für Unterhaltsleistungen gemäß § 115 (1) Satz 3 Nr 2 ZPO ist nur auf Antrag und nur dann zu berücksichtigen, wenn sie dazu führt, dass keine Monatsrate zu zahlen ist (§ 120a ZPO). Zur Aufhebung der VKH wegen nachträglicher Verbesserung nach § 124 ZPO und § 137 PatG siehe Erläuterungen zu § 137.

Tod des Begünstigten führt zum Erlöschen der VKH.[118]

V. Verfahrenskostenhilfe für Jahresgebühren:

74 Dem Anmelder oder Patentinhaber kann nach § 130 (1) 2 PatG – auf Antrag – für die gemäß § 17 PatG zu entrichtenden Jahresgebühren VKH bewilligt werden. Hierfür muss der Antragsteller zusätzlich zu den sonstigen Voraussetzungen (siehe Rdn 4 ff) anhand geeigneter Belege nachweisen, dass er sich nach Erteilung des Patents ernsthaft und mit konkreten Erfolgsaussichten um dessen wirtschaftliche Nutzung bemüht hat[119] (§ 130 (1) Satz 2 PatG iVm § 114 (2) ZPO). Dies veranschaulicht auch die in Verfahrenskostenhilfesachen stets – zum Ausschluss von Mutwilligkeit (§ 114 Abs 2 ZPO) – heranzuziehende Überlegung, wie sich ein Patentinhaber, der keine Verfahrenskostenhilfe erhält, in der fraglichen Situation verhalten würde: denn dieser würde sich nach Eintragung seines Schutzrechts zunächst nachdrücklich um dessen Vermarktung bemühen und das Patent dann nicht länger durch den Einsatz weiterer finanzieller Mittel für die Jahresgebühren aufrechterhalten, wenn von ihm keine wirtschaftlichen Vorteile mehr zu erwarten wären.

Keine Bewilligung von VKH a) für bereits entrichtete Jahresgebühren, da durch die Zahlung die Jahresgebührenschuld erloschen ist und durch einen Antrag auf VKH nicht wiederauflebt; **b)** für Jahresgebühren für ergänzende **Schutzzertifikate**, weil § 16a (2) nicht auf § 17 verweist (s § 16a Rdn 128).

---

117 VertrGebErstG abgedruckt in Tabu Gewerbl. Rechtsschutz Nr 486.
118 OLG Frankfurt NJW **85**, 751.
119 Vgl BPatG v 12.4.12 – 21 W (pat) 17/11 = BeckRS **2012**, 21 700; Benkard/Schäfers, PatG, 11. Aufl., § 130, Rn 15.

§ 131 Verfahrenskostenhilfe im Beschränkungsverfahren

Im Verfahren zur Beschränkung oder zum Widerruf des Patents (§ 64) sind die Bestimmungen des § 130 Abs 1, 2 und 5 entsprechend anzuwenden.

Jürgen Schell

Übersicht
```
1    Voraussetzungen .........................  1
2    Wirkung .................................  3
```

1 Voraussetzungen:

Es gelten die Grundsätze zu § 130 (vgl Kommentierung zu § 130). Voraussetzungen sind somit:
a) Zulässigkeit des Antrags;
b) anzuerkennendes Interesse an der Beschränkung;
c) Vorliegen der Voraussetzungen des § 130 (1), (2) und (5);
d) hinreichende Erfolgsaussicht für die begehrte Beschränkung.

Beantragt einer von mehreren Patentinhabern den Widerruf oder die Beschränkung des Patents, kommt es nur auf seine persönlichen und wirtschaftlichen Verhältnisse an, da § 131 nicht auf § 130 (3) verweist.

2 Wirkung:

a) Vor dem DPMA Befreiung von der Antragsgebühr des § 64 (2), b) vor dem BPatG Befreiung von der Beschwerdegebühr.

§ 132 Verfahrenskostenhilfe im Einspruchs-, Nichtigkeits- und Zwangslizenzverfahren

(1) ¹Im Einspruchsverfahren (§§ 59 bis 62) erhält der Patentinhaber auf Antrag unter entsprechender Anwendung der §§ 114 bis 116 der Zivilprozessordnung und des § 130 Abs 1 Satz 2 und Abs 2, 4 und 5 Verfahrenskostenhilfe. ²Hierbei ist nicht zu prüfen, ob die Rechtsverteidigung hinreichende Aussicht auf Erfolg bietet.

(2) Absatz 1 Satz 1 ist auf den Einsprechenden und den gemäß § 59 Abs 2 beitretenden Dritten sowie auf die Beteiligten im Verfahren wegen Erklärung der Nichtigkeit des Patents oder in Zwangslizenzverfahren (§§ 81, 85 und 85a) entsprechend anzuwenden, wenn der Antragsteller ein eigenes schutzwürdiges Interesse glaubhaft macht.

Jürgen Schell

Übersicht
```
    Geltungsbereich ..........................  1
    Europäisches Patentrecht .................  2
```

§ 132 Verfahrenskostenhilfe (VKH)

Kommentierung zu § 132 PatG
1 Verfahrenskostenhilfe im Einspruchsverfahren 3
1.1 Verfahrenskostenhilfe für Patentinhaber 3
1.2 Verfahrenskostenhilfe für den Einsprechenden. 4
1.3 Verfahrenskostenhilfe im Einspruchsbeschwerdeverfahren . 6
2 Verfahrenskostenhilfe für Nichtigkeits- und Zwangslizenzverfahren 7
2.1 Für den Beklagten......................... 7
2.2 Für den Kläger........................... 8
2.3 Für den Nebenintervenienten 11
2.3 Wirkung............................... 12

1 **Geltungsbereich:** § 132 entspricht dem früheren § 46d PatG aF
Art 2 Nr 34a des 2. **PatGÄndG** hat § 132 (2) neu gefasst, nämlich die Worte »oder Zurücknahme« gestrichen und die Worte »wegen einer Zwangslizenz« durch die Worte »in Zwangslizenzverfahren (§§ 81, 85)« ersetzt.
Art 1 des **Gesetzes zur Vereinfachung und Modernisierung des Patentrechts (PatRModG)** v 31. Juli 2009 (BlPMZ 09, 301) hat in § 132 (2) PatG die Angabe »(§§ 81, 85)« durch die Angabe »(§§ 81, 85 und 85a)« ersetzt.
Lit: siehe § 129 Rdn 3

2 **Europäisches Patentrecht:** Vgl § 129 Rdn 2.

1 Verfahrenskostenhilfe im Einspruchsverfahren

1.1 Verfahrenskostenhilfe für Patentinhaber

3 setzt voraus:
a) **Antrag** des Patentinhabers, auch wenn diesem im Erteilungsverfahren VKH bewilligt gewesen war;[1]
b) **persönliche und wirtschaftliche Verhältnisse** lassen ein Aufbringen der Verfahrenskosten nicht, nur zum Teil oder nur in Raten zu, und zwar nach § 132 (1) 1 iVm § 130 (4) sowohl für den Patentinhaber als auch für den Erfinder. Vgl dazu § 130 Rdn 9 ff;
c) **fehlender Mutwillen** gemäß § 132 (1) 1 iVm § 114 ZPO. Dagegen ist es nach der Ausnahmebestimmung des § 132 (1) 2 PatG **nicht erforderlich**, dass die Rechtsverteidigung **hinreichende Aussicht auf Erfolg** bietet;[2]
d) **mehrere Patentinhaber:** Es kommt nur auf die Erfüllung der Voraussetzungen in der Person des Antragstellers an, da § 132 (1) 1 PatG nicht auf § 130 (3) PatG verweist. Der bedürftige Mitinhaber soll nicht durch die Untätigkeit eines vermögenden Mitinhabers an einer Rechtsverteidigung gehindert sein.

1.2 Verfahrenskostenhilfe für den Einsprechenden

4 setzt voraus:
a) **Antrag** des Einsprechenden oder des gemäß § 59 (2) beitretenden Dritten;
b) **persönliche und wirtschaftliche Verhältnisse** lassen ein Aufbringen der Verfahrenskosten nicht, nur zum Teil oder nur in Raten zu (vgl § 130 Rdn 22). An Ver-

---

1 Vgl hierzu auch das Merkblatt über Verfahrenskostenhilfe vor dem Deutschen Patent- und Markenamt (2020)
2 BPatGE **26**, 134 = GRUR **84**, 429.

fahrenskosten können entstehen: Auslagen für die Beschaffung von Dokumenten des Standes der Technik sowie Kosten für die Beiordnung eines Vertreters, sofern die Voraussetzungen des § 133 erfüllt sind;
c) **hinreichende Aussicht auf Erfolg** des beabsichtigten Einspruchs, das heißt, i) der Einspruch muss zulässig sein und ii) der Widerruf des Patents oder dessen nur beschränkte Aufrechterhaltung darf nicht ausgeschlossen erscheinen;
d) **fehlender Mutwillen** des Einsprechenden, das heißt, auch eine verständige und vermögende Partei würde Einspruch gegen das Patent erheben (vgl § 130 Rdn 56);
e) **Glaubhaftmachung eines eigenen schutzwürdigen Interesses** des Antragstellers an dem Widerruf oder der beschränkten Aufrechterhaltung des Patents, um das Vorschieben mittelloser Strohmänner zu verhindern.[3] Es liegt idR vor, wenn der Einsprechende aus dem Patent in Anspruch genommen wird oder sich auf dem technischen Gebiet der patentierten Erfindung wirtschaftlich betätigt und sich daher durch ein mögliches Verbot der Benutzung der Erfindung in seiner wirtschaftlichen Betätigungsfreiheit jetzt oder in Zukunft beeinträchtigt fühlen kann. Erfolgt die Verfahrensbeteiligung ausschließlich zur Unterstützung Dritter und nicht, um – zumindest auch – eigene Rechte zu verfolgen oder zu verteidigen, kommt VKH nicht in Betracht.[4]

Unzureichend sind: a) eine nur ideelle bzw wissenschaftliche oder moralische Betroffenheit;[5] b) bloß rechtsdogmatische, rechtspolitische oder sozialpolitische Erwägungen;[6] c) dass demnächst nur die nicht näher konkretisierte Möglichkeit besteht, dass der Einsprechende sich auf dem fraglichen Gebiet wirtschaftlich betätigen wird (zB aufgrund seines abgeschlossenen sowie eines derzeit betriebenen weiteren Studiums).[7]

1.3 Verfahrenskostenhilfe im Einspruchsbeschwerdeverfahren

setzt voraus:
a) **Antrag** des Beschwerdeführers oder -gegners;
b) **persönliche und wirtschaftliche Verhältnisse** lassen ein Aufbringen der Verfahrenskosten nicht, zum Teil oder nur in Raten zu (vgl § 130 Rdn 22);
c) die Beschwerde muss **zulässig sein**[8] und **hinreichende Aussicht auf Erfolg** bieten, das heißt, eine Aufhebung oder Abänderung der angefochtenen Entscheidung der Patentabteilung darf nicht ausgeschlossen erscheinen. Hat jedoch der Gegner die Beschwerde eingelegt, bedarf es nach § 119 (1) 2 ZPO keiner Prüfung der Erfolgsaussicht für den Beschwerdegegner;
d) die Beschwerde darf nicht mutwillig erscheinen, das heißt, auch eine verständige und vermögende Partei würde sie erheben. Dieser Prüfung bedarf es nach § 119 (1) 2 ZPO nicht, wenn der Gegner die Beschwerde eingelegt hat.

---

3 BPatG GRUR 07, 545 FN 258 *Glaubhaftmachung schutzwürdigen Interesses.*
4 BGH NJW 15, 234 = BeckRS 2014, 20 929.
5 BPatGE 49, 199 = BlPMZ 06, 417 *Verfahrenskostenhilfe für Einsprechenden.*
6 BPatG GRUR 07, 545 FN 262 *Politische Überlegungen.*
7 BPatG GRUR 07, 545 FN 257 *Möglichkeit wirtschaftlicher Betätigung.*
8 BGH BlPMZ 84, 389 *Unzulässiges Rechtsmittel, Prozesskostenhilfe.*

2 Verfahrenskostenhilfe für Nichtigkeits- und Zwangslizenzverfahren

2.1 Für den Beklagten

7 müssen die gleichen Voraussetzungen erfüllt sein wie für den Patentinhaber im Einspruchsverfahren, nämlich *Antrag* und *Bedürftigkeit* (s Rdn 3) und zusätzlich – anders als im Einspruchsverfahren – eine *hinreichende Aussicht auf Erfolg* für die Verteidigung des Patents.[9] Das folgt aus § 132 (2) PatG, nach dem § 132 (1) 2 PatG im Nichtigkeitsverfahren – ohne einleuchtenden Grund – nicht entsprechend anzuwenden ist.

Nach dem entsprechend anwendbaren § 130 (4) erhält der Beklagte VKH nur, wenn auch für den (Mit-)Erfinder mangelnde wirtschaftliche Leistungsfähigkeit dargetan und glaubhaft gemacht ist.[10] Das gilt auch, wenn der Beklagte sämtliche Rechte des Erfinders erworben hat, da er dadurch nicht Gesamtrechtsnachfolger wird.[11]

Dem Beklagten ist VKH auch noch **nach Klagerücknahme** zu bewilligen, wenn Rechtsverteidigung und VKH-Antragstellung bereits zuvor erfolgt waren und die Rechtsverteidigung hinreichende Aussicht auf Erfolg hatte.[12]

Ist dem Beklagten VKH bewilligt worden, erstreckt sie sich nicht auf die Verteidigung gegen eine später vorgenommene **Klageerweiterung** und einen hierüber geschlossenen Vergleich. Vielmehr muss der Beklagte insoweit einen ergänzenden VKH-Antrag stellen.[13]

2.2 Für den Kläger

8 müssen die gleichen Voraussetzungen erfüllt sein, wie für den Einsprechenden im Einspruchsverfahren, nämlich *Antrag, Bedürftigkeit, Erfolgsaussicht, fehlender Mutwillen, eigenes schutzwürdiges Interesse an der Klage*, vgl Rdn 4.

9 Wird die Erhebung der Klage mit der Befürchtung begründet, wegen Verletzung des Streitpatents haftbar gemacht zu werden, muss der Kläger hierzu konkrete Umstände vortragen. Bloße subjektive Bedenken sind zur Begründung des erforderlichen (eigenen) schutzwürdigen Interesses an der Klageerhebung nicht ausreichend.[14]

10 Eine **juristische Person** kann als Kläger nach § 132 iVm § 116 Satz 1 Nr 2 ZPO VKH erhalten, wenn die Unterlassung der Klage allgemeinen Interessen zuwiderlaufen würde, die über das generelle öffentliche Interesse an der Nichtigerklärung ungültiger Patente hinausgehen,[15] also größere Kreise der Bevölkerung oder des Wirtschaftslebens ansprechen und soziale Auswirkungen nach sich ziehen würde,[16] wie zB ein konkreter Verlust von Arbeitsplätzen.[17]

---

9 BPatGE 26, 134 = GRUR 84, 429.
10 BPatGE 28, 201 = GRUR 87, 234.
11 BPatGE 28, 201 = GRUR 87, 234.
12 BGH NJOZ 10, 2687 = MDR 10, 402 = Mitt 10, 94 L.
13 OLG Koblenz NJOZ 07, 5014.
14 BPatG v 06.08.13 – 10 Ni 1/13 = BeckRS 2013, 15 596.
15 BGH Mitt 05, 165 *Verfahrenskostenhilfe für juristische Person*.
16 BGH Mitt 05, 165 *Verfahrenskostenhilfe für juristische Person*.
17 BPatGE 47, 145 = BlPMZ 04, 58 = Mitt 03, 571 *Nagelfeile*.

2.3 Für den Nebenintervenienten

Verfahrenskostenhilfe kann auch dem Nebenintervenienten bewilligt werden, jedoch nur dann, wenn er ein eigenes rechtliches (und nicht bloß wirtschaftliches) Interesse am Obsiegen der unterstützten Partei hat.[18]

11

2.3 Wirkung:

Befreiung von der Zahlung der Gebühren des § 81 (6) und des § 85 (2) sowie nach § 122 (1) Nr 2 ZPO von einer Sicherheitsleistung gemäß § 81 (7) PatG, Beiordnung eines Vertreters nach § 133 PatG möglich.

12

§ 133 Beiordnung eines Vertreters

¹Einem Beteiligten, dem die Verfahrenskostenhilfe nach den Vorschriften der §§ 130 bis 132 bewilligt worden ist, wird auf Antrag ein zur Übernahme der Vertretung bereiter Patentanwalt oder Rechtsanwalt seiner Wahl oder auf ausdrückliches Verlangen ein Erlaubnisscheininhaber beigeordnet, wenn die Vertretung zur sachdienlichen Erledigung des Verfahrens erforderlich erscheint oder ein Beteiligter mit entgegengesetzten Interessen durch einen Patentanwalt, einen Rechtsanwalt oder einen Erlaubnisscheininhaber vertreten ist. ²§ 121 Abs 4 und 5 der Zivilprozessordnung ist entsprechend anzuwenden.

Jürgen Schell

Übersicht

	Geltungsbereich	1
	Europäisches Patentrecht	2
	Literatur	3
	Kommentierung zu § 133 PatG	
1	Zweck	4
2	Voraussetzungen der Beiordnung eines Vertreters	5
2.1	Antrag eines Beteiligten	5
2.2	Bewilligung der Verfahrenskostenhilfe	6
2.3	Erforderlichkeit der Vertretung	7
3	Freie Anwaltswahl	11
4	Vertreter für Beweisaufnahmetermin und Verkehrsanwalt	13
5	Beiordnung einer Anwaltssozietät	14
6	Verfahren	15
6.1	Zuständigkeit	15
6.2	Beschwerde gegen die Beiordnung	16
6.3	Aufhebung der Beiordnung	17
7	Kosten	20

---

18 BGH v 12.6.14 – X ZR 100/13 = JurionRS 2014, 17 550 = BeckRS 2014, 12 780.

§ 133 Verfahrenskostenhilfe (VKH)

1 **Geltungsbereich:** § 133 entspricht dem früheren § 46e PatG aF.

2 **Europäisches Patentrecht:** Vgl § 129 Rdn 2.

3 **Lit:** siehe § 129 Rdn 3.

1 Zweck:

4 Ein unbemittelter Beteiligter soll auf den Rat eines Vertreters nicht verzichten müssen, wenn dessen Sachkunde sachlich erforderlich ist.

2 Voraussetzungen der Beiordnung eines Vertreters

2.1 Antrag eines Beteiligten,

5 also des Anmelders, Patentinhabers, Einsprechenden, Klägers, Beklagten, Nebenintervenienten oder eines Antragstellers in Nebenverfahren. Der Antrag auf Bewilligung von Verfahrenskostenhilfe beinhaltet nicht ohne weiteres das Begehren auf Beiordnung eines Rechts- oder Patentanwalts;[1] denn grundsätzlich ist ein ausdrücklicher Antrag auf Beiordnung erforderlich. Stellt jedoch ein Anwalt für seinen Mandanten einen VKH-Antrag, so dürfte darin idR ein konkludenter Antrag auf Beiordnung liegen,[2] es sei denn, der VKH-Antrag lässt eine solche Auslegung nicht zu.

2.2 Bewilligung der Verfahrenskostenhilfe

6 nach §§ 130–132, die gleichzeitig mit der Beiordnung ausgesprochen werden kann.

2.3 Erforderlichkeit der Vertretung

7 Für das Anmeldeverfahren ist insoweit maßgeblich, ob unter Berücksichtigung aller objektiven und subjektiven Umstände des Falles davon auszugehen ist, dass ein bemittelter Anmelder einen Anwalt mit der Anmeldung beauftragt hätte oder nicht.[3] Erforderlichkeit zur sachdienlichen Erledigung des Verfahrens ist demnach gegeben, **a)** wenn der jeweilige Einzelfall mit Rücksicht auf seinen Schwierigkeitsgrad eine Vertretung angezeigt erscheinen lässt und **b)** wenn die Fähigkeiten der Person des jeweiligen Beteiligten nicht ausreichen, seine Interessen in sachgerechter Weise wahrzunehmen.

8 **Beiordnung wurde bewilligt: a)** Wenn der Antragsteller persönlich in sachlicher oder rechtlicher Hinsicht überfordert ist und die amtliche Hilfestellung durch das DPMA nicht ausreicht, die auf Grund des Untersuchungsgrundsatzes im Erteilungsverfahren gewährt wird;[4] **b)** wenn der Anmelder (ein Student der FH im 14. Semester) das materielle und prozessuale Patentrecht für ein nicht einfaches Erteilungsverfahren (Anspruch mit 8 Merkmalen) nicht übersehen kann;[5] **c)** wenn der Anmelder nicht in der Lage ist, für eine Erfolg versprechend beschriebene Erfindung einwandfreie Anmeldungsunter-

---

1 BPatG BlPMZ 07, 211 = Mitt 07, 149 (LS) *Beiordnung im Gbm-Anmeldeverfahren*; vgl hierzu auch das Merkblatt über Verfahrenskostenhilfe vor dem Deutschen Patent- und Markenamt (2020)
2 BPatG Mitt 03, 310 *Unterfangkescher*; so zu § 121 (2) ZPO OLG Dresden FamRZ 01, 634 = NJOZ 01, 1629; OLG München FamRZ 02, 1196.
3 BPatGE 54, 100 (Geschmacksmustersache) = Mitt 14,145 = BeckRS 2014, 01 386.
4 BPatGE 12, 177.
5 BPatG Mitt 91, 170.

lagen für die Offensichtlichkeitsprüfung vorzulegen;[6] **d)** wenn der Anmelder zwar fachgerechte Anmeldeunterlagen eingereicht hat, diese aber von einem Patentanwalt ausgearbeitet worden sind;[7] **e)** einer Bewilligung steht nicht entgegen, dass ein geschickter Anmelder anhand von Merk- und Formblättern des DPMA selbst die Anmeldungsunterlagen perfekt ausarbeiten könnte.[8]

Beiordnung wurde abgelehnt, a) wenn das Verfahren bereits ein solches Stadium erreicht hat, dass nur noch einfache Handlungen vorzunehmen sind, die auch der Anmelder selbst ohne weiteres erfüllen kann.[9]   9

Erforderlichkeit der Vertretung ist nicht zu prüfen, wenn ein Beteiligter mit entgegengesetzten Interessen (zB Anmelder oder Einsprechender, Kläger oder Beklagter, nicht ein Mitanmelder) einen Vertreter (PA, RA oder Erlaubnisscheininhaber) hat. Dadurch soll nach § 133 S 1 PatG die Waffengleichheit der Parteien gewährleistet werden. Bestellt der Gegner erst im Laufe des Verfahrens einen Vertreter, so entsteht dadurch der Anspruch auf Beiordnung nachträglich.   10

3 Freie Anwaltswahl:

§ 133 überlässt es dem Antragsteller, den beizuordnenden Patentanwalt, Rechtsanwalt oder Erlaubnisscheininhaber zu wählen. Die Wahl kann ausdrücklich oder auch durch schlüssiges Verhalten erfolgen. Beantragt ein Anwalt Bewilligung der VKH, so wird darin idR die Ausübung des Wahlrechts liegen. Ein Erlaubnisscheininhaber kann nur ausdrücklich gewählt werden.   11

Bereitschaft zur Übernahme der Vertretung ist Voraussetzung für eine zulässige Wahl. Ein Vertreter kann *nicht gegen seinen Willen* vom Antragsteller gewählt werden. Nur wenn der Antragsteller keinen zur Vertretung bereiten Vertreter findet, wird gemäß § 133 Satz 2 iVm § 121 (5) ZPO ein Vertreter vom Vorsitzenden der Patentabteilung oder des Senats beigeordnet, der gemäß § 43 (1) Nr 1 PatAnwO und § 48 (1) Nr 1 BRAO zur Übernahme der Vertretung verpflichtet ist. Aus wichtigem Grund, der zur Aufhebung berechtigt (vgl Rdn 17), kann die Beiordnung auch abgelehnt werden.   12

4 Vertreter für Beweisaufnahmetermin und Verkehrsanwalt

kann dem Antragsteller nach § 133 Satz 2 iVm § 121 (4) ZPO beigeordnet werden, wenn besondere Umstände dies erfordern, die in der rechtlichen oder tatsächlichen Schwierigkeit des Verfahrensgegenstandes oder in den subjektiven Fähigkeiten der Partei liegen können. Beispiele: Komplizierter technischer Sachverhalt, höhere Reisekosten des Vertreters, sprachliche Schwierigkeiten, zB bei Ausländern,[10] Rechtsunerfahrenheit oder Schreibungewandtheit.[11]   13

---

6 BPatGE **12**, 177.
7 BPatGE **22**, 39; BPatG Mitt **94**, 275.
8 BPatG Mitt **94**, 275.
9 BPatGE **22**, 39.
10 BayObLG Rpfleger **78**, 315.
11 OLG Düsseldorf FamRZ **80**, 390; OLG Brandenburg AnwBl **96**, 54.

5 Beiordnung einer Anwaltssozietät

14 Im Rahmen der Bewilligung von VKH kann der bedürftigen Partei auch eine **Anwaltssozietät** beigeordnet werden. Anderenfalls würde die Sozietät gegenüber Einzelpersonen in ihrer von Art 12 Abs 1 GG geschützten Berufsausübung unzulässig eingeschränkt.[12]

6 Verfahren

6.1 Zuständigkeit:

15 Für den Beschluss über die Beiordnung eines Vertreters oder deren Ablehnung ist nach § 27 (1) Nr 2 die *Patentabteilung* zuständig, da die Beiordnung Teil der Bewilligung der VKH ist. Auch nach §§ 121 (2), 127 (1) 2 ZPO entscheidet darüber das Gericht und nicht der Vorsitzende. Nur wenn der Antragsteller keinen zur Vertretung bereiten Anwalt findet, kann der Vorsitzende nach § 133 Satz 2 iVm § 121 (5) ZPO allein einen Anwalt beiordnen.

6.2 Beschwerde gegen die Beiordnung

16 eines Vertreters gemäß § 133 findet nach § 135 (3) nur statt, wenn die Beiordnung eines Vertreters verweigert worden ist. Sie ist also ausgeschlossen im Falle der Beiordnung eines Vertreters gemäß § 133, also sowohl wenn die Beiordnung durch die Patentabteilung als auch wenn sie durch den Vorsitzenden nach § 133 Satz 2 iVm § 121 (5) ZPO erfolgt ist.

6.3 Aufhebung der Beiordnung

17 eines Vertreters setzt voraus, dass die Erforderlichkeit der Vertretung zur sachdienlichen Erledigung des Verfahrens nicht mehr gegeben ist. Ein Patentanwalt kann nach § 43 (2) PatAnwO, ein Rechtsanwalt nach § 48 (2) BRAO beantragen, die Beiordnung aufzuheben, wenn hierfür *wichtige Gründe* vorliegen, zB Krankheit, unbehebbare Störung des Vertrauensverhältnisses (zB Beleidigung durch Mandanten),[13] Gefahr der Interessenkollision mit der Vertretung anderer Mandanten.[14]

18 **Beiordnung eines anderen Vertreters** ist bei nachhaltiger und unverschuldeter Störung des Vertrauensverhältnisses möglich, es sei denn, der Beteiligte hat die Störung mutwillig herbeigeführt,[15] zB weil er trotz Belehrung auf seinen nicht stichhaltigen Vorwürfen beharrt oder weil er bereits 2 beigeordnete Vertreter mit unzutreffenden Angaben hat entbinden lassen.[16]

19 **Beschwerde** gegen die Aufhebung und die Ablehnung der Aufhebung findet nach § 136 iVm § 127 (2) 2 ZPO statt.[17] Keine Beschwerde gegen Entscheidung des BPatG gemäß § 99 (2) PatG.

---

12 BGH NJW 09, 440.
13 BGH NJW-RR 92, 189; PA BlPMZ 54, 326; 60, 340.
14 BPatGE 14, 142; PA BlPMZ 55, 297; LG Siegen AnwBl 93, 401.
15 BGH NJW-RR 92, 189.
16 BPatGE 40, 95.
17 OLG Zweibrücken NJW 88, 570; OLG Frankfurt NJW-RR 89, 569: analoge Anwendung von § 78c (3) 2 ZPO.

7 Kosten

können mit dem Vordruck A 9505/5.15[18] zur Kostenberechnung nach VertrGebErstG[19] geltend gemacht werden. 20
Sofern dem Anmelder VKH für das Erteilungsverfahren bewilligt wird, ist als Beginn des Prüfungsverfahrens der Zeitpunkt anzunehmen, in dem der Bewilligungsbeschluss wirksam geworden ist. Tätigkeiten, die ein Anwalt für den Anmelder vor diesem Zeitpunkt erbracht hat, sind noch dem Verfahren nach § 42 PatG zuzurechnen und somit nach § 2 (2) Nr 1 VertrGebErstG zu vergüten.[20]
In Patentsachen beträgt der Gebührensatz 360 €[21] (§ 2 (1) VertrGebErstG). Dieser steht dem Vertreter als Verfahrensgebühr zu: a) für die Anmeldung des Patents oder im Verfahren nach § 42 PatG zu 13/10; b) im Einspruchsverfahren zu 10/10; d) im Beschränkungsverfahren zu 10/10; e) im Beschwerdeverfahren gegen eine Entscheidung über den Widerruf oder die Beschränkung des Patents zu 13/10; f) in anderen Beschwerdeverfahren zu 3/10.

Auf die Erstattung der Gebühren und Auslagen sind die Prozesskostenhilfevorschriften des RVG anzuwenden (§ 7). Im Prüfungsverfahren entsteht eine Verfahrensgebühr von 0,5, im Übrigen von 1,0. 21

Der Betrag der zu erstattenden Kosten wird auf Antrag durch das DPMA festgesetzt (§ 7 S 1 VertrGebErstG iVm § 62 (2) 2 PatG). Zur Berücksichtigung eines Ansatzes genügt dessen Glaubhaftmachung (§ 7 Nr 2 VertrGebErstG iVm § 104 (2) ZPO). Zuständig bei DPMA der Beamte des gehobenen Dienstes (§ 7 (1) Nr 2c WahrnV), vor dem BPatG der Urkundsbeamte der Geschäftsstelle (§ 55 (1) RVG). 22

Rechtsmittel: Beschwerde gegen den DPMA-Beschluss binnen 2 Wochen (§ 7 Nr 2 VertrGebErstG iVm § 62 (2) 4 PatG). Erinnerung gegen Entscheidung des Rechtspflegers des BPatG (§ 23 (2) RPflG). Keine Rechtsbeschwerde. 23

Im Nichtigkeitsverfahren gelten die Prozesskostenhilfevorschriften des RVG. Der Vergütungsanspruch bestimmt sich nach den Beschlüssen, durch die VKH bewilligt und der Anwalt beigeordnet worden ist (§ 48 RVG). Die Höhe der zu vergütenden Gebühren ergeben sich aus § 49 RVG. 24

Auslagen, insbesondere **Reisekosten** werden nach § 46 (1) RVG nicht vergütet, wenn sie zur sachgemäßen Durchführung der Angelegenheit nicht erforderlich waren. **Flugkosten** sind grundsätzlich erstattungsfähig, wenn die dabei entstehenden Mehrkosten nicht außer Verhältnis zu den Kosten einer Bahnreise stehen, wobei in diesem Zusammenhang die Bedeutung des Rechtsstreits sowie die bei Benutzung des Flugzeugs *gewonnene Zeitersparnis* mit zu berücksichtigen sind.[22] 25

---

18 Erhältlich über http://www.dpma.de/docs/service/formulare/allgemein/a9505.dot.
19 Abgedruckt im Tabu Gewerbl. Rechtsschutz Nr 486.
20 BPatG BlPMZ 15, 299 (Gebrauchsmustersache) = Mitt 15, 418 = BeckRS 2015, 10 493.
21 Art 13 KostenregelungsbereinigungsG BGBl I 3656 = BlPMZ 02, 14, 29.
22 BGH GRUR 15, 509 *Flugkosten*= Mitt 15, 344 (Ls) = GRUR-Prax 15, 197.

§ 134 Hemmung von Zahlungsfristen

Wird das Gesuch um Bewilligung der Verfahrenskostenhilfe nach den §§ 130 bis 132 vor Ablauf einer für die Zahlung einer Gebühr vorgeschriebenen Frist eingereicht, so wird der Lauf dieser Frist bis zum Ablauf von einem Monat nach Zustellung des auf das Gesuch ergehenden Beschlusses gehemmt.

Jürgen Schell

Übersicht

Geltungsbereich		1
Europäisches Patentrecht		2
Literatur		3
Kommentierung zu § 134 PatG		
1	Zweck	4
2	Voraussetzungen der Hemmung der Zahlungsfrist	5
2.1	Einreichung des Gesuchs	5
2.2	Eingang des Gesuchs vor Fristablauf	6
2.3	Rechtsmissbrauch	8
3	Wirkung der Hemmung	9
4	Fristlauf nach Ablehnung des VKH-Antrags	11

1 **Geltungsbereich:** § 134 entspricht dem früheren § 46f PatG aF.

2 **Europäisches Patentrecht:** Vgl § 129 Rdn 2.

3 **Lit:** siehe § 129 Rdn 3.

1 Zweck:

4 Wird ein VKH-Gesuch, das vor Ablauf einer Gebührenfrist eingereicht wurde, erst nach deren Ablauf negativ entschieden, dann soll der Antragsteller gegen den Rechtsnachteil, der mit einer nicht fristgerechten Zahlung der Gebühr verbunden ist (vgl zB §§ 44 (3) iVm (2), 73 (3), 81 (6) PatG), durch Hemmung dieser Frist geschützt werden, damit er die Gebühr noch fristwahrend entrichten kann.

2 Voraussetzungen der Hemmung der Zahlungsfrist

2.1 Einreichung des Gesuchs

5 um Bewilligung der VKH bei der nach § 135 zuständigen Behörde (DPMA, BPatG oder BGH). Eine Begründung,[1] die Erklärung über die persönlichen und wirtschaftlichen Verhältnisse nach § 117 (2) ZPO sowie die erforderlichen Belege können innerhalb einer zu setzenden Frist nachgereicht werden.

2.2 Eingang des Gesuchs vor Fristablauf

6 einer zu entrichtenden Gebühr. Ein nach Ablauf der Frist eingehendes Gesuch hemmt nach § 134 nicht.

---

1 RG JW 35, 1691.

Wiedereinsetzung in die unverschuldet versäumte Frist für den VKH-Antrag ist möglich.² Wird die versäumte Handlung (= Stellung des VKH-Antrags) innerhalb der 2-monatigen Wiedereinsetzungsfrist nachgeholt, so kann nach § 123 (2) 3 Wiedereinsetzung auch ohne Antrag gewährt werden. Wird dem Wiedereinsetzungsantrag und VKH-Gesuch stattgegeben, ist der Antragsteller von der Zahlung befreit. Wird die Wiedereinsetzung abgelehnt, so kommt dem verspäteten VKH-Gesuch keine Hemmungswirkung zu. Wird die Wiedereinsetzung gewährt, VKH aber abgelehnt, so wird der Lauf der Gebührenzahlungsfrist gemäß § 134 einen Monat nach Zustellung des ablehnenden Beschlusses gehemmt.

2.3 Rechtsmissbrauch

macht ein VKH-Gesuch unzulässig; es hat als solches keine Hemmungswirkung.³ Keine Hemmungswirkung – weil rechtsmissbräuchlich – hat auch ein 2. Gesuch, das bei unveränderter Sach- und Rechtslage innerhalb der Monatsfrist des § 134 eingereicht wird,⁴ denn sonst könnte eine Gebührenzahlungsfrist durch wiederholte Gesuche ad infinitum gehemmt werden. Das gilt nicht, wenn sich die Entscheidungsgrundlage gegenüber dem 1. Gesuch geändert hat, zB die persönlichen und wirtschaftlichen Verhältnisse.

3 Wirkung der Hemmung:

Die laufende Zahlungsfrist wird von der Einreichung des Gesuchs bis 1 Monat nach Zustellung des Beschlusses des DPMA⁵ oder – wenn Beschwerde erhoben wurde – des BPatG gehemmt. Das bedeutet, dass der am Tage der Einreichung des VKH-Gesuchs bestehende Fristrest für die Gebührenzahlung an das Ende der Hemmungsfrist von einem Monat angehängt wird. *Beispiel:* eine versäumte Beschwerdefrist läuft vom 15. 3. – 15. 4., am 5. 4. Eingang des VKH-Gesuchs, am 10. 7. Zustellung des Beschlusses über Ablehnung der VKH; Ende der Hemmung gemäß § 134: 10.8. 24 Uhr, 11. 8. Beginn der Restfrist von 11 Tagen bis zum 21. 8. (Zur Fristberechnung s Einl Rdn 185).

Beschwerde gegen den Ablehnungsbeschluss des DPMA verschiebt gemäß § 75 den Beginn der Monatsfrist des § 134 auf den Tag der Zustellung des BPatG-Beschlusses.⁶

4 Fristlauf nach Ablehnung des VKH-Antrags:

Bei Ablehnung der VKH muss der VKH-Antragsteller entscheiden, ob er das Beschwerdeverfahren auf eigene Kosten weiterführen will. Dafür steht ihm die Zeit zur Verfügung, in der der Lauf der Zahlungsfrist noch gehemmt ist, also bis zum Ablauf von einem Monat nach Zustellung des vorliegenden Beschlusses, und darüber hinaus die bei Einreichung des VKH-Antrags noch nicht verstrichene Beschwerdefrist.⁷

---

2 Ablaufplan zur Wiedereinsetzung in VKH-Sachen: Jungk, NJW 13, 667.
3 KG JW **26**, 847; RGZ 112, 107.
4 BPatGE **12**, 183.
5 Vgl hierzu auch das Merkblatt über Verfahrenskostenhilfe vor dem Deutschen Patent- und Markenamt **(2020)**
6 BPatG v 03.02.15 – 10 W (pat) 155/14 = BeckRS **2015**, 09 262.
7 Vgl hierzu etwa BPatG Beschl. v. 26.10.2018 – 7 W (pat) 14/18, BeckRS **2018**, 46427.

§ 135 Verfahren für VKH-Bewilligung

(1) ¹Das Gesuch um Bewilligung der Verfahrenskostenhilfe ist schriftlich beim Deutschen Patent- und Markenamt, beim Patentgericht oder beim Bundesgerichtshof einzureichen. ²In Verfahren nach den §§ 110 und 122 kann das Gesuch auch vor der Geschäftsstelle des Bundesgerichtshofs zu Protokoll erklärt werden. ³§ 125a gilt entsprechend.

(2) Über das Gesuch beschließt die Stelle, die für das Verfahren zuständig ist, für welches die Verfahrenskostenhilfe nachgesucht wird.

(3) ¹Die nach den §§ 130 bis 133 ergehenden Beschlüsse sind unanfechtbar, soweit es sich nicht um einen Beschluss der Patentabteilung handelt, durch den die Patentabteilung die Verfahrenskostenhilfe oder die Beiordnung eines Vertreters nach § 133 verweigert; die Rechtsbeschwerde ist ausgeschlossen. ²§ 127 Abs 3 der Zivilprozessordnung ist auf das Verfahren vor dem Patentgericht entsprechend anzuwenden.

Jürgen Schell

Übersicht

		Rdn
	Geltungsbereich	1
	Europäisches Patentrecht	2
	Kommentierung zu § 135 PatG	
1	Einreichung des Gesuchs	3
2	Form	4
3	Verfahren	5
3.1	Zuständig	5
3.2	Verfahren vor dem DPMA	6
3.3	Verfahren vor dem BPatG	9
4	Entscheidung	12
4.1	Mündliche Verhandlung	12
4.2	Gelegenheit zur Stellungnahme	13
4.3	Begründung der Entscheidung	14
4.4	Tenor eines Bewilligungsbeschlusses	15
5	Rechtsmittel	16
5.1	Rechtsmittel gegen DPMA-Beschlüsse nach den §§ 130–133	16
5.2	Rechtsmittel gegen andere DPMA-Beschlüsse	17
5.3	Untätigkeitsbeschwerde	18
5.4	Beschwerde der Staatskasse	19
5.5	Rechtsmittel gegen BPatG-Beschlüsse	20

1 Geltungsbereich: § 135 entspricht dem früheren § 46g PatG aF Das Gesetz vom 9.12.86 (BGBl I 2326 = BlPMZ 87, 42) hat Satz 2 in § 135 (3) angefügt. Art 2 Nr 35 des 2. PatGÄndG hat mit Wirkung vom 1.11.98 § 135 (1) neu gefasst und Abs 2 Satz 2 aufgehoben.
Durch Art 4 Nr 3 des **Transparenz- und Publizitätsgesetzes** vom 19.7.2002 (BGBl I 2681 = BlPMZ 02, 297) ist Satz 3 angefügt worden.
Art 1 Nr. 40 des **Zweiten Gesetzes zur Vereinfachung und Modernisierung des Patentrechts** (2. PatRModG) hat Absatz 1, Satz 1 redaktionell geändert.

2 Europäisches Patentrecht: Vgl § 129 Rdn 2.

1 Einreichung des Gesuchs

beim DPMA, BPatG oder BGH, je nach Anhängigkeit des Verfahrens, für das VKH nachgesucht wird oder nachgesucht werden soll. Da eine Beschwerde gegen einen DPMA-Beschluss gemäß § 73 (2) 1 beim DPMA einzulegen ist, kann das VKH-Gesuch für das Beschwerdeverfahren fristwahrend auch beim DPMA eingereicht werden.

2 Form

schriftlich, vgl dazu Einl Rdn 352.

Erklärung zu Protokoll der Geschäftsstelle lässt das PatG **nur vor dem BGH** zu, für das Rechtsbeschwerdeverfahren in § 138 (2) 1 und für das Nichtigkeitsberufungsverfahren (§ 110) sowie das Beschwerdeverfahren (§ 122) gemäß § 135 (1) 2. Eine Erklärung zu Protokoll vor dem BPatG lässt das Gesetz – ohne einleuchtenden Grund – nicht zu.

3 Verfahren

3.1 Zuständig

für die Entscheidung ist nach § 135 (2) die Stelle, die für das Verfahren zuständig ist, für das VKH nachgesucht wird. Über ein VKH-Gesuch für eine Beschwerde, das beim DPMA eingereicht wurde, kann das DPMA nicht entscheiden, sondern hat es zusammen mit der Beschwerde dem BPatG vorzulegen.

3.2 Verfahren vor dem DPMA:

Nach § 27 (1) Nr 2 und (4) iVm § 24 (1) DPMAV ist für die Bewilligung der VKH die Patentabteilung zuständig, auch für Patentanmeldungen, die vor der Prüfungsstelle anhängig sind. Über die Patentfähigkeit des Anmeldungsgegenstandes entscheidet die Prüfungsstelle ohne Bindung an die Gründe des Beschlusses über den VKH-Antrag.

Anhängigkeit eines VKH-Verfahrens vor der Patentabteilung steht der Entscheidung der Prüfungsstelle über die Anmeldung entgegen.[1]

Beamte des gehobenen Dienstes und vergleichbare Angestellte sind nach § 7 (1) Nr 2 WahrnV mit der formellen Bearbeitung von Anträgen auf VKH betraut, insbesondere Zurückweisung des Antrags auf VKH und auf Beiordnung eines Vertreters, wenn trotz Aufforderung keine oder eine offensichtlich unvollständige Erklärung über die persönlichen und wirtschaftlichen Verhältnisse eingereicht wird. Für die im Rahmen des VKH-Antrags zu prüfenden sachlichen Erfolgsaussichten der Patentanmeldung sind die Beamten des gehobenen Dienstes dagegen unzuständig.[2]

3.3 Verfahren vor dem BPatG:

Zuständig ist der *jeweilige Senat*, bei dem die Beschwerde oder Klage anhängig ist. Dem *Rechtspfleger* sind nach § 23 (1) Nr 2 RPflG die in § 20 (1) Nr 4 RPflG bezeichne-

---

[1] BPatGE 12, 177.
[2] Vgl hierzu etwa BPatG Beschl. v. 2.9.2014 – 21 W (pat) 20/14, BeckRS 2014, 18610.

§ 135   Verfahrenskostenhilfe (VKH)

10   ten Maßnahmen übertragen, nämlich die in § 118 (2) ZPO genannten Maßnahmen, die Bestimmung des Zeitpunktes für die Einstellung und eine Wiederaufnahme der Zahlungen nach § 120 (3) ZPO und die Aufhebung der Bewilligung der VKH in den Fällen nach § 120a und § 124 Nr 1, 3 und 4 ZPO.

10   Die Bewilligung von VKH durch das DPMA wirkt nicht auch für das Beschwerdeverfahren vor dem BPatG, denn die Bewilligung von VKH erfolgt nach § 136 S 1 PatG iVm § 119 (1) 1 ZPO für jeden Rechtszug besonders.

11   Anhängigkeit eines VKH-Verfahrens für das Beschwerdeverfahren steht einer Entscheidung über die Beschwerde entgegen, und zwar im Falle der Ablehnung der VKH bis zum fruchtlosen Ablauf der Monatsfrist des § 134, denn erst dann steht fest, dass die Beschwerde wegen Nichtzahlung der Beschwerdegebühr als nicht erhoben gilt.

4 Entscheidung

4.1 Mündliche Verhandlung

12   Entscheidungen im Verfahren über die VKH ergehen nach § 136 iVm § 127 (1) Satz 1 ZPO ohne mündliche Verhandlung.

4.2 Gelegenheit zur Stellungnahme

13   ist in zweiseitigen Verfahren (Einspruch, Nichtigkeit, Zwangslizenz) dem Gegner zur beabsichtigten Rechtsverfolgung nach § 136 iVm § 118 (1) 1 ZPO zu geben, wenn dies nicht aus besonderen Gründen unzweckmäßig erscheint, weil zB nach dem eigenen Vorbringen des Antragstellers VKH nicht zu bewilligen ist. Zu hören ist der Gegner nur zu Erfolgsaussicht und Mutwillen, nicht dagegen zu den Angaben über die persönlichen und wirtschaftlichen Verhältnisse.[3] Kosten der Anhörung werden dem Gegner nicht erstattet.[4]

Die Ablehnung von VKH und *gleichzeitige* Verwerfung des Rechtsmittels (für das VKH beantragt worden war) wegen Fristversäumung, ist nicht statthaft, da der Partei nach der VKH-Ablehnung zunächst noch Gelegenheit gegeben werden muss, ggf einen WE-Antrag zu stellen.[5] Eine unter der Bedingung eingelegte Berufung, dass die gleichzeitig beantragte VKH bewilligt wird, darf nicht vor der Entscheidung über den VKH-Antrag als unzulässig verworfen werden.[6] Will der Berufungskläger die Berufung erst nach einer Entscheidung über die VKH begründen, hat er durch einen rechtzeitigen Antrag auf Verlängerung der Begründungsfrist dafür zu sorgen, dass eine Wiedereinsetzung nicht notwendig wird.[7]

4.3 Begründung der Entscheidung

14   ist bei Bewilligung der VKH entbehrlich, da diese Entscheidung nach § 135 (3) unanfechtbar ist. Alle anderen Entscheidungen iSd 135 (3), die den Antragsteller oder -gegner beschweren können, sind zu begründen.

---

3   BVerfG NJW 91, 2078; **67**, 30; BGHZ **89**, 65.
4   Vgl BPatGE **6**, 223.
5   BGH NJW-RR 04, 1218.
6   BGH NJW-RR **13**, 509.
7   BGH NJW **13**, 1684.

4.4 Tenor eines Bewilligungsbeschlusses
im Erteilungs-, Einspruchs- und Beschwerdeverfahren:

I.
1. Dem Antragsteller wird Verfahrenskostenhilfe für das Erteilungsverfahren betreffend die Patentanmeldung ..., einschließlich der gemäß § 17 PatG in dem Erteilungsverfahren anfallenden Jahresgebühren, bewilligt.
2. Dem Antragsteller wird für das Erteilungsverfahren Herr Patentanwalt X (Rechtsanwalt X oder Erlaubnisscheininhaber X), München, als Vertreter beigeordnet.

II.
1. Dem Patentinhaber (oder Einsprechenden) wird für das Einspruchsverfahren Verfahrenskostenhilfe gewährt.
2. In die Verfahrenskostenhilfe werden die 3. – 9. Jahresgebühr einbezogen.
3. Der Patentinhaber (Einsprechende) hat an die Bundeskasse Monatsraten in Höhe von 100 € (oder andere Raten gemäß der Tabelle zu § 115 ZPO) zu leisten.
   (ggf.:) Der Patentinhaber (Einsprechende) hat aus seinem Vermögen einen einmaligen Betrag von x € (oder folgende Beträge von x €) an die Bundeskasse zu leisten.
4. Die Raten (Beträge) sind jeweils am 15. eines jeden Monats, beginnend mit dem 15. Juli 2001, zur Zahlung fällig.
5. Dem Patentinhaber (Einsprechenden) wird Patentanwalt X (Rechtsanwalt X oder Erlaubnisscheininhaber X), München beigeordnet.
6. Der Patentinhaber (Einsprechende) hat jede wirtschaftliche Verwertung der Erfindung der Patentabteilung gemäß § 137 Satz 2 PatG anzuzeigen.

III.
1. Dem Antragsteller wird für das Beschwerdeverfahren Verfahrenskostenhilfe bewilligt.
2. Dem Antragsteller wird für das Beschwerdeverfahren Herr Patentanwalt XY, München, als Vertreter beigeordnet.

5 Rechtsmittel

5.1 Rechtsmittel gegen DPMA-Beschlüsse nach den §§ 130–133

schließt § 135 (3) 1 grundsätzlich aus. Anfechtbar sind lediglich Beschlüsse der Patentabteilung, mit denen VKH oder die Beiordnung eines Vertreters verweigert wird. Beschwerden in Verfahrenskostenhilfesachen sind nach Nr 401 300 PatKostG (s Anhang 15) gebührenfrei. Für das VKH-Beschwerdeverfahren selbst kann keine VKH gewährt werden,[8] da es nicht zu den in §§ 130–138 genannten Verfahren gehört.

5.2 Rechtsmittel gegen andere DPMA-Beschlüsse

als nach den §§ 130–133 schließt § 135 (3) 1 nicht aus. Beschwerde daher zB zulässig gegen eine DPMA-Entscheidung, die eine beschwerende Änderung einer bewilligten VKH nach § 136 iVm § 120a ZPO enthält.

---

[8] BPatGE **28**, 119; **43**, 187, 191 *Luftfilter*; BPatGE **46**, 38 *Gebührenfreie VKH-Beschwerde*; BPatGE **47**, 120 *VKH für VKH-Beschwerdeverfahren*; BPatGE **47**, 151 *Rollrechen*.

5.3 Untätigkeitsbeschwerde

18 mit dem Ziel alsbaldiger Entscheidung durch das DPMA ist frühestens zulässig, wenn der ermittelte Stand der Technik vorliegt und das DPMA gleichwohl in unangemessener Weise über längere Zeit untätig bleibt (vgl § 73 Rdn 13).[9]

5.4 Beschwerde der Staatskasse

19 ist gemäß § 135 (3) 2 iVm § 127 (3) ZPO zulässig, wenn weder Monatsraten noch aus dem Vermögen zu zahlende Beträge festgesetzt worden sind.

5.5 Rechtsmittel gegen BPatG-Beschlüsse:

20 § 135 (3) 1 2. Halbsatz schließt die Rechtsbeschwerde aus,[10] so dass Beschlüsse der Beschwerdesenate des BPatG, die nach den §§ 130–133 ergangen sind, grundsätzlich unanfechtbar sind.[11] Beim Vorliegen der rechtlichen Voraussetzungen können jedoch die Rechtsbehelfe der Anhörungsrüge (wegen Verletzung rechtlichen Gehörs, gemäß § 99 Abs 1 PatG iVm § 321 ZPO) bzw der Gegenvorstellung (wegen Verletzung anderer Verfahrensgrundsätze, gemäß § 99 Abs 1 PatG iVm § 321a ZPO analog) eröffnet sein.[12]

Nur die Staatskasse kann nach § 135 (3) 2 iVm § 127 (3) ZPO im Fall der Bewilligung der VKH zum Nulltarif sofortige Beschwerde erheben.

§ 136 Anwendung der Zivilprozessordnung

¹Die Vorschriften des § 117 Abs 2 bis 4, des § 118 Abs 2 und 3, der §§ 119 und 120 Absatz 1 und 3, des § 120a Absatz 1, 2 und 4 sowie der §§ 124 und 127 Abs 1 und 2 der Zivilprozessordnung sind entsprechend anzuwenden, § 127 Abs 2 der Zivilprozessordnung mit der Maßgabe, dass die Beschwerde unabhängig von dem Verfahrenswert stattfindet. ²Im Einspruchsverfahren sowie in den Verfahren wegen Erklärung der Nichtigkeit des Patents oder in Zwangslizenzverfahren (§§ 81, 85 und 85a) gilt dies auch für § 117 Abs 1 Satz 2, § 118 Abs 1, § 122 Abs 2 sowie die §§ 123, 125 und 126 der Zivilprozessordnung.

Jürgen Schell

Übersicht

Geltungsbereich	1
Kommentierung zu § 136 PatG	
Verweisung auf entsprechend anzuwendende Vorschriften der ZPO	2
§§ 114 – 116 ZPO	3
§ 117 ZPO Antrag	4

---

9 BPatGE 30, 119 = BlPMZ 89, 281.
10 BGH GRUR-RR 10, 496 (Ls) *Trailer-Stabilization-Programm* (Markensache).
11 Zum Ausschluss der zulassungsfreien Rechtsbeschwerde vgl BGH GRUR 08, 732 *Tegeler Floristik* (Markensache).
12 Vgl BPatG Beschl v 08.06.2011 – 19 W (pat) 22/08 = BeckRS 2011, 17 177.

§ 136

§ 118 ZPO	Bewilligungsverfahren	5
§ 119 ZPO	Bewilligung	7
§ 120 ZPO	Festsetzung von Zahlungen	8
§ 120a ZPO	Änderung der Bewilligung	9
§ 121 ZPO	Beiordnung eines Rechtsanwalts	11
§ 122 ZPO	Wirkung der Prozesskostenhilfe	12
§ 123 ZPO	Kostenerstattung	13
§ 124 ZPO	Aufhebung der Bewilligung	14
§ 125 ZPO	Einziehung der Kosten	20
§ 126 ZPO	Beitreibung der Rechtsanwaltskosten	21
§ 127 ZPO	Entscheidungen	22

Geltungsbereich: § 136 entspricht dem früheren § 46h PatG aF Das **KostenÄndG** vom 9.12.86 (BGBl I 2326 = BlPMZ 87, 42) hat die Verweisungen auf § 120 (4) ZPO und auf § 127 (1) und (2) ZPO eingefügt. Art 2 Nr 35a des **2. PatGÄndG** hat mit Wirkung vom 1.11.98 in § 136 Satz 1 die Worte »oder Zurücknahme« gestrichen.
Art 42 Nr 2 des **Zivilprozessreformgesetzes (ZPO-RG)** vom 27.7.2001 (BGBl I 1887 = BlPMZ 01, 303) hat mit Wirkung vom 1.1.2002 in § 136 Satz 1 PatG nach dem Wort »anzuwenden« die Wörter eingefügt: », § 127 Abs 2 der Zivilprozessordnung mit der Maßgabe, dass die Beschwerde unabhängig von dem Verfahrenswert stattfindet«.
Art 1 des **Gesetzes zur Vereinfachung und Modernisierung des Patentrechts (PatRModG)** hat in § 136 PatG die Angabe »(§§ 81, 85)« durch die Angabe »(§§ 81, 85 und 85a)« ersetzt.
Art 15 des **Gesetzes zur Änderung des Prozesskostenhilfe- und Beratungshilferechts (PKHÄndG)** vom 31.08.13 (BGBl 2013 I S 2533 = BlPMZ 13, 332) hat § 136 PatG mit Wirkung zum 1. Januar 2014 wie folgt geändert: in Satz 1 wurde die Angabe »120 Abs 1, 3 und 4« durch die Wörter »120 Absatz 1 und 3, des § 120a Absatz 1, 2 und 4« ersetzt.

Verweisung auf entsprechend anzuwendende Vorschriften der ZPO

Vor dem Hintergrund der in den letzten Jahren stark angestiegenen Ausgaben für Verfahrenskostenhilfe wurden die in der Verweisung des § 136 genannten Vorschriften der ZPO durch das Gesetz zur Änderung des Prozesskostenhilfe- und Beratungshilferechts (vom 31. August 2013 = BGBl 2013, I S 3533) zuletzt nicht unerheblich verschärft. Durch eine demnach vorzunehmende striktere Prüfung der persönlichen und wirtschaftlichen Voraussetzungen für die Bewilligung von Verfahrenskostenhilfe, soll ungerechtfertigten Bewilligungen bzw der missbräuchlichen Inanspruchnahme von Verfahrenskostenhilfe entgegengewirkt werden.[1]

§§ 114 – 116 ZPO

Verweisungen auf die in § 136 nicht genannten Vorschriften der §§ 114–116 ZPO, die sich auf die Voraussetzungen für die Gewährung von Prozesskostenhilfe, die Verpflichtung zum Einsatz von Einkommen und Vermögen sowie auf Einschränkungen für die Partei kraft Amts, juristische Personen und parteifähigen Vereinigungen beziehen, finden sich in den §§ 130 (1), 132 (1) und 138 (1) PatG. Dadurch ist im VKH-Verfahren auch die Regelung des § 1610a BGB zur Deckungsvermutung bei schadensbedingten Mehraufwendungen grundsätzlich zu beachten.

---

[1] Vgl Gesetzentwurf eines Gesetzes zur Änderung des Prozesskostenhilfe- und Beratungshilferechts = BT-Drs 17/11 472, S 1.

§ 117 ZPO Antrag

4 Nach § 136 PatG iVm § 117 (4) ZPO muss der Antragsteller zum Nachweis seiner persönlichen und wirtschaftlichen Verhältnisse die vorgeschriebenen Formulare verwenden.[2] Ein bloßer Hinweis auf die Angaben und Unterlagen in einem Parallelverfahren ist in aller Regel nicht ausreichend.[3]

§ 118 ZPO Bewilligungsverfahren

5 § 118 ZPO regelt die Beteiligungsrechte der Gegenseite der VKH-Partei am Bewilligungsverfahren, die Verfahrensweise im Hinblick auf die für die Entscheidung über den VKH-Antrag notwendigen erforderlichen Tatsachenfeststellungen sowie die Kostentragungspflicht im Hinblick auf die im Bewilligungsverfahren anfallenden Kosten.

6 Werden Belege zu den persönlichen und wirtschaftlichen Verhältnissen erst nach Ablauf einer vom Gericht (bzw dem DPMA) hierzu gesetzten Frist vorgelegt, jedoch vor der Entscheidung über die Bewilligung der Prozesskostenhilfe, so sind diese Belege vom Gericht zu berücksichtigen.[4] Die Versäumung entsprechender Fristen führt somit nicht automatisch zur Präklusion, sondern ermöglicht es dem Gericht nur, auf Basis einer unvollständigen Belegvorlage eine Entscheidung treffen zu können[5] (§ 118 (2) S 4 ZPO).

§ 119 ZPO Bewilligung

7 Die bewilligte VKH **wirkt für die gesamte Instanz**. Dies bedeutet, dass nach einer Zurückverweisung des Verfahrens in die Instanz, die vor Einlegung des Rechtsmittels Verfahrenskostenhilfe bewilligt hat, diese weiterhin gegeben ist.[6]

Zur Begründung wird auf den auch im Patentverfahren anwendbaren § 119 (1) Satz 1 ZPO verwiesen, nach dem »Rechtszug« kostenrechtlich zu verstehen ist, so dass jeder Verfahrensabschnitt erfasst wird, der Kosten verursacht.

§ 120 ZPO Festsetzung von Zahlungen

8 Die Anwendbarkeit des § 120 ZPO erfolgt mit der Maßgabe, dass im patenrechtlichen Verfahrenskostenhilfeverfahren anstelle des § 120 (2) ZPO die Bestimmung des § 130 (1) PatG anzuwenden ist.

§ 120a ZPO Änderung der Bewilligung[7]

9 Im neu eingefügten § 120a Abs 1, 2 und 4 ZPO ist die Änderung der Bewilligung geregelt: Wenn in den für die VKH maßgebenden persönlichen oder wirtschaftlichen Verhältnissen eine **wesentliche Änderung** eingetreten ist, soll die Entscheidung über

---

2 Vgl Prozesskostenhilfeformularverordnung (PKHFV) vom 6. Januar 2014 = BlPMZ **14**, 69.
3 BPatG v 25.11.13 – 35 W (pat) 416/12 = BeckRS **2014**, 17 097.
4 Vgl LAG Rheinland-Pfalz, Beschl v 30.03.2015 – 2 Ta 24/15 = NJW-Spezial **15**, 477.
5 Vgl hierzu bspw OLG Hamm, Beschl v 24.04.2014 – II-2 WF 44/14 = BeckRS **2014**, 09 534 = MDR **14**, 798.
6 BVerwG NJW **08**, 3157.
7 Eingeführt mit Wirkung zum 1. Januar 2014 durch **Gesetz zur Änderung des Prozesskostenhilfe- und Beratungshilferechts (PKHÄndG)** vom 31.08.13 (BGBl 2013 I S 2533 = BlPMZ **13**, 332)

die zu leistenden Zahlungen geändert werden. Beim Vorliegen der Voraussetzungen besteht für das DPMA bzw für das Gericht somit grundsätzlich **kein Ermessensspielraum.**

Dem Antragsteller obliegt die **Pflicht,** wesentliche Verbesserungen der wirtschaftlichen Verhältnisse sowie eine Änderung seiner Anschrift **unaufgefordert mitzuteilen** (§ 120a (2) ZPO). Bei Missachtung dieser Pflicht soll (nicht kann) die Bewilligung der VKH aufgehoben werden (§ 124 (1) ZPO). 10

§ 121 ZPO Beiordnung eines Rechtsanwalts

Die Beiordnung muss nicht unbedingt auf einen einzelnen Anwalt lauten, sondern kann auch eine gesamte **Anwaltssozietät** betreffen. Anderenfalls würde die Sozietät gegenüber Einzelpersonen in ihrer von Art 12 Abs 1 GG geschützten Berufsausübung unzulässig eingeschränkt.[8] 11

§ 122 ZPO Wirkung der Prozesskostenhilfe

Die Bestimmung stellt klar, welche Kosten von der VKH erfasst werden und regelt die Auswirkungen der VKH-Bewilligung für die Verfahrensbeteiligten, also für den Antragsteller, für die Gegenseite, für beigeordnete Anwälte sowie für die Staatskasse. 12

§ 123 ZPO Kostenerstattung

Werden der VKH-Partei die Verfahrenskosten durch Entscheidung des DPMA oder des Gerichts auferlegt oder ist sie aufgrund eines Vergleichs zur Kostentragung verpflichtet, muss sie der Gegenseite deren Kosten nach den allgemeinen Grundsätzen (§§ 91 ff ZPO) erstatten. 13

§ 124 ZPO Aufhebung der Bewilligung

Bewilligung der VKH *soll* aufgehoben werden (§ 124 (1) ZPO), wenn eine der folgenden Voraussetzungen vorliegen: 14
1) Unrichtige Darstellung des Streitverhältnisses um die Voraussetzungen für VKH vorzutäuschen.
2) Absichtlich oder grob nachlässig erfolgte unrichtige Angaben über die persönlichen oder wirtschaftlichen Verhältnisse bzw fehlende oder lückenhafte Erklärung nach § 120a (1) S 3 ZPO.[9]
3) Fehlen der persönlichen oder wirtschaftlichen Voraussetzungen für VKH, es sei denn, seit Beendigung des maßgeblichen Verfahrens sind bereits vier Jahre vergangen.
4) Verletzung der Mitteilungspflicht nach § 120a (2) ZPO.
5) Wenn die Partei länger als drei Monate mit der Zahlung einer Monatsrate oder mit *der Zahlung eines sonstigen Betrages im Rückstand ist.*
Zu den Wirkungen der Aufhebung vgl unter § 137.

Der BGH hat klargestellt, dass § 124 (1) Nr 2 ZPO nicht allein dem Zweck dient, der VKH-Partei gewährte, aber nicht der objektiven Sachlage entsprechende Vorteile wie- 15

---

8 BGH NJW 09, 440.
9 BGH Mitt 01, 137 *Aufhebung der VKH, unzulässige Berufung.*

der zu entziehen und somit nachträglich eine objektiv zutreffende Entscheidung über den VKH-Antrag zu ermöglichen. Vielmehr kommt dem Tatbestand eine Sanktionswirkung für unrichtige Angaben zu. Nicht erforderlich ist es deshalb, dass die falschen Angaben für die Bewilligungsentscheidung *kausal* waren.[10]

16 Wurde die Verfahrenskostenhilfe iSd § 124 (1) Nr 2 ZPO erschlichen, wird auch ein »Vertrauensschutz« gemäß § 130 (2) nicht in Betracht kommen, so dass dessen Wirkungen entfallen. Daher entfaltet die Aufhebung der VKH-Bewilligung in diesem Fall volle Rückwirkung.[11]

17 Diese Grundsätze werden entsprechend auch für den Tatbestand gemäß § 124 (1) Nr 1 ZPO anzuwenden sein.

18 Dagegen kann die Bewilligung nicht nach § 136 iVm § 124 ZPO aufgehoben werden, weil sich die persönlichen und wirtschaftlichen Verhältnisse der Partei nachträglich *geändert* haben – in diesem Fall kommt aber ggf die Abänderung der Bewilligungsentscheidung gemäß § 120a (1) S 3 ZPO in Betracht.

19 Die Bewilligung der VKH *kann* aufgehoben werden (§ 124 (2) ZPO), soweit die von der Partei beantragte Beweiserhebung auf Grund von Umständen, die im Zeitpunkt der Bewilligung der VKH noch nicht berücksichtigt werden konnten, keine hinreichende Aussicht auf Erfolg bietet oder der Beweisantritt mutwillig erscheint.

§ 125 ZPO Einziehung der Kosten

20 § 125 ZPO stellt eine Sonderregelung für die von der Gegenseite der VKH-Partei durch die Staatskasse einzuziehenden Kosten dar und ergänzt insoweit die Vorschrift des § 122 (1) und (2) sowie die Bestimmungen der §§ 6 (3), 9, 29 (1) und 31 (3) GKG.

§ 126 ZPO Beitreibung der Rechtsanwaltskosten

21 Werden dem Gegner der VKH-Partei die Kosten des Rechtsstreits auferlegt, kann der Anwalt seine Gebühren und Auslagen im eigenen Namen und unter eingeschränkten Verteidigungsmöglichkeiten des Gegners eintreiben.[12]

§ 127 ZPO Entscheidungen

22 Die Ablehnung von VKH und *gleichzeitige* Verwerfung des Rechtsmittels (für das VKH beantragt worden war) wegen Fristversäumung, ist nicht statthaft, da der Partei nach der VKH-Ablehnung zunächst noch Gelegenheit gegeben werden muss, ggf einen WE-Antrag zu stellen.[13] Soweit § 127 (2) Satz 2 ZPO die Möglichkeit der sofortigen Beschwerde gegen eine VKH verweigernde Entscheidung eröffnet, betrifft dies ausschließlich erstinstanzliche Entscheidungen.[14]

---

10 BGH NJW 13, 68 (zu § 124 ZPO in der Fassung bis 31.12.13), mit Anmerkung von Kroppenberg.
11 BPatG v 14.2.217 – 14 W (pat) 26/14 = GRUR-RS 2017, 109127.
12 Vgl BGH NJW-RR 07, 1147 = BeckRS 2007, 04 080.
13 BGH NJW-RR 04, 1218.
14 BGH GRUR-RR 11, 344 (Ls).

Die Anwendbarkeit des § 127 ZPO erfolgt nach § 136 S 2 PatG mit der Maßgabe, dass der Beschluss, mit dem die Verfahrenskostenhilfe abgelehnt wird, unabhängig von der Höhe des Verfahrens- bzw Streitwerts mit der Beschwerde anfechtbar ist. Beschwerden in Verfahrenskostenhilfesachen sind kostenfrei.

§ 137 Aufhebung der Verfahrenskostenhilfe (VKH)

¹Die Verfahrenskostenhilfe kann aufgehoben werden, wenn die angemeldete oder durch ein Patent geschützte Erfindung, hinsichtlich deren Verfahrenskostenhilfe gewährt worden ist, durch Veräußerung, Benutzung, Lizenzvergabe oder auf sonstige Weise wirtschaftlich verwertet wird und die hieraus fließenden Einkünfte die für die Bewilligung der Verfahrenskostenhilfe maßgeblichen Verhältnisse so verändern, daß dem betroffenen Beteiligten die Zahlung der Verfahrenskosten zugemutet werden kann; dies gilt auch nach Ablauf der Frist des § 124 Abs 1 Nr. 3 der Zivilprozeßordnung. ²Der Beteiligte, dem Verfahrenskostenhilfe gewährt worden ist, hat jede wirtschaftliche Verwertung dieser Erfindung derjenigen Stelle anzuzeigen, die über die Bewilligung entschieden hat.

Jürgen Schell

Übersicht

Geltungsbereich		1
Europäisches Patentrecht		2
Kommentierung zu § 137 PatG		
1	Aufhebung der Verfahrenskostenhilfe	3
2	Voraussetzungen	6
3	Anhörung vor Aufhebung	11
4	Zuständigkeit	12
5	Entscheidung	13
6	Rechtsmittel	15
7	Mitteilungspflicht	16
8	Aufhebung der Bewilligung wegen wahrheitswidriger Angaben	17

Geltungsbereich: § 137 entspricht dem früheren § 46i PatG aF 1
Art 15 des Gesetzes zur Änderung des Prozesskostenhilfe- und Beratungshilferechts (PKHÄndG) vom 31.08.13 (BGBl 2013 I 2533 = BlPMZ 13, 332) hat § 137 PatG mit Wirkung zum 1. Januar 2014 wie folgt geändert: in Satz 1 wurde nach der Angabe »124« die Angabe »Absatz 1« eingefügt.

Europäisches Patentrecht: Vgl § 129 Rdn 2. 2

1 Aufhebung der Verfahrenskostenhilfe

§ 137 ergänzt die über § 136 anwendbare Vorschrift des § 124 ZPO zu den allgemeinen Aufhebungsgründen für VKH (vgl § 136, Rdn 15 ff). Während bei § 124 ZPO der Grund für die VKH-Aufhebung insbesondere in einem Fehlverhalten des Antragstellers zu sehen ist, bezieht sich § 137 auf eine sich aus der Verwertung der Erfindung 3 ergebende günstige Entwicklung der persönlichen und wirtschaftlichen Verhältnisse der VKH-Partei.

Der § 137 vorgesehene – zusätzliche – Aufhebungsgrund berücksichtigt die speziellen Gegebenheiten des Patentrechts. Der Tatbestand bezieht sich auf die mit der angemeldeten bzw patentgeschützten Erfindung (insbesondere aus Veräußerung, Benutzung, Lizenzvergabe) erzielten Einkünfte, also diejenigen Erträge, die aus der wirtschaftlichen Verwertung der dem VKH-Verfahren zugrundeliegenden Erfindung stammen. Diese Erträge sollen in angemessenen Umfang zu Deckung der maßgeblichen Verfahrenskosten herangezogen werden.

4 Die VKH-Partei hat jede wirtschaftliche Verwertung unaufgefordert der Stelle anzuzeigen, die über die Bewilligung entschieden hat – diese Pflicht besteht zusätzlich zu gemäß § 136 PatG iVm § 120a ZPO existierenden Mitteilungspflichten. Das DPMA oder das zuständige Gericht können insoweit jedoch auch relevante Informationen verwerten, die sie durch Dritte erlangt haben.

5 Eine Verletzung der Mitteilungspflicht gemäß § 137 S 2 begründet für sich genommen noch keine Aufhebung der Bewilligung, es kommt aber ggf eine Aufhebung gemäß § 136 PatG iVm § 124 ZPO in Betracht.

2 Voraussetzungen

6 Aufhebung der Verfahrenskostenhilfe nach § 137 setzt voraus:

7 a) Verfahrenskosten sind durch die bisherigen Zahlungen noch nicht gedeckt.

8 b) Wirtschaftliche Verwertung von angemeldeter oder patentierter Erfindung durch Veräußerung, durch Benutzung der Erfindung durch den Antragsteller selbst oder durch Dritte, durch Lizenzvergabe oder auf sonstige Weise.

9 c) Einkünfte aus der Verwertung müssen die für die Bewilligung der VKH maßgeblichen Umstände so verändern, dass eine Nachzahlung von ausstehenden Verfahrenskosten zugemutet werden kann. Diese Voraussetzung wird idR erfüllt sein, wenn der Antragsteller unter Zugrundelegung seiner Einkünfte aus dem Schutzrecht keine oder eine geringere VKH erhalten hätte.

10 Die Beschränkung des 124 (1) Nr 3 ZPO, wonach in dem dort aufgeführten Fall die Aufhebung der VKH ausgeschlossen ist, wenn seit der Beendigung des Verfahrens bereits vier Jahre vergangen sind, gilt für eine Aufhebung gemäß den Voraussetzungen des § 137 nicht. Eine Aufhebung nach § 137 S 1 ist also ohne zeitliche Begrenzung möglich.

3 Anhörung vor Aufhebung

11 gemäß § 124 ZPO oder § 137: Der bisher Begünstigte ist vor einer Entscheidung über die Aufhebung persönlich anzuhören. Hat er einen Vertreter bestellt oder ist ihm ein Vertreter nach § 133 beigeordnet worden, so ist gemäß Art 103 (1) GG sowohl der

Begünstigte persönlich wie auch der Vertreter anzuhören, weil die Aufhebung in unterschiedlicher Weise in Rechte beider eingreift.[1]

4 Zuständigkeit:

Für die Entscheidung über eine Aufhebung ist nach § 136 iVm § 127 (1) 2 ZPO die Stelle zuständig, die die VKH bewilligt hat, vor dem DPMA also die Patentabteilung (siehe aber § 27 Rdn 19). Eine Aufhebung der VKH kann vom Vorsitzenden nicht allein beschlossen werden.

Ist das Verfahren vor dem BPatG oder beim BGH anhängig, so sind diese nach § 136 iVm § 127 (1) 2 ZPO zuständig.

5 Entscheidung

ergeht ohne mündliche Verhandlung durch Beschluss. Im Bewilligungsbeschluss soll auf die VKH-Partei auf die ihr obliegende Mitteilungspflicht hingewiesen werden (§ 137 S 2; ebenso auf die weiteren Mitteilungspflichten, s hierzu § 136, Rdn 2, 15 ff). Dem Gegner dürfen die Gründe der Entscheidung soweit sie Angaben über persönliche und wirtschaftliche Verhältnisse der Partei enthalten nach § 136 iVm § 127 (1) 3 ZPO nur mit Zustimmung der Partei zugänglich gemacht werden.

Nach der Aufhebung können angefallene Verfahrenskosten ebenso wie anwaltliche Ansprüche gegen die Partei geltend gemacht werden können. Dagegen bleibt die Aufhebung der VKH aus Gründen des Vertrauensschutzes ohne Auswirkungen auf die von § 130 (2) statuierten Rechtsfolgen (zum Fall, dass die VKH durch falsche Angaben erschlichen wurde, vgl Rdn 17).

6 Rechtsmittel:

Gebührenfreie (vgl Anlage zu § 2 Abs 1 PatKostG) Beschwerde zum BPatG gegen die Entscheidung der Patentabteilung und Erinnerung gegen die Entscheidung des Rechtspflegers des BPatG (§ 23 (2) RPflG). Eine Anfechtung der Entscheidung eines Senats des BPatG findet nicht statt (§ 99 (2) PatG).

7 Mitteilungspflicht:

Nach § 137 Satz 2 PatG muss der Beteiligte von sich aus jede wirtschaftliche Verwertung der Erfindung anzeigen,[2] die Gegenstand der VKH ist. Sie ist der Stelle anzuzeigen, die die VKH gewährt hat, also der Patentabteilung, dem BPatG oder dem BGH. Auf die Anzeigepflicht sollte der Anmelder und Patentinhaber im Bewilligungsbeschluss hingewiesen werden (vgl § 135 Rdn 15).

8 Aufhebung der Bewilligung wegen wahrheitswidriger Angaben

Beruht die Aufhebung der Bewilligung darauf, dass die Gewährung der Verfahrenskostenhilfe durch absichtlich oder grob fahrlässig erfolgte unrichtige Angaben erschlichen wurde (vgl § 136, Rdn 15), erfasst die Aufhebung auch die Wirkungen des § 130 Abs 2.

---

1 BPatGE **28**, 105 = BlPMZ **86**, 261.
2 Vgl hierzu auch das Merkblatt über Verfahrenskostenhilfe vor dem Deutschen Patent- und Markenamt **(2020)**

Da der Antragsteller – anders als von ihm geltend gemacht – über ausreichende Geldmittel verfügte, lag es in seinen Möglichkeiten, die mit einer Nichtzahlung verbundenen Rechtsfolgen zu vermeiden. Somit sind die Voraussetzungen für einen Vertrauensschutz nicht gegeben, so dass die ursprünglich eingetretenen Wirkungen des § 130 Abs 2 rückwirkend entfallen.[3]

§ 138 Verfahrenskostenhilfe im Rechtsbeschwerdeverfahren

(1) Im Verfahren über die Rechtsbeschwerde (§ 100) ist einem Beteiligten auf Antrag unter entsprechender Anwendung der §§ 114 bis 116 der Zivilprozessordnung Verfahrenskostenhilfe zu bewilligen.

(2) ¹Das Gesuch um Bewilligung von Verfahrenskostenhilfe ist schriftlich beim Bundesgerichtshof einzureichen; es kann auch vor der Geschäftsstelle zu Protokoll erklärt werden. ²Über das Gesuch beschließt der Bundesgerichtshof.

(3) Im übrigen sind die Bestimmungen des § 130 Abs 2, 3, 5 und 6 sowie der §§ 133, 134, 136 und 137 entsprechend anzuwenden mit der Maßgabe, dass einem Beteiligten, dem Verfahrenskostenhilfe bewilligt worden ist, nur ein beim Bundesgerichtshof zugelassener Rechtsanwalt beigeordnet werden kann.

Jürgen Schell

Übersicht

	Geltungsbereich	1
	Europäisches Patentrecht	2
	Kommentierung zu § 138 PatG	
1	Voraussetzungen einer VKH im Rechtsbeschwerdeverfahren	3
1.1	Antrag	3
1.2	Erfüllung der Erfordernisse der §§ 114–116 ZPO	4
1.3	Hinreichende Aussicht auf Erfolg	5
1.3.1	Zugelassene Rechtsbeschwerde	6
1.3.2	Zulassungsfreie Rechtsbeschwerde	7
1.4	Mehrere Anmelder	8
2	Beiordnung eines Vertreters	9
3	Fristhemmung	10
4	Entscheidung	11

1 **Geltungsbereich:** § 138 entspricht dem früheren § 46k PatG aF

2 **Europäisches Patentrecht:** Vgl § 129 Rdn 2.

---

3 Vgl BPatG v 14.02.17 – 14 W (pat) 26/14 *Rückwirkender Widerruf der VKH-Bewilligung.*

1 Voraussetzungen einer VKH im Rechtsbeschwerdeverfahren:

1.1 Antrag

schriftlich (s Einl Rdn 352), des Beschwerdeführers oder Beschwerdegegners. Nach § 138 (2) 1 auch zu Protokoll der Geschäftsstelle. Daher besteht für den Antrag kein Anwaltszwang wie sonst nach § 102 (5) 1 PatG.

1.2 Erfüllung der Erfordernisse der §§ 114–116 ZPO

(vgl dazu § 130 Rdn 4 ff), insbesondere Bedürftigkeit und fehlender Mutwillen (vgl § 130 Rdn 56 ff).

1.3 Hinreichende Aussicht auf Erfolg

der Rechtsbeschwerde, nicht hinreichende Aussicht auf Erteilung des Patents, da § 138 (3) auf § 130 (1) und (4) nicht verweist.

1.3.1 Zugelassene Rechtsbeschwerde: Die Tatsache der Zulassung belegt ausreichend, dass die Rechtsbeschwerde »erfolgreich« sein wird. Eine Erfolgsaussicht kann ausnahmsweise fehlen, **a)** wenn das BPatG die Rechtsbeschwerde offensichtlich gesetzwidrig zugelassen hat (s § 100 Rdn 27), **b)** wenn die identische Rechtsfrage vom BGH bereits entschieden ist und keine neuen Aspekte vorgetragen werden.

1.3.2 Zulassungsfreie Rechtsbeschwerde: Ausreichende Erfolgsaussicht ist gegeben, **a)** wenn ein Verfahrensmangel gemäß § 100 (3) gerügt und substantiiert und schlüssig geltend gemacht wird; **b)** wenn eine Aufhebung der angefochtenen Entscheidung nicht ausgeschlossen erscheint. Daran fehlt es zB **i)** wenn die Versagung des rechtlichen Gehörs gerügt wird, ein Verstoß gegen den Verfassungsgrundsatz aber nicht vorliegt, auch wenn die Entscheidung des BPatG in der Sache unrichtig sein sollte,[1] **ii)** wenn das Fehlen von Gründen gerügt wird, dem Begründungszwang aber genügt ist, mag auch die Begründung sachlich unzutreffend sein.[2]

1.4 Mehrere Anmelder

müssen nach § 138 (3) iVm § 130 (3) alle Voraussetzungen des § 138 (1) PatG erfüllen.

2 Beiordnung eines Vertreters

ist nach § 138 (3) iVm § 133 möglich und zur sachdienlichen Erledigung des Verfahrens idR auch erforderlich, zumal im Rechtsbeschwerdeverfahren nach § 102 (5) Anwaltszwang herrscht.

Die Beiordnung muss nicht auf einen einzelnen Anwalt lauten, sondern kann auch eine gesamte **Sozietät** betreffen. Anderenfalls würde die Sozietät gegenüber Einzelpersonen in ihrer von Art 12 Abs 1 GG geschützten Berufsausübung unzulässig eingeschränkt.[3]

---

1 BGH GRUR **99**, 998 *Verfahrenskostenhilfe*.
2 BGH GRUR **99**, 998 *Verfahrenskostenhilfe*.
3 BGH NJW **09**, 440.

§ 138 Verfahrenskostenhilfe (VKH)

3 Fristhemmung:

10 Ist für die Zahlung einer Gebühr eine Frist vorgeschrieben, so wird sie gemäß § 138 (3) iVm § 134 bis zum Ablauf eines Monats nach Zustellung des Beschlusses, durch den das Gesuch abgelehnt wurde, gehemmt (vgl § 134 Rdn 5 ff).

4 Entscheidung:

11 Der Beschluss ergeht gem. § 136 iVm § 127 (1) 1 ZPO ohne mündliche Verhandlung, in zweiseitigen Verfahren aber grundsätzlich erst nach Anhörung des Verfahrensgegners (§ 136 iVm § 118 (1) Satz 1 ZPO).

9. Abschnitt Rechtsverletzungen

§ 139 Unterlassung, Schadenersatz, Beweiserleichterung bei Verfahrenspatenten

(1) [1]Wer entgegen den §§ 9 bis 13 eine patentierte Erfindung benutzt, kann von dem Verletzten bei Wiederholungsgefahr auf Unterlassung in Anspruch genommen werden. [2]Der Anspruch besteht auch dann, wenn eine Zuwiderhandlung erstmalig droht. [3]Der Anspruch ist ausgeschlossen, soweit die Inanspruchnahme aufgrund der besonderen Umstände des Ein-zelfalls und der Gebote von Treu und Glauben für den Verletzer oder Dritte zu einer unverhältnismäßigen, durch das Ausschließlichkeitsrecht nicht gerechtfertigten Härte führen würde. [4]In diesem Fall ist dem Verletzten ein angemessener Ausgleich in Geld zu gewähren. [5]Der Schadensersatzanspruch nach Absatz 2 bleibt hiervon unberührt.

(2) [1]Wer die Handlung vorsätzlich oder fahrlässig vornimmt, ist dem Verletzten zum Ersatz des daraus entstehenden Schadens verpflichtet. [2]Bei der Bemessung des Schadensersatzes kann auch der Gewinn, den der Verletzer durch die Verletzung des Rechts erzielt hat, berücksichtigt werden. [3]Der Schadensersatzanspruch kann auch auf der Grundlage des Betrages berechnet werden, den der Verletzer als angemessene Vergütung hätte entrichten müssen, wenn er die Erlaubnis zur Benutzung der Erfindung eingeholt hätte.

(3) [1]Ist Gegenstand des Patents ein Verfahren zur Herstellung eines neuen Erzeugnisses, so gilt bis zum Beweis des Gegenteils das gleiche Erzeugnis, das von einem anderen hergestellt worden ist, als nach dem patentierten Verfahren hergestellt. [2]Bei der Erhebung des Beweises des Gegenteils sind die berechtigten Interessen des Beklagten an der Wahrung seiner Herstellungs- und Betriebsgeheimnisse zu berücksichtigen.

Voß

Übersicht

	Geltungsbereich	1
	Europäisches Patentrecht	2
	Literatur	3
	Kommentierung zu § 139 PatG	
I.	Anspruchsberechtigter und -verpflichteter	4
1	Anspruchsberechtigter	5
1.1	Patentinhaber	6
1.2	Ausschließlicher Lizenznehmer	10
1.3	Einfacher Lizenznehmer	11
1.4	Nießbraucher und Pfandgläubiger	12
1.5	Mehrheit von Anspruchsberechtigten	13
2	Anspruchsverpflichteter	19
2.1	Verletzer	20
2.2	Grenzen der Haftung	24
2.3	Einzelfälle	25
2.4	Haftung für fremdes Handeln	29
2.5	Haftung des gesetzlichen Vertreters	30
2.6	Mehrheit von Anspruchsverpflichteten	33
3	Prozessuales	34

3.1	Prozessführungsbefugnis	34
3.1.1	Patentinhaber	35
3.1.2	Ausschließlicher Lizenznehmer	36
3.1.3	Einfacher Lizenznehmer	37
3.1.4	Dritte	38
3.2	Darlegungs- und Beweislast	39
II.	**Benutzung der patentierten Erfindung entgegen §§ 9 bis 13**	41
1	**Bestehen eines Patents oder ergänzenden Schutzzertifikats**	42
1.1	Ausländische Patente	43
1.2	Patentschutz vor Patenterteilung	44
1.3	Erlöschen des Patents	45
1.4	Prozessuales	47
2	**Benutzung der patentierten Erfindung**	49
3	**Rechtswidrigkeit der Benutzung**	50
4	**Beweislast**	52
III.	**Unterlassungsanspruch**	53
1	**Wiederholungsgefahr**	54
1.1	Begründung der Wiederholungsgefahr	54
1.2	Beseitigung der Wiederholungsgefahr	57
1.2.1	Die vertragsstrafenbewehrte Unterlassungserklärung	59
1.2.1.1	Ernstlichkeit	60
1.2.1.2	Vertragsstrafeversprechen	69
1.2.2	Abgabe einer notariellen Unterlassungserklärung	71
2	**Erstbegehungsgefahr**	72
3	**Verhältnismäßigkeit**	76
3.1	Grundsätze	76
3.2	Die Rechtsnatur des Unverhältnismäßigkeitseinwands	77
3.3	Maßstäbe der Interessenabwägung	78
3.4	Rechtsfolge des erfolgreichen Unverhältnismäßigkeitseinwands	82
3.5	Ausgleichsanspruch	83
4	**Rechtsfolgen**	85
5	**Beweislast**	89
IV.	**Schadensersatzanspruch**	90
1	**Verschulden**	92
1.1	Verschuldensformen	93
1.2	Sorgfaltsanforderungen	97
1.2.1	Allgemeines	98
1.2.2	Einzelfälle	103
1.3	Beweislast	105
2	**Ersatz des entstandenen Schadens**	106
2.1	Berechnung des Schadens	107
2.1.1	Drei Berechnungsarten	109
2.1.2	Bindung an Wahl einer Berechnungsart	113
2.1.3	Vermengung der drei Berechnungsarten	115
2.1.4	Begleitschäden	116
2.2	Entgangener Gewinn	118
2.3	Lizenzanalogie	126
2.3.1	Höhe der Lizenz	127
2.3.1.1	Bezugsgröße	131
2.3.1.2	Lizenzsatz	135
2.3.2	Verzinsung	139
2.4	Herausgabe des Verletzergewinns	140
2.4.1	Berücksichtigungsfähiger Umsatz	141
2.4.2	Abzugsfähige Kosten	142
2.4.2.1	Abzugsfähig	145
2.4.2.2	Nicht abzugsfähig	146
2.4.3	Kausalität	147

2.4.3.1	Abstand zu anderen technischen Lösungen	148
2.4.3.2	Mehrere Schutzrechte	149
2.4.3.3	Vertriebsbemühungen	150
2.4.3.4	Weitere Faktoren	151
2.4.3.5	Kein Kausalanteil	153
2.4.4	Zinsen und Rückstellungen	154
2.4.5	Beweislast	155
2.5	Haftung von mehreren Verletzern	157
2.5.1	Gesamtschuldner	158
2.5.2	Verletzerkette	159
2.6	Prozessuales	162
V.	**Auskunftsanspruch und Rechnungslegung**	163
1	**Voraussetzungen des allgemeinen Auskunftsanspruchs**	166
2	**Inhalt des Anspruchs**	168
2.1	Gegenständlicher Anknüpfungspunkt der Auskunft	170
2.2	Sachlicher Umfang der Auskunft	171
2.3	Zeitlicher Umfang	174
2.4	Form der Auskunft	175
2.5	Belegvorlage	176
2.6	Wirtschaftsprüfervorbehalt	177
3	**Erfüllung des Rechnungslegungsanspruchs**	179
4	**Mängel der Auskunft/Rechnungslegung**	180
4.1	Anspruch auf Ergänzung	180
4.2	Eidesstattliche Versicherung	183
4.3	Prozessuales	186
VI.	**Bereicherungsanspruch**	189
1	**Voraussetzungen eines Bereicherungsanspruchs**	191
1.1	Etwas erlangt	191
1.2	In sonstiger Weise auf Kosten des Verletzten	192
1.3	Ohne rechtlichen Grund	193
1.4	Kein Verschulden	194
1.5	Anspruchsgegner	195
1.6	Fehlen einer Verwirkung	196
2	**Rechtsfolge: Wertersatz**	197
VII.	**Ansprüche aus Delikt und § 1004 BGB**	199
1	**Vorbeugender Unterlassungsanspruch gegen Anti-Suit Injunctions**	200
1.1	Anspruchsvoraussetzungen	201
1.2	Prozessuale Durchsetzung	204
2	**Beseitigungsanspruch bei fortdauerndem Störungszustand**	205
VIII.	**Verwarnung**	208
1	**Notwendiger Inhalt einer berechtigten Verwarnung**	212
2	**Voraussetzungen einer wirksamen Verwarnung**	218
3	**Kosten der Verwarnung**	221
4	**Wirkungen der Verwarnung**	226
4.1	Antwortpflicht	226
4.2	Wirkungen im Verhältnis zur Hauptsacheklage	228
5	**Unterwerfungserklärung**	230
6	**Unberechtigte Verwarnung**	231
6.1	Ansprüche	232
6.2	Anspruchsberechtigter	233
6.3	Anspruchsverpflichteter	234
6.4	Unterlassungsanspruch	235
6.5	Anspruch auf Schadensersatz	236
6.5.1	Verschulden	237
6.5.2	Schaden	241
7	**Entbehrlichkeit der Abmahnung**	242
7.1	Unterlassung, Rechnungslegung, Schadensersatz	243
7.2	Sequestration	245

7.3	Vindikation	247
7.4	Besichtigungsverfügung	248
8	**Unberechtigte Klageerhebung**	249
IX.	**Prozessuale Durchsetzung**	250
1	**Klagearten**	251
1.1	Stufenklage gemäß § 254 ZPO	252
1.2	Feststellungsklage gemäß § 256 ZPO	253
1.2.1	Voraussetzungen	254
1.2.2	Wirkungen für das Betragsverfahren	256
1.3	Negative Feststellungsklage	257
2	**Zuständigkeit**	262
2.1	Örtliche Zuständigkeit	263
2.2	Internationale Zuständigkeit	265
2.2.1	EuGVVO, EuGVÜ und LugÜ	267
2.2.2	Auslegung der EuGVVO	268
2.2.3	Zuständigkeit aufgrund des Wohnsitzes des Beklagten	269
2.2.4	Zuständigkeit aufgrund des Ortes der unerlaubten Handlung	270
2.2.5	Zuständigkeit wegen des Wohnsitzes eines Mitbeklagten	274
2.2.6	Zuständigkeit aufgrund rügeloser Einlassung	275
2.2.7	Ausschließliche Zuständigkeit	276
2.2.8	Zuständigkeit für einstweilige Maßnahmen	277
2.2.9	»Torpedo«	278
2.2.9.1	Zwingende Aussetzung	279
2.2.9.2	Fakultative Aussetzung	285
3	**Klageanträge und Streitgegenstand**	287
3.1	Klageantrag	287
3.2	Streitgegenstand	290
3.3	Beispiele für Klageanträge	295
3.3.1	Unmittelbare Patentverletzung	295
3.3.2	Mittelbare Patentverletzung	296
4	**Prozesskostensicherheit**	297
5	**Aussetzung**	305
5.1	Vorgreiflichkeit	307
5.2	Ermessen	309
5.2.1	Aussetzungsmaßstab in 1. Instanz	312
5.2.2	Aussetzung in der Berufungsinstanz	313
5.2.3	Aussetzung in der Revisionsinstanz	314
5.3	Anfechtbarkeit	315
6	**Beweisfragen**	316
6.1	Beweislast des Klägers	317
6.2	Beweislast des Beklagten	318
6.3	Beweiserleichterung gemäß § 139 (3) PatG	319
6.3.1	Zweck	321
6.3.2	Voraussetzungen	322
6.3.3	Rechtsfolge: Widerlegliche Vermutung	325
6.3.4	Wahrung der Herstellungs- und Betriebsgeheimnisse gemäß § 139 (3) 2	326
6.4	Anordnungen des Gerichts	327
6.5	Beweis durch Sachverständigen	328
6.5.1	Aufgabe des Sachverständigen	329
6.5.2	Zuziehung	331
6.5.3	Beweiswürdigung	332
6.5.4	Kosten	334
7	**Streitwert**	336
8	**Kosten**	344
9	**Vorläufige Vollstreckbarkeit**	356
9.1	Ohne Sicherheitsleistung	358
9.2	Gegen Sicherheitsleistung	360
9.3	Schutzantrag des Schuldners	363

9.4	Einstweilige Einstellung der Zwangsvollstreckung	365
10	**Berufung**	372
10.1	Zulässigkeitsvoraussetzungen	372
10.2	Änderung des Klagebegehrens	373
10.3	Verspätung	376
10.4	Anschlussberufung	381
10.5	Prüfungsumfang	382
11	**Revision**	383
11.1	Zulässigkeitsvoraussetzungen	384
11.1.1	Statthaftigkeit	384
11.1.2	Zulassung	385
11.2	Umfang der Überprüfung	388
11.2.1	Anträge	389
11.2.2	Revisibles Recht	390
11.2.3	Tatfragen	392
11.2.4	Nachprüfbarkeit im Patentverletzungsverfahren	394
12	**Zwangsvollstreckung**	396
12.1	Unterlassungsurteil	396
12.1.1	Voraussetzungen	399
12.1.1.1	Antrag des Gläubigers	399
12.1.1.2	Zuständigkeit	400
12.1.1.3	Allgemeine Zwangsvollstreckungsvoraussetzungen	401
12.1.1.4	Besondere Zwangsvollstreckungsvoraussetzungen	404
12.1.1.5	Androhung der Ordnungsmittel	405
12.1.1.6	Zuwiderhandlung	406
12.1.1.7	Verschulden	412
12.1.1.8	Verjährung	413
12.1.2	Ordnungsmittel	414
12.1.3	Verfahren	418
12.1.4	Vollstreckung	422
12.2	Urteil zur Rechnungslegung	423
12.2.1	Voraussetzungen	424
12.2.1.1	Mangelnde Erfüllung	425
12.2.1.2	Keine Unmöglichkeit	429
12.2.2	Verfahren	430
12.2.3	Vollstreckung	431
13	**Einstweilige Verfügung**	432
13.1	Voraussetzungen	435
13.1.1	Verfügungsanspruch	437
13.1.2	Verfügungsgrund	439
13.1.2.1	Rechtsbeständigkeit	440
13.1.2.2	Dringlichkeit	446
13.2	Verfahren	450
13.2.1	Entscheidung und Rechtsbehelf	451
13.2.2	Grundsatz der prozessualen Waffengleichheit	453
13.3	Vollziehung	456
13.3.1	Vollziehung der Unterlassungsverfügung	459
13.3.2	Vollziehung anderer Verfügungen	460
13.4	Aufhebung wegen veränderter Umstände	462
13.5	Schadensersatz wegen ungerechtfertigter einstweiliger Verfügung	463
13.6	Schutzschrift	472
13.7	Abschlusserklärung	476
13.8	Abschlussschreiben	477

§ 139 — Patentverletzungen: Anspruchsberechtigter und -verpflichteter

1 Geltungsbereich: Vor dem 1.1.1981 war die Regelung über Unterlassung und Schadensersatz und die Beweiserleichterung des Abs 3 in § 47 PatG aF enthalten, der für vor dem 1.1.1981 angemeldete Patente weiter gilt. Das 1. GPatG hat § 139 (1) und (3) (= § 47 (1) u (3) aF) mit Wirkung vom 1.1.81 neu gefasst. Das Gesetz zur Verbesserung der Durchsetzung von Rechten des geistigen Eigentums (**DurchsetzungsG**) vom 7.7.2008 (BGBl I 1191 = BlPMZ 08, 274, abgedruckt im Anhang 8) hat § 139 (1) und (2) neu gefasst. Die Sätze 3–5 in Abs 1 wurden mit dem 2. Gesetz zur Vereinfachung und Modernisierung des Patentrechts vom 10.08.2021 (BGBl 2021 I 3490) mit Wirkung zum 18.08.2021 eingefügt.

2 Europäisches Patentrecht: Die **Vereinbarung über Gemeinschaftspatente** (BGBl 1991 II 1354 = BlPMZ 92, 56) ist nicht in Kraft getreten. Der Vereinbarung ist das Übereinkommen über das europäische Patent für den gemeinsamen Markt (**Gemeinschaftspatentübereinkommen, GPÜ 1989**) beigefügt, das durch das im Anhang zum GPÜ enthaltene Protokoll über die Regelung von Streitigkeiten über die Verletzung und die Rechtsgültigkeit von Gemeinschaftspatenten (**Streitregelungsprotokoll**) ergänzt wird. Zum Einheitspatent und zur Schaffung eines europäischen Patentgerichts siehe § 81 Rdn 3 f. § 139 (3) PatG entspricht Art 35 GPÜ 1989.

3 Lit: Schramm: Der Patentverletzungsprozess 5. Aufl 2005 Bearbeiter: Popp, Bohnenberger, Kaess, Schneider, Zwipf; Nieder: Außergerichtliche Konfliktlösung im gewerbl Rechtsschutz 1998; Fischer: Schadensberechnung in gewerblichen Rechtsschutz, Urheberrecht und unlauteren Wettbewerb 1961; Stauder: Patent- u Gbm-Verletzungsverfahren in Deutschland, Großbritannien, Frankreich u Italien 1983; Kühnen, Handbuch der Patentverletzung 13. Aufl. 2021; Pitz, Patentverletzungsverfahren, 2003;
Lit in GRUR: Ullmann GRUR 78, 615; Preu 79, 753; Bierbach 81, 458; 86, 201; Delahaye 86, 217; Meier-Beck 98, 276; 99, 379; Müller 16, 570; **Lit in GRUR Int:** Bruchhausen 89, 468; 90, 707; Falconer 89, 471; Le Tallec 89, 475; Rogge 96, 386; **Lit in GRUR-RR:** Dörre/Maaßen 08, 217; **Lit in Mitt:** König 99, 347; Schar 2000, 58; Scharen 18, 369; Fitzner/Munsch 20, 250; **Lit in ABl:** Sonderausgabe 1999; Brinkhof S 114; Messerli S 128; Brändle S 158; Fernandiz Gabriel S 168 und Willem S 196;
Lit in IIC: Bruchhausen 89, 341; Falconer 89, 348; Le Tallec 89, 355; Ryberg 97. 904;
Lit in EIPR: Moss/Rogers 97, 425.

I. Anspruchsberechtigter und -verpflichteter

4 Lit: Knobloch Abwehransprüche für den Nehmer einer einfachen Patentlizenz? 2005; Horn/Dethof FS 80 J PatentG Düsseldorf 2016, 189; Kurtz FS 80 J PatentG Düsseldorf 2016, 345; Thomas FS 80 J PatentG Düsseldorf 2016, 531; **Lit in GRUR:** Fischer 80, 374; Rogge 85, 734; Klaka 88, 729; Götting 94, 6; Ahrens 96, 518; Rauch 01, 588; Pahlow 07, 1001; Pitz 09, 805; Pitz 10, 688; Verhauwen 11, 116; Kühnen 14, 137; Ohly 16, 1120; Grunwald 16, 526; Steininger 17, 875; Dregelies 18, 8; Wick 20, 23; Jestaedt 20, 354; **Lit in GRUR Int:** Schönherr 79, 406; Tochtermann 19, 437; **Lit in GRUR-Prax:** Lehment/Eßer 19, 429; Boos 19, 321; **Lit in Mitt:** Fitzner 11, 314; Lohmann 19, 64; **Lit in WRP:** Ahrens 07, 1281; Schwippert 18, 1027.

1 Anspruchsberechtigter

5 Für die Ansprüche aus § 139, aber auch aus §§ 140a, 140b, 140d ist anspruchsberechtigt der »Verletzte«. Dies kann gemäß § 9 S 1 der Patentinhaber oder eine andere Person sein, die ihre Berechtigung vom Patentinhaber ableitet.

6 1.1 Patentinhaber: Anspruchsberechtigter ist der materielle Inhaber des Schutzrechts, der jedenfalls für die gerichtliche Geltendmachung[1] der Ansprüche auch formell durch seine Eintragung im Patentregister legitimiert sein muss (s § 30 Rdn 17). Anspruchsberechtigt ist auch eine als Inhaber eingetragene Patentverwertungsgesellschaft, die die

---

[1] Für eine Anwendung von § 30 (3) auch im außergerichtlichen Rechtsverkehr Rogge GRUR 85, 734 (738 f).

Erfindung nicht selbst nutzt, sondern lediglich darauf abzielt, Verletzer zur Lizenznahme anzuhalten.[2]

Wird das Patentregister **nach einer Übertragung des Patents** nicht im Übertragungszeitpunkt umgeschrieben, fallen materielle Inhaberschaft und Registerstand auseinander. Gleiches kann passieren, wenn die materiell-rechtliche Übertragung des Patents unwirksam ist, die Umschreibung des Registers jedoch erfolgt. Solange die Übertragung eines Patents nicht im Patentregister eingetragen ist, ist gem § 30 (3) 2 allein der zuvor eingetragene Patentinhaber *prozessual berechtigt*, Ansprüche wegen Verletzung des Patents gerichtlich[3] und nach weitergehender Ansicht auch außergerichtlich[4] geltend zu machen (s § 30 Rdn 45 f). Umgekehrt ist nach der Umschreibung allein der neu eingetragene Inhaber legitimiert, selbst wenn er nicht materiell-rechtlich Patentinhaber geworden ist (s § 30 Rdn 43). Ausschlaggebend für die *Sachlegitimation* im Verletzungsrechtsstreit ist jedoch nicht die Eintragung im Patentregister, sondern die materielle Rechtslage.[5] Die Eintragung im Register hat über § 30 (3) 2 keinen Einfluss auf die materielle Rechtslage; sie wirkt weder rechtsbegründend noch rechtsvernichtend; ihre Legitimationswirkung ist beschränkt auf die Befugnis zur Führung von Rechtsstreitigkeiten.[6] Ansprüche aus dem Patent stehen dem neuen Patentinhaber daher nicht erst mit seiner Eintragung im Register, sondern schon im Zeitpunkt des materiellen Rechtsübergangs zu.[7] Ist der neue Patentinhaber noch nicht im Register eingetragen, macht der eingetragene Altinhaber im Rahmen des § 30 (3) 2 ein fremdes Recht im eigenen Namen geltend.[8] Es handelt sich um eine Form der gesetzlichen Prozessstandschaft[9] (s § 30 Rdn 46). Für den Zeitraum nach dem materiellen Rechtsübergang kann daher nur Leistung an den neuen Patentinhaber verlangt werden[10] (zu den weiteren prozessualen Auswirkungen s Rdn 35).

Zum Erben vgl § 30 Rdn 51.

Der wirklich Berechtigte bedarf zur Geltendmachung von Ansprüchen gegenüber dem eingetragenen Nichtberechtigten keiner vorherigen Eintragung im Register.[11]

1.2 Ausschließlicher Lizenznehmer zeichnet sich dadurch aus, dass er – zumindest hinsichtlich einzelner Benutzungsarten (zB der Herstellung oder des Vertriebs), Schutzgebiete oder Schutzzeiträume – *ausschließlich*, dh unter Ausschluss jeglicher

---

2 LG Mannheim InstGE 11, 9 *UMTS-fähiges Mobiltelefon*.
3 BGH GRUR **13**, 713 *Fräsverfahren*; OLG Düsseldorf, I-2 U 93/04, Urt v 28.09.2006 BeckRS 08, 05 819; Rogge GRUR **85**, 734, 736, 738.
4 Rogge GRUR **85**, 734 (738), str.
5 BGH GRUR **13**, 713 *Fräsverfahren*; aA (überholt): OLG Düsseldorf GRUR-RR **11**, 84 (LS) = BeckRS **11**, 01 261 *Rollenumschreibung*; I-2 U 26/10, Urt v 24.06.2011 BeckRS **11**, 20 938; InstGE **12**, 261 *Fernsehmenü-Steuerung*; Verhauwen GRUR **11**, 116, 118 f.
6 BGH GRUR **13**, 713, 716 *Fräsverfahren*; kritisch zu dieser Rechtsprechung: Kühnen GRUR **14** 137.
7 BGH GRUR **13**, 713, 716 *Fräsverfahren*.
8 BGH GRUR **13**, 713, 716 *Fräsverfahren*.
9 OLG Düsseldorf, I-2 U 93/04, Urt v 28.09.2006 BeckRS 08, 05 819; Rogge GRUR **85**, 734, 738.
10 BGH GRUR **13**, 713, 716 *Fräsverfahren*.
11 RGZ **144**, 389.

Dritter, zur Benutzung des Patents berechtigt ist. Lediglich der Patentinhaber soll sich eine Eigennutzung vorbehalten dürfen (Alleinlizenz).[12] Der ausschließliche Lizenznehmer kann sämtliche Ansprüche aus dem lizenzierten Recht geltend machen, soweit sein eigenes Nutzungsrecht berührt ist,[13] also auch Auskunft nach § 140b[14] und Ersatz seines eigenen Schadens verlangen.[15]

11 **1.3 Einfacher Lizenznehmer** kann aus eigenem Recht keine Ansprüche aus § 139 geltend machen.[16] Ihm stehen Entschädigungs-, Schadensersatz- und Auskunftsansprüche allenfalls aus abgetretenem Recht zu. Da der Unterlassungsanspruch nicht isoliert abtretbar ist, kann er prozessual vom einfachen Lizenznehmer nur im Wege gewillkürter Prozessstandschaft geltend gemacht werden (s Rdn 34).

12 **1.4 Nießbraucher und Pfandgläubiger:** Sie können alle Ansprüche gemäß § 139 geltend machen. Der Pfändungsgläubiger kann den Abnehmern des Patentinhabers die Benutzung der erworbenen patentgemäßen Gegenstände nicht untersagen.[17]

13 **1.5 Mehrheit von Anspruchsberechtigten: Mehrere Patentinhaber** bilden, wenn sie ihr Innenverhältnis nicht anderweitig durch Vereinbarung geregelt haben, eine Gemeinschaft nach Bruchteilen iSv §§ 741 ff BGB.[18] Ansprüche aus dem Patent stehen den Inhabern gemeinschaftlich zu, aber jeder Mitinhaber ist nach § 744 (2) BGB gegenüber einem Verletzer für den Unterlassungsanspruch aktivlegitimiert.[19] Ansprüche auf Schadensersatz, Auskunft und Rechnungslegung kann der einzelne Patentinhaber nach § 432 (1) 1 BGB jedoch nur zur Leistung an alle gemeinschaftlich geltend machen.[20] Im Falle einer durch mehrere Patentinhaber gebildeten GbR sind die Rechte aus dem Patent von der als solcher prozessfähigen[21] Gesellschaft geltend zu machen.

14 Dem **Patentinhaber, der einem Dritten eine ausschließliche Lizenz erteilt hat**, stehen im Falle einer Patentverletzung grundsätzlich eigene Ansprüche auf Unterlassung, Schadensersatz und Auskunft und Rechnungslegung gegen den Verletzer zu,[22] wenn er sich mit der Lizenzierung nicht sämtlicher Rechte aus dem Patent begeben hat[23] oder wenn ihm aus der Lizenzvergabe fortdauernde materielle Vorteile erwachsen.[24] Hat sich der Patentinhaber bei der Lizenzvergabe zeitlich, örtlich oder sachlich eigene Benutzungshandlungen vorbehalten, ist er durch Verletzungshandlungen, die in dieses

---

12 Offenlassend OLG Düsseldorf I-2 U 30/15, Urt v 24.09.2015 mwN zum Meinungsstand, red LS abgedruckt in Mitt **16**, 126 *Zigarettenpapier*.
13 BGH GRUR **95**, 338 *Kleiderbügel*; **96**, 109 *Klinische Versuche I*.
14 OLG Düsseldorf GRUR **93**, 818, 820.
15 BGH GRUR **04**, 758, 763 (III) = BGHZ **159**, 76 *Flügelradzähler*; GRUR **08**, 896 (Tz 35) = BGHZ **176**, 311 *Tintenpatrone I*.
16 RGZ **83**, 93 = BlPMZ **13**, 324; OLG Düsseldorf Mitt **16**, 126 *Zigarettenpapier*.
17 BGH GRUR **94**, 602 *Rotationsbürstenwerkzeug*.
18 BGH GRUR **05**, 663 = BGHZ **162**, 342 *Gummielastische Masse II*.
19 BGH GRUR **00**, 1028 (1029) *Ballermann*.
20 BGH GRUR **00**, 1028 (1030) *Ballermann*.
21 BGHZ **146**, 341 = NJW **01**, 1056.
22 BGH GRUR **08**, 896 = BGHZ **176**, 311 *Tintenpatrone I*.
23 BGH GRUR **08**, 896 (Nr 24) = BGHZ **176**, 311 *Tintenpatrone I*; GRUR **11**, 711 (Nr 13) = BGHZ **189**, 112 *Cinch-Stecker*.
24 BGH GRUR **11**, 711 = BGHZ **189**, 112 *Cinch-Stecker*.

Benutzungsrecht eingreifen, in seinen eigenen Rechten betroffen. Bei einer umfassenden Exklusivlizenz können materielle Vorteile etwa aus der Vereinbarung einer Stück- oder Umsatzlizenz[25] oder aus einer Warenbezugsverpflichtung[26] erwachsen. Für eine wirtschaftliche Partizipation genügt es aber auch, wenn der Patentinhaber im Falle einer Freilizenz als alleiniger Gesellschafter des Lizenznehmers an dessen Gewinn beteiligt ist.[27] »Verletzt« ist der Patentinhaber ggf auch dann, soweit ihm im Lizenzvertrag die Pflicht auferlegt ist, auf Weisung des Lizenznehmers gegen Verletzer vorzugehen[28] oder wenn der Lizenznehmer die Ware mit einer Marke des Patentinhabers kennzeichnen muss.[29]

Schadensersatzansprüche bestehen jedoch nur, soweit dem Patentinhaber in diesen Fällen ein eigener Schaden entstanden ist (zur prozessualen Durchsetzung s Rdn 34). Patentinhaber und ausschließlicher Lizenznehmer sind nicht Mitgläubiger gemäß § 432 BGB,[30] da sie nicht Gläubiger einer rechtlich unteilbaren Leistung sind. Jeder von ihnen kann daher gesondert den Ersatz seines Schadens verlangen, wobei sie jedoch insgesamt nicht mehr als den vom Verletzer geschuldeten vollen Schadensausgleich beanspruchen können.[31] Für beide bestehen daher folgende Möglichkeiten: **a)** Sie können gemeinschaftlich Schadensersatz verlangen und sodann im Verhältnis zueinander aufteilen; **b)** einer von beiden kann zugleich aus abgetretenem Recht des anderen vorgehen; **c)** jeder kann gesondert den ihm entstandenen Schaden ersetzt verlangen, wobei darzulegen ist, welcher Anteil des (konkreten) Gesamtschadens auf ihn entfällt, da der Verletzer nicht mehr als den vollen Schadensausgleich zu leisten hat.[32] Dies gilt grundsätzlich auch dann, wenn ein Schaden, der bei einem Ersatzberechtigten eintritt, auf Grund gesellschaftsrechtlicher oder sonstiger Beziehungen zugleich zu einem Schaden bei einem anderen Ersatzberechtigten führt, selbst wenn nicht jedem Einzelnen ein bestimmter Teil des Gesamtschadens zugeordnet werden kann. Besteht der Schaden darin, dass der Gewinn des Lizenznehmers, an dem der Patentinhaber als alleiniger Gesellschafter des Lizenznehmers beteiligt ist, geringer ausfällt, ist der Schadensersatzanspruch des Patentinhabers nach dem Grundsatz der Naturalrestitution darauf gerichtet, den Lizenznehmer in seinem Vermögen so zu stellen, wie er ohne die Schutzrechtsverletzung stehen würde.[33]

Nach **BGH** kann der Patentinhaber den zu leistenden Schadensersatz sowohl *konkret* gemäß §§ 249, 252 BGB berechnen, als auch *objektiv* nach den Grundsätzen der Lizenzanalogie oder der Herausgabe des Verletzergewinns ermitteln und dementspre-

---

25 BGH GRUR 08, 896 (Nr 27) = BGHZ **176**, 311 *Tintenpatrone I*; GRUR **11**, 711 (Nr 13) = BGHZ **189**, 112 *Cinch-Stecker*.
26 BGH GRUR 08, 896 (Nr 28) = BGHZ **176**, 311 *Tintenpatrone I*.
27 BGH GRUR **11**, 711 = BGHZ **189**, 112 *Cinch-Stecker*.
28 LG Düsseldorf InstGE 1, 9 Rn 33 *Komplexbildner*.
29 Kühnen FS Schilling 2007, 311.
30 BGH GRUR 08, 896 (Nr 38) = BGHZ **176**, 311 *Tintenpatrone I*.
31 BGH GRUR 08, 896 (Nr 39) = BGHZ **176**, 311 *Tintenpatrone I*.
32 BGH GRUR 08, 896 (Nr 39) = BGHZ **176**, 311 *Tintenpatrone I*.
33 BGH GRUR **11**, 711 (Nr 23 f) = BGHZ **189**, 112 *Cinch-Stecker*.

chend Auskunft auch über die nur im Zusammenhang mit dem Verletzergewinn relevanten Kosten und Gewinne des Verletzers verlangen.[34]

17 **Auskunft und Rechnungslegung** können für sämtliche Angaben verlangt werden, die der Patentinhaber benötigt, um sich für eine der Schadensausgleichmethoden zu entscheiden und seinen Anspruch nach der gewählten Methode zu beziffern.[35]

18 Neben dem einfachen Lizenznehmer ist der Patentinhaber nie aktivlegitimiert.

2 Anspruchsverpflichteter

19 Schuldner der Ansprüche aus § 139 (1) u (2) ist, wer entgegen den §§ 9 bis 13 die patentierte Erfindung benutzt. Das Gesetz bezeichnet ihn als »Verletzer«, § 139 (2) 2 u 3.

20 **2.1 Verletzer** ist zunächst, wer die patentierte Erfindung in eigener Person iSd § 9 unmittelbar benutzt oder wer als Teilnehmer iSd § 830 (2) BGB eine fremde unmittelbare Benutzung iSd § 9 ermöglicht oder fördert.[36] **Täter** ist, wer die Patentverletzung allein, gemeinschaftlich mit anderen (Mittäter)[37] oder durch einen anderen (mittelbarer Täter)[38] begeht. **Teilnehmer** sind der Anstifter und der Gehilfe.[39] Es gelten insofern die im Strafrecht entwickelten Grundsätze.[40] **Mittäterschaft** erfordert eine gemeinschaftliche Begehung, also ein bewusstes und gewolltes Zusammenwirken, vgl § 830 (1) BGB.[41] **Anstiftung und Beihilfe** erfordern insbesondere einen »doppelten Vorsatz«: Sowohl die Haupttat, zu der angestiftet oder zu der eine physische bzw psychische Unterstützung geleistet wurde, als auch die Anstiftungs- bzw Beihilfehandlung selbst müssen vorsätzlich begangen sein. Dabei muss sich der Vorsatz des Teilnehmers ua auf die konkrete Haupttat beziehen;[42] es reicht nicht aus, dass er allgemein mit Schutzrechtsverletzungen rechnet.[43] Eventualvorsatz genügt.

21 Darüber hinaus ist Haftung in **Nebentäterschaft** möglich. Sie liegt nach allgemeinen deliktsrechtlichen Grundsätzen vor, wenn mehrere Deliktstäter durch selbstständige Einzelhandlungen ohne bewusstes Zusammenwirken einen Schaden mitverursacht haben.[44] Als Täter einer fahrlässigen Patentverletzung hat daher auch derjenige einzustehen, der die Rechtsverletzung durch eigenes vorwerfbares Verhalten verursacht hat,[45] etwa indem auf die Benutzung des Patents gerichtete Handlungen eines Dritten

---

34 BGH GRUR 08, 896 (Nr 38 f) = BGHZ 176, 311 *Tintenpatrone I*; GRUR 11, 711 (Nr 24) = BGHZ 189, 112 *Cinch-Stecker*; aA Kühnen FS Schilling 2007, 311.
35 BGH GRUR 08, 896 (Nr 36 ff) = BGHZ 176, 311 *Tintenpatrone I*.
36 BGH GRUR 04, 845 (848) = BGHZ 159, 212 (230 f) *Drehzahlermittlung*; GRUR 09, 1142 (Nr 24) = BGHZ 182, 245 *MP3-Player-Import*.
37 BGH GRUR 79, 48 (II3) *Straßendecke I*.
38 BGH GRUR 90, 997 (A3a) *Ethofumesat*.
39 OLG Düsseldorf GRUR 78, 588 *Außendienstmitarbeiter*.
40 BGH GRUR 11, 152 (154) *Kinderhochstühle im Internet*.
41 BGH GRUR 11, 152 (154) *Kinderhochstühle im Internet*.
42 BGH GRUR 09, 1142 (Nr 27 f) = BGHZ 182, 245 *MP3-Player-Import*.
43 BGH GRUR 07, 708 (Nr 32) *Internet-Versteigerung II*.
44 BGH NJW 88, 1719, 1720.
45 BGH GRUR 15, 467 (Nr 47) *Audiosignalcodierung*.

pflichtwidrig nicht unterbunden werden[46] oder wenn sich eine Person bei der Anwendung eines Verfahrens den Umstand zunutze macht, dass bestimmte Schritte des geschützten Verfahrens von einem Dritten ausgeführt werden und in die eigene Handlung einbezogen werden können.[47]

Allgemein ist als **Verletzer** anzusehen, wer (unvorsätzlich) die Verwirklichung des Benutzungstatbestands durch einen Dritten ermöglicht oder fördert, obwohl er sich mit zumutbarem Aufwand die Kenntnis verschaffen kann, dass die von ihm unterstützte Handlung das absolute Recht des Patentinhabers verletzt.[48] Ein unvorsätzlicher Mitverursachungsbeitrag genügt allein zur Begründung der Verantwortlichkeit nicht aus; die Zurechnung der fremden Schutzrechtsverletzung bedarf einer zusätzlichen Rechtfertigung, die in der Regel in der Verletzung einer Rechtspflicht besteht, die jedenfalls auch dem Schutz des verletzten absoluten Rechts dient und bei deren Beachtung der Mitverursachungsbeitrag entfallen oder jedenfalls als verbotener und daher zu unterlassener Beitrag des Handelnden zu der rechtswidrigen Handlung eines Dritten erkennbar gewesen wäre.[49] Das Bestehen und der Umfang einer Rechtspflicht zur Vermeidung eines schutzrechtsverletzenden Erfolgs richtet sich im Einzelfall nach der Abwägung aller betroffenen Interessen und relevanten rechtlichen Wertungen; es kommt entscheidend darauf an, ob und inwieweit dem in Anspruch Genommenen nach den Umständen des Falls ein Tätigwerden zuzumuten ist.[50] Dabei besteht eine Wechselwirkung zwischen der Schutzbedürftigkeit des Verletzten und der Zumutbarkeit von Prüfungs- und Handlungspflichten, die von Dritten zu beachten sind: Je schutzwürdiger der Verletzte, desto mehr Rücksicht auf seine Interessen kann dem Dritten zugemutet werden. Je geringer andererseits das Schutzbedürfnis, desto kritischer ist zu prüfen, ob von dem Dritten erwartet werden muss, Schutzrechtsverletzungen aufzuspüren und gegebenenfalls abzustellen oder zu verhindern.[51] In jedem Fall begründet ein pflichtwidriges und schuldhaftes Ermöglichen oder Fördern fremden Handelns eine patentrechtliche Verantwortlichkeit nur dann, wenn es – anders als bei der mittelbaren Verletzung – zu einer Patentverletzung durch den Dritten gekommen ist oder im Fall des Unterlassungsanspruchs jedenfalls Erstbegehungsgefahr besteht.[52]

Nach der Rspr des für Patentstreitsachen zuständigen X. Zivilsenats des BGH[53] ist derjenige, der die Benutzung der Erfindung durch einen Dritten ermöglicht oder fördert, obwohl er sich mit zumutbarem Aufwand Kenntnis von der Patentverletzung durch den Dritten verschaffen könnte, als *Täter* anzusehen. Es kommt nicht darauf an,

---

46 BGH GRUR 02, 599 *Funkuhr I*; 07, 313 = BGHZ 171, 13 (Rn 17) *Funkuhr II*; 09, 1142 = BGHZ 182, 245 *MP3-Player-Import*; 15, 467 (Nr 47) *Audiosignalcodierung*.
47 BGH GRUR 15, 467 (Nr 48) *Audiosignalcodierung*.
48 BGH GRUR 09, 1142 = BGHZ 182, 245 *MP3-Player-Import*; Urt v 16.5.17, X ZR 120/15, GRUR 17, 785 (Rn 52) *Abdichtsystem*.
49 BGH GRUR 09, 1142 (Nr 36) = BGHZ 182, 245 *MP3-Player-Import*; Urt v 16.5.17, X ZR 120/15, GRUR 17, 785 (Rn 52) *Abdichtsystem*.
50 BGH GRUR 90, 997 = BGHZ 107, 46 (63) *Ethofumesat*; 09, 1142 (Nr 43) = BGHZ 182, 245 *MP3-Player-Import*; Urt v 16.5.17, X ZR 120/15, GRUR 17, 785 (Rn 53) *Abdichtsystem*.
51 BGH GRUR 09, 1142 (Nr 43) = BGHZ 182, 245 *MP3-Player-Import*; Urt v 16.5.17, X ZR 120/15, GRUR 17, 785 (Rn 53) *Abdichtsystem*.
52 BGH Urt v 16.5.17, X ZR 120/15, GRUR 17, 785 *Abdichtsystem*.
53 BGH GRUR 09, 1142 (Nr 34) = BGHZ 182, 245 *MP3-Player-Import*.

ob der Anspruchsverpflichtete die Handlung selbst vornimmt oder lediglich eine weitere Ursache für die Rechtsverletzung setzt, indem er eine von ihm ermöglichte Rechtsverletzung durch einen Dritten nicht unterbindet, obwohl dies von ihm zu erwarten wäre.[54] Die Verletzung der Rechtspflicht zur Vermeidung des schutzrechtsverletzenden Erfolgs ist regelmäßig auch geeignet, den Vorwurf fahrlässigen Handelns zu begründen.[55] Damit genügt für die täterschaftliche Schadensersatzverpflichtung grundsätzlich jede vorwerfbare Verursachung der Rechtsverletzung einschließlich der ungenügenden Vorsorge gegen solche Verstöße.[56] Diese an die Verletzung von Prüfpflichten anknüpfende Rechtsprechung des X. Zivilsenats ist der aus Haftung wegen der Verletzung von Verkehrspflichten oder – weiter gehend – Garantenpflichten ähnlich[57], ist aber nicht damit zu verwechseln. Inwieweit die Schadensersatzhaftung über die fahrlässige Mitverursachung einer Schutzrechtsverletzung hinaus von weiteren Voraussetzungen abhängt, insbesondere, ob bereits der Störer auf Schadensersatz haftet oder dies nur bei der Verletzung einer Garantenpflicht der Fall ist, hat der X. Zivilsenat offengelassen.[58] Störer ist, wer in irgendeiner Weise willentlich und adäquat kausal zur Verletzung eines geschützten Gutes beiträgt und dabei ihm zumutbare Verhaltenspflichten im Hinblick auf eine Verletzung absoluter Rechte (nicht nur bloßer Verhaltenspflichten) verletzt.[59] Es ist nach Auffassung des I. Zivilsenats lediglich für den Unterlassungsanspruch, nicht aber für den Schadensersatzanspruch passivlegitimiert.[60]

24 **2.2 Grenzen der Haftung:** Auch der Lieferant von »Mitteln« iSd § 10 (1) ermöglicht und fördert fremde Benutzung.[61] Er haftet jedoch nur unter den Voraussetzungen von § 10 (1) nach § 139 (1) und dann ggf auch nur eingeschränkt (vgl § 10 Rdn 40 ff). Handlungen im (gemeinfreien) Ausland, die nur reflexartig inländische Benutzungshandlungen anderer unterstützen, sind unbeachtlich; so etwa Angebotshandlungen im Ausland, selbst wenn sie dazu führen, dass einem inländischen Patentverletzer weitere (ausländische) Kunden zugeführt werden und infolgedessen dessen inländische (patentverletzende) Produktion gesteigert wird.[62] Die Haftung darf auch nicht auf unbeteiligte Dritte erstreckt werden, denen keine Prüfungspflicht obliegt, deren Verletzung eine Inanspruchnahme begründen würde.[63]

---

54 BGH GRUR 99, 977 = BGHZ 142, 7 (12 f) *Räumschild*; GRUR 94, 845 = BGHZ 159, 221 (230 f) *Drehzahlermittlung*.
55 BGH GRUR 09, 1142 (Nr 38) = BGHZ 182, 245 *MP3-Player-Import*.
56 BGH GRUR 02, 599 *Funkuhr I*; 07, 313 (Nr 17) = BGHZ 171, 13 (Nr 17) *Funkuhr II*.
57 Vgl BGH GRUR 07, 890 *Jugendgefährdende Medien bei eBay*; 14, 883 (Rn 21 f) *Geschäftsführerhaftung* mwN.
58 BGH GRUR 09, 1142 (Nr 38) = BGHZ 182, 245 *MP3-Player-Import* (verursacht durch Stresssituation); VersR 85, 47 (seelische Belastung durch familiäre Sorgen); MDR 67, 585 (Kreislaufstörungen); Mitt 04, 328 *Glasfasern II*.
59 BGH GRUR 07, 708 *Internet-Versteigerung II*; 15, 672 (Rn 81) *Videospiel-Konsolen II*.
60 BGH GRUR 02, 618, 619 (II1) *Meißner Dekor*; 09, 1142 (Nr 38) = BGHZ 182, 245 *MP3-Player-Import* (verursacht durch Stresssituation); VersR 85, 47 (seelische Belastung durch familiäre Sorgen); MDR 67, 585 (Kreislaufstörungen); Mitt 04, 328 *Videospiel-Konsolen II*.
61 BGH GRUR 04, 845 (848) *Drehzahlermittlung*.
62 OLG Düsseldorf I-2 U 134/10, Urt v 23.02.2012 BeckRS 12, 07 640.
63 BGH GRUR 97, 313 (III3) *Architektenwettbewerb*.

2.3 Einzelfälle: Verletzer können auch der mittelbare Patentverletzer und Angestellte, zumindest in leitender Stellung sein.[64]

Den **Spediteur** – ebenso **Frachtführer, Lagerhalter oder Auslieferungsagenten** – trifft keine generelle Prüfungspflicht im Hinblick auf Schutzrechtsverletzungen durch die transportierte Ware.[65] Eine Pflicht zur Einholung von Erkundigungen und gegebenenfalls zur eigenen Prüfung der Ware kann für den Spediteur entstehen, wenn ihm konkrete Anhaltspunkte für eine Schutzrechtsverletzung vorliegen.[66] Das kann der Fall sein a) nach einer Schutzrechtsverwarnung, b) infolge einer zollbehördlichen Aussetzung der Überlassung wegen des Verdachts der Patentverletzung oder c) wenn der transportierte Gegenstand Teil eines einschlägigen technischen Standards ist, dessen Einhaltung auf die Patentverletzung schließen lässt.[67] Ist mit den einem Spediteur im Einzelfall möglichen und zumutbaren Mitteln eine Schutzrechtsverletzung nicht positiv festzustellen, ist der Spediteur nicht gehindert, seinen Auftrag auszuführen, auch wenn dies objektiv die Förderung einer Patentverletzung bedeutet.[68] Nach diesen Grundsätzen sind auch **Sortimenter und Versandhandelsunternehmen** zu behandeln, zu deren Vertriebsprogramm eine Vielzahl unterschiedlicher Gegenstände gehört, die eine verlässliche Schutzrechtsüberprüfung unmöglich macht.

Die vorstehenden Grundsätze gelten auch für eine **im Ausland stattfindende Mitwirkung an einer im Inland begangenen Patentverletzung.** Ein im Ausland ansässiges Unternehmen, das einen ebenfalls im Ausland ansässigen Abnehmer mit Erzeugnissen beliefert, ist an einer Benutzungshandlung im Inland beteiligt, wenn es weiß, dass der Abnehmer die Erzeugnisse nach Deutschland weiterliefert,[69] oder für ihn konkrete Anhaltspunkte vorliegen, die eine Lieferung ins Inland als naheliegend erscheinen lassen, und es seiner Überprüfungspflicht nicht hinreichend nachgekommen ist.[70] Eine abstrakte Möglichkeit einer inländischen Verletzung, etwa weil der Abnehmer Geschäftsbeziehungen ins Inland hat oder weil er ähnliche Erzeugnisse bereits in das Inland geliefert oder dort angeboten hat, genügt nicht; anders hingegen, wenn die abgenommene Menge für einen Vertrieb auf schutzrechtsfreien Märkten zu groß ist oder das Abnahmeverhalten auffällig mit einer wahrnehmbaren und potentiell schutzrechtsverletzenden Tätigkeit des Abnehmers auf dem inländischen Markt korreliert.[71] Anders als bei einer inländischen Verletzungshandlung bestehen Ansprüche auf Unterlassung, Auskunftserteilung und Schadensersatz in Bezug auf andere Abnehmer nur insoweit, als in Bezug auf diese dieselben charakteristischen Umstände vorliegen, die die Rechtswidrigkeit der Lieferung an den einen Abnehmer begründen.[72]

---

64 LG Mannheim InstGE 7, 14 *Halbleiterbaugruppe*.
65 *BGH GRUR* 09, 1142 = BGHZ 182, 245 *MP3-Player-Import*.
66 BGH GRUR 09, 1142 = BGHZ 182, 245 *MP3-Player-Import*.
67 BGH GRUR 09, 1142 (Nr 42, 48) = BGHZ 182, 245 *MP3-Player-Import*.
68 BGH GRUR 09, 1142 (Nr 45) = BGHZ 182, 245 *MP3-Player-Import*.
69 BGH Urt v 16.5.17, X ZR 120/15, GRUR 17, 785 *Abdichtsystem*.
70 BGH Urt v 16.5.17, X ZR 120/15, GRUR 17, 785 (Rn 62) *Abdichtsystem*; Urt v 8.6.21, X ZR 47/19 (Rn 35) *Ultraschallwandler*.
71 BGH Urt v 16.5.17, X ZR 120/15, GRUR 17, 785 (Rn 63 f) *Abdichtsystem*; Urt v 8.6.21, X ZR 47/19 (Rn 36) *Ultraschallwandler*.
72 BGH Urt v 8.6.21, X ZR 47/19 *Ultraschallwandler*.

28 Die **öffentliche Verwaltung** kann, auch wenn sie hoheitlich handelt und im öffentlichen Interesse tätig wird, Verletzer sein.[73] Sie hat – wenn sie privatrechtlich handelt – das Patentrecht zu beachten und setzt sich einem Unterlassungsanspruch aus.[74] Mögliche Ansprüche aus Amtshaftung nach § 839 BGB und Art 34 GG verdrängen nicht den Unterlassungsanspruch. Setzt die öffentliche Hand dagegen gesetzlich vorgesehene hoheitliche Mittel ein, kommt insoweit ein Unterlassungsanspruch nicht in Betracht.[75]

29 **2.4 Haftung für fremdes Handeln:** Bei OHG und KG haften die vertretungsberechtigten Gesellschafter nach § 128 HGB. Juristische Personen haften für ihre gesetzlichen Vertreter und leitenden Angestellten[76] nach § 31 BGB, im Übrigen gemäß § 831 BGB. Die Haftung einer Holding für ihre Tochtergesellschaft bestimmt sich ebenfalls nach § 831 BGB.[77] Verrichtungsgehilfe ist in diesem Sinne nur, wer von den Weisungen seines Geschäftsherrn abhängig ist. Ihm muss von einem anderen, in dessen Einflussbereich er allgemein oder im konkreten Fall ist und zu dem er in einer gewissen Abhängigkeit steht, eine Tätigkeit übertragen worden sein. Das Weisungsrecht muss nicht ins Einzelne gehen, entscheidend ist Tätigkeit in organisatorisch abhängiger Stellung. Es genügt, dass der Geschäftsherr die Tätigkeit jederzeit beschränken oder entziehen oder zeitlich inhaltlich bestimmen kann.[78] Daran fehlt es idR bei selbstständigen Unternehmen, auch wenn sie Aufgaben im Konzernverhältnis wahrnehmen.[79] Ebenso wenig genügt es, wenn Holding 100 % der Geschäftsanteile der Tochtergesellschaft hält und ein Beherrschungs- und Gewinnabführungsvertrag besteht; erforderlich ist, dass die Tochtergesellschaft bei Ausführung der Verrichtung, also bei Angebot und Vertrieb der patentverletzenden Gegenstände zu folgen hat.[80]

30 **2.5 Haftung des gesetzlichen Vertreters:** Für den Bereich des unlauteren Wettbewerbs und das Urheberrecht vertritt der dafür zuständige I. Zivilsenat des BGH die Auffassung, der gesetzliche Vertreter (Vorstand, Geschäftsführer, Konkurs- und Insolvenzverwalter[81]) hafte für Verletzungshandlungen der Gesellschaft nur dann, wenn er daran durch positives Tun beteiligt gewesen ist oder wenn er sie auf Grund einer nach allgemeinen Grundsätzen des Deliktsrechts begründeten Garantenstellung habe verhindern müssen.[82] Bei der Verletzung absoluter Rechte kann weiterhin als Störer (nur) auf Unterlassung in Anspruch genommen werden, wer – ohne Täter oder Teilnehmer zu sein – in irgendeiner Weise willentlich und adäquat kausal zur Verletzung des geschützten Rechts beiträgt und zumutbare Verhaltenspflichten verletzt. Dies kann auch die Unterstützung oder Ausnutzung der Handlung eines eigenverantwortlich

---

73 BGH **GRUR 79**, 48 *Straßendecke I*; **90**, 997 (A3a) *Ethofumesat*.
74 BGH **GRUR 93**, 37 (II3b) *Seminarkopien* (Urheberrecht).
75 RGZ **166**, 387.
76 OLG Düsseldorf **GRUR 51**, 316.
77 OLG Düsseldorf InstGE **6**, 152 *Permanentmagnet*.
78 BGH **MDR 13**, 144.
79 BGH **MDR 13**, 144, 145.
80 OLG Düsseldorf InstGE **6**, 152 *Permanentmagnet*. AA ohne nähere Begr BGH **MDR 12**, 1483, 1484 *DAS GROSSE RÄTSELHEFT*.
81 BGH **GRUR 75**, 652 *Flammkaschierverfahren*.
82 BGH **GRUR 14**, 883 = BGHZ **201**, 344 *Geschäftsführerhaftung*; GRUR **15**, 672 (Rn 80) *Videospiel-Konsolen II*.

handelnden Dritten genügen, sofern der Inanspruchgenommene die rechtliche und tatsächliche Möglichkeit zur Verhinderung dieser Handlung hatte.[83]

Der für das Patentrecht zuständige X. Zivilsenat hatte es bislang unbeanstandet gelassen, wenn im Gefolge einer Patentverletzung neben einer Gesellschaft auch deren gesetzliche Vertreter zu Unterlassung und Schadensersatz verurteilt worden sind.[84] Er hat nunmehr offengelassen, ob der bisherige Ansatz mit den vom I. Zivilsenat aufgestellten Grundsätzen im Einklang steht. Jedenfalls haftet der gesetzliche Vertreter einer Gesellschaft, die ein patentverletzendes Erzeugnis herstellt oder erstmals im Inland in den Verkehr bringt, selbst, wenn er die ihm möglichen und zumutbaren Maßnahmen unterlässt, die Geschäftätigkeit des Unternehmens so einzurichten und zu steuern, dass hierdurch keine technischen Schutzrechte Dritter verletzt werden.[85] Die Haftung des gesetzlichen Vertreters folgt in diesen Fällen nicht aus seiner Geschäftsführerstellung als solcher, sondern aus der – von der Rechtsform des Unternehmens unabhängigen – tatsächlichen und rechtlichen Möglichkeit und Zumutbarkeit der Beherrschung einer Gefahrenlage für absolut geschützte Rechte Dritter.[86] Für die Annahme, dass die schuldhafte Verletzung eines Patents durch eine Gesellschaft, die ein Produkt herstellt oder in den inländischen Markt einführt, auf einem schuldhaften Fehlverhalten ihres gesetzlichen Vertreters beruht, bedarf es im Verletzungsprozess im Regelfall keines näheren Klägervortrags und keiner näheren tatrichterlichen Feststellungen zu den dafür maßgeblichen Handlungen des gesetzlichen Vertreters. Vielmehr obliegt gegebenenfalls dem gesetzlichen Vertreter der verletzenden Gesellschaft eine sekundäre Darlegungslast hinsichtlich der Frage, wie er den ihm obliegenden Pflichten nachgekommen ist.[87]

Sind mehrere gesetzliche Vertreter mit unterschiedlichen Zuständigkeitsbereichen bestellt, obliegt grundsätzlich nur dem gesetzlichen Vertreter, der für den Vertrieb und/oder die Herstellung zuständig ist, die Verantwortung für die Organisation und Leitung des Geschäftsbetriebs und nur in seinem Zuständigkeitsbereich entfaltet sich die Gefahr der Patentverletzung, so dass auch nur er persönlich haftet.[88] Die anderen gesetzlichen Vertreter sind ab dem Zeitpunkt ihrer positiven Kenntnis von der Schutzrechtsverletzung gehalten, alles ihnen tatsächlich und rechtlich mögliche zu unternehmen, die nunmehr bekannte Patentverletzung in Zukunft zu verhindern; der bloße Hinweis auf die interne Zuständigkeitsverteilung entbindet nicht von dieser Pflicht.[89] **Abberufung oder Amtsniederlegung** des Geschäftsführers berühren nicht den gegen ihn gerichteten Unterlassungsanspruch,[90] beschränken aber Schadensersatz- und Auskunftsansprüche bis zum tatsächlichen Ausscheiden.[91]

---

83 BGH GRUR 14, 883 (Rn 11) = BGHZ 201, 344 *Geschäftsführerhaftung*; GRUR 15, 672 (Rn 81) *Videospiel-Konsolen II*.
84 BGH GRUR 03, 1031, 1033 *Kupplung für optische Geräte*.
85 BGH GRUR 16, 257 *Glasfasern II*.
86 BGH GRUR 16, 257 (Nr 113) *Glasfasern II*.
87 BGH GRUR 16, 257 *Glasfasern II*.
88 OLG Düsseldorf Urt v 11.1.18, I-15 U 66/17, GRUR-RS 18, 1291.
89 OLG Düsseldorf Urt v 11.1.18, I-15 U 66/17, GRUR-RS 18, 1291.
90 BGH GRUR 76, 579, 582 f *Tylosin*.
91 OLG Düsseldorf InstGE 10, 129 *Druckerpatrone II*.

33 **2.6 Mehrheit von Anspruchsverpflichteten:** Mehrere Verletzer sind jeder für sich zur Unterlassung verpflichtet. Für denselben Schaden, für den mehrere Verletzer aufgrund gemeinschaftlich oder nebeneinander begangener Patentverletzung verantwortlich sind, haften sie nach § 830 (1) BGB (für Täter und Teilnehmer) und § 840 (1) BGB (für Nebentäter) im vollen Umfang,[92] andernfalls jeder für den von ihm verursachten Schaden (vgl Rdn 157–161).

3 Prozessuales

34 **3.1 Prozessführungsbefugnis** ist zur gerichtlichen Durchsetzung von Ansprüchen aus dem Patent erforderlich.

35 **3.1.1 Patentinhaber** ist prozessführungsbefugt, wenn er im Patentregister eingetragen ist. Registereintragung muss spätestens im Verhandlungstermin gegeben und vom Kläger nachgewiesen sein. Unter solchen Umständen ist der Einwand des Verletzers, der als Patentinhaber Eingetragene oder sein Rechtsvorgänger hätten die Erfindung nicht wirksam in Anspruch genommen (§ 6 ArbEG), unbeachtlich.[93] Im Fall der Übertragung des Patents entscheidet nach § 30 (3) 2 der jeweilige Registerstand, wer klagebefugt ist.[94] Solange die Übertragung eines Patents nicht im Register eingetragen ist, ist allein der zuvor eingetragene Patentinhaber berechtigt, Ansprüche wegen Patentverletzung gerichtlich geltend zu machen.[95] Er macht in Ausübung der ihm nach § 30 (3) 2 zustehenden Befugnisse die Ansprüche des neuen Inhabers aus dem Patent prozessual geltend[96] (gesetzliche Prozessstandschaft,[97] s § 30 Rdn 46). Werden Ansprüche auf Schadensersatz, Auskunft und Rechnungslegung geltend gemacht, ist die Klage für den Zeitraum nach dem materiellen Rechtsübergang auf den Ersatz des Schadens des neuen Patentinhabers sowie auf Leistung an den neuen Patentinhaber zu richten; werden Unterlassungsansprüche geltend gemacht, hat das Auseinanderfallen von materieller Inhaberschaft und Registerstand keine Auswirkungen auf die Klageanträge.[98] Der Rechtsnachfolger des früheren Patentinhabers ist zur gerichtlichen Geltendmachung von Ansprüchen aus dem Patent erst nach der Umschreibung des Registers befugt.[99] Schadensersatzansprüche des voreingetragenen Inhabers aus dem Zeitraum vor dem materiellen Rechtsübergang kann er aber nur geltend machen, wenn sie der frühere Inhaber abgetreten hat.[100] Nach der Umschreibung bleibt der vormalig eingetragene Inhaber für die in seiner Person entstandenen Schadensersatzansprüche klagebefugt, kann diese aber an den neuen Inhaber oder Dritte abtreten[101] (auch vor der Umschrei-

---

92 BGH GRUR 15, 467 (Nr 45) *Audiosignalcodierung.*
93 LG Mannheim InstGE 11, 9 *UMTS-fähiges Mobiltelefon.*
94 OLG Düsseldorf, I-2 U 93/04, Urt v 28.09.2006 BeckRS 08, 05 819.
95 BGH GRUR 13, 713 *Fräsverfahren.*
96 BGH GRUR 13, 713 (716) *Fräsverfahren.*
97 OLG Düsseldorf, I-2 U 93/04, Urt v 28.09.2006 BeckRS 08, 05 819; Rogge GRUR **85**, 734 (738).
98 BGH GRUR 13, 713, 716 *Fräsverfahren.*
99 BGH GRUR 79, 145 (146) *Aufwärmvorrichtung.*
100 OLG Düsseldorf GRUR-RR 11, 84 (LS) = BeckRS 11, 01 261 *Rollenumschreibung*; I-2 U 26/10, Urt v 24.06.2011 BeckRS 11, 20 938; InstGE **12**, 261, 263 *Fernsehmenü-Steuerung.*
101 OLG Düsseldorf InstGE **12**, 261 *Fernsehmenü-Steuerung*; OLG Düsseldorf Urt v 19.09.2013 – I-2 U 19/09; vgl auch BGH GRUR 58, 288.

bung). Vor der Umschreibung die Klagebefugnis für Unterlassungs- und Vernichtungsansprüche im Wege gewillkürter Prozessstandschaft begründen zu können, ist abzulehnen.[102] Im Falle einer Umschreibung des Patents auf einen Dritten während des Verletzungsrechtsstreits, bleibt der bisherige Kläger weiterhin klageberechtigt, § 265 ZPO,[103] ggf sind die Klageanträge umzustellen.[104]

3.1.2 Ausschließlicher Lizenznehmer ist aufgrund seines exklusiven Benutzungsrechts aus eigenem Recht und unabhängig vom Patentinhaber klagebefugt.[105] Er und der Patentinhaber sind, wenn sie einen Verletzer gemeinsam auf Ersatz des ihnen entstandenen Schadens wegen Patentverletzung in Anspruch nehmen, notwendige Streitgenossen.[106] Die Klage muss, wenn nicht der eine dem anderen seinen Anspruch abtritt oder jeder seinen Anspruch isoliert geltend macht, von beiden Berechtigten gemeinsam erhoben werden; § 432 (1) 1 BGB ist nicht anwendbar.[107]

3.1.3 Einfacher Lizenznehmer ist für den Unterlassungsanspruch, da dieser nicht isoliert abtretbar ist, nur im Wege gewillkürter Prozessstandschaft klagebefugt.[108] Sein Eigeninteresse an der fremden Prozessführung folgt aus den Umsatzeinbußen, die dem Lizenznehmer durch die Verletzungshandlungen drohen. Entschädigungs- und Schadensersatzansprüche kann er nur aus abgetretenem Recht geltend machen.

3.1.4 Dritte sind unter denselben Voraussetzungen wie ein einfacher Lizenznehmer klagebefugt. Gewillkürter Prozessstandschafter für den Unterlassungsanspruch kann zB der vom Inhaber ermächtigte, provisionsgebundene Handelsvertreter sein.[109] Der einzelne Gesellschafter einer GbR kann ebenfalls nur unter den Voraussetzungen der gewillkürten Prozessstandschaft Klage erheben.

3.2 Darlegungs- und Beweislast für Anspruchsberechtigung und -verpflichtung trägt grundsätzlich derjenige, der die Ansprüche geltend macht, idR der Kläger. Dazu gehört auch die materielle Rechtslage am Streitpatent und, sofern nicht der Patentinhaber selbst Ansprüche geltend macht, der abgeleitete Rechtserwerb vom Patentinhaber (zB Lizenz). Geht die Inhaberschaft am Patent auf eine Übertragung des Streitpatents oder einen anderweitigen Rechtsübergang zurück, sind Darlegung und Beweis der Rechtsnachfolge mitunter mit Schwierigkeiten verbunden, etwa im Fall einer Kette von mehreren Übertragungen oder bei einer Übertragung mit Auslandsbezug. Dem trägt BGH Rechnung, indem er der Eintragung des Klägers im Patentregister für die Beurteilung der Frage, wer materiell-rechtlich Inhaber des Patents ist, eine erhebliche Indizwirkung zukommen lässt: Selbst wenn der gem § 30 (3) 2 erforderliche Nachweis einer Änderung in der Person des Patentinhabers nicht zwingend durch Vorlage von Urkunden

---

102 AA wohl Benkard/Grabinski/Zülch § 139 Rn 16.
103 BGH GRUR **79**, 145 (146) *Aufwärmvorrichtung*; **11**, 313 (314) *Crimpwerkzeug IV*; **13**, 713, 716 *Fräsverfahren*.
104 BGH GRUR **13**, 713 *Fräsverfahren*.
105 RGZ **148**, 146; BGH GRUR **92**, 697 *Alf* (Urheberrecht); BGH GRUR **98**, 379 (III1) *Lunette* (Geschmacksmuster); OLG Düsseldorf Mitt **16**, 126 *Zigarettenpapier*.
106 BGH GRUR **12**, 430 *Tintenpatrone II*.
107 BGH GRUR **12**, 430 (Nr 20) *Tintenpatrone II*.
108 OLG Düsseldorf Mitt **16**, 126 *Zigarettenpapier*.
109 LG Düsseldorf v 5.9.2003, 4b O 270/02.

erfolgen muss, aus denen sich das Rechtsgeschäft oder das sonstige Ereignis, das die Übertragung bewirkt hat, unmittelbar ergibt, spricht eine hohe Wahrscheinlichkeit dafür, dass die Eintragung des Rechtsübergangs im Register die materielle Rechtslage zuverlässig wiedergibt.[110] Wie weit im Einzelnen die Indizwirkung des Registers reichen kann, ist höchstrichterlich nicht geklärt, eine Beweislastumkehr ist nicht ausgeschlossen.[111] BGH hat dazu nur in die Entscheidung »Fräsverfahren« nicht tragenden Gründen ausgeführt: Regelmäßig bedarf es keines weiteren Vortrags oder Beweisantritts, wenn sich eine Partei auf den aus dem Patentregister ersichtlichen Rechtsstand beruft. Vielmehr muss eine Partei, die geltend macht, die materielle Rechtslage weiche vom Registerstand ab, konkrete Anhaltspunkte aufzeigen, aus denen sich die Unrichtigkeit ergebe. Die Anforderungen an die Darlegungs- und Beweislast hängen dabei von den Umständen des Einzelfalls ab. Der Vortrag, ein im Patentregister eingetragener Rechtsübergang habe einige Wochen oder Monate vor dessen Eintragung stattgefunden, bedarf nach der Rspr d BGH idR keiner näheren Substanziierung oder Beweisführung. Hingegen erfordert der Vortrag, der eingetragene Inhaber habe das Patent nicht wirksam oder zu einem anderen Zeitpunkt erworben, idR nähere Darlegungen.[112]

40 Demnach hat die Registereintragung Indizwirkung für die Wirksamkeit des materiellen Rechtsübergangs als solchen und für den vom Kläger behaupteten Zeitpunkt des Rechtsübergang, wobei der zeitliche Abstand zwischen materiellem Rechtsübergang und Registerumschreibung Einfluss auf die Indizwirkung hat:[113] Bei zeitlicher Nähe genügt Vortrag des Klägers dazu, wer die Übertragungsvereinbarung zu welchem Zeitpunkt geschlossen hat und wann der Rechtsübergang stattgefunden hat. Erst wenn der Beklagte konkrete Anhaltspunkte dafür aufzeigt, dass es keine Übertragungsvereinbarung gibt, sie einen anderen Inhalt hat oder unwirksam ist, oder wenn zwischen Rechtsübergang und Umschreibung ein größerer zeitlicher Abstand liegt, hat der Kläger seine Rechtsnachfolgebehauptung zu substanziieren und ggf zu beweisen.[114] Ab welchem zeitlichen Abstand zwischen Übertragung und Umschreibung höhere Anforderungen an die Substanziierung zu stellen sind, hängt vom Einzelfall ab (spätestens nach 3–4 Monaten), wobei Versäumnisse des Patentamtes dem Kläger nicht anzulasten sind (Zeitpunkt des Umschreibungsantrags maßgeblich).[115] Ein Zeitraum von über einem Jahr lässt jedenfalls Indizwirkung entfallen.[116] Höchstrichterlich nicht geklärt ist, ob dem Kläger nach alledem zugestanden werden kann, sich zur Begründung der Aktivlegitimation ohne jeglichen Vortrag zum materiellen Rechtserwerb von vornherein auf den Zeitpunkt der Eintragung im Register unter Verweis auf deren Indizwirkung zurückziehen zu dürfen.[117] Ebenso ungeklärt ist, ob die Indizwirkung entfällt,

---

110 BGH GRUR 13, 713, 717 *Fräsverfahren*; dazu zu Recht kritisch: Kühnen GRUR 14, 137 (III).
111 BGH GRUR 13, 713, 717 *Fräsverfahren*.
112 BGH GRUR 13, 713, 717 *Fräsverfahren*.
113 Dazu zu Recht kritisch: Kühnen GRUR 14, 137 (III).
114 Kühnen GRUR 14, 137 (IV).
115 Kühnen GRUR 14, 137 (IV).
116 OLG Düsseldorf I-2 U 19/09, Urt v 19.09.2013.
117 Bejahend: OLG Düsseldorf I-2 U 100/07, Urt v 19.09.2013.

wenn Zwischenerwerber in einer Übertragungskette nicht im Register eingetragen wurden.[118] Durch die Indizwirkung wird die Darlegungs- und Beweislast jedenfalls zu Lasten des Beklagten verschoben, was nicht den tatsächlichen Verhältnissen entspricht: Der Beklagte wird regelmäßig keine Kenntnis von den Umständen des Rechtsübergangs haben, so dass ihm ein erhebliches Bestreiten nicht möglich ist.[119] § 30 (3) 2 erhält dadurch faktisch eine Vermutungswirkung, die der Regelung gerade nicht zukommt.[120]

II. Benutzung der patentierten Erfindung entgegen §§ 9 bis 13

Die Ansprüche aus § 139 (1) u (2) erfordern eine Benutzung der patentierten Erfindung entgegen den §§ 9–13. Dies setzt a) ein mit Wirkung für die BRD bestehendes Patent oder ergänzendes Schutzzertifikat voraus, b) die Benutzung der damit geschützten Erfindung und c) die Rechtswidrigkeit der Benutzungshandlung.   41

1 Bestehen eines Patents oder ergänzenden Schutzzertifikats

Ein Patent mit Wirkung für die BRD besteht nach **Patenterteilung** durch DPMA oder BPatG oder durch EPA mit Wirkung für die BRD (Art 2, 64 EPÜ); möglich ist auch **Erstreckung** von DDR-Patenten (§§ 5, 6 ErstrG). Für das ergänzende Schutzzertifikat s § 16a.   42

1.1 Ausländische Patente können wegen Verletzung gemäß § 139 PatG nicht geltend gemacht werden. Aus ausländischen Patenten kann aber wegen einer im Geltungsbereich des ausländischen Patents begangenen Patentverletzung unter bestimmten Voraussetzungen vor einem deutschen Gericht geklagt werden, vgl Rdn 265 ff. Die VO Nr 1215/2001 (EuGVVO), vormals Brüsseler Gerichtsstands- und Vollstreckungsübereinkommen (EuGVÜ), und das nun revidierte Lugano-Übereinkommen (LugÜ) haben dafür eine internationale Zuständigkeit geschaffen[121] (vgl dazu unten Rdn 265). Die Rechtsfolgen der Patentverletzung (Unterlassung, Schadensersatz, Bereicherung, Auskunft, Verwarnung) richten sich nach dem Recht des Schutzlandes.   43

1.2 Patentschutz vor Patenterteilung besteht nicht iSv § 139; daher nur ein Anspruch auf angemessene Entschädigung ab Offenlegung gemäß § 33 PatG für deutsche und Art II § 1 IntPatÜG für europäische Patente.   44

1.3 Erlöschen des Patents: Ansprüche aus dem Patent können grundsätzlich nur im Umfang der geltenden Fassung des Patents geltend gemacht werden. Ist das Patent durch **Widerruf oder Nichtigerklärung** erloschen, gelten seine Wirkungen nach §§ 21 (3) und 22 (2) als von Anfang an nicht eingetreten; Verletzungsansprüche bestehen nicht. Rückwirkende Einschränkungen oder Klarstellungen – zB im Einspruch- oder Nichtigkeitsverfahren – können ebenfalls Verletzungsansprüche berühren.[122] Soweit das Patent *ex nunc* erlischt, werden davon in der Vergangenheit entstandene Ansprüche   45

---

118 Verneinend: LG Mannheim 2 O 103/14, Urt v 10.03.2015.
119 Kühnen GRUR 14, 137 Abschn III. 2.
120 Vgl. BGH GRUR **13**, 713, 717 *Fräsverfahren*; für eine Beweislastumkehr sogar Ohly GRUR **16**, 1120.
121 Vgl Stauder GRUR Int **76**, 465, 470.
122 BGH GRUR **55**, 573 *Kabelschelle*.

(Schadensersatz und Auskunft) nicht berührt. Ein in die Zukunft gerichteter Unterlassungsanspruch besteht nicht mehr (zu den prozessualen Wirkungen s Rdn 47).

46 **Übersetzung europäischer Patentschriften** ist nach Art II § 3 IntPatÜG aF für vor dem 1.5.2008 veröffentlichte Patente a) innerhalb von 3 Monaten nach Veröffentlichung des Hinweises auf die Erteilung im europ Patentblatt beim DPMA einzureichen und b) eine Gebühr für die Veröffentlichung der Übersetzung oder deren Berichtigung zu entrichten. Geschieht das nicht fristgerecht, gelten die Wirkungen des europäischen Patents für die BRD als von Anfang an nicht eingetreten. Auf den Zeitpunkt der Veröffentlichung des Hinweises auf die Erteilung kommt es auch dann an, wenn das Patent nach dem 30.4.2008 im Einspruchs- oder Beschränkungsverfahren geändert wurde.[123]

47 **1.4 Prozessuales:** Verliert das Patent während eines laufenden Verletzungsprozesses seine Wirkung gegenüber dem Beklagten ex nunc[124] (zB wegen Ablaufs seiner Schutzdauer (§ 16 PatG), Erlöschen des Patents (siehe § 20 Rdn 5), Wirkungslosigkeit des deutschen Patents (siehe § 9 Rdn 117 und Art II § 8 IntPatÜG Rdn 58 im Anhang 1), Entstehen einer Lizenz für den Beklagten nach dessen Benutzungsanzeige gemäß § 23 (3)), ist der Unterlassungsanspruch in der Hauptsache für erledigt zu erklären, wenn zum Zeitpunkt des Wirkungsverlustes noch kein Unterlassungstitel vorliegt. Erfolgte bereits eine Verurteilung zur Unterlassung, ist zu unterscheiden, ob das Patent nach Ablauf der Höchstschutzdauer oder vorzeitig erlischt: Es ist grundsätzlich davon auszugehen, dass der Klageantrag und eine diesem stattgebende Entscheidung immanent auf die Schutzdauer des Patents beschränkt sind. Erlischt das Schutzrecht wegen Ablaufs der Höchstschutzdauer, bedarf es in einem Rechtsmittelverfahren weder einer teilweisen Erledigungserklärung noch einer Einschränkung einer in den Vorinstanzen erfolgten Verurteilung.[125] Patentinhaber muss hingegen sein Begehren auf den Zeitraum bis zum Erlöschen beschränken und den Rechtsstreit in der Hauptsache im Übrigen für erledigt erklären, wenn das Schutzrecht während des Erkenntnisverfahrens vorzeitig erlischt.[126] Die Erledigungserklärung kann insofern zeitlich beschränkt abgegeben werden, und ein bestehender Unterlassungstitel bleibt für die Zeit davor als Grundlage einer Vollstreckung bestehen.[127] Dabei ist schon bei nur gestellten Zwangsvollstreckungsanträgen in der Regel davon auszugehen, dass eine Erledigungserklärung nur für die Zukunft gelten soll.[128]

48 Dem Patentinhaber steht es frei, im Verletzungsrechtsstreit durch entsprechende Formulierung der Klageanträge und des Klagegrundes das Patent – ggf im Hinblick auf eine Nichtigkeitsklage – nur in eingeschränkter Fassung geltend zu machen.[129] Eine solche Klage hat nur dann Erfolg, wenn die angegriffene Ausführungsform sämtliche

---

123 BGH GRUR 11, 1053 *Ethylengerüst*.
124 Dazu umfassend Kühnen GRUR 09, 288; vgl auch Bacher GRUR 09, 216.
125 BGH GRUR 90, 997 (B 1) *Ethofumesat*; 10, 996 (Nr 15) = BGHZ 187, 1 *Bordako*.
126 BGH GRUR 10, 996 (Nr 15) = BGHZ 187, 1 *Bordako*.
127 BGH GRUR 04, 264 *Euro-Einführungsrabatt*.
128 BGH GRUR 04, 264 *Euro-Einführungsrabatt*; **16**, 421 (Nr 20) *Erledigungserklärung nach Gesetzesänderung*.
129 BGH GRUR 10, 904 (Nr 48) *Maschinensatz*; für das Gebrauchsmusterrecht bereits GRUR 2003, 867 = BGHZ 155, 51 (55) *Momentanpol I*.

Merkmale des Patentanspruchs in der geltend gemachten Fassung verwirklicht; darüber hinaus hat das Verletzungsgericht die beschränkte Fassung der Klageanträge bei einer Aussetzungsentscheidung gemäß § 148 ZPO zu berücksichtigen.[130]

2 Benutzung der patentierten Erfindung

Die Ansprüche aus § 139 (1) und (2) können nur durch die in §§ 9–13 genannten Benutzungsarten und -handlungen begründet werden, vgl dazu die Kommentierung zu §§ 9–13.   49

3 Rechtswidrigkeit der Benutzung

Die Benutzung der patentierten Erfindung muss *entgegen* den §§ 9–13 erfolgen, mithin rechtswidrig sein. Dies setzt voraus, dass die vom Verletzer vorgenommene Benutzung allein dem Inhaber des Patents oder Schutzzertifikats vorbehalten ist,[131] also von den Wirkungen des Patents umfasst ist und dem Benutzer auch sonst kein Benutzungsrecht – zB aus Lizenzvertrag – zusteht.   50

Wiedereinsetzung lässt Benutzungshandlungen in der Zeit zwischen Erlöschen und Wiederinkrafttreten nicht rechtswidrig werden.[132]   51

4 Beweislast

Beweislast für die Benutzung der patentierten Erfindung trägt der Verletzte, der Verletzer für ein Benutzungsrecht oder sonstige Duldungspflicht des Verletzten, die die Rechtswidrigkeit entfallen lässt.   52

III. Unterlassungsanspruch

Lit: Köhler FS von Gamm 90, 57 u FS Piper 96, 309; Widmer FS David 96, 277; Kaiser Die Vertragsstrafe im Wettbewerbsrecht 1999; Sonnenberg Die Einschränkbarkeit des patentrechtlichen Unterlassungsanspruchs im Einzelfall, 2014; Osterrieth FS 80 J PatentG Düsseldorf 2016, 415; Hofmann Der Unterlassungsanspruch als Rechtsbehelf, 2017; Stierle Das nicht praktizierte Patent, 2018; **Lit in GRUR:** Pagenberg 76, 78; Pohlmann 93, 361; Steinbeck 94, 90; Köhler GRUR 94, 260; 96, 82; Borck 96, 522; Teplitzky 96, 696; Köhler 11, 879; Skowski 17, 355; Hessel/Schellhorn 17, 672; GRUR-Ausschuss 17, 885; Hermanns 17, 977; Dissmann 17, 986; Ahrens 18, 374; Osterrieth 18, 985; Stierle 19, 873; 20, 262; Zhu/Kouskoutis 19, 866; Stuwe 19, 1028; Breun-Goerke 19, 1539; Hofmann 20, 915; Busche 21, 157; Grabinski 21, 200; Harmsen 21, 222; Ohly 21, 304; Schacht 21, 440; McGuire 21, 775; Hoffmann 21, 1029; **Lit in GRUR-Int:** Ohly 08, 787; **Lit in GRUR-Prax:** Petersenn/Graber 18, 139; Gräbig/Hassel 20, 469; Zhu 21, 193; **Lit in WRP:** Teplitzky 90, 26; 96, 171; 15, 527; Gruber 92, 71; Ullmann 96, 1007; Ahrens 19, 907; Kolb 14, 552; Nippe 15, 532; Heil 15, 668; Schmidt-Gaedke/Arc 15, 1196; Gieseler 16, 1451; Ahrens 11, 1304; Apel/Drescher 17, 524; Schacht 17, 1055; Meinhardt 18, 527; **Lit in Mitt:** Jacob 20, 97; Schönbohm/Ackermann-Blome 20, 101; Kessler 20, 108; Tilmann 20, 245; Fitzner/Munsch 20, 250; Stierle 20, 486; Sendrowski 20, 533; Tochtermann 21, 253; **Lit in IPRB:** Helwig 20, 112; **Lit in ZGE:** Uhrich 09, 39.   53

Der Unterlassungsanspruch dient dem Schutz des Rechtsinhabers vor zukünftigen Patentverletzungen. Einer fortwirkenden Rechtsbeeinträchtigung einer Patentverletzung kann daneben auch durch einen *Beseitigungsanspruch* gemäß §§ 249 und/oder

---

130 BGH GRUR 10, 904 (Nr 48 f) *Maschinensatz*.
131 BGH GRUR 57, 208 (211).
132 BGH GRUR 56, 265 *Rheinmetall-Borsig*; 63, 519 *Klebemax*.

1004 BGB begegnet werden[133] (s Rdn 205). Der Unterlassungsanspruch setzt voraus, dass zukünftig eine rechtswidrige Benutzung der patentierten Erfindung droht, entweder weil a) nach § 139 (1) 1 *Wiederholungsgefahr* für eine bereits erfolgte Patentverletzung besteht oder b) eine solche Zuwiderhandlung erstmalig droht, § 139 (1) 2 (*Erstbegehungsgefahr*). Der Unterlassungsanspruch setzt kein Verschulden voraus.[134] Zum Unterlassungsanspruch im Fall der mittelbaren Patentverletzung s § 10 Rdn 38 ff. Das Haftungsprivileg nach § 10 S 1 TMG bzw § 11 S 1 TDG ist auf Unterlassungsansprüche, auch vorbeugende, nicht anwendbar.[135]

1 Wiederholungsgefahr

54 **1.1 Begründung der Wiederholungsgefahr:** Eine rechtswidrige Verletzungshandlung (auch eine einmalige) begründet grundsätzlich die tatsächliche Vermutung, dass sie wiederholt wird.[136] Sie begründet nicht nur eine Gefahr der Wiederholung der konkreten Verletzungsform, sondern für alle im Kern gleichartigen Verletzungsformen.[137] Im Zweifel schafft die Herstellung eine Gefahr für das anschließende Anbieten und Inverkehrbringen (nicht umgekehrt!), und ein Angebot die Gefahr für den Vertrieb. Ein Hersteller ist daher regelmäßig Unterlassungsansprüchen wegen sämtlicher Benutzungshandlungen des § 9 Nr 1 PatG ausgesetzt, auch dann, wenn er zwar die angegriffene Ausführungsform nicht selbst fertigt, aber über einen Herstellungsbetrieb verfügt, der ihm bei einem dahingehenden Entschluss eine solche Produktion ermöglichen würde. Ein reines Handelsunternehmen ist nach einem patentverletzenden Angebot – etwa das Ausstellen auf einer Fachmesse – wegen Inverkehrbringens, Gebrauchens, Besitzens und Einführens zur Unterlassung verpflichtet,[138] wegen der klaren Ausrichtung des Unternehmens auf den Vertrieb aber nicht wegen Herstellens.

55 **Keine Wiederholungsgefahr** schaffen rechtmäßige Benutzungshandlungen, zB solche während des Offenlegungszeitraumes[139] oder solche, die durch ein Benutzungsrecht (Zwangslizenz[140] etc) gedeckt sind (vgl aber Rdn 73 Nr 6).

56 Aus einer verjährten Verletzungshandlung kann keine Begehungsgefahr hergeleitet werden, wenn Verletzer sich auf Verjährung beruft.[141] Es findet auch keine Rechtsnachfolge in Wiederholungsgefahr statt, gleichgültig ob sie auf einer persönlichen Verletzungshandlung des Rechtsvorgängers beruht[142] oder darauf, dass Organe des Rechtsvorgängers bzw. Mitarbeiter seines Unternehmens eine Verletzungshandlung

---

133 BGH GRUR 90, 997 (B2a) *Ethofumesat*; LG Düsseldorf InstGE 1, 19 Rn 12–17 *Antihistamine*.
134 BGH GRUR 55, 97 *Constanze II*.
135 BGH GRUR 07, 708 *Internet-Versteigerung II*.
136 StRspr vgl BGH GRUR 92, 318, 319 *Jubiläumsverkauf* zum WettbewebsR; 08, 996 (Nr 32) *Clone-CD* zum UhrR; 16, 257 (Nr 95) *Glasfasern II* zum PatR.
137 BGH GRUR 13, 1235 *Restwertbörse II*; 16, 257 *Glasfasern II*.
138 OLG Karlsruhe InstGE 11, 15 *SMD-Widerstand*; aA für das Markenrecht BGH GRUR 10, 1103 *Pralinenform II*; für das Patentrecht: LG Mannheim InstGE 13,11 *Sauggreifer*.
139 LG Düsseldorf InstGE 7, 1 *Sterilisationsverfahren*.
140 BGH GRUR 96, 109 *Polyferon*.
141 BGH GRUR 87, 125 *Berührung*.
142 BGH GRUR 06, 879 *Flüssiggastank*.

begangen haben.[143] Ebenso wenig begründen Handlungen des Insolvenzschuldners eine Wiederholungsgefahr in der Person des Insolvenzverwalters, wenn dieser den Betrieb fortführt.[144]

1.2 Beseitigung der Wiederholungsgefahr ist – weil eine Rechtsverletzung vorgekommen ist – an strenge Anforderungen geknüpft. Möglich ist dies durch einen vollstreckbaren Unterlassungstitel[145] oder durch eine **vertragsstrafenbewehrte Unterlassungserklärung**.[146] Die Abgabe einer notariellen Unterlassungserklärung genügt allenfalls, wenn sich der Gläubiger auf sie einlässt.[147]

57

Nicht ausreichend ist a) Aufgabe der Verletzung allein, solange damit nicht jede Wahrscheinlichkeit dafür beseitigt ist, dass der Verletzer erneut ähnliche Rechtsverletzungen begeht[148]; b) formloses Versprechen für künftiges Wohlverhalten[149] oder keine Zuwiderhandlungen mehr begehen zu wollen,[150] selbst wenn es eidesstattlich versichert wird,[151] aber ein Vertragsstrafeversprechen fehlt; c) Ausscheiden des Bekl aus den Diensten des Verletzers;[152] d) Einstellung der Produktion oder Liquidation der Gesellschaft;[153] e) bei mittelbarer Verletzung die bloße Empfehlung, das Mittel fortan nur noch patentfrei zu gebrauchen.[154]

58

1.2.1 Die vertragsstrafenbewehrte Unterlassungserklärung muss eindeutig und hinreichend bestimmt sein und den ernstlichen Willen des Schuldners erkennen lassen, die fragliche Handlung nicht (mehr) zu begehen.[155] Sie muss daher uneingeschränkt, unwiderruflich, unbedingt und grundsätzlich ohne Angabe eines Endtermins erfolgen.[156] Eine aufschiebende Befristung ist schädlich, sofern die Gefahr der Wiederholung dadurch nicht vollständig beseitigt wird.[157] Einer Annahme der Unterwerfungserklärung bedarf es zur Ausräumung der Wiederholungsgefahr nicht.[158] Anspruch auf die versprochene Vertragsstrafe hat der Verletzte aber nur dann, wenn er die Unterwerfungserklärung angenommen hat, so dass nach den allgemeinen Regeln (§§ 145 BGB) ein Unterlassungsvertrag zustande gekommen ist.[159] Nach Inhalt und Umfang muss die Unterwerfungserklärung dem Urteilstenor entsprechen, der in einem streiti-

59

---

143 BGH GRUR 07, 995 *Schuldnachfolge*.
144 BGH GRUR 10, 536 *Modulgerüst II*.
145 BGH Urt v 21.4.16, I ZR 100/15, GRUR 16, 1316 (Rn 30) *Notarielle Unterlassungserklärung*.
146 StRspr vgl BGH GRUR 76, 579 (III3) *Tylosin*; 92, 318, 319 *Jubiläumsverkauf*; 13, 1235 (Nr 23) *Restwertbörse II*.
147 BGH Urt v 21.4.16, I ZR 100/15, GRUR 16, 1316 (Rn 30) *Notarielle Unterlassungserklärung*.
148 BGH GRUR 92, 318, 319 *Jubiläumsverkauf*; 08, 996 (Nr 33) *Clone-CD*.
149 BGH GRUR 55, 97 *Constanze II*.
150 BGH GRUR 88, 699 *qm-Preisangaben II*.
151 OLG München MDR 93, 1071.
152 BGH GRUR 76, 579 (III3) *Tylosin*.
153 BGH GRUR 77, 543, 547 *Der 7. Sinn*.
154 BGH GRUR 06, 839 *Deckenheizung*.
155 BGH GRUR 02, 180 *Weit-Vor-Winter-Schluss-Verkauf*.
156 BGH GRUR 93, 677, 679 *Bedingte Unterwerfung*; 96, 290 *Wegfall der Wiederholungsgefahr I*; 97, 379 *Wegfall der Wiederholungsgefahr II*.
157 BGH GRUR 02, 180 *Weit-Vor-Winter-Schluss-Verkauf*.
158 BGH GRUR 06, 878 *Vertragsstrafevereinbarung*; 10, 355 *Testfundstelle*.
159 BGH GRUR 06, 878 *Vertragsstrafevereinbarung*; 10, 355 *Testfundstelle*.

gen Gerichtsverfahren ergehen würde.[160] Eine Formulierung, die nicht am Anspruchswortlaut des Klagepatents orientiert (und insoweit verallgemeinernd) ist, sondern sich nur auf die konkret angegriffene Ausführungsform, nicht aber auf kerngleiche Ausführungsformen bezieht, ist unzureichend.[161] Nach Abgabe einer hinreichenden Unterwerfungserklärung lebt die Wiederholungsgefahr erneut auf, wenn der Verletzer – nicht notwendigerweise schuldhaft – gegen seine Unterlassungsverpflichtung verstößt.

60 **1.2.1.1 Ernstlichkeit: Unschädlich** für die Ernstlichkeit ist a) Hinweis, dass die Verpflichtungserklärung aus freien Stücken und ohne dass eine Rechtspflicht hierzu bestehe, abgegeben werde;

61 b) die einleitende Bemerkung, es werde jede Patentverletzung bestritten und die Unterlassungserklärung lediglich als Zeichen des guten Willens und zur Vermeidung eines rein akademischen Streits um die geltend gemachten Unterlassungsansprüche ohne jede Anerkennung einer Rechts- oder Kostentragungspflicht abgegeben,[162] solange zweifelsfrei ist, dass die Unterlassungsverpflichtung als solche für den Erklärenden rechtsverbindlich sein soll;

62 c) wenn die Geltung der Unterlassungsverpflichtung unter die auflösende Bedingung gestellt wird, dass das geltend gemachte Schutzrecht bestandskräftig vernichtet oder in einer von dem angegriffenen Gegenstand nicht mehr benutzten Weise eingeschränkt wird;

63 d) eine Bedingung des Inhalts, dass die Rechtslage nachträglich höchstrichterlich dahingehend geklärt wird, dass das beanstandete Verhalten nicht widerrechtlich ist, sofern unmissverständlich klargestellt wird, welche konkrete Rechtsfrage in welchem Sinne entschieden werden muss, damit die Unterlassungserklärung ihre Wirkung verliert;[163]

64 e) Vorbehalt in der Unterwerfungserklärung, dass sie vom Gläubiger vertraulich zu behandeln ist;

65 f) Vorbehalt, nur bei schuldhaften Verstößen haften zu wollen;[164] eine solche Klausel schließt die Einstandspflicht für Erfüllungsgehilfen, wie sie sich aus § 278 BGB ergibt, nicht aus. Wird die Vertragsstrafe ausdrücklich nur für eigenes Verschulden – unter Ausschluss einer Anwendung des § 278 BGB – versprochen (indem der Schuldner zB eine Unterlassungserklärung abgibt, mit der er eine Vertragsstrafe lediglich für den Fall einer im Sinne von § 890 ZPO schuldhaften Zuwiderhandlung verspricht) entfällt die Wiederholungsgefahr nach vorherrschender Auffassung nicht.[165] Allerdings kann, sofern der Gläubiger eine solche (unzureichende) Erklärung annimmt, ein Erlassver-

---

160 BGH, GRUR 96, 290, 291 *Wegfall der Wiederholungsgefahr I*; 97, 379 *Wegfall der Wiederholungsgefahr II*.
161 BGH GRUR 97, 379 *Wegfall der Wiederholungsgefahr II*.
162 LG Düsseldorf InstGE 5, 1 *Unterstretch*.
163 OLG Düsseldorf InstGE 5, 68 *Bedingtes Unterlassungsversprechen*.
164 BGH, GRUR 85, 155, 156 *Vertragsstrafe bis zu ... I*.
165 OLG Frankfurt aM GRUR-RR 03, 198, 199 f.

trag zustande kommen, der einen Verzicht des Gläubigers auf den (an sich fortbestehenden) gesetzlichen Unterlassungsanspruch inter partes beinhaltet.[166]

Schädlich ist, a) wenn der Schuldner erkennbar zahlungsunfähig ist; 66

b) anstelle einer Vertragsstrafe auf die Ordnungsmittel des § 890 ZPO Bezug genommen wird, weil deren Verhängung nur bei Vorliegen eines Vollstreckungstitels (zB Urteil, einstweilige Verfügung, Prozessvergleich) möglich ist, so dass die Verpflichtungserklärung im Ergebnis ohne Strafbewehrung bleibt; 67

c) wenn Unterwerfungserklärung vorprozessual von einem Anwalt abgegeben wird und dieser trotz Aufforderung seine Vollmacht für eine derartige Erklärung nicht nachweist.[167] 68

1.2.1.2 Vertragsstrafeversprechen ist ausreichend, a) wenn die Schriftform gewahrt ist (s Einl Rdn 352) oder wenn es auf Verlangen schriftlich bestätigt wird, sofern es durch moderne Kommunikationsmittel (zB Fax) erklärt wurde,[168] b) wenn es geeignet ist, künftige Verletzungen zu verhindern,[169] c) wenn die Vertragsstrafe angemessen ist, sie also hoch genug ist, um den Verletzer von weiteren Eingriffen in das Patent abzuhalten.[170] Die Höhe der Vertragsstrafe kann durch einen festen Betrag angegeben werden oder der Festsetzung durch den Gläubiger überlassen bleiben,[171] selbst wenn eine Obergrenze nicht genannt ist,[172] wobei die Überprüfung ihrer Angemessenheit im Streitfall einem Gericht überlassen bleibt (»Hamburger Brauch«).[173] Ist die Vertragsstrafe zu hoch, ist ihre Vereinbarung unwirksam.[174] 69

Die Vertragsstrafe wird für jede Zuwiderhandlung gesondert geschuldet, es sei denn mehrere Verstöße stellen eine einzige natürliche Handlung dar. Dies beurteilt sich anhand einer Auslegung der Vertragsstraferegelung.[175] Die Rechtsfigur des Fortsetzungszusammenhangs hat keine Bedeutung mehr.[176] Haben eine juristische Person und ihr Geschäftsführer eine Vertragsstrafe versprochen, fällt bei einem Verstoß, der der Gesellschaft nach § 31 BGB zuzurechnen ist, in der Regel nur eine Strafe an, für die Gesellschaft und Organ als Gesamtschuldner haften.[177] 70

1.2.2 Abgabe einer notariellen Unterlassungserklärung steht einer vertragsstrafenbewehrten Unterlassungserklärung nicht gleich und beseitigt nicht das Rechtsschutzbedürfnis für eine gerichtliche Verfolgung des Unterlassungsanspruchs, weil bis zum Zugang eines Beschlusses über die Androhung von Ordnungsmitteln wegen Verstoßes 71

---

166 OLG Frankfurt aM GRUR-RR 03, 198, 199f.
167 OLG Karlsruhe Mitt 07, 188 *Unterlassungserklärung durch Anwalt.*
168 BGH GRUR 90, 530 *Unterwerfung durch Fernschreiben.*
169 BGH GRUR 87, 748, 750 *Getarnte Werbung II.*
170 BGH GRUR 94, 146 *Vertragsstrafebemessung.*
171 BGH GRUR 78, 192 *Hamburger Brauch.*
172 BGH GRUR 85, 155, 157 *Vertragsstrafe bis zu …*; 90, 1051 *Vertragsstrafe ohne Obergrenze.*
173 BGH GRUR 10, 355 *Testfundstelle.*
174 Umfassend dazu BGH GRUR 14, 595 *Vertragsstrafenklausel.*
175 BGH GRUR 03, 545 *Hotelinfo.*
176 BGH GRUR 09, 427 *Mehrfachverstoß gegen Unterlassungstitel.*
177 BGH GRUR 14, 797 *fishtailparka.*

§ 139　*Patentverletzungen: Unterlassungsanspruch*

gegen die notarielle Unterlassungserklärung die Wiederholungsgefahr weiter besteht.[178] Sie bietet keine dem Titel in der Hauptsache gleichwertige Vollstreckungsmöglichkeit, so dass sich der Gläubiger auf sie nicht einlassen muss.[179] Den Antrag auf Androhung von Ordnungsmitteln nach § 890 (2) ZPO kann der Schuldner nicht stellen, sondern allein der Gläubiger, der dazu aber nicht verpflichtet ist.[180]

2 Erstbegehungsgefahr

72　Wenn es an einer bereits begangenen Patentverletzung fehlt, kann ein Unterlassungsanspruch für die Zukunft gegeben sein, wenn eine Erstbegehungsgefahr besteht. Deren Annahme setzt ernsthafte und greifbare tatsächliche Anhaltspunkte dafür voraus, dass der Anspruchsgegner sich in naher Zukunft rechtswidrig verhalten wird. Dabei muss sich die Erstbegehungsgefahr auf eine konkrete Verletzungshandlung beziehen. Die die Erstbegehungsgefahr begründenden Umstände müssen die drohende Verletzungshandlung so konkret abzeichnen, dass sich für alle Tatbestandsmerkmale zuverlässig beurteilen lässt, ob sie verwirklicht sind.[181]

73　**Erstbegehungsgefahr bejaht:** 1. Vorbereitungen zu einer Benutzungshandlung; 2. Berühmung einer Berechtigung zur Vornahme bestimmter Handlungen;[182] 3. Verteidigung eines beanstandeten Verhaltens in einem Prozess, wenn den Erklärungen bei Würdigung der Einzelumstände auch die Bereitschaft zu entnehmen ist, sich unmittelbar oder in naher Zukunft in dieser Weise zu verhalten;[183] 4. Vorliegen von Umständen, die darauf schließen lassen, dass der Entschluss zur Verletzung bereits gefasst ist und es nur noch vom Bekl abhängt, ob es zu einer Verletzung kommt oder nicht;[184] 5. eine Berühmung, aus der die unmittelbar oder in naher Zukunft ernsthaft drohende Gefahr einer Begehung abzuleiten ist;[185] 6. Bereitschaft zur Lieferung patentgemäßer Verfahrenserzeugnisse in Unkenntnis der Erschöpfung der Rechte aus dem Patent.[186]

74　**Erstbegehungsgefahr verneint:** 1. Bloße Möglichkeit, dass sich die Gefahr eines Patenteingriffs ergeben könnte, selbst wenn die Übernahme einer förmlichen Unterlassungsverpflichtung abgelehnt wurde[187] und bei auslaufendem Patentschutz ein erhebliches wirtschaftliches Interesse an einer durch einstweilige Verfügung nicht mehr abzu-

---

178　BGH GRUR 16, 1316 *Notarielle Unterlassungserklärung*.
179　BGH GRUR 16, 1316 (Rn 20 f, 23) *Notarielle Unterlassungserklärung*; Beschl v 7.6.18, I ZB 117/17, GRUR 18, 973 (Rn 10) *Ordnungsmittelandrohung durch Schuldner*.
180　BGH Beschl v 7.6.18, I ZB 117/17, GRUR 18, 973 *Ordnungsmittelandrohung durch Schuldner*.
181　StRspr: BGH GRUR 90, 687 *Anzeigenpreis II* (zum UWG); 92, 612 (II2a) *Nicola* (zum Sortenschutzrecht); 10, 1103 *Pralinenform II* (zum MarkenG); 15, 603 (Nr 18) *Keksstangen* (zum UWG); zuletzt I ZR 183/14, Urt v 10.03.2016 *Stirnlampen* jeweils mwN.
182　BGH GRUR 92, 612 (II2a) *Nicola*; 87, 125 *Berühmung*; 95, 595 (II3c) *Kinderarbeit*.
183　BGH GRUR 92, 404 (II1) *Systemunterschiede*; 92, 612 (II2a) *Nicola*; 95, 595 (II3c) *Kinderarbeit*; 01, 1174 *Berühmungsaufgabe*; Urt v 7.3.19, I ZR 53/18, GRUR 19, 947 *Bring mich nach Hause*.
184　BGH GRUR 92, 612 (II2a) *Nicola*.
185　BGH GRUR 01, 1174 *Berühmungsaufgabe*.
186　BGH GRUR 12, 1230, 1236 *MPEG-2-Videosignalcodierung*; dazu zu Recht kritisch, weil trotz des rechtmäßigen Verhaltens aufgrund der fehlenden Kenntnis von der Rechtmäßigkeit auf zukünftig mangelnde Rechtstreue geschlossen wurde: Hoppe-Jänisch Mitt 13, 51, 57.
187　BGH GRUR 70, 358 (II1a) *Heißläuferdetektor*; 92, 612 (II2a) *Nicola*.

wendenden Patentverletzung besteht;[188] **2.** für Ausführungsformen, deren Herstellung und Vertrieb der Verletzer weder vorgenommen noch beansprucht hat;[189] **3.** Möglichkeit der Aufhebung einer erteilten Zwangslizenz durch BGH;[190] **4.** wenn der Bekl über die technischen Voraussetzungen zur Benutzung des patentgemäßen Verfahrens verfügt, rechtfertigt dies nicht den Schluss, dass er davon Gebrauch machen werde;[191] **5.** Rechtsverteidigung gegen eine Klage mit der Erklärung, zu dem beanstandeten Verfahren berechtigt zu sein, um sich die bloße Möglichkeit eines solchen Verhaltens für die Zukunft offenzuhalten;[192] **6.** wenn der potentielle Verletzer eine Berührung eindeutig fallen lässt;[193] **7.** (rechtmäßige) Benutzung während des Offenlegungszeitraumes begründet keine Gefahr der (rechtswidrigen) Fortsetzung nach Patenterteilung;[194] **8.** ebenso wenig Verletzungshandlungen des Rechtsvorgängers, seiner Organe oder Mitarbeiter;[195] **9.** wenn der Beklagte lange Zeit vor Ablauf des Schutzrechts eine arzneimittelrechtliche Genehmigung erhalten hat und die Zulassung bei Nichtbenutzung während der restlichen Patentlaufzeit nicht verfallen würde;[196] **10.** wenn der Beklagte das europäische Patent in anderen Mitgliedsstaaten des EPÜ verletzt;[197] **11.** Erhebung einer negativen Feststellungklage in Bezug auf einen außergerichtlich verfolgten Anspruch auf Unterlassung eines beanstandeten Verhaltens.[198]

Beseitigung der Erstbegehungsgefahr ist unter weniger strengen Anforderungen als bei gegebener Wiederholungsgefahr möglich, weil noch keine verwirklichte Patentverletzung vorliegt.[199] Ausreichend ist eine uneingeschränkte und eindeutige Erklärung, dass die beanstandete Handlung in Zukunft nicht vorgenommen werde.[200]

3 Verhältnismäßigkeit

3.1 Grundsätze: Der patentrechtliche Unterlassungsanspruch, jedenfalls aber seine Durchsetzung, war nie schrankenlos, sondern stand immer unter dem Vorbehalt der Verhältnismäßigkeit als Ausprägung des Rechtsstaatsprinzips, die als allgemeiner Rechtsgrundsatz auch im Zivilrecht zu berücksichtigen ist.[201] Dies soll laut Gesetzesbegründung mit der Regelung in Abs 1 S 3 lediglich klargestellt werden, weshalb die von der Rspr entwickelten Maßstäbe[202] in den Gesetzeswortlaut teilweise Eingang

---

188 OLG Düsseldorf Mitt **06**, 426.
189 BGH GRUR **92**, 612 (II2a) *Nicola*.
190 BGH GRUR **96**, 109 (III1) *Klinische Versuche I.*
191 BGH GRUR **92**, 305 (III2) *Heliumeinspeisung.*
192 BGH GRUR **95**, 595 (II3c) *Kinderarbeit*; **01**, 1174 *Berühmungsaufgabe*; Urt v 7.3.19, I ZR 53/18, GRUR **19**, 947 *Bring mich nach Hause.*
193 BGH GRUR **87**, 126 *Berührung.*
194 LG Düsseldorf, InstGE 7, 1 *Sterilisationsverfahren*; vgl auch BGH, GRUR **96**, 109 *Polyferon.*
195 BGH GRUR **07**, 995 *Schuldnachfolge.*
196 OLG Düsseldorf GRUR-RR **13**, 241 (Ls) *HIV-Medikament.*
197 OLG Düsseldorf Mitt **13**, 418 (Ls) *HIV-Medikament.*
198 BGH Urt v 7.3.19, I ZR 53/18, GRUR **19**, 947 *Bring mich nach Hause.*
199 BGH GRUR **92**, 116 (II2) *Topfgucker-Scheck.*
200 BGH GRUR **93**, 53 (II4) *ausländischer Inserent*; **01**, 1174 *Berühmungsaufgabe.*
201 RegE, BT-Drs 19/25821 S. 52; BGH Urt v 10.5.16, X ZR 114/13, GRUR **16**, 1031 (Rn 45) *Wärmetauscher.*
202 Maßgebend: BGH Urt v 10.5.16, X ZR 114/13, GRUR **16**, 1031 *Wärmetauscher.*

gefunden haben und weiterhin Anwendung finden.[203] Eine Einschränkung des Unterlassungsanspruchs kommt demnach nur in besonders gelagerten Ausnahmefällen in Betracht.[204] Sie ist nur dann zu rechtfertigen, wenn die wirtschaftlichen Folgen der sofortigen Befolgung des Unterlassungsgebots den Verletzer oder Dritte im Einzelfall aufgrund besonderer Umstände über die mit seinem Ausspruch bestimmungsgemäß einhergehenden Beeinträchtigungen hinaus in einem Maße treffen und benachteiligen, das die unbedingte Untersagung als unzumutbar erscheinen lässt.[205]

77 3.2 Die Rechtsnatur des Unverhältnismäßigkeitseinwands ist aufgrund seines Wortlauts nicht eindeutig.[206] Selbst wenn er nicht als dilatorische Einrede, sondern als rechtsvernichtende Einwendung aufgefasst werden sollte, stellt er sich durch den Verweis auf Treu und Glauben als Ausprägung von § 242 BGB in der Fallgruppe der unzulässigen Rechtsausübung dar, der aufgrund seiner Rechtsfolge (»soweit«) eine faktisch auf der Ebene der Durchsetzbarkeit des Anspruchs wirkende Differenzierung erlaubt.

78 3.3 Maßstäbe der Interessenabwägung: Der Einwand der Unverhältnismäßigkeit verlangt eine **Würdigung der Gesamtumstände des Einzelfalls** und eine **sorgfältige Abwägung aller Umstände** unter Berücksichtigung des Gebotes von Treu und Glauben und der grundsätzlich vorrangigen Interessen des Verletzten an der Durchsetzung seines Unterlassungsanspruchs.[207] Eine umfassende Abwägung schließt die Bildung von Fallgruppen nicht aus, darf den Blick für die Umstände des Einzelfalls aber nicht verstellen.

79 Der Verweis auf **Treu und Glauben** stellt klar, dass bei der Abwägung neben den in S 3 ausdrücklich genannten Interessen des Verletzers und von Dritten auch die berechtigten Interessen des Verletzten zu berücksichtigen sind, indem die unzulässige Rechtsausübung auch den Verletzer ausgeklammert wird.[208] Es sind nicht nur die wirtschaftlichen Folgen der Unterlassung, sondern es ist das gesamte – auch das vorprozessuale – Verhalten der Parteien von Bedeutung. Insbesondere auf Seiten des Verletzers ist neben dem Grad des Verschuldens zu berücksichtigen, ob er ein in jeder Hinsicht das Ausschließlichkeitsrecht des Patentinhabers anerkennendes Verhalten an den Tag gelegt hat, indem er Vorkehrungen gegen eine Patentverletzung getroffen hat, um eine Lizenz nachgesucht hat und/oder sich alsbald nach Kenntnis von der Verletzung um eine Ausweichlösung bemüht hat.[209] Das rechtfertigt es auch, bei Erfolglosigkeit des FRAND-Einwands aufgrund mangelnder Lizenzwilligkeit des Verletzers die Unverhältnismäßigkeit des Unterlassungsanspruchs zu verneinen. Neben dem Verhalten beider Parteien sind bei der Abwägung Art und Umfang des patentverletzenden Eingriffs, das wirtschaftliche Interesse des Verletzten an der Unterlassung und die wirt-

---

203 RegE, BT-Drs 19/25821 S. 52.
204 RegE, BT-Drs 19/25821 S. 53; BGH Urt v 10.5.16, X ZR 114/13, GRUR 16, 1031 *Wärmetauscher*.
205 BGH Urt v 10.5.16, X ZR 114/13, GRUR 16, 1031 (Rn 45) *Wärmetauscher*.
206 Schacht GRUR 21, 440 mwNw; Tochtermann Mitt 21, 254.
207 RegE, BT-Drs 19/25821 S. 53.
208 BeschlEmpf, BT-Drs 19/30498 S. 61.
209 Eingehend: Schacht GRUR 21, 440.

schaftlichen Folgen für den Verletzer zu berücksichtigen. Hinsichtlich der Interessen Dritter differenziert der Gesetzeswortlaut nicht danach, ob es sich um solche konkreter Personen wie einzelner Zulieferer oder Abnehmer oder um Allgemeininteressen handelt. Zur Vermeidung einer ausufernden Beschränkung des Patentrechts[210] und einer damit einhergehenden Entwertung werden die Interessen Dritter allenfalls restriktiv zu berücksichtigen sein.

Unverhältnismäßigkeit kommt in Betracht,[211] wenn **a)** der Verletzte kein Wettbewerber des Verletzers ist und als Patentverwerter allein monetäre Interessen mit überzogenen Lizenzforderungen verfolgt; **b)** mit der Unterlassung ein außergewöhnlich großer Schaden auf Seiten des Verletzers einhergeht, der zum Wert des Patents außer Verhältnis steht; **c)** Gegenstand der Unterlassung nicht nur ein untergeordnetes, nicht funktionswesentliches Element eines Bauteils eines komplexen Gesamtprodukts ist;[212] **d)** die Umgestaltung zu einem patentfreien Produkt mit einem hohen zeitlichen und wirtschaftlichen Aufwand verbunden ist; **e)** Patienten auf die Versorgung mit lebenswichtigen Produkten des Verletzers angewiesen sind. Die Beispiele lassen sich in die in der Literatur[213] diskutierten Fallgruppen für die Unverhältnismäßigkeit einordnen: **a)** nicht praktizierende Unternehmen (»NPE«); **b)** Komplexität des Verletzungsgegenstands; **c)** erhebliche Drittinteressen. 80

Durch die Bezugnahme auf **eine durch das Ausschließlichkeitsrecht nicht gerechtfertigte Härte** als Maßstab für die Unverhältnismäßigkeit wird klargestellt, dass die mit der Durchsetzung des Unterlassungsanspruchs verbundenen typischen Folgen hinzunehmen sind. So stellt auch die Patentverwertung ausschließlich im Wege der Lizenzierung eine geschützte Form der Patentnutzung dar und ist für sich genommen nicht unverhältnismäßig. Soweit bei der Patentverletzung gem § 9 – anders als etwa im Marken- oder Wettbewerbsrecht – unmittelbar ein geschütztes Erzeugnis hergestellt oder in den Verkehr gebracht oder ein geschütztes Verfahren benutzt wird, ist regelmäßig notwendige Folge des patentrechtlichen Unterlassungsanspruchs die Einstellung der patentverletzenden Produktion und/oder des patentverletzenden Vertriebs durch den Verletzer.[214] Wirtschaftliche Beeinträchtigungen bis hin zum Verlust der Existenzgrundlage können hinzunehmen sein.[215] Ebenso stellen (mittelbare) Nachteile für Dritte eine regelmäßige Folge einer Verurteilung zur Unterlassung dar. Allerdings lässt sich auch dogmatisch nicht begründen, dass die Möglichkeit einer Zwangslizenz den Ausschluss des Unterlassungsanspruchs wegen Unverhältnismäßigkeit hindert.[216] Eine unverschuldete Patentverletzung kann für sich genommen die Unverhältnismäßigkeit des grundsätzlich verschuldensunabhängigen Unterlassungsanspruchs ebenfalls nicht begründen. 81

---

210 Dazu eingehend McGuire GRUR **21**, 775.
211 Vgl die Beispiele in RegE, BT-Drs 19/25821 S. 53 ff.
212 BGH Urt v 10.5.16, X ZR 114/13, GRUR **16**, 1031 (Rn 45) *Wärmetauscher*.
213 Vgl. Stierle, GRUR **19**, 873 mwNw.
214 BGH Urt v 10.5.16, X ZR 114/13, GRUR **16**, 1031 (Rn 45) *Wärmetauscher*.
215 BGH Beschl v 6.8.19, X ZR 97/18, GRUR **19**, 1215 *Dampfdruckverringerung*.
216 AA LG Düsseldorf Urt v 9.3.17, 4a O 137/15.

82 3.4 **Rechtsfolge des erfolgreichen Unverhältnismäßigkeitseinwands** ist trotz des missverständlichen Wortlauts nicht zwingend der dauerhafte und gänzliche Ausschluss des Unterlassungsanspruchs, dieser wird sogar nur in sehr wenigen besonders gelagerten extremen Fallkonstellationen in Betracht kommen.[217] Vielmehr sind zeitlich und gegenständlich begrenzte Beschränkungen der Unterlassungsverpflichtung möglich (»soweit«) und angebracht, um zwischen den widerstreitenden Interessen zu differenzieren. Die Einräumung einer Aufbrauchfrist etwa zur Überbrückung des für Umstellungs- und Beseitigungsmaßnahmen benötigten Zeitraums kann im Einzelfall geboten sein, wenn die sofortige Durchsetzung des Unterlassungsanspruchs unverhältnismäßig ist.[218]

83 3.5 **Ausgleichsanspruch:** Ist der Unterlassungsanspruch gem Abs 1 S 3 (teilweise) ausgeschlossen, ist dem Verletzer ein **angemessener Ausgleich in Geld** zu gewähren. Die Höhe des Anspruchs bestimmt das Verletzungsgericht nach Verhältnismäßigkeitserwägungen unter Berücksichtigung des Umstandes, dass das Patentrecht des Verletzten durch die Einschränkung des Unterlassungsanspruchs beschränkt wird.[219] Daher entspricht die Höhe des Ausgleichsanspruchs grundsätzlich mindestens der Höhe einer vertraglich vereinbarten Lizenz, wird aber regelmäßig höher liegen, wenn die Patentbenutzung allein im Vertrauen auf die Unverhältnismäßigkeit des Unterlassungsanspruchs oder gar ohne jede Prüfung der Patentsituation aufgenommen wurde, soweit dies nicht bereits die Unverhältnismäßigkeit der Unterlassung entfallen lässt;[220] umgekehrt kann ein geringerer Betrag allenfalls bei einer missbräuchlichen Geltendmachung des Unterlassungsanspruchs in Betracht kommen.[221] Die Ausgleichszahlung kann als Pauschale oder als regelmäßig wiederkehrende Zahlung zu leisten sein. Ein etwaiger Schadensersatzanspruch bleibt vom Ausgleichsanspruch unberührt. Dies stellt Abs 1 S 5 klar.

84 Der Wechsel vom Unterlassungs- zum Ausgleichsanspruch fällt in jedem Fall unter § 264 Nr 2 ZPO. In der Rspr nicht geklärt, aber vorzugswürdig ist es, den Ausgleichsanspruch als Minus zum Unterlassungsanspruch anzusehen, der vom Verletzungsgericht ohne Antrag zu berücksichtigen ist. Seitens des Gläubigers ist lediglich zur Höhe vorzutragen.

4 Rechtsfolgen

85 Soweit der patentrechtliche Unterlassungsanspruch durch den Unverhältnismäßigkeitseinwand keine Einschränkung erfährt, ist notwendige Folge des Anspruchs, dass der Verletzer die patentverletzende Produktion oder den patentverletzenden Vertrieb einstellen muss und das betroffene Produkt erst dann wieder auf den Markt bringen kann, wenn er sich entweder die dafür benötigten Rechte vom Patentinhaber verschafft

---

217 RegE, BT-Drs 19/25821 S. 56.
218 BGH Urt v 10.5.16, X ZR 114/13, GRUR **16**, 1031 *Wärmeaustauscher*.
219 BeschlEmpf, BT-Drs 19/30498 S. 62.
220 Schacht GRUR **21**, 440.
221 BeschlEmpf, BT-Drs 19/30498 S. 62.

oder das Produkt so abgewandelt hat, dass es das Schutzrecht nicht mehr verletzt. Die damit zwangsläufig verbundenen Härten sind grundsätzlich hinzunehmen.[222]

Besteht der Verletzungsvorwurf wie bei einer Lieferung an Abnehmer im Ausland, die ins Inland liefern, lediglich in der pflichtwidrigen und schuldhaften Förderung oder Ermöglichung einer fremden Patentverletzung, begründet dies nicht ohne weiteres einen uneingeschränkten Anspruch auf Unterlassung von Handlungen, die für sich genommen noch keine Patentverletzung darstellen. Vielmehr ist im Einzelfall zu entscheiden, welche Maßnahmen dem Verpflichteten zumutbar sind, um Patentverletzungen durch seine Abnehmer zu vermeiden.[223] 86

Die Unterlassungspflicht kann (auch ohne gesonderte Erwähnung im Tenor) die Pflicht zu einem positiven Tun beinhalten, wenn der Schuldner nur so der Duldungspflicht gerecht wird.[224] Die Verpflichtung zur Unterlassung einer Handlung, durch die ein fortdauernder Störungszustand geschaffen wurde, ist mangels abweichender Anhaltspunkte regelmäßig dahin auszulegen ist, dass sie auch die Vornahme möglicher und zumutbarer Handlungen zur Beseitigung des Störungszustands umfasst.[225] Selbst wenn die den Unterlassungsanspruch begründende Verletzungshandlung keine Dauerhandlung des Schuldners ist, kann Verpflichtung zur Vornahme von Handlungen bestehen, wenn der Schuldner nur so seiner Pflicht zur Unterlassung gerecht werden kann.[226] Dies kann auch die Verpflichtung umfassen, im Rahmen des Möglichen, Erforderlichen und Zumutbaren auf Dritte einzuwirken,[227] bspw die Auslistung eines Medikaments aus der Lauer-Taxe zu veranlassen.[228] 87

Nach Auffassung des I. Zivilsenats des BGH umfasst die Verpflichtung zum Einwirken auf Dritte es auch, im Fall des Vertriebs rechtsverletzender Produkte durch einen Rückruf dafür zu sorgen, dass bereits ausgelieferte Produkte von den Abnehmern nicht weiter vertrieben werden.[229] Dies muss nicht bereits in der Entscheidungsformel angelegt sein, sondern kann auch im Vollstreckungsverfahren unter Berücksichtigung des Verhältnismäßigkeitsgrundsatzes durch Auslegung ermittelt werden.[230] Auch ein im einstweiligen Verfügungsverfahren erlassener Unterlassungstitel schließt eine solche Auslegung vor dem Hintergrund einer unzulässigen Vorwegnahme der Hauptsache 88

---

222 BGH GRUR 16, 1031 (Rn 45) *Wärmetauscher*.
223 BGH Urt v 16.5.17, X ZR 120/15, GRUR 17, 785 *Abdichtsystem*.
224 BGH NJW-RR 07, 863.
225 BGH Urt v 18.9.14, I ZR 76/13, GRUR 15, 258 (Rn 63) *CT-Paradies*; Urt. v. 19.11.15, I ZR 109/14, GRUR 16, 720 (Rn 34) *Hot Sox*; Beschl v 29.9.16, I ZB 34/15, GRUR 17, 208 (Rn 25) *Rückruf von RESCUE-Produkten*; Beschl v 11.10.17, I ZB 96/16, GRUR 18, 292 (Rn 19) *Produkte zur Wundversorgung*.
226 *BGH Beschl* v 11.10.17, I ZB 96/16, GRUR 18, 292 (Rn 20) *Produkte zur Wundversorgung*.
227 BGH Urt v 18.9.14, I ZR 76/13, GRUR 15, 258 *CT-Paradies*; Urt. v. 4.5.17, I ZR 208/15, GRUR 17, 823 *Luftentfeuchter*; Beschl v 17.10.19, I ZB 19/19, GRUR 20, 548 *Diätische Tinnitusbehandlung*.
228 OLG Düsseldorf Beschl v 21.9.17, I-2 W 4/17, GRUR-RS 17, 142776.
229 BGH Urt. v. 19.11.15, I ZR 109/14, GRUR 16, 720 (Rn 34) *Hot Sox*; Beschl v 29.9.16, I ZB 34/15, GRUR 17, 208 (Rn 25) *Rückruf von RESCUE-Produkten*; Beschl v 11.10.17, I ZB 96/16, GRUR 18, 292 (Rn 20) *Produkte zur Wundversorgung*.
230 Beschl v 29.9.16, I ZB 34/15, GRUR 17, 208 (Rn 23 ff) *Rückruf von RESCUE-Produkten*; Beschl v 11.10.17, I ZB 96/16, GRUR 18, 292 (Rn 21f) *Produkte zur Wundversorgung*.

nicht aus, wenn der Schuldner die von ihm vertriebenen Waren nicht bei seinen Abnehmern zurückzurufen, sondern seine Abnehmer lediglich aufzufordern hat, die erhaltenen Waren vorläufig nicht weiter zu vertreiben.[231] Dieser bislang vom I. Zivilsenat des BGH nicht nur für das Wettbewerbsrecht, sondern auch für das Immaterialgüterrecht[232] vertretenen Rspr ist die Instanzrechtsprechung teilweise nicht gefolgt.[233] Der für das Patentrecht zuständige X. Zivilsenat hat sich mit der Rechtsprechung bislang nicht auseinandersetzen müssen. Letztlich hängt vom Einzelfall ab, wie weit der Unterlassungstenor ausgelegt werden kann.[234]

5 Beweislast

89 Die Beweislast für die Besorgnis künftiger Rechtsverletzung trägt der Kläger,[235] der sich regelmäßig darauf berufen kann, dass eine rechtswidrige Verletzungshandlung (auch eine einmalige) grundsätzlich die tatsächliche Vermutung begründet, dass sie wiederholt wird.[236] Beklagter hat zu beweisen, dass weitere Verletzungshandlungen nicht drohen, die vermutete Wiederholungsgefahr also beseitigt ist.[237] Für den Einwand der Unverhältnismäßigkeit trägt der Verletzer unabhängig von der Rechtsnatur des Einwands die Darlegungs- und Beweislast, so dass auch nur bei entsprechendem Vortrag für das Gericht Anlass zur Prüfung besteht.

IV. Schadensersatzanspruch

90 **Lit:** Sack in FS Hubmann 1985, 373; Rogge in FS Nirk 1992, 929; Leisse FS Traub 1994, 229; Mellulis in FS Traub 1994, 287; Teplitzky in FS Traub 1994, 401; von Graffenried in FS David 1996, 255; Rinnert/Küppers/Tilmann in FS f Helm 2002, 337; Pross in FS Tilman 2003, 881; Zahn Die Herausgabe des Verletzergewinns 2005; Küppers FS 80 J PatentG Düsseldorf 2016, 329; v Rospatt/Klopschinski FS 80 J PatentG Düsseldorf 2016, 449.
Lit in GRUR: Schramm 74, 617; Pietzcker 75, 55; Ullmann 78, 615; Preu 79, 753; Leisse/Traub 80, 1; Brandner 80, 359; Bruchhausen 80, 515; Vollrath 83, 52; Körner 83, 611; Delahaye 86, 217; Meier-Beck 93, 1; Köhler 94, 260; Beuthien/Wasmann 97, 255; von der Osten 98, 284; Tilmann 03, 647; Lehmann 04, 762; Haedicke 05, 529; Meier-Beck 05, 617; Rojahn 05, 623; Grabinski 09, 260; Haedicke 09, 273; Kleinheyer-Hartwig 13, 683.
Lit in GRUR Int: Kraßer 80, 259; Pagenberg 80, 286; Karnell 96, 335; Enzinger 97, 96; Kämper 08, 539; Mellulis 08, 679.
Lit in Mitt: von der Osten 00, 95; Haft/Reimann 03, 437; Allekötte 04, 1; Gärtner/Bosse 08, 492; Nieder 09, 540; Nestler 14, 262; Hellebrand 16, 494.
Lit in WRP: Runkel 05, 968; Meier-Beck 12, 503; Goldmann 11, 950.

---

231 Beschl v 11.10.17, I ZB 96/16, GRUR 18, 292 *Produkte zur Wundversorgung*; Beschl v 17.10.19, I ZB 19/19, GRUR 20, 548 *Diätische Tinnitusbehandlung*.
232 Zum Urheberrecht: BGH Urt v 18.9.14, I ZR 76/13, GRUR 15, 258 *CT-Paradies*; zum Markenrecht: Beschl v 11.10.17, I ZB 96/16, GRUR 18, 292 *Produkte zur Wundversorgung*.
233 Zum Patentrecht: OLG Düsseldorf Beschl v 30.4.18, I-15 W 9/18, GRUR 18, 855 *Rasierklingeneinheiten*; zum Wettbewerbsrecht: OLG Düsseldorf Beschl v 14.2.19, 20 W 26/18, GRUR-RR 19, 278 *Tinnitus-Präparat*; dagegen BGH Beschl v 17.10.19, I ZB 19/19, GRUR 20, 548 *Diätische Tinnitusbehandlung*.
234 Für das Patentrecht einschränkend: OLG Düsseldorf Beschl v 30.4.18, I-15 W 9/18, GRUR 18, 855 *Rasierklingeneinheiten*; vgl auch BGH Urt v 11.11.14, VI ZR 18/14, GRUR 15, 190 *Ex-RAF-Terroristin*.
235 BGH GRUR 15, 603 (Nr 17) *Keksstangen*.
236 BGH GRUR 93, 53 (II4) *ausländischer Inserent*; 93, 677, 679 (II3a) *Bedingte Unterwerfung*; 94, 219 (II4) *Warnhinweis*; 98, 504 (II3a) *Lateinische Fußnote*.
237 BGH GRUR 55, 390 *Schraubenmutterpresse*; 57, 348 *Klasen-Möbel*.

Sonstige Lit in GRUR-RR: Dörre/Maaßen 08, 217; **in VPP-Rundbrief:** Fähndrich 03, 13; **in EIPR:** Moss/Rogers 97, 425; **in IIC:** Meier-Beck 04, 113.

Ein Schadensersatzanspruch gemäß § 139 (2) setzt neben der Anspruchsberechtigung (s Rdn 5–18) und einer rechtswidrigen Benutzung der patentierten Erfindung (s Rdn 41–52) durch den Anspruchsverpflichteten (s Rdn 19–33) Verschulden (Vorsatz oder Fahrlässigkeit) voraus und ist darauf gerichtet, den durch die Patentverletzung entstandenen Schaden auszugleichen. (Zum Restschadensersatzanspruch vgl § 141 Rdn 22; zum Schadensersatzanspruch des Patentinhabers nach Vergabe einer ausschließlichen Lizenz vgl Rdn 13 f) 91

1 Verschulden

Der Verletzer haftet für Vorsatz und Fahrlässigkeit. Ungeachtet der Verschuldensform ist der Verletzer im vollen Umfang zum Schadensersatz verpflichtet. 92

1.1 Verschuldensformen: Vorsatz ist das Wissen und Wollen des rechtswidrigen Erfolges, der bewusste Eingriff in das fremde Patentrecht, den ein rechtstreuer Bürger nicht begangen hätte. Nicht erforderlich ist, dass in schädigender Absicht gehandelt wird und dass der eingetretene Schaden bewusst gewollt war. 93

Bedingter Vorsatz steht dem Vorsatz gleich. Bedingt vorsätzlich handelt, wer den als möglich erkannten rechtswidrigen Erfolg billigend in Kauf nimmt.[238] Vorsätzlich handelt auch, wer in der Erwartung benutzt, das Klagepatent werde vernichtet.[239] 94

Grobe Fahrlässigkeit liegt vor, wenn die im Verkehr erforderliche Sorgfalt (§ 276 (1) 2 BGB) in besonders schwerem Maße verletzt wird, das heißt, wenn nicht beachtet wird, was im gegebenen Fall jedem einleuchten musste.[240] 95

Fahrlässigkeit liegt vor, wenn die im Verkehr erforderliche Sorgfalt außer acht gelassen wird (§ 276 (1) 2 BGB). Fahrlässig handelt auch, wer sich erkennbar in einem Grenzbereich des rechtlich Zulässigen bewegt, denn er muss eine von der eigenen Einschätzung abweichende Beurteilung der rechtlichen Zulässigkeit in Betracht ziehen.[241] 96

1.2 Sorgfaltsanforderungen, die erfüllt sein müssen, damit dem Benutzer ein Verschulden nicht vorgeworfen werden kann, sind nach der Rechtsprechung hoch.[242] Sie sollten aber nicht überspannt werden. Auch wenn ein Verschulden verneint wird, geht der Patentinhaber nicht leer aus, weil ihm der Bereicherungsanspruch bleibt (s Rdn 189). 97

1.2.1 Allgemeines: Jeder, der technische Erzeugnisse herstellt oder in den inländischen Markt einführt, muss vor Aufnahme der genannten Tätigkeiten prüfen, ob seine Erzeugnisse oder Verfahren in den Schutzbereich fremder Rechte fallen, und dafür 98

---

238 BGHZ 7, 313.
239 OLG Düsseldorf GRUR 82, 35.
240 BGH GRUR 68, 33 *Elektrolackieren*.
241 BGH GRUR 99, 49 (III2b aa) *Bruce Springsteen and his Band*.
242 BGH GRUR 98, 568 (IIIa) *Beatles-Doppel-CD*; 99, 49 (III2b aa) *Bruce Springsteen and his Band*.

die Schutzrechtslage überwachen.[243] Verschulden ist auch dann anzunehmen, wenn die erteilten Patentansprüche nicht mit den veröffentlichten Ansprüchen der Patentanmeldung übereinstimmen, solange sie den offengelegten Unterlagen als zur Erfindung gehörig entnommen werden konnten.[244] Unterlässt ein Gewerbetreibender die ihm nach Art und Umfang *zumutbaren Nachforschungen*, so handelt er schuldhaft, insbesondere wenn er konkrete Anhaltspunkte für den Bestand eines Schutzrechts hat oder hätte haben können.

99 Das Maß der zu fordernden Sorgfalt wird von der Person des Benutzers und seinen Fähigkeiten mitbestimmt. Informationspflicht gilt prinzipiell sowohl für herstellende Betriebe wie für Handelsunternehmen. Von einem Großbetrieb kann mehr erwartet werden als von einem Handwerker.

100 **Spediteure, Frachtführer, Lagerhalter, Sortimenter** trifft idR keine Prüfungspflicht, solange sie nicht (zB durch Abmahnung oder Grenzbeschlagnahme[245]) konkret auf das Vorliegen einer Schutzrechtsverletzung hingewiesen wurden.[246]

101 **Reine Handelsunternehmen und Wiederverkäufer** sind entlastet, wenn in der Zulieferkette bereits eine ernsthafte, sorgfältige und sachkundige Prüfung der Schutzrechtslage im Sitzland des Unternehmens stattgefunden und das Handelsunternehmen sich entsprechend vergewissert hat.[247] Unzureichend ist allgemeine Haftungsfreistellungsklausel, wonach die Ware frei von Rechten Dritter ist.[248] Eine Verpflichtung zur Überprüfung der Patentlage vor jedem Geschäftsabschluss würde faktisch zur Einrichtung einer Patentabteilung oder dauerhaften Beauftragung eines Patentanwalts zwingen, was mit unzumutbaren Kosten und Verzögerungen einherginge.[249] Etwas anderes gilt dann, wenn besondere Umstände vorliegen, die jeden vorsichtigen Geschäftsmann veranlassen müssten, sein Vertrauen in die patentrechtliche Unbedenklichkeit der Ware aufzugeben.[250]

102 **Verletzung der Sorgfaltspflichten** setzt nicht automatisch mit der Möglichkeit zur Kenntnisnahme vom Patent ein, sondern mit dem Ablauf einer **angemessenen Prüfungsfrist** (idR 1 Monat).[251] Diese Frist beginnt mit der Veröffentlichung der Patenterteilung oder einer unverschuldet erst später erlangten Kenntnis von dem Streitpatent. Einer Prüfungsfrist nach Patenterteilung bedarf es nicht, wenn dem Verletzer bereits einen Monat vor der Patenterteilung der Inhalt des Patents – zB durch ein paralleles

---

243 BGH GRUR 58, 288, 290 *Dia-Rähmchen I*; 63, 640, 642 *Plastikkorb*; 77, 598, 601 *Autoskooter-Halle*; 16, 257 *Glasfasern II*.
244 BGH GRUR 77, 598, 601 *Autoskooter-Halle*.
245 LG Düsseldorf InstGE 7, 172 *iPod*.
246 LG Düsseldorf InstGE 5, 241 *Frachtführer*.
247 Vgl BGH GRUR 06, 575 *Melanie* (zum SortG); zu weitgehend hingegen LG Düsseldorf GRUR 89, 583 *Strickwarenhandel*.
248 LG Mannheim InstGE 7, 14 *Halbleiterbaugruppe*.
249 LG Düsseldorf NJOZ 12, 1320 (1323) *Transglutaminase*.
250 OLG Düsseldorf GRUR 78, 588, 589 *Inlandsvertreter*; LG Düsseldorf NJOZ 12, 1320 (1323 f) *Transglutaminase*.
251 BGH GRUR 86, 803 (7d) *Formstein*.

Gebrauchsmuster – bekannt war.[252] Sie ist auch einem GF zuzubilligen, der erst nach Veröffentlichung der Patenterteilung in das verletzende Unternehmen eintritt, so dass – wenn keine frühere Kenntnis feststellbar ist – dessen Haftung für Benutzungshandlungen besteht, die 1 Monat nach seiner Bestellung zum GF begangen worden sind. Durch eine Beschränkung des Patents im Einspruchs- oder Nichtigkeitsverfahren wird der Beginn des Schadensersatzzeitraumes nicht auf die Zeit nach dem Einspruchs- oder Nichtigkeitsentscheidung verschoben. Hinweise auf ein Patent erfordern erhöhte Sorgfalt. **Verwarnungen** machen den Verletzer bösgläubig.[253] Sie nötigen zu erneuter Prüfung, für die der Verletzer – soweit angemessen – eine Überlegungsfrist beanspruchen kann. Zur unberechtigten Verwarnung s Rdn 231 ff.

1.2.2 Einzelfälle: Der Sorgfaltspflicht wird entsprochen, a) wenn der sachkundige Rat von erfahrenen Patent- oder Rechtsanwälten vor der beabsichtigten Benutzung eingeholt wird;[254] idR wird der Verschuldensvorwurf allenfalls dann ausgeräumt, wenn der Gutachter in der Beurteilung patentrechtlicher Verletzungsfragen erfahren ist, wenn der Sachverhalt bezüglich Patent und angegriffener Ausführungsform vollständig ist, das Gutachten eine umfassende Prüfung und Würdigung aller Gesichtspunkte erkennen lässt und eine Patentverletzung verneint;[255] **b)** wenn ein Rechtsirrtum entschuldbar ist, weil der Irrende mit einer anderen Beurteilung durch die Gerichte nicht zu rechnen brauchte.[256]

Der Sorgfaltspflicht wird nicht entsprochen, a) wenn bei zweifelhafter Rechtslage der Benutzer einfach von der für ihn günstigeren Beurteilung ausgeht.[257] In diesem Fall entlastet es ihn auch nicht, dass DPMA, BPatG oder ein Instanzgericht seine Auffassung geteilt hat,[258] es sei denn, die Entscheidung entspricht ständiger höchstrichterlicher Rechtsprechung;[259] **b)** wenn lediglich ein Patentanwalt beauftragt wird ohne Darlegung dessen, was dieser überprüft und welchen Rat er erteilt hat;[260] **c)** wenn bei einem geprüften Patent von fehlender Schutzfähigkeit ausgegangen wird. Nur bei ungeprüft eingetragenen Gebrauchsmustern kann ein Verschulden zu verneinen sein, wenn begründete Bedenken gegen ihre Schutzfähigkeit bestehen;[261] selbst wenn das Patent erstinstanzlich widerrufen bzw vernichtet wurde, ist ernstlich in Rechnung zu stellen, dass das Patent im Einspruchsbeschwerde- oder Nichtigkeitsberufungsverfahren nicht vernichtet wird;[262] **d)** wenn der Benutzer auf Grund eines Irrtums angenommen hat, er sei zur Benutzung befugt. Denn auf einen Irrtum über den Rechtsbestand

---

252 OLG München InstGE 6, 57 *Kassieranlage*.
253 RGZ 146, 225.
254 BGH GRUR 77, 250 (III1) *Kunststoffhohlprofil I*.
255 BGH GRUR 96, 812 (814) *Unterlassungsurteil gegen Sicherheitsleistung*.
256 BGH GRUR 99, 49 (III2b aa) *Bruce Springsteen and his Band*.
257 BGH GRUR 93, 556 (C) *TRIANGLE*.
258 BGH GRUR 73, 518 (II3b) *Spielautomat II*; 91, 153 (V) *Pizza & Pasta*; 93, 556 (C) *TRIANGLE*.
259 LG Düsseldorf Mitt 98, 273, 277 rSp *BIG II*.
260 BGH GRUR 93, 460 (II7b) *Wandabstreifer*.
261 BGH GRUR 77, 250 (III1) *Kunststoffhohlprofil I*.
262 OLG Düsseldorf GRUR 1962, 35 (36) *Kunststoffschläuche*; OLG Düsseldorf I-2 U 82/09 v 30.11.2010.

oder den Schutzbereich[263] oder die Merkmale der Verletzungsform[264] kann sich ein Benutzer bei einem nach Prüfung erteilten Patent nicht berufen. War daher dem Beklagten das Klagepatent bei seinen Verletzungshandlungen bekannt und hat er lediglich irrig angenommen, der von ihm hergestellte Gegenstand falle nicht darunter (Subsumtionsirrtum), so kann grundsätzlich von einem Verschulden des Beklagten ausgegangen werden;[265] **e)** wenn die besondere Sachkunde des Verletzers diesen hätte bewegen müssen, die patentierte Erfindung nicht zu benutzen;[266] **f)** wenn der Verletzer auf die Patentsituation betreffend ein Produkt eines neu auf dem europäischen Markt auftretenden Unternehmens hingewiesen wurde.[267]

105 **1.3 Beweislast** trägt grundsätzlich der Kläger. Da aber die Rechtswidrigkeit einer Patentbenutzung das Verschulden des Benutzers indiziert,[268] hat dessen Fehlen grundsätzlich der Benutzer darzulegen und zu beweisen.[269] Von Gewerbetreibenden wird erwartet, dass sie sich über fremde Schutzrechte informieren, die ihren Tätigkeitsbereich betreffen, und sie auch deren Schutzbereich prüfen, sofern die Art ihrer gewerblichen Tätigkeit eine Patentverletzung nicht als ausgeschlossen erscheinen lässt.[270] Das gilt für herstellende Unternehmen,[271] aber auch für reine Handelsunternehmen.[272]

2 Ersatz des entstandenen Schadens

106 Der Verletzte kann vom Verletzer den durch die Patentverletzung entstandenen Schaden ersetzt verlangen (zur Schadensersatzpflicht des mittelbaren Verletzers vgl § 10 Rdn 49). **Schaden** ist die Beeinträchtigung, die der Berechtigte an seinem Vermögen durch die Benutzung seines Rechts erleidet. Es gelten die §§ 249 ff BGB. Nach § 249 BGB ist der Zustand herzustellen, der bestehen würde, wenn das Patent nicht verletzt worden wäre. **Naturalrestitution** (Rückruf, Hinterlegung oder Vernichtung patentverletzender Erzeugnisse, Hinweis auf Patentschutz an Abnehmer) ist selten für eine ausreichende Entschädigung des Verletzten möglich, so dass idR **Entschädigung in Geld** in Betracht kommt.

107 **2.1 Berechnung des Schadens:** Im Wesentlichen wird der Schaden des Verletzten in dem **Eingriff in die durch das Patent allein ihm zugewiesene Nutzungsmöglichkeit als solcher** bestehen. Bereits dieser Eingriff **stellt einen Schaden im Sinne des Schadensersatzrechts dar.**[273] Daneben können weitere Begleitschäden bestehen.

---

263 BGH GRUR **64**, 606, 610 *Förderband*.
264 BGH GRUR **66**, 553 *Bratpfanne*.
265 BGH GRUR **61**, 26 *Grubenschaleisen*; **64**, 606, 610 *Förderband*; **76**, 579, 583 *Tylosin*.
266 BGH GRUR **68**, 33 *Elektrolackieren*.
267 LG Düsseldorf NJOZ 12, 1320 (1323 f) *Transglutaminase*.
268 BGH GRUR **93**, 460 (II7b) *Wandabstreifer*; **77**, 250 (III1) *Kunststoffhohlprofil I*.
269 Vgl BGH GRUR **59**, 478 *Laux-Kupplung I*; **64**, 606, 610 *Förderband*; **93**, 460 (II7b) *Wandabstreifer*.
270 LG Mannheim InstGE 7, 14, *Halbleiterbaugruppe*.
271 BGH GRUR **58**, 288, 290 *Dia-Rähmchen I*; GRUR **77**, 598, 601, *Autoskooter-Halle*.
272 LG Mannheim InstGE 7, 14, *Halbleiterbaugruppe*.
273 BGH GRUR **08**, 93 *Zerkleinerungsvorrichtung*; **09**, 856 (Nr 69) *Tripp-Trapp-Stuhl*; **12**, 1226 (Rn 215) *Flaschenträger*.

Patentverletzungen: Schadensersatzanspruch § 139

Das Anbieten schutzrechtsverletzender Gegenstände als solches begründet zwar bereits eine Schadensersatzhaftung,[274] so dass mit Blick auf einen etwaigen Marktverwirrungsschaden ein Feststellungsausspruch möglich ist;[275] typischerweise wird dem Schutzrechtsinhaber ein bezifferbarer Schaden jedoch erst durch den dem Angebot nachfolgenden Geschäftsabschluss (Lieferung) entstehen. Für ihn haftet der Anbietende auch dann, wenn nicht er selbst, sondern – adäquat kausal und zurechenbar – ein Dritter das Liefergeschäft gemacht hat.[276]

108

2.1.1 Drei Berechnungsarten des Schadens sind wahlweise zugelassen:
a) **Entgangener Gewinn** als Hauptanwendungsfall der Berechnung der Differenz des Vermögens mit und ohne Patentverletzung, § 252 S 1 BGB (s Rdn 118),
b) **Lizenzanalogie**, § 139 (2) S 3 (s Rdn 126),
c) **Herausgabe des Verletzergewinns**, § 139 (2) S 2 (s Rdn 140).

109

Die Methoden zu a) und b) fasst der BGH unter dem Begriff der objektiven Berechnungsarten zusammen. Der *Verletzergewinn* stellt lediglich einen Maßstab für die Berechnung der Schadenshöhe nach einer der beiden objektiven Berechnungsarten dar und bildet deshalb keinen selbstständigen Schadensgrund, der die Feststellung eines tatsächlichen Schadens des Verletzten ohne weiteres ersetzen könnte.[277] Die 3 Berechnungsmethoden sind verschiedene Liquidationsformen eines einheitlichen Schadensersatzanspruchs, nicht dagegen verschiedene Ansprüche mit unterschiedlichen Rechtsgrundlagen.[278] Damit ist sichergestellt, dass einerseits der Verletzer nicht mehr als den vollen Schadensersatz leisten muss und andererseits jeder Geschädigte den ihm entstandenen Schaden gesondert geltend machen kann. Die drei Berechnungsarten stehen dem Verletzten auch für den Zeitraum vor Inkrafttreten des DurchsetzungsG und vor Ende der Frist zur Umsetzung der Durchsetzungs-RiLi zu.[279]

110

Soweit für die Schadensberechnung vom Umsatz des Verletzers auszugehen ist (bei Lizenzanalogie und Verletzergewinn), ist auf das patentverletzende Produkt abzustellen. Gehören zu der **Verkaufseinheit, die Gegenstand des Handelsverkehrs ist**, nicht nur die im Patentanspruch genannten Bauteile, sondern weitere Elemente, sind letztere bei der Schadensermittlung einzubeziehen.[280] Bei der Bemessung des zu ersetzenden Schadens können sogar *patentfreie Gegenstände* einzubeziehen sein, sofern ihr Absatz in einem hinreichenden kausalen Zusammenhang zur Patentverletzung steht. Bsp: a) »Peripheriegeräte«, die üblicherweise zusammen mit dem patentierten (bzw patentverletzenden) Gegenstand veräußert werden, wenn und soweit der Verletzer den Umsatz mit dem »Peripheriegerät« dem Umstand verdankt, dass er den patentgeschützten Gegenstand in einer patentgemäßen – und nicht in einer schutzrechtsfreien – Ausge-

111

---

274 BGH GRUR 06, 927 *Kunststoffbügel*.
275 BGH GRUR 07, 221 *Simvastatin*.
276 BGH GRUR 06, 927 *Kunststoffbügel*.
277 BGH GRUR 72, 189 (II1) *Wandsteckdose II*; 93, 55 (IIA1b) *Tchibo/Rolex II*; 95, 349 (II3a) *objektive Schadensberechnung*.
278 BGH GRUR 08, 93 *Zerkleinerungsvorrichtung*; 08, 896 (Tz 38) = BGHZ 176, 311 *Tintenpatrone I*.
279 BGH GRUR 12, 1226 (Rn 16) *Flaschenträger*.
280 OLG Düsseldorf InstGE 7, 194 *Schwerlastregal II*.

staltung angeboten hat;[281] **b)** bei mietweiser Überlassung der patentverletzenden Vorrichtung und vertraglicher Verpflichtung des Mieters, das auf der Maschine zu verarbeitende Material vom Verletzer zu beziehen, ist der Umsatz und Gewinn aus den Materiallieferungen in die Schadensberechnung einzustellen.[282] Gleiches gilt für den Abschluss von Wartungsverträgen im Zusammenhang mit dem Verkauf des patentverletzenden Gegenstandes (zB einer Aufzuganlage).

112   Ein Umsatzgeschäft ist bei der Berechnung des Umsatzes nicht zu berücksichtigen, wenn infolge eines späteren Rückrufs des Produkts der Kaufpreis wieder erstattet wird.

113   **2.1.2 Bindung an Wahl einer Berechnungsart** besteht nicht. Der Verletzte hat grundsätzlich die *freie Wahl* zwischen den drei möglichen Berechnungsweisen.[283] Er kann daher bis zur Erfüllung oder rechtskräftigen Zuerkennung des Anspruchs – auch im Verlauf des Verfahrens eventualiter[284] – von einer Berechnungsart zur anderen übergehen.[285] Deshalb kann ein höherer Schaden als nach einer bisher gewählten Berechnungsart geltend gemacht werden, zB entgangener Gewinn oder Herausgabe des Verletzergewinns statt Zahlung einer angemessenen Lizenzgebühr.[286]

114   Das Wahlrecht kommt erst in dem Moment zum Erliegen, in dem die Erfüllung bzw die Rechtskraft eintritt.[287] Allerdings verliert der Verletzte sein Wahlrecht bereits dann, wenn über seinen Schadensersatzanspruch *für ihn selbst* unanfechtbar nach einer Berechnungsart entschieden worden ist, egal, ob in diesem Zeitpunkt auch für den Rechtsstreit als solchen Rechtskraft eingetreten ist.[288] Hat der Gläubiger gegen das seiner nach Lizenzgrundsätzen berechneten Höheklage teilweise stattgebende erstinstanzliche Urteil kein oder nur ein unselbstständiges Rechtsmittel eingelegt, so kann er deshalb sein Wahlrecht wirksam nicht mehr dadurch ausüben, dass er seine bisherige Klage als Teilklage deklariert und weitergehende Ansprüche nach der von ihm neu gewählten anderen Berechnungsmethode ankündigt, auch wenn diese Erklärungen abgegeben werden, bevor der Schuldner sein Rechtsmittel gegen das erstinstanzliche Urteil – mit Wirkung ex nunc – zurückgenommen hat.[289]

115   **2.1.3 Vermengung der drei Berechnungsarten** zur Ermittlung des Schadensbetrages miteinander ist unzulässig.[290] Die Elemente verschiedener Berechnungsarten dürfen nicht miteinander verquickt oder kumuliert werden.[291] Solches geschieht nicht, wenn einzelne Verletzungshandlungen nach der einen und weitere, davon verschiedene Ver-

---

281 LG Düsseldorf InstGE 6, 136 *Magnetspule*; OLG Düsseldorf InstGE 7, 194 *Schwerlastregal II*.
282 LG Düsseldorf InstGE 2, 108 *Verpackungsmaterial*.
283 BGH GRUR 93, 55, 57 *Tchibo/Rolex II*; 93, 757 (II1) *Kollektion Holiday*; 95, 349 (II4c) *objektive Schadensberechnung*.
284 BGH GRUR 93, 757 (II1) *Kollektion Holiday*.
285 BGHZ 66, 375, 379 *Meßmer-Tee II*; 74, 53 *Nebelscheinwerfer*; 82, 301 *Kunststoffhohlprofil II*; 93, 757 (II1) *Kollektion Holiday*.
286 BGH GRUR 93, 55, 57 *Tchibo/Rolex II*; 93, 757 (II1) *Kollektion Holiday*.
287 BGH GRUR 08, 93 *Zerkleinerungsvorrichtung*.
288 BGH GRUR 08, 93 *Zerkleinerungsvorrichtung*.
289 BGH GRUR 08, 93 (Nr 10 ff) *Zerkleinerungsvorrichtung*.
290 BGH GRUR 62, 509, 512 *Dia-Rähmchen II*; 77, 539, 543 *Prozeßrechner*; 80, 841 *Tolbutamid*.
291 BGH GRUR 93, 757 (II1) *Kollektion Holiday*.

letzungshandlungen nach einer anderen Berechnungsart liquidiert werden. Gleiches gilt für verschiedene, abtrennbare Schadenspositionen.²⁹²

2.1.4 Begleitschäden können neben dem Schaden, der sich nach einer der drei Berechnungsarten ergibt, grundsätzlich geltend gemacht werden. Voraussetzung ist, **a)** dass die Begleitschäden nicht ausnahmsweise durch die gewählte Berechnungsart als mit gedeckt angesehen werden müssen und **b)** dass ihre Geltendmachung nicht auf eine Verquickung mehrerer Berechnungsarten hinausläuft.²⁹³ 116

Begleitschäden können sein: Rechtsverfolgungskosten, vorprozessuale Abmahnkosten,²⁹⁴ Aufklärung des irregeführten Marktes: **Marktverwirrungs- oder Diskreditierungsschaden** kann ersetzt verlangt werden,²⁹⁵ wenn zB durch die Patentverletzung das Ansehen des Patentinhabers beeinträchtigt worden ist²⁹⁶ (zB durch minderwertige Ware), das durch geeignete Maßnahmen (zB Werbung²⁹⁷) wieder hergestellt werden muss. Bei Urheberrechtsverletzungen ist ein Marktverwirrungsschaden nicht ersatzfähig.²⁹⁸ Schäden infolge einer Preissenkung durch den Berechtigten, weil der Verletzer sein Produkt zu deutlich geringeren Preisen auf den Markt brachte, können geltend gemacht werden.²⁹⁹ 117

2.2 Entgangener Gewinn: Die Differenz zwischen der Vermögenslage vor und nach der Patentverletzung ist nach § 249 BGB auszugleichen. Dazu gehört nach § 252 BGB auch der entgangene Gewinn, der nach dem gewöhnlichen Lauf der Dinge vom Verletzten mit Wahrscheinlichkeit erwartet werden konnte. Bsp: Gewinnverluste durch (a) infolge der Patentverletzung entgangene Verkäufe; (b) infolge der Patentverletzung eingetretenen Preisverfall; (c) infolge der Patentverletzung ausgebliebener Preissteigerungen. 118

Voraussetzungen für entgangenen Gewinn: 119

a) Darlegung, dass der Verletzte das Patent entweder **selbst nutzt oder umsatzbezogen** lizenziert hat; 120
b) Darlegung, dass der Verletzte den **Gewinn wahrscheinlich erzielt** hätte,³⁰⁰ zB weil sein Umsatz zurückgegangen oder dessen Steigerung ausgeblieben ist. Es bestehen zwei Möglichkeiten der Schadensberechnung: 121
   (1) Die **abstrakte Methode,** die von dem regelmäßigen Verlauf im Handelsverkehr ausgeht, dass der Kaufmann gewisse Geschäfte im Rahmen seines Gewerbes tätigt und daraus Gewinn erzielt. Hier ist die volle Gewissheit, dass der Gewinn gezogen worden wäre, nicht erforderlich. Vielmehr ist ein Gewinnent- 122

---

292 Differenzierend nach materiellen und immateriellen Schäden: EuGH GRUR **16**, 485 *Liffers zum UrhR*; vgl. auch BGH GRUR **08**, 93 (Nr 15 f) *Zerkleinerungsvorrichtung*.
293 BGH GRUR **77**, 539, 543 *Prozeßrechner*; **93**, 757 (III) *Kollektion Holiday*.
294 AA OLG Karlsruhe GRUR **85**, 36.
295 BGH GRUR **66**, 375, 378 rSp *Meßmer-Tee II*; **70**, 296, 298 *Allzweck-Landmaschine*; **75**, 85, 87 *Clarissa*.
296 BGH GRUR **87**, 364 *Vier-Streifen-Schuh*; **91**, 921 (II2b) *Sahnesiphon*.
297 BGH GRUR **82**, 489 *Korrekturflüssigkeit*.
298 BGH, NJW-RR **00**, 185 *Planungsmappe*.
299 Vgl Meyer-Beck IIC **04**, 113, (117).
300 BGH GRUR **62**, 580, 582 *Laux-Kupplung II*.

gang dann zu bejahen, wenn es nach den gewöhnlichen Umständen des Falles wahrscheinlicher ist, dass der Gewinn ohne das haftungsbegründende Ereignis erzielt worden wäre, als dass er ausgeblieben wäre.[301] Die behauptete Erwartung des Gewinns ist zu substanziieren, so dass dem Gericht eine freie Schadensschätzung nach § 287 ZPO möglich ist. Der Verletzte muss den entgangenen Gewinn zwar nicht genau belegen, muss aber eine tatsächliche Grundlage unterbreiten, die dem Gericht eine wenigstens im groben zutreffende Schätzung ermöglicht.[302] Ist ersichtlich, dass der Gewinn nach dem gewöhnlichen Lauf der Dinge wahrscheinlich erwartet werden konnte, wird vermutet, dass er erzielt worden wäre. Dem Ersatzpflichtigen obliegt dann der Beweis, dass er nach dem späteren Verlauf oder aus irgendwelchen anderen Gründen dennoch nicht erzielt worden wäre.[303] Bleiben Unwägbarkeiten, ist jedenfalls ein Mindestschaden zu schätzen.[304]

123 (2) Die **konkrete Methode**, bei der der Geschädigte nachweist, dass er durch die schädigende Handlung an der Durchführung *bestimmter* Geschäfte gehindert worden ist und dass ihm wegen der Nichtdurchführbarkeit *dieser* Geschäfte ein Gewinn entgangen ist.[305]

124 c) **Ursächlichkeit** der Verletzung für den entgangenen Gewinn. Andere Gründe für Umsatzrückgang oder eine ausgebliebene Steigerung, die der Verletzer darzulegen hat, müssen ausgeschlossen sein, zB a) dass nur der Verletzer in der Lage war, zusätzlichen Bedarf zu erschließen und zu befriedigen; b) dass beim Verletzten Kapazitäten für eine Produktionserweiterung nicht oder nur eingeschränkt vorhanden gewesen wären; bei mehreren Konkurrenten auf dem Markt können für die Kaufentscheidung – neben oder anstelle der patentverletzenden Ausstattung – relevant sein: c) ggf unterschiedliche Preise der einzelnen Anbieter, d) die Wertschätzung einzelner Konkurrenten im Markt bezüglich Qualität der Produkte, Kundendienst oder dergleichen. Für Kausalität spricht, wenn Verletzer patentgemäße Vorrichtungen zuvor lange vom Verletzten bezogen und sich dann für billigeren Drittbezug entschieden hat.[306]

125 d) Darlegung der **Höhe des Gewinns**, den der Verletzte aus denjenigen Geschäften, die er vermutlich vom Verletzer hätte übernehmen können, wahrscheinlich gemacht hätte. Für den Schadensersatzzeitraum ist die Kosten- und Umsatzstruktur für die patentgemäßen Erzeugnisse im Detail offenzulegen,[307] wobei etwaige Kostensteigerungen, die mit einer erweiterten Geschäftstätigkeit des Verletzten verbunden wären, zu berücksichtigen sind. Für die Berechnung des entgangenen Gewinns im Einzelnen gelten ähnliche Grundsätze wie bei der Berechnung des Verletzergewinns. Fixkosten sind nicht pauschal, sondern nur insoweit anzusetzen, als sie speziell durch die Ausführung der entgangenen Aufträge angefallen wären.

---

301 BGH GRUR 08, 933 *Schmiermittel*.
302 BGH GRUR 62, 509, 513 *Dia-Rähmchen II*; 80, 841 (I3) *Tobultamid*.
303 BGH NJW 06, 843 *Abstrakte Berechnung entgangenen Gewinns*.
304 BGH NJW 06, 843 *Abstrakte Berechnung entgangenen Gewinns*.
305 BGH NJW 06, 843 *Abstrakte Berechnung entgangenen Gewinns*; GRUR 08, 933 *Schmiermittel*.
306 LG Mannheim InstGE 9, 5 *Drehverschlussanordnung*.
307 BGH GRUR 80, 841 *Tolbutamid*.

Dazu zählen auch zusätzliche Abschreibungen durch die verstärkte Benutzung von Anlagen.[308] Verluste des Verletzers sind unbeachtlich.[309]

2.3 Lizenzanalogie: Die Rechtsprechung gewährte gewohnheitsrechtlich einen Anspruch des Verletzten auf eine angemessene Lizenzgebühr,[310] a) weil der Verletzer nicht besser gestellt sein soll als ein vertraglicher Lizenznehmer[311] und b) weil damit dem Verletzten eine erleichterte Schadensberechnung ermöglicht wird. Jetzt ausdrücklich in Abs 2 S 3 geregelt. Dem Verletzten wird der oft schwierige Nachweis entweder des entgangenen Gewinns oder der Höhe des Verletzergewinns erspart, denn für die Lizenzanalogie genügt die Feststellung des Umfangs der unerlaubten Benutzung. Es ist unerheblich, ob der Verletzte an seinem Schutzrecht eine Lizenz vergeben hätte oder nicht;[312] es genügt, dass ein Recht der in Rede stehenden Art (Patent) durch Lizenzvergabe verwertet werden kann und in der Praxis verwertet wird.[313]

2.3.1 Höhe der Lizenz: Da der Verletzer sich so behandeln lassen muss, als habe er rechtmäßig gehandelt, also als ob er einen Lizenzvertrag abgeschlossen hätte, ist für die Schadensberechnung nach der Lizenzanalogie der Betrag zu Grunde zu legen, den vernünftige Lizenzvertragsparteien – also nicht der konkrete Verletzer – in Kenntnis des Patents für die Verwertung als Lizenzgebühr vereinbart hätten, wenn sie die künftige Entwicklung und namentlich den Umfang der Rechtsverletzung vorausgesehen hätten.[314]

Ausgangspunkt für die Bemessung der Lizenzgebühr ist der **Wert des geschützten Rechts**, der durch die auf dem Markt zu erzielende Vergütung bestimmt wird.[315] Dabei sind *alle wertbestimmenden Faktoren* einzubeziehen, die auch bei freien Lizenzverhandlungen auf die Höhe der Vergütung Einfluss genommen hätten,[316] zB wirtschaftlich vernünftige Alternativen für den Verletzer,[317] Monopolstellung auf Grund des Patents,[318] Mitbenutzung anderer Schutzrechte,[319] Abhängigkeit des verletzten Patents oder verbesserte Wettbewerbsstellung,[320] Bestehen eines Vorbenutzungsrechts,[321] Höhe etwaiger frei vereinbarter Lizenzen. Die als Schadensersatz zu zahlende Lizenzgebühr ermittelt sich aus der Multiplikation des angemessenen Lizenzsatzes mit der

---

308 LG Düsseldorf, Entscheidungen 99, 32 *Rammverpresspfahl*.
309 LG Mannheim InstGE 9, 5 *Drehverschlussanordnung*.
310 StRspr BGH GRUR **66**, 375 *Meßmer-Tee II*; **80**, 841 *Tolbutamid*; **90**, 1008 *Lizenzanalogie*; 06, 143 *Catwalk*.
311 BGH GRUR **73**, 379 *Doppelte Tarifgebühr*; **82**, 286 *Fersenabstützvorrichtung*; **87**, 37, 39 *Videolizenzvertrag*.
312 BGH GRUR **06**, 143 *Catwalk*.
313 BGH GRUR **06**, 143 *Catwalk*.
314 BGH GRUR **62**, 401, 402 *Kreuzbodenventilsäcke III*; **66**, 375 *Meßmer-Tee II*; **62**, 509 *Dia-Rähmchen II*; **90**, 1008 (III1) *Lizenzanalogie*; **92**, 432 (1) *Steuereinrichtung I*; **93**, 899 (III3a) *Dia-Duplikate*; **95**, 578 *Steuereinrichtung II*.
315 BGH GRUR **87**, 36 *Liedtextwiedergabe II*; **93**, 897 *Mogul-Anlage*.
316 BGH GRUR **59**, 430 *Catarina Valente*; **82**, 286 *Fersenabstützvorrichtung*; **93**, 897 *Mogul-Anlage*.
317 BGH GRUR **93**, 897 (1b bb) *Mogul-Anlage*.
318 OLG Düsseldorf Mitt **98**, 27.
319 BGH GRUR **95**, 578 (III1i) *Steuereinrichtung II*.
320 BGH GRUR **82**, 301 (I3a) *Kunststoffhohlprofil II*.
321 BGH GRUR **92**, 432 (II3d) *Steuereinrichtung I*.

§ 139   *Patentverletzungen: Schadensersatzanspruch*

Bezugsgröße. Beides ist im Prozess nach § 287 ZPO unter Würdigung aller Umstände des Falles nach freier Überzeugung des Tatrichters zu bestimmen.[322]

129   Dabei ist auf frühere **Lizenzvereinbarungen** zurückzugreifen, wenn damals vereinbarte Lizenzgebühr dem objektiven Wert der Nutzungsberechtigung entsprochen hat.[323] Bei ausreichender Anzahl von Lizenzverträgen mit bestimmtem Lizenzmodell kommt es nicht mehr darauf an, ob die Lizenzsätze und sonstigen Konditionen allgemein üblich und objektiv angemessen sind; soweit der Verletzte die vorgesehenen Lizenzgebühren verlangt und erhält, rechtfertigt dies die Annahme, dass vernünftige Vertragsparteien bei vertraglicher Lizenzeinräumung eine entsprechende Vergütung vereinbart hätten, selbst wenn sie über dem Durchschnitt vergleichbarer Vergütungen liegt.[324] Diese Grundsätze gelten auch für Schadensberechnung bei der **Verletzung standardessentieller Patente**, wenn der Patentinhaber das Schutzrecht im Wege der Lizenzvergabe verwertet, sich dabei für vergleichbare Lizenznehmer eines standardisierten Vertragswerkes bedient, eine ausreichende Anzahl von Lizenzverträgen geschlossen hat und die vereinbarten Lizenzgebühren tatsächlich einfordert und erhält.[325] Geringere oder gar keine Relevanz haben Lizenzverträge für andere Schutzrechte oder gar ein ausländisches Schutzrecht, dessen Lizenzierung unter Berücksichtigung abweichender ausländischer Marktverhältnisse erfolgte.[326]

130   **Benutzung mehrerer Patente** durch dieselbe Verletzung führt zu einer proportionalen Aufteilung der Lizenzgebühr entsprechend dem Anteil des einzelnen Patents an der Benutzung.[327] Das gilt auch bei der Verletzung eines abhängigen Patents, das keinen eigenständigen Tatbestand der Patentverletzung bildet.[328] Die Lizenzgebühr ist daher nicht etwa auf den überschießenden Teil im Verhältnis zum älteren Patent zu beschränken.[329]

131   **2.3.1.1 Bezugsgröße:** Bemessungsgrundlage für die Lizenzberechnung ist im Allgemeinen der vom Verletzer mit der betreffenden Vorrichtung oder Sachgesamtheit erzielte **Umsatz** (ohne Umsatzsteuer[330]). Er gewährleistet eine angemessene Beteiligung des Patentinhabers an denjenigen Vorteilen, die der Verletzer aus der Patentbenutzung gezogen hat. Der Umsatz als Bezugsgröße versagt, wenn die vom Verletzer berechneten Preise nicht marktgerecht waren (zB weil seine Abnehmer konzernverbundene Unternehmen sind); hier würden fiktive Lizenzvertragsparteien eine Stücklizenz vereinbart haben, bei der dem Lizenznehmer unabhängig vom erzielten Erlös für jedes verkaufte Teil ein fester Lizenzbetrag zusteht.

132   Bei zusammengesetzten Vorrichtungen oder solchen, die zumeist nur gemeinschaftlich mit anderen Gegenständen verkehrsfähig sind, ist zu ermitteln, nach welchem Wert

---

322   BGH GRUR 09, 407 *Whistling for a train*.
323   BGH GRUR 09, 407 *Whistling for a train*.
324   BGH GRUR 09, 660 (Nr 32) *Resellervertrag*.
325   LG Mannheim InstGE 12, 160 *Orange-Book-Lizenz*.
326   OLG Düsseldorf, I-2 U 20/08, 17.12.2010.
327   OLG Düsseldorf Mitt 98, 27.
328   BGH GRUR 99, 977 *Räumschild*.
329   BGH GRUR 92, 432 *Steuereinrichtung I*.
330   BGH GRUR 09, 660 *Resellervertrag*.

die Lizenz zu berechnen ist, nach dem des geschützten Teils oder aber der **Gesamtvorrichtung** bzw Sachgemeinschaft. Maßgeblich ist die Verkehrsüblichkeit und Verkehrsanschauung. Von Bedeutung ist dabei,[331] ob die Gesamtvorrichtung üblicherweise als Ganzes geliefert wird bzw ob sie durch den geschützten Teil insgesamt eine Wertsteigerung erfährt oder ihr kennzeichnendes Gepräge erhält. Entscheidend kann auch sein, ob das geschützte Teil für sich selbst überhaupt verkehrsfähig ist, sich ein Wert für dieses Bauteil also ohne weiteres ermitteln lässt. Ist dies nicht der Fall, spricht dies für einen Rückgriff auf die Gesamtvorrichtung. In der Praxis ist bei der Festlegung des Wertes zu berücksichtigen, dass dieser und die Höhe der Lizenzgebühr in einer Wechselwirkung zueinander stehen. Wird der Wert nur des geschützten Teiles für die Lizenzberechnung zugrunde gelegt, kann für diesen die Lizenzgebühr höher angesetzt werden als bei Zugrundelegung der Gesamtvorrichtung.

Betrifft die Erfindung ein **Maschinenteil**, das sowohl separat wie auch als Bestandteil einer größeren Gesamtanlage veräußert wird, so entspricht es im Zweifel einer angemessenen und üblichen Lizenzvereinbarung, als Bezugsgröße für die Lizenzermittlung in den Fällen des Einzelverkaufs auf den Nettoabgabepreis für das fragliche Maschinenteil und in den Fällen des Anlagenverkaufs auf denjenigen Festbetrag abzustellen, der sich als Durchschnittspreis aus den Verkaufserlösen für die isoliert vertriebenen Maschinenteile ergibt.[332]   133

Bestehen neben der Vorrichtungserfindung außerdem **Verfahrenserfindungen**, die sich in einem verbesserten Aufbau des vergütungspflichtigen Maschinenteils und – daraus resultierend – in günstigeren Benutzungsbedingungen desselben niederschlagen, so tragen dem gedachte Lizenzvertragsparteien im Zweifel dadurch Rechnung, dass für die Verfahrenserfindungen als Bezugsgröße ebenfalls der Nettoverkaufspreis bzw ein dem Durchschnittspreis entsprechender Festbetrag vereinbart und der für die Vorrichtungserfindung vorgesehene Lizenzsatz maßvoll erhöht wird.[333]   134

2.3.1.2 Lizenzsatz: Die Höhe der Lizenzgebühr orientiert sich daran, was vernünftige Vertragspartner vereinbart haben würden, wenn sie beim Abschluss eines Lizenzvertrages die Entwicklung des Nutzungsverhältnisses, also vor allem sein Ausmaß und seine Dauer, gekannt hätten. Bei der Bestimmung der Höhe des Lizenzsatzes sind alle Umstände zu berücksichtigen, die auch bei freien Lizenzverhandlungen Einfluss auf die Höhe der Vergütung gehabt hätten.[334] Hierzu gehört auch die in der Branche übliche Umsatzrendite.[335]   135

Ausgehend von der für die Erfindung üblichen Lizenz sind unter Berücksichtigung der besonderen, im Verletzungsfall vorliegenden Situation verschiedene Umstände lizenzerhöhend bzw lizenzmindernd zu berücksichtigen, wobei ein Verletzerzuschlag nicht anerkannt wird.[336]   136

---

331 BGH GRUR **92**, 599 (III) *Teleskopzylinder*; **95**, 578 (I2a) *Steuereinrichtung II*.
332 OLG Düsseldorf, InstGE **4**, 165 *Spulkopf II*.
333 OLG Düsseldorf, InstGE **4**, 165 *Spulkopf II*.
334 BGH GRUR **06**, 143, 146 *Catwalk*.
335 BGH GRUR **10**, 239 *BTK*.
336 BGH GRUR **82**, 286, 287 *Fersenabstützvorrichtung*; **06**, 143 *Catwalk*.

137 **Lizenzerhöhend** wirkt, a) dass der Verletzer im Gegensatz zum Lizenznehmer kein Risiko der Zahlung für nicht rechtsbeständige Schutzrechte hat;[337] b) Zinsvorteil des Verletzers durch verspätete Zahlung;[338] c) die wirtschaftliche Bedeutung des geschützten Rechtes;[339] d) mangelnde Ausweichmöglichkeiten für den Verletzer auf eine andere, nicht verletzende technische Ausführung;[340] e) dass keine Verpflichtungen aus dem Lizenzvertrag zu gesonderter Buchführung oder Einhaltung vorgegebener Preisstrukturen bestehen[341] und damit das Risiko einer unzureichenden Auskunft besteht;[342] f) Wertsteigerung, die die Technik durch die geschützte Lehre erhalten hat; g) Gewinnaussichten; h) der sachliche Umfang der Lizenz, insbesondere wenn über die technische Lehre hinaus Kenntnis, Wissen oder der gute Ruf des Verletzten ausgenutzt werden; i) Monopolstellung des Schutzrechtsinhabers; j) Ersparnis von Entwicklungskosten für die direkt aus dem Patent übernommene Verletzungsform; k) Imageschaden durch Billigprodukt; l) Fehlen einer Nichtangriffsabrede; m) Naheliegen des Eintritts eines Marktverwirrungsschadens;[343] n) Insolvenzrisiko des Verletzers.[344]

138 **Lizenzmindernd** zu berücksichtigen sind a) kurzer Benutzungszeitraum ohne Möglichkeit zur Amortisation von Investitionen;[345] b) Mitbenutzung eigener Schutzrechte in einer Gesamtvorrichtung; c) Erzielung besonders hoher Umsätze, wenn entweder in der betreffenden Branche eine Abstaffelung üblich ist oder die hohen Umsätze darauf beruhen, dass es sich bei dem Verletzer um ein Unternehmen von Ruf (mit entsprechender Finanzkraft, Werbung, Fertigungskapazität und Vertriebsorganisation sowie entsprechendem Kundendienst und entsprechenden Geschäftsverbindungen) handelt;[346] d) rechtlich ungesicherte und unterbindbare Benutzerstellung; e) Risiko einer über die Lizenzzahlung hinausgehenden Schadensersatzpflicht; f) Bestehen eines Vorbenutzungsrechts.

139 **2.3.2 Verzinsung:** Die geschuldete Lizenzgebühr hat der Verletzer zu verzinsen.[347] Als angemessen wird ein Zinssatz von 3,5 Prozentpunkten über dem Bundesbankdiskontsatz bzw Basiszinssatz angesehen,[348] bzw in Anlehnung an § 288 (2) BGB nF für Fälligkeiten zwischen 1.5.2000 und 31.12.2001 von 5, für Fälligkeiten ab 1.1.2002 von 8[349], seit 29.7.2014 sogar 9 Prozentpunkten über dem Basiszinssatz. Zu verzinsen sind die Lizenzgebühren eines Jahres ab dem 1.2. des folgenden Jahres.[350] Grund: Vernünf-

---

337 LG Düsseldorf Entscheidungen **99**, 83 *Reaktanzschleife*.
338 LG Düsseldorf Entscheidungen **99**, 60 *Teigportioniervorrichtung*.
339 BGH GRUR **67**, 655, 659 *Altix*; **93**, 897, 898 *Mogul-Anlage*; OLG Düsseldorf GRUR **81**, 45, 50 *Absatzhaltehebel*.
340 RGZ **144**, 187, 193 *Beregnungsanlage*.
341 BGH GRUR **80**, 841, 844 *Tolbutamid*.
342 LG München Mitt **13**, 275, 279 *Gülleausbringung*.
343 BGH GRUR **10**, 239 *BTK*.
344 LG München Mitt **13**, 275, 279 *Gülleausbringung*.
345 OLG Düsseldorf, I-2 U 20/08, 17.12.2010.
346 OLG Düsseldorf InstGE **4**, 165 *Spulkopf II*.
347 BGH GRUR **82**, 286 *Fersenabstützvorrichtung*; OLG Düsseldorf GRUR **81**, 45, 52 rSp.
348 OLG Düsseldorf GRUR **81**, 45, 52 f.; Mitt **98**, 358, 362; GRUR-RR **03**, 209 (6 %).
349 LG München I InstGE **6**, 274 *Zeitungs-Dummy*; LG Düsseldorf InstGE **9**, 1 *Kappaggregat*.
350 OLG Düsseldorf GRUR **81**, 45, 52 f *Absatzhaltehebel*; BGH GRUR **82**, 286 (288 f) *Fersenabstützvorrichtung*; GRUR **10**, 239 *BTK*.

tige Lizenzvertragsparteien hätten eine jährliche Lizenzabrechnung und für den Fall, dass die Lizenzgebühren für das vergangene Jahr nicht bis zum 1.2. des Folgejahres gezahlt werden, eine Verzinsung des rückständigen Betrages vereinbart. Maßgeblich ist Zeitpunkt der Rechnungsstellung.[351] Von den Zinsbeträgen können weitere Verzugszinsen nicht berechnet werden (§ 289 S 1 BGB);[352] anderes gilt nur dann, wenn bzgl der Zinsen ebenfalls die Verzugsvoraussetzungen vorgelegen haben und ein konkreter Zinsschaden (Verlust von Anlagezinsen, Aufwendung von Kreditzinsen) dargetan werden kann (§ 289 S 2 BGB).

2.4 Herausgabe des Verletzergewinns:

Einen Anspruch auf Herausgabe des Verletzergewinns billigte die Rechtsprechung entweder gewohnheitsrechtlich oder nach den Vorschriften über angemaßte Eigengeschäftsführung gemäß §§ 687 (2), 667 BGB zu.[353] Er folgt jetzt aus Abs 2 S 2, der eine Herausgabe des Verletzergewinns ausdrücklich vorsieht. Zur Frage, ob ein Patentinhaber, der eine ausschließliche Vertriebslizenz vergeben hat, die Berechnungsmethode des Verletzergewinns zusteht, vgl Rdn 15.

2.4.1 Berücksichtigungsfähiger Umsatz: Relevant ist der Umsatz, den der Verletzer im Rahmen seines Geschäftsbetriebes mit der patentgeschützten Vorrichtung oder dem patentgeschützten Verfahren erzielt hat.

2.4.2 Abzugsfähige Kosten: In der Entscheidung »Gemeinkostenanteil« hat der BGH[354] die Grundsätze zur Abzugsfähigkeit von Kosten für die Berechnung des Verletzergewinns aufgezeigt. Demnach ist der Anspruch auf Herausgabe des Verletzergewinns kein Anspruch auf Ersatz des konkret entstandenen Schadens, sondern zielt in anderer Weise auf einen billigen Ausgleich des Vermögensnachteils, den der verletzte Rechtsinhaber erlitten hat. Dies rechtfertigt es, bei der Ermittlung des Verletzergewinns von den erzielten Erlösen nur die variablen (d.h. vom Beschäftigungsgrad abhängigen) Kosten für die Herstellung und den Vertrieb der schutzrechtsverletzenden Gegenstände abzuziehen, nicht aber Fixkosten (Gemeinkosten), dh solche Kosten, die von der jeweiligen Beschäftigung unabhängig sind. Gemeinkosten sind zwar regelmäßig Voraussetzung für die Herstellung schutzrechtsverletzender Gegenstände, können jedoch einer solchen Produktion im Allgemeinen nicht unmittelbar zugerechnet werden. Bei Fixkosten besteht dementsprechend die Vermutung, dass sie ohnehin angefallen wären. Gemeinkosten dürfen vom Verletzergewinn nur insoweit abgezogen werden, als sie ausnahmsweise den schutzrechtsverletzenden Gegenständen unmittelbar zugerechnet werden können; die Darlegungs- und Beweislast trägt insoweit der Verletzer.[355]

140

141

142

---

351 OLG Düsseldorf, I-2 U 20/08, 17.12.2010.
352 LG Düsseldorf Mitt 90, 101.
353 BGH GRUR 62, 509, 511 *Dia-Rähmchen II*; OLG Düsseldorf Mitt 98, 358, 362; kritisch zur Anwendung der GoA oder ihrer Grundsätze: Meier-Beck WRP 12, 503, 505.
354 BGH GRUR 01, 329 (330 f) *Gemeinkostenanteil*.
355 BGH GRUR 01, 329 *Gemeinkostenanteil*, insoweit unter Aufgabe von BGH GRUR 62, 509, 511 *Dia-Rähmchen II*; OLG Düsseldorf InstGE 5, 251 *Lifter*.

143   Gemeinkosten sind solche, die sich typischerweise nicht einem bestimmten (einzelnen) Produkt des Unternehmens zuordnen lassen, sondern für Produktion, Vertrieb und Management als Ganzes anfallen. Sie können fix (zB Gehälter für Geschäftsführer und Verwaltungspersonal, Fuhrpark, Firmenwerbung, Kapitalkosten) oder variabel (Strom, Wasser) sein. Für beide Arten von Gemeinkosten ist eine prozentuale Aufteilung nach BGH unzulässig, weil im Zweifel die Annahme berechtigt ist, dass das Verwaltungspersonal etc, hätte es die Verletzungsform nicht gegeben, anderweitig eingesetzt worden wäre. Abzugsfähig sind nur diejenigen Kosten, die, würde die Verletzungsform hinweggedacht, nicht oder nicht in der Höhe entstanden wären; nicht abzugsfähig sind hingegen »sowieso-Kosten«, die im Betrieb auch ohne die Verletzungsform entstanden wären.

144   Für die Unterscheidung zwischen anzurechnenden und nicht anzurechnenden Kosten soll nach Auffassung des BGH ferner zu fingieren sein, dass der Verletzte einen Betrieb unterhält, der dieselben Produktions- und Vertriebsleistungen wie der Betrieb des auf Schadensersatz haftenden Verletzers hätte erbringen können.[356] Die Fiktion soll auch dann eingreifen, wenn der Verletzte die Erfindung nur im Wege der Lizenzvergabe verwertet, also selbst kein Herstellungs- oder Vertriebsunternehmen unterhält. **Abzugsfähig** sind hiernach diejenigen Kosten für die Fertigung, die Montage und den Absatz der schutzrechtsverletzenden Ware, die auch im fingierten Betrieb des Verletzten aus Anlass der Patentverletzung zusätzlich entstanden wären (und nicht »sowieso«, dh auch ohne den patentverletzenden Gegenstand, vorhanden gewesen wären). **Nicht abziehbar** sind demgegenüber a) solche Kosten, die unabhängig vom Umfang der Produktion und des Vertriebs durch die allgemeine Unterhaltung des Betriebes – dh »sowieso« – angefallen sind, sowie (b) Kosten, mit denen der unterstellte Betrieb des Verletzten – obwohl es sich nicht um »sowieso«-Kosten handelt – nicht ebenfalls belastet worden wäre.

145   **2.4.2.1 Abzugsfähig** sind: a) Die tatsächlichen Material- und Fertigungskosten für die Herstellung und Montage des verletzenden Produkts;[357] b) Kosten eines etwaigen Ausschusses und Materialschwundes,[358] es sei denn, es handelt sich um Anlaufkosten, die dem Verletzten im unterstellten laufenden Betrieb nicht ebenfalls entstanden wären;[359] c) Kosten für die Anschaffung und Inbetriebnahme einer Maschine, die ausschließlich für die Herstellung der schutzrechtsverletzenden Ware verwendet worden ist, und zwar anteilig im Verhältnis des Verletzungszeitraumes zur mutmaßlichen Lebensdauer[360] bzw tatsächlichen Nutzungsdauer, wenn letztere die mutmaßliche Lebensdauer überschritten hat[361] (aber keine Abzugsfähigkeit, wenn der Verletzer den Geschäftsbetrieb, zu dem die Maschine gehört, erst nach deren Anschaffung im Wege des »Asset Deal« erworben hat, es sei denn, aufgrund des Sachvortrages des Verletzers ließe sich

---

356 BGH GRUR 07, 431 *Steckverbindergehäuse*; dazu zu Recht kritisch: Meier-Beck WRP 12, 503, 505.
357 BGH GRUR 07, 431 *Steckverbindergehäuse*; OLG Düsseldorf InstGE 7, 194 *Schwerlastregal II*.
358 LG Frankfurt aM InstGE 6, 141 *Borstenverrundung*.
359 BGH GRUR 07, 431 *Steckverbindergehäuse*.
360 BGH GRUR 07, 431 *Steckverbindergehäuse*.
361 OLG Düsseldorf InstGE 13, 199 *Schräg-Raffstore*.

konkret feststellen, welcher Teil des Kaufpreises für den Geschäftsbetrieb auf die betreffende Maschine und deren Inbetriebnahme entfällt;[362] **d)** Aufwendungen für Personal, welches eigens für die Produktion oder den Vertrieb der verletzenden Gegenstände eingestellt und beschäftigt worden ist[363] bzw ohne das Verletzungsprodukt freigesetzt oder umgesetzt worden wäre; plausibel wird das nur bei entsprechendem Anteil des Verletzungsprodukts am Gesamtumsatz sein, wobei Nachfrageschwankungen, Krankheitsfälle usw zu berücksichtigen sind;[364] **e)** Kosten für im Rahmen der Fertigung verbrauchte Energie,[365] einerlei, ob der Verbrauch konkret erfasst oder durch Schätzung ermittelt worden ist (nicht dagegen Kosten für die Instandhaltung der Energieanlagen und hierauf bezogene Abschreibungsbeträge[366]); **f)** Mieten für Fertigungs- bzw Lagerhallen, die ausschließlich für die Verletzungsform genutzt werden;[367] **g)** Kosten für freiwillige Leistungen wie Retourekosten oder gewährte Skonti, wenn sie betriebswirtschaftlich nicht unvernünftig sind und sich im Rahmen der üblichen Geschäftspraxis bewegen;[368] **h)** Verpackungs- und Frachtkosten,[369] soweit sie ohne den verletzenden Gegenstand nicht angefallen wären; das gilt auch für den gemeinsamen Versand von Verletzungsprodukten und anderen Produkten, wenn der Dienstleister stückbezogen abrechnet;[370] **i)** stückbezogene Kosten, die von einem Dienstleister für bestimmte Leistungen in Rechnungen gestellt wurden, auch wenn es sich um ein konzernverbundenes Unternehmen handelt, das intern die Preise unter Einbeziehung seiner eigenen Fixkosten kalkuliert;[371] **j)** umsatzabhängige Versicherungskosten; **k)** umsatzabhängige Vertreterprovisionen.[372]

2.4.2.2 Nicht abzugsfähig sind: **a)** Aufwendungen für Gehälter von Mitarbeitern, die sich auch mit anderen Produkten befassen, genauso wie Gehälter von Verwaltungsangestellten oder Geschäftsführern;[373] **b)** Maschinenkosten oder Lagerhallenmieten, soweit diese Kosten nicht ausschließlich auf die Verletzungsform zurückzuführen sind;[374] **c)** allgemeine Marketingkosten;[375] **d)** Schutzrechtskosten für patentverletzende Produktion;[376] **e)** Anlauf- und Entwicklungskosten für den patentverletzenden Gegenstand, weil sie dem Verletzten, für den eine bereits laufende Produktion fingiert wird,

---

362 LG Mannheim InstGE 6, 260 *Abschirmdichtung*.
363 BGH GRUR 07, 431 *Steckverbindergehäuse*.
364 OLG Düsseldorf InstGE 13, 199 *Schräg-Raffstore*.
365 BGH GRUR 07, 431 *Steckverbindergehäuse*.
366 LG Frankfurt aM InstGE 6, 141 *Borstenverrundung*.
367 BGH GRUR 07, 431 *Steckverbindergehäuse*.
368 OLG Düsseldorf I-15 U 34/14, Urt v 03.06.2015 BeckRS 2015 13 605 Rn 162 f *Funkarmbanduhr*.
369 BGH GRUR 07, 431 *Steckverbindergehäuse*; OLG Düsseldorf InstGE 7, 194 *Schwerlastregal II*.
370 OLG Düsseldorf I-15 U 34/14, Urt v 03.06.2015 BeckRS 2015 13 605 Rn 106 *Funkarmbanduhr*.
371 OLG Düsseldorf I-15 U 34/14, Urt v 03.06.2015 BeckRS 2015 13 605 Rn 128, 141 *Funkarmbanduhr*.
372 OLG Düsseldorf InstGE 7, 194 *Schwerlastregal II*.
373 BGH GRUR 07, 431 *Steckverbindergehäuse*.
374 BGH GRUR 07, 431 *Steckverbindergehäuse*.
375 BGH GRUR 07, 431 *Steckverbindergehäuse*.
376 Vgl LG Frankfurt aM InstGE 6, 141 *Borstenverrundung*.

nicht entstanden wären;[377] **f)** Rechtsverfolgungskosten, die dem Verletzer im Rahmen seiner Verteidigung gegen die Verletzungsklage entstanden sind;[378] **g)** Kosten für (zB infolge der Unterlassungsverpflichtung) nicht mehr veräußerbare Produkte;[379] **h)** Schadensersatzleistungen an Abnehmer,[380] es sei denn, sie wurden gezahlt, weil Abnehmer bereits vom Verletzten in Anspruch genommen wurde;[381] **i)** Schulungskosten für Unterweisung des Personals in Herstellung/Vertrieb der Verletzungsgegenstände;[382] **l)** Garantiekosten, weil Verletzungsgegenstand technisch nicht ausgereift.[383]

147 **2.4.3 Kausalität:** Es ist billig, dass der Verletzer einen durch die Verletzung erlangten Gewinn nicht behalten darf. Voraussetzung dafür ist, dass der Gewinn gerade durch die Verletzung erzielt wurde und nicht auf andere Ursachen (zB Werbung, Marktstellung des Verletzers) zurückzuführen ist (Kausalität).[384] Insoweit geht es nicht um eine adäquate Kausalität, sondern um eine wertende Betrachtung,[385] ob und in welchem Umfang der erzielte Gewinn auf den durch die Benutzung der Erfindung vermittelten technischen Eigenschaften des Produkts oder anderen für die Kaufentscheidung der Abnehmer erheblichen Faktoren beruht.[386] Maßgeblich ist, welcher Teil des aus dem Verkauf erzielten Gewinns der Benutzung des Klageschutzrechts zuzurechnen ist, inwieweit also bei wertender Betrachtung die Benutzung des Klageschutzrechts ursächlich für den Kaufentschluss des Abnehmers (und damit für den Gewinn) gewesen ist.[387] Die Höhe des herauszugebenden Verletzergewinns ist insoweit vom Tatrichter unter Würdigung aller Umstände des Einzelfalls nach freier Überzeugung zu schätzen.[388] Dafür ist zunächst **a)** festzustellen, welche Faktoren den Kaufentschluss des Abnehmers beeinflusst haben, und **b)** sind diese Faktoren anschließend wertend im Verhältnis zueinander zu gewichten.

148 **2.4.3.1 Abstand zu anderen technischen Lösungen:** Grundlegendes Kriterium für die Bestimmung des Kausalanteils ist der Abstand der geschützten Erfindung gegenüber dem marktrelevanten Stand der Technik, weil er Rückschlüsse darauf zulässt, in welchem Maß die Nachfrage des Produkts auf die mit der Verwendung des Patents zusammenhängenden technischen Eigenschaften des veräußerten Gegenstands zurückzuführen ist: Verkaufs- und Erlösaussichten hängen davon ab, ob und in welchem

---

377 BGH, GRUR 07, 431 *Steckverbindergehäuse*.
378 OLG Düsseldorf, InstGE 5, 251 *Lifter*; 7, 194 *Schwerlastregal II*.
379 BGH, GRUR 07, 431 *Steckverbindergehäuse*.
380 BGHZ 150, 32, 44 *Unikatrahmen*; BGH GRUR 07, 431 *Steckverbindergehäuse*.
381 BGH GRUR 09, 856 *Tripp-Trapp-Stuhl*.
382 OLG Düsseldorf InstGE 13, 199 *Schräg-Raffstore*.
383 OLG Düsseldorf InstGE 13, 199 *Schräg-Raffstore*.
384 BGH GRUR 01, 329 *Gemeinkostenanteil*; 06, 419 *Noblesse*; OLG Düsseldorf InstGE 5, 251 *Lifter*.
385 BGH GRUR 07, 431 *Steckverbindergehäuse*; 12,1226 *Flaschenträger*.
386 BGH GRUR 12, 1226 *Flaschenträger*.
387 OLG Düsseldorf, InstGE 5, 251 *Lifter*; zur Bestimmung des bei der Gewinnerzielung auf die Benutzung des Klageschutzrechts entfallenden Kausalanteils in Fällen von Verbrauchsmaterialien (Tintentankpatronen), die ausschließlich für Geräte (Tintenstrahldrucker) des Patentinhabers verwendbar sind, wenn die Benutzung des Klageschutzrechts nicht unverzichtbar ist, um kompatible Produkte überhaupt anbieten zu können, vgl LG Düsseldorf, InstGE 8, 257 *Tintentankpatrone*.
388 BGH GRUR 12, 1226 *Flaschenträger*.

Umfang gleichwertige Alternativen und damit Umgehungslösungen zur Verfügung standen.[389] Existieren gleichwertige Alternativen zur erfindungsgemäßen Lösung, wird der Kaufentschluss auf weiteren Faktoren als nur der Verwendung des patentgemäßen Lehre bestehen.[390] Anders, wenn durch die genutzte Erfindung ein völlig neuer Gebrauchsgegenstand entsteht, der neue Einsatzgebiete eröffnet und für den es keine äquivalenten, nicht schutzrechtsverletzenden Ausweichmöglichkeiten gibt.[391] Unbeachtlich ist jedoch Stand der Technik, der nicht als Produkt auf den Markt gelangt ist.[392] Der Abstand zum Stand der Technik verfängt auch dann nicht, wenn aufgrund der weiteren technischen Entwicklung vor oder während des Verletzungszeitraumes patentfreie alternative technische Lösungen auf dem Markt zur Verfügung stehen.[393]

2.4.3.2 Mehrere Schutzrechte: Der Kausalanteil verringert sich auch, wenn der Verletzungsgegenstand weitere Schutzrechte desselben oder anderer Inhaber verletzt, weil auch diesen grundsätzlich Schadensersatz in Form eines Anteils am Gewinn zusteht.[394] Anders daher, wenn Schadensersatzansprüche nicht bestehen können, weil das andere Schutzrecht vor dem Verletzungszeitraum erloschen oder erst danach erteilt wurde, dem Verletzer selbst zusteht oder von ihm als Berechtigtem genutzt wird: Dann kommt es darauf an, wie wichtig die Benutzung dieser einzelnen Erfindungen für den Kaufentschluss der Abnehmer der Verletzungsgegenstände war.[395]

2.4.3.3 Vertriebsbemühungen, denen der Verletzer seine Umsatzerfolge zuschreibt, sollen nach der »Gemeinkostenanteil«-Entscheidung[396] des BGH als gewinnmindernder Faktor außer Betracht bleiben. Mit Blick auf das Gebiet der technischen Schutzrechte ist dem zuzustimmen, wenn erst die Benutzung des Klageschutzrechtes für den Verletzer die Möglichkeit zu einem erfolgreichen Vertrieb eröffnet hat, weil Gegenstände der fraglichen Art ohne die patentgemäßen Eigenschaften nicht absetzbar gewesen wären. In einem solchen Fall kann der Verletzer nicht einwenden, dass es ihm nur deshalb gelungen ist, eine große Anzahl patentverletzender Gegenstände zu vermarkten, weil er über eine außerordentlich leistungsfähige Vertriebsstruktur verfügt. Ohne die Benutzung des Klagepatents hätte er keinerlei Umsätze und Gewinne erzielt. Da der Gewinn vollständig herauszugeben ist, ist auch kein Gewinn, der nur deshalb so groß ausgefallen ist, weil der Verletzer ein marktstarkes Unternehmen ist, sind besondere Vertriebsbemühungen des Verletzers rechtlich unbeachtlich. Denkbar sind auch Fallkonstellationen, bei denen das Klagepatent lediglich eine Detailverbesserung zum Gegenstand hat, von deren Vorhandensein der Vermarktungserfolg nicht entscheidend abhängt, weil auch nicht erfindungsgemäß ausgestattete Vorrichtungen praktisch

---

389 BGH GRUR **12**, 1226 (Rn 27) *Flaschenträger.*
390 *BGH GRUR* **93**, 55 *Tripp-Trapp-Stuhl.*
391 OLG Düsseldorf InstGE **5**, 251 *Lifter.*
392 OLG Düsseldorf I-15 U 34/14, Urt v 03.06.2015 BeckRS 2015 13 605 Rn 169 *Funkarmbanduhr.*
393 OLG Düsseldorf I-15 U 34/14, Urt v 03.06.2015 BeckRS 2015 13 605 Rn 170 *Funkarmbanduhr.*
394 OLG Düsseldorf InstGE **13**, 199 Rn 145 *Schräg-Raffstore.*
395 OLG Düsseldorf InstGE **13**, 199 Rn 146 f *Schräg-Raffstore*; I-15 U 34/14, Urt v 03.06.2015 BeckRS 2015 13 605 Rn 267 ff *Funkarmbanduhr.*
396 BGH GRUR **01**, 329 *Gemeinkostenanteil.*

brauchbar sind und ihre Abnehmer finden. Hier kann die Vertriebsstruktur des Verletzers oder dessen starke Marke durchaus ein Kausalfaktor sein, der für den Umsatz verantwortlich ist und dem deshalb auch eine Beteiligung am Zustandekommen des Gewinns nicht abgesprochen werden kann.

151 2.4.3.4 **Weitere Faktoren:** Im Fall der **Preisunterbietung** durch den Verletzer ist für die Kausalität zu differenzieren, ob die Chance der Preisunterbietung dem Verletzer als sein Verdienst zuzurechnen ist (zB bei Kostenoptimierung[397]) oder dem Verletzten (zB bei Ersparnis von Forschungs- und Entwicklungskosten, bei Unterbietung eines besonderen Preismodells). Werden **mehrere Schutzrechte** desselben oder eines anderen Inhabers verletzt, schmälert dies den herauszugebenden Verletzergewinn entsprechend der Bedeutung der anderen Schutzrechte.[398] Zu berücksichtigen ist auch, ob und inwieweit für die Abnehmer des Patentverletzers die erfindungsgemäße Ausgestaltung oder die damit unmittelbar oder mittelbar verbundenen technischen oder wirtschaftlichen Vorteile erkennbar waren oder ihnen gegenüber **werblich herausgestellt** wurden,[399] da sie den Rückschluss zulassen, ob der Abnehmer sie zur Grundlage seiner Kaufentscheidung gemacht hat. Selbst wenn der Einfluss der Patentverletzung auf den Kaufentschluss nicht feststellbar ist, schließt dies einen Kausalanteil nicht aus. Vielmehr gewinnen dann andere Faktoren an Gewicht, etwa wenn sich die **patentgemäße Lösung am Markt durchgesetzt** hat und Wettbewerber sich diese zu eigen machen.[400]

152 Ein rein **hypothetischer Kausalverlauf**, wie etwa der Einwand, anstelle der patentverletzenden Ware habe auch ein schutzrechtsfreier Gegenstand produziert und hierdurch derselbe Verletzergewinn erzielt werden können, kann vom Verletzer nicht geltend gemacht werden,[401] jedenfalls wenn das nichtverletzende Produkt im Verletzungszeitraum nicht zur Verfügung stand.[402]

153 2.4.3.5 **Kein Kausalanteil:** Führt die Patentverletzung zwar zu einem Verletzergewinn, aber auch zu einem Anstieg des Gewinns beim Verletzten ohne jede Gewinnschmälerung, weil zB die unerlaubt vertriebenen Gegenstände ausschließlich vom Verletzten hergestellt werden, dann kommt die Herausgabe des Verletzergewinns nicht in Betracht, weil ein Vermögensnachteil beim Verletzten nicht auszugleichen ist.[403] Unerheblich ist dagegen, ob der Verletzte in der Lage gewesen wäre, den Gewinn zu erzielen.[404] Ebenso nur (vernachlässigbar) geringer Gewinn des Verletzers, wenn der Verletzungsgegenstand zwar die patentgemäße Lehre benutzt, dessen Vorteile aber nicht erzielt werden und daher für den Kaufentschluss nicht maßgeblich sein können.[405]

---

397 OLG Düsseldorf I-15 U 34/14, Urt v 03.06.2015 BeckRS 2015 13 605 Rn 260 ff *Funkarmbanduhr*.
398 Vgl OLG Düsseldorf InstGE **13**, 199 *Schräg-Raffstore*.
399 BGH GRUR **13**, 1212 *Kabelschloss*.
400 OLG Düsseldorf I-2 U 76/11, Urt v 04.10.2012 BeckRS 2013, 11 915.
401 LG Mannheim InstGE **6**, 260 *Abschirmdichtung*; BGH GRUR **10**, 1090 *Werbung des Nachrichtensenders*.
402 BGH GRUR **12**, 1226 *Flaschenträger*.
403 BGH GRUR **95**, 349 (II4c) *objektive Schadensberechnung*.
404 BGH GRUR **63**, 255 *Kindernähmaschinen*; **73**, 478 (II4) *Modeneuheit*.
405 OLG Düsseldorf, I-2 U 61/08, Urt v 25.03.2010 BeckRS **10**, 16 645.

2.4.4 Zinsen und Rückstellungen: Im Rahmen des Verletzergewinns besteht a) Anspruch auch auf vorprozessuale Zinsen gemäß § 668 BGB,[406] aber kein Anspruch b) auf finanzielle Vorteile, die der Verletzer dadurch erzielt, dass er im Hinblick auf drohende Schadensersatzforderungen des Patentinhabers Rückstellungen (§§ 266 (3), 249 (1) HGB) gebildet hat.

154

2.4.5 Beweislast dafür, dass typische Gemeinkosten im Einzelfall den Verletzungsprodukten unmittelbar zuordenbar sind, dh ohne die verletzende Produktion nicht ebenfalls (»sowieso«) angefallen wären, trägt der Verletzer.[407] Das gilt auch dann, wenn sich der Gläubiger die Rechnungslegung des Verletzers prinzipiell zu eigen macht und/ oder der Gläubiger einen Zwangsmittelantrag zurückgenommen hat und die Rechnungslegung vor Erhebung der Höheklage auch sonst nicht unbeträchtliche Zeit unbeanstandet gelassen hat.[408]

155

Beweislast für die die Kausalität begründenden Tatsachen trägt der Kläger, insbesondere, wenn er vorträgt, dass der Verletzergewinn ausnahmsweise in vollem Umfang auf der Patentverletzung beruht und keine Alternativlösungen bestanden.[409]

156

2.5 Haftung von mehreren Verletzern:[410] Für die Haftung mehrerer Verletzer ist zu differenzieren, ob sie Gesamtschuldner sind oder nicht.

157

2.5.1 Gesamtschuldner: Sind mehrere Personen – sei es als Beteiligte iSd § 830 (1) 2 BGB oder als Nebentäter iSd § 840 (1) BGB – durch deliktisch zurechenbares Verhalten für *denselben Schaden* (oder Schadensteil) verantwortlich sind, haften sie als Gesamtschuldner,[411] zB GmbH und Geschäftsführer. Jeder von ihnen ist gegenüber dem Verletzten zum Ersatz des entstandenen Schadens in voller Höhe verpflichtet.[412] Auch wenn der Verletzte den Schaden nach dem Verletzergewinn berechnet, hat jeder Verletzer Ersatz in Höhe desjenigen Verletzergewinns zu leisten, den auch nur einer der Verletzer erzielt hat.[413] Der Verletzte darf den vollen Schadensersatz aber nur einmal fordern, § 421 BGB. Zum Innenverhältnis der Gesamtschuldner s § 426 BGB.

158

2.5.2 Verletzerkette: Innerhalb einer Verletzerkette (zB Hersteller – Großhändler – Händler) besteht regelmäßig keine gesamtschuldnerische Haftung.[414] Damit haftet jeder für den von ihm verursachten Schaden.

159

---

406 BGH GRUR 07, 431 *Steckverbindergehäuse*; OLG Düsseldorf InstGE 5, 251 *Lifter*; 7, 194 *Schwerlastregal II*; aA: LG Frankfurt aM InstGE 6, 141 *Borstenverrundung*.
407 BGH GRUR 01, 329 *Gemeinkostenanteil*; OLG Düsseldorf InstGE 8, 257 *Tintentankpatrone*.
408 LG Düsseldorf InstGE 8, 257 *Tintentankpatrone*.
409 *OLG Düsseldorf I-15 U 34/14*, Urt v 03.06.2015 BeckRS 2015 13 605 Rn 171 *Funkarmbanduhr*.
410 Überblick über den Meinungsstand: Götz GRUR 01, 295 ff; Allekotte Mitt 04, 1; Gärtner/Bosse Mitt 08, 492; Bergmann GRUR 10, 874; Holzapfel GRUR 12, 242.
411 BGH GRUR 09, 856 (Nr 68) *Tripp-Trapp-Stuhl*.
412 BGH GRUR 15, 467 (Nr 45) *Audiosignalcodierung*.
413 OLG Düsseldorf InstGE 5, 17 *Ananasschneider*; ebenso für § 97 UrhG: OLG Köln GRUR-RR 05, 247 *Loseblattwerk*; LG Düsseldorf InstGE 8, 257 *Tintentankpatrone*; vgl auch Runkel WRP 05, 968, 974.
414 BGH GRUR 09, 856 (Nr 69) *Tripp-Trapp-Stuhl*.

160 Für die Berechnung nach dem **Verletzergewinn** hat BGH[415] entschieden, dass jeder Verletzer seinen gesamten Gewinn auskehren muss. Ersatzzahlungen, die der Hersteller deshalb an seine Abnehmer leistet, weil diese am Weitervertrieb der rechtsverletzenden Gegenstände gehindert sind, sind nicht abzugsfähig. Der Verletzte ist jedoch dann ungerechtfertigt bessergestellt, soweit ein Verletzer, der in der Verletzerkette weiter oben platziert ist, von Verletzern, die in der Verletzerkette weiter unten stehen, wegen deren Inanspruchnahme durch den Verletzten mit Erfolg in Regress genommen wird. Hat der Hersteller seinen Abnehmern in einem solchen Fall Schadensersatz geleistet, bevor er vom Rechtsinhaber auf Herausgabe des Verletzergewinns in Anspruch genommen wird, ist der von dem Hersteller an den Verletzten als Schadensersatz herauszugebende Verletzergewinn von vornherein um den an die Abnehmer gezahlten Schadensersatz gemindert. Hat der Hersteller dem Verletzten den Verletzergewinn herausgegeben, bevor er seinen Abnehmern wegen deren Inanspruchnahme durch den Verletzten Schadensersatz leistet, kann er vom Verletzer wegen späteren Wegfalls des rechtlichen Grundes für die Leistung nach § 812 (1) 2 Fall 1 BGB Herausgabe des überzahlten Verletzergewinns beanspruchen. Die Verpflichtung des Abnehmers zur Herausgabe seines Verletzergewinns an den Verletzten, bleibt davon jedoch unberührt.

161 Für die Berechnung des Schadens in der Verletzerkette nach dem **entgangenen Gewinn** oder der **Lizenzanalogie** fehlt höchstrichterliche Rspr. Bei der Berechnung nach der Lizenzanalogie wird – unter Heranziehung der Erschöpfungslehre oder im Wege einer Verrechnung auf den verschiedenen Stufen – mehrheitlich davon ausgegangen, dass innerhalb der Verletzerkette nur einmal eine Lizenz verlangt werden kann.[416] Nach den zum Verletzergewinn geltenden Grundsätzen ist jedoch Vorsicht geboten, da jeder Verletzer auf seiner Stufe für den von ihm verursachten Schaden haftet und es sich um verschiedene Berechnungsarten für denselben Schaden handelt. Zudem hat BGH einer Anwendung des Erschöpfungsgrundsatzes auf Rechtsverletzungen in Verletzerketten eine Absage erteilt.[417] Schadensersatzleistungen, die der Verletzer seinen Abnehmern wegen deren Inanspruchnahme durch den Verletzten erbringt, können jedenfalls nicht abgezogen werden, wenn der Verletzte Schadensersatz nach den Grundsätzen der Lizenzanalogie beansprucht.[418]

162 **2.6 Prozessuales:** Üblicherweise wird der Verletzte die Schadensersatzpflicht zunächst im Wege der Feststellungsklage dem Grunde nach feststellen lassen (s Rdn 253). Im nachfolgenden **Höheprozess** ist dann über Entstehung und Höhe eines Schadens nach § 287 ZPO unter Würdigung aller Umstände nach freier Überzeugung zu entscheiden. Der Verletzte muss aber dem Gericht die tatsächliche Grundlage des eingetretenen Schadens unterbreiten, um diesem »eine wenigstens im groben zutreffende Schätzung« zu ermöglichen.[419] Der *Erleichterung des Schadensnachweises* dienen die drei Berechnungsarten. Für die Schadensberechnung kann der Verletzte im Übrigen

---

415 BGH GRUR 09, 859 *Tripp-Trapp-Stuhl*.
416 Siehe zum Meinungsstand Götz GRUR 01, 295 ff; Gärtner/Bosse Mitt 08, 492, 493 f; von der Groeben, FS Mes, 2009, S 141.
417 BGH GRUR 09, 856 (Nr 62 ff) *Tripp-Trapp-Stuhl*.
418 BGH GRUR 09, 660 (Nr 39) *Resellervertrag*.
419 BGH GRUR 62, 509, 513 *Dia-Rähmchen II*; 80, 841 (I3) *Tobultamid*.

auf die Rechnungslegung des Verletzers zurückgreifen. Diese hat die Vermutung der Vollständigkeit und Richtigkeit für sich. Will der Verletzte von der Rechnungslegung abweichen, trägt er die Darlegungs- und Beweislast.[420]

V. Auskunftsanspruch und Rechnungslegung

Lit: Tilmann FS 25 Jahre BPatG 1986, 293; Dembowski FS Traub 1994, 49; von Gamm FS Vieregge 1995, 261; Grosch/Schilling FS Eisenführ 2003, 131; **Lit in GRUR:** Brändel **85**, 616; Tilmann **87**, 251; **90**, 160; Eichmann **90**, 575; Jestaedt **93**, 219; Köhler **96**, 82; **Lit in GRUR Int:** Stauder **82**, 226; Fritze/Stauder **86**, 342; Götting **88**, 729; **Lit in GRUR-RR:** Ballestrem **19**, 97; **Lit in Mitt:** Haag **11**, 159; **Lit in WRP:** Amschewitz **11**, 301.

163

Der Verletzte hat aus § 140b (1) PatG gegen den Verletzer, uU aber auch gegen Dritte, einen Anspruch auf **Auskunft über Herkunft und Vertriebsweg** der benutzten Erzeugnisse (vgl § 140b). Während dieser originär patentrechtliche Auskunftsanspruch in erster Linie der Aufdeckung der Hintermänner von Schutzrechtsverletzungen dient, steht dem Verletzten daneben zur Verwirklichung seiner Schadens- und Bereicherungsansprüche gegen den Verletzer ein nach Inhalt und Umfang dem Grundsatz von Treu und Glauben unterstehender **Anspruch auf Rechnungslegung aus § 242 BGB** zu; die Rechnungslegung hat dabei ihrem Zweck entsprechend sämtliche Angaben zu enthalten, die der Verletzte benötigt, um sich für eine der ihm offenstehenden Schadensausgleichsmethoden zu entscheiden, die Höhe der Ausgleichszahlung nach dieser Methode zu ermitteln und darüber hinaus die Richtigkeit der Rechnungslegung nachzuprüfen.[421] Es handelt sich bei diesem Auskunftsanspruch um einen mittlerweile gewohnheitsrechtlichen anerkannten, unselbstständigen Hilfsanspruch zu dem mit ihm vorzubereitenden Zahlungsanspruch.[422]

164

Der Zweck des allgemeinen Rechnungslegungsanspruchs besteht darin, den Verletzten in die Lage zu versetzen, a) Kenntnis über den *Umfang einer festgestellten Benutzung/ Verletzung* des Patents zu erhalten, damit er den daraus resultierenden Anspruch beziffern (zB den erlittenen Schaden nach einer der drei möglichen Berechnungsarten geltend machen) kann oder b) eine *Klage gegen Dritte* (zB Abnehmer) vorzubereiten, um einen dort eingetretenen Schaden zu beseitigen.

165

1 Voraussetzungen des allgemeinen Auskunftsanspruchs

Der allgemeine Anspruch auf Auskunft und Rechnungslegung setzt voraus, dass die zwischen den Parteien bestehenden Rechtsbeziehungen es mit sich bringen, dass der Berechtigte in entschuldbarer Weise über Bestehen und Umfang seines Rechts im Ungewissen ist, er sich die zur Vorbereitung und Durchsetzung seines Anspruchs notwendigen Auskünfte nicht auf zumutbare Weise selbst beschaffen kann und der Verpflichtete sie unschwer, dh ohne unbillig belastet zu sein, zu geben vermag.[423]

166

---

420 BGH GRUR **93**, 897 (899) *Mogul-Anlage.*
421 StRspr; vgl. BGH GRUR **57**, 336 *Rechnungslegung;* **08**, 896 (Nr 31) *Tintenpatrone I.*
422 BGH GRUR **62**, 398 (400) *Kreuzbodenventilsäcke II;* **84**, 728 *Dampffrisierstab II;* **94**, 898 *Copolyester I;* **95**, 50 (III3) *Indorektal/Indohexal.*
423 StRspr BGH GRUR **94**, 898 *Copolyester I;* **10**, 623 (Nr 43) *Restwertbörse;* **10**, 1090 (1091) *Werbung des Nachrichtensenders.*

167 Demnach muss zunächst **ein noch zu beziffernder Anspruch dem Grunde nach** bestehen. Es kann sich dabei um einen (Rest-)Schadensersatz-, (Rest-)Entschädigungs- oder Bereicherungsanspruch handeln. Insofern genügt es, dass der Verletzer überhaupt irgendwann Benutzungs- oder Verletzungshandlungen begangen hat.[424] Eine bloße Vermutung reicht nicht.[425] Im Übrigen müssen die Voraussetzungen des jeweils zu beziffernden Anspruchs vorliegen, insbesondere Verschulden, wenn die Auskunft der Vorbereitung eines Schadensersatzanspruchs dient. Besteht ein zu beziffernder Anspruch dem Grunde nach, bringt die Benutzung durch den Anspruchsgegner es in der Regel mit sich, dass der Verletzte in entschuldbarer Weise über das Bestehen und Umfang seines Anspruchs im Ungewissen ist, sich die entsprechenden Auskünfte nicht auf zumutbare Weise selbst beschaffen kann und der Verpflichtete sie unschwer zu geben vermag. Die Angabe der Berechnungsart[426] sowie der Nachweis des Beginns der Benutzungshandlungen oder deren Einstellung[427] ist für den Auskunftsanspruch nicht erforderlich. Allerdings erlischt der Rechnungslegungsanspruch, sobald der vorzubereitende Anspruch (zB auf Schadensersatz) wegen Verjährung nicht mehr durchsetzbar ist.

2 Inhalt des Anspruchs

168 Die Rechnungslegung ist eine besondere Form der Auskunft. Sie geht inhaltlich über die Erteilung einer Auskunft hinaus und enthält neben der auch mit der Auskunft verbundenen Unterrichtung die weitergehende genauere Information durch die Vorlage einer geordneten Aufstellung der Einnahmen und Ausgaben.[428]

169 *Treu und Glauben* begrenzen im Einzelfall den Auskunftsanspruch. Abzuwägen ist das Informationsinteresse des Verletzten gegen ein etwaiges schutzwürdiges (Geheimhaltungs-)Interesse des Verletzers.[429] Beschränkungen können sich ferner aus der Notwendigkeit der Schätzung eines auf die Patentverletzung beruhenden Anteils am Verletzergewinn ergeben: Je gröber das Schätzungsergebnis, umso weniger ist dem Verletzer eine mit erheblichem Aufwand verbundene umfassende Darlegung seiner Kosten- und Gewinnsituation zumutbar.[430]

170 **2.1 Gegenständlicher Anknüpfungspunkt der Auskunft** ist der jeweilige Umsatzgegenstand, der durch die Merkmale des Patentanspruchs gekennzeichnet ist, deren Gegenstand die benutzte Erfindung ist. Werden die Umsatzgeschäfte des Verletzers (auch) mit einer größeren Einheit gemacht, von der der erfindungsgemäße Gegenstand lediglich einen Teil bildet, kann ein berechtigtes Interesse des Berechtigten bestehen, auch darüber Auskunft zu erhalten. Besteht ein Kausalzusammenhang zwischen der Patentverletzung und dem Vertrieb patentfreier Gegenstände, so ist der Verpflichtete

---

424 BGH GRUR **56**, 265 *Rheinmetall-Borsig I.*
425 OLG München GRUR **95**, 638 lSp.
426 BGH GRUR **62**, 354 *Furniergitter.*
427 BGH GRUR **56**, 265 *Rheinmetall-Borsig I.*
428 BGH GRUR **85**, 472 *Thermotransformator.*
429 BGH GRUR **63**, 640 *Plastikkorb;* **89**, 411 *Offenend-Spinnmaschine;* LG Düsseldorf GRUR **90**, 117, 120 rSp.
430 BGH GRUR **06**, 419 *Noblesse.*

ggf auch insoweit zur Rechnungslegung verpflichtet. Bsp: »Peripheriegeräte«[431] oder Verbrauchsmaterialien,[432] deren Absatz auf der Patentverletzung beruht; vgl Rdn 111.

2.2 Sachlicher Umfang der Auskunft richtet sich nach § 259 BGB und danach, welcher Anspruch mit ihr vorbereitet werden soll.[433] Am weitesten geht der auf den Schadensersatzanspruch bezogene Rechnungslegungsanspruch. Er umfasst alle Angaben, die den Verletzten in die Lage versetzen, seinen Schaden der Höhe nach konkret nach einer der drei Berechnungsarten zu bestimmen und ihre Richtigkeit nachzuprüfen.[434] Da der Verletzte anhand der erteilten Auskunft entscheiden kann, welche Berechnungsart er wählen will, muss der Verletzer alle Angaben machen, die für eine der Berechnungsarten von Bedeutung sein können. 171

Angaben im Rahmen des Erforderlichen sind daher zu machen über: 172
(a) die Herstellungsmengen und -zeiten,[435]
(b) die einzelnen Lieferungen, aufgeschlüsselt nach Liefermengen, -zeiten und -preisen (und gegebenenfalls Typenbezeichnungen) sowie den Namen und Anschriften der Abnehmer,
(c) die einzelnen Angebote, aufgeschlüsselt nach Angebotsmengen, -zeiten und -preisen (und gegebenenfalls Typenbezeichnungen) sowie den Namen und Anschriften der Angebotsempfänger,
(d) die betriebene Werbung, aufgeschlüsselt nach Werbeträgern, deren Auflagenhöhe, Verbreitungszeitraum und Verbreitungsgebiet;
(e) die nach den einzelnen Kostenfaktoren aufgeschlüsselten Gestehungs- und Vertriebskosten sowie den erzielten Gewinn.

Haftet der Verletzer lediglich wegen der pflichtwidrigen und schuldhaften Ermöglichung oder Förderung einer fremden Patentverletzung, indem er etwa im Ausland patentverletzende Produkte an einen Abnehmer geliefert hat, der sie ins Inland lieferte, hat er über alle Lieferungen an diesen Abnehmer Rechnung zu legen.[436] Im Übrigen bestehen Ansprüche nur insoweit, als in Bezug auf diese dieselben charakteristischen Umstände vorliegen, die die Rechtswidrigkeit der Lieferung an den einen Abnehmer begründen.[437] Gibt es für das patentverletzenden Gegenstand keinen isolierten Verkaufspreis (Rückspiegel als Teil des Kfz), kann Auskunft über den kalkulatorischen Anteil verlangt werden, den das schutzrechtsverletzende Teil an der Gesamtvorrichtung (bspw Rückspiegel am Werksabgabepreis für das Kfz) hat.[438]

Soll mit dem Rechnungslegungsanspruch kein Schadensersatzanspruch, sondern ein Entschädigungs- oder Bereicherungsanspruch vorbereitet werden, die sich nach den Grundsätzen der Lizenzanalogie bemessen[439] (vgl Rdn 197; § 33 Rdn 13), so schuldet 173

---

431 LG Düsseldorf InstGE 6, 136 *Magnetspule*.
432 LG Düsseldorf InstGE 2, 108 *Verpackungsmaterial*.
433 BGH GRUR 06, 419 *Noblesse*.
434 BGH GRUR 57, 336 *Rechnungslegung*; 59, 478 *Laux-Kupplung I*; 62, 354 *Furniergitter*.
435 Nur falls der Beklagte selbst herstellt.
436 BGH Urt v 16.5.17, X ZR 120/15, GRUR 17, 785 *Abdichtsystem*.
437 BGH Urt v 8.6.21, X ZR 47/19 *Ultraschallwandler*.
438 BGH GRUR 06, 131 *Seitenspiegel*.
439 BGH GRUR 89, 411 (413) = BGHZ 107, 161, 169 *Offenend-Spinnmaschine* (zum Entschädigungsanspruch); GRUR 10, 239 *Motorradreiniger* (zum Bereicherungsanspruch).

der Verletzer nur diejenigen Einzeldaten, die für eben diese Berechnungsmethode von Belang sind. Dazu gehören nicht die Gestehungskosten und der erzielte Gewinn.[440]

174 **2.3 Zeitlicher Umfang:** Über welche Benutzungshandlungen – zeitlich betrachtet – Auskunft zu erteilen ist, hängt von der Art des zu beziffernden Anspruchs ab. Soll ein verschuldensabhängiger Zahlungsanspruch vorbereitet werden (Schadensersatz-, Entschädigungs-, RestSchadensersatz- oder Restentschädigungsanspruch), setzt die Auskunftspflicht erst nach Ablauf eines dem Beklagten einzuräumenden Prüfungszeitraumes von idR 1 Monat nach Offenlegung der Patentanmeldung bzw Veröffentlichung der Patenterteilung ein. Dient der Rechnungslegungsanspruch dazu, einen verschuldensunabhängigen Zahlungsanspruch vorzubereiten (wie den originären Bereicherungsanspruch), besteht für einen Prüfungszeitraum keine Rechtfertigung; die Auskunftspflicht setzt mit der Entstehung des Patentschutzes (dh der Veröffentlichung des Hinweises auf die Patenterteilung) ein. Letzteres gilt auch für die nach § 140b PatG geschuldeten Angaben. Es reicht, wenn mindestens eine anspruchslegitimierende Handlung des Verletzers vorgetragen wird; auch in diesem Fall erfolgt nicht nur eine Verurteilung ab der ersten konkret behaupteten Benutzungshandlung.[441]

175 **2.4 Form der Auskunft:** Die Auskunft erfordert grundsätzlich eine eigene und schriftlich verkörperte Erklärung des Schuldners in übersichtlicher, geordneter und verständlicher Form, nicht notwendig die gesetzliche Schriftform.[442] Es ist gibt aber keinen Grund, die Auskunft in elektronisch auswertbarer Form nicht zuzulassen, jedenfalls dann, wenn die geschuldeten Informationen beim Schuldner ohnehin in elektronischer Form vorliegen.[443] Unverhältnismäßig dürfte es sein, vom Schuldner die Auskunft in beiderlei Form zu verlangen.

176 **2.5 Belegvorlage** zum Nachweis der erteilten Rechnung schuldet der Verletzer – anders als im Hinblick auf die Angaben nach § 140b PatG – nicht.[444] § 259 (1) sieht solches nur vor, wenn die Belegvorlage der Üblichkeit entspricht.[445]

177 **2.6 Wirtschaftsprüfervorbehalt:** Im Einzelfall kann es dem Auskunftsverpflichteten unzumutbar sein, seine Abnehmer und Lieferanten zu nennen. Infolge der Regelung in § 140b (4) ist der Auskunftsanspruch aus § 140b jedoch nur durch den Verhältnismäßigkeitsgrundsatz begrenzt. Daher ist kein Wirtschaftsprüfervorbehalt möglich a) für Auskunftsansprüche gemäß § 140b (1) PatG über Herkunft und Vertriebsweg des

---

440 BGH GRUR **89**, 411 (413) = BGHZ **107**, 161, 169 *Offenend-Spinnmaschine*; GRUR **10**, 223 = BGHZ **183**, 182 *Türinnenverstärkung*.
441 BGHZ **117**, 264, 278 f = GRUR **92**, 612 *Nicola*; BGH GRUR **07**, 877 *Windsor Estate*.
442 BGH Beschl v 28.11.07, XII ZB 225/05, NJW **08**, 917; OLG Karlsruhe Urt v 14.2.16, 6 U 51/14, GRUR **13**, 638.
443 LG Düsseldorf Urt v 21.9.17, 4a O 18/16, Mitt **18**, 74; OLG Düsseldorf Urt v 13.8.19, I-2 U 10/19, GRUR-RS **20**, 44647; aA OLG Karlsruhe Urt v 14.2.16, 6 U 51/14, GRUR **13**, 638.
444 OLG Köln, GRUR-RR **06**, 159; aA OLG Hamburg GRUR-RR **05**, 265; OLG Düsseldorf InstGE **5**, 249 *Faltenbalg*; LG Mannheim Urt v 13.5.2005 7 O 434/03; Rojahn GRUR **05**, 623, 624.
445 BGH Urt v 16.5.17, X ZR 85/14, GRUR **17**,890 *Sektionaltor*.

benutzten Erzeugnisses[446] oder **b)** wenn Angaben für Unterlassungsanspruch gegen weitere Verletzer notwendig sind.[447]

Unter § 140b fallen allerdings *nicht* die Angebotsempfänger[448] und die nichtgewerblichen Abnehmer. Da deren Verhalten (Benutzung im privaten Bereich bzw Annahme eines Angebots) keine Verletzungshandlung darstellen, geht die Rspr dahin, dem Auskunftsverpflichteten für die Angaben über die nicht-gewerblichen Abnehmer und Angebotsempfänger einen Wirtschaftsprüfervorbehalt einzuräumen.[449] Wird hingegen substanziierter Vortrag des Verpflichteten zur Unzumutbarkeit der Angaben gefordert,[450] muss aus den Umständen erkennbar sein, dass die Aufdeckung der Geschäftsbeziehungen zu den Abnehmern so schwerwiegende Nachteile mit sich bringen würde, dass sie das Interesse des Verletzten an einer lückenlosen unmittelbaren Unterrichtung überwiegen.[451] Über die Gewährung eines Wirtschaftsprüfervorbehalts hat das Verletzungsgericht von Amts wegen zu befinden, sofern die vorgetragenen Umstände seine Berechtigung erkennen lassen.[452] Eines Hilfsantrags des Beklagten hierzu bedarf es nicht.[453]

3 Erfüllung des Rechnungslegungsanspruchs

Ist die Auskunft des Schuldners in formaler Hinsicht vollständig und hinreichend substanziiert, ist er damit seiner Auskunftspflicht nachgekommen, was auch unter Hinweis auf deren mögliche Unglaubhaftigkeit nicht in Zweifel gezogen werden kann[454] (zu Einschränkungen s Rdn 180 ff u Rdn 425 ff). Der Rechnungslegungsanspruch ist daher erfüllt, wenn eine **vollständige, nachprüfbare und geordnete Zusammenstellung** übergeben wird oder mitgeteilt wird, keine Handlungen gemäß Antrag vorgenommen zu haben (sog **Negativ- oder Nullauskunft**).[455] Die Auskunftspflicht besteht nicht nur für den im Erkenntnisverfahren konkret angegriffenen Gegenstand, sondern darüber hinaus für alle abgewandelten Ausführungsformen, die mit den aus dem Verletzungsurteil ersichtlichen Erwägungen ebenfalls als widerrechtliche Benutzung des Klageschutzrechts anzusehen sind.[456] Ebenso muss ein Geschäftsführer Auskunft nicht nur über die für die von ihm vertretene Gesellschaft abgewickelten Geschäfte, sondern über jedwede von ihm begangene Verletzung Auskunft erteilen.[457] Gibt ein Vollstreckungstitel dem Schuldner auf, über die von ihm getätigten Verkäufe bestimmter Gegenstände Auskunft zu geben, erstreckt sich die Pflicht auch auf Verkäufe durch ein Tochterunternehmen des Schuldners, sofern solche Geschäfte in den Gründen der

---

446 BGH GRUR **95**, 338 (III2b) *Kleiderbügel*; BGH Beschl v 25.9.18, X ZR 76/18, GRUR **18**, 1295 *Werkzeuggriff*.
447 OLG Düsseldorf GRUR **93**, 903, 907.
448 *OLG Düsseldorf InstGE* **3**, 176 (Rn 6) *Glasscheiben-Befestiger*.
449 OLG Düsseldorf InstGE **3**, 176 *Glasscheiben-Befestiger*.
450 So OLG Düsseldorf InstGE **5**, 249 *Faltenbalg*.
451 BGH GRUR **63**, 640 *Plastikkorb*.
452 Busse/Kaess § 140b PatG Rn 81 ff mwN.
453 BGH GRUR **76**, 579 (V2) *Tylosin*; **81**, 535 *Wirtschaftsprüfervorbehalt*.
454 *BGH* GRUR **58**, 149 (150); WM **80**, 318 (319); NJW **84**, 2822.
455 BGH GRUR **58**, 149 *Bleicherde*; **94**, 630 (BI2) *Cartier-Armreif*.
456 OLG Düsseldorf InstGE **6**, 123 *Elektronische Anzeigevorrichtung*.
457 OLG Düsseldorf GRUR-RR **12**, 406 *Nullauskunft*.

zu vollstreckenden Entscheidung als von der Auskunftspflicht umfasst bezeichnet werden.[458] Auf Teilleistungen braucht sich der Gläubiger nicht einzulassen; er kann verlangen, dass die geschuldeten Angaben ihm nicht fragmentarisch übermittelt, sondern in einem einheitlichen Datenwerk zusammengestellt werden, was eine übersichtliche und in sich verständliche Zusammenstellung der geschuldeten Daten erfordert, die so detailliert und verständlich mitgeteilt werden müssen, dass der Gläubiger ohne fremde Hilfe in der Lage ist, seine Ansprüche nach Grund und Höhe zu überprüfen.[459] Der Anspruch erlischt, wenn der Ersatz- oder sonstige Zahlungsanspruch bereits erfüllt ist. Ist die Rechnung nur nach einer oder zwei der drei Berechnungsarten zur Schadensermittlung gelegt oder liegt insoweit bereits ein rechtskräftiges Auskunftsurteil vor, so kann der Verletzte die Angaben noch verlangen, die er für eine andere Berechnungsart benötigt. Zwangsvollstreckung s Rdn 423.

4 Mängel der Auskunft/Rechnungslegung

180 **4.1 Anspruch auf Ergänzung** besteht, wenn die Rechnungslegung nicht ernst gemeint, von vornherein unglaubhaft oder unvollständig ist,[460] wenn bei der gelegten Rechnung Lücken zutage treten oder wenn sie weitgehend auf Schätzungen beruht oder Widersprüche und Unvollständigkeiten auftreten.[461] Es schadet, wenn nur in *einem* Punkt Angaben fehlen. Eine Ergänzung kann nicht abgelehnt werden, weil auch danach noch Lücken zu befürchten sind oder weil der Schaden doch nur geschätzt werden könne oder weil eine andere Schadensberechnungsart weniger arbeitsaufwändig wäre.[462] Diese Rechtsprechung ist grundsätzlich verfassungsrechtlich unbedenklich, allerdings bedarf es im Einzelfall der Berücksichtigung der betroffenen grundrechtlichen Belange, insbesondere einer Prüfung der Verhältnismäßigkeit i.e.S., ob die verlangte weitergehende Rechnungslegung für die Zwecke des Gläubigers überhaupt erforderlich ist und ob anstelle der Zwangsgeldanordnung nicht die Abgabe einer eidesstattlichen Versicherung als milderes Mittel in Betracht kommt, etwa wenn die vermeintliche Unglaubhaftigkeit der Auskunft allein darauf gründet, dass sie im Widerspruch zur prozessualen Wahrheit steht, da es prinzipiell möglich ist, dass prozessuale und materielle Wahrheit nicht übereinstimmen.[463]

181 Auskunft und Rechnungslegung sind zwar Wissenserklärung, dennoch bestehen in gewissem Umfang **Erkundigungspflichten**. Grundsätzlich besteht keine Verpflichtung des Auskunftsverpflichteten, ihm – nach seinem Vortrag – unbekannte Umstände erst zu ermitteln.[464] Kann der Schuldner seinen Lieferanten anhand seiner Unterlagen nicht sicher feststellen, muss er bei den in Betracht kommenden Lieferanten nachfragen; er ist aber nicht verpflichtet, Nachforschungen anzustellen, um unbekannte Vorlieferan-

---

458 BGH GRUR 14, 605 *Flexitanks II*; OLG Düsseldorf GRUR-RR 13, 273 *Scheibenbremse*.
459 BGH NJW 82, 573; OLG Düsseldorf Beschl v 21.1.16, I-15 W 12/15, BeckRS 16, 6336.
460 BGH GRUR 94, 630 (BI2) *Cartier-Armreif*; OLG Köln GRUR-RR 06, 31.
461 BGH GRUR 84, 728 *Dampffrisierstab II*; 94, 630 *Cartier-Armreif*; OLG Düsseldorf GRUR 63, 78.
462 BGH GRUR 82, 723, 725 *Dampffrisierstab I*.
463 BVerfG NJOZ 11, 1423; OLG Düsseldorf GRUR-RR 12, 406 (407) *Nullauskunft*.
464 OLG Düsseldorf GRUR-RR 12, 406 *Nullauskunft*.

ten oder den Hersteller erst zu ermitteln.[465] Setzt die Auskunftserteilung die Einsichtnahme in Geschäftsunterlagen voraus, über die der Schuldner nicht (mehr) verfügt (zB weil er als Geschäftsführer ausgeschieden ist), muss er die ihm zumutbaren Anstrengungen unternehmen, um sich die benötigten Kenntnisse zu verschaffen,[466] im Einzelfall auch durch gerichtliche Verfolgung eines Einsichtsrechts in die Geschäftsunterlagen.[467] Ähnlich, wenn Geschäftsdaten nicht beim Schuldner, sondern bei einem organisatorisch verbundenen Drittunternehmen (zB in demselben Konzern) vorliegen: Der Auskunftsverpflichtete kann gehalten sein, das Drittunternehmen gerichtlich auf Erteilung der für die Rechnungslegung erforderlichen Auskünfte in Anspruch zu nehmen.[468] Gesteigerte Informationsbeschaffungspflicht besteht, wenn Verletzer ohne eigenen Zugriff Archivierung bei Drittunternehmen unter Verzicht eigener Dokumentation hingenommen hat.[469] Pflicht zur Drittauskunftsklage auch unter Gesamtschuldnern,[470] zB Lagerhalter oder Handelsvertreter einer jur Person.

182 Von der unvollständigen Rechnungslegung ist die **unrichtige Rechnungslegung** zu unterscheiden. Sie liegt vor, wenn die geschuldeten Daten zwar offenbart sind, jedoch Anhaltspunkte dafür bestehen, dass die gegebene Auskunft nicht den Tatsachen entspricht. Hier besteht kein Ergänzungsanspruch, vielmehr ist auf Abgabe einer eidesstattlichen Versicherung zu klagen (§ 259 Abs 2 BGB). Einen Grenzfall bildet diejenige Rechnungslegung, die aufgrund ihrer Unvollständigkeit falsch ist. Hier ist zu differenzieren: Beruht die Unvollständigkeit darauf, dass der Schuldner über den Umfang und die Reichweite seiner Rechnungslegungspflicht irrt, ist zu ergänzen. Bestreitet der Schuldner, dass eine bestimmte Benutzungshandlung, von der er genau weiß, dass sie prinzipiell zu offenbaren ist, stattgefunden hat, und bestehen Anhaltspunkte für die Unrichtigkeit dieses Bestreitens, ist nach § 259 (2) BGB vorzugehen.

183 **4.2 Eidesstattliche Versicherung,** dass die Rechnung mit der erforderlichen Sorgfalt gelegt ist, kann nach § 259 (2) BGB verlangt werden, wenn Grund zur Annahme mangelnder Sorgfalt besteht. Es muss **a)** der Verdacht (nicht die Gewissheit!) bestehen, dass die vorgelegte Rechnung unzutreffend ist. Bedeutsam sind nicht nur die Angaben nach § 259 (1) BGB; § 259 (2) BGB ist auch auf Drittauskünfte gemäß § 140b PatG anwendbar.[471] Die Unrichtigkeit muss **b)** auf mangelnder Sorgfalt des Verpflichteten bei der Rechnungslegung beruhen. Das ist idR zu bejahen, wenn Angaben mehrfach ergänzt oder berichtigt worden sind,[472] unplausible Erklärungen dafür gegeben werden, wieso weitergehende Auskünfte nicht erteilt werden können,[473] die Auskunft fortlaufend unberechtigt verweigert wird und der Auskunftspflichtige darum bemüht

---

465 BGH GRUR 03, 433, 434; *Cartier-Ring*; 06, 504 *Parfümtestkäufe* (jeweils zu § 19 MarkenG).
466 OLG Köln GRUR-RR 06, 31.
467 BGH GRUR 09, 427 *Mehrfachverstoß gegen Unterlassungstitel*.
468 BGH GRUR 09, 794 *Auskunft über Tintenpatronen*.
469 OLG Düsseldorf InstGE 9, 179 *Druckerpatrone*.
470 BGH GRUR 09, 794 *Auskunft über Tintenpatronen*.
471 OLG Düsseldorf Urt 7.10.2004 I-2 U 41/04; OLG Zweibrücken GRUR 97, 131 *Schmuckanhänger*.
472 OLG Hamburg InstGE 5, 294 *Fußbodenpaneele II* mwN.
473 OLG Köln NJW-RR 98, 126, 127.

ist, den wahren Sachverhalt nicht offenzulegen,[474] im Rahmen der Auskunftserteilung widersprüchliche Angaben gemacht werden,[475] wiederholt mehr oder weniger unrichtige, unvollständige oder ungenaue Angaben erteilt werden.[476] Ist hiernach ein entsprechender Verdacht begründet, kann der Auskunftspflichtige der damit entstandenen Verpflichtung zur Abgabe einer eidesstattlichen Versicherung nicht dadurch entgehen, dass er im Rechtsstreit versichert (oder anwaltlich versichern lässt), dass die zuletzt erteilte Auskunft nunmehr richtig und vollständig sei.[477]

184 Bei Unternehmen hat der im Zeitpunkt ihrer Abgabe amtierende gesetzliche Vertreter die eidesstattliche Versicherung zu leisten,[478] auch dann, wenn er die Auskünfte nicht selbst erteilt hat. Wer dies ist, muss von Amts wegen geklärt werden.[479] Trotz Niederlegung seines Amtes bleibt der gesetzliche Vertreter offenbarungspflichtig, wenn er erst nach der Ladung zur Abgabe der eidesstattlichen Versicherung abberufen worden ist und kein neuer gesetzlicher Vertreter bestellt ist.[480]

185 In Bezug auf Auskünfte, die durch spätere Angaben des Schuldners überholt sind, besteht kein Anspruch auf Abgabe einer eidesstattlichen Versicherung. Voraussetzung ist allerdings, dass der Schnuldner die früheren Auskünfte selbst nicht mehr gelten lassen will und dies dem Gläubiger gegenüber eindeutig zum Ausdruck bringt. Erteilt der Schuldner im Laufe der Zeit wiederholt Auskünfte, ohne unmissverständlich klarzustellen, welche Erklärungen als Auskunft gelten sollen und welche nicht (mehr), so kann die Klage gemäß § 259 Abs 2 BGB auf sämtliche Auskünfte gerichtet werden, die vom Schuldner erteilt worden sind.

186 **4.3 Prozessuales:** Der Anspruch auf Ergänzung der Auskunft wird im Wege der Zwangsvollstreckung mit Zwangsmitteln durchgesetzt (s auch Rdn 423), die Abgabe einer eidesstattlichen Versicherung im Wege der Klage, die mit Klage auf Auskunft und Leistung gem § 254 ZPO verbunden werden kann. Gerichtsstand richtet sich nach Zuständigkeit für Auskunfts- bzw Leistungsantrag. Im Klageantrag (und im Urteilstenor) sind diejenigen Auskünfte genau zu bezeichnen, auf die sich die eidesstattliche Versicherung beziehen soll. § 807 (3) ZPO schreibt den für die eidesstattliche Versicherung erforderlichen Wortlaut zwingend vor.[481] Bsp: »Die Beklagte wird verurteilt, durch ihren gesetzlichen Vertreter ... vor dem zuständigen Amtsgericht ... an Eides statt zu versichern, dass sie die Auskünfte gemäß ihren Schreiben vom ... (Anlagen ...) so vollständig und richtig erteilt hat, wie sie dazu imstande ist.« Abgabe der eidesstattlichen Versicherung erfolgt gem § 889 ZPO vor dem AG als Vollstreckungsgericht (Rechtspfleger).

---

474 BGH WM **56**, 31, 32; OLG Frankfurt aM NJW-RR **93**, 1483.
475 BGHZ **125**, 322, 323 *Cartier-Armreif*.
476 LG Düsseldorf GRUR-RR **09**, 195 *Sorgfältige Auskunft*.
477 BGH MDR **60**, 200, 201; OLG Zweibrücken, GRUR **97**, 131 *Schmuckanhänger*; OLG Düsseldorf Urt 28.4.2005 I-2 U 44/04 BeckRS **08**, 04 704.
478 BGH NJW-RR **07**, 185; OLG Düsseldorf I-2 U 44/04, Urt 28.4.2005 BeckRS **08**, 04 704; I-2 U 41/04, Urt 7.10.2004.
479 BGH NJW-RR **07**, 185 *Leistung eidesstattlicher Versicherung*.
480 BGH NJW-RR **07**, 185 *Leistung eidesstattlicher Versicherung*.
481 BGH NJW-RR **07**, 185 *Leistung eidesstattlicher Versicherung*.

Will der Verletzer im Schadensersatzprozess (Höheverfahren) geltend machen, die von ihm erteilte Rechnung weise eine Unrichtigkeit zu seinem Nachteil auf, trägt er die **Beweislast**.[482] Die Rechnungslegung durch einen Verletzer über den Umfang seiner Verletzungshandlungen hat die Vermutung der Vollständigkeit und Richtigkeit für sich, soweit der Verletzte sich die erteilte Rechnung zur Ermittlung seines Schadensersatzanspruchs zu eigen macht.[483]   187

Macht der Schuldner neue Kostenfaktoren geltend, die zu einer Teilabweisung der auf Grundlage der vorgerichtlichen Rechnungslegung eingereichten Höheklage führen, zieht dies keine materielle Kostentragungspflicht des Gläubigers nach sich, wenn Kläger die Berichtigung zum Anlass für eine entsprechende Reduzierung seines Klageantrages nimmt. Die unrichtige oder unvollständige Rechnungslegung begründet einen Schadensersatzanspruch des Gläubigers im Umfang der zur Diskussion stehenden Kosten (§ 280 BGB, ggf auch § 140b (5)), was prozessual über § 269 (3) 2 ZPO (»... soweit ... sie nicht dem Beklagten aus einem anderen Grund aufzuerlegen sind«) im Rahmen der Kostenentscheidung zu Lasten des seine Rechnungslegung korrigierenden Schuldners berücksichtigt werden kann.   188

VI. Bereicherungsanspruch

Lit: Bruchhausen FS Wilde 1970, 23; **Lit in GRUR:** Ullmann 78, 615; Brandner 80, 359; Falk 83, 488; Delahaye 85, 856; **Lit in WRP:** Loewenheim 97, 913.   189

Scheidet ein Schadensersatzanspruch wegen fehlenden Verschuldens aus, kann der Verletzte einen Bereicherungsanspruch nach §§ 812 ff BGB geltend machen.[484] Regelmäßig ist die Eingriffskondiktion gegeben, weil der Verletzer durch einen Eingriff in das Recht eines anderen in sonstiger Weise etwas rechtsgrundlos – eine Gestattung des Patentinhabers fehlt – erlangt. Der Bereicherungsanspruch muss nicht ausdrücklich geltend gemacht werden. Er ist im Prozess von Amts wegen zu prüfen, wenn der vorgetragene Sachverhalt seine materielle Berechtigung ergibt,[485] was der Fall ist, wenn der Gläubiger die weitergehenden Voraussetzungen eines Schadensersatzanspruchs dartut.   190

1 Voraussetzungen eines Bereicherungsanspruchs

1.1 Etwas erlangt meint den Erhalt eines Vermögensvorteils auf Seiten des Verletzers. Dieser besteht im Gebrauch des immateriellen Schutzgegenstandes, der ausschließlich dem Inhaber des Patents zugewiesen ist.[486]   191

1.2 In sonstiger Weise auf Kosten des Verletzten bezieht sich auf eine Benutzung der patentierten Erfindung entgegen §§ 9, 11, 13 PatG (s Rdn 41). Mittelbare Verletzung genügt nicht.   192

1.3 Ohne rechtlichen Grund handelt der Verletzer, wenn der Vermögensvorteil dem Zuweisungsgehalt des verletzten Patents widerspricht. Das ist der Fall, wenn die   193

---

482 BGH GRUR 93, 897 *Mogul-Anlage*.
483 BGH GRUR 93, 897 *Mogul-Anlage*; OLG Düsseldorf InstGE 5, 251 *Lifter*.
484 StRspr, statt vieler: BGH GRUR 77, 250 *Kunststoffhohlprofil I*; 92, 599 *Teleskopzylinder*.
485 BGH GRUR 78, 492, 495 *Fahrradgepäckträger II*.
486 So BGH GRUR 77, 250 *Kunststoffhohlprofil I*.

Benutzung der patentierten Erfindung rechtswidrig erfolgte, der Verletzer mithin nicht zur Benutzung berechtigt war.

194 **1.4 Kein Verschulden** erforderlich. Anders als bei Schadensersatz und Entschädigung, die ein Verschuldenselement voraussetzen (s Rdn 92, § 33 Rdn 7), beginnt die Bereicherungshaftung deshalb unmittelbar mit der Veröffentlichung der Patenterteilung und nicht erst mit Ablauf eines sich daran anschließenden Prüfungszeitraumes.

195 **1.5 Anspruchsgegner** ist derjenige, bei dem infolge der widerrechtlichen Patentbenutzung die unmittelbare Vermögensmehrung eingetreten ist. Typischerweise ist dies der Verletzer. Eine Holdinggesellschaft haftet nicht auf Bereicherungsausgleich für Benutzungshandlungen ihrer Tochter, selbst wenn sie deren sämtliche Geschäftsanteile hält und ein Gewinnabführungsvertrag besteht.[487] Ebenso wenig haftet der gesetzliche Vertreter einer jur Person für deren Bereicherung, selbst wenn er mittelbar an deren Vermögensvermehrung teilhat.[488]

196 **1.6 Fehlen einer Verwirkung:** Grundsätzlich besteht kein Anlass, dem Patentinhaber den Bereicherungsanspruch zu versagen und dem Verletzer den Nutzen der Erfindung zu überlassen, selbst wenn ein Unterlassungsanspruch aus Treu und Glauben zu versagen wäre.[489] Eine Verwirkung kann daher nur ausnahmsweise gegeben sein, wenn der Patentinhaber durch lang dauernde Duldung die objektiv berechtigte Erwartung begründet hat, ein Wertersatz werde nicht verlangt werden.

2 Rechtsfolge: Wertersatz

197 Da das Erlangte seiner Natur nach nicht herausgegeben werden kann, ist für das Erlangte nach § 818 (2) BGB Wertersatz zu leisten. Maßgeblich ist der objektive Verkehrswert des Erlangten. Dieser besteht beim Gebrauch gewerblicher Schutzrechte allein in einer *angemessenen Lizenz*, weil sich darin die Werteinschätzung eines solchen Gebrauchs durch die verkehrsbeteiligten Kreise zeigt.[490] Daher kommt als Wertersatz nach § 818 (2) BGB nur eine angemessene Lizenz, nicht aber eine Gewinnherausgabe in Betracht. Mit der angemessenen Lizenz wird erschöpfender Ersatz für den Wert des Erlangten geleistet, so dass eine Herausgabe gezogener Nutzung nach § 818 (1) BGB ausscheidet.

198 **Bemessung des Wertersatzes** erfolgt nach den Grundsätzen zur Schadensliquidation nach der Methode der Lizenzanalogie (s Rdn 126). Danach ist ein Verletzer nicht schlechter, aber auch nicht besser zu stellen als ein vertraglicher Benutzer des Patents. Daher können Verletzervorteile[491] sowie aufgelaufene Zinsen[492] bei der Bemessung der Höhe der Lizenz berücksichtigt werden.

---

487 OLG Düsseldorf InstGE 6, 152 *Permanentmagnet*.
488 BGH GRUR 09, 515 *Motorradreiniger*.
489 LG Düsseldorf GRUR 90, 117, 119 lSp.
490 BGH GRUR 82, 301 *Kunststoffhohlprofil II*; 90, 997 *Ethofumesat*; 92, 599 *Teleskopzylinder*.
491 BGH GRUR 82, 286 *Fersenabstützvorrichtung*.
492 BGH GRUR 82, 301 *Kunststoffhohlprofil II*; 82, 286 *Fersenabstützvorrichtung*.

VII. Ansprüche aus Delikt und § 1004 BGB

Als sonstiges Recht iSv § 823 (1) BGB ist das Patentrecht nicht nur vor unerlaubter Benutzung der geschützten technischen Lehre iSv §§ 9 ff PatG, sondern vor jeder Art von rechtswidrigen Eingriff geschützt. Neben Schadensersatzansprüchen aus § 823 BGB kommen bei einem erfolgten oder unmittelbar bevorstehenden Eingriff auch Unterlassungsansprüche aus § 1004 BGB oder bei fortdauernder Störung entsprechende Beseitigungsansprüche in Betracht. Anwendungsfälle, in denen die §§ 823 ff, 1004 BGB zur Anwendung gelangen, sind aufgrund der weitreichenden spezialgesetzlichen Regelungen selten und konzentrieren sich auf bestimmte Fallgruppen. 199

1 Vorbeugender Unterlassungsanspruch gegen Anti-Suit Injunctions

Eine Beeinträchtigung des Patentrechts als sonstiges Recht kann nicht nur durch dessen Entziehung oder Vorenthaltung erfolgen, sondern auch durch ein von einem Gericht ausländischer Rechtsordnung gegen den Patentinhaber angeordnetes Verbot, vor einem deutschen Gericht das Ausschließlichkeitsrecht an dem Patent geltend zu machen oder ein bereits anhängiges gerichtliches Verfahren fortzuführen; regelmäßig gilt das Verbot bis zu einer Entscheidung in einem vor einem Gericht des anderen Staates anhängigen Hauptsacheverfahren (so genannte **Anti-Suit Injunction**). 200

1.1 Anspruchsvoraussetzungen: Eine Anti-Suit-Injunction stellt sich als ein **Eingriff in ein absolutes Recht des Patentinhabers** iSv § 823 (1) iVm § 1004 (1) S 1 BGB dar.[493] Soweit die Ansicht vertreten wird, dass die Zustellung einer Anti-Suit Injunction die Hoheitsrechte der Bundesrepublik Deutschland gefährden könne und daher eine Zustellung abzulehnen und auch ihre Vollstreckung unzulässig sei,[494] nimmt dies der Anti-Suit Injunction nicht ihren Eingriffscharakter.[495] Auch wenn das mit der Anti-Suit Injunction ausgesprochene Verbot die Fortführung des gerichtlichen Verfahrens in der Bundesrepublik Deutschland nicht hindert, sind die nach der ausländischen Rechtsordnung mit einer Zuwiderhandlung verbundenen Rechtsfolgen regelmäßig so gravierend, dass die Verfahrensfortführung unzumutbar ist. 201

Vor Erlass der Anti-Suit Injunction muss für einen vorbeugenden Unterlassungsanspruch **Erstbegehungsgefahr** bestehen. Diese ist jedenfalls ab dem Zeitpunkt des Antrags auf Erlass einer Anti-Suit-Injunction zu bejahen. Da eine Anti-Suit-Injunction auch ohne vorherige Anhörung des Antragsgegners erfolgen kann, nimmt die Rspr mit unterschiedlicher Begründung eine Erstbegehungsgefahr an, ohne dass bereits konkrete Anhaltspunkte für einen unmittelbar bevorstehenden Antrag auf Erlass einer Anti-Suit Injunction vorliegen müssen.[496] Nach Erlass der Anti-Suit Injunction kommt nur ein Anspruch auf Beseitigung der Störung durch Rücknahme der Anti-Suit Injunction in Betracht. 202

Die **Rechtswidrigkeit des Eingriffs** muss positiv festgestellt werden. Sie wird durch den Eingriff nicht indiziert, weil das Ergreifen von rechtsstaatlichen Verfahren, auch 203

---

493 OLG München Urt v 12.12.19, 6 U 5042/19, GRUR 20, 379 (Rn 55) *Anti-Suit Injunction*.
494 OLG Düsseldorf Beschl v 1.10.96, 3 VA 11/95, ZIP 96, 294.
495 OLG München Urt v 12.12.19, 6 U 5042/19, GRUR 20, 379 (Rn 61) *Anti-Suit Injunction*.
496 LG München Urt v 25.2.21, 7 O 14276/20; LG Düsseldorf Urt v 15.7.21, 4c O 73/20.

wenn sich das Vorgehen nachträglich als nicht sachlich gerechtfertigt herausstellt, für sich genommen nicht rechtswidrig sein kann.[497] Allerdings ist zu berücksichtigen, dass diese Grundsätze nicht auf jedes nach dem Recht eines Drittstaats zulässige Verhalten/ Verfahren anwendbar sind,[498] so dass regelmäßig von der Rechtswidrigkeit des Eingriffs durch eine Anti-Suit Injunction ausgegangen werden kann, da es in der bundesdeutschen Rechtsanwendung keine Regelungen gibt, aufgrund derer Anti-Suit Injunctions umfänglich anerkannt werden müssten und in der Konsequenz inländische Gegenmaßnahmen unzulässig wären.[499]

204 **1.2 Prozessuale Durchsetzung:** Mittel der Wahl zur Durchsetzung des vorbeugenden Unterlassungsanspruchs ist die einstweilige Verfügung. Die für ihren Erlass erforderliche Abwägung der Parteiinteressen fällt regelmäßig zugunsten des Patentinhabers aus, dessen grundrechtlich geschütztes eigentumsähnliches Recht in Gestalt der gerichtlichen Durchsetzbarkeit des aus dem Eigentum resultierenden Ausschließlichkeitsrechts gegenüber dem Grundrecht der Gegenseite auf allgemeine Handlungsfreiheit (Art. 2 I GG) Vorrang genießt.[500] Der Patentinhaber kann sich auf das prozessuale Privileg berufen, wonach ihm ein bestimmtes prozessuales Verhalten einschließlich der Einleitung eines gerichtlichen/behördlichen Verfahrens nicht im Wege der Klage/einstweiligen Verfügung untersagt werden kann. Es beruht auf der Annahme, dass der Schutz des Prozessgegners regelmäßig durch das gerichtliche Verfahren nach Maßgabe seiner gesetzlichen Ausgestaltung gewährleistet wird.[501] Davon ist bei den vor den deutschen Gerichten geführten Patentverletzungsverfahren grundsätzlich auszugehen.

2 Beseitigungsanspruch bei fortdauerndem Störungszustand

205 **Lit:** Retzer FS Piper 1996, 421; Brodeßer FS Gamm 1991, 345; Jüngst FS 80 J PatentG Düsseldorf 2016, 221; **Lit in GRUR:** Diekmann 96, 82, 85; **Lit in WRP:** Teplitzky 84, 365.

206 Bei fortwirkender rechtswidriger Beeinträchtigung steht dem Patentinhaber in analoger Anwendung von § 1004 BGB gegen den Verletzer ein Anspruch auf Beseitigung zu, sofern die rechtswidrige Störung ausnahmsweise nicht ausreichend mit dem Unterlassungsanspruch zu beseitigen ist. Da § 140a PatG Ansprüche auf Rückruf patentverletzender Erzeugnisse aus den Vertriebswegen sowie Vernichtung solcher Erzeugnisse und der zu ihrer Herstellung benutzten Vorrichtungen gewährt, bleibt für einen Anspruch nach § 1004 BGB kaum ein Anwendungsfall. Ein aus § 1004 BGB abgeleiteter – zusätzlicher – Beseitigungsanspruch kommt nur in Betracht, wenn die durch die Patentverletzung hervorgerufenen Eingriffsfolgen durch einen regulären Schadensersatzanspruch nicht hinreichend ausgeglichen sind, so dass es ein Gebot materieller Gerechtigkeit ist, die überschießenden Schäden des Patentinhabers über spezielle Maßnahmen der Folgenbeseitigung zu kompensieren.[502]

---

497 OLG München Urt v 12.12.19, 6 U 5042/19, GRUR 20, 379 (Rn 57) *Anti-Suit Injunction*.
498 OLG München Urt v 12.12.19, 6 U 5042/19, GRUR 20, 379 (Rn 57) *Anti-Suit Injunction*.
499 LG Düsseldorf Urt v 15.7.21, 4c O 73/20.
500 OLG München Urt v 12.12.19, 6 U 5042/19, GRUR 20, 379 (Rn 69) *Anti-Suit Injunction*.
501 OLG München Urt v 12.12.19, 6 U 5042/19, GRUR 20, 379 (Rn 66) *Anti-Suit Injunction*.
502 LG Düsseldorf Urt v 10.10.2014, 4c O 113/13 BeckRS 2014 21 504; OLG Düsseldorf Urt v 21.01.2016, I-2 U 50/15 BeckRS 2016 09 775.

Voraussetzungen[503]: a) Fortdauernde widerrechtliche Beeinträchtigung des Patentrechts, die auf eine objektive Rechtsverletzung zurückgeht; b) die Beseitigung muss zum wirksamen Schutz des Patentrechts geboten sein, um den Störungszuständen ihre beeinträchtigende Wirkung auf das Vermögen des Patentinhabers zu nehmen. Mit dem Wegfall des Störungszustands entfällt auch der Anspruch aus § 1004 BGB; c) der Anspruch besteht grundsätzlich nur für die Zeit nach Ablauf der Patentschutzdauer[504], wenn der fortwirkende Störungszustand auf während der Laufzeit begangene rechtswidrige Eingriffshandlungen zurückgeht und die Gefahr besteht, dass der Störungszustand auch noch nach Ablauf des Patents sich zum Nachteil des Patentinhabers auswirkt; der Anspruch kann vor dem Ende der Laufzeit nicht geltend gemacht werden, wenn noch gar nicht absehbar ist, ob ein Störungszustand bestehen wird[505]; d) der Anspruch ist vom Verschulden des Verletzers unabhängig; e) der Patentinhaber muss ein schutzwürdiges Interesse an der Beseitigung des Störungszustandes haben; f) der Anspruch ist nach Treu und Glauben (§ 242 BGB) begrenzt auf das, was zur Beseitigung der Beeinträchtigung notwendig und für den Schuldner zumutbar ist.[506]

VIII. Verwarnung

Lit: Sack Unbegründete Schutzrechtsverwarnungen 2006; Horn Die unberechtigte Verwarnung aus gewerblichen Schutzrechten 1971; Wilke/Jungblut Abmahnung, Schutzschrift und Unterlassungserklärung im gewerbl Rechtsschutz 2. Aufl 1995; Teplitzky Wettbewerbsrechtliche Ansprüche 41. Kapitel 7. Aufl. 1997; Mes Abmahnung und Patentverletzung in Beck'sches Prozessformularbuch 8. Aufl 1998 (Form II.M.1); Kessen 17, 141; **Lit in GRUR:** Ohl 66, 172; Hesse GRUR 67, 557; >79, 438; Horn 69, 259; 71, 442; Winkler 80, 526; Brandi-Dohrn 81, 679; Steinbeck 94, 90; Schmid 99, 312; **Lit in GRUR Int:** Dohi 85, 641; **Lit in Mitt:** Dietze 60, 101; Bruchhausen 69, 86; Tönnies 16, 529; **Lit in WRP:** Kunze 65, 7; D. Rogge 65, 40; Sack 76, 733; Mellulis 82, 1; Quiring 83, 317.

Begriff: Verwarnung ist das eindeutige, ernsthafte und endgültige, ausdrücklich oder konkludent geäußerte Verlangen gegenüber einem bestimmten Adressaten, die Benutzung eines genannten Patents zu unterlassen.[507]

Zweck: Die Verwarnung dient dazu, dem Verletzer die Möglichkeit einzuräumen, den Verletzten ohne Inanspruchnahme der Gerichte klaglos zu stellen,[508] indem es infolge der Verwarnung zum Abschluss eines Unterwerfungsvertrages kommt. Durch die Abgabe einer strafbewehrten Unterlassungserklärung kann der Verletzer die Wiederholungsgefahr für eine Patentverletzung ausräumen. Befolgt der Verletzer die Verwarnung nicht, so gibt er Anlass zur Klage, so dass der Kläger bei einem sofortigen Anerkenntnis vor der Kostenfolge nach § 93 ZPO geschützt ist[509] (s Rdn 345). Zudem erleichtert die Verwarnung dem Kläger den Nachweis des Verschuldens des Verletzers für Verstöße nach Erhalt der Verwarnung.

---

503 BGH GRUR **90**, 997 *Ethofumesat*; LG Düsseldorf InstGE **1**, 19 (Rn 12) *Antihistamine*.
504 OLG Düsseldorf Urt v 21.01.2016, I-2 U 50/15 BeckRS 2016 09 775.
505 OLG Düsseldorf Urt v 21.01.2016, I-2 U 50/15 BeckRS 2016 09 775.
506 BGH GRUR **57**, 278, 279 *Evidur*; LG Düsseldorf InstGE **1**, 19 (Rn 14–17) *Antihistamine*.
507 BGH GRUR **63**, 255 *Kindernähmaschinen*; **79**, 232, 233 *Brombeerleuchte*; **95**, 424, 425 *Abnehmerverwarnung*; **97**, 896 (II2a) *Mecki-Igel III*; BPatGE **20**, 186, 189; **21**, 17.
508 BGH GRUR **09**, 502 (NR 11) *pcb*.
509 BGH GRUR **76**, 715 (II3) *Spritzgießmaschine*; OLG Düsseldorf NJW **70**, 335.

§ 139 Patentverletzungen: Verwarnung

211 Ein sog **Schutzrechtshinweis** oder eine **Berechtigungsanfrage** und damit keine Verwarnung liegt vor, wenn der Patentinhaber – wenn auch nachdrücklich – nur zur Stellungnahme über die Schutzrechtslage auffordert oder anfragt, aus welchen Gründen sich der Adressat zur Benutzung für berechtigt hält. Das gilt auch, wenn für den Fall des Ausbleibens einer Antwort angekündigt wird, die Inanspruchnahme gerichtlicher Hilfe zu erwägen.[510] Ein Verlangen, das ersichtlich einem Meinungsaustausch über das Patent zur Wahrung des Rechte des Patentinhabers dient, ist daher noch keine Verwarnung. Doch kommt es entscheidend darauf an, wie der Adressat den Hinweis auf das Patent verstehen muss.[511] Durch eine Berechtigungsanfrage kann das Kostenrisiko aus § 93 ZPO im Falle eines sofortigen Anerkenntnisses nicht abgewälzt werden.

1 Notwendiger Inhalt einer berechtigten Verwarnung

212 a) **Angaben zur Aktivlegitimation** des Verletzten.

213 b) Substanziierte Angabe der zutreffenden **rechtlichen und tatsächlichen Grundlagen** für den Unterlassungsanspruch.[512] Sie muss dem Verletzer die Möglichkeit geben, die Berechtigung der Abmahnung zu überprüfen und durch entsprechendes Verhalten eine Klage zu vermeiden. Sie darf also nicht irreführend oder sachlich unrichtig oder zu allgemein gehalten sein[513] und sich auf patentfreie Gegenstände lesen lassen.[514] Kardinale Umstände für die Reichweite der Abmahnung dürfen nicht in Anlagen versteckt werden.[515] Dem strengen Bestimmtheitsgrundsatz des § 253 (2) Nr 2 ZPO muss die Verwarnung jedoch nicht genügen.[516]

214 Im Einzelnen gilt: (1) Ein Exemplar des Verwarnungsschutzrechts muss nicht beigefügt werden, aber unmissverständlich bezeichnet sein.[517] (2) Jedenfalls bei technisch überschaubarem Sachverhalt bedarf es keiner ins Einzelne gehenden Erörterung des Verletzungstatbestandes; vielmehr genügt, dass sich dem Verwarnungsschreiben sicher entnehmen lässt, welche konkrete Ausführungsform gegen welches Schutzrecht verstoßen soll.[518] Wird eine äquivalente Verletzung geltend gemacht, ist dies klarzustellen und sind jedenfalls überschlägig die Äquivalenzvoraussetzungen darzulegen. Das Maß der gebotenen Erläuterung hängt davon ab, inwieweit der Adressat erkennbar über eigenen rechtlichen und technischen Sachverstand verfügt.[519] (3) Anhängige Angriffe gegen das Verwarnungsschutzrecht dürfen nicht verschwiegen werden;[520] ebenso, wenn auf eine bereits ergangene Verletzungs-, Einspruchs- oder Nichtigkeitsentscheidung Bezug genommen

---

510 BGH GRUR 97, 896 (II2a) *Mecki-Igel III*.
511 OLG München WRP 80, 228.
512 LG München Mitt 95, 53 *Schutzrechtsverwechslung*.
513 OLG Düsseldorf Mitt 96, 60.
514 BGH GRUR 09, 878, 880 *Fräsautomat*.
515 OLG Düsseldorf InstGE 12, 255 *Laminatboden-Paneele*.
516 BGH Urt v 21.1.21, I ZR 17/18, Mitt 21, 239 *Berechtigte Gegenabmahnung*.
517 LG Düsseldorf InstGE 3, 86 Rn 10 *Hochdruckreiniger*.
518 OLG Düsseldorf InstGE 9, 123 *Multifeed*; LG Düsseldorf InstGE 3, 86 Rn 10 *Hochdruckreiniger*.
519 OLG Düsseldorf Urt 24.1.2002 – 2 U 115/01.
520 BGH GRUR 95, 424, *Abnehmerverwarnung*; OLG Düsseldorf GRUR 03, 814 *Unberechtigte Abnehmerverwarnung*.

wird, gegen die ein Rechtsmittel eingelegt ist.[521] Ausn: Das Urteil wird wie ein reines Rechtsprechungszitat aufgeführt.[522] **(4)** Ein zwischen anderen Parteien ergangenes Verletzungsurteil, mit dem das mit der Abmahnung vorgelegte Begehren erst- oder letztinstanzlich verneint worden ist, darf nicht verschwiegen werden.[523] Ebenso wenig darf beim Hinweis auf eine abgewiesene Verletzungsklage verschwiegen werden, dass gegen dieselbe Ausführungsform zwischen den Parteien ein zweiter Verletzungsprozess anhängig ist, mit dem ein weiteres Schutzrecht geltend gemacht wird. Insbesondere im Fall der Abnehmerverwarnung (s Rdn 233) darf der Verwarnende dem Abnehmer bereits ergangene Gerichtsentscheidungen über den Abmahnungsgegenstand, auch und gerade wenn sie ihm nachteilig sind, nicht vorenthalten.[524]

Sachlich unrichtig ist die Verwarnung auch dann, wenn die mit der Verwarnung geltend gemachten Ansprüche nicht bestehen, etwa weil das Patent nicht,[525] noch nicht (zum Hinweis auf offengelegte Anmeldungen s § 146 Rdn 22) oder rückwirkend nicht mehr[526] besteht, die beanstandete Handlung nicht begangen wurde,[527] der Verwarnte zu Benutzung berechtigt ist[528] oder die angegriffene Ausführungsform nicht patentverletzend ist.[529] 215

c) **Eindeutige und ernsthafte Aufforderung** an den Verletzer, das beanstandete Verhalten für die Zukunft zu unterlassen.[530] Ob es dafür auch einer **Aufforderung zur Abgabe einer strafbewehrten Unterlassungserklärung** bedarf, ist höchstrichterlich nicht geklärt. Dies ist jedenfalls keine Voraussetzung, wenn dem Verwarnten nicht vorgeworfen wird, das Schutzrecht bereits verletzt zu haben; es genügt dann, wenn der Verletzte ernsthaft und endgültig geltend macht, dass die beabsichtigten Benutzungshandlungen sein Ausschlussrecht verletzen, und für den Fall der Verletzung die Durchsetzung seiner Rechte androht.[531] Wird dem Verletzer vorgeworfen, das Schutzrecht bereits verletzt zu haben und verlangt der Schutzrechtsinhaber in dieser Situation nicht die Abgabe einer strafbewehrten Unterlassungserklärung, kann dies Zweifel an seinem ernsthaften Willen wecken, sein Schutzrecht tatsächlich durchzusetzen.[532]

d) **Androhung gerichtlicher Schritte** ist erforderlich, wenn die Kostenfolge aus § 93 ZPO ausgeschlossen werden soll.[533] 216

---

521 LG Düsseldorf InstGE **3**, 86 Rn 13 *Hochdruckreiniger*.
522 KG GRUR-RR **04**, 258 *Rechtsprechungszitat*.
523 OLG Düsseldorf InstGE **9**, 123 *Multifeed*.
524 OLG Düsseldorf GRUR-RR **09**,122 *Irreführende Abnehmerverwarnung*.
525 BGH GRUR **51**, 314 *Motorblock*.
526 *BGH GRUR* **63**, 255 *Kindernähmaschinen*; **76**, 715 (II3) *Spritzgießmaschine*; **97**, 741 *Chinaherde* (Verwarnung aus gelöschtem Gbm).
527 LG Düsseldorf GRUR **66**, 637; Mitt **89**, 77.
528 OLG Nürnberg **96**, 48 (Benutzungsanzeige nach Lizenzbereitschaftserklärung); LG Mannheim GRUR **80**, 935 (Vertrag); LG Essen Mitt **87**, 32 (Vorbenutzungsrecht).
529 BGH (GSZ) GRUR **05**, 882 *Unberechtigte Schutzrechtsverwarnung*.
530 BGH GRUR **11**, 995 *Besonderer Mechanismus*.
531 BGH GRUR **11**, 995 *Besonderer Mechanismus*.
532 BGH GRUR **11**, 995 (Nr 30) *Besonderer Mechanismus*.
533 OLG Düsseldorf InstGE **9**, 122 *MPEG-2*.

217 e) Setzung einer **angemessenen Frist**,[534] so dass dem Abgemahnten eine ausreichende Überlegungszeit bleibt, um auch evtl notwendigen Rat einholen zu können. Je größer die Dringlichkeit – zB wegen der Gefahr weiterer Verletzungen – desto kürzer darf die Frist sein. In Messefällen kann eine Frist von Freitagnachmittag bis Montagvormittag auch bei ausländischem Aussteller genügen.[535] Eine objektiv zu kurze Frist setzt eine angemessene Frist in Lauf.[536] Der Abgemahnte muss aber unverzüglich mitteilen, dass er in angemessener Frist antworten werde.[537]

2 Voraussetzungen einer wirksamen Verwarnung

218 a) Eine bestimmte **Form** ist nicht erforderlich; ggf kann die Verwarnung sogar mündlich erfolgen.

219 b) **Zugang** der Abmahnung beim Schuldner, wobei in Rspr streitig ist, ob der Verletzte die Beweislast für den Zugang trägt oder der Nachweis ausreicht, die Verwarnung abgesandt zu haben. Für die Anwendung von § 93 ZPO trägt jedenfalls Verletzer die Beweislast, dass ihn eine Verwarnung nicht erreicht hat;[538] allerdings treffen den Verletzten sekundäre Darlegungslasten dahingehend, dass er die genauen Umstände der Absendung vorzutragen und ggf unter Beweis zu stellen hat. Ist dies geschehen, hat der Verletzer zu beweisen, dass ihm das Abmahnschreiben dennoch nicht zugegangen ist, wobei an diesen Nachweis keine übertriebenen Anforderungen gestellt werden dürfen.[539]

220 c) **Vollmachtsurkunde** eines Vertreters des Verletzten muss nicht vorgelegt werden, wenn die Verwarnung mit einem Angebot zum Abschluss eines Unterwerfungsvertrages verbunden ist.[540] Im Übrigen kann Schuldner eine Abmahnung ohne beigefügte Vollmachtsurkunde gemäß § 174 BGB analog unverzüglich zurückweisen (str).[541]

3 Kosten der Verwarnung

221 Kosten einer berechtigten Abmahnung sind vom Verletzer zu tragen.[542] Sofern der Verletzer außergerichtlich seine Kostentragungspflicht nicht anerkennt oder sonst ausdrücklich zu erkennen gibt, dass die Verwarnung berechtigt war,[543] kann sich ein Kostenerstattungsanspruch nur aus dem Gesichtspunkt des Schadensersatzes[544] (§ 139 (2) PatG, §§ 823, 826 BGB) oder aus Geschäftsführung ohne Auftrag gemäß § 687 (2)

---

534 LG Düsseldorf bei Markenverletzung idR 1 Woche; in Wettbewerbssachen idR Tage oder Stunden, vgl OLG Köln WRP 76, 565, 566; OLG Hamburg WRP 73, 651.
535 OLG Düsseldorf InstGE 4, 159 Rn 3–4 *INTERPACK*.
536 BGH GRUR 90, 381 (382) *Antwortpflicht des Abgemahnten*; OLG München Mitt 94, 28.
537 OLG Hamburg GRUR 89, 297 L.
538 BGH GRUR 07, 629 *Zugang des Abmahnschreibens*; OLG Hamm GRUR 90, 716 L; OLG Düsseldorf WRP 95, 40, GRUR-RR 01, 199.
539 BGH GRUR 07, 629 *Zugang des Abmahnschreibens*.
540 BGH GRUR 10, 1120 *Vollmachtsnachweis*.
541 Wie hier OLG Nürnberg GRUR 91, 387; OLG Düsseldorf OLG-Report 96, 279; GRUR 99, 1039; GRUR-RR 2010, 87 *linkwerk*; aA: OLG Köln WRP 85, 360; KG GRUR 88, 79 – Vgl Burchert WRP 85, 478.
542 BGH GRUR 95, 338 (IV) *Kleiderbügel*.
543 BGH GRUR 13, 1252 *Medizinische Fußpflege*.
544 BGH GRUR 07, 631 *Abmahnaktion*.

BGB ergeben,[545] wobei ersteres Verschulden voraussetzt, letzteres, dass das beanstandete Verhalten rechtswidrig ist und die Abmahnung dem Interesse und damit dem mutmaßlichen Willen des Abgemahnten entspricht.[546] Eine analoge Anwendung von § 143 (3) PatG kommt nicht in Betracht.[547] Nicht im Interesse des Abgemahnten und damit nicht erstattungsfähig sind »Schubladenverfügungen«, die vor der Abmahnung – auf Vorrat – erwirkt werden.[548] Keine Voraussetzung für Kostenerstattung ist, dass die Abmahnung Erfolg hatte.[549]

Zu ersetzen sind die tatsächlich erbrachten notwendigen und zweckmäßigen Aufwendungen. Erstattungspflicht gilt für Kosten des Rechtsanwalts und des allein tätigen oder mitwirkenden Patentanwalts,[550] sofern dessen Einschaltung nach den gesamten Umständen des Einzelfalls notwendig war. Maßgeblich ist der Zeitpunkt der Abmahnung.[551] Mitwirkung eines Patentanwalts neben einem Rechtsanwalt kann nur dann als notwendig angesehen werden, wenn Patentanwalt im Rahmen der Abmahnung Aufgaben übernommen hat, die zum typischen Arbeitsgebiet eines Patentanwaltes gehören und zu denen der Rechtsanwalt nicht in der Lage ist, zB Recherchen zum Registerstand, zur Schutzfähigkeit oder zur Benutzungslage.[552] Für Erforderlichkeit der zusätzlichen Mitwirkung eines Rechts- oder Patentanwalts kommt es auf konkrete Person des beauftragten Patent- oder Rechtsanwalts an.[553] Notwendigkeit der Mitwirkung eines Patentanwalts fehlt nicht deswegen, weil Partei eigene Rechtsabteilung unterhält.[554]

Die Gebührenhöhe richtet sich unter Berücksichtigung aller Umstände nach billigem Ermessen, wobei Umfang, Schwierigkeit und Bedeutung der Sache wichtige Bemessungsfaktoren sind. Grundsätzlich ist eine von einem RA festgesetzte Gebühr innerhalb einer Toleranzgrenze von 20 % nicht unbillig, allerdings kann dies keine den 1,3-fachen Gebührensatz übersteigende Vergütung für eine weder umfangreiche noch schwierige, mithin nur durchschnittliche Sache rechtfertigen, wenn die gesetzlichen Voraussetzungen dafür nicht vorliegen.[555] Die Geltendmachung einer Verletzung technischer Schutzrechte rechtfertigt für sich genommen nicht die Annahme einer umfangreichen oder schwierigen Tätigkeit.[556] Hat der Berechtigte seinerseits die Anwaltskosten noch nicht beglichen, kann er dennoch nicht nur Freistellung von der Gebührenforderung, sondern Zahlung verlangen, wenn der Abgemahnte seine Ersatzpflicht ernsthaft und endgültig bestreitet.[557] Ist die Abmahnung wegen *eines* Anspruchs

---

545 BGH GRUR **11**, 754 *Kosten des Patentanwalts II*.
546 BGH GRUR **84**, 129 (III) *shop in shop*; **92**, 176 (III2b) *Abmahnkostenverjährung*.
547 BGH GRUR **11**, 754 *Kosten des Patentanwalts II*.
548 BGH GRUR **10**, 257 *Schubladenverfügung*.
549 *BGH GRUR **84**, 129 (III) shop in shop.*
550 OLG Karlsruhe GRUR **85**, 36; LG München 84, 811; Mitt 90 152.
551 BGH GRUR-RR **12**, 96 *Tigerkopf*.
552 BGH GRUR **11**, 754 *Kosten des Patentanwalts II*.
553 BGH GRUR **11**, 754 *Kosten des Patentanwalts II*.
554 BGH MDR **10**, 1087.
555 BGH GRUR **14**, 206 (Nr 324) *Einkaufskühltasche*.
556 BGH GRUR **14**, 206 *Einkaufskühltasche*.
557 OLG Köln OLG-Report **08**, 430 *Werbung über Suchmaschine*; KG GRUR-RR **10**, 403 *Vorprozessuale Patentanwaltskosten*.

berechtigt, wegen eines anderen, gleichzeitig verfolgten Anspruchs (zB einer weiteren Ausführungsform) unberechtigt, sind diejenigen Anwaltskosten erstattungsfähig, die sich nach RVG unter Zugrundelegung des Streitwertes ergeben, der für den zurecht abgemahnten Anspruch angemessen ist. Es findet keine streitwertanteilige Quotelung der insgesamt entstandenen Anwaltskosten statt.[558]

224 Abmahnkosten sind außergerichtlich entstandene Kosten und können nicht im Kostenfestsetzungsverfahren geltend gemacht werden.[559] Gleiches gilt für außergerichtliche Kosten zur Anspruchsabwehr.[560] Daher sind Abmahnkosten im Falle einer nachfolgenden Klage gesondert einzufordern. Gebührenrechtlich gehören Abmahnkosten zum vorläufigen Rechtsschutz und begründen selbstständige Geschäftsgebühr neben der Gebühr für ein Abschlussschreiben, das dem Hauptsachverfahren zuzurechnen ist.[561] Sie erhöhen als Nebenforderungen den Streitwert der Verletzungsklage nicht,[562] anders wenn Streit wegen Hauptforderung übereinstimmend für erledigt erklärt ist.[563] Die Klage auf Erstattung von Abmahnkosten ist eine Patentstreitsache.[564]

225 Die Kosten einer *Gegenabmahnung* des Verwarnten sind nur erstattungsfähig, a) wenn die Verwarnung in tatsächlicher o rechtlicher Hinsicht auf offensichtlich unzutreffenden Annahmen beruht, bei deren Richtigstellung mit einer Änderung der Auffassung des Verwarnenden gerechnet werden kann, oder b) wenn seit der Abmahnung längere Zeit verstrichen ist, ohne dass der Verwarnende die angedrohten gerichtlichen Schritte eingeleitet hat.[565]

4 Wirkungen der Verwarnung

226 **4.1 Antwortpflicht** trifft den Verwarnten, wenn er wirksam verwarnt wurde.[566] Durch die Verletzungshandlung ist zwischen den Parteien ein gesetzliches Schuldverhältnis entstanden, das durch die Abmahnung lediglich konkretisiert wird. Dieses verpflichtet nach Treu und Glauben den Abgemahnten zu Antwort und Aufklärung,[567] zB darüber, dass die Wiederholungsgefahr durch Abgabe einer Unterwerfungserklärung gegenüber einem Dritten entfallen ist.

227 Keine Antwortpflicht bei unberechtigter Verwarnung, da die einseitige Zusendung einer Abmahnung kein Rechtsverhältnis schafft, aus dem eine Aufklärungspflicht folgen könnte.[568]

---

558 BGH MDR 08, 351 = MuW 08, 97 *Quotelung der Anwaltskosten*.
559 BGH GRUR 06, 439 *Geltendmachung der Abmahnkosten*; NJW 06, 2560 *Nicht anrechenbare Geschäftsgebühr*.
560 BGH GRUR 08, 639 *Kosten eines Abwehrschreibens*; NJW 08, 1323 *Anteilige Anrechnung*.
561 BGH NJW 08, 1744.
562 BGH NJW 07, 3289 *Vorprozessuale Rechtsverfolgungskosten*.
563 BGH NJW 08, 999 *Vorprozessuale Anwaltskosten*.
564 OLG Karlsruhe GRUR-RR 06, 302 *Erstattungsfähigkeit von Patentanwaltskosten*.
565 BGH GRUR 04, 790 *Gegenabmahnung*.
566 BGH GRUR 90, 381 *Antwortpflicht des Abgemahnten*.
567 BGH GRUR 87, 54 *Aufklärungspflicht des Abgemahnten*; 87, 640 *Wiederholte Unterwerfung II*; 88, 716 *Aufklärungspflicht gegenüber Verbänden*; 90, 542 *Aufklärungspflicht des Unterwerfungsschuldners*; 95, 167 *Kosten bei unbegründeter Abmahnung*.
568 BGH GRUR 95, 167 (III2) *Kosten bei unbegründeter Abmahnung*; OLG Hamburg GRUR-RR 09, 159 *Antwortpflicht*.

4.2 Wirkungen im Verhältnis zur Hauptsacheklage: Wurde der Beklagte nicht zuvor abgemahnt, trägt der Kläger eines Hauptsacheverfahrens bei einem sofortigen Anerkenntnis die Kosten des Rechtsstreits nach § 93 ZPO. Reagiert der Beklagte auf eine berechtigte Verwarnung nicht adäquat, besteht Klageanlass. Der Klageanlass wird jedoch verneint, wenn Hauptsacheklage **zeitgleich** mit dem Eilantrag eingereicht wird: Dem Kläger ist zuzumuten, mit der Erhebung einer auf dasselbe Ziel gerichteten Unterlassungsklage wenige Tage abzuwarten, ob nicht aufgrund seines Verfügungsantrags eine Beschlussverfügung ergeht, um zur Kostenvermeidung vor Klageerhebung den Unterlassungsschuldner zu einer Abschlusserklärung (s Rdn 476 u 471) aufzufordern, mit der dieser die einstweilige Verfügung als endgültige Regelung anerkennt.[569]

228

Ist **Beschlussverfügung ergangen** und soll danach Klage zur Hauptsache anhängig gemacht werden, genügt die dem Verfügungsantrag vorausgegangene Abmahnung nicht mehr, um im Hinblick auf die Hauptsacheklage einen Klageanlass zu begründen. Wegen der durch die gerichtliche Entscheidung veränderten Sachlage bedarf es vielmehr einer erneuten Kontaktaufnahme mit dem Antragsgegner in Form eines sog Abschlussschreibens[570] (s Rdn 477). Gleiches gilt, wenn die Beschlussverfügung durch Urteil oder dieses Urteil in der Berufung bestätigt wird.[571]

229

5 Unterwerfungserklärung

(vgl dazu oben Rdn 59)

230

6 Unberechtigte Verwarnung

Eine Verwarnung ist unberechtigt und damit rechtswidrig, wenn sie formelle Mängel aufweist oder sachlich unrichtig ist (s Rdn 212–217). Eine Verwarnung ist auch dann rechtswidrig, wenn sie zutreffend auf eine andere Rechtsgrundlage gegründet werden könnte.[572] Eine Abmahnung kann auch von Anfang an rechtswidrig sein, wenn das Patent mit ex-tunc-Wirkung vernichtet wird. In der Rspr ungeklärt ist, ob auch schon vor rechtskräftiger Vernichtung des Patents eine Abmahnung als rechtswidrig angesehen werden kann und welcher Maßstab in einem solchen Fall für die Prüfung des Rechtsbestands gilt.[573] Dagegen spricht die Kompetenzverteilung zwischen Verletzungsgerichten und Patentgerichtsbarkeit.[574] Der mangelnde Rechtsbestand kann allenfalls im Rahmen einer für die Rechtswidrigkeit des betriebsbezogenen Eingriffs vorzunehmenden Interessenabwägung oder in den Grenzen des Rechtsmissbrauchs Bedeutung gewinnen, so dass die Vernichtung des Patents regelmäßig offensichtlich sein muss.

231

6.1 Ansprüche: Es besteht ein Anspruch auf Unterlassung für die Zukunft und im Fall des Verschuldens auf Schadensersatz wegen eines Eingriffs in den eingerichteten

232

---

569 OLG Karlsruhe WRP **96**, 922; teilweise wird der Hauptsacheklage auch das Rechtsschutzbedürfnis abgesprochen; vgl dazu Berneke, Einstweilige Verfügung Rn 325 ff.
570 OLG Frankfurt/Main WRP 07, 556.
571 OLG Frankfurt/Main WRP 07, 556.
572 LG München Mitt **95**, 54, 55.
573 Zum Streitstand: LG München Urt v 1.10.20, 7 O 10517/20, Mitt **21**, 165 *Akkustaubsauger*.
574 Diese berücksichtigend, aber mit anderer Schlussfolgerung: LG München Urt v 1.10.20, 7 O 10517/20, Mitt **21**, 165 *Akkustaubsauger*.

und ausgeübten Gewerbebetrieb.[575] Kein Eingriff liegt vor, wenn die Schutzrechtsverwarnung teilweise zu Recht erfolgte und das im Übrigen zu Unrecht beanstandete Verhalten vom Verwarnten nach den gesamten Umständen nicht zu erwarten ist.[576] Die Erhebung einer Unterlassungsklage gegen den Abgemahnten kann nie durch einen Unterlassungsanspruch unterbunden werden; die Klageerhebung stellt gegenüber dem Prozessgegner auch keinen rechtswidrigen Eingriff dar.[577] Die Darlegungs- und Beweislast für Ansprüche wegen einer unberechtigten Schutzrechtsverwarnung trägt der Kläger, wobei den Verwarnenden die sekundäre Darlegungslast für die fehlende Berechtigung trifft.[578]

233 **6.2 Anspruchsberechtigter:** Die Ansprüche stehen neben dem Verwarnten auch dem Lieferanten des Verwarnten zu, stellt sich doch die Verwarnung seines Abnehmers regelmäßig als Eingriff in seinen Gewerbebetrieb dar (s Rdn 236).[579] Daran fehlt es, wenn der Verwarnung die Eignung fehlt, die Geschäftstätigkeit des Lieferanten/Herstellers zu beeinträchtigen.[580] Im Fall einer Abnehmerverwarnung kommen auch Ansprüche aus § 4 Nr 2–4 UWG in Betracht. Nicht anspruchsberechtigt sind dem Hersteller vorgeschaltete Unternehmen (zB Zulieferer für einzelne Bauteile), selbst wenn sie als mittelbare Verletzer des Verwarnungsschutzrechts in Betracht kommen.[581] An einem unmittelbaren Eingriff fehlt es, wenn Dritte (zB Zulieferer[582]) eine an sie nicht gerichtete Verwarnung befolgen.

234 **6.3 Anspruchsverpflichteter:** Ansprüche wegen unberechtigter Schutzrechtsverwarnung können gegen verwarnenden Schutzrechtsinhaber und ggf den von ihm eingeschalteten Rechtsanwalt bestehen. Letzteren trifft gegenüber dem Verwarnten eine Garantenpflicht dahin, den Schutzrechtsinhaber nicht in einer die Rechtslage unzutreffend einschätzenden Weise über die Berechtigung der Schutzrechtsverwarnung zu beraten. Bei fahrlässiger Falschberatung ist er dem Verwarnten zum Schadensersatz verpflichtet. Hingegen haftet er nicht, wenn er bei unklarer Rechtslage auf alle Gesichtspunkte, die für und gegen eine Schutzrechtsverletzung sprechen, hingewiesen hat und sich der Schutzrechtsinhaber über die bestehenden Bedenken hinwegsetzt.[583]

235 **6.4 Unterlassungsanspruch:** Die unberechtigte Verwarnung löst als rechtswidriger Eingriff in den Gewerbebetrieb regelmäßig einen Unterlassungsanspruch des Verwarnten aus § 1004 BGB analog aus. Dieser kann seinerseits mit einer (Gegen-)Abmahnung an den Verwarner oder im Wege einer negativen Feststellungsklage geltend gemacht werden. Eine Gegenabmahnung ist jedoch nur dann veranlasst, wenn die Verwarnung

---

575 BGH (GSZ) GRUR 05, 882 (884) *Unberechtigte Schutzrechtsverwarnung* mwN.
576 BGH Urt v 7.7.20, X ZR 42/17, GRUR 20, 1116 *Schutzrechtsverwarnung III*.
577 BGH (GSZ) GRUR 05, 882 *Unberechtigte Schutzrechtsverwarnung*; BGH GRUR 06, 433 *Unbegründete Abnehmerverwarnung*.
578 BGH Beschl v 20.6.17, VI ZR 505/16, Mitt 17, 518.
579 Grundlegend: BGH GRUR 05, 882 (884) *Unberechtigte Schutzrechtsverwarnung*; siehe auch BGH GRUR 63, 255 *Kindernähmaschinen*; 74, 290 *maschenfester Strumpf*; 79, 332 (336) *Brombeerleuchte*.
580 BGH Urt v 7.7.20, X ZR 42/17, GRUR 20, 1116 *Schutzrechtsverwarnung III*.
581 BGH GRUR 07, 313 *Funkuhr II*.
582 BGH GRUR 77, 805 *Klarsichtverpackung*.
583 BGH GRUR 16, 630 *Unberechtigte Schutzrechtsverwarnung II*.

in tatsächlicher und/oder rechtlicher Hinsicht auf offensichtlich unzutreffenden Annahmen beruht, bei deren Richtigstellung mit einer Änderung der Auffassung des vermeintlich Verletzten gerechnet werden kann, oder wenn seit der Abmahnung ein längerer Zeitraum verstrichen ist und der Abmahnende in diesem entgegen seiner Androhung keine gerichtlichen Schritte eingeleitet hat.[584] Nur dann besteht auch ein Anspruch auf Erstattung der Kosten der Gegenabmahnung.[585]

6.5 Anspruch auf Schadensersatz: Die unberechtigte Verwarnung stellt einen Eingriff in das Recht am eingerichteten und ausgeübten Gewerbebetrieb dar und verpflichtet im Fall des Verschuldens gemäß § 823 (1) BGB zum Schadensersatz.[586]

236

6.5.1 Verschulden: Vor einer Verwarnung muss der Schutzrechtsinhaber die Sach- und Rechtslage in rechtlicher und technischer Hinsicht gewissenhaft prüfen, das heißt, er muss alles Zumutbare getan haben, um die Schutzrechtslage objektiv richtig zu beurteilen,[587] so dass er mit Recht davon ausgehen kann, dass sein Schutzrecht rechtsbeständig ist. Die rein objektive Möglichkeit, dass das Patent keinen Bestand haben werde, reicht nicht für die Annahme eines Verschuldens. *Zweifel an der Rechtslage* müssen vielmehr einen konkreten Bezugspunkt haben, der vom Verwarner hätte beachtet werden müssen.[588]

237

Der Verwarner genügt idR seiner Sorgfaltspflicht, wenn er sich auf den Rat seiner erfahrenen anwaltlichen Berater,[589] die Tatsache der Patenterteilung oder dessen Aufrechterhaltung durch DPMA oder BPatG[590] oder eine günstige Beurteilung durch ein Gericht verlässt.[591] Verschulden ist jedoch gegeben, wenn der Anmelder weitergehende Kenntnisse als die Erteilungsbehörden über den Stand der Technik hat, diese Kenntnisse aber entgegen seiner Wahrheitspflicht (§ 34 Nr 7 PatG) zurückhält.[592] Gleiches gilt, wenn ihm nachträglich weitere Entgegenhaltungen bekannt geworden sind und er wusste, dass sie der Schutzfähigkeit der patentierten Erfindung entgegenstehen, oder er sich dieser Erkenntnis in vorwerfbarer Weise verschlossen hat.[593] Die Prüfung darf sich also nicht auf den Zeitpunkt des Ausspruchs der Verwarnung beschränken, sie muss vielmehr bei Bekanntwerden neuer Umstände (zB neuer Stand der Technik) erneut vorgenommen werden.[594] Erweist sich danach die ausgesprochene Verwarnung als sachlich nicht begründet, so ist sie zu widerrufen.

238

Erhöhte Sorgfalt erfordern a) **ungeprüfte Rechte**, wie Gebrauchsmuster und Geschmacksmuster,[595] b) **Verwarnungen von Abnehmern**, weil diese leicht geneigt

239

---

584 BGH GRUR 04, 790 (792) *Gegenabmahnung.*
585 BGH GRUR 04, 790 *Gegenabmahnung.*
586 *BGH (GSZ) GRUR 05, 882 Unberechtigte Schutzrechtsverwarnung.*
587 BGH GRUR 74, 290 *maschenfester Strumpf.*
588 BGH GRUR 79, 332 (V1) *Brombeerleuchte;* 74, 290 (II2c aa) *maschenfester Strumpf.*
589 BGH GRUR 74, 290 (II3c) *maschenfester Strumpf.*
590 BGH GRUR 76, 715 *Spritzgießmaschine.*
591 BGH GRUR 96, 812 (3) *Unterlassungsurteil gegen Sicherheitsleistung.*
592 BGH GRUR 06, 219 *Detektionseinrichtung II.*
593 BGH GRUR 06, 219 *Detektionseinrichtung II.*
594 BGH GRUR 78, 492 *Fahrradgepäckträger II.*
595 BGH GRUR 74, 290 *maschenfester Strumpf;* 79, 332 *Brombeerleuchte;* 97, 741 *Chinaherde.*

sind, sich der Verwarnung zu beugen, um einem Rechtsstreit aus dem Wege zu gehen.[596]

240 Ein **Mitverschulden des Verwarnten** ist nach § 254 BGB bei der Bemessung der Schadenshöhe zu berücksichtigen.[597] Es kann zur Minderung oder sogar zum Ausschluss einer Ersatzpflicht führen, wenn dem Verwarnten vorgeworfen werden muss, dass er der Verwarnung voreilig nachgegeben hat[598] (zB durch Einstellung der Produktion statt Rückfrage), weil er unschwer hätte erkennen können und müssen, dass die Verwarnung unberechtigt ist.

241 6.5.2 **Schaden** kann bestehen aus: a) **Gewinneinbußen**, weil der Verwarnte die Benutzung des Patents einstellt, zB Herstellung und Vertrieb der umstrittenen Erzeugnisse;[599] ersatzfähig ist der Umsatzschaden aber nur, wenn feststeht, dass der Verwarnungsgegenstand Schutzrechte tatsächlich nicht verletzt;[600] der Zurechnungszusammenhang von unberechtigter Schutzrechtsverwarnung und ersatzfähigem Schaden infolge Vertriebseinstellung geht auch nicht durch Erhebung einer Klage wegen der behaupteten Schutzrechtsverletzung verloren;[601] b) Aufwendungen zur **Abwehr der Verwarnung**, insbesondere Patent- und Rechtsanwaltskosten, wenn anwaltliche Hilfe erforderlich war;[602] c) **Entgangener Gewinn**, zB durch den Verlust von Aufträgen;[603] d) **Umsatzeinbußen**, weil verwarnte Abnehmer nicht mehr beziehen.[604] – **Höhe des Schadens** ist ggf nach § 287 ZPO zu schätzen.[605]

7 Entbehrlichkeit der Abmahnung

242 Eine Abmahnung ist vor der Einleitung gerichtlicher Schritte zur Vermeidung der Kostenfolge aus § 93 ZPO ausnahmsweise entbehrlich, wenn sie aus der Sicht des Klägers (oder Antragstellers) zu der Zeit, zu der er entscheiden muss, ob er abmahnt oder nicht, bei Anlegung eines objektiven Maßstabes unzumutbar ist.[606]

243 **7.1 Unterlassung, Rechnungslegung, Schadensersatz:** Bei einem Unterlassungs-, Rechnungslegungs- und Schadensersatzanspruch ist vorherige Abmahnung entbehrlich, wenn a) die mit einer vorherigen Abmahnung notwendig verbundene Verzögerung unter Berücksichtigung der gerade im konkreten Fall gegebenen außergewöhnlichen Eilbedürftigkeit schlechthin nicht mehr hinnehmbar ist, etwa um besonderen Schaden vom Kläger abzuwenden, oder b) sich dem Kläger bei objektiver Sicht der Eindruck geradezu aufdrängen musste, der Verletzer baue auf die grundsätzliche

---

596 BGH GRUR 79, 332 *Brombeerleuchte*; 95, 442 *Abnehmerverwarnung*; BGH (GZS) GRUR 05, 882 (884) *Unberechtigte Schutzrechtsverwarnung*.
597 BGH (GSZ) GRUR 05, 882 *Unberechtigte Schutzrechtsverwarnung*.
598 BGH GRUR 63, 255, 260 *Kindernähmaschinen*; 97, 741 (II2b) *Chinaherde*; Urt v 19.9.19, I ZR 116/18, GRUR 20, 322 *Chickenwings*.
599 BGH GRUR 63, 255 (III2) *Kindernähmaschinen*.
600 BGH GRUR 95, 424 *Abnehmerverwarnung*.
601 BGH Urt v 11.1.18, I ZR 187/16, GRUR 18, 832 *Ballerinaschuh*.
602 LG Düsseldorf GRUR 66, 637; LG Düsseldorf Mitt 89, 77; LG München Mitt 95, 53 (I3).
603 RGZ 156, 321, 325.
604 BGH GRUR 95, 424 *Abnehmerverwarnung*.
605 BGH GRUR 95, 424 *Abnehmerverwarnung*.
606 Str, wie hier: OLG Düsseldorf InstGE 2, 237 *Turbolader II*; OLG Hamburg WRP 95, 1037.

Abmahnpflicht und wolle sich diese zunutze machen, um mindestens eine Zeit lang die Verletzungshandlungen begehen zu können und sich ggf nach damit erzieltem wirtschaftlichen Erfolg unter Übernahme vergleichsweise niedriger Abmahnkosten zu unterwerfen.[607] Eine Abmahnung ist c) aus dem Gesichtspunkt der Förmelei ferner überflüssig, wenn sie aus der Sicht des Klägers von vornherein zwecklos erscheint,[608] was voraussetzt, dass die Abmahnung mit an Sicherheit grenzender Wahrscheinlichkeit keinen Erfolg haben wird.[609]

Abmahnpflicht bejaht: Bei vorsätzlicher Schutzrechtsverletzung;[610] wenn Gegner unter Einsatz moderner Kommunikationsmittel (E-Mail, Fax) oder mündlich mit kurzer (ggf nur nach Stunden bemessener Frist) abgemahnt werden kann;[611] wenn die begründete Erwartung besteht, dass Verletzer die Abmahnung zum Anlass für eine im Ausland erhobene negative Feststellungsklage (»Torpedo«) nehmen wird.[612]

7.2 Sequestration: Wird eine Sequestration zur Sicherung des Anspruchs auf Vernichtung rechtsverletzender Ware begründet geltend gemacht, ist eine Abmahnung unzumutbar, wenn sie die Durchsetzung der berechtigten Ansprüche des Klägers (oder Antragstellers) vereiteln würde oder dies aus der Sicht des Anspruchstellers zumindest zu befürchten steht. Davon ist prima facie auszugehen, wenn die in Verwahrung zu nehmende Sache aufgrund ihrer geringen Größe und ihrer Mobilität ohne weiteres beiseite geschafft und dadurch dem Zugriff des Gläubigers entzogen werden kann.[613] Gegenbeweis durch Sequestrationsschuldner ist möglich.[614] Handelt der Verwarnende dem behaupteten Sicherungsbedürfnis zuwider, indem er zB eine Sequestrationsverfügung erwirkt, diese aber nicht zustellen lässt, sondern zunächst den Verletzer verwarnt, kann eine solche Verwarnung nicht als entbehrlich angesehen werden.[615]

Wird mit dem Sequestrationsanspruch zugleich ein Unterlassungsanspruch geltend gemacht, so entfällt die Notwendigkeit einer Abmahnung nicht nur für den Sequestrationsanspruch, sondern insgesamt, dh auch für den gleichzeitig eingeklagten Unterlassungsanspruch.[616]

7.3 Vindikation: Entbehrlich ist eine vorgerichtliche Abmahnung, wenn mit einem einstweiligen Verfügungsverbot ein **Vindikationsanspruch** (§ 8 PatG) wegen widerrechtlicher Entnahme gesichert werden soll und der Antragsteller geltend machen

---

607 OLG Düsseldorf InstGE **2**, 237 *Turbolader II*.
608 OLG Düsseldorf, InstGE **2**, 237 Rn 14 *Turbolader II*; LG Hamburg GRUR 00, 553.
609 OLG Düsseldorf InstGE **13**, 238 *Laminatboden-Paneele II*.
610 OLG Düsseldorf InstGE **2**, 237 *Turbolader II*; aA OLG Frankfurt GRUR 89, 630.
611 OLG Düsseldorf InstGE **4**, 159 *INTERPACK*.
612 OLG Düsseldorf InstGE **2**, 237 *Turbolader II*, bedenklich.
613 OLG Düsseldorf WRP 97, 471, 472 *Ohrstecker*; aA: OLG Braunschweig GRUR-RR 05, 103 *Flüchtige Ware*.
614 LG Mannheim InstGE **6**, 192 *Motorbefestigung*.
615 LG Düsseldorf InstGE **12**, 234 *Fieberthermometer*.
616 OLG Düsseldorf NJWE-WettR 98, 234 f; OLG Frankfurt/Main InstGE **6**, 51 *Sequestrationsanspruch*; OLG Hamburg GRUR-RR 07, 29 *Cerebro-Card*.

§ 139 Patentverletzungen: Prozessuale Durchsetzung

kann, der Antragsgegner habe die Patentanmeldung in dem vollen Bewusstsein getätigt, dass es sich um eine fremde, ihm nicht gehörende Erfindung handelt.[617]

248 **7.4 Besichtigungsverfügung** siehe § 140c Rdn 86.

8 Unberechtigte Klageerhebung

249 Ist die Verletzungsklage als unberechtigt abgewiesen worden, können Schadensersatzansprüche gegenüber dem klagenden Patentinhaber gegeben sein. Anspruchsberechtigt ist allerdings nicht der beklagte Prozessgegner, weil ihm gegenüber der Grundsatz eingreift, dass derjenige nicht rechtswidrig in ein geschütztes Rechtsgut seines Verfahrensgegners eingreift, der in staatliches, gesetzlich eingerichtetes und geregeltes Verfahren einleitet oder betreibt.[618] Schadensersatzberechtigt (wegen widerrechtlichen und schuldhaften Eingriffs in den eingerichteten und ausgeübten Gewerbebetrieb, § 823 (1) BGB) kann aber der am Rechtsstreit selbst nicht beteiligte Lieferant sein, dessen Abnehmer zu Unrecht in einen Verletzungsprozess verwickelt worden ist.[619]

IX. Prozessuale Durchsetzung

250 Lit: **Kühnen** Handbuch der Patentverletzung, 13. Aufl., 2021; **Lit in GRUR-Prax:** Gundt/Schönknecht **17**, 182; Kühnen/Grunwald: **18**, 513, 544, 569; **Lit in Mitt:** Scharen **18**, 369.

1 Klagearten

251 Der Verletzte kann seine Ansprüche mit einer Leistungsklage verfolgen. In der Regel wird ihm jedoch eine bezifferte Leistungsklage auf Schadensersatz nicht unmittelbar möglich sein. Er hat insofern die Möglichkeit einer Stufenklage (s Rdn 252) oder einer positiven Feststellungsklage (s Rdn 253). Umgekehrt ist möglich, dass sich der vermeintlich Verletzte einer negativen Feststellungsklage ausgesetzt sieht, mit der der Kläger die Feststellung der Nichtverletzung eines Patents begehrt (s Rdn 257).

252 **1.1 Stufenklage gemäß § 254 ZPO:** Besonderheit der Stufenklage liegt in der Zulassung eines unbestimmten Antrags entgegen § 253 (2) Nr 2 ZPO. Regelmäßig dient sie dazu, auf der ersten Stufe die Ansprüche auf Auskunft und Rechnungslegung und auf der zweiten Stufe die Zahlung eines gemäß der Rechnungslegung bezifferten Schadensersatzbetrages geltend zu machen. Die Verknüpfung von unbestimmtem Leistungsanspruch und vorbereitendem Auskunftsanspruch steht dagegen nicht zur Verfügung, wenn die Auskunft überhaupt nicht den Zweck einer Bestimmbarkeit des Leistungsanspruchs dient, sondern dem Kläger sonstige mit der Bestimmbarkeit als solcher nicht in Zusammenhang stehende Informationen über seine Rechtsverfolgung verschaffen soll[620] (zB Besichtigung eines Gegenstands zur Beseitigung von Zweifeln über den Anspruchsgrund[621]).

253 **1.2 Feststellungsklage gemäß § 256 ZPO:** Sie ist darauf gerichtet, das Bestehen der Schadensersatzpflicht dem Grunde nach festzustellen neben einer auf Auskunft und

---

617 LG Düsseldorf InstGE **3**, 224 (Rn 6–10) *Abmahnung bei Vindikationsklage*; bestätigt durch OLG Düsseldorf I-2 W 37/03, Beschl v 05.01.2004 BeckRS **10**, 229 911.
618 BGH GRUR **06**, 219 *Detektionseinrichtung II*.
619 BGH GRUR **06**, 219 *Detektionseinrichtung II*.
620 BGH NJW **00**, 1645, 1646; NJW **02**, 2952, 2953.
621 OLG Düsseldorf I-2 U 108/10, Urt v 08.11.2012 BeckRS **13**, 10 850.

Rechnungslegung gerichteten Leistungsklage.⁶²² Vorteile gegenüber der Stufenklage: Rechtskräftiges Erkenntnis zum Haftungsgrund für den nachfolgenden Höheprozess (s Rdn 256); Endurteil mit Kostenausspruch; 30 jährige Verjährungsfrist gem § 197 Nr 3 BGB.

1.2.1 Voraussetzungen für die Zulässigkeit der Feststellungsklage sind nach § 256 (1) ZPO **a)** Streit über das Bestehen oder Nichtbestehen eines *Rechtsverhältnisses* und **b)** ein auf die alsbaldige Klärung dieses Streits gerichtetes *Feststellungsinteresse*. Dies ist unproblematisch, wenn die Feststellung begehrt wird, dass der Verletzer zum Schadensersatz, zur Entschädigung und/oder zum Bereicherungsausgleich verpflichtet ist. Mit dem Schuldverhältnis steht ein Rechtsverhältnis im Streit. Feststellungsinteresse ist gegeben, weil die Höhe der jeweiligen Ansprüche mangels näherer Kenntnis des Klägers über den Umfang der Benutzungs- und Verletzungshandlungen ungewiss ist und deshalb rechtliches Interesse des Klägers daran besteht, die Haftung des Beklagten zunächst dem Grunde nach feststellen zu lassen.⁶²³ Feststellungsinteresse besteht wegen der Besonderheiten im gewerblichen Rechtsschutz auch dann, wenn im Wege der Stufenklage vorgegangen werden könnte, obwohl letzterer als einer besonderen Art der Leistungsklage an sich der Vorrang gebührt;⁶²⁴ durch die Neuregelung des Verjährungsrechts hat sich daran nichts geändert.⁶²⁵ Feststellungsinteresse ist auch dann noch gegeben, wenn einzelne Schadenspositionen bereits beziffert werden können.⁶²⁶ Unzulässig ist hingegen ein Antrag, mit dem zusätzlich zur Vorbereitung des Höheprozesses der im Fall der Schadensberechnung nach der Lizenzanalogie zu berücksichtigende Lizenzsatz bzw der für die Berechnung des Verletzergewinns erforderliche Kausalanteil festgestellt werden soll, da Berechnungsfaktoren als Vorfrage zur Vorbereitung des Schadensersatzanspruchs kein Rechtsverhältnis darstellen⁶²⁷ und der Streit über die Höhe des Schadens durch ein den Lizenzsatz bzw Kausalanteil feststellendes Urteil nicht beigelegt wird.

254

Für die **Begründetheit der Feststellungsklage** ist erforderlich: **a)** Nachweis zumindest *einer* **rechtswidrig und schuldhaft begangenen Verletzungshandlung**,⁶²⁸ damit Schadensersatz dem Grunde nach festgestellt werden kann, mag Verletzungshandlung auch inzwischen eingestellt worden sein.⁶²⁹ Der Feststellungsausspruch ist nicht auf die erste vom Kläger konkret vorgetragene Verletzungshandlung begrenzt.⁶³⁰ **b)** Wahrscheinlichkeit des **Schadenseintritts**.⁶³¹ Es braucht nicht festzustehen, ob und was für ein Schaden entstanden ist oder entstehen wird; es genügt, dass nach der Lebenserfahrung der Eintritt des Schadens in der Zukunft mit einiger Sicherheit zu erwarten

255

---

622 BGH GRUR 01, 1177 *Feststellungsinteresse II.*
623 BGH GRUR 01, 1177 *Feststellungsinteresse II.*
624 BGH GRUR 01, 1177, 1178 *Feststellungsinteresse II.*
625 BGH GRUR 03, 900, 901 *Feststellungsinteresse III.*
626 BGH Mitt **16**, 45.
627 Vgl BGH MDR 95, 306.
628 BGH GRUR **64**, 496 *Formsand II.*
629 BGH GRUR **56**, 265, 269 *Rheinmetall-Borsig I.*
630 BGHZ 117, 264, 278 f = GRUR **92**, 612 *Nicola;* 07, 877 *Windsor Estate.*
631 BGH GRUR **96**, 109 (VI3) *Klinische Versuche I.*

steht,[632] ohne dass es hierfür einer hohen Wahrscheinlichkeit bedarf.[633] Der Eintritt des Schadens darf daher nicht ungewiss oder fernliegend sein. Für Wahrscheinlichkeit eines Schadenseintritts genügt bspw wirtschaftliche Partizipation des Patentinhabers an der Ausübung der Lizenz durch Lizenznehmer.[634] Wird eine mittelbare Patentverletzung gem § 10 (1) geltend gemacht, ist die Wahrscheinlichkeit eines Schadenseintritts idR zu bejahen, wenn zumindest eine rechtswidrig und schuldhaft begangene mittelbare Verletzungshandlung stattgefunden hat.[635] Anbieten eines Mittels iSv § 10 (1) genügt, weil es eine gewisse Wahrscheinlichkeit dafür begründet, dass es auch zur Lieferung gekommen ist.[636] Zur Begründung einer bezifferten Schadensersatzklage genügt diese Wahrscheinlichkeit nicht![637]

256 **1.2.2 Wirkungen für das Betragsverfahren:** Eine rechtskräftige Feststellung der Schadensersatzpflicht bindet im Betragsverfahren hinsichtlich des *Grunds des Anspruchs*, nicht hinsichtlich seiner *Höhe*. Im Betragsverfahren sind daher Einwendungen zum Grund des Anspruchs ausgeschlossen (zB Mitverschulden bei der haftungsbegründenden Kausalität,[638] Einrede der Verjährung), während der Verletzte in der Berechnung seines festgestellten Schadens – nach einer der drei Berechnungsarten – frei ist und der Verletzer alle Einwendungen zur Höhe geltend machen kann, zB Mitbenutzung eigener Schutzrechte oder von Dritten,[639] Abhängigkeit des Streitpatents oder Bestehen eines Vorbenutzungsrechts,[640] Mitverschulden im Rahmen der haftungsausfüllenden Kausalität zwischen Rechtsgutverletzung und Schadensposition, es sei denn die Schadensposition war bereits Gegenstand des Feststellungsurteils.[641] Die Reichweite der Bindungswirkung ist in erster Linie der Urteilsformel zu entnehmen; nur wo sie unklar ist, sind Tatbestand und Entscheidungsgründe, ggf sogar das Parteivorbringen, ergänzend heranzuziehen.[642]

257 **1.3 Negative Feststellungsklage:** Mit ihr erstrebt der Benutzer die Feststellung der Nichtverletzung. Sie ist nach § 256 ZPO zulässig, wenn der Kläger ein ausreichendes Feststellungsinteresse hat. Dieses kann sich ergeben aus: **a)** einer Verwarnung oder Abmahnung auf Grund des Patents,[643] die auch stillschweigend möglich ist;[644] **b)** Anerkennung eines eigenen Vorbenutzungsrechts; **c)** Leugnen der Abhängigkeit des jüngeren Patents des Benutzers von einem älteren Patent; **d)** Rücknahme der Behauptung der Patentverletzung ohne bindende Verpflichtungserklärung des Patentinhabers

---

632 BGH GRUR 60, 423 (3b) *Kreuzbodenventilsäcke I*; 72, 180, 183 *Cheri*; 95, 744 (IIA3) *Feuer, Eis & Dynamit*; 96, 109 (VI3) *Klinische Versuche I*.
633 BGH GRUR 84, 741, 742 *PATENTED*; 92, 61, 63 *Preisvergleichsliste*; 95, 744 (IIA3) *Feuer, Eis & Dynamit*.
634 BGH GRUR 11, 711 = BGHZ 189, 112 *Cinch-Stecker*.
635 BGH GRUR 06, 839 (842) *Deckenheizung*; BGH GRUR 13, 713 *Fräsverfahren*.
636 BGH GRUR 13, 713 *Fräsverfahren*.
637 BGH GRUR 13, 713 *Fräsverfahren*.
638 BGH Urt v 19.9.19, I ZR 116/18, GRUR 20, 322 *Chickenwings*.
639 BGH GRUR 95, 578 (II1h) *Steuereinrichtung II*.
640 BGH GRUR 92, 432 (II3d) *Steuereinrichtung I*.
641 BGH Urt v 19.9.19, I ZR 116/18, GRUR 20, 322 *Chickenwings*.
642 BGH GRUR 08, 933 *Schmiermittel*.
643 BGH GRUR 95, 697 (II2) *Funny Paper*; OLG Düsseldorf GRUR 55, 334.
644 OLG Düsseldorf Mitt 00, 369 *Human-Interferon-alpha*; LG Düsseldorf InstGE 3, 153 (Rn 10–12) *WC-Erfrischer*.

für eine künftige Unterlassung; **e)** der Berühmung eines Anspruchs aus dem Schutzrecht;[645] **f)** dem Festhalten an der Behauptung einer Patentverletzung auch nach Abschluss eines selbstständigen Beweisverfahrens, selbst wenn dies zur Rechtsverteidigung nach Rechtshängigkeit einer negativen Feststellungsklage erfolgt.[646]

Rechtliches Interesse fehlt, **a)** wenn nur reine Berechtigungsanfrage oder bloßer Schutzrechtshinweis vorliegt;[647] **b)** wenn lediglich Stellungnahme zur Frage, ob der Benutzer das Patent verletzt, abgelehnt wird; **c)** wenn der Kläger lediglich behauptet, das Patent sei nichtig, denn darüber hat nur BPatG zu entscheiden; **d)** wenn nach Bestreiten der Patentbenutzung Verletzungsklage zurückgenommen wurde;[648] **e)** wenn ein selbstständiges Beweisverfahren eingeleitet und in dem Zuge die Wahrscheinlichkeit eines Verletzungstatbestands dargelegt wird.[649] 258

Darlegungs- und Beweislast für das Vorliegen einer Berühmung (zB in Form einer Abmahnung) trägt der Kläger, die für die Berechtigung der Anspruchsberühmung (Abmahnung) der Beklagte.[650] 259

Die anhängige negative Feststellungsklage wird unzulässig, wenn der Verletzte – im Wege der Widerklage oder vor einem anderen Gericht[651] – Patentverletzungsklage erhebt und diese nicht mehr einseitig zurückgenommen werden kann,[652] weil damit das rechtliche Interesse an der Feststellung entfällt. Die Klage ist dann in der Hauptsache für erledigt zu erklären oder die Klage ist als unzulässig abzuweisen.[653] Das rechtliche Interesse bleibt ausnahmsweise bestehen, **a)** wenn das Feststellungsverfahren bereits entscheidungsreif war, als die Verletzungsklage nicht mehr einseitig zurückgenommen werden konnte;[654] **b)** wenn der Streitgegenstand der Leistungsklage sich nicht mit dem der Feststellungsklage deckt; **c)** wenn der Feststellungsrechtsstreit im Wesentlichen entscheidungsreif, die Leistungsklage aber noch nicht entscheidungsreif ist.[655] Aber: Feststellungsinteresse entfällt, sobald eine instanzbeendende Entscheidung über die Leistungsklage (zB Grundurteil, nicht Versäumnisurteil) ergeht.[656] 260

Eine Kostenentscheidung zu Gunsten des Klägers scheidet nicht deshalb aus, weil er als abgemahnter Mitbewerber negative Feststellungsklage erhoben hat, ohne den Abmahnenden zuvor auf dessen fehlende Berechtigung hingewiesen zu haben; es besteht keine Obliegenheit des zu Unrecht Abgemahnten, eine Gegenabmahnung auszusprechen.[657] 261

---

645 BGH GRUR 11, 995 *Besonderer Mechanismus.*
646 BGH Urt v 2.10.18, X ZR 62/16, GRUR 19, 110 *Schneckenköder.*
647 Vgl OLG München Mitt **98**, 117.
648 *LG Düsseldorf InstGE* **13**, 120 *SMS-Nachricht.*
649 BGH Urt v 2.10.18, X ZR 62/16, GRUR 19, 110 *Schneckenköder.*
650 BGH NJW **93**, 1716 *Abweisung einer negativen Feststellungsklage.*
651 BGH GRUR **94**, 846 (II3b) *Parallelverfahren II.*
652 BGH GRUR **87**, 402 (III1) *Parallelverfahren I;* **94**, 846 (II2) *Parallelverfahren II.*
653 BGH GRUR **94**, 846 (III1) *Parallelverfahren II.*
654 BGH GRUR **85**, 41, 44 *REHAB;* **87**, 402 (IIIa) *Parallelverfahren I.*
655 BGH GRUR **06**, 217 *Detektionseinrichtung I.*
656 BGH GRUR **06**, 217 *Detektionseinrichtung I.*
657 BGH GRUR **06**, 168 *Unberechtigte Abmahnung.*

2 Zuständigkeit

262 Für die sachliche Zuständigkeit gilt § 143 PatG. Im Übrigen ist für alle Klagen, mit denen Ansprüche wegen Patentverletzung geltend gemacht werden, die örtliche und internationale Zuständigkeit zu klären. Für die negative Feststellungsklage ist regelmäßig der Gerichtsstand eröffnet, der auch für die Leistungsklage umgekehrten Rubrums gegeben wäre.

263 **2.1 Örtliche Zuständigkeit** bestimmt sich nach den §§ 12 ff ZPO.

264 Danach ist maßgebend: **a)** der **Wohnsitz** oder gewöhnliche **Aufenthaltsort** des Verletzers (§§ 13, 16 ZPO), **b)** der **Sitz** juristischer Personen (§ 17 ZPO), **c)** die **Niederlassung** gemäß § 21 ZPO, an deren Ort das Gewerbe für längere Dauer ausgeübt wird und von der aus die patentverletzenden Handlungen begangen werden, **d)** der **Gerichtsstand der unerlaubten Handlung** (§ 32 ZPO), der an allen Orten gegeben ist, an denen eine Verletzungshandlung begangen worden ist oder droht, und der auch für die Unterlassungsklage,[658] nicht aber für den Anspruch aus § 33[659] gilt; im Gerichtsstand einer bloß drohenden Verletzungshandlung können – weder begleitend zum Unterlassungsanspruch noch isoliert – Ansprüche geltend gemacht werden, die eine bereits begangene Benutzungshandlung voraussetzen (zB Auskunft, Schadensersatz),[660] **e)** **Gerichtsstand des Vermögens** nach § 23 ZPO für Klagen gegen Personen, die im Inland keinen Wohnsitz haben. Der Ort des Geschäftsraums des Inlandsvertreters gilt nach § 25 S 3 PatG als Ort iSd § 23 ZPO, wo sich der Vermögensgegenstand befindet (vgl dazu § 25 Rdn 43). Darüber hinaus kann die örtliche Zuständigkeit nach § 39 S 1 ZPO durch rügeloses Verhandeln begründet werden.

2.2 Internationale Zuständigkeit

265 **Lit:** *Bülow-Böckstiegel* Der int Rechtsverkehr 3 Bände Loseblatt; *Kropholler* Europ Zivilprozessrecht 8. Aufl 2005; *Geimer* Anerkennung ausländischer Urteile in Deutschland 1995; *Geimer* Int Zivllprozessrecht 5. Aufl 2004; *Linke* Int Zivilprozessrecht 3. Aufl 2005; *Schack* Int Zivilverfahrensrecht 4. Aufl 2006; *Schlosser* EU-Zivilprozessrecht 2. Aufl 2002; *Geimer-Schütze* Europ Zivilverfahrensrecht 2. Aufl 2004; *Stauder* in Festschr f Ulmer 1973, 509 u in Festgabe f Beier 1996, 619; EuGH (Hrsg): Die Auslegung des EuGVÜ 1993.
Lit in GRUR: Tetzner 76, 671; Meier-Beck 99, 379; 00, 355; Schacht 12, 1110; **Lit in GRUR Int:** Stauder 76, 465; 97, 859; Brinkhof 93, 387; 97, 489 (= BIE 96, 258); Bertrams 95, 193 (= IIC 95, 618); Stauder/von Rospatt 97, 859; Kieninger 98, 280; von Meibom/Pitz 98, 765; Brändle 98, 854; Grabinski 98, 857; Lundstedt 01, 103; Schauwecker 09, 187; Sujecki 12, 18; 13, 201; Kur 14, 749; Luginbühl/Stauder 14, 885; **Lit in ABl:** Sonderausgabe 96: Fernández López S 20, Stauder S 228 und Suárez Robledano S 34; **Lit in Mitt:** von Meibom/Pitz 96, 181; de Wit 96, 225; Neuhaus 96, 257; König 96, 296; Schmidt 96, 329; Geschke 03, 249; Kubis 10, 151; **Lit in NJW:** Piltz 79, 1071; Geimer 86, 2991; 88, 3089; 91, 3072; 94, 527; Mark/Ziegenhain 92, 3062; Fricke 92, 399; Kiethe 94, 222; **Lit in EIPR:** Kempner/Fricker 96, 377; **Lit in Revue du droit de la propriété intellectuelle:** Veron 95, 13; **Lit in Patent World:** Cordery/Noddler 97/98, 13; Gielen 97/98, 27; **Lit in WRP:** McGuire 11, 983;

266 Frage der internationalen Zuständigkeit stellt sich, wenn Klage gegen eine ausländische Partei (ein nach ausländischem Recht organisiertes Unternehmen, eine natürliche Per-

---

658 BGH GRUR **56**, 279 *Olivin*.
659 Kühnen GRUR **97**, 19, 20; aA LG Mannheim InstGE **13**, 65 *UMTS-fähiges Mobiltelefon II*.
660 AA: OLG Hamburg GRUR-RR **05**, 31 *Firmenporträt*.

son fremder Nationalität) erhoben wird. Sie ist von Amts wegen in jeder Verfahrenslage zu prüfen.[661]

2.2.1 EuGVVO, EuGVÜ und LugÜ: Internationale Zuständigkeit richtet sich für die Vertragsstaaten der Europäischen Union nicht nach ZPO, sondern nach der VO Nr 1215/2012 v 12.12.2012[662] (*EuGVVO, auch Brüssel I*). Durch sie wurde die VO Nr 44/2001 v 22.12.2000[663] (*EuGVVO aF*), vormals Brüsseler Gerichtsstands- und Vollstreckungsübereinkommen v 27.9.68 (*EuGVÜ*), aufgehoben. Anlässlich des Vertrages über die Gründung und Satzung des Benelux-Gerichtshofes (Benelux-Vertrages) und des Übereinkommens über ein Einheitliches Patentgericht (EPG-Übereinkommen) wurde die EuGVVO zuletzt durch die VO Nr 542/2014 hinsichtlich der Zuständigkeiten eines gemeinsamen Gerichts mehrerer Mitgliedstaaten angepasst. Die EuGVVO aF anstelle des EuGVÜ gilt für Klagen, die seit dem 1.3.2002 erhoben worden sind, die EuGVVO nF anstelle der EuGVVO für am 10.1.2015 oder danach eingeleitete Verfahren. Die internationale Zuständigkeit im Verhältnis zu den EFTA-Staaten (Schweiz, Island und Norwegen) richtet sich nach dem revidierten Übereinkommen von Lugano v 30.10.2007 (*LugÜ*).[664] Die Nationalität des Beklagten entscheidet darüber, ob EuGVVO, EuGVÜ oder LugÜ einschlägig ist oder – außerhalb des Anwendungsbereichs dieser Regelungen – der allgemeine Grundsatz gilt, dass die internationale der örtlichen Zuständigkeit folgt. Die nachfolgende Kommentierung bezieht sich auf die EuGVVO, ist aber auf die weitgehend identische EuGVVO aF, EuGVÜ bzw LugÜ übertragbar.

267

2.2.2 Auslegung der EuGVVO erfolgt vertragsautonom, nicht nach nationalem Recht.[665] EuGVVO regelt nur die Zuständigkeit, ansonsten ist nationales Verfahrensrecht anzuwenden,[666] das aber EuGVVO nicht beeinträchtigen darf.

268

2.2.3 Zuständigkeit aufgrund des Wohnsitzes des Beklagten: Grundsätzlich sind die Gerichte des Mitgliedstaates, in dem der Beklagte seinen Wohnsitz hat, für alle Schutzrechtsverletzungen, wo immer sie begangen wurden, zuständig (Art 4 (1)). Das gilt auch für eine negative Feststellungsklage.[667] Im Sitzgerichtsstand kann auch über die Verletzung ausländischer Patente oder ausländischer Teile eines EP gestritten werden.[668] Auf den Wohnsitz des *Klägers* sowie die Staatsangehörigkeit der Parteien kommt es nicht an. Fehlt ein Wohnsitz des Bekl in einem Vertragsstaat, gilt das natio-

269

---

661 BGH Mitt 02, 559, 560 *notwendige Konnexität*; GRUR 07, 705 *Aufarbeitung von Fahrzeugkomponenten.*
662 Veröffentlicht im ABl EU 2012 Nr. L 351 S 1 = BlPMZ **13**, 303 = Tabu Gewerbl. Rechtsschutz 694 d; Text abgedruckt im Anhang 2.
663 Veröffentlicht im ABl EU 2001 Nr. L 012 S 1.
664 Text des Übereinkommens ABl EU 2009 Nr. L 147 S 5 = BGBl 1994 II S 2658 = BlPMZ **95**, 305 = Tabu Gewerbl. Rechtsschutz Nr 694 b; für BRD in Kraft seit 1.1.2010 BGBl 2009 I 2862 = BlPMZ **09**, 449.
665 EuGH Slg **88**, 5565 = NJW **88**, 3088 *Zusammenhang verschiedener Klagen*; EuGH Slg **94**, 5439 *Tatry* (Nr 30) = EuZW **95**, 309; Slg **98**, 3075 = Mitt **98**, 387 *EuGVÜ Art 21 »dieselben Parteien«.*
666 EuGH NJW **84**, 2759; **86**, 657; **89**, 663; **91**, 2621.
667 OLG München InstGE **2**, 61 Rn 72 *Leit- und Informationssystem II*; LG Düsseldorf InstGE **3**, 153 Rn 6 *WC-Erfrischer*; schweiz. Bundesgericht GRUR Int **07**, 534.
668 EuGH Slg **95**, 2719 = EuZW **95**, 765 *Marinari/Lloyds.*

nale Recht des angerufenen Gerichts (Art 4 (2)). Besondere Zuständigkeiten sind in Art 7 ff geregelt.

270 **2.2.4 Zuständigkeit aufgrund des Ortes der unerlaubten Handlung** wird durch Art 7 Nr 2 begründet. Die Regelung ist als Ausnahmeregelung eng auszulegen. Sie beruht darauf, dass zwischen der Streitigkeit und den Gerichten des Ortes, an dem das schädigende Ereignis eingetreten ist oder einzutreten droht, eine besonders enge Beziehung besteht, die aus Gründen einer geordneten Rechtspflege und einer sachgerechten Gestaltung des Prozesses eine Zuständigkeit dieser Gerichte rechtfertigt.[669] Zuständig ist das Gericht des Ortes, an dem das schädigende Ereignis eingetreten ist (= Erfolgsort) sowie der Ort des ursächlichen Geschehens (= Handlungsort).[670] Am Handlungsort kann der gesamte Schaden, am Erfolgsort nur der Schaden geltend gemacht werden, der in dem Vertragsstaat des angerufenen Gerichts entstanden ist.[671] Bestehen die dem Beklagten vorgeworfenen Handlungen in der elektronischen Anzeige von Werbung und Verkaufsangeboten für patentverletzende Erzeugnisse, ist Erfolgsort dieser Handlungen in dem Hoheitsgebiet eines jeden Mitgliedsstaates, in dem sich die Verbraucher oder Händler befinden, an die sich diese Werbung und diese Verkaufsangebote richten, ungeachtet des Sitzes des Beklagten und des Standortes der benutzten Server.[672] Der Ort, an dem ein mittelbarer Schaden eingetreten ist, begründet keinen Gerichtsstand nach Art 7 Nr 2.[673]

271 Für Ansprüche wegen Verletzung eines Patents liegt Erfolgsort in dem Staat, für den das Patent Schutz gewährt.[674] Unter Berufung auf den *Erfolgsort* können vor einem deutschen Gericht daher keine Ansprüche wegen Verletzung eines ausländischen Patents oder des ausländischen Teils eines EP geltend gemacht werden.[675]

272 Die räumliche Begrenzung des Schutzgebiets eines nationalen Schutzrechts schließt jedoch nicht die internationale Zuständigkeit anderer Gerichte als derjenigen des Schutzstaates – etwa aufgrund des *Handlungsortes* – aus.[676] Wird die Schutzrechtsverletzung durch ein Verhalten des außerhalb des Schutzstaates ansässigen Verletzers ausgelöst, kann als Handlungsort auch der Ort der Niederlassung des Verletzers in Betracht kommen, soweit dies der Handlungsort ist.[677] Art 7 Nr 2 erlaubt es jedoch nicht, aus dem Ort der Handlung, die einem der mutmaßlichen Verursacher eines Schadens – der nicht Partei des Rechtsstreits ist – angelastet wird, eine gerichtliche Zuständigkeit in Bezug auf einen anderen, nicht im Bezirk des angerufenen Gerichts

---

669 EuGH NJW 13, 2099 (Nr 23 ff) *Melzer*.
670 EuGH Slg 76, 1735 = NJW 77, 493 *Mines de Potasse*; 91, 631 *Dumez France/Hess Landesbank*.
671 EuGH Slg 95, 415 = GRUR Int 98, 298 *Fiona Shevill*; GRUR 14, 100 *Pinckney*; 14, 599 *Hi Hotel*.
672 EuGH Urt v 5.9.19, C-172/18. GRUR 19, 1047 Rn 47, 58 f *AMS Neve*.
673 EuGH Slg 95, 2719 = EuZW 95, 765 *Marinari/Lloyds*.
674 EuGH GRUR 12, 654 (Rn 21 ff) *Wintersteiger* (zu einer Markenverletzung); 14, 100 *Pinckney* (zu einer Urheberrechtsverletzung).
675 Vgl LG Düsseldorf GRUR Int 99, 775 *Schussfadengreifer*; ebenso Schweiz. Bundesgericht GRUR Int 07, 534 zum LugÜ aF.
676 EuGH GRUR 12, 654 (Rn 30 ff) *Wintersteiger* (zu einer Markenverletzung).
677 EuGH GRUR 12, 654 (Rn 34 ff) *Wintersteiger*.

tätig gewordenen mutmaßlichen Verursacher dieses Schadens herzuleiten.[678] Eine wechselseitige Handlungsortzurechnung aufgrund nationaler Rechtskonzepte (hier: Handlungszurechnung gemäß § 830 BGB) liefe dem Ziel einer Vereinheitlichung der Vorschriften über die gerichtliche Zuständigkeit und der Rechtssicherheit zuwider.[679] Allerdings kann in einem solchen Fall am Erfolgsort die Zuständigkeit der Gerichte eines Mitgliedstaats in Bezug auf einen der mutmaßlichen Verursacher dieses Schadens begründet sein, auch wenn dieser nicht im Bezirk des angerufenen Gerichts tätig geworden ist.[680] Ist der Gerichtsstand nach Art 7 Nr 2 durch patentverletzende Vertriebshandlungen begründet, können dort nicht auch Ansprüche wegen patentverletzender Herstellung des gleichen Produkts in einem anderen Vertragsstaat geltend gemacht werden.[681] Der Gerichtsstand der unerlaubten Handlung ist auch für eine vorbeugende Unterlassungsklage eröffnet, ebenso für eine negative Feststellungsklage.[682] Es genügt, dass ein zuständigkeitsbegründender Sachverhalt vom Kläger schlüssig behauptet wird.[683]

Die Erhebung einer *negativen Feststellungsklage* steht einer späteren Leistungsklage in einem anderen Vertragsstaat entgegen, weil das später angerufene Gericht sich nach Art 27 für unzuständig erklären muss,[684] denn die Leistungsklage genießt nach dem EuGVVO keinen Vorrang vor der negativen Feststellungsklage. Die daraus resultierende Blockierung einer späteren Leistungsklage muss daher ein Patentinhaber in Rechnung stellen, wenn er eine Verwarnung ausspricht.[685]

2.2.5 Zuständigkeit wegen des Wohnsitzes eines Mitbeklagten: Werden mehrere Personen, die ihren Sitz in verschiedenen Vertragsstaaten haben, zusammen verklagt, ist nach Art 8 Nr 1 auch das Gericht des Ortes zuständig, in dessen Bezirk (nicht irgendwo im Vertragsstaat[686]) einer der Bekl seinen Wohnsitz hat. Voraussetzung: Zwischen den verschiedenen Klagen ist eine so enge Beziehung gegeben, dass eine gemeinsame Verhandlung und Entscheidung geboten erscheint, um zu vermeiden, dass in getrennten Verfahren widersprechende Entscheidungen ergehen könnten.[687] Das kann auch der Fall sein, wenn sich die Haftung der verschiedenen Beklagten nach unterschiedlichen Rechtsordnungen richtet[688] oder auf verschiedene Rechtsgrundlagen, zB Delikt und Vertrag, gestützt wird.[689] Bei gemeinschaftlicher Patentverletzung

---

678 EuGH NJW 13, 2099 *Melzer*; GRUR 14, 599 (Nr 32) *Hi Hotel*.
679 EuGH NJW 13, 2099, 2101 *Melzer*.
680 EuGH GRUR 14, 599 *Hi Hotel*.
681 LG Düsseldorf GRUR Int 99, 455.
682 EuGH GRUR Int 13, 173 = GRUR 13, 98 *Folien Fischer*; zur Vorlagefrage vgl BGH GRUR 11, 554 *Trägermaterial für Kartenformulare*.
683 Vgl BGH GRUR 05, 431 *Hotel Maritime*; LG Mannheim InstGE 5, 179 *Luftdruck-Kontrollvorrichtung*; 6, 9 *Kondensator für Klimaanlage*.
684 EuGH GRUR Int 98, 298 *Fiona Shevill*; vgl Grabinski FS f Tilmann 2003, 461 ff.
685 Vgl Stauder GRUR Int 99, 190 unter Nr 5; Franzosi EIPR 97, 382 u Mitt 98, 300.
686 LG Düsseldorf GRUR Int 99, 775.
687 Zum EuGVÜ: EuGH NJW 88, 3088; EuGH Slg 94, 5439 = EuZW 95, 309 *Tatry* = NJW 95, 1883 L; EuGH Slg 98, 3075 = Mitt 98, 387 *EuGVÜ Art 21 »dieselben Parteien«*; EuGH GRUR 07, 47 *Geschäftspolitik* = Slg 06, I-6509 *Roche Nederland*.
688 OLG Köln OLG-Report 09, 597.
689 EuGH NJW 07, 3702 *Freeport*; BGH NJW-RR 10, 644.

genügt es für Art 8 Nr 1, wenn ein gesetzlicher Vertreter im Bezirk des Gerichts seinen Wohnsitz hat.[690] Dass die gegen mehrere Verletzer erhobenen Klagen auf verschiedene Schutzrechtsteile desselben europäischen Patents gestützt werden und sämtliche Klagen dieselbe angegriffene Ausführungsform betreffen, reicht demgegenüber nicht,[691] auch dann nicht, wenn alle Angehörige desselben Konzerns sind und die Verletzungshandlungen auf einer gemeinsamen Geschäftspolitik beruhen.[692] Anders aber, wenn den verschiedenen Beklagten dieselben Verletzungshandlungen in Bezug auf dieselben Erzeugnisse vorgeworfen werden und die Verletzungshandlungen in denselben Mitgliedsstaaten begangen wurden, so dass sie dieselben nationalen Teile des europ Patents verletzen.[693]

275 **2.2.6 Zuständigkeit aufgrund rügeloser Einlassung** kann nach Art 26 für ein (ursprünglich unzuständiges) Gericht begründet werden, sofern keine anderweitige ausschließliche Zuständigkeit (zB nach Art 24 Nr 4) besteht. Der Hinweis auf die mangelnde örtliche Zuständigkeit beinhaltet im Zweifel die Rüge der fehlenden internationalen Zuständigkeit.[694] Eine nur hilfsweise Einlassung zur Sache wirkt nicht zuständigkeitsbegründend,[695] wohl aber Einlassung zur Sache in 2. Instanz, wenn eine in 1. Instanz erhobene Zuständigkeitsrüge im Berufungsverfahren nicht wiederholt wird.[696]

276 **2.2.7 Ausschließliche Zuständigkeit** besteht a) für Klagen über die Gültigkeit von Patenten (Art 24 Nr 4), wozu die Einrede der mangelnden Gültigkeit nach nationalem Patentrecht als Vorfrage in einem Verletzungsstreit gehört.[697] Darunter fallen nicht isolierte Patentverletzungsverfahren,[698] Vindikationsklagen;[699] b) bei Vereinbarung über die Zuständigkeit (Art 25).

Ungeklärt ist, ob die nach Art 4 Abs 1 begründete Zuständigkeit für eine auf ein ausländisches Patent gestützte Verletzungsklage im Nachhinein deswegen entfällt, weil der Beklagte den Nichtigkeitseinwand erhebt und Art 24 Nr 4 für die Nichtigkeitsentscheidung eine ausschließliche Zuständigkeit der Gerichte des Erteilungsstaates vorsieht. Die Frage ist zu bejahen (anders hingegen bei einstweiligen Maßnahmen iSv Art 35: Ihrer Anordnung steht Art 24 Nr 4 nicht entgegen, solange keine endgültige Entscheidung über die Gültigkeit des geltend gemachten Patents getroffen wird.[700]) Weil das inländische Gericht das ausländische materielle Recht des Erteilungsstaates anzuwenden hat und dieses materielle Recht eine Verteidigung mit dem Nichtigkeitseinwand vorsieht, ist das angerufene Sitzgericht, sobald der Nichtigkeitseinwand erhoben wird, nicht mehr über den gesamten Streitstoff entscheidungsbefugt. Eine Verwei-

---

690 LG Düsseldorf v 16.6.96 – 4 O 5/95.
691 EuGH GRUR 07, 47 *Geschäftspolitik* = Slg 06, I-6509 *Roche Nederland*; LG Düsseldorf InstGE 1, 146 *Proteinderivat*.
692 EuGH GRUR 07, 47 *Geschäftspolitik* = Slg 06, I-6509 *Roche Nederland*.
693 EuGH GRUR 12, 1169 *Solvay*.
694 BGH NJW-RR 05, 1518.
695 BGH NJW-RR 05, 1518.
696 BGH MDR 08, 162 = NJW 07, 3501 *Zuständigkeit durch Einlassung*.
697 EuGH GRUR 07, 49 *GAT*.
698 EuGH Slg 83, 3663 = GRUR Int 84, 693 *Goderbauer*.
699 EuGH Slg 83, 3663 = GRUR Int 84, 693 *Goderbauer*.
700 Insoweit aA: The Hague District Court Mitt 07, 285 *Bettacare./. H3*; EuGH GRUR 12, 1169 *Solvay*.

sung an ein Gericht des Erteilungsstaates kommt mangels entsprechender Verweisungsvorschriften selbst dann nicht in Betracht, wenn dieses (zB nach Art 7 Nr 2) auch für die Verletzungsklage zuständig wäre.[701] Die Verletzungsklage muss deswegen als unzulässig abgewiesen werden, sobald der Nichtigkeitseinwand in einer Weise (dh substanziiert) erhoben wird, dass eine – den Gerichten des Erteilungsstaates vorbehaltene – sachliche Auseinandersetzung mit dem Nichtigkeitsvorbringen geboten ist.[702] Wird – ohne den Nichtigkeitseinwand zu erheben – das ausländische Klagepatent im Erteilungsstaat gesondert mit einer Nichtigkeitsklage angegriffen, kann der Rechtsstreit gemäß § 148 ZPO ausgesetzt werden, bis über die Nichtigkeitsklage rechtskräftig entschieden ist.

2.2.8 Zuständigkeit für einstweilige Maßnahmen richtet sich nach Art 35. Das sind die Gerichte der Vertragsstaaten, die für die Hauptsache nach dem EuGVVO zuständig sind, und zusätzlich die Gerichte nach dem jeweiligen nationalen Recht. Die zu erlassende Maßnahme richtet sich nach dem Recht des angerufenen Gerichts,[703] zB kort geding (NL), interlocutory injunction (UK), die nach der EuGVVO in den Vertragsstaaten vollstreckungsfähig sind. Einer Anton Piller order (siehe § 140c Rdn 96) kann nach Art 34 Nr 2 die Anerkennung versagt werden, da sie ex parte ergeht. Der Nichtigkeitseinwand des Antragsgegners und die Zuständigkeitsregelung in Art 24 Nr 4 schließen die Zuständigkeit für einstweilige Maßnahmen nach Art 35 nicht aus, wenn mit der einstweiligen Maßnahme keine endgültige Entscheidung über den Rechtsbestand des geltend gemachten Patents getroffen wird.[704] Als einstweilige Maßnahmen einschließlich Sicherungsmaßnahmen können auch Anordnungen zur Beweiserhebung oder -sicherung iSv Art 6 u 7 der Durchsetzungs-RiLi angesehen werden, so jedenfalls Erwägungsgrund 25 der EuGVVO.

277

2.2.9 »Torpedo« bezeichnet eine im Ausland erhobene negative Feststellungsklage umgekehrten Rubrums, mit der festgestellt werden soll, dass eine bestimmte Sache, Verwendung oder Verfahrensführung, die Gegenstand einer inländischen Verletzungsklage ist, von dem Klagepatent keinen Gebrauch macht. Zweck der negativen Feststellungsklage ist die Verzögerung einer Entscheidung im Verletzungsprozess, weshalb Torpedo-Klagen – ohne Rücksicht auf eine tatsächliche Zuständigkeit des angerufenen ausländischen Gerichts – dort erhoben werden, wo Gerichtsverfahren erfahrungsgemäß lange dauern. Möglichkeit zur Verzögerung folgt aus den Aussetzungsvorschriften der EuGVVO, des EuGVÜ und des LugÜ.

278

2.2.9.1 Zwingende Aussetzung sehen Art 29 EuGVVO, Art 21 EuGVÜ und Art 27 LugÜ vor, wenn a) zwischen denselben Parteien b) über denselben Anspruch c) bei Gerichten verschiedener Mitgliedstaaten d) Klagen (nicht: eV-Anträge, Arrestanträge) anhängig sind. Dasjenige Gericht, bei dem später Rechtshängigkeit eingetreten ist, *muss seinen Prozess aussetzen* bis über die Zuständigkeit des zuerst angerufenen Gerichts rechtskräftig befunden ist.

279

---

701 OLG Köln, NJW 88, 2182; OLG Koblenz, NJW-RR 01, 490.
702 So auch Kubis Mitt 07, 220.
703 Gerechtshof Den Haag GRUR Int 95, 253.
704 EuGH GRUR 12, 1169 *Solvay*.

280 a) **»Dieselbe Partei«** setzt grundsätzlich Identität der Rechtspersönlichkeit voraus: Kläger und Beklagte müssen mit umgekehrten Parteirollen am anderen Verfahren beteiligt sein. Darüber hinaus »Parteiidentität«, wenn von den an sich verschiedenen Rechtspersönlichkeiten identische und untrennbare Interessen verfolgt werden,[705] zB einfacher Lizenznehmer, der die Verletzungsklage in gewillkürter Prozessstandschaft für den Patentinhaber führt, welcher Beklagter der neg. Feststellungsklage ist[706] oder wenn eine Entscheidung gegen eine Rechtsperson im Wege der Rechtskrafterstreckung auch für eine andere Person Geltung erhält,[707] etwa im Falle der Einräumung einer ausschließlichen Lizenz nach Rechtshängigkeit.[708] Die Nationalität der Parteien ist unerheblich.[709] Bei einem Wechsel des Patentinhabers sind Partei- und Anspruchsidentität zu verneinen, wenn in dem einen Verfahren nur Benutzungshandlungen während der Inhaberschaft des früheren Patentinhabers und in dem anderen Verfahren für die Zeit nach dem Rechtsübergang auf den neuen Inhaber streitgegenständlich sind;[710]

281 b) **»derselbe Anspruch«** verlangt ein sachlich übereinstimmendes Rechtsschutzbegehren, wobei es auf die jeweilige Parteirolle nicht ankommt.[711] Neg Feststellungsklage betrifft daher denselben Anspruch wie die positive Leistungsklage umgekehrten Rubrums, wenn a) dieselbe angegriffene Ausführungsform und b) dasselbe Schutzrecht in Rede stehen.[712] Jeder nationale Anteil eines EP bildet eigenes Schutzrecht, weswegen Anspruchsidentität nur gegeben ist, wenn in beiden Verfahren um denselben nationalen Teil des EP gestritten wird.[713]

282 c) **Art 29 EuGVVO** gilt, wenn zwischen den Mitgliedstaaten der positiven Leistungsklage und der neg. Feststellungsklage das EuGVVO in Kraft ist. Daran fehlt es bzgl Schweiz, Island und Norwegen. Ist ein Gericht dieser Staaten beteiligt, ist Art 27 LugÜ einschlägig.[714]

283 d) **Zeitpunkt der Rechtshängigkeit** in Art 32 EuGVVO besonders geregelt: Abs 1 lit. a): Eingang des verfahrenseinleitenden Schriftstücks bei Gericht; Abs 1 lit b) (falls nach der nationalen Rechtsordnung die Zustellung an den Bekl. vor der Einreichung des Schriftstücks bei Gericht zu bewirken ist): Eingang des Schriftstücks bei der für die Zustellung verantwortlichen Stelle. Voraussetzung in beiden Fällen, dass Kläger die ihm obliegenden Maßnahmen für eine Zustellung an den Bekl. (zB Zahlung eines Kostenvorschusses) getroffen hat. Rechtshängigkeit tritt auch für einen Hilfsantrag ein.[715] Art 32 EuGVVO gilt nicht – auch nicht analog – für Sach-

---

705 EuGH Slg 1998 I 3075 = Mitt **98**, 387 *Drouot/CMI*.
706 OLG Düsseldorf Mitt **00**, 419 *Aussetzung*; LG Düsseldorf GRUR Int **99**, 804 *Impfstoff I*.
707 OLG Karlsruhe ZUM 2008, 516; LG Düsseldorf GRUR-RR **09**, 402 *Italienischer Torpedo*.
708 BGH GRUR **13**, 1269 *Wundverband*.
709 EuGH Slg 1991 I 3317 = NJW **92**, 3221 *Overseas Union Insurance/New Hampshire Insurance*.
710 LG Düsseldorf InstGE **9**, 246 *Vorlaminiertes mehrschichtiges Band*.
711 EuGH NJW **95**, 1983 *Tatry*.
712 LG Düsseldorf GRUR Int **98**, 803 *Kondensatorspeicherzellen*; **99**, 804 *Impfstoff I*.
713 OLG Düsseldorf Mitt **00**, 419, 421.
714 Vgl EuGH Slg 1991 I 3317 = NJW **92**, 3221 *Overseas Union Insurance/New Hampshire Insurance*.
715 OLG Köln GRUR-RR **05**, 36 *Fußballwetten*.

verhalte, die nach EuGVÜ oder LugÜ zu beurteilen sind.[716] Bei ihnen entscheidet das jeweilige nationale Prozessrecht des Mitgliedstaates, dessen Gericht angerufen ist, darüber, durch welche Maßnahme (Klageeingang, Klagezustellung) Rechtshängigkeit begründet wird.[717] Der sich durch die Maßgeblichkeit der Klagezustellung im dt Recht ergebende Nachteil kann vermieden werden, wenn Klage bei Verwaltungsgericht erhoben und anschließend Verweisung an Zivilgericht beantragt wird.[718] Bei zeitgleicher Rechtshängigkeit beider Verfahren keine Aussetzung notwendig.

e) **Liegen die Voraussetzungen zu a) bis d) vor**, muss das Gericht, bei dem Rechtshängigkeit später eingetreten ist, sein Verfahren von Amts wegen aussetzen bis im anderen (früheren) Verfahren rechtskräftig über die Zuständigkeit des dort angerufenen Gerichts entschieden ist. Erfasst die Entscheidung nur den Hauptantrag und nicht einen ebenfalls anhängigen Hilfsantrag, besteht weiterhin Aussetzungszwang, es sei denn, über den Hilfsantrag kann keine Entscheidung mehr ergehen, weil der Hauptantrag erfolgreich war.[719] Bei Teilidentität der Parteien oder des Anspruchs Aussetzungszwang, soweit Identität besteht. Keine Prüfungszuständigkeit des einen Gerichts im Hinblick auf die Zuständigkeit des anderen Gerichts. Aussetzung kann nicht deshalb unterbleiben, a) weil das mit der neg. Feststellungsklage befasste Gericht ersichtlich unzuständig sei; b) weil die Verfahren vor den Gerichten des erstangerufenen Gerichts allgemein unvertretbar lange dauern.[720] Aussetzungsbegehren ausnahmsweise treuwidrig, wenn das mit der neg. Feststellungsklage angerufene ausländische Gericht nach gesicherter Rechtsprechung offensichtlich unzuständig ist und das Verfahren vor diesem Gericht vom Feststellungskläger grundlos nicht oder derart langsam betrieben wird, dass eine Aussetzung das Recht des Verletzungsklägers auf ordnungsgemäße Durchführung seines Verletzungsverfahrens vereiteln würde.[721] Erklärt sich das zuerst angerufene Gericht des anderen Verfahrens für zuständig, ist die später erhobene Klage wegen anderweitiger Rechtshängigkeit von Anfang an unzulässig gewesen; die Aussetzung verlagert nur den Zeitpunkt der Entscheidung über die Klageabweisung nach hinten.[722]

2.2.9.2 Fakultative Aussetzung ist vorgesehen in Art 30 EuGVVO, Art 22 EuGVÜ, Art 28 LugÜ. Das später angerufene Gericht kann aussetzen, wenn die bei Gerichten verschiedener Mitgliedstaaten erhobenen Klagen im Zusammenhang stehen, dh zwischen ihnen eine so enge Beziehung besteht, dass gemeinsame Verhandlung und Entscheidung geboten erscheint, um in getrennten Verfahren widersprechende Entscheidungen zu vermeiden.

---

716 OLG Frankfurt aM Mitt 06, 286 *Rechtshängigkeit in der Schweiz*.
717 EuGH NJW **89**, 665 *Gubisch/Palumbo*; **84**, 2759 *Zelger/Salinitri*.
718 Musmann Mitt 01, 99; BVerwG Mitt 01, 136 *unzulässige Verletzungsklage*.
719 OLG Köln GRUR-RR 05, 36 *Fußballwetten*.
720 EuGH Slg 03, I-14 693 = IPRax 04, 243 *Gasser*.
721 LG Düsseldorf InstGE **3**, 8 *Cholesterin-Test*.
722 BGH Urt v 22.2.18, IX ZR 83/17, ZIP **18**, 802.

286 Auf Partei- und Anspruchsidentität iSv Art 29 EuGVVO kommt es nicht an. Aussetzungsmöglichkeit auch bei Klagen aus verschiedenen nationalen Teilen eines EP.[723] Ermessensentscheidung erfordert umfassende Interessenabwägung. Grundsätzlich ist die Zuständigkeitswahl des Verletzungsklägers zu beachten. Gewicht hat außerdem sein Interesse an zügiger Durchsetzung seiner zeitlich ohnehin befristeten Verbietungsrechte aus dem Patent; deshalb im Zweifel keine Aussetzung, wenn die Entscheidung im anderen Verfahren in naher Zukunft nicht zu erwarten ist.

3 Klageanträge und Streitgegenstand
Lit: Nieder in GRUR 13, 1195.

287 **3.1 Klageantrag** muss aus Gründen der **hinreichenden Bestimmtheit** diejenigen Handlungen, die unterbleiben sollen bzw für die Schadensersatz oder Rechnungslegung verlangt wird, und die Verletzungsform genau bezeichnen. Die Verletzungsform muss mit ihren konkreten Merkmalen bezeichnet werden,[724] so dass kein Zweifel über die Handlung, die verboten werden soll, bestehen kann.[725] Eine wörtliche oder bezugnehmende Wiedergabe des verletzten Patentanspruchs genügt idR, wenn eine insgesamt wortsinngemäße Benutzung vorliegt.[726] Das gilt – entgegen BGH,[727] der insoweit eine konkrete Umschreibung der Verletzungsform verlangt – auch hinsichtlich solcher Merkmale, deren Verwirklichung zwischen den Parteien streitig ist.[728] Aus dem Umstand, dass ein Kläger es unterlässt, einen auf die konkrete Verletzungsform zugeschnittenen Klageantrag zu formulieren, kann nicht abgeleitet werden, dass er seine Klage auf alle schlechthin in den Schutzbereich des Patents fallenden Ausführungsformen richten will; vielmehr ist zur Auslegung des Klagebegehrens das zu dessen Begründung Vorgetragene heranzuziehen[729] (s Rdn 290).

Wird eine teilweise nur **äquivalente Verletzung** geltend gemacht, so sind anstelle der nicht wortsinngemäß verwirklichten Merkmale diejenigen Austauschmittel zu benennen, deren sich die angegriffene Ausführungsform als gleichwirkend bedient.[730] Von der Verletzungsform mitverwirklichte Unteransprüche werden zweckmäßigerweise mit »insbesondere« in den Klageantrag aufgenommen.

288 Im Hinblick auf die beanstandete Verletzungshandlungen genügt idR ebenfalls die Wiedergabe des Gesetzeswortlauts von §§ 9 f. Das gilt nicht, wenn der Beklagte die Benutzungshandlungen nicht eigenhändig begangen hat, sondern etwa als im Ausland ansässiger Hersteller einen ebenfalls im Ausland ansässigen Abnehmer mit Erzeugnissen beliefert hat, obwohl konkrete Anhaltspunkte bestanden, dass der Abnehmer die gelieferte Ware trotz dort bestehenden Patentschutzes im Inland anbieten oder in Verkehr bringen wird; in einem solchen Fall sind die Umstände im Klageantrag oder in

---

723 LG Düsseldorf GRUR Int **98**, 803 *Kondensatorspeicherzellen.*
724 BGH GRUR **98**, 489 *Unbestimmter Unterlassungsantrag III*; **00**, 438 *gesetzeswiederholende Unterlassungsanträge*; **02**, 86 *Laubhefter.*
725 BGH GRUR **98**, 489 (II2a) *Unbestimmter Unterlassungsantrag III*; **97**, 767 *Brillenpreise II.*
726 BGH GRUR **86**, 803 (I7c) *Formstein.*
727 BGH GRUR **05**, 569 *Blasfolienherstellung.*
728 Kühnen GRUR **06**, 180.
729 BGH GRUR **16**, 257 *Glasfasern II.*
730 BGH GRUR **10**, 314 (Nr 31) = BGHZ **184**, 49 *Kettenradanordnung II.*

der Klagebegründung ebenso wie in einem der Klage stattgebenden Urteil oder dessen Gründen konkret zu umschreiben.⁷³¹

Der im Höheprozess verfolgte Schadensersatzanspruch muss beziffert werden, und zwar auch dann, wenn Herausgabe des Verletzergewinns verlangt wird und nur ein nach § 287 ZPO zu schätzender Teil des erzielten Gewinns auf der Schutzrechtsverletzung beruht.⁷³² **289**

3.2 Streitgegenstand ist ein zentraler Begriff des Zivilprozesses, der ua relevant ist für Zuständigkeit, Klagehäufung, Klageänderung, Rechtshängigkeit, Rechtskraft, Hemmung der Verjährung. Nach dem zweigliedrigen Streitgegenstandsbegriff bestimmt sich der Streitgegenstand nach den gestellten Anträgen und des zu ihrer Begründung vorgetragenen Lebenssachverhalts.⁷³³ Auch wenn der Klageantrag nur den Wortlaut des Patentanspruchs wiedergibt, ist zur Auslegung des Klagebegehrens das zu dessen Begründung Vorgetragene heranzuziehen.⁷³⁴ Der Streitgegenstand einer Patentverletzungsklage wird regelmäßig durch die als angegriffene Ausführungsform bezeichnete tatsächliche Ausgestaltung eines bestimmten Produkts im Hinblick auf die Merkmale des geltend gemachten Patentanspruchs bestimmt.⁷³⁵ Grundsätzlich unerheblich ist, ob eine wortsinngemäße oder äquivalente Benutzung geltend gemacht wird.⁷³⁶ Gleiches gilt für Ort und Zeit der angegriffenen Handlungen, soweit sie nicht aufgrund gesetzlicher Regelungen (zB territoriale Beschränkung) oder einer Beschränkung des Klageantrags (zB Beschränkung auf Eintragungszeitraum) von Bedeutung sind.⁷³⁷ Bei einer Klage aus unterschiedlichen Schutzrechten begründet jedes Schutzrecht einen eigenen Streitgegenstand, selbst wenn die Klageanträge identisch sind.⁷³⁸ Im Übrigen kann der Zulässigkeit einer zweiten Patentverletzungsklage die Rechtshängigkeit einer auf dasselbe Patent gestützten ersten Verletzungsklage oder die Rechtskraft eines darauf ergangenen Urteils entgegenstehen.⁷³⁹ **290**

In **sachlicher Hinsicht** ist ohne abweichende Anhaltpunkte im Parteivortrag anzunehmen, dass sich das Rechtsschutzbegehren auf sämtliche Handlungen des Beklagten erstrecken soll, die diejenigen Merkmale aufweisen, aus denen der Kläger die Qualifikation der Handlungen als rechtsverletzend herleitet.⁷⁴⁰ Umgekehrt ist mangels abweichender Anhaltspunkte anzunehmen, dass Ansprüche nur wegen solcher Handlungen geltend gemacht werden sollen, die sich auf eine Ausführungsform beziehen, für die der Kläger vorträgt, dass sie sämtliche Merkmale des Patentanspruchs aufweist und **291**

---

731   BGH Urt v 8.6.21, X ZR 47/19 *Ultraschallwandler*.
732   LG Düsseldorf InstGE **8**, 257 *Tintentankpatrone*.
733   St Rspr BGHZ **117**, 1 (5); 153, 173 (175); 154, 342 = GRUR 03, 716 *Reinigungsarbeiten*.
734   BGH GRUR **16**, 257 (Nr 98) *Glasfasern II*.
735   BGH GRUR 03, 716 *Reinigungsarbeiten*; **12**, 485 (Nr 19) *Rohrreinigungsdüse II*.
736   BGH GRUR **12**, 485 (Nr 18) *Rohrreinigungsdüse II*.
737   BGH GRUR **12**, 485 (Nr 18) *Rohrreinigungsdüse II*; GRUR **12**, 485 *Rohrreinigungsdüse II*; Urt v 3.11.20, X ZR 85/19, GRUR **21**, 462 *Fensterflügel*.
738   BGH GRUR **01**, 755, 757 *Werbung auf Telefonkarte*.
739   BGH GRUR **12**, 485 *Rohrreinigungsdüse II*; Urt v 3.11.20, X ZR 85/19, GRUR **21**, 462 *Fensterflügel*.
740   BGH GRUR **04**, 755 *Taxameter*.

entgegen § 9 benutzt wird.[741] Dem liegt die Auffassung zugrunde, dass Ansprüche wg Patentverletzung über die konkrete Verletzungshandlung hinaus für Handlungen gegeben sein können, in denen das Charakteristische der Verletzungshandlung zum Ausdruck kommt, da eine Verletzungshandlung die Vermutung einer Wiederholungsgefahr für alle im Kern gleichartigen Verletzungshandlungen begründet.[742]

292 Grundsätzlich begründet auch jede Benutzungsart iSv § 9 S 2 einen eigenen Streitgegenstand.[743] Ist jedoch zwischen den Parteien unstreitig und auch sonst nicht zur Entscheidung des Gerichts gestellt, durch welche Benutzungsarten das Patent verletzt sein soll, genügt für eine Verurteilung auch zum Schadensersatz und zur Auskunft idR der Nachweis, dass überhaupt irgendwelche Verletzungshandlungen begangen wurden, selbst wenn dies nur eine Benutzungsart betrifft.[744] Anders dagegen, wenn der Streit nur darum geht, ob einzelne beanstandete Handlungen überhaupt unter eine der Benutzungsarten von § 9 S 2 fallen.[745] Allerdings können im Fall der Unterlassungsklage begangene Benutzungshandlungen einer Benutzungsart eine Erstbegehungsgefahr für andere Benutzungsarten begründen,[746] wobei zu berücksichtigen ist, dass ein Verletzungsunterlassungsanspruch und ein vorbeugender Unterlassungsanspruch auch zwei verschiedene Streitgegenstände darstellen können, was sich nach den allgemeinen Regeln bestimmt.[747]

293 In **zeitlicher Hinsicht** kann der Verletzer auf Auskunft und Schadensersatz auch wegen solcher Handlungen in Anspruch genommen werden, die er über den Schluss der mündlichen Verhandlung hinaus in Fortführung der bereits begangenen, mit der Klage als patentverletzend angegriffenen Handlungen begeht.[748] Entsprechend ist eine Verurteilung, wenn im Klagevorbringen oder im Urteil nichts Gegenteiliges zum Ausdruck gebracht ist, regelmäßig im Sinne einer solchen auch in die Zukunft gerichteten Verurteilung auszulegen.[749] Es ist grundsätzlich davon auszugehen, dass ein Klageantrag und eine diesem stattgebende Entscheidung immanent auf den höchstens in Betracht kommenden Schutzzeitraum beschränkt sind,[750] aber ohne ausdrückliche Beschränkung auch für den gesamten Schutzzeitraum gelten.[751]

294 In **subjektiver Hinsicht** gewinnt der Streitgegenstand im Fall der Rechtshängigkeit und der Rechtskraftwirkung Bedeutung. Es gelten insbes §§ 261, 265, 325 ZPO: Die

---

741 BGH GRUR **12**, 485 (Nr 23) *Rohrreinigungsdüse II*.
742 BGH GRUR **13**, 1235 (Nr 18) *Restwertbörse II*; **16**, 257 (Nr 94) *Glasfasern II*.
743 BGH Urt v 29.3.60, I ZR 109/58, GRUR **60**, 423 (424) *Kreuzbodenventilsäcke*.
744 BGH Urt v 16.3.56, I ZR 62/55, GRUR **56**, 265 (269) *Rheinmetall-Borsig I*; Urt v 29.3.60, I ZR 109/58, GRUR **60**, 423 (424) *Kreuzbodenventilsäcke*.
745 BGH Urt v 29.3.60, I ZR 109/58, GRUR **60**, 423 (425) *Kreuzbodenventilsäcke*.
746 OLG Düsseldorf Urt v 23.3.17, I-2 U 58/16, BeckRS **17**, 109832; Urt. v. 6.4.17, I-2 U 51/16, GRUR-RS **17**, 109833.
747 BGH Urt v 26.1.06, I ZR 83/03, GRUR **06**, 429 *Schlank-Kapseln*; Urt v 23.9.15, I ZR 15/14, GRUR **16**, 83 (Rn 41) *Amplidect/ampliteq*.
748 BGH GRUR **04**, 755 *Taxameter*.
749 BGH GRUR **04**, 755 *Taxameter*.
750 BGH GRUR **58**, 179 (180) *Resin*; **90**, 997 *Ethofumesat*; **10**, 996 (Nr 15) = BGHZ **187**, 1 *Bordako*.
751 BGH GRUR **13**, 1269 *Wundverband*.

nach Rechtshängigkeit erfolgte Veräußerung des Klagepatents und die nachfolgende Umschreibung des Patentregisters haben gem § 265 (2) 1 ZPO keinen Einfluss auf den Rechtsstreit.[752] Der bisherige Kläger bleibt weiterhin prozessführungsbefugt, lediglich in den Anträgen auf Schadensersatz, Auskunft und Rechnungslegung ist anzugeben, wessen Schaden zu ersetzen ist und wem die Informationen zu erteilen sind (Stichtag ist der materielle Rechtsübergang).[753] Der ausschließliche Lizenznehmer, dem der Patentinhaber, nachdem er Ansprüche gegen einen Patentverletzer rechtshängig gemacht hat, die ausschließliche Lizenz am Klagepatent eingeräumt hat, ist wegen anderweitiger Rechtshängigkeit an der Erhebung einer eigenen Klage mit identischen Anträgen gegen den Patentverletzer gehindert, solange die Klage des Patentinhabers rechtshängig ist; auch das rechtskräftige Urteil des Patentinhabers wirkt unter diesen Voraussetzungen für und gegen den Dritten, § 325 (1) ZPO.[754] Gleiches gilt im Fall der Einräumung einer Mitinhaberschaft am Klagepatent nach Klageerhebung.[755]

3.3 Beispiele für Klageanträge

3.3.1 Unmittelbare Patentverletzung[756]

Es wird beantragt,
I. die Beklagten zu verurteilen,
1. es bei Meidung eines für jeden Fall der Zuwiderhandlung vom Gericht festzusetzenden Ordnungsgeldes bis zu 250 000 EUR – ersatzweise Ordnungshaft – oder einer Ordnungshaft bis zu sechs Monaten, im Falle wiederholter Zuwiderhandlung bis zu insgesamt zwei Jahren, wobei die Ordnungshaft hinsichtlich der Beklagten zu 1. an ihrem Geschäftsführer zu vollziehen ist, zu unterlassen,
… (Oberbegriff des Hauptanspruchs des Patents)
in der Bundesrepublik Deutschland herzustellen,[757] anzubieten, in Verkehr zu bringen oder zu gebrauchen oder zu den genannten Zwecken einzuführen oder zu besitzen,[758]
… (Merkmale des Kennzeichens des Hauptanspruchs)
(gegebenenfalls:) insbesondere wenn
… (etwa verwirklichte Unteransprüche);
2. dem Kläger schriftlich/in elektronisch auswertbarer Form[759] darüber Rechnung zu legen, in welchem Umfang sie die zu 1. bezeichneten Handlungen seit dem …[760] begangen haben, und zwar unter Angabe

295

---

752 BGH GRUR 13, 713 *Fräsverfahren*.
753 BGH GRUR 13, 713 *Fräsverfahren*.
754 BGH GRUR 13, 1269 *Wundverband*.
755 BGH GRUR 13, 1269 (Nr 14) *Wundverband*.
756 *Klage richtet sich gegen das Unternehmen* (= Beklagte zu 1) und dessen Geschäftsführer (= Beklagter zu 2).
757 Nur falls die Beklagte selbst herstellen.
758 Handelt es sich um ein Verfahrenspatent, kommen als zu untersagende Handlungsalternativen das Anbieten und/oder Anwenden des Verfahrens in Betracht. Der Rechnungslegungsanspruch ist in einer solchen Konstellation gleichfalls – und zwar auch hinsichtlich der zu offenbarenden Einzeldaten (zB Ort und Zeit der Verfahrensanwendung etc) – anzupassen.
759 Der Kläger kann nur eine Form der Auskunft verlangen, s Rdn 175.
760 Datum der Veröffentlichung des Patents oder der zugrunde liegenden Anmeldung, evtl der ins Deutsche übersetzten Patentansprüche, jeweils zzgl 1 Monat.

a) der Herstellungsmengen und -zeiten,[761]
b) der Menge der erhaltenen oder bestellten Erzeugnisse, der Namen und Anschriften der Hersteller, Lieferanten und anderer Vorbesitzer sowie der bezahlten Preise,
c) der einzelnen Lieferungen, aufgeschlüsselt nach Liefermengen, -zeiten und -preisen (und gegebenenfalls Typenbezeichnungen) sowie den Namen und Anschriften der Abnehmer einschließlich der Verkaufsstellen, für welche die Erzeugnisse bestimmt waren,
d) der einzelnen Angebote, aufgeschlüsselt nach Angebotsmengen, -zeiten und -preisen (und gegebenenfalls Typenbezeichnungen) sowie den Namen und Anschriften der Angebotsempfänger,
e) der betriebenen Werbung, aufgeschlüsselt nach Werbeträgern, deren Auflagenhöhe, Verbreitungszeitraum und Verbreitungsgebiet,
f) der nach den einzelnen Kostenfaktoren aufgeschlüsselten Gestehungskosten und des erzielten Gewinns,
(gegebenenfalls:) wobei
– sich die Verpflichtung zur Rechnungslegung für die Zeit vor dem 1. Mai 1992 auf Handlungen in dem Gebiet der Bundesrepublik Deutschland in den bis zum 2. Oktober 1990 bestehenden Grenzen beschränkt;[762]
– von dem Beklagten zu 2) sämtliche Angaben und von beiden Beklagten die Angaben zu f) nur für die Zeit seit dem ... zu machen sind;[763]
– die Angaben zu a) und b) nur für die Zeit seit dem 1. Juli 1990 zu machen sind;[764]
– Angaben zu den Einkaufspreisen sowie den Verkaufsstellen nur für die Zeit seit dem 30.04.2006[765] zu machen sind;
– den Beklagten vorbehalten bleibt, die Namen und Anschriften der nichtgewerblichen Abnehmer und der Angebotsempfänger statt der Klägerin einem von der Klägerin zu bezeichnenden, ihr gegenüber zur Verschwiegenheit verpflichteten, in der Bundesrepublik Deutschland ansässigen, vereidigten Wirtschaftsprüfer mitzuteilen, sofern die Beklagten dessen Kosten tragen und ihn ermächtigen und verpflichten, der Klägerin auf konkrete Anfrage mitzuteilen, ob ein bestimmter Abnehmer oder Angebotsempfänger in der Aufstellung enthalten ist;
– die Beklagten zum Nachweis der Angaben zu b) und c) die entsprechenden Einkaufs- und Verkaufsbelege (nämlich Rechnungen, hilfsweise Lieferscheine) in Kopie vorzulegen haben, wobei geheimhaltungsbedürftige Details außerhalb der rechnungslegungspflichtigen Daten geschwärzt werden dürfen;
3. nur die Beklagte zu 1): die in ihrem unmittelbaren oder mittelbaren Besitz oder Eigentum befindlichen, unter 1. bezeichneten Erzeugnisse[766] zu vernichten oder nach

---

761 Nur falls die Beklagten selbst herstellen.
762 Falls Ansprüche für die Zeit vor dem 1.5.1992 (In-Kraft-Treten des Erstreckungsgesetzes) geltend gemacht werden.
763 Falls Entschädigungsansprüche geltend gemacht werden.
764 Falls Schadensersatzansprüche für die Zeit vor dem 1.7.1990 geltend gemacht werden.
765 Fristablauf für die Umsetzung der Durchsetzungsrichtlinie.
766 Sofern eine Vernichtung der Gesamtvorrichtung unverhältnismäßig ist, ist die stattdessen zu vernichtende Teilvorrichtung zu bezeichnen.

ihrer Wahl an einen von ihr zu benennenden Gerichtsvollzieher zum Zwecke der Vernichtung auf ihre – der Beklagten zu 1) – Kosten herauszugeben;[767]
4. nur die Beklagte zu 1): die unter 1. bezeichneten, seit dem 30.4.2006/...[768] in Verkehr gebrachten Erzeugnisse gegenüber den gewerblichen Abnehmern unter Hinweis auf den gerichtlich (Urteil des ... vom ...) festgestellten patentverletzenden Zustand der Sache und mit der verbindlichen Zusage zurückzurufen, etwaige Entgelte zu erstatten sowie notwendige Verpackungs- und Transportkosten sowie mit der Rückgabe verbundene Zoll- und Lagerkosten zu übernehmen und die Erzeugnisse wieder an sich zu nehmen;
5. dem Kläger zu gestatten, ... (zB Urteilskopf und Urteilstenor) auf Kosten der Beklagten durch eine ... (zB in 3 aufeinanderfolgenden Ausgaben der Zeitschrift ... erscheinende halbseitige Anzeige) öffentlich bekannt zu machen;
II. festzustellen,
1. dass die Beklagte zu 1) verpflichtet ist, dem Kläger für die zu I.1. bezeichneten, in der Zeit vom ... bis zum ...[769] begangenen Handlungen eine angemessene Entschädigung zu zahlen;[770]
2. dass die Beklagten als Gesamtschuldner verpflichtet sind, dem Kläger allen Schaden zu ersetzen, der ihm (gegebenenfalls auch dem Patentinhaber oder dem früheren Patentinhaber) durch die zu I.1. bezeichneten, seit dem ...[771] begangenen Handlungen entstanden ist und noch entstehen wird,[772]
(gegebenenfalls:) wobei sich die Verpflichtung zum Schadensersatz für die Zeit vor dem 1. Mai 1992 auf Handlungen in dem Gebiet der Bundesrepublik Deutschland in den bis zum 2. Oktober 1990 bestehenden Grenzen beschränkt.

3.3.2 Mittelbare Patentverletzung[773]

Es wird beantragt,
I. die Beklagten zu verurteilen,

296

---

767 Nach Ablauf des Schutzrechts ist der Anspruch beschränkt auf die seit dem Tag des Schutzrechtsablaufs im Besitz/Eigentum befindlichen Erzeugnisse.
768 Fristablauf für die Umsetzung der Durchsetzungsrichtlinie bzw. Datum der Patenterteilung, falls später liegend.
769 Datum der Offenlegung bis Datum der Veröffentlichung der Patenterteilung, jeweils zzgl 1 Monat.
770 Bei Geltendmachung eines Rest-Entschädigungsanspruchs geht der Klageantrag dahin »festzustellen, dass die Beklagte zu 1. verpflichtet ist, an den Kläger für die zu I.1 bezeichneten, in der Zeit vom ... bis ... begangenen Handlungen eine angemessene Entschädigung zu zahlen, wobei sich die Entschädigungspflicht auf die Herausgabe dessen beschränkt, was die Beklagte zu 1. durch die Benutzung des Gegenstandes der ... (Bezeichnung des Schutzrechts) auf Kosten des Klägers erlangt hat«.
771 *Datum der Veröffentlichung der Patenterteilung zzgl ein Monat.*
772 Bei Geltendmachung eines Rest-Schadensersatzanspruchs geht der Klageantrag dahin »festzustellen, dass die Beklagten als Gesamtschuldner verpflichtet sind, dem Kläger allen Schaden zu ersetzen, der ihm durch die zu I.1 bezeichneten, in der Zeit seit dem ... begangenen Handlungen entstanden ist und noch entstehen wird, wobei sich die Schadensersatzpflicht für die die von ... begangenen Handlungen auf die Herausgabe dessen beschränkt, was die Beklagten durch die Benutzung des ... (Bezeichnung des Schutzrechts) auf Kosten des Klägers erlangt haben«.
773 Klage richtet sich gegen das Unternehmen (= Beklagte zu 1) und dessen Geschäftsführer (= Beklagter zu 2).

1. es bei Meidung eines für jeden Fall der Zuwiderhandlung vom Gericht festzusetzenden Ordnungsgeldes bis zu 250 000 EUR – ersatzweise Ordnungshaft – oder einer Ordnungshaft bis zu sechs Monaten, im Falle wiederholter Zuwiderhandlung bis zu insgesamt zwei Jahren, wobei die Ordnungshaft hinsichtlich der Beklagten zu 1. an ihrem Geschäftsführer zu vollziehen ist, zu unterlassen,
... (Bezeichnung des angebotenen oder gelieferten Mittels mit seinen erfindungsgemäßen Merkmalen – zB Schneidplatten)
das geeignet ist für ... (Bezeichnung der erfindungsgemäßen Gesamtvorrichtung, für die das Mittel geeignet und bestimmt ist, oder Bezeichnung des patentgemäßen Verfahrens, das mit dem Mittel durchgeführt werden kann, mit allen Merkmalen)
Abnehmern im Gebiet der Bundesrepublik Deutschland anzubieten und/oder an solche zu liefern,
ohne
a) im Falle des Anbietens darauf hinzuweisen, dass die ... (Bezeichnung der Mittel – zB Schneidplatten) nicht ohne Zustimmung des Klägers als Inhabers des deutschen Patents ... mit ... (Bezeichnung der erfindungsgemäßen Gesamtvorrichtung, für die die Mittel sich eignen, oder Bezeichnung des patentgemäßen Verfahrens) verwendet werden dürfen;
b) im Falle der Lieferung den Abnehmern unter Auferlegung einer an den Patentinhaber zu zahlenden Vertragsstrafe von ... EUR für jeden Fall der Zuwiderhandlung, mindestens jedoch ... EUR pro ... (zB Schneidplatte), die schriftliche Verpflichtung aufzuerlegen, die ... (zB Schneidplatten) nicht ohne Zustimmung des Patentinhabers für ... zu verwenden, die mit den vorstehend unter a) bezeichneten Merkmalen ausgestattet sind;
2. dem Kläger darüber schriftlich/in elektronisch auswertbarer Form Rechnung zu legen, in welchem Umfang sie seit dem ... (Schadensersatzzeitraum) die zu 1. bezeichneten Handlungen begangen haben,
und zwar unter Angabe ... (wie zu Ziffer 3.3.1 unter I. 2.);
II. festzustellen dass die Beklagten als Gesamtschuldner verpflichtet sind, dem Kläger allen Schaden zu ersetzen, der ihm durch die zu I.1 bezeichneten, in der Zeit seit dem ... begangenen Handlungen entstanden ist und noch entstehen wird.[774]

4 Prozesskostensicherheit

297 In bestimmten Fällen hat ein im Ausland ansässiger Kläger dem Beklagten gemäß § 110 ZPO Prozesskostensicherheit zu leisten.

298 **Anwendbarkeit von § 110 ZPO:** auf jedes Verfahren, das den Regeln des Zivilprozessrechts folgt (zB Verletzungsrechtsstreit, Vindikationsklage), nicht einstweiliges Verfügungsverfahren.[775]

299 **Voraussetzungen: a)** der Kläger hat seinen gewöhnlichen Aufenthalt nicht in einem Mitgliedstaat der EU oder einem Vertragsstaat des EWR (§ 110 (1) ZPO). Für juristi-

---

[774] In Fällen mittelbarer Patentverletzung kommt ein Entschädigungsanspruch nicht in Betracht.
[775] OLG Köln Magazindienst 04, 1255; LG Düsseldorf InstGE 5, 234 *Prozesskostensicherheit V*, str.

sche Personen ist maßgeblich ihr Sitz. Es ist bislang nicht höchstrichterlich geklärt, ob es insofern auf den satzungsmäßigen Sitz oder den tatsächlichen Verwaltungssitz ankommt.[776] Jedenfalls dann, wenn sich der satzungsmäßige Sitz und auch sämtliche weiteren Orte, die als tatsächlicher Verwaltungssitz in Betracht kommen könnten, in der EU oder im EWR liegen, ist keine Prozesskostensicherheit zu leisten.[777] Ebensowenig kann von einer Gesellschaft, die einen Verwaltungssitz innerhalb der EU oder des EWR hat, Prozesskostensicherheit gem § 110 ZPO verlangt werden.[778] Dem folgt auch die hM in der obergerichtlichen Rspr[779] und der Literatur[780]. Verwaltungssitz ist der Tätigkeitsort der Geschäftsführung und der dazu berufenen Vertretungsorgane, also der Ort, wo die grundlegenden Entscheidungen der Unternehmensleitung effektiv in laufende Geschäftsführerakte umgesetzt werden,[781] was eine organisatorische Verfestigung einschließlich Räumlichkeiten voraussetzt, in denen (i) Geschäftsführungsorgane ihre Tätigkeit ausüben und (ii) (Post-)Zustellungen vorgenommen werden können.[782] Geht der Kläger aufgrund gewillkürter Prozessstandschaft vor, ist ausnahmsweise auf den Sitz des tatsächlich Berechtigten abzustellen, wenn die Prozessstandschaft nur zwecks Umgehung der Verpflichtung aus § 110 (1) ZPO vereinbart wurde, etwa wenn der Kläger nur zur Führung von Rechtsstreitigkeiten gegründet wurde und am Ausgang des Prozesses kein schutzwürdiges Interesse hat.[783]

b) kein Befreiungstatbestand iSv § 110 (2) ZPO, zB: (i) für Kläger, zu deren Gunsten ein völkerrechtlicher Vertrag (zB Art 17 des Haager Übereinkommens über den Zivilprozess v 1.3.1954) das Fordern einer Prozesskostensicherheit verbietet (§ 110 (2) Nr 1 ZPO). Art 3 u 4 TRIPs führen nicht zur Befreiung von der Sicherheitspflicht.[784] Tritt Befreiungstatbestand nachträglich ein (zB weil Kläger seinen Sitz in EU verlegt), kann Rückgabe der Sicherheit nach § 109 ZPO betrieben werden;[785] (ii) für Kläger, die im Inland über zur Deckung der Prozesskosten genügendes Grundvermögen oder dinglich gesicherte Forderungen verfügen (§ 110 (2) Nr 3 ZPO), 300

Rechtsfolge: Anordnung einer Sicherheitsleistung; Höhe der Sicherheitsleistung[786] (§ 112 ZPO): Summe aus Gerichtskosten einschließlich Gutachterkosten zzgl außergerichtliche Kosten des Beklagten bis zu einer Entscheidung über Nichtzulassungsbe- 301

---

776 BGH Urt v 21.6.16, X ZR 41/15, GRUR 16, 1204 *Prozesskostensicherheit*; Urt v 23.8.17, IV ZR 93/17, NJW-RR 17, 1320.
777 BGH GRUR 16, 1204 *Prozesskostensicherheit*.
778 BGH Urt v 1.7.02, II ZR 380/00, BGHZ 151, 204; Urt v 23.8.17, IV ZR 93/17, NJW-RR 17, 1320.
779 OLG Karlsruhe NJW-RR 08, 944; OLG München ZIP 10, 2069; OLG Düsseldorf, Urt v 25.02.2015, I-2 U 57/14.
780 Vgl. die Nachweise in BGH Urt v 23.8.17, IV ZR 93/17, NJW-RR 17, 1320.
781 BGH Urt v 21.6.16, X ZR 41/15, GRUR 16, 1204 *Prozesskostensicherheit*; Urt v 23.8.17, IV ZR 93/17, NJW-RR 17, 1320 m.w.Nw.
782 OLG Düsseldorf I-2 U 57/14, Urt v 25.02.2015.
783 LG Düsseldorf 4b O 18/15, Urt v 14.06.2015.
784 LG Düsseldorf InstGE 1, 157 *Prozesskostensicherheit I*; 3, 215 *Prozesskostensicherheit III*; 4, 287 *Prozesskostensicherheit IV*; BPatG GRUR 05, 973 *Ausländersicherheit für WTO-Ausländer*.
785 BGH RPfl 06, 205 = NJW-RR 06, 710 *Wegfall der Prozesskostensicherheit*.
786 S auch die Übersicht in: Kühnen, Handbuch der Patentverletzung, 13. Aufl 2021: Kap E Rn 39 ff.

schwerde.[787] Zur **Art** der Sicherheitsleistung s § 108 ZPO. Erweist sich die Sicherheit im Laufe des Verfahrens als zu gering, kann nachgefordert werden (§ 112 (3) ZPO).[788]

302 **Verfahren:** Anordnung nur auf prozesshindernde Einrede des Beklagten. Diese muss vor der ersten mündlichen Verhandlung zur Hauptsache (es reicht ein feT, der lediglich dazu vorgesehen ist, die Anträge zu verlesen, Schriftsatzfristen zu bestimmen und einen Haupttermin festzulegen[789]), bei schriftlichem Vorverfahren innerhalb der Klageerwiderungsfrist erhoben werden und zwar für alle Rechtszüge, wovon auszugehen ist, wenn Verlangen nicht auf einzelne Instanzen beschränkt wird,[790] ansonsten gilt § 296 (3) ZPO (Bsp: Grund für Prozesskostensicherheit ist erst nachträglich entstanden; Einrede konnte schuldlos nicht rechtzeitig erhoben werden[791]).

303 Sind die Kautionspflicht und die Höhe der Sicherheitsleistung unstreitig, wird durch Beschluss entscheiden, sonst – nach Anordnung gemäß § 280 ZPO – durch Zwischenurteil. **Anfechtbar** ist die vollständige Zurückweisung der Einrede, nicht dagegen die Festsetzung einer Sicherheit (durch den Kläger)[792] oder die zu geringe Sicherheitssumme (durch den Beklagten).[793]

304 **Folgen** einer unterbliebenen Sicherheitsleistung ergeben sich aus §§ 113, 269 ZPO.

5 Aussetzung

305 **Lit:** Ohl FS 20 Jahre VVPP 75, 119; Reimann/Kreye, FS f Tilmann 2003, 587 ff; Klepsch/Büttner FS 80 J PatentG Düsseldorf 2016, 281; **Lit in GRUR:** von Maltzahn 85, 163; U. Krieger 96, 941; Kaess 09, 276; Melullis FS Bornkamm 14, 713; Graf v Schwerin 21, 366; **Lit in GRUR Int:** Walter 89, 441; Rogge 96, 386; **Lit. in Mitt:** Fock/Bartenbach 10, 155; Grunwald 10, 549; Köllner/Sergheraert/Hanganu 18, 8.

306 Da das Verletzungsgericht an den Erteilungsakt eines Patentes gebunden ist und ihm eine Entscheidung über den Rechtsbestand des Schutzrechts aufgrund der Kompetenzverteilung nicht zusteht, kann die mangelnde Schutzfähigkeit nur im Rahmen eines Aussetzungsantrags nach § 148 ZPO Bedeutung gewinnen. Das Verletzungsverfahren (einschließlich des Verfahrens der Nichtzulassungsbeschwerde,[794] nicht aber im vorläufigen Rechtsschutz) kann ausgesetzt werden, wenn die Entscheidung im Verletzungsprozess von einer Entscheidung über den Rechtsbestand des Klagepatents abhängt (vgl dazu Einl Rdn 142).

307 **5.1 Vorgreiflichkeit** kann durch anhängiges Einspruchs(-beschwerde)verfahren oder Nichtigkeits(berufungs)verfahren betreffend das Klagepatent begründet werden. Entgegenhaltung, die nicht Gegenstand des Einspruchs-/Nichtigkeitsverfahrens ist, kann nicht zu Vorgreiflichkeit führen. Ebenso fehlt Vorgreiflichkeit, wenn Patentverletzungsklage aus anderen Gründen keinen Erfolg hat; in diesen Fällen erfolgt Klageab-

---

787 LG Düsseldorf InstGE 3, 147 *Prozesskostensicherheit II.*
788 BGH Mitt 03, 90 *Erhöhung der Prozesskostensicherheit;* 05, 45 *Anguilla* (LS).
789 LG Düsseldorf InstGE 9, 18 *Belaghalter für Scheibenbremse.*
790 BGH NJW-RR 09, 1652 *Prozesskostensicherheit.*
791 BGH NJW-RR 09, 1652 *Prozesskostensicherheit.*
792 BGH RPfl 06, 205 = NJW-RR 06, 710 *Wegfall der Prozesskostensicherheit.*
793 BGH MDR 74, 293.
794 BGH GRUR 04, 710 *Druckmaschinen-Temperierungssystem.*

weisung. Im Einzelfall kann eine Aussetzung auch bei unklarer Benutzungslage prozessökonomisch sein, zB wenn im Verletzungsprozess aufwändige Sachaufklärung zu betreiben ist. Sachverständigengutachten wird jedoch regelmäßig parallel zu Einspruchs-/Nichtigkeitsverfahren eingeholt, wenn Kläger dies verlangt.[795] Entgegen Wortlaut von § 148 ZPO kann nach BGH Aussetzung im Hinblick auf ein anhängiges Einspruchsverfahren geboten sein, auch wenn zwar damit zu rechnen ist, dass das Einspruchsverfahren erfolglos bleiben wird, aber eine im Anschluss daran erhobene Nichtigkeitsklage wegen einer Entgegenhaltung, die nur in diesem Verfahren berücksichtigt werden darf, hinreichende Erfolgsaussicht hat.[796]

Um der Aussetzung zu entgehen, kann es für Kläger angebracht sein, das Klagepatent – nicht nur hilfsweise – mit einer beschränkten, voraussichtlich rechtsbeständigen Anspruchsfassung geltend zu machen.[797] Für die Aussetzungsentscheidung ist eingeschränkte Fassung maßgeblich, wobei nicht nur die Patentfähigkeit, sondern auch die Zulässigkeit einer solchen Beschränkung im Nichtigkeitsverfahren zu berücksichtigen ist.[798] Für die Auswirkungen auf die Ermessensentscheidung s Rdn 310 lit i) und Rdn 311 lit g). Ob und wie weit vom Kläger bindend verlangt werden kann, die eingeschränkte Fassung auch im Einspruchs- oder Nichtigkeitsverfahren jedenfalls hilfsweise zu verteidigen, ist in Rspr nicht geklärt.[799]

5.2 Ermessen: § 148 ZPO räumt dem Gericht bei der Aussetzungsentscheidung Ermessen ein. Im Rahmen der Ermessensentscheidung ist nicht nur Interesse an widerspruchsfreien Entscheidungen zu berücksichtigen, sondern alle für die Entscheidung relevanten Umstände, insbesondere Interesse des Verletzungsbeklagten, nicht aus einem ggf nichtigen Patent in Anspruch genommen zu werden, und Interesse des Verletzungsklägers am zeitnahen Abschluss des Verletzungsverfahrens.[800] Weitere Abwägungskriterien: Entwertung des erteilten Patents; Prozessverzögerung; Provozierung von Einspruch oder Nichtigkeitsklage gegen das Klagepatent einerseits und Provozierung von Rechtsmitteln gegen das Verletzungsurteil andererseits;[801] Vermeidung einer falschen Entscheidung, weil das Klagepatent tatsächlich ungültig ist; Vorliegen eines erstinstanzlichen vollstreckbaren Urteils; Möglichkeit für den Patentinhaber, die Verletzungsform aufgrund eines anderen rechtsbeständigen Patents etwa zeitgleich verbieten zu lassen; voraussichtliche Dauer des Einspruchs- oder Nichtigkeitsverfahrens. Daneben können verfahrensrechtliche Gesichtspunkte bedeutsam sein wie der Umstand, dass die Nichtigkeitsklage schuldhaft so spät erhoben oder in den Verletzungsprozess eingeführt wird, dass der Kläger keine Gelegenheit zu einer angemessenen Entgegnung hat.[802] Der verfassungsrechtlich verbürgte Justizgewährungsanspruch gebietet es, dass einem Angriff auf das Patent in einem parallelen Einspruchs- oder Nichtigkeitsverfahren nicht jede Auswirkung auf das Verletzungsverfahren versagt

---

795 LG Düsseldorf InstGE 8,112 *Aussetzung bei aufklärungsbedürftiger Verletzungsklage.*
796 BGH GRUR 11, 848 *Mautberechnung.*
797 BGH GRUR 03, 867 *Momentanpol I* für Gebrauchsmuster; 10, 904 *Maschinensatz* für Patent.
798 BGH GRUR 10, 904 *Maschinensatz.*
799 Vgl dazu Meier-Beck GRUR 11, 857, 865.
800 BGH GRUR 04, 710 *Druckmaschinen-Temperierungssystem I*; 12, 93 (Rn 4 f) *Klimaschrank.*
801 OLG Düsseldorf Mitt 14, 470.
802 BGH GRUR 12, 93 *Klimaschrank.*

wird. Die Aussetzung des Verletzungsstreits ist daher grundsätzlich geboten, wenn mit hinreichender Wahrscheinlichkeit zu erwarten ist, dass das Klagepatent der erhobenen Nichtigkeitsklage nicht standhalten wird.[803] Maßgeblich für diese Prognose ist der Sach- und Streitstand im Einspruchs- oder Nichtigkeitsverfahren. Welches Maß von Wahrscheinlichkeit für eine Aussetzung erforderlich ist, hängt dabei wesentlich vom Rechtszug ab, vgl Rdn 312–314. Übergreifend gilt:

310   Aussetzung wird angeordnet, a) wenn die Patenterteilung auf einer klaren Fehlentscheidung beruht; b) wenn das Patent erstinstanzlich vernichtet ist,[804] es sei denn, die Entscheidung ist offensichtlich fehlerhaft;[805] c) wenn das Klagepatent durch den Stand der Technik neuheitsschädlich vorweggenommen ist;[806] d) wenn neuer, noch nicht gewürdigter Stand der Technik die Neuheit ernsthaft in Frage stellt; e) wenn die erfinderische Tätigkeit angesichts des vorliegenden Standes der Technik so fragwürdig geworden ist, dass sich ein vernünftiges Argument für die Zuerkennung der erfinderischen Tätigkeit nicht finden lässt;[807] f) wenn wahrscheinlicher (nicht nur möglicher) Erfolg des bereits erhobenen Einspruchs oder der Nichtigkeitsklage zur Überzeugung des Gerichts glaubhaft gemacht ist,[808] weil ein Widerrufs- oder Nichtigkeitsgrund ersichtlich gegeben zu sein scheint;[809] g) wenn Verletzungsform im Äquivalenzbereich liegt und der maßgebliche Patentanspruch im anhängigen Einspruchsverfahren geändert wurde;[810] h) wenn die Einspruchs- oder Nichtigkeitsverhandlung vertagt wurde, um dem Einsprechenden/Nichtigkeitskläger Gelegenheit zur Recherche weiteren Standes der Technik im Hinblick auf eine in der Verhandlung vorgelegte eingeschränkte Merkmalskombination zu geben;[811] i) wenn Patentinhaber im Einspruchs- oder Nichtigkeitsverfahren nicht nur hilfsweise Selbstbeschränkung vornimmt und die Erfindungshöhe auf insgesamt unsicherer Grundlage stellt und Zweifel an Schutzfähigkeit der eingeschränkten Fassung bestehen; j) wenn erteilte Fassung des Patentanspruchs mit überwiegender Wahrscheinlichkeit nicht schutzfähig ist und Zweifel an Schutzfähigkeit der geltend gemachten, hilfsweise beschränkt verteidigten Fassung bestehen;[812] k) wenn das BPatG oder EPA in einem qualifizierten Hinweis das Patent als nicht rechtsbeständig einschätzt, ohne dass das Verletzungsgericht mit vernünftigen, nachvollziehbaren Erwägungen von dieser sachverständigen Stellungnahme abweichen könnte;[813] l) wenn das Patent widerrufen wurde und der Einsprechende gem Art 112a (5) EPÜ die Große Beschwerdekammer zur Überprüfung der Entscheidung der TBK anruft;[814] m) für Offenlegungsanspruch gemäß § 33 bis zur Patenterteilung, wenn die Voraussetzungen des § 140 gegeben sind.

---

803   BGH GRUR 14, 1237 (Nr 4) *Kurznachrichten*.
804   OLG München InstGE 3, 62 *Aussetzung bei Nichtigkeitsurteil II*.
805   OLG Düsseldorf GRUR 09, 1077 *Olanzapin*; LG München I Mitt 15, 392 (Ls).
806   BGH GRUR 87, 284 (Bl) *Transportfahrzeug II*.
807   BGH GRUR 87, 284 (Bl) *Transportfahrzeug II*.
808   BGH GRUR 87, 284 (Bl) *Transportfahrzeug II*.
809   Vgl OLG Karlsruhe Mitt 68, 217, 218; OLG Mitt 69, 158; LG Düsseldorf BlPMZ 95, 121.
810   OLG München GRUR 90, 352.
811   Zur Notwendigkeit der Vertagung: BGH GRUR 04, 354 *Crimpwerkzeug I*.
812   OLG Karlsruhe Beschl v 2.1.19, 6 W 69/18, GRUR-RR 19, 145.
813   OLG Düsseldorf Beschl v 2.12.19, I-2 U 48/19, GRUR-RS 19, 43964.
814   OLG Düsseldorf Beschl v 18.5.15, I-2 W 11/15.

Aussetzung wird nicht angeordnet, a) wenn bloße Zweifel an der Neuheit oder 311
erfinderischen Tätigkeit des Klagepatents bestehen;[815] **b)** wenn das Rechtsmittel gegen
das Patent nicht auf neues Material gestützt[816] oder bereits von BPatG zurückgewiesen
ist[817] und ein Rechtsmittel nichts Neues bringt; **c)** wenn eine sichere Erfolgsprognose
für den Rechtsbestand nicht möglich ist, weil sich das Verletzungsgericht technisch
überfordert sieht, sich ohne Sachverständigen eine zuverlässige Meinung zu bilden;[818]
d) wenn der Aussetzungsantrag auf eine angeblich offenkundige Vorbenutzung
gestützt ist und der Vorbenutzungstatbestand nicht lückenlos durch liquide Beweismittel (insbesondere Urkunden) belegt ist;[819] **e)** im Revisionsverfahren, wenn Klage
auf Übertragung des Klagepatents gemäß § 8 PatG erhoben ist;[820] **f)** wenn der Patentverletzer das Einspruchs- oder Nichtigkeitsverfahren verschleppt; **g)** wenn Selbstbeschränkung den Erteilungsakt nicht gegenstandslos macht, solange sich die Erfindungshöhe des beschränkten Anspruchs vertretbar begründen lässt; **h)** wenn Patent
im Einspruchs-/Nichtigkeitsverfahren erstinstanzlich aufrechterhalten wurde und die
Entscheidung nicht offenbar unrichtig ist bzw neuer Stand der Technik den Erfolg
eines Rechtsmittels nicht überwiegend wahrscheinlich macht.[821]

5.2.1 Aussetzungsmaßstab in 1. Instanz[822]**:** Eine Aussetzung im landgerichtlichen 312
Verfahren nimmt dem Patentinhaber seine zeitlich limitierten Ausschließlichkeitsrechte für die Dauer der Aussetzung endgültig. Zu rechtfertigen ist solches idR nur,
wenn das Verletzungsgericht die Vernichtung des Patents für (überwiegend) wahrscheinlich hält.[823] Gegen eine Vollstreckung des Urteils ist der Beklagte, wenn es aufgehoben oder abgeändert wird, durch den Schadensersatzanspruch gemäß § 717 (2) ZPO
hinreichend geschützt.

5.2.2 Aussetzung in der Berufungsinstanz[824]**:** Wurde die Verletzungsklage in 1. Ins- 313
tanz zu Unrecht abgewiesen, so gelten die unter 5.2.1 dargelegten Grundsätze. Hat das
LG verurteilt, ist im Berufungsverfahren großzügiger auszusetzen.[825] Erstens kann der
Kläger gegen Sicherheitsleistung vollstrecken und damit sein Ausschließlichkeitsrecht
durchsetzen,[826] zweitens hat der Beklagte gegen das Urteil des OLG nicht den Schadensersatzanspruch nach § 717 (2) ZPO, sondern nur den Bereicherungsanspruch nach
§ 717 (3) S 3 ZPO. Allerdings genügt auch hier nicht, dass die Vernichtung des Klagepatents nur möglich ist, sie muss wahrscheinlich sein.[827] Wird Unterlassungsanspruch

---

815 BGH GRUR **87**, 284 (BI) *Transportfahrzeug II*.
816 BGH GRUR **59**, 320 (VIII) *Moped-Kupplung*; LG Düsseldorf Mitt **88**, 91.
817 BGH GRUR **58**, 179 *Resin*.
818 Das LG Düsseldorf traut sich, auch technisch komplexe Fälle mit eigener Sachkunde zu beurteilen, BlPMZ **95**, 121.
819 OLG Düsseldorf GRUR **79**, 636, 637 *Ventilanbohrvorrichtung*; I-2 U 29/97, Urt 18.6.98, st Rspr.
820 BGH GRUR **64**, 606 (V) *Förderband*.
821 OLG Düsseldorf I-2 U 66/10, Urt v 07.07.2011.
822 Vgl hierzu Rogge GRUR Int **96**, 386 unter Nr 8.
823 BGH GRUR **14**, 1237 (Rn 4) *Kurznachrichten*.
824 Vgl hierzu Rogge GRUR Int **96**, 386 unter Nr 8.
825 OLG Düsseldorf Mitt **97**, 253 *Steinknacker*.
826 OLG Düsseldorf Mitt **97**, 253 *Steinknacker*.
827 OLG Düsseldorf InstGE **7**, 139 *Thermocycler*.

gegenstandslos (zB nach Ablauf der Schutzdauer), soll nach OLG Karlsruhe[828] für Aussetzung die nicht ganz fern liegende Möglichkeit einer Vernichtung des Klagepatents genügen. Wird das Patent erst in der Berufungsinstanz erstmals angefochten, stellt das darauf gestützte Aussetzungsverlangen neues tatsächliches Vorbringen dar, das nur unter den Voraussetzungen von § 531 ZPO zuzulassen ist.

314 5.2.3 **Aussetzung in der Revisionsinstanz**[829]: Ist gegen die Nichtigkeitsentscheidung des BPatG – gleich ob sie das Patent ganz oder teilweise für nichtig erklärt oder die Klage abweist – Berufung zum BGH eingelegt, ist das Verletzungsverfahren entweder auszusetzen oder gemeinsam mit dem Nichtigkeitsverfahren zu behandeln. Ist der BGH im Zeitpunkt des Nichtzulassungsbeschwerde noch nicht mit der Nichtigkeitsklage befasst, weil diese beim BPatG anhängig ist, so kann und wird es idR gerechtfertigt sein, das Nichtigkeitsverfahren bis zur rechtskräftigen Erledigung des Nichtigkeitsverfahrens auszusetzen.[830] Es sind das Interesse des Klägers an einem zeitnahen Abschluss des Verletzungsverfahrens und das Interesse des Beklagten an einer widerspruchsfreien Entscheidung unter Berücksichtigung aller für die Entscheidung relevanten Umstände gegeneinander abzuwägen:[831] zB keine Aussetzung, wenn Nichtigkeitsklage erst Monate nach Verkündung des angefochtenen Urteils erhoben wird,[832] anders wenn sie ein Jahr nach Klageerwiderung im Verletzungsverfahren erfolgt.[833] Nach rechtskräftigem Abschluss eines Nichtigkeitsverfahrens kommt aufgrund einer danach erhobenen zweiten Nichtigkeitsklage eine erneute Aussetzung des an sich entscheidungsreifen Verfahrens über die Nichtzulassungsbeschwerde nur in Betracht, wenn die Erfolgsaussicht der neuen Nichtigkeitsklage offensichtlich ist.[834]

315 **5.3 Anfechtbarkeit** der Aussetzungsentscheidung ist mit **sofortiger Beschwerde** gegeben (§ 252 1. Hs ZPO). Es findet aber nur eingeschränkter Prüfungsumfang Anwendung, nämlich ob die Annahme einer Patentverletzung (Vorgreiflichkeit) vertretbar begründet und das Ermessen rechtsfehlerfrei ausgeübt ist.[835]

6 Beweisfragen

316 Grundsätzlich trägt der Verletzte als Kläger die Beweislast für die anspruchsbegründenden Tatsachen, der Verletzer als Beklagter für die seine Einwendungen begründenden Tatsachen (vgl zur Beweislast einzelner Anspruchsvoraussetzungen die dortige Kommentierung; vgl iÜ auch Einl Rdn 154 ff):

317 **6.1 Beweislast des Klägers** bezieht sich auf:
a) Rechtsstellung als Patentinhaber/Anspruchsberechtigter (s Rdn 39 f), evtl Ermächtigung zur Geltendmachung des Unterlassungsanspruchs sowie Abtretung der Ansprüche auf Rechnungslegung und Schadensersatz,

---

828 OLG Karlsruhe InstGE 7, 139 *MP-3-Standard*.
829 Vgl hierzu Rogge GRUR Int 96, 386 unter Nr 8.
830 BGH GRUR 04, 710 *Druckmaschinen-Temperierungssystem I*.
831 BGH GRUR 12, 93 *Klimaschrank*; 16, 1206 *Mähroboter*.
832 BGH GRUR 12, 93 *Klimaschrank*.
833 BGH GRUR 16, 1206 *Mähroboter*.
834 BGH GRUR 12, 1072 *Verdichtungsvorrichtung*.
835 OLG Düsseldorf GRUR 94, 507, 508; InstGE 3, 233 Rn 3 *Ausländische Nichtigkeitsklage*.

b) Bestehen des Klagepatents,
c) Tatbestand der Verletzung, wobei nach den Grundsätzen von Treu und Glauben der Beklagte gehalten sein kann, dem Kläger Informationen zur Erleichterung seiner Beweisführung hinsichtlich des Verletzungstatbestandes zu liefern, wenn und soweit diese Informationen (i) dem beweisbelasteten Kläger nicht oder nur unter unverhältnismäßigen Bemühungen zugänglich sind und (ii) ihre Offenlegung für den Beklagten ohne weiteres möglich und auch zumutbar ist;[836]
d) Tatsachen (nicht Wertungen), die für die Bestimmung des Schutzbereichs wesentlich sind,
e) Tatsachen, aus denen sich die Äquivalenz der Verletzungsform ergibt,
f) Erstbegehungs- und Wiederholungsgefahr für Unterlassungsansprüche (s Rdn 89),
g) Verschulden für Verletzungshandlungen, das durch ihre Rechtswidrigkeit indiziert wird,[837]
h) Schadenshöhe für den Schadensersatzanspruch, Wahrscheinlichkeit des Schadenseintritts für eine Feststellungsklage auf Schadensersatz (s Rdn 255); macht sich der Verletzer zur Schadensberechnung die (vorgerichtliche) Rechnungslegung des Verletzers zu eigen, trifft letzteren die Beweislast für von der Rechnungslegung abweichende Umstände;[838] behauptet der Verletzte von der Rechnungslegung abweichende Tatsachen, liegt die Darlegungslast bei ihm,[839]
i) Erforderlichkeit der im Rahmen der Auskunft geforderten Angaben (s Rdn 168 ff).

6.2 Beweislast des Beklagten bezieht sich auf: 318
a) Ausschluss der Rechtswidrigkeit, zB durch Lizenzvertrag, Weiter- oder Vorbenutzungsrecht, eigenes Benutzungsrecht;
b) Beseitigung einer Erstbegehungs- oder Wiederholungsgefahr (s Rdn 57 ff u 74);
c) Unverhältnismäßigkeit des Unterlassungsanspruchs
d) Zugehörigkeit der Ausführungsform zum freien Stand der Technik, sog Formstein-Einwand, vgl dazu § 14 Rdn 95 ff;
e) Ausräumung eines Verschuldens, dessen Annahme auf der festgestellten Rechtswidrigkeit der Verletzungshandlung beruht;
f) mangelndes Verschulden bei Verstoß gegen ein Vertragsstrafeversprechen;[840]
g) Verzicht, Verwirkung, Verjährung, Erschöpfung[841] des Patentrechts.

6.3 Beweiserleichterung gemäß § 139 (3) PatG

Lit: Hahn Der Schutz von Erzeugnissen patentierter Verfahren 1968; Lit in GRUR: Pietzcker 63, 601; Tönnies 98, 345, 347; Lit in GRUR Int: Meyer-Dulheuer 73, 533; U. Krieger 97, 421 (III2a).   319

§ 139 (3) PatG entspricht Art 35 GPÜ 1989 (= Art 75 GPÜ 1976)[842] sowie Art 34 (1) a TRIPS und ergänzt § 9 S 2 Nr 3 PatG.   320

---

836 BGH GRUR 04, 268 *Blasenfreie Gummibahn II*.
837 BGH GRUR 59, 478 *Laux-Kupplung I*; 64, 606, 610 *Förderband*; 93, 460 (II7b) *Wandabstreifer*.
838 BGH GRUR 93, 897, 899 *Mogul-Anlage*.
839 OLG Düsseldorf InstGE 7, 194 *Schwerlastregal II*.
840 BGH GRUR 98, 471 (II1d) *Modenschau im Salvatorkeller* mwN.
841 BGH GRUR 00, 299, 301 f (III 1) *Karate*; vgl auch EuGH GRUR 03, 512, 514 *Stüssy*.
842 Denkschrift zu Art 75 GPÜ BlPMZ 79, 344.

§ 139 Patentverletzungsverfahren: Beweisfragen

321 **6.3.1 Zweck:** Inhabern von Verfahrenspatenten soll ein wirksamer Schutz gegen Patentverletzungen gewährt werden. Das wird durch eine Beweiserleichterung erreicht, weil der Nachweis, dass ein Erzeugnis nach dem patentierten Verfahren hergestellt ist, schwer zu erbringen ist. Ist ein Herstellungsverfahren Gegenstand des Patents, das zu einem *neuen* Erzeugnis führt, wird bis zum Beweis des Gegenteils widerleglich vermutet, dass das Erzeugnis nach dem patentierten Verfahren hergestellt ist.

6.3.2 Voraussetzungen:

322 a) **Herstellungsverfahren** (vgl dazu § 1 Rdn 252 ff) muss in den Schutzbereich des Patents fallen. Auf äquivalente Abwandlungen des im Patent beschriebenen Herstellungsverfahrens, die zu entsprechend abgewandelten neuen Erzeugnissen führen, ist § 139 (3) anwendbar, wenn diese im Schutzbereich des Patents liegen.[843] Patente für Arbeitsverfahren sowie Verwendungspatente (vgl § 1 Rdn 255 ff) fallen nicht unter § 139 (3).

323 b) **Neues Erzeugnis** muss nach dem patentierten oder einem abgewandelten, aber in den Schutzbereich des Patents fallenden Verfahren herstellbar sein. *Neu* iSd § 139 (3) ist ein Erzeugnis, wenn es sich in irgendeiner mit Sicherheit unterscheidbaren Eigenschaft von dem Vorbekannten abhebt.[844] Entsprechend dem Zweck des § 139 (3) muss das Erzeugnis nicht neu iSd § 3 PatG, dh am Prioritätstag *nacharbeitbar* offenbart gewesen sein (str[845]). Seine bloße Existenz reicht aus,[846] denn sie belegt, dass es möglich war, auf anderem Wege als nach dem Klagepatent zu einem Produkt mit der fraglichen Eigenschaft zu gelangen, was der Vermutung ihre Grundlage entzieht. Dem Patentinhaber steht freilich der Nachweis offen, dass auch das andere Erzeugnis nach dem patentierten Verfahren hergestellt worden ist.[847] Gelingt ihm dieser Beweis, bleibt die Vermutungsregel anwendbar.

324 c) **Identität** zwischen dem Erzeugnis des Verletzers und dem Erzeugnis des patentierten Verfahrens muss grundsätzlich gegeben sein. Sie müssen in ihren wesentlichen Eigenschaften übereinstimmen. Unschädlich sind Unterschiede, die auf eine unterschiedliche Durchführung des Verfahrens zurückzuführen sind, oder geringfügige Abweichungen, die nicht auf die Anwendung eines anderen Verfahrens hindeuten. Kann aber das Erzeugnis nicht nach dem Verfahren hergestellt sein, ist § 139 (3) unanwendbar.

325 **6.3.3 Rechtsfolge: Widerlegliche Vermutung** dafür, dass das von dem anderen hergestellte Erzeugnis nach dem patentierten Verfahren hergestellt wurde. Dies bringt Beweiserleichterung für den Kläger mit sich. Dieser hat nur zu beweisen, dass das Erzeugnis des patentierten Verfahrens iSd § 139 (3) neu ist und der Beklagte das gleiche Erzeugnis herstellt, in Verkehr bringt, anbietet oder gebraucht. Der Beklagte hat, um

---

843 BGH GRUR 77, 100, 104, 105 *Alkylendiamine II*.
844 LG München GRUR 64, 679; LG Düsseldorf InstGE 3, 91 Rn 13 *Steroidbeladene Körner*.
845 Wie hier Reimer § 47 Rn 114; Fitzner/Lutz/Bodewig-Pitz § 139 Rn 255; Busse/Keukenschrijver § 139 Rn 249; Mes § 139 Rn 419; aA: Benkard/Grabinski/Zülch § 139 Rn 121; Kraßer/Ann § 33 Rn 29; Klauer/Möhring § 47 Rn 87.
846 LG Düsseldorf InstGE 3, 91 Rn 14 *Steroidbeladene Körner*.
847 LG Düsseldorf InstGE 3, 91 Rn 15 *Steroidbeladene Körner*.

die Vermutung zu widerlegen, zu beweisen, dass er tatsächlich ein anderes Verfahren benutzt. Nicht ausreichend ist der Nachweis, dass das Erzeugnis durch ein anderes Verfahren hergestellt werden *könne*.

6.3.4 Wahrung der Herstellungs- und Betriebsgeheimnisse gemäß § 139 (3) 2: Der Beklagte hat ein berechtigtes Interesse daran, dass sein (geheimes) Verfahren, mit dem er das neue Erzeugnis herstellt, dem Kläger nicht offenbart wird. Allerdings kann er nicht verlangen, dem Kläger den Vortrag seines ggf vom patentierten Verfahren abweichenden Herstellungsverfahrens unter Berufung auf etwaige Betriebsgeheimnisse vorzuenthalten.[848] Entsprechend sieht § 139 (3) vor, die Interessen erst »bei der Erhebung des Beweises des Gegenteils« zu berücksichtigen, zB indem der Kläger (mit seinem Einverständnis) an einer Betriebsbesichtigung nicht persönlich, sondern nur durch seine Anwälte teilnimmt.

326

6.4 Anordnungen des Gerichts

Die Beweisaufnahme darf nicht generell davon abhängig gemacht werden, dass die beweisbelastete Partei eigene Untersuchungen durchgeführt und deren Ergebnisse vorgetragen hat.[849] Umgekehrt lässt sich allein aus § 286 ZPO nicht die Pflicht des Gerichts herleiten, gemäß §§ 142 ff ZPO die Begutachtung eines Gegenstands anzuordnen, der sich in der Verfügungsgewalt der nicht beweisbelasteten Partei oder eines Dritten befindet.[850] Das Gericht ist allenfalls dann verpflichtet, die Vorlage einer Urkunde gem § 142 ZPO durch die nicht beweisbelastete Partei oder die Begutachtung eines in der Verfügungsgewalt der nicht beweisbelasteten Partei befindlichen Gegenstandes gemäß § 144 ZPO anzuordnen, wenn die Voraussetzungen für einen entsprechenden Anspruch des Gegners aus § 140c PatG erfüllt sind.[851] Allgemein kann die Vorlegung einer Urkunde gem § 142 ZPO angeordnet werden, wenn ein gewisser Grad an Wahrscheinlichkeit für eine Patentverletzung spricht und wenn die Vorlegung der Urkunde oder die Begutachtung zur Aufklärung des Sachverhalts geeignet und erforderlich sowie auch unter Berücksichtigung der rechtlich geschützten Interessen des Verpflichteten verhältnismäßig und angemessen ist.[852]

327

6.5 Beweis durch Sachverständigen

Lit: Gramm FS Preu 88, 141; **Lit in GRUR Int:** Brunner 87, 481; Neuhaus 87, 483; Foglia 87, 487; Maxeiner 91, 85 (= IIC 91, 595).

328

6.5.1 Aufgabe des Sachverständigen ist die Vermittlung von Fachwissen zur richterlichen Beurteilung von Tatsachen und im Patentverletzungsprozess insbesondere die Vermittlung derjenigen fachlichen Kenntnisse, die das Gericht benötigt, um die geschützte technische Lehre zu verstehen und den diese Lehre definierenden Patentanspruch unter Ausschöpfung seines Sinngehalts selbst auslegen zu können,[853] etwa wenn

329

---

848 OLG Düsseldorf InstGE 10, 122 *Geheimverfahren*.
849 BGH GRUR 13, 316, 317 *Rohrmuffe*.
850 BGH GRUR 13, 316 *Rohrmuffe*.
851 BGH GRUR 13, 316 *Rohrmuffe*.
852 BGH GRUR 06, 962 *Restschadstoffentfernung*.
853 BGH GRUR 07, 410 = BGHZ 171, 120 *Kettenradanordnung II* = Slg 06, I-6509 *Mehrgangnabe*.

es um die Frage geht, inwieweit objektive technische Gegebenheiten, ein etwaiges Vorverständnis der auf dem betreffenden Gebiet tätigen Sachkundigen, ihre üblicherweise zu erwartenden Kenntnisse, Fertigkeiten und Erfahrungen und die methodische Herangehensweise solcher Fachleute das Verständnis des Patentanspruchs und der in ihm und in der Beschreibung verwendeten Begriffe bestimmen oder beeinflussen können.[854] Die Bestimmung des technischen Sinngehalts eines Patents – ebenso wie die Gleichwertigkeit als Voraussetzung einer äquivalenten Benutzung[855] – bleibt jedoch eine der Entscheidung des Gerichts vorbehaltene Rechtsfrage, der Sachverständige dient der Feststellung von Anknüpfungstatsachen.[856]

330 Der Sachverständige sollte daher auf dem jeweiligen technischen Gebiet über das Wissen eines Durchschnittsfachmanns verfügen, da er sonst als Hilfsperson des Richters diesem nicht das Fachwissen vermitteln kann, das zur Beurteilung von patentierter Erfindung und Verletzungsform erforderlich ist. Ist das nicht der Fall, ist sorgfältig zu prüfen, ob die eingeschränkte Sachkunde für den vorliegenden Fall gleichwohl ausreicht.[857]

331 **6.5.2 Zuziehung** eines Sachverständigen auf Antrag (§§ 282, 403 ZPO) oder von Amts wegen (§ 144 ZPO) steht im pflichtgemäßen Ermessen des Gerichts. Es darf sich in Fällen, die keine besonderen technischen Schwierigkeiten bieten, selbst die nötige Sachkunde zutrauen, an die Verletzungsgericht an die Beurteilung technischer Sachverhalte gewöhnt ist.[858] Auch für die Beurteilung der Äquivalenz bedarf es idR keines Sachverständigen.[859] Selbst wenn dem unmittelbaren Beweis zugängliche Tatsachen zwischen den Parteien unstreitig sind, kann die Einholung eines Sachverständigengutachtens gleichwohl geboten sein, wenn die Kenntnis dieser Tatsachen allein im Einzelfall nicht ausreicht, um auf die ihrerseits dem unmittelbaren Beweise nicht zugängliche Sicht des Fachmanns zu schließen oder die technischen Zusammenhänge zuverlässig zu bewerten.[860] Das Verletzungsgericht prüft in jedem Einzelfall eigenverantwortlich, ob es aus diesem Grund einen Sachverständigen hinzuzieht.[861] Pflicht zur Begutachtung eines Gegenstands, der sich in der Verfügungsgewalt der nicht beweisbelasteten Partei oder eines Dritten befindet, ergibt sich nicht allein aus § 286 ZPO und ist selbst dann, wenn die Voraussetzungen für einen Anspruch des Gegners aus § 140c PatG erfüllt sind, nicht zwingend geboten.[862]

---

854 StRspr BGHZ 160, 204 *Bodenseitige Vereinzelungseinrichtung*; BGH GRUR 06, 131 *Seitenspiegel*; 07, 410 = BGHZ 171, 120 *Kettenradanordnung II* = Slg 06, I-6509 *Mehrgangnabe*; 10, 314 (Nr 26) = BGHZ 184, 49 *Kettenradanordnung II*.
855 BGH GRUR 06, 314 *Stapeltrockner*.
856 BGH GRUR 07, 410 = BGHZ 171, 120 *Kettenradanordnung II*.
857 BGH GRUR 98, 366 *Ladewagen*.
858 BGH GRUR 91, 436 (III4d) *Befestigungsvorrichtung II*; 91, 744 (II3b cc) *Trockenlegungsverfahren*; 05, 569 *Blasfolienherstellung*.
859 BGH v 01.10.91 – X ZR 60/89 Schulte-Kartei PatG 139.42 Nr 19 *Beschußhemmendes Aluminiumfenster*.
860 BGH GRUR 10, 314 = BGHZ 184, 49 *Kettenradanordnung II* = Slg 06, I-6509 *Zerlegvorrichtung für Baumstämme*.
861 BGH GRUR 10, 314 = BGHZ 184, 49 *Kettenradanordnung II*.
862 BGH GRUR 13, 316 *Rohrmuffe*.

6.5.3 Beweiswürdigung: Zur Erläuterung eines schriftlichen Gutachtens kann das Gericht das Erscheinen des Sachverständigen in der mündlichen Verhandlung anordnen, auf Antrag muss es das.[863] Bei widersprechenden Gutachten kann (nicht muss) ein Obergutachten eingeholt werden, ggf nach § 29 vom DPMA oder gemäß Art 25 EPÜ vom EPA.[864]

Grundsatz der freien Beweiswürdigung nach § 286 ZPO gilt auch für das Gutachten des Sachverständigen. Das Verständnis des Sachverständigen vom Patentanspruch genießt als solches bei der richterlichen Auslegung grundsätzlich ebenso wenig Vorrang wie das Verständnis einer Partei.[865] Einwendungen der Parteien, widersprechende Gutachten, Verhältnis zu Privatgutachten sind eingehend zu behandeln. Ein einmal eingeholtes Gutachten darf nicht unberücksichtigt gelassen werden.[866] Vgl im Übrigen Einl Rdn 155.

6.5.4 Kosten: Kosten des Sachverständigen sind nicht von Gerichtsgebühren gedeckt, sondern von unterliegender Partei zu erstatten. Auslagenvorschuss hat nach § 17 (1) GKG zu zahlen, wer einen *Antrag* stellt, ein Gutachten einzuholen. Das ist der Beweisführer. Dann *soll* nach § 17 (1) 2 GKG die Einholung des Gutachtens von der vorherigen Zahlung des Vorschusses abhängig gemacht werden. Haben beide Parteien den Antrag gestellt, kommt es für die Vorschusspflicht auf die materielle Beweislast an.[867] Ist kein Antrag gestellt oder wird für ein beantragtes Gutachten kein Vorschuss gezahlt, ist zu prüfen, ob ein Gutachten wegen des schwierigen technischen Sachverhalts *von Amts wegen* gleichwohl einzuholen ist. Dafür *kann* nach § 17 (3) GKG zur Deckung der Auslagen ein Vorschuss erhoben werden. Die Einholung des Gutachtens kann aber nicht von der Zahlung des Vorschusses abhängig gemacht werden,[868] weil das nur im Fall des § 17 (1) GKG möglich ist.

Entschädigung richtet sich gemäß § 413 ZPO nach dem JVEG. Zu Einzelheiten vgl die Kommentierung zu § 128a.

7 Streitwert

Nach § 51 GKG ist der Wert vom Gericht – gemäß § 1 (1) Nr 14 GKG auch in Rechtsmittelverfahren vor dem BGH – nach *billigem Ermessen* zu bestimmen. Das geschieht – sofern es an bezifferten Anträgen fehlt – durch Schätzung, wobei das Gericht an Parteiangaben nicht gebunden ist. Zu bewerten ist das wirtschaftliche Interesse, das der Kläger mit seiner Klage verfolgt (nicht – wie im Nichtigkeitsverfahren – sein generelles Interesse am Streitpatent), die Bedeutung des Patents unter Berücksichtigung seiner Restlaufzeit und künftigen Bedeutung sowie die Nachhaltigkeit der Ver-

---

[863] BGH Mitt 03, 142 *Sachverständigenladung zur Erläuterung*.
[864] BGH v 01.02.00 – X ZR 93/95 Schulte-Kartei PatG 110–122 Nr 53 *EPA als Sachverständiger*.
[865] BGH GRUR 07, 410 = BGHZ 171, 120 *Kettenradanordnung II* = Slg 06, I-6509 *Mehrgangnabe*.
[866] BGH GRUR 75, 593 *Mischmaschine III*.
[867] BGH GRUR 10, 365 *Quersubventionierung von Laborgemeinschaften II*.
[868] BGH GRUR 76, 213 (III3b) *Brillengestelle*; 10, 365 *Quersubventionierung von Laborgemeinschaften II*.

§ 139 *Patentverletzungsverfahren: Streitwert*

letzung durch den Beklagten (sog *Angriffsfaktor*[869]), die im Umsatz des Verletzers[870] – nicht in seinem Gewinn[871] – zum Ausdruck kommt.

337 **Zeitpunkt der Wertberechnung:** Nach § 4 ZPO ist der Beginn der jeweiligen Instanz und nach § 40 GKG der Zeitpunkt der die Instanz einleitenden Antragstellung maßgebend, also die Klageeinreichung oder die Einlegung von Berufung oder Revision. In der Rechtsmittelinstanz ist der Streitwert nach § 47 GKG durch den Wert des Streitgegenstands der 1. Instanz begrenzt, sofern er nicht erweitert worden ist.

338 Die Streitwertangabe des Klägers/Antragstellers bei Einleitung des Verfahrens, also zu einem Zeitpunkt, in dem die spätere Kostentragungspflicht noch offen ist, hat besonderes Gewicht, sofern sie nicht offensichtlich unzutreffend ist oder alsbald vom Gegner beanstandet wird.[872] Von einer solchen Angabe ist größere Objektivität zu erwarten als von einer Einschätzung, die erfolgt, wenn die Kostentragungspflicht feststeht; sie ist daher ein – widerlegbares – Indiz für die Richtigkeit des Streitwerts.[873] Begehrt der Kläger nicht alsbald nach Kenntniserlangung von Umständen, die eine Fehleinschätzung seines Rechtsverfolgungsinteresses ergeben, die Herabsetzung des Streitwertes[874] oder wird dieser Antrag von einer der Parteien erst gestellt, wenn ihr Unterliegen absehbar ist, bedarf es nachvollziehbaren, lückenlosen und ggf durch entsprechendes Material belegten Vortrags dazu, dass und warum die anfänglichen Angaben falsch gewesen sind, die späteren aber richtig sein sollen.[875] Allerdings ist das Gericht an eine anfängliche übereinstimmende Streitwertangabe nicht gebunden.[876] Es kann selbst die eigene Streitwertfestsetzung unter den Voraussetzungen von § 63 (3) GKG von Amts wegen ändern, wenn sie sich als unzutreffend erweist. Ergibt sich daher im Nachhinein, dass die Streitwertangabe zu niedrig war, ist Anhebung des Streitwertes geboten, selbst wenn die Tatsachen hierfür von der einen Partei erst nach ihrem endgültigen Obsiegen beigebracht werden.[877]

339 Für den **Unterlassungsanspruch** ist entscheidend, mit welchen Nachteilen der Kläger bei einer Fortsetzung des beanstandeten patentverletzenden Verhaltens rechnen muss. Maßgeblich sind hier ua: Restlaufzeit des Patents; Verhältnisse beim Kläger (wie dessen Umsatz, Größe und Marktstellung), die Aufschluss über den voraussichtlich drohenden Schaden geben; Art, Ausmaß und Schädlichkeit der Verletzungshandlung; Intensität der Wiederholungs- oder Erstbegehungsgefahr; subjektive Umstände.[878] Eine über-

---

869 OLG München GRUR 57, 148; OLG Düsseldorf GRUR 50, 432; Mitt 59, 78, 80; OLG Karlsruhe Mitt 75, 38.
870 OLG München GRUR 57, 148; OLG Düsseldorf Mitt 59, 78, 80.
871 So aber OLG Karlsruhe GRUR 53, 143; OLG Frankfurt GRUR 54, 227; 59, 54.
872 BGH GRUR 12, 1288 *Vorausbezahlte Telefongespräche II*.
873 BGH GRUR 12, 1288 *Vorausbezahlte Telefongespräche II*.
874 OLG Hamburg InstGE 6, 124 *Streitwertkorrektur*.
875 OLG Düsseldorf I-2 W 46/10, Beschl v 20.09.2010; BGH GRUR 12, 1288 *Vorausbezahlte Telefongespräche II*.
876 OLG Düsseldorf InstGE 13, 232 (234) *Du sollst nicht lügen! II*; BGH GRUR 12, 1288 *Vorausbezahlte Telefongespräche II*.
877 OLG Düsseldorf InstGE 12, 107 *Du sollst nicht lügen!*.
878 BGH GRUR 13, 1067 (Rn 12) *Beschwer des Unterlassungsschuldners*; 14, 206 (Rn 16) *Einkaufskühltasche*.

schlägige Lizenzbetrachtung über die Restlaufzeit des Patents kann zur Berechnung hilfreich sein. Der Unterlassungsanspruch gegen jeden Beklagten begründet einen eigenen Streitgegenstand mit einem eigenen Wert, der bei der parallelen Inanspruchnahme von juristischer Person und ihres gesetzlichen Vertreters regelmäßig unterschiedlich zu gewichten ist.[879] Die Beschwer des Schuldners eines zur Unterlassung verpflichtenden Urteils richtet sich danach, in welcher Weise sich das ausgesprochene Verbot zu seinem Nachteil auswirkt, und entspricht idR dem Interesse des Klägers an dieser Verurteilung.[880] Die von einem Unterlassungstitel ausgehende Hebelwirkung, wenn das zugrundeliegende Patent Teil eines größeren Patentportfolios ist, das üblicherweise in seiner Gesamtheit lizenziert wird, rechtfertigt keinen höheren Streitwert.[881]

Für den Wert von Ansprüchen auf **Rechnungslegung, Entschädigung und Schadensersatz** ist der in der Vergangenheit (bis zur Einreichung der Klage) bereits entstandene Kompensationsanspruch maßgeblich. Er ist überschlägig zu schätzen. Der Rechnungslegungsanspruch bemisst sich nach dem Interesse an der begehrten Auskunft. Dieses ist regelmäßig höher einzuschätzen (bis zum zweifachen) als der Anteil der Schadensersatzfeststellung an einem Gesamtstreitwert, weil diese ohne die Auskunftsverurteilung wirtschaftlich wertlos ist.[882] Der Wert der **positiven Feststellungsklage** beträgt im Übrigen etwa 80 % des Hauptanspruchs.[883] Für die Beschwer des unterlegenen *Beklagten*, der die Verurteilung zur Auskunft abwehren will, sind dagegen die Zeit und Kosten maßgeblich, die für die Erteilung der Auskunft erforderlich sind, sowie ein etwaiges Geheimhaltungsinteresse.[884] Bei einer **Stufenklage** ist für den Wert der Beschwer allein der Auskunftsanspruch maßgebend, wenn das Urteil lediglich über diesen entscheidet und die Sache wegen des Zahlungsanspruchs zurückverweist.[885]

340

Vernichtungsanspruch: In Abhängigkeit von Sinn und Zweck des Vernichtungsanspruch bemisst sich sein Wert (a) danach, welche Gewähr die begehrte Vernichtung der schutzrechtsverletzenden Ware dafür bietet, dass es künftig nicht mehr zu Verletzungshandlungen kommt, mithin dem Kläger Wettbewerb mit den Verletzungsprodukten erspart bleibt, oder (b) nach dem Wert der zu vernichtenden Ware (im Falle der Gesamtvernichtung) bzw dem Wert des zu vernichtenden Teils (bei einem Anspruch auf Teilvernichtung). Im Patentverletzungsverfahren beträgt der Wert des Vernichtungsanspruchs regelmäßig einen Bruchteil des Wertes des Unterlassungsanspruchs.

341

Gesamtstreitwert: Mehrere in einer Klage geltend gemachte Ansprüche werden unter Bildung eines Gesamtstreitwertes zusammengerechnet. Jedes geltend gemachte Schutzrecht und die Inanspruchnahme jedes einzelnen Beklagten begründen einen eigenen Gegenstand mit Ausnahme solcher Ansprüche, für die Beklagten gesamtschuldnerisch

342

---

879 OLG Hamburg MDR 13, 1240.
880 BGH GRUR **13**, 1067 *Beschwer des Unterlassungsschuldners.*
881 BGH Beschl v 11.5.21, X ZR 23/21, GRUR **21**, 1105 (Rn 20) *Nichtigkeitsstreitwert III.*
882 OLG Düsseldorf I-2 W 35/13, Beschl v 11.11.2013.
883 BGH NJW **65**, 2298.
884 BGH GRUR **99**, 1037 (III) *Wert der Auskunftsklage*; MDR 10, 766; MDR 13, 50.
885 BGH GRUR **00**, 1111 *Urteilsbeschwer bei Stufenklage.*

haften,[886] (idR nur Schadensersatz und Entschädigung). Ein Erstattungsanspruch für **Abmahnkosten** erhöht unter den Voraussetzungen von § 43 GKG den Streitwert der Verletzungsklage grundsätzlich ebenso wenig wie andere **Nebenforderungen**.[887] Zudem gilt § 45 GKG für Widerklagen, Hilfsanträge, wechselseitige Rechtsmittel und Aufrechnungserklärungen.

343 § 144 PatG über die Anordnung einer **Streitwertbegünstigung** ist nach § 51 GKG anzuwenden.

8 Kosten

344 Die **Kostenerstattung** bestimmt sich nach §§ 91–101 ZPO, die **Kostenfestsetzung** nach §§ 103–107 ZPO (abgedruckt im **Anhang** zu § 80). Zu Einzelfällen aus der Kostenrechtsprechung vgl das Alphabetikum bei § 80 Rdn 59.

345 **Sofortiges Anerkenntnis** führt nach § 93 ZPO zur Kostenlast des Klägers. Dem kann der Kläger durch eine Verwarnung vorbeugen (s Rdn 208 ff). Zur Entbehrlichkeit einer Abmahnung s Rdn 242 ff.

346 Gebühren und Auslagen eines **Rechtsanwalts** der obsiegenden Partei sind nach § 91 (2) ZPO, die Kosten eines mitwirkenden **Patentanwalts** nach § 143 (3) (s § 143 Rdn 28) zu erstatten. Ein Fachanwalt für gewerblichen Rechtsschutz steht einem Patentanwalt in gebührenrechtlicher Hinsicht nicht gleich.[888] Die Vergütung eines Patentanwalts für die Vertretung einer Partei im gerichtlichen Verfahren kann jedoch nicht nach § 11 RVG gegen den Auftraggeber festgesetzt werden.[889]

347 Im Wesentlichen fallen an Gebühren für einen Rechtsanwalt eine **Verfahrensgebühr** und ggf eine **Terminsgebühr** an (vgl allg zu Gebühren in Zivilsachen Teil 3 des VV zum RVG). Die für eine vorgerichtliche Tätigkeit (zB Abmahnung) angefallene **Geschäftsgebühr** wird zur Hälfte, höchstens mit einem Gebührensatz von 0,75, auf die Verfahrensgebühr des nachfolgenden Gerichtsverfahrens angerechnet (Vorbemerkung 3 (4) VV zum RVG). Mehrfache Anrechnung erfolgt, wenn mehrere Geschäftsgebühren für mehrere mit verschiedenen Abmahnungen verfolgte Ansprüche entstanden sind, die später im Wege der Klagehäufung in einem Verfahren geltend gemacht werden.[890] In Fällen eines schriftlichen **Vergleichs** gemäß § 278 (6) ZPO verdient der RA erstattungsfähig nicht nur eine Verfahrens- (VV Nr 3100) und eine Einigungsgebühr (VV Nr 1003), sondern zusätzlich eine Terminsgebühr (VV Nr 3104).[891]

348 Wird der gemeinsame Vertreter in derselben Angelegenheit für mehrere Auftraggeber tätig, so erhöht sich nach § 2 RVG iVm VV Nr 1008 die Verfahrens- oder Geschäftsgebühr für jede weitere Person um 0,3 des Gebührensatzes (**Erhöhungsgebühr**). »Die-

---

886 Vgl BGH WRP **08**, 952 *Tätigkeitsgegenstand*.
887 BGH NJW **07**, 3289 *Vorprozessuale Rechtsverfolgungskosten*; **08**, 999 *Vorprozessuale Anwaltskosten*.
888 OLG Köln MDR **12**, 1500.
889 BGH Mitt **15**, 475 *Festsetzung der Patentanwaltsvergütung*.
890 BGH Beschl v 28.2.17, I ZB 55/16, NJW **17**, 1821.
891 BGH NJW **06**, 157 *Termingebühr, schriftlicher Vergleich*.

selbe Angelegenheit« liegt nur vor, wenn der Anwalt für mehrere Auftraggeber (Kläger oder Beklagte) wegen desselben Rechts oder Rechtsverhältnisses tätig wird.[892] Das bestimmt sich nach dem Klagebegehren. An der Gegenstandsgleichheit fehlt es, wenn es um ein gegen mehrere Personen gerichtetes Begehren geht, das jeden Gegner selbstständig, wenn auch mit inhaltsgleichen Leistungen betrifft, die jeder nur für sich erfüllen kann. Werden mehrere Beklagte auf Unterlassung in Anspruch genommen und von einem Prozessbevollmächtigten gemeinsam vertreten, handelt es sich um verschiedene Angelegenheiten, selbst wenn es sich bei den Beklagten um eine juristische Person und ihre Organe handelt.[893] Eine Erhöhungsgebühr fällt nicht an, die Anwaltsgebühren richten sich nach dem zusammengerechneten Wert der mehreren Angelegenheiten. Gleiches gilt, wenn mehrere Beklagte auf Auskunft und Rechnungslegung,[894] auf Rückruf[895] oder auf Gestattung der Urteilsveröffentlichung[896] in Anspruch genommen werden. Werden mehrere Beklagte gesamtschuldnerisch auf Schadensersatz verklagt und durch einen gemeinsamen Prozessbevollmächtigten vertreten, liegt hingegen »dieselbe« Angelegenheit vor, so dass für Rechtsanwalt und Patentanwalt eine Erhöhungsgebühr für den Streitwert des Schadensersatzanspruchs anfällt. Gleiches gilt, soweit eine juristische Person und ihre Organe auf Vernichtung derselben Gegenstände in Anspruch genommen werden.[897]

Kosten eines Verkehrsanwalts (vgl auch § 80 unter »Korrespondenzanwalt«): Frage der Erstattungsfähigkeit bedarf einer Notwendigkeitsprüfung im Einzelfall. Dabei ist zu berücksichtigen, dass eine ausländische Partei typischerweise etwa wegen sprachlicher Barrieren, kultureller Unterschiede oder mangelnder Vertrautheit mit dem deutschen Rechtssystem eher auf einen Verkehrsanwalt an ihrem Wohn- oder Geschäftssitz angewiesen sein wird als eine inländische Partei. Einschaltung eines Verkehrsanwalts ist nicht erforderlich, wenn der deutsche Verfahrensbevollmächtigte bereits über alle nötigen Informationen verfügt oder wenn es für die ausländische Partei möglich, zumutbar und kostengünstiger ist, den inländischen Prozessbevollmächtigten unmittelbar zu informieren.[898] Davon kann in Patentverletzungsverfahren für kaufmännisch geführte Unternehmen idR ausgegangen werden.[899] Kosten eines ausländischen Verkehrsanwalts, dessen Hinzuziehung geboten war, sind nur in Höhe der Gebühren eines deutschen RA erstattungsfähig.[900]

349

Reisekosten eines nicht am Gerichtsort, sondern am Wohn- oder Geschäftssitz der Partei ansässigen Rechtsanwalts sind grundsätzlich erstattungsfähig, es sei denn, es steht schon im Zeitpunkt seiner Beauftragung fest, dass ein eingehendes Mandantenge-

350

---

892 BGH NJW 05, 3786.
893 BGH WRP 08, 952 *Tätigkeitsgegenstand*.
894 BGH WRP 08, 952 *Tätigkeitsgegenstand*.
895 OLG Düsseldorf I-2 W 7/13, Beschl v 04.03.2013.
896 OLG Düsseldorf I-2 W 7/13, Beschl v 04.03.2013.
897 OLG Düsseldorf I-2 W 7/13, Beschl v 04.03.2013.
898 BGH GRUR 12, 319 *Ausländischer Verkehrsanwalt*.
899 OLG Düsseldorf OLGR 95, 76 (für ausländisches Unternehmen); OLG Düsseldorf JurBüro 92, 38.
900 BGH Mitt 05, 395 *Kosten eines ausländischen Verkehrsanwalts*.

spräch für die Prozessführung nicht erforderlich ist,[901] dann Hinzuziehung eines am Gerichtsort ansässigen Rechtsanwalts bzw. Beschränkung der Reisekosten eines auswärtigen Rechtsanwalts auf die Reisekosten eines im Gerichtsbezirk ansässigen Rechtsanwalts.[902] Bei einem an einem »dritten Ort« ansässigen Rechtsanwalt sind die Reisekosten begrenzt durch die fiktiven Reisekosten, die einem am Sitz der Partei ansässigen Rechtsanwalt entstanden wären[903], es sei denn, es handelt sich um die Beauftragung eines spezialisierten Rechtsanwalts und ein vergleichbarer ortsansässiger Rechtsanwalt kann nicht beauftragt werden.[904] Ebenso sind die Kosten der Einschaltung eines Unterbevollmächtigten zur Terminswahrnehmung nur bis 110 % der fiktiven Reisekosten des Hauptbevollmächtigten zur Terminswahrnehmung erstattungsfähig.[905] Bei der Wahl zwischen mehreren zuständigen Gerichtsständen ist der Kläger unabhängig davon, welcher Gerichtsstand die geringsten Kosten für den Gegner verursachen würde, frei bis zur Grenze des Rechtsmissbrauchs im Einzelfall.[906] Eine ausländische Partei ist grds nicht gehalten, die Wahl des deutschen Rechtsanwalts am Sitz des Prozessgerichts auszurichten; insofern sind auch dessen Reisekosten nicht auf die fiktiven Reisekosten beschränkt.[907]

351 Reisekosten der Partei sind regelmäßig erstattungsfähig, wenn die betreffende Person mit dem Patent und der dort abgehandelten Technik vertraut ist und ihre Anwesenheit aus der ex-ante-Sicht einer vernünftigen Partei sinnvoll ist, um ggf in der mündlichen Verhandlung aufkommende technische Fragen beantworten oder zu neuem Vorbringen des Gegners Stellung nehmen zu können.[908] **Kosten eines Simultandolmetschers** für die Kommunikation zwischen Partei und Rechtsanwalt sind nicht erstattungsfähig, wenn Unterhaltung in einer beiden geläufigen Fremdsprache möglich.[909]

352 **Privatgutachten: Rechtsgutachten** sind grundsätzlich nicht erstattungsfähig;[910] Ausn: Gutachten zum ausländischen Recht, dessen Darlegung zur zweckentsprechenden Rechtsverfolgung- oder verteidigung notwendig war, zB weil Gericht entsprechenden Vortrag gefordert hat.[911] Ein **Sachgutachten** ist nur erstattungsfähig, wenn es zur Rechtsverfolgung oder -verteidigung erforderlich war. Diese Voraussetzung ist erfüllt, wenn eine verständige und wirtschaftlich vernünftig denkende Partei die Einholung eines Gutachtens ex ante als sachdienlich ansehen durfte,[912] wovon auszugehen ist, wenn der Partei die notwendige Sachkunde fehlt, um ihren Anspruch schlüssig zu begründen, sich gegen die geltend gemachten Ansprüche sachgemäß zu verteidigen, Beweisangriffe abwehren oder Beweisen des Gegners entgegentreten zu können.[913] An

---

901 BGH Beschl v 2.10.08, I ZB 96/07, GRUR 09, 191 *Auswärtiger Rechtsanwalt VII*.
902 BGH Beschl v 9.5.18, I ZB 62/17, GRUR **18**, 969 *Auswärtiger Rechtsanwalt IX*.
903 BGH MDR **11**, 1321; NJW-RR **12**, 381.
904 BGH NJW-RR **12**, 697.
905 BGH GRUR **05**, 271 *Unterbevollmächtigter III*; **15**, 509 *Flugkosten*.
906 BGH GRUR **14**, 607 *Klageerhebung an einem dritten Ort*.
907 BGH Beschl v 4.7.2017, X ZB 11/15, NJW **17**, 2626.
908 OLG Düsseldorf I-10 W 21/07, Beschl v 10.01.2008.
909 OLG Düsseldorf I-10 W 21/07, Beschl v 10.01.2008.
910 BVerfG NJW **93**, 2793; BVerwG RPfleger **91**, 388.
911 OLG München Mitt **06**, 284 Parteigutachten zum schweizerischen Patentrecht.
912 BGH Mitt **12**, 1370.
913 BGH NJW **06**, 2415.

der Erforderlichkeit der Kosten fehlt es, soweit bei der Partei oder ihrem Patentanwalt eigene Sachkunde vorhanden ist.[914] Das Gutachten muss objektiv geeignet sein, die Rechtsstellung der Partei zu unterstützen,[915] und in einer unmittelbaren Beziehung zum Rechtsstreit stehen.[916] Die Erstattungsfähigkeit der Kosten eines prozessbegleitenden Gutachtens hängt nicht davon ab, dass dem Prozessgegner vorher der Kostenrahmen des Gutachtens mitgeteilt wird.[917] Gutachterkosten sind in derjenigen Höhe erstattungsfähig, die sich bei Zugrundelegung einer angemessenen Stundenzahl und eines angemessenen Stundensatzes ergibt.[918] Die Sätze des JVEG sind nicht unmittelbar anwendbar, liefern aber einen Anhalt für angemessene Vergütung.[919]

Testkaufkosten sind erstattungsfähig, wenn sie erforderlich waren, um den Verletzungssachverhalt erkennen, den Benutzungstatbestand nachweisen oder den Klageantrag bestimmt formulieren zu können.[920] Unerheblich, dass sie vor einer Abmahnung und ggf vorgerichtlichen Vergleichsverhandlungen veranlasst wurden.[921] Keine Erstattungsfähigkeit, wenn Testkauf keine Vorbereitungshandlung darstellt, sondern der allgemeinen Marktbeobachtung diente.[922]   353

Kosten für die Übersetzung einer fremdsprachigen Urkunde sind erstattungsfähig, wenn die Partei sie bei sorgsamer, vernünftiger Überlegung im Zeitpunkt der Anfertigung der Übersetzung als zur zweckentsprechenden Rechtsverfolgung oder -verteidigung erforderlich halten durfte. Bei einer der deutschen Sprache nicht kundigen ausländischen Prozesspartei sind grundsätzlich die Kosten für die Übersetzung aller wesentlichen Schriftstücke (das sind insbesondere umfangreiche und solche Schriftstücke, auf deren genauen Wortlaut es ankommen kann), der vorzulegenden Urkunden, gerichtlichen Entscheidungen und Verfügungen umfasst.[923] Weitere erstattungsfähige Kosten können **Recherchekosten**[924] sein.   354

Kosten einer Abmahnung: s Rdn 221 ff.   355

9 Vorläufige Vollstreckbarkeit

Lit: Voß FS 80 J PatentG Düsseldorf 2016, 573; Lit in GRUR: Bornhäusser 15, 331.   356

Solange das Urteil noch nicht rechtskräftig ist, können die Ansprüche aus § 139 (1) und (2) nur dann zwangsweise durchgesetzt werden, wenn das Endurteil für vorläufig vollstreckbar erklärt wurde, § 704 (1) ZPO.   357

---

914 OLG Düsseldorf I-2 W 51/10, Beschl v 17.02.2011; vgl. auch OLG Düsseldorf GRUR 65, 118.
915 OLG München NJW-RR 01, 1723.
916 BGH NJW 06, 2415 (2416); OLG Düsseldorf I-2 W 32/10, Beschl v 19.07.2010.
917 BGH NJW 07, 1532 *Teures Privatgutachten*.
918 BGH NJW 07, 1532 *Teures Privatgutachten*.
919 BGH NJW 07, 1532 *Teures Privatgutachten*.
920 OLG München GRUR-RR 04, 190 *Testkaufkosten*.
921 OLG München GRUR-RR 04, 190 *Testkaufkosten*.
922 OLG Frankfurt aM JurBüro 01, 59; OLG München GRUR-RR 04, 190 *Testkaufkosten*.
923 OLG Düsseldorf InstGE 12, 177 *Übersetzung eigener Schriftsätze*; GRUR-RR 12, 493 *Sicherheitsabschlag*.
924 OLG Frankfurt/Main GRUR 96, 967 *Recherche-Kosten*; OLG Düsseldorf InstGE 12, 255 *Kosten der Recherche*.

358 **9.1 Ohne Sicherheitsleistung** sind nach § 708 ZPO ua für vorläufig vollstreckbar zu erklären: **a)** Anerkenntnis- und Versäumnisurteile (Nr 1 u 2); **b)** Ablehnung oder Aufhebung von Arresten oder einstweiligen Verfügungen (Nr 6); **c)** Berufungsurteile (Nr 10); **d)** Urteile in vermögensrechtlichen Streitigkeiten, wenn der Gegenstand der Verurteilung in der Hauptsache 1 250 € nicht übersteigt oder wenn nur die Kostenentscheidung vollstreckbar ist und eine Vollstreckung im Wert von nicht mehr als 1 500 € ermöglicht (Nr 11).

359 Nach § 711 ZPO ist in den Fällen der Nr 4–11 von Amts wegen auszusprechen, dass der Schuldner die Vollstreckung durch Sicherheitsleistung oder Hinterlegung abwenden darf, wenn nicht der Gläubiger vor der Vollstreckung Sicherheit leistet. Höhe der Sicherheit richtet sich nach dem Schaden des Gläubigers, der durch den Vollstreckungsaufschub droht.

360 **9.2 Gegen Sicherheitsleistung** sind nach § 709 ZPO alle nicht unter § 708 ZPO fallenden Urteile für vorläufig vollstreckbar zu erklären. Die **Höhe** bemisst sich **a)** bei **Obsiegen des Klägers** nach Hauptforderung + Zinsen + Anwaltskosten des Klägers + Gerichtskosten + etwaiger Schadensersatzanspruch des Beklagten gemäß § 717 (2) ZPO,[925] der diesem nach Wegfall der vorläufigen Vollstreckbarkeit durch die Vollstreckung des Urteils entstanden sein könnte; ohne Belang, wann sich der Schaden entwickelt und der Schuldner die Vermögenseinbuße erlitten hat. Entscheidend ist, wann die Ursache für den Schaden gesetzt wurde, der durch die erzwungene Leistung des vorläufig vollstreckbar verurteilten Schuldners entstanden ist.[926] Zum ersatzfähigen Schaden können deswegen auch Aufwendungen gehören, die der Schuldner zwar zeitlich nach dem Berufungsurteil, aber zu dem Zweck gemacht hat, die entsprechend dem ergangenen Verbot vorübergehend unterlassenen Vertriebshandlungen wieder aufnehmen zu können, also die vom Markt genommenen Gegenstände erneut in Verkehr bringen und einen etwa verlorenen Kundenkreis zurück gewinnen zu können.[927] IdR entsprechen die Vollstreckungsschäden – und damit die Sicherheitsleistung – dem festgesetzten Streitwert;[928] eine höhere Sicherheitsleistung bedarf der Glaubhaftmachung konkreter Anknüpfungstatsachen, die Grundlage für die Schätzung eines höheren Vollstreckungsschadens sein können;[929] **b)** bei **Obsiegen des Beklagten** bestimmt sich die Sicherheitsleistung nach dessen Anwaltskosten.

361 Soll aus vorläufig gegen Sicherheitsleistung vollstreckbaren Urteil vollstreckt werden, muss die im Urteil vorgesehene Sicherheitsleistung in voller Höhe erbracht werden, auch dann, wenn nur wegen eines von mehreren titulierten Ansprüchen die Zwangsvollstreckung betrieben werden soll, zB allein wegen der Rechnungslegungs- und nicht wegen der Unterlassungspflicht. § 752 ZPO ist auf andere als Geldforderungen nicht anwendbar. Allerdings kann die Festsetzung einer Teilsicherheit für die einzelnen titulierten Ansprüche oder für die Ansprüche gegen jeden von mehreren Beklagten bean-

---

925 KG NJW 77, 2270; OLG Düsseldorf NJOZ 07, 451.
926 OLG Düsseldorf NJOZ 07, 451, 454 = GRUR-RR 07, 256.
927 OLG Düsseldorf NJOZ 07, 451, 454 = GRUR-RR 07, 256.
928 OLG Düsseldorf NJOZ 07, 451, 455 = GRUR-RR 07, 256.
929 OLG Karlsruhe Urt v 10.10.18, 6 U 82/18, Mitt 20, 191.

tragt werden.⁹³⁰ Soweit die Vollstreckung eines einzelnen Anspruchs faktisch die Vollstreckung auch eines anderen Anspruchs nach sich zieht (zB die Vernichtung den Anspruch auf Unterlassung des In-Verkehr-Bringens; ähnlich der Rückruf für weitere Vertriebshandlungen), muss die Teilsicherheit beide Ansprüche umfassen. Wurde dies im Erkenntnisverfahren versäumt, steht hierfür auch das Verfahren nach § 718 ZPO zur Verfügung.⁹³¹ Allerdings müssen die Umstände, die nur eine teilweise Vollstreckung erforderlich machen oder sinnvoll erscheinen lassen, nach Schluss der erstinstanzlichen mündlichen Verhandlung entstanden sein.⁹³² Die Sicherheitsleistung kann, auch wenn dies im Tenor nicht ausdrücklich angeordnet ist, in Form einer **Bankbürgschaft** erfolgen (§ 108 ZPO).

Änderung der Höhe durch erkennendes Gericht nur durch Ergänzung gemäß §§ 716, 321 ZPO oder durch Berichtigung gemäß § 319 ZPO,⁹³³ sonst wegen Bindung gemäß § 318 ZPO nur durch das Rechtsmittelgericht im Verfahren nach § 718 (1) ZPO.⁹³⁴ Beklagter kann entsprechenden Antrag im Berufungsrechtszug auch dann stellen, wenn er selbst nicht Rechtsmittelführer ist. Es erfolgt abgesonderte Verhandlung und Entscheidung durch nicht anfechtbares (§ 718 (2) ZPO) Teilurteil. Dessen Ausspruch zur Sicherheitsleistung ist ohne besonderen Ausspruch auflösend durch das spätere Hauptsacheerkenntnis des Berufungsgerichts bedingt. Da die Sicherheitsleistung im Allgemeinen dem Streitwert entspricht, hat eine Erhöhung der ersteren im Zweifel auch eine Heraufsetzung des Streitwertes – und zwar für die I. und die II. Instanz – zur Folge. Unzureichend ist streitiger Sachverhalt, den der Antragsteller im erstinstanzlichen Verfahren hätte vorbringen können.⁹³⁵ In zeitlicher Hinsicht bleibt für die Berechnung der Sicherheitsleistung derjenige Zeitraum außer Betracht, während dessen tatsächlich keine Zwangsvollstreckung stattgefunden hat;⁹³⁶ außerdem ist Richtigkeit der landgerichtlichen Entscheidung in der Hauptsache zu unterstellen, so dass Vollstreckungsschaden nicht mit der Erwägung begründet werden kann, im Berufungsverfahren müsse Gutachten eingeholt oder der Rechtsstreit ausgesetzt werden, solange die betreffende Maßnahme nicht tatsächlich angeordnet ist.⁹³⁷

9.3 Schutzantrag des Schuldners: Das Gericht hat dem Schuldner auf seinen Antrag nach § 712 ZPO zu gestatten, die Vollstreckung durch Sicherheitsleistung oder Hinterlegung ohne Rücksicht auf eine Sicherheitsleistung des Gläubigers abzuwenden, wenn die Vollstreckung dem Schuldner einen nicht zu ersetzenden Nachteil bringen würde. Denkbar ist solches idR nur bzgl des Unterlassungsanspruchs: **(a)** Der Feststellungsausspruch (Entschädigung, Schadensersatz, Bereicherungsausgleich) hat keinen vollstreckungsfähigen Inhalt; **(b)** hinsichtlich des Rechnungslegungsanspruchs könnte unersetzlicher Nachteil zwar aus dem Bekanntwerden von Geschäftsgeheimnissen

---

930 OLG Frankfurt/Main NJW-RR **97**, 620.
931 OLG Frankfurt/Main NJW-RR **97**, 620.
932 OLG Düsseldorf InstGE **11**, 116 *Strahlreiniger*.
933 OLG Frankfurt MDR **69**, 1016; BGH GRUR **99**, 190 (II) *fehlender Vollstreckungsschutzantrag III*.
934 KG JR **66**, 388.
935 OLG Düsseldorf InstGE **9**, 47 *Zahnimplantat*.
936 OLG Düsseldorf InstGE **9**, 47 *Zahnimplantat*.
937 OLG Düsseldorf InstGE **9**, 47 *Zahnimplantat*.

resultieren, bei Einräumung eines Wirtschaftsprüfervorbehaltes wird diese Gefahr jedoch verneint;[938] (c) für den Fall einer Vollstreckung aus der Kostengrundentscheidung ist der Beklagte durch § 717 (3) 2 ZPO ausreichend geschützt;[939] (d) im Hinblick auf den Unterlassungsanspruch reicht die Einstellung von Produktion und Vertrieb der angegriffenen Ausführungsform nicht, weil es sich um die normale Folge einer Unterlassungsvollstreckung handelt.[940] Der damit verbundene Verlust von Arbeitsplätzen ist als Drittinteresse gleichfalls unbeachtlich.[941] Relevant kann demgegenüber die aus der Unterlassungsvollstreckung folgende Insolvenz der Schuldnerin sein; allerdings ist der betreffende Gefahrentatbestand, der nicht nur möglich, sondern unmittelbar greifbar sein muss, substanziiert darzulegen.[942]

364 Der Antrag muss nach § 714 vor Schluss der mündlichen Verhandlung gestellt werden und die tatsächlichen Voraussetzungen glaubhaft machen. Dem Antrag ist nach § 712 (2) nicht zu entsprechen, wenn ein überwiegendes Interesse des Gläubigers entgegensteht. Ein solches ergibt sich bei einer Interessenabwägung zugunsten des Gläubigers an der Vollstreckung des Unterlassungsanspruchs, weil dieser durch die Laufzeit des Patents zeitlich begrenzt ist.[943] Keine Zurückweisung mit der Begründung, es bestehe die Möglichkeit eines Einstellungsantrages nach §§ 707, 719 ZPO beim BGH.[944]

365 **9.4 Einstweilige Einstellung der Zwangsvollstreckung:** Das *Berufungsgericht* kann nach § 719 (1) ZPO auf Antrag gemäß § 707 ZPO anordnen, dass die Zwangsvollstreckung gegen oder ohne Sicherheitsleistung einstweilen eingestellt wird oder nur gegen Sicherheitsleistung stattfindet und dass die Vollstreckungsmaßregeln gegen Sicherheitsleistung aufzuheben sind. Unterlassen eines Antrages nach § 712 (s Rdn 363) steht einer Einstellung nicht entgegen.[945] Das Berufungsgericht hat Ermessen, in dessen Rahmen umfassende Abwägung der Interessen von Vollstreckungsgläubiger und Schuldner zu erfolgen hat.[946] Dabei gebührt aufgrund der gesetzlichen Wertung den Interessen des Gläubigers grundsätzlich der Vorrang;[947] ist das LG-Urteil (wie meist) nur gegen Sicherheitsleistung vollstreckbar, ist wegen § 709 davon auszugehen, dass den Interessen des Schuldners bereits mit der Sicherheitsleistung hinreichend genügt ist. Darüber hinaus ist bei einer Einstellung der Zwangsvollstreckung des Unterlassungsanspruchs aufgrund der zeitlichen Begrenzung des Patents Zurückhaltung geboten.[948] Eine Vollstreckungseinstellung kommt deshalb nur in Ausnahmefällen unter besonderen Umständen in Betracht,[949]

---

938 OLG Düsseldorf InstGE **8**, 117 *Fahrbare Betonpumpe*.
939 OLG Düsseldorf InstGE **8**, 117 *Fahrbare Betonpumpe*.
940 OLG Düsseldorf InstGE **8**, 117 *Fahrbare Betonpumpe*.
941 OLG Düsseldorf InstGE **8**, 117 *Fahrbare Betonpumpe*.
942 OLG Düsseldorf InstGE **8**, 117 *Fahrbare Betonpumpe*.
943 BGH GRUR **79**, 807 *Schlumpferie*; OLG Düsseldorf GRUR **79**, 188.
944 BGH NJW-RR **08**, 1038.
945 BGH NJW **83**, 455; aA: OLG Frankfurt NJW **84**, 2955.
946 BGH Beschl v 6.8.19, X ZR 97/18, GRUR **19**, 1215, *Dampfdruckverringerung*; OLG Düsseldorf Mitt **16**, 85.
947 OLG Düsseldorf Mitt **16**, 85.
948 BGH GRUR **00**, 862 *Spannvorrichtung*; OLG Düsseldorf InstGE **9**, 173 *Herzklappenringprothese*.
949 OLG Düsseldorf Mitt **16**, 85.

a) wenn sich das angefochtene Urteil schon bei summarischer Prüfung auf Grundlage seiner tatsächlichen Feststellungen und rechtlichen Erwägungen als offensichtlich nicht haltbar erweist,[950] zB (1) weil diese als nicht tragfähig zu erachten sind; grundsätzlich ist es dann unbeachtlich, ob das angefochtene Urteil sich im Ergebnis möglicherweise mit anderen Feststellungen oder aufgrund anderer rechtlicher Erwägungen als zutreffend erweisen kann;[951] (2) bei erstinstanzlicher Vernichtung des Klagepatents,[952] der gleichsteht, wenn die Einspruchs- oder Nichtigkeitsverhandlung vertagt wird, weil der Patentinhaber im Termin eingeschränkte Hilfsanträge vorgelegt hat und der Einsprechende bzw Nichtigkeitskläger Gelegenheit erhalten soll, mit Blick auf den Hilfsantrag weiteren Stand der Technik zu recherchieren, sofern die im Erkenntnisverfahren angegriffene Ausführungsform von der hilfsweise eingeschränkten Anspruchsfassung keinen Gebrauch macht,[953] oder (3) wenn das Berufungsgericht unter Zugrundelegung der vorinstanzlichen (weiten) Auslegung das Patent für nicht rechtsbeständig hält;[954] 366

b) wenn dem Schuldner durch die Vollstreckung ganz außergewöhnliche, über die allgemeinen Auswirkungen der Zwangsvollstreckung hinausgehende Nachteile drohen;[955] daran fehlt es bzgl. solcher Daten, für die Wirtschaftsprüfervorbehalt besteht; außergewöhnliche Nachteile ergeben sich auch nicht daraus, dass dem Gläubiger nach der Auskunft durch den Schuldner die Möglichkeit eröffnet ist, die erlangten Geschäftsdaten im Wettbewerb um künftige Aufträge zu seinem Vorteil zu verwenden;[956] auch die Verwertung über einen Patentpool vermag für sich genommen die einstweilige Einstellung der Zwangsvollstreckung nicht zu rechtfertigen;[957] der durch die Vollstreckung drohende Verlust der wirtschaftlichen Existenzgrundlage kann ein nicht zu ersetzender Nachteil sein, nicht aber, wenn das Unternehmen auf die Verwertung eines einzigen Schutzrechts beschränkt ist und über keine weiteren Vermögenswerte verfügt.[958] 367

c) wenn das Landgericht einen streitentscheidenden Punkt offen gelassen hat, der schwierige, nicht eindeutig zu beantwortende Rechtsfragen aufwirft, so dass eine Entscheidung, auf die bei summarischer Prüfung verwiesen werden könnte, überhaupt noch nicht vorliegt;[959] 368

---

950 OLG Frankfurt/Main MDR 97, 393; OLG Düsseldorf Mitt 16, 85; OLG Karlsruhe Mitt 16, 321.
951 OLG Karlsruhe GRUR-RR 15, 346 *Mobiltelefone*; 15, 50 *Leiterbahnstrukturen*; Mitt 16, 321; OLG Düsseldorf Mitt 16, 85.
952 *BGH GRUR 14*, 1237 (Rn 5) *Kurznachrichten*.
953 OLG Düsseldorf InstGE 9, 173 *Herzklappenringprothese*; vgl auch I-2 U 105/11, Beschl v 05.08.2010.
954 OLG Karlsruhe GRUR 15, 252 *Leiterbahnstrukturen*.
955 OLG Köln ZIP 94, 1053; OLG Düsseldorf InstGE 9, 117 *Sicherheitsschaltgerät*; Mitt 16, 85 m.w.N.; OLG Karlsruhe Mitt 11, 124 *UMTS-Standard*; Mitt 16, 321.
956 OLG Düsseldorf InstGE 9, 117 *Sicherheitsschaltgerät*.
957 OLG Düsseldorf Mitt 16, 85; OLG Karlsruhe Mitt 16, 506.
958 BGH Beschl v 6.8.19, X ZR 97/18, GRUR 19, 1215, *Dampfdruckverringerung*.
959 OLG Düsseldorf InstGE 11, 164 *Prepaid-Verfahren*.

369 **Keine einstweilige Einstellung** idR bei Zwangsvollstreckung aus einstweiligen Verfügungen, es sei denn, eine Aussetzung nach § 148 ZPO im Hauptsacheverfahren wäre angezeigt.[960]

370 **BGH** als *Revisionsgericht* hat auf Antrag nach § 719 (2) ZPO anzuordnen, dass die Zwangsvollstreckung einstweilen eingestellt wird, wenn die Vollstreckung dem Schuldner einen nicht zu ersetzenden Nachteil bringen würde und nicht ein überwiegendes Interesse des Gläubigers entgegensteht. Für dieses letzte Hilfsmittel des Vollstreckungsschuldners müssen folgende **Voraussetzungen** erfüllt sein:
a) Antrag eines zugelassenen RA (§ 78 (1)), der die tatsächlichen Voraussetzungen glaubhaft macht;
b) zulässige Revision, die nicht aussichtslos sein darf;[961]
c) unersetzbarer Nachteil für den Schuldner. Regelmäßige Nachteile, die mit einer Vollstreckung verbunden sind, reichen nicht aus, da sie als normale Folge hinzunehmen sind.[962] Ebenso Nachteile, die der Schuldner selbst abwenden kann.[963] Selbst wenn das Patent, das Grundlage des Vollstreckungstitels ist, nach Schluss der mündlichen Verhandlung vor dem Berufungsgericht erstinstanzlich widerrufen oder vernichtet wird, stellt dies keinen nicht zu ersetzenden Nachteil dar, der eine vorläufige Einstellung der Zwangsvollstreckung gem § 719 (2) ZPO rechtfertigen könnte[964]; dann aber Einstellung der Zwangsvollstreckung gem § 719 (1) ZPO analog möglich[965] (s aber Rdn 371);
d) ein überwiegendes Interesse des Gläubigers steht nicht entgegen;[966]
e) Antrag nach § 712 war in der Berufungsinstanz gestellt. Unterlassen dieses (möglichen und zumutbaren) Antrags[967] oder Unterlassen des Vortrags der Gründe, warum der Antrag nicht möglich oder unzumutbar war,[968] führt idR zur Versagung der Einstellung.[969] Auch eine nachträgliche Aufnahme eines Wirtschaftsprüfervorbehalts kommt nicht in Betracht, wenn der Schuldner in der Berufungsinstanz darauf nicht hingewirkt hatte;[970]
f) Unterlassen eines rechtzeitigen Ergänzungsantrags nach § 716, wenn Gericht die Abwendungsbefugnis für den Schuldner gemäß § 711 übersehen hatte.[971]

Einstellung kommt im Regelfall nicht in Betracht, wenn der Vollstreckungsschuldner aufgrund Abwendungsbefugnis nach §§ 708 Nr 11, 711 ZPO Sicherheit geleistet

---

960 OLG Frankfurt GRUR **89**, 456 und 932.
961 BGH NJW-RR **08**, 1038; BGH WM **05**, 735, 736; FamRZ **03**, 372.
962 BGH GRUR **00**, 862 *Spannvorrichtung*; NJW-RR **91**, 186 f *Beschwer bei teilweiser Abweisung*.
963 BGH GRUR **12**, 959 *Regalsystem für den Ladenbau*.
964 BGH GRUR **14**, 1028 *Nicht zu ersetzender Nachteil*.
965 BGH GRUR **14**, 1237 *Kurznachrichten*.
966 BGH GRUR **14**, 1028 *Nicht zu ersetzender Nachteil*.
967 StRspr: BGH GRUR **78**, 726 *Unterlassungsvollstreckung*; **92**, 65 *fehlender Vollstreckungsschutzantrag I*; **96**, 512 *fehlender Vollstreckungsschutzantrag II*; **99**, 190 *fehlender Vollstreckungsschutzantrag III*; **14**, 1028 *Nicht zu ersetzender Nachteil*.
968 StRspr: BGH GRUR **91**, 943 *Einstellungsbegründung I*; **97**, 545 *Einstellungsbegründung II*; **14**, 1028 *Nicht zu ersetzender Nachteil*.
969 BGH NJW-RR **06**, 1088; NJW-RR **08**, 1038; GRUR **14**, 1028 *Nicht zu ersetzender Nachteil*.
970 BGH GRUR **99**, 190 *fehlender Vollstreckungsschutzantrag III*.
971 BGH WPM **81**, 1236.

hat und keine Anhaltspunkte dafür vorliegen, dass der Vollstreckungsgläubiger seinerseits Sicherheit leisten und die Zwangsvollstreckung einleiten wird.[972]

Darüberhinaus ist **in entsprechender Anwendung von § 719 (1) ZPO** im Rahmen einer Nichtzulassungsbeschwerde oder einer anhängigen Revision die einstweilige Einstellung der Zwangsvollstreckung gegen Sicherheitsleistung grundsätzlich geboten, wenn der Verletzungsbeklagte durch ein vorläufig vollstreckbares Urteil wegen Patentverletzung verurteilt ist und das Patent erstinstanzlich widerrufen oder vernichtet wird, es sei denn, es ergeben sich im Einzelfall gewichtige Anhaltspunkte dafür, dass die Einspruchs- oder Nichtigkeitsentscheidung offensichtlich unrichtig ist.[973] Eine einstweilige Einstellung der Zwangsvollstreckung kommt allerdings regelmäßig nicht in Betracht, wenn das Patent nur teilweise durch die Aufnahme beschränkender Merkmale in einen oder mehrere Patentansprüche für nichtig erklärt oder widerrufen worden ist, das Urteil des Berufungsgerichts tatrichterliche Feststellungen enthält, aus denen sich eine Verwirklichung der Patentansprüche auch in der eingeschränkten Fassung ergibt und der Beklagte nicht aufzeigt, dass diese Feststellungen verfahrensfehlerhaft getroffen worden sind.[974]

10 Berufung

10.1 Zulässigkeitsvoraussetzungen, bei deren Fehlen die Berufung nach § 522 (1) ZPO als unzulässig zu verwerfen ist:
a) Statthaftigkeit: gemäß §§ 511 (1) ZPO nur gegen Endurteile 1. Instanz. Zwischenurteile gemäß § 303 ZPO sowie Beschlüsse der 1. Instanz sind mit dem Endurteil anfechtbar (§ 512 ZPO);
b) Beschwer des Berufungsklägers, die nicht allein im Kostenpunkt bestehen darf (zur Beschwer vgl § 73 Rdn 46);
c) Wert des Beschwerdegegenstands übersteigt 600 € oder die Berufung ist zugelassen (§ 511 (2) ZPO);
d) Einhaltung der Form gemäß § 519 ZPO. Zur Schriftform vgl Einl Rdn 352;
e) Einhaltung der Frist zur Einlegung der Berufung gemäß § 517 ZPO: 1 Monat seit Zustellung des in vollständiger Form abgefassten Urteils oder 5 Monate nach Verkündung;
f) Einhaltung der Frist zur Begründung der Berufung: 2 Monate nach Zustellung des in vollständiger Form abgefassten Urteils (Ausfertigung gem § 317 ZPO aF, begl Abschrift gem § 317 ZPO nF)[975] bzw dem Ablauf von 5 Monaten seit Verkündung. Der Vorsitzende kann sie nach § 520 (2) 2 ZPO auf Antrag verlängern, wenn der Rechtsstreit dadurch nicht verzögert wird oder der Berufungskläger erhebliche Gründe darlegt;
g) Einlegung durch einen beim OLG zugelassenen RA. Zum europäischen RA vgl § 97 Rdn 10.

---

972 BGH GRUR **12,** 959 *Regalsystem für den Ladenbau*; einschränkend hingegen BGH GRUR **14,** 1237 (1239) *Kurznachrichten.*
973 BGH GRUR **14,** 1237 *Kurznachrichten.*
974 BGH GRUR **16,** 1206 *Mähroboter.*
975 BGH Mitt **16,** 527.

373   **10.2 Änderung des Klagebegehrens** ist nach § 533 ZPO zulässig, wenn der Beklagte einwilligt oder das Gericht sie für sachdienlich erachtet und über das geänderte Begehren entschieden werden kann aufgrund von Tatsachen, die das Berufungsgericht nach § 529 ZPO zu berücksichtigen hat. Keine Klageänderung ist gemäß § 264 ZPO ua die Ergänzung oder Berichtigung tatsächlichen oder rechtlichen Vorbringens oder die Erweiterung oder Beschränkung des Klageantrags in der Hauptsache oder für Nebenforderungen. Die Sachdienlichkeit ist nicht zu verneinen, weil dadurch eine Tatsacheninstanz verlorengeht.[976] Nach Zulassung muss Berufungsgericht in der Sache entscheiden und nicht etwa zurückverweisen.[977] Zulassung ist mit der Revision nicht anfechtbar.[978]

374   Klageänderung kommt in der zweiten Instanz eines Patentverletzungsprozesses vor allem dann in Betracht, wenn das Klagepatent nach Schluss der mündlichen Verhandlung vor dem Landgericht nur beschränkt aufrechterhalten bleibt. Ob es sich dabei um eine Klageänderung gemäß § 263 ZPO[979] oder eine Klagebeschränkung iSv § 264 Nr 2 ZPO handelt, ist im Ergebnis unbeachtlich, da beschränkte Aufrechterhaltung unstreitig sein wird und eine entsprechende Klageänderung idR sachdienlich ist.

375   Auch die Klageerweiterung um ein weiteres Schutzrecht bedarf für ihre Zulässigkeit der Einwilligung des Gegners oder muss sachdienlich sein. Die Sachdienlichkeit fehlt regelmäßig dann, wenn § 145 nicht zur Klageerwiterung zwingt; muss der Kläger aber in einem separaten Verfahren mit der Einrede aus § 145 ernsthaft rechnen, hängt die Sachdienlichkeit von den Umständen des Einzelfalls ab: stand ihm das weitere Patent überhaupt erstmals in der zweiten Instanz zur Verfügung, ist sie zu bejahen; andernfalls hängt sie davon ab, in welchem Umfang sich der bisherige Streitstoff auf den neuen Verletzungsvorwurf übertragen lässt.[980]

376   **10.3 Verspätung** kann darauf beruhen, dass Angriffs- und Verteidigungsmittel im Berufungsverfahren selbst verspätet, nämlich außerhalb der Berufungsbegründungsfrist, vorgebracht werden. § 530 ZPO lässt eine Zurückweisung unter den allgemeinen Verspätungsregeln des § 296 (1) 4 ZPO zu.

377   Ebenso ist Verspätung von Tatsachenvortrag möglich, der von der ersten zur zweiten Instanz neu gebracht wird. Gesetzliche Grundlagen enthalten die §§ 529 (1), 531 ZPO. Sie besagen,
   • dass Angriffs- und Verteidigungsmittel, die bereits im ersten Rechtszug gemäß §§ 296, 296a ZPO zurecht als verspätet zurückgewiesen worden sind, im Berufungsrechtzug ausgeschlossen bleiben (§ 531 (1) ZPO);
   • dass das Berufungsgericht bei seiner Entscheidung die vom LG festgestellten Tatsachen zugrunde zu legen hat, es sei denn, es bestehen aufgrund konkreter Anhaltspunkte Zweifel an der Richtigkeit und Vollständigkeit der erstinstanzlichen Tatsachenfeststellung (§ 529 (1) Nr 1 ZPO),

---

976 BGH NJW 77, 49.
977 BGH NJW 84, 1552.
978 BGH MDR 76, 395.
979 OLG Karlsruhe 6 U 21/09, Urt v 15.12.2010.
980 OLG Düsseldorf Urt v 18.2.21, I-2 U 33/20, GRUR-RR 21, 150.

- dass neue (im landgerichtlichen Verfahren noch nicht festgestellte) Tatsachen nur berücksichtigt werden dürfen, wenn und soweit dies gesetzlich zugelassen ist (§ 529 (1) Nr 2 ZPO). Solche Zulassungsgründe enthält § 531 (2) ZPO dergestalt, dass neuer Tatsachenvortrag berücksichtigungsfähig ist, wenn sein Vortrag erst im Berufungsverfahren darauf beruht, dass (a) das LG den betreffenden Gesichtspunkt erkennbar übersehen oder unzutreffenderweise für unerheblich gehalten hat (Nr 1); (b) der neue Vortrag infolge eines Verfahrensmangels in erster Instanz nicht geltend gemacht wurde (Nr 2); (c) der verspätete Vortrag nicht auf Nachlässigkeit beruht (Nr 3).

Beispiele für Verspätung zu Lasten des Verletzungsbeklagten: War der Verletzungstatbestand in der ersten Instanz unstreitig, kann erstmaliges Bestreiten des Verletzungssachverhaltes in der **Berufungsinstanz** nur berücksichtigt werden, wenn der Beklagte geltend machen kann, dass das in der ersten Instanz unterbliebene Bestreiten nicht auf Nachlässigkeit beruht (§§ 529 (1) Nr 2, 531 (2) Nr 3 ZPO).[981] Gleiches gilt, wenn die zunächst unstreitige Verletzung erstmals nach Schluss der mündlichen Verhandlung vor dem Landgericht bestritten worden und das diesbezügliche Vorbringen gemäß § 296a ZPO *berechtigterweise* unberücksichtigt geblieben ist.[982] Demselben Verspätungsregime unterliegen die sonstigen Einwände des Beklagten wie zB das Vorbenutzungsrecht, der Formstein-Einwand und dgl. Wird die Einwendung jedoch auf eine Rechtsposition gestützt, die der Beklagte im Wege der Abtretung erworben hat, kommt es auf den Zeitpunkt des Erwerbs der Rechtsposition an.[983] Für die *Einrede der Verjährung* gilt: Ist Verjährung vor dem Schluss der mündlichen Verhandlung erster Instanz eingetreten, muss die Verjährungseinrede in *dieser* Instanz erhoben werden. Eine erst im Berufungsrechtszug erhobene Einrede ist nur unter den besonderen Voraussetzungen des § 531 ZPO zu berücksichtigen.[984] Anders verhält es sich nur dann, wenn die den Verjährungseintritt begründenden Tatsachen und die in zweiter Instanz erfolgte Erhebung der Verjährungseinrede zwischen den Parteien unstreitig sind.[985]

378

Beispiele für Verspätung zu Lasten des Verletzungsklägers: Hat er vor dem Landgericht ausschließlich eine wortsinngemäße Verletzung geltend gemacht und im Tatsächlichen auch lediglich hierzu vorgetragen, so verbietet sich eine Verurteilung des Beklagten unter dem Gesichtspunkt der Äquivalenz schon deswegen, weil dem Beklagten der Formstein-Einwand (zu dem vorzutragen er keine Veranlassung hatte) abgeschnitten würde. Die erstmalige Darlegung der Äquivalenzvoraussetzungen in der Berufungsinstanz stellt dementsprechend einen neuen Sachvortrag dar, der nur nach Maßgabe der §§ 529, 531 ZPO berücksichtigungsfähig ist. Anders verhält es sich, wenn Äquivalenz bereits in erster Instanz *schlüssig* geltend gemacht war und im Berufungsverfahren der

379

---

981 OLG München, InstGE 4, 161 *Fahrzeugaufnahme für Hebebühnen.*
982 Zöller, ZPO 31. Aufl § 531 ZPO Rn 7.
983 BGH GRUR 11, 853 *Treppenlift.*
984 BGH GRUR 06, 401 = WRP 06, 483 *Zylinderrohr.*
985 BGHZ 166, 29, 31; BGH NJW 08, 1312 *Einrede der Verjährung;* aA: BGH GRUR 06, 401 *Zylinderrohr.*

§ 139 *Patentverletzungsverfahren: Berufung*

diesbezügliche Sachvortrag lediglich (zB anhand weiteren Standes der Technik oder unter Vorlage eines Privatgutachtens) weiter konkretisiert wird.[986]

380 Grundsätzlich gilt für die Frage der Verspätung: a) Ein Tatsachenvortrag, der im Berufungsverfahren unstreitig bleibt, ist nicht verspätet und daher ungeachtet der Regelungen in §§ 529, 531 ZPO zu berücksichtigen, dh auch dann, wenn seine Geltendmachung erst in zweiter Instanz auf Nachlässigkeit beruht. b) Berücksichtigt das Berufungsgericht unter Missachtung der Verspätungsvorschriften neue Angriffs- und Verteidigungsmittel, liegt hierin kein Rechtsverstoß, der die Revision eröffnet.[987]

381 **10.4 Anschlussberufung** gemäß § 524 ZPO kann im Patentverletzungsprozess von Bedeutung sein, wenn der in der ersten Instanz obsiegende Kläger in der zweiten Instanz einen weiteren Streitgegenstand, zB eine weitere Ausführungsform[988] oder ein weiteres Schutzrecht,[989] einführen möchte. Die selbstständige Berufung scheidet mangels Beschwer aus. Voraussetzungen für Anschlussberufung sind nach § 524 (1) bis (3) ZPO a) Berufung des Gegners, b) Einreichung der Berufungsanschlussschrift entsprechend §§ 519 (2) u (4), 520 (3), 521 ZPO, c) Einhaltung der dem Berufungsbeklagten gesetzten Frist zur Berufungserwiderung. Der Berufungskläger kann durch Rücknahme der Berufung auch der Anschlussberufung die Wirkung nehmen, § 524 (4).

382 **10.5 Prüfungsumfang:** Bei der Berufungsinstanz handelt es sich um eine zweite, wenn auch eingeschränkte Tatsacheninstanz, deren Aufgabe in der Gewinnung einer fehlerfreien und überzeugenden und damit richtigen Entscheidung des Einzelfalls besteht.[990] Das Berufungsgericht ist zwar grundsätzlich an die Tatsachenfeststellungen des ersten Rechtszuges gebunden, § 529 (1) Nr 1 ZPO. Die Bindung entfällt aber, wenn konkrete Anhaltspunkte Zweifel an der Richtigkeit oder Vollständigkeit entscheidungserheblicher Feststellungen begründen und deshalb eine erneute Feststellung gebieten. Dieses Gebot kann sich auch auf die erneute Vernehmung von Zeugen erstrecken.[991] Konkrete Anhaltspunkte sind alle objektivierbaren rechtlichen oder tatsächlichen Einwände gegen die erstinstanzlichen Feststellungen und können sich ua aus dem Vortrag der Parteien ergeben[992], vorbehaltlich der Anwendung von Präklusionsvorschriften auch aus dem der Berufungsinstanz.[993] Zweifel iSv § 529 (1) Nr 1 ZPO liegen schon dann vor, wenn eine gewisse – nicht notwendig überwiegende – Wahrscheinlichkeit dafür besteht, dass im Fall der Beweiserhebung die erstinstanzliche Feststellung keinen Bestand haben wird, sich also deren Unrichtigkeit herausstellt.[994]

---

986 BGH NJW 07, 1531 *Zulassung eines Privatgutachtens.* GRUR **12**, 1236 *Fahrzeugwechselstromgenerator.*
987 BGH NJW 04, 1458 *Zulassung neuer Tatsachen*; 05, 1583 *Bindung des Berufungsgerichts.*
988 OLG Düsseldorf InstGE **10**, 248 *Occluder.*
989 OLG Düsseldorf InstGE **6**, 47 *Melkautomat*; InstGE **10**, 248 *Occluder.*
990 BGH Beschl v 4.9.19, VII ZR 69/17, Mitt **20**, 47 mwNw.
991 BGH Beschl v 10.10.13, VII ZR 269/12, BauR **14**, 141 (Rn 8) mwN.
992 *BGH Urt v 16.8.16, X ZR 96/14, GRUR **16**, 1260 (Rn17) Yttrium-Aluminium-Granat.*
993 BGH Urt v 8.6.04, VI ZR 199/03, BGHZ **159**, 245, 249 ff.
994 BGH Urt v 3.6.14, VI ZR 394/13, NJW **14**, 2797 (Rn 10); Beschl v 4.9.19, VII ZR 69/17, Mitt **20**, 47 mwNw.

11 Revision

Lit: Bruchhausen FS von Gamm 90, 353; Krämer FS Brandner 96, 701; Lit in GRUR: Ullmann 77, 527; Hesse 78, 1; Nirk 85, 702; Lit in Mitt: Hesse 79, 82.

11.1 Zulässigkeitsvoraussetzungen

11.1.1 Statthaftigkeit ist nach § 542 (1) ZPO gegeben, wenn sie sich gegen Endurteile der OLG richtet. Ausgeschlossen ist die Revision nach § 542 (2) ZPO in Arrest- oder Verfügungssachen.

11.1.2 Zulassung erfolgt entweder gemäß § 543 (1) Nr 1 ZPO durch das OLG im Berufungsurteil (für das Revisionsgericht bindend!) oder nach § 543 (1) Nr 2 ZPO vom BGH selbst im Verfahren der Nichtzulassungsbeschwerde (§ 544 ZPO). Gemäß § 543 (2) ist die Revision zuzulassen, wenn die Rechtssache grundsätzliche Bedeutung hat oder wenn die Fortbildung des Rechts oder die Sicherung einer einheitlichen Rechtsprechung eine Entscheidung des Revisionsgerichts erfordert. **Ausnahmen** gelten zunächst für die Sprungrevision gegen Urteile, die ohne Zulassung berufungsfähig sind, sofern der Gegner in die Sprungrevision einwilligt und das Revisionsgericht die Sprungrevision in einem vorgeschalteten Verfahren zulässt (§ 566 ZPO). Es gelten die Zulassungsgründe der §§ 543 (2) ZPO, 566 (4) ZPO. Eine weitere Ausnahme besteht für Versäumnisurteile, wenn geltend gemacht wird, dass eine Säumnis zu Unrecht angenommen wurde, §§ 565, 514 (2).

Da das Patent hinsichtlich seiner Auslegung wie ein Rechtssatz zu behandeln ist und die Auslegung eine unmittelbare Aussage nur hinsichtlich des betreffenden Schutzrechts erlaubt, liegt in der fehlerhaften Auslegung des Patentanspruchs durch das Berufungsgericht regelmäßig nur ein Rechtsanwendungsfehler in einem Einzelfall, der einen Zulassungsgrund nicht begründet.[995] Solche Rechtsfehler haben regelmäßig keine grundsätzliche Bedeutung und erfordern regelmäßig auch nicht zur Fortbildung des Rechts oder zur Sicherung einer einheitlichen Rechtsprechung eine Entscheidung des BGH.[996] Etwas anderes gilt erst bei Hinzutreten besonderer Umstände, die dazu führen, dass über den Einzelfall hinaus die Interessen der Allgemeinheit nachhaltig berührt sind, etwa bei einer Missachtung grundlegender Auslegungsregeln und der damit einhergehenden Gefahr einer wiederholt fehlerhaften Patentauslegung[997] oder wenn der BGH seiner Entscheidung im Nichtigkeitsberufungsverfahren eine Auslegung des Patents zu Grunde gelegt hat, die in einem für den Patentverletzungsprozess entscheidungserheblichen Punkt von derjenigen abweicht, die das Berufungsgericht seinem Urteil zu Grunde gelegt hatte.[998] Zur Sicherung einer einheitlichen Rspr wird der Nichtzulassungsbeschwerde dann stattzugeben sein. Gelangt hingegen das Verletzungsgericht zu einem Auslegungsergebnis, das von demjenigen abweicht, das der *BGH* in einem dasselbe Patent betreffenden Patentnichtigkeitsverfahren gewonnen hatte, rechtfertigt dies die Zulassung der Revision durch das Berufungsgericht.[999]

---

995 BGH GRUR 10, 858 (Nr 10) = BGHZ **186**, 90 *Crimpwerkzeug III.*
996 BGH GRUR 10, 858 (Nr 10) = BGHZ **186**, 90 *Crimpwerkzeug III.*
997 BGH GRUR 10, 858 (Nr 10) = BGHZ **186**, 90 *Crimpwerkzeug III.*
998 BGH GRUR 10, 858 = BGHZ **186**, 90 *Crimpwerkzeug III.*
999 BGH GRUR **15**, 972 *Kreuzgestänge.*

§ 139 Patentverletzungsverfahren: Revision

387   Die Revision ist auch dann zuzulassen, wenn das Patent ganz oder teilweise rechtskräftig für nichtig erklärt wird und dies dem Berufungsurteil die Grundlage entzieht.[1000] Dieser Zulassungsgrund muss – ggf mittels Wiedereinsetzung in die versäumte Frist zur Begründung der Nichtzulassungsbeschwerde – geltend gemacht werden; eine Restitutionsklage ist nicht zulässig, wenn die (Teil-)Vernichtung des Patents zum Gegenstand der Nichtzulassungsbeschwerde hätte gemacht werden können.[1001] Die Änderung der Patentrechtslage ist einer Gesetzesänderung gleichgestellt und wird als für das Revisionsverfahren beachtlich angesehen.[1002] Zulassung der Revision ist jedoch nicht erforderlich, wenn es angesichts der Feststellungen des Tatrichters nicht entscheidungserheblich ist, ob das Patent die eine oder die andere Fassung hat.[1003] Dem Beklagten bleiben insofern die Restitutionsklage und Ansprüche aus § 826 BGB, wenn wegen einer nicht vom eingeschränkten Patentanspruch, wohl aber vom Urteilstenor erfassten Ausführungsform vollstreckt wird. Zulassung aber erforderlich, wenn Patent vollumfänglich vernichtet, weil Klageverzicht nur in mündlicher Verhandlung erklärt werden kann[1004] und Klagerücknahme nur mit Zustimmung des Gegners möglich ist.

388   **11.2 Umfang der Überprüfung:** BGH ist auf Prüfung von **Rechtsfragen** beschränkt, während **Tatfragen** grundsätzlich nicht revisibel sind, soweit es sich um die Feststellung einmaliger Tatsachen im jeweiligen Einzelfall handelt. Dagegen sind **Denkgesetze und allgemeine Erfahrungsregeln** vom BGH überprüfbar, weil sie unabhängig vom Einzelfall einheitlich auf die Würdigung aller Tatsachen anzuwenden sind.[1005]

389   **11.2.1 Anträge** der Parteien beschränken die Prüfung des BGH gemäß § 557 (1) ZPO. Deren Bewertung durch den Tatrichter ist aber uneingeschränkt nachprüfbar, weil es um die Auslegung von Prozesserklärungen geht.[1006] Das Klagebegehren kann eingeschränkt werden, wenn die Klagegrundlage dadurch nicht geändert wird.[1007]

390   **11.2.2 Revisibles Recht:** Revision kann nach § 545 (1) ZPO nur auf eine Rechtsverletzung gestützt werden. Das Gesetz ist gemäß § 546 ZPO verletzt, wenn eine Rechtsnorm nicht oder nicht richtig angewendet worden ist. Dabei kann es sich um im Zeitpunkt der Revisionsentscheidung in der BRD geltendes nationales Recht oder europäisches Gemeinschaftsrecht handeln.

391   Bei einem Verstoß gegen **materielles Recht** ist nach § 551 (3) ZPO die Rechtsnorm, bei einem Verstoß gegen **Verfahrensrecht** sind die Tatsachen zu bezeichnen, die den Mangel ergeben. Für einen Erfolg der Revision muss die angefochtene Entscheidung

---

1000 BGH Beschl v 6.4.04, X ZR 272/02, GRUR 04, 710 *Druckmaschinen-Temperierungssystem I*; Urt v 10.1.17, X ZR 17/13, GRUR 17, 428 *Vakuumtransportsystem*.
1001 BGH Urt v 10.1.17, X ZR 17/13, GRUR 17, 428 *Vakuumtransportsystem*.
1002 BGH GRUR 10, 858 = BGHZ 186, 90 *Crimpwerkzeug III*.
1003 BGH GRUR 10, 272 *Produktionsrückstandsentsorgung*; GRUR 16, 1206 *Mähroboter*.
1004 BGH X ZR 112/07, Beschl v 28.09.2010 BeckRS 10, 27 057.
1005 StRspr BGH NJW 92, 1967, 1968; NJW-RR 96, 932; GRUR 99, 566 (2b bb) *Deckelfaß*.
1006 BGH GRUR 94, 844 *Rotes Kreuz*; 92, 561, 562 *Unbestimmter Unterlassungsantrag II*; 98, 1041 (II2a) *Verkaufsveranstaltung in Aussiedlerwohnheim*.
1007 BGH GRUR 91, 680 *Porzellanmanufaktur*.

auf dem Verstoß **beruhen,** bei Verfahrensverstößen muss sie darauf beruhen können.[1008]

11.2.3 Tatfragen sind grundsätzlich nicht revisibel, da die Revision nur eine Prüfung in rechtlicher Hinsicht erlaubt. BGH ist nach § 559 (2) ZPO an die eindeutigen tatsächlichen Feststellungen des Berufungsurteils gebunden, insbesondere eine gem § 286 ZPO erfolgte Würdigung, soweit nicht zulässige und begründete Verfahrensrügen erhoben werden, also ein fehlerhafter rechtlicher Maßstab zugrunde gelegt, gegen Erfahrungssätze oder Denkgesetze verstoßen oder wesentliche Umstände unberücksichtigt gelassen wurden.[1009]

Neue Tatsachen können ausnahmsweise berücksichtigt werden:
a) wenn sie die Zulässigkeit der Revision betreffen;
b) wenn sie die von Amts wegen zu prüfende Zulässigkeit des Verfahrens betreffen (zB Insolvenz, Prozessfähigkeit, Wahrung der Frist für die Berufung);
c) wenn sie eine ordnungsgemäße Verfahrensrüge begründen sollen (zB Verletzung von §§ 139, 286 ZPO). Häufig gerügter Verfahrensfehler ist die Nichteinholung eines technischen Sachverständigengutachtens: Ein in Patentverletzungssachen erfahrenes Gericht darf technische Fragen eigenständig beantworten, wenn es die hierzu erforderliche Sachkunde besitzt. Diese kann sich aus der Sache selbst ergeben (zB weil es sich um einen technisch einfach gelagerten Sachverhalt handelt); anderenfalls ist im Urteil darzutun, dass und weshalb das Gericht die notwendige Sachkunde besitzt, die ein Sachverständigengutachten überflüssig macht.[1010]
d) wenn sie nach der letzten mündlichen Verhandlung vor dem OLG entstanden sind.[1011] Daher ist eine Änderung des Rechtsbestands des Klageschutzrechtes (sog **Veränderung der Patentlage**) zu berücksichtigen,[1012] so zB der Widerruf, die (Teil-) Nichtigerklärung,[1013] die Beschränkung oder das Erlöschen des Klagepatents sowie die Patenterteilung, wenn vor OLG Anspruch aus der Offenlegung nach § 33 geltend gemacht war. Die Änderung der Patentlage ist wie eine Änderung des Gesetzes zu behandeln, so dass BGH das Klageschutzrecht in der jeweils geltenden Fassung zu berücksichtigen hat (vgl auch Rdn 386).

11.2.4 Nachprüfbarkeit im Patentverletzungsverfahren: Von BGH nachprüfbar ist:
a) **Auslegung des Klagepatents,** insbesondere die **Beurteilung des Schutzbereichs** des Klagepatents.[1014] Im einzelnen: **a)** BGH ist an die Auslegung durch den Tatrichter insofern nicht gebunden, als es um die Einhaltung der **Grundsätze der Auslegung** geht,[1015] wie die Person des zuständigen Fachmanns und dessen Wis-

---

1008 BVerfGE 7, 241; **29,** 344; BGHZ **27,** 169; BGH NJW **90,** 121, 122.
1009 *BGH Urt v 19.9.19, I ZR 116/18, GRUR* **20,** 322 *Chickenwings.*
1010 BGH GRUR **05,** 569 *Blasfolienherstellung.*
1011 BGHZ **85,** 290; BAG NJW **90,** 2641.
1012 Vgl BGH GRUR **52,** 562 *Gummisohle;* **64,** 221 *Rolladen* (Gbm); **66,** 198 *Plastikflaschen;* 71, 78 *Dia-Rähmchen V.*
1013 BGH v 04.03.97 Schulte-Kartei PatG 139.43 Nr 16 *Sammelhefter I.*
1014 BGH GRUR **97,** 116 (I2c) *Prospekthalter;* **64,** 196, 198 *Mischmaschine I;* **83,** 497, 498 *Absetzvorrichtung.*
1015 BGH GRUR **86,** 238, 239 *Melkstand;* **70,** 361 (I) *Schädlingsbekämpfungsmittel;* **64,** 196 (I3a) *Mischmaschine I;* **97,** 116 (I2c) *Prospekthalter.*

sen und Können, Stand der Technik, zutreffende Merkmalsanalyse, Zeitpunkt der ausreichenden Offenbarung der Erfindung[1016] und das richtige Verständnis patentrechtlicher und technischer Begriffe. **b)** Die tatsächlichen **Grundlagen für die Auslegung** sind dem Tatrichter vorbehalten. Zu ihnen gehören die dem Durchschnittsfachmann eigenen Kenntnisse, Fertigkeiten, Erfahrungen und methodischen Herangehensweisen. Da sie im Bereich der Tatsachenfeststellung liegen, ist BGH daran gebunden, falls nicht zulässige und begründete Revisionsangriffe erhoben werden.[1017] Auf ihrer Grundlage hat der Tatrichter eigenverantwortlich zu klären, welcher technische Inhalt den Merkmalen des Patentanspruchs beizumessen ist.[1018] Die Ermittlung des technischen Sinngehalts als solche stellt eine reine Rechtsfrage dar, die in der Revisionsinstanz vollständig überprüft werden kann.[1019] Gleiches gilt für die im Rahmen der Äquivalenz zu klärende Frage, ob die Abwandlung bei Orientierung am Patentanspruch für den Fachmann naheliegend als gleichwertige Lösung aufzufinden war.[1020]

b) **Verzicht oder Beschränkungen**, die sich aus den Erteilungsakten ergeben;[1021]
c) eine etwaige Verletzung gesetzlicher oder allgemein anerkannter **Auslegungsregeln**, von **Denkgesetzen** oder **allgemeinen Erfahrungssätzen** oder Außerachtlassung wesentlichen Auslegungsmaterials unter Verstoß gegen Verfahrensvorschriften bei der Würdigung der festgestellten Tatsachen[1022];
d) unter Zugrundelegung der festgestellten Tatsachen die Begriffe der Neuheit, des Standes der Technik, der erfinderischen Tätigkeit, der Offenbarung, des Verschuldens iSd § 139 (2) PatG.[1023] Die Beurteilung der **erfinderischen Tätigkeit** ist eine wertende Entscheidung und kann nur eingeschränkt darauf überprüft werden, ob gegen prozessuale Vorschriften, die Lebenserfahrung oder die Denkgesetze verstoßen worden ist oder ob wesentliche Umstände außer Acht gelassen worden sind.[1024] In den Tatsachenbereich gehört zur Ermittlung des offenbarten Erfindungsgegenstands die Feststellung, wie ein Fachmann Begriffe in den Ansprüchen versteht und welche konkreten Vorstellungen er mit ihnen und mit dem geschilderten Erfindungsgedanken verbindet;[1025]
e) Freiheit von Rechtsirrtümern bei der Würdigung des festgestellten Sachverhalts;

395 Von BGH nicht nachprüfbar ist:

1016 BGH GRUR 63, 563 *Aufhängevorrichtung*.
1017 BGH GRUR 99, 909 (II) *Spannschraube*.
1018 BGH GRUR 06, 131 *Seitenspiegel*.
1019 BGH GRUR 06, 313 *Stapeltrockner*; 11, 313 *Crimpwerkzeug IV*.
1020 BGH GRUR 06, 313 *Stapeltrockner*.
1021 BGH GRUR 71, 472 *Wäschesack*; 78, 699 *Windschutzblech*.
1022 BGH GRUR 99, 566 (2b bb) *Deckelfaß*; 62, 518, 520 *Blitzlichtgerät*; NJW 92, 1967 f; NJW-RR 96, 932.
1023 BGH GRUR 77, 250, 252 *Kunststoffhohlprofil I*.
1024 BGH GRUR 98, 133 (III4b) *Kunststoffaufbereitung*; 84, 797, 798 *Zinkenkreisel*; BlPMZ **89**, 133, 134 *Gurtumlenkung*; GRUR 62, 29 (V) *Drehkippbeschlag*; abw: BGH GRUR 87, 510 (II2a) *Mittelohr-Prothese*.
1025 BGH GRUR 99, 909 (II) *Spannschraube*; 97, 116 *Prospekthalter*; 83, 497 (498) *Absetzvorrichtung*; Mitt 97, 394 *Weichvorrichtung II*.

a) Bewertung des technischen Sachverhalts, der in tatsächlicher Hinsicht noch der Aufklärung bedarf,[1026] wenn dazu die eigene Sachkunde nicht ausreicht;
b) freie **Schadensschätzung gemäß § 287 ZPO**, es sei denn, es fehlt ein zutreffender rechtlicher Ansatz, es ist gegen Denkgesetze verstoßen oder es sind allgemein gültige Bewertungsregeln verletzt, wie die Nichtberücksichtigung von Bewertungsmaterial, das die Parteien vorgetragen haben;[1027]
c) Feststellung des technischen **Sachverhalts im konkreten Verletzungsfall**, insbesondere die tatsächlichen Feststellungen zur Verletzungsform, zur Offenbarung in der ursprünglichen Anmeldung[1028] oder im Klagepatent[1029] oder in einer Entgegenhaltung;
d) die **Auslegung eines Vertrages**. Die Würdigung ist dem Tatrichter vorbehalten und vom BGH nur auf Vorliegen von Rechtsfehlern zu überprüfen, nämlich ob der Tatrichter gesetzliche oder allgemein anerkannte Auslegungsregeln, die Denkgesetze oder allgemeine Erfahrungssätze verletzt oder wesentliches Auslegungsmaterial außer acht gelassen hat;[1030]
e) die Verletzung **ausländischen Rechts**,[1031] es sei denn, es ist überhaupt nicht oder fehlerhaft ermittelt.[1032] Fehlen Feststellungen im Berufungsurteil, kann BGH das ausländische Recht selbst feststellen,[1033] zB nach dem Europäischen Übereinkommen betreffend Auskünfte über ausländisches Recht v 7.6.68;[1034]
f) Vorliegen einer **Erstbegehungs- oder Wiederholungsgefahr**, weil deren Feststellung im wesentlichen tatsächlicher Natur ist, so dass BGH nur prüfen kann, ob von richtigen rechtlichen Gesichtspunkten ausgegangen und ein rechtlich zutreffender Wertungsmaßstab zugrunde gelegt ist und keine wesentlichen Umstände außer acht gelassen sind.[1035]

12 Zwangsvollstreckung

12.1 Unterlassungsurteil wird nach § 890 ZPO vollstreckt, und zwar durch Festsetzung von Ordnungsgeld bis zu 250 000 € und/oder Ordnungshaft bis zu 6 Monaten, bei mehreren Zuwiderhandlungen bis zu 2 Jahren.

Sind sowohl eine juristische Person als auch ihr Organ aus einem Vollstreckungstitel zur Unterlassung verpflichtet und handelt das Organ im Rahmen der geschäftlichen Tätigkeit für die juristische Person dem Verbot zuwider, darf nur gegen die juristische Person ein Ordnungsgeld (anders im Fall von Ordnungshaft!) festgesetzt werden.[1036] Etwas anderes gilt nur dann, wenn das Verhalten des Organs der juristischen Person nicht nach § 31 BGB zurechenbar ist, weil es sich so weit vom organschaftlichen Auf-

---

1026 BGH GRUR **62**, 29 (VII) *Drehkippbeschlag*; **64**, 196, 200 *Mischmaschine I*.
1027 BGH GRUR **79**, 869 *Oberarmschwimmringe*; **93**, 897 (1b cc) *Mogul-Anlage*.
1028 BGH GRUR **63**, 563, 566 *Aufhängevorrichtung*.
1029 BGH GRUR **64**, 221, 224 *Rolladen*.
1030 BGH GRUR **98**, 561 (III) *Umsatzlizenz*; **99**, 566 (2b bb) *Deckelfaß*.
1031 BGH NJW **91**, 635; **92**, 2029.
1032 BGH NJW **92**, 3106; **95**, 2142, 2143 u **97**, 325; BGHZ **122**, 378.
1033 BGH NJW **97**, 2234.
1034 BGBl **74** II 937; **87** II 58, 60 u 593.
1035 BGH GRUR **83**, 186 *Wiederholte Unterwerfung*; **94**, 516 (III) *Auskunft über Notdienste*.
1036 BGH GRUR **12**, 541 *Titelschuldner im Zwangsvollstreckungsverfahren*.

gabenbereich entfernt, dass der allgemeine Rahmen der ihm übertragenen Obliegenheiten überschritten erscheint, zB weil das Organ für einen neben der juristischen Person bestehenden eigenen Geschäftsbetrieb oder eine andere juristische Person die schuldhafte Zuwiderhandlung begangen hat.[1037]

398 **Vertragsstrafeversprechen** schließt Ordnungsmittelverfahren nicht aus.[1038] Haben die Parteien – zB in einem Prozessvergleich – eine vertragsstrafengesicherte Unterlassungsvereinbarung getroffen, ist – unabhängig von einer Zuwiderhandlung – eine Androhung von Ordnungsmitteln und – nach erfolgter Zuwiderhandlung – die Festsetzung von Ordnungsmitteln neben einer verwirkten Vertragsstrafe zulässig.[1039] Allerdings ist bei der Festsetzung der Vertragsstrafe ein für dieselbe Zuwiderhandlung verhängtes Ordnungsgeld – und umgekehrt – mindernd zu berücksichtigen.[1040] Haben eine Gesellschaft und ihr Organ die strafbewehrte Unterlassungserklärung abgegeben, fällt bei einem Verstoß, welcher der der Gesellschaft nach § 31 BGB zuzurechnen ist, nur eine Vertragsstrafe an, für die Gesellschaft und Organ als Gesamtschuldner haften.[1041]

12.1.1 Voraussetzungen:

399 **12.1.1.1 Antrag des Gläubigers** mit Bezeichnung der zumindest bestimmbaren Handlung. Anwaltszwang gemäß § 78 ZPO. Antragsrücknahme – mit der Folge aus § 269 (3), (4) ZPO – bis zur Rechtskraft des Ordnungsmittelbeschlusses möglich;[1042] ebenso – einseitige oder übereinstimmende – Erledigungserklärung.[1043] Nach Rechtskraft gelten §§ 775 Nr 1, 776 ZPO entsprechend, wenn Vollstreckungstitel rückwirkend weggefallen.[1044]

400 **12.1.1.2 Zuständigkeit** liegt nach § 890 (1) ZPO beim Prozessgericht 1. Instanz. Das kann auch BPatG für im Nichtigkeitsverfahren abgeschlossene Vergleiche sein.[1045]

401 **12.1.1.3 Allgemeine Zwangsvollstreckungsvoraussetzungen:** Im Zeitpunkt der gerichtlichen Entscheidung muss vollstreckbarer Titel als Grundlage der Zwangsvollstreckung vorhanden sein.[1046] Daran fehlt es, wenn Titel (Klagerücknahme, Vergleich, Aufhebung im Rechtsmittelverfahren) rückwirkend wegfällt.[1047] Bereits ergangener Ordnungsmittelbeschluss ist dann auf Beschwerde hin aufzuheben.[1048] Ebenso stellt ein noch nicht rechtskräftiger Unterlassungstitel keine Vollstreckungsgrundlage mehr dar, sobald der Rechtsstreit, in dem der Titel ergangen ist, übereinstimmend für in der

---

1037 BGH GRUR 12, 541 (Nr 9) *Titelschuldner im Zwangsvollstreckungsverfahren*.
1038 BGH GRUR 10, 355 *Testfundstelle*.
1039 BGH GRUR 14, 909 *Ordnungsmittelandrohung nach Prozessvergleich*; LG Düsseldorf InstGE 7, 185 *Beleuchtungssystem*.
1040 BGH GRUR 10, 355 *Testfundstelle*.
1041 BGH GRUR 14, 797 *fishtailparka*.
1042 OLG Düsseldorf, InstGE 9, 56 *Rücknahme des Ordnungsmittelantrages*.
1043 OLG Stuttgart MDR 10, 1087.
1044 OLG Düsseldorf, InstGE 9, 56 *Rücknahme des Ordnungsmittelantrages*.
1045 BPatGE 36, 146.
1046 BGH GRUR 06, 264 *Euro-Einführungsrabatt*; OLG München InstGE 6, 55 *Rohrleitungsverdichter*.
1047 OLG München InstGE 6, 55 *Rohrleitungsverdichter*; OLG Düsseldorf InstGE 9, 53 *Montagehilfe für Dachflächenfenster*.
1048 OLG München InstGE 6, 55 *Rohrleitungsverdichter*.

Hauptsache erledigt erklärt wird.[1049] Unschädlich hingegen, wenn Klagepatent ex nunc (zB wegen Ablaufs seiner Schutzdauer) erlischt[1050] und den Titel für die Vergangenheit (insbes Zeitpunkt der Zuwiderhandlung) bestehen lässt. Vor dem erledigenden Ereignis begangene Zuwiderhandlungen können noch nach § 890 ZPO geahndet werden, wenn die Erledigungserklärung auf die Zeit nach dem erledigenden Ereignis beschränkt wird,[1051] was auch konkludent erfolgen kann.[1052] Dies ist von Bedeutung, wenn Schuldner nach Einleitung des Ordnungsmittelverfahrens durch Gläubiger gegen die zugrundeliegende Unterlassungsverfügung Widerspruch einlegt und zugleich eine strafbewehrte Unterlassungserklärung abgibt, die Gläubiger wegen Wegfalls der Wiederholungsgefahr zur Erledigungserklärung im Verfügungsverfahren zwingt. Auch einseitige Erledigungserklärung unschädlich für vor der Erledigung wegen zuvor getroffener Zuwiderhandlungen beantragte Ordnungsmittel, wenn Ordnungsmittel vor der gerichtlichen Entscheidung über die Erledigungserklärung verhängt wurde.[1053]

Vollstreckungstitel muss nach § 750 ZPO zugestellt, **Vollstreckungsklausel** gemäß § 724 ZPO erteilt sein; keine Klausel für einstweilige Verfügung erforderlich, es sei denn, Vollstreckung erfolgt gegen andere Person.[1054] Bei einstweiliger Verfügung ist Vollziehungsfrist nach § 929 (2) ZPO von Amts wegen zu beachten. 402

Besonderes Rechtsschutzbedürfnis für den Gläubiger nicht erforderlich.[1055] Einen etwaigen Rechtsmissbrauch muss der Schuldner geltend machen. 403

12.1.1.4 Besondere Zwangsvollstreckungsvoraussetzungen betreffen bei vorläufig vollstreckbaren Titeln die Sicherheitsleistung des Gläubigers. Diese muss nach § 751 (2) geleistet und der Schuldner darüber schriftlich unterrichtet sein.[1056] Keine Abwendung der Vollstreckung durch Sicherheitsleistung des Schuldners gemäß § 712 ZPO; 404

12.1.1.5 Androhung der Ordnungsmittel muss gemäß § 890 (2) ZPO der Verhängung von Ordnungsmitteln vorausgehen. Sie kann im Unterlassungsurteil (nicht in einem Vergleich[1057]) oder durch gesonderten Beschluss des Prozessgerichts (etwa zu einem Vergleich mit Unterlassungsverpflichtung[1058]) enthalten sein. Person des Schuldners muss bestimmt,[1059] Art und Höchstmaß des Ordnungsmittels muss angegeben sein.[1060] 405

1049 BGH GRUR 04, 264 *Euro-Einführungsrabatt*.
1050 OLG Düsseldorf InstGE 9, 53 *Montagehilfe für Dachflächenfenster*.
1051 BGH GRUR 04, 264 *Euro-Einführungsrabatt*.
1052 BGH GRUR 16, 421 (Nr 20) *Erledigungserklärung nach Gesetzesänderung*.
1053 BGH WRP 12, 829.
1054 OLG Köln OLG-Report 09, 408 *Bestrafungsverfahren gegen Rechtsnachfolger*.
1055 OLG Karlsruhe MDR 94, 728; BPatGE 36, 146, 152.
1056 BGH GRUR 08, 1029 *Nachweis der Sicherheitsleistung*.
1057 OLG Hamm MDR 88, 546.
1058 BGH GRUR 14, 909 *Ordnungsmittelandrohung nach Prozessvergleich*.
1059 ZB »gegen einen der Geschäftsführer« BGH NJW 92, 750.
1060 OLG Düsseldorf GRUR 77, 261.

406 12.1.1.6 **Zuwiderhandlung** durch Schuldner selbst[1061] oder durch abhängige Dritte[1062] oder durch gesetzlichen Vertreter (nicht einen Angestellten) juristischer Personen muss gegen die Unterlassungs- oder Duldungspflicht begangen sein.

407 12.1.1.6.1 **Voraussetzung** für eine die Verhängung von Ordnungsmitteln begründende Zuwiderhandlung ist, dass im Zeitpunkt der Zuwiderhandlung ein vollstreckbarer Unterlassungstitel bestand[1063], der Titel zugestellt war, Ordnungsmittel angedroht wurden, ggf die erforderliche Sicherheit nach § 751 (2) geleistet und der Schuldner darüber schriftlich unterrichtet war.[1064] Im Fall der einstweiligen Verfügung bedarf es ihrer Vollziehung, regelmäßig in Form der Zustellung des Urteils/Beschlusses durch den Gläubiger. Str ist, ob bei einem verkündeten Urteil eine die Verhängung von Ordnungsmitteln begründende Zuwiderhandlung bereits vom Zeitpunkt der **Verkündung** an in Betracht kommt, auch wenn erst im Anschluss an die Zuwiderhandlung die Urteilszustellung erfolgt.[1065]

408 12.1.1.6.2 **Art der Zuwiderhandlung** kann die Fortsetzung der durch das Unterlassungsgebot verbotenen Handlung sein. Umfasst die Unterlassungspflicht (auch ohne gesonderte Erwähnung im Tenor) die Pflicht zu einem positiven Tun (s Rdn 87), besteht eine Zuwiderhandlung auch darin, dass der Schuldner dieser Pflicht nicht nachkommt.

409 12.1.1.6.3 **Abwandlungen der im Titel verbotenen Verletzungsform** stellen eine Zuwiderhandlung dar, wenn eine Auslegung (vgl Einl Rdn 132) des Titels ergibt, dass sie von der Urteilswirkung erfasst sein sollen. Das gilt im Hinblick auf technische Merkmale einer Verletzungsform jedenfalls für Abwandlungen, deren tatsächliche Ausgestaltung mit der Gestaltung der dem Titel zugrundeliegenden Ausführungsform im Hinblick auf die Merkmale des geltend gemachten Patentanspruchs identisch ist, die mithin von dem Titel zugrundeliegenden Streitgegenstand (s Rdn 290) erfasst werden.[1066] Im Übrigen ist nach der für das Wettbewerbsrecht entwickelten »Kerntheorie« ein die konkrete Verletzungshandlung aufgreifendes Verbot nicht nur auf (nahezu) identische Handlungen beschränkt, sondern kann auch kerngleiche Verletzungsformen erfassen.[1067] Eine Zuordnung zum Kernbereich scheidet allerdings aus, wenn die Handlung nicht Gegenstand der Prüfung im Erkenntnisverfahren gewesen ist.[1068] Ausschlaggebend ist die Auslegung des Klagegebehrens, die vom Tenor der zu vollstreckenden Entscheidung auszugehen hat; ergänzend sind gegebenenfalls die Entscheidungsgründe und unter bestimmten Voraussetzungen auch die Klagebegründung

---

1061 BVerfG NJW 81, 2457.
1062 OLG München NJW-RR 86, 638.
1063 OLG Düsseldorf InstGE 9, 53 *Montagehilfe für Dachflächenfenster*.
1064 BGH GRUR 08, 1029 *Nachweis der Sicherheitsleistung*.
1065 Zum Meinungsstand vgl OLG Hamm GRUR-RR 07, 407 *Synthetisch hergestelltes Vitamin C*.
1066 Vgl OLG Düsseldorf GRUR 94, 81, 82 lSp.
1067 StRspr OLG Frankfurt GRUR 79, 75; OLG Düsseldorf GRUR 94, 81, 82 lSp; BGH GRUR 13, 1071 *Umsatzangaben*.; zur verfassungsrechtl Unbedenklichkeit der Kerntheorie: BVerfG GRUR 07, 618 *Organisationsverschulden*.
1068 BGH GRUR 13, 1071 *Umsatzangaben*; 14, 605 (Rn 18, 31) *Flexitanks*;

heranzuziehen.[1069] Es kommt darauf an, ob sich mit denselben Erwägungen, die in den Entscheidungsgründen in Bezug auf den Streitgegenstand angestellt worden sind, auch die Abwandlung als patentverletzend beurteilen lässt.[1070] Daran fehlt es, wenn neben den Gründen ergänzend auch auf die Patentschrift zurückgegriffen werden muss, um den Verletzungsvorwurf zu rechtfertigen, mögen die diesbzgl Erwägungen auch trivial und eindeutig sein.[1071] Eine Prüfung, ob die Handlung von dem Gegenstand des Titels in äquivalenter Weise Gebrauch macht, findet im Vollstreckungsverfahren nicht statt.[1072] Ist gegen den Schuldner wegen **mittelbarer Patentverletzung** ein Schlechthinverbot ergangen, so liegt eine Zuwiderhandlung nur vor, wenn der als Verstoß gerügte Gegenstand unter Umständen angeboten und vertrieben wird, die mit den im Erkenntnisverfahren angestellten Überlegungen wiederum die Feststellung erlauben, dass der Gegenstand vom Abnehmer zur erfindungsgemäßen Verwendung bestimmt wird und dem Lieferanten dies auch bekannt oder es nach den gesamten Umständen offensichtlich ist.[1073]

Ungewissheit darüber, ob abgewandelte Ausführungsform unter den Unterlassungstitel fällt, kann der Schuldner zum Anlass für eine **negative Feststellungsklage** nehmen.[1074] Das erforderliche Feststellunginteresse setzt regelmäßig voraus, dass die abgewandelte Ausführungsform vom Schuldner künftig noch hergestellt, angeboten oder vertrieben werden soll und es nicht nur darum geht, für einen in der Vergangenheit liegenden, abgeschlossenen Lebenssachverhalt (zB eine geschehene Vertriebshandlung, deren Wiederholung nicht vorgesehen ist) zu klären, ob mit ihr ein Ordnungsmittel verwirkt worden ist. Unter den zuletzt genannten Umständen kann ein Feststellungsinteresse nur ausnahmsweise bejaht werden, zB dann, wenn sich der Gläubiger wegen der vorgefallenen Vertriebshandlung eines Schadensersatzanspruchs berühmt. Bei dem gebotenen Zukunftsbezug entfällt das Feststellungsinteresse nicht dadurch, dass der Gläubiger wegen der streitbefangenen Abwandlung seinerseits einen Ordnungsmittelantrag stellt[1075] und über die Auslegung des Vollstreckungstitels im Vollstreckungsverfahren bereits entschieden worden ist.[1076] Einen Anspruch auf Mitteilung darüber, ob der Gläubiger wegen einer bestimmten Abwandlung einen solchen Antrag zu stellen beabsichtigt, hat der Schuldner indessen nicht.[1077]

410

12.1.1.6.4 Mehrere Einzelverstöße bilden eine natürliche Handlungseinheit (und sind als eine Zuwiderhandlung zu ahnden), wenn sie aufgrund ihres räumlich-zeitlichen Zusammenhangs so eng miteinander verbunden sind, dass sie bei natürlicher Betrachtung als ein einheitliches, zusammengehörendes Tun erscheinen.[1078] Das gilt nur für

411

1069 BGH GRUR **13**, 1071 (Rn 14) *Umsatzangaben*; **14**, 605 (Rn 18) *Flexitanks II*.
1070 Vgl OLG München GRUR-RR **11**, 32 *Jackpot-Werbung II*.
1071 Zu Einzelheiten vgl Kühnen GRUR **06**, 180.
1072 OLG Frankfurt GRUR **78**, 532; OLG Karlsruhe GRUR **84**, 197.
1073 LG Düsseldorf InstGE **6**, 289 Kaffeepads.
1074 BGH GRUR **08**, 360 *EURO und Schwarzgeld* Urt v 13.7.17, I ZR 64/16, GRUR **18**, 219.
1075 BGH GRUR **08**, 360 *EURO und Schwarzgeld*.
1076 BGH Urt v 13.7.17, I ZR 64/16, GRUR **18**, 219.
1077 BGH GRUR **08**, 360 *EURO und Schwarzgeld*.
1078 BGH GRUR **09**, 427 (428) *Mehrfachverstoß gegen Unterlassungstitel*; Beschl v 17.12.20, I ZB 99/19, GRUR **21**, 767.

solche Verhaltensweisen, die gegen dasselbe gerichtliche Verbot verstoßen.[1079] Kann bei natürlicher Betrachtungsweise angenommen werden, dass der Schuldner jeweils einen neuen Entschluss zum Verstoß gegen eine tituierte Unterlassungsverpflichtung gefasst oder einen bereits gefassten Entschluss bewusst bekräftigt hat, spricht dies gegen das Vorliegen einer natürlichen Handlungseinheit und für die Annahme von mehreren Zuwiderhandlungen,[1080] etwa wenn Schuldner einen Gegenstand im zeitlichen Abstand mehreren Abnehmern zum Kauf anbietet, auch wenn dies auf einem einheitlich gefassten Entschluss beruht, den Gegenstand vertreiben zu wollen.[1081] Die Rechtsfigur der fortgesetzten Tat hat keine Bedeutung.

412 12.1.1.7 **Verschulden** des Zuwiderhandelnden ist erforderlich, da die Ordnungsmittel des § 890 ZPO strafrechtliche Elemente enthalten.[1082] Schuldner muss also vorsätzlich oder fahrlässig gehandelt haben, bei juristischen Personen, OHG und KG die für sie verantwortlich Handelnden,[1083] zB bei der Auswahl oder Kontrolle des Personals[1084] oder der Duldung eines Organisationsmangels. Sorgfaltsanforderungen sind äußerst streng. Bei Zweifeln muss sich der Schuldner erkundigen,[1085] ein anwaltlicher Rat kann aber nicht grundsätzlich entlasten.[1086] Vertriebspartner, deren sich der Schuldner bedient, müssen zur Einhaltung des Unterlassungsgebotes angehalten und überwacht werden.[1087] Eine Rechtsnachfolge in die Haftung für Zuwiderhandlungen eines Rechtsvorgängers findet nicht statt.[1088]

413 12.1.1.8 **Verjährung** ist von Amts wegen zu beachten.[1089] Frist für Verfolgungsverjährung beträgt zwei Jahre für jede Zuwiderhandlung (Art 9 (1) EGStGB) ab deren Vollendung, unabhängig von einer Kenntnis des Gläubigers (Art 9 (1) EGStGB); umfasst die Duldungspflicht die Obliegenheit zu einem Tun, beginnt die Verjährung nicht, solange der Schuldner pflichtwidrig untätig bleibt.[1090] Keine Hemmung oder Unterbrechung durch Einleitung des Ordnungsmittelverfahrens, sondern erst durch Erlass eines Ordnungsmittelbeschlusses.[1091]

414 **12.1.2 Ordnungsmittel** sind Ordnungsgeld und Ordnungshaft. Wahl zwischen den Ordnungsmitteln und ihrer Höhe steht im Ermessen des Gerichts in den Grenzen von Androhung und Antrag. **Höhe des Ordnungsmittels** bestimmt sich nach Art, Umfang und Dauer des Verstoßes, dem Grad des Verschuldens, dem Vorteil des Verletzers aus der Zuwiderhandlung (»ein Titelverstoß soll sich nicht lohnen«), der Gefährlichkeit

---

1079 BGH Beschl v 17.12.20, I ZB 99/19, GRUR **21**, 767.
1080 BGH Beschl v 17.12.20, I ZB 99/19, GRUR **21**, 767.
1081 LG Düsseldorf InstGE 6, 34 *Mehrfachverstoß bei Lieferung.*
1082 StRspr BVerfGE **20**, 323, 332; **58**, 159; **84**, 82 (= NJW **67**, 195; **81**, 2457; **91**, 3139); BVerfG GRUR **67**, 213, 215; 07, 618 *Organisationsverschulden.*
1083 BVerfG GRUR **07**, 618 *Organisationsverschulden.*
1084 OLG München GRUR **64**, 558; OLG Düsseldorf **65**, 193.
1085 LG München GRUR **61**, 251.
1086 OLG Frankfurt NJW **96**, 1071; OLG Hamburg NJW-RR **89**, 1087.
1087 LG Düsseldorf GRUR-RR **08**, 110; OLG Köln OLG-Report **08**, 434.
1088 OLG Köln GRUR-RR **09**, 192 *Bestrafungsverfahren gegen Rechtsnachfolger.*
1089 LG Düsseldorf InstGE 6, 293 *Polyurethanhartschaum.*
1090 BGH WuM **07**, 209.
1091 BGH GRUR **05**, 269 *Verfolgungsverjährung.*

der begangenen und der Gefahr künftiger weiterer Verletzungshandlungen,[1092] und den persönlichen und wirtschaftlichen Verhältnissen des Zuwiderhandelnden.[1093] Die Grundsätze von § 40 (2) 1 StGB sind bei der Bemessung des Ordnungsgeldes entsprechend anwendbar.[1094]

Sind sowohl eine juristische Person als auch ihr Organ zur Unterlassung verpflichtet und handelt das Organ im Rahmen der geschäftlichen Tätigkeit für die juristische Person dem Verbot zuwider, ist nur gegen die juristische Person ein Ordnungsgeld festzusetzen, die Ersatzzwangshaft hingegen gegen das Organ, das schuldhaft gegen das Verbot verstoßen hat.[1095] 415

Bei mehreren selbstständigen Verstößen werden die einzelnen verwirkten Ordnungsgelder addiert; es findet keine Gesamtstrafenbildung nach Maßgabe von §§ 53 ff StGB statt.[1096] Bleibt das verhängte Ordnungsmittel deutlich unterhalb einer vom Gläubiger (im Antrag oder der Begründung) genannten Mindestsumme, führt dies zu einer teilweisen Zurückweisung des Zwangsvollstreckungsantrages und zu einer dementsprechenden Kostenquote zu Lasten des Gläubigers.[1097] 416

Anstelle von Ordnungsmitteln kann im Wege der einstweiligen Verfügung die Herausgabe des patentverletzenden Gegenstandes an einen Gerichtsvollzieher verlangt werden, wenn der Schuldner das Unterlassungsgebot missachtet und ein Verfahren nach § 890 ZPO wegen der Kürze der Zeit (zB weil es sich um Messeauftritt handelt) nicht möglich ist (sog »Abräumer«).[1098] 417

12.1.3 Verfahren: Beweislast im Verfahren nach § 890 ZPO trifft den Antragsteller für den objektiven und subjektiven Tatbestand der behaupteten Zuwiderhandlungen.[1099] Er muss insbes Benutzung der Erfindung mit allen Merkmalen des Urteilsausspruchs im Zeitpunkt der Vollstreckbarkeit des Titels darlegen und beweisen.[1100] Dabei können ihm Beweiserleichterungen wie Beweislastumkehr oder Anscheinsbeweis zugutekommen (vgl dazu Einl Rdn 154). 418

Insolvenz des Schuldners während des Ordnungsmittelverfahrens führt nicht zur Unterbrechung nach § 240 ZPO.[1101] War Ordnungsgeld vor Insolvenzeröffnung bereits festgesetzt, gelten für dessen Beitreibung die §§ 39 (1) Nr 3, 174 (3) InsO. 419

Streitwert beträgt etwa 1/3 des für den vollstreckten Unterlassungsanspruch angenommenen Wertes. 420

1092 BGH GRUR 04, 264 *Euro-Einführungsrabatt.*
1093 BGH Beschl v 8.12.2016, I ZB 118/15, GRUR 2017, 318.
1094 *BGH Beschl v 08.12.2016, I ZB 118/15,* GRUR 2017, 318.
1095 BGH GRUR 12, 541 *Titelschuldner im Zwangsvollstreckungsverfahren.*
1096 OLG Köln GRUR-RR 07, 31 *Gesamtordnungsgeld.*
1097 KG WRP 05, 1033 (LS); BGH GRUR 15, 511 *Kostenquote bei beziffertem Ordnungsmittelantrag.*
1098 LG Düsseldorf 4 O 34/82, Beschl v 25.02.1982; 4a O 195/04, Beschl v 11.05.2004; 4a O 73/05, Beschl v 18.02.2005.
1099 OLG Frankfurt GRUR 94, 918.
1100 OLG Düsseldorf I-2 W 37/11, Beschl v 22.09.2011.
1101 LG Düsseldorf InstGE 3, 229 (Rn 2–4) *Verhütungsmittel*; streitig.

421 Ordnungsmittelbeschluss ist mit sofortiger Beschwerde anfechtbar, die aufschiebende Wirkung hat, § 570 (1) ZPO.[1102]

422 **12.1.4 Vollstreckung** der festgesetzten Ordnungsmittel geschieht von Amts wegen durch den Rechtspfleger des Vollstreckungsgerichts nach der JBeitrO; Ordnungsgeld fließt der Landeskasse zu. Von Amts wegen zu berücksichtigende Vollstreckungsverjährung beträgt nach Art 9 (2) EGStGB zwei Jahre. Das Ruhen der Verjährung ist in Art 9 (2) 4 EGStGB abschließend geregelt, insbesondere Nr 1 der Regelung nur anwendbar, wenn als Rechtsfolge im Gesetz ausdrücklich angeordnet.[1103] Vollstreckungsverjährung hindert Vollstreckung des Ordnungsgeldes in anderen Mitgliedsstaaten der EU nicht, weil Vollstreckbarerklärung eines Titels im Ausland gemäß Art 38 (1) EuGVVO lediglich formelle Vollstreckbarkeit des Titels verlangt und sich die Vollstreckbarkeit iÜ nach dem Recht des Mitgliedsstaates richtet, in dem die Vollstreckung stattfinden soll.[1104]

423 **12.2 Urteil zur Rechnungslegung** wird nach § 888 ZPO durch Zwangsgeld oder Zwangshaft vollstreckt, nicht nach § 887 ZPO.[1105]

424 **12.2.1 Voraussetzungen:** Neben einem Antrag und der Zuständigkeit des ersten Prozessgerichts müssen die allgemeinen und besonderen Zwangsvollstreckungsvoraussetzungen vorliegen, s Rdn 399 ff. Das **allgemeine Rechtsschutzbedürfnis** für einen wiederholten Antrag ist nur gegeben, wenn das zuvor angeordnete Zwangsmittel entweder gezahlt oder vollstreckt ist.[1106] Die Vollstreckung darf nicht nur begonnen, sondern sie muss vollständig durchgeführt sein. Daher ist bloße Pfändung eines Gesellschaftsanteils (§§ 857, 829 ZPO) unzureichend, wenn der gepfändete Gegenstand nicht anschließend (insbesondere durch Überweisung zur Einziehung) auch verwertet worden ist.[1107] Materiell-rechtliche Einwendungen außer dem Erfüllungseinwand und dem Einwand der Unmöglichkeit sind im Zwangsvollstreckungsverfahren ausgeschlossen wie bspw die Unzumutbarkeit der geforderten Auskunft aufgrund von Geheimhaltungsinteressen.[1108]

425 **12.2.1.1 Mangelnde Erfüllung:** Die Festsetzung eines Zwangsmittels setzt voraus, dass der Schuldner keine Rechnung gelegt hat oder dass diese unverständlich oder formell mangelhaft ist[1109] (s auch Rdn 179 ff). Bei inhaltlicher Unrichtigkeit der (evtl ergänzten) Rechnungslegung kann nur Versicherung an Eides Statt gemäß § 259 (2) BGB verlangt werden.[1110]

1102 OLG Frankfurt InstGE 9, 301 *Aufschiebende Wirkung*; BGH GRUR 12, 427 *Aufschiebende Wirkung*; GRUR-RR 12, 496 *Aufschiebende Wirkung II*.
1103 BGH Beschl v 18.12.18, I ZB 72/17, NJW-RR 19, 822.
1104 BGHUrt v 7.3.2013, IX ZR 123/12 = WM 13, 711.
1105 LG Düsseldorf InstGE 7, 188 *Vollstreckung der Rechnungslegung*; BGH NJW 06, 2706 (zur Betriebskostenabrechnung).
1106 BGH Beschl v 13.9.18, I ZB 109/17, NJW 19, 231.
1107 LG Düsseldorf InstGE 7, 184 *wiederholter Zwangsmittelantrag*.
1108 BGH Beschl v 7.4.05, I ZB 2/05, NJW-RR 06, 202; OLG Düsseldorf Beschl v 29.4.20, I-2 W 9/20, GRUR 20, 734.
1109 OLG Düsseldorf MDR 61, 858.
1110 BGH GRUR 84, 728 *Dampffrisierstab II*.

Ob die Rechnungslegung vollständig ist, richtet sich allein nach dem Vollstreckungstitel, ob mithin zu allen im Urteil genannten Einzeldaten formal betrachtet Angaben vorhanden sind.[1111] Auf Teilleistungen muss sich der Gläubiger nicht einlassen. Fehlen in einem rechnungslegungspflichtigen Punkt Angaben, rechtfertigt dies die Verhängung eines Zwangsmittels. Die Pflicht zur Rechnungslegung bezieht sich nicht nur auf die Zeit bis zum Schluss der (letzten) mündlichen Verhandlung, sondern besteht – sofern das Urteil nicht ausdrücklich anderes sagt – auch für danach noch begangene Benutzungshandlungen.[1112] Sie erfasst außerdem im Kern identische Abwandlungen (s Rdn 409).[1113] Auch über Handlungen, die im Urteilstenor selbst nicht genannt sind, ist Auskunft zu erteilen, sofern sie in den Gründen der zu vollstreckenden Entscheidung als von der Auskunftspflicht umfasst bezeichnet sind.[1114] Allerdings ist bei der Auslegung des Auskunftstitels – vor allem einer nicht mit Gründen versehenen einstweiligen Verfügung – der Grundsatz der Verhältnismäßigkeit zu beachten, der dazu führen kann, dass sich der Titel nicht auf Gegenstände bezieht, bezüglich derer der Schuldner auch nach zumutbaren Nachforschungen über keine Anhaltspunkte verfügt, dass sie unberechtigt in den Verkehr gebracht wurden.[1115] Sieht der Titel keine Belegvorlage vor, kann sie nicht im Zwangsvollstreckungsverfahren verlangt werden. Bezieht sich eine Verurteilung zur Rechnungslegung wegen mittelbarer Patentverletzung nur auf Mittel, die geeignet *und bestimmt* sind, vom Abnehmer patentgemäß verwendet zu werden, ist Schuldner nicht gehalten, bei jedem Abnehmer Nachforschungen über die Verwendung zu betreiben; eine Nullauskunft genügt.[1116] Zu Gegenständen, für die ein Privilegierungstatbestand – zB Erschöpfung – greift, müssen keine Angaben gemacht werden, Schuldner muss dem Gläubiger aber Erschöpfungssachverhalt darlegen.[1117] Im Rahmen der Berechnung des Verletzergewinns möglicherweise abzugsfähige Kosten sind vom Schuldner so zu erläutern, dass der Gläubiger absehen kann, ob für die Kostenpositionen die Anforderungen an eine unmittelbare Zuordenbarkeit zu den Verletzungsprodukten gegeben sind oder nicht, es sei denn der Schuldner erklärt ausdrücklich Verzicht, solche Kosten gewinnmindernd in Ansatz zu bringen.[1118] Beweislast für Erfüllung trägt Schuldner, Gläubiger trägt aber sekundäre Darlegungslast.[1119]

426

Richtet sich der Rechnungslegungsanspruch gegen eine jur Person, ist zur Erfüllung des Anspruchs deren gesetzlicher Vertreter verpflichtet. Ist dieser auch persönlich zur Rechnungslegung verurteilt, muss er auch zu solchen Benutzungshandlungen Auskunft erteilen, die er in anderer Funktion vorgenommen hat.[1120] Zwangsgeld kann

427

1111 BGH VersR 07, 1081.
1112 BGH GRUR 04, 755 *Taxameter*.
1113 OLG Düsseldorf InstGE 6, 123 *Elektronische Anzeigevorrichtung*.
1114 BGH GRUR 14, 605 *Flexitanks II*.
1115 BGH GRUR 15, 1248 *Tonerkartuschen*.
1116 OLG Karlsruhe InstGE 11, 61 *Multifeed II*.
1117 OLG Karlsruhe 6 W 43/08, Beschl v 12.08.2008; 6 U 161/07, Beschl v 05.12.2007.
1118 OLG Düsseldorf InstGE 13, 226 *Rechnungslegung über Gestehungskosten*.
1119 BGH VersR 07, 1081.
1120 OLG Düsseldorf I-2 W 26/11, Beschl v 08.09.2011.

gegen die jur Person und zugleich gegen den gesetzlichen Vertreter verhängt werden, wenn gegen beide titulierter Auskunftsanspruch besteht.[1121]

428 Wird während des Zwangsmittelverfahrens Rechnung gelegt, ist Erledigungserklärung möglich.[1122] Nach **Rechtskraft** des Zwangsmittelbeschlusses kann Erfüllung des Rechnungslegungsanspruchs nur mit Vollstreckungsgegenklage (§ 767 ZPO) und Einstellungsantrag (§ 769 ZPO) geltend gemacht werden.

429 **12.2.1.2 Keine Unmöglichkeit:** Die vom Schuldner zu beweisende Unmöglichkeit zur Rechnungslegung verbietet Verhängung eines Zwangsmittels insoweit, als der Schuldner auch bei Aufbietung aller ihm zumutbaren Anstrengungen nicht in der Lage ist, die titulierte Verpflichtung zu erfüllen[1123] – selbst wenn Unmöglichkeit zum Zwecke der Vereitelung des Rechnungslegungsanspruchs herbeigeführt wurde.[1124] Auch wenn für Rechnungslegung Mitwirkung Dritter erforderlich, muss Schuldner alle zumutbaren Maßnahmen einschließlich eines gerichtlichen Vorgehens ergreifen, um Dritten zur Mitwirkung zu bewegen.[1125] Holdinggesellschaft, die für Benutzungshandlungen ihrer als Verrichtungsgehilfin anzusehenden Tochtergesellschaft haftet, kann nicht mit Erfolg auf rechtl Selbstständigkeit der Tochter verweisen.[1126] Nach neuerer Rspr kommt Verhängung eines Zwangsmittels bereits bei Einwand der Unmöglichkeit nicht in Betracht, weil dem Gläubiger als milderes Mittel die Klage auf Abgabe der eidesstattlichen Versicherung offensteht.[1127]

430 **12.2.2 Verfahren: Streitwert** entspricht dem Wert des Rechnungslegungsanspruchs im Erkenntnisverfahren. **Insolvenz** des Schuldners unterbricht das Verfahren nicht. **Sofortige Beschwerde** hat Suspensiveffekt (§ 570 (1) ZPO).

431 **12.2.3 Vollstreckung** erfolgt nicht von Amts wegen, sondern durch den Gläubiger nach den allgemeinen ZPO-Vorschriften des Vollstreckungsrechts; Erträge fallen nicht ihm, sondern der Landeskasse zu. Soll Zwangshaft oder Ersatzzwangshaft am gesetzlichen Vertreter (zB GF) des Schuldners (zB GmbH) vollstreckt werden, so muss der betreffende Vertreter im Zwangsmittelbeschluss – und dementsprechend auch in der Antragsschrift – *namentlich* bezeichnet sein.[1128]

13 Einstweilige Verfügung

432 Lit: Marshall FS Klaka 87, 99; U. Krieger FS Preu 88, 165; Rogge FS von Gamm 90, 461; Fischer FS Traub 94, 105; Schlosser FS Odersky 96, 669; Pansch Die einstweilige Verfügung zum Schutz des geistigen Eigentums im grenzüberschreitenden Verkehr 2003; Berneke FS f Tilmann 03, 755; Harmsen FS 80 J PatentG Düsseldorf 16, 175. **Lit in GRUR:** Fritze 79, 290; Klaka 79, 593; Jestaedt 81, 153; Schultz-Süchting 88, 571; Meier-Beck 88, 861 u 99, 379, 382; Ulrich 91, 26; Teplitzky 93, 418; Traub 96, 707; Klute 03, 34; Oetker 03, 119; Böhler 11, 965; Conrad 14, 1172; Hoppe-Jänish 15, 1075; Klein 16, 899; Dissmann 20, 1152; Bornkamm 20, 1163; Tilmann 21, 997; **Lit in GRUR**

1121 OLG Frankfurt Mitt 15, 410.
1122 OLG Stuttgart MDR 2010, 1078.
1123 BGH GRUR 14, 605 (Rn 20) *Flexitanks II*.
1124 BGH GRUR 09, 794 *Auskunft über Tintenpatronen*.
1125 BGH MDR 09, 468; GRUR 09, 794 *Auskunft über Tintenpatronen*.
1126 OLG Düsseldorf GRUR-RR 13, 273 *Scheibenbremse*.
1127 OLG Düsseldorf InstGE 13, 113 *Zugangsdaten für Internetseite*; vgl BVerG NJOZ 11, 1423.
1128 BGH GRUR 91, 929 *Fachliche Empfehlung II*.

Patentverletzungsverfahren:
Einstweilige Verfügung § 139

Int: Fritze 87, 137; Brinks/Fritze 88, 131; Scuffi 91, 484; Boval 93, 377; Traxler 93, 381; Brinkhof 93, 387; 97, 489; Bertrams 95, 194; Petersenn/Peters 21, 553; **Lit in GRUR-Prax:** Greiner 17, 477; Grundt/Neuhaus 18, 321; Schacht 20, 120; Ringer/Wiedemann, 20, 359; Gajeck 21, 69, 95; Hauck 21, 127; Wündisch/Gaul 21, 466; **Lit in Mitt:** von Meibom/Pitz 96, 181; König 96, 296; Nieder 00, 103 (Marken); v Falck 02, 429; Müller-Stoy/Wahl 08, 311;Wuttke 11, 393; Petri 14, 65; Wenzel 16, 481; **Lit in IIC:** Traxler 93, 751; Brinkhof 93, 762; Bertrams 95, 618; **Lit in WRP:** Steigüber/Kaneka 13, 873; Guhn 14, 27; Isele 15, 824; Kurtz 16, 305; Teplitzky 13, 839; 1414; 16, 917, 1181; 17, 1163; Ott 16, 1455; Rehart 17, 1307; Bernreuther 19, 1143; Bornkamm 19, 1242; Ahrens 20, 387; Mantz 20, 533; Möller 20, 982; Ahrens 21, 4; **Lit in EIPR:** Sztoldman EIPR 20, 727; de Haan 20, 767.

Vom Erlass einer einstweiligen Verfügung zur Durchsetzung des Unterlassungsanspruchs wird nach der deutschen Rechtsprechung nur zurückhaltend Gebrauch gemacht,[1129] weil im Eilverfahren idR die Voraussetzungen eines Unterlassungsbegehrens nicht ausreichend geprüft werden können, ihr Erlass aber einen schwerwiegenden Eingriff bedeuten kann und die Hauptsache vorwegnimmt. **433**

Nach dem auch in der BRD geltenden **Art 50 TRIPS** (abgedruckt im Anhang 13) sind die Gerichte befugt, »schnelle und wirksame einstweilige Maßnahmen anzuordnen, um die Verletzung eines Rechts des geistigen Eigentums zu verhindern«, die sogar (unter Ausschluss der Gewährung des *vorherigen* rechtlichen Gehörs) ohne Anhörung der anderen Partei getroffen werden können, »wenn sonst ein nicht wiedergutzumachender Schaden entstünde oder wenn nachweislich die Gefahr besteht, dass Beweise vernichtet werden«. Zur Auslegung von Art 50 TRIPS können dem EuGH gemäß Art 267 AEUV (früher Art 234 EGV) zur Vorabentscheidung Fragen vorgelegt werden.[1130] Weder das Gemeinschaftsrecht noch das deutsche Recht erkennen dem Einzelnen das Recht zu, sich auf Art 50 (2) TRIPS zu berufen, so dass einstweilige Maßnahmen ohne vorherige Anhörung der anderen Partei in Deutschland (anders die Rechtslage in England durch die mögliche Anton Piller order, siehe § 140c Rdn 96) nicht angeordnet werden können. Dem steht Art 103 (1) GG entgegen. **434**

13.1 Voraussetzungen für den Erlass einer einstweiligen Verfügung sind gemäß §§ 936, 920 (2) ZPO die **Glaubhaftmachung** eines Verfügungsanspruchs (s Rdn 437) und die eines Verfügungsgrundes (s Rdn 439). Zur Glaubhaftmachung s Einl Rdn 199. Einer Glaubhaftmachung bedarf es nur im Rahmen der jeweiligen Darlegungs- und Beweislast und auch nur dann, wenn die betreffende Tatsache streitig ist.[1131] Ist ein Verfügungsanspruch schlüssig dargelegt, aber nicht glaubhaft gemacht, so kann der Verfügungsantrag deshalb aus tatsächlichen Gründen nur zurückgewiesen werden, wenn der Antragsgegner zuvor (mündlich oder schriftlich) gehört worden ist, damit Gewissheit darüber herrscht, ob der fragliche Umstand von ihm streitig gestellt und damit glaubhaftmachungsbedürftig wird.[1132] Umgekehrt wird aus diesem Grund der Erlass einer einstweiligen Verfügung ohne Anhörung des Gegners regelmäßig nur dann in Betracht kommen, wenn sämtliche Voraussetzungen vom Antragsteller glaubhaft gemacht sind. Erforderlich ist, dass die überwiegende Wahrscheinlichkeit dafür **435**

1129 OLG Düsseldorf GRUR 59, 619; 83, 79; LG Düsseldorf GRUR 80, 989.
1130 EuGH GRUR 01, 235 *Auslegung und Anwendbarkeit von Art 50 TRIPS*.
1131 AA OLG Stuttgart, ZIP 2010, 1089, das Glaubhaftmachung unabhängig von Beweisbedürftigkeit verlangt.
1132 KG Berlin BeckRS 11, 5970 *Hotel ohne Pool*.

besteht, dass die Behauptung zutrifft, mithin bei umfassender Würdigung der Umstände des jeweiligen Falles mehr für das Vorliegen der behaupteten Tatsache spricht als dagegen.[1133]

436 Der Erlass einer einstweiligen Verfügung insbesondere auf Unterlassung (in Patentverletzungssachen) kommt regelmäßig nur in Betracht, wenn sowohl der Bestand des Verfügungspatents als auch die Frage der Patentverletzung im Ergebnis so eindeutig zugunsten des Antragstellers zu beantworten sind, dass eine fehlerhafte, in einem etwa nachfolgenden Hauptsacheverfahren zu revidierende Entscheidung nicht ernstlich zu erwarten ist.[1134] Insbesondere der Verfügungsgrund und die in seinem Rahmen zu berücksichtigende Schutzfähigkeit bzw. Rechtsbeständigkeit des Antragsschutzrechts bedarf mit Blick auf die eingeschränkten Möglichkeiten zur Vorbereitung der Verteidigung des Antragsgegners und der mit dem Erlass einer einstweiligen Verfügung verbundenen einschneidenden Folgen für den Antragsgegner sorgfältiger Prüfung.[1135] Gegen Art 50 (1) TRIPS verstieße es hingegen, eine einstweilige Verfügung gar nicht oder nur in besonderen Ausnahmefällen zuzulassen.

437 **13.1.1 Verfügungsanspruch** kann jeder Individualanspruch auf eine Handlung, Duldung oder Unterlassung sein. Neben dem Unterlassungsanspruch § 139 (1) PatG kann im Wege der einstweiligen Verfügung in Fällen offensichtlicher Rechtsverletzung außerdem der Auskunftsanspruch gemäß § 140b, nicht der Rechnungslegungsanspruch nach §§ 242, 259 BGB[1136] durchgesetzt werden,[1137] sowie eine Sicherung des Vernichtungsanspruchs aus § 140a (1) in Form einer Anordnung zur Herausgabe an einen Treuhänder oder Gerichtsvollzieher zur Verwahrung, wobei es auf eine Offensichtlichkeit nicht ankommt.

438 Eine Glaubhaftmachung des Verletzungstatbestandes erfordert, dass das Gericht auf hinreichend sicherer Grundlage zu der Entscheidung in der Lage ist, dass eine Patentverletzung vorliegt. Dafür müssen Tatsachen glaubhaft gemacht werden, die eine Beurteilung des Schutzbereichs, des Standes der Technik, der Verletzungsform ermöglichen. Damit in der summarischen Prüfung der Schutzrechtslage auch schwierige technische Fragen geklärt werden können, kann es für den Antragsteller angezeigt sein, ein seriöses Sachverständigengutachten vorzulegen.[1138] Ein anonymisierter GfK-Bericht reicht zur Glaubhaftmachung einer Verletzungshandlung nicht aus.[1139] Nach LG Mannheim sollen bereits rechtliche Zweifel daran, dass es sich bei dem beanstandeten Verhalten (Ausstellen auf einer Messe) um eine dem Antragsteller nach §§ 9 ff vorbehaltende Handlung handelt, dem Erlass einer einstweiligen Verfügung entgegenstehen.[1140]

1133 BGH MDR 11, 68.
1134 OLG Karlsruhe InstGE 11, 143 *VA-LVD-Fernseher*; OLG Düsseldorf InstGE 12, 114 *Harnkatheterset*; Mitt 12, 415 *Adapter für Tintenpatrone*.
1135 OLG Düsseldorf InstGE 9, 140 (145) *Olanzapin*; InstGE 12, 114 *Harnkatheterset*.
1136 OLG Hamburg GRUR-RR 07, 29 *Cerebro-Card*.
1137 OLG Hamburg GRUR-RR 07, 29 *Cerebro-Card*.
1138 OLG Düsseldorf GRUR Int 90, 471.
1139 OLG Düsseldorf InstGE 13, 244 *GfK-Bericht*.
1140 LG-Mannheim InstGE 13, 11 *Sauggreifer*.

13.1.2 Verfügungsgrund: Die einstweilige Regelung muss iSd §§ 935, 940 ZPO »zur Abwendung wesentlicher Nachteile oder aus anderen Gründen nötig« sein. Dies erfordert grundsätzlich eine **Abwägung der schutzwürdigen Interessen** beider Parteien unter dem Gesichtspunkt der Verhältnismäßigkeit. Das anzuerkennende Interesse des Patentinhabers, sein zeitlich begrenztes Ausschlussrecht, die Benutzung seiner Erfindung zu unterlassen, sofort durchzusetzen, darf nicht außer Verhältnis zu schwerwiegenden Nachteilen des Schuldners stehen. Insofern gewinnt die Frage, ob der **Rechtsbestand** des geltend gemachten Patents hinreichend gesichert ist und die Sache für den Patentinhaber **Dringlichkeit** besitzt, entscheidende Bedeutung.

13.1.2.1 Rechtsbeständigkeit muss vom Verletzungsgericht in eigener Verantwortung eingeschätzt werden.[1141] Zweifel an der Bestandsfähigkeit des Schutzrechts gegenüber einer Nichtigkeitsklage stehen dem Erlass einer einstweiligen Verfügung entgegen.[1142] Um einer einstweiligen Verfügung den Erfolg zu versagen, muss Schutzunfähigkeit weder zwingend, noch überwiegend wahrscheinlich sein, aber aufgrund einer in sich schlüssigen, vertretbaren, letztlich nicht von der Hand zu weisenden Argumentation des Antragsgegners möglich sein.[1143] Umgekehrt wird umso eher eine einstweilige Verfügung erlassen werden können, je wahrscheinlicher die Rechtsbeständigkeit ist. Das ist Tatfrage im Einzelfall. Allerdings genügt nicht, lediglich im Verfügungsverfahren rechtshinderndes Material vorzutragen; vielmehr muss das Verfügungspatent auch tatsächlich mit Einspruch oder Nichtigkeitsklage angegriffen werden[1144] oder ein Angriff muss zumindest verlässlich vorauszusehen sein.[1145] Ist die Zeit zwischen Veröffentlichung der Patenterteilung und dem Verhandlungstermin im Verfügungsverfahren so kurz, dass dem Antragsgegner nicht einmal eine vernünftige Recherche nach möglichem Stand der Technik zuzumuten war, kann der Verfügungsantrag sogar ohne konkrete Benennung von Entgegenhaltungen zurückzuweisen sein, weil die Schutzrechtslage unklar ist und die Möglichkeit besteht, dass bei angemessener Recherche relevanter Stand der Technik aufgefunden werden kann.[1146] Sobald das Verfügungspatent in seinem Rechtsbestand angegriffen oder ein bevorstehender Angriff hinreichend absehbar ist, ist vom Antragsteller glaubhaft zu machen, dass die gegen das Verfügungspatent vorgebrachten Einwendungen unberechtigt sind und das Verfügungspatent mit Sicherheit das laufende (oder avisierte) Rechtsbestandsverfahren überstehen wird.[1147] Diese Maßstäbe gelten auch im Berufungsverfahren des vorläufigen Rechtsschutzes.[1148]

Andererseits ist Prüfungsmaßstab weniger streng, wenn Verfügungsverfahren wie Hauptsacheverfahren geführt wird und Widerspruch erst Monate nach Zustellung der

---

1141 OLG Düsseldorf InstGE **9**, 140 (146) *Olanzapin.*
1142 OLG Düsseldorf GRUR **83**, 79; OLG Hamburg GRUR **84**, 105; OLG Braunschweig Mitt **12**, 410 *Scharniere auf Hannovermesse.*
1143 OLG Düsseldorf Mitt **12** 415 *Adapter für Tintenpatrone.*
1144 OLG Düsseldorf InstGE **7**, 147 *Kleinleistungsschalter.*
1145 OLG Düsseldorf InstGE **12**, 114 *Harnkatheterset.*
1146 LG Mannheim InstGE **11**, 159 *VA-LCD-Fernseher II*; OLG Düsseldorf InstGE **12**, 114 *Harnkatheterset.*
1147 OLG Düsseldorf InstGE **12**, 114 *Harnkatheterset*; aA OLG Braunschweig Mitt **12**, 410 (412) *Scharniere auf Hannovermesse.*
1148 OLG Düsseldorf Mitt **12**, 178 *Gleitsattelscheibenbremse II.*

einstweiligen Verfügung eingelegt wurde, so dass bis zum Verhandlungstermin ausreichend Zeit für Recherchen bestand.[1149] Wird der Rechtsbestand mit offenkundiger Vorbenutzung angegriffen, bedarf es liquider Glaubhaftmachungsmittel; Zeugenbeweis genügt nicht, da auch in einem solchen Fall ein Hauptsachverfahren nicht ausgesetzt würde.[1150]

442 **Hinreichend gesicherter Rechtsbestand:** Davon kann grundsätzlich nur ausgegangen werden, wenn das Verfügungspatent bereits ein erstinstanzliches Einspruchs- oder Nichtigkeitsverfahren überstanden hat,[1151] wobei dem ein deutlich geäußerter und sorgfältig begründeter Vorbescheid des EPA/BPatG gleichstehen kann, wenn er eine eindeutige und begründete Position bezieht und nicht neutral bloß mögliche Erwägungen und Diskussionspunkte in den Raum stellt.[1152] Diese Rspr wurde vom LG München I jüngst durch eine EuGH-Vorlage in Zweifel gezogen,[1153] die zu Recht – auch wegen ihrer mangelnden Auseinandersetzung mit der obergerichtlichen Rechtsprechung[1154] – auf Widerspruch gestoßen ist.[1155] Die Anforderung einer positiven erstinstanzlichen Rechtsbestandsentscheidung darf in der Tat nicht zu schematisch gesehen werden.[1156] Vor allem kann der Antrag auf Erlass einer einstweiligen Verfügung nicht bereits im Beschlusswege mangels erstinstanzlicher Rechtsbestandsentscheidung zurückgewiesen werden, weil nicht dieser Mangel, sondern der unsichere Rechtsbestand ausschlaggebend ist, der vom Antragsgegner aber überhaupt erst einmal angegriffen werden muss. Letztlich kommt es auf eine Abwägung der Interessen der Parteien unter Berücksichtigung der Umstände des Einzelfalls an.

443 Von dem Erfordernis einer dem Antragsteller günstigen kontradiktorischen Rechtsbestandsentscheidung kann daher in besonderen Fällen abgesehen werden,[1157] beispielsweise **a)** wenn sich der Antragsgegner oder ein anderer Wettbewerber bereits mit eigenen Einwendungen am Erteilungsverfahren beteiligt hat, so dass die Patenterteilung sachlich der Entscheidung in einem zweiseitigen Einspruchsverfahren gleichsteht; **b)** wenn ein Rechtsbestandsverfahren deshalb nicht durchgeführt worden ist, weil das

---

1149 LG Düsseldorf InstGE **5**, 231 *Druckbogenstabilisierer II*; 9,110 *Dosierinhalator*; kritisch: OLG Braunschweig Mitt **12**, 410 *Scharniere auf Hannovermesse*.
1150 OLG Düsseldorf I-2 U 55/08, Urt v 19.03.2009 BeckRS **10**, 21 559; aA LG Mannheim InstGE **6**, 194 *Etikettieraggregat*.
1151 St Rspr: OLG Düsseldorf InstGE **9**, 140, 146 *Olanzapin*; **12**, 114 *Harnkatheterset*; Urt v 11.1.18, I-15 U 66/17, GRUR-RS **18**, 1291; OLG Karlsruhe GRUR-RS **15**, 509 *Ausrüstungssatz*; OLG München Urt v 12.12.19, 6 U 4009/19, GRUR **20**, 385 *Elektrische Anschlussklemme*; aA OLG Braunschweig Mitt **12**, 410 *Scharniere auf Hannovermesse*; zum Gebrauchsmusterrecht siehe OLG Düsseldorf Mitt **12**, 415 *Adapter für Tintenpatrone*.
1152 OLG Düsseldorf Urt v 4.3.21, I-2 U 25/20, GRUR-RR **21**, 249 *Cinacalcet II*.
1153 LG München I Beschl v 19.1.21, 21 O 16782/20, GRUR **21**, 466 *Rechtsbestand im Verfügungsverfahren*.
1154 Vgl. zusammenfassend: OLG Düsseldorf Urt v 4.3.21, I-2 U 25/20, GRUR-RR **21**, 249 *Cinacalcet II*.
1155 Anm von Kühnen, GRUR **21**, 468; dagegen: Pichlmaier GRUR **21**, 557.
1156 Anm von Kühnen, GRUR **21**, 468; anders anscheinend LG München I Beschl v 19.1.21, 21 O 16782/20, GRUR **21**, 466 *Rechtsbestand im Verfügungsverfahren*.
1157 OLG Düsseldorf InstGE **12**, 114 *Harnkatheterset*; Urt v 11.1.18, I-15 U 66/17, GRUR-RS **18**, 1291; OLG München Urt v 12.12.19, 6 U 4009/19, GRUR **20**, 385 *Elektrische Anschlussklemme*.

Verfügungspatent allgemein als schutzfähig anerkannt wird, zB aufgrund namhafter Lizenznehmer;[1158] c) wenn sich die Einwendungen gegen den Rechtsbestand des Verfügungspatents schon bei der dem vorläufigen Rechtsschutzverfahren eigenen summarischen Prüfung als haltlos erweisen; d) wenn es mit Rücksicht auf die Marktsituation die aus der Fortsetzung der Verletzungshandlung drohenden Nachteile dem Antragsteller unzumutbar machen, den Ausgang des Einspruchs- oder Nichtigkeitsverfahrens abzuwarten[1159] (bpsw bei Verletzungshandlungen von Generikaherstellern[1160]); e) wenn die dem Antragsteller mit der Markteinführung eines patentverletzenden Produkts entstehenden Nachteile im Vergleich zu den Nachteilen, die dem Antragsgegner durch eine bis zu dem in wenigen Monaten stattfindenden Verhandlungstermin im Nichtigkeitsverfahren verzögerten Markteinführung entstehen, nicht zumutbar sind, selbst wenn ausländische Gerichte den Rechtsbestand des Verfügungspatents bis dahin unterschiedlich bewertet haben;[1161] f) wenn Hauptsacheklage vor Ablauf des Verfügungsschutzrechts nicht mehr zum Erfolg führen kann;[1162] g) wenn im Rechtsbestandsverfahren keine Fragen, deren Ursprung in dem jeweiligen technischen Gebiet der Erfindung liegt, sondern reine Rechtsfragen zu beurteilen sind, bspw Auslegung der VO 469/2009 (EG).[1163]

Ist eine erstinstanzliche kontradiktorische Rechtsbestandsentscheidung ausnahmsweise entbehrlich, ist der Rechtsbestand hinreichend gesichert, wenn mehr für als gegen die Patentfähigkeit spricht, so dass sich diese positiv bejahen lässt, oder es muss (mit Rücksicht auf die im Rechtsbestandsverfahren geltende Beweislastverteilung) gleichermaßen viel gegen wie für sie streiten, so dass das Vorliegen eines Widerrufs- oder Nichtigkeitsgrundes letztlich unaufgeklärt bleibt.[1164] Von einem gesicherten Rechtsbestand kann regelmäßig dann ausgegangen werden, wenn und sobald eine positive erstinstanzliche Rechtsbestandsentscheidung vorliegt.[1165] Dies gilt jedoch nicht automatisch und ausnahmslos: Ein Unterlassungsgebot kommt nicht in Betracht, wenn die Entscheidung der Einspruchs- oder Nichtigkeitsinstanz unvertretbar ist oder wenn der Angriff auf das Verfügungspatent auf (z. B. neue) erfolgversprechende Gesichtspunkte gestützt wird, die im Rechtsbestandsverfahren bislang nicht berücksichtigt wurden.[1166]

Rechtsbestand ist nicht hinreichend gesichert, a) wenn das Gericht ein gedachtes Hauptsacheverfahren aussetzen würde;[1167] b) wenn der Patentanspruch im Verfahren

---

1158 OLG Düsseldorf Mitt 13, 232, 237 *Flupirtin-Maleat*.
1159 OLG Düsseldorf InstGE 12, 114 *Harnkatheterset*; LG Düsseldorf GRUR-RR 12, 58 *Valsartan*; 12, 420 (423) *Irbesartan/HCT*; OLG Düsseldorf Mitt 13, 232, 237 *Flupirtin-Maleat*.
1160 OLG Düsseldorf Mitt 13, 232, 237 *Flupirtin-Maleat*.
1161 LG Düsseldorf 4a O 50/12, Urt v 04.09.2012 BeckRS 12, 19 488.
1162 *OLG Düsseldorf* I-2 U 94/12, Urt v 07.11.2013 BeckRS 14, 04 092 *Desogestrel*; Urt v 11.1.18, I-15 U 66/17, GRUR-RS 18, 1291.
1163 LG Düsseldorf GRUR-RR 2012, 420 (422) *Irbesartan/HCT*.
1164 OLG Düsseldorf I-2 U 94/12, Urt v 07.11.2013 BeckRS 14, 04 092 *Desogestrel*.
1165 OLG Frankfurt Mitt 81, 24; OLG München Mitt 96, 312; OLG Düsseldorf InstGE 12, 114 *Harnkatheterset*.
1166 OLG Düsseldorf Mitt 12, 178 *Gleitsattelscheibenbremse II*; I-2 U 55/15, Urt v 19.02.2016 BeckRS 13, 06 345.
1167 OLG Düsseldorf Mitt 96, 87; OLG Braunschweig Mitt 12, 410 *Scharniere auf Hannovermesse*.

vor DPMA oder BPatG entscheidungserheblich beschränkt worden ist;[1168] c) wenn eine erstinstanzliche Rechtsbestandsentscheidung ergangen ist, die das Patent für nichtig erklärt hat: grundsätzlich begründet die von einer sachkundig besetzten und zur Bewertung der Schutzfähigkeit berufenen Instanz getroffene Entscheidung regelmäßig so weitgehende Zweifel an der Rechtsbeständigkeit des Antragsschutzrechtes, dass im Verfügungsverfahren keine Unterlassungsansprüche mehr durchgesetzt werden können;[1169] das gilt – jedenfalls bei einer komplexen Erfindung – auch bei einem sorgfältig begründeten Vorbescheid des EPA/BPatG, der einen Widerruf/eine Vernichtung des Patents in Aussicht stellt;[1170] anders dann, wenn Widerruf oder Nichtigerklärung evident unrichtig ist, das selbst nicht fachkundig besetztes Verletzungsgericht diese Unrichtigkeit verlässlich erkennen kann, andere Gründe für eine Vernichtung sicher ausgeschlossen werden können und dem Antragsteller ohne den Erlass der einstweiligen Verfügung außergewöhnliche Nachteile drohen;[1171] d) wenn Verfügungspatent zwar erstinstanzlich aufrechterhalten wurde, aber zu einem parallelen Schutzrecht eine gegensätzliche Entscheidung von einer technisch ebenfalls sachkundigen, gleich- oder höherrangigen Stelle vorliegt, ohne dass deren Erwägungen als unvertretbar zu qualifizieren sind, sofern nicht andere Gründe für den Erlass einer einstweiligen Verfügung sprechen;[1172] e) wenn der Rechtsbestand der erteilten Ansprüche erschüttert werden kann und eine noch nicht auf Schutzfähigkeit geprüfte eingeschränkte Anspruchsfassung geltend macht wird.[1173]

446 **13.1.2.2 Dringlichkeit:** Im Übrigen bedarf es über den gesicherten Rechtsbestand hinaus der Dringlichkeit. Die Dringlichkeit ist für den Patentinhaber insofern zu bejahen, als ohne einstweilige Regelung sein zeitlich begrenztes Ausschlussrecht partiell entwertet würde. Die Dringlichkeitsvermutung des § 12 (1) UWG gilt aber nur für Wettbewerbssachen.[1174] Es schadet und steht einer einstweiligen Verfügung idR entgegen, wenn der Antragsteller trotz Kenntnis des Verletzungstatbestandes die Rechtsverfolgung zögerlich betreibt. Die **Dringlichkeitsfrist** ist nicht fix,[1175] sondern bemisst sich unter Berücksichtigung der Umstände des Einzelfalles[1176] danach, welche Zeit angesichts der Komplexität und Eigenart der in Rede stehenden Technik erforderlich ist, um die Verletzung zu ermitteln und beweiskräftig zu belegen. Regelmäßig kommt es dafür auf den Zeitpunkt an, in dem der Antragsteller von der schutzrechtsverletzenden Ausführungsform Kenntnis erhielt. Es genügt Kenntnis eines Angestellten der Vertriebsabteilung, wenn erwartet werden kann, dass er etwaigen Rechtsverstoß unterneh-

---

1168 OLG Frankfurt GRUR 88, 686; OLG Karlsruhe GRUR 88, 900.
1169 OLG Düsseldorf InstGE 9, 140 *Olanzapin*.
1170 OLG Düsseldorf Urt v 4.3.21, I-2 U 32/20, GRUR-RS 21, 4506.
1171 OLG Düsseldorf InstGE 9, 140 *Olanzapin*.
1172 OLG Düsseldorf Urt v 31.8.17, I-2 U 11/17; Urt v 14.12.17, I-2 U 18/17.
1173 LG Mannheim InstGE 6, 194 *Etikettieraggregat*.
1174 OLG Frankfurt GRUR 81, 905; OLG Düsseldorf GRUR 83, 79 und 94, 508; OLG Nürnberg Mitt 93, 118; aA: OLG Karlsruhe GRUR 79, 700 u 88, 900 u 94, 136; LG Düsseldorf GRUR 80, 989, 993.
1175 AA: OLG München Urt v 22.4.21, 6 U 6968/20, GRUR-RR 21, 297 *Cinacalcet*: 1 Monat.
1176 OLG Hamburg GRUR-RR 08, 366 *Simplify your Production*.

mensintern weitergibt, so dass er von zuständiger Stelle verfolgt werden kann.[1177] Marktbeobachtungspflicht besteht nicht.

Bei der Vorbereitung des Verfahrens muss der Verletzte nicht größtmögliche Schnelligkeit walten lassen: Die zeitliche Dringlichkeit verlangt nicht, dass jede einzelne Aufklärungs- und Verfolgungsmaßnahme für sich betrachtet gegebenenfalls auch zügiger hätte absolviert werden können. Vielmehr ist entscheidend, ob sich der Verletzte bei der Verfolgung seiner Ansprüche wegen Patentverletzung in einer solchen Weise nachlässig und zögerlich verhalten hat, dass aus objektiver Sicht der Schluss geboten ist, ihm sei an einer zügigen Durchsetzung seiner Rechte nicht gelegen, weswegen es auch nicht angemessen ist, ihm die Inanspruchnahme vorläufigen Rechtsschutzes zu gestatten.[1178] Der Verletzte muss keinerlei Prozessrisiko eingehen: Antragsstellung erst erforderlich, wenn verlässliche Kenntnis aller für erfolgversprechende Rechtsverfolgung erforderlichen Tatsachen *und* die Mittel für ihre Glaubhaftmachung vorhanden sind, so dass ein Obsiegen sicher absehbar ist.[1179] Jede vorbereitende Maßnahme hat grundsätzlich tatsächliche Vermutung der Sinnhaftigkeit für sich, auch wenn sie sich im Nachhinein als nicht erforderlich erweisen sollte. Antragsteller darf sich auf jede mögliche prozessuale Situation vorbereiten, er muss sich nicht auf Nachermittlungen während des laufenden Verfahrens verweisen lassen.[1180] Ob sich ASt dringlichkeitsschädlich verhalten hat, ist anhand seines tatsächlichen Vorgehens zu beurteilen, nicht anhand solcher, die er nicht ergriffen und/oder deren Vornahme er im Falle eines Bestreitens nicht glaubhaft gemacht hat.[1181]

447

Dringlichkeit steht nicht entgegen: a) unmittelbar bevorstehender Zeitablauf des Patents;[1182] b) wenn bei streitigem Rechtsbestand zunächst die erstinstanzliche Einspruchsentscheidung abgewartet wird,[1183] selbst wenn bereits die Hauptsache anhängig gemacht wurde und beide Verfahren im selben Termin verhandelt werden;[1184] ggf kann bei objektiver Betrachtung aus der damaligen Sicht des Patentinhabers (»ex ante«)[1185] auch ein triftiger Grund dafür bestehen, die Einspruchsbeschwerde- oder Nichtigkeitsberufungsentscheidung oder die schriftliche Begründung der jeweiligen Entscheidung abzuwarten, etwa weil das Patent nur beschränkt aufrechterhalten wurde oder sonst berechtigte Zweifel an der Richtigkeit der zugunsten des Patentinhabers getroffenen Einspruchs- bzw. Nichtigkeitsentscheidung bestehen,[1186] oder weil sich erst mit deren Vorliegen zuverlässig beurteilen lässt, ob der Rechtsbestand hinreichend gesichert ist und ob auf Grundlage der Auslegung der Einspruchs- oder Nichtigkeitsinstanz das

448

1177 OLG Köln GRUR-RR 10, 493 *Ausgelagerte Rechtsabteilung.*
1178 OLG Düsseldorf Mitt 13, 232, 235 *Flupirtin-Maleat.*
1179 OLG Düsseldorf Mitt 13, 232, 235 *Flupirtin-Maleat*; Urt v 29.6.17, I-15 U 4/17, GRUR-RR 17, 477 *Vakuumgestütztes Behandlungssystem.*
1180 OLG Düsseldorf Mitt 13, 232, 235 *Flupirtin-Maleat.*
1181 OLG Düsseldorf Urt v 29.6.17, I-15 U 4/17, GRUR-RR 17, 477 *Vakuumgestütztes Behandlungssystem.*
1182 OLG München Mitt 99, 223.
1183 LG Düsseldorf InstGE 9, 110 *Dosierinhalator*; OLG Düsseldorf InstGE 10, 124 *Inhalator.*
1184 OLG Düsseldorf InstGE 10, 124 *Inhalator.*
1185 OLG Düsseldorf Urt v 29.6.17, I-15 U 4/17, GRUR-RR 17, 477 *Vakuumgestütztes Behandlungssystem.*
1186 OLG Düsseldorf Urt v 21.1.16, I-2 U 48/15, GRUR-RS 16, 03306.

Verfügungspatent verletzt wird;[1187] c) wenn sich der Antragsteller auf Vergleichsverhandlungen einlässt;[1188] d) der Zeitaufwand für die Beschaffung der Glaubhaftmachungsmittel (zB Gutachten);[1189] e) der Zeitaufwand für die Untersuchung der Ware;[1190] f) die Ausschöpfung von Berufungs- und Berufungsbegründungsfrist,[1191] es sei denn, der Verletzte beantragt eine Verlängerung der Begründungsfrist;[1192] g) wenn der Verletzte trotz einer bestehenden Erstbegehungsgefahr eine tatsächliche Verletzung abwartet;[1193] h) Verzögerungen bei der Beschaffung eines Musters, sofern sie nicht auf Nachlässigkeit des Verletzten beruhen;[1194] i) wenn aufgrund mangelnder Eindeutigkeit eigener Untersuchungsergebnisse zusätzlich ein externes Gutachten eingeholt wird;[1195] j) wenn trotz positiver erstinstanzlicher Einspruchsentscheidung aufgrund besonderer Umstände (zB bei Teilwiderruf des Patents oder Zweifel an der Richtigkeit der Entscheidung) das Einspruchsbeschwerdeverfahren abgewartet wird;[1196] k) wenn sich Antragsteller im Zeitpunkt des Verfügungsantrags bereits im Besitz eines Hauptsachetitels hätte befinden können.[1197]

449 **Dringlichkeit zu verneinen:** a) wenn der Antragsteller das Verfügungspatent bei ordnungsgemäßer Recherche seines Schutzrechtsbestandes zeitiger hätte auffinden und dessen Verletzung feststellen können, insbesondere wenn er eine einstweilige Verfügung aus einem ersten Patent erwirkt und später eine einstweilige Verfügung gegen dieselbe Ausführungsform aus einem zweiten Patent beantragt, dessen Verletzung von Anfang an zu erkennen war;[1198] das gilt selbst dann, wenn die Ausführungsform abgewandelt wurde, aber hinsichtlich der Verletzung des zweiten Patents unverändert blieb[1199] oder das erste Patent nur in einem Hauptsacheverfahren geltend gemacht wurde;[1200] b) zweites Gesuch auf Erlass einer einstweiligen Verfügung, das (bei einem anderen oder demselben Gericht) angebracht wird, nachdem der erste Antrag zurückgewiesen wurde, sofern seit der Entscheidung über den ersten Verfügungsantrag keine Veränderung eingetreten ist;[1201] anders, wenn ein Antragsteller noch vor der Zurückweisung seines Antrags die sofortige Rücknahme erklärt und den Antrag anderweitig anbringt;[1202] wiederum anders allerdings, wenn der Gerichtswechsel ohne zureichenden sachlichen Grund in Verzögerungsabsicht gestellt wird oder wenn seit dem Anlass

---

1187 OLG Düsseldorf Urt v 29.6.17, I-15 U 4/17, GRUR-RR 17, 477 *Vakuumgestütztes Behandlungssystem*.
1188 OLG Köln GRUR-RR 2010 448 *Vollstreckungsverzicht im Eilverfahren*; aA OLG München InstGE 3, 301 *Fälschungsverdacht II*.
1189 OLG Hamburg GRUR 87, 899; LG Düsseldorf GRUR 80, 989.
1190 OLG Hamburg GRUR 87, 899.
1191 OLG München Mitt 96, 312, 313 rSp.
1192 OLG München MDR 91, 157; KG DB 80, 1394.
1193 OLG München Mitt 99, 223, 227 lSp.
1194 OLG Düsseldorf Mitt 13, 232, 236 *Flupirtin-Maleat*.
1195 OLG Düsseldorf Mitt 13, 232, 236 *Flupirtin-Maleat*.
1196 OLG Düsseldorf I-2 U 48/15, Urt v 21.01.2016 BeckRS 16, 03 306.
1197 OLG Düsseldorf I-2 U 48/15, Urt v 21.01.2016 BeckRS 16, 03 306.
1198 OLG Düsseldorf InstGE 5, 64 *Klebroller*.
1199 OLG Düsseldorf InstGE 5, 64 *Klebroller*.
1200 OLG Düsseldorf Urt v 27.5.21, I-2 U 2/21, GRUR-RR 21, 300 *Insulinpumpe*.
1201 OLG Frankfurt aM GRUR 05, 972 *Forum-Shopping*, mwN; im Ergebnis ebenso, aber wegen entgegenstehender Rechtskraft: OLG Köln GRUR-RR 05, 363 mwN.
1202 OLG Hamburg GRUR-RR 02, 226; OLG Düsseldorf InstGE 4, 298 *Haartrockner*.

zum Gerichtswechsel unangemessen lange bis zur Einreichung des neuen Verfügungsantrags gewartet wird;[1203] c) wenn der Patentinhaber sein Patent nur durch Lizenzvergabe verwertet oder zu verwerten beabsichtigt;[1204] d) wenn in einem anderen Vertragsstaat der EuGVVO wegen Nichtverletzung des deutschen Teils eines europäischen Patents negative Feststellungsklage erhoben worden ist und demzufolge der später anhängig gewordene Patentverletzungsstreit vor einem deutschen Gericht ausgesetzt wird;[1205] e) bei nicht unerheblicher Verlängerung der Berufungsbegründungsfrist durch Antragsteller;[1206] f) wenn Antragsteller seit längerer Zeit Kenntnis von Verletzungshandlungen konzernverbundener Gesellschaften der Antragsgegnerin hat;[1207] g) wenn Inhaber eines standardessentiellen Patents es versäumt, im unmittelbaren zeitlichen Zusammenhang mit der festgestellten Patentbenutzung eine Verletzungsanzeige bzw. ein Lizenzangebot zu FRAND-Bedingungen zu machen.[1208]

13.2 Verfahren: Zuständig für Erlass einer einstweiligen Verfügung ist nach § 937 ZPO das Gericht der Hauptsache, also das Gericht, das für die zu sichernde Individualleistung zuständig ist. Die Erhebung einer negativen Feststellungsklage begründet nicht die Zuständigkeit für einen danach eingereichten Antrag auf einstweilige Verfügung.[1209]   450

13.2.1 Entscheidung und Rechtsbehelf: Das Gericht entscheidet über den Antrag durch Beschluss oder nach mündlicher Verhandlung durch Endurteil, §§ 922 (1) 1, 936 ZPO. Es besteht ein weiter Wertungsrahmen, wann ein dringender Fall iSd § 937 (2) ZPO vorliegt und damit auf eine mündliche Verhandlung verzichtet werden kann, wobei die Annahme einer Dringlichkeit seitens des ASt und des Gerichts eine zügige Verfahrensführung voraussetzt[1210] einschließlich einer zeitnah nach Eingang des Widerspruchs anberaumten mündlichen Verhandlung.[1211] Gegen einen zurückweisenden Beschluss ist sofortige Beschwerde nach § 567 (1) ZPO gegeben. Gegen einen stattgebenden Beschluss findet nach § 924 ZPO der (fristlos zulässige) Widerspruch statt, so dass über die Rechtmäßigkeit der einstweiligen Verfügung nach mündlicher Verhandlung durch Endurteil zu entscheiden ist, § 925 (1) ZPO. Maßgeblicher Zeitpunkt für die Beurteilung der Rechtmäßigkeit ist der Schluss der mündlichen Verhandlung. Gegen das jeweilige Endurteil ist die Berufung statthaft.   451

Ein Widerspruch nur gegen die Kostenentscheidung einer Beschlussverfügung (»Kostenwiderspruch«) stellt regelmäßig ein Anerkenntnis des Verfügungsanspruchs dar, so dass der Antragsteller, hat er den Antragsgegner nicht vorgerichtlich abgemahnt und war eine Abmahnung nicht entbehrlich, nach § 93 ZPO die Kosten zu tragen hat. Über   452

1203 OLG Düsseldorf InstGE 10, 60 *Olanzapin II*.
1204 LG Düsseldorf GRUR 00, 692 *NMR-Kontrastmittel*.
1205 LG Düsseldorf GRUR 00, 692 *NMR-Kontrastmittel*.
1206 OLG Celle Mitt 16, 409.
1207 KG Berlin 5 U 150/14, Urt v 20.02.2015 GRUR-RS 15, 11 082.
1208 OLG Düsseldorf, Beschl v 18.7.17, I-2 U 23/17.
1209 So überzeugend LG Düsseldorf GRUR 00, 611 *UNDERGROUND*; OLG Frankfurt GRUR 97, 485; aA: OLG Frankfurt WRP 96, 27.
1210 BVerfG Beschl v 30.9.18, 1 BvR 1783/17, GRUR 18, 1288 (Rn 19 f) *Die F.-Tonbänder*.
1211 BVerfG Beschl v 3.6.20, 1 BvR 1246/20, GRUR 20, 773 (Rn 24) *Personalratswahlen bei der Bundespolizei*.

den Kostenwiderspruch ist durch Urteil zu entscheiden. Dagegen ist nach § 99 (2) ZPO analog die sofortige Beschwerde gegeben.[1212]

453 **13.2.2 Grundsatz der prozessualen Waffengleichheit** muss vom Gericht beachtet werden. Die in dieser Hinsicht vom BVerfG zum Presse- und Äußerungsrecht[1213] aufgestellten und auch für das Lauterkeitsrecht[1214] angewandten Maßstäbe gelten grundsätzlich auch für das Patentrecht. Demnach kommt bei einem Verzicht auf eine mündliche Verhandlung eine stattgebende Entscheidung (Beschlussverfügung) grundsätzlich nur in Betracht, wenn dem AG zuvor rechtliches Gehör gewährt wurde, er also die Möglichkeit hatte, auf das mit dem Antrag geltend gemachte Vorbringen zu erwidern. Dabei kann nach Art und Zeitpunkt der Gehörsgewährung differenziert und auf die Umstände des Einzelfalls abgestellt werden.[1215] Eine fernmündliche Anhörung oder per Email ist bei entsprechender Eilbedürftigkeit denkbar, ebenso kann eine Frist zur Stellungnahme kurz – etwa bei einem Messesachverhalt auch nur wenige Stunden – bemessen werden.[1216]

454 Zur **Gewährung rechtlichen Gehörs** kann in Eilverfahren auch auf eine vorprozessuale Abmahnung und die darauf erfolgte Erwiderung des AG abgestellt werden, die auch in der Hinterlegung einer Schutzschrift bestehen kann.[1217] Dem Grundsatz der prozessualen Waffengleichheit genügen die Erwiderungsmöglichkeiten auf eine Abmahnung allerdings nur, wenn der Verfügungsantrag im Anschluss an die Abmahnung unverzüglich nach Ablauf einer angemessenen Frist für die begehrte Unterlassungserklärung bei Gericht eingereicht wird, das abgemahnte Verhalten sowie die Begründung für die begehrte Unterlassung mit dem bei Gericht geltend gemachten Unterlassungsbegehren identisch (zweifelhaft, ob es sogar wortlautgleich[1218] sein muss) sind und der ASt ein etwaiges Zurückweisungsschreiben des AG mit seiner Antragsschrift bei Gericht eingereicht hat.[1219]

455 Demgegenüber ist dem AG seitens des Gerichts vor der Entscheidung rechtliches Gehör zu gewähren, wenn er nicht in der gehörigen Form abgemahnt wurde oder der Antrag vor Gericht in anderer Weise als in der Abmahnung oder mit ergänzendem Vortrag begründet wird.[1220] Der Verzicht des AG auf eine Äußerung auf eine außergerichtliche Abmahnung kann nicht als Verzicht auf eine prozessual gebotene Anhörung verstanden werden, wenn die Abmahnung und die bei Gericht eingereichte Antragsschrift nicht deckungsgleich sind.[1221] Rechtliches Gehör ist vorab auch zu gewähren,

---

1212 OLG München GRUR 90, 482 *Anfechtung der Kostenentscheidung*.
1213 BVerfG Beschl v 30.9.18, 1 BvR 1783/17, GRUR 18, 1288 *Die F.-Tonbänder*.
1214 BVerfG Beschl v 27.7.20, 1 BvR 1379/20, GRUR 20, 1119 (Rn 6) *Zahnabdruckset*; OLG Düsseldorf Urt v 27.2.19, I-15 U 45/18, MDR 19, 1021.
1215 BVerfG Beschl v 30.9.18, 1 BvR 1783/17, GRUR 18, 1288 (Rn 21) *Die F.-Tonbänder*.
1216 BVerfG Beschl v 3.6.20, 1 BvR 1246/20, GRUR 20, 773 (Rn 21, 23) *Personalratswahlen bei der Bundespolizei*.
1217 BVerfG Beschl v 30.9.18, 1 BvR 1783/17, GRUR 18, 1288 (Rn 22) *Die F.-Tonbänder*.
1218 So BVerfG Beschl v 27.7.20, 1 BvR 1379/20, GRUR 20, 1119 (Rn 13) *Zahnabdruckset*.
1219 BVerfG Beschl v 30.9.18, 1 BvR 1783/17, GRUR 18, 1288 (Rn 23) *Die F.-Tonbänder*.
1220 BVerfG Beschl v 30.9.18, 1 BvR 1783/17, GRUR 18, 1288 (Rn 24) *Die F.-Tonbänder*.
1221 BVerfG Beschl v 22.12.20, 1 BvR 2740/20, GRUR 21, 518 (Rn 25) *Presseerklärung zu Ex-Nationalspieler*.

wenn das Gericht dem ASt Hinweise nach § 139 ZPO erteilt, von denen der AG sonst nicht oder erst nach Erlass der Beschlussverfügung erfährt.[1222] Gerichtliche Hinweise – vor allem mündliche oder fernmündliche – müssen vollständig in den Akten dokumentiert werden und dem AG mit Blick auf die Nutzung dieser Hinweise in diesem oder auch in anderen gegen den AG gerichteten Verfahren auch im Falle der Ablehnung eines Antrags vor Erlass einer Entscheidung mitgeteilt werden, insbesondere, wenn es darum geht, einen Antrag nachzubessern oder eine Einschätzung zu den Erfolgsaussichten oder dem Vorliegen der Dringlichkeit abzugeben; ein einseitiges Geheimverfahren über einen mehrwöchigen Zeitraum, in dem sich Gericht und ASt über Rechtsfragen austauschen, ohne den AG in irgendeiner Form einzubeziehen, ist mit den Verfahrensgrundsätzen des GG unvereinbar.[1223]

13.3 Vollziehung[1224] der einstweiligen Verfügung erfolgt gemäß §§ 936, 928 ZPO nach den Vorschriften über die Zwangsvollstreckung. Erforderlich ist Kundgabe des Vollziehungswillens. Umfasst die einstweilige Verfügung mehrere Aussprüche (zB auf Unterlassung, Auskunft, Sequestration), muss eine geeignete Vollstreckungsmaßnahme nach den für jeden einzelnen Anspruch geltenden Regeln eingeleitet werden, anderenfalls eine Aufhebung im Umfang des nicht vollzogenen Teils droht.[1225] Soweit Vollziehung von Sicherheitsleistung abhängig, muss diese geleistet sein.

456

Die Vollziehung nach § 929 (2) ZPO unstatthaft, wenn seit Verkündung oder Zustellung an den Antragsteller 1 Monat verstrichen ist. Die einstweilige Verfügung wird wirkungslos. Frist beginnt bei Beschlussverfügung mit ihrer Zustellung an den Antragsteller, bei einer durch Urteil erlassenen oder bestätigten Verfügung mit Verkündung, auch dann, wenn innerhalb der Monatsfrist keine Zustellung an den Verfügungskläger erfolgt(!). Keine Verlängerung oder Wiedereinsetzung möglich. Durch eine Zustellung von Amts wegen wird eine einstweilige Verfügung nicht vollzogen.[1226]

457

Erneute Vollziehung ist erforderlich, wenn die EV inhaltlich geändert, wesentlich neu gefasst[1227] oder nach Aufhebung von OLG neu erlassen wird,[1228] nicht aber, wenn Beschlussverfügung durch Urteil bestätigt.[1229]

458

13.3.1 Vollziehung der Unterlassungsverfügung erfolgt bereits durch wirksame Parteizustellung, wenn die Verfügung eine Ordnungsmittelandrohung enthält.[1230] Zuzustellen ist eine beglaubigte Abschrift der Ausfertigung[1231] an den bevollmächtig-

459

1222 BVerfG Beschl v 30.9.18, 1 BvR 1783/17, GRUR **18**, 1288 (Rn 24) *Die F.-Tonbänder.*
1223 BVerfG Beschl v 30.9.18, 1 BvR 1783/17, GRUR **18**, 1288 (Rn 24) *Die F.-Tonbänder.*
1224 Vgl Oetker GRUR **03**, 119; Vohwinkel GRUR **10**, 977.
1225 OLG Hamm GRUR **92**, 888.
1226 BGH GRUR **93**, 415 *Straßenverengung*; OLG Stuttgart GRUR-RR **09**, 194 *Zustellungserfordernis.*
1227 OLG Hamburg NJW-RR **95**, 1055; OLG Hamm Rpfleger **95**, 468.
1228 OLG Hamburg WRP **97**, 54.
1229 OLG Stuttgart GRUR-RR **09**, 195 *Zustellungserfordernis.*
1230 OLG Köln GRUR-RR **05**, 143 *Couchtisch.*
1231 OLG Hamburg GRUR **90**, 151 und NJW-RR **87**, 509; aA für den Fall der Urteilsverfügung (Zustellung einer formlosen Abschrift genügt): OLG Köln MDR **13**, 422.

ten Vertreter,[1232] sonst an die Partei selbst.[1233] Seit der Änderung des § 317 ZPO, wonach Urteile nur noch in Abschrift an die Parteien zugestellt und Ausfertigungen nur noch auf Antrag erteilt werden, soll nicht nur für die Vollziehung einer Urteilsverfügung,[1234] sondern auch für die Vollziehung einer Beschlussverfügung die Zustellung einer beglaubigten Abschrift des Beschlusses genügen.[1235] Ist mit der Verfügung eine farbige Anlage verbunden, muss eine ebensolche (und nicht nur eine schwarz-weiße Anlage) zugestellt werden.[1236] Wird in der Beschlussverfügung auf die Antragsschrift verwiesen, muss diese auch zugestellt werden.[1237] Die Vollmacht zur Vertretung im Abmahnverfahren schafft keine Vollmacht zur Entgegennahme von Zustellungen im nachfolgenden Verfügungsverfahren.[1238] Taugliche weitere Vollziehungsmaßnahmen sind zB Antrag auf nachträgliche Androhung von Ordnungsmitteln gemäß § 890 (2) oder das bei Gericht angebrachte Begehren auf Verhängung von Ordnungsgeld- bzw -haft.

460 13.3.2 Vollziehung anderer Verfügungen: Spricht einstweilige Verfügung dem Antragsteller – auch neben dem Unterlassungsgebot – **Anspruch auf Auskunft** (§ 140b PatG) zu, genügt die Parteizustellung zur Vollziehung *insoweit* nicht;[1239] vielmehr bedarf es eines Vollstreckungsantrages nach § 888 ZPO. Gleiches gilt im Hinblick auf eine **Sequestrationsanordnung** zur Sicherung des Vernichtungsanspruchs (§ 140a PatG), dessen Vollziehung, wenn Herausgabe nicht freiwillig erfolgt, Antrag nach § 887 ZPO verlangt. Darauf, ob innerhalb der Monatsfrist mit der Zwangsvollstreckung begonnen wird (zB das Zwangsgeld festgesetzt oder gar vom Gläubiger beigetrieben wird), kommt es nicht an.[1240] Einer Vollziehung bedarf es dann nicht mehr, wenn der Schuldner vor Fristablauf die ihm aufgegebene Handlung freiwillig erfüllt.[1241]

461 Inwieweit Aufbrauchfristen eingeräumt werden können, ist streitig,[1242] vgl auch Rdn 82.

462 **13.4 Aufhebung wegen veränderter Umstände** kann nach § 927 ZPO – auch im Wege der Widerklage auf eine nach vorausgegangenem Verfügungsverfahren erhobene Hauptsacheklage[1243] – verlangt werden, wenn nach Erlass der einstweiligen Verfügung Umstände eingetreten oder dem Schuldner bekannt geworden sind, die die Voraussetzungen für den Erlass der einstweiligen Verfügung nachträglich entfallen lassen. Es

---

1232 OLG Celle GRUR 89, 541 und 98, 77; Hans OLG Mitt 02, 562.
1233 OLG Hamburg GRUR 98, 175 L.
1234 OLG Düsseldorf Urt v 26.11.20, I-20 U 208/20, WRP 21, 782.
1235 OLG München Urt v 14.9.17, 6 U 1864/17, GRUR 18, 144 *Vollziehung im Verhandlungstermin*; vgl auch BGH Urt v 21.2.19, III ZR 115/18, WRP 19, 767.
1236 OLG Hamburg GRUR-RR 07, 406 *farbige Verbindungsanlage*.
1237 OLG Düsseldorf MDR 10, 652.
1238 OLG Köln GRUR-RR 05, 143 *Couchtisch*; str.
1239 Wie hier: OLG Hamburg GRUR 97, 147; OLG Hamm NJW-RR 93, 959; aA: OLG Frankfurt/Main WRP 98, 223, 224; OLG München AfP 02, 528.
1240 BGH NJW 06, 1290 *Drei-Jahres-Frist*.
1241 Teplitzky, Wettbewerbsrechtliche Ansprüche, Kapitel 55 Rn 40, mwN.
1242 *Bejahend:* OLG Stuttgart WRP 89, 832; OLG Celle GRURPrax 15, 207; verneinend: OLG Frankfurt GRUR 89, 456.
1243 BGH Urt v 1.6.17, I ZR 152/13, GRUR 17, 938 *Teststreifen zur Blutzuckerkontrolle II*.

kann sich um Tatsachen, Glaubhaftmachungsmittel oder ggf auch rechtliche Veränderungen handeln. Abgesehen von den Fällen der mangelnden Vollziehung der einstweiligen Verfügung oder der nicht fristgerechten Klageerhebung nach § 926 ZPO kann die Zulässigkeit der einstweiligen Verfügung, der Verfügungsanspruch oder der Verfügungsgrund betroffen sein. Den Verfügungsanspruch betreffen ua: vorzeitiges Erlöschen des Patents, rechtskräftige Beschränkung des Patents, Erfüllung des Anspruchs, Lizenzeinräumung zugunsten des Schuldners, rechtskräftige Zurückweisung der Hauptsacheklage. Der Verfügungsgrund ist insbesondere durch Umstände betroffen, die sich auf die Annahme eines hinreichend gesicherten Rechtsbestands des Patents auswirken, etwa eine noch nicht rechtskräftige erstinstanzliche Einspruchs- oder Nichtigkeitsentscheidung. Hätte sie im Antragszeitpunkt dem Erlass der einstweiligen Verfügung entgegengestanden, wird eine Aufhebung einer Unterlassungsverfügung (anders bei nicht die Hauptsache vorwegnehmenden sichernden Maßnahmen) gerechtfertigt sein.[1244]

13.5 Schadensersatz wegen ungerechtfertigter einstweiliger Verfügung gemäß 463 § 945 ZPO hat der Antragsteller nach bisheriger Rspr unter den nachstehend aufgeführten Voraussetzungen zu leisten, wenn die einstweilige Verfügung von Anfang an ungerechtfertigt war oder wenn sie aufgehoben wurde. § 945 ZPO und die dazu ergangene Rspr bedarf jedoch mit Blick auf die jüngste Rspr des EuGH einer richtlinienkonformen Korrektur. Der Begriff »angemessener Ersatz« in Art 9 (7) der RL 2004/48/EG (Enforcement-RL) ist nach EuGH autonom auszulegen. Dass eine einstweilige Verfügung aufgehoben wurde oder eine Verletzung des Patents in der Folge nicht festgestellt werden konnte, bedeutet demnach nicht, dass die Gerichte automatisch und in jedem Fall verpflichtet wären, den Antragsteller zum Ersatz jedweden Schadens zu verurteilen, der dem Antragsgegner entstanden ist.[1245] Vielmehr ist unter gebührender Berücksichtigung aller objektiven Umstände der Rechtssache, einschließlich des Verhaltens der Parteien, zu prüfen, ob der Antragsteller die einstweilige Verfügung nicht missbräuchlich verwendet hat.[1246] Die dogmatische Anknüpfung dieser Prüfung an § 945 ZPO ist unklar.[1247]

a) Einstweilige Verfügung war zur Zeit ihres Erlasses **ungerechtfertigt**. Diese Voraussetzung ist auch erfüllt, wenn das Patent rückwirkend widerrufen oder für nichtig erklärt wird,[1248] es sei denn, die Verpflichtung zur Unterlassung ergibt sich aus einem anderen Rechtsgrund,[1249] zB auf Grund eines anderen, rechtsbeständigen Schutzrechts;[1250] *oder* 464

1244 AA LG Düsseldorf GRUR-RR **12**, 66 *Tintenpatronen-Verfügung* im Fall einer erstinstanzlichen Gebrauchsmusterlöschung unter Berufung auf die eigene Prüfungskompetenz des Verletzungsgerichts und die frühere, die eV bestätigende Entscheidung des Berufungsgerichts.
1245 EuGH Urt v 12.9.19, C-688/17, GRUR 19, 1168 (Rdn 55) *Bayer/Richter*.
1246 EuGH Urt v 12.9.19, C-688/17, GRUR 19, 1168 (Rdn 74) *Bayer/Richter*.
1247 Zum Meinungsstand s Tilmann GRUR **21**, 997 mwNw.
1248 BGH GRUR **79**, 869 *Oberarmschwimmringe*; **06**, 219 *Detektionseinrichtung II*.
1249 BGH NJW **06**, 2767.
1250 BGH GRUR **55**, 346, 347 *Stickmuster* u **81**, 295, 296 *Fotoartikel*.

465 **b) Aufhebung** der einstweiligen Verfügung nach § 926 (2)[1251] oder § 942 (3) ZPO, auch nach § 926 (1) ZPO wegen Nichterhebung der Hauptsacheklage. Die Frage, ob das erkennende Gericht bei seiner Prüfung, ob die Anordnung der einstweiligen Verfügung von Anfang an ungerechtfertigt gewesen ist, an eine rechtskräftige Aufhebung im Verfügungsverfahren, weil der Verfügungsanspruch verneint wurde, gebunden ist, hat der BGH bisher offen gelassen.[1252] Eine Bindungswirkung scheidet jedenfalls aus, wenn in dem Aufhebungsurteil Feststellungen darüber fehlen, dass die einstweilige Verfügung von Anfang an unberechtigt war, so zB in einem gemäß § 313b ZPO nicht mit Gründen versehenen Verzichtsurteil;[1253]

466 **c) Vollziehung der einstweiligen Verfügung** ist eine Antragstellerhandlung, die als zwangsweise Durchführung einer angeordneten Maßregel angesehen werden kann; über das Erwirken des Titels hinaus ist ein Verhalten erforderlich, das Vollstreckungsdruck erzeugt.[1254] Bei einer durch Beschluss erlassenen Unterlassungsverfügung geschieht dies mit der Parteizustellung der mit einer Ordnungsmittelandrohung versehenen einstweiligen Verfügung.[1255] Für eine durch Urteil erlassene Verbotsverfügung besteht Vollstreckungsdruck mit Verkündung des Urteils, wenn es mit einer Ordnungsmittelandrohung versehen ist;[1256]

467 **d) Verschulden** des Antragstellers ist keine Voraussetzung.[1257] Haftung auch dann, wenn er nicht wusste, dass die einstweilige Verfügung ungerechtfertigt war;

468 **e) Kausalität der Vollziehung für den Schaden:** Dem beweisbelasteten Antragsgegner kommen die Beweiserleichterungen des § 287 (1) ZPO zugute.[1258] Erforderlich ist, dass er aufgrund der Vollziehung von einer Handlung Abstand nimmt, die durch die einstweilige Verfügung untersagt war.[1259] Sind alle Voraussetzungen zur Zwangsvollstreckung geschaffen, ist grundsätzlich davon auszugehen, dass die Befolgung des Unterlassungsgebots nicht freiwillig, sondern zur Abwendung von Vollstreckungsmaßnahmen erfolgt.[1260] Daher kein Verstoß gegen Treu und Glauben, wenn der Antragsgegner nach Vollziehung der Verbotsverfügung zunächst eine Unterlassungserklärung abgegeben hatte.[1261] Kausalität fehlt, wenn der Antragsgegner freiwillig leistet, ohne einem Vollstreckungsdruck ausgesetzt zu sein.[1262]

469 **f) Bemessung des Schadensersatzes:** Der Schadensersatzanspruch erfasst grundsätzlich den durch die Vollziehung der einstweiligen Verfügung adäquatkausal verursachten,

---

1251 BGH GRUR 92, 203 *Roter mit Genever*.
1252 BGH GRUR 92, 203, 205 *Roter mit Genever*; 94, 849 *Fortsetzungsverbot*; 98, 1010 (II1a) *WINCAD*.
1253 BGH GRUR 98, 1010 (II1b) *WINCAD*.
1254 BGH GRUR 15, 196 (Rn 17) *Nero*.
1255 BGH NJW 06, 2767 *Ungerechtfertigte einstweilige Verfügung*; GRUR 15, 196 *Nero*.
1256 BGH GRUR 09, 890 *Ordnungsmittelandrohung*; 15, 196 (Rn 22) *Nero*.
1257 BGH GRUR 92, 203 *Roter mit Genever*.
1258 BGH GRUR 15, 196 (Rn 28) *Nero*.
1259 BGH GRUR 16, 406 (Rn 29) *Piadina-Verbot*.
1260 BGH GRUR 11, 364 (Rn 25) *Steroidbeladene Körner*.
1261 BGH NJW 06, 2767 *Ungerechtfertigte einstweilige Verfügung*.
1262 Vgl BGHZ 120, 73, 82; 131, 141.

unmittelbaren oder mittelbaren Schaden einschließlich des infolge des Vollzugs von Verbotsverfügungen entgangenen Gewinns des Antragsgegners.[1263] Unter normativen Gesichtspunkten scheidet ein Ersatzanspruch aus, wenn der durch die Vollziehung Betroffene aus anderen Gründen materiell-rechtlich verpflichtet gewesen wäre, das ihm durch die einstweilige Verfügung untersagte Verhalten zu unterlassen.[1264] Bei der Bemessung des Schadens kommen dem Geschädigten die Beweiserleichterungen aus § 252 BGB und § 287 (1) ZPO zugute. Es sind auch Schäden zu ersetzen, die dadurch entstehen, dass Sicherheit zur Abwendung der Vollziehung oder Erwirkung ihrer Aufhebung geleistet wurde.[1265] Ebenso solche Aufwendungen, die erforderlich waren, um die Schadensfolgen der zu Unrecht erlassenen einstweiligen Verfügung abzuwenden oder zu mindern, darunter können auch Kosten für Werbemaßnahmen fallen, um gewinnschmälernde Folgen des Verbots zu mindern.[1266] Ersatzfähig sind erlittene Einbußen als Folge einer Produktionseinstellung oder entgangener Aufträge. Ist der Antragsgegner gezwungen, die vermeintlich patentverletzende Vorrichtung von einem Messestand zu entfernen oder sie abzudecken, so stellen dessen frustrierte Aufwendungen für die Errichtung und Unterhaltung des Messestandes in der Regel keinen ersatzfähigen Schaden dar.[1267] Dagegen sind außergerichtliche Kosten, die auf Grund einer zu Unrecht erlassenen einstweiligen Verfügung entstanden sind, im Aufhebungsverfahren gemäß § 927 (1) ZPO durch Antrag auf Abänderung der Kostenentscheidung der aufzuhebenden einstweiligen Verfügung geltend zu machen.[1268]

g) Minderung oder Ausschluss des Schadensersatzanspruchs gem § 254 BGB kommt in Betracht, wenn der Antragsgegner dem Antragsteller schuldhaft Anlass zur Beantragung und Zustellung der einstweiligen Verfügung gegeben oder nach Zustellung der einstweiligen Verfügung gegen seine Obliegenheit zur Abwendung oder Minderung des Schadens verstoßen hat,[1269] zB wenn die erforderliche Sorgfalt es verlangt hätte, dass er einen Widerspruch gegen die einstweilige Verfügung eingelegt hätte;[1270]

h) Verjährung: Die 3-jährige Verjährungsfrist des § 195 BGB beginnt mit der Rechtskraft der Aufhebung oder der Entscheidung im Hauptsacheverfahren.[1271]

13.6 Schutzschrift[1272] ist ein gesetzlich nicht vorgesehenes, von der Rechtsprechung aber anerkanntes vorbeugendes Verteidigungsmittel gegen einen erwarteten Antrag auf Erlass einer einstweiligen Verfügung. Mit der Schutzschrift kann der Einreicher beantragen, a) einen etwaigen Antrag auf einstweilige Verfügung zurückzuweisen, weil Verfügungsanspruch, Verfügungsgrund oder die Glaubhaftmachung durch den Antragsteller nicht gegeben sind; b) nicht ohne mündliche Verhandlung zu entscheiden.

1263 BGH NJW 06, 2767 *Ungerechtfertigte einstweilige Verfügung*; GRUR 15, 196 (Rn 34) *Nero*.
1264 *BGH GRUR 16, 406 (Rn 15) Piadina-Rückruf.*
1265 BGH NJW 06, 2767 *Ungerechtfertigte einstweilige Verfügung*.
1266 BGH GRUR 93, 998 *Verfügungskosten*.
1267 LG Düsseldorf InstGE 2, 157 (Rn 16–25) *Dünnbramme II*; bestätigt durch OLG Düsseldorf 2 U 24/02 v 4.9.03.
1268 OLG Hamburg JurBüro 90, 732.
1269 BGH GRUR 16, 406 (Rn 38) *Piadina-Rückruf* mwN.
1270 OLG München GRUR 96, 998.
1271 OLG München GRUR 96, 998 (Nr 1).
1272 Spernath, Schutzschrift 2009; Wehlau, Handbuch der Schutzschrift, 2011.

473 **Verfahren:** Die Schutzschrift ist vom Gericht zu beachten, sofern es von ihr Kenntnis erlangt. Zweckmäßig ist insofern die Einreichung im länderübergreifenden elektronischen Schutzschriftenregister iSd § 945a ZPO, soweit sichergestellt ist, dass dies von den zuständigen Gericht konsultiert wird. Dem Antragsteller ist zur Schutzschrift rechtliches Gehör zu gewähren, idR durch Anberaumung einer mündlichen Verhandlung. Anwaltszwang besteht nicht (§§ 920 (3), 78 (3) ZPO).

474 **Kosten der Schutzschrift** sind grundsätzlich nach §§ 91, 104 ff ZPO erstattungsfähig, wenn ein Verfügungsantrag beim Gericht eingeht, und zwar auch dann, wenn der Antrag ohne mündliche Verhandlung abgelehnt oder zurückgenommen wird.[1273] Unbeachtlich, ob die Schutzschrift vor oder nach Eingang des Verfügungsantrages eingeht, allerdings muss der abgerechnete Gebührentatbestand verwirklicht sein, solange der Verfügungsantrag noch anhängig ist.[1274] Bzgl der Verfahrensgebühr genügt hierzu zB die Entgegennahme des Mandats oder erster Informationen.[1275]

475 **Kostenerstattungspflicht** besteht in Höhe der vollen 1,3-Verfahrensgebühr nach VV 3100, wenn die Schutzschrift nicht nur Verfahrensantrag, sondern Sachantrag (Tatsachen- u Rechtsausführungen) enthält.[1276] Wird die Schutzschrift bei einem Gericht hinterlegt, bei dem der Verfügungsantrag nicht gestellt wird, wird sie kein Bestandteil der Akten und kann demgemäß auch kein Prozessrechtsverhältnis begründen, das zur Kostenerstattung verpflichten könnte.[1277] Ein etwaiger materiell rechtlicher Erstattungsanspruch wegen ungerechtfertigter Abmahnung muss durch Klage, kann aber nicht im Kostenfestsetzungsverfahren geltend gemacht werden.

476 **13.7 Abschlusserklärung:** Durch eine sog Abschlusserklärung kann der Schuldner die einstweilige Verfügung als endgültige Regelung anerkennen. Sie nimmt der späteren Hauptsacheklage das Rechtsschutzbedürfnis.[1278] Dafür muss sie dem Inhalt der einstweiligen Verfügung entsprechen und darf nicht an Bedingungen geknüpft sein.[1279] Grundsätzlich ist ein Verzicht auf die Rechte aus §§ 924, 296, 927 ZPO erforderlich.[1280] Sie darf allenfalls eine Beschränkung auf einzelne in der einstweiligen Verfügung selbstständig tenorierte Streitgegenstände enthalten.[1281] Dann entfällt das Rechtsschutzbedürfnis nur hinsichtlich der mit der Abschlusserklärung erledigten Streitgegenstände. Ebenso kann sich Schuldner die Rechte aus § 927 (1) ZPO insoweit vorbehalten, als die veränderten Umstände auch gegenüber einem in der Hauptsache ergangenen Titel geltend gemacht werden könnten.[1282] Eine wirksame Abschlusserklärung wirkt so weit wie die einstweilige Verfügung selbst, erfasst also die konkrete

---

1273 BGH GRUR 03, 456 *Kosten der Schutzschrift I*.
1274 BGH GRUR 07, 727 *Kosten der Schutzschrift II*.
1275 BGH GRUR 07, 727 *Kosten der Schutzschrift II*.
1276 BGH GRUR 08, 640 *Kosten der Schutzschrift III*.
1277 OLG Düsseldorf Mitt 00, 306; aA: OLG Koblenz GRUR 95, 171, wenn nicht absehbar ist, bei welchem Gericht der Verfügungsantrag eingereicht werden wird.
1278 BGH GRUR 05, 692 »statt«-Preis; 09, 1096 *Mescher weis*.
1279 BGH GRUR 91, 76 (77) *Abschlusserklärung*; 09, 1096 *Mescher weis*.
1280 BGH GRUR 09, 1096 *Mescher weis*.
1281 BGH GRUR 05, 692 »statt«-Preis.
1282 BGH GRUR 09, 1096 *Mescher weis*.

Verletzungsform und kerngleiche Abwandlungen.[1283] Ist die Abschlusserklärung auf den Unterlassungsanspruch beschränkt, so präjudiziert sie nicht die Frage einer Schadensersatzhaftung, und umgekehrt.[1284]

13.8 Abschlussschreiben: Nach Beendigung des Verfügungsverfahrens muss dem Schuldner angemessen Gelegenheit gegeben werden, die einstweilige Verfügung von sich aus durch eine Abschlusserklärung bestandskräftig zu machen. Wird die einstweilige Verfügung durch Urteil erlassen oder bestätigt, reicht hierzu im Allgemeinen eine Frist von zwei Wochen aus, die mit der Zustellung des Urteils beginnt;[1285] Gleiches gilt für eine Beschlussverfügung ab dem Zeitpunkt ihrer Zustellung.;[1286] länger als drei Wochen wird der Gläubiger im Regelfall nicht warten müssen.[1287] Eine vom Gläubiger zu kurz bemessene Frist setzt eine angemessene Frist in Gang, lässt aber den Kostenerstattungsanspruch unberührt.[1288] Nach Fristablauf darf der Gläubiger den Schuldner zur Abgabe einer Abschlusserklärung auffordern, sog Abschlussschreiben, deren Kosten vom Schuldner zu tragen sind. Das Abschlussschreiben nimmt einer nachfolgenden Hauptsacheklage das mit § 93 ZPO verbundene Kostenrisiko. Dafür muss der Gläubiger dem Schuldner eine Erklärungsfrist von im Regelfall mindestens zwei Wochen für die Prüfung einräumen, ob er die Abschlusserklärung abgeben will, wobei die Summe aus Warte- und Erklärungsfrist nicht kürzer als die Berufungsfrist sein darf.[1289] Ein Abschlussschreiben ist ausnahmsweise entbehrlich, wenn der Antragsgegner durch einen Widerspruch gegen die Beschlussverfügung zu erkennen gibt, dass er sich dem Rechtsschutzbegehren des Antragstellers nicht beugen will, wenn er eine Anordnung zur Erhebung der Hauptsacheklage (§§ 936, 926 ZPO) erwirkt oder wenn er Berufung gegen das Verfügungsurteil einlegt. Gibt Antragsgegner jedoch nach einem Widerspruch noch eine Abschlusserklärung ab, muss Antragsteller den Antrag mit Wirkung für die Zukunft für erledigt erklären, um sich die Wirkung der einstweiligen Verfügung für die Vergangenheit zu erhalten und Kostenrisiko zu vermeiden.[1290]

Verzögert der Antragsteller das Abschlussschreiben bis unmittelbar vor eine Widerspruchs- oder Berufungsentscheidung im einstweiligen Verfügungsverfahren, so ist es ihm regelmäßig zumutbar, die Hauptsacheklage um wenige Tage zurückzustellen, bis im Verfügungsverfahren entschieden ist und der Antragsgegner sich in Kenntnis dieser Entscheidung darüber klar werden kann, ob er den Verfügungsanspruch nunmehr anerkennen will.[1291]

Die Kostenerstattungspflicht des Schuldners für das Abschlussschreiben im Hinblick auf die Anwaltskosten ergibt sich aus § 139 (2) PatG, §§ 677, 683 BGB (nicht aus § 143

1283 BGH GRUR 10, 855 *Folienrollos*.
1284 BGH GRUR 04, 966, 969 f *Standard-Spundfass*.
1285 BGH GRUR 15, 822 *Kosten für Abschlussschreiben II*; LG Düsseldorf InstGE 1, 272 *Kosten für Abschlussschreiben*; OLG Frankfurt aM GRUR-RR 06, 111, 112.
1286 BGH Urt v 30.3.17, I ZR 263/15, GRUR 17, 1160 *BretarisGenuair*.
1287 BGH GRUR 15, 822 (Rn 22) *Kosten für Abschlussschreiben II*.
1288 BGH GRUR 15, 822 *Kosten für Abschlussschreiben II*.
1289 BGH GRUR 15, 822 *Kosten für Abschlussschreiben II*.
1290 OLG Hamburg Mitt 15, 347.
1291 OLG Frankfurt/Main WRP 07, 556.

(3)[1292]), soweit die Hinzuziehung eines Rechts- und/oder Patentanwaltes *erforderlich* war.[1293] Dem Erstattungsanspruch steht nicht entgegen, dass bereits vorgerichtliche Abmahnung erfolgte, deren Kosten ebenfalls beansprucht werden. Es liegen gebührenrechtlich *verschiedene* Angelegenheiten vor, weil das Abmahnschreiben dem einstweiligen Verfügungsverfahren, das Abschlussschreiben dem Hauptsacheverfahren zuzuordnen ist.[1294] Voraussetzung ist, dass dem tätig werdenden Rechtsanwalt ein entsprechender, über die Tätigkeit im einstweiligen Verfügungsverfahren hinausgehender Auftrag zur endgültigen Anspruchsdurchsetzung erteilt worden ist.[1295] Wird bei dem Abschlussschreiben neben dem Rechtsanwalt außerdem ein (mitwirkender) Patentanwalt tätig, so bedarf die Erforderlichkeit von dessen Hinzuziehung näherer Begründung.[1296] Ein Abschlussschreiben ist im Regelfall mit einer 1,3-fachen Geschäftsgebühr nach Nr 2300 VV RVG zu vergüten,[1297] wenn es nicht ausnahmsweise als Schreiben einfacher Art zu qualifizieren ist, etwa wenn keine erneute rechtliche Prüfung erforderlich war und Abschlusserklärung keinen besonderen Aufwand verursachte.[1298]

§ 140 Aussetzung bei Entschädigungsansprüchen nach § 33 PatG und Frist für Prüfungsantrag
(suspension of proceedings, time limit for request for examination)

¹Werden vor der Erteilung des Patents Rechte aus einer Anmeldung, in deren Akten die Einsicht jedermann freisteht (§ 31 Abs 1 Satz 2 Halbsatz 2 und Abs 2), gerichtlich geltend gemacht und kommt es für die Entscheidung des Rechtsstreits darauf an, dass ein Anspruch nach § 33 Abs 1 besteht, so kann das Gericht anordnen, dass die Verhandlung bis zur Entscheidung über die Erteilung des Patents auszusetzen ist. ²Ist ein Antrag auf Prüfung gemäß § 44 nicht gestellt worden, so hat das Gericht der Partei, die Rechte aus der Anmeldung geltend macht, auf Antrag des Gegners eine Frist zur Stellung des Antrags auf Prüfung zu setzen. ³Wird der Antrag auf Prüfung nicht innerhalb der Frist gestellt, so können in dem Rechtsstreit Rechte aus der Anmeldung nicht geltend gemacht werden.

Rinken

Übersicht

Geltungsbereich 1

1292 OLG Düsseldorf, InstGE 9, 35 *Patentanwaltskosten für Abschlussschreiben.*
1293 BGH NJW 08, 1744 *Gebühren für Abschlussschreiben*; GRUR 15, 822 (Rn 14) *Kosten für Abschlussschreiben II.*
1294 BGH NJW 08, 1744 *Gebühren für Abschlussschreiben.*
1295 BGH NJW 08, 1744 *Gebühren für Abschlussschreiben.*
1296 OLG Düsseldorf, InstGE 9, 35 *Patentanwaltskosten für Abschlussschreiben.*
1297 BGH GRUR 15, 822 *Kosten für Abschlussschreiben II.*
1298 BGH GRUR 10, 1038 *Kosten für Abschlussschreiben I.*

Aussetzung des Patentverletzungsverfahren § 140

	Europäisches Patentrecht	2
	Literatur	3
	Kommentierung zu § 140 PatG	
1	Zweck	4
2	Aussetzung nach § 140 Satz 1	6
2.1	Vorgreiflichkeit	6
2.2	Dauer	7
2.3	Ausschluss der Aussetzung	8
3	Fristsetzung für Prüfungsantrag (§ 140 Satz 2)	10
3.1	Antrag des Beklagten	10
3.2	Fristablauf gemäß § 140 Satz 3	12

Geltungsbereich: § 140 wurde als § 47a durch das PatÄndG 1967 eingefügt. Art 8 Nr 62 des 1. GPatG hat § 140 Satz 1 (= § 47a Satz 1) neu gefasst, um der Änderung der Regelung über die freie Akteneinsicht Rechnung zu tragen. **1**

Europäisches Patentrecht: Nach Art II § 1 (1) IntPatÜG kann ein Anmelder einer veröffentlichten europäischen Patentanmeldung eine den Umständen nach angemessene Entschädigung verlangen. Dieser Anspruch ist nicht – wie gemäß § 33 (2) PatG – ausgeschlossen, wenn der Gegenstand der Anmeldung offensichtlich nicht patentfähig ist. In entsprechender Anwendung des § 140 S 1 kann aber das Verfahren bis zur Patenterteilung ausgesetzt werden. **2**

Literatur: Ohl FS Entwicklungstendenzen im gewerblichen Rechtsschutz 75, 119; Lit in GRUR: von Maltzahn **85**, 163; U. Krieger **96**, 941; Pahlow **08**, 97; Augenstein/Roderburg **08**, 457; Lit in GRUR Int: Walter **89**, 441; Rogge **96**, 386; **3**

1 Zweck:

§ 140 S 1 PatG stellt es in das Ermessen des Gerichts (*»kann«*), das Verfahren auszusetzen, wenn ein Offenlegungsanspruch geltend gemacht wird und die Entscheidung darüber davon abhängt, dass dieser Anspruch besteht. **4**

§ 140 S 2 u 3 PatG löst den Widerstreit, dass der Kläger Rechte aus einer ungeprüften (offengelegten) Anmeldung geltend macht, es aber selbst unterlässt, die Voraussetzungen für die Prüfung seiner Anmeldung auf Patentfähigkeit durch Stellung eines gebührenpflichtigen Prüfungsantrags nach § 44 zu schaffen. Die Stellung des Prüfungsantrags kann der Beklagte erzwingen, sofern nicht der Kläger auf die geltend gemachten Rechte verzichten will. **5**

2 Aussetzung nach § 140 Satz 1

2.1 Vorgreiflichkeit:

Eine Aussetzung ist nur dann zulässig, wenn die Entscheidung im Verletzungsprozess davon abhängt, dass dem Anmeldungsgegenstand einstweiliger Schutz nach § 33 (1) PatG zukommt. Daher ist keine Aussetzung möglich, wenn die Klage ohne Eingehen auf den einstweiligen Schutz abgewiesen werden kann, zB wegen Unzulässigkeit oder weil die Verletzungsform nicht in den Schutzbereich der Anmeldung fällt, der Beklagte die Patentfähigkeit nicht bestreitet oder ein wirksames Gegenrecht geltend macht. **6**

2.2 Dauer:

Nach § 140 S 1 kann »bis zur Entscheidung über die Patenterteilung« ausgesetzt werden, also bis zum Erlass des Patenterteilungsbeschlusses gemäß § 49. Zweckmäßig wird bis zur rechtskräftigen Erteilung ausgesetzt, damit nicht im Falle der Beschwerde des **7**

§ 140 Aussetzung des Patentverletzungsverfahren

Anmelders gegen einen ihn beschwerenden Erteilungsbeschluss ausgesetzt werden muss.

2.3 Ausschluss der Aussetzung:

8 Ist der Gegenstand der Anmeldung **offensichtlich nicht patentfähig**, so besteht für deutsche Anmeldungen der Offenlegungsanspruch gemäß § 33 (2) PatG nicht. Stellt das der Verletzungsrichter fest, zB weil bereits ein überzeugender negativer Prüfungsbescheid des DPMA vorliegt oder weil ausländische Parallelanmeldungen bereits zurückgewiesen wurden, so kann er nicht aussetzen,[1] sondern muss die Klage abweisen. Da diese Offensichtlichkeitsprüfung des Verletzungsrichters alle Voraussetzungen der Patentfähigkeit umfasst, kann sie von einer Offensichtlichkeitsprüfung nach § 42, die zu keinen Beanstandungen führte, abweichen. Dies stellt eine Besonderheit gegenüber dem Patentverletzungsstreit dar, in dem das Gericht nicht befugt ist, die Klage wegen fehlender Patentfähigkeit abzuweisen.[2]

9 Für **europäische Anmeldungen** gilt § 33 (2) nicht. Art II § 1 (1) IntPatÜG enthält keine vergleichbare Bestimmung, weil das eine unzulässige Einschränkung des Mindestschutzes gemäß Art 67 (2) 3 EPÜ bedeuten würde.[3]

3 Fristsetzung für Prüfungsantrag (§ 140 Satz 2)

3.1 Antrag des Beklagten

10 ist Voraussetzung für die Setzung einer Frist zur Stellung des Prüfungsantrags, wenn dieser für die Anmeldung noch nicht gestellt oder als unwirksam zurückgewiesen worden ist (s § 44 Rdn 8 u 39), so dass eine Prüfung auf Patentfähigkeit durch DPMA nicht oder nicht mehr stattfinden kann. Frist ist auch zu setzen, wenn lediglich ein Rechercheantrag gestellt ist.

11 **Antrag nach § 140 S 2 wird zurückgewiesen, a)** wenn ein wirksamer Prüfungsantrag (s § 44 Rdn 8) vom Kläger oder einem Dritten bereits gestellt ist. Das gilt auch, wenn ein wirksam gestellter Antrag später zurückgenommen wurde, weil das Prüfungsverfahren gleichwohl gemäß § 44 (4) 1 fortgesetzt wird; **b)** wenn es auf die Frage des Bestehens eines Anspruchs nach § 33 (1) nicht ankommt, weil die Klage aus anderen Gründen abgewiesen werden kann; **c)** wenn eine deutsche Anmeldung offensichtlich nicht patentfähig ist.

3.2 Fristablauf gemäß § 140 Satz 3

12 Die richterliche Frist des § 140 S 2 kann nach § 224 (2) ZPO auf Antrag, der vor Fristablauf gestellt sein muss, **verlängert** werden, wenn erhebliche Gründe glaubhaft gemacht werden. Eine **Wiedereinsetzung** scheidet aus, weil keine Frist iSd § 233 ZPO vorliegt.

13 **Folge des Fristablaufs:** Wird ein wirksamer Antrag nach § 44 (Antrag u Gebühr) innerhalb der (ggf verlängerten) Frist vom Kläger oder einem Dritten nicht gestellt,

---

1 OLG Karlsruhe Mitt **73**, 112.
2 Augenstein/Roderburg GRUR **08**, 457, 459.
3 Amtl Begr zum IntPatÜG BlPMZ **76**, 322, 324 lSp.

also überhaupt nicht oder verspätet, so kann der Kläger in dem anhängigen (nicht in einem späteren neuen) Rechtsstreit Rechte aus der Anmeldung nicht geltend machen, so dass die Klage als unzulässig (nicht als unbegründet!) abzuweisen ist. Das Prozesshindernis des § 140 S 3 wird durch den Nachweis eines wirksamen Prüfungsantrags beseitigt. Dieser Nachweis kann auch nach der gesetzten Frist erbracht werden. Die Klage kann – bspw. nach Patenterteilung – neu erhoben werden. Danach entscheidet das Gericht, ob das Verfahren nach § 140 S 1 auszusetzen ist.

§ 140a Vernichtungsanspruch für patentverletzende Erzeugnisse und Vorrichtungen, Rückruf

(1) ¹Wer entgegen den §§ 9 bis 13 eine patentierte Erfindung benutzt, kann von dem Verletzten auf Vernichtung der im Besitz oder Eigentum des Verletzers befindlichen Erzeugnisse, die Gegenstand des Patents sind, in Anspruch genommen werden. ²Satz 1 ist auch anzuwenden, wenn es sich um Erzeugnisse handelt, die durch ein Verfahren, das Gegenstand des Patents ist, unmittelbar hergestellt worden sind.

(2) Absatz 1 ist entsprechend auf die im Eigentum des Verletzers stehenden Materialien und Geräte anzuwenden, die vorwiegend zur Herstellung dieser Erzeugnisse gedient haben.

(3) ¹Wer entgegen den §§ 9 bis 13 eine patentierte Erfindung benutzt, kann von dem Verletzten auf Rückruf der Erzeugnisse, die Gegenstand des Patents sind, oder auf deren endgültiges Entfernen aus den Vertriebswegen in Anspruch genommen werden. ²Satz 1 ist auch anzuwenden, wenn es sich um Erzeugnisse handelt, die durch ein Verfahren, das Gegenstand des Patents ist, unmittelbar hergestellt worden sind.

(4) ¹Die Ansprüche nach den Absätzen 1 bis 3 sind ausgeschlossen, wenn die Inanspruchnahme im Einzelfall unverhältnismäßig ist. ²Bei der Prüfung der Verhältnismäßigkeit sind auch die berechtigten Interessen Dritter zu berücksichtigen.

Voß

Übersicht

	Geltungsbereich	1
	Europäisches Patentrecht	2
	Literatur	3
	Kommentierung zu § 140a PatG	
I.	Zweck	4
II.	Vernichtungsanspruch (Abs 1)	6
1	Voraussetzungen	6
1.1	Anspruchsberechtigter und -verpflichteter	6
1.2	Benutzung der patentierten Erfindung entgegen §§ 9–13	7
1.3	Objekt der Vernichtung	10
1.4	Besitz oder Eigentum	13
1.5	Unverhältnismäßigkeit	14
2	Inhalt des Anspruchs	16
3	Gerichtliches Verfahren und Entscheidung	19
3.1	Darlegungs- und Beweislast	20

§ 140a Vernichtungsanspruch

3.2	Kosten	23
4	Zwangsvollstreckung	24
III.	Ansprüche auf Rückruf- und Entfernung (Abs 3)	27
1	Voraussetzungen der Ansprüche	28
2	Inhalt der Ansprüche	31
2.1	Anspruch auf Rückruf aus den Vertriebswegen	32
2.2	Anspruch auf endgültiges Entfernen aus den Vertriebswegen	35
2.3	Zeitliche Beschränkung	36
3	Prozessuales	37

1 Geltungsbereich: § 140a wurde durch Art 4 des Produktpirateriegesetzes (**PrPG**) v 7.3.1990 (BGBl I 422 = BlPMZ 90, 161 = Tabu Gewerbl. Rechtsschutz Nr 418) mit Wirkung vom 1.7.1990 eingefügt (Amtliche Begründung BlPMZ 90, 173). Das Gesetz zur Verbesserung der Durchsetzung von Rechten des geistigen Eigentums (**Durchsetzungs**G), vom 7.7.2008 (BGBl I 1191 = BlPMZ 08, 274, abgedruckt im Anhang 8) hat die §§ 140a und 140b durch die §§ 140a bis 140e ersetzt. Das DurchsetzungsG hat § 140a insbesondere um Abs 3 erweitert. Die Änderung durch das DurchsetzungsG ist am 1.9.2008 in Kraft getreten.

2 Europäisches Patentrecht: § 140a ist gemäß Art 64 EPÜ auch auf europäische Patente anwendbar.

3 Lit: Retzer FS Piper 96, 421; Künzel FS Mes 2009, 241; Miosga: Die Ansprüche auf Rückruf und Entfernen im Recht des geistigen Eigentums 2010; Al-Baghdadi FS 80 J PatentG Düsseldorf 2016, 1; **Lit in GRUR:** Ensthaler 92, 273; Eingabe des Grünen Vereins 89, 29; 92, 273; Häcker 96, 82, 87; Jestaedt 09, 102; Kühnen 09, 288; Nieder 13, 264; Hoppe-Jänisch 14, 1163; Rinken 15, 745; Böttcher 21, 143; **Lit in GRUR-RR:** Dörre/Maaßen 08, 217; **Lit in Mitt:** Cremer 92, 153; Wreesmann 10, 276; **Lit in WRP:** Weber 05, 961; **Lit in NJW:** Asendorf 90, 1288; **Lit in BB:** Tilmann 90, 1565.

I. Zweck

4 § 140a dient – wie § 18 MarkenG, § 24a GbmG, § 98 UrhG, § 37a SortG und § 14a GeschmG – der Bekämpfung des Massendelikts der Produktpiraterie. Der Vernichtungsanspruch ist eine zivilrechtliche Gegenmaßnahme und stellt eine im Rahmen des Art 14 GG zulässige Inhaltsbestimmung des Eigentums dar.[1] Sie sieht eine konkrete Form der Folgenbeseitigung vor, stellt zugleich eine Maßnahme des vorbeugenden Rechtsschutzes dar und dient aufgrund ihres Sanktionscharakters darüber hinaus der Generalprävention.[2] Gleiches gilt für den Rückruf- und Entfernungsanspruch.

5 Zum **Beseitigungsanspruch** gemäß § 1004 BGB vgl § 139 Rdn 205 ff.

II. Vernichtungsanspruch (Abs 1)

1 Voraussetzungen

6 **1.1 Anspruchsberechtigter und -verpflichteter** sind der Verletzte und der Verletzer. Der Kreis derer, die aktiv- bzw passivlegitimiert sind, ist mit denen von § 139 (1) und (2) grundsätzlich identisch, vgl § 139 Rdn 5 ff und § 139 Rdn 19 ff. Zur Vernichtung verpflichtet ist daher auch der Frachtführer, wenn er (zB aufgrund einer Abmahnung oder Zollbeschlagnahme) konkrete Anhaltspunkte für eine Schutzrechtsverletzung hat, die zur Einholung von Erkundigungen und ggf zur eigenen Prüfung im Hinblick auf

---

[1] BGH GRUR 97, 899 (II2b) *Vernichtungsanspruch*.
[2] BGH GRUR 06, 504 *Parfümtestkäufe*; Urt v 11.10.18, I ZR 259/15, GRUR 19, 518 *Curapor*.

Schutzrechtsverletzungen durch die transportierte Ware verpflichten.³ An der Patentverletzung nicht beteiligte Dritte sind nicht passivlegitimiert.

1.2 Benutzung der patentierten Erfindung entgegen §§ 9–13 setzt eine Patentverletzung voraus, vgl § 139 Rdn 41 ff. Die Benutzungshandlung iSv §§ 9–13 muss rechtswidrig sein; Erschöpfung und andere Benutzungsrechte schließen Vernichtungsanspruch aus. Verschulden ist nicht erforderlich.

Entgegen dem Wortlaut genügt eine mittelbare Benutzung iSv § 10 (1) nicht, um einen Vernichtungsanspruch zu begründen.⁴ Nach § 10 (1) ist zwar das Anbieten und Liefern mittelbar patentverletzender Gegenstände im Geltungsbereich des Patentgesetzes verboten, wenn diese zur Benutzung der Erfindung objektiv geeignet und bestimmt sind, nicht aber der Besitz und das Anbieten und Liefern mittelbar patentverletzender Gegenstände in Bereiche außerhalb des Geltungsbereichs des Patentgesetzes und zu anderen Zwecken als zur Benutzung der Erfindung; Vernichtung dieser Gegenstände kann daher nicht verlangt werden.⁵

Wirkungsverlust des Patents (ex nunc) nach Entstehen der Ansprüche aus § 139 steht dem Anspruch aus § 140a nicht entgegen.⁶ Jedenfalls der Sanktionscharakter der Regelung und Aspekte der Generalprävention können unter Berücksichtigung des Verhältnismäßigkeitsgrundsatzes eine Vernichtung solcher Gegenstände rechtfertigen, die sich im Besitz oder Eigentum des Verletzers befanden, bevor das Patent erlosch.⁷

1.3 Objekt der Vernichtung sind **(a)** Erzeugnisse, die Gegenstand des Patents sind (Abs 1 S 1), **(b)** Erzeugnisse, die durch ein Verfahren, das Gegenstand des Patents ist, unmittelbar hergestellt worden sind (Abs 1 S 2) und **(c)** Materialien und Geräte, die vorwiegend zur Herstellung dieser Erzeugnisse gedient haben (Abs 2). Es muss daher Erzeugnisschutz iSv § 9 S 2 Nr 1 u 3 bestehen. Ein Verwendungspatent genügt idR nicht, es sei denn, es bringt ausnahmsweise ein Erzeugnis hervor (vgl dazu § 1 Rdn 257 und § 14 Rdn 114 ff).

Die Materialien und Geräte iSd Abs 2 müssen selbst nicht patentverletzend sein, aber vorwiegend zur Herstellung des patentgeschützten Erzeugnisses gedient haben. Erfasst werden zB Produktionseinrichtungen sowie im Herstellungsprozess nicht verloren gehende Bauteile, Materialzusätze und dgl; nicht: Rohstoffe oder sonstige Verbrauchsmaterialien, die den Produktionsprozess nicht überdauern, sowie Werbeunterlagen. Als »Materialien und Geräte« gelten nicht nur Mittel, die das geschützte Endprodukt hervorbringen, sondern auch Vorrichtungen, mit denen wesentliche Einzelteile desselben hergestellt werden.⁸ Der *tatsächliche* Einsatz für die patentverletzende Produktion muss eine daneben ggf noch vorhandene gemeinfreie Verwendung überwiegen ($\geq$ 50 %). Bemessung ist in Abhängigkeit vom jeweiligen Gegenstand nach betriebswirt-

---

3 BGH GRUR 09, 1142 = BGHZ **182**, 245 *MP3-Player-Import*.
4 BGH GRUR **06**, 570 *extracoronales Geschiebe*.
5 BGH GRUR **06**, 570 (Nr 32) *extracoronales Geschiebe*.
6 OLG Düsseldorf Mitt **09**, 400; Urt v 13.1.11, I-2 U 56/09, BeckRS **11**, 07499; LG Hamburg InstGE **11**, 65 *Datenträger*.
7 Kühnen GRUR **09**, 288.
8 BGH GRUR **95**, 338 *Kleiderbügel*.

§ 140a *Vernichtungsanspruch*

schaftlichen Maßstäben vorzunehmen. Bei einer Produktionsmaschine entscheiden zB die Betriebsstunden, bei einem nicht verlorenen Bauteil dessen Einsatzhäufigkeit für die eine oder andere Verwendung.

12 Vom Vernichtungsanspruch ausgenommen sind Gegenstände, die aufgrund anderer gesetzlicher Bestimmungen aufzubewahren sind, wie etwa Referenzmuster nach Arzneimittelrecht.[9]

13 **1.4 Besitz oder Eigentum** muss der Verletzer am Objekt der Vernichtung haben. Dieser muss (unmittelbarer oder mittelbarer) Besitzer oder Eigentümer des patentgeschützten Erzeugnisses oder Eigentümer (nicht nur Besitzer) der zur Herstellung verwendeten Materialien und Geräte iSd § 140a (2) sein. Dies richtet sich nach den allgemeinen Regeln des Sachenrechts. Als Organe juristischer Personen handelnde Verletzer sind grundsätzlich nicht Besitzer.[10] Mittelbarer Besitzer ist auch der Frachtführer nach Beschlagnahme durch den Zoll.[11] Der Besitz oder das Eigentum muss im Inland bestehen. Es entscheidet die Belegenheit der Sache.[12] Befindet sich der schutzrechtsverletzende Gegenstand im Ausland, ist gleichwohl der Vernichtungsanspruch nicht ausgeschlossen, wenn der Verletzer mittelbarer Besitzer und/oder Eigentümer ist und sich im Inland aufhält, da nicht ausgeschlossen ist, dass der schutzrechtsverletzende Gegenstand wieder ins Inland gelangt.[13] Dies muss für den unmittelbaren Besitzer gleichermaßen gelten, nicht jedoch für einen im Ausland ansässigen Verletzer.

14 **1.5 Unverhältnismäßigkeit** der Vernichtung im Einzelfall schließt nach Abs 4 den Anspruch aus. Solches ist anzunehmen, wenn eine andere Beseitigungsmöglichkeit besteht oder – trotz Fehlens einer Beseitigungsalternative – die Verhältnismäßigkeit nicht gewahrt ist.[14] Beide Tatbestände sind auszulegen und bedürfen umfassender Berücksichtigung aller Umstände des Einzelfalls.[15] In die Abwägung einzubeziehen sind: **a)** der generalpräventive Zwecks der Vorschrift,[16] **b)** Vernichtungsinteresse des Patentinhabers und Erhaltungsinteresse des Verletzers,[17] **c)** Schuldlosigkeit oder Grad des Verschuldens des Verletzers,[18] **d)** Schwere des Eingriffs (zB Zahl und wirtschaftlicher Wert der Vernichtungsgegenstände),[19] **e)** eine zu besorgende Wiederholungsgefahr, **f)** Umfang des bei der Vernichtung für den Verletzer entstehenden Schadens im Vergleich zu dem beim Patentinhaber eingetretenen Schaden,[20] **g)** Besonderheiten der Beschaffenheit der Erzeugnisse,[21] **h)** mögliche anderweitige Beseitigung, die im Ergeb-

---

9 LG Düsseldorf InstGE **13**, 1, 7 *Escitalopram-Besitz.*
10 OLG Düsseldorf InstGE **10**, 129 *Druckerpatrone II*; BGH NJW **04**, 217.
11 BGH GRUR **09**, 1142, 1146 f = BGHZ **182**, 245 *MP3-Player-Import.*
12 LG Düsseldorf InstGE **13**, 1, 7 *Escitalopram-Besitz.*
13 LG Düsseldorf InstGE **13**, 1, 7 *Escitalopram-Besitz.*
14 BGH GRUR **06**, 504 *Parfümtestkäufe*; Urt v 11.10.18, I ZR 259/15, GRUR **19**, 518 *Curapor.*
15 BGH GRUR **97**, 899 (III u 2) *Vernichtungsanspruch*; Urt v 11.10.18, I ZR 259/15, GRUR **19**, 518 *Curapor.*
16 BGH Urt v 11.10.18, I ZR 259/15, GRUR **19**, 518 *Curapor.*
17 BGH Urt v 11.10.18, I ZR 259/15, GRUR **19**, 518 *Curapor.*
18 BGH GRUR **06**, 504 *Parfümtestkäufe.*
19 OLG Düsseldorf InstGE **7**, 139 *Thermocycler.*
20 BGH Urt v 11.10.18, I ZR 259/15, GRUR **19**, 518 *Curapor.*
21 BGH Urt v 11.10.18, I ZR 259/15, GRUR **19**, 518 *Curapor.*

nis einer Vernichtung gleich kommt, ohne dass die Gefahr besteht, dass das teilvernichtete Erzeugnis von dritter Seite durch nachträgliche Ergänzung um das vernichtete Teil wieder in einen patentverletzenden Zustand versetzt und danach in Verkehr gebracht wird;[22] **i)** Interessen eines unbeteiligten Dritten gemäß Abs 4 S 2 (zB des Besitzers, wenn sich der Vernichtungsanspruch gegen den Eigentümer richtet); **j)** Ablauf des Patents.[23]

An der Verhältnismäßigkeit fehlt es bspw im Hinblick auf einen Frachtführer, wenn der Empfänger der Ware durch den Verletzten bereits in Anspruch genommen wurde oder ohne größere Schwierigkeiten in Anspruch genommen werden kann und ein solches Vorgehen geeignet und ausreichend erscheint, den Störungszustand zu beseitigen und drohende weitere Verletzungshandlungen zu verhindern.[24] Ist Gegenstand des Patents ein PC mit einer bestimmten Software, gebietet es der Verhältnismäßigkeitsgrundsatz, die fraglichen PC an einen Gerichtsvollzieher zum Zwecke der Deinstallation herauszugeben und alle die Zusatzsoftware tragenden Datenträger zu vernichten, wenn der PC mit einer anderen Standardsoftware rechtmäßig genutzt werden kann.[25]

2 Inhalt des Anspruchs

Vernichtung ist die zur Gebrauchsuntauglichkeit führende Zerstörung der Sache. Sie soll sicherstellen, »dass die Gegenstände nicht wiederholt in den Verkehr gebracht oder, soweit Produktionsmittel betroffen sind, dass diese nicht weiterhin zur Herstellung schutzrechtsverletzender Ware eingesetzt werden«.[26] Ist *eine* Verletzungshandlung begangen, unterliegt der gesamte Warenbestand der Vernichtung; es kann nicht ein Teil für Versuche nach § 11 Nr 2 PatG zurückgehalten werden. Bei einer Gesamtvorrichtung unterliegen grundsätzlich alle Einzelteile der Vernichtung, wenn Anhaltspunkte für eine patentgemäße Weiterverwendung bestehen.[27]

Einen **Herausgabeanspruch** zum Zwecke der Vernichtung gewährt § 140a dem Verletzten nicht ausdrücklich. Nach BGH[28] kann der Verletzte aber – nicht nur nach Wahl des Verpflichteten, sondern von vornherein – anstelle der Vernichtung durch den Schuldner auch die Herausgabe an einen Sequester (zB einen Gerichtsvollzieher) verlangen, jedenfalls dann, wenn ernstzunehmende Bedenken gegen die Zuverlässigkeit des Beklagten und seine tatsächliche Bereitschaft zur Vernichtung bestehen.

Teilvernichtung durch den Verletzer berührt den Anspruch aus § 140a nicht.

3 Gerichtliches Verfahren und Entscheidung

Der Vernichtungsanspruch ist im Wege der Klage durchzusetzen; zum **Klageantrag** siehe § 139 Rdn 295. Eine einstweilige Verfügung kommt wegen des Verbots der Vor-

---

22 St Rspr: OLG Düsseldorf InstGE 7, 139 *Thermocycler*; Urt v 5.11.20, I-2 U 63/19, GRUR-RR 21, 15 mwN.
23 OLG Frankfurt Urt v 2.2.17, 6 U 260/11, GRUR-RR 17, 289 *Legekopf*.
24 BGH GRUR 09, 1142 (Nr 50) = BGHZ 182, 245 *MP3-Player-Import*.
25 LG Mannheim InstGE 12, 136 *zusätzliche Anwendungssoftware*.
26 Vgl amtl Begr zum PrPG BlPMZ 90, 173, 182 lSp.
27 OLG Düsseldorf Urt v 5.11.20, I-2 U 63/19, GRUR-RR 21, 15.
28 BGH GRUR 03, 228, 229 *P-Vermerk* (zu § 98 UrhG).

wegnahme der Hauptsache nur zur Sicherung des Vernichtungsanspruchs in Betracht, indem die Vernichtungsgegenstände sequestriert werden. Als Minus zur Vernichtung kann grundsätzlich auch ohne gesonderten Antrag eine ebenso geeignete, aber mildere Beseitigungsmaßnahme ausgesprochen werden (vgl Rdn 14).

20 **3.1 Darlegungs- und Beweislast** für die anspruchsbegründenden Umstände trägt der Verletzte, der Verletzer für andere Beseitigungsmöglichkeit und Unverhältnismäßigkeit.[29] Dies gilt grundsätzlich auch für Eigentum und Besitz des Verletzers an den zu vernichtenden Erzeugnissen.

21 Die zu vernichtenden Gegenstände muss der Beklagte im Zeitpunkt der letzten mündlichen Verhandlung noch in seinem Eigentum und/oder Besitz haben.[30] Dafür genügt es grundsätzlich, wenn feststeht, dass der Verletzer Eigentümer des patentverletzenden Gegenstandes geworden ist,[31] er also zu einem Zeitpunkt nach Patenterteilung Eigentum an einem patentverletzenden Gegenstand hatte.[32] Nach BGH erfordert wirksamer Rechtsschutz, dass es dann einer Beweisaufnahme über die Fortdauer des Eigentums nicht bedarf und die Frage des Eigentums erst nach Feststellung des weiteren Vorhandenseins schutzrechtsverletzender Gegenstände im Vollstreckungsverfahren geklärt wird.[33] Nach LG Düsseldorf ist die Frage im Erkenntnisverfahren zu klären.[34] Da aber Tatsachen, aus denen sich eine Besitz-/Eigentumsaufgabe ergibt, regelmäßig aus der Sphäre des Verletzers stammen und außerhalb des Kenntnisbereichs des Anspruchsberechtigten liegen, genügt einfaches Bestreiten von Eigentum/Besitz durch den Verletzer nicht. Ihm obliegt es aufgrund der sekundären Darlegungslast, konkrete Tatsachen vorzutragen, aus denen sich ergibt, dass und durch welches Geschehen Besitz/Eigentum vollständig aufgegeben wurden. Erst dann ist es Aufgabe des Anspruchsberechtigten, konkrete Tatsachen darzutun, die den Vortrag des Verletzten erschüttern.[35]

22 Kann bei einem inländischen Verletzer regelmäßig stillschweigend von Eigentum/Besitz im Inland ausgegangen werden, bedarf es bei einem ausländischen Verletzer schlüssigen Sachvortrags des Verletzten zum Eigentum/Besitz im Inland.[36] Dass der ausländische Verletzer Alleingesellschafter eines inländischen Vertriebsunternehmens ist, genügt insofern nicht.[37]

23 **3.2 Kosten**[38] des Verfahrens einschließlich der Kosten für die Vernichtung – auch bei Herausgabe an einen Treuhänder – hat Verletzer zu tragen, weil diesem die Vernichtung obliegt. Ausn gilt für Frachtführer: Sie haben – ggf nach vorheriger Freistellungs-

---

29 OLG Düsseldorf InstGE 7, 139 *Thermocycler*.
30 LG Düsseldorf InstGE 13, 1 *Escitalopram-Besitz*; aA mit beachtlicher Begr: Nieder in: GRUR 13, 264.
31 BGH GRUR 03, 228, 230 *P-Vermerk* (zu § 98 UrhG).
32 LG Düsseldorf InstGE 13, 1 Rn 18 *Escitalopram-Besitz*.
33 BGH GRUR 03, 228, 230 *P-Vermerk* (zu § 98 UrhG); vgl auch LG Mannheim Urt 25.2.2005 7 O 405/04.
34 LG Düsseldorf InstGE 13, 1, 5 *Escitalopram-Besitz*; so auch Fitzner/Lutz/Bodewig-Rinken: § 140a Rn 19.
35 LG Düsseldorf InstGE 13, 1 Rn 18 *Escitalopram-Besitz*.
36 OLG Düsseldorf InstGE 7, 139 *Thermocycler*.
37 OLG Düsseldorf InstGE 7, 139 *Thermocycler*.
38 Weber WRP 05, 961.

erklärung des Verletzten³⁹ – in die Vernichtung auch dann einzuwilligen, wenn sie patentverletzenden Zustand der Ware nicht kennen und keinen Anlass für eine Überprüfung der Schutzrechtslage haben, allerdings nicht auf ihre Kosten.⁴⁰ Gibt der Frachtführer eine Einwilligungserklärung nicht ab, so wird er zum Störer und muss, wenn er in die Vernichtung erst einwilligt, nachdem seine Störerhaftung begründet worden ist, auch die Kosten der Vernichtung tragen.⁴¹ Sequestrationskosten, die im Zusammenhang mit der Vernichtung anfallen, können aufgrund der im betreffenden (zB einstweiligen Verfügungs-)Verfahren ergangenen Kostengrundentscheidung im Kostenfestsetzungsverfahren nach §§ 103 f ZPO geltend gemacht werden.⁴²

4 Zwangsvollstreckung⁴³

Die Zwangsvollstreckung des auf Vernichtung gerichteten Urteilsausspruchs erfolgt nach § 887 ZPO,⁴⁴ die des Herausgabeanspruchs nach §§ 883, 886 ZPO. Ob auch dann, wenn der Schuldner im Inland ansässig ist, sich der Vernichtungsgegenstand aber im Ausland befindet, nach § 887 ZPO oder § 888 ZPO zu vollstrecken ist, ist höchstrichterlich nicht geklärt.⁴⁵ Persönliches Unvermögen kann der Schuldner nur über § 767 ZPO geltend machen.⁴⁶ 24

Nach § 887 ZPO wird der Gläubiger vom Prozessgericht 1. Instanz ermächtigt, die Vernichtung selbst oder durch einen Dritten durchführen zu lassen.⁴⁷ Dazu bedarf es begleitend einer Anordnung zur Herausgabe der zu vernichtenden Gegenstände durch den Schuldner an den Gläubiger, Dritten oder zur Vernichtung bereiten Gerichtsvollzieher.⁴⁸ Gemäß § 887 (2) ZPO hat der Gläubiger einen Anspruch auf Zahlung eines Vorschusses auf die voraussichtlichen Kosten der Ersatzvornahme. Diese sind ebenso wie die Verfahrenskosten Kosten der Zwangsvollstreckung iSv § 788 ZPO. 25

Hat der Schuldner Wahlrecht zwischen eigenhändiger Vernichtung und Drittvernichtung, können im Vollstreckungsverfahren keine materiell-rechtlichen Zumutbarkeitserwägungen dahingehend angestellt werden, dass der Schuldner nunmehr – entgegen seinem Willen – zur Drittvernichtung verpflichtet ist, wenn bereits im Erkenntnisverfahren Umstände, die Zweifel an der Vernichtungsbereitschaft des Schuldners wecken, hätten vorgebracht werden können.⁴⁹ Umgekehrt ist dem Schuldner nach einer Sequestration der Vernichtungsgegenstände die eigenhändige Vernichtung solange unmöglich, wie sich die Gegenstände in der Verwahrung des Sequesters befinden und 26

---

39 LG Hamburg InstGE 10, 257 *IPod II*.
40 LG Düsseldorf InstGE 6, 132 *Frachtführer II*; bestätigt durch OLG Düsseldorf I-2 U 51/06 Urt v 29.11.2007.
41 LG Düsseldorf IntGE 6, 132 *Frachtführer II*; bestätigt durch OLG Düsseldorf Urt 29.11.07 I-2 U 51/06.
42 BGH NJW 06, 3010 *Sequestrationskosten*.
43 Vgl Osten/Pross FS von Meibom, 2010, S 471.
44 OLG Frankfurt aM GRUR-RR 07, 30 *Fotomaterial*.
45 Vgl auch Fitzner/Lutz/Bodewig-Rinken § 140a Rn 39.
46 OLG Hamm MDR 84, 591; OLG Düsseldorf MDR 91, 260.
47 OLG Frankfurt aM GRUR-RR 07, 30 *Fotomaterial*.
48 OLG Düsseldorf NJW-RR 1998, 1768.
49 OLG Düsseldorf InstGE 10, 301 *Metazachlor*.

vom Schutzrechtsinhaber nicht freigegeben sind.[50] Auf eine solche Freigabe braucht sich der Gläubiger nicht einzulassen, wenn nach Schluss des Erkenntnisverfahrens erstmals oder weitere Tatsachen auftreten, die den Schluss rechtfertigen, dass der Schuldner im Falle einer Besitzeinräumung die Gegenstände dem Vollstreckungszugriff des Gläubigers entziehen wird, statt sie zu vernichten.

III. Ansprüche auf Rückruf- und Entfernung (Abs 3)

27 Die Ansprüche auf Rückruf und Entfernung zielen auf Gegenstände, die das Unternehmen des Verletzers verlassen haben und sich in der nachgeordneten Vertriebskette – nicht beim privaten Endverbraucher – befinden.

1 Voraussetzungen der Ansprüche

28 Die Ansprüche bestehen für den Verletzten gegen den Verletzer (s Rdn 6), der entgegen §§ 9–13 die patentierte Erfindung benutzt hat (s Rdn 7 ff), in Bezug auf Erzeugnisse, die Gegenstand eines Patents oder unmittelbares Verfahrenserzeugnis sind (s Rdn 10), weswegen ein Mittel iSv § 10 nicht genügt[51] (s auch Rdn 8). Die Inanspruchnahme als solche und die geforderte Maßnahme im Speziellen (Rückruf/Entfernung aus den Vertriebswegen) dürfen im Einzelfall nicht unverhältnismäßig sein, Abs 4 (s Rdn 14 ff). Die Voraussetzungen des Rückrufanspruchs sind mit denen des Vernichtungsanspruchs weitgehend identisch (s Rdn 6 ff).

29 Im Unterschied zum Vernichtungsanspruch kommt es nicht darauf an, dass der Anspruchsgegner Verfügungsgewalt über die Sache hat;[52] typischerweise wird es daran sogar fehlen. Daher besteht der Anspruch auf § 140a (3) ohne weiteres auch gegen im Ausland ansässige Verletzer, selbst wenn diese für einen Anspruch aus § 140a (1) nicht passivlegitimiert sind.[53] Notwendig ist aber, dass dem Verletzer ein Inverkehrbringen der Erzeugnisse in die Vertriebswege iSv § 9 S 2 vorgeworfen werden kann; patentverletzende Angebotshandlungen oder patentfreie Auslandslieferungen genügen nicht.[54] In der Rspr ungeklärt ist bislang, ob der Anspruch aus § 140a (3) auch gegen Organe juristischer Personen besteht. Anders als der Vernichtungsanspruch erstreckt sich der Rückrufanspruch nicht auf die zur Herstellung des verletzenden Erzeugnisses benutzten Materialien und Vorrichtungen.

30 Für die Verhältnismäßigkeit der Ansprüche auf Rückruf und Entfernung der Erzeugnisse gelten dieselben Grundsätze wie für ihre Vernichtung. Von der Unverhältnismäßigkeit im Einzelfall kann ausgegangen werden, **a)** wenn das Haltbarkeitsdatum verderblicher Erzeugnisse im Zeitpunkt des Rückrufs so weit überschritten ist, dass mit einer weiteren Verwendung nicht zu rechnen ist,[55] **b)** wenn die auf Tatsachen basierende gesicherte Annahme besteht, dass sich der Gegenstand nicht mehr beim Abneh-

---

50 OLG Düsseldorf InstGE 10, 301 *Metazachlor*.
51 LG Düsseldorf InstGE 11, 257 *Bajonett-Anschlussvorrichtung*; aA Wressmann Mitt 10, 276.
52 BGH Urt v 16.5.17, X ZR 120/15, GRUR 17, 785 (Rn 29) *Abdichtsystem*.
53 BGH Urt v 16.5.17, X ZR 120/15, GRUR 17, 785 *Abdichtsystem*.
54 OLG Düsseldorf Urt v 23.4.17, I-2 U 58/116, BeckRS 17, 109832; Urt v 6.4.17, I-2 U 51/16, BeckRS 17, 109833.
55 OLG Düsseldorf Urt v 17.10.2019, I-2 U 11/18, GRUR-RR 20, 137.

mer befindet,[56] wobei auch der Rückruf einer nur noch geringen Anzahl vorhandener Erzeugnisse idR verhältnismäßig ist, **c)** wenn bei im Ausland befindlichen Erzeugnissen der Rückführungsaufwand im Verhältnis zur Wahrscheinlichkeit einer weiteren patentverletzenden Verwendung äußerst hoch ist, **d)** wenn das Erzeugnis in einer größeren Einheit verbaut wurde, deren Demontage bei wirtschaftlicher Betrachtung unverhältnismäßig ist, **e)** der Verletzer bereits über eine patentfreie Ausweichtechnik verfügt, die er seinem Abnehmer im Austausch gegen den Verletzungsgegenstand anbieten kann, wenn ausgeschlossen ist, dass durch nachträgliche Manipulation wieder der patentverletzende Zustand hergestellt und das Objekt alsdann wieder in den Verkehr gebracht wird.[57]

2 Inhalt der Ansprüche

Die Ansprüche auf Rückruf und Entfernung aus den Vertriebswegen können nebeneinander geltend gemacht werden.[58] Sie stehen – auch im Verhältnis zum Anspruch auf Vernichtung gem Abs 1 – nicht in einem Stufen oder Exklusivitätsverhältnis, sondern aufgrund ihrer unterschiedlichen, sich ergänzenden Zielrichtungen unabhängig nebeneinander.[59] **31**

2.1 Anspruch auf Rückruf aus den Vertriebswegen verpflichtet den Schuldner dazu, seine Abnehmer zu einer Rückgabe der von ihm gelieferten patentverletzenden Erzeugnisse aufzufordern.[60] Ob die Abnehmer dieser Aufforderung Folge leisten, bleibt deren Entscheidung überlassen und hat auf die Verantwortlichkeit des Schuldners keine Auswirkung, sofern dieser alle ihm zumutbaren Anstrengungen unternommen hat, um die Abnehmer aufgrund der Aufforderung zu einer Rückgabe zu bewegen. Rückruf muss dem Verletzer möglich sein, dh er muss den gegenwärtigen Verbleib des Erzeugnisses kennen, zumindest muss er den Aufenthalt mit der ihm zur Verfügung stehenden Erkenntnisquellen (Geschäftsunterlagen, Rückfrage beim Abnehmer, der seinerseits weitergeliefert hat) feststellen können. Keine Pflicht zur Ermittlung unbekannter Besitzer. Der Rückruf darf nicht als bloße (nicht weiter begründete) Bitte formuliert werden, sondern muss den Grund der Rückrufaktion erläutern und die rechtlichen Folgen erläutern, die ein etwaiger Weitervertrieb der zurückgerufenen Ware nach sich zieht.[61] Erstattung des Kaufpreises oder sonstigen Äquivalents für die zurückgerufene Ware (zB patentfreie Ersatzlieferung) und Übernahme der Verpackungs- und Transport- bzw Versendungskosten muss angeboten werden, dagegen keine weitergehenden (zB Schadensersatz-)Zahlungen. Mit dem Rückruf bringt der Verletzer, ohne dass dies einer besonderen Erwähnung bedürfte, seine Bereitschaft zum Ausdruck, die zurückgegebenen Gegenstände wieder an sich zu nehmen, weswegen in einer solchen Entgegennahme noch keine Maßnahme eines endgültigen Entfernens aus den Vertriebswegen gesehen werden kann.[62] **32**

---

56 BGH Urt v 11.10.18, I ZR 259/15, GRUR 19, 518 *Curapor*.
57 OLG Düsseldorf Urt v 19.7.18, 15 U 43/15, GRUR-RS 18, 22632.
58 BGH Urt v 16.5.17, X ZR 120/15, GRUR 17, 785 *Abdichtsystem*.
59 BGH Urt v 16.5.17, X ZR 120/15, GRUR 17, 785 (Rn 33) *Abdichtsystem*.
60 BGH Urt v 16.5.17, X ZR 120/15, GRUR 17, 785 (Rn 17) *Abdichtsystem*.
61 OLG Zweibrücken Magazindienst 06, 236.
62 OLG Düsseldorf InstGE 12, 88 *Cinch-Stecker*.

33 Nach hM muss der Verletzer keinen Rückruf an private Endverbraucher richten,[63] wobei sich dies mit dem Wortlaut »aus den Vertriebswegen« nicht überzeugend begründen lässt, wenn zum Vertriebsweg als letzte Station auch der Endabnehmer gerechnet wird. Allerdings wird der Rückruf nach seinem Sinn und Zweck gegenüber privaten Endabnehmern nicht gerechtfertigt sein, da deren Handeln nach § 11 Nr 1 ohnehin vom Patentschutz ausgenommen ist. Anders hingegen gegenüber gewerblichen Endabnehmern, die das geschützte Erzeugnis zwar nicht weiter vertreiben, aber für andere (gewerbsmäßige) Zwecke wie die eigene Produktion nutzen. Als Maßnahme der Folgenbeseitigung und unter dem Aspekt des vorbeugenden Rechtsschutzes wird der Rückruf hier regelmäßig zu bejahen sein, zumindest wenn nicht ausgeschlossen ist, dass die Erzeugnisse später weiter vertrieben werden;[64] vom Verpflichteten kann insofern nicht verlangt werden, vor einem Rückruf die Verwendungsabsichten des Abnehmers in Erfahrung zu bringen.[65]

34 Zurückzurufen sind auch solche Gegenstände, die sich im Ausland befinden, soweit sie den Makel der Schutzrechtsverletzung tragen, etwa aufgrund einer patentverletzenden Veräußerung im Inland.

35 **2.2 Anspruch auf endgültiges Entfernen aus den Vertriebswegen** verpflichtet den Schuldner dazu, alle ihm zur Verfügung stehenden und zumutbaren tatsächlichen und rechtlichen Möglichkeiten auszuschöpfen, um die weitere oder erneute Zirkulation patentverletzender Gegenstände in den Vertriebswegen auszuschließen.[66] Dafür kann im Einzelfall die bloße Aufforderung an die Abnehmer geeignet und ausreichend sein, der Schuldner kann aber auch verpflichtet sein, dieses Ziel zusätzlich oder ausschließlich auf anderem Wege anzustreben, etwa durch rechtliche Schritte gegen einen Abnehmer, der eine Rückgabe von vornherein ablehnt.[67] Der Anspruch kann dadurch erfüllt werden, dass die das Patent verletzenden Erzeugnisse unmittelbar beim Abnehmer vernichtet werden, kann aber auch auf andere Weise sichergestellt werden, etwa indem der Schuldner die Erzeugnisse zurücknimmt und selbst der Vernichtung zuführt.[68] Der Vorbehalt des – rechtlich und tatsächlich – Möglichen gilt auch hier, so dass der Verbleib verletzender Erzeugnisse zB nur unter Auswertung bekannter und verfügbarer Erkenntnismittel aufgeklärt werden muss. Die Ware muss sich noch in »den Vertriebswegen« befinden, was Maßnahmen gegenüber dem Endverbraucher ausschließt.

36 **2.3 Zeitliche Beschränkung** der Ansprüche ergibt sich aus dem Inkrafttreten der Regelung mit Wirkung vom 1.9.2008.[69] Für Verletzungshandlungen vor diesem Zeitpunkt kann eine Verpflichtung zum Rückruf und zur Entfernung aus den Vertriebswegen nur aufgrund einer unmittelbaren Geltung der RiLi 2004/48/EG bzw einer richtlinienkonformen Auslegung nationaler Regelungen bestehen. Letzteres ist für den

---

63 Zum Streitstand: Fitzner/Lutz/Bodewig-Rinken § 140a Rn 50.
64 LG Düsseldorf 4a O 282/10, Urt v 26.07.2012; aA LG Mannheim InstGE **12**, 200 *Stickstoffmonoxyd-Nachweis*.
65 LG Düsseldorf 4a O 282/10, Urt v 26.07.2012.
66 *BGH Urt v 16.5.17, X ZR 120/15, GRUR* **17**, 785 (Rn 18) *Abdichtsystem*.
67 BGH Urt v 16.5.17, X ZR 120/15, GRUR **17**, 785 (Rn 18) *Abdichtsystem*.
68 BGH Urt v 16.5.17, X ZR 120/15, GRUR **17**, 785 (Rn 20) *Abdichtsystem*.
69 BGH GRUR **09**, 5151 *Motorradreiniger*.

Zeitpunkt seit Ablauf der Frist zur Umsetzung der Richtlinie in nationales Recht am 29.4.2006 zu bejahen, wobei die Ansprüche aus § 1004 BGB herzuleiten sind.[70] Wirkungsverlust des Patents schließt wie bei Vernichtungsanspruch den Rückruf von Gegenständen, die vor dem Zeitpunkt des Wirkungsverlusts in die Vertriebswege gelangten, nicht aus,[71] vgl Rdn 9.

3 Prozessuales

Regelmäßig werden die Ansprüche nur im Klagewege geltend zu machen sein. Einstweilige Verfügung kommt wegen Vorwegnahme der Hauptsache grundsätzlich nicht in Betracht. 37

Für die hinreichende Bestimmtheit des Klageantrags genügt in der Regel die Wiederholung des Gesetzeswortlauts,[72] wobei die nähere Bestimmung der Modalitäten des Rückrufs (vgl § 139 Rdn 295) und der Entfernung der Erzeugnisse zweckmäßig ist. 38

Zur Beweislast vgl Rdn 20. 39

Eine Verurteilung zum Rückruf wird in der Praxis regelmäßig nach § 888 ZPO vollstreckt; ob bei Kenntnis des Gläubigers von den Abnehmern auch eine Vollstreckung nach § 887 ZPO möglich ist, ist in der Rspr bislang nicht geklärt.[73] Gleiches gilt für Entfernungsmaßnahmen, sofern sie nicht höchstpersönlicher Natur sind. Der Schuldner kann mit dem Einwand der Unverhältnismäßigkeit des Rückrufs, insbesondere seiner Unzumutbarkeit, im Zwangsvollstreckungsverfahren nicht gehört werden; sind die den Einwand begründenden Umstände nach Schluss der mündlichen Verhandlung entstanden, ist er auf die Vollstreckungsgegenklage verwiesen.[74] 40

In Bezug auf Verletzungsgegenstände, die infolge des Rückrufs oder der Entfernung in die Verfügungsgewalt des Verletzers gelangen, kann ggf **Vernichtungsanspruch** nach Abs 1 geltend gemacht werden. Etwaige Drittinteressen des Zurückliefernden sind im Rahmen der Verhältnismäßigkeit (Abs 4) zu berücksichtigen, sofern sie vom Verletzer eingewandt werden. 41

Kosten des Rückrufs und der Entfernung trägt grundsätzlich der Verletzer. 42

---

70 OLG Düsseldorf InstGE **13**, 15 *Faktor VIII-Konzentrat*; aA LG Mannheim InstGE **12**, 200 *Stickstoffmonoxyd-Nachweis*, das richtlinienkonforme Auslegung nur für Rückrufanspruch, nicht für Entfernungsanspruch bejaht.
71 OLG Düsseldorf Urt v 23.1.20, I-2 U 3/19.
72 LG Mannheim InstGE **12**, 200 *Stickstoffmonoxyd-Nachweis*; vgl. auch die Anträge in BGH Urt v 11.10.18, I ZR 259/15, GRUR **19**, 518 *Curapor*.
73 OLG Düsseldorf Beschl v 13.9.18, I-15 W 48/15; vgl. zum Meinungsstand: Fitzner/Lutz/Bodewig-Rinken § 140a Rn 57.
74 OLG Düsseldorf Beschl v 25.11.19, I-2 W 15/19, GRUR-RR **20**, 146 (Ls.).

§ 140b Anspruch auf Auskunft über Herkunft und Vertriebsweg

(1) Wer entgegen den §§ 9 bis 13 eine patentierte Erfindung benutzt, kann vom Verletzten auf unverzügliche Auskunft über die Herkunft und den Vertriebsweg der benutzten Erzeugnisse in Anspruch genommen werden.

(2) ¹In Fällen offensichtlicher Rechtsverletzung oder in Fällen, in denen der Verletzte gegen den Verletzer Klage erhoben hat, besteht der Anspruch unbeschadet von Absatz 1 auch gegen eine Person, die in gewerblichem Ausmaß
1. rechtsverletzende Erzeugnisse in ihrem Besitz hatte,
2. rechtsverletzende Dienstleistungen in Anspruch nahm,
3. für rechtsverletzende Tätigkeiten genutzte Dienstleistungen erbrachte oder
4. nach den Angaben einer in Nummer 1, 2 oder Nummer 3 genannten Person an der Herstellung, Erzeugung oder am Vertrieb solcher Erzeugnisse oder an der Erbringung solcher Dienstleistungen beteiligt war,

es sei denn, die Person wäre nach den §§ 383 bis 385 der Zivilprozessordnung im Prozess gegen den Verletzer zur Zeugnisverweigerung berechtigt. ²Im Fall der gerichtlichen Geltendmachung des Anspruchs nach Satz 1 kann das Gericht den gegen den Verletzer anhängigen Rechtsstreit auf Antrag bis zur Erledigung des wegen des Auskunftsanspruchs geführten Rechtsstreits aussetzen. ³Der zur Auskunft Verpflichtete kann von dem Verletzten den Ersatz der für die Auskunftserteilung erforderlichen Aufwendungen verlangen.

(3) Der zur Auskunft Verpflichtete hat Angaben zu machen über
1. Namen und Anschrift der Hersteller, Lieferanten und anderer Vorbesitzer der Erzeugnisse oder der Nutzer der Dienstleistungen sowie der gewerblichen Abnehmer und Verkaufsstellen, für die sie bestimmt waren, und
2. die Menge der hergestellten, ausgelieferten, erhaltenen oder bestellten Erzeugnisse sowie über die Preise, die für die betreffenden Erzeugnisse oder Dienstleistungen bezahlt wurden.

(4) Die Ansprüche nach den Absätzen 1 und 2 sind ausgeschlossen, wenn die Inanspruchnahme im Einzelfall unverhältnismäßig ist.

(5) Erteilt der zur Auskunft Verpflichtete die Auskunft vorsätzlich oder grob fahrlässig falsch oder unvollständig, so ist er dem Verletzten zum Ersatz des daraus entstehenden Schadens verpflichtet.

(6) Wer eine wahre Auskunft erteilt hat, ohne dazu nach Absatz 1 oder Absatz 2 verpflichtet gewesen zu sein, haftet Dritten gegenüber nur, wenn er wusste, dass er zur Auskunftserteilung nicht verpflichtet war.

(7) In Fällen offensichtlicher Rechtsverletzung kann die Verpflichtung zur Erteilung der Auskunft im Wege der einstweiligen Verfügung nach den §§ 935 bis 945 der Zivilprozessordnung angeordnet werden.

(8) Die Erkenntnisse dürfen in einem Strafverfahren oder in einem Verfahren nach dem Gesetz über Ordnungswidrigkeiten wegen einer vor der Erteilung der Auskunft begangenen Tat gegen den Verpflichteten oder gegen einen in § 52 Abs 1 der Strafprozessordnung bezeichneten Angehörigen nur mit Zustimmung des Verpflichteten verwertet werden.

(9) ¹Kann die Auskunft nur unter Verwendung von Verkehrsdaten (§ 3 Nummer 70 des Telekommunikationsgesetzes) erteilt werden, ist für ihre Erteilung eine

vorherige richterliche Anordnung über die Zulässigkeit der Verwendung der Verkehrsdaten erforderlich, die von dem Verletzten zu beantragen ist. ²Für den Erlass dieser Anordnung ist das Landgericht, in dessen Bezirk der zur Auskunft Verpflichtete seinen Wohnsitz, seinen Sitz oder eine Niederlassung hat, ohne Rücksicht auf den Streitwert ausschließlich zuständig. ³Die Entscheidung trifft die Zivilkammer. ⁴Für das Verfahren gelten die Vorschriften des Gesetzes über das Verfahren in Familiensachen und in den Angelegenheiten der freiwilligen Gerichtsbarkeit entsprechend. ⁵Die Kosten der richterlichen Anordnung trägt der Verletzte. ⁶Gegen die Entscheidung des Landgerichts ist die Beschwerde statthaft. ⁷Die Beschwerde ist binnen einer Frist von zwei Wochen einzulegen. ⁸Die Vorschriften zum Schutz personenbezogener Daten bleiben im Übrigen unberührt.

(10) Durch Absatz 2 in Verbindung mit Absatz 9 wird das Grundrecht des Fernmeldegeheimnisses (Artikel 10 des Grundgesetzes) eingeschränkt.

Voß

Übersicht

	Geltungsbereich	1
	Europäisches Patentrecht	2
	Literatur	3
	Kommentierung zu § 140b PatG	
I.	Zweck	4
II.	Voraussetzungen des Auskunftsanspruchs	5
1	Anspruchsberechtigter	5
2	Benutzung der patentierten Erfindung entgegen §§ 9–13	6
3	Rechtswidrigkeit	9
4	Anspruchsverpflichteter	10
4.1	Verletzer	11
4.2	Dritte	12
4.2.1	Sachliche Beschränkung der Auskunftspflicht Dritter	13
4.2.1.1	Offensichtliche Rechtsverletzung	14
4.2.1.2	Klage des Verletzten gegen den Verletzer	15
4.2.2	Kreis der Verpflichteten	17
4.2.2.1	Frühere Besitzer	18
4.2.2.2	Inanspruchnahme rechtsverletzender Dienstleistungen	19
4.2.2.3	Erbringung von Dienstleistungen	20
4.2.2.4	Beteiligter	21
4.2.3	Zeugnisverweigerungsrecht	24
5	Kein Ausschluss des Anspruchs	26
III.	Inhalt des Anspruchs	28
1	Zeitliche Beschränkung	30
2	Angaben zur Herkunft	32
3	Angaben zum Vertriebsweg	34
4	Angaben zur Menge	35
5	Angabe der Preise	36
6	Belegvorlage	37
IV.	Prozessuale Durchsetzung	38
1	Klage	38
2	Einstweilige Verfügung	40
3	Zwangsvollstreckung	41
4	Abgabe einer eidesstattlichen Versicherung	42
V.	Aussetzung	43
VI.	Folgen der Auskunftserteilung	47
1	Auskunftskosten	47

	2	Haftung wegen falscher oder unvollständiger Auskunft	52
	3	Haftungserleichterung bei obligationsloser wahrer Auskunft	56
	4	Strafrechtliches Verwertungsverbot	57
	VII.	Verkehrsdaten	59
	1	Begriff	60
	2	Richterliche Anordnung	61
	2.1	Voraussetzungen	62
	2.1.1	Antrag	62
	2.1.2	Zuständiges Gericht	64
	2.1.3	Begründetheit des Antrags	65
	2.2	Verfahren	67
	2.3	Entscheidung	72
	3	Anfechtbarkeit	74
	4	Einstweilige Anordnung	78
	VIII.	Zitiergebot	79

1 **Geltungsbereich:** § 140b wurde durch Art 4 des Produktpirateriegesetzes (**PrPG**) v 7.3.1990 (BGBl I 422 = BlPMZ 90, 161 = Tabu Gewerbl. Rechtsschutz Nr 418) mit Wirkung vom 1.7.1990 eingefügt (Amtliche Begründung BlPMZ 90, 173).
Das Gesetz zur Verbesserung der Durchsetzung von Rechten des geistigen Eigentums (**DurchsetzungsG**) vom 7.7.2008 (BGBl I 1191 = BlPMZ 08, 274, abgedruckt im Anhang 8) hat die §§ 140a und 140b durch die §§ 140a bis 140e mit Wirkung vom 1.9.2008 ersetzt.
§ 140b (8) wurde durch Art 83a des Gesetzes zur Reform des Verfahrens in Familiensachen und in den Angelegenheiten der freiwilligen Gerichtsbarkeit (**FGG-RG**) vom 17.12.2008 (BGBl I 2586) mit Wirkung vom 1.9.2009 geändert.

2 **Europäisches Patentrecht:** Der Anspruch gemäß § 140b besteht auch für europäische Patente, da Art 64 EPÜ dieselben Rechte wie für deutsche Patente gewährt.

3 **Lit:** Asendorf FS Traub 94, 21; Axster FS Volhard 96, 19; Geschke FS Schilling 07, 125; **Lit in GRUR:** Eichmann 90, 575; Meier-Beck 93, 1, 6; Köhler 96, 82; Tilmann 98, 325, 329; Brandi-Dohrn 99, 131; Mes 00, 934; Haedicke 20, 785; **Lit in GRUR Int:** U. Krieger 97, 421; **Lit in GRUR-RR:** Dörre/Maaßen 08, 217; Ballestrem 19, 97.
Lit zu Auskunftsanspruch und Rechnungslegung siehe § 139 Rdn 163.

I. Zweck

4 Zur Aufdeckung der Hintermänner von schutzrechtsverletzender Ware, die bei dem Verletzer aufgefunden wird, gewährt § 140b dem Verletzten einen Anspruch auf **Drittauskunft** über Quellen und Vertriebswege. § 140b ist eine Sonderregelung, die andere Auskunftspflichten unberührt lässt. Vom Auskunftsanspruch zur Vorbereitung eines Schadensersatzanspruchs (vgl § 139 Rdn 163) unterscheidet er sich dadurch, **a)** dass er kein Verschulden voraussetzt, **b)** dass er unter den Voraussetzungen von § 140b (2) gegen einen erweiterten Kreis Verpflichteter gerichtet werden kann, **c)** dass er nach § 140b (7) durch einstweilige Verfügung geltend gemacht werden kann.

II. Voraussetzungen des Auskunftsanspruchs

1 Anspruchsberechtigter

5 Aktivlegitimiert ist der Verletzte, vgl dazu § 139 Rdn 5.

2 Benutzung der patentierten Erfindung entgegen §§ 9–13

6 Die patentierte Erfindung muss benutzt worden sein. Abs 1 verweist insofern auf §§ 9–13 (vgl die dortige Kommentierung und § 139 Rdn 41). Da sich die beanspruchte Aus-

kunft aber nur auf *benutzte Erzeugnisse* (vgl dazu § 1 Rdn 197 ff) beziehen kann, kommen als Benutzungshandlung nur die des § 9 S 2 Nr 1 und 3 und des § 10 in Betracht, wobei es in Fällen mittelbarer Verletzung nicht darauf ankommt, ob der mittelbaren eine unmittelbare Verletzung nachfolgt.[1] Erzeugnis iSd § 140b sind auch Mittel iSd § 10, die der Herstellung eines dem patentierten Gegenstand entsprechenden Erzeugnisses dienen.[2]

Erstbegehungsgefahr genügt nicht. Eine Benutzung muss stattgefunden haben, denn sonst fehlt es an einem benutzten Erzeugnis iSd § 140b. 7

Da § 140b erst mit Wirkung vom 1.7.1990 in das PatG eingefügt wurde, können Ansprüche auf dieser Grundlage nur durch seit diesem Zeitpunkt begangene Benutzungshandlungen begründet werden. Ungeachtet dessen können sich Auskunftsansprüche für einen früheren Zeitpunkt aus §§ 242, 259 BGB ergeben. 8

3 Rechtswidrigkeit

Benutzung entgegen den §§ 9–13 setzt Rechtswidrigkeit der Benutzungshandlung voraus (vgl § 139 Rdn 50); daher genügt für den Auskunftsanspruch eine den Entschädigungsanspruch aus § 33 (1) begründende Benutzung des Gegenstands der offengelegten Anmeldung nicht. Der Auskunftsanspruch ist jedoch verschuldensunabhängig.[3] 9

4 Anspruchsverpflichteter

Passivlegitimiert sind der Verletzer und unter besonderen Umständen auch Dritte. 10

4.1 Verletzer ist, wer die patentierte Erfindung in eigener Person unmittelbar benutzt oder wer als Teilnehmer eine fremde unmittelbare Benutzung ermöglicht oder fördert oder wer (unvorsätzlich) die Verwirklichung des Benutzungstatbestands durch einen Dritten ermöglicht oder fördert, obwohl er sich mit zumutbarem Aufwand die Kenntnis verschaffen kann, dass die von ihm unterstützte Handlung das absolute Recht des Patentinhabers verletzt[4] (zu den Einzelheiten s § 139 Rdn 19) 11

4.2 Dritte sind, auch wenn sie selbst nicht Verletzer sind, nach Maßgabe des Abs 2 zur Auskunft verpflichtet. Da es sich bei Abs 2 um einen Hilfsanspruch zur Vorbereitung von Unterlassungs- und Schadensersatzansprüchen gegen den Verletzer handelt, ist er nicht an die Bedingung geknüpft, dass die Voraussetzungen des Auskunftsanspruchs gegen den Verletzer aus Abs 1 vorliegen.[5] Einer uferlosen Inanspruchnahme Dritter stehen jedoch sachliche und persönliche Beschränkungen der Auskunftspflicht entgegen. Eine zeitliche Beschränkung ergibt sich daraus, dass der Auskunftsanspruch gegen Dritte erst mit Wirkung vom 1.9.2008 in das Gesetz eingefügt wurde und sich für vor diesem Zeitpunkt begangene Benutzungshandlungen eine Auskunftspflicht 12

---

1 BGH GRUR 05, 848 *Antriebsscheibenaufzug*.
2 BGH GRUR 95, 338 (I2b) *Kleiderbügel*.
3 BGH GRUR 06, 504 *Parfümtestkäufe* (zu § 19 MarkenG); vgl auch OLG Frankfurt NJW-RR 98, 1007, 1008.
4 BGH GRUR 09, 1142 = BGHZ 182, 245 *MP3-Player-Import*.
5 BGH GRUR 12, 1026 (29) *Alles kann besser werden* (zu § 101 (2) UrhG).

§ 140b   *Auskunftsanspruch*

Dritter weder durch eine unmittelbare Geltung der RiLi 2004/48/EG, noch durch eine richtlinienkonforme Auslegung nationaler Vorschriften begründen lässt.

13   **4.2.1 Sachliche Beschränkung der Auskunftspflicht Dritter** wird erreicht, indem ein Auskunftsanspruch gegen Dritte nur besteht, wenn der Verletzte gegen den Verletzer bereits Klage erhoben hat oder, wenn ihm der Verletzer unbekannt ist, die Rechtsverletzung jedenfalls offensichtlich ist.

14   **4.2.1.1 Offensichtliche Rechtsverletzung** bildet die erste Fallgruppe und trägt dem Umstand Rechnung, dass der Verletzer unbekannt sein und der Verletzte ein berechtigtes Interesse an der Auskunft haben kann, um den Verletzer ermitteln zu können.[6] Rechtsverletzung ist offensichtlich, wenn in Bezug auf das auskunftspflichtige Erzeugnis sowohl die tatsächlichen Umstände als auch die rechtliche Beurteilung so eindeutig sind, dass eine Patentverletzung bereits jetzt in einem solchen Maße feststeht, dass eine Fehlentscheidung (oder eine andere Beurteilung im Rahmen des richterlichen Ermessens) und damit eine ungerechtfertigte Belastung des Anspruchsgegners ausgeschlossen erscheint.[7] Mit an Sicherheit grenzender Wahrscheinlichkeit muss **(a)** die patentverletzende Ausgestaltung des Erzeugnisses feststellbar sein; **(b)** das angegriffene Erzeugnis einer (namentlich ggf noch unbekannten) Person zugeordnet werden können, in deren Hand seine Benutzung rechtswidrig ist; **(c)** der Sachverhalt zu (a) und (b) die rechtliche Schlussfolgerung tragen, dass mit dem Erzeugnis eine Patentverletzung begangen wurde. Gesetzliche oder tatsächliche Vermutungen reichen dazu nicht aus.[8] Der Rechtsbestand des Klagepatents darf nicht zweifelhaft sein.[9] Nur dann, wenn mit hoher Wahrscheinlichkeit davon auszugehen ist, dass das Schutzrecht rechtsbeständig ist, kann der Verletzer zur Auskunft angehalten werden.[10] Die bloße (nie auszuschließende) Möglichkeit, dass das Patent später vernichtet werden könnte, steht aber nicht entgegen.[11] Schwierige Rechtsfragen mit offenem Ausgang schließen Offensichtlichkeit aus.

15   **4.2.1.2 Klage des Verletzten gegen den Verletzer** rechtfertigt Inanspruchnahme Dritter, weil der Verletzer dadurch deutlich macht, dass er die Patentverletzung tatsächlich verfolgen will und das Auskunftsbegehren nicht hauptsächlich anderen Zielen dient.[12] Die Klage muss das auskunftspflichtige Erzeugnis sowie wenigstens *einen* Anspruch wegen Patentverletzung zum Gegenstand haben. Sie muss zugestellt sein. Bloße Einreichung bei Gericht genügt nicht, jedenfalls dann, wenn vom Kostenvorschuss ausbleibt oder sonstige Zustellungsmängel (Mitteilung einer ladungsfähigen Anschrift, begründeter Antrag auf öffentliche Zustellung) nicht behoben werden. Keine »Klage« sind: Antrag auf Erlass einer einstweiligen Verfügung (Ausnahme: Abschlusserklärung des Verletzers, die wie rechtskräftiges Urteil in der Hauptsache wirkt), Prozesskosten-

---

6   Amtl Begr BT-Drucks 16/5048, S 39.
7   Amtl Begr BT-Drucks 16/5048, S 39; OLG Hamburg InstGE **8**, 11 *Transglutaminase*; OLG Düsseldorf I-2 U 55/15, Urt v 19.02.2016 BeckRS **16**, 06 345.
8   OLG Köln GRUR **93**, 669.
9   OLG Düsseldorf GRUR **93**, 818; OLG Düsseldorf I-2 U 55/15, Urt v 19.02.2016 BeckRS **16**, 06 345.
10   OLG Düsseldorf I-2 U 54/15, Urt v 29.02.2016 BeckRS **16**, 06 344.
11   OLG Düsseldorf I-2 U 48/15, Urt v 21.01.2016 BeckRS **16**, 03 306.
12   Amtl Begr BT-Drucks 16/5048 S 39.

hilfeantrag, Beweissicherungsantrag. Verletzungsklage muss *noch* anhängig sein. Kein Auskunftsanspruch, wenn (a) Klage rechtskräftig abgewiesen ist, solange keine neue Klage (zB gegen einen anderen Verletzer) erhoben wurde, (b) Klage – egal aus welchen Gründen – zurückgenommen wurde; es sei denn, es liegen jeweils die Voraussetzungen einer offensichtlichen Rechtsverletzung vor. Nach Sinn und Zweck ausreichend hingegen, dass der Klage rechtskräftig zumindest hinsichtlich *eines* Patentverletzungsanspruchs stattgegeben oder Rechtsstreit durch entsprechenden Vergleich beigelegt wurde.

Auf die **Zulässigkeit** der Klage kommt es nicht an; Ausn: offensichtliche Mängel, die die Klageerhebung missbräuchlich machen, insbes wenn Mangel unheilbar ist (zB fehlende int Zuständigkeit). 16

4.2.2 Kreis der Verpflichteten ist im Übrigen dadurch beschränkt, dass nur solche Personen auskunftspflichtig sind, die im gewerblichen Ausmaß, also zwecks Erlangung eines unmittelbaren oder mittelbaren wirtschaftlichen oder kommerziellen Vorteils und damit außerhalb von § 11 Nr 1 gehandelt haben[13] und dabei eine der nachstehenden Voraussetzungen erfüllen: 17

4.2.2.1 Frühere Besitzer des rechtsverletzenden Erzeugnisses (Abs 2 Nr 1) sind auskunftspflichtig. Jede Art von Besitz genügt – unmittelbarer oder mittelbarer, Allein- oder Mitbesitz; nicht erfasst ist der Besitzdiener. Besitzposition muss zu einer Zeit bestanden haben, als die Patenterteilung bereits veröffentlicht war, weil sich Besitz sonst nicht auf ein *rechtsverletzendes* Erzeugnis beziehen würde. 18

4.2.2.2 Inanspruchnahme rechtsverletzender Dienstleistungen (im gewerblichen Ausmaß) begründet Auskunftspflicht (Abs 2 Nr 2). **Dienstleistungen** zeichnen sich – im Gegensatz zum Erzeugnis – durch ihre unkörperliche Natur aus. Im Übrigen ist für das Begriffsverständnis nicht auf Definitionen in anderen Gesetzeswerken (zB Art 4 EU-Dienstleistungsrichtlinie) abzustellen, sondern eine betriebswirtschaftliche Betrachtungsweise angebracht. Gemeint ist jede wirtschaftliche Tätigkeit, die nicht der Produktion eines materiellen Gutes dient und bei der auch nicht der materielle Wert eines Endproduktes im Vordergrund steht, die aber dennoch über Marktpreise bewertet werden kann, nicht lagerbar ist, einen externen Faktor (Kunden) benötigt und bei der die Erzeugung und der Verbrauch meist zeitlich zusammenfallen. Die Entgeltlichkeit der Leistungserbringung ist kein Kriterium. Bsp: Know-how-Transfer, Überlassung von Arbeitskräften, Konzeption und Ausführung von Werbemaßnahmen, Tätigkeit von selbständigen Handelsvertretern oder Spediteuren. **Rechtsverletzend** ist die Dienstleistung durch ihren adäquat kausalen Beitrag bei der Verwirklichung eines Verletzungstatbestandes iSv § 9 S 2 Nr 1 u 3, § 10. Das Gewicht des Ursachenbeitrages ist unerheblich, es muss nicht besonders hoch, sondern nur vorhanden, dh feststellbar sein. **Inanspruchnahme** verlangt keine rechtsgeschäftliche Grundlage; maßgeblich ist die rein tatsächliche Verwertung der Dienstleistung für die Patentverletzung. 19

4.2.2.3 Erbringung von Dienstleistungen (im gewerblichen Ausmaß), die für rechtsverletzende Tätigkeiten genutzt wurden (Abs 2 Nr 3). Während Nr 2 den Nutznießer 20

---

13 Erwägungsgrund 14 der RiLi 2004/48/EG; Amtl Begr BT-Drucks 16/5048, S 38.

der Dienstleistung im Blick hat, verpflichtet Nr 3 – umgekehrt – den Leistungserbringer. Es bedarf der Feststellung wenigstens *einer* haftungsbegründenden Verletzungshandlung iSv § 9 S 2 Nr 1 u 3, § 10, welche durch die Dienstleistung in irgendeiner Hinsicht gefördert worden ist. Dazu zählt auch die Tätigkeit einer Bank, die den Zahlungsverkehr im Zusammenhang mit dem Kaufpreis für das rechtsverletzende Produkt abwickelt.[14] Es ist nicht erforderlich, dass die rechtsverletzende Tätigkeit das Schutzrecht in gewerblichem Ausmaß verletzt.[15] Besondere praktische Bedeutung – wenn auch nicht für das Patentrecht – hat die Regelung im Zusammenhang mit dem schutzrechtsverletzenden Up-/Download geschützter Dateien. Auskunftsverpflichtende Dienstleister sind hier regelmäßig die Internet-Provider, die allein in der Lage sind, den für die Rechtsgutverletzung verwendeten IP-Adressen Namen und Anschriften der potentiellen Verletzer zuzuordnen. Die Internet-Provider sind in Fällen offensichtlicher Rechtsverletzung zur Sicherung des Auskunftsanspruchs bis zum Abschluss des Gestattungsverfahrens nach Abs 9 verpflichtet, die Löschung von ihnen erhobenen Verkehrsdaten zu unterlassen, die erst die Auskunft nach Nr 3 ermöglichen; dafür ist der Rechtsweg zu den ordentlichen Gerichten eröffnet.[16]

21 **4.2.2.4 Beteiligter** ist derjenige, der von einem Auskunftspflichtigen nach Nr 1–3 **als Beteiligter benannt worden ist (a)** an der Herstellung, Erzeugung oder am Vertrieb eines die Auskunftspflicht nach Nr 1 begründenden Erzeugnisses oder **(b)** an der Erbringung einer die Auskunftspflicht nach Nr 3 begründenden Dienstleistung (Abs 2 Nr 4). Die Tatbestandsvoraussetzungen der Nr 1 bzw 3 sind inzident zu prüfen, weil nur die Angaben eines selbst Auskunftspflichtigen (aufgrund seiner Nähe zum unterstützten Verhalten) anspruchsbegründend wirken. Dessen Bekundungen müssen nicht in besonders hohem Maße verlässlich sein, ihre Ernsthaftigkeit ist aber festzustellen. Fehlt sie, greift Nr 4 nicht ein, zB wenn durchgreifende Zweifel am erforderlichen Kenntnisstand des Anzeigenden bestehen, dessen Angaben ins Blaue hinein aufgestellt erscheinen oder unplausibel sind. Erklärungen von nicht auskunftspflichtigen Dritter reichen ausnahmsweise, wenn mit ihnen nicht nur eine Bezichtigung der Mitwirkung verbunden ist, sondern der vollständige Beweis einer Mitwirkung erbracht wird. Gleiches gilt, wenn – ohne die Angabe eines Pflichtigen nach Nr 1, 3 – aufgrund sonstiger Beweismittel feststeht, dass ein Beteiligungssachverhalt gegeben ist.

22 »Herstellen« ist iSd § 9 S 2 Nr 1 zu verstehen; »Erzeugen« meint dasselbe in Bezug auf ein unmittelbares Verfahrenserzeugnis iSv § 9 S 2 Nr 3; »Vertrieb« umfasst nicht nur das Inverkehrbringen bzw Liefern, sondern auch das vorgelagerte Anbieten, jeweils verstanden iSv § 9 S 2 Nr 1. Die übrigen Benutzungshandlungen (Gebrauchen, Einführen, Besitzen) haben keine Bedeutung.

23 Der Begriff »Beteiligung« ist nicht deliktsrechtlich zu verstehen, was in Fällen der Anstiftung oder Beihilfe einen doppelten Vorsatz voraussetzen würde (vgl § 139 Rdn 20); maßgeblich ist statt dessen, ob zu den anspruchsrelevanten Benutzungshand-

---

14 BGH GRUR 16, 497 (Rn 17) *Davidoff Hot Water II.*
15 BGH GRUR 12, 1026 Rn 10 ff *Alles kann besser werden* (zum UrhG).
16 BGH Urt v 21.9.17, I ZR 58/16, GRUR 17, 1236 *Sicherung der Drittauskunft.*

lungen ein physischer oder psychischer Beitrag geleistet wird, der die Herstellung, Erzeugung, den Vertrieb oder die Leistungserbringung tatsächlich unterstützt hat.

4.2.3 Zeugnisverweigerungsrecht nach §§ 383–385 ZPO, das dem Auskunftspflichtigen in einem gedachten Prozess gegen den Patentverletzer zustehen würde, schränkt den Anspruch des Verletzten auf Drittauskunft ein (Abs 2 S 1). Nach seinem Wortlaut enthält Abs 2 S 1 2. Hs eine unbeschränkte Verweisung auf die §§ 383–385 ZPO, die – sofern die Voraussetzungen der §§ 383–385 ZPO vorliegen – zu einem unbegrenzten und bedingungslosen Recht des Auskunftspflichtigen zur Auskunftsverweigerung führte. Dies steht jedoch nicht mit Art 8 (3) lit b) RL 2004/48/EG im Einklang, da es eine mit dem Unionsrecht nicht vereinbare Beeinträchtigung der wirksamen Ausübung der Grundrechte auf einen wirksamen Rechtsbehelf und auf Schutz des geistigen Eigentums darstellt.[17] Abs 2 S 1 2. Hs ist daher im Wege teleologischer Reduktion richtlinienkonform auszulegen und ein angemessenes Gleichgewicht zwischen den vorgenannten Grundrechten und dem Grundrecht auf den Schutz personenbezogener Daten sicherzustellen.[18] In Fällen offensichtlicher Rechtsverletzung ist regelmäßig davon auszugehen, dass die Interessen des Schutzrechtsinhabers an der Auskunftserteilung überwiegen, wenn und soweit die Auskunft zur effektiven Rechtsverfolgung notwendig ist und der Schutzrechtsinhaber die Auskunft durch kein anderes Verfahren, das den Auskunftspflichtigen und den Verletzer weniger beeinträchtigt, erlangen kann.[19] Bspw darf ein Bankinstitut, von dem der Schutzrechtsinhaber Auskunft über Namen und Anschrift eines Kontoinhabers verlangt, die Auskunft nicht unter Berufung auf das Bankgeheimnis verweigern, wenn das Konto für den Zahlungsverkehr im Zusammenhang mit einer offensichtlichen Schutzrechtsverletzung genutzt wurde.[20]

Tatbestandlich knüpft das Verweigerungsrecht zum einen an eine besonders enge persönliche Beziehung des Auskunftspflichtigen zum Verletzer (nahe Verwandte, § 383 (1) Nr 1–3 ZPO)) und zum anderen an eine bestimmte berufliche Funktion und die daraus resultierende Vertrauensstellung (zB Geistliche, Pressemitarbeiter, Ärzte, § 383 (1) Nr 4–6 ZPO) an. Das Recht kann, muss aber nicht in Anspruch genommen werden; sein bloßer Bestand hat daher noch keine Auswirkung; vielmehr muss sich der Pflichtige auf das Verweigerungsrecht berufen, um berücksichtigt zu werden. Konkludente Erklärung genügt, zB Bestreiten der Auskunftspflicht, wenn der zur Verweigerung berechtigende Sachverhalt aktenkundig ist. Einer Belehrung über das Zeugnisverweigerungsrecht (§ 383 (2) ZPO) bedarf es nicht, weder von Seiten des Gerichts bei einer Auskunftsklage noch – erst recht – von Seiten des Anspruchstellers bei außergerichtlicher Rechtsverfolgung. Im Falle gerichtlicher Geltendmachung muss das Verweigerungsrecht im Zeitpunkt der der Entscheidung vorausgehenden letzten mündlichen Verhandlung schon gegeben sein und noch bestehen; entsteht es später, ist es im Rechtsmittelverfahren, nach rechtskräftiger Verurteilung, aber vor Auskunftserteilung, mit der Vollstreckungsgegenklage geltend zu machen.

---

17 EuGH GRUR 15, 894 *Coty Germany/Stadtsparkasse*; BGH GRUR 16, 497 (Rn 35) *Davidoff Hot Water II*.
18 BGH GRUR 16, 497 (Rn 35) *Davidoff Hot Water II*.
19 BGH GRUR 16, 497 (Rn 25–33) *Davidoff Hot Water II*.
20 BGH GRUR 16, 497 *Davidoff Hot Water II*.

5 Kein Ausschluss des Anspruchs

26 Der Anspruch ist – ganz oder in Teilen, dh hinsichtlich einzelner Daten – nach Abs 4 ausgeschlossen, wenn und soweit die Inanspruchnahme im Einzelfall unverhältnismäßig ist. Durch den Verweis auf den Einzelfall macht das Gesetz klar, dass die Verpflichtung zur Auskunftserteilung die Regelmaßnahme darstellt und von ihr nur unter besonderen Umständen abgesehen werden soll, die den Entscheidungsfall von der typischen Sachverhaltsgestaltung unterscheiden, für die § 140b die Pflicht zur Auskunftserteilung anordnet.[21] Das Gesetz räumt dem Interesse des Verletzten an der Aufdeckung der Lieferwege und der Verfolgung seiner Ansprüche gegen an den Verletzungshandlungen Beteiligten Vorrang ein, so dass auch ein Wirtschaftsprüfervorbehalt regelmäßig ausscheidet; selbst der Ablauf des Patents ändert an dieser Wertung nichts.[22] Etwas anderes gilt allenfalls dann, wenn der Verletzte ein außergewöhnlich geringes Informationsinteresse hat oder dem Verletzer außergewöhnliche Nachteile aus der Auskunftserteilung drohen, so dass das Informationsinteresse des Verletzten ausnahmsweise hinter den Geheimhaltungsbelangen des Verletzers zurückstehen muss.[23]

27 Das Interesse des Verletzers kann **ausnahmsweise** überwiegen, **a)** wenn der Verletzte kein oder nur ein äußerst geringes Interesse haben kann, die Lieferanten oder gewerblichen Abnehmer zu erfahren, zB weil es sich um einen Einzelfall einer Schutzrechtsverletzung handelt, keine weiteren Schutzrechtsverletzungen zu befürchten und die eingetretenen Schäden ausgeglichen sind;[24] **b)** wenn die Verletzung eindeutig nicht den Charakter einer Produktpiraterie aufweist, zB wenn es sich um eine schwierig zu beurteilende äquivalente Benutzung handelt; **c)** wenn sich der Verletzer durch die Auskunft in unzumutbarer Weise selbst oder einen Dritten einer strafbaren Handlung bezichtigen würde.[25] Wegen des strafrechtlichen Verwertungsverbots gemäß § 140b (8) kann sich der Verletzer darauf aber praktisch nicht berufen.

III. Inhalt des Anspruchs

28 Der zur Auskunft Verpflichtete hat unverzüglich Auskunft über die Herkunft und den Vertriebsweg zu erteilen. Unverzüglich heißt »ohne schuldhaftes Zögern«. Welcher zeitliche Aufschub unverschuldet ist, hängt vom Einzelfall ab, insbes vom Umfang der Recherchetätigkeit, die zur verlässlichen Ermittlung der auskunftspflichtigen Daten notwendig ist. Die Forderung nach *unverzüglicher* Auskunft hat vor allem programmatische Bedeutung. Zögerliches Verhalten des Pflichtigen hat allenfalls idS rechtliche Konsequenzen, als zB für die Frage der Angemessenheit einer Abmahnfrist oder bei der Verhängung von Zwangsmitteln berücksichtigt werden kann, dass das Gesetz den Schuldner in besonderem Maße zur zügigen Erteilung der Auskünfte nach § 140b anhält.

29 Der Auskunftsanspruch umfasst die aus Abs 3 ersichtlichen, abschließend aufgeführten Einzeldaten, welche zum Teil auch Gegenstand des allgemeinen Rechnungslegungsan-

---

21 OLG Düsseldorf InstGE **12**, 210 *Gleitsattelscheibenbremse*.
22 BGH Beschl v 25.9.18, X ZR 76/18, GRUR **18**, 1295 *Werkzeuggriff*.
23 OLG Düsseldorf InstGE **12**, 210 *Gleitsattelscheibenbremse*.
24 OLG Düsseldorf GRUR **93**, 818.
25 Vgl zu §§ 242, 249 BGB: BGH GRUR **76**, 367, 369 *Ausschreibungsunterlagen*.

spruchs aus §§ 242, 259 BGB sind. Mit Rücksicht auf den Charakter der Auskunft als **Wissenserklärung** braucht der Verpflichtete nur dasjenige mitzuteilen, was ihm unter Heranziehung seiner Geschäftspapiere etc bekannt ist. Zweifel hat er durch Nachfrage (zB bei seinen Lieferanten) aufzuklären.[26] Eine Nachforschungspflicht bzgl ihm unbekannter Vorlieferanten oder Hersteller trifft den Schuldner nicht.[27] Zur Form der Auskunft s § 139 Rn 159.1. Ein **Wirtschaftsprüfervorbehalt** kommt nur für den Auskunftsanspruch als Hilfsanspruch zum Schadensersatzanspruch (vgl § 139 Rdn 177), nicht für den Anspruch nach § 140b in Betracht.[28]

1 Zeitliche Beschränkung

Da der Anspruch verschuldensunabhängig ist, gibt es keinen **Prüfungszeitraum**; die Auskunftspflicht setzt mit dem Tag der Bekanntmachung des Hinweises auf die Patenterteilung ein. Sie gilt auch für solche Handlungen, die über den Schluss der mündlichen Verhandlung hinaus in Fortführung der bereits begangenen, mit einer Klage als patentverletzend angegriffenen Handlungen begangen werden,[29] mithin bis zum Erlöschen des Patents. 30

Im Übrigen ergeben sich zeitliche Beschränkungen der Auskunftspflicht durch die Geltungszeiträume der Regelung. Grundsätzlich können auf Grundlage von § 140b Auskunftspflichten nur durch seit dem 1.7.1990 begangene Benutzungshandlungen begründet werden (s Rdn 8). Weitere Beschränkungen ergeben sich dadurch, dass erst mit Wirkung zum 1.9.2008 die Auskunftspflicht Dritter (Abs (2)) und die Verpflichtung zur Angabe über die Preise (Abs (3) Nr 2) eingefügt wurde. Zur Auskunftspflicht Dritter s Rdn 12. Was die Angaben über die Preise betrifft, kann – jedenfalls soweit im Rahmen der Rechnungslegung nach §§ 242, 259 BGB auch Angaben zu den Gestehungskosten zu erteilen sind – auf dieser Grundlage auch für vor dem 1.9.2008 begangene Verletzungshandlungen Auskunft zu den Preisen verlangt werden. Im Übrigen stellt sich die Frage der unmittelbaren Geltung der RiLi 2004/48/EG bzw der richtlinienkonformen Anwendung nationaler Vorschriften ab dem Zeitpunkt, zu dem die Richtlinie in nationales Recht hätte umgesetzt werden müssen (29.4.2006).[30] Anders verhält es sich mit den erst mit Wirkung vom 1.9.2008 in den Wortlaut der Regelung aufgenommenen Angaben zu den Verkaufsstellen, die mit der Gesetzesbegründung als Bestandteil der nach § 140b PatG aF zu erteilenden Auskunft angesehen werden können[31] und daher auch für vor dem 1.9.2008 begangene Benutzungshandlungen zu erteilen sind. Andernfalls stellt sich auch hier die Frage der unmittelbaren Geltung der RiLi 2004/48/EG bzw der richtlinienkonformen Anwendung nationaler Vorschriften. 31

---

26 BGH GRUR 03 433, 434 *Cartier-Ring* (zu § 19 MarkenG).
27 BGH GRUR 03 433, 434 *Cartier-Ring* (zu § 19 MarkenG).
28 BGH GRUR **95**, 338 (III2b) *Kleiderbügel*.
29 BGH GRUR 04, 755 *Taxameter*.
30 Auskunftspflicht insoweit ohne nähere Begründung verneinend LG Mannheim InstGE **13**, 65 *UMTS-fähiges Mobiltelefon II*.
31 Amtl Begr BT-Drucks 16/5048, S 39; LG Mannheim InstGE **13**, 65 *UMTS-fähiges Mobiltelefon II*.

endgültigen Erfüllung der Auskunftspflicht anzuhalten. Es muss sich daher um einen klaren und in jeder Hinsicht unzweideutigen Fall handeln.[37]

Alle übrigen Voraussetzungen für den Erlass einer einstweiligen Verfügung müssen dargelegt und glaubhaft gemacht werden. Die Vollstreckung der einstweiligen Verfügung kann von der Leistung einer Sicherheit durch den Antragsteller abhängig gemacht werden; da die Rechtsverletzung offensichtlich sein muss, wird hierzu in der Praxis selten Anlass bestehen.

3 Zwangsvollstreckung

41 Die Auskunftspflicht wird als unvertretbare Handlung nach § 888 ZPO durch Zwangsmittel vollstreckt, vgl § 139 Rdn 186 und 423 ff.

4 Abgabe einer eidesstattlichen Versicherung

42 Im Hinblick auf die Vollständigkeit der Auskunft gemäß § 140b kann in analoger Anwendung des § 259 (2) BGB die Abgabe einer eidesstattlichen Versicherung verlangt werden, wenn Grund zu der Annahme besteht, dass die vorgelegten Angaben nicht mit der erforderlichen Sorgfalt zusammen gestellt wurden (bestr).[38] Gerade mit Rücksicht darauf hat der Gesetzgeber davon abgesehen, eine Verpflichtung des Schuldners in § 140b aufzunehmen, die Vollständigkeit seiner Auskunft von vorneherein auf Verlangen an Eides statt zu versichern, ohne dass der Verletzte substanziiert Gründe für seinen Verdacht darzulegen hat.[39]

V. Aussetzung

43 Sind gegen den Verletzer und den nach Abs 2 auskunftspflichtigen unbeteiligten Dritten getrennte Prozesse anhängig (Abs (2) S 2), besteht die Möglichkeit der Aussetzung des Verfahrens gegen den Verletzer, und zwar längstens bis zur vollständigen Erteilung der Drittauskunft, zu der der Verpflichtete notfalls durch Zwangsmittel (§ 888 ZPO) anzuhalten ist. Soweit S 2 »*auf die Erledigung des wegen des Auskunftsanspruchs geführten Rechtsstreits*« abstellt, ist damit nicht der formell rechtskräftige Abschluss des Erkenntnisverfahrens gemeint; nach Sinn und Zweck der Vorschrift, die geschuldete Drittauskunft im Verletzungsprozess verwerten zu können, gehört auch das anschließende Zwangsvollstreckungsverfahren zum Rechtsstreit um die Drittauskunft. Kürzere Aussetzung, zB bis zur rechtskräftigen Erledigung des Prozesses um die Drittauskunft oder bis zur erstinstanzlichen Entscheidung, ist möglich; danach ggf weitere Aussetzung.

44 Besondere **Voraussetzungen** (wie Vorgreiflichkeit) nennt S 2 nicht; Parteiidentität auf Klägerseite ist nicht erforderlich; die Verletzungsklage kann auch eine bezifferte Höheklage sein; gewährleistet sein muss aber, **(a)** dass beide Rechtsstreitigkeiten denselben Verletzungssachverhalt, dh dasselbe Patent und dieselbe angegriffene Ausführungsform, betreffen, **(b)** dass der Rechtsstreit über die Drittauskunft zur Zeit der Ausset-

---

37 OLG Düsseldorf I-2 U 54/15, Urt v 19.02.2016 BeckRS 16, 06 344 = GRUR-Prax 16, 240.
38 So die Auffassung des Rechtsausschusses BlPMZ 90, 195, 197 lSp; aA Eichmann GRUR 90, 575, 582 und Busse/Kaess § 140b Rn 30.
39 Vgl amtl Begr BlPMZ 90, 173, 184 unter e) und BlPMZ 90, 195, 197 lSp.

zung noch anhängig ist und **(c)** dass einer der Parteien des Verletzungsprozesses einen Aussetzungsantrag gestellt hat (keine Aussetzung von Amts wegen).

Entscheidung über Aussetzung steht im **Ermessen** des Gerichts. Zu berücksichtigen sind ua: **(a)** Maß, in dem der Kläger des Verletzungsprozesses auf die Drittauskunft angewiesen ist, um seine Ansprüche gegen den Verletzer erfolgreich durchsetzen (dh darlegen und beweisen) zu können; **(b)** Erfolgsaussichten der Klage auf Drittauskunft; **(c)** voraussichtliche Dauer bis zur Erledigung des Rechtsstreits um die Drittauskunft; **(d)** Entscheidungsreife der Verletzungsklage unabhängig von der Drittauskunft. Im Zweifel gilt: Solange der Verletzungskläger plausibel ein Interesse an der Drittauskunft für seine Prozessführung gegen den Verletzer geltend machen kann, ist (insbes auf seinen Antrag hin) auszusetzen. Umgekehrt muss ein Aussetzungsantrag des Verletzungsbeklagten erfolglos bleiben, wenn er der Prozessverschleppung dient, wenn der Kläger kein Informationsinteresse reklamiert und die Klage auf Drittauskunft auch nicht ersichtlich unbegründet ist. Anders, wenn die Verletzungsklage unabhängig von den geschuldeten Drittauskünften aus einem anderen Rechtsgrund (zB mangelnde Zuständigkeit des angerufenen Gerichts, Erschöpfung der Patentrechte) entscheidungsreif ist, ohne dass die Erkenntnisse aus der Drittauskunft daran etwas ändern könnten; hier ist der Verletzungsrechtsstreit ohne Aussetzung zu erledigen. 45

§ 148 ZPO bleibt neben Abs 2 S 2 uneingeschränkt anwendbar. 46

VI. Folgen der Auskunftserteilung

1 Auskunftskosten

Grundsätzlich hat der zur Auskunft Verpflichtete die Kosten seiner Auskunftserteilung zu tragen. 47

Ergibt sich die Auskunftspflicht allein aus Abs 2, dh besteht sie für einen unbeteiligten Dritten, sieht Abs 2 S 3 einen materiell-rechtlichen Kostenerstattungsanspruch des Dritten gegen den Auskunftsgläubiger vor. Er besteht auch bei unergiebiger Auskunft und betrifft Aufwendungen des Schuldners für die Auskunftserteilung als solche. Darunter fallen **(a)** Vergütungen für in Anspruch genommene Fremdleistungen (externer Buch- oder Wirtschaftsprüfer) genauso wie **(b)** Kosten, die im Unternehmen des Schuldners durch den Einsatz eigener Mitarbeiter bei der Zusammenstellung der Auskunft angefallen sind. Nicht: Kosten für die Rechtsverteidigung gegen die Drittauskunftsklage oder einen Vollstreckungsantrag. Erstattungsfähig sind die Aufwendungen zu (a) und (b) nur, wenn und soweit sie *erforderlich* waren, dh a) dem Schuldner nicht nur tatsächlich entstanden sind (wobei Eingehung einer Verbindlichkeit ausreicht), sondern b) in der geltend gemachten Höhe zur Erstellung einer ordnungsgemäßen Auskunft auch objektiv notwendig waren. Kein Ersatz unnötig veranlasster Kosten. 48

Die zu erstattenden Aufwendungen hat der Auskunftsgläubiger vom Zeitpunkt der Aufwendung an zu verzinsen (§ 256 BGB). 49

Mangels gesetzlicher Grundlage besteht keine Vorschusspflicht des Verletzten und demzufolge kein Zurückbehaltungsrecht an der Auskunft. 50

§ 140b *Auskunftsanspruch*

51 Erstattungsfähige Auskunftskosten stellen einen Schaden des Verletzten dar, den dieser gemäß § 139 (2) seinerseits beim Verletzer liquidieren kann. Das gilt auch für eine inhaltlich unergiebige Auskunft.

2 Haftung wegen falscher oder unvollständiger Auskunft

52 Die Erteilung einer falschen oder unvollständigen Auskunft verpflichtet gemäß Abs 5 zum Schadensersatz gegenüber dem Auskunftsgläubiger, wenn **(a)** der Auskunftsschuldner nach Abs 1 oder 2 zur Auskunft verpflichtet ist, **(b)** die von ihm erteilte Auskunft unvollständig ist (dh gänzlich verweigert wird oder Lücken aufweist, weil nicht zu sämtlichen offenbarungspflichtigen Daten und/oder nicht für den gesamten auskunftspflichtigen Zeitraum Angaben gemacht sind, vgl § 139 Rdn 174) oder unrichtig ist (dh inhaltlich nicht den Tatsachen entspricht, vgl § 139 Rdn 182 f), **(c)** dem Auskunftsschuldner hinsichtlich der Unvollständigkeit/Unrichtigkeit der erteilten Auskunft ein qualifiziertes Verschulden in Form von Vorsatz (vgl § 139 Rdn 94) oder grober Fahrlässigkeit (vgl § 139 Rdn 95) zur Last fällt.

53 Schadensersatzanspruch ist neben den Maßnahmen der Zwangsvollstreckung (§ 888 ZPO, vgl § 139 Rdn 423 ff) und der Klage auf Abgabe einer eidesstattlichen Versicherung (§ 259 (2) BGB, vgl § 139 Rdn 183 f) eine weitere Sanktion, um den Schuldner zu einer ordnungsgemäßen Auskunft anzuhalten.

54 Ersatzfähig ist jeder Schaden des Auskunftsgläubigers, der adäquat kausal auf der unvollständigen oder unrichtigen Auskunftserteilung beruht, wobei § 254 BGB analog anzuwenden ist. Bsp für mögliche Schadenspositionen: **(a)** Nutzlose Aufwendungen (zB zur Rechtsverfolgung) im Vertrauen auf die Richtigkeit der Auskunft; **(b)** Gewinn- oder Lizenzeinbußen des Gläubigers, weil wegen der Unvollständigkeit der Auskunft nicht zeitiger gegen (andere) Verletzer eingeschritten werden konnte; **(c)** Kosten für Eigenrecherchen zur Ermittlung der auskunftspflichtigen Daten.

55 **Beweislast** für sämtliche Anspruchsvoraussetzungen und den Schaden hat der Auskunftsgläubiger.

3 Haftungserleichterung bei obligationsloser wahrer Auskunft

56 Abs 6 enthält keine Anspruchsgrundlage, sondern eine Haftungserleichterung, und zwar für denjenigen, der **(a)** nicht nach Abs 1 oder Abs 2 zur Auskunft verpflichtet ist, dh unberechtigt auf Drittauskunft in Anspruch genommen wurde, **(b)** der dennoch eine Auskunft erteilt hat, **(c)** die wahr ist, und der sich **(d)** wegen dieser Auskunftserteilung einem Dritten gegenüber regresspflichtig gemacht hat (zB weil er durch seine Auskunft eine zugunsten des Dritten bestehende gesetzliche oder schuldrechtlich vereinbarte Geheimhaltungspflicht verletzt hat). Abweichend vom Verschuldensmaßstab, wie es im Rahmen des Haftungsverhältnisses zwischen dem Dritten und dem die Auskunft Erteilenden gewöhnlich gilt, beschränkt Abs 6 die Einstandspflicht auf Fälle vorsätzlicher Tatbegehung.

4 Strafrechtliches Verwertungsverbot

57 Zur Wahrung des Zeugnisverweigerungsrechts sieht § 140b (8) zugunsten des Auskunftspflichtigen und seiner Angehörigen ein strafrechtliches Verwertungsverbot iSd

§ 52 (1) StPO für die vom Verpflichteten erteilte Auskunft vor, wenn a) die Tat vor der Auskunftserteilung begangen wurde und b) der Verpflichtete der Verwertung nicht zustimmt.

Verwertungsverbot gilt nicht a) für Taten, die nach Erteilung der Auskunft oder die durch die Auskunftserteilung selbst begangen wurden; b) für Tatsachen, die bereits vor Erteilung der Auskunft bekannt waren oder auf andere Weise bekannt geworden sind; c) für die Geltendmachung von Vertragsstrafen; d) für die Festsetzung von Ordnungs- und Zwangsmitteln in der Zwangsvollstreckung; e) für Schadensersatzansprüche, die auf Grund der Drittauskunft gegen den Auskunftsschuldner geltend gemacht werden. 58

VII. Verkehrsdaten

Besondere Vorkehrungen des Verletzten sind erforderlich, wenn die verlangte Auskunft von dem Pflichtigen (zB einem Provider) nur unter Verwendung von Verkehrsdaten iSv § 3 Nr 30 TKG erteilt werden kann. 59

1 Begriff

Verkehrsdaten sind nach § 3 Nr 30 TKG »Daten, die bei der Erbringung eines Telekommunikationsdienstes erhoben, verarbeitet oder genutzt werden«, wobei »Telekommunikationsdienst« nach der Legaldefinition in § 3 Nr 24 TKG »idR gegen Entgelt erbrachte Dienste (meint), die ganz oder überwiegend in der Übertragung von Signalen über Telekommunikationsnetze bestehen ...«. Bsp: Telefonie (einschließlich SMS), Internetauktionen, E-Mail-Verkehr. Im Unterschied zu den Inhaltsdaten eines Telefongesprächs oder einer Internetaktion sind Verkehrsdaten die technischen Informationen, die bei der Nutzung eines Telekommunikationsdienstes beim jeweiligen Telekommunikationsunternehmen (Provider) anfallen und für Abrechnungszwecke gespeichert werden, zB Kennung der beteiligten Anschlüsse, personenbezogene Berechtigungskennungen, Beginn und Ende der Verbindung (abschließende Aufzählung enthält § 96 (1) TKG).[40] Verkehrsdaten erlauben Rückschlüsse auf individuelle Nutzung des Internets, Gesprächspartner am Telefon sowie bei E-Mails und SMS-Kurznachrichten (bei denen technische Daten und Inhalte nicht trennbar sind) zudem Aufschluss über die Kommunikationsinhalte. 60

2 Richterliche Anordnung

Da Verkehrsdaten als personenbezogene Daten gelten und dem Fernmeldegeheimnis unterliegen (Abs 9 S 9), der Anspruch auf Auskunft dem Pflichtigen andererseits nichts Unmögliches abverlangen darf, ordnet Abs 9 an, dass der Verletzte – als weitere (formelle) Voraussetzung für den materiellen Auskunftsanspruch – eine richterliche Anordnung darüber zu erwirken hat, dass die Verwendung der notwendigen Verkehrsdaten zum Zwecke der Auskunftserteilung zulässig ist. Gegenstand der richterlichen Anordnung können nur Verkehrsdaten iSv § 96 (1) 1 TKG sein, soweit sie vom Tele- 61

---

40 Die Identität des Nutzers einer dynamischen IP-Adresse zu einem bestimmten Zeitpunkt ist nach OLG Zweibrücken 4 W 62/08 Beschl v 26.09.2008 ein Bestandsdatum und kein Verkehrsdatum.

kommunikationsunternehmen aus eigenem Entschluss bereitgehalten werden. Für die gemäß § 113b TKG gespeicherten Daten ist bereits gemäß § 113c TKG eine Verwendung zu Auskunftszwecken im Rahmen des § 140b ausgeschlossen.[41]

2.1 Voraussetzungen

62 2.1.1 **Antrag** des Verletzten als notwendige Verfahrensvoraussetzung, Abs 9 S 1. Kein Anwaltszwang, § 10 (1) FamFG.

63 Formulierung: »Dem ... (namentlich zu bezeichnenden Auskunftspflichtigen) wird gestattet, zum Zwecke der Auskunftserteilung gegenüber der Antragstellerin darüber, ... (genaue Bezeichnung der auskunftspflichtigen Vorgänge) die nachfolgend bezeichneten, den Telefonanschluss ... betreffenden Verkehrsdaten zu verwenden, nämlich ... (Bezeichnung der einschlägigen Daten gemäß § 96 (1) TKG)«.

64 2.1.2 **Zuständiges Gericht** ist – örtlich und sachlich ausschließlich – das LG am (Wohn-)Sitz (§§ 13–20 ZPO) bzw an einer Niederlassung (§ 21 ZPO) des Auskunftspflichtigen, Abs 9 S 2. Nach OLG Düsseldorf soll es sich nicht um Wahlgerichtsstände handeln, sondern der Ort der Niederlassung nur maßgeblich sein, wenn kein inländischer Wohnsitz oder Sitz besteht.[42] Es gilt die Konzentrationsvorschrift des § 143 (2) iVm den landesgesetzlichen Rechtsverordnungen[43] (vgl § 143 Rdn 22), ungeachtet dessen, dass kein Klageverfahren im eigentlichen Sinne, sondern ein Antragsverfahren nach dem FamFG vorliegt. Besonderer Gerichtsstand der unerlaubten Handlung (§ 32 ZPO) ist nicht zugelassen. Auch für ausländische Parteien besteht kein inländischer Gerichtsstand.[44] Funktionell zuständig sind die Zivilkammern, Abs 9 S 3.

65 2.1.3 **Begründetheit des Antrags:** Für den Erlass einer Gestattungsanordnung ist erforderlich, dass **a)** ein Auskunftsanspruch nach Abs 1 oder 2 (idR Abs 2, weil Anspruch regelmäßig gegen Provider als Dritten gerichtet ist) besteht und **b)** die im konkreten Einzelfall geschuldeten Daten (Abs 3 und 4) vom Auskunftspflichtigen – ganz oder teilweise – nur unter Verwendung von Verkehrsdaten ermittelt werden können (weil andere Erkenntnisquellen für die auskunftspflichtigen Daten nicht zur Verfügung stehen oder ihre Inanspruchnahme nicht zumutbar ist). Unter diesen Voraussetzungen ist der Antrag unter Abwägung der betroffenen Rechte des Rechtsinhabers, des Auskunftspflichtigen und der Nutzer sowie unter Berücksichtigung des Grundsatzes der Verhältnismäßigkeit in aller Regel ohne weiteres begründet.[45] Insbesondere ist nicht erforderlich, dass die Rechtsverletzung im gewerblichem Ausmaß vorgenommen wurde.[46] Verfassungsrechtliche Bedenken bestehen – jedenfalls bei einem Auskunftsanspruch wegen offensichtlicher Rechtsverletzung – nicht.[47]

---

41 Vgl OLG Karlsruhe InstGE 11, 183 *Datensicherung*; OLG Frankfurt aM GRUR-RR 09, 296 *Vorratsdatenauskunft* (jeweils zum UrhG).
42 OLG Düsseldorf InstGE 10, 241 *Verkehrsdaten*.
43 Amtl Begr BT-Drucks 16/5048, S 40.
44 OLG München InstGE 13, 303 *Gestattungsantrag gegen ausländischen Provider*.
45 BGH GRUR 12, 1026 *Alles kann besser werden* (zu § 101 (9) UrhG).
46 BGH GRUR 12, 1026 (Rn 40 ff) *Alles kann besser werden* (zum UrhG); vgl auch OLG Köln GRUR-RR 2011, 86 – *Gestattungsanordnung I*.
47 BGH GRUR 12, 1026 (42 ff) *Alles kann besser werden* (zu § 101 (9) UrhG).

Abs 9 S 8 stellt klar, dass die einschlägigen Datenschutzregelungen nur außerhalb des Anwendungsbereichs des Gestattungsverfahrens nach Abs 9 uneingeschränkt gelten.[48]

2.2 Verfahren richtet sich nach den Vorschriften des FamFG:

Beteiligter ist der Antragsteller nach § 7 (1) FamFG. Es handelt sich um ein einseitiges Verfahren; der Auskunftsverpflichtete ist nicht kontradiktorische Partei, sondern als Beteiligter nach § 7 (2) FamFG hinzuzuziehen.

Kein **Anwaltszwang** (vgl Rdn 62).

Anhörung des Auskunftspflichtigen vor der Entscheidung erforderlich.

Es besteht gemäß § 26 FamFG **Amtsermittlungsgrundsatz** (vgl Einl Rdn 16–39). Dh: Geständnisse und unstreitiges Vorbringen sind auf ihre Richtigkeit zu überprüfen; Anerkenntnis, Verzicht und Säumnis scheiden als Grundlage einer gerichtlichen Entscheidung aus; sie können allerdings frei gewürdigt werden. Die Beteiligten haben durch eingehende Tatsachendarstellung an der Sachaufklärung mitzuwirken und sich zu den gegnerischen Behauptungen umfassend und wahrheitsgemäß zu erklären (§ 27 FamFG). Das gilt besonders für einen Sachverhalt, dessen eigenständige Ermittlung dem Gericht kaum möglich ist (zB Ausgestaltung der patentverletzenden Ausführungsform, Inhalt der Merkmale des Antragsschutzrechts und deren Benutzung durch die angegriffene Ausführungsform, Benutzungshandlung nach Abs 1, Haftungstatbestand nach Abs 2). Bei Verletzung der Mitwirkungspflicht können zu Lasten des Pflichtigen Schlüsse gezogen werden.

2.3 Entscheidung ergeht durch Beschluss (§ 38 FamFG); mündliche Verhandlung steht im Ermessen des Gerichts. Zum Tenor vgl Rdn 63, wenn Antrag nicht zurückgewiesen wird, Kostenausspruch über die Gerichtskosten im erstinstanzlichen Verfahren wegen Abs 9 S 5 entbehrlich, aber unschädlich. Beteiligt sich der Auskunftspflichtige am Verfahren, ist über die Erstattung seiner notwendigen Kosten gemäß § 81 (1) und (2) FamFG nach Billigkeit zu entscheiden. Da reines Antragsverfahren, im Zweifel keine Erstattung.

Kosten des Verfahrens bis zur Entscheidung des LG trägt der Antragsteller (Abs 9 S 5). Gerichtskosten richten sich nach Nr 15 213 u 15 214 KV GNotKG (200 €; bei Antragsrücknahme vor Erlass einer Entscheidung: 50 €). Ein Antrag kann mehrere IP-Adressen umfassen und nur *eine* Gerichtsgebühr auslösen, soweit dasselbe Schutzrecht, dieselbe angegriffene Ausführungsform und dieselben oder gemeinschaftlich handelnde Täter betroffen sind.[49] Vom Gericht für Anwaltskosten festzusetzender Gegenstandswert des Auskunftsanspruchs entspricht im Zweifel dem Regelwert des § 36 (3) GNotKG, davon idR die Hälfte im Fall der einstweiligen Anordnung, § 62 GNotKG.

---

48 OLG Köln Mitt 09, 415 *Ganz anders*; OLG Frankfurt aM GRUR-RR 09, 296 *Vorratsdatenauskunft*.
49 OLG Frankfurt GRUR-RR 09, 407 199 *IP-Adressen*; OLG Karlsruhe MMR 09, 263 *GUID-Mehrheit*; GRUR-RR 12, 250 *Kosten der IP-Abfrage*; OLG Karlsruhe 6 W 4/09 Beschl v 15.01.2009; aA: OLG München GRUR-RR 11, 116 *Abweichende Hashwerte*; GRUR-RR 11, 230 *IP-Daten-Gebühr*.

§ 140b *Auskunftsanspruch*

Die Verfahrenskosten sind iSv § 91 ZPO notwendige Kosten eines nachfolgenden Rechtsstreits gegen eine Person, die für eine über die entsprechende IP-Adresse begangene Patentverletzung verantwortlich ist, und können entsprechend (bei mehreren beauskunfteten IP-Adressen ggf nur anteilig) festgesetzt werden.[50] Zudem stellen die Kosten einschließlich der Rechts- und Patentanwaltskosten einen nach § 139 (2) ersatzfähigen Schaden dar.

3 Anfechtbarkeit

74 Gegen die Entscheidung des Landgerichts ist nach Abs 9 S 6 iVm § 58 FamFG die Beschwerde statthaft. **Beschwerdeberechtigt** ist nach § 59 FamFG, wer durch den Beschluss in seinen Rechten beeinträchtigt ist, im Fall der Zurückweisung des Antrags nur der **Antragsteller**. Der **Anspruchsverpflichtete** ist in jedem Fall auch beschwert, da er ein eigenes Interesse daran hat, dass die Verkehrsdaten der Kunden nur im Rahmen der geltenden datenschutzrechtlichen Bestimmungen herausgegeben dürfen.[51] Beschwerderecht steht auch dem am Verfahren nach § 140b (9) nicht beteiligten **Anschlussinhaber** zu, der vom Provider nach richterlicher Gestattung genannt worden ist.[52] Seine Beschwerde ist selbst nach Erteilung der Auskunft noch statthaft.[53]

75 **Beschwerdefrist** beträgt abweichend von § 63 (1) FamFG nach Abs 9 S 7 zwei Wochen seit schriftlicher Bekanntgabe. Wird die schriftliche Bekanntgabe nicht bewirkt, beginnt Frist spätestens mit Ablauf von fünf Monaten nach Erlass des Beschlusses (§ 63 (3) 2 FamFG).[54] Die Beschwerdefristen gelten nur für die Beteiligten des erstinstanzlichen Verfahrens, also nicht für Beschwerden von Anschlussinhabern gegen die Gestattung der Auskunftserteilung.[55] Beschwerde kann nur beim Landgericht und nicht beim Beschwerdegericht eingelegt werden (§ 64 (1) FamFG).

76 **Kostentragung:** Bei erfolgreicher Beschwerde ist Billigkeitsentscheidung nach § 81 (1), (2) FamFG zu treffen; bei unzulässigem oder unbegründetem Rechtsmittel sollen die Kosten dem Beteiligten auferlegt werden, der es eingelegt hat, § 84 FamFG.

77 **Kosten:** Bei Verwerfung oder Zurückweisung der Beschwerde fallen Gerichtsgebühren aniHv 200 € an (Nr 15 225 KV GNotKG). Wird das gesamte Verfahren durch Zurücknahme der Beschwerde oder des Antrags beendet, betragen die Gerichtskosten 100 € bzw 150 € (Nr 15 226 u 15 227 KV GNotKG – je nach Zeitpunkt der Rücknahme). Bei erfolgreicher Beschwerde fallen keine weiteren Gebühren an.

4 Einstweilige Anordnung

78 Die Speicherung der in § 96 (1) TKG genannten Verkehrsdaten erfolgt regelmäßig nur für einen kurzen Zeitraum (teilweise nur bis zum Ende der jeweiligen Verbindung), so dass die Gefahr besteht, dass sie im Zeitpunkt der richterlichen Gestattung aufgrund

---

50 BGH GRUR 14, 1239 *Deus Ex.*
51 OLG Köln Mitt 09, 415 *Ganz anders*; OLG Frankfurt aM GRUR-RR 09, 296 *Vorratsdatenauskunft.*
52 OLG Köln GRUR-RR 11, 88 *Gestattungsanordnung I.*
53 BGH GRUR 13, 536 *Die Heiligtümer des Todes.*
54 BGH GRUR 13, 536, 537 *Die Heiligtümer des Todes.*
55 BGH GRUR 13, 536 *Die Heiligtümer des Todes.*

der gesetzlichen Vorgaben (vgl § 96 (1) 3 TKG) bereits gelöscht sind und ein Verfahren nach Abs 9 ins Leere läuft. Die Gerichte lassen daher teilweise[56] eine einstweilige Anordnung gemäß § 49 (1) FamFG zu, mit der untersagt wird, bis zum Abschluss des Verfahrens nach Abs 9 die Verkehrsdaten zu löschen,[57] jedenfalls sofern der Berechtigte gegenüber dem Verpflichteten konkret ankündigt, in einem angemessen kurzen Zeitraum ein Verfahren nach Abs 9 einzuleiten.[58] Rechtsgrundlage für die Speicherung ist § 140b (9) iVm § 96 (1) 2 TKG.[59] Voraussetzung für den Erlass einer solchen Anordnung ist, dass das Vorliegen der Voraussetzungen für eine Anordnung nach Abs 9 glaubhaft gemacht wird.[60]

VIII. Zitiergebot

Durch Abs 10 wird Art 19 (1) S 2 GG Rechnung getragen. 79

§ 140c Vorlage- und Besichtigungsanspruch

(1) ¹Wer mit hinreichender Wahrscheinlichkeit entgegen den §§ 9 bis 13 eine patentierte Erfindung benutzt, kann von dem Rechtsinhaber oder einem anderen Berechtigten auf Vorlage einer Urkunde oder Besichtigung einer Sache, die sich in seiner Verfügungsgewalt befindet, oder eines Verfahrens, das Gegenstand des Patents ist, in Anspruch genommen werden, wenn dies zur Begründung von dessen Ansprüchen erforderlich ist. ²Besteht die hinreichende Wahrscheinlichkeit einer in gewerblichem Ausmaß begangenen Rechtsverletzung, erstreckt sich der Anspruch auch auf die Vorlage von Bank-, Finanz- oder Handelsunterlagen. ³Soweit der vermeintliche Verletzer geltend macht, dass es sich um vertrauliche Informationen handelt, trifft das Gericht die erforderlichen Maßnahmen, um den im Einzelfall gebotenen Schutz zu gewährleisten.

(2) Der Anspruch nach Absatz 1 ist ausgeschlossen, wenn die Inanspruchnahme im Einzelfall unverhältnismäßig ist.

(3) ¹Die Verpflichtung zur Vorlage einer Urkunde oder zur Duldung der Besichtigung einer Sache kann im Wege der einstweiligen Verfügung nach den §§ 935 bis 945 der Zivilprozessordnung angeordnet werden. ²Das Gericht trifft die erforderlichen Maßnahmen, um den Schutz vertraulicher Informationen zu gewährleisten. ³Dies gilt insbesondere in den Fällen, in denen die einstweilige Verfügung ohne vorherige Anhörung des Gegners erlassen wird.

(4) § 811 des Bürgerlichen Gesetzbuchs sowie § 140b Abs 8 gelten entsprechend.

---

56 AA: OLG Düsseldorf MMR 11, 546 = BeckRS 11, 06 223 *IP-Daten-Speicherung auf Zuruf*; OLG Frankfurt GRUR 10, 91 *Speicherung auf Zuruf*; OLG Hamm MMR 11, 193 *Speicherung auf Zuruf*.
57 OLG Karlsruhe InstGE 11, 183 *Datensicherung*; OLG Köln Mitt 09, 415 *Ganz anders*.
58 OLG Hamburg MMR 10, 338 = BeckRS 10, 08 656 *Datenverwendung*.
59 Vgl OLG Karlsruhe InstGE 11, 183 *Datensicherung*.
60 OLG Karlsruhe InstGE 11, 183 *Datensicherung*;

(5) Wenn keine Verletzung vorlag oder drohte, kann der vermeintliche Verletzer von demjenigen, der die Vorlage oder Besichtigung nach Absatz 1 begehrt hat, den Ersatz des ihm durch das Begehren entstandenen Schadens verlangen.

Rinken

Übersicht

		Rn
	Geltungsbereich	1
	Europäisches Patentrecht	2
	Literatur	3
	Kommentierung zu § 140c PatG	
1	Zweck	4
2	Voraussetzungen	7
2.1	Patenterteilung	7
2.2	Anspruchsberechtigter	9
2.3	Anspruchsgegner	10
2.4	Wahrscheinliche Benutzung des Patents	11
2.5	Entgegen den §§ 9 bis 13	16
2.6	Verfügungsgewalt	17
2.7	Verfahrenspatent	19
2.8	Erforderlichkeit	20
2.9	Vertrauliche Informationen	23
2.10	Unverhältnismäßigkeit	25
3	Inhalt und Umfang des Anspruchs	28
3.1	Person des Besichtigenden	29
3.2	Besichtigung	32
3.3	Sache	34
3.4	Verfahren	35
3.5	Vorlage	36
3.6	Urkunde	39
3.7	Wahrscheinlich gewerbliches Ausmaß der Patentverletzung	41
3.8	Bezeichnung der Urkunde, Sache oder Unterlage	44
4	Verfahrensrechtliche Durchsetzung	46
4.1	Klage	46
4.2	Vorläufiger Rechtsschutz	48
4.3	Selbstständiges Beweisverfahren	50
4.3.1	Merkmalsverwirklichung öffentlich	55
4.3.2	Merkmalsverwirklichung ganz oder teilweise verborgen	62
4.4	Verschwiegenheitspflichten	65
4.5	Muster einer kombinierten Beweisanordnung mit Duldungsverfügung	66
4.6	Durchsuchung	67
4.7	Zwangsvollstreckung des Vorlage-/Besichtigungsanspruchs	68
5	Verfahrensweise nach Erstellung des Gutachtens	70
6	Anfechtbarkeit	80
6.1	Selbständige Beweisanordnung	80
6.2	Duldungsverfügung	81
6.3	Gutachtenaushändigung	88
7	Fristsetzung zur Klageerhebung	89
8	Beweisverwertungsverbot	90
9	Schadensersatz	91
10	§§ 142, 144 ZPO	93
11	EG-VO 1206/2001	94
12	Art 43 TRIPS	95
13	Anton-Piller-Order	96
14	Rechtshilfe unter 28 U.S.C. § 1782	97

Geltungsbereich: Das Gesetz zur Verbesserung der Durchsetzung von Rechten des geistigen Eigentums (**DurchsetzungsG**) vom 7.7.2008 (BGBl I 1191 = BlPMZ 08, 274, abgedruckt im Anhang 8) hat die §§ 140a und 140b durch die §§ 140a bis 140e ersetzt. Die Änderung durch das DurchsetzungsG ist am 01.09.08 in Kraft getreten. Mangels besonderer Überleitungsbestimmungen gilt § 140c nur für solche Entstehungstatbestände, die nach Inkrafttreten der Bestimmung verwirklicht worden sind.[1] 1

Europäisches Patentrecht: § 140c ist gemäß Art 64 EPÜ auch auf europäische Patente anwendbar. 2

Lit:: Tilmann/Schreibauer in FS f Erdmann 2002, 901 ff; Melullis in FS f Tilman 2003, 843 ff; Battenstein Instrumente zur Informationsbeschaffung im Vorfeld von Patent- und Urheberrechtsverletzungsverfahren 2006; Grabinski FS Schilling 2007, 192; Müller-Stoy Nachweis und Besichtigung des Verletzungsgegenstandes 2008; Grabinski FS Mes 2009, 129; Kreye FS v. Meibom 2010, 241; Eck/Dombrowski FS 50 Jahre BPatG 2011, 169; Rojahn FS Loewenheim, 251; Samer FS 80 Jahre Patentgerichtsbarkeit in Düsseldorf, 469; **Lit in GRUR:** Leppin 84, 552, 695, 770; Stauder 85, 518; Meyer-Dulheuer 87, 14; Tilmann 87, 251; Tilmann/Schreibauer 02, 1015; Kühnen 05, 185; Ringer/Wiedemann 14, 229; Deichfuß 15, 436; Rinken 15, 745, 751 f; Zhu/Popp, 20, 338; **Lit in GRUR Int:** Stauder 78, 230, 236; Fritze/Stauder 86, 342; Götting 88, 729; Dreier 96, 205, 217; U. Krieger 97, 421, 424; **Lit in GRUR-RR:** Dörre/Maaßen 08, 217; Müller-Stoy 09, 161; **Lit in Mitt:** Leppin 85, 212; König 02, 153; Kühnen 09, 211; Müller-Stoy 09, 361 und 10, 267; Kather/Fitzner 10, 325; Köklü/Müller-Stoy 11, 109; Stjerna 11, 271. 3

1 Zweck:

Der Berechtigte soll eine ggf nur **vermutete Schutzrechtsverletzung** in tatsächlicher Hinsicht aufklären und etwaige Beweise für ihre Begehung sichern können, um im Anschluss daran, gestützt auf die Besichtigungsergebnisse, seine Verbietungsrechte aus dem Patent durchsetzen zu können. 4

Besichtigungsziel können sein: (a) Erkenntnisse über die konstruktive Ausgestaltung des mutmaßlich erfindungsgemäßen Gegenstandes; (b) Nachweise dazu, dass es zu – bisher nur vermuteten –Benutzungshandlungen iSv §§ 9, 9a, 10 gekommen ist (zB zu einem Angebot), und in welchem Umfang sie vorgefallen sind; (c) die Aufklärung und Beweissicherung hinsichtlich solcher Umstände, die für die Anspruchshöhe[2] (zB Schadenersatz) von Belang sind. § 140c differenziert nicht zwischen Anspruchsgrund und -höhe; für die Relevanz auch der Anspruchshöhe spricht insbesondere § 140c (1) 2. Im Gegensatz dazu dient der Vorlageanspruch nach § 140d nicht der Aufklärung oder Beweissicherung, sondern der Erfüllung eines gefährdeten Schadenersatzanspruchs. 5

§ 140c ist eine **spezialgesetzliche Anspruchsnorm**. Der allgemeine zivilrechtliche Besichtigungs- und Vorlageanspruch gemäß §§ **809, 810 BGB** bleibt unberührt und behält seine Bedeutung insbesondere, wenn es um die Aufklärung von Entschädigungsansprüchen geht. Der Anspruch gem. § 809 BGB besteht nicht gegen beliebige Dritte und die besichtigungsabhängigen Anspruchsbedingungen müssen auf der Basis belegter konkreter tatsächlicher Anhaltspunkte wahrscheinlich sein.[3] 6

---

1 BGH GRUR 09, 515 *Motorradreiniger*.
2 Insoweit aA Pitz, in: Fitzner/Lutz/Bodewig § 140c Rn 2.
3 BGH, Urteil v 20.7.2018 – V ZR 130/17, GRUR 18, 1280 *My Lai*.

2 Voraussetzungen

2.1 Patenterteilung:

7   Geeignet ist jedes Sach-, Verfahrens- oder Verwendungspatent mit Wirkung für die Bundesrepublik Deutschland, auch dt Teile von europ Patenten und Schutzzertifikate.

8   An die **Rechtsbeständigkeit** sind im Falle, dass der Besichtigungsanspruch im Wege eines einstweiligen Verfügungsverfahrens geltend gemacht wird, keine hohen Anforderungen zu stellen. Die strengen Maßstäbe, die bei einem im Verfahren des vorläufigen Rechtsschutzes verfolgten Unterlassungsbegehren zu beachten sind, gelten hier nicht, weil mit der Besichtigung ein deutlich weniger schwerwiegender Eingriff in Rede steht. Sie wird einem Patentinhaber im Zweifel nur dann versagt werden können, wenn das angeführte Patent angegriffen und **mit ganz überwiegender Wahrscheinlichkeit nicht schutzfähig** ist. Welches Maß an Rechtsbeständigkeit im Einzelfall als genügend anzusehen ist, entscheidet sich im Rahmen einer **Interessenabwägung** (vgl nachfolgend Rdn 13) und hängt von den übrigen Umständen, namentlich davon ab, welche Geheimhaltungsbedürfnisse auf Seiten des Besichtigungsschuldners bestehen (können).

2.2 Anspruchsberechtigter

9   ist, wer (aufklärungs- oder beweissicherungsbedürftige) Ansprüche aus dem Antragspatent geltend machen kann: der **eingetragene Rechtsinhaber**, der ausschließliche **Lizenznehmer**, der einfache **Lizenznehmer**, der Nießbraucher, der Pfandgläubiger sowie Personen, die kraft Rechtsnachfolge (zB Abtretung) Inhaber eines Anspruchs wegen Patentverletzung geworden sind. Eine **Streitverkündung/Nebenintervention** ist auf beiden Seiten möglich, wenn ein rechtliches Interesse besteht.[4]

2.3 Anspruchsgegner

10 Anspruchsgegner ist der **mutmaßliche Patentbenutzer**. Wie sich aus der im Abs 5 enthaltenen Bezugnahme auf eine nur drohende Verletzung ergibt, muss eine Benutzungshandlung nicht bereits stattgefunden haben. Es genügt **Erstbegehungsgefahr**, sofern sie einen vorbeugenden Unterlassungsanspruch begründen kann. Der Anspruch richtet sich gegen jeden, der als Schuldner eines Anspruchs wegen Patentverletzung in Betracht kommt. Neben den **deliktisch Verantwortlichen** (Alleintäter, mittelbarer Täter, Mittäter, Nebentäter,[5] Anstifter, Gehilfe) gehört dazu auch der **Störer**.
    Im Einzelnen muss festgestellt werden:

2.4 Wahrscheinliche Benutzung des Patents

11 durch den Antragsgegner ist vom Patentinhaber darzutun.[6] Die frühere Rechtsprechung, wonach eine *erhebliche* Wahrscheinlichkeit bestehen muss und der Besichti-

---

4   Vgl. BGH NJW **16**, 230 *Nebenintervention im selbständigen Beweisverfahren*.
5   Vgl. BGH GRUR 09, 1142 *MP3-Player-Import*.
6   BGH GRUR **85**, 512 (III2b) *Druckbalken*.

gungsanspruch lediglich dazu dient, letzte Zweifel auszuräumen,[7] ist obsolet. Prinzipiell genügt eine **hinreichende Wahrscheinlichkeit** für eine Rechtsverletzung.[8]

Die Wahrscheinlichkeit einer Schutzrechtsbenutzung ist Eingangsvoraussetzung für den Besichtigungsanspruch. Sie bedeutet, dass zwar letztlich ungewiss sein darf, ob eine Rechtsverletzung vorliegt, dass die Besichtigung allerdings nicht wahllos, dh ins Blaue hinein erfolgen kann. Erforderlich sind **konkrete Anhaltspunkte**, die die Möglichkeit einer Rechtsverletzung mit einer gewissen Wahrscheinlichkeit nahe legen. Zu unterscheiden ist zwischen solchen Anspruchsvoraussetzungen, die durch die begehrte Besichtigung geklärt werden sollen, und solchen, die von der Besichtigung und ihrem Ergebnis völlig unabhängig sind (Bsp: Aktivlegitimation des Anspruchstellers). Während es für die erstgenannten Anspruchsbedingungen genügt, dass sie mit einer gewissen Wahrscheinlichkeit vorliegen, müssen die **von der Besichtigung unabhängigen Voraussetzungen** des Anspruchs – insbesondere: die Aktivlegitimation[9] – bewiesen bzw glaubhaft gemacht sein.[10] **Anknüpfungstatsachen**, die eine gewisse Wahrscheinlichkeit begründen, können sich zB ergeben a) aus der Beschaffenheit von im Ausland vertriebenen **Parallelprodukten** des Besichtigungsschuldners, b) aus dem Bestehen eines **Industriestandards**, von dem angenommen werden kann, dass er allgemein eingehalten wird, c) daraus, dass in Bezug auf den Besichtigungsgegenstand einzelne Ausstattungsmerkmale (anhand der **Werbung oder dergleichen**) bekannt sind und die dem Produkt zugeschriebenen Vorzüge dafür sprechen, dass auch die weiteren erfindungsgemäßen Merkmale verwirklicht werden, d) im Wege der **Beweislastumkehr** des § 139 (3). 12

Ob die so begründete Wahrscheinlichkeit »hinreichend« ist, entscheidet sich aufgrund einer umfassenden **Interessenabwägung**. Maßgeblich ist wechselwirkend, a) ob der Gläubiger auf den Besichtigungsanspruch angewiesen ist oder andere zumutbare Möglichkeiten der Aufklärung hat; b) mit welchem Grad von Wahrscheinlichkeit eine Patentverletzung gegeben ist; c) welche Besichtigungsmaßnahme angeordnet werden soll; d) ob und ggf welche **Geheimhaltungsinteressen** auf Seiten des mutmaßlichen Verletzers bestehen (§ 140c (1) S 3); e) ob ein Geheimnisschutz im Rahmen der Besichtigung durch geeignete Vorkehrungen sichergestellt werden kann (zB Besichtigung nur durch zur Verschwiegenheit verpflichteten Sachverständigen). Je wahrscheinlicher die Rechtsverletzung ist, um so weitreichendere Einblicke in seine Geheimnissphäre wird man dem Gegner abverlangen können, und umgekehrt.[11] Ein Anhaltspunkt für die hinreichende Wahrscheinlichkeit der Patentverletzung kann im Rahmen der Gesamtwürdigung darin liegen, dass der mutmaßliche Verletzer seinen **Sachvortrag zur** 13

---

7 BGH GRUR **85**, 512 *Druckbalken*.
8 BGH GRUR **02**, 1046 *Faxkarte*; vgl. BGH GRUR **13**, 316 *Rohrmuffe*; nach OLG Frankfurt/Main Beschl v 14.10.2019 – 6 W 100/19, GRUR-S 2019, 47064 *Besichtigungsanordnung* soll eine Wahrscheinlichkeit von > 50% notwendig sein.
9 BGH GRUR **13**, 509 *UniBasic-IDOS* [UrhG].
10 OLG Hamburg InstGE **5**, 294 *Fußbodenpaneele II*; OLG Frankfurt/Main Urt v 10.06.2010 – 15 U 192/09.
11 Melullis in FS f Tilmann 2003, 843 ff.

Funktionsweise des vermeintlichen Verletzungsgegenstandes im laufenden Verfahren erheblich abändert, ohne dass dafür nachvollziehbare Gründe vorliegen.[12]

14 Die hinreichende Wahrscheinlichkeit darf nicht allein mit der Begründung verneint werden, dass der **technische Sachverhalt komplex** und das angerufene Gericht keine Expertise auf dem betreffenden technischen Gebiet besitze.[13] Den technischen Unsicherheiten mag im Einzelfall dadurch Rechnung getragen werden, dass die Besichtigung allein durch den Sachverständigen (also ohne Anwesenheit von (Patent)Anwälten des Antragstellers), der ggf durch ein Mitglied des Gerichts begleitet wird, vorgenommen werden darf.

15 Aus **rechtlichen Gründen** ist ein Besichtigungsverlangen nur dann unbegründet, wenn bereits ohne sachverständige Aufklärung feststeht, dass die mit dem Besichtigungsantrag verfolgten Ansprüche nicht bestehen, weil ex ante schon feststeht, dass der betreffende Gegenstand bzw. das fragliche Verfahren in seiner vom Antragsteller vermuteten Form zweifelsfrei keinen Gebrauch von der technischen Lehre des Antragspatents macht.[14] Bei sehr **zweifelhaften Rechtsfragen** ist zu erwägen, ob aufgrund der dann in doppelter Hinsicht gegebenen Ungewissheit in Bezug auf die Patentverletzung noch über das übliche Maß hinausgehende Schutzmaßnahmen (zB Besichtigung allein durch den Sachverständigen, dh ohne (Patent)Anwälte des Antragstellers) geboten sind.[15]

2.5 Entgegen den §§ 9 bis 13

16 muss die wahrscheinliche Benutzung des Anspruchsgegners erfolgen. Erfasst sind Fälle der auf Benutzungshandlungen nach §§ 9, 9a beruhenden **unmittelbaren** ebenso wie Fälle der **mittelbaren** (§ 10) **Patentverletzung**. Die Benutzung einer offengelegten Patentanmeldung und der sich daraus mutmaßlich ergebende Entschädigungsanspruch (vgl. Rdn 6) reichen nicht aus. Die Handlung muss rechtswidrig sein, dh sie darf nicht durch eine Lizenz, ein Vorbenutzungsrecht oder dgl gedeckt sein.

2.6 Verfügungsgewalt

17 des Anspruchsgegners hinsichtlich der zu besichtigenden Sache oder Urkunde muss gegeben sein, und zwar **im Zeitpunkt der Entscheidung** über das Besichtigungsverlangen, spätestens aber in sicher absehbarer Weise bis zur Durchführung der Besichtigung. Es bedarf einer **tatsächlichen Sachherrschaft**, die eine Vorlage bzw Überlassung zur Besichtigung ermöglicht. Unmittelbarer Allein- oder Mitbesitz genügen, **mittelbarer Besitz**, wenn gegen den unmittelbaren Besitzer ein Herausgabeanspruch besteht.[16] Auf die Rechtmäßigkeit der Besitzposition kommt es nicht an. Im Falle des Wegfalls der Verfügungsgewalt im Zeitraum **zwischen Beschlussverfügung** und **Besichtigungsversuch** muss der Anspruchsgegner einen ihm bekannten neuen Standort des Besichtigungsgegenstandes nur dann – als Minus zur Besichtigung – offenbaren, wenn er selbst

---

12 OLG Düsseldorf Beschl v 09.03.2016 – I-15 U 11/14 BeckRS **16**, 06 348.
13 AA: OLG Frankfurt/Main InstGE **13**, 254 *Komplexes Herstellungsverfahren*.
14 OLG Düsseldorf InstGE **11**, 298 *Weißmacher*.
15 OLG Düsseldorf InstGE **11**, 298 *Weißmacher*.
16 LG Nürnberg/Fürth InstGE **5**, 153 *Betriebsspionage*.

dort noch (mittelbaren) Besitz ausübt.[17] Die Erteilung einer **qualifizierten vollstreckbaren Ausfertigung** (§ 727 (1) ZPO) auf den Erwerber des Besichtigungsobjekts kommt nicht in Betracht.[18] Fällt die Verfügungsgewalt erst nach Durchführung der Besichtigung weg, scheidet eine analoge Anwendung des § 265 (2) 1 ZPO zwar aus; die Duldungspflicht ist dann jedoch in aller Regel faktisch obsolet und daher der betreffende (Verfügungs-)Antrag für erledigt zu erklären.[19]

Um besichtigungspflichtig zu sein, kann die Sache mutmaßlich ein Sach-, Verfahrens- oder Verwendungspatent benutzen. 18

2.7 Verfahrenspatent:

Ist die Benutzung eines **patentierten Verfahrens** wahrscheinlich, kann nach § 140c dessen Besichtigung verlangt werden. Die Regelung suspendiert von dem Erfordernis der »Verfügungsgewalt über den Besichtigungsgegenstand« und ist deshalb überall dort bedeutsam, wo die mutmaßlich patentgemäße Verfahrensführung nicht durch Besichtigung einer Sache oder Urkunde geklärt werden kann, die sich in der Verfügungsgewalt des mutmaßlich wegen Patentverletzung haftenden Anspruchsgegners befindet. 19

2.8 Erforderlichkeit:

Die Besichtigung/Vorlage muss erforderlich sein, um einen Anspruch wegen Patentverletzung – dem Grunde oder der Höhe nach – aufzuklären oder Beweise für seine Begehung bzw die Anspruchshöhe zu sichern. Daran fehlt es, wenn dem Anspruchsteller **(a)** zur selben Zeit **(b)** andere einfachere Möglichkeiten zur Sachaufklärung/Beweissicherung zur Verfügung stehen, die **(c)** objektiv gleichermaßen geeignet (dh aussagekräftig und verlässlich) sind und **(d)** dem Besichtigungsgläubiger nach seinen persönlichen Verhältnissen zugemutet werden können. Der Antragsteller hat sich hierüber zu erklären, insbes seine **vergeblichen Bemühungen darzulegen**. 20

Bsp: Nachforschungen im Internet, Durchsicht von Werbematerial des Besichtigungsschuldners, Erwerb eines Musters der angegriffenen Ausführungsform (bei hohem Preis kann Zumutbarkeit zu verneinen sein), Ermittlungen bei Abnehmern des mutmaßlich patentbenutzenden Gegenstandes. 21

Einem Anspruch auf Herausgabe des **Quellcodes** eines Computerprogramms zum Zwecke des Nachweises einer Rechtsverletzung steht nicht entgegen, dass unstreitig nicht das gesamte Computerprogramm übernommen wurde, sondern lediglich einzelne Komponenten und es deswegen nicht von vornherein ausgeschlossen werden kann, dass gerade die übernommenen Komponenten nicht auf einem individuellen Programmierschaffen desjenigen beruhen, von dem der Kläger seine Ansprüche ableitet.[20]

Rechtsverfolgung gegen den Besichtigungsschuldner muss nicht beabsichtigt sein; Ziel der Besichtigung kann auch die Anspruchsdurchsetzung gegen einen Dritten (zB den 22

---

17 Hahn, in Cepl/Voß § 485 Rn 62 ff.
18 Rinken GRUR **15**, 745 (751 f).
19 Rinken GRUR **15**, 745 (751).
20 BGH GRUR **13**, 509 *UniBasic-IDOS* [UrhG].

Hersteller) sein, solange nur in der Person des Besichtigungsschuldners ebenfalls ein Anspruch wegen Patentverletzung wahrscheinlich ist.

2.9 Vertrauliche Informationen:

23 Auf **berechtigte Geheimhaltungsinteressen** des Besichtigungsschuldners ist Rücksicht zu nehmen. Dies gilt jedenfalls dann, wenn sie auch vom Straftatbestand des § 203 StGB geschützt sind, worunter jedes betriebsbezogene technische oder kaufmännische Wissen im weitesten Sinne gehört, das allenfalls einem eng begrenzten Personenkreis bekannt ist und von dem sich ein größerer Personenkreis nur unter Schwierigkeiten Kenntnis verschaffen kann, an dessen Geheimhaltung der Unternehmer ein berechtigtes (wirtschaftliches) Interesse hat und in Bezug auf das sein Geheimhaltungswille bekundet worden oder erkennbar ist.[21] Sie können sich daraus ergeben, dass der Besichtigungsgegenstand **geheimes technisches Know-how** darstellt, wobei es unerheblich ist, ob eine Geheimhaltung auf Dauer beabsichtigt oder demnächst eine Patentanmeldung vorgesehen ist. Wesentlich ist nur, dass der Besichtigungsgegenstand im Zeitpunkt der gerichtlichen Entscheidung noch nicht offenkundig ist. Auf Geheimhaltungsinteressen **Dritter** kann sich der Besichtigungsschuldner berufen, wenn er ihm gegenüber – ausdrücklich oder stillschweigend – zur Geheimhaltung verpflichtet ist (Bsp: Besichtigungsgegenstand befindet sich zum Zwecke der technischen Erprobung beim Besichtigungsschuldner). Soll die Besichtigung im Geschäftsbetrieb des Schuldners stattfinden, können sich Betriebsgeheimnisse auch in Bezug auf solche Sachverhalte ergeben, die dem Besichtigenden außerhalb des eigentlichen Besichtigungsgegenstandes zur Kenntnis gelangen.

24 Damit Vertraulichkeitsschutz geltend gemacht werden kann, ist der Schuldner an sich vorher **anzuhören**. Wo sich dies – wie meist – verbietet, um Manipulationen zu verhindern, ist die Besichtigung vorsorglich in einer solchen Weise durchzuführen, dass die Vertraulichkeit etwaiger Betriebsgeheimnisse gewahrt bleibt, bis der Schuldner **im Nachhinein** seine Geheimhaltungsinteressen hat vortragen können (Besichtigung durch neutralen, zur Verschwiegenheit verpflichteten Sachverständigen; Teilnahme von Anwälten, die ebenfalls zur Geheimhaltung verpflichtet sind). Bestehen sie, kommt Geheimnisschutz zB durch **Schwärzen** einzelner Passagen des Gutachtens oder vorzulegender Unterlagen in Betracht.

2.10 Unverhältnismäßigkeit

25 des Vorlage- und Besichtigungsverlangens schließt den Anspruch – ganz oder hinsichtlich einzelner Vorlage- und Besichtigungsmaßnahmen (zB bzgl bestimmter Bank- oder Finanzunterlagen) – aus.

26 **Gründe für Unverhältnismäßigkeit** sind zB: (a) **auf Seiten des Besichtigungsgläubigers**: geringe Benutzungsintensität, insbesondere wenn keine Unterlassungsansprüche im Raum stehen; erhebliche (ggf schon durch erstinstanzliche Vernichtung dokumentierte) Zweifel am Rechtsbestand des Antragsschutzrechts, geringe Wahrscheinlichkeit einer Patentverletzung, Nützlichkeit der Vorlage- oder Besichtigungsmaßnahme für

---

21 BGH GRUR 10, 318 = BGHZ **183**, 153 *Lichtbogenschnürung*.

die Rechtsdurchsetzung; **(b) auf Seiten des Besichtigungsschuldners:** erheblicher Umfang des vorzulegenden Materials, Schwere des Besichtigungseingriffs (Substanzzerstörung oder länger andauernde Betriebsunterbrechung mit beträchtlichem Schaden für den Besichtigungsschuldner), wertvolle Betriebsgeheimnisse, die nicht durch geeignete Schutzanordnungen (Einschaltung eines zur Verschwiegenheit verpflichteten Sachverständigen, Ausschluss des Antragstellers und seiner Anwälte von der Besichtigung) gesichert werden können, Grad des Verschuldens (Vorsatz?).

Unverhältnismäßigkeit ist **zurückhaltend zu bejahen**, schon deshalb, weil sich die Belange des verletzten Rechtsinhabers gegenüber den widerstreitenden Interessen eines rechtswidrig handelnden Verletzers grundsätzlich durchsetzen müssen. Nur wenn bei der Gegenüberstellung die – durch Modalitäten der Vorlage oder Besichtigung nicht abwendbaren – Nachteile des Besichtigungsschuldners das Rechtsverfolgungsinteresse des Antragstellers derart überwiegen, dass ein Beharren auf der Vorlage/Besichtigung im Einzelfall missbräuchlich erscheint, kann die Anspruchsdurchsetzung unverhältnismäßig sein.

3 Inhalt und Umfang des Anspruchs:

Als Rechtsfolge sieht § 140c die Pflicht zur Vorlage einer Urkunde sowie die Besichtigung einer Sache oder eines Verfahrens vor.

3.1 Person des Besichtigenden

Die Besichtigung steht an sich dem Anspruchsberechtigten selbst zu. In der Praxis kommt die **persönliche Besichtigung** jedoch nur in Betracht, wenn der Gläubiger die zur Besichtigung erforderlichen technischen Kenntnisse und Möglichkeiten besitzt und Geheimhaltungsbelange des Schuldners ausgeschlossen werden können. Letzteres ist denkbar, wenn (a) die Merkmalsverwirklichung vollständig in der Öffentlichkeit stattfindet, so dass die Besichtigung ausschließlich der Beweissicherung dient; (b) der Besichtigungsschuldner vorher angehört worden ist und keine berechtigten Geheimhaltungsinteressen geltend machen kann.

Ist von einer Anhörung abgesehen worden, um Manipulationen am Besichtigungsgegenstand auszuschließen, muss vorsorglich auf ein stets mögliches **Geheimhaltungsbedürfnis des Schuldners** Rücksicht genommen werden, was es gebietet, die Besichtigung, jedenfalls zunächst, durch einen zur Verschwiegenheit verpflichteten **Sachverständigen** durchzuführen. Dieser kann vom Antragsteller beauftragt sein (und dementsprechend ein Parteigutachten erstatten); er kann aber – was sich regelmäßig empfiehlt – auch vom Gericht bestellt werden (vgl unten zu 4.3). Den **Anwälten des Antragstellers** ist eine Teilnahme an der Besichtigung grundsätzlich nur zu gestatten, wenn sie und der Antragsteller damit einverstanden sind, dass die Anwälte zur **Verschwiegenheit**, auch gegenüber dem Antragsteller, verpflichtet werden.

Sinngemäß die gleichen Einschränkungen gelten für die Vorlageanordnung, wenn die Urkunde/Geschäftspapiere Betriebsgeheimnisse enthalten können. Solange solche nicht ausgeräumt sind oder wegen feststehender Patentverletzung zurücktreten müssen, kommt idR nur eine Sequestration in Betracht.

3.2 Besichtigung

32 ist nicht nur die Einnahme eines **Augenscheins** (»Besehen« der Sache), sondern **prinzipiell jede Maßnahme**, die a) in Abhängigkeit von der Eigenart der zu »besichtigenden« Sache und b) in Abhängigkeit von denjenigen aufklärungsbedürftigen Tatsachen, die für die Beurteilung des Vorliegens eines (vermuteten) Anspruchs wegen Patentverletzung notwendig sind, c) diejenige Gewissheit schaffen kann, die Anliegen des Anspruchs aus § 140c ist. Solches kann im einen Fall durch bloßes Hinschauen, durch Betasten, Vermessen, Wiegen oder mikroskopische Untersuchungen gewährleistet sein, im anderen Fall weitergehende Untersuchungen[22] oder die Vorlage eines Quellcodes[23] erfordern, die die zu besichtigende Sache vorübergehend verändern, so dass sich die Sache nach der Besichtigung ohne eine Beeinträchtigung zuverlässig wieder im vorigen Stand befindet, und unter wieder anderen Bedingungen (zB bei chemischen Zwischen- oder Endprodukten) die **Mitnahme von Mustern** und anschließende, ggf sogar **substanzzerstörende Untersuchungseingriffe** erfordern. Auch sie sind im Rahmen der Besichtigung zulässig, sofern sich nur auf diese Weise die gebotene Sachaufklärung erreichen lässt und ein überwiegendes Integritätsinteresse des Besichtigungsschuldners nicht besteht. **Weitere in Betracht kommende Besichtigungsmaßnahmen** sind: (a) Ein- und Ausbau von Teilen, (b) In- und Außerbetriebsetzen einer Maschine, (c) Screenshots von einer Maschinensteuerung, (d) Eingabe des Passwortes zur Aufdeckung geschützter Steuerungsbereiche,[24] (e) Anfertigung von Kopien und deren Mitnahme.

33 § 140c gibt aber **kein Nachforschungs- und Durchsuchungsrecht** an Geschäftsräumen des Schuldners, um erst zu ermitteln, ob sich dort diejenigen Sachen befinden, in Ansehung derer der Gläubiger einen Anspruch haben könnte und sich Gewissheit hierüber verschaffen will.[25] Die Besichtigungsgegenstände sind daher im Antrag konkret zu bezeichnen.[26]

3.3 Sache

34 »Sache« ist – wie bei § 809 BGB – jeder körperliche Gegenstand iSv § 90 BGB. Erfasst werden auch elektronische Daten, die auf einem Datenträger verkörpert sind, und elektronische Dokumente iSv § 371a ZPO.

3.4 Verfahren

35 »Verfahren« ist jedes Herstellungs-, Arbeits- und Verwendungsverfahren (vgl § 9 Rdn 83).

---

22 BGH GRUR 13, 316 *Rohrmuffe*.
23 BGH GRUR 13, 509 *UniBasic-IDOS* [UrhG].
24 Obwohl streng genommen auf ein positives Tun gerichtet, liegt wertungsmäßig eine bloße Maßnahme zur Duldung der Besichtigung vor (vgl hierzu BGH, WuM 07, 209).
25 BGH GRUR 04, 420, 421 *Kontrollbesuch*.
26 OLG Hamm GRUR-RR 13, 306 *Vorbereitender Besichtigungsanspruch*.

3.5 Vorlage

einer Urkunde[27] (§ 140c (1) S 1) oder von Geschäftspapieren (§ 140c (1) S 2) bedeutet, sie vorzuzeigen, so dass von ihrem Inhalt Kenntnis genommen werden kann. Dass zur Wahrnehmung des Urkundeninhalts technische Hilfsmittel erforderlich sind, ist unschädlich. Häufig wird mit der bloßen Vorlage einer Urkunde der Zweck einer *beweissichernden* Sachaufklärung nicht erreichbar sein. Ihre Aushändigung zum endgültigen Verbleib beim Gläubiger wäre zwar zielführend, sie scheidet jedoch aus, weil der Schuldner ein berechtigtes Interesse am Besitz seiner Unterlagen hat, insbes soweit es sich um Originalurkunden handelt oder Handelsbücher in Rede stehen, zu deren Aufbewahrung er gesetzlich verpflichtet ist. Regelmäßig hat die Vorlage durch **vorübergehende** Aushändigung an den Gläubiger oder einen neutralen Dritten zu geschehen, damit dieser – was gerichtlich besonders zu gestatten ist – auf Kosten des Gläubigers **Kopien** anfertigen kann.

36

Vorlegungsort ist im Prozess das mit der Sache befasste Gericht. Ansonsten der geografische Ort, an dem sich die vorzulegende Urkunde im Zeitpunkt der Vorlegung befindet, und innerhalb dieses Ortes diejenige Stelle, die der Schuldner nach Treu und Glauben bestimmt. Regelmäßig wird dies sein Geschäftslokal sein; daher Holschuld. Aus wichtigem Grund können Gläubiger und Schuldner einen abweichenden Vorlegungsort verlangen (§ 140c (4), § 811 (1) BGB).

37

Gefahr und Kosten der Vorlegung hat der Gläubiger zu tragen. Auf Verlangen des Schuldners Pflicht zur Sicherheitsleistung; bis dahin Verweigerungsrecht des Schuldners (§ 140c (4), § 811 (2) BGB).

38

3.6 Urkunde

»Urkunde« ist jede durch Niederschrift verkörperte Gedankenerklärung, die geeignet ist, dank ihres Inhalts eine Patentverletzung in tatsächlicher Hinsicht aufzuklären oder zu beweisen.[28] Die erforderliche Eignung ist nicht nur zu bejahen, wenn die Urkunde Erkenntnisse in Bezug auf die konstruktive Ausgestaltung eines wahrscheinlich patentbenutzenden Gegenstandes liefern kann, sondern gleichermaßen dann, wenn – bei Kenntnis von der Konstruktion des Gegenstandes – mit Hilfe der Urkunde Aufschluss darüber möglich ist, ob eine Benutzungshandlung iSv §§ 9, 9a, 10 begangen wurde oder droht.

39

Bsp: Bedienungsanleitungen, Angebotsunterlagen, Schriftwechsel. Konstruktionszeichnungen sind keine Urkunden, sondern Sachen; ihre Besichtigung kann aber in der Weise zugelassen werden, dass die Anfertigung einer Kopie und deren Mitnahme gestattet wird.

40

3.7 Wahrscheinlich gewerbliches Ausmaß der Patentverletzung

Ein wahrscheinliches gewerbliches Ausmaß der Patentverletzung erstreckt den – sachverhaltsaufklärenden oder beweissichernden – Vorlageanspruch auf Bank-, Finanz-

41

---

27 Näher Samer in FS 80 J. PatentG in Düsseldorf 2016, 469.
28 Vgl. BGH MDR 14, 947.

und Handelsunterlagen. Da nur die Rechtsfolgen erweitert werden, haben die tatbestandlichen Voraussetzungen von S 1 vorzuliegen, dh (a) die herausverlangten Unterlagen müssen sich in der Verfügungsgewalt des Gegners befinden (was bedingt, dass es sich um körperliche Gegenstände handelt, an denen ein Besitz möglich ist) und (b) sie müssen zur Begründung eines Anspruchs des Gläubigers wegen Patentverletzung erforderlich sein. Im Unterschied dazu bezweckt die Vorlageanordnung nach § 140d keine Sachaufklärung oder Beschaffung von Beweismitteln, sondern eine **Erfüllung des Schadensersatzanspruchs** zu sichern.

42 Der Begriff »gewerbliches Ausmaß« ist aus Art 6 (2) der EU Durchsetzungsrichtlinie 2004/48[29] übernommen. Zum Verständnis ist Erwägungsgrund (14) der RL heranzuziehen. Kennzeichen des »gewerblichen Ausmaßes« ist hiernach, dass die Benutzungshandlung »zwecks Erlangung eines unmittelbaren oder mittelbaren wirtschaftlichen oder kommerziellen Vorteils vorgenommen (wird)«. IdR zu bejahen, wenn der privilegierte Bereich des § 11 Nr 1 (Handlungen im privaten Bereich zu nichtgewerblichen Zwecken) verlassen ist.

43 **Bank-, Finanz- und Handelsunterlagen** können zB sein: Kontoauszüge, Buchführungsunterlagen, Buchungsbelege, Bilanz, Jahres- und Einzelabschluss, Inventar, Handelsbriefe, Kreditverträge, Kosten- und Gewinnkalkulationen. Auf ihre äußere Form kommt es nicht an, weswegen sie in Papierform oder elektronisch gespeichert vorliegen können. Im zuletzt genannten Fall geht der Vorlageanspruch dahin, die Daten auf einen Träger zu speichern und diesen auszuhändigen. Bank-, Finanz- und Handelsunterlagen werden idR zur Benutzung der Merkmale eines Patents keinen Aufschluss liefern können und sind deshalb vorlagepflichtig, wenn und soweit sie das Ob einer Benutzungshandlung oder die Höhe eines Anspruchs wegen Patentverletzung aufklären oder beweismäßig sichern können. Solange der Verletzungstatbestand ungewiss ist, muss auf die Geheimhaltungsinteressen des Schuldners besonders Rücksicht genommen werden, weshalb eine Vorlage an den Gläubiger regelmäßig nicht in Betracht kommt und die Geschäftsunterlagen von einem neutralen Dritten (zB Gerichtsvollzieher) in Verwahrung zu nehmen sind.

3.8 Bezeichnung der Urkunde, Sache oder Unterlage

44 muss im Besichtigungsantrag so hinreichend bestimmt erfolgen, dass Zweifel über die Identität des Besichtigungsgegenstandes nicht auftreten können.[30] Anzugeben ist stets der aktuelle Standort der Sache/Urkunde/Unterlage. Welche weitergehenden Identifizierungsangaben erforderlich sind, hängt vom Einzelfall, insbes davon ab, ob und welche anderen ggf sogar verwechslungsfähigen Sachen/Urkunden sich am Besichtigungsort befinden (können). Zumindest abstrakte Kriterien, die dem Schuldner und ggf eingeschalteten Dritten eine zweifelsfreie Identifikation erlauben, sind anzugeben. An der erforderlichen Konkretisierung fehlt es (ebenso wie bei einem auf § 142 ZPO gestützten Begehren), wenn die Vorlage kompletter Akten, Urkundensammlungen oder sämtlicher, einen konkreten Vertrag betreffenden Korrespondenz begehrt wird.[31]

---

29 ABl L 195/16 v 2.6.2004.
30 OLG Hamm GRUR-RR **13**, 306 *Vorbereitender Besichtigungsanspruch.*
31 BGH MDR **14**, 947.

Denkbare Identifizierungsmittel sind zB bei Urkunden/Unterlagen: Bezeichnung der Gattung nach von Aussteller, Ausstellungsdatum, Urkunden- oder Unterlageninhalt; bei Sachen: Typenbezeichnung, Fotodokumentation, verbale und/oder zeichnerische Umschreibung des Gegenstandes.

4 Verfahrensrechtliche Durchsetzung

4.1 Klage:

Durchgesetzt werden kann der Besichtigungsanspruch zunächst in einem **Hauptsacheverfahren**, wobei parallel im Wege der objektiven Klagehäufung gem § 260 ZPO auch Unterlassungs- sowie Schadensersatzansprüche geltend gemacht werden können.[32] Das Vorgehen in einer Stufenklage nach § 254 ZPO ist insoweit allerdings nicht statthaft; ebenso wenig ist es mangels einer innerprozessualen Bedingung möglich, den Unterlassungsantrag als (unechten) Hilfsantrag für den Fall zu stellen, dass sich im Zuge der mit dem Hauptantrag geltend gemachten Besichtigung tatsächlich eine Verletzung bewahrheiten sollte.[33] Der Besichtigungsanspruch kann im Hauptsacheverfahren in der Weise verfolgt werden, dass **in einem ersten Schritt** von dem Beklagten die Duldung der Besichtigung durch einen gerichtlichen Sachverständigen und – im Anschluss daran – die Aushändigung des Sachverständigengutachtens verlangt wird. Geschieht dies und erweist sich der Besichtigungsanspruch als begründet, so ist durch **Teil- und Grundurteil** anzuordnen, dass der Beklagte die Besichtigung zu dulden hat. Hat daraufhin die Besichtigung stattgefunden, ist durch **Schlussurteil** darüber zu befinden, ob dem Kläger – unter Berücksichtigung des Besichtigungsergebnisses sowie etwaiger Geheimhaltungsinteressen des Beklagten – das Gutachten ausgehändigt wird.[34]

Nachteile eines Hauptsacheverfahrens: a) erheblicher Zeitaufwand; b) Verlust jeglichen Überraschungseffektes; c) der Umstand, dass vielfach die Besichtigung erst die ausreichende Grundlage für ein Verletzungsverfahren liefern soll, was es in aller Regel nicht ratsam erscheinen lässt, eine Klage auf Besichtigung, verbunden mit Anträgen auf Unterlassung etc, zu erheben.

4.2 Vorläufiger Rechtsschutz:

Einem einstweiligen Verfügungsverfahren ist daher zumeist der Vorzug zu geben. § 140c (3) S 1 ist unter Beachtung der Durchsetzungsrichtlinie 2004/48/EG dahingehend auszulegen, dass die erforderliche **Dringlichkeit widerlegbar vermutet** wird, wobei die Dringlichkeit nur dann zu verneinen ist, wenn ausnahmsweise eine Beseitigung von Beweismitteln faktisch ausgeschlossen ist.[35] Alle übrigen Voraussetzungen für den Erlass einer einstweiligen Verfügung müssen dargelegt und glaubhaft gemacht

---

32 Vgl BGH GRUR 02, 1046, 1047 (II1) *Faxkarte*.
33 OLG Düsseldorf Urt v 08.11.2012 – I-2 U 108/10.
34 LG Düsseldorf InstGE 8, 103 *Etikettiermaschine*.
35 Im Einzelnen sehr streitig: Vgl OLG Düsseldorf InstGE 12, 105 *Zuwarten mit Besichtigungsantrag*; InstGE 13, 126 *Dringlichkeit bei Besichtigung*; vgl. Kühnen GRUR 05, 185, 194; vgl. Tilmann GRUR 05, 737; vgl. Stjerna Mitt 11, 271; aA: OLG Köln OLG Report 09, 258; OLG Karlsruhe Beschl v 18.05.2010 – 6 W 28/10; OLG Nürnberg GRUR-RR 16, 108 *Besichtigungsanspruch*.

werden. Von einer vorherigen Anhörung des Schuldners kann – und wird regelmäßig zur Vermeidung von Manipulationen – abgesehen werden (§ 140c (3) S 3).

§ 140c (3) ermöglicht in Abweichungen zu allgemeinen Grundsätzen des einstweiligen Verfügungsverfahrens die Vorwegnahme der Hauptsache.

49 **Schwächen:** Der Beweiswert der Feststellungen ist ggf angreifbar, wenn die Besichtigung durch den Antragsteller selbst oder durch einen von ihm beauftragten Partei-Sachverständigen durchgeführt wurde. Aus Gründen der Geheimhaltung kommt eine eigene Besichtigung durch den Antragsteller oftmals nicht in Frage.

4.3 Selbstständiges Beweisverfahren:

50 In der Praxis etabliert hat sich das selbständige Beweisverfahren, ggf kombiniert mit einstweiliger Duldungsverfügung.[36] Im Antrag auf Einleitung des selbständigen Beweisverfahrens liegt regelmäßig (jdf., wenn es nur um eine Sachaufklärung geht) noch **keine Berührung**; eine während des Besichtigungsverfahrens gleichwohl erhobene **negative Feststellungsklage** des Anspruchsgegners im Besichtigungsverfahren wächst nicht dadurch in die Zulässigkeit hinein, dass der Beklagte zum Zwecke der Rechtsverteidigung die Unbegründetheit der Klage geltend macht.[37]

51 Zuständig für die Beweisanordnung ist das Gericht der Hauptsache, bei dem ein Rechtsstreit bereits anhängig ist oder anhängig zu machen wäre (§ 486 Abs 1, 2 ZPO). Dieselbe Zuständigkeitsregelung besteht für eine begleitende Duldungsverfügung (§ 937 Abs 1 ZPO), wobei ergänzend eine Eilzuständigkeit des Amtsgerichts der belegenen Sache vorgesehen ist (§ 942 ZPO). »Hauptsache« meint auch insoweit nicht den Anspruch auf Besichtigung, sondern denjenigen Anspruch wegen (mutmaßlicher) Patentbenutzung, der mit der Beweismaßnahme geklärt werden soll. Ein Gerichtsstand für den Besichtigungsantrag ist mithin überall dort – aber auch nur da – gegeben, wo eine Patentverletzungsklage erhoben werden könnte. Die int Zuständigkeit fehlt, wenn für die Hauptsache ein ausländisches Schiedsgericht wirksam vereinbart ist.[38] Für den Fall, dass sich nach Zustellung des die Beweissicherung anordnenden Beschlusses die maßgeblichen Tatsachen ändern, gilt § 261 (3) Nr 2 ZPO analog.[39] Auch § 281 ZPO findet entsprechende Anwendung.[40]

52 Es findet im Rahmen des selbständigen Beweisverfahrens **grundsätzlich keine Schlüssigkeitsprüfung** dahingehend statt, ob tatsächlich ein Eingriff in den Schutzbereich des Patents gegeben wäre, wenn sich die vermutete Ausgestaltung des Besichtigungsgegenstandes bewahrheiten sollte. Nur in eng begrenzten Ausnahmefällen kann das Besichtigungsverlangen mit der Begründung zurückgewiesen werden, dass der Anspruch, wessen sich der Antragsteller berühmt, nicht bestehen kann; dafür muss das Nichtbestehen des betreffenden Anspruchs evident und zweifelsfrei auf der Hand

---

36 Umfassend dazu: Kühnen GRUR 05, 185.
37 OLG Dresden GRUR-RR **16**, 313 *Schneckenköder*.
38 OLG Düsseldorf InstGE 9, 41 *Schaumstoffherstellung*; die dagegen eingelegte Verfassungsbeschwerde wurde vom BVerfG nicht zur Entscheidung angenommen: Beschl v 27.11.2008 (1 BvR 1960/08).
39 BGH NJW-RR **10**, 891.
40 BGH NJW-RR **10**, 891.

liegen.[41] Eine Anordnung nach § 485 (2) ZPO ergeht nicht, wenn das zu begutachtende Beweismittel unerreichbar ist.[42]

Mit Blick auf die gebotene Beschleunigung ist die Beweiserhebung – allerdings nur hinsichtlich solcher Maßnahmen, die vor der Beendigung der Beweisaufnahme liegen und für den Abschluss derselben notwendig sind – auch im Falle der Eröffnung des **Insolvenzverfahren**s über das Vermögen (einer) der Parteien fortzusetzen.[43] Eine Kostenentscheidung nach § 494a (2) ZPO gehört nicht dazu. 53

Über Tatsachen, zu denen bereits der Zedent ein selbständiges Beweisverfahren durchgeführt hat, kann der **Zessionar** keine erneute Beweissicherung durchführen.[44] 54

4.3.1 Merkmalsverwirklichung öffentlich Wird die zu begutachtende Sache öffentlich (zB auf einer Messe) in einer Weise zur Schau gestellt, dass die Verwirklichung sämtlicher Anspruchsmerkmale offenbar wird, genügt die Anordnung einer sachverständigen Besichtigung im selbständigen Beweisverfahren nach § 485 ZPO. Allerdings kommt eine Anordnung nach § 485 ZPO unabhängig davon in Betracht, ob sich der zu besichtigende Gegenstand in der Öffentlichkeit befindet oder nicht.[45] Soll die Besichtigung auf einer **Messe** stattfinden, ist besonders kritisch zu prüfen, ob die Anwesenheit der anwaltlichen Vertreter des Antragstellers zu gestatten ist, da es im berechtigten Interesse des Antragsgegners liegt, dass die Begutachtung möglichst unauffällig durchzuführen ist. 55

Voraussetzungen: (a) Beweismittelverlust droht (zB deshalb, weil die Sache ins Ausland verbracht oder verändert zu werden droht – § 485 (1) ZPO); *oder* (b) Begutachtung kann zur Streitschlichtung führen (was stets anzunehmen ist, weil die Erwartung besteht, dass der Patentbenutzer sich den Ansprüchen unterwerfen wird, wenn die Besichtigung den Benutzungsvorwurf bestätigt, und der Berechtigte von einer Rechtsverfolgung absehen wird, wenn die Besichtigung den Benutzungsvorwurf widerlegt – § 485 (2) ZPO). Zu beachten ist, dass ausschließlich die Einholung eines Sachverständigengutachtens zugelassen ist, also insbesondere die Anordnung zur Vorlage einer Urkunde nicht in Betracht kommt, auch wenn sie in das Gewand einer sachverständigen Begutachtung gekleidet ist.[46] 56

Ergebnis: Vollwertiges Sachverständigengutachten für einen etwaigen nachfolgenden Verletzungsrechtsstreit.[47] 57

Streitwert des selbständigen Beweisverfahrens entspricht dem Hauptsachewert bzw dem Teil des Hauptsachewertes, auf den sich die Beweiserhebung bezieht.[48] 58

---

41 Vgl. OLG Nürnberg MDR 11, 750.
42 Vgl OLG Karlsruhe Beschl v 12.08.2013 – 6 W 56/13 mwN z Streitstand; anders bzgl. § 142 ZPO: OLG Düsseldorf MDR 14, 926.
43 BGH MDR 11, 749.
44 BGH MDR 12, 48.
45 Kühnen Mitt 09, 211.
46 OLG Düsseldorf Beschl v 21.07.2011 – I 2 W 23/11.
47 Vgl dazu näher BGH Beschl v 14.11.2017 – VIII ZR 101/17 *Wirkung eines OH-Gutachtens*.
48 BGH NJW 04, 3488, 3489 f.

59 **Anhörung** des Besichtigungsschuldners ist **grundsätzlich erforderlich**; in der Praxis unterbleibt sie regelmäßig, und zwar (a) bei besonderer Eilbedürftigkeit, dh wenn auch eine kurzfristige, ggf nur fernmündliche Anhörung nicht möglich ist; (b) wenn aus der objektivierten Sicht des Antragstellers im Zeitpunkt der Antragstellung die Befürchtung berechtigt ist, im Falle einer Anhörung werde der Besichtigungsgegenstand beseitigt oder verändert und dadurch der **Besichtigungserfolg** gefährdet werde. Sofern derartige Maßnahmen tatsächlich möglich sind, wird Vereitelungsgefahr vielfach zu bejahen sein; letztlich aber Frage des Einzelfalls.

60 **Kostenentscheidung** ergeht – von § 494a (2) ZPO abgesehen – nicht im selbständigen Beweisverfahren, auch nicht, wenn Antragsteller und Antragsgegner ein gerichtlich angeordnetes, aber nicht mehr zu Ende geführtes Beweisverfahren übereinstimmend für erledigt erklären.[49] Die Kosten des selbständigen Beweisverfahrens (Gutachter- und Anwaltskosten sowie alle Aufwendungen für die Besichtigung[50])[51] sind gerichtliche Kosten des nachfolgenden Hauptsacheprozesses, weshalb sich die Kostentragungspflicht nach der dort getroffenen Kostengrundentscheidung richtet.[52] Voraussetzung ist freilich, dass die Parteien und der Streitgegenstand des Hauptsacheverfahrens mit denen des selbständigen Beweisverfahrens identisch sind.[53] Das ist bereits der Fall, wenn nur Teile des Streitgegenstandes eines selbständigen Beweisverfahrens zum Gegenstand der anschließenden Klage gemacht werden.[54] Bleibt die Hauptsacheklage hinter dem Verfahrensgegenstand des selbständigen Beweisverfahrens zurück, können dem Antragsteller analog § 96 ZPO die dem Antragsgegner durch den überschießenden Teil des selbständigen Beweisverfahrens entstandenen Kosten auferlegt werden.[55] Schließt sich an das Beweisverfahren kein Hauptprozess an, muss der Besichtigungsgläubiger die Kosten aufgrund eines ggf bestehenden materiellrechtlichen Erstattungsanspruchs (Schadenersatz wegen Patentverletzung) einklagen. Eine unzulässige einseitige Erledigungserklärung ist in eine Antragsrücknahme mit der Kostenfolge nach § 269 (3) Satz 2 ZPO analog umzudeuten.[56] Wenn im Zeitpunkt der Antragsrücknahme die Hauptsacheklage bereits anhängig war, ist auch im Hauptsacheverfahren über die Kosten des selbständigen Beweisverfahrens zu befinden.[57] Der Ausgang eines einstweiligen Verfügungsverfahrens liefert keinen geeigneten Kostentitel.[58]

---

49 BGH NJW 07, 3721 *Hauptsacheerledigung; Selbständiges Beweisverfahren*.
50 BGH, Beschluss v 9.7.2020 – I ZB 79/19, GRUR 2020, 1346 *Besichtigungsanspruch eines IT-Systems*;
    OLG Düsseldorf Beschl v 22.11.2019 – I-2 W 20/19.
51 Sie sind abzugrenzen von denjenigen Kosten des eV-Verfahrens: BGH, Beschluss v 9.7.2020 – I ZB 79/19, GRUR 2020, 1346 *Besichtigungsanspruch eines IT-Systems*.
52 BGH Mitt 04, 572 *Kosten des selbständigen Beweisverfahrens*.
53 BGH NJW-RR 04, 1651 *Kostenerstattung Beweisverfahren*.
54 BGH NJW 05, 294 *Beweisverfahren; Teilkostenentscheidung*.
55 BGH NJW 06, 2557 *Beweisverfahren; Kosten*.
56 BGH MDR 11, 317.
57 OLG Köln Mitt 10, 320 (Ls).
58 OLG Düsseldorf, Urteil v 25.4.2019 – I-2 U 50/17, BeckRS 2019,25285 *Biegevorrichtung*.

Beendet wird das selbständige Beweisverfahren mit der Übersendung des Sachverständigengutachtens an die Parteien und einer sich auf Antrag einer der Beteiligten ggf hieran anschließenden mündlichen Anhörung des Sachverständigen.[59]

4.3.2 Merkmalsverwirklichung ganz oder teilweise verborgen: Befindet sich der Besichtigungsgegenstand in den Geschäftsräumen des Gegners oder bleibt die Merkmalsverwirklichung sonst – zumindest teilweise – verborgen, reicht ein Beschluss nach § 485 ZPO nicht aus, weil das selbständige Beweisverfahren als solches keine Zwangsmaßnahmen kennt und zulässt. Unter den Voraussetzungen des § 140c muss dem Antragsgegner im Wege der einstweiligen Verfügung zusätzlich aufgegeben werden, die sachverständige Besichtigung zu dulden. Die **Duldungsverpflichtung** unterliegt der Zwangsvollstreckung nach § 890 ZPO.[60] Um sicherzustellen, dass der Sachverständige den Besichtigungsgegenstand noch in seinem ursprünglichen Zustand wiederfindet, wird dem Antragsgegner im Rahmen der Duldungsverfügung untersagt, eigenmächtig Veränderungen am selbigen vorzunehmen. Dies ist insbesondere von Bedeutung, wenn zwischen der Zustellung der einstweiligen Verfügung durch den Antragsteller und dem Beginn der Besichtigung ein längerer Zeitraum liegt.

Kommt es bei der Besichtigung auf den Inhalt eines Computerprogramms an, kann dem Sachverständigen gestattet werden, **Screenshots** anzufertigen oder Daten herunterzuladen. Bei bestehendem Passwort-Schutz kann dem Antragsgegner aufgegeben sein, das **Passwort** auf Anforderung des Sachverständigen einzugeben: Eine Duldungsverpflichtung beinhaltet die Obliegenheit zu einem positiven Tun, wenn nur bei dessen Vornahme dem Unterlassungsgebot Genüge getan werden kann.[61] Ein umfangreiches **positives Tätigwerden** des Antragsgegners kann allerdings nicht verlangt werden. Insbesondere ist die Inbetriebnahme des Besichtigungsgegenstandes Sache des Gutachters, der ggf Hilfskräfte hinzuziehen kann. Im Einzelfall kann die Anordnung getroffen werden, dass der Antragsgegner die Mitnahme der gesamten Maschine zu dulden hat. Der Antragsgegner kann die Fremdbedienung dadurch abwenden, dass er – auf freiwilliger Basis – die Bedienung nach Weisung durch den Gutachter selbst vornimmt.

Werden in der Duldungsverfügung Anwälte des Antragstellers zur Besichtigung zugelassen, gebietet es der **Grundsatz der Waffengleichheit**, auf Verlangen auch dem Antragsgegner Gelegenheit zu geben, Rechts- und/oder Patentanwälte hinzuzuziehen. Hierfür ist dem Antragsgegner auf sein Verlangen ein Zeitraum von zwei Stunden ab Erscheinen des Sachverständigen und Offenbarung des Besichtigungsbeschlusses zu gewähren.

4.4 Verschwiegenheitspflichten

Die **anwaltlichen Vertreter des Antragstellers** sind zu verpflichten, Tatsachen, die im Zuge des selbständigen Beweisverfahrens zu ihrer Kenntnis gelangen und den Geschäftsbetrieb der Antragsgegnerin betreffen, **geheim zu halten**, und zwar auch

---

59 BGH Mitt 06, 90 L *Anhörung des Sachverständigen*; OLG Düsseldorf Mitt 13, 98.
60 BGH Beschl v 9.7.2020 – I ZB 79/19 *Besichtigungsanspruch eines IT-Systems*; Grabinski FS Mes 2009, 129.
61 Vgl BGH WuM 07, 209.

gegenüber der Antragstellerin und deren Mitarbeitern (vgl. §§ 172 Nr 2, 174 (3) Satz 1 GVG).[62] Die Verpflichtung umfasst regelmäßig nicht die Mitteilung des **reinen Ergebnisses des Sachverständigengutachtens**, da dieses selbst keine betriebsinterne Tatsache beinhaltet.[63] Anders verhält es sich, wenn aufgrund besonderer Umstände des Einzelfalles schon aus der Mitteilung des bloßen Ergebnisses Rückschlüsse auf eine bestimmte konstruktive Ausgestaltung des Besichtigungsgegenstandes möglich wären.[64]

4.5 Muster einer kombinierten Beweisanordnung mit Duldungsverfügung

66 *I.*
Auf Antrag der Antragstellerin vom ... wird, da ein Rechtsstreit noch nicht anhängig ist und die Antragstellerin ein rechtliches Interesse daran hat, dass der Zustand einer Sache festgestellt wird, die Durchführung des selbstständigen Beweisverfahrens gemäß §§ 485 ff ZPO angeordnet.
II.
1. *Es soll durch Einholung eines schriftlichen Sachverständigengutachtens Beweis darüber erhoben werden, ob die in der Betriebsstätte der Antragsgegnerin (...) befindlichen ... des Typs »...« dazu geeignet sind, das Verfahren nach Anspruch 1 des europäischen Patents ... auszuführen, welches durch die Kombination folgender Merkmale gekennzeichnet ist:*
   ...
2. *Zum Sachverständigen wird ... bestellt.*
3. *Dem Sachverständigen wird – im Interesse der Wahrung etwaiger Betriebsgeheimnisse der Antragsgegnerin, die bei der Begutachtung zutage treten könnten – aufgegeben, jeden unmittelbaren Kontakt mit der Antragstellerin zu vermeiden und notwendige Korrespondenz entweder über das Gericht oder mit den nachfolgend unter III.1. bezeichneten anwaltlichen Vertretern der Antragstellerin zu führen. Der Sachverständige hat darüber hinaus auch gegenüber Dritten Verschwiegenheit zu wahren.*
4. *Auf Verlangen der Antragsgegnerin hat der Sachverständige die Begutachtung für die Dauer von maximal zwei Stunden zurückzustellen, um der Antragsgegnerin Gelegenheit zu geben, ihrerseits einen anwaltlichen Berater hinzuzuziehen. Der Sachverständige hat die Antragsgegnerin vor Beginn der Begutachtung auf dieses Antragsrecht hinzuweisen.*
5. *Die Begutachtung soll – wegen der besonderen Eilbedürftigkeit – ohne vorherige Ladung und Anhörung der Antragsgegnerin erfolgen.*

III.
Im Wege der einstweiligen Verfügung werden darüber hinaus folgende weitere Anordnungen getroffen:

---

62 BGH GRUR 10, 318 = BGHZ **183**, 153 *Lichtbogenschnürung* (entgegen OLG München GRUR-RR 09, 191 *Laser-Hybrid-Schweißverfahren*); Müller-Stoy GRUR-RR 09, 161; kritisch unter Hinweis auf § 11 (1) BORA: McGuire GRUR 15, 424 (434); Hauck NJW 16, 2218 (2222) m.w.N.
63 OLG Düsseldorf InstGE **10**, 198 *zeitversetztes Fernsehen*.
64 OLG Düsseldorf InstGE **10**, 198 *zeitversetztes Fernsehen*.

1. Neben dem Sachverständigen hat die Antragsgegnerin folgenden anwaltlichen Vertretern der Antragstellerin die Anwesenheit während der Begutachtung zu gestatten:
   - Patentanwalt ...,
   - Rechtsanwalt ...
   - dem öbuv Sachverständigen ...[65]
2. Der Antragsgegnerin wird – mit sofortiger Wirkung und für die Dauer der Begutachtung – untersagt, eigenmächtig Veränderungen an den zu begutachtenden ... vorzunehmen, insbesondere ...
3. Für jeden Fall der Zuwiderhandlung gegen das unter 3. bezeichnete Verbot werden der Antragsgegnerin ein Ordnungsgeld bis zu 250.000 Euro – ersatzweise Ordnungshaft – oder eine Ordnungshaft bis zu 6 Monaten angedroht, wobei die Ordnungshaft an dem Geschäftsführer der Antragsgegnerin zu vollstrecken ist.
4. Die Antragsgegnerin hat es zu dulden, dass der Sachverständige die zu begutachtenden Vorrichtungen in Augenschein nimmt und, sofern der Sachverständige dies für geboten hält, im laufenden Betrieb untersucht. Die Antragsgegnerin hat es ferner zu dulden, dass der Sachverständige zu Dokumentationszwecken Foto- oder Filmaufnahmen anfertigt und für seine Notizen ein Diktiergerät verwendet.

IV.
Patentanwalt ... und Rechtsanwalt ... und ggf. der Privatsachverständige ... werden verpflichtet, Tatsachen, die im Zuge des selbstständigen Beweisverfahrens zu ihrer Kenntnis gelangen und den Geschäftsbetrieb der Antragsgegnerin betreffen, geheim zu halten, und zwar auch gegenüber der Antragstellerin und deren Mitarbeitern.

V.
Nach Vorlage des schriftlichen Gutachtens wird die Antragsgegnerin Gelegenheit erhalten, zu etwaigen Geheimhaltungsinteressen, die auf ihrer Seite bestehen, Stellung zu nehmen. Die Kammer wird erst danach darüber entscheiden, ob der Antragstellerin das Gutachten zur Kenntnis gebracht wird.

VI.
Die Durchführung des selbstständigen Beweisverfahrens ist davon abhängig, dass die Antragstellerin vorab einen Auslagenvorschuss von 10.000 Euro bei der Gerichtskasse in Düsseldorf einzahlt.

VII.
Der Wert des Streitgegenstandes für das selbstständige Beweisverfahren wird auf 125.000 Euro festgesetzt, derjenige für das einstweilige Verfügungsverfahren auf 25.000 Euro.

VIII.
Die Kosten des einstweiligen Verfügungsverfahrens trägt die Antragsgegnerin.

4.6 Durchsuchung

Widersetzt sich der Schuldner der angeordneten Besichtigung, ist das zusätzliche Erfordernis einer **richterlichen Durchsuchungsanordnung** gemäß § 758a ZPO, der auch für Arbeits-, Betriebs- und Geschäftsräume gilt, zu beachten.[66] Ihrer bedarf es,

67

---

[65] Vgl. BGH GRUR 14, 578 *Umweltengel für Tragetasche.*
[66] Grabinski FS Mes 09, 129; aA Ringer/Wiedemann GRUR 14, 229.

wenn die Besichtigung auf eine »Durchsuchung« gerichtet ist, dh ein Betreten zur ziel- und zweckgerichteten Suche nach Personen oder Sachen oder zur Ermittlung eines nicht bereits offenkundigen Sachverhalts, den der Wohnungsinhaber von sich aus nicht offen legen will.[67] Die Durchsuchungsanordnung kann idR nicht vorsorglich für den Fall erlassen werden, dass der Schuldner den Zutritt zu seinen Räumlichkeiten verweigern sollte. Im Allgemeinen besteht ein Rechtsschutzbedürfnis vielmehr nur, nachdem dem Gerichtsvollzieher der Zugang tatsächlich verweigert worden ist. Abgesehen davon besteht für die Durchsuchungsanordnung eine – von den Patentstreitgerichten abweichende – **ausschließliche Zuständigkeit** desjenigen **Amtsgerichts**, in dessen Bezirk die Durchsuchung stattfinden soll (§§ 758a (1), 802 ZPO).[68] Die Anordnung kann gemäß § 892 ZPO zwangsweise mit Hilfe eines vom Gläubiger zu beauftragenden Gerichtsvollziehers durchgesetzt werden, der erforderlichenfalls seinerseits die Polizei hinzuziehen kann. Bei Vereitelung der Besichtigung kommt eine Anwendung des § 371 (3) ZPO in Betracht, ggf. auch gegen den/die Geschäftsführer.[69]

4.7 Zwangsvollstreckung des Vorlage-/Besichtigungsanspruchs

68 Der Vorlageanspruch ist nach **§ 883 ZPO** zu vollstrecken.[70] Selbiges gilt für den Besichtigungsanspruch, wenn der Schuldner unmittelbaren Besitz am Besichtigungsgegenstand hat, weil dann eine Vergleichbarkeit mit einer Herausgabeklage besteht: Die Besichtigung stellt eine »kleine Wegnahme« dar. Demzufolge kann der Gläubiger vom Schuldner eine **eidesstattliche Versicherung** nach § 883 (2) ZPO verlangen, wenn die zu besichtigende Sache nicht beim Schuldner aufgefunden wird; letzteres gilt aber nicht, wenn der Besichtigungsanspruch nicht tenoriert worden, sondern bloß auf verfahrensrechtlicher Grundlage ergangen ist.[71] Sind digitale Daten herauszugeben, müssen diese auf einem geeigneten Datenträger verkörpert sein.[72]

69 Kann der **Gerichtsvollzieher** die vom Schuldner herauszugebenden und ihm notfalls wegzunehmenden Gegenstände nicht sicher identifizieren, weil ihm notwendige technische Kenntnisse fehlen, so hat der Gerichtsvollzieher (und nicht etwa der Gläubiger) einen geeigneten **Sachverständigen** hinzuziehen, wenn sich die Parteien nicht binnen angemessener Zeit über den Umfang der Herausgabe einigen können. Der Schuldner, welcher die Kosten der Einschaltung eines Sachverständigen als solche der Zwangsvollstreckung zu tragen hat, kann gegen die Beauftragung des Sachverständigen und/oder gegen die mit dessen Unterstützung erfolgte Festlegung der Vollstreckungsgegenstände Erinnerung gem. § 766 ZPO einlegen.[73]

---

67 BVerfGE **75**, 318 = NJW **87**, 2500 Achtung der Privatsphäre; BGH NJW **06**, 3352 = WuM **06**, 632 *Unverletzlichkeit der Wohnung*.
68 OLG Hamm MDR **15**, 485; nun auch OLG Hamburg Beschl v 05.02.2013 – 3 W 10/13; LG Hamburg GRUR-RR **14**, 47 *Ausschließliche Zuständigkeit*; aA OLG Koblenz BeckRS **09**, 11 398.
69 Vgl. BGH GRUR **16**, 88 *Deltamethrin*; vgl. OLG Düsseldorf, Urteil v 25.4.2019 – I-2 U 50/17.
70 AA (§ 888 ZPO): OLG Jena GRUR-RR **15**, 463 *Babybilder*.
71 OLG Düsseldorf Beschl v 17.01.2014 – I-2 W 43/13.
72 BGH Urt v 21.9.2017 – I ZB 8/17, GRUR 2018, 222 *Projektunterlagen*.
73 BGH Urt v 21.9.2017 – I ZB 8/17, GRUR 2018, 222 *Projektunterlagen*.

5 Verfahrensweise nach Erstellung des Gutachtens

Die Entscheidung über die Freigabe des Gutachtens unterliegt den Zuständigkeitsvorschriften des § 486 (1), (2) ZPO.[74] Wenn die Besichtigung mittels einer einstweiligen Duldungsverfügung erzwungen wurde und ggf Betriebsgeheimnisse des Antragsgegners in Betracht kommen, die mit einer vorbehaltlosen Aushändigung des Gutachtens offengelegt werden könnten, bedarf es der Zurückhaltung mit der Übersendung des Gutachtens an den Antragsteller persönlich. Die Übersendung des Sachverständigengutachtens an den Antragsgegner ist unproblematisch, da es um seine eigenen Betriebsgeheimnisse geht. Auch an die **anwaltlichen Vertreter des Antragstellers** ist das Gutachten sogleich zu übersenden, wobei allerdings noch einmal deren Verschwiegenheitsverpflichtung[75] auszusprechen ist; hingegen hängt die Übersendung an die anwaltlichen Vertreter des Antragstellers nicht etwa von einer für den Antragsteller positiven Abwägung mit Geheimhaltungsinteressen des Antragsgegners ab.[76]

70

Für die Überlassung des Gutachtens an den **Antragsteller persönlich** kommt es nicht auf die Rechtmäßigkeit der Duldungsverfügung, sondern[77] entscheidend darauf an, ob es dem insoweit darlegungs- und beweisbelasteten Antragsgegner gelingt, **Geheimhaltungsinteressen** geltend zu machen, die ein solches Gewicht haben, dass sie in einer einzelfallbezogenen, alle beiderseitigen möglicherweise beeinträchtigten Interessen berücksichtigenden Würdigung gegenüber den eine Offenlegung verlangenden Belangen des Antragstellers zurückzutreten haben.[78] Jedenfalls dann, wenn der Besichtigungsschuldner **unnötig lange** mit der Einlegung seines **Widerspruchs** gegen die Duldungsverfügung wartet, ist die Frage, ob die Besichtigungsanordnung seinerzeit zu Recht ergangen ist, kein maßgebliches Kriterium für die Entscheidung über die Herausgabe des Gutachtens.[79] Das Augenmerk ist darauf zu richten, dass es nicht schon genügt, dass der Antragsgegner überhaupt beachtenswerte Betriebsgeheimnisse darlegt, sondern er hat überdies aufzuzeigen, welcher **Stellenwert** diesen Belangen im Wettbewerb zukommt und welche **konkreten Nachteile** ihm aus einer Offenlegung erwachsen könnten; erst dann ist überhaupt eine gewichtende Abwägung mit den gegenläufigen Interessen des Antragstellers möglich.[80] **Maßgeblicher Zeitpunkt**: gerichtliche Entscheidung über Freigabe des Gutachtens, so dass zwischenzeitlich weggefallene Gründe für eine Geheimhaltung unbeachtlich sind.[81] Geheimnisschutz kann der Aushändigung des Gutachtens immer bereits dann nicht mehr entgegen stehen,

71

---

74 OLG Düsseldorf Beschl v 20.08.2012 – I-2 W 13/12; nach OLG Düsseldorf Beschl v 24.10.2016 – I-2 U 50/16 soll ein im einstweiligen Verfügungsverfahren geltend gemachter Antrag auf Vorlage eines bereits existierenden Besichtigungsgutachtens nach § 140 Abs 3 S 1 PatG als in zweiter Antrag nach §§ 485 ff. ZPO umzudeuten sein.
75 Gewichtige Bedenken gegen die Auferlegung einer Verschwiegenheitsverpflichtung äußern unter Hinweis auf § 11 (1) BORA: Rojahn, in: FS Loewenheim 251, 252; McGuire GRUR 15, 424 (434); Hauck NJW **16**, 2218.
76 BGH GRUR **10**, 318 = BGHZ **183**, 153 *Lichtbogenschnürung*.
77 OLG Düsseldorf Beschl v 02.07.2015 – I-2 W 13/15; OLG Düsseldorf, Beschluss v 31.1.2019 – I-2 W 1/19; aA OLG Düsseldorf (20. ZS) GRUR-RR **16**, 224 *Besichtigungsanordnung*.
78 BGH GRUR **10**, 318 = BGHZ **183**, 153 *Lichtbogenschnürung*.
79 OLG Düsseldorf GRUR-RR **16**, 224 *Besichtigungsanordnung*.
80 BGH GRUR **10**, 318 = BGHZ **183**, 153 *Lichtbogenschnürung*.
81 OLG Düsseldorf InstGE **11**, 296 *Kaffeemaschine*.

wenn es jedenfalls dem Antragsteller möglich wäre, sich die im Gutachten dokumentierten Kenntnisse über die Konstruktion, Beschaffenheit und/oder Wirkungsweise des Besichtigungsgegenstandes auf andere legale Weise zu verschaffen.[82] Auch Erkenntnisse aufgrund substanzzerstörender Untersuchungen können der Geheimhaltungsbedürftigkeit entgegen stehen; das gilt selbst dann, wenn der Durchschnittsfachmann zu einer solchen Untersuchung keinen Anlass hätte.

72 Bestehen **keine (stichhaltigen) Geheimhaltungsinteressen** oder kann solchen durch **Schwärzung von Gutachtenteilen** Rechnung getragen werden, ohne dass der Aussagehalt des Gutachtens leidet, ist das Gutachten – unabhängig davon, ob eine Patentverletzung zu bejahen ist – an den Antragsteller persönlich herauszugeben und seine anwaltlichen Vertreter sind – mit Wirkung ab Rechtskraft des anordnenden Beschlusses – von der Verschwiegenheitspflicht zu entbinden.[83] Dies gilt selbstverständlich nur in dem Umfang, in welchem sich das Gutachten noch innerhalb des Antragsbegehrens des Gläubigers bewegt.[84] Die Frage des Bestehens von Betriebsgeheimnissen ist stets vorrangig zu prüfen.

73 Kann der Antragsgegner **beachtenswerte Geheimhaltungsinteressen** geltend machen, ist vom Gericht darüber zu entscheiden, ob und ggf in welcher Form auch dem **Besichtigungsgläubiger persönlich** das Gutachten zur Kenntnis gebracht wird:[85]

74 (a) Bestehen hinsichtlich des Gutachteninhalts selbst keine Geheimhaltungsinteressen, sind den Teilnehmern der Besichtigung jedoch möglicherweise **im Übrigen Betriebsinterna** zur Kenntnis gelangt, deren Geheimhaltung im berechtigten Interesse des Besichtigungsschuldners liegt, so ist das Sachverständigengutachten dem Besichtigungsgläubiger zuzustellen und ggf in einem Anhörungstermin zu erörtern. Im Umfang des dokumentierten Besichtigungsergebnisses kann gleichfalls die Pflicht zur Verschwiegenheit – ab Rechtskraft des anordnenden Beschlusses – entfallen; für die über das Gutachten hinausgehenden geheimhaltungsbedürftigen Tatsachen hat die angeordnete Verschwiegenheitsverpflichtung demgegenüber fortzubestehen.

75 (b) **Legt das Gutachten selbst Tatbestände offen**, an deren Geheimhaltung der Besichtigungsschuldner ein beachtliches Interesse glaubhaft machen kann, so ist zu unterscheiden: Lässt sich der geheimnisgeschützte Sachverhalt ohne Sinnentstellung[86] durch **Schwärzen** eliminieren, ist dem Schutzrechtsinhaber ein entsprechend **redigiertes Exemplar** zu übersenden, womit das selbständige Beweisverfahren beendet ist. Gleiches gilt hinsichtlich Feststellungen des Sachverständigen, die durch den Anordnungsbeschluss und die darin zugelassenen Besichtigungsmaßnahmen nicht gedeckt sind.[87] Kommt ein Schwärzen nicht in Betracht, zB weil der besichtigte und im Gut-

---

82 OLG Düsseldorf InstGE 11, 296 *Kaffeemaschine*.
83 OLG München InstGE 13, 298 *ausgelagerter Server*; OLG Düsseldorf Beschl v 07.02.2011 – I – 20 W 153/10; OLG Düsseldorf Beschl v 20.08.2012 – I-2 W 13/12.
84 OLG München, Beschluss v 29.8.2019 – 6 W 508/19, GRUR-RS 2019, 41809 *Schutzgas-Spülung*; OLG Düsseldorf, Beschluss v 22.6.2020 – I-2 W 10/20.
85 Vgl Kühnen, GRUR 05, 185 ff.
86 Zu den Grenzen mit Blick auf die alleinige Verantwortlichkeit des Sachverständigen für sein Gutachten: LG Düsseldorf InstGE 6, 189 *Walzen-Formgebungsmaschine I*.
87 OLG München InstGE 13, 298 *ausgelagerter Server*.

achten beschriebene Gegenstand eine abhängige Erfindung darstellt, so hängt die Aushändigung des Gutachtens an den Besichtigungsgläubiger davon ab, ob eine **Patentverletzung zu bejahen ist oder nicht**:[88] Ergibt die Besichtigung eine (abhängig erfinderische) Patentverletzung, so hat der Geheimnisschutz des Verletzers hinter den Belangen des Schutzrechtsinhabers, seine gesetzlich verbrieften Ausschließlichkeitsrechte auch gegenüber einer zwar erfinderisch abgewandelten, aber dennoch wortsinngemäß oder äquivalent patentverletzenden Benutzungsform zur Geltung zu bringen, zurückzutreten. Umgekehrt gilt Entsprechendes: Stellt der mit Hilfe des Sachverständigen ermittelte Besichtigungsgegenstand keine Patentverletzung dar, gebieten es die nunmehr vorrangigen Geheimhaltungsbelange des Antragsgegners, dass dem Patentinhaber weder das Gutachten ausgehändigt noch seine Anwälte von ihrer Schweigepflicht entbunden werden.[89] Fehlen dem Verletzungsgericht ausreichende eigene Kenntnisse zum technischen Hintergrund der Erfindung, ist regelmäßig eine ergänzende schriftliche und/oder mündliche Anhörung des Sachverständigen geboten, bevor eine vom sachkundigen Votum des Sachverständigen abweichende Entscheidung über die Frage der Patentverletzung auf Basis der Besichtigungsfeststellungen getroffen wird.[90] Im Rahmen der Gesamtabwägung haben die Geheimhaltungsinteressen des Antragsgegners bereits dann zurückzutreten, wenn für die Verletzungsargumentation die höchstrichterliche Rechtsprechung spricht oder in Ermangelung einer solchen erstzumeldende Kommentarstimmen oder gewichtige Sachargumente sprechen.[91] Bei zweifelhafter Verletzungsrechtslage kann die Aushändigung im Einzelfall gleichwohl geboten sein, wenn der Antragsteller sich strafbewehrt zur Geheimhaltung der Besichtigungsergebnisse gegenüber Dritten verpflichtet. Mit dem **Grad der Wahrscheinlichkeit** einer Nichtverletzung steigt das **Gewicht des Geheimnisschutzes**: In Falle einer eindeutigen Nichtverletzung sind selbst solche Passagen unkenntlich zu machen, hinsichtlich derer auch nur die bloße Möglichkeit besteht, dass sie Rückschlüsse auf geheimhaltungsbedürftige Details zulassen.[92] Auf etwaige **Rechtfertigungsgründe** wie z.B. § 12 PatG kommt es grds. nicht entscheidungserheblich an.[93] Macht der Besichtigungsschuldner im Rechtsbestandsverfahren umgekehrten Rubrums eine **offenkundige Vorbenutzung** geltend, so kann der Besichtigungsgläubiger eine Entscheidung des Gerichts im Besichtigungsverfahren dahingehend beantragen, dass die betreffenden Behauptungen nicht der verfügten anwaltlichen Schweigepflicht unterfallen.[94]

Zweifel am Rechtsbestand des (mit einem Einspruchs- oder Nichtigkeitsverfahren angegriffenen) Antragspatents allein stehen der Herausgabe des Gutachtens nur dann

---

[88] OLG Düsseldorf, Beschluss v 22.6.2020 – I-2 W 10/20 (dort insbesondere zu sog. abstrakten Anspruchsmerkmalen).
[89] LG Düsseldorf InstGE **6**, 189 *Walzen-Formgebungsmaschine I*; OLG Düsseldorf InstGE **10**, 198 *zeitversetztes Fernsehen*.
[90] OLG Düsseldorf InstGE **10**, 198 *zeitversetztes Fernsehen*.
[91] OLG Düsseldorf InstGE **10**, 198 *zeitversetztes Fernsehen*.
[92] OLG Düsseldorf Beschl v 17.2.2015 – I-2 W 1/15.
[93] OLG Düsseldorf Beschl v 29.1.2016 – I-2 W 26/15.
[94] OLG Düsseldorf Beschl v 18.1.2021– I-2 W 24/20, GRUR-RR **21**, 97 *Servicemodul*.

entgegen, wenn ein Hauptsacheprozess nach § 148 ZPO auszusetzen wäre.[95] Ist das Antragspatent bereits erstinstanzlich widerrufen oder vernichtet worden, hat die Aushändigung des Gutachtens regelmäßig bis zu einer anderweitigen Entscheidung höherer Instanz über den Rechtsbestand zu unterbleiben.

77 **(c)** Keine Aushändigung des Gutachtens, wenn die Besichtigungsanordnung von einem örtlich, sachlich oder int **unzuständigen Gericht** getroffen worden ist, weil dann auch die Zuständigkeit für eine Freigabeanordnung (als Teil des selbständigen Beweisverfahrens) fehlt.[96]

78 Einem Antrag des Antragsgegners auf **Anhörung des Sachverständigen** ist grundsätzlich nur dann zu entsprechen, wenn er die Ausgestaltung und/oder Funktionsweise der besichtigten Sache betrifft. Reine Auslegungsfragen können also regelmäßig zurückgewiesen werden, was es nicht ausschließt, im Falle einer ohnehin gebotenen Anhörung auch solche Fragen an den Sachverständigen zu richten. Im Interesse der Vermeidung vollendeter Tatsachen darf das Gutachten erst herausgegeben werden, wenn über das verfahrensrechtliche Gesuch **rechtskräftig** entschieden ist.

79 **Aushändigung von Geschäftspapieren:** Sind nach § 140c (1) S 2 Bank-, Finanz- und Handelsunterlagen sequestriert worden, gelten dieselben Regeln.

6 Anfechtbarkeit[97]

6.1 Selbständige Beweisanordnung:

80 Die auf §§ 485 ff ZPO gestützte Besichtigungsanordnung als solche ist **unanfechtbar (§ 490 (2) ZPO).** Ist sie ohne Anhörung des Antragsgegners erlassen worden, steht dem Antragsgegner auch keine Anhörungsrüge nach § 321a ZPO zu.[98] Dem anordnenden Gericht verbleibt indes die Möglichkeit, die Besichtigungsanordnung jederzeit von Amts wegen aufzuheben/abzuändern.[99] Der den Antrag **zurückweisende Beschluss** ist mit der sofortigen Beschwerde gemäß § 567 (1) Nr 2 ZPO anfechtbar; die insoweit unterschiedlichen Rechtsschutzmöglichkeiten für Antragsteller und Antragsgegner sind verfassungsrechtlich unbedenklich.[100]

6.2 Duldungsverfügung:

81 Die begleitende Duldungsverfügung (einschließlich der Kostenentscheidung) ist mit dem **(Kosten-)Widerspruch** nach §§ 924, 936 ZPO anfechtbar. Das Widerspruchsrecht ist regelmäßig nach zwei Jahren noch nicht verwirkt.[101] IdR wird die Besichtigung im Zeitpunkt der Widerspruchseinlegung bereits erzwungen sein. Ist dies der Fall und steht auch keine ergänzende Nachbesichtigung durch den Sachverständigen als ernst-

---

95 OLG Düsseldorf Beschl v 19.9.2017 – I-2 W 10/17; weiterergehend wohl OLG München InstGE **13,** 286 *Lesevorrichtungen für Reliefmarkierungen II*, wonach schon erhebliche Zweifel genügen sollen.
96 OLG Düsseldorf InstGE **9,** 41 *Schaumstoffherstellung.*
97 Eck/Dombrowski GRUR **08,** 387.
98 LG Düsseldorf InstGE **5,** 236 *Anhörungsrüge.*
99 BVerfG Beschl v 09.09.2008 – 1 BvR 2160/08.
100 BGH MDR **11,** 1313.
101 LG Düsseldorf InstGE **11,** 35 *Abmahnung bei Besichtigungsanspruch.*

haft in Betracht zu ziehende Möglichkeit mehr im Raum, ist der Verfügungsantrag vom Antragsteller **in der Hauptsache für erledigt zu erklären**.[102] Der Notwendigkeit der Erledigungserklärung in der Hauptsache steht nicht entgegen, dass Erfüllungshandlungen des Schuldners zur Abwendung der Zwangsvollstreckung grundsätzlich keine erledigenden Ereignisse darstellen.[103] Denn die mit den Mitteln des einstweiligen Verfügungsverfahrens erzwungene Besichtigung ist jedenfalls **faktisch überholt** und kann nicht wieder rückgängig gemacht werden. Daran vermag insbesondere die den anwaltlichen Vertretern des Antragstellers in der Besichtigungsanordnung auferlegte Verschwiegenheitsverpflichtung, die selbstverständlich bis zu einer etwaigen förmlichen Aufhebung durch das Gericht weiter Bestand hat, nichts zu ändern. Sie ist nämlich nicht Bestandteil der sich gegen den Antragsgegner richtenden Duldungsanordnung. Im Falle der **Rücknahme** des Antrages nach § 485 ZPO gilt § 269 (3) S 2 ZPO analog.[104]

Im Falle eines Widerspruchs geht es der Sache nach nur um die dem Besichtigungsschuldner **nachteilige Kostenentscheidung**. Drei Fallgestaltungen sind insoweit zu unterscheiden: 82

(a) In geeigneten Fällen kann der Schuldner geltend machen, dass die Besichtigung den **Verletzungsverdacht widerlegt** habe. Dieser Einwand ist tauglich, weil die Wahrscheinlichkeit einer Rechtsverletzung nach dem **maßgeblichen Sachstand im Zeitpunkt der mündlichen Verhandlung** über den Widerspruch zu verneinen ist, wenn die sachverständige Begutachtung ergeben hat, dass eine Benutzung des Verfügungsschutzrechts nicht vorliegt. 83

Das gilt auch dann, wenn der Antragsteller das Verfügungsverfahren für erledigt erklärt. Bleibt die **Erledigungserklärung** einseitig, hat das Gericht im streitigen Verfahren festzustellen, ob das Besichtigungsverlangen ursprünglich zulässig und begründet war und erst aufgrund der durchgeführten Besichtigung (mit der Folge der faktischen Überholung des Besichtigungsinteresses) nachträglich unbegründet geworden ist. Letzteres ist zu verneinen, wenn die Besichtigung ergibt, dass keine Verletzung vorliegt, weil der Antrag dann a priori objektiv unbegründet war. Keine andere Beurteilung ergibt sich, wenn sich der Antragsgegner der Erledigungserklärung anschließt: Zwar ist gemäß § 91a ZPO die Kostenentscheidung unter Berücksichtigung des bisherigen Sach- und Streitstandes zu treffen, womit es grundsätzlich auf die Rechtslage vor Eintritt der Erledigung (= Ende der Besichtigung) ankommt.[105] Ausnahmen sind jedoch zulässig, insbesondere können liquide Beweismittel (also hier insbesondere das im selbständigen Beweisverfahren erstattete Gutachten) berücksichtigt werden. 84

(b) Hat das **Gutachten keine Klarheit** in tatsächlicher Hinsicht **gebracht**, ist zwar weiterhin von der Wahrscheinlichkeit einer Patentverletzung auszugehen; der Antragsgegner ist gleichwohl nicht zur Kostentragung verpflichtet, wenn der zu besichtigende 85

---

102 OLG Frankfurt/Main Urt v 10.06.2010 – 15 U 192/09; LG Düsseldorf InstGE 11, 35 *Abmahnung bei Besichtigungsanspruch*.
103 Vgl. dazu BGHZ 94, 268, 274 *Schmiergeldzahlung*.
104 OLG Düsseldorf Beschl v 29.08.2016 – I-2 W 30/16.
105 BGH GRUR 04, 350 *Pyrex*.

Gegenstand sich nicht positiv als schutzrechtsverletzend erwiesen hat. Grund: Die Duldungsverfügung begleitet lediglich die im Rahmen des selbständigen Beweisverfahrens getroffene Besichtigungsanordnung. Die Kosten des Beweisverfahrens indessen kann der Antragsteller nur ersetzt verlangen, wenn er in einem anschließenden Patentverletzungsprozess obsiegt (weil die Kosten der Beweissicherung Kosten des nachfolgenden Rechtsstreits sind und damit der dort getroffenen Kostenentscheidung folgen) oder wenn – ohne nachfolgenden Hauptsacheprozess – dem Antragsteller ein materiellrechtlicher Ersatzanspruch zusteht, welcher nur bei Vorliegen einer rechtswidrigen und schuldhaften Patentverletzung existiert. Die besagten Kostenerstattungsgrundsätze müssen auch bei der Verteilung der Kosten im Zusammenhang mit der Duldungsverfügung beachtet werden. Sie führen dazu, dass eine Kostentragungspflicht des Antragsgegners nur unter der Voraussetzung in Betracht kommen kann, dass die Besichtigung eine Schutzrechtsverletzung ergibt.

86 (c) Hat die **Besichtigung** eine **Patentverletzung ergeben**, kann der Besichtigungsschuldner seinen Widerspruch auf die Kosten beschränken, um eine Kostenentscheidung nach § 93 ZPO herbeizuführen. Zu dessen Rechtfertigung kann geltend gemacht werden, der Antragsgegner sei vor Einleitung des Besichtigungsverfahrens nicht abgemahnt worden und er habe auch keine Veranlassung für ein gerichtliches Vorgehen gegeben, weswegen die Kosten des einstweiligen Verfügungsverfahrens vom Antragsteller zu tragen seien. In **Analogie zu den »Sequestrationsfällen«** ist eine vorherige Abmahnung des Besichtigungsschuldners entbehrlich, wenn bei Einleitung des gerichtlichen Verfahrens **(a)** entweder konkrete Anhaltspunkte dafür bestehen, dass der Antragsgegner die Abmahnung dazu nutzen wird, den Besichtigungsgegenstand in einer Weise zu verändern, dass der Besichtigungserfolg vereitelt wird, oder wenn **(b)** – ohne greifbare Anhaltspunkte für Manipulationsabsichten des Schuldners – der zu besichtigende Gegenstand tatsächlich innerhalb der bei einer Abmahnung zur Verfügung stehenden Zeit in einen nicht mehr patentverletzenden Zustand versetzt oder insgesamt dem Besichtigungszugriff entzogen werden kann, so dass eine Abmahnung den Besichtigungsgläubiger zwangsläufig der naheliegenden Möglichkeit einer Vereitelung des Besichtigungserfolges ausgesetzt hätte.[106]

87 Unter den genannten Bedingungen ist es dem Gläubiger nicht zumutbar, seinen Gegner um den Preis abzumahnen, dass die Durchsetzung seines eigenen (Besichtigungs-)Anspruchs in Gefahr geriete. Die Möglichkeit für derartige Vereitelungsmaßnahmen ist dabei – rein zeitlich betrachtet – nicht nur mit Blick auf die Abmahnfrist selbst in Erwägung zu ziehen. Vielmehr ist zu bedenken, dass auch bei einer sofortigen Anbringung des Besichtigungsantrages bei Gericht nach Ablauf der Abmahnfrist zwangsläufig noch eine gewisse Zeit (von einigen Tagen) vergehen wird, bis der gerichtliche Sachverständige beauftragt und dieser – nach Befassung mit dem Antragsschutzrecht – in der Lage ist, die Besichtigung durchzuführen.

---

106 LG Düsseldorf InstGE **6**, 294 *Walzen-Formgebungsmaschine II.*

6.3 Gutachtenaushändigung

Die Entscheidung darüber, ob das Sachverständigengutachten dem Antragsteller überlassen wird oder nicht oder nur in einer bestimmten Form (z.B. geschwärzt) überlassen wird, ist von der jeweils beschwerten Partei mit der sofortigen Beschwerde gemäß § 567 (1) Nr 2 ZPO angreifbar.[107] Der Beschwerdewert ist mit einem Viertel des Wertes des selbständigen Beweisverfahrens zu bemessen, wenn ohne das Gutachten eine Rechtsverfolgung für den Antragsteller voraussichtlich nicht möglich sein wird;[108] im Übrigen sind nicht mehr als 10 % des Hauptsachestreitwertes als angemessen anzusehen.

88

7 Fristsetzung zur Klageerhebung

Der Antragsgegner kann dem Antragsteller gemäß § 494a (1) ZPO eine Frist zur Erhebung der Hauptsacheklage setzen lassen; der betreffende Beschluss ist unanfechtbar.[109] Dieselbe Möglichkeit besteht in Bezug auf die Duldungsverfügung gemäß §§ 936, 926 ZPO. Gegenstand der »Hauptsacheklage« sind Ansprüche wegen derjenigen Patentverletzung, die mit der Besichtigung aufgeklärt werden sollte. Bei Fristversäumnis ergeht Kostenentscheidung dahin, dass der Antragsteller die Kosten des Antragsgegners aus dem selbständigen Beweisverfahren zu tragen hat (§ 494a (2) ZPO) bzw. die die einstweilige Verfügung aufzuheben ist (§ 926 (2) ZPO). Dies ist nicht möglich, wenn die Hauptsacheklage zwar nach Fristablauf, aber noch vor einer Entscheidung nach § 494a (2) ZPO erhoben wird.[110] Klageerhebung erst nach der erstinstanzlichen Kostenentscheidung ist demgegenüber unerheblich.[111] Hinsichtlich der Fristsetzung ist zu beachten, dass dem Besichtigungsgläubiger eine Klageerhebung erst zumutbar ist, wenn die Entscheidung über die Aushändigung des Gutachtens an ihn getroffen ist; insofern empfiehlt sich Fristsetzung auf einen bestimmten Zeitraum ab Rechtskraft der Entscheidung über die Aushändigung des Gutachtens. Der Antrag nach § 494a (1) ZPO ist rechtsmissbräuchlich, wenn er erst gestellt wird, nachdem die Ansprüche des Besichtigungsgläubigers verjährt sind.[112] Für die Wahrung der Frist genügt nicht die Einreichung der Klageschrift als solche, sondern es muss auch der **Kostenvorschuss** eingezahlt werden.[113]

89

8 Beweisverwertungsverbot

Ein Beweisverwertungsverbot sieht § 140c (4) – unter Bezugnahme auf § 140b (8) – vor (a) in Bezug auf Erkenntnisse, die durch eine Vorlageanordnung oder eine Besichtigungsmaßnahme gewonnen worden sind, (b) für ein Straf- oder Ordnungswidrigkeitenverfahren, das (c) gegen den Vorlage-/Besichtigungsschuldner oder gegen einen zeugnisverweigerungsberechtigten Angehörigen iSv § 52 (1) StPO geführt wird (d)

90

---

107 OLG Düsseldorf InstGE **8**,186 *Klinkerriemchen II*; **9**, 41 *Schaumstoffherstellung*; OLG München InstGE **12**, 192 *Lesevorrichtung für Reliefmarkierungen*.
108 OLG Düsseldorf InstGE **10**, 198 *zeitversetztes Fernsehen*.
109 BGH MDR **10**, 1144.
110 BGH NJW **07**, 3357 *Kostenentscheidung bei nur verspäteter Klageerhebung*.
111 OLG Karlsruhe MDR **08** 526.
112 BGH MDR **10**, 459.
113 OLG Koblenz MDR **15**, 482.

wegen einer Straftat oder Ordnungswidrigkeit, die (e) vor der Vorlage/Besichtigung begangen worden ist, (f) sofern der Besichtigungsschuldner einer Verwertung der Vorlage/Besichtigungsergebnisse nicht zustimmt.

9 Schadensersatz

91 Der Besichtigungsgläubiger haftet dem Besichtigungsschuldner nach § 140c (5) auf Schadensersatz, wenn sich herausstellt, dass eine Patentverletzung nicht vorlag oder nicht drohte. Die mangelnde Berechtigung des Verletzungsvorwurfs steht zur **Beweislast des Besichtigungsschuldners**. Soweit die Nichtberechtigung des Verletzungsvorwurfs nicht feststeht, ist sie im Schadenersatzprozess zu klären, und zwar unter Einbeziehung der Erkenntnisse des eingeholten Sachverständigengutachtens sowie aller anderen zur Verfügung stehenden Quellen. Bleiben Zweifel, besteht keine Haftung. Worauf die Nichtverletzung des Patents beruht, ist unerheblich. Sie kann sich daraus ergeben, (a) dass das Patent widerrufen oder für nichtig erklärt wird, (b) dass das Patent in einer Weise eingeschränkt wird, dass der Besichtigungsgegenstand nicht mehr in dessen Schutzbereich fällt, (c) dass die Erfindungsmerkmale entgegen einer anfänglichen Vermutung tatsächlich nicht benutzt werden, (d) dass keine Handlung iSv §§ 9, 9a, 10 vorgelegen hat oder drohte, (f) dass die Benutzungshandlungen des Besichtigungsschuldners gerechtfertigt waren (Lizenz, § 12 etc).

92 Zu ersetzen ist derjenige Schaden, der dem Schuldner durch das unberechtigte Vorlage-/Besichtigungsverlangen – nicht erst durch die Besichtigung als solche – entstanden ist. Zwischen dem Besichtigungsbegehren und dem Schaden muss ein **adäquater Kausalzusammenhang** bestehen. Bsp: Rechtsverteidigungskosten im Besichtigungsverfahren, entgangene Gewinne durch Behinderung der Produktion während der Besichtigungsmaßnahme. Keine Ersatzpflicht für Schäden, die allein daraus resultieren, dass der Schuldner im Anschluss und aus Anlass der Besichtigung Herstellung und Vertrieb des Besichtigungsgegenstandes eingestellt hat.

10 §§ 142, 144 ZPO:

93 Eine weitere Möglichkeit zur Sachaufklärung stellen die §§ 142, 144 ZPO zur Verfügung, die es dem Gericht im Rahmen eines laufenden Rechtsstreits erlauben, die Einnahme des Augenscheins oder die Begutachtung durch einen Sachverständigen anzuordnen und zu diesem Zweck auch die Vorlage von Gegenständen bzw Urkunden – auch von Dritten – zu verlangen. Eines förmlichen Antrages bedarf es dazu nicht; Gericht handelt ermessensfehlerhaft, wenn es Vorlageanordnung nicht in Betracht zieht.[114] Für eine **Vorlageanordung** ist zwar kein voller Beweis einer Patentverletzung erforderlich. Notwendig ist aber eine gewisse Wahrscheinlichkeit für eine Rechtsverletzung, wie sie im Rahmen des § 140c und des § 809 BGB[115] anspruchsbegründend ist. Die Vorlageanordnung muss zur Sachaufklärung geeignet und erforderlich und dem Verpflichteten zumutbar sein.[116] Letzteres setzt eine Abwägung der rechtlich geschütz-

---

114 BGH NJW 07, 2989; BGH Urt v 27.2.2019 – VIII ZR 255/17, NJW-RR 2019,719 *Vorlageanordnung*.
115 BGH GRUR 06, 962 *Restschadstoffentfernung*; GRUR **13**, 316 *Rohrmuffe*.
116 BGH GRUR 06, 962 *Restschadstoffentfernung*; OLG Düsseldorf, Urteil v 4.6.2020 – I-2 U 26/19.

ten Interessen des zur Vorlage Verpflichteten mit den kollidierenden Belangen des Schutzrechtsinhabers voraus, wobei jeweils die Intensität des Eingriffs (einmal durch die mutmaßlichen Verletzungshandlungen, zum anderen durch die Pflicht zur Vorlage) zu berücksichtigen ist. Erforderlichenfalls kann dem Vorlegungsschuldner gestattet werden, geheimhaltungsbedürftige Details zu schwärzen.[117]

Jenseits der Anspruchsvoraussetzungen des § 140c PatG gibt es weder nach § 142 ZPO für die nicht beweisbelastete Partei eine Pflicht zur Urkundenvorlage noch nach § 144 ZPO eine Grundlage für eine Begutachtungsanordnung in Bezug auf einen Gegenstand, der sich in der Verfügungsgewalt der nicht beweisbelasteten Partei oder eines Dritten befindet.[118] Eine **gerichtliche Aufklärungspflicht** lässt sich außerhalb des § 140c PatG auch nicht aus der allgemeinen Vorschrift des § 286 ZPO herleiten.[119] Allein der Umstand, dass **theoretisch** durch **eine entsprechende Konfiguration** eines Bauteils die patentgemäße Funktionalität erfüllt werden kann, genügt nicht; das gilt insbesondere dann, wenn der Anspruchsteller sich auf die Darlegung beschränkt, »*es sei nicht ausgeschlossen*«, dass es zu einer klagepatentgemäßem Konfigurierung gekommen sei.[120]

11 EG-VO 1206/2001[121]:

Befindet sich der zu begutachtende Gegenstand im Ausland, schafft die seit dem 1.1.2004 in allen EU-Mitgliedstaaten mit Ausnahme von Dänemark geltende Verordnung (EG) Nr 1206/2001 des Rates vom 28.5.2001 über die Zusammenarbeit zwischen den Gerichten der Mitgliedstaaten auf dem Gebiet der Beweisaufnahme in Zivil- und Handelssachen[122] ergänzende Möglichkeiten der Sachaufklärung (SV-Gutachten, Zeugenvernehmung). Sofern für die Begutachtung keine Zwangsmaßnahmen erforderlich sind (weil der Besitzer die Besichtigung freiwillig gestattet), kann bei dem Mitgliedstaat, auf dessen Territorium sich die Sache befindet, darum nachgesucht werden, dass die Begutachtung durch das ersuchende (deutsche) Gericht (bzw einen gerichtlichen Sachverständigen) unmittelbar durchgeführt wird (Art 17). Sind voraussichtlich Zwangsmaßnahmen anzuwenden, besteht nur die Möglichkeit, dass das ersuchte (ausländische) Gericht die Beweisaufnahme durchführt (Art 10–13).

94

12 Art 43 TRIPS

über Anordnung der Vorlage von Beweismitteln und die Verweigerung des Zugangs zu notwendigen Informationen ist abgedruckt im Anhang 13.

95

---

117 BGH GRUR 06, 962 *Restschadstoffentfernung*.
118 BGH, GRUR 2013, 316 *Rohrmuffe*.
119 BGH, GRUR 2013, 316 *Rohrmuffe*.
120 OLG Düsseldorf, Urt v 13.08.2015 – I-15 U 2/14 *Interfaceschaltung*; die Beschwerde gegen die Nichtzulassung der Revison wurde zurückgewiesen: BGH Beschl v 09.08.2016 – X ZR 99/15.
121 Grabinski FS Schilling 2007, 191.
122 ABl L 174 v 27.6.2001; EG-Beweisaufnahmedurchführungsgesetz (BGBl I S 2166 = Bl 2004, 46) fügte die §§ 1072–1075 ZPO ein.

13 Anton-Piller-Order:

96 Durch Anton-Piller-Order kann dem Kläger in einem *ohne Beteiligung des Verletzers* geführten Verfahren gestattet werden, die Geschäftsräume des Verletzers zu betreten und nach Gegenständen (zB Raubkopien), Dokumenten und anderen Beweismitteln zu durchsuchen.[123] Ein solches ex parte-Verfahren ist nach deutschem Recht verfassungsrechtlich wegen der Nichtberücksichtigung des Anspruchs auf rechtliches Gehör nicht zulässig.[124]

14 Rechtshilfe unter 28 U.S.C. § 1782[125]

97 In der Praxis nimmt die Rechtshilfe unter 28 U.S.C. § 1782 zunehmend Bedeutung auf dem Gebiet des gewerblichen Rechtsschutzes ein: Deutsche Gerichte können die Verwertung von Beweisen, die durch Discovery erlangt wurden, nur in Ausnahmefällen verweigern.[126]

§ 140d Vorlage von Bank-, Finanz- und Handelsunterlagen

(1) [1]Der Verletzte kann den Verletzer bei einer in gewerblichem Ausmaß begangenen Rechtsverletzung in den Fällen des § 139 Abs 2 auch auf Vorlage von Bank-, Finanz- oder Handelsunterlagen oder einen geeigneten Zugang zu den entsprechenden Unterlagen in Anspruch nehmen, die sich in der Verfügungsgewalt des Verletzers befinden und die für die Durchsetzung des Schadensersatzanspruchs erforderlich sind, wenn ohne die Vorlage die Erfüllung des Schadensersatzanspruchs fraglich ist. [2]Soweit der Verletzer geltend macht, dass es sich um vertrauliche Informationen handelt, trifft das Gericht die erforderlichen Maßnahmen, um den im Einzelfall gebotenen Schutz zu gewährleisten.

(2) Der Anspruch nach Absatz 1 ist ausgeschlossen, wenn die Inanspruchnahme im Einzelfall unverhältnismäßig ist.

(3) [1]Die Verpflichtung zur Vorlage der in Absatz 1 bezeichneten Urkunden kann im Wege der einstweiligen Verfügung nach den §§ 935 bis 945 der Zivilprozessordnung angeordnet werden, wenn der Schadensersatzanspruch offensichtlich besteht. [2]Das Gericht trifft die erforderlichen Maßnahmen, um den Schutz vertraulicher Informationen zu gewährleisten. [3]Dies gilt insbesondere in den Fällen, in denen die einstweilige Verfügung ohne vorherige Anhörung des Gegners erlassen wird.

(4) § 811 des Bürgerlichen Gesetzbuchs sowie § 140b Abs 8 gelten entsprechend.

Voß

---

123 Anton Piller KG v Manufacturing Processes Ltd 1976 F.SR. 129; House of Lords *Rank Film Distributors Ltd v Video Information Centre* 1981 F.SR 363 = GRUR Int **82**, 262.
124 Vgl dazu BVerfG NJW **81**, 1431 und in GRUR Int: Stauder **82**, 226; Götting **88**, 729; U. Krieger **97**, 421, 424.
125 Jaeckel FS 80 J. PatentG in Düsseldorf 2016, 205.
126 Schönknecht GRUR-Int **11**, 1000; vgl OLG Düsseldorf Beschl v 25.04.2018 – I-2 W 8/18, GRUR-Prax **18**, 270 *Akteneinsicht im FRAND-Verfahren*.

Übersicht

Geltungsbereich		1
Europäisches Patentrecht		2
Literatur		3
Kommentierung zu § 140d PatG		
I.	Zweck	4
II.	Voraussetzungen des Anspruchs	5
1	Anspruchsberechtigter und -verpflichteter	5
2	Schadensersatzanspruch gemäß § 139 Abs 2	6
3	Im gewerblichen Ausmaß begangene Rechtsverletzung	7
4	Bank-, Finanz- und Handelsunterlagen	8
5	Verfügungsgewalt des Verletzers	9
6	Gefährdung der Anspruchsdurchsetzung	10
7	Erforderlichkeit	11
8	Kein Ausschluss des Anspruchs	12
III.	Inhalt des Anspruchs	14
1	Vorlage der Unterlagen	14
2	Zugang zu den Unterlagen	16
3	Vertrauliche Informationen	17
IV.	Verfahrensrechtliche Durchsetzung	19
1	Klage	19
1.1	Klageantrag	20
1.2	Darlegungs- und Beweislast	21
2	Vorläufiger Rechtsschutz	22
V.	Beweisverwertungsverbot	24
VI.	Arrest	25

Geltungsbereich: Das Gesetz zur Verbesserung der Durchsetzung von Rechten des geistigen Eigentums (**DurchsetzungsG**) vom 7.7.2008 (BGBl I 1191 = BlPMZ 08, 274, abgedruckt im Anhang 8) hat die §§ 140a und 140b durch die §§ 140a bis 140e ersetzt. Die Änderung durch das DurchsetzungsG ist am 1.9.2008 in Kraft getreten.
Zeitlich gilt § 140d mangels besonderer Überleitungsbestimmungen nur für solche Entstehungstatbestände, die nach Inkrafttreten der Bestimmung am 1.9.2008 verwirklicht worden sind.[1]
§ 810 BGB bleibt neben § 140d anwendbar, ist wegen seiner einschränkenden Anspruchsvoraussetzungen praktisch aber ohne Bedeutung.

Europäisches Patentrecht: § 140d ist gemäß Art 64 EPÜ auch auf europäische Patente anwendbar. 2

Lit: Dörre/Maaßen GRUR-RR 08, 217. 3

I. Zweck

§ 140d normiert einen materiell-rechtlichen Vorlageanspruch und bezweckt, die zwangsweise Durchsetzung und Erfüllung eines bestehenden Schadensersatzanspruchs wegen Patentverletzung im Inland zu ermöglichen. In Abgrenzung dazu zielt § 140c darauf ab, einen mutmaßlichen Verletzungssachverhalt, dessen Umfang sowie die daraus resultierenden Ansprüche erst aufzuklären und entsprechende Beweise für Anspruchsgrund und -höhe zu sichern.

---

1 BGH GRUR 2009, 515 *Motorradreiniger*.

II. Voraussetzungen des Anspruchs

1 Anspruchsberechtigter und -verpflichteter

5 Aktiv- und Passivlegitimiert sind der Verletzte und der Verletzer, s § 139 Rdn 5 ff.

2 Schadensersatzanspruch gemäß § 139 Abs 2

6 Der Verletzer muss dem Verletzten zum Schadensersatz aus § 139 (2) verpflichtet sein. Dies muss positiv feststehen, bloße Wahrscheinlichkeit genügt nicht. Eines Vollstreckungstitels bedarf es nicht, auch keines Feststellungsurteils. Zu den Voraussetzungen des Schadensersatzanspruchs vgl § 139 Rdn 90 ff.

3 Im gewerblichen Ausmaß begangene Rechtsverletzung

7 Der Begriff stammt aus Art 9 (2) der RiLi 2004/48/EG.[2] Zur Bedeutung vgl § 140c Rdn 42.

4 Bank-, Finanz- und Handelsunterlagen

8 können zB sein: Kontoauszüge, Buchführungsunterlagen, Buchungsbelege, Bilanz, Jahres- und Einzelabschluss, Inventar, Handelsbriefe, Kreditverträge (zu Gunsten oder zu Lasten des Schuldners), Kosten- und Gewinnkalkulationen. Auf ihre äußere Form kommt es nicht an; sie können in Papierform oder elektronisch gespeichert vorliegen.

5 Verfügungsgewalt des Verletzers

9 Die Unterlagen müssen sich in der Verfügungsgewalt des Anspruchsgegners (nicht: eines unbeteiligten Dritten) befinden. Verlangt ist eine Rechtsposition, kraft derer Unterlagen ggf herausverlangt und zur Einsicht vorgelegt werden können bzw dem Berechtigten – ohne Vorlage – auf andere geeignete Weise Zugang zu den betreffenden Unterlagen (dh ihrem Inhalt) gewährt werden kann. Dies setzt regelmäßig bestimmte Form von Besitz voraus (s § 140c Rdn 17).

6 Gefährdung der Anspruchsdurchsetzung

10 Ohne Vorlage der Bank-, Finanz- und Handelsunterlagen bzw Zugang zu ihrem Inhalt muss die Erfüllung des Schadensersatzanspruchs gegen den Schuldner – ganz oder teilweise – fraglich sein. Davon kann nur gesprochen werden,[3] wenn (a) der Gläubiger den Schuldner ernsthaft zur Erfüllung aufgefordert hat (dies muss nicht notwendig beziffert oder gerichtlich, zB mit Mahnbescheid oder Höheklage, geschehen; die Anspruchshöhe muss aber wenigstens so weit feststehen, dass hinsichtlich eines Mindestschadens die weiteren, nachfolgend zu erörternden Voraussetzungen beurteilt werden können), (b) der Schuldner die Schadensersatzleistung (ausdrücklich oder konkludent durch Nichtzahlung, unberechtigtes Bestreiten des Verletzungsvorwurfs, hinhaltende Erklärungen oder dgl) mindestens teilweise zurückgewiesen hat, (c) der (verbleibende) Schadensersatzanspruch nach den finanziellen Verhältnissen des Schuldners im Zeitpunkt der der Entscheidung zugrunde liegenden Verhandlung mindestens in einem gewissen Umfang realisierbar erscheint (woran es fehlt, wenn – zB aufgrund

---

2 ABl L 195/16 v 2.6.2004.
3 Vgl Amtl Begr BT-Drucks 16/5048 S 41.

ratenfreier PKH-Bewilligung – feststeht, dass der Schuldner vermögenslos ist), **(d)** der Gläubiger keine ausreichenden Kenntnisse über das der *inländischen* Zwangsvollstreckung unterliegende Vermögen des Schuldners besitzt, um seine Schadensersatzforderung durchsetzen zu können (was auch dann der Fall ist, wenn dem Gläubiger zwar Vollstreckungsobjekte des Schuldners bekannt sind, diese jedoch nicht werthaltig sind oder nicht ausreichen, um den Schadensersatzanspruch in voller Höhe zu befriedigen), **(e)** aufgrund dessen die Prognose gerechtfertigt ist (nicht: die Gewissheit besteht), dass der Gläubiger seine Schadensersatzforderung zumindest teilweise im Inland nicht wird realisieren können (woran es fehlt, wenn dem Gläubiger hinreichende und mit vertretbarem Aufwand verwertbare Zugriffobjekte bekannt sind, die in absehbarer Zeit – zB anlässlich eines bevorstehenden Messeauftritts des Schuldners – ins Inland verbracht werden).

7 Erforderlichkeit

Die Unterlagen müssen erforderlich sein, um den bestehenden Schadensersatzanspruch durchzusetzen, insbes dem Gläubiger bislang unbekannte Vermögenswerte aufzudecken. Sie müssen hierzu **(a)** aufgrund ihres Inhalts objektiv *geeignet* sein. Dies ist auch dann zu bejahen, wenn mittels der Unterlagen Anhaltspunkte (nur) für ausländische Zugriffsobjekte gegeben sind. Die Unterlagen müssen außerdem **(b)** zur Erleichterung der Rechtsverfolgung *notwendig* sein. Daran fehlt es, wenn dem Gläubiger zur selben Zeit andere Erkenntnisquellen zur Verfügung stehen, die gleichermaßen ergiebig sind und deren vorrangige Ausschöpfung ihm zugemutet werden kann. Letzteres ist zB zu bejahen, wenn der anderweitige Erkenntnisgewinn die einfachere Maßnahme darstellt, die geringere Kosten verursacht. Die Notwendigkeit kann ferner zu verneinen sein, wenn nebeneinander mehrere Unterlagenarten mit demselben Aussagegehalt verlangt werden.

8 Kein Ausschluss des Anspruchs

Der Anspruch ist ausgeschlossen, wenn und soweit die Inanspruchnahme im Einzelfall unverhältnismäßig ist, § 140d (2). Gründe für Unverhältnismäßigkeit sind: **(a)** auf Seiten des Gläubigers zB: geringer Schadensersatzbetrag, dessen Erfüllung zu sichern ist, erhebliche (ggf schon durch erstinstanzliche Vernichtung dokumentierte) Zweifel am Rechtsbestand des Schutzrechts, Nützlichkeit und Grad des Angewiesenseins auf die Vorlagemaßnahme für die Rechtsdurchsetzung; **(b)** auf Seiten des Besichtigungsschuldners zB: erheblicher Umfang des vorzulegenden Materials, Schwere des Besichtigungseingriffs (wertvolle Betriebsgeheimnisse, die nicht durch geeignete Schutzanordnungen gesichert werden können), geringer Verschuldensgrad.

Unverhältnismäßigkeit mit Zurückhaltung zu bejahen, weil sich die Belange des verletzten Rechtsinhabers gegenüber den widerstreitenden Interessen eines rechtswidrig handelnden Verletzers prinzipiell durchsetzen müssen. Nur wenn bei der Gegenüberstellung die – durch Modalitäten der Vorlage nicht abwendbaren – Nachteile des Schuldners das Rechtsverfolgungsinteresse des Gläubigers derart überwiegen, dass ein Beharren auf der Vorlage im Einzelfall missbräuchlich erscheint, kann die Anspruchsdurchsetzung unverhältnismäßig sein.

III. Inhalt des Anspruchs

1 Vorlage der Unterlagen

14 Verletzer ist zur Vorlage der Unterlagen verpflichtet, soweit diese in herausgabefähiger (zB schriftlicher oder auf Datenträger – CD, Diskette – gespeicherter) Form vorliegen. Da eine bloße Einsichtnahme wegen ihrer Flüchtigkeit die erforderliche Erleichterung bei der Anspruchsdurchsetzung nicht bietet, kann im Rahmen der Vorlage idR die vorübergehende Überlassung zur Anfertigung von im Besitz des Gläubigers verbleibenden Kopien verlangt werden. Zum Begriff der Vorlage s § 140c Rdn 36.

15 Bzgl **Vorlegungsort, Gefahr und Kosten** der Vorlage verweist § 140d (4) – genauso wie § 140c (4) – auf § 811 BGB. Wegen der Einzelheiten vgl § 140c Rdn 37.

2 Zugang zu den Unterlagen

16 Kommt eine Vorlage von Unterlagen nicht in Betracht, sei es, weil die Bank-, Finanz- oder Handelsunterlagen nicht in vorzeigefähiger Form vorliegen, sei es, weil eine Vorlage wegen des damit verbundenen Aufwands im Einzelfall nicht zumutbar ist, ist Zugang zu den Unterlagen zu gewähren. Bsp: Umfangreicher Satz elektronischer Geschäftsdaten. »Zugang« bezeichnet jede Maßnahme, die geeignet ist, dem Gläubiger den Unterlageninhalt zugänglich zu machen. Bsp: Gewähren der Einsicht in betriebsinterne Datenbank. Auch hier gilt § 811 BGB entsprechend (vgl Rdn 15).

3 Vertrauliche Informationen

17 Im Interesse des Schuldners sind vertrauliche Informationen zu schützen, aber nur, soweit dadurch das berechtigte Informationsverlangen des Gläubigers nicht vereitelt und ihm das zur Durchsetzung des Schadensersatzanspruchs notwendige Wissen nicht vorenthalten wird.[4] Vielfach wird Geheimnisschutz deshalb nur idS infrage kommen, dass einzelne Informationen der Unterlagen, welche für die Schadensliquidation nicht erforderlich sind, von der Vorlage ausgenommen, zB unkenntlich gemacht werden. Die entsprechenden Maßnahmen sind vom Gericht anzuordnen.

18 Vertrauliche Informationen sind Geschäfts- und Betriebsgeheimnisse des Verletzers, mithin jedes betriebsbezogene technische und kaufmännische Wissen im weitesten Sinne, das allenfalls einem eng begrenzten Personenkreis bekannt ist und von dem sich ein größerer Personenkreis nur unter Schwierigkeiten Kenntnis verschaffen kann, an dessen Geheimhaltung der Unternehmer ein berechtigtes (wirtschaftliches) Interesse hat und in Bezug auf das sein Geheimhaltungswille bekundet worden oder erkennbar ist.[5] Vertraulichkeit muss im Zeitpunkt der Verhandlung (auf die die Entscheidung ergeht) gegeben sein und auch bis zum Zeitpunkt der Vorlage voraussehbar fortbestehen. Für – von Hause aus vertrauliche – Bank-, Finanz- und Handelsunterlagen eines Gewerbetreibenden wird dies generell zutreffen, unabhängig davon, ob zum Gläubiger ein Wettbewerbsverhältnis besteht oder nicht.

---

4 Vgl Amtl Begr BT-Drucks 16/5048 S 42.
5 BGH GRUR 03, 356 (358) *Präzisionsmessgeräte*; 10, 318 (320) = BGHZ **183**, 153 *Lichtbogenschnürung*.

IV. Verfahrensrechtliche Durchsetzung

1 Klage

Anspruch auf Vorlage/Zugang kann isoliert in einem Hauptsacheverfahren verfolgt werden. Vielfach wird Patentverletzungsrechtsstreit vorausgegangen sein; anders, wenn sich der Verletzer wegen des Schadensersatzanspruchs außergerichtlich unterworfen hat. Sollten die Voraussetzungen des § 140d (1) ausnahmsweise bereits zu diesem Zeitpunkt erfüllt sein, kann der Vorlageanspruch auch neben den sonstigen Ansprüchen wegen Schutzrechtsverletzung im gewöhnlichen Patentverletzungsprozess geltend gemacht werden.

1.1 Klageantrag muss die Unterlage so eindeutig bezeichnen, dass Zweifel über die Identität des Vorlegungsgegenstandes nicht aufkommen können. Sofern mehr als das Vorzeigen der Unterlagen begehrt wird (zB Überlassung zur Anfertigung von Ablichtungen, Zugang statt Vorlage) müssen auch die betreffenden Maßnahmen konkret angegeben werden.

1.2 Darlegungs- und Beweislast für die den Anspruch begründenden Umstände trägt der Verletzte mit Ausnahme der Darlegung von Umständen zu den finanziellen Verhältnissen des Verletzers, die im Zeitpunkt der letzten mündlichen Verhandlung einen Schadensersatzanspruch nicht mehr als erfüllbar erscheinen lassen. Diese und die Gründe für einen Ausschluss des Anspruchs hat der Verletzte ebenso darzulegen und zu beweisen wie etwaige Geheimhaltungsinteressen iSv § 140d (1) 2.

2 Vorläufiger Rechtsschutz

§ 140d (3) S 1 lässt die Rechtsverfolgung im einstweiligen Verfügungsverfahren zu, um effektive Möglichkeiten zu schaffen, dass der Verletzte schnell auf die Vermögenswerte zugreifen kann, ohne dass der Verletzer während eines Hauptsacheverfahrens die entsprechenden Unterlagen dem Zugriff entziehen könnte und der Anspruch ins Leere liefe.[6] Voraussetzung ist allerdings, dass die Schadensersatzhaftung des Schuldners »offensichtlich« ist. Dies verlangt, dass die Anspruchsvoraussetzungen des § 139 (2) im Rechtlichen und im Tatsächlichen in einem solchen Maße gesichert sind, dass vernünftige Zweifel nicht verbleiben und eine andere Entscheidung in einem späteren Hauptsacheprozess praktisch nicht möglich ist.[7] Ein erstinstanzlicher Schadensersatztitel ist nur dann ausreichend, wenn ein Rechtsmittel offensichtlich erfolglos ist.[8] Ist dies der Fall, fingiert § 140d (3) S 1 die erforderliche Dringlichkeit und lässt eine Vorwegnahme der Hauptsache zu. Das gilt – ungeachtet des insoweit nicht ganz klaren Wortlauts von S 1 – nicht nur für den Vorlageanspruch, sondern auch für den Anspruch auf Zugang zu den Unterlagen. Abgesehen von der Dringlichkeit müssen alle übrigen Voraussetzungen für den Erlass einer einstweiligen Verfügung, insbesondere das Vorliegen eines Verfügungsanspruchs nach § 140d (1), vom Antragsteller dargelegt und glaubhaft gemacht werden. Von einer vorherigen Anhörung des Schuldners kann – und wird zur Vermeidung von Manipulationen – abgesehen werden (§ 140c (3) S 3).

---

6 Vgl Amtl Begr BT-Drucks 16/5048 S 42.
7 OLG Hamburg InstGE **8**, 11 *Transglutaminase*.
8 OLG Frankfurt GRUR-RR **12**, 197 *Vorlage von Bankunterlagen*.

23 Ergeht eine Vorlageanordnung im Verfahren des vorläufigen Rechtsschutzes (§ 140d (3) S 1) ohne vorherige Anhörung des Verletzers (§ 140d (3) S 3), muss vorsorglicher Geheimnisschutz gewährleistet sein, bis der Schuldner Gelegenheit zur Stellungnahme hatte. Als Maßnahmen kommen in Betracht: Vorlage zunächst nur an das Gericht, welches unter Berücksichtigung der nachträglichen Einwendungen des Schuldners über die Freigabe der Unterlagen an den Gläubiger sowie deren Art und Umfang entscheidet; Einschaltung eines zur Verschwiegenheit verpflichteten Sachverständigen (insbes wenn der Zugang zu den Unterlagen anders als durch Vorlage gewährt wird). Endgültiger Geheimnisschutz kann gewährt werden durch Schwärzen vertraulicher Passagen der Unterlage, sofern dies ohne sinnentstellende Verkürzung des offenbarungspflichtigen Unterlageninhalts möglich ist, ggf sogar durch Sichtung und Auswertung des Materials allein durch einen Sachverständigen.

V. Beweisverwertungsverbot

24 § 140d (4) ordnet ebenso wie § 140c (4) unter Bezugnahme auf § 140b (8) ein Beweisverwertungsverbot an (siehe dazu im Einzelnen § 140c Rdn 90).

VI. Arrest

25 Auf Vermögenswerte, die durch den Vorlageanspruch zur Kenntnis des Gläubigers gelangen, kann im Wege der Zwangsvollstreckung zugegriffen werden, sofern bereits ein (zumindest vorläufig) vollstreckbarer Schadensersatztitel vorliegt. Anderenfalls kann die spätere Vollstreckung in die bekannt gewordenen Vermögensgegenstände aufgrund eines erst noch zu erwirkenden Titels durch dinglichen Arrest in das bewegliche und unbewegliche Vermögen des Schuldners (§§ 916 ff ZPO) gesichert werden.

26 **Antrag/Tenor:** »Wegen und in Höhe eines Schadensersatzanspruchs wegen Verletzung des deutschen Patents ... durch ... (Bezeichnung der angegriffenen Ausführungsform) sowie der auf ... € veranschlagten Kosten wird der dingliche Arrest in das Vermögen des Schuldners angeordnet.«

27 Gläubiger hat einen Arrestanspruch (§ 916 ZPO) und einen Arrestgrund (§ 917 ZPO) glaubhaft zu machen, Ausnahme: § 921 ZPO. Arrestanspruch ist die Schadensersatzforderung gemäß § 139 (2). Arrestgrund (§ 917 ZPO) setzt die Besorgnis voraus, dass es ohne die Verhängung des Arrestes die Vollstreckung des (künftigen) Schadensersatztitels vereitelt oder wesentlich erschwert werden würde. Hiervon ist auszugehen, wenn die Vollstreckung im Ausland erfolgen müsste und die Gegenseitigkeit nicht verbürgt ist (§ 917 (2) ZPO). **Bsp:** Monaco, Russische Föderation; **nicht:** Mitgliedstaaten von EuGVÜ, EuGVVO, LugÜ, VR China, Taiwan, Japan, Kanada, Süd-Korea; **zersplittert** ist die Rechtslage in den USA.[9] Wo § 917 (2) ZPO nicht eingreift (mangels Auslandsvollstreckung oder weil Gegenseitigkeit verbürgt ist), müssen *konkrete* Anhaltspunkte für Vollstreckungsgefährdung glaubhaft gemacht werden, zB: Beiseiteschaffen oder Verschleudern von Vermögensstücken, insbes ins Ausland, Verschleierung ihres Verbleibs, verschwenderisches Geschäftsgebaren, Aufgabe oder ständiger Wechsel des Geschäftssitzes, insbes ins Ausland. Unzureichend sind: Allgemein schlechte Vermö-

---

9 Zu Einzelheiten vgl die Länderliste in: Zöller, Anhang V.

genslage des Schuldners, Konkurrenz anderer Gläubiger. Über die Feststellung der Gefährdungslage hinaus findet – anders als im einstweiligen Verfügungsverfahren – keine Interessenabwägung mit den Belangen des Gläubigers statt.

Der Arrestbefehl stellt selbst einen Vollstreckungstitel dar, aus dem – *ohne* Vollstreckungsklausel und *ohne* vorherige Zustellung – Maßnahmen der Zwangsvollstreckung gegen den Schuldner ergriffen werden können. Sämtliche Vollstreckungsmöglichkeiten sind eröffnet, allerdings mit der Maßgabe, dass mit ihnen nur eine Sicherung und keine endgültige Verwertung des Vollstreckungsgutes erfolgt. Bsp: (a) Pfändung von Sachen; keine Veräußerung, sondern Verwahrung bzw Hinterlegung; (b) Pfändung von Forderungen; keine Überweisung an den Gläubiger; (c) Eintragung einer Sicherungshypothek auf Grundstück. 28

§ 140e Öffentliche Bekanntmachung des Urteils

¹Ist eine Klage auf Grund dieses Gesetzes erhoben worden, so kann der obsiegenden Partei im Urteil die Befugnis zugesprochen werden, das Urteil auf Kosten der unterliegenden Partei öffentlich bekannt zu machen, wenn sie ein berechtigtes Interesse darlegt. ²Art und Umfang der Bekanntmachung werden im Urteil bestimmt. ³Die Befugnis erlischt, wenn von ihr nicht innerhalb von drei Monaten nach Eintritt der Rechtskraft des Urteils Gebrauch gemacht wird. ⁴Der Ausspruch nach Satz 1 ist nicht vorläufig vollstreckbar.

Voß

Übersicht

	Geltungsbereich...............................	1
	Europäisches Patentrecht........................	2
	Literatur.....................................	3
	Kommentierung zu § 140e PatG	
I.	Zweck......................................	4
II.	Voraussetzungen.............................	5
1	Klage aufgrund dieses Gesetzes................	5
2	Urteil......................................	6
3	Obsiegende Partei...........................	7
4	Berechtigtes Interesse........................	8
5	Antrag.....................................	13
III.	Rechtsfolgen................................	14
1	Inhalt der Entscheidung......................	14
1.1	Art und Umfang der Urteilsbekanntmachung ...	15
1.2	Kosten.....................................	16
2	Rechtswirkungen der Entscheidung............	17
2.1	Formelle Rechtskraft der Entscheidung.........	18
2.2	Erlöschen der zuerkannten Bekanntmachungsbefugnis.....	19
2.3	Urteilsveröffentlichung außerhalb der sachlichen oder zeitlichen Grenzen...............................	21

§ 140e Öffentliche Bekanntmachung des Urteils

1 **Geltungsbereich:** Das Gesetz zur Verbesserung der Durchsetzung von Rechten des geistigen Eigentums (**DurchsetzungsG**) vom 7.7.2008 (BGBl I 1191 = BlPMZ 08, 274, abgedruckt im Anhang 8) hat die §§ 140a und 140b durch die §§ 140a bis 140e ersetzt. Die Änderung durch das DurchsetzungsG ist am 1.9.2008 in Kraft getreten.

2 **Europäisches Patentrecht:** § 140e ist gemäß Art 64 EPÜ auch auf europäische Patente anwendbar.

3 **Lit: in GRUR:** Steigüber 11, 295; Kolb 14, 513; **Lit in GRUR-RR:** Dörre/Maaßen 08, 217.

I. Zweck

4 Die Regelung bezweckt nach Erwägungsgrund 27 der RiLi 2004/48/EG die Abschreckung künftiger Verletzer und die Sensibilisierung der breiten Öffentlichkeit für den gesetzlichen Schutz der Rechte des geistigen Eigentums. Aufgrund ihres rein prozessualen Charakters (str[1]) lässt die in § 140e geregelte Veröffentlichungsbefugnis Bekanntmachungsansprüche aus materiellem Recht zur Beseitigung einer fortwährenden Störung (§ 1004 BGB) oder unter dem Gesichtspunkt des Schadensersatzes (§ 139 (2) oder §§ 823 ff BGB) unberührt.[2]

II. Voraussetzungen

1 Klage aufgrund dieses Gesetzes

5 Damit sind jedenfalls alle Klagen erfasst, die Ansprüche wegen unmittelbarer oder mittelbarer (rechtswidriger) Verletzung eines Patents oder ergänzenden Schutzzertifikats zum Gegenstand haben. Widerklage oder negative Feststellungsklage genügt. Anträge auf Erlass einer einstweiligen Verfügung sind mit Blick auf S 4 ausgeschlossen.[3] In Rspr ungeklärt ist Frage, ob § 140e S 1 auf alle Klagen nach § 143 (1) Bezug nimmt, insbesondere Klagen, die Ansprüche wegen rechtmäßiger Patentbenutzung etwa aus § 33 (1) oder § 24 (6) zum Gegenstand haben. Wortlaut der Regelung lässt weiten Anwendungsbereich vermuten und auch eine richtlinienkonforme Auslegung kann eine engere Auslegung nicht erzwingen.[4] Allerdings findet sich die Regelung im Abschnitt »Rechtsverletzungen«, und Absicht des Gesetzgebers, Art 15 der RiLi 2004/48/EG umzusetzen, der auf Verfahren wegen Verletzung von Rechten des geistigen Eigentums Bezug nimmt, spricht für einschränkende Auslegung. Letztlich wird bei nicht auf Patentverletzung gestützten Klagen regelmäßig das berechtigte Interesse iSv § 140e fehlen.

2 Urteil

6 Gegenstand der Bekanntmachung kann nur ein Urteil sein. In diesem Urteil muss auch Bekanntmachungsbefugnis ausgesprochen werden. Das durch »Klage aufgrund dieses Gesetzes« eingeleitete Verfahren muss daher durch Urteil beendet werden. Feststellung der Erledigung genügt, Beschluss nach § 91a nicht. Ebenso wenig die einem (rechtskräftigen) Urteil gleichstehende Abschlusserklärung nach einstweiliger Verfügung, zumal nicht »im Urteil die Befugnis (zur Veröffentlichung) zugesprochen« werden

---

1 Fitzner/Lutz/Bodewig-Voß § 140e Rn 3; Haedicke/Timmann-Kamlah § 10 Rn 268, jeweils *mwN.*
2 BGH GRUR 67, 362 *Spezialsalz* (zu § 23 (2) UWG aF).
3 OLG Frankfurt NJW-RR 96, 423 (zu § 103 UrhG).
4 So Haedicke/Timmann-Kamlah § 10 Rn 271.

kann. Allerdings ist Durchsetzung ihrer Veröffentlichung auf materiell-rechtlicher Grundlage unbenommen.

3 Obsiegende Partei

Zur Bekanntmachung befugt sein kann sowohl Verletzer als auch Verletzter. § 140e ist für beide Parteien anwendbar. Maßgeblich ist ein Obsiegen in der Hauptsache bezüglich eines Antrags wegen Patentverletzung, auch das Obsiegen bei einer bloßen Schadensersatzklage genügt.[5] Bei teilweisem Obsiegen und teilweisem Unterliegen in der Hauptsache kann die Veröffentlichungsbefugnis beiden Parteien zugesprochen werden. Nicht berechtigt ist der beigetretene Nebenintervenient, weil dieser in der Hauptsache keine Verurteilung erstreiten kann.[6]

4 Berechtigtes Interesse

Bekanntmachungsbefugnis kann nur bei berechtigtem Interesse an der Urteilsveröffentlichung zugesprochen werden, da sich aus der Veröffentlichung erhebliche Nachteile für die unterlegene Partei ergeben können; erforderlich ist insofern Abwägung der durch die Veröffentlichung bzw Nichtveröffentlichung entstehenden Vorteile der einen und Nachteile der anderen Partei.[7] Ausgehend von den in Erwägungsgrund 27 der RiLi 2004/48/EG genannten Zwecken sind zwar Aspekte der Generalprävention und Öffentlichkeitsinformation zu berücksichtigen. Gleichwohl geht es bei der Urteilsbekanntmachung nicht um Bestrafung oder Demütigung durch öffentliche Bloßstellung.[8] Da generalpräventive und informative Aspekte bereits jeder Urteilsveröffentlichung innewohnen, diese aber nicht zwingende Folge jeder mit Urteil geahndeten Patentverletzung ist, wird im Rahmen der Interessenabwägung maßgeblich zu berücksichtigen sein, ob und wie weit die Beseitigung eines fortdauernden Störungszustandes durch Information erreicht werden kann.[9] Das berechtigte Interesse setzt deshalb voraus, dass die Bekanntmachung des Urteils hierzu (a) nach den Verhältnissen im *Zeitpunkt der* letzten Tatsachen*verhandlung*[10] (b) objektiv *geeignet* und (c) in Anbetracht des mit der Bekanntmachung verbundenen Eingriffs in den Rechtskreis des Anspruchsgegners und eines etwaigen Aufklärungsinteresses der Allgemeinheit *erforderlich* ist.[11] Die Urteilsbekanntmachung muss insofern verhältnismäßig sein.

Gesichtspunkte bei der Interessenabwägung sind: (a) Art, Dauer und Ausmaß der Beeinträchtigung, (b) Schwere der Schuld, (c) Beachtung des bekanntmachungspflichtigen Sachverhaltes in der Öffentlichkeit, (d) bis zur Entscheidung seither verstrichene Zeit, (e) Informationsinteresse der Öffentlichkeit, (f) Folgen einer Bekanntmachung für den Anspruchsgegner (und dessen Geschäftsbetrieb).[12] Im Rahmen der Abwägung

---

5 OLG Frankfurt *GRUR* **14**, 296 *Sportreisen* (zu § 19c MarkenG).
6 Zöller, § 67 Rn 1.
7 Amtl Begr BT-Drucks 16/5048, S 42; OLG Düsseldorf Urt v 14.3.18, I-15 U 49/16, GRUR **18**, 814.
8 Vgl amtl. Begr BT-Drucks 16/5048, S 42.
9 Auch generalpräventive Aspekte einbeziehend: OLG Frankfurt GRUR **14**, 296 *Sportreisen* (zu § 19c MarkenG).
10 BGH GRUR **02**, 799, 801 *Stadtbahnfahrzeug* (zu § 103 UrhG).
11 OLG Düsseldorf Urt v 14.3.18, I-15 U 49/16, GRUR **18**, 814.
12 OLG Düsseldorf Urt v 14.3.18, I-15 U 49/16, GRUR **18**, 814.

sind vor allem auch das Recht der unterlegenen Partei auf informationelle Selbstbestimmung und etwaige sonstige Rechte, in welche die Erteilung der Veröffentlichungsbefugnis eingreifen kann, zu berücksichtigen. Das Erlöschen des Patents ex nunc steht für sich genommen Urteilsbekanntmachung nicht entgegen, da ihre präventiven Zwecke nicht entfallen, kann aber im Rahmen der umfassenden Interessenabwägung zur Verneinung eines berechtigten Interesses führen.[13]

10 **Für Veröffentlichungsbefugnis spricht** ua: (a) erhebliche, nachwirkende Beeinträchtigung, (b) Aufklärungsbedürfnis der Öffentlichkeit etwa wegen eines weit verbreiteten Rechtsirrtums über eine vermeintliche Schutzlücke;[14] Schutzrechtsverletzung wurde von einem nicht unerheblichen Teil der angesprochenen Verkehrskreise aufgrund der Größe und Marktbedeutung des Verletzers bemerkt.[15]

11 **Gegen Veröffentlichungsbefugnis spricht** ua (a) Verletzung droht lediglich, (b) geringes Verschulden, (c) Beeinträchtigung ist abgeschlossen und liegt geraume Zeit zurück,[16] (d) Irreführung der Öffentlichkeit nicht eingetreten oder (e) ausgeräumt durch bereits (zB auf freiwilliger Basis) erfolgte klarstellende Veröffentlichung, (f) Störungsbeseitigung wird bereits durch andere Maßnahme erreicht.[17]

12 **Beweislast:** Umstände, die das berechtigte Interesse begründen, sind von der obsiegenden Partei darzutun und zu beweisen. Für gegenläufige Belange, die einer Veröffentlichung oder einer bestimmten Art/einem bestimmten Umfang der Bekanntmachung entgegenstehen, ist die unterliegende Partei darlegungs- und beweispflichtig.

5 Antrag

13 Voraussetzung für die Bewilligung der Urteilsbekanntmachung ist ein Antrag in dem mit der »Klage aufgrund dieses Gesetzes« eingeleiteten Verfahren. Da das Gericht nach hM hinsichtlich des Ob und Wie der Urteilsbekanntmachung einen Beurteilungsspielraum hat, genügt es, die Befugnis zur Bekanntmachung des Urteils zu beantragen und die Bekanntmachung hinsichtlich Art und Umfang (s Rdn 15) in das Ermessen des Gerichts zu stellen.[18] Dies enthebt die obsiegende Partei jedoch nicht ihrer prozessualen Obliegenheit zur Darlegung von Anknüpfungstatsachen zur Ausübung des richterlichen Ermessens.

III. Rechtsfolgen

1 Inhalt der Entscheidung

14 Begrifflich handelt es sich bei der Urteilsveröffentlichung um die Verlautbarung gegenüber einem größeren, individuell *unbestimmten* Personenkreis. Zugesprochen werden kann nur die Befugnis zu einer Maßnahme, die von der obsiegenden Partei selbst vor-

---

13 Kühnen GRUR 09, 288.
14 BGH GRUR 98, 568, 570 *Beatles-Doppel-CD* (zu § 103 UrhG).
15 OLG Frankfurt GRUR 14, 296 *Sportreisen* (zu § 19c MarkenG).
16 BGH GRUR 67, 362 *Spezialsalz* (zu § 23 (2) UWG aF).
17 BGH GRUR 92, 527 *Plagiatsvorwurf II* (zu § 23 (2) UWG aF).
18 Vgl. OLG Frankfurt GRUR 14, 296 *Sportreisen* (zu § 19c MarkenG).

genommen werden kann.[19] In Betracht kommen zB Anzeige in Printmedien, Erklärung im Rundfunk, Darstellung im Fernsehen. Das Gericht hat im Rahmen der Interessenabwägung einen Beurteilungsspielraum, ob es die Bekanntmachungsbefugnis zuspricht (vgl § 140e S 1: »kann«) und wie das Urteil nach Art und Umfang bekannt zu machen ist (s S 2). Diese Entscheidung ist in der Rechtsmittelinstanz nur eingeschränkt überprüfbar. Das Berufungsgericht soll jedoch nach aA sogar nach eigenem Ermessen Art und Umfang der Veröffentlichung festlegen können, ohne dass es dafür einer Anschlussberufung des Berechtigten bedarf, weil dieser ohnehin nur Anregungen geben könne.[20]

1.1 Art und Umfang der Urteilsbekanntmachung sind im Urteil zu bestimmen. »Art« verlangt Vorgaben hinsichtlich **(a)** des Veröffentlichungsmediums (Zeitschrift, Rundfunk, Fernsehen), **(b)** der Aufmachung der Bekanntmachung (Größe und Position der Anzeige, Dauer und Sendezeit der Rundfunkerklärung); **(c)** einer etwaigen Wiederholungsrate. »**Umfang**« bezieht sich darauf, ob das Urteil als Ganzes (Urteilskopf, Urteilsformel, Tatbestand, Entscheidungsgründe) oder nur in bestimmten Teilen (zB lediglich Urteilsausspruch, Entscheidungsgründe nur auszugsweise) bekannt gemacht werden darf. Welche »Art« und welcher »Umfang« im Einzelfall angemessen sind, entscheidet das berechtigte Interesse der obsiegenden Partei in Abwägung zu den Belangen des Verpflichteten und dem Informationsbedürfnis der Öffentlichkeit.

1.2 Kosten: Das Urteil muss den Ausspruch enthalten, dass das Urteil *auf Kosten* der insoweit unterliegenden Partei bekannt gemacht werden darf. Bei teilweisem Unterliegen und Obsiegen muss entsprechend jede Partei die Kosten der Bekanntmachung durch die andere Partei tragen. Vorschusspflicht in § 140e nicht vorgesehen. Gläubiger hat daher in Vorlage zu treten und muss die verauslagten Beträge (die Kosten der Zwangsvollstreckung sind) gemäß § 788 ZPO geltend machen.

2 Rechtswirkungen der Entscheidung

Durch eine zusprechende Entscheidung ist die obsiegende Partei gerichtlich befugt, das Urteil in dem durch den Urteilsausspruch nach Art und Umfang beschränkten Rahmen öffentlich bekannt zu machen. Umgekehrt ist der Gegner zur Duldung der Bekanntmachung und zur Kostenerstattung verpflichtet. Besonderer Vollstreckungsmaßnahmen unter Zuhilfenahme staatlicher Vollstreckungsorgane bedarf es insoweit nicht. Rechtstechnisch entspricht § 140e insoweit der Ermächtigung zur Ersatzvornahme nach § 887 (1) ZPO, was auch die Kostenfestsetzung und -erstattung nach § 788 ZPO rechtfertigt. Die gerichtliche Befugnis ist zeitlich begrenzt.

2.1 Formelle Rechtskraft der Entscheidung ist erforderlich, um von der gerichtlichen Befugnis in zulässiger Weise Gebrauch zu machen, da S 4 eine vorläufige Vollstreckbarerklärung des Ausspruchs zur Veröffentlichungsbefugnis untersagt. Möglichkeit einer Nichtigkeits- oder Restitutionsklage (§§ 579, 580 ZPO) hindert Vollstreckung der Bekanntmachungsbefugnis nicht.

---

19 OLG Frankfurt GRUR **14**, 296 *Sportreisen* (zu § 19c MarkenG).
20 OLG Frankfurt GRUR **14**, 296 *Sportreisen* (zu § 19c MarkenG).

19 **2.2 Erlöschen der zuerkannten Bekanntmachungsbefugnis:** Nach S 3 erlischt die Befugnis zur öffentlichen Bekanntmachung des Urteils, wenn von ihr nicht innerhalb von 3 Monaten nach Eintritt der Rechtskraft des Urteils Gebrauch gemacht wird. Es handelt sich um von Amts wegen zu beachtende Ausschlussfrist, deren Versäumung kraft Gesetzes zum Rechtsverlust führt. Für die Fristberechnung gelten gemäß § 186 BGB die §§ 187 (1), 188 (2), (3), 193 BGB. Zwar ist die Zustellung des Urteils (§ 750 ZPO) Voraussetzung für die Zwangsvollstreckung (in Form des Gebrauchmachens von der Veröffentlichungsbefugnis). Wo sie nicht Bedingung für den Eintritt der Rechtskraft ist, beginnt die 3-Monats-Frist jedoch auch ohne Zustellung zu laufen.

20 Innerhalb der Frist muss das Urteil nicht bekannt gemacht sein; »Gebrauch machen« von der Veröffentlichungsbefugnis verlangt aber, dass der Berechtigte vor Fristablauf alle diejenigen Schritte unternommen hat, die erforderlich sind, um eine alsbaldige Bekanntmachung des Urteils herbeizuführen (zB Erteilung des Anzeigenauftrages und, soweit gefordert, Vorschusszahlung).

21 **2.3 Urteilsveröffentlichung außerhalb der sachlichen oder zeitlichen Grenzen:** Wird das Urteil bereits vor seiner Rechtskraft veröffentlicht oder von der Bekanntmachung erst nach der 3-Monatsfrist Gebrauch gemacht oder geht die Bekanntmachung über die im Urteil festgelegte Art und den Umfang hinaus, kann sich die Partei nicht mehr mit Erfolg auf die im Urteil ausgesprochene Bekanntmachungsbefugnis berufen. Weder stellt das Urteil eine Grundlage für die Kostenerstattung dar (was es rechtfertigt, die zeitliche Befristung in den Urteilstenor aufzunehmen), noch zwingt es den Gegner zur Duldung der Veröffentlichung. Die Berechtigung zur Urteilsbekanntmachung kann sich dann nur aus anderen Rechtsgrundlagen ergeben (s Rdn 4).

§ 141 Verjährung

¹Auf die Verjährung der Ansprüche wegen Verletzung des Patentrechts finden die Vorschriften des Abschnitts 5 des Buches 1 des Bürgerlichen Gesetzbuchs entsprechende Anwendung. ²Hat der Verpflichtete durch die Verletzung auf Kosten des Berechtigten etwas erlangt, findet § 852 des Bürgerlichen Gesetzbuchs entsprechende Anwendung.

Voß

Übersicht

Geltungsbereich		1
Literatur		2
Kommentierung zu § 141 PatG		
1	Zweck	3
2	Anwendungsbereich	4
3	Verjährungsfrist	8
4	Beginn der Verjährung	13
4.1	Kenntnis	13
4.2	Entstehung des Anspruchs	14

5	Hemmung	16
5.1	Schwebende Verhandlungen	17
5.2	Maßnahmen der Rechtsverfolgung	18
5.3	Keine Hemmung	19
6	Neubeginn der Verjährung	20
7	Prozessuale Geltendmachung	21
8	Restschadensersatzanspruch	22

Geltungsbereich: Art 5 (20) des Gesetzes zur Modernisierung des Schuldrechts vom 26.11.2001 (BGBl I 3138 = BlPMZ 02, 68) hat § 141 neu gefasst. 1
a) Sachlich gilt die Vorschrift auch für ergänzende Schutzzertifikate (§ 16a (2)) und für europäische Patente,[1] da ihnen nach Art 2, 64 EPÜ dieselben Rechte wie nationalen Patenten gewährt werden.
b) In zeitlicher Hinsicht ist die Neuregelung nach Maßgabe von § 147 (1) PatG anwendbar, welcher auf die Überleitungsvorschrift des Art 229 § 6 EGBGB verweist. Wegen der Einzelheiten vgl die Kommentierung zu § 147 Rdn 3 ff.

Lit: Pross FS Schilling 07, 333; Lit in GRUR: Greuner 61, 108; U. Krieger 72, 696; Pietzcker 98 293; Hülsewig 11, 673; Lit in GRUR-Prax: Hülsewig 19, 369; Lit in Mitt: Tetzner 82, 61; Nieder 09, 540; Lit in WRP: Traub 97, 103; Lit in MDR: Fellner 09, 670. 2

1 Zweck

Dem § 141 liegt »der Gedanke zugrunde, dass gewisse tatsächliche Zustände, die längere Zeit unangefochten bestanden haben, im Interesse des Rechtsfriedens und der Rechtssicherheit als zu Recht bestehend anerkannt werden«.[2] 3

2 Anwendungsbereich

§ 141 gilt für alle »Ansprüche wegen Verletzung des Patentrechts«, nämlich: a) Unterlassungsansprüche aus § 139 (1); b) Schadensersatzansprüche aus § 139 (2); c) Auskunftsansprüche (s § 139 Rdn 163) aus § 140b (1) und als Hilfsanspruch zum Schadensersatzanspruch aus §§ 242, 259 BGB;[3] d) Beseitigungsansprüche aus § 1004 BGB analog (s § 139 Rdn 205); e) Vernichtungs- und Rückrufansprüche aus § 140a. 4

Ansprüche aus einer **vertraglichen Unterlassungsverpflichtung** (sog Unterwerfung) in Erfüllung eines patentrechtlichen Unterlassungsanspruchs verjähren ebenfalls nach § 141,[4] weil die Verpflichtung an die Stelle des Unterlassungsanspruchs tritt. Das gilt nicht für den Anspruch auf eine verwirkte **Vertragsstrafe**, weil diese in erster Linie eine Sanktionsfunktion hat[5] (3 Jahre). 5

Für den **Entschädigungsanspruch** aus § 33 (1) enthält § 33 (3) eine Sonderregelung, die weitgehend mit § 141 übereinstimmt. Für den Entschädigungsanspruch aus Art II § 1 (1) 1 IntPatÜG erklärt Art II § 1 (1) 2 IntPatÜG § 141 für entsprechend anwendbar. Zu Einzelheiten vgl § 33 Rdn 10 und § 33 Rdn 24. 6

---

1 BGH MDR 09, 945.
2 BGH GRUR 93, 469 *Mauer-Rohrdurchführungen*; 72, 721 *Kaffeewerbung*.
3 BGH GRUR 72, 558 (IV3) *Teerspritzmaschinen*; BGH Urt v 28.4.92, X ZR 85/89, BeckRS 92, 07996.
4 BGH GRUR 95, 678 *Kurze Verjährungsfrist* (zu § 21 UWG).
5 BGH GRUR 92, 61 *Preisvergleichsliste*; 95, 678 *Kurze Verjährungsfrist*.

7 **Keine Anwendung** findet § 141 auf Ansprüche, die zwar eine Beziehung zum Patent aufweisen, aber keine Ansprüche wegen Verletzung des Patentrechts darstellen. Sie verjähren vielfach innerhalb der 3-Jahresfrist des § 195 BGB, welche durch die absoluten Verjährungsfristen des § 199 (3) und (4) ergänzt wird, nämlich: a) Ansprüche aus Lizenzverträgen; b) originäre Bereicherungsansprüche gemäß § 812 BGB (s § 139 Rdn 189); c) Vergütungsansprüche nach §§ 13 (3), 23 (4), 24 (1), 55; d) Schadensersatzansprüche nach §§ 85 (5) und (6), 142a (5) PatG; §§ 717 (2), 945 ZPO; e) Honoraransprüche der Rechtsanwälte und Patentanwälte; ebenso Schadensersatzansprüche gegen Anwälte wegen Schlechtberatung; f) Ansprüche wegen unberechtigter Verwarnung (s § 139 Rdn 231 ff) oder Patentverrufs infolge abträglicher Äußerungen über das Patent. Innerhalb der 30-Jahresfrist des § 197 BGB verjähren Übertragungs- und Abtretungsansprüche nach § 8 (§ 197 (1) Nr 1 BGB). Für Ansprüche wegen unzulässiger Patentberühmung gilt § 11 UWG.

3 Verjährungsfrist

8 Die Verjährungsfrist bestimmt sich nach § 141 S 1, der auf die BGB-Verjährungsvorschriften verweist.

9 Für jeden Anspruch gilt zunächst eine (kenntnisabhängige und deshalb) relative Verjährungsfrist von 3 Jahren, die mit dem Schluss des Jahres beginnt, in dem der Anspruch entstanden ist und der Gläubiger von den anspruchsbegründenden Tatsachen und der Person des Schuldners Kenntnis erlangt hat, wobei die auf grober Fahrlässigkeit beruhende Unkenntnis der positiven Kenntnis gleich steht (§§ 195, 199 (1) BGB).

10 Ferner gilt eine von der Kenntnis des Gläubigers unabhängige und deshalb absolute Verjährungsfrist, die unterschiedlich lang ist, je nach dem, ob es sich um einen Schadensersatzanspruch oder einen sonstigen Anspruch handelt. Für Schadensersatzansprüche beträgt die absolute Verjährungsfrist 10 Jahre von der Entstehung des Anspruchs an, sowie – unabhängig von der Anspruchsentstehung – 30 Jahre von der Verletzungshandlung an (§ 199 (3) BGB); Verjährung tritt ein mit dem Ablauf derjenigen – relativen oder absoluten – Frist, die im konkreten Einzelfall als erste endet (§ 199 (3) S 2 BGB). Sonstige Ansprüche (zB auf Unterlassung, Vernichtung, Auskunft nach § 140b, originären Bereicherungsausgleich) verjähren absolut in 10 Jahren seit ihrer Entstehung (§ 199 (4) BGB).

11 Der Auskunftsanspruch aus § 242 BGB unterliegt grundsätzlich selbstständig und unabhängig vom Hauptanspruch der allgemeinen Verjährungsfrist.[6] Er ist nicht schon deshalb verjährt, weil der Hauptanspruch, dem er dient, verjährt ist, auch wenn es dann ggf an einem Informationsbedürfnis fehlt.[7] Umgekehrt kann der Auskunftsanspruch aus § 242 BGB aber aus Gründen des Schuldnerschutzes, des Rechtsfriedens und der Rechtssicherheit nicht vor dem Hauptanspruch, dem er dient, verjähren.[8]

---

[6] *BGH Urt v 25.7.2017*, VI ZR 222/16, NJW 2017, 2755 (Rn 8) m.w.Nw.
[7] BGH Urt v 25.7.2017, VI ZR 222/16, NJW 2017, 2755 (Rn 8).
[8] BGH Urt v 25.7.2017, VI ZR 222/16, NJW 2017, 2755; iE ebenso: BGH GRUR 72, 558 (IV) *Teerspritzmaschinen*; BGH Urt v 28.4.92, X ZR 85/89, BeckRS 92, 07996.

4 Beginn der Verjährung

4.1 Kenntnis

oder grob fahrlässige Unkenntnis von den anspruchsbegründenden Umständen und dem Schuldner ist gegeben, wenn eine Klage (zB auf Feststellung) gegen einen bestimmten Dritten (= Kenntnis von Namen und Anschrift[10]) mit einigermaßen sicherer Aussicht auf Erfolg erhoben werden kann.[11] Verdacht[12] genügt nicht. Kenntnis des Umfangs des Schadens ist nicht erforderlich.[13] Rechtsunkenntnis steht dem Beginn nur in Ausnahmefällen entgegen.[14] Grundsätzlich genügt Wissen um die den Anspruch begründenden tatsächlichen Umstände und kommt es nicht auf eine zutreffende rechtliche Würdigung der Tatumstände an.[15] Sie ist nur ausnahmsweise dann zu fordern, wenn die Rechtslage derart unübersichtlich und zweifelhaft ist, dass sie selbst ein Rechtskundiger nicht zuverlässig einzuschätzen vermag.[16] Vorhanden sein muss die Kenntnis beim verletzten Rechtsinhaber (oder den mehreren Berechtigten). Das Wissen seines rechtsgeschäftlichen Vertreters genügt nicht, es sei denn, er ist mit der Geltendmachung von Rechten aus dem Patent beauftragt, so dass sich der Rechtsinhaber dessen Kenntnis als eigene Kenntnis zurechnen lassen muss.[17] Daran fehlt es, wenn eine bloße Lizenzagentur Kenntnis hat.[18]

In Überleitungsfällen nach Art 229 § 6 (4) S 1 EGBGB müssen für den Fristbeginn die subjektiven Voraussetzungen – Kenntnis oder grob fahrlässige Unkenntnis – am 1.1.2002 vorgelegen haben.[19] Die Verjährung setzt alsdann am 1.1.2002 – und nicht erst am 31.12.2002[20] – ein.[21]

4.2 Entstehung des Anspruchs

setzt grundsätzlich voraus, dass der Anspruch fällig ist. Bei den Ansprüchen wegen Verletzung des Patentrechts iSv § 141 ist das regelmäßig im Zeitpunkt der Verletzungshandlung der Fall. Bei wiederholten oder fortgesetzten Handlungen beginnt für jede einzelne schadensstiftende Handlung eine neue, gesonderte Verjährungsfrist, auch wenn weitere gleichartige Handlungen mit identischem Erfolg nachfolgen.[22] Eine rechtsverletzenden Dauerhandlung ist, da ihre Fortdauer fortlaufend neue Schäden und

---

9 Für Schadensersatz- und Entschädigungsanspruch: BGH NJW-RR 89, 215 (II2a); GRUR 03, 900 (III1) *Feststellungsinteresse III*.
10 BGH NJW 98, 988; BGH VersR 95, 551 f.
11 BGHZ 6, 195, 201.
12 RGZ 162, 202, 208.
13 BGHZ 33, 112, 116.
14 BGHZ 6, 195.
15 WM 08, 1077 *Kenntnis von den anspruchsbegründenden Umständen*.
16 WM 08, 1077 *Kenntnis von den anspruchsbegründenden Umständen*.
17 BGH GRUR 98, 133 (IV2a) *Kunststoffaufbereitung*.
18 LG Düsseldorf InstGE 7, 70 *Videosignal-Codierung I*.
19 BGHZ 171, 1, 7 ff; BGH NJW 08, 506.
20 So: Kandelhard, NJW 05, 630.
21 BGH WM 08, 1077 *Kenntnis von den anspruchsbegründenden Umständen*.
22 BGH GRUR 84, 820 (II5a) *Intermarkt II*; 78, 492 (III2c) *Fahrradgepäckträger II*.

damit neue Ersatzansprüche erzeugt, zur Bestimmung des Beginns der Verjährung gedanklich in Einzelhandlungen (also in Tage) aufzuspalten, für die jeweils eine gesonderte Verjährungsfrist läuft.[23]

15   Für Unterlassungsansprüche ordnet § 199 (5) 2 BGB ausdrücklich an, dass an die Stelle der Entstehung des Anspruchs die Zuwiderhandlung tritt, so dass trotz fortbestehender Wiederholungsgefahr die Verjährungsfrist mit der Zuwiderhandlung beginnt. Allerdings setzt jede neue Zuwiderhandlung eine neue Verjährungsfrist in Lauf.

5 Hemmung

16   Die Hemmung der Verjährung bestimmt sich nach §§ 203–211 BGB. Ihre Wirkung liegt darin, dass der Zeitraum, während dessen die Verjährung gehemmt ist, in die Verjährungsfrist nicht eingerechnet wird (§ 209 BGB). Für den Hemmungstatbestand der schwebenden Vergleichsverhandlungen (s Rdn 17) sieht das Gesetz eine Mindestverjährungsrestfrist von 3 Monaten nach dem Ende der Hemmung vor (§ 203 S 2 BGB).

5.1 Schwebende Verhandlungen

17   über den Anspruch oder die anspruchsbegründenden Umstände hemmen den Lauf der Verjährungsfrist, bis eine Partei die Fortsetzung der Verhandlungen verweigert (§ 203 BGB). Der Begriff der Verhandlung ist weit auszulegen.[24] Darunter fällt jeder Meinungsaustausch, wenn der Verletzte annehmen konnte, der Verletzer werde irgendeiner Regelung zustimmen, es sei denn, der Verletzer lehnt von vornherein jede Ersatzpflicht ab.[25] Eine Bereitschaft zum Entgegenkommen muss von Seiten des Verpflichteten nicht signalisiert werden.[26] Die Rechtsprechung zu § 639 II BGB aF ist heranzuziehen.[27] Die Hemmung endet mit dem eindeutigen Abbruch der Verhandlungen[28] (wozu allein nicht ausreicht, dass der Verpflichtete seine Einstandspflicht verneint[29]) oder mit einem Schweigen über den Zeitpunkt hinaus, in dem nach Treu und Glauben spätestens eine Antwort hätte erwartet werden können.[30]

5.2 Maßnahmen der Rechtsverfolgung

18   führen ebenfalls in weitem Umfang zur Hemmung (§ 204 BGB), und zwar: a) die Erhebung (§ 253 ZPO) einer Leistungs- oder Feststellungsklage (auch in Form der Stufenklage;[31] *nicht* aber eine negative Feststellungsklage des Schuldners und die Verteidigung des Gläubigers dagegen[32]) für den ggf durch Auslegung zu ermittelnden[33]

---

23   BGH GRUR 15, 780 *Motorradteile* mwN.
24   BGH NJW 83, 2075; 97, 3447.
25   BGH NJW 07, 587 *Hemmung der Verjährung*; OLG Düsseldorf InstGE 8, 117 *Fahrbare Betonpumpe*.
26   OLG Düsseldorf InstGE 8, 117 *Fahrbare Betonpumpe*.
27   BGH NJW 07, 587 *Hemmung der Verjährung*.
28   BGH NJW 98, 2819.
29   OLG Düsseldorf InstGE 8, 117 *Fahrbare Betonpumpe*.
30   BGH WM 2009, 282; OLG Düsseldorf InstGE 8, 117 *Fahrbare Betonpumpe*.
31   BGH GRUR 58, 149 *Bleicherde*.
32   BGH NJW 12, 3633 *Verjährungshemmung*.
33   BGH NJW-RR 97, 1217.

geltend gemachten Anspruch, der sich aus dem Klageantrag iVm dem vorgetragenen Lebenssachverhalt ergibt;[34] eine Teilklage hemmt die Verjährung nur für den eingeklagten Teil,[35] eine isolierte Auskunftsklage hemmt nicht die Verjährung des zugrunde liegenden Hauptanspruchs auf Entschädigung oder Schadensersatz;[36] **b)** die Zustellung des Antrags auf Durchführung eines selbstständigen Beweisverfahrens für den Anspruch, dessen Voraussetzungen mit dem Beweisantrag beweiskräftig ermittelt werden sollen; das Verfahren endet durch sachliche Erledigung,[37] bei Beweiserhebung durch schriftliches Sachverständigengutachten also durch Gutachtenübersendung bzw Ablauf der Frist zur Erhebung von Einwendungen, ohne dass solche erhoben wurden;[38] wird Sachverständiger angehört, dann grundsätzlich mit Ende der Anhörung;[39] **c)** die Zustellung eines Antrages auf Erlass einer einstweiligen Verfügung für den Anspruch, der gesichert (oder bei Unterlassungsverfügungen erfüllt) werden soll; **d)** der erstmalige Antrag auf Bewilligung von Prozesskostenhilfe für den Anspruch, um dessen klageweise Durchsetzung es geht; **e)** eine Streitverkündung, sofern sie gemäß §§ 72 ff. ZPO zulässig ist und das Rechtsverhältnis erkennen lässt, aus dem der Rückgriffanspruch des Streitverkündeten hergeleitet werden soll.[40] Wesentlich ist, dass die Ansprüche auch vom materiell Berechtigten geltend gemacht werden. Im Fall der Klage ist Berechtigter neben dem ursprünglichen Rechtsinhaber und dessen Rechtsnachfolger auch der gesetzliche oder gewillkürte Prozessstandschafter.[41]

5.3 Keine Hemmung

tritt ein durch **a)** die Verteidigung gegen eine negative Feststellungsklage;[42] **b)** den Antrag auf Unterbreitung eines Vergleichsvorschlages an die Internationale Handelskammer in Paris.[43]

19

6 Neubeginn der Verjährung

Der Neubeginn der Verjährung ist in § 212 BGB geregelt und entspricht in seinen Wirkungen der Unterbrechung gemäß § 217 BGB aF Gründe für den Beginn einer neuen Verjährungsfrist sind **a)** das Anerkenntnis des Schuldners (zB durch Abgabe einer Unterlassungserklärung, auch wenn sie mangels (ausreichender) Vertragsstrafe die Wiederholungsgefahr nicht beseitigt); **b)** der Antrag auf oder die Vornahme von Vollstreckungshandlungen.

20

---

34 BGH GRUR 90, 221 (II3) *Forschungskosten*; 95, 608 (II2) *Beschädigte Verpackung II*; 98, 1041 (II2) *Verkaufsveranstaltung in Aussiedlerwohnheim*; 15, 780 (Rn 25) *Motorradteile* (für Mahnbescheid).
35 BGHZ 66, 147; NJW 78, 1058.
36 RGZ 115, 29; BAG NJW 96, 1693.
37 BGH Mitt 13, 98 (Ls) *Beendigung eines Beweissicherungsverfahrens*.
38 BGH MDR 11, 185.
39 OLG Düsseldorf OLG-Report 09, 486.
40 BGH NJW 08, 519 *Verjährungshemmung durch Streitverkündung*; MDR 10, 232.
41 BGH NJW 10, 2270.
42 BGHZ 72, 28; BGH NJW 72, 159 u 1043.
43 BGH GRUR 93, 469 *Mauer-Rohrdurchführungen*.

§ 141a

7 Prozessuale Geltendmachung

21 Verjährung ist im Rechtsstreit nur auf Einrede (nicht von Amts wegen) zu beachten. Es gelten die allgemeinen Verspätungsvorschriften (§§ 156, 296 ZPO). Ist Verjährung vor dem Schluss der letzten mündlichen Verhandlung 1. Instanz eingetreten, kann die erst im Berufungsverfahren erhobene Einrede nur unter den Voraussetzungen des § 531 ZPO berücksichtigt werden.[44] Anders, wenn nicht nur die Einredeerhebung, sondern auch die zur Verjährung führenden Tatsachen unstreitig sind.[45]

8 Restschadensersatzanspruch

22 Nach Eintritt der Verjährung des Schadensersatzanspruchs gemäß § 139 (2) ist der Schuldner nicht vollständig von der Haftung befreit. Er unterliegt vielmehr einem sog Restschadensersatzanspruch. Durch Verweisung auf § 852 BGB verpflichtet § 141 S 2 den Schuldner, dem Berechtigten dasjenige nach den Vorschriften des Bereicherungsrechts herauszugeben, was er durch die patentverletzenden Handlungen auf dessen Kosten erlangt hat. Es handelt sich um eine Rechtsfolgenverweisung auf §§ 812 ff BGB,[46] weshalb unter den (festzustellenden) tatbestandlichen Voraussetzungen des § 139 (2) lediglich Herausgabe des Erlangten – das ist der Gebrauch des immateriellen Schutzgegenstands – verlangt werden kann.[47] Da dieser nicht herausgegeben werden kann, ist nach § 818 (2) BGB Wertersatz zu leisten. Dieser besteht regelmäßig in einer angemessenen Lizenzgebühr.[48] Als durch die Verletzungshandlung erlangt auf Kosten des Berechtigten ist darüber hinaus ein Gewinn anzusehen, den der Verpflichtete gerade durch die Verletzung des Immaterialgüterrechts oder seine Mitwirkung daran erzielt.[49] Dementsprechend umfasst der akzessorische Anspruch auf Rechnungslegung Angaben zum Gewinn und darüber hinaus solche zu seiner Berechnung und Plausibilisierung, also Angaben zu den Gestehungskosten, zum Umfang der betriebenen Werbung.[50] Der Restschadensersatzanspruch verjährt gemäß § 852 S 2 BGB binnen 10 Jahren seit der Entstehung des Anspruchs, dh der Verletzungshandlung und dem Schadenseintritt, unabhängig von der Anspruchsentstehung binnen 30 Jahren seit der Verletzungshandlung.

§ 141a

Ansprüche aus anderen gesetzlichen Vorschriften bleiben unberührt.

Voß

---

44 BGH GRUR 06, 401 *Zylinderrohr*.
45 BGHZ 166, 29, 31 = NJW-RR 06, 630 *Verjährung*; BGH NJW 08, 1312; aA: BGH GRUR 06, 401 *Zylinderrohr*.
46 BGHZ 71, 86 *Fahrradgepäckträger*; BGH Urt. v. 26.3.19, X ZR 109/16, GRUR 19, 496 *Spannungsversorgungseinrichtung*.
47 BGH Urt. v. 26.3.19, X ZR 109/16, GRUR 19, 496 *Spannungsversorgungseinrichtung*.
48 BGH GRUR 15, 780 *Motorradteile*; Urt. v. 26.3.19, X ZR 109/16, GRUR 19, 496 *Spannungsversorgungseinrichtung*.
49 BGH Urt. v. 26.3.19, X ZR 109/16, GRUR 19, 496 *Spannungsversorgungseinrichtung*; LG Düsseldorf Mitt 00, 458; LG Mannheim InstGE 4, 107 *Mitnehmerorgan*.
50 BGH Urt. v. 26.3.19, X ZR 109/16, GRUR 19, 496 *Spannungsversorgungseinrichtung*.

Übersicht

Geltungsbereich	1
Europäisches Patentrecht	2
Kommentierung zu § 141a PatG	
1 Zweck	3
2 Alternative Anspruchsgrundlagen	4
3 Anwendbares Recht	9

Geltungsbereich: Das Gesetz zur Verbesserung der Durchsetzung von Rechten des geistigen Eigentums (**DurchsetzungsG**) vom 7.7.2008 (BGBl I 1191 = BlPMZ 08, 274, abgedruckt im Anhang 8) hat § 141a eingefügt. Die Änderung durch das DurchsetzungsG tritt am 01.09.08 in Kraft.   **1**

Europäisches Patentrecht: § 141a gilt auch für europäische Patente, da ihnen nach Art 2, 64 EPÜ dieselben Rechte wie nationalen Patenten gewährt werden.   **2**

1 Zweck

Zweck von § 141a ist es, klarzustellen, dass die §§ 139 ff PatG bei Eingriffen in das Patentrecht nicht abschließend sind, sondern daneben andere anspruchsbegründende Vorschriften, insbes solche des allgemeinen Zivilrechts, anwendbar bleiben.   **3**

2 Alternative Anspruchsgrundlagen

Alternative Anspruchsgrundlagen sind zB: **4**

Bestimmungen des Kondiktionsrechts (§§ 812 ff BGB): Sie geben dem Schutzrechtsinhaber einen originären Bereicherungsanspruch auch in Fällen schuldloser Patentverletzung. Wegen der Einzelheiten wird auf die Kommentierung zu § 139 Rn 173 ff verwiesen;   **5**

die §§ 242, 259 BGB als Basis für Auskunfts- und Rechnungslegungsansprüche über § 140b PatG hinaus. Zu Einzelheiten vgl § 139 Rn 148 ff;   **6**

die Vorschriften zur unerlaubten Handlung (§§ 823, 826 BGB) und zur GoA (§§ 687 ff BGB): Sie sind ua für die Erstattung von Abmahnkosten bedeutsam;   **7**

§ 1004 BGB als Grundlage für den Beseitigungsanspruch (vgl hierzu die Kommentierung zu § 139 Rn 183 ff).   **8**

3 Anwendbares Recht

Das anzuwendende Recht richtet sich für jeden Anspruch nach den für ihn allgemein geltenden Vorschriften.   **9**

§ 142 Strafen
(penalties)

(1) ¹Mit Freiheitsstrafe bis zu drei Jahren oder mit Geldstrafe wird bestraft, wer ohne Zustimmung des Patentinhabers oder des Inhabers eines ergänzenden Schutzzertifikats (§§ 16a, 49a)

§ 142   *Strafen*

1. ein Erzeugnis, das Gegenstand des Patents ist oder des ergänzenden Schutzzertifikats (§§ 16a, 49a) ist (§ 9 Satz 2 Nr 1), herstellt oder anbietet, in Verkehr bringt, gebraucht oder zu einem der genannten Zwecke entweder einführt oder besitzt oder
2. ein Verfahren, das Gegenstand des Patents ist (§ 9 Satz 2 Nr 2), anwendet oder zur Anwendung im Geltungsbereich dieses Gesetzes anbietet.

²Satz 1 Nr 1 ist auch anzuwenden, wenn es sich um ein Erzeugnis handelt, das durch ein Verfahren, das Gegenstand des Patents oder des ergänzenden Schutzzertifikats ist, unmittelbar hergestellt worden ist (§ 9 Satz 2 Nr 3).

(2) Handelt der Täter gewerbsmäßig, so ist die Strafe Freiheitsstrafe bis zu fünf Jahren oder Geldstrafe.

(3) Der Versuch ist strafbar.

(4) In den Fällen des Absatzes 1 wird die Tat nur auf Antrag verfolgt, es sei denn, dass die Strafverfolgungsbehörde wegen des besonderen öffentlichen Interesses an der Strafverfolgung ein Einschreiten von Amts wegen für geboten hält.

(5) ¹Gegenstände, auf die sich die Straftat bezieht, können eingezogen werden. ²§ 74a des Strafgesetzbuches ist anzuwenden. ³Soweit den in § 140a bezeichneten Ansprüchen im Verfahren nach den Vorschriften der Strafprozessordnung über die Entschädigung des Verletzten (§§ 403 bis 406c) stattgegeben wird, sind die Vorschriften über die Einziehung nicht anzuwenden.

(6) ¹Wird auf Strafe erkannt, so ist, wenn der Verletzte es beantragt und ein berechtigtes Interesse daran dartut, anzuordnen, dass die Verurteilung auf Verlangen öffentlich bekanntgemacht wird. ²Die Art der Bekanntmachung ist im Urteil zu bestimmen.

(7) Soweit nach § 139 Absatz 1 Satz 3 ein Unterlassungsanspruch ausgeschlossen ist, wird der Verletzer nicht nach den Absätzen 1, 2 oder 3 bestraft.

Rinken

Übersicht

	Geltungsbereich	1
	Europäisches Patentrecht	2
	Literatur	3
	Kommentierung zu § 142 PatG	
1	Bedeutung	4
2	Objektiver Tatbestand	5
3	Subjektiver Tatbestand	9
4	Rechtswidrigkeit	10
5	Täter	11
6	Strafantrag	12
7	Verfahren	15
8	Strafe	16
8.1	Verjährung	17
8.2	Einziehung von Gegenständen	18
8.3	Veröffentlichung der Verurteilung	19

Geltungsbereich: § 142 entspricht dem früheren § 49 PatG aF Art 8 Nr 64 des 1. GPatG hat § 142 (1) und (3) 1 neu gefasst. Art 4 Nr 2 des Produktpirateriegesetzes v 7.3.90 (BGBl I 422 = BlPMZ 90, 161) hat die Strafdrohung auf 3 Jahre erhöht und die bisherigen Absätze 2 u 3 durch die neuen Absätze 2 bis 6 ersetzt. Art 1 Nr 6 des 1. PatÄndG v 23.3.93 (BGBl I 366 = BlPMZ 93, 171) erstreckt den strafrechtlichen Schutz auf die ergänzenden Schutzzertifikate. Durch das 2. Patentrechtsmodernisierungsgesetz ist Abs. 7 hinzugefügt worden.

Europäisches Patentrecht: § 142 gilt gemäß Artt 2 (2), 64 EPÜ auch für europäische Patente. Nach Art 74 GPÜ ist § 142 auf die Verletzung eines Gemeinschaftspatents anwendbar.

Lit: von Gravenreuth Das Plagiat aus strafrechtlicher Sicht 1986; Heinrich Die Strafbarkeit der unbefugten Vervielfältigung und Verbreitung von Standardsoftware Diss Tübingen 1992; Leitner/Rosenau Wirtschafts- und Steuerstrafrecht 2017; Lit in GRUR: Witte 58, 419; von Gravenreuth 83, 349; 85, 416; Lührs 94, 264; Kröger/Bausch 97, 321; Mes 00, 934; Hoppe-Jänich 14, 1163; Lit in GRUR Int: Cremer 02, 511; Lit in GRUR-Prax: Zhu 21, 193; Lit in CR: Braun 94, 726; Sieber 95, 1110; Lit in ZRP: Müller/Wabnitz 90, 429; Lit in NJW-Spezial: Beukelmann 08, 664.

1 Bedeutung:

Die praktische Bedeutung des § 142 ist gering, da ein Strafantrag kaum gestellt wird. In Fällen der Produktpiraterie erscheint eine stärkere Einbindung der Strafverfolgungsbehörden angezeigt.[1]

Gemäß dem RegE zum 2. PatentrechtsmodernisierungsG ist die Einfügung des § 142 (7) zur Vermeidung von Wertungswidersprüchen mit dem § 139 (1) 3 n.F. erforderlich. In Anbetracht seiner Rechtsnatur soll § 142 (7) lediglich einen persönlichen Strafausschließungsgrund für den Quasi-Verletzer bilden, der ihn für die Dauer des Ausschlusses des Unterlassungsanspruchs wegen Unverhältnismäßigkeit straflos stellt, ohne die Rechtswidrigkeit seines patentverletzenden Handelns aufzuheben.[2]

2 Objektiver Tatbestand:

Der objektive Tatbestand setzt die Verletzung eines – nicht notwendig bereits rechtskräftig – erteilten Patents (nicht einer bloß offen gelegten Anmeldung) durch Handlungen entgegen § 9 S 2 Nr 1–3 voraus. Ein Erlöschen des Patents mit Wirkung ex nunc hindert die Strafbarkeit von zuvor begangenen Verletzungen nicht.[3] Ein rückwirkender Wegfall des Patents ist Wiederaufnahmegrund nach § 359 Nr 3 StPO.[4] Den Tatbestand des § 142 erfüllen nicht: a) eine mittelbare Patentverletzung gemäß § 10, da die Vorschriften über Anstiftung, Beihilfe und Mittäterschaft des StGB iVm den strafbewehrten unmittelbaren Verletzungstatbeständen ausreichen;[5] b) eine Benutzung, der der Patentinhaber zugestimmt hat, da ein tatbestandsausschließendes Einverständnis gegeben ist;[6] c) eine Benutzung, die erst nach Erschöpfung des Patentrechts aufgenommen wurde.

Der Täter muss den Erfindungsgedanken tatsächlich benutzt haben. Maßgebend dafür ist der **Schutzbereich des Patents** gemäß § 14. Liegen die Voraussetzungen der §§ 11–13 vor, ist der Tatbestand des § 142 nicht erfüllt. Auch eine äquivalente Patentverlet-

---

1 Vgl. Hansen/Wolff-Rojczyk GRUR 07, 468, 469.
2 Eingehend dazu Zhu, in: GRUR-Prax 21, 193, 196.
3 Busse/Keukenschrijver § 142 Rn 15.
4 Pitz, in: Fitzner/Lutz/Bodewig § 142 Rn 8.
5 Amtl Begr zum 1. GPatG BlPMZ 79, 290.
6 OLG Düsseldorf Mitt 98, 372 zu § 14 MarkenG.

zung ist strafbar, insbesondere steht das Analogieverbot gem Art 103 (2) GG nicht entgegen.[7]

7 Der Strafrichter ist an das Patent in seiner erteilten Fassung gebunden (Art 97 GG, Prinzip der Gewaltenteilung). Er kann das Strafverfahren im Falle des Einwandes fehlender Rechtsbeständigkeit gem § 262 (2) StPO analog aussetzen.[8]

8 **Gewerbsmäßiges Handeln** ist nach § 142 (2) strafverschärfend. Entscheidend ist die Absicht des Täters, sich eine dauernde Einnahme zu schaffen, nicht ein tatsächlich erzielter Gewinn.

3 Subjektiver Tatbestand:

9 Die strafbare Patentverletzung muss vorsätzlich begangen sein. Bedingter Vorsatz genügt, Fahrlässigkeit nicht. **Irrtum** über Bestehen und Tragweite eines Patents schließt nach h.M. Vorsatz aus.[9] Die Regelung in § 9 Satz 2 Nr 2 »wenn es auf Grund der Umstände offensichtlich ist, dass ...« ist in § 142 (1) 1 Nr 2 bewusst nicht aufgenommen, da sie dem Bereich der Fahrlässigkeit zuzuordnen ist und einer nach Möglichkeit zu vermeidenden objektiven Strafbarkeitsbedingung nahekommt.[10]

4 Rechtswidrigkeit

10 Es gelten die allgemeinen zivil- und strafrechtlichen Rechtfertigungsgründe.[11]

5 Täter:

11 Täter kann nur eine natürliche Person sein, nämlich: **a)** jeder zur Benutzung des Patents Nichtberechtigte, insbesondere auch Mitinhaber;[12] **b)** bei juristischen Personen deren Vertreter oder Organe gemäß § 14 StGB; **c)** ein Mittäter, Anstifter, Gehilfe gemäß §§ 25–27 StGB. **Kein Täter ist: a)** Der Patentinhaber selbst, auch wenn er ausschließliche Lizenz erteilt hat; **b)** der mittelbare Patentverletzer, es sei denn, er ist mittelbarer Täter im strafrechtlichen Sinne.

6 Strafantrag:

12 Strafantrag kann stellen: Der im Register eingetragene Patentinhaber, der ausschließliche Lizenznehmer, Nießbraucher, Pfandgläubiger, der Insolvenzverwalter, der Erbe des Verletzten oder sein gesetzlicher Vertreter gemäß § 77 (2) und (3) StGB, der Inlandsvertreter (§ 25 S 2). Antragsfrist: 3 Monate nach Kenntnis von der Handlung und der Person des Täters (§ 77b (2) StGB). Im Zweifel bezieht sich der Antrag auf alle Verletzungsfälle und Täter, er ist aber in sachlicher und persönlicher Hinsicht beschränkbar.

---

7 Busse/Keukenschrijver § 142 Rn 10 f.
8 Cremer GRUR Int. 02, 511, 515.
9 Benkard//Grabinski/Zülch § 142 Rn 7; Busse/Keukenschrijver § 142 Rn 19; Hesse GoldtArch **68**, 225.
10 Hesse GoldtArch 68, 225.
11 Vgl. BGH GRUR 92, 305 *Heliumeinspeisung*.
12 Vgl. BGH GRUR 05, 663 *Gummielastische Masse II*.

Rücknahme des Strafantrags ist nach § 77d (1) StGB bis zum rechtskräftigen Abschluss des Strafverfahrens zulässig.

Strafverfolgung von Amts wegen (§ 142 (4) erfolgt a) bei Gewerbsmäßigkeit (§ 142 (2)); b) bei besonderem öffentlichen Interesse an der Strafverfolgung, zB bei einschlägiger Vorbestrafung des Täters, besonderer Höhe des eingetretenen oder drohenden Schadens, Gefährdung der öffentlichen Sicherheit oder Gesundheit; vgl. auch Nr 261 RiStBV. Möglichkeit zur Nebenklage: § 359 (2) Nr 3 StPO; vgl. zu weiteren Rechten des Verletzten: §§ 406 ff. StPO. An eine **Durchsuchung** wegen Gefahr im Verzug sind strenge Anforderungen zu stellen.[13]

7 Verfahren:

Die strafbare Patentverletzung kann im Wege der Privatklage verfolgt werden (§ 374 (1) Nr 8 StPO), eine öffentliche Klage wird nur erhoben, wenn ein öffentliches Interesse vorliegt (§ 376 StPO iVm Nr 261 RiStBV).

8 Strafe:

a) Freiheitsstrafe bis zu 3 Jahren, mindestens 1 Monat (§ 38 (2) StGB); b) Geldstrafe von 5–360 Tagessätzen, Tagessatzhöhe von 1–5.000 € je nach persönlichen und wirtschaftlichen Verhältnissen des Verurteilten (§ 40 StGB).

b) im Falle gewerbsmäßigen Handelns Freiheitstrafe bis zu 5 Jahren oder Geldstrafe.

8.1 Verjährung:

3 Jahre seit Beendigung der Patentverletzung (§§ 78 (3) Nr 5, 78a StGB); Vollstreckungsverjährung: § 79 StGB.

8.2 Einziehung von Gegenständen

nach § 142 (5) kann sich auf die Erzeugnisse der Patentverletzung sowie deren Werkzeuge, zB Vorrichtungen, beziehen, und zwar gemäß § 74a StGB auch dann, wenn sie dem Täter nicht gehören, der Eigentümer aber entweder wenigstens leichtfertig dazu beigetragen hat, dass die Sache Mittel oder Gegenstand der Tat oder ihrer Vorbereitung gewesen ist, oder die Gegenstände in Kenntnis der Umstände, welche die Einziehung zugelassen hätten, in verwerflicher Weise erworben hat. Eine Einziehung entfällt, wenn dem Vernichtungsanspruch gemäß § 140a entsprochen wird.

8.3 Veröffentlichung der Verurteilung

setzt nach § 142 (6) voraus: a) Verurteilung gemäß § 142 (1) und (2); b) Antrag des Verletzten innerhalb eines Monats nach Zustellung der rechtskräftigen Entscheidung (§ 463c StPO); c) Darlegung eines berechtigten Interesses, zB wenn über den konkret feststellbaren Schaden hinaus eine Beeinträchtigung des Werts des Patents durch Marktverwirrung gegeben ist und eine Interessenabwägung zugunsten des Verletzten ausfällt.[14]

---

13 LG Köln GRUR-RR 13, 380 *Kinderreisebett*.
14 BGH GRUR 57, 231, 236 *Pertussin I*.

§ 142a Beschlagnahme und Einziehung durch Zollbehörde

(1) ¹Ein Erzeugnis, das ein nach diesem Gesetz geschütztes Patent verletzt, unterliegt auf Antrag und gegen Sicherheitsleistung des Rechtsinhabers bei seiner Einfuhr oder Ausfuhr der Beschlagnahme durch die Zollbehörde, soweit die Rechtsverletzung offensichtlich ist und soweit nicht die Verordnung (EU) Nr 608/2013 des Europäischen Parlaments vom 12. Juni 2013 zur Durchsetzung der Rechte geistigen Eigentums durch die Zollbehörden und zur Aufhebung der Verordnung (EG) Nr 1381/2003 des Rates (ABl. L 181 vom 29.6.2013, S 15) in ihrer jeweils geltenden Fassung anzuwenden ist. ²Dies gilt für den Verkehr mit anderen Mitgliedstaaten der Europäischen Union sowie mit den anderen Vertragsstaaten des Abkommens über den Europäischen Wirtschaftsraum nur, soweit Kontrollen durch die Zollbehörden stattfinden.

(2) ¹Ordnet die Zollbehörde die Beschlagnahme an, so unterrichtet sie unverzüglich den Verfügungsberechtigten sowie den Antragsteller. ²Dem Antragsteller sind Herkunft, Menge und Lagerort des Erzeugnisses sowie Name und Anschrift des Verfügungsberechtigten mitzuteilen; das Brief- und Postgeheimnis (Artikel 10 des Grundgesetzes) wird insoweit eingeschränkt. ³Dem Antragsteller wird Gelegenheit gegeben, das Erzeugnis zu besichtigen, soweit hierdurch nicht in Geschäfts- oder Betriebsgeheimnisse eingegriffen wird.

(3) Wird der Beschlagnahme nicht spätestens nach Ablauf von zwei Wochen nach Zustellung der Mitteilung nach Absatz 2 Satz 1 widersprochen, so ordnet die Zollbehörde die Einziehung des beschlagnahmten Erzeugnisses an.

(4) ¹Widerspricht der Verfügungsberechtigte der Beschlagnahme, so unterrichtet die Zollbehörde hiervon unverzüglich den Antragsteller. ²Dieser hat gegenüber der Zollbehörde unverzüglich zu erklären, ob er den Antrag nach Absatz 1 in Bezug auf das beschlagnahmte Erzeugnis aufrechterhält.
1. Nimmt der Antragsteller den Antrag zurück, hebt die Zollbehörde die Beschlagnahme unverzüglich auf.
2. Hält der Antragsteller den Antrag aufrecht und legt er eine vollziehbare gerichtliche Entscheidung vor, die die Verwahrung des beschlagnahmten Erzeugnisses oder eine Verfügungsbeschränkung anordnet, trifft die Zollbehörde die erforderlichen Maßnahmen.

³Liegen die Fälle der Nummern 1 oder 2 nicht vor, hebt die Zollbehörde die Beschlagnahme nach Ablauf von zwei Wochen nach Zustellung der Mitteilung an den Antragsteller nach Satz 1 auf; weist der Antragsteller nach, dass die gerichtliche Entscheidung nach Nummer 2 beantragt, ihm aber noch nicht zugegangen ist, wird die Beschlagnahme für längstens zwei weitere Wochen aufrechterhalten.

(5) Erweist sich die Beschlagnahme als von Anfang an ungerechtfertigt und hat der Antragsteller den Antrag nach Absatz 1 in Bezug auf das beschlagnahmte Erzeugnis aufrechterhalten oder sich nicht unverzüglich erklärt (Absatz 4 Satz 2), so ist er verpflichtet, den dem Verfügungsberechtigten durch die Beschlagnahme entstandenen Schaden zu ersetzen.

(6) ¹Der Antrag nach Absatz 1 ist bei der Generalzolldirektion zu stellen und hat Wirkung für ein Jahr, sofern keine kürzere Geltungsdauer beantragt wird; er kann wiederholt werden. ²Für die mit dem Antrag verbundenen Amtshandlungen

werden vom Antragsteller Kosten nach Maßgabe des § 178 der Abgabenordnung erhoben.

(7) ¹Die Beschlagnahme und die Einziehung können mit den Rechtsmitteln angefochten werden, die im Bußgeldverfahren nach dem Gesetz über Ordnungswidrigkeiten gegen die Beschlagnahme und Einziehung zulässig sind. ²Im Rechtsmittelverfahren ist der Antragsteller zu hören. ³Gegen die Entscheidung des Amtsgerichts ist die sofortige Beschwerde zulässig; über sie entscheidet das Oberlandesgericht.

Rinken

Übersicht

	Geltungsbereich	1
	Literatur	2
	Kommentierung zu § 142a PatG	
1	Voraussetzungen einer Beschlagnahme	3
1.1	Anwendungsbereich	3
1.2	Antrag	4
1.3	Sicherheitsleistung	6
1.4	Kosten	7
1.5	Erzeugnis	8
1.6	Offensichtliche Patentverletzung	9
1.7	Einfuhr oder Ausfuhr	11
2	Verfahren	14
3	Schadensersatzanspruch	19
4	Einschreiten der Zollbehörden aufgrund der VO (EU) Nr 608/2013	20
4.1	Anwendungsbereich	20
4.2	Tätigkeit der Zollbehörden auf Antrag oder von Amts wegen	23
4.2	Verdacht einer Patentverletzung	27
4.3	Maßnahmen der Zollbehörden	28
4.4	Vernichtung	29
4.4.1	Vereinfachtes Vernichtungsverfahren	30
4.4.2	Verfahren auf Feststellung der Patentverletzung	33
4.5	Kosten	34
4.6	Einspruch gegen zollrechtliche Maßnahmen	35
4.7	Haftung der Zollbehörden und des Inhabers der Entscheidung	36

Geltungsbereich: § 142a wurde durch Art 4 Nr 3 des Produktpiraterieegesetzes v 7.3.90 (BGBl I 422 = BlPMZ 90, 161) mit Wirkung vom 1.7.90 eingefügt (Amtliche Begründung abgedruckt in BlPMZ 90, 173, 186). Das Gesetz vom 9.12.86 (BGBl I 2326 = BlPMZ 87, 42) hat die Verweisungen auf § 120 (4) und auf § 127 (1) und (2) ZPO eingefügt. Art 2 Nr 36 des **2. PatGÄndG** erweitert § 142a (1) 2 auf die Vertragsstaaten des EWR. Abs 1 und 6 wurden durch das Gesetz zur Verbesserung der Durchsetzung von Rechten des geistigen Eigentums (**DurchsetzungsG**) v 7.7.2008 (BGBl I 1191 = BlPMZ 08, 274, abgedruckt im Anhang 8) neu gefasst bzw geändert; es ist am 1.9.2008 in Kraft getreten. Der in § 142a (1) normierte Anwendungsvorbehalt bezog sich zunächst auf die VO (EG) Nr 1383/2003 des Rates v. 22.7.2003 über das Vorgehen der Zollbehörden gegen Waren, die im Verdacht stehen, bestimmte Rechte geistigen Eigentums zu verletzen, und die Maßnahmen gegenüber Waren, die anerkanntermaßen derartige Rechte verletzen (Abl. EG Nr. L 196/7; (VO [EG] Nr 1383/2003). Vorgenannte VO wurde mit Wirkung zum 1.1.2014 durch die **VO (EU) Nr 608/2013** des Europäischen Parlaments und des Rates v. 12.6.2013 zur Durchsetzung der Rechte des geistigen Eigentums durch die Zollbehörden (VO [EU] Nr 608/2013, ABl. EU Nr. L 181/15)

1

§ 142a Grenzbeschlagnahme und Einziehung

ersetzt. Mit Wirkung zum 1.7.2016 wurde § 142a durch das **Gesetz zur Änderung des DesignG und weiterer Vorschriften des gewerblichen Rechtsschutzes** v. 4.4.2016 (BGBl I 558) entsprechend angepasst. Nach einer Neuorganisation der Zollverwaltung ist der Antrag nach § 142a Abs 6 seit dem 1.1.2016 nicht mehr bei der Bundesfinanzdirektion, sondern bei der **Generalzolldirektion** zu stellen (Gesetz zur Neuorganisation der Zollverwaltung v. 3.12.2015, BGBl I 2178).
§ 142a gilt für deutsche, europäische und erstreckte DDR-Patente sowie für ergänzende Schutzzertifikate.

2   **Lit:** Hoffmeister/Böhm FS Eisenführ 2003, 161; Kather FS Mes 2009, 186; **Lit in GRUR:** Ensthaler 92, 273; Pickrahn 96, 383; Kröger/Bausch 97, 321; Beußel 00, 188; Mes 00, 934; Cordes 07, 483; Rinnert, **14**, 241; Kühnen, **14**, 811 (Teil 1) und **14**, 921 (Teil 2); **Lit in GRUR-Prax:** Bittner 15, 142; **Lit in Mitt:** Cremer 92, 153; Schöner 92, 180; Hermsen 06, 261; Worm/Gärtner 07, 497; Rinnert/Witte 09, 29; Worm/Maucher 09, 445; Möller 21, 469 **Lit in WRP:** Weber 05, 961; Nägele/Nitsche 07, 1047; **Lit in CR:** Scheja 95, 714; **Lit in RIW:** 96, 727; **Lit in SMI:** David 95, 207; **Lit in BB:** Ahrens 97, 902; **Lit in RdTW:** Riedinger, **14**, 217.

1 Voraussetzungen einer Beschlagnahme

1.1 Anwendungsbereich

3   des § 142a muss eröffnet sein. Das setzt voraus, dass ein der VO (EU) 608/2013 unterliegender Sachverhalt nicht gegeben ist: Diese geht als **höherrangiges Gemeinschaftsrecht** in ihrem Geltungsbereich den nationalen Vorschriften – und damit auch § 142a – vor, was § 142a Abs 1 deklaratorisch klarstellt. Eine Grenzbeschlagnahme nach § 142a ist also nur in folgenden Fällen einschlägig: (a) Warenverkehr zwischen Mitgliedstaaten der EU, soweit Grenzkontrollen stattfinden (Abs 1 S 2);[1] (b) **Kontrollen im Inland sowie Parallelimporte;**[2] (c) Waren, die zwar mit Zustimmung des Patentinhabers hergestellt worden sind, jedoch gemäß vertraglichen Vereinbarungen nicht für den EU-Markt bestimmt sind; (d) sog. **Overruns** (Mehrproduktion im Vergleich zu einer genehmigten Lizenzmenge)[3]. Hinsichtlich Parallelimporten und **Overruns** ist allerdings zu beachten, dass der Europäische VO-Geber sich in den Erwägungsgründen der VO (EU) Nr 608/2013 explizit gegen ein Tätigwerden der Zollbehörden in diesen Konstellation ausgesprochen hat.[4] Die praktische Bedeutung des § 142a ist aufgrund des **Anwendungsvorbehalts** relativ gering. Zumeist kommt das Instrumentarium der sog. Grenzbeschlagnahme auf der Grundlage der VO (EU) Nr 608/2013 zur Geltung (s dazu näher unten Rdn 20 ff).

1.2 Antrag

4   des Rechtsinhabers an eine nationale Zolldienststelle ist gem. (1) 1 erforderlich: Das ist der im Register eingetragene Patentinhaber, ein ausschließlicher Lizenznehmer oder deren Rechtsnachfolger. Der einfache Lizenznehmer und Dritte bedürfen deren Bevollmächtigung.[5] Der Patentinhaber als Antragsteller muss nach dem neuen Verfahren **keinen Registerauszug** mehr übermitteln. Andere Antragsteller haben jedoch nach wie vor **geeignete Urkunden** einzureichen, die die Berechtigung belegen (etwa: Vor-

---

1 EuGH GRUR Int. 01, 57 *Zollbeschlagnahme bei Durchfuhr*.
2 BFH GRUR Int. 00, 780 *Jokey*; Voß, in: Fitzner/Lutz/Bodewig § 142a Rn 2 mwN zum Streitstand.
3 Rinnert, GRUR **14**, 241.
4 Benkard/Grabinski/Zülch § 142a Rn 2; Voß, in: Fitzner/Lutz/Bodewig § 142a Rn 2.
5 Voß, in: Fitzner/Lutz/Bodewig § 142a Rn 8.

lage des Lizenzvertrages). Adressat ist nach § 142a (6) S 1 die Generalzolldirektion (Direktion VI, Zentralstelle Gewerblicher Rechtsschutz (ZGR), Sophienstraße 6, 80 333 München, Email: dvia24.gzd@zoll.bund.de). Für die Antragstellung steht das Datenbanksystem zum Schutz geistiger Eigentumsrechte online (**ZGR-Online**) zur Verfügung; es kann über die Homepage des Zolls (www.zoll.de) aufgerufen werden. Die Antragstellung setzt eine Benutzerregistrierung voraus. Die für die Antragstellung erforderlichen Informationen sind über eine **benutzerspezifische Eingabemaske** zu präsentieren. Die Wahrscheinlichkeit des Auffindens patentverletzender Ware durch die Zollbehörden steigt mit der jeweiligen Informationstiefe, empfehlenswert sind daher nach Möglichkeit Angaben zum voraussichtlichen Zeitpunkt des Imports, des Exportlands, des Beförderungsmittels, des Transportweges, des Vertriebssystems, des Zollverfahrens und des Zollwertes, der Verpackungsform, der voraussichtlichen Im-/ Exporteure, der Beförderer, der Empfänger und Vertriebsunternehmen.[6] Außerdem sollte ein Sachverständiger benannt werden (der auch dem eigenen Unternehmen angehören kann), an den sich die Zollstellen bei Zweifeln wenden können. Sind am Patent Lizenzen vergeben, sollte eine aktuelle **Lizenznehmerliste** übergeben werden. Das neue **Online-Verfahren** soll eine schnellere und effizientere Antragsbearbeitung gewährleisten.

Der Antrag gilt nach § 142a (6) 1 für 1 Jahr und kann wiederholt werden. Eine Befristung der Geltungsdauer kann Gegenstand des Antrags sein. Der Antrag ist – auch für einzelne Warenlieferungen – zurücknehmbar.[7]   5

1.3 Sicherheitsleistung

muss einen etwaigen Schadensersatzanspruch gemäß § 142a (5) des von der Grenzbeschlagnahme Betroffenen einschließlich der entstandenen Auslagen (Lager-, Entsorgungs- oder Beförderungskosten, siehe § 9 ZollKostV, § 10 (1) Verwaltungskostengesetz) abdecken. Als Sicherheitsleistung wird von der Zollbehörde die Hinterlegung einer **selbstschuldnerischen Bürgschaft** verlangt (s den online abrufbaren Vordruck 0134 (»Bürgschaftsurkunde gewerblicher Rechtsschutz«)).   6

1.4 Kosten

werden für die Bearbeitung des Antrages nach § 12 (1) ZollKostV nicht erhoben. Allerdings werden für die Beschlagnahme von Waren und für die Lagerung/Vernichtung derselben Kosten gem. § 9 ZollkostenV idF v. 1.6.2014 erhoben, deren Höhe sich im Einzelnen nach Anlage 2 zur ZollkostenV richtet (BGBl 2014, 508). Kostenpflichtig gegenüber der Zollbehörde ist der **Antragsteller** (vgl. § 10 ZollKostV). Die Kosten der Vernichtung sind erstattungsfähig, ebenso die Lagerkosten als Teil des nach § 139 (2) zu ersetzenden Schadens.[8] Die Beschlagnahmekosten sind **keine Prozesskosten** des etwaigen späteren Verletzungsprozesses.[9]   7

---

6 Voß, in: Fitzner/Lutz/Bodewig § 142a Rn 12.
7 Voß, in: Fitzner/Lutz/Bodewig § 142a Rn 10.
8 Benkard/Grabinski/Zülch § 142a Rn 10; Weber WRP 05, 961, 966; Cordes GRUR 07, 483, 488 f; Voß, in: Fitzner/Lutz/Bodewig § 142a Rn 25 unter Hinweis auf BGH GRUR 09, 1142 *MP3-Player-Import*; ablehnend: OLG Köln GRUR-RR 05, 342 *Lagerkosten nach Grenzbeschlagnahme*.
9 OLG Hamburg OLG-Report 99, 100.

1.5 Erzeugnis

8 muss Gegenstand der Beschlagnahme und des Patentschutzes (§ 9 S 2 Nr 1, 3) sein. Ein Verwendungsschutz ist nicht ausreichend. Hingegen soll der Schutz der ersten medizinischen Indikation (Art 3 (3), Art 54 (5) EPÜ) genügen.[10] Im Falle von Gesamtvorrichtungen erstreckt sich die Beschlagnahme nur auf den patentverletzenden Teil, wenn sich dieser von den übrigen Teilen in einfacher Weise separieren/demontieren lässt.

1.6 Offensichtliche Patentverletzung

9 Ein »nach diesem Gesetz geschütztes Patent« iSd § 142a (1) kann ein nationales, europäisches oder erstrecktes DDR-Patent sein sowie ein ergänzendes Schutzzertifikat. Die – nicht notwendig schuldhafte, aber rechtswidrige – Schutzrechtsverletzung, die auch mittelbar gem § 10 erfolgen kann, muss **für die Zollbehörde (durchschnittlich geschulter Zollbeamter)**[11] **offensichtlich** sein, die nicht über die gleichen patentrechtlichen Erfahrungen wie ein Patentverletzungsrichter verfügt, so dass ein Antrag nur dann Aussicht auf Erfolg haben kann, wenn die Patentverletzung **zweifelsfrei** offen zutage liegt. Verbleibende vernünftige Zweifel sind schädlich. Daher scheiden schwierig zu beurteilende Tatbestände, wie zB die Verletzung durch äquivalente Benutzung oder durch Parallelimporte[12] oder Überschreitung der Befugnisse eines Lizenznehmers, für eine Beschlagnahme idR aus. In tatsächlicher Hinsicht (Ausgestaltung der zu beschlagnahmenden Ware) reicht ein glaubhafter, nachvollziehbarer Vortrag aus. Es obliegt dem Antragsteller insbesondere, die technischen Zusammenhänge in einer Weise aufzubereiten, dass sie für einen Laien entsprechend nachzuvollziehen sind. Anders als nach der VO (EU) Nr 608/2013 reicht ein **reiner Verdacht** gerade nicht aus. Offensichtlichkeit kommt insbesondere in Betracht, wenn die zu beschlagnahmende Ware ein Ausführungsbeispiel der betreffenden Patentschrift verkörpert.

1.7 Einfuhr oder Ausfuhr,

10

11 also das Verbringen des Erzeugnisses in die Bundesrepublik Deutschland oder aus dieser heraus in einen anderen Mitgliedstaat der EU. Ausreichend ist die Einfuhr zur Weiterveräußerung oder Bearbeitung und anschließender Wiederausfuhr.[13] Weil **innerhalb der EU keine Grenzkontrollen** mehr erfolgen, können Waren aus anderen EU-Mitgliedstaaten nur anlässlich zollamtlicher Überwachung und während einer weiteren zollamtlichen Abfertigung erfolgen, bspw. Überführen in ein Nichterhebungsverfahren.[14] Die Details sind in der im Oktober 2013 in Kraft getretenen und seit dem 1.5.2016 anwendbaren VO (EU) Nr 952/2013 des Europäischen Parlaments zur Festlegung des Zollkodex der Union (**Unionszollkodex** – UZK) geregelt (ABl. EU Nr. L 269/1, ber. Nr. L 287/90).

---

10 Benkard/Grabinski/Zülch, § 142a Rn 3; Busse/Hacker § 142a Rn 13.
11 Voß, in: Fitzner/Lutz/Bodewig § 142a Rn 5.
12 BFH GRUR Int. 00, 780 *Jokey*; anders mag es im Falle der Verwendung eines Codierungssystems durch den Rechteinhaber sein: vgl. Benkard/Grabinski/Zülch, § 142a Rn 4.
13 Voß, in: Fitzner/Lutz/Bodewig § 142a Rn 6.
14 Ebenso Voß, in: Fitzner/Lutz/Bodewig § 142a Rn 6. Vgl. zu Waren, die zur Ausstellung auf einer Messe bestimmt sind: Rinnert/Witte GRUR 09, 29, 35.

Nicht erfasst werden dagegen a) eine ununterbrochene, reine **Durchfuhr**,[15] b) Verbringen von Gegenständen außerhalb des geschäftlichen Verkehrs, zB im **Reisegepäck** von Privatpersonen,[16] es sei denn, diese werden zur Einfuhr missbraucht.

2 Verfahren:

Hält das ZGR das Schutzrecht und dessen Verletzung für ausreichend bewiesen, bewilligt es die Grenzbeschlagnahme und teilt dies allen deutschen Zollstellen und Zollfahndungsstellen sowie dem Antragsteller mit. Ergeht in der Folge durch Verwaltungsakt eine **Beschlagnahme**, unterrichtet die Zollbehörde gem § 142a (2) 1 den Antragsteller und den Verfügungsberechtigten über die beschlagnahmte Ware (dh Eigentümer bzw, sofern dieser unbekannt ist, stattdessen den Besitzer). Der Antragsteller hat nach § 142a (2) ein **Besichtigungsrecht**, dessen Umfang sich nach der Erforderlichkeit im Einzelfall richtet, wobei ggf. Eingriffe in die Substanz zulässig sein können: Solches kommt etwa in Betracht, wenn sich die genaue Zusammensetzung einer pharmazeutischen Verbindung nur mit Hilfe eines Analyseverfahrens ermitteln lässt, das die Zerstörung des Produkts erfordert.[17] Zwecks Ermöglichung einer Besichtigung kommt uU auch die (kostenpflichtige) Übersendung eines Musters an den Antragsteller in Betracht.[18] Etwaige Geheimhaltungsinteressen des Eigentümers sind zu berücksichtigen, was insbesondere die Gewährung **rechtlichen Gehörs** zugunsten des Verfügungsberechtigten erfordert.[19]

Binnen 2 Wochen nach Zustellung der Beschlagnahmeanordnung kann **widersprochen** werden. Widerspricht der Einführer der Beschlagnahme nicht, zieht die Zollbehörde die Ware ein (§ 142a (3)) und vernichtet diese idR, wenn auch die Einziehungsanordnung bestandskräftig wird (was der Eigentümer nach § 142a (7) iVm § 67 OWiG binnen weiterer 2 Wochen verhindern kann, siehe Rdn 16). Widerspricht er und hält der Antragsteller seinen Antrag aufrecht, hat letzterer innerhalb der in (4) 4 genannten Fristen eine vollziehbare gerichtliche Entscheidung beizubringen, welche die Verwahrung der beschlagnahmten Ware oder eine Verfügungsbeschränkung anordnet. Schon aus Zeitgründen kommt idR nur a) eine strafprozessuale Beschlagnahme gem §§ 94, 98 StPO oder b) eine zivilrechtliche einstweilige Verfügung in Betracht. Letztere ist zB darauf zu richten, die Sequestration der beschlagnahmten Ware (zum Zwecke ihrer Vernichtung) anzuordnen. Zuständig: Patentstreitkammern der LG. Die Voraussetzungen der Maßnahmen zu a) und b) richten sich nach dem jeweils einschlägigen materiellen (Straf- oder Zivil-)Recht.[20] Nur wenn der Antragsteller seinen Antrag aufrechterhält und eine vollziehbare gerichtliche Entscheidung – idR eine einstweilige Verfügung – beibringt, bleibt die Beschlagnahme und zollamtliche Überwachung bestehen. Weist der Antragsteller den Antrag auf Erlass einer gerichtlichen Entschei-

---

15 Amtl Begr zum MarkenrechtsreformG BlPMZ **94**, Sonderheft S 45, 121; BGH GRUR **07**, 875 *Durchfuhr von Originalware*; BGH GRUR **14**, 1189 *Transitwaren* mwN.
16 Amtl Begr zum ProduktpiraterieG BlPMZ **90**, 173, 190.
17 Benkard/Grabinski/Zülch, § 142a Rn 11.
18 AA Deumeland GRUR **06**, 994.
19 Voß, in: Fitzner/Lutz/Bodewig § 142a Rn 15 f.
20 OLG Karlsruhe GRUR-RR **02**, 278 *DVD-Player*.

§ 142a   *Grenzbeschlagnahme und Einziehung*

dung nach, so kann die Beschlagnahme einstweilen für weitere 2 Wochen aufrechterhalten werden (§ 142a (2) S 3 Hs. 2). Eine Einziehung und Verwertung der Ware verbietet sich bei einer eV, weil mit ihr Ansprüche wegen Vernichtung nicht endgültig zuerkannt, sondern nur gesichert werden. Wird keine gerichtliche Entscheidung vorgelegt, hebt die Zollbehörde die Beschlagnahme auf.

16   **Rechtsmittel** sieht § 142a (7) iVm dem OWiG zum Amtsgericht vor, und zwar gegen Beschlagnahme gemäß § 62 OWiG unbefristeter Antrag auf **gerichtliche Entscheidung** und gegen Einziehung Einspruch gemäß § 67 OWiG binnen 2 Wochen nach Zustellung. Gegen die Entscheidung des AG findet **sofortige Beschwerde** nach § 46 OWiG iVm § 311 (2) StPO vor dem OLG binnen einer Woche nach Bekanntmachung der Entscheidung statt.

17   Gegen die Ablehnung des Grenzbeschlagnahmeantrages kann der Antragsteller binnen eines Monats ab Entscheidungszugang **Einspruch** einlegen (§§ 347, 348, 355 (1) AO). Bei erfolglosem Einspruch besteht die Möglichkeit der Klage vor dem Finanzgericht (§ 40 FGO), ggf. Antrag auf Erlass einer einstweiligen Anordnung gem § 114 FGO.

18   **3 Schadensersatzanspruch**

19   Schadensersatz nach § 142a (5) setzt voraus: a) Beschlagnahme war von Anfang an ungerechtfertigt, weil zB eine Patentverletzung nicht vorlag oder das Patent für nichtig erklärt wurde oder der Antragsgegner zur Benutzung berechtigt war; b) Antragsteller hat seinen Antrag aufrechterhalten oder sich nicht unverzüglich gemäß § 142a (4) 2 erklärt; c) **Verschulden** ist wie beim Anspruch aus § 945 ZPO **nicht erforderlich**. Antragsteller haftet daher auch dann, wenn er die Rechtswidrigkeit der Beschlagnahme nicht kannte oder nicht kennen musste; erst recht muss diese für ihn nicht offensichtlich gewesen sein. Die **Inanspruchnahme des Grenzbeschlagnahmeverfahrens** begründet in der Regel auch dann keinen rechtswidrigen Eingriff in den Gewerbebetrieb des Antragsgegners, wenn die zurückgehaltene Ware tatsächlich nicht schutzrechtsverletzend ist und der Antragsteller dies fahrlässig verkannt hat.[21] Daneben kommt (nur ausnahmsweise) eine Schadensersatzpflicht aus **§§ 823, 826 BGB** in Betracht, wenn der Antragsteller subjektiv unredlich handelte und sich in rechtsmissbräuchlicher Weise des Grenzbeschlagnahmeverfahrens bediente.[22]

4 Einschreiten der Zollbehörden aufgrund der VO (EU) Nr 608/2013[23]

4.1 Anwendungsbereich

20   Die **VO (EU) Nr 608/2013** bestimmt die Bedingungen und das Verfahren, welches die Zollbehörden zu befolgen haben, wenn Waren, die im Verdacht stehen, ein Recht des geistigen Eigentums zu verletzen nach der VO (EWG) Nr 2913/92 v. 12.10.1992 zur Festlegung des Zollkodes der Gemeinschaft (Zollkodex) im Unions-Zollgebiet der zollamtlichen Überwachung oder Zollkontrollen unterliegen bzw. hätten unterliegen

---

21 LG Düsseldorf InstGE **9**, 130 *Druckbogenstabilisierer II*.
22 Vgl. LG Düsseldorf InstGE **9**, 130 *Druckbogenstabilisierer II*;
23 Die VO (EU) 608/2013 ist **auszugsweise** abgedruckt unter Rdn 37 ff.

sollen. Der **Unionszollkodex (UZK)** trat im Oktober 2013 in Kraft und ist seit dem 1.5.2016 anwendbar. Drei Situationen sind insbesondere erfasst (Art 1 (1)): **(a)** Anmeldung der Waren zur Überführung in den zollrechtlich freien Verkehr, zur Ausfuhr oder zur Wiederausfuhr; **(b)** Verbringung der Waren in das Zollgebiet oder aus dem Zollgebiet der EU; **(c)** Überführung der Waren in ein Nichterhebungsverfahren oder in eine Freizone oder in ein Freilager

Die **reine Durchfuhr (Transit)** von Waren unterfällt ebenfalls dem Anwendungsbereich der VO (EU) Nr 608/2013.[24] Dies ergibt sich anhand der Erwägungsgründe 11 und 21 der VO (EU) Nr 608/2013. Davon zu trennen[25] und zu verneinen ist die Frage, ob ein bloßer Transit zugleich auch eine **Verletzungshandlung** ist. Die VO (EU) Nr 608/2013 lässt dies offen und regelt allein die Voraussetzungen für ein Tätigwerden der Zollbehörden.[26] Gem. Art 1 (1) iVm Art 2 Nr 1 lit. e, Nr 7 ist für die Beurteilung, ob eine Verletzungshandlung vorliegt, allein das **nationale Recht** maßgeblich.[27] Die bloße Durchfuhr schutzrechtsverletzender Waren ist nach einhelliger Auffassung zum deutschen Recht keine Einfuhr zum Zweck des Inverkehrbringens gem. § 9 S 2 Nr 1 und zwar unabhängig davon, ob die Durchfuhr zollrechtlich im externen Versandverfahren (T1-Verfahren) oder im sog. T2L-Verfahren erfolgt; patentverletzend ist nur die Einfuhr zum Zwecke eines Veräußerungsgeschäfts im Inland.[28]

21

Die VO (EU) Nr 608/2013 erfasst nicht solche Waren, die im Rahmen der Regelung der **Verwendung zu besonderen Zwecken** in den zollrechtlich freien Verkehr überführt werden (Art 1 (3)). Das können u.a. Investitionsgüter und sonstige betriebliche Ausrüstungsgegenstände sein, die anlässlich einer Betriebsverlegung in den freien Verkehr der EU überführt werden.[29] Ebenso wenig ist die VO (EU) Nr 608/2013 anzuwenden auf Waren, die im **persönlichen Gepäck** von Reisenden mitgeführt werden (Art 1 (4)) sowie auf Parallelimporte und »**Overruns**« (Art 1 (5)).

22

4.2 Tätigkeit der Zollbehörden auf Antrag oder von Amts wegen

Antrag iSv Art 3 (1) kann entweder ein »**nationaler**« oder ein »**Unionsantrag**« (Art 2 Nr 10, 11) sein. Unter letzterem versteht man einen Antrag, der in einem Mitgliedstaat gestellt wird und darüber hinaus ein Tätigwerden in einem oder mehreren anderen Mitgliedstaaten zur Folge haben soll. **Berechtigte Antragsteller** sind v.a.: Patentinhaber (Art 2 Nr 8), ausschließlicher Lizenznehmer (Art 2 Nr 21) sowie – dieser indes nur für nationale Anträge – der einfache Lizenznehmer. Lizenznehmer müssen jedoch förmlich ermächtigt sein (Art 3 (2) a, (3)). »**Zuständige Zolldienststelle**« (Art 5 (1), (2)) ist in der Bundesrepublik Deutschland die ZGR.[30] Zusätzlich kann Antrag gestellt werden, im Falle einer Aussetzung der Überlassung bzw. Zurückhaltung von Waren (Art 17 (4); Art 18 (5)) über die Namen und Anschriften des Empfängers, des Versen-

23

---

24 Rinnert GRUR **14**, 241; aA Mes § 142a Rn 27.
25 Vgl. EuGH GRUR **07**, 146 *Diesel*; kritisch Worm/Maucher Mitt. **09**, 445 mwN z Streitstand.
26 Vgl. EuGH GRUR **07**, 146 *Diesel*.
27 Benkard/Grabinski/Zülch § 142a Rn 17.
28 BGH GRUR **14**, 1189 *Transitwaren* mwN.
29 Rinnert GRUR **14**, 241.
30 S Rdn 4, dort auch zur Antragsform.

ders, des Anmelders oder des Besitzers der Waren, das Zollverfahren sowie den Ursprung, die Herkunft und die Bestimmung der Waren, informiert zu werden.

24 Mit Stattgabe des Antrags setzt die ZGR den **Zeitraum** fest, innerhalb dessen die nationale Zollstelle tätig werden muss (Artt. 10, 11: maximal ein Jahr); Verlängerung auf Antrag ist möglich (Art 12). Im Falle eines Unions-Antrages informiert die ZGR das COPIS der Europäischen Kommission (vgl. Art 22, 31 ff.), so dass die Zollbehörden der anderen vom Antrag umfassten Mitgliedstaaten unverzüglich einschreiten können. Nach Stattgabe des Antrages treffen den Antragsteller Mitteilungspflichten (Art 15 iVm Art 11 (3), Art 12 (5)), zB bei Ungültigkeit eines im Antrag aufgeführten Schutzrechts.

25 Gem Art 18 (1) können die Zollbehörden bei Verdacht einer Rechtsverletzung von Amts wegen tätig werden, es sei denn, dass es sich um **verderbliche Ware** iSv Art 2 Nr 20 handelt. § 142b ändert an der Möglichkeit einer Tätigkeit vAw nichts, da die VO (EU) 608/2013 vorrangig ist. Das Einschreiten vAw liegt im **Ermessen** (nicht: in der Pflicht) der Zollbehörden; die praktische Bedeutung dürfte gering sein.[31] Die Zollbehörden haben den Anmelder/Besitzer der Waren von der Aussetzung der Überlassung oder der Zurückhaltung der Waren zu **unterrichten** (Art 18 (3)). Gleiches gilt mit Blick auf ggf erst noch zu ermittelnde Personen/Einrichtungen, die antragsberechtigt sein könnten. Werden solche nicht gefunden oder stellen diese nicht innerhalb von vier Arbeitstagen einen Antrag, so wird die Überlassung der Waren genehmigt bzw. deren Zurückhaltung beendet (Art 18 (4)).

26 Anders als nach dem nationalen Recht (§ 142a (1)) ist weder bei Antragstellung noch vor dem Tätigwerden der Zollbehörden eine Sicherheitsleistung vonnöten. Wohl aber hat der Antragsteller diverse Verpflichtungserklärungen abzugeben (Art 6 (3)).

4.2 Verdacht einer Patentverletzung

27 Der Verdacht, dass eine Ware ein Recht des geistigen Eigentums verletzt, ist in Art 2 Nr 2a **legaldefiniert**: Es müssen **hinreichende Anhaltspunkte** dafür gegeben sein, dass die Waren in dem Mitgliedstaat, in dem sie sich befinden, dem Anschein nach als Waren einzustufen sind, die in diesem Mitgliedstaat Gegenstand einer ein Recht geistigen Eigentums verletzenden Handlung sind. Erforderlich sind also im vorliegenden Kontext »hinreichende Anhaltspunkte« für eine »dem Anschein nach« gegebene Patentverletzung. Ein Angebot im **Internet** kann genügen.[32] Die **Voraussetzungen** für ein Einschreiten sind **geringer als für ein solches nach** § 142a, der eine offensichtliche Patentverletzung verlangt. Gleichwohl darf die zollrechtliche Maßnahme auch hier nicht »ins Blaue hinein« erfolgen; vielmehr müssen konkrete Anhaltspunkte für eine Patentverletzung vorliegen.[33] Zur Obliegenheit des Antragstellers gehört es, im Rahmen seiner Angaben nach Art 6 den Zollbehörden (ggf. unter Erläuterung der rechtli-

---

[31] Vgl. zu denkbaren Konstellationen Voß in: Fitzner/Lutz/Bodewig § 142a Rn 47.
[32] Vgl. *EuGH Mitt. 14, 200 Rolex.*
[33] Vgl. LG Düsseldorf InstGE 9, 130 *Druckbogenstabilisierer II*; Cordes GRUR 07, 483; Hermsen Mitt 06, 261 zur Rechtslage nach der VO (EG) Nr 1383/2003); zur VO (EU) 608/2013: Voß, in: Fitzner Lutz/Bodewig § 142a Rn 48.

chen Grundsätze) solche Tatsachen darzutun und glaubhaft zu machen, aufgrund derer die **hinreichende Wahrscheinlichkeit** einer Benutzungshandlung und des Eingriffs in den Schutzbereich des Patents besteht; im Einzelfall kann sich die Vorlage eines Sachverständigengutachtens empfehlen.[34] Die Zollbehörden dürfen sich nicht schlicht auf die Richtigkeit der Angaben des Antragstellers verlassen, sondern sie haben eine **Prüfung in eigener Verantwortung** vorzunehmen. Dies gilt gerade vor dem Hintergrund der einschneidenden Wirkungen der Aussetzung der Überlassung bzw. Zurückhaltung der Waren und die teilweise eingeschränkten Verteidigungsmöglichkeiten des vermeintlichen Verletzers.[35]

4.3 Maßnahmen der Zollbehörden

Besteht ein Verdacht im o.g. Sinne, so ordnen die Zollbehörden im Falle der Zollanmeldung die **Aussetzung der Überlassung** (Art 17 (1)) und anderenfalls die **Zurückhaltung der Ware** an (Art 18 (1)). Zudem obliegen der Zollbehörde diverse **Mitteilungen:** Unterrichtung des Anmelders oder Besitzers sowie des Antragstellers (Art 17 (3)) und zwar über die (ggf. geschätzte) Menge der Waren, die (ggf. vermutete) Art der Waren nebst etwaiger Abbildungen. Auf Antrag wird der Inhaber der Entscheidung über die Daten gemäß Art 17 (4) unterrichtet. In der Offenbarung und Verwendung dieser Daten ist der Antragsteller gemäß Art 21a – f enumerativ beschränkt. Eine Übersendung von Mustern/Proben der Waren zu Zwecken der Prüfung/Analyse gemäß Art 19 sieht die VO (EU) 608/2013 nicht vor; nach Art 19 (2) werden jedoch »nachgeahmte« und »unerlaubt hergestellte Waren« (Art 2 Nr 5, 6) übersandt.

4.4 Vernichtung

Eine Vernichtung der Waren, deren Überlassung ausgesetzt ist oder die zurückgehalten sind, erfolgt unter den Voraussetzungen des Art 23 (1).

4.4.1 Vereinfachtes Vernichtungsverfahren

Ein Verfahren zur Feststellung einer Patentverletzung nach nationalem Recht ist entbehrlich, wenn der Anmelder, Besitzer oder Eigentümer der Waren einer Vernichtung unter der Kontrolle der Zollbehörden schriftlich gegenüber der Zollbehörde (= Zolldienststelle, die die Waren angehalten hat, was nicht notwendig die »zuständige Zolldienststelle« ist[36]) zustimmt (s im Einzelnen Art 23 (1) a, b und c). Dieses sog. »**vereinfachte Vernichtungsverfahren**« ist bereits unter Geltung des Art 11 VO (EG) Nr 1383/2003 fakultativ vorgesehen gewesen. Es vermeidet insbesondere die Nachteile, welche mit der Dauer eines Verfahrens zur Feststellung einer Patentverletzung verbunden sind, und damit zugleich vom Rechtsinhaber zu tragende hohe Lagerkosten.[37] Liegen die Voraussetzungen des »vereinfachten Vernichtungsverfahrens« vor, so ist nunmehr **zwingend** davon Gebrauch zu machen (vgl. Erwägungsgrund 16). Die insoweit notwendigen Erklärungen müssen binnen einer **Frist** von zehn Arbeitstagen bzw. drei Arbeitstagen bei verderblichen Waren (Art 2 Nr 20) nach der Mitteilung über

---

34 Kühnen GRUR 14, 811.
35 Vgl. Kather, in: FS Mes 09, 185.
36 Voß, in: Fitzner/Lutz/Bodewig § 142a Rn 54.
37 EuGH GRUR 09, 482 *Schenker SLA/Valsts ienemumu dienests* (UrhR).

die Aussetzung der Überlassung oder die Zurückhaltung der Waren der Zollbehörde zugehen. Einmalige Verlängerung um weitere zehn Arbeitstage ist bei nicht verderblichen Waren möglich (Art 23 (4)). Fristberechnung: §§ 186 ff. BGB. Wenn die Mitteilungen nach Art 23 (1) der Zollbehörde fristgemäß zugehen, ist ein Zugangsnachweis betreffend die Mitteilung über die Aussetzung der Überlassung bzw. die Zurückhaltung der Waren belanglos. Weil die Vernichtung im vereinfachten Verfahren im **Ermessen** der Zollbehörde steht, kann sie solche Erklärungen, die zwar nicht fristwahrend erfolgen, aber vor der Mitteilung nach Art 23 (3) eingehen, gleichwohl berücksichtigen und die Vernichtung einleiten. Soweit gemäß Art 23 (1) c S 2 die Zollbehörde von einem Einverständnis des Anmelders oder Besitzers mit der Vernichtung ausgehen kann, weil dieser seinen Widerspruch gegen die Vernichtung nicht bestätigt hat, handelt es sich rechtstechnisch nicht um eine Fiktion, sondern um eine **gesetzliche Vermutung**.[38] Liegen die Voraussetzungen der Vermutung nicht vor, ist dies dem Inhaber der Entscheidung (dessen eigene Erklärungen nach Art 23 (1) konstitutiv sind) unverzüglich zur Kenntnis zu geben, damit er ein Verfahren nach Artt. 17, 18 einleiten kann. Wenn letzterer darauf verzichtet oder das Verfahren auf Feststellung der Patentverletzung nicht fristgerecht betreibt (Art 23 (5)), wird die Ware überlassen.

31   Die Vernichtung erfolgt unter **zollamtlicher Überwachung** und auf **Verantwortung des Inhabers** der Entscheidung (Art 23 (2)). Abweichende nationale Regelungen sind möglich. »Vernichtung« ist in Art 2 Nr 16 **legal-definiert**: »die physische Vernichtung, die Wiederverwertung oder das aus dem Verkehr ziehen in einer Weise, die den Inhaber der Entscheidung vor Schaden bewahrt«. Zum Zwecke der Vernichtung sind die Waren an den Inhaber der Entscheidung herauszugeben, wobei die Zollbehörde ihm indes behilflich sein und die organisatorische Abwicklung der Vernichtung übernehmen kann. Dadurch entstehende Kosten sind vom Inhaber der Entscheidung zu erstatten (Art 29 (1)). Gemäß Erwägungsgrund 25 soll die Beförderung von Waren, die vernichtet werden sollen, zwischen verschiedenen Orten des Zollgebiets der Union zugelassen werden. Nach Art 23 (2) 2, 3 können vor der Vernichtung Proben oder Muster durch die zuständigen Behörden entnommen werden. Dies kann zur **Beweissicherung** empfehlenswert sein, aber auch Bildungszwecken dienen.

32   Art 26 (1) a (Vernichtung von **Waren in Kleinsendungen** (Art 2 Nr 19)) findet auf verdächtige Patentverletzungen keine Anwendung.[39]

4.4.2 Verfahren auf Feststellung der Patentverletzung

33   Liegen die Anforderungen für ein vereinfachtes Vernichtungsverfahren nicht vor, bedarf es gemäß Art 23 (3) der Einleitung eines **Verfahrens auf Feststellung der Patentverletzung**; ausreichend ist die Einleitung durch den ausschließlichen Lizenznehmer.[40] Die Maßnahmen der Zollbehörden haben nur **vorläufigen Charakter**: Soweit sie vAw erfolgen, dienen sie nur dazu, dem Patentinhaber (oder sonstigen Berechtigten) einen Antrag auf Tätigwerden der Zollbehörden zu stellen (Art 18 (4));

---

38   Voß, in: Fitzner/Lutz/Bodewig § 142a Rn 57.
39   Voß, in: Fitzner/Lutz/Bodewig § 142a Rn 61.
40   Benkard/Grabinski/Zülch § 142a Rn 23.

werden die Maßnahmen auf Antrag eingeleitet, so soll der Antragsteller die Möglichkeit zum Nachweis der Einleitung eines Verfahrens erhalten, in dem die geltend gemachte Verletzung des Patents festgestellt werden kann.[41] Die Verfahrensart schreibt Art 23 (1) nicht vor. In der Bundesrepublik Deutschland gehört die Beurteilung von Patentverletzungen zu den originären Aufgaben der **ordentlichen Gerichtsbarkeit**. Jedenfalls theoretisch kommt als tauglicher Nachweis der Patentverletzung auch ein **Strafverfahren** in Betracht.[42] In jedem Falle ausreichend ist die Klage wegen Patentverletzung in einem **zivilrechtlichen Hauptsacheverfahren**. Es genügt sogar eine **negative Feststellungsklage** des mutmaßlichen Verletzers gegen den Patentinhaber bzw. den ausschließlichen Lizenznehmer.[43] Es muss sich nicht etwa notwendig um eine »Feststellungsklage« (zB gerichtet auf Feststellung der Schadensersatzpflicht) iSv § 256 ZPO handeln. Auch im Falle der Geltendmachung anderer Ansprüche (Unterlassung, bezifferter Schadensersatz, Rückruf etc.) wird inzidenter »festgestellt« iSv Art 23 (1), ob eine Patentverletzung bzw. -benutzung vorliegt. Insofern gewährleistet die Prüfung aller möglichen Ansprüche wegen Patentverletzung/- benutzung eine taugliche Grundlage für die Entscheidung der Zollbehörde nach Art 23 (3), (5). Es muss daher nicht notwendig gerade (auch) ein **Vernichtungsanspruch** durchgesetzt werden. Unterbleibt die Einleitung eines entsprechenden Verfahrens, wird die Überlassung der Ware bewilligt bzw. deren Zurückhaltung aufgehoben. Die Einleitung eines **einstweiligen Verfügungsverfahrens** genügt den Anforderungen des Art 23 (3), da es sich um ein »vollwertiges« Verfahren handelt, mit dem ein vorläufig vollstreckbarer Titel geschaffen werden kann, der in formelle und materielle Rechtskraft erwachsen kann.[44] In **zeitlicher Hinsicht** gilt: Das Verfahren ist innerhalb von zehn Arbeitstagen (bei verderblicher Ware: drei Arbeitstagen) nach der Mitteilung über die Aussetzung der Überlassung oder der Zurückhaltung der Waren einzuleiten. Die »ordnungsgemäße« Unterrichtung der Zollbehörde erfordert idR eine **Abschrift der Klage- bzw. Antragsschrift** nebst eines Nachweises der **Anhängigkeit** und der Einzahlung der **Gerichtsgebühren** (soweit erforderlich). Andernfalls überlässt die Zollbehörde gemäß Art 23 (5) die Ware oder beendet deren Zurückhaltung. Gegen Sicherheitsleistung kann der Anmelder oder Besitzer der Waren eine **frühzeitige (= vor Verfahrensende) Überlassung** der Waren begehren, was insbesondere erfordert, dass der Rechtsinhaber seinerseits keine Sicherungsmaßnahem erwirkt hat (Art 24).

4.5 Kosten

Nach Art 29 (1) trägt der **Inhaber der Entscheidung (Antragsteller)** die Kosten, die den Zollbehörden oder den in deren Auftrag handelnden Dritten ab dem Zeitpunkt der Zurückhaltung oder der Aussetzung der Warenüberlassung entstehen (z.B. Lagerkosten; Versandkosten; Vernichtungskosten etc.). Die Zollbehörde informiert ihn gem. (2) über ihre **Kostenschätzung**. Ebenfalls hat der Inhaber der Entscheidung die Kosten

---

41 EuGH GRUR Int. 14, 621 Stintax TradingOÜ/Maksu-ja Tolliamet (MarkenR); OLG Düsseldorf BeckRS 11, 23 009.
42 Vgl. Voß, in: Fitzner/Lutz/Bodewig § 142a Rn 63.
43 Benkard/Grabinski/Zülch § 142a Rn 23.
44 Cordes GRUR 07, 483; Hermes Mitt. 06, 261; Voß, in: Fitzner/Lutz/Bodewig § 142a Rn 65; offen: Benkard/Grabinski/Zülch § 142a Rn 23.

§ 142a Verordnung (EU) Nr 608/2013

für die von ihm zu besorgenden Übersetzungen von Schriftstücken zu tragen (Art 29 (3)). Der Inhaber der Entscheidung als primärer Kostenschuldner kann den Verletzer unter den Voraussetzungen des § 139 (2) in Regress nehmen.

4.6 Einspruch gegen zollrechtliche Maßnahmen

35 Gegen vorläufige zollrechtliche Maßnahmen ist binnen einer **Frist** von einem Monat nach der Bekanntgabe der Mitteilung der Einspruch statthaft (Art 245 Zollkodex, §§ 347 ff. AO). **Prüfungsgegenstand** des Einspruchverfahrens ist neben den formellen Voraussetzungen des Tätigwerdens der Zollbehörden insbesondere das Bestehen des Verdachts einer Patentverletzung.

4.7 Haftung der Zollbehörden und des Inhabers der Entscheidung

36 Gemäß der (reinen) **Haftungsprivilegierung**[45] des Art 27 hat der Inhaber der Entscheidung keinen unionsrechtlichen Anspruch gegen den **Zoll** auf Entschädigung, wenn letzterer verdächtige Waren trotz stattgegebenen Antrags überlässt bzw. nicht zurückhält.[46] Eine **Haftung des Inhabers der gerichtlichen Entscheidung** gegenüber dem Anmelder oder Besitzer kann sich aus Art 28 iVm § 142a (5) ergeben; der Sache nach handelt es sich um eine **Garantiehaftung**.[47]

5 Anhang: VO (EU) Nr 608/2013

37 **Verordnung (EU) Nr 608/2013 des Rates vom 21. Juni 2013 zur Durchsetzung der Rechte geistigen Eigentums durch die Zollbehörden und zur Aufhebung der Verordnung (EG) Nr 1383/ 2003 des Rates**[48]

Amtsblatt EU Nr L 181/15

KAPITEL I GEGENSTAND, ANWENDUNGSBEREICH UND BEGRIFFSBESTIMMUNGEN

Artikel 1 Gegenstand und Anwendungsbereich

(1) In dieser Verordnung wird festgelegt, unter welchen Bedingungen und nach welchen Verfahren die Zollbehörden tätig werden, wenn Waren, die im Verdacht stehen, ein Recht geistigen Eigentums zu verletzen, gemäß der Verordnung (EWG) Nr 2913/92 des Rates vom 12. Oktober 1992 zur Festlegung des Zollkodex der Gemeinschaften (10) im Zollgebiet der Union der zollamtlichen Überwachung oder Zollkontrollen unterliegen oder hätten unterliegen sollen, insbesondere Waren in folgenden Situationen:
a) wenn sie zur Überführung in den zollrechtlich freien Verkehr, zur Ausfuhr oder zur Wiederausfuhr angemeldet werden;
b) wenn sie in das Zollgebiet oder aus dem Zollgebiet der Union verbracht werden;

---

45 Kühnen GRUR 14, 811.
46 S zur Haftung im Übrigen nach EU-Recht und nationalem Recht umfassend Kühnen GRUR 14, 811 ff.
47 Kühnen GRUR 14, 921; allein auf Art 28, der eine bloße Rechtsfolgenverweisung auf § 142a (5) beinhalte, abstellend: Benkard/Grabinski/Zülch § 142a Rn 27.
48 Die VO (EU) 608/2013 ist nachfolgend **auszugsweise** wiedergegeben, soweit sie (auch) für Fälle auf dem Gebiet des Patentrechts Bedeutung hat.

c) wenn sie in ein Nichterhebungsverfahren überführt oder in eine Freizone oder ein Freilager verbracht werden.

(2) In Bezug auf die Waren, die der zollamtlichen Überwachung oder Zollkontrolle unterstehen, führen die Zollbehörden unbeschadet der Artikel 17 und 18 angemessene Zollkontrollen durch und treffen angemessene Maßnahmen zur Sicherung der Nämlichkeit der Waren gemäß Artikel 13 Absatz 1 und Artikel 72 der Verordnung (EWG) Nr 2913/92 im Einklang mit Risikoanalysekriterien, um Handlungen zu verhindern, die gegen die im Gebiet der Union geltenden Rechtsvorschriften im Bereich geistigen Eigentums verstoßen, und um mit Drittländern bei der Durchsetzung der Rechte geistigen Eigentums zusammenzuarbeiten.

(3) Diese Verordnung gilt nicht für Waren, die im Rahmen der Regelung der Verwendung zu besonderen Zwecken in den zollrechtlich freien Verkehr überführt wurden.

(4) Diese Verordnung gilt nicht für Waren ohne gewerblichen Charakter, die im persönlichen Gepäck von Reisenden mitgeführt werden.

(5) Diese Verordnung gilt nicht für Waren, die mit Zustimmung des Rechtsinhabers hergestellt wurden, sowie für Waren, die von einer vom Rechtsinhaber zur Herstellung einer bestimmten Menge von Waren ordnungsgemäß ermächtigten Person unter Überschreitung der zwischen dieser Person und dem Rechtsinhaber vereinbarten Mengen hergestellt wurden.

(6) Durch diese Verordnung werden nationales Recht oder Unionsrecht im Bereich geistigen Eigentums oder die Rechtsvorschriften der Mitgliedstaaten über Strafverfahren nicht berührt.

Artikel 2 Begriffsbestimmungen

Im Sinne dieser Verordnung bezeichnet der Ausdruck
1. »Recht geistigen Eigentums«:
   e) ein Patent nach den einzelstaatlichen Rechtsvorschriften oder den Rechtsvorschriften der Union;
   f) ein ergänzendes Schutzzertifikat für Arzneimittel im Sinne der Verordnung (EG) Nr 469/2009 des Europäischen Parlaments und des Rates vom 6. Mai 2009 über das ergänzende Schutzzertifikat für Arzneimittel (11);
   g) ein ergänzendes Schutzzertifikat für Pflanzenschutzmittel im Sinne der Verordnung (EG) Nr 1610/96 des Europäischen Parlaments und des Rates vom 23. Juli 1996 über die Schaffung eines ergänzenden Schutzzertifikats für Pflanzenschutzmittel (12);
   ...
   k) ein Gebrauchsmuster, soweit es nach den einzelstaatlichen Rechtsvorschriften oder den Rechtsvorschriften der Union als ein Recht geistigen Eigentums geschützt ist;
...
5. »nachgeahmte Waren«:
   a) Waren, die in dem Mitgliedstaat, in dem sie angetroffen werden, Gegenstand einer eine Marke verletzenden Handlung sind und auf denen ohne Genehmigung ein Zeichen angebracht ist, das mit der für derartige Waren rechtsgültig eingetragenen Marke identisch ist oder in seinen wesentlichen Merkmalen nicht von einer solchen Marke zu unterscheiden ist;
   b) Waren, die in dem Mitgliedstaat, in dem sie angetroffen werden, Gegenstand einer eine geografische Angabe verletzenden Handlung sind und auf denen ein Name oder ein Begriff angebracht ist oder die mit einem Namen oder einem Begriff bezeichnet werden, der im Zusammenhang mit dieser geografischen Angabe geschützt ist;
   c) jegliche Art von Verpackungen, Etiketten, Aufklebern, Prospekten, Bedienungs- oder Gebrauchsanweisungen, Garantiedokumenten oder sonstigen ähnlichen Artikeln, auch gesondert gestellten, die Gegenstand einer eine Marke oder geografische Angabe verletzenden Handlung sind, auf denen ein Zeichen, Name oder Begriff angebracht ist, das bzw. der mit einer rechtsgültig eingetragenen Marke oder geschützten geografischen Angabe identisch ist oder in seinen wesentlichen Merkmalen nicht von einer solchen Marke oder geografischen Angabe zu unterscheiden ist, und die für die gleiche Art von Waren wie die, für die die Marke oder geografische Angabe eingetragen wurde, verwendet werden können;
6. »unerlaubt hergestellte Waren« Waren, die in dem Mitgliedstaat, in dem sie sich befinden, Gegenstand einer ein Urheberrecht oder ein verwandtes Schutzrecht oder ein Geschmacksmuster verletzenden Tätigkeit sind und die Vervielfältigungsstücke oder Nachbildungen sind oder solche enthalten und ohne Zustimmung des Inhabers des Urheberrechts oder verwandten

Schutzrechts oder des Geschmacksmusters oder ohne Zustimmung einer vom Rechtsinhaber im Herstellungsland ermächtigten Person angefertigt werden;
7. »Waren, die im Verdacht stehen, ein Recht geistigen Eigentums zu verletzen« Waren, bei denen es hinreichende Anhaltspunkte dafür gibt, dass sie in dem Mitgliedstaat, in dem sie sich befinden, dem Anschein nach einzustufen sind als
   a) Waren, die in diesem Mitgliedstaat Gegenstand einer ein Recht geistigen Eigentums verletzenden Handlung sind;
   b) Vorrichtungen, Erzeugnisse oder Bestandteile, die hauptsächlich entworfen, hergestellt oder angepasst werden, um die Umgehung von Technologien, Vorrichtungen oder Bestandteilen zu ermöglichen oder zu erleichtern, die im normalen Betrieb Handlungen verhindern oder einschränken, die sich auf Werke beziehen, die nicht vom Inhaber des Urheberrechts oder eines verwandten Schutzrechts genehmigt worden sind und die sich auf Handlungen beziehen, die diese Rechte in diesem Mitgliedstaat verletzen;
   c) Formen oder Matrizen, die eigens zur Herstellung von Waren, die Rechte geistigen Eigentums verletzen würden, entworfen wurden oder im Hinblick darauf angepasst wurden, wenn diese Formen oder Matrizen sich auf Handlungen beziehen, die Rechte geistigen Eigentums in diesem Mitgliedstaat verletzen;
8. »Rechtsinhaber« den Inhaber eines Rechts geistigen Eigentums;
9. »Antrag« einen bei der zuständigen Zolldienststelle gestellten Antrag auf Tätigwerden der Zollbehörden im Hinblick auf Waren, die im Verdacht stehen, ein Recht geistigen Eigentums zu verletzen;
10. »nationaler Antrag« einen Antrag auf Tätigwerden der Zollbehörden eines Mitgliedstaats in dem betreffenden Mitgliedstaat;
11. »Unionsantrag« einen in einem Mitgliedstaat gestellten Antrag auf Tätigwerden der Zollbehörden dieses Mitgliedstaats und eines oder mehrerer anderer Mitgliedstaaten in ihren jeweiligen Staaten;
12. »Antragsteller« die Person oder Einrichtung, in deren Namen ein Antrag gestellt wird;
13. »Inhaber der Entscheidung« den Inhaber einer Entscheidung, mit der einem Antrag stattgegeben wurde;
14. »Besitzer der Waren« die Person, die Eigentümer der Waren ist, die im Verdacht stehen, ein Recht geistigen Eigentums zu verletzen, oder eine ähnliche Verfügungsbefugnis über diese Waren besitzt oder in deren tatsächlicher Verfügungsgewalt sich diese Waren befinden;
15. »Anmelder« den Anmelder im Sinne von Artikel 4 Nummer 18 der Verordnung (EWG) Nr 2913/92;
16. »Vernichtung« die physische Vernichtung, Wiederverwertung oder das aus dem Verkehr ziehen in einer Weise, die den Inhaber der Entscheidung vor Schaden bewahrt;
17. »Zollgebiet der Union« das Zollgebiet der Gemeinschaft im Sinne von Artikel 3 der Verordnung (EWG) Nr 2913/92;
18. »Überlassen einer Ware« die Überlassung der Ware im Sinne von Artikel 4 Nummer 20 der Verordnung (EWG) Nr 2913/92;
19. »Kleinsendung« eine Post- oder Eilkuriersendung, die
   a) höchstens drei Einheiten enthält
   oder
   b) ein Bruttogewicht von weniger als zwei Kilogramm hat.
   Im Sinne des Buchstabens a sind »Einheiten«, Waren gemäß Einreihung in die Kombinierte Nomenklatur nach Anhang I der Verordnung (EWG) Nr 2658/87 des Rates von 23. Juli 1987 über die zolltarifliche und statistische Nomenklatur sowie den Gemeinsamen Zolltarif (20), sofern sie unverpackt sind, oder die verpackten Waren, wie sie für den Einzelverkauf an den Endverbraucher bestimmt sind.
   Im Sinne dieser Definition gelten gesonderte Waren, die unter denselben KN-Code fallen, als verschiedene Einheiten, und Waren, die als in einen KN-Code eingereihte Warenzusammenstellungen gestellt werden, als eine Einheit;
20. »verderbliche Waren« Waren, die nach Ansicht der Zollbehörden verderben, wenn sie bis zu 20 Tage ab dem Zeitpunkt der Aussetzung ihrer Überlassung oder ihrer Zurückhaltung aufbewahrt werden;
21. »ausschließliche Lizenz« eine Lizenz (allgemeiner oder begrenzter Art), die den Lizenznehmer unter Ausschluss aller anderen Personen, einschließlich des Lizenzgebers, dazu ermächtigt, ein Recht geistigen Eigentums auf die in der Lizenz genehmigte Weise zu nutzen.

KAPITEL II ANTRÄGE
ABSCHNITT 1 Antragstellung
Artikel 3 Berechtigung zur Antragstellung

Die folgenden Personen und Einrichtungen sind, soweit sie berechtigt sind, ein Verfahren zur Feststellung einzuleiten, ob in dem Mitgliedstaat bzw. den Mitgliedstaaten, in dem bzw. denen ein Tätigwerden der Zollbehörden beantragt wird, ein Recht geistigen Eigentums verletzt ist, berechtigt:
1. einen nationalen Antrag oder einen Unionsantrag zu stellen:
   a) Rechtsinhaber;
   b) Verwertungsgesellschaften im Sinne von Artikel 4 Absatz 1 Buchstabe c der Richtlinie 2004/48/EG des Europäischen Parlaments und des Rates vom 29. April 2004 zur Durchsetzung der Rechte geistigen Eigentums (21);
   c) Berufsorganisationen im Sinne von Artikel 4 Absatz 1 Buchstabe d der Richtlinie 2004/48/EG;
   d) Vereinigungen im Sinne von Artikel 3 Nummer 2 und Artikel 49 Absatz 1 der Verordnung (EU) Nr 1151/2012, Gruppen von Erzeugern im Sinne von Artikel 118e der Verordnung (EG) Nr 1234/2007 oder ähnliche im Unionsrecht über geografische Angaben, insbesondere in den Verordnungen (EWG) Nr 1601/91 und (EG) Nr 110/2008 bestimmte Gruppen von Erzeugern, die Erzeuger von Erzeugnissen mit einer geografischen Angabe vertreten, oder Vertreter solcher Gruppen sowie Wirtschaftsteilnehmer, die zur Verwendung einer geografischen Angabe berechtigt sind, und für eine solche geografische Angabe zuständige Kontrollstellen oder Behörden;
2. einen nationalen Antrag zu stellen:
   a) zur Nutzung von Rechten geistigen Eigentums ermächtigte Personen oder Einrichtungen, die vom Rechtsinhaber förmlich ermächtigt wurden, Verfahren zur Feststellung, ob ein Recht geistigen Eigentums verletzt ist, einzuleiten;
3. einen Unionsantrag zu stellen: Inhaber von im gesamten Gebiet von zwei oder mehr Mitgliedstaaten gültigen ausschließlichen Lizenzen, wenn diese Lizenzinhaber in diesen Mitgliedstaaten vom Rechtsinhaber förmlich ermächtigt wurden, Verfahren zur Feststellung, ob ein Recht geistigen Eigentums verletzt ist, einzuleiten.

Artikel 4 Rechte geistigen Eigentums, für die Unionsanträge gestellt werden können

Unionsanträge können nur für Rechte geistigen Eigentums gestellt werden, die auf Rechtsvorschriften der Union mit unionsweiter Rechtswirkung beruhen.

Artikel 5 Antragstellung

...

Artikel 6 Antragsformblatt

...

ABSCHNITT 2 Entscheidungen über Anträge
Artikel 7 Bearbeitung unvollständiger Anträge

...

Artikel 8 Gebühren

Dem Antragsteller wird keine Gebühr zur Deckung der aus der Bearbeitung des Antrags entstehenden Verwaltungskosten in Rechnung gestellt.

Artikel 9 Mitteilung von Entscheidungen über die Stattgabe oder die Ablehnung von Anträgen

(1) Die zuständige Zolldienststelle teilt dem Antragsteller ihre Entscheidung über die Stattgabe oder die Ablehnung des Antrags innerhalb von 30 Arbeitstagen nach Eingang des Antrags mit. Im Fall der Ablehnung versieht die zuständige Zolldienststelle ihre Entscheidung mit einer Begründung und einer Rechtsbehelfsbelehrung.

(2) Wurde der Antragsteller vor der Antragstellung über die Aussetzung der Überlassung oder die Zurückhaltung der Waren durch die Zollbehörden unterrichtet, so teilt die zuständige Zolldienststelle dem Antragsteller ihre Entscheidung über die Stattgabe oder die Ablehnung des Antrags innerhalb von zwei Arbeitstagen nach Eingang des Antrags mit.

Artikel 10 Entscheidungen über Anträge
...

Artikel 11 Zeitraum für das Tätigwerden der Zollbehörden
...

Artikel 12 Verlängerung des Zeitraums für das Tätigwerden der Zollbehörden
...

Artikel 13 Änderung der Entscheidung hinsichtlich der Rechte geistigen Eigentums
...

Artikel 14 Mitteilungspflichten der zuständigen Zolldienststelle
...

Artikel 15 Mitteilungspflichten des Inhabers der Entscheidung

Der Inhaber der Entscheidung unterrichtet unverzüglich die zuständige Zolldienststelle, die dem Antrag stattgegeben hat, wenn
a) ein in dem Antrag aufgeführtes Recht geistigen Eigentums ungültig wird;
b) er aus anderen Gründen nicht mehr zur Antragstellung berechtigt ist;
c) sich die in Artikel 6 Absatz 3 genannten Angaben ändern.

Artikel 16 Nichterfüllung der Pflichten des Inhabers der Entscheidung
...

KAPITEL III TÄTIGWERDEN DER ZOLLBEHÖRDEN
ABSCHNITT 1 Aussetzung der Überlassung oder Zurückhaltung von Waren, die im Verdacht stehen, ein Recht geistigen Eigentums zu verletzen

Artikel 17 Aussetzung der Überlassung oder Zurückhaltung von Waren nach Stattgabe eines Antrags

(1) Ermitteln die Zollbehörden Waren, die im Verdacht stehen, ein Recht geistigen Eigentums zu verletzen, das in einer Entscheidung über die Stattgabe eines Antrags aufgeführt ist, so setzen sie die Überlassung der Waren aus oder halten die Waren zurück.

(2) Vor der Aussetzung der Überlassung oder der Zurückhaltung der Waren können die Zollbehörden den Inhaber der Entscheidung auffordern, ihnen sachdienliche Informationen zu diesen Waren zu übermitteln. Die Zollbehörden können dem Inhaber der Entscheidung auch Informatio-

nen über die tatsächliche oder geschätzte Menge der Ware und ihre tatsächliche oder vermutete Art sowie gegebenenfalls Abbildungen davon übermitteln.

(3) Die Zollbehörden unterrichten den Anmelder oder den Besitzer der Waren innerhalb eines Arbeitstags nach der Aussetzung der Überlassung der Waren oder der Zurückhaltung der Waren über diese Aussetzung oder diese Zurückhaltung.

Beschließen die Zollbehörden, den Besitzer der Waren zu unterrichten, und sind mehrere Personen als Besitzer der Waren anzusehen, so sind die Zollbehörden nicht verpflichtet, mehr als eine dieser Personen zu unterrichten.

Die Zollbehörden unterrichten den Inhaber der Entscheidung über die Aussetzung der Überlassung der Waren oder die Zurückhaltung am gleichen Tag wie den Anmelder oder den Besitzer der Waren, oder umgehend im Anschluss an deren Unterrichtung.

Die Mitteilungen enthalten Angaben zu dem in Artikel 23 genannten Verfahren.

(4) Die Zollbehörden informieren den Inhaber der Entscheidung und den Anmelder oder den Besitzer der Waren über die tatsächliche oder geschätzte Menge und die tatsächliche oder vermutete Art der Waren, deren Überlassung ausgesetzt ist oder die zurückgehalten werden, und übermitteln gegebenenfalls verfügbare Abbildungen davon. Die Zollbehörden informieren den Inhaber der Entscheidung ferner, auf Antrag und soweit ihnen diese Informationen vorliegen, über die Namen und Anschriften des Empfängers, des Versenders und des Anmelders oder des Besitzers der Waren, das Zollverfahren sowie den Ursprung, die Herkunft und die Bestimmung der Waren, deren Überlassung ausgesetzt ist oder die zurückgehalten werden.

Artikel 18 Aussetzung der Überlassung oder Zurückhaltung von Waren vor Stattgabe eines Antrags

(1) Erkennen die Zollbehörden Waren, die im Verdacht stehen, ein Recht geistigen Eigentums zu verletzen, die nicht von einer einem Antrag stattgebenden Entscheidung umfasst sind, so können sie die Überlassung dieser Waren aussetzen oder diese Waren zurückhalten, es sei denn, es handelt sich um verderbliche Waren.

(2) Bevor die Zollbehörden die Überlassung der Waren, die im Verdacht stehen, ein Recht geistigen Eigentums zu verletzen, aussetzen oder derartige Waren zurückhalten, können sie – ohne hierbei andere Informationen verfügbar zu machen als solche über die tatsächliche oder geschätzte Anzahl der Waren und ihre tatsächliche oder vermutete Art sowie gegebenenfalls Abbildungen davon – Personen oder Einrichtungen, die im Zusammenhang mit der vermuteten Verletzung von Rechten geistigen Eigentums möglicherweise zur Antragstellung berechtigt sind, auffordern, ihnen sachdienliche Informationen zu übermitteln.

(3) Die Zollbehörden unterrichten den Anmelder oder den Besitzer der Waren innerhalb eines Arbeitstags nach der Aussetzung der Überlassung der Waren oder deren Zurückhaltung über diese Aussetzung oder Zurückhaltung.

Beschließen die Zollbehörden, den Besitzer der Waren zu unterrichten, und sind mehrere Personen als Besitzer der Waren anzusehen, so sind die Zollbehörden nicht verpflichtet, mehr als eine dieser Personen zu unterrichten.

Die Zollbehörden unterrichten Personen oder Einrichtungen, die im Zusammenhang mit der vermuteten Verletzung von Rechten geistigen Eigentums zur Antragstellung berechtigt sind, am gleichen Tag wie den Anmelder oder den Besitzer der Waren, oder umgehend im Anschluss an deren Unterrichtung, über die Aussetzung der Überlassung oder der Zurückhaltung der Waren.

Die Zollbehörden können die zuständigen Behörden konsultieren, um zur Antragstellung berechtigte Person oder Einrichtungen zu ermitteln.

Die Mitteilung an den Anmelder oder den Besitzer der Waren enthält Angaben zu dem in Artikel 23 genannten Verfahren.

(4) *Unmittelbar nach Erfüllung aller Zollförmlichkeiten* genehmigen die Zollbehörden die Überlassung der Waren oder beenden deren Zurückhaltung, sofern sie

a) innerhalb eines Arbeitstags nach der Aussetzung der Überlassung oder der Zurückhaltung der Waren keine Personen oder Einrichtungen ermittelt haben, die im Zusammenhang mit der vermuteten Verletzung von Rechten geistigen Eigentums zur Antragstellung berechtigt sind;

b) einen Antrag gemäß Artikel 5 Absatz 3 nicht erhalten oder ihn abgelehnt haben.

(5) Wird einem Antrag stattgegeben, so informieren die Zollbehörden den Inhaber der Entscheidung auf Antrag und soweit ihnen diese Informationen vorliegen, über die Namen und Anschriften des Empfängers, des Versenders und des Anmelders oder des Besitzers der Waren, das Zollverfahren

sowie den Ursprung, die Herkunft und die Bestimmung der Waren, deren Überlassung ausgesetzt ist oder die zurückgehalten werden.

Artikel 19 Prüfung und Entnahme von Proben oder Mustern der Waren, deren Überlassung ausgesetzt ist oder die zurückgehalten werden

(1) Die Zollbehörden geben dem Inhaber der Entscheidung und dem Anmelder oder dem Besitzer der Waren Gelegenheit, die Waren, deren Überlassung ausgesetzt ist oder die zurückgehalten werden, zu prüfen.

(2) Die Zollbehörden können Proben oder Muster, die für die Waren repräsentativ sind, entnehmen. Sie können diese Proben oder Muster dem Inhaber der Entscheidung auf dessen Antrag hin und ausschließlich zum Zweck der Analyse und zur Vereinfachung des darauf folgenden Verfahrens in Verbindung mit nachgeahmten und unerlaubt hergestellten Waren zur Verfügung stellen oder übermitteln. Analysen dieser Proben oder Muster werden unter der alleinigen Verantwortung des Inhabers der Entscheidung durchgeführt.

(3) Sofern die Umstände es gestatten, gibt der Inhaber der Entscheidung die Proben und Muster nach Absatz 2 nach Abschluss der technischen Analyse, spätestens aber vor der Überlassung der Waren oder der Beendigung ihrer Zurückhaltung zurück.

Artikel 20 Bedingungen für die Lagerung

...

Artikel 21 Zulässige Verwendung bestimmter Informationen durch den Inhaber der Entscheidung

e a.

Artikel 22 Austausch von Informationen und Daten zwischen den Zollbehörden

...

ABSCHNITT 2 Vernichtung von Waren, Einleitung von Verfahren und frühzeitige Überlassung von Waren
Artikel 23 Vernichtung von Waren und Einleitung von Verfahren

(1) Waren, die im Verdacht stehen, ein Recht geistigen Eigentums zu verletzen, können unter zollamtlicher Überwachung vernichtet werden, ohne dass festgestellt werden muss, ob gemäß den Rechtsvorschriften des Mitgliedstaats, in dem die Waren angetroffen wurden, ein Recht geistigen Eigentums verletzt ist, sofern alle nachstehend aufgeführten Bedingungen erfüllt sind:
a) Der Inhaber der Entscheidung hat den Zollbehörden innerhalb von zehn Arbeitstagen oder im Fall verderblicher Waren innerhalb von drei Arbeitstagen nach der Mitteilung über die Aussetzung der Überlassung der Waren oder deren Zurückhaltung schriftlich bestätigt, dass seines Erachtens ein Recht geistigen Eigentums verletzt ist;
b) der Inhaber der Entscheidung hat den Zollbehörden seine Zustimmung zur Vernichtung der Waren innerhalb von zehn Arbeitstagen oder im Fall verderblicher Waren innerhalb von drei Arbeitstagen nach der Mitteilung über die Aussetzung der Überlassung der Waren oder deren Zurückhaltung schriftlich bestätigt;
c) der Anmelder oder der Besitzer der Waren hat den Zollbehörden seine Zustimmung zur Vernichtung der Waren innerhalb von zehn Arbeitstagen oder im Fall verderblicher Waren innerhalb von drei Arbeitstagen nach der Mitteilung über die Aussetzung der Überlassung der Waren oder deren Zurückhaltung schriftlich bestätigt. Hat der Anmelder oder der Besitzer der Waren den Zollbehörden innerhalb dieser Fristen weder seine Zustimmung zur Vernichtung der Waren noch seinen Widerspruch gegen diese Vernichtung bestätigt, so können die Zollbehörden davon ausgehen, dass der Anmelder oder der Besitzer der Waren mit der Vernichtung dieser Waren einverstanden ist.

Unmittelbar nach Erfüllung aller Zollförmlichkeiten überlassen die Zollbehörden die Waren oder beenden deren Zurückhaltung, wenn sie vom Inhaber der Entscheidung innerhalb der Fristen gemäß Unterabsatz 1 Buchstaben a und b nicht sowohl die schriftliche Bestätigung, dass seines Erachtens ein Recht geistigen Eigentums verletzt ist, als auch seine Zustimmung zur Vernichtung der Waren erhalten haben, es sei denn, diese Behörden sind über die Einleitung eines Verfahrens zur Feststellung, ob ein Recht geistigen Eigentums verletzt ist, ordnungsgemäß unterrichtet worden.

(2) Die Vernichtung der Waren erfolgt unter zollamtlicher Überwachung auf Verantwortung des Inhabers der Entscheidung, sofern die nationalen Rechtsvorschriften des Mitgliedstaats, in dem die Waren vernichtet werden, nichts anderes vorsehen. Vor der Vernichtung der Waren können Proben oder Muster durch die zuständigen Behörden entnommen werden. Vor der Vernichtung entnommene Proben oder Muster können zu Bildungszwecken verwendet werden.

(3) Wenn der Anmelder oder der Besitzer der Waren seine Zustimmung zur Vernichtung nicht schriftlich bestätigt hat und nicht nach Absatz 1 Unterabsatz 1 Buchstabe c unter Beachtung der dort genannten Fristen davon ausgegangen wird, dass er mit der Vernichtung einverstanden ist, teilen die Zollbehörden dem Inhaber der Entscheidung dies unverzüglich mit. Der Inhaber der Entscheidung leitet innerhalb von zehn Arbeitstagen oder im Fall verderblicher Waren innerhalb von drei Arbeitstagen nach der Mitteilung über die Aussetzung der Überlassung der Waren oder deren Zurückhaltung ein Verfahren zur Feststellung ein, ob ein Recht geistigen Eigentums verletzt wurde.

(4) Außer im Falle von verderblichen Waren können die Zollbehörden die Fristen gemäß Absatz 3 gegebenenfalls auf ordnungsgemäß begründeten Antrag des Inhabers der Entscheidung um höchstens zehn Arbeitstage verlängern.

(5) Unmittelbar nach Erfüllung aller Zollförmlichkeiten überlassen die Zollbehörden die Waren oder beenden deren Zurückhaltung, wenn sie innerhalb der Fristen gemäß den Absätzen 3 und 4 über die Einleitung von Verfahren zur Feststellung, ob ein Recht geistigen Eigentums verletzt wurde, nicht ordnungsgemäß nach Absatz 3 unterrichtet worden sind.

Artikel 24 Frühzeitige Überlassung der Waren

(1) Wenn die Zollbehörden über die Einleitung eines Verfahrens zur Feststellung, ob ein Geschmacksmuster, ein Patent, ein Gebrauchsmuster, eine Topografie eines Halbleitererzeugnisses oder ein Sortenschutzrecht verletzt ist, unterrichtet wurden, kann der Anmelder oder der Besitzer der Waren bei den Zollbehörden die Überlassung der Waren oder die Beendung ihrer Zurückhaltung vor Ende dieses Verfahrens beantragen.

(2) Die Zollbehörden überlassen die Waren oder beenden deren Zurückhaltung nur dann, wenn alle folgenden Bedingungen erfüllt sind:
a) Der Anmelder oder der Besitzer der Waren hat eine Sicherheit geleistet, deren Höhe so bemessen ist, dass sie zum Schutz der Interessen des Inhabers der Entscheidung ausreicht;
b) die Behörde, die für die Feststellung, ob ein Recht geistigen Eigentums verletzt ist, zuständig ist, hat keine Sicherungsmaßnahmen zugelassen;
c) alle Zollförmlichkeiten sind erfüllt.

(3) Die Leistung der Sicherheit nach Absatz 2 Buchstabe a lässt andere Rechtsbehelfe, die der Inhaber der Entscheidung in Anspruch nehmen kann, unberührt.

Artikel 25 Zur Vernichtung bestimmte Waren

Artikel 26 Verfahren für die Vernichtung von Waren in Kleinsendungen

KAPITEL IV HAFTUNG, KOSTEN UND SANKTIONEN
Artikel 27 Haftung der Zollbehörden

Unbeschadet der nationalen Rechtsvorschriften begründet die Entscheidung über die Stattgabe eines Antrags in dem Fall, dass Waren, die im Verdacht stehen, ein Recht geistigen Eigentums zu verletzen, von einer Zollstelle nicht erkannt und überlassen oder nicht zurückgehalten werden, keinen Anspruch des Inhabers dieser Entscheidung auf Entschädigung.

Artikel 28 Haftung des Inhabers der Entscheidung

Wird ein nach dieser Verordnung ordnungsgemäß eingeleitetes Verfahren aufgrund einer Handlung oder einer Unterlassung des Inhabers der Entscheidung eingestellt oder werden Proben oder

§ 142b Vereinfachte Vernichtung

Muster, die gemäß Artikel 19 Absatz 2 entnommen wurden, aufgrund einer Handlung oder einer Unterlassung des Inhabers der Entscheidung nicht zurückgegeben oder aber beschädigt und unbrauchbar oder wird anschließend festgestellt, dass die betreffenden Waren kein Recht geistigen Eigentums verletzen, so haftet der Inhaber der Entscheidung gegenüber dem Besitzer der Waren oder dem Anmelder, der in dieser Hinsicht einen Schaden erlitten hat, im Einklang mit den geltenden anwendbaren Rechtsvorschriften.

Artikel 29 Kosten

Artikel 30 Sanktionen

KAPITEL V   INFORMATIONSAUSTAUSCH
...

KAPITEL VI   AUSSCHUSS, BEFUGNISÜBERTRAGUNG UND SCHLUSSBESTIMMUNGEN
...

Artikel 38 Aufhebung

Die Verordnung (EG) Nr 1383/2003 wird mit Wirkung vom 1. Januar 2014 aufgehoben.
Verweise auf die aufgehobene Verordnung gelten als Verweise auf die vorliegende Verordnung und sind nach Maßgabe der im Anhang festgelegten Entsprechungstabelle zu lesen.

Artikel 39 Übergangsbestimmungen

Anträge, denen im Einklang mit der Verordnung (EG) Nr 1383/2003 stattgegeben wurde, behalten für den in der Entscheidung über die Stattgabe des Antrags festgelegten Zeitraum für das Tätigwerden der Zollbehörden ihre Gültigkeit und werden nicht verlängert.

Artikel 40 Inkrafttreten und Anwendung

(1) Diese Verordnung tritt am zwanzigsten Tag nach ihrer Veröffentlichung im Amtsblatt der Europäischen Union in Kraft.
(2) Sie gilt ab dem 1. Januar 2014, mit folgenden Ausnahmen:
a)   Die Artikel 6, Artikel 12 Absatz 7 und Artikel 22 Absatz 3 gelten ab 19. Juli 2013;
b)   die Artikel 31 Absätze 1 und 3 bis 7 sowie Artikel 33 gelten ab dem Zeitpunkt, an dem die in Artikel 32 genannte zentrale Datenbank eingerichtet ist. Die Kommission veröffentlicht diesen Zeitpunkt.
Diese Verordnung ist in allen ihren Teilen verbindlich und gilt unmittelbar in jedem Mitgliedstaat.

§ 142b   Verfahren nach der Verordnung (EU) Nr 608/2013

Für das Verfahren nach der Verordnung (EU) Nr 608/2013 gilt § 142a Absatz 5 und 6 entsprechend, soweit die Verordnung keine Bestimmungen enthält, die dem entgegenstehen.

Rinken

Übersicht

Geltungsbereich	1
Literatur	2

Kommentierung zu § 142b PatG	
1 Zweck	3
2 Voraussetzungen/Rechtsfolgen	4

Geltungsbereich: Das Gesetz zur Verbesserung der Durchsetzung von Rechten des geistigen Eigentums (**DurchsetzungsG**) vom 7.7.2008 (BGBl I S 1191 = Bundesratsdrucksache 279/08 vom 2.5.2008) hat § 142b eingefügt (Amtliche Begründung: Bundestagsdrucksache 16/5048 vom 20.04.2007 Seite 25 ff). Die Änderung durch das DurchsetzungsG trat am 1.9.2008 in Kraft. Art 11 VO (EG) Nr 1383/2003 wurde mit Wirkung zum 1.1.2014 durch Art 23 der VO (EU) Nr 608/2013 des Europäischen Parlaments und des Rates v. 12.6.2013 zur Durchsetzung der Rechte des geistigen Eigentums durch die Zollbehörden (**VO (EU) Nr 608/2013**, ABl. EU Nr. L 181/15) ersetzt. Dadurch wurde das sog. vereinfachte Vernichtungsverfahren als Regelfall normiert und zugleich als unmittelbar geltendes Recht implementiert, so dass es keiner nationalen Umsetzungsregelung bedurfte. Mit Wirkung zum 1.7.2016 wurde § 142b durch das **Gesetz zur Änderung des DesignG und weiterer Vorschriften des gewerblichen Rechtsschutzes** v. 4.4.2016 (BGBl I 558) entsprechend angepasst. Indem § 142b nunmehr schlicht auf die VO (EU) Nr 608/2013 sowie § 142a (5) und (6) verweist, kommt ihm kein originärer Regelungsgehalt mehr zu.

Lit: S die Angaben zu § 142a.

1 Zweck

§ 142b dient mittels seines Verweises auf § 142a (5) und (6) einer **Ergänzung der unionsrechtlichen Bestimmungen** um die betreffenden nationalen Regelungen zur Grenzbeschlagnahme: Die nationalen Regelungen betreffend die Zuständigkeit für die Antragstellung, die Kosten und den Schadensersatz auch bei Verfahren nach der VO (EU) Nr 608/2013 sollen so erhalten/ergänzt werden.

2 Voraussetzungen/Rechtsfolgen

Grundsätzlich gelten gem. § 142b die nationalen Regelungen in § 142a (5) und (6) auch für Verfahren nach der VO (EU) Nr 608/2013 (s § 142a Rdn 20 ff). Etwas anderes gilt nur dann, wenn die unionsrechtlichen Regelungen Vorgaben enthalten, die mit den nationalen Bestimmungen **nicht kompatibel** sind. Demnach kann § 142b die unionsrechtlichen Vorgaben zwar **konkretisieren**, jedoch diese nicht abändern oder solche Verpflichtungen statuieren, die das betreffende Unionsrecht gerade nicht vorsieht: Bspw. steht der nationale Verweis auf § 142a Abs 6 einem **Tätigwerden der Zollbehörde vAw** wegen Art 18 VO (EU) Nr 608/2013 nicht entgegen.[1]

---

[1] Voß, in: Fitzner/Lutz/Bodewig, § 142b Rn 2.

10. Abschnitt Verfahren in Patentstreitsachen
(*Procedure in patent litigation; procedure dans les litiges en matière de brevets*)

§ 143 Patentstreitsachen
(*patent litigation*)

(1) Für alle Klagen, durch die ein Anspruch aus einem der in diesem Gesetz geregelten Rechtsverhältnisse geltend gemacht wird (Patentstreitsachen), sind die Zivilkammern der Landgerichte ohne Rücksicht auf den Streitwert ausschließlich zuständig.

(2) ¹Die Landesregierungen werden ermächtigt, durch Rechtsverordnung die Patentstreitsachen für die Bezirke mehrerer Landgerichte einem von ihnen zuzuweisen. ²Die Landesregierungen können diese Ermächtigungen auf die Landesjustizverwaltungen übertragen. ³Die Länder können außerdem durch Vereinbarung den Gerichten eines Landes obliegende Aufgaben insgesamt oder teilweise dem zuständigen Gericht eines anderen Landes übertragen.

(3) Von den Kosten, die durch die Mitwirkung eines Patentanwalts in dem Rechtsstreit entstehen, sind die Gebühren nach § 13 des Rechtsantwaltsvergütungsgesetzes und außerdem die notwendigen Auslagen des Patentanwalts zu erstatten.

Rinken

Übersicht

	Geltungsbereich	1
	Europäisches Patentrecht	3
	Literatur	5
	Kommentierung zu § 143 PatG	
1	Zweck	6
2	Patentstreitsache (Abs 1)	7
3	Zuständigkeit	14
3.1	Örtliche Zuständigkeit	15
3.2	Internationale Zuständigkeit	16
3.3	Sachliche Zuständigkeit	17
3.3.1	Prüfung	18
3.3.1.1	Unzuständigkeit in 1. Instanz	19
3.3.1.2	Unzuständigkeit in 2. Instanz	20
3.3.1.3	Unzuständigkeit in 3. Instanz	21
3.3.1.4	Verweisung	22
3.3.2	Kartellsachen	23
4	Patentstreitkammern (Abs 2)	24
5	Vertretungsberechtigte Rechtsanwälte	25
5.1	Vor der Patentstreitkammer des LG	25
5.2	Vor dem Oberlandesgericht	27
6	Kosten eines mitwirkenden Patentanwalts (Abs 3)	28
6.1	Erstattungsfähigkeit der Gebühr nach § 143 (3)	29
6.1.1	Patentanwalt	29

§ 143 Patentstreitsachen

6.1.2	Vorliegen einer Patentstreitsache	31
6.1.3	Mitwirkung im Rechtsstreit	35
6.1.4	Entstehen der Kosten	40
6.2	Erstattungsfähigkeit von Auslagen	42
6.3	Durchsetzung des Anspruchs gegen den Mandanten	46

1 **Geltungsbereich:** § 143 entspricht dem früheren § 51 PatG aF

2 § **143 Abs 3 und 4** sind mit Wirkung zum 1.6.2002 durch Art 3 des OLGVertrÄndG v 28.7.2002[1] aufgehoben und der bisherige Abs 5 in Abs 3 umbenannt worden.
    Kostenbereinigungsgesetz (BGBl 2001 I 3656 = BlPMZ 2002, 14): Art 7 Nr 36 hat in § 143 (3) die Worte »bis zur Höhe einer vollen Gebühr« gestrichen.
    Kostenrechtsmodernisierungsgesetz vom 12.2.2004 (BGBl I 718 = BlPMZ 04, 321) hat durch Art 4 (41) Nr 2 in § 143 (3) »§ 11 BRAGO« durch »§ 13 des Rechtsanwaltsvergütungsgesetzes« ersetzt.
    Geschmacksmusterreformgesetz vom 12.03.04 (BGBl I 390 = BlPMZ 04, 207) hat § 143 (2) 3 angefügt.

3 **Europäisches Patentrecht:** Für Klagen, mit denen der Anspruch auf Erteilung eines europ Patents geltend gemacht wird, gilt § 143 (1) gemäß Art II § 10 IntPatÜG (s Anhang 1) entsprechend.

4 Für Klagen wegen **Verletzung von Gemeinschaftspatenten** begründet Art 14 des **Streitregelungsprotokolls**, das im Anhang zur Vereinbarung über Gemeinschaftspatente enthalten ist und das GPÜ ergänzt, die Zuständigkeit nationaler Gerichte. Die Zuständigkeit richtet sich nach dem Wohnsitz oder – in Ermangelung eines Wohnsitzes in einem Vertragsstaat – nach der Niederlassung des Beklagten. Fehlt es daran, sind Wohnsitz oder Niederlassung des Klägers maßgebend. Fehlt es auch daran, sind die Gerichte des Vertragsstaats zuständig, in dem das Gemeinsame Berufungsgericht seinen Sitz hat. Für Zuständigkeit und Verfahren für Klagen, die Gemeinschaftspatente betreffen und die nicht unter das Streitregelungsprotokoll fallen (Zwangslizenzen, Recht auf das Patent bei Arbeitnehmererfindungen), gelten die Art 66 ff GPÜ.

5 **Lit in GRUR:** Fricke **49**, 227; Blasendorff **49**, 264; Gemander **55**, 263; Asendorf **90**, 229.
Lit in GRUR-Int Gruber **17**, 859; **Lit in Mitt:** Pitz/Rauh **10**, 470; Möller **11**, 399; Schickedanz **12**, 60; Rojahn/Rektorschek **14**, 1; Gruber **18**, 264.

1 Zweck:

6 Für das schwierige Gebiet des Patentrechts sollen zur Sicherung einer einheitlichen Rechtsprechung **Spezialkammern** geschaffen werden, die über eine ausreichende **Sachkunde** verfügen, die für Entscheidungen notwendig ist, die mit Patenten zusammen hängen, insbesondere für die Beurteilung komplizierter technischer Sachverhalte.[2] § 143 gilt auch für Rechtsstreitigkeiten betreffend Arbeitnehmererfindungen (§ 39 (1) 1 ArbNErfG) und betreffend Ansprüche auf Erteilung eines europäischen Patents (Art. II § 10 (2) IntPatÜG). § **39 Abs 2 ArbnErfG** ist nach seinem Sinn und Zweck nicht dahingehend einschränkend auszulegen, dass der Rechtsweg zu den Gerichten für Arbeitssachen nicht eröffnet ist, wenn im Rahmen der Anwendung und Auslegung der Vereinbarung iSd. § 12 Abs 1 ArbNErfG patentrechtliche Fragestellungen zu beachten sind.[3]

---

1 BGBl I 2850 = BlPMZ **02**, 353.
2 Siehe nur BGH GRUR **85**, 83, 85 *Autostadt*.
3 BAG GRUR-RR **16**, 380 *Erfindervergütung*.

2 Patentstreitsache (Abs 1):

§ 143 (1)[4] regelt die **sachliche Zuständigkeit** für **Patentstreitsachen**. Der Begriff ist **weit auszulegen**,[5] damit dem Zweck des § 143 entsprechend möglichst alle Verfahren über Erfindungen und Schutzrechte a) von sachkundigen Richtern beurteilt werden und b) wirtschaftlich schwache Parteien in den Genuss der Kostenbegünstigung des § 144 kommen können. Patentstreitsachen sind daher alle Klagen oder Widerklagen vermögensrechtlicher oder immaterieller Natur, die einen **Anspruch auf eine Erfindung oder aus einer Erfindung** zum Gegenstand haben oder sonst wie rechtlich oder auch nur tatsächlich eng mit einer Erfindung verknüpft sind.[6] Auf die Schutzfähigkeit der streitgegenständlichen Erfindung kommt es nicht an.[7] Allerdings gilt es zu beachten, dass keine grenzenlose Handhabung erlaubt ist: Insbesondere reicht es nicht, dass bloß ein Patent zu dem den Streitgegenstand bildenden Sachverhalt gehört; kommen ausschließlich Anspruchsvoraussetzungen und sonstige Tatbestandsmerkmale zur Anwendung, für deren Beurteilung auch bei summarischer Prüfung zweifelsfrei kein technischer Sachverstand erforderlich ist, scheidet eine sachliche Zuständigkeit nach § 143 (1) aus.[8] Es reicht insbesondere **allein nicht** aus, dass in einer Auseinandersetzung über vertragliche Rechte oder Pflichten **Gegenstand des betreffenden Vertrages ein Patent** ist.[9]

Maßgebend ist der mit der Klage vorgetragene Sachverhalt,[10] der die Anwendung von deutschem, internationalem oder ausländischem[11] Patentrecht erfordert, nicht die vom Beklagten erhobenen **Einwendungen**.[12] Daher: Patentstreitsache zu bejahen, wenn Käufer wegen Patentverletzung Gewährleistungsansprüche nach §§ 435, 437 BGB aktiv als Kläger geltend macht, keine Patentstreitsache hingegen, wenn Käufer gegenüber Kaufpreisklage als Beklagter einwendet, Sache sei wegen Patentverletzung mangelhaft;[13] Entsprechendes gilt mit Blick auf eine Aufrechnung und ein Zurückbehaltungsrecht.[14] Patentstreitsachen sind auch Klagen, in denen patentrechtliche und nichtpatentrechtliche Ansprüche miteinander **verbunden** sind[15] oder die sich neben anderen Rechtsgründen (wenn auch nur **hilfsweise**) auf patentrechtliche Erwägungen stützen.[16] Die Patentfähigkeit, die gerade streitig sein kann, ist nicht entscheidend.

---

4 Für Gebrauchsmuster gilt § 27 GebrMG.
5 BGHZ 14, 72 = GRUR 55, 83 *Vermögensrechtliche Ansprüche*; BGH GRUR 11, 662, 663 *Patentstreitsache*; OLG Hamburg Mitt 82, 154; OLG Düsseldorf JurBüro 86, 1904.
6 BGH GRUR 53, 114 *Reinigungsverfahren*; 55, 83 *Autostadt*; OLG Stuttgart GRUR 57, 121; KG GRUR 58, 392; OLG Düsseldorf GRUR 60, 123 und JurBüro 86, 1904.
7 BGH GRUR 55, 83 (86) *Autostadt*.
8 BGH GRUR 11, 662, 663 *Patentstreitsache*.
9 BGH GRUR 11, 662, 664 *Patentstreitsache*.
10 BGH GRUR 58, 617 *Abitz*.
11 OLG Düsseldorf GRUR Int 1968, 100, 101; Benkard/Rogge/Grabinski § 143 Rn 2; a.A. Busse/Kaess § 143 Rn 74.
12 OLG Frankfurt Mitt 77, 98, 100.
13 Kircher, in: Fitzner/Lutz/Bodewig § 143 Rn 8.
14 Kircher, in: Fitzner/Lutz/Bodewig § 143 Rn 8 mwN.
15 RGZ 170, 226; vgl auch BGH GRUR 68, 333 *Faber II*.
16 OLG Düsseldorf GRUR 64, 388; LG Baden-Baden GRUR 61, 32.

§ 143 *Patentstreitsachen*

9   Beispiele für Patentstreitsachen:
1. Klagen wegen **Verletzung** von deutschen, europäischen oder ausländischen[17] Patenten, ausländischen Anteilen europäischer Patente ohne Benennung der BRD[18] oder von ergänzenden Schutzzertifikaten. Anspruch kann sich beziehen auf Unterlassung, Schadensersatz, Auskunft, Rechnungslegung, Bereicherung, Vernichtung, Rückruf/Entfernung aus den Vertriebswegen, Besichtigung, Beseitigung sowie positive wie negative Feststellung.
2. Klagen auf **Entschädigung** nach Offenlegung (§ 33).
3. **Klagen aus § 812 BGB** nach Vernichtung des Patents oder Wegfall der Anmeldung (§ 58 (3)).
4. Ansprüche auf **Unterlassung der Geltendmachung patentrechtlicher Ansprüche** oder auf Schadensersatz wegen unberechtigter Geltendmachung, insbesondere unberechtigter **Verwarnung**.
5. Klagen auf Grund des **Erfinderpersönlichkeitsrechts**.[19]
6. Klage wegen **Höhe der Benutzungsvergütung** nach § 13 (3) 2 und Anspruch auf **Entschädigung** nach § 55 (2) 2.
7. Klage auf **Umschreibung** von Patent oder Anmeldung.
8. Klage auf **Erfindernennung** nach § 63 (2).
9. Klagen/Anträge gemäß § 85 (5) u (6) 2, § 123 (5) – (7), § 140a, § 140b (1) oder (3) oder (9), § 140c, 140d, § 140e und § 146 PatG.
10. Klagen aus **Lizenzverträgen** über Patente;
11. Klage nach § 812 BGB des DPMA wegen **zu Unrecht erstatteter Gebühren**.
12. Anträge auf Erlass einer **einstweiligen Verfügung**, mit der patentrechtl. Ansprüche verfolgt werden.
13. Gem § 39 (1) S 1 ArbNErfG Rechtsstreitigkeiten über Erfindungen eines **Arbeitnehmererfinders**. Ausgenommen sind nach § 39 (2) ArbEG Rechtsstreitigkeiten, die ausschließlich Ansprüche auf Leistung einer festgestellten oder festgesetzten Vergütung für eine Erfindung zum Gegenstand haben, für die das Arbeitsgericht zuständig ist.
14. Anspruch aus einem **Schuldanerkenntnis**, das für einen Anspruch aus einem Patent gegeben wurde.[20]
15. **Vollstreckungsgegenklage** gegen Verletzungsurteil.[21]
16. Klage wegen **unberechtigter Verwarnung**.[22]
17. Ansprüche auf eine oder aus einer Erfindung oder die mit einer behaupteten **Erfindung eng verknüpft** sind, auch wenn diese auf **BGB** oder **UWG** gestützt sind,[23] ausgenommen Rechtsstreitigkeiten nach dem GWB, für die nach §§ 87, 89, 95 GWB ausschließlich die Gerichte für Kartellsachen zuständig sind.
18. Klagen aus **dinglichen Rechten an einem Patent**, wie Nießbrauch, Pfandrecht, Sicherungsübereignung.

---

17 OLG Düsseldorf GRUR Int **68**, 101; aA: RG GRUR **38**, 325; **43**, 64.
18 Gemäß Art II 10 (2) IntPatÜG.
19 BGH GRUR **55**, 83 *Autostadt*; LG Nürnberg-Fürth GRUR **68**, 252.
20 *BGH GRUR **68**, 307 Haftbinde.*
21 OLG Düsseldorf GRUR **85**, 220.
22 OLG Düsseldorf GRUR **84**, 650.
23 OLG Hamburg Mitt **82**, 154; RGZ **170**, 226; LG Mannheim GRUR **54**, 24.

19. **Zwangsvollstreckungsverfahren** nach §§ 888, 890 ZPO aufgrund eines Urteils in einer Patentstreitsache[24] und zwar auch dann, wenn es um die Vollstreckung der Ansprüche auf Rückruf und Herausgabe an einen Gerichtsvollzieher zur Sicherung des Vernichtungsanspruchs geht.[25]
20. Klage auf Erstattung von **Abmahnkosten**, wenn Gegenstand der Abmahnung eine Patentstreitsache ist.[26]
21. **Gebührenansprüche** eines **Rechtsanwalts** oder **Patentanwalts** aufgrund einer Tätigkeit in einer Patentstreitsache: Streitig,[27] nach BGH handelt es sich nicht notwendigerweise schon deswegen um eine Patentstreitsache, weil der Gegenstand des zugrunde liegenden Auftrags sich auf eine Erfindung bezogen oder ein Patent oder eine Patentanmeldung betroffen hat; dies ist vielmehr dann nicht der Fall, wenn zur Beurteilung der Frage, ob die Honorarforderung berechtigt ist, das Verständnis der Erfindung keine Rolle spielt und es deshalb keines besonderen Sachverstands bedarf, um die für die Entgeltung der dem Anwalt übertragenen Erwirkung eines technischen Schutzrechts maßgeblichen Umstände erfassen und beurteilen zu können.[28]
22. Klage auf **Abgabe der eidesstattlichen Versicherung** nach erteilter Auskunft.[29]
23. Verfahren nach § 140b (9).[30]
24. Ansprüche auf Zahlung einer **Vertragsstrafe** zur Sicherung eines patentrechtlichen Unterlassungsanspruchs.[31] Ausschließliche sachliche Zuständigkeit des **LG**.[32]
25. Ansprüche wegen **unberechtigter Patentberühmung**.[33]

Keine Patentstreitsachen sind:
1. Alle Verfahren, für die das DPMA, BPatG oder das EPA zuständig sind, oder für die der Rechtsweg zu den Verwaltungs-, Finanz- oder Arbeitsgerichten gegeben ist.
2. Ansprüche wegen **sklavischen Nachbaus**,[34] sie gehören zum Wettbewerbsrecht; demgegenüber sollen Ansprüche aus §§ 17 f. UWG Patentstreitsache sein, wenn ein Betriebsgeheimnis einen nicht patentgeschützten, aber –fähigen Gegenstand zum Inhalt hat.[35]

---

24 OLG München Mitt 06, 187; OLG Stuttgart GRUR-RR 05, 334; OLG Düsseldorf InstGE 11, 299.
25 OLG Düsseldorf Beschl v 18.11.2015 – I-2 W 22/15.
26 OLG Karlsruhe GRUR-RR 06, 302 (für Markensache); BGH GRUR 16, 636 *Gestörter Musikvertrieb* (UrhG).
27 Wie hier OLG Karlsruhe Mitt 80, 137 und GRUR 97, 359; OLG Naumburg GRUR-RR 10, 402; Horak Mitt 07, 449; aA: OLG Frankfurt Mitt 75, 140 und 77, 98; vgl. KG GRUR 12, 1176.
28 BGH GRUR 13, 756 *Patentstreitsache II*; OLG Hamburg Beschl. v. 26.10.2018, Az.: 8 W 91/18 = Mitt 19, 138 *Patentanwaltshonorar*; kritisch zur differenzierenden Betrachtung des BGH, soweit es um die *Zuständigkeits*prüfung nach 143 (1) geht: Strauß WRP 13, 1558 (1561).
29 OLG Düsseldorf InstGE 12, 181 *Multi-Werkzeugzubehör-Set*.
30 Kircher, in: Fitzner/Lutz/Bodewig § 143 Rn 7.
31 OLG Düsseldorf GRUR 84, 650; LG Mannheim InstGE 12, 240, 243 *Vertragsstrafenklage*; aA OLG Rostock GRUR 14, 304 *Vertragsstrafe*.
32 Vgl. BGH GRUR Prax 17, 20 *Zuständigkeit bei Vertragsstrafeansprüchen*.
33 OLG Düsseldorf GRUR 12, 856.
34 OLG Düsseldorf GRUR 54, 115.
35 OLG Düsseldorf Beschl v 31.03.2016 – I-2 W 5/16.

3. Patentrechtliche **Einwendungen** des Beklagten gegenüber einer Klage, die nicht Patentstreitsache ist.
4. Klage wegen Untätigkeit des DPMA.
5. Insolvenzverfahren, für die nach § 2 (1) InsO das Amtsgericht ausschließlich zuständig ist.
6. Anordnung eines dinglichen **Arrestes** in ein Patent wegen einer **allgemeinen Geldforderung**.[36]
7. **Vollstreckung reiner Geldforderung** aus einem Patentstreiturteil.[37]
8. Streitigkeiten um Ansprüche aus bloßen **Know-how**-Verträgen.[38]

11 Wird eine Verletzungsklage neben Patenten und ggf. Gebrauchsmustern[39] auch auf **andere gewerbliche Schutzrechte** und/oder auf den **ergänzenden wettbewerbsrechtlichen Leistungsschutz** nach § 4 Nr 3a, b UWG gestützt, liegen **unterschiedliche Streitgegenstände** und damit keine einheitliche Patentstreitsache vor,[40] so dass in Bezug auf jeden einzelnen Streitgegenstand zu prüfen ist, ob eine Patentstreitsache gegeben ist. Mehrere Streitgegenstände können nur dann gem § 260 ZPO bei demselben Gericht anhängig gemacht werden, wenn es auch für beide Ansprüche zuständig ist; andernfalls ist nach § 145 ZPO zu trennen und auf entsprechenden Antrag nach § 281 ZPO hin zu verweisen. Auf den Gesichtspunkt des **Sachzusammenhangs** kommt es nicht an, so dass dieser nicht die Gesamtzuständigkeit begründen kann.[41] Ist der patentrechtliche Anspruch nur **hilfsweise** geltend gemacht worden, ist der Rechtsstreit zunächst insgesamt zu verweisen.[42] Betrifft der patentrechtliche Anspruch hingegen den Hauptantrag, so kann der Hilfsantrag erst verwiesen werden, wenn der Hauptantrag rechtskräftig abgewiesen ist.[43]

12 Im Falle von Klage und **Widerklage** ist ebenfalls gesondert zu prüfen, ob § 143 (1) einschlägig ist:[44] Wenn allein die Widerklage eine Patentstreitsache ist, ist auf Antrag des Widerklägers nach § 145 ZPO analog abzutrennen und nach § 281 ZPO an das zuständige Gericht zu verweisen. Ist nur die Hauptklage eine Patentstreitsache, kann sich die Zuständigkeit für die Widerklage gleichwohl nach allg Regeln, insbes § 33 ZPO ergeben.

13 Auch **Kostengrundentscheidungen** nach § 93 ZPO können »Patentstreitsache« sein.[45]

---

36 LG Düsseldorf InstGE 6, 129 *Arrest in Patent*.
37 OLG Stuttgart GRUR-RR 05, 334.
38 Kaess, in: Busse/Kaess § 143 Rn 67 mwN; a.A. noch Voraufl. bis 9. A., § 143 Rn 9.
39 Dort gelten mit dem PatG inhaltsgleiche Regelungen in §§ 26, 27 GebrMG.
40 Vgl.; BGH GRUR 09, 672, 678 *OSTSEE-POST;* BGH GRUR 11, 521, 522 *TÜV;* BGH GRUR 15, 689 (690) *Parfümflakon III*.
41 Kircher, in: Fitzner/Lutz/Bodewig § 143 Rn 12; a.A. wohl Benkard/Grabinski/Zülch, § 143 Rn 10a; Kaess, in: Busse/Keukenshrijver, § 143 Rn 75.
42 Vgl. BGH Besch. v 9.5.2019 – I ZB 83/18, GRUR 19, 983 – *Kosten des Patentanwalts V* (MarkenG); Kircher, in: Fitzner/Lutz/Bodewig § 143 Rn 12.
43 Kircher, in: Fitzner/Lutz/Bodewig § 143 Rn 12.
44 Kircher, in: Fitzner/Lutz/Bodewig § 143 Rn 14; OLG Düsseldorf Beschl v 20.06.2013 – I-2 W 24/13.
45 OLG Düsseldorf Mitt. 14, 345 (DesignR); a.A. OLG Saarbrücken GRUR-RR 09, 327.

3 Zuständigkeit

Zu unterscheiden sind: 14

3.1 Örtliche Zuständigkeit siehe § 139 Rdn 263. 15

3.2 Internationale Zuständigkeit siehe § 139 Rdn 265. 16

3.3 Sachliche Zuständigkeit

liegt **ausschließlich** bei dem Landgericht, nicht dem Amtsgericht,[46] und – wenn eine Zuweisung nach § 143 (2) erfolgt ist – ausschließlich bei dem bestimmten LG. § 143, der eine Spezialvorschrift zu § 23 Nr 1 GVG darstellt, begründet dagegen keine ausschließliche Zuständigkeit der beim LG nach der Geschäftsverteilung gebildeten Patentstreitkammer.[47] Eine **Parteivereinbarung** kann sich daher nur auf LG mit Patentstreitkammern, nicht aber auf andere LG beziehen[48] und eine **Einrede der sachlichen Unzuständigkeit** kann nicht darauf gegründet werden, dass die nach der Geschäftsverteilung zuständige Patentstreitkammer anstelle einer anderen Zivilkammer desselben LG zuständig sei.[49] 17

3.3.1 Prüfung:

Die Unzuständigkeit eines Gerichts, das für Patentstreitsachen nicht zuständig ist, ist von Amts wegen zu berücksichtigen. Ein rügeloses Verhandeln (§ 39 ZPO) und eine Prorogation (§ 38 ZPO) kann in diesem Fall gemäß § 40 (2) ZPO keine Zuständigkeit begründen. 18

3.3.1.1 Unzuständigkeit in 1. Instanz: Folge: Abweisung der Klage als unzulässig oder Verweisung auf Antrag des Klägers gemäß § 281 ZPO. 19

3.3.1.2 Unzuständigkeit in 2. Instanz: Gemäß § 513 (2) ZPO kann die Berufung nicht darauf gestützt werden, dass das LG seine Zuständigkeit zu Unrecht bejaht habe. Die Vorschrift gilt gleichermaßen für die sachliche, örtliche und funktionelle Zuständigkeit, auch soweit sie ausschließlich ist. Das Berufungsgericht prüft lediglich die in jeder Lage des Verfahrens von Amts wegen zu beachtende internationale Zuständigkeit.[50] 20

3.3.1.3 Unzuständigkeit in 3. Instanz: BGH prüft gemäß § 545 (2) ZPO nicht, ob das Gericht des 1. Rechtszuges sachlich oder örtlich zuständig war, wohl dagegen die internationale Zuständigkeit, ob deutsches Gericht zur Entscheidung befugt war.[51] 21

3.3.1.4 Verweisung: Verneint das angerufene Gericht seine Zuständigkeit, verweist es – wenn ein Antrag gestellt ist – an **i)** ein LG iSd § 143 (1) oder (2) oder **ii)** an das nach §§ 87, 89, 95 GWB zuständige LG für Kartellsachen. Der Verweisungsbeschluss 22

---

46 Allerdings lässt § 143 (1) die Zuständigkeiten der Amtsgerichte nach §§ 486 (3), 689, 764 und 942 ZPO unberührt.
47 Vgl OLG Dresden GRUR **98**, 69 zu § 140 (2) MarkenG.
48 BGH GRUR **53**, 114 *Reinigungsverfahren*.
49 BGH GRUR **62**, 305 *Federspannvorrichtung*.
50 BGH Mitt **02**, 559, 560.
51 BGH GRUR **69**, 373 *Multoplane*; Mitt **02**, 559, 560.

ist gemäß § 281 ZPO grundsätzlich bindend, auch wenn es sich nicht um eine Patentstreitsache handelt,[52] es sei denn, sie ist **objektiv willkürlich**[53] oder beruht auf **grobem Rechtsirrtum**.[54] Eine zu Unrecht erfolgte Verweisung führt jedenfalls nicht zur Anwendbarkeit der §§ 143 (3), 144.[55] Die Bindung erstreckt sich auf die 2. Instanz. Verneint OLG die Zuständigkeit des angerufenen LG, weil es sich um eine Patentstreitsache handelt, so verweist es an das zuständige LG.[56]

3.3.2 Kartellsachen:

23 Für Rechtsstreitigkeiten, die sich aus dem **GWB** oder aus **Kartellvereinbarungen** und aus **Kartellbeschlüssen** ergeben, sind nach § 87, 89 und 95 GWB die **Gerichte für Kartellsachen ausschließlich** zuständig, und zwar nach § 87 (1) 2 GWB auch dann, wenn die Entscheidung nur teilweise von einer Entscheidung abhängt, die nach dem GWB zu treffen ist. Daher ist der frühere § 96 (2) GWB aF, der eine Aussetzung wegen kartellrechtlicher Vorfragen vorsah, aufgehoben.

4 Patentstreitkammern (Abs 2):

24 Patentstreitkammern sind Zivilkammern, keine Kammern für Handelssachen (§ 95 GVG). In der Bundesrepublik bestehen bei folgenden Landgerichten Patentstreitkammern:[57] **LG Berlin** für Berlin und Brandenburg; **LG Braunschweig** für Niedersachsen; **LG Düsseldorf** für Nordrhein-Westfalen;[58] **LG Erfurt** für Thüringen; **LG Frankfurt/M** für Hessen und Rheinland-Pfalz; **LG Hamburg** für Bremen, Hamburg, Mecklenburg-Vorpommern und Schleswig-Holstein; **LG Leipzig** für Sachsen; **LG Magdeburg** für Sachsen-Anhalt; **LG Mannheim** für Baden-Württemberg; **LG München I** für OLG-Bezirk München; **LG Nürnberg-Fürth** für OLG-Bezirke Nürnberg und Bamberg; **LG Saarbrücken** für Saarland.[59]

5 Vertretungsberechtigte Rechtsanwälte:

5.1 Vor der Patentstreitkammer des LG:

25 Seit 1.1.00 müssen sich die Parteien vor den Landgerichten nach § 78 (1) ZPO durch einen bei (irgend) einem Amts- oder Landgericht zugelassenen RA vertreten lassen. Das frühere Lokalisationsgebot (= Vertretung durch einen beim Prozessgericht zugelassenen RA) ist aufgehoben.

26 § 78 (1) ZPO in der ab 1.1.2000 geltenden Fassung erlaubt es Rechtsanwälten unabhängig von ihrem Kanzleisitz im Bereich des zivilprozessualen Anwaltszwanges vor allen

---

52 BGH GRUR 78, 527 *Zeitplaner*.
53 BGH NJW 93, 1273.
54 BGH NJW-RR 92, 383.
55 OLG Düsseldorf GRUR 54, 115.
56 OLG Hamm GRUR 90, 640 L.
57 Gesetzliche Fundstellen in Tabu Gewerbl. Rechtsschutz Nr 315 und BlPMZ 99, 122; eine Übersicht zu Fallzahlen der einzelnen Patentstreitkammern im Jahre 2011 präsentieren Kühnen/Claessen GRUR 13, 592.
58 VO über die Zuweisung von Gemeinschaftsmarken-, Gemeinschaftsgeschmackmuster-, Patent-, Sortenschutz-, Gebrauchsmusterstreitsachen und Topographieschutzsachen v 30.8.2011, GV.NRW. 2011 S 467.
59 Übersicht in BlPMZ 07, 92.

Land- und Familiengerichten der BRD aufzutreten. Diese Regelung ist mit dem Grundgesetz vereinbar.[60]
§ 25 BRAO, der die Zulassung des bei einem OLG zugelassenen RA bei einem anderen Gericht verbot, ist mit Art 12 (1) GG unvereinbar.[61] Ab 1.1.2002 kann ein OLG-Anwalt auch beim AG und LG zugelassen werden, das für den Sitz seiner Kanzlei zuständig ist.

5.2 Vor dem Oberlandesgericht:

Zum 1.6.2002 ist auch vor dem OLG das Lokalisationsprinzip beseitigt worden. Postulationsfähig ist nunmehr jeder Rechtsanwalt, der bei irgendeinem OLG (nicht notwendig bei demjenigen, vor dem der Rechtsstreit verhandelt wird) zugelassen ist (§§ 525, 78 (1) ZPO). 27

6 Kosten eines mitwirkenden Patentanwalts (Abs 3):

Die Kosten eines mitwirkenden Patentanwaltes werden nach § 143 (3) in Patentstreitsachen ebenso wie die Kosten eines RA erstattet. Die Regelung ist verfassungsgemäß.[62] Problematisch ist indessen die Frage der **Vereinbarkeit mit der Durchsetzungsrichtlinie**, die der BGH zu § 140 (4) MarkenG nunmehr dem EuGH vorgelegt hat.[63] Die frühere Begrenzung der Erstattung »bis zur Höhe einer Gebühr« in § 143 ist seit dem 1.1.2002 entfallen,[64] so dass der mitwirkende PA die gleichen Gebühren wie ein RA erhalten kann.[65] Soweit er an einen Gebührentatbestand auslösenden Maßnahmen des RA mitgewirkt hat, richtet sich auch seine erstattungsfähige Vergütung nach dem RVG nebst VV.[66] Die Neufassung des § 143 (3) ist zunächst anwendbar auf alle Klagen etc, die nach dem 1.1.2002 erhoben worden sind. Erfasst werden außerdem Streitverfahren, die vor dem 1.1.2002 anhängig geworden und am 1.1.2002 noch nicht abgeschlossen sind, sofern die Mitwirkungshandlung des PA nach dem 1.1.2002 stattgefunden hat.[67] Der PA verdient erstattungsfähig **alle diejenigen Gebühren, die auch der RA** nach den Gebührentatbeständen des RVG verdient, sofern der PA an der den betreffenden Gebührenanspruch auslösenden Handlung des RA mitgewirkt hat.[68] Eine Terminsgebühr deshalb erstattungsfähig, obwohl PA nicht postulationsfähig ist.[69] Das gilt auch, wenn einer Partei **Prozesskostenhilfe** bewilligt wird und ihr ein PA zu ihrer Beratung und zur Unterstützung des RA beigeordnet ist.[70] Eine Festsetzung der Ver- 28

---

60 BVerfG NJW 00, 1939.
61 BVerfG NJW 01, 353 *Singularzulassung von Rechtsanwälten.*
62 Vgl KG Beschl v. 30.7.18 – 19 W 149/17, Mitt. **18**, 522 (MarkenG) *Patentanwaltskosten.*
63 BGH Beschl v. 24.9.20 – I ZB 59/19, GRUR **20**, 1239 *Kosten des Patentanwalts VI.*
64 Art 7 Nr 36 des Kostenbereinigungsgesetzes v 13.12.2001 (BGBl I 3656 = BlPMZ **02**, 14, 25) hat die Worte »bis zur Höhe einer vollen Gebühr« mit Wirkung v 1.1.02 gestrichen.
65 BGH GRUR **06**, 702 *Erstattung von Patentanwaltskosten.*
66 OLG Frankfurt aM GRUR-RR **05**, 104 *Textilhandel.*
67 BGH GRUR **06**, 702 *Erstattung von Patentanwaltskosten.*
68 OLG Düsseldorf InstGE **3**, 76 Rn 1 *Erstattung von Patentanwaltskosten.*
69 OLG Düsseldorf InstGE **3**, 76 Rn 1 *Erstattung von Patentanwaltskosten*; OLG Köln Mitt **06**, 286 *Terminsgebühr bei Säumnis.*
70 Art 12 des Kostenbereinigungsgesetzes v 13.12.2001 (BGBl I 3656 = BlPMZ **02**, 14, 29) hat § 2 Nr 2 des Gesetzes über die Beiordnung von Patentanwälten bei Prozesskostenhilfe, nach dem der dem PA zu ersetzende Gebührenbetrag den Betrag einer vollen Gebühr nach § 11 (1) BRAGO nicht übersteigen darf, gestrichen.

gütung eines PA gegen den Auftraggeber gemäß § 11 **RVG** scheidet aus, da der PA kein RA ist und ihm auch keine »gesetzliche« Vergütung zusteht.[71]

6.1 Erstattungsfähigkeit der Gebühr nach § 143 (3)

29 **6.1.1 Patentanwalt** ist zunächst jeder nach der PAO zugelassene PA, ebenso jeder nach Art 134 EPÜ zugelassene Vertreter beim EPA,[72] auch ein **EU-ausländischer**, sofern er nach Ausbildung, Qualifikation und gesetzlichem Aufgabengebiet einem deutschen PA gleichsteht, was nicht anhand der konkreten Verhältnisse des Einzelfalles, sondern mit Rücksicht auf die Natur des Kostenfestsetzungsverfahrens generalisierend zu entscheiden ist (§ 143 (3) analog),[73] wobei allerdings auch für den ausländischen Anwalt nur Gebühren nach dem RVG erstattungsfähig sind;[74] ebenso ein PA, der **zugleich als RA** zugelassen und in beiden Funktionen mandatiert ist,[75] und ein PA, der mit dem RA in einer gemeinsamen Sozietät verbunden ist;[76] **nicht**: Erlaubnisscheininhaber.[77] Wird PA **in eigener Sache** tätig, kann er seine Gebühren gemäß § 91 (2) 3ZPO erstattet verlangen.[78] Vertritt er **mehrere Auftraggeber**, erhöht sich die Gebühr gem § 7 RVG (s Rdn 41).[79] Tritt ein Patentanwalt im Rahmen einer Honorarklage der Patentanwaltsgesellschaft, deren Gesellschafter er ist, auf, liegt keine Parteiidentität vor.[80]

30 Für **Patentassessoren** gilt § 143 (3) weder unmittelbar[81] noch analog,[82] ebenso wenig für ausländischen Rechtsanwalt mit naturwissenschaftlichem Studium.[83] Erstattungsfähig sind Kosten des Patentassessors gleichwohl, wenn seine Hinzuziehung aus Sicht einer vernünftig denkenden Partei sachdienlich war.[84]

31 **6.1.2 Vorliegen einer Patentstreitsache:** Der Begriff der »Patentstreitsache« ist auch im Rahmen des § 143 (3) grundsätzlich weit auszulegen.[85] Darunter fallen alle Tätigkeiten, die einen **Sachzusammenhang** mit Ansprüchen aufweisen, die vor einer Patentstreitkammer geltend gemacht werden können (vgl dazu oben Rdn 7). § 143 (3) gilt auch für Ordnungs- und Zwangsmittelverfahren, wenn das vorangegangene Erkennt-

---

71 OLG München Mitt 01, 91; OLG Düsseldorf Mitt 09, 518; a.A. Kurtz Mitt 09, 507.
72 OLG Karlsruhe, Mitt 05, 183 *European Patent Attorney*.
73 BGH GRUR 07, 999 *Consulente in marchi*; BGH Beschl v 14.4.2020 – X ZB 2/18, GRUR 20, 781 *EPA-Vertreter*; OLG Düsseldorf GRUR 88, 761 (irischer PA); OLG Frankfurt GRUR 94, 852; GRUR-RR 06, 422.
74 Rojahn/Rektorschek Mitt. 14, 1 (6); vgl. Gruber GRUR Int. 16, 1025 (1027).
75 BGH WRP 03, 755 *Kosten des Patentanwalts*.
76 OLG Düsseldorf InstGE 2, 298.
77 OLG Düsseldorf GRUR 67, 326.
78 BPatGE 24, 165; Busse/Keukenschrijver § 143 Rn 138; aA: OLG Frankfurt Rechtspfl 74, 321 und Mitt 80, 18; OLG Karlsruhe GRUR 85, 127; OLG München Mitt 91, 175; wohl auch Kircher, in: Fitzner/Lutz/Bodewig § 143 Rn 39.
79 BPatGE 34, 67; OLG Düsseldorf GRUR 79, 191; OLG Nürnberg Mitt 87, 32; OLG Frankfurt Mitt 93, 371 (zu § 6 (1) 2 BRAGO).
80 OLG Dresden Mitt 08, 42.
81 Vgl. BGH GRUR 07, 999 *Consulente in marchi*.
82 *OLG Düsseldorf Beschl v 23.12.2011 – I-2 W 40/11*.
83 OLG Düsseldorf Beschl v 15.03.2013 – I-2 W 10/13.
84 OLG Düsseldorf Beschl v 23.12.2011 – I-2 W 40/11.
85 OLG Frankfurt Mitt 95, 80; KG Mitt 95, 81.

nisverfahren eine Patentstreitsache war;[86] ebenso für einstweilige Verfügungsverfahren.[87] Die im Rahmen der Zuständigkeitsprüfung erfolgte Bejahung einer »Patentstreitsache« entfaltet selbst im Falle eines entsprechenden Zwischen- oder Endurteils keine Bindungswirkung (§ 318 ZPO) für das spätere Kostenfestsetzungsverfahren. Liegt keine Patentstreitsache vor, kommt alternativ eine **Erstattungsfähigkeit nach § 91 (1) ZPO in Betracht**, so dass dann sachliche Notwendigkeit der Hinzuziehung erforderlich ist; das kann insbesondere in Wettbewerbssachen der Fall sein, soweit das typische Arbeitsfeld des Patentanwalts betroffen ist.[88]

Im Falle von **Klagehäufungen** gilt § 143 (3) nur für den auf Patentstreitsachen entfallenden Teilstreitwert.[89]   32

Auf **vorgerichtliche Tätigkeiten** (zB Abmahnung, Abschlussschreiben) eines Patentanwalts neben einem RA ist § 143 (3) nicht anwendbar; die Erstattungsfähigkeit richtet sich hier vielmehr nach §§ 677, 683, 670 BGB, wobei in Patentsachen an die Erforderlichkeit der Hinzuziehung in Anbetracht des idR sehr technisch geprägten Hintergrundes der Streitigkeiten keine hohen Anforderungen zu stellen sind.[90] Zweifel an der Erforderlichkeit können je nach Lage des Einzelfalles jedoch bei sog. »**Massenabmahnungen**« angebracht sein.[91] Nach – jdf für das Patentrecht – zweifelhafter Auffassung des OLG Köln soll Mitwirkung eines Patentanwalts bei der Vollstreckung einer Auskunftsverpflichtung nicht erforderlich sein.[92]   33

§ 143 (3) findet bei Verfahren **vor BPatG keine »umgekehrte«** bzw. analoge Anwendung zugunsten eines RA, so dass sich die Erstattungsfähigkeit nach § 91 (1) richtet.[93] Die Zuziehung eines Rechtsanwalts neben einem Patentanwalt ist im Nichtigkeitsverfahren typischerweise als zur zweckentsprechenden Rechtsverfolgung oder Rechtsverteidigung notwendig, wenn zeitgleich mit dem Nichtigkeitsverfahren ein das Streitpatent betreffender Verletzungsrechtsstreit anhängig ist, an dem die betreffende Partei oder ein mit ihr wirtschaftlich verbundener Dritter beteiligt ist.[94] Im **Gebrauchsmuster-Löschungsverfahren** soll bei parallelem Verletzungsprozess hingegen die Hinzuziehung eines Rechtsanwalts nicht typischerweise notwendig sein.[95]   34

---

86 OLG München Mitt 06, 187; vgl. OLG Düsseldorf GRUR-RR 10, 405 *Herausgabevollstreckung*; einschränkend OLG Köln GRUR-RR 12, 492 *Patentanwaltskosten im Zwangsgeldverfahren* (GeschmM).
87 BGH GRUR 12, 756 *Kosten des Patentanwalts III* [MarkenG].
88 BGH GRUR 11, 662, 664 *Patentstreitsache*; OLG Frankfurt GRUR-RR 11, 118.
89 OLG Stuttgart GRUR 09, 79 (zum Patentanwalts); a.A. KG GRUR 00, 803 (MarkenR).
90 *BGH GRUR 11, 754 Kosten des Patentanwalts II*; Möller Mitt 11, 399, 402 f; strenger im MarkenR BGH GRUR 12, 759 *Kosten des Patentanwalts IV*.
91 Kircher, in: Fitzner/Lutz/Bodewig § 143 Rn 41; vgl. zur Frage des Rechtsmissbrauchs BGH GRUR 13, 307 *unbedenkliche Mehrfachabmahnung*.
92 OLG Köln GRUR-RR 12, 492 *Patentanwaltskosten im Zwangsgeldverfahren* (GeschmM).
93 BPatG Mitt 08, 570; GRUR 10, 556 f.
94 BGH GRUR 13, 427 *Doppelvertretung im Nichtigkeitsverfahren*; in der Judikatur des BPatG war die Frage sehr umstritten, vgl. dazu Schickedanz Mitt. 12, 60; s nunmehr BPatG Beschl v 26.6.2020 – Ni 45/16 (EP), GRUR-RS 20, 24854 *Doppelvertretungskosten*.
95 BPatG BeckRS 16, 18 844 *keine Doppelvertretung im Gebrauchsmuster-Löschungsverfahren*.

35 **6.1.3 Mitwirkung im Rechtsstreit:** Sie kann in irgendeiner, das Verfahren fördernden Tätigkeit bestehen,[96] die nicht notwendigerweise nach außen in Erscheinung treten muss. Es reicht irgendeine streitbezogene, die Rechtsverfolgung oder -verteidigung fördernde oder zumindest zu fördern geeignete Tätigkeit,[97] die im Innenverhältnis zum Mandanten einen Gebührentatbestand nach dem RVG verwirklicht. **Beispiele: a)** beratende Teilnahme an (auch telefonischen) vorbereitenden Besprechungen,[98] **b)** Teilnahme an der mündlichen Verhandlung (auch ohne Vortrag) oder an einer Beweisaufnahme, **c)** Beratung der Partei, auch wenn das Rechtsmittel vor Bestellung eines Prozessbevollmächtigten zurückgenommen wird,[99] **d)** Vertragsstrafeversprechen,[100] **e)** Abmahnung,[101] **f)** Rechtsstreit über Arbeitnehmererfindung.[102] Neben der Geschäfts- bzw Verfahrensgebühr verdient der PA eine Terminsgebühr nur dann, wenn er an dem betreffenden Termin teilgenommen hat; die Entsendung eines Prozessbevollmächtigen, der über die Qualifikation eines **Fachanwalts** für gewerblichen Rechtsschutz verfügt, genügt nicht;[103] **g)** es reicht eine Mitwirkung in einem **einstweiligen Verfügungsverfahren** und zwar auch dann, wenn der erstattungsberechtigte Antragsgegner einen bloßen Kostenwiderspruch einreicht.[104]

36 **Keine Mitwirkung: a)** Bloße Weitergabe des Mandats an RA,[105] **b)** Androhung einer Nichtigkeitsklage,[106] **c)** bloße Anzeige einer Mitwirkung ohne Entfaltung irgendeiner Tätigkeit; Honorarklage in eigener Sache;[107] **d)** wenn Patentanwalt sich durch RA vertreten lässt;[108] **e)** wenn patentrechtliche Ansprüche allein den **Hilfsantrag** betreffen, jedoch der Klage mit dem Hauptantrag stattgegeben wird.[109]

37 **Notwendigkeit** der Mitwirkung gerade eines PA ist nicht zu prüfen.[110] Im Rechtsmittelverfahren darf der Berufungsbeklagte neben dem Rechtsanwalt einen Patentanwalt hinzuziehen, sobald eine Rechtsmittelbegründung vorliegt.[111] Denn eine vorherige

---

96 OLG Düsseldorf GRUR **56**, 193; **84**, 99; **12**, 856; KG GRUR **58**, 392; OLG Frankfurt Mitt **65**, 34; OLG München Mitt **01**, 90; BPatGE **34**, 67, 69.
97 OLG Düsseldorf InstGE **13**, 280 *Terminkosten für Patentanwalt*.
98 OLG Düsseldorf GRUR **56**, 193, 194 und Mitt **84**, 99.
99 BPatGE **12**, 188; KG Mitt **95**, 81.
100 OLG Düsseldorf GRUR **84**, 650.
101 OLG München Mitt **82**, 218 und **94**, 24; OLG Frankfurt GRUR **91**, 72.
102 LG Berlin Mitt **69**, 158.
103 OLG Braunschweig GRUR **12**, 432; OLG Köln GRUR-RR **13**, 39 *fiktive Patentanwaltskosten*.
104 OLG Düsseldorf Mitt. **14**, 345 – *Kosten des Patentanwalts beim Kostenwiderspruch*.
105 KG GRUR **39**, 55 und Mitt **40**, 22.
106 OLG Düsseldorf Mitt **95**, 186.
107 Str, vgl Hoffmann/Gruneberg Mitt **08**, 15.
108 OLG Braunschweig GRUR-RR **12**, 133 *Doppelvertretung*.
109 Kircher, in: Fitzner/Lutz/Bodewig, § 143 Rn 13; a.A. wohl OLG Frankfurt GRUR-Prax **13**, 374 (DesignR).
110 BGH WRP **03**, 755 *Kosten des Patentanwalts*.
111 OLG Stuttgart GRUR-RR **04**, 279 *Patentanwaltskosten bei Rechtsmittelrücknahme*; zu weitgehend OLG Düsseldorf Beschl v 20.08.2007 – I-2 W 11/07, wonach Erstattungsfähigkeit schon im Falle einer Mandatierung ab Eingang der Mitteilung über Berufungseinlegung gegeben sein soll; anders daher zu Recht nunmehr OLG Düsseldorf Mitt. **15**, 419 *Fahrradcomputer*.

Einschaltung eines Patentanwalts widerspricht dem **Grundsatz der kostenschonenden Prozessführung**.[112]

Glaubhaftmachung der Mitwirkung des PA ist nach § 104 (2) 1 ZPO erforderlich.[113] Dazu reicht idR die Anzeige seiner Mitwirkung zu Beginn des Rechtsstreits und die Vorlage einer das Verfahren betreffenden Kostenrechnung.[114] Entscheidend ist, ob eine Mitwirkung des Patentanwalts stattgefunden hat; die Mitwirkung kann daher auch noch nachträglich im Kostenfestsetzungsverfahren glaubhaft gemacht werden.[115] 38

Es sind nur die Kosten eines einzigen, also nicht mehrerer Patentanwälte erstattungsfähig.[116] Kosten eines **weiteren ausländischen Patentanwalts** sind nur nach §§ 91 (1) S 1, (2) 2 ZPO berücksichtigungsfähig, wobei der Grundsatz gilt, dass die Kosten mehrerer Patentanwälte nur bis zur Höhe der Kosten eines Patentanwalts zu erstatten sind.[117] An die Notwendigkeit der Einschaltung eines ausländischen Verkehrsanwalts sind hohe Anforderungen zu stellen.[118] 39

6.1.4 Entstehen der Kosten des PA gegenüber seinem Mandanten wird durch dessen tatsächliche Mitwirkung bewirkt, einer Anzeige bei Gericht bedarf es nur zu deren Glaubhaftmachung. Eine bloße Anzeige ohne tatsächliche Mitwirkung lässt keinen Erstattungsanspruch entstehen, da die Anzeige irrtümlich erfolgt oder der PA seine zugesagte Mitwirkung unterlassen haben kann.[119] (Telefonische[120]) Besprechung ohne Beteiligung des Gerichts zwecks Vermeidung oder Erledigung eines gerichtlichen Verfahrens reicht aus, ggf. auch schon vor Anhängigkeit, wenn Auftrag zur Klagerhebung bzw. Verteidigung erteilt ist, nicht jedoch Kommunikation per SMS oder Email.[121] Hingegen genügt eine einseitige persönliche und/oder telefonische **Besprechung zwischen Anwalt und Gericht** nicht.[122] 40

Nur die tatsächlich entstandenen Gebühren werden – ohne Nachweis ihrer Notwendigkeit[123] – erstattet, aber nur bis zur Höchstgrenze des § 143 (3), also **1. Instanz:** Verfahrensgebühr (1,3-fach), Terminsgebühr (1,2-fach), die auch bei Abschluss eines schriftlichen Vergleichs (§ 278 VI ZPO) anfällt;[124] anders als beim RA kann für den PA eine Erhöhung der »mittleren« 1,3-Gebühr nicht mit der Erwägung erhöht werden, dass das Patentrecht nicht Gegenstand des Pflichtstoffs der Juristenausbildung sei, weil 41

---

112 OLG Düsseldorf Mitt. **15**, 419.
113 OLG München Mitt **97**, 167.
114 OLG Frankfurt GRUR-RR **06**, 422.
115 OLG Düsseldorf GRUR **12**, 856.
116 OLG Düsseldorf InstGE **12**, 63 *zusätzlicher Patentanwalt*.
117 OLG Düsseldorf InstGE **12**, 63 *zusätzlicher Patentanwalt*; OLG Düsseldorf Beschl v 15.03.2013 – I-2W 10/13.
118 BGH GRUR **12**, 319 *Ausländischer Verkehrsanwalt*; OLG Düsseldorf InstGE **12**, 63 *zusätzlicher Patentanwalt*.
119 OLG Düsseldorf Mitt **84**, 99.
120 Vgl BGH NJW **08**, 2993 f.
121 BGH NJW **11**, 530; aA OLG Düsseldorf Beschl v 16.5.18 – I-2 W 10/18.
122 OLG Bremen NJW **15**, 2602.
123 OLG Düsseldorf InstGE **13**, 280 *Terminkosten für Patentanwalt*.
124 BGH MDR **07**, 302 *Terminsgebühr und Vergleich*.

die PA-Ausbildung gerade derartige Spezialisierung darstellt[125] **2. Instanz:** Verfahrensgebühr (1,6-fach), Terminsgebühr (1,2-fach); **3. Instanz:** Verfahrensgebühr (2,3-fach), Terminsgebühr (1,5-fach); bei vorzeitiger Beendigung des Auftrages gelten die reduzierten Sätze des VV zum RVG. Auch wenn höhere Gebühren als nach § 143 (3) als notwendig nachgewiesen werden, sind sie nicht erstattungsfähig.[126] Die Erhöhung um den 0,3-fachen Gebührensatz für jeden weiteren Auftraggeber gemäß § 7 RVG iVm Nr 1008 VV steht auch dem PA zu.[127] Der im Revisionsverfahren mitwirkende Patentanwalt kommt nicht in den Genuss der Erhöhung nach Nr 3208 RVG-VV, da diese nur für beim BGH zugelassene Rechtsanwälte gilt.[128] Fällt das vom Erstattungsberechtigten seinem Anwalt geschuldete Honorar aufgrund einer Honorarvereinbarung geringer aus als die RVG-Gebühren, sind **nur die tatsächlichen Honorarkosten** erstattungsfähig, d.h. keine weitergehenden, rein fiktiven Honorare; an bloß fiktivem Honorar idS fehlt es, wenn vereinbarungsgemäß mindestens die gesetzlichen Gebühren geschuldet und in Rechnung gestellt sind.[129]

6.2 Erstattungsfähigkeit von Auslagen:

42   Auslagen sind voll zu erstatten, sofern sie a) notwendig waren (§ 91 ZPO) und b) nicht bereits durch die Gebühr nach § 143 (3) abgegolten sind, wie zB die **typischen Leistungen** eines PA wie Sichtung, Ordnung und Auswertung von Material zum Stand der Technik[130] sowie Einsicht in die Akten des Streitpatents.[131] Wurde das Klagepatent vor der mündlichen Verhandlung bereits rechtskräftig vernichtet, ist eine Erörterung technischer und/oder patentrechtlicher Fragen nicht mehr zu erwarten und eine Terminswahrnehmung durch den Patentanwalt in einem solchen Fall von vornherein nicht erforderlich, weshalb Auslagen für diese nicht erstattungsfähig sind.[132]

43   **Zu erstattende Auslagen** sind: a) **Reisekosten** gemäß Nr 7003 f VV von der Kanzlei oder Wohnung des PA zum Termin,[133] auch wenn bei überörtlicher Sozietät ein Sozius, der nicht der Sachbearbeiter ist, am Gerichtsort Kanzlei oder Wohnung hat;[134] keine Obliegenheit, einen am Sitz des Prozessgerichts ansässigen Patentanwalt zu beauftragen;[135] erstattungsfähig ist eine Bahnfahrt 1. Klasse, ein Flug nur in der »busi-

---

125   Kircher, in: Fitzner/Lutz/Bodewig § 143 Rn 42. S zu Gebrauchsmuster-Streitigkeiten: BGH GRUR **14**, 206 (208) *Einkaufskühltasche*.
126   OLG Düsseldorf Mitt **88**, 38; OLG München Mitt **91**, 174.
127   BPatGE **34**, 67; OLG Düsseldorf GRUR **79**, 191; OLG Nürnberg Mitt **87**, 32; OLG Frankfurt Mitt **93**, 371 (zu § 6 (1) 2 BRAGO).
128   OLG Düsseldorf Beschl v 15.05.2012 – I-2W 12/12.
129   OLG Düsseldorf Beschl v 30.10.2018 – I-2 W 15/18.
130   OLG Frankfurt GRUR **96**, 967.
131   OLG Frankfurt GRUR **79**, 76 und Mitt **95**, 110.
132   OLG Düsseldorf GRUR **12**, 856.
133   OLG Frankfurt GRUR **76**, 76 und **98**, 1034 und Mitt **93**, 371; OLG München Mitt **94**, 220.
134   AA: OLG München Mitt **94**, 249 (zu § 28 BRAGO).
135   OLG Düsseldorf InstGE **11**, 177, 182 *Reisekostenfestsetzung* mwN; OLG Düsseldorf Beschl v 20.12.2016 – I-15 W 41/16; zum »Rechtsanwalt am dritten Ort«: BGH NJW-RR **12**, 695; OLG Düsseldorf Beschl v 26.07.2013 – I-2W 26/13.

ness-class«;[136] ggf Kosten einer anwaltlichen Begleitung des Gerichtsvollziehers;[137] **Informationsreise** zum beauftragten RA und zur Partei nur, wenn der technische oder rechtliche Sachverhalt des Einzelfalls das erfordert; b) **Recherchekosten** zur Vorbereitung der Rechtsverteidigung gegen eine drohende Verletzungsklage, auch eine **Eigenrecherche** des PA,[138] wobei er insoweit als Sachverständiger tätig wird und daher nicht das RVG maßgeblich ist;[139] c) Kosten der Beschaffung des **Materials zum Stand der Technik**; ggf. Erstellung eines rechtsstreitsbezogenen **Modells**;[140] nicht: Kosten für Erwerb eigener Produkte der Partei;[141] d) Entgelte für **Post- und Telekommunikationsdienstleistungen** in tatsächlich entstandener Höhe (Nr 7001 VV) oder als Pauschsatz von 20 % der Gebühr nach § 143 (3), jedoch höchstens 20 € je Rechtszug (Nr 7002 VV); e) Ersatz der auf die Vergütung des PA entfallenden **Umsatzsteuer**, sofern diese nicht nach § 19 (1) UStG unerhoben bleibt (Nr 7008 VV); f) **Übersetzungskosten** (regelmäßig zu einem Zeilensatz von 4 €);[142]

Die Kosten der Vorbereitung einer letztlich **nicht erhobenen Nichtigkeitsklage** sind ebenso wenig erstattungsfähig[143] wie Kosten, die für die Durchführung eines **Einspruchsverfahrens** anfallen.[144] 44

Werden Erkenntnisse aus einem **US-Discovery-Verfahren** in einem inländischen Rechtsstreit verwertet, sind die dort angefallenen Kosten nicht erstattungsfähig.[145] 45

6.3 Durchsetzung des Anspruchs gegen den Mandanten:

Der Patentanwalt muss seinen Anspruch notfalls **klageweise** gegen seinen Mandanten durchsetzen; § 11 **RVG** ist **weder direkt noch analog** anwendbar, so dass die Alternative einer entsprechenden Gebührenfestsetzung nicht besteht.[146] 46

§ 144 Streitwertherabsetzung

(1) ¹Macht in einer Patentstreitsache eine Partei glaubhaft, daß die Belastung mit den Prozeßkosten nach dem vollen Streitwert ihre wirtschaftliche Lage erheblich gefährden würde, so kann das Gericht auf ihren Antrag anordnen, daß die

---

136 OLG Düsseldorf OLG-Report 09, 305; weitergehend: OLG Stuttgart MDR 10, 898; vgl. OLG Köln MDR 10, 1287.
137 OLG Düsseldorf Beschl v 14.11.19 – I-2 W 30/19.
138 OLG Düsseldorf GRUR **69**, 104 und Mitt **89**, 93; OLG Frankfurt GRUR **96**, 967 (zur BRAGO); OLG Düsseldorf InstGE **12**, 252, 254 *Kosten der Recherche*; vgl. zur Eigenrecherche der Partei BPatG Mitt **15**, 418.
139 OLG Naumburg GRUR **14**, 304.
140 OLG Düsseldorf InstGE **11**, 121 *Maisgebiss-Modell*.
141 OLG Frankfurt GRUR-RR **13**, 184 *Patentanwaltskosten im Gebrauchsmusterstreit*.
142 Vgl. OLG Düsseldorf InstGE **12**, 177 *Übersetzung eigener Schriftsätze* zur Übersetzung durch einen RA.
143 AA LG München Mitt **14**, 292.
144 OLG Düsseldorf Beschl v 05.08.2015 – I 2 W 14/15 mwN.
145 OLG Düsseldorf Beschl v 05.08.2015 – I-2 W 14/15.
146 BGH GRUR **15**, 1253 *Festsetzung der Patentanwaltsvergütung*.

Verpflichtung dieser Partei zur Zahlung von Gerichtskosten sich nach einem ihrer Wirtschaftslage angepaßten Teil des Streitwerts bemißt. ²Die Anordnung hat zur Folge, daß die begünstigte Partei die Gebühren ihres Rechtsanwalts ebenfalls nur nach diesem Teil des Streitwerts zu entrichten hat. ³Soweit ihr Kosten des Rechtsstreits auferlegt werden oder soweit sie diese übernimmt, hat sie die von dem Gegner entrichteten Gerichtsgebühren und die Gebühren seines Rechtsanwalts nur nach dem Teil des Streitwerts zu erstatten. ⁴Soweit die außergerichtlichen Kosten dem Gegner auferlegt oder von ihm übernommen werden, kann der Rechtsanwalt der begünstigten Partei seine Gebühren von dem Gegner nach dem für diesen geltenden Streitwert beitreiben.

(2) ¹Der Antrag nach Absatz 1 kann vor der Geschäftsstelle des Gerichts zur Niederschrift erklärt werden. ²Er ist vor der Verhandlung zur Hauptsache anzubringen. ³Danach ist er nur zulässig, wenn der angenommene oder festgesetzte Streitwert später durch das Gericht heraufgesetzt wird. ⁴Vor der Entscheidung über den Antrag ist der Gegner zu hören.

Voß

Übersicht

	Geltungsbereich	1
	Europäisches Patentrecht	2
	Literatur	3
	Kommentierung zu § 144 PatG	
1	Zweck	4
2	Voraussetzungen der Streitwertherabsetzung	6
2.1	Antrag	6
2.2	Antragsberechtigter	7
2.3	Zeitpunkt des Antrags	8
2.4	Vorliegen einer Patentstreitsache	12
2.5	Erhebliche Gefährdung der wirtschaftlichen Lage	13
2.6	Fehlen eines Missbrauchstatbestands	14
3	Verfahren und Entscheidung	15
3.1	Anhörung des Gegners	15
3.2	Entscheidung	16
3.3	Änderung der Entscheidung	18
3.4	Rechtsmittel	19
4	Rechtsfolgen der Streitwertherabsetzung	22
4.1	Wirkungen für den Begünstigten	22
4.2	Wirkungen für den Gegner	23
4.3	Auslagen	24
4.4	Teilweises Unterliegen	25
4.5	Bewilligung von Prozess- oder Verfahrenskostenhilfe	26

1 **Geltungsbereich:** § 144 entspricht dem früheren § 53 PatG aF.

2 **Europäisches Patentrecht:** § 144 ist gemäß Art 2, 64 EPÜ auch auf europäische Patente und nach Art 33 (1) des Streitregelungsprotokolls zum GPÜ auch auf künftige Gemeinschaftspatente anwendbar.

3 **Lit in GRUR:** Berthmann 36, 841; Zuck 66, 167; **Lit in NJW:** Eberl 60, 1431; Tetzner 65, 1944; **Lit in WRP:** Pastor 65, 271.

1 Zweck

§ 144 bezweckt den Schutz des wirtschaftlich Schwächeren (aber nicht Armen) vor dem Kostenrisiko eines Patentprozesses mit hohem Streitwert. Der Schwächere soll den Prozess mit einem seinen wirtschaftlichen Verhältnissen angepassten Streitwert führen können und so davor bewahrt werden, sein Recht gegenüber dem wirtschaftlich Stärkeren nicht ausreichend geltend machen zu können,[1] während für den Gegner der volle Streitwert maßgebend bleibt (»**gespaltener Streitwert**«).

Ähnliche Regelungen enthalten § 26 GbmG, § 142 MarkenG und § 12 (4) UWG, so dass Rechtsprechung dazu herangezogen werden kann. Dagegen hat § 23a UWG aF im PatG keine Entsprechung. **Verfassungsrechtlich** ist die Regelung unbedenklich.[2]

2 Voraussetzungen der Streitwertherabsetzung

2.1 Antrag

Schriftlich (s Einl Rdn 352) oder vor der Geschäftsstelle zur Niederschrift. Kein Anwaltszwang gemäß § 78 (3) ZPO. Gilt nur für die betreffende Instanz, muss also im nächsten Rechtszug erneuert werden.

2.2 Antragsberechtigter

kann sein: **a)** Jede Partei: natürliche Person, Partei kraft Amtes, juristische Person, auch wenn diese die Voraussetzungen des § 116 S 1 Nr 2 ZPO nicht erfüllt;[3] **b)** Nebenintervenient und Streitgenosse; **c)** Ausländer, auch wenn Gegenseitigkeit nicht verbürgt ist.[4]

2.3 Zeitpunkt des Antrags

Nach § 144 (2) 2 vor der Verhandlung zur Hauptsache (= Stellung der Sachanträge gemäß § 137 ZPO). Danach ist Antrag nur zulässig:

a) Bei späterer Heraufsetzung des (in der Klage oder für die Gerichtsgebührenanforderung) angenommenen oder eines festgesetzten Streitwerts (§ 144 (2) 3);

b) bei erstmaliger Festsetzung des Streitwerts, wenn bis dahin kein Streitwert angenommen oder festgesetzt war.[5] Der Antrag ist dann in der nächsten mündlichen Verhandlung zu stellen. Findet eine solche nicht mehr statt, dann innerhalb angemessener Frist nach Festsetzung,[6] das heißt grundsätzlich nicht nach Ablauf der 6-Monatsfrist des § 63 (3) 2 GKG, die angemessen zu verlängern ist, wenn der Zeitraum zwischen Kenntnis von der Festsetzung und Ablauf der Frist gemäß § 63 (3) 2 GKG für sachgerechte Antragstellung zu kurz ist,[7] zB nur 6 Wochen beträgt;[8]

---

1 Amtl Begr zum PatG 1936 BlPMZ **36**, 115; vgl auch BGH GRUR 09, 1100 = BGHZ **158**, 372 *Druckmaschinen-Temperierungssystem III*.
2 OLG Düsseldorf Mitt **85**, 213; BVerfG NJW-RR **91**, 1134 zu § 23b UWG aF; BPatG GRUR-RR **12**, 132 mwN.
3 BGH GRUR **53**, 284 *Kostenbegünstigung*.
4 BGH GRUR **79**, 572 *Schaltröhre*.
5 BGH GRUR **53**, 284 *Kostenbegünstigung*.
6 BGH GRUR **65**, 562 *Teilstreitwert*.
7 BGH GRUR **78**, 527 *Zeitplaner*.
8 BGH v 13.11.79 – X ZR 39/75.

11 c) nach der 1. mündlichen Verhandlung, wenn danach[9] eine ganz entscheidende Verschlechterung der Wirtschaftslage eingetreten ist[10] oder wenn die Partei erst später erfährt, dass sie mehr an Kosten zu entrichten hat, als sie vor dem Antrag mit gutem Grund hätte annehmen können.[11]

2.4 Vorliegen einer Patentstreitsache

12 Zum Begriff der Patentstreitsache s § 143 Rdn 7. § 144 findet entsprechende Anwendung **a)** im Nichtigkeitsverfahren vor BPatG;[12] **b)** im Rechtsbeschwerdeverfahren gemäß § 102 (2); **c)** im Nichtigkeitsberufungsverfahren nach § 121 (1).15–15

2.5 Erhebliche Gefährdung der wirtschaftlichen Lage

13 ist dann gegeben, wenn die Belastung mit den überschlägig zu berechnenden Kosten der jeweiligen Instanz (nicht aller Rechtszüge zusammen), und zwar der Gerichtskosten sowie der eigenen und gegnerischen Anwaltskosten, nach dem vollen Streitwert eine fühlbare Verschlechterung der Wettbewerbssituation bedeuten würde. § 144 sieht für den Antragsteller ein seinen Verhältnissen angepasstes Kostenrisiko vor.[13] Erhebliche Gefährdung der wirtschaftlichen Lage kommt bei einer vermögenslosen und nicht mehr tätigen juristischen Person jedenfalls regelmäßig nicht in Betracht,[14] ebenso bei einer Gesellschaft, die nicht am Wirtschaftsleben teilnimmt (»schlafende Gesellschaft«).[15] Die Voraussetzungen der Prozess- oder Verfahrenskostenhilfe, also die persönlichen und wirtschaftlichen Verhältnisse sowie die Erfolgsaussicht gemäß § 114 ff ZPO und § 132 (2) PatG müssen nicht erfüllt sein, da § 144 gerade dann helfen soll, wenn Prozesskostenhilfe nicht bewilligt werden kann.[16] Gleichwohl sind die Regelungen in § 115 (1) Nr 2, (4) ZPO zu berücksichtigen.[17] Für den Ermäßigungsantrag einer prozessfähigen GbR kommt es auf die wirtschaftlichen Verhältnisse der Gesellschaft, nicht ihrer Gesellschafter an.[18] Die Einkommens- und Vermögensverhältnisse Dritter können mit heranzuziehen sein (und sind deshalb vom Antragsteller ebenfalls offen zu legen), zB wenn es sich bei dem Dritten um den Lebenspartner des Antragstellers handelt und diesem vermögenswerte Schutzrechte des Antragstellers übertragen worden sind.[19] Auf die Erfolgsaussichten der Rechtsverfolgung kommt es für die Streitwertherabsetzung außer im Fall des Missbrauchs (s Rdn 14) grundsätzlich nicht an.[20]

---

9 OLG München GRUR **91**, 561.
10 OLG Düsseldorf GRUR **85**, 219.
11 BPatGE **24**, 169 für Nichtigkeitsverfahren.
12 BGH GRUR **82**, 672 *Kombinationsmöbel*; BPatGE **24**, 169; BayVGH BlPMZ **61**, 86.
13 Vgl OLG Karlsruhe GRUR **62**, 586; OLG Düsseldorf Mitt **73**, 177.
14 BGH GRUR **53**, 284 *Kostenbegünstigung*; **13**, 1288 *Kostenbegünstigung III*; BPatG 5 Ni 40/10, Urt v 02.10.2012 *Delta-Sigma Analog-/Digital-Wandler*.
15 BPatG 5 Ni 40/10, Urt v 02.10.2012 *Delta-Sigma Analog-/Digital-Wandler*.
16 Amtl Begr BlPMZ **36**, 115.
17 OLG Düsseldorf InstGE **5**, 70 *Streitwertermäßigung*.
18 OLG München InstGE **2**, 81 *Streitwertbegünstigung für BGB-Gesellschaft II*.
19 BGH X ZR 133/98, Urt v 20.01.2004 Schulte-Kartei PatG 144 Nr 8.
20 BPatG GRURPrax **10**, 441.

2.6 Fehlen eines Missbrauchstatbestands

Da die Streitwertherabsetzung im pflichtgemäßen Ermessen (»kann«) des Gerichts liegt, kann es den Antrag zurückweisen, wenn **Rechtsmissbrauch** vorliegt,[21] so zB a) wenn der Antrag offensichtlich **mutwillig** gestellt wurde. Mutwillen (vgl § 130 Rdn 59) allein reicht nicht aus; b) wenn **Erfolglosigkeit** der Rechtsverfolgung oder -verteidigung **auf der Hand liegt**,[22] zB wenn dem Antragsteller wegen klarer Aussichtslosigkeit Prozesskosten- oder Verfahrenskostenhilfe versagt worden ist;[23] c) wenn der Antragsteller gar **nicht die Absicht hat, das Verfahren weiter fortzuführen**, zB weil er das Verfahren durch Vergleich beenden will;[24] d) wenn der Antragsteller selbst dazu beigetragen hat, den Streitwert zu erhöhen;[25] e) wenn Patentinhaber Finanzierungsvereinbarung über Prozesskosten abschließt, die ihm und dem finanzierenden Dritten alle mit dem Rechtsstreit verbundenen Chancen sichert, das Kostenrisiko eines Nichtigkeitsverfahrens wirtschaftlich aber der Gegenseite auferlegt.[26]

3 Verfahren und Entscheidung

3.1 Anhörung des Gegners

vor der Entscheidung schreibt § 144 (2) 4 vor. Ihm ist der Antrag und – wenn der Antragsteller zustimmt – die Erklärung über die wirtschaftliche Lage (§ 117 (2) 2 ZPO analog) mit ausreichender Frist zuzustellen. Bei fehlendem Einverständnis können (nicht müssen) die Unterlagen zu den wirtschaftlichen Verhältnissen bei der Entscheidung über den Ermäßigungsantrag unberücksichtigt bleiben.[27] Rechtliches Gehör ist den anderen Streitgenossen und dem Anwalt des Antragstellers als Betroffenen zu gewähren.

3.2 Entscheidung

ergeht durch Beschluss, mündliche Verhandlung ist nicht erforderlich.

Der **Tenor** lautet: »Die Verpflichtung des Klägers/Beklagten zur Zahlung von Gerichtskosten bemisst sich nach einem Streitwert von 20.000 €«. **Vor BPatG:** »Die Verpflichtung des Klägers/Beklagten zur Entrichtung der Gebühren seines Anwalts und zur Erstattung der Gebühren des Anwalts des Gegners bemisst sich nach einem Streitwert von 20.000 €«.

3.3 Änderung der Entscheidung

ist bis zum Abschluss der Instanz nach § 63 (3) 1 GKG von Amts wegen möglich. Sie steht im pflichtgemäßen Ermessen des Gerichts, wenn die wirtschaftliche Lage des Begünstigten sich erheblich geändert hat, sei es, dass sie sich gebessert, sei es, dass sie sich verschlechtert hat. Auch eine Aufhebung ist möglich, wenn eine erhebliche

---

21 Amtl Begr BlPMZ **36**, 115.
22 OLG Frankfurt aM GRUR-RR **05**, 296.
23 RG GRUR **38**, 325; OLG Hamburg WRP **79**, 382.
24 RG Mitt **41**, 47; KG GRUR **39**, 346.
25 OLG Hamburg GRUR **57**, 146.
26 BGH GRUR **13**, 1288 Kostenbegünstigung III.
27 BGH Mitt **05**, 165 *Verfahrenskostenhilfe für juristische Person*.

Gefährdung iSd § 144 (1) 1 nicht mehr besteht.[28] Die Änderung ergeht mit rückwirkender Kraft.

3.4 Rechtsmittel

19 gegen die Entscheidung ist die Beschwerde gemäß § 68 (1) GKG. Sie ist nur zulässig, wenn sie innerhalb von 6 Monaten eingelegt wird, nachdem die Entscheidung in der Hauptsache Rechtskraft erlangt oder das Verfahren sich anderweitig erledigt hat (§ 68 (1) 3 1. Hs GKG iVm 63 (3) 2 GKG)[29] und der Beschwerdewert von mehr als 200 € erreicht ist (§ 68 (1) 1 GKG). Ist der Teilstreitwert später als 1 Monat vor Ablauf dieser Frist festgesetzt worden, so kann sie noch innerhalb eines Monats nach Zustellung oder formloser Mitteilung des Beschlusses eingelegt werden (§ 68 (1) 3 2. Hs GKG).

20 **Beschwerdeberechtigt** sind der beschwerte Antragsteller, dessen Gegner, der RA und PA der begünstigten Partei (§ 23 (2) RVG) und die Staatskasse.

21 **Keine Beschwerde** (nur Gegenvorstellungen) möglich a) gegen Entscheidung des OLG; b) gegen Entscheidung des BPatG;[30] und zwar gemäß §§ 68 (1) 4, 66 (3) 3 GKG; § 33 (4) 3 RVG.

4 Rechtsfolgen der Streitwertabsetzung

4.1 Wirkungen für den Begünstigten

22 Teilstreitwert ist maßgebend a) für die Entrichtung der Gerichtsgebühren und die Gebühren seines RA und PA; b) im Fall des Unterliegens zusätzlich für die vom Gegner entrichteten Gerichtsgebühren und die Gebühren von dessen RA und PA; c) im Falle des Obsiegens kann sein Anwalt seine Gebühren nach dem vollen Streitwert vom Gegner verlangen (§ 144 (1) 4); Rechtsanwalt und Patentanwalt der begünstigten Partei steht insofern ein eigenes Beitreibungsrecht zu.[31]

4.2 Wirkungen für den Gegner

23 Für ihn bleibt der volle Streitwert maßgebend: a) Unterliegt er, trägt er alle Kosten nach dem vollen Streitwert; b) Obsiegt er als Beklagter, kann er vom Begünstigten Erstattung seiner Anwaltskosten nur nach dem Teilstreitwert verlangen; c) Obsiegt er als Kläger, kann er vom Begünstigten Erstattung der von ihm entrichteten Gerichtsgebühren und seiner Anwaltskosten nur nach dem Teilstreitwert verlangen. Gerichtsgebühren[32] und Anwaltskosten aus der Differenz zwischen vollem und Teilstreitwert hat er selbst zu tragen.

4.3 Auslagen

24 (zB für Zeugen und Sachverständige) werden durch die Anordnung eines Teilstreitwerts nicht berührt,[33] da sie sich nicht nach einem Streitwert richten.

---

28 OLG Düsseldorf Mitt **73**, 177.
29 AA noch die 7. Aufl unter Berufung auf OLG Düsseldorf Mitt **73**, 177.
30 *BGH GRUR* **82**, 672 *Kombinationsmöbel* (zu § 10 (3) 2 BRAGO).
31 BPatG GRUR-RR **12**, 132 *Kostenquotelung*.
32 KG GRUR **41**, 96; OLG Düsseldorf Mitt **85**, 213.
33 OLG München GRUR **60**, 79.

4.4 Teilweises Unterliegen

Sind die Kosten gemäß § 92 ZPO gegeneinander aufgehoben oder verhältnismäßig geteilt, werden die Kosten unter den Parteien nach dem Teilstreitwert ausgeglichen.[34]   25

4.5 Bewilligung von Prozess- oder Verfahrenskostenhilfe

neben einer Anordnung eines Teilstreitwerts führt zum Anspruch des Anwalts des Begünstigten gegen die Staatskasse nach dem vollen Streitwert.[35] Dies betrifft jedoch allein den Ausgleichsanspruch zwischen den Parteien selbst; Rechtsanwalt und Patentanwalt der begünstigten Partei können nach wie vor ihre Gebühren in eigenem Namen direkt von der Gegenpartei nach dem für diese geltenden, vollen Streitwert erstattet verlangen, soweit sie zur Kostentragung verpflichtet ist.[36]   26

§ 145 Zwang zur Klagenkonzentration

Wer eine Klage nach § 139 erhoben hat, kann gegen den Beklagten wegen derselben oder einer gleichartigen Handlung auf Grund eines anderen Patents nur dann eine weitere Klage erheben, wenn er ohne sein Verschulden nicht in der Lage war, auch dieses Patent in dem früheren Rechtsstreit geltend zu machen.

Voß

Übersicht

	Geltungsbereich	1
	Europäisches Patentrecht	2
	Literatur	3
	Kommentierung zu § 145 PatG	
1	Zweck	4
2	Allgemeines	5
3	Voraussetzungen	7
3.1	Klage nach § 139	7
3.2	Weitere Klage	10
3.2.1	Parteiidentität	11
3.2.2	Anderes Patent	14
3.2.3	Dieselbe oder gleichartige Handlung	15
3.3	Möglichkeit der Klagenkonzentration	17
3.3.1	Klageerweiterung in 1. Instanz	18
3.3.2	Klageerweiterung in 2. Instanz	19
3.4	Mangelndes Verschulden	22
4	Prozessuale Wirkungen und Verfahren	23

---

[34] KG Mitt **41**, 125, 126.
[35] BGH GRUR **53**, 250 *Armenanwaltsgebühren*.
[36] BPatG GRUR-RR **12**, 132 = BPatGE **53**, 153 *Erstattungsanspruch des Anwalts bei Streitwertbegünstigung*.

§ 145 Zwang zur Klagenkonzentration

1 **Geltungsbereich:** § 145 entspricht dem früheren § 54 PatG aF

2 § 145 ist gemäß Art 2, 64 EPÜ auch auf europäische Patente anwendbar.

3 **Lit.:** Stjerna, Konzentrationsmaxime, 2008; **Lit in GRUR:** Habscheid 54, 239; Ohl 68, 169; U. Krieger 85, 694; Stjerna 07, 17 u 194; Nieder 10, 402; **Lit in Mitt:** Tetzner 76, 221; Stjerna 06, 303; **Lit in WRP:** Stjerna 09, 719.

1 Zweck

4 § 145 soll verhindern, dass ein Beklagter wegen derselben oder einer gleichartigen Handlung mehrfach von demselben Kläger wegen Patentverletzung in Anspruch genommen[1] und in seiner Verteidigung durch die Mehrkosten getrennter Klagen missbräuchlich behindert wird.

2 Allgemeines

5 Durch § 145 wird ein auf die Einrede des Beklagten von den Gerichten zu beachtendes besonderes Prozesshindernis aufgestellt, das bei Vorliegen seiner Voraussetzungen zur Unzulässigkeit der weiteren Klage führt.

6 **Die Regelung ist nach BGH verfassungsgemäß[2]**. Nach aA in der Literatur verstößt § 145 – jedenfalls soweit für seine Anwendbarkeit auch leichte Fahrlässigkeit ausreichend ist – gegen die Eigentumsgarantie des Art 14 GG,[3] weil die Regelung des einschneidenden Verlusts der Rechtsposition aus einem Patent das Übermaßverbot und den Grundsatz der Verhältnismäßigkeit[4] nicht ausreichend berücksichtigt. Eine angemessene Inhalts- und Schrankenbestimmung der Rechte aus einem Patent wäre bspw die Pflicht des Klägers, alle Kosten einer weiteren Klage tragen zu müssen.

3 Voraussetzungen

3.1 Klage nach § 139

7 liegt vor, wenn aus einem (deutschen, europäischen oder einem erstreckten DDR-)Patent oder einem ergänzenden Schutzzertifikat (§ 16a (2)) Ansprüche auf Unterlassung, Schadensersatz, Rechnungslegung und Bereicherung geltend gemacht oder ihre Feststellung begehrt wird. § 145 gilt für Klage und Widerklage, nicht für negative Feststellungsklagen des Patentverletzers[5] und nicht für einstweilige Verfügungsverfahren.

8 § 145 ist nicht anwendbar auf Ansprüche aus **a)** Vertrag, **b)** §§ 33, 140a bis 140d[6] **c)** unberechtigter Verwarnung, **d)** anderen Schutzrechten, wie zB Gebrauchsmuster.[7]

---

1 BGH GRUR 11, 411 (Nr 18) *Raffvorhang*.
2 BGH GRUR 11, 411 (Nr 18 ff) *Raffvorhang*; zweifelnd, aber offen lassend noch BGH GRUR 89, 187 (III2) *Kreiselegge II*.
3 Stjerna GRUR 07, 17.
4 Vgl dazu BVerfGE 21, 155.
5 BGH GRUR 57, 208, 211 *Grubenstempel*.
6 AA Fitzner/Lutz/Bodewig-Kircher § 145 Rn 6 für §§ 140a-140c.
7 BGH GRUR 95, 338, 342 *Kleiderbügel*.

Die Klage nach § 139 kann noch anhängig, rechtskräftig entschieden oder anderweitig erledigt sein. Allerdings kommt einer als unzulässig abgewiesenen Klage keine Präklusionswirkung nach § 145 zu.

3.2 Weitere Klage

meint ebenfalls eine Klage aus § 139 (s Rdn 7). Über seinen Wortlaut hinaus (»erhoben hat«) ist § 145 auch dann anwendbar, wenn die »weitere Klage« zeitgleich mit der »früheren Klage« erhoben wird.[8] Dabei kann die Erhebung der weiteren Klage auch im Wege der subjektiven Klageerweiterung erfolgen. Sind infolge einer Verfahrenstrennung gem § 145 ZPO gegen einen Beklagten mehrere Klagen aus verschiedenen Patenten rechtshängig und werden alle Klagen gegen denselben Beklagten erweitert, führt dies jedoch zur Anwendbarkeit von § 145.[9]

3.2.1 Parteiidentität: Die Parteien der früheren und der weiteren Klage aus § 139 müssen identisch sein.

Der Kläger des späteren Rechtsstreits muss mit dem des früheren Rechtsstreits identisch oder dessen Rechtsnachfolger sein, für und gegen den das Urteil des früheren Rechtsstreits gemäß § 325 ZPO wirkt.

Gleiches gilt für den Beklagten Eine andere Person kann sich auf § 145 nur berufen, wenn das rechtskräftige Urteil aus dem früheren Verfahren für und gegen sie wirkt (§ 325 ZPO). Auf Personen, die von der Rechtskraftwirkung des auf eine frühere Klage ergangenen oder ergehenden Urteils nicht betroffen werden, ist § 145 nicht anwendbar[10] (zB Geschäftsführer der bereits verklagten GmbH oder Kapitalgesellschaft ihres bereits verklagten Alleingesellschafters[11]).

3.2.2 Anderes Patent: Mit der weiteren Klage müssen Ansprüche aus einem anderen Patent geltend gemacht werden als aus dem mit der früheren Klage geltend gemachten Patent. § 145 ist hingegen weder unmittelbar noch analog anwendbar, wenn gegen einen Beklagten wegen Verletzung desselben Patents erneut Klage erhoben wird, sondern allenfalls § 261 (3) Nr 1 ZPO oder § 322 (1) ZPO.[12] Nach der amtlichen Begründung des RegEntw zu § 16a soll § 145 ZPO nicht für Grundpatent und ergänzendes Schutzzertifikat gelten.[13] § 145 gilt nicht für offengelegte Anmeldungen oder andere Schutzrechte, wie zB Gebrauchsmuster.

3.2.3 Dieselbe oder gleichartige Handlung: Die Klage muss wegen derselben oder einer gleichartigen Handlung wie die frühere Klage erhoben werden. »Dieselbe Handlung« iSd § 145 ist nicht bereits jede Handlung, die unter den Oberbegriff des verletzten Patents fällt,[14] sondern wenn der mit dem Klageantrag konkret beschriebene Ver-

---

8   OLG Düsseldorf I-2 U 29/10 v 17.12.2015.
9   OLG Düsseldorf I-2 U 29/10 v 17.12.2015.
10 BGH GRUR **74**, 28 *Turbohoeuer*.
11 BGH GRUR **12**, 540 *Rohrreinigungsdüse I* (für Nichtigkeitsklage).
12 BGH Urt v 3.11.20, X ZR 85/19, GRUR **21**, 462 *Fensterflügel*.
13 BT-Drucks 12/3630 S 12 mit nicht ganz zutreffenden Argumenten.
14 So noch BGH GRUR **57**, 208, 211 *Grubenstempel*.

letzungstatbestand im Wesentlichen identisch ist.[15] Bei einer aus mehreren Teilen bestehenden Gesamtvorrichtung kann das auch nur die Ausgestaltung eines bestimmten Teiles der Gesamtvorrichtung sein, so dass nicht dieselbe Handlung betroffen ist, wenn mit einem anderen Patent ein anderer Teil der Vorrichtung angegriffen wird.[16]

16 Als gleichartig iSv § 145 sind nur solche weiteren Handlungen zu verstehen, die im Vergleich zu der im ersten Rechtsstreit angegriffenen Handlung zusätzliche oder abgewandelte Merkmale aufweisen, bei denen es sich aber wegen eines engen technischen Zusammenhangs aufdrängt, sie gemeinsam in einer Klage aus mehreren Patenten anzugreifen.[17] Für die Bejahung eines solchen engen technischen Zusammenhangs reicht es nicht aus, wenn einzelne Teile einer Gesamtvorrichtung, deren konkrete Ausgestaltung im ersten Rechtsstreit angegriffen worden ist, auch für die Verwirklichung des im zweiten Rechtsstreit geltend gemachten Verletzungstatbestands von Bedeutung sind.[18]

3.3 Möglichkeit der Klagekonzentration

17 Der Kläger muss in der Lage gewesen sein, das andere Patent in dem früheren Rechtsstreit geltend zu machen. Dafür ist erforderlich, dass im Zeitpunkt der Erteilung des anderen Patents die frühere Klage noch in einer Tatsacheninstanz anhängig war und das Patent dort hätte eingeführt werden können. Letzteres richtet sich nach § 533 ZPO.[19] Wenn nicht die mehreren Patente von vornherein mit derselben Klage geltend gemacht wurden, bedarf es der Klageerweiterung, um der Einrede aus § 145 zu entgehen. Allerdings ist § 145 hinsichtlich eines neuen Beklagten anwendbar, wenn verschiedene Patente in einer Klage geltend gemacht wurden, durch Verfahrenstrennung jedes Patent Gegenstand eines eigenen Verfahrens wurde und dann die Klage in jedem einzelnen Verfahren gegen den neuen Beklagten erweitert wird.[20]

18 **3.3.1 Klageerweiterung in 1. Instanz:** Einführung des weiteren Schutzrechts nach Klageerhebung in erster Instanz stellt verfahrensrechtlich Klageerweiterung dar. Sie ist nach § 263 ZPO zulässig, wenn entweder der Beklagte der Klageerweiterung zustimmt oder das Verletzungsgericht sie für sachdienlich erachtet. Letzteres ist zu bejahen, wenn (a) ein Fall des § 145 PatG tatsächlich vorliegt; (b) es zum Zeitpunkt der Einführung des weiteren Klagepatents aus der subjektiven Sicht des Klägers nicht fernliegend war, dass ein Anwendungsfall der Klagekonzentration gegeben ist, mag diese Einschätzung objektiv betrachtet auch unzutreffend sein.[21]

19 **3.3.2 Klageerweiterung in 2. Instanz:** Spätestens im Berufungsverfahren muss weiteres Schutzrecht geltend gemacht werden, solange dort eine Klageerweiterung prozessrechtlich (§ 533 ZPO) noch zulässig ist.[22] Der Zulässigkeitsprüfung bedarf es auch,

---

15 BGH GRUR 89, 187 (189) *Kreiselegge II*.
16 BGH GRUR 89, 187 *Kreiselegge II*.
17 BGH GRUR 89, 187 *Kreiselegge II*; 11, 411 *Raffvorhang*.
18 BGH GRUR 11, 411 *Raffvorhang*.
19 Zu Einzelheiten vgl OLG Düsseldorf InstGE 6, 47 *Melkautomat*; OLG München InstGE 6, 57 *Kassieranlage*.
20 OLG Düsseldorf Urt v 17.12.15, I-2 U 29/10, BeckRS 16, 3052.
21 LG Düsseldorf InstGE 9, 108 *Klageerweiterung im Verletzungsprozess*.
22 OLG Düsseldorf InstGE 6, 47 *Melkautomat*.

wenn neu eingeführtes Schutzrecht zu dem bisherigen Klageschutzrecht inhaltsgleich ist.[23] Zwei Voraussetzungen müssen kumulativ gegeben sein:

(1) Beklagter muss der Klageerweiterung zugestimmt haben oder sie muss vom Berufungsgericht als sachdienlich zugelassen sein (§ 533 Nr 1 ZPO). Sachdienlichkeit ist idR zu bejahen, wenn das neue Schutzrecht dieselbe Erfindung betrifft, wenn mit ihm dieselbe Ausführungsform wie mit dem ursprünglichen Klageschutzrecht angegriffen wird und wenn der Kläger im Fall einer gesonderten erstinstanzlichen Klage ernsthaft damit rechnen muss, dass ihm mit gewichtigen Argumenten § 145 PatG erfolgreich entgegengehalten wird.[24]

(2) Erweiterte Klage muss auf Tatsachen gestützt werden können, die das Berufungsgericht nach § 529 ZPO ohnehin zu berücksichtigen hat (§ 533 Nr 2 ZPO). Das ist der Fall, wenn (a) zusätzliches Schutzrecht erst während des Berufungsrechtszuges erteilt wird;[25] (b) der die Klageerweiterung betreffende Sachvortrag des Klägers zur Ausgestaltung der angegriffenen Ausführungsform sowie zur Erteilung und zum Inhalt des neu eingeführten Schutzrechts unstreitig ist;[26] (c) das Landgericht Ausgestaltung und Funktion der angegriffenen Ausführungsform so weit festgestellt hat, dass anhand dessen die Verwirklichung der Merkmale des neu eingeführten Schutzrechts – ohne ergänzende Tatsachenermittlung durch das Berufungsgericht – beurteilt werden kann.[27] Nimmt Kläger seine in erster Instanz ausschließlich auf das Klageschutzrecht gestützte Klage während des Berufungsrechtszuges zurück, ändert dies an der Zulässigkeit der Klageerweiterung nichts.[28]

3.4 Mangelndes Verschulden

hat Kläger zu beweisen. Es kann in der unverschuldeten Unkenntnis des vollen Verletzungstatbestands oder des Schutzbereichs seiner Patente bestehen. Schon leichte Fahrlässigkeit schadet. Ist gegen das Patent ein Einspruchs- oder Nichtigkeitsverfahren anhängig, so kann es schuldlos sein, wenn der Kläger zunächst dessen Ausgang abwartet und dieses Patent nicht geltend macht.

4 Prozessuale Wirkungen und Verfahren

§ 145 gewährt eine verzichtbare, prozesshindernde Einrede, wird also nicht von Amts wegen berücksichtigt.[29] Wird sie erhoben und liegen die Voraussetzungen vor, ist die weitere Klage als unzulässig abzuweisen. Einrede muss vor Beginn der mündlichen Verhandlung vorgebracht werden (§ 274 (1) ZPO). Sie ist später nur zulässig, wenn Beklagter glaubhaft macht, dass ihn an der Verspätung kein Verschulden trifft (§ 296 (3) ZPO) oder wenn Kläger verspätetes Vorbringen gestattet oder nicht rügt (§ 295 ZPO). Für Berufung gilt § 529 (2) ZPO, für Revision § 565 ZPO. Wurden die »frühere

---

23 OLG Düsseldorf InstGE 6, 47 *Melkautomat*.
24 OLG Düsseldorf InstGE 6, 47 *Melkautomat*; 10, 248 *Occluder*; 11, 167 *Apotheken-Kommissioniersystem*.
25 OLG Düsseldorf InstGE 6, 47 *Melkautomat*.
26 Vgl BGH NJW 05, 291 *Neuer, unstreitiger Sachvortrag*; NJW-RR 05, 437.
27 OLG München InstGE 6, 57 *Kassieranlage*.
28 OLG München InstGE 6, 57 *Kassieranlage*.
29 BGH GRUR 67, 84 *Christbaumbehang II*.

Klage« und »weitere Klage« gleichzeitig erhoben, hat der Beklagten ein Wahlrecht, in welchem Rechtsstreit er die Einrede erhebt.[30]

24 Beweislast für die Voraussetzungen hat der Beklagte, der Kläger für sein fehlendes Verschulden. Prozesstrennung (§ 145 ZPO) und Teilurteil (§ 301 ZPO) steht § 145 nicht entgegen.

§ 145a Schutz von Geschäftsgeheimnissen

[1]In Patentstreitsachen mit Ausnahme von selbstständigen Beweisverfahren sowie in Zwangslizenzverfahren gemäß § 81 Absatz 1 Satz 1 sind die §§ 16 bis 20 des Gesetzes zum Schutz von Geschäftsgeheimnissen vom 18. April 2019 (BGBl. I S. 466) entsprechend anzuwenden. [2]Als streitgegenständliche Informationen im Sinne des § 16 Absatz 1 des Gesetzes zum Schutz von Geschäftsgeheimnissen gelten sämtliche von Kläger und Beklagtem in das Verfahren eingeführten Informationen.

Voß

Übersicht

	Geltungsbereich	1
	Literatur	2
	Kommentierung zu § 145a PatG	
1	Zweck	3
2	Anwendungsbereich	4
3	Geheimhaltungsanordnung	6
3.1	Geschäftsgeheimnis	7
3.1.1	Gegenstand des Geschäftsgeheimnisses	8
3.1.2	Geheimnischarakter der Information	9
3.1.3	Wirtschaftlicher Wert der Information	10
3.1.4	Angemessene Geheimhaltungsmaßnahmen	11
3.1.5	Berechtigtes Interesse	12
3.2	Voraussetzungen der Geheimhaltungsanordnung	13
3.3	Inhalt und Wirkungen der Geheimhaltungsanordnung	16
4	Weitere gerichtliche Beschränkungen	20
4.1	Voraussetzungen der weiteren gerichtlichen Beschränkungen	21
4.2	Inhalt und Wirkungen der weiteren gerichtlichen Beschränkungen	22
5	Zuwiderhandlungen	24
6	Verfahren	25
6.1	Verfahrensgrundsätze	25
6.2	Verfahrensablauf	27
6.3	Inhalt der Entscheidung und Anfechtbarkeit	30
6.4	Ordnungsmittelverfahren	32
	Anhang	33

---

30 OLG Düsseldorf I-2 U 29/10 v 17.12.2015.

Geltungsbereich: § 145a wurde mit dem 2. Gesetz zur Vereinfachung und Modernisierung des Patentrechts vom 10.08.2021 (BGBl 2021 I 3490) mit Wirkung zum 18.08.2021 eingefügt. Als prozessuale Regelung ist die Vorschrift unabhängig vom Schutzrecht in den in der Regelung genannten Verfahren anwendbar.

Lit in BB: Druschel/Jauch 18, 1218, 1794; **Brammsen** 18, 2446; **Lit in GRUR:** Zhu/Popp 20, 338; Kühnen 20, 576; Hauck 20, 817; **Lit in GRUR-Prax:** Semrau-Brandt 19, 127; Kalbfus 17, 391; **Lit in Mitt.:** Rehaag/Straszewski 19, 249; **Lit in NJW:** Hauck 16, 2218; **Lit in WRP:** Alexander 17, 1034; Schlingloff 18, 666; Kiefer 18, 910; Hauck 18, 1032; Alexander 19, 673; Kalbfus 19, 692; Leistner 21, 835; **Lit in ZIP:** Müller/Aldick 20, 9.

1 Zweck

§ 145a erklärt bestimmte Regelungen des GeschGehG (s Anhang) für entsprechend anwendbar. Mit dem GeschGeh wurde die Richtlinie (EU) 2016/943 vom 8. Juni 2016 zum Schutz von Geschäftsgeheimnissen (ABl. L 157 vom 15.6.2016, S. 1) umgesetzt. Es dient gem § 1 (1) GeschGehG dem Schutz von Geschäftsgeheimnissen vor unerlaubter Erlangung, Nutzung und Offenlegung. Durch den Verweis auf die in den §§ 16–20 GeschGehG geregelten prozessualen Schutzmaßnahmen bezweckt § 145a in seinem Anwendungsbereich die Vertraulichkeit von Geschäftsgeheimnissen im Verlauf von Gerichtsverfahren[1] und ermöglicht so Vortrag zu geheimhaltungsbedürftigen Informationen.[2] Die Regelung löst das Spannungsfeld für eine Partei, entweder den Prozess zu verlieren, weil bestimmte Tatsachen zur Wahrung eines Geschäftsgeheimnisses nicht in das Verfahren eingeführt werden, oder das Geschäftsgeheimnis irreversibel zu verlieren, weil es im gerichtlichen Verfahren offengelegt wird.

2 Anwendungsbereich

Die §§ 16–20 GeschGehG finden in Patentstreitsachen iSv § 143 (1) und in Zwangslizenzverfahren iSv § 81 (1) 1 Anwendung, unabhängig davon, ob sie als Hauptsache geführt werden oder als Verfahren im vorläufigen Rechtsschutz. Um eine Patentrechtsstreitigkeit mit der Folge der Anwendbarkeit der §§ 16–20 GeschGehG handelt es sich auch dann, wenn wegen einer entscheidungserheblichen kartellrechtlichen Vorfrage die Kartellgerichte zuständig sind.[3] Über § 19 (3) GeschGehG gelten die Regelungen eingeschränkt auch im Zwangsvollstreckungsverfahren. Vom Anwendungsbereich ausdrücklich ausgeschlossen sind selbstständige Beweisverfahren. Nach der Gesetzesbegründung sollen die §§ 16–20 GeschGehG für das in der Praxis etablierte Besichtigungsverfahren, das aus einer Kombination von selbstständigem Beweisverfahren und einstweiliger Verfügung auf Duldung der Besichtigung einer Sache durch den Sachverständigen besteht[4] (s § 140c Rdn 50 ff), keine Anwendung finden. Das Besichtigungsverfahren ist gerade auf die Erlangung geheimer Informationen gerichtet,[5] wobei den Geheimhaltungsinteressen des Besichtigungsschuldners durch verschiedene Maßnahmen Rechnung getragen wird (s § 140c Rdn 65 u 70 ff). Die §§ 16–20 GeschGehG sind *darauf nicht zugeschnitten* (Antragsverfahren, Einführung von Informationen durch den Berechtigten usw). Dieses Problem stellt sich auch, wenn Ansprüche aus

---

1 Art 9 RiLi (EU) 2016/943.
2 OLG Stuttgart Urt v 19.11.20, 2 U 575/19, WRP 21, 242 (249) *Schaumstoffsysteme*.
3 Kühnen GRUR 20, 576; aA Zhu/Popp GRUR 20, 338.
4 RegE, BT-Drs 19/25821 S. 57.
5 RegE, BT-Drs 19/25821 S. 57.

§ 140c (1) S 1 ohne begleitendes selbstständiges Beweisverfahren geltend gemacht werden. Geeignete Maßnahmen zum Geheimnisschutz lassen sich gleichwohl auf § 140c (1) S 3 und (3) S 2 u 3 sowie § 19 (1) S 4 GeschGehG stützen.

5 In zeitlicher Hinsicht sind die §§ 16–20 GeschGehG als prozessuale Vorschriften mit Einführung des § 145a in allen Verfahren – auch in laufenden – anwendbar.[6]

3 Geheimhaltungsanordnung

6 Die zentrale Maßnahme zum Schutz von Geschäftsgeheimnissen in einem gerichtlichen Verfahren ist die Geheimhaltungsanordnung gem § 16 (1) GeschGehG.

3.1 Geschäftsgeheimnis

7 Die Geheimhaltungsanordnung knüpft an die Glaubhaftmachung eines Geschäftsgeheimnisses an, den zentralen Begriff des GechGehG, der in § 2 Nr 1 GeschGehG definiert ist.

8 **3.1.1 Gegenstand des Geschäftsgeheimnisses** sind *Informationen*, also alle Angaben, Daten, Kommunikationsakte, Umstände oder sonstiges Wissen, unabhängig von der Struktur, Beschaffenheit, Verkörperung, Darstellung, Verständlichkeit, soweit sie einen Ausdruck oder eine Perpetuierung gefunden haben, die es ermöglicht, sie durch angemessene Geheimhaltungsmaßnahmen zu schützen.[7] Dazu gehören insbesondere Know-How und jede Art von technischem und kaufmännischem Wissen.[8] Die Information muss jedoch nicht neu, erfinderisch, eigentümlich, originell o dgl sein.[9]

9 **3.1.2 Geheimnischarakter der Information:** Eine Information ist iSv § 2 Nr 1 a) GeschGehG *allgemein bekannt*, wenn sie zum gängigen Kenntnis- und Wissensstand der breiten Öffentlichkeit oder einer dem maßgeblichen Fachkreis angehörenden durchschnittlichen Person gehört oder wenn sie der interessierten Öffentlichkeit bzw. dem maßgeblichen Fachkreis bekannt gemacht wurde.[10] Eine Information ist *ohne Weiteres zugänglich*, wenn sich jede Person bzw die maßgeblichen Fachkreise ohne besondere Schwierigkeiten und Opfer von ihr Kenntnis verschaffen können; die maßgebliche Tatsache muss sich ohne größeren Zeit- und Kostenaufwand erschließen und der Person damit nutzbar gemacht werden können,[11] soweit nicht § 3 (1) Nr 2 GeschGehG anwendbar ist. Die *Kreise, die üblicherweise mit dieser Art von Informationen umgehen*, sind in Abhängigkeit von der jeweiligen Information und den herrschenden Gepflogenheiten objektiv und normativ zu bestimmen.[12] Weder der Umstand, dass die Information einem begrenzten – wenn auch unter Umständen größeren – Personenkreis zugänglich war, noch dass sie in einem Produktionsbetrieb den dort Beschäftigten

---

6 OLG Stuttgart Urt v 19.11.20, 2 U 575/19, WRP **21**, 242 (248) *Schaumstoffsysteme*.
7 K/B/F-Alexander UWG, 39. Aufl.: § 2 GeschGehG Rn 25 f.
8 RegE, BT-Drs 19/4724 S. 24.
9 OLG Düsseldorf Urt v 11.3.21, I-15 U 6/20, WRP **21**, 1080 *CAD-Konstruktionszeichnung*.
10 OLG Düsseldorf Urt v 11.3.21, I-15 U 6/20, WRP **21**, 1080 *CAD-Konstruktionszeichnung* mwNw.
11 OLG Düsseldorf Urt v 11.3.21, I-15 U 6/20, WRP **21**, 1080 *CAD-Konstruktionszeichnung* mwNw.
12 K/B/F-Alexander UWG, 39. Aufl.: § 2 GeschGehG Rn 33.

bekannt wird, steht der Annahme eines Betriebsgeheimnisses entgegen.[13] Die mangelnde Kenntnis muss sich nach § 2 Nr 1 a) GeschGehG auf die Information *in ihrer Gesamtheit* und im Fall einer mehrteiligen Information auf die spezifische Anordnung und Zusammensetzung aller *einzelnen Bestandteile* beziehen. Die Kenntnis einzelner Elemente der Information ist für den Geheimnischarakter unschädlich.

3.1.3 Wirtschaftlicher Wert der Information: Eine Information weist einen *wirtschaftlichen Wert* auf, wenn sie über einen – realen oder potenziellen – Handelswert verfügt oder wenn ihre Erlangung, Nutzung oder Offenlegung für den Inhaber des Geschäftsgeheimnisses mit wirtschaftlichen Nachteilen verbunden ist.[14] Erforderlich ist weiterhin, dass der wirtschaftliche Wert der Information jedenfalls auch auf dem Geheimnischarakter der Information beruht.

3.1.4 Angemessene Geheimhaltungsmaßnahmen iSv § 2 Nr 1 b) GeschGehG sind alle Maßnahmen, die aus Sicht eines objektiven und verständigen Betrachters aus denjenigen (Fach-)Kreisen, die üblicherweise mit dieser Art von Informationen umgehen, unter Berücksichtigung aller Umstände des Einzelfalls nach Art des Geschäftsgeheimnisses und den konkreten Umständen seiner Nutzung wirtschaftlich sinnvoll sind und die zu treffen vom Inhaber erwartet werden konnte.[15] Berücksichtigungsfähig im Rahmen der Angemessenheit sind ua der Wert des Geschäftsgeheimnisses und dessen Entwicklungskosten, die Natur der Informationen, die Bedeutung für das Unternehmen, die Größe des Unternehmens, die üblichen Geheimhaltungsmaßnahmen in dem Unternehmen, die Art der Kennzeichnung der Informationen und vereinbarte vertragliche Regelungen mit Arbeitnehmern und Geschäftspartnern.[16] Der Begriff des Inhabers ist in § 2 Nr 2 GeschGehG definiert und umfasst jede natürliche oder juristische Person, die die rechtmäßige Kontrolle über ein Geschäftsgeheimnis hat; das kann auch ein Lizenznehmer oder sonstiger Berechtigter sein.

3.1.5 Berechtigtes Interesse: An einem *berechtigten Interesse an der Geheimhaltung* von Informationen iSv § 2 Nr 1 c) GeschGehG kann es fehlen, wenn die Geheimhaltung als solche mit Schädigungsabsicht erfolgt oder es sich um rechtswidrige Umstände oder Vorgänge handelt.[17]

3.2 Voraussetzungen der Geheimhaltungsanordnung

Eine Geheimhaltungsanordnung setzt gem § 16 (1) GeschGehG *eines der in § 145a S 1 genannten Verfahren* voraus, in denen die §§ 16–20 GeschGehG entsprechend anzuwenden sind. Zuständig ist das *Gericht der Hauptsache.* Das ist gem § 20 (6) GeschGehG das Gericht des ersten Rechtszuges oder das Berufungsgericht, wenn die Hauptsache in der Berufungsinstanz anhängig ist. im Fall des einstweiligen Rechtsschutzes ist es daher das Gericht, vor dem das Verfahren anhängig ist. Weiter ist ein *Antrag*

---

13 BGH Urt v 22.3.18, I ZR 118/16, GRUR **18**, 1161 (Rn 38) *Hohlfasermembranspinnanlage II*.
14 Erwägungsgrund 14 der RiLi (EU) 2016/943.
15 Vgl OLG Hamm Urt v 15.9.20, 4 U 177/19 WRP **21**, 223 (237) *Stopfaggregate*; OLG Stuttgart Urt v 19.11.20, 2 U 575/19, WRP **21**, 242 (256) *Schaumstoffsysteme*.
16 OLG Stuttgart Urt v 19.11.20, 2 U 575/19, WRP **21**, 242 (256) *Schaumstoffsysteme*; OLG Düsseldorf Urt v 11.3.21, I-5 U 6/20, WRP **21**, 1080 (1082) *CAD-Konstruktionszeichnung*.
17 K/B/F-Alexander UWG, 39. Aufl.: § 2 GeschGehG Rn 78.

§ 145a Schutz von Geschäftsgeheimnissen

einer Partei notwendig, von ihr in das Verfahren eingeführte Informationen als geheimhaltungsbedürftig einzustufen. Der für Geschäftsgeheimnisstreitsachen auf »streitgegenständliche Informationen« beschränkte Gegenstand einer Geheimhaltungsanordnung wird für den Anwendungsbereich von § 145a durch S 2 auf sämtliche *von einer Partei in das Verfahren eingeführte Informationen* angepasst.

14 Schließlich müssen die Informationen ein *Geschäftsgeheimnis* sein können. Für die Geheimhaltungsanordnung muss nicht feststehen, dass es sich bei den eingeführten Informationen um ein Geschäftsgeheimnis handelt. Gem § 20 (3) GeschGehG muss die Partei dies nur glaubhaft machen. Durch diese Beschränkung auf potentielle Geschäftsgeheimnisse wird die Anordnung von einem Streit über das tatsächliche Vorliegen eines Geschäftsgeheimnisses entlastet. IÜ sind an das Geschäftsgeheimnis keine über § 2 Nr 1 GeschGehG hinaus gehenden Anforderungen zu stellen, wie sie sich zB in § 172 Nr 2 GVG finden.

15 Allerdings muss der Antrag das Geschäftsgeheimnis hinreichend bestimmt angeben.[18] Andernfalls ist ein Geschäftsgeheimnis nicht glaubhaft gemacht, eine Entscheidung darüber, ob ein Geschäftsgeheimnis vorliegen kann, nicht möglich, die Tragweite des mit der Geheimhaltungsanordnung verbundenen Nutzungs- und Offenlegungsverbot für den Adressaten nicht erkennbar und wird die Bestimmung des Verbots dem Ordnungsmittelverfahren überlassen.[19]

3.3 Inhalt und Wirkungen der Geheimhaltungsanordnung

16 Die Geheimhaltungsanordnung ist ein Beschluss, mit dem das Gericht die betreffende Information ganz oder teilweise als geheimhaltungsbedürftig einstuft. Sie gilt gem § 16 (2) GeschGehG für alle Personen, die an dem Verfahren beteiligt sind oder Zugang zu Dokumenten des Verfahrens haben, ohne dass diese im Einzelnen benannt sind. Diese Personen sind von Gesetzes wegen verpflichtet, die als geheimhaltungsbedürftig eingestuften Informationen vertraulich zu behandeln, dürfen sie also nicht außerhalb des gerichtlichen Verfahrens nutzen oder offenlegen. Nutzung ist nach der Gesetzesbegründung des GeschGehG jede Verwendung des Geschäftsgeheimnisses, solange es sich nicht um Offenlegung handelt; Offenlegung bedeutet die Eröffnung des Geschäftsgeheimnisses gegenüber Dritten, nicht notwendigerweise der Öffentlichkeit.[20] Das Verbot gilt nicht für außerhalb des Verfahrens erlangte Kenntnisse. Diese Einschränkung konstituiert keine Offenlegungs- oder Nutzungserlaubnis dieser Kenntnisse und setzt auch keine ohnehin zulässige Offenlegung oder Nutzung voraus. Vielmehr verbleibt es schlicht bei den für diese Personen bereits geltenden Verboten, Erlaubnissen und Ausnahmen gem §§ 1–5 GeschGehG.[21]

---

18 OLG Stuttgart Urt v 19.11.20, 2 U 575/19, WRP **21**, 242 (246 f) *Schaumstoffsysteme*; OLG Frankfurt Beschl v 27.11.20, 6 W 113/20, WRP **21**, 356 – jeweils zum Antrag in Geschäftsgeheimnisstreitsachen.
19 Vgl *OLG Stuttgart* Urt v 19.11.20, 2 U 575/19, WRP **21**, 242 (246 f) *Schaumstoffsysteme* zum Klageantrag in Geschäftsgeheimnisstreitsachen.
20 RegE, BT-Drs 19/4724 S. 27.
21 Vgl RegE, BT-Drs 19/4724 S. 36.

Die Geheimhaltungsanordnung gilt auch für die Justizverwaltung, die gem § 16 (3) GeschGehG verpflichtet ist, Dritten, die ein Recht auf Akteneinsicht haben, einen Akteninhalt zur Verfügung zu stellen, in dem die Geschäftsgeheimnisse enthaltenden Ausführungen unkenntlich gemacht wurden. Der Wortlaut ist ungenau, weil die Anordnung nur Informationen betrifft, die ein Geschäftsgeheimnis sein können, bezieht sich nach seinem Zweck also auf alle Informationen, die Gegenstand der Geheimhaltungsanordnung sind. Einer eigenen Prüfung durch die Justizverwaltung, ob ein Geschäftsgeheimnis vorliegt, bedarf es nicht. **17**

Die mit der Geheimhaltungsanordnung verbundenen Verpflichtungen aus § 16 (2) GeschGehG bestehen gem § 18 S 1 GeschGehG auch nach Abschluss des Verfahrens fort, gem § 19 (3) GeschGehG insbesondere im Zwangsvollstreckungsverfahren. Dies gilt über den Wortlaut der Regelung hinaus auch für die Beschränkungen bei Akteneinsichtsgesuchen. In allen Fällen geht es um die Fortwirkung einer bestehenden Geheimhaltungsanordnung. Es besteht hingegen nach Abschluss des Verfahrens kein Raum für ihre erstmalige Beantragung oder Anordnung – auch nicht im Zwangsvollstreckungsverfahren.[22] **18**

Die Verpflichtungen entfallen gem § 18 S 2 GeschGehG, soweit es sich bei den betroffenen Informationen nicht (mehr) um ein Geschäftsgeheimnis handelt – sei es infolge eines rechtskräftigen Urteils des Gerichts der Hauptsache, das das Vorliegen eines Geschäftsgeheimnisses verneint (1. Alt), oder infolge Kenntniserlangung durch Dritte (2. Alt). Auch wenn für die erste Alternative ein Bedürfnis anzuerkennen ist, weil die Geheimhaltungsanordnung nur ein potentielles Geschäftsgeheimnis voraussetzt, kommt die Alternative im Anwendungsbereich von § 145a ZPO nicht zum Tragen. Streitgegenstand der in § 145a S 1 genannten Verfahren ist weder ein Anspruch aus dem GeschGehG noch das Geschäftsgeheimnis selbst, so dass es mit dem Abschluss des Verfahrens zu keiner rechtkräftigen Entscheidung über das Vorliegen eines Geschäftsgeheimnisses kommt. In der zweiten Alternative entfällt das mit der Geheimhaltungsanordnung verbundene Verbot automatisch, Warum der Geheimnischarakter entfallen ist, ist unbeachtlich. Ausgeschlossen sollen Gründe sein, die der Verpflichtete zu vertreten hat.[23] **19**

4 Weitere gerichtliche Beschränkungen

Sorgt die Geheimhaltungsanordnung nach § 16 (1) GeschGehG zunächst dafür, dass bestimmte Informationen als geheimhaltungsbedürftig eingestuft werden und ihre Kenntnis auf die am Verfahren Beteiligten beschränkt bleibt, ermöglicht es § 19 GeschGehG, den Kreis dieser Personen enger zu ziehen, indem der Zugang zu Dokumenten und zur mündlichen Verhandlung auf eine bestimmte Anzahl von zuverlässigen Personen beschränkt wird. **20**

4.1 Voraussetzungen der weiteren gerichtlichen Beschränkungen

Gem § 19 (1) S 1 GeschGehG bedarf es eines *Antrags* und einer – ggf zeitgleich zu erlassenden – *Geheimhaltungsanordnung*. Eine konkrete Anzahl zuzulassender Perso- **21**

---

22 RegE, BT-Drs 19/4724 S. 37.
23 Erwägungsgrund 27 RiLi (EU) 2016/943.

nen muss der Antragsteller nicht angeben, sondern kann sie in das Ermessen des Gerichts stellen. Noch weniger wird er die Personen namentlich benennen können. Weiterhin muss gem § 19 (1) S 2 GeschGehG nach einer *Abwägung aller Umstände* das Geheimhaltungsinteresse des Betroffenen das Recht der übrigen Beteiligten auf rechtliches Gehör unter Beachtung ihres Rechts auf effektiven Rechtsschutz und ein faires Verfahren übersteigen. Das Maß des Geheimhaltungsinteresses bestimmt sich im Wesentlichen danach, welcher Stellenwert diesem Interesse im Wettbewerb zukommt und welche Nachteile dem Betroffenen aus der Offenbarung des Geheimnisses erwachsen könnten.[24] Auf Seiten der übrigen Beteiligten ist zu berücksichtigen, ob und wie weit sie trotz der personellen Beschränkung noch die Möglichkeit haben, sich zu den der Geheimhaltung unterliegenden Informationen in rechtlicher und tatsächlicher Hinsicht umfassend zu äußern und darüber hinaus ihre prozessualen Mitwirkungs- und Kontrollrechte in vollem Umfang wahrzunehmen. Dies hat den Gesetzgeber bewogen, ein reines *in camera-Verfahren* auszuschließen und gem § 19 (1) S 3 GeschGehG jedenfalls einer natürlichen Person jeder Partei und ihren Prozessvertretern den Zugang zu ermöglichen.

4.2 Inhalt und Wirkungen der weiteren gerichtlichen Beschränkungen

22   Die Entscheidung über den Antrag auf weitere gerichtliche Beschränkungen steht gemäß § 19 (1) S 4 GeschGehG im Ermessen des Gerichts. Dieses kann gem § 19 (1) S 1 GeschGehG den Zugang zu in das Verfahren eingeführten Dokumenten, die Geschäftsgeheimnisse enthalten können (Nr 1), sowie zur mündlichen Verhandlung, bei der Geschäftsgeheimnisse offengelegt werden können, und zum Protokoll der mündlichen Verhandlung (Nr 2) ganz oder teilweise auf eine bestimmte Anzahl von zuverlässigen Personen beschränken. Ermessensgrenze bildet die gesetzliche Vorgabe, mindestens einer natürlichen Person jeder Partei und ihren Prozessvertretern Zugang zu gewähren. Zulässig ist eine Differenzierung der Anzahl der zugelassenen Personen nach ihren Funktionen wie zB gesetzliche Vertreter, technische Mitarbeiter, Mitarbeiter der Rechtsabteilung usw. Die namentliche Benennung der Personen, die Zugang erhalten sollen, bleibt der jeweils betroffenen Partei überlassen; sie ist aber zwingend, um vorab beurteilen zu können, ob es sich um zuverlässige Personen handelt. Durch die Beschränkung auf zuverlässige Personen wird dem Gericht im Einzelfall die Möglichkeit gegeben, einer Person, die nicht für die vertrauliche Handhabung Gewähr bietet, den Zugang zum Prozessstoff zu untersagen.[25] Inhaltlich ist die Zugangsbeschränkung nur für solche Dokumente zulässig, die Geschäftsgeheimnisse enthalten können. Ein vollständiger Ausschluss des Zugangs einzelner Verfahrensbeteiligter zum gesamten Akteninhalt ist nicht möglich. Dies muss auch für die Beschränkung des Zugangs zur mündlichen Verhandlung gelten, die nicht gerechtfertigt ist, soweit Geschäftsgeheimnisse nicht erörtert werden.

23   Werden personelle Beschränkungen angeordnet, kann das Gericht gem § 19 (2) Nr 1 GeschGehG zudem auf Antrag die Öffentlichkeit von der mündlichen Verhandlung

---

[24] BGH Urt v 16.11.09, X ZB 37/08, GRUR 10, 318 *Lichtbogenschnürung* zu Geheimhaltungsinteressen im selbstständigen Beweisverfahren.
[25] BeschlEmpf, BT-Drs 19/8300 S. 15.

ausschließen. Dass diese Maßnahme nicht bereits im Fall einer Geheimhaltungsanordnung gem § 16 (1) GeschGehG uneingeschränkt möglich ist, sondern nur nach Maßgabe von § 172 Nr 2 GVG, erscheint inkonsequent, lässt sich aber durch eine Anordnung gem § 19 (1) S 1 GeschGehG umgehen. Weiterhin gilt § 16 (3) GeschGehG auch für die nicht zugelassenen Personen. Schließlich gelten die weiteren gerichtlichen Beschränkungen gem § 19 (3) GeschGehG auch im Zwangsvollstreckungsverfahren.

5 Zuwiderhandlungen

Bei Verstößen gegen die mit einer Geheimhaltungsanordnung verbundenen Verpflichtungen aus § 16 (2) GeschGehG kann das Gericht gem § 17 GeschGehG auf Antrag einer Partei ein Ordnungsgeld bis zu 100.000,00 EUR, ersatzweise Ordnungshaft, oder Ordnungshaft bis zu sechs Monaten anordnen. Verschulden ist aufgrund des pönalen Charakters des Ordnungsmittels Voraussetzung. Darüber hinaus können dem Inhaber des Geschäftsgeheimnisses materiellrechtliche Ansprüche aus §§ 6 ff GeschGehG zustehen. Dies setzt voraus, dass es sich bei den in das Verfahren eingeführten Informationen, auf die sich die Geheimhaltungsanordnung bezog, tatsächlich um ein Geschäftsgeheimnis handelte. Dies wird in dem in § 145a genannten Verfahren nicht festgestellt, sondern im Zuge einer Klage, durch die die Ansprüche aus §§ 6 ff GeschGehG geltend gemacht werden. Die Zuständigkeit für diese Geschäftsgeheimnisstreitsachen (vgl § 15 GeschGehG) ist regelmäßig nicht mit der Zuständigkeit für Patentstreitsachen gem § 143 identisch. Schließlich besteht nach § 23 GeschGehG auch eine strafrechtliche Verantwortlichkeit, die ebenfalls das Bestehen eines Geschäftsgeheimnisses voraussetzt.

6 Verfahren

6.1 Verfahrensgrundsätze

Das Verfahren nach § 20 GeschGehG ist darauf angelegt, dass in das Verfahren eingeführte Informationen, die ein Geschäftsgeheimnis darstellen können, der Gegenseite erst nach einer Entscheidung über den Geheimhaltungsantrag bekannt gegeben werden. Zu diesem Zweck kann das Gericht gem § 20 (1) GeschGehG entsprechende Anordnungen bereits ab Anhängigkeit des Rechtsstreits, also vor der Zustellung der Klageschrift anordnen. Allgemein muss das Gericht in das Verfahren eingeführte Informationen, für die eine Geheimhaltungsanordnung beantragt ist, der Gegenseite erst nach Erlass einer entsprechenden Anordnung zur Kenntnis geben oder wenn der Antrag auf Erlass einer solchen Anordnung rechtskräftig zurückgewiesen ist. Die für den Fall einer beschränkenden Anordnung erforderliche Gewährung rechtlichen Gehörs der Gegenseite ist dann gem § 20 (2) GeschGehG nach Erlass der Anordnung nachzuholen, und die Anordnung kann nach Anhörung der Parteien aufgehoben oder geändert werden. Schon zum Schutz des Antragstellers und des vorgetragenen Geschäftsgeheimnisses wird die anfängliche umfassende Geheimhaltungsanordnung der Regelfall sein.[26]

---

26 RegE, BT-Drs 19/4724 S. 38.

26 Zweck der §§ 16–20 GeschGehG ist es, einer Partei Vortrag zu geheimhaltungsbedürftigen Informationen zu ermöglichen.[27] Als Angriffs- oder Verteidigungsmittel sind die Informationen Gegenstand der in § 282 ZPO normierten Prozessförderungspflicht der Parteien. Soweit es insofern auf die Rechtzeitigkeit des Vorbringens ankommt, ist für geheimhaltungsbedürftige Informationen die Dauer des Verfahrens nach § 20 GeschGehG ggf einschließlich Beschwerdeverfahren zu berücksichtigen. Ein Antrag nach §§ 16 (1), 19 (1) S 1 ZPO ist daher möglichst frühzeitig zu stellen, um nicht Gefahr zu laufen, dass die Verhandlung vertagt oder das durch das Verfahren verzögerte Vorbringen sogar als verspätet zurückgewiesen wird. Umgekehrt muss das Gericht so zeitig vor der letzten mündlichen Verhandlung über den Antrag entscheiden, dass dem unterlegenen Antragsteller die Möglichkeit einer sofortigen Beschwerde offensteht.[28]

6.2 Verfahrensablauf

27 Das Procedere in der Praxis hängt davon ab, welche Art von Anordnung begehrt wird. Wird lediglich eine Geheimhaltungsanordnung iSv § 16 (1) GeschGehG beantragt, hat die Partei in der Antragsschrift die Informationen, die als vertraulich eingestuft werden sollen, zu benennen und glaubhaft zu machen, dass sie ein Geschäftsgeheimnis sein können. Das Gericht kann daraufhin, wenn der Antrag nicht zurückgewiesen werden soll, unmittelbar die Anordnung erlassen und der Gegenseite zustellen. Die als vertraulich eingestuften Informationen können zeitgleich oder danach mitgeteilt werden. Anschließend ist die Gegenseite anzuhören und über eine Änderung oder Aufhebung der Anordnung zu befinden.

28 Werden hingegen weitere gerichtliche Beschränkungen iSv § 19 (1) GeschGehG beantragt, muss vor Erlass der Anordnung geklärt werden, welchen Personen Zugang zu den Geschäftsgeheimnissen betreffenden Dokumenten gewährt werden soll. Auf einen Antrag hin wird das Gericht daher der Gegenseite seine Absicht mitteilen, eine Geheimhaltungsanordnung zu erlassen und den Zugang zu Unterlagen auf eine bestimmte Anzahl von Personen zu beschränken. Hat die Gegenseite für die angedachte Anzahl zuzulassender Personen entsprechende Namen genannt, können die Anordnungen gemäß §§ 16 (1), 19 (1) GeschGehG ergehen. Den zugelassenen Personen werden zugleich oder im Anschluss die Unterlagen mit den Geschäftsgeheimnissen zur Kenntnis gegeben. Die übrigen Personen erhalten eine Fassung der Unterlagen ohne Preisgabe der Geschäftsgeheimnisse. Auch hier ist die Gegenseite noch einmal anzuhören und anschließend über eine Änderung oder Aufhebung der Anordnung – auch im Hinblick auf die zugelassenen Personen – zu befinden.

29 Dieser Verfahrensablauf spiegelt sich in den Mitwirkungsobliegenheiten der antragstellenden Partei gem § 20 (4) GeschGehG wider. Sie muss in allen Fällen über den Antrag hinaus gem § 20 (4) S 1 GeschGehG in ihren Schriftsätzen die Ausführungen kennzeichnen, die nach ihrem Vorbringen Geschäftsgeheimnisse enthalten. Im Fall einer Beschränkung gem § 19 (1) GeschGehG obliegt es ihr gem § 20 (4) S 2 GeschGehG, zusätzlich eine Fassung ohne Preisgabe von Geschäftsgeheimnissen für die Personen

---

27 OLG Stuttgart Urt v 19.11.20, 2 U 575/19, WRP **21**, 242 (249) *Schaumstoffsysteme*.
28 OLG Stuttgart Urt v 19.11.20, 2 U 575/19, WRP **21**, 242 (249) *Schaumstoffsysteme*.

vorzulegen, denen Zugang zu den Geschäftsgeheimnissen nicht gewährt wurde. § 20 (4) S 3 GeschGehG enthält eine Vermutungsregelung für den Fall, dass keine um die Geschäftsgeheimnisse reduzierte Fassung vorgelegt wird.

6.3 Inhalt der Entscheidung und Anfechtbarkeit

Die Entscheidung über einen Antrag nach §§ 16 (1), 19 (2) GeschGehG ergeht durch Beschluss, § 20 (5) S 1 GeschGehG. Darin sind die Beteiligten auf die Wirkung der Anordnung gem §§ 16 (2) u 18 GeschGehG und die Folgen einer Zuwiderhandlung nach § 17 GeschGehG hinzuweisen, § 20 (5) S 2 GeschGehG. Ein stattgebender Beschluss ist nicht selbstständig anfechtbar, sondern nur gemeinsam mit dem Rechtsmittel in der Hauptsache, § 20 (5) S 4 GeschGehG, was eine Verzögerung des Verfahrens an dieser Stelle ausschließt.   30

Hat ein Antrag nach Auffassung des Gerichts keine Aussicht auf Erfolg, kann er nicht unmittelbar zurückgewiesen werden. Aufgrund der Tragweite einer zurückweisenden Entscheidung ist die antragstellende Partei vorab auf die beabsichtigte Zurückweisung des Antrags und die Gründe hierfür hinzuweisen und dazu anzuhören, § 20 (5) S 3 GeschGehG. Erst dann kann eine zurückweisende Entscheidung ergehen, gegen die zudem die sofortige Beschwerde zulässig ist, § 20 (5) S 5 GeschGehG. Eine Ablehnung des Antrags erst in den Urteilsgründen der Hauptsache ist ausgeschlossen.[29] Auch im Fall der Zurückweisung des Antrags erhält die Gegenseite Kenntnis von dem vermeintlichen Geschäftsgeheimnis, soweit es in der Antragsschrift vorgetragen ist. Die betreffenden Informationen sind in das Verfahren eingeführt und damit Aktenbestandteil, in den die Gegenseite Einsicht nehmen kann.[30] Zwar besteht eine Ausnahme dann, wenn eine Partei Unterlagen unter Vorbehalt einreicht und das Gericht deswegen von einer Weitergabe der Unterlagen an die Gegenseite abgesehen hat.[31] Jedenfalls für die Antragsschrift und die zur Begründung des Antrags eingereichten Unterlagen kann jedoch spätestens mit einer gerichtlichen Entscheidung über den Antrag nicht mehr davon ausgegangen werden, dass sie nicht zu den Prozessakten gehören.   31

6.4 Ordnungsmittelverfahren

§ 17 GeschGehG stellt eine eigenständige prozessuale Grundlage für die Verhängung von Ordnungsmitteln bei Verstößen gegen die Verpflichtungen aus § 16 (2) GeschGehG dar. Das Verfahren und die Vollstreckung richten sich iÜ nach den allgemein für Ordnungsmittel geltenden Regeln, soweit § 17 GeschGehG keine abweichenden Regelungen enthält. Insofern ist der Höchstbetrag des Ordnungsgeldes geringer als nach § 890 (1) ZPO. Eine Androhung von Ordnungsmitteln iSv § 890 (2) ZPO ist nicht vorgesehen; allerdings muss eine Geheimhaltungsanordnung gem § 20 (5) S 2 GeschGehG einen Hinweis auf die Folgen einer Zuwiderhandlung nach § 17 GeschGehG enthalten, was einer Androhung gleichkommt. Eine Entscheidung über einen Ordnungsmittelantrag ergeht durch Beschluss, der mit sofortiger Beschwerde anfechtbar ist. Diese hat gem § 17 S 3 GeschGehG aufschiebende Wirkung.   32

---

29 OLG Stuttgart Urt v 19.11.20, 2 U 575/19, WPR 21, 242 *Schaumstoffsysteme*.
30 BGH Beschl v 14.1.20, X ZR 33/19, GRUR 20, 237 *Akteneinsicht XXIV*.
31 BGH Beschl v 14.1.20, X ZR 33/19, GRUR 20, 237 *Akteneinsicht XXIV*.

Anhang

33 Gesetz zum Schutz von Geschäftsgeheimnissen (GeschGehG) vom 18. April 2019 (BGBl. I S. 466)

Inhaltsübersicht

(...)

Abschnitt 1 Allgemeines

§ 1 Anwendungsbereich

(...)

§ 2 Begriffsbestimmungen

Im Sinne dieses Gesetzes ist
1. Geschäftsgeheimnis
   eine Information
   a) die weder insgesamt noch in der genauen Anordnung und Zusammensetzung ihrer Bestandteile den Personen in den Kreisen, die üblicherweise mit dieser Art von Informationen umgehen, allgemein bekannt oder ohne Weiteres zugänglich ist und daher von wirtschaftlichem Wert ist und
   b) die Gegenstand von den Umständen nach angemessenen Geheimhaltungsmaßnahmen durch ihren rechtmäßigen Inhaber ist und
   c) bei der ein berechtigtes Interesse an der Geheimhaltung besteht;
2. Inhaber eines Geschäftsgeheimnisses
   jede natürliche oder juristische Person, die die rechtmäßige Kontrolle über ein Geschäftsgeheimnis hat;
3. (...)
4. (...)

§§ 3-5

(...)

Abschnitt 2 Ansprüche bei Rechtsverletzungen

§§ 6-14

(...)

Abschnitt 3 Verfahren in Geschäftsgeheimnisstreitsachen

§ 15 Sachliche und örtliche Zuständigkeit; Verordnungsermächtigung

(...)

§ 16 Geheimhaltung

(1) Bei Klagen, durch die Ansprüche nach diesem Gesetz geltend gemacht werden (Geschäftsgeheimnisstreitsachen) kann das Gericht der Hauptsache auf Antrag einer Partei streitgegenständliche Informationen ganz oder teilweise als geheimhaltungsbedürftig einstufen, wenn diese ein Geschäftsgeheimnis sein können.

(2) Die Parteien, ihre Prozessvertreter, Zeugen, Sachverständige, sonstige Vertreter und alle sonstigen Personen, die an Geschäftsgeheimnisstreitsachen beteiligt sind oder die Zugang zu Dokumenten eines solchen Verfahrens haben, müssen als geheimhaltungsbedürftig eingestufte Informati-

onen vertraulich behandeln und dürfen diese außerhalb eines gerichtlichen Verfahrens nicht nutzen oder offenlegen, es sei denn, dass sie von diesen außerhalb des Verfahrens Kenntnis erlangt haben.

(3) Wenn das Gericht eine Entscheidung nach Absatz 1 trifft, darf Dritten, die ein Recht auf Akteneinsicht haben, nur ein Akteninhalt zur Verfügung gestellt werden, in dem die Geschäftsgeheimnisse enthaltenden Ausführungen unkenntlich gemacht wurden.

§ 17 Ordnungsmittel

^{1}Das Gericht der Hauptsache kann auf Antrag einer Partei bei Zuwiderhandlungen gegen die Verpflichtungen nach § 16 Absatz 2 ein Ordnungsgeld bis zu 100.000 Euro oder Ordnungshaft bis zu sechs Monaten festsetzen und sofort vollstrecken. ^{2}Bei der Festsetzung von Ordnungsgeld ist zugleich für den Fall, dass dieses nicht beigetrieben werden kann, zu bestimmen, in welchem Maße Ordnungshaft an seine Stelle tritt. ^{3}Die Beschwerde gegen ein nach Satz 1 verhängtes Ordnungsmittel entfaltet aufschiebende Wirkung.

§ 18 Geheimhaltung nach Abschluss des Verfahrens

^{1}Die Verpflichtungen nach § 16 Absatz 2 bestehen auch nach Abschluss des gerichtlichen Verfahrens fort. ^{2}Dies gilt nicht, wenn das Gericht der Hauptsache das Vorliegen des streitgegenständlichen Geschäftsgeheimnisses durch rechtskräftiges Urteil verneint hat oder sobald die streitgegenständlichen Informationen für Personen in den Kreisen, die üblicherweise mit solchen Informationen umgehen, bekannt oder ohne Weiteres zugänglich werden.

§ 19 Weitere gerichtliche Beschränkungen

(1) ^{1}Zusätzlich zu § 16 Absatz 1 beschränkt das Gericht der Hauptsache zur Wahrung von Geschäftsgeheimnissen auf Antrag einer Partei den Zugang ganz oder teilweise auf eine bestimmte Anzahl von zuverlässigen Personen
1. zu von den Parteien oder Dritten eingereichten oder vorgelegten Dokumenten, die Geschäftsgeheimnisse enthalten können, oder
2. zur mündlichen Verhandlung, bei der Geschäftsgeheimnisse offengelegt werden könnten, und zu der Aufzeichnung oder dem Protokoll der mündlichen Verhandlung.

^{2}Dies gilt nur, soweit nach Abwägung aller Umstände das Geheimhaltungsinteresse das Recht der Beteiligten auf rechtliches Gehör unter Beachtung ihres Rechts auf effektiven Rechtsschutz und ein faires Verfahren übersteigt. ^{3}Es ist jeweils mindestens einer natürlichen Person jeder Partei und ihren Prozessvertretern oder sonstigen Vertretern Zugang zu gewähren. ^{4}Im Übrigen bestimmt das Gericht nach freiem Ermessen, welche Anordnungen zur Erreichung des Zwecks erforderlich sind.

(2) Wenn das Gericht Beschränkungen nach Absatz 1 Satz 1 trifft,
1. kann die Öffentlichkeit auf Antrag von der mündlichen Verhandlung ausgeschlossen werden und
2. gilt § 16 Absatz 3 für nicht zugelassene Personen.

(3) Die §§ 16 bis 19 Absatz 1 und 2 gelten entsprechend im Verfahren der Zwangsvollstreckung, wenn das Gericht der Hauptsache Informationen nach § 16 Absatz 1 als geheimhaltungsbedürftig eingestuft oder zusätzliche Beschränkungen nach Absatz 1 Satz 1 getroffen hat.

§ 20 Verfahren bei Maßnahmen nach den §§ 16 bis 19

(1) Das Gericht der Hauptsache kann eine Beschränkung nach § 16 Absatz 1 und § 19 Absatz 1 *ab Anhängigkeit des Rechtsstreits* anordnen.

(2) ^{1}Die andere Partei ist spätestens nach Anordnung der Maßnahme vom Gericht zu hören. ^{2}Das Gericht kann die Maßnahmen nach Anhörung der Parteien aufheben oder abändern.

(3) Die den Antrag nach § 16 Absatz 1 oder § 19 Absatz 1 stellende Partei muss glaubhaft machen, dass es sich bei der streitgegenständlichen Information um ein Geschäftsgeheimnis handelt.

(4) ^{1}Werden mit dem Antrag oder nach einer Anordnung nach § 16 Absatz 1 oder einer Anordnung nach § 19 Absatz 1 Satz 1 Nummer 1 Schriftstücke und sonstige Unterlagen eingereicht oder vorgelegt, muss die den Antrag stellende Partei diejenigen Ausführungen kennzeichnen, die nach ihrem Vorbringen Geschäftsgeheimnisse enthalten. ^{2}Im Fall des § 19 Absatz 1 Satz 1 Nummer 1 muss sie zusätzlich eine Fassung ohne Preisgabe von Geschäftsgeheimnissen vorlegen, die einge-

§ 145a   Schutz von Geschäftsgeheimnissen

hen werden kann. ³Wird keine solche um die Geschäftsgeheimnisse reduzierte Fassung vorgelegt, kann das Gericht von der Zustimmung zur Einsichtnahme ausgehen, es sei denn, ihm sind besondere Umstände bekannt, die eine solche Vermutung nicht rechtfertigen.

(5) ¹Das Gericht entscheidet über den Antrag durch Beschluss. ²Gibt es dem Antrag statt, hat es die Beteiligten auf die Wirkung der Anordnung nach § 16 Absatz 2 und § 18 und Folgen der Zuwiderhandlung nach § 17 hinzuweisen. ²Beabsichtigt das Gericht die Zurückweisung des Antrags, hat es die den Antrag stellende Partei darauf und auf die Gründe hierfür hinzuweisen und ihr binnen einer zu bestimmenden Frist Gelegenheit zur Stellungnahme zu geben. ³Die Einstufung als geheimhaltungsbedürftig nach § 16 Absatz 1 und die Anordnung der Beschränkung nach § 19 Absatz 1 können nur gemeinsam mit dem Rechtsmittel in der Hauptsache angefochten werden. ⁴Im Übrigen findet die sofortige Beschwerde statt.

(6) Gericht der Hauptsache im Sinne dieses Abschnitts ist
1.   das Gericht des ersten Rechtszuges oder
2.   das Berufungsgericht, wenn die Hauptsache in der Berufungsinstanz anhängig ist.

§ 21 Bekanntmachung des Urteils

(...)

§ 22 Streitwertbegünstigung

(...)

Abschnitt 4   Strafvorschriften

§ 23 Verletzung von Geschäftsgeheimnissen

(...)

11. Abschnitt   Patentberühmung

§ 146   Auskunft bei Patentberühmung

Wer Gegenstände oder ihre Verpackung mit einer Bezeichnung versieht, die geeignet ist, den Eindruck zu erwecken, daß die Gegenstände durch ein Patent oder eine Patentanmeldung nach diesem Gesetz geschützt seien, oder wer in öffentlichen Anzeigen, auf Aushängeschildern, auf Empfehlungskarten oder in ähnlichen Kundgebungen eine Bezeichnung solcher Art verwendet, ist verpflichtet, jedem, der ein berechtigtes Interesse an der Kenntnis der Rechtslage hat, auf Verlangen Auskunft darüber zu geben, auf welches Patent oder auf welche Patentanmeldung sich die Verwendung der Bezeichnung stützt.

Voß

Übersicht

	Geltungsbereich	1
	Europäisches Patentrecht	2
	Literatur	3
	Kommentierung zu § 146 PatG	
1	Zweck	4
2	Voraussetzungen des Auskunftsanspruchs	5
2.1	Patentvermerk	5
2.2	Verwendung des Patentvermerks	7
2.3	Anspruchsberechtigter	9
2.4	Auskunftsverpflichteter	10
2.5	Fehlende Angabe der Patent-Nr.	11
3	Inhalt des Anspruchs	12
4	Verfahrensrecht	15
5	Werbung mit dem Patentschutz	16
5.1	Hinweis auf Patente	18
5.2	Hinweis auf bekanntgemachte Anmeldung nach § 30 PatG aF	20
5.3	Hinweis auf nicht bekanntgemachte Anmeldungen	21
5.4	Hinweis auf offengelegte Anmeldungen	22
5.5	Hinweis auf Patentschutz in einem Vertrag	23
5.6	Hinweis auf ausländischen Patentschutz	24
5.7	Unberechtigte Verwarnung	25

Geltungsbereich: § 146 entspricht dem früheren § 55 PatG aF Eine gleiche Bestimmung für Gebrauchsmuster enthält § 30 GbmG.   **1**

Europäisches Patentrecht: § 146 gilt gemäß Artt 2, 64 EPÜ auch für europäische Patente, die auch nach »diesem Gesetz« geschützt sind, und für europäische Patentanmeldungen, für die Art II § 1 IntPatÜG ebenso wie § 33 für deutsche Anmeldungen einen Entschädigungsanspruch gewährt.   **2**

Lit: Kreidel: Der Patentvermerk 1960; Lambsdorff/Skora Die Werbung mit Schutzrechtshinweisen 1977; von Falck FS Gaedertz 92, 141; Ullmann FS Schilling 07, 385; Bulling Patentausschlussrechte in der Werbung 2002; **Lit in GRUR:** Faust 50, 60; 51, 139; 54, 289; Sünner 51, 188; Schliebs 55, 1; Dietze 56, 492; Hubbuch 61, 226; 75, 481; Werner 64, 370; Fritze 68, 131; Geißler 73, 506; Lambsdorff/Hamm 85, 244; Deichfuß FS Bornkamm 14, 1025; **Lit in Mitt:** Faust 54, 67; Hubbuch 58, 106; 59, 47; 60, 48; Storch 59, 167; Ottens 62, 11; Bruchhausen 69, 286; von Gravenreuth 85, 207;   **3**

§ 146 Patentberühmung

Bulling 08, 60; **Lit in BB:** Moser von Filseck **51**, 317; **Lit in Chemie-Ingenieur-Technik:** Beil 60, 703.
Amtliche Begründung BlPMZ 36, 115.

1 Zweck

4　Der Hinweis auf Patentschutz hat werbende und warnende Wirkung. Seinem Missbrauch soll § 146 entgegenwirken. Zu diesem Zweck gewährt er dem Mitbewerber zur Vorbereitung seiner wettbewerblichen Verteidigung (Unterlassung, Schadensersatz) einen Auskunftsanspruch über die Schutzrechte, auf die sich der Patentberühmer stützt.[1] Einen weitergehenden Anspruch auf Aufklärung über die gesamte Schutzrechtslage, auf die sich der Mitbewerber einzustellen wünscht, gibt § 146 nicht.[2]

2 Voraussetzungen des Auskunftsanspruchs

2.1 Patentvermerk

5　Jede Bezeichnung, die auf einen Schutz aus einem deutschen, europäischen, erstreckten DDR-Patent oder einem ergänzenden Schutzzertifikat oder aus einer offengelegten Anmeldung schließen lässt, zB »DBP, DP, DBPA (angemeldet), Pat, patentrechtlich, gesetzlich oder patentamtlich geschützt, Patente in vielen Ländern«.

6　**Kein Patentvermerk iSd § 146:** Hinweis auf **ausländische Patente** oder auf eine noch nicht offengelegte Anmeldung,[3] da diese nicht »nach diesem Gesetz geschützt« sind.

2.2 Verwendung des Patentvermerks

7　Der Patentvermerk muss an die Öffentlichkeit gerichtet sein, entweder weil bereits die Gegenstände oder ihre Verpackung mit der Bezeichnung versehen sind oder in öffentlichen Anzeigen, auf Aushängeschildern, auf Empfehlungskarten oder in ähnlichen Kundgebungen solche Bezeichnungen verwendet werden. Die Bezeichnung kann schriftlich oder mündlich erfolgen. Kundgebung muss bestimmt und geeignet sein, einen größeren Personenkreis zu erreichen, sie muss also eine gewisse Breitenwirkung haben.[4] Nicht darunter fällt: **a)** Verwarnung eines oder mehrerer Verletzer;[5] **b)** Lieferung einer Zusatzeinrichtung zu einer Maschine ausschließlich an Kunden des Herstellers.[6]

8　Es genügt, wenn die Ware mit dem Vermerk versehen ist. Sie braucht noch nicht vertrieben zu sein (str).

1　BGH GRUR **54**, 391 *Prallmühle I*; OLG Düsseldorf BlPMZ **54**, 192; KG GRUR **54**, 322; OLG Frankfurt GRUR **67**, 88.
2　AA: LG Düsseldorf GRUR **67**, 525.
3　Busse/Keukenschrijver § 146 Rn 11.
4　BGH GRUR **51**, 314 *Motorblock*; OLG Düsseldorf BlPMZ **54**, 192; OLG Karlsruhe GRUR **84**, 106; LG Düsseldorf GRUR **67**, 525.
5　BGH GRUR **51**, 314 *Motorblock*; OLG Düsseldorf BlPMZ **54**, 192; OLG Karlsruhe GRUR **84**, 106; LG Düsseldorf GRUR **67**, 525.
6　OLG Karlsruhe GRUR **84**, 106.

2.3 Anspruchsberechtigter

Anspruchsberechtigt ist jeder, der ein berechtigtes Interesse hat. Das ist jeder, der zum Patentberühmer im Wettbewerbsverhältnis steht[7] oder der einen ihn treffenden unlauteren Wettbewerb bekämpfen will (zB Käufer), ferner Verbände iSd § 8 (3) UWG.[8] Ein privates oder wissenschaftliches Interesse genügt nicht. Ein Vertreter, zB Anwalt, muss – wenn er nicht ein eigenes Interesse hat – seinen Auftraggeber nennen.

9

2.4 Auskunftsverpflichteter

Auskunftsverpflichtet ist nur der Patentberühmer selbst, also wer den Patentvermerk anbringt oder ihn in öffentlichen Kundgebungen verwendet.[9] Nicht ausreichend ist es, wenn lediglich mit dem Vermerk versehene Ware weiter vertrieben wird.[10]

10

2.5 Fehlende Angabe der Patent-Nr.

Ist in der Berühmung die Nr des Patents oder der offengelegten Anmeldung angegeben, so ist der Auskunftsanspruch aus § 146 bereits erfüllt (vgl Rdn 12).

11

3 Inhalt des Anspruchs

Der Anspruch ist auf Nennung der Nr der Offenlegungsschrift oder Patentschrift, deren sich der Beklagte zur Begründung seiner Berühmung bedienen will, gerichtet[11] (nicht auch der Schutzrechte, auf die der Beklagte seine Berühmung stützen könnte). Einen weitergehenden Anspruch gibt § 146 nicht.

12

§ 146 gibt keinen Anspruch auf: **a)** Überlassung eines Exemplars der Offenlegungs- oder Patentschrift oder Mitteilung ihres Inhalts; **b)** vollständige Angabe aller Schutzrechte, die den Sachinhalt der Berühmung berühren, wobei eine unvollständige Auskunft allerdings ein Kostenrisiko im späteren Verletzungsprozess bedeuten kann;[12] **c)** Auskunft, ob die Handlungen in den Schutzbereich eines fremden Rechts eingreifen; **d)** Auskunft über Anmeldungen, die noch nicht offengelegt worden sind, und zwar grundsätzlich auch dann, wenn der Anmelder öffentlich auf seine Anmeldung hinweist; sind aber die Voraussetzungen der §§ 3, 5, 8 UWG, §§ 823, 1004 BGB gegeben, so besteht ein Auskunftsanspruch als quasideliktischer Beseitigungsanspruch.[13] Ein Anmelder, der öffentlich mit seiner noch geheimzuhaltenden Anmeldung wirbt, sollte darüber hinaus verpflichtet sein, soweit Auskunft zu erteilen, dass ein Dritter in die Lage versetzt wird, einen Akteneinsichtsantrag nach § 31 zu stellen;[14] **e)** Einsicht in die Akten der Anmeldung.[15]

13

---

7 BPatGE **27**, 191, 194 = GRUR **86**, 57, 58 lSp.
8 *LG Düsseldorf 4a O 43/03*, Urt v 09.12.2003.
9 OLG Karlsruhe Urt v 9.12.20, 6 U 52/20, Mitt **21**, 195.
10 OLG Karlsruhe Urt v 9.12.20, 6 U 52/20, Mitt **21**, 195.
11 OLG Karlsruhe GRUR **84**, 106.
12 BGH GRUR **54**, 391 *Prallmühle I*; LG München GRUR **64**, 258; OLG Frankfurt GRUR **67**, 88.
13 BGH GRUR **54**, 391 *Prallmühle I*; **66**, 698 *Akteneinsicht IV*; OLG Düsseldorf BlPMZ **54**, 192; LG München GRUR **64**, 258.
14 Vgl LG München GRUR **51**, 155 und **54**, 323.
15 BPatGE **2**, 189; PA Mitt **58**, 107.

§ 146 Patentberühmung

14 Eine fehlerhafte Auskunft verpflichtet nach Maßgabe des § 280 (1) BGB zum Schadensersatz.[16]

4 Verfahrensrecht

15 Der Anspruch aus § 146 ist Patentstreitsache iSv § 143 (1).[17] Er kann mit der einstweiligen Verfügung jedenfalls dann geltend gemacht werden, wenn dem Berechtigten ein Vorgehen im Hauptsacheverfahren nicht zugemutet werden kann, weil er nach den Werbeusancen der betreffenden Branche darauf angewiesen ist, einen etwaigen wettbewerbsrechtlichen Unterlassungsanspruch wegen irreführender Patentberühmung kurzfristig durchzusetzen.

5 Werbung mit dem Patentschutz

16 Grundsätzlich darf mit Patentschutz geworben werden. Jeder darf auf sein Patent oder seine offengelegte Anmeldung hinweisen, sofern der Hinweis die sich daraus ergebenden Ansprüche für den Adressaten einwandfrei erkennen lässt. Die Werbung darf auf den tatsächlich bestehenden Schutzbereich des Patents hinweisen, der vom Wortlaut der Patentansprüche abweichen kann.[18]

17 Unzulässig ist eine Werbung, wenn sie ernsthaft geeignet ist, eine Irreführung nicht unbeachtlicher Verkehrskreise hervorzurufen. Eine solche Befürchtung besteht insbesondere bei der Verwendung schlagwortartiger Hinweise auf ungeprüfte Anmeldungen. Unterlassungs- und Schadensersatzansprüche gegen eine unlautere Werbung ergeben sich aus §§ 3, 5, 8 UWG, 823, 826, 1004 BGB. Im einzelnen gilt folgendes:

5.1 Hinweis auf Patente

18 Ein Hinweis mit »DBP, ges gesch, patentiert, Y-Patente« etc ist zulässig, soweit das deutsche Patent noch besteht und die mit dem Patentvermerk versehene Ware durch den Schutzbereich des Patents gedeckt ist.[19] Widerruf und Nichtigerklärung machen einen Patenthinweis erst unzulässig mit Bestands- bzw Rechtskraft.[20] Vorher bedarf es allerdings einer Erwähnung des Widerrufs/der Nichtigerklärung.[21] Hinweise wie »im Inland geschützt« oder »gesetzlich geschützt« verbindet die Öffentlichkeit idR mit einem technischen Schutzrecht, und zwar überwiegend mit einem erteilten Patent, sofern sich die Werbung nicht ausschließlich an Fachkreise richtet. Sie sind daher irreführend, wenn ein Patent noch nicht besteht, auch wenn ein Gebrauchsmuster bereits eingetragen ist.[22] Die Angabe »patented« kann als Behauptung inländischer Schutzrechte verstanden werden.[23]

---

16 Vgl LG Düsseldorf InstGE 1, 268 Rn 10 ff *Schadensersatz wegen falscher Auskunft.*
17 OLG Düsseldorf InstGE 13, 240 *Garagentorantrieb.*
18 BGH GRUR 85, 520 *Konterhauben-Schrumpfsystem.*
19 OLG München GRUR 96, 144: Werbung für eine Vorrichtung mit einem Verfahrenspatent.
20 LG Düsseldorf InstGE 8, 1 *Medienlift.*
21 LG Düsseldorf InstGE 8, 1 *Medienlift.*
22 OLG Düsseldorf GRUR 78, 437.
23 BGH GRUR 84, 741 *PATENTED.*

Als irreführend wurde angesehen: *a)* »European Patent-Pending« bei Adressaten ohne hinreichende Englischkenntnisse;[24] *b)* »international patentiert« für eine Vorrichtung, die nur durch ausländische Patente geschützt ist;[25] *c)* pauschaler Hinweis auf »ausländische Patente«, wenn nur in 2 Staaten Patentschutz besteht;[26] *d)* »Patentamtlich oder patentrechtlich geschützt«, wenn für den beworbenen Gegenstand nur Gbm-Schutz besteht;[27] *e)* der Hinweis »Patpend.« kann irreführend sein, solange kein erteiltes Patent vorliegt;[28] *f)* Irreführend sind die Hinweise »Patent protected« oder »weltweit patentiert« oder »patent developed«, wenn und solange bloß eine (ggf offengelegte) Patentanmeldung vorliegt;[29] eine spätere Patenterteilung beseitigt allein die Wiederholungsgefahr nicht.[30]

5.2 Hinweis auf bekanntgemachte Anmeldung nach § 30 PatG aF

wurde als zulässig angesehen, wenn einwandfrei erkennbar ist, dass ein Patent noch nicht erteilt ist, zB »Patent angemeldet«, »DBP angem.«. Dagegen »DPA« oder »DPang« idR unzulässig, da Abkürzung unklar ist.[31]

5.3 Hinweis auf nicht bekanntgemachte Anmeldungen

wurde als Verstoß gegen das Verbot irreführender Werbung angesehen, da die schlagwortartige Werbung den Eindruck einer Vorzugsstellung oder eines vorläufigen Schutzes erweckt.[32]

5.4 Hinweis auf offengelegte Anmeldungen

in sachlicher Form ist zulässig, wenn ein Dritter den Gegenstand der offengelegten Anmeldung benutzt und die Erfindung nicht offensichtlich schutzunfähig ist.[33] Die zur Verwarnung aus Schutzrechten entwickelten Grundsätze, die eine Pflicht zur vorherigen Information über die Schutzrechtslage verlangen, sind nicht anwendbar, da der Hinweis den Benutzer lediglich auf einen möglichen Anspruch nach § 33 aufmerksam macht, ihn aber nicht zur Einstellung der Benutzung zwingen kann.[34] Das setzt voraus, dass der Dritte die rechtliche Bedeutung der Offenlegung kennt. Fehlt es daran erkennbar, so muss der Hinweis dieser Unkenntnis inhaltlich Rechnung tragen. Ein Hinweis ist unzulässig, wenn die Erfindung offensichtlich nicht patentfähig ist oder zweifelsfrei nicht benutzt wird.[35]

---

24 LG Düsseldorf Mitt **91**, 93 = ABl **91**, 587.
25 OLG Stuttgart NJW **90**, 3097.
26 OLG Düsseldorf Mitt **92**, 150.
27 OLG München Mitt **98**, 479.
28 *OLG Düsseldorf Mitt* **96**, *355.*
29 LG Düsseldorf v 31.7.08 – 4b O 210/07 Polyurethan-Matratze Schulte-Kartei PatG 146 Nr 26.
30 LG Düsseldorf v 31.7.08 – 4b O 210/07 Polyurethan-Matratze Schulte-Kartei PatG 146 Nr 26.
31 Vgl BGH GRUR **66**, 92 *Bleistiftabsätze*; OLG Düsseldorf GRUR **58**, 93.
32 BGH GRUR **64**, 144 *Sintex*; LG Düsseldorf GRUR **67**, 525.
33 Vgl BGH GRUR **75**, 315 *Metacolor*; OLG Karlsruhe WRP **74**, 215; OLG Hamburg Mitt **73**, 114; Bornkamm GRUR **09**, 227 (229).
34 Vgl BGH GRUR **75**, 315 *Metacolor*; OLG Karlsruhe WRP **74**, 215; OLG Hamburg Mitt **73**, 114; Bornkamm GRUR **09**, 227 (229).
35 Bornkamm GRUR **09**, 227 (229).

§ 146 Patentberühmung

5.5 Hinweis auf Patentschutz in einem Vertrag

23 Wer als ausländischer Verkäufer in einem Kaufvertrag die Ware als »patentiert« bezeichnet, gibt damit idR keine echte Garantie iSd § 443 BGB, sondern preist seine Ware unter Hinweis auf das in seinem Heimatland bestehende Schutzrecht an.[36]

5.6 Hinweis auf ausländischen Patentschutz

24 fällt grundsätzlich nicht unter § 146, sofern nicht der Eindruck erweckt wird, dass die Gegenstände »nach diesem Gesetz« geschützt sind. Auch der Hinweis auf eine Marke (zB durch ein »R im Kreis«), die in einem Mitgliedsstaat der EU geschützt ist, ist auch in den übrigen Mitgliedstaaten zulässig, auch wenn dort kein Markenschutz besteht.[37]

5.7 Unberechtigte Verwarnung,

25 vgl dazu § 139 Rdn 231.

---

36 Vgl BGH GRUR 73, 667 *Rolladenstäbe*.
37 EuGH Slg 90, 4827 = GRUR Int 91, 215 *Pall Corp./P. J. Dahlhausen u Co.*

12. Abschnitt Übergangsvorschriften

§ 147 Übergangsbestimmungen (Verjährung)

(1) Artikel 229 § 6 des Einführungsgesetzes zum Bürgerlichen Gesetzbuche findet mit der Maßgabe entsprechende Anwendung, dass § 33 Abs 3 und § 141 in der bis zum 1. Januar 2002 geltenden Fassung den Vorschriften des Bürgerlichen Gesetzbuchs über die Verjährung in der bis zum 1. Januar 2002 geltenden Fassung gleichgestellt sind.

(2) Für Verfahren wegen Erklärung der Nichtigkeit des Patents oder des ergänzenden Schutzzertifikats oder wegen Erteilung oder Rücknahme der Zwangslizenz oder wegen der Anpassung der durch Urteil festgesetzten Vergütung für eine Zwangslizenz, die vor dem 18. August 2021 durch Klage beim Bundespatentgericht eingeleitet wurden, sind die Vorschriften dieses Gesetzes in der bis zum 17. August 2021 geltenden Fassung weiter anzuwenden.

(3) Für Verfahren, in denen ein Antrag auf ein Zusatzpatent gestellt worden ist oder nach § 16 Absatz 1 Satz 2 dieses Gesetzes in der vor dem 1. April 2014 geltenden Fassung noch gestellt werden kann oder ein Zusatzpatent in Kraft ist, sind § 16 Absatz 1 Satz 2, Absatz 2, § 17 Absatz 2, § 23 Absatz 1, § 42 Absatz 2 Satz 1 Nummer 4, Satz 2 und Absatz 3 Satz 1 sowie § 43 Absatz 2 Satz 4 dieses Gesetzes in ihrer bis zum 1. April 2014 geltenden Fassung weiter anzuwenden.

(4) Für Anträge auf Verlängerung der Frist zur Benennung des Erfinders sind § 37 Absatz 2 Satz 2 bis 4 und § 20 Absatz 1 Nummer 2 dieses Gesetzes in der vor dem 1. April 2014 geltenden Fassung weiter anzuwenden, wenn die Anträge vor dem 1. April 2014 beim Deutschen Patent- und Markenamt eingegangen sind und das Patent bereits erteilt worden ist.

(5) Für Anträge auf Anhörung nach § 46 Absatz 1, die vor dem 1. April 2014 beim Deutschen Patent- und Markenamt eingegangen sind, ist § 46 dieses Gesetzes in der bis dahin geltenden Fassung weiter anzuwenden.

Voß

Übersicht

	Geltungsbereich	1
	Kommentierung zu § 147 PatG	
I.	Zweck.	2
II.	Anwendbares Verjährungsrecht	3
1	Verjährungsfrist	4
2	Verjährungsbeginn	6
3	Hemmung und Neubeginn	7
III.	Auf Verfahren nach § 81 (1) 1 PatG anwendbares Recht . .	8
IV.	Auf Zusatzpatente anwendbares Recht	9
V.	Geltendes Recht für die Frist zur Erfinderbenennung	11
VI.	Geltendes Recht für Anträge auf Anhörung nach § 46 (1) .	13

§ 147 Übergangsbestimmungen

1   **Geltungsbereich:** § 147 wurde durch Art 5 (20) des **Gesetzes zur Modernisierung des Schuldrechts** vom 26.11.2001 (BGBl I 3138 = BlPMZ 2002, 68) eingefügt. Art 7 Nr 37 des **Kostenbereinigungsgesetzes** v 13.12.01 (BGBl 2001 I 3656 = BlPMZ 2002, 14) hat die Abs 2 und 3 angefügt. Durch Art 4 Nr 4 des **Transparenz- und Publizitätsgesetzes** vom 19.7.2002 (BGBl I 2681 = BlPMZ 2002, 297) ist nach Satz 2 der neue Satz 3 eingefügt worden. Art 1 Nr 8 des **Gesetzes zur Änderung des Patentgesetzes und anderer Vorschriften** (BGBl 2004 I 3232 = BlPMZ 05, 3) ersetzt in § 147 (3) Nr 1 die Angabe »1. Januar 2005« durch die Angabe »1. Juli 2006« und in Nr 2 die Angabe »31. Dezember 2004« durch die Angabe »30. Juni 2006«. Art 1 Nr 17 des **Gesetzes zur Änderung des patentrechtl Einspruchsverfahrens und des PatKostG** v 21.6.2006 (BGBl I 1318) hat die **Abs 2 und 3** mit Wirkung vom 1.7.2006 aufgehoben, dafür jetzt §§ 61 (2), 100 (1). Abs 2 wurde durch Art 1 Nr 16 des **Gesetzes zur Vereinfachung und Modernisierung des Patentrechts** vom 31.7.2009 (BGBl I 2521) mit Wirkung zum 1.10.2009 eingefügt und durch das 2. Gesetz zur Vereinfachung und Modernisierung des Patentrechts vom 10.08.2021 (BGBl I 3490) mit Wirkung zum 18.08.2021 geändert. Die Absätze 3 bis 5 wurden durch Art 1 Nr 22 des **Gesetzes zur Novellierung patentrechtlicher Vorschriften und anderer Gesetze des gewerblichen Rechtsschutzes (PatNovG)** vom 19.10.2013 (BGBl 2013 I S 3830) angefügt.

I. Zweck

2   § 147 enthält Übergangsregelungen für verschiedene Gesetzesänderungen. Abs 1 gleicht das Verjährungsrecht an die Neuregelung an, die das Gesetz zur Schuldrechtsmodernisierung für das allgemeine Zivilrecht vorgenommen hat. Abs 2 regelt das anwendbare Recht für nach § 81 (1) eingeleitete Verfahren, die mit Inkrafttreten des Gesetzes zur Vereinfachung und Modernisierung des Patentrechts am 1.10.2009 noch nicht beendet waren. Abs 3 bis 5 betreffen Änderungen durch das Gesetz zur Novellierung patentrechtlicher Vorschriften und anderer Gesetze des gewerblichen Rechtsschutzes (PatNovG). Abs 3 regelt, welche Vorschriften für bereits bestehende oder beantragte Zusatzpatente anwendbar sind oder für solche, die noch beantragt werden können, nachdem die Vorschriften betreffend das Zusatzpatent aufgehoben wurden. Unter welchen Voraussetzungen die Vorschrift über die Verlängerung der Frist zur Erfinderbenennung über die Erteilung des Patents hinaus weiter gilt, ist in Abs 4 geregelt. Abs 5 bestimmt das anwendbare Recht betreffend Anträge auf Anhörung des Anmelders im Prüfungsverfahren.

II. Anwendbares Verjährungsrecht

3   Während der Übergangszeit bestimmt sich das anwendbare Verjährungsrecht nach Art 229 § 6 EGBGB, auf den § 147 (1) verweist. Übergangsprobleme, die unter Rückgriff auf Art 229 § 6 zu lösen sind, stellen sich nur, wenn der betreffende Anspruch am 1.1.02 a) bereits bestanden hat und b) (nach altem Recht) noch nicht verjährt war. Für die Anspruchsentstehung ist die Vornahme der Benutzungs- oder Verletzungshandlung iSd §§ 9, 10 PatG entscheidend, nicht der Schadens- oder Bereicherungseintritt. Bei wiederholten und fortgesetzten gleichartigen Handlungen bringt jede Einzelhandlung einen gesonderten Anspruch hervor, der im Hinblick auf das anwendbare Recht selbständig zu prüfen ist (s § 141 Rdn 14). Ansprüche, für die am Stichtag bereits Verjährung eingetreten war, unterliegen ausschließlich altem Recht (vgl dazu die 6. Auflage § 33 Rn 13, 22; § 141); für Ansprüche, die nach dem 1.1.02 erst begründet worden sind, gilt ausschließlich neues Recht.

1 Verjährungsfrist

4   Im Grundsatz richtet sich die Verjährungsfrist für am 1.1.02 bestehende und noch nicht verjährte Ansprüche nach neuem Recht (Art 229 § 6 (1) S 1). Zwei Sonderkons-

tellationen sind bedeutsam: Sieht das neue Recht eine längere Verjährungsfrist als das alte Recht vor, so bleibt zum Schutz des Schuldners die kürzere Frist des alten Rechts maßgebend (Art 229 § 6 (3)). Bestimmt das neue Recht eine kürzere Verjährungsfrist als das alte Recht, so ist für die Verjährung die kurze Frist des neuen Rechts entscheidend, allerdings mit zwei Einschränkungen: a) die kurze Frist beginnt erst am 1.1.02 zu laufen (Art 229 § 6 (4) S 1); b) endet die längere Verjährungsfrist des alten Rechts eher als die am 1.1.02 beginnende kurze Verjährungsfrist des neuen Rechts, so tritt Verjährung mit dem früheren Ablauf der Frist nach altem Recht ein (Art 229 § 6 (4) S 2). Ob die Verjährungsfrist des alten oder des neuen Rechts kürzer bzw länger ist, beurteilt sich nicht anhand eines rein abstrakten Vergleichs der gesetzlichen Verjährungsfristen, sondern ist für den konkreten Einzelfall zu bestimmen.

Beispiel: Verletzungshandlung: 1.11.73; Kenntnis des Patentinhabers: 30.10.01. Verjährungsfrist nach altem Recht (§ 141 S 1 PatG aF): 3 Jahre nach Kenntnis (30.10.04), längstens jedoch 30 Jahre nach Verletzungshandlung (1.11.03); daher Fristende: 1.11.03; Verjährungsfrist nach neuem Recht (§ 141 S 1 PatG, §§ 195, 199 (1), (3) BGB, Art 229 § 6 (4) S 1): 3 Jahre nach Kenntnis (31.12.04) bzw 10 Jahre nach Entstehung des Anspruchs, beginnend am 1.1.02 (31.12.12); daher Fristende: 31.12.04; da die Fristenregelung des neuen Rechts zu einer längeren Verjährungsfrist führt (31.12.04 statt 1.11.03), bleibt altes Verjährungsrecht maßgeblich (Art 229 § 6 (4) S 2): Ende der Verjährungsfrist also am 1.11.03.

2 Verjährungsbeginn

Es gilt ein striktes Stichtagsprinzip (Art 229 § 6 (1) S 2); für die Zeit vor dem 1.1.02 ist altes Recht, für die Zeit danach neues Recht anzuwenden.

3 Hemmung und Neubeginn

Das gleiche gilt für Verjährungshemmung und Verjährungsneubeginn- bzw -unterbrechung (Art 229 § 6 (1) S 2). Soweit ein bestimmter Tatbestand nach altem und nach neuem Recht einheitlich zur Hemmung (zB Vergleichsverhandlungen bei deliktischen Ansprüchen) oder zur Unterbrechung (Neubeginn) führt, ist für die Voraussetzungen und Rechtsfolgen der Hemmung bzw. Unterbrechung bis zum 31.12.01 das alte Recht und ab 1.1.02 das neue Recht heranzuziehen. Hemmungs- oder Neubeginn-Tatbestände, die am 1.1.02 völlig neu eingeführt worden sind (zB Verjährungshemmung durch Verhandlungen bei nicht deliktischen Ansprüchen, durch Antrag auf einstweilige Verfügung[1] oder selbständiges Beweisverfahren), können erst seit dem Stichtag berücksichtigt werden. Bei Tatbeständen, die nach altem Recht zur Unterbrechung, nach neuem Recht aber nur zur Hemmung führen (zB Klageerhebung) enthält Art 229 § 6 (2) eine spezielle Regelung. Wenn am Stichtag die Unterbrechung eingetreten ist und noch fortdauert, wird die Unterbrechung am 1.1.02 beendet und die (als Folge der Unterbrechung) seit 1.1.02 neu laufende Verjährungsfrist (s Rdn 3–4) nach neuem Recht gehemmt.

---

[1] Vgl dazu Maurer, GRUR 03, 208.

III. Auf Verfahren nach § 81 (1) 1 PatG anwendbares Recht

8 Mit Wirkung zum 18.08.2021 wurden einzelne Verfahrensregeln für die Verfahren nach § 81 (1) 1 BPatG durch das Zweite Gesetz zur Vereinfachung und Modernisierung des Patentrechts geändert (s jeweils die dortige Kommentierung). Die Übergangsvorschrift in Abs 2 regelt, ob für eines der dort genannten Verfahren altes oder neues Verfahrensrecht gilt. Die Regelung verweist durch ihren Wortlaut auf sämtliche Verfahren, die gemäß § 81 (1) 1 eingeleitet wurden/werden. Abs (2) enthält eine Stichtagsregelung, nach der für alle vor dem 18.08.2021 eingeleiteten Verfahren das bis dahin gültige Verfahrensrecht weiterhin anwendbar ist und das neue Verfahrensrecht für alle seit dem 18.08.2021 eingeleiteten Verfahren. Mit der Einleitung des Verfahrens iSv § 81 (1) 1 stellt die Regelung auf die Einreichung der Klageschrift beim BPatG (Klageerhebung iSv § 81 (4) 1) als maßgeblichen Zeitpunkt für die Frage des anwendbaren Verfahrensrechts ab. Mangels Differenzierung in der Übergangsregelung gilt das einmal anwendbare Verfahrensrecht für sämtliche Verfahrensstadien eines Verfahrens einschließlich Berufungsverfahren vor dem BGH. Aussetzung, Ruhen des Verfahrens, Klageerweiterung oder Prozesstrennung haben keine Auswirkungen.

IV. Auf Zusatzpatente anwendbares Recht

9 Mit Wirkung zum **1.4.2014** wurden die Vorschriften über das Zusatzpatent durch das PatNovG aufgehoben. Für die Fälle, in denen ein Zusatzpatent bereits besteht, ein Antrag auf Erteilung eines Zusatzpatents bereits gestellt ist oder die Frist von 18 Monaten zur Stellung eines solchen Antrags noch nicht abgelaufen ist, regelt Abs 3, ob altes oder neues Recht anwendbar ist. Abs 3 enthält dafür eine einfache Stichtagsregelung, nach der auf den Tag des Inkrafttretens des Gesetzes am 1.4.2014 abgestellt wird, an dem die betreffenden Vorschriften aufgehoben wurden. Drei Fälle sind zu unterscheiden:

10 War zum Stichtag bereits ein Antrag auf Erteilung eines Zusatzpatents gestellt, sind die bislang geltenden Vorschriften betreffend das Zusatzpatent – das sind die in Abs 3 genannten Regelungen – weiterhin anwendbar (Abs 3 Variante 1). Gleiches gilt für den Fall, dass ein solcher Antrag noch nicht gestellt war und die Frist von 18 Monaten zur Stellung eines solchen Antrags nach § 16 (1) 2 vor dem Stichtag noch nicht abgelaufen war (Abs 3 Variante 2). Ebenso ist das alte Recht auf alle Zusatzpatente anwendbar, die am Stichtag noch in Kraft waren (Abs 3 Var 3). Auf alle anderen Sachverhalte, die nicht zu einem der drei vorgenannten Fälle gehören, ist das neue Recht anwendbar, dh ein Zusatzpatent kann nicht mehr beantragt werden. Davon ist der Sonderfall zu unterscheiden, dass der Antrag auf Erteilung eines Zusatzpatents innerhalb der vor dem **1.4.2014** ablaufenden Frist des § 16 (1) 2 aF versäumt wurde, aber die Voraussetzungen für eine Wiedereinsetzung in den vorigen Stand gem § 123 nach dem Stichtag vorliegen. Wird die Frist des § 16 (1) 2 aF grundsätzlich als wiedereinsetzungsfähig angesehen,[2] begegnet eine Wiedereinsetzung in den vorigen Stand mit der Folge, dass die Vorschriften betreffend das Zusatzpatent in der bis zum 1.4.2014 geltenden Fassung anwendbar sind, keinen Bedenken, da durch die Wiedereinsetzung die versäumte und

---

2 Str, zum Meinungsstand vgl Hövelmann Mitt 01, 193.

nachgeholte Handlung als rechtzeitig vorgenommen fingiert und der durch die Fristversäumung eingetretene Rechtsnachteil rückwirkend beseitigt wird.[3]

V. Geltendes Recht für die Frist zur Erfinderbenennung

Nach dem bis zum 1.4.2014 geltenden Recht konnte die Frist zur Erfinderbenennung unter besonderen Umständen über den Zeitpunkt der Patenterteilung hinaus verzögert werden, § 37 (2) 2–4 aF. Durch das neue Recht wurde das Prinzip »Keine Patenterteilung ohne Erfinderbenennung« eingeführt;[4] eine Verlängerung der Frist zur Erfinderbenennung über den Zeitpunkt der Patenterteilung hinaus ist nicht mehr möglich. Entsprechend wurde der Erlöschensgrund gem § 20 (1) Nr 2 aF aufgehoben. Aufgrund der Neuregelung bedurfte es einer Übergangsregelung für die Fälle, in denen ein Antrag auf Fristverlängerung bereits gestellt wurde.

11

Nach der Regelung in Abs 3 ist das bis zum 1.4.2014 geltende Recht nur unter zwei Voraussetzungen anwendbar: (1) Das Patent muss vor dem Stichtag erteilt worden sein und (2) der Antrag auf Verlängerung der Frist zur Erfinderbenennung muss vor dem Stichtag gestellt worden sein. Maßgeblich ist der Eingang beim DPMA.[5] Durch die erste Voraussetzung wird das Prinzip »Keine Patenterteilung ohne Erfinderbenennung« bereits mit dem Inkrafttreten der Neuregelung am 1.4.2014 umgesetzt. War das Patent am Stichtag noch nicht erteilt, ist durchweg neues Recht anwendbar. Nach der zweiten Voraussetzung kommt es nicht darauf an, ob der Antrag auf Verlängerung der Frist zur Erfinderbenennung bereits beschieden wurde oder nicht. In beiden Fällen ist gem Abs 4 das Patent erteilt und die Frist zur Benennung des Erfinders vor dem 1.4.2014 noch nicht abgelaufen. Andernfalls wäre das Patent gem § 20 (1) Nr 2 aF bereits vor dem Stichtag erloschen (der Fall, dass die Frist vor dem Stichtag abläuft und ein rechtzeitig gestellter Fristverlängerungsantrag erst nach dem Stichtag positiv beschieden wird, steht der Konstellation eines vor dem Stichtag eingereichten und beschiedenen Fristverlängerungsantrags gleich). Da in beiden Fällen das neue Recht keine Handhabe bietet, wenn nach Ablauf der Frist kein Erfinder benannt wird, obwohl das Patent bereits erteilt ist, ist es konsequent, dass in solchen Fällen das bis zum 1.4.2014 geltende Recht weiterhin anwendbar bleibt. Demnach erlischt das Patent, wenn nicht innerhalb der am Stichtag laufenden Frist die Erfinderbenennung erfolgt oder diese Frist weiter verlängert wird. Weitere Fristverlängerungsanträge sind nicht ausgeschlossen. Lief die Frist zur Erfinderbenennung bereits vor dem 1.4.2014 ab, ohne dass eine Erfinderbenennung erfolgte, kommt unter den Voraussetzungen einer Wiedereinsetzung in den vorigen Stand gem § 123 auch nach dem Stichtag eine Erfinderbenennung in Betracht (s Rdn 10).

12

VI. Geltendes Recht für Anträge auf Anhörung nach § 46 (1)

Nach dem bis zum 1.4.2014 geltenden Recht musste der Anmelder im Prüfungsverfahren von der Prüfungsstelle auf seinen Antrag hin nur dann gehört werden, wenn die Anhörung sachdienlich war, § 46 (1) 2 aF. Durch das PatNovG wurde die obligatori-

13

---

3 BGH GRUR 95, 333, 334 *Aluminium-Trihydroxid*; BGHZ 8, 284, 285.
4 BT-Drs 1 710 308 S 17 (Zu Nr 11) = BlPMZ 13, 366, 371.
5 BT-Drs 1 710 308 S 23 (Zu Artikel 8) = BlPMZ 13, 366, 376.

sche Anhörung auf Antrag eingeführt, § 46 (1) 2 nF. Aus Kapazitäts- und Effektivitätsgründen sah sich der Gesetzgeber veranlasst, auch für diese Neuregelung eine Übergangsbestimmung zu schaffen.[6] Anknüpfungspunkt ist der Antrag auf Anhörung, weil der Anmelder durch einen solchen Antrag sein Bedürfnis an einer Erörterung der Sach- und Rechtslage zum Ausdruck bringt.[7] Abs 5 stellt insofern klar, dass § 46 nF nur auf solche Anträge anwendbar ist, die nach Inkrafttreten des PatNovG beim DPMA eingegangen sind. Für Anträge auf Anhörung nach § 46 (1), die vor dem Inkrafttreten der Neuregelung des § 46 (1) beim DPMA eingegangen sind, gilt weiterhin altes Recht. Der Anmelder wird nur gehört, wenn die Anhörung sachdienlich ist, § 46 (1) 2 aF Nach dem Sinn und Zweck des Abs 5 wird der Anmelder im Falle einer Zurückweisung seines Antrags diese Regelung nicht dadurch umgehen können, dass er einen neuen Antrag auf Anhörung einreicht, sofern sich die Verfahrenslage nicht so wesentlich geändert hat, dass für einen neuen Antrag ein Rechtsschutzinteresse besteht (vgl Einl Rdn 345 ff u § 46 Rdn 16). Gleiches gilt, wenn ein Antrag auf Anhörung bereits vor dem Stichtag mangels Sachdienlichkeit zurückgewiesen wurde.

---

6 BT-Drs 1 710 308 S 23 (Zu Artikel 8) = BlPMZ 13, 366, 376.
7 BT-Drs 1 710 308 S 23 (Zu Artikel 8) = BlPMZ 13, 366, 376.

Anhänge

Übersicht

1	IntPatÜG	Gesetz über internationale Patentübereinkommen	2339
2	EuGVVO	Verordnung (EU) 1215/2012 über die gerichtliche Zuständigkeit und die Anerkennung und Vollstreckung von Entscheidungen in Zivil- und Handelssachen	2389
3	*entfallen*		2409
4	ErstrG	Erstreckungsgesetz	2410
5	2. PatMoG	Zweites Gesetz zur Vereinfachung und Modernisierung des Patentrechts	2419
6	BioPatRL	Richtlinie 98/44 EG über den rechtlichen Schutz biotechnologischer Erfindungen	2421
7	BioPatG	Gesetz zur Umsetzung der Richtlinie über den rechtlichen Schultz biotechnologischer Erfindungen	2431
8	DurchsetzungsG	Gesetz zur Verbesserung der Durchsetzung von Rechten des geistigen Eigentums	2433
9	EPÜ-RevisionsG	Gesetz zur Umsetzung der Akte zur Revision des EPÜ	2436
10	DPMAV	Verordnung über das DPMA	2438
11	PatV	Patentverordnung	2447
12	PVÜ	Pariser Verbandsübereinkunft	2458
13	TRIPS	Übereinkommen über handelsbezogene Aspekte der Rechte des geistigen Eigentums	2463
14	PLT	Patent Law Treaty auf CD	2473
15	PatKostG	Patentkostengesetz	2474
16	DPMAVwKostV	DPMA-Verwaltungskostenverordnung	2548
17	PatKostZV	Patentkostenzahlungsverordnung	2555
18	BGH/BPatGERVV	Verordnung über den elektronischen Rechtsverkehr beim BGH und BPatG	2564
19	ERVDPMAV	Verordnung über den elektronischen Rechtsverkehr beim DPMA	2568
20	EAPatV	Verordnung über die elektronische Aktenführung bei dem Patentamt, dem Patentgericht und dem Bundesgerichtshof	2571
21	*entfallen*		2574

Anhang 1

Gesetz über internationale Patentübereinkommen (IntPatÜG)

Gesetz zu dem Übereinkommen vom 27.11.1963 zur Vereinheitlichung gewisser Begriffe des materiellen Rechts der Erfindungspatente, dem Vertrag vom 19.6.1970 über die internationale Zusammenarbeit auf dem Gebiet des Patentwesens (PCT) und dem Übereinkommen vom 5.10.1973 über die Erteilung europäischer Patente (EPÜ)

vom 21.6.1976 (BGBl II 649 = BlPMZ 76, 264)

Thomas Voit

Änderungen des IntPatÜG

Nr	Änderndes Gesetz	Inkrafttreten	Betroffene §§ des IntPatÜG	Art der Änderung
1	Art 1 (4) u (5) 1. GPatG v 26.7.1979, BGBl I 1269 = BlPMZ 79, 266	4.8.79	Art II § 4	Neufassung
2	Art 2 (4) des Gebrauchsmusteränderungs G v 15.8.1986, BGBl I 1446 = BlPMZ 86, 310	1.1.87	Art II § 1 (1) 2, § 4 (2) Nr 3 S 2 u Nr 4 S 2 u 3, § 7 S 1, § 9 (1) 2 u (3) 1, § 10 (2), Art III § 2 (1) 2 u (2) 2 u 3, § 4 (2), § 5 (1) 1, § 7 S 1, § 8 (1) 1 u (3)	Änderung
3	Art 6 des 2. GPatG v 20.12.1991, BGBl 1991 II 1354 = BlPMZ 92, 42	1.6.92	Art II § 3, Art III § 4 (1) 1 u (2) 1, Art III § 4 (3), Art II § 8 (3)	Neufassung u Einfügung Anfügung Aufhebung
4	Art 2 des 1. PatGÄndG v 23.3.1993, BGBl I 366 = BlPMZ 93, 171	1.4.93	Art II § 6a	Einfügung
5	Art 6 des 2. PatGÄndG v 16.7.1998, BGBl I 1827 = BlPMZ 98, 382	1.11.98	Art II § 4 u § 9, Art III §§ 1, 2, 4, 5	Neufassung u Änderung
6	Art 2 des Gesetzes zur Bereinigung von Kostenregelungen auf dem Gebiet des geistigen Eigentums v 13.12.2001, BGBl I 3656 = BlPMZ 02, 14	1.1.02	Art II § 1 (2), § 2 (1) u (2) 2, § 3 (1), (3), (6) 2 § 6a, § 9 (1) 1 u 3 (3) 1, Art III § 1 (4), § 2 (1) 1 u (2), § 3, § 4 (2) 1, § 5 (1) 1, § 6, § 7, § 8 (1) u (2), Art XI § 1 (1)	Änderung u Neufassung

IntPatÜG 1976 — Anhang 1

Nr	Änderndes Gesetz	Inkrafttreten	Betroffene §§ des IntPatÜG	Art der Änderung
			Art II § 3 (4) 3 u 4, § 4 (2) Nr 4 S. 3, § 9 (1) 2, Art III § 1 (3)	Aufhebung
7	Art 1 des Gesetzes zur Änderung des IntPatÜG v 10.12.2003, BGBl I 2470 = BlPMZ 04, 46	1. Tag des 4. Monats nach Inkrafttreten des Londoner Übereinkommens v 17.10.2000 (BGBl 2003 II 1666 = BlPMZ 04, 55) – **vor Inkrafttreten aufgehoben**	Art II § 3	Aufhebung
8	Art 2 (2) des Geschmacksmusterreformgesetzes v 12.3.2004, BGBl I 390 = BlPMZ 04, 207	1.6.04	Art III § 1 (2) 2	Anfügung
9	Art 1 des Gesetzes zur Umsetzung der Akte v 29.11.2000 zur Revision des EPÜ v 24.8.2007, BGBl I 2166 = BlPMZ 07, 362 (im Anhang 9)	13.12.07	Art II § 1 (1) 2 u (3) 2, § 9 (2) 1, § 12 S 1, Art VII,	Änderung
			Art II § 3 (1), § 6 (2), § 8 (2),	Neufassung
			Art II § 9 (1) 2 u (3),	Aufhebung
			Art II § 3 (7), § 6 (1) 2 u (3), Art III § 4 (3) 2	Anfügung
10	Art 8a des Gesetzes zur Verbesserung der Durchsetzung von Rechten des geistigen Eigentums v 7.7.2008, BGBl I 1191 = BlPMZ 08, 274 (im Anhang 8)	1.5.08	Art II § 3 Art XI § 4	Aufhebung Anfügung
11	Art 7 des Gesetzes zur Novellierung patentrechtlicher Vorschriften und anderer Gesetze des gewerblichen Rechtsschutzes (PatNovG) v 19.10.2013, BGBl I 3830 = BlPMZ 13, 362	1.4.2014	Art II § 3 Art II § 7 (2) Art III § 4 (2) 1 Art III § 4 (3)	Neufassung Anfügung Änderung Einfügung
12	Art 19 der Zehnten Zuständigkeitsanpassungsverord-nung v 31.8.2015, BGBl I 1474	8.9.2015	Art II § 2 (2) 1 u 2 Art II § 11	Änderung
13	Art 2 Nr 2a) des zweiten Gesetzes zur Vereinfachung und Modernisierung des Patentrechts (2. PatRModG) v. 10.8.2021, BGBl I 3490	18.8.2021	Art III § 6	Änderung

Anhang 1 IntPatÜG 1976

Nr	Änderndes Gesetz	Inkrafttreten	Betroffene §§ des IntPatÜG	Art der Änderung
14	Art 2 Nr 1 und Nr 2b) des zweiten Gesetzes zur Vereinfachung und Modernisierung des Patentrechts (2. PatRModG) v. 10.8.2021, BGBl I 3490	1.5.2022	Art III § 4 Art III § 6	Änderung
15	Art. 1 des Gesetzes zur Anpassung patentrechtlicher Vorschriften auf Grund der europäischen Patentreform vom 20.8.2021, BGBl I 3914	31.8.2021	Art II § 6a Überschrift	Änderung
16	Art. 1 des Gesetzes zur Anpassung patentrechtlicher Vorschriften auf Grund der europäischen Patentreform vom 20.8.2021, BGBl I 3914	Inkrafttreten des Übereinkommens vom 19. Februar 2013 über ein Einheitliches Patentgericht (BGBl 2021 II 850, 851) nach seinem Art. 89	Art II § 6 (1) 1 Art II § 8 (1) Nr 1, 2,3 Nr 4 Abs 2 Art II §§ 15–20 Art X Nr 2, 3 Art XI § 5	Änderung Einfügung Neufassung Anfügung Änderung Einfügung

Übersicht

Artikel I	Zustimmung zu den Übereinkommen
Artikel II	Europäisches Patentrecht
Artikel III	Verfahren nach dem Patentzusammenarbeitsvertrag
Artikel IV	Anpassung des Patentgesetzes an das Europäische Patentrecht
Artikel V	Verfahrensrechtliche Änderungen des Patentgesetzes
Artikel VI	Änderung des Gesetzes betreffend den Schutz von Erfindungen, Mustern und Warenzeichen auf Ausstellungen
Artikel VII	Einschränkung von Vorschriften der Patentanwaltsordnung und der Bundesrechtsanwaltsordnung
Artikel VIII	Änderung der Patentanwaltsordnung
Artikel IX	Änderung des Gesetzes über die Gebühren des Patentamts und des Patentgerichts
Artikel X	Bekanntmachung von Änderungen
Artikel XI	Übergangs- und Schlußbestimmungen

IntPatÜG 1976 Anhang 1

1 **Geltungsbereich des IntPatÜG:** Mit dem IntPatÜG wurde drei bedeutenden internationalen Übereinkommen zugestimmt[1] (s Art I), die mit den Regelungen nach Art II (bezüglich des EPÜ) und nach Art III (bezüglich des PCT) in das nationale Recht eingebunden werden. **Amtliche Begründung:** BlPMZ 76, 322; Stellungnahme des Bundesrats: BlPMZ 76, 346; Gegenäußerung der Bundesregierung: BlPMZ 76, 347; Schriftlicher Bericht des Rechtsausschusses: BlPMZ 76, 347.
Die durch das **2. GPatG** (Art 6 Nr 1 bis 3, BGBl 1991 II 1354 = BlPMZ **92**, 42) vorgesehenen Änderungen des IntPatÜG, die nach Art 15 (3) des 2. GPatG mit Inkrafttreten der Vereinbarung über Gemeinschaftspatente (BGBl 1991 II 1358 = BlPMZ **92**, 56) in Kraft treten sollten, wurden hinfällig: Im Hinblick auf das endgültige Scheitern des damaligen Vorhabens[2] zur Errichtung eines Gemeinschaftspatents wurden diese und weitere Artikel des 2. GPatG durch Art 4 des Gesetzes zur Umsetzung der Akte vom 29.11.2000 zur Revision des Übereinkommens über die Erteilung europäischer Patente (**EPÜ-RevisionsG** vom 24.8.2007, BGBl I 2166 = BlPMZ **07**, 362, im Anhang 9) aufgehoben (vgl amtliche Begründung Bundestagsdrucksache 16/4382 S 12, BlPMZ **07**, 368).
Das **EPÜ-RevisionsG** (im Anhang 9), durch das die Revisionsakte vom 29.11.2000 (BGBl 2007 II 1082 = BlPMZ **07**, 370) in deutsches Recht umgesetzt wird, hat nach Art 1 das IntPatÜG mit Wirkung v 13.12.2007 ua wie folgt geändert: **a)** geändert bzw neu gefasst werden in Art II: § 1 (1) 2 u (3) 2, § 3 (1), § 6 (2), § 8 (2), § 9 (2) 1, § 12 S 1; **b)** an- bzw eingefügt werden in Art II: § 3 (7), § 6 (1) 2 u (3); **c)** aufgehoben werden in Art II: § 9 (1) 2 u (3).
Das **Londoner Übereinkommen** vom 17.10.2000 über die Anwendung des Art 65 EPÜ (BGBl 2003 II 1666 = BlPMZ **04**, 55 = Tabu Gewerbl. Rechtsschutz Nr 803), das einen Verzicht auf das Übersetzungserfordernis für europ Patente vorsieht und am 1.5.2008 in Kraft getreten ist, wird durch Art 8a und 8b des Gesetzes zur Verbesserung der Durchsetzung von Rechten des geistigen Eigentums (**DurchsetzungsG**) vom 7.7.2008 (BGBl I 1191 = BlPMZ **08**, 274, im Anhang 8) in deutsches Recht umgesetzt; dieses Gesetz hat das IntPatÜG mit Wirkung v 1.5.2008 wie folgt geändert: **a)** Art II § 3 Abs 4 aufgehoben; **b)** in Art XI wird angefügt: § 4.
PatNovG: Art 7 des Gesetzes zur Novellierung patentrechtlicher Vorschriften und anderer Gesetze des gewerblichen Rechtsschutzes v 19.10.2013 (BGBl I 3830 = BlPMZ **13**, 362) hat das InPatÜG mit Wirkung v 1.4.2014 ua wie folgt geändert: **a)** Neufassung von Art II § 3, der nunmehr die Übermittlung von Informationen vom DPMA an EPA regelt; **b)** An- bzw Einfügung eines neuen Absatzes in Art II § 7 sowie Art III § 4.
Art 19 der **10. ZuständigkeitsanpassungsVO** v 31.8.2015 (BGBl I 1474) hat mit Wirkung v 8.9.2015 in Art II § 2 (2) u Art II § 11 »Der Bundesminister der Justiz« durch »Das Bundesministerium der Justiz und für Verbraucherschutz« ersetzt.
Geplante Änderung des IntPatÜG wegen des **künftigen europäischen Patents mit einheitlicher Wirkung**[3]: siehe hierzu im Anhang 5 den Entwurf eines Gesetzes zur Anpassung patentrechtlicher

---

1 Zum Stand der Übereinkommen (Mitglied- bzw Vertragsstaaten, Zeitpunkt des Inkrafttretens) siehe die Übersichten im Tab Gewerbl. Rechtsschutz Nr 600.
2 Zur Entwicklung vom Gemeinschaftspatent zum europäischen Patent mit einheitlicher Wirkung (Einheitspatent) Luginbühl GRUR Int **13**, 305.
3 S hierzu Beschluss des Rates über die Ermächtigung zu einer Verstärkten Zusammenarbeit im Bereich der Schaffung eines einheitlichen Patentschutzes v 10.3.2011 (2011/167/EU), ABl EU L 76 v 22.3.2011, S 53 = BlPMZ **11**, 182; die folgenden drei Rechtsakte bilden das sog **European Patent Package (EPP): a)** VO (EU) **Nr 1257/2012** (kurz **EPatVO**) über die Umsetzung der Verstärkten Zusammenarbeit im Bereich der Schaffung eines einheitlichen Patentschutzes v 17.12.2012, ABl EU L 361 v 31.12.2012, S 1 = BlPMZ **13**, 59 = Tabu Gewerbl. Rechtsschutz Nr 750; **b)** VO (EU) **Nr 1260/2012** über die Umsetzung der verstärkten Zusammenarbeit im Bereich der Schaffung eines einheitlichen Patentschutzes im Hinblick auf die anzuwendenden Übersetzungsregelungen, ABl L 361 v 31.12.2012, S 89 = BlPMZ **13**, 56 = Tabu Gewerbl. Rechtsschutz Nr 760; die vorgenannten beiden EU-Verordnungen finden Anwendung ab dem Tag des Inkrafttretens des **c) Übereinkommens über ein Einheitliches Patentgericht (EPGÜ)** v 19.2.2013, ABl EU C 175 v 20.6.2013, S 1 = Tabu Gewerbl. Rechtsschutz Nr 770 (zum Inkrafttreten des Übereinkommens s Anhang 5 sowie die Übersicht in BlPMZ **16**, 183 betr »EU-Patentpaket«); zur geplanten Verfahrensordnung für das EPG s unter www.unified-patent-court.org u Schallmoser/Grabinski Mitt **16**, 425, The Rules of Procedure of the Unified Patent Court.

Vorschriften auf Grund der europäischen Patentreform[4] (sowie Rdn 56 bzgl geplanter Änderung zum Doppelschutzverbot). Das vollständige Inkrafttreten hängt von der Entwicklung des Einheitlichen Patentgerichts[5] ab. Zunächst war das Inkrafttreten zu dem Zeitpunkt, zu dem mindestens 13 Staaten das Abkommen ratifiziert hatten, wozu zwingend auch die drei Staaten gehören mussten, in denen es im Jahr vor der Unterzeichnung des Übereinkommens die meisten gültigen europäischen Patente gab. Zu diesem Zeitpunkt waren dies die Bundesrepublik Deutschland, das Vereinigte Königreich und Frankreich. Nachdem das Vereinigte Königreich seine Ratifizierung vom 26.04.2018 am 20.07.2020 zurückzog, ist eine neue Situation entstanden. Die Bundesrepublik hingegen hat das Abkommen mit Gesetz vom 7. August 2021 nunmehr dennoch ratifiziert[6], nachdem dieser Gesetzgebungsprozess zweimal Gegenstand einer Eilentscheidung des Bundesverfassungsgerichts gewesen war und einmal wegen in der Entscheidung vom 13. Februar 2020 wegen Verstoßes gegen Art. 23 Abs. 1 S 3 iVm Art 79 Abs 2 GG[7] für nichtig erklärt wurde und nach der erneuten Abstimmung im Bundestag die weiteren Anträge auf Erlass einer einstweiligen Anordnung mit Beschluss des Bundesverfassungsgerichts vom 23. Juni 2021[8] abgelehnt wurden. Zu klären ist daher, wer an die Stelle des Vereinigten Königreichs treten wird, was auch wegen der ursprünglich in London vorgesehenen Zentralkammer des Einheitlichen Patentgerichts interessant ist.

Lit.: »Nationales Recht zum EPÜ« herausgegeben vom EPA; Lit in GRUR: Rogge 93, 284; Mes 01, 976; Keukenschrijver 03, 177; Lit in Mitt: Stohr 93, 156; Lit in GRURInt: 13, 305; 14, 1033.   2

Artikel I Zustimmung zu den Übereinkommen

Den folgenden Übereinkommen wird zugestimmt:
1. dem in Straßburg am 27. November 1963 von der Bundesrepublik Deutschland unterzeichneten Übereinkommen zur Vereinheitlichung gewisser Begriffe des materiellen Rechts der Erfindungspatente (Straßburger Patentübereinkommen);[9]
2. dem in Washington am 19. Juni 1970 von der Bundesrepublik Deutschland unterzeichneten Vertrag über die internationale Zusammenarbeit auf dem Gebiet des Patentwesens (Patentzusammenarbeitsvertrag);[10]
3. dem in München am 5. Oktober 1973 von der Bundesrepublik Deutschland unterzeichneten Übereinkommen über die Erteilung europäischer Patente (Europäisches Patentübereinkommen).[11]

Die Übereinkommen werden nachstehend veröffentlicht.

4　S BT-Drs 18/8827 v 20.6.2016.
5　S. dazu G. zu dem Übereinkommen vom 19.2.2013 über ein Einheitliches Patentgericht vom 7. August 2021, BGBl II 850 f.
6　*Gesetz zu dem Übereinkommen vom 19. Februar 2013 über ein Einheitliches Patentgericht* v. 7. August 2021, BGBl II 850.
7　BVerfG, Beschl. vom 13. Februar 2020, Az. BvR 739/17, https://www.bundesverfassungsgericht.de/SharedDocs/Entscheidungen/DE/2020/02/rs20200213_2bvr073917.html.
8　BVerfG, GRUR 21, 1157 zu den Verf. 2 BvR 2216/20 und 2 BvR 2217/20.
9　BGBl 1976 II 649 = BlPMZ 76, 270 = Tabu Gewerbl. Rechtsschutz Nr 622.
10　BGBl 1976 II 664 = BlPMZ 76, 200 = Tabu Gewerbl. Rechtsschutz Nr 900.
11　BGBl 1976 II 826 = BlPMZ 76, 272; Revisionsakte v 29.11.2000 BGBl 2007 II 1082 = BlPMZ 07, 370; EPÜ 2000 idF des Beschlusses des Verwaltungsrats v 28.6.2001 BGBl 2007 II 1129, 2008 II 179 = BlPMZ 07, 384, 08, 150 = Tabu Gewerbl. Rechtsschutz Nr 805.

Artikel II Europäisches Patentrecht

§ 1 Entschädigungsanspruch aus europäischen Patentanmeldungen

(1) ¹Der Anmelder einer veröffentlichten europäischen Patentanmeldung, mit der für die Bundesrepublik Deutschland Schutz begehrt wird, kann von demjenigen, der den Gegenstand der Anmeldung benutzt hat, obwohl er wußte oder wissen mußte, daß die von ihm benutzte Erfindung Gegenstand der europäischen Patentanmeldung war, eine den Umständen nach angemessene Entschädigung verlangen. ²§ 141 des Patentgesetzes ist entsprechend anzuwenden. ³Weitergehende Ansprüche nach Artikel 67 Abs 1 des Europäischen Patentübereinkommens sind ausgeschlossen.

(2) Ist die europäische Patentanmeldung nicht in deutscher Sprache veröffentlicht worden, so steht dem Anmelder eine Entschädigung nach Absatz 1 Satz 1 erst von dem Tag an zu, an dem eine von ihm eingereichte deutsche Übersetzung der Patentansprüche vom Deutschen Patent- und Markenamt veröffentlicht worden ist oder der Anmelder eine solche Übersetzung dem Benutzer der Erfindung übermittelt hat.

(3) ¹Die vorstehenden Absätze gelten entsprechend im Falle einer nach Artikel 21 des Patentzusammenarbeitsvertrags veröffentlichten internationalen Patentanmeldung, für die das Europäische Patentamt als Bestimmungsamt tätig geworden ist. ²Artikel 153 Abs 4 des Europäischen Patentübereinkommens bleibt unberührt.

1 Entschädigungsanspruch

3   Art 67 (1) EPÜ gewährt für die veröffentlichte europäische Anmeldung einstweilen den Schutz eines erteilten Patents. Art II § 1 macht von der Möglichkeit des Art 67 (2) EPÜ Gebrauch, den Schutz einzuschränken. Wegen des in Art 67 (2) 3 EPÜ vorgesehenen Mindestschutzes konnte der Anspruch für offensichtlich nicht patentfähige Gegenstände – wie in § 33 (2) PatG – nicht ausgeschlossen werden. Sonst gelten die gleichen Voraussetzungen wie nach § 33 PatG (s § 33 Rdn 16 ff).

2 Schutzbeginn

4   Die Übersetzung der Patentansprüche ist nach § 1 (2) iVm Art 67 (3) EPÜ Voraussetzung für den Schutzbeginn (vgl § 33 Rdn 16). Dieser beginnt: **a)** mit der Veröffentlichung der vom Anmelder eingereichten Übersetzung der Ansprüche durch DPMA *oder* **b)** mit der Übermittlung der Übersetzung an den Benutzer durch den Anmelder.

3 Verjährung

5   Art II § 1 (1) 2 hat in der bis 13.12.2007 geltenden Fassung nur auf § 141 S 1 PatG verwiesen, obwohl Art 67 (2) 2 EPÜ und die Gleichbehandlung von nationalen und europäischen Patenten eine Anwendung des ganzen § 141 PatG erfordert. Diesem *Gebot der gleichen Schutzgewährung* hat der Gesetzgeber Rechnung getragen, indem

durch das EPÜ-RevisionsG (im Anhang 9) die Beschränkung der Verweisung auf Satz 1 gestrichen worden ist. § 33 (3) PatG ist ergänzend anzuwenden.[12]

4 Wegfall des Anspruchs

Vgl dazu § 33 Rdn 23. Der rückwirkende Wegfall hat nur zur Folge, dass nach Art 67 (4) EPÜ die Wirkungen der europäischen Anmeldung als von Anfang an nicht eingetreten gelten, nicht aber, dass sie nicht existiert habe, denn damit ginge der zuerkannte Anmeldetag verloren, was durch Art 67 (4) EPÜ nicht gedeckt ist.[13]

§ 2 Veröffentlichung von Übersetzungen der Patentansprüche europäischer Patentanmeldungen

(1) Das Deutsche Patent- und Markenamt veröffentlicht auf Antrag des Anmelders die nach § 1 Abs 2 eingereichte Übersetzung.

(2) [1]Das Bundesministerium der Justiz und für Verbraucherschutz wird ermächtigt, durch Rechtsverordnung ohne Zustimmung des Bundesrates Bestimmungen über die sonstigen Erfordernisse für die Veröffentlichung zu erlassen. [2]Es kann diese Ermächtigung durch Rechtsverordnung ohne Zustimmung des Bundesrates auf das Deutsche Patent- und Markenamt übertragen.

Geltungsbereich: Art 19 der 10. ZuständigkeitsanpassungsVO v 31.8.2015 (BGBl I 1474) hat mit Wirkung v 8.9.2015 in Art II § 2 (2) 1 »Der Bundesminister der Justiz« durch »Das Bundesministerium der Justiz und für Verbraucherschutz« ersetzt und in § 2 (2) 2 die Wörter »Er kann« durch »Es kann«.

1 Veröffentlichung der Übersetzung der Ansprüche

Die Veröffentlichung der Übersetzung der Ansprüche ist nach Art II § 1 (2) grundsätzlich Voraussetzung für den Entschädigungsanspruch. Das DPMA veröffentlicht die Übersetzung der Ansprüche als T1-Schrift; eine Berichtigung der Veröffentlichung erscheint als T8-Schrift (nur berichtigte Titelseite) oder als T9-Schrift (berichtigte Gesamtschrift).[14]

2 Erfordernisse für die Veröffentlichung

Die Erfordernisse für die Veröffentlichung enthält die Verordnung über die Übersetzungen der Ansprüche europäischer Anmeldungen (**AnsprÜbersV**) v 18.12.1978,[15] mit Änderungen v 21.10.1993[16] sowie v 4.8.2011[17]: a) Antrag auf Formblatt[18] mit ua Angabe von Aktenzeichen, Anmeldetag und Priorität der europäischen Anmeldung;

---

12 OLG Düsseldorf Mitt 03, 252, 261 = InstGE 2, 115 *Haubenstretchautomat*.
13 EPA GBK G 0004/98 ABl 01, 131 *Benennungsgebühren*; J 0025/88 ABl 89, 486; aA: J 0022/95 ABl 98, 569 (überholt).
14 MittDPMA Nr 14/03 BlPMZ 03, 354.
15 BGBl 1978 II 1469 = BlPMZ 79, 1 = Tabu Gewerbl. Rechtsschutz Nr 130.
16 BGBl 1993 II 1989 = BlPMZ 94, 1.
17 BGBl 2011 II 738 = BlPMZ 11, 285; Änderung erfolgte in Anpassung an die Einführung der elektronischen Schutzrechtsakte: Erfordernis der zweifachen Einreichung von Antrag und Übersetzung entfällt.
18 Vgl hierzu MittDPMA Nr 7/12, BlPMZ 12, 193.

b) deutsche Übersetzung; c) Erfüllung der Formerfordernisse nach § 4 S 1 und 2 AnsprÜbersV und (wie bei deutschen Anmeldungen) gemäß § 6 (1) 1, (2) 2, 5 und 6, (3) 1, 2 und 6, (4) u (5) PatV (im Anhang 11). Danach gilt ua: Die Übersetzung muss in einer Form eingereicht werden, die eine elektronische Erfassung gestattet. Die Blätter müssen das Format DIN A4 haben und im Hochformat verwendet werden. Als Mindestränder sind am oberen und unteren Rand sowie am rechten Seitenrand der Blätter je 2 cm und am linken Seitenrand 2,5 cm unbeschriftet zu lassen.

3 Gebühr

10 Die Gebühr beträgt 60 € (Nr 313 800 PatKostG im Anhang 15) und wird mit dem Antrag fällig (§ 3 (1) PatKostG). Wird sie nicht innerhalb von 3 Monaten beim DPMA (nicht bei einem Patentinformationszentrum) gezahlt, gilt der Antrag als zurückgenommen (§ 6 (2) PatKostG). Wiedereinsetzung ist nach § 123 möglich. Antrag auf Veröffentlichung der Übersetzung kann aber auch mehrfach gestellt werden. Zur Rückzahlung vgl PatKostG § 10 (im Anhang 15).

§ 3 Übermittlung von Informationen
(in Kraft seit dem 1. April 2014[19])

¹Das Deutsche Patent- und Markenamt kann aus den bei ihm geführten Verfahren dem Europäischen Patentamt die für die Erfüllung von dessen Aufgaben in Verfahren nach dem Vierten und Zehnten Teil des Europäischen Patentübereinkommens erforderlichen Informationen einschließlich personenbezogener Daten elektronisch oder in anderer Form übermitteln. ²Die Übermittlung ist ausgeschlossen, soweit eine Rechtsvorschrift entgegensteht oder soweit das schutzwürdige Interesse des Betroffenen im Sinne des § 3 Absatz 1 des Bundesdatenschutzgesetzes offensichtlich überwiegt.

11 **Geltungsbereich:** Art II § 3 IntPatÜG regelte in seiner früheren, mit Wirkung vom 1. Mai 2008 aufgehobenen Fassung das Übersetzungserfordernis für mit Wirkung für die Bundesrepublik Deutschland erteilte europäische Patente, die nicht in deutscher Sprache abgefasst waren, siehe hierzu Rdn 16 ff.
Art 7 Nr 1a des Gesetzes zur Novellierung patentrechtlicher Vorschriften und anderer Gesetze des gewerblichen Rechtsschutzes (**PatNovG**)[20] hat mit Wirkung v 1.4.2014 Art II § 3 vollständig neu gefasst.

1 Informationsübermittlung an EPA

12 **Befugnis zur generellen Datenübermittlung:** Die bisherigen Vorschriften zur Datenübermittlung von DPMA an EPA beschränken sich auf den Einzelfall und setzen jeweils ein entsprechendes Auskunftsersuchen voraus, vgl Art 130 (1) EPÜ und § 43 (8) Nr 2 PatG iVm § 23 (1) DPMAV (s § 43 Rdn 43). Art II § 3 nF schafft eine Ermächtigungsgrundlage, mit der generell und unabhängig vom Einzelfall Daten unveröffent-

---

19 Neufassung der Vorschrift mit Wirkung v 1.4.2014 durch Art 7 Nr 1a des Gesetzes zur Novellierung patentrechtlicher Vorschriften und anderer Gesetze des gewerblichen Rechtsschutzes v 19.10.2013, BGBl I 3830 = BlPMZ **13**, 362 (PatNovG); zur aufgehobenen früheren Fassung von Art II § 3 s Rdn 16.
20 BGBl 2013 I 3830 = BlPMZ **13**, 362.

lichter Arbeitsergebnisse an EPA übermittelt werden können (vgl auch § 43 Rdn 3 und Rdn 46).

Zweck der Übermittlung: Die Verwendung der Arbeitsergebnisse aus den deutschen Verfahren soll als wirksame Maßnahme zur Beschleunigung des europäischen Patenterteilungsverfahrens dienen.[21] Die Übermittlung erfolgt nicht nur zur Verwendung im europäischen Erteilungsverfahren (einschließlich Euro-PCT-Verfahren) sondern auch im Rahmen der Tätigkeit des EPA als PCT-Behörde (Internationale Recherchenbehörde oder als mit der internationalen vorläufigen Prüfung beauftragte Behörde). 13

Gegenstand der Übermittlung: Nach Art II § 3 handelt es sich hierbei um die für die Erfüllung der Aufgaben des EPA als Erteilungs- und PCT-Behörde erforderlichen Informationen einschließlich personenbezogener Daten. Demgemäß wird hierunter idR der auf Recherche- oder Prüfungsantrag ermittelte Stand der Technik oder auch schon die vollständige Entscheidung über die Anmeldung zu verstehen sein. Die Übermittlung ist aber nach dem allgemein gehaltenen Wortlaut der Vorschrift hierauf nicht beschränkt, sondern kann auch sonstige Aktenbestandteile umfassen. 14

2 Ausschluss der Übermittlung

Der Ausschluss der Übermittlung bei entgegenstehender Rechtsvorschrift oder bei offensichtlichem Überwiegen eines schutzwürdigen Interesses des Betroffenen entspricht den Beschränkungen, denen die elektronische Akteneinsicht nach dem neuen § 31 (3b) PatG[22] unterliegt; vgl hierzu § 31 Rdn 2, 11, 44 ff. 15

§ 3 aF Übersetzungen europäischer Patentschriften (in Kraft bis zum 30. April 2008[23])

(1) ¹Ist das vom Europäischen Patentamt mit Wirkung für die Bundesrepublik Deutschland erteilte europäische Patent nicht in deutscher Sprache abgefasst, hat der Patentinhaber innerhalb von drei Monaten nach der Veröffentlichung des Hinweises auf die Erteilung des europäischen Patents im Europäischen Patentblatt beim Deutschen Patent- und Markenamt eine deutsche Übersetzung des europäischen Patents in der Fassung einzureichen, die der Patenterteilung zugrunde lag. ²Hat das Europäische Patentamt das Patent im Einspruchsverfahren in geänderter Fassung aufrechterhalten oder im Beschränkungsverfahren beschränkt, ist innerhalb von drei Monaten nach der Veröffentlichung des Hinweises auf die Entscheidung über den Einspruch oder über den Antrag auf Beschränkung die deutsche Übersetzung der geänderten Fassung einzureichen.

---

21 Vgl amtl Begründung zum PatNovG, Bundestagsdrucksache 17/10 308 S 34.
22 IdF durch Art 1 Nr 8b des Gesetzes zur Novellierung patentrechtlicher Vorschriften und anderer Gesetze des gewerblichen Rechtsschutzes (PatNovG) v 19.10.2013, BGBl I 3830 = BlPMZ 13, 362.
23 Aufgehoben mit Wirkung v 1.5.2008 durch Art 8a Nr 1 des Gesetzes zur Verbesserung der Durchsetzung von Rechten des geistigen Eigentums (DurchsetzungsG) v 7.7.2008, BGBl I 1191 = BlPMZ 08, 274 (im Anhang 8). Die Vorschrift bleibt aber nach Maßgabe der Übergangsregelung des Art XI § 4 für Altfälle weiterhin anwendbar (s Rdn 22 und 107 ff); zur neuen Fassung von Art II § 3 s Rdn 11 ff.

(2) Wird die Übersetzung nicht fristgerecht oder in einer eine ordnungsgemäße Veröffentlichung nicht gestattenden Form eingereicht oder die Gebühr nicht fristgerecht entrichtet, so gelten die Wirkungen des europäischen Patents für die Bundesrepublik Deutschland als von Anfang an nicht eingetreten.

(3) [1]Das Deutsche Patent- und Markenamt veröffentlicht die Übersetzung. [2]Ein Hinweis auf die Übersetzung ist im Patentblatt zu veröffentlichen und im Patentregister zu vermerken.

(4) [1]Ist die nach Absatz 3 veröffentlichte Übersetzung fehlerhaft, so kann der Patentinhaber eine berichtigte Übersetzung einreichen. [2]Die berichtigte Übersetzung wird nach Absatz 3 veröffentlicht.

(5) Ist die Übersetzung der europäischen Patentschrift fehlerhaft, so darf derjenige, der im Inland in gutem Glauben die Erfindung in Benutzung genommen oder wirkliche und ernsthafte Veranstaltungen zur Benutzung der Erfindung getroffen hat, nach Veröffentlichung der berichtigten Übersetzung die Benutzung für die Bedürfnisse seines eigenen Betriebs in eigenen oder fremden Werkstätten unentgeltlich fortsetzen, wenn die Benutzung keine Verletzung des Patents in der fehlerhaften Übersetzung der Patentschrift darstellen würde.

(6) [1]Der Bundesminister der Justiz wird ermächtigt, durch Rechtsverordnung Bestimmungen zur Ausführung der Absätze 2 bis 4 zu erlassen. [2]Er kann diese Ermächtigung durch Rechtsverordnung auf den Präsidenten des Deutschen Patent- und Markenamts übertragen.

(7) Die vorstehenden Absätze sind nicht auf europäische Patente und im Einspruchsverfahren geänderte europäische Patente anzuwenden, für die der Hinweis auf die Erteilung des europäischen Patents im Europäischen Patentblatt vor dem 1. Juni 1992 veröffentlicht worden ist.

16 **Geltungsbereich:** Art II § 3 IntPatÜG wurde durch Art 6 Nr 4 des **2. GPatG**[24] neu gefasst,[25] der von der Möglichkeit des Art 65 EPÜ idF v 1.1.96 (ABl 95, 9 u 409) Gebrauch macht, Übersetzungen europ Patente zu verlangen. Diese Neuregelung ist nur auf europ Patente oder im Einspruchsverfahren geänderte europ Patente anwendbar, für die der Hinweis im europ Patentblatt nach dem 1.6.92 veröffentlicht worden ist (der Stichtag ergibt sich aus dem Datum des Inkrafttretens der Übergangsvorschrift des Art 12 des 2. GPatG nach Art 15 (2) des 2. GPatG). Mit der Anfügung von Art II § 3 (1) durch das **EPÜ-RevisionsG** (im Anhang 9) wird die Übergangsvorschrift des Art 12 des 2. GPatG sowie der maßgebliche Stichtag (1.6.92) in das IntPatÜG überführt. Grund für diese Überführung ist die Aufhebung von Art 12 des 2. GPatG durch Art 4 EPÜ-RevisionsG.
Das **EPÜ-RevisionsG** (im Anhang 9) hat mit Wirkung vom 13.12.2007 darüber hinaus Art II § 3 (1) neu gefasst. Die Änderungen (s Rdn 24, 25) betrafen das Übersetzungserfordernis als solches. Dieses ist erst aufgrund des Inkrafttretens des **Londoner Übereinkommens** vom 17.10.2000 über die Anwendung des Art 65 EPÜ am 1.5.2008 und die damit einhergehende Aufhebung des Art II § 3 durch das **DurchsetzungsG** (im Anhang 8) weggefallen (s Rdn 19 ff); hierzu ist aber Art XI § 4 mit der Weitergeltung für Altfälle zu beachten (s Rdn 21 und 107 ff).
PatNovG[26]: Art 7 des Gesetzes zur Novellierung patentrechtlicher Vorschriften und anderer Gesetze des gewerblichen Rechtsschutzes hat Art II § 3 völlig neu gefasst: er regelt mit Wirkung v 1.4.2014 die Übermittlung von Informationen vom DPMA an EPA, s Art II § 3 nF Rdn 11 ff.

---

24 BGBl 1991 II 1354 = BlPMZ **92**, 42.
25 Zu vor dem 1.6.1992 erteilten europäischen Patenten s § 81 PatKostG Rdn 91.
26 BGBl I 2013, 3830 = BlPMZ **13**, 362.

Anhang 1

Lit in GRUR: Voß 08, 654; Lit in EIPR: Boff 95, 319; Lit in Mitt: von Michel, 08, 148; Kühnen 09, 345; Lit in GRUR Int: Rauh 11, 667; Keukenschrijver in Nourriture de l'esprit, Fschr für Dieter Stauder zum 70. Geb. 2011, S 117.

1 Londoner Übereinkommen

Das **Übereinkommen vom 17.10.2000 über die Anwendung des Art 65 EPÜ**[27] (Londoner Übereinkommen, auch als Londoner Protokoll bezeichnet[28]) sieht einen **Verzicht auf die in Art 65 (1) EPÜ vorgesehenen Übersetzungserfordernisse** vor, nämlich a) für Vertragsstaaten mit den Amtssprachen Deutsch, Englisch und Französisch; b) für Vertragsstaaten, die Deutsch, Englisch oder Französisch nicht als Amtssprache haben, wenn das europäische Patent in der EPA-Amtssprache erteilt oder in diese übersetzt ist, die dieser Staat vorgeschrieben hat. Diese Staaten können eine Übersetzung der Patentansprüche in ihre Amtssprache verlangen.

Im Fall von Streitigkeiten über das europäische Patent kann der Patentinhaber zur **Vorlage einer vollständigen Übersetzung** auf eigene Kosten verpflichtet werden a) auf Antrag des vermeintlichen Patentverletzers in eine Amtssprache des Staates, in dem die vermeintliche Patentverletzung stattgefunden hat; b) auf Verlangen des zuständigen Gerichts in eine Amtssprache des betreffenden Staates.

Inkrafttreten des Londoner Übereinkommens ist nach seinem Art 6 (1) **für die Bundesrepublik Deutschland am 1.5.2008** erfolgt.[29] Damit einhergehend sind in Umsetzung des Londoner Übereinkommens in das deutsche Recht durch Art 8a Nr 1 und Art 8b Nr 1 bis 3 des Gesetzes zur Verbesserung der Durchsetzung von Rechten des geistigen Eigentums[30] mit Wirkung vom 1.5.2008 aufgehoben: a) Art II § 3 IntPatÜG; b) Verordnung über die Übersetzungen europäischer Patentschriften v 2.6.92;[31] c) Verordnung über die Übertragung der Ermächtigung nach Art II § 3 (6) IntPatÜG;[32] d) PatKostG A I 3 Nr 313 820. Die Aufhebung dieser Vorschriften war bereits in dem ursprünglichen Umsetzungsgesetz zum Londoner Übereinkommen, dem Gesetz zur Änderung des IntPatÜG vom 10.12.2003[33] vorgesehen; dieses Gesetz, das keine Übergangsregelung enthielt sowie einen von dem Londoner Übereinkommen abweichenden Zeitpunkt des Inkrafttretens vorsah, wurde aber noch vor seinem Inkrafttreten aufgehoben.[34]

Wegfall des Übersetzungserfordernisses: Damit ist das seit 1.6.1992 in Art II § 3 IntPatÜG normierte Übersetzungserfordernis am 1.5.2008 ersatzlos entfallen.[35] Eine Vali-

---

27 ABl EPA 01, 549; 08, 123; BGBl 2003 II 1666 = BlPMZ 04, 55 = Tabu Gewerbl. Rechtsschutz Nr 803.
28 Vgl amtl Begr zum EPÜ-RevisionsG Bundestagsdrucksache 16/4382 S. 8, BlPMZ 07, 364.
29 Bek v 18.8.2008, BGBl 2008 II 964 = BlPMZ 08, 392; vgl auch Hinweis in ABl EPA 08, 123 u BlPMZ 08, 107; zum Stand des Übereinkommens (Mitgliedstaaten und Zeitpunkt des Inkrafttretens) siehe die Übersicht in Tabu Gewerbl. Rechtsschutz Nr 600.
30 DurchsetzungsG v 7.7.2008, BGBl I 1191 = BlPMZ 08, 274 (im Anhang 8).
31 BGBl 1992 II 395 = BlPMZ 92, 290.
32 BGBl 1992 II 375 = BlPMZ 92, 289.
33 BGBl I 2470 = BlPMZ 04, 46.
34 Durch Art 8b Nr 4 DurchsetzungsG v 7.7.2008, BGBl I 1191 = BlPMZ 08, 274 (im Anhang 8); vgl auch BGH GRUR 11, 1053 (Tz 26, 27) Ethylengerüst.
35 Vgl hierzu auch den Hinweis des DPMA in BlPMZ 08, 273.

dierung des mit Wirkung für die Bundesrepublik Deutschland erteilten europäischen Patents, dessen Erteilung am 1.5.2008 oder später im Europäischen Patentblatt veröffentlicht worden ist, durch Einreichung einer Übersetzung und Zahlung einer Gebühr ist nicht mehr erforderlich.[36]

21 **Übergangsregelung** für den Wegfall des Übersetzungserfordernisses enthält Art XI § 4 (in Umsetzung von Art 9 des Londoner Abkommens). Danach bleibt Art II § 3, ebenso wie die darauf bezogenen Verordnungen und die entsprechende Gebührenregelung im PatKostG, weiterhin anwendbar für europäische Patente, für die der Hinweis auf die Erteilung vor dem 1.5.2008 im Europäischen Patentblatt veröffentlicht worden ist[37] (s Rdn 113). Insgesamt bleiben somit die bisherigen Übersetzungserfordernisse für alle mit Wirkung für die Bundesrepublik Deutschland erteilten europäischen Patente bestehen, für die der Hinweis auf die Erteilung im europäischen Patentblatt ab dem 1.6.1992 bis zum 30.4.2008 veröffentlicht worden ist.

2 Übersetzungserfordernis

22 Zur **Weitergeltung** nach der Übergangsregelung des Art XI § 4 s Rdn 21 u 96 ff. Zum Übersetzungserfordernis s auch § 81 Rdn 87 ff.

23 **Maßgebende Fassung:** Nach der Übergangsregelung des Art XI § 4 ist diejenige Fassung des **Art II § 3 IntPatÜG** maßgebend, die zum Zeitpunkt der Veröffentlichung des Hinweises auf die Patenterteilung gegolten hat.[38]

24 Soweit die Vorschrift in Art II § 3 (1) 1 kurz vor ihrer Aufhebung noch durch das **EPÜ-RevisionsG** (im Anhang 9) mit Wirkung v 13.12.2007 neu gefasst worden ist (s Rdn 16; zur Änderung in Art II § 3 (2) s Rdn 25), um sie an den durch die Revisionsakte v 29.11.2000 geänderten Wortlaut des Art 65 EPÜ anzupassen, hat sie aber inhaltlich keine substantielle Änderung erfahren: Für das Übersetzungserfordernis wird danach nicht mehr auf die Absicht des EPA abgestellt, das europäische Patent in einer anderen Sprache zu erteilen oder – beschränkt – aufrecht zu erhalten, sondern auf die Entscheidung selbst. Dies diente allein der Klarstellung, zumal die Frist (s Rdn 27) erst mit der Veröffentlichung der entsprechenden Entscheidung des EPA zu laufen beginnt. Zudem wird nicht mehr die europäische Patentschrift als Grundlage der Übersetzung genannt, sondern im Einklang mit Art 65 EPÜ die Fassung des europäischen Patents, die der Patenterteilung zugrunde lag. Damit wird klargestellt, dass es auf die maßgebliche erteilte Fassung ankommt, falls die vom EPA herausgegebene Patentschrift von dieser Fassung abweicht.[39] Im Regelfall ist daher wie vorher die Übersetzung der europäischen Patentschrift ausreichend.[40] Ein Inlandsvertreter gemäß § 25 PatG ist für die Einreichung der Übersetzung nicht erforderlich (vgl § 25 Rdn 9, § 81 Rdn 91).

---

36 Gleichwohl eingereichte Übersetzungen werden von DPMA nicht zu den Akten genommen, s MittDPMA Nr 21/08, BlPMZ 08, 413.
37 Vgl BGH GRUR 11, 1053 *Ethylengerüst*; GRUR 15, 361 (Tz 70) *Kochgefäß*.
38 ZB BGH GRUR 15, 361 (Tz 70) *Kochgefäß* (maßgeblich dort die bis zum 31.12.2001 geltende Fassung von Art II § 3).
39 Vgl amtl Begr zum EPÜ-RevisionsG Bundestagsdrucksache 16/4382 S. 8, BlPMZ 07, 364.
40 Jedoch bedarf es keiner Übersetzung der Ansprüche, wenn diese bereits in der europ PS enthalten sind: BPatGE **38**, 150 = GRUR **97**, 820.

Erforderlichkeit der Übersetzung: Die Übersetzung ist nach Art II § 3 in der bis 30.4.2008 geltenden Fassung erforderlich nach: **a)** Erteilung des europäischen Patents; **b)** Änderung des europäischen Patents im Einspruchsverfahren (dies betrifft die meisten Altfälle der Validierung[41]); **c)** Änderung des europäischen Patents im europäischen Beschränkungsverfahren, wie in der Neufassung des Art II § 3 (1) 2 durch das EPÜ-RevisionsG geregelt ist. Mit der Aufnahme der durch die Revisionsakte v 29.11.2000 neu eingeführten Möglichkeit der Beschränkung des europäischen Patents im Verfahren nach Art 105a ff EPÜ ist Art II § 3 (1) 2 an den ebenfalls durch die Revisionsakte entsprechend geänderten Wortlaut des Art 65 EPÜ angepasst worden. Das auch für europäische Patente über Art 2 (2) EPÜ mögliche Beschränkungsverfahren vor DPMA nach § 64 PatG[42] ist hiervon nicht betroffen, da der Gesetzeswortlaut nur das vor EPA durchgeführte Beschränkungsverfahren erfasst.

25

Wirkungsverlust: Der Wirkungsverlust nach Art II § 3 (2) aF tritt in folgenden drei Fällen ein:

26

a) Nicht fristgerechte Einreichung der Übersetzung: Frist beträgt 3 Monate seit Veröffentlichung des Hinweises im europäischen Patentblatt. Eine Nachfristsetzung ist gesetzlich nicht vorgesehen und kann auch nicht im Wege richterlicher Rechtsfortbildung geschaffen werden.[43] Wiedereinsetzung ist gemäß § 123 PatG möglich; insoweit gelten die für Rechtsmittelfristen geltenden Sorgfaltsmaßstäbe auch für Validierungsfristen.[44] Fristüberschreitung lässt die Wirkung des für Deutschland erteilten Patents als von Anfang an nicht eingetreten gelten. Diese Folge steht mit Art 30 EGV in Einklang.[45] Zu Mängeln bei einer fristgerecht eingereichten Übersetzung, s Rdn 30.

27

b) Einreichung nicht in einer die ordnungsgemäße Veröffentlichung gestattenden Form: Nähere Anforderungen enthält insoweit § 3 (2) der Verordnung über die Übersetzung europäischer Patentschriften (**ÜbersV**) v 2.6.1992[46]: Die ÜbersV regelt auch weitere formale Erfordernisse: **a)** Übersetzung von Beschreibung, Ansprüchen und Zeichnungen 2-fach; **b)** Blattformat, einseitige Beschriftung, Zeilenabstand, Mindestrand usw nach § 4 ÜbersV.

28

c) Nicht fristgerechte Zahlung der Gebühr: Sie beträgt 150 € (Nr 313 820 aF PatKostG im Anhang 15), die mit der Einreichung der Übersetzung fällig wird (§ 3 (1) PatKostG). Wird sie nicht innerhalb von 3 Monaten nach der Veröffentlichung des Hinweises auf die Erteilung des europäischen Patents im Europäischen Patentblatt beim DPMA (nicht bei einem Patentinformationszentrum) gezahlt, tritt der Wirkungsverlust nach Art II § 3 (2) aF ein. Wiedereinsetzung ist nach § 123 möglich. Zur Rückzahlung vgl PatKostG § 10 (im Anhang 15).

29

---

41 ZB BPatG v 09.06.16 – 7 W (pat) 88/14 Schulte-Kartei PatG 300 Nr 97 *Auswuchtung eines Reifens*; die Übersetzung ist auch dann erforderlich, wenn die Änderung nur gering war: BPatG v 03.11.2016 – 7 W(pat) 5/16 (II 1b).
42 Vgl dazu BGH BlPMZ 95, 322; GRUR 96, 862 *Bodensegment*.
43 BPatG BlPMZ 96, 27 = Mitt 96, 122.
44 BGH GRUR 14, 102 *Bergbaumaschine*.
45 EuGH BlPMZ 99, 445 = GRUR Int 00, 71 *BASF/Deutsches Patentamt*.
46 BGBl 1992 II 395 = BlPMZ 92, 290 = Tabu Gewerbl. Rechtsschutz Nr 114; die ÜbersV ist nach der Übergangsregelung des Art XI § 4 ebenfalls auf Altfälle weiterhin anwendbar.

Für die Gebühr nach Art II § 3 (4) gilt nach § 6 (1) 2 PatKostG eine Frist von 3 Monaten nach Einreichung der berichtigten Übersetzung.

30 **Mängel der Übersetzung:** Kein Wirkungsverlust tritt ein, wenn die rechtzeitig eingereichte Übersetzung **a) fehlerhaft** ist (zB inhaltliche Fehler der Übersetzung)[47]. Fehler können nach Art II § 3 (4) aF berichtigt werden;[48] zudem wird nach Art II § 3 (5) aF der gute Glaube an den sich aus einer fehlerhaften Übersetzung ergebenden scheinbaren Schutzbereich durch ein Weiterbenutzungsrecht geschützt (s Rdn 32); **b) unvollständig** ist (Lücken bzw Auslassungen, zB nicht übersetzte Teile von Beschreibung oder Patentansprüchen). Solche Auslassungen sind grundsätzlich als Fehler der Übersetzung anzusehen, die nicht zum Wirkungsverlust führen, sondern deren Rechtsfolgen sich nach Art II § 3 (4) und (5) aF richten.[49] Dem Sinn des Art II § 3 aF entspricht es, dass eine unvollständige Übersetzung die Rechtsfolge des Wirkungsverlusts nicht auslöst, jedenfalls soweit eine Übersetzung vorgelegt wird, die der Form nach eine ordnungsgemäße Veröffentlichung gestattet und, wenngleich mit Auslassungen, eine Übertragung der Patentschrift aus der Verfahrenssprache in die deutsche Sprache enthält.[50] Im Patentnichtigkeitsverfahren ist ein Feststellungsantrag, dass wegen unvollständiger deutscher Übersetzung der Wirkungsverlust eingetreten ist, nicht statthaft.[51]

31 **Veröffentlichung der Übersetzung:** Das DPMA veröffentlicht die Übersetzung der europäischen Patentschrift als T2-Schrift, die Übersetzung der geänderten europäischen Patentschrift als T3-Schrift, berichtigte Übersetzungen erscheinen als T8-Schriften (nur berichtigte Titelseite) oder T9-Schriften (berichtigte Gesamtschrift).[52]

32 **Gutglaubensschutz** nach Art II § 3 (5) aF: hierauf kann sich auch derjenige berufen, dem die fehlerhafte Übersetzung der Patentschrift nicht bekannt war, der jedoch in Kenntnis derselben zu dem Schluss hätte kommen dürfen, dass durch das Patent ein von dem tatsächlich unter Schutz gestellten abweichender Gegenstand geschützt ist.[53]

---

[47] BGH GRUR 10, 708 (Tz 12, 16) *Nabenschaltung II*; GRUR 15, 361 (Tz 34) *Kochgefäß* (fehlerhafte Übersetzung »Gusswerkzeug« statt richtig »Presswerkzeug«).
[48] BGH GRUR 10, 708 *Nabenschaltung II*; zB wenn nach einer Beschränkung des europ Patents im Einspruchsverfahren eine Übersetzung der erteilten statt der geänderten Patentansprüche eingereicht wird LG Düsseldorf InstGE 2, 112 *Handschleifer*.
[49] BGH GRUR 10, 708 *Nabenschaltung II* unter Ablehnung der in der Vorauflage und teilweise von der Instanzrechtsprechung vertretenen aA, zB LG Düsseldorf GRUR Int 07, 429 = InstGE 7, 136 *Tamsulosin*; Mitt 09, 234 *Aufblasventil*; mit Einschränkungen LG Düsseldorf Mitt 09, 469 *Übersetzungserfordernis*; gegen Wirkungsverlust LG Mannheim Mitt 09, 402 *Spurschlingerung mit Steuerungsdaten*; ebenso *Kühnen* Mitt 09, 345; vgl hierzu auch Keukenschrijver in Nourriture de l'esprit, Fschr für Dieter Stauder zum 70. Geb. 2011, S 117 ff, 121 mwN.
[50] BGH GRUR 10, 708 (Tz 15) *Nabenschaltung II*; zur Frage, wo im Einzelfall die Grenze liegt, etwa bei Fehlen einer ganzen Seite, s Keukenschrijver in Nourriture de l'esprit, Fschr für Dieter Stauder zum 70. Geb. 2011, S 117 ff, 122 mwN; zur unvollständigen Übersetzung einer fremdsprachigen Patentanmeldung nach § 35 (1) PatG s BGH GRUR 12, 91 *Polierendpunktbestimmung*.
[51] BGH GRUR 10, 701 *Nabenschaltung I*.
[52] MittDPMA Nr 14/03 BlPMZ 03, 354.
[53] BGH GRUR 15, 361 (Tz 35 ff) *Kochgefäß* mwN.

§ 4 Einreichung europäischer Patentanmeldungen beim Deutschen Patent- und Markenamt

(1) ¹Europäische Patentanmeldungen können auch beim Deutschen Patent- und Markenamt oder gemäß § 34 Abs 2 des Patentgesetzes über ein Patentinformationszentrum eingereicht werden. ²Die nach dem Europäischen Patentübereinkommen zu zahlenden Gebühren sind unmittelbar an das Europäische Patentamt zu entrichten.

(2) Europäische Anmeldungen, die ein Staatsgeheimnis (§ 93 des Strafgesetzbuches) enthalten können, sind beim Deutschen Patent- und Markenamt nach Maßgabe folgender Vorschriften einzureichen:
1. In einer Anlage zur Anmeldung ist darauf hinzuweisen, daß die angemeldete Erfindung nach Auffassung des Anmelders ein Staatsgeheimnis enthalten kann.
2. ¹Genügt die Anmeldung den Anforderungen der Nummer 1 nicht, so wird die Entgegennahme durch Beschluß abgelehnt. ²Auf das Verfahren sind die Vorschriften des Patentgesetzes entsprechend anzuwenden. ³Die Entgegennahme der Anmeldung kann nicht mit der Begründung abgelehnt werden, daß die Anmeldung kein Staatsgeheimnis enthalte.
3. ¹Das Deutsche Patent- und Markenamt prüft die nach Maßgabe der Nummer 1 eingereichten Anmeldungen unverzüglich darauf, ob mit ihnen Patentschutz für eine Erfindung nachgesucht wird, die ein Staatsgeheimnis (§ 93 des Strafgesetzbuches) ist. ²Für das Verfahren gelten die Vorschriften des Patentgesetzes entsprechend; § 53 des Patentgesetzes ist anzuwenden.
4. ¹Ergibt die Prüfung nach Nummer 3, daß die Erfindung ein Staatsgeheimnis ist, so ordnet das Deutsche Patent- und Markenamt von Amts wegen an, daß die Anmeldung nicht weitergeleitet wird und jede Bekanntmachung unterbleibt. ²Mit der Rechtskraft der Anordnung gilt die europäische Patentanmeldung auch als eine von Anfang an beim Deutschen Patent- und Markenamt eingereichte nationale Patentanmeldung, für die eine Anordnung nach § 50 Abs 1 des Patentgesetzes ergangen ist. ³§ 9 Abs 2 ist entsprechend anzuwenden.

(3) Enthält die Anmeldung kein Staatsgeheimnis, so leitet das Deutsche Patent- und Markenamt die Patentanmeldung an das Europäische Patentamt weiter und unterrichtet den Anmelder hiervon.

Geltungsbereich: Art II § 4 IntPatÜG wurde geändert durch: a) Art 1 (4) des 1. GPatG v 26.7.1979 (BGBl I 1269 = BlPMZ 79, 266); b) Art 2 (4) des Gesetzes zur Änderung des GbmG v 15.8.86 (BGBl I 1446 = BlPMZ 86, 310); c) Art 6 des 2. PatGÄndG v 16.7.1998 (BGBl I 1827 = BlPMZ 98, 382).

1 Einreichung europäischer Anmeldungen

Die Einreichung europäischer Anmeldungen ist möglich a) bei EPA direkt; b) bei DPMA;[54] c) bei einem Patentinformationszentrum (vgl dazu § 34 Rdn 59). Eine beim

---

[54] Zur Einreichung beim DPMA in elektronischer Form vgl Einl Rdn 365 ff, s auch PräsEPA v 26.02.09 Art 1 (2), ABl 09, 182.

DPMA oder einem Patentinformationszentrum eingereichte europäische Anmeldung hat nach Art II § 4 (1) 1 iVm Art 75 (1) b 2 EPÜ dieselbe Wirkung, wie wenn sie am demselben Tag beim EPA eingereicht worden wäre. Die Beendigung der Verwaltungsvereinbarung zwischen DPMA und EPA über den Zugang von Schriftstücken und Zahlungsmitteln im Juni 2005[55] hat hieran nichts geändert.[56] Sonstige für das EPA bestimmte Sendungen, zB europäische Teilanmeldungen, können dagegen vom DPMA nicht rechtswirksam bzw fristwahrend entgegen genommen werden;[57] europäische Teilanmeldungen sind nach Art 76 (1) EPÜ unmittelbar beim EPA einzureichen.

2 Geheimanmeldungen

35 Geheimanmeldungen sind zwingend beim DPMA (nicht bei einem Patentinformationszentrum[58]) einzureichen (zur Geheimhaltungsanordnung vgl § 50 Rdn 5 ff). Die bisher in Art 77 (3) und (5) EPÜ aF geregelten Fristen für die Weiterleitung an das EPA sind aufgrund der Änderung des Art 77 EPÜ durch die Revisionsakte v 29.11.2000 nunmehr in Regel 37 EPÜ 2000[59] enthalten. Geheimanmeldungen müssen nach Art 77 (1) EPÜ iVm Regel 37 (1) b EPÜ 2000 innerhalb von 4 Monaten nach Einreichung der Anmeldung oder innerhalb von 14 Monaten nach dem Prioritätstag beim EPA eingehen. Anmeldungen, die nicht innerhalb von 14 Monaten nach dem Prioritätstag dem EPA zugehen, gelten nach Art 77 (3) EPÜ iVm Regel 37 (2) EPÜ 2000 als zurückgenommen. Die 14-Monatsfrist ist nicht wiedereinsetzungsfähig.[60]

36 **Unzulässige Anmeldung beim EPA** ist nach Art II § 14 mit Strafe bedroht. Die Hinterlegungswirkung gemäß Art 4 A PVÜ wird davon nicht berührt.

§ 5 Anspruch gegen den nichtberechtigten Patentanmelder

(1) ¹Der nach Artikel 60 Abs 1 des Europäischen Patentübereinkommens Berechtigte, dessen Erfindung von einem Nichtberechtigten angemeldet ist, kann vom Patentsucher verlangen, daß ihm der Anspruch auf Erteilung des europäischen Patents abgetreten wird. ²Hat die Patentanmeldung bereits zum europäischen Patent geführt, so kann er vom Patentinhaber die Übertragung des Patents verlangen.

(2) Der Anspruch nach Absatz 1 Satz 2 kann innerhalb einer Ausschlußfrist von zwei Jahren nach dem Tag gerichtlich geltend gemacht werden, an dem im Europäischen Patentblatt auf die Erteilung des europäischen Patents hingewiesen worden ist, später nur dann, wenn der Patentinhaber bei der Erteilung oder dem Erwerb

---

55 MittDPMA Nr 23/05 BlPMZ 05, 273; MittEPA ABl 05, 444; zur Verwaltungsvereinbarung vgl Einl Rdn 71.
56 MittDPMA Nr 3/06 BlPMZ 06, 77.
57 MittDPMA Nr 3/06 BlPMZ 06, 77.
58 Zur Einreichung von Unterlagen bei Patentinformationszentren vgl auch MittDPMA Nr 4/06 BlPMZ 06, 77.
59 Ausführungsordnung zum EPÜ 2000 idF des Beschlusses des Verwaltungsrats vom 7.12.2006 (ABl EPA 07, SonderA Nr 1 S 89, 91 = BGBl 2007 II 1199 = BlPMZ 07, 428 = Tabu Gewerbl. Rechtsschutz Nr 815).
60 J 0003/80 ABl 80, 92 = GRUR Int 80, 422.

des Patents Kenntnis davon hatte, daß er kein Recht auf das europäische Patent hatte.

Lit: Cronauer Das Recht auf das Patent im EPÜ 1988; Ohl Die Patentvindikation im deutschen und europ Recht 1987 – Lit in GRUR Int: Bruchhausen 63, 299; Liuzzo 83, 20; – Lit in Mitt: Rapp 98, 347; Lit in GRUR: Nieder, Vindikation europ Patente unter Geltung der EPatVO, 15, 936. 37

1 Anspruchsberechtigter

Berechtigt, die Abtretung der Rechte aus der europäischen Patentanmeldung zu verlangen, ist der nach Art 60 (1) EPÜ Berechtigte. Art II § 5 (1) enthält damit gegenüber § 8 PatG die Einschränkung, dass der Übertragungsanspruch ausschließlich dem Erfinder oder seinem Rechtsnachfolger, nicht aber dem durch die widerrechtliche Entnahme Verletzten zustehen soll. Dem durch widerrechtliche Entnahme Verletzten, der nicht auch Berechtigter oder dessen Rechtsnachfolger ist, steht der Anspruch nicht zu. Darlegungs- und Beweislast für Berechtigten wie bei nationaler Anmeldung,[61] vgl daher die Erläuterungen zu § 8 PatG. Zum Verfahren vor EPA gemäß Regeln 14 ff EPÜ 2000[62] (bisher Regeln 13 ff EPÜ aF) vgl § 8 Rdn 2. 38

2 Rechte des wahren Berechtigten nach Art 61 EPÜ

Zum dreifachen Wahlrecht des wahren Berechtigten nach Art 61 EPÜ: vgl § 7 Rdn 4. 39

§ 6 Nichtigkeit

(1) ¹Das mit Wirkung für die Bundesrepublik Deutschland erteilte europäische Patent wird auf Antrag für nichtig erklärt, *wenn die deutschen Gerichte nach Maßgabe des Übereinkommens vom 19. Februar 2013 über ein Einheitliches Patentgericht (BGBl 2021 II S. 850, 851) weiterhin zuständig sind und* wenn sich ergibt, daß
1. der Gegenstand des europäischen Patents nach den Artikeln 52 bis 57 des Europäischen Patentübereinkommens nicht patentfähig ist,
2. das europäische Patent die Erfindung nicht so deutlich und vollständig offenbart, daß ein Fachmann sie ausführen kann,
3. der Gegenstand des europäischen Patents über den Inhalt der europäischen Patentanmeldung in ihrer bei der für die Einreichung der Anmeldung zuständigen Behörde ursprünglich eingereichten Fassung oder, wenn das Patent auf einer europäischen Teilanmeldung oder einer nach Artikel 61 des Europäischen Patentübereinkommens eingereichten neuen europäischen Patentanmeldung beruht, über den Inhalt der früheren Anmeldung in ihrer bei der für die Einreichung der Anmeldung zuständigen Behörde ursprünglich eingereichten Fassung hinausgeht,
4. der Schutzbereich des europäischen Patents erweitert worden ist,
5. der Inhaber des europäischen Patents nicht nach Artikel 60 Abs 1 des Europäischen Patentübereinkommens berechtigt ist.

---

61 BGH GRUR 01, 823 *Schleppfahrzeug*; zur Einräumung einer Mitberechtigung BGH GRUR 09, 657 *Blendschutzbehang*.
62 Tabu Gewerbl. Rechtsschutz Nr 815.

²Soweit das europäische Patent für nichtig erklärt worden ist, gelten die Wirkungen des europäischen Patents und der Anmeldung als von Anfang an nicht eingetreten.

(2) Betreffen die Nichtigkeitsgründe nur einen Teil des europäischen Patents, wird das Patent durch entsprechende Änderung der Patentansprüche beschränkt und für teilweise nichtig erklärt.

(3) ¹Der Patentinhaber ist befugt, das europäische Patent in dem Verfahren wegen Erklärung der Nichtigkeit des Patents durch Änderung der Patentansprüche in beschränktem Umfang zu verteidigen. ²Die so beschränkte Fassung ist dem Verfahren zugrunde zu legen.

(4) Im Falle des Absatzes 1 Satz 1 Nr 5 ist nur der nach Artikel 60 Abs 1 des Europäischen Patentübereinkommens Berechtigte befugt, den Antrag zu stellen.

40 Geltungsbereich: Art II § 6 IntPatÜG macht von der Möglichkeit des Art 138 EPÜ Gebrauch, ein für Deutschland erteiltes europ Patent für die in Art 138 EPÜ abschließend aufgezählten Nichtigkeitsgründe (s Rdn 42), die durch nationales Recht nicht abweichend ausgestaltet werden können, mit Wirkung für das Hoheitsgebiet der Bundesrepublik Deutschland (nicht für die weiteren Vertragsstaaten) für nichtig zu erklären.
Das EPÜ-RevisionsG (im Anhang 9) hat mit Wirkung v 13.12.2007 Art II § 6 (1) 2 angefügt, Art II § 6 (2) neu gefasst und einen neuen Art II § 6 (3) eingefügt (der bisherige Abs 3 ist nunmehr Abs 4). Damit wird die Vorschrift an die durch die Revisionsakte v 29.11.2000 neu gefassten Regelungen im EPÜ zur Wirkung einer (Teil-) Aufhebung europ Patente angepasst. Mit der Anfügung des Art II § 6 (1) 2 wird eine dem geänderten Art 68 EPÜ entsprechende Regelung für europ Patente in das nationale Recht aufgenommen, was aber nur der Klarstellung dient; die »ex-tunc«-Wirkung einer Nichtigerklärung folgt bereits aus den nach Art 2 (2) EPÜ auch für europ Patente anwendbaren §§ 22 (2), 21 (3) 1 PatG. Zur Neufassung des Art II § 6 (2) und Einfügung des Art II § 6 (3) s Rdn 46.

41 Lit in GRUR: Pitz 95, 231 Lit in Mitt: Dihm 98, 441.

1 Rechtsgrundlage

42 **Rechtsgrundlage für die Nichtigerklärung:** BPatG u BGH entscheiden bzgl der Nichtigerklärung eines europäischen Patents, das mit Wirkung für die Bundesrepublik Deutschland erteilt worden ist, auf der Grundlage von Art II § 6. Mit der Schaffung dieser Norm hat der nationale Gesetzgeber von der Möglichkeit Gebrauch gemacht, die Gründe für die Nichtigerklärung eines europäischen Patents nach Maßgabe von Art 138 EPÜ (Abdruck s § 22 Rdn 3) aufzuführen. Nach Art 138 EPÜ kann ein europäisches Patent – vorbehaltlich des Art 139 EPÜ – nur aus den dort abschließend aufgeführten Gründen für nichtig erklärt werden. Die Norm steht damit einer Entscheidung des nationalen Gerichts entgegen, durch die ein europäisches Patent auch dann für nichtig erklärt wird, wenn keiner der in Art 138 EPÜ aufgeführten Gründe vorliegt.[63] Das EPÜ regelt ebenso wie das nationale Recht die Nichtigkeitsgründe *abschließend*.[64] Kein Verstoß gegen Art 138 EPÜ liegt hingegen vor, wenn das natio-

---

63 Vgl BGH GRUR 15, 573 (Tz 49) *Wundbehandlungsvorrichtung*.
64 Vgl BGH GRUR 16, 361 (Tz 31) *Fugenband*; daher zB keine Klarstellung gegen den Willen des Patentinhabers und keine Nichtigerklärung, weil Patent in fremder Sprache erteilt ist, s BGHZ 102, 118 = GRUR 88, 290 *Kehlrinne*.

nale Gericht wie im Fall der sog »unentrinnbaren Falle«[65] auch bei Vorliegen eines Grundes von der Nichtigerklärung des Patents absieht.[66] Durch Art 1 Nr 1 a) des Gesetzes zur Anpassung patentrechtlicher Vorschriften auf Grund der europäischen Patentreform wird Art II § 6 (1) 1 dahingehend geändert, dass ein mit Wirkung für die Bundesrepublik Deutschland erteiltes europäisches Patent nicht in die ausschließliche Zuständigkeit des Einheitlichen Patentgerichts fällt. Darunter fallen Klagen, die während der Übergangszeit nach Art 83 (1) des Übereinkommens weiter vor einem nationalen Gericht erhoben werden oder bei Schutzrechten, bei denen von der Ausnahmeregelung gemäß Art 83 (3) des Abkommens Gebrauch gemacht wurde.

Nichtigkeitsgründe des Art II § 6 (1) iVm Art 138 (1) EPÜ: insoweit besteht im Wesentlichen Übereinstimmung mit den Nichtigkeitsgründen für nationale Patente, § 22 (1) iVm § 21 (1) PatG,[67] s hierzu die Übersicht in § 22 Rdn 2; es kann daher auf die Erläuterungen zu §§ 21, 22 PatG verwiesen werden. Auch bei europäischen Patenten zB: **a)** bildet die fehlende Neuheit keinen eigenständigen Nichtigkeitsgrund, sondern nur einen unterschiedlichen rechtlichen Aspekt fehlender Patentfähigkeit iSv Art II § 6 Nr 1, Art 138 (1) a EPÜ;[68] **b)** gelten Verfahrensmängel im Erteilungsverfahren als durch die rechtskräftige Patenterteilung geheilt;[69] **c)** ist eine Prüfung *bereits erteilter* Ansprüche auf Klarheit nicht vorgesehen, da die fehlende Klarheit nicht zu den Nichtigkeitsgründen gehört[70] (zum Klarheitserfordernis bei Beschränkungen s Rdn 48).

43

Nichtigkeitsverfahren bzgl europäischer Patente: für das Verfahren als solches gelten die Vorschriften des deutschen Patentgesetzes, §§ 81 ff, §§ 110 ff PatG[71]; s die Erläuterungen § 81 Rdn 82 ff.

2 Zur Zulässigkeit der Nichtigkeitsklage

Unzulässigkeit nach § 81 (2) 1 PatG: Nichtigkeitsklage kann nicht erhoben werden, solange noch Einspruch eingelegt werden kann oder ein Einspruchsverfahren anhängig ist, vgl hierzu § 81 Rdn 36 ff. Der Vorrang des Einspruchsverfahrens gilt auch für solche, die vor dem EPA geführt werden.[72]

44

Die Nichtigkeitsklage gegen ein mit Wirkung für die Bundesrepublik Deutschland erteiltes Patent ist daher *bei anhängigem europäischem Einspruchsverfahren* unzulässig: **a)** wenn sie nur auf Nichtigkeitsgründe gestützt wird, die zugleich Einspruchsgründe

---

65 Dh wenn die Einfügung eines nicht ursprungsoffenbarten Merkmals zu einer bloßen Einschränkung des angemeldeten Gegenstands führt, s hierzu § 21 Rdn 72 ff.
66 BGH GRUR 15, 573 *Wundbehandlungsvorrichtung*; aA BPatG GRUR 14, 484 *Fettabsaugevorrichtung*.
67 Busse/Keukenschrijver, PatG, 8. Aufl 2016, IntPatÜG Art II § 6 Rn 11.
68 BPatG Mitt 14, 396, 398 (III.1.2), juris Tz 74 *Abdeckung* mwN.
69 BPatG v 05.08.14 – 2 Ni 34/12 (EU) unter II1, juris Tz 87, s GRUR 15, 523 FN 86 = Schulte-Kartei PatG 81–85a Nr 509 *Opto-Bauelement*
70 BGH GRUR 11, 607 (Tz 317) *Kosmetisches Sonnenschutzmittel III*; GRUR 16, 361 (Tz 31) *Fugenband*.
71 Vgl BGHZ 102, 118 = GRUR 88, 290 (III) *Kehlrinne*.
72 BGHZ 163, 369 = GRUR 05, 967 (Tz 8, 9) *Strahlungssteuerung*; ergänzt durch BGH GRUR 11, 848 *Mautberechnung* zu Einspruchsverfahren, die auf ältere nationale Rechte gestützt werden.

nach Art 100 EPÜ sind;[73] **b)** aber auch dann, wenn sie nur auf ein *älteres nationales Recht iSd Art 139 (2) EPÜ* gestützt wird;[74] **c)** auch wenn sie auf den nicht zugleich einen Einspruchsgrund nach Art 100 EPÜ bildenden Nichtigkeitsgrund der unzulässigen Erweiterung des Schutzbereichs des europäischen Patents gestützt ist, da mit § 81 (2) 1 PatG generell ausgeschlossen werden soll, dass eine Entscheidung über die vollständige oder teilweise Nichtigkeit eines Patents getroffen wird, obwohl noch gar nicht feststeht, ob und ggfs in welcher Fassung es im Einspruchsverfahren Bestand hat.[75]

Maßgebender Zeitpunkt, zu dem die Zulässigkeitsvoraussetzungen vorliegen müssen, ist der der Entscheidung über die Klage (Schluss der mündlichen Verhandlung);[76] kein Hindernis nach § 81 (2) 1 PatG besteht daher, wenn bis dahin **a)** das Einspruchsverfahren beendet ist;[77] oder **b)** zwar die abschließende EPA-Entscheidung noch nicht rechtskräftig ist und die Anpassung der Beschreibung noch aussteht, diese aber wegen Rechtsmittelverzicht des Einsprechenden nicht mehr angegriffen werden kann und auch ein Rechtsmittel des obsiegenden Patentinhabers mangels Beschwer unzulässig wäre.[78]

45 **Unzulässiger Feststellungsantrag:** Im Patentnichtigkeitsverfahren ist unzulässig der Antrag auf Feststellung **a)** dass die Wirkungen eines europäischen Patents für die Bundesrepublik Deutschland als von Anfang an nicht eingetreten gelten, weil der Patentinhaber eine (vollständige) deutsche Übersetzung der europäischen Patenschrift nicht fristgerecht eingereicht hat[79] (s auch Rdn 30); **b)** der Wirkungslosigkeit eines deutschen Patents wegen Verbots des Doppelschutzes aus Art II § 8 (1).[80]

3 Zur beschränkten Verteidigung

46 **Änderungen durch das EPÜ-RevisionsG** (abgedruckt im Anhang 9): Mit der Neufassung des Art II § 6 (2) durch das EPÜ-RevisionsG wurde die Änderung des Art 138 (2) EPÜ durch die Revisionsakte v 29.11.2000 (vgl § 21 Rdn 92, § 22 Rdn 3) in nationales Recht umgesetzt, indem die bisher vorgesehene Möglichkeit einer Beschränkung des Patents (nur) in Form einer Änderung der Beschreibung oder der Zeichnungen beseitigt wird. Beschränkungen europäischer Patente müssen daher im Nichtigkeitsverfahren künftig stets durch eine Änderung der Patentansprüche erfolgen. Dies schließt aber nicht aus, dass als Folge einer solchen Beschränkung die Beschreibung oder die Zeichnungen an die beschränkten Patentansprüche angepasst werden; eine solche Anpassung ist weiterhin möglich.[81]

---

73 BGHZ 163, 369 = GRUR 05, 967 *Strahlungssteuerung* in Bestätigung von BPatG GRUR 05, 498 *Strahlungssteuerung*; vgl hierzu auch den Nichtannahmebeschluss des BVerfG GRUR 06, 569.
74 BGH GRUR 11, 848 *Mautberechnung* in Bestätigung von BPatGE **52**, 46 = GRUR 11, 87 *Fahrzeugsteuer*; aA bei Identität von europ und älterer nat Anmeldung BPatGE **45**, 190, 193 = GRUR 02, 1045 *Schlauchbeutel*.
75 BPatG GRUR 07, 261 = InstGE **7**, 131 *Torasemid*; hierzu Anmerkung in Mitt 07, 445.
76 Vgl Zöller/Greger, ZPO, 31. Aufl 2016, vor § 253 Rn 9.
77 Vgl BGH GRUR 11, 848 (Tz 17) *Mautberechnung*.
78 BPatG v 28.05.13 – 3 Ni 2/11 (EP), juris Tz 93 ff, s GRUR 14, 419 FN 74.
79 BGH GRUR 10, 701 *Nabenschaltung I*.
80 BPatG v 08.10.13 – 1 Ni 7/12, juris Tz 81 ff, s GRUR 15, 526 FN 104.
81 Vgl auch amtl Begr zum EPÜ-RevisionsG Bundestagsdrucksache 16/4382 S. 9, BlPMZ 07, 365.

Die Einfügung eines neuen Art II § 6 (3) durch das EPÜ-RevisionsG, der die Befugnis des Patentinhabers zur beschränkten Verteidigung des europäischen Patents im Nichtigkeitsverfahren regelt, beruht auf dem durch die Revisionsakte neu eingeführten Art 138 (3) EPÜ. Die Möglichkeit der Selbstbeschränkung des Patentinhabers im Nichtigkeitsverfahren ist zwar seit langem in der Rechtsprechung anerkannt (vgl § 81 Rdn 116), angesichts der ausdrücklichen Regelung in Art 138 (3) EPÜ sollte mit Art II § 6 (3) aber auch im nationalen Recht eine klarstellende gesetzliche Regelung erfolgen.[82] Die vom Wortlaut des Art 138 (3) EPÜ abweichende Formulierung trägt dem Umstand Rechnung, dass es sich bei der beschränkten Verteidigung zunächst nur um eine Verteidigungshandlung des Patentinhabers handelt, die Beschränkung als solche aber erst durch das abschließende Gestaltungsurteil des Gerichts erfolgt. Art II § 6 (3) 2 drückt die Bindung des Gerichts an die beschränkt verteidigte Fassung aus, der Patentinhaber ist erst mit Rechtskraft des Nichtigkeitsurteils an seinen beschränkten Antrag gebunden (vgl § 81 Rdn 133 ff).

Zulässige Sprachfassung (vgl dazu auch § 81 Rdn 127): Beschränkte Verteidigung eines europäischen Patents, das für Deutschland in der Verfahrenssprache Englisch oder Französisch erteilt wurde, kann durch eine in der Verfahrenssprache des EPA gehaltene Fassung erfolgen[83] oder durch eine in deutscher Sprache gehaltene Fassung der Patentansprüche,[84] wenn es auch häufig zweckmäßiger sein wird, das Patent mit Patentansprüchen in der Verfahrenssprache zu verteidigen, um Zweifel an der vollständigen inhaltlichen Übereinstimmung der Sprachfassungen auszuschließen.[85] Der Umstand, dass ein europäisches Patent, bei dem Deutsch nicht die Verfahrenssprache ist, durch eine deutsche Fassung der Patentansprüche beschränkt verteidigt wird, ändert aber nichts daran, dass zur Auslegung der Patentansprüche der übrige Inhalt der Patentschrift in der maßgeblichen Verfahrenssprache (Art 70 (1) EPÜ) heranzuziehen ist.[86]

47

Klarheit der Anspruchsfassung (Art 84 EPÜ): Ein europäisches Patent kann im Patentnichtigkeitsverfahren nicht mit Patentansprüchen beschränkt verteidigt werden, die dem Erfordernis einer deutlichen (klaren) und knappen Anspruchsfassung nicht genügen.[87] Dagegen kann der Patentanspruch, auf den das EPA im europäischen Beschränkungsverfahren (Art 105a, 105b EPÜ) das Patent beschränkt hat, mangels eines einschlägigen Nichtigkeitsgrunds ebenso wenig auf das Erfordernis der Klarheit geprüft werden wie die Patentansprüche des *erteilten Patents*;[88] daher ist auch im Falle

48

---

82 Vgl amtl Begr zum EPÜ-RevisionsG Bundestagsdrucksache 16/4382 S. 9, BlPMZ 07, 365.
83 BGH GRUR 04, 407 *Fahrzeugleitsystem*.
84 Std Rspr, zB BGHZ 118, 221 = GRUR 92, 839 *Linsenschleifmaschine*; BGHZ 133, 79 = GRUR 96, 862 (I = juris Tz 13) *Bodensegment*; BGHZ 147, 306, 314 = GRUR 01, 813 (II = Tz 67) *Taxol*; BGH GRUR 09, 42 (Tz 15) *Multiplexsystem*; GRUR 09, 1039 (Tz 29) *Fischbissanzeiger*; GRUR 10, 904 (Tz 51) *Maschinensatz*.
85 BGH GRUR 09, 42 (Tz 15) *Multiplexsystem*; GRUR 09, 1039 (Tz 29) *Fischbissanzeiger*; BGHZ 184, 300 = GRUR 10, 414 (Tz 8) *Thermoplastische Zusammensetzung*; BGH GRUR 10, 904 (Tz 51) *Maschinensatz*.
86 BGH GRUR 10, 904 *Maschinensatz*.
87 BGH GRUR 10, 709 (Tz 55) *Proxyserversystem*; GRUR 15, 1091 (Tz 38) *Verdickerpolymer I*.
88 BGH GRUR 11, 607 *Kosmetisches Sonnenschutzmittel III*; GRUR 16, 361 (Tz 31) *Fugenband*.

einer Selbstbeschränkung eine Prüfung des beschränkten Anspruchs auf Klarheit jedenfalls insoweit nicht statthaft, als die mutmaßliche Unklarheit bereits in den erteilten Ansprüchen enthalten war.[89]

49 **Teilanmeldung:** Bei einem aus einer Teilanmeldung hervorgegangenen europäischen Patent muss die Fassung, mit dem es beschränkt verteidigt wird, auch den Anforderungen des Art 76 (1) EPÜ für eine zulässige Teilanmeldung genügen.[90]

4 Art 139 (2) EPÜ

50 Prioritätsältere nachveröffentlichte nationale Anmeldungen sind als Stand der Technik nach § 3 (2) 1 Nr 1 PatG zu berücksichtigen. Dies ergibt sich für europäische Patente aus Art 139 (2) EPÜ, der im Gegensatz zu Art 138 EPÜ unmittelbar anwendbar ist und deshalb keiner Umsetzung im IntPatÜG bedurfte.[91] In der Regelung des Art 139 (2) EPÜ ist kein weiterer Nichtigkeitsgrund zu sehen, denn eine Aufspaltung des einheitlichen Widerrufs- bzw Nichtigkeitsgrunds der mangelnden Patentfähigkeit hinsichtlich einzelner Entgegenhaltungen findet weder im EPÜ noch im PatG eine Stütze.[92] Vgl dazu § 3 Rdn 89.

§ 6a Ergänzende Schutzzertifikate

Das Deutsche Patent- und Markenamt erteilt ergänzende Schutzzertifikate nach § 49a des Patentgesetzes auch für das mit Wirkung für die Bundesrepublik Deutschland erteilte europäische Patent.

51 Vgl dazu die Erläuterungen zu §§ 16a und 49a PatG.

§ 7 Jahresgebühren

(1)[93] ¹Für das mit Wirkung für die Bundesrepublik Deutschland erteilte europäische Patent sind Jahresgebühren nach § 17 des Patentgesetzes zu entrichten. ²Sie werden jedoch erst für die Jahre geschuldet, die dem Jahr folgen, in dem der Hinweis auf die Erteilung des europäischen Patents im Europäischen Patentblatt bekanntgemacht worden ist.

(2)[94] Hebt die Große Beschwerdekammer des Europäischen Patentamts nach Artikel 112a des Europäischen Patentübereinkommens die Entscheidung einer Beschwerdekammer auf, mit der ein europäisches Patent widerrufen wurde, werden

---

89 BGH GRUR **16**, 361 *Fugenband.*
90 BPatG GRUR **13**, 609 *Unterdruckwundverband.*
91 Vgl Singer/Stauder/Luginbühl, EPÜ, 7. Aufl 2016, Art 139 Rn 6.
92 BGH GRUR **11**, 848 (Tz 12) *Mautberechnung*; BPatGE **45**, 190, 193 = GRUR **02**, 1045 (III1b) *Schlauchbeutel.*
93 Bisheriger Wortlaut des § 7 wird Absatz 1 durch Art 7 Nr 1b aa des Gesetzes zur Novellierung patentrechtlicher Vorschriften und anderer Gesetze des gewerblichen Rechtsschutzes v 19.10.2013 BGBl I 3830 (PatNovG).
94 Anfügung des Absatzes 2 durch Art 7 Nr 1b bb des Gesetzes zur Novellierung patentrechtlicher Vorschriften und anderer Gesetze des gewerblichen Rechtsschutzes v 19.10.2013 BGBl I 3830 (PatNovG).

Anhang 1   *Art II Europäisches Patentrecht*   **IntPatÜG 1976**

Jahresgebühren für den Zeitraum zwischen Widerruf des Patents und Aufhebung dieser Entscheidung erst mit dem Tag der Zustellung der Entscheidung der Großen Beschwerdekammer fällig.

Geltungsbereich: Art 7 Nr 1b des Gesetzes zur Novellierung patentrechtlicher Vorschriften und anderer Gesetze des gewerblichen Rechtsschutzes (**PatNovG**)[95] hat mit Wirkung v 1.4.2014 dem Art II § 7 einen Absatz angefügt, der die Fälligkeit von Jahresgebühren im Fall einer Wiederaufnahme nach Art 112a EPÜ durch die Große Beschwerdekammer regelt, s Rdn 55.   52

Lit in GRUR Int: Kraßer 96, 851; – **Lit in Mitt:** Gall 93, 170.   53

1 Jahresgebühren nach Patenterteilung

Bis zur Patenterteilung sind Jahresgebühren für europäische Patentanmeldungen nach Art 86 EPÜ und Regel 51 EPÜ (s § 17 Rdn 4 und 5) *an das EPA* zu entrichten, vgl dazu § 17 Rdn 2. Die Verpflichtung zur Zahlung an EPA endet nach Art 86 (2) EPÜ. Für mit Wirkung für die Bundesrepublik Deutschland erteilte europäische Patente sind Jahresgebühren nach Art II § 7 (1) IntPatÜG iVm § 17 PatG *an das DPMA* zu entrichten. Den Beginn der Zahlungspflicht regelt Art II § 7 (1) iVm Art 141 (1) EPÜ, vgl dazu die Erläuterungen § 17 Rdn 20 und 21. Alles weitere (Gebührenhöhe, Fälligkeit und Zahlungsfristen nach dem PatKostG) ebenso wie bei nationalen Patenten.   54

2 Jahresgebühren bei Wiederaufnahme nach Art 112a EPÜ

Der durch das PatNovG neu angefügte § 7 (2) betrifft den Fall, dass das mit Wirkung für die Bundesrepublik Deutschland erteilte europäische Patent, nachdem es durch die Beschwerdekammer im Ausgangsverfahren widerrufen worden ist, aufgrund der Wiederaufnahmeentscheidung durch die Große Beschwerdekammer nach Art 112a wieder auflebt. Für gegenüber dem EPA zu zahlende Jahresgebühren enthält Regel 51 (5) EPÜ eine ausdrückliche Regelung für diese Konstellation. Für gegenüber dem DPMA zu entrichtende Jahresgebühren richtet sich deren Fälligkeit grundsätzlich nach § 3 (2) PatKostG. Insoweit bestimmt § 7 (2) in klarstellender Weise, dass Jahresgebühren, die eigentlich in dem Zeitraum zwischen Patentwiderruf und Wiederaufnahme fällig geworden wären (tatsächlich aber wegen des Patentwiderrufs zunächst nicht fällig wurden, s § 17 Rdn 25), erst mit der Zustellung der Entscheidung der Großen Beschwerdekammer fällig werden.   55

§ 8   Verbot des Doppelschutzes

(1) Soweit der Gegenstand eines im Verfahren nach dem Patentgesetz erteilten Patents eine Erfindung ist, für die demselben Erfinder oder seinem Rechtsnachfolger mit Wirkung für die Bundesrepublik Deutschland ein europäisches Patent mit derselben Priorität erteilt worden ist, *das auf Grund der Inanspruchnahme der Ausnahmeregelung des Artikels 83 Absatz 3 des Übereinkommens über ein Einheitliches Patentgericht nicht der ausschließlichen Gerichtsbarkeit des Einheitlichen Patentgerichts unterliegt*, hat das Patent in dem Umfang, in dem es dieselbe Erfindung wie

---

[95] BGBl I 2013, 3830 = BlPMZ 13, 362.

das europäische Patent schützt, von dem Zeitpunkt an keine Wirkung mehr, zu dem
1. die Frist zur Einlegung des Einspruchs gegen das europäische Patent abgelaufen ist, ohne daß Einspruch eingelegt worden ist
2. das Einspruchsverfahren unter Aufrechterhaltung des europäischen Patents rechtskräftig abgeschlossen ist [oder],
3. die Inanspruchnahme der Ausnahmeregelung nach Artikel 83 Absatz 3 des Übereinkommens über ein einheitliches Patentgericht in Bezug auf das Europäische Patent wirksam geworden ist, wenn dieser Zeitpunkt nach dem in Nummern 1 oder 2 genannten Zeitpunkt liegt oder
[3. das Patent erteilt wird, wenn dieser Zeitpunkt nach dem in den Nummern 1 oder 2 genannten Zeitpunkt liegt]
4. das Patent erteilt wird, wenn dieser Zeitpunkt nach dem in Nummern 1 bis 3 genannten Zeitpunkt liegt.
(2) [Das Erlöschen, die Erklärung der Nichtigkeit, der Widerruf und die Beschränkung des europäischen Patents lassen die nach Absatz 1 eingetretene Rechtsfolge unberührt.]
(2) Der Eintritt der Rechtsfolge nach Absatz 1 ist endgültig.

56 Geltungsbereich: Art II § 8 (3) wurde durch Art 6 Nr 5 des 2. GPatG[96] mit Wirkung v 1.6.1992 aufgehoben, weil die Rechtsfolge des Art II § 8 nur im Verletzungsverfahren zu beachten und daher ein Feststellungsverfahren entbehrlich ist. Er lautete:
»(3) Das Patentgericht stellt auf Antrag, den auch der Patentinhaber stellen kann, die nach Absatz 1 eingetretene Rechtsfolge fest. Die Vorschriften des Patentgesetzes über das Nichtigkeitsverfahren sind entsprechend anzuwenden«.[97]
Das EPÜ-RevisionsG (im Anhang 9) hat mit Wirkung v 13.12.2007 Art II § 8 (2) neu gefasst. Die Regelung, dass die einmal weggefallene Wirkung des deutschen Patents auch dann nicht wiederbelebt wird, wenn das europäische Patent nachträglich erlischt oder für nichtig erklärt wird, wird dadurch auf weitere Tatbestände erweitert. Neben dem Widerruf des europäischen Patents wird in Folge der Änderungen der Art 68 und 69 EPÜ durch die Revisionsakte v 29.11.2000 auch die Beschränkung des europäischen Patents – als Teilwegfall – aufgenommen. Ebenso wie das Erlöschen und die Nichtigerklärung lässt auch die Beschränkung die einmal entstandene Wirkung nach Art II § 8 (1) unberührt.
Geplante Änderung der Vorschrift wegen des **künftigen europäischen Patents mit einheitlicher Wirkung**: siehe hierzu im Anhang 5 den Entwurf eines Gesetzes zur Anpassung patentrechtlicher Vorschriften auf Grund der europäischen Patentreform[98] (sowie Rdn 1 aE). Kernstück des Gesetzentwurfs ist die *Abschaffung des Doppelschutzverbots*; neben dem Schutz durch europ Patente oder europ Patente mit einheitlicher Wirkung soll künftig auch der Schutz nationaler Patente zugelassen werden. Begleitend soll hierzu die Einrede der doppelten Inanspruchnahme eingeführt werden (neuer Art II § 18); dadurch soll verhindert werden, dass Beklagte aus zwei Schutztiteln, die dieselbe Erfindung schützen, in Anspruch genommen werden.[99]

---

96 BGBl 1991 II 1354 = BlPMZ 92,42.
97 Nach Aufhebung des Art II § 8 (3) besteht auch keine verbleibende (Auffang-) Zuständigkeit des DPMA für derartige Feststellungsanträge, vgl BPatG v 24.09.01 – 10 W (pat) 18/01; auch im Nichtigkeitsverfahren ist eine solcher Feststellungsantrag nicht statthaft, s BPatG v 08.10.13 – 1 Ni 7/12, juris Tz 81, s GRUR 15, 526 FN 104 = Schulte-Kartei PatG 300 Nr 98 *Messer*.
98 S BT-Drs 18/8827 v 20.6.2016.
99 Vgl hierzu Stellungnahmen zum Entwurf: Würtenberger/Freischem GRUR 16, 575; Romandini/Hilty/Lamping GRUR Int 16, 554.

Anhang 1 — Art II Europäisches Patentrecht — IntPatÜG 1976

Durch das Gesetz zur Anpassung patentrechtlicher Vorschriften auf Grund der europäischen Patentrechtsreform vom 20. August 2021[100] werden zahlreiche Änderungen im IntPatÜG vorgenommen. Insoweit werden hier und in den folgenden §§ des Artikels II des IntPatÜG der (noch) geltende Wortlaut in eckigen Klammern und die bereits beschlossenen Änderung, die an dem Tag in Kraft treten, an dem das Übereinkommen über ein einheitliches Patentgericht BGBl 2021 II 850, 851 nach seinem Artikel 89 in Kraft tritt, in Kursivschrift wiedergegeben.

Lit: Kühnen Die Reichweite des Doppelschutzverbotes nach Art II § 8 IntPatÜG Fschr R. König 2003, 309; **Lit in GRUR:** Mes 01, 976; **Lit in Mitt:** Bardehle 77, 105; Nieder 87, 205.

1 Doppelschutzverbot

Vgl dazu § 9 Rdn 117 ff.

Die Regelung über das Doppelschutzverbot führt nicht zum Erlöschen des deutschen Patents an sich, sondern lediglich zum Wegfall der Schutzwirkung für die Zukunft und dies auch nur im Umfang seiner Überschneidung mit dem europäischen Patent.[101] Für das deutsche Patent gezahlte Jahresgebühren sind daher, auch wenn es nach Art II § 8 (1) keine Wirkung mehr hat, mit Rechtsgrund entrichtet und stehen nicht zur Verrechnung zur Verfügung. Ein Irrtum über die Folgen des Doppelschutzverbots kann aber die Wiedereinsetzung rechtfertigen, denn dass »keine Wirkung« nach Art II § 8 (1) nicht gleichbedeutend mit »erloschen« ist, ist der Vorschrift nicht ohne weiteres zu entnehmen.[102]

2 Verfahren betreffend das deutsche Patent

Kein Hindernis für Verfahren vor DPMA und BPatG durch Doppelschutzverbot:
a) Bestehen eines parallelen europäischen Patents bildet kein Hindernis für die Durchführung eines **Erteilungsverfahrens**, das auf die Erteilung des entsprechenden deutschen Patents gerichtet ist.[103] b) Der Zulässigkeit eines **Einspruchsverfahrens** gegen ein deutsches Patent steht nicht entgegen, dass für den Patentinhaber ein im Wesentlichen gleiches europäisches Patent erteilt worden ist.[104] Der Einspruch ist auch dann nicht unzulässig, wenn deutsches und europäisches Patent offensichtlich identisch sein sollten.[105] Anders als im Falle des Erlöschens des Patents wegen Zeitablaufs, Verzicht oder wegen Nichtzahlung der Jahresgebühren, in dem für die Fortführung des Einspruchsverfahrens ein besonderes Rechtsschutzinteresse des Einsprechenden erforderlich ist, bedarf der Einspruch gegen ein deutsches Patent, das wegen des Doppelschutzverbots keine Wirkung mehr hat, keines besonderen Rechtsschutzbedürfnisses.[106] c) Dasselbe wie für das Einspruchsverfahren gilt für das **Nichtigkeitsverfahren**, jedenfalls wenn der Kläger aus dem Patent in Anspruch genommen wird.[107] Die Nichtigkeitsklage gegen ein deutsches Patent, das seine Wirkung nach Art II § 8 (1) möglicher-

---

100 BGBl 2021 I 3914.
101 BGH GRUR **94**, 439 = BlPMZ **94**, 284 *Sulfonsäurechlorid*.
102 BPatG BlPMZ **00**, 165.
103 BPatGE **29**, 214 = BlPMZ **88**, 259.
104 BGH GRUR **94**, 439 = BlPMZ **94**, 284 *Sulfonsäurechlorid*.
105 BPatGE **49**, 243 *Zulässigkeit des Einspruchs*.
106 BGH GRUR **08**, 279 = BlPMZ **08**, 154 *Kornfeinung*.
107 BGH v 12.11.02 – X ZR 118/09 Schulte-Kartei PatG 81–85 Nr 310 *Knochenschraubensatz*; BGH v 20.07.10 – X ZR 17/07 (Tz 11) Schulte-Kartei PatG 81–85 Nr 435 *Erwärmen von Brauchwasser*.

weise verloren hat, ist grundsätzlich aber auch dann zulässig, wenn der Kläger aus diesem Patent (derzeit) nicht in Anspruch genommen wird.[108]

60 **Unzulässige Antragstellung** zum Doppelschutzverbot vor BPatG: **a)** Im Nichtigkeitsverfahren ist ein Hilfsantrag unzulässig, das deutsche Patent insoweit für nichtig zu erklären, als es in seinem Schutzumfang über das parallele europäische Patent hinausgeht.[109] **b)** Nicht statthaft ist auch ein Antrag, die Wirkungslosigkeit des deutschen Patents aufgrund des Doppelschutzverbots festzustellen, s Rdn 45.

3 Neuerungen durch das Gesetz zur Anpassung patentrechtlicher Vorschriften auf Grund der europäischen Patentreform[110]

61 **3.1 Inkrafttreten der Änderungen**

62 Das Gesetz zur Anpassung patentrechtlicher Vorschriften bedingt erhebliche Änderungen im IntpatÜG, wobei das Inkrafttreten infolge der Regelung in Art 3 des Gesetzes, die wiederum auf Art 89 des EPGÜ[111] Bezug nimmt, derzeit nicht bestimmt werden kann. Nach Art. 89 (1) EPGÜ tritt das Übereinkommen entweder am ersten Tag des vierten Monats nach Hinterlegung der Ratifikations- oder Beitrittsurkunde oder am ersten Tag des vierten Monats nach dem Inkrafttreten der Änderungen der VO (EU) 1215/2012, die das Verhältnis zwischen dieser Verordnung und dem EPGÜ betreffen, in Kraft tritt; jeweils der spätere Zeitpunkt ist entscheidend. Nunmehr hat das BMJV in einer Presserklärung vom 27. September 2021 verlauten lassen, die Ratifikationsurkunde für das Protokoll über die vorläufige Anwendung zum EPGÜ hinterlegt zu haben.[112] Die Ratifikation des EPGÜ erwartet das BMJV nach Herstellung der Arbeitsfähigkeit des EPG Mitte des Jahres 2022.[113]

3.2 Neuregelung des Doppelschutzverbots

63 Da Art II § 8 bisher bestimmte, dass ein nationales Patent (ex nunc) die Wirkung verliert, wenn dem Anmelder oder seinem Rechtsnachfolger für die gleiche Erfindung mit dem gleichen Zeitrang ein europäisches Patent bestandskräftig erteilt wurde, bedingt die Einführung des europäischen Patents mit einheitlicher Wirkung, neben dem europäischen und dem nationalen Patent, eine Neuregelung.

3.2.1 Doppelschutzverbot im Fall des »opt out« (Art. 83 (3) EPGÜ)

64 Da sowohl für das europäische Patent als auch das europäische Patent mit einheitlicher Wirkung die Zuständigkeit des EPG vorgesehen ist, beschränkt die Änderung das Doppelschutzverbot auf die Fälle, in denen der Patentberechtigte sein Schutzrecht aus dem Geltungsbereich des EPGÜ herausnimmt, da dann weiterhin Rechtsschutz vor

---

[108] BPatGE 44, 133 = GRUR 02, 53 *Stretchfolie*.
[109] BPatGE 46, 118 *Hochdruckreiniger*.
[110] G. v. 20. August 2021, BGBl I 3914.
[111] AblEU, Nr. C 175 v. 30.8.2013.
[112] https://www.bmjv.de/SharedDocs/Pressemitteilungen/DE/2021/0927_Einheitliches_Patentgericht.html.
[113] https://www.bmjv.de/SharedDocs/Pressemitteilungen/DE/2021/0927_Einheitliches_Patentgericht.html.

nationalen Gerichten in Anspruch genommen und insoweit eine Änderung des Doppelschutzverbotes nicht angezeigt ist.[114] Die Änderung bezieht sich ausdrücklich nicht auf die (allgemeine) Frist des Art 83 (1) EPGÜ, um Unsicherheiten entgegen zu wirken und die Ausnahme vom Willen des Patentinhabers abhängig zu machen.
Diese Änderung bedingt auch die Änderung des Art. II § 8 (1) Nr 2.

3.2.2 Einfügung Art II § 8 (1) Nr 3 und Änderung Nr 4

Da das Doppelschutzverbot an die Inanspruchnahme der Ausnahmeregelung des Art 83 (3) EPGÜ geknüpft wird, diese aber gegebenenfalls nach den in § 8 (1) vorgesehenen Zeitpunkten liegen kann, soll aus Gründen der Rechtssicherheit in diesen Fällen der Zeitpunkt des Eintritts der Unwirksamkeit des nationalen Patents an den Zeitpunkt der Inanspruchnahme der Ausnahmeregelung angepasst werden und sicherstellen, dass das nationale Patent erst dann seine Wirksamkeit verliert, wenn das europäische Patent nicht mehr durch ein Einspruchsverfahren angegriffen werden kann.

Bei § 8 (1) Nr 4 handelt es sich um eine Folgeänderung, die sicherstellen soll, dass die Erteilung des nationalen Patents dann den spätesten Zeitpunkt des Eintritts seiner Unwirksamkeit darstellt, wenn diese Erteilung nach den § 8 (1) Nr 1 bis 3 genannten Zeitpunkten liegt; insbesondere erst dann, wenn das europäische Patent nicht mehr mit einem Einspruchsverfahren angegriffen werden kann.

3.2.3 Änderung des § 8 (2)

Damit soll verhindert werden, dass bei einem nachträglichen Verzicht des Patentinhabers auf die Ausnahmeregelung des Art 83 (3) EPGÜ gemäß Art 84 (4) eine Änderung der Rechtslage in Bezug auf das nationale Patent eintritt und es sollen (nachträgliche) Änderungen des Zeitpunkts der Unwirksamkeit ausgeschlossen werden.

§ 9 Umwandlung

(1) Hat der Anmelder einer europäischen Patentanmeldung, mit der für die Bundesrepublik Deutschland Schutz begehrt wird, einen Umwandlungsantrag nach Artikel 135 Abs 1 Buchstabe a des Europäischen Patentübereinkommens gestellt und hierbei angegeben, daß er für die Bundesrepublik Deutschland die Einleitung des Verfahrens zur Erteilung eines nationalen Patents wünscht, so gilt die europäische Patentanmeldung als eine mit der Stellung des Umwandlungsantrags beim Deutschen Patent- und Markenamt eingereichte nationale Patentanmeldung; Artikel 66 des Europäischen Patentübereinkommens bleibt unberührt.

(2) ¹Der Anmelder hat innerhalb einer Frist von drei Monaten nach Zustellung der Aufforderung des Deutschen Patent- und Markenamts eine deutsche Übersetzung der europäischen Patentanmeldung in der ursprünglichen Fassung dieser Anmeldung einzureichen. ²Wird die Übersetzung nicht rechtzeitig eingereicht, so wird die Patentanmeldung zurückgewiesen.

---

114 Vgl. Begründung zum RegE, https://www.bmjv.de/SharedDocs/Gesetzgebungsverfahren/Dokumente/RegE_Anpassung_patentrechtlicher_Vorschriften.pdf;jsessionid=9E5DA6315A05BB65DA649FE6002F5392.1_cid289?__blob=publicationFile&v=2, S. 18.

IntPatÜG 1976 *Art II Europäisches Patentrecht* **Anhang 1**

67 **Geltungsbereich:** Das **EPÜ-RevisionsG** (im Anhang 9) hat mit Wirkung v 13.12.2007 Art II § 9 (2) 1 neu gefasst sowie Art II § 9 (1) 2 und Art II § 9 (3) aufgehoben. Die Aufhebung des Art II § 9 (1) 2, der vorsah, dass bei einer Umwandlung nach Art 77 (5) EPÜ die Anmeldegebühr mit der Zahlung der Umwandlungsgebühr als entrichtet gilt, erfolgt aufgrund der Streichung des bedeutungslos gewordenen Art 162 EPÜ durch die Revisionsakte v 29.11.2000; die für diese Gebührenerleichterung maßgeblichen Billigkeitserwägungen standen im Zusammenhang mit der Umwandlung nach der Übergangsregelung in Art 162 (4) EPÜ und haben mit der Streichung des Art 162 (4) EPÜ nun auch formal ihre Grundlage verloren.[115] Zur Änderung des Art II § 9 (2) 1 s Rdn 71, zur Aufhebung des Art II § 9 (3) s Rdn 72.

1 Umwandlung nach Art 135 EPÜ

68 Art 135 EPÜ sieht die Umwandlung einer europäischen Anmeldung in eine nationale Anmeldung für zwei Fälle vor: **a)** gemäß Art 135 (1) a EPÜ, wenn die europäische Anmeldung nach Art 77 (3) EPÜ als zurückgenommen gilt, weil DPMA die Anmeldung nicht fristgerecht an EPA weiter geleitet hat; **b)** gemäß Art 135 (1) b EPÜ, wenn die europäische Anmeldung zurückgewiesen oder zurückgenommen worden ist oder als zurückgenommen gilt oder das europäische Patent widerrufen worden ist, sofern das nationale Recht eine Umwandlungsmöglichkeit vorsieht.

2 Umwandlung nach Art II § 9 IntPatÜG

69 Eine europäische Anmeldung kann in eine deutsche Anmeldung nur im Falle des Art 135 (1) a EPÜ umgewandelt werden, also nur dann, wenn die europäische Anmeldung wegen nicht rechtzeitiger Weiterleitung nach Art 77 (3) EPÜ als zurückgenommen gilt.

Umwandlungsantrag ist nach Art 135 (2) 1 EPÜ idF der Revisionsakte v 29.11.2000 beim DPMA zu stellen.

Frist: Die bisher in Art 135 (2) EPÜ aF geregelte Frist für den Antrag sowie die Rechtsfolge nicht rechtzeitiger Antragseinreichung sind aufgrund der Änderung des Art 135 EPÜ durch die Revisionsakte nunmehr in Regel 155 EPÜ 2000[116] enthalten. Der Umwandlungsantrag ist nach Regel 155 (1) 1 EPÜ 2000 innerhalb von 3 Monaten nach Zustellung der Mitteilung, dass die europäische Anmeldung als zurückgenommen gilt, einzureichen. Die Wirkung der europäischen Anmeldung als nationale Hinterlegung gemäß Art 66 EPÜ erlischt nach Regel 155 (1) 2 EPÜ 2000, wenn der Antrag nicht rechtzeitig eingereicht wird.

Mit Eingang eines wirksamen Umwandlungsantrags beim DPMA gilt nach Art II § 9 (1) die europäische Anmeldung als beim DPMA eingereichte nationale Patentanmeldung. Für den beim DPMA zu stellenden Umwandlungsantrag ist die Entrichtung einer Umwandlungsgebühr nicht vorgeschrieben. Anmeldetag der umgewandelten Anmeldung ist der europäische Anmeldetag.[117]

70 **Anmeldegebühr** ist wie bei einer von vornherein nationalen Patentanmeldung in der Frist des § 6 (1) 2 PatKostG zu zahlen, 3 Monate nach Fälligkeit (vgl § 34 Rdn 280 ff); nach § 3 (1) 1 PatKostG wird die Anmeldegebühr mit der Stellung des Umwandlungs-

---

115 Vgl amtl Begr zum EPÜ-RevisionsG Bundestagsdrucksache 16/4382 S. 9, BlPMZ 07, 365.
116 Tabu Gewerbl. Rechtsschutz Nr. 815.
117 BGH GRUR 82, 31 = BlPMZ 82, 24 *Roll- und Wippbrett*.

2366 Voit

antrags nach Art II § 9 (1) beim DPMA fällig. Gegen ein Fristversäumnis ist Wiedereinsetzung möglich. Zur Zahlung von Jahresgebühren s § 17 Rdn 15.

Deutsche Übersetzung ist nach Art 137 (2) b EPÜ und Art II § 9 (2) nur erforderlich, wenn die umzuwandelnde europäische Anmeldung nicht in deutscher Sprache abgefasst ist. Frist: 3 Monate nach Zustellung einer Aufforderung des DPMA. Wiedereinsetzung möglich. Die Änderung des Art II § 9 (2) 1 durch das EPÜ-RevisionsG, wonach bei der Übersetzung nur noch auf die ursprüngliche Fassung der europäischen Anmeldung und nicht auf eine im Verfahren vor dem EPA geänderte Fassung abgestellt wird, trägt dem Umstand Rechnung, dass nach der Neuregelung des Art 135 EPÜ durch die Revisionsakte v 29.11.2000 – in Art 135 (1) a EPÜ ist der Bezug auf Art 162 (4) EPÜ gestrichen – eine Umwandlung nur noch in den Fällen des Art 77 (3) EPÜ in Betracht kommt; in diesen Fällen ist das EPA mit der europäischen Anmeldung noch gar nicht befasst gewesen. Gegen Zurückweisung der Anmeldung nach fruchtlosem Fristablauf ist Beschwerde zulässig.

71

Wegfall von Art II § 9 (3) mit Wirkung v 13.12.2007: Die bisher in Art II § 9 (3) geregelte Ermäßigung der Prüfungsantragsgebühr war nur für den Fall der Übergangsregelung in Art 162 (4) EPÜ von Bedeutung. Da durch die Revisionsakte v 29.11.2000 der bedeutungslos gewordene Art 162 EPÜ gestrichen wurde, wurde Art II § 9 (3) durch das EPÜ-RevisionsG (im Anhang 9) aufgehoben.

72

§ 10 Zuständigkeit von Gerichten

(1) ¹Ist nach dem Protokoll über die gerichtliche Zuständigkeit und die Anerkennung von Entscheidungen über den Anspruch auf Erteilung eines europäischen Patents die Zuständigkeit der Gerichte im Geltungsbereich dieses Gesetzes begründet, so richtet sich die örtliche Zuständigkeit nach den allgemeinen Vorschriften. ²Ist danach ein Gerichtsstand nicht gegeben, so ist das Gericht zuständig, in dessen Bezirk das Europäische Patentamt seinen Sitz hat.

(2) § 143 des Patentgesetzes gilt entsprechend.

Anerkennungsprotokoll v 5.10.1973 abgedruckt in BGBl 1976 II 982 = BlPMZ 76, 316.

73

§ 11 Zentrale Behörde für Rechtshilfeersuchen

Das Bundesministerium der Justiz und für Verbraucherschutz wird ermächtigt, durch Rechtsverordnung ohne Zustimmung des Bundesrates eine Bundesbehörde als zentrale Behörde für die Entgegennahme und Weiterleitung der vom Europäischen Patentamt ausgehenden Rechtshilfeersuchen zu bestimmen.

Geltungsbereich: Art 19 der 10. ZuständigkeitsanpassungsVO v 31.8.2015 (BGBl I 1474) hat mit Wirkung v 8.9.2015 in Art II § 11 »Der Bundesminister der Justiz« durch »Das Bundesministerium der Justiz und für Verbraucherschutz« ersetzt.

74

Verordnung v 22.6.1979 (BGBl II 742 = BlPMZ 79, 229 = Tabu Gewerbl. Rechtsschutz Nr 330) bestimmt DPMA als zuständige Behörde gemäß Art II § 11 IntPatÜG. Zur Amts- und Rechtshilfe für das EPA vgl § 128 Rdn 6.

75

§ 12 Entzug des Geschäftssitzes eines zugelassenen Vertreters

¹Zuständige Behörde für den Entzug der Berechtigung, einen Geschäftssitz nach Artikel 134 Abs 6 Satz 1 und Absatz 8 des Europäischen Patentübereinkommens zu begründen, ist die Landesjustizverwaltung des Landes, in dem der Geschäftssitz begründet worden ist. ²Die Landesregierungen werden ermächtigt, die Zuständigkeit der Landesjustizverwaltung durch Rechtsverordnung auf den Präsidenten des Oberlandesgerichts des Bezirks zu übertragen, in dem der Geschäftssitz begründet worden ist. ³Die Landesregierungen können diese Ermächtigung durch Rechtsverordnung auf die Landesjustizverwaltung übertragen.

§ 13 Ersuchen um Erstattung technischer Gutachten

Ersuchen der Gerichte um Erstattung technischer Gutachten nach Artikel 25 des Europäischen Patentübereinkommens werden in unmittelbarem Verkehr an das Europäische Patentamt übersandt.

76 Lit in GRUR Int: Kolle 87, 476; Barbuto 91, 486; Brinkhof 96, 1115; Lit in GRUR: Brinkhof 93, 177. EPA-Prüfungsrichtlinien Teil E Kapitel XII.

1 Voraussetzungen des Art 25 EPÜ

77 Nach Art 25 EPÜ setzt die Erstattung eines technischen Gutachtens voraus: a) Ersuchen eines nationalen Gerichts, dessen Zuständigkeit nicht geprüft wird. Keine Erstattung von Privatgutachten; b) Gegenstand der Klage ist ein europäisches Patent; c) die vorgelegten Fragen müssen technischer Art sein. Zu Rechtsfragen, insbesondere Schutzbereich, Verletzung oder Gültigkeit des Patents, hat sich das Gutachten nicht zu äußern, es sei denn, sie weisen einen Sachzusammenhang mit der Beantwortung der technischen Fragen auf, wie zB Neuheit und erfinderische Tätigkeit.

2 Verfahren

78 **Zuständig** ist die Prüfungsabteilung, die nach Möglichkeit nicht mit Mitgliedern besetzt wird, die an einem früheren Verfahren über dasselbe Patent mitgewirkt haben.
Gebühr beträgt nach Art 2 Nr 20 GebO EPÜ[118] 3900 €, die nach Art 10 GebO zu 75 % erstattet wird, wenn das Ersuchen zurückgenommen wird, bevor mit der Erstellung des Gutachtens begonnen wurde.
Sprache: Das Gutachten wird grundsätzlich in der Verfahrenssprache des europäischen Patents abgefasst, es sei denn, das Gericht beantragt oder ist damit einverstanden, dass eine andere EPA-Amtssprache verwendet wird.
Erscheinen vor Gericht eines Mitglieds der Prüfungsabteilung ist auf gerichtliche Aufforderung hin möglich.

---

118 IdF ab 1.4.2016, s ABl EPA Zusatzpublikation 2/2016 = BlPMZ 16, 221.

§ 14 Unzulässige Anmeldung beim Europäischen Patentamt

Wer eine Patentanmeldung, die ein Staatsgeheimnis (§ 93 des Strafgesetzbuches) enthält, unmittelbar beim Europäischen Patentamt einreicht, wird mit Freiheitsstrafe bis zu fünf Jahren oder mit Geldstrafe bestraft.

§ 93 StGB abgedruckt bei § 50 Rdn 7. Vgl § 52 Rdn 5.

§ 15 Europäisches Patent mit einheitlicher Wirkung

(1) Die §§ 1 bis 4 und 11 bis 14 gelten vorbehaltlich speziellerer Vorschriften auch für das europäische Patent mit einheitlicher Wirkung nach Artikel 2 Buchstabe c der Verordnung (EU) Nr. 1275/2012 des Europäischen Parlaments und des Rates vom 17. Dezember 2012 über die Umsetzung der verstärkten Zusammenarbeit im Bereich der Schaffung eines einheitlichen Patentschutzes (Abl. L 361 vom 31.12.2012, S. 1; L 307 vom 28.10.2014, S. 83). Die §§ 5, 6a und 10 sind vorbehaltlich speziellerer Vorschriften auf europäische Patente mit einheitlicher Wirkung entsprechend anzuwenden.

(2) Wird die einheitliche Wirkung eines europäischen Patents in das Register für den einheitlichen Patentschutz nach Artikel 2 Buchstabe c der Verordnung (EU) Nr. 1257/2012 eingetragen, so gilt die Wirkung des europäischen Patents für die Bundesrepublik Deutschland als nationales Patent mit dem Tag der Veröffentlichung des Hinweises auf die Erteilung des europäischen Patents im Europäischen Patentblatt durch das Europäische Patentamt als nicht eingetreten.

(3) Wird der Antrag des Inhabers eines europäischen Patents auf einheitliche Wirkung zurückgewiesen, so werden die Jahresgebühren für das mit Wirkung für die Bundesrepublik Deutschland erteilte europäische Patent mit dem Tag der Zustellung der Entscheidung des Europäischen Patentamts fällig oder bei einer Klage nach Artikel 32 Absatz 1 Buchstabe i des Übereinkommens über ein Einheitliches Patentgericht mit der Zustellung der Entscheidung des Einheitlichen Patentgerichts über die Zurückweisung, die Rechtskraft erlangt, sofern sich nicht nach § 3 Absatz 2 Satz 1 des Patentkostengesetzes eine spätere Fälligkeit ergibt.

§ 16 Zwangslizenz an einem europäischen Patent mit einheitlicher Wirkung

Ein europäisches Patent mit einheitlicher Wirkung ist in Bezug auf die Vorschriften des Patentgesetzes, die die Erteilung einer Zwangslizenz betreffen, wie ein im Verfahren nach dem Patentgesetz erteiltes Patent zu behandeln.

§ 17 Verzicht auf das europäische Patent mit einheitlicher Wirkung

§ 20 Absatz 1 Nummer 1 des Patentgesetzes findet auf europäische Patente mit einheitlicher Wirkung keine Anwendung.

§ 18 Doppelschutz und Einrede der doppelten Inanspruchnahme

(1) Eine Klage wegen Verletzung oder drohender Verletzung eines im Verfahren nach dem Patentgesetz erteilten Patents ist als unzulässig abzuweisen,
1. *soweit Gegenstand des Patents eine Erfindung ist, für die demselben Erfinder oder seinem Rechtsnachfolger mit Wirkung für die Bundesrepublik Deutschland ein europäisches Patent mit einheitlicher Wirkung mit derselben Priorität erteilt worden ist, und*
2. *wenn ein Verfahren vor dem Einheitlichen Patentgericht gegen dieselbe Partei wegen Verletzung oder drohender Verletzung des europäischen Patents oder des europäischen Patents mit einheitlicher Wirkung Nach Nummer 1 rechtshängig ist oder das Einheitliche Patentgericht über ein solches Begehren eine rechtskräftige Entscheidung getroffen hat und*
3. *sofern der Beklagte dies in dem ersten Termin nach Entstehung der Einrede vor Beginn der mündlichen Verhandlung zur Hauptsache rügt.*

(2) Erhebt der Beklagte eine Einrede nach Absatz 1, kann das Gericht anordnen, dass die Verhandlung bis zur Erledigung des Verfahrens vor dem Einheitlichen Patentgericht auszusetzen sei.

(3) Die Absätze 1 und 2 gelten entsprechend für ergänzende Schutzzertifikate.

(4) Die Absätze 1 und 2 gelten nicht für vorläufige oder sichernde Maßnahmen.

§ 19 Anwendung der Zivilprozessordnung für die Zwangsvollstreckung aus Entscheidungen und Anordnungen des Einheitlichen Patentgerichts

(1) Aus Entscheidungen und Anordnungen des Einheitlichen Patentgerichts gemäß Artikel 82 des Übereinkommens über ein Einheitliches Patentgericht, deren Vollstreckung das Einheitliche Patentgericht angeordnet hat, findet die Zwangsvollstreckung im Inland statt, ohne dass es einer Vollstreckungsklausel bedarf. Die Vorschriften über die Zwangsvollstreckung inländischer Entscheidungen sind entsprechend anzuwenden, soweit nicht in Absätzen 3 und 4 abweichende Vorschriften enthalten sind.

(2) Die Zwangsvollstreckung darf nur beginnen, wenn der Eintritt der für die Vollstreckung erforderlichen Voraussetzungen durch Urkunden belegt ist, die in deutscher Sprache errichtet oder in die deutsche Sprache übersetzt wurden. Die Übersetzung ist von einer in einem Mitgliedstaat der Europäischen Union hierzu befugten Person zu erstellen. Die Kosten der Übersetzung trägt der Vollstreckungsgläubiger.

(3) An die Stelle des Prozessgerichts des ersten Rechtszugs Im Sinne de § 767 Absatz 1, des § 887 Absatz 1, des § 888 Absatz 1 Satz 1 und des § 890 Absatz 1 der Zivilprozessordnung tritt ohne Rücksicht auf den Streitwert das Landgericht, in dessen Bezirk die Zwangsvollstreckung stattfinden soll oder stattgefunden hat. Der Sitz von Gesellschaften oder juristischen Personen steht dem Wohnsitz gleich. Haben die Länder die Zuständigkeit für Patentstreitsachen nach § 143 Absatz 2 des Patentgesetzes bestimmten Landgerichten zugewiesen, so gilt diese Zuweisung für die Bestimmung des nach Satz 1 zuständigen Landgerichts sinngemäß.

(4) Richtet sich die Klage nach § 767 der Zivilprozessordnung in Verbindung mit Absatz 1 Satz 2 gegen die Vollstreckung aus einem gerichtlichen Vergleich, ist § 767 Absatz 2 der Zivilprozessordnung nicht anzuwenden.

§ 20 Anwendung der Justizbeitreibungsordnung für die Beitreibung von Ansprüchen des Einheitlichen Patentgerichts

(1) Die Vorschriften der Justizbeitreibungsordnung sind auf die Beitreibung von Ordnungs- und Zwangsgeldern sowie der sonstigen dem § 1 Absatz 1 der Justizbeitreibungsordnung entsprechenden Ansprüche des Einheitlichen Patentgerichts entsprechend anwendbar.
(2) Vollstreckungsbehörde für Ansprüche nach Absatz 1 ist das Bundesamt für Justiz.

Geltungsbereich: §§ 15–20 eingefügt durch Art 1 Nr 1 d) des Gesetzes zur Anpassung patentrechtlicher Vorschriften auf Grund der europäischen Patentreform vom 20.8.2021, BGBl I 3914.

1 Allgemeines zur Art II §§ 15–20

Betrifft die Vorschriften, die notwendig sind, um das IntPatÜG an das Übereinkommen über ein Einheitliches Patentgericht sowie die Verordnungen (EU) Nr 1257/2012 und (EU) 1260/2012 anzupassen. Insbesondere geht es auch um die Wirkungen des europäischen Patents mit einheitlicher Wirkung.

2 Zu den Vorschriften im Einzelnen

2.1 § 15

§ 15 (1) 1 bringt zunächst die Anwendbarkeit der bisherigen Vorschriften zum europäischen Patentrecht, nämlich Art II §§ 1 bis 4 und 11 bis 14 auch für das europäische Patent mit einheitlicher Wirkung gelten sollen, wobei S 2 klarstellt, welche Vorschriften, die vom Wortlaut her nicht unmittelbar auf das europäische Patent mit einheitlicher Wirkung passen, entsprechend anzuwenden sind.[119] Der Vorbehalt in S 2 soll sicherstellen, dass nicht in die ausschließliche Zuständigkeit des Einheitlichen Patentgerichts (Art 32 EPGÜ) eingegriffen wird, etwa in Bezug auf ergänzende Schutzzertifikate. Außerhalb dieser Zuständigkeit des EPG soll aber das deutsche Recht Anwendung finden.[120] Dadurch soll klargestellt werden, dass das europäische Patent mit einheitlicher Wirkung auf dem europäischen Patent aufbaut.

§ 15 (2) entspricht der Vorgabe in Art 4 (2) der VO (EU) Nr 1257/2012 und soll sicherstellen, dass es nicht zu einer Kollision der Schutzwirkung des europäischen Patents und des europäischen Patents mit einheitlicher Wirkung kommt. Das wird dadurch erreicht, dass mit Beantragung der einheitlichen Wirkung diese vorgeht; nach Art 4 (2) der VO (EU) 1257/2012 kann dann auf der Grundlage des EPÜ kein Schutzrecht mit Wirkung für den Hoheitsbereich der einzelnen Vertragsstaaten entstehen.

---

[119] Vgl. Begründung zum RegE, https://www.bmjv.de/SharedDocs/Gesetzgebungsverfahren/Dokumente/RegE_Anpassung_patentrechtlicher_Vorschriften.pdf;jsessionid=9E5DA6315A05BB65DA649FE6002F5392.1_cid289?__blob=publicationFile&v=2, S.19.
[120] AaO (Fn 119), S 20.

In § 15 (3) wird der Sonderfall der Fälligkeit der Jahresgebühren bei einer Zurückweisung des Antrags des Inhabers eines europäischen Patents auf einheitliche Wirkung unter der Prämisse geregelt, dass dann ein Interesse auf Erhaltung des Schutzrechts in der Form eine europäischen Patents besteht; die Einhaltung der Zahlungsfristen aber gleichwohl möglich ist, solange nicht feststeht, dass der Antrag auf einheitliche Wirkung endgültig zurückgewiesen wurde. Soweit sich nach § 3 (2) 1 PatKostG eine noch spätere Zahlungsfrist ergeben sollte, ist diese maßgeblich.

2.2 Zu § 16

83 Nachdem der zehnte Erwägungsgrund der VO (EU) Nr 1257/2012 konstatiert, dass Zwangslizenzen dem Recht der teilnehmenden Mitgliedsaaten für ihr Hoheitsgebiet unterfallen, regelt § 16 die Anwendbarkeit des nationalen Rechts.

2.3 Zu § 17

84 Nachdem die VO (EU) Nr. 1257/2012 einen Verzicht auf das europäische Patent mit einheitlicher Wirkung nicht vorsieht, soll § 17 sicherstellen, dass diese Regelung nicht national umgangen werden kann, zumal ein Erlöschen eines europäischen Patents mit einheitlicher Wirkung nur für alle teilnehmende Mitgliedsstaaten eintreten, was bei einer Anwendbarkeit des § 20 (1) Nr 1 PatG nicht gewährleistet wäre.

2.4 Zu § 18

85 § 18 soll verhindern, dass eine Partei sowohl aus einem nationalen Schutzrecht als auch aus einem europäischen Patent mit einheitlicher Wirkung doppelt in Anspruch genommen werden kann. Soweit die Begründung darauf abstellt,[121] bei den Verfahren vor den nationalen Gerichten bestehe ein erhöhtes Schutzbedürfnis, erscheint das nicht nachvollziehbar, entspricht aber der Regelungsmacht des Gesetzgebers. Insgesamt sind die Hürden auch so hoch, dass ein effektiver Schutz doch angezweifelt werden kann. Denn einmal muss Gegenstand des Patents eine Erfindung desselben Erfinders oder dessen Rechtsnachfolgers sein, für die sowohl ein europäisches Patent mit einheitlicher Wirkung als auch ein nationales Patent erteilt wurde. Schon der Begriff »Erfindung« lässt viel Spielraum zur Interpretation. Noch weitegehender dürfte aber die Regelung des § 18 (1) Nr 2 anzusehen, wonach dieselbe **Ausführungsform** betroffen sein muss, auch wenn die Begründung[122] davon ausgeht, dass auch »leicht abgewandelte, aber in ihrem Kern gleiche Ausführungsformen«[123] darunter fallen sollen. Da die Einrede nicht bei vorläufigen und sichernden Maßnahmen greift, § 18 (4), ist gerade dann, wenn eiliger Rechtsschutz geboten wäre, dieser ausgeschlossen. Wenig hilfreich erscheint insoweit auch die Tatsache, dass die Einrede im ersten Termin nach Entstehung vor Beginn der mündlichen Verhandlung vorgebracht werden muss, auch wenn insoweit auf § 145 PatG bzw. § 1032 ZPO verwiesen wird,[124]

§ 18 (2) soll eine Aussetzung in allen Instanzen ermöglichen.[125]

---

121 AaO (Fn 119), S 26 f.
122 AaO (Fn 119), S 27.
123 AaO (Fn 119), S 27.
124 AaO (Fn 119), S 27.
125 AaO (Fn 119), S. 27 f.

§ 18 (3) erstreckt die Regelungen der Absätze 1 und 2 auf ergänzende Schutzzertifikate; § 18 (4) schließt den Anwendungsbereich der Einrede für vorläufige und sichernde Maßnahme vollständig aus.

2.5 Zu § 19

§ 19 regelt die Voraussetzungen der Vollstreckung aus Entscheidungen des Einheitlichen Patentgerichts, die auf sicherer Grundlage erfolgen sollen. § 19 (1) stellt dabei den Vorrang der Vollstreckung nach Art 82 des EPGÜ sicher. § 19 (2) soll sicherstellen, dass nur bei einem tatsächlich vorhandenen Titel vollstreckt werden kann; die Kostenfrage wäre systematisch sicher besser unterzubringen gewesen. § 19 (3) regelt die Zuständigkeit des Vollstreckungsgerichts in Anlehnung an § 1086 (1) ZPO, wobei die vorgesehene Bestimmung eines mit Patentsachen befassten Landgerichts sicher Sinn macht. § 19 (4) schließlich stellt klar, dass eine auf einen gerichtlichen Vergleich gestützte Vollstreckungsabwehrklage nicht präkludiert sein soll, weil hier eine Anwendung der Präklusionsvorschrift des § 767 (2) ZPO keinen Sinn macht.

2.6 Zu § 20

§ 20 beinhaltet die Beitreibung bestimmter Ansprüche des Einheitlichen Patentgerichts.

Artikel III Verfahren nach dem Patentzusammenarbeitsvertrag

§ 1 Das Deutsche Patent- und Markenamt als Anmeldeamt

(1) ¹Das Deutsche Patent- und Markenamt ist Anmeldeamt im Sinne des Artikels 10 des Patentzusammenarbeitsvertrags. ²Es nimmt internationale Patentanmeldungen von Personen entgegen, die die deutsche Staatsangehörigkeit besitzen oder im Geltungsbereich dieses Gesetzes ihren Sitz oder Wohnsitz haben. ³Es nimmt auch internationale Anmeldungen von Personen entgegen, die die Staatsangehörigkeit eines anderen Staates besitzen oder in einem anderen Staat ihren Sitz oder Wohnsitz haben, wenn die Bundesrepublik Deutschland die Entgegennahme solcher Anmeldungen mit einem anderen Staat vereinbart hat und dies durch den Präsidenten des Deutschen Patent- und Markenamts bekanntgemacht worden ist oder wenn das Deutsche Patent- und Markenamt mit Zustimmung seines Präsidenten durch die Versammlung des Verbands für die Internationale Zusammenarbeit auf dem Gebiet des Patentwesens als Anmeldeamt bestimmt worden ist.

(2) ¹Internationale Anmeldungen können in deutscher Sprache beim Deutschen Patent- und Markenamt oder gemäß § 34 Abs 2 des Patentgesetzes über ein Patentinformationszentrum eingereicht werden. ²Die internationale Anmeldung wird *dem Internationalen Büro* gemäß Artikel 12 Abs 1 des Patentzusammenarbeitsvertrages übermittelt.

(3) Auf das Verfahren vor dem Deutschen Patent- und Markenamt als Anmeldeamt sind ergänzend zu den Bestimmungen des Patentzusammenarbeitsvertrags die Vorschriften des Patentgesetzes für das Verfahren vor dem Deutschen Patent- und Markenamt anzuwenden.

Lit in Mitt: Gall 98, 161; Schlee 98, 210; Lit in GRUR Int: Hübenett 00, 745.

1 DPMA als Anmeldeamt[126]

89 **Einreichung internationaler Anmeldungen** ist unter den Voraussetzungen des Art III § 1 (1) möglich beim DPMA oder bei einem Patentinformationszentrum, wie Art III § 1 (2) 1 vorsieht (vgl dazu § 34 Rdn 59). Elektronische Einreichung bei DPMA ist zulässig, s § 1 Nr 1 a ERVDPMAV[127] (s Einl Rdn 365). Die Anmeldung ist in deutscher Sprache einzureichen, wie Art III § 1 (2) 1 ausdrücklich bestimmt, § 35a PatG[128] gilt nicht.

Anwendbares Recht: Gemäß Art III § 1 (3) IntPatÜG der PCT und ergänzend PatG. Nach Art 14 PCT ist die internationale Anmeldung nur auf die dort genannten Mängel zu prüfen.

Fristen: Die Überschreitung von **Fristen** wird nach Art 48 (2) a PCT als entschuldigt angesehen, wenn Gründe vorliegen, die nach nationalem Recht zugelassen sind. **Wiedereinsetzung** ist daher nach § 123 PatG gewährbar.[129]

2 Gebühren

90 **Gebühren,** die für die internationale Phase des PCT-Verfahrens an DPMA als Anmeldeamt zu entrichten sind: **a) Übermittlungsgebühr** (Regel 14.1 PCT), sie beträgt 90 € (Nr 313 900 PatKostG im Anhang 15), die mit dem Eingang der int Anmeldung fällig wird (§ 3 (1) PatKostG). Wird sie nicht innerhalb von 3 Monaten gezahlt, gilt die int Anmeldung als zurückgenommen (§ 6 (2) PatKostG). Zur Rückzahlung vgl PatKostG § 10 (im Anhang 15); **b) internationale Anmeldegebühr**[130] (Regel 15.1 PCT), ihre Höhe ergibt sich nach Regel 15.2 PCT aus dem Gebührenverzeichnis als Anhang zu der AusfO PCT;[131] **c) Recherchengebühr** (Regel 16.1 PCT) für die Erstellung des internationalen Recherchenberichts durch EPA als Internationale Recherchenbehörde (s Rdn 94), sie beträgt 1875 € (Art 2 Nr 2 GebO EPÜ[132]).

Anmelde- und Recherchengebühr sind innerhalb eines Monats nach Eingang der internationalen Anmeldung zu entrichten (Regel 15.3 bzw 16.1 f PCT). Wird die vom DPMA nach Regel 16bis.1 PCT gesetzte einmonatige Nachfrist versäumt, gilt die internationale Anmeldung als zurückgenommen (Art 14 (3) a PCT).

---

126 Anmeldeamt wird in internationalen Merkblättern mit »RO« (Receiving Office) abgekürzt, s auch Merkblatt des DPMA im Tabu Gewerbl. Rechtsschutz Nr 915.
127 Anhang 19 = Tabu Gewerbl. Rechtsschutz Nr 302.
128 Neu eingefügt in das PatG mit Wirkung v 1.4.2014 durch das Gesetz zur Novellierung patentrechtlicher Vorschriften und anderer Gesetze des gewerblichen Rechtsschutzes (PatNovG, v 19.10.2013, BGBl I 3830 = BlPMZ **13,** 362); bis 30.3.2014 war die Übersetzung fremdsprachiger nationaler Anmeldungen in § 35 PatG geregelt.
129 BPatGE **25,** 8; **26,** 1, 9.
130 Für ab dem 1.1.2004 eingereichte Anmeldungen (vorher Grundgebühr und Bestimmungsgebühren), mit denen automatisch die Bestimmung aller PCT-Vertragsstaaten verbunden ist (zur Ausnahme Deutschlands von der Bestimmung s Rdn 99), vgl die Bekanntmachung in BGBl 2004 II 790 = BlPMZ **04,** 371 zu den Änderungen der AusfO PCT mit Wirkung vom 1.1.2004.
131 Summe aus feststehendem Betrag zuzüglich Betrag für jedes Blatt über 30, Ermäßigung bei elektronischer Anmeldung; zur aktuellen Höhe s Website der WIPO unter http://www.wipo.int/pct/en/fees.
132 IdF ab 1.4.2016, s ABl EPA Zusatzpublikation 2/2016 = BlPMZ **16,** 221.

Hinsichtlich der **Zahlungsweise** gelten nicht nur für die im PatKostG geregelte Übermittlungsgebühr, sondern auch für die weiteren Gebühren, die das DPMA zugunsten der WIPO (internationale Anmeldegebühr) bzw des EPA (Recherchengebühr) erhebt, mangels ausdrücklicher Regelungen im PCT oder in der AusfO PCT die Vorschriften der PatKostZV (im Anhang 17); daher ist zB Scheckzahlung nicht zulässig.[133]

Verfahrenskostenhilfe ist mangels Rechtsgrundlage nicht gewährbar.[134]

3 Vollmacht

DPMA als Anmeldeamt (nicht als Bestimmungsamt) verzichtet grundsätzlich auf die Vorlage gesonderter Vollmachtsurkunden und der Vorlage einer Abschrift der allgemeinen Vollmacht, es sei denn, a) der Vertreter ist weder ein in Deutschland ansässiger und zugelassener PA oder RA noch ein Staatsangehöriger der EU oder des EWR, der gemäß § 25 (2) 1 PatG berechtigt ist; b) es bestehen berechtigte Zweifel; c) es handelt sich um einen Gemeinsamen Vertreter.[135]

4 Beschwerde im PCT-Verfahren

Vgl dazu § 73 Rdn 45.

§ 2 Geheimhaltungsbedürftige internationale Anmeldungen

(1) [1]Das Deutsche Patent- und Markenamt prüft alle bei ihm als Anmeldeamt eingereichten internationalen Anmeldungen darauf, ob mit ihnen Patentschutz für eine Erfindung nachgesucht wird, die ein Staatsgeheimnis (§ 93 des Strafgesetzbuches) ist. [2]Für das Verfahren gelten die Vorschriften des Patentgesetzes entsprechend; § 53 des Patentgesetzes ist anzuwenden.

(2) [1]Ergibt die Prüfung nach Absatz 1, daß die Erfindung ein Staatsgeheimnis ist, so ordnet das Deutsche Patent- und Markenamt von Amts wegen an, daß die Anmeldung nicht weitergeleitet wird und jede Bekanntmachung unterbleibt. [2]Mit der Rechtskraft der Anordnung gilt die internationale Anmeldung als eine von Anfang an beim Deutschen Patent- und Markenamt eingereichte nationale Patentanmeldung, für die eine Anordnung nach § 50 Abs 1 des Patentgesetzes ergangen ist. [3]Die für die internationale Anmeldung gezahlte Übermittlungsgebühr wird auf die für das Anmeldeverfahren nach § 34 des Patentgesetzes zu zahlende Gebühr nach dem Patentkostengesetz verrechnet; ein Überschuß wird zurückgezahlt.

Geheimhaltungsanordnung: Vgl dazu § 50 Rdn 5 ff.

§ 3 Internationale Recherchenbehörde

Das Deutsche Patent- und Markenamt gibt bekannt, welche Behörde für die Bearbeitung der ihm eingereichten internationalen Anmeldungen als Internationale Recherchenbehörde bestimmt ist.

---

133 BPatG BlPMZ 05, 80 *PCT-Gebühren*.
134 BPatG BlPMZ 90, 34.
135 MittDPMA Nr 19/05 BlPMZ 05, 217.

94 Internationale Recherchenbehörden werden nach Art 16 (3) a PCT durch die Versammlung eingesetzt. Mit Bekanntmachung v 24.4.1978 (BlPMZ 78, 165) wurde EPA als zuständige Behörde bestimmt.

§ 4 Das Deutsche Patent- und Markenamt als Bestimmungsamt

(1) ¹Das Deutsche Patent- und Markenamt ist Bestimmungsamt, wenn in einer internationalen Anmeldung die Bundesrepublik Deutschland für ein Patent oder ein Gebrauchsmuster oder beide Schutzrechtsarten bestimmt worden ist. ²Dies gilt nicht, wenn der Anmelder in der internationalen Anmeldung die Erteilung eines europäischen Patents beantragt hat.

(2) ¹Ist das Deutsche Patent- und Markenamt Bestimmungsamt, so hat der Anmelder innerhalb [der in Artikel 22 Abs 1 des Patentzusammenarbeitsvertrags vorgesehenen Frist][136] *einer Frist von 31 Monaten nach dem Anmeldetag oder, wenn eine Priorität in Anspruch genommen worden ist, nach dem Prioritätsdatum* die Gebühr nach dem Patentkostengesetz für das Anmeldeverfahren zu entrichten sowie, sofern die internationale Anmeldung nicht in deutscher Sprache eingereicht worden ist, eine Übersetzung der Anmeldung in deutscher Sprache einzureichen. ²Ist das Deutsche Patent- und Markenamt auch Anmeldeamt, so gilt die Anmeldegebühr mit der Zahlung der Übermittlungsgebühr als entrichtet.

(3)[137] ¹Zur Wahrung der in [Artikel 22 Absatz 1 des Patentzusammenarbeitsvertrags][138] *Absatz 2 Satz 1* vorgesehenen Frist hat der Anmelder eines Patents die Gebühr zu entrichten, die sich nach dem Patentkostengesetz für die ursprünglich eingereichte Fassung der internationalen Anmeldung ergibt. ²Sind die Ansprüche der internationalen Anmeldung im Verfahren vor dem Internationalen Büro geändert worden und ergibt sich dadurch eine höhere Gebühr nach dem Patentkostengesetz, so wird der Unterschiedsbetrag fällig
1. mit Ablauf der in [Artikel 22 Absatz 1 des Patentzusammenarbeitsvertrags][139] Absatz 2 Satz 1 bestimmten Frist oder
2. mit Einreichung eines Antrags auf vorzeitige Bearbeitung nach Artikel 23 Absatz 2 des Patentzusammenarbeitsvertrags.

³Wird der Unterschiedsbetrag nicht innerhalb von drei Monaten ab Fälligkeit gezahlt, so wird die Änderung der Ansprüche nicht berücksichtigt.

(4) ¹Wird für die internationale Anmeldung die Priorität einer beim Deutschen Patent- und Markenamt eingereichten früheren Patent- oder Gebrauchsmusteranmeldung beansprucht, so gilt diese abweichend von § 40 Abs 5 des Patentgesetzes oder § 6 Abs 1 des Gebrauchsmustergesetzes zu dem Zeitpunkt als zurückgenom-

---

136 Der Text in eckigen Klammern wird ab dem 1.5.2022 durch den kursiv wiedergegeben Text ersetzt, vgl. Art. 2 Nr 1 a) und Art. 13 (2) Nr 2 2. PatRModG v. 10.8.2021, BGBl I 3490.
137 Absatz 3 eingefügt mit Wirkung v 1.4.2014 durch Art 7 Nr 2b des Gesetzes zur Novellierung patentrechtlicher Vorschriften und anderer Gesetze des gewerblichen Rechtsschutzes (PatNovG) v 19.10.2013, BGBl I 3830 = BlPMZ 13, 362; bisheriger Absatz 3 wurde zum Absatz 4.
138 Der Text in eckigen Klammern wird ab dem 1.5.2022 durch den kursiv wiedergegeben Text ersetzt, vgl. Art. 2 Nr 1 b) und Art. 13 (2) Nr 2 2. PatRModG v. 10.8.2021, BGBl I 3490.
139 Der Text in eckigen Klammern wird ab dem 1.5.2022 durch den kursiv wiedergegeben Text ersetzt, vgl. Art. 2 Nr 1 b) und Art. 13 (2) Nr 2 2. PatRModG v. 10.8.2021, BGBl I 3490.

men, zu dem die Voraussetzungen des Absatzes 2 erfüllt und die in [Art 22 oder 39 Abs 1 des Patentzusammenarbeitsvertrags vorgesehenen Fristen abgelaufen sind][140] *Absatz 2 Satz 1 vorgesehene Frist abgelaufen ist.* ²Wird für die internationale Anmeldung nach Satz 1 ein Antrag auf vorzeitige Bearbeitung oder Prüfung nach Artikel 23 Abs 2 oder Artikel 40 Abs 2 des Patentzusammenarbeitsvertrags gestellt, gilt die frühere Patent- oder Gebrauchsmusteranmeldung zu dem Zeitpunkt als zurückgenommen, zu dem die Voraussetzungen des Absatzes 2 erfüllt sind und der Antrag auf vorzeitige Prüfung oder Bearbeitung beim Deutschen Patent- und Markenamt eingegangen ist.

Geltungsbereich: Die Rücknahmefiktion des Art III § 4 (4) 1 wurde – damals als Abs 3 – erst nachträglich durch Art 6 Nr 8 des 2. GPatG[141] mit Wirkung v 1.6.1992 angefügt u durch Art 6 Nr 6d des 2. PatGÄndG[142] mit Wirkung v 1.11.1998 neugefasst. Das EPÜ-RevisionsG (im Anhang 9) hat mit Wirkung v 13.12.2007 den Satz 2 angefügt, s Rdn 99; durch das PatNovG wurde aus Abs 3 der Abs 4. 95

PatNovG[143]: Art 7 Nr 2 des Gesetzes zur Novellierung patentrechtlicher Vorschriften und anderer Gesetze des gewerblichen Rechtsschutzes hat mit Wirkung v 1.4.2014: a) in Art III § 4 einen neuen Abs 3 eingefügt, der bisherige Abs 3 wurde Abs 4; b) in Art III § 4 (2) 1 die Wörter »nach § 34 des Patentgesetzes und, wenn ein Gebrauchsmuster beantragt wurde, nach § 4 des Gebrauchsmustergesetzes« gestrichen.

2. PatRModG[144] hat mit Wirkung vom 1.5.2022 in § 4 Abs 2 Satz 1 die Verweisung auf Art. 22 Abs 1 des Patentzusammenarbeitsvertrags durch eine konkrete Frist ersetzt und die entsprechenden Bezugnahmen in den Absätzen 3 und 4 durch Verweisungen auf den neu gefassten Absatz 2 Satz 1 ersetzt.

1 DPMA als Bestimmungsamt

Bestimmung Deutschlands: Mit Einreichung der internationalen Anmeldung sind nach Regel 4.9 a PCT alle PCT-Vertragsstaaten als Staaten bestimmt, in denen um Schutz für ein Patent bzw Gebrauchsmuster nachgesucht wird;[145] grundsätzlich ist daher automatisch auch Deutschland bestimmt (möglich aber Ausnahme Deutschlands von der Bestimmung nach Regel 4.9 b PCT im Hinblick auf die Rücknahmefiktion des Art III § 4 (4) oder Rücknahme der Bestimmung nach Regel 90.bis.2 PCT, s Rdn 99). 96

Einleitung der nationalen Phase einer PCT-Anmeldung vor DPMA als Bestimmungsamt erfordert: a) **Entrichtung der Anmeldegebühr**, früher mit identischen Gebührentatbeständen wie bei nationalen Anmeldungen, mit Wirkung v 1.4.2014 aufgrund der Änderung durch das PatNovG[146] mit eigenen Gebührentatbeständen (Nr 311 150 u Nr 311 160 PatKostG, s auch unter Rdn 97); sie entfällt aber nach Art III § 4 (2) 2, wenn die internationale Anmeldung auch schon beim DPMA als Anmeldeamt eingereicht wurde; b) **Einreichung einer Übersetzung** im Falle einer fremdsprachigen

---

140 Der Text in eckigen Klammern wird ab dem 1.5.2022 durch den kursiv wiedergegebenen Text ersetzt, vgl. Art. 2 Nr 1 c) und Art. 13 (2) Nr 2 2. PatRModG v. 10.8.2021, BGBl I 3490.
141 BGBl 1991 II 1354 = BlPMZ 92, 42.
142 BGBl 1998 I 1827 = BlPMZ 98, 382.
143 BGBl 2013 I 3830 = BlPMZ 13, 362.
144 BGBl 2021 I 3490.
145 Für ab dem 1.1.2004 eingereichte Anmeldungen, vgl die Bekanntmachung in BGBl 2004 II 790 = BlPMZ 04, 371 zu den Änderungen der AusfO PCT mit Wirkung vom 1.1.2004.
146 S Art 4 Nr 1b des Gesetzes zur Novellierung patentrechtlicher Vorschriften und anderer Gesetze des gewerblichen Rechtsschutzes (PatNovG) v 19.10.2013, BGBl I 3830 = BlPMZ 13, 362.

internationalen Anmeldung (nur bei DPMA, nicht bei einem Patentinformationszentrum, s § 34 Rdn 65). Für die Übersetzung gelten keine strengeren Maßstäbe als beim Übersetzungserfordernis für nationale Anmeldungen; fremdsprachige Erläuterungen in Zeichnungen können daher unschädlich sein[147] (vgl zu nationalen Anmeldungen § 126 Rdn 8).
Frist beträgt bis zum 30.4.2022 nach Art 22 (1) PCT 30 Monate[148] seit dem Prioritätsdatum, ab dem 1.5.2022 allgemein 31 Monate ab Anmeldetag oder ab dem Prioritätsdatum. Eine Nachfristsetzung ist weder für die Anmeldegebühr[149] noch für die Übersetzung[150] möglich. Fristüberschreitung beendet die Wirkung der internationalen Anmeldung als vorschriftsmäßige nationale Anmeldung, Art 24 (1) iii iVm Art 11 (3) PCT. Wiedereinsetzung ist nach Art 48 (2) a PCT iVm § 123 PatG gewährbar.[151]
Vertretung: Bestellung eines Anwalts für die internationale Phase wirkt nicht fort bei Einleitung der nationalen Phase, s § 25 Rdn 10. Wenn das DPMA sowohl das Anmelde- als auch das Bestimmungsamt ist, kann dies aber anzunehmen sein.[152]

2 Anmeldegebühr

97 **Anspruchsabhängige Anmeldegebühr**, die seit 1.10.2009 für nationale Patentanmeldungen eingeführt wurde,[153] gilt auch für internationale Anmeldungen zur Einleitung der nationalen Phase vor DPMA. Die mit Wirkung v 1.4.2014 durch das PatNovG[154] neu geschaffenen Gebührentatbestände Nr 311 150 und Nr 311 160 PatKostG (PatKostG s Anhang 15) regeln die Höhe der Anmeldegebühr wie bei nationalen Anmeldungen in Abhängigkeit von der Anzahl der Patentansprüche.
Änderung der Anzahl der Ansprüche bei Einleitung der nationalen Phase: hier ist der mit Wirkung v 1.4.2014 durch das PatNovG neu geschaffene Art III § 4 (3) zu beachten. Danach gilt: **a) Verringerung** der Anzahl der Ansprüche bei Einleitung der nationalen Phase hat auf die Anmeldegebühr keinen Einfluss; für die Höhe der Anspruchsgebühren ist nur die Anzahl der am internationalen Anmeldetag eingereichten Ansprüche maßgeblich. Art III § 4 (3) 1 bestimmt ausdrücklich, dass sich die Anmeldegebühr nach der ursprünglich eingereichten Fassung der internationalen Anmeldung ergibt. Dies wurde von der Rspr auch schon vor Inkrafttreten dieser Vorschrift angenommen.[155] **b) Erhöhung** der Anzahl der Ansprüche bei Einleitung der

---

147 BPatG v 15.12.05 – 10 W (pat) 17/02 Schulte-Kartei PatG 35.2 Nr 74 *Schraubenfördereinrichtung.*
148 Seit der am 1.4.2002 in Kraft getretenen Änderung des Art 22 PCT, s dazu die Bekanntmachung in BGBl 2002 II 727 = BlPMZ 02, 216; vor dieser Änderung betrug die Frist 20 Monate.
149 Vgl BPatGE **25**, 8; **26**, 1; BPatG BlPMZ **01**, 218 u 220 = Mitt **01**, 258 u 260 *PCT-Anmeldegebühr I und II*; BPatG v 17.03.05 – 10 W (pat) 61/03 Schulte-Kartei PatG 300 Nr 99 *Nationale Anmeldegebühr.*
150 Art 27 (4) PCT ist insoweit nicht anwendbar, vgl dazu BPatG v 05.10.06 – 10 W (pat) 4/05, in juris = Schulte-Kartei PatG 300 Nr 83 *Frist zur Einreichung der deutschen Übersetzung.*
151 BPatGE **25**, 8 = BlPMZ **82**, 350.
152 BPatG v 24.09.14 – 15 W (pat) 15/14 Schulte-Kartei PatG 550 Nr 34 *Baukastensystem.*
153 Durch Art 4 Nr 1 und 2 des Gesetzes zur Vereinfachung und Modernisierung des Patentrechts v 31.7.2009 (PatRModG), BGBl I 2521 = = BlPMZ 09, 301.
154 S Art 4 Nr 1b des Gesetzes zur Novellierung patentrechtlicher Vorschriften und anderer Gesetze des gewerblichen Rechtsschutzes (PatNovG) v 19.10.2013, BGBl I 3830 = BlPMZ 13, 362.
155 BPatGE **54**, 72 *Nationale Gebühr einer internationalen Anmeldung.*

nationalen Phase führt zu einer höheren Anmeldegebühr; insoweit enthält Art III § 4 (3) 2 Bestimmungen über Fälligkeit, Zahlungsfrist und Rechtsfolgen zu der Anspruchsänderung.

Rechtslage vor Inkrafttreten des PatNovG: Eine *Verringerung* der Anzahl der Ansprüche bei Einleitung der nationalen Phase hat nach der Rspr[156] die zu zahlende Anmeldegebühr nicht verringert. Als maßgeblich für die Höhe der Anmeldegebühr ist die Anzahl der Ansprüche am Anmeldetag der internationalen Anmeldung angesehen worden, da diese nach Art 11 (3) PCT einer nationalen Anmeldung gleichsteht und Art III § 4 (2) 1 die Zahlung der Anmeldegebühr mit Verweis auf die nationale Anmeldegebühr regelt; diese wird nach § 3 (1) PatKostG mit Einreichung der Anmeldung fällig. Eine Reduzierung der Anzahl der Ansprüche vor oder bei Beginn der nationalen Phase, die keine gesonderte Anmeldung darstellt, hat daher keine Auswirkungen.[157]

3 Jahresgebühren

Jahresgebühren sind nach Eintritt in die nationale Phase wie für jede nationale Anmeldung nach deutschem Recht zahlen, vgl § 17 Rdn 16. Auch für eine internationale Patentanmeldung, bei der die nationale Phase erst 30 Monate nach dem Anmeldetag (wenn eine Priorität nicht beansprucht wird) und damit nach Beginn des 3. Patentjahres eintritt, ist die 3. Jahresgebühr zu zahlen; die Zahlungsfristen nach dem PatKostG (im Anhang 15) beginnen jedoch erst mit Eintritt in die nationale Phase zu laufen.[158]

98

4 Rücknahmefiktion

Wird für die internationale Anmeldung die **Priorität einer beim DPMA eingereichten früheren Patent- oder Gebrauchsmusteranmeldung** beansprucht, gilt diese abweichend von § 40 (5) PatG bzw § 6 (1) GebrMG, wonach die Voranmeldung bereits mit der Abgabe der Prioritätserklärung als zurückgenommen gilt, **erst dann als zurückgenommen**, wenn a) fristgerecht die *Anmeldegebühr* entrichtet[159] sowie fristgerecht die erforderliche *Übersetzung* eingereicht worden ist und – sofern kein Antrag auf vorzeitige Prüfung oder Bearbeitung der int Anmeldung nach Art 23 (2) oder Art 40 (2) PCT gestellt ist – b) die *30-Monatsfrist* des Art 22 (1) oder Art 39 (1) PCT abgelaufen ist (vgl auch § 40 Rdn 28).

99

Erfordernis des Ablaufs der Fristen des Art 22 (1) oder Art 39 (1) PCT wurde klarstellend erst mit der Neufassung des Art III § 4 (3) 1 durch Art 6 Nr 6 d des 2. PatGÄndG[160] eingefügt,[161] war aber bereits vorher in der Rechtsprechung anerkannt.[162] Diese Klarstellung ist für Fälle bedeutsam, in denen das DPMA zugleich Anmelde- und Bestimmungsamt ist. Da in diesen Fällen mit der Entrichtung der Übermittlungs-

100

---

156 BPatGE **54**, 72 *Nationale Gebühr einer internationalen Anmeldung.*
157 So lautete auch der auf der Website des DPMA abrufbare Hinweis des DPMA v 27.4.2012 zur Höhe der anspruchsabhängigen Anmeldegebühr bei Einleitung der nationalen Phase einer PCT-Anmeldung.
158 BPatG Mitt 01, 119.
159 BPatG BlPMZ **01**, 220 = Mitt 01, 260 *PCT-Anmeldegebühr II.*
160 BGBl 1998 I 1827 = BlPMZ **98**, 382.
161 Mit Inkrafttreten des PatNovG dann Art III § 4 (4) 1, s Rdn 95.
162 BPatGE **39**, 167 = BlPMZ **98**, 85.

gebühr die Anmeldegebühr als entrichtet gilt und die Übersetzung wegen der bereits erfolgten Einreichung der internationalen Anmeldung in deutscher Sprache entfällt, sind bereits zu einem frühen Zeitpunkt vor Ablauf der 30-Monatsfrist die Voraussetzungen für die Einleitung der nationalen Phase erfüllt. Die Rücknahmefiktion tritt bis zum 30.4.2022 aber gleichwohl grundsätzlich erst nach Ablauf der 30-Monatsfrist des Art 22 (1) oder Art 39 (1) PCT ein.[163] Ab dem 1.5.2022 gilt auch hier die Verweisung auf die Neufassung des § 4 Abs 2 Satz 1, wonach allgemein die Frist von 31 Monaten ab Anmelde- bzw. Prioritätsdatum zu beachten ist. **Ausnahme:** wenn ein Antrag auf vorzeitige Prüfung oder Bearbeitung der internationalen Anmeldung nach Art 23 (2) oder Art 40 (2) PCT gestellt ist, wie in dem durch das EPÜ-RevisionsG (im Anhang 9) neu angefügten Art III § 4 (3) 2[164] geregelt ist. Die Rücknahmefiktion tritt, wenn die Voraussetzungen für die Einleitung der nationalen Phase erfüllt sind (siehe a), bereits zu dem Zeitpunkt ein, zu dem der Antrag auf vorzeitige Prüfung oder Bearbeitung beim DPMA eingegangen ist. Dies beruht auf der Überlegung, dass es nicht gerechtfertigt erscheint, den Eintritt der Rücknahmefiktion bis zum Ablauf der Fristen des Art 22 (1) oder Art 39 (1) PCT zu verzögern, obwohl der Anmelder durch eine von ihm selbst getroffene Entscheidung den Eintritt der internationalen Anmeldung in die nationale Phase bereits zu einem früheren Zeitpunkt bewirkt hat.[165]

101 **Gleiche Schutzrechtsart:** Die Rücknahmefiktion tritt nur ein, wenn Voranmeldung und int Anmeldung die gleiche Schutzrechtsart betreffen (Patent/Patent oder Gebrauchsmuster/Gebrauchsmuster[166]), vgl dazu § 40 Rdn 29.

102 **Keine Rücknahmefiktion:** Will ein Anmelder verhindern, dass die Rücknahmefiktion eintritt, kann er a) bei Einreichung der internationalen Anmeldung nach Regel 4.9 b PCT Deutschland von der automatischen Bestimmung ausnehmen[167] oder b) rechtzeitig vor dem Eintritt in die nationale Phase nach Regel 90bis.2 PCT die Bestimmung Deutschlands für ein nationales Schutzrecht zurücknehmen. c) Es ist auch für zulässig erachtet worden, dass ein in seiner Wirkung auf Deutschland beschränkter Prioritätsverzicht gegenüber dem DPMA als Bestimmungsamt für die nationale Phase erklärt werden kann.[168]

§ 5 Weiterbehandlung als nationale Anmeldung

(1) ¹Übersendet das Internationale Büro dem Deutschen Patent- und Markenamt als Bestimmungsamt eine internationale Anmeldung, der das zuständige Anmeldeamt die Zuerkennung eines internationalen Anmeldedatums abgelehnt hat oder die dieses Amt für zurückgenommen erklärt hat, so prüft das Deutsche Patent- und Markenamt, ob die Beanstandungen des Anmeldeamts zutreffend sind,

---

163 Vgl amtl Begr zur Änderung des Art III § 4 (3) 1 durch das 2. PatGÄndG BlPMZ **98**, 409.
164 Mit Inkrafttreten des PatNovG dann Art III § 4 (4) 2, s Rdn 95.
165 Vgl amtl Begr zum EPÜ-RevisionsG Bundestagsdrucksache 16/4382 S 10, BlPMZ **07**, 366.
166 Vgl dazu MittDPMA Nr 24/04 BlPMZ **04**, 349.
167 Diese Ausnahme Deutschlands ist aufgrund der Änderung von Regel 4.9 b PCT zum 1.4.2006 nur noch unter der Voraussetzung möglich, dass die int Anmeldung tatsächlich eine deutsche Priorität in Anspruch nimmt, vgl dazu den Hinweis in BlPMZ **06**, 117.
168 BPatGE **48**, 207 *Prioritätsverzicht*.

sobald der Anmelder die Gebühr nach dem Patentkostengesetz für das Anmeldeverfahren nach § 34 des Patentgesetzes gezahlt und, sofern die internationale Anmeldung nicht in deutscher Sprache eingereicht worden ist, eine Übersetzung der internationalen Anmeldung in deutscher Sprache eingereicht hat. ²Das Deutsche Patent- und Markenamt entscheidet durch Beschluß, ob die Beanstandungen des Anmeldeamts gerechtfertigt sind. ³Für das Verfahren gelten die Vorschriften des Patentgesetzes entsprechend.

(2) Absatz 1 ist entsprechend auf die Fälle anzuwenden, in denen das Anmeldeamt die Bestimmung der Bundesrepublik Deutschland für zurückgenommen erklärt oder in denen das Internationale Büro die Anmeldung als zurückgenommen behandelt hat.

1 Nachprüfung durch Bestimmungsamt

Nachprüfung der internationalen Anmeldung durch die Bestimmungsämter sieht Art 25 PCT in bestimmten Fällen vor. Unter Ausnutzung des Vorbehalts nach Art 25 (2) a PCT macht Art III § 5 (1) 1 das weitere Tätigwerden des DPMA als Bestimmungsamt von der vorherigen Zahlung der Anmeldegebühr und – im Falle einer fremdsprachigen Anmeldung – von der Einreichung einer Übersetzung abhängig. Frist beträgt nach Regel 51.3 PCT iVm Regel 51.1 PCT 2 Monate und beginnt mit dem Zeitpunkt der Mitteilung an den Anmelder über die negative Erledigung zu laufen.

2 Verfahren

Art III § 5 (1) 2 u 3 regeln das Verfahren und die Art der vom DPMA zu treffenden Entscheidung. Bestand die Beanstandung zu Recht, erledigt sich mit dem Beschluss des DPMA das Verfahren, anderenfalls ist die Anmeldung vom DPMA nach Art 25 (2) a Halbsatz 2 PCT als nationale Anmeldung weiterzubehandeln.

§ 6 Das Deutsche Patent- und Markenamt als ausgewähltes Amt

(1) Hat der Anmelder zu einer internationalen Anmeldung, für die das Deutsche Patent- und Markenamt Bestimmungsamt ist, beantragt, daß eine internationale vorläufige Prüfung der Anmeldung nach Kapitel II des Patentzusammenarbeitsvertrags durchgeführt wird, und hat er die Bundesrepublik Deutschland als Vertragsstaat angegeben, in dem er die Ergebnisse der internationalen vorläufigen Prüfung verwenden will (»ausgewählter Staat«), so ist das Deutsche Patent- und Markenamt ausgewähltes Amt.

(2) Ist die Auswahl der Bundesrepublik Deutschland vor Ablauf des 19. Monats seit dem Prioritätsdatum erfolgt, so ist [§ 4 Abs 2 mit der Maßgabe anzuwenden, daß an die Stelle der dort genannten Frist die in Artikel 39 Abs 1 des Patentzusammenarbeitsvertrags vorgesehene Frist tritt]¹⁶⁹ *§ 4 Absatz 2 und 3 mit der Maßgabe anzuwenden, dass an die Stelle des Artikels 23 Absatz 2 des Patentzusammenarbeitsvertrags Artikel 40 Absatz 2 des Patentzusammenarbeitsvertrags tritt.*

---

169 Der Text in eckigen Klammern wird ab dem 1.5.2022 durch den kursiv wiedergegebenen Text ersetzt, vgl. Art. 2 Nr 2 b) und Art. 13 (2) Nr 2 2. PatRModG v. 10.8.2021, BGBl I 3490.

1 DPMA als ausgewähltes Amt

105 Mit Einreichung des Antrags auf internationale vorläufige Prüfung werden nach Regel 53.7 PCT alle **Bestimmungsstaaten, für die Kapitel II des PCT verbindlich ist, als ausgewählte Staaten benannt**;[170] grundsätzlich ist daher automatisch auch DPMA bei Einreichung eines solchen Prüfungsantrags ausgewähltes Amt (möglich aber Rücknahme der Auswahl nach Regel 90bis.4 PCT).

Für beim DPMA als Anmeldeamt eingereichte internationale Anmeldungen ist das EPA die zuständige mit der internationalen vorläufigen Prüfung beauftragte Behörde[171]: Antrag auf internationale vorläufige Prüfung ist nach Art 31 (6) a PCT unmittelbar beim EPA einzureichen, auch die Gebühren (Bearbeitungsgebühr nach Regel 57.1 PCT, Prüfungsgebühr nach Regel 58 PCT)[172] sind unmittelbar dem EPA zu entrichten.

2 Frist

106 Frist für die Einleitung der nationalen Phase einer PCT-Anmeldung vor DPMA richtet sich, wenn DPMA nicht nur Bestimmungsamt, sondern nach Maßgabe des Art III § 6 auch ausgewähltes Amt ist, nicht nach Art 22 (1) PCT, sondern nach Art 39 (1) PCT. Bedeutung hat diese Unterscheidung für die Frage der Fristeinhaltung nicht mehr, da sowohl die Frist nach Art 39 (1) PCT als auch die Frist nach Art 22 (1) PCT[173] 30 Monate seit dem Prioritätsdatum beträgt. Für die Einleitung der nationalen Phase vor DPMA gilt damit stets eine 30-Monatsfrist seit dem Prioritätsdatum, ab dem 1.5.2022 eine solche von 31 Monaten, um eventuelle Wettbewerbsnachteile auszugleichen.

§ 7 Internationaler Recherchenbericht

¹Liegt für die internationale Anmeldung ein internationaler Recherchenbericht vor, so ermäßigt sich die nach § 44 Abs 3 des Patentgesetzes zu zahlende Gebühr für die Prüfung der Anmeldung in gleicher Weise, wie wenn beim Deutschen Patent- und Markenamt ein Antrag nach § 43 Abs 1 des Patentgesetzes gestellt worden wäre. ²Eine Ermäßigung nach Satz 1 tritt nicht ein, wenn der internationale Recherchenbericht für Teile der Anmeldung nicht erstellt worden ist.

1 Prüfungsantrag

107 Nach Eintritt der internationalen Anmeldung in die nationale Phase beim DPMA richtet sich ihre weitere Behandlung nach deutschem Recht: Prüfungsantrag nach § 44 PatG ist daher innerhalb von 7 Jahren nach dem internationalen Anmeldedatum zu stellen (zur Antragsfrist vgl § 44 Rdn 12).

2 Gebührenermäßigung

108 Die Prüfungsantragsgebühr ist nach Maßgabe des Art III § 7 ermäßigt und beträgt wie im Fall eines zuvor gestellten Rechercheantrags nach § 43 PatG nur 150 € (Nr 311 300

---

170 Für ab dem 1.1.2004 eingereichte Prüfungsanträge, vgl die Bekanntmachung in BGBl 2004 II 790 = BlPMZ 04, 371 zu den Änderungen der AusfO PCT mit Wirkung vom 1.1.2004.
171 Vgl Bekanntmachung in BlPMZ 78, 165.
172 Zur Höhe s unter http://www.wipo.int/pct/en/fees.
173 Seit der am 1.4.2002 in Kraft getretenen Änderung des Art 22 PCT, s dazu die Bekanntmachung in BGBl 2002 II 727 = BlPMZ 02, 216; vor dieser Änderung betrug die Frist 20 Monate.

PatKostG, im Anhang 15), vgl auch § 44 Rdn 17. Der für die Ermäßigung erforderliche internationale Recherchenbericht liegt regelmäßig vor, denn in der internationalen Phase wird nach Art 15 (1) PCT grundsätzlich für jede internationale Anmeldung eine Recherche durchgeführt. Die Internationale Recherchenbehörde kann aber nach Art 17 (2) PCT ganz oder teilweise (bestimmte Ansprüche) von der Erstellung des internationalen Recherchenberichts absehen; nach Art 17 (3) a PCT wird der internationale Recherchenbericht lediglich für einen Teil der internationalen Anmeldung erstellt, wenn sie nicht den Anforderungen an die Einheitlichkeit der Erfindung entspricht und der Anmelder die insoweit angeforderten zusätzlichen Gebühren für eine Recherche der übrigen Teile der Anmeldung nicht entrichtet (vgl dazu § 34 Rdn 272). Da das DPMA bei fehlender oder nicht vollständiger Recherche nicht von Recherchearbeit entlastet wird, tritt insoweit keine Ermäßigung der Prüfungsantragsgebühr ein.

§ 8 Veröffentlichung der internationalen Anmeldung

(1) ¹Die Veröffentlichung einer internationalen Anmeldung nach Artikel 21 des Patentzusammenarbeitsvertrags, für die das Deutsche Patent- und Markenamt Bestimmungsamt ist, hat die gleiche Wirkung wie die Veröffentlichung eines Hinweises nach § 32 Abs 5 des Patentgesetzes für eine beim Deutschen Patent- und Markenamt eingereichte Patentanmeldung (§ 33 des Patentgesetzes). ²Ein Hinweis auf die Veröffentlichung wird im Patentblatt bekanntgemacht.

(2) ¹Ist die internationale Anmeldung vom Internationalen Büro nicht in deutscher Sprache veröffentlicht worden, so veröffentlicht das Deutsche Patent- und Markenamt die ihm zugeleitete Übersetzung der internationalen Anmeldung von Amts wegen. ²In diesem Falle treten die Wirkungen nach Absatz 1 erst vom Zeitpunkt der Veröffentlichung der deutschen Übersetzung an ein.

(3) Die nach Artikel 21 des Patentzusammenarbeitsvertrags veröffentlichte internationale Anmeldung gilt erst dann als Stand der Technik nach § 3 Abs 2 des Patentgesetzes, wenn die in § 4 Abs 2 genannten Voraussetzungen erfüllt sind.

1 Wirkung der Veröffentlichung

Die Wirkung der internationalen Veröffentlichung einer internationalen Anmeldung nach Art 21 PCT regelt Art 29 (1) PCT, wonach ihr hinsichtlich des Schutzes der Rechte des Anmelders in einem Bestimmungsstaat grundsätzlich die gleiche Wirkung zukommt wie die Veröffentlichung einer nationalen Anmeldung. Art III § 8 (1) 1 drückt dies lediglich klarstellend für Veröffentlichung internationaler Anmeldungen mit Bestimmungsamt DPMA aus. Zum Entschädigungsanspruch s die Erläuterungen zu § 33 PatG.

Übersetzung: Art III § 8 (2) macht von der Möglichkeit des Art 29 (2) i PCT Gebrauch, wonach ein Vertragsstaat vorsehen kann, für nicht in seiner Amtssprache veröffentlichte internationale Anmeldungen den Schutz nach Art 29 (1) PCT erst ab Veröffentlichung einer Übersetzung vorzusehen. Ist die internationale Anmeldung daher vom Internationalen Büro in deutscher Sprache veröffentlicht, tritt die Wirkung (Entschädigungsanspruch nach § 33 PatG) bereits mit Veröffentlichung der internationalen Anmeldung ein; ist sie nicht in deutscher Sprache veröffentlicht, tritt die Wirkung erst mit dem Zeitpunkt der Veröffentlichung der Übersetzung der internationalen Anmeldung ein. DPMA veröffentlicht die deutsche Übersetzung fremdsprachiger PCT-Anmeldungen als T5-Schrift.

110 **Unterrichtung der Öffentlichkeit:** DPMA weist nach Art III § 8 (1) 2 zur besseren Information der Öffentlichkeit auch im Patentblatt auf vom Internationalen Büro vorgenommene Veröffentlichungen internationaler Anmeldungen hin. Zusätzlich werden für die im Patentblatt veröffentlichten internationale Anmeldungen in deutscher Sprache Titelseiten herausgegeben (Schriftenartencode A5), um die Recherchierbarkeit der deutschsprachigen PCT-Anmeldungen in Datenbanken zu verbessern.[174]

2 Stand der Technik nach Art III § 8 (3)

111 Prioritätsältere nachveröffentlichte internationale Anmeldungen mit Bestimmung DE sind nach Art III § 8 (3) erst dann Stand der Technik nach § 3 (2) 1 Nr 3 PatG, wenn fristgerecht die Erfordernisse für die Einleitung der nationalen Phase der PCT-Anmeldung beim DPMA als Bestimmungsamt nach Art III § 4 (2) erfüllt worden sind, vgl dazu Rdn 96 sowie § 3 Rdn 73.

Artikel IV Anpassung des Patentgesetzes an das Europäische Patentrecht

...

Artikel V Verfahrensrechtliche Änderungen des Patentgesetzes

...

Artikel VI Änderung des Gesetzes betreffend den Schutz von Erfindungen, Mustern und Warenzeichen auf Ausstellungen[175]

...

Artikel VII Einschränkung von Vorschriften der Patentanwaltsordnung und der Bundesrechtsanwaltsordnung

...

Artikel VIII Änderung der Patentanwaltsordnung

...

Artikel IX Änderung des Gesetzes über die Gebühren des Patentamts und des Patentgerichts

...

---

174 Vgl MittDPMA Nr 12/06 BlPMZ 06, 338.
175 Ausstellungsgesetz, zuletzt nur noch Muster betreffend, wurde aufgehoben durch Art 4 Nr 1 des Geschmacksmusterreformgesetzes v 12.3.2004 (BGBl I 390 = BlPMZ 04, 207).

Artikel X Bekanntmachung von Änderungen

Im Bundesgesetzblatt sind bekanntzumachen:
1. Änderungen des Europäischen Patentübereinkommens, die der Verwaltungsrat der Europäischen Patentorganisation nach Artikel 33 Abs 1 des Europäischen Patentübereinkommens beschließt, und die Gebührenordnung, die nach Artikel 33 Abs 2 Buchstabe d erlassen wird, sowie deren Änderung:
2. Änderungen des Patentzusammenarbeitsvertrags und der Ausführungsordnung zu diesem Vertrag, die die Versammlung des Verbands für die internationale Zusammenarbeit auf dem Gebiet des Patentwesens nach Artikel 47 Abs 2, Artikel 58 Abs 2 und Artikel 61 Abs 2 des Vertrags beschließt. Das gleiche gilt für Änderungen im schriftlichen Verfahren nach Artikel 47 Abs 2 des Vertrags.
3. *Änderungen der Satzung des Einheitlichen Patentgerichts, die der Verwaltungsausschuss des Einheitlichen Patentgerichts nach Artikel 40 Absatz 2 des Übereinkommens über ein einheitliches Patentgericht beschließt, die Verfahrensordnung des Einheitlichen Patentgerichts sowie deren Änderung, die Verwaltungsausschuss des Einheitlichen Patengerichts nach Artikel 41 Absatz 2 des Übereinkommens über ein Einheitliches Patentgericht beschließt.*

Geltungsbereich: Art X Nr 3 eingefügt durch Art 1 Nr 2 des Gesetzes zur Anpassung patentrechtlicher Vorschriften auf Grund der europäischen Patentrefom v. 20.8.2021, BGBl I 3914.

Artikel XI Übergangs- und Schlußbestimmungen

§ 1 Geltungsbereich des Art IV IntPatÜG

(1) Artikel IV ist nur auf die nach seinem Inkrafttreten beim Deutschen Patent- und Markenamt eingereichten Patentanmeldungen und die darauf erteilten Patente anzuwenden.

(2) Eine innerhalb von sechs Monaten nach dem Inkrafttreten von Artikel IV Nr 3 eingereichte Patentanmeldung kann nicht deshalb zurückgewiesen und ein darauf erteiltes Patent nicht deshalb für nichtig erklärt werden, weil die Erfindung innerhalb von sechs Monaten vor der Anmeldung beschrieben oder benutzt worden ist, wenn die Beschreibung oder Benutzung auf der Erfindung des Anmelders oder seines Rechtsvorgängers beruht. Satz 1 ist nicht anzuwenden, wenn die Beschreibung oder Benutzung der Erfindung durch den Anmelder oder seinen Rechtsnachfolger selbst erfolgt ist und erst nach dem Inkrafttreten von Artikel IV Nr 3 vorgenommen worden ist.

(3) Die vor dem Inkrafttreten von Artikel IV Nr 7 und Artikel VI entstandenen Wirkungen des zeitweiligen Schutzes bleiben von dem Inkrafttreten der genannten Bestimmungen unberührt.

IntPatÜG 1976 — Art XI — Anhang 1

§ 2 Berlin-Klausel

...

§ 3 Inkrafttreten

(1) Artikel I, Artikel V, Artikel VIII sowie die §§ 2 und 3 dieses Artikels treten am 1. Oktober 1976 in Kraft.

(2) Der Tag, an dem
1. das Straßburger Patentübereinkommen nach seinem Artikel 9,[176]
2. der Patentzusammenarbeitsvertrag nach seinem Artikel 63,[177]
3. das Europäische Patentübereinkommen nach seinem Artikel 169[178]

für die Bundesrepublik Deutschland in Kraft treten, ist im Bundesgesetzblatt bekanntzugeben.

(3) Artikel II, Artikel VII sowie Artikel IX, soweit er die Einfügung von Nummer 10 in Artikel 1 § 1 Buchstabe A des Gesetzes über die Gebühren des Patentamts und des Patentgerichts betrifft, und Artikel X Nr 1 treten an dem Tag in Kraft, an dem nach der Bestimmung des Verwaltungsrats der Europäischen Patentorganisation europäische Patentanmeldungen beim Europäischen Patentamt eingereicht werden können (Artikel 162 Abs 1 des Europäischen Patentübereinkommens); der Tag des Inkrafttretens ist im Bundesgesetzblatt bekanntzugeben.[179]

(4) Artikel III sowie Artikel IX, soweit er die Einfügung von Nummer 11 in Artikel 1 § 1 Buchstabe A des Gesetzes über die Gebühren des Patentamts und des Patentgerichts betrifft, und Artikel X Nr 2 treten an dem Tag in Kraft, an dem der Patentzusammenarbeitsvertrag für die Bundesrepublik Deutschland in Kraft tritt.

(5) Artikel IV sowie Artikel IX, soweit er die Einfügung der Buchstaben r und s in Artikel 1 § 1 Buchstabe A Nr 3 des Gesetzes über die Gebühren des Patentamts und des Patentgerichts betrifft, und § 1 dieses Artikels treten am ersten Tag des auf die Bekanntmachung des Inkrafttretens des Europäischen Patentübereinkommens im Bundesgesetzblatt folgenden vierten Kalendermonats in Kraft, Artikel VI jedoch unbeschadet der Bestimmung des Absatzes 6.

(6) ¹Artikel IV Nr 3, soweit er § 2 Abs 4 des Patentgesetzes[180] betrifft, und Nr 7 sowie Artikel VI treten am ersten Tag des auf die Bekanntmachung[181] des Inkrafttretens des Straßburger Patentübereinkommens im Bundesgesetzblatt folgenden vierten Kalendermonats in Kraft. ²Bis zu diesem Zeitpunkt bleibt für die Anwendung von Artikel IV Nr 3, soweit er § 2 Abs 1 und 2 des Patentgesetzes betrifft, eine innerhalb von sechs Monaten vor der Anmeldung erfolgte Beschreibung oder

---

176 In Kraft getreten am 1.8.1980 (BGBl II 572 = BlPMZ 80, 167).
177 In Kraft getreten am 24.1.1978 (BGBl II 11 = BlPMZ 78, 52).
178 In Kraft getreten am 7.10.1977 (BGBl II 792 = BlPMZ 77, 298).
179 Tag des Inkrafttretens: 1.6.1978 (BGBl II 1296 = BlPMZ 78, 368).
180 Jetzt § 3 (4) PatG.
181 Art IV Nr 3, soweit er § 2 Abs 4 PatG betrifft, und Nr 7 sowie Art VI sind am 1.7.1980 in Kraft getreten BGBl II 572 = BlPMZ 80, 167.

Benutzung außer Betracht, wenn sie auf der Erfindung des Anmelders oder seines Rechtsvorgängers beruht.[182]

§ 4 Übergangsregelung für Übersetzungserfordernis[183]

Für europäische Patente, für die der Hinweis auf die Erteilung vor dem 1. Mai 2008 im Europäischen Patentblatt veröffentlicht worden ist, bleiben Artikel II § 3 dieses Gesetzes, § 2 Abs 1 des Patentkostengesetzes vom 13. Dezember 2001 (BGBl I S. 3656), die Verordnung über die Übertragung der Ermächtigung nach Artikel II § 3 Abs 6 des Gesetzes über internationale Patentübereinkommen vom 1. Juni 1992 (BGBl 1992 II S. 375) und die Verordnung über die Übersetzungen europäischer Patentschriften vom 2. Juni 1992 (BGBl 1992 II S. 395) jeweils in den Fassungen anwendbar, die im Zeitpunkt der Veröffentlichung des Hinweises gegolten haben.

§ 5

Artikel II §§ 8 und 18 in der ab dem Inkrafttreten nach Artikel 3 Absatz 2 des Gesetzes zur Anpassung patentrechtlicher Vorschriften auf Grund der europäischen Patentreform vom 20. August 2021 (BGBl I S. 3914) geltenden Fassung gilt nur für nationale Patente, deren Erteilung ab dem Tag des Inkrafttretens im Patentblatt veröffentlicht worden ist. Für die nationalen Patente, deren Erteilung vor dem Tag des Inkrafttretens nach Satz 1 im Patentblatt veröffentlicht worden ist, gilt Artikel II § 8 in der bis zum Inkrafttreten nach Satz 1 geltenden Fassung.

Geltungsbereich: Eingefügt durch Art 8a Nr 2 des Gesetzes zur Verbesserung der Durchsetzung von Rechten des geistigen Eigentums (DurchsetzungsG) v 7.7.2008, BGBl I 1191 = BlPMZ 08, 274 (im Anhang 8).
§ 5 eingefügt durch Art 1 Nr 3 des Gesetzes zur Anpassung patentrechtlicher Vorschriften auf Grund der europäischen Patentreform vom 20.8.2021, BGBl I 3914.

112

1 Zweck

Die Übergangsregelung erfolgt vor dem Hintergrund, dass mit dem Inkrafttreten des Londoner Übereinkommens vom 17.10.2000 über die Anwendung des Art 65 EPÜ[184] am 1.5.2008[185] und der damit einhergehenden Aufhebung des Art II § 3[186] das Übersetzungserfordernis für mit Wirkung für die Bundesrepublik Deutschland erteilte europäische Patente am 1.5.2008 weggefallen ist (s Rdn 18 ff). Nach Art 9 des Londoner Übereinkommens gilt dieses und damit der Wegfall des Übersetzungserfordernisses aber nur für europäische Patente, für die der Hinweis auf die Erteilung nach dem Inkrafttreten des Übereinkommens für den betreffenden Staat im europäisches Patent-

113

---

182 Anknüpfungspunkt für die 6-Monatsfrist ist nicht das Prioritätsdatum, sondern der Anmeldetag der jüngeren Patentanmeldung, s BGH GRUR **96,** 349, 350 *Corioliskraft II.*
183 Nichtamtliche Gesetzesüberschrift.
184 BGBl 2003 II 1666 = BlPMZ **04,** 55.
185 Bek v 18.8.2008, BGBl 2008 II 964 = BlPMZ **08,** 392; vgl auch Hinweis in ABl EPA 08, 123 u BlPMZ **08,** 107.
186 Durch Art 8a Nr 1 DurchsetzungsG v 7.7.2008, BGBl I 1191 = BlPMZ **08,** 274 (im Anhang 8).

blatt bekanntgemacht worden ist; dies wird durch Art XI § 4 in deutsches Recht umgesetzt.

2 Weitergeltung des Übersetzungserfordernisses

114 **Ursprüngliches Umsetzungsgesetz:** Das ursprüngliche Umsetzungsgesetz zum Londoner Übereinkommen, das Gesetz zur Änderung des IntPatÜG vom 10.12.2003,[187] das aber noch vor seinem Inkrafttreten aufgehoben[188] und durch die Bestimmungen des Art 8a und 8b des Gesetzes zur Verbesserung der Durchsetzung von Rechten des geistigen Eigentums[189] ersetzt worden ist, hatte noch keine Regelung für Altpatente enthalten.

115 **Übergangsregelung des Art XI § 4:** Durch sie ist in Übereinstimmung mit Art 9 des Londoner Übereinkommens klargestellt, dass für europäische Patente, für die der Hinweis auf ihre Erteilung vor dem 1.5.2008 im Europäischen Patentblatt veröffentlicht worden ist, die bisherigen Übersetzungserfordernisse nach Art II § 3 IntPatÜG aF (einschließlich damit zusammenhängender Vorschriften) bestehen bleiben. Soweit nach Art II § 3 (1) 2 IntPatÜG aF eine Übersetzung der im Einspruchs- oder Beschränkungsverfahren geänderten Fassung einer nicht in deutscher Sprache abgefassten Patentschrift einzureichen ist, bleibt die Vorschrift für europäische Patente, deren Erteilung vor dem Stichtag 1.5.2008 veröffentlicht worden ist, auch dann anwendbar, wenn die Änderung nach dem 30.4.2008 erfolgt ist.[190] Nicht unter Art XI § 4 fallen lediglich Altpatente, für die der Hinweis auf die Erteilung bereits vor dem 1.6.1992 veröffentlicht worden ist, wie sich aus der Stichtagsregelung des Art II § 3 (7) ergibt.

---

187 BGBl I 2470 = BlPMZ 04, 46.
188 Durch Art 8b Nr 4 DurchsetzungsG v 7.7.2008, BGBl I 1191 = BlPMZ 08, 274 (im Anhang 8); vgl auch BGH GRUR 11, 1053 (Tz 26, 27) *Ethylengerüst*.
189 DurchsetzungsG v 7.7.2008, BGBl I 1191 = BlPMZ 08, 274 (im Anhang 8).
190 BGH GRUR 11, 1053 *Ethylengerüst* in Bestätigung von BPatG v 09.09.10 – 10 W (pat) 19/09 = Mitt 11, 245 L *Ethylenische Hauptketten*; BGH GRUR 15, 361 (Tz 30) *Kochgefäß*.

Anhang 2

VERORDNUNG (EU) Nr 1215/2012 über die gerichtliche Zuständigkeit und die Anerkennung und Vollstreckung von Entscheidungen in Zivil- und Handelssachen (Neufassung) – (EuGVVO = Brüssel 1a)

vom 12. Dezember 2012 ABl-EU L 351/1 vom 20.12.2012 Celex-Nr 3 2012 R 1215 = BlPMZ 2013, 303 = Tabu Gewerbl. Rechtsschutz Nr 694d,geändert durch die Verordnung (EU) Nr 542/2014 des Europäischen Parlaments und des Rates vom 15. Mai 2014 zur Änderung der Verordnung (EU) Nr 1215/2012 bezüglich der hinsichtlich des Einheitlichen Patentgerichts und des Benelux-Gerichtshofs anzuwendenden Vorschriften (= Einfügung der Artikel 71a – 71d, die nach Art 2 der Verordnung (EU) Nr 542/2014 ab dem 10. Januar 2015 gelten) (ABl. EU Nr. L vom 29. Mai 2014 S 1), zuletzt geändert durch 1. ÄndVO (EU) 2015/281 vom 26.11.2014 (ABl. L 54 vom 25.2.2015, CELEX Nummer 32 015R0281) mit Wirkung vom 26.2.2015.

Erwägungsgründe (1) – (41), *Anhang I* (Bescheinigung über eine Entscheidung in Zivil- und Handelssachen) und *Anhang II* (Bescheinigung über eine öffentliche Urkunde / einen gerichtlichen Vergleich in einer Zivil- oder Handelssache) sowie die nicht abgedruckten Artikel 10-23 siehe unter:http://eur-lex.europa.eu/LexUriServ/LexUriServ.do?uri=OJ:L:2012:351:0001:0032:DE:PDF Kein Bestandteil der Verordnung (EU) Nr 1215/2012 sind die kursiv gesetzten Überschriften der Artikel sowie die Nummerierung der Sätze innerhalb eines Artikels.

Lit: Paulus / Peiffer / Peiffer: Europäische Gerichtsstands- und Vollstreckungsverordnung (Brüssel Ia): EuGVVO 2017; **Geimer / Schütze:** Europäisches Zivilverfahrensrecht: EuZVR 4. Aufl. 2019; **Geimer / Schütze:** Europäisches Zivilverfahrensrecht: EuZVR 4. Aufl 2019; **Kropholler / von Hein:** Europäisches Zivilprozessrecht 10. Aufl 2019
Lit in NJW: Bäcker 11, 270; Wagner 12, 1333; 13, 1653.
Lit in IPrax: Brinkmann 09, 487; Fötschl 14, 187; Hein 13, 505; Jayme/Kohler 90, 355; Jestaedt 10, 143; Kindler 14, 486; Kohler 91, 301; 15, 52; Lund 14, 140; Otte 01, 315; Piekenbrock/Schulze 03, 328; Pohl 13, 109; Roth 10, 154; 14, 136; Stamm 14, 125;
Wagner: 10, 143.
Lit in GPR: Manlowski 14, 330.

ENTSPRECHUNGSTABELLE (*ANHANG III*)

EuGVVO Nr 44/2001	*EuGVVO Nr 1215/2012*
Artl 1 Abs 1	Art 1 Abs 1
Art 1 Abs 2 Einleitung	Art 1 Abs 2 Einleitung
Art 1 Abs 2 a	Art 1 Abs 2 a und f
Art 1 Abs 2 b bis d	Art 1 Abs 2 b bis d
	Art 1 Abs 2 e
Art 1 Abs 3	–
–	Art 2
Art 2	Art 4
Art 3	Art 5
Art 4	Art 6
Art 5 einleitende Worte	Art 7, einleitende Worte
Art 5 Nr 1	Art 7 Nr 1
Art 5 Nr 2	–
Art 5 Nrn 3 und 4	Art 7 Nrn 2 und 3
–	Art 7 Nr 4
Art 5 Nrn 5 bis 7	Art 7 Nrn 5 bis 7

EuGVVO   Anhang 2

EuGVVO Nr 44/2001	EuGVVO Nr 1215/2012
Art 6	Art 8
Art 7	Art 9
Art 8	Art 10
Art 9	Art 11
Art 10	Art 12
Art 11	Art 13
Art 12	Art 14
Art 13	Art 15
Art 14	Art 16
Art 15	Art 17
Art 16	Art 18
Art 17	Art 19
Art 18	Art 20
Art 19 Nrn 1 und 2	Art 21 Abs 1
–	Art 21 Abs 2
Art 20	Art 22
Art 21	Art 23
Art 22	Art 24
Art 23 Abs 1 und 2	Art 25 Abs 1 und 2
Art 23 Abs 3	–
Art 23 Abs 4 und 5	Art 25 Abs 3 und 4
–	Art 25 Abs 5
Art 24	Art 26 Abs 1
–	Art 26 Abs 2
Art 25	Art 27
Art 26	Art 28
Art 27 Abs 1	Art 29 Abs 1
–	Art 29 Abs 2
Art 27 Abs 2	Art 29 Abs 3
Art 28	Art 30
Art 29	Art 31 Abs 1
–	Art 31 Abs 2
–	Art 31 Abs 3
–	Art 31 Abs 4
Art 30	Art 32 Abs 1 a und b
–	Art 32 Abs 1 Unterabs 2
–	Art 32 Abs 2
–	Art 33
–	Art 34
Art 31	Art 35
Art 32	Art 2 a
Art 33	Art 36
–	Art 37
–	Art 39
–	Art 40
–	Art 41
–	Art 42
–	Art 43
–	Art 44
Art 34	Art 45 Abs 1 a bis d
Art 35 Abs 1	Art 45 Abs 1 e
Art 35 Abs 2	Art 45 Abs 2
Art 35 Abs 3	Art 45 Abs 3
---	Art 45 Abs 4
Art 36	Art 52
Art 37 Abs 1	Art 38 a
Art 38	–
Art 39	–

Anhang 2   EuGVVO

EuGVVO Nr 44/2001	*EuGVVO Nr 1215/2012*
Art 40	–
Art 41	–
Art 42	–
Art 43	–
Art 44	–
Art 45	–
Art 46	–
Art 47	–
Art 48	–
–	Art 46
–	Art 47
–	Art 48
–	Art 49
–	Art 50
–	Art 51
–	Art 54
Art 49	Art 55
Art 50	–
Art 51	Art 56
Art 52	–
Art 53	–
Art 54	Art 53
Art 55 Abs 1	–
Art 55 Abs 2	Art 37 Abs 2, Art 47 Abs 3, Art 57
Art 56	Art 61
Art 57 Abs 1	Art 58 Abs 1
Art 57 Abs 2	–
Art 57 Abs 3	Art 58 Abs 2
Art 57 Abs 4	Art 60
Art 58	Art 59 und Art 60
Art 59	Art 62
Art 60	Art 63
Art 61	Art 64
Art 62	Art 3
Art 63	–
Art 64	–
Art 65	Art 65 Abs 1 und 2
–	Art 65 Abs 3
Art 66	Art 66
Art 67	Art 67
Art 68	Art 68
Art 69	Art 69
Art 70	Art 70
Art 71	Art 71
Art 71a	---
Art 71b	---
Art 71c	---
Art 71 d	---
Art 72	Art 72
	Art 73
Art 73	Art 79
Art 74 Abs 1	Art 75 Abs 1 a, b, c, Art 76 Abs 1 a
Art 74 Abs 2	Art 77
–	Art 78
–	Art 80
Art 75	–
Art 76	Art 81
Anhang I	Art 76 Abs 1 a

EuGVVO — Art 1–2 — Anhang 2

EuGVVO Nr 44/2001	EuGVVO Nr 1215/2012
Anhang II	Art 75 a
Anhang III	Art 75 b
Anhang IV	Art 75 c
Anhang V	Anhang I und II
Anhang VI	Anhang II
–	Anhang III

KAPITEL I ANWENDUNGSBEREICH UND BEGRIFFSBESTIMMUNGEN

Art. 1 (1 aF) Sachlicher Anwendungsbereich

(1) ¹Diese Verordnung ist in Zivil- und Handelssachen anzuwenden, ohne dass es auf die Art der Gerichtsbarkeit ankommt. ²Sie gilt insbesondere nicht für Steuer- und Zollsachen sowie verwaltungsrechtliche Angelegenheiten oder die Haftung des Staates für Handlungen oder Unterlassungen im Rahmen der Ausübung hoheitlicher Rechte (*acta iure imperii*).

(2) Sie ist nicht anzuwenden auf:
a) den Personenstand, die Rechts- und Handlungsfähigkeit sowie die gesetzliche Vertretung von natürlichen Personen, die ehelichen Güterstände oder Güterstände aufgrund von Verhältnissen, die nach dem auf diese Verhältnisse anzuwendenden Recht mit der Ehe vergleichbare Wirkungen entfalten,
b) Konkurse, Vergleiche und ähnliche Verfahren,
c) die soziale Sicherheit,
d) die Schiedsgerichtsbarkeit,
e) Unterhaltspflichten, die auf einem Familien-, Verwandtschafts- oder eherechtlichen Verhältnis oder auf Schwägerschaft beruhen,
f) das Gebiet des Testaments- und Erbrechts, einschließlich Unterhaltspflichten, die mit dem Tod entstehen.

Art. 2 (32 aF) Definitionen

Für die Zwecke dieser Verordnung bezeichnet der Ausdruck
a) ¹»Entscheidung« jede von einem Gericht eines Mitgliedstaats erlassene Entscheidung ohne Rücksicht auf ihre Bezeichnung wie Urteil, Beschluss, Zahlungsbefehl oder Vollstreckungsbescheid, einschließlich des Kostenfestsetzungsbeschlusses eines Gerichtsbediensteten.
²Für die Zwecke von Kapitel III umfasst der Ausdruck »Entscheidung« auch einstweilige Maßnahmen einschließlich Sicherungsmaßnahmen, die von einem nach dieser Verordnung in der Hauptsache zuständigen Gericht angeordnet wurden. ³Hierzu gehören keine einstweiligen Maßnahmen einschließlich Sicherungsmaßnahmen, die von einem solchen Gericht angeordnet wurden, ohne dass der Beklagte vorgeladen wurde, es sei denn, die Entscheidung, welche die Maßnahme enthält, wird ihm vor der Vollstreckung zugestellt;
b) »gerichtlicher Vergleich« einen Vergleich, der von einem Gericht eines Mitgliedstaats gebilligt oder vor einem Gericht eines Mitgliedstaats im Laufe eines Verfahrens geschlossen worden ist;
c) »öffentliche Urkunde« ein Schriftstück, das als öffentliche Urkunde im Ursprungsmitgliedstaat förmlich errichtet oder eingetragen worden ist und dessen Beweiskraft
   i) sich auf die Unterschrift und den Inhalt der öffentlichen Urkunde bezieht und
   ii) durch eine Behörde oder eine andere hierzu ermächtigte Stelle festgestellt worden ist;
d) »Ursprungsmitgliedstaat« den Mitgliedstaat, in dem die Entscheidung ergangen, der gerichtliche Vergleich gebilligt oder geschlossen oder die öffentliche Urkunde förmlich errichtet oder eingetragen worden ist;
e) »ersuchter Mitgliedstaat« den Mitgliedstaat, in dem die Anerkennung der Entscheidung geltend gemacht oder die Vollstreckung der Entscheidung, des gerichtlichen Vergleichs oder der öffentlichen Urkunde beantragt wird;
f) »Ursprungsgericht« das Gericht, das die Entscheidung erlassen hat, deren Anerkennung geltend gemacht oder deren Vollstreckung beantragt wird.

Anhang 2 — Art 3–7 — EuGVVO

Art. 3 (62 aF) Begriff Gericht in Ungarn und Schweden

Für die Zwecke dieser Verordnung umfasst der Begriff »Gericht« die folgenden Behörden, soweit und sofern sie für eine in den Anwendungsbereich dieser Verordnung fallende Angelegenheit zuständig sind:
a) in Ungarn, bei summarischen Mahnverfahren (fizetési meghagyásos eljárás), den Notar (közjegyző),
b) in Schweden, bei summarischen Mahnverfahren (betalningsföreläggande) und Beistandsverfahren (handräckning), das Amt für Beitreibung (Kronofogdemyndigheten).

KAPITEL II ZUSTÄNDIGKEIT
ABSCHNITT 1 Allgemeine Bestimmungen

Art. 4 (2 aF) Allgemeiner Gerichtsstand

(1) Vorbehaltlich der Vorschriften dieser Verordnung sind Personen, die ihren Wohnsitz im Hoheitsgebiet eines Mitgliedstaats haben, ohne Rücksicht auf ihre Staatsangehörigkeit vor den Gerichten dieses Mitgliedstaats zu verklagen.

(2) Auf Personen, die nicht dem Mitgliedstaat, in dem sie ihren Wohnsitz haben, angehören, sind die für Staatsangehörige dieses Mitgliedstaats maßgebenden Zuständigkeitsvorschriften anzuwenden.

Art. 5 (3 aF) Ausgeschlossene Gerichtsstände

(1) Personen, die ihren Wohnsitz im Hoheitsgebiet eines Mitgliedstaats haben, können vor den Gerichten eines anderen Mitgliedstaats nur gemäß den Vorschriften der Abschnitte 2 bis 7 dieses Kapitels verklagt werden.

(2) Gegen die in Absatz 1 genannten Personen können insbesondere nicht die innerstaatlichen Zuständigkeitsvorschriften, welche die Mitgliedstaaten der Kommission gemäß Artikel 76 Absatz 1 Buchstabe a notifizieren, geltend gemacht werden.

Art. 6 (4 aF) Verweisung auf das autonome Recht

(1) Hat der Beklagte keinen Wohnsitz im Hoheitsgebiet eines Mitgliedstaats, so bestimmt sich vorbehaltlich des Artikels 18 Absatz 1, des Artikels 21 Absatz 2 und der Artikel 24 und 25 die Zuständigkeit der Gerichte eines jeden Mitgliedstaats nach dessen eigenem Recht.

(2) Gegenüber einem Beklagten, der keinen Wohnsitz im Hoheitsgebiet eines Mitgliedstaats hat, kann sich unabhängig von ihrer Staatsangehörigkeit jede Person, die ihren Wohnsitz im Hoheitsgebiet eines Mitgliedstaats hat, in diesem Mitgliedstaat auf die dort geltenden Zuständigkeitsvorschriften, insbesondere auf diejenigen, welche die Mitgliedstaaten der Kommission gemäß Artikel 76 Absatz 1 Buchstabe a notifizieren, wie ein Staatsangehöriger dieses Mitgliedstaats berufen.

ABSCHNITT 2 Besondere Zuständigkeiten

Art. 7 (5 aF) Besonderer Gerichtsstand

Eine Person, die ihren Wohnsitz im Hoheitsgebiet eines Mitgliedstaats hat, kann in einem anderen Mitgliedstaat verklagt werden:
1. a) wenn ein Vertrag oder Ansprüche aus einem Vertrag den Gegenstand des Verfahrens bilden, vor dem Gericht des Ortes, an dem die Verpflichtung erfüllt worden ist oder zu erfüllen wäre;
   b) im Sinne dieser Vorschrift – und sofern nichts anderes vereinbart worden ist – ist der Erfüllungsort der Verpflichtung
      - für den Verkauf beweglicher Sachen der Ort in einem Mitgliedstaat, an dem sie nach dem Vertrag geliefert worden sind oder hätten geliefert werden müssen;
      - für die Erbringung von Dienstleistungen der Ort in einem Mitgliedstaat, an dem sie nach dem Vertrag erbracht worden sind oder hätten erbracht werden müssen;
   c) ist Buchstabe b nicht anwendbar, so gilt Buchstabe a;
2. wenn eine unerlaubte Handlung oder eine Handlung, die einer unerlaubten Handlung gleichgestellt ist, oder wenn Ansprüche aus einer solchen Handlung den Gegenstand des Verfahrens

bilden, vor dem Gericht des Ortes, an dem das schädigende Ereignis eingetreten ist oder einzutreten droht;
3. wenn es sich um eine Klage auf Schadenersatz oder auf Wiederherstellung des früheren Zustands handelt, die auf eine mit Strafe bedrohte Handlung gestützt wird, vor dem Strafgericht, bei dem die öffentliche Klage erhoben ist, soweit dieses Gericht nach seinem Recht über zivilrechtliche Ansprüche erkennen kann;
4. wenn es sich um einen auf Eigentum gestützten zivilrechtlichen Anspruch zur Wiedererlangung eines Kulturguts im Sinne des Artikels 1 Nummer 1 der Richtlinie 93/7/EWG handelt, der von der Person geltend gemacht wurde, die das Recht auf Wiedererlangung eines solchen Gutes für sich in Anspruch nimmt, vor dem Gericht des Ortes, an dem sich das Kulturgut zum Zeitpunkt der Anrufung des Gerichts befindet;
5. wenn es sich um Streitigkeiten aus dem Betrieb einer Zweigniederlassung, einer Agentur oder einer sonstigen Niederlassung handelt, vor dem Gericht des Ortes, an dem sich diese befindet;
6. wenn es sich um eine Klage gegen einen Begründer, Trustee oder Begünstigten eines Trust handelt, der aufgrund eines Gesetzes oder durch schriftlich vorgenommenes oder schriftlich bestätigtes Rechtsgeschäft errichtet worden ist, vor den Gerichten des Mitgliedstaats, in dessen Hoheitsgebiet der Trust seinen Sitz hat;
7. wenn es sich um eine Streitigkeit wegen der Zahlung von Berge- und Hilfslohn handelt, der für Bergungs- oder Hilfeleistungsarbeiten gefordert wird, die zugunsten einer Ladung oder einer Frachtforderung erbracht worden sind, vor dem Gericht, in dessen Zuständigkeitsbereich diese Ladung oder die entsprechende Frachtforderung
   a) mit Arrest belegt worden ist, um die Zahlung zu gewährleisten, oder
   b) mit Arrest hätte belegt werden können, jedoch dafür eine Bürgschaft oder eine andere Sicherheit geleistet worden ist;
diese Vorschrift ist nur anzuwenden, wenn behauptet wird, dass der Beklagte Rechte an der Ladung oder an der Frachtforderung hat oder zur Zeit der Bergungs- oder Hilfeleistungsarbeiten hatte.

Art. 8 (6 aF) Weitere besondere Gerichtsstände

Eine Person, die ihren Wohnsitz im Hoheitsgebiet eines Mitgliedstaats hat, kann auch verklagt werden:
1. wenn mehrere Personen zusammen verklagt werden, vor dem Gericht des Ortes, an dem einer der Beklagten seinen Wohnsitz hat, sofern zwischen den Klagen eine so enge Beziehung gegeben ist, dass eine gemeinsame Verhandlung und Entscheidung geboten erscheint, um zu vermeiden, dass in getrennten Verfahren widersprechende Entscheidungen ergehen könnten;
2. wenn es sich um eine Klage auf Gewährleistung oder um eine Interventionsklage handelt, vor dem Gericht des Hauptprozesses, es sei denn, dass die Klage nur erhoben worden ist, um diese Person dem für sie zuständigen Gericht zu entziehen;
3. wenn es sich um eine Widerklage handelt, die auf denselben Vertrag oder Sachverhalt wie die Klage selbst gestützt wird, vor dem Gericht, bei dem die Klage selbst anhängig ist;
4. wenn ein Vertrag oder Ansprüche aus einem Vertrag den Gegenstand des Verfahrens bilden und die Klage mit einer Klage wegen dinglicher Rechte an unbeweglichen Sachen gegen denselben Beklagten verbunden werden kann, vor dem Gericht des Mitgliedstaats, in dessen Hoheitsgebiet die unbewegliche Sache belegen ist.

Art. 9 (7 aF) Besonderer Gerichtsstand des Reeders

Ist ein Gericht eines Mitgliedstaats nach dieser Verordnung zur Entscheidung in Verfahren wegen einer Haftpflicht aufgrund der Verwendung oder des Betriebs eines Schiffes zuständig, so entscheidet dieses oder ein anderes an seiner Stelle durch das Recht dieses Mitgliedstaats bestimmtes Gericht auch über Klagen auf Beschränkung dieser Haftung.

ABSCHNITT 3	Zuständigkeit für Versicherungssachen
Artikel 10-16	

...

ABSCHNITT 4	Zuständigkeit bei Verbrauchersachen
Artikel 17-19	

...

ABSCHNITT 5	Zuständigkeit für individuelle Arbeitsverträge
Artikel 20-23	

...

ABSCHNITT 6	Ausschließliche Zuständigkeiten

Art. 24 (22 aF) Ausschließlicher Gerichtsstand

Ohne Rücksicht auf den Wohnsitz der Parteien sind folgende Gerichte eines Mitgliedstaats ausschließlich zuständig:

1. ^{1}für Verfahren, welche dingliche Rechte an unbeweglichen Sachen sowie die Miete oder Pacht von unbeweglichen Sachen zum Gegenstand haben, die Gerichte des Mitgliedstaats, in dem die unbewegliche Sache belegen ist. ^{2}Jedoch sind für Verfahren betreffend die Miete oder Pacht unbeweglicher Sachen zum vorübergehenden privaten Gebrauch für höchstens sechs aufeinander folgende Monate auch die Gerichte des Mitgliedstaats zuständig, in dem der Beklagte seinen Wohnsitz hat, sofern es sich bei dem Mieter oder Pächter um eine natürliche Person handelt und der Eigentümer sowie der Mieter oder Pächter ihren Wohnsitz in demselben Mitgliedstaat haben;
2. ^{1}für Verfahren, welche die Gültigkeit, die Nichtigkeit oder die Auflösung einer Gesellschaft oder juristischen Person oder die Gültigkeit der Beschlüsse ihrer Organe zum Gegenstand haben, die Gerichte des Mitgliedstaats, in dessen Hoheitsgebiet die Gesellschaft oder juristische Person ihren Sitz hat. ^{2}Bei der Entscheidung darüber, wo der Sitz sich befindet, wendet das Gericht die Vorschriften seines Internationalen Privatrechts an;
3. für Verfahren, welche die Gültigkeit von Eintragungen in öffentliche Register zum Gegenstand haben, die Gerichte des Mitgliedstaats, in dessen Hoheitsgebiet die Register geführt werden;
4. ^{1}für Verfahren, welche die Eintragung oder die Gültigkeit von Patenten, Marken, Mustern und Modellen sowie ähnlicher Rechte, die einer Hinterlegung oder Registrierung bedürfen, zum Gegenstand haben, unabhängig davon, ob die Frage im Wege der Klage oder der Einrede aufgeworfen wird, die Gerichte des Mitgliedstaats, in dessen Hoheitsgebiet die Hinterlegung oder Registrierung beantragt oder vorgenommen worden ist oder aufgrund eines Unionsrechtsakts oder eines zwischenstaatlichen Übereinkommens als vorgenommen gilt. ^{2}Unbeschadet der Zuständigkeit des Europäischen Patentamts nach dem am 5. Oktober 1973 in München unterzeichneten Übereinkommen über die Erteilung europäischer Patente sind die Gerichte eines jeden Mitgliedstaats für alle Verfahren ausschließlich zuständig, welche die Erteilung oder die Gültigkeit eines europäischen Patents zum Gegenstand haben, das für diesen Mitgliedstaat erteilt wurde;
5. für Verfahren, welche die Zwangsvollstreckung aus Entscheidungen zum Gegenstand haben, die Gerichte des Mitgliedstaats, in dessen Hoheitsgebiet die Zwangsvollstreckung durchgeführt werden soll oder durchgeführt worden ist.

ABSCHNITT 7	Vereinbarung über die Zuständigkeit

Art. 25 (23 aF) Gerichtsstandsvereinbarung

(1) ^{1}Haben die Parteien unabhängig von ihrem Wohnsitz vereinbart, dass ein Gericht oder die Gerichte eines Mitgliedstaats über eine bereits entstandene Rechtsstreitigkeit oder über eine künftige aus einem bestimmten Rechtsverhältnis entspringende Rechtsstreitigkeit entscheiden sollen, so sind dieses Gericht oder die Gerichte dieses Mitgliedstaats zuständig, es sei denn, die Vereinbarung ist

nach dem Recht dieses Mitgliedstaats materiell nichtig. ²Dieses Gericht oder die Gerichte dieses Mitgliedstaats sind ausschließlich zuständig, sofern die Parteien nichts anderes vereinbart haben.
³Die Gerichtsstandsvereinbarung muss geschlossen werden:
a) schriftlich oder mündlich mit schriftlicher Bestätigung,
b) in einer Form, welche den Gepflogenheiten entspricht, die zwischen den Parteien entstanden sind, oder
c) im internationalen Handel in einer Form, die einem Handelsbrauch entspricht, den die Parteien kannten oder kennen mussten und den Parteien von Verträgen dieser Art in dem betreffenden Geschäftszweig allgemein kennen und regelmäßig beachten.

(2) Elektronische Übermittlungen, die eine dauerhafte Aufzeichnung der Vereinbarung ermöglichen, sind der Schriftform gleichgestellt.

(3) Ist in schriftlich niedergelegten Trust-Bedingungen bestimmt, dass über Klagen gegen einen Begründer, Trustee oder Begünstigten eines Trust ein Gericht oder die Gerichte eines Mitgliedstaats entscheiden sollen, so ist dieses Gericht oder sind diese Gerichte ausschließlich zuständig, wenn es sich um Beziehungen zwischen diesen Personen oder ihre Rechte oder Pflichten im Rahmen des Trust handelt.

(4) Gerichtsstandsvereinbarungen und entsprechende Bestimmungen in Trust-Bedingungen haben keine rechtliche Wirkung, wenn sie den Vorschriften der Artikel 15, 19 oder 23 zuwiderlaufen oder wenn die Gerichte, deren Zuständigkeit abbedungen wird, aufgrund des Artikels 24 ausschließlich zuständig sind.

(5) ¹Eine Gerichtsstandsvereinbarung, die Teil eines Vertrags ist, ist als eine von den übrigen Vertragsbestimmungen unabhängige Vereinbarung zu behandeln.
²Die Gültigkeit der Gerichtsstandsvereinbarung kann nicht allein mit der Begründung in Frage gestellt werden, dass der Vertrag nicht gültig ist.

Art. 26 (24 aF) Rügelose Einlassung

(1) ¹Sofern das Gericht eines Mitgliedstaats nicht bereits nach anderen Vorschriften dieser Verordnung zuständig ist, wird es zuständig, wenn sich der Beklagte vor ihm auf das Verfahren einlässt. ²Dies gilt nicht, wenn der Beklagte sich einlässt, um den Mangel der Zuständigkeit geltend zu machen oder wenn ein anderes Gericht aufgrund des Artikels 24 ausschließlich zuständig ist.

(2) In Streitigkeiten nach den Abschnitten 3, 4 oder 5, in denen der Beklagte Versicherungsnehmer, Versicherter, Begünstigter eines Versicherungsvertrags, Geschädigter, Verbraucher oder Arbeitnehmer ist, stellt das Gericht, bevor es sich nach Absatz 1 für zuständig erklärt, sicher, dass der Beklagte über sein Recht, die Unzuständigkeit des Gerichts geltend zu machen, und über die Folgen der Einlassung oder Nichteinlassung auf das Verfahren belehrt wird.

ABSCHNITT 8 Prüfung der Zuständigkeit und der Zulässigkeit des Verfahrens

Art. 27 (25 aF) Prüfung von Amts wegen

Das Gericht eines Mitgliedstaats hat sich von Amts wegen für unzuständig zu erklären, wenn es wegen einer Streitigkeit angerufen wird, für die das Gericht eines anderen Mitgliedstaats aufgrund des Artikels 24 ausschließlich zuständig ist.

Art. 28 (26 aF) Säumnis des Beklagten

(1) Lässt sich der Beklagte, der seinen Wohnsitz im Hoheitsgebiet eines Mitgliedstaats hat und der vor dem Gericht eines anderen Mitgliedstaats verklagt wird, auf das Verfahren nicht ein, so hat sich das Gericht von Amts wegen für unzuständig zu erklären, wenn seine Zuständigkeit nicht nach dieser Verordnung begründet ist.

(2) Das Gericht hat das Verfahren so lange auszusetzen, bis festgestellt ist, dass es dem Beklagten möglich war, das verfahrenseinleitende Schriftstück oder ein gleichwertiges Schriftstück so rechtzeitig zu empfangen, dass er sich verteidigen konnte oder dass alle hierzu erforderlichen Maßnahmen getroffen worden sind.

(3) An die Stelle von Absatz 2 tritt Artikel 19 der Verordnung (EG) Nr 1393/2007 des Europäischen Parlaments und des Rates vom 13. November 2007 über die Zustellung gerichtlicher und außergerichtlicher Schriftstücke in Zivil- oder Handelssachen in den Mitgliedstaaten (Zustellung

von Schriftstücken),[1] wenn das verfahrenseinleitende Schriftstück oder ein gleichwertiges Schriftstück nach der genannten Verordnung von einem Mitgliedstaat in einen anderen zu übermitteln war.

(4) Ist die Verordnung (EG) Nr 1393/2007 nicht anwendbar, so gilt Artikel 15 des Haager Übereinkommens vom 15. November 1965 über die Zustellung gerichtlicher und außergerichtlicher Schriftstücke im Ausland in Zivil- und Handelssachen, wenn das verfahrenseinleitende Schriftstück oder ein gleichwertiges Schriftstück nach dem genannten Übereinkommen im Ausland zu übermitteln war.

ABSCHNITT 9 Anhängigkeit und im Zusammenhang stehende Verfahren

Art. 29 (27 aF) Doppelte Rechtshängigkeit

(1) Werden bei Gerichten verschiedener Mitgliedstaaten Klagen wegen desselben Anspruchs zwischen denselben Parteien anhängig gemacht, so setzt das später angerufene Gericht unbeschadet des Artikels 31 Absatz 2 das Verfahren von Amts wegen aus, bis die Zuständigkeit des zuerst angerufenen Gerichts feststeht.

(2) In den in Absatz 1 genannten Fällen teilt das angerufene Gericht auf Antrag eines anderen angerufenen Gerichts diesem unverzüglich mit, wann es gemäß Artikel 32 angerufen wurde.

(3) Sobald die Zuständigkeit des zuerst angerufenen Gerichts feststeht, erklärt sich das später angerufene Gericht zugunsten dieses Gerichts für unzuständig.

Art. 30 (28 aF) Im Zusammenhang stehende Klagen

(1) Sind bei Gerichten verschiedener Mitgliedstaaten Verfahren, die im Zusammenhang stehen, anhängig, so kann jedes später angerufene Gericht das Verfahren aussetzen.

(2) Ist das beim zuerst angerufenen Gericht anhängige Verfahren in erster Instanz anhängig, so kann sich jedes später angerufene Gericht auf Antrag einer Partei auch für unzuständig erklären, wenn das zuerst angerufene Gericht für die betreffenden Verfahren zuständig ist und die Verbindung der Verfahren nach seinem Recht zulässig ist.

(3) Verfahren stehen im Sinne dieses Artikels im Zusammenhang, wenn zwischen ihnen eine so enge Beziehung gegeben ist, dass eine gemeinsame Verhandlung und Entscheidung geboten erscheint, um zu vermeiden, dass in getrennten Verfahren widersprechende Entscheidungen ergehen könnten.

Art. 31 (29 aF) Grundsatz der Priorität

(1) Ist für die Verfahren die ausschließliche Zuständigkeit mehrerer Gerichte gegeben, so hat sich das zuletzt angerufene Gericht zugunsten des zuerst angerufenen Gerichts für unzuständig zu erklären.

(2) Wird ein Gericht eines Mitgliedstaats angerufen, das gemäß einer Vereinbarung nach Artikel 25 ausschließlich zuständig ist, so setzt das Gericht des anderen Mitgliedstaats unbeschadet des Artikels 26 das Verfahren so lange aus, bis das auf der Grundlage der Vereinbarung angerufene Gericht erklärt hat, dass es gemäß der Vereinbarung nicht zuständig ist.

(3) Sobald das in der Vereinbarung bezeichnete Gericht die Zuständigkeit gemäß der Vereinbarung festgestellt hat, erklären sich die Gerichte des anderen Mitgliedstaats zugunsten dieses Gerichts für unzuständig.

(4) Die Absätze 2 und 3 gelten nicht für Streitigkeiten, die in den Abschnitten 3, 4 oder 5 genannt werden, wenn der Kläger Versicherungsnehmer, Versicherter, Begünstigter des Versicherungsvertrags, Geschädigter, Verbraucher oder Arbeitnehmer ist und die Vereinbarung nach einer in den genannten Abschnitten enthaltenen Bestimmung nicht gültig ist.

Art. 32 (30 aF) Fiktion der Anrufung des Gerichts

(1) Für die Zwecke dieses Abschnitts gilt ein Gericht als angerufen:
a) zu dem Zeitpunkt, zu dem das verfahrenseinleitende Schriftstück oder ein gleichwertiges Schriftstück bei Gericht eingereicht worden ist, vorausgesetzt, dass der Kläger es in der Folge

---

1 ABl. L 324 vom 10.12.2007, S 79.

nicht versäumt hat, die ihm obliegenden Maßnahmen zu treffen, um die Zustellung des Schriftstücks an den Beklagten zu bewirken, oder
b) ¹falls die Zustellung an den Beklagten vor Einreichung des Schriftstücks bei Gericht zu bewirken ist, zu dem Zeitpunkt, zu dem die für die Zustellung verantwortliche Stelle das Schriftstück erhalten hat, vorausgesetzt, dass der Kläger es in der Folge nicht versäumt hat, die ihm obliegenden Maßnahmen zu treffen, um das Schriftstück bei Gericht einzureichen.
²Die für die Zustellung verantwortliche Stelle im Sinne von Buchstabe b ist die Stelle, die die zuzustellenden Schriftstücke zuerst erhält.

(2) Das Gericht oder die für die Zustellung verantwortliche Stelle gemäß Absatz 1 vermerkt das Datum der Einreichung des verfahrenseinleitenden Schriftstücks oder gleichwertigen Schriftstücks beziehungsweise das Datum des Eingangs der zuzustellenden Schriftstücke.

Art. 33 (- aF) Aussetzung, Fortsetzung, Einstellung des Verfahrens bei gleichem Anspruch

(1) Beruht die Zuständigkeit auf Artikel 4 oder auf den Artikeln 7, 8 oder 9 und ist bei Anrufung eines Gerichts eines Mitgliedstaats wegen desselben Anspruchs zwischen denselben Parteien ein Verfahren vor dem Gericht eines Drittstaats anhängig, so kann das Gericht des Mitgliedstaats das Verfahren aussetzen, wenn
a) zu erwarten ist, dass das Gericht des Drittstaats eine Entscheidung erlassen wird, die in dem betreffenden Mitgliedstaat anerkannt und gegebenenfalls vollstreckt werden kann, und
b) das Gericht des Mitgliedstaats davon überzeugt ist, dass eine Aussetzung des Verfahrens im Interesse einer geordneten Rechtspflege erforderlich ist.

(2) Das Gericht des Mitgliedstaats kann das Verfahren jederzeit fortsetzen, wenn
a) das Verfahren vor dem Gericht des Drittstaats ebenfalls ausgesetzt oder eingestellt wurde,
b) das Gericht des Mitgliedstaats es für unwahrscheinlich hält, dass das vor dem Gericht des Drittstaats anhängige Verfahren innerhalb einer angemessenen Frist abgeschlossen wird, oder
c) die Fortsetzung des Verfahrens im Interesse einer geordneten Rechtspflege erforderlich ist.

(3) Das Gericht des Mitgliedstaats stellt das Verfahren ein, wenn das vor dem Gericht des Drittstaats anhängige Verfahren abgeschlossen ist und eine Entscheidung ergangen ist, die in diesem Mitgliedstaat anerkannt und gegebenenfalls vollstreckt werden kann.

(4) Das Gericht des Mitgliedstaats wendet diesen Artikel auf Antrag einer der Parteien oder, wenn dies nach einzelstaatlichem Recht möglich ist, von Amts wegen an.

Art. 34 (- aF) Aussetzung, Fortsetzung, Einstellung des Verfahrens bei in Zusammenhang stehenden Verfahren

(1) Beruht die Zuständigkeit auf Artikel 4 oder auf den Artikeln 7, 8 oder 9 und ist bei Anrufung eines Gerichts eines Mitgliedstaats vor einem Gericht eines Drittstaats ein Verfahren anhängig, das mit dem Verfahren vor dem Gericht des Mitgliedstaats in Zusammenhang steht, so kann das Gericht des Mitgliedstaats das Verfahren aussetzen, wenn
a) eine gemeinsame Verhandlung und Entscheidung der in Zusammenhang stehenden Verfahren geboten erscheint, um zu vermeiden, dass in getrennten Verfahren widersprechende Entscheidungen ergehen könnten,
b) zu erwarten ist, dass das Gericht des Drittstaats eine Entscheidung erlassen wird, die in dem betreffenden Mitgliedstaat anerkannt und gegebenenfalls vollstreckt werden kann, und
c) das Gericht des Mitgliedstaats davon überzeugt ist, dass die Aussetzung im Interesse einer geordneten Rechtspflege erforderlich ist.

(2) Das Gericht des Mitgliedstaats kann das Verfahren jederzeit fortsetzen, wenn
a) das Gericht des Mitgliedstaats es für wahrscheinlich hält, dass die Gefahr widersprechender Entscheidungen nicht mehr besteht,
b) das Verfahren vor dem Gericht des Drittstaats ebenfalls ausgesetzt oder eingestellt wurde,
c) das Gericht des Mitgliedstaats es für unwahrscheinlich hält, dass das vor dem Gericht des Drittstaats anhängige Verfahren innerhalb einer angemessenen Frist abgeschlossen wird, oder
d) die Fortsetzung des Verfahrens im Interesse einer geordneten Rechtspflege erforderlich ist.

(3) Das Gericht des Mitgliedstaats kann das Verfahren einstellen, wenn das vor dem Gericht des Drittstaats anhängige Verfahren abgeschlossen ist und eine Entscheidung ergangen ist, die in diesem Mitgliedstaat anerkannt und gegebenenfalls vollstreckt werden kann.

(4) Das Gericht des Mitgliedstaats wendet diesen Artikel auf Antrag einer der Parteien oder, wenn dies nach einzelstaatlichem Recht möglich ist, von Amts wegen an.

ABSCHNITT 10 Einstweilige Maßnahmen einschließlich Sicherungsmaßnahmen

Art. 35 (31 aF) Einstweilige Maßnahmen

Die im Recht eines Mitgliedstaats vorgesehenen einstweiligen Maßnahmen einschließlich Sicherungsmaßnahmen können bei den Gerichten dieses Mitgliedstaats auch dann beantragt werden, wenn für die Entscheidung in der Hauptsache das Gericht eines anderen Mitgliedstaats zuständig ist.

KAPITEL III ANERKENNUNG UND VOLLSTRECKUNG

ABSCHNITT 1 Anerkennung

Art. 36 (33 aF) Anerkennung und deren Versagung

(1) Die in einem Mitgliedstaat ergangenen Entscheidungen werden in den anderen Mitgliedstaaten anerkannt, ohne dass es hierfür eines besonderen Verfahrens bedarf.

(2) Jeder Berechtigte kann gemäß dem Verfahren nach Abschnitt 3 Unterabschnitt 2 die Feststellung beantragen, dass keiner der in Artikel 45 genannten Gründe für eine Versagung der Anerkennung gegeben ist.

(3) Wird die Anerkennung in einem Rechtsstreit vor dem Gericht eines Mitgliedstaats, dessen Entscheidung von der Versagung der Anerkennung abhängt, verlangt, so kann dieses Gericht über die Anerkennung entscheiden.

Art. 37 (- aF) Geltendmachung einer Entscheidung in einem anderen Mitgliedsstaat

(1) Eine Partei, die in einem Mitgliedstaat eine in einem anderen Mitgliedstaat ergangene Entscheidung geltend machen will, hat Folgendes vorzulegen:
a) eine Ausfertigung der Entscheidung, die die für ihre Beweiskraft erforderlichen Voraussetzungen erfüllt, und
b) die nach Artikel 53 ausgestellte Bescheinigung.

(2) [1]Das Gericht oder die Behörde, bei dem oder der eine in einem anderen Mitgliedstaat ergangene Entscheidung geltend gemacht wird, kann die Partei, die sie geltend macht, gegebenenfalls auffordern, eine Übersetzung oder eine Transliteration des Inhalts der in Absatz 1 Buchstabe b genannten Bescheinigung nach Artikel 57 zur Verfügung zu stellen. [2]Kann das Gericht oder die Behörde das Verfahren ohne eine Übersetzung der eigentlichen Entscheidung nicht fortsetzen, so kann es oder sie die Partei auffordern, eine Übersetzung der Entscheidung statt der Übersetzung des Inhalts der Bescheinigung zur Verfügung zu stellen.

Art. 38 (- aF) Aussetzung des Verfahrens

Das Gericht oder die Behörde, bei dem bzw. der eine in einem anderen Mitgliedstaat ergangene Entscheidung geltend gemacht wird, kann das Verfahren ganz oder teilweise aussetzen, wenn
a) die Entscheidung im Ursprungsmitgliedstaat angefochten wird oder
b) die Feststellung, dass keiner der in Artikel 45 genannten Gründe für eine Versagung der Anerkennung gegeben ist, oder die Feststellung, dass die Anerkennung aus einem dieser Gründe zu versagen ist, beantragt worden ist.

ABSCHNITT 2 Vollstreckung

Art. 39 (- aF) Vollstreckbarkeit

Eine in einem Mitgliedstaat ergangene Entscheidung, die in diesem Mitgliedstaat vollstreckbar ist, ist in den anderen Mitgliedstaaten vollstreckbar, ohne dass es einer Vollstreckbarerklärung bedarf.

Art. 40 (- aF) Vollstreckbare Entscheidung und Sicherungsmaßnahme

Eine vollstreckbare Entscheidung umfasst von Rechts wegen die Befugnis, jede Sicherungsmaßnahme zu veranlassen, die im Recht des ersuchten Mitgliedstaats vorgesehen ist.

Art. 41 (- aF) Anwendbares Recht für Vollstreckung im ersuchten Mitgliedsstaat

(1) ¹Vorbehaltlich der Bestimmungen dieses Abschnitts gilt für das Verfahren zur Vollstreckung der in einem anderen Mitgliedstaat ergangenen Entscheidungen das Recht des ersuchten Mitgliedstaats. ²Eine in einem Mitgliedstaat ergangene Entscheidung, die im ersuchten Mitgliedstaat vollstreckbar ist, wird dort unter den gleichen Bedingungen vollstreckt wie eine im ersuchten Mitgliedstaat ergangene Entscheidung.

(2) Ungeachtet des Absatzes 1 gelten die im Recht des ersuchten Mitgliedstaats für die Verweigerung oder Aussetzung der Vollstreckung vorgesehenen Gründe, soweit sie nicht mit den in Artikel 45 aufgeführten Gründen unvereinbar sind.

(3) ¹Von der Partei, die die Vollstreckung einer in einem anderen Mitgliedstaat ergangenen Entscheidung beantragt, kann nicht verlangt werden, dass sie im ersuchten Mitgliedstaat über eine Postanschrift verfügt. ²Es kann von ihr auch nicht verlangt werden, dass sie im ersuchten Mitgliedstaat über einen bevollmächtigten Vertreter verfügt, es sei denn, ein solcher Vertreter ist ungeachtet der Staatsangehörigkeit oder des Wohnsitzes der Parteien vorgeschrieben.

Art. 42 (- aF) Vorlage von Unterlagen

(1) Soll in einem Mitgliedstaat eine in einem anderen Mitgliedstaat ergangene Entscheidung vollstreckt werden, hat der Antragsteller der zuständigen Vollstreckungsbehörde Folgendes vorzulegen:
a) eine Ausfertigung der Entscheidung, die die für ihre Beweiskraft erforderlichen Voraussetzungen erfüllt, und
b) die nach Artikel 53 ausgestellte Bescheinigung, mit der bestätigt wird, dass die Entscheidung vollstreckbar ist, und die einen Auszug aus der Entscheidung sowie gegebenenfalls relevante Angaben zu den erstattungsfähigen Kosten des Verfahrens und der Berechnung der Zinsen enthält.

(2) Soll in einem Mitgliedstaat eine in einem anderen Mitgliedstaat ergangene Entscheidung vollstreckt werden, mit der eine einstweilige Maßnahme einschließlich einer Sicherungsmaßnahme angeordnet wird, hat der Antragsteller der zuständigen Vollstreckungsbehörde Folgendes vorzulegen:
a) eine Ausfertigung der Entscheidung, die die für ihre Beweiskraft erforderlichen Voraussetzungen erfüllt, und
b) die nach Artikel 53 ausgestellte Bescheinigung, die eine Beschreibung der Maßnahme enthält und mit der bestätigt wird, dass
  i) das Gericht in der Hauptsache zuständig ist,
  ii) die Entscheidung im Ursprungsmitgliedstaat vollstreckbar ist, und
c) wenn die Maßnahme ohne Vorladung des Beklagten angeordnet wurde, den Nachweis der Zustellung der Entscheidung.

(3) Die zuständige Vollstreckungsbehörde kann gegebenenfalls vom Antragsteller gemäß Artikel 57 eine Übersetzung oder Transliteration des Inhalts der Bescheinigung verlangen.

(4) Die zuständige Vollstreckungsbehörde darf vom Antragsteller eine Übersetzung der Entscheidung nur verlangen, wenn sie das Verfahren ohne eine solche Übersetzung nicht fortsetzen kann.

Art. 43 (- aF) Zustellung der Bescheinigung gemäß Art 53, Übersetzung

(1) ¹Soll eine in einem anderen Mitgliedstaat ergangene Entscheidung vollstreckt werden, so wird die gemäß Artikel 53 ausgestellte Bescheinigung dem Schuldner vor der ersten Vollstreckungsmaßnahme zugestellt. ²Der Bescheinigung wird die Entscheidung beigefügt, sofern sie dem Schuldner noch nicht zugestellt wurde.

(2) Hat der Schuldner seinen Wohnsitz in einem anderen Mitgliedstaat als dem Ursprungsmitgliedstaat, so kann er eine Übersetzung der Entscheidung verlangen, um ihre Vollstreckung anfechten zu können, wenn die Entscheidung nicht in einer der folgenden Sprachen abgefasst ist oder ihr keine Übersetzung in einer der folgenden Sprachen beigefügt ist:
a) einer Sprache, die er versteht, oder
b) ¹der Amtssprache des Mitgliedstaats, in dem er seinen Wohnsitz hat, oder, wenn es in diesem Mitgliedstaat mehrere Amtssprachen gibt, in der Amtssprache oder einer der Amtssprachen des Ortes, an dem er seinen Wohnsitz hat.
²Wird die Übersetzung der Entscheidung gemäß Unterabsatz 1 verlangt, so darf die Zwangsvollstreckung nicht über Sicherungsmaßnahmen hinausgehen, solange der Schuldner die Übersetzung nicht erhalten hat.

³Dieser Absatz gilt nicht, wenn die Entscheidung dem Schuldner bereits in einer der in Unterabsatz 1 genannten Sprachen oder zusammen mit einer Übersetzung in eine dieser Sprachen zugestellt worden ist.

(3) Dieser Artikel gilt nicht für die Vollstreckung einer in einer Entscheidung enthaltenen Sicherungsmaßnahme oder wenn der Antragsteller Sicherungsmaßnahmen gemäß Artikel 40 erwirkt.

Art. 44 (- aF) Maßnahmen nach Antrag auf Versagung der Vollstreckung

(1) Wurde eine Versagung der Vollstreckung einer Entscheidung gemäß Abschnitt 3 Unterabschnitt 2 beantragt, so kann das Gericht im ersuchten Mitgliedstaat auf Antrag des Schuldners
a) das Vollstreckungsverfahren auf Sicherungsmaßnahmen beschränken,
b) die Vollstreckung von der Leistung einer vom Gericht zu bestimmenden Sicherheit abhängig machen oder
c) das Vollstreckungsverfahren insgesamt oder teilweise aussetzen.

(2) Die zuständige Behörde des ersuchten Mitgliedstaats setzt das Vollstreckungsverfahren auf Antrag des Schuldners aus, wenn die Vollstreckbarkeit der Entscheidung im Ursprungsmitgliedstaat ausgesetzt ist.

ABSCHNITT 3 Versagung der Anerkennung und Vollstreckung

Unterabschnitt 1 Versagung der Anerkennung

Art. 45 (34 u 35 aF) Versagung der Anerkennung einer Entscheidung

(1) Die Anerkennung einer Entscheidung wird auf Antrag eines Berechtigten versagt, wenn
a) die Anerkennung der öffentlichen Ordnung (ordre public) des ersuchten Mitgliedstaats offensichtlich widersprechen würde;
b) dem Beklagten, der sich auf das Verfahren nicht eingelassen hat, das verfahrenseinleitende Schriftstück oder ein gleichwertiges Schriftstück nicht so rechtzeitig und in einer Weise zugestellt worden ist, dass er sich verteidigen konnte, es sei denn, der Beklagte hat gegen die Entscheidung keinen Rechtsbehelf eingelegt, obwohl er die Möglichkeit dazu hatte;
c) die Entscheidung mit einer Entscheidung unvereinbar ist, die zwischen denselben Parteien im ersuchten Mitgliedstaat ergangen ist;
d) die Entscheidung mit einer früheren Entscheidung unvereinbar ist, die in einem anderen Mitgliedstaat oder in einem Drittstaat in einem Rechtsstreit wegen desselben Anspruchs zwischen denselben Parteien ergangen ist, sofern die frühere Entscheidung die notwendigen Voraussetzungen für ihre Anerkennung im ersuchten Mitgliedstaat erfüllt, oder
e) die Entscheidung unvereinbar ist
   i) mit Kapitel II Abschnitte 3, 4 oder 5, sofern der Beklagte Versicherungsnehmer, Versicherter, Begünstigter des Versicherungsvertrags, Geschädigter, Verbraucher oder Arbeitnehmer ist, oder
   ii) mit Kapitel II Abschnitt 6.

(2) Das mit dem Antrag befasste Gericht ist bei der Prüfung, ob eine der in Absatz 1 Buchstabe e angeführten Zuständigkeiten gegeben ist, an die tatsächlichen Feststellungen gebunden, aufgrund deren das Ursprungsgericht seine Zuständigkeit angenommen hat.

(3) ¹Die Zuständigkeit des Ursprungsgerichts darf, unbeschadet des Absatzes 1 Buchstabe e, nicht nachgeprüft werden. ²Die Vorschriften über die Zuständigkeit gehören nicht zur öffentlichen Ordnung (ordre public) im Sinne des Absatzes 1 Buchstabe a.

(4) Der Antrag auf Versagung der Anerkennung ist gemäß den Verfahren des Unterabschnitts 2 und gegebenenfalls des Abschnitts 4 zu stellen.

Unterabschnitt 2 Versagung der Vollstreckung

Art. 46 (- aF) Versagung der Vollstreckung

Die Vollstreckung einer Entscheidung wird auf Antrag des Schuldners versagt, wenn festgestellt wird, dass einer der in Artikel 45 genannten Gründe gegeben ist.

Art. 47 (- aF) Zuständigkeit für Versagung der Vollstreckung, Verfahren

(1) Der Antrag auf Versagung der Vollstreckung ist an das Gericht zu richten, das der Kommission von dem betreffenden Mitgliedstaat gemäß Artikel 75 Buchstabe a mitgeteilt wurde.

(2) Für das Verfahren zur Versagung der Vollstreckung ist, soweit es nicht durch diese Verordnung geregelt ist, das Recht des ersuchten Mitgliedstaats maßgebend.

(3) [1]Der Antragsteller legt dem Gericht eine Ausfertigung der Entscheidung und gegebenenfalls eine Übersetzung oder Transliteration der Entscheidung vor. [2]Das Gericht kann auf die Vorlage der in Unterabsatz 1 genannten Schriftstücke verzichten, wenn ihm die Schriftstücke bereits vorliegen oder wenn es das Gericht für unzumutbar hält, vom Antragsteller die Vorlage der Schriftstücke zu verlangen. [3]Im letztgenannten Fall kann das Gericht von der anderen Partei verlangen, diese Schriftstücke vorzulegen.

(4) [1]Von der Partei, die die Versagung der Vollstreckung einer in einem anderen Mitgliedstaat ergangenen Entscheidung beantragt, kann nicht verlangt werden, dass sie im ersuchten Mitgliedstaat über eine Postanschrift verfügt. [2]Es kann von ihr auch nicht verlangt werden, dass sie im ersuchten Mitgliedstaat über einen bevollmächtigten Vertreter verfügt, es sei denn, ein solcher Vertreter ist ungeachtet der Staatsangehörigkeit oder des Wohnsitzes der Parteien vorgeschrieben.

Art. 48 (- aF) Unverzügliche Entscheidung

Das Gericht entscheidet unverzüglich über den Antrag auf Versagung der Vollstreckung.

Art. 49 (- aF) Rechtsbehelf

(1) Gegen die Entscheidung über den Antrag auf Versagung der Vollstreckung kann jede Partei einen Rechtsbehelf einlegen.

(2) Der Rechtsbehelf ist bei dem Gericht einzulegen, das der Kommission von dem betreffenden Mitgliedstaat gemäß Artikel 75 Buchstabe b mitgeteilt wurde.

Art. 50 (- aF) Rechtsbehelf gegen Entscheidung über Rechtsbehelf

Gegen die Entscheidung, die über den Rechtsbehelf ergangen ist, kann nur ein Rechtsbehelf eingelegt werden, wenn der betreffende Mitgliedstaat der Kommission gemäß Artikel 75 Buchstabe c mitgeteilt hat, bei welchen Gerichten ein weiterer Rechtsbehelf einzulegen ist.

Art. 51 (- aF) Aussetzung

(1) [1]Das mit einem Antrag auf Verweigerung der Vollstreckung befasste Gericht oder das nach Artikel 49 oder Artikel 50 mit einem Rechtsbehelf befasste Gericht kann das Verfahren aussetzen, wenn gegen die Entscheidung im Ursprungsmitgliedstaat ein ordentlicher Rechtsbehelf eingelegt wurde oder die Frist für einen solchen Rechtsbehelf noch nicht verstrichen ist. [2]Im letztgenannten Fall kann das Gericht eine Frist bestimmen, innerhalb derer der Rechtsbehelf einzulegen ist.

(2) Ist die Entscheidung in Irland, Zypern oder im Vereinigten Königreich ergangen, so gilt jeder im Ursprungsmitgliedstaat statthafte Rechtsbehelf als ordentlicher Rechtsbehelf im Sinne des Absatzes 1.

ABSCHNITT 4 Gemeinsame Vorschriften

Art. 52 (36 aF) Verbot der Sachprüfung

Eine in einem Mitgliedstaat ergangene Entscheidung darf im ersuchten Mitgliedstaat keinesfalls in der Sache selbst nachgeprüft werden.

Art. 53 (54 aF) Formblatt

Das Ursprungsgericht stellt auf Antrag eines Berechtigten die Bescheinigung unter Verwendung des Formblatts in Anhang I aus.

Art. 54 (- aF) Anpassung einer Maßnahme oder Anordnung

(1) [1]Enthält eine Entscheidung eine Maßnahme oder Anordnung, die im Recht des ersuchten Mitgliedstaats nicht bekannt ist, so ist diese Maßnahme oder Anordnung soweit möglich an eine im Recht dieses Mitgliedstaats bekannte Maßnahme oder Anordnung anzupassen, mit der vergleichbare Wirkungen verbunden sind und die ähnliche Ziele und Interessen verfolgt.
[2]Eine solche Anpassung darf nicht dazu führen, dass Wirkungen entstehen, die über die im Recht des Ursprungsmitgliedstaats vorgesehenen Wirkungen hinausgehen.
(2) Jede Partei kann die Anpassung der Maßnahme oder Anordnung vor einem Gericht anfechten.
(3) Die Partei, die die Entscheidung geltend macht oder deren Vollstreckung beantragt, kann erforderlichenfalls aufgefordert werden, eine Übersetzung oder Transliteration der Entscheidung zur Verfügung zu stellen.

Art. 55 (49 aF) Zwangsgeld

In einem Mitgliedstaat ergangene Entscheidungen, die auf Zahlung eines Zwangsgelds lauten, sind im ersuchten Mitgliedstaat nur vollstreckbar, wenn die Höhe des Zwangsgelds durch das Ursprungsgericht endgültig festgesetzt ist.

Art. 56 (51 aF) Sicherheitsleistung

Der Partei, die in einem Mitgliedstaat eine in einem anderen Mitgliedstaat ergangene Entscheidung vollstrecken will, darf wegen ihrer Eigenschaft als Ausländer oder wegen Fehlens eines Wohnsitzes oder Aufenthalts im ersuchten Mitgliedstaat eine Sicherheitsleistung oder Hinterlegung, unter welcher Bezeichnung es auch sei, nicht auferlegt werden.

Art. 57 (55 (2) aF) Übersetzung in Amtssprache des Mitgliedsstaats

(1) Ist nach dieser Verordnung eine Übersetzung oder Transliteration erforderlich, so erfolgt die Übersetzung oder Transliteration in die Amtssprache des betreffenden Mitgliedstaats oder, wenn es in diesem Mitgliedstaat mehrere Amtssprachen gibt, nach Maßgabe des Rechts dieses Mitgliedstaats in die oder in eine der Verfahrenssprachen des Ortes, an dem eine in einem anderen Mitgliedstaat ergangene Entscheidung geltend gemacht oder ein Antrag gestellt wird.
(2) Bei den in den Artikeln 53 und 60 genannten Formblättern kann eine Übersetzung oder Transliteration auch in eine oder mehrere andere Amtssprachen der Organe der Union erfolgen, die der betreffende Mitgliedstaat für diese Formblätter zugelassen hat.
(3) Eine Übersetzung aufgrund dieser Verordnung ist von einer Person zu erstellen, die zur Anfertigung von Übersetzungen in einem der Mitgliedstaaten befugt ist.

KAPITEL IV ÖFFENTLICHE URKUNDEN UND GERICHTLICHE VERGLEICHE

Art. 58 (57 (1) und (3) aF) Vollstreckbare öffentliche Urkunden

(1) [1]Öffentliche Urkunden, die im Ursprungsmitgliedstaat vollstreckbar sind, sind in den anderen Mitgliedstaaten vollstreckbar, ohne dass es einer Vollstreckbarerklärung bedarf. [2]Die Zwangsvollstreckung aus der öffentlichen Urkunde kann nur versagt werden, wenn sie der öffentlichen Ordnung (ordre public) des ersuchten Mitgliedstaats offensichtlich widersprechen würde.
[3]Die Vorschriften des Kapitels III Abschnitt 2, des Abschnitts 3 Unterabschnitt 2 und des Abschnitts 4 sind auf öffentlichen Urkunden sinngemäß anzuwenden.
(2) Die vorgelegte öffentliche Urkunde muss die Voraussetzungen für ihre Beweiskraft erfüllen, die im Ursprungsmitgliedstaat erforderlich sind.

Art. 59 (58 aF) Vollstreckbare, gerichtliche Vergleiche

Gerichtliche Vergleiche, die im Ursprungsmitgliedstaat vollstreckbar sind, werden in den anderen Mitgliedstaaten unter denselben Bedingungen wie öffentliche Urkunden vollstreckt.

Art. 60 (57 (4) aF) Bescheinigung gemäß Formblatt Anhang II

Die zuständige Behörde oder das Gericht des Ursprungsmitgliedstaats stellt auf Antrag eines Berechtigten die Bescheinigung mit einer Zusammenfassung der in der öffentlichen Urkunde beurkundeten vollstreckbaren Verpflichtung oder der in dem gerichtlichen Vergleich beurkundeten Parteivereinbarung unter Verwendung des Formblatts in Anhang II aus.

KAPITEL V ALLGEMEINE VORSCHRIFTEN

Artikel 61 (56 aF) Keine Legalisation

Im Rahmen dieser Verordnung bedarf es hinsichtlich Urkunden, die in einem Mitgliedstaat ausgestellt werden, weder der Legalisation noch einer ähnlichen Förmlichkeit.

Artikel 62 (59 aF) Wohnsitz

(1) Ist zu entscheiden, ob eine Partei im Hoheitsgebiet des Mitgliedstaats, dessen Gerichte angerufen sind, einen Wohnsitz hat, so wendet das Gericht sein Recht an.
(2) Hat eine Partei keinen Wohnsitz in dem Mitgliedstaat, dessen Gerichte angerufen sind, so wendet das Gericht, wenn es zu entscheiden hat, ob die Partei einen Wohnsitz in einem anderen Mitgliedstaat hat, das Recht dieses Mitgliedstaats an.

Artikel 63 (60 aF) Wohnsitz von Gesellschaften und juristischen Personen

(1) Gesellschaften und juristische Personen haben für die Anwendung dieser Verordnung ihren Wohnsitz an dem Ort, an dem sich
a) ihr satzungsmäßiger Sitz,
b) ihre Hauptverwaltung oder
c) ihre Hauptniederlassung befindet.
(2) Im Falle Irlands, Zyperns und des Vereinigten Königreichs ist unter dem Ausdruck »satzungsmäßiger Sitz« das *registered office* oder, wenn ein solches nirgendwo besteht, der *place of incorporation* (Ort der Erlangung der Rechtsfähigkeit) oder, wenn ein solcher nirgendwo besteht, der Ort, nach dessen Recht die *formation* (Gründung) erfolgt ist, zu verstehen.
(3) Um zu bestimmen, ob ein Trust seinen Sitz in dem Mitgliedstaat hat, bei dessen Gerichten die Klage anhängig ist, wendet das Gericht sein Internationales Privatrecht an.

Artikel 64 (61 aF) Fahrlässige Straftat

[1]Unbeschadet günstigerer innerstaatlicher Vorschriften können Personen, die ihren Wohnsitz im Hoheitsgebiet eines Mitgliedstaats haben und die vor den Strafgerichten eines anderen Mitgliedstaats, dessen Staatsangehörigkeit sie nicht besitzen, wegen einer fahrlässig begangenen Straftat verfolgt werden, sich von hierzu befugten Personen vertreten lassen, selbst wenn sie persönlich nicht erscheinen. [2]Das Gericht kann jedoch das persönliche Erscheinen anordnen; wird diese Anordnung nicht befolgt, so braucht die Entscheidung, die über den Anspruch aus einem Rechtsverhältnis des Zivilrechts ergangen ist, ohne dass sich der Angeklagte verteidigen konnte, in den anderen Mitgliedstaaten weder anerkannt noch vollstreckt zu werden.

Artikel 65 (65 aF) Zuständigkeit für Gewährleistungs- oder Interventionsklage

(1) [1]Die in Artikel 8 Nummer 2 und Artikel 13 für eine Gewährleistungs- oder Interventionsklage vorgesehene Zuständigkeit kann in den Mitgliedstaaten, die in der von der Kommission nach Artikel 76 Absatz 1 Buchstabe b und Artikel 76 Absatz 2 festgelegten Liste aufgeführt sind, nur geltend gemacht werden, soweit das einzelstaatliche Recht dies zulässt. [2]Eine Person, die ihren Wohnsitz in einem anderen Mitgliedstaat hat, kann aufgefordert werden, nach den Vorschriften über die Streitverkündung gemäß der genannten Liste einem Verfahren vor einem Gericht dieser Mitgliedstaaten beizutreten.
(2) [1]Entscheidungen, die in einem Mitgliedstaat aufgrund des Artikels 8 Nummer 2 oder des Artikels 13 ergangen sind, werden nach Kapitel III in allen anderen Mitgliedstaaten anerkannt und vollstreckt. [2]Die Wirkungen, welche die Entscheidungen, die in den in der Liste nach Absatz 1

aufgeführten Mitgliedstaaten ergangen sind, gemäß dem Recht dieser Mitgliedstaaten infolge der Anwendung von Absatz 1 gegenüber Dritten haben, werden in den allen Mitgliedstaaten anerkannt.

(3) Die in der Liste nach Absatz 1 aufgeführten Mitgliedstaaten übermitteln im Rahmen des durch die Entscheidung 2001/470/EG des Rates[2] errichteten Europäischen Justiziellen Netzes für Zivil- und Handelssachen (»Europäisches Justizielles Netz«) Informationen darüber, wie nach Maßgabe ihres innerstaatlichen Rechts die in Absatz 2 Satz 2 genannten Wirkungen der Entscheidungen bestimmt werden können.

KAPITEL VI ÜBERGANGSVORSCHRIFTEN

Artikel 66 (66 aF) Zeitlicher Anwendungsbereich

(1) Diese Verordnung ist nur auf Verfahren, öffentliche Urkunden oder gerichtliche Vergleiche anzuwenden, die am 10. Januar 2015 oder danach eingeleitet, förmlich errichtet oder eingetragen bzw. gebilligt oder geschlossen worden sind.

(2) Ungeachtet des Artikels 80 gilt die Verordnung (EG) Nr 44/2001 weiterhin für Entscheidungen, die in vor dem 10. Januar 2015 eingeleiteten gerichtlichen Verfahren ergangen sind, für vor diesem Zeitpunkt förmlich errichtete oder eingetragene öffentliche Urkunden sowie für vor diesem Zeitpunkt gebilligte oder geschlossene gerichtliche Vergleiche, sofern sie in den Anwendungsbereich der genannten Verordnung fallen.

KAPITEL VII VERHÄLTNIS ZU ANDEREN RECHTSINSTRUMENTEN

Artikel 67 (67 aF) Bestimmungen für besondere Rechtsgebiete

Diese Verordnung berührt nicht die Anwendung der Bestimmungen, die für besondere Rechtsgebiete die gerichtliche Zuständigkeit oder die Anerkennung und Vollstreckung von Entscheidungen regeln und in Unionsrechtsakten oder in dem in Ausführung dieser Rechtsakte harmonisierten einzelstaatlichen Recht enthalten sind.

Artikel 68 (68 aF) Verhältnis zum Brüsseler Übereinkommen 1968 (EuGVÜ)

(1) Diese Verordnung tritt im Verhältnis zwischen den Mitgliedstaaten an die Stelle des Brüsseler Übereinkommens von 1968, außer hinsichtlich der Hoheitsgebiete der Mitgliedstaaten, die in den territorialen Anwendungsbereich des genannten Übereinkommens fallen und aufgrund der Anwendung von Artikel 355 AEUV von dieser Verordnung ausgeschlossen sind.

(2) Soweit diese Verordnung die Bestimmungen des Brüsseler Übereinkommens von 1968 zwischen den Mitgliedstaaten ersetzt, gelten Verweise auf dieses Übereinkommen als Verweise auf die vorliegende Verordnung.

Artikel 69 (69 aF) Ersetzung älterer Übereinkünfte

[1]Diese Verordnung ersetzt unbeschadet der Artikel 70 und 71 im Verhältnis zwischen den Mitgliedstaaten die Übereinkünfte, die sich auf dieselben Rechtsgebiete erstrecken wie diese Verordnung. [2]Ersetzt werden insbesondere die Übereinkünfte, die in der von der Kommission nach Artikel 76 Absatz 1 Buchstabe c und Artikel 76 Absatz 2 festgelegten Liste aufgeführt sind.

Artikel 70 (70 aF) Weitergeltung älterer Übereinkünfte

(1) Die in Artikel 69 genannten Übereinkünfte behalten ihre Wirksamkeit für die Rechtsgebiete, auf die diese Verordnung nicht anzuwenden ist.

(2) Sie bleiben auch weiterhin für die Entscheidungen, öffentlichen Urkunden und gerichtlichen Vergleiche wirksam, die vor dem Inkrafttreten der Verordnung (EG) Nr 44/2001 ergangen, förmlich errichtet oder eingetragen bzw. gebilligt oder geschlossen worden sind.

---

2 ABl. L 174 vom 27.6.2001, S 25.

Artikel 71 (71 aF) Übereinkünfte für besondere Rechtsgebiete

(1) Diese Verordnung lässt Übereinkünfte unberührt, denen die Mitgliedstaaten angehören und die für besondere Rechtsgebiete die gerichtliche Zuständigkeit, die Anerkennung oder die Vollstreckung von Entscheidungen regeln.

(2) Um eine einheitliche Auslegung des Absatzes 1 zu sichern, wird er in folgender Weise angewandt:
a) Diese Verordnung schließt nicht aus, dass ein Gericht eines Mitgliedstaats, der Vertragspartei einer Übereinkunft über ein besonderes Rechtsgebiet ist, seine Zuständigkeit auf eine solche Übereinkunft stützt, und zwar auch dann, wenn der Beklagte seinen Wohnsitz im Hoheitsgebiet eines Mitgliedstaats hat, der nicht Vertragspartei einer solchen Übereinkunft ist. In jedem Fall wendet dieses Gericht Artikel 28 dieser Verordnung an.
b) ¹Entscheidungen, die in einem Mitgliedstaat von einem Gericht erlassen worden sind, das seine Zuständigkeit auf eine Übereinkunft über ein besonderes Rechtsgebiet gestützt hat, werden in den anderen Mitgliedstaaten nach dieser Verordnung anerkannt und vollstreckt. ²Sind der Ursprungsmitgliedstaat und der ersuchte Mitgliedstaat Vertragsparteien einer Übereinkunft über ein besonderes Rechtsgebiet, welche die Voraussetzungen für die Anerkennung und Vollstreckung von Entscheidungen regelt, so gelten diese Voraussetzungen. ³In jedem Fall können die Bestimmungen dieser Verordnung über die Anerkennung und Vollstreckung von Entscheidungen angewandt werden.

Artikel 71a Gemeinsames Gericht

(1) Für die Zwecke dieser Verordnung gilt ein gemeinsames Gericht mehrerer Mitgliedstaaten gemäß Absatz 2 (»gemeinsames Gericht«) als ein Gericht eines Mitgliedstaats, wenn das gemeinsame Gericht gemäß der zu seiner Errichtung geschlossenen Übereinkunft eine gerichtliche Zuständigkeit in Angelegenheiten ausübt, die in den Anwendungsbereich dieser Verordnung fallen.

(2) Jedes der folgenden Gerichte ist für die Zwecke dieser Verordnung ein gemeinsames Gericht:
a) das mit dem am 19. Februar 2013 unterzeichneten Übereinkommen zur Schaffung eines Einheitlichen Patentgerichts (»EPG-Übereinkommen«) errichtete Einheitliche Patentgericht und
b) der mit dem Vertrag vom 31. März 1965 über die Gründung und die Satzung des Benelux-Gerichtshofs (im Folgenden »Benelux-Gerichtshof-Vertrag«) errichtete Benelux-Gerichtshof.

Artikel 71b Zuständigkeit eines gemeinsamen Gerichts

Die Zuständigkeit eines gemeinsamen Gerichts wird wie folgt bestimmt:
1. Ein gemeinsames Gericht ist zuständig, wenn die Gerichte eines Mitgliedstaats, der Partei der Übereinkunft zur Errichtung des gemeinsamen Gerichts ist, nach Maßgabe dieser Verordnung in einem unter die betreffende Übereinkunft fallenden Rechtsgebiet zuständig wären.
2. In Fällen, in denen der Beklagte seinen Wohnsitz nicht in einem Mitgliedstaat hat und diese Verordnung die ihn betreffende gerichtliche Zuständigkeit nicht anderweitig begründet, findet Kapitel II, soweit einschlägig, ungeachtet des Wohnsitzes des Beklagten Anwendung. Einstweilige Maßnahmen einschließlich Sicherungsmaßnahmen können bei einem gemeinsamen Gericht auch dann beantragt werden, wenn für die Entscheidung in der Hauptsache die Gerichte eines Drittstaats zuständig sind.
3. Ist ein gemeinsames Gericht hinsichtlich eines Beklagten nach Nummer 2 in einem Rechtsstreit über eine Verletzung eines Europäischen Patents, die zu einem Schaden innerhalb der Union geführt hat, zuständig, kann dieses Gericht seine Zuständigkeit auch hinsichtlich eines aufgrund einer solchen Verletzung außerhalb der Union entstandenen Schadens ausüben.
   Diese Zuständigkeit kann nur begründet werden, wenn dem Beklagten gehörendes Vermögen in einem Mitgliedstaat belegen ist, der Vertragspartei der Übereinkunft zur Errichtung des gemeinsamen Gerichts ist und der Rechtsstreit einen hinreichenden Bezug zu einem solchen Mitgliedstaat aufweist.

Artikel 71c Anwendung der Art 29-32

(1) Die Artikel 29 bis 32 finden Anwendung, wenn ein gemeinsames Gericht und ein Gericht eines Mitgliedstaats, der nicht Vertragspartei der Übereinkunft zur Errichtung des gemeinsamen Gerichts ist, angerufen werden.

(2) Die Artikel 29 bis 32 finden Anwendung, wenn während des Übergangszeitraums gemäß Artikel 83 des EPG-Übereinkommens das Einheitliche Patentgericht und ein Gericht eines Mitgliedstaats angerufen werden, der Vertragspartei des EPG-Übereinkommens ist.

Artikel 71d Anerkennung und Vollstreckung von Entscheidungen

Diese Verordnung findet Anwendung auf die Anerkennung und Vollstreckung von
a) Entscheidungen eines gemeinsamen Gerichts, die in einem Mitgliedstaat, der nicht Vertragspartei der Übereinkunft zur Errichtung des gemeinsamen Gerichts ist, anerkannt und vollstreckt werden müssen, und
b) Entscheidungen der Gerichte eines Mitgliedstaats, der nicht Vertragspartei der Übereinkunft zur Errichtung des gemeinsamen Gerichts ist, die in einem Mitgliedstaat, der Vertragspartei dieser Übereinkunft ist, anerkannt und vollstreckt werden müssen.
Wird die Anerkennung und Vollstreckung einer Entscheidung eines gemeinsamen Gerichts jedoch in einem Mitgliedstaat beantragt, der Vertragspartei der Übereinkunft zur Errichtung des gemeinsamen Gerichts ist, gelten anstelle dieser Verordnung alle die Anerkennung und Vollstreckung betreffenden Bestimmungen der Übereinkunft.

Artikel 72 (72 aF) Vereinbarungen vor Inkrafttreten der Verordnung (EG) Nr 44/2001

Diese Verordnung lässt Vereinbarungen unberührt, durch die sich die Mitgliedstaaten vor Inkrafttreten der Verordnung (EG) Nr 44/2001 nach Artikel 59 des Brüsseler Übereinkommens von 1968 verpflichtet haben, Entscheidungen der Gerichte eines anderen Vertragsstaats des genannten Übereinkommens gegen Beklagte, die ihren Wohnsitz oder gewöhnlichen Aufenthalt im Hoheitsgebiet eines Drittstaats haben, nicht anzuerkennen, wenn die Entscheidungen in den Fällen des Artikels 4 des genannten Übereinkommens nur in einem der in Artikel 3 Absatz 2 des genannten Übereinkommens angeführten Gerichtsstände ergehen können.

Artikel 73 (- aF) Übereinkommen Lugano und New York

(1) Diese Verordnung lässt die Anwendung des Übereinkommens von Lugano von 2007 unberührt.
(2) Diese Verordnung lässt die Anwendung des Übereinkommens von New York von 1958 unberührt.
(3) Diese Verordnung lässt die Anwendung der bilateralen Übereinkünfte und Vereinbarungen zwischen einem Drittstaat und einem Mitgliedstaat unberührt, die vor dem Inkrafttreten der Verordnung (EG) Nr 44/2001 geschlossen wurden und in dieser Verordnung geregelte Angelegenheiten betreffen.

KAPITEL VIII SCHLUSSVORSCHRIFTEN

Artikel 74 (- aF) Unterlagen für Europäisches Justizielles Netz

[1]Die Mitgliedstaaten übermitteln im Rahmen des Europäischen Justiziellen Netzes für Zivil- und Handelssachen eine Beschreibung der einzelstaatlichen Vollstreckungsvorschriften und -verfahren, einschließlich Angaben über die Vollstreckungsbehörden, sowie Informationen über alle Vollstreckungsbeschränkungen, insbesondere über Schuldnerschutzvorschriften und Verjährungsfristen, im Hinblick auf die Bereitstellung dieser Informationen für die Öffentlichkeit.
[2]Die Mitgliedstaaten halten diese Informationen stets auf dem neuesten Stand.

Artikel 75 (74 (1), Anhänge II-IV aF) Mitteilungen der Mitgliedsstaaten an die Kommission
...

Artikel 76 (74 (1), Anhang I aF) Notifizierungen der Mitgliedstaaten
...

Artikel 77 (74 (2) aF) Delegierte Rechtsakte
Der Kommission wird die Befugnis übertragen, gemäß Artikel 78 in Bezug auf die Änderung der Anhänge I und II delegierte Rechtsakte zu erlassen.

Artikel 78 (- aF) Befugnis zum Erlass delegierter Rechtsakte durch die Kommission
...

Artikel 79 (73 aF) Kommissionsbericht
...

Artikel 80 Aufhebung der Verordnung (EG) Nr 44/2001
Die Verordnung (EG) Nr 44/2001 wird durch diese Verordnung aufgehoben. Bezugnahmen auf die aufgehobene Verordnung gelten als Bezugnahmen auf die vorliegende Verordnung und sind nach Maßgabe der Entsprechungstabelle in Anhang III zu lesen.

Artikel 81 (76 aF) Inkrafttreten
[1]Diese Verordnung tritt am zwanzigsten Tag nach ihrer Veröffentlichung im *Amtsblatt der Europäischen Union* in Kraft.
[2]Sie gilt ab dem 10. Januar 2015, mit Ausnahme der Artikel 75 und 76, die ab dem 10. Januar 2014 gelten.
[3]Diese Verordnung ist in allen ihren Teilen verbindlich und gilt gemäß den Verträgen unmittelbar in den Mitgliedstaaten.

Anhang 3

entfallen

Anhang 4
Gesetz über die Erstreckung von gewerblichen Schutzrechten (Erstreckungsgesetz – ErstrG)

vom 23. April 1992 (BGBl 1992 I 938 = BlPMZ 1992, 202 = Tabu Gewerbl. Rechtsschutz Nr 444)
Amtliche Begründung: BlPMZ 1992, 213
Änderungen des ErstrG

Nr	Änderndes Gesetz	Inkrafttreten	Betroffene §§ des ErstrG	Art der Änderung
1	Art 5 des Gesetzes v 15.04.94 BGBl II 1438 = BlPMZ 95, 18	1.1.95	§ 6a	Einfügung
2	Art 2 § 18 des Gesetzes v 22.12.97 BGBl I 3224 = BlPMZ 98, 89	1.1.98	§ 42 (2)	Änderung
3	Art 7 des 2. PatGÄndG v 16.7.98	1.1.00	Teil 3 Einigungsverfahren	Aufhebung
4	Art 10 des Kostenbereinigungsgesetzes v 13.12.01 BGBl I 3656 = BlPMZ 02, 14	1.1.2002	§ 7 (2) 1, § 8, § 10, § 11, § 12, § 16 (1) § 7 (2) 3	Änderung Neufassung
5	Art 2 (10) des Geschmacksmusterreformgesetzes v 12.03.04 BGBl I 390 = BlPMZ 04, 207	1.6.2004	§ 1 (1), § 4 (1) §§ 16–19, § 26 (3), § 28 (3)	Streichung Aufhebung
6	Art 14 (2) des Gesetzes zur Änderung des Designgesetzes und weiterer Vorschriften des gewerblichen Rechtsschutzes v 04.04.2016 BGBl I S 558 = BlPMZ 2016, 161	1.7.2016	§ 10 (3)	Änderung

Lit: Adrian/Nordemann/Wandtke ErstrG und Schutz des geistigen Eigentums Berlin 1992 **Lit in GRUR:** von Mühlendahl 90, 719; Vogel 91, 83; Gaul/Burgmer 92, 283; Brändel 92, 653; 93, 169; von Mühlendahl/Mühlens 92, 725; **Lit in Mitt:** Faupel 90, 202; Eisenführ 91, 50 u 185; Niederleithinger 91, 125; Bourcevet 92, 259; Gaul 92, 289; Paul 94, 141; **Lit in IndProp:** Schäfers 91, 489

Teil 1 Erstreckung

Abschnitt 1 Erstreckung auf das in Artikel 3 des Einigungsvertrages[1] genannte Gebiet

§ 1 Erstreckung von gewerblichen Schutzrechten und Schutzrechtsanmeldungen

(1) Die am 1. Mai 1992 in der Bundesrepublik Deutschland mit Ausnahme des in Artikel 3 des Einigungsvertrages genannten Gebiets bestehenden gewerblichen Schutzrechte (Patente,

---

[1] Art 3 des Einigungsvertrages vom 18.9.90 (BGBl 1990 II 889 = BlPMZ 1990, 379): Mit dem Wirksamwerden des Beitritts tritt das Grundgesetz für die Bundesrepublik Deutschland in der im Bundesgesetzblatt Teil III, Gliederungsnummer 100–1, veröffentlichten bereinigten Fassung, zuletzt geändert durch Gesetz vom 21. Dezember 1983 (BGBl I S 1481), in den Ländern Brandenburg, Mecklenburg-Vorpommern, Sachsen, Sachsen-Anhalt und Thüringen sowie in dem Teil des Landes Berlin, in dem es bisher nicht galt, mit den sich aus Artikel 4 ergebenden Änderungen in Kraft, soweit in diesem Vertrag nichts anderes bestimmt ist.

Gebrauchsmuster, Halbleiterschutzrechte, Warenzeichen und Dienstleistungsmarken) und Anmeldungen von solchen Schutzrechten werden unter Beibehaltung ihres Zeitrangs auf das in Artikel 3 des Einigungsvertrages genannte Gebiet erstreckt.

(2) Das gleiche gilt für die auf Grund internationaler Abkommen mit Wirkung für die Bundesrepublik Deutschland mit Ausnahme des in Artikel 3 des Einigungsvertrages genannten Gebiets eingereichten Anmeldungen und eingetragenen oder erteilten Schutzrechte.

§ 2 Löschung von eingetragenen Warenzeichen

...

§ 3 Widerspruch gegen angemeldete Warenzeichen

...

Abschnitt 2 Erstreckung der in dem in Artikel 3 des Einigungsvertrages genannten Gebiet bestehenden gewerblichen Schutzrechte auf das übrige Bundesgebiet

Unterabschnitt 1 Allgemeine Vorschriften

§ 4 Erstreckung von gewerblichen Schutzrechten und Schutzrechtsanmeldungen

(1) Die am 1. Mai 1992 in dem in Artikel 3 des Einigungsvertrages genannten Gebiet bestehenden gewerblichen Schutzrechte (Ausschließungspatente und Wirtschaftspatente, Marken) und Anmeldungen von solchen Schutzrechten werden unter Beibehaltung ihres Zeitrangs auf das übrige Bundesgebiet erstreckt.

(2) Das gleiche gilt für die auf Grund internationaler Abkommen mit Wirkung für das in Artikel 3 des Einigungsvertrages genannte Gebiet eingereichten Anmeldungen und eingetragenen oder erteilten Schutzrechte.

(3) Für Herkunftsangaben, die mit Wirkung für das in Artikel 3 des Einigungsvertrages genannte Gebiet eingetragen oder angemeldet sind, gelten die §§ 33 bis 38.

§ 5 Anzuwendendes Recht[2]

Unbeschadet der nachfolgenden Bestimmungen sind auf die nach § 4 erstreckten gewerblichen Schutzrechte und Schutzrechtsanmeldungen die bisher für sie geltenden Rechtsvorschriften (Anlage I Kapitel III Sachgebiet E Abschnitt II Nr 1 § 3 Abs 1 des Einigungsvertrages[3] vom 31. August 1990, BGBl 1990 II S 885, 961) nur noch anzuwenden, soweit es sich um die Voraussetzungen der Schutzfähigkeit und die Schutzdauer handelt. Im übrigen unterliegen sie den mit dem Einigungsvertrag übergeleiteten Vorschriften des Bundesrechts.

---

2 Fortwirkende Rechtsvorschriften iSd § 5 S 1 ErstrG sind alle Vorschriften, die die Schutzfähigkeit des Gegenstands des Schutzrechts betreffen, und zwar sowohl in formeller wie in materieller Hinsicht (amtl Begr BlPMZ 92, 213, 224 lSp). Das DDR-PatG ist in der jeweils für die Anmeldung oder das Schutzrecht geltenden Fassung anzuwenden, also das DDR-PatG von 1983 (= BlPMZ 84, 37) für Erfindungen, die vor dem Inkrafttreten des Änderungsgesetzes v 29.6.90 (= BlPMZ 90, 347) angemeldet worden sind (vgl BPatG GRUR 93, 657 = BlPMZ 93, 451). § 5 (4) DDR-PatG 1983 enthält als Patentierungsvoraussetzung noch den technischen Fortschritt. Nach § 5 ErstrG sind nur DDR-Rechtsvorschriften anzuwenden, die sich auf Voraussetzungen der Schutzfähigkeit beziehen. Dazu gehören auch BPatGE 33, 182 auch die Anmeldeerfordernisse die für die Begründung des Anmeldetages wesentlich sind. Verfahrensrecht bestimmt sich nicht nach den bisher geltenden Rechtsvorschriften, sondern nach dem zZ der Entscheidung geltenden Verfahrensrecht. Die Schutzvoraussetzungen eines nicht geprüften DDR-Patents beurteilen sich nach den zum früheren DDR-Recht entwickelten Kriterien, soweit diese allgemein anerkannter Gesetzesauslegung entsprechen und nicht gegen den ordre public der BRD verstoßen (BPatG v 24.11.92 – 1 Ni 24/91). Bei der Auslegung fortwirkenden DDR-Rechts dürfen spezifische sozialistische Wertvorstellungen und Rechtsmaximen nicht herangezogen werden (BPatGE 33, 243 = GRUR 93, 733). Dagegen sind nach BPatGE 33, 278 = GRUR 93, 657 = BlPMZ 93, 451 Auslegungshilfsmittel (zB Lehrbücher, Kommentare etc) zu berücksichtigen und damit auch speziell entwickelte Begriffe, wie zB »Suchfeld« zur Bestimmung der einschlägigen technischen Fachgebiets. Bei Anwendung des § 5 (5) DDR-PatG, wonach eine technische Lösung auf einer erfinderischen Leistung beruht, wenn sie nicht offensichtlich aus dem bekannten Stand der Technik herleitbar ist, dürfen nachveröffentlichte DDR-PS nicht berücksichtigt werden (BPatGE 33, 278 = GRUR 93, 659 = BlPMZ 93, 453). Beschwerden gegen Beschlüsse des PA der DDR sind nach BPatGE 33, 278 = GRUR 93, 657 = BlPMZ 93, 451 zulässig, wenn diese unmittelbar vor dem Beitritt der DDR am 3.10.90 ergangen sind und die 2-monatige Beschwerdefrist nach § 20 (1) DDR-PatG noch nicht abgelaufen war. Das Verfahren vor dem AfEP und dem DPA leidet an einem Mangel, wenn die auf die Altrechte anzuwenden gewesenen DDR-Vorschriften nicht beachtet worden sind (BPatGE 33, 182 = BlPMZ 93, 231). Zur Prüfung der Schutzvoraussetzungen eines vor dem Inkrafttreten des DDR-PatG 1990 (1.7.90) angemeldeten Patents vgl BPatGE 34, 200 = GRUR 95, 399. Die Übergangsvorschriften bestimmen nicht, welche Fassung des PatG für die Prüfung der Schutzfähigkeit der vor dem Inkrafttreten der Gesetzesänderung angemeldeten Ausschließungspatente gilt. Deshalb ist von dem allgemeinen Grundsatz auszugehen, daß im Nichtigkeitsverfahren das Recht anzuwenden ist, das für die Erteilung des Patents maßgebend war (vgl dazu Melullis Festschrift für Piper 1996, 375, 376 f), BGH v 16.10.97 – X ZR 105/94 in BGH-DAT. Für erstreckte Wirtschaftspatente ist ausschließlich der tatsächliche Inhaber als Gebührenschuldner legitimiert, Antrag auf Erlass oder Stundung der Jahresgebühren zu stellen (BPatG BlPMZ 96, 67).

3 Diese Bestimmung des Einigungsvertrages hat folgenden Wortlaut: (1) Die vor dem Wirksamwerden des Beitritts in dem in Artikel 3 des Einigungsvertrages genannten Gebiet oder im übrigen Bundesgebiet eingereichten Anmeldungen und eingetragenen oder erteilten gewerblichen Schutzrechte werden mit Wirkung für ihr bisheriges Schutzgebiet aufrechterhalten und unterliegen weiterhin den jeweils für sie vor dem Wirksamwerden des Beitritts geltenden Rechtsvorschriften. Das gleiche gilt für die auf Grund internationaler Abkommen mit Wirkung für die genannten Gebiete eingereichten Anmeldungen und eingetragenen oder erteilten Schutzrechte.

Unterabschnitt 2 Besondere Vorschriften für Patente

§ 6 Wirkung erteilter Patente

Die Erteilung eines Patents nach den Rechtsvorschriften der Deutschen Demokratischen Republik steht der Veröffentlichung der Erteilung des Patents nach § 58 Abs 1 des Patentgesetzes gleich.

§ 6a Patentdauer[4]

Die Dauer der nach § 4 erstreckten Patente, die am 31. Dezember 1995 noch nicht abgelaufen sind, beträgt 20 Jahre, die mit dem auf die Anmeldung folgenden Tag beginnen.

§ 7 Wirtschaftspatente

(1) Nach § 4 erstreckte Wirtschaftspatente gelten als Patente, für die eine Lizenzbereitschaftserklärung nach § 23 Abs 1 Satz 1 des Patentgesetzes abgegeben worden ist. Dies gilt auch für Wirtschaftspatente, die auf Grund des Abkommens vom 18. Dezember 1976 über die gegenseitige Anerkennung von Urheberscheinen und anderen Schutzdokumenten für Erfindungen[5] (GBl II Nr 15 S 327) mit Wirkung für das in Artikel 3 des Einigungsvertrages genannte Gebiet anerkannt worden sind.

(2) ¹Der Inhaber eines auf das Vorliegen aller Schutzvoraussetzungen geprüften Patents kann zu jedem Zeitpunkt schriftlich gegenüber dem Deutschen Patent- und Markenamt erklären, daß die Lizenzbereitschaftserklärung nach Absatz 1 als widerrufen gelten soll. ²Ein Hinweis auf diese Erklärung wird im Patentblatt veröffentlicht. ³Wird der Unterschiedsbetrag nicht innerhalb der Frist von Satzes 2 gezahlt, so kann er mit dem Verspätungszuschlag noch bis zum Ablauf einer Frist von weiteren vier Monaten gezahlt werden. ⁴§ 17 Abs 3 Satz 2 und 3 des Patentgesetzes ist entsprechend anzuwenden mit der Maßgabe, daß an die Stelle der Fälligkeit der Ablauf der Monatsfrist des Satzes 3 tritt.

(3) Wer vor der Veröffentlichung des Hinweises auf die Erklärung nach Absatz 2 Satz 2 dem Patentinhaber die Absicht mitgeteilt hat, die Erfindung zu benutzen, und diese in Benutzung genommen oder die zur Benutzung erforderlichen Veranstaltungen getroffen hat, bleibt auch weiterhin zur Benutzung in der von ihm in der Anzeige angegebenen Weise berechtigt.

§ 8 Nicht in deutscher Sprache vorliegende Patente[6]

(1) Ist ein nach § 4 erstrecktes Patent nicht in deutscher Sprache veröffentlicht worden, so kann der Patentinhaber die Rechte aus dem Patent erst von dem Tag an geltend machen, an dem eine von ihm eingereichte deutsche Übersetzung der Patentschrift auf seinen Antrag vom Deutschen Patentamt veröffentlicht worden ist.

(2) Ein Hinweis auf die Veröffentlichung der Übersetzung ist im Patentblatt zu veröffentlichen und im Patentregister zu vermerken.

(3) Ist die Übersetzung der Patentschrift fehlerhaft, so kann der Patentinhaber die Veröffentlichung einer von ihm eingereichten berichtigten Übersetzung beantragen. Absatz 2 ist entsprechend anzuwenden.

(4) Der Wortlaut der Patentschrift stellt die verbindliche Fassung dar. Ist die Übersetzung der Patentschrift fehlerhaft, so darf derjenige, der in gutem Glauben die Erfindung in Benutzung genommen oder wirkliche und ernsthafte Veranstaltungen zur Benutzung der Erfindung getroffen hat, auch nach Veröffentlichung der berichtigten Übersetzung die Benutzung für die Bedürfnisse seines eigenen Betriebs in eigenen oder fremden Werkstätten im gesamten Bundesgebiet unentgeltlich fortsetzen, wenn die Benutzung keine Verletzung des Patents in der fehlerhaften Übersetzung der Patentschrift darstellen würde.

---

4 § 6a eingefügt durch Gesetz v 30.8.94 (BGBl II 1438; BlPMZ **95**, 18).
5 Abgedruckt in BlPMZ 1978, 204.
6 DD-PS können auch nach dem Inkrafttreten des Einigungsvertrags in russischer Sprache gemäß dem Havanna-Abkommen v 18.12.76 (BlPMZ **78**, 204) veröffentlicht werden (BPatG v 19.07.93 – 4 W(pat) 58/92 Schulte-Kartei PatG 300 Nr 49). Die Einreichung einer deutschen Übersetzung der fremdsprachigen PS gemäß § 8 ErstrG ist eine Obliegenheit des Patentinhabers Auf Antrag eines Dritten kann die Veröffentlichung in deutscher Sprache nicht durchgeführt werden.

§ 9 Benutzungsrechte an Ausschließungspatenten

Das in Artikel 3 Abs 4 Satz 1 des Gesetzes zur Änderung des Patentgesetzes und des Gesetzes über Warenkennzeichen der Deutschen Demokratischen Republik[7] vom 29. Juni 1990 (GBl I Nr 40 S 571) vorgesehene Recht, eine durch ein in ein Ausschließungspatent umgewandeltes Wirtschaftspatent geschützte Erfindung weiterzubenutzen, bleibt bestehen und wird auf das übrige Bundesgebiet erstreckt. Der Patentinhaber hat Anspruch auf eine angemessene Vergütung.

§ 10 Patentanmeldungen

(1) Ist für eine nach § 4 erstreckte Patentanmeldung eine der Öffentlichkeitsprüfung nach § 42 des Patentgesetzes[8] entsprechende Prüfung noch nicht erfolgt, so ist die Offensichtlichkeitsprüfung nachzuholen.

(2) Liegt die Anmeldung nicht in deutscher Sprache vor, so fordert das Deutsche Patent- und Markenamt den Anmelder auf, eine deutsche Fassung der Anmeldung innerhalb von drei Monaten nachzureichen. Wird die deutsche Fassung nicht innerhalb der Frist vorgelegt, so gilt die Anmeldung als zurückgenommen.

(3) Bei einer nach § 4 erstreckten Patentanmeldung wird, sofern die Erteilung des Patents noch nicht beschlossen worden ist, die freie Einsicht in die Akten nach § 31 Absatz 2 Satz 1 Nummer 2 des Patentgesetzes gewährt[9] und die Anmeldung als Offenlegungsschrift veröffentlicht.

(4) Ist für eine nach § 4 erstreckte Patentanmeldung ein Prüfungsantrag wirksam gestellt worden, so wird er weiterbehandelt. Ist die Prüfung von Amts wegen begonnen worden, so wird die Prüfung nur fortgesetzt, wenn der Anmelder den Prüfungsantrag nach § 44 Abs 1 und 2 des Patentgesetzes stellt.

§ 11 Recherche

Auf Antrag des Patentinhabers oder eines Dritten ermittelt das Deutsche Patentamt zu einem nach § 4 erstreckten Patent die öffentlichen Druckschriften, die für die Beurteilung der Patentfähigkeit der Erfindung in Betracht zu ziehen sind (Recherche). § 43 Abs 3 bis 6 und 7 Satz 1 des Patentgesetzes ist entsprechend anzuwenden.

§ 12 Prüfung erteilter Patente[10]

(1) ¹Ein nach § 4 erstrecktes Patent, das nicht auf das Vorliegen aller Schutzvoraussetzungen geprüft ist, wird auf Antrag von der Prüfungsstelle des Deutschen Patent- und Markenamts geprüft. ²Der Antrag kann vom Patentinhaber und jedem Dritten gestellt werden. ³§ 44 Abs 1, 2 und 4 Satz 1 und § 45 des Patentgesetzes sind entsprechend anzuwenden; § 44 Abs 3 Satz 1 und 2 des Patentgesetzes ist entsprechend anzuwenden, wenn ein Antrag nach § 11 gestellt worden ist.

---

7 Art 3 Abs 4 des Gesetzes vom 29.6.90 (BlPMZ 1990, 347, 349) hat folgenden Wortlaut: »(4) Wer als Benutzungsberechtigter eine durch Wirtschaftspatent geschützte Erfindung bereits in Benutzung genommen oder die erforderlichen Vorkehrungen dazu getroffen hat, ist im Falle einer Umwandlung gemäß Abs 2 berechtigt, die Erfindung weiter zu benutzen, wenn er das Mitbenutzungsrecht innerhalb einer Frist von 6 Monaten nach der Bekanntmachung der Umwandlung beim Patentinhaber oder beim Patentamt geltend macht. Der Patentinhaber hat einen Anspruch auf eine angemessene Lizenzgebühr, sofern er für die Benutzung nicht bereits eine angemessene Nutzungsgebühr erhalten hat. Für die Entscheidung von Streitigkeiten über das Mitbenutzungsrecht und über die Zahlung der Lizenzgebühr gilt § 29 des Patentgesetzes entsprechend.«.

8 Nach der amtl Begr (BlPMZ **92**, 213, 227 rSp) ist § 10 (2) ErstrG für Anträge auf Anerkennung eines Schutzdokuments nach dem Havanna-Abkommen der DDR über die gegenseitige Anerkennung von Urheberscheinen und anderen Schutzdokumenten für Erfindungen v 18.12.76 (BlPMZ **78**, 204) geschaffen worden. § 10 (2) gilt entsprechend seinem Wortlaut die am 1.5.92 nicht in deutscher Sprache vorliegenden DDR-Patentanmeldungen (BPatGE **33**, 182, 187).

9 Die Gewährung von Akteneinsicht setzt nicht voraus, daß die OS bereits erschienen ist.

10 § 12 (1) 3 verweist zwar auf § 44 (2) PatG, der für die Prüfungsantrag eine Frist von 7 Jahren nach Einreichung der Anmeldung vorsieht. Sie gilt jedoch nicht für einen Prüfungsantrag nach § 12 ErstrG, da § 12 (1) 1 für diesen Antrag keine Frist vorsieht (amtl Begr zum ErstrG BlPMZ **92**, 213, 228). Auf erstreckte DD-Patente ist § 147 (3) Nr 1 PatG aF anwendbar (BPatG Mitt 06, 76 L).

(2) Ein für ein nach § 4 erstrecktes Patent bereits wirksam gestellter Prüfungsantrag wird von der Prüfungsstelle weiterbehandelt. Eine von Amts wegen bereits begonnene Prüfung eines Patents wird fortgesetzt.

(3) Die Prüfung nach den Absätzen 1 und 2 führt zur Aufrechterhaltung oder zum Widerruf des Patents § 58 Abs 1 Satz 1 und 2 des Patentgesetzes ist entsprechend anzuwenden. Gegen die Aufrechterhaltung kann Einspruch nach § 59 des Patentgesetzes erhoben werden.

(4) Auf Patente im Sinne des Absatzes 1 ist § 81 Abs 2 des Patentgesetzes nicht anzuwenden.

(5) § 130 des Patentgesetzes ist auf Prüfungsverfahren nach den Absätzen 1 und 2 entsprechend anzuwenden.

§ 13 Einspruchsverfahren in besonderen Fällen[11]

Ist vom Deutschen Patentamt ein nach § 4 erstrecktes Patent nach § 18 Abs 1 oder 2 des Patentgesetzes der Deutschen Demokratischen Republik bestätigt oder erteilt worden, so kann bis zum Ablauf des 31. Juli 1992 noch Einspruch beim Deutschen Patentamt erhoben werden. Die §§ 59 bis 62 des Patentgesetzes sind anzuwenden.

§ 14 Überleitung von Berichtigungsverfahren

Berichtigungsverfahren nach § 19 des Patentgesetzes der Deutschen Demokratischen Republik, die am 1. Mai 1992 beim Deutschen Patentamt noch anhängig sind, werden in der Lage, in der sie sich befinden, als Beschränkungsverfahren nach § 64 des Patentgesetzes weitergeführt.

---

[11] Vgl dazu **MittDPA Nr 12/92** v 20.7.92 (BlPMZ **92**, 317): 1) Die Frist für den Sondereinspruch nach § 13 ErstrG gegen DD-Patente, die in der Zeit vom 3.10.90 bis zum Inkrafttreten des Erstreckungsgesetzes am 1.5.92 vom DPA nach § 18 Abs 1 oder 2 DDR-PatG erteilt oder bestätigt worden sind, ist am 31.7.92 abgelaufen. 2) Soweit zu DD-Patentanmeldungen nach der Sachprüfung gemäß § 18 DDR-PatG bis 30.4.92 die Patenterteilung zwar verfügt, aber nicht mehr zugestellt und veröffentlicht sowie keine Patentschrift mehr herausgegeben worden ist, behandelt das DPA hiergegen erhobene Einsprüche nicht als Sondereinsprüche nach § 13 ErstrG. Vielmehr werden nach der erfolgten Zustellung und Veröffentlichung der Patenterteilung Einsprüche gegen diese Patente vom DPA nach § 59 PatG behandelt (dh Ablauf der Einspruchsfrist 3 Monate nach der »Veröffentlichung der Erteilung«). 3) Soweit zu DD-Patentanmeldungen die Patenterteilung gemäß § 17 DDR-PatG ohne Sachprüfung bis zum 30.4.92 verfügt, aber nicht mehr zugestellt und veröffentlicht sowie keine Patentschrift herausgegeben worden ist, werden trotz der seit dem 1.5.92 erfolgten Zustellung und »Veröffentlichung der Erteilung« Einsprüche vom DPA als unzulässig behandelt; erst nach der auf Prüfungsantrag gemäß § 12 Abs 1 ErstrG erfolgten Sachprüfung ist der Einspruch gegen die Aufrechterhaltung des Patents zulässig (arg. § 12 Abs 3 Satz 3 ErstrG). Vgl dazu v **Mühlendahl/Mühlens** GRUR **92**, 725, 736.

§ 15 Abzweigung

...

Unterabschnitt 3

§§ 16–19
(aufgehoben)

Unterabschnitt 4 Besondere Vorschriften für Marken

§§ 20–25

...

Abschnitt 3 Übereinstimmende Rechte; Vorbenutzungs- und Weiterbenutzungsrechte
Unterabschnitt 1 Erfindungen

§ 26 Zusammentreffen von Rechten

(1) Soweit Patente, Patentanmeldungen oder Gebrauchsmuster, die nach diesem Gesetz auf das in Artikel 3 des Einigungsvertrages[12] genannte Gebiet oder das übrige Bundesgebiet erstreckt werden, in ihrem Schutzbereich übereinstimmen und infolge der Erstreckung zusammentreffen, können die Inhaber dieser Schutzrechte oder Schutzrechtsanmeldungen ohne Rücksicht auf deren Zeitrang Rechte aus den Schutzrechten oder Schutzrechtsanmeldungen weder gegeneinander noch gegen die Personen, denen der Inhaber des anderen Schutzrechts oder der anderen Schutzrechtsanmeldung die Benutzung gestattet hat, geltend machen.

(2) Der Gegenstand des Schutzrechts oder der Schutzrechtsanmeldung darf jedoch in dem Gebiet, auf das das Schutzrecht oder die Schutzrechtsanmeldung erstreckt worden ist, nicht oder nur unter Einschränkungen benutzt werden, soweit die uneingeschränkte Benutzung zu einer wesentlichen Beeinträchtigung des Inhabers des anderen Schutzrechts oder der anderen Schutzrechtsanmeldung oder der Personen, denen er die Benutzung des Gegenstands seines Schutzrechts oder seiner Schutzrechtsanmeldung gestattet hat, führen würde, die unter Berücksichtigung aller Umstände des Falles und bei Abwägung der berechtigten Interessen der Beteiligten unbillig wäre.

(3) (aufgehoben)

§ 27 Vorbenutzungsrechte

(1) Ist die Wirkung eines nach § 1 oder § 4 erstreckten Patents oder Gebrauchsmusters durch ein Vorbenutzungsrecht eingeschränkt § 12 des Patentgesetzes, § 13 Abs 3 des Gebrauchsmustergesetzes § 13 Abs 1 des Patentgesetzes der Deutschen Demokratischen Republik[13]), so gilt dieses Vorbenutzungsrecht mit den sich aus § 12 des Patentgesetzes ergebenden Schranken im gesamten Bundesgebiet.

(2) Absatz 1 ist entsprechend anzuwenden, wenn die Voraussetzungen für die Anerkennung eines Vorbenutzungsrechts in dem Gebiet vorliegen, in dem das Schutzrecht bisher nicht galt.

§ 28 Weiterbenutzungsrechte[14]

(1) Die Wirkung eines nach § 1 oder § 4 erstreckten Patents oder Gebrauchsmusters tritt gegen denjenigen nicht ein, der die Erfindung in dem Gebiet, in dem das Schutzrecht bisher nicht galt, nach dem für den Zeitrang der Anmeldung maßgeblichen Tag und vor dem 1. Juli 1990 rechtmäßig

---

12 Art 3 des Einigungsvertrags abgedruckt in Fußnote 1 zu § 1 ErstrG.
13 Abgedruckt in BlPMZ 1984, 37, 39.
14 Vgl Brändel GRUR 93, 169. – Ein nach § 28 (1) ErstrG zur Weiterbenutzung Berechtigter kann sich eines Vertriebspartners bedienen, sofern er bestimmenden wirtschaftlich wirksamen Einfluss auf Art und Umfang des Vertriebs hat (OLG München GRUR 96, 47). Wer ein im Ausland hergestelltes erfindungsgemäßes Erzeugnis im Inland weiterverarbeitet, dem steht ein Weiterbenutzungsrecht nur unter den Voraussetzungen des § 28 (2) ErstrG zu (BGH GRUR 03, 507 *Enalapril*).

in Benutzung genommen hat. Dieser ist befugt, die Erfindung im gesamten Bundesgebiet für die Bedürfnisse seines eigenen Betriebs in eigenen oder fremden Werkstätten mit den sich aus § 12 des Patentgesetzes ergebenden Schranken auszunutzen, soweit die Benutzung nicht zu einer wesentlichen Beeinträchtigung des Inhabers des Schutzrechts oder der Personen, denen er die Benutzung des Gegenstands seines Schutzrechts gestattet hat, führt, die unter Berücksichtigung aller Umstände des Falles und bei Abwägung der berechtigten Interessen der Beteiligten unbillig wäre.

(2) Bei einem im Ausland hergestellten Erzeugnis steht dem Benutzer ein Weiterbenutzungsrecht nach Absatz 1 nur zu, wenn durch die Benutzung im Inland ein schutzwürdiger Besitzstand begründet worden ist, dessen Nichtanerkennung unter Berücksichtigung aller Umstände des Falles für den Benutzer eine unbillige Härte darstellen würde.

(3) (aufgehoben)

§ 29 Zusammentreffen mit Benutzungsrechten nach § 23 des Patentgesetzes

Soweit Patente oder Patentanmeldungen, für die eine Lizenzbereitschaftserklärung nach § 23 des Patentgesetzes abgegeben worden ist oder nach § 7 als abgegeben gilt, mit Patenten, Patentanmeldungen oder Gebrauchsmustern in ihrem Schutzbereich übereinstimmen und infolge der Erstreckung nach diesem Gesetz zusammentreffen, können die Inhaber der zuletzt genannten Patente, Patentanmeldungen oder Gebrauchsmuster die Rechte aus diesen Schutzrechten oder Schutzrechtsanmeldungen ohne Rücksicht auf deren Zeitrang gegen denjenigen geltend machen, der nach § 23 Abs 3 Satz 4 des Patentgesetzes berechtigt ist, die Erfindung zu benutzen. § 28 bleibt unberührt.

Unterabschnitt 2   Warenzeichen, Marken und sonstige Kennzeichen

§§ 30–32

...

Teil 2   Umwandlung von Herkunftsangaben in Verbandszeichen

§§ 33–38

...

Teil 3   Einigungsverfahren[15]

§§ 39–46

...

Teil 4   Änderung von Gesetzen

§§ 47–48

...

Teil 5   Übergangs- und Schlußvorschriften

§ 49   Arbeitnehmererfindungen

...

§ 50   Überleitung von Schlichtungsverfahren

...

§ 51   Überleitung von Beschwerde- und Nichtigkeitsverfahren

...

§ 52   Fristen

Ist Gegenstand des Verfahrens ein nach § 4 erstrecktes Schutzrecht oder eine nach § 4 erstreckte Schutzrechtsanmeldung, so richtet sich der Lauf einer verfahrensrechtlichen Frist, der vor dem 1. Mai 1992 begonnen hat, nach den bisher anzuwendenden Rechtsvorschriften.

---

15   Teil 3 des ErstrG gemäß Art 7 iVm Art 30 (1) des 2. PatGÄndG zum 1.1.00 aufgehoben.

§ 53 Gebühren

(1) Gebühren für nach § 4 erstreckte Schutzrechte und Schutzrechtsanmeldungen, die vor dem 1. Mai 1992 fällig geworden sind, sind nach den bisher anzuwendenden Rechtsvorschriften zu entrichten.

(2) Ist eine Gebühr, die ab dem 1. Mai 1992 fällig wird, bereits vor diesem Zeitpunkt nach den bisherigen Gebührensätzen wirksam entrichtet worden, so gilt die Gebührenschuld als getilgt.

§ 54 Anwendung des Gesetzes gegen den unlauteren Wettbewerb und sonstiger Rechtsvorschriften

...

§ 55 Inkrafttreten

Dieses Gesetz tritt am ersten Tag des auf die Verkündung folgenden Kalendermonats in Kraft.

Anhang 5

Zweites Gesetz zur Vereinfachung und Modernisierung des Patentrechts (2. PatMoG)

vom 10.08.2021 BGBl 2021 I S. 3490

Artikel 1 Änderung des Patentgesetzes

Folgende Änderungen der §§ des PatG sind im Gesetzestext des PatG berücksichtigt und werden hier nicht erneut abgedruckt:
Geändert sind folgende §§ des PatG:
§ 3 (2)1 Nr 1u3, § 16a (2), § 20 (1) Nr 2, § 23, § 25, § 26, § 29, §30, § 31, § 32, § 34, § 35, § 37, § 40, § 42(2)Nr 3, § 43, § 53, § 62(2), § 63, § 67(1)Nr 2c, § 79(3), § 82(1),(3), (4), § 83(1), § 85(3)2, § 125(1)-(2), § 128, § 130(5)1, § 147(2),
Neu gefasst sind folgende §§ des PatG:
§ 28, § 31 (3b), § 61 (1)
Angefügt wurden folgende §§ des PatG:
§ 30 (3) 2, § 32 (2)2, § 36 (2)3, § 81(2)2 und (5)3, § 83 (1) 2-6, § 139(1)3-5, § 142(7), § 145a,

Artikel 2 Änderung des Gesetzes über internationale Patentübereinkommen

Artikel III des Gesetzes über internationale Patentübereinkommen vom 21. Juni 1976 (BGBl 1976 II S 649), das zuletzt durch Artikel 3 des Gesetzes vom 17. Juli 2017 (BGBl I S. 2541) geändert worden ist, wird wie folgt geändert:
Folgende Änderungen der §§ des IntPatÜG sind im Gesetzestext des IntPatÜG berücksichtigt und werden hier nicht erneut abgedruckt:
Geändert sind folgende §§ des Art. III IntPatÜG:
§ 4, § 6 und § 8.

Artikel 3 Änderung des Gebrauchsmustergesetzes

...

Artikel 4 Änderung der Gebrauchsmusterverordnung

...

Artikel 5 Änderung des Markengesetzes

...

Artikel 6 Änderung der Markenverordnung

...

Artikel 7 Änderung der DPMA-Verordnung

...

Artikel 8 Änderung des Patentkostengesetzes

...

Artikel 9 Änderung des Halbleiterschutzgesetzes

...

Artikel 10 Änderung des Designgesetzes

...

Artikel 11 Folgeänderungen

...

Artikel 12 Bekanntmachungserlaubnis

Das Bundesministerium der Justiz und für Verbraucherschutz kann den Wortlaut des Patentgesetzes in der vom 1. Mai 2022 an geltenden Fassung im Bundesgesetzblatt bekanntmachen.

Artikel 13 Inkrafttreten

(1) Dieses Gesetz tritt vorbehaltlich des Absatzes 2 am Tag nach der Verkündung in Kraft.
(2) Am 1. Mai 2022 treten in Kraft:
1. Artikel 1 Nummer 11 Buchstabe c Doppelbuchstabe bb, Nummer 17, 22, 24, 26 Buchstabe a und Nummer 31,
2. Artikel 2 Nummer 1 und 2 Buchstabe b,
3. Artikel 3 Nummer 2 Buchstabe b und c, Nummer 6 Buchstabe b Doppelbuchstabe bb und Buchstabe c sowie Nummer 7,
4. Artikel 4,
5. Artikel 5 Nummer 1, 5, 8 bis 14,
6. Artikel 6,
7. Artikel 7 Nummer 1 und 4,
8. Artikel 8 Nummer 1, 2 und 3 Buchstabe b bis n,
9. Artikel 9 Nummer 4 Buchstabe b,
10. Artikel 10 Nummer 3 Buchstabe a und
11. Artikel 11 Absatz 1.

Anhang 6

Richtlinie 98/44/EG des Europäischen Parlaments und des Rates vom 6. Juli 1998 über den rechtlichen Schutz biotechnologischer Erfindungen

(ABl EG Nr. L 213 vom 30.7.98 S 13 = GRUR Int 1998, 675 = BlPMZ 1998, 458 = AblEPA 1999, 101 = Tabu Gewerbl. Rechtsschutz Nr 696r)
Das Europäische Parlament und der Rat der Europäischen Union –
gestützt auf den Vertrag zur Gründung der Europäischen Gemeinschaft, insbesondere auf Artikel 100a,
auf Vorschlag der Kommission,
nach Stellungnahme des Wirtschafts- und Sozialausschusses gemäß dem Verfahren des Artikels 189b des Vertrags,
in Erwägung nachstehender Gründe:
(1) Biotechnologie und Gentechnik spielen in den verschiedenen Industriezweigen eine immer wichtigere Rolle, und dem Schutz biotechnologischer Erfindungen kommt grundlegende Bedeutung für die industrielle Entwicklung der Gemeinschaft zu.
(2) Die erforderlichen Investitionen zur Forschung und Entwicklung sind insbesondere im Bereich der Gentechnik hoch und risikoreich und können nur bei angemessenem Rechtsschutz rentabel sein.
(3) Ein wirksamer und harmonisierter Schutz in allen Mitgliedstaaten ist wesentliche Voraussetzung dafür, daß Investitionen auf dem Gebiet der Biotechnologie fortgeführt und gefördert werden.
(4) Nach der Ablehnung des vom Vermittlungsausschuß gebilligten gemeinsamen Entwurfs einer Richtlinie des Europäischen Parlaments und des Rates über den rechtlichen Schutz biotechnologischer Erfindungen durch das Europäische Parlament haben das Europäische Parlament und der Rat festgestellt, daß die Lage auf dem Gebiet des Rechtsschutzes biotechnologischer Erfindungen der Klärung bedarf.
(5) In den Rechtsvorschriften und Praktiken der verschiedenen Mitgliedstaaten auf dem Gebiet des Schutzes biotechnologischer Erfindungen bestehen Unterschiede, die zu Handelsschranken führen und so das Funktionieren des Binnenmarkts behindern können.
(6) Diese Unterschiede könnten sich dadurch noch vergrößern, daß die Mitgliedstaaten neue und unterschiedliche Rechtsvorschriften und Verwaltungspraktiken einführen oder daß die Rechtsprechung der einzelnen Mitgliedstaaten sich unterschiedlich entwickelt.
(7) Eine uneinheitliche Entwicklung der Rechtsvorschriften zum Schutz biotechnologischer Erfindungen in der Gemeinschaft könnte zusätzliche ungünstige Auswirkungen auf den Handel haben und damit zu Nachteilen bei der industriellen Entwicklung der betreffenden Erfindungen sowie zur Beeinträchtigung des reibungslosen Funktionierens des Binnenmarkts führen.
(8) Der rechtliche Schutz biotechnologischer Erfindungen erfordert nicht die Einführung eines besonderen Rechts, das an die Stelle des nationalen Patentrechts tritt. Das nationale Patentrecht ist auch weiterhin die wesentliche Grundlage für den Rechtsschutz biotechnologischer Erfindungen; es muß jedoch in bestimmten Punkten angepaßt oder ergänzt werden, um der Entwicklung der Technologie, die biologisches Material benutzt, aber gleichwohl die Voraussetzungen für die Patentierbarkeit erfüllt, angemessen Rechnung zu tragen.
(9) In bestimmten Fällen, wie beim Ausschluß von Pflanzensorten, Tierrassen und von im wesentlichen biologischen Verfahren für die Züchtung von Pflanzen und Tieren von der Patentierbarkeit, haben bestimmte Formulierungen in den einzelstaatlichen Rechtsvorschriften, die sich auf internationale Übereinkommen zum Patent- und Sortenschutz stützen, in bezug auf den Schutz biotechnologischer und bestimmter mikrobiologischer Erfindungen für Unsicherheit gesorgt. Hier ist eine Harmonisierung notwendig, um diese Unsicherheit zu beseitigen.
(10) Das Entwicklungspotential der Biotechnologie für die Umwelt und insbesondere ihr Nutzen für die Entwicklung weniger verunreinigender und den Boden weniger beanspruchender Ackerbaumethoden sind zu berücksichtigen. Die Erforschung solcher Verfahren und deren Anwendung sollte mittels des Patentsystems gefördert werden.

(11) Die Entwicklung der Biotechnologie ist für die Entwicklungsländer sowohl im Gesundheitswesen und bei der Bekämpfung großer Epidemien und Endemien als auch bei der Bekämpfung des Hungers in der Welt von Bedeutung. Die Forschung in diesen Bereichen sollte ebenfalls mittels des Patentsystems gefördert werden. Außerdem sollten internationale Mechanismen zur Verbreitung der entsprechenden Technologien in der Dritten Welt zum Nutzen der betroffenen Bevölkerung in Gang gesetzt werden.
(12) Das Übereinkommen über handelsbezogene Aspekte der Rechte des geistigen Eigentums (TRIPS-Übereinkommen),[1] das die Europäische Gemeinschaft und ihre Mitgliedstaaten unterzeichnet haben, ist inzwischen in Kraft getreten; es sieht vor, daß der Patentschutz für Produkte und Verfahren in allen Bereichen der Technologie zu gewährleisten ist.
(13) Der Rechtsrahmen der Gemeinschaft zum Schutz biotechnologischer Erfindungen kann sich auf die Festlegung bestimmter Grundsätze für die Patentierbarkeit biologischen Materials an sich beschränken; diese Grundsätze bezwecken im wesentlichen, den Unterschied zwischen Erfindungen und Entdeckungen hinsichtlich der Patentierbarkeit bestimmter Bestandteile menschlichen Ursprungs herauszuarbeiten. Der Rechtsrahmen kann sich ferner beschränken auf den Umfang des Patentschutzes biotechnologischer Erfindungen, auf die Möglichkeit, zusätzlich zur schriftlichen Beschreibung einen Hinterlegungsmechanismus vorzusehen, sowie auf die Möglichkeit der Erteilung einer nicht ausschließlichen Zwangslizenz bei Abhängigkeit zwischen Pflanzensorten und Erfindungen (und umgekehrt).
(14) Ein Patent berechtigt seinen Inhaber nicht, die Erfindung anzuwenden, sondern verleiht ihm lediglich das Recht, Dritten deren Verwertung zu industriellen und gewerblichen Zwecken zu untersagen. Infolgedessen kann das Patentrecht die nationalen, europäischen oder internationalen Rechtsvorschriften zur Festlegung von Beschränkungen oder Verboten oder zur Kontrolle der Forschung und der Anwendung oder Vermarktung ihrer Ergebnisse weder ersetzen noch überflüssig machen, insbesondere was die Erfordernisse der Volksgesundheit, der Sicherheit, des Umweltschutzes, des Tierschutzes, der Erhaltung der genetischen Vielfalt und die Beachtung bestimmter ethischer Normen betrifft.
(15) Es gibt im einzelstaatlichen oder europäischen Patentrecht (Münchener Übereinkommen) keine Verbote oder Ausnahmen, die eine Patentierbarkeit von lebendem Material grundsätzlich ausschließen.
(16) Das Patentrecht muß unter Wahrung der Grundprinzipien ausgeübt werden, die die Würde und die Unversehrtheit des Menschen gewährleisten. Es ist wichtig, den Grundsatz zu bekräftigen, wonach der menschliche Körper in allen Phasen seiner Entstehung und Entwicklung, einschließlich der Keimzellen, sowie die bloße Entdeckung eines seiner Bestandteile oder seiner Produkte, einschließlich der Sequenz oder Teilsequenz eines menschlichen Gens, nicht patentierbar sind. Diese Prinzipien stehen im Einklang mit den im Patentrecht vorgesehenen Patentierbarkeitskriterien, wonach eine bloße Entdeckung nicht Gegenstand eines Patents sein kann.
(17) Mit Arzneimitteln, die aus isolierten Bestandteilen des menschlichen Körpers gewonnen und/oder auf andere Weise hergestellt werden, konnten bereits entscheidende Fortschritte bei der Behandlung von Krankheiten erzielt werden. Diese Arzneimittel sind das Ergebnis technischer Verfahren zur Herstellung von Bestandteilen mit einem ähnlichen Aufbau wie die im menschlichen Körper vorhandenen natürlichen Bestandteile; es empfiehlt sich deshalb, mit Hilfe des Patentsystems die Forschung mit dem Ziel der Gewinnung und Isolierung solcher für die Arzneimittelherstellung wertvollen Bestandteile zu fördern.
(18) Soweit sich das Patentsystem als unzureichend erweist, um die Forschung und die Herstellung von biotechnologischen Arzneimitteln, die zur Bekämpfung seltener Krankheiten (»Orphan-«Krankheiten) benötigt werden, zu fördern, sind die Gemeinschaft und die Mitgliedstaaten verpflichtet, einen angemessenen Beitrag zur Lösung dieses Problems zu leisten.
(19) Die Stellungnahme Nr 8 der Sachverständigengruppe der Europäischen Kommission für Ethik in der Biotechnologie ist berücksichtigt worden.[2]
(20) Infolgedessen ist darauf hinzuweisen, daß eine Erfindung, die einen isolierten Bestandteil des menschlichen Körpers oder einen auf eine andere Weise durch ein technisches Verfahren erzeugten Bestandteil betrifft und gewerblich anwendbar ist, nicht von der Patentierbarkeit ausgeschlossen

---

1 Abgedruckt im Anhang 13 = GRUR Int 94, 128 = BlPMZ 95, 23 = Tabu Gewerbl. Rechtsschutz Nr 699a.
2 Abgedruckt in Schulte-Kartei EPÜ 53 Nr 57.

ist, selbst wenn der Aufbau dieses Bestandteils mit dem eines natürlichen Bestandteils identisch ist, wobei sich die Rechte aus dem Patent nicht auf den menschlichen Körper und dessen Bestandteile in seiner natürlichen Umgebung erstrecken können.

(21) Ein solcher isolierter oder auf andere Weise erzeugter Bestandteil des menschlichen Körpers ist von der Patentierbarkeit nicht ausgeschlossen, da er – zum Beispiel – das Ergebnis technischer Verfahren zu seiner Identifizierung, Reinigung, Bestimmung und Vermehrung außerhalb des menschlichen Körpers ist, zu deren Anwendung nur der Mensch fähig ist und die die Natur selbst nicht vollbringen kann.

(22) Die Diskussion über die Patentierbarkeit von Sequenzen oder Teilsequenzen von Genen wird kontrovers geführt. Die Erteilung eines Patents für Erfindungen, die solche Sequenzen oder Teilsequenzen zum Gegenstand haben, unterliegt nach dieser Richtlinie denselben Patentierbarkeitskriterien der Neuheit, erfinderischen Tätigkeit und gewerblichen Anwendbarkeit wie alle anderen Bereiche der Technologie. Die gewerbliche Anwendbarkeit einer Sequenz oder Teilsequenz muß in der eingereichten Patentanmeldung konkret beschrieben sein.

(23) Ein einfacher DNA-Abschnitt ohne Angabe einer Funktion enthält keine Lehre zum technischen Handeln und stellt deshalb keine patentierbare Erfindung dar.

(24) Das Kriterium der gewerblichen Anwendbarkeit setzt voraus, daß im Fall der Verwendung einer Sequenz oder Teilsequenz eines Gens zur Herstellung eines Proteins oder Teilproteins angegeben wird, welches Protein oder Teilprotein hergestellt wird und welche Funktion es hat.

(25) Zur Auslegung der durch ein Patent erteilten Rechte wird in dem Fall, daß sich Sequenzen lediglich in für die Erfindung nicht wesentlichen Abschnitten überlagern, patentrechtlich jede Sequenz als selbständige Sequenz angesehen.

(26) Hat eine Erfindung biologisches Material menschlichen Ursprungs zum Gegenstand oder wird dabei derartiges Material verwendet, so muß bei einer Patentanmeldung die Person, bei der Entnahmen vorgenommen werden, die Gelegenheit erhalten haben, gemäß den innerstaatlichen Rechtsvorschriften nach Inkenntnissetzung und freiwillig der Entnahme zuzustimmen.

(27) Hat eine Erfindung biologisches Material pflanzlichen oder tierischen Ursprungs zum Gegenstand oder wird dabei derartiges Material verwendet, so sollte die Patentanmeldung gegebenenfalls Angaben zum geographischen Herkunftsort dieses Materials umfassen, falls dieser bekannt ist. Die Prüfung der Patentmeldungen und die Gültigkeit der Rechte aufgrund der erteilten Patente bleiben hiervon unberührt.

(28) Diese Richtlinie berührt in keiner Weise die Grundlagen des geltenden Patentrechts, wonach ein Patent für jede neue Anwendung eines bereits patentierten Erzeugnisses erteilt werden kann.

(29) Diese Richtlinie berührt nicht den Ausschluß von Pflanzen und Tierrassen von der Patentierbarkeit. Erfindungen, deren Gegenstand Pflanzen oder Tiere sind, sind jedoch patentierbar, wenn die Anwendung der Erfindung technisch nicht auf eine Pflanzensorte oder Tierrasse beschränkt ist.

(30) Der Begriff der Pflanzensorte wird durch das Sortenschutzrecht definiert. Danach wird eine Sorte durch ihr gesamtes Genom geprägt und besitzt deshalb Individualiät. Sie ist von anderen Sorten deutlich unterscheidbar.

(31) Eine Pflanzengesamtheit, die durch ein bestimmtes Gen (und nicht durch ihr gesamtes Genom) gekennzeichnet ist, unterliegt nicht dem Sortenschutz. Sie ist deshalb von der Patentierbarkeit nicht ausgeschlossen, auch wenn sie Pflanzensorten umfaßt.

(32) Besteht eine Erfindung lediglich darin, daß eine bestimmte Pflanzensorte genetisch verändert wird, und wird dabei eine neue Pflanzensorte gewonnen, bleibt diese Erfindung selbst dann von der Patentierbarkeit ausgeschlossen, wenn die genetische Veränderung nicht das Ergebnis eines im wesentlichen biologischen, sondern eines biotechnologischen Verfahrens ist.

(33) Für die Zwecke dieser Richtlinie ist festzulegen, wann ein Verfahren zur Züchtung von Pflanzen und Tieren im wesentlichen biologisch ist.

(34) *Die Begriffe »Erfindung« und »Entdeckung«,* wie sie durch das einzelstaatliche, europäische oder internationale Patentrecht definiert sind, bleiben von dieser Richtlinie unberührt.

(35) Diese Richtlinie berührt nicht die Vorschriften des nationalen Patentrechts, wonach Verfahren zur chirurgischen oder therapeutischen Behandlung des menschlichen oder tierischen Körpers und Diagnostizierverfahren, die am menschlichen oder tierischen Körper vorgenommen werden, von der Patentierbarkeit ausgeschlossen sind.

(36) Das TRIPS-Übereinkommen³ räumt den Mitgliedern der Welthandelsorganisation die Möglichkeit ein, Erfindungen von der Patentierbarkeit auszuschließen, wenn die Verhinderung ihrer gewerblichen Verwertung in ihrem Hoheitsgebiet zum Schutz der öffentlichen Ordnung oder der guten Sitten einschließlich des Schutzes des Lebens und der Gesundheit von Menschen, Tieren oder Pflanzen oder zur Vermeidung einer ernsten Schädigung der Umwelt notwendig ist, vorausgesetzt, daß ein solcher Ausschluß nicht nur deshalb vorgenommen wird, weil die Verwertung durch interstaatliches Recht verboten ist.
(37) Der Grundsatz, wonach Erfindungen, deren gewerbliche Verwertung gegen die öffentliche Ordnung oder die guten Sitten verstoßen würde, von der Patentierbarkeit auszuschließen sind, ist auch in dieser Richtlinie hervorzuheben.
(38) Ferner ist es wichtig, in die Vorschriften der vorliegenden Richtlinie eine informatorische Aufzählung der von der Patentierbarkeit ausgenommenen Erfindungen aufzunehmen, um so den nationalen Gerichten und Patentämtern allgemeine Leitlinien für die Auslegung der Bezugnahme auf die öffentliche Ordnung oder die guten Sitten zu geben. Diese Aufzählung ist selbstverständlich nicht erschöpfend. Verfahren, deren Anwendung gegen die Menschenwürde verstößt, wie etwa Verfahren zur Herstellung von hybriden Lebewesen, die aus Keimzellen oder todipotenten Zellen von Mensch und Tier entstehen, sind natürlich ebenfalls von der Patentierbarkeit auszunehmen.
(39) Die öffentliche Ordnung und die guten Sitten entsprechen insbesondere den in den Mitgliedstaaten anerkannten ethischen oder moralischen Grundsätzen, deren Beachtung ganz besonders auf dem Gebiet der Biotechnologie wegen der potentiellen Tragweite der Erfindungen in diesem Bereich und deren inhärenter Beziehung zur lebenden Materie geboten ist. Diese ethischen oder moralischen Grundsätze ergänzen die übliche patentrechtliche Prüfung, unabhängig vom technischen Gebiet der Erfindung.
(40) Innerhalb der Gemeinschaft besteht Übereinstimmung darüber, daß die Keimbahnintervention am menschlichen Lebewesen und das Klonen von menschlichen Lebewesen gegen die öffentliche Ordnung oder die guten Sitten verstoßen. Daher ist es wichtig, Verfahren zur Veränderung der genetischen Identität der Keimbahn des menschlichen Lebewesens und Verfahren zum Klonen von menschlichen Lebewesen unmißverständlich von der Patentierbarkeit auszuschließen.
(41) Als Verfahren zum Klonen von menschlichen Lebewesen ist jedes Verfahren, einschließlich der Verfahren zur Embryonenspaltung, anzusehen, das darauf abzielt, ein menschliches Lebewesen zu schaffen, das im Zellkern die gleiche Erbinformation wie ein anderes lebendes oder verstorbenes menschliches Lebewesen besitzt.
(42) Ferner ist auch die Verwendung von menschlichen Embryonen zu industriellen oder kommerziellen Zwecken von der Patentierbarkeit auszuschließen. Dies gilt jedoch auf keinen Fall für Erfindungen, die therapeutische oder diagnostische Zwecke verfolgen und auf den menschlichen Embryo zu dessen Nutzen angewandt werden.
(43) Nach Artikel F Abs 2 des Vertrags über die Europäische Union achtet die Union die Grundrechte, wie sie in der am 4. November 1950 in Rom unterzeichneten Europäischen Konvention zum Schutze der Menschenrechte und Grundfreiheiten⁴ gewährleistet sind und wie sie sich aus den gemeinsamen Verfassungsüberlieferungen der Mitgliedstaaten als allgemeine Grundsätze des Gemeinschaftsrechts ergeben.
(44) Die Europäische Gruppe für Ethik der Naturwissenschaften und der Neuen Technologien der Kommission bewertet alle ethischen Aspekte im Zusammenhang mit der Biotechnologie. In diesem Zusammenhang ist darauf hinzuweisen, daß die Befassung dieser Gruppe auch im Bereich des Patentrechts nur die Bewertung der Biotechnologie anhand grundlegender ethischer Prinzipien zum Gegenstand haben kann.
(45) Verfahren zur Veränderung der genetischen Identität von Tieren, die geeignet sind, für die Tiere Leiden ohne wesentlichen medizinischen Nutzen im Bereich der Forschung, der Vorbeugung, der Diagnose oder der Therapie für den Menschen oder das Tier zu verursachen, sowie mit Hilfe dieser Verfahren erzeugte Tiere sind von der Patentierbarkeit auszunehmen.
(46) Die Funktion eines Patents besteht darin, den Erfinder mit einem ausschließlichen, aber zeitlich begrenzten Nutzungsrecht für seine innovative Leistung zu belohnen und damit einen Anreiz für erfinderische Tätigkeit zu schaffen; der Patentinhaber muß demnach berechtigt sein, die Verwendung patentierten selbstreplizierenden Materials unter solchen Umständen zu verbieten, die den

---

3 Abgedruckt im Anhang 13 und in Tabu Gewerbl. Rechtsschutz Nr 699a.
4 EMRK v 4.11.1950 BGBl 1952 II 686, 953; Protokoll Nr 11 BGBl 1995 II 578.

Umständen gleichstehen, unter denen die Verwendung nicht selbstreplizierenden Materials verboten werden könnte, dh die Herstellung des patentierten Erzeugnisses selbst.

(47) Es ist notwendig, eine erste Ausnahme von den Rechten des Patentinhabers vorzusehen, wenn Vermehrungsmaterial, in das die geschützte Erfindung Eingang gefunden hat, vom Patentinhaber oder mit seiner Zustimmung zum landwirtschaftlichen Anbau an einen Landwirt verkauft wird. Mit dieser Ausnahmeregelung soll dem Landwirt gestattet werden, sein Erntegut für spätere generative oder vegetative Vermehrung in seinem eigenen Betrieb zu verwenden. Das Ausmaß und die Modalitäten dieser Ausnahmeregelung sind auf das Ausmaß und die Bedingungen zu beschränken, die in der Verordnung (EG) Nr 2100/94 des Rates vom 27. Juli 1994[5] über den gemeinschaftlichen Sortenschutz vorgesehen sind.

(48) Von dem Landwirt kann nur die Vergütung verlangt werden, die im gemeinschaftlichen Sortenschutzrecht im Rahmen einer Durchführungsbestimmung zu der Ausnahme vom gemeinschaftlichen Sortenschutzrecht festgelegt ist.

(49) Der Patentinhaber kann jedoch seine Rechte gegenüber dem Landwirt geltend machen, der die Ausnahme mißbräuchlich nutzt, oder gegenüber dem Züchter, der die Pflanzensorte, in welche die geschützte Erfindung Eingang gefunden hat, entwickelt hat, falls dieser seinen Verpflichtungen nicht nachkommt.

(50) Eine zweite Ausnahme von den Rechten des Patentinhabers ist vorzusehen, um es Landwirten zu ermöglichen, geschütztes Vieh zu landwirtschaftlichen Zwecken zu benutzen.

(51) Mangels gemeinschaftsrechtlicher Bestimmungen für die Züchtung von Tierrassen müssen der Umfang und die Modalitäten dieser zweiten Ausnahmeregelung durch die nationalen Gesetze, Rechts- und Verwaltungsvorschriften und Verfahrensweisen geregelt werden.

(52) Für den Bereich der Nutzung und auf gentechnischem Wege erzielten neuen Merkmale von Pflanzensorten muß in Form einer Zwangslizenz gegen eine Vergütung ein garantierter Zugang vorgesehen werden, wenn die Pflanzensorte in bezug auf die betreffende Gattung oder Art einen bedeutenden technischen Fortschritt von erheblichem wirtschaftlichem Interesse gegenüber der patentgeschützten Erfindung darstellt.

(53) Für den Bereich der gentechnischen Nutzung neuer, aus neuen Pflanzensorten hervorgegangener pflanzlicher Merkmale muß in Form einer Zwangslizenz gegen eine Vergütung ein garantierter Zugang vorgesehen werden, wenn die Erfindung einen bedeutenden technischen Fortschritt von erheblichem wirtschaftlichem Interesse darstellt.

(54) Artikel 34 des TRIPS-Übereinkommens[6] enthält eine detaillierte Regelung der Beweislast, die für alle Mitgliedstaaten verbindlich ist. Deshalb ist eine diesbezügliche Bestimmung in dieser Richtlinie nicht erforderlich.

(55) Die Gemeinschaft ist gemäß dem Beschluß 93/626/EWG Vertragspartei des Übereinkommens über die biologische Vielfalt vom 5. Juni 1992.[7] Im Hinblick darauf tragen die Mitgliedstaaten bei Erlaß der Rechts- und Verwaltungsvorschriften zur Umsetzung dieser Richtlinie insbesondere Artikel 3, Artikel 8 Buchstabe j, Artikel 16 Abs 2 Satz 2 und Abs 5 des genannten Übereinkommens Rechnung.

(56) Die dritte Konferenz der Vertragsstaaten des Übereinkommens über die biologische Vielfalt, die im November 1996 stattfand, stellte im Beschluß III/17 fest, daß weitere Arbeiten notwendig sind, um zu einer gemeinsamen Bewertung des Zusammenhangs zwischen den geistigen Eigentumsrechten und den einschlägigen Bestimmungen des Übereinkommens über handelsbezogene Aspekte des geistigen Eigentums und des Übereinkommens über die biologische Vielfalt zu gelangen, insbesondere in Fragen des Technologietransfers, der Erhaltung und nachhaltigen Nutzung der biologischen Vielfalt sowie der gerechten und fairen Teilhabe an den Vorteilen, die sich aus der Nutzung der genetischen Ressourcen ergeben, einschließlich des Schutzes von Wissen, Innovationen und

---

5　ABl Nr L 227 vom 1.9.94 S 1 = GRUR Int 96, 918 = BlPMZ 95, 353 = Tabu Gewerbl. Rechtsschutz Nr 696j; Änderung durch Verordnung 2506/95 (ABl L 258 vom 28.10.95 S 3 = BlPMZ 95, 436) und Verordnung Nr 448/96 (ABl L 62 vom 13.5.96 S 3 = BlPMZ 96, 216). Zur Erschöpfungsmaterial für Vermehrungsmaterial und zum Landwirteprivileg vgl die Erläuterungen zu den neuen §§ 9b und 9c PatG.

6　Abgedruckt im Anhang 13.

7　BGBl 1993 II 1741, in der Fassung der Bekanntmachung vom 30.08.97 BGBl II 1741. Text unter: http://www.biodiv-chm.de/.

Praktiken indigener und lokaler Gemeinschaften, die traditionelle Lebensformen verkörpern, die für die Erhaltung und nachhaltige Nutzung der biologischen Vielfalt von Bedeutung sind –
haben folgende Richtlinie erlassen:

Kapitel I   Patentierbarkeit

Art 1 Anpassung nationalen Patentrechts

(1) Die Mitgliedstaaten schützen biotechnologische Erfindungen durch das nationale Patentrecht. Sie passen ihr nationales Patentrecht erforderlichenfalls an, um den Bestimmungen dieser Richtlinie Rechnung zu tragen.

(2) Die Verpflichtungen der Mitgliedstaaten aus internationalen Übereinkommen, insbesondere aus dem TRIPS-Übereinkommen[8] und dem Übereinkommen über die biologische Vielfalt, werden von dieser Richtlinie nicht berührt.

Art 2 Definitionen

(1) Im Sinne dieser Richtlinie ist
a) »biologisches Material« ein Material, das genetische Informationen enthält und sich selbst reproduzieren oder in einem biologischen System reproduziert werden kann;
b) »mikrobiologisches Verfahren« jedes Verfahren, bei dem mikrobiologisches Material verwendet, ein Eingriff in mikrobiologisches Material durchgeführt oder mikrobiologisches Material hervorgebracht wird.

(2) Ein Verfahren zur Züchtung von Pflanzen und Tieren ist im wesentlichen biologisch, wenn es vollständig auf natürlichen Phänomenen wie Kreuzung oder Selektion beruht.

(3) Der Begriff der Pflanzensorte wird durch Art 5 der Verordnung (EG) Nr 2100/94[9] definiert.

Art 3 Erzeugnisse aus und Verfahren mit biologischem Material; Naturstoffe

(1) Im Sinne dieser Richtlinie können Erfindungen, die neu sind, auf einer erfinderischen Tätigkeit beruhen und gewerblich anwendbar sind, auch dann patentiert werden, wenn sie ein Erzeugnis, das aus biologischem Material besteht oder dieses enthält, oder ein Verfahren, mit dem biologisches Material hergestellt, bearbeitet oder verwendet wird, zum Gegenstand haben.

(2) Biologisches Material, das mit Hilfe eines technischen Verfahrens aus seiner natürlichen Umgebung isoliert oder hergestellt wird, kann auch dann Gegenstand einer Erfindung sein, wenn es in der Natur schon vorhanden war.

Art 4 Ausnahmen von der Patentierbarkeit

(1) Nicht patentierbar sind
a) Pflanzensorten und Tierrassen,
b) im wesentlichen biologische Verfahren zur Züchtung von Pflanzen oder Tieren.

(2) Erfindungen, deren Gegenstand Pflanzen oder Tiere sind, können patentiert werden, wenn die Ausführungen der Erfindung technisch nicht auf eine bestimmte Pflanzensorte oder Tierrasse beschränkt sind.

(3) Abs 1 Buchst b) berührt nicht die Patentierbarkeit von Erfindungen, die ein mikrobiologisches oder sonstiges technisches Verfahren oder ein durch diese Verfahren gewonnenes Erzeugnis zum Gegenstand haben.

---

8 Abgedruckt im Anhang 13 und in GRUR Int **94**, 128 = BlPMZ **95**, 23 = Tabu Gewerbl. Rechtsschutz Nr 699a.
9 ABl Nr L 227 vom 1.9.94 S 1 = GRUR Int **96**, 918 = BlPMZ **95**, 353 = Tabu Gewerbl. Rechtsschutz Nr 696j; Änderung durch Verordnung 2506/95 (ABl L 258 vom 28.10.95 S 3 = BlPMZ **95**, 436) und Verordnung Nr 448/96 (ABl L 62 vom 13.5.96 S 3 = BlPMZ **96**, 216).

Anhang 6   Biotechnologie-Richtlinie 98/44/EG   BioPatRL

Art 5 Der menschliche Körper

(1) Der menschliche Körper in den einzelnen Phasen seiner Entstehung und Entwicklung sowie die bloße Entdeckung eines seiner Bestandteile, einschließlich der Sequenz oder Teilsequenz eines Gens, können keine patentierbaren Erfindungen darstellen.

(2) Ein isolierter Bestandteil des menschlichen Körpers oder ein auf andere Weise durch ein technisches Verfahren gewonnener Bestandteil, einschließlich der Sequenz oder Teilsequenz eines Gens, kann eine patentierbare Erfindung sein, selbst wenn der Aufbau dieses Bestandteils mit dem Aufbau eines natürlichen Bestandteils identisch ist.

(3) Die gewerbliche Anwendbarkeit einer Sequenz oder Teilsequenz eines Gens muß in der Patentanmeldung konkret beschrieben werden.

Art 6 Verstoß gegen öffentliche Ordnung oder gute Sitten

(1) Erfindungen, deren gewerbliche Verwertung gegen die öffentliche Ordnung oder die guten Sitten verstoßen würde, sind von der Patentierbarkeit ausgenommen, dieser Verstoß kann nicht allein daraus hergeleitet werden, daß die Verwertung durch Rechts- oder Verwaltungsvorschriften verboten ist.

(2) Im Sinne von Abs 1 gelten unter anderem als nicht patentierbar:
a) Verfahren zum Klonen von menschlichen Lebewesen;
b) Verfahren zur Veränderung der genetischen Identität der Keimbahn des menschlichen Lebewesens;
c) die Verwendung von menschlichen Embryonen zu industriellen oder kommerziellen Zwecken;
d) Verfahren zur Veränderung der genetischen Identität von Tieren, die geeignet sind, Leiden dieser Tiere ohne wesentlichen medizinischen Nutzen für den Menschen oder das Tier zu verursachen, sowie die mit Hilfe solcher Verfahren erzeugten Tiere.

Art 7 Europäische Gruppe für Ethik

Die Europäische Gruppe für Ethik der Naturwissenschaften und der Neuen Technologien der Kommission bewertet alle ethischen Aspekte im Zusammenhang mit der Biotechnologie.

Kapitel II   Umfang des Schutzes

Art 8 Patentschutz für biologisches Material und Verfahren

(1) Der Schutz eines Patents für biologisches Material, das aufgrund der Erfindung mit bestimmten Eigenschaften ausgestattet ist, umfaßt jedes biologische Material, das aus diesem biologischen Material durch generative oder vegetative Vermehrung in gleicher oder abweichender Form gewonnen wird und mit denselben Eigenschaften ausgestattet ist.

(2) Der Schutz eines Patents für ein Verfahren, das die Gewinnung eines aufgrund der Erfindung mit bestimmten Eigenschaften ausgestatteten biologischen Materials ermöglicht, umfaßt das mit diesem Verfahren unmittelbar gewonnene biologische Material und jedes andere mit denselben Eigenschaften ausgestattete biologische Material, das durch generative oder vegetative Vermehrung in gleicher oder abweichender Form aus dem unmittelbar gewonnenen biologischen Material gewonnen wird.

Art 9 Erzeugnisse mit genetischer Information

Der Schutz, der durch ein Patent für ein Erzeugnis erteilt wird, das aus einer genetischen Information besteht oder sie enthält, erstreckt sich vorbehaltlich des Art 5 Abs 1 auf jedes Material, in das dieses Erzeugnis Eingang findet und in dem die genetische Information enthalten ist und ihre Funktion erfüllt.

Art 10 Ausschluß vom Patentschutz

Der in den Art 8 und 9 vorgesehene Schutz erstreckt sich nicht auf das biologische Material, das durch generative oder vegetative Vermehrung von biologischem Material gewonnen wird, das im Hoheitsgebiet eines Mitgliedstaats vom Patentinhaber oder mit dessen Zustimmung in Verkehr

BioPatRL Biotechnologie-Richtlinie 98/44/EG Anhang 6

gebracht wurde, wenn die generative oder vegetative Vermehrung notwendigerweise das Ergebnis der Verwendung ist, für die das biologische Material in Verkehr gebracht wurde, vorausgesetzt, daß das so gewonnene Material anschließend nicht für andere generative oder vegetative Vermehrung verwendet wird.

Art 11 Ausnahmeregelung für Landwirte für Vermehrungsmaterial und geschütztes Vieh

(1) Abweichend von den Art 8 und 9 beinhaltet der Verkauf oder das sonstige Inverkehrbringen von pflanzlichem Vermehrungsmaterial durch den Patentinhaber oder mit dessen Zustimmung an einen Landwirt zum landwirtschaftlichen Anbau dessen Befugnis, sein Erzeugnis für die generative oder vegetative Vermehrung durch ihn selbst im eigenen Betrieb zu verwenden, wobei Ausmaß und Modalitäten dieser Ausnahmeregelung[10] denjenigen des Art 14 der Verordnung (EG) Nr 2100/94 entsprechen.

(2) Abweichend von den Art 8 und 9 beinhaltet der Verkauf oder das sonstige Inverkehrbringen von Zuchtvieh oder von tierischem Vermehrungsmaterial durch den Patentinhaber oder mit dessen Zustimmung an einen Landwirt dessen Befugnis, das geschützte Vieh zu landwirtschaftlichen Zwecken zu verwenden. Diese Befugnis erstreckt sich auch auf die Überlassung zur Fortführung seiner landwirtschaftlichen Tätigkeit, jedoch nicht auf den Verkauf mit dem Ziel oder im Rahmen einer gewerblichen Viehzucht.

(3) Das Ausmaß und die Modalitäten der in Abs 2 vorgesehenen Ausnahmeregelung werden durch die nationalen Gesetze, Rechts- und Verwaltungsvorschriften und Verfahrensweisen geregelt.

Kapitel III Zwangslizenzen wegen Abhängigkeit

Art 12 Nicht ausschließliche Zwangslizenz

(1) Kann ein Pflanzenzüchter ein Sortenschutzrecht nicht erhalten oder verwerten, ohne ein früher erteiltes Patent zu verletzen, so kann er beantragen, daß ihm gegen Zahlung einer angemessenen Vergütung eine nicht ausschließliche Zwangslizenz für die patentgeschützte Erfindung erteilt wird, soweit diese Lizenz zur Verwertung der zu schützenden Pflanzensorte erforderlich ist. Die Mitgliedstaaten sehen vor, daß der Patentinhaber, wenn eine solche Lizenz erteilt wird, zur Verwertung der geschützten Sorte Anspruch auf eine gegenseitige Lizenz zu angemessenen Bedingungen hat.

(2) Kann der Inhaber des Patents für eine biotechnologische Erfindung diese nicht verwerten, ohne ein früher erteiltes Sortenschutzrecht zu verletzen, so kann er beantragen, daß ihm gegen Zahlung einer angemessenen Vergütung eine nicht ausschließliche Zwangslizenz für die durch dieses Sortenschutzrecht geschützte Pflanzensorte erteilt wird. Die Mitgliedstaaten sehen vor, daß der Inhaber des Sortenschutzrechts, wenn eine solche Lizenz erteilt wird, zur Verwertung der geschützten Erfindung Anspruch auf eine gegenseitige Lizenz zu angemessenen Bedingungen hat.

(3) Die Antragsteller nach den Abs 1 und 2 müssen nachweisen, daß
a) sie sich vergebens an den Inhaber des Patents oder des Sortenschutzrechts gewandt haben, um eine vertragliche Lizenz zu erhalten;
b) die Pflanzensorte oder Erfindung einen bedeutenden technischen Fortschritt von erheblichem wirtschaftlichen Interesse gegenüber der patentgeschützten Erfindung oder der geschützten Pflanzensorte darstellt.

(4) Jeder Mitgliedstaat bekommt die für die Erteilung der Lizenz zuständige(n) Stelle(n). Kann eine Lizenz für eine Pflanzensorte nur vom Gemeinschaftlichen Sortenamt erteilt werden, findet Art 29 der Verordnung (EG) Nr 2100/94[11] Anwendung.

---

10 ABl Nr L 227 vom 1.9.94 S 1 = GRUR Int **96**, 918 = BlPMZ **95**, 353 = Tabu Gewerbl. Rechtsschutz Nr 696j; Änderung durch Verordnung 2506/95 (ABl L 258 vom 28.10.95 S 3 = BlPMZ **95**, 436) und Verordnung Nr 448/96 (ABl L 62 vom 13.5.96 S 3 = BlPMZ **96**, 216).
11 ABl Nr L 227 vom 1.9.94 S 1 = GRUR Int **96**, 918 = BlPMZ **95**, 353 = Tabu Gewerbl. Rechtsschutz Nr 696j; Änderung durch Verordnung 2506/95 (ABl L 258 vom 28.10.95 S 3 = BlPMZ **95**, 436) und Verordnung Nr 448/96 (ABl L 62 vom 13.5.96 S 3 = BlPMZ **96**, 216).

Kapitel IV Hinterlegung von, Zugang zu und erneute Hinterlegung von biologischem Material

Art 13 Ausreichende Beschreibung biologischen Materials; Herausgabe einer Probe

(1) Betrifft eine Erfindung biologisches Material, das der Öffentlichkeit nicht zugänglich ist und in der Patentanmeldung nicht so beschrieben werden kann, daß ein Fachmann diese Erfindung danach ausführen kann, oder beinhaltet die Erfindung die Verwendung eines solchen Materials, so gilt die Beschreibung für die Anwendung des Patentrechts nur dann als ausreichend, wenn
a) das biologische Material spätestens am Tag der Patentanmeldung bei einer anerkannten Hinterlegungsstelle hinterlegt wurde. Anerkannt sind zumindest die internationalen Hinterlegungsstellen, die diesen Status nach Art 7 des Budapester Vertrags vom 28. April 1977[12] über die internationale Anerkennung der Hinterlegung von Mikroorganismen für Zwecke von Patentverfahren (im folgenden »Budapester Vertrag« genannt) erworben haben;
b) die Anmeldung die einschlägigen Informationen enthält, die dem Anmelder bezüglich der Merkmale des hinterlegten biologischen Materials bekannt sind;
c) in der Patentanmeldung die Hinterlegungsstelle und das Aktenzeichen der Hinterlegung angegeben sind.

(2) Das hinterlegte biologische Material wird durch Herausgabe einer Probe zugänglich gemacht:
a) bis zur ersten Veröffentlichung der Patentanmeldung nur für Personen, die nach dem innerstaatlichen Patentrecht hierzu ermächtigt sind;
b) von der ersten Veröffentlichung der Anmeldung bis zur Erteilung des Patents für jede Person, die dies beantragt, oder, wenn der Anmelder dies verlangt, nur für einen unabhängigen Sachverständigen;
c) nach der Erteilung des Patents ungeachtet eines späteren Widerrufs oder einer Nichtigerklärung des Patents für jede Person, die einen entsprechenden Antrag stellt.

(3) Die Herausgabe erfolgt nur dann, wenn der Antragsteller sich verpflichtet, für die Dauer der Wirkung des Patents
a) Dritten keine Probe des hinterlegten biologischen Materials oder eines daraus abgeleiteten Materials zugänglich zu machen und
b) keine Probe des hinterlegten Materials oder eines daraus abgeleiteten Materials zu anderen als zu Versuchszwecken zu verwenden, es sei denn, der Anmelder oder der Inhaber des Patents verzichtet ausdrücklich auf eine derartige Verpflichtung.

(4) Bei Zurückweisung oder Zurücknahme der Anmeldung wird der Zugang zu dem hinterlegten Material auf Antrag des Hinterlegers für die Dauer von 20 Jahren ab dem Tag der Patentanmeldung nur einem unabhängigen Sachverständigen erteilt. In diesem Fall findet Abs 3 Anwendung.

(5) Die Anträge des Hinterlegers gemäß Abs 2 Buchst b) und Abs 4 können nur bis zu dem Zeitpunkt eingereicht werden, zu dem die technischen Vorarbeiten für die Veröffentlichung der Patentanmeldung als abgeschlossen gelten.

Art 14 Erneute Hinterlegung

(1) Ist das nach Art 13 hinterlegte biologische Material bei der anerkannten Hinterlegungsstelle nicht mehr zugänglich, so wird unter denselben Bedingungen wie denen des Budapester Vertrags eine erneute Hinterlegung des Materials zugelassen.

(2) Jeder erneuten Hinterlegung ist eine vom Hinterleger unterzeichnete Erklärung beizufügen, in der bestätigt wird, daß das erneut hinterlegte biologische Material das gleiche wie das ursprünglich hinterlegte Material ist.

Kapitel V Schlußbestimmungen

Art 15 Umsetzung in nationales Recht

(1) Die Mitgliedstaaten erlassen die erforderlichen Rechts- und Verwaltungsvorschriften, um dieser Richtlinie bis zum 30. Juli 2000 nachzukommen. Sie setzen die Kommission unmittelbar davon in Kenntnis. Wenn die Mitgliedstaaten diese Vorschriften erlassen, nehmen sie in den Vor-

---

12 BGBl 1984 II 679 = BlPMZ **84**, 318 = Tabu Gewerbl. Rechtsschutz Nr 635.

schriften selbst oder durch einen Hinweis bei der amtlichen Veröffentlichung auf diese Richtlinie Bezug. Die Mitgliedstaaten regeln die Einzelheiten der Bezugnahme.

(2) Die Mitgliedstaaten teilen der Kommission die innerstaatlichen Rechtsvorschriften mit, die sie auf dem unter diese Richtlinie fallenden Gebiet erlassen.

Art 16 Unterrichtung des Europäischen Parlaments und des Rates

Die Kommission übermittelt dem Europäischen Parlament und dem Rat folgendes:
a) alle fünf Jahre nach dem in Art 15 Abs 1 vorgesehenen Zeitpunkt einen Bericht zu der Frage, ob durch diese Richtlinie im Hinblick auf internationale Übereinkommen zum Schutz der Menschenrechte, denen die Mitgliedstaaten beigetreten sind, Probleme entstanden sind;
b) innerhalb von zwei Jahren nach dem Inkrafttreten dieser Richtlinie einen Bericht, in dem die Auswirkungen des Unterbleibens oder der Verzögerung von Veröffentlichungen, deren Gegenstand patentierfähig sein könnte, auf die gentechnologische Grundlagenforschung evaluiert werden;
c) jährlich ab dem in Art 15 Abs 1 vorgesehenen Zeitpunkt einen Bericht über die Entwicklung und die Auswirkungen des Patentrechts im Bereich der Bio- und Gentechnologie.

Art 17 Inkrafttreten

Diese Richtlinie tritt am Tag ihrer Veröffentlichung im Amtsblatt der Europäischen Gemeinschaften in Kraft.

Art 18

Diese Richtlinie ist an die Mitgliedstaaten gerichtet.

Anhang 7

Gesetz zur Umsetzung der Richtlinie über den rechtlichen Schutz biotechnologischer Erfindungen (BioPatG)

vom 21.1.2005 (BGBl I 146 = BlPMZ 2005, 93)

Amtliche Begründung abgedruckt in BlPMZ 2005, 95; Beschlussempfehlung und Bericht des Rechtsausschusses BlPMZ 2005, 101.
Konkordanz zwischen Biopatentgesetz (**BioPatG**), der Biotechnologie-Richtlinie 98/44/EG **Bio-PatRL**) (abgedruckt im Anhang 6) und den **Regeln 26-34 EPÜ 2000** ergibt sich aus folgender Tabelle:

BioPatG:	BioPatRL:	EPÜ 2000:	Gegenstand:
§ 1 (2) S 1	Art 3 (1)	Regel 26 (2)	Biotechnologische Erfindungen
§ 1 (2) S 2	Art 3 (2)	Regel 27 a	Bio-Naturstoffe
§ 1a (1)	Art 5 (1)	Regel 29 (1)	Menschlicher Körper
§ 1a (2)	Art 5 (2)	Regel 29 (2)	Bestandteil des menschlichen Körpers
§ 1a (3)	Art 5 (3)	Regel 29 (3)	Gen-Sequenz
§ 1a (4)	–	–	Beschränkung des Stoffschutzes auf die im Patentanspruch beschriebene Verwendung
§ 2 (1)	Art 6 (1)	Art 53 lit a	Öffentliche Ordnung, gute Sitten
§ 2 (2) Nr 1	Art 6 (2) a	Regel 28 a	Klonen menschlicher Lebewesen
§ 2 (2) Nr 2	Art 6 (2) b	Regel 28 b	Genetische Identität der Keimbahn
§ 2 (2) Nr 3	Art 6 (2) c	Regel 28 c	Menschliche Embryonen
§ 2 (2) Nr 4	Art 6 (2) d	Regel 28 d	Genetische Identität von Tieren
§ 2a (1)	Art 4 (1)	Art 53 b 1.HS	Pflanzensorten und Tierrassen, Züchtungsverfahren
§ 2a (2) Nr 1	–	Regel 27 b	Pflanzen oder Tiere
§ 2a (2) Nr 2	Art 4 (3)	Regel 27 c	Mikrobiologisches Verfahren oder sonstiges technisches Verfahren
§ 2a (3) Nr 1	Art 2 (1) a	Regel 26 (3)	Biologisches Material
§ 2a (3) Nr 2	Art 2 (1) b	Regel 26 (6)	Mikrobiologisches Verfahren
§ 2a (3) Nr 3	Art 2 (2)	Regel 26 (5)	Im Wesentlichen biologisches Verfahren
§ 2a (3) Nr 4	Art 2 (3)	Regel 26 (4)	Pflanzensorte
§ 9 (1) 1			Recht zur Benutzung des Patents
§ 9a (1)	Art 8 (1)	–	Erzeugnisschutz für biologisches Material
§ 9a (2)	Art 8 (2)	–	Biologisches Material als unmittelbares Verfahrenserzeugnis
§ 9a (3)	Art 9	–	Genetische Information
§ 9b	Art 10	–	Erschöpfungsregelung für Vermehrungsmaterial
§ 9c (1)	Art 11 (1)	–	Landwirteprivileg für Pflanzen
§ 9c (2)	Art 11 (2)	–	Landwirteprivileg für landwirtschaftliche Nutztiere
§ 9c (3)	–	–	Zufällig gewonnenes biologisches Material

BioPatG Anhang 7

Biotechnologie-Richtlinie **98/44/EG** mit den zugehörigen Erwägungsgründen abgedruckt im Anhang 6.
Regeln 23b – 23e EPÜ 1973 = Regeln 26 – 29 EPÜ 2000, die die Biotechnologie-Richtlinie 98/44 EG in das europäische Patentrecht des EPÜ umsetzen, sind abgedruckt bei:

EPÜ 1973	EPÜ 2000	abgedruckt bei PatG
Regel 23b (1) u (2)	Regel 26 (1) u (2)	§ 1 Rdn 4
Regel 23b (3) – (6)	Regel 26 (3) – (6)	§ 2a Rdn 5
Regel 23c (a)	Regel 27 (a)	§ 1 Rdn 5
Regel 23c (b) u (c)	Regel 27 (b) u (c)	§ 2a Rdn 6
Regel 23d	Regel 28	§ 2 Rdn 7
Regel 23e	Regel 29	§ 1a Rdn 4

Artikel 1 Änderung des Patentgesetzes

Das Patentgesetz in der Fassung der Bekanntmachung vom 16. Dezember 1980 (BGBl I 1981 S 1), zuletzt geändert durch Artikel 1 des Gesetzes vom 9. Dezember 2004 (BGBl I S 3232), wird wie folgt geändert:

1. § 1 wird wie folgt geändert:
   a) Nach Absatz 1 wird folgender Absatz 2 eingefügt: ... *abgedruckt bei § 1 PatG*
   b) Die bisherigen Absätze 2 und 3 werden Absätze 3 und 4.
   c) In Absatz 4 wird die Angabe »Absatz 2« durch »Absatz 3« ersetzt.
2. Nach § 1 wird folgender § **1a** eingefügt: ... *abgedruckt bei § 1a PatG*
3. § 2 wird wie folgt gefasst: ... *abgedruckt bei § 2 PatG*
4. Nach § 2 wird folgender § **2a** eingefügt: ... *abgedruckt bei § 2a PatG*
5. § 9 (1) 1 wird wie folgt gefasst: *(abgedruckt bei § 9 PatG)*
6. Nach § 9 werden folgende §§ **9a bis 9c** eingefügt: ... *abgedruckt nach § 9 PatG*
7. In § **11** wird nach der Nummer 2 die folgende **Nummer 2a** eingefügt: *abgedruckt bei § 11 PatG*
8. In § **16a Abs 2** wird nach dem Wort »Benutzungsanordnung« das Komma durch das Wort »und« ersetzt; nach dem Wort »Zwangslizenz« werden die Wörter »und deren Zurücknahme« gestrichen.
9. § **24** wird wie folgt geändert:
   a) Absatz 2 wird wie folgt gefasst: ... *abgedruckt bei § 24 PatKostG Rdn 1*
   b) Nach Absatz 2 wird folgender Absatz 3 eingefügt: ... *abgedruckt bei § 24 PatKostG Rdn 1*
   c) Die bisherigen Absätze 3 bis 6 werden die Absätze 4 bis 7.
10. Nach § 34 wird folgender § **34a** eingefügt: ... *abgedruckt bei § 34a PatG*
11. In § **39 Abs 3** wird die Angabe »§§ 34 bis 36« durch die Angabe »§§ 34, 35 und 36« ersetzt.
12. In § **85 Abs 1** wird die Angabe »§ 24 Abs 1 bis 5« durch die Angabe »§ 24 Abs 1 bis 6« ersetzt.

Artikel 2 Änderung des Gebrauchsmustergesetzes

...

Artikel 3 Änderung des Sortenschutzgesetzes

...

Artikel 4 Inkrafttreten

Dieses Gesetz tritt am 28. Februar 2005 in Kraft.

Anhang 8

Gesetz zur Verbesserung der Durchsetzung von Rechten des geistigen Eigentum (DurchsetzungsG)

vom 7. Juli 2008 Bundesgesetzblatt I S 1191 = BlPMZ 2008, 274, 414 = Tabu Gewerbl. Rechtsschutz Nr 442

Amtliche Begründung:
BlPMZ 2008, 289 = Bundestagsdrucksache 16/5048 vom 20.04.2007.
Beschlussempfehlung und Bericht des Rechtsausschusses:
BlPMZ 2008, 310 = Bundestagsdrucksache 16/8783 vom 9.4.2008
Dieses Gesetz dient der Umsetzung der Richtlinie 2004/48/EG des Europäischen Parlaments und des Rates vom 29. April 2004 zur Durchsetzung der Rechte des geistigen Eigentums (ABl. EU Nr L 195 S 16[1]).

Artikel 1: Änderung der Kostenordnung[2]

Die Kostenordnung in der im Bundesgesetzblatt Teil III, Gliederungsnummer 361–1, veröffentlichten bereinigten Fassung, zuletzt geändert durch Artikel 4 des Gesetzes vom 26. März 2008 (BGBl I S 441), wird wie folgt geändert:
1. Nach § 128b wird folgender § 128c eingefügt:
§ 128c Anordnungen über die Verwendung von Verkehrsdaten
(1) Eine Gebühr von 200 Euro wird erhoben für die Entscheidung über den Antrag auf Erlass einer Anordnung nach
   1. § 140b Abs 9 des Patentgesetzes,
   2. § 24b Abs 9 des Gebrauchsmustergesetzes, auch in Verbindung mit § 9 Abs 2 des Halbleiterschutzgesetzes,
   3. § 19 Abs 9 des Markengesetzes,
   4. § 101 Abs 9 des Urheberrechtsgesetzes,
   5. § 46 Abs 9 des Geschmacksmustergesetzes,
   6. § 37b Abs 9 des Sortenschutzgesetzes.
(2) Wird der Antrag zurückgenommen, bevor über ihn eine Entscheidung ergangen ist, wird eine Gebühr von 50 Euro erhoben.
(3) § 130 Abs 5 gilt entsprechend.
2. § 131a wird wie folgt gefasst:
§ 131a Bestimmte Beschwerden
(1) In Verfahren über Beschwerden nach § 621e der Zivilprozessordnung in
   1. Versorgungsausgleichssachen,
   2. Familiensachen nach § 621 Abs 1 Nr 7 der Zivilprozessordnung,
   3. Lebenspartnerschaftssachen nach § 661 Abs 1 Nr 4a und 5 in Verbindung mit § 661 Abs 2 der Zivilprozessordnung werden die gleichen Gebühren wie im ersten Rechtszug erhoben.
(2) [1]In Verfahren über Beschwerden in den in § 128c Abs 1 genannten Verfahren wird die gleiche Gebühr wie im ersten Rechtszug erhoben, wenn die Beschwerde verworfen oder zurückgewiesen wird. [2]§ 128c Abs 2 gilt entsprechend. [3]Im Übrigen ist das Beschwerdeverfahren gebührenfrei. [4]Auslagen, die durch eine für begründet befundene Beschwerde entstanden sind, werden nicht erhoben.

---

1 BlPMZ 2004, 408 = Tabu Gewerbl. Rechtsschutz Nr 696q.
2 Schönfelder Deutsche Gesetze Nr 119 = Tabu Gewerbl. Rechtsschutz Nr 360 (Auszug).

DurchsetzungsG   *Artikel 2–8b*   Anhang 8

Artikel 2 Änderung des Patentgesetzes

Das Patentgesetz in der Fassung der Bekanntmachung vom 16. Dezember 1980 (BGBl 1981 I S 1), zuletzt geändert durch Artikel 12 Abs 1 des Gesetzes vom 13. Dezember 2007 (BGBl I S 2897), wird wie folgt geändert:
1. In der Inhaltsübersicht wird die Angabe »Neunter Abschnitt Rechtsverletzungen §§ 139–142a« durch die Angabe »**Neunter Abschnitt Rechtsverletzungen §§ 139–142b**« ersetzt.
2. In § **16a Abs 2** wird die Angabe »§§ 139 bis 141 und § 142a« durch die Angabe »§§ 139 bis 141a, 142a und 142b« ersetzt.
3. § 139 Abs 1 und 2 wird wie folgt gefasst: *Text in PatG § 139 (1) und (2) berücksichtigt.*
4. Die §§ **140a und 140b** werden durch die folgenden §§ **140a bis 140e** ersetzt: *Text in PatG §§ 140a – 140e berücksichtigt.*
5. Nach § 141 wird folgender § **141a** eingefügt: *Text in PatG § 141a berücksichtigt.*
6. § **142a** wird wie folgt geändert:
      a) Absatz 1 wird wie folgt gefasst: *Text in PatG § 142a (1) berücksichtigt.*
      b) In Absatz 6 Satz 1 werden die Wörter »zwei Jahre« durch die Wörter »ein Jahr« ersetzt.
7. Nach § 142a wird folgender § **142b** eingefügt: *Text in PatG § 142b berücksichtigt.*

Artikel 3 Änderung des Gebrauchsmustergesetzes

...

Artikel 4 Änderung des Markengesetzes

...

Artikel 5 Änderung des Halbleiterschutzgesetzes

...

Artikel 6 Änderung des Urheberrechtsgesetzes

...

Artikel 7 Änderung des Geschmacksmustergesetzes

...

Artikel 8 Änderung des Sortenschutzgesetzes

...

Artikel 8a Änderung des Gesetzes über internationale Patentübereinkommen

Das Gesetz über internationale Patentübereinkommen vom 21. Juni 1976 (BGBl 1976 II S. 649), das zuletzt durch Artikel 1 des Gesetzes vom 24. August 2007 BGBl I S. 2166) geändert worden ist, wird wie folgt geändert:
1. Artikel II § 3 wird aufgehoben.
2. Dem Artikel XI wird folgender § 4 angefügt: *Text in IntPatÜG Art XI § 4 berücksichtigt.*

Artikel 8b Folgeänderungen aus Anlass der Änderungen des Gesetzes über internationale Patentübereinkommen

1. In Teil A Abschnitt I Unterabschnitt 3 des Gebührenverzeichnisses zu § 2 Abs 1 des Patentkostengesetzes vom 13. Dezember 2001 (BGBl I S. 3656), das zuletzt durch Artikel 3 des Gesetzes vom 24. August 2007 (BGBl I S. 2166) geändert worden ist, wird die Nummer 313 820 gestrichen.
2. Die Verordnung über die Übertragung der Ermächtigung nach Artikel II § 3 Abs 6 des Gesetzes über internationale Patentübereinkommen vom 1. Juni 1992 (BGBl 1992 II S. 375) wird aufgehoben.
3. Die Verordnung über die Übersetzungen europäischer Patentschriften vom 2. Juni 1992 (BGBl 1992 II S. 395) wird aufgehoben.

4. Das Gesetz zur Änderung des Gesetzes über internationale Patentübereinkommen vom 10. Dezember 2003 (BGBl I, S. 2470) wird aufgehoben.

Artikel 9 Bekanntmachungserlaubnis

...

Artikel 10 Inkrafttreten

[1]Die Artikel 8a und 8b dieses Gesetzes treten am 1. Mai 2008 in Kraft. [2]Im Übrigen tritt dieses Gesetz am 1. September 2008 in Kraft.

Anhang 9

Gesetz zur Umsetzung der Akte vom 29. November 2000 zur Revision des Übereinkommens über die Erteilung europäischer Patente (EPÜ-RevisionsG)

Vom 24. August 2007 (BGBl I S 2166; 2008 I S 254 = BlPMZ 2007, 362; 2008, 73 = Tabu Gewerbl. Rechtsschutz Nr 443)

Amtliche Begründung abgedruckt BlPMZ 2007, 363.

Artikel 1 Änderung des Gesetzes über internationale Patentübereinkommen

Das Gesetz über internationale Patentübereinkommen vom 21. Juni 1976 (BGBl 1976 II S. 649), zuletzt geändert durch Artikel 2 Abs 2 des Gesetzes vom 12.März 2004 (BGBl I S. 390), wird wie folgt geändert:
1. Artikel II wird wie folgt geändert:
   a) **§ 1 wird wie folgt geändert:**
      aa) In Absatz 1 Satz 2 wird die Angabe »Satz 1« gestrichen.
      bb) In Absatz 3 Satz 2 wird die Angabe »Artikel 158 Abs 3« durch die Angabe »Artikel 153 Abs 4« ersetzt.
   b) **§ 3 wird wie folgt geändert:**
      aa) **Absatz 1** wird wie folgt gefasst: ...
      bb) Folgender **Absatz 7** wird angefügt: ...
   c) **§ 6 wird wie folgt geändert:**
      aa) Dem **Absatz 1** wird folgender Satz angefügt: ...
      bb) **Absatz 2** wird wie folgt gefasst: ...
      cc) Nach Absatz 2 wird folgender **Absatz 3** eingefügt: ...
      dd) Der bisherige Absatz 3 wird Absatz 4 und in diesem nach der Angabe »Absatzes 1« die Angabe »Satz 1« eingefügt.
   d) **§ 8 Abs 2 wird wie folgt gefasst:** ...
   e) **§ 9 wird wie folgt geändert:** ...
      aa) **Absatz 1 Satz 2** wird aufgehoben.
      bb) In **Absatz 2 Satz 1** werden die Wörter »und gegebenenfalls in der im Verfahren vor dem Europäischen Patent- und Markenamt geänderten Fassung, die der Anmelder dem Verfahren vor dem Deutschen Patent- und Markenamt zugrunde zu legen wünscht,« gestrichen.
      cc) Absatz 3 wird aufgehoben.
   f) In **§ 12 Satz 1** werden die Wörter »Abs 5 Satz 1 und Absatz 7« durch die Wörter »Abs 6 Satz 1 und Abs 8« ersetzt.
2. Dem **Artikel III § 4 Abs 3** wird folgender Satz angefügt: ...
3. In **Artikel VII** wird die Angabe »Abs 5 und 7« durch die Angabe »Abs 6 und 8« ersetzt.

Artikel 2 Änderung des Patentgesetzes

Das Patentgesetz in der Fassung der Bekanntmachung vom 16. Dezember 1980 (BGBl 1981 I S 1), zuletzt geändert durch Artikel 1 des Gesetzes vom 21. Juni 2006 (BGBl I S 1318, 2737), wird wie folgt geändert:
1. In **§ 1 Abs 1** werden die Wörter »erteilt, die« durch die Wörter »auf allen Gebieten der Technik erteilt, sofern sie« ersetzt.
2. In **§ 2 Abs 1** werden die Wörter »Verwendung der Erfindung« durch das Wort »Verwertung« ersetzt.
3. **§ 2a Abs 1** wird wie folgt gefasst: ...

4. § 3 wird wie folgt geändert:
   a) **Absatz 2** wird wie folgt geändert:
      aa) **Satz 1 Nr 2** wird wie folgt gefasst: ...
      bb) In **Satz 3** werden die Wörter »Abs 1 oder 4 des Patentgesetzes« durch die Angabe »Abs 1 oder Abs 4« ersetzt.
   b) In **Absatz 3** wird die Angabe »§ 5 Abs 2« durch die Angabe »§ 2a Abs 1 Nr 2« ersetzt.
   c) Nach Absatz 3 wird folgender **Absatz 4** eingefügt: ...
   d) Der bisherige Absatz 4 wird Absatz 5.
5. § 5 wird wie folgt geändert:
   a) Die Absatzbezeichnung »(1)« wird gestrichen.
   b) Absatz 2 wird aufgehoben.
6. In § 14 **Satz 1** werden die Wörter »den Inhalt der« durch das Wort »die« ersetzt.
7. § 16a wird wie folgt geändert:
   a) In Absatz 2 werden die Wörter »des Patentgesetzes« durch die Wörter »dieses Gesetzes« ersetzt.
   b) In Absatz 3 werden die Wörter »des Patentgesetzes« gestrichen.
8. In § 31 **Abs 1 Satz 2** wird das Wort »Beschränkungsverfahren« durch die Wörter »Beschränkungs- oder Widerrufsverfahren« ersetzt.
9. § 64 wird wie folgt geändert:
   a) In Absatz 1 werden nach dem Wort »Patentinhabers« die Wörter »widerrufen oder« eingefügt.
   b) Absatz 3 Satz 3 und 4 wird wie folgt gefasst: ...
10. In § 131 werden nach den Wörtern »zur Beschränkung« die Wörter »oder zum Widerruf« eingefügt.

Artikel 3 Änderung des Patentkostengesetzes

In der Anlage zu § 2 Abs 1 (Gebührenverzeichnis) des Patentkostengesetzes vom 13. Dezember 2001 (BGBl I S. 3656), das zuletzt durch Artikel 6 des Gesetzes vom 21. Juni 2006 (BGBl I S 1318) geändert worden ist, wird im Gebührentatbestand zu Nummer 313 700 das Wort »Beschränkungsverfahren« durch die Wörter »Beschränkungs- oder Widerrufsverfahren« ersetzt.

Artikel 4 Änderung des Zweiten Gesetzes über das Gemeinschaftspatent

Die Artikel 2, 3, 4, 5, 6 Nr 1 bis 3, die Artikel 12, 13 und 15 Abs 3 des Zweiten Gesetzes über das Gemeinschaftspatent vom 20. Dezember 1991 (BGBl 1991 II S 1354) werden aufgehoben.

Artikel 5 Inkrafttreten

Dieses Gesetz tritt an dem Tag in Kraft, an dem die Akte vom 29. November 2000 zur Revision des Übereinkommens über die Erteilung europäischer Patente nach ihrem Artikel 8 Abs 1 für die Bundesrepublik Deutschland in Kraft tritt. Das Bundesministerium der Justiz gibt diesen Tag im Bundesgesetzblatt bekannt.

Anhang 10

Verordnung über das Deutsche Patent- und Markenamt (DPMA-Verordnung – DPMAV)

vom 1. April 2004 (BGBl I S 514 = BlPMZ 04, 296 = Tabu Gewerbl. Rechtsschutz Nr 300)
Änderungen der DPMA-Verordnung

Nr	Änderndes Gesetz/Verordnung	Inkrafttreten	Geänderte §§	Art der Änderung
1	Art 2 V vom 26.09.06 BGBl I S 2159 = BlPMZ 06, 305	04.10.06	§ 12 (1)	Änderung
			§ 12 (2)	Aufhebung
2	Art 2 V vom 10.02.10 BGBl I S 83 = BlPMZ 10, 129	01.03.10	§ 12	Teilaufhebung
			§ 22 (3) 2	Aufhebung
3	Art 1 V vom 24.03.10 BGBl I S 330 = BlPMZ 10, 173	02.04.10	§ 1 (2)	Änderung
4	Art 2 V vom 01.11.13 BGBl I S 3906 = BlPMZ 13, 378	12.11.13	Inhaltsübersicht, § 8 (1), (2), § 9 (3), § 12, § 15 (1) 1 und 2 sowie (2), § 17 (2), § 20 (2), § 21 (2), § 22 (2), § 27 (1) Nr 2-4, § 28 (2) Nr 2, § 31	Änderung
			§ 9 (1) 3, § 23	Aufhebung
5	Art 5 (9) G vom 10.10.13 BGBl I S 3799 = BlPMZ 13, 382	01.01.14	Inhaltsübersicht, § 1 (2), § 6, § 22 (1), (4) 1 und 2, § 24 (2), § 25 (1), § 28 (1), (2) Nr 3, § 31 Nr 1 und 5	Änderung
6	Art 10 (1a), (2), (3), (4) G vom 04.04.16 BGBl I S 558 = BlPMZ 16, 161	01.07.16	Inhaltsübersicht, § 1 (2), § 6 (1), Überschrift § 8	Änderung
7	Art 10 (1b), (5), (6) G vom 04.04.16 BGBl I S 558 = BlPMZ 16, 161, 249	01.10.16	Inhaltsübersicht, § 20, § 21 (2)	Änderung
8	Art 1 G vom 10.12.18 BGBl I S 2444 = BlPMZ 19, 37	01.04.19	Inhaltsübersicht, § 10°(2), § 12, §°16, §°28 (2), (4)	Änderung
9	Art 7 Nr 2, 3, 5 G vom 10.08.21	18.08.21	§ 5 (3) 1 Nr 1, § 6 (3) 1, § 28 (2) Nr 3	Änderung
10	Art 7 Nr 1 und 4 G vom 10.08.21	01.05.22	Inhaltsübersicht, § 18°a,	Änderung Einfügung

Inhaltsübersicht

Anhang 10 — Verordnung über das DPMA — DPMAV

Abschnitt 1 Organisation, Befugnisse
§ 1   Leitung, Aufsicht, Übertragung von Verordnungsermächtigungen
§ 2   Prüfungsstellen und Patentabteilungen
§ 3   Gebrauchsmusterstelle und Gebrauchsmusterabteilungen
§ 4   Topografiestelle und Topografieabteilung
§ 5   Markenstellen und Markenabteilungen
§ 6   Designstellen und Designabteilungen

Abschnitt 2 Verfahrensvorschriften
§ 7   DIN-Normen
§ 8   Behandlung von Eingängen, Empfangsbestätigung
§ 9   Formblätter
§ 10 Originale
§ 11 Übermittlung durch Telefax
§ 12 Einreichung elektronischer Dokumente
§ 13 Vertretung
§ 14 Mehrere Beteiligte, mehrere Vertreter
§ 15 Vollmachten
§ 16 Kennnummern für Anmelder, Vertreter und Angestelltenvollmachten
§ 17 Sonstige Erfordernisse für Anträge und Eingaben
§ 18 Fristen
§ 18a (Fassung ab 01.05.2022) Fristberechnung bei Feiertagen
§ 19 Entscheidung nach Lage der Akten
§ 20 Form der Ausfertigungen und Abschriften; formlose Mitteilungen
§ 21 Zustellung und formlose Übersendung
§ 22 Akteneinsicht
§ 23 Auskünfte
§ 24 Verfahrenskostenhilfe
§ 25 Urkunden, Schmuckurkunden
§ 26 Berichtigung der Register und Veröffentlichungen
§ 27 Änderungen von Namen oder Anschriften
§ 28 Eintragung eines Rechtsübergangs
§ 29 Eintragung von dinglichen Rechten
§ 30 Maßnahmen der Zwangsvollstreckung, Insolvenzverfahren
§ 31 Aufbewahrung von eingereichten Gegenständen oder Unterlagen

Abschnitt 3 Schlussvorschriften
§ 32 Übergangsregelung aus Anlass des Inkrafttretens dieser Verordnung
§ 33 Übergangsregelung für künftige Änderungen
§ 34 *Inkrafttreten; Außerkrafttreten*

Auf Grund
  des § 27 Abs 5, der §§ 28, 29 Abs 3, des § 34 Abs 6 und 8, des § 43 Abs 8 Nr 2 und des § 63 Abs 4 des Patentgesetzes in der Fassung der Bekanntmachung vom 16. Dezember 1980 (BGBl 1981 I S 1), von denen § 27 Abs 5 zuletzt durch Artikel 7 Nr 10, § 29 Abs 3 durch Artikel 7 Nr 12, § 34 Abs 6 und 8 durch Artikel 7 Nr 16 Buchstabe a bis c sowie § 63 Abs 4 zuletzt durch Artikel 7 Nr 27 Buchstabe b Doppelbuchstabe bb des Gesetzes vom 13. Dezember 2001 (BGBl I S 3656) und § 28 durch Artikel 2 Abs 7 Nr 1 des Gesetzes vom 12. März 2004 (BGBl I S 390) geändert worden sind,

des § 4 Abs 4 und Abs 7, § 10 Abs 2 und des § 29 des Gebrauchsmustergesetzes in der Fassung der Bekanntmachung vom 28. August 1986 (BGBl I S 1455), von denen § 4 Abs 4 und 7 durch Artikel 8 Nr 1 Buchstabe a, c und d sowie § 10 Abs 2 durch Artikel 8 Nr 5 des Gesetzes vom 13. Dezember 2001 (BGBl I S 3656), § 29 durch Artikel 2 Abs 8 Nr 3 des Gesetzes vom 12. März 2004 (BGBl I S 390) geändert worden sind,
des § 65 sowie des § 138 Abs 2 des Markengesetzes vom 25. Oktober 1994 (BGBl 1994 I S 3084, 1995 I S 156), von denen § 138 Abs 2 durch Artikel 9 Nr 32 des Gesetzes vom 13. Dezember 2001 (BGBl I S 3656) und § 65 Abs 1 Nr 1 durch Artikel 2 Abs 9 Nr 7 des Gesetzes vom 12. März 2004 (BGBl I S 390) geändert worden sind,
des § 3 Abs 3 und § 4 Abs 4 des Halbleiterschutzgesetzes vom 22. Oktober 1987 (BGBl I S 2294) in Verbindung mit § 10 Abs 2 des Gebrauchsmustergesetzes in der Fassung der Bekanntmachung vom 28. August 1986 (BGBl I S 1455), von denen § 3 Abs 3 durch Artikel 2 Abs 15 des Gesetzes vom 12. März 2004 (BGBl I S 390) geändert worden ist, und
des § 26 Abs 1, 2 und 4 des Geschmacksmustergesetzes vom 12. März 2004 (BGBl I S 390) sowie in Verbindung mit Artikel 28 des Gesetzes vom 16. Juli 1998 (BGBl I. S 1827) und Artikel 29 des Gesetzes vom 13. Dezember 2001 (BGBl I S 3656) verordnet das Bundesministerium der Justiz:

Abschnitt 1 Organisation, Befugnisse

§ 1 Leitung, Aufsicht, Übertragung von Verordnungsermächtigungen

(1) Der Präsident oder die Präsidentin leitet und beaufsichtigt den gesamten Geschäftsbetrieb des Deutschen Patent- und Markenamts und wirkt auf die gleichmäßige Behandlung der Geschäfte und auf die Beachtung gleicher Grundsätze hin.
(2) Die Ermächtigungen in § 27 Abs 5, § 29 Abs 3, § 34 Abs 6 und 8 sowie in § 63 Abs 4 des Patentgesetzes, in § 4 Abs 4 und 7 sowie § 10 Abs 2 des Gebrauchsmustergesetzes, in § 3 Abs 3 sowie in § 4 Abs 4 des Halbleiterschutzgesetzes in Verbindung mit § 10 Abs 2 des Gebrauchsmustergesetzes, in § 65 Abs 1 Nr 2 bis 13 sowie § 138 Abs 1 des Markengesetzes, in § 26 Abs 1 Nr 9 und Abs 2 des Designgesetzes werden auf das Deutsche Patent- und Markenamt übertragen.

§ 2 Prüfungsstellen und Patentabteilungen

(1) Der Präsident oder die Präsidentin bestimmt den Geschäftskreis der Prüfungsstellen und Patentabteilungen sowie die Vorsitzenden und stellvertretenden Vorsitzenden der Patentabteilungen und regelt das Verfahren zur Klassifizierung der Anmeldungen.
(2) [1]Die Vorsitzenden der Patentabteilungen leiten die Geschäfte in den Verfahren vor ihren Patentabteilungen. [2]In den Verfahren vor den Patentabteilungen übernimmt, soweit die jeweiligen Vorsitzenden nichts anderes bestimmt haben, ein Prüfer oder eine Prüferin die Berichterstattung. [3]Die Berichterstattung umfasst den Vortrag in der Sitzung und die Vorbereitung der Beschlüsse und Gutachten. [4]Die Vorsitzenden prüfen die Entwürfe der Beschlüsse und Gutachten für ihre Patentabteilung und stellen sie fest. [5]Über sachliche Meinungsverschiedenheiten beschließt die jeweilige Patentabteilung.
(3) [1]In Verfahren vor der Patentabteilung bedarf es der Beratung und Abstimmung in einer Sitzung für
1. Beschlüsse, durch die über die Aufrechterhaltung, den Widerruf oder die Beschränkung des Patents entschieden wird,
2. Beschlüsse über die Erteilung eines ergänzenden Schutzzertifikats oder die Zurückweisung der Zertifikatsanmeldung,
3. die Festsetzung der Vergütung nach § 23 Abs 4 und 6 des Patentgesetzes,
4. Beschlüsse über die Gewährung von Verfahrenskostenhilfe für Verfahrensgebühren in Beschränkungs- und Einspruchsverfahren sowie über die Beiordnung eines Vertreters nach § 133 des Patentgesetzes,
5. Gutachten und Beschlüsse, durch welche die Abgabe eines Gutachtens abgelehnt wird.
[2]Von einer Sitzung kann ausnahmsweise abgesehen werden, sofern die jeweils zuständigen Vorsitzenden sie nicht für erforderlich halten.
(4) Die Patentabteilungen entscheiden nach Stimmenmehrheit; bei Stimmengleichheit gibt die Stimme ihrer Vorsitzenden den Ausschlag.

§ 3 Gebrauchsmusterstelle und Gebrauchsmusterabteilungen
...
§ 4 Topografiestelle und Topografieabteilung
...
§ 5 Markenstellen und Markenabteilungen
...
§ 6 Designstellen und Designabteilungen
...

Abschnitt 2 Verfahrensvorschriften

§ 7 DIN-Normen

DIN-Normen, auf die in dieser Verordnung verwiesen wird, sind im Beuth-Verlag GmbH, Berlin und Köln, erschienen und beim Deutschen Patent- und Markenamt in München archivmäßig gesichert niedergelegt.

§ 8 **Behandlung von Eingängen, Empfangsbestätigung**

(1) In den Akten wird der Tag des Eingangs vermerkt.

(2) Bei Schutzrechtsanmeldungen übermittelt das Deutsche Patent- und Markenamt dem Anmelder unverzüglich eine Empfangsbestätigung, die das angemeldete Schutzrecht bezeichnet und das Aktenzeichen der Anmeldung sowie den Tag des Eingangs der Anmeldung angibt.

§ 9 Formblätter

(1) [1]Das Deutsche Patent- und Markenamt gibt für Schutzrechtsanmeldungen und andere Anträge Formblätter heraus, die in Papier oder elektronischer Form zur Verfügung gestellt werden. [2]Die Formblätter sollen verwendet werden, soweit dies nicht ohnehin zwingend vorgeschrieben ist.

(2) Formblätter sollen so ausgefüllt sein, dass sie die maschinelle Erfassung und Bearbeitung gestatten.

(3) Die in Verordnungen des Deutschen Patent- und Markenamts zwingend vorgeschriebenen Formblätter werden über die Internetseite des Deutschen Patent- und Markenamts www.dpma.de bekannt gemacht.

§ 10 Originale

(1) Originale von Anträgen und Eingaben sind unterschrieben einzureichen.

(2) [1]Für die Schriftstücke ist dauerhaftes, nicht durchscheinendes Papier im Format 21 x 29,7 Zentimeter (DIN A4) zu verwenden. [2]Die Schrift muss leicht lesbar und dokumentenecht sein. [3]Vom oberen und vom linken Seitenrand jedes Blattes ist ein Randabstand von mindestens 2,5 Zentimeter einzuhalten. [4]Die Blätter eines Schriftstücks sollen fortlaufend nummeriert sein.

§ 11 Übermittlung durch Telefax

(1) Das unterschriebene Original kann auch durch Telefax übermittelt werden.

(2) Das Deutsche Patent- und Markenamt kann die Wiederholung der Übermittlung durch Telefax oder das Einreichen des Originals verlangen, wenn es begründete Zweifel an der Vollständigkeit der Übermittlung oder der Übereinstimmung des Originals mit dem übermittelten Telefax hat oder wenn die Qualität der Wiedergabe den Anforderungen des Deutschen Patent- und Markenamts nicht entspricht.

§ 12 *Einreichung elektronischer Dokumente*

[1]Elektronische Dokumente sind nach Maßgabe der Verordnung über den elektronischen Rechtsverkehr beim Deutschen Patent- und Markenamt einzureichen. [2]Deren Bestimmungen gehen insoweit den Bestimmungen dieser Verordnung vor.

§ 13 Vertretung

(1) Beteiligte können sich in jeder Lage des Verfahrens durch Bevollmächtigte vertreten lassen.

(2) Die Bevollmächtigung eines Zusammenschlusses von Vertretern gilt, wenn nicht einzelne Personen, die in dem Zusammenschluss tätig sind, ausdrücklich als Vertreter bezeichnet sind, als Bevollmächtigung aller in dem Zusammenschluss tätigen Vertreter.

§ 14 Mehrere Beteiligte, mehrere Vertreter

(1) [1]Falls mehrere Personen ohne gemeinsamen Vertreter gemeinschaftlich an einem Verfahren beteiligt oder mehrere Vertreter mit unterschiedlicher Anschrift bestellt sind, ist anzugeben, wer für alle Beteiligten als zustellungs- und empfangsbevollmächtigt bestimmt ist; diese Erklärung ist von allen Anmeldern oder Vertretern zu unterzeichnen. [2]Fehlt eine solche Angabe, so gilt die Person als zustellungs- und empfangsbevollmächtigt, die zuerst genannt ist.

(2) [1]Falls von einem Beteiligten mehrere Vertreter bestellt sind, ist anzugeben, welcher dieser Vertreter als zustellungs- und empfangsbevollmächtigt bestimmt ist. [2]Fehlt eine solche Bestimmung, so ist derjenige Vertreter zustellungs- und empfangsbevollmächtigt, der zuerst genannt ist.

(3) Absatz 2 gilt entsprechend, wenn mehrere gemeinschaftlich an einem Verfahren beteiligte Personen mehrere Vertreter als gemeinsame Vertreter bestimmt haben.

(4) [1]Die Absätze 2 und 3 gelten nicht, wenn ein Zusammenschluss von Vertretern mit der Vertretung beauftragt worden ist. [2]In diesem Fall reicht die Angabe des Namens des Zusammenschlusses aus. [3]Hat ein solcher Zusammenschluss mehrere Anschriften, so ist anzugeben, welche Anschrift maßgebend ist. [4]Fehlt eine solche Angabe, so ist diejenige Anschrift maßgebend, die zuerst genannt ist.

§ 15 Vollmachten

(1) [1]Bevollmächtigte, soweit sie nicht nur zum Empfang von Zustellungen oder Mitteilungen ermächtigt sind, haben beim Deutschen Patent- und Markenamt eine vom Vollmachtgeber unterschriebene Vollmachtsurkunde einzureichen. [2]Eine Beglaubigung der Unterschrift ist nicht erforderlich.

(2) [1]Die Vollmacht kann sich auf die Bevollmächtigung zur Vertretung in allen das jeweilige Schutzrecht betreffenden Angelegenheiten erstrecken. [2]Sie kann sich auch auf mehrere Anmeldungen, Schutzrechte oder Verfahren erstrecken. [3]In diesen Fällen muss nur ein Exemplar der Vollmachtsurkunde eingereicht werden.

(3) [1]Vollmachtsurkunden müssen auf prozessfähige, mit ihrem bürgerlichen Namen bezeichnete Personen lauten. [2]Die Bevollmächtigung eines Zusammenschlusses von Vertretern unter Angabe des Namens dieses Zusammenschlusses ist zulässig.

(4) Das Deutsche Patent- und Markenamt hat das Fehlen einer Vollmacht oder Mängel der Vollmacht von Amts wegen zu berücksichtigen, wenn nicht Rechtsanwälte, Patentanwälte, Erlaubnisscheininhaber oder in den Fällen des § 155 der Patentanwaltsordnung Patentassessoren als Bevollmächtigte auftreten.

§ 16 Kennnummern für Anmelder, Vertreter und Angestelltenvollmachten

Zur Erleichterung der Bearbeitung von Anmeldungen teilt das Deutsche Patent- und Markenamt den Anmeldern, den Vertretern und den eingereichten Angestelltenvollmachten Kennnummern zu. Die Kennnummern sollen in den vom Deutschen Patent- und Markenamt herausgegebenen Formularen angegeben werden, sofern dies vorgesehen ist.

§ 17 Sonstige Erfordernisse für Anträge und Eingaben

(1) [1]Nach Mitteilung des Aktenzeichens ist dieses auf allen Anträgen und Eingaben anzugeben. [2]Auf allen Bestandteilen einer an das Deutsche Patent- und Markenamt gerichteten Sendung ist anzugeben, zu welchem Antrag oder zu welcher Eingabe sie gehören.

(2) [1]In mehrseitigen Verfahren vor dem Deutschen Patent- und Markenamt sind allen Schriftstücken Abschriften für die übrigen Beteiligten beizufügen. [2]Kommt ein Beteiligter dieser Verpflichtung nicht nach, steht es im Ermessen des Deutschen Patent- und Markenamts, ob es die erforderliche Zahl von Abschriften auf Kosten dieses Beteiligten anfertigt oder dazu auffordert, Abschriften nachzureichen. [3]Die Sätze 1 und 2 sind nicht anzuwenden auf Patent-, Gebrauchsmuster- und Topographieverfahren; das Deutsche Patent- und Markenamt kann in diesen Fällen die Beteiligten jedoch auffordern, Abschriften nachzureichen.

§ 18 Fristen

(1) Die vom Deutschen Patent- und Markenamt bestimmten oder auf Antrag gewährten Fristen sollen mindestens einen Monat, bei Beteiligten, die im Inland weder Sitz, Niederlassung oder Wohnsitz haben, mindestens zwei Monate betragen.

(2) Eine Fristverlängerung kann bei Angabe von ausreichenden Gründen gewährt werden.

(3) [1]Weitere Fristverlängerungen werden nur gewährt, wenn ein berechtigtes Interesse glaubhaft gemacht wird. [2]In Verfahren mit mehreren Beteiligten soll außerdem das Einverständnis der anderen Beteiligten glaubhaft gemacht werden.

§ 18a (Fassung ab 01.05.2022) Fristberechnung bei Feiertagen

Ist beim Deutschen Patent- und Markenamt innerhalb einer Frist eine Willenserklärung abzugeben, eine Leistung zu bewirken oder eine Verfahrenshandlung vorzunehmen und fällt der letzte Tag der Frist auf einen an mindestens einer der Dienststellen des Deutschen Patent- und Markenamts geltenden gesetzlichen Feiertag, so tritt an dessen Stelle der nächste Werktag.

§ 19 Entscheidung nach Lage der Akten

(1) Über Anträge oder Erinnerungen ohne Begründung kann im einseitigen Verfahren nach Ablauf von einem Monat nach Eingang nach Lage der Akten entschieden werden, wenn in dem Antrag oder der Erinnerung keine spätere Begründung oder eine spätere Begründung ohne Antrag auf Gewährung einer Frist nach § 18 angekündigt worden ist.

(2) ¹Über Anträge, Widersprüche oder Erinnerungen ohne Begründung kann im mehrseitigen Verfahren nach Lage der Akten entschieden werden, wenn in dem Antrag, dem Widerspruch oder der Erinnerung keine spätere Begründung oder eine spätere Begründung ohne Antrag auf Gewährung einer Frist nach § 18 angekündigt worden ist und wenn der andere Beteiligte innerhalb der Fristen des § 18 Abs 1 keine Stellungnahme abgibt oder eine spätere Stellungnahme ohne Antrag auf Gewährung einer Frist nach § 18 ankündigt. ²Wird der Antrag, der Widerspruch oder die Erinnerung zurückgewiesen, muss eine Stellungnahme der anderen Beteiligten nicht abgewartet werden.

§ 20 Form der Ausfertigungen und Abschriften; formlose Mitteilungen

(1) ¹Ausfertigungen von Dokumenten enthalten in der Kopfzeile die Angabe »Deutsches Patent- und Markenamt«, am Schluss die Bezeichnung der zuständigen Stelle oder Abteilung, den Namen und gegebenenfalls die Amtsbezeichnung der Person, die das Dokument unterzeichnet hat. ²Sie werden von der Person unterschrieben, die die Ausfertigung hergestellt hat. ³Der Unterschrift steht ein Namensabdruck zusammen mit einem Abdruck des Dienstsiegels des Deutschen Patent- und Markenamts gleich. ⁴Für die Ausfertigung elektronischer Dokumente gilt die Verordnung über die elektronische Aktenführung bei dem Patentamt, dem Patentgericht und dem Bundesgerichtshof vom 10. Februar 2010 (BGBl I S 83) in ihrer jeweils geltenden Fassung.

(2) Absatz 1 Satz 1 und 4 ist auf Abschriften entsprechend anzuwenden.

(3) Formlose Mitteilungen, die mit Hilfe elektronischer Einrichtungen erstellt werden, enthalten die Angabe »Deutsches Patent- und Markenamt« in der Kopfzeile, den Hinweis, dass die Mitteilung elektronisch erstellt wurde und daher nicht unterschrieben ist, und die Angabe der zuständigen Stelle.

§ 21 Zustellung und formlose Übersendung

(1) Soweit durch Gesetz oder Rechtsverordnung eine Zustellung nicht vorgesehen ist, werden Bescheide und sonstige Mitteilungen des Deutschen Patent- und Markenamts formlos übersandt.

(2) ¹Als formlose Übermittlung gilt auch die Übersendung durch Telefax. ²Die Übermittlung kann auch elektronisch erfolgen, soweit der Empfänger hierfür einen Zugang eröffnet. ³§ 5 Abs 1 und 2 der Verordnung über den elektronischen Rechtsverkehr beim Deutschen Patent- und Markenamt bleibt unberührt.

§ 22 Akteneinsicht

(1) Über den Antrag auf Einsicht in die Akten sowie in die zu den Akten gehörenden Muster, Modelle und Probestücke nach § 31 Abs 1 Satz 1 des Patentgesetzes, § 8 Abs 5 Satz 2 des Gebrauchsmustergesetzes, § 4 Abs 3 des Halbleiterschutzgesetzes in Verbindung mit § 8 Abs 5 Satz 2 des Gebrauchsmustergesetzes, § 62 Abs 1 und 2 des Markengesetzes sowie § 22 Abs 1 Satz 2 des Designgesetzes entscheidet die Stelle des Deutschen Patent- und Markenamts, die für die Bearbeitung der Sache, über welche die Akten geführt werden, zuständig ist oder, sofern die Bearbeitung abgeschlossen ist, zuletzt zuständig war, sofern nicht durch Gesetz oder Rechtsverordnung etwas anderes bestimmt ist.

(2) ¹Die Einsicht in das Original der Akten von Anmeldungen und von erteilten oder eingetragenen Schutzrechten, soweit sie nicht elektronisch geführt werden, wird nur in den Dienstgebäuden des Deutschen Patent- und Markenamts gewährt. ²Auf Antrag wird Akteneinsicht durch die Erteilung von Ablichtungen oder Ausdrucken der gesamten Akte oder von Teilen der Akte gewährt. ³Die Ablichtungen oder Ausdrucke werden auf Verlangen beglaubigt.

(3) ¹Soweit der Inhalt von Akten des Deutschen Patent- und Markenamts auf Mikrofilm aufgenommen ist, wird Einsicht in die Akten dadurch gewährt, dass der Mikrofilm zur Verfügung gestellt wird.

(4) ¹Flächenmäßige Musterabschnitte können abweichend von Absatz 2 nur bei der mit der Führung des Designregisters beauftragten Stelle des Deutschen Patent- und Markenamts eingesehen werden. ²Satz 1 gilt auch für Modelle, die nach § 7 Abs 6 des Designgesetzes in seiner bis zum 1. Juni 2004 geltenden Fassung eingereicht worden sind.

§ 23 Auskünfte

(weggefallen)

§ 24 Verfahrenskostenhilfe

(1) Über den Antrag auf Gewährung von Verfahrenskostenhilfe nach § 135 des Patentgesetzes entscheidet nach dessen § 27 Abs 1 Nr 2 und Abs 4 die Patentabteilung.

(2) Über den Antrag auf Gewährung von Verfahrenskostenhilfe nach § 21 Abs 2 des Gebrauchsmustergesetzes in Verbindung mit § 135 des Patentgesetzes, nach § 11 Abs 2 des Halbleiterschutzgesetzes in Verbindung mit § 21 Abs 2 des Gebrauchsmustergesetzes und § 135 des Patentgesetzes sowie nach § 24 des Designgesetzes entscheidet die Stelle des Deutschen Patent- und Markenamts, die für die Bearbeitung der Sache zuständig ist oder, sofern das Schutzrecht bereits eingetragen ist, zuletzt zuständig war, sofern nicht durch Rechtsverordnung etwas anderes bestimmt ist.

§ 25 Urkunden, Schmuckurkunden

(1) Das Deutsche Patent- und Markenamt fertigt für die Schutzrechtsinhaber gedruckte Urkunden über die Erteilung des Patents, die Eintragung des Gebrauchsmusters, der Marke, des Designs sowie des Schutzes der Topografie in das jeweilige Register.

(2) Den Patentinhabern wird auf Antrag eine kostenpflichtige Schmuckurkunde ausgefertigt.

§ 26 Berichtigung der Register und Veröffentlichungen

(1) In dem Berichtigungsantrag sind anzugeben:
1. das Aktenzeichen des Schutzrechts,
2. der Name und die Anschrift des Inhabers des Schutzrechts,
3. falls der Inhaber des Schutzrechts einen Vertreter bestellt hat, der Name und die Anschrift des Vertreters,
4. die Bezeichnung des Fehlers, der berichtigt werden soll,
5. die einzutragende Berichtigung.

(2) Enthalten mehrere Eintragungen von Schutzrechten desselben Inhabers denselben Fehler, so kann der Antrag auf Berichtigung dieses Fehlers für alle Eintragungen gemeinsam gestellt werden.

(3) Die Absätze 1 und 2 sind entsprechend auf die Berichtigung von Veröffentlichungen anzuwenden.

§ 27 Änderungen von Namen oder Anschriften

(1) In dem Antrag auf Eintragung von Änderungen des Namens oder der Anschrift des Inhabers eines eingetragenen Schutzrechts sind anzugeben:
1. das Aktenzeichen des Schutzrechts,
2. der Name, der Sitz und die Anschrift des Inhabers des Schutzrechts in der im Register eingetragenen Form,
3. falls der Inhaber des Schutzrechts einen Vertreter bestellt hat, der Name, der Sitz und die Anschrift des Vertreters,
4. der Name, der Sitz und die Anschrift in der neu in das Register einzutragenden Form.

(2) Betrifft die Änderung mehrere eingetragene Schutzrechte desselben Inhabers, so kann der Antrag auf Eintragung der Änderung für alle Schutzrechte gemeinsam gestellt werden.

(3) Die Absätze 1 und 2 sowie § 13 sind entsprechend auf Anträge zur Eintragung von Änderungen des Namens oder der Anschrift eines Vertreters oder eines Zustellungsbevollmächtigten anzuwenden.

§ 28 Eintragung eines Rechtsübergangs

(1) Der Antrag auf Eintragung eines Rechtsübergangs nach § 30 Abs 3 des Patentgesetzes, § 8 Abs 4 des Gebrauchsmustergesetzes, § 4 Abs 2 des Halbleiterschutzgesetzes in Verbindung mit § 8 Abs 4 des Gebrauchsmustergesetzes, § 27 Abs 3 des Markengesetzes und § 29 Abs 3 des Designgesetzes soll unter Verwendung des vom Deutschen Patent- und Markenamt herausgegebenen Formblatts gestellt werden.

(2) In dem Antrag sind anzugeben:
1. das Aktenzeichen des Schutzrechts,

2. der Name, der Sitz und die Anschrift des Inhabers des Schutzrechts in der im Register eingetragenen Form,
3. Angaben über die Rechtsnachfolger entsprechend § 4 Abs 2 Nr 1, Abs 3 der Patentverordnung, § 3 Abs 2 Nr 1, Abs 3 der Gebrauchsmusterverordnung, § 5 Abs 1 bis 4 der Markenverordnung, § 6 Abs 1 bis 4 der Designverordnung und § 3 Abs 1 Nr 5, Abs 2, 6 Nr 1 und 2 der Halbleiterschutzverordnung,
4. falls die Rechtsnachfolger einen Vertreter bestellt haben, der Name und die Anschrift des Vertreters nach Maßgabe des § 13.

(3) Für den Nachweis des Rechtsübergangs reicht es aus,
1. dass der Antrag von den eingetragenen Inhabern oder ihren Vertretern und von den Rechtsnachfolgern oder ihren Vertretern unterschrieben ist oder
2. dass dem Antrag, wenn er von den Rechtsnachfolgern gestellt wird,
   a) eine von den eingetragenen Inhabern oder ihren Vertretern unterschriebene Erklärung beigefügt ist, dass sie der Eintragung der Rechtsnachfolge zustimmen, oder
   b) Unterlagen beigefügt sind, aus denen sich die Rechtsnachfolge ergibt, wie zum Beispiel ein Übertragungsvertrag oder eine Erklärung über die Übertragung, wenn die entsprechenden Unterlagen von den eingetragenen Inhabern oder ihren Vertretern und von den Rechtsnachfolgern oder ihren Vertretern unterschrieben sind.

(4) ¹Für die in Absatz 3 genannten Anträge und Erklärungen sollen die vom Deutschen Patent- und Markenamt herausgegebenen Formulare verwendet werden. ²Wird ein Antrag auf Eintragung eines Rechtsübergangs allein von den Rechtsnachfolgern gestellt und liegt dem Deutschen Patent- und Markenamt keine Erklärung nach Abs°3 Nr°2 Buchstabe a vor, so räumt das Deutsche Patent- und Markenamt dem eingetragenen Inhaber vor der Eintragung des Rechtsübergangs eine angemessene Frist zur Stellungnahme ein.

(5) In den Fällen des Absatzes 3 ist eine Beglaubigung der Erklärung oder der Unterschriften nicht erforderlich.

(6) Das Deutsche Patent- und Markenamt kann in den Fällen des Absatzes 3 weitere Nachweise verlangen, wenn sich begründete Zweifel an dem Rechtsübergang ergeben.

(7) Der Nachweis des Rechtsübergangs auf andere Weise als nach Absatz 3 bleibt unberührt.

(8) Der Antrag auf Eintragung des Rechtsübergangs kann für mehrere Schutzrechte gemeinsam gestellt werden.

§ 29 Eintragung von dinglichen Rechten

(1) Dem Antrag auf Eintragung einer Verpfändung oder eines sonstigen dinglichen Rechts an dem durch die Eintragung eines gewerblichen Schutzrechts begründeten Recht sind die erforderlichen Nachweise beizufügen.

(2) Beim Übergang von dinglichen Rechten ist § 28 Abs 2 bis 8 entsprechend anzuwenden.

§ 30 Maßnahmen der Zwangsvollstreckung, Insolvenzverfahren

(1) ¹Der Antrag auf Eintragung einer Maßnahme der Zwangsvollstreckung in das Register kann vom Inhaber des eingetragenen Schutzrechts oder von demjenigen, der die Zwangsvollstreckung betreibt, gestellt werden. ²Dem Antrag sind die erforderlichen Nachweise beizufügen.

(2) Dem Antrag auf Eintragung eines Insolvenzverfahrens in das Register sind die erforderlichen Nachweise beizufügen.

§ 31 Aufbewahrung von eingereichten Gegenständen oder Unterlagen

Über Muster, Modelle, Probestücke und ähnliche Unterlagen, deren Rückgabe nicht beantragt worden ist, verfügt das Deutsche Patent- und Markenamt,
1. wenn die Anmeldung des Patents, der Topografie, der Marke oder des eingetragenen Designs zurückgewiesen oder zurückgenommen worden ist, nach Ablauf eines Jahres nach unanfechtbarer Zurückweisung oder Zurücknahme;
2. wenn das Patent erteilt oder widerrufen worden ist, nach Ablauf eines Jahres nach Eintritt der Unanfechtbarkeit des Beschlusses über die Erteilung oder den Widerruf;
3. wenn die Topografie eingetragen worden ist, nach Ablauf von drei Jahren nach Beendigung der Schutzfrist;
4. wenn die Marke eingetragen worden ist, nach Ablauf eines Jahres nach Eintragung oder, wenn Widerspruch eingelegt worden ist, nach Ablauf eines Jahres nach dem Eintritt der Unanfechtbarkeit der Entscheidung über den Widerspruch;
5. wenn das Design eingetragen worden ist, nach Ablauf von drei Jahren nach Beendigung der Schutzfrist.

Abschnitt 3   Schlussvorschriften

§ 32   Übergangsregelung aus Anlass des Inkrafttretens dieser Verordnung

Für Anträge, die vor Inkrafttreten dieser Verordnung eingereicht worden sind, finden die Vorschriften der Verordnung über das Deutsche Patent- und Markenamt vom 5. September 1968 (BGBl I S 997), zuletzt geändert durch Artikel 24 des Gesetzes vom 13. Dezember 2001 (BGBl I S 3656), weiter Anwendung.

§ 33   Übergangsregelung für künftige Änderungen

Für Anträge, die vor Inkrafttreten von Änderungen dieser Verordnung eingereicht worden sind, gelten die Vorschriften dieser Verordnung jeweils in ihrer bis dahin geltenden Fassung.

§ 34   Inkrafttreten; Außerkrafttreten

(1) ¹Diese Verordnung tritt vorbehaltlich des Absatzes 2 am 1. Juni 2004 in Kraft. ²Gleichzeitig treten
1.   die Verordnung über das Deutsche Patent- und Markenamt vom 5. September 1968 (BGBl I S 997), zuletzt geändert durch Artikel 24 des Gesetzes vom 13. Dezember 2001 (BGBl I S 3656),
2.   die Verordnung zu § 28a des Patentgesetzes vom 31. Mai 1978 (BGBl I S 660), zuletzt geändert durch Artikel 1 der Verordnung vom 25. November 1980 (BGBl I S 2193) und
3.   die Verordnung über die Übertragung der Ermächtigung nach § 29 Abs 3 des Patentgesetzes vom 25. Januar 1979 (BGBl I S 114), geändert durch Artikel 21 des Gesetzes vom 16. Juli 1998 (BGBl I S 1827),

außer Kraft.

(2) § 1 Abs 2 tritt am Tage nach der Verkündung in Kraft.

Anhang 11

Verordnung zum Verfahren in Patentsachen vor dem Deutschen Patent- und Markenamt (Patentverordnung – PatV)[1]

vom 1. September 2003 (BGBl I S 1702 = BlPMZ 03, 322)
Änderungen der Patentverordnung

Nr	Änderndes Gesetz/Verordnung	Inkrafttreten	Geänderte §§	Art der Änderung
1	ÄnderungsV vom 11.05.04 BGBl I 897= BlPMZ 04, 312	01.06.04	Inhaltsübersicht §§ 1, 3 (1), 4 (2) bis (6), § 6 (5) 2 bis 9, 11 (1) 1, 14 (3), 22 Anlage 1 zu § 11 (1) Nr 41, 47, 48 Anlage 2 zu § 12 Abschnitt B	Änderung
			§ 3 (3), 6 (4) 3 § 18	Aufhebung
			§ 6 (5) 2	Einfügung
2	Art 2 der ÄnderungsV vom 17.12.04 BGBl I 3532= BlPMZ 05, 45	01.01.05	Inhaltsübersicht § 4 (2) Nr 1 Buchst b S 2, § 6 (1) 2, 4, (3) 5, 6, (4) 1, (5) 2, § 11 (2), (4), § 15 (1), (4), § 19 (1) 2 Anlage 1 zu § 11 (1) 2 Nr 2, 37, 41, 47	Änderung
			§ 4 (2) Nr 1 Buchst b S 3, § 6 (1) 3, § 15 (2)	Einfügung
3	Art 1 der ÄnderungsV vom 26.05.11 BGBl I 996= BlPMZ 11, 206	31.05.11	Inhaltsübersicht § 6 (1) 2, 3 und 4, (2) 1, § 7 (2) Nr 1, § 9 (9), § 11 (2) 1, 2 und 3, § 15 (1) 2, (3) 2 und 3, (4), § 19 (1) 1, (2), § 20, § 21	Änderung
			§ 4 (7)	Einfügung
			§ 15 (1) 3	Aufhebung
4	Art 3 der ÄnderungsV vom 10.12.12 BGBl I 2012, 2630= BlPMZ 13, 9	01.01.13	§ 2 (2) 1, § 4 (6)	Änderung
			§ 3 (2), § 11 (5)	Aufhebung

[1] Die englische und die französische Übersetzung der PatV sind im Internet (http://www.dpma.de/patent/formulare) abrufbar.

Nr	Änderndes Gesetz/ Verordnung	Inkrafttreten	Geänderte §§	Art der Änderung
5	Art 1 der ÄnderungsV vom 12.12.18 BGBl I 2018, 2446 = BlPMZ 19, 38	01.04.19	Inhaltsübersicht, § 3, § 4, § 6 (2) 2, (3)-(5), § 7 (1), (2), § 10 (1), § 14, § 16 (4) 1, § 19 (1) 2, Anlage 2 Nr 9	Änderung
			§ 5 (2) 2, § 6 (1) 2-4, § 9 (10), § 10 (4), § 13 (4), Anlage 2 Überschrift A, B	Aufhebung

Merkblätter, herausgegeben vom Deutschen Patent- und Markenamt:

1. Merkblatt für Patentanmelder (P 2791) — Tabu Gewerbl. Rechtsschutz Nr 106
2. Merkblatt über den beschleunigten Erlass eines Erstbescheids (Ausgabe 1992) — Tabu Gewerbl. Rechtsschutz Nr 106a
3. Merkblatt für die Hinterlegung von biologischem Material für die Zwecke von Patent- und Gebrauchsmusterverfahren (X 1200) — Tabu Gewerbl. Rechtsschutz Nr 110
4. Merkblatt für die Abfassung von nach Merkmalen gegliederten Patentansprüchen (P 2793) — Tabu Gewerbl. Rechtsschutz Nr 107
5. Merkblatt für die Zusammenfassung zur Patentanmeldung (P 2794) — Tabu Gewerbl. Rechtsschutz Nr 109
6. Merkblatt zum Anmeldeformular für ergänzende Schutzzertifikate (P 2798) — Tabu Gewerbl. Rechtsschutz Nr 141
7. Merkblatt zum Vordruck für den Antrag auf Verlängerung der Laufzeit eines ergänzenden Schutzzertifikats (P 2798a) — Tabu Gewerbl. Rechtsschutz Nr 142
8. Merkblatt für internationale (PCT-) Patentanmeldungen (PCT/DPMA/200) — Tabu Gewerbl. Rechtsschutz Nr 915
9. Merkblatt über Verfahrenskostenhilfe vor dem Deutschen Patent- und Markenamt (A 9540) — Tabu Gewerbl. Rechtsschutz Nr 341
10. Kostenmerkblatt: Gebühren und Auslagen des DPMA und des BPatG (A 9510) — Tabu Gewerbl. Rechtsschutz Nr 346
11. Merkblatt über die Nutzung der Verfahren der SEPA-Zahlungsinstrumente (A 9534) — Tabu Gewerbl. Rechtsschutz Nr 345
12. Merkblatt für die Hinterlegung von Allgemeinen Vollmachten beim Deutschen Patent- und Markenamt (vm 01) — www.dpma.de
13. Merkblatt für die Hinterlegung von Angestelltenvollmachten beim Deutschen Patent- und Markenamt (vm 02) — www.dpma.de

Die Merkblätter sind in ihrer jeweils aktuellen Fassung überwiegend auch im Internet unter https://www.dpma.de/patent/formulare/index.html bzw. https://www.dpma.de/patent/gebuehren/index.html zugänglich.

Inhaltsübersicht

Abschnitt 1 Allgemeines
§ 1 Anwendungsbereich
§ 2 DIN-Normen, Einheiten im Messwesen, Symbole und Zeichen

Abschnitt 2 Patentanmeldungen; Patentverfahren
§ 3 Form der Einreichung
§ 4 Erteilungsantrag

§ 5	Anmeldungsunterlagen
§ 6	Formerfordernisse der Anmeldung
§ 7	Benennung des Erfinders
§ 8	Nichtnennung des Erfinders; Änderungen der Erfindernennung
§ 9	Patentansprüche
§ 10	Beschreibung
§ 11	Beschreibung von Nukleotid- und Aminosäuresequenzen
§ 12	Zeichnungen
§ 13	Zusammenfassung
§ 14	Deutsche Übersetzungen

Abschnitt 3 Sonstige Formerfordernisse

§ 15	Nachgereichte Anmeldungsunterlagen; Änderung von Anmeldungsunterlagen
§ 16	Modelle und Proben
§ 17	Öffentliche Beglaubigung von Unterschriften
§ 18	(weggefallen)

Abschnitt 4 Ergänzende Schutzzertifikate

§ 19	Form der Einreichung
§ 20	Ergänzende Schutzzertifikate für Arzneimittel
§ 21	Ergänzende Schutzzertifikate für Pflanzenschutzmittel

Abschnitt 5 Übergangs- und Schlussbestimmungen

§ 22	Übergangsregelung
§ 23	Inkrafttreten; Außerkrafttreten

Anlage 1 Standards für die Einreichung von Sequenzprotokollen
Anlage 2 Standards für die Einreichung von Zeichnungen

Auf Grund des § 34 Abs 6 und des § 63 Abs 4 des Patentgesetzes in der Fassung der Bekanntmachung vom 16. Dezember 1980 (BGBl 1981 I S 1), von denen § 34 Abs 6 zuletzt durch Artikel 7 Nr 16 Buchstabe b und § 63 Abs 4 durch Artikel 7 Nr 27 Buchstabe b des Gesetzes vom 13. Dezember 2001 (BGBl I S 3656) geändert worden sind, jeweils in Verbindung mit § 20 der Verordnung über das Deutsche Patent- und Markenamt vom 5. September 1988 (BGBl I S 997), der durch Artikel 24 Nr 2 des Gesetzes vom 13. Dezember 2001 (BGBl I S 3656) neu gefasst worden ist, verordnet das Deutsche Patent- und Markenamt:

Abschnitt 1 Allgemeines

§ 1 Anwendungsbereich

Für die im Patentgesetz geregelten Verfahren vor dem Deutschen Patent- und Markenamt gelten ergänzend zu den Bestimmungen des Patentgesetzes und der DPMA-Verordnung die Bestimmungen dieser Verordnung.

§ 2 DIN-Normen, Einheiten im Messwesen, Symbole und Zeichen

(1) DIN-Normen, auf die in dieser Verordnung verwiesen wird, sind im Beuth-Verlag GmbH, Berlin und Köln, erschienen und beim Deutschen Patent- und Markenamt in München archivmäßig gesichert niedergelegt.

(2) [1]Einheiten im Messwesen sind in Übereinstimmung mit dem Gesetz über Einheiten im Messwesen und die Zeitbestimmung und der hierzu erlassenen Ausführungsverordnung in den jeweils geltenden Fassungen anzugeben. [2]Bei chemischen Formeln sind die auf dem Fachgebiet national oder international anerkannten Zeichen und Symbole zu verwenden.

Abschnitt 2 Patentanmeldungen; Patentverfahren

§ 3 Form der Einreichung

¹Die Anmeldung (§ 34 des Patentgesetzes) und die Zusammenfassung (§ 36 des Patentgesetzes) sind beim Deutschen Patent- und Markenamt schriftlich oder elektronisch einzureichen. ²Für die elektronische Einreichung ist die Verordnung über den elektronischen Rechtsverkehr beim Deutschen Patent- und Markenamt maßgebend.

§ 4 Anmeldung zur Erteilung eines Patents

(1) Für die schriftliche Anmeldung zur Erteilung eines Patents ist für die nachfolgend genannten Angaben das vom Deutschen Patent- und Markenamt herausgegebene Formblatt zu verwenden, sofern diese Verordnung nichts anderes bestimmt.

(2) Die Anmeldung muss enthalten:
1. folgende Angaben zum Anmelder:
   a) wenn der Anmelder eine natürliche Person ist: Vornamen und Namen oder, falls die Eintragung unter der Firma des Anmelders erfolgen soll, die Firma, wie sie im Handelsregister eingetragen ist, sowie die Anschrift des Wohn- oder Firmensitzes mit Angabe von Straße, Hausnummer, Postleitzahl und Ort;
   b) wenn der Anmelder eine juristische Person oder eine Personengesellschaft ist:
      aa) Name oder Firma, Rechtsform sowie Anschrift mit Angabe von Straße, Hausnummer, Postleitzahl und Ort des Sitzes; die Bezeichnung der Rechtsform kann auf übliche Weise abgekürzt werden; wenn die juristische Person oder Personengesellschaft in einem Register eingetragen ist, müssen die Angaben dem Registereintrag entsprechen;
      bb) bei einer Gesellschaft bürgerlichen Rechts, zusätzlich Name und Anschrift mit Angabe von Straße, Hausnummer, Postleitzahl und Ort mindestens eines vertretungsberechtigten Gesellschafters;
2. eine kurze und genaue Bezeichnung der Erfindung;
3. die Erklärung, dass für die Erfindung die Erteilung eines Patents beantragt wird;
4. gegebenenfalls die Angabe eines Vertreters;
5. die Unterschrift aller Anmelder oder deren Vertreter.

(3) ¹Wenn der Anmelder seinen Wohnsitz oder Sitz im Ausland hat, so ist bei der Angabe der Anschrift nach Abs 2 Nr 1 außer dem Ort auch der Staat anzugeben. ²Weitere Angaben zum Bezirk, zur Provinz oder zum Bundesstaat, in dem der Anmelder seinen Wohnsitz oder Sitz hat oder dessen Rechtsordnung er unterliegt, sind freiwillig.

(4) Hat das Deutsche Patent- und Markenamt dem Anmelder eine Kennnummer zugeteilt, so soll diese in der Anmeldung genannt werden. ²In der Anmeldung können zusätzlich eine von der Anschrift des Anmelders abweichende Postanschrift, eine Postfachanschrift sowie Telefonnummern, Telefaxnummern und E-Mail-Adressen angegeben werden.

(5) Wird die Anmeldung von mehreren Personen oder Personengesellschaften eingereicht, so gelten Abs 2 Nr 1 und die Abs 3 und 4 für alle anmeldenden Personen der Personengesellschaften.

(6) Ist ein Vertreter bestellt, so gelten hinsichtlich der Angaben zum Vertreter Abs 2 Nr 1 und die Abs 3 und 4 Satz 2 entsprechend. ²Hat das Deutsche Patent- und Markenamt dem Vertreter eine Kennnummer oder die Nummer einer allgemeinen Vollmacht zugeteilt, so soll diese zusätzlich angegeben werden.

(7) Unterzeichnen Angestellte für ihren anmeldenden Arbeitgeber, so ist auf Anforderung der Nachweis der Zeichnungsbefugnis vorzulegen. Auf beim Deutschen Patent- und Markenamt für die Unterzeichner hinterlegte Angestelltenvollmachten ist unter Angabe der hierfür mitgeteilten Kennnummer hinzuweisen.

(8) Die Angaben zum geographischen Herkunftsort biologischen Materials nach § 34a Satz 1 des Patentgesetzes sind auf einem gesonderten Blatt anzugeben.

§ 5 Anmeldungsunterlagen

(1) ¹Die Anmeldungsunterlagen und die Zusammenfassung dürfen im Text keine bildlichen Darstellungen enthalten. ²Ausgenommen sind chemische und mathematische Formeln sowie Tabellen. ³Phantasiebezeichnungen, Marken oder andere Bezeichnungen, die zur eindeutigen Angabe der Beschaffenheit eines Gegenstands nicht geeignet sind, dürfen nicht verwendet werden. ⁴Kann eine Angabe ausnahmsweise nur durch Verwendung einer Marke eindeutig bezeichnet werden, so ist die Bezeichnung als Marke kenntlich zu machen.

Anhang 11 §§ 6–7 Patentverordnung PatV

(2) ¹Technische Begriffe und Bezeichnungen sowie Bezugszeichen sind in der gesamten Anmeldung einheitlich zu verwenden, sofern nicht die Verwendung verschiedener Ausdrücke sachdienlich ist.

§ 6 Formerfordernisse der Anmeldung

(1) Die Anmeldungsunterlagen sind in einer Form einzureichen, die eine elektronische Erfassung gestattet.

(2) ¹Die Patentansprüche, die Beschreibung, die Zeichnungen sowie der Text und die Zeichnung der Zusammenfassung sind auf gesonderten Blättern einzureichen. ²Die Blätter müssen das Format 21 × 29,7 Zentimeter (DIN A 4) haben und im Hochformat verwendet werden. ³Für die Zeichnungen können die Blätter auch im Querformat verwendet werden, wenn dies sachdienlich ist; in diesem Fall ist der Kopf der Abbildungen auf der linken Seite des Blattes im Hochformat anzuordnen. ⁴Entsprechendes gilt für die Darstellung chemischer und mathematischer Formeln sowie für Tabellen. ⁵Alle Blätter müssen frei von Knicken und Rissen sein und dürfen nicht gefaltet oder gefalzt sein. ⁶Sie müssen aus nicht durchscheinendem, biegsamem, festem, glattem, mattem und widerstandsfähigem Papier sein.

(3) ¹Die Blätter dürfen nur einseitig beschriftet oder mit Zeichnungen versehen sein. ²Sie müssen so miteinander verbunden sein, dass sie leicht voneinander getrennt und wieder zusammengefügt werden können. ³Die Patentansprüche, die Beschreibung, die Zeichnungen sowie der Text und die Zeichnung der Zusammenfassung sind jeweils auf einem gesonderten Blatt anzugeben. ⁴Die Blätter der Beschreibung sind in arabischen Ziffern mit einer fortlaufenden Nummerierung zu versehen. ⁵Die Blattnummern sind unterhalb des oberen Rands in der Mitte anzubringen. ⁶Zeilen- und Absatzzähler oder ähnliche Nummerierungen sollen nicht verwendet werden.

(4) ¹Als Mindestränder sind auf den Blättern der Patentansprüche, der Beschreibung und der Zusammenfassung folgende Flächen unbeschriftet zu lassen:

Oberer Rand:	2 Zentimeter
Linker Seitenrand:	2,5 Zentimeter
Rechter Seitenrand:	2 Zentimeter
Unterer Rand:	2 Zentimeter

²Die Mindestränder können den Namen, die Firma oder die sonstige Bezeichnung des Anmelders und das Aktenzeichen der Anmeldung enthalten.

(5) ¹Die Patentansprüche, die Beschreibung und die Zusammenfassung müssen einspaltig mit Maschine geschrieben oder gedruckt sein. ²Blocksatz soll nicht verwendet werden. ³Die Buchstaben der verwendeten Schrift müssen deutlich voneinander getrennt sein und dürfen sich nicht berühren. ⁴Graphische Symbole und Schriftzeichen, chemische oder mathematische Formeln können handgeschrieben oder gezeichnet sein, wenn dies notwendig ist. ⁵Der Zeilenabstand muss 1 ¼-zeilig sein. ⁶Die Texte müssen mit Schriftzeichen, deren Großbuchstaben eine Mindesthöhe von 0,21 Zentimeter (Schriftgrad mindestens 10 Punkt) besitzen, und mit dunkler, unauslöschlicher Farbe geschrieben sein. ⁷Das Schriftbild muss scharfe Konturen aufweisen und kontrastreich sein. ⁸Jedes Blatt muss weitgehend frei von Radierstellen, Änderungen, Überschreibungen und Zwischenbeschriftungen sein. ⁹Von diesem Erfordernis kann abgesehen werden, wenn es sachdienlich ist. ¹⁰Der Text soll keine Unterstreichungen, Kursivschreibungen, Fettdruck oder Sperrungen beinhalten.

(6) Die Anmeldungsunterlagen sollen deutlich erkennen lassen, zu welcher Anmeldung sie gehören.

§ 7 Benennung des Erfinders

(1) Der Anmelder muss bei schriftlicher Benennung des Erfinders das vom Deutschen Patent- und Markenamt herausgegebene Formblatt verwenden.

(2) Die Benennung muss enthalten:
1. die Vornamen, den Namen und die Anschrift mit Angabe von Straße, Hausnummer, Postleitzahl und Ort des Erfinders; § 4 Abs 3 gilt entsprechend;
2. die Versicherung des Anmelders, dass weitere Personen seines Wissens an der Erfindung nicht beteiligt sind (§ 37 Abs 1 des Patentgesetzes);
3. falls der Anmelder nicht oder nicht allein der Erfinder ist, die Erklärung darüber, wie das Recht auf das Patent an ihn gelangt ist (§ 37 Abs 1 Satz 2 des Patentgesetzes);
4. die Bezeichnung der Erfindung und soweit bereits bekannt das amtliche Aktenzeichen;
5. die Unterschrift des Anmelders oder seines Vertreters; ist das Patent von mehreren Personen beantragt, so hat jede von ihnen oder ihr Vertreter die Benennung zu unterzeichnen.

§ 8 Nichtnennung des Erfinders; Änderungen der Erfindernennung

(1) ¹Der Antrag des Erfinders, ihn nicht als Erfinder zu nennen, der Widerruf dieses Antrags (§ 63 Abs 1 Satz 3 und 4 des Patentgesetzes) sowie Anträge auf Berichtigung oder Nachholung der Nennung (§ 63 Abs 2 des Patentgesetzes) sind schriftlich einzureichen. ²Die Schriftstücke müssen vom Erfinder unterzeichnet sein und die Bezeichnung der Erfindung sowie das amtliche Aktenzeichen enthalten.

(2) Die Zustimmung des Anmelders oder Patentinhabers sowie des zu Unrecht Benannten zur Berichtigung oder Nachholung der Nennung (§ 63 Abs 2 des Patentgesetzes) hat schriftlich zu erfolgen.

§ 9 Patentansprüche

(1) ¹In den Patentansprüchen kann das, was als patentfähig unter Schutz gestellt werden soll (§ 34 Abs 3 Nr 3 des Patentgesetzes), einteilig oder ohne Oberbegriff und kennzeichnendem Teil geteilt (zweiteilig) gefasst sein. ²In beiden Fällen kann die Fassung nach Merkmalen gegliedert sein.

(2) ¹Wird die zweiteilige Anspruchsfassung gewählt, sind in den Oberbegriff die durch den Stand der Technik bekannten Merkmale der Erfindung aufzunehmen; in den kennzeichnenden Teil sind die Merkmale der Erfindung aufzunehmen, für die in Verbindung mit den Merkmalen des Oberbegriffs Schutz begehrt wird. ²Der kennzeichnende Teil ist mit den Worten »dadurch gekennzeichnet, dass« oder »gekennzeichnet durch« oder einer sinngemäßen Wendung einzuleiten.

(3) ¹Werden Patentansprüche nach Merkmalen oder Merkmalsgruppen gegliedert, so ist die Gliederung dadurch äußerlich hervorzuheben, dass jedes Merkmal oder jede Merkmalsgruppe mit einer neuen Zeile beginnt. ²Den Merkmalen oder Merkmalsgruppen sind deutlich vom Text abzusetzende Gliederungszeichen voranzustellen.

(4) Im ersten Patentanspruch (Hauptanspruch) sind die wesentlichen Merkmale der Erfindung anzugeben.

(5) ¹Eine Anmeldung kann mehrere unabhängige Patentansprüche (Nebenansprüche) enthalten, soweit der Grundsatz der Einheitlichkeit gewahrt ist (§ 34 Abs 5 des Patentgesetzes). ²Absatz 4 ist entsprechend anzuwenden. ³Nebenansprüche können eine Bezugnahme auf mindestens einen der vorangehenden Patentansprüche enthalten.

(6) ¹Zu jedem Haupt- bzw. Nebenanspruch können ein oder mehrere Patentansprüche (Unteransprüche) aufgestellt werden, die sich auf besondere Ausführungsarten der Erfindung beziehen. ²Unteransprüche müssen eine Bezugnahme auf mindestens einen der vorangehenden Patentansprüche enthalten. ³Sie sind soweit wie möglich und auf die zweckmäßigste Weise zusammenzufassen.

(7) Werden mehrere Patentansprüche aufgestellt, so sind sie fortlaufend mit arabischen Ziffern zu nummerieren.

(8) Die Patentansprüche dürfen, wenn dies nicht unbedingt erforderlich ist, im Hinblick auf die technischen Merkmale der Erfindung keine Bezugnahmen auf die Beschreibung oder die Zeichnungen enthalten, z.B. »wie beschrieben in Teil ... der Beschreibung« oder »wie in Abbildung ... der Zeichnung dargestellt«.

(9) Enthält die Anmeldung Zeichnungen, so sollen die in den Patentansprüchen angegebenen Merkmale mit ihren Bezugszeichen versehen sein.

§ 10 Beschreibung

(1) Am Anfang der Beschreibung nach § 34 Abs 3 Nr 4 des Patentgesetzes ist als Titel die in der Anmeldung nach § 4 Abs 2 Nr 2 angegebene Bezeichnung der Erfindung anzugeben.

(2) Ferner sind anzugeben:
1. das technische Gebiet, zu dem die Erfindung gehört, soweit es sich nicht aus den Ansprüchen oder den Angaben zum Stand der Technik ergibt;
2. der dem Anmelder bekannte Stand der Technik, der für das Verständnis der Erfindung und deren Schutzfähigkeit in Betracht kommen kann, unter Angabe der dem Anmelder bekannten Fundstellen;
3. das der Erfindung zugrunde liegende Problem, sofern es sich nicht aus der angegebenen Lösung oder den zu Nummer 6 gemachten Angaben ergibt, insbesondere dann, wenn es zum Verständnis der Erfindung oder für ihre nähere inhaltliche Bestimmung unentbehrlich ist;
4. die Erfindung, für die in den Patentansprüchen Schutz begehrt wird;
5. in welcher Weise der Gegenstand der Erfindung gewerblich anwendbar ist, wenn es sich aus der Beschreibung oder der Art der Erfindung nicht offensichtlich ergibt;
6. gegebenenfalls vorteilhafte Wirkungen der Erfindung unter Bezugnahme auf den bisherigen Stand der Technik;

7. wenigstens ein Weg zum Ausführen der beanspruchten Erfindung im Einzelnen, gegebenenfalls erläutert durch Beispiele und anhand der Zeichnungen unter Verwendung der entsprechenden Bezugszeichen.

(3) ¹In die Beschreibung sind keine Angaben aufzunehmen, die zum Erläutern der Erfindung offensichtlich nicht notwendig sind. ²Wiederholungen von Ansprüchen oder Anspruchsteilen können durch Bezugnahme auf diese ersetzt werden.

§ 11 Beschreibung von Nukleotid- und Aminosäuresequenzen

(1) ¹Sind in der Patentanmeldung Strukturformeln in Form von Nukleotid- oder Aminosäuresequenzen angegeben und damit konkret offenbart, so ist ein entsprechendes Sequenzprotokoll getrennt von Beschreibung und Ansprüchen als Anlage zur Anmeldung einzureichen. ²Das Sequenzprotokoll hat den in der Anlage 1 enthaltenen Standards für die Einreichung von Sequenzprotokollen zu entsprechen.

(2) ¹Wird die Patentanmeldung in schriftlicher Form eingereicht, so ist zusätzlich ein Datenträger einzureichen, der das Sequenzprotokoll in maschinenlesbarer Form enthält. ²Der Datenträger ist als Datenträger für ein Sequenzprotokoll deutlich zu kennzeichnen und hat den in Absatz 1 genannten Standards zu entsprechen. ³Dem Datenträger ist eine Erklärung beizufügen, dass die auf dem Datenträger gespeicherten Informationen mit dem schriftlichen Sequenzprotokoll übereinstimmen.

(3) ¹Wird das auf dem Datenträger bei der Anmeldung eingereichte Sequenzprotokoll nachträglich berichtigt, so hat der Anmelder eine Erklärung beizufügen, dass das berichtigte Sequenzprotokoll nicht über den Inhalt der Anmeldung in der ursprünglich eingereichten Fassung hinausgeht. ²Für die Berichtigung gelten die Absätze 1 und 2 entsprechend.

(4) Handelt es sich um eine internationale Anmeldung, die aus einer internationalen Patentanmeldung nach dem Patentzusammenarbeitsvertrag hervorgegangen und für die das Deutsche Patent- und Markenamt Bestimmungsamt oder ausgewähltes Amt ist (Artikel III § 4 Abs 1, § 6 Abs 1 des Gesetzes über internationale Patentübereinkommen vom 21. Juni 1976, BGBl 1976 II S 649), so finden die Bestimmungen der Ausführungsordnung zum Patentzusammenarbeitsvertrag unmittelbar Anwendung soweit diese den Standard für die Einreichung von Sequenzprotokollen regelt.

§ 12 Zeichnungen

Eingereichte Zeichnungen müssen den in der Anlage 2 enthaltenen Standards entsprechen.

§ 13 Zusammenfassung

(1) Die Zusammenfassung nach § 36 des Patentgesetzes soll aus nicht mehr als 1 500 Zeichen bestehen.

(2) In der Zusammenfassung kann auch die chemische Formel angegeben werden, die die Erfindung an deutlichsten kennzeichnet.

(3) § 9 Abs 8 ist sinngemäß anzuwenden.

§ 14 Fremdsprachige Dokumente

(1) ¹Deutsche Übersetzungen von fremdsprachigen Dokumenten müssen von einem Rechtsanwalt oder Patentanwalt beglaubigt oder von einem öffentlich bestellten Übersetzer angefertigt sein.

(2) Deutsche Übersetzungen von fremdsprachigen Prioritätsbelegen und Abschriften früherer Anmeldungen (§ 41 Abs 1 Satz 1 des Patentgesetzes) sind nur auf Anforderung des Deutschen Patent- und Markenamts nachzureichen. ²Das Deutsche Patent- und Markenamt setzt für die Nachreichung eine angemessene Frist.

(3) Deutsche Übersetzungen von sonstigen Dokumenten, die
1. nicht zu den Unterlagen der Anmeldung zählen und
2. in englischer, französischer, italienischer oder spanischer Sprache eingereicht wurden,

sind nur auf Anforderung des Deutschen Patent- und Markenamts nachzureichen. ²Das Deutsche Patent- und Markenamt setzt für die Nachreichung eine angemessene Frist.

(4) Werden sonstige Dokumente, die nicht zu den Unterlagen der Anmeldung zählen, in anderen Sprachen eingereicht als in Abs 3 Satz 1 Nr 2 aufgeführt, so sind Übersetzungen in die deutsche Sprache innerhalb eines Monats nach Eingang der Dokumente nachzureichen.

(5) ¹Wird die Übersetzung im Sinne der Absätze 2 bis 4 nach Ablauf der Frist eingereicht, so gilt das fremdsprachige Dokument als zum Zeitpunkt des Eingangs der Übersetzung eingegangen. ²Wird keine Übersetzung eingereicht, so gilt das fremdsprachige Dokument als nicht eingegangen.

Abschnitt 3 Sonstige Formerfordernisse

§ 15 Nachgereichte Anmeldungsunterlagen; Änderung von Anmeldungsunterlagen

(1) ¹Auf allen nach Mitteilung des amtlichen Aktenzeichens eingereichten Schriftstücken ist dieses vollständig anzubringen. ²Werden die Anmeldungsunterlagen im Laufe des Verfahrens geändert, so hat der Anmelder eine Reinschrift der Anmeldungsunterlagen einzureichen, die die Änderungen berücksichtigt. ³§ 6 Abs 1 und § 11 Abs 2 gelten entsprechend.

(2) Werden weitere Exemplare von Anmeldungsunterlagen vom Anmelder nachgereicht, so ist eine Erklärung beizufügen, dass die nachgereichten Unterlagen mit den ursprünglich eingereichten Unterlagen übereinstimmen.

(3) ¹Der Anmelder hat, sofern die Änderungen nicht vom Deutschen Patent- und Markenamt vorgeschlagen worden sind, im Einzelnen anzugeben, an welcher Stelle die in den neuen Unterlagen beschriebenen Erfindungsmerkmale in den ursprünglichen Unterlagen offenbart sind. ²Die vorgenommenen Änderungen sind zusätzlich entweder auf einem Doppel der geänderten Unterlagen durch gesonderte Erläuterungen oder in der Reinschrift zu kennzeichnen. ³Wird die Kennzeichnung in der Reinschrift vorgenommen, sind die Änderungen fett hervorzuheben.

(4) Der Anmelder hat, sofern die Änderungen vom Deutschen Patent- und Markenamt vorgeschlagen und vom Anmelder ohne weitere Änderungen angenommen worden sind, der Reinschrift nach Abs 1 Satz 2 eine Erklärung beizufügen, dass die Reinschrift keine über die vom Deutschen Patent- und Markenamt vorgeschlagenen Änderungen hinausgehenden Änderungen enthält.

§ 16 Modelle und Proben

(1) ¹Modelle und Proben sind nur auf Anforderung des Deutschen Patent- und Markenamts einzureichen. ²Sie sind mit einer dauerhaften Beschriftung zu versehen, aus der Inhalt und Zugehörigkeit zu der entsprechenden Anmeldung hervorgehen. ³Dabei ist gegebenenfalls der Bezug zum Patentanspruch und der Beschreibung genau anzugeben.

(2) ¹Modelle und Proben, die leicht beschädigt werden können, sind unter Hinweis hierauf in festen Hüllen einzureichen. ²Kleine Gegenstände sind auf steifem Papier zu befestigen.

(3) ¹Proben chemischer Stoffe sind in widerstandsfähigen, zuverlässig geschlossenen Behältern einzureichen. ²Sofern sie giftig, ätzend oder leicht entzündlich sind oder in sonstiger Weise gefährliche Eigenschaften aufweisen, sind sie mit einem entsprechenden Hinweis zu versehen.

(4) ¹Ausfärbungen, Gerbproben und andere flächige Proben müssen auf steifem Papier im Format 21 × 29,7 Zentimeter (DIN A 4) dauerhaft befestigt sein. ²Sie sind durch eine genaue Beschreibung des angewandten Herstellungs- oder Verwendungsverfahrens zu erläutern.

§ 17 Öffentliche Beglaubigung von Unterschriften

Auf Anforderung des Deutschen Patent- und Markenamts sind die in § 7 Abs 2 Nr 5 und in § 8 genannten Unterschriften öffentlich beglaubigen zu lassen (§ 129 des Bürgerlichen Gesetzbuchs).

§ 18

(weggefallen)

Abschnitt 4 Ergänzende Schutzzertifikate

§ 19 Form der Einreichung

(1) ¹Der Antrag auf Erteilung eines ergänzenden Schutzzertifikats und der Antrag auf Verlängerung der Laufzeit eines ergänzenden Schutzzertifikats (§ 49a des Patentgesetzes) sind auf den vom Deutschen Patent- und Markenamt herausgegebenen Formblättern einzureichen. ²§ 4 Abs 2 Nr 1, 4 und 5, Abs 3, 5 und 6 sowie § 14 Abs 1, 3 bis 5 sind entsprechend anzuwenden.

(2) Dem Antrag auf Erteilung eines ergänzenden Schutzzertifikats sind Angaben zur Erläuterung des durch das Grundpatent vermittelten Schutzes beizufügen.

§ 20 Ergänzende Schutzzertifikate für Arzneimittel

Der Antrag auf Erteilung eines ergänzenden Schutzzertifikats für Arzneimittel und der Antrag auf Verlängerung der Laufzeit eines ergänzenden Schutzzertifikats müssen jeweils die Angaben und Unterlagen enthalten, die in Artikel 8 der Verordnung (EG) Nr 469/2009 des Europäischen Parlaments und des Rates vom 6. Mai 2009 über das ergänzende Schutzzertifikat für Arzneimittel (ABl. L 152 vom 16.6.2009, S 1) bezeichnet sind.

§ 21 Ergänzende Schutzzertifikate für Pflanzenschutzmittel

Der Antrag auf Erteilung eines ergänzenden Schutzzertifikats für Pflanzenschutzmittel muss die Angaben und Unterlagen enthalten, die in Artikel 8 der Verordnung (EG) Nr 1610/96 des Europäischen Parlaments und des Rates vom 23. Juli 1996 über die Schaffung eines ergänzenden Schutzzertifikats für Pflanzenschutzmittel (ABl. L 198 vom 8.8.1996, S 30) bezeichnet sind.

Abschnitt 5 Übergangs- und Schlussbestimmungen

§ 22 Übergangsregelung

Für Patentanmeldungen, Erfinderbenennungen und Anträge auf Erteilung eines ergänzenden Schutzzertifikats, die vor Inkrafttreten von Änderungen dieser Verordnung eingereicht worden sind, sind die bisherigen Vorschriften in ihrer bis dahin geltenden Fassung anzuwenden.

§ 23 Inkrafttreten; Außerkrafttreten

[1]Diese Verordnung tritt am 15. Oktober 2003 in Kraft. [2]Gleichzeitig treten
1. die Patentanmeldeverordnung vom 29. Mai 1981 (BGBl I S 521), zuletzt geändert durch die Verordnung vom 1. Januar 2002 (BGBl I S 32), und
2. die Erfinderbenennungsverordnung vom 29. Mai 1981 (BGBl I S 525) außer Kraft.

Anlage 1
Standards für die Einreichung von Sequenzprotokollen

abgedruckt in BGBl I S 1708 = BlPMZ 03, 326, Änderungen in BGBl I 2004 S 3532 = BlPMZ 05, 45; konsolidierte Fassung s Tabu Gewerbl. Rechtsschutz Nr 105 (Anlage 1, S 13).
Die Standards enthalten Kapitel mit folgenden Überschriften: »Definitionen«, »Sequenzprotokoll«, »Nucleotidsequenzen«, »Aminosäuresequenzen«, »Sonstige verfügbare Angaben im Sequenzprotokoll«, »Nachgereichtes Sequenzprotokoll« und »Sequenzprotokoll in maschinenlesbarer Form«.

Anlage 2
Standards für die Einreichung von Zeichnungen

1. [1]Die Zeichnungen sind auf Blättern mit folgenden Mindesträndern auszuführen:

Oberer Rand:	2,5 cm
linker Seitenrand:	2,5 cm
rechter Seitenrand:	1,5 cm
unterer Rand:	1 cm.

[2]Die für die Abbildungen benutzte Fläche darf 26,2 cm × 17 cm nicht überschreiten; bei der Zeichnung der Zusammenfassung kann sie auch 8,1 cm × 9,4 cm im Hochformat oder 17,4 cm × 4,5 cm im Querformat betragen.
2. Die Zeichnungen sind mit ausreichendem Kontrast, in dauerhaften, schwarzen, ausreichend festen und dunklen, in sich gleichmäßigen und scharf begrenzten Linien und Strichen ohne Farben auszuführen.
3. [1]Zur Darstellung der Erfindung können neben Ansichten und Schnittzeichnungen auch perspektivische Ansichten oder Explosionsdarstellungen verwendet werden. [2]Querschnitte sind durch Schraffierungen kenntlich zu machen, die die Erkennbarkeit der Bezugszeichen und Führungslinien nicht beeinträchtigen dürfen.
4. [1]Der Maßstab der Zeichnungen und die Klarheit der zeichnerischen Ausführung müssen gewährleisten, dass nach elektronischer Erfassung (scannen) auch bei Verkleinerungen auf zwei Drittel alle Einzelheiten noch ohne Schwierigkeiten erkennbar sind. [2]Wird der Maßstab in Ausnahmefällen auf der Zeichnung angegeben, so ist er zeichnerisch darzustellen.
5. [1]Die Linien der Zeichnungen sollen nicht freihändig, sondern mit Zeichengeräten gezogen werden. [2]Die für die Zeichnungen verwendeten Ziffern und Buchstaben müssen mindestens 0,32 cm hoch sein. [3]Für die Beschriftung der Zeichnungen sind lateinische und, soweit üblich, griechische Buchstaben zu verwenden.
6. [1]Ein Zeichnungsblatt kann mehrere Abbildungen enthalten. [2]Die einzelnen Abbildungen sind ohne Platzverschwendung, aber eindeutig voneinander getrennt und vorzugsweise im Hochformat anzuordnen und mit arabischen Ziffern fortlaufend zu nummerieren. [3]Den Stand der Technik betreffende Zeichnungen, die dem Verständnis der Erfindung dienen, sind zulässig; sie müssen jedoch deutlich mit dem Vermerk »Stand der Technik« gekennzeichnet sein. [4]Bilden Abbildungen auf zwei oder mehr Blättern eine zusammenhängende Figur, so sind die Abbildungen auf den einzelnen Blättern so anzuordnen, dass die vollständige Figur ohne Verdeckung einzelner Teile zusammengesetzt werden kann. [5]Alle Teile einer Figur sind im gleichen Maßstab darzustellen, sofern nicht die Verwendung unterschiedlicher Maßstäbe für die Übersichtlichkeit der Figur unerlässlich ist.
7. [1]Bezugszeichen dürfen in den Zeichnungen nur insoweit verwendet werden, als sie in der Beschreibung und gegebenenfalls in den Patentansprüchen aufgeführt sind und umgekehrt. [2]Entsprechendes gilt für die Zusammenfassung und deren Zeichnung.
8. Die Zeichnungen dürfen keine Erläuterungen enthalten; ausgenommen sind kurze unentbehrliche Angaben wie »Wasser«, »Dampf«, »offen«, »zu« »Schnitt nach A-B« sowie in elektrischen Schalt-

Anhang 11   *Anlage 2 Patentverordnung*   PatV

plänen und Blockschaltbildern oder Flussdiagrammen kurze Stichworte, die für das Verständnis unentbehrlich sind.

9. Folgende Formate für Bilddateien sind bei einer elektronischen Patentanmeldung beim Deutschen Patent- und Markenamt zulässig:

Grafikformat	Kompression	Farbtiefe	Beschreibung
TIFF	keine oder LZW oder FAX Group 4	1 bit/p oder (Schwarzweiß)	Maximale Größe 21 × 29,7 Zentimeter (DIN A 4) und eine Auflösung von 300×300 dpi entsprechend einer Pixelzahl (B×L) von 2480×3508 Pixel
TIFF	keine oder LZW oder FAX Group 4	8 bit/p (256 Graustufen)	Maximale Größe 21 × 29,7 Zentimeter (DIN A 4) und eine Auflösung von 150×150 dpi entsprechend einer Pixelzahl (B×L) 1240×1754
JPEG	individuell	24 bit/p	Maximale Größe 21 × 29,7 Zentimeter (DIN A 4) und eine Auflösung von 150×150 dpi. Nur Grauschattierungen werden akzeptiert.
PDF	keine	Nur Schwarzweiß zulässig	Folgende Schriften (Fonts) sind erlaubt: – Times (Serifen-Schrift, proportional) – Helvetica (ohne Serifen, proportional) – Courier – Symbol (Symbole) Farbige Grafiken sind unzulässig. Eine Verwendung von bei PDF-Dateien möglichen Nutzungseinschränkungen auf Dateiebene durch kryptographische Mittel (Verschlüsselung, Deaktivierung der Druckmöglichkeit) ist nicht zulässig.

Anhang 12

Pariser Verbandsübereinkunft zum Schutz des gewerblichen Eigentums

vom 20.3.1883, revidiert in Stockholm am 14. Juli 1967 (BGBl 1970 II 391; Bl 1970, 293)

Lit.: *Bodenhausen* Pariser Verbandsübereinkunft zum Schutz des gewerblichen Eigentums 1971; *Windisch* Gewerblicher Rechtsschutz und Urheberrecht im zwischenstaatlichen Bereich 1969; *Wieczorek* Die Unionspriorität im Patentrecht 1975; *Becher* Die Bedeutung der PVÜ für das Patentwesen 1967; *Troller* Die mehrseitigen völkerrechtlichen Verträge im internationalen gewerblichen Rechtsschutz und Urheberrecht 1965; *Plaisant* Traité de droit conventionnel international concernant la propriété industrielle, in: Journal du droit international 1961, 676, 1040; Schwaab/Wegner Festschr Beier 1996, 159; *Ruhl* Unionspriorität. Art 4 und seine Umsetzung im amerikanischen, europäischen und deutschen Patentrecht 2000.

Lit in GRUR Int: Ballreich **83**, 470; Ballreich/Kunz-Hallstein **77**, 251; Beier **83**, 339; Beier-Katzenberger **90**, 277; Beier/Moufang **89**, 869; Beier/Straus **91**, 255; Joos **98**, 456; Kunz-Hallstein **75**, 261; **76**, 64; **78**, 183; **79**, 369; **81**, 137; **83**, 548; **03**, 528, 805; Pfanner **59**, 60; Raible **70**, 137; Ruhl **02**, 16; Schricker **67**, 85; Straus **95**, 103; Teschemacher **83**, 695; Tönnies **98**, 451; Wieczorek **74**, 172

Amtlicher deutscher Text gemäß Art 29 Abs 1 Buchstabe b
Die Überschriften gehören nicht zum Text der PVÜ

Art 1 Verbandsländer, gewerbliches Eigentum

(1) Die Länder, auf die diese Übereinkunft Anwendung findet, bilden einen Verband zum Schutz des gewerblichen Eigentums.

(2) Der Schutz des gewerblichen Eigentums hat zum Gegenstand die Erfindungspatente, die Gebrauchsmuster, die gewerblichen Muster oder Modelle, die Fabrik- oder Handelsmarken, die Dienstleistungsmarken, den Handelsnamen und die Herkunftsangaben oder Ursprungsbezeichnungen sowie die Unterdrückung des unlauteren Wettbewerbs.

(3) Das gewerbliche Eigentum wird in der weitesten Bedeutung verstanden und bezieht sich nicht allein auf Gewerbe und Handel im eigentlichen Sinn des Wortes, sondern ebenso auf das Gebiet der Landwirtschaft und der Gewinnung der Bodenschätze und auf alle Fabrikate oder Naturerzeugnisse, zum Beispiel Wein, Getreide, Tabakblätter, Früchte, Vieh, Mineralien, Mineralwässer, Bier, Blumen, Mehl.

(4) Zu den Erfindungspatenten zählen die nach den Rechtsvorschriften der Verbandsländer zugelassenen verschiedenen Arten gewerblicher Patente, wie Einführungspatente, Verbesserungspatente, Zusatzpatente, Zusatzbescheinigungen usw.

Art 2 Verbandsangehörige

(1) [1]Die Angehörigen eines jeden der Verbandsländer genießen in allen übrigen Ländern des Verbandes in bezug auf den Schutz des gewerblichen Eigentums die Vorteile, welche die betreffenden Gesetze den eigenen Staatsangehörigen gegenwärtig gewähren oder in Zukunft gewähren werden, und zwar unbeschadet der durch diese Übereinkunft besonders vorgesehenen Rechte. [2]Demgemäß haben sie den gleichen Schutz wie diese und die gleichen Rechtsbehelfe gegen jeden Eingriff in ihre Rechte, vorbehaltlich der Erfüllung der Bedingungen und Förmlichkeiten, die den eigenen Staatsangehörigen auferlegt werden.

(2) Jedoch darf der Genuß irgendeines Rechts des gewerblichen Eigentums für die Verbandsangehörigen keinesfalls von der Bedingung abhängig gemacht werden, daß sie einen Wohnsitz oder eine Niederlassung in dem Land haben, in dem der Schutz beansprucht wird.

(3) Ausdrücklich bleiben vorbehalten die Rechtsvorschriften jedes der Verbandsländer über das gerichtliche und das Verwaltungsverfahren und die Zuständigkeit sowie über die Wahl des Wohnsit-

zes oder die Bestellung eines Vertreters, die etwa nach den Gesetzen über das gewerbliche Eigentum erforderlich sind.

Art 3 Verbandsfremde mit Wohnsitz oder Sitz in einem Verbandsland

Den Angehörigen der Verbandsländer sind gleichgestellt die Angehörigen der dem Verband nicht angehörenden Länder, die im Hoheitsgebiet eines Verbandslandes ihren Wohnsitz oder tatsächliche und nicht nur zum Schein bestehende gewerbliche oder Handelsniederlassungen haben.

Art 4 Prioritätsrecht (vgl hierzu die Erl. § 41 Rdn 12)

Prioritätsrecht und prioritätsbegründende Hinterlegung:

A. – (1) Wer in einem der Verbandsländer die Anmeldung für ein Erfindungspatent, ein Gebrauchsmuster, ein gewerbliches Muster oder Modell, eine Fabrik- oder Handelsmarke vorschriftsmäßig hinterlegt hat, oder sein Rechtsnachfolger, genießt für die Hinterlegung in den anderen Ländern während der unten bestimmten Fristen ein Prioritätsrecht.

(2) Als prioritätsbegründend wird jede Hinterlegung anerkannt, der nach den innerstaatlichen Rechtsvorschriften jedes Verbandslandes oder nach den zwischen Verbandsländern abgeschlossenen zwei- oder mehrseitigen Verträgen die Bedeutung einer vorschriftsmäßigen nationalen Hinterlegung zukommt.

(3) Unter vorschriftsmäßiger nationaler Hinterlegung ist jede Hinterlegung zu verstehen, die zur Festlegung des Zeitpunkts ausreicht, an dem die Anmeldung in dem betreffenden Land hinterlegt worden ist, wobei das spätere Schicksal der Anmeldung ohne Bedeutung ist.

Prioritätswirkung:

B. – [1]Demgemäß kann die spätere, jedoch vor Ablauf dieser Fristen in einem der anderen Verbandsländer bewirkte Hinterlegung nicht unwirksam gemacht werden durch inzwischen eingetretene Tatsachen, insbesondere durch eine andere Hinterlegung, durch die Veröffentlichung der Erfindung oder deren Ausübung, durch das Feilbieten von Stücken des Musters oder Modells, durch den Gebrauch der Marke; diese Tatsachen können kein Recht Dritter und kein persönliches Besitzrecht begründen. [2]Die Rechte, die von Dritten vor dem Tag der ersten, prioritätsbegründenden Anmeldung erworben worden sind, bleiben nach Maßgabe der innerstaatlichen Rechtsvorschriften eines jeden Verbandslandes gewährt.

Prioritätsfristen:

C. – (1) Die oben erwähnten Prioritätsfristen betragen zwölf Monate für die Erfindungspatente und die Gebrauchsmuster und sechs Monate für die gewerblichen Muster oder Modelle und für die Fabrik- oder Handelsmarken.

(2) Diese Fristen laufen vom Zeitpunkt der Hinterlegung der ersten Anmeldung an; der Tag der Hinterlegung wird nicht in die Frist eingerechnet.

(3) Ist der letzte Tag der Frist in dem Land, in dem der Schutz beansprucht wird, ein gesetzlicher Feiertag oder ein Tag, an dem das Amt zur Entgegennahme von Anmeldungen nicht geöffnet ist, so erstreckt sich die Frist auf den nächstfolgenden Werktag.

(4) [1]Als erste Anmeldung, von deren Hinterlegungszeitpunkt an die Prioritätsfrist läuft, wird auch eine jüngere Anmeldung angesehen, die denselben Gegenstand betrifft wie eine erste ältere im Sinn des Absatzes 2 in demselben Verbandsland eingereichte Anmeldung, sofern diese ältere Anmeldung bis zum Zeitpunkt der Hinterlegung der jüngeren Anmeldung zurückgezogen, fallengelassen oder zurückgewiesen worden ist, und zwar bevor sie öffentlich ausgelegt worden ist und ohne daß Rechte bestehen geblieben sind; ebensowenig darf diese ältere Anmeldung schon Grundlage für die Inanspruchnahme des Prioritätsrechts gewesen sein. [2]Die ältere Anmeldung kann in diesem Fall nicht mehr als Grundlage für die Inanspruchnahme des Prioritätsrechts dienen.

Prioritätserklärung:

D. – (1) [1]Wer die Priorität einer früheren Hinterlegung in Anspruch nehmen will, muß eine Erklärung über den Zeitpunkt und das Land dieser Hinterlegung abgeben. [2]Jedes Land bestimmt, bis wann die Erklärung spätestens abgegeben werden muß.

(2) Diese Angaben sind in die Veröffentlichungen der zuständigen Behörde, insbesondere in die Patenturkunden und die zugehörigen Beschreibungen aufzunehmen.

(3) ¹Die Verbandsländer können von demjenigen, der eine Prioritätserklärung abgibt, verlangen, daß er die frühere Anmeldung (Beschreibung, Zeichnungen usw.) in Abschrift vorlegt. ²Die Abschrift, die von der Behörde, die diese Anmeldung empfangen hat, als übereinstimmend bescheinigt ist, ist von jeder Beglaubigung befreit und kann auf alle Fälle zu beliebiger Zeit innerhalb einer Frist von drei Monaten nach der Hinterlegung der späteren Anmeldung gebührenfrei eingereicht werden. ³Es kann verlangt werden, daß ihr eine von dieser Behörde ausgestellte Bescheinigung über den Zeitpunkt der Hinterlegung und eine Übersetzung beigefügt werden.
(4) ¹Andere Förmlichkeiten für die Prioritätserklärung dürfen bei der Hinterlegung der Anmeldung nicht verlangt werden. ²Jedes Verbandsland bestimmt die Folgen der Nichtbeachtung der in diesem Artikel vorgesehenen Förmlichkeiten; jedoch dürfen diese Folgen über den Verlust des Prioritätsrechts nicht hinausgehen.
(5) Später können weitere Nachweise verlangt werden. Wer die Priorität einer früheren Anmeldung in Anspruch nimmt, ist verpflichtet, das Aktenzeichen dieser Anmeldung anzugeben; diese Angabe ist nach Maßgabe des Absatzes 2 zu veröffentlichen.

Patent und Gebrauchsmuster:

E. – (1) Wird in einem Land ein gewerbliches Muster oder Modell unter Inanspruchnahme eines auf die Anmeldung eines Gebrauchsmusters gegründeten Prioritätsrechts hinterlegt, so ist nur die für gewerbliche Muster oder Modelle bestimmte Prioritätsfrist maßgebend.
(2) Im übrigen ist es zulässig, in einem Land ein Gebrauchsmuster unter Inanspruchnahme eines auf die Hinterlegung einer Patentanmeldung gegründeten Prioritätsrechts zu hinterlegen und umgekehrt.

Mehrere Prioritäten:

F. – Kein Verbandsland darf deswegen die Anerkennung einer Priorität verweigern oder eine Patentanmeldung zurückweisen, weil der Anmelder mehrere Prioritäten in Anspruch nimmt, selbst wenn sie aus verschiedenen Ländern stammen, oder deswegen, weil eine Anmeldung, für die eine oder mehrere Prioritäten beansprucht werden, ein oder mehrere Merkmale enthält, die in der oder den Anmeldungen, deren Priorität beansprucht worden ist, nicht enthalten waren, sofern in beiden Fällen Erfindungseinheit im Sinn des Landesgesetzes vorliegt. Hinsichtlich der Merkmale, die in der oder den Anmeldungen, deren Priorität in Anspruch genommen worden ist, nicht enthalten sind, läßt die jüngere Anmeldung ein Prioritätsrecht unter den allgemeinen Bedingungen entstehen.

Teilung und Priorität:

G. – (1) Ergibt die Prüfung, daß eine Patentanmeldung nicht einheitlich ist, so kann der Anmelder die Anmeldung in eine Anzahl von Teilanmeldungen teilen, wobei ihm für jede Teilanmeldung als Anmeldezeitpunkt der Zeitpunkt der ursprünglichen Anmeldung und gegebenenfalls das Prioritätsvorrecht erhalten bleiben.
(2) ¹Der Anmelder kann auch von sich aus die Patentanmeldung teilen, wobei ihm für jede Teilanmeldung als Anmeldezeitpunkt der Zeitpunkt der ursprünglichen Anmeldung und gegebenenfalls als Prioritätsvorrecht erhalten bleiben. ²Jedem Verbandsland steht es frei, die Bedingungen festzulegen, unter denen diese Teilung zugelassen wird.

Prioritätsbegründung durch Offenbarung:

H. – Die Priorität kann nicht deshalb verweigert werden, weil bestimmte Merkmale der Erfindung, für welche die Priorität beansprucht wird, nicht in den in der Patentanmeldung des Ursprungslandes aufgestellten Patentansprüchen enthalten sind, sofern nur die Gesamtheit der Anmeldungsunterlagen diese Merkmale deutlich offenbart.

Erfinderscheine

I. – (1) Anmeldungen für Erfinderscheine, die in einem Land eingereicht werden, in dem die Anmelder das Recht haben, nach ihrer Wahl entweder ein Patent oder einen Erfinderschein zu verlangen, begründen das in diesem Artikel vorgesehene Prioritätsrecht unter den gleichen Voraussetzungen und mit den gleichen Wirkungen wie Patentanmeldungen.
(2) In einem Land, in dem die Anmelder das Recht haben, nach ihrer Wahl entweder ein Patent oder einen Erfinderschein zu verlangen, genießt der Anmelder eines Erfinderscheins das auf eine Patent-, Gebrauchsmuster- oder Erfinderscheinanmeldung gegründete Prioritätsrecht nach den für Patentanmeldungen geltenden Bestimmungen dieses Artikels.

Art 4bis Unabhängigkeit der Patente in den Verbandsländern

(1) Die in den verschiedenen Verbandsländern von Verbandsangehörigen angemeldeten Patente sind unabhängig von den Patenten, die für dieselbe Erfindung in anderen Ländern erlangt worden sind, mögen diese Länder dem Verband angehören oder nicht.

(2) Diese Bestimmung ist ohne jede Einschränkung zu verstehen, insbesondere in dem Sinn, daß die während der Prioritätsfrist angemeldeten Patente sowohl hinsichtlich der Gründe der Nichtigkeit und des Verfalls als auch hinsichtlich der gesetzmäßigen Dauer unabhängig sind.

(3) Sie findet auf alle im Zeitpunkt ihres Inkrafttretens bestehenden Patente Anwendung.

(4) Für den Fall des Beitritts neuer Länder wird es mit den im Zeitpunkt des Beitritts auf beiden Seiten bestehenden Patenten ebenso gehalten.

(5) Die mit Prioritätsvorrecht erlangten Patente genießen in den einzelnen Verbandsländern die gleiche Schutzdauer, wie wenn sie ohne das Prioritätsvorrecht angemeldet oder erteilt worden wären.

Art 4ter Erfindernennung

Der Erfinder hat das Recht, als solcher im Patent genannt zu werden.

Art 4^{quater} Beschränkungen des Vertriebs

Die Erteilung eines Patents kann nicht deshalb verweigert und ein Patent kann nicht deshalb für ungültig erklärt werden, weil der Vertrieb des patentierten Erzeugnisses oder des Erzeugnisses, das das Ergebnis eines patentierten Verfahrens ist, Beschränkungen oder Begrenzungen durch die innerstaatlichen Rechtsvorschriften unterworfen ist.

Art 5 Einfuhr, Zwangslizenzen, Ausübungszwang[1]

A. – (1) Die durch den Patentinhaber bewirkte Einfuhr von Gegenständen, die in dem einen oder anderen Verbandsland hergestellt worden sind, in das Land, in dem das Patent erteilt worden ist, hat den Verfall des Patents nicht zur Folge.

(2) Jedem der Verbandsländer steht es frei, gesetzliche Maßnahmen zu treffen, welche die Gewährung von Zwangslizenzen vorsehen, um Mißbräuche zu verhüten, die sich aus der Ausübung des durch das Patent verliehenen ausschließlichen Rechts ergeben könnten, zum Beispiel infolge unterlassener Ausübung.

(3) [1]Der Verfall des Patents kann nur dann vorgesehen werden, wenn die Gewährung von Zwangslizenzen zur Verhütung dieser Mißbräuche nicht ausreichen würde. [2]Vor Ablauf von zwei Jahren seit Gewährung der ersten Zwangslizenz kann kein Verfahren auf Verfall oder Zurücknahme eines Patents eingeleitet werden.

(4) [1]Wegen unterlassener oder ungenügender Ausübung darf eine Zwangslizenz nicht vor Ablauf einer Frist von vier Jahren nach der Hinterlegung der Patentanmeldung oder von drei Jahren nach der Patenterteilung verlangt werden, wobei die Frist, die zuletzt abläuft, maßgebend ist; sie wird versagt, wenn der Patentinhaber seine Untätigkeit mit berechtigten Gründen entschuldigt. [2]Eine solche Zwangslizenz ist nicht ausschließlich und kann, auch in der Form der Gewährung einer Unterlizenz nur mit dem Teil des Unternehmens oder des Geschäftsbetriebs übertragen werden, der mit ihrer Auswertung befaßt ist.

(5) Die vorstehenden Bestimmungen finden unter Vorbehalt der notwendigen Änderungen auch auf Gebrauchsmuster Anwendung.

B. – Der Schutz gewerblicher Muster darf wegen unterlassener Ausübung oder wegen der Einfuhr von Gegenständen, die mit den geschützten übereinstimmen, in keiner Weise durch Verfall beeinträchtigt werden.

C. – (betr. Marken)

D. – Für die Anerkennung des Rechts ist die Anbringung eines Zeichens oder Vermerks über das Patent, das Gebrauchsmuster, die Eintragung der Fabrik- oder Handelsmarke oder die Hinterlegung des gewerblichen Musters oder Modells auf dem Erzeugnis nicht erforderlich.

---

1 Vgl Kunz-Hallstein GRUR Int **83**, 548.

Art 5bis Nachfrist für Gebührenzahlungen

(1) Für die Zahlung der zur Aufrechterhaltung der gewerblichen Schutzrechte vorgesehenen Gebühren wird eine Nachfrist von mindestens sechs Monaten gewährt, und zwar gegen Entrichtung einer Zuschlagsgebühr, sofern die innerstaatlichen Rechtsvorschriften eine solche auferlegen.

(2) Den Verbandsländern steht es frei, die Wiederherstellung der mangels Zahlung von Gebühren verfallenen Patente vorzusehen.

Art 5ter Ausschluß einer Patentverletzung

In keinem der Verbandsländer wird als Eingriff in die Rechte des Patentinhabers angesehen:
1. der an Bord von Schiffen der anderen Verbandsländer stattfindende Gebrauch patentierter Einrichtungen im Schiffskörper, in den Maschinen, im Takelwerk, in den Geräten und sonstigem Zubehör, wenn die Schiffe vorübergehend oder zufällig in die Gewässer des Landes gelangen, vorausgesetzt, daß diese Einrichtungen dort ausschließlich für die Bedürfnisse des Schiffes verwendet werden;
2. der Gebrauch patentierter Einrichtungen in der Bauausführung oder für den Betrieb der Luftoder Landfahrzeuge der anderen Verbandsländer oder des Zubehörs solcher Fahrzeuge, wenn diese vorübergehend oder zufällig in dieses Land gelangen.

Art 5^{quater} Einfuhr eines Erzeugnisses bei inländischem Herstellungspatent

Wird ein Erzeugnis in ein Verbandsland eingeführt, in dem ein Patent zum Schutz eines Verfahrens zur Herstellung dieses Erzeugnisses besteht, so hat der Patentinhaber hinsichtlich des eingeführten Erzeugnisses alle Rechte, die ihm die Rechtsvorschriften des Einfuhrlandes aufgrund des Verfahrenspatents hinsichtlich der im Land selbst hergestellten Erzeugnisse gewähren.

Art 5^{quinquies} Muster und Modelle

Die gewerblichen Muster und Modelle werden in allen Verbandsländern geschützt.

Art 6–10ter betr Marken und Handelsnamen

...

Art 11 Internationale Ausstellungen

(1) Die Verbandsländer werden nach Maßgabe ihrer innerstaatlichen Rechtsvorschriften den patentfähigen Erfindungen, den Gebrauchsmustern, den gewerblichen Mustern oder Modellen sowie den Fabrik- oder Handelsmarken für Erzeugnisse, die in einem Verbandsland auf den amtlichen oder amtlich anerkannten internationalen Ausstellungen zur Schau gestellt werden, einen zeitweiligen Schutz gewähren.

(2) Dieser zeitweilige Schutz verlängert die Fristen des Artikels 4 nicht. Wird später das Prioritätsrecht beansprucht, so kann die Behörde eines jeden Landes die Frist mit dem Zeitpunkt beginnen lassen, zu dem das Erzeugnis in die Ausstellung eingebracht worden ist.

(3) Jedes Land kann zum Nachweis der Übereinstimmung des ausgestellten Gegenstandes und des Zeitpunktes der Einbringung die ihm notwendig erscheinenden Belege verlangen.

Art 12–18 betr Organisationsvorschriften

...

Art 19 Sonderabkommen

Es besteht Einverständnis darüber, daß die Verbandsländer sich das Recht vorbehalten, einzeln untereinander Sonderabkommen zum Schutz des gewerblichen Eigentums zu treffen, sofern diese Abkommen den Bestimmungen dieser Übereinkunft nicht zuwiderlaufen.

Art 20–30 betr Ratifikation, Beitritt, Anwendbarkeit etc.

...

Anhang 13

Übereinkommen über handelsbezogene Aspekte der Rechte des geistigen Eigentums
Agreement on Trade-Related Aspects of Intellectual Property Rights

vom 15.4.1994 BGBl 1994 II S 1438 = BlPMZ 95, 18, 23 = Tabu Gewerbl. Rechtsschutz Nr 699a

Literatur: Angaben siehe im Kapitel »Literatur Internationales Recht«

Teil I Allgemeine Bestimmungen und Grundprinzipien
GENERAL PROVISIONS AND BASIC PRINCIPLES

Art 1 Wesen und Umfang der Pflichten
Nature and Scope of Obligations

(1) [1]Die Mitglieder wenden die Bestimmungen dieses Übereinkommens an. [2]Die Mitglieder dürfen in ihr Recht einen umfassenderen Schutz als den durch dieses Übereinkommen geforderten aufnehmen, vorausgesetzt, dieser Schutz läuft diesem Übereinkommen nicht zuwider, sie sind dazu aber nicht verpflichtet. [3]Es steht den Mitgliedern frei, die für die Umsetzung dieses Übereinkommens in ihrem eigenen Rechtssystem und in ihrer Rechtspraxis geeignete Methode festzulegen.

(2) Der Begriff »geistiges Eigentum« im Sinne dieses Übereinkommens umfaßt alle Arten des geistigen Eigentums, die Gegenstand der Abschnitte 1 bis 7 des Teils 2 sind.

(3) [1]Die Mitglieder gewähren die in diesem Übereinkommen festgelegte Behandlung den Angehörigen der anderen Mitglieder. [2]In bezug auf das einschlägige Recht des geistigen Eigentums sind unter den Angehörigen anderer Mitglieder diejenigen natürlichen oder juristischen Personen zu verstehen, die den Kriterien für den Zugang zum Schutz nach der Pariser Verbandsübereinkunft (1967), der Berner Übereinkunft (1971), dem Rom-Abkommen und dem Vertrag über den Schutz des geistigen Eigentums im Hinblick auf integrierte Schaltkreise entsprächen, wenn alle Mitglieder der Welthandelsorganisation Vertragsparteien dieser Übereinkommen wären. [3]Ein Mitglied, das von den in Artikel 5 Absatz 3 oder Artikel 6 Absatz 2 des Rom-Abkommens vorgesehenen Möglichkeiten Gebrauch macht, hat eine Notifikation gemäß den genannten Bestimmungen an den Rat für handelsbezogene Aspekte der Rechte des geistigen Eigentums (den »Rat für TRIPS«) vorzunehmen.

Art 2 Übereinkünfte über geistiges Eigentum
Intellectual Property Conventions

(1) In bezug auf die Teile II, III und IV dieses Übereinkommens befolgen die Mitglieder die Artikel 1 bis 12 sowie Artikel 19 der Pariser Verbandsübereinkunft (1967).

(2) Die in den Teilen I bis IV dieses Übereinkommens enthaltenen Bestimmungen setzen die nach der Pariser Verbandsübereinkunft, der Berner Übereinkünfte, dem Rom-Abkommen und dem Vertrag über den Schutz des geistigen Eigentums im Hinblick auf integrierte Schaltkreise bestehenden Verpflichtungen der Mitglieder untereinander nicht außer Kraft.

Art 3 Inländerbehandlung
National Treatment

(1) [1]Die Mitglieder gewähren den Angehörigen der anderen Mitglieder eine Behandlung, die nicht weniger günstig ist als die, die sie ihren eigenen Angehörigen in bezug auf den Schutz des geistigen Eigentums gewähren, vorbehaltlich der jeweils bereits in der Pariser Verbandsübereinkunft (1967), der Berner Übereinkunft (1971), dem Rom-Abkommen oder dem Vertrag über den Schutz des geistigen Eigentums im Hinblick auf integrierte Schaltkreise vorgesehenen Ausnahmen. [2]In bezug auf ausübende Künstler, Hersteller von Tonträgern und Sendeunternehmen gilt diese Ver-

pflichtung nur in bezug auf die durch dieses Übereinkommen vorgesehenen Rechte. ³Ein Mitglied, das von den in Artikel 6 der Berner Übereinkunft (1971) oder in Artikel 16 Absatz 1 Buchstabe b des Rom-Abkommens vorgesehenen Möglichkeiten Gebrauch macht, hat eine Notifikation gemäß den genannten Bestimmungen an den Rat für TRIPS vorzunehmen.

(2) Die Mitglieder dürfen in bezug auf Gerichts- und Verwaltungsverfahren, einschließlich der Bestimmung einer Anschrift für die Zustellung oder der Ernennung eines Vertreters innerhalb des Hoheitsgebiets eines Mitglieds, von den in Absatz 1 vorgesehenen Ausnahmen nur Gebrauch machen, wenn diese Ausnahmen notwendig sind, um die Einhaltung von Gesetzen und sonstigen Vorschriften sicherzustellen, die mit den Bestimmungen dieses Übereinkommens nicht unvereinbar sind, und wenn diese Praktiken nicht in einer Weise angewendet werden, die eine verschleierte Handelsbeschränkung bilden würde.

Art 4 Meistbegünstigung
Most-Favoured-Nation Treatment

¹In bezug auf den Schutz des geistigen Eigentums werden Vorteile, Vergünstigungen, Sonderrechte und Befreiungen, die von einem Mitglied den Angehörigen eines anderen Landes gewährt werden, sofort und bedingungslos den Angehörigen aller anderen Mitglieder gewährt. ²Von dieser Verpflichtung ausgenommen sind von einem Mitglied gewährte Vorteile, Vergünstigungen, Sonderrechte und Befreiungen,
a) die sich aus internationalen Übereinkünften über Rechtshilfe oder Vollstreckung ableiten, die allgemeiner Art sind und sich nicht speziell auf den Schutz des geistigen Eigentums beschränken;
b) die gemäß den Bestimmungen der Berner Übereinkunft (1971) oder des Rom-Abkommens gewährt werden, in denen gestattet wird, daß die gewährte Behandlung nicht von der Inländerbehandlung, sondern von der in einem anderen Land gewährten Behandlung abhängig gemacht wird;
c) die sich auf die in diesem Übereinkommen nicht geregelten Rechte von ausübenden Künstlern, Herstellern von Tonträgern und Sendeunternehmen beziehen;
d) die sich aus internationalen Übereinkünften betreffend den Schutz des geistigen Eigentums ableiten, die vor dem Inkrafttreten des WTO-Übereinkommens in Kraft getreten sind, vorausgesetzt, daß diese Übereinkünfte dem Rat für TRIPS notifiziert werden und keine willkürliche oder ungerechtfertigte Diskriminierung von Angehörigen anderer Mitglieder darstellen.

Art 5 Mehrseitige Übereinkünfte über den Erwerb oder die Aufrechterhaltung des Schutzes
Multilateral Agreements on Acquisition or Maintenance of Protection

Die in den Artikeln 3 und 4 aufgeführten Verpflichtungen finden keine Anwendung auf Verfahren, die in im Rahmen der Weltorganisation für geistiges Eigentum geschlossenen mehrseitigen Übereinkommen betreffend den Erwerb oder die Aufrechterhaltung von Rechten des geistigen Eigentums enthalten sind.

Art 6 Erschöpfung
Exhaustion

Für die Zwecke der Streitbeilegung im Rahmen dieses Übereinkommens darf vorbehaltlich der Artikel 3 und 4 dieses Übereinkommen nicht dazu verwendet werden, die Frage der Erschöpfung von Rechten des geistigen Eigentums zu behandeln.

Art 7 Ziele
Objectives

Der Schutz und die Durchsetzung von Rechten des geistigen Eigentums sollen zur Förderung der technischen Innovation sowie zur Weitergabe und Verbreitung von Technologie beitragen, dem beiderseitigen Vorteil der Erzeuger und Nutzer technischen Wissens dienen, in einer dem gesellschaftlichen und wirtschaftlichen Wohl zuträglichen Weise erfolgen und einen Ausgleich zwischen Rechten und Pflichten herstellen.

Art 8 Grundsätze
Principles

(1) Die Mitglieder dürfen bei der Abfassung oder Änderung ihrer Gesetze und sonstigen Vorschriften die Maßnahmen ergreifen, die zum Schutz der öffentlichen Gesundheit und Ernährung sowie zur Förderung des öffentlichen Interessen in den für ihre sozio-ökonomische und technische Entwicklung lebenswichtigen Sektoren notwendig sind; jedoch müssen diese Maßnahmen mit diesem Übereinkommen vereinbar sein.

(2) Geeignete Maßnahmen, die jedoch mit diesem Übereinkommen vereinbar sein müssen, können erforderlich sein, um den Mißbrauch von Rechten des geistigen Eigentums durch die Rechtsinhaber oder den Rückgriff auf Praktiken, die den Handel unangemessen beschränken oder den internationalen Technologietransfer nachteilig beeinflussen, zu verhindern.

Teil II Normen betreffend die Verfügbarkeit, den Umfang und die Ausübung von Rechten des geistigen Eigentums
STANDARDS CONCERNING THE AVAILABILITY, SCOPE AND USE OF INTELLECTUAL PROPERTY RIGHTS

Abschnitt 1: Urheberrecht und verwandte Schutzrechte

Art 9–14

...

Abschnitt 2: Marken

Art 15–21

...

Abschnitt 3: Geographische Angaben

Art 22–24

...

Abschnitt 4: Gewerbliche Muster und Modelle

Art 25–26

...

Abschnitt 5: Patente
patents

Art 27 Patentfähige Gegenstände
Patentable Subject Matter

(1) [1]Vorbehaltlich der Absätze 2 und 3 ist vorzusehen, daß Patente für Erfindungen auf allen Gebieten der Technik erhältlich sind, sowohl für Erzeugnisse als auch für Verfahren, vorausgesetzt, daß sie neu sind, auf einer erfinderischen Tätigkeit beruhen und gewerblich anwendbar sind. [2]Vorbehaltlich des Artikels 65 Absatz 4, des Artikels 70 Absatz 8 und des Absatzes 3 dieses Artikels sind Patente erhältlich und können Patentrechte ausgeübt werden, ohne daß hinsichtlich des Ortes der Erfindung, des Gebiets der Technik oder danach, ob die Erzeugnisse eingeführt oder im Land hergestellt werden, diskriminiert werden darf.

(2) Die Mitglieder können Erfindungen von der Patentierbarkeit ausschließen, wenn die Verhinderung ihrer gewerblichen Verwertung innerhalb ihres Hoheitsgebiets zum Schutz der öffentlichen Ordnung oder der guten Sitten einschließlich des Schutzes des Lebens oder der Gesundheit von Menschen, Tieren oder Pflanzen oder zur Vermeidung einer ernsten Schädigung der Umwelt notwendig ist, vorausgesetzt, daß ein solcher Ausschluß nicht nur deshalb vorgenommen wird, weil die Verwertung durch ihr Recht verboten ist.

(3) ¹Die Mitglieder können von der Patentierung auch ausschließen
a) diagnostische, therapeutische und chirurgische Verfahren für die Behandlung von Menschen oder Tieren;
b) Pflanzen und Tiere, mit Ausnahme von Mikroorganismen, und im wesentlichen biologische Verfahren für die Züchtung von Pflanzen oder Tieren mit Ausnahme von nichtbiologischen und mikrobiologischen Verfahren.

²Die Mitglieder sehen jedoch den Schutz von Pflanzensorten entweder durch Patente oder durch ein wirksames System sui generis oder durch eine Kombination beider vor. ³Die Bestimmungen dieses Buchstabens werden vier Jahre nach dem Inkrafttreten des WTO-Übereinkommens überprüft.

Art 28 Rechte aus dem Patent
Rights Conferred

(1) Ein Patent gewahrt seinem Inhaber die folgenden ausschließlichen Rechte:
a) wenn der Gegenstand des Patents ein Erzeugnis ist, es Dritten zu verbieten, ohne die Zustimmung des Inhabers folgende Handlungen vorzunehmen: Herstellung, Gebrauch, Anbieten zum Verkauf, Verkauf oder diesen Zwecken dienende Einfuhr dieses Erzeugnisses;
b) wenn der Gegenstand des Patents ein Verfahren ist, es Dritten zu verbieten, ohne die Zustimmung des Inhabers das Verfahren anzuwenden und folgende Handlungen vorzunehmen: Gebrauch, Anbieten zum Verkauf, Verkauf oder Einfuhr zu diesen Zwecken zumindest in bezug auf das unmittelbar durch dieses Verfahren gewonnene Erzeugnis.

(2) Der Patentinhaber hat auch das Recht, das Patent rechtsgeschäftlich oder im Weg der Rechtsnachfolge zu übertragen und Lizenzüberträge abzuschließen.

Art 29 Bedingungen für Patentanmelder
Conditions on Patent Applicants

(1) Die Mitglieder sehen vor, daß der Anmelder eines Patents die Erfindung so deutlich und vollständig zu offenbaren hat, daß ein Fachmann sie ausführen kann, und können vom Anmelder verlangen, die dem Erfinder am Anmeldetag oder, wenn eine Priorität in Anspruch genommen wird, am Prioritätstag bekannte beste Art der Ausführung der Erfindung anzugeben.

(2) Die Mitglieder können vom Anmelder eines Patents verlangen, Angaben über seine entsprechenden ausländischen Anmeldungen und Erteilungen vorzulegen.

Art 30 Ausnahmen von den Rechten aus dem Patent
Exceptions to Rights Conferred

Die Mitglieder können begrenzte Ausnahmen von den ausschließlichen Rechten aus einem Patent vorsehen, sofern solche Ausnahmen nicht unangemessen im Widerspruch zur normalen Verwertung des Patents stehen und die berechtigten Interessen des Inhabers des Patents nicht unangemessen beeinträchtigen, wobei auch die berechtigten Interessen Dritter zu berücksichtigen sind.

Art 31 Sonstige Benutzung ohne Zustimmung des Rechtsinhabers
Other Use Without Authorization of the Right Holder

¹Läßt das Recht eines Mitglieds die sonstige Benutzung des Gegenstands eines Patents ohne die Zustimmung des Rechtsinhabers zu, einschließlich der Benutzung durch die Regierung oder von der Regierung ermächtigte Dritte, so sind folgende Bestimmungen zu beachten: a) die Erlaubnis einer solchen Benutzung wird aufgrund der Umstände des Einzelfalls geprüft; b) eine solche Benutzung darf nur gestattet werden, wenn vor der Benutzung derjenige, der die Benutzung plant, sich bemüht hat, die Zustimmung des Rechtsinhabers zu angemessenen geschäftsüblichen Bedingungen zu erhalten, und wenn diese Bemühungen innerhalb einer angemessenen Frist erfolglos geblieben sind. ²Auf dieses Erfordernis kann ein Mitglied verzichten, wenn ein nationaler Notstand oder sonstige Umstände von äußerster Dringlichkeit vorliegen oder wenn es sich um eine öffentliche, nicht gewerbliche Benutzung handelt. ³Bei Vorliegen eines nationalen Notstands oder sonstiger Umstände von äußerster Dringlichkeit ist der Rechtsinhaber gleichwohl so bald wie zumutbar und durchführbar zu verständigen. ⁴Wenn im Fall öffentlicher, nicht gewerblicher Benutzung die Regierung oder der Unternehmer, ohne eine Patentrecherche vorzunehmen, weiß oder nachweisba-

ren Grund hat zu wissen, daß ein gültiges Patent von der oder für die Regierung benutzt wird oder werden wird, ist der Rechtsinhaber umgehend zu unterrichten; c) Umfang und Dauer einer solchen Benutzung sind auf den Zweck zu begrenzen, für den sie gestattet wurde, und im Fall der Halbleitertechnik kann sie nur für den öffentlichen, nicht gewerblichen Gebrauch oder zur Beseitigung einer in einem Gerichts- oder Verwaltungsverfahren festgestellten wettbewerbswidrigen Praktik vorgenommen werden; d) eine solche Benutzung muß nicht ausschließlich sein; e) eine solche Benutzung kann nur zusammen mit dem Teil des Unternehmens oder des Goodwill, dem diese Benutzung zusteht, übertragen werden; f) eine solche Benutzung ist vorwiegend für die Versorgung des Binnenmarkts des Mitglieds zu gestatten, das diese Benutzung gestattet; g) die Gestattung einer solchen Benutzung ist vorbehaltlich eines angemessenen Schutzes der berechtigten Interessen der zu ihr ermächtigten Personen zu beenden, sofern und sobald die Umstände, die zu ihr geführt haben, nicht mehr vorliegen und wahrscheinlich nicht wieder eintreten werden. [5]Die zuständige Stelle muß die Befugnis haben, auf begründeten Antrag hin die Fortdauer dieser Umstände zu überprüfen; h) dem Rechtsinhaber ist eine nach den Umständen des Falles angemessene Vergütung zu leisten, wobei der wirtschaftliche Wert der Erlaubnis in Betracht zu ziehen ist; i) die Rechtsgültigkeit einer Entscheidung im Zusammenhang mit der Erlaubnis zu einer solchen Benutzung unterliegt der Nachprüfung durch ein Gericht oder einer sonstigen unabhängigen Nachprüfung durch eine gesonderte übergeordnete Behörde in dem betreffenden Mitglied; j) jede Entscheidung betreffend die in bezug auf eine solche Benutzung vorgesehene Vergütung unterliegt der Nachprüfung durch ein Gericht oder einer sonstigen unabhängigen Nachprüfung durch eine gesonderte übergeordnete Behörde in dem betreffenden Mitglied; k) die Mitglieder sind nicht verpflichtet die unter den Buchstaben b und f festgelegten Bedingungen anzuwenden, wenn eine solche Benutzung gestattet ist, um eine in einem Gerichts- oder Verwaltungsverfahren festgestellte wettbewerbswidrige Praktik abzustellen. [6]Die Notwendigkeit, eine wettbewerbswidrige Praktik abzustellen, kann in solchen Fällen bei der Festsetzung des Betrags der Vergütung berücksichtigt werden. [7]Die zuständigen Stellen sind befugt, eine Beendigung der Erlaubnis abzulehnen, sofern und sobald die Umstände, die zur Gewährung der Erlaubnis geführt haben, wahrscheinlich wieder eintreten werden; l) wenn eine solche Benutzung gestattet ist, um die Verwertung eines Patents (»zweites Patent«) zu ermöglichen, das nicht verwertet werden kann, ohne ein anderes Patent (»erstes Patent«) zu verletzen, kommen die folgenden zusätzlichen Bedingungen zur Anwendung: i) die im zweiten Patent beanspruchte Erfindung muß gegenüber der im ersten Patent beanspruchten Erfindung einen wichtigen technischen Fortschritt von erheblicher wirtschaftlicher Bedeutung aufweisen; ii) der Inhaber des ersten Patents muß das Recht auf eine Gegenlizenz zu angemessenen Bedingungen für die Benutzung der im zweiten Patent beanspruchten Erfindung haben, und iii) die Benutzungserlaubnis auf das erste Patent kann nur zusammen mit dem zweiten Patent übertragen werden.

Art 32 Widerruf/Verfall
Revocation/Forfeiture

Es ist eine Möglichkeit zur gerichtlichen Überprüfung von Entscheidungen, mit denen Patente widerrufen oder für verfallen erklärt werden, vorzusehen.

Art 33 Schutzdauer
Term of Protection[1]

Die erhältliche Schutzdauer endet nicht vor dem Ablauf einer Frist von 20 Jahren, gerechnet ab dem Anmeldetag.

---

1 EuGH GRUR Int 07, 1004 = GRUR 08, 55 *Merck Genéricos/Merck&Co*: Art 33 TRIPs fällt in einen Bereich, in dem die Mitgliedstaaten gegenwärtig grundsätzlich zuständig bleiben. Es steht ihnen frei, dieser Bestimmung unmittelbare Wirkung zuzuerkennen oder nicht. Einem nationalen Gericht ist es daher nicht verwehrt, Art 33 des TRIPs unter den im nationalen Recht vorgesehenen Voraussetzungen unmittelbar anzuwenden.

Art 34 Verfahrenspatente: Beweislast
Process Patents: Burden of Proof

(1) ¹Ist Gegenstand des Patentes ein Verfahren zur Herstellung eines Erzeugnisses, so sind in zivilrechtlichen Verfahren wegen einer Verletzung der in Artikel 28 Absatz 1 Buchstabe b genannten Rechte des Inhabers die Gerichte befugt, dem Beklagten den Nachweis aufzuerlegen, daß sich das Verfahren zur Herstellung eines identischen Erzeugnisses von dem patentierten Verfahren unterscheidet. ²Daher sehen die Mitglieder, wenn zumindest einer der nachstehend aufgeführten Umstände gegeben ist, vor, daß ein identisches Erzeugnis, das ohne die Zustimmung des Patentinhabers hergestellt wurde, mangels Beweises des Gegenteils als nach dem patentierten Verfahren hergestellt gilt,
a) wenn das nach dem patentierten Verfahren hergestellte Erzeugnis neu ist;
b) wenn mit erheblicher Wahrscheinlichkeit das identische Erzeugnis nach dem Verfahren hergestellt wurde und es dem Inhaber des Patents bei Aufwendung angemessener Bemühungen nicht gelungen ist, das tatsächlich angewendete Verfahren festzustellen.

(2) Den Mitgliedern steht es frei, vorzusehen, daß die in Absatz 1 angegebene Beweislast dem angeblichen Verletzer auferlegt wird, wenn nur die unter Buchstabe a genannte Bedingung oder wenn nur die unter Buchstabe b genannte Bedingung erfüllt ist.

(3) Bei der Führung des Beweises des Gegenteils sind die berechtigten Interessen des Beklagten am Schutz seiner Herstellungs- und Geschäftsgeheimnisse zu berücksichtigen.

Abschnitt 6: Layout-Designs (Topographien) integrierter Schaltkreise

Art 35–38

...

Abschnitt 7: Schutz nicht offenbarter Informationen

Art 39

...

Abschnitt 8: Kontrolle wettbewerbswidriger Praktiken in vertraglichen Lizenzen

Art 40

...

Teil III Durchsetzung der Rechte des geistigen Eigentums
ENFORCEMENT OF INTELLECTUAL PROPERTY RIGHTS

Abschnitt 1: Allgemeine Pflichten
General Obligations

Art 41

(1) ¹Die Mitglieder stellen sicher, daß die in diesem Teil aufgeführten Durchsetzungsverfahren in ihrem Recht vorgesehen werden, um ein wirksames Vorgehen gegen jede Verletzung von unter dieses Übereinkommen fallenden Rechten des geistigen Eigentums einschließlich Eilverfahren zur Verhinderung von Verletzungshandlungen und Rechtsbehelfe zur Abschreckung von weiteren Verletzungshandlungen zu ermöglichen. ²Diese Verfahren sind so anzuwenden, daß die Errichtung von Schranken für den rechtmäßigen Handel vermieden wird und die Gewähr gegen ihren Mißbrauch gegeben ist.

(2) ¹Die Verfahren zur Durchsetzung von Rechten des geistigen Eigentums müssen fair und gerecht sein. ²Sie dürften nicht unnötig kompliziert oder kostspielig sein und keine unangemessenen Fristen oder ungerechtfertigten Verzögerungen mit sich bringen.

(3) ¹Sachentscheidungen sind vorzugsweise schriftlich abzufassen und mit Gründen zu versehen. ²Sie müssen zumindest den Verfahrensparteien ohne ungebührliche Verzögerung zur Verfügung gestellt werden. ³Sachentscheidungen dürfen sich nur auf Beweise stützen, zu denen die Parteien Gelegenheit zur Stellungnahme hatten.

(4) ¹Die Parteien eines Verfahrens erhalten Gelegenheit zur Nachprüfung von Endentscheidungen der Verwaltungsbehörden durch ein Gericht und, vorbehaltlich der Bestimmungen über die gerichtliche Zuständigkeit im innerstaatlichen Recht des Mitglieds in bezug auf die Bedeutung einer Rechtssache, zumindest auch der Rechtsfragen erstinstanzlicher Sachentscheidungen der Gerichte. ²Es besteht jedoch keine Verpflichtung, eine Gelegenheit zur Nachprüfung von Freisprüchen in Strafverfahren vorzusehen.

(5) ¹Es besteht Einvernahmen darüber, daß dieser Teil weder eine Verpflichtung begründet, ein gerichtliches System für die Durchsetzung von Rechten des geistigen Eigentums getrennt von dem für die Durchsetzung des Rechts im allgemeinen zu errichten, noch die Fähigkeit der Mitglieder berührt, ihr Recht allgemein durchzusetzen. ²Dieser Teil schafft keine Verpflichtung hinsichtlich der Aufteilung von Mitteln für Zwecke der Durchsetzung von Rechten des geistigen Eigentums und für Zwecke der Durchsetzung des Rechts im allgemeinen.

Abschnitt 2: Zivil- und Verwaltungsverfahren und Rechtsbehelfe
Civil and Administrative Procedures and Remedies

Art 42 Faire und gerechte Verfahren
Fair and Equitable Procedures

¹Die Mitglieder stellen den Rechtsinhabern zivilprozessuale Verfahren für die Durchsetzung aller unter dieses Übereinkommen fallenden Rechte des geistigen Eigentums zur Verfügung. ²Die beklagte Partei hat Anspruch auf rechtzeitige schriftliche Benachrichtigung, die genügend Einzelheiten einschließlich der Grundlage für den Anspruch enthält. ³Den Parteien ist zu gestatten, sich durch einen unabhängigen Rechtsanwalt vertreten zu lassen, und im Verfahren dürften keine übermäßig erschwerten Anforderungen hinsichtlich der Notwendigkeit des persönlichen Erscheinens gestellt werden. ⁴Alle Parteien solcher Verfahren sind berechtigt, ihre Ansprüche zu begründen und alle sachdienlichen Beweismittel vorzulegen. ⁵Das Verfahren muß Möglichkeiten vorsehen, vertrauliche Informationen festzustellen und zu schützen, sofern dies nicht bestehenden verfassungsrechtlichen Erfordernissen zuwiderlaufen würde.

Art 43 Beweise
Evidence

(1) Hat eine Partei alle vernünftigerweise verfügbaren Beweismittel zur hinreichenden Begründung ihrer Ansprüche vorgelegt und rechtserhebliche Beweismittel zur Begründung ihrer Ansprüche, die sich in der Verfügungsgewalt der gegnerischen Partei befinden, bezeichnet, so sind die Gerichte befugt anzuordnen, daß diese Beweismittel von der gegnerischen Partei vorgelegt werden, gegebenenfalls unter Bedingungen, die den Schutz vertraulicher Informationen gewährleisten.

(2) In Fällen, in denen eine Prozeßpartei aus eigenem Willen und ohne stichhaltigen Grund den Zugang zu notwendigen Informationen verweigert oder diese nicht innerhalb einer angemessenen Frist vorlegt oder ein Verfahren zur Durchsetzung eines Rechts wesentlich behindert, kann ein Mitglied die Gerichte ermächtigen, auf der Grundlage der ihnen vorgelegten Informationen, einschließlich der Klageschrift oder des Vorbringens der durch die Verweigerung des Zugangs zu den Informationen beschwerten Partei, bestätigende oder abweisende Entscheidungen vorläufiger und endgültiger Art zu treffen, sofern die Parteien die Gelegenheit hatten, zu dem Vorbringen und den Beweisen Stellung zu nehmen.

Art 44 Unterlassungsanordnungen
Injunctions

(1) ¹Die Gerichte sind befugt, gegenüber einer Partei anzuordnen, daß eine Rechtsverletzung zu unterlassen ist, unter anderem um zu verhindern, daß eingeführte Waren, die eine Verletzung des Rechts des geistigen Eigentums mit sich bringen, unmittelbar nach der Zollfreigabe in die in ihrem Zuständigkeitsbereich liegenden Vertriebswege gelangen. ²Die Mitglieder sind nicht verpflichtet, diese Befugnisse auch in bezug auf einen geschützten Gegenstand zu gewähren, der von einer Person erworben oder bestellt wurde, bevor sie wußte oder vernünftigerweise hätte wissen müssen, daß der Handel mit diesem Gegenstand die Verletzung eines Rechts des geistigen Eigentums nach sich ziehen würde.

(2) ¹Ungeachtet der anderen Bestimmungen dieses Teils und unter der Voraussetzung, daß die Bestimmungen des Teils II, in denen es speziell um die Benutzung durch Regierungen oder durch

von einer Regierung ermächtigte Dritte ohne Zustimmung des Rechtsinhabers geht eingehalten werden, können die Mitglieder die gegen eine solche Benutzung zur Verfügung stehenden Ansprüche auf die Zahlung einer Vergütung nach Artikel 31 Buchstabe h beschränken. ²In anderen Fällen finden die in diesem Teil festgelegten Rechtsbehelfe oder sind, wenn diese Rechtsbehelfe nicht im Einklang mit dem Recht eines Mitglieds stehen, Feststellungsurteile und angemessene Entschädigung vorzusehen.

Art 45 Schadensersatz
Damages

(1) Die Gerichte sind befugt anzuordnen, daß der Verletzer dem Rechtsinhaber zum Ausgleich des von diesem wegen einer Verletzung seines Rechts des geistigen Eigentums durch einen Verletzer, der wußte oder vernünftigerweise hätte wissen müssen, daß er eine Verletzungshandlung vornahm, erlittenen Schadens angemessenen Schadensersatz zu leisten hat.

(2) ¹Die Gerichte sind ferner befugt anzuordnen, daß der Verletzer dem Rechtsinhaber die Kosten zu erstatten hat, zu denen auch angemessene Anwaltshonorare gehören können. ²In geeigneten Fällen können die Mitglieder die Gerichte ermächtigen, die Herausgabe der Gewinne und/oder die Zahlung eines festgelegten Schadensersatzbetrags selbst dann anzuordnen, wenn der Verletzer nicht wußte oder nicht vernünftigerweise hätte wissen müssen, daß er eine Verletzungshandlung vornahm.

Art 46 Sonstige Rechtsbehelfe
Other Remedies

¹Um wirksam von Verletzungen abzuschrecken, sind die Gerichte befugt anzuordnen, daß über Waren, die nach ihren Feststellungen ein Recht verletzen, ohne Entschädigung irgendwelcher Art außerhalb der Vertriebswege so verfügt wird, daß dem Rechtsinhaber kein Schaden entstehen kann, oder daß sie vernichtet werden, sofern dies nicht bestehenden verfassungsrechtlichen Erfordernissen zuwiderlaufen würde. ²Die Gerichte sind ferner befugt anzuordnen, daß über Material und Werkzeuge, die vorwiegend zur Herstellung der rechtsverletzenden Waren verwendet wurden, ohne Entschädigung irgendwelcher Art außerhalb der Vertriebswege so verfügt wird, daß die Gefahr weiterer Rechtsverletzungen möglichst gering gehalten wird. ³Bei der Prüfung derartiger Anträge sind die Notwendigkeit eines angemessenen Verhältnisses zwischen der Schwere der Rechtsverletzung und den angeordneten Maßnahmen sowie die Interessen Dritter zu berücksichtigen. ⁴Bei nachgeahmten Markenwaren reicht das einfache Entfernen der rechtswidrig angebrachten Marke außer in Ausnahmefällen nicht aus, um eine Freigabe der Waren in die Vertriebswege zu gestatten.

Art 47 Recht auf Auskunft
Right of Information

Die Mitglieder können vorsehen, daß die Gerichte befugt sind anzuordnen, daß der Verletzer dem Rechtsinhaber Auskunft über die Identität Dritter, die an der Herstellung und am Vertrieb der rechtsverletzenden Waren oder Dienstleistungen beteiligt waren, und über ihre Vertriebswege erteilen muß, sofern dies nicht außer Verhältnis zur Schwere der Verletzung steht.

Art 48 Entschädigung des Beklagten
Indemnification of the Defendant

(1) ¹Die Gerichte sind befugt anzuordnen, daß eine Partei, auf deren Antrag hin Maßnahmen ergriffen wurden und die Durchsetzungsverfahren mißbräuchlich benutzt hat, einer zu Unrecht mit einem Verbot oder einer Beschränkung belegten Partei angemessene Entschädigung für den durch einen solchen Mißbrauch erlittenen Schaden zu leisten hat. ²Die Gerichte sind ferner befugt anzuordnen, daß der Antragsteller dem Antragsgegner die Kosten zu erstatten hat, zu denen auch angemessene Anwaltshonorare gehören können.

(2) In bezug auf die Anwendung von Rechtsvorschriften über den Schutz oder die Durchsetzung von Rechten des geistigen Eigentums dürfen die Mitglieder sowohl Behörden als auch Beamte von der Haftung auf angemessene Wiedergutmachung nur freistellen, wenn ihre Handlungen in gutem Glauben bei der Anwendung dieser Rechtsvorschriften vorgenommen oder unternommen werden.

Art 49 Verwaltungsverfahren
Administrative Procedures

Soweit zivilrechtliche Ansprüche als Ergebnis von Sachentscheidungen im Verwaltungsverfahren zuerkannt werden können, müssen diese Verfahren Grundsätzen entsprechen, die im wesentlichen den in diesem Abschnitt dargelegten gleichwertig sind.

Abschnitt 3: Einstweilige Maßnahmen
Provisional Measures

Art 50

(1) Die Gerichte sind befugt, schnelle und wirksame einstweilige Maßnahmen anzuordnen,
a) um die Verletzung eines Rechts des geistigen Eigentums zu verhindern, und insbesondere, um zu verhindern, daß Waren, einschließlich eingeführter Waren unmittelbar nach der Zollfreigabe, in die innerhalb ihres Zuständigkeitsbereichs liegenden Vertriebswege gelangen;
b) um einschlägige Beweise hinsichtlich der behaupteten Rechtsverletzung zu sichern.

(2) Die Gerichte sind befugt, gegebenenfalls einstweilige Maßnahmen ohne Anhörung der anderen Partei zu treffen, insbesondere dann, wenn durch eine Verzögerung dem Rechtsinhaber wahrscheinlich ein nicht wiedergutzumachender Schaden entstünde oder wenn nachweislich die Gefahr besteht, daß Beweise vernichtet werden.

(3) Die Gerichte sind befugt, dem Antragsteller aufzuerlegen, alle vernünftigerweise verfügbaren Beweise vorzulegen, um sich mit ausreichender Sicherheit davon überzeugen zu können, daß der Antragsteller der Rechtsinhaber ist und daß das Recht des Antragstellers verletzt wird oder daß eine solche Verletzung droht, und anzuordnen, daß der Antragsteller eine Kaution zu stellen oder eine entsprechende Sicherheit zu leisten hat, die ausreicht, um den Antragsgegner zu schützen und einem Mißbrauch vorzubeugen.

(4) Wenn einstweilige Maßnahmen ohne Anhörung der anderen Partei getroffen wurden, sind die betroffenen Parteien spätestens unverzüglich nach der Vollziehung der Maßnahmen davon in Kenntnis zu setzen. Auf Antrag des Antragsgegners findet eine Prüfung, die das Recht zur Stellungnahme einschließt mit dem Ziel statt, innerhalb einer angemessenen Frist nach der Mitteilung der Maßnahmen zu entscheiden, ob diese abgeändert, aufgehoben oder bestätigt werden sollen.

(5) Der Antragsteller kann aufgefordert werden, weitere Informationen vorzulegen, die für die Identifizierung der betreffenden Waren durch die Behörde, welche die einstweiligen Maßnahmen vollzieht, notwendig sind.

(6) Unbeschadet des Absatzes 4 werden aufgrund der Absätze 1 und 2 ergriffene einstweilige Maßnahmen auf Antrag des Antragsgegners aufgehoben oder auf andere Weise außer Kraft gesetzt wenn das Verfahren, das zu einer Sachentscheidung führt, nicht innerhalb einer angemessenen Frist eingeleitet wird, die entweder von dem die Maßnahmen anordnenden Gericht festgelegt wird, sofern dies nach dem Recht des Mitglieds zulässig ist, oder, wenn es nicht zu einer solchen Festlegung kommt, 20 Arbeitstage oder 31 Kalendertage, wobei der längere der beiden Zeiträume gilt, nicht überschreitet.

(7) Werden einstweilige Maßnahmen aufgehoben oder werden sie aufgrund einer Handlung oder Unterlassung des Antragstellers hinfällig oder wird im Folge festgestellt, daß keine Verletzung oder drohende Verletzung eines Rechts des geistigen Eigentums vorlag, so sind die Gerichte befugt, auf Antrag des Antragsgegners anzuordnen, daß der Antragsteller dem Antragsgegner angemessenen Ersatz für durch diese Maßnahmen entstandenen Schaden zu leisten hat.

(8) Soweit einstweilige Maßnahmen aufgrund von Verwaltungsverfahren angeordnet werden können, müssen diese Verfahren Grundsätzen entsprechen, die im wesentlichen den in diesem Abschnitt dargelegten gleichwertig sind.

Abschnitt 4: Besondere Erfordernisse bei Grenzmaßnahmen
Art 51–60

...

Abschnitt 5: Strafverfahren
Art 61

...

Teil IV Erwerb und Aufrechterhaltung von Rechten des geistigen Eigentums und damit im Zusammenhang stehende Inter-partes-Verfahren

Art 62

...

Teil V Streitvermeidung und -beilegung

Art 63 und 64

...

Teil VI Übergangsregelungen

Art 65–67

...

Teil VII Institutionelle Regelungen; Schlußbemerkungen

Art 68–73

...

Anhang 14
Patent Law Treaty

(adopted at Geneva on June 1, 2000)

Table of Contents

Article 1	Abbreviated Expressions
Article 2	General Principles
Article 3	Applications and Patents to Which the Treaty Applies
Article 4	Security Exception
Article 5	Filing Date
Article 6	Application
Article 7	Representation
Article 8	Communications; Addresses
Article 9	Notifications
Article 10	Validity of Patent; Revocation
Article 11	Relief in Respect of Time Limits
Article 12	Reinstatement of Rights After a Finding of Due Care or Unintentionality by the Office
Article 13	Correction or Addition of Priority Claim; Restoration of Priority Right
Article 14	Regulations
Article 15	Relation to the Paris Convention
Article 16	Effect of Revisions, Amendments and Modifications of the Patent Cooperation Treaty
Article 17	Assembly
Article 18	International Bureau
Article 19	Revisions
Article 20	Becoming Party to the Treaty
Article 21	Entry into Force; Effective Dates of Ratifications and Accessions
Article 22	Application of the Treaty to Existing Applications and Patents
Article 23	Reservations
Article 24	Denunciation of the Treaty
Article 25	Languages of the Treaty
Article 26	Signature of the Treaty
Article 27	Depositary; Registration

Text des PLT auf der elektronischen Ausgabe des Kommentars sowie unter: http://www.wipo.int/wipolex/en/treaties/text.jsp.
Der PLT ist am 28.4.2005 in Kraft getreten.

Anhang 15

Gesetz über die Kosten des Deutschen Patent- und Markenamts und des Bundespatentgerichts (Patentkostengesetz – PatKostG)

vom 13.12.2001 (BGBl I 3656 = BlPMZ 02, 14)

Änderungen des Patentkostengesetzes

Nr	Änderndes Gesetz	Inkrafttreten	Betroffene §§	Art der Änderung
1	Art 21 (1) des Kostenbereinigungsgesetzes v 13.12.2001 BGBl I 3656 = BlPMZ 02, 14	01.01.05	Teil A der Anlage zu § 2 (1) Gebühr Nr 313 000, 323 000, 333 050, 343 000, 353 000	Einfügung
2	Art 4 (4) des Transparenz- und Publizitätsgesetzes v 19.7.2002 BGBl I 2681 = BlPMZ 02, 297	26.07.02	§§ 3 (1), 7 (1) 2, 8 (1) Nr 1, Gebührenverzeichnis Nr 351 601 und 351 701	Änderung
3	Art 2 des Gesetzes zur Änderung des IntPatÜG v 10.12.03 BGBl I 2470 = BlPMZ 04, 46	1. Tag des 4. Monats nach Inkrafttreten des Übereinkommens v 17.10.2000	Nr 313 820	Streichung
3	Art 2 (12) des Geschmacksmusterreformgesetzes v 12.03.04 BGBl I 390 = BlPMZ 04, 207	01.06.04	§ 3 (2), § 5 (1) 2 u (2), § 7, Anlage zu § 2 (1)	Änderung
			§ 6 (3)	Anfügung
			§ 15	Einfügung
		19.03.04	§ 10 (2) 2	Streichung
4	Art 4 (47) Kostenrechtsmodernisierungsgesetz v 5.5.2004 BGBl I 718 = BlPMZ 04, 321	01.07.04	§§ 2 (2) 2, 12	Änderung
5	Art 3 des Gesetzes zur Änderung des PatG und anderer Vorschriften des gew Rechtsschutzes v 09.12.04 BGBl I 3232 = BlPMZ 05, 3	15.12.04	Vorbemerkung	Ersetzung
		01.01.05	Nr 332 100	Änderung
		01.01.05	Nr 336 200	Ersetzung
		01.01.05	Nr 336 300	Anfügung
6	Art 6 des Gesetzes zur Änderung des patentrechtlichen Einspruchsverfahrens und des Patentkostengesetzes v 21.6.2006 (BGBl I 1318 = BlPMZ 06, 225)	01.07.06	§ 3 (1), § 8 (1)	Neufassung
			§ 5 (1), Anlage zu § 2 (1)	Änderung
			§ 10 (2), § 11 (2) 1	Streichung

Anhang 15 PatKostG

Nr	Änderndes Gesetz	Inkrafttreten	Betroffene §§	Art der Änderung
7	Art 3 des Gesetzes zur Umsetzung der Akte vom 29.11.2000 zur Revision des EPÜ v 24.8.2007 (BGBl I 2166 = BlPMZ 07, 362)	13.12.07	Anlage zu § 2 (1) Nr 313 700	Änderung
8	Art 8b Nr 1 des Gesetzes zur Verbesserung der Durchsetzung von Rechten des geistigen Eigentums vom 7.7.2008 (BGBl I 1191 = BlPMZ 08, 274)	01.05.08	Anlage zu § 2 (1) Nr 313 820	Streichung
10	Art 2 des »Ersten Gesetzes zur Änderung des Geschmacksmustergesetzes« (1. GeschmMGÄndG) vom 29.7.2009 (BGBl I/ 2448)	13.02.10	Änderung in § 5 (1) Satz 2; § 6 (3); Teil A Abschnitt IV Unterabschnitt 4 der Anlage (Gebührenverzeichnis) ersetzt durch die neuen Unterabschnitte 4 und 5.	Anfügung
11	Art 4 des Gesetzes zur Vereinfachung und Modernisierung des Patentrechts (PatRModG), vom 31.7.2009 (BGBl 2013 I S 2521 = BlPMZ 09, 301)	01.10.09	§ 3 (1) 2 Nr 5 Anlage zu § 2 (1): Nr 312 260–312 262 Nr 315 100–315 200 Teil A Abschnitt I Unterabschnitt 1 Nrn 311 100–311 550 Teil B Abschnitt II Unterabschnitt 1 u 3 (Überschriften)	Anfügung
12	Art 5 des Gesetzes zur Modernisierung des Geschmacksmustergesetzes sowie zur Änderung der Regelungen über die Bekanntmachungen zum Ausstellungs-Schutz (DesignG) vom 10.10.2013 (BGBl 2013 I S 3799 = BlPMZ 13, 382)	01.01.14		Anfügung

PatKostG — Anhang 15

Nr	Änderndes Gesetz	Inkrafttreten	Betroffene §§	Art der Änderung
13	Art 4 des Gesetzes zur Novellierung patentrechtlicher Vorschriften und anderer Gesetze des gewerblichen Rechtsschutzes (PatNovG), vom 19.10.2013 (BGBl 2013 I S 3830 = BlPMZ 13, 362)	*Art 4 Nr 3 am 25.10.13; Art 4 Nr 1 und 2 am 01.04.14*	1. Abschnitt I Unterabschnitt 1, Abschnitt II Unterabschnitt 1, Abschnitt IV Unterabschnitt 1 (Vorbemerkung); neue Gebührenziffern 311 150 und 311 160 nach Gebührenziffer 311 100; In Gebührenziffer 311 200 wird der Gebührenbetrag »250« durch »300« ersetzt.	*Neufassung*
14	Art 210 der 10. Zuständigkeitsanpassungsverordnung vom 31.08.15 (BGBl I S 1474)	01.09.15	§ 1 (2)	Wortänderung
15	Art 13 des Gesetzes zur Änderung des Designgesetzes und weiterer Vorschriften des gewerblichen Rechtsschutzes (DesignÄndG) vom 4. April 2016 (BGBl I Nr. 15, 558 = BlPMZ 16, 161)	01.07.16	§ 3 Abs (2) S 2 In § 5 Abs (1) die Wörter »und des Vorschusses für die Bekanntmachungskosten« gestrichen; Teil A der Anlage (Gebührenverzeichnis): Abschnitt III Nummer 6, Abschnitt IV Überschrift von Nummer 3 sowie die Nummer 5.	*Neufassung*
16	Art 3 des Gesetzes zur Umsetzung der Richtlinie (EU) 2015/2436 des Europäischen Parlaments und des Rates vom 16. Dezember 2015 zur Angleichung der Rechtsvorschriften der Mitgliedstaaten über die Marken (Markenrechtsmodernisierungsgesetz – MaMoG) vom 11.12.18 (BGBl I 2357)	14.01.19	§ 2 Abs (2) § 5 § 7 § 13 Teil A und B der Anlage (Gebührenverzeichnis).	*Neufassung*

Anhang 15　　　　　　　　　　　　　　　　　　　　　　　　PatKostG

Nr	Änderndes Gesetz	Inkrafttreten	Betroffene §§	Art der Änderung
17	Art 8 des Zweiten Gesetzes zur Vereinfachung und Modernisierung des Patentrechts (2. PatRModG)	18.08.21 01.05.22	§ 3 (2) § 5 (2) Anlage A Anlage B, Vormerkung (1)	*Neufassung* *Neufassung* *Erhöhung der Gebühren für Schutzzertifikate* *Neufassung*
18	Art 2 des Gesetzes über weitere Aufgaben des Deutschen Patent- und Markenamts und zur Änderung des Patentkostengesetzes	01.01.22 01.07.22	§ 5 (1) Satz 3 Anlage (Gebührenverzeichnis).	*Neufassung* *Erhöhung der Gebühren für Patente*

Jürgen Schell

Übersicht

Geltungsbereich 1
Europäisches Patentrecht 2
Literatur 3
Übersicht PatKostG
§ 1　Geltungsbereich, Verordnungsermächtigungen
§ 2　Höhe der Gebühren
§ 3　Fälligkeit der Gebühren
§ 4　Kostenschuldner
§ 5　Vorauszahlung, Vorschuss
§ 6　Zahlungsfristen, Folgen der Nichtzahlung
§ 7　Zahlungsfristen für Jahres-, Aufrechterhaltungs- und Schutzrechtsverlängerungsgebühren, Verspätungszuschlag
§ 8　Kostenansatz
§ 9　Unrichtige Sachbehandlung
§ 10　Rückzahlung von Kosten, Wegfall der Gebühr
§ 11　Erinnerung, Beschwerde
§ 12　Verjährung, Verzinsung
§ 13　Anwendung der bisherigen Gebührensätze
§ 14　Übergangsvorschrift aus Anlass des Inkrafttretens dieses Gesetzes
§ 15　Übergangsvorschriften aus Anlass des Inkrafttretens des Geschmacksmusterreformgesetzes
Anlage zu § 2 Abs 1 (Gebührenverzeichnis)

Geltungsbereich des PatKostG: Das PatKostG ist gemäß Art 1 iVm Art 30 (1) Kostenbereinigungsgesetz (BGBl 2001 I 3656 = BlPMZ 2002, 14) am 1.1.2002 in Kraft getreten. Die weiteren Änderungen des PatKostG in Art 21 Kostenbereinigungsgesetz sind gemäß Art 30 (3) am 1.1.2005 in Kraft getreten. Es ersetzt **a)** die früheren Kostenregelungen im Patentgesetz, die über die Kosten *dem Grunde nach bestimmten;* **b)** das Patentgebührengesetz (PatGebG), das über die Höhe der Kosten bestimmte.
Berücksichtigte Änderungen des PatKostG: a) Transparenz- und Publizitätsgesetz (BGBl 2002 I 2681 = Bl 02, 297), **b)** Geschmacksmusterreformgesetz (BGBl 2004 I 390 = BlPMZ 04, 207), **c)** Kostenrechtsmodernisierungsgesetz (BGBl 2004 I 718 = BlPMZ 04, 321), **d)** Gesetz zur Änderung des PatG (BGBl 2004 I 3232 = BlPMZ 05, 3), **e)** Gesetz zur Änderung des Einspruchsverfahrens (BGBl 2006 I 1318 = BlPMZ 06, 225), **f)** Gesetz zur Umsetzung der Akte vom 29.11.2000 zur Revision des EPÜ (BGBl I 2166 = BlPMZ 07, 362); **g)** Gesetz zur Verbesserung der Durchsetzung von Rechten des geistigen Eigentums vom 07.07.08 (BGBl 2008 I, 1191 = BlPMZ 08, 274); **h)** Gesetz zur Vereinfachung und Modernisierung des Patentrechts (PatRModG) vom 31. Juli 2009 (BGBl I/

1

2009, 2521, 2525 f = BlPMZ 09, 301); i) Gesetz zur Modernisierung des Geschmacksmustergesetzes sowie zur Änderung der Regelungen über die Bekanntmachungen zum Ausstellungs-Schutz (DesignG) vom 10.10.2013 (BGBl 2013 I S 3799 = BlPMZ 13, 382); j) Gesetz zur Novellierung patentrechtlicher Vorschriften und anderer Gesetze des gewerblichen Rechtsschutzes (PatNovG), vom 19.10.2013 (BGBl 2013 I S 3830 = BlPMZ 13, 362); k) 10. Zuständigkeitsanpassungsverordnung vom 31.08.15 (BGBl I S 1474); l) Gesetz zur Änderung des Designgesetzes und weiterer Vorschriften des gewerblichen Rechtsschutzes (DesignÄndG) vom 4. April 2016 (BGBl I 3830 = BlPMZ 16, 161); Art 3 des Gesetzes zur Umsetzung der Richtlinie (EU) 2015/2436 des Europäischen Parlaments und des Rates vom 16. Dezember 2015 zur Angleichung der Rechtsvorschriften der Mitgliedstaaten über die Marken (Markenrechtsmodernisierungsgesetz – MaMoG) vom 11.12.18 (BGBl I 2357); Zweites Gesetz zur Vereinfachung und Modernisierung des Patentrechts (2. PatRModG) **PCT-Gebühren:** PatKostG gilt auch für sie.[1]

2   **Europäisches Patentrecht:** Vorschriften über Kosten vor dem EPA enthalten: a) das **EPÜ**[2] (zB Art 78 (2): Anmelde- und Recherchegebühr, Art 108 S 2: Beschwerdegebühr); b) die **Ausführungsordnung (AO)**[3] (zB Regel 22 (2) und Regel 23 (2) 2: Verwaltungsgebühr für Eintragung von Übertragungen oder Lizenzen; Regel 45: Anspruchsgebühr; Regel 88: Kosten im Einspruchsverfahren; Regel 103: Rückzahlung der Beschwerdegebühr; Regel 122: Kosten der Beweisaufnahme; c) die **Gebührenordnung (GebO)**[4] (zB Art 3: Gebühren und Auslagen für Amtshandlungen des Amtes, Verkaufspreise für Veröffentlichungen und Gebühren und Auslagen nach dem PCT). Die GebO regelt die Höhe und Art der Zahlung, Fälligkeit, Rückerstattung, Gebührenermäßigung. Ab 1.4.2008 sind Gebühren an das EPA durch Einzahlung oder Überweisung auf ein Bankkonto, welches das EPA in einem Vertragsstaat unterhält oder über ein laufendes Konto beim EPA zu entrichten. Zahlung per Scheck ist ab 1.4.2008 nicht mehr möglich;[5] d) **Vorschriften über das laufende Konto (VLK)**[6]: Gebühren, Auslagen und Verkaufspreise können durch Abbuchungsaufträge für einzelne Gebühren, durch einen automatischen Abbuchungsauftrag, durch Online-Gebührenzahlung oder durch Abbuchung per Diskette entrichtet werden.

3   **Lit:** Eicken/Hellstab/Lappe Die Kostenfestsetzung 22. Aufl 2015; Hartmann Kostengesetze 46. Aufl 2016; Meyer GKG/FamGKG, 15.Aufl 2015; Schneider/Volpert/Fölsch, Gesamtes Kostenrecht, 2014; **Lit in Mitt:** Ballhaus 62, 1; Bendler 62, 98; Schulte 70, 141; Zeller 71, 44; Herden 94, 299; Fuchs-Wissemann 03, 489; Hövelmann 07, 540; Rojahn/Lunze Mitt 11, 533; **Lit in GRUR:** Schickedanz 81, 313; Stuhr 82, 85; Deichfuß 15, 1140; **Lit in GRUR Int:** Beier 95, 113; **Lit in AöR:** Klöpfer 97 (1972), 232; **Lit in MDR:** App 96, 769.

4   **Kostenmerkblatt** über Gebühren und Auslagen des DPMA und des BPatG[7]

§ 1 Geltungsbereich, Verordnungsermächtigungen

(1) ¹Die Gebühren des Deutschen Patent- und Markenamts und des Bundespatentgerichts werden, soweit gesetzlich nichts anderes bestimmt ist, nach diesem

---

1 BPatG BlPMZ 05, 80 *PCT-Gebühren*.
2 »EPÜ« herausgegeben vom EPA und Tabu Gewerbl. Rechtsschutz Nr 800, jeweils mit allen Änderungen.
3 »EPÜ« herausgegeben vom EPA und Tabu Gewerbl. Rechtsschutz Nr 810, jeweils mit allen Änderungen.
4 »EPÜ« herausgegeben vom EPA; und Tabu Gewerbl. Rechtsschutz Nr 840, jeweils mit allen Änderungen. GebO idF vom 13.12.2007 abgedruckt in Beilage zum ABl 2007 Heft 11.
5 MittEPA ABl 2007, 626.
6 Beilage zum ABl 10/2007.
7 Stand: 1. Juli 2016, unter: https://www.dpma.de/service/formulare_merkblaetter/formulare/index.html.

Gesetz erhoben. ²Für Auslagen in Verfahren vor dem Bundespatentgericht ist das Gerichtskostengesetz anzuwenden.

(2) Das Bundesministerium der Justiz und für Verbraucherschutz wird ermächtigt, durch Rechtsverordnung, die nicht der Zustimmung des Bundesrates bedarf, zu bestimmen,
1. dass in Verfahren vor dem Deutschen Patent- und Markenamt neben den nach diesem Gesetz erhobenen Gebühren auch Auslagen sowie Verwaltungskosten (Gebühren und Auslagen für Bescheinigungen, Beglaubigungen, Akteneinsicht und Auskünfte und sonstige Amtshandlungen) erhoben werden und
2. welche Zahlungswege für die an das Deutsche Patent- und Markenamt und das Bundespatentgericht zu zahlenden Kosten (Gebühren und Auslagen) gelten und Bestimmungen über den Zahlungstag zu treffen.

Jürgen Schell

Übersicht

1	Geltungsbereich des PatKostG	1
1.1	PCT-Gebühren	3
1.2	Inlandsvertreter	4
2	Weitere Kostenvorschriften	5
2.1	Neben dem PatKostG	5
2.2	Verwaltungskostengesetz	6
2.3	Kostenverfügung (KostVfg)	7
2.4	Justizverwaltungskostenordnung (JVKostO)	8
3	Rechtsnatur der Kosten	9
3.1	Gebühren	10
3.2	Auslagen	14
3.3	Fiskalische Tätigkeit	15
3.4	Beitreibung	17
3.4.1	Zuständigkeit	21
3.4.2	Vollstreckungsuntergrenze	22
3.4.3	EPA	23
3.5	Wiedereinzahlung von Kosten	24
3.6	Bundeshaushaltsordnung	26
4	Verordnungsermächtigungen	27

1 Geltungsbereich des PatKostG:

Das PatKostG bestimmt abschließend die Erhebung von Kosten beim DPMA und BPatG dem Grunde (früher im PatG) und der Höhe nach (früher im PatGebG). Abweichende Regelungen sind nur gesetzlich möglich. Ausnahmen gelten für: **a)** Auslagen des BPatG, da diese nach dem GKG erhoben werden[1] (§ 1 (1) 2 PatKostG); **b)** Auslagen und Verwaltungskosten des DPMA, die gemäß § 1 (2) Nr 1 PatKostG nach der DPMAVwKostV erhoben werden[2] (siehe Anhang 16); **c)** Kosten der Ausstellung

1

---

1 Vgl Schramm in Benkard, PatG, 11. Aufl 2015, § 1 PatKostG, Rn 3.
2 BPatGE 49, 214 = BlPMZ 06, 374 (IIIc aa); vgl Schramm in Benkard, PatG, 11. Aufl 2015, Vor § 1 PatKostG, Rn 9, sowie 19 ff.

der Apostille gemäß Verordnung vom 09.12.1997;³ **d)** Kosten in Justizverwaltungsangelegenheiten, die das BPatG nach der Justizverwaltungskostenordnung (JVKostO)⁴ erhebt.

2 Die Verweisung auf das GKG in (1) Satz 2 für Auslagen in Verfahren vor dem BPatG betrifft im Wesentlichen die Vorschriften zu Art und Höhe der Auslagen nach den Tatbeständen des GKG und nicht das Verfahren und die sonstigen Regelungen, soweit das PatKostG hierzu – wie etwa bzgl der Erinnerung – eigene, lückenlose Regelungen enthält.⁵

1.1 PCT-Gebühren:

3 PatKostG gilt auch für sie.⁶

1.2 Inlandsvertreter

4 Ein Inlandsvertreter ist gem § 25 PatG ist für die Zahlung von Kosten (Gebühren und Auslagen) an das DPMA und das BPatG nicht erforderlich, da diese nicht in »einem in diesem Gesetz (= PatG) geregelten Verfahren«, sondern nach dem PatKostG (§ 1 (1)) oder nach der DPMAVwKostV (§ 1) entrichtet werden.⁷

2 Weitere Kostenvorschriften:

2.1 Neben dem PatKostG:

5 **a)** Verordnung über Verwaltungskosten beim DPMA (**DPMAVwKostV**),⁸ siehe Anhang 16; **b)** Patentkostenzahlungsverordnung (**PatKostZV**), siehe Anhang 17; **c)** Justizbeitreibungsordnung (**JBeitrO**),⁹ nach der Ansprüche des BPatG und des DPMA (§ 1 (5) JBeitrO) beigetrieben werden; **d)** Einforderungs- und Beitreibungsanordnung (**EBAO**) regelt die Beitreibung von Geldstrafen, Geldbußen, Ordnungs- und Zwangsgeldern; **e)** Bundeshaushaltsordnung (**BHO**), siehe Rdn 26; **f)** Verordnung über die Ausstellung der **Apostille**.¹⁰ Die Apostille für die vom BPatG oder DPMA aufgenommenen Urkunden stellt Präsident/in des DPMA aus. Gebühr beträgt 13 € sowie Kosten gemäß DPMAVwKostV.

---

3 BGBl I 2872 = BlPMZ **98**, 16 = Tabu Gewerbl. Rechtsschutz Nr 692. Gebühr beträgt 13 € (Art 7 (16) des Gesetzes v 27.06.00 (BGBl I 897)).
4 Tabu Gewerbl. Rechtsschutz Nr 362. JVKostO v 14.02.40 RGBl I 357, zuletzt geändert durch G v 21.06.02 BGBl I 2144.
5 BPatG Beschl. v. 23.7.2019 – 7 W (pat) 4/17, Rn 9, mwN = BeckRS 2019, 31789.Formularbeginn.

Formularende.

6 BPatG BlPMZ **05**, 80 *PCT-Gebühren*.
7 BPatG BlPMZ **07**, 421 *Inlandsvertreter für Jahresgebühren* = Mitt **07**, 524 (Ls) = BeckRS 2007, 12 230.
8 Vgl *Schramm* in Benkard, PatG, 11. Aufl 2015, Vor § 1 PatKostG, Rn 19–47.
9 Tabu Gewerbl. Rechtsschutz Nr 363 = Hartmann Kostengesetze IX A. – Lit: App MDR 96, 769.
10 BGBl 1997 I 2872 = BlPMZ **98**, 16 = Tabu Gewerbl. Rechtsschutz Nr 692.

2.2 Verwaltungskostengesetz

(VwKostG)[11] gilt für die Kosten öffentlich-rechtlicher Verwaltungstätigkeit gemäß § 1 (3) Nr 2 und 3 VwKostG, aber nicht für die Kosten vor dem BPatG und DPMA. **6**

2.3 Kostenverfügung (KostVfg)[12]

ist eine Ausführungs- bzw Verwaltungsvorschrift zur Ausführung von Kostengesetzen des Bundes und der Länder. Sie gilt generell für die Erhebung von Kosten nach dem GKG, der KostO und dem PatKostG. Sie regelt ua die Aufgaben des Kostenbeamten, den Kostenansatz (§§ 4–7, 13–14), die Kostenrechnung (§ 27), die Kostennachricht (§§ 31–32). Als Anleitung für den Kostenbeamten bindet sie nur diesen und die Justizverwaltung, nicht aber die Gerichte (BPatG).[13] Sie ist aber eine wichtige Auslegungshilfe. **7**

2.4 Justizverwaltungskostenordnung (JVKostO)[14]

gilt insbesondere für Kosten in Justizverwaltungsangelegenheiten, so zB für Schreibauslagen für anonymisierte Beschlussabschriften des BPatG (s § 99 Rdn 23). **8**

3 Rechtsnatur der Kosten:

Kosten im Sinne des PatKostG sind Gebühren, Auslagen und Verwaltungskosten, die beim DPMA oder BPatG anfallen können. Sie sind öffentliche Abgaben, die in Erfüllung einer Verbindlichkeit entrichtet werden. Zur Beitreibung siehe Rdn 17. **9**

3.1 Gebühren

sind pauschale öffentliche Abgaben, die dem Gebührenschuldner für eine Inanspruchnahme des DPMA oder des BPatG durch eine gesetzliche Vorschrift auferlegt werden. Ist eine Gebühr nicht vorgesehen, ist die Tätigkeit gebührenfrei. **10**

Gebühren sind grundsätzlich dazu bestimmt, den Aufwand der Behörde zu decken, der dem jeweiligen Schuldner individuell zurechenbar ist.[15] Ihre Höhe kann daher nicht willkürlich festgesetzt werden. Sie müssen einen sachgerechten Bezug zur hoheitlichen Handlung aufweisen, sind aber grundsätzlich unabhängig vom konkreten Arbeitsaufwand im Einzelfall (Pauschgebühren).[16] **11**

Als öffentliche Abgaben sind Gebühren kein Entgelt für eine Gegenleistung.[17] Daher können mit einer Gebühr, insbesondere deren Höhe, außer der Kostendeckung auch andere, sinnvolle Zwecke verfolgt werden, wie eine beabsichtigte Verfahrensvereinfachung[18] oder eine Lenkungsfunktion, wie zB den Patentinhaber anzuhalten, die Auf- **12**

---

11 Tabu Gewerbl. Rechtsschutz Nr 347 = BlPMZ 70, 207.
12 Abgedruckt bei Hartmann Kostengesetze und im Internet unter: http://www.datenbanken.justiz.nrw.de/pls/jmi/jvv_proc_bestand?v_bes_id=1096.
13 Vgl BGH v 19.10.15 – X ZR 54/11 = BeckRS 2016, 00 484; OLG Karlsruhe v vom 27.01.88 – 14 W 864/87 = BeckRS 1988, 02 522.
14 Tabu Gewerbl. Rechtsschutz Nr 362 = BGBl III 363–1.
15 BVerfGE 93, 319, 345; BGH BlPMZ 00, 113 (III2c) *Beschleunigungsgebühr*.
16 BPatGE 5, 24; 37, 187, 190; 45, 153, 157.
17 BPatGE 5, 24; 45, 153, 157.
18 BPatGE 45, 153, 157 *Trennanmeldungs-Recherchegebühr*.

rechterhaltung seines Patents auf Grund jährlich steigender Jahresgebühren stets erneut zu prüfen.[19]

13 Aus dem Sinn einer Gebühr folgt, dass der Gesetzgeber für die Erhebung der Gebühr und die Bemessung ihrer Höhe einen *weiten Ermessensspielraum* hat. Dieser ist überschritten, wenn die Gebühr oder deren Höhe in einem auffälligen Missverhältnis zum erstrebten Gebührentatbestand steht[20] oder der Gleichheitssatz verletzt ist, weil zB Gleiches willkürlich ungleich behandelt wird.[21]

3.2 Auslagen

14 sind geldwerte Aufwendungen des DPMA und des BPatG, die ihnen bei der Erfüllung ihrer Aufgaben entstehen. Sie dienen, auch wenn sie pauschaliert sind, dem Ersatz tatsächlicher Aufwendungen. Sie sind grundsätzlich mit der Gebühr abgegolten, für die sie aufgewendet worden sind (vgl § 2 (2) 1 DPMAVwKostV). Neben einer Gebühr werden sie nur erhoben, wenn das gesetzlich vorgesehen ist.[22]

BPatG: Für Verfahren vor dem BPatG (zB Beschwerde, Einspruch nach § 147 (3) PatG) gilt für Auslagen das GKG, wie schon gemäß § 98 PatG aF Daher sind nach Nr 9002 GKG Auslagen für Zustellungen mit ZU oder für Einschreiben gegen Rückschein (nicht für andere Zustellungsarten) neben der Gebühr für Einspruch oder Beschwerde zu zahlen.[23]

3.3 Fiskalische Tätigkeit

15 (Gegensatz: hoheitliche Tätigkeit) fällt nicht unter das PatKostG. Wird die Behörde privatrechtlich tätig, zB durch Abschluss eines Kauf- oder Mietvertrags, so ist sie wie jeder andere Bürger nach den Vorschriften des Privatrechts zu behandeln. In diesem Bereich kann die Behörde unabhängig von kostenrechtlichen Vorschriften des PatKostG Preise festsetzen, zB für Patentschriften (OS und PS) und Zeitschriften (Patentblatt und BlfPMZ)[24] oder für die Inanspruchnahme der Lichtbildstelle des DPMA sowie die Einsichtnahme in Druckschriften und andere Unterlagen.[25]

16 Soweit das DPMA mit einer fiskalischen Tätigkeit ihm übertragene gesetzliche Aufgaben wahrnimmt – wie zB die Herausgabe von OS, PS und Patentblatt – müssen sich die Kosten am Kostendeckungsprinzip ausrichten. Im Übrigen unterliegt das DPMA

---

19 Zur »lenkenden Gebühr« vgl Klöpfer AöR **97**, 232.
20 BVerfGE **50**, 217, 226; **93**, 319, 346.
21 BPatGE **45**, 153, 158 *Trennanmeldungs-Recherchegebühr* mwN.
22 BGH Mitt 03, 336 L = AnwBl 03, 241: Fotokopiekosten sind grundsätzlich nicht erstattungsfähig, weil sie mit der Prozessgebühr abgegolten sind, es sei denn, die Ausnahmen der §§ 27 (1) Nr 2, 6 (2) BRAGO liegen vor (= Mehraufwand zur Unterrichtung einer ungewöhnlich hohen Anzahl von Beteiligten). Nach Teil 7 RVG Vorbemerkung 7 werden mit den Gebühren auch die allgemeinen Geschäftskosten entgolten. Zur Pauschale für die Herstellung und Überlassung von Dokumenten siehe Nr 7000 RVG.
23 BPatGE **8**, 221; 8, 240; 47, 207 *Kostenansatz.*
24 Ballhaus Mitt **62**, 1, 3; Schulte Mitt **70**, 141, 142. Die Bezugspreise für Patentdokumente und sonstige *Dienstleistungen* enthalten die aktuellen Bezugsbedingungen des Publikationsservice des Technischen Informationszentrums Berlin (A 9103), siehe unter: http://www.dpma.de/formulare/a9103.doc.
25 Formular 9100 unter: www.dpma.de/formulare/a9100.dot.

Anhang 15 § 1 Patentkostengesetz PatKostG

bei seiner fiskalischen Tätigkeit den allgemein rechtlichen Anforderungen, die jeder Bürger für die Gültigkeit seines Handelns zu beachten hat.

3.4 Beitreibung:

Gebühren, die für einen gesetzlich vorgesehenen Gebührentatbestand (zB Antrag, Beschwerde, Klage, Jahresgebühr) gezahlt werden, werden in Erfüllung einer Verbindlichkeit entrichtet und können daher nicht zurückgefordert werden[26] (vgl dazu § 10). 17

Eine Beitreibung der Gebühren des PatKostG scheidet jedoch aus, wenn das Gesetz an die Zahlung oder Nichtzahlung den Eintritt einer bestimmten Rechtsfolge knüpft (zB ein Antrag wird wirksam oder gilt als zurückgenommen) und damit dem Gebührenschuldner ein **Wahlrecht** gibt, ob er den Eintritt dieser Rechtsfolge (zB Wirksamkeit eines Antrags) will oder nicht.[27] Zahlt er, tritt die Rechtsfolge ein, zahlt er nicht, gilt nach der gesetzlichen Fiktion des § 6 (2) PatKostG eine Anmeldung oder ein Antrag als zurückgenommen. Eine Beitreibung wäre daher eine unzulässige Ausübung des Wahlrechts des Gebührenschuldners durch die Behörde. 18

Beitreibbar sind: a) **Gebühren des PatKostG**, wenn die Rechtsfolge, die mit der Entrichtung der Gebühr verbunden ist (zB Wirksamkeit eines Antrags), durch ein Surrogat der Zahlung eingetreten ist (zB durch Gewährung von Verfahrenskostenhilfe (VKH)) und dieses Surrogat entfällt (zB durch Aufhebung der VKH gemäß § 137), denn in diesem Fall hat der Gebührenschuldner sein Wahlrecht ausgeübt;[28] b) **Gebühren der DPMAVwKostV**,[29] denn für sie gibt es keine dem § 6 (2) PatKostG vergleichbare Regelung. Eine Rücknahme eines Antrags kann nach § 7 (2) DPMAVwKostV nur zur einer Ermäßigung auf ¼ der Gebühr führen; c) angefallene **Auslagen**. 19

Nicht beitreibbar sind: a) Ansprüche des DPMA und des BPatG aus fiskalischer Tätigkeit (s Rdn 15); b) Ansprüche aus ungerechtfertigter Bereicherung und öffentlich-rechtliche Erstattungsansprüche, zB wegen versehentlicher Rückzahlung von Gebühren oder Auslagen.[30] 20

3.4.1 Zuständigkeit:

Ansprüche der Justizbehörden des Bundes werden nach der Justizbeitreibungsordnung (JBeitrO)[31] eingezogen. Diese gilt nach § 1 (5) JBeitrO auch für die Gebühren und Auslagen des DPMA. Vollstreckungsbehörde für Ansprüche, die beim BGH, BPatG und DPMA entstehen, ist nach § 2 (2) das Bundesamt für Justiz (BfJ) mit seinem Sitz in Bonn. 21

---

26 BGH GRUR 71, 563 *Dipolantenne*; BPatGE 1, 126, 131; 11, 55, 56; 11, 222, 224; BGH GRUR 08, 549 *Schwingungsdämpfung*.
27 BPatGE 16, 110, 112; 20, 89, 90.
28 BPatGE 16, 110; 36, 266; abw 20, 89, 91.
29 Vgl Schramm in Benkard, PatG, 11. Aufl 2015, Vor § 1 PatKostG, Rn 19 ff.
30 BPatGE 30, 211 = BlPMZ 89, 390 = GRUR 89, 748 unter Aufgabe von BPatGE 22, 48.
31 www.gesetze-im-internet.de/jbeitro/index.html = Tabu Gewerbl. Rechtsschutz Nr 363.

3.4.2 Vollstreckungsuntergrenze

22 liegt bei 25 €.[32] Die Gebühren des PatKostG liegen nicht darunter.

3.4.3 EPA:

23 Zum Erlöschen der Ansprüche auf Zahlung von Gebühren nach Art 126 EPÜ siehe bei § 12 PatKostG.

3.5 Wiedereinzahlung von Kosten:

24 Ist eine fällige Gebühr entrichtet und wird sie fälschlich erstattet, so lebt dadurch die Gebührenschuld, die durch die Zahlung getilgt war, nicht wieder auf.[33] Es entsteht vielmehr ein Anspruch des Fiskus auf Wiedereinzahlung,[34] der entweder als ein Anspruch aus § 812 BGB[35] oder als öffentlich-rechtlicher Erstattungsanspruch[36] anzusehen ist. Dieser kann nicht nach der Justizbeitreibungsordnung beigetrieben werden,[37] da es sich weder um eine Gebühr oder Auslage des DPMA noch um einen Anspruch gemäß § 1 (1) JBeitrO handelt. Ansprüche auf Erstattung zu viel gezahlter Beträge sind nur nach § 1 (1) Nr 8 u 9 beitreibungsfähig, die wegen ihres Ausnahmecharakters auf den Fall fälschlich zurückgezahlter Kosten nicht entsprechend anwendbar sind.[38]

25 Für einen Beschluss über Wiedereinzahlung ist die Prüfungsstelle nach § 27 (1) Nr 1 unzuständig (str).[39] Ein solcher Beschluss ginge auch ins Leere, da er lediglich eine in Beschlussform gekleidete Ansicht der Prüfungsstelle, nicht aber einen vollstreckbaren Titel darstellen würde. Beschlüsse des DPMA sind nur im Fall des § 62 (2) PatG vollstreckbar. Der Wiedereinzahlungsanspruch kann daher nur durch den/die Präsident/in des DPMA gerichtlich geltend gemacht werden.[40] Das ist auch sachgerecht, weil dadurch der Prüfer von für ihn sachfremden Aufgaben entlastet wird und damit sichergestellt ist, dass zur Entscheidung über Wiedereinzahlungsansprüche aller Behörden immer dasselbe unabhängige Gericht und nicht die rückfordernde Behörde selbst berufen ist.

3.6 Bundeshaushaltsordnung[41]:

26 Nach § 59 BHO kann das BMJ Ansprüche **a) stunden**, wenn die sofortige Einziehung eine erhebliche Härte wäre; **b) niederschlagen**, wenn feststeht, dass die Einziehung keinen Erfolg haben wird, oder wenn die Kosten der Einziehung außer Verhältnis zur

---

32 Eine bundeseinheitliche Regelung der Behandlung von Kleinbeträgen gibt es zZ nicht. Jedoch verweist die Amtl Begr zum PatKostG Bl 02, 36, 43 zu § 10 darauf, dass die Vollstreckungsuntergrenze bei 25 € liege.
33 BPatGE **13**, 60, 63.
34 BPatG Beschl. v. 12.4.2017 – 7 W (pat) 28/15 *Nichtzahlung von Gebühren für Teilanmeldung mit zusätzlichen Ansprüchen* = Mitt **17**, 346.
35 BPatGE **13**, 163, 166.
36 OLG Hamm Rechtspfleger **73**, 36 mwN; BFH NJW **74**, 1784.
37 BPatGE **30**, 211 = BlPMZ **89**, 390 unter Aufgabe von BPatGE **22**, 48.
38 BPatGE **30**, 211 = BlPMZ **89**, 390 unter Aufgabe von BPatGE **22**, 48.
39 Wie hier BPatGE **13**, 163, 166; vgl auch BPatGE **15**, 117 für den Erlass der Nachricht gemäß § 17 (3) 3 PatG aF; BPatGE **30**, 211 unter Aufgabe von BPatGE **22**, 48.
40 BPatGE **30**, 211 unter Aufgabe von BPatGE **22**, 48.
41 V. 19.08.69 (BGBl I 1969 S 1284) idF v 22.12.97 (BGBl I 1997 S. 3251).

Höhe des Anspruchs stehen; c) **erlassen**, wenn die Einziehung eine besondere Härte bedeuten würde.
Diese Befugnisse sind auf die Präsident/in des BPatG und des DPMA übertragen.

4 Verordnungsermächtigungen:

§ 1 (2) PatKostG enthält die Ermächtigung zum Erlass der a) Verordnung über Kosten beim DPMA (**DPMAVwKostV**),[42] siehe Anhang 16; b) Patentkostenzahlungsverordnung (**PatKostZV**), siehe Anhang 17.

27

§ 2 Höhe der Gebühren

(1) Gebühren werden nach dem Gebührenverzeichnis der Anlage zu diesem Gesetz erhoben.
(2) [1]Für Klagen und einstweilige Verfügungen vor dem Bundespatentgericht richten sich die Gebühren nach dem Streitwert. [2]Die Höhe der Gebühr bestimmt sich nach § 34 des Gerichtskostengesetzes. [3]Der Mindestbetrag einer Gebühr beträgt 121 Euro. [4]Für die Festsetzung des Streitwerts gelten die Vorschriften des Gerichtskostengesetzes entsprechend. [5]Die Regelungen über die Streitwertherabsetzung (§ 144 des Patentgesetzes und § 26 des Gebrauchsmustergesetzes) sind entsprechend anzuwenden.

Jürgen Schell

Übersicht

1		Gegenstandswertfestsetzung	1
2		Gebührenverzeichnis	2
3		Beschwerdegebühr	8
3.1		Gebührenpflicht	8
3.2		Gebührenfreiheit	9
3.3		Gebühr von 500 €	10
3.4		Gebühr von 200 €	11
3.5		Gebühr von 50 €	12
3.6		Verfahrenskostenhilfe	13
3.7		Mehrere Beschwerdeführer	14
3.8		Mehrere Beschlüsse	16
3.9		Fälligkeit	17
3.10		Zahlung	18
3.11		Zahlungsfrist	21
3.12		Fiktion der Nichterhebung	24
3.13		Rückzahlung der Beschwerdegebühr	30
4		Klagen und einstweilige Verfügungen vor dem BPatG	31
4.1		Klagegebühr	31
4.2		Streitwertfestsetzung	35
4.3		Angabe des Wertes	36
4.4		Vorläufige Streitwertfestsetzung	37
4.5		Endgültige Streitwertfestsetzung	38

---

42 Vgl Schramm in Benkard, PatG, 11. Aufl **2015**, Vor § 1 PatKostG, Rn 19 ff.

4.6	Änderung der Festsetzung	40
4.7	Höhe des Streitwerts	43
4.7.1	Gemeiner Wert	44
4.7.2	Schadensersatzforderungen	48
4.8	Maßgebender Zeitpunkt	50
4.9	Nebenintervention	51
4.10	Klageverbindung	52
4.11	Streitwertherabsetzung	53
4.12	Höhe der Gebühren	54

1 Gegenstandswertfestsetzung

1 ist in Verfahren vor dem DPMA und dem BPatG grundsätzlich nicht erforderlich, weil die gesamten Kosten des behördlichen Verfahrens durch die gesetzlichen Gebühren nach dem PatKostG abgegolten sind (Ausnahme: die Gebühren für Nichtigkeits- und Zwangslizenzklagen sowie einstweilige Verfügungen in Zwangslizenzsachen vor dem BPatG, vgl Rdn 26). Ist an einem Verfahren aber ein Rechtsanwalt oder Patentanwalt beteiligt, so können diese die Festsetzung eines Gegenstandswertes beantragen, damit sie die ihnen nach dem RVG zustehenden Gebühren berechnen können.

Zur Erstattung der Vertreterkosten nach dem RVG siehe § 80 PatG Rdn 25 ff, zur Wertfestsetzung § 80 Rdn 48.

Zuständig für die Festsetzung des Gegenstandswerts ist gemäß § 33 (1) RVG in Verfahren **vor dem BPatG** der jeweilige mit dem Verfahren befasste Beschwerdesenat, in Nichtigkeitsverfahren für den festzusetzenden Streitwert der Nichtigkeitssenat (s Rdn 26). Für Verfahren **vor dem DPMA** fehlt es an einer ausdrücklichen Regelung, jedoch ist es sachgerecht, den für Gerichte geltenden § 33 (1) RVG analog anzuwenden. In analoger Anwendung des § 33 (1) RVG kann die mit der Sache befasste Abteilung in einem einheitlichen Beschluss sowohl in der Sache (zB über einen Einspruch) als auch über einen Antrag auf Festsetzung des Gegenstandswerts zur Berechnung der Gebühren der beteiligten Anwälte entscheiden. Das BPatG[1] lehnt eine analoge Anwendung des § 33 (1) RVG ab, weil der Gesetzgeber in § 33 (1) RVG bewusst nur die Wertfestsetzung für gerichtliche Verfahren habe regeln wollen. Daher könne DPMA einen Gegenstandswert nicht in einem eigenständigen, vom Kostenfestsetzungsbeschluss getrennten Beschluss festsetzen, vielmehr sei dafür im Rahmen des Kostenfestsetzungsverfahrens der Beamte des gehobenen Dienstes zuständig. Dem Gesetzgeber kann aber nicht unterstellt werden, dass er stillschweigend für die Verwaltungsbehörde DPMA ein weniger sinnvolles Verfahren als für die Gerichte gewollt habe. Eine teleologische Interpretation des § 33 (1) RVG hat sich insbesondere an dem Kriterium der Sachdienlichkeit und der Praktikabilität zu orientieren. Diese sprechen eindeutig dafür, mit der Wertfestsetzung die Abteilung zu befassen, die anders als der Kostenbeamte mit dem Gegenstand des Verfahrens vertraut ist.

2 Gebührenverzeichnis

2 ist nach § 2 (1) PatKostG Grundlage für die Erhebung von Gebühren. Tatbestände, die dort nicht erwähnt sind, sind nicht gebührenpflichtig, denn das Gebührenverzeich-

---

1 BPatG GRUR 09, 703 *Gegenstandswertfestsetzung durch das DPMA* = Mitt 08, 423 = Schulte-Kartei PatG 405 Nr 56.

nis enthält nach dem Willen des Gesetzgebers *sämtliche* geltenden Gebühren, so dass sich *nur* aus dem Gebührenverzeichnis ergibt, ob eine Gebühr erhoben wird oder nicht.[2] Das gilt auch, wenn ein Tatbestand vom Gesetzgeber offensichtlich übersehen worden ist. Eine Gebührenpflicht in Analogie zu ähnlichen Tatbeständen zu begründen, ist nicht zulässig.

Gliederung des Gebührenverzeichnisses: Alle Nummern des Verzeichnisses, die mit einer »3« beginnen, sind Gebühren des DPMA, die mit einer »4« beginnen, sind Gebühren des BPatG.

Gebührentatbestände und Bemessungsgrundlage: Zu den das Verfahren vor dem DPMA betreffenden Gebührentatbeständen in Patentsachen zählt insbesondere die im Erteilungsverfahren anfallende Anmeldegebühr, die sich nach der in den Anmeldeunterlagen vom Anmelder angegebenen Anzahl von Patentansprüchen und nicht dem sachlichen Gehalt der Ansprüche bemisst.[3] Führt eine nachträgliche Änderung der Anmeldung zu einer höheren Zahl an Ansprüchen, hat dies nach § 3 (1) S 2 Nr 5 PatKostG die Erhöhung der Gebühr zur Folge, wobei die Fälligkeit des Differenzbetrags zwischen der bei Einreichung fällig gewordenen Gebühr und des durch die Erhöhung der Anspruchszahl angefallenen Gebührenbetrages im Zeitpunkt der Änderung der Anmeldung durch den Anmelder eintritt.[4]

Bei internationalen Anmeldungen richtet sich die Höhe der nationalen Gebühr gem Art. III § 4 (2) S 1 IntPatÜG nach der Anzahl der Patentansprüche in der ursprünglich eingereichten Fassung der internationalen Anmeldung.[5]

Weitere Gebührentatbestände sind die Prüfungsantragsgebühr und ggf. die Rechercheantragsgebühr, sowie die Einspruchsgebühr und die Gebühr für das Beschränkungs- oder Widerrufsverfahren. Für die Aufrechterhaltung von Patenten und Patentanmeldungen sowie ergänzenden Schutzzertifikaten fallen Jahresgebühren an.

Die Gebühren sind gem GebVerz Abschnitt A Abs 2 für jeden Antragsteller gesondert zu erheben. Dementsprechend ist bei mehreren Einsprechenden, die keine BGB-Gesellschaft bilden – selbst bei gemeinsamem Vertreter und übereinstimmendem Widerrufsgrund – für jede Einsprechende eine gesonderte Einspruchsgebühr zu entrichten.[6]

---

2 Amtl Begr BlPMZ 02, 36, 41 zu § 1 a und zu § 2 a.
3 Vgl Art 4 des PatRModG (BGBl 2009 I, S 2521 = BlPMZ 09, 301) sowie RegE BT-Drs 16/11 339, S 29 f.
4 BPatG BlPMZ **14**, 144 *Anspruchsabhängige Anmeldegebühr* = Mitt **13**, 453 = BeckRS 2013, 15 748.
5 BPatGE **54**, 72 *Blutdruckmessgerät* = Mitt **13**, 447 = BeckRS 2013, 15 747.
6 BPatG v 25.04.13 – 12 W (pat) 28/08 *Transporteinrichtung für großflächige Fahrzeugteile* = BeckRS **2013**, 09 870.

3 Beschwerdegebühr

3.1 Gebührenpflicht

8 besteht nach § 2 (1) iVm Nr 401 100 bis 401 300 PatKostG grundsätzlich für alle Beschwerden.[7]

3.2 Gebührenfreiheit

9 besteht a) für die in Nr 401 300 genannten Beschwerden, nämlich i) Beschwerden in Verfahrenskostenhilfesachen, also Beschwerden gegen Verweigerung der Verfahrenskostenhilfe oder der Beiordnung eines Vertreters;[8] ii) Beschwerden nach § 11 (2) PatKostG und § 11 (2) DPMAVwKostV gegen Entscheidungen über **Erinnerungen gegen den Kostenansatz;** c) für eine unselbständige **Anschlussbeschwerde**, weil sie als Anschließung an das Rechtsmittel des Gegners lediglich ein Antrag im Rahmen der Hauptbeschwerde, also keine Beschwerde ist (vgl § 73 Rdn 179).

3.3 Gebühr von 500 €

10 gilt gemäß Nr 401 100 für Beschwerden gemäß § 73 (1) PatG gegen die Entscheidung der Patentabteilung über den Einspruch. Für anfechtbare Zwischenentscheidungen der Patentabteilung im Einspruchsverfahren, mit denen nicht über den Einspruch entschieden wird, gilt gemäß Nr 401 300 die Gebühr von 200 €. Die Gebühr von 500 € ist zu entrichten für Beschwerden gegen a) Aufrechterhaltung oder Widerruf des Patents; b) isolierte Verwerfung eines Einspruchs als unzulässig; c) vorsorgliche Beschwerde des Einsprechenden gegen die Verwerfung seines Einspruchs als unzulässig in einem Beschluss über den Widerruf des Patents.

3.4 Gebühr von 200 €

11 gilt gemäß Nr 401 300 für alle Beschwerdeverfahren »in anderen Fällen«, also die nicht unter Nr 401 100 oder 401 200 fallen oder für die Gebührenfreiheit besteht (s Rdn 5). Gebühr von 200 € ist daher zu entrichten für Beschwerden gegen: a) Zurückweisung der Anmeldung; b) Entscheidung über Beschränkung des Patents; c) Zurückweisung des Antrags für ein Schutzzertifikat (§ 16a (2) iVm § 73 PatG); d) Erteilungsbeschluss; e) Zwischenentscheidungen, zB über i) Feststellung der Zulässigkeit oder Unzulässigkeit einer Verfahrenshandlung; ii) Verwirkung einer Priorität; iii) formell wirksame Inanspruchnahme einer Unionspriorität; iv) Eintritt der Rücknahmefiktion des § 40 (5) PatG; v) Zulässigkeit eines Beitritts gemäß § 59 (2) PatG; f) Feststellung, dass i) eine Eingabe nicht als Patentanmeldung behandelt wird (vgl § 35 Rdn 35); ii) einer Eingabe ein Anmeldetag nicht zuerkannt werden kann (§ 35 Rdn 34); iii) eine Anmeldung als nicht erfolgt gilt; g) (isolierte) Kostenentscheidungen; h) Versagung der Wiedereinsetzung.

---

7 Amtl Begr BlPMZ 02, 36, 54 zu Nr 30; BPatGE 46, 192 *wartungsfreies Gerät*.
8 So schon früher: BPatGE 46, 38; 47, 151 Rollrechen; früher für Gebührenpflicht: BPatGE 46, 192 *wartungsfreies Gerät*; 47, 120 *VKH für VKH-Beschwerdeverfahren*; BPatG Beschl v 24.09.2009 – 10 W (pat) 38/06 = BeckRS 2009, 28 125.

3.5 Gebühr von 50 €

gilt gemäß Nr 401 200 für Beschwerden gegen einen Kostenfestsetzungsbeschluss.[9]

3.6 Verfahrenskostenhilfe

(VKH): Nr 401 300 sieht für alle Beschwerden in VKH-Sachen Gebührenfreiheit vor. Eine vom DPMA gewährte VKH gilt nicht für das anschließende Verfahren vor dem BPatG.[10] Keine VKH ist gesetzlich vorgesehen für a) das VKH-Verfahren selbst;[11] b) das Beschwerdeverfahren gemäß § 135 (3) PatG.[12]

3.7 Mehrere Beschwerdeführer,

die jeder für sich oder gemeinsam mit anderen eine Beschwerde einlegen, haben jeder für seine Beschwerde eine Beschwerdegebühr zu entrichten.[13] Das folgt seit dem 1.7.2006 aus der Anlage zu § 2 (1) PatKostG, »*B. Gebühren des Patentgerichts, Vorbemerkung (1)*«, wonach die (Beschwerde-)Gebühren der Nummer 400 000 bis 401 300 für jeden Antragsteller gesondert zu erheben sind. Durch diese gesetzliche Regelung[14] ist die früher teilweise in der Rechtsprechung vertretene Auffassung[15] überholt, die nach einem allgemeinen Grundsatz des Kostenrechts für ein Verfahren mit einem einheitlichen Streitgegenstand von mehreren gemeinsam handelnden Beschwerdeführern die Entrichtung nur einer Gebühr genügen ließ.

Wird bei einer gemeinsamen Beschwerde mehrerer Verfahrensbeteiligter nur eine Beschwerdegebühr entrichtet und ist innerhalb der Beschwerdefrist weder aus den Unterlagen noch aus den Umständen erkennbar für welchen der Verfahrensbeteiligten sie bestimmt ist, so ist nach der neueren Rspr des BGH zur Vermeidung unzumutbarer Härten stets prüfen, ob die entrichtete Gebühr einem der Beschwerdeführer zugeordnet werden kann. Um eine mit dem Rechtsstaatlichkeitsgebot unvereinbare Erschwerung des Zugangs zu einer gerichtlichen Instanz zu vermeiden, darf hierbei kein strenger Maßstab angelegt werden.[16] Haben zwei Beteiligte gemeinsam eine Beschwerdeschrift eingereicht, jedoch nur eine Beschwerdegebühr gezahlt, ist ihre Erklärung im Zweifel dahin auszulegen, dass die Beschwerde, falls sie mangels Entrichtung einer ausreichenden Zahl von Gebühren nicht für beide Beteiligte in zulässiger

---

9 Abw zum früheren Recht: BPatGE **46**, 163 = BlPMZ 03, 242; BPatG Beschl v 24.09.2009 – 10 W (pat) 38/06 BeckRS 2009, 28 125.
10 BPatGE **32**, 128 = BlPMZ **91**, 392.
11 BGH v 20.03.03 – I ZA 4/02 Schulte-Kartei PatG 129–138 Nr 73 = BeckRS 2003, 03 465; BGH NJW **84**, 2106; BPatGE **28**, 119 = BlPMZ **87**, 181 (Gbm).
12 BPatGE **43**, 187; **46**, 38 *Gebührenfreie Verfahrenskostenhilfebeschwerde*; **47**, 120 *VKH für VKH-Beschwerdeverfahren*; **47**, 151 *Rollrechen*.
13 *Vgl zum europ. Recht* EPA GBK G 0002/91 ABl **92**, 206 *Beschwerdegebühren/KROHNE*: keine Rückzahlung einer Beschwerdegebühr, wenn mehrere Beteiligte gegen dieselbe Entscheidung Beschwerde einlegen.
14 Vgl amtl Begr zu Art 6 Nr 6 des Gesetzes vom 21.06.06 BlPMZ 06, 225, 234.
15 BPatG Mitt **06**, 76 L *Chipkarte*; vgl auch BGH GRUR **87**, 348 *Bodenbearbeitungsmaschine*; aA: Zahlung einer Beschwerdegebühr für jeden der mehreren Beschwerdeführer BGH GRUR **82**, 414 *Einsteckschloß*; **84**, 36 *Transportfahrzeug*; BPatGE **12**, 158 u 163; **46**, 260.
16 BGH GRUR **15**, 1255, Rn 17 *Mauersteinsatz* = Mitt **15**, 525 (für Beschwerde im Einspruchsverfahren); BGH Beschl. v. 28.3.2017 – X ZB 19/16, Rn 13 = BeckRS 2017, 106641 (für Beschwerde im Anmeldeverfahren).

Weise erhoben wurde, für den im Rubrum der angefochtenen Entscheidung an erster Stelle Genannten erhoben sein soll.[17]

3.8 Mehrere Beschlüsse:

16 Wird Beschwerde gegen mehrere Entscheidungen (zB Teil- und Schlussbeschluss) eingelegt, so ist für jede Beschwerde eine Gebühr zu entrichten.[18] Wird nur eine Gebühr bezahlt und ist innerhalb der Beschwerdefrist nicht erkennbar für welche Beschwerde, so gelten beide Beschwerden als nicht erhoben.[19]

3.9 Fälligkeit:

17 Die Beschwerdegebühr wird nach § 3 (1) PatKostG mit der Einlegung der Beschwerde fällig, also nicht schon mit Beginn der Beschwerdefrist.[20]

3.10 Zahlung:

18 Maßgebend ist die Patentkostenzahlungsverordnung (PatKostZV, erläutert im Anhang 17). Die der Zahlung zugrunde liegende rechtsgeschäftliche Verfügung ist anfechtbar.[21] Zahlung unter einer Bedingung ist unwirksam (siehe Einleitung Rdn 56). Wirksam zahlen kann auch ein Dritter.

19 **Verwendungszweck** sollte angegeben werden. Das Fehlen der Angabe (Aktenzeichen) ist dann unschädlich, wenn der Zweck der fristgerechten Zahlung überhaupt, wenn auch erst nach Ablauf der Beschwerdefrist bestimmt wird[22] bzw eindeutig ermittelt werden kann,[23] und zwar analog § 123 (2) 4 PatG innerhalb eines Jahres nach Ablauf.[24] Daran fehlt es, wenn nur eine Gebühr für mehrere gemeinsam erhobene Beschwerden eingezahlt wird[25] oder wenn objektiv mehrere Zwecke denkbar sind, zB bei möglicher Verwendung für eine andere Beschwerde.

20 Reicht der gezahlte Betrag zur Deckung für die genannten Kosten nicht aus, so werden diese nach § 366 (2) **BGB** getilgt,[26] und zwar in folgender Reihenfolge[27]: **a)** zunächst die fällige Schuld; **b)** unter mehreren fälligen Schulden die, welche dem Gläubiger geringere Sicherheit bietet; **c)** unter mehreren gleich sicheren, die dem Schuldner lästigere; **e)** unter mehreren gleich lästigen, die ältere Schuld; **f)** bei gleichem Alter jede Schuld verhältnismäßig. Der in diesem Fall endgültige Verlust aller Rechte, kann durch eine vernünftige Auslegung des Parteiwillens vermieden werden.

Zur **Unterdeckung** siehe PatKostZV Rdn 12 im Anhang 17.

---

17 BGH GRUR **17**, 1286 *Mehrschichtlager*
18 BPatGE **28**, 94 = BlPMZ **86**, 259.
19 BPatGE **28**, 94 = BlPMZ **86**, 259.
20 BPatGE **11**, 57; abw zum alten Recht BPatGE **43**, 180.
21 Vgl für Jahresgebühren: BPatGE **1**, 25; **2**, 17, 19; BlPMZ **72**, 262; für Prüfungsantragsgebühr BPatG Mitt **86**, 174.
22 BGH GRUR **16**, 382 *BioGourmet* (zum Markenrecht) = Mitt **16**, 130.
23 BPatGE **2**, 196; **18**, 121; BGH Bl **74**, 262 *Erba*; Bendler Mitt **62**, 98.
24 BPatGE **74**, 279 *Erba*; BPatGE **18**, 121.
25 BGH GRUR **87**, 348 *Bodenbearbeitungsmaschine*.
26 BPatG vom 20.12.07 – 10 W (pat) 17/04 Schulte-Kartei PatG 405 Nr 51 = BeckRS 08, 03 161 *Kühlanlage*; BPatGE **17**, 6 = BlPMZ **75**, 190.
27 Eselsbrücke: »Völlig (für »fällig«) sicher, aber lästig, ist ein älteres Verhältnis«.

3.11 Zahlungsfrist:

Die Beschwerdegebühr muss nach § 6 (1) 1 PatKostG innerhalb der Beschwerdefrist gezahlt werden.[28] Den maßgebenden Einzahlungstag bestimmt die Patentkostenzahlungsverordnung (PatKostZV, abgedruckt im Anhang 17).

Wiedereinsetzung in die versäumte Zahlungsfrist ist möglich,[29] aber nach § 123 (1) 2 nicht für die Beschwerde des Einsprechenden gegen Beschluss über die Aufrechterhaltung des Patents.[30]

Hinweis auf fehlende Beschwerdegebühr ist nicht erforderlich, wenn die Beschwerde so rechtzeitig eingeht, dass die Gebühr noch innerhalb der Frist gezahlt werden könnte.[31] Ein solcher Hinweis ist auf Grund des Vertrauensschutzes (siehe Einleitung Rdn 458) nur dann erwartbar, wenn sich aus der Beschwerdeschrift selbst oder anderen Umständen klar ergibt, dass die Zahlungsfrist ohne einen Hinweis sonst versehentlich versäumt würde.[32]

3.12 Fiktion der Nichterhebung:

Wird die Gebühr nicht, nicht vollständig oder nicht rechtzeitig (= nicht innerhalb der Beschwerdefrist oder der Nachfrist des § 134[33]) gezahlt, so gilt die Beschwerde nach § 6 (2) PatKostG als nicht vorgenommen, ist also nicht existent. Dabei ist es gleichgültig, ob die Beschwerde selbst zulässig (rechtzeitig) oder unzulässig (zB verspätet) ist (hM).[34] Das folgt schon daraus, dass die Zulässigkeit einer Beschwerde nicht geprüft werden kann, wenn eine Beschwerde nicht existent ist, weil sie entweder tatsächlich nicht eingelegt oder kraft gesetzlicher Fiktion als nicht vorgenommen gilt.

Geht die *Gebühr rechtzeitig, die Beschwerde aber verspätet* ein, so gilt die Beschwerde als erhoben, ist aber wegen Nichteinhaltung der Frist als unzulässig zu verwerfen.[35] Wenn es der Billigkeit entspricht, kann die Gebühr nach § 73 (3) 2 PatG zurückgezahlt werden.[36]

Folge: Gilt eine Beschwerde als nicht vorgenommen, ist die Gebühr zurückzuzahlen, denn eine kraft gesetzlicher Fiktion nicht erhobene Beschwerde ist ebenso wenig gebührenpflichtig, wie eine tatsächlich nicht erhobene Beschwerde.

Entscheidung: Die Rechtsfolge, dass die Beschwerde als nicht erhoben gilt, stellt der Rechtspfleger fest (§ 23 (1) Nr 4 RPflG). Dagegen nach § 23 (2) RPflG Erinnerung binnen zwei Wochen an den Senat. Hat der Rechtspfleger nicht entschieden, kann der

---

28 BPatGE 1, 137.
29 BPatGE 1, 102; 31, 266.
30 BGH GRUR 84, 337 *Schlitzwand*.
31 BPatGE 40, 42; EPA GBK G 0002/97 ABl 99, 123 *Vertrauensschutz/UNILEVER*.
32 EPA GBK G 0002/97 ABl 99, 123 *Vertrauensschutz/UNILEVER*.
33 BPatGE 12, 183.
34 BPatGE 1, 102; 1, 107; 1, 132, 137; 3, 223; 6, 55; 23, 61, 62; Kirchner Mitt 70, 46; aA: 4, 16; 12, 23; Möhring Mitt 70, 5.
35 PA BlPMZ 57, 203.
36 BPatGE 2, 61, 67 f; abw: 6, 55: keine Rückzahlung, auch wenn Beschwerde später zurückgenommen wird.

Senat selbst wirksam feststellen, dass die Beschwerde als nicht erhoben gilt (§ 8 (1) RPflG).

28 Die Entscheidung, die feststellt, dass die Beschwerde mangels Zahlung der Beschwerdegebühr als nicht eingelegt gilt, kann als instanzbeendende Entscheidung im Beschwerdeverfahren statthafter Gegenstand der Rechtsbeschwerde sein.[37]

29 § 6 (2) PatKostG (= § 73 (3) PatG aF) ist mit dem Grundgesetz vereinbar.[38]

3.13 Rückzahlung der Beschwerdegebühr:

30 Vgl dazu § 73 Rdn 133 ff.

4 Klagen und einstweilige Verfügungen vor dem BPatG

4.1 Klagegebühr:

31 Mit Erhebung der Nichtigkeitsklage ist eine Gebühr zu zahlen, die sich nach dem Streitwert richtet, für dessen Festsetzung die Vorschriften des GKG entsprechend gelten (§ 2 (2) 1 und 4). Die Gebühr ist mit Einreichung der Klage fällig (§ 3 (1) 1, 2 Nr. 4) und innerhalb einer Frist von drei Monaten ab Fälligkeit zu zahlen (§ 6 (1)). Die Höhe der Gebühr muss auf der Grundlage des vorläufig festgesetzten Streitwerts bestimmt werden. Die Zahlungsfrist für die Klagegebühr beginnt dabei nicht unmittelbar mit Einreichung der Klage, sondern erst mit Mitteilung des vorläufig festgesetzten Streitwerts zu laufen.[39]

32 Das BPatG kann den vorläufig festgesetzten Streitwert von Amts wegen oder auch auf eine Gegenvorstellung hin durch Abänderungsbeschluss ändern. Geschieht dies in Form einer Erhöhung des Streitwerts – etwa aufgrund neu bekannt gewordener Tatsachen – setzt dies erneut eine Frist von drei Monaten für die Nachzahlung in Gang, die dann allerdings nicht mit der Rechtsfolge des § 6 (2) PatKostG verbunden ist. Denn der Zweck der Nichtvornahmefiktion des § 6 (2) PatKostG, bei der Einreichung der Klage sicherzustellen, dass das Nichtigkeitsverfahren ohne die Zahlung der erforderlichen Klagegebühr keinen Fortgang nimmt, ist bereits mit Zahlung des ursprünglich festgesetzten Streitwerts erfüllt worden. Die Nichterfüllung der Zahlungspflicht im Hinblick auf den später erhöhten Streitwert steht danach, nicht anders als nach der Festsetzung des endgütigen Streitwerts bei Beendigung des Nichtigkeitsverfahrens, lediglich unter der Sanktion der Beitreibung.

33 Der Eintritt der Fälligkeit der Klagegebühr setzt somit voraus, dass die zu entrichtende Gebühr nicht nur dem Grunde nach, sondern auch in der Höhe feststeht. Die Bestimmung der Höhe erfordert eine Mitwirkung des Patentgerichts, nämlich die vorläufige Festsetzung des Streitwerts. Der Kläger darf deshalb ohne die Rechtsfolge des § 6 (2)

---

[37] BGH GRUR 19, 548 *Future Institute* (Markensache); BGH GRUR 72, 196 (B1) *Dosiervorrichtung*; 79, 696 *Kunststoffrad*; 97, 636 *Makol*; BPatGE 12, 163; 21, 106, 111.
[38] BVerfGE 10, 264, 268 (zu Art 24 bayr Kostengesetz); BGH GRUR 82, 414 (1113) *Einsteckschloß*; BPatGE 21, 106, 110 = BlPMZ 78, 376.
[39] BGH GRUR 13, 539, Rn 12 *Kontaktplatte*

hinnehmen zu müssen mit der Zahlung zuwarten, bis das Patentgericht den Streitwert vorläufig festgesetzt und damit den konkreten Betrag der Klagegebühr bestimmt hat,.[40]

Bei einer von mehreren Klägern gemeinsam erhobenen Patentnichtigkeitsklage fällt nur eine Klagegebühr an.[41] Insoweit ist ausschließlich maßgeblich, dass die Kläger ihre Klage durch gemeinsame Prozessbevollmächtigte in einem einheitlichen Schriftsatz erhoben haben. Ein späterer Wechsel dahingehend, dass sich einer der Kläger im weiteren Verfahrensverlauf durch einen anderen Prozessbevollmächtigten vertreten lässt, ist in diesem Zusammenhang dagegen nicht relevant.[42]

4.2 Streitwertfestsetzung:

Da sich nach § 2 (2) 1 PatKostG die Gebühren für Klagen (Nichtigkeits- und Zwangslizenzklagen) und einstweilige Verfügungen (in Zwangslizenzsachen) vor dem BPatG nach dem Streitwert richten, muss der zuständige (Nichtigkeits-) Senat den Streitwert für jedes Verfahren festsetzen, und zwar gemäß § 2 (2) 4 PatKostG nach den Vorschriften des GKG. Der festgesetzte Wert gilt nach § 32 (1) RVG auch für die Anwaltskosten.[43] Für eine gesonderte, vom Streitwert der Hauptsache abweichende Festsetzung des Werts der anwaltlichen Tätigkeit des Prozessbevollmächtigten eines Streithelfers der Hauptpartei im Rechtsmittelverfahren ist auch dann kein Raum, wenn der Streithelfer im betreffenden Rechtszug keine Anträge gestellt hat.[44]

4.3 Angabe des Wertes:

Mit Klageerhebung oder mit dem Antrag auf Erlass einer einstweiligen Verfügung hat die Partei nach § 2 (2) 4 PatKostG iVm § 61 GKG den Wert des Streitgegenstandes anzugeben. Unterlässt der Antragsteller die ihm obliegende Angabe, läuft er Gefahr, dass das BPatG den Wert zu hoch bemisst oder eine Abschätzung durch Sachverständige gemäß § 64 GKG für erforderlich hält. Deren Kosten kann das BPatG ganz oder teilweise der Partei auferlegen, die die Wertangabe unterlassen hat oder die eine unrichtige Angabe des Wertes gemacht hat. Die Wertangabe, auch eine übereinstimmende beider Parteien,[45] bindet das BPatG nicht. Das BPatG ist zu eigner Schätzung befugt.[46]
Berichtigung der Angabe des Wertes ist nach § 61 Satz 2 GKG jederzeit möglich.

4.4 Vorläufige Streitwertfestsetzung

durch das BPatG erfolgt nach Eingang der Klage oder des Antrags auf einstweilige Verfügung gemäß § 63 (1) 1 GKG durch **Beschluss**, grundsätzlich ohne Anhörung der Parteien. Jedoch kann das BPatG bei den Parteien rückfragen. Das BPatG setzt gemäß § 51 (1) GKG den Wert nach **billigem Ermessen** fest. Dabei berücksichtigt es die Wertangabe der Parteien sowie gerichtsbekannte Tatsachen.

---

40 BGH GRUR **13**, 539, Rn 12 *Kontaktplatte*.
41 BGH GRUR **21**, 45, Rn 47 ff *Signalumsetzung*.
42 BGH GRUR **21**, 45, Rn 57 f *Signalumsetzung*.
43 Amtl Begr BlPMZ **02**, 36, 41 zu § 2 unter b.
44 BGH NJW-RR **16**, 831 = BeckRS **2016**, 08 892.
45 OLG Neustadt JurBüro **61**, 457.
46 Vgl OLG Schleswig JurBüro **99**, 595.

4.5 Endgültige Streitwertfestsetzung

38 Ergeht eine Entscheidung über den gesamten Streitgegenstand oder erledigt sich das Verfahren anderweitig (etwa durch Prozessvergleich oder Klagerücknahme), ist aus Gründen der Rechtssicherheit eine **endgültige Festsetzung** des Streitwerts erforderlich (§ 63 (2) GKG). Sie kann durch gesonderten Beschluss erfolgen, der auch in der mündlichen Verhandlung gemäß § 329 (1) ZPO verkündet werden kann, oder im Urteil selbst. Zuvor müssen die Parteien Gelegenheit zur Äußerung erhalten haben (Art 103 (1) GG), sie brauchen sich aber nicht zu äußern. Vertrauliche Umstände, zB Umsatzzahlen, die einer anderen Partei nicht mitgeteilt wurden, dürfen nicht berücksichtigt werden.[47]

39 **Mitteilung der Streitwertfestsetzung** bedarf keiner förmlichen Zustellung.

4.6 Änderung der Festsetzung:

40 Eine Anfechtung der Streitwertfestsetzung sieht das PatG nicht vor. Die Anwendung von § 68 GKG kommt nicht in Betracht, da § 2 Abs (2) Satz 4 PatKostG nur hinsichtlich der Festsetzung des Streitwerts und nicht hinsichtlich der Rechtsmittel gegen diese Entscheidung auf die entsprechende Geltung der Vorschriften des GKG verweist.[48] Daher ist ein Rechtsmittel gegen den Festsetzungsbeschluss des BPatG gemäß § 99 (2) PatG ausgeschlossen.[49] Die Festsetzung kann aber vom BPatG gemäß § 63 (3) 1 GKG von Amts wegen geändert werden. Einwendungen der Parteien gegen die Festsetzung können für das BPatG nach pflichtgemäßem Ermessen Anlass sein, die Festsetzung zu ändern. Sieht das BPatG keinen Anlass zur Änderung, unterrichtet es – als nobile officium – die Beteiligten darüber formlos.

41 **Änderung durch den BGH** von Amts wegen ist gemäß § 63 (3) 1 GKG zulässig, wenn das Verfahren wegen der Hauptsache vor dem BGH schwebt. Das war nach altem Recht ausgeschlossen, weil der Gegenstandswert vor dem BPatG nicht nach dem GKG, sondern nach der BRAGO festgesetzt wurde.[50] Hat der BGH einen abweichenden Streitwert nur für das Berufungsverfahren festgesetzt, kann das BPatG prüfen, ob eine Änderung auch für die 1. Instanz erforderlich ist.

42 Nach Rechtskraft der Entscheidung in der Hauptsache oder nach anderweitiger Erledigung (zB Vergleich) ist nach § 63 (3) 2 GKG eine Änderung aus Gründen der Rechtssicherheit nur innerhalb von 6 Monaten zulässig, nachdem die Entscheidung in der Hauptsache Rechtskraft erlangt oder das Verfahren sich anderweitig erledigt hat. Das gilt selbst dann, wenn die Parteien unrichtige Angaben gemacht haben.[51]

4.7 Höhe des Streitwerts

43 bemisst sich nicht nach dem subjektiven Interesse des jeweiligen Klägers oder Antragstellers, sondern nach dem objektiven Wert des Patents, nämlich dem *wirtschaftlichen*

---

47 KG NJW 75, 743 L = RPfleger 75, 109 = AnwBl 74, 394.
48 BGH Mitt 12, 41 (Ls).
49 BPatGE 54, 88 *Streitwertbeschwerde* = Mitt 13, 473 = BeckRS 2013, 14 908.
50 Vgl BPatGE 33, 4.
51 OLG Nürnberg NJW-RR 99, 613.

Interesse der Allgemeinheit an der Vernichtung des Patents. Dieser Wert wird bestimmt durch[52]: **a)** den *gemeinen Wert* des angegriffenen Patents (siehe Rdn 43) *plus* **b)** die *Schadensersatzforderungen,* die in der Vergangenheit aus der Verletzung des Patents entstanden sind[53] (siehe Rdn 47). Bei paralleler Verletzungsklage ist zudem auf das durch die Verletzungsklage zum Ausdruck kommende Drohpotential des Patents abzustellen.[54] Wird das Streitpatent von mehreren Klägern im selben Umfang angegriffen, hat es für jede Klage den gleichen Wert.[55] Der Streitwert kann für eine Partei aber dann zu reduzieren sein, wenn ihr Rechtsschutzziel deutlich hinter den Rechtsschutzzielen der anderen zurückbleibt.[56]

4.7.1 Gemeiner Wert

des als rechtsbeständig zu unterstellenden Patents wird bestimmt durch die Erträge, die das Patent bis zum Ablauf seiner Schutzdauer unter gewöhnlichen Verhältnissen erwarten lässt.[57] Zu den Erträgen gehören: **a) Eigennutzung des Patents,** deren Wert in dem erzielten Gewinn mit dem patentierten Gegenstand enthalten ist.[58] Dieser kann aus dem Umsatz unter Zugrundelegung eines angemessenen Lizenzsatzes ermittelt werden;[59] **b) Lizenzeinnahmen** aus Verträgen des Patentinhabers mit Dritten,[60] soweit sie für die Benutzung der patentierten Erfindung ab Klageerhebung oder Berufungseinlegung gezahlt werden und nicht ein Entgelt für andere Leistungen darstellen, wie die Überlassung von Know-how oder anderen Schutzrechten.[61]

44

Außer Betracht bei der Ermittlung des gemeinen Werts bleiben: **a) Gewinne eines Lizenznehmers,** die er aus der Benutzung des Patents erzielt, weil diese nicht zum Reinertrag des Patentinhabers aus dem Patent gehören;[62] **b) Gewinne und Lizenzeinnahmen,** die der Patentinhaber vor Klageerhebung oder Berufungseinlegung erzielt hat, da sie von der Rückwirkung des Nichtigkeitsurteils nicht betroffen werden[63] (s § 21 Rdn 114).

45

Streitwert eines Verletzungsverfahrens ist für den Streitwert eines **Nichtigkeitsverfahrens** nicht zwingend maßgeblich, da er sich nach dem Interesse des Patentinhabers an der Unterlassung der Benutzung durch den Beklagten sowie seinen Ansprüchen auf Rechnungslegung und Schadensersatz richtet (s § 139 Rdn 336), und nicht nach dem

46

---

52 Vgl dazu: BGH GRUR 57, 79 *Streitwert Nichtigkeitsverfahren II*: Mitt **91**, 159 *Unterteilungsfahne* (Gbm); BPatGE **8**, 176, 177 (Gbm); **26**, 208, 218 (Gbm); **57**, 61, 68 (Gbm); **27**, 196, 198 (Gbm); **28**, 193, 195 (Ni); BPatG Mitt **82**, 77, 78 (Gbm); **96**, 61 (Gbm).
53 BGH GRUR 09, 1100 *Druckmaschinen-Temperierungssystem III*; BPatG Urt. v. 10.3.2020 – 7 Ni 78/19, Rn 13 f = GRUR-RS 2020, 12272.
54 BGH GRUR 14, 1135 *Zwischenwirbelimplantat*.
55 BGH v 11.02.14 – X ZR 100/10 = BeckRS 2014, 04 696; Schramm in Benkard, PatG, 11. Aufl 2015, § 2 PatKostG, Rn 22.
56 BGH GRUR 13, 1287 *Nichtigkeitsstreitwert II* = Mitt **14**, 43.
57 BPatGE **27**, 61, 66 (Gbm).
58 BGH Mitt **63**, 60 *Streitwert Nichtigkeitsverfahren III*.
59 BGH GRUR **85**, 511 (V5) *Stückgutverladeanlage*.
60 BGH GRUR **57**, 79 *Streitwert Nichtigkeitsverfahren II*.
61 BPatGE **27**, 61, 67.
62 BPatGE **27**, 61, 68.
63 BGH GRUR **57**, 79 *Streitwert Nichtigkeitsverfahren II*.

gemeinen Wert des Patents.[64] Dieser wird idR größer sein, jedenfalls nicht unter dem Verletzungsstreitwert liegen. Im Nichtigkeitsverfahren ist dem Umstand, dass der gemeine Wert des Patents in der Regel über das Individualinteresse des Nichtigkeitsklägers hinausgeht, bei der Wertfestsetzung dadurch Rechnung zu tragen, dass der Gegenstandswert um ein Viertel höher als der Streitwert des Verletzungsprozesses angenommen wird, es sei denn, es liegen anderweitige Anhaltspunkte vor.[65] Greift die angegriffene Ausführungsform nach der Feststellung des Verletzungsgerichts nicht in den Schutzbereich des Streitpatents ein, ist der Streitwert im Nichtigkeitsverfahren unabhängig vom Verletzungsverfahren zu bestimmen.[66]

47 **Erlöschen des Patents:** Ist das Patent erloschen, bemisst sich der Gegenstandswert nicht mehr nach dem Interesse der Allgemeinheit, sondern nach dem des Antragstellers, das er an der Abwehr seiner Inanspruchnahme hat.[67]

4.7.2 Schadensersatzforderungen

48 für Verletzungen in der Vergangenheit können nur insoweit berücksichtigt werden, als der Patentinhaber sie geltend macht. Über ihre Höhe ist nach freier Überzeugung gemäß § 287 ZPO zu entscheiden. Dafür kann ein im Verletzungsprozess festgesetzter Streitwert nur ein ungefährer Anhalt sein, da dieser nicht nur den Wert des Schadensersatzes, sondern auch den Wert für die Ansprüche auf Unterlassung, Rechnungslegung, Beseitigung etc enthält, der für die Bemessung des gemeinen Werts des Patents nicht zu berücksichtigen ist.[68] Solange über die streitige Höhe des wegen Patentverletzung entstandenen Schadens noch keine abschließende Entscheidung ergangen ist, entspricht es regelmäßig billigem Ermessen, den bezifferten Betrag der Schadensersatzforderung bei der Bestimmung des Werts des Nichtigkeitsstreitswerts in voller Höhe zu berücksichtigen.[69]

49 Ein vom Kläger gemäß § 61 GKG bezifferter Wert des Schadens, stellt nur seine Forderung, nicht aber den tatsächlichen Schaden dar. Er enthält ferner nicht den Wert des Schadens noch nicht verklagter, weiterer Verletzer.

4.8 Maßgebender Zeitpunkt

50 vor dem BPatG ist die Klageerhebung, vor dem BGH die Berufungseinlegung.[70] Nachträgliche Entwicklungen bleiben grundsätzlich unberücksichtigt.[71]

4.9 Nebenintervention:

51 Für den Streitwert einer Zwischenentscheidung, durch die die Nebenintervention zugelassen oder zurückgewiesen wird, ist das Interesse des Nebenintervenienten an

---

64 BPatGE **26**, 208, 218 (Gbm); **27**, 196 (Gbm); BPatG Mitt **82**, 77 (Gbm).
65 BGH GRUR **11**, 757 *Nichtigkeitsstreitwert* = Mitt **11**, 383.
66 BPatG v 25.10.11 – 4 Ni 45/09 = Mitt **11**, 567 (Ls) = BeckRS **2012**, 02 768.
67 BGH Mitt **91**, 159 *Unterteilungsfahne* (Gbm); BPatG 05.08.14 – 2 Ni 34/12 (EU) = BeckRS **2014**, 17 886.
68 BPatGE **26**, 208, 218 (Gbm); **27**, 196 (Gbm).
69 BGH GRUR **09**, 1100 *Druckmaschinen-Temperierungssystem III*.
70 BGH Mitt **63**, 60 *Streitwert Nichtigkeitsverfahren III*.
71 BPatG GRUR **14**, 1135 – *Zwischenwirbelimplantat*.

seiner Zulassung maßgebend.[72] Der Streitwert einer wirksamen Nebenintervention bestimmt sich nach dem Interesse der Allgemeinheit an der Nichtigerklärung des Patents.[73] Stimmen Begehren von Nebenintervention und Klage überein, ist für beide der Gegenstandswert identisch.

4.10 Klageverbindung:

Werden Klagen gegen dasselbe Patent gemäß § 147 ZPO verbunden, so bleibt im Verhältnis zum Beklagten für jede Klage der Streitwert maßgebend, der ihrem Umfang entspricht.[74] Es werden die einzelnen Streitwertewerte nicht zusammen gerechnet. 52

4.11 Streitwertherabsetzung:

Nach § 2 (2) 5 PatKostG ist § 144 PatG entsprechend anzuwenden. Würde die Belastung mit den Prozesskosten nach dem vollen Streitwert die wirtschaftliche Lage einer Partei erheblich gefährden, so kann der Streitwert herabgesetzt werden (vgl dazu § 144 Rdn 6 ff). Dies gilt auch bei juristischen Personen.[75] Ein nicht aktiv am Wirtschaftsleben beteiligtes Unternehmen, das nicht über nennenswerte Vermögensgegenstände verfügt, wird allerdings in seiner wirtschaftlichen Lage nicht zusätzlich iSv § 144 PatG gefährdet, wenn es mit einer Prozesskostenforderung belastet wird, die angesichts seiner Vermögenssituation ohnehin nicht beitreibbar ist.[76] Zur Vermeidung von Missbräuchen kann es im Einzelfall erforderlich sein, auch die Einkommens- und Vermögensverhältnisse dritter Personen einzubeziehen, wenn der Rechtsstreit in deren Interesse geführt wird.[77] 53

Antrag nach § 144 kann auch nach Abschluss der Instanz gestellt werden, wenn die Partei erst später erkennen konnte, dass sie mehr an Kosten zu entrichten hat.[78]

4.12 Höhe der Gebühren

bestimmt sich gemäß § 2 (2) 2 PatKostG nach § 34 GKG.[79] 54

§ 3 Fälligkeit der Gebühren

(1) ¹Die Gebühren werden mit der Einreichung einer Anmeldung, eines Antrags oder durch die Vornahme einer sonstigen Handlung oder mit der Abgabe der entsprechenden Erklärung zu Protokoll fällig, soweit gesetzlich nichts anderes bestimmt ist. ²Eine sonstige Handlung im Sinn dieses Gesetzes ist insbesondere

---

72 BGH NJW 53, 745; BPatGE 27, 61, 65; Schramm in Benkard, PatG, 11. Aufl 2015, § 2 PatKostG, Rn 21.
73 BPatGE 27, 61 (Gbm).
74 BPatGE 33, 79; BPatGE 35, 127, 129 f.
75 BPatG v 10.04.13 – 2 Ni 27/11 = BeckRS 2013, 08 356.
76 BGH Mitt 13, 518 *Kostenbegünstigung III* = GRUR 13, 1288 = GRUR-Prax 13, 447.
77 BGH v 20.01.04 – X ZR 133/98 = BeckRS 2004, 01 764; BGH Mitt 13, 518 *Kostenbegünstigung III* = GRUR 13, 1288 = GRUR-Prax 13, 447; BPatG v 10.04.13 – 2 Ni 27/11 = BeckRS 2013, 08 356.
78 BPatGE 24, 169.
79 Gebührensätze erhöht durch 2. KostRMoG vom 23.07.13, BGBl I S 2586.

1. die Einlegung von Rechtsbehelfen und Rechtsmitteln;
2. der Antrag auf gerichtliche Entscheidung nach § 61 Abs 2 des Patentgesetzes;
3. die Erklärung eines Beitritts zum Einspruchsverfahren;
4. die Einreichung einer Klage;
5. die Änderung einer Anmeldung oder eines Antrags, wenn sich dadurch eine höhere Gebühr für das Verfahren oder die Entscheidung ergibt.

[3]Die Gebühr für die erfolglose Rüge wegen Verletzung des Anspruchs auf rechtliches Gehör wird mit der Bekanntgabe der Entscheidung fällig. [4]Ein hilfsweise gestellter Antrag wird zur Bemessung der Gebührenhöhe dem Hauptantrag hinzugerechnet, soweit eine Entscheidung über ihn ergeht; soweit Haupt- und Hilfsantrag denselben Gegenstand betreffen, wird die Höhe der Gebühr nur nach dem Antrag bemessen, der zur höheren Gebühr führt. [5]Legt der Erinnerungsführer gemäß § 64 Abs 6 Satz 2 des Markengesetzes Beschwerde ein, hat er eine Beschwerdegebühr nicht zu entrichten.

(2) [1]Die Jahresgebühren für Patente und Patentanmeldungen und die Aufrechterhaltungsgebühren für Gebrauchsmuster und eingetragene Designs sind jeweils für die folgende Schutzfrist am letzten Tag des Monats fällig, der durch seine Benennung dem Monat entspricht, in den der Anmeldetag fällt. [2]Wird ein Gebrauchsmuster oder ein Design erst nach Beendigung der ersten oder einer folgenden Schutzfrist eingetragen, so ist die Aufrechterhaltungsgebühr am letzten Tag des Monats fällig, in dem die Eintragung in das Register erfolgt ist. Die Jahresgebühren für Schutzzertifikate werden am letzten Tag des Monats fällig, der durch seine Benennung dem Monat entspricht, in den der Laufzeitbeginn fällt. Wird das Schutzzertifikat erst nach Ablauf des Grundpatents erteilt, wird die Jahresgebühr für die bis dahin abgelaufenen Schutzfristen am letzten Tag des Monats fällig, in den der Tag der Erteilung fällt; die Fälligkeit der Jahresgebühren für nachfolgende Schutzfristen richtet sich nach Satz 3.

(3) [1]Die Verlängerungsgebühren für Marken sind jeweils für die folgende Schutzfrist sechs Monate vor dem Ablauf der Schutzdauer gemäß § 47 Absatz 1 des Markengesetzes fällig. [2]Wird eine Marke erst nach Beendigung der ersten oder einer folgenden Schutzfrist eingetragen, so ist die Verlängerungsgebühr am letzten Tag des Monats fällig, in dem die Eintragung in das Register erfolgt ist.

Jürgen Schell

Übersicht

1	Fälligkeit	2
2	Beginn der Fälligkeit	6
2.1	Einreichung einer Anmeldung	6
2.2	Einreichung eines Antrags	7
2.3	Vornahme einer sonstigen Handlung	8
2.3.1	Einlegung von Rechtsbehelfen und Rechtmitteln	9
2.3.2	Antrag auf gerichtliche Entscheidung	10
2.3.3	Beitritt zum Einspruchsverfahren	11
2.3.4	Einreichung einer Klage	12
2.3.5	Erhöhung der Anzahl der Patentansprüche	13
2.4	Erfolglose Anhörungsrüge	14
2.5	Jahresgebühren	15

Anhang 15   § 3 Patentkostengesetz   PatKostG

Geltungsbereich: Art 6 des Gesetzes zur Änderung des patentrechtlichen Einspruchsverfahrens und des Patentkostengesetzes vom 21.6.2006 (BGBl I 1318 = BlPMZ 2006, 225) hat § 3 (1) neu gefasst.
Art 4 des Gesetzes zur Vereinfachung und Modernisierung des Patentrechts (**PatRModG**) vom 31. Juli 2009 (BlPMZ 09, 301) hat § 3 neu gefasst, indem in Abs (1) eine Nummer 5 sowie die Sätze 4 und 5 angefügt wurden.
Art 13 des **Gesetzes zur Änderung des Designgesetzes und weiterer Vorschriften des gewerblichen Rechtsschutzes (DesignÄndG)** vom 8. April 2016 (BGBl I Nr 15, 558 = BlPMZ 16, 161) hat in § 3 (2) Satz 2 neugefasst.
Art 8 Nr 1 des **Zweiten Gesetzes zur Vereinfachung und Modernisierung des Patentrechts (2. PatRModG)** vom 10. August 2021 (BGBl 2021 I S 3490) hat § 3 Absatz 2 mit Wirkung zum 1. Mai 2022 neugefasst. Für die bis zu diesem Zeitpunkt geltende Fassung wird auf die Kommentierung der 10. Auflage verwiesen.

1 Fälligkeit

bezeichnet den Zeitpunkt, von dem an der Kostenschuldner die Leistung erbringen muss[1] und von dem an eine gesetzliche Zahlungsfrist (s § 6 PatKostG) zu laufen beginnt.

Die Fälligkeit ist maßgebend für **a)** Berechnung der 2- und der 6-monatigen Zahlungsfrist für Jahresgebühren gemäß § 7 (1) PatKostG; **b)** Zulässigkeit der Vorauszahlung von Jahresgebühren gemäß § 5 (2) PatKostG; **c)** Erstattung vorausgezahlter Gebühren, die nicht mehr fällig werden können, gemäß § 10 (1) PatKostG; **d)** Nachzahlung des Unterschiedsbetrags nach Änderung eines Gebührensatzes gemäß § 13 (3) PatKostG.

Eine Gebühr kann nur fällig werden, wenn der Gebührentatbestand (Anmeldung, Antrag, Einspruch, Beschwerde, Klage, Patent) auch existent ist. Sind Anmeldung oder Antrag zurückgenommen oder gelten sie wegen Nichtzahlung nach § 6 (2) PatKostG als zurückgenommen, oder ist eine Handlung nicht vorgenommen oder gilt sie nach § 6 (2) PatKostG als nicht vorgenommen, so können von diesem Zeitpunkt an Gebühren nicht mehr fällig werden. Ist ein Patent wegen nicht rechtzeitiger Zahlung der Jahresgebühr gemäß § 20 (1) Nr 3 PatG erloschen, können keine späteren Jahresgebühren fällig werden.

Wird Wiedereinsetzung gewährt, so leben die Rechte rückwirkend wieder auf und die zwischenzeitlich angefallenen Jahresgebühren werden mit dem Wirksamwerden der Entscheidung über die Wiedereinsetzung fällig[2] (s § 123 Rdn 9).

2 Beginn der Fälligkeit

2.1 Einreichung einer Anmeldung:

Mit dem Tag des Eingangs einer Patentanmeldung beim DPMA oder einem Patentinformationszentrum (PIZ). Der Tag der Einreichung beim EPA begründet keine Fälligkeit, die Einreichung bei einem PIZ gemäß § 34 (2) PatG nur dann, wenn das PIZ vom BMJ zur Entgegennahme von Patentanmeldungen bestimmt war. Gebühren für an das DPMA vom EPA oder einem unzuständigen PIZ weitergeleitete Patentanmeldungen werden erst mit dem Eingang beim DPMA fällig.

---

1 BPatGE **15**, 25, 27.
2 Vgl DPA Mitt **88**, 28.

Der Tag des Eingangs ist auch maßgebend für Verfahrenserklärungen, die eine Anmeldung entstehen lassen, wie Erklärung der Ausscheidung,[3] der Teilung,[4] der Umwandlung einer europäischen Anmeldung (Art II § 9 (1) IntPatÜG).

2.2 Einreichung eines Antrags

7   beim DPMA. Einreichung beim EPA oder einem PIZ begründet keine Fälligkeit, da ein PIZ rechtswirksam keine Verfahrenserklärungen entgegen nehmen kann. Werden Anträge vom EPA oder einem PIZ an das DPMA weitergeleitet, so wird ein Antrag erst mit seinem Eingang beim DPMA wirksam, so dass erst an diesem Tag eine Gebühr fällig werden kann. Die Einreichung der Unterlagen für die Einleitung der nationalen Phase (Art. III § 4 Abs 2 IntPatÜG) stellt dagegen keinen die Fälligkeit von Gebühren auslösenden Tatbestand nach § 3 (1) S 1 dar.[5]

2.3 Vornahme einer sonstigen Handlung:

8   Darunter fallen alle Handlungen, für die gesetzlich jetzt oder in Zukunft eine Gebühr vorgesehen ist. § 3 (1) 2 nennt nicht abschließend (»insbesondere«) folgende »sonstigen Handlungen«, mit deren Vornahme die Fälligkeit eintritt:

2.3.1 Einlegung von Rechtsbehelfen und Rechtmitteln:

9   Darunter fällt die Einlegung eines Einspruchs gemäß § 59 PatG, einer Erinnerung oder einer Beschwerde.[6] Mit deren Eingang wird die gesetzlich vorgesehene Gebühr fällig.

2.3.2 Antrag auf gerichtliche Entscheidung

10 nach § 61 (2) PatG

2.3.3 Beitritt zum Einspruchsverfahren

11 gemäß § 59 (2) PatG.

2.3.4 Einreichung einer Klage

12 gemäß § 81 PatG wegen Erklärung der Nichtigkeit des Patents oder des ergänzenden Schutzzertifikats oder wegen Erteilung oder Rücknahme der Zwangslizenz oder wegen der Anpassung der durch Urteil festgesetzten Vergütung für eine Zwangslizenz.

Mit Erhebung der Nichtigkeitsklage ist eine Gebühr zu zahlen, die sich nach dem Streitwert richtet, für dessen Festsetzung die Vorschriften des GKG entsprechend gelten (§ 2 (2)) und 4). Die Gebühr ist mit Einreichung der Klage fällig (§ 3 (1) 1, 2 Nr. 4) und innerhalb einer Frist von drei Monaten ab Fälligkeit zu zahlen (§ 6 (1)). Die Höhe der Gebühr muss auf der Grundlage des vorläufig festgesetzten Streitwerts bestimmt werden. Das BPatG kann den vorläufig festgesetzten Streitwert von Amts wegen oder auch auf eine Gegenvorstellung hin durch Abänderungsbeschluss ändern. Geschieht dies in Form einer Erhöhung des Streitwerts – etwa aufgrund neu bekannt

---

3 BPatGE **13**, 47 = BlPMZ **72**, 283 L = Mitt **72**, 69.
4 BPatGE **26**, 28 = BlPMZ **84**, 140; BGH GRUR **19**, 326 *Schwammkörper*.
5 BPatGE **54**, 72 = BeckRS 2013, 15 747, unter Punkt 1b.
6 So zum alten Recht BPatGE **11**, 57; abw BPatGE **43**, 180.

gewordener Tatsachen – setzt dies erneut eine Frist von drei Monaten für die Nachzahlung in Gang.
Der Eintritt der Fälligkeit der Klagegebühr setzt somit voraus, dass die zu entrichtende Gebühr nicht nur dem Grunde nach, sondern auch in der Höhe feststeht. Die Bestimmung der Höhe erfordert eine Mitwirkung des Patentgerichts, nämlich die vorläufige Festsetzung des Streitwerts. Der Kläger darf deshalb ohne die Rechtsfolge des § 6 (2) hinnehmen zu müssen mit der Zahlung zuwarten, bis das Patentgericht den Streitwert vorläufig festgesetzt und damit den konkreten Betrag der Klagegebühr bestimmt hat.[7] Die Angabe des Streitwerts durch den Kläger ersetzt die gerichtliche Wertfestsetzung nicht, sondern hat nur den Charakter einer Anregung.[8]

Bei einer von mehreren Klägern gemeinsam erhobenen Patentnichtigkeitsklage fällt nur eine Klagegebühr an.[9] Insoweit ist ausschließlich maßgeblich, dass die Kläger ihre Klage durch gemeinsame Prozessbevollmächtigte in einem einheitlichen Schriftsatz erhoben haben. Ein späterer Wechsel dahingehend, dass sich einer der Kläger im weiteren Verfahrensverlauf durch einen anderen Prozessbevollmächtigten vertreten lässt, ist in diesem Zusammenhang dagegen nicht relevant.[10]

2.3.5 Erhöhung der Anzahl der Patentansprüche

Teilt das DPMA dem Anmelder mit, dass eine Patenterteilung nur dann infrage kommt, wenn er die Patentansprüche anders fasst und führt die Umsetzung dieses Vorschlags zu einer höheren Zahl an Patentansprüchen, stellt diese Änderung der Anmeldung eine sonstige Handlung gem § 3 (1) S 2 Nr 5 PatKostG dar. Die Fälligkeit des Differenzbetrags zwischen der bei Einreichung fällig gewordenen Gebühr und des durch die Erhöhung der Anspruchszahl angefallenen Gebührenbetrages tritt im Zeitpunkt der Änderung der Anmeldung durch den Anmelder ein.[11]

Auch die Einreichung von Ansprüchen anlässlich einer Teilung, die gegenüber der Stammanmeldung in der Anzahl erhöht sind, ist grundsätzlich als eine Änderung der Anmeldung bzw. des Antrags i. S. von § 3 Abs. 1 Satz 2 Nr. 5 PatKostG zu werten.[12]

2.4 Erfolglose Anhörungsrüge

gemäß § 321a ZPO iVm § 99 (1) PatG: Für die Erhebung der Rüge der Verletzung des Anspruchs auf rechtliches Gehör ist keine Gebühr vorgesehen. Nur wenn die Rüge in vollem Umfang als unzulässig verworfen oder als unbegründet zurückgewiesen wird, ist nach Nr 403 100 PatKostG eine Gebühr von 50 € zu zahlen. Die Gebühr wird mit der Verkündung des BPatG-Beschlusses oder ohne Verkündung mit seiner Zustellung fällig.

---

7 BGH GRUR **13**, 539, Rn 12 *Kontaktplatte*.
8 BGH GRUR **13**, 539, Rn 11 = BlPMZ **13**, 229 *Kontaktplatte*.
9 BGH GRUR **21**, 45, Rn 47 ff *Signalumsetzung*.
10 BGH GRUR **21**, 45, Rn 57 f *Signalumsetzung*.
11 BPatG BlPMZ **14**, 144 *Anspruchsabhängige Anmeldegebühr* = Mitt **13**, 453 = BeckRS 2013, 15 748.
12 Vgl BPatG 7 W (pat) 28/15 v 12.04.17 *Gebühren für die Teilanmeldung II*.

2.5 Jahresgebühren

15 für die Aufrechterhaltung eines Patents oder einer Anmeldung sind nach § 2 (1) PatKostG iVm Nr 312 030–312 200 für das 3.–20. Jahr zu zahlen. Das Jahr wird nach § 17 PatG vom Anmeldetag gerechnet. Da Jahresgebühren nach § 3 (2) PatKostG »jeweils für die folgende Schutzfrist« fällig werden, sind sie am **Beginn** eines jeden Schutzjahres fällig. § 3 (2) PatKostG verschiebt den Fälligkeitstag vom jeweiligen Anmeldetag (zB 15. Mai) auf den letzten Tag des Monats, in den der Anmeldetag fällt (im Beispiel: 31. Mai).

Zahlungsfristen für Jahresgebühren siehe dazu § 7 PatKostG.

§ 4 Kostenschuldner

(1) Zur Zahlung der Kosten ist verpflichtet,
1. wer die Amtshandlung veranlasst oder zu wessen Gunsten sie vorgenommen wird;
2. wem durch Entscheidung des Deutschen Patent- und Markenamts oder des Bundespatentgerichts die Kosten auferlegt sind;
3. wer die Kosten durch eine gegenüber dem Deutschen Patent- und Markenamt oder dem Bundespatentgericht abgegebene oder dem Deutschen Patent- und Markenamt oder dem Bundespatentgericht mitgeteilte Erklärung übernommen hat;
4. wer für die Kostenschuld eines anderen kraft Gesetzes haftet.

(2) Mehrere Kostenschuldner haften als Gesamtschuldner.

(3) [1]Soweit ein Kostenschuldner auf Grund von Absatz 1 Nr 2 und 3 haftet, soll die Haftung eines anderen Kostenschuldners nur geltend gemacht werden, wenn eine Zwangsvollstreckung in das bewegliche Vermögen des ersteren erfolglos geblieben ist oder aussichtslos erscheint. [2]Soweit einem Kostenschuldner, der auf Grund von Absatz 1 Nr 2 haftet, Verfahrenskostenhilfe bewilligt ist, soll die Haftung eines anderen Kostenschuldners nicht geltend gemacht werden. [3]Bereits gezahlte Beträge sind zu erstatten.

Jürgen Schell

Übersicht

1	Kostenschuldner	2
2	Gesamtschuldner	4
3	Rangfolge der haftenden Kostenschuldner	7
4	Haftung bei Verfahrenskostenhilfe (VKH)	10

1 Geltungsbereich:
§ 4 PatKostG regelt seit 1.1.2002, wer vor dem DPMA und dem BPatG Kostenschuldner ist § 4 PatKostG ist von § 5 DPMAVwKostV übernommen worden und § 29 GKG nachgebildet.

… | Anhang 15 | § 4 Patentkostengesetz | PatKostG

1 Kostenschuldner:

§ 4 PatKostG nennt enumerativ 4 Personen, die vor dem DPMA und dem BPatG Kostenschuldner sind: **a)** Antragsschuldner (Nr 1). Wer eine Amtshandlung veranlasst hat (zB Einspruch oder Erinnerung[1]) haftet für die dadurch entstandenen Kosten unabhängig vom Ausgang des Verfahrens;[2] **b)** Entscheidungsschuldner (Nr 2); Eine fehlende Kostenauferlegung hat zur Folge, dass nicht die Regelung des § 4 Abs. 1 Nr. 2 PatKostG eingreift, wonach zur Zahlung der Kosten verpflichtet ist, wem durch Entscheidung des Patentamts oder des Bundespatentgerichts die Kosten auferlegt sind, sondern es bei dem gesetzlichen Regelfall des § 4 Abs. 1 Nr. 1 PatKostG bleibt.[3] **c)** Übernahmeschuldner (Nr 3); **d)** Haftender kraft Gesetzes (Nr 4).

Andere Personen, die nicht unter § 4 (1) PatKostG fallen, können als Kostenschuldner nicht in Anspruch genommen werden. Sie können jedoch gemäß § 267 BGB für den Kostenschuldner schuldbefreiend zahlen. Das DPMA und BPatG können (nicht müssen) gemäß § 267 (2) BGB die Leistung ablehnen, wenn der Kostenschuldner widerspricht. Wer durch die Nichtzahlung Gefahr läuft, ein Recht zu verlieren – wie zB Lizenznehmer, Pfandgläubiger oder Sicherungsübereignungsnehmer – kann nach § 268 BGB wirksam auch gegen den Widerspruch des Kostenschuldners zahlen.

Billigkeitserwägungen: Deren Berücksichtigung sieht § 4 PatKostG nicht vor.[4]

2 Gesamtschuldner

sind nach § 4 (2) PatKostG, wenn mehrere Kostenschuldner haften. Das DPMA und BPatG können die Zahlung gemäß § 421 BGB nach ihrem Belieben von jedem Schuldner fordern. Dabei muss eine etwaige Rangfolge nach § 4 (3) PatKostG beachtet werden.

Streitgenossen haften nach § 59 (1) 1 GKG ebenfalls als Gesamtschuldner, es sei denn, das BPatG hat die Kosten gemäß § 100 (2) und (3) ZPO anders verteilt, weil ein Streitgenosse am Verfahren erheblich mehr beteiligt war oder ein besonderes Angriffs- und Verteidigungsmittel geltend gemacht hat.

Einwendungen des Inanspruchgenommenen: Als Gesamtschuldner kann er sich nur darauf berufen, dass nach § 4 (3) PatKostG zuerst der Entscheidungs- oder Übernahmeschuldner herangezogen werden oder dass er wegen der Verfahrenskostenhilfe des Entscheidungsschuldners nicht in Anspruch genommen werden soll.

3 Rangfolge der haftenden Kostenschuldner:

§ 4 (3) PatKostG begründet für die 4 Kostenschuldner des § 4 (1) PatKostG eine Rangfolge[5] für die Inanspruchnahme durch das DPMA und das BPatG: **a)** Erstschuldner

---

1 BPatGE **47**, 207 = BlPMZ **04**, 467 *Kostenansatz*; BPatG Beschl. v. 23.7.2019 – 7 W (pat) 4/17, BeckRS **2019**, 31789.
2 BPatGE **47**, 207 = Mitt **04**, 383 *Kostenansatz*.
3 BPatG Beschl. v. 23.7.2019 – 7 W (pat) 4/17, BeckRS **2019**, 31789.
4 BPatGE **47**, 207 = BlPMZ **04**, 467 *Kostenansatz*.
5 Vgl auch Schramm in Benkard, PatG, 11. Aufl 2015, § 4 PatKostG, Rn 5 f.

ist der Entscheidungs- und der Übernahmeschuldner (Nr 2 und 3); **b) Zweitschuldner** ist der Antragsschuldner und der kraft Gesetzes Haftende (Nr 1 und 4).

8 **»Soll«-Vorschrift** ist § 4 (3) PatKostG, die aber eine Rechtspflicht begründet,[6] denn das DPMA und das BPatG können davon nur nach pflichtgemäßem Ermessen abweichen, wenn dafür erhebliche Gründe zweifelsfrei vorliegen.[7] Auf Verlangen des Zweitschuldners sind diese Gründe darzulegen, damit sie ggf auf ihre Berechtigung im Wege der Erinnerung überprüft werden können.

9 **Geltendmachung gegenüber Zweitschuldner** statt Erstschuldner ist zulässig, wenn eine Zwangsvollstreckung in das bewegliche (nicht unbewegliche[8]) Vermögen des Erstschuldners erfolglos war oder unter Würdigung aller Umstände[9] aussichtslos erscheint. Ein erfolgloser Zwangsvollstreckungsversuch genügt.[10] Auch ein solcher ist entbehrlich, wenn die Zwangsvollstreckung aussichtslos erscheint, zB weil der Erstschuldner gerichtsbekannt mittellos ist oder gegen ihn ein Insolvenzantrag gestellt oder mangels Masse abgelehnt wurde.[11] Nach § 8 (1) 3 KostVfg kann regelmäßig angenommen werden, dass eine Zwangsvollstreckung aussichtslos sei, wenn gegen den Erstschuldner im Ausland vollstreckt werden müsste und das lange dauern[12] oder hohe Kosten verursachen würde.[13]

4 Haftung bei Verfahrenskostenhilfe (VKH):

10 Haftet der Entscheidungsschuldner (Nr 2) und ist ihm Verfahrenskostenhilfe bewilligt, soll nach § 4 (3) 2 PatKostG ein anderer Kostenschuldner der Nr 1, 3 oder 4 nicht in Anspruch genommen werden.[14] Damit soll der VKH-Empfänger vor einem Rückgriff des anderen Kostenschuldners geschützt werden,[15] so dass ein in Anspruch genommener Antragsschuldner Kosten von dem Entscheidungsschuldner, dem Verfahrenskostenhilfe bewilligt war, nicht beitreiben kann.[16]

11 **Gezahlte Beträge**, die ein anderer als der Entscheidungsschuldner bereits entrichtet hat, sind nach § 4 (3) 3 PatKostG zu erstatten, da § 4 (3) 2 PatKostG (= § 31 (3) GKG) sich auf sämtliche Kosten einschließlich gezahlter Vorschüsse bezieht.[17]

---

6 BGH NJW 65, 1227; OLG München JurBüro 01, 597; KG AnwBl 69, 435; aA: BVerwG NJW 74, 252; OLG Bamberg RPfleger 91, 36.
7 Vgl hierzu Schramm in Benkard, PatG, 11. Aufl 2015, § 4 PatKostG, Rn 6.
8 OLG Koblenz RPfleger 85, 510.
9 VGH Mannheim NJW 02, 1516.
10 OLG Koblenz MDR 00, 976; OLG Stuttgart JurBüro 01, 597.
11 OLG München MDR 86, 684.
12 Vgl OLG Düsseldorf JurBüro 94, 111.
13 BGH RPfleger 75, 432; OLG Hamburg MDR 87, 947.
14 Vgl hierzu auch Schramm in Benkard, PatG, 11. Aufl 2015, § 4 PatKostG, Rn 7.
15 BGH BGHZ 148, 175 = NJW 01, 3188 *Schutz gegnerischer Kosteninteressen.*
16 OLG Düsseldorf RPfleger 88, 163; OLG Frankfurt RPfleger 89, 40.
17 Vgl amtl Begr BlPMZ 02, 36, 42 zu § 4 und BVerfG NJW 99, 3186 = RPfleger 99, 495.

§ 5 Vorauszahlung, Vorschuss

(1) ¹In Verfahren vor dem Deutschen Patent- und Markenamt soll die Bearbeitung erst nach Zahlung der Gebühr für das Verfahren erfolgen; das gilt auch, wenn Anträge geändert werden. ²Satz 1 gilt nicht für die Anträge auf Weiterleitung einer Anmeldung an das Amt der Europäischen Union für Geistiges Eigentum nach § 62 des Designgesetzes und die Anträge auf Weiterleitung internationaler Anmeldungen an das Internationale Büro der Weltorganisation für geistiges Eigentum nach § 68 des Geschmacksmustergesetzes. ³In Verfahren vor dem Bundespatentgericht soll die Klage erst nach Zahlung der Gebühr für das Verfahren zugestellt werden; bei Vorliegen eines gültigen SEPA-Basislastschriftmandats mit Angaben zum Verwendungszweck soll die Klage sofort zugestellt werden. ⁴Im Fall eines Beitritts zum Einspruch im Beschwerdeverfahren oder eines Beitritts zum Einspruch im Fall der gerichtlichen Entscheidung nach § 61 Absatz 2 des Patentgesetzes soll vor Zahlung der Gebühr keine gerichtliche Handlung vorgenommen werden.

(2) Die Jahresgebühren für Patente und Patentanmeldungen und die Aufrechterhaltungsgebühren für Gebrauchsmuster und eingetragene Designs dürfen frühestens ein Jahr vor Eintritt der Fälligkeit vorausgezahlt werden, soweit nichts anderes bestimmt ist. Die Verlängerungsgebühren für Marken dürfen frühestens sechs Monate vor Eintritt der Fälligkeit vorausgezahlt werden. Die Jahresgebühren für Schutzzertifikate dürfen schon früher als ein Jahr vor Eintritt der Fälligkeit vorausgezahlt werden.

Jürgen Schell

Übersicht

1	Vorauszahlung	2
1.1	Vorauszahlung vor dem DPMA	3
1.2	Vorauszahlung vor dem BPatG	7
2	Vorschuss für die Bekanntmachungskosten (entfallen)	11
3	Vorauszahlung von Jahresgebühren	12
4	Rückforderung vorausgezahlter Jahresgebühren	15
4.1	Vorauszahlung ein Jahr vor Fälligkeit	15
4.2	Vorauszahlung früher als ein Jahr vor Fälligkeit	16

Geltungsbereich: Art 2 (12) des Geschmacksmusterreformgesetzes v 12.03.04 (BGBl I 390 = Bl 2004, 207) hat § 5 (1) 2 und (2) neu gefasst Art 6 des Gesetzes zur Änderung des patentrechtlichen Einspruchsverfahrens und des Patentkostengesetzes vom 21.6.2006 (BGBl I 1318 = BlPMZ 2006, 225) hat § 5 (1) Satz 1 und 3 geändert.
Art 4 des Gesetzes zur Vereinfachung und Modernisierung des Patentrechts (PatRModG) vom 31. Juli 2009 (BlPMZ 2009, 301) hat § 5 Abs (1) Satz 1 neu gefasst.
Art 13 des Gesetzes zur Änderung des Designgesetzes und weiterer Vorschriften des gewerblichen Rechtsschutzes (DesignÄndG) vom 8. April 2016 (BGBl I Nr 15, 558 = BlPMZ 16, 161) hat in § 5 (1) PatKostG die Wörter »*und des Vorschusses für die Bekanntmachungskosten*« gestrichen.
Art 8 Nr 2 des Zweiten Gesetzes zur Vereinfachung und Modernisierung des Patentrechts (2. PatRModG) vom 10. August 2021 (BGBl 2021 I S 3490) hat § 5 Absatz 2 mit Wirkung zum 1. Mai 2022 neugefasst. Für die bis zu diesem Zeitpunkt geltende Fassung wird auf die Kommentierung der 10. Auflage verwiesen.

PatKostG § 5 *Patentkostengesetz* **Anhang 15**

Art 2 Nr 1 des **Gesetz über weitere Aufgaben des DPMA und zur Änderung des PatKostG vom 30. August 2021** (BGBl 2021 I S 4074) hat **mit Wirkung zum 1. Januar 2022** § 5 (1) Satz 3 neugefasst und neuen Satz 4 angefügt.

1 Vorauszahlung

2   von Gebühren vor Beginn der Bearbeitung dient der Sicherstellung, dass der Fiskus die ihm zustehenden Gebühren für eine Amtshandlung auch erhält.

1.1 Vorauszahlung vor dem DPMA:

3   § 5 (1) 1 PatKostG macht die Bearbeitung durch das DPMA von der vorherigen Zahlung der Gebühr abhängig. Die Pflicht zur Vorauszahlung gilt für alle gebührenpflichtigen Verfahrenshandlungen, wie sie beispielhaft § 3 (1) einzeln aufführt.

4   **Bearbeitung** einer Verfahrenshandlung durch das DPMA unterbleibt bis zum Eingang der Gebühr. Jedoch sind solche Bearbeitungsvorgänge vorzunehmen, die sich auf die Feststellung des Fehlens der Gebühr und ihren späteren Eingang beziehen. Das DPMA ist nicht verpflichtet, den Gebührenschuldner auf das Unterbleiben der Bearbeitung wegen des Fehlens der Gebühr hinzuweisen. Die Erforderlichkeit eines solchen Hinweises könnte sich lediglich ausnahmsweise aus dem Grundsatz des Vertrauensschutzes ergeben (vgl dazu Einleitung Rdn 458).

5   **Beschwerde**, die nach § 73 (2) 1 PatG beim DPMA einzulegen ist, bearbeitet das DPMA erst nach Eingang der Beschwerdegebühr. Erst dann prüft das DPMA, ob es der Beschwerde gemäß § 73 (3) PatG abhilft oder ob sie sie dem BPatG vorlegt. Legt das DPMA eine Beschwerde dem BPatG vor, obwohl die Beschwerdegebühr nicht gezahlt ist, so wird damit gleichwohl das Verfahren beim BPatG anhängig, das die Sache gemäß § 79 (3) Nr 2 PatG an das DPMA wegen eines wesentlichen Verfahrensmangels (= Vorlage einer Beschwerde, die nach § 6 (2) PatKostG als nicht vorgenommen gilt) zurückverweist.

6   **Bearbeitung ohne Vorauszahlung:** Bearbeitet das DPMA eine gebührenpflichtige Verfahrenshandlung, obwohl die geschuldete Gebühr nicht gezahlt ist, so beeinträchtigt das die Wirksamkeit des gleichwohl erlassenen Verwaltungsakts nicht.

1.2 Vorauszahlung vor dem BPatG:

7   § 5 (1) 1 PatKostG gilt nur für das DPMA, nicht für das BPatG. Das BPatG kann daher eine Bearbeitung nicht für jede gerichtliche Handlung von der vorherigen Zahlung einer Gebühr abhängig machen, es gilt vielmehr die Spezialvorschrift des § 5 (1) 3 PatKostG, so dass sich die Vorschusspflicht auf die Zustellung einer Klage (Nichtigkeits- und Zwangslizenzverfahren) sowie auf den Beitritt zum gerichtlichen Einspruchs- und Einspruchsbeschwerdeverfahren beschränkt, für den gem § 5 (1) 3 Hs. 2 eine entsprechende Regelung. Ein Verstoß gegen die Sollvorschrift des § 5 (1) 3 lässt die Wirksamkeit der gerichtlichen Handlung unberührt.

8   **Klage vor dem BPatG:** Maßgeblich für die Gebührenzahlung ist die Einheitlichkeit des Verfahrens. Erheben mehrere Kläger gegen dasselbe Streitpatent eine gemeinsame

Klage mit übereinstimmendem Klageantrag und demselben Nichtigkeitsgrund, ist nur eine Klagegebühr zu zahlen.[1]

§ 5 (1) 3 PatKostG entspricht § 12 (1) GKG für bürgerliche Rechtsstreitigkeiten. Da es sich um eine Ordnungsvorschrift handelt, lässt ein Verstoß die Wirksamkeit der Zustellung unberührt.

Anträge auf einstweilige Verfügung werden sofort ohne vorherige Zahlung der Gebühr zugestellt, denn § 5 (1) 3 PatKostG gilt nur für Klagen.[2]   9

Beitritt zum Einspruch im Beschwerdeverfahren oder zum Einspruch im Fall der gerichtlichen Entscheidung nach § 61 (2) PatG: Vor Zahlung der Gebühr gemäß Nr 313 600 (200 €) und Nr 403 100 PatKostG (50 €) soll das BPatG nach § 5 (1) 3 PatKostG keine gerichtliche Handlung vornehmen. Gleichwohl vorgenommene gerichtliche Handlungen sind wirksam, da § 5 (1) 3 PatKostG ebenso wie § 12 (1) 2 GKG, dem § 5 (1) 3 nachgebildet ist, lediglich eine Ordnungsvorschrift darstellt.   10

2 Vorschuss für die Bekanntmachungskosten (entfallen):

Durch die Erste Verordnung zur Änderung der DPMAVwKostV v 17.06.10 (BGBl I S 809 = BlPMZ 10, 297) wurde dort die Auslagenpauschale für Geschmacksmusterbekanntmachungen mit der Gebührennummer 302 310 in Teil B Abschnitt III der Anlage zu § 2 (1) mit Wirkung zum 1. Januar 2010 gestrichen. Da der praktische Anwendungsbereich dieses Zusatzes damit entfallen ist, wurde der Vorschuss für die Bekanntmachungskosten durch Art 13 des Gesetzes zur Änderung des Designgesetzes und weiterer Vorschriften des gewerblichen Rechtsschutzes (DesignÄndG) vom 4. April 2016 (BGBl I 3830 = BlPMZ 16, 161) **ersatzlos gestrichen**.[3]   11

3 Vorauszahlung von Jahresgebühren:

§ 5 (2) PatKostG schränkt die Möglichkeit der Vorauszahlung von Jahresgebühren auf frühestens 1 Jahr vor Fälligkeit ein (ebenso § 47 (3) 3 MarkenG). Eine innerhalb dieses Zeitraums vorausgezahlte Jahresgebühr hat rechtlich die gleiche Wirkung wie eine nach Fälligkeit entrichtete Gebühr.   12

Nach § 47 (5) 1 MarkenG wird die Vorauszahlung erst am Tag nach dem Ablauf der Schutzdauer wirksam und nicht bereits im Zahlungszeitpunkt.[4] Diese Sonderregelung enthalten PatG und PatKostG für Patentjahresgebühren nicht. Vielmehr hat der Gesetzgeber des PatKostG es bei der Regelung des bisherigen Rechts belassen.[5] Eine nach § 5 (2) PatKostG gesetzlich zulässige Vorauszahlung einer Jahresgebühr entfaltet daher ihre Rechtswirkung der Aufrechterhaltung von Anmeldung, Patent oder Schutzzertifikat für das weitere Jahr bereits im Zeitpunkt des Zahlungseingangs und nicht erst mit Eintritt der Fälligkeit. Daher kann weder der Einzahler die Gebühr vor Fälligkeit

---

1 BPatG Mitt **16**, 195 *Doppelvertretungskosten* = BeckRS **2016**, 03 293 = GRUR-RS **16**, 03 293 (unter Aufgabe von BPatGE **53**, 182 = Mitt **13**, 371 *Bitratenreduktion*).
2 Vgl RegE BT-Drs 14/6203, dort zu Nummer 33 = BlPMZ **02**, 54; Schramm in Benkard, PatG, 11. Aufl, § 5 PatKostG, Rn 2.
3 RegE BT-Drs 18/7195, S 38.
4 Für Markenrecht: BGH GRUR **78**, 105 *Verlängerungsgebühr*; BPatGE **37**, 130.
5 Vgl dazu: BPatGE **2**, 17 = GRUR **64**, 619 (Ls); BPatGE **11**, 23 = BlfPMZ **70**, 442 (Ls); BPatGE **15**, 22 = Mitt **74**, 80 (Ls).

zurückfordern noch kann von ihm ein Unterschiedsbetrag nachgefordert werden, wenn im Jahr vor der Fälligkeit und nach Eingang der Vorauszahlung die Jahresgebühr erhöht wurde. Dementsprechend können nach § 10 (1) 1 PatKostG vorausgezahlte Jahresgebühren nur dann erstattet werden, wenn sie nicht mehr fällig werden können. Diese Regelung entspricht auch dem Willen des Gesetzgebers, den Verwaltungsaufwand möglichst gering zu halten.

13   **Höhe der voraus zu zahlenden Jahresgebühr** bestimmt sich nach den Gebührensätzen im Zahlungszeitpunkt. Erhöhung der Gebühr zwischen Zahlung und Fälligkeit berühren die Wirksamkeit der Vorauszahlung nicht. Wird die Gebühr erhöht oder ermäßigt, kann der Unterschiedsbetrag weder erstattet noch nachgefordert werden, es sei denn, der Gesetzgeber ordnet ausdrücklich eine Rückwirkung an.

14   **Vorzeitige Vorauszahlung:** Wird eine Jahresgebühr früher als 1 Jahr vor Fälligkeit gezahlt, wird das Schutzrecht dadurch nicht für den gewünschten Zeitraum aufrechterhalten. Das DPMA sollte eine solche Zahlung zurückgeben. Sonst könnte der Einzahler fälschlich glauben, seine Zahlung werde zu einer Aufrechterhaltung seines Rechts führen. Davon kann das DPMA ausnahmsweise absehen, wenn der Beginn des Jahres vor Fälligkeit kurz bevorsteht. Verwahrt das DPMA ausnahmsweise die um einen kleinen Zeitraum zu früh vorausgezahlte Jahresgebühr, dann wird sie mit Beginn des Jahres vor Eintritt der Fälligkeit der Jahresgebühr zu einer gemäß § 5 (2) PatKostG zulässigen Vorauszahlung.

4 Rückforderung vorausgezahlter Jahresgebühren

4.1 Vorauszahlung ein Jahr vor Fälligkeit:

15   Macht der Schutzrechtsinhaber von der gesetzlich zulässigen Vorauszahlung des § 5 (2) PatKostG Gebrauch, so wird im Zahlungszeitpunkt die Aufrechterhaltung des Schutzrechts erreicht. Diese vorausgezahlte Gebühr kann nach § 10 (1) 1 PatKostG aber nur erstattet werden, wenn die Gebühr nicht mehr fällig werden kann, wenn also Anmeldung oder Patent vor Eintritt der Fälligkeit entfallen, zB durch Verzicht oder Nichtigerklärung.

4.2 Vorauszahlung früher als ein Jahr vor Fälligkeit

16   kommt keine Rechtswirkung für die Aufrechterhaltung des Schutzrechts zu, da § 5 (2) PatKostG solche Vorauszahlungen nicht gestattet. Sie sind daher ohne Rechtsgrund entrichtet und können vom Einzahler zurückgefordert werden. Dem steht § 10 (1) 1 PatKostG nicht entgegen, da sich diese Bestimmung nur auf gesetzlich zulässige Vorauszahlungen bezieht.

§ 6 Zahlungsfristen, Folgen der Nichtzahlung

(1) ¹Ist für die Stellung eines Antrages oder die Vornahme einer sonstigen Handlung durch *Gesetz* eine Frist bestimmt, so ist innerhalb dieser Frist auch die Gebühr zu zahlen. ²Alle übrigen Gebühren sind innerhalb von drei Monaten ab Fälligkeit (§ 3 Abs 1) zu zahlen, soweit gesetzlich nichts anderes bestimmt ist.

Anhang 15 § 6 Patentkostengesetz PatKostG

(2) Wird eine Gebühr nach Absatz 1 nicht, nicht vollständig oder nicht rechtzeitig gezahlt, so gilt die Anmeldung oder der Antrag als zurückgenommen, oder die Handlung als nicht vorgenommen, soweit gesetzlich nichts anderes bestimmt ist.
(3) Absatz 2 ist auf Weiterleitungsgebühren (Nummern 335 100, 344 100 und 345 100) nicht anwendbar.
(4) Zahlt der Erinnerungsführer die Gebühr für das Erinnerungsverfahren nicht, nicht rechtzeitig oder nicht vollständig, so gilt auch die von ihm nach § 64 Abs 6 Satz 2 des Markengesetzes eingelegte Beschwerde als zurückgenommen.

Jürgen Schell

Übersicht

1	Anwendungsbereich	2
2	Zahlungsfristen	4
2.1	Fristgebundene gebührenpflichtige Verfahrenshandlungen	4
2.2	Nichtfristgebundene gebührenpflichtige Verfahrenshandlungen	5
2.3	Andere gesetzliche Bestimmungen gemäß § 6 (1) 2 2. Halbsatz PatKostG	6
3	Folgen der Nichtzahlung	7
3.1	Rücknahmefiktion	8
3.2	Nichtvornahmefiktion	11
3.2.1	Rückzahlung von Gebühren	13
3.2.2	Neuvornahme der Verfahrenshandlung	17
3.2.3	Entfallen der Gebühr	19
3.2.4	Geringfügige Fehlbeträge	20
4	Gebührenarten	21
4.1	Beschwerdegebühr	21
4.2	Einspruchsgebühr	24
4.3	3-Monatsfrist des § 6 (1) 2 PatKostG	26

Geltungsbereich: Art 2 (12) des Geschmacksmusterreformgesetzes v 12. 03.04 (BGBl I 390 = BlPMZ 04, 207) hat § 6 (3) angefügt. **1**
Art 4 des **Gesetzes zur Vereinfachung und Modernisierung des Patentrechts (PatRModG)** vom 31. Juli 2009 (BGBl I 2521 = BlPMZ 09, 301) hat § 6 neu gefasst, indem Abs (4) angefügt wurde.

1 Anwendungsbereich:

§ 6 gilt für alle Gebühren des DPMA und des BPatG, denn § 1 (1) PatKostG bestimmt, **2**
dass die Gebühren sowohl des DPMA wie des BPatG nach dem PatKostG erhoben werden. Daher gilt § 6 PatKostG auch für die Gebühren nach der DPMAVwKostV.[1]

§ 6 unterscheidet zwischen gebührenpflichtigen Verfahrenshandlungen, für deren Vor- **3**
nahme eine Frist bestimmt ist oder für deren Vornahme keine Frist gilt. Ist für die Verfahrenshandlung durch Gesetz (zB PatG, IntPatÜG) eine Frist bestimmt, so gilt diese Frist auch für die Zahlung der Gebühr, die für diese Verfahrenshandlung zu entrichten ist (s Rdn 5). Sieht das Gesetz keine Frist vor, wie zB für die Patentanmel-

---

[1] AA BPatG BlPMZ 06, 68 = GRUR 06, 174 *Schulheftseiten* für die Akteneinsichtsgebühr, die nach § 6 DPMAVwKostV aF erst mit Beendigung der gebührenpflichtigen Amtshandlung fällig wurde.

dung oder für den Antrag auf Beschränkung des Patents oder für eine Klage vor dem BPatG, so gilt einheitlich eine Frist von 3 Monaten ab Fälligkeit (s Rdn 4), es sei denn, es ist gesetzlich etwas anderes bestimmt, wie zB in § 7 (1) PatKostG für die Jahresgebühren (s dort Rdn 7).

2 Zahlungsfristen

2.1 Fristgebundene gebührenpflichtige Verfahrenshandlungen:

4 Für die Vornahme folgender Verfahrenshandlungen ist gesetzlich eine Frist vorgesehen, die daher nach § 6 (1) 1 PatKostG auch für die Zahlung der Gebühr gilt:
a) Prüfungsantrag gemäß § 44 PatG. Frist: 3 Monate ab Fälligkeit (s § 44 Rdn 20);
b) Einspruch gemäß § 59 (1) PatG. Frist: 9 Monate nach Veröffentlichung der Patenterteilung im Patentblatt;
c) Beitritt gemäß § 59 (2) PatG. Frist: 3 Monate nach Klageerhebung;
d) Übersetzung der Patentansprüche europäischer Patentanmeldungen gemäß Art 4 (2) 2 2 GPatG. Frist: 1 Monat nach Eingang des Antrags;
e) Beschwerde gemäß § 73 PatG. Frist: 1 Monat nach Zustellung des DPMA-Beschlusses;
f) Einreichung einer Übersetzung der europäischen Patentschrift in die deutsche Sprache gemäß Art II § 3 IntPatÜG und Zahlung der Gebühr gemäß 313 820 PatKostG. Art II § 3 IntPatÜbkG wurde durch das DurchsetzungsG mit Wirkung **zum 1.05.08 aufgehoben**, bleibt aber für europäische Patente, für die der Hinweis auf die Erteilung vor diesem Datum im Europäischen Patentblatt veröffentlicht worden ist, auch dann anwendbar, wenn die Änderung nach dem 30. 04.08 erfolgt ist (Art XI § 4 IntPatÜbkG). In diesen Fällen bleibt damit auch die zugehörige Kostenregelung in § 2 (1) PatKostG maßgeblich.[2]

2.2 Nichtfristgebundene gebührenpflichtige Verfahrenshandlungen:

5 Für die Vornahme folgender Verfahrenshandlungen ist gesetzlich keine Frist vorgesehen, so dass nach § 6 (1) 2 PatKostG die nach dem PatKostG vorgesehene Gebühr innerhalb der **3-Monatsfrist** ab Fälligkeit zu entrichten ist:
a) Patentanmeldung gemäß § 34 PatG in elektronischer oder in Papier-Form;
b) Antrag auf Erteilung eines ergänzenden Schutzzertifikats gemäß § 49a PatG;
c) Antrag auf Festsetzung oder Änderung einer Erfindervergütung gemäß § 23 (4) und (5) PatG;
d) Antrag auf Eintragung der Erteilung oder Löschung einer ausschließlichen Lizenz gemäß § 30 (4) 1 und 3 PatG;
e) Rechercheantrag gemäß § 43 PatG und für erstreckte Patente gemäß 11 ErstrG;
f) Antrag auf Beschränkung oder Widerruf des Patents gemäß § 64 PatG;
g) Veröffentlichung der Übersetzung gemäß Art II § 2 (1) IntPatÜG;
h) Übermittlung der internationalen Anmeldung gemäß Art III § 1 (2) IntPatÜG;
i) Veröffentlichung von Übersetzungen erstreckter Patente gemäß § 8 (1) und (3) ErstrG;
j) Klage in Nichtigkeits- und Zwangslizenzverfahren gemäß § 81 PatG;

---

2 BGH GRUR 11, 1053 = Mitt 11, 463 *Ethylengerüst*.

k) Antrag auf einstweilige Verfügung gemäß § 85 PatG.

2.3 Andere gesetzliche Bestimmungen gemäß § 6 (1) 2 2. Halbsatz PatKostG:

Für folgende gebührenpflichtigen Verfahrenshandlungen gilt die 3-Monatsfrist nicht, weil gemäß § 6 (1) 2 PatKostG gesetzlich etwas anderes bestimmt ist:

a) *Jahresgebühren* für Anmeldungen und Patente gemäß § 17 und für Schutzzertifikate gemäß § 16a PatG sind nach § 7 (1) PatKostG bis zum Ablauf des 2. Monats nach Fälligkeit zu zahlen. Bei nicht rechtzeitiger Zahlung erlischt das Patent gemäß § 20 (1) Nr 3 PatG und das Schutzzertifikat gemäß § 16a (2) iVm § 20 (1) Nr 3 PatG, eine Anmeldung gilt nach § 58 (3) PatG als zurückgenommen.

Auf den gehobenen Dienst ist übertragen: a) Die Feststellung, dass die Anmeldung wegen Nichtzahlung der Gebühr für das Anmeldeverfahren oder einer Jahresgebühr mit Verspätungszuschlag als zurückgenommen gilt (§ 1 (1) Nr 1 f WahrnV); b) die Feststellung, dass das Patent wegen nicht rechtzeitiger Zahlung der Jahresgebühr mit dem Verspätungszuschlag erloschen ist (§ 1 (1) Nr 5 WahrnV).

b) *Anmeldegebühr für internationale Anmeldung*, für die das DPMA Bestimmungsamt ist, ist gemäß der Überschrift vor Nr 311 000 PatKostG zu zahlen, und zwar nach Art III § 4 (2) 1 IntPatÜG innerhalb der Frist des Art 22 (1) PCT (= 30 Monate seit dem Prioritätsdatum).[3]

Die Bearbeitung internationaler Anmeldungen ist, soweit das DPMA als Anmeldeamt nach dem PCT tätig wird, einschließlich der Feststellung, dass die internationale Anmeldung als zurückgenommen gilt, nach § 1 (1) Nr 12 WahrnV dem gehobenen Dienst übertragen.

3 Folgen der Nichtzahlung:

Wird die Gebühr nicht, nicht vollständig oder nicht rechtzeitig gezahlt, so unterscheidet § 6 (2) PatKostG zwischen Rücknahmefiktion (s Rdn 7) und Nichtvornahmefiktion (s Rdn 10).

3.1 Rücknahmefiktion

gilt für Anmeldungen und Anträge, zB für Patentanmeldung und Prüfungsantrag. Ist die Gebühr nicht rechtzeitig oder innerhalb der Frist unvollständig entrichtet worden, so gelten Anmeldung oder Antrag als zurückgenommen.

Da die **Teilungserklärung** weder eine Anmeldung noch einen Antrag darstellt und auch keine sonstige Handlung ist, weil sie keinen für das Patentkostengesetz relevanten Gebührentatbestand verwirklicht, scheidet sie als Gegenstand der Fiktionen des § 6 Abs. 2 PatKostG aus. Vielmehr ist die Teilungserklärung Regelungsgegenstand des spezielleren § 39 PatG.[4] Erst die Teilanmeldung begründet den gebührenpflichtigen *Tatbestand, aus dem sich die Gebührenhöhe ableitet*.[5]

---

3 Vgl BPatG BlPMZ 01, 218 u 220 = Mitt 01, 258 u 260 *PCT-Anmeldegebühr I und II*.
4 BGH GRUR 19, 326, Rn 21 f *Schwammkörper*, der darin ausdrücklich die Entscheidung der Vorinstanz bestätigt, BPatG Beschl. v. 12.4.2017 – 7 W (pat) 28/15 *Nichtzahlung von Gebühren für Teilanmeldung mit zusätzlichen Ansprüchen* = Mitt 17, 346.
5 BGH GRUR 19, 326, Rn 15 *Schwammkörper*; vgl hierzu auch die kritische Anmerkung von Rüßmann/Rieck, Mitt 19, 137 f.

Diese Wirkung der nicht vollständigen Zahlung der Gebühr tritt kraft Gesetzes ein. Die feststellende Entscheidung des Rechtspflegers nach § 23 (1) Nr 4 RPflG hat lediglich deklaratorische Wirkung.[6] Das hat zur Folge, dass die gezahlte Gebühr mit Rechtsgrund entrichtet wurde und daher grundsätzlich nicht zurückgezahlt werden kann. Eine Rückzahlung ist aber nach § 10 (2) 1 PatKostG möglich, wenn die beantragte Amtshandlung nicht vorgenommen wurde bzw als nicht vorgenommen gilt.[7]

10   Für eine Anmeldung gezahlte Gebühren sind zurückzuzahlen, wenn für eine Teilanmeldung die erforderlichen Anmeldungsunterlagen oder die Gebühren nicht innerhalb von 3 Monaten nach Eingang der Teilungserklärung eingereicht werden; denn dann gilt die Teilungserklärung nach § 39 (3) PatG als nicht abgegeben, so dass die Gebühren ohne Rechtsgrund gezahlt wurden.

3.2 Nichtvornahmefiktion

11   gilt für »Handlungen«. Der Begriff »Handlung« steht im Gegensatz zu den Begriffen »Anmeldung und Antrag« in der gleichen Vorschrift.[8] Unter Handlungen sind daher alle Verfahrenshandlungen zu verstehen, die nicht als Anmeldung oder Antrag zu qualifizieren sind. Dazu gehören der Einspruch,[9] die Beschwerde[10] und die Klage vor dem BPatG. Diese enthalten zwar Anträge, sind aber selbst kein Antrag, sondern ein Rechtsbehelf, ein Rechtsmittel oder ein eigenes Rechtsinstitut (Klage). Würden sie als »Anträge« iSd § 6 (2) PatKostG verstanden, wäre der Begriff »Handlung« inhaltslos.

12   § 23 (1) Nr 4 RPflG bestätigt diese Auslegung des Begriffs »Handlung«, denn danach wird dem Rechtspfleger der Ausspruch übertragen, dass eine Klage als nicht erhoben gilt (= als nicht vorgenommen). Die Entscheidung des Rechtspflegers hat dabei nur deklaratorische Wirkung, die Wirkung der unterbliebenen oder unvollständigen Gebührenzahlung tritt kraft Gesetzes ein.[11]
Ein Ausspruch, dass die Klage als zurückgenommen gilt, ist nur für den Fall des § 81 (6) 3 PatG vorgesehen.

3.2.1 Rückzahlung von Gebühren:

13   Ist für Einspruch, Beschwerde oder Klage die Gebühr nicht rechtzeitig (siehe Rdn 4 und Rdn 5) oder innerhalb der Frist unvollständig entrichtet, so gelten sie nicht als zurückgenommen,[12] sondern als nicht vorgenommen. Da eine nicht vorgenommene Verfahrenshandlung nicht gebührenpflichtig ist, ist die entrichtete Gebühr – weil ohne Rechtsgrund gezahlt – zu erstatten.

---

6   BGH GRUR 10, 231 *Legostein* (Markensache); BGH v 25.01.16 – I ZB 15/15 Rn 12, *BioForge* = BeckRS 2016, 08 595.
7   Vgl Schramm in Benkard, PatG, 11. Aufl 2015, § 6 PatKostG, Rn 11.
8   BPatGE 48, 1 = BlPMZ 04, 171 (Ls) *Fördergutspeicher*.
9   BPatGE 48, 1 = BlPMZ 04, 171 (Ls); so auch Fuchs-Wissemann Mitt 03, 489.
10 BGH GRUR 15, 1255, Rn 10 *Mauersteinsatz* = Mitt 15, 525.
11 BGH v 25.01.16 – I ZB 15/15 Rn 12 *BioForge* = BeckRS 2016, 08 595; BGH GRUR 10, 231 *Legostein*.
12 AA: BPatGE 48, 5 = GRUR 04, 85 *Planetenkugelmühle*.

Ausnahme: Versäumt der Nichtigkeitskläger die vom BPatG gesetzte Frist zur **Leis-** 14
tung einer Sicherheit, so gilt die Klage nach § 81 (6) 3 PatG als zurückgenommen, so
dass die Klagegebühr nicht zurückgezahlt werden kann.

Auch nach früherem Recht wurden die Gebühren zurückgezahlt, wenn eine 15
Beschwerde (§ 73 (6) PatG aF) und eine Klage (§ 81 (6) PatG aF) als nicht erhoben
galten, weil die Gebühr nicht gezahlt wurde. Diese Regelung wollte der Gesetzgeber
in das PatKostG übernehmen.[13]

Zuständig für die Entscheidung über Anträge auf Rückzahlung von nicht fällig gewor- 16
denen Gebühren nach § 10 (1) PatKostG sowie die Entscheidung über Anträge auf
Rückzahlung von fällig gewordenen und verfallenen Gebühren mit Ausnahme der
Beschwerdegebühr und der Einspruchsgebühr ist nach § 1 (1) Nr 4 WahrnV der
Beamte des gehobenen Dienstes oder ein vergleichbarer Tarifbeschäftigter.

3.2.2 Neuvornahme der Verfahrenshandlung:

Einspruch, Beschwerde und Klage, die als nicht vorgenommen gelten, können erneut 17
eingelegt werden. Einspruch und Beschwerde sind dann aber nur zulässig, wenn die
für sie geltenden Fristen (Rdn 5) gewahrt sind.

Auch die nicht fristgebundene Klage muss neu eingereicht werden. Die bloße Zahlung 18
der Gebühr nach Ablauf der 3-Monatsfrist des § 6 (1) 2 PatKostG führt nicht dazu,
dass die gemäß § 6 (2) PatKostG als nicht vorgenommen geltende Klage nunmehr als
vorgenommen anzusehen ist, es sei denn, dem Kläger wird Wiedereinsetzung in die
versäumte 3-Monatsfrist für die Zahlung gewährt. Wird daher die Klage trotz der
verspäteten Zahlung der Gebühr endgültig nicht neu eingereicht, so ist die verspätet
gezahlte Gebühr zu erstatten.

3.2.3 Entfallen der Gebühr

sieht § 10 (2) PatKostG vor, wenn die Fiktion des § 6 (2) PatKostG eingetreten ist und 19
die beantragte Amtshandlung nicht vorgenommen wurde. Gilt eine Handlung als nicht
vorgenommen, so fehlt für die Zahlung die Rechtsgrundlage, so dass die entrichtete
Gebühr zurückzuzahlen ist, ohne dass es darauf ankommt, ob die beantragte Handlung
tatsächlich bereits vorgenommen wurde oder nicht.

3.2.4 Geringfügige Fehlbeträge

(*small amounts lacking*) können das DPMA und das BPatG nicht außer Betracht las- 20
sen. Dagegen kann das EPA sie ohne Rechtsnachteil für den Einzahler unberücksichtigt lassen, wenn dies der Billigkeit entspricht (Art 9 (1) 4 GebO). Geringfügige Beträge
sind nicht Bagatellbeträge, die das EPA immer unberücksichtigt lässt, und auch nicht
ein fixer Höchstbetrag, sondern ein Prozentsatz, der höchstens 20 % betragen darf.[14]
Es entspricht der Billigkeit, dass dem Einzahler kein Rechtsnachteil entsteht, wenn **a)**

---

13 Amtl Begr BlPMZ 02, 36, 54 zu Nr 32.
14 So grundlegend J 0027/92 ABl **95**, 288; vgl ferner J 0011/85 ABl **86**, 1 (10 %, 25 % zu hoch);
T 0290/90 ABl **92**, 368 (20 %); T 0905/90 ABl **94**, 306 (20 % zu hoch).

der fehlende Betrag unverzüglich nachentrichtet wurde;[15] **b)** eine Auskunft oder Praxis des EPA den Einzahler irregeleitet hatte;[16] **c)** es unangebracht ist, den Einzahler für eine irrtümliche Rechtsansicht zu bestrafen.[17]

4 Gebührenarten:

4.1 Beschwerdegebühr:

21 Soweit anderweitige Anhaltspunkte fehlen, sind mehrere Patentinhaber als Bruchteilsgemeinschaft und nicht als BGB-Gesellschaft zu werten. Nach Absatz 1 der Vorbemerkung zu Teil B des Gebührenverzeichnisses werden bestimmte Gebühren, darunter die Beschwerdegebühr, für jeden Antragsteller gesondert erhoben, so dass bei einer von mehreren Personen eingelegte Beschwerde, die Gebühr entsprechend der Anzahl der Beschwerdeführer mehrfach zu entrichten ist.[18] Wird bei einer von mehreren Beteiligten erhobenen Beschwerde nur eine Gebühr gezahlt, ist zur Vermeidung unzumutbarer Härten zu prüfen, ob die entrichtete Gebühr einem der Beschwerdeführer zugeordnet werden kann. Um eine mit dem Rechtsstaatlichkeitsgebot unvereinbare Erschwerung des Zugangs zu einer gerichtlichen Instanz zu vermeiden, darf hierbei kein strenger Maßstab angelegt werden.[19]

22 **Beitritt:** Ist der Beitritt **innerhalb** der Beschwerdefrist erfolgt, muss der **Beitretende**, wenn er von seinem Recht zur Erhebung einer eigenen Beschwerde Gebrauch macht, auch eine Beschwerdegebühr zahlen. Erfolgt der Beitritt **außerhalb** der Beschwerdefrist, hat der Beitretende keine Beschwerdegebühr zu entrichten[20] (s § 59 Rdn 263 f).

23 *Folge der Nichtzahlung der Beschwerdegebühr:* Die Beschwerde gilt nach § 6 (2) PatKostG als nicht vorgenommen. Das BPatG kann daher über die Beschwerde keine Entscheidung und somit auch keine Kostenentscheidung fällen.[21] Eine verspätet entrichtete Beschwerdegebühr ist zurückzuzahlen.

4.2 Einspruchsgebühr

24 Der Einsprechende hat die Einspruchsgebühr (313 600 PatKostG) nach § 6 (1) 1 PatKostG iVm § 59 (1) 1 PatG innerhalb der Frist, die für den Einspruch gilt, also innerhalb von 9 Monaten nach Veröffentlichung der Patenterteilung, zu zahlen. Die Zahlung der Einspruchsgebühr ist damit eine Wirksamkeitsvoraussetzung für den Einspruch. Wird sie nicht, nicht vollständig oder nicht fristgerecht entrichtet, so gilt nach § 6 (2) PatKostG die Handlung, also der Einspruch (siehe oben Rdn 10) als nicht vorgenom-

---

15 J 0027/92 ABl 95, 288 (Nr 5.7); T 0290/90 ABl 92, 368 (Nr 4c).
16 T 0130/82 ABl 84, 172; T 0905/90 ABl 94, 306; J 0027/92 ABl 95, 288 (Nr 5.7).
17 T 0290/90 ABl 92, 368 (Nr 4a).
18 BGH GRUR 15, 1255, Rn 18 *Mauersteinsatz* = Mitt 15, 525; aA für den Fall einer Beschwerde mehrerer Anmelder im Erteilungsverfahren: BPatG v 07.06.16 – 23 W (pat) 15/14 = BeckRS 2016, 14 476 = GRUR-RS 2016, 14 476; abweichend auch: BPatG v 07.01.17 – 25 W (pat) 19/15 (Markensache).
19 BGH GRUR 15, 1255, Rn 17 *Mauersteinsatz* = Mitt 15, 525 (für Beschwerde im Einspruchsverfahren); BGH Beschl. v. 28.3.2017 – X ZB 19/16, Rn 13 = BeckRS 2017, 106641 (für Beschwerde im Anmeldeverfahren).
20 BPatGE 29, 194.
21 BPatGE 45, 201 *Kosten bei Nichterhebungsfiktion.*

men. Folge: die Einspruchsgebühr ist zurückzuzahlen, weil sie ohne Rechtsgrund entrichtet wurde.

Mehrere Einsprechende, die keine BGB-Gesellschaft bilden, haben – auch bei einem gemeinsamen – Vertreter gemäß der Anlage zu § 2 (1) PatKostG Buchstabe A Vorbemerkung Absatz 2 die Einspruchsgebühr der Nr 313 600 jeder für sich gesondert zu entrichten (Vgl § 59 Rdn 42).[22] Das folgt seit dem 1.7.2006 aus der Anlage zu § 2 (1) PatKostG, »A. *Gebühren des Deutschen Patent- und Markenamts, Vorbemerkung (2)*«, wonach die (Einspruchs-)Gebühr der Nummer 313 600 für jeden Antragsteller gesondert zu erheben ist. Wird für mehrere Einsprechende nur eine Einspruchsgebühr entrichtet und kann diese Gebühr nicht einem der Einsprechenden zugeordnet werden, dann gelten gemäß § 6 (2) PatKostG alle Einsprüche der mehreren Einsprechenden als nicht vorgenommen[23] und die eine Einspruchsgebühr ist – weil rechtsgrundlos entrichtet – zurückzuzahlen.

Der **Beitretende** hat die Einspruchsgebühr (313 600 PatKostG) nach § 6 (1) 1 PatKostG iVm § 59 (2) PatG innerhalb der 3-monatigen Beitrittsfrist (s § 59 Rdn 256) zu entrichten. Wird sie nicht, nicht vollständig oder nicht fristgerecht entrichtet, so gilt nach § 6 (2) PatKostG die Handlung, also der Beitritt (siehe oben Rdn 10) als nicht vorgenommen. Folge: die Beitrittsgebühr ist zurückzuzahlen, weil sie ohne Rechtsgrund entrichtet wurde.

Wiedereinsetzung: § 123 (1) 2 PatG schließt die Wiedereinsetzung in die Frist zur Erhebung des Einspruchs und zur Zahlung der Einspruchsgebühr aus.[24] Dagegen kann der Beitretende in die versäumte Frist des § 59 (2) PatG wieder eingesetzt werden, da § 123 (1) 2 diese Frist von einer Wiedereinsetzung nicht ausnimmt (vgl dazu § 59 Rdn 257).

4.3 3-Monatsfrist des § 6 (1) 2 PatKostG

für die Zahlung von Gebühren, für deren gebührenpflichtigen Antrag oder die Vornahme einer Handlung gesetzlich keine Frist vorgesehen ist, ist wiedereinsetzungsfähig, da § 123 (1) 2 PatG diese Frist von einer Wiedereinsetzung nicht ausnimmt.

§ 7 Zahlungsfristen für Jahres-, Aufrechterhaltungs- und Schutzrechtsverlängerungsgebühren, Verspätungszuschlag

(1) ¹Die Jahresgebühren für Patente, Schutzzertifikate und Patentanmeldungen, und die Aufrechterhaltungsgebühren für Gebrauchsmuster und eingetragene Designs sind bis zum Ablauf des zweiten Monats nach Fälligkeit zu zahlen. ²Wird

---

22 BPatG v 25.04.13 – 12 W (pat) 28/08 *Transporteinrichtung* = BeckRS 2013, 09 870.
23 BPatG Mitt 08, 326 L = Schulte-Kartei PatG 59–62 Nr 372 *Einspruchsgebühren bei »gemeinsamem« Einspruch*; aA Hövelmann Mitt 04, 59; BGH GRUR 15, 1255, Rn 18 Mauersteinsatz = Mitt 15, 525.
24 So schon zum früheren Recht: BPatGE 47, 170 = BlPMZ 04, 164 *Lampenkolbenglas*; BPatGE 47, 285 = BlPMZ 04, 437 *Einspruch als Handlung*; BPatGE 48, 1 *Fördergutspeicher*; BPatG v 10.11.03 – 21 W (pat) 326/03 BeckRS 2012, 02 417.

die Gebühr innerhalb dieser Frist nicht gezahlt, so kann sie mit dem Verspätungszuschlag noch bis zum Ablauf des sechsten Monats nach Fälligkeit gezahlt werden.

(2) ¹Für eingetragene Designs ist bei Aufschiebung der Bildbekanntmachung die Erstreckungsgebühr innerhalb der Aufschiebungsfrist (§ 21 Absatz 1 Satz 1 des Designgesetzes) zu zahlen.

(3) ¹Die Verlängerungsgebühren für Marken sind innerhalb eines Zeitraums von sechs Monaten nach Fälligkeit zu zahlen. ²Wird die Gebühr nicht innerhalb dieser Frist gezahlt, so kann die Gebühr mit dem Verspätungszuschlag noch innerhalb einer Nachfrist von sechs Monaten nach Ablauf der Schutzdauer gemäß § 47 Absatz 1 des Markengesetzes gezahlt werden.

Jürgen Schell

Übersicht

1	Zahlungsfrist	2
2	Unterbrechung der Zahlungsfristen des § 7 (1) PatKostG	3
3	Verspätungszuschlag	4
4	Beispiel	5
5	Folgen nichtfristgerechter Zahlung	6
6	Verfahrenskostenhilfe (VKH)	7

1 **Geltungsbereich:** Das **Kostenbereinigungsgesetz** vom 13.12.2001 (BGBl I 3656 = Bl 02, 14) hat § 17 (3) bis (6) PatG aF und § 18 PatG aF aufgehoben und die Regelung über die Zahlung der Jahresgebühren in vereinfachter Form in das PatKostG übernommen. Insbesondere ist fortgefallen: a) die Zustellung der verwaltungsaufwendigen Gebühren-Benachrichtigung gemäß § 17 (3) PatG aF – auch Löschungsvorbescheid genannt –, die früher notwendig war, um die Frist für die Zahlung mit Verspätungszuschlag in Gang zu setzen; b) Stundungsmöglichkeiten nach § 17 (4)-(6) und § 18 PatG aF, vgl dazu Schulte 7. Aufl § 147 Rn 10.
Das **Transparenz- und Publizitätsgesetz** v 19.7.2002 (BGBl I 2681 = Bl 02, 297) hat in § 7 (1) 2 die Wörter »einer Frist von 6 Monaten« durch die Wörter »des 6. Monats« ersetzt. Das **Geschmacksmusterreformgesetz** v 12.3.2004 (BGBl I 390 = Bl 2004, 207) hat § 7 (1) 1 und (2) neu gefasst.

1 Zahlungsfrist:

2 Nach § 7 (1) PatKostG sind Jahresgebühren »bis zum Ablauf des 2. Monats« nach Fälligkeit zu zahlen. Ablauf des Monats bedeutet das jeweilige Ende des Monats. Dadurch sollte sichergestellt werden, dass Jahresgebühren immer am letzten Tag eines Monats fällig und zuschlagsfrei am letzten Tag des 2. Monats nach Fälligkeit gezahlt werden können. Dadurch sollte eine Fristenberechnung nach den Vorschriften des BGB (§ 187 f BGB¹) vermieden und so die Fristenüberwachung erleichtert werden.²

2 Unterbrechung der Zahlungsfristen des § 7 (1) PatKostG

3 tritt nicht ein durch *Tod* oder die *Eröffnung eines Insolvenzverfahrens* über das Vermögen des als Patentinhaber im Register Eingetragenen,³ denn die einzuhaltenden Zah-

---

1 So früher BPatGE **25**, 184 = BlPMZ **83**, 367.
2 Amtl Begr zum 2. PatGÄndG BlPMZ **98**, 393, 398 zu Nr 3.
3 BGH GRUR **08**, 551 = BlPMZ **08**, 218 *Sägeblatt* (gegen BPatG BlPMZ **07**, 350 L *Sägeblatt*); ebenso BPatG v 21.03.06 – 27 W (pat) 70/04 *City-Boy* = BeckRS **2007**, 08 956 = Schulte-Kartei PatG 405 Nr 50 für Frist zur Zahlung der Verlängerungsgebühr.

lungsfristen sind keine »Verfahren« iSd §§ 239, 240 ZPO. Auch als Gegenstand der Erbmasse oder der Insolvenzmasse besteht das Patent nur so lange, wie eine fällige Jahresgebühr gezahlt wird. Hat der Erbe oder der Insolvenzverwalter die Zahlungsfrist unverschuldet versäumt, kann er Wiedereinsetzung beantragen.

EPA: Nach Regel 142 EPÜ werden alle Verfahren unterbrochen, wozu auch Zahlungsfristen gehören (arg Regel 142 (4) EPÜ). Mit dem Tag der Wiederaufnahme des Verfahrens beginnen unterbrochene Fristen (auch für Zahlungen) neu zu laufen, ausgenommen die Fristen zur Stellung des Prüfungsantrags und zur Entrichtung von Jahresgebühren (Regel 51 (2) EPÜ). Diese sind lediglich gehemmt, so dass mit dem Ende der Unterbrechung die restliche Zeit weiterläuft. Für Jahresgebühren, die während der Unterbrechung fällig werden, wird ihr Fälligkeitszeitpunkt auf den Zeitpunkt der Wiederaufnahme verschoben.[4]

3 Verspätungszuschlag:

Wird die Jahresgebühr nicht in der Frist des § 7 (1) 1 PatKostG gezahlt, so kann sie nach § 7 (1) 2 PatKostG noch mit einem für alle Jahresgebühren einheitlichen Verspätungszuschlag von 50 € entrichtet werden, und zwar »bis zum Ablauf des 6. Monats nach Fälligkeit«. Jahresgebühr und 50 €-Zuschlag können daher wirksam am letzten Tag des 6. Monats nach Fälligkeit entrichtet werden.

Die idR nach Fälligkeit des Verspätungszuschlags vom DPMA versandte Zahlungsaufforderung stellt eine gesetzlich nicht vorgeschriebene, freiwillige Serviceleistung des Patentamts dar, auf die der Anmelder oder Patentinhaber weder vertrauen noch aus ihrem Unterbleiben Rechte herleiten kann.[5]

4 Beispiel:

Anmeldetag 15.02.01; Fälligkeitstag der 3. Jahresgebühr: 28.02.03; Ende der 2-Monatsfrist des § 7 (1) 1: 30.04.03; Ende der 6-Monats-Frist des § 7 (1) 2: 31.08.03.

5 Folgen nichtfristgerechter Zahlung:

a) Wird die Jahresgebühr innerhalb der 2-Monatsfrist nicht oder unvollständig gezahlt, so kann sie noch mit dem Verspätungszuschlag entrichtet werden (s Rdn 4). Die Versäumung der 2-Monatsfrist lässt nur den Verspätungszuschlag fällig werden, lässt aber das Patent nicht erlöschen;[6] b) wird die Jahresgebühr innerhalb der 6-Monatsfrist des § 7 (1) 2 PatKostG nicht oder unvollständig (zB ohne Verspätungszuschlag) entrichtet, so erlischt a) das Patent gemäß § 20 (1) Nr 3 PatG, b) das Schutzzertifikat gemäß § 16a (2) iVm § 20 (1) Nr 3 PatG; c) die Patentanmeldung gemäß § 58 (3) PatG.

Zuständig für die Feststellung, dass das Patent wegen nicht rechtzeitiger Zahlung der Jahresgebühr mit Verspätungszuschlag erloschen ist, ist nach § 1 (1) Nr 5 WahrnV der Beamte des gehobenen Dienstes oder ein vergleichbarer Tarifbeschäftigter.

---

4 EPA J./87 ABl **88**, 323 *Geschäftsunfähigkeit*.
5 BGH GRUR 08, 551, Rn 11 *Sägeblatt*; BPatG v 28.08.13 – 10 W (pat) 18/13 = BeckRS **2013**, 17 660.
6 AA OLG Düsseldorf Mitt 07, 143. Dagegen Hövelmann Mitt 07, 540, der darauf verweist, dass die Ansicht des OLG gegen Art 5bis PVÜ verstößt, der zwingend eine Nachfrist von 6 Monaten vorsieht.

6 Verfahrenskostenhilfe (VKH):

7 Nichtzahlung der Jahresgebühren, die in die VKH einbezogen wurden, lässt das Patent, das Schutzzertifikat und die Patentanmeldung gemäß § 130 (2) PatG nicht erlöschen. Mit Rechtskraft des Beschlusses über die Aufhebung der VKH werden alle bis dahin entstandenen Jahresgebühren fällig und sind innerhalb der 2-Monatsfrist des § 7 (1) 1 zuschlagsfrei oder innerhalb der 6-Monatsfrist des § 7 (1) 2 PatKostG mit dem Verspätungszuschlag von 50 € zu entrichten.

§ 8 Kostenansatz

(1) Die Kosten werden angesetzt:
1. beim Deutschen Patent- und Markenamt
   a) bei Einreichung einer Anmeldung,
   b) bei Einreichung eines Antrags,
   c) im Fall eines Beitritts zum Einspruchsverfahren,
   d) bei Einreichung eines Antrags auf gerichtliche Entscheidung nach § 61 Abs 2 des Patentgesetzes sowie
   e) bei Einlegung eines Rechtsbehelfs oder Rechtsmittels,
2. beim Bundespatentgericht
   a) bei Einreichung einer Klage,
   b) bei Einreichung eines Antrags auf Erlass einer einstweiligen Verfügung,
   c) im Fall eines Beitritts zum Einspruch im Beschwerdeverfahren oder im Verfahren nach § 61 Abs 2 des Patentgesetzes sowie
   d) bei einer erfolglosen Rüge wegen Verletzung des Anspruchs auf rechtliches Gehör,

auch wenn sie bei einem ersuchten Gericht oder einer ersuchten Behörde entstanden sind.

(2) Die Stelle, die die Kosten angesetzt hat, trifft auch die Entscheidungen nach §§ 9 und 10.

Jürgen Schell

Übersicht

1	Begriff	2
2	Kostenansatz vor dem DPMA	3
3	Kostenansatz vor dem BPatG	5
4	Berichtigung des Kostenansatzes	6
5	Erinnerung	7
6	Zuständigkeit nach § 8 (2) PatKostG	8

1 **Geltungsbereich:** § 8 gilt für den Ansatz von Kosten nach dem PatKostG, für Kosten der DPMAVwKostV gilt deren § 10. Art 6 des Gesetzes zur Änderung des patentrechtlichen Einspruchsverfahrens und des Patentkostengesetzes vom 21.6.2006 (BGBl I 1318 = BlPMZ 2006, 225) hat § 8 (1) neu gefasst, ohne ihn inhaltlich zu ändern.

Anhang 15 § 8 Patentkostengesetz PatKostG

1 Begriff:

Der Kostenansatz umfasst: **a)** die Aufstellung der Kostenrechnung. Diese enthält: Bezeichnung der Sache, Geschäftsnummer, einzelne Kostenansätze und die Kostenvorschüsse unter Hinweis auf die angewendete Vorschrift, den Gesamtbetrag der Kosten, Namen und Anschrift der Kostenschuldner; **b)** Berechnung der vor dem DPMA oder vor dem BPatG anfallenden Kosten; **c)** Feststellung der Kostenschuldner; **d)** Anforderung der noch nicht entrichteten Kosten mit Kostennachricht, insbesondere wenn von der Entrichtung die Vornahme einer Amtshandlung oder die Einleitung eines Verfahrens abhängig ist.

2 Kostenansatz vor dem DPMA

erfolgt in Patentsachen nach § 8 (1) Nr 1 PatKostG für die **beitreibbaren Gebühren** (siehe oben § 1 Rdn 17 ff) des Gebührenverzeichnisses Abschnitt A I. Überlässt es das Gesetz dem Verfahrensbeteiligten, ob er mit seiner Zahlung einen bestimmten Rechtserfolg eintreten lassen will oder nicht – zB einen Antrag wirksam werden zu lassen oder nicht – so können solche Gebühren nicht beigetrieben werden und scheiden daher für einen Kostenansatz aus.

Auslagen: Für sie erfolgt vor dem DPMA der Kostenansatz nach § 10 DPMAVwKostV

3 Kostenansatz vor dem BPatG

erfolgt nach § 8 (1) Nr 2 PatKostG[1]
a) bei Einreichung einer Klage gem §§ 81, 85a PatG oder eines Antrags gem §§ 85, 85a PatG nachdem der Senat den vorläufigen Streitwert festgesetzt hat (siehe oben § 2 Rdn 27). Hat der Kläger einen Wert angegeben und eine danach berechnete Gebühr entrichtet und setzt der Senat den vorläufigen Streitwert nicht abweichend fest, so erübrigt sich ein Kostenansatz für diese Gebühren.
b) für die Gebühr für den Beitritt zum Einspruch im Beschwerdeverfahren gemäß Nr 313 600 PatKostG (200 €), für die Gebühr im Verfahren nach § 61 (2) PatG gemäß Nr 400 000 PatKostG (300 €) und für die Gebühr für eine erfolglose Anhörungsrüge gemäß Nr 403 100 PatKostG (50 €).
c) für **Auslagen** gemäß § 1 (1) 2 PatKostG iVm § 19 (1) GKG und der Anlage 1 Kostenverzeichnis Teil 9 Auslagen Nr 9000–9018.[2] Dazu gehören insbesondere: **i)** Nr 9000: Pauschale für die Herstellung und Überlassung von Dokumenten, wie Ausfertigungen, Ablichtungen und elektronisch gespeicherte Dateien; **ii)** Nr 9001 Auslagen für Telegramme, nicht dagegen generell für alle Entgelte für Telekommunikationsleistungen; **iii)** Nr 9002: Auslagen für Zustellungen mit Zustellungsurkunde oder Einschreiben gegen Rückschein. Da im patentgerichtlichen Beschwerdeverfahren mit der Beschwerdegebühr keine streitwertabhängige, sondern eine feste Gebühr vorgesehen ist, greift die Ausnahme nach KV Nr. 9002 zu Anlage 1

---

1 Vgl hierzu auch Schramm in Benkard, PatG, 11. Aufl 2015, § 8 PatKostG, Rn 5 f.
2 BPatG Beschl. v. 23.7.2019 – 7 W (pat) 4/17 = BeckRS 2019, 31789.

zu § 3 Abs. 2 GKG hier nicht[3]; **iv)** Nr 9005: Beträge nach dem JVEG für Zeugen und Sachverständige (s § 128a); **v)** Nr 9006: Reisekosten für Gerichtspersonen.

4 Berichtigung des Kostenansatzes

6 ist im Verwaltungswege möglich, solange nicht eine gerichtliche Entscheidung getroffen ist. Zu einer Änderung kann der Kostenbeamte durch den Kostenprüfungsbeamten angewiesen werden.

Nach einer Änderung des Streitwerts durch das BPatG kann auch der Kostenansatz nach § 19 (5) 2 GKG berichtigt werden.

5 Erinnerung

7 gegen den Kostenansatz bestimmt sich nach § 11 PatKostG, nicht nach § 5 GKG.[4]

6 Zuständigkeit nach § 8 (2) PatKostG:

8 Über die Nichterhebung wegen unrichtiger Sachbehandlung nach § 9 PatKostG sowie die Rückzahlung von Kosten und den Wegfall der Gebühr nach § 10 entscheidet grundsätzlich die Stelle, die die Kosten angesetzt hat. *Ausnahme*: Ist das Verfahren vor dem BPatG anhängig, so kann das BPatG nach §§ 9 und 10 auch über Gebühren entscheiden, die das DPMA zu Unrecht angesetzt hat. Ebenso kann der BGH in einem vor dem BGH anhängigen Verfahren über Gebühren entscheiden, die das BPatG zu Unrecht angesetzt hat.[5] Eine Zurückverweisung nur wegen der Entscheidung nach §§ 9 und 10 über Kosten der unteren Instanz ist daher nicht erforderlich.

§ 9 Unrichtige Sachbehandlung

Kosten, die bei richtiger Behandlung der Sache nicht entstanden wären, werden nicht erhoben.

Jürgen Schell

Übersicht

1	Sinn des § 9 PatKostG	2
2	Voraussetzungen für eine Nichterhebung von Kosten	3
2.1	Kosten	3
2.2	Entstehung von Kosten	4
2.3	Fehler des BPatG oder des DPMA	5
2.4	Ursächlichkeit	8
3	Verfahren	9
3.1	Zuständig	10
3.2	Rechtsmittel	11

---

3 BPatG Beschl. v. 23.7.2019 – 7 W (pat) 4/17, Rn 18, mwN = BeckRS 2019, 31789.
4 BPatGE 47, 207 = BlPMZ 04, 467 *Kostenansatz*; = Mitt 04, 383 (Ls) = BeckRS 2009, 24 780.
5 BGHZ 27, 163, 171 = NJW 58, 1186.

Anhang 15 § 9 Patentkostengesetz PatKostG

Geltungsbereich:
§ 9 PatKostG gilt für das BPatG; für das DPMA gilt der mit § 9 PatKostG wortgleiche § 9 (1) 1 DPMAVwKostV. Beide Bestimmungen stimmen wörtlich mit § 21 (1) 1 GKG überein. § 9 wurde in das PatKostG aufgenommen, weil eine Regelung im früheren PatGebG fehlte.[1] § 9 PatKostG gilt allgemein für Kosten, also für Gebühren und Auslagen.[2] Für *Auslagen* vor dem BPatG ist nach § 1 (1) 2 PatKostG das GKG anzuwenden, also auch § 8 (1) 1 GKG (= § 9 PatKostG) und § 8 (1) 2 GKG (identisch mit § 9 (1) 2 DPMAVwKostV).   1

1 Sinn des § 9 PatKostG

ist die Kostengerechtigkeit. Die Parteien sollen nicht deshalb mit Kosten belastet werden, weil das DPMA oder das BPatG eine Sache nicht richtig behandelt hat.[3]   2

2 Voraussetzungen für eine Nichterhebung von Kosten

2.1 Kosten:

§ 9 PatKostG gilt nur für Kosten, die nach § 1 (1) und § 2 (1) PatKostG erhoben werden können, also für *Gebühren des BPatG* nach dem Gebührenverzeichnis zu § 2 (1) PatKostG und für *Auslagen des BPatG* nach Teil 9 des Kostenverzeichnisses zu § 3 (2) GKG. Alle anderen Kosten fallen nicht unter § 9 PatKostG, insbesondere nicht die Kosten einer Partei, eines Verfahrensbeteiligten oder eines Anwalts.   3

2.2 Entstehung von Kosten:

Gebühren und Auslagen müssen entstanden sein. Fehlt es daran, bedarf es keiner Entscheidung nach § 9 PatKostG, sondern sie sind – weil ohne Rechtsgrund gezahlt – zu erstatten.   4

Hat das BPatG keine Kosten angesetzt, bedarf es keiner Entscheidung nach § 9 PatKostG.

2.3 Fehler des BPatG oder des DPMA

muss vorliegen. Unrichtig iSd § 9 PatKostG ist nicht jede Fehlbehandlung, sondern nur eine Sachbehandlung, die eindeutig gegen eine gesetzliche Norm verstößt, so dass sich für deren Nichteinhaltung kein plausibler Grund finden lässt. Daher liegt keine unrichtige Sachbehandlung vor, wenn eine abweichende Rechtsansicht (auch von einer herrschenden Meinung) vertreten wird[4] oder die Rechtsanwendung nicht irrtumsfrei ist (*error in judgement*) oder wenn eine Sache zurückverwiesen wird,[5] weil das BPatG eine vom BGH nicht gebilligte Rechtsauffassung vertreten hat.[6]   5

Unrichtige Sachbehandlung bejaht: a) wenn das Gericht gegen eindeutige gesetzliche Normen verstoßen hat und dieser Verstoß offen zutage tritt oder wenn ein offensichtliches Versehen vorliegt;[7] b) bei offensichtlich schwerem Verfahrensfehler;[8] c) wenn eine   6

---

1 Amtl Begr BlPMZ 02, 36, 43 zu § 8 und § 9.
2 BPatGE 26, 34 = BlPMZ 84, 197 = GRUR 84, 340.
3 BGHZ 27, 163, = NJW 58, 1186.
4 BGHZ 93, 213.
5 OLG Köln NJW-RR 01, 1725.
6 BGHZ 93, 191 = GRUR 85, 512 (Leitsatz 6) *Druckbalken*.
7 BGH NJW 62, 2107; BPatG Mitt 71, 174, 176 rSp.; 59, 429.
8 OLG München MDR 98, 1437; OLG Schleswig JurBüro 95, 44.

Schell

völlig unhaltbare Rechtsansicht vertreten wird;[9] **d)** bei erheblichem Verstoß gegen § 139 ZPO;[10] **e)** bei schuldhaft grob verzögerlicher Bearbeitung,[11] wenn diese unmittelbar zu einem Rechts- oder Kostennachteil führt;[12] **f)** bei Versagung des rechtlichen Gehörs,[13] zB wegen eines Verstoßes gegen die Hinweis- und Aufklärungspflicht (§ 139 ZPO);[14] **g)** Entscheidung durch unrichtig besetzte Richterbank;[15] **h)** wenn Pflicht zur kostensparenden und damit grundsätzlich billigsten Sachbehandlung verletzt wird.[16]

7   *Unrichtige Sachbehandlung verneint*: **a)** bei leichteren Verfahrensfehlern;[17] **b)** abweichende Beurteilung einer wissenschaftlichen Streitfrage;[18] **c)** für lediglich unzweckmäßige Handlung;[19] **d)** für Vernehmung eines Zeugen oder Sachverständigen ohne Einholung eines Kostenvorschusses; **e)** wenn Fehler nicht das BPatG, sondern der Sachverständige begangen hat;[20] **f)** wenn mit einem Antrag nach § 9 nur die sachliche Richtigkeit der Entscheidung des BPatG überprüft werden soll;[21] **g)** Bearbeitung, die auch schneller hätte geschehen können;[22] **h)** Längere Verzögerung der Prüfung einer Patentanmeldung;[23] **i)** für 19. und 20. Jahresgebühr, wenn ein Patent bis zum Ablauf der längstmöglichen Patentdauer nicht erteilt wurde.[24]

2.4 Ursächlichkeit

8   zwischen Falschbehandlung und Entstehung der Kosten muss gegeben sein.[25] Daran fehlt es, wenn die Kosten auch ohne die gerügte Falschbehandlung entstanden wären, denn die Beteiligten sollen keinen Vorteil durch die unrichtige Sachbehandlung haben.[26]

---

9   OLG München MDR 90, 348.
10 OLG Hamm AnwBl 84, 93.
11 BPatG Mitt 71, 174, 176 lSp.
12 BPatGE 49, 123 = BlPMZ 05, 455 = GRUR 06, 261 (II2b aa) *Prüfungsantragsgebühr*.
13 BVerfG RPfleger 74, 12; BGHZ 27, 163, 170 = NJW 58, 1186; BVerwG Buchholz 360 § 8 GKG Nr 3; BFH NJW 77, 1080.
14 BPatG v 29.06.10 – 6 W (pat) 327/06 = Mitt 10, 490 = BeckRS 10, 19 683.
15 BGHZ 27, 163, 171 = NJW 58, 1186; BVerwG vom 29.08.00 – 11 KSt 2.00 unter: http://lexetius.com/2000/11/336 = BeckRS 2000, 30 129 025.
16 BayObLG vom 12.10.00 – 3Z BR 171/00 JurBüro 01, 151 = BeckRS 2000, 09 231.
17 OLG Karlsruhe JurBüro 99, 204.
18 OLG Köln NJW-RR 01, 1725.
19 OLG Karlsruhe JurBüro 99, 204.
20 OLG Koblenz Rechtspfleger 81, 37.
21 BGH VersR 84, 78; OLG Frankfurt/Main JurBüro 95, 210.
22 BPatG Mitt 71, 174, 176 rSp.
23 BPatGE 49, 123 = BlPMZ 05, 455 = GRUR 06, 261 *Prüfungsantragsgebühr*.
24 BPatG BlPMZ 07, 270 L *Jahresgebühren*.
25 BGHZ 27, 163, 171 = NJW 58, 1186; BPatG BlPMZ 05, 455 (II2b aa) (= GRUR 06, 261) *Prüfungsantragsgebühr*; BPatGE 49, 214 = BlPMZ 06, 374 (IIB2b aa) *Unvollständige Recherche*.
26 OLG Celle Rpfleger 59, 228; KG DNotZ 70, 437/439; BayObLG vom 12.10.00 – 3Z BR 171/00 JurBüro 01, 151 = BeckRS 00, 09 231.; BPatGE 49, 123 = BlPMZ 05, 455 = GRUR 06, 261 (II2c) *Prüfungsantragsgebühr*; BPatG Mitt 11, 473 (Ls) *Prüfungsantragsgebühr II*.

Anhang 15 § 10 Patentkostengesetz PatKostG

3 Verfahren:

Stellt das BPatG eine unrichtige Sachbehandlung iSd mit § 9 PatKostG wortgleichen § 21 Abs (1) GKG fest, ist es von Amts wegen verpflichtet, die dadurch entstandenen Kosten nicht zu erheben und dies durch Beschluss ausdrücklich festzustellen.[27] 9

3.1 Zuständig

ist nach § 8 (2) PatKostG die Stelle, die die Kosten angesetzt hat. Ist das Verfahren vor dem BGH anhängig, kann der BGH nicht nur die Niederschlagung der vor dem BGH, sondern auch der vor dem BPatG entstandenen Kosten aussprechen.[28] Ebenso kann das BPatG anordnen, dass vor dem DPMA durch Falschbehandlung entstandene Kosten nicht erhoben werden. 10

Verweist der BGH die Sache zu neuer Verhandlung und Entscheidung, auch über die Kosten des Rechtsbeschwerdeverfahrens, an das BPatG zurück, hat das BPatG ggf auch eine Nichterhebung der Gerichtskosten für das Rechtsbeschwerdeverfahren zu prüfen.[29]

3.2 Rechtsmittel

gegen eine Entscheidung nach §§ 9 und 10 ist die Erinnerung nach § 11 PatKostG, über die die Stelle entscheidet, die die Kosten angesetzt hat. Gegen die Entscheidung des DPMA über die Erinnerung kann der Kostenschuldner nach § 11 (2) 1 DPMAVwKostV Beschwerde einlegen, wenn der Wert des Beschwerdegegenstands 50 € übersteigt. Eine weitere Beschwerde gegen die Entscheidung des BPatG findet nach § 11 (2) 2 DPMAVwKostV nicht statt. Eine erstinstanzliche Entscheidung des BPatG kann gemäß § 99 (2) PatG nicht angefochten werden. 11

§ 10 Rückzahlung von Kosten, Wegfall der Gebühr

(1) ¹Vorausgezahlte Gebühren, die nicht mehr fällig werden können, und nicht verbrauchte Auslagenvorschüsse werden erstattet. ²Die Rückerstattung von Teilbeträgen der Jahresgebühr Nummer 312 205 bis 312 207 des Gebührenverzeichnisses ist ausgeschlossen.

(2) Gilt eine Anmeldung oder ein Antrag als zurückgenommen (§ 6 Abs 2) oder auf Grund anderer gesetzlicher Bestimmungen als zurückgenommen oder erlischt ein Schutzrecht, weil die Gebühr nicht oder nicht vollständig gezahlt wurde, so entfällt die Gebühr, wenn die beantragte Amtshandlung nicht vorgenommen wurde.

Jürgen Schell

---

27 BPatG v 29.06.10 – 6 W (pat) 327/06 = Mitt 10, 490.
28 BGHZ 27, 163, 171 = NJW 58, 1186.
29 BPatGE 52, 164 = Mitt 10, 490 = BeckRS 2010, 19 683.

PatKostG § 10 Patentkostengesetz Anhang 15

Übersicht

1	Sinn	2
2	Rückzahlung von Kosten	3
3	Zahlungen mit Rechtsgrund	4
4	Zahlungen ohne Rechtsgrund	8
4.1	Gebührentatbestand existierte nie	10
4.2	Gebührentatbestand vor Zahlung weggefallen	11
5	Vorauszahlungen	19
5.1	Vorauszahlungspflicht nach § 5 (1) PatKostG	19
5.2	Andere Vorauszahlungen	20
5.3	Erstattung vorausgezahlter Gebühren nach § 10 (1) 1 PatKostG	21
5.3.1	Voraussetzung für Erstattung nach § 10 (1) 1 PatKostG	22
5.3.2	Wegfall nach Fälligkeit	23
5.3.3	Wegfall am Fälligkeitstag	24
5.3.4	Ermäßigte Jahresgebühr für das 3.-5. Jahr	25
5.3.5	Verfahren	27
6	Auslagenvorschüsse	28
7	Entfallen der Gebühr ohne Vornahme der beantragten Amtshandlung (§ 10 (2) PatKostG)	29
7.1	Sinn	29
7.2	Voraussetzungen für den Wegfall einer Gebühr nach § 10 (2) PatKostG	30
7.2.1	Beantragte Amtshandlung wurde nicht vorgenommen	30
7.2.2	Fiktion der Rücknahme	32
7.2.3	Fiktion der Nichtvornahme	34
7.2.4	Erlöschen eines Schutzrechts	35
7.2.5	Gezahlte Teilbeträge	36

1 **Geltungsbereich:** Das Kostenbereinigungsgesetz hat die Rückzahlungsregelungen in § 17 (6) 2 und § 19 Satz 2 PatG aF aufgehoben und die Rückzahlung von Kosten sowie den Wegfall von Gebühren in § 10 PatKostG zusammenfassend geregelt. Das **Geschmacksmusterreformgesetz** v 12.03.04 (BGBl I 390 = BlPMZ 2004, 207) hat § 10 (2) 2 »Bereits gezahlte Teilbeträge werden nicht erstattet« gestrichen. Art 6 des Gesetzes zur Änderung des patentrechtlichen Einspruchsverfahrens und des Patentkostengesetzes vom 21.6.2006 (BGBl I 1318 = BlPMZ 2006, 225) hat in § 10 Abs 2 die Wörter »oder die Handlung als nicht vorgenommen« gestrichen.

1 Sinn:

2 Das PatKostG strebt eine Vereinfachung des Zahlungsverkehrs für das DPMA und BPatG an. Dem dient insbesondere § 10 PatKostG, dieser bezweckt[1]: **a)** eine einheitliche Regelung für die Rückzahlung von Kosten; **b)** die Vermeidung einer Vollstreckung für fällige Gebühren, deren Nichtzahlung die Folge hatte, dass eine Verfahrenshandlung (Antrag, Anmeldung etc) als nicht vorgenommen oder zurückgenommen gilt oder dass ein Schutzrecht erlischt; **c)** eine Beschleunigung des Zahlungsverkehrs, weil Amtshandlungen ohne vorherige Prüfung des tatsächlichen Eingangs der Gebühr vorgenommen werden können. Wird die Gebühr wider Erwarten gleichwohl nicht gezahlt, kann sie in diesen Ausnahmefällen beigetrieben werden.

---

1 Amtl Begr BlPMZ 02, 36 und 43 (zu § 10).

2 Rückzahlung von Kosten:

Für die Erstattung von gezahlten Kosten sind zu unterscheiden: a) Zahlungen mit Rechtsgrund (s Rdn 4); b) Zahlungen ohne Rechtsgrund (s Rdn 8); c) Vorauszahlungen von Gebühren, die nicht mehr fällig werden können (s Rdn 15); d) Nicht verbrauchte Auslagenvorschüsse (s Rdn 32); e) Entfallen der Gebühr gemäß § 10 (2) PatKostG (s Rdn 27).

3 Zahlungen mit Rechtsgrund

sind Zahlungen, mit denen eine bestehende Kostenschuld getilgt wurde oder mit denen ein bestimmter Rechtserfolg im Zeitpunkt der Entrichtung erzielt wurde, zB Aufrechterhaltung eines Schutzrechts. Bei Eintritt einer Rücknahmefiktion, die sich auf die Anmeldung insgesamt bezieht, sind rechtzeitig und vollständig gezahlte Gebühren für Anträge, die lediglich aufgrund der Rücknahmefiktion nicht mehr bearbeitet werden können, nicht nach § 10 (2) PatKostG erstattungsfähig.[2]

Mit Rechtsgrund gezahlt und daher grundsätzlich (Ausnahmen siehe Rdn 7) nicht rückzahlbar sind:
 a) Zahlungen nach Eintritt der Fälligkeit. Sie sind verfallen, und zwar grundsätzlich auch dann, wenn der Gebührentatbestand kurz nach Fälligkeit und Zahlung entfallen ist, zB durch Rücknahme der Anmeldung vor Durchführung der beantragten Prüfung;[3] b) Vorauszahlte Gebühren, wenn mit der Vorauszahlung bereits im Zeitpunkt der Entrichtung ein gesetzlich vorgesehener Rechtserfolg erreicht wird, wie die Vorauszahlung einer Jahresgebühr gemäß § 5 (2) PatKostG; c) verbrauchte Auslagenvorschüsse, für die also die Gegenleistung nach Teil 9 des Kostenverzeichnisses Anlage 1 zu § 3 (2) GKG erbracht wurde.

Allgemeine Billigkeitserwägungen können eine Rückzahlung nicht begründen,[4] zB weil wenige Tage nach der Zahlung das Schutzrecht erlosch, die Anmeldung oder der Antrag zurückgenommen wurde. Die im PatKostG aufgeführten und durch die Anwendung der Grundsätze des allgemeinen öffentlich-rechtlichen Erstattungsanspruchs ergänzten Erstattungsregelungen sind abschließend.[5]

Ausnahmen: Mit Rechtsgrund entrichtete Kosten können ausnahmsweise erstattet werden, wenn das gesetzlich vorgesehen ist, wie zB für
 a) die Rückzahlung der Beschwerdegebühr durch das DPMA im Wege der Abhilfe gemäß § 73 (3) 2 PatG oder durch das BPatG § 80 (3) PatG[6];
 b) die Rückzahlung der Einspruchsgebühr gemäß § 62 (1) 3 PatG;

---

2 BPatG Mitt **11**, 473 (Ls) *Prüfungsantragsgebühr II*.
3 BPatGE **49**, 123 = BlPMZ **05**, 455 = GRUR **06**, 261 *Prüfungsantragsgebühr*.
4 BGH GRUR **84**, 870 (II3a) *Schweißpistolenstromdüse II*; BPatGE **37**, 187 für Anmelde- und Prüfungsantragsgebühr; BPatGE **10**, 143; **11**, 200, 203; **16**, 33; BPatGE **49**, 123 = BlPMZ **05**, 455 = GRUR **06**, 261 (II2c) *Prüfungsantragsgebühr*; BGH GRUR **08**, 549 *Schwingungsdämpfung*; BPatG Mitt **11**, 473 (Ls) *Prüfungsantragsgebühr II*.
5 BGH GRUR **08**, 549 *Schwingungsdämpfung*; BPatG Mitt **11**, 473 (Ls) *Prüfungsantragsgebühr II*.
6 Vgl hierzu BPatG Mitt **15**, 146 *Großformat-Bogenoffsetdruckmaschine* = BeckRS 2015, 01 364.

c) Kosten, für die die Gegenleistung aus Gründen, die in der Sphäre der Behörde liegen (zB Überlastung), nicht erbracht wurde und auch nicht mehr erbracht werden kann.[7] Eine Einbehaltung würde in diesem Fall allgemeinen gebührenrechtlichen Grundsätzen und verfassungsrechtlichen Erwägungen widersprechen.[8] Eine Rückzahlung scheidet aber aus, wenn der Anspruchsteller selbst die begehrte und mögliche Amtshandlung (zB Prüfung der Anmeldung) unmöglich macht (zB durch Rücknahme der Anmeldung);[9]
d) Kosten des DPMA (nicht des BPatG[10]), von deren Erhebung oder Ansatz das DPMA gemäß § 9 (2) und (3) DPMAVwKostV absehen kann;
e) Recherche- und Prüfungsantragsgebühr gemäß § 43 (4) 3 und (5) 2 und § 44 (3) 2 PatG.

4 Zahlungen ohne Rechtsgrund:

8 Sind Gebühren und Auslagen ohne rechtlichen Grund entrichtet worden, so sind sie dem Einzahler zu erstatten, weil der Fiskus keinen Anspruch auf Einbehaltung hat. Dieser Rückzahlungsanspruch ergibt sich entweder aus einer entsprechenden Anwendung des § 812 BGB[11] oder ist als öffentlich-rechtlicher Erstattungsanspruch gerechtfertigt.[12]

9 Der Rechtsgrund kann von vorneherein fehlen oder nachträglich entfallen kraft Erklärung des Beteiligten, die ex nunc wirkt, oder kraft einer gesetzlichen Fiktion, die je nach Ausgestaltung durch den Gesetzgeber sowohl ex nunc wie ex tunc wirken kann. **Fehlender Rechtsgrund** in diesem Sinne, der den Einzahler zur Rückforderung berechtigt, ist gegeben, wenn der Gebührentatbestand *im Zeitpunkt der Zahlung* nicht oder nicht mehr bestand.

4.1 Gebührentatbestand existierte nie

10 ZB wenn eine Anmeldung nicht bzw. nicht rechtswirksam[13] eingereicht wurde, ein Antrag nicht oder nicht wirksam gestellt war;[14] die Gebühr für eine Anmeldung oder ein Patent gezahlt wurde, die gebührenfrei sind.

4.2 Gebührentatbestand vor Zahlung weggefallen

11 Wenn der Gebührentatbestand in der Vergangenheit zwar bestanden hatte, aber vor der Zahlung weggefallen ist, zB durch

---

7 BGH GRUR 00, 325 *Beschleunigungsgebühr*.
8 BGH GRUR 00, 421 *Rückzahlung der Beschleunigungsgebühr*.
9 BPatGE 49, 123 = BlPMZ 05, 455 = GRUR 06, 261 *Prüfungsantragsgebühr*.
10 BGH GRUR 00, 325 *Beschleunigungsgebühr* (III1); 00, 421 *Rückzahlung der Beschleunigungsgebühr* (III1); BPatGE 13, 60, 63; 16, 33.
11 BGH GRUR 71, 563 (BII4) *Dipolantenne*; 93, 890 (III 2 b cc) *Teilungsgebühren*; BPatGE 2, 17, 18; 11, 23, 25; 28, 203, 205; 36, 266, 269; BlPMZ 72, 262; BPatGE 49, 123 = BlPMZ 05, 455 = GRUR 06, 261 *Prüfungsantragsgebühr*.
12 BPatG Beschl. v. 19.9.2018 – 7 W (pat) 8/18, Rn 19 ff = BeckRS 2018, 24871. BPatGE 40, 185, 187 *Steckerbrücke*.;
13 BPatGE 26, 198 = BlPMZ 84, 381 Fall der »Nichtanmeldung«.
14 BPatGE 32, 130 = BlPMZ 91, 396 Widerspruch ohne Unterzeichnung; 13, 163, 165 Antrag, Druckschriften zu liefern, nicht gestellt.

Anhang 15 § 10 Patentkostengesetz PatKostG

1. Rechtswirksam erklärte Rücknahme; — 12
2. Rechtswirksame Anfechtung mit Rückwirkung vor den Zahlungszeitpunkt;[15] — 13
3. Umwandlung einer selbständigen in eine Zusatzanmeldung; — 14
4. Erlöschen des Patents vor Zahlung (§ 20 (1) PatG);[16] — 15
5. Gesetzliche Fiktion: — 16
   a) der Rücknahme, wenn diese vor Zahlung eingetreten ist (§ 6 (2) PatKostG, siehe dort Rdn 8; § 40 (5), § 58 (3) PatG);
   b) Handlung gilt als nicht vorgenommen (§ 6 (2) KostG, siehe dort Rdn 11);
   c) Antrag gilt als nicht gestellt (§ 43 (4) 3 und (5) PatG);
   d) Erklärung gilt als nicht abgegeben (§ 39 (3) PatG);
   e) Anmeldung gilt als nicht erfolgt (§ 35 (2) 2 PatG).

Keine Rückwirkung kommt der Rücknahme zu, mag sie auf einer Erklärung des Beteiligten oder einer gesetzlichen Fiktion beruhen. Die erklärte und die fingierte Rücknahme wirken nur ex nunc, so dass Kosten nur zurückgefordert werden können, die nach dem Wirksamwerden der Rücknahme entrichtet wurden. — 17

Rechtsmittel: Gegen Ablehnung des Rückzahlungsbegehrens durch das DPMA findet die Beschwerde zum BPatG statt.[17] Gegen einen Beschluss des BPatG ist eine Anfechtung nach § 99 (2) PatG ausgeschlossen (s § 99 Rdn 11). — 18

5 Vorauszahlungen

5.1 Vorauszahlungspflicht nach § 5 (1) PatKostG:

Das DPMA bearbeitet nach § 5 (1) 1 PatKostG eine Anmeldung, einen Antrag, einen Einspruch oder eine Beschwerde erst, wenn die Gebühr gezahlt ist. Fehlt die erforderliche Gebühr, weist das DPMA mit einer Gebührenanforderung, darauf hin, dass die eingegangene Verfahrenshandlung erst nach Eingang der Gebühr bearbeitet wird. — 19

Vor dem BPatG gibt es keine Vorauszahlungspflicht. Nach der Ordnungsvorschrift des § 5 (1) 3 PatKostG *soll* die Klage erst nach Zahlung der Gebühr zugestellt werden.

5.2 Andere Vorauszahlungen,

die nicht unter § 5 (1) PatKostG fallen, sind gesetzlich nicht verboten. Jedoch sind das DPMA und das BPatG nur verpflichtet, solche Vorauszahlungen anzunehmen, die das Gesetz dem Einzahler gestattet. Gesetzlich nicht vorgesehene Vorauszahlungen können als nicht geschuldet zurück überwiesen werden. Werden sie aber vereinnahmt, dann sind sie für den angegebenen Zweck zu verwenden. In diesem Fall wird mit Eintritt der Fälligkeit die Kostenschuld getilgt. — 20

---

15 BPatGE 1, 25, 26; BPatG BlPMZ 72, 262.
16 BPatGE 36, 266 = GRUR 97, 443.
17 BPatGE 43, 132, 146 *Drehmomentübertragungseinrichtung.*

5.3 Erstattung vorausgezahlter Gebühren nach § 10 (1) 1 PatKostG:

21 Die Bestimmung § 10 Abs (1) Satz 1 PatKostG betrifft nur Gebühren, die nicht mehr fällig werden können, nicht Gebühren, die bereits fällig geworden sind,[18] wie bspw Zahlung der Prüfungsgebühr, die mit Eintritt der Fälligkeit entrichtet wurde.[19]
§ 10 Abs (1) Satz 1 PatKostG bezieht sich nur auf gesetzlich zulässige Vorauszahlungen.[20] Gesetzlich zugelassen ist nach § 5 (2) PatKostG nur die Vorauszahlung einer Jahresgebühr frühestens 1 Jahr vor Fälligkeit. Gesetzlich nicht zugelassene Vorauszahlungen, zB Zahlungen von Jahresgebühren früher als 1 Jahr vor Fälligkeit oder Zahlungen für Gebührentatbestände, die noch nicht existent, aber künftig möglich sind, fallen nicht unter § 10 (1) 1 PatKostG. Sie sind ohne Rechtsgrund entrichtet und können – wenn sie zurück gefordert werden – nicht mit der Begründung einbehalten werden, sie könnten noch fällig werden.[21]

5.3.1 Voraussetzung für Erstattung nach § 10 (1) 1 PatKostG:

22 Die vorausgezahlte Jahresgebühr kann nicht mehr fällig werden. Diese Voraussetzung ist erfüllt, wenn Anmeldung, Patent oder Schutzzertifikat *vor* Eintritt der Fälligkeit der Jahresgebühr weggefallen sind. Eine Anmeldung kann durch erklärte oder gesetzlich fingierte Rücknahme entfallen, zB gemäß § 35 (2) 2, § 39 (3), § 40 (5) 1, § 58 (3) PatG. Ein Patent und ein Schutzzertifikat können gemäß § 20 und § 16a (2) iVm § 20 PatG entfallen, zB durch Verzicht oder nicht rechtzeitige Zahlung einer älteren Jahresgebühr (vgl dazu oben Rdn 9)

5.3.2 Wegfall nach Fälligkeit

23 steht einer Erstattung entgegen, weil eine nach Fälligkeit gezahlte Jahresgebühr mit Rechtsgrund entrichtet wurde und damit verfallen ist.[22] Eine Erstattung der Jahresgebühr kommt daher nicht in Betracht, a) wenn der Wegfall nach dem Fälligkeitszeitpunkt eintritt, auch wenn es sich nur um 1 Tag handelt. Eine Rückzahlung aus Billigkeitsgründen sieht das PatKostG nicht vor; b) wenn das Patent nach Fälligkeit durch Widerruf oder Nichtigerklärung rückwirkend entfällt, denn dann hat es am Fälligkeitstag bestanden; c) wenn der Fälligkeitstag ein gesetzlicher Feiertag ist und die Anmeldung oder das Patent erst am folgenden Werktag wegfallen,[23] denn der Feiertag verschiebt nicht den Fälligkeitstag.

5.3.3 Wegfall am Fälligkeitstag

24 führt dazu, dass die Jahresgebühr nicht mehr fällig werden kann. Eine vorausgezahlte Jahresgebühr ist daher nach § 10 (1) 1 PatKostG zu erstatten, denn eine am Fälligkeitstag entrichtete Jahresgebühr ist ohne Rechtsgrund gezahlt, weil die Anmeldung und

---

18 BGH GRUR 08, 549 *Schwingungsdämpfung*.
19 BGH GRUR 14, 710, Rn 14 *Kompakt-Heizzentrale* = Mitt 14, 328.
20 Amtl Begr BlPMZ 02, 36, 43 zu § 10: Durch § 10 (1) 1 PatKostG soll die bisher in § 19 Satz 2 PatG aF enthaltene Rückzahlungsregelung für vorausgezahlte Jahresgebühren in das PatG übernommen werden.
21 Vgl Schramm in Benkard, PatG, 11. Aufl 2015, § 10 PatKostG, Rn 17 ff.
22 BGH GRUR 08, 549 *Schwingungsdämpfung*.
23 BPatGE 11, 23.

das Patent den Fälligkeitstag durch ihren Wegfall am gleichen Tag nicht mehr erleben.[24]

8. **Jahresgebühr** kann erstattet werden, wenn ihr Fälligkeitstag mit dem letzten Tag der 7-jährigen Prüfungsantragsfrist zusammen fällt und kein Prüfungsantrag gestellt wurde.[25]

5.3.4 Ermäßigte Jahresgebühr für das 3.-5. Jahr

(Nr 312 205–312 207) in Höhe von 200 € (statt der einzelnen Gebühren für das 3.–5. Jahr = 70 + 70 + 90 €) gilt nur, wenn sie »bei Fälligkeit der 3. Jahresgebühr« gezahlt wird. Sie kann nach § 7 (1) PatKostG bis zum Ablauf des 2. Monats nach Fälligkeit der 3. Jahresgebühr zuschlagsfrei entrichtet werden, danach mit dem Verspätungszuschlag von 50 € bis zum Ablauf des 6. Monats nach Fälligkeit. Sie kann nach § 5 (2) PatKostG 1 Jahr vor Eintritt der Fälligkeit der 3. Jahresgebühr vorausgezahlt werden, also wirksam nicht bereits bei Einreichung der Anmeldung.

Als einheitliche Gebühr kann sie nur erstattet werden, wenn die Anmeldung, das Patent oder das Schutzzertifikat vor Fälligkeit der 3. Jahresgebühr wegfallen. Nach Eintritt der Fälligkeit der 3. Jahresgebühr ist sie verfallen. Teilbeträge für die im Zeitpunkt des Wegfalls noch bestehende Restlaufzeit werden gemäß § 10 (1) 2 PatKostG nicht erstattet.

5.3.5 Verfahren:

Die Rückzahlungen erfolgen von Amts wegen, ein Antrag ist nicht erforderlich. Gegen eine etwaige Zurückweisung eines Antrags ist die Beschwerde zulässig.

Zuständig für die Entscheidung über Anträge auf Rückzahlung von nicht fällig gewordenen Gebühren nach § 10 (1) PatKostG sowie die Entscheidung über Anträge auf Rückzahlung von fällig gewordenen und verfallenen Gebühren mit Ausnahme der Beschwerdegebühr und der Einspruchsgebühr ist nach § 1 (1) Nr 4 WahrnV der Beamte des gehobenen Dienstes oder ein vergleichbarer Tarifbeschäftigter.

6 Auslagenvorschüsse:

Vorschuss für Bekanntmachungskosten, den das DPMA gemäß § 5 (1) PatKostG in Geschmacksmuster- und Schriftzeichensachen angefordert hat, ist in der nicht verbrauchten Höhe gemäß § 10 (1) PatKostG zu erstatten.

7 Entfallen der Gebühr ohne Vornahme der beantragten Amtshandlung (§ 10 (2) PatKostG)

7.1 Sinn:

Der Gesetzgeber verfolgt mit § 10 (2) PatKostG zwei Ziele[26]: a) *Vermeidung der Vollstreckung* solcher Gebühren, durch deren Nichtzahlung eine Verfahrenshandlung entfällt, sofern die Amtshandlung nicht vorgenommen wurde. Dadurch wird erreicht, dass eine an sich mögliche Beitreibung einer Gebühr unterbleibt, wenn die Behörde die

---

24 BPatGE 17, 3 = Mitt 75, 229.
25 BPatGE 22, 43 = BlPMZ 80, 21.
26 Amtl Begr BlPMZ 02, 36, 43 zu Nr 10.

Amtshandlung noch nicht vorgenommen hatte. Auf Gebühren, für die eine Beitreibung ausgeschlossen ist (siehe dazu § 1 Rdn 18), bedarf es keiner Anwendung des § 10 (2) PatKostG, weil für diese eine Vollstreckung grundsätzlich ausscheidet; b) *Beschleunigung des Zahlungsverkehrs* dadurch, dass die Behörde im Vertrauen auf die angekündigte Entrichtung der Gebühr die beantragte Amtshandlung vornehmen kann, also ohne den tatsächlichen Eingang der Gebühr vorher überprüfen zu müssen. Wird die Gebühr gleichwohl nicht entrichtet, so kann eine beitreibbare Gebühr für die im Vertrauen auf ihre Zahlung bereits vorgenommene Amtshandlung beigetrieben werden.

7.2 Voraussetzungen für den Wegfall einer Gebühr nach § 10 (2) PatKostG

7.2.1 Beantragte Amtshandlung wurde nicht vorgenommen:

30 Es muss sich um eine Amtshandlung handeln, die der Gebührenschuldner beantragt hatte und die die Behörde trotz der tatsächlichen Nichtzahlung der Gebühr nicht von Amts wegen rückgängig machen kann.[27] Das sind begünstigende Verwaltungsakte, wie die Eintragung eines Schutzrechts. Die Vornahme einer Amtshandlung ohne Gebühr dürfte im Verfahren vor dem DPMA aber selten sein, da das DPMA nach § 5 (1) PatKostG die Bearbeitung von der Zahlung der Gebühr abhängig zu machen hat.

31 Keine Amtshandlung iSd § 10 (1) PatKostG sind solche Bearbeitungen einer Eingabe, die der beantragten Amtshandlung vorausgehen, wie rein administrative Maßnahmen (zB Aktenanlage), Prüfung des Eingangs der Kosten, Versendung einer Gebührenanforderung mit der Mitteilung, dass die Eingabe gemäß § 5 (1) PatKostG erst nach Zahlung der Gebühr bearbeitet wird.

7.2.2 Fiktion der Rücknahme

32 von Anmeldung oder Antrag gilt a) nach § 6 (2) PatKostG, wenn eine Gebühr nicht, nicht vollständig oder nicht rechtzeitig gezahlt wird; b) »auf Grund anderer gesetzlicher Bestimmungen«, wie zB § 40 (5) 1 PatG (Fiktion der Rücknahme der früheren Anmeldung bei Inanspruchnahme einer inneren Priorität) und § 58 (3) PatG (Nichtstellung des Prüfungsantrags innerhalb der 7-Jahresfrist des § 44 (2) PatG).

33 Da eine gesetzlich fingierte Rücknahme wie eine erklärte Rücknahme nur ex nunc wirkt, bleiben vorher fällig gewordene Gebühren geschuldet und können daher beigetrieben werden. Eine Beitreibung schließt § 10 (2) PatKostG jedoch für den Fall aus, dass die Amtshandlung noch nicht vorgenommen war, weil dann § 10 (2) die Gebühr entfallen lässt.[28]

7.2.3 Fiktion der Nichtvornahme:

34 Gilt eine »Handlung« (zum Begriff siehe § 6 Rdn 18) nach § 6 (2) PatKostG als nicht vorgenommen, so sind für diese Handlung gezahlte Gebühren ohne Rechtsgrund entrichtet und daher zurückzuzahlen. Dabei macht es keinen Unterschied, ob die Amtshandlung bereits vorgenommen war oder nicht, weil das an der Rechtsgrundlosigkeit der Zahlung nichts ändert.

---

27 Amtl Begr BlPMZ 02, 36, 43 zu Nr 10 Abs 4.
28 So auch Amtl Begr BlPMZ 06, 228, 234 zu Nr 4.

Eine Gebühr entfällt nach § 10 (2) letzter Halbsatz jedoch dann nicht, wenn das DPMA die beantragte Handlung im Vertrauen auf die Beständigkeit der geleisteten Zahlung (zB durch Lastschrifteinzug) vorgenommen hat, die später widerrufen wurde. In diesen Fällen kann das DPMA die fällige Gebühr beitreiben.[29]
§ 10 (2) erfasst nicht den Fall, dass der Anmelder vor Eintritt der Rücknahmefiktion die Prüfungsgebühr bereits gezahlt hat.[30]

7.2.4 Erlöschen eines Schutzrechts:

Patent und Schutzzertifikat (nicht eine Patentanmeldung) können erlöschen, und zwar gemäß § 20 und § 16a (2) iVm § 20 PatG. Tritt das Erlöschen ein, weil die Jahresgebühr nicht oder nicht vollständig gezahlt wurde, so sind sie nicht beitreibbar, weil allein der Schutzrechtsinhaber durch Zahlung oder Nichtzahlung entscheidet, ob er sein Recht aufrechterhalten will oder nicht (siehe § 1 Rdn 16). Nur wenn durch die Aufhebung von Verfahrenskostenhilfe Gebühren nachzuentrichten sind, käme eine Beitreibung in Betracht. § 10 (2) PatKostG stellt klar, dass in allen Fällen des Erlöschens eines Schutzrechts durch Nichtzahlung oder nicht vollständige Zahlung die Gebühr entfällt, wenn die beantragte Amtshandlung nicht vorgenommen wurde.

35

7.2.5 Gezahlte Teilbeträge

sollten nach § 10 (2) 2 PatKostG nicht erstattet werden. § 10 (2) 2 stand im Widerspruch zu § 10 (2) 1 PatKostG, nach dem auch eine nicht vollständig gezahlte Gebühr entfällt, wenn dadurch das Schutzrecht erloschen ist. Die Streichung von § 10 (2) 2 stellt klar, dass gezahlte Teilbeträge zu erstatten sind.

36

§ 11 Erinnerung, Beschwerde

(1) ¹Über Erinnerungen des Kostenschuldners gegen den Kostenansatz oder gegen Maßnahmen nach den § 5 Abs 1 entscheidet die Stelle, die die Kosten angesetzt hat. ²Sie kann ihre Entscheidung von Amts wegen ändern. ³Die Erinnerung ist schriftlich oder zu Protokoll der Geschäftsstelle bei der Stelle einzulegen, die die Kosten angesetzt hat.
(2) ¹Gegen die Entscheidung des Deutschen Patent- und Markenamts über die Erinnerung kann der Kostenschuldner Beschwerde einlegen. ²Die Beschwerde ist nicht an eine Frist gebunden und ist schriftlich oder zu Protokoll der Geschäftsstelle beim Deutschen Patent- und Markenamt einzulegen. ³Erachtet das Deutsche Patent- und Markenamt die Beschwerde für begründet, so hat es ihr abzuhelfen. ⁴Wird der Beschwerde nicht abgeholfen, so ist sie dem Bundespatentgericht vorzulegen.
(3) Eine Beschwerde gegen die Entscheidungen des Bundespatentgerichts über den Kostenansatz findet nicht statt.

---

29 So auch Amtl Begr BlPMZ 06, 228, 234 zu Nr 4.
30 BGH GRUR 14, 710, Rn 17 *Kompakt-Heizzentrale* = Mitt 14, 328.

§ 11 Patentkostengesetz — Anhang 15

Jürgen Schell

Übersicht

1	Erinnerung	2
2	Zulässigkeit einer Erinnerung	3
2.1	Schriftform	4
	2.2	5
	2.3	6
	2.4	7
2.4.1	Kostenansatz	8
	2.4.2	9
3	Beschwerde	10
4	Zulässigkeit einer Beschwerde	11
4.1	Schriftform	12
4.2	Einlegung	13
	4.3	14
	4.4	15
4.5	Beschwerdewert	16
5	Entscheidung über Beschwerde	17
5.1	Abhilfe	17
5.2	Vorlage an das BPatG	18
6	Rechtsmittel	19

1 Geltungsbereich: Art 6 des Gesetzes zur Änderung des patentrechtlichen Einspruchsverfahrens und des Patentkostengesetzes vom 21.6.2006 (BGBl I 1318 = BlPMZ 2006, 225) hat in § 11 (2) 1 die Wörter »wenn der Wert des Beschwerdegegenstandes 50 Euro übersteigt« gestrichen.

1 Erinnerung

2 ist ein Rechtsbehelf, der nicht in die höhere Instanz führt, sondern der zu einer Nachprüfung durch die Stelle zwingt, die die angegriffene Maßnahme erlassen hat.

2 Zulässigkeit einer Erinnerung,

3 die **gebührenfrei** und an keine **Frist** oder an einen **Mindestwert** gebunden ist, setzt nach § 11 (1) PatKostG voraus:

2.1 Schriftform

4 (siehe Einl Rdn 352) oder zu Protokoll der Geschäftsstelle. Das ist beim DPMA die jeweilige Geschäftsstelle der Prüfungsstelle oder Patentabteilung, beim BPatG die jeweilige Senatsgeschäftsstelle gemäß § 72 PatG iVm der Anordnung vom 10.12.80.[1]

2.2

5 Einlegung bei der Stelle, die die Kosten angesetzt hat.

2.3

6 Einlegung der Erinnerung durch den **Kostenschuldner**. Erinnerungen anderer Personen, die nicht Kostenschuldner iSd § 4 PatKostG sind, sind unzulässig.

---

[1] BlPMZ 81, 41 = Tabu Gewerbl. Rechtsschutz Nr 381.

2.4

Erinnerung richtet sich gegen:

2.4.1 Kostenansatz durch das DPMA oder das BPatG nach dem PatKostG. Für Kosten nach der DPMAVwKostV, die das DPMA ansetzt, kann die Erinnerung gemäß § 11 DPMAVwKostV (siehe Anhang 16) eingelegt werden. Eine Erinnerung richtet sich auch dann gegen den Kostenansatz, wenn die angegriffene Maßnahme auf einem unrichtigen Kostenansatz beruht. Daher kann eine Erinnerung sich zB auch gegen eine Entscheidung richten, mit der abgelehnt wird, Kosten wegen einer unrichtigen Sachbehandlung nicht zu erheben, weil mit einer solchen Erinnerung geltend gemacht wird, dass der Kostenansatz unberechtigt ist.

2.4.2 Anforderung der **Vorauszahlung** einer Gebühr gemäß § 5 (1) PatKostG. Nach dem klaren Wortlaut des § 10 (1) PatKostG kann sich eine Erinnerung nicht richten gegen Feststellungen des DPMA zur Vorauszahlung von Jahresgebühren gemäß § 5 (2) PatKostG, zB über Höhe, Rückforderung oder die Wirksamkeit oder Unwirksamkeit einer Vorauszahlung. Gegen beschwerende Entscheidungen des DPMA gemäß § 5 (2) PatKostG kann nur Beschwerde zum BPatG erhoben werden.

3 Beschwerde

gegen Entscheidungen des DPMA über Erinnerungen nach § 11 (2) PatKostG ist an keine Frist gebunden und gemäß Nr 401 300 PatKostG **gebührenfrei**.

4 Zulässigkeit einer Beschwerde

nach § 11 (2) PatKostG setzt voraus:

4.1 Schriftform

(siehe Einl Rdn 352) oder zu Protokoll der Geschäftsstelle des DPMA.

4.2 Einlegung

beim DPMA (nicht beim BPatG).

4.3

Einlegung der Beschwerde durch den **Kostenschuldner**. Unzulässig sind Beschwerden anderer Personen, die nicht Kostenschuldner iSd § 4 PatKostG sind, sowie der Staatskasse (anders nach § 66 (1) GKG).

4.4

Beschwerde richtet sich gegen **Entscheidung über eine Erinnerung** des DPMA. Gegen sonstige, beschwerende kostenrechtliche Entscheidungen einer Prüfungsstelle oder Patentabteilung ist nur die gebührenpflichtige und fristgebundene Beschwerde gemäß § 73 PatG gegeben.

4.5 Beschwerdewert:

Der Wert des Beschwerdegegenstandes musste nach § 11 (2) 1 PatKostG aF 50 € übersteigen. Diese Bestimmung wurde durch Art 6 Nr 5 des Gesetzes v 21.06.06 gestrichen, da auch bei geringeren Beträgen ein Rechtsweg gegen die Entscheidung der Verwaltungsbehörde DPMA eröffnet sein muss.

5 Entscheidung über Beschwerde

5.1 Abhilfe:

17 Das DPMA ist nach § 11 (2) 3 PatKostG verpflichtet, der Beschwerde abzuhelfen, wenn es die Beschwerde für begründet erachtet. IdR wird mit der Aufhebung der angefochtenen Entscheidung die beantragte Entscheidung erlassen werden können. Ist ausnahmsweise eine weitere Ermittlung des Sachverhalts erforderlich, kann der angefochtene Beschluss aufgehoben und das Verfahren fortgesetzt werden (siehe § 73 Rdn 122).

5.2 Vorlage an das BPatG

18 erfolgt nach § 11 (2) 4 PatKostG, wenn der Beschwerde nicht abgeholfen wird, und zwar ohne sachliche Stellungnahme. Anders als nach § 73 (3) 3 PatG ist für die Vorlage keine Frist vorgesehen. Nur eine unverzügliche Vorlage (§ 66 (3) GKG) entspricht pflichtgemäßen Verwaltungshandeln, zumal weder Erinnerung noch Beschwerde eine aufschiebende Wirkung zukommt.

6 Rechtsmittel:

19 a) Beschwerde gegen Entscheidungen des **DPMA** i) gemäß § 11 (2) 1 PatKostG gegen Entscheidungen über Erinnerungen; ii) gemäß § 73 PatG gegen sonstige Beschlüsse, die Prüfungsstellen oder Patentabteilungen in Kostensachen erlassen, zB über Vorauszahlungen gemäß § 5 PatKostG.

b) gegen Entscheidungen des **BPatG** i) über den Kostenansatz findet eine (Rechts-)Beschwerde gemäß § 11 (3) PatKostG grundsätzlich nicht statt, selbst wenn sie das Beschwerdegericht im angefochtenen Beschluss zugelassen hat. Die Frage einer Niederschlagung der Kosten wegen unrichtiger Sachbehandlung zählt gem § 8 (2) PatKostG zum Kostenansatz, so dass eine Rechtsbeschwerde ebenso wie eine Beschwerde zu dieser Frage unzulässig ist.[2] § 11 (3) PatKostG der Zulässigkeit einer Rechtsbeschwerde jedoch dann nicht entgegen, wenn zur Entscheidung steht, ob überhaupt eine Grundlage für die Erhebung der angesetzten Gebühr gegeben ist;[3] ii) findet nach § 99 (2) PatG eine Anfechtung nur statt, wenn das PatG sie zulässt (vgl § 99 Rdn 8).

§ 12 Verjährung, Verzinsung

Für die Verjährung und Verzinsung der Kostenforderungen und der Ansprüche auf Erstattung von Kosten gilt § 5 des Gerichtskostengesetzes.[1]

---

2 BGH GRUR 15, 1144 *Überraschungsei* = Mitt 15, 525 = GRUR-Prax 15, 435.
3 BGH GRUR 11, 1053 = Mitt 11, 463 *Ethylengerüst*; BGH GRUR 14, 710, Rn 5 *Kompakt-Heizzentrale* = Mitt 14, 328.
1 Vgl hierzu Schramm in Benkard, PatG, 11. Aufl 2015, § 12 PatKostG, Rn 6 ff.

Anhang 15 § 12 Patentkostengesetz PatKostG

Jürgen Schell

Übersicht

1	Verjährung von Kostenforderungen	2
1.1	Verjährungsfrist	2
1.2	Fristbeginn	3
1.3	Neubeginn der Verjährung	4
1.4	Beispiel	5
2	Verjährung von Erstattungsansprüchen	6
2.1	Verjährungsfrist	6
2.2	Fristbeginn	7
2.3	Hemmung der Verjährung	8
3	Verzinsung	9

Geltungsbereich: Art 4, Abs 47 des Kostenrechtsmodernisierungsgesetzes v 05.05.04 (BGBl I 718, 842) hat in § 12 die Angabe »§ 10 des Gerichtskostengesetzes« durch die Angabe »§ 5 des Gerichtskostengesetzes« ersetzt. **1**

1 Verjährung von Kostenforderungen

1.1 Verjährungsfrist

für Forderungen von Gebühren und Auslagen des DPMA und des BPatG beträgt 4 Jahre. **2**

1.2 Fristbeginn:

Die 4-jährige Verjährungsfrist beginnt: **3**
a) nach § 5 (1) GKG mit Beendigung des Verfahrens i) durch **rechtskräftige Entscheidung** über die Kosten, die ergehen kann im Einspruchsverfahren nach § 62 PatG, im Beschwerdeverfahren nach § 80 PatG, im Nichtigkeitsverfahren nach § 84 PatG, im Verfahren der einstweiligen Verfügung nach § 85 iVm § 84 PatG; ii) durch **Vergleich**, der das Verfahren insgesamt abschließt. Ein Teilvergleich reicht nicht; iii) **in sonstiger Weise**, insbesondere durch erklärte oder gesetzlich fingierte Rücknahme des Antrags, der Anmeldung oder der Klage. Eine Aussetzung oder das Ruhen des Verfahrens beendet ein Verfahren, wenn eine Fortsetzung nicht zu erwarten ist;
b) nach § 5 (3) 2 GKG i) mit einer Aufforderung zur Zahlung; ii) durch die Mitteilung einer Stundung.

1.3 Neubeginn der Verjährung

(früher Unterbrechung) tritt nach § 212 BGB ein, **4**
a) wenn der Schuldner den Anspruch durch Erklärung oder schlüssiges Verhalten anerkennt;
b) wenn das DPMA oder das BPatG eine Vollstreckungshandlung vornehmen oder beantragen. Wirkung: Die Verjährung beginnt im Ganzen neu mit dem Tag, der auf Anerkenntnis oder Vollstreckung folgt. Die Verjährung kann mehrfach neu beginnen.

Beträge unter 25 €: Für sie beginnt nach § 5 (3) 4 GKG Verjährung nicht erneut.

Der erneute Beginn der Verjährung gilt nach § 212 (2) und (3) BGB als nicht eingetreten, wenn die Vollstreckungshandlung aufgehoben oder dem Antrag nicht stattgegeben oder der Antrag zurückgenommen wird.

1.4 Beispiel:

Rechtskraft der Entscheidung über die Kosten 15.09.03, Beginn der 4-Jahresfrist 01.01.04, Verjährung tritt ein am 01.01.08. Erkennt Schuldner Anspruch am 20.03.05 an, so beginnt die Verjährung neu am 21.03.05 und endet am 21.03.09.

2 Verjährung von Erstattungsansprüchen.

2.1 Verjährungsfrist

für Ansprüche auf Erstattung gegen das DPMA und das BPatG beträgt 4 Jahre.

2.2 Fristbeginn:

Die 4-jährige Verjährungsfrist beginnt mit der Zahlung der Kosten, die erstattet verlangt werden, oder mit der Beendigung des Verfahrens gemäß § 5 (1) GKG (siehe Rdn 3), je nachdem welche Frist länger läuft. Der für die Zahlung maßgebende Einzahlungstag ergibt sich aus § 2 PatKostZV (siehe Anhang 17).

2.3 Hemmung der Verjährung

tritt ein durch a) Klageerhebung gemäß § 204 (1) Nr 1; b) Zustellung des Mahnbescheids (§ 204 (1) Nr 3 BGB); c) durch Einlegung der Erinnerung oder Beschwerde mit dem Ziel der Rückerstattung während des Laufs der Verjährungsfrist. Die Hemmung endet nach § 204 (2) BGB 6 Monate nach der rechtskräftigen Entscheidung über den Erstattungsanspruch oder einer anderweitigen Beendigung des Verfahrens (siehe Rdn 3).

Beträge unter 25 €: Für sie beginnt nach § 5 (3) 4 GKG die Verjährung nicht erneut und sie wird nicht gehemmt.

3 Verzinsung:

Zur Vermeidung unnötigen Arbeitsaufwandes[2] werden nach § 5 (4) GKG weder der Zahlungs- noch der Erstattungsanspruch verzinst.[3]

§ 13 Anwendung der bisherigen Gebührensätze

(1) Auch nach dem Inkrafttreten eines geänderten Gebührensatzes sind die vor diesem Zeitpunkt geltenden Gebührensätze weiter anzuwenden,
1. wenn die Fälligkeit der Gebühr vor dem Inkrafttreten des geänderten Gebührensatzes liegt oder

---

2 Amtl Begr BlPMZ 02, 36, 43 zu § 12.
3 AA zum früheren Recht BayObLG NJW 99, 1194.

Anhang 15 § 13 Patentkostengesetz PatKostG

2. wenn für die Zahlung einer Gebühr durch Gesetz eine Zahlungsfrist festgelegt ist und das für den Beginn der Frist maßgebliche Ereignis vor dem Inkrafttreten des geänderten Gebührensatzes liegt oder
3. wenn die Zahlung einer nach dem Inkrafttreten des geänderten Gebührensatzes fälligen Gebühr auf Grund bestehender Vorauszahlungsregelungen vor Inkrafttreten des geänderten Gebührensatzes erfolgt ist.

(2) Bei Prüfungsanträgen nach § 44 des Patentgesetzes und Rechercheanträgen nach § 43 des Patentgesetzes, § 11 des Erstreckungsgesetzes und § 7 des Gebrauchsmustergesetzes sind die bisherigen Gebührensätze nur weiter anzuwenden, wenn der Antrag und die Gebührenzahlung vor Inkrafttreten eines geänderten Gebührensatzes eingegangen sind.

(3) Bei Widersprüchen nach § 42 des Markengesetzes findet Absatz 1 Nummer 2 und 3 keine Anwendung.

(4) [1]Wird eine innerhalb von drei Monaten nach dem Inkrafttreten eines geänderten Gebührensatzes fällig werdende Gebühr nach den bisherigen Gebührensätzen rechtzeitig gezahlt, so kann der Unterschiedsbetrag bis zum Ablauf einer vom Deutschen Patent- und Markenamt oder Bundespatentgericht zu setzenden Frist nachgezahlt werden. [2]Wird der Unterschiedsbetrag innerhalb der gesetzten Frist nachgezahlt, so gilt die Gebühr als rechtzeitig gezahlt. [3]Ein Verspätungszuschlag wird in diesen Fällen nicht erhoben.

(5) Verfahrenshandlungen, die eine Anmeldung oder einen Antrag ändern, wirken sich nicht auf die Höhe der Gebühr aus, wenn die Gebühr zur Zeit des verfahrenseinleitenden Antrages nicht nach dessen Umfang bemessen wurde.

Jürgen Schell

Übersicht

1	Anwendung der bisherigen Gebührensätze.............	2
2	Weiteranwendung bisheriger Gebührensätze und Gebühren..	3
3	Prüfungs- und Rechercheantrag..................	4
4	Unterschiedsbetrag............................	5

Geltungsbereich: Art 4 des Gesetzes zur Vereinfachung und Modernisierung des Patentrechts (PatRModG) vom 31. Juli 2009 (BlPMZ 09, 301) hat § 13 neu gefasst, indem Abs (4) angefügt wurde.

1 Anwendung der bisherigen Gebührensätze:

§ 13 bezieht sich nach seinem Wortlaut auf Gebührensätze, die es in Patentsachen nach dem Gebührenverzeichnis zum PatKostG nur für die Klage und den Erlass einer einstweiligen Verfügung gibt, gilt aber für alle Gebühren und Gebührensätze des PatKostG, wie sich aus § 13 (2) ergibt, der den bisherigen Gebühren»satz« für Prüfungs- und Rechercheantrag erwähnt.

2 Weiteranwendung bisheriger Gebührensätze und Gebühren

Nach § 13 (1) Nr 1–3 PatKostG gelten die alten Gebühren auch nach dem Inkrafttreten der Erhöhung:

PatKostG § *14 Patentkostengesetz* **Anhang 15**

a) wenn die Gebühr vor dem Inkrafttreten fällig wurde. Ausnahme gilt für den Prüfungs- und Rechercheantrag (siehe Rdn 4). Zum Beginn der Fälligkeit siehe § 3 Rdn 6;
b) für Gebühren mit gesetzlicher Zahlungsfrist (siehe § 6 Rdn 3), wenn das für den Beginn der Frist maßgebliche Ereignis vor dem Inkrafttreten der Erhöhung liegt. Maßgebliches Ereignis ist für Antragsgebühren die Antragstellung, für Jahresgebühren nach § 17 PatG der Anmeldetag;
c) wenn die Gebühr zwar nach der Erhöhung fällig, aber in gesetzlich zulässiger Weise vor der Erhöhung vorausgezahlt wurde. Vorauszahlungen sind nach § 5 (2) PatKostG für Jahresgebühren 1 Jahr vor Fälligkeit zulässig (siehe § 5 Rdn 11).

3 Prüfungs- und Rechercheantrag:

4   Für sie gelten die alten Gebühren nur, wenn sowohl der Antrag als auch die Gebühr vor der Erhöhung beim DPMA eingegangen sind. Damit soll vermieden werden, dass wegen der 7-jährigen Prüfungsantragsfrist noch weit zurückliegende Gebühren maßgebend sind.

4 Unterschiedsbetrag:

5   Wird eine alte Gebühr innerhalb von 3 Monaten nach Inkrafttreten der Erhöhung fällig und rechtzeitig gezahlt, so kann der Unterschiedsbetrag zwischen alter und neuer Gebühr nachgezahlt werden, aber nur innerhalb einer Frist, die das DPMA und das BPatG setzen.[1] Nur wenn der Unterschiedsbetrag fristgerecht gezahlt wird, gilt die alte Gebühr als rechtzeitig gezahlt, ohne dass ein Verspätungszuschlag zu zahlen ist.

6   **Folge nicht rechtzeitiger Zahlung:** Wird der Unterschiedsbetrag nicht innerhalb der gesetzten Frist gezahlt, so löst das folgende Rechtsfolge aus: a) nach § 13 (3) PatKostG, dass die alte, rechtzeitig gezahlte Gebühr, nunmehr als nicht rechtzeitig gezahlt gilt. Diese Fiktion löst die Fiktion des § 6 (2) PatKostG aus, dass die Anmeldung oder der Antrag als zurückgenommen oder die Handlung als nicht vorgenommen gilt (siehe § 6 Rdn 7); b) nach § 20 (1) Nr 3 PatG, dass ein Patent erlischt.

7   **Wiedereinsetzung** in die versäumte Frist zur Zahlung des Unterschiedsbetrages ist nach § 123 PatG möglich, weil die Versäumung nach den gesetzlichen Vorschriften der §§ 13 (3) und 6 (2) PatKostG und des § 20 (1) Nr 3 PatG die oben (Rdn 6) genannten Rechtsnachteile zur Folge hat.

§ 14   Übergangsvorschrift aus Anlass des Inkrafttretens dieses Gesetzes

(1) [1]Die bisherigen Gebührensätze der Anlage zu § 1 (Gebührenverzeichnis) des Patentgebührengesetzes vom 15. August 1976 in der durch Artikel 10 des Gesetzes vom 22. Dezember 1999 (BGBl I S. 2534) geänderten Fassung, sind auch nach dem 1. Januar 2002 weiter anzuwenden,
1. wenn die Fälligkeit der Gebühr vor dem 1. Januar 2002 liegt oder

---

1   BPatG v 16.09.13 – 10 W (pat) 32/12 *Gewichtsmessvorrichtung* = BeckRS 2013, 17 666.

2. wenn für die Zahlung einer Gebühr durch Gesetz eine Zahlungsfrist festgelegt ist und das für den Beginn der Frist maßgebliche Ereignis vor dem 1. Januar 2002 liegt oder
3. wenn die Zahlung einer nach dem 1. Januar 2002 fälligen Gebühr auf Grund bestehender Vorauszahlungsregelungen vor dem 1. Januar 2002 erfolgt ist.
²Ist in den Fällen des Satzes 1 Nr 1 nach den bisher geltenden Vorschriften für den Beginn der Zahlungsfrist die Zustellung einer Gebührenbenachrichtigung erforderlich und ist diese vor dem 1. Januar 2002 nicht erfolgt, so kann die Gebühr noch bis zum 31. März 2002 gezahlt werden.

(2) In den Fällen, in denen am 1. Januar 2002 nach den bisher geltenden Vorschriften lediglich die Jahres-, Aufrechterhaltungs- und Schutzrechtsverlängerungsgebühren aber noch nicht die Verspätungszuschläge fällig sind, richtet sich die Höhe und die Fälligkeit des Verspätungszuschlages nach § 7 Abs 1 mit der Maßgabe, dass die Gebühren mit dem Verspätungszuschlag noch bis zum 30. Juni 2002 gezahlt werden können.

(3) Die bisher geltenden Gebührensätze sind für eingetragene Designs und typographische Schriftzeichen, die vor dem 1. Januar 2002 angemeldet worden sind, nur dann weiter anzuwenden, wenn zwar die jeweilige Schutzdauer oder Frist nach § 8b Abs 2 Satz 1 des Geschmacksmustergesetzes vor dem 1. Januar 2002 abgelaufen ist, jedoch noch nicht die Frist zur Zahlung der Verlängerungs- oder Erstreckungsgebühr mit Verspätungszuschlag, mit der Maßgabe, dass die Gebühren mit dem Verspätungszuschlag noch bis zum 30. Juni 2002 gezahlt werden können.

(4) Bei Prüfungsanträgen nach § 44 des Patentgesetzes und Rechercheanträgen nach § 43 des Patentgesetzes, § 11 des Erstreckungsgesetzes und § 7 des Gebrauchsmustergesetzes sind die bisherigen Gebührensätze nur weiter anzuwenden, wenn der Antrag und die Gebührenzahlung vor dem 1. Januar 2002 eingegangen sind.

(5) ¹Wird eine innerhalb von drei Monaten nach dem 1. Januar 2002 fällig werdende Gebühr nach den bisherigen Gebührensätzen rechtzeitig gezahlt, so kann der Unterschiedsbetrag bis zum Ablauf einer vom Deutschen Patent- und Markenamt oder Bundespatentgericht zu setzenden Frist nachgezahlt werden. ²Wird der Unterschiedsbetrag innerhalb der gesetzten Frist nachgezahlt, so gilt die Gebühr als rechtzeitig gezahlt. ³Ein Verspätungszuschlag wird in diesen Fällen nicht erhoben.

Übergangsvorschrift zum 1.1.2002: § 14 PatKostG regelt den Übergang zum am 1.1.2002 in Kraft getretenen PatKostG und ist im Wesentlichen identisch mit der Übergangsregelung des § 13 PatKostG im Falle von Erhöhungen der Gebühren.

§ 14 (1) **PatKostG:** Vgl dazu § 13 Rdn 3. § 14 (1) 2 macht eine noch nicht ergangene Gebührenbenachrichtigung überflüssig und eröffnet eine Zahlungsfrist bis zum 31.3.2002.

§ 14 (2) **PatKostG:** Am 1.1.2002 noch nicht fällige Verspätungszuschläge betragen einheitlich 50 € und können bis zum 30.06.2002 gezahlt werden.

§ 14 (4) **PatKostG:** Vgl dazu § 13 Rdn 4.

§ 14 (5) **PatKostG:** Vgl dazu § 13 Rdn 5.

§ 15 Übergangsvorschriften aus Anlass des Inkrafttretens des Geschmacksmusterreformgesetzes

(1) ¹In den Fällen, in denen am 31. Mai 2004 die Erstreckungsgebühren für Geschmacksmuster oder typografische Schriftzeichen, aber noch nicht der Verspätungszuschlag fällig sind, wird die Frist zur Zahlung der Erstreckungsgebühr bis zum Ende der Aufschiebungsfrist nach § 21 Abs 1 Satz 1 des Geschmacksmustergesetzes verlängert. ²Ein Verspätungszuschlag ist nicht zu zahlen.

(2) In den Fällen, in denen am 31. Mai 2004 die Erstreckungsgebühren für Geschmacksmuster oder typografische Schriftzeichen nur noch mit dem Verspätungszuschlag innerhalb der Aufschiebungsfrist des § 8b des Geschmacksmustergesetzes in der bis zum Ablauf des 31. Mai 2004 geltenden Fassung gezahlt werden können, wird die Frist zur Zahlung bis zum Ende der Aufschiebungsfrist nach § 21 Abs 1 Satz 1 des Geschmacksmustergesetzes verlängert.

Die Bestimmung wurde 1 Januar 2014 aufgehoben durch Art 5 Nr 11 des Gesetzes zur Modernisierung des Geschmacksmustergesetzes sowie zur Änderung der Regelungen über die Bekanntmachungen zum Ausstellungsschutz (DesignG) vom 10. Oktober 2013 (BGBl I S 3799 = BlPMZ *13*, 382).

Anhang 15 *Gebührenverzeichnis DPMA* **PatKostG**

Anlage zu § 2 Abs 1 (Gebührenverzeichnis)

A. Gebühren des Deutschen Patent- und Markenamts

(1) Sind für eine elektronische Anmeldung geringere Gebühren bestimmt als für eine Anmeldung in Papierform, werden die geringeren Gebühren nur erhoben, wenn die elektronische Anmeldung nach der jeweiligen Verordnung des Deutschen Patent- und Markenamts zulässig ist.

(2) [1]Die Gebühren Nummer 313 600, 323 100, 331 600, 331 610, 333 000, 333 300, 333 350, 333 400, 333 450, 346 100 und 362 100 werden für jeden Antragsteller gesondert erhoben. [2]Für die Gebühren Nummer 331 600, 331 610, 333 000, 333 300, 333 350 und 346 100 gelten auch gemeinschaftliche Inhaber oder Anmelder eines Schutzrechtes als ein Antragsteller, wenn sie einen auf dieses Schutzrecht gestützten gemeinsamen Antrag stellen.[1]

I. Patentsachen[2, 3]

Nr	Gebührentatbestand	Gebühr in Euro
	1. Erteilungsverfahren	
	Anmeldeverfahren (Nationale Anmeldung (§ 34 PatG)[4] – bei elektronischer Anmeldung	
311 000	– die bis zu zehn Patentansprüche enthält	40
311 050	– die mehr als zehn Patentansprüche enthält: Die Gebühr 311 000 erhöht sich für jeden weiteren Anspruch um jeweils	20
311 100	– bei Anmeldung in Papierform: Die Gebühren 311 000 und 311 050 erhöhen sich jeweils auf das 1,5fache.	
	Internationale Anmeldung (Artikel III § 4 Abs 2 Satz 1 IntPatÜbkG)[5]	

---

1 Art 8 Nr 3 (a) des **Zweiten Gesetzes zur Vereinfachung und Modernisierung des Patentrechts (2. PatRModG)** vom 10. August 2021 (BGBl 2021 I S 3490) hat die Anlage in Teil A Vorbemerkung Absatz 2 durch Anfügung von Satz 2 neugefasst.
2 Art 8 Nr 3 (b) – (n) des **Zweiten Gesetzes zur Vereinfachung und Modernisierung des Patentrechts (2. PatRModG)** vom 10. August 2021 (BGBl 2021 I S 3490) hat die Gebühren für Schutzzertifikate **mit Wirkung zum 1. Mai 2022** angepasst. Für die bis zu diesem Zeitpunkt maßgebliche Gebührenhöhe wird auf die Kommentierung der 10. Auflage verwiesen.
3 Art 2 Nr 2 des **Gesetzes über weitere Aufgaben des DPMA und zur Änderung des PatKostG** vom 30. August 2021 (BGBl 2021 I S 4074) hat in der Anlage Nummer 312 050 – 312 207) die *Gebühren für Patente* **mit Wirkung zum 1. Juli 2022** angepasst. Für die bis zu diesem Zeitpunkt maßgebliche Gebührenhöhe wird auf die Kommentierung der 10. Auflage verwiesen.
4 Art 4 des Gesetzes zur Novellierung patentrechtlicher Vorschriften und anderer Gesetze des gewerblichen Rechtsschutzes (PatNovG) v 19.10.13 (BGBl 2013 I S 3830 = BlPMZ **13**, 362) – abgedruckt im Anhang 3 – hat die Wörter »(§ 34 PatG, Artikel III § 4 Abs 2 Satz 1 IntPatÜbkG)« durch die Wörter »Nationale Anmeldung (§ 34 PatG)« ersetzt.
5 Art 4 des Gesetzes zur Novellierung patentrechtlicher Vorschriften und anderer Gesetze des gewerblichen Rechtsschutzes (PatNovG) v 19.10.13 (BGBl 2013 I S 3830 = BlPMZ **13**, 362) – abgedruckt im Anhang 3 – hat nach der Gebührenziffer 321 100 die Gebührenziffern 311 150 und 311 160 eingefügt.

Nr	Gebührentatbestand	Gebühr in Euro
311 150	– die bis zu zehn Patentansprüche enthält	60
311 160	– die mehr als zehn Patentansprüche enthält: Die Gebühr 311 150 erhöht sich für jeden weiteren Anspruch um jeweils	30
311 200	Recherche (§ 43 PatG)	300[6]
	Prüfungsverfahren (§ 44 PatG)	
311 300	– wenn ein Antrag nach § 43 PatG bereits gestellt worden ist	150
311 400	– wenn ein Antrag nach § 43 PatG nicht gestellt worden ist	350
311 500	Anmeldeverfahren für ein ergänzendes Schutzzertifikat (§ 49a PatG)	300
	Verlängerung der Laufzeit eines ergänzenden Schutzzertifikats (§ 49a Abs 3 PatG)	
311 600	– wenn der Antrag zusammen mit dem Antrag auf Erteilung des ergänzenden Schutzzertifikats gestellt wird	100
311 610	– wenn der Antrag nach dem Antrag auf Erteilung des ergänzenden Schutzzertifikats gestellt wird	200
	2. Aufrechterhaltung eines Patents oder einer Anmeldung	
	Jahresgebühren gem. § 17 PatG	
312 030	für das 3. Patentjahr	70
312 031	– bei Lizenzbereitschaftserklärung (§ 23 Abs 1 PatG)	35
312 032	– Verspätungszuschlag (§ 7 Abs 1 Satz 2)	50
312 040	für das 4. Patentjahr	70
312 041	– bei Lizenzbereitschaftserklärung (§ 23 Abs 1 PatG)	35
312 042	– Verspätungszuschlag (§ 7 Abs 1 Satz 2)	50
312 050	für das 5. Patentjahr[7]	90
312 051	– bei Lizenzbereitschaftserklärung (§ 23 Abs 1 PatG)	45
312 052	– Verspätungszuschlag (§ 7 Abs 1 Satz 2)	50
312 060	für das 6. Patentjahr	130
312 061	– bei Lizenzbereitschaftserklärung (§ 23 Abs 1 PatG)	65
312 062	– Verspätungszuschlag (§ 7 Abs 1 Satz 2)	50
312 070	für das 7. Patentjahr	180
312 071	– bei Lizenzbereitschaftserklärung (§ 23 Abs 1 PatG)	90
312 072	– Verspätungszuschlag (§ 7 Abs 1 Satz 2)	50
312 080	für das 8. Patentjahr	240
312 081	– bei Lizenzbereitschaftserklärung (§ 23 Abs 1 PatG)	120

---

6 Art 4 des Gesetzes zur Novellierung patentrechtlicher Vorschriften und anderer Gesetze des gewerblichen Rechtsschutzes (PatNovG) v 19.10.13 (BGBl 2013 I S 3830 = BlPMZ **13**, 362) – abgedruckt im Anhang 3 – hat in 311 200 den Gebührenbetrag »250« durch »300« ersetzt.

7 Art 2 Nr 2 des **Gesetz über weitere Aufgaben des DPMA und zur Änderung des PatKostG vom 30. August 2021** (BGBl 2021 I S 4074) hat in der Anlage Nummer 312 050 – 312 207) die Gebühren für Patente **mit Wirkung zum 1. Juli 2022** angepasst. Für die bis zu diesem Zeitpunkt maßgebliche Gebührenhöhe wird auf die Kommentierung der 10. Auflage verwiesen.

Anhang 15 — Gebührenverzeichnis DPMA — PatKostG

Nr	Gebührentatbestand	Gebühr in Euro
312 082	– Verspätungszuschlag (§ 7 Abs 1 Satz 2)	50
312 090	für das 9. Patentjahr	290
312 091	– bei Lizenzbereitschaftserklärung (§ 23 Abs 1 PatG)	145
312 092	– Verspätungszuschlag (§ 7 Abs 1 Satz 2)	50
312 100	für das 10. Patentjahr	350
312 101	– bei Lizenzbereitschaftserklärung (§ 23 Abs 1 PatG)	175
312 102	– Verspätungszuschlag (§ 7 Abs 1 Satz 2)	50
312 110	für das 11. Patentjahr	470
312 111	– bei Lizenzbereitschaftserklärung (§ 23 Abs 1 PatG)	235
312 112	– Verspätungszuschlag (§ 7 Abs 1 Satz 2)	50
312 120	für das 12. Patentjahr	620
312 121	– bei Lizenzbereitschaftserklärung (§ 23 Abs 1 PatG)	310
312 122	– Verspätungszuschlag (§ 7 Abs 1 Satz 2)	50
312 130	für das 13. Patentjahr	760
312 131	– bei Lizenzbereitschaftserklärung (§ 23 Abs 1 PatG)	380
312 132	– Verspätungszuschlag (§ 7 Abs 1 Satz 2)	50
312 140	für das 14. Patentjahr	910
312 141	– bei Lizenzbereitschaftserklärung (§ 23 Abs 1 PatG)	455
312 142	– Verspätungszuschlag (§ 7 Abs 1 Satz 2)	50
312 150	für das 15. Patentjahr	1 060
312 151	– bei Lizenzbereitschaftserklärung (§ 23 Abs 1 PatG)	530
312 152	– Verspätungszuschlag (§ 7 Abs 1 Satz 2)	50
312 160	für das 16. Patentjahr	1 230
312 161	– bei Lizenzbereitschaftserklärung (§ 23 Abs 1 PatG)	615
312 162	– Verspätungszuschlag (§ 7 Abs 1 Satz 2)	50
312 170	für das 17. Patentjahr	1 410
312 171	– bei Lizenzbereitschaftserklärung (§ 23 Abs 1 PatG)	705
312 172	– Verspätungszuschlag (§ 7 Abs 1 Satz 2)	50
312 180	für das 18. Patentjahr	1 590
312 181	– bei Lizenzbereitschaftserklärung (§ 23 Abs 1 PatG)	795
312 182	– Verspätungszuschlag (§ 7 Abs 1 Satz 2)	50
312 190	für das 19. Patentjahr	1 760
312 191	– bei Lizenzbereitschaftserklärung (§ 23 Abs 1 PatG)	880
312 192	– Verspätungszuschlag (§ 7 Abs 1 Satz 2)	50
312 200	für das 20. Patentjahr	1 940
312 201	– bei Lizenzbereitschaftserklärung (§ 23 Abs 1 PatG)	970
312 202	Verspätungszuschlag (§ 7 Abs 1 Satz 2)	50
312 205	Zahlung der 3. bis 5. Jahresgebühr bei Fälligkeit der 3. Jahresgebühr: Die Gebühren 312 030 bis 312 050 ermäßigen sich auf	200

Nr	Gebührentatbestand	Gebühr in Euro
312 206	– bei Lizenzbereitschaftserklärung (§ 23 Abs 1 PatG)	100
312 207	– Verspätungszuschlag (§ 7 Abs 1 Satz 2)	50
	Jahresgebühren gem. § 16a PatG[8]	
312 210	für das 1. Jahr des ergänzenden Schutzes	2 920
312 211	– bei Lizenzbereitschaftserklärung (§ 23 Abs 1 PatG)	1 460
312 212	– Verspätungszuschlag (§ 7 Abs 1 Satz 2)	50
312 220	für das 2. Jahr des ergänzenden Schutzes	3 240
312 221	– bei Lizenzbereitschaftserklärung (§ 23 Abs 1 PatG)	1 620
312 222	– Verspätungszuschlag (§ 7 Abs 1 Satz 2)	50
312 230	für das 3. Jahr des ergänzenden Schutzes	3 620
312 231	– bei Lizenzbereitschaftserklärung (§ 23 Abs 1 PatG)	1 810
312 232	– Verspätungszuschlag (§ 7 Abs 1 Satz 2)	50
312 240	für das 4. Jahr des ergänzenden Schutzes	4 020
312 241	– bei Lizenzbereitschaftserklärung (§ 23 Abs 1 PatG)	2 010
312 242	– Verspätungszuschlag (§ 7 Abs 1 Satz 2)	50
312 250	für das 5. Jahr des ergänzenden Schutzes	4 540
312 251	– bei Lizenzbereitschaftserklärung (§ 23 Abs 1 PatG)	2 270
312 252	– Verspätungszuschlag (§ 7 Abs 1 Satz 2)	50
312 260	Für das 6. Jahr des ergänzenden Schutzes	4 980
312 261	– bei Lizenzbereitschaftserklärung (§ 23 Abs 1 PatG)	2 490
312 262	– Verspätungszuschlag (§ 7 Abs 1 Satz 2)	50
	3. Sonstige Anträge	
313 000	Weiterbehandlungsgebühr (§ 123a PatG)	100
	Erfindervergütung	
313 200	– Festsetzungsverfahren (§ 23 Abs 4 PatG)	60
313 300	– Verfahren bei Änderung der Festsetzung (§ 23 Abs 5 PatG)	120
	Recht zur ausschließlichen Benutzung der Erfindung	
313 400	– Eintragung der Einräumung (§ 30 Abs 4 Satz 1 PatG)	25
313 500	– Löschung dieser Eintragung (§ 30 Abs 4 Satz 3 PatG)	25
313 600	Einspruchsverfahren (§ 59 Abs 1 und Abs 2 PatG)	200
313 700	Beschränkungs- oder Widerrufsverfahren (§ 64 PatG)	120
	Veröffentlichung von Übersetzungen oder berichtigten Übersetzungen	
313 800	– der Patentansprüche europäischer Patentanmeldungen (Artikel II § 2 Abs 1 IntPatÜbkG)	60

---

[8] Art 8 Nr 3 (b) – (n) des **Zweiten Gesetzes zur Vereinfachung und Modernisierung des Patentrechts (2. PatRModG)** vom 10. August 2021 (BGBl 2021 I S 3490) hat die Gebühren für Schutzzertifikate **mit Wirkung zum 1. Mai 2022** angepasst. Für die bis zu diesem Zeitpunkt maßgebliche Gebührenhöhe wird auf die Kommentierung der 10. Auflage verwiesen.

Anhang 15 — Gebührenverzeichnis BPatG — PatKostG

Nr	Gebührentatbestand	Gebühr in Euro
313 810	– der Patentansprüche europäischer Patentanmeldungen, in denen die Vertragsstaaten der Vereinbarung über Gemeinschaftspatente benannt sind (Artikel 4 Abs 2 Satz 2 des Zweiten Gesetzes über das Gemeinschaftspatent)	60
313 820[9]	– europäischer Patentschriften (Artikel II § 3 Abs 1, Abs 4 IntPatÜbkG)	150
313 900	Übermittlung der internationalen Anmeldung (Artikel III § 1 Abs 2 IntPatÜbkG)	90
	4. Anträge im Zusammenhang mit der Erstreckung gewerblicher Schutzrechte	
314 100	– Veröffentlichung von Übersetzungen oder berichtigten Übersetzungen von erstreckten Patenten (§ 8 (1) und (3) ErstrG)	150
314 200	– Recherche für ein erstrecktes Patent (§ 11 ErstrG)	250
	5. Anträge im Zusammenhang mit ergänzenden Schutzzertifikaten	
315 100	Antrag auf Berichtigung der Laufzeit	150
315 200	Antrag auf Widerruf der Verlängerung der Laufzeit	200

B. Gebühren des Bundespatentgerichts

(1) [1]Die Gebühren Nummern 400 000 bis 401 300 werden für jeden Antragsteller gesondert erhoben. [2]Gemeinschaftliche Inhaber oder Anmelder eines betroffenen Schutzrechts gelten als ein Antragsteller, wenn sie in den in Satz 1 genannten Fällen gemeinsam Beschwerde einlegen.[10]

(2) Die Gebühr Nummer 400 000 ist zusätzlich zur Gebühr für das Einspruchsverfahren vor dem Deutschen Patent- und Markenamt (Nummer 313 600) zu zahlen.

Nr	Gebührentatbestand	Gebührenbetrag/ Gebührensatz nach § 2 Abs 2 iVm § 2 Abs 1
400 000	Antrag auf gerichtliche Entscheidung nach § 61 Abs 2 PatG	300 EUR

---

9 Nr 313 820 wurde durch Art 8b Nr 1 des Gesetzes zur Verbesserung der Durchsetzung von Rechten des geistigen Eigentums vom 07.07.08 (BGBl 2008 I, 1191 = BlPMZ 08, 274) gestrichen, bleibt jedoch für europäische Patente anwendbar, für die der Hinweis auf die Erteilung im Europäischen Patentblatt **vor dem Inkrafttreten** des DurchsetzungsG veröffentlicht worden ist.

10 Art 8 Nr 3 (o) des **Zweiten Gesetzes zur Vereinfachung und Modernisierung des Patentrechts (2. PatRModG)** vom 10. August 2021 (BGBl 2021 I S 3490) hat die Anlage in Teil B Vorbemerkung in Absatz 1 neuen Satz 2 hinzugefügt.

PatKostG *Gebührenverzeichnis BPatG* **Anhang 15**

I. Beschwerdeverfahren

401 100	1. gemäß § 73 Abs 1 PatG gegen die Entscheidung der Patentabteilung über den Einspruch,	
	2. gemäß § 18 Abs 1 GebrMG gegen die Entscheidung der Gebrauchsmusterabteilung über den Löschungsantrag,	
	3. gemäß § 66 MarkenG in Löschungsverfahren,	
	4. gemäß § 4 Abs 4 Satz 3 HalblSchG iVm § 18 Abs 2 GebrMG gegen die Entscheidung der Topografieabteilung,	
	5. gemäß § 34 Abs 1 SortSchG gegen die Entscheidung des Widerspruchsausschusses in den Fällen des § 18 Abs 2 Nr 1, 2, 5 und 6 SortSchG	500 EUR
401 200	gegen einen Kostenfestsetzungsbeschluss	50 EUR
401 300	in anderen Fällen	200 EUR
	Beschwerden in Verfahrenskostenhilfesachen, Beschwerden nach § 11 Abs 2 PatKostG und nach § 11 Abs 2 DPMAVwKostV sind gebührenfrei.	

II. Klageverfahren

Nr	Gebührentatbestand	Gebührenbetrag/ Gebührensatz nach § 2 Abs 2 iVm § 2 Abs 1
	1. Klageverfahren gemäß § 81 PatG, § 85a iVm § 81 PatG und § 20 GebrMG iVm § 81 PatG	
402 100	Verfahren im Allgemeinen	4,5
402 110	Beendigung des gesamten Verfahrens durch a) Zurücknahme der Klage – vor dem Schluss der mündlichen Verhandlung, – im Falle des § 83 Abs 2 Satz 2 PatG iVm § 81 PatG, in dem eine mündliche Verhandlung nicht stattfindet, vor Ablauf des Tages, an dem die Ladung zum Termin zur Verkündung des Urteils zugestellt oder das schriftliche Urteil der Geschäftsstelle übergeben wird, – im Falle des § 82 Abs 2 PatG iVm § 81 PatG vor Ablauf des Tages, an dem das Urteil der Geschäftsstelle übergeben wird, b) Anerkenntnis- und Verzichtsurteil, c) Abschluss eines Vergleichs vor Gericht, wenn nicht bereits ein Urteil vorausgegangen ist: Die Gebühr 412 100 ermäßigt sich auf Erledigungserklärungen stehen der Zurücknahme nicht gleich. Die Ermäßigung tritt auch ein, wenn mehrere Ermäßigungstatbestände erfüllt sind.	1,5
	2. Sonstige Klageverfahren	
402 200	Verfahren im Allgemeinen	4,5

Anhang 15 Gebührenverzeichnis BPatG PatKostG

402 210	Beendigung des gesamten Verfahrens durch	
	a) Zurücknahme der Klage vor dem Schluss der mündlichen Verhandlung,	
	b) Anerkenntnis- und Verzichtsurteil,	
	c) Abschluss eines Vergleichs vor Gericht, wenn nicht bereits ein Urteil vorausgegangen ist:	
	Die Gebühr 402 200 ermäßigt sich auf	1,5
	Erledigungserklärungen stehen der Zurücknahme nicht gleich. Die Ermäßigung tritt auch ein, wenn mehrere Ermäßigungstatbestände erfüllt sind.	

3. Erlass einer einstweiligen Verfügung wegen Erteilung einer Zwangslizenz (§ 85 PatG, § 85a iVm § 85 PatG und § 20 GebrMG iVm § 81 PatG)

402 300	Verfahren über den Antrag	1,5
402 310	In dem Verfahren findet eine mündliche Verhandlung statt:	
	Die Gebühr 402 300 erhöht sich auf	4,5
402 320	Beendigung des gesamten Verfahrens durch	
	a) Zurücknahme des Antrags vor dem Schluss der mündlichen Verhandlung	
	b) Anerkenntnis- und Verzichtsurteil,	
	c) Abschluss eines Vergleichs vor Gericht, wenn nicht bereits ein Urteil vorausgegangen ist:	
	Die Gebühr 402 310 ermäßigt sich auf:	1,5
	Erledigungserklärungen stehen der Zurücknahme nicht gleich. Die Ermäßigung tritt auch ein, wenn mehrere Ermäßigungstatbestände erfüllt sind.	

III. Rüge wegen Verletzung des Anspruchs auf rechtliches Gehör

403 100	Verfahren über die Rüge wegen Verletzung des Anspruchs auf rechtliches Gehör nach § 321a ZPO iVm § 99 Abs 1 PatG, § 82 Abs 1 MarkenG. Die Rüge wird in vollem Umfang verworfen oder zurückgewiesen.	50 EUR

Anhang 16
Verordnung über Verwaltungskosten beim Deutschen Patent- und Markenamt (DPMA-Verwaltungskostenverordnung – DPMAVwKostV)

vom 14. Juli 2006 (BGBl I 1586 = BlPMZ 2006, 253 = Tabu Gewerbl. Rechtsschutz Nr 344)

Änderungen der DPMAVwKostV

Nr	ÄnderungsV	Inkrafttreten	Betroffene Bestimmungen	Art der Änderung
1	1. ÄnderungsV vom 17.6.2010 (BGBl I S 809 = BlPMZ 2010, 297)	1.1.2010 (rückwirkend)	Nr 302 310 der Anlage – Kostenverzeichnis zu § 2 Abs 1 (Wegfall der Auslagenpauschale für Geschmacksmuster-bekanntmachungen)	Aufhebung
2	Art 5 V vom 01.11.13 BGBl I S 3906	12.11.13	§ 7 (3) 1 Kostenverzeichnis: Nr 301 200, 301 400, 301 410, 302 100	Änderung
3	Art. 211, 10.Zuständigkeitsanpassungsverordnung vom 31.08.15 BGBl I,1474, 1505	1.09.15	§ 4 (1) Nr. 4	Wortanpassung

Inhaltsübersicht

§ 1 Geltungsbereich
§ 2 Kosten
§ 3 Mindestgebühr
§ 4 Kostenbefreiung
§ 5 Kostenschuldner
§ 6 Fälligkeit
§ 7 Vorauszahlung, Zahlungsfristen, Zurückbehaltungsrecht
§ 8 Folgen der Nichtzahlung, Antragsrücknahme
§ 9 Unrichtige Sachbehandlung, Erlass von Kosten
§ 10 Erstattung
§ 11 Kostenansatz
§ 12 Erinnerung, Beschwerde, gerichtliche Entscheidung
§ 13 Verjährung, Verzinsung
§ 14 Übergangsregelung
§ 15 Inkrafttreten, Außerkrafttreten

Auf Grund des § 1 Abs 2 Nr 1 des Patentkostengesetzes vom 13. Dezember 2001 (BGBl I S. 3656) und des § 138 Abs 5 Nr 2 des Urhebergesetzes vom 9. September 1965 (BGBl I S 1273), der zuletzt

Anhang 16 §§ 1–5 DPMAVwKostV

durch Artikel 16 Nr 3 Buchstabe d Doppelbuchstabe bb des Gesetzes vom 13. Dezember 2001 (BGBl I S. 3656) geändert worden ist, verordnet das Bundesministerium der Justiz:

§ 1 Geltungsbereich[1]

Für Amtshandlungen des Deutschen Patent- und Markenamts in Patent-, Gebrauchsmuster-, Topographieschutz-, Marken-, Geschmacksmuster- und Urheberrechtssachen werden Kosten (Gebühren und Auslagen), über die nicht anderweitig durch Gesetz oder auf Grund gesetzlicher Ermächtigungen Bestimmungen getroffen sind, nur nach den Vorschriften dieser Verordnung erhoben.

§ 2 Kosten[2]

(1) Die Kosten bestimmen sich nach dem anliegenden Kostenverzeichnis.

(2) ¹Soweit sich aus Teil A des Kostenverzeichnisses nichts anderes ergibt, werden neben den Gebühren keine Auslagen nach Teil B des Kostenverzeichnisses erhoben. ²Wenn eine Gebühr für die Amtshandlung nicht vorgesehen ist, sind jedoch Auslagen zu erheben.

§ 3 Mindestgebühr

Der Mindestbetrag einer Gebühr ist 10 Euro. Centbeträge sind auf volle Eurobeträge aufzurunden.

§ 4 Kostenbefreiung

(1) Von der Zahlung der Kosten sind befreit
1. die Bundesrepublik Deutschland und die bundesunmittelbaren juristischen Personen des öffentlichen Rechts, deren Ausgaben ganz oder teilweise auf Grund gesetzlicher Verpflichtung aus dem Haushalt des Bundes getragen werden;
2. die Länder und die juristischen Personen des öffentlichen Rechts, die nach den Haushaltsplänen eines Landes für Rechnung eines Landes verwaltet werden;
3. die Gemeinden und Gemeindeverbände, soweit die Amtshandlungen nicht ihre wirtschaftlichen Unternehmen betreffen;
4. die Weltorganisation für geistiges Eigentum nach Maßgabe von Verwaltungsvereinbarungen des Bundesministeriums der Justiz und für Verbraucherschutz im Rahmen der internationalen Zusammenarbeit auf dem Gebiet des gewerblichen Rechtsschutzes;

(2) Die Befreiung tritt nicht ein, soweit die in Absatz 1 Nr 1 bis 3 Genannten berechtigt sind, die Kosten Dritten aufzuerlegen oder sonst auf Dritte umzulegen.

(3) Kostenfreiheit nach Absatz 1 besteht nicht für Sondervermögen und Bundesbetriebe im Sinne des Artikels 110 Abs 1 des Grundgesetzes, für gleichartige Einrichtungen der Länder sowie für öffentlich-rechtliche Unternehmen, an denen der Bund oder ein Land beteiligt ist.

(4) ¹Für die Leistung von Amtshilfe wird keine Gebühr erhoben. ²Auslagen sind von der ersuchenden Behörde auf Anforderung zu erstatten, wenn sie 35 Euro übersteigen. ³Die Absätze 2 und 3 sind entsprechend anzuwenden.

§ 5 Kostenschuldner[3]

(1) Zur Zahlung der Kosten ist verpflichtet,
1. wer die Amtshandlung veranlasst oder zu wessen Gunsten sie vorgenommen wird;

---

1 Die DPMAVwKostV gilt nur subsidiär – andere gesetzliche Regelungen haben somit Vorrang (insbesondere das PatKostG), so dass deren Bestimmungen der DPMAVwKostV vorgehen, wenn diese nicht im Einklang mit ihnen stehen.
2 Das Kostenverzeichnis bestimmt abschließend, welche Gebühren und welche Auslagen erhoben werden können. Grundsätzlich werden mit der Zahlung einer Gebühr auch entstehende Auslagen abgegolten, es sei denn, es ist ausdrücklich bestimmt, dass Auslagen zusätzlich erhoben werden, wie zB in den Nrn 301 110, 301 200, 301 300, 301 310, 301 320, 301 330, 301 410 des Kostenverzeichnisses.
3 § 5 (1) und (2) DPMAVwKostV stimmt inhaltlich mit 4 (1) und (2) PatKostG überein, vgl daher die Erläuterungen zu 4 PatKostG.

2. wem durch Entscheidung des Deutschen Patent- und Markenamts oder des Bundespatentgerichts die Kosten auferlegt sind;
3. wer die Kosten durch eine gegenüber dem Deutschen Patent- und Markenamt abgegebene oder dem Deutschen Patent- und Markenamt mitgeteilte Erklärung übernommen hat;
4. wer für die Kostenschuld eines anderen kraft Gesetzes haftet.

(2) Mehrere Kostenschuldner haften als Gesamtschuldner.

§ 6 Fälligkeit[4]

(1) Gebühren werden mit dem Eingang des Antrags auf Vornahme der gebührenpflichtigen Amtshandlung fällig, Auslagen sofort nach ihrer Entstehung.

(2) Die Erstattungsgebühr (Nummer 301 500 des Kostenverzeichnisses) wird fällig, wenn das Deutsche Patent- und Markenamt feststellt, dass ein Rechtsgrund zur Zahlung nicht vorliegt.

§ 7 Vorauszahlung, Zahlungsfristen, Zurückbehaltungsrecht[5]

(1) [1]Das Deutsche Patent- und Markenamt kann die Zahlung eines Kostenvorschusses verlangen und die Vornahme der Amtshandlung von der Zahlung oder Sicherstellung des Vorschusses abhängig machen. [2]Bei Verrichtungen von Amts wegen kann ein Vorschuss nur zur Deckung der Auslagen erhoben werden.

(2) Für die Bestimmung der Zahlungsfristen gilt § 18 der DPMA-Verordnung entsprechend.

(3) [1]Bescheinigungen, Ausfertigungen, Ablichtungen und Ausdrucke sowie vom Antragsteller anlässlich der Amtshandlung eingereichte Unterlagen können zurückbehalten werden, bis die in der Angelegenheit erwachsenen Kosten bezahlt sind. [2]Von der Zurückbehaltung ist abzusehen,
1. wenn der Eingang der Kosten mit Sicherheit zu erwarten ist,
2. wenn glaubhaft gemacht wird, dass die Verzögerung der Herausgabe einem Beteiligten einen nicht oder nur schwer zu ersetzenden Schaden bringen würde, und nicht anzunehmen ist, dass sich der Schuldner seiner Pflicht zur Zahlung der Kosten entziehen wird,
oder
3. wenn es sich um Unterlagen eines Dritten handelt, demgegenüber die Zurückbehaltung eine unbillige Härte wäre.

§ 8 Folgen der Nichtzahlung, Antragsrücknahme

(1) Wird der nach § 7 Abs 1 Satz 1 geforderte Kostenvorschuss nicht innerhalb der vom Deutschen Patent- und Markenamt gesetzten Frist gezahlt, gilt der Antrag als zurückgenommen.

(2) Gilt ein Antrag nach Absatz 1 als zurückgenommen oder wird ein Antrag auf Vornahme einer gebührenpflichtigen Amtshandlung zurückgenommen, bevor die beantragte Amtshandlung vorgenommen wurde, entfällt die Gebühr.

§ 9 Unrichtige Sachbehandlung, Erlass von Kosten[6]

(1) [1]Kosten, die bei richtiger Behandlung der Sache nicht entstanden wären, werden nicht erhoben. [2]Das Gleiche gilt für Auslagen, die durch eine von Amts wegen veranlasste Verlegung eines Termins oder Vertagung einer Verhandlung entstanden sind.

(2) Das Deutsche Patent- und Markenamt kann vom Ansatz der Dokumenten- und Datenträgerpauschale ganz oder teilweise absehen, wenn Daten, Ablichtungen oder Ausdrucke für Zwecke verlangt werden, deren Verfolgung überwiegend im öffentlichen Interesse liegt, oder wenn amtliche Bekanntmachungen anderen Bericht erstattenden Medien als den amtlichen Bekanntmachungsblättern auf Antrag zum unentgeltlichen Abdruck überlassen werden.

(3) Kosten werden nicht erhoben, wenn Daten im Internet zur nicht gewerblichen Nutzung bereitgestellt werden.

---

4 Zur Fälligkeit allgemein vgl die Erläuterungen zu § 3 PatKostG.
5 Kostenvorschuss kann – nicht muss – das DPMA verlangen. Nach pflichtgemäßem Ermessen wird das DPMA die Vornahme der Amtshandlung von der Zahlung oder Sicherstellung (zB Übernahmeerklärung eines Anwalts) des Vorschusses abhängig machen, wenn höhere Beträge anfallen oder Zweifel an der Zahlungswilligkeit bestehen.
6 § 9 (1) 1 DPMAvwKostV und § 9 PatKostG sind wortgleich, vgl daher die Erläuterungen zu § 9 PatKostG.

(4) Im Übrigen gelten für die Niederschlagung und den Erlass von Kosten die Vorschriften der Bundeshaushaltsordnung.

§ 10 Erstattung

(1) Überzahlte oder zu Unrecht erhobene Kosten sind unverzüglich zu erstatten.

(2) Bei der Erstattung von Beträgen, die ohne Rechtsgrund eingezahlt wurden (§ 6 Abs 2), wird die Erstattungsgebühr einbehalten.

§ 11 Kostenansatz[7]

(1) Die Kosten werden beim Deutschen Patent- und Markenamt angesetzt, auch wenn sie bei einem ersuchten Gericht oder einer ersuchten Behörde entstanden sind.

(2) [1]Die Stelle des Deutschen Patent- und Markenamts, die die Kosten angesetzt hat, trifft auch die Entscheidungen nach §§ 9 und 10. [2]Die Anordnung nach § 9 Abs 1, dass Kosten nicht erhoben werden, kann in Patent-, Gebrauchsmuster-, Topographieschutz-, Marken-, und Geschmacksmustersachen auch im Aufsichtsweg erlassen werden, solange nicht das Bundespatentgericht entschieden hat.

§ 12 Erinnerung, Beschwerde, gerichtliche Entscheidung[8]

(1) [1]Gegen den Kostenansatz kann der Kostenschuldner Erinnerung einlegen. [2]Sie ist nicht an eine Frist gebunden. [3]Über die Erinnerung oder eine Maßnahme nach den §§ 7 und 9 entscheidet die Stelle des Deutschen Patent- und Markenamts, die die Kosten angesetzt hat. [4]Das Deutsche Patent- und Markenamt kann seine Entscheidung von Amts wegen ändern.

(2) [1]Gegen die Entscheidung des Deutschen Patent- und Markenamts über die Erinnerung in Patent-, Gebrauchsmuster-, Topographieschutz-, Marken-, und Geschmacksmustersachen kann der Kostenschuldner Beschwerde einlegen. [2]Eine Beschwerde gegen die Entscheidung des Bundespatentgerichts über den Kostenansatz findet nicht statt.

(3) [1]Erinnerung und Beschwerde sind schriftlich oder zu Protokoll der Geschäftsstelle beim Deutschen Patent- und Markenamt einzulegen. [2]Die Beschwerde ist nicht an eine Frist gebunden. [3]Erachtet das Deutsche Patent- und Markenamt die Beschwerde für begründet, so hat es ihr abzuhelfen. [4]Wird der Beschwerde nicht abgeholfen, ist sie dem Bundespatentgericht vorzulegen.

(4) [1]In Urheberrechtssachen kann der Kostenschuldner gegen eine Entscheidung des Deutschen Patent- und Markenamts nach Absatz 1 innerhalb einer Frist von zwei Wochen nach der Zustellung gerichtliche Entscheidung beantragen. [2]Der Antrag ist schriftlich oder zu Protokoll der Geschäftsstelle beim Deutschen Patent- und Markenamt zu stellen. [3]Erachtet das Deutsche Patent- und Markenamt den Antrag für begründet, hat es ihm abzuhelfen. [4]Wird dem Antrag nicht abgeholfen, ist er dem nach § 138 Abs 2 Satz 2 des Urheberrechtsgesetzes zuständigen Gericht vorzulegen.

§ 13 Verjährung, Verzinsung[9]

Für die Verjährung und Verzinsung der Kostenforderungen und der Ansprüche auf Erstattung von Kosten gilt § 5 des Gerichtskostengesetzes entsprechend.

§ 14 Übergangsregelung

In den Fällen, in denen vor dem Inkrafttreten dieser Verordnung die gebührenpflichtige Amtshandlung beantragt, aber noch nicht beendet ist, werden die bis zum Inkrafttreten dieser Verordnung geltenden Gebühren erst mit Beendigung der Amtshandlung fällig.

§ 15 Inkrafttreten, Außerkrafttreten

[1]Diese Verordnung tritt am 1. Oktober 2006 in Kraft. [2]Gleichzeitig tritt die DPMA-Verwaltungskostenverordnung vom 15. Oktober 1991 (BGBl I S. 2013), zuletzt geändert durch die Verordnung vom 5. Dezember 2005 (BGBl I S. 3386), außer Kraft.

---

7 § 11 DPMAVwKostV stimmt inhaltlich mit § 8 PatKostG überein, vgl daher die Erläuterungen zu § 8 PatKostG.
8 Vgl hierzu die Erläuterungen zu § 11 PatKostG.
9 § 13 DPMAVwKostV und § 12 PatKostG sind wortgleich, vgl daher die Erläuterungen zu § 12 PatKostG.

DPMAVwKostV — Kostenverzeichnis — Anhang 16

Anlage (zu § 2 Abs 1)
Kostenverzeichnis

Nr.	Gebührentatbestand	Gebührenbetrag in Euro
Teil A. Gebühren		
I. Registerauszüge und Eintragungsscheine		
	Erteilung von	
301 100	– beglaubigten Registerauszügen	20
301 110	– unbeglaubigten Registerauszügen sowie Eintragungsscheinen nach § 4 der WerkeRegV Die Datenträgerpauschale wird gesondert erhoben.	15
II. Beglaubigungen		
301 200	Beglaubigung von Ablichtungen und Ausdrucken für jede angefangene Seite	0,50 – mindestens 5
	(1) Die Beglaubigung von Ablichtungen und Ausdrucken der vom Deutschen Patent- und Markenamt erlassenen Entscheidungen und Bescheide ist gebührenfrei.	
	(2) Auslagen werden zusätzlich erhoben.	
III. Bescheinigungen, schriftliche Auskünfte		
301 300	Erteilung eines Prioritätsbelegs	20
	Auslagen werden zusätzlich erhoben.	
301 310	Erteilung einer Bescheinigung oder schriftlichen Auskunft	10
	Auslagen werden zusätzlich erhoben.	
301 320	Erteilung einer Schmuckurkunde (§ 25 Abs. 2 DPMAV)	15
	(1) Gebührenfrei ist – die Erteilung von Patent-, Gebrauchsmuster-, Topographie-, Marken- und Geschmacksmusterurkunden (§ 25 Abs. 1 DPMAV) und – das Anheften von Unterlagen an die Schmuckurkunde. (2) Auslagen werden zusätzlich erhoben.	
301 330	Erteilung einer Heimatbescheinigung	15
	Auslagen werden zusätzlich erhoben.	
IV. Akteneinsicht, Erteilung von Ablichtungen und Ausdrucken		
301 400	Verfahren über Anträge auf Einsicht in Akten	90
	Die Akteneinsicht in solche Akten, deren Einsicht jedermann freisteht, in die Akten der eigenen Anmeldung oder des eigenen Schutzrechts ist gebührenfrei.	
301 410	Verfahren über Anträge auf Erteilung von Ablichtungen und Ausdrucken aus Akten	90
	(1) Gebührenfrei ist – die Erteilung von Ablichtungen und Ausdrucken aus solchen Akten, deren Einsicht jedermann freisteht, aus Akten der eigenen Anmeldung oder des eigenen Schutzrechts, oder wenn – der Antrag im Anschluss an ein Akteneinsichtsverfahren gestellt wird, für das die Gebühr nach Nummer 301 400 gezahlt worden ist.	

Anhang 16   Kostenverzeichnis   DPMAVwKostV

	(2)	Auslagen werden zusätzlich erhoben.	

V. Erstattung
301 500   Erstattung von Beträgen, die ohne Rechtsgrund eingezahlt wurden   10

Teil B. Auslagen

I. Dokumenten- und Datenträgerpauschale
302 100   Pauschale für die Herstellung und Überlassung von Dokumenten:

1. Ausfertigungen, Ablichtungen und Ausdrucke, die auf Antrag angefertigt, per Telefax übermittelt oder die angefertigt worden sind, weil die Beteiligten es unterlassen haben, die erforderliche Zahl von Mehrfertigungen beizufügen (Dokumentenpauschale):
   - für die ersten 50 Seiten je Seite   0,50 EUR
   - für jede weitere Seite   0,15 EUR
2. Überlassung von elektronisch gespeicherten Dateien anstelle der in Nummer 1 genannten Ausfertigungen, Ablichtungen und Ausdrucke:
   - je Datei   2,50 EUR
3. Datenträgerpauschale für die Übermittlung von elektronisch gespeicherten Daten auf CD oder DVD (Datenträgerpauschale):
   - je CD   7 EUR
   - je DVD   12 EUR

(1) Frei von der Dokumentenpauschale sind für jeden Beteiligten und dessen bevollmächtigte Vertreter
- eine vollständige Ausfertigung oder Ablichtung oder ein vollständiger Ausdruck der Entscheidungen und Bescheide des Deutschen Patent- und Markenamts,
- eine Ablichtung oder ein Ausdruck jeder Niederschrift über eine Sitzung.

(2) Die Datenträgerpauschale wird in jedem Fall erhoben.

(3) Für die Abgabe von Schutzrechtsdaten über die Dienste DPMAdatenabgabe und DEPATISconnect wird eine Dokumenten- oder Datenträgerpauschale nicht erhoben.

II. Auslagen für Fotos, graphische Darstellungen
302 200   Die Auslagen für die Herstellung von Fotos oder Duplikaten von Fotos oder Farbkopien betragen
- für den ersten Abzug oder die erste Seite   2 EUR
- für jeden weiteren Abzug oder jede weitere Seite   0,50 EUR

302 210   Anfertigung von Fotos oder graphischen Darstellungen durch Dritte im Auftrag des Deutschen Patent- und Markenamts   in voller Höhe

III. Öffentliche Bekanntmachungen, Kosten eines Neudrucks
302 340   Bekanntmachungskosten in Urheberrechtsverfahren   in voller Höhe
302 360   Kosten für den Neudruck oder die Änderung einer Offenlegungsschrift oder Patentschrift, soweit sie durch den Anmelder veranlasst sind   80 EUR

IV. Sonstige Auslagen
    Als Auslagen werden ferner erhoben:
302 400   – Auslagen für Zustellungen mit Zustellungsurkunde oder Einschreiben gegen Rückschein   in voller Höhe
302 410   – Auslagen für Telegramme   in voller Höhe

302 420	–	die nach dem Justizvergütungs- und -entschädigungsgesetz (JVEG) zu zahlenden Beträge; erhält ein Sachverständiger aufgrund des § 1 Abs. 2 Satz 2 JVEG keine Vergütung, ist der Betrag zu erheben, der ohne diese Vorschrift nach dem JVEG zu zahlen wäre; sind die Auslagen durch verschiedene Verfahren veranlasst, werden sie auf die mehreren Verfahren angemessen verteilt	in voller Höhe
302 430	–	die bei Geschäften außerhalb des Deutschen Patent- und Markenamts den Bediensteten aufgrund gesetzlicher Vorschriften gewährte Vergütung (Reisekosten, Auslagenersatz) und die Kosten für die Bereitstellung von Räumen; sind die Auslagen durch verschiedene Verfahren veranlasst, werden sie auf die mehreren Verfahren angemessen verteilt	in voller Höhe
302 440	–	die Kosten der Beförderung von Personen	in voller Höhe
	–	die Kosten für Zahlungen an mittellose Personen für die Reise zum Ort einer Verhandlung, Vernehmung oder Untersuchung und für die Rückreise	bis zur Höhe der nach dem JVEG an Zeugen zu zahlenden Beträge
302 450	–	die Kosten für die Beförderung von Tieren und Sachen mit Ausnahme der für Postdienstleistungen zu zahlenden Entgelte, die Verwahrung von Tieren und Sachen sowie die Fütterung von Tieren	in voller Höhe
302 460	–	Beträge, die anderen inländischen Behörden, öffentlichen Einrichtungen oder Bediensteten als Ersatz für Auslagen der in den Nummern 302 420 bis 302 450 bezeichneten Art zustehen; die Beträge werden auch erhoben, wenn aus Gründen der Gegenseitigkeit, der Verwaltungsvereinfachung oder aus vergleichbaren Gründen keine Zahlungen zu leisten sind	begrenzt durch die Höchstsätze für die Auslagen 302 420 bis 302 450
302 470	–	Beträge, die ausländischen Behörden, Einrichtungen oder Personen im Ausland zustehen, sowie Kosten des Rechtshilfeverkehrs mit dem Ausland; die Beträge werden auch dann erhoben, wenn aus Gründen der Gegenseitigkeit, der Verwaltungsvereinfachung oder aus vergleichbaren Gründen keine Zahlungen zu leisten sind	in voller Höhe

Anhang 17

Verordnung über die Zahlung der Kosten des Deutschen Patent- und Markenamts und des Bundespatentgerichts (Patentkostenzahlungsverordnung – PatKostZV)

vom 15. Oktober 2003 (BGBl I 2083 = BlPMZ 2003, 409 = Tabu Gewerbl. Rechtsschutz 342, 409)

Änderungen der PatKostZV

Nr	Änderndes Gesetz/Verordnung	Inkrafttreten	Geänderte §§	Art der Änderung
1	Art 4 der VO vom 01.11.13 (BGBl I 3906 = BlPMZ 13, 378)	01.12.13	§§ 1, 2 Nr 4	Neufassung

Jürgen Schell

Übersicht

	Geltungsbereich...	1
	Europäisches Patentrecht.................................	2
§ 1	Zahlungswege	
1	Bareinzahlung bei Geldstellen des DPMA.............	4
2	Überweisung..	7
3	Bareinzahlung auf ein Konto der Bundeskasse bei einem inländischen oder ausländischen Kreditinstitut........	9
4	Lastschriftverfahren.....................................	10
4.1	Nationales Lastschriftverfahren.........................	10
4.2	SEPA-Basislastschriftverfahren..........................	11
5	Zahlungsart im Patenterteilungsantrag.................	14
6	Sammelzahlungen..	15
7	Leistungsort..	16
8	Verwendungszweck......................................	17
9	Quittungen und Empfangsbestätigungen.............	18
§ 2	Zahlungstag	
1	Fiktion des § 2 PatKostZV...............................	19
2	Bareinzahlung nach § 2 Nr 1............................	21
3	Überweisung nach § 2 Nr 2.............................	22
4	Bareinzahlung auf das DPMA-Konto nach § 2 Nr 3	25
5	Lastschriften nach § 2 Nr 4..............................	26
§ 3	Übergangsregelung	
§ 4	Inkrafttreten, Außerkrafttreten	

Geltungsbereich: Die am 1.1.2004 in Kraft getretene PatKostZV ersetzt die bis dahin geltende PatKostZV vom 20.12.2001 (BGBl I 3853 = BlPMZ 2002, 70). Seit dem 1.1.2002 können Kosten per Scheck und mit Gebührenmarken nicht mehr entrichtet werden. Seit dem **1.1.2004** ist die Zahlungsart durch **Abbuchungsauftrag** entfallen; seit dem **1.12.2013** ist die Zahlungsart durch **Einzugsermächtigung** entfallen (s BlPMZ 13, 378, 380).

1

PCT-Gebühren: PatKostZV gilt auch für sie.[1]

2 **Europäisches Patentrecht:** Zur GebO. des EPA wird verwiesen auf die Kommentierung bei Singer/Stauder/Luginbühl, Europäisches Patentübereinkommen, 8. Aufl. 2019

3 Auf Grund des § 1 Abs 2 Nr 2 des Patentkostengesetzes vom 13. Dezember 2001 (BGBl. I S. 3656 = BlPMZ 2002, 14 = Anhang 15) verordnet das Bundesministerium der Justiz:

§ 1 Zahlungswege

(1) Kosten des Deutschen Patent- und Markenamts und des Bundespatentgerichts können gezahlt werden
1. durch Bareinzahlung bei den Geldstellen des Deutschen Patent- und Markenamts;
2. durch Überweisung auf ein Konto der zuständigen Bundeskasse für das Deutsche Patent- und Markenamt;
3. durch Bareinzahlung bei einem inländischen oder ausländischen Geldinstitut auf ein Konto der zuständigen Bundeskasse für das Deutsche Patent- und Markenamt;
4. durch Erteilung eines gültigen SEPA-Basislastschriftmandats mit Angaben zum Verwendungszweck.

(2) Bei Zahlungen an das Deutsche Patent- und Markenamt sollen für eine Erklärung nach Absatz 1 Nummer 4 die auf der Internetseite www.dpma.de bereitgestellten Formulare verwendet werden.

(3) Das Deutsche Patent- und Markenamt macht im Blatt für Patent-, Muster- und Zeichenwesen bekannt, unter welchen Bedingungen Sammelzahlungen auf ein Konto bei der zuständigen Bundeskasse für das Deutsche Patent- und Markenamt zulässig und welche Angaben bei der Zahlung erforderlich sind.

1 Bareinzahlung bei Geldstellen des DPMA

4 Bareinzahlung bei Geldstellen des DPMA ist möglich bei den Schaltern der Dokumentenannahme in München, Berlin und Jena.

5 **Patentinformationszentren** (PIZ) sind nur zur Entgegennahme von Patentanmeldungen, nicht aber von Zahlungsmitteln befugt. Leitet PIZ gleichwohl bei ihm eingereichte Zahlungsmittel an das DPMA weiter, so gilt die Zahlung erst mit dem Eingang bei der Geldstelle des DPMA als bewirkt.[2]

6 **Verrechnungserklärung** (= Anweisung ein Guthaben in bestimmter Weise zu verwenden) steht der Barzahlung gleich. Mit ihrem Eingang ist die Gebühr entrichtet.[3]

---

1 BPatG BlPMZ 05, 80 *PCT-Gebühren.*
2 Amtl Begr zu § 34 (2) PatG BlPMZ **98**, 393, 402.
3 BPatG GRUR **94**, 362 (Abbuchen von Konto der Lichtbildstelle); PA BlPMZ **12**, 217; **28**, 301; EPA J 0003/81 ABl **82**, 100.

2 Überweisung:

a) **Kontoangaben beim nationalen Überweisungsverfahren:** Ab dem 1. Dezember 2013 wurde das nationale Überweisungsverfahren durch das SEPA-Überweisungsverfahren ersetzt. Zum zuvor gültigen Überweisungsverfahren wird auf die Kommentierung der 8. Auflage (dort Rn 8) verwiesen.

b) **Kontoangaben bei SEPA-Überweisungen:** Überweisender und Begünstigter sowie deren Kreditinstitute werden bei SEPA-Überweisungen durch spezielle Kennziffern identifiziert: an die Stelle der bislang verwendeten (nationalen) Kontonummer und (nationalen) Bankleitzahl treten die IBAN (International Bank Account Nummer = internationale Kontonummer) und der BIC (Business Identifier Code = internationale Bankleitzahl). Die notwendigen Angaben bei SEPA-Überweisungen finden sich auf den Überweisungsvordrucken der Kreditinstitute. Entsprechende Eingabemasken für SEPA-Überweisungen sind auch im Online-Banking eingerichtet. Zudem können SEPA-Überweisungen beleglos (etwa in Dateien als Datensätze) bei den Banken bzw Zahlungsdienstleistern eingereicht werden. Zwar werden bei SEPA-Überweisungen grundsätzlich Kontonummern und Bankleitzahlen durch IBAN (International Bank Account Number) und BIC (Bank Identifier Code) ersetzt – wenn der jeweilige Zahlungsdienstleister aber die Konvertierung in die IBAN anbietet, können die Kostenschuldner noch bis Februar 2016 ihre Kontonummer und Bankleitzahl bei Inlandszahlungen verwenden.[4]

Ist der Überweisungsbetrag zu niedrig für die genannten Gebühren, so werden diese nach § 366 (2) BGB getilgt.[5]

3 Bareinzahlung auf ein Konto der Bundeskasse bei einem inländischen oder ausländischen Kreditinstitut

auf das Konto 700 010 54, BLZ 700 00 000 der Bundeskasse Halle/DPMA bei der BBk München ist möglich bei der Postbank sowie bei allen Banken und Sparkassen. Bei dieser Zahlungsform ist dem DPMA unverzüglich der vom Geldinstitut ausgestellte Einzahlungsbeleg vorzulegen, damit das DPMA den privilegierten Einzahlungstag gemäß § 2 Nr 3 PatKostZV berücksichtigen kann, denn das DPMA kann sonst nicht die Zahlungsform nach § 1 Nr 3 PatKostZV von der Überweisung gemäß § 1 Nr 2 PatKostZV unterscheiden.

4 Lastschriftverfahren

4.1 Nationales Lastschriftverfahren:

Als Folge der Einführung des SEPA[6]-Lastschriftverfahrens[7] entfällt das bisherige deutsche Lastschriftverfahren zum 31. Januar 2014. Die betreffenden inländischen Lastschriftverfahren dürfen somit ab dem 1. Februar 2014 nicht mehr verwendet bzw aus-

---

4 Vgl hierzu unter http://www.bundesbank.de.
5 BPatGE 17, 6 = BlPMZ 75, 190.
6 Single Euro Payments Area.
7 Vgl Art 4 Verordnung über den elektronischen Rechtsverkehr beim Deutschen Patent- und Markenamt und zur Änderung von Verordnungen für das Deutsche Patent- und Markenamt vom 1. November 2013 (BGBl I 3906).

geführt werden, sondern müssen ab diesem Zeitpunkt ausschließlich nach den neuen, europäischen Regeln erfolgen.[8] Zum bisherigen nationalen Lastschriftverfahren wird auf die Kommentierung der 8. Auflage (dort Rn 10 ff) verwiesen.

4.2 SEPA-Basislastschriftverfahren:

11 Mit der Neufassung[9] von § 1 (1) Nr 4 wurde das unionsweit geltende SEPA-Lastschriftverfahren als Zahlungsmodalität eingeführt, das zum 1. Dezember 2013 beim DPMA die nationalen Lastschriftformate ablöst.[10] Das SEPA-Lastschriftverfahren umfasst unionsweit einheitliche Regeln (vgl hierzu unter http://www.europeanpaymentscouncil.eu sowie unter http://www.bundesbank.de) für ein grenzüberschreitend nutzbares Lastschriftverfahren. Die Währung im SEPA-Verfahren ist ausschließlich Euro.

In Abweichung zum bisherigen deutschen Einzugsermächtigungsverfahren werden beim SEPA-Lastschriftverfahren zwei Ermächtigungen erteilt: wie bereits beim bisherigen deutschen Einzugsermächtigungsverfahren ermächtigt der Zahlungspflichtige beim SEPA-Lastschriftverfahren den Zahlungsempfänger, den fälligen Betrag einzuziehen – zusätzlich ermächtigt der Zahlungspflichtige das kontoführende Kreditinstitut, die betreffende Lastschrift einzulösen und das Konto zu belasten.

Die Hauptmerkmale des SEPA-Basislastschriftverfahrens sind:
- SEPA-Lastschriftmandat: Das Mandat dient als rechtliche Legitimation für den Einzug der Lastschrift. Es umfasst zum einen die Erteilung einer (schriftlichen) Ermächtigung durch den Zahlungspflichtigen (Debitor) an den Zahlungsempfänger (Creditor), einen bestimmten Betrag zu Lasten seines Kontos einzuziehen. Zum anderen weist der Zahlungspflichtige die kontoführende Bank in dem Mandat an, die entsprechende Lastschriftanweisung zu erfüllen und das Konto zu belasten. Das SEPA-Lastschriftmandat ist nur mit Datum und eigenhändiger Unterschrift des Zahlungspflichtigen gültig und muss auf Verlangen jederzeit vorgezeigt werden. Für die kontoführende Bank besteht keine Verpflichtung, das Mandat zu prüfen.
- Die Überweisungsformulare für in- und ausländische Zahlungen sind einheitlich.
- Due Date: das Fälligkeitsdatum der Lastschrift ist vorgegeben, dh das Verfahren ist auf einen konkreten Belastungstag ausgerichtet.
- Kontonummern und Bankleitzahlen werden durch IBAN (International Bank Account Number) und BIC (Bank Identifier Code) ersetzt.
- Creditor Identifier: Angabe einer Gläubiger-Identifikationsnummer durch den Einreicher der Lastschrift.
- Mandatsreferenz: Beim SEPA-Lastschriftmandat wird eine sogenannte Mandatsreferenz vergeben, dh ein vom Zahlungsempfänger individuell vergebenes Kennzeichen eines Mandats (z.B. Rechnungsnummer oder Kundennummer). Die Mandats-

---

8 Vgl hierzu unter http://www.europeanpaymentscouncil.eu sowie unter http://www.bundesbank.de.
9 Vgl Art 4 Verordnung über den elektronischen Rechtsverkehr beim Deutschen Patent- und Markenamt und zur Änderung von Verordnungen für das Deutsche Patent- und Markenamt vom 1. November 2013 (BGBl I 3906).
10 Vgl Mitt d Präs 8/13 vom 28.8.2013, BlPMZ 2013, 297.

referenz ermöglicht in Verbindung mit der Gläubiger-Identifikationsnummer (Creditor Identifier) dessen eindeutige Identifizierung.
- Vorlagefrist: Beim SEPA-Verfahren sind bestimmte Vorlauffristen einzuhalten, dh die Lastschrift muss bei ein- oder erstmaliger Erteilung mindestens fünf Tage vor Fälligkeit (Due Date) bei der Zahlstelle vorgelegt werden. Bei Folgelastschriften beträgt die Vorlagefrist mindestens zwei Tage. Die AGB's der Kreditinstitute können allerdings ggf von diesen Regelungen abweichen.
- Im Gegensatz zur bisherigen deutschen Einzugsermächtigungslastschrift ist die SEPA-Lastschrift grundsätzlich insolvenzfest.[11]

Unterdeckung: Reicht das Guthaben für den Gesamtbetrag nicht aus, dann findet kein Einzug statt, so dass alle einzelnen Gebühren oder Auslagen der Ermächtigung als nicht gezahlt gelten. 12

Widerspruch: Widerspruchsfrist: des Zahlungspflichtigen bis zu acht Wochen nach dem Zeitpunkt der Kontobelastung, ohne Angabe von Gründen. Im Fall von nicht erteilten oder gelöschten Mandaten (unautorisierte Zahlungen) kann der Zahlungspflichtige sogar bis zu 13 Monate nach Belastung seines Kontos von der kontoführenden Bank die Erstattung des Lastschriftbetrags verlangen. 13

5 Zahlungsart im Patenterteilungsantrag:

Sie kann im entsprechenden Vordruck des DPMA durch Ankreuzen des jeweiligen Feldes gewählt werden. 14

6 Sammelzahlungen

für mehrere Schutzrechte sind für alle Zahlungswege grundsätzlich zulässig. Die genauen Bedingungen werden durch das DPMA gemäß § 1 (3) PatKostZV im BlPMZ bekannt gegeben.[12] 15

7 Leistungsort

für die Entrichtung von Kosten ist bei einer Bareinzahlung der jeweilige Ort, an dem die Bareinzahlung vorgenommen wird. Leistungsort ist daher bei Bareinzahlungen gemäß § 1 (1) Nr 1 bei den Geld(annahme)stellen des DPMA also München, Berlin und Jena, bei Bareinzahlungen gemäß § 1 (1) Nr 3 der Sitz des inländischen oder ausländischen Geldinstituts. Demgemäß ist die jeweilige örtliche Feiertagsregelung maßgebend.[13] 16

8 Verwendungszweck

der Zahlung ist eindeutig anzugeben, damit das DPMA und das BPatG die Zahlung zuordnen kann. Ist das objektiv nicht möglich, muss der Einzahler aufgefordert werden, den Zweck anzugeben. Erst mit Eingang der Bestimmungsangabe ist wirksam 17

---

11 Vgl BGH NJW 10, 3510, Rn 18 = BGHZ 186, 269.
12 Vgl HinweisDPMA BlPMZ 09, 392.
13 Vgl zum alten Recht BPatGE 21, 106 = BlPMZ 78, 376; RPA BlPMZ 08, 204.

gezahlt. Das Fehlen der Zweckangabe berührt die Wirksamkeit nur dann nicht, wenn der Verwendungszweck sich – vor oder nach Fristablauf – eindeutig ermitteln lässt.[14]

Änderung der Zweckangabe ist nur möglich, wenn die Gebühr für den ursprünglichen Verwendungszweck noch nicht verfallen ist.

9 Quittungen und Empfangsbestätigungen

18 zur Bestätigung des Eingangs von Zahlungen durch Rücksendung von perforierten Doppeln der Sammeleinzahlungslisten werden ab dem 1.6.2011 nicht mehr erteilt.[15]

§ 2 Zahlungstag

Als Zahlungstag gilt
1. bei Bareinzahlung der Tag der Einzahlung;
2. bei Überweisungen der Tag, an dem der Betrag auf dem Konto der zuständigen Bundeskasse für das Deutsche Patent- und Markenamt gutgeschrieben wird;
3. bei Bareinzahlung auf das Konto der zuständigen Bundeskasse für das Deutsche Patent- und Markenamt der Tag der Einzahlung;
4. bei Erteilung eines SEPA-Basislastschriftmandats mit Angaben zum Verwendungszweck, der die Kosten umfasst, der Tag des Eingangs beim Deutschen Patent- und Markenamt oder beim Bundespatentgericht, bei zukünftig fällig werdenden Kosten der Tag der Fälligkeit, sofern die Einziehung zu Gunsten der zuständigen Bundeskasse für das Deutsche Patent- und Markenamt erfolgt. Wird das SEPA-Basislastschriftmandat durch Telefax übermittelt, ist dessen Original innerhalb einer Frist von einem Monat nach Eingang des Telefax nachzureichen. Andernfalls gilt als Zahlungstag der Tag des Eingangs des Originals.

1 Fiktion des § 2 PatKostZV

19 hinsichtlich des Einzahlungstages gilt nur für die zu zahlenden Kosten, nicht auch für etwa damit verbundene Verfahrenserklärungen, zB Prüfungsantrag oder Beschwerde,[16] denn § 2 privilegiert durch die gesetzliche Fiktion nur die Zahlung von Gebühren und Auslagen, nicht die Abgabe von Verfahrenserklärungen.

20 **Ordnungsgemäßer Zahlungsweg** gemäß § 1 ist Voraussetzung für die Privilegierung des Einzahlungstages nach § 2. Ist die zulässige Zahlungsart fehlerhaft und erhält das DPMA infolge dieses Fehlers den Betrag nicht, so scheidet eine Privilegierung gemäß § 2 PatKostZV für die (versuchte) Entrichtung aus, zB wenn die Gebühr das DPMA wegen unrichtiger Empfängerangabe nicht erreicht.[17] Maßgebend ist dann der Einzahlungstag nach Behebung des Fehlers.

---

14 BPatGE 2, 196; 18, 121; BGH BlPMZ 74, 262 *Erba*; Bendler Mitt 62, 98.
15 MittDPMA Nr 7/11 BlPMZ 11, 205 = Tabu Gewerbl. Rechtsschutz 499 S 655.
16 BPatGE 2, 61, 67.
17 BPatGE 27, 15 = BlPMZ 85, 115.

2 Bareinzahlung nach § 2 Nr 1:

Der Tag der Übergabe der Zahlungsmittel in der Geldstelle des DPMA ist der maßgebende Einzahlungstag. Siehe dazu § 1 Rdn 1. Bei der Bareinzahlung auf das Konto der Bundeskasse des DPMA ist es ratsam, zum Nachweis der rechtzeitigen Einzahlung eine Kopie des Einzahlungsbelegs dem DPMA zu übersenden, da die Bearbeitungszeit bei den Banken nicht vorhersehbar ist.

3 Überweisung nach § 2 Nr 2:

Zum neuen SEPA-Überweisungsverfahren s Rdn 7.

Als Einzahlungstag gilt der Tag der Gutschrift auf dem Konto der zuständigen Bundeskasse des DPMA (= BIC (SWIFT-Code MARKDEF1700, IBAN DE84 7 000 000 700 01 054, Bundeskasse Halle/DPMA), nicht der Tag des Überweisungsauftrags.

Kann der Einzahler die Abbuchung von seinem Postgirokonto nachweisen, dann kann sich der Einzahler für den tatsächlichen Eingang beim DPMA, auch wenn die Gebühr dort nicht feststellbar ist, auf den Prima-facie-Beweis berufen, weil nach der Lebenserfahrung im Postgiroauftragsdienst Verluste bei der Post eine ungewöhnliche Ausnahme sind.[18]

Ist der Überweisungsbetrag zu niedrig für die benannten, mehreren Gebühren, so werden diese nach § 366 (2) BGB getilgt.[19]

4 Bareinzahlung auf das DPMA-Konto nach § 2 Nr 3:

Werden Kosten auf das Konto der zuständigen Bundeskasse für das DPMA (= Konto 700 010 54, BLZ 700 00 000 der Bundeskasse Halle/DPMA) bei einem Geldinstitut vom Zahlungspflichtigen bar eingezahlt, so gilt nach § 2 Nr 3 der Tag der Einzahlung bei dem gewählten Geldinstitut als Tag der Einzahlung. Wenn es zur Einhaltung einer Frist auf diesen Tag ankommt, kann sich der Einzahler zum Nachweis des Einzahlungstages auf seinen Einzahlungsbeleg berufen, den er dem DPMA übersenden sollte (s Rdn 9).

5 Lastschriften nach § 2 Nr 4:

Nach § 2 Nr 4 ist Einzahlungstag der Tag des Eingangs der Ermächtigung beim DPMA oder BPatG.[20] Da der Tag des Eingangs (nicht der Zeitpunkt des Eingangs) maßgebend ist, ist der Tag die kleinste Zeiteinheit. Auf die Uhrzeit kommt es nicht an. Eine Ermächtigung kann daher wirksam noch am Tag ihres Eingangs widerrufen werden, auch wenn der Widerruf nach der Uhrzeit nach der Ermächtigung eingeht. Im Übrigen vgl Einl 63.

Bei der Einführung des SEPA-Zahlungssystems bleiben die beim bisherigen deutschen Lastschriftverfahren bestehenden Vorteile für die Kostenschuldner erhalten (zB die Behandlung des Eingangstages als Zahlungstag). Der Verwendungszweck ist anzuge-

---

18 BPatG Mitt **74**, 118.
19 BPatGE **17**, 6 = BlPMZ **75**, 190.
20 Vgl hierzu etwa BPatG Beschl. v. 19.09.18 – 7 W (pat) 8/18, BeckRS 2018, 24871.

ben. Ein entsprechendes Formular stellt das DPMA auf seiner Internetseite www.dpma.de zur Verfügung, dessen Benutzung ist jedoch für die Durchführung der Zahlung nicht zwingend vorgeschrieben.[21]

Wird ein SEPA-Mandat per **Telefax** eingereicht gilt folgendes: Da beim SEPA-Lastschriftverfahren die Einreichung des Originalmandats zwingend notwendig ist, soll in diesen Fällen der Tag des Eingangs des Originaldokuments als Zahlungstag maßgeblich sein, wenn dieses nicht binnen eines Monats nach Eingang des Fax beim DPMA eingeht. Die Angaben zum Verwendungszweck müssen dagegen nicht im Original vorliegen. Jede Gebührenentrichtung beim Patentamt muss aber so klar und vollständig sein, dass die verfahrens- und betragsmäßige Erfassung und Zuordnung ohne verzögernde Ermittlungen gewährleistet und der Geldbetrag zu dem entsprechenden Vorgang sicher vereinnahmt werden kann. Deshalb wird bspw bei Erteilung eines SEPA-Basislastschriftmandats für die fristwahrende Entrichtung der Einspruchsgebühr ein Zahlungstag nur begründet, wenn sich in den vor Ablauf der Gebührenfrist eingereichten Dokumenten Angaben zum Verwendungszweck finden, wobei für eine sichere und zweifelsfreie Zuordnung grundsätzlich die Angabe der Mandatsreferenznummer erforderlich ist.[22] Ein in dem betreffenden Schriftsatz enthaltener Hinweis auf das für die Gebührenzahlung maßgebliche SEPA-Basislastschriftmandat für das DPMA muss daher stets hinreichend sicher erkennen lassen, auf welches konkrete SEPA-Basislastschriftmandat sich der Hinweis bezieht.[23]

28 Tatsächliche Einziehung zugunsten von DPMA oder BPatG ist Voraussetzung für den privilegierten Einzahlungstag nach § 2 Nr 4. Kann nicht eingezogen werden – zB infolge einer Unterdeckung, Rücklastschrift[24],Kontosperrung bzw Insolvenzeröffnung – kommt der Tag des Eingangs des SEPA-Mandats nicht als Einzahlungstag in Betracht.[25] Es ist die Obliegenheit des Kostenschuldners, das in der Lastschrift angegebene Konto derart vorzuhalten, dass eine Einziehung jederzeit möglich ist, und zwar so lange, bis der Einzug tatsächlich erfolgt.

29 Zur Fälligkeit siehe auch § 3 PatKostG im Anhang 15. Der abgebuchte Betrag ist mit dem Tag der Fälligkeit verfallen, es sei denn, vorher oder am gleichen Tag wird ein Widerruf wirksam. Eine per Lastschrift abgebuchte Gebühr kann daher nicht zurückgezahlt werden, wenn der Gebührentatbestand erst nach dem Fälligkeitstag entfällt.

30 Deckung des Kontos am Buchungstag ist ausreichend, auch wenn es am letzten Tag der Frist ungedeckt war.[26]

---

21 Vgl BPatG, Beschl, v 14.01.16 – 30 W (pat) 510/15 (Markensache) = Mitt. 16, 192 *babygro*; BPatG Beschl. v. 23.11.16 – 7 W (pat) 17/16, BeckRS 2016, 127614.
22 BPatG Beschl. v. 23.11.16 – 7 W (pat) 17/16, BeckRS 2016, 127614.
23 BPatG Beschl. v. 23.11.16 – 7 W (pat) 17/16, BeckRS 2016, 127614.
24 BPatG Beschl. v. 4.6.18 – 7 W (pat) 2/17, BeckRS 2018, 12308.
25 BPatG Mitt **16**, 416 *Zahlung per Lastschrift* = BlPMZ **16**, 378.
26 BGH Mitt **60**, 59 *Wiedereinsetzung*.

§ 3 Übergangsregelung

[1]Abbuchungsaufträge, die nach § 1 Nr 4 der Patentkostenzahlungsverordnung vom 20. Dezember 2001 (BGBl I S. 3853) für künftig fällig werdende Gebühren erteilt worden sind, werden am 1. Januar 2004 gegenstandslos. [2]Für Einziehungsaufträge, die nach § 1 Nr 5 der in Satz 1 genannten Verordnung für künftig fällig werdende Gebühren erteilt worden sind, gilt § 2 Nr 4 entsprechend.

§ 4 Inkrafttreten, Außerkrafttreten

[1]Diese Verordnung tritt am 1. Januar 2004 in Kraft. [2]Gleichzeitig tritt die Patentkostenzahlungsverordnung vom 20. Dezember 2001 (BGBl I S. 3853) außer Kraft.

Anhang 18

Verordnung über den elektronischen Rechtsverkehr beim Bundesgerichtshof und Bundespatentgericht (BGH/BPatGERVV)

vom 24. August 2007 (BGBl I S. 2130 = BlPMZ 2007, 368 = Tabu Gewerbl. Rechtsschutz Nr 301)zuletzt geändert durch § 10 Abs 2 Nr 1 der Verordnung vom 24.11.2017 (BGBl I S. 3803 = Tabu Gewerbl. Rechtsschutz Nr. 301.

Die Verpflichtungen aus der Richtlinie 98/34/EG des Europäischen Parlaments und des Rates vom 22. Juni 1995 über ein Informationsverfahren auf dem Gebiet der Normen und technischen Vorschriften und der Vorschriften für die Dienste der Informationsgesellschaft (ABl. EG Nr L 204 S. 37), geändert durch die Richtlinie 98/48/EG des Europäischen Parlaments und des Rates vom 20. Juli 1998 (ABl. EG Nr L 217 S 18), sind beachtet worden (Amtlicher Hinweis des Normgebers auf EG-Recht).

Änderungen der BGH/BPatGERVV

Nr	Änderndes Gesetz/Verordnung	Inkrafttreten	Geänderte §§	Art der Änderung
1	Art 30 G vom 17.12.2008 BGBl I 2586 = BlPMZ 2009, 87, 88	1.9.2009	Anlage Nr 2 zu § 1	Änderung
2	Art 2 (1) V vom 10.02.2010 BGBl I S 83 = BlPMZ 2010,129	1.3.2010	§ 2 (2a) § 2 (3) 1 Anlage Nr 8a u 8b Anlage Nr 12 u 13	Einfügung Streichung Einfügung
3	Art 5 (3) des Gesetzes vom 10.10.2013 BGBl I S 3799 = BlPMZ 2013, 382	1.1.2014	Anlage Nr 8b und 13	Änderung
4	Art 11 (16) des Gesetzes vom 18.07.2017 (eIDAS-Durchführungsgesetz) BGBl I S 2745 = BlPMZ 2017, 273	19.7.2017	§ 2 (2a)	Neufassung
5	§ 10 (2) Nr 1 Elektronischer- Rechtsverkehr-Verordnung (ERVV) vom 24.11.17 BGBl I S 3803	1.1.2018	Anlage Nr 1-4	Außerkrafttreten

Lit: Scherf/Schmieszek/Viefhues: Elektronischer Rechtsverkehr 2006;); Spindler/Schuster: Recht der elektronischen Medien 3. Aufl. 2015 C.H.Beck.
Lit in GRUR: Engels/Morawek GRUR 2014, 409, 415 (h) ELSA)
Lit in NJW: Müller 17, 2713; 15, 2753; Jost/Kempe 17, 2705; Kesper/Ory 17, 2709; Ulrich/Schmieder 19, 113.

Eingangsformel

Es verordnen
- auf Grund des § 130a Abs 2 Satz 1 der Zivilprozessordnung in der Fassung der Bekanntmachung vom 5. Dezember 2005 (BGBl I S. 3202, 2006 I S. 431), des § 21 Abs 3 Satz 1 des Gesetzes über die Angelegenheiten der freiwilligen Gerichtsbarkeit, der durch Artikel 5 Nr 2 des Gesetzes vom

Anhang 18 *Elektron. Rechtsverkehr beim BGH und BPatG* **BGH/BPatGERVV**

13. Juli 2001 (BGBl I S 1542) eingefügt worden ist, des § 81 Abs 4 Satz 1 der Grundbuchordnung, der durch Artikel 5a Nr 2 des Gesetzes vom 13. Juli 2001 (BGBl I S 1542) eingefügt und durch Artikel 5 Nr 2 des Gesetzes vom 9. Dezember 2004 (BGBl I S. 3220) geändert worden ist, des § 89 Abs 4 Satz 1 der Schiffsregisterordnung, der durch Artikel 5b Nr 2 des Gesetzes vom 13. Juli 2001 (BGBl I S 1542) eingefügt und durch Artikel 6 Nr 2 des Gesetzes vom 9. Dezember 2004 (BGBl I S. 3220) geändert worden ist, und des § 41a Abs 2 Satz 1 der Strafprozessordnung, der durch Artikel 6 Nr 3 des Gesetzes vom 22. März 2005 (BGBl I S. 837) eingefügt worden ist, die Bundesregierung und
- auf Grund des § 125a Abs 2 Satz 1 des Patentgesetzes, der durch Artikel 4 Abs 1 Nr 2 des Gesetzes vom 19. Juli 2002 (BGBl I S. 2681) eingefügt worden ist, des § 21 Abs 1 des Gebrauchsmustergesetzes, der zuletzt durch Artikel 4 Abs 42 Nr 1 des Gesetzes vom 5. Mai 2004 (BGBl I S. 718) geändert worden ist, in Verbindung mit § 125a Abs 2 Satz 1 des Patentgesetzes, der durch Artikel 4 Abs 1 Nr 2 des Gesetzes vom 19. Juli 2002 (BGBl I S. 2681) eingefügt worden ist, und des § 95a Abs 2 Satz 1 des Markengesetzes, der durch Artikel 4 Abs 3 Nr 2 des Gesetzes vom 19. Juli 2002 (BGBl I S. 2681) eingefügt worden ist, das Bundesministerium der Justiz:

§ 1 Zulassung der elektronischen Kommunikation

Bei den in der Anlage bezeichneten Gerichten können elektronische Dokumente in den dort jeweils für sie näher bezeichneten Verfahrensarten und ab dem dort für sie angegebenen Datum eingereicht werden.

§ 2 Form der Einreichung

(1) ¹Zur Entgegennahme elektronischer Dokumente sind elektronische Poststellen der Gerichte bestimmt. ²Die elektronischen Poststellen sind über die auf den Internetseiten
1. www.bundesgerichtshof.de/erv.html und
2. www.bundespatentgericht.de/bpatg/erv.html
bezeichneten Kommunikationswege erreichbar.

(2) Die Einreichung erfolgt durch die Übertragung des elektronischen Dokuments in die elektronische Poststelle.

(2a) In den Verfahren nach den Nummern 6 bis 13 der Anlage sind elektronische Dokumente zu versehen
1. mit einer qualifizierten elektronischen Signatur gemäß Artikel 3 Nummer 12 der Verordnung (EU) Nr. 910/2014 des Europäischen Parlaments und des Rates vom 23. Juli 2014 über elektronische Identifizierung und Vertrauensdienste für elektrische Transaktionen im Binnenmarkt und zur Aufhebung der Richtlinie 1999/93/EG (ABl. L 257 vom 28.8.2014, S. 73) oder
2. mit einer fortgeschrittenen elektronischen Signatur gemäß Artikel 3 Nummer 11 der Verordnung (EU) Nr. 910/2014, die
    a) von einer internationalen Organisation auf dem Gebiet des gewerblichen Rechtsschutzes herausgegeben wird und
    b) sich zur Bearbeitung durch das jeweilige Gericht eignet.

(3) ¹Eine elektronische Signatur und das ihr zugrunde liegende Zertifikat müssen durch das adressierte Gericht oder eine andere von diesem mit der automatisierten Überprüfung beauftragte Stelle prüfbar sein. ²Die Eignungsvoraussetzungen für eine Prüfung werden gemäß § 3 Nr 2 bekannt gegeben.

(4) ¹Das elektronische Dokument muss eines der folgenden Formate in einer für das adressierte Gericht bearbeitbaren Version aufweisen:
1. ASCII (American Standard Code for Information Interchange) als reiner Text ohne Formatierungscodes und ohne Sonderzeichen,
2. Unicode,
3. Microsoft RTF (Rich Text Format),
4. Adobe PDF (Portable Document Format),
5. XML (Extensible Markup Language),
6. TIFF (Tag Image File Format),
7. Microsoft Word, soweit keine aktiven Komponenten (zum Beispiel Makros) verwendet werden,
8. ODT (OpenDocument Text), soweit keine aktiven Komponenten verwendet werden.

²Nähere Informationen zu den bearbeitbaren Versionen der zulässigen Dateiformate werden gemäß § 3 Nr 3 bekannt gegeben.

(5) ¹Elektronische Dokumente, die einem der in Absatz 4 genannten Dateiformate in der nach § 3 Nr 3 bekannt gegebenen Version entsprechen, können auch in komprimierter Form als ZIP-Datei eingereicht werden. ²Die ZIP-Datei darf keine anderen ZIP-Dateien und keine Verzeichnisstrukturen enthalten. ³Beim Einsatz von Dokumentensignaturen muss sich die Signatur auf das Dokument und nicht auf die ZIP-Datei beziehen.

(6) Sofern strukturierte Daten übermittelt werden, sollen sie im Unicode-Zeichensatz UTF 8 (Unicode Transformation Format) codiert sein.

§ 3 Bekanntgabe der Betriebsvoraussetzungen

Die Gerichte geben auf den in § 2 Abs 1 Satz 2 genannten Internetseiten bekannt:
1. die Einzelheiten des Verfahrens, das bei einer vorherigen Anmeldung zur Teilnahme am elektronischen Rechtsverkehr sowie für die Authentifizierung bei der jeweiligen Nutzung der elektronischen Poststelle einzuhalten ist, einschließlich der für die datenschutzgerechte Administration elektronischer Postfächer zu speichernden personenbezogenen Daten;
2. die Zertifikate, Anbieter und Versionen elektronischer Signaturen, die nach ihrer Prüfung für die Bearbeitung durch das jeweilige Gericht geeignet sind; dabei ist mindestens die Prüfbarkeit qualifizierter elektronischer Signaturen sicherzustellen, die dem Profil ISIS-MTT (Industrial-Signature-Interoperability-Standard – Mail-TrusT) entsprechen;
3. die nach ihrer Prüfung den in § 2 Abs 3 und 4 festgelegten Formatstandards entsprechenden und für die Bearbeitung durch das jeweilige Gericht geeigneten Versionen der genannten Formate sowie die bei dem in § 2 Abs 4 Nr 5 bezeichneten XML-Format zugrunde zu legenden Definitions- oder Schemadateien;
4. die zusätzlichen Angaben, die bei der Übermittlung oder bei der Bezeichnung des einzureichenden elektronischen Dokuments gemacht werden sollen, um die Zuordnung innerhalb des adressierten Gerichts und die Weiterverarbeitung zu gewährleisten.

§ 4 Inkrafttreten, Außerkrafttreten

¹Diese Verordnung tritt am 1. September 2007 in Kraft. ²Gleichzeitig treten die Elektronische Rechtsverkehrsverordnung vom 26. November 2001 (BGBl I S. 3225), die Verordnung über den elektronischen Rechtsverkehr beim Bundespatentgericht und beim Bundesgerichtshof vom 5. August 2003 (BGBl I S 1558, 2004 I S. 331), geändert durch die Verordnung vom 26. September 2006 (BGBl I S. 2161), und die Verordnung über den elektronischen Rechtsverkehr in Revisionsstrafsachen zwischen dem Generalbundesanwalt beim Bundesgerichtshof und den Strafsenaten des Bundesgerichtshofs vom 18. November 2005 (BGBl I S. 3191) außer Kraft.

Anlage (zu § 1)[1]

Nr.	Gericht	Verfahrensart	Datum
1-4	---	---	---
5.	Bundesgerichtshof	Revisionsstrafsachen; dies gilt nur für die Einreichung elektronischer Dokumente durch den Generalbundesanwalt beim Bundesgerichtshof	1.9.2007
6.	Bundesgerichtshof	Verfahren nach dem Patentgesetz	1.9.2007
7.	Bundesgerichtshof	Verfahren nach dem Gebrauchsmustergesetz	1.9.2007
8.	Bundesgerichtshof	Verfahren nach dem Markengesetz	1.9.2007

---

1 Anlage Nr 1-4 gemäß § 12 ERVV am 01.01.18 außer Kraft getreten (BGBl 2017 S. 3803 und 2018 I S 200).

Nr.	Gericht	Verfahrensart	Datum
8a.	Bundesgerichtshof	Verfahren nach dem Halbleiterschutzgesetz	1.3.2010
8b.	Bundesgerichtshof	Verfahren nach dem Designgesetz	1.1.2014
9.	Bundespatentgericht	Verfahren nach dem Patentgesetz	1.9.2007
10.	Bundespatentgericht	Verfahren nach dem Gebrauchsmustergesetz	1.9.2007
11.	Bundespatentgericht	Verfahren nach dem Markengesetz	1.9.2007
12.	Bundespatentgericht	Verfahren nach dem Halbleiterschutzgesetz	1.3.2010
13.	Bundespatentgericht	Verfahren nach dem Designgesetz	1.1.2014

Anhang 19
Verordnung über den elektronischen Rechtsverkehr beim Deutschen Patent- und Markenamt (ERVDPMAV)

vom 1. November 2013 BGBl I S 3906 = BlPMZ 2013, 378 = Tabu Gewerbl. Rechtsschutz Nr 30 zuletzt geändert durch Art. 2 der Verordnung zur Änderung der DPMA-Verordnung und der Verordnung über den elektronischen Rechtsverkehr beim DPMA vom 10.12.2018 BGBl I S 2444 = BlPMZ 2019, 37

Änderungen der ERVDPMAV

Nr	Änderndes Gesetz/Verordnung	Inkrafttreten	Geänderte §§	Art der Änderung
1	Art 5 der Verordnung zur weiteren Modernisierung des Designrechts und zur Einführung des Nichtigkeitsverfahrens in Designangelegenheiten vom 2.1.2014 BGBl I S 18 = BlPMZ 2014, 34	1.7.14	§ 1 (1) Nr 4 § 2 (1) Nr 2	Neufassung Neufassung
2	Art 209 der Verordnung vom 31.08.2015 BGBl I S 1474	1.9.15	§ 1 (2)	Änderung
3	Art 12 des Gesetzes vom 4.4.2016 BGBl I S 558 = BlPMZ 2016, 161, 168	1.10.16	§ 4 Nr 3 § 5	Einfügung Einfügung
4	Art. 11 Abs. 32 des Gesetzes vom 18.07.2017 BGBl I S 2745 = BlPMZ 17, 273	19.07.17	§§ 3 (3) 1, § 5	Neufassung Änderung
5	Art. 2 der Verordnung zur Änderung der DPMA-Verordnung und der Verordnung über den elektronischen Rechtsverkehr beim DPMA vom 10.12.2018 BGBl I S 2444 = BlPMZ 2019, 37	01.04.19	§§ 1 und 2	Neufassung

Lit: Scherf/Schmieszek/Viefhues: Elektronischer Rechtsverkehr 2006; Spindler/Schuster: Recht der elektronischen Medien 3. Aufl. 2015 C.H.Beck; Jandt NJW 2015, 1205; Bacher NJW 2015, 2753; Otten-Dünnweber/Feuerlein in BeckOK PatR Stand: 25.01.2019

§ 1 Signaturgebundene elektronische Kommunikation

(1) Beim Deutschen Patent- und Markenamt können elektronische Dokumente in folgenden Verfahren signaturgebunden eingereicht werden:
1. in Verfahren nach dem Patentgesetz und dem Gesetz über internationale Patentübereinkommen,
2. in Verfahren nach dem Gebrauchsmustergesetz,
3. in Verfahren nach dem Markengesetz,

4. in Verfahren nach dem Designgesetz.
(2) Materiell-rechtliche Formerfordernisse bleiben unberührt.

§ 2 Signaturfreie elektronische Kommunikation
(1) In folgenden Verfahren können elektronische Dokumente beim Deutschen Patent- und Markenamt auch signaturfrei eingereicht werden:
1. in Markenverfahren für
   a) Anmeldungen,
   b) Anträge auf internationale Registrierung nach Artikel 3 des Protokolls vom 27. Juni 1989 zum Madrider Abkommen über die internationale Registrierung von Marken (BGBl. 1995 II S. 1016, 1017), unbeschadet abweichender Bestimmungen der Gemeinsamen Ausführungsordnung zum Madrider Abkommen über die internationale Registrierung von Marken und zum Protokoll zu diesem Abkommen (BGBl. 2003 II S. 828),
2. in Designverfahren für
   a) Anmeldungen,
   b) Anträge auf Feststellung oder Erklärung der Nichtigkeit,
3. in Verfahren nach Artikel III des Gesetzes über internationale Patentübereinkommen für internationale Anmeldungen vom 21. Juni 1976 (BGBl. 1976 II S. 649), das zuletzt durch Artikel 2 des Gesetzes vom [...] geändert worden ist.
(2) [1]Das Bundesministerium der Justiz und für Verbraucherschutz bestimmt entsprechend dem technischen Fortschritt weitere Verfahrenshandlungen, bei denen elektronische Dokumente signaturfrei eingereicht werden können. [2]Das Deutsche Patent- und Markenamt gibt diese Verfahrenshandlungen über die Internetseite www.dpma.de bekannt.
(3) § 1 Absatz 2 ist anzuwenden.

§ 3 Form der Einreichung
(1) [1]Zur Einreichung elektronisch übermittelter Dokumente ist ausschließlich die elektronische Annahmestelle des Deutschen Patent- und Markenamts bestimmt. [2]Für die signaturgebundene Einreichung ist die elektronische Annahmestelle über die vom Deutschen Patent- und Markenamt zur Verfügung gestellte Zugangs- und Übertragungssoftware erreichbar. [3]Die Software kann über die Internetseite www.dpma.de unentgeltlich heruntergeladen werden. [4]Für die signaturfreie Einreichung sind Onlineformulare zu verwenden, die auf der in Satz 3 genannten Internetseite bereitgestellt werden.
(2) Ein elektronisches Dokument kann auch auf einem Datenträger eingereicht werden; die zulässigen Datenträgertypen und Formatierungen werden über die Internetseite www.dpma.de bekannt gemacht.
(3) [1]Für die signaturgebundene Einreichung sind die Dokumente zu versehen
1. mit einer qualifizierten elektronischen Signatur gemäß Artikel 3 Nummer 12 der Verordnung (EU) Nr. 910/2014 des Europäischen Parlaments und des Rates vom 23. Juli 2014 über elektronische Identifizierung und Vertrauensdienste für elektronische Transaktionen im Binnenmarkt und zur Aufhebung der Richtlinie 1999/93/EG (ABl. L 257 vom 28.8.2014, S. 73) oder
2. mit einer fortgeschrittenen elektronischen Signatur gemäß Artikel 3 Nummer 11 der Verordnung (EU) Nr. 910/2014, die
   a) von einer internationalen, auf dem Gebiet des gewerblichen Rechtsschutzes tätigen Organisation herausgegeben wird und
   b) sich zur Bearbeitung durch das Deutsche Patent- und Markenamt eignet.
[2]Die elektronische Signatur muss durch das Deutsche Patent- und Markenamt oder durch eine von ihm beauftragte Stelle überprüfbar sein.
(4) [1]Abweichend von den Absätzen 1 bis 3 können Anmeldungen nach dem Patentgesetz und *internationale* Anmeldungen nach Artikel III des Gesetzes über internationale Patentübereinkommen beim Deutschen Patent- und Markenamt auch unter Verwendung der für diese Anmeldungen bestimmten Module des elektronischen Anmeldesystems des Europäischen Patentamts eingereicht werden. [2]Das Deutsche Patent- und Markenamt macht über die Internetseite www.dpma.de bekannt, wann diese Anmeldewege eröffnet und welche technischen Bedingungen für die Einreichung maßgeblich sind.
(5) [1]Abweichend von den Absätzen 1 bis 4 können internationale Anmeldungen nach Artikel III des Gesetzes über internationale Patentübereinkommen beim Deutschen Patent- und Markenamt auch unter Verwendung der für diese Anmeldungen bestimmten elektronischen Anmeldesysteme der Weltorganisation für geistiges Eigentum eingereicht werden. [2]Das Deutsche Patent- und

Markenamt macht über die Internetseite www.dpma.de bekannt, wann diese Anmeldewege eröffnet und welche technischen Bedingungen für die Einreichung maßgeblich sind.

§ 4 Bekanntgabe der Bearbeitungsvoraussetzungen

Das Deutsche Patent- und Markenamt gibt über die Internetseite www.dpma.de bekannt:
1. die Einzelheiten des Verfahrens der vorherigen Anmeldung zur Teilnahme am elektronischen Rechtsverkehr sowie für die Authentifizierung bei der jeweiligen Nutzung der elektronischen Annahmestelle, einschließlich der für die datenschutzgerechte Verwaltung der elektronischen Annahmestelle zu verarbeitenden personenbezogenen Daten,
2. die Einzelheiten des Verfahrens bei einer signaturfreien Einreichung nach § 2,
3. die Zertifikate, Anbieter und Versionen elektronischer Signaturen, die dem in § 3 Absatz 3 und § 5 Absatz 4 festgelegten Standard entsprechen und für die Bearbeitung durch das Deutsche Patent- und Markenamt geeignet sind,
4. die zulässigen Dateiformate für und weitere technische Anforderungen an die nach den §§ 1 und 2 eingereichten Dokumente einschließlich der Anlagen,
5. weitere Angaben, die für die Übermittlung oder Einreichung erforderlich sind, um die Zuordnung und die Weiterverarbeitung der Dokumente einschließlich der Anlagen zu gewährleisten.

§ 5 Zustellung elektronischer Dokumente

(1) [1]Im Rahmen einer elektronischen Zustellung sind elektronische Dokumente für die Übermittlung mit einer fortgeschrittenen oder qualifizierten elektronischen Signatur nach Artikel 3 Nr. 11 und 12 der Verordnung (EU) Nr. 910/2014 zu versehen. [2]Dabei kann die gesamte elektronische Nachricht mit einer Signatur versehen werden.

(2) [1]Die elektronische Zustellung kann durch Übermittlung der elektronischen Dokumente mittels der Zugangs- und Übertragungssoftware nach § 3 Absatz 1 Satz 2 erfolgen. [2]Ebenso kann sie durch Übermittlung der elektronischen Dokumente mittels De-Mail-Nachricht nach § 5 Absatz 5 des De-Mail-Gesetzes[1], bei der die Signatur des Dienstanbieters das Deutsche Patent- und Markenamt als Nutzer des De-Mail-Kontos erkennen lässt, erfolgen.

(3) [1]Elektronische Zustellungen, die mittels der Zugangs- und Übertragungssoftware nach § 3 Absatz 1 Satz 2 erfolgen, sind mit dem Hinweis »Zustellung gegen Empfangsbekenntnis« zu kennzeichnen. [2]Die Nachricht muss das Deutsche Patent- und Markenamt als absendende Behörde sowie den Namen und die Anschrift des Zustellungsadressaten erkennen lassen.

(4) [1]Für den Nachweis der Zustellung nach Absatz 2 gilt § 5 Absatz 7 des Verwaltungs-zustellungsgesetzes mit der Maßgabe, dass das Empfangsbekenntnis bei einer elektronischen Rücksendung zu versehen ist
1. mit einer qualifizierten elektronischen Signatur oder
2. mit einer fortgeschrittenen elektronischen Signatur, die
   a) von einer internationalen, auf dem Gebiet des gewerblichen Rechtsschutzes tätigen Organisation herausgegeben wird und
   b) sich zur Bearbeitung durch das Deutsche Patent- und Markenamt eignet.

[2]§ 3 Absatz 3 Satz 2 gilt entsprechend.

(5) Für die Zustellung elektronischer Dokumente findet § 7 Absatz 2 des Verwaltungszustellungsgesetzes[2] keine Anwendung.

---

1 De-Mail-Gesetz vom 28.04.2011 (BGBl I S 666), geändert durch Art 3 (7) des Gesetzes vom 18.07.2016 (BGBl I S 1666).
2 § 7 (2) VwZG lautet: »(2) Einem Zustellungsbevollmächtigten mehrerer Beteiligter sind so viele Ausfertigungen oder Abschriften zuzustellen, als Beteiligte vorhanden sind.«

Anhang 20

Verordnung über die elektronische Aktenführung bei dem Deutschen Patent- und Markenamt, dem Patentgericht und dem Bundesgerichtshof (EAPatV)[1]

vom 10.02.2010 (BGBl I S 83 = BlPMZ 2010, 129 = Tabu Gewerbl. Rechtsschutz Nr 303)

Änderungen der EAPatV

Nr	Änderndes Gesetz/Verordnung	Inkrafttreten	Geänderte §§	Art der Änderung
1	Art 3 V über den elektronischen Rechtsverkehr beim DPMA und zur Änderung von Verordnungen für das DPMA vom 01.11.13 BGBl I 3906	12.11.2013	§§ 5 (2), 6 Nr 1 u 27	Änderung Aufhebung
2	Art 4 der Verordnung vom 2.1.2014 (BGBl I S 18 = BlPMZ 2014, 34)	10.01.2014	§ 5 (2) § 5 (3)	Neufassung Anfügung
3	Art 12 des Gesetzes vom 04.04.2016 BGBl I S 558 = BlPMZ 16, 161	01.10.2016	§ 6	Neufassung
4	Art. 11 Absatz 31 des Gesetzes vom 18.07.2017 BGBl I S. 2745 = BlPMZ 2017, 273	29.07.2017	§ 5 (3)	Neufassung

Die Verordnung wurde als Art 1 der Verordnung vom 10.2.2010 BGBl I 83 vom Bundesministerium der Justiz erlassen.
Auf Grund
– der §§ 28, 34 Absatz 6 Satz 1 und des § 125a Absatz 3 des Patentgesetzes, von denen § 28 zuletzt durch Artikel 2 des Gesetzes vom 12. März 2004 (BGBl I S 390), § 34 Absatz 6 zuletzt durch Artikel 7 Nummer 16 des Gesetzes vom 13. Dezember 2001 (BGBl I S 3656) geändert und § 125a Absatz 3 durch das Gesetz vom 31. Juli 2009 (BGBl I S 2521) neu gefasst worden sind,

---

[1] Die Verpflichtungen aus der Richtlinie 98/34/EG des Europäischen Parlaments und des Rates vom 22. Juni 1998 über ein Informationsverfahren auf dem Gebiet der Normen und technischen Vorschriften und der Vorschriften für die Dienste der Informationsgesellschaft (ABl. L 204 vom 21.7.1998, S 37), die zuletzt durch die Richtlinie 2006/96/EG vom 20. November 2006 (ABl. L 363 vom 20.12.2006, S 81) geändert worden ist, sind beachtet worden.

- des § 4 Absatz 4 Satz 1, des § 21 Absatz 1 und des § 29 des Gebrauchsmustergesetzes, von denen § 4 Absatz 4 Satz 1 zuletzt durch Artikel 3 Nummer 2 des Gesetzes vom 16. Juli 1998 (BGBl I S 1827), § 21 Absatz 1 zuletzt durch Artikel 2 Nummer 1 des Gesetzes vom 31. Juli 2009 (BGBl I S 2521) und § 29 zuletzt durch Artikel 2 Absatz 8 Nummer 3 des Gesetzes vom 12. März 2004 (BGBl I S 390) geändert worden sind,
- des § 65 Absatz 1 Nummer 1, 2, 7, 8, 9 und des § 95a Absatz 3 des Markengesetzes, von denen § 65 Absatz 1 Nummer 1 zuletzt durch Artikel 2 Absatz 9 Nummer 7 des Gesetzes vom 12. März 2004 (BGBl I S 390), § 65 Absatz 1 Nummer 7 zuletzt durch Artikel 1 Nummer 3 des Gesetzes vom 19. Juli 1996 (BGBl I S 1014) geändert und § 95a Absatz 3 durch Artikel 3 Nummer 6 des Gesetzes vom 31. Juli 2009 (BGBl I S 2521) neu gefasst worden sind,
- des § 11 Absatz 1 und 2 des Halbleiterschutzgesetzes, von denen Absatz 1 zuletzt durch Artikel 5 des Gesetzes vom 31. Juli 2009 (BGBl I S 2521) geändert worden ist, und
- des § 25 Absatz 3 und des § 26 Absatz 1 Nummer 1 und 2 des Geschmacksmustergesetzes, von denen § 25 Absatz 3 durch Artikel 6 Nummer 2 des Gesetzes vom 31. Juli 2009 (BGBl I S 2521) neu gefasst worden ist,

verordnet das Bundesministerium der Justiz:

§ 1 Elektronische Aktenführung

Das Patentamt, das Patentgericht und der Bundesgerichtshof, soweit er für die Verhandlung und Entscheidung über Rechtsmittel gegen Entscheidungen des Patentgerichts zuständig ist, können Verfahrensakten ganz oder teilweise auch elektronisch führen.

§ 2 Verfahrensrecht für das Patentamt

Für das Verfahren vor dem Deutschen Patent- und Markenamt gelten die Regelungen der Zivilprozessordnung über die elektronische Aktenführung entsprechend.

§ 3 Vernichtung von Schriftstücken

Werden Schriftstücke oder sonstige Unterlagen in ein elektronisches Dokument übertragen, so dürfen sie nicht vernichtet werden, wenn in Betrachtm kommt, über iht Vorhandensein oder ihre Beschaffenheit Beweis zu erheben.

§ 4 Überblick über Aktenbestandteile

(1) Enthält eine Akte sowohl elektronische als auch papiergebundene Bestandteile, so muss beim Zugriff auf jeden der Teile ein Hinweis auf den jeweils anderen Teil sichtbar sein.

(2) Vor jedem Zugriff auf einen elektronischen Aktenbestandteil muss ein vollständiger Überblick über alle anderen elektronischen Aktenbestandteile sichtbar sein.

§ 5 Herkunftsnachweis

(1) Ist eine handschriftliche Unterzeichnung nicht erforderlich, so kann in elektronischen Bestandteilen der Akte statt der elektronischen Signatur ein anderer eindeutiger Herkunftsnachweis verwendet werden, der nicht unbemerkt verändert werden kann.

(2) [1]Ein elektronisches Dokument wird unterzeichnet, indem der Name der unterzeichnenden Person eingefügt wird. [2]Die Dokumente werden durch einen qualifizierten Zeitstempel gesichert.

(3) Eine Niederschrift oder ein Beschluss des Deutschen Patent- und Markenamts wird unterzeichnet, indem

1. der Name der unterzeichnenden Person oder der unterzeichnenden Personen eingefügt wird und

Anhang 20   *Elektronische Aktenführung*   EAPatV

2. das Dokument versehen wird
   a) mit einer fortgeschrittenen Signatur nach Artikel 3 Nummer 11 der Verordnung (EU) Nr. 910/2014 des Europäischen Parlaments und des Rates vom 23. Juli 2014 über elektronische Identifizierung und Vertrauensdienste für elektronische Transaktionen im Binnenmarkt und zur Aufhebung der Richtlinie 1999/93/EG (ABl. L 257 vom 28.8.2014, S. 73) oder
   b) mit einer qualifizierten elektronischen Signatur nach Artikel 3 Nummer 12 der Verordnung (EU) Nr. 910/2014.

§ 6 Form der Ausfertigungen und Abschriften

(1) Wird die Abschrift eines elektronischen Dokuments gefertigt, das mit einem Herkunftsnachweis nach § 5 Absatz 1 oder Absatz 2 versehen ist, müssen in den Ausdruck keine weiteren Informationen aufgenommen werden.

(2) Wird die Abschrift eines elektronischen Dokuments gefertigt, das mit einem Herkunftsnachweis nach § 5 Absatz 3 versehen ist, genügt es, in den Ausdruck folgende Informationen aufzunehmen:
1. den Namen der Person, die das Dokument unterzeichnet hat, und
2. den Tag, an dem das Dokument mit einer elektronischen Signatur versehen wurde.

(3) Wird eine Ausfertigung eines elektronischen Dokuments gefertigt, ist in den Ausdruck zusätzlich zu den Angaben nach Absatz 2 der Hinweis aufzunehmen, dass die Ausfertigung elektronisch erstellt worden ist und daher nicht unterschrieben ist.

§ 7 Akteneinsicht

(aufgehoben)

§ 8 Vorlegen von Akten

(1) ¹Sind Akten einem Gericht oder einer Behörde vorzulegen, werden alle elektronischen Aktenbestandteile übersandt oder der unbeschränkte Zugriff darauf ermöglicht. ²Die Aktenbestandteile dürfen keinen Kopierschutz tragen.

(2) Werden Akten in einem Rechtsmittelverfahren vorgelegt, so muss erkennbar sein, auf welchem Stand sich die Akten befanden, als das Rechtsmittel eingelegt wurde.

(3) Kann das Gericht oder die Behörde den Inhalt der Dateien nicht in eine lesbare Form bringen, sind die betreffenden Aktenteile in einer anderen, geeigneten Form zu übersenden.

§ 9 Aufbewahrung

Aktenbestandteile in elektronischer Form sind ebenso lange aufzubewahren wie Aktenbestandteile in Papierform.

Anhang 21

entfallen

Register für Entscheidungen

Übersicht: Entscheidungsregister

EuGH	Gerichtshof der Europäischen Union	2577
EGMR	Europäischer Gerichtshof für Menschenrechte	2586
BVerfG	Bundesverfassungsgericht	2587
BGH	Bundesgerichtshof chronologisch	2591
BPatG	Bundespatentgericht	2615
GBK-G	Große Beschwerdekammer Art 112 EPÜ	2636
GBK-R	Große Beschwerdekammer Art. 112a EPÜ	2646
JBK	Juristische Beschwerdekammer	2655
TBK	Technische Beschwerdekammer	2658
StichwortReg	Entscheidungen nach Stichworten	2668

Entscheidungen des »Gemeinsamen Senats der obersten Gerichtshöfe des Bundes (Gms–OGB)«,
Entscheidungen des »House of Lords« und
Entscheidungen des »Österreichischen Obersten Gerichtshofs«
siehe im Sachregister unter »Gemeinsamer Senat«, »House of Lords« und »OGH«.

Gerichtshof der Europäischen Gemeinschaft (EuGH)

Das Register enthält die Entscheidungen des EuGH der letzten 10 Jahre in chronologischer Reihenfolge, beginnend mit dem Jahresaktenzeichen 2011. Die Fundstellen früherer Entscheidungen können der Vorauflage entnommen werden.

Spalte 1 enthält das Datum der Entscheidung
Spalte 2 enthält das Aktenzeichen
Spalte 3 enthält das Stichwort
Spalte 4 enthält die Fundstellen in der Sammlung des EuGH (EuGHSlg) und des Amtsblatts der EU (ABlEU)
Spalte 5 enthält die sonstigen Fundstellen in:
a = GRURInt b = Mitt d = IIC e = ABlEPA f = BlPMZ g = NJW h = NJW-RR i = EuZW

Entscheidungen des EuGH seit 1989 sind abrufbar unter
https://curia.europa.eu/en/content/juris/c2_juris.htm
Entscheidungen des EuGH von 1953 – 1989 sind abrufbar unter
https://curia.europa.eu/en/content/juris/c1_juris.htm

Datum	Rechtssache	Stichwort	EuGHSlg/ ABlEU	Sonstige*	zitiert bei § + Rdn
2011					
08.03.	Avis 1/09	Einheitliches europäisches Patentgerichtssystems Gutachten zum Entwurf des Übereinkommens über das Gericht für europäische Patente und Gemeinschaftspatente (Plenum)	ABlEU 2011 C 211,2 L	a: 11, 309 b: 11, 183 f: 11, 204 L IBR 09, 1422	
28.07.	C-195/09	MemantinSynthon BV/ Merz Pharma Nichtigkeit des Zertifikats	2011 I-07011	a: 11, 934 b: 11, 462 L f: 12, 103 L	§ 16a, 7, 109, 126
18.10.	C-34/10	Brüstle/Greenpeace	2011 I-09821	a: 11, 1045 b: 11, 513 GRUR 11, 1104	§ 2, 16, 29, 39, 40, 41, 43
18.10.	C-406/09	Realchemie Nederland/ Bayer Cropscience	2011 I-09773	a: 12, 32 b: 12, 141 L f: 12, 103 L g: 11, 3568 GRUR 12, 848	
20.10.	C-140/10	Greenstar-Kanzi Europe/ Jean Hustin, Jo Goossens	2011 I-10075	a: 12, 36 b: 11, 571 GRUR 12, 49	

* a=GRURInt; b=Mitt; d=IIC; e=ABl EPA; f=BlPMZ; g=NJW; h=NJW-RR; i=EuZW

EuGH Europäischer Gerichtshof 2011–2012

Datum	Rechtssache	Stichwort	EuGHSlg/ABlEU	Sonstige*	zitiert bei § + Rdn
20.10.	C-281/10	PepsiCo/HABM	2011 I-10153	a: 12, 43 f: 12, 103 L GRUR 12, 506	Einl, 540
25.10.	C-509/09	eDate Advertising, www.rainbow.at	2011 I-10269	a: 12, 47 g: 12, 137 GRUR 12, 300	
24.11.	C-322/10	Medeva / Comptroller General of Patents, Designs and Trade Marks	2011 I-12051	a: 12, 140 GRUR 12, 257	§ 16a, 24, 29, 30, 31, 40, 41, 43, 62, 82, 83, 95, 96
24.11.	C-422/10	Georgetown University / Comptroller General of Patents, Designs and Trade Marks	2011 I-12157	a: 12, 144	§ 16a, 12, 62, 82
24.11.	C-70/10	Scarlet Extended	2011 I-11959	a: 12, 153 GRUR 12, 265	
25.11.	C-518/10	Yeda/ Comptroller General of Patents, Designs and Trade Marks	2011 I-12209	a: 12, 356 L GRUR 12, 261	§ 16a, 41
25.11.	C-630/10	University of Queensland und CSL Ltd/ Comptroller General of Patents, Designs and Trade Marks	2011 I-12231	a: 12, 356 L	§ 16a, 24, 30, 41, 46, 82, 89
25.11.	C-6/11	Daiichi Sankyo Company/ Comptroller General of Patents, Designs and Trade Marks	2011 I-12255	a: 12, 356 L	§ 16a, 24, 30, 41
01.12.	C-446/09 C-495/09	Philips und Nokia	2011 I-12435	a: 12, 134 g: 12, 1497 GRUR 12, 828	§ 142a, 10
01.12.	C-145/10	Painer / Standard VerlagsGmbH	2011 I-12533	a: 12, 158 GRUR 12, 166	
08.12.	C-125/10	Merck, Sharp &Dohme	2011 I-12987	a: 12, 146 b: 13, 239 L	§ 16a, 119, 127; § 49a, 46
2012					
09.02.	C-442/11	Novartis / Actavis UK	in digitaler Slg	a: 12, 523 f: 12, 326 L	
09.02.	C-574/11	Schutzbereich von ergänzendem Schutzzertifikat und Grundpatent läuft gleich		EuZw: 12, 431 PharmR 12, 305	
01.03.	c-420/10	Biozid-Produkte	in digitaler Slg	b: 12, 271 L i: 12, 308 L	

* a=GRURInt; b=Mitt; d=IIC; e=ABl EPA; f=BlPMZ; g=NJW; h=NJW-RR; i=EuZW

Europäischer Gerichtshof 2012 — EuGH

Datum	Rechtssache	Stichwort	EuGHSlg/ABlEU	Sonstige*	zitiert bei § + Rdn
05.03.	T-446/07 DEP	Anwaltshonorar von 5.150 Euro für drei Schriftsätze nicht überzogen		GRUR-Prax 12, 200 Beck-RS 12, 80612	
19.04.	C-461/10	Bonnier Audio	in digitaler Slg	a: 12, 540 f: 12, 330 L GRUR 12, 703	
19.04.	C-523/10	Wintersteiger	in digitaler Slg	a: 12, 526 b: 12, 425 L g: 12, 2175 L GRUR 12, 654	§ 139, 271, 272
02.05.	C-406/10	SAS Institute	in digitaler Slg	a: 12, 534 b: 12, 572 L f: 12, 329 L GRUR 12, 814	§ 1, 110
03.05.	T-264/07 DEP	Volle Kostenerstattung nur bei Nachweis von Arbeitsaufwand und Auslagen		GRUR-Prax 12, 423 BeckRS 12, 80964	
05.07.	C-509/10	Geistbeck	in digitaler Slg	a: 12, 745 GRUR 12, 1013	§ 9c, 6, 24
12.07.	C-59/11	Association Kokopelli/ GrainesBaumaux SAS	in digitaler Slg	a: 12, 1012 GRUR 12, 898	
12.07.	C-616/10	Solvay / Honeywell	in digitaler Slg	a: 12, 1008 b: 12, 552 f: 13, 131 L GRUR 12, 1169	§ 139, 274, 276, 277
19.07.	C-130/11	Neurim Pharmaceuticals	in digitaler Slg	a: 12, 910	§ 1, 264; § 16a, 75, 77, 89, 112
06.09.	C-422/11P C-423/11P	Syndikusanwälte vor EU-Gerichten	in digitaler Slg	b: 13, 97 L	Einl, 53
06.09.	c-308/11	Chemische Fabrik Kreussler Funktionsarzneimittel	in digitaler Slg	a: 12, 1025 b: 12, 500 L GRUR 12, 1288	§ 16a, 20
25.10.	C-133/11	Folien Fischer / Ritrama	in digitaler Slg	a: 13, 173 b: 13, 247 g: 13, 287 GRUR 13, 98	§ 139, 272
15.11.	C-56/11	Raiffeisen-Waren-Zentrale Rhein-Main	in digitaler Slg	a: 13, 45 b: 13, 240 L f: 13, 294 L GRUR 13, 60	§ 2a, 14; § 9c, 22

---

* a=GRURInt; b=Mitt; d=IIC; e=ABl EPA; f=BlPMZ; g=NJW; h=NJW-RR; i=EuZW

Datum	Rechtssache	Stichwort	EuGHSlg/ABlEU	Sonstige*	zitiert bei § + Rdn
15.11.	C-180/11	Bericap	in digitaler Slg	a: 13, 86 b: 13, 78 f: 13, 169 L GRUR 13, 203	
22.11.	C-219/11	Brain Products GmbH/Bio-Semi VOF	in digitaler Slg	b: 13, 203 L i: 13, 117 o: 13, 82 GRUR 13, 82	
06.12.	C-457/10 P	AstraZeneca/Europäische Kommission	in digitaler Slg	a: 13,837 L PharmR 13, 8	
19.12.	C-534/10	Gala Schnitzer	in digitalerSlg	a: 13, 131 f: 13, 171 L	
19.12.	c-325/11	Krystyna Alder u. a./Sabina Orłowska u. a.	in digitalerSlg	g: 13, 443 EuZW 13, 187	§ 127, 109, 123, 124
2013					
11.04.	C-535/11	Novartis Pharma/Apozyt	in digitaler Slg	a: 13, 538 d: 14, 227 GRUR 13 854	
16.04.	C-274/11 C-295/11	Spanien und Italien/RAT	in digitaler Slg	a: 13, 542 b: 13, 225 d: 14, 343 f: 13, 215 g: 13, 2009 GRUR 13, 708	
16.05.	c-228/11	Melzer	in digitaler Slg	g: 13, 2099	§ 139, 270, 272
27.06	C-320/12	Malaysia Dairy/Beschwerdeausschuss	in digitaler Slg	a: 13, 919	
18.07	C-414/11	Daiichi Sankyo/DEMO	in digitaler Slg	a: 13, 895 b: 13, 446 L d: 14,. 91 GRUR 13, 1018	§ 16a, 43
03.10.	C-120/12	PRORI SNACK	in digitaler Slg	a: 13, 1138 b: 14, 35 GRUR 14, 203	
03.10.	c-170/12	Pinckney/KDG Mediatech	in digitaler Slg	a: 13, 1073 b: 14, 89 L g: 13, 3627 GRUR 14, 100	§ 139, 270, 271
17.10.	C-210/12	Sumitomo Chemical/DPMA	in digitaler Slg	a: 13, 1129 b: 14, 25 L d: 14, 346	§ 16a, 56, 63

* a=GRURInt; b=Mitt; d=IIC; e=ABl EPA; f=BlPMZ; g=NJW; h=NJW-RR; i=EuZW

Europäischer Gerichtshof 2013–2014   EuGH

Datum	Rechtssache	Stichwort	EuGHSlg/ABlEU	Sonstige*	zitiert bei § + Rdn
14.11.	c-617/12	Vorlage High Court of Justice Begriff 1.Genehmigung für das Inverkehrbringen	in digitaler Slg	b: 14, 82 L	
14.11.	c-210/13	Adjuvans Glaxosmithkline	in digitaler Slg	b: 14, 81 L	§ 16a, 12, 14, 15
12.12.	c-443/12	Actavis/Sanofi (Irbesartan)	in digitaler Slg	a 14, 153 b: 14, 81 L d: 14, 587 f: 14, 269 GRUR 14, 157	§ 16a, 31, 44, 67
12.12.	c-484/12	Georgetown University/OCN (Papillomaimpfstoff)	in digitaler Slg	a: 14, 149 b: 14, 81 L d: 14, 589 f: 14, 270 L GRUR 14, 160	§ 16a, 19, 67
12.12.	c-493/12	Eli Lilly/Human Genome Sciences	in digitaler Slg	a: 14, 145 b: 14, 81 d: 14, 588 f: 14, 270 L	§ 16a, 24, 29, 30, 31, 38
2014					
06.02.	c-98/13	Blomqvist/Rolex	in digitaler Slg	a: 14, 298 b: 14, 200 L GRUR 14, 283	
13.02.	c-555/13	Merck Canada/Accord Heathcare (Montelukast sodium)	in digitaler Slg	a: 14, 349 f: 14, 270 L GRUR 14, 850	§ 16a, 108
03.04.	c-387/12	Hi Hotel/Spoering	in digitaler Slg	a: 14, 730 g: 14, 1793 GRUR 14, 599	§ 139, 270, 272
09.04.	c-583/12	Sintax Trading / Maksu-ja Tolliamet	in digitaler Slg	a: 14, 621 b: 14, 348 m: 14, 80692	
05.06.	C-557/12	Schadensersatz nach Kartellrechtsverstoß – KONE ua/ÖBB-nfrastruktur Umbrella Pricing	CELEX 62012CJ0557	a: 14, 864 d: 14, 1003 f: 14, 864 g: 14, 2417 L GRUR 14, 1018	
19.06.	C-11/13	Bayer Cropscience/DPMA (Safener Isoxadifen)	in digitaler Slg	a: 14, 798 GRUR 14, 756	§ 16a, 20, 21, 56

---

* a=GRURInt; b=Mitt; d=IIC; e=ABl EPA; f=BlPMZ; g=NJW; h=NJW-RR; i=EuZW

Datum	Rechtssache	Stichwort	EuGHSlg/ABlEU	Sonstige*	zitiert bei § + Rdn
18.11.	c-146/13	Schaffung eines einheitlichen Patentschutzes	in digitaler Slg	b: 15, 18	
18.12.	c-364/13	International Stem Cell Corporation / Comptroller Auslegung des Begriffs »menschlicher Embryo«	in digitaler Slg	a: 15, 138 d: 15, 358 f: 15, 114 L GRUR 15, 156	§ 2, 40
2015					
15.01.	c-631/13	Forsgren/Österreichisches Patentamt	in digitaler Slg	a: 15, 272 f: 15, 115 L GRUR 15, 245	§ 16a, 8, 12, 14, 56, 60, 83
12.02.	c-539/13	Merck & Dohme	in digitaler Slg	a: 15, 359	§ 9, 38, 40
12.03.	c-577/13	Actavis Group PTC und Actavis UK	in digitaler Slg	a: 15, 446 GRUR 15, 658	§ 16a, 44, 67
05.05.	c-146/13	Spanien/Parlament und Rat	in digitaler Slg	a: 15, 551 b: 15, 265 d: 15, 588 e: 15, A49 f: 15, 266 L GRUR 15, 562	
05.05.	c-147/13	Spanien/Rat	in digitaler Slg	a: 15, 558 d: 15, 589 e: 15, A 50 f: 15, 266 L GRUR 15, 567	
25.06.	c-242/14	STV/Gerhard und Jürgen Vogel ua	in digitaler Slg	a: 15, 830 b: 15, 401 L GRUR 15, 878	
16.07.	c-681/13	Diageo Brands/Simiramida	in digitaler Slg	a: 15, 862 f: 15, 331 L GRUR 15, 1035	
16.07.	c-170/13	Huawei Technologies	in digitaler Slg	a: 15, 942 b: 15, 449 d: 15, 965 f: 16, 29 L g: 15, 2783 GRUR 15, 764	§ 24, 50, 52, 56, 92, 98–101, 103, 105, 108, 111–114, 117–119

* a=GRURInt; b=Mitt; d=IIC; e=ABl EPA; f=BlPMZ; g=NJW; h=NJW-RR; i=EuZW

Europäischer Gerichtshof 2015–2017

Datum	Rechtssache	Stichwort	EuGHSlg/ABlEU	Sonstige*	zitiert bei § + Rdn
16.07.	c-580/13	Coty Germany /Stadtsparkasse (Davidoff Hot Water)	in digitaler Slg	d: 15, 994 L g: 15, 3158 GRUR 15, 804	
06.10.	c-471/14	Seattle Genetics/Österreichisches Patentamt	in digitaler Slg	a: 15, 1120 d: 16, 87 GRUR 16, 474	§ 16a, 85, 113
2016					
03.03.	c-138/15	Teva/EMA (Imatinib)	in digitaler Slg	a: 16, 651	§ 1, 175
17.03.	c-99/15	Liffers/Mandarina	in digitaler Slg	a: 16, 471 GRUR 16, 485	§ 139, 115
09.06.	c-481/14	Hansson/Jungpflanzen	CELEX 62014CJ0481	a: 16, 804 b: 16, 334 GRUR 16, 1043	
07.07.	c-567/14	Genentech/Hoechst	CELEX 62014CJ0567	a: 16, 956 b: 16, 479 L h: 17,96 GRUR 16, 917	§ 15, 65
07.07.	c-70/15	Lebek/Domino	CELEX 62015CJ0070	a: 16, 1084 b: 17, 45 L	
07.07.	c-494/15	Tommy Hilfiger/Delta Center	CELEX 62015CJ0494	a: 16, 925 b: 16, 471 d: 16, 981 L f: 17, 59 L GRUR 16, 1062	
28.07.	c-57/15	United Video Properties	CELEX 62015CJ0057	a: 16, 963 b: 16, 571	
05.10.	c-572/15	F.Hoffmann-La-Roche	CELEX 62015CJ0572	a: 16, 1132 b: 16, 549 L	§ 16a, 135
20.12.	c-492/16	Incyte Korrektur des Ablaufdatums eines ESZ		a: 18, 440 b: 18, 272 f: 18, 299 L GRUR 18,602	
21.12.	c-618/15	Concurrence	CELEX 2015CJ0618	a: 17, 173 GRUR-RR 17, 206	
2017					
18.01.	c-427/15	NEW WAVE/ALLTOYS	CELEX 62015CJ0527	a: 17, 279 b: 17, 272 GRUR 17, 316	

* a=GRURInt; b=Mitt; d=IIC; e=ABl EPA; f=BlPMZ; g=NJW; h=NJW-RR; i=EuZW

EuGH — Europäischer Gerichtshof 2017–2019

Datum	Rechtssache	Stichwort	EuGHSlg/ABlEU	Sonstige*	zitiert bei § + Rdn
20.12.	c-492/16	Corporation/Hungarian IPO Incyte		a: 18, 440 b: 18, 272 GRUR 18, 602.	
2018					
11.01.	c-681/16	PfizerIreland/Orifarm	18, 1028	a: 18, 904 b: 19, 14 L f: 18, 386 L GRUR 18, 904	
25.07.	c-121/17	Teva UK ua/Gilead	---	a: 19, 37 b: 18, 497 GRUR 18, 908	
25.07.	c-528/16	Confédération paysanne et al	----	a: 19, 42 b: 19, 116 L g: 18, 2943 EuGRZ 18, 403	
25.10.	c-527/17	Boston Scientific (Paclitaxel freisetzender Stent)	---	a: 19, 156 GRUR 18, 1232	
14.11.	c-215/17	NKBM/Republik Slowenien	---	GRUR 19, 209	
2019					
21.03.	c-443/17	Abraxis (Abraxane) Ergänzendes Schutzzertifikat	---	a: 19, 711 b: 19, 275 GRUR 19, 603	
11.04.	C-464/18,	Ryanair	---	h: 19, 684 EuZW 19, 431	
03.07.	c-387/18	Parallelimport von Arzneimitteln	---	BeckRS 19, 12926 PharmR 19, 446 GRUR-Prax 19, 401	
12.09.	c-688/17	Bayer/Richter »angemessener Ersatz« für durch einstweilige Maßnahmen entstandenen Schaden	---	b: 20, 123 L GRUR 19, 1186	
01.10.	C-673/17	Cookie-Einwilligung	---	g: 19, 3433 i: 19, 916 GRUR 19, 1198	

* a=GRURInt; b=Mitt; d=IIC; e=ABl EPA; f=BlPMZ; g=NJW; h=NJW-RR; i=EuZW

Europäischer Gerichtshof 2019–2021

Datum	Rechtssache	Stichwort	EuGHSlg/ABlEU	Sonstige*	zitiert bei § + Rdn
17.10.	c-239/18	STV/Freistaat Thüringen Auskunftsverlangen des Sortenschutzrechtsinhabers zur Verwendung von Vermehrunsmaterial von Arten	---	b: 20, 171 GRUR 19, 1284	
16.12.	t-3/20	Canoleum Plötzliche Erkrankung	---	b: 21, 94 L GRUR-RS 20, 35153	
19.12.	c-176/18	CVVP/Adolfo Juan Martinez Sanchis Nadorcott	---	b: 20, 174 L GRUR 20, 176	
2020					
30.04.	c-650/17	Royalty Pharma/DPMA Erzeugnis bei ergänzenden Schutzzertifikaten	---	b: 20, 349 GRUR 20, 596	
09.07.	c-673/18	Santen /Generaldirektor INPI Cyclosporin	---	b: 20, 451 GRUR 20, 1071	
24.11.	c-59/19	Wikingerhof/Booking.com	---	b: 21, 142 L g: 21, 144 GRUR 21, 116	
2021					
25.02.	c-804/19	Markt 24	---	BeckEuRS 19, 625445	
24.03.	T-515/19	Legobaustein	---	a: 21, 852 b: 21, 290	

* a=GRURInt; b=Mitt; d=IIC; e=ABl EPA; f=BlPMZ; g=NJW; h=NJW-RR; i=EuZW

Europäischer Gerichtshof für Menschenrechte

Das Register enthält die Entscheidungen des EGMR in chronologischer Reihenfolge.
Außer in der Amtlichen Sammlung werden folgende Fundstellen der Entscheidungen angegeben:

Spalte 1 entält das Datum der Entscheidung
Spalte 2 das Aktenzeichen der Entscheidung
Spalte 3 enthält das Stichwort für die Entscheidung
Spalte 4 enthält die Fundstelle für die Entscheidung in der Amtlichen Sammlung
Spalte 5 enthält Fundstellen der Entscheidung in:
a = GRUR b = Mitt d = IIC e = AblEPA g = NJW h = NJW-RR
Entscheidungen des EGMR gegen Deutschland sind unter »Länderprofil Deutschland« abrufbar unter:
https://www.echr.coe.int/Documents/CP_Germany_DEU.pdf

Datum	Aktenz.	Stichwort	Amtl. Sammlung	Fundstelle deutsch
1993				
27.10.	14448/88	Dombo Beheer/Niederlande Waffengleichheit im Zivilprozess	Ser. A no. 274	g: 95, 1413
2006				
08.06.	75529/01	Sürmeli/Deutschland überlange Verfahrensdauer (Große Kammer)	ECHR 2006,VII	g: 06, 2389
2009				
16.06.	40382/04	Rambus/Deutschland verspätete Hilfsanträge	hudoc.echr.coe.int/ eng?i=001-93430–	a: 10, 840; b: 11, 24 L d: 10, 99
08.12.	54193/07	Herma/Deutschland	hudoc.echr.coe.int/ eng?i=001-140626	g: 10, 3207
2010				
02.09.	46344/06	Rumpf/Deutschland überlanges Verfahren	hudoc.echr.coe.int/ eng?i=001-93430–	g: 10, 3355
2011				
20.09.	44455/07	Jürgen Binder/Deutschland	hudoc.echr.coe.int/ eng?i=001-108759	g: 12, 3019
2012				
29.06.	27396/06	Sabri Günes/Türkei	hudoc.echr.coe.int/ eng?i=001-146759 –	g: 12, 2943
2013				
10.01.	36769/08	Ashby Donald/Frankreich	hudoc.echr.coe.int/ fre?i=001-115845 –	g: 13, 2735 GRUR 13, 859
2014				
10.07.	48311/10DE	Berichterstattung über Beweggründe auf Grundlage von Schlussfolgerungen Dritter Axel Springer/ Deutschland Nr. 2	hudoc.echr.coe.int/ eng?i=001-145361	GRUR 15, 709 AfP 16, 24

a = GRUR b = Mitt d = IIC e = ABl EPA g = NJW h = NJW-RR

Bundesverfassungsgericht

Dieses Register enthält die Entscheidungen des Bundesverfassungsgericht, die in den letzten 10 Jahren ergangen sind, geordnet nach dem Aktenzeichen. Die Fundstellen früher ergangener Entscheidungen können in den Vorauflagen eingesehen werden.

Spalte 1 enthält das Datum der Entscheidung
Spalte 2 enthält das Stichwort der Entscheidung
Spalte 3 enthält die Fundstellen in BVerfGE und BVerfGK
Spalte 4 enthält Fundstellen der Entscheidungen in
a = GRUR b = Mitt d = BlPMZ e = ABlEPA f: GRUR Int g = NJW h = NJW-RR
Seit dem 1. Januar 1998 werden die Entscheidungen des Bundesverfassungsgerichts in ungekürzter Form veröffentlicht unter:
http://www.bundesverfassungsgericht.de/entscheidungen.html
Dokumentsuche nach Datum, Aktenzeichen oder Volltext ist möglich.

Datum	Stichwort	BVerfGE BVerfGK	Sonstige*	zitiert bei §/Art + Rdn
2010				
27.04.	Automatische Holzschneidemaschine Supranationale Hoheitsakte 2 BvR 1848/07	BVerfGK 17, 266	a: 10, 1031 f: 11, 69	Einl, 452; Art 106, 36
06.07	Honeywell 2 BvR 2661/06	126, 286	g: 10, 3422	Einl, 135
24.08.	Missbrauchsgebühr gegen Rechtsanwalt 1 BvR 1584/10	–	BeckRS 10, 52890 NZS 11, 257	Einl, 450
30.08.	Drucker und Plotter II 1 BvR 1631/08	BVerfGK 17, 533	a: 10, 999 f: 11, 72 g: 11, 288	Einl, 197
12.10.	Vorlage nach Art 100 (1) GG 2 BvL 59/06	127, 335	BeckRS 10, 55320	Einl, 487
08.12.	Zurückweisung einer Nichtzulassungs-Beschwerde 1 BvR 1382/10	BVerfGK 18, 301	g: 11, 1497 BeckRS 11, 48088	
2011				
19.07.	Le-Corbusier-Möbel 1 BvR 1916/09	129, 78	a: 12, 53 b. 12, 197 f: 11,959 g: 11, 3428	Einl, 292
26.09.	Richtlinienkonforme Auslegung 2 BvR 2216/06	BVerfGK 19, 89	g: 12, 669	Einl, 135, 140
15.12.	AnyDVD 1 BvR 1248/11	BVerfGK 19, 278	a: 12, 390 d: 12, 304 L f: 12, 567 g: 12, 1205	

* a = GRUR; b = Mitt; d = BlPMZ; e = ABlEPA; f= GRUR Int; g = NJW; h = NJW-RR

BVerfG Bundesverfassungsgericht 2012–2014

Datum	Stichwort	BVerfGE BVerfGK	Sonstige*	zitiert bei §/Art + Rdn
2012				
21.03.	Bei naheliegender Zulassung der Revision ist die Nichtzulassung nachvollziehbar zu begründen 1 BvR 2365/11	BVerfGK 19, 364	a: 12, 601 g: 12, 1715	
23.05.	Doppelvorsitz am BGH 2 BvR 610 und 625/12	BVerfGK 19, 407	g: 12, 2334	Einl, 197; § 68, 19
13.08.	Überlange Dauer eines Gerichtsverfahrens 1 BvR 1098/11	BVerfGK 20, 33	g: 12, 3714	§ 73, 15
17.09.	Bezeichnung eines Rechtsanwalts als »rechtsradikal«– »Rechtsextremer« Anwalt 1 BvR 2979/10	---	a: 13, 193 g: 12, 3712	
25.10.	Anspruch auf richtige Wiedergabe bei mehrdeutigen Äußerungen – Das Prinzip Arche Noah 1 BvR 2720/11	---	a: 13, 195 g: 13, 774	
12.12.	Falsches Aktenzeichen 2 BvR 1294/10	–	g: 13, 925	
2013				
09.01.	Zustellung einer Klage aus dem Ausland 2 BvR 2805/12	–	a: 13, 534 b: 13, 473 f: 13, 494 g: 13, 990	
12.04.	Sitzplätze für Medienvertreter 1 BvR 990/13	–	g: 13, 1293	§ 69, 13, 15
02.07.	Winkeladvokat 1 BvR 1751/12	–	a: 13, 1266 g: 13, 3021	
16.07.	Rechtswegerschöpfung 1 BvR 3057/11	134, 106	g: 13, 3506	Einl, 400
04.12.	Vorübergehende Dienstleistung 2 BvE 6/13	134, 239	g: 14, 619 i: 14, 239 L	§ 97, 10
2014				
14.01.	Anwalts-GmbH 1 BvR 2998/11	135, 90	b: 14, 185 g: 14, 613	
29.04.	Prüfmaßstab für Vorlage an EuGH 2 BvR 1572/10	–	g: 14, 2489	
11.07.	Domain – Registrierungsstelle 2 BvR 2116/11	---	a: 14, 1022 g: 14, 3213	
28.07.	Verstoß gegen Willkürverbot 1 BvR 1925/13	–	g: 14, 3147	Einl, 203
31.07.	Beschränkung der Presseberichterstattung 1 BvR 1858/14	–	g: 14, 3013	§ 69, 13
10.12.	Vorlagepflicht an EuGH 2 BvR 1549/07	–	NZA 15, 375 ZIP 15, 335	§ 24, 100

* a = GRUR; b = Mitt; d = BlPMZ; e = ABlEPA; f = GRUR Int; g = NJW; h = NJW-RR

Bundesverfassungsgericht 2015–2019 BVerfG

Datum	Stichwort	BVerfGE BVerfGK	Sonstige*	zitiert bei §/Art + Rdn
2015				
05.03.	Schockwerbung durch Rechtsanwälte – Werbetassen 1 BvR 3362/14	---	a: 15, 507 g: 15, 1438	
02.11.	Grundrechtsfähigkeit jur. Personen 1 BvR 1530/15 1 BvR 1815/15	–	DÖV 16, 264 NVwZ-RR 16, 242	Einl, 452
2016				
18.02.	Stellungnahme des abgelehnten Richters 2 BvC 69/14	–	BeckRS: 16, 42919	
25.05.	Terminsverlegung 1 BvR 1094/16	–	BeckRS: 16 47125	Einl 323
06.09.	Schweigen 2 BvR 890/16	–	JZ 16, 1113 NJOZ 16, 1879	Einl, 393
21.12.	Unzulässige Richtervorlage 1 BvL 10/14	–	DVBl 17, 1170 NVwZ 17, 399	Einl, 532
2017				
02.02.	Verfassungsbeschwerde gegen Nichtzulassung der Revision 2 BvR 787/16	--	BeckRS : 17, 102176 FD-MedizinR 17, 388329	
06.12.	Sparkassenrot II 1 BvR 2160/16	18, 403	a: 18, 403 b: 18, 150	
2018				
09.04.	Schleichwerbung 1 BvR 840/15		a:18, 851 g: 18, 2250	
30.09.	Die F.-Tonbänder 1 BvR 1783/17	---	a: 18, 1288 g: 18, 3631	Einl 450, 542
30.09.	Steuersparmodell eines Fernsehmoderators 1 BvR 2421/17	---	a: 18, 1291 g: 18, 3634	Einl 542
19.11.	Keine Verfassungsbeschwerde per Email 1 BvR 2391/18	---	g: 19, 355 L	Einl 450
21.11.	Vorbereitungshandlung 1 BvR 436/17	---	g: 19, 505	Einl 197
18.12.	Kraftfahrzeugkennzeichenkontrollen 1 BvR 142/15	150, 244	g: 19, 827	Einl 215
2019				
17.09.	Vollmacht vor BVerfG 2 BvR 309/15	152, 1	g 19, 3509	Einl 451
06.11.	Recht auf Vergessen I 1 BvR 16/13	152, 152	a: 20, 74 b: 20, 194 L g: 20, 300	Einl 450
06.11.	Rechts auf Vergessen II 1 BvR 276/17	152, 216	a: 20, 88 g: 20, 314	Einl 450

* a = GRUR; b = Mitt; d = BlPMZ; e = AB1EPA; f= GRUR Int; g = NJW; h = NJW-RR

Datum	Stichwort	BVerfGE BVerfGK	Sonstige*	zitiert bei §/Art + Rdn
11.12.	Ungleichbehandlung 1 BvR 3087/14	---	NZA 20, 37 FamRZ 20,244	Einl 203
17.12.	Missbrauchsgebühr für beleidigende Beschwerde 1 BvR 2244/19	---	BeckRS 19, 35136	§ 27, 41
2020				
13.02.	Zustimmungsgesetz zum Abkommen über das Einheitliche Patentgericht nichtig 2 BvR 739/17	153, 74	a: 20, 506 b: 20, 167 g: 20, 1793 L	
03.06.	Personalratswahlen bei der Bundespolizei 1 BvR 1246/20	---	a: 20, 773 g: 20, 2021	Einl 542
23.06.	Verfassungsbeschwerden gegen Zustimmungsgesetz abgelehnt 2 BvR 2216/«0; 2 BvR 2217/20	---	GRUR-RS 21, 17632	Literatur: Einheitliches Patentgericht
27.07.	Zahnabdruckset 1 BvR 1379/20	---	a: 20, 1119 g: 20, 3023	Einl 542

* a = GRUR; b = Mitt; d = BlPMZ; e = ABlEPA; f= GRUR Int; g = NJW; h = NJW-RR

Bundesgerichtshof – chronologisch

Das Register enthält die Entscheidungen des BGH in chronologischer Reihenfolge seit dem Jahre 2012. Die früher ergangenen Entscheidungen können in der Vorauflage eingesehen werden

Spalte 1 enthält das Datum der Entscheidung
Spalte 2 enthält das Stichwort und das Aktenzeichen der Entscheidung
Spalte 3 enthält die Fundstelle der Entscheidung in GRUR
Spalte 4 enthält die Fundstelle der Entscheidung in BlPMZ
Spalte 5 enthält die Fundstellen der Entscheidung in:
a = BGHZ b = Mitt d = IIC e = ABlEPA f = GRUR Int g = NJW h = NJW-RR

Datum	Stichwort	GRUR	BlPMZ	Sonstige*
2012				
12.01.	Titelschuldner im Zwangsvollstreckungs-verfahren I ZB 43/11	12, 541	–	b: 12, 197
24.01.	Simca I ZB 23/11	12, 429	–	BeckRS 12, 4653
24.01.	Tintenpatrone II X ZR 94/10	12, 430	–	a: 192, 245 b: 12, 373 L
24.01.	Elektronenstrahltherapiesystem X ZR 88/09	12, 475	12, 346	b: 12, 218
02.02.	Vergleichsschluss im schriftlichen Verfahren I ZB 95/10	12, 957	–	---
07.02.	Transhydrogenase X ZR 115/09	12, 479	12, 304	b: 12, 223 L
14.02.	Uneingeschränkte Akteneinsicht in Patentnichtigkeits-verfahren X ZR 114/11	–	–	b: 12, 223 L GRUR-RS 12, 04751
21.02.	Rohrreinigungsdüse II X ZR 111/09	12, 485	12, 315 L	b: 12, 173 d: 13, 232 h 12, 872
23.02.	Aufrechterhaltene Vollstreckungs-maßnahmen nach Erledigung I ZB 28/11	---	---	GRUR-RR 12, 311 BeckRS 12, 6797
06.03.	Pfeffersäckchen X ZR 78/09	12, 482	12, 253	b: 12, 223 L
06.03.	Antimykotischer Nagellack X ZR 104/09	12, 605	–	b: 12, 285
08.03.	Neuschwanstein I ZB 13/11	12, 1044	12, 415	a: 193, 21 b: 12, 458
13.03.	Abgelehnte Beweisaufnahme II ZR 50/09	–	–	b: 12, 374 L h: 12, 728
15.03.	CONVERSE I I ZR 52/10	12, 626	–	f: 12, 661
21.03.	Erneute Zeugenvernehmung XII ZR 18/11	–	–	b: 12, 374 L h: 12, 704

* a=BGHZ b=Mitt d=IIC e=ABl EPA f=GRUR Int g=NJW h=NJW-RR

BGH-chronologisch   Bundesgerichtshof 2012

Datum	Stichwort	GRUR	BlPMZ	Sonstige*
27.03.	Fristreichung II ZB 10/11	–	–	b: 12, 374 L h: 12, 745
03.04.	Sachverständigenablehnung V X ZR 67/09	12, 855	–	b: 12, 374 L g: 12, 1517
17.04.	Tintenpatrone III X ZR 55/09	12, 753	12, 351 L 12, 396 L	b: 12, 347 f: 12, 659
17.04.	EDV-Kalender VI ZB 55/11	–	–	b: 12, 425 h: 12, 1085
17.04.	Umsatzsteuer VI ZB 46/11	–	–	b: 12, 473 h: 12, 1016
17.04.	Versehen VI ZB 44/11	–	–	b: 12, 474 L g: 12, 2201
19.04.	Alles kann besser werden I ZB 80/11	12, 1026	–	a: 195, 257 b: 12, 573 g: 12, 2958
25.04.	Clinique happy I ZR 235/10	12, 1263	–	b: 13, 40 f: 12, 1137 h: 13, 48
25.04.	Regalsystem für den Ladenbau I ZR 136/11	12, 959	–	h: 12, 1088
25.04.	DAS GROSSE RÄTSELHEFT I ZR 105/10	12, 1279	–	BeckRS 12, 22158
26.04.	Unleserliche Unterschrift VII ZB 36/10	–	–	b: 12, 474 L h: 12, 1140
10.05.	Kosten des Patentanwalts IV I ZR 70/11	12, 759	12, 313 L	b: 12, 370
15.05.	Calcipotriol-Monohydrat X ZR 98/09	12, 803	–	b: 12, 349
15.05.	Unterbrechung des Kostenfestsetzungs- verfahrens VIII ZB 79/11	–	–	b: 12, 474 L BeckRS 12, 12074
15.05.	Vergessene Fristnotierung VI ZB 27/11	–	–	b: 12, 475 L h: 13, 179
16.05.	Zweigstellenbriefbogen I ZR 74/11	12, 1275	–	b: 13, 145 L g: 13, 314
22.05.	Nabenschaltung III X ZR 129/09	12, 1010	–	b: 12, 406 d: 13, 456
31.05.	Missbräuchliche Vertragsstrafe I ZR 45/11	12, 949	–	b: 13, 93 L g: 12, 3577
31.05.	Ferienluxuswohnung I ZR 106/10	13, 176	–	b: 13, 368 g: 13, 787
31.05.	Playboy am Sonntag I ZR 234/10	13, 196	13, 24	g: 13, 793
05.06.	Erkundigung nach Fristverlängerung VI ZB 16/12	–	–	b: 13, 97 L g: 12, 2522
12.06.	Desmopressin X ZR 131/09	12, 895	–	b: 12, 403
12.06.	Antimykotischer Nagellack II X ZR 104/09	12, 959	–	b: 12, 472

* a=BGHZ b=Mitt d=IIC e=ABl EPA f=GRUR Int g=NJW h=NJW-RR

Bundesgerichtshof 2012 — BGH-chronologisch

Datum	Stichwort	GRUR	BlPMZ	Sonstige*
12.06.	Überprüfung des Sendeberichts VI ZB 54/11	–	–	b: 12 475 L h: 12, 1267
20.06.	Unterzeichnung »i.A.« IV ZB 18/11	–	–	b: 13, 298 L g: 12, 3379 L h: 12, 1269
26.06.	Sondensystem X ZB 4/11	12, 1071	13, 18	b: 12, 562 d: 13, 239
28.06.	Parfumflakon II I ZR 1/11	12, 1065	–	b: 12, 418 f: 12, 925
28.06.	Hi Hotel I ZR 35/11	12, 1069	–	f: 12, 932 i: 12, 800 L
04.07.	Öffentliche Zustellung XII ZR 94/10	–	–	b: 13, 148 L g: 12, 3582
06.07.	Späte Aufsatzveröffentlichung PatAnwZ 1/11	–	–	b: 13, 197 h: 13, 177
10.07.	Überlange Übertragungsdauer VIII ZB 15/12	–	–	b: 13, 298 L h: 12, 1341
12.07.	Später Schriftsatz IX ZB 270/11	–	–	b: 12, 475 L h: 12, 1533
17.07.	Verdichtungsvorrichtung X ZR 77/11	12, 1072	12, 388 L	b: 12, 409 L
17.07.	Polymerschaum X ZR 117/11	12, 1124	12, 378	a: 194, 107 b: 12, 453 L d: 13, 464
17.07.	Feuchtigkeitsabsorptionsbehälter X ZB 1/11	12, 1243	–	b: 12, 414
17.07.	Palettenbehälter II X ZR 97/11	12, 1118	–	b: 12, 447 d: 13, 351
17.07.	Palettenbehälter III X ZR 113/11	12, 1122	–	b: 12, 450 d: 13, 457
19.07.	M2Trade I ZR 70/10	12, 916	–	a: 194, 136 b: 12, 466 g: 12, 3301
19.07.	TakeFive I ZR 24/11	12, 914	–	b: 12, 472 h: 12, 1127
19.07.	Unbedenkliche Mehrfachabmahnung I ZR 199/10	13, 307	13, 126 L	b: 13, 370 L h: 13, 369
24.07.	Leflunomid X ZR 126/09	12, 1130	12, 384	b: 12, 510 d: 13, 600 L
24.07.	Flaschenträger X ZR 51/11	12, 1226	12, 415 L	a: 194, 194 b: 12, 505 d: 13, 599 L
26.07.	Nach Diktat verreist II III ZB 70/11	–	–	b: 12, 521 L h: 12, 1142
13.08.	Fußbodenbelag X ZR 11/10	–	–	b: 13, 247 BeckRS 12, 20588
14.08.	UV-unempfindliche Druckplatte X ZR 3/10	12, 1133	13, 19	b: 13, 33 d: 13, 601 L

* a=BGHZ b=Mitt d=IIC e=ABl EPA f=GRUR Int g=NJW h=NJW-RR

BGH-chronologisch Bundesgerichtshof 2012

Datum	Stichwort	GRUR	BlPMZ	Sonstige*
21.08.	MPEG-2-Videosignalcodierung X ZR 33/10	12, 1230	–	a: 194, 272 b: 12, 557 d: 13, 602 L
22.08.	Nichtberücksichtigtes Beweisangebot VII ZR 2/11	–	–	b: 13, 298 L BeckRS 12, 19272
28.08.	Fahrzeugwechselstromgenerator X ZR 99/11	12, 1236	13, 12	a: 194, 290 b: 12, 500
05.09.	Weiteres Fax VII ZB 25/12	–	–	b: 13, 148 L g: 12, 3516
20.09.	UniBasic-IDOS I ZR 90/09	13, 509	–	b: 13, 368 L h: 13, 878
25.09.	Kniehebelklemmvorrichtung X ZR 10/10	13, 160	13, 142	b: 13, 71 d: 13, 603 L
08.10.	VorausbezahlteTelefongespräche II X ZR 110/11	12, 1288	–	b: 13, 46
16.10.	Steckverbindung X ZB 10/11	12, 1242	13, 120	b: 13, 36
16.10.	Elektronische Willenserklärung X ZR 37/12	–	–	a: 195, 126 g: 13, 598
18.10.	Rechtsanwaltskanzlei und Steuerbüro I ZR 137/11	13, 409	---	b: 13, 371 g: 13, 1373
23.10.	Sachverständigenablehnung VI X ZR 137/09	13, 100	–	b: 13, 97 L d: 13, 605 L h: 12, 1463
23.10.	Gelomyrtol X ZR 120/11	13, 51	13, 121	b: 13, 37 d: 13, 604 L
15.11.	Rechtsmissbräuchlicher Zuschlagsbeschluss I ZR 128/11	13, 647	---	BeckRS 13, 7773
20.11.	Führungsschiene X ZR 95/11	13, 164	13, 123	b: 13, 188
20.11.	Kontaktplatte X ZR 131/11	13, 539	13, 229	b: 13, 200 L
27.11.	Neurale Vorläuferzellen II X ZR 58/07	13, 272	13, 146	a: 195, 364 b: 13, 409 d: 13, 831 f: 13, 229
28.11.	Sorbitol X ZB 6/11	13, 318	13, 149	b: 13, 122
05.12.	Nebenintervention Anfechtbarkeit I ZB 7/12	13, 535	–	b: 13, 375 h: 13, 490
05.12.	Die Heiligtümer des Todes I ZB 48/12	13, 536	–	b: 13, 369 h: 13, 751
12.12.	Polymerzusammensetzung X ZR 134/11	13, 363	13, 232	b: 13, 123
12.12.	nachträgliche Rechtsbeschwerdezulassung IV ZB 26/12)	–	–	h: 13, 256 BeckRS 13, 352
13.12.	Metall auf Metall II I ZR 182/11	13, 614	–	b: 14, 40 g: 13, 1885

* a=BGHZ b=Mitt d=IIC e=ABl EPA f=GRUR Int g=NJW h=NJW-RR

Bundesgerichtshof 2012–2013

Datum	Stichwort	GRUR	BlPMZ	Sonstige*
18.12.	Routenplanung X ZR 3/12	13, 275	13, 154	b: 13, 127 d: 13, 710
18.12.	Doppelvertretung im Nichtigkeitsverfahren X ZB 11/12	13, 427	13, 151	a: 196, 52 b: 13, 145
18.12.	Rohrmuffe X ZR 7/12	13, 316	–	b: 13, 200
18.12.	Rechtsanwalt im Nichtigkeitsverfahren X ZB 6/12	13, 430	–	BeckRS 13, 1586
2013				
08.01.	Herstellung von L-Lysin X ZR 138/09	–	–	b: 13, 203 L BeckRS 13, 3271
08.01	Ausgangskontrolle VI ZB 78/11	–	–	b: 13, 189 h: 13, 506
15.01.	Messelektronik für Coriolisdurchflussmesser X ZR 81/11	13, 367	–	b: 13, 189
22.01.	Bohrwerkzeug X ZR 70/11	–	–	b: 13, 274 BeckRS 13, 4623
23.01.	Heute noch ans OLG XII ZB 559/12	–	–	b: 13. 203 L h: 13, 572
23.01.	Firmenstempel XII ZR 35/11	–	–	b: 14, 45 L g: 13, 1082
24.01.	Beschwer des Unterlassungsschuldners I ZR 174/11	13, 1067	–	GRUR-Prax 13, 411
24.01.	Projektentwickler VII ZR 128/12	–	–	h: 13, 394 BeckRS 13, 3234
05.02.	Genveränderungen X ZR 59/12	13, 498	–	b: 13, 244 b: 13, 244
06.02	Basis 3 I ZR 13/12	13, 1069	–	b: 14, 247
06.02.	Kerngleiche Verletzungsformen I ZB 79/11	13, 1071	–	b: 14, 247 L
06.02	Umsatzangaben I ZB 79/11	13, 1071	–	b: 14, 247 L
06.02.	Variable Bildmarke I ZB 85/11	13, 1046	–	b: 13, 504 L
19.02.	Wundverband X ZR 70/12	13, 1269	–	b: 13, 340
28.02	Vorbeugende Unterwerfungserklärung I ZR 237/11	13, 917	13, 311 L	b: 13, 518 L g: 13, 2760
01.03.	Preußische Gärten und Parkanlagen II V ZR 14/12	13, 623	–	g: 13, 1809
07.03.	Unvorhergesehene Erkrankung I ZB 67/12	–	–	h: 13, 1011 MDR 13, 807
20.03.	Patentstreitsache II X ZB 15/12	13, 756	–	b: 13, 371 L g: 13, 2440
09.04	Verschlüsselungsverfahren X ZR 130/11	13, 809	–	b: 13, 447 L d: 13, 973

* a=BGHZ b=Mitt d=IIC e=ABl EPA f=GRUR Int g=NJW h=NJW-RR

BGH-chronologisch   Bundesgerichtshof 2013

Datum	Stichwort	GRUR	BlPMZ	Sonstige*
11.04.	Metro-Linien I ZB 91/11	13, 1276	14, 345	b: 13, 563 L
11.04.	Marcel-Breuer-Möbel I ZR 91/11	16, 490	14, 59	b: 14, 39 f: 13, 1169
16.04.	Fahrzeugscheibe X ZR 49/12	13, 712	–	b: 13, 337
18.04.	Richterlicher Hinweis I ZR 66/12	–	–	b: 14, 199 L BeckRS 13, 18555
23.04.	Aufnahme des Patentnichtigkeitsverfahrens X ZR 169/12	13, 862	–	a: 197, 177 b: 13, 411 h: 13, 1267
23.04.	Fahrzeugnavigationssystem X ZR 27/12	13, 909	–	b: 13, 406 d: 13, 974
23.04.	Gemeinsames Faxgerät VI ZB 27/12	–	–	b: 14, 147 L h: 13, 830
07.05.	Fräsverfahren X ZR 69/11	13, 713	–	a: 197, 196 b: 13, 334 d: 13, 837
14.05.	Aufzugsmultigruppensteuerung X ZR 107/10	13, 1022	13, 418	b: 13, 446 L d: 14, 228
14.05.	Container-Signatur VI ZB 7/13	–	–	a: 197, 209 g: 13, 2034;
16.05.	Kinderhochstühle im Internet II I ZR 216/11	13, 1229	–	b: 14, 45 L
28.05.	Walzstraße X ZR 21/12	13, 912	13, 335	b: 13, 447 L
28.05.	Sachverständigenentschädigung VI X ZR 137/09	13, 863	–	b: 13, 426 h: 13, 1403
18.06.	Halbleiterdotierung X ZR 35/12	13, 1121	–	BeckRS 13, 14950
18.06.	Flexibles Verpackungsbehältnis X ZR 103/11	–	–	b: 13, 551
20.06.	Markenheftchen II I ZR 201/11	13, 1268	–	b: 14, 46 L
20.06.	Restwertbörse II I ZR 55/12	13, 1235	–	b: 14, 39 L g: 14, 775
01.07.	Erkrankung des Anwalts VI ZB 18/12	–	–	b: 14, 247 L g: 13, 3181
08.07.	Beteiligtenstellung der Kammer PatAnwZ 1/12	14, 510	–	b: 14, 197
17.07.	Sendebericht XII ZB 115/13	–	–	b: 14, 148 L h: 13, 1328
17.07.	E-Mail-Zugang I ZR 64/13	–	–	b: 14, 248 L g: 14, 556
23.07	Seitenwandmarkierungsleuchte X ZR 87/12	13, 1279	14, 4	b: 13, 447 L
24.07.	Falschbezeichnung des Beklagten XII ZB 56/13	–	–	h: 13, 1278

* a=BGHZ b=Mitt d=IIC e=ABl EPA f=GRUR Int g=NJW h=NJW-RR

Bundesgerichtshof 2013 — BGH-chronologisch

Datum	Stichwort	GRUR	BlPMZ	Sonstige
06.08	Tintenstrahldrucker X ZB 2/12	13, 1135	–	b: 13, 461
08.08.	Mischerbefestigung X ZR 36/12	13, 1174	14, 7	b: 13, 499 L
13.08	Druckdatenübertragungsverfahren X ZR 73/12	13, 1282	14, 12	b: 13, 519
15.08.	Gegenstandswert des Verfügungsverfahrens I ZB 68/12	13, 1285	–	h: 13, 3104
27.08.	Nichtigkeitsstreitwert II X ZR 83/10	13, 1286	14, 54	b: 14, 43
27.08.	Tretkurbeleinheit X ZR 19/12	13, 1272–	14, 15	a: 198, 187 b: 13, 557 d: 14, 457
03.09	Kostenbegünstigung III X ZR 1/13, X ZR 2/13	13, 1288	14, 54	b: 13, 518
03.09	Kabelschloss X ZR 130/12	13, 1212	–	b: 13, 553 d: 14, 347
11.09	Dipeptidyl-Peptidase-Inhibitoren X ZB 8/12	13, 1210	–	a: 198, 205 b: 13, 554 d: 14, 700
12.09.	Klageerhebung an einem dritten Ort I ZB 39/13	14, 607	–	b: 14, 246 L h: 14, 886
18.09.	Diplomierte Trainerin I ZR 65/12	14, 494	–	b: 14, 245
24.09.	Fettsäuren X ZR 40/12	14, 54	–	b: 14, 26 d: 14, 590
24.09.	Medizinische Fußpflege I ZR 219/12	13, 1252	–	b: 14, 42 L
24.09.	Atemtest II I ZR 73/12	14, 405	–	BeckRS 14, 5433
24.09.	Abmahnkosten I ZR 133/12	14, 407	–	b: 14, 246 L g: 14, 1304;
24.09.	Faxversand V ZB 154/12	–	–	b: 14, 248 L g: 14, 1390
25.09.	Umfang des Unterlassungsanspruchs VII ZB 26/11	13, 1271	–	b: 14, 43 L h: 14, 110
25.09.	Ergänzung der Wiedereinsetzung XII ZB 200/13	–	–	b: 14, 247 L g: 2014, 77
15.10.	Bildanzeigegerät X ZR 41/11	14, 251	14, 350	b: 14, 122
24.10.	Faxnummer V ZB 154/12	–	–	b: 14, 248 L g: 14, 1390;
29.10.	Bergbaumaschine X ZB 17/12	14, 102	–	b: 14, 98
06.11.	Inländischer Admin-C I ZB 48/13	14, 705	–	b: 14, 346
12.11.	Falsch adressierter Schriftsatz VI ZB 4/13	–	–	b: 14, 248 L g: 14, 700

* a=BGHZ b=Mitt d=IIC e=ABl EPA f=GRUR Int g=NJW h=NJW-RR

BGH-chronologisch Bundesgerichtshof 2013–2014

Datum	Stichwort	GRUR	BlPMZ	Sonstige*
13.11.	Einkaufskühltasche X ZR 171/12	14, 206	–	b: 14, 95
13.11.	Vertragsstrafenklausel I ZR 77/12	14, 595	14, 320	b: 14, 299 g: 14, 2180
14.11.	Unangemessene Verfahrensdauer III ZR 376/12	–	–	a: 199, 87 b: 14, 199 L g: 14, 220
26.11.	Profilstrangpressverfahren (X ZR 3/13)	14, 357	–	b: 14, 182
29.11.	Zulassung zur Patentanwaltsausübung PatAnwZ 1/12	14, 510	14, 137	b: 14, 194
10.12.	Anthocyanverbindung X ZR 4/11	14, 349	14, 256	b: 14, 169 L
2014				
07.01.	Gerichtsstandsbestimmung X ARZ 578/13	–	–	b: 14, 199 L h: 14, 248
13.01.	Fond Memories X ZB 18/12	14, 355	14, 222	b: 14, 171
15.01.	Fristkalender-Prüfung XII ZB 257/13	–	–	b: 14, 200 L
06.02.	Peter Fechter I ZR 86/12	14, 363	–	b: 14, 184 g: 14, 1888
11.02.	Kommunikationskanal X ZR 107/12	14, 542	14, 363	a: 200, 63 b: 14, 224 d: 15, 590 L
12.02.	IP-Attorney (Malta) X ZR 42/13	14, 508	14, 217	b: 14, 245
19.02.	Umweltengel für Tragetasche I ZR 230/12	14, 578	–	b: 14, 295 L g: 14, 3033
20.02.	Verspäteter Schriftsatz IX ZR 54/13	–	–	b: 14, 295 g: 14, 1669 L
25.02.	Flexitanks II X ZB 2/13	14, 605	–	MDR 14, 617
25.02.	Kollagenase I X ZB 5/13	14, 461	15, 123	a: 200, 229 b: 14, 228 d: 15, 470 L
25.02.	Kollagenase II X ZB 6/13	14, 464	15, 126	b: 14, 231 d: 15, 472 L
11.03.	Farbversorgungssystem X ZR 139/10	14, 647	–	b: 14, 271
13.03.	Erweiterte Angaben zur Umsatzentwicklung I ZB 60/13	14, 908	–	h: 14, 1210
13.03.	VIVA Friseure/VIVA I ZB 27/13	14, 1024	–	b: 14, 513
18.03.	Proteintrennung X ZR 77/12	14, 758	14, 336	b: 14, 322 d: 15, 473 L

* a=BGHZ b=Mitt d=IIC e=ABl EPA f=GRUR Int g=NJW h=NJW-RR

Bundesgerichtshof 2014 — BGH-chronologisch

Datum	Stichwort	GRUR	BlPMZ	Sonstige*
01.04.	Reifendemontiermaschine X ZR 31/11	14, 650	14, 341	b: 14, 318 d: 15, 591
03.04.	Ordnungsmittelandrohung nach Prozessvergleich I ZB 3/12	14, 909	–	b: 14, 427 L
03.04.	Schwarzwälder Schinken I ZB 6/12	14, 1132	15, 193	b: 14, 527 L
08.04.	Rechtsmittelbegründung mittels Telefax VI ZB 1/13	14, 707	–	g: 14, 2047
29.04.	Stent X ZR 19/11	14, 970	–	BeckRS 14, 14873
06.05.	Prüfungsgebühr X ZB 11/13	14, 710	15, 10	b: 14, 328
06.05.	Begrenzungsanschlag X ZR 36/13	14, 852	–	BeckRS 14, 14714
08.05.	fishtailparka I ZR 210/12	14, 797	–	b: 15, 92
08.05.	Indisches Schiedsgericht III ZR 371/12	–	–	b: 14, 417
13.05.	Sitzgelenk X ZR 25/13	14, 911	15, 113 L	b: 14, 525 d: 15, 248
14.05.	materiell-rechtliche Einwendungen gegen den Kostenerstattungsanspruch. XII ZB 539/11	–	–	b: 14, 345 g: 14, 2287
15.05.	Deus Ex I ZB 71/13	14, 1239	–	b: 15, 78 L h: 15, 70
20.05.	Festsetzung von Mehrkosten VI ZB 9/13	14, 709	–	g: 14, 2285
22.05.	S-Bahn I ZB 34/12	14, 1232	15, 13	b: 15, 87
22.05.	Fristwahrung I ZR 70/14	–	–	b: 14, 575 g: 14, 3454 h: 14, 1401
27.05.	Analog-Digital-Wandler X ZR 2/13	14, 1026	–	b: 14, 463 L d: 15, 474
18.06.	Geschäftsführerhaftung I ZR 242/12	14, 883	–	a: 201, 344 b: 14, 518 L h: 14, 1382
25.06.	Transitwaren X ZR 72/13	14, 1189	–	BeckRS 14, 14648
03.07	Keine Beweislastumkehr bei Alleinstellungswerbung – Wir zahlen Höchstpreise I ZR 84/13	15, 186	–	b: 15, 195 L g: 15, 1249
08.07.	Nicht zu ersetzender Nachteil X ZR 61/13	14, 1028	–	b: 14, 527 b: 15, 280 d: 15, 249
10.07.	Nero I ZR 249/12	15, 196	–	b: 15, 243 L h: 15, 541

* a=BGHZ b=Mitt d=IIC e=ABl EPA f=GRUR Int g=NJW h=NJW-RR

BGH-chronologisch Bundesgerichtshof 2014

Datum	Stichwort	GRUR	BlPMZ	Sonstige*
24.07.	K-Theory I ZR 27/13	15, 269	–	b: 15, 345 L
26.08.	Kommunikationsrouter X ZB 19/12	14, 1235	15, 8	b: 14. 500 h: 15, 494
16.09.	Kurznachrichten X ZR 61/13	14, 1237	–	a: 202, 288 b: 14, 574 d: 15, 252
24.09.	Kein international zwingender Charakter der Zweckübertragungsregel – Hi Hotel II I ZR 35/11	15, 264	---	b: 15, 195 L g: 15, 1690
13.10.	Rechtsreferendar als Kandidat PatAnwZ 1/14	–	–	b: 15, 47 h: 15, 382
14.10.	Zugriffsrechte X ZR 35/11	15, 159	–	b: 15, 64 d: 15, 717 L
22.10.	Glaubhaftmachung von Krankheit XII ZB 257/14	–	–	b: 15, 91 L g: 15, 171
23.10.	Keksstangen I ZR 133/13	15, 603	–	b: 15, 86 L, 343L m: 15, 02694
03.11.	Sachverständigenablehnung wegen wirtschaftlicher Beziehungen X ZR 148/11	–	–	d: 15, 592 BeckRS 14, 22293
06.11.	Flugkosten I ZB 38/14	15, 509	–	b: 15, 344 L h: 15, 761
11.11.	Repaglinid X ZR 128/09	15, 356	15, 204	b: 15,178 d: 15, 595 L
17.11.	Zuwiderhandlung während Schwebezeit I ZR 97/13	15, 187	–	b: 15, 345 L
17.11.	Auskunftsverurteilung I ZB 31/14	15, 615	–	b: 15, 477 L h: 15, 1017
25.11.	Einfache Streitgenossenschaft X ZR 29/14	15, 200	–	b: 15, 90
25.11.	Schleifprodukt X ZR 119/09	15, 249	15, 315	b: 15, 175 d: 16, 967
02.12.	Sitzplatznummerierungseinrichtung X ZB 1/13	15, 199	–	b: 15, 63 d: 15, 718
02.12.	Zwangsmischer X ZR 151/12	15, 365	15, 274	b: 15, 124 d: 15, 974
09.12.	Streitwert der Nichtzulassungsbeschwerde X ZR 94/13	15, 304	–	b: 15, 345 L g: 15,1253
09.12.	Presszange X ZR 6/13	15, 463	15, 189	b: 15, 221 d: 15, 719
11.12.	Erschöpfung des Verbreitungsrechts an Kopien eines Computerprogramms – UsedSoft III I ZR 8/13	15, 772	15, 324	b: 16, 139 L h: 15, 1138

* a=BGHZ b=Mitt d=IIC e=ABl EPA f=GRUR Int g=NJW h=NJW-RR

Bundesgerichtshof 2014–2015 — BGH-chronologisch

Datum	Stichwort	GRUR	BlPMZ	Sonstige*
16.12.	Fristversäumnis wegen wirtschaftlichen Unvermögens VI ZA 15/14	–	–	b: 15, 345 L g: 15, 1312
2015				
13.01.	Quetiapin X ZR 41/13	15, 352	15, 239	b: 15, 182 d: 15, 720 L
13.01.	Kochgefäß X ZR 81/13	15, 361	–	b: 15, 170 d: 15, 721
15.01.	Motorradteile I ZR 148/13	15, 780	–	b: 16, 40 g: 15, 3165
22.01.	Kosten für Abschlussschreiben II I ZR 59/14	15, 822	–	b: 15, 415 g: 15, 3244
27.01.	Gestörter elektronischer Fristenkalender II ZB 21/14	–	–	b: 15, 344 L g: 15, 2038
03.02.	Stabilisierung der Wasserqualität X ZR 76/13	15, 472	–	b: 15, 230 d: 15, 975
03.02.	Audiosignalcodierung X ZR 69/13	15, 467	15, 209	a: 204, 114 b: 15, 224 d: 16, 88
09.02.	Fachanwalt »Urheber- und Medienrecht« AnwZ (Brfg) 54/13	15, 713	---	h: 15, 745
17.02.	Wundbehandlungsvorrichtung X ZR 161/12	15, 573	15, 243	a: 204, 199 b: 15, 275
19.02.	Kostenquote bei bezifferten Ordnungs- mittelantrag I ZB 55/13	15, 511	–	b: 15, 344 g: 15, 1829
24.02.	Coenzym X ZR 31/13	15, 768	15, 337	b: 15, 384 L d: 16, 99
26.02.	Bildstrom X ZR 37/13	15, 660	15, 248	b: 15, 282 L d: 16, 220
26.02.	Organisationsverschulden III ZB 55/14	–	–	b: 15, 344 L g: 15, 2041
03.03.	Vereinfachte Unterschrift VI ZB 71/14	–	–	b: 15, 344 L h: 15, 699
05.03.	Tonerkartuschen I ZB 74/14	15, 1248	–	b: 16, 39 L
05.05.	Verdickerpolymer I X ZR 60/13	15, 1091	16, 13	b: 15, 460 L
06.05.	Eingangsbestätigung VII ZB 19/14	–	–	b: 15, 345 L g: 15, 2266
07.05.	Digibet II I ZR 171/10	15, 820	–	b: 15, 476 L h: 15, 954
12.05.	Rotorelemente X ZR 43/13	15, 875	16, 297	b: 15, 372 d: 16, 354
02.06.	Kreuzgestänge X ZR 103/13	15, 972	–	b: 15, 454 d: 16, 620
02.06.	Antriebsvorrichtung für ein Garagentor X ZR 55/13			d: 16, 620 BeckRS 15, 15056

---

* a=BGHZ b=Mitt d=IIC e=ABl EPA f=GRUR Int g=NJW h=NJW-RR

BGH-chronologisch   Bundesgerichtshof 2015

Datum	Stichwort	GRUR	BlPMZ	Sonstige*
09.06.	Polymerschaum II X ZR 101/13	15, 868	15, 317	b: 15, 377 d: 16, 230
09.06.	Einspritzventil X ZR 51/13	15, 976	15, 341	b: 15, 460 L d: 16, 230
11.06.	Deltamethrin I ZR 226/13	16, 88	–	b: 16, 351 L
11.06.	Tauschbörse I I ZR 19/14	16, 176	–	b: 16, 406 g: 16, 942
11.06.	Tauschbörse II I ZR 7/14	16, 184	–	g: 16, 950
11.06.	Tauschbörse III I ZR 75/14	16, 191	–	g: 16, 953
16.06.	Übertragungspapier für Tintenstrahldrucker X ZR 67/13	–	–	b: 15, 563 L BeckRS 15, 14874
30.06.	Flugzeugzustand X ZB 1/15	15, 983	–	b: 15, 458
07.07.	Verdickerpolymer II X ZB 4/14	15, 927	16, 17	b: 15, 460 L
07.07.	Bitratenreduktion X ZR 64/13	15, 1095	–	b: 15, 460 L
30.07.	Piadina-Rückruf I ZR 250/12	16, 406	–	b: 16, 135 h: 16, 485
18.08.	Mauersteinsatz X ZB 3/14	15, 1255	16, 119	b: 15, 525
25.08.	Überraschungsei X ZB 8/14	15, 1144	15, 355	b: 15, 525
25.08.	Festsetzung der Patentanwaltsvergütung X ZB 5/14	15, 1253	–	b: 15, 475, 573
25.08.	Entsperrbild X ZR 110/13	15, 1184	15, 377	b: 15, 503
27.08.	Ausgeschnittene Unterschrift III ZB 60/14	–	–	b: 15, 527 L g: 15, 1258
08.09.	PALplus X ZR 113/13	16, 166	16, 133	b: 16, 19
10.09.	Aufgabe zur Post III ZB 56/14	–	–	b: 16, 420 L g: 15, 3517
15.09.	Teilreflektierende Folie X ZR 112/13	16, 50	16, 136	b: 15, 559 d: 16, 355
22.09.	Verzinsung des Kostenerstattungsanspruchs X ZB 2/15	–	–	b: 16, 142 g: 16, 165
24.09.	Plötzliche Erkrankung IX ZR 207/14	–	–	h: 16, 60 MDR 15, 1318
13.10.	Luftkappensystem X ZR 74/14	16, 169	–	b: 16, 17 d: 16, 843
20.10.	Kfz-Stahlbauteil X ZR 149/12	16, 265	–	b: 16, 122 d: 16, 113, 627

* a=BGHZ b=Mitt d=IIC e=ABl EPA f=GRUR Int g=NJW h=NJW-RR

Bundesgerichtshof 2015–2016   BGH-chronologisch

Datum	Stichwort	GRUR	BlPMZ	Sonstige*
21.10.	Davidoff Hot Water II I ZR 51/12	16, 497	–	g: 16, 497
27.10.	Fugenband X ZR 11/13	16, 361	16, 272	b: 16, 125 L d: 16, 727
03.11.	Funkarmbanduhr X ZR 47/13	---	---	d: 16, 848 BeckRS 16, 96
18.11.	Nebenintervention im selbständigen Beweisverfahren VII ZB 57/12	–	–	b: 16, 527 g: 16, 1018
19.11.	Hot Sox I ZR 109/14	16, 720	–	b: 2016, 407 L
01.12.	Unberechtigte Schutzrechtsverwarnung X ZR 170/12	16, 630	–	b: 16, 285 g: 16, 2110
15.12.	Glasfasern II X ZR 30/14	16, 257	–	a: 208, 182 b: 16, 120 d. 16, 728
15.12.	Telekommunikationsverbindung X ZR 111/13	16, 365	16, 212	b: 16, 171
15.12.	allabendliche Ausgangskontrolle VI ZB 15/15	–	–	b: 16, 527 L g: 16, 873
15.12.	Unzulässigkeit von Bestätigungs-E-Mails mit Werbezusätzen – »No-Reply«-E-Mails VI ZR 134/15	16, 530	---	g: 16, 870 MDR 16, 271
2016				
12.01.	Abweichender Streitwert X ZR 109/12	–	–	b: 17, 45 L h: 16, 831
13.01.	Silikonbrustimplantat VII ZR 36/14	–	–	b: 16, 289 g: 16, 1022
19.01.	Rezeptortyrosinkinase X ZR 141/13	16, 475	16, 226	b: 2016, 219 L
20.01.	Erledigungserklärung nach Gesetzesänderung I ZB 102/14	16, 421	–	b: 16, 575 L
21.01.	Deltamethrin II I ZR 90/14	16, 860	–	b: 16, 351 L
21.01.	Jahresausschlussfrist Sphäre des Zustellungsempfängers IX ZA 24/15	–	–	h: 16, 638 MDR 16, 343
04.02.	Kostenerstattungsanspruch des Nebenintervenienten IX ZB 28/15	–	–	b: 16, 192 L g: 16, 1893
10.02.	Fristenkontrolle durch Anwalt VII ZB 36/15	–	–	b: 16, 527 L g: 16, 1740
11.02.	Fünf-Streifen-Schuh I ZB 87/14	16, 500	–	b: 15, 233 L
16.02.	Anrufroutingverfahren X ZR 5/14	16, 1023	16, 366	b: 16, 464 L

* a=BGHZ b=Mitt d=IIC e=ABl EPA f=GRUR Int g=NJW h=NJW-RR

BGH-chronologisch Bundesgerichtshof 2016

Datum	Stichwort	GRUR	BlPMZ	Sonstige*
25.02.	Ungenügende Einzelanweisung III ZB 42/15	–	–	g: 16, 1742 MDR 16, 477
01.03.	Ausgangskontrolle bei Übermittlung per Fax VIII ZB 57/15	–	–	b: 16, 420 L g: 16, 2042
10.03.	Stirnlampen I ZR 183/14	16, 1187	–	h: 17, 166
22.03.	Gestörter Musikvertrieb I ZB 44/15	16, 636	–	b: 17, 45 L
31.03.	Rechtsberatung durch Entwicklungsingenieur I ZR 88/15	16, 1189	16, 332	b: 16, 570 L b: 16, 524 L
05.04.	Konzeptioneller Mangel in Forschungs- und Entwicklungsvertrag – Filmscanner X ZR 8/13	---	---	h: 16, 809 MDR 16, 816
12.04.	Interprofessionelle Partnerschaft II ZB 7/11	–	–	b: 16, 348 g: 16, 2263
12.04.	Verspätetes Fax VI ZB 7/15	–	–	b: 16, 418 g: 16, 2510 h: 16, 816
19.04.	Zöliakiediagnoseverfahren X ZR 148/11	16, 1027	–	b: 16, 459
21.04.	Reichweite der Inländerbehandlung nach Rom-Abkommen – An Evening with Marlene Dietrich I ZR 43/14	16, 1048	---	b: 16, 478 L
21.04.	Kein Ersatz für strafbewehrte Unterwerfungserklärung – Notarielle Unterlassungserklärung I ZR 100/15	16, 1316	---	b: 17, 87 L g: 17, 171
10.05.	Wärmetauscher X ZR 114/13	16, 1031	–	b: 16, 446
10.05.	Unübertragbare Aufgaben VIII ZR 19/16	–	–	b: 16, 351 L NJOZ 16, 1457
12.05.	Tannöd I ZR 1/15	16, 1275	17, 55 L	g: 17, 814
14.06.	Pemetrexed X ZR 29/15	16, 921	16, 370	a: 211, 1 b: 16, 463 d: 17, 208
21.06.	Prozesskostensicherheit X ZR 41/15	16, 1204	–	b: 17, 94 L
21.06.	Fahrzeugscheibe II X ZR 41/14	16, 1038	–	b: 16, 441
21.07.	Nachweis von Verkehrsdurchsetzung durch demoskopische Gutachten – Sparkassen-Rot I ZB 52/15	16, 1167	---	a: 211, 268 b: 16, 558 L
16.08.	Yttrium-Aluminium-Granat X ZR 96/14	16, 1260	17, 16	b: 16, 556

* a=BGHZ b=Mitt d=IIC e=ABl EPA f=GRUR Int g=NJW h=NJW-RR

Bundesgerichtshof 2016–2017 — BGH-chronologisch

Datum	Stichwort	GRUR	BlPMZ	Sonstige*
16.08.	Ergänzungsbedürftige Angaben VI ZB 19/16	–	–	b: 17, 94 L g: 16, 3312
23.08.	Photokatalytische Titandioxidschicht X ZR 81/14	16, 1143	16, 385	b: 16, 502 L
23.08.	V-förmige Führungsanordnung X ZR 76/14	16, 1254	17, 135	b: 16, 552
23.08.	Darlegungsanforderungen an Anhörungsrügen VIII ZR 79/15	–	–	b: 17, 94 L NJOZ 17, 1327 BeckRS 16, 16288
12.09.	Mähroboter X ZR 14/15	16, 1206	–	b: 16, 502 L
13.09.	Datengenerator X ZR 64/14	17, 57	–	b: 17, 23
27.09.	Beschichtungsverfahren X ZR 163/12	16, 1257	–	b: 16, 549
27.09.	Rezeptortyrosinkinase II X ZR 124/15	17, 261	–	a: 212, 115 b: 17, 75 d: 18, 231
27.09.	Amtsermittlung bei Wiedereinsetzung XI ZB 12/14	–	–	b: 17, 94 L h: 17, 308
29.09.	Rückruf von RESCUE-Produkten I ZB 34/15	17, 208	–	b: 17, 187
05.10.	Opto-Bauelement X ZR 78/14	17, 148	–	b: 17, 28
05.10.	Zungenbett X ZR 21/15	17, 152	–	b: 17, 73
25.10.	Scarlett X ZR 27/15	17, 296	–	MDR 17, 168 L
08.11.	Ventileinrichtung X ZB 1/16	17, 54	–	a: 212, 351 b: 17, 33
08.11.	Wärmespeicher X ZR 116/14	–	–	BeckRS 16, 21471
24.11.	Festsetzung bei Sparkassen-Rot I ZB 52/15	17, 320 L	–	GRUR-RR 17, 127
08.12.	Dügida I ZB 118/15	17, 318	–	b: 17, 138 h: 17, 382
15.12.	Bodendübel I ZR 197/15	17, 734	17, 244 L	b: 17, 505
2017				
10.01.	Vakuumtransportsystem X ZR 17/13	17, 428	17, 197	a: 213, 238 b: 17, 170 h: 17, 566
17.01.	Borrelioseassay X ZR 11/15	17, 493	17, 201	b: 17, 222 d: 17, 721
31.01.	Gestricktes Schuhoberteil X ZR 119/14	17, 498	17, 244	b: 17, 216
14.02.	Lichtschutzfolie X ZR 64/15	17, 504	17, 206	b: 17, 182

* a=BGHZ b=Mitt d=IIC e=ABl EPA f=GRUR Int g=NJW h=NJW-RR

BGH-chronologisch Bundesgerichtshof 2017

Datum	Stichwort	GRUR	BlPMZ	Sonstige*
23.02.	Cryptosporidium X ZR 99/14	17, 681	17, 300	b: 17, 265
01.03.	Ankopplungssystem X ZR 10/15	17, 604	17, 249	b: 17, 262
02.03.	Videospiel-Konsolen III I ZR 273/14	17, 541	–	b: 17, 239 L h: 17, 676
08.03.	Gegenstand der anwaltlichen Tätigkeit X ZB 11/16	–	–	b: 17, 236 h: 17, 640
21.03.	Hinweis auf Unvollständigkeit X ZB 7/15	–	–	h: 17, 689 MDR 17, 595
04.04.	Eintragung der Doktortitel II ZB 10/16	---	---	b: 17, 371 MDR 17,711
26.04.	Anwaltskosten im Erstattungsverfahren I ZB 41/16	17, 854	---	b: 17, 470
27.04.	Anrechnung von Ausbildungszeiten PatAnwZ 1/17	---	17, 369	b: 18, 241 NJOZ 17, 1106
16.05.	Abdichtsystem Mitwirkung an Patentverletzung eines Abnehmers X ZR 120/15	17, 785	---	a: 215, 89 b: 17, 410 d: 18, 466
16.05.	Sektionaltor II X ZR 85/14	17, 890	17, 302 L	b: 17, 416
23.05.	Ausgangskontrolle II ZB 19/16	---	---	b: 17, 518 L h: 17, 1140
30.05.	Ladung eines Sachverständigen VI ZR 439/16	---	---	b: 17, 518 L g: 17, 3450 L h: 17, 1144
01.06.	Fristverlängerung unter Bedingung V ZB 106/16	---	---	g: 17, 3006 h: 17, 1145
01.06.	Richterablehnung I ZB 4/16	---	---	BeckRS 17, 114634
14.06.	Kosten des Vergleichs I ZB 1/17	---	---	b: 17, 517 L g: 17, 3725
20.06.	Sekundäre Darlegungslast VI ZR 505/16	---	---	b: 17, 518 L BeckRS 17, 117730
27.06.	Kontrolle der Faxnummer VI ZB 32/16	---	---	b: 17, 518 L h: 17, 1139
27.06.	Faxstörung bei Gericht II ZB 22/16	---	---	b: 17, 518 L h: 17, 1084
04.07.	Rechtsanwalt für ausländische Partei X ZB 11/15	---	---	a: 215, 70 g: 17, 2626
05.07.	Wird anwaltlich versichert XII ZB 463/16	---	---	b: 17, 518 L h: 17, 1266
06.07.	PLOMBIR I ZB 59/16	18, 111	18, 133	b: 18, 35
11.07.	Raltegravir Zwangslizenz an Arzneimittelpatent X ZB 2/17	17, 1017	17, 324	a: 215, 214 b: 17, 403 d: 18, 94

* a=BGHZ b=Mitt d=IIC e=ABl EPA f=GRUR Int g=NJW h=NJW-RR

Bundesgerichtshof 2017–2018   BGH-chronologisch

Datum	Stichwort	GRUR	BlPMZ	Sonstige*
13.07.	Rechtskraft des Zwangsmittelbeschlusses I ZR 64/16	18, 219	---	g: 18, 235
25.07.	Phosphatidylcholin X ZB 5/16	17, 1105	18, 54	b: 17, 493
29.08.	Ratschenschlüssel X ZB 3/15	18, 216	18, 244	b: 18, 28
19.09	Mehrschichtlager X ZB 1/17	17, 1286	18, 108	b: 17, 57
21.09.	Projektunterlagen I ZB 8/17	18, 222	---	b: 18, 151 L
26.09.	Spinfrequenz X ZR 109/15	18, 509	---	b: 18, 21
11.10.	Produkte zur Wundversorgung I ZB 96/16	18, 291	---	b: 18, 219 L g: 18, 1217
24.10.	Trommeleinheit X ZR 55/16	18, 170	18, 105 L	b: 18, 61
07.11.	Digitales Buch X ZR 63/15	18, 175	18, 105	b: 18, 68
16.11.	Knochenzement I I ZR 161/16	18, 535	---	b: 18, 233
15.12.	Aquaflam I ZR 258/14	18, 335	18, 136 L	b: 18, 244 L
2018				
09.01.	Wärmeenergirverwaltung X ZR 14/16	18, 390	18, 188	b: 18, 174
11.01.	Ballerinaschuh I ZR 187/16	18, 832	18, 297	b: 18, 399
30.01.	Wasserdichter Lederschuh X ZR 27/16	18, 395	18, 219	b: 19, 179
01.02.	Gefäßgerüst I ZR 82/17	18, 627	---	b: 18, 292 h: 18, 805
14.02.	Akteneinsicht XXIII X ZR 110/17	18, 444	18, 291	b: 18, 215
15.02.	Gewohnt gute Qualität I ZR 243/16	18, 740	---	b: 18, 424 L
22.03.	Schutzhülle für Tablet-Computer I ZR 76/17	18, 853	---	b: 18, 525 L h: 18, 1003
27.03.	Ratschenschlüssel II X ZB 3/15	18, 654	---	b: 18, 293
27.03.	Feldmausbekämpfung X ZB 18/16	18, 605	18, 292	b: 18, 281
27.03.	Kinderbett X ZR 59/16	18, 716	18, 247	b: 18, 337
29.03.	Posterversandkosten I ZR 11/18	18, 655	---	b: 18, 294 L
24.04.	Gurtstraffer X ZR 50/16	18, 1128	18, 318	b: 18, 451
07.06.	Matratzenwerbung I ZB 57/17	18, 972	---	g: 18, 2894

* a=BGHZ   b=Mitt   d=IIC   e=ABl EPA   f=GRUR Int   g=NJW   h=NJW-RR

BGH-chronologisch — Bundesgerichtshof 2018–2019

Datum	Stichwort	GRUR	BlPMZ	Sonstige*
07.06.	Ordnungsmittelandrohung I ZB 117/17	18, 973	---	b :18, 524 L h: 18, 960
07.06.	Softwaremodul I ZB 70/17	18, 974	---	---
28.06.	Anschrift des Klägers I ZR 257/16	18, 1181	---	b: 18, 523 L
31.07.	Zwischenurteil zur Zeugnisverweigerung X ZB 9/17	---	---	MDR 18, 1395 NJOZ 19, 294
07.08.	Rifaximin α (alpha) X ZR 110/16	19, 157	19, 109	b: 19, 70
04.09.	Drahtloses Kommunikationsnetz X ZR 14/17	19, 271	---	b: 19, 216
13.09.	Vorfrist im Fristenkalender V ZB 227/17	---	---	b: 18, 575 L h: 18, 1451
25.09.	Werkzeuggriff X ZR 76/18	18, 1295	18, 371	b: 18, 548
27.09.	Fax um Mitternacht IX ZB 67/17	---	---	b: 18, 575 L h: 18, 1398
02.10.	Schneckenköder X ZR 62/16	19, 110	---	b: 19, 45 g: 19, 520
16.10.	Ergänzung des Wiedereinsetzungsantrags nach Fristablauf VI ZB 68/16	---	---	b: 19, 95 L h: 19, 502
31.10.	Jogginghosen I ZR 73/17	19, 82	---	h: 19, 610
31.10.	Öffentliche Zustellung I ZR 20/18	19, 322	---	b: 19, 95 L h: 19, 294
05.11.	Schwammkörper X ZB 6/17	19, 326	19, 113	b: 19, 135
27.11.	Zuckerkartell X ARZ 321/18	19, 213	---	b: 19, 189 h: 19, 238
27.11.	Scheinwerferbelüftungssystem X ZR 16/17	19, 491	19, 132	b: 19, 222
18.12.	Eierkarton X ZR 37/17	19, 499	19, 195	b: 19, 230
20.12.	Schaltungsanordnung III X ZR 56/17	19, 389	19, l 270	b: 19, 168 m: 18, 39588
2019				
24.01.	Verschleppungsabsicht VII ZR 123/18	---	---	h: 19, 695 MDR 19, 500
31.01.	Kaffeekapsel I ZB 114/17	19, 549	19, 297	b: 19, 373 L
31.01.	Unterschrift auf einer Telekopie III ZB 88/18	---	---	b: 19, 374 L h: 19, 441
31.01.	Future-Institute I ZB 58/18	19, 548	---	b: 19, 300
19.02.	Unvorhergehem erkrankt VI ZB 43/18	---	---	b: 19, 374 L h: 19, 691

* a=BGHZ b=Mitt d=IIC e=ABl EPA f=GRUR Int g=NJW h=NJW-RR

Bundesgerichtshof 2019 — BGH-chronologisch

Datum	Stichwort	GRUR	BlPMZ	Sonstige*
28.02.	Elektronischer Fristenkalender III ZB 96/18	---	---	b: 19, 374 L g: 19, 1456
07.03.	Bring mich nach Hause I ZR 53/18	19, 947	---	b: 19, 413
12.03.	Cer-Zirkonium-Mischoxid I X ZR 32/17	19, 713	19, 226 L	b: 19, 341
19.03.	Bitratenreduktion II X ZR 11/17	19, 925	19, 357 L	b: 19, 405 L
12.03.	Cer-Zirkonium-Mischoxid II X ZR 34/17	19, 718	19, 226 L	b: 19, 346
26.03.	Spannungsversorgungsvorrichtung Gewinnherausgabe nach Patentverletzung X ZR 109/16	19, 496	19, 293	a: 221, 342 b: 19, 227
26.03.	Filterpatrone zum Einsetzen in einen Wasservorratstank X ZR 171/18	---	---	b: 19, 373 BeckRS 19, 6784
16.04.	Fulvestrant X ZR 59/17	19, 1032	19, 385	b: 19, 449
16.04.	Erkrankter Einzelanwalt I VI ZB 44/18	---	---	b: 19, 526 L h: 19, 1207
16.04.	Erkrankter Einzelanwalt II VI ZB 33/17	---	---	b: 19, 526 L h: 19, 950
25.04.	Patentanwälte in O. AnwZ (Brfg) 57/18	19, 854	---	b: 19, 468 h: 19, 1019
29.04.	Kommunikatiossystem X ZB 4/17	19, 870	19, 295	b: 19, 471
07.05.	Abstandsberechnungsverfahren X ZB 9/18	19, 766	19, 390	b: 19, 339
08.05.	PDF Übermittlung einer Email XII ZB 8/19	---	---	b: 19, 375 L g: 19, 096
08.05.	Kausalität der Mittellosigkeit XII ZB 520/18	---	---	h: 19, 899
09.05.	Kosten des Patentanwalts V I ZB 83/18	19, 983	---	b: 19, 73
09.05.	Beauftragung eines anderen Anwalts	---	---	g: 19, 2028
14.05.	Schutzverkleidung X ZR 95/18	19, 1171	19, 357	a: 222, 54 b: 19, 495 d: 20, 214 f: 20, 168
14.05.	Feststellungen zur Ersatzzustellung – Scheinwohnsitz X ZR 94/18	---	---	b: 20, 6 L g: 19 942
15.05.	Unzulässigkeit einer Container-Signatur XII ZB 573/18	---	---	a: 222, 105 g: 19, 2230
04.06.	Alirocumab X ZB 2/19	19, 1038	20, 17	b: 19,. 00
06.06.	Der Novembermann I ZR 150/18	19, 1044	---	BeckRS 19, 20030

* a=BGHZ b=Mitt d=IIC e=ABl EPA f=GRUR Int g=NJW h=NJW-RR

BGH-chronologisch — Bundesgerichtshof 2019–2020

Datum	Stichwort	GRUR	BlPMZ	Sonstige*
12.06.	Konklöudenter Wiedereinsetzungsanrag XII ZB 432/18	---	---	b: 19, 76 L h: 19, 1394
06.08.	Dampfdruckverringerung X ZR 97/18	19, 1215	---	b: 19, 500
06.08.	Cer-Zirkonium-Mischoxid III X ZR 36/17	---	---	b: 20, 354 BeckRS 19, 24411
08.08.	Unvorhergesehene Erkrankung am Tag des Fristablaufs VII ZB 35/17	---	---	b: 19, 527 L g: 20, 157
20.08.	Verlängerung der Frist zur Berufungsbegründung X ZB 13/18	---	---	b: 19, 527 h: 19, 1392
20.08.	Kommunikationsvorrichtung X ZR 84/17	---	---	b: 20, 2 BeckRS 19, 24125
20.08.	Störung des Telefaxempfangsgeräts VIII ZB 19/18	---	---	b: 19, 527 g: 19, 3310
12.09.	Vorrang der Fristnotierung IX ZB 13/19	---	---	b: 19, 57 L; 20, 46 L g: 19,3234
24.09.	Lenkergetriebe Konkretisierung der Auslegung von Patentansprüchen X ZR 62/17	20, 159	20, 69	b: 20, 61
24.09.	Überraschungsentscheidung VI ZR 418/18	---	---	b: 20, 147 L h: 20, 188
22.10.	Karusseltüranlage X ZB 16/17	20, 110	20, 72	b: 20, 20
10.12.	Schriftsatznachlass VIII ZR 377/18	---	---	b: 20, 188 L h: 20, 19, 36246
12.12.	Parteivernehmung, Subsidiarität III ZR 198/18	---	---	b: 20, 47 L g: 20, 76
17.12.	Fesoterodinhydrogenfumarat X ZR 148/17	20, 388	20, 184	b: 20, 33
17.12.	Autoantikörpernachweis X ZR 115/17	20, 521	20, 232	b: 20, 68
17.12.	Eintägige Postlaufzeit VI ZB 19/19	---	---	b: 20, 40 L h. 20, 311
19.12.	Gaseinspritzsystem X ZR 143/17	---	---	b: 20, 18 GRUR-RS 19, 40260
19.12.	Schokoladenstäbchen IV I ZB 37/19	20, 558	---	b: 20,279 L
2020				
14.01.	Akteneinsicht XXIV X ZR 33/19	20, 327	---	b: 20, 188 L h: 20, 46
14.01.	Rotierendes Menü X ZR 144/17	20, 599	20, 237	b: 20, 271
21.01.	Tadalafil X ZR 65//18	20, 603	20, 241	b: 20, 222
30.01.	Inbox-Werbung I ZR 25/19	20, 420	---	GRUR-RS 20, 1685

* a=BGHZ b=Mitt d=IIC e=ABl EPA f=GRUR Int g=NJW h=NJW-RR

Bundesgerichtshof 2020 — BGH-chronologisch

Datum	Stichwort	GRUR	BlPMZ	Sonstige
04.02.	pdf-Datei X ZB 11/18	---	---	BeckRS 20, 4237 FamRZ 20, 847
12.02.	Verletzung des rechtlichen Gehörs XII ZB 445/19	---	---	b: 20, 241 L g: 20, 525 L h: 20, 573
13.02.	Bausatz X ZR 6/18	20, 728	20, 280	GRUR-RS 20, 10164
18.02.	Versagens des Telefax-Systems XI ZB 8/19	---	---	BeckRS 20, 2963 NJOZ 20, 1235
19.02.	Fristnotierung durch Bürokraft XII ZB 458/19	---	---	b: 20, 240 L h: 20, 939
10.03.	Datenanruf Bestimmung des technischen Problems; Streitgenossen in erheblich unterschied- lichen Umfang X ZR 44/18	---		GRUR-RS 20, 10340
11.03.	Frist sofort XII ZB 446/19	---	---	b: 20, 291 L h: 20, 940
12.03.	Heilung eines Zustellungsmangels I ZB 64/19	20, 776	---	b: 20, 291 L
17.03.	Ausgangskontrolle fristwahrender Schrift- sätze VI ZB 99/19	---	---	b: 20, 375 L g: 20, 1809
30.03.	Arbeitgeberwechsel des Syndikusanwalts AnwZ (Brfg) 49/19	---	----	b: 20, 423 g: 20, 2190
14.04.	EPA-Vertreter X ZB 2/18	20, 781	20, 246	a: 225, 155 b: 20, 374 L
20.04.	Eigenmächtiges Ändern von Fristen VI ZB 49/19	---	---	b: 20, 376 L h: 20, 1128
21.04.	Konditionierverfahren X ZR 75/18	20, 833	20, 315	b: 20, 458 GRUR-RS 20, 13844
23.04.	Niederflurschienenfahrzeug X ZR 38/18	20, 974	20, 286	GRUR-RS 20, 17023
28.04.	Berufungsbegründung durch Patentan- walt X ZR 60/19	20, 781	20, 249	b: 20, 374 g: 20, 2194
05.05.	FRAND-Einwand K ZR 36/17	20, 961	---	a: 225, 269 b: 20, 410 f: 21, 89
14.05.	Aktivitätsüberwachung X ZR 119/18	20, 980	---	b: 20, 575 L
28.05.	Kurzfristige Erkrankung IX ZB 8/18	---	---	b: 20, 528 L g: 20, 2413
28.05.	RatPac I ZR 190/19	---	---	b: 21, 93 L GRUR-RS 20, 17323
09.06.	Penetrometer X ZR 142/18	20, 986	20, 356 L	b: 20, 406
18.06.	Nachlizenzierung I ZR 93/19	20, 990	20, 351	b: 20, 570

* a=BGHZ b=Mitt d=IIC e=ABl EPA f=GRUR Int g=NJW h=NJW-RR

BGH-chronologisch — Bundesgerichtshof 2020

Datum	Stichwort	GRUR	BlPMZ	Sonstige*
18.06.	Fortfall eines Bevollmächtigten I ZB 83/19	---	---	b: 21, 47 L h: 20, 1191
25.06.	Teilschiedsspruch I ZB 108/19	---	---	b: 21, 93 L NJOZ 20, 1500
02.07.	Ausgangskontrolle der Schriftsätze VII ZB 46/19	---	---	b: 20, 575 L h: 20, 1129
07.07.	Unberechtigte Schutzrechtsverwarnung III X ZR 42/17	20, 1116	---	b: 20, 504
07.07.	Pemetrexed II X ZR 150/18	20, 1178	---	b: 20, 465; 21, 26 L
13.07.	Signalübertragungssystem X ZR 90/18	20, 1074	20, 320	b: 20, 476 L
14.07.	Druckstück X ZB 4/19	20, 1121	20, 343	b: 20, 472
14.07.	Beiordnung eines Notanwalts X ZB 1/20	---	---	BeckRS 20, 19746
23.07.	Schiedsverfahren I ZB 88/19	21, 118	---	MDR 20, 1396
04.08.	Mitralklappenprothese X ZR 38/19	20, 1186	20, 347	b: 20, 507 L
04.08	Energieversorgungssystem X ZR 40/18	20, 1291	20, 361	b: 20, 528 L
11.08.	Datenpaketumwandlung X ZR 96/18	20, 1284	21, 26 L	b: 20, 507 L GRUR-RS 20, 26720
10.09.	Lichtmiete I ZB 13/20	---	---	b: 21, 45 GRUR-RS 20, 26482
15.09.	Sortiervorrichtung Notwendiger erneuter rechtlicher Hinweis X ZB 16/19	---	---	GRUR-RS 20, 27434
17.09.	Signalumsetzung X ZR 147/18	---	21, 26 L	b: 21, 24 GRUR-RS 20, 31256
22.09.	Truvada X ZR 172/18	21, 42	---	GRUR-RS 20, 32253
24.09.	Kosten des Patentanwalts VI I ZB 59/19	20, 1239	21,60	b: 20, 571
07.10.	Papierspender I ZR 137/19	21, 473	---	b : 21, 86
20.10.	Zigarettenpackung X ZR 158/18	21, 571	21, 229	b : 21, 72
21.10.	Unterlassen erneuter Zeugenvernehmung XII ZR 114/19	---	---	b: 21, 94 L h: 20, 1519
03.11.	Fensterflügel X ZR 85/19	21, 462	---	b: 21, 25 L
03.11.	Kolbenkompressor II Prior art document several decodes old X ZR 176/18	---	---	GRUR-RS 20, 39615

* **a**=BGHZ **b**=Mitt **d**=IIC **e**=ABl EPA **f**=GRUR Int **g**=NJW **h**=NJW-RR

Bundesgerichtshof 2020–2021 — BGH-chronologisch

Datum	Stichwort	GRUR	BlPMZ	Sonstige*
10.11.	Unzulässiges Ablehnungsgesuch X ZB 6/20	---	---	GRUR-RS 20, 33165
10.11.	Prior art documenta s a possible starting point X ZR 4/19	---	---	GRUR-RS 20, 38340
17.11.	Kranarm X ZR 132/18	21, 574	---	b: 21, 118
17.11.	UKlaG-Streitwert X ZR 3/19	21, 521	---	b: 21, 239 L
24.11.	FRAND-Einwand II KZR 35/17	21, 585	---	a: 227, 205 b: 21, 142 L
15.12.	Scheibenbremse X ZR 180/18	21, 701	21, 125	b: 21, 127 L GRUR-RS 20, 41263
15.12.	Nachrichtenübermittlungsdienst X ZR 120/18	21, 579	---	b: 21, 123 GRUR-RS 20, 40731
17.12.	Unzulässige Erweiterung eines Patentanspruchs X ZR 168/18	---	---	GRUR-RS 20, 40,311
2021				
12.01.	Parkventil Merkmal in verallgemeinerungsfähiger Form	---	---	GRUR-RS 21, 7101
26.01.	Phytase X ZR 24/19	21, 696	---	B: 21, 165 GRUR-RS 21, 41
27.01.	Erneute Zeugenvernehmung XII ZR 21/20	---	---	b: 21, 239 L h: 21, 718
28.01.	Hadamardbasierte Sequenzen X ZR 178/18	---	---	GRUR-RS 21, 4292
28.01	Hinreiche Offebarung für die Ausführbarkeit X ZR 2/19	---	---	GRUR-RS 21, 9224
02.02.	Kontrollausdruck bei elektronischer Kalenderführung X ZB 2/20	---	---	h: 21. 444 BeckRS 21, 3694
02.02..	Anhängerkupplung II X ZR 170/18	21, 942	---	b: 21, 277 GRUR-RS 21, 11591
16.02.	Anhörungsrüge zum Quadrat VI ZR 354/19	---	---	b: 21, 239 L h: 21, 381 L
23.02.	Gruppierungssystem X ZB 1/18	21, 1052	---	B: 21, 280 L GRUR-RS 21, 11838
02.03.	Schnellwechseldorn X ZR 17/19	21, 945	---	b: 21, 346
06.04.	Cerdioxid X ZR 54/19	21, 1043	---	b:21, 354L GRUR-Prax 21, 377
20.04.	Zahnimplantat X ZR 40/19	21, 1049	---	b: 21, 350 GRUR-RS 21, 12752
11.05.	Nichtigkeitsstreitwert III X ZR 23/21	21, 1105	---	b: 21, 350 GRUR-RS 21, 16515

* a=BGHZ b=Mitt d=IIC e=ABl EPA f=GRUR Int g=NJW h=NJW-RR

Datum	Stichwort	GRUR	BlPMZ	Sonstige*
12.05.	Zurückweisung einer Zeugenvernehmung XII ZR 152/19	---	---	b: 21, 371 L h: 21, 861
18.05.	Funkzellenzuteilung X ZR 23/19	---	---	GRUR-RS 21, 17206 GRUR-Prax 21, 491
20.05.	Bodenbelag X ZR 62/19	---	---	GRUR-RS 21, 15904 GRUR-Prax 21, 412
08.06.	Ultraschallwandler X ZR 47/19	---	---	GRUR-RS 21, 17583 GRUR-Prax 21, 490
15.06.	Führungsschienenanordnung X ZR 58/19	---	---	GRUR-RS 21, 20068
15.06.	Laufradschnellspanner X ZR 61/19	---	---	GRUR-RS 21, 20222

* a=BGHZ b=Mitt d=IIC e=ABl EPA f=GRUR Int g=NJW h=NJW-RR

Bundespatentgericht

Dieses Register enthält die Entscheidungen des BPatG in chronologischer Reihenfolge seit dem 1. Januar 2011. Die früher ergangenen Entscheidungen können in der Vorauflage eingesehen werden.
Spalte 1 enthält das Datum der Entscheidung.
Spalte 2 enthält die Fundstelle in BPatGE.
Spalte 3 enthält die Fundstellen der Entscheidung in folgenden Publikationen.
a = GRUR b = Mitt d = IIC e = ABlEPA f = GRUR Int

Datum	BPatGE	BlPMZ	Sonstige*	Stichwort
2011				
11.01.	–	–	a: 12, 674 FN 4 BeckRS 11, 2137	Regenerierung von biologischem Gewebe 21 W (pat) 1/07
18.01.	52, 154	11, 224	b: 11, 258	Doppelvertretungskosten im Nichtigkeitsverfahren IV 5 ZA (pat) 20/10 zu 5 Ni 84/09
19.01.	52, 246	11, 308 L	b: 11, 236 NJOZ 11, 1565	Tintenpatrone 5 Ni 103/09
19.01.	---	---	BeckRS 11, 3277	17 W (pat) 104/07
20.01.	52, 256	11, 352	---	Aufreißdeckel 10 W (pat) 21/06
28.01.	–	–	a: 12, 678 FN 57	Multifunktionsbedienein-Richtung 7 W (pat) 332/09
01.02.	–	–	a: 12, 675 FN 28	Aufzugsystem 1 Ni 11/09
07.02.	---	---	BeckRS 11, 6393	19 W (pat) 54/07
08.02.	–	–	a: 12, 680 FN 96	Farbdosiervorrichtung 4 Ni 38/09
09.02.	–	–	a: 12, 680 FN 91	Nachträgliche Zulassung der Rechtsbeschwerde 20 W (pat) 352/05
21.02.	53, 6	11, 306 L	a: 12, 99 b: 11, 261	Lysimeterstation 3 Ni 2 /09
24.02.	52, 159	11, 306	a: 12, 320 L b: 11, 308	Doppelvertretungskosten im Nichtigkeitsverfahren V 3 ZA (pat) 29/10 zu 3 Ni 21/07
01.03.	52, 195	11, 380	---	Bearbeitungsstation 8 W (pat) 331/06
08.03.	–	11, 308	b: 11, 368 L	Teilbeschluss 15 W (pat) 11/07
14.03.	–	–	a: 12, 678 FN 66	Druckluftaufbereitung 9 W (pat) 307/06
15.03.	–	–	a: 12, 675 FN 28	Antriebsmechanismus 1 Ni 10/09
15.03.	–	–	a: 12, 677 FN 45	Kartonkern 1 Ni 19/09
17.03.	53, 9	12, 71	b: 11, 473 L	Prüfungsantragsgebühr II 10 W (pat) 11/10

* a = GRUR b = Mitt d = IIC e = ABl EPA f = GRUR Int

Datum	BPatGE	BlPMZ	Sonstige*	Stichwort
29.03.	–	–	a: 12, 677 FN 45	Zeckenentfernung 1 Ni 12/09
30.03.	–	–	a: 12, 682 FN 125	Doppelvertretung in Berufung 4 ZA (pat) 58/10 zu 4 Ni 59/04
13.04.	53, 12	11, 384	b: 11, 366	Optische Inspektion von Rohrleitungen 21 W (pat) 308/08
13.04.	–	–	a: 12, 685FN 158	Wechselstromgenerator 4 Ni 16/10 (EU)
13.04.	–	–	a: 12, 680 FN 99 b:11, 300 L u 366	Inspektion von Rohrleitungen 21 W (pat) 308/08
14.04.	53, 26	–		Refexionsvorrichtung 35 W (pat) 26/10
18.04.	–	–	a: 12, 675 FN 16	Messeinrichtung und Verfahren zur berührungslosen Positionsermittlung 20 W (pat) 390/05
04.05.	53, 59	12, 90	a: 12, 683 FN 131 b: 11, 565	Klageveranlassung bei EP-Patent 1 Ni 9/09 (EU)
09.05.	–	–	a: 12, 683 FN 140	Blankpressen 3 Ni 25/09
09.05.	–	–	a: 12, 679 FN 87	Halbleiterelement mit gesteuertem Emitterwirkungsgrad 10 W (pat) 16/08
12.05.	–	–	a: 11, 558 FN 73	Tenofovir 15 W (pat) 24/07
16.05.	–	–	a: 12, 680 FN 90	Vertretergebührenerstattung 10 W (pat) 8/07
17.05.	–	–	a: 12, 679 FN 85, 109	Schüttgut 1 Ni 1/09 (EU)
18.05.	–	–	a: 12, 679 FN 83	Busteilnehmer 20 W (pat) 117/05
06.06.	---	---	BeckRS 11, 17925	
07.06.	---	---	BeckRS 11, 16967	17 W (pat) 73/08
28.06.	–	–	a: 12, 675 FN 25, 113	Phosphingas 1 Ni 6/09
28.06.	–	–	a: 12, 685 FN 167	Nachweisverfahren von Antikörpern 3 Ni 10/10
05.07.	–	–	a: 12, 676 FN 33 m: 11, 27124	Heizleitungsmatte 1 Ni 3/10
05.07.	–	–	a: 12, 677 FN 50	Leistungsbauelementanordnung 23 W (pat) 316/06
06.07.	–	–	a: 12, 677 FN 56	Luftheizgerät 12 W (pat) 27/09
12.07.	53, 64	11, 351	b: 11, 428	Zulässigkeit der Akteneinsicht 3 ZA (pat) 14/11 zu 3 Ni 41/10 (EU)
12.07.	–	–	a: 12, 678 FN 68	Staubsauger 8 W (pat) 23/08
12.07.	–	–	a: 12, 684 FN 146	Akteneinsicht in zurückgenommen geltende Anmeldung 3 ZA (pat) 29/11 zu 3 Ni 41/10(EU)

* a = GRUR b = Mitt d = IIC e = ABl EPA f = GRUR Int

Bundespatentgericht 2011–2012

Datum	BPatGE	BlPMZ	Sonstige*	Stichwort
13.07.	–	–	a: 12, 677 FN 47 u 48	Winkelmesseinrichtung II 19 W (pat) 4/08
26.07.	52, 233	12, 32	a: 12, 320 L b: 11, 487 L	Doppelvertretungskosten im Nichtigkeitsverfahren VI 3 ZA (pat) 21/10 zu 3 Ni 42/06
26.07.	53, 66	12, 102 L	a: 13, 51 b: 11, 520 L	Offenkundige Vorbenutzung durch Vertrieb eines pharmazeutischen Erzeugnisses 3 Ni 7/10
26.07.	–	–	a: 12, 685 FN 160	Lochschneider 4 Ni 56/09
17.08.	–	12, 96	b: 11, 473 L	Unterseeboot 7 W (pat) 130/11
26.08.	–	–	a: 12, 679 FN 75	Beschwerde Schriftform 8 W (pat) 24/11
06.09.	–	–		Rückzahlung der Beschwerdegebühr 17 W (pat) 15/10
13.09.	---	---	BeckRS 11, 141774	17 W (pat) 15/10
22.09.	–	12, 33	a: 12, 320 L	Doppelvertretungskosten im Nichtigkeitsverfahren VII 10 ZA (pat) 8/11 zu 10 Ni 6/09
22.09.	–	–	a: 12, 674 FN 11	Unzulässiger Einspruch 11 W (pat) 310/11
19.10.	–	–	a: 12, 684 FN 143	Selbstbeschränkung auf Null 4 Ni 73/09
25.10.	53, 126	–	a: 13, 553 FN 117 b: 11, 567 L	Streitwert im Patentnichtigkeitsverfahren 4 Ni 45/09 (EU)
27.10.	–	–	a: 13, 550 FN 60	Überwachung des Leistungsverlustes 21 W (pat) 6/07
17.11.	53, 147	12, 289	b: 12, 140	Verfahrensgebühren bei Klageverbindung 3 Ni 37/08 (EU), 3 Ni 9/09 (EU) u 3 Ni 15/09
19.11.	–	–		Transport von Datenabschnitten 17 W (pat) 104/07
22.11.	–	–	a: 13, 545 FN 4	Schalldämpfungsvorrichtung 23 W (pat) 352/05
24.11.	53, 150	12, 91	a: 12, 432 b: 12, 92	Erstattungsanspruch des Anwalts bei Streitwertbegünstigung 3 ZA (pat) 54/10 zu 3 Ni 11/01 (EU)
25.11.	–	–	a: 12, 683 FN 137	Ordnungsgeld 1 Ni 22/98
12.12.	53, 49	12, 320	f: 12, 669	Clothiadinin 15 W (pat) 24/06 Vorlage an EuGH (C-210/12)
2012				
10.01.	–	13, 158	a: 13, 165 b: 12, 513 L	Traglaschenkette 4 Ni 6/11
26.01.			BeckRS 2012, 06385	Sitagliptin 15 W (pat) 36/08

* a = GRUR b = Mitt d = IIC e = ABl EPA f = GRUR Int

Datum	BPatGE	BlPMZ	Sonstige*	Stichwort
02.02.	53, 153	–	a: 13, 545 FN 3 b: 12, 410	Akustischer Mehrschichtabsorber 23 W (pat) 339/05
03.02.	53, 158	–	a: 13, 101 b: 12, 223 L	Führen eines Leiterpfades für eine Schiebetür 7 W (pat) 66/09
10.02.	–	–	b: 12, 293	Wäschespinne 10 W (pat) 38/08
20.03.			BeckRS 2012, 11335.	3 Ni 16/08
27.03.	–	12, 351	a: 13, 53 b: 12, 354	Kaffeemaschine 4 Ni 24/10 (EU)
30.03.	53, 167	–	a: 13, 320 L b: 13, 131	Maßstabträger 7 W (pat) 306/11
04.04.	53, 169	12, 315	b: 12, 272	Virtuelle Arbeitspunktbestimmung 10 W (pat) 46/08
16.04.	53, 30	12, 316	b: 12, 290 L	Rechtsbeschwerde im Kostenfestsetzungsverfahren 4 ZA (pat) 35/11 zu 4 Ni 82/08
24.04.	–	12, 356		Gehäuse mit einem Druckmittelanschluss 6 W (pat) 9/11
25.04.	53, 40	12, 388 L		Wiedergabeschutzverfahren 5 Ni 28/10 (EP)
02.05.	–	12, 392 L	a: 13, 58	Ranibizumab 3 Ni 28/11
13.06.	---	---	BeckRS 12, 16404	19 W (pat) 145/09
05.07.	–	–	m: 12,17970	Verfahren zum Vorfüllen des extra-korporalen Kreislaufs 21 W (pat) 31/10
07.05.	–	12, 359	a: 13, 208 L b: 12, 424 L	Mitwirkender Rechtsanwalt III 4 ZA (pat) 13/12 zu 4 Ni 38/09
07.05.	53, 173	12, 358	a: 13, 208 L b: 12, 371	Doppelvertretungskosten im Nichtigkeitsverfahren VIII 3 ZA (pat) 6/12 zu 3 Ni 2/09
16.05.		12, 389	b: 12, 424 L	Mitwirkender Vertreter 4 ZA (pat) 52/10 zu 4 Ni 10/05 (EU)
29.05.	–	–	a: 13, 550 FN 59	Automatische Döner- und Gyrosmesser 12 W (pat) 14 /12
04.06.	–	–	a: 13, 550 FN 62	Befestigungsvorrichtung einer Ausstattung in Schienen Standard-Luftfahrtanwendung 10 W (pat) 28/09
12.06.		13, 28	a: 13, 78 b: 12, 565	RDM 33 W (pat) 58/10
15.06.	–	–	a: 13, 171 b: 13, 341	Authentifizierungssystem 7 W (pat) 17/11
03.07.	–	–	a: 13, 609 b: 13, 39 L	Unterdruckwundverband 4 Ni 15/10 (EU)
23.07.	---	---	---	Doppelvertretungskosten im Nichtigkeitsverfahren 1 ZA (pat) 14/11
24.07.	54, 1	–	a: 13, 487 b: 13, 39 L	Fixationssystem 4 Ni 21/10

* a = GRUR b = Mitt d = IIC e = ABl EPA f = GRUR Int

Bundespatentgericht 2012–2013

Datum	BPatGE	BlPMZ	Sonstige*	Stichwort
25.07.	–	–	a: 13, 556 FN 153	Bildaufzeichnungssystem 5 Ni 19/11
31.07.	---	---	BeckRS 12, 18171	21 W (pat) 34/10
30.08.	---	---	BeckRS 12, 22 504	Drahtlose Funkidentifikation 10 W (pat) 23/10
18.09.	–	–	b: 13, 239 L f: 13, 35	Clothianidin II 3 Ni 60/06 Vorlage EuGH
19.09.	–	13, 131 L	b: 13, 98 L	Bergbaumaschine 10 W (pat) 22/09
20.09.	53, 182	13, 429–	a: 13, 554 FN 125 b: 13, 371 L	Bitratenreduktion 5 Ni 58/11
16.10.	–	13, 126	b: 13, 48 L	Weiterbehandlung II 10 W (pat) 22/10
18.10.	---	---	a: 13, 320 b: 13, 283	Erstattung der Beschwerdegebühr – Trickik 27 W (pat) 18/12
29.10.	53, 142	13, 315	a: 13, 549 FN 51	Regelgegenstandswert 11 W (pat) 350/06
29.10.	54, 94	–	b: 14, 132	Modulanordnung 20 W (pat) 69/13
30.10.	–	–	b: 13, 200 L	Privatsachverständigenkosten im Nichtig- keitsBerufungsverfahren 5 ZA (pat) 46/12 zu 5 Ni 33/09 (EU)
08.11..	53, 178	–	a: 13, 601 b: 13, 39 L	Bearbeitungsmaschine 4 Ni 43/10 (EP)
22.11.	54, 24	–	b: 13, 353 L	Fluoreszenzmikroskopiersystem 17 W (pat) 43/09
27.11.	54, 31	–	a: 13, 655	Kosten bei Teilnichtigkeit 4 Ni 47/10 (EP)
04.12.	54, 34	–	b: 13, 412	Verfahren zur Herstellung von Kunststoffbe- hältern für Flüssigkeiten 8 W (pat) 701/10
06.12.	–	–	a: 13, 494 f: 13, 233	Safener Isoxadifen 15 W (pat) 14/07
18.12.	–	–	a: 14, 409, 414 FN 39	Schadensersatz wegen verstümmelter OS 10 W (pat) 7/10
19.12.	---	---	BeckRS 13, 899	19 W (pat) 5/11
20.12	–	–	BeckRS 13, 5707	Haltemodul für Rollkugeln 10 W (pat) 28/10
2013 10.01.	–	–		Unzulässige Anhörungsrüge 19 W (pat) 7/11
15.01.	–	14, 60 L	b: 13, 352	Dichtungsring 4 Ni 13/11
31.01.	–	13, 315	b: 13, 347	Schrumpfkappe 8 W (pat) 32/07
21.02.	---	---	BeckRS 13, 5030	10 W (pat) 19/12
18.03.	–	–	b: 13, 520	Elektrischer Winkelstecker 19 W (pat) 16/12

* a = GRUR b = Mitt d = IIC e = ABl EPA f = GRUR Int

BPatG Bundespatentgericht 2013

Datum	BPatGE	BlPMZ	Sonstige*	Stichwort
19.03.	54, 128	–	b: 13, 503 L	Präzisionskoaxialkabel 21 W (pat) 45/08
20.03.	54, 135	13, 321	b: 13, 473 L	Kostentragung bei streitgenössischer Nebenintervention 4 Ni 25/09
28.03.	–	–		Bewegungstrainingsgerät 12 W (pat) 36/12
16.04.	–	14, 67 L	a: 14, 104 L b: 13, 473 L	Arretiervorrichtung 4 Ni 1/12
14.05.	–	–	b: 14, 39 L	Lorenzo 25 W (pat) 89/12
23.05.	–	–	b: 13, 418 L	Prüfungsbescheid in Nachanmeldung 20 W (pat) 28/09
04.06.	–	14, 20 L	b: 13, 460 L	Vorrichtung zur Schwingungs-erzeugung 4 Ni 16/11
18.06.	54, 141	–	b: 13, 473 L	Doppelvertretungskosten im Nichtigkeitsberufungsverfahren 10 ZA (pat) 12/12 zu 10 Ni 21/10 (EU)
24.06.	---	---	BeckRS 13, 11988	Zustellung an Inlandsvertreter 9 W (pat) 30/12
28.06.	–	–	b: 14, 30 L	Vorschaltgerät 4 Ni 2 und 3/11
09.07.	---	---	BeckRS 13, 14099	21 W (pat) 60/09
10.07.	–	14, 20 L	a: 14, 104 b: 13, 575 L	Verfahren zum Formen 4 Ni 8/11
25.07.	54, 72	15, 356 L	b: 13, 447	Nationale Gebühr einer internationalen Anmeldung 10 W(pat) 2/13
29.07.	54, 88	–	b: 13, 473	Streitwertbeschwerde im Patentnichtigkeitsverfahren 4 Ni 25/10 (EP)
01.08.	–	14, 140	b: 13, 455	Bildprojektor 4 Ni 28/11
20.08.	–	14, 144	b: 13, 453	Anspruchsabhängige Anmeldegebühr 10 W(pat) 24/12
20.08.	–	14, 113	b: 14, 44 L	Streitwert für die Berechnung der Anwaltsgebühren bei verbundenen Nichtigkeitsklagen 3 Ni 15/08
26.08.	54, 89	14, 140	---	Formularmäßige Mitteilung II 10 W(pat) 25/12
17.09.	–	–	a: 15, 520 FN 60	Augenmembran-Farbstofflösung 3 Ni 12/12
30.09.	–	–	a: 14, 419 FN 72	Unklarer Ertelungsbeschluss 10 W (pat) 10/12
08.10.	54, 172	14, 142		Dachhaken 6 W (pat) 39/08
24.10.	–	–	a: 15, 515 FN 17	Extrudierte Platte 10 Ni 31/11

* a = GRUR b = Mitt d = IIC e = ABl EPA f = GRUR Int

Bundespatentgericht 2013–2014

Datum	BPatGE	BlPMZ	Sonstige*	Stichwort
29.10.	54, 94	14, 67 L	b: 14, 132	Modularanordnung 20 W (pat) 69/13
12.11.	–	14, 323	b: 14, 396	Abdeckung 4 Ni 53/11 (EP)
13.11.	–	–	b: 15, 146	Großformat-Bogenoffsetdruck-maschine 9 W (pat) 25/13
03.12.	54, 108	14, 267 L	b: 14, 169	Satz aus Mauersteinen 10 W (pat) 17/14
11.12.	–	–	b: 15, 146	Extrudierte Platte für Bodenbelag 7 Ni 32/14 (EP)
12.12.	54, 176	14, 267 L	b: 14, 295	Verdickungszusammensetzung 7 W (pat) 1/14
12.12.	54, 213	15, 130	b: 15, 29	Fondue-Einrichtung 11 W (pat) 5/13
12.12.	54, 210	–		Doppelvertretung im Nebenverfahren 4 ZA (pat) 36/13 zu 4 Ni 18/09
16.12.	54, 222	15, 380 L	a: 14, 545 L b: 14, 126	Batterieüberwachungsgerät 15 W (pat) 33/08
16.12.	–	–	a: 15, 517 FN 34	Eliminierung von Alterungsgenen 14 W (pat) 46/12
17.12.	–	14, 354 L	a: 14, 1029 b: 15, 192	Astaxanthin 3 Ni 31/11 (EP)
19.12.	–	–	a: 15, 514 FN 8	Bedienungs-Konzept 17 W (pat) 33/09
2014				
20.01.	–	–	b: 14, 282	Erlöschen des Patents im Einspruchs-beschwerdeverfahren 8 W (pat) 16/10
23.01.	–	–	a: 15, 515 FN 18	Schmiermittelzusammensetzung 15 W (pat) 13/11
30.01.	---	---	BeckRS 14, 04602	7 W (pat) 13/14x 14, 130
04.02.	54, 249	14, 358 L	a: 14, 1073	Telmisartan 3 Ni 5/13
12.02.	–	–	b: 15, 460 L	»vitre de véhicule« 5 Ni 59/10 (EP)
14.02.	–	–	a: 15, 521 FN 74	Ausbilden eines optischen Elements 14 W (pat)19/09
19.02.	54, 189	–	a: 14, 913 b: 14, 299 L	Elektrischer Winkelstecker II 19 W (pat) 16/12
19.02.	–	–	b: 17, 92	Mitwirkender Vertreter II 4 ZA (pat) 22/13 zu 4 Ni 15/10
27.02.	54, 273	–	b: 14 299 L	Verhinderung bei Tatbestands-berichtigung 4 Ni 38/11 (EP)
19.03.	–	14, 108	b: 13, 503	Präzisionskoaxialkabel 21 W (pat) 45/08
20.03.	54, 276	14, 367	b: 14, 426	Zickzackabtastpfad 23 W (pat) 9/10
01.04.	–	–	a: 15, 522 FN 79	Elektrische Baugruppe 23 W (pat) 2/11

* a = GRUR b = Mitt d = IIC e = ABl EPA f = GRUR Int

BPatG Bundespatentgericht 2014

Datum	BPatGE	BlPMZ	Sonstige*	Stichwort
07.04.	54, 113	14, 299	b: 14, 280	Elektronisches Steuergerät 20 W (pat) 8/14
08.04.	–	14, 370	a: 14, 1189 b: 14, 463	Fettabsaugevorrichtung 4 Ni 34/12 (EP)
14.04.	–	–	a: 15, 516 FN 27	Zurückverweisung einer Teilanmeldung II 20 W (pat) 51/13
15.04.	55, 19	14, 301	a: 14, 1135 b: 14,345 L	Zwischenwirbelimplantat 4 Ni 24/12
29.04.	55, 13	–	a: 15, 61 L b: 14, 469 L	Adjuvans für Grippe-Impfstoff 3 Ni 13/13
29.04.	–	15, 136		System zur Umpositionierung von Zähnen 4 Ni 21/12 (EP)
05.05.	55, 23	–	a: 15, 104 L b: 14, 330	L-Arginin 3 Ni 26/12
06.05.	–	14, 376	b: 14, 552	Verfahren zur Erzeugung eines digitalen Datensatzes 4 Ni 22/12 / 4 Ni 1/13
06.05.	–	–	a: 15, 516 FN 74	Zurückverweisung einer Teilanmeldung 10 W (pat) 130/14
12.05.	–	14, 355	b: 15,148 L	Anordnung zur Erfassung von Berührungen auf einer Trägerplatte 20 W (pat) 28/12
19.05.	–	–	a: 15, 522 FN 78	Leuchtreklame 19 W (pat) 62/12
22.05.	54, 118	14, 383	a: 15, 60 L b: 14, 501	Elektrochemischer Energiespeicher 21 W (pat) 13/10
27.05.	–	–		Schubmotor-Pendel-Perpetuum-Mobile 9 W (pat) 30/13
03.06.	–	–		Dichtungsband 3 Ni 8/13
16.06.	–	–	a: 15, 522 FN 80	Verfahrenskostenhilfe, Mutwilligkeit 35 W (pat) 17/12
10.07.	–	–	a: 15, 523 FN 85	Leistungshalbleitermodul 23 W (pat) 4/11
05.08.	–	–	a: 15, 523 FN 86	Opto-Bauelement 2 Ni 34/12
07.08.	–	–		Bildanzeigevorrichtung 2 Ni 2/12 (EP)
21.08.	–	–	a: 15, 516 FN 24	Unwirksame Teilungserklärung /Abgasanlage 7 W (pat) 8/14
25.08.	–	–	b: 15, 40 L	Fahrradgetriebenabe 35 W (pat) 413/12
17.09.	55, 39	15, 22	b: 14,558 L	Vibrationsrammanordnung 7 W (pat) 45/14
23.09.	---	---	BeckRS 14, 18901	17 W (pat) 87/10
24.09.	---	---	BeckRS 14, 21 484.	15 W (pat) 15/14
07.10.	–	–	a: 15, 516 FN 25	Modellerzeugungsverfahren 7 W (pat) 38/14

* a = GRUR b = Mitt d = IIC e = ABl EPA f = GRUR Int

Bundespatentgericht 2014–2015 BPatG

Datum	BPatGE	BlPMZ	Sonstige*	Stichwort
07.10.	–	–	a: 15. 517 FN 33	Techniques for reconfigurable decoder 7 W (pat) 78/14
13.10.	---	---	BeckRS 14, 23 667	19 W (pat) 12/14
23.10.	55, 63	–	b: 15, 145	Fehlende Erfinderbenennung 10 W (pat) 151/14
10.11.	–	15, 301 L	b: 15, 283	Ratschenschlüssel 11 W (pat) 12/10
12.11.	---	---	BeckRS 14, 22413	Berichtigung offensichtlicher Unrichtigkeit 4 Ni 4/12 (EP)
13.11.	55, 65	15, 133	b: 15, 146	Großformat-Bogenoffset-druckmaschine 9 W (pat) 25/13
13.11.			a: 15, 116 b: 15, 148	Gegenstandswert im Widerspruchsbe- schwerde)verfahren 25 W (pat) 79/12
10.12.	55, 69	15, 215	a: 15, 1098	Isoxadifen II 15 W (pat) 14/07
11.12.	55, 76	–	b: 15, 146	Extrudierte Platte 7 Ni 32/14 (EP)
15.12.	54, 238	15, 135	b: 15, 284	Gargerät 11 W (pat) 32/13
16.12.	56, 95	15, 142	b: 15,137	Schwingungsabsorbierende Aufhängung 35 W (pat) 26/13
16.12.	---	---	BeckRS 15, 1351	21 W (pat) 70/09
2015 20.01.				
27.01.	–	15, 356	b: 15, 320	III Nitrid Halbleitervorrichtung mit Graben- struktur 23 W (pat) 26/12
03.02.	–	15, 360 L	b: 15, 324	Brustpumpe 4 Ni 36/13 (EP)
19.02.	54,267	15, 297	b: 15, 346 L	Weiterbehandlung III 7 W (pat) 52/14
19.03.	–	–	b: 16, 93	BIOTIVIA 24 W (pat) 64/14
23.03.	55, 44	15, 259	---	Akteneinsicht in Nichtpatentliteratur 7 W (pat) 7/14
28.04.	–	15, 299	b: 15, 418	Gebühren des beigeordneten Ver-treters 7 W (pat) 66/14)
29.04.	–	16, 24 L	b: 15, 331 L	apparatus 4 Ni 26/13
30.04.	–	–	b: 15, 477 m: 15, 13819	dtv 29 W (pat) 510/15
04.05.	–	15, 380 L	b: 15, 564	Elektrische Fahrradgangschaltung 5 Ni 60/12
20.05.	55, 122	15, 328	b: 15, 417 L	Selbst (eigenhändig) durchgeführte Recherche 3 ZA (pat) 2/15 zu 3 Ni 3/12 (EP) (KoF 44/ 14)
20.05.	55, 57	16, 24	a: 16, 424 L b: 15, 574	Antennenanordnung 20 W (pat) 13/11

* a = GRUR b = Mitt d = IIC e = ABl EPA f = GRUR Int

Datum	BPatGE	BlPMZ	Sonstige*	Stichwort
28.05.	–	–		Computertomographie 21 W (pat) 50/12
19.06.	–	16, 29 L	b: 16, 85	Systeme zur Platzierung von Material in Knochen 4 Ni 4/14 (EP)
24.06.	55, 129	15, 380	b: 15, 460 L b: 16, 75	Polyurethanschaum 15 W (pat) 9/13
06.07.	–	–	b: 15, 460 L b: 16, 80	Modifizierte Epoxydharze 15 W (pat) 27/12
11.09.	–	–	a: 16, 583 b: 16, 272	Kosmetische Zubereitung 14 W (pat) 30/13
28.09.	–	–		Berechtigungsanfrage 3 ZA (pat) 9/15
20.10.	55, 190	16, 241 L	b: 16, 125	Prüfen von Reifen 4 Ni 6/14
21.10.	55, 201	16, 127	b: 16, 146	Streitwert bei mehreren Klägern mit unterschiedlichen Gegenstandswerten 5 ZA (pat) 26/15 zu 5 Ni 137/09 (EP)
21.10.	55, 205	16, 285	b: 16, 143	Streitwert bei mehreren Klägern mit unterschiedlichen Gegenstandswerten 5 ZA 31/15 zu 5 Ni 64/11 (EP)
10.11.	55, 213	16, 26	b: 16, 22	Blattgut 20 W (pat) 28/13
26.11.	55, 80	16, 288	b: 16, 421	(Keine) Aussetzung des Nichtigkeitsverfahrens wegen Vindikationsklage 2 Ni 6/15 (EP)
01.12.	–	16, 150	b: 16, 195 L	Erstattungsfähigkeit der Kosten für mehrere Anwälte 5 ZA (pat) 103/14
08.12.	–	16, 309	a: 16, 582 b: 16, 271 f: 16, 339	Aminosilan-beschichtete Eisenoxid-Nanopartikel 14 W (pat) 45/12
10.12.	–	16, 343	b: 16 506 L	Reit-/Pferdehalfter 2 Ni 39/13 (EP)
26.11.	55, 80	16, 288	b: 16, 421	Aussetzung des Nichtigkeitsverfahrens wegen Vindikationsklage 2 Ni 6/15 (EP)
28.12.	–	16, 311 L	b: 16, 423 L	Unterdruckwundverband II 4 Ni 15/10 (EU)
2016				
14.01.	–	–	b: 16, 192	babygro 30 W (pat) 510/15
14.01.	–	–	b: 16, 480 L	Life Tech IP 30 W (pat) 520/15
18.01.	---	---	BeckRS 16, 7070	20 W (pat) 52/13
17.02.	55, 55	16, 241	a: 16, 752 L	Akteneinsicht bei Geheimhaltungs-vereinbarung 4 ZA (pat) 1/16 zu 4 Ni 9/05 (EU)

* a = GRUR b = Mitt d = IIC e = ABl EPA f = GRUR Int

Datum	BPatGE	BlPMZ	Sonstige*	Stichwort
03.03.	–	16, 402	b: 16, 506 L	Verfahren und Vorrichtung zum Aufbau einer Kundendaten beinhaltenden Datenbank und/oder zur Organisation eines Rabatt- bzw. Kuponsystems 2 Ni 15 /14 (EP)
08.03.	–	16, 311	b: 16, 313	Tongeber 4 Ni 24/14 (EP)
10.03.	–	16, 280	b: 16, 274 L	Bohrhilfe 4 Ni 12/13 (EP)
14.03.	---	---	BeckRS 16, 07469	Verstärker mit fester Eingangsimpedanz 20 W (pat) 6/12
24.03.	–	16, 318	b: 16, 423 L	Versehentliche Rücknahmeerklärung 7 W (pat) 31/15
18.04.	–	16, 376	b: 16, 464	Elektronisches Gerät 20 W (pat) 47/13
28.04.	–	16, 348	b: 16, 506 L	Ventilanordnung 10 W (pat) 110/14
12.05.	–	16, 378	b: 16, 416	Verzögerte Einziehung 7 W (pat) 29/15
12.05.	–	17, 56 L	b: 17, 36 L	Gitter an Lüftungsanlagen 35 W (pat) 410/14
19.05.	–	–	a: 17, 607 b: 16, 467 b: 17, 36	Bekämpfen von Feldmäusen, Feldmausköderstation 35 W (pat) 1/15
07.06.	–	–	b: 16, 525 GRUR-RS 16, 14476	Verkehrsschild-Einrichtung 23 W (pat) 15/14
14.06.	55, 253	17, 96 L		G-CSF-Flüssigformulierung 35 W (pat) 416/13
24.06.	–	–	b: 17, 222	Erledigung der Nichtigkeitsklage 4 Ni 11/15
28.06.	55, 253	–	b: 15, 503	Strombegrenzungsschaltung 23 W (pat) 11/15
11.08.	–	17, 28	b: 16, 506 L	Gabelschlüssel 11 W (pat) 28/13
28.08.	–	–	b: 16, 503 GRUR-RS 16, 14475	Strombegrenzungsschaltung 23 W (pat) 11/15
31.08.	55, 154	–	a: 17, 373 b: 17, 234	Isenstress 3 LiQ 1/16
06.09.	55, 259	17, 59 L	a: 17, 607 b: 17, 36 L	Bekämpfen von Feldmäusen 35 W (pat) 1/15
08.09.	55, 268	17, 56		Tabaktopf 30 W (pat) 801/16
22.09.	---	---	BeckRS 16, 117791	17 W (pat) 10/16
26.09.		17, 30	b: 16, 556	Akteneinsicht betreffend den Hinweis nach § 83 (1)PatG 7 ZA (pat) 4/16 zu 7 Ni (pat) 9/14
11.10.	–	17, 211	b: 17, 176	Bioreaktor 4 Ni 7/15

* a = GRUR b = Mitt d = IIC e = ABl EPA f = GRUR Int

BPatG Bundespatentgericht 2016–2017

Datum	BPatGE	BlPMZ	Sonstige*	Stichwort
13.10.	–	17, 96	b: 17, 123	Doppelvertretungskosten im Gebrauchsmuster-Löschungs-verfahren 35 W (pat) 16/12
04.11.	–	16, 400	b: 17, 95 L	Weiterbehandlung IV 7 W (pat) 12/15
14.11.	55, 275	17, 263	b: 17, 344	Gebühren für die Teilanmeldung I 7 W (pat) 30/15
15.11.	–	17, 264 L	a: 17, 1023 b: 17, 174	Intrakardiale Pumpvorrichtung 4 Ni 42/14
21.11.	---	---	BeckRS 16, 128366	9 W (pat) 24/12
07.12.	55, 272	–	b: 17, 121	Trifloxystrobin 15 W (pat) 22/14
17.12.	–	–	b: 17, 107 L GRUR-RS 16, 112184	Mehrschichtlager 10 W (pat) 7/15
2017				
10.01.	17, 1172	–	b: 17, 138	Cevita-Gebührenrechtliche Behandlung gemeinschaftlicher Inhaber eines gewerblichen Schutzrechts im patentamtlichen bzw. –gerichtlichen Rechtsbehelfs- und Rechtsmittelverfahren 25 W (pat) 19/15
24.01.	---	---	b: 17, 551	Pregabalin 3 Ni 3/15 (EP)
01.02.	56, 1	17, 334	b: 17, 422	Fahrzeugdatenaufzeichnungsgerät 20 W (pat) 7/16
14.02.	56, 20	17, 266	GRUR-RS 17, 109127	Rückwirkender Widerruf der Verfahrenskostenhilfe-Bewilligung 14 W (pat) 26/14
24.02.	56, 22	17, 265	b: 17, 294	Zustellungsfiktion 7 W (pat) 22/16
09.03.	---	---	BeckRS 17, 110869	Anforderungen an die Substantiierung 8 W (pat) 49/12
28.03.	---	---	a: 17, 1025 b: 17, 268	Rücknahme der Lizenzbereitschaftserklärung II 7 W (pat) 22/15
12.04.	55, 280	17, 266	b: 17, 346	Gebühren für die Teilanmeldung II 7 W (pat) 28/15
09.05.	56, 25	17, 338	b: 17, 469 L	Trennwandeinrichtung 10 W (pat) 141/14
17.05.	---	---	b: 17, 349	Synergistische Arginin-Kombination 35 W (pat) 14/16
17.05.	56, 28	---	a: 17, 1169 b: 17, 373, 565	Doppelvertretungdkosten im Gebrauchsmuster-Löschungsverfahren 35 W (pat) 1/14
24.05.	---	---	BeckRS 17, 116791	18 W (pat) 1/15
27.06.	56, 42	18, 60 L	b: 18, 31	Interdentalreiniger 4 Ni 31/15

---

* a = GRUR b = Mitt d = IIC e = ABl EPA f = GRUR Int

Bundespatentgericht 2017–2018

Datum	BPatGE	BlPMZ	Sonstige*	Stichwort
18.07.	---	18, 20	a: 18, 64 b: 17, 454 L f: 17, 861	Paclitaxel freisetzender Stent 14 W (pat) 13/16
20.07.	---	---	b : 17, 517 L	Klagegebühr bei Verbindung von Nichtigkeitsklagen 4 Ni 21/12
17.08.	---	---	BeckRS 17, 123506	7 W (pat) 29/16
23.08.	---	18, 60	b: 18, 47 L	Doppelvertretung im Nichtigkeitsverfahren VIII 3 ZA (pat) 73/16
05.09.	---	---	b: 18, 72 f: 17, 961	Paliperidonpalmitat 14 W (pat) 25/16
17.10.	---	18, 142	a: 18, 281 b: 18, 28 f: 17, 1048	Sitagliptin III 14 W (pat) 12/17
19.10.	---	---	BeckRS 17, 132758	7 W (pat) 13/17
13.11.	---	18, 145	b: 18, 148	Unrichtiger Betrag bei SEPA-Lastschrift 7 W (pat) 30/16
21.11.	56, 70	---	a: 18, 803 b: 18, 412	Isenstress II 3 Li 1/16
27.11.	---	---	BeckRS 17, 132614 GRUR-Prax 18, 193	Perforierung des Eingangsdatums 11 W (pat) 43/13.
2018				
23.01.	---	---	a: 18, 719 b: 18, 223 f: 18, 351	Hexavalenter Impfstoff / Infantrix Hexa 14 W (pat) 10/16
01.02.	56, 102	20,206 L	BeckRS 18, 11584	Rechtskraft von Entscheidungen im Patentnichtigkeitsverfahren – res judicata 2 Ni 6 /16(EP) / 2 Ni 48/16 (EP)
14.02.	---	---	BeckRS 18, 8501	19 W (pat) 15/17
20.02.	---	20, 75 L	b: 20, 227 L	Rechtsschutzbedürfnis bei Schweigen des Patentinhabers über Geltendmachung von Rechten aus dem Steitpatent 2 Ni 18/16 (EP)
28.02.	---	---	b: 18, 502 L	Berechtigtes Interesse an Geheimhaltung 4 ZA (pat) 59/17 zu 4 Ni79/17 (EP)
21.03.	---	---	BeckRS 18, 32336	Akteneinsicht in SEPA-Lastschriftmandat 7 W (pat) 4/17
12.04.	---	18, 326 L	b : 18, 501 L	Polsterumformungsmaschine 4 Ni 7/17
20.04.	---	---	BeckRS 18, 9144	7 W (pat) 8/17
23.04.	---	---	BeckRS 18, 9237	7 W (pat) 7/17
26.04.	---	---	BeckRS 18, 11084	Pauschale Begründung 11 W (pat) 1/15.
15.05.	---	19, 58	BeckRS 18, 11451	Truvada 4 Ni 12/17 verb. 4 Ni 14/17, 4 Ni 19/17, 4 Ni 21/17

* a = GRUR b = Mitt d = IIC e = ABl EPA f = GRUR Int

Datum	BPatGE	BlPMZ	Sonstige*	Stichwort
17.05.	---	18, 327	BeckRS 18, 10598	Doppelvertretungskosten im Gebrauchsmuster-Löschungsverfahren 35 W (pat) 3/15
17.05.	---	---	GRUR-RS 18, 50337	Beglaubigung nach § 14 (1) PatV 10 W (pat) 23/17
24.05.	---	---	BeckRS 18, 11686	7 W (pat) 18/17
12.06.	56, 11	18, 358 L	b: 18, 498	Abstandsberechnung 19 W (pat) 33/17
21.06.	---	---	GRUR-Prax 18, 404	7 W (pat) 7/18
10.07.	---	---	BeckRS 18, 16978	7 W (pat) 10/17
10.07.	---	---	BeckRS 17, 132732	19 W (pat) 16/17
11.07.	---	---	BeckRS 18, 17798	7 W (pat) 1/17
22.08.	---	18,327 L	b: 18, 501 L	Zigarettenpackung 4 Ni 10/17 (EP)
03.09.	---	---	BeckRS 18, 26766	19 W (pat) 22/17
06.09.	---	19, 64	b: 19, 117	Praluent 3 LiQ 1/18
11.10.	56, 174	19, 346 L	a: 19, 434 b: 19, 278	Freilaufkupplung 10 W (pat) 23/17
22.10.	---	---	b: 19, 138 L	Gebührenermäßigung bei Erledigterklärung 3 Ni 24/17
26.10.	---	---	BeckRS 18, 46427	Verfahrenskostenhilfe für Prüferablehnung 7 W (pat) 14/18
26.10.	---	---	BeckRS 18, 46427	7 W (pat) 14/18
26.10.	---	---	BeckRS 18, 45240	Zurückweisung eines Ablehnungsgesuchs 7 W (pat) 15/18
06.11.	---	---	a: 19, 808 b: 19, 406	Lithiumsilikat-Glaskeramik 35 W (pat) 412/16
06.11.	---	---	a: 19, 807 L b: 19, 406 L GRUR-RS 19, 3214	Polymerschaum III 4 Ni 17/17(EP)
07.11.	---	---	BeckRS 18, 29748	bloße Hinweis auf eine gesetzliche Vorschrift 12 W (pat) 11/18
20.11.	---	---	a: 19, 1226 b: 19, 183	Gebühren des beigeordneten Vertreters II 7 W (pat) 20/17
04.12.	---	---	BeckRS 18, 42239	Erforderlichkeit eines Sachverständigen 3 Ni 3/17 (EP)
11.12.	---	19, 200	b: 19, 139	Akteneinsicht in SEPA_Lastschriftmandat 2 7 W (pat) 4/17
17.12.	---	19, 367	b: 19, 501 GRUR-RS 18, 36049	Abgassteuersystem 11 W (pat) 24/14
18.12.	---	---	b: 19, 185	Experimentelle Privatgutachten zum Beleg der Ausführbarkeit von Entgegenhaltungen 3 ZA (pat) 41/18 zu 3 Ni 28/09 (EU)
18.12.	---	19, 280	a: 19, 806 b: 19, 172 L f: 19, 471	Futtermitteladditiv 14 W (pat) 1/18

* **a** = GRUR **b** = Mitt **d** = IIC **e** = ABl EPA **f** = GRUR Int

Bundespatentgericht 2019

Datum	BPatGE	BlPMZ	Sonstige*	Stichwort
2019				
02.01.	---	---	a: 19, 870	Widerruf der Beschwerderücknahme 20 W (pat) 1/17
24.01.	---	19, 233 L	b: 19, 283 L	Datenchiffrierung in einem drahtlosen Telekommunikationssystem 2 Ni 5/17 (EP), 2 Ni 12/17 (EP), 2 Ni 13/17 (EP)
29.01.	---	---	BeckRS 19, 13853	Ursprünglich nicht offenbarter Disclaimer 3 Ni 64/16 (EP)
29.01.	---	---	a:20, 669 b: 19, 503	Blasenkatheterset 4 Ni 50/17 (EP)
05.02.	---	---	b: 19, 406 L	Verfahren zum Herstellen eines Zahnmodells 4 Ni 47/17(EP)
19.02.	---	19, 282 L	a: 19, 1176 b: 19, 558	Verschleißschutzschicht Einführung weiterer Druckschriften in der Anhörung
27.02.	---	---	BeckRS 19, 2770	Zweigniederlassung im Patentregister 7 W (pat) 14/17
07.03.	---	19, 399	a: 20, 65 b: 20, 88, 575	Inlandsvertreter IV 30 W (pat) 38/18
11.03.	---	---	a: 19, 807	Polymerschaum 4 Ni 17/17 (EP)
12.03.	---	19, 346 L	b: 19, 505	Endoluminale Laserablationsvorrichtung 4 Ni 60/17
19.03.	---	---	BeckRS 19, 4657	Einführung weiterer Druckschriften in der Anhörung 18 W (pat) 21/16
11.04.	---	---	BeckRS 19, 9629	Verzinsungsbeginn nach § 104 (1) 2 ZPO 35 W (pat) 9/17
23.04.	---	---	GRUR-RS 19, 25998	Beschlussergänzung nach Zulassung der Rechtsbeschwerde 7 W (pat) 22/18
23.04.	---	---	BeckRS 19, 9003	Zurückweisung verspäteten Vorbringens 19 W (pat) 23/19
06.05.	---	---	BeckRS 19, 10795	19 W (pat) 4/18
27.05.	---	---	BeckRS 19, 18211	rechtsmissbräuchliche Richterablehnung 7 W (pat) 13/18
27.05.	---	---	BeckRS 19, 16817	7 W (pat) 15/18
29.05.	---	19, 282 L	f: 20, 669	4 Ni 50/17 (EP) Blasenkatheterset
04.06.	56, 282	19, 403	GRUR-RS 19, 17498	Feuerbeständiges System 4 Ni 71/17 (EP)
28.06.	---	---	BeckRS 19, 14570	Umschreibung durch Versäumnisurteil 7 W (pat) 4/18
18.07.	---	19, 345 L	b : 19, 406 L	Dentalimplantat 4 Ni 49/17 (EP)
24.07.	---	---	BeckRS 19, 18304	Rechtzeitig gestellter Prüfungsantrag 7 W (pat) 4/19

* a = GRUR b = Mitt d = IIC e = ABl EPA f = GRUR Int

Datum	BPatGE	BlPMZ	Sonstige*	Stichwort
12.08.	56, 126	---	b: 20, 174 L	Schwarzwäder Schinken III 30 W (pat) 33/09
12.09.	---	---	GRUR-RS 19, 35748	Übertragung des Prioritätsanspruchs Art 87 EPÜ 4 Ni 73/17
12.09.	---	20, 206 L	b: 20, 169 L GRUR-RS 19, 35748	Lacosamid 4 Ni 73/17
19.09.	---	20, 117	a: 20, 162 b: 20,64	Fungizide Wirkstoff-zusammensetzung Gleichlaufende Auslegung von AMVO und PSMVO 14 W (pat) 44/19
30.10.	---	20, 75 L	b: 20, 94	Ermäßigung der Klagegebühr 4 Ni 2/17
31.10.	56, 206	20, 122	b: 20, 188 L	Kolloidalmischer Registereintragung unter der Firma einer Zweigniederklassung 7 W (pat) 14/17
08.11.	---	---	BeckRS 19, 29772	7 W (pat) 9/19
11.11.	---	---	GRUR-RS 19, 33405	20 W (pat) 26/17
19.11.	---	---	GRUR-RS 19, 37812	Ablehnende Haltung der Fachwelt 3 Ni 32/17
25.11.	---	---	GRUR-RS 19, 47094	§ 123 PatG: nötige Sorgfalt 17 W (pat) 39/19
26.11.	---	---	GRUR-RS 19, 37911	Beschränkte Verteidigung des Patents 7 Ni 52/19 (EP)
05.12.	---	---	GRUR-RS 20, 2388	Angaben zum Verwendungszweck § 2 Nr 4 PatKostZV 7 W (pat) 6/19
10.12.	---	---	GRUR-RS 20, 4007	Nichtigerklärung nach Selbstbeschränkung 5 Ni 15/18 (EP)
10.12.	---	---	GRUR-RS 19, 35383	Zuständiger Fachmann 17 W (pat) 18/17
12.12.	---	---	GRUR-RS 19, 40292	Disclaimer ursprünglich offenbart 11 W (pat) 22/16
16.12.	---	---	GRUR-RS 19, 38495	Heranziehung bestimmter technischer Lösung 20 W (pat) 16/17
17.12.	---	---	GRUR-RS 19, 42224	Eingrenzung auf einen homologen Austausch als unzulässige Auslegung unterhalb des Wortlauts des Anspruchs 3 Ni 20/17
17.12.	---	---	GRUR-RS 20, 15054	7 W (pat) 10/19
21.12.	---	---	GRUR-RS 20, 41007	Fehlende Zustellung an den Bevollmächtigten 7 W (pat) 14/19
2020				
07.01.	---	---	GRUR-RS 20, 562	Angabe der entscheidenden Richtung für Fachmann 14 W (pat) 29/15
08.01.	---	---	GRUR-RS 20, 4540	9 W (pat) 11/16

* a = GRUR b = Mitt d = IIC e = ABl EPA f = GRUR Int

Bundespatentgericht 2020

Datum	BPatGE	BlPMZ	Sonstige*	Stichwort
16.01.	---	---	GRUR-RS 20, 4541	Verletzungsklage begründet Rechtsschutzinetresse nach Erlöschen des Patents 7 Ni 22/19 (EP)
20.01.	---	---	GRUR-RS 20, 6963	Zur Übertragbarkeit der Einsprechendenstellung 20 W (pat) 8/17
21.01.	---	---	GRUR-RS 20, 2217	Zurückverweisung wegen neuer Recherche 23 W (pat) 11/19
21.01.	---	---	GRUR-RS 20, 1271	Erlöschen des Patents vor BPatG 14 W (pat) 8/14
21.01.	---	---	GRUR-RS 20, 4007	Streitwert ist der gemeine Wert des Patents plus etwaiger Schadensersatzforderungen 5 Ni 15/18
28.01.	---	---	GRUR-RS 20, 5551	Bewilligung von Verfahrenskostenhilfe gegen Zurückweisung einer Anmeldung 12 W (pat) 86/19
28.01.	---	---	b: 21, 67 L GRUR-RS 20, 12509	Verbundelement 3 Ni 3/19
31.01.	---	---	GRUR-RS 20, 1923	Zulässigkeit des Einspruchs 23 W (pat) 19/18
03.02.	---	---	GRUR-RS 20, 29333	Ablehnung des ganzen Senats 14 W (pat) 43/19
13.02.	---	---	GRUR-RS 20, 15103	Ein Gegenstand bleibt Stand der Technik, wenn dessen Zugänglichkeit später wegfällt 1 Ni 2/18 (EP)
19.02.	---	---	GRUR-RS 20, 6200	Nachweis mutwilliger Rechtsverfolgung 35 W (pat) 9/19
26.02.	---	---	GRUR-RS 20, 8499	Zurückverweisung zu neuer Recherche 18 W (pat) 25/19
05.03.	---	20, 256	b: 20, 241 GRUR-RS 20, 4986	MOSFET-Vorrichtung 7 W (pat) 1/19
24.03.	---	---	GRUR-RS 20, 6888	Anforderungen an einen beschwerdefähigen Beschluss 7 W (pat) 17/19
02.04.	---	---	GRUR-RS 20, 22308	zulässige Streichung eines nicht notwendigen Merkmals 11 W (pat) 18/18
06.04.	---	---	GRUR-RS 2020, 13254	Umschreibung Keine Prüfung der materiell-rechtliche Wirksamkeit des Rechtsgeschäfts, auf dem die beantragte Umschreibung beruht, 7 W (pat) 16/19
06.04.	---	---	GRUR-RS 20, 12499	Schlüssige Beschwer für Zulässigkeit der Beschwerde; Änderung der Unterlagen nur mit Einverständnis des Anmelders 7 W (pat) 20/19
20.04.	---	---	GRUR-RS 20, 15085	Kein Ersatz der Beschreibung durch Modell 19 W (pat) 44/19

* a = GRUR b = Mitt d = IIC e = ABl EPA f = GRUR Int

Datum	BPatGE	BlPMZ	Sonstige*	Stichwort
28.04.	---	---	GRUR-RS 20, 11626	Kosten im Zwangslizenzverfahren 3 ZA (pat) zu 3 LiQ 1/16 (EP), KoF 114/16
05.05.	---	---	GRUR-RS 20, 12491	Gebührenrechtliche Gleichstellung von Patentanwälten mit Rechtsanwälten 5 Ni 17/16; KoF 102/18
07.05.	---	---	GRUR-RS 20, 18995	Inlandsvertreter IV 30 W (pat) 38/18
14.05.	---	20, 324	GRUR-RS 20, 12489	Fehlende Auseinandersetzung mit einem Schriftsatz führt nicht dazu, der Beschluss sei nicht mit Gründen versehen; Unrichtige Beurteilung Kein Grund für eine Rückzahlung der Beschwerdegebühr 9 W (pat) 5/17
18.05.	---	---	GRUR-RS 20, 12486	Nichtzahlung der Jahresgebühr erledigt Beschwerdeverfahren 9 W (pat) 17/19
18.05.	---	---	GRUR-RS 20, 17437	11 W (pat) 33/17 Bitte um Rücksürache
19.05.	---	---	GRUR-RS 20, 17438	7 W (pat) 12/19 Mitteilung kein Beschluss
20.05.	---	---	GRUR-RS 20, 33496	17 W (pat) 33/19
23.05.	---	---	GRUR-RS 19, 45963	Rückzahlung der Klagegebühr nach Rücknahme der Klage 2 Ni 21/18 u 2 Ni 23/18
25.05.	---	21, 26	b: 20, 427 GRUR-RS 20, 12486	Lasergestütztes Fräsen Rückkehr in ein früheres Stadium des Prüfungsverfahrens Wiedereinsetzung bei geringer Fristüberschreitung 11 W (pat) 39/19
25.05.	---	---	a: 19, 553 GRUR-RS 20, 20898	Abraxis II Voraussetzung des Art. 3 (b) AMVO 14 W (pat) 5/18
04.06.	---	---	GRUR-RS 20, 13251	7 W (pat) 3/20
09.06.	---	---	GRUR-RS 20, 15054	Entscheidung über unzulässiges Ablehnungsgesuch 7 W (pat) 10 u 13/19
09.06.	---	---	GRUR-RS 20, 26614	Deutung von Merkmalen und Begriffen eines Patentanspruchs 3 Ni 7/18
09.06.	---	---	GRUR-RS 20, 15054	7 W (pat) 13/19
15.06.	20, 1125	20, 325	GRUR-RS 20, 15031	Antriebsinverter Syndikuspatentanwalt als Inlandsvertreter 11 W (pat) 35/19
17.06.	---	---	GRUR-RS 20, 23196	Erweiterung der Nichtigkeitsklage 6 Ni 1/19
18.06.	---	---	GRUR-RS 20, 14388	Fassung des Patentanspruchs gemäß früherem Nichtigkeitsurteil 4 Ni 6/19

* a = GRUR b = Mitt d = IIC e = ABl EPA f = GRUR Int

Bundespatentgericht 2020

Datum	BPatGE	BlPMZ	Sonstige*	Stichwort
22.06.	---	---	GRUR-RS 20, 16645	Berichtigung des Tatbestandes nach § 96 (1) PatG 2 Ni 7/17
26.06.	---	---	b: 20, 507 L GRUR-RS 20, 20898	Abraxis II 14 W (pat) 5/18
30.06.	---	---	GRUR-RS 20, 22758	Rückzahlung der Beschwerdegebühr: keine fehlerhafte Sachbehandlung 17 W (pat) 12/20
13.07.	---	---	GRUR-RS 20, 18856	11 W (pat) 21/19
14.07.	---	---	GRUR-RS 20, 26663	Auslegung durch Beschreibung und Zeichnungen; einfache Lösung 14 W (pat) 18/17
22.07	---	---	---	Substantiierung einer offenkundigen Vorbenutzung 6 Ni (pat) 5/19 (EP)
31.07.	---	---	GRUR-RS 20, 31535	Automatisation der Produktion 3 Ni 23/18 (EP)
03.08.	---	---	GRUR-RS 20, 25953	Aufhebung ohne eigene Sachentscheidung 9 W (pat) 14/19
11.08.	---	---	b: 21, 94 L GRUR-RS 20, 34426	Nockenwellenversteller 4 Ni 66/17
02.09.	---	21, 143	GRUR-RS 20, 26158	Sitagliptin V (Royalty Pharma) 14 W (pat) 12/17
04.09.	---	---	GRUR-RS 20, 22754	Spezielles Fachwissen des maßgeblichen Fachmanns 4 Ni 57/17
14.09.	---	---	GRUR-RS 20, 24853	Nachschieben von Tatsachen nach Fristablauf 19 W (pat) 25/20
17.09.	---	---	GRUR-RS 20, 28299	9 W (pat) 24/19
23.09.	---	---	GUR-RS 20, 27457	Zuerkennung eines Anmeldetags 20 W (pat) 1/19
23.09.	---	---	GRUR-RS 20, 29343	Kostengrundentscheidung bei Billigkeit 11 W (pat) 12/17
23.09.	---	---	GRUR-RS 20, 31920	nachzureichende deutsche Übersetzung 20 W (pat) 6/19
23.09.	---	---	GRUR-RS 20, 31920	fehlerhafte Übersetzung § 35a PatG 20 W (pat) 6/19
23.09.	---	---	GRUR-RS 20, 37975	Verspätetes Vorbringen im Einspruchsbeschwerdeverfahren 9 W (pat) 27/17
09.10.	---	---	GRUR-RS 20, 30551	Zurückverweisung an DPMA 23 W (pat) 1/20
12.10.	---	---	GRUR-RS 20, 30550	Rücknahme der Beschwerde bis zum Eintritt der Rechtskraft 19 W (pat) 53/19
15.10.	---	---	GRUR-RS 20, 43803	Vorurteilals allgeme<in eingewurzelte Fehlvorstellung 1 Ni 8/19

* a = GRUR b = Mitt d = IIC e = ABl EPA f = GRUR Int

Datum	BPatGE	BlPMZ	Sonstige*	Stichwort
28.10.	---	---	GRUR-RS 20, 32530	Ausführbarkeit trotz untauglicher Varianten 14 W (pat) 8/20
28.10.	---	---	GRUR-RS 20, 39505	Einseitig offene Bereichsangaben 9 W (pat) 64/19
31.10.	---	---	b: 20, 188	Kolloidalmischer 7 W (pat) 14/17
05.11.	---	---	GRUR-RS 20, 39868	Anschlussbeschwerde 12 W (pat) 12/19
23.11.	---	---	GRUR-RS 20, 35455	9 W (pat) 21/19
2021				
27.01.	---	---	GRUR-RS 21, 1310	Inlandsvertreter, kein Vertretungszwang 12 W (pat) 45/19
02.02.	---	---	GRUR-RS 21, 2328	Zustellung an einen von mehreren Bevollmächtigten eines Zustellungsadressaten 17 W (pat) 30/20
11.02.	---	---	GRUR-RS 21, 2683	Erteilungsantrag konkludent Formblatt § 4 PatV 7 W (pat) 7/20
11.02.	---	---	GRUR-RS 21, 3978	Doppelvertretung Patent- und Rechtsanwalt 4 Ni 25/17 (EP) KoF 90/19
11.02.	---	---	GRUR-RS 21, 2683	
08.03.	---	---	GRUR-RS 21, 4770	Verfahrenskostenhilfe vorläufige Würdigung der Erfolgsaussicht 20 W (pat) 34/20
17.03.	---	---	GRUR-RS 21, 6536	OS als Stand der Technik 8 W (pat) 1/20
18.03.	---	---		Berechtigter zur Inanspruchnahme der Priorität 6 Ni 32/19 (EP)
22.03.	---	---	GRUR-RS 21, 9550	Zuständigkeit des Rechtspflegers für Kostenfestsetzungsverfahren (§ 23 (1) Nr. 12 RPflG) 14 W (pat) 1/20
25.03.	---	---		Eintragung des europ Patents im deutschen Patentregister 4 Ni 11/18
19.04.	---	---	GRUR-RS 21, 10649	Anerkennung des Klagebegehrens in vollem Umfang 7 Ni 60/19 (EP)
26.04.	---	---	GRUR-RS 21, 11644	Berichtigung einer offenbaren Unrichtigkeit 6 Ni 15/19
10.06.	---	---	GRUR-RS 21, 19118	Erlöschen des Patyents im Einspruchsverfahren 17 W (pat) 41/19
20.07.	---	---	GRUR-RS 21, 21998	Erforderlichkeit eines Sachverständigenbeweises 19 W (pat) 5/20

* a = GRUR b = Mitt d = IIC e = ABl EPA f = GRUR Int

Datum	BPatGE	BlPMZ	Sonstige*	Stichwort
20.07.	---	---	GRUR-RS 21, 22016	Erforderlichkeit eines Sachverständigenbeweises 19 W (pat) 9/20
28.07.	---	---	GRUR-RS 21, 22240	Keine Teilung nach § 39 PatFG einer europ Patentanmeldung 7 W (pat) 5/19

* a = GRUR b = Mitt d = IIC e = ABl EPA f = GRUR Int

Große Beschwerdekammer gemäß Art 112 EPÜ (Aktenzeichen G)

Das Register enthält die Entscheidungen der Großen Beschwerdekammer gemäß Artikel 112 EPÜ geordnet nach Aktenzeichen.
Spalte 1 enthält das Aktenzeichen
Spalte 2 enthält das Stichwort der Entscheidung
Spalte 3 enthält die Fundstellen der Entscheidung in ABl EPA, und den Zusatzpublikationen zum Amtsblatt angegeben
Spalte 4 enthält die Parallelfundstellen der Entscheidung in:
a = EPOR b = Mitt d = IIC f = GRUR Int
Spalte 5 enthält die Zitate der Entscheidung im Kommentar, und zwar mit der Randnummer (Rdn) des jeweiligen §, Artikels oder der Einleitung (Einl).
Die Entscheidungen der Großen Beschwerdekammer gemäß Art. 112 EPÜ werden in der Publikation des EPA »**Rechtsprechung der Beschwerdekammern**« referiert. Das Werk ist als gebundene Ausgabe (ca 1800 Seiten) in Deutsch, Englisch und Französisch erhältlich sowie elektronisch im HTML- und PDF-Format. Die HTML-Version ist speziell auf die Online-Nutzung zugeschnitten, während die PDF-Version eine Volltextsuche ermöglicht und daher die beste Lösung für die Offline-Nutzung ist. Die Referate der Entscheidungen sind nach Themen geordnet, so dass sich eine Übersicht über die Rechtsprechung zu einer bestimmten Rechtsfrage ergibt. Jedes Referat einer Entscheidung der Großen Beschwerdekammer kann über das Aktenzeichen in der Publikation »Rechtsprechung der Beschwerdekammern« eingesehen werden. In der Spalte 4 wird daher die Fundstelle »Rechtsprechung der Beschwerdekammern« nicht erwähnt.

Aktenz.	Stichwort	ABl	Sonstige[*]	zitiert bei §/Art + Rdn
1983				
G 0001/83	2. medizinische Indikation/BAYER	85, 60 17 Zuspubl 4, 11 18 Zuspubl 3, 11	f: 85, 193	**Einl**, 136; § **1**, 10, 237, 242; § **2a**, 57, 62, 65; § **3**, 154, 156, 161, 151; § **14**, 126
G 0005/83	2. medical indication/EISAI	85, 64 17 Zuspubl 4, 11 18 Zuspubl 3, 11	a: 79–85 B 241	§ **1**, 237, 242; § **2a**, 57, 62, 65; § **3**, 154, 156, 161, 151; § **14**, 126
G 0006/83	2. indication médicale/PHARMUKA	85, 67 17 Zuspubl 4, 11 18 Zuspubl 3, 11		§ **1**, 237, 242; § **2a**, 57, 62, 65; § **3**, 154, 156, 161, 151; § **14**, 126
1984				
G 0001/84	Einspruch des Patentinhabers/MOBIL OIL (überholt durch G 0009/93)	85, 299	a: 86, 39 f: 86, 123	§ 59, 25, 51, 54, 56

[*] a = EPOR b = Mitt d = IIC f= GRUR Int

Große Beschwerdekammer 1986–1991　　　　　　　　　　GBK-G

Aktenz.	Stichwort	ABl	Sonstige*	zitiert bei §/Art + Rdn
1986				
G 0001/86	Wiedereinsetzung des Einsprechenden/ VOEST ALPINE	87, 447	a: 87, 388 f: 88, 349	Einl, 115, 134, 166, 195; § 59, 73; § 61, 25; § 123, 22, 66; EPÜ Art 106, 3, 11
1988				
G 0001/88	Schweigen des Einsprechenden/ Hoechst	89,189 20 Zuspubl 4, 64	a: 89, 421 f: 89, 931	Einl, 393; § 1, 79, 83; § 34, 440; EPÜ Art 106, 28, 29; EPÜ Art 107, 15, 16
G 0002/88	Reibungsverringernder Zusatz/MOBIL OIL	90, 93 20 Zuspubl 4, 14, 39, 40	f: 90, 522	§ 1, 184, 194, 195, 214, 215, 257; § 3, 58, 104, 106; 177, § 34, 122
G 0004/88	Übertragung des Einspruchs/MAN	89, 480	a: 90, 1 f: 90, 318	§ 59, 146
G 0005/88, G 0007/88, G 0008/88	Verwaltungsvereinbarung/MEDTRONIC	91, 137	f: 91, 297	Einl, 71, 418, 462; § 59, 34; EPÜ Art 106, 24
G 0006/88	Mittel zur Regulierung des Pflanzenwachstums/BAYER	90, 114	a: 90, 257 f: 90, 532 L	§ 1, 184; § 3, 58, 106, 180; § 14, 13, 126; EPÜ Art 106, 24
1989				
G 0001/89	Polysuccinatester/Nichteinheitlichkeit a posteriori	91, 155	a: 91, 239; f: 91, 370	§ 34, 232, 273, 274; EPÜ Art 112, 4, 12
G 0002/89	Nichteinheitlichkeit a posteriori	91, 166	a: 91, 239 d: 91, 388 L f: 91, 370	§ 34, 232, 273
G 0003/89	Berichtigung nach Regel 88 Satz 2 EPÜ (Vorlage Präsident EPA)	93, 117	a: 93, 376 d: 92, 491 L	§ 34, 293, 417; § 38, 14, 48, 50
1990				
G 0001/90	Widerruf des Patents (Vorlage Präsident EPA)	91, 275 18 Zuspubl 3, 33	a: 91, 343 f: 91, 641	§ 20, 3; § 34, 453; § 59, 56, 245
G 0002/90	Zuständigkeit der Juristischen Beschwerdekammer/KOLBENSCHMIDT	92, 1	a: 92, 125 f: 92, 385 L	Einl, 132; EPÜ Art 106, 16, 17; EPÜ Art 112, 24, 30
1991				
G 0001/91	Einheitlichkeit/SIEMENS	92, 253 17 Zuspubl 4, 98	a: 92, 356 f: 92, 827	§ 21, 25; § 34, 243
G 0002/91	Beschwerdegebühren/KROHNE	92, 206	a: 92, 407 f: 92, 660	Einl, 11; EPÜ Art 107, 15, 18, 25; EPÜ Art 108, 15
G 0003/91	Wiedereinsetzung/FABRITIUS II	93, 8	a: 93, 361 f: 93, 487	§ 34, 287; § 123, 5

* **a** = EPOR **b** = Mitt **d** = IIC **f** = GRUR Int

GBK-G — Große Beschwerdekammer 1991–1992

Aktenz.	Stichwort	ABl	Sonstige*	zitiert bei §/Art + Rdn
G 0004/91	Beitritt/DOLEZYCH II	93, 339, 707	a: 93, 565 f: 93, 953	§ 59, 238, 250, 263
G 0005/91	beschwerdefähige Entscheidung/DISCO-VISION	92, 617	a: 93, 120 f: 93, 230	§ 27, 43; EPÜ Art 106, 21, 24; EPÜ Art 112, 27
G 0006/91	Gebührenermäßigung/ASULAB II	92, 491	a: 93, 231f: 93, 228	§ 59, 50; EPÜ Art 108, 14, 35; EPÜ Art 112a, 8
G 0007/91	Rücknahme der Beschwerde/BASF	93, 356	---	Einl, 11; § 61, 39; § 73, 203; EPÜ Art 106, 3, 7, 10; EPÜ Art 110, 26
G 0008/91	Rücknahme der Beschwerde/BELL	93, 346	a: 93, 445 f: 93, 955	Einl, 11, 32; § 61, 39; § 73, 203; EPÜ Art 106, 3, 7, 10, 37; EPÜ Art 110, 26
G 0009/91	Prüfungsbefugnis/ROHM AND HAAS	93, 408 20 Zuspubl 4, 65	a: 93, 485 f: 93, 957	Einl, 4, 21, 115, 131, 176; § 21, 36, 59, 62; § 38, 39; § 59, 28, 30, 81, 178, 180, 181, 192, 198, 199; EPÜ Art 106, 3, 7, 9; EPÜ Art 108, 42; EPÜ Art 110, 26; EPÜ Art 111, 5
G 0010/91	Prüfung von Einsprüchen/Beschwerden	93, 420 20 Zuspubl 4, 65, 76, 77	a: 93, 485 f: 93, 957 L	Einl, 4, 21, 176; § 21, 36, 59, 61, 62; § 38, 39; § 59, 28, 30, 81, 180, 181, 191, 192, 196, 198, 199, 202; EPÜ Art 106, 3; EPÜ Art 110, 15, 26
G 0011/91	Glu-Gln/CELTRIX (Berichtigung der Offenbarung nach R 88)	93, 125	a: 93, 245 f: 93, 489	§ 34, 211, 221, 293, 331, 417; § 38, 14, 50
G 0012/91	Endgültige Entscheidung/NOVATOME I	94, 285	a: 94, 309 f: 94, 751 L	Einl, 76, 77, 237, 295; § 47, 19; § 78, 11; § 93, 8; § 94, 17
1992				
G 0001/92	Öffentliche Zugänglichkeit	93, 277 20 Zuspubl 4, 9, 10	a: 93, 241 f: 93, 698	§ 3, 10, 32, 50, 51, 52, 53, 63, 92, 106; § 59, 110, 115
G 0002/92	Nichtzahlung weiterer Recherchengebühren	93, 591	a: 94, 278 f: 94, 243	§ 34, 279, 451; EPÜ Art 106, 24; EPÜ Art 112, 42
G 0003/92	Unberechtigter Anmelder/LATCHWAYS	94, 607 17 Zuspubl 4, 82	a: 95, 141 f: 95, 56	§ 7, 4
G 0004/92	rechtliches Gehör	94, 149 20 Zuspubl 4, 69, 81	a: 94, 392 f: 94. 750	Einl, 250, 302, 317, 319; § 89, 13
G 0005/92	Wiedereinsetzung/HOUPT	94, 22	f: 94, 518 L	EPÜ Art 112, 22
G 0006/92	Wiedereinsetzung/DURIRON	94, 25	a: 94, 381	EPÜ Art 112, 22

* a = EPOR b = Mitt d = IIC f= GRUR Int

Große Beschwerdekammer 1992–1994 GBK-G

Aktenz.	Stichwort	ABl	Sonstige*	zitiert bei §/Art + Rdn
G 0008/92	Vorlage an die Große Beschwerdekammer/KLEHR	–		EPÜ Art 112, 21, 24
G 0009/92	Nicht-beschwerdeführender Beteiligter/BMW	94, 875	a: 95, 169 f: 95, 501	Einl, 7; § 59, 176, 177, 180, 191, 202;§ 73, 74, 179, 181; EPÜ Art 107, 22, 26, 27; EPÜ Art 110, 11
G 0010/92	Teilanmeldung	94, 633	a: 95, 265 f: 94, 1032	Einl, 132
1993				
G 0001/93	beschränkendes Merkmal/ADVANCED SEMICONDUCTOR PRODUCTS	94, 541 17 Zuspubl 4, 55	a: 95, 97f: 94, 842	Einl, 117; § 21, 65; § 34, 101; § 38, 16, 20, 21; § 59, 178
G 0002/93	Hepatitis-A-Virus/UNITED STATES OF AMERICA II	95, 275	a: 95, 437 f: 95, 712	§ 34, 482, 503, 505, 527
G 0003/93	Prioritätsintervall	95, 18	a: 94, 521 f: 95, 336	§ 3, 12; § 41, 13, 32, 55
G 0004/93	Nicht-beschwerdeführender Beteiligter/MOTOROLA (identisch mit G 0009/92)	94, 875	a: 95, 169 f: 95, 501	§ 59, 176, 177, 180, 191, 202; § 73, 74, 179, 181; EPÜ Art 107, 22, 26, 27; EPÜ Art 110, 11
G 0005/93	Wiedereinsetzung/NELLCOR	94, 447	a: 94, 169 f: 94, 960 L	§ 34, 287; § 123, 5
G 0006/93	(erledigt durch Rücknahme des Beitritts; vgl G 0001/94)	95 SA 123	–	EPÜ Art 112, 34
G 0007/93	Verspätet beantragte Änderungen/WHITBY II	94, 775 17 Zuspubl 4, 110 18 Zuspubl 3, 39, 58, 67, 68	a: 95, 49 f: 95, 151	Einl, 173, 176, 257, 258, 261; § 34, 198
G 0008/93	Rücknahme des Einspruchs/SERWANE II	94, 887	a: 95, 271f: 95, 972 L	Einl, 32; § 61, 34; § 73, 217
G 0009/93	Einspruch der Patentinhaber/PEUGEOT UND CITROEN	94, 891	a: 95, 260 f: 95, 500	§ 59, 28, 56
G 0010/93	Umfang der Prüfung bei ex-parte Beschwerde/SIEMENS	95, 172	a: 97, 227 f: 95, 594	§ 73, 75, 82
1994				
G 0001/94	Beitritt/ALLIED COLLOIDS	94, 787	a: 94, 491 f: 94, 15	Einl, 134; § 59, 250, 259, 262,265
G 0002/94	Vertretung/HAUTAU II	96, 401	a: 97, 115 d: 97, 102 f: 96, 822 L	Einl, 176

* a = EPOR b = Mitt d = IIC f = GRUR Int

Große Beschwerdekammer 1995–1998

Aktenz.	Stichwort	ABl	Sonstige*	zitiert bei §/Art + Rdn
1995				
G 0001/95	Neue Einspruchsgründe/DE LA RUE	96, 615 17 Zuspubl 4, 111	a: 96, 601 d: 97, 730 f: 97, 182	§ 21, 14, 15, 16, 17, 19; § 59, 183, 196
G 0002/95	Austausch der Anmeldungsunterlagen/ATOTECH	96, 555	a: 97, 77 d: 97, 232 f: 97, 161	§ 35, 12, 20, 45; § 38, 50
G 0003/95	Vorlage unzulässig	96, 169	a: 96, 505 f: 96, 819l	EPÜ Art 112, 40
G 0004/95	Vertretung/BOGASKY	96, 412 17 Zuspubl 4, 86	a: 96, 333 d: 97,101 f: 96, 1158l	Einl, 176
G 0005/95	Zuerkennung eines Anmeldetags Vorlage J 0020/94 ABl 96, 181	–	–	keine Entscheidung der GrBK, da Anmeldung zurückgenommen
G 0006/95	Auslegung der Regel 71a (1)/GE CHEMICALS	96, 649 17 Zuspubl 4, 79	a: 97, 265 d: 97, 553 f: 97, 366	Einl, 270, 273
G 0007/95	Neue Einspruchsgründe/ETHICON	96, 626	a: 97, 89 f: 97, 164	§ 21, 14, 15, 16, 19; § 59, 183, 196
G 0008/95	Berichtigung des Erteilungsbeschlusses/US GYPSUM II	96, 481	a: 97, 66	EPÜ Art 106, 17
1997				
G 0001/97	Antrag auf Überprüfung/ETA	00, 322	a: 01, 1 f: 00, 914	EPÜ Art 106, 3, 37, 35; EPÜ Art 111, 7; EPÜArt 112a, 5
G 0002/97	Vertrauensschutz/UNILEVER	99, 123 20 Zuspubl 4, 46	a: 00, 73 d: 99, 545 f: 99, 446	Einl, 418, 462, 464, 465, 467, 468, 469; EPÜ Art 108, 13; EPÜ Art 110, 8
G 0003/97	Einspruch in fremden Auftrag/INDUPACK	99, 245 18 Zuspubl 3, 48	a: 00, 81 f: 99, 740	Einl, 39, 154, 155, 158; § 59, 28, 54, 58, 62, 63, 65, 77, 78; § 81, 152; § 123, 81
G 0004/97	Einspruch in fremden Auftrag/GENENTECH	99, 270	a: 00, 81 d: 00, 8	Einl, 154, 155, 158; § 59, 28, 54, 58, 62, 63, 65, 77, 78; § 81, 152; § 123, 81
1998				
G 0001/98	transgene Pflanze/NOVARTIS II	00, 111	a: 00, 303 d: 00, 430 f: 00, 431	§ 1, 14, 159; § 1a, 13; § 2, 27; § 2a, 17, 21, 22, 23, 42, 54; § 9, 96; § 34, 79, 98, 141, 149

* a = EPOR b = Mitt d = IIC f = GRUR Int

Große Beschwerdekammer 1998–2003　　　　　　　　　　GBK-G

Aktenz.	Stichwort	ABl	Sonstige*	zitiert bei §/Art + Rdn
G 0002/98	Erfordernis für die Inanspruchnahme einer Priorität für dieselbe Erfindung Vorlage Präsident EPA ABl 98, 509	01, 413 20 Zuspubl 4, 24, 36 18 Zuspubl 3, 20, 22, 23, 24, 27	a: 02, 167 d: 02, 801	§ 41, 18, 33, 34, 38, 39, 44, 59
G 0003/98	Sechsmonatsfrist/UNIVERSITY PATENTS verbunden mit G 0002/99 Vorlage: T 0377/95 ABl 99, 11	01, 62	a: 01, 249 f: 01, 340	§ 3, 188; § 41, 58
G 0004/98	Benennungsgebühren Vorlage Präsident EPA ABl 98, 567	01, 131 20 Zuspubl 4, 42	a: 01, 323 f: 01, 625	§ 3, 68; EPÜ Art 112, 37, 38; IntPatÜG Art 2 § 1, 6
1999				
G 0001/99	reformatio in peius/3M Vorlage: T 0315/97-3.4.2 ABl 99, 554	01, 381 17 Zuspubl 4, 102, 103	f: 01, 868	EPÜ Art 107, 20, 28
G 0002/99	Sechsmonatsfrist/DEWERT verbunden mit G 0003/98 Vorlage:T 0535/95 nicht veröffentlicht	01, 83	a: 01, 264	Einl, 285, 458; § 3, 188; § 41, 58; EPÜ Art 112, 20, 21
G 0003/99	Zulässigkeit eines gemeinsamen Einspruchs bzw. einer gemeinsamen Beschwerde/HOWARD FLOREY Vorlage: T 0272/95 ABl 99, 590	02, 347	a: 03, 1 f: 02, 927	Einl, 42, 391; § 34, 9; § 59, 47, 138; § 107, 7
2002				
G 0001/02	Zuständigkeit der Formalsachbearbeiter	03, 165	a: 03, 449 f: 03, 848	§ 59, 134
G 0002/02 G 0003/02	Indische Prioritäten/ ASTRAZENECA	04, 483	b: 04, 261 d: 05, 58	§ 41, 22
2003				
G 0001/03	Disclaimer/PPG	04, 413 20 Zuspubl 4, 24, 35, 37, 38	f: 04, 959	§ 2, 28; § 3, 81, 112, 117; § 4, 97; § 34, 146, 290, 355, 423; § 38, 16; § 41, 29; EPÜ Art 112, 22
G 0002/03	Disclaimer/GENETIC SYSTEMS	04, 448 17 Zuspubl 4, 48		§ 38, 16 identisch mit G 0001/03
G 0003/03	Rückzahlung der Beschwerdegebühr/ HIGHLAND Vorlage: J 0012/01 ABl 03, 431	05, 344	b: 05, 506 L f: 05, 709	EPÜ Art 108, 24; EPÜ Art 109, 10

* a = EPOR b = Mitt d = IIC f= GRUR Int

GBK-G Große Beschwerdekammer 2003–2008

Aktenz.	Stichwort	ABl	Sonstige*	zitiert bei §/Art + Rdn
G 0004/03	Beitritt/KALLE Vorlage: T 1026/98 ABl 03, 441	–	–	EPÜ Art 112, 35 Verfahren eingestellt nach Einstellung des Verfahrens T 1026/98 wegen Rücknahme des Beitritts, vgl ABl 04, 542.
2004				
G 0001/04	Diagnostizierverfahren Vorlage PräsEPA ABl 04, 229	06, 334	f : 06, 514	§ 2a, 61, 62, 80
G 0002/04	Übertragung des Einspruchs/HOFFMANN-LA ROCHE Vorlage: T 1091/02 ABl 05,14 = GRUR Int 05, 335	05, 549	b: 05, 348 f 06, 149l	Einl, 56; § 59, 145, 146; EPÜ Art 107, 7, 11; EPÜ Art 108, 3
G 0003/04	Beitritt/EOS Vorlagen: T 1007/01 ABl 05, 240 T 1026/98 ABl 03, 441	06, 118	a: 18, 481 b: 05, 506 L f: 06, 628, 689	§ 59, 265
2005				
G 0001/05	Teilanmeldung/ASTROPOWER Vorlage: T 0039/03 ABl 06, 362; T 1040/04 ABl 06, 597	08, 271	a: 07, 442 d: 09, 592 f: 08, 484	§ 39, 80; EPÜ Art 112, 32
G 0001/05	Ausschließung und Ablehnung/XXX	07, 362	a: 07, 155 f: 08, 55	§ 39, 80; EPÜ Art 112, 32
2006				
G 0001/06	Ketten von Teilanmeldungen/SEIKO Vorlage: T 1409/05 ABl 07, 113	08, 307	a: 07, 466 b: 07, 419 L f: 08, 484	§ 39, 80
G 0002/06	Verwendung von Embryonen/WARF Vorlage: T 1374/04 ABl 07, 313 = GRUR Int 07, 600	09, 306	a: 09, 129 f: 10, 230	§ 1, 152
G 0003/06	Vorlage: T 1040/04 (Änderung des Patents im Einspruchsverfahren zur Entkräftung des Einspruchsgrunds nach Art 100 c EPÜ)	07, 312		Verfahren G 0003/06 nach Rücknahme der Beschwerden eingestellt (ABl 07, 312)
2007				
G 0001/07	Chirurgische Behandlung/MEDI-PHYSICS Vorlage: T 0992/03 vom 20.10.06	11, 134 20 Zuspubl 4, 6, 7, 8, 91	a: 10, 219 b: 10, 236 L f: 10, 333 Ll	§ 2a, 69
G 0002/07	Brokkoli/PLANT BIOSCIENCES Vorlage: T 0083/05 ABl 07, 644	12, 130 20 Zuspubl 4, 2, 4	d: 12, 595 L f: 11, 266	§ 2a, 35 verbunden mit G 0001/08
2008				
G 0001/08	Tomaten/STAAT ISRAEL Vorlage: T 1242/06 ABl 08, 523 = GRUR Int 09, 238 = IIC 09, 96	12, 206 17 Zuspubl 4, 3 18 Zuspubl 3, 2	a: 11, 266	§ 2a, 35 verbunden mit G 0002/07

* a = EPOR b = Mitt d = IIC f= GRUR Int

Große Beschwerdekammer 2008–2012

Aktenz.	Stichwort	ABl	Sonstige*	zitiert bei §/Art + Rdn
G 0002/08	Objection to member of the EBA, suspicion of partiality	–	a: 09, 411	
G 0002/08	Dosierungsanleitung/ABBOTT RESPIRATORY Vorlage: T 1319/04 ABl 09, 36 = GRUR Int 09, 326	10, 456 17 Zuspubl 4, 9, 10, 17	a: 10, 262 b: 10, 183 L d: 11, 215 f: 10, 333l	§ 1, 21, 65, 68; § 2a, 66, 75; § 3, 146, 148, 155, 151
G 0003/08	Computerprogramme Vorlage Präsidentin des EPA ABl 09, 142	11, 10 20 Zuspubl 4, 20	a: 09, 63 u 10, 349 b: 10, 285 f: 11, 362 l BlPMZ 11, 203 L	
G 0003/08	Objection to member of EBA	11,110 20 Zuspubl 4, 20	a: 10, 102f: 10, 608	
G 0004/08	Verfahrenssprache Vorlage: J 0008/07 ABl 09, 216	10, 572 18 Zuspubl 3, 32		
2009				
G 0001/09	Anhängige Anmeldung/SONY Vorlage: J 0002/08 v 27.05.2009	11, 336	a: 11, 73 b: 10, 526 L d: 11, 846 L f: 12, 657	§ 39, 76
2010				
G 0001/10	Antrag auf Berichtigung des Patents/FISHER-ROSEMOUNT Vorlage T 1145/09	13, 194 20 Zuspubl 4, 62, 63	d: 13, 96 f: 12, 1038	Art. 106, 17; Art. 107, 4
G 0002/10	Disclaimer/SCRIPPS Vorlage: T 1068/07 IIC 11, 846	12, 376 20 Zuspubl 4, 14, 36, 38	b: 11, 463 L d: 12, 343 f: 12, 797	Art. 112, 8, 20
2011				
G 0001/11	Nichtrückzahlung von weiteren Recherchengebühren/BAUER Vorlage J 21/09 – 3.1.01	14, A 122	a: 15, 217 f: 14, 785	Art. 106, 16
2012				
G 0001/12	Identity of appellant Zulässigkeit der Beschwerde/Zenon Technology Vorlage: T 0445/08	14, A 114 20 Zuspubl 4, 73, 74	a: 15, 293 f: 14, 790	Art. 108, 5; Art. 112, 8, 18; Art. 112a, 9
G 0002/12	Tomatoes II Vorlage: T 1242/06 ABl 13, 42	16, A27 20 Zuspubl 4, 3, 4	b: 15, 273 L d: 13, 98 GRUR 16, 585	§ 2a, 44

* a = EPOR b = Mitt d = IIC f = GRUR Int

GBK-G — Große Beschwerdekammer 2013–2018

Aktenz.	Stichwort	ABl	Sonstige*	zitiert bei §/Art + Rdn
2013				
G 0001/13	Party status Fischer-Tropsch-Katalysatoren/SASOL TECHNOLOGY II Vorlage T 0022/09	15, A42	a: 15, 147	§ 59, 140
G 0002/13	Broccoli II Vorlage T 0083/05-3.3.04	16, A28 20 Zuspubl 4, 3, 4	a: 15, 293 b: 15, 274 L GRUR 16,596 L	§ 2a, 44
2014				
G 0001/14	Zulässigkeit der Vorlage einer Rechtsfrage an die Große Beschwerdekammer (Abgasanlage) Vorlage T 1553/13-3.2.06	16, A95 17 Zuspubl 4, 121	a: 18, 1 b: 16, 75L f: 16, 132	Art. 108, 18, 20
G 0002/14	Vorlageverfahren (T 2017/12) wegen Rücknahme der Patentanmeldung eingestellt.	15, A13		Art. 108, 20
G 0003/14	Erfordernisse des Art. 84 EPÜ Vorlage T 0373/12-3.2.08	15, A102 17 Zuspubl 4, 99 18 Zuspubl 3, 18	a: 15, 331 b: 15, 274 LGRUR 16, 596 L	Art. 110, 15
2015				
G 0001/15	Partial priority Vorlage T 557/13 – 3.3.06 partial priority/Infineum	17, A 82 20 Zuspubl 4, 34, 35	---	§ 41, 44, 46
G 2301/15	Zurückweisung eines Antrags des Verwaltungsrats	---		
G 2302/15	Erstattung der Kosten nach Rücknahme des Antrags auf Amtsenthebung	---		
2016				
G 1/16	Disclaimer/ OLED Vorlage T 437/14 – 3.3.09 (Mitt. 17,78)	18, A70 20 Zuspubl 4, 34, 37, 38	a: 18, 145	
G 2301/16	Request for a proposal of removal from office	14.06.16	a: 18, 523	
2018				
G 1/18	Inadmissible appeal or deemed not filed Referral pursuant to Art. 112(1)(b) EPC by the President of the EPO	20, A26 20 Zuspubl 4, 73, 87,94	b: 19, 495 L	

* **a** = EPOR **b** = Mitt **d** = IIC **f** = GRUR Int

Aktenz.	Stichwort	ABl	Sonstige*	zitiert bei §/Art + Rdn
2019				
G 1/19	Patentability of computer implemented simulations T 489/14 Vorlage der Kammer 3.5.07 vom 22.02.2019 (Mitt 19, 311 FN 2)	Vom 10.03.21	GRUR 21, 940 L GRUR-RS 21, 6335 GRUR-Prax 21, 229	
G 2/19	Recht auf mündliche Verhandlung bei ersichtlich unzulässiger Beschwerde und rechtliches Gehör am richtigen Ort T 831/17 Vorlage der Kammer 3.5.03 vom 25.02.2019 (Mitt 19, 312 FN 4)	20, A87 20 Zuspubl 4, 48 vom 16.07.2020	**b**: 19, 495 L	
G 3/19	Paprika Gewährbarkeit von auf Pflanzen, Pflanzenmaterial oder Tiere gerichteten Erzeugnis-ansprüchen und Product-by-Process-Ansprüchen Vorlage des Präsidenten des EPA	20, A119 20 Zuspubl 4, 2,4 vom 14.05.2020	**b**: 19, 312 (1.1.3)	
G 4/19	Doppelpatentierung Vorlage T 318/14 Zuspubl 4 ABl 20, 43	Vgl ABl 20, A66		
2021				
G 1/21	Mündliche Verhandlung in Form einer Videokonferenz Vorlage T 1807/15 vom 12.03.21	Vgl ABl 21, A36	**b**: 21, 291 GRUR-RS 21, 16590	

---

* **a** = EPOR **b** = Mitt **d** = IIC **f** = GRUR Int

Große Beschwerdekammer gemäß Art 112a EPÜ (Aktenzeichen: R)

Das Register enthält die Entscheidungen über Anträge auf Überprüfung durch die Große Beschwerdekammer gemäß Artikel 112a EPÜ, die in den letzten 10 Jahren ergangen sind, geordnet nach dem Aktenzeichen, beginnend mit dessen Jahresangabe 2011 Die Fundstellen früher ergangener Entscheidungen können in den Vorauflagen eingesehen werden.
Die Entscheidungen können unter dem Aktenzeichen in der Verfahrenssprache im Volltext eingesehen werden unter
https://www.epo.org/law-practice/case-law-appeals/advanced-search_de.html.
Spalte 1 enthält das Aktenzeichen
Spalte 2 enthält das Datum der Entscheidung
Spalte 3 enthält die Fundstellen der Entscheidungen im Amtsblatt des EPA (ABl), in den Sonderausgaben des Amtsblattes (ABl SA) sowie in den jeweiligen Zusatzpublikationen (Zuspubl) der einzelnen Jahrgänge des Amtsblattes.
Die Entscheidungen der Großen Beschwerdekammer gemäß Art. 112a EPÜ werden in der Publikation des EPA »**Rechtsprechung der Beschwerdekammern**« referiert. Das Werk ist als gebundene Ausgabe (ca 1800 Seiten) in Deutsch, Englisch und Französisch erhältlich sowie elektronisch im HTML- und PDF-Format. Die HTML-Version ist speziell auf die Online-Nutzung zugeschnitten, während die PDF-Version eine Volltextsuche ermöglicht und daher die beste Lösung für die Offline-Nutzung ist. Die Referate der Entscheidungen sind nach Themen geordnet, so dass sich eine Übersicht über die Rechtsprechung zu einer bestimmten Rechtsfrage ergibt. Jedes Referat einer Entscheidung der Großen Beschwerdekammer kann über das Aktenzeichen in der Publikation »Rechtsprechung der Beschwerdekammern« eingesehen werden (https://www.epo.org/law-practice/case-law-appeals/case-law_de.html). In der Spalte 3 wird daher die Fundstelle »Rechtsprechung der Beschwerdekammern« nicht erwähnt.
Spalte 4 enthält die Fundstellen der Entscheidungen in
a = EPOR b = Mitt d = IIC f = GRUR Int
Spalte 5 enthält die Zitate der Entscheidung im Kommentar, und zwar mit der Randnummer (Rdn) des jeweiligen §, Artikels oder der Einleitung (Einl).

Aktenz.	Datum	ABl, SA, Zuspubl**	Sonstige*	zit §/Art, Rdn
2008				
R 01/08	15.07.08	09 SA 2 S. 105, 106, 108, 112 10 SA 2 S. 100 11 SA 2 S. 117 12 SA S. 150 18 Zuspubl 3, 78	b: 08, 516 L	Art 112a, 14, 20
R 02/08	11.09.08	09 SA 2 S. 105, 106, 108, 109; 11 SA 2 S. 118 18 Zuspubl 3, 78		Art 112a, 14
R 03/08	25.09.08	09 SA 2 S. 106, 108, 110	a: 09, 175;	Art 112a, 23
R 04/08	20.03.09	10 SA 2 S. 96; 11 SA 2 S. 118		Art 112a, 15
R 05/08	05.02.09	09 SA 2 S. 105, 107, 108 18 Zuspubl 3, 77	a: 09, 498;	Art 112a, 13, 28
R 07/08	22.06.09	10 SA 2 S. 96	---	

** SA = Sonderausgabe, Zuspubl = Zusatzpublikation, Nr und Seite
 * a = EPOR b = Mitt d = IIC f = GRUR Int

Anträge nach Art. 112a EPÜ 2008–2010

Aktenz.	Datum	ABl, SA, Zuspubl**	Sonstige*	zit §/Art, Rdn
R 08/08	19.05.09	10 SA 2 S. 96		Art 112a, 15
R 09/08	21.01.09	09 SA 2 S. 105, 106, 108, 110; 10 SA 2 S. 97; 11 SA 2 S. 116		Art 112a, 14
R 10/08	13.03.09	09 SA 2 S. 106, 108, 111, 112		Art 112a, 15, 25
R 11/08	06.04.09	10 SA 2 S. 98, 101; 11 SA 2 S. 118	a: 09, 422	Art 112a, 25
2009				
R 01/09	22.06.10	Petition withdrawn	–	
R 03/09	03.04.09	10 SA 2 S. 97; 11 SA 2 S. 117, 118		Art 112a, 15
R 04/09	30.04.10	11 Sa 2 S. 118, 119, 120		Art 112a, 23
R 06/09	03.06.09	10 SA 2 S. 97		
R 07/09	22.07.09	10 SA 2 S. 8, 98; 12 SA S. 149 Statement setting out the grounds of appeal never notified to patent proprietor	a: 09, 437	Art 112a, 20
R 08/09	23.09.09	10 SA 2 S. 99; 11 SA 2 S. 117		
R 09/09	22.03.10	11 SA 2 S. 116		Art 112a, 15
R 10/09	22.06.10	11 SA 2 S. 120; 12 SA S. 150	d: 11, 66	
R 11/09	22.11.10	11 SA 2 S. 119 18 Zuspubl 3, 78		Art 112a, 21
R 12/09	03.12.09	10 SA 2 S. 96; 11 SA 2 S. 117, 120		Art 112a, 23
R 13/09	22.10.09	10 SA 2 S. 100; 11 SA 2 S. 117		
R 14/09	22.12.09	11 SA 2 S. 118		
R 15/09	05.07.10	11 SA 2 S. 117, 118 17 Zuspubl 4, 124 Für subjektiv bedingte Missverständnisse trägt jede Partei selbst die Verantwortung		
R 16/09	19.05.10	11 SA 2 S. 118, 120	---	
R 17/09	01.10.10	11 SA 2 S. 118, 120, 121	---	
R 18/09	27.09.10	11 SA 2 S. 115, 117, 118, 120; 12 SA S. 148	a: 11, 84	Art 112a, 10
R 19/09	24.03.10	11 SA 2 S. 119 18 Zuspubl 3, 78		Art 112a, 20
R 20/09	07.09.10	*11 SA 2 S. 121*		Art 112a, 12, 23
R 21/09	19.03.10	11 SA 2 S. 118, 120		
2010				
R 01/10	22.02.11	12 SA S. 146, 161		Art 112a, 15

* a = EPOR b = Mitt d = IIC f = GRUR Int

GBK-R   Anträge nach Art. 112a EPÜ 2010–2011

Aktenz.	Datum	ABl, SA, Zuspubl**	Sonstige*	zit §/Art, Rdn
R 02/10	03.11.10	11 SA 2 S. 117 20 Zuspubl 4, 88		Art 112a, 6
R 03/10	29.09.11	12 SA S. 146 17 Zuspubl 4, 124 The petitioner has the right to present its arguments orally	a: 12, 133;	Art 112a, 23
R 06/10	28.07.10	11 SA 2 S. 116		
R 09/10	10.09.10	11 SA 2 S. 117, 120; 12 SA S. 150		Art 112a, 23
R 10/10	17.12.10	Umfang rechtliches Gehör	f: 11, 753 L	
R 12/10	14.12.11	Neues Vorbringen vor Großer Beschwerdekammer		
R 13/10	24.03.11	Überprüfung materiellen Rechts		
R 14/10	26.01.11	12 SA S. 148, 150 20 Zuspubl 4, 84	a: 11, 203 f: 11, 753	
R 15/10	25.11.10	11 SA 2 S. 117, 118, 120	f: 11, 752	
R 16/10	20.12.10	12 SA S. 151	f: 11, 753	
R 17/10	15.06.11	12 SA S. 146	---	Art 112a, 27
R 19/10	16.03.11	12 SA S. 148, 150 17 Zuspubl 4, 122, 124		Art 112a, 22
R 20/10	25.08.11	12 SA S. 145, 150		Art 112a, 20
R 21/10	16.03.11	17 Zuspubl 4, 123, 124		
R 22/10	07.03.11	Notwendiger Kausalzusammenhang		
R 23/10	15.07.11	12 SA S. 148 17 Zuspubl 4, 122, 124		Art 112a, 22
2011				
R 01/11	27.06.11	Eintragung des Rechtsübergangs des Patents	RsprBK/EPA 19, 1516	Art 112, 14; Art 112a, 27
R 02/11	23.11.11	Einwände gegen Anhörung eines Sachverständigen		
R 03/11	16.12.11	12 SA S. 145		
R 04/11	16.04.12	Voraussetzungen der Vereinbarkeit mit Art 113		
R 05/11	22.08.11.	verspätete Einreichung eines Hilfsantrags		
R 06/11	04.11.11.	17 Zuspubl 4, 123, 124		
R 07/11	05.10.11	Niederschrift der mündlichen Verhandlung als Beweismittel		
R 08/11	29.11.11	Abschließende Aufzählung der Überprüfungsgründe nach Art. 112a (2)		Art 112a, 20
R 09/11	07.12.12	Non-admission of auxiliary requests		Art 112a, 23

* **a** = EPOR **b** = Mitt **d** = IIC **f** = GRUR Int

Anträge nach Art. 112a EPÜ 2011–2012   GBK-R

Aktenz.	Datum	ABl, SA, Zuspubl**	Sonstige*	zit §/Art, Rdn
R 10/11	09.11.11	rechtswidrige Ausübung des Ermessens		Art 112a, 23
R 11/11	14.11.11	12 SA S. 149, 154 14 Zuspubl 137		
R 13/11	20.04.12	14 Zuspubl 137 Non-admission of auxiliary requests		Art 112a, 23
R 14/11	05.07.12	No deviation of established jurisprudence		Art 112a, 15
R 15/11	13.05.12	20 Zuspubl 4, 66 No suspicion of partiality		Art 112a, 23, 30
R 16/11	23.03.12	Ist ein Antrag nicht gewährbar, kann dahingestellt bleiben, ob R. 106 EPÜ entsprochen ist	a: 13, 10	Art 112a, 23
R 17/11	19.03.12	14 Zuspubl 145, 146 17 Zuspubl 4, 122, 124 Keine Überprüfung in der Sache		Art 112a, 23
R 18/11	22.11.12	14 Zuspubl 90	---	–
R 19/11	02.20.12	17 Zuspubl 4, 123	a: 13, 137	Art 112a, 23
R 20/11	23.10.12	Nichtentscheiden über relevanten Antrag		Art 112a, 14
R 21/11	15.06.12	14 Zuspubl 147, 148, 150 Relevanter Antrag nicht entschieden		Art 112a, 25, 30
2012				
R 01/12	31.01.13	14 Zuspubl 145 Sachgerechte Verfahrensführung		
R 02/12	26.09.12	14 Zuspubl 84, 142 Besorgnis der Befangenheit	a: 13, 220 u 225	
R 03/12	29.08.12	Mangelndes technisches Verständnis eines Kammermitglieds	a: 13, 18	Art 112a, 19
R 04/12	20.12.12	14 Zuspubl 143, 144, 146, 147 Erstmals vor der GBK vorgebrachte Rüge		
R 05/12	20.12.12	14 Zuspubl 141	---	–
R 06/12	18.01.13	Ein Beteiligter muss sich aktiv am Verfahren beteiligen.		Art 112a, 15
R 07/12	06.12.13	Keine Vorlage für GBK		Art 112, 14
R 11/12	19.07.13	Gründe für die Verlegung der mündlichen Verhandlung	a: 14, 1	

* a = EPOR b = Mitt d = IIC f = GRUR Int

GBK-R Anträge nach Art. 112a EPÜ 2012–2013

Aktenz.	Datum	ABl, SA, Zuspubl**	Sonstige*	zit §/Art, Rdn
R 12/12	14.01.13	14 Zuspubl 143 Active Mitwirkung der Beteiligten		Art 112a, 23
R 13/12	14.11.12	14 Zuspubl 144 17 Zuspubl 4, 123, 125 Criticism of substance of the decision		Art 112a, 22
R 14/12	25.10.13	Relevanz des gesamten Akteninhalts für die mündliche Verhandlung	a: 14, 201	Art 112a, 23
R 15/12	11.03.13.	17 Zuspubl 4, 122, 123-125 18 Zuspubl 3, 36	BeckRS 16, 9912	
R 16/12	15.11.13	15 Zuspubl 4, 150 Erstmals vor der GBK vorgebrachte Rüge		
R 17/12	08.07.13	Verantwortlichkeit für Prozessführung	BeckRS 16, 7114	
R 18/12	10.12.13	15 Zuspubl 4, 149 Requirements for an objection under Rule 106	a: 14, 296	Art 112a, 16
R 19/12	12.04.16	15 Zuspubl 4, 10, 11, 88, 90, 91 17 Zuspubl 4, 122, 125 Besorgnis der Befangenheit	b: 14, 273 d: 15, 102 f: 14, 668	Art 112a, 9, 22
2013				
R 01/13	17.06.13	14 Zuspubl 146 requests filed to overcome late-raised objections		Einl 213; Art 112a, 23
R 02/13	10.06.13	14 Zuspubl 143 Petition clearly unallowable		
R 03/13	30.01.14	15 Zuspubl 4, 150 17 Zuspubl 4, 124 20 Tzspubl 4, 95 Überraschung durch unbekannte Gründe		
R 04/13	25.07.13	14 Zuspubl 137, 141 Ermessen für Zulassung von Anträgen		Art 112a, 23
R 05/13	10.02.14	15 Zuspubl 4, 151 Verfahren gemäß Aufgabe- und Lösungsansatz		Art 112a, 23
R 06/13	22.11.13	Non-admittance of a document		
R 07/13	26.10.16	No violation of Art. 112a(2)c	BeckRS 16, 109216	Art 112a, 23
R 08/13	20.03.15	Lack of impartiality	a: 15, 540 b: 15, 345 L	Art 106, 6
R 09/13	10.02.14	15 Zuspubl 4,,35, 151 Fundamental violation of Art. 113		

* **a** = EPOR **b** = Mitt **d** = IIC **f** = GRUR Int

Anträge nach Art. 112a EPÜ 2013–2014

Aktenz.	Datum	ABl, SA, Zuspubl**	Sonstige*	zit §/Art, Rdn
R 10/13	10.02.14	15 Zuspubl 4, 35, 151 Fundamental violation of Art. 113		
R 11/13	10.02.14	15 Zuspubl 4, 35, 151 Fundamental violation of Art. 113		
R 12/13	10.02.14	15 Zuspubl 4, 35, 151 Fundamental violation of Art. 113		
R 13/13	10.02.14	15 Zuspubl 4, 35, 151 18 Zuspubl 3, 38 Fundamental violation of Art. 113		
R 14/13	25.02.15	Umfang der Überprüfung		
R 15/13	18.10.13	14 Zuspubl Teil II Nr 7.2.1 Non-discussion of argument	a: 14, 136	
R 16/13	08.12.14	16 Zuspubl 3 17 Zuspubl 4, 113, 123 18 Zuspubl 3, 78 Heranziehen nicht vorgebrachter Gründe		Art 106, 24, 31; Art 112a, 24
R 17/13	13.09.13	Nichtteilnahme an mündlicher Verhandlung	a: 14, 12	
R 18/13	17.03.14	15 Zuspubl 4, 78 Pflicht des Vertreters zur Prüfung einzuhaltender Fristen	BeckRS 16, 119	
R 21/13	02.06.14	Obligation to raise an objection R.106	a: 15, 69	
2014				
R 01/14	21.01.15	Objections to the chairman and the members of the board		
R 02/14	17.02.15	15 Zuspubl 4, 10, 90 17 Zuspubl 4, 124 18 Zuspubl 3, 76 Fundamental violation of the right to be heard	a: 15, 375	Art 106, 6; Art 112a, 24
R 03/14	07.07.14	Antrag Schutzbereich festzustellen		
R 04/14	06.06.16	subjective surprise at Board actions	BeckRS 16, 105494	
R 05/14	04.03.15	Überprüfungsantrag vor Zustellung der Entscheidung	BeckRS 15, 113758	
R 06/14	28.05.15	Verhandlungsprotokoll und Sachverhaltsdarstellung	BeckRS 15, 118188	
R 07/14	18.02.16	Petition for review clearly unallowable	a: 16, 295	

* a = EPOR b = Mitt d = IIC f = GRUR Int

GBK-R Anträge nach Art. 112a EPÜ 2014–2016

Aktenz.	Datum	ABl, SA, Zuspubl**	Sonstige*	zit §/Art, Rdn
R 08/14	28.07.15	Überprüfungsantrag kann nur auf schwerwiegende Verfahrens-Mängel gestützt werden		
R 09/14	24.02.15	Ein zugelassener Vertreter muss mit dem Aufgabe-Lösungs-Ansatz vertraut sein	a: 15, 445	Art 112a, 23
R 10/14	29.05.15	Kein Verstoß gegen R. 104b	BeckRS 15, 119845	Art 112a, 25
R 12/14	07.10.16	Failure to decide on relevant request (no)	BeckRS 16, 121265	
R 13/14	15.01.16	Mündliche Verhandlung in München statt in Den Haag	a: 16, 318	Art 112a, 25
R 16/14	21.10.16	Petition only against an independent part of the decision under review	a: 18, 43	
R 17/14	15.12.15	fehlender Kausalzusammmnehang	BeckRS 15, 113547	
R 18/14	22.05.15	Arguments and logic of a line of reasoning	a: 16, 191	
2015				
R 01/15	03.06.16	Flexible vacuum packaging/ MORA NEGRIN	BeckRS 16, 121328	
R 02/15	21.10.15	18 Zuspubl 3, 77 Notice of withdrawal as chairman	a 18, 54	Art 112a, 9
R 03/15	28.11.17	18 Zuspubl 3, 76, 77 neue Formulierung der Aufgabe	BeckRS 17, 137938	Art 112a, 24
R 04/15	16.09.15	Petition deemed not to have been filed	BeckRS 16, 121562	Art 112a, 8
R 05/15	29.05.17	Zwischenentscheidung zu Befangenheit	a: 18, 191	Art 112a, 9, 14
R 06/15	25.04.16	Misleading statement of Board member	a: 16, 325 a: 16, 325	
R 07/15	15.05.17	18 Zuspubl 3, 35 Hinweis auf Entscheidungsgründe	a: 18,77	
R 08/15	18.07.15	17 Zuspubl 4, 125 18 Zuspubl 3, 77 Verstoß gegen R. 102g	BeckRS 16, 121189	Art 112a, 22
2016				
R 01/16	22.05.17	Verstoß gegen Art. 6(1) EMRK im Verfahren nach Art. 112a	BeckRS 17, 115266	
R 02/16	28.10.16	Verstoß gegen Art. 112a(2)c (nein)	BeckRS 16, 113729	

* a = EPOR b = Mitt d = IIC f = GRUR Int

Anträge nach Art. 112a EPÜ 2016–2018

Aktenz.	Datum	ABl, SA, Zuspubl**	Sonstige*	zit §/Art, Rdn
R 03/16	06.10.17	20 Zuspubl 4, 95 objections for suspected partiality	BeckRS 17, 146614	Art 112a, 18
R 04/16	16.04.18	Violation du droit d'être entendu (non)	BeckRS 18, 30375	
R 05/16	24.10.16	A party should be aware of the case law of the boards of appeal	BeckRS 16, 109856	
R 06/16	29.09.17	18 Zuspubl 3, 78 mere subjective surprise	BeckRS 17, 140226	
R 07/16	04.04.18	20 Zuspubl 4, 97 Admissibility of petition	a: 18, 456	Art 112a, 23
R 08/16	10.07.17	20 Zuspubl 4, 96 Parties adversely affected	a: 18, 218 b: 19, 312 FN 11	Art 112a, 23
2017				
R 01/17	10.07.18	Vortrag der Parteien	BeckRS 18, 31805	Art 112a, 20
R 03/17	24.05.18	fehlerhafte Anwendung der VOBK	BeckRS 18, 41525	Art 112a, 14
R 04/17	29.01.18	20 Zuspubl 4, 66, 98 notice and grounds of appeal never notified to parrties	a: 18, 213	Art 112a, 25
R 05/17	04.03.19	Control system/BAMFORD EXCAVATORS	BeckRS 19, 11673	Art 112a, 20
R 06/17	28.05.18	Review of substantive law		Art 112a, 23
R 07/17	13.6.19	Erforderlichkeit eines Protokollberichtigungsantrags	GRUR-RS 19, 36172	Art 112a, 27
R 08/17	18.06.18	Erforderlichkeit eines Protokollberichtigungsantrags	BeckRS 18, 19298	Art 112a, 27
R 09/17	04.06.18	Violation of right to be heard	a: 19, 294	
2018				
R 01/18	30.03.19	20 Zuspubl 4, 94	BeckRS 19, 29368	Art 112a, 8
R 02/18	24.09.18	Unvollständige Begründung	a: 19, 175	
R 03/18	12.11.18	substantiation of fundamental procedural defect	a: 19, 168	Art 112a, 14
R 04/18	10.10.18	20 Zuspubl 4, 93 Niederschriften keine Entscheidung	a: 19, 77	Art 112a, 9
R 06/18	22.02.19	20 Zuspubl 4, 95 Right to be heard, General principles	a: 20, 1 b: 19, 313 FN 14	
R 07/18	04.02.19	Drain/EASY SANITARY	BeckRS 19, 11874	Art 112a, 16
R 08/18	14.10.19	Beweispflicht für Vorliegen eines Überprüfungsgrundes	GRUR-RS 19, 34404	Art 112a, 16
R 10/18	17.12.20	A board is presumed to have taken into account a party's submissions	GRUR-RS 20, 36348	

* a = EPOR b = Mitt d = IIC f = GRUR Int

GBK-R   Anträge nach Art. 112a EPÜ 2019

Aktenz.	Datum	ABl, SA, Zuspubl**	Sonstige*	zit §/Art, Rdn
2019				
R 02/19	06.10.20	Darlegungs- und Beweislast; Hinweispflicht der Kammer	b: 21, 301 FN 11 GRUR-RS 20, 35518	
R 06/19	26.02.21	Admittance of claim requests	ECLI:BA:2021.R000619. 20210226	

a = EPOR b = Mitt d = IIC f = GRUR Int

---

* a = EPOR b = Mitt d = IIC f = GRUR Int

Juristische Beschwerdekammer (J)

Dieses Register enthält die Entscheidungen der Juristischen Beschwerdekammer, die in den letzten 10 Jahren ergangen sind, geordnet nach dem Aktenzeichen, beginnend mit dessen Jahresangabe 2011. Die Fundstellen früher ergangener Entscheidungen können in den Vorauflagen eingesehen werden.

Die Entscheidungen können unter dem Aktenzeichen in der Verfahrenssprache im Volltext eingesehen werden unter
https://www.epo.org/law-practice/case-law-appeals/advanced-search_de.html.

Spalte 2 enthält dreisprachige Fassungen der Entscheidungen im Amtsblatt des EPA (ABl), in den Sonderausgaben des Amtsblattes (ABl SA) sowie in den jeweiligen Zusatzpublikationen (Zuspubl) der einzelnen Jahrgänge des Amtsblattes.

Die Entscheidungen der Juristischen Beschwerdekammer werden in der Publikation des EPA »**Rechtsprechung der Beschwerdekammern**« referiert. Das Werk ist als gebundene Ausgabe (ca 1800 Seiten) in Deutsch, Englisch und Französisch erhältlich sowie elektronisch im HTML- und PDF-Format. Die HTML-Version ist speziell auf die Online-Nutzung zugeschnitten, während die PDF-Version eine Volltextsuche ermöglicht und daher die beste Lösung für die Offline-Nutzung ist. Die Referate der Entscheidungen sind nach Themen geordnet, so dass sich eine Übersicht über die Rechtsprechung zu einer bestimmten Rechtsfrage ergibt. Jedes Referat einer Entscheidung der Juristischen Beschwerdekammer kann über das Aktenzeichen in der Publikation »Rechtsprechung der Beschwerdekammern« eingesehen werden (https://www.epo.org/law-practice/case-law-appeals/case-law_de.html). In der Spalte 3 wird daher die Fundstelle »Rechtsprechung der Beschwerdekammern« nicht erwähnt.

Spalte 3 enthält Fundstellen der Entscheidungen in
a = EPOR **b** = Mitt **d** = IIC **f** = GRUR Int

Aktenzeichen	ABl, SA, Zuspubl**	Sonstige*
2011		
J 0001/11	12 SA 111	BeckRS 11, 146499 Vom 28.06.11
J 0004/11	12, 516	Vom 25.11.11
J 0005/11	all due care	Vom 06.06.12
J 0007/11	Sequenzprotokoll	BeckRS 12, 215618 Vom 24.01.12
J 0008/11	Sequence listing for prior-art	a: 13, 242
J 0009/11	late payment of extension fees	BeckRS 12, 215541 Vom 30.03.12
J 0010/11	appeal: statement of grounds	Vom 03.12.12
J 0013/11	renewal fee	Vom 22.06.12
J 0016/11	Restitutio in integrum	Vom 07.12.12
2012		
J 0001/12	15 ZusPubl 101	
J 0002/12	Missing drawings	Vom 07.08.13
J 0003/12	Re-establishment	Vom 05.12.12
J 0004/12	Re-establishment	Vom 05.12.12
J 0005/12	Correction of application	Vom 05.07.13
J 0006/12	Anspruchsgebühr	Vom 29.01.13

** SA = Sonderausgabe, Zuspubl = Zusatzpublikation
* **a** = EPOR **b** = Mitt **d** = IIC **f** = GRUR Int

Aktenzeichen	ABl, SA, Zuspubl**	Sonstige*
J 0007/12	Wiedereinsetzung	Vom 25.01.13
J 0009/12	Filing of a divisional application	a: 13, 418
J 0010/12	Pending earlier application	BeckRS 16, 2324
J 0011/12	Anspruchsgebühren	b: 2016, 502 BeckRS 15, 114977
J 0013/12	Aussetzung des Verfahrens	Vom 17.06.13
J 0014/12	renewal fees	Vom 12.12.13
J 0015/12	Missing drawings	Vom 18.02.13
J 0017/12	15 ZusPubl 95	
J 0018/12	Interruption of proceedings	Vom 15.05.13
J 0020/12	Divisional Application	BeckRS 16, 8902
J 0022/12	15 ZusPubl 109, 124	a: 14, 289
J 0025/12	15 ZusPubl 97	BeckRS 14, 117777
2013		
J 0001/13	18 Zuspubl 3, 44	
J 0003/13	Wiedereinsetzung Prioritätsfrist	**BeckRS 16, 17159**
J 0005/13	15 ZusPubl 78	
J 0006/13	Retraction of withdrawal	BeckRS 16, 6929
J 0007/13	divisional application	BeckRS 15, 119496
J 0008/13	appeal fee	Vom 13.04.15
J 0009/13	professional representative	Vom 24.07.13
J 0013/13	Teilanmeldung	BeckRS 16, 107948
J 0015/13	15 ZusPubl 95	a: 14, 472
J 0016/13	15 ZusPubl 102, 125	a: 14, 483
J 0019/13	17 Zuspubl 4, 84	**BeckRS 16, 120346**
J 0022/13	17 Zuspubl 4, 56	---
J 0023/13	17 Zuspubl 4, 56	---
2014		
J 0001/14	Zulässigkeit der Beschwerde	**BeckRS 16, 17158**
J 000214	20 Zuspubl 4, 57	
J 0003/14	15 ZusPubl 85; 17 Zuspubl 4, 88	BeckRS 14, 119257
J 0006/14	Restitutio in integrum	BeckRS 15, 119595
J 0009/14	correction of withdrawal of an application	BeckRS 16, 113697
J 0012/14	Drawings to be added	Vom 27.03.15
J 0013/14	18 Zuspubl 3, 32	BeckRS 16, 124770
J 0014/14	Notification of a communication	BeckRS 15, 117696
J 0015/14	17 Zuspubl 4, 66	BeckRS 15, 119320
J 0016/14	---	vom 15.6.15
J 0017/14	17 Zuspubl 4, 82	BeckRS 15, 119319
J 0023/14	18 Zuspubl 3, 41	BeckRS 16, 123338
2015		
J 0002/15	Retraction of withdrawal	BeckRS 15, 119323
J 0007/15	17 Zuspubl 4, 66	BeckRS 16, 111785

* a = EPOR b = Mitt d = IIC f = GRUR Int

Juristische Beschwerdekammer 2016–2020

Aktenzeichen	ABl, SA, Zuspubl**	Sonstige*
2016		
J 0001/16	18 Zuspubl 3, 71	BeckRS 16, 113669
J 0013/16	Wiederherstellung Prioritätsrecht	BeckRS 17, 146720
J 0008/16	18 Zuspubl 3, 53	---
J 0010/16	18 Zuspubl 3, 33	BeckRS 16, 123685
J 0017/16	Wiederherstellung Prioritätsrecht	BeckRS 17, 146451
J 0018/16	18 Zuspubl 3, 53	BeckRS 17, 116158
J 0019/16	18 Zuspubl 3, 80	a: 18, 132
J 0018/16	Begründungspflicht	BeckRS 17, 116158
2017		
J 04-08/17	20 Zuspubl 4, 58 Date for resumption of the proceedings for grant, R.14(3)	BlPMZ 19, 200 BeckRS 18, 18924
J 0009/17	Resumption of proceedings for grant	a: 18, 543
J 0010/17	Sorgfaltsmaßstab R.26bis PCT	b: 19, 316 FN 27
J 0016/17	20 Zuspubl 4, 56 Decisions from the EPO must be signed by and state the name of the employee responsible (R. 113(1)	a: 18, 586
2018		
J 0003/18	Resumption of proceedings after stay	a: 19, 572
J 0004/18	Incorrect form of decision	BeckRS 19, 5781
J 0006/18	Re-establishment all due care	BeckRS 19, 16542
J 0007/18	reimbursement of part of the appeal fee	BeckRS 19, 844
J 0008/18	ermäßigte Beschwerdegebühr	BeckRS 19, 11710
J 12-14/18	Art 76(2) EPC, designation in divisional applicarion	GRUR-RS 20, 19926 GRUR-RS 20, 19927 GRUR-RS 20, 19930
2019		
J 0001/19	restoration of the right of priority	a: 19, 560
J 0007/19	correction under Rule 139 EPC	GRUR-RS 20, 20025
J 0010/19	interruption of proceedings due to the insolvency	GRUR-RS 20, 19925
J 0012/19	A "communication" constituting a "decision" under Article 106(1) EPC	GRUR-RS 21, 9000
2020		
J 0003/20	Art 76(2) EPC, designation in divisional applicarion	GRUR-RS 20, 19933

* a = EPOR b = Mitt d = IIC f = GRUR Int

Technische Beschwerdekammer (T)

Dieses Register enthält die Entscheidungen der Technischen Beschwerdekammern, beginnend mit dem Aktenzeichen des Jahrgangs 2013. Die früher ergangenen Entscheidungen können in der Vorauflage eingesehen werden.
Außer dem Abdruck der Entscheidung in ABlEPA und GRUR Int werden folgende Fundstellen angegeben:

a = EPOR b = Mitt d = IIC f = GRUR Int

Aktenzeichen	ABl, SA, Zuspubl**	Sonstige*
2013		
T 0008/13	15 Zuspubl 4, 83, 98	---
T 0025/13	15 Zuspubl 4, 36	BeckRS 14, 118632
T 0027/13	15 Zuspubl 4, 133	---
T 0038/13	Ausführbarkeit	BeckRS 16, 203
T 0081/13	17 Zuspubl 4, 47	BeckRS 15, 119986
T 0083/13	14, A76	---
T 0099/13	17 Zuspubl 4, 46	BeckRS 16, 9384
T 0100/13	17 Zuspubl 4, 106	BeckRS 15, 119901
T 0143/13	synergistic microbicidal compositions	BeckRS 14, 118283
T 0145/13	18 Zuspubl 3, 15	BeckRS 17, 119709
T 0146/13	brochure commerciale	BeckRS 15, 116377
T 0151/13	17 Zuspubl 4, 12	BeckRS 16, 120447
T 0158/13	18 Zuspubl 3, 3	BeckRS 16, 122502
T 0160/13	Priorität	---
T 0163/13	Late filed auxiliary requests	---
T 0184/13	Admissible amendments	---
T 0202/13	17 Zuspubl 4, 73	---
T 0206/13	17 Zuspubl 4, 32	---
T 0241/13	added subject-matter	BeckRS 16, 194
T 0248/13	17 Zuspubl 4, 99	BeckRS 16, 120628
T 0256/13	18 Zuspubl 3, 64	---
T 0258/13	18 Zuspubl 3, 60	BeckRS 17, 111538
T 0260/13	Extension of protection	---
T 0268/13	18 Zuspubl 3, 15	BeckRS 17, 138544
T 0306/13	Clarity	---
T 0307/13	Revocation of the patent at request of the patent proprietor	BeckRS 16, 6973
T 0316/13	Restitutio in integrum	BeckRS 16, 733
T 0327/13	Admissibility of appeal	a: 16, 67 BeckRS 15, 119424
T 0345/13	Applicability of R.137(5	BeckRS 14, 118653
T 0353/13	17 Zuspubl 4, 79	---

** SA = Sonderausgabe, Zuspubl = Zusatzpublikation, Case law identifier
* a = EPOR b = Mitt d = IIC f = GRUR Int

Technische Beschwerdekammer 2013 TBK

Aktenzeichen	ABl, SA, Zuspubl**	Sonstige*
T 0383/13	15 Zuspubl 4, 93 18 Zuspubl 3, 58	---
T 0393/13	17 Zuspubl 4, 20	---
T 0395/13	15 Zuspubl 4, 132	BeckRS 14, 120589
T 0405/13	15 Zuspubl 4, 42	BeckRS 16, 739
T 0447/13	Request for postponement	a: 18, 238
T 0450/13	Admissibility of public prior use	
T 0454/13	17 Zuspubl 4, 25	BeckRS 16, 106308
T 0460/13	Request to hear witnesses	---
T 0467/13	Zurückkehren zur erteilten Fassung	BeckRS 15, 117206
T 0473/13	17 Zuspubl 4, 78	---
T 0480/13	Lapse of patent in all designated states	---
T 0490/13	17 Zuspubl 4, 109	BeckRS 16, 122117
T 0540/13	18 Zuspubl 3, 63	BeckRS 17, 113529
T 0556/13	18 Zuspubl 3, 69	BeckRS 16, 123667
T 0557/13	16, A 87	a: 15, 507
T 0558/13	15 Zuspubl 4, 62	
T 0560/13	Divisional application	---
T 0562/13	Admissibility of appeal	BeckRS 15, 119433
T 0565/13	17 Zuspubl 4, 95	BeckRS 16, 121214
T 0614/13	17 Zuspubl 4, 92	BeckRS 15, 119300
T 0620/13	15 Zuspubl 4, 128	BeckRS 16, 82365
T 0649/13	Re-establishment of rights	BeckRS 15, 81567
T 0655/13	reference to a part of a Japanese language prior art publication	BeckRS 18, 14224
T 0735/13	18 Zuspubl 3, 62	BeckRS 17, 140250
T 0738/13	17 Zuspubl 4, 60	BeckRS 16, 120598
T 0754/13	Claim functional definition	BeckRS 16, 1814
T 0771/13	Observations by third parties	BeckRS 14, 127868
T 0782/13	Beweismittel	
T 0801/13	Claims clarity	BeckRS 16, 217
T 0837/13	Admissibility of appeal	---
T 0893/13	Reimbursement of appeal fee	---
T 0895/13	15 Zuspubl 4, 123; 17 Zuspubl 4, 38	BeckRS 16, 2405
T 0899/13	15 Zuspubl 4, 132	---
T 0943/13	17 Zuspubl 4, 17	a: 16, 1
T 0972/13	Zulässigkeit der Beschwerde, Kostenverteilung	BeckRS 15, 116709
T 0991/13	Patentable subject matter Art. 53 c	a: 18, 385
T 1020/13	14 Zuspubl 5, 122	---
T 1027/13	Fundamental procedural defect	---
T 1058/13	Common general knowledge	a: 19, 153
T 1060/13	14 Zuspubl 5, 123	---
T 1066/13	Use of internet archive	a: 19, 208

* a = EPOR b = Mitt d = IIC f = GRUR Int

TBK   Technische Beschwerdekammer 2013

Aktenzeichen	ABl, SA, Zuspubl**	Sonstige*
T 1085/13	claim defining a compound as having a certain purity	BeckRS 18, 37213
T 1093/13	Zurückverweisung	BeckRS 14, 118341
T 1125/13	15 Zuspubl 4, 124; 18 Zuspubl 3, 77	BeckRS 16, 694
T 1155/13	15 Zuspubl 4, 67	BeckRS 16, 2033
T 1162/13	intermediate generalisation	a: 14, 393
T 1170/13	prior use	BeckRS 15, 119503
T 1171/13	all due care	---
T 1269/13	clarity	BeckRS 15, 115926
T 1336/13	Industrial application	a: 15, 285
T 1354/13	fundamental deficiency in first-instance	a: 15,60
T 1362/13	Pflicht zur Abhilfe	---
T 1399/13	Abwandlungen und Prioritätsrecht	BeckRS 18, 22938
T 1402/13	17 Zuspubl 4, 114; 18 Zuspubl 3, 41, 42, 43	BeckRS 16, 119957
T 1426/13	Fresh ground for opposition	---
T 1434/13	18 Zuspubl 3, 20	BeckRS 16, 123679
T 1441/13	15 Zuspubl 4, 20, 58 17 Zuspubl 4, 50	a: 15,78
T 1473/13	request to stay an appeal	BeckRS 19, 7849
T 1506/13	added subject-matter	BeckRS 15, 119365
T 1533/13	17 Zuspubl 4, 107	BeckRS 15, 114117
T 1553/13	14, A84 17 Zuspubl 4, 120	a: 15, 1
T 1578/13	18 Zuspubl 3, 73	BeckRS 17, 141937
T 1654/13	joint patent proprietors are joint appellants	---
T 1682/13	Zulässigkeit der Beschwerde	BeckRS 15, 119370
T 1693/13	18 Zuspubl 3, 54	BeckRS 17, 115404
T 1697/13	Spät eingereichte Anträge	BeckRS 14, 118331
T 1717/13	further auxiliary requests	BeckRS 16, 120568
T 1719/13	auxiliary request filed during appeal	a: 18, 276
T 1765/13	15 Zuspubl 4, 70	BeckRS 16, 2083
T 1766/13	15 Zuspubl 4, 70	a: 14, 373
T 1808/13	17 Zuspubl 4, 50, 51	BeckRS 15, 113994
T 1811/13	18 Zuspubl 3, 17	BeckRS 16, 123344
T 1852/13	18 Zuspubl 3, 27	b: 17, 335 BeckRS 17, 116171
T 1853/13	Added subject-matter	BeckRS 14, 120518
T 1855/13	Substantial procedural violation	---
T 1903/13	18 Zuspubl 3, 73	BeckRS 17, 115361
T 1905/13	Klarheit	BeckRS 16, 121166
T 1929/13	discretion of examining division	---
T 1955/13	18 Zuspubl 3, 61	Öbl 18, 20
T 1958/13	alternative gesture definition	BeckRS 15, 119382

* a = EPOR b = Mitt d = IIC f = GRUR Int

Technische Beschwerdekammer 2013–2014　　　　　　　　TBK

Aktenzeichen	ABl, SA, Zuspubl**	Sonstige*
T 1961/13	15 Zuspubl 4, 28 17 Zuspubl 4, 122, 123	---
T 1972/13	18 Zuspubl 3, 40, 52	a: 18, 99
T 1977/13	Requêtes produites tardivement	BeckRS 15, 119511
T 2020/13	Availability zo zhe public	a: 18, 410
T 2057/13	18 Zuspubl 3, 46	BeckRS 17, 123804
T 2059/13	17 Zuspubl 4, 36	BeckRS 16, 1931
T 2086/13	17 Zuspubl 4, 116	BeckRS 16, 119733
T 2111/13	18 Zuspubl 3, 51	BeckRS 14, 127861
T 2191/13	17 Zuspubl 4, 8	BeckRS 16, 968
T 2246/13	Decision issued before expiry of time-limit for comment	BeckRS 14, 120555
T 2249/13	Inventive step	BeckRS 14, 118240
T 2272/13	Common general knowledge	a: 20, 121
T 2317/13	15 Zuspubl 4, 79	a: 14, 337
T 2338/13	17 Zuspubl 4, 74	BeckRS 16, 122333
T 2352/13	15 Zuspubl 4, 93	BeckRS 16, 192
T 2377/13	18 Zuspubl 3, 58	BeckRS 17, 116179
T 2415/13	added subject-matter	---
T 2420/13	17 Zuspubl 4, 4	BeckRS 16, 112847
T 2451/13	17 Zuspubl 4, 75; 18 Zuspubl 3, 47	a: 16, 258
T 2457/13	Additional search report	a: 20, 47
T 2466/13	Fakultative Merkmale und Priorität	BeckRS 18, 19300
T 2471/13	17 Zuspubl 4, 104	BeckRS 16, 9382
T 2506/13	No reasoned decision	a: 19, 148 BeckRS 18, 29450
2014		
T 0013/14	Double patenting	---
T 0015/14	Swiss-type claim and purpose-limited product claim	---
T 0016/14	unpublished author's copy of a publication	BeckRS 19, 8213
T 0066/14	17 Zuspubl 4, 96 18 Zuspubl 3, 64	BeckRS 16, 122477
T 0081/14	17 Zuspubl 4, 26	a: 16, 454
T 0107/14	Grounds for opposition	---
T 0116/14	Zweckangabe in einem Vorrichtungsanspruch	BeckRS 19, 8607
T 0129/14	Unity of invention	BeckRS 14, 119556
T 0171/14	mere mathematical method	a: 19, 51
T 0181/14	18 Zuspubl 3, 41	BeckRS 17, 138555
T 0205/14	Right of priority - assignment	---
T 0239/14	Non-technical contribution	a: 20, 66
T 0260/14	18 Zuspubl 3, 24	BeckRS 17, 113504
T 0265/14	Rückzahlung der hälftigen Beschwerdegebühr	BeckRS 18, 18637

* **a** = EPOR **b** = Mitt **d** = IIC **f** = GRUR Int

Aktenzeichen	ABl, SA, Zuspubl**	Sonstige*
T 0305/14	Reimbursement of appeal fee	BeckRS 16, 732
T 0306/14	17 Zuspubl 4, 117	BeckRS 16, 126182
T 0308/14	Unklarheit eines Merkmals	b: 16,390
T 0318/14	20, A104 Doppelpatentierung	b: 19, 312
T 0336/14	technical and non-technical features	a: 16, 112
T 0353/14	17 Zuspubl 4, 72	BeckRS 16, 121212
T 0378/14	unzulässige Erweiterung (nein)	BeckRS 15, 119428
T 0383/14	claim features with »so that« limitations	BeckRS 18, 20767
T 0385/14	Patentability of subject matter Art. 53a, R. 28(1)	a: 20, 89
T 0437/14	17, A50; 17 Zuspubl 4, 48	a: 19, 379 b: 17, 78
T 0489/14	Computer-implementierte Simulationsprogramme Vorlage der Kammer 3.5.07 vom 22.02.19 zu G 1/19	a: 19, 225 b: 19, 515 L
T 0523/14	18 Zuspubl 3, 6	BeckRS 17, 115218
T 0598/14	mixture of technical and non-technical features	BeckRS 14, 118252
T 0615/14	17 Zuspubl 4, 95	a: 16, 173
T 0640/14	Claims - clarity	BeckRS 15, 117575
T 0660/14	Procedural economy	a: 18, 353
T 0679/14	18 Zuspubl 3, 75	BechRS 17, 119726
T 0685/14	Failure to transmit the minutes	a: 15, 178
T 0725/14	Right to claim priority	a: 19, 337
T 0736/14	17 Zuspubl 4, 63, 89	BeckRS 16, 120079
T 0755/14	Recherchegebühr	b: 16, 19
T 0820/14	17 Zuspubl 4, 109 18 Zuspubl 3, 67	BeckRS 16, 113730
T 0828/14	Spät eingereichte Hilfsanträge	BeckRS 15, 119825
T 0918/14	17 Zuspubl 4, 87	**b: 17, 121 L** **BeckRS 16, 113661**
T 0964/14	Kostenverteilung	BeckRS 15, 114830
T 0969/14	Transfer of partial priority	a: 19, 14 b: 19, 313 FN 16
T 0998/14	18 Zuspubl 3, 16	BeckRS 15, 119470
T 1022/14	17 Zuspubl 4, 66	---
T 1029/14	Neuer Einspruchsgrund	BeckRS 18, 20705
T 1101/14	17 Zuspubl 4, 66	a: 15, 208
T 1104/14	18 Zuspubl 3, 39	BeckRS 17, 123364
T 1201/14	18 Zuspubl 3, 18	a: 18, 1
T 1218/14	Accidental novelty destroying disclosure	a: 19, 390
T 1245/14	non-attendance at oral proceedings	BeckRS 15, 113924

---

* a = EPOR b = Mitt d = IIC f = GRUR Int

Technische Beschwerdekammer 2014–2015   TBK

Aktenzeichen	ABl, SA, Zuspubl**	Sonstige*
T 1286/14	18 Zuspubl 3, 70 17 Zuspubl 4, 110	BeckRS 16, 121469
T 1363/14	17 Zuspubl 4, 68	BeckRS 16, 120356
T 1410/14	17 Zuspubl 4, 5	a: 16, 250
T 1462/14	Amendment satisfying »essentiality test«	a: 20, 107
T 1536/14	revocation of the patent at request of the patent proprietor	GRUR-RS 20, 9396
T 1537/14	non-attendance at oral proceedings	vom 07.10.15
T 1551/14	witness declaration as a legitimate and timely reaction to a recent auxiliary request,	BeckRS 18, 41516
T 1727/14	witness was not allowed to testify due a confidentiality agreement	BeckRS 18, 43728
T 1750/14	18 Zuspubl 3, 40, 75	BeckRS 17, 115771
T 1784/14	17 Zuspubl 4, 105	BeckRS 16, 121317
T 1788/14	---	BeckRS 16, 120985
T 1825/14	18 Zuspubl 3, 34	BeckRS 16, 111771
T 1845/14	Lack of sufficiency of disclosure arising from ambiguous parameter	a: 19, 307
T 1904/14	Unzureichende Beschwerdebegründung	BeckRS 19, 16851
T 1931/14	Process claim	a: 18, 317
T 1983/14	17 Zuspubl 4, 54	a: 16, 366
T 1986/14	18 Zuspubl 3, 28	BeckRS 16, 121200
T 2001/14	Remittal to the department of 1.instance	BeckRS 16, 960
T 2008/14	Interlocutory revision	BeckRS 15, 117524
T 2052/14	17 Zuspubl 4, 7	BeckRS 16, 106302
T 2068/14	17 Zuspubl 4, 63	a: 16, 75
T 2120/14	Adequate arrangements and heavy workload	a: 18, 435
T 2122/14	Zulassung von Beweismitteln	BeckRS 17, 125454
T 2129/14	17 Zuspubl 4, 102	BeckRS 16, 122141
T 2171/14	broadening of claim	a: 16, 482
T 2172/14	17 Zuspubl 4, 115	---
T 2193/14	18 Zuspubl 3, 71	BeckRS 17, 115115
T 2220/14	17 Zuspubl 4, 35	BeckRS 15, 119970
T 2324/14	18 Zuspubl 3, 57	a: 18, 88
T 2355/14	17 Zuspubl 4, 106	BeckRS 16, 122334
2015		
T 0021/15	Ermessensausübung bei Nichtzulassung des verspätet vorgebrachten Einspruchsgrunds	BeckRS 19, 16579
T 0030/15	17 Zuspubl 4, 76	BeckRS 16, 119768
T 0052/15	New requestes replacing the previous commercial success	a: 19, 477
T 0109/15		vom 01.09.15

---

*   a = EPOR   b = Mitt   d = IIC   f = GRUR Int

Aktenzeichen	ABl, SA, Zuspubl**	Sonstige*
T 0131/15	definition of an expression derived from the patent itself	a: 20, 75 b: 20, 69
T 0156/15	Expert evidence: opinion of a former board member	a: 18, 441
T 0177/15	Violation of the right to be heard	vom 07.04.15
T 0194/15	17 Zuspubl 4, 91	BeckRS 16, 121219
T 0203/15	Substantial procedural violations	BeckRS 16, 121139
T 0280/15	appellant was ordered to pay costs	BeckRS 2019, 6180
T 0384/15	Intervention in appeal proceedings	a: 18, 468
T 0393/15	18 Zuspubl 3, 64	BeckRS 17, 119389
T 0434/15	Apheresis a methiod of surgery	a: 20, 96
T 0556/15	18 Zuspubl 3, 36	BeckRS 17, 123604
T 0592/15	request to postpone the taking of the decision on the allowability of an appeal	BeckRS 18, 38002
T 0647/15	18 Zuspubl 3, 17	BeckRS 16, 123552
T 0740/15	17 Zuspubl 4, 92	
T 0833/15	Übertragung der Einsprechendenstellung	BeckRS 19, 7620.
T 0855/15	Remoteness of prior art	a: 18, 488
T 0924/15	Übertragung des Prioritätsrechts	BecRS 19, 7670
T 1068/15	Assignment ex officio assessment	a: 19, 67
T 1148/15	Requirement oft he same purpose or effect	GRUR-RS 21, 7323
T 1325/15	17 Zuspubl 4, 101, 120	BeckRS 16, 106331
T 1340/15	Ermessensausübung bei Einführung des Einspruchsgrunds des Art 100 c) EPÜ	BeckRS 17, 139180
T 1477/15	18 Zuspubl 3, 38	BeckRS 17, 123839
T 1519/15	18 Zuspubl 3, 26	BeckRS 17, 123644
T 1553/15	Inventon contrary to morality	GRUR-RS 20, 39009
T 1588/15	18 Zuspubl 3, 43	BeckRS 17, 122864
T 1647/15	17 Zuspubl 4, 116	BeckRS 16, 122135
T 1691/15	17, A15; 17 Zuspubl 4, 60	BeckRS 16, 120638
T 1699/15	18 Zuspubl 3, 59	BeckRS 16, 125209
T 1746/15	Intervention art. 105	a: 18, 357
T 1785/15	18 Zuspubl 3, 10, 60; 17 Zuspubl 4, 58, 81	BeckRS 16, 119978
T 1807/15	Oral proceedings in the form of a videoconference	GRUR-RS 21, 4945 v 12.3.2021
T 1824/15	17 Zuspubl 4, 118	BeckRS 16, 122134
T 2005/15	Reformation in peius	a:18, 507
T 2054/15	18 Zuspubl 3, 55	BeckRS 16, 123900
T 2076/15	Antrag gemäß R. 64(2) auf Rückzahlung einer gemäß R. 64(1) zusätzlich entrichteten Recherchengebühr,	BeckRS 18, 24555
T 2068/15	18 Zuspubl 3, 8	

* a = EPOR b = Mitt d = IIC f = GRUR Int

Technische Beschwerdekammer 2015–2016   TBK

Aktenzeichen	ABl, SA, Zuspubl**	Sonstige*
T 00 2115	Nichtzulassung des verspätet vorgebrachten Einspruchsgrunds des Art 100 b	BeckRS 19, 16579
T 2136/15	Further medical use	a: 19, 422
T 2239/15	Confidentiality for handling documents	a: 20, 32
T 2313/15	Apportionment of costs	a: 19, 541
2016		
T 0059/16	Added subject matter	a: 19, 95 BeckRS18, 29461
T 0068/16	Substantial procedural violation	a: 19, 140
T 0092/16	Clarity	a: 19, 30
T 0198/16	due care needed for re-establishment	BeckRS 18, 7411 Öbl 18, 229
T 0368/16	Admission of auxiliary request	a: 19, 508
T 0448/16	Additional technical effect	a: 19, 494
T 0488/16	Disclosure of technical problem	a: 19, 268 b: 18, 71 L
T 0506/16	Correction of patent	a: 18, 556
T 0579/16	18 Zuspubl 3, 61	
T 0656/16	new request to overcome an objection by the board	
T 0691/16	burden of proof to overcome doubt was on the sender, not on the receiver of the receipt.	BeckRS 18, 38141
T 0694/16	marker for the specified treatment is a functional feature	a:20, 12
T 0782/16	18 Zuspubl 3, 28	a: 18, 121
T 0822/16	Reformatio in peius	GRUR-RS 20, 24003
T 0861/16	EPO cannot assume tacit agreement (qui tacet consentire videtur) for amendments	BeckRS 18, 22906
T 0932/16	Video conference	a: 19, 367
T 1038/16	Nutritional composition	a: 19, 44
T 1045/16	Deposit under the Budapest treaty	GRUR-RS 21, 4928
T 1127/16	claim is to be construed by a mind willing to understand; "inescapable trap"	b: 21, 217 GRUR-RS 21, 5926
T 1409/16	use of »either .....or«	a: 18, 393
T 1665/16	Documents filed by intervener	a: 19, 550
T 1934/16	18 Zuspubl 3, 54	BeckRS 17, 124289
T 2081/16	Patent granted on non-agreed text	a: 19, 358
T 2314/16	concept of the notional business person	GRUR-RS 20, 35481
T 2343/16	Consideration of objections other than in appealed decision	a: 19, 132
T 2406/16	18 Zuspubl 3, 74	BeckRS 17, 142100
T 2569/16	Re-establishment	a:20, 130

*   a = EPOR   b = Mitt   d = IIC   f = GRUR Int

TBK Technische Beschwerdekammer 2016–2018

Aktenzeichen	ABl, SA, Zuspubl**	Sonstige*
T 2677/16	Assumed premise of technical purpose	a:20, 59 BeckRS: 19, 26833
T 2704/16	The request for oral proceedings is considered withdrawn in view of the subsequent request for a decision according to the state of the file.	---
T 2707/16	20 ZPubl 4, 90 Stagnation of proceedings	a:19, 186
2017		
T 0264/17	Second medical use	b: 20, 507 GRUR-RS 20, 24375
T 0184/17	fresh ground for opposition	GRUR-RS 19, 36207
T 0310/17	Exclude unexamined subject-matter	a: 18, 566 BeckRS 18, 19406
T 0439/17	Intervention in opposition proceedings	a: 19, 114 BeckRS 19, 13243
T 0815/17	New prior art cited by Board	BeckRS 18, 29414
T 0831/17	19, A76 Rechtliches Gehör am richtigen Ort;	a: 19, 515 b: 19, 312 FN 4
T 0854/17	Use of Art. 13 RPBA	vom 10.02.20
T 0954/17	Art 13 RPBA applied	GRUR-RS 20, 14860
T 1125/17	Parallelisation of Graphs	a: 19, 410 BeckRS 19, 8605
T 1567/17	Decision without hearing applicant	a: 18, 341 BeckRS18, 3637
T 1631/17	exclusion of treatment by surgery under Art. 53(c) EPC	GRUR-RS 20, 27198
T 1718/17	Could/would test	a: 19, 433 BeckRS 19, 10759
T 1924/17	Technical and non-technical elements	a: 19, 451 BeckRS 19, 16829
T 1991/17	New medical use	GRUR-RS 20, 42239
T 2377/17	20 ZPubl 4, 91	BeckRS 18, 37222
T 2526/17	Unity of invention	a: 18, 324 BeckRS 18, 7421
T 2546/17	Document valid prior art, Art. 54(2)	a, 19, 444
2018		
T 0686/18	Formulating the objective technical problem	GRUR-RS 20, 24005
T 0858/18	Documents by facsimile	a: 19, 525 BeckRS 19, 21653
T 1063/18	Rule 28(2) in conflict with Art. 53(b)	a: 19, 250 b: 19, 124
T 1389/18	Unterbrechung des Verfahrens R.142(1)b	BeckRS18, 34408
T 2372/18	No admittance of new claims into the appeal proceedings under Art. 12(4) RPBA 2007.	GRUR-RS 21, 9775

* **a** = EPOR **b** = Mitt **d** = IIC **f** = GRUR Int

Technische Beschwerdekammer 2018–2020 TBK

Aktenzeichen	ABl, SA, Zuspubl**	Sonstige*
T 2492/18	Request for continuation of opposition proceedings	a: 20, 116 BeckRS 19, 29355
2019		
T 0317/19	Berichtigung nach R 139 EPÜ	GRUR-RS 19, 34764 vom 30.08.2019
T 1003/19	communicated text intended for grant	
T 1060/19	ermäßigte Beschwerdegebühr	GRUR-RS 20, 7341
2020		
T 0444/20	Mistakenly paid the reduced database indexing	GRUR-RS 21, 1268
T 1247/18	database indexing	GRUR-RS 20, 22475

a = EPOR b = Mitt d = IIC f: GRUR Int

---

* a = EPOR b = Mitt d = IIC f = GRUR Int

Entscheidungsregister nach Stichworten

Stichwort	Gericht	zitiert bei § + Rdn
α-Aminobenzylpenicillin	BGH	§ 1, 40; § 3, 104, 135, 164, 178
β-Wollastonit	BGH	§ 79, 7; § 100, 55, 59, 65, 66
»statt«-Preis	BGH	§ 139, 476
(Keine) Aussetzung des Nichtigkeitsverfahrens wegen Vindikationsklage	BPatG	§ 99, 6
1-Click/AMAZON	TBK	§ 1, 106
12-Monats-Fristgewährung	BPatG	§ 45, 21, 25
2. medizinische Indikation/BAYER	GBK-G	Einleitung, 136
2. medizinische Indikation/BAYER	GrBK	§ 1, 10, 237, 242, 260, 261; § 2a, 57, 62, 65; § 3, 142, 154, 156, 161
3-Isothiazolonzubereitung	BGH	§ 1, 23, 209, 212, 241; § 3, 144; § 34, 205
3GPP IP based Multimedia Subsystem	BPatG	§ 126, 8
7-chlor-6-demethyltetracyclin	BGH	Einleitung, 116, 176; § 27, 44; § 34, 142, 154, 349, 373, 389; § 45, 15; § 46, 43; § 81, 159
a	BPatG	§ 61, 22
Abamectin	BPatG	Einleitung, 302; § 16a, 23, 144; § 73, 144
Abbott Laboratories v. Sandoz	CAFC	§ 1, 221; § 34, 149
ABC der Naturheilkunde	BGH	Einleitung, 210
Abdeckhaube	BPatG	§ 99, 6
Abdeckprofil	BGH	§ 34, 322
Abdeckrostverriegelung	BGH	§ 7, 12; § 73, 51; § 93, 5; § 100, 59, 63
Abdeckung	BPatG	Einleitung, 233; § 21, 21; § 78, 33; § 87, 4; Anh. 1, 43
Abdichtsystem	BGH	§ 9, 115; § 94, 22; § 139, 22, 27, 86, 172; § 140a, 29, 31, 32, 35
Abdichtsystem	OLG Karlsruhe	§ 9, 55, 115
Abfangeinrichtung	BGH	§ 35, 17; § 59, 77; § 73, 65
Abfördereinrichtung für Schüttgut	BGH	§ 4, 54
Abgabe der Rechtsmittelschrift an der Gerichtspoststelle	BGH	§ 123, 159
Abgasanlage	BPatG	§ 73, 63
Abgasreinigungsvorrichtung	BGH	Einleitung, 417; § 1, 254; § 9, 85; § 10, 11, 23; § 14, 116, 118; § 15, 32, 48, 63
Abgassteuersystem	BPatG	§ 73, 142
Abgedichtetes Antennensystem	BPatG	§ 31, 15; § 45, 5; § 48, 14
Abhaken	BPatG	§ 123, 86, 123, 127
Abitz	BGH	§ 143, 8
Ablehnung des techn. Mitgliedes des Gbm-Beschwerdesenats	BPatG	Einleitung, 303; § 27, 42; § 86, 13
Ablehnung eines Richters	BGH	§ 86, 8

Entscheidungsregister nach Stichworten

Stichwort	Gericht	zitiert bei § + Rdn
Ablehnung wegen Besorgnis der Befangenheit	GBK-R	Art. 106, 6
Ablehnungsrecht	BGH	§ 86, 19
Abmahnaktion	BGH	§ 139, 221
Abmahnkosten	BGH	§ 94, 7
Abmahnkostenverjährung	BGH	§ 139, 221
Abmahnung bei Besichtigungsanspruch	LG Düsseldorf	§ 140c, 81
Abmahnung bei Vindikationsklage	LG Düsseldorf	§ 139, 247
Abnehmerverwarnung	BGH	§ 139, 209, 214, 239, 241
Abraxis Bioscience LLC	EuGH	§ 16a, 78, 112
Abraxis II	BPatG	§ 16a, 50; § 49a, 13
Abriebfestes Band II	OLG Düsseldorf	§ 14, 70
Absatzhaltehebel	OLG Düsseldorf	§ 139, 137, 139
Abschirmdichtung	LG Mannheim	§ 139, 145, 152
Abschlussblende	BGH	§ 1, 192, 195; § 59, 166; § 81, 116
Abschlusserklärung	BGH	§ 139, 476
Absetzvorrichtung	BGH	§ 14, 12, 66, 74; § 139, 394
Absetzwagen III	BGH	§ 9, 8
Abstandsberechnungsverfahren	BGH	§ 34, 255, 269; § 39, 13, 22, 23, 33, 60, 61; § 73, 5, 6; § 79, 21, 27; § 108, 3
Abstandshalterstopfen	BGH	§ 15, 39, 45, 47
Abstrakte Berechnung entgangenen Gewinns	BGH	§ 139, 122, 123
Abstreiferleiste	BGH	§ 15, 65, 71
Abtastnadel	BGH	§ 14, 76; § 21, 110
Abtastverfahren	BGH	Einleitung, 303; § 4, 158, 172; § 48, 15; § 59, 28, 214, 215, 222, 226, 228; § 73, 14; § 79, 13; § 87, 8
Abweichende Hashwerte	OLG München	§ 140b, 73
Abweisung einer negativen Feststellungsklage	BGH	§ 139, 259
Abzug der Geschäftsgebühr I	BGH	§ 80, 61
Abzug der Geschäftsgebühr II	BGH	§ 80, 61
Accord Healthcare et al v AstraZeneca	Tribunal Supremo (Spanien)	§ 4, 31
ACE-Inhibitoren/HOECHST	TBK	§ 73, 82
Aceclofenac	BPatG	Einleitung, 211; § 16a, 110; § 49a, 32, 36; § 79, 7
Acesal	BPatG	Einleitung, 34, 35
Achat	BGH	§ 2a, 16
Acrylfasern	BGH	§ 1, 43, 206, 221; § 4, 78; § 34, 119, 124, 126, 128, 140, 153, 156, 387
Actavis UK Ltd v Merck & Co Inc.	Court of Appeal UK	§ 3, 151
Actavis UK Ltd v Novartis AG	Court of Appeal UK	§ 4, 31
Actavis v ICOS	Supreme Court	§ 3, 151, 153
Actavis/Boehringer	EuGH	§ 16a, 44, 67, 70

Entscheidungsregister nach Stichworten

Stichwort	Gericht	zitiert bei § + Rdn
Actavis/Boehringer	High Court	§ 16a, 44
Actavis/Sanofi	EuGH	§ 14, 71; § 16a, 31, 44, 65, 67, 68, 70
Actavis/Sanofi	High Court	§ 16a, 31, 44, 70
Active Line	BGH	§ 26, 34; § 79, 10, 17, 18; § 100, 22; § 101, 7; § 107, 5; § 108, 2
Adapter für Tintenpatrone	OLG Düsseldorf	§ 139, 436, 440, 442
Adhäsionsfolie/VISI/ONE GmbH	GBK-R	Art. 112a, 21
AE I	BGH	§ 31, 20, 26, 38, 41
AE II	BGH	§ 31, 26, 38
AE in Nichtpatentliteratur	BPatG	§ 31, 10
AE IX	BGH	§ 31, 21
AE XII	BGH	§ 31, 38
AE XIII	BGH	§ 31, 18, 19, 33
AE XIV	BGH	§ 31, 40
AE XVI	BGH	§ 31, 25
AE-Geheimpatent	BGH	§ 31, 37
AE-Zusatzanmeldung	BGH	§ 31, 18, 21, 38
Aerotel Ltd v Telco Holdings Ltd and Macrossan's Patent Application	Court of Appeal UK	§ 1, 61, 66
AHP Manufacturing	EuGH	§ 16a, 66
Airbag-Auslösesteuerung	BGH	§ 4, 48, 64
AjS-Schriftenreihe	BGH	§ 9, 60
Akkustaubsauger	LG München	§ 139, 231
Akteneinsicht	BGH	§ 31, 40
Akteneinsicht 018	BGH	§ 99, 26, 31
Akteneinsicht 020	BGH	§ 99, 26
Akteneinsicht 022	BGH	§ 99, 26
Akteneinsicht bei Geheimhaltungsvereinbarung	BPatG	§ 99, 26, 31
Akteneinsicht bei Nichtigkeitsverfahren	BPatG	§ 99, 26, 31
Akteneinsicht betr den Hinweis nach § 83 Abs 1 PatG	BPatG	§ 99, 31
Akteneinsicht durch Dritte	BGH	§ 99, 26
Akteneinsicht EuGH	BGH	§ 99, 35
Akteneinsicht I	BGH	§ 99, 27
Akteneinsicht II	BGH	§ 67, 3; § 100, 34; § 108, 2; § 111, 8
Akteneinsicht III	BGH	§ 99, 15
Akteneinsicht im FRAND-Verfahren	OLG Düsseldorf	§ 140c, 97
Akteneinsicht in die Erfinderbenennung einer Patentakte	BPatG	§ 31, 19, 22, 34
Akteneinsicht in Gebührenzahlungsunterlagen	BPatG	§ 31, 5, 10, 13, 18, 25, 45
Akteneinsicht in Nichtpatentliteratur	BPatG	§ 31, 47; § 78, 12; § 99, 19
Akteneinsicht in Prozesskostenhilfeantrag	BGH	§ 99, 37
Akteneinsicht in SEPA-Lastschriftmandat	BPatG	§ 31, 5, 18
Akteneinsicht IV	BGH	§ 146, 13

Entscheidungsregister nach Stichworten

Stichwort	Gericht	zitiert bei § + Rdn
Akteneinsicht IX	BGH	§ 99, 25, 26, 30
Akteneinsicht VIII	BGH	§ 99, 25, 26, 29, 30, 31
Akteneinsicht XII	BGH	§ 73, 208
Akteneinsicht XIII	BGH	§ 31, 18; § 63, 14; § 73, 219; § 80, 11; § 99, 33; § 109, 9
Akteneinsicht XIV	BGH	§ 74, 15
Akteneinsicht XIX	BGH	§ 31, 40; § 99, 25, 26, 30, 31
Akteneinsicht XV	BGH	§ 31, 40; § 99, 26, 27, 28
Akteneinsicht XVII	BGH	§ 31, 40; § 99, 25, 26, 29, 30, 31
Akteneinsicht XVIII	BGH	§ 99, 14, 25, 26, 31
Akteneinsicht XX	BGH	§ 99, 26, 27, 30
Akteneinsicht XXI	BGH	§ 99, 25, 26
Akteneinsicht XXII	BGH	§ 31, 40; § 99, 26, 27
Akteneinsicht XXIII	BGH	§ 31, 45; § 99, 28
Akteneinsicht XXIV	BGH	Einleitung, 56; § 99, 14; § 145a, 31
Akteneinsicht-Rechtsbeschwerdeakten	BGH	§ 99, 35
Akteneinsicht: Konkurs des Klägers	BPatG	§ 99, 32
Aktenzeichen	BGH	Einleitung, 73; § 45, 31; § 100, 66
Aktivitätsüberwachung	BGH	Einleitung, 367; § 125a, 7, 25
akustilon	BPatG	§ 73, 26, 28
Akustische Wand	BGH	Einleitung, 93, 106, 107, 458; § 25, 3, 26, 29; § 47, 4, 20
Akustischer Mehrschichtabsorber	BPatG	Einleitung, 224, 225; § 74, 6, 11
Alendronate/MERCK SHARP & DOHME	GBK-R	Art. 112a, 23
Alendronsäure	BPatG	§ 16a, 128, 129; § 81, 95
Alf	BGH	§ 139, 36
Alice Corporation Pty Ltd v CLS Bank International et al.	US-Supreme Court	§ 1, 146
Alirocumab	BGH	§ 24, 5, 10, 13; § 85, 2, 6
Alkalidiamidophosphite	BGH	§ 34, 238, 245, 246, 247
alkoholfreies Bier	BGH	§ 100, 59
Alkyläther	BGH	§ 100, 32, 54, 56, 59
Alkyldiarylphosphin	BGH	§ 59, 82, 85, 88, 132
Alkylendiamine I	BGH	§ 3, 136; § 4, 110; § 22, 16; § 34, 200, 296, 316, 327; § 38, 21; § 59, 170
Alkylendiamine II	BGH	§ 14, 109; § 139, 322
Allen and Hanburys	EuGH	§ 9, 32
Alles kann besser werden	BGH	§ 140b, 12, 20, 65
Allopurinol	BGH	§ 3, 12; § 38, 20; § 41, 31, 32, 35, 59, 60
Allzweck-Landmaschine	BGH	§ 139, 117
ALMWURZEL	BPatG	§ 73, 59
alphaCAM	BGH	§ 78, 12; § 100, 46
Alpinski	BGH	§ 1, 43; § 107, 9, 10; § 126, 13, 14
Altix	BGH	§ 15, 63; § 23, 26; § 139, 137
Altunterwerfung I	BGH	§ 21, 113

Entscheidungsregister nach Stichworten

Stichwort	Gericht	zitiert bei § + Rdn
Aluminium-Trihydroxid	BGH	Einleitung, 21, 22, 23, 176, 506, 508, 509; § 21, 61, 62; § 59, 25, 26, 28, 29, 30, 40, 148, 160, 191, 192, 196, 198, 202, 205, 207; § 65, 5; § 73, 5, 9, 11, 218; § 80, 11; § 97, 49; § 99, 7; § 123, 9; § 147, 10
Aluminiumdraht	BGH	§ 1, 54; § 100, 59, 66
Aluminiumflachfolien	BGH	§ 4, 135; § 34, 317; § 81, 54, 63
Amazon.com v Barnesandnoble.com	CAFC	§ 1, 145
Amazon.com v. Canada	Federal Court of Canada	§ 1, 146
Amplidect/ampliteq	BGH	§ 139, 292
Amplifier/CALLAHAN CELLULAR	GrBK	Art. 112a, 18
AMS Neve	EuGH	§ 139, 270
Amtsermittlung im Nichtigkeitsverfahren	BPatG	§ 87, 4
Analog-Digital-Wandler	BGH	§ 83, 8; § 116, 6; § 117, 9
Analytisches Testgerät 01	BGH	§ 81, 138
Analytisches Testgerät 02	BGH	§ 112, 8
Ananasschneider	OLG Düsseldorf	§ 139, 158
Anastasia	BGH	Einleitung, 163
Anbieten interaktiver Hilfe	BGH	§ 1, 63, 117, 136; § 48, 18
Änderung der Rechtsauffassung	BVerfG	Einleitung, 300, 302, 303
Änderungen im Einspruchsverfahren/ FREEDOM INNOVATIONS	GrBK	§ 21, 36; § 59, 200; Art. 107, 10; Art. 110, 15
Anfechtbarkeit eines prozessualen Anerkenntnisses	BGH	§ 84, 48
Anfechtung abgelehnter Urteilsberichtigung	BGH	§ 95, 8; § 99, 9
Anfechtung BPatG-Kostenbeschluss	BGH	§ 99, 11
Anfechtung der Kostenentscheidung	OLG München	§ 139, 452
Anforderungen an Anhörungsrüge	BGH	Einleitung, 332
Anforderungen an die öffentliche Zustellung	BGH	§ 127, 28
Anforderungen an die Überwachung der Angestellten	BGH	§ 123, 74
Anforderungen an E-Dokument	BGH	Einleitung, 405
Anforderungen an Prozesskostenhilfeantrag - Substanzloser Vortrag zu Lebensunterhalt	BGH	§ 130, 10
Angemessene Zeit	BVerfG	Einleitung, 142
Angestellter Rechtsanwalt	BGH	§ 123, 79
Anginetten	BGH	§ 73, 73
Anguilla	BGH	§ 139, 301
Angussvorrichtung für Spritzgießwerkzeuge	BGH	§ 7, 12; § 21, 44; § 61, 45; § 100, 44, 47, 63
Angussvorrichtung für Spritzgießwerkzeuge II	BGH	§ 8, 36, 42
Anhängige Anmeldung/SONY	GrBK	§ 39, 22, 76

Entscheidungsregister nach Stichworten

Stichwort	Gericht	zitiert bei § + Rdn
Anhörung des Sachverständigen	BGH	§ 140c, 61
Anhörung im Prüfungsverfahren	BPatG	§ 46, 9, 11, 12; § 73, 159
Anhörungsrüge	BPatG	§ 79, 45; § 95, 10
Anhörungsrüge	LG Düsseldorf	§ 140c, 80
Anhörungsrüge 01	BGH	Einleitung, 337
Anhörungsrüge 02	BGH	Einleitung, 300
Anhörungsrüge II (ODDSET)	BGH	§ 93, 5
Anhörungsrüge statt Gegenvorstellung	BGH	Einleitung, 329, 334; § 123, 14
Anhörungsrüge und Richterablehnung	BVerfG	Einleitung, 334
Anhörungsrüge und Wiedereinsetzung	BGH	Einleitung, 333
Anhörungsrüge zum Quadrat	BGH	Einleitung, 334
Anhörungsrüge: unzutreffender Vortrag	BGH	Einleitung, 334
Ankerwickelmaschine	BGH	§ 4, 131
Ankopplungssystem	BGH	§ 81, 121, 124, 142, 143
Anmahnung fehlender Beschwerdebegründung	BPatG	§ 73, 77
Anodenkorb	BGH	§ 100, 50, 52, 59
Anordnung zur Erfassung von Berührungen auf einer Trägerplatte	BPatG	§ 73, 40; § 79, 17, 23
Anrechnung der Beschwerdeverfahrensgebühr im Kostenfestsetzungsverfahren	BPatG	§ 80, 61, 109
Anrufroutingverfahren	BGH	§ 4, 144
Anschlussberufung im Patentnichtigkeitsverfahren	BGH	§ 110, 18; § 115, 3, 9
Anschlussstück für Fahrzeugplane	OLG Düsseldorf	§ 14, 24
Anschlußbeschwerde 1	BGH	§ 73, 186
Anschlußbeschwerde, unselbständige 1	BGH	§ 73, 185
Anschraubscharnier	BGH	§ 3, 63, 64
Anspruch auf rechtliches Gehör	BVerfG	Einleitung, 300
Anspruch auf uneingeschränkte Akteneinsicht in Patentnichtigkeitsverfahren	BGH	§ 99, 25, 26, 31
Anspruchsabhängige Anmeldegebühr	BPatG	§ 73, 142; § 79, 21; § 3 (Anh. 15), 13
Anteilige Anrechnung	BGH	§ 139, 224
Antennenanordnung	BPatG	§ 25, 35; § 73, 86; § 97, 5
Antennenhalter	BGH	Einleitung, 303; § 87, 8; § 91, 3; § 100, 47
Anthocyanverbindung	BGH	§ 4, 64, 158, 162
Anthradipyrazol	BGH	Einleitung, 116, 202; § 4, 76, 92, 94, 95, 109, 110, 112; § 26, 33; § 27, 44; § 45, 15; § 46, 43; § 65, 11; § 81, 159; § 93, 5
Anti-Helicobacter-Präparat	BGH	§ 16a, 43, 62, 74, 95
Anti-Helicobacter-Präparat	BPatG	§ 16a, 50, 55

Entscheidungsregister nach Stichworten

Stichwort	Gericht	zitiert bei § + Rdn
Anti-HER2-Antikörper	LG Düsseldorf	§ 14, 65
Anti-Suit Injunction	OLG München	§ 24, 104; § 139, 201, 203, 204
Antiblockiersystem	BGH	§ 1, 19, 55, 127; § 34, 123, 398
Antigene-Nachweis	BGH	§ 21, 29, 32; § 34, 346, 354, 355
Antihistamine	LG Düsseldorf	§ 9, 76; § 139, 53, 207
Antimykotischer Nagellack	BGH	Einleitung, 171
Antimykotischer Nagellack II	BGH	§ 79, 46
Antivirusmittel	BGH	§ 1, 211; § 3, 150; § 14, 107, 116; § 34, 422
Antrag auf Berichtigung des Patents/ FISHER-ROSEMOUNT	GrBK	§ 38, 53; § 59, 29; Art. 106, 17; Art. 107, 10
Antrag auf Tatbestandsberichtigung	BPatG	§ 96, 6
Antrag auf Überprüfung/DEUTSCHE SISI-WERKE	GrBK	Art. 112a, 23
Antrag auf Überprüfung/ETA	GBK	Art. 106, 3
Antrag auf Überprüfung/ETA	GBK-G	Einleitung, 196; § 123, 45
Antrag auf Überprüfung/ETA	GrBK	Art. 106, 35, 37; Art. 111, 7; Art. 112a, 5
Antragsbindung des Gerichts	BGH	Einleitung, 9
Antriebseinheit für Trommelwaschmaschine	BGH	§ 38, 19
Antriebsinverter	BPatG	§ 25, 17; § 97, 14
Antriebsscheibenaufzug	BGH	§ 10, 17, 29, 32, 33, 34, 49; § 140b, 6
Antriebsscheibenaufzug	OLG Düsseldorf	§ 10, 38, 42, 49
Antriebsstrang/BOSCH	TBK	Einleitung, 213
Antwortpflicht	OLG Hamburg	§ 139, 227
Antwortpflicht des Abgemahnten	BGH	§ 139, 217, 226
Antwortreihenwiederherstellungsmechanismus	BPatG	§ 73, 160; § 79, 7, 21
Anwaltliche Reisekosten	BGH	§ 80, 82
Anwaltliche Versicherung	BGH	§ 123, 44
Anwaltliche Versicherung als Mittel der Glaubhaftmachung	BGH	§ 123, 44
Anwalts-Hotline	BGH	Einleitung, 131
Anwaltskosten des Streitgenossen	BGH	§ 80, 86
Anwaltswechsel	BGH	Einleitung, 491
Anwaltszwang	BGH	§ 102, 12; § 109, 8
Anzeigegerät	BGH	Einleitung, 345; § 59, 244; § 73, 212; § 81, 43
Anzeigenpreis II	BGH	§ 139, 72
Anzeigevorrichtung	BGH	§ 1, 55; § 34, 127
Apotex Inc. v. Sanofi-Synthelabo Canada Inc.	Supreme Court	§ 3, 119
apparatus	BPatG	§ 78, 33
Appetitzügler I	BGH	§ 1, 9, 281; § 3, 98; § 4, 76, 110; § 34, 296, 316, 362, 363, 394
Appetitzügler II	BGH	§ 100, 34
Appreturmittel	BGH	§ 26, 3, 4, 27; § 49, 10; § 59, 206; § 61, 30; § 73, 5, 8, 202; § 79, 10

Entscheidungsregister nach Stichworten

Stichwort	Gericht	zitiert bei § + Rdn
Architektenwettbewerb	BGH	§ 139, 24
Armenanwaltsgebühren	BGH	§ 144, 26
Armenrecht	BGH	§ 110, 3
aromatische Diamine	BGH	§ 34, 238, 246
Arrest in Patent	LG Düsseldorf	§ 143, 10
Arretiervorrichtung	BPatG	§ 87, 4
Arzneimittelgebrauchsmuster	BGH	§ 1, 255, 256
Arzneimittelwerbung im Internet	BGH	§ 9, 75
Asahi	House of Lords	§ 41, 31
Association for Molecular Pathology v Myriad Genetics, Inc	Supreme Court	§ 1a, 15
Association for Molecular Pathology v USPTO	CAFC	§ 1a, 15
Association for Molecular Pathology v. Myriad Genetics, Inc.	Supreme Court	§ 1, 165
Astaxanthin	BPatG	§ 25, 24, 35; § 30, 24, 48
Astellas	High Court	§ 16a, 31
Astra Zeneca	EuGH	§ 24, 55
AstraZenca AB ua/Europäische Kommission	EuGH	§ 49a, 10; § 124, 4
AstraZeneca v Apotex	Supreme Court	§ 5, 7
Astrazeneca/Comptroller General	EuGH	§ 16a, 108, 111; § 49a, 37
Astrazeneca/Comptroller General	High Court	§ 16a, 111
Astron Clinica	High Court	§ 1, 114
AT&T v. Excel	CAFC	§ 1, 145
Atemgasdrucksteuerung	BGH	§ 6, 22; § 8, 21; § 30, 31; § 63, 22, 23, 26
Atmungsaktiver Klebestreifen	BGH	§ 100, 55
Atomschutzvorrichtung	BGH	Einleitung, 7; § 34, 248
Ätzen von Gegenständen	BGH	§ 4, 168
Audiosignalcodierung	BGH	§ 10, 6, 13, 14, 16, 17, 19, 23, 27; § 139, 21, 33, 158
Aufarbeitung von Fahrzeugkomponenten	BGH	§ 139, 266
Aufbereiter	BGH	§ 9c, 22
Aufblasventil	LG Düsseldorf	Anh. 1, 30
Aufhänger	BGH	§ 4, 53; § 21, 68; § 22, 16; § 34, 408
Aufhängevorrichtung	BGH	§ 9, 108; § 16, 4; § 34, 134; § 41, 88; § 139, 394, 395
Aufhebung der Geheimhaltung	BGH	§ 50, 5, 17; § 73, 46; § 107, 4, 8
Aufhebung der VKH, unzulässige Berufung	BGH	§ 136, 14
Aufhebung des Erteilungsbeschlusses	BPatG	§ 67, 14
Aufhebung einer Umschreibung	BPatG	§ 30, 30, 31
Aufhellungsmittel	BGH	§ 1, 185, 256; § 34, 238
Aufklärungspflicht des Abgemahnten	BGH	§ 139, 226
Aufklärungspflicht des Unterwerfungsschuldners	BGH	§ 139, 226

Entscheidungsregister nach Stichworten

Stichwort	Gericht	zitiert bei § + Rdn
Aufklärungspflicht gegenüber Verbänden	BGH	§ 139, 226
Auflaufbremse	BGH	§ 68, 11, 12, 20; § 100, 34
Aufnahme des Patentnichtigkeitsverfahrens	BGH	§ 81, 18
Aufrechterhaltungsgebühr	BPatG	§ 123, 31
Aufreißdeckel	BGH	Einleitung, 222, 224, 228
Aufreißdeckel	BPatG	§ 44, 7; § 49, 36; § 58, 13; § 65, 7; § 67, 14; § 73, 20, 24, 95, 97; § 74, 16
Aufschiebende Wirkung	BGH	§ 139, 421
Aufschiebende Wirkung	OLG Frankfurt/Main	§ 139, 421
Aufschiebende Wirkung II	BGH	§ 139, 421
Aufwärmvorrichtung	BGH	Einleitung, 232; § 6, 12, 13, 16; § 8, 35; § 30, 18, 46, 48, 52, 53; § 81, 19; § 139, 35
Aufzeichnungsmaterial	BGH	§ 34, 216; § 81, 140; § 100, 58, 59, 65; § 102, 12; § 105, 4; § 108, 2
Aufzeichnungsmedium	LG Mannheim	§ 24, 96
Aufzeichnungsträger	BGH	§ 1, 63, 139; § 14, 44; § 34, 24; § 81, 42
Aufzugsmultigruppensteuerung	BGH	§ 4, 141
Augenbestrahlung	BPatG	§ 39, 21
Augentropfen	BGH	§ 116, 3
Ausfall des elektronischen Fristenkalenders	BGH	§ 123, 114
Ausforschung und § 142 ZPO	BGH	Einleitung, 437
Ausgangskontrolle für Fax	BGH	§ 123, 148
ausgedruckte PDF-Datei	BGH	Einleitung, 405
Ausgelagerte Rechtsabteilung	OLG Köln	§ 139, 446
ausgelagerter Server	OLG München	§ 140c, 72, 75
Ausgeschlossener Richter	BGH	§ 86, 12, 13, 16
ausgeschnittene Unterschrift	BGH	Einleitung, 386
Auskunft über Notdienste	BGH	§ 139, 395
Auskunft über Tintenpatronen	BGH	§ 139, 181, 429
Auskunftsanspruch bei Nachbau II	BGH	§ 9c, 22
Auskunftsanspruch bei Nachbau III	BGH	§ 9c, 22
Ausländersicherheit für WTO-Ausländer	BPatG	§ 81, 198; § 139, 300
Ausländersicherheit im Patentnichtigkeitsverfahren	BGH	§ 81, 189
Ausländische Nichtigkeitsklage	OLG Düsseldorf	§ 139, 315
ausländischer Inserent	BGH	§ 139, 75, 89
Ausländischer Verkehrsanwalt	BGH	§ 80, 72; § 139, 349; § 143, 39
Auslandskonkurs	BGH	Einleitung, 229
Auslegung der Parteibezeichnung	BGH	Einleitung, 131
Auslegung der Regel 71a (1) EPÜ/ GE CHEMICALS	GBK	Einleitung, 273
Auslegung der Regel 71a (1) EPÜ/ GE CHEMICALS	GBK-G	Einleitung, 270

Entscheidungsregister nach Stichworten

Stichwort	Gericht	zitiert bei § + Rdn
Auslegung und Anwendbarkeit von Art 50 TRIPS	EuGH	§ 139, 434
Auslegung unklarer Verfahrenshandlung	BPatG	Einleitung, 130
Ausnutzung einer Frist	BGH	§ 123, 121
Auspuffkanal für Schaltgase	BGH	§ 14, 58; § 21, 98, 110
Ausrüstungssatz	OLG Karlsruhe	§ 139, 442
Ausscheidung in der Beschwerdeinstanz	BGH	Einleitung, 15; § 34, 269
Ausschließliche Zuständigkeit	LG Hamburg	§ 140c, 67
Ausschließung und Ablehnung/XXX	GrBK	Art. 112, 32
Ausschließung und Ablehnung/XXX	GBK-G	§ 27, 43; § 86, 11
Ausschluss eines Bevollmächtigten	BGH	§ 97, 7
Ausschlussfrist	BPatG	§ 47, 46
Ausschreibungsunterlagen	BGH	§ 140b, 27
Aussetzung	BPatG	§ 81, 163
Aussetzung	OLG Düsseldorf	§ 139, 280
Aussetzung bei aufklärungsbedürftiger Verletzungsklage	LG Düsseldorf	§ 139, 307
Aussetzung bei Nichtigkeitsurteil II	OLG München	§ 139, 310
Aussetzung der Bekanntmachung	BGH	Einleitung, 7, 15; § 34, 459; § 49, 38
Aussetzung wegen Parallelverfahren	BGH	Einleitung, 144; § 73, 89
Ausstellungspriorität	BGH	Einleitung, 525, 530; § 41, 13, 92; § 73, 42
Austausch der Anmeldungsunterlagen/ATOTECH	GrBK	§ 35, 12, 20, 45; § 38, 50
Austauschbares Verschleißteil	OLG Düsseldorf	§ 14, 85
Auswärtiger Rechtsanwalt I	BGH	§ 80, 41, 82
Auswärtiger Rechtsanwalt II	BGH	§ 80, 82
Auswärtiger Rechtsanwalt III	BGH	§ 80, 82
Auswärtiger Rechtsanwalt IV	BGH	§ 80, 82
Auswärtiger Rechtsanwalt IX	BGH	§ 80, 82; § 139, 350
Auswärtiger Rechtsanwalt V	BGH	§ 80, 41, 82
Auswärtiger Rechtsanwalt VI	BGH	§ 80, 82
Auswärtiger Rechtsanwalt VII	BGH	§ 80, 82; § 139, 350
Auswärtiger Rechtsanwalt VIII	BGH	§ 80, 82
Ausweishülle	BGH	§ 4, 166
Ausweiskarte	BGH	§ 86, 9, 14
Auswuchtung eines Reifens	BPatG	Anh. 1, 25
Autoantikörpernachweis	BGH	§ 4, 64
Autodachzelt	BGH	§ 12, 29; § 15, 68; § 16, 5
Automatische Döner- und Gyrosmesser	BPatG	Einleitung, 56; § 73, 66
Automatische Holzschneidemaschine	BVerfG	Einleitung, 452; Art. 106, 5, 36
Automatische Umschaltung	BPatG	§ 21, 68
Automatisches Fahrzeuggetriebe	BGH	§ 59, 80, 89, 178, 180
Autoskooter-Halle	BGH	Einleitung, 194; § 33, 7; § 34, 316, 317; § 38, 20; § 139, 98, 105
Autostadt	BGH	§ 6, 15; § 143, 6, 7, 9

Entscheidungsregister nach Stichworten

Stichwort	Gericht	zitiert bei § + Rdn
Autowaschvorrichtung	BGH	§ 14, 66, 78
Außendienstmitarbeiter	OLG Düsseldorf	§ 139, 20
Außergerichtliche Terminsgebühr	BGH	§ 80, 88
Außerordentliche Beschwerde	BGH	§ 99, 9
Baby-dry	EuGH	§ 73, 51
Babybilder	OLG Jena	§ 140c, 68
babygro	BPatG	Anh. 17, 27
Bach-Blüten-Ohrkerze	BGH	Einleitung, 323; § 100, 46
Bäckereimaschinen	BGH	§ 9, 61; § 15, 68
Bäckerhefe	BGH	§ 1, 159, 228; § 2a, 52; § 33, 3; § 34, 355, 484, 492, 495, 499
Bad-Slipper mit geminderter Rutschgefahr	BPatG	§ 30, 31
Bajonett-Anschlussvorrichtung	LG Düsseldorf	§ 10, 53; § 140a, 28
Bakterienkonzentrat	BGH	§ 1, 212; § 34, 374
Bakterienkultivierung	OLG Düsseldorf	§ 14, 67
Balancier de montre	Schweiz. BG	§ 3, 14
Balancier de montre	TBK	§ 4, 174
Ballerinaschuh	BGH	§ 139, 241
Ballermann	BGH	Einleitung, 42; § 139, 13
Bancorp Services LLC v Sun Life Assurance Co. of Canada	CAFC	§ 1, 146
Banddüngerstreuer	BGH	§ 15, 59, 66
Barbara	BGH	Einleitung, 155
BASF AG/PräsidentDPA	EuGH	§ 81, 87
BASF/Chloridazon	EuGH	§ 16a, 22
BASF/Deutsches Patentamt	EuGH	Anh. 1, 27
Basisstation	BGH	§ 39, 8, 66
Basisstation	BPatG	§ 79, 10, 17
Batterie	BGH	§ 6, 6, 12
Batteriekastenschnur	BGH	§ 14, 19, 21, 66, 73; § 81, 140
Batterieüberwachungsgerät	BPatG	§ 48, 18; § 78, 12; § 79, 21
Bauelement	BGH	§ 81, 20, 21, 32
Baukastensystem	BPatG	Anh. 1, 96
Baumscheibenabdeckung	BGH	Einleitung, 122
Bauschalungsstütze	BGH	§ 1, 207; § 14, 104
Bauschuttsortieranlage	BGH	§ 15, 28
Bausteine	BGH	§ 100, 12
Baustützen	BGH	§ 15, 63
Bauwerksentfeuchtung	BGH	Einleitung, 345; § 81, 42, 44
Bayer Cropscience/Isoxadifen	BPatG	§ 16a, 21
Bayer Cropscience/Isoxadifen	EuGH	§ 16a, 20, 21
Bayer Cropscience/Isoxadifen	EuGH GeneralAnw	§ 16a, 21
Bayer/Richter	EuGH	§ 139, 463
Bayer/Süllhöfer	EuGH	§ 15, 35
Bayer/Süllhöfer (Schaumstoffplatten)	EuGH	§ 81, 52
Beabsichtigte Beschwerdeeinlegung	BPatG	Einleitung, 60; § 73, 68

Entscheidungsregister nach Stichworten

Stichwort	Gericht	zitiert bei § + Rdn
Bearbeitungsmaschine	BPatG	Einleitung, 542
Beatles-Doppel-CD	BGH	§ 139, 97; § 140e, 10
Bediensystem für ein Fahrzeug	BPatG	§ 73, 143
Bedientafel	BPatG	§ 73, 142
bedingte Rechtsmittelrücknahme	BGH	Einleitung, 57; § 73, 202
Bedingte Unterwerfung	BGH	§ 139, 59, 89
Bedingtes Unterlassungsversprechen	OLG Düsseldorf	§ 139, 63
Beendigung eines Beweissicherungsverfahrens	BGH	§ 141, 18
Befangenheit	BGH	§ 81, 160; § 118, 9; § 121, 11
Befangenheit	BPatG	§ 92, 7
Befestigungsanordnung	BPatG	Einleitung, 7; § 73, 50, 52, 55
Befestigungsvorrichtung	BGH	§ 4, 42; § 14, 74, 76
Befestigungsvorrichtung für Sanitärartikel	BPatG	§ 64, 13, 15, 16, 19, 27
Befestigungsvorrichtung I	BGH	§ 1, 52; § 14, 66; § 32, 19
Befestigungsvorrichtung II	BGH	§ 1, 206, 207, 210, 211, 212; § 14, 66, 90, 101, 102, 103; § 139, 331
Beginn der Wiedereinsetzungsfrist	BGH	§ 123, 26
Begrenzungsanschlag	BGH	§ 14, 73, 79, 89
Begründung der Anhörungsrüge	BGH	Einleitung, 332
beheizbarer Atemluftschlauch	BGH	§ 10, 8
Beiordnung eines Notanwalts	BGH	Einleitung, 512
Beiordnung im Gbm-Anmeldeverfahren	BPatG	§ 133, 5
Beitritt/ALLIED COLLOIDS	GBK-G	Einleitung, 134; Art. 110, 27
Beitritt/ALLIED COLLOIDS	GrBK	§ 59, 250, 259, 262
Beitritt/DOLEZYCH II	GrBK	§ 59, 238, 250, 263; Art. 112, 22
Beitritt/EOS	GrBK	§ 59, 265
Beitritt/KALLE	GBK	Art. 112, 35
Belaghalter für Scheibenbremse	LG Düsseldorf	§ 139, 302
Beleuchtungseinheit	BPatG	§ 30, 46; § 74, 12
Beleuchtungssystem	LG Düsseldorf	§ 139, 398
Benachrichtigung	BGH	§ 123, 90
Benennungsgebühren	GBK-G	Anh. 1, 6
Benennungsgebühren	GrBK	§ 3, 71; Art. 112, 37, 38
Benutzerleitende Information	BPatG	Einleitung, 347; § 73, 55, 207
Benzolsulfonylharnstoff	BGH	§ 1, 205; § 5, 8; § 14, 116, 119; § 34, 238
Beratung durch Telefonkonferenz	BGH	§ 70, 2
Berechtigte Gegenabmahnung	BGH	§ 139, 213
Berechtigungsanfrage	BPatG	§ 80, 41
Beregnungsanlage	RGZ	§ 139, 137
Bergbaumaschine	BGH	Anh. 1, 27; § 123, 86, 95, 96
Berichtigung des Erteilungsbeschlusses/US GYPSUM II	GrBK	Art. 106, 17
Berichtigung nach R 88, Satz 2 EPÜ	GrBK	§ 34, 417; § 38, 14, 48, 50
Berliner Eisbein	BGH	Einleitung, 348

Entscheidungsregister nach Stichworten

Stichwort	Gericht	zitiert bei § + Rdn
Berufung, Urteilsbezeichnung	BVerfG	Einleitung, 458; § 73, 66
Berufungsbegründung per E-Mail	BGH	Einleitung, 369, 385, 387; § 125a, 8, 9, 10
Berufungsgerichtliche Hinweispflicht bei unvollständigem Pkh-Antrag	BGH	§ 130, 5
Berufungsrücknahme	BGH	§ 81, 170
Berufungszuständigkeit II	BGH	§ 24, 135
Berühmung	BGH	§ 139, 56, 73, 74
Berühmungsaufgabe	BGH	§ 139, 73, 74, 75
Beschädigte Verpackung II	BGH	§ 141, 18
Beschichten eines Substrats	BGH	§ 100, 21, 41
Beschichtung elastischer Fäden	OLG Düsseldorf	§ 14, 82
Beschichtungsverfahren	BGH	§ 6, 22, 23; § 8, 13
beschlagfreie Brillengläser	BGH	§ 15, 69
beschleunigte Absendung	BGH	§ 123, 136
beschleunigte Aktenvorlage	BGH	Einleitung, 458
Beschleunigungsgebühr	BGH	§ 1 (Anh. 15), 11; § 10 (Anh. 15), 7
Beschluss-Zustellung	BPatG	Einleitung, 204, 458
Beschlussberichtigung	BPatG	§ 95, 6
Beschlussunterschrift	BPatG	§ 73, 40, 163
Beschränkendes Merkmal/ADVANCED SEMICONDUCTOR PRODUCTS	GBK-G	Einleitung, 117
Beschränkendes Merkmal/ADVANCED SEMICONDUCTOR PRODUCTS	GrBK	§ 21, 65; § 38, 16, 20, 21; § 59, 178
beschränkte Erledigungserklärung	BPatG	§ 73, 218
beschränkter Bekanntmachungsantrag	BGH	Einleitung, 93, 95; § 34, 433; § 107, 8
Beschränkung der Presseberichterstattung	BVerfG	§ 69, 13
Beschreibung Mikroorganismus	BGH	§ 100, 59
Beschußhemmende Metalltür	BGH	Einleitung, 346; § 3, 66; § 21, 25; § 34, 25
Beschußhemmendes Aluminiumfenster	BGH	§ 139, 331
Beschwer	KG	§ 73, 192
Beschwer bei teilweiser Abweisung	BGH	§ 139, 370
Beschwer des Unterlassungsschuldners	BGH	§ 139, 339
Beschwerde gegen Erteilungsbeschluss	BPatG	§ 73, 48
Beschwerde gegen Kostenentscheidung	BPatG	§ 73, 42; § 80, 15
Beschwerde nach § 7 VertrGebErstG	BPatG	§ 73, 92
Beschwerde per Fernschreiber	BPatG	Einleitung, 389
Beschwerde Schriftform	BPatG	Einleitung, 375, 386
Beschwerde unter Bedingung	BPatG	Einleitung, 56
Beschwerde unter einer Bedingung	BPatG	Einleitung, 61
Beschwerdeeinlegung bei BPatG	BPatG	§ 73, 58

Entscheidungsregister nach Stichworten

Stichwort	Gericht	zitiert bei § + Rdn
Beschwerdeerweiterung	BPatG	§ 73, 70
beschwerdefähige Entscheidung/DISCOVISION	GBK	Art. 106, 24
beschwerdefähige Entscheidung/DISCOVISION	GrBK	Art. 106, 21, 24; Art. 112, 27
Beschwerdegebühr	BPatG	§ 73, 142
Beschwerdegebühren/KROHNE	GBK-G	Einleitung, 11; § 2 (Anh. 15), 14
Beschwerdegebühren/KROHNE	GrBK	Art. 107, 15, 18, 25; Art. 108, 15
Beschwerdekosten	BGH	§ 80, 6, 9, 20
Beschwerderücknahme nach Verkündung	BPatG	§ 73, 5, 202
Beschwerdeschrift/XXX	JBK	Einleitung, 56
Besetzung	BGH	§ 67, 14
Besichtigungsanordnung	BGH	§ 140c, 11
Besichtigungsanordnung	OLG Düsseldorf	§ 140c, 71
Besichtigungsanspruch	OLG Nürnberg	§ 140c, 48
Besichtigungsanspruch eines IT-Systems	BGH	§ 140c, 60, 62
Besonderer Mechanismus	BGH	§ 9, 39; § 139, 215, 257
Bestätigung von Änderungen	BPatG	Einleitung, 352
Bestrafungsverfahren gegen Rechtsnachfolger	OLG Köln	§ 139, 402, 412
Betonbereitung	BGH	§ 16, 8
Betondosierer	BGH	§ 4, 56, 85, 123, 168
Betonstahlmattenwender	BGH	§ 1, 52; § 4, 42; § 21, 107
Betonstraßenfertiger	BGH	§ 41, 35
Betrieb einer Sicherheitseinrichtung	BGH	§ 4, 64, 70, 99, 137
Betriebsparameteranzeige	BGH	§ 34, 113, 124
Betriebsspionage	LG Nürnberg/Fürth	§ 140c, 17
Bettacare./. H3	The Hague District Court	§ 139, 276
Bettgestell	BGH	§ 12, 7, 10, 14
Bewegungstrainingsgerät	BPatG	§ 73, 40
Bewegungsvektor	LG Düsseldorf	§ 24, 124, 126
Beweisgebühr für Einsicht von Glaubhaftmachungsmitteln		§ 99, 6
Beweislast im Nichtigkeitsverfahren	BGH	§ 81, 154
Beweislastumkehr	BPatG	Einleitung, 157
Beweisverfahren; Kosten	BGH	§ 140c, 60
Beweisverfahren; Teilkostenentscheidung	BGH	§ 140c, 60
Bibliografiemitteilung	BPatG	§ 73, 30
Bicycle crank assembly/SHIMANO	GBK-R	Art. 112a, 23
Biedermeiermanschetten	BGH	§ 6, 22
Biegerollen	BGH	§ 100, 58
Biegevorrichtung	BGH	§ 12, 13, 24
Biegevorrichtung	OLG Düsseldorf	§ 140c, 60
Bierabfüllung	BGH	§ 3, 20, 21, 100, 135; § 4, 164

Entscheidungsregister nach Stichworten

Stichwort	Gericht	zitiert bei § + Rdn
Bierhahn	BGH	§ 12, 9, 15, 17, 20
Bierklärmittel	BGH	§ 34, 123
BIG II	LG Düsseldorf	§ 139, 104
Bildanzeigegerät	BGH	§ 3, 23
Bildanzeigevorrichtung	BPatG	§ 99, 6
Bildaufzeichnungssystem	BPatG	Einleitung, 436
Bilderzeugung	OLG Düsseldorf	§ 9, 54
Bildspeicher	BGH	§ 46, 53; § 78, 40; § 92, 8
Bildstrom	BGH	§ 1, 142
Bildunterstützung bei Katheternavigation	BGH	§ 1, 207, 251; § 2a, 69, 70, 71, 81; § 5, 10; § 14, 101, 104, 112
Bildveröffentlichung von Irak-Terroristen	BGH	§ 69, 13
Bilski v Kappos	US-Supreme Court	§ 1, 145, 146
Bilski v. Kappos	CAFC	§ 1, 146
Bindung des Berufungsgerichts	BGH	§ 139, 380
BioForge	BGH	§ 6 (Anh. 15), 9, 12
Biogen	EuGH	§ 16a, 50, 64, 66, 84
Biogen/Medeva	House of Lords	§ 34, 347
Biogen/Smithkline	EuGH	§ 49a, 13, 43
BioGourmet	BGH	§ 2 (Anh. 15), 19
BioID	EuGH	Einleitung, 204, 421
Biologischer Raumluftfilter	BPatG	§ 130, 61
BIOS Naturprodukte/Saarland	EuGH	§ 1, 232
Biotechnologie-Richtlinie	EuGH	§ 1, 151; § 1a, 8, 16; § 2, 12, 29; § 9a, 6, 13
Bitratenreduktion	BGH	§ 14, 31; § 119, 6
Bitratenreduktion	BPatG	§ 67, 11; § 80, 86; § 81, 68; § 5 (Anh. 15), 8
Bitratenreduktion II	BGH	§ 3, 98
Blankounterschrift	BGH	Einleitung, 386
Blasenfreie Gummibahn I	BGH	§ 4, 66; § 21, 25; § 34, 141, 343, 392; § 81, 139
Blasenfreie Gummibahn II	BGH	Einleitung, 159; § 14, 46, 111; § 139, 317
Blasenkatheter-Set	OLG Düsseldorf	§ 9, 67; § 14, 70
Blasfolienherstellung	BGH	§ 139, 287, 331, 393
Blattgut	BPatG	§ 73, 148; § 79, 21
Blattgut		§ 73, 142
Bleicherde	BGH	§ 139, 179; § 141, 18
Bleiphosphit	BGH	§ 21, 24; § 67, 3, 4; § 74, 4; § 100, 11, 34, 57, 64; § 108, 3; § 111, 8
Bleistiftabsätze	BGH	§ 146, 20
Blendschutzbehang	BGH	§ 6, 22; § 8, 13, 14, 20; § 15, 20; Anh. 1, 38
Blitzlichtgerät	BGH	§ 3, 21, 25, 27, 29, 30, 60, 64; § 139, 394
Blut-Gehirn-Schranke	OLG Düsseldorf	§ 9, 101

Entscheidungsregister nach Stichworten

Stichwort	Gericht	zitiert bei § + Rdn
Blutdruckmessgerät	BPatG	§ 2 (Anh. 15), 5
Blutfiltrationssystem	BGH	§ 115, 9
Bodenbearbeitungsmaschine	BGH	Einleitung, 43; § 59, 138; § 80, 86; § 81, 68; § 2 (Anh. 15), 14, 19
Bodenbelag	BGH	§ 41, 34, 36
Bodendübel	BGH	§ 1, 16
Bodenkehrmaschine	BGH	§ 4, 23
Bodensegment	BGH	Anh. 1, 25, 47
Bodenseitige Vereinzelungseinrichtung	BGH	§ 4, 43; § 14, 21, 24, 64; § 139, 329
Bodenwalze	BGH	§ 22, 17; § 34, 316; § 38, 21; § 100, 22
Bodenwaschanlage	BGH	§ 9, 17, 24; § 15, 60
Bogensegment	BGH	§ 21, 104; § 81, 127; § 84, 12
Bollmann/Hauptzollamt	EuGH	Einleitung, 540
Bolzenschießgerät	BGH	§ 34, 175, 184; § 81, 108
Bordako	BGH	Einleitung, 546, 547; § 21, 113; § 139, 47, 293
borhaltige Stähle	BGH	§ 1, 185, 190
Borhaltige Stähle	BGH	§ 1, 252
borhaltige Stähle	BGH	§ 3, 134, 135; § 34, 23, 135
Borrelioseassay	BGH	§ 3, 177; § 14, 25; § 34, 320, 347
Börsenbügel	BGH	§ 4, 43, 52, 54, 79, 110
Borstenverrundung	LG Frankfurt/Main	§ 139, 145, 146
Borstenverrundung	OLG Düsseldorf	§ 139, 154
Boston Scientific Ltd/DPMA	EuGH	§ 16a, 8, 56, 57
Botulinumtoxin	Oberlandesgericht Wien	§ 16a, 83
Boy	BGH	§ 107, 6
BPatG-Beschluss, Anfechtung	BGH	§ 99, 8
Brandschutzvorrichtung	OLG Düsseldorf	§ 124, 10, 13
Bratgeschirr	BGH	Einleitung, 122; § 14, 74
Bratpfanne	BGH	§ 128a, 23; § 139, 104
Braupfanne	BGH	§ 4, 86, 160, 172; § 34, 306
Breast and ovarian cancer/UNIVERSITY OF UTAH	TBK	§ 1a, 25
Breithaltevorrichtung	BGH	Einleitung, 382
Bremsbeläge	OLG Karlsruhe	§ 9, 57
Bremsrolle	BGH	§ 15, 26
Brennstoffe	BPatG	Einleitung, 531; § 73, 61; § 127, 108
BretarisGenuair	BGH	§ 139, 477
Brieflaufzeiten an Feiertagen	BGH	§ 123, 136
Brieflocher	BGH	Einleitung, 122; § 14, 32; § 81, 139
Brieftaubenreisekabine I	BGH	§ 4, 171; § 81, 21
Brieftaubenreisekabine II	BGH	§ 4, 52, 53
Brillenbügel	BGH	§ 34, 102, 131
Brillengestelle	BGH	§ 34, 352, 353, 415; § 80, 84; § 139, 334

Entscheidungsregister nach Stichworten

Stichwort	Gericht	zitiert bei § + Rdn
Brillenpreise II	BGH	§ 139, 287
Bring mich nach Hause	BGH	§ 139, 73, 74
Bristol-Myers Squibb	EuGH	§ 9, 28, 32
Britischer Verkehrsanwalt	BPatG	§ 80, 72
Broccoli II/PLANT BIOSCIENCE	GBK	§ 2a, 46
Broccoli/PLANT BIOSCIENCE	GrBK	§ 1, 17, 18, 21, 27; § 2a, 8, 34, 35, 38, 40, 41
Brombeerleuchte	BGH	§ 139, 209, 233, 237, 239
Bronner/Media	EuGH	§ 24, 58
Bruce Springsteen and his Band	BGH	§ 139, 96, 97, 103
Brückenlegepanzer I	BGH	§ 15, 65; § 21, 114; § 81, 42
Brückenlegepanzer II	BGH	§ 81, 44, 174
Brüstle/Greenpeace	EuGH	§ 2, 16, 29, 39, 40, 41, 43
Brystol-Myers Squibb v Baker Norton	Court of Appeal UK	§ 3, 151
BTK	BGH	§ 139, 135, 137, 139
Buchungsblatt	BGH	§ 1, 23, 91, 95, 102
Bürovorsteher	BGH	§ 81, 7, 9, 41
Bürstenstromabnehmer	BGH	§ 81, 7, 41, 42
CAD-Konstruktionszeichnung	OLG Düsseldorf	§ 145a, 8, 9, 11
Cafilon	BGH	§ 24, 11; § 85, 3
Calcipotriol-Monohydrat	BGH	§ 4, 105
Calcitriol	EuGH	§ 49a, 33
Cam-Carpet	LG Düsseldorf	§ 9, 85, 101
Cappellini's Application, Bloomberg LLP's Application	Patents Court	§ 1, 91
Caprolactam	BGH	Einleitung, 544; § 34, 468, 470; § 73, 113, 128
Cartier-Armreif	BGH	§ 15, 66; § 139, 179, 180, 183
Cartier-Ring	BGH	§ 139, 181; § 140b, 29, 37
Carvedilol I	BGH	Einleitung, 231; § 73, 105; § 81, 20, 24
Carvedilol II	BGH	§ 3, 159; § 81, 129
CASHFLOW	BPatG	Einleitung, 421; § 99, 7
Catarina Valente	BGH	§ 139, 128
Catnic	House of Lords	§ 14, 12
Catwalk	BGH	§ 139, 126, 135, 136
Ceco	BGH	Einleitung, 77, 237, 295, 309; § 47, 19; § 59, 216; § 73, 77, 78; § 76, 11; § 78, 11; § 93, 8; § 94, 13, 17; § 100, 42, 46, 47
Cement dispersant method/NIPPON SHOKUBAI	GrBK	Art. 112a, 17, 25
Cer-Zirkonium Mischoxid I	BGH	Einleitung, 153
Cer-Zirkonium-Mischoxid	BGH	§ 3, 104
Cer-Zirkonium-Mischoxid I	BGH	§ 14, 25; § 34, 348
Cer-Zirkonium-Mischoxid II	BGH	§ 34, 402
Cerdioxid	BGH	§ 3, 97; § 34, 348
Cerebro-Card	OLG Hamburg	§ 139, 246, 437

Entscheidungsregister nach Stichworten

Stichwort	Gericht	zitiert bei § + Rdn
Cerus Corporation	BPatG	§ 16a, 8
Cerus Corporation	LG Düsseldorf	§ 16a, 56
Cetirizin	BPatG	Einleitung, 233
Change	BGH	§ 26, 34
Chemische Fabrik Kreussler	EuGH	§ 16a, 20
Chenillefäden	BGH	§ 15, 31, 46; § 81, 9, 54, 55, 56
Chenillemaschine	BGH	§ 15, 13; § 81, 56
Cheri	BGH	§ 139, 255
Chickenwings	BGH	§ 12, 30; § 139, 240, 256, 392
Chinaherde	BGH	§ 80, 79; § 139, 215, 239, 240
Chinesische Schriftzeichen	BGH	Einleitung, 212; § 1, 17, 32, 130; § 34, 185
Chinolizine	BGH	§ 4, 63, 177; § 34, 430
Chipkarte	BPatG	§ 2 (Anh. 15), 14
Chirurgische Behandlung/MEDI-PHYSICS	GBK	Einleitung, 136; § 2a, 61
Chirurgische Behandlung/MEDI-PHYSICS	GrBK	§ 2a, 57, 64, 67, 68, 69, 70, 71, 78; Art. 112, 1
Chirurgische Instrumente	BGH	§ 15, 32, 71
Chloramphenicol	BGH	§ 9, 80; § 12, 11, 18
Chloridazon	EuGH	§ 16a, 80
Chlortoluron	BGH	§ 4, 113, 163, 164
Cholesterin-Test	LG Düsseldorf	§ 9, 123; § 139, 284
Cholinsalycilat	BGH	§ 3, 13, 135
Christbaumbehang I	BGH	§ 81, 138
Christbaumbehang II	BGH	§ 145, 23
Christbaumständer	BPatG	§ 80, 40
Chrom-Nickel-Legierung	BGH	§ 1, 248; § 3, 127, 135; § 34, 322
Cinacalcet	OLG München	§ 139, 446
Cinacalcet II	OLG Düsseldorf	§ 139, 442
Cinch-Stecker	BGH	§ 139, 14, 15, 16, 255
Cinch-Stecker	OLG Düsseldorf	§ 140a, 32
Cipralex	österreich. OGH	§ 16a, 4
Cirkulin	BGH	Einleitung, 344
Cistus incanus	OLG Düsseldorf	§ 14, 122, 123
Citalopram I	TBK	§ 3, 170
City-Boy	BPatG	Einleitung, 223, 426; § 7 (Anh. 15), 3
Clarissa	BGH	§ 139, 117
Clarithromycin	BPatG	§ 16a, 14, 15, 81
Class International/Colgate-Palmolive	EuGH	§ 9, 29
Classe E	BPatG	§ 80, 51
ClearValue v. Pearl River Polymers	CAFC	§ 3, 119
Clinique happy	BGH	§ 9, 29, 79
Clone-CD	BGH	§ 139, 54, 58
Clothianidin	BPatG	Einleitung, 144; § 16a, 58
Co-Verlagsvereinbarung	BGH	Einleitung, 421
Codierte Daten	LG Mannheim	§ 24, 96

Entscheidungsregister nach Stichworten

Stichwort	Gericht	zitiert bei § + Rdn
Coenzym Q10	BGH	§ 3, 104
Composition de mortier/PAREX-GROUP	GrBK	Art. 112a, 14
COMPUTER ASSOCIATES	BGH	Einleitung, 314; § 100, 46
Computer-Defekt	BGH	§ 123, 151
Computerfax	BGH	Einleitung, 385, 389; § 34, 36; § 59, 36
Computerfax und Unterschrift	BGH	Einleitung, 385, 389
Computerprogramme	GBK	Art. 106, 3
Computerprogramme	GrBK	§ 1, 21, 22, 68, 111, 112, 123; § 4, 10; Art. 112, 39
Computerprogramme	TBK	§ 1, 65
Computerträger	BGH	§ 4, 121, 167; § 84, 51; § 121, 11
COMTECH	BPatG	Einleitung, 223
Consolidation/WARNER-LAMBERT	JBK	Einleitung, 448
Constanze II	BGH	§ 139, 53, 58
Consulente in marchi	BGH	§ 143, 29, 30
Container-Signatur	BGH	Einleitung, 379
Control system/BAMFORD EXCAVATORS	GBK-R	Art. 112a, 20
Converse I	BGH	§ 9, 41
Converse Inc	OLG Frankfurt/Main	§ 9, 41
Copad	EuGH	§ 9, 18
Copolyester I	BGH	§ 139, 164, 166
Corioliskraft	BGH	§ 100, 65
Corioliskraft II	BGH	§ 3, 188, 189; § 41, 58; Anh. 1, 111
COSMOS	BPatG	§ 73, 62
Coty Germany/Stadtsparkasse	EuGH	§ 140b, 24
Coty Prestige Lancaster/Simex Trading	OLG Nürnberg	§ 9, 77
Coty Prestige/Simex Trading	EuGH	§ 9, 18, 21, 28, 30
Couchtisch	OLG Köln	§ 139, 459
Couverture de toiture/PIRONT	GrBK	Art. 112a, 15
Crackkatalysator I	BGH	§ 3, 127; § 34, 312, 369
Crackkatalysator II	BGH	§ 47, 25; § 100, 55, 56, 59; 66
Crawford's Application	UK Patents Court	§ 1, 143
Crimpautomat	BPatG	§ 73, 142
Crimpwerkzeug	BGH	Einleitung, 35, 311; § 78, 32; § 83, 11, 23; § 89, 5, 11
Crimpwerkzeug I	BGH	§ 139, 310
Crimpwerkzeug II	BGH	§ 38, 17
Crimpwerkzeug III	BGH	Einleitung, 123, 124; § 14, 10; § 139, 386, 387
Crimpwerkzeug IV	BGH	§ 14, 73, 78, 89; § 123, 31; § 139, 35, 394
Cryptosporidium	BGH	§ 3, 180, 181
CT-Paradies	BGH	§ 139, 87, 88

Entscheidungsregister nach Stichworten

Stichwort	Gericht	zitiert bei § + Rdn
Curapor	BGH	§ 140a, 4, 14, 30, 38
Custodiol	BPatG	§ 49a, 32
Custodiol I	BGH	§ 14, 36, 87
Custodiol II	BGH	§ 14, 36
customer prints	BGH	§ 3, 17, 23, 35, 45, 188
CVVP/Sanchis	EuGH	§ 2a, 16
Cytotoxin	BPatG	§ 49a, 49
Da Costa/Administratie der Belastingen	EuGH	Einleitung, 539, 540
Dachhaken	BPatG	§ 95, 4
Daiichi Sankyo	EuGH	§ 16a, 43
Damenschuh-Absatz	BGH	§ 93, 5
Damenschuhabsatz	BGH	§ 100, 20, 59
Dämmstoffbahn	LG Düsseldorf	§ 33, 10, 24
Dampfdruckverringerung	BGH	§ 139, 81, 365, 367
Dampferzeuger	BGH	§ 34, 301, 316
Dampffrisierstab I	BGH	§ 139, 180
Dampffrisierstab II	BGH	§ 139, 164, 180, 425
Darlegungsanforderungen an Anhörungsrügen	BGH	Einleitung, 332
Darmreinigungsmittel	BGH	§ 107, 9
DAS GROSSE RÄTSELHEFT	BGH	§ 139, 29
Datengenerator	BGH	§ 1, 59, 69; § 34, 129; § 59, 166
Datenpaketumwandlung	BGH	§ 81, 42; § 116, 4; § 117, 10
Datenpaketverarbeitung	OLG Karlsruhe	§ 24, 51, 108, 112, 113, 115, 131
Datensicherung	OLG Karlsruhe	§ 140b, 61, 78
Datenträger	BGH	§ 34, 303, 316, 322, 400; § 59, 166; § 81, 116; § 107, 9
Datenträger	LG Hamburg	§ 9, 79; § 140a, 9
Datenverwendung	OLG Hamburg	§ 140b, 78
Dauerbackware	OLG Düsseldorf	§ 14, 44
Dauerwellen I	BGH	§ 3, 12; § 4, 53, 113, 132, 167; § 21, 24; § 34, 415
Dauerwellen II	BGH	Einleitung, 222; § 12, 26; § 123, 183
Daunorubicin	BPatG	§ 16a, 81
Davidoff	EuGH	§ 9, 28
Davidoff Hot Water II	BGH	§ 140b, 20, 24
Deckelfaß	BGH	§ 38, 21; § 139, 388, 394, 395
Deckelfugenabdichtung	BGH	§ 81, 190
Deckenheizung	BGH	§ 10, 29, 40, 49; § 139, 58, 255
Decodiervorrichtung	LG Düsseldorf	§ 9, 101
Deformationsfelder	BGH	§ 59, 56, 57, 59, 60, 64
Dekodierungsvorrichtung	LG Düsseldorf	§ 24, 70, 92, 101, 102, 112, 113
Dekodiervorrichtung	LG Düsseldorf	§ 10, 45
Dekorplatten	LG Düsseldorf	§ 9, 68
Delta-Sigma Analog-/Digital-Wandler	BPatG	§ 144, 13
Deltamethrin	BGH	Einleitung, 160; § 140c, 67

Entscheidungsregister nach Stichworten

Stichwort	Gericht	zitiert bei § + Rdn
Deltamethrin II	BGH	§ 93, 9
Demonstrationshilfen	BPatG	§ 80, 93
Demonstrationsschrank	BGH	§ 4, 6, 7; § 84, 12
Dentalgerätesatz	BGH	§ 1, 59; § 3, 184
Der 7. Sinn	BGH	§ 139, 58
Derprosa Film	Tribunal Supremo (Spanien)	§ 3, 138
Desaturases/WASHINGTON STATE	GrBK	Art. 112a, 24
Desmopressin	BGH	§ 1, 41; § 6, 9; § 12, 9, 24, 28
Desmopressin I	LG Düsseldorf	§ 12, 15
Desmopressin-Tablette	OLG Düsseldorf	§ 12, 9, 28
Desogestrel	OLG Düsseldorf	§ 139, 443, 444
Desogestrel I	LG Düsseldorf	§ 16a, 83
Desogestrel II	LG Düsseldorf	§ 16a, 83
Desogestrelum	BPatG	§ 4, 36
Detektionseinrichtung I	BGH	§ 139, 260
Detektionseinrichtung II	BGH	§ 139, 238, 249, 464
Deus Ex	BGH	§ 140b, 73
Dia-Duplikate	BGH	§ 139, 127
Dia-Rähmchen I	BGH	Einleitung, 194; § 139, 98, 105
Dia-Rähmchen II	BGH	§ 139, 115, 122, 127, 140, 142, 162
Dia-Rähmchen IV	BGH	§ 4, 84, 88; § 38, 20
Dia-Rähmchen V	BGH	§ 10, 7; § 21, 112; § 81, 138; § 139, 393
Diabehältnis	BGH	§ 4, 8
Diagnostizierverfahren	GrBK	§ 2a, 61, 62, 80
Diamond v Chakrabarty	Supreme Court	§ 1, 145
Diamond v Diehr	US-Supreme Court	§ 1, 145
Diätische Tinnitusbehandlung	BGH	§ 139, 87, 88
Dichtigkeitsprüfung	BPatG	Einleitung, 375, 389
Dichtungsanordnung	BGH	§ 59, 229; § 69, 3, 5; § 78, 15, 19, 23; § 79, 8
Dichtungsanordnung II	BGH	§ 46, 4, 8, 9, 13; § 59, 229
Dichtungsprofil	BPatG	Einleitung, 505
Dichtungsring	BPatG	§ 78, 33
Die F.-Tonbänder	BVerfG	Einleitung, 450, 542; § 139, 451, 453, 454, 455
Die Heiligtümer des Todes	BGH	§ 140b, 74, 75
DIE PROFIS	BGH	Einleitung, 162; § 30, 16
Diebstahlssicherung	BGH	§ 34, 408
Diesel	EuGH	§ 9, 79; § 142a, 21
Diesel II	BGH	§ 9, 29, 79
Differentialverstärkerschaltung	BPatG	§ 73, 142; § 79, 21
Differenzgetriebemaschine	BPatG	§ 130, 61
Diffusor	LG Düsseldorf	§ 9, 54
Digesta	BGH	§ 101, 5
digital	BPatG	Einleitung, 223

Entscheidungsregister nach Stichworten

Stichwort	Gericht	zitiert bei § + Rdn
Digitalblock	OLG Düsseldorf	§ 10, 7; § 14, 70
Digitale Privatkopien	BVerfG	Einleitung, 451
digitaler Anschlussleitungstransceiver	LG Düsseldorf	§ 24, 132
Digitales Buch	BGH	§ 38, 11, 15, 18
Digitech Image Techs., LLC v Elecs. for Imaging, Inc et al.	BGH	§ 1, 145
Diglycidverbindung	BGH	§ 14, 74, 80
Dilactame	BGH	§ 34, 430; § 100, 17
Dilatationskatheter	BGH	§ 118, 3
DILZEM	BGH	Einleitung, 326; § 100, 41, 42, 47
Diodenbeleuchtung	BGH	§ 4, 53, 54, 56, 152; § 22, 17
Dipeptidyl-Peptidase-Inhibitoren	BGH	§ 16a, 38; § 34, 296; § 38, 18
Diplomierte Trainerin	BGH	§ 73, 65
Dipolantenne	BGH	§ 1 (Anh. 15), 17; § 10 (Anh. 15), 8
Dipolantenne I	BGH	§ 34, 424
Disclaimer/PPG	GBK-G	§ 81, 119
Disclaimer/PPG	GrBK	§ 2, 28; § 3, 81, 112, 118, 120; § 4, 97; § 34, 146, 148, 290, 355, 423; § 38, 20, 25, 26, 27, 28; § 41, 29; Art. 112, 20, 22
Disclaimer/SCRIPPS	BGH	§ 21, 54; § 38, 17
Disclaimer/SCRIPPS	EPA	§ 38, 15, 20
Disclaimer/SCRIPPS	GBK	Art. 112, 20
Disclaimer/SCRIPPS	GBK-G	Einleitung, 127
Disclaimer/SCRIPPS	GrBK	§ 34, 147; § 38, 23, 30, 31; Art. 112, 8
Disiloxan	BGH	§ 1, 210, 226, 281; § 4, 76, 92, 110, 151, 177
Displayschutz	BPatG	§ 73, 13
Dispositionsprogramm	BGH	§ 1, 16, 19, 23, 26, 30, 58, 136, 265
DM-Tassen	BGH	§ 2, 20
DMA-Mechanismus	BPatG	Einleitung, 211; § 73, 160; § 79, 7
Dombo Beheer	EGMR	Einleitung, 166, 542
Doppelachsaggregat	BGH	§ 4, 51; § 22, 16; § 34, 175, 354; § 81, 106
Doppelpatentierung	GrBK	§ 34, 25; § 39, 72
Doppelte Tarifgebühr	BGH	§ 139, 126
Doppelvertretung	OLG Braunschweig	§ 143, 36
Doppelvertretung im Nichtigkeitsverfahren	BGH	Einleitung, 195; § 80, 41, 88, 111; § 84, 28, 67; § 99, 8; § 143, 34
Doppelvertretung im Nichtigkeitsverfahren	BPatG	Einleitung, 195; § 80, 41, 43; § 84, 28
Doppelvertretung im Nichtigkeitsverfahren VIII	BPatG	§ 80, 41, 79
Doppelvertretung im Patentnichtigkeitsverfahren	BPatG	§ 80, 41
Doppelvertretung in Markenlöschung	BPatG	§ 80, 39
Doppelvertretung in Nebenverfahren	BPatG	§ 80, 42
Doppelvertretungskosten	BPatG	§ 80, 41; § 143, 34; § 5 (Anh. 15), 8

Entscheidungsregister nach Stichworten

Stichwort	Gericht	zitiert bei § + Rdn
Doppelvertretungskosten im Gebrauchsmuster-Löschungsverfahren	BPatG	§ 80, 40, 47
Doppelvertretungskosten im Nichtigkeitsberufungsverfahren II	BPatG	§ 80, 43
Doppelvertretungskosten im Nichtigkeitsverfahren I	BPatG	§ 80, 41
Doppelvertretungskosten im Nichtigkeitsverfahren II	BPatG	§ 80, 41
Doppelvertretungskosten im Nichtigkeitsverfahren III	BPatG	Einleitung, 195; § 80, 41, 109
Doppelvertretungskosten im Nichtigkeitsverfahren IV	BPatG	§ 80, 41
Doppelvertretungskosten im Nichtigkeitsverfahren V	BPatG	§ 80, 41
Doppelvertretungskosten im Nichtigkeitsverfahren VI	BPatG	§ 80, 41
Doppelvertretungskosten im Nichtigkeitsverfahren VII	BPatG	§ 80, 41
Doppelvertretungskosten im Nichtigkeitsverfahren VIII	BPatG	Einleitung, 195; § 80, 41, 83
Doppelvertretungskosten in Gebrauchsmuster-Löschungsverfahren	BPatG	§ 80, 40
Doppelvertretungskosten, Nichtigkeitsberufungsverfahren	BPatG	§ 80, 43
Doppelvertrteung im Nichtigkeitsverfahren	BGH	§ 84, 67
Doppelvorsitz am BGH	BVerfG	Einleitung, 197; § 68, 19
DORMA	BGH	Einleitung, 320, 323; § 100, 46
Dosier- und Mischanlage	BGH	§ 64, 23; § 81, 129, 130
Dosierinhalator	LG Düsseldorf	§ 139, 441, 448
Dosierungsanleitung/ABBOTT RESPIRATORY	GBK	Einleitung, 349
Dosierungsanleitung/ABBOTT RESPIRATORY	GBK-G	§ 14, 123
Dosierungsanleitung/ABBOTT RESPIRATORY	GrBK	§ 2a, 66, 75; § 3, 146, 148, 151, 155
Dosiervorrichtung	BGH	Einleitung, 386, 419; § 73, 64; § 84, 2; § 100, 10, 11; § 127, 68, 73; § 2 (Anh. 15), 28
Doxorubicin-Sulfat	BGH	§ 1, 232; § 16a, 17
Doxorubicin-Sulfat	BPatG	§ 16a, 17
DR. JAZZ	BPatG	§ 99, 6
DRAGON	BGH	§ 73, 5
Drahtbiegemaschine	BGH	Einleitung, 141, 195; § 7, 6, 15; § 8, 38, 42; § 59, 28
Drahtelektrode	BGH	§ 81, 117; § 82, 7; § 84, 58; § 99, 6, 11; § 110, 3
Drahtinjektionseinrichtung	BGH	§ 87, 4
Drahtlose Funkidentifikation	BPatG	§ 123a, 23

Entscheidungsregister nach Stichworten

Stichwort	Gericht	zitiert bei § + Rdn
Drahtloses Kommunikationsnetz	BGH	§ 3, 12; § 6, 19; § 41, 28, 39
Drahtseilverbindung	BGH	§ 3, 9; § 6, 12; § 34, 22; § 81, 80
Drain/EASY SANITARY	GrBK	Art. 112a, 16
Drehkippbeschlag	BGH	§ 139, 394, 395
Drehmomentübertragungseinrichtung	BGH	§ 38, 17, 19; § 59, 171
Drehmomentübertragungseinrichtung	BPatG	§ 10 (Anh. 15), 18
Drehstromöltransformator	BGH	§ 100, 65
Drehverschlussanordnung	LG Mannheim	§ 139, 124, 125
Drehzahlermittlung	BGH	Einleitung, 122, 123; § 10, 52; § 14, 23; § 33, 6; § 139, 20, 23, 24
Drei-Jahres-Frist	BGH	§ 139, 460
Dreidimensionale Daten	BPatG	§ 123, 26, 96, 125
Dreinahtschlauchfolienbeutel	BGH	§ 4, 40, 68
Dreispiegel-Rückstrahler	BGH	§ 4, 114, 130, 145, 146
Drillmaschine	BGH	§ 34, 205
Drouot/CMI	EuGH	§ 139, 280
Druckbalken	BGH	§ 140c, 11; § 9 (Anh. 15), 5
Druckbogenstabilisierer II	LG Düsseldorf	§ 139, 441; § 142a, 19, 27
Druckdatenübertragungsverfahren	BGH	§ 99, 6
Druckentlastungs-Paneelaufbau	BGH	§ 81, 129
Drucker und Plotter	BVerfG	Einleitung, 197
Druckerpatrone	OLG Düsseldorf	§ 139, 181
Druckerpatrone II	OLG Düsseldorf	§ 24, 75; § 139, 32; § 140a, 13
Druckguss	BGH	§ 3, 135
Druckmaschinen-Temperierungssystem	BGH	§ 139, 306
Druckmaschinen-Temperierungssystem I	BGH	§ 139, 309, 314, 387
Druckmaschinen-Temperierungssystem II	BGH	§ 38, 15, 16; § 116, 3
Druckmaschinen-Temperierungssystem III	BGH	§ 80, 51; § 144, 4; § 2 (Anh. 15), 43, 48
Druckstück	BGH	§ 30, 41; § 32, 11; § 34, 27; § 35a, 11, 12, 13; § 36, 5, 24; § 37, 9; § 38, 14; § 42, 7, 10, 14
Du sollst nicht lügen!	OLG Düsseldorf	§ 139, 338
Du sollst nicht lügen! II	OLG Düsseldorf	§ 139, 338
Dücko	BGH	§ 6, 12, 13, 29; § 15, 21
Dumez France/Hess Landesbank	EuGH	§ 139, 270
Düngerstreuer	BGH	§ 21, 25, 101
Dungförderanlage	BGH	§ 4, 53
Dungschleuder	BGH	§ 34, 239
Dünnbramme II	LG Düsseldorf	§ 139, 469
Dünnfilmmagnetspeichervorrichtung	BPatG	§ 46, 12; § 73, 159
Durchflusszähler	BGH	§ 100, 54, 56
Durchfuhr von Originalware	BGH	§ 9, 29, 79; § 142a, 12
durchgestrichene Unterschrift	OLG Nürnberg	§ 127, 75, 114
Duschabtrennung	BGH	§ 81, 44

Entscheidungsregister nach Stichworten

Stichwort	Gericht	zitiert bei § + Rdn
DVD-Player	OLG Karlsruhe	§ 142a, 15
Dynamische Dokumentengenerierung	BGH	§ 1, 63
Dynamisches Mikrofon	BGH	§ 81, 117; § 84, 41, 44, 45, 46
E-Mail via SMS	BGH	§ 4, 66, 144
E. I. du Pont	Court of Appeal UK	§ 16a, 116, 117; § 49a, 41, 42
EDV-gestützter Fristenkalender	BGH	§ 123, 124
Effektiver Rechtsschutz	BVerfG	Einleitung, 203, 458
Ehefrau als Bote	BPatG	§ 123, 86
Eierkarton	BGH	§ 34, 296
Eigenhändige Unterschrift	BPatG	Einleitung, 403
Eigenrecherche	BPatG	§ 80, 80
Einbauleuchten	BGH	§ 100, 57, 63, 64; § 108, 3
Einbettungsmasse	BGH	§ 81, 7, 42, 54, 59, 61, 62
Eindrehen von Schrauben	BGH	§ 81, 115
Einfache Signatur und Wiedereinsetzung in den vorigen Stand	BAG	§ 125a, 12
Eingescannte Unterschrift	GmS OGB	Einleitung, 399
Eingescannte Unterschrift per Fax	BGH	Einleitung, 385
Einheitlichkeit/SIEMENS	GrBK	§ 21, 25; § 34, 243
Einkaufskühltasche	BGH	§ 80, 71; § 139, 223, 339; § 143, 41
Einkaufswagen	BGH	Einleitung, 544; § 73, 218; § 82, 9
Einkochdose	BGH	§ 1, 271; § 4, 100, 113
Einlegesohle	BGH	§ 1, 79, 277; § 4, 172; § 34, 423
Einlegung der Beschwerde	GBK	§ 59, 46
Einlegung der Beschwerde	GrBK	Art. 108, 20, 21, 22; Art. 112a, 8
Einlegung einer Beschwerde mittels E-Mail	BGH	§ 125a, 9
Einrede der Verjährung	BGH	§ 139, 378
Einrichtung zur Speicherung von Energie	BPatG	§ 48, 14
Einscannen	BGH	Einleitung, 387
Einsicht in erloschenes Patent	BGH	§ 99, 25
Einspritzventil	BGH	§ 38, 18; § 83, 20; § 116, 12; § 117, 6, 12
Einspruch als Handlung	BPatG	§ 123, 61; § 6 (Anh. 15), 25
Einspruch bei EPA statt DPA	BPatG	Einleitung, 66
Einspruch der Patentinhaber/PEUGEOT UND CITROEN	GBK	§ 59, 28
Einspruch der Patentinhaber/PEUGEOT UND CITROEN	GrBK	§ 59, 56
Einspruch des Patentinhabers/MOBIL OIL	GrBK	§ 59, 25, 54
Einspruch des Patentinhabers/VOEST ALPINE	GrBK	§ 59, 51
Einspruch in fremdem Auftrag/GENENTECH	GBK	Einleitung, 39, 154, 155, 158; § 123, 81
Einspruch in fremdem Auftrag/INDUPACK	GBK	§ 59, 28, 54

Entscheidungsregister nach Stichworten

Stichwort	Gericht	zitiert bei § + Rdn
Einspruch in fremdem Auftrag/ INDUPACK	GBK-G	Einleitung, 154, 155, 158; § 123, 81
Einspruch in fremdem Auftrag/ INDUPACK	GrBK	§ 59, 58, 62, 63, 65, 77, 78
Einspruchsbegründung	BGH	§ 59, 51, 150; § 61, 22
Einspruchserwiderung	BGH	§ 59, 227
Einspruchsgebühren bei »gemeinsamem« Einspruch	BPatG	§ 6 (Anh. 15), 24
Einspruchsverbietungsklage	BGH	§ 59, 61
Einspruchsverwerfung	BPatG	§ 67, 14
Einspruchszuständigkeit	BPatG	Einleitung, 349; § 99, 5, 6
Einsteckschloß	BGH	Einleitung, 43; § 47, 44; § 59, 138; § 73, 65, 91; § 2 (Anh. 15), 14, 29
Einstellbare Streckwalze	BGH	§ 3, 35; § 4, 110
Einstellungsbegründung I	BGH	§ 139, 370
Einstellungsbegründung II	BGH	§ 139, 370
Einteilige Öse	BGH	§ 4, 64
Eintragung im Fristenkalender	BGH	§ 123, 123
Eintragungsverfügung	BPatG	§ 73, 28
Einzelangebot	BGH	§ 9, 61, 62
Eiskonfekt II	BGH	Einleitung, 226, 229
Elastische Bandage	BGH	§ 4, 63, 69, 121, 134, 167
Electrolytic production/TECNICAS REUNIDAS	GBK-R	Art. 112a, 16
Elektrische Anschlussklemme	OLG München	§ 139, 442, 443
elektrische Fahrradgangschaltung	BPatG	Einleitung, 23
Elektrische Steckverbindung	BGH	§ 3, 10, 96, 109, 110; § 4, 8
Elektrische Verbindungsanordnung	BPatG	§ 46, 11
Elektrischer Winkelstecker	BPatG	§ 47, 12
Elektrischer Winkelstecker II	BPatG	§ 47, 9, 10, 11, 12, 14; § 73, 27, 40, 148, 163; § 79, 17, 23; § 125a, 31
Elektrisches Speicherheizgerät	BGH	Einleitung, 212; § 100, 59
Elektrochemischer Energiespeicher	BPatG	§ 48, 18
Elektrode	BGH	§ 100, 50, 57, 64, 65; § 108, 3
Elektrohandschleifgerät	BGH	§ 100, 32, 65, 66; § 107, 8
Elektrolackieren	BGH	§ 21, 107, 112; § 110, 10; § 139, 95, 104
elektromagnetische Hörvorrichtung	BGH	Einleitung, 375, 386
elektromagnetische Rühreinrichtung	BGH	§ 1, 272, 274; § 3, 184; § 4, 72, 125
Elektronenstrahlsignalspeicherung	BGH	Einleitung, 131; § 41, 78, 80, 83, 86
Elektronenstrahltherapiesystem	BGH	§ 1, 207; § 4, 70; § 14, 104
Elektronische Aktenführung	BGH	§ 123, 114
Elektronische Anzeigevorrichtung	OLG Düsseldorf	§ 139, 179, 426
Elektronische Funktionseinheit	BGH	§ 41, 33, 34, 44; § 81, 119
Elektronische Signatur	BGH	Einleitung, 379, 380; § 123, 116; § 125a, 13
Elektronischer Zahlungsverkehr	BGH	§ 1, 27, 60, 104
Elektronisches Gerät	BPatG	§ 73, 9; § 78, 27
Elektronisches Keramikbauteil	BPatG	§ 73, 129, 160

Entscheidungsregister nach Stichworten

Stichwort	Gericht	zitiert bei § + Rdn
elektronisches Mikrometer	OLG Düsseldorf	§ 14, 41
Elektronisches Modul	BGH	§ 81, 109, 116, 123, 135
Elektronisches Steuergerät	BPatG	§ 48, 18; § 73, 142; § 78, 12; § 79, 17, 21, 23
Elektronisches Steuergerät		§ 47, 25
Elektroschmelzverfahren	BGH	§ 65, 10; § 68, 12, 20; § 100, 34; § 111, 8
Elektrostatisches Ladungsbild	BGH	§ 41, 62, 72; § 123, 96
Eli Lilly	EuGH	§ 16a, 25, 29, 30, 31, 32, 38, 49
Eli Lilly	High Court	§ 16a, 31
Eli Lilly and Company/Genentech	EuGH	§ 16a, 48
Eliminierung von Alterungsgenen	BPatG	§ 79, 21
Emissionssteuerung	BGH	§ 100, 65
Enalapril	BGH	§ 9, 20, 28; § 12, 30; Anh. 4
Endgültige Entscheidung/NOVATOME II	GBK-G	Einleitung, 76, 77, 237, 295; § 78, 11; § 93, 8; § 94, 17
Endoprothese	BGH	§ 2a, 62
Endoprotheseeinsatz	BGH	§ 2a, 57, 58; 68, 79
Endoscope capable of being autoclaved/OLYMPUS CORPORATION	GrBK	Art. 112a, 20
Endoskopiesystem	BGH	§ 73, 61
Energiegewinnungsgerät	BGH	§ 1, 33; § 5, 9; § 42, 37
Energieketten	BGH	Einleitung, 324
Engescannte Unterschrift	GmS OGB	Einleitung, 375
englischsprachige Pressemitteilung	BGH	§ 9, 75
Ensemble imprimante/PELIKAN	GBK-R	Art. 112a, 16
Entfernen von Rußpartikeln/EMITEC	GrBK	Art. 112a, 25
Entfernung der Herstellungsnummer II	BGH	Einleitung, 418; § 140b, 32
Entfernung der Herstellungsnummer III	BGH	§ 140b, 37
entnehmbarer Datenspeicher	OLG Karlsruhe	§ 10, 16
Entscheidung über Gehörsrüge	BGH	Einleitung, 336
Entscheidungsformel	BGH	§ 47, 40; § 79, 43; § 94, 12; § 100, 58
Entschließung	BGH	§ 112, 8
Entsorgungsverfahren	BGH	Einleitung, 28, 40; § 79, 17, 18; § 87, 4; § 89, 13; § 107, 5
Entsperrbild	BGH	§ 1, 138
Entwässerungsanlage	BGH	Einleitung, 418; § 81, 9, 59, 61
Entwertung von Fahrzeug-Kennzeichen-Schilder	BPatG	§ 73, 68
Entwicklungsgerät	BGH	§ 9, 112; § 21, 25; § 34, 181; § 81, 47, 96, 107, 165
Entwicklungsvorrichtung	BPatG	§ 79, 21
EPA als Sachverständiger	BGH	§ 139, 332
EPA-Vertreter	BGH	§ 80, 25; § 97, 17; § 143, 29
Epoxidation	BGH	§ 59, 88; § 73, 202, 203
Erba	BGH	§ 2, 19 (Anh. 15); Anh. 17, 17

Entscheidungsregister nach Stichworten

Stichwort	Gericht	zitiert bei § + Rdn
Erbengemeinschaft	BGH	Einleitung, 43
Erdölröhre	BGH	§ 4, 100, 110, 168
Erfindervergütung	BAG	§ 143, 6
Erfordernis für die Inanspruchnahme einer Priorität für »dieselbe Erfindung«	GrBK	§ 41, 18, 33, 34, 38, 39, 44, 59
ergänzende telefonische Aufforderung	BPatG	§ 84, 34
Ergänzung der Entscheidung	BPatG	§ 95, 10
Erhöhte Sorgfaltspflicht	BGH	§ 123, 121
Erhöhung der Prozesskostensicherheit	BGH	§ 139, 301
Erinnerung gegen Kostenfestsetzung	BVerfG	Einleitung, 288
Erledigung des Einspruchsbeschwerdeverfahrens	BPatG	§ 73, 211
Erledigungserklärung nach Gesetzesänderung	BGH	§ 139, 47, 401
Erlöschen des Patents im Einspruchsbeschwerdeverfahren	BPatG	§ 73, 211, 212
Ermäßigung der Klagegebühr	BPatG	§ 91, 5
Ermittlung unbekannter Umstände	BGH	Einleitung, 35
Ermüdungsfreies Computergerät	BPatG	§ 45, 5; § 73, 20, 30
erneute Zeugenvernehnung	BGH	Einleitung, 155
Erntemaschine	BGH	§ 3, 66
Ersatzzustellung	BGH	§ 100, 11, 65
Erstattung von Patentanwaltskosten	BGH	§ 143, 28
Erstattung von Patentanwaltskosten	OLG Düsseldorf	§ 143, 28
Erstattungsanspruch des Anwalts bei Streitwertbegünstigung	BPatG	§ 144, 26
Erstattungsfähigkeit der Kosten für mehrere Anwälte	BPatG	§ 80, 41, 46, 85, 86
Erstattungsfähigkeit von Patentanwaltskosten	OLG Karlsruhe	§ 139, 224
Erwärmen von Brauchwasser	BGH	Einleitung, 347; Anh. 1, 59
Erythronolid	BGH	§ 34, 484
Erzeugung eines künstlichen Bewusstseins	BPatG	§ 1, 29
Erzeugung eines Wärmestaus	BGH	Einleitung, 163; § 59, 123
Escitalopram	BGH	§ 3, 121, 122, 123, 167; § 4, 92, 162; § 16a, 17, 18, 79, 80
Escitalopram-Besitz	LG Düsseldorf	§ 140a, 12, 13, 21
Escitalopram/Cipralex	österreich. OGH	§ 16a, 99
Estradiolvalerat	BPatG	§ 16a, 81
Ethofumesat	BGH	§ 9, 48, 49, 80; § 11, 11; § 139, 20, 22, 28, 47, 53, 197, 207, 293
Ethylengerüst	BGH	§ 32, 28; § 80, 21, 56; Anh. 1, 19, 21, 114, 115; § 100, 8, 11; § 139, 46; § 6 (Anh. 15), 4; § 11 (Anh. 15), 19
Ethylenische Hauptketten	BPatG	Anh. 1, 115
Etikettieraggregat	LG Mannheim	§ 139, 441, 445

Entscheidungsregister nach Stichworten

Stichwort	Gericht	zitiert bei § + Rdn
Etikettiergerät	BGH	§ 9, 8; § 14, 74
Etikettiergerät II	BGH	§ 1, 271, 272; § 4, 100, 126; § 34, 316, 441; § 35, 19, 20, 32
Etikettiermaschine	BGH	§ 3, 94, 115, 129, 136; § 34, 291, 309, 316, 324; § 81, 119
Etikettiermaschine	LG Düsseldorf	§ 140c, 46
Etikettierverfahren	BPatG	§ 46, 4
EuGVÜ Art 21 »dieselben Parteien«	EuGH	§ 139, 268, 274
EURO und Schwarzgeld	BGH	§ 139, 410
Euro-Einführungsrabatt	BGH	§ 139, 47, 401, 414
Eurodigina	BGH	§ 100, 55
Europ Haftbefehl	EuGH	Einleitung, 349
Europaemblem	BPatG	§ 2, 50
Europäische Eignungsprüfung	BVerfG	Art. 106, 36
Europareise	BGH	§ 7, 7; § 9, 61, 62; § 12, 5, 11, 14, 16, 21
European Patent Attorney	OLG Karlsruhe	§ 143, 29
Evidur	BGH	§ 139, 207
EWING	BGH	§ 25, 34, 36
Ex parte Gutta	CAFC	§ 1, 146
ex works	BGH	§ 9, 28
Ex-RAF-Terroristin	BGH	§ 139, 88
Exclusion and objection I/ANDREW	GBK	Art. 112, 32
Exclusion and objection II/ANDREW	GBK	Art. 112, 32
Existence of decision/ASHA NUTRITION	GrBK	Art. 112a, 9
Experimentelle Privatgutachten zum Beleg der Ausführbarkeit von Entgegenhaltungen	BPatG	§ 80, 79
extracoronales Geschiebe	BGH	§ 10, 9, 17, 53; § 33, 6; § 140a, 8
Extremhochhaus	BPatG	§ 123, 27
extrudierte Harzfolie	BPatG	§ 93, 5
Extrudierte Platte	BPatG	§ 99, 6
Extrusionskopf	BGH	§ 1, 44; § 81, 140
Ezetimib	BPatG	§ 16a, 65, 67, 68, 71
Ezetimib	OLG Düsseldorf	§ 16a, 89, 93, 98, 99
F. Hoffmann-La Roche/Accord Healthcare	EuGH	§ 16a, 135
Faber II	BGH	§ 143, 8
Fachliche Empfehlung II	BGH	§ 139, 431
Fadenvlies	BGH	§ 34, 200, 441, 442; § 58, 8; § 59, 71
Fahrbare Betonpumpe	OLG Düsseldorf	§ 139, 363; § 141, 17
Fahrradcomputer	OLG Düsseldorf	§ 143, 37
Fahrradfelge	OLG Karlsruhe	§ 140b, 32
Fahrradgepäckträger	BGH	§ 141, 22
Fahrradgepäckträger II	BGH	§ 65, 10; § 139, 190, 238; § 141, 14
Fahrradgetriebenabe	BPatG	§ 73, 40, 163; § 79, 23
Fahrzeugaufnahme für Hebebühnen	OLG München	§ 139, 378

Entscheidungsregister nach Stichworten

Stichwort	Gericht	zitiert bei § + Rdn
Fahrzeugleitsystem	BGH	§ 14, 20; § 81, 119, 120, 127, 128; Anh. 1, 47; § 126, 17, 18
Fahrzeugnavigationssystem	BGH	§ 1, 65, 141; § 4, 10
Fahrzeugscheibe	BGH	§ 34, 11; § 41, 27, 28
Fahrzeugscheibe II	BGH	§ 4, 33; § 38, 18; § 116, 6; § 117, 9
Fahrzeugsteuer	BPatG	Anh. 1, 44
Fahrzeugwechselstromgenerator	BGH	Einleitung, 238, 241; § 83, 8, 29; § 116, 6, 10; § 117, 8, 9, 10; § 139, 379
Faires Verfahren trotz Verweigerung von Prozesskostenhilfe	EMGR	§ 129, 8
Faksimile-Vorrichtung	BPatG	§ 1, 51
Faktor VIII-Konzentrat	OLG Düsseldorf	§ 30, 18, 46; § 140a, 36
Falschbezeichnung	BGH	§ 73, 66
Falschbezeichnung des Beklagten	BGH	§ 73, 65
Falschbezeichnung des Klägers	BGH	§ 73, 65
Falsche Faxnummer	BGH	§ 123, 151
Fälschungssicheres Dokument	BGH	§ 3, 97; § 21, 54; § 38, 17
Fälschungsverdacht II	OLG München	§ 139, 448
Faltbehälter	BGH	§ 34, 28, 209, 213, 216; § 100, 50
Faltenbalg	OLG Düsseldorf	§ 139, 176, 178; § 140b, 37
Faltenrohre	BGH	§ 34, 200; § 81, 121
Falzmaschine	BGH	§ 1, 44, 46, 52, 53; § 4, 34, 42; § 14, 52, 66, 67; § 34, 365
Farbbandkassette	BGH	§ 4, 66
Farbbildröhre	BGH	§ 1, 185, 190, 206; § 14, 108; § 34, 20, 104, 156, 164, 229, 238
Farbbildröhre	BPatG	Einleitung, 10
Farbe Orange	EuGH	§ 93, 5
Farbfernsehsignal I	BGH	§ 100, 65; § 107, 8
Farbfernsehsignal II	BGH	§ 86, 10; § 100, 12, 37
farbige Verbindungsanlage	OLG Hamburg	§ 139, 459
Farbmarke gelb/grün II	BGH	§ 79, 49
Farbversorgungssystem	BGH	§ 4, 48
Farmitalia/Idarubicin	BPatG	§ 16a, 29
Farmitalia/Idarubicin	EuGH	§ 16a, 17, 25, 40, 61, 94, 95
Fax durch Büropersonal	BGH	§ 123, 86, 121
Fax-Nr aus EDV-Programm	BGH	§ 123, 146
Faxkarte	BGH	§ 140c, 11, 46
Faxnummer des Empfängers	BGH	§ 123, 150
Federspannvorrichtung	BGH	§ 143, 17
Fehlende Begründungspflicht	BPatG	§ 47, 30; § 94, 19
fehlende Beschwerdebegründung	BPatG	Einleitung, 120
Fehlende Erfinderbenennung	BPatG	§ 27, 22, 25; § 79, 22, 23
Fehlende Unterschrift unter Zurückweisungsbeschluss	BPatG	Einleitung, 374, 381, 386, 390; § 47, 8; § 73, 40, 163; § 78, 12; § 79, 23
Fehlender Verfügungsgrund bei verspätetem FRAND-Angebot	OLG Düsseldorf	§ 24, 133
fehlender Vollstreckungsschutzantrag I	BGH	§ 139, 370

Entscheidungsregister nach Stichworten

Stichwort	Gericht	zitiert bei § + Rdn
fehlender Vollstreckungsschutzantrag II	BGH	§ 139, 370
fehlender Vollstreckungsschutzantrag III	BGH	§ 139, 362, 370
Fehlendes Rechtsschutzinteresse	BPatG	§ 73, 208
Fehlerhafte öffentliche Zustellung	BGH	§ 127, 98
Fehlerortung	BGH	§ 1, 23, 58, 124; § 100, 20, 21
Feldmausbekämpfung	BGH	§ 1, 252; § 14, 114
Femoston conti	BPatG	§ 49a, 33
Fensterbeschlag	BPatG	Einleitung, 130
Fensterbeschläge	BGH	§ 4, 132, 171
Fensterflügel	BGH	Einleitung, 418; § 1, 207; § 139, 290; § 145, 14
Fensterstellungserfassung	BGH	§ 68, 11; § 100, 34, 35
Fentanyl-TTS	BGH	§ 3, 56, 63; § 14, 23; § 34, 99; § 81, 132
Fentanylpflaster	BPatG	§ 81, 132
Fernsehberichterstattung	BVerfG	§ 69, 13
Fernsehgerät	VGH München	Art. 106, 3, 5
Fernsehmenü-Steuerung	OLG Düsseldorf	§ 30, 18, 46; § 139, 7, 35
Ferrit	BGH	Einleitung, 7; § 34, 316, 420; § 35, 39; § 41, 89
Ferromagnetischer Körper	BGH	§ 34, 113, 398; § 107, 8
Fersenabstützvorrichtung	BGH	§ 139, 126, 128, 136, 139, 198
Fersensporn	BGH	§ 65, 10; § 67, 15; § 100, 34, 59
Fesoterodinhydrogenfumarat	BGH	§ 15, 17
Festsetzung der Patentanwaltsvergütung	BGH	§ 80, 36, 37, 100; § 139, 346; § 143, 46
Feststellungsinteresse II	BGH	§ 139, 253, 254
Feststellungsinteresse III	BGH	§ 139, 254; § 141, 12
Fettabsaugevorrichtung	BPatG	§ 21, 72; Anh. 1, 42
Fettsäuren	BGH	§ 3, 151
Fettsäurezusammensetzung	BGH	§ 4, 77
Feuchtigkeitsabsorptionsbehälter	BGH	§ 100, 21, 23
Feuer, Eis & Dynamit	BGH	§ 139, 255
Feuerbeständiges System	BPatG	Einleitung, 420
Feuerfeste Zustellung einer Gießpfanne	BGH	§ 4, 33
Feuerschutzabschluss	BGH	§ 1, 44, 45, 46; § 4, 33
Feuerschutzabschluß	BGH	Einleitung, 154; § 4, 40; § 22, 7; § 81, 152
Fieberthermometer	LG Düsseldorf	§ 139, 245
Figur 3	BGH	§ 84, 28, 36
fiktive Patentanwaltskosten	OLG Köln	§ 143, 35
Filter Tow Ballen/RHODIA ACETOW	GBK-R	Art. 112a, 23
Filtereinheit	BGH	§ 34, 369
Filterpapier	BGH	§ 81, 74; § 84, 23
Finasterid	BPatG	§ 16a, 127; § 49a, 38
Finasteride	Cour de cassation	§ 34, 422

Entscheidungsregister nach Stichworten

Stichwort	Gericht	zitiert bei § + Rdn
Fiona Shevill	EuGH	§ 139, 270, 273
Firmen-Stempel	BGH	Einleitung, 387
Firmenbriefkopf	BPatG	Einleitung, 131
Firmenporträt	OLG Hamburg	§ 139, 264
First- u Gratabdeckung	BGH	§ 4, 123
Fischbissanzeiger	BGH	§ 4, 36, 53; Anh. 1, 47
Fischdosendeckel	BGH	§ 32, 18; § 34, 207; § 44, 7; § 45, 11; § 49, 36; § 58, 13; § 74, 16
Fischer-Tropsch-Katalysatoren/ SASOL TECHNOLOGY	GrBK	§ 59, 140
Fischereifahrzeug	BGH	§ 3, 20, 21, 63, 135; § 79, 22
fishtailparka	BGH	§ 139, 70, 398
Flächenentlüftung	BGH	§ 81, 48, 50, 54, 55, 57, 58
Flächenschleifmaschine	BGH	Einleitung, 29, 31, 34, 36, 39, 154, 163; § 3, 29; § 21, 15, 32; § 34, 345, 352, 355; § 81, 152; § 107, 10
Flächentransistor	BGH	§ 41, 52; § 81, 80
Flammenüberwachung	BGH	§ 40, 13; § 78, 24; § 100, 36
Flammkaschierverfahren	BGH	Einleitung, 221, 228; § 139, 30
Flanschverbindung	BPatG	§ 21, 68
Flaschenkasten	BGH	Einleitung, 446, 471; § 80, 91; § 99, 11; § 109, 15
Flaschenträger	BGH	§ 139, 107, 110, 147, 148, 152
Fleischwolf	BGH	§ 100, 59
Flexible vacuum packaging/MORA NEGRIN	GrBK	Art. 112a, 8
Flexibles Verpackungsbehältnis	BGH	§ 6, 21
Flexitanks	BGH	§ 139, 409
Flexitanks II	BGH	§ 139, 179, 409, 426, 429
Fließbettpolymerisationsverfahren	Court of Appeal UK	§ 14, 77
Flotationstrennung	BPatG	§ 47, 21
FLT3-Gentest	LG München	§ 9, 88, 101
Flüchtige Ware	OLG Braunschweig	§ 139, 245
Flügelradzähler	BGH	§ 9, 57; § 10, 7, 11, 12, 17, 18, 23, 40; § 139, 10
Flugkosten	BGH	§ 80, 82; § 133, 25; § 139, 350
Flugkostenminimierung	BGH	§ 1, 19, 23, 60
Flugzeugbetankung I	BGH	§ 1, 79, 271, 278; § 34, 423; § 81, 116, 129, 133
Flugzeugzustand	BGH	§ 1, 11, 82, 83, 85; § 4, 108
Fluoran	BGH	§ 3, 97, 124, 135, 136
Flupirtin-Maleat	OLG Düsseldorf	§ 139, 443, 447, 448
Flüssiggastank	BGH	§ 139, 56
Flüssigkristall	BGH	§ 100, 59
Flux de protection/ACANTHE	GBK-R	Art. 112a, 23
Folien Fischer	EuGH	§ 139, 272
Folienrollos	BGH	§ 139, 476

Entscheidungsregister nach Stichworten

Stichwort	Gericht	zitiert bei § + Rdn
Fondue-Einrichtung	BPatG	§ 21, 41, 42
Förderband	BGH	§ 9, 12, 13, 108; § 14, 95, 103; § 139, 104, 105, 311, 317
Fördereinrichtung	BPatG	Einleitung, 86; § 47, 11
Fördergutspeicher	BPatG	§ 123, 61; § 6 (Anh. 15), 11, 25
Förderrinne	BGH	§ 9, 17, 57
Formelle Beteiligung	BPatG	§ 74, 4
Formerfordernis für bestimmenden Schriftsatz (E-Mail)	BGH	§ 125a, 10
Formgerechte Beschwerdeeinlegung	BPatG	§ 73, 66, 68
Formkörper	BGH	§ 122a, 17
Formkörper mit Durchtrittsöffnungen	BGH	§ 100, 32
Förmliche Verlautbarung	BGH	§ 92, 8; § 94, 7
Formmangel	BPatG	§ 73, 40, 163
Formsand II	BGH	§ 10, 22; § 12, 9; § 139, 255
Formstein	BGH	Einleitung, 119, 194; § 1, 45; § 12, 10, 14; § 14, 11, 14, 19, 21, 66, 73, 95, 96, 108; § 81, 140; § 139, 102, 287
Formteil	BGH	§ 14, 21
Formularmäßige Mitteilung	BPatG	§ 47, 4; § 73, 26, 28, 30, 42, 135
Formularmäßige Mitteilung II	BPatG	§ 47, 4, 9; § 73, 26, 29, 30, 32, 135
Formunwirksamer Lizenzvertrag	BGH	§ 15, 71
Formwand II	BGH	§ 10, 42
Forschungskosten	BGH	§ 141, 18
Forsgren	EuGH	§ 16a, 13, 14, 50, 56, 60, 83
Fortsetzungsverbot	BGH	§ 139, 465
Fortsetzungszusammenhang	BGH	Einleitung, 457
Fortwirkung eines Anerkenntnisses	BGH	§ 84, 48
Forum-Shopping	OLG Frankfurt/Main	§ 139, 449
Fosinopril	BPatG	§ 49a, 33
Fotoartikel	BGH	§ 139, 464
Fotoelektrochemisches Ätzen	BPatG	§ 127, 40
Fotografie	BGH	Einleitung, 546
Fotografierter Schuh	BPatG	§ 80, 10, 11
Fotoleiter	BGH	§ 87, 4; § 100, 32, 52, 59; § 107, 6
Fotomaterial	OLG Frankfurt/Main	§ 140a, 24, 25
Fotovoltaisches Halbleiterbauelement	BGH	§ 3, 26, 28, 30, 46; § 86, 9, 14
Frachtcontainer	BGH	§ 21, 40, 54; § 81, 13
Frachtführer	LG Düsseldorf	§ 139, 100
Frachtführer II	LG Düsseldorf	§ 140a, 23
FRAND-Einwand	BGH	§ 14, 43, 90; § 24, 52, 54, 55, 56, 97, 101, 109, 125, 131
FRAND-Einwand I	BGH	§ 15, 30
FRAND-Einwand II	BGH	§ 1, 9; § 6, 7
Frand-Einwand II	BGH	§ 14, 64

Entscheidungsregister nach Stichworten

Stichwort	Gericht	zitiert bei § + Rdn
FRAND-Einwand II	BGH	§ 15, 17, 30, 43; § 24, 99, 101, 109, 110, 132
Fräsautomat	BGH	§ 139, 213
Fräsverfahren	BGH	Einleitung, 420; § 10, 38, 44, 49, 51; § 30, 15, 16, 17, 18, 45; § 74, 8; § 139, 7, 35, 39, 40, 255, 294
Freeport	EuGH	§ 139, 274
Freischwinglautsprecher	BGH	§ 34, 200
Fremdausscheider	OLG Düsseldorf	§ 9, 55
Frequenzsignal	BPatG	Einleitung, 195, 323; § 73, 144, 147
Frischhaltegefäß	BGH	§ 15, 53, 66
Frist für Prozesshandlung	BGH	§ 123, 96, 125
Frist zur Einreichung der deutschen Übersetzung	BPatG	Anh. 1, 96
Fristenkontrolle	BGH	§ 123, 123
Fristenprüfung	BGH	§ 123, 96, 125
Fristgebundener Schriftsatz	BVerfG	Einleitung, 66
Fristnotierung	BGH	§ 123, 123
Fristüberwachung durch Auszubildende	BGH	§ 123, 109, 122, 123
Fristverlängerung	BPatG	§ 45, 29
Fristverlängerung unter Bedingung	BGH	Einleitung, 56
Frontkraftheber	BPatG	§ 127, 57, 64; § 130, 55
Frühestmöglicher Auslösezeitpunkt	BPatG	§ 21, 25
Fugenband	BGH	Einleitung, 235; § 14, 22, 31; § 21, 34, 36; § 59, 200; § 80, 86; § 81, 10, 126; § 84, 23; Anh. 1, 42, 43, 48; § 110, 5
Fugenglätter	BGH	§ 4, 87, 145
Führen eines Leiterpfades für eine Schiebetür	BPatG	Einleitung, 115, 212, 285, 288; § 42, 37; § 48, 19; § 73, 147, 151; § 79, 21, 23
Führungsschiene	BGH	§ 4, 11; § 88, 5
Füllkörper	BGH	§ 100, 22
Fullplastverfahren	BGH	§ 9, 17, 18, 24, 86; § 10, 12; § 15, 26, 66
Füllstoff	BGH	§ 12, 5, 8, 17, 23, 27
Fulvestrant	BGH	§ 4, 105
Fulvestrant	BPatG	§ 3, 97
Fulvestrant	OLG Düsseldorf	§ 14, 124
Fulvestrant	Schweiz. BG	§ 4, 37
Fun Factory	BPatG	§ 30, 19
Fundamental violation of Art 113/ CANON	GrBK	Art. 112a, 16
Fundamental violation of Art 113/ HPT SINERGY	GrBK	Art. 112a, 23
Fundamental violation of Art 113/ IVIS TECHNOLOGIES	GrBK	Art. 112a, 24, 27, 30
Fundamental violation of Art 113/ JOHNSON	GrBK	Art. 112a, 10

Entscheidungsregister nach Stichworten

Stichwort	Gericht	zitiert bei § + Rdn
Fundamental violation of Art 113/ LARSEN	GrBK	Art. 112a, 23
Fundamental violation of Art 113/ PANASONIC	GrBK	Art. 112a, 25
Fundamental violation of Art 113/ SONY	GrBK	Art. 112a, 23
Fundamental violation of right to be heard/ASTRAINS	GrBK	Art. 112a, 22
Fundamental violation of right to be heard/RHODIA CHIMIE	GBK-R	Art. 112a, 27
Fundamental violation of right to be heard/RHODIA CHIMIE	GrBK	Art. 112a, 24
Fünf-Streifen-Schuh	BGH	§ 93, 6
Fungizid	BGH	Einleitung, 345; § 1, 185, 186, 205; § 34, 20, 23, 237, 238
Fungizide Wirkstoffzusammensetzung	BPatG	§ 16a, 9, 68, 71
Funkarmbanduhr	OLG Düsseldorf	§ 139, 145, 148, 149, 151, 156
Funkpeiler	BGH	§ 3, 98; § 34, 247, 249, 256, 262; § 35, 33; § 39, 10; § 58, 7; § 107, 8
Funkrufsystem mit Standortbekanntgabefunktion	BGH	§ 21, 72; § 38, 16
Funkuhr I	BGH	§ 139, 21, 23
Funkuhr II	BGH	§ 10, 11, 23; § 139, 21, 23, 233
Funkzellenzuteilung	BGH	§ 38, 16
Funny Paper	BGH	§ 139, 257
Furniergitter	BGH	§ 139, 167, 171
Fusilade	BPatG	§ 16a, 18, 22, 80
Futtermitteladditiv	BPatG	§ 16a, 7
Future Institute	BGH	§ 2 (Anh. 15), 28
Future-Institute	BGH	§ 73, 91
Fußball WM 2006	BPatG	§ 80, 51
Fußballwetten	OLG Köln	§ 139, 283, 284
Fußbodenpaneele II	OLG Hamburg	§ 139, 183; § 140c, 12
Fußgängersimulation	GBK	§ 1, 17, 65; § 4, 10, 27
Fußgängersimulation	GrBK	§ 1, 21, 41, 132, 133
Fußpilz	BGH	§ 93, 9
G-CSF-Flüssigformulierung	BPatG	§ 79, 17
Gabelschlüssel	BPatG	§ 80, 13, 15
Ganz anders	OLG Köln	§ 140b, 66, 74, 78
Garagentor	BGH	§ 1, 23, 87, 89; § 4, 110
Garagentor	OLG Düsseldorf	§ 14, 70
Garagentorantrieb	OLG Düsseldorf	§ 146, 15
Gardinenrollenaufreiher	BGH	§ 14, 67; § 34, 445; § 35, 19, 40
Gargerät	BPatG	§ 48, 18; § 73, 142; § 79, 21; § 81, 126
Garmachverfahren	BGH	§ 4, 158; § 34, 353, 398, 412
Gaselan	BGH	§ 93, 7; § 100, 20
Gasflammenbehandlungsvorrichtung	BPatG	Einleitung, 418
Gasheizplatte	BGH	§ 30, 46; § 34, 414; § 81, 14

Entscheidungsregister nach Stichworten

Stichwort	Gericht	zitiert bei § + Rdn
Gasser	EuGH	§ 139, 284
GAT	BGH	§ 14, 14
GAT	EuGH	§ 139, 276
Gatterfeldlogik	BPatG	§ 81, 48
Gbm-Lö-Verfahren	BGH	§ 84, 28, 36
GbR parteifähig	BGH	Einleitung, 42; § 34, 10
geänderte rechtliche Beurteilung	BGH	§ 87, 10
Geändertes Begehren	BPatG	§ 79, 21
Gebläsegehäuse	BGH	§ 34, 301
Gebühren des beigeordneten Vertreters II	BPatG	§ 80, 94
Gebühren des Patentanwalts im Gbm-Löschungs-Beschwerdeverfahren	BPatG	§ 80, 37
Gebühren des Patentanwalts im Gbm-Löschungsverfahren	BPatG	§ 80, 37, 51
Gebühren für Abschlussschreiben	BGH	§ 139, 479
Gebühren für die anwaltliche Tätigkeit	BPatG	§ 80, 117
Gebühren für die Teilanmeldung II	BPatG	§ 3 (Anh. 15), 13
Gebührenanrechnung im Nachprüfungsverfahren	BGH	§ 80, 61
Gebührendifferenz	BGH	§ 9, 17
Gebührenermäßigung/ASULAB II	GrBK	§ 35a, 6
Gebührenfreie Verfahrenskostenhilfebeschwerde	BPatG	§ 130, 55; § 2 (Anh. 15), 13
Gebührenfreie VKH-Beschwerde	BPatG	§ 129, 8; § 135, 16
GEDIOS Corporation	BGH	Einleitung, 45
Gedruckte Schaltung	BPatG	§ 79, 16, 21, 26
Gefäßimplantat	BGH	§ 59, 53, 77; § 100, 48, 49
Geflügelfutter	BGH	§ 4, 136
Geflügelkörperhalterung	BGH	Einleitung, 116; § 27, 44; § 45, 15; § 81, 159
Gegenabmahnung	BGH	§ 139, 225, 235
Gegengutachten	BPatG	§ 80, 79
Gegensprechanlage	BGH	§ 1, 32; § 34, 33, 318, 331
Gegenstandswert 100.000 €	BPatG	§ 80, 51
Gegenstandswert Akteneinsichtsverfahren	BPatG	§ 80, 56
Gegenstandswert im Widerspruchs(beschwerde)verfahren	BPatG	§ 80, 55
Gegenstandswert im Widerspruchsverfahren 50.000 €	BPatG	§ 80, 55
Gegenstandswert in markenrechtlichen Beschwerdeverfahren	BPatG	§ 79, 46; § 80, 57
Gegenstandswertfestsetzung durch das DPMA	BPatG	Einleitung, 47, 195, 323; § 80, 48; § 2 (Anh. 15), 1
Gegenteil bereits bewiesen	BGH	Einleitung, 163
Gegenvorstellung	BGH	§ 79, 46; § 80, 55, 57

Entscheidungsregister nach Stichworten

Stichwort	Gericht	zitiert bei § + Rdn
Gegenvorstellung im Nichtigkeitsberufungsverfahren	BGH	§ 79, 46
Gehäuse/perpetuatio fori	BPatG	Einleitung, 349; § 99, 5, 6
Gehäusestruktur	BGH	§ 73, 113, 115, 116, 119; § 123, 164, 165
Gehäusestruktur	BPatG	§ 73, 116
Geheimhaltung	OLG Düsseldorf	§ 24, 65
Geheimverfahren	OLG Düsseldorf	§ 139, 326
Gehörsrügenbegründung	BGH	Einleitung, 336; § 122a, 17
Geistbeck	EuGH	§ 9c, 6, 24
Gelbe Pigmente	BGH	§ 1, 205; § 34, 238; § 42, 6
Gelenkanordnung	BGH	Einleitung, 125; § 1, 44, 53; § 4, 33; § 14, 24, 32, 54
Gelenkkupplung	BGH	§ 59, 137, 145, 146
Gelomyrtol	BGH	§ 3, 54, 56
Geltendmachung der Abmahnkosten	BGH	§ 139, 224
GEMA-Vermutung II	BGH	Einleitung, 418
Gemeinkostenanteil	BGH	§ 139, 142, 147, 150, 155
Gemeinsamer Zustellungsbevollmächtigter	BPatG	§ 73, 106; § 99, 6
Gemstar-TV Guide International Inc v Virgin Media Ltd	High Court	§ 1, 141
Gemüsehobel	BGH	§ 4, 53; § 21, 107
geneigte Nadeln	BGH	§ 21, 46, 47
Geneigte Nadeln	BGH	§ 21, 47
Generics v Lundbeck	House of Lords	§ 34, 349
Generics/Daiichi	Court of Appeal UK	§ 16a, 18
Generics/Galantamin	EuGH	§ 16a, 7, 110, 126
Generics/Smith Kline and F.L	EuGH	§ 9, 32
Generics/Smith Kline and French Laboratories	EuGH	§ 9, 28
Geogitter	LG Düsseldorf	§ 9, 75
Georgetown II	EuGH	§ 16a, 19, 67, 70
Georgetown II	EuGH GeneralAnw	§ 16a, 121
Georgetown University	EuGH	§ 16a, 62, 82
Georgetown University	EuGH GeneralAnw	§ 16a, 30
Gerichtlich angeforderte Übersetzungen	BPatG	§ 80, 89
Gerichtliche Patentauslegung	BVerfG	Einleitung, 452
Gerichtliche Selbstkorrektur	BGH	§ 123, 14
Gerichtliches Einspruchsverfahren	BPatG	§ 46, 4
Gesamtordnungsgeld	OLG Köln	§ 139, 416
Geschäftsführerhaftung	BGH	Einleitung, 194; § 139, 23, 30
Geschäftsidee	Corte di Cassazione	§ 1, 104
Geschäftspolitik	EuGH	§ 139, 274

Entscheidungsregister nach Stichworten

Stichwort	Gericht	zitiert bei § + Rdn
Geschäftsunfähigkeit	EPA	§ 7 (Anh. 15), 3
Geschäftsverteilung	BGH	§ 68, 11; § 78, 39
Geschlitzte Abdeckfolie	BGH	§ 1, 256; § 2a, 79; § 3, 157; § 14, 116
Geschoss	BGH	§ 59, 77
Gesellschafterausschluss	BGH	§ 24, 136
gesetzeswiederholende Unterlassungsanträge	BGH	§ 139, 287
Gesetzlicher Richter	BGH	§ 86, 18
Gesetzlicher Richter	BPatG	Einleitung, 349; § 99, 5, 6
Gestattungsanordnung I	OLG Köln	§ 140b, 65
Gestattungsanordnung II	OLG Köln	§ 140b, 74
Gestattungsantrag gegen ausländischen Provider	OLG München	§ 140b, 64
Gestörter Musikvertrieb	BGH	§ 143, 9
Gestricktes Schuhoberteil	BGH	§ 4, 36, 171, 174
Gesunder Genuß	BGH	Einleitung, 119
Gesundheits-Werbekarte	BPatG	§ 73, 82
Getarnte Werbung II	BGH	§ 139, 69
Gewichtsmessvorrichtung	BPatG	§ 13 (Anh. 15), 5
Gewinderollkopf	BGH	§ 9, 56; § 15, 27, 64
Gewindeschneidevorrichtungen	BGH	§ 15, 55; § 81, 48, 50, 54, 55, 56, 57; § 84, 3
GfK-Bericht	OLG Düsseldorf	§ 139, 438
Gießform für Metalle	BGH	§ 81, 63
Gießpfanne	BGH	§ 14, 33
Gießpulver	BGH	§ 4, 108
Gilead Sciences	High Court	§ 16a, 30, 31
Ginkgo-Blatt	BPatG	Einleitung, 223
Gitter an Lüftungsanlagen	BPatG	§ 79, 17, 23
Glasfasern	BGH	§ 1, 256; § 4, 159
Glasfasern I	BGH	§ 3, 180
Glasfasern II	BGH	Einleitung, 194; § 14, 116, 117, 119; § 139, 23, 31, 54, 98, 287, 290, 291
Glasscheiben-Befestiger	OLG Düsseldorf	§ 139, 178
Glatzenoperation	BGH	§ 2a, 57, 71; § 5, 8, 10; § 11, 8; § 42, 22
Glaubhaftmachung 5	BGH	§ 123, 44
Glaubhaftmachung eines Versehens	BGH	§ 123, 43
Glaubhaftmachung schutzwürdigen Interesses	BPatG	§ 132, 4
Glaxosmithkline	EuGH	§ 16a, 13, 14, 15, 17
Glaxosmithkline	High Court	§ 16a, 14
Gleichstromfernspeisung	BGH	Einleitung, 240, 323; § 59, 75, 140, 141, 205, 207, 213, 214, 219, 221, 227, 239; § 61, 28; § 73, 108, 156; § 79, 22, 23
Gleichstromsteuerschaltung	BGH	§ 15, 19
Gleitlager	österreich. OGH	§ 4, 31, 40
Gleitlagerüberwachung	BGH	§ 4, 64
Gleitsattelscheibenbremse	OLG Düsseldorf	§ 140b, 26

Entscheidungsregister nach Stichworten

Stichwort	Gericht	zitiert bei § + Rdn
Gleitsattelscheibenbremse II	OLG Düsseldorf	§ 139, 440, 444
Gleitvorrichtung	BGH	Einleitung, 29; § 87, 4
Glimmschalter	BGH	§ 4, 88, 103, 114, 132, 143
Glu-Gln/CELTRIX	GBK	§ 34, 417; § 38, 14, 48, 50
Glu-Gln/CELTRIX	GrBK	§ 34, 211, 221, 293, 331
Goderbauer	EuGH	§ 139, 276
Golden Toast	BGH	§ 100, 5, 26, 59
GPRS-Zwangslizenz	OLG Karlsruhe	§ 24, 79, 80
Grant v. Commissioner of Patents	Federal Court of Australia	§ 1, 146
Granulat	BGH	Einleitung, 135
Grasherbizid	LG Düsseldorf	§ 9, 67
Graustufenbild	BGH	Einleitung, 77, 237, 295; § 34, 25, 461; § 38, 52; § 39, 8, 16, 21, 39; § 47, 19; § 75, 5; § 76, 11; § 78, 11; § 93, 8; § 94, 17
greifbare Gesetzwidrigkeit	BGH	Einleitung, 141
Greifbare Gesetzwidrigkeit	OLG Karlsruhe	§ 79, 46; § 99, 9
Greifbare Gesetzwidrigkeit II	BGH	§ 99, 9
Gretna Green	BGH	§ 6, 15
grill meister	BGH	§ 108, 2
Grillspießanordnung	BPatG	§ 42, 10, 33, 37
Grounds for review/BOREALIS TECHNOLOGY	GrBK	Art. 112a, 20
Großformat-Bogenoffsetdruckmaschine	BPatG	§ 73, 166, 212; § 10 (Anh. 15), 7
Grubenschaleisen	BGH	§ 139, 104
Grubenstempel	BGH	§ 145, 7, 15
grün/grau	BPatG	Einleitung, 144; § 73, 89
Grundig-Reporter	BGH	§ 10, 22
Grundrechtsfähigkeit jur. Personen	BVerfG	Einleitung, 452
GRÜNE HARMONIE	BPatG	Einleitung, 505
Gruppierungssystem	BGH	§ 61, 35; § 73, 5, 9, 11, 12, 202, 215, 216, 218
Gubisch/Palumbo	EuGH	§ 139, 283
GUID-Mehrheit	OLG Karlsruhe	§ 140b, 73
Gülleausbringung	LG München	§ 139, 137
Gummielastische Masse	BGH	§ 6, 12, 13, 21; § 8, 10, 20; § 21, 44
Gummielastische Masse II	BGH	§ 6, 22, 23; § 139, 13; § 142, 11
Gummisohle	BGH	§ 139, 393
Gurtstraffer	BGH	§ 4, 135
Gurtumlenkung	BGH	§ 4, 43, 47, 50, 54, 56, 58, 173; § 34, 336, 339; § 107, 5; § 139, 394
Gymnastiksandale	BGH	§ 15, 48
Haartrockner	OLG Düsseldorf	§ 139, 449
HABM/Kaul	EuGH	Einleitung, 176, 242, 248
Hafendrehkran	BGH	§ 20, 15, 16; § 81, 116, 129, 130, 168
Haftbinde	BGH	§ 143, 9
Haftetikett	BGH	§ 6, 22; § 37, 13; § 124, 7

Entscheidungsregister nach Stichworten

Stichwort	Gericht	zitiert bei § + Rdn
Haftung bei Sequestration	BGH	Einleitung, 394
Haftverband	BGH	Einleitung, 154; § 1, 46; § 4, 43, 44, 47, 48; § 22, 7; § 34, 336, 365; § 81, 152
HAG II	EuGH	§ 9, 32
Halbleiterbauelement	BPatG	§ 58, 18
Halbleiterbaugruppe	LG Mannheim	§ 139, 25, 101, 105
Halbleiterdotierung	BGH	§ 1, 195; § 14, 118
Halbleiterelement mit gesteuertem Emitterwirkungsgrad	BPatG	§ 44, 6
Halliburton Energy Services Inc. V. Comptroller-General of Patents	UK Patents Court	§ 1, 132
Haltemodul für Rollkugeln	BPatG	§ 123, 53, 54
Halteorgan	BGH	§ 3, 9; § 16, 9
Hamburger Brauch	BGH	Einleitung, 348; § 139, 69
Handhabungsgerät	BGH	§ 1, 185, 186, 255; § 9, 99; § 34, 23, 237, 238, 239; § 107, 3
Handover	BGH	§ 81, 67
Handover	LG Mannheim	§ 9, 86; § 10, 27
Handschleifer	LG Düsseldorf	Anh. 1, 30
Handschuh	BGH	§ 3, 20, 21
Harnkatheterset	OLG Düsseldorf	§ 139, 436, 440, 442, 443, 444
Harnstoff	BGH	§ 59, 174; § 81, 135; § 110, 13
Hartmetallkopfbohrer	BGH	Einleitung, 100; § 15, 27
Hartschaumplatten	BGH	§ 81, 48, 168, 169
Hässle/Ratiopharm/Omeprazol	EuGH	§ 16a, 55, 73, 126, 127, 133
Haubenstretchautomat	BGH	§ 10, 27, 29, 31, 32, 34, 36, 40, 41, 42, 49, 50
Haubenstretchautomat	OLG Düsseldorf	§ 9, 111; § 10, 42; § 33, 24; Anh. 1, 5
Hauptsacheerledigung; Selbständiges Beweisverfahren	BGH	§ 140c, 60
Hecht-Pharma/Gewerbeaufsichtsamt Lüneburg	EuGH	§ 1, 232
Heiligenhof	BGH	§ 15, 49
Heilung eines Zustellungsmangels	BGH	Einleitung, 552
Heiz- oder Kühlplatte	BPatG	§ 73, 116
Heizer	BGH	§ 4, 162; § 38, 19
Heizkörperkonsole	BGH	Einleitung, 130; § 59, 53, 77, 248, 259
Heizpressplatte	BGH	§ 3, 63, 64
Heißläuferdetektor	BGH	§ 3, 20, 21; § 9, 49, 61, 62, 63; § 139, 74
Heißpressplatte	BGH	§ 3, 21
Heliumeinspeisung	BGH	§ 3, 157; § 9, 48, 86; § 14, 22, 116, 126; § 34, 79; § 139, 74; § 142, 10
Hemdblusenkleid	BGH	§ 9, 60
Hemmung der Verjährung	BGH	§ 141, 17
Hemmvorrichtung	BGH	§ 4, 53
Hepatitis-A-Virus/USA II	EPA	§ 38, 50
Hepatitis-A-Virus/USA II	GrBK	§ 34, 482, 503, 505, 527

Entscheidungsregister nach Stichworten

Stichwort	Gericht	zitiert bei § + Rdn
Hepatitis-B-Virus	House of Lords	§ 21, 31, 32
Herausgabevollstreckung	OLG Düsseldorf	§ 143, 31
Herbicide	BGH	§ 3, 180; § 4, 16, 84, 151
Herrenhemden	OLG München	§ 9, 28
Herzklappenprothese	BGH	Einleitung, 154; § 3, 29, 31, 64; § 81, 152
Herzklappenringprothese	OLG Düsseldorf	§ 139, 365, 366
Heuwerbungsmaschine I	BGH	Einleitung, 174
Heuwerbungsmaschine II	BGH	§ 1, 23; § 14, 104
hexavalenter Impfstoff	BPatG	§ 16a, 75
Hi Hotel	EuGH	§ 139, 270, 272
Hinterachse	BGH	Einleitung, 375, 382; § 73, 67, 68; § 101, 5
Hinweis auf den neuen E-Service »DPMAdirektPro«		§ 127, 81
Hinweis auf Gebührenänderung	BPatG	§ 73, 30
Hinweis auf Rechtsprechung	BGH	Einleitung, 310
HIV-Medikament	OLG Düsseldorf	§ 139, 74
HMB-Kapseln	BGH	§ 1, 246
Hochdruckreiniger	BGH	§ 4, 42, 162
Hochdruckreiniger	BPatG	§ 81, 8, 45; Anh. 1, 60
Hochdruckreiniger	LG Düsseldorf	§ 139, 214
Hochfrequenzanteilswiederherstellung	OLG Düsseldorf	§ 24, 132
Hochspannungstransformator	BPatG	Einleitung, 165
Hoffmann	EuGH	Einleitung, 141
Hoffmann-La Roche	EuGH	§ 24, 53
Hogan Lovells	EuGH	§ 16a, 63; § 49a, 13
Hohlfasermembranspinnanlage II	BGH	§ 145a, 9
Hohlwalze	BGH	§ 1, 47; § 21, 100; § 73, 50, 52; § 110, 11, 12
Holzbauträger	BGH	§ 15, 31
Holzimprägnierung	BGH	§ 3, 25, 45
Holzlamellen	österreich. OGH	§ 63, 7
Holzschutzmittel	BGH	§ 4, 107, 172
Honda Grauimport	BGH	§ 9, 111
Honeywell	BVerfG	Einleitung, 135
Honorarforderung einer Sozietät	BGH	§ 80, 85
Hopfenextrakt	BGH	Einleitung, 473; § 59, 137, 141; § 73, 104; § 123, 163; § 127, 17
Hopfenpflückvorrichtung	BGH	§ 21, 107
Hörgerät	BGH	§ 21, 32
Hörgeräteversorgung II	BGH	Einleitung, 62
Horizontale Werkzeugmaschine/ SCHWÄBISCHE WERKZEUGMASCHINEN	GBK-R	Art. 112a, 20
Hot Sox	BGH	§ 139, 87, 88
Hotel Adlon	BGH	§ 30, 16
Hotel Maritime	BGH	§ 9, 75; § 139, 272

Entscheidungsregister nach Stichworten

Stichwort	Gericht	zitiert bei § + Rdn
Hotel ohne Pool	KG	§ 139, 435
Hotelinfo	BGH	§ 139, 70
Hsp70 Protein/MULTHOFF	GrBK	Art. 112a, 12, 23
HTC Corporation v. Gemalto S.A	Court of Appeal UK	§ 41, 39
HTC Europe Co. Ltd v Apple Inc	Court of Appeal UK	§ 1, 61
Huawei Technologies/ZTE	EuGH	§ 1, 268; § 15, 30; § 24, 50, 52, 56, 92, 98, 99, 100, 101, 103, 105, 108, 111, 112, 113, 114, 117, 118, 119
Hub-Kipp-Vorrichtung	BGH	§ 81, 101, 124, 142
Hubgliedertor I	BGH	§ 38, 19
Hubgliedertor II	BGH	§ 21, 53
Hubwagen	BGH	§ 34, 423
Hüftgelenkprothese	BGH	§ 4, 53; § 34, 85, 91, 95
Hugyfot	BPatG	§ 30, 21
Human Genome Sciences, Inc v Eli Lilly & Co	Supreme Court	§ 5, 11
Human-Immuninterferon	BGH	Einleitung, 171, 454; § 14, 100, 103
Human-Interferon-alpha	OLG Düsseldorf	§ 139, 257
Humanmedizinische Abschabungsvorrichtung	BGH	§ 81, 124, 139, 142
hydraulische Spannmutter	BGH	§ 3, 28
Hydraulischer Kettenbandantrieb	BGH	§ 3, 29
Hydraulisches Bindemittel	BPatG	Einleitung, 69
Hydromotor	BPatG	§ 59, 91
Hydropyridin	BGH	§ 1, 256, 260; § 2a, 58, 62, 66, 79; § 3, 157; § 14, 116
Hydroxysubstituierte Azetidinone	OLG Düsseldorf	§ 16a, 67, 68, 71
Hylan A und Hylan B	BPatG	§ 16a, 8, 56
ICD 10	BVerfG	Einleitung, 215
Idarubicin	BGH	Einleitung, 538; § 16a, 40
Idarubicin	BPatG	§ 16a, 29, 40; § 49a, 34, 49
Idarubicin II	BGH	§ 16a, 40, 61, 94, 95
Idarubicin III	BGH	§ 16a, 40, 61, 87, 94; § 49a, 34; § 100, 25
Idee-Kaffee	BGH	§ 21, 113
Identifikations- und Kontrollsystem für Verarbeitungs- und/oder Transportgut	BGH	§ 73, 17
Identifizierbarkeit des Anmelders	BPatG	Einleitung, 130, 131
Identität des Beschwerdeführers/ ZENON	GBK	Art. 112, 8
Identität des Beschwerdeführers/ ZENON	GrBK	Art. 108, 5; Art. 112, 18; Art. 112a, 9
Identität des Unterschreibenden	BGH	Einleitung, 381
IGEL PLUS/PLUS	BPatG	§ 73, 42, 162; § 80, 11
II	BGH	§ 11, 10, 11; § 81, 27

Entscheidungsregister nach Stichworten

Stichwort	Gericht	zitiert bei § + Rdn
III-Nitrid Halbleitervorrichtung mit Grabenstruktur	BPatG	§ 79, 21
IKK-Nordrhein-Westfalen	BVerfG	Einleitung, 292
Illumination structure/MAZDA MOTOR	GrBK	Art. 112a, 23
Imidazol	OLG Hamburg	§ 9, 78
Imidazoline	BGH	§ 1, 30, 209, 214, 216; § 1a, 26; § 4, 94, 110; § 5, 11; § 9, 8; § 14, 101, 102; § 34, 363, 381, 423
Immobilien, Betriebsinterna	BGH	§ 99, 30
Impfstoff I	LG Düsseldorf	§ 139, 280, 281
Imprägnieren von Tintenabsorbierungsmitteln	BGH	§ 81, 139
Impranil 43 034	TBK	§ 34, 138
Improving Handovers	OLG Düsseldorf	Einleitung, 420; § 24, 64, 99, 131
IMS/Health	EuGH	§ 24, 58
In re Comiskey	CAFC	§ 1, 145, 146
In re Fisher	CAFC	§ 1a, 23
In re Nuijten	CAFC	§ 1, 145, 199
In re Roslin Institute (Edinburgh)	CAFC	§ 1, 165
Incyte Corporation/Hungarian IPO	EuGH	§ 49a, 52
Indische Prioritäten/ASTRAZENECA	GBK	§ 41, 22
Individual	BGH	§ 100, 29
Indivina	BPatG	§ 49a, 33
Indizienkette	BGH	Einleitung, 159
Indorektal II	BGH	§ 100, 21, 23
Indorektal/Indohexal	BGH	§ 139, 164
Induktionsofen	BGH	§ 107, 10
Informationsaufzeichnungmedium	LG Mannheim	§ 24, 83, 99, 100, 114, 119, 122, 125
Informationsaufzeichnungmedium	OLG Karlsruhe	§ 24, 100, 105, 114
Informationsaufzeichnungssystem	BGH	§ 73, 65
Informationssignal	BGH	§ 1, 79; § 39, 7, 30; § 100, 56, 66; § 107, 8, 10
Informationsstand	BPatG	§ 80, 37
Informationsträger	BGH	§ 21, 76; § 34, 263, 269; § 100, 9, 10, 11; § 108, 2, 3
Informationsübermittlungsverfahren I	BGH	Einleitung, 7, 122, 123, 144; § 14, 10; § 27, 14; § 59, 28; § 61, 9; § 73, 42; § 99, 6, 11; § 100, 12, 21
Informationsübermittlungsverfahren II	BGH	Einleitung, 119, 203, 300, 349; § 27, 14; § 49, 7; § 59, 165, 177; § 61, 10; § 65, 7; § 91, 3; § 93, 5, 6; § 99, 5, 6; § 100, 40, 41, 44, 53; § 122a, 17
Inhalator	OLG Düsseldorf	§ 139, 448
inhaltsgleiche Anmeldungen	BPatG	Einleitung, 348
injizierbarer Mikroschaum	BGH	§ 4, 66; § 81, 119, 123
Inkassoprogramm	BGH	§ 79, 6

Entscheidungsregister nach Stichworten

Stichwort	Gericht	zitiert bei § + Rdn
Inkrustierungsinhibitoren	BGH	§ 1, 220; § 3, 127, 128, 131, 166; § 21, 54; § 22, 16, 17; § 34, 369, 386; § 38, 21
Inlandsübergewicht	BGH	Einleitung, 42
Inlandsvertreter	BGH	Einleitung, 426; § 25, 3, 29, 34, 35; § 44, 11; § 73, 86; § 100, 50
Inlandsvertreter	BPatG	Einleitung, 171, 492; § 25, 9, 31, 33, 35, 39; § 30, 29; § 127, 113
Inlandsvertreter	OLG Düsseldorf	§ 139, 101
Inlandsvertreter II	BPatG	§ 30, 29
Inlandsvertreter III	BPatG	§ 25, 33; § 30, 16, 29, 44
Inlandsvertreter IV	BPatG	§ 25, 3; § 127, 28
Inlandsvollmacht	BPatG	§ 97, 5
Insassenschutzsystemsteuereinheit	BGH	§ 99, 6
Insert for a drywall	TBK	§ 4, 30
Insolvenzverwalter Massearmut	BGH	§ 130, 35
Insolvenzverwalter Masseunzulänglichkeit	BGH	§ 130, 35
Insolvenzverwalter Mutwilligkeit	BGH	§ 130, 35
Insolvenzverwalter Zumutbarkeit	BGH	§ 130, 35
Installiereinrichtung	BGH	Einleitung, 310; § 100, 47
Installiereinrichtung II	BGH	§ 4, 64
Insulin Glargine	BPatG	§ 16a, 40
Insulinpumpe	OLG Düsseldorf	§ 139, 449
Integrationselement	BGH	Einleitung, 7; § 21, 74; § 34, 129; § 81, 122
Interfaceschaltung	OLG Düsseldorf	§ 14, 41; § 140c, 93
Interferenzstromtherapiegerät	BGH	§ 34, 103
interframe dropping	OLG Düsseldorf	§ 9, 102
Intermarkt II	BGH	§ 141, 14
interne Mitwirkungsgrundsätze	BGH	Einleitung, 197; § 67, 4
Internes Aktenzeichen	BGH	§ 123, 68
Internet-Versteigerung II	BGH	§ 139, 20, 23, 53
INTERPACK	OLG Düsseldorf	§ 139, 217, 244
Intravaskulärokklusionsvorrichtung	BGH	§ 21, 54
Iodosulfuron	BPatG	§ 49a, 13
Iodosulfuron	EuGH	§ 49a, 13
Ionenanalyse	BGH	Einleitung, 122; § 4, 17; § 14, 66, 73; § 81, 140
Ionenaustauschverfahren	BPatG	§ 81, 133
IP-Adressen	OLG Frankfurt/Main	§ 140b, 73
IP-Attorney (Malta)	BGH	§ 25, 18; § 97, 6; § 113, 3; § 114, 3
IP-Daten-Gebühr	OLG München	§ 140b, 73
IP-Daten-Speicherung auf Zuruf	OLG Düsseldorf	§ 140b, 78
iPod	LG Düsseldorf	§ 139, 100
IPod II	LG Hamburg	§ 140a, 23
Irbesartan/HCT	LG Düsseldorf	§ 16a, 30, 31, 44, 99; § 139, 443
Irreführende Abnehmerverwarnung	OLG Düsseldorf	§ 139, 214

Entscheidungsregister nach Stichworten

Stichwort	Gericht	zitiert bei § + Rdn
Irrläufer	BPatG	Einleitung, 71, 374, 386, 390; § 73, 58
ISCO/Comptroller	EuGH	§ 2, 40
Isentress	BPatG	§ 24, 10, 11, 12, 20, 30, 32, 33; § 85, 4
Isentress II	BPatG	§ 24, 32, 38
Isoflavon	österreich. OGH	§ 1, 264; § 2a, 73; § 3, 163
Isoharnstoffäther	BGH	Einleitung, 77, 237, 295; § 38, 52; § 47, 19; § 76, 11; § 78, 11; § 93, 8; § 94, 17; § 100, 11; § 101, 3
Isolierglasscheibenrandfugenfüllvorrichtung	BGH	§ 3, 82, 83; § 4, 17; § 84, 28, 45
Isomerisierung	BGH	§ 34, 229, 233, 238, 245, 247; § 42, 6, 18, 37
Isothiazolon	BGH	§ 81, 127
Isoxadifen II	BPatG	§ 49a, 35
Italienischer Torpedo	LG Düsseldorf	§ 139, 280
IUP	BGH	§ 2, 27, 28
Ivadal II	BGH	§ 68, 21
J. Coenen/Office National des Pensions	EuGH	Einleitung, 540
Jackpot-Werbung II	OLG München	§ 139, 409
Jahresausschlussfrist, Sphäre des Zustellungsempfängers	BGH	§ 123, 31
Jahresgebühren	BPatG	§ 27, 25; § 73, 24; § 9 (Anh. 15), 7
Jahresgebührzahlung für Teilanmeldung	BPatG	§ 79, 17
Japanische Beschwerdeschrift	BPatG	§ 126, 12
Jokey	BFH	§ 142a, 3, 9
Jubiläumsverkauf	BGH	§ 139, 54, 57, 58
Jugendgefährdende Medien bei eBay	BGH	§ 139, 23
KABE	BGH	§ 100, 10
Kabeldurchführung	BGH	§ 4, 6; § 14, 95, 97
Kabelschelle	BGH	§ 21, 108; § 139, 45
Kabelschloss	BGH	§ 139, 151
Kabelverbindungsmodul	BPatG	§ 67, 14
Kaffee-Filterpads	OLG Düsseldorf	§ 10, 48
Kaffeekapsel	BGH	§ 73, 164
Kaffeemaschine	OLG Düsseldorf	§ 140c, 71
Kaffeewerbung	BGH	§ 141, 3
Kalifornia-Schuhe	BGH	§ 3, 54, 57, 63
Kammplatte für Fahrtreppen	BPatG	§ 47, 28; § 48, 17
Kanold	BGH	§ 123, 68
Kappaggregat	LG Düsseldorf	§ 139, 139
Karate	BGH	Einleitung, 158, 165; § 9, 27, 28, 29, 30, 32, 41; § 139, 318
Karbidofen	BGH	§ 4, 166
Kartellrechtliche Vorfrage	OLG Düsseldorf	§ 24, 136
Kartellrechtlicher Zwangslizenzeinwand	LG Mannheim	§ 24, 81, 87
Karusselltüranlage	BGH	§ 73, 101, 107; § 74, 13

Entscheidungsregister nach Stichworten

Stichwort	Gericht	zitiert bei § + Rdn
Karusselltüranlage	BGH	§ 14, 40, 43; § 59, 138, 143
Kaskodeverstärker	BGH	Einleitung, 443; § 34, 249, 441; § 39, 10; § 107, 8
Kassieranlage	OLG München	§ 33, 7; § 139, 102; § 145, 17, 21
Kasten für Fußabtrittsroste	BGH	§ 12, 8, 9, 15, 20, 30
Kauf auf Probe	BGH	Einleitung, 130
Kautschukrohlinge	BGH	§ 4, 123; § 34, 99
KCI Licensing v Smith & Nephew	High Court	§ 41, 28
KD	BGH	Einleitung, 131
Kehlrinne	BGH	§ 1, 23, 87, 89; § 22, 7; § 59, 162, 185; § 81, 85, 137; Anh. 1, 42, 43
Keine Begründung letztinstanzlicher Entscheidungen	BGH	§ 122a, 19
keine Doppelvertretung im Gebrauchsmuster-Löschungsverfahren	BPatG	§ 143, 34
Keine Pflicht des Patentanwalts zur Nutzung des beA	BGH	§ 125a, 17
Keine Pflicht des Patentanwalts zur Nutzung des beA zwecks Fristwahrung	BGH	§ 123, 149
Keine Überspannung bei Wiedereinsetzungsanträgen	BVerfG	Einleitung, 288
Keine Verfassungsbeschwerde per Email	BVerfG	Einleitung, 450
Keksstangen	BGH	§ 9, 63; § 139, 72, 89
Kenntnis von den anspruchsbegründenden Umständen	BGH	§ 141, 13
Kenntnis von den anspruchsbegründenden Umständen		§ 141, 13
Kennungsscheibe	BGH	§ 1, 19, 23, 31, 94
Kernenergie	BGH	§ 50, 5; § 55, 2, 8, 10
Kernmaterial	BPatG	§ 1, 38
Kerzenleuchter	BGH	§ 118, 11
Ketten von Teilanmeldungen/SEIKO	GBK	§ 39, 40
Ketten von Teilanmeldungen/SEIKO	GrBK	§ 39, 80
Kettenradanordnung I	BGH	Einleitung, 123
Kettenradanordnung II	BGH	Einleitung, 115, 126; § 14, 64, 89; § 29, 3; § 34, 78, 136; § 139, 287, 329, 331, 333
Kfz-Stahlbauteil	BGH	§ 8, 20, 21
Kieselsäure	BGH	§ 15, 14, 26
Kinderarbeit	BGH	§ 139, 73, 74
Kinderbett	BGH	§ 4, 48, 64
Kinderhochstühle im Internet	BGH	§ 139, 20
Kinderhörspiele	BGH	Einleitung, 9
Kindernähmaschinen	BGH	§ 139, 153, 209, 215, 233, 240, 241
Kinderreisebett	LG Köln	§ 142, 14
Kindersitzerkennung	BPatG	Einleitung, 232; § 73, 105; § 74, 17; § 99, 6

Entscheidungsregister nach Stichworten

Stichwort	Gericht	zitiert bei § + Rdn
Kinderwagen	BGH	§ 9, 55
Kinderwärmekissen	BGH	Einleitung, 457
Kirin Amgen	EuGH	§ 16a, 133, 134
Kirin-Amgen	House of Lords	§ 14, 44
Kirin-Amgen v Hoechst Marion Roussel	House of Lords	§ 34, 152
Klage auf FRAND-Vertrag	OLG Karlsruhe	§ 24, 63
Klageerhebung an einem dritten Ort	BGH	§ 80, 82; § 139, 350
Klageerweiterung auf europ Patent	BPatG	§ 81, 71, 72
Klageerweiterung im Verletzungsprozess	LG Düsseldorf	§ 145, 18
Klagegebühr bei Verbindung von Nichtigkeitsklagen	BPatG	§ 80, 91
Klagen nach §§ 323 u 767 ZPO	BGH	§ 21, 113
Klageveranlassung bei EP-Patent	BPatG	§ 99, 6
Klammernahtgerät	BGH	§ 1, 207; § 34, 344, 392, 410
Klappenantrieb	BPatG	§ 73, 202
Klappleitwerk	BGH	Einleitung, 348; § 81, 42, 44
Klappschachtel	BGH	§ 4, 131
Klarsichtverpackung	BGH	§ 139, 233
Klarstellung im Einspruch	BPatG	§ 21, 101
Klasen-Möbel	BGH	§ 139, 89
Klebemax	BGH	§ 21, 108; § 81, 9; § 123, 9; § 139, 51
Klebroller	OLG Düsseldorf	§ 139, 449
Klebstoff	BGH	§ 3, 104, 135
Kleiderbügel	BGH	Einleitung, 171; § 15, 37; § 139, 10, 177, 221; § 140a, 11; § 140b, 6, 29; § 145, 8
Kleinfilter	BGH	§ 15, 70
Kleinkraftwagen	BGH	§ 81, 101, 103
Kleinleistungsschalter	OLG Düsseldorf	§ 139, 440
Klemmbausteine I	BGH	§ 9, 60; § 16, 3
Klemmbausteine II	BGH	§ 9, 60
Klimaschrank	BGH	§ 139, 309, 314
Klinische Versuche	BVerfG	Einleitung, 171; § 11, 9
Klinische Versuche I	BGH	Einleitung, 56; § 1, 9, 29; § 4, 6; § 9, 12; § 11, 10, 11; § 14, 101, 102; § 139, 10, 74, 255
Klinische Versuche II	BGH	§ 4, 6; § 11, 10, 11, 12
Klinkerriemchen II	OLG Düsseldorf	§ 140c, 88
Knickschutz	BGH	§ 81, 140
Kniegelenk-Endoprothese	BGH	§ 3, 100; § 4, 13, 102, 127, 168
Kniehebelklemmvorrichtung	BGH	§ 4, 135
Knochenschraubensatz	BGH	Einleitung, 347; § 81, 45; Anh. 1, 59
Knopflochnähmaschinen	BGH	Einleitung, 302, 304; § 15, 59, 66
Kochgefäß	BGH	§ 14, 73, 74, 90; Anh. 1, 21, 23, 30, 32, 115
Kokillenguss	BGH	§ 15, 63; § 16, 3
Kokillenguß	BGH	§ 15, 26

Entscheidungsregister nach Stichworten

Stichwort	Gericht	zitiert bei § + Rdn
Koksofentür	BGH	§ 14, 50; § 34, 134; § 38, 21; § 81, 43
Kollagenase I	BGH	§ 3, 151; § 14, 115
Kollagenase II	BGH	§ 3, 151; § 4, 77
Kollektion Holiday	BGH	§ 139, 113, 115, 116
Kolloidalmischer	BPatG	Einleitung, 43; § 30, 10, 40
Kölsch-Vertrag	BGH	§ 15, 73
Kombinationsmöbel	BGH	§ 144, 12, 21
Kommision/BASF AG	EuGH	Einleitung, 472
Kommissioniersystem	OLG Düsseldorf	§ 145, 20
Kommunikationskanal	BGH	§ 38, 11, 18; § 41, 39
Kommunikationsrouter	BGH	Einleitung, 323; § 26, 33; § 27, 44; § 65, 11; § 87, 5; § 88, 5; § 91, 3; § 93, 6; § 99, 6; § 100, 47
Kommunikationssystem	BGH	§ 80, 100
Kommunikationsvorrichtung	LG Düsseldorf	§ 24, 119, 121
Kommunikationsvorrichtung	LG Mannheim	§ 24, 119
Kommunikationsvorrichtung	OLG Düsseldorf	§ 9, 27; § 14, 101; § 24, 51, 52, 53, 54, 56, 57, 63, 65, 94, 97, 98, 99, 100, 101, 108, 109, 110, 111, 112, 113, 114, 115, 118, 131, 132
Kommunikationsvorrichtung II	OLG Düsseldorf	§ 24, 133
Kompakt-Heizzentrale	BGH	§ 10 (Anh. 15), 21, 34; § 11 (Anh. 15), 19
Komplexbildner	LG Düsseldorf	§ 139, 14
Komplexes Herstellungsverfahren	OLG Frankfurt/Main	§ 140c, 14
Komplizierte Fristberechnung	BGH	§ 123, 86, 122
Kondensator für die Klimaanlage	BGH	§ 97, 20
Kondensator für Klimaanlage	LG Mannheim	§ 139, 272
Kondensatorspeicherzellen	LG Düsseldorf	§ 139, 281, 286
Kondenswasserableiter	BGH	§ 67, 3
Kondenswasserabscheider	BGH	§ 4, 168
Konditioniereinrichtung	BGH	§ 21, 11, 21, 105; § 81, 47, 96, 168, 169; § 82, 10; § 118, 11
Konditionierverfahren	BGH	§ 3, 29, 59, 64
Kongorot	RG	§ 4, 76; § 5, 6
Konkurs	BPatG	Einleitung, 424, 426
Konkurs des Einsprechenden	BPatG	Einleitung, 224, 425
Konkurs I	BPatG	Einleitung, 225
Konservendosen I	BGH	§ 81, 48, 50, 169, 178
Kontaktfederblock	BGH	§ 14, 95, 96
Kontaktfederblock für Relais	BGH	§ 34, 316
Kontaktmaterial	BGH	§ 93, 7; § 100, 38
Kontaktplatte	BGH	§ 2 (Anh. 15), 31, 33; § 3 (Anh. 15), 12
Konterhauben-Schrumpfsystem	BGH	§ 146, 16
Kontrollbesuch	BGH	§ 140c, 33
Konzentrationsstörung	BGH	§ 123, 131
Kopiergerät	BGH	§ 6, 18; § 15, 13

Entscheidungsregister nach Stichworten

Stichwort	Gericht	zitiert bei § + Rdn
Koppelung von Maschinen	BGH	§ 100, 59
Kornfeinung	BGH	§ 59, 244; Anh. 1, 59
Koronarstent	LG Hamburg	§ 9, 74
Körperstativ	BGH	§ 4, 62, 131
Korrekturflüssigkeit	BGH	§ 139, 117
Korrosionsschutzbinde	BGH	§ 81, 146
Kosmetisches Sonnenschutzmittel	BGH	§ 4, 162
Kosmetisches Sonnenschutzmittel II	BGH	Einleitung, 329; § 79, 46; § 122a, 23
Kosmetisches Sonnenschutzmittel III	BGH	§ 4, 34; Anh. 1, 43, 48
Kosten bei Nichterhebungsfiktion	BPatG	§ 80, 7, 19; § 6 (Anh. 15), 23
Kosten bei unbegründeter Abmahnung	BGH	§ 139, 226, 227
Kosten der IP-Abfrage	OLG Karlsruhe	§ 140b, 73
Kosten der Recherche	OLG Düsseldorf	§ 139, 354; § 143, 43
Kosten der Schutzschrift I	BGH	§ 139, 474
Kosten der Schutzschrift II	BGH	§ 139, 474
Kosten der Schutzschrift III	BGH	§ 139, 475
Kosten des außergerichtlichen Vergleichs	BGH	§ 80, 92
Kosten des mitwirkenden Rechtsanwalts I	BPatG	§ 80, 41
Kosten des Patentanwalts	BGH	§ 143, 29, 37
Kosten des Patentanwalts	BPatG	§ 80, 40, 109
Kosten des Patentanwalts beim Kostenwiderspruch	OLG Düsseldorf	§ 143, 35
Kosten des Patentanwalts I	BGH	§ 80, 47
Kosten des Patentanwalts II	BGH	§ 80, 41, 80; § 139, 221, 222; § 143, 33
Kosten des Patentanwalts III	BGH	§ 80, 80; § 143, 31
Kosten des Patentanwalts IV	BGH	§ 80, 80
Kosten des Patentanwalts V	BGH	§ 143, 11
Kosten des Patentanwalts VI	BGH	§ 143, 28
Kosten des Rechtsstreits	BGH	§ 118, 9
Kosten des Sachverständigen	BGH	§ 80, 79
Kosten des selbständigen Beweisverfahrens	BGH	§ 140c, 60
Kosten des Widerspruchsverfahrens	BGH	§ 62, 5
Kosten eines Abwehrschreibens	BGH	§ 139, 224
Kosten eines ausländischen Verkehrsanwalts	BGH	§ 80, 72; § 139, 349
Kosten für Abschlussschreiben	LG Düsseldorf	§ 139, 477
Kosten für Abschlussschreiben I	BGH	§ 139, 479
Kosten für Abschlussschreiben II	BGH	§ 139, 477, 479
Kosten im Zwangslizenzverfahren	BPatG	§ 80, 79, 89, 109
Kosten nach Erledigung	BGH	§ 81, 176
Kosten-Nachtrag	BGH	§ 80, 76
Kostenansatz	BPatG	§ 1 (Anh. 15), 14; § 4 (Anh. 15), 2, 3; § 8 (Anh. 15), 7
Kostenauferlegung für 2. Verhandlungstermin	BPatG	Einleitung, 211, 240

Entscheidungsregister nach Stichworten

Stichwort	Gericht	zitiert bei § + Rdn
Kostenauferlegung für zweiten Verhandlungstermin	BPatG	§ 80, 13, 15
Kostenauferlegung im Einspruchsverfahren nach Patentverzicht	BPatG	§ 80, 15, 16
Kostenbegünstigung	BGH	§ 144, 7, 10, 13
Kostenbegünstigung III	BGH	§ 144, 13; § 2 (Anh. 15), 53
Kostenentscheidung	BPatG	§ 73, 79
Kostenentscheidung bei nur verspäteter Klageerhebung	BGH	§ 140c, 89
Kostenerstattung Beweisverfahren	BGH	§ 140c, 60
Kostenerstattungsanspruch des Nebenintervenienten	BGH	§ 80, 77
Kostenfestsetzung	BGH	§ 109, 15
Kostenfestsetzung	BPatG	§ 99, 6
Kostenfestsetzung im Markenverfahren	BPatG	§ 80, 37, 48
Kostenfestsetzung im patentamtlichen Markenverfahren	BPatG	§ 80, 37
Kostenfestsetzungsbeschwerde	BPatG	§ 78, 15
Kostenquote bei beziffertem Ordnungsmittelantrag	BGH	§ 139, 416
Kostenquotelung	BPatG	§ 144, 22
Kostenrechnung	BGH	§ 80, 86
Kostentragung bei streitgenössischer Nebenintervention	BPatG	§ 80, 77
Kraftfahrzeugfelgen II	BGH	§ 10, 41
Kraftfahrzeuggetriebe	BGH	§ 34, 247, 248, 249, 260, 263, 267; § 39, 11, 42
Kraftfahrzeugkennzeichenkontrollen	BVerfG	Einleitung, 215
Kranarm	BGH	Einleitung, 153; § 14, 64, 74, 78
Krankenhausmüllentsorgungsanlage	BGH	§ 15, 70
Kranportal	BGH	§ 4, 163
Kreativer Enthusiast	BPatG	§ 130, 60
Krebsmaus/HARVARD	EPA Prüf.A.	§ 47, 31
Kreiselegge	BGH	§ 1, 41; § 4, 78
Kreiselegge II	BGH	§ 145, 6, 15, 16
Kreiselpumpe	BGH	§ 114, 8; § 122a, 9; § 123, 24, 90
Kreuzbodenventilsäcke	BGH	§ 139, 292
Kreuzbodenventilsäcke I	BGH	§ 9, 61, 62, 115; § 139, 255
Kreuzbodenventilsäcke II	BGH	§ 139, 164
Kreuzbodenventilsäcke III	BGH	§ 15, 63; § 139, 127
Kreuzgestänge	BGH	§ 14, 22, 42, 60; § 139, 386
Kristallines Mikronisat/BOEHRINGER INGELHEIM	GrBK	Art. 112a, 24, 31
Kronenkorkenkapsel	BGH	§ 14, 74
Kuchenbesteck-Set	BGH	§ 9, 17, 18
Kudla	EGMR	§ 73, 14
Kugelgelenk	BPatG	§ 73, 212
Kühlanlage	BPatG	§ 2 (Anh. 15), 20

Entscheidungsregister nach Stichworten

Stichwort	Gericht	zitiert bei § + Rdn
Kühlvorrichtung	BGH	§ 68, 12, 19, 20; § 100, 34
Kunstharzschaum	BGH	§ 81, 180
Kunstharzzusammensetzung	OLG Frankfurt/Main	§ 14, 67
Künstliche Atmosphäre	BGH	§ 34, 461, 463, 471; § 49, 27; § 59, 28, 243; § 73, 209
Künstliche Atmosphäre	BPatG	§ 99, 6; § 125, 7; § 126, 15
Kunststoffaufbereitung	BGH	§ 14, 74; § 139, 394; § 141, 13
Kunststoffbügel	BGH	§ 9, 61, 62, 63; § 139, 108
Kunststoffhohlprofil I	BGH	§ 139, 103, 104, 105, 190, 191, 394
Kunststoffhohlprofil II	BGH	§ 139, 113, 128, 197, 198
Kunststoffrad	BGH	§ 84, 2; § 99, 8; § 100, 10; § 2 (Anh. 15), 28
Kunststoffrohrteil	BGH	§ 14, 36, 37, 54, 59, 64, 73; § 20, 3; § 73, 205
Kunststoffschläuche	OLG Düsseldorf	§ 139, 104
Kunststofftablett	BGH	Einleitung, 197; § 26, 33; § 65, 10
Kupfer-Nickel-Legierung	BGH	§ 59, 218; § 73, 77; § 100, 47
Kupplung für optische Geräte	BGH	§ 9, 64, 66, 70; § 139, 31
Kupplungsgewinde	BGH	§ 34, 255; § 39, 22
Kupplungsvorrichtung II	BGH	§ 34, 343
Kurierdienst	BVerfG	§ 123, 95
Kurierdienstbeförderung	BVerfG	§ 123, 133
Kurze Verjährungsfrist	BGH	§ 141, 5
Kurznachrichten	BGH	§ 79, 46; § 139, 309, 312, 366, 370, 371
L-Carnitin II	BGH	§ 1, 246
La Perla	BGH	§ 93, 7, 9
Läägeünnerloage	BGH	§ 126, 7
Laborthermostat	LG Düsseldorf	§ 12, 10
Lacktränkeeinrichtung	BGH	§ 7, 8; § 12, 6, 8, 21
Lactame	BGH	§ 34, 429; § 107, 7, 9
Lactobacillus bavaricus	BPatG	§ 1, 230
Ladegerät I	BGH	§ 34, 316; § 81, 21, 27; § 107, 9
Ladegerät II	BGH	Einleitung, 163, 164; § 3, 20, 59, 195
Ladewagen	BGH	Einleitung, 302; § 139, 330
Lagerkosten nach Grenzbeschlagnahme	OLG Köln	§ 142a, 7
Lagerregal	BGH	§ 14, 51; § 41, 35
Lagerregal	BPatG	§ 64, 12, 20
Laminatboden-Paneele	OLG Düsseldorf	§ 139, 213
Laminatboden-Paneele II	OLG Düsseldorf	§ 139, 243
Laminierte Metalldichtung	BGH	§ 1, 45, 46
Lampengehäuse	BGH	§ 21, 106; § 81, 117, 176; § 82, 3; § 84, 51; § 121, 11
Lampenkolbenglas	BPatG	§ 123, 61; § 6 (Anh. 15), 25
Lampenschirm	BGH	§ 81, 41, 42
landwirtschaftliches Ladegerät	BGH	Einleitung, 232
Langzeitstabilisierung	BGH	§ 3, 130

Entscheidungsregister nach Stichworten

Stichwort	Gericht	zitiert bei § + Rdn
Lantana Ltd v Comptroller General	Court of Appeal UK	§ 1, 61
Läppen	BGH	§ 4, 110; § 34, 239
Lasergestütztes Fräsen	BPatG	§ 42, 33, 37; § 74, 10
Lassalle/Europ Parlament	EuGH	Einleitung, 540
Lateinische Fußnote	BGH	§ 139, 89
Laternenflasche	BGH	§ 1, 87
Laubhefter	BGH	§ 139, 287
Laufkranz	BGH	§ 9, 57; § 10, 12
Laufradschnellspanner	BGH	§ 4, 173
Laufrolle	BGH	§ 100, 66
Laux-Kupplung I	BGH	§ 139, 105, 171, 317
Laux-Kupplung II	BGH	§ 139, 121
LAX	OLG Düsseldorf	§ 12, 30
Laying head/DANIELI	GrBK	Art. 112a, 21, 23
Le-Corbusier-Möbel	BVerfG	Einleitung, 292
Leckanzeigeeinrichtung	BGH	Einleitung, 303; § 59, 215
Leckanzeigegerät	BGH	§ 62, 30; § 80, 25
LECO	BGH	§ 102, 8, 12
Leflunomid	BGH	§ 4, 176
Legekopf	OLG Frankfurt/Main	§ 140a, 14
Legierungen	BGH	§ 1, 248; § 3, 134, 136
Legostein	BGH	§ 73, 14, 91, 205; § 6 (Anh. 15), 9, 12
Leibniz-Institut für Neue Materialien	BPatG	§ 16a, 8
Leibniz-Institut für Neue Materialien	LG Düsseldorf	§ 16a, 56
Leichtflüssigkeitsabscheider	BGH	§ 15, 54
Leichtlehmplatte	BPatG	§ 123, 32
Leistung eidesstattlicher Versicherung	BGH	§ 139, 184, 186
Leistungshalbleiter	BGH	§ 93, 5; § 100, 59
Leistungshalbleiterbauelement	BGH	§ 59, 90, 102; § 100, 13
Leistungshalbleitermodul	BPatG	Einleitung, 497
Leit - und Informationssystem II	OLG München	§ 139, 269
Leiterbahnstrukturen	OLG Karlsruhe	§ 139, 366
Leiterplattennutzen-Trennvorrichtung/Videokonferenz	BPatG	Einleitung, 478; § 46, 27; § 99, 6
Leitkörper	BGH	§ 7, 20, 21; § 8, 41; § 35, 33
Leitungshalbleiter	BGH	§ 94, 20
Lenkergetriebe	BGH	§ 14, 22, 23, 67
Lenkradbezug I	BGH	§ 1, 274; § 3, 116; § 34, 329; § 38, 21; § 100, 25; § 108, 4
Lenkradbezug II	BGH	§ 34, 424; § 79, 49; § 108, 4
Lenzing	Patents Court	Art. 106, 36
Lesevorrichtung für Reliefmarkierungen	OLG München	§ 140c, 88
Lesevorrichtungen für Reliefmarkierungen II	OLG München	§ 140c, 76
Leuchtstoff	BGH	§ 1, 195

Entscheidungsregister nach Stichworten

Stichwort	Gericht	zitiert bei § + Rdn
Leviationsmaschine	LG Düsseldorf	§ 9, 24
Levitationsanlage	BGH	§ 130, 46
Levofloxacin	BPatG	§ 16a, 40
Lewapur	BGH	§ 62, 5; § 80, 6, 9, 10, 20
Lichtbogen-Plasma-Beschichtungssystem	BGH	Einleitung, 61, 131; § 3, 29, 30, 59; § 14, 43, 101; § 39, 12, 15, 19, 25, 27, 29, 30, 34
Lichtbogenschnürung	BGH	§ 140c, 23, 65, 70, 71; § 140d, 18; § 145a, 21
Lichtfleck	BGH	§ 7, 13, 21; § 8, 31, 41; § 59, 29, 241; § 61, 28
Lichtschutzfolie	BGH	§ 6, 22; § 8, 21
Liebestropfen	BGH	§ 6, 15
Liedtextwiedergabe II	BGH	§ 139, 128
Life Tech IP	BPatG	§ 73, 92
Liffers	EuGH	§ 139, 115
Lifter	OLG Düsseldorf	§ 139, 142, 146, 147, 148, 154, 187
LIMES LOGISTIK	BGH	§ 100, 45
linkwerk	OLG Düsseldorf	§ 139, 220
Linsenschleifmaschine	BGH	§ 14, 58; § 81, 86, 127; **Anh. 1**, 47
Lithuanian Airlines	EuGH	§ 24, 137
Lizenz- u Beratungsvertrag	BGH	§ 15, 71
Lizenzanalogie	BGH	§ 139, 126, 127
Lizenzbereitschaft für Geheimpatent	BGH	§ 23, 7; § 100, 11
Lizenzgebührzahlung trotz Nichtigkeit oder Nichtverletzung eines Patents - Genentech/Hoechst ua	EuGH	§ 15, 65
locking device	BGH	§ 81, 127
Logikverifikation	BGH	§ 1, 17, 18, 19, 127, 132
Logikverifikation	BGH	§ 1, 132
Lomapect	BGH	§ 102, 8
Loom-Möbel	OLG Düsseldorf	§ 9, 54, 80
Loseblattwerk	OLG Köln	§ 139, 158
Lotterielos	BGH	§ 1, 95
LTE-Standard	LG Düsseldorf	§ 24, 81, 93, 99
Lubricant composition/LUBRIZOL	TBK	Einleitung, 213
Luftabscheider für Milchsammelanlage	BGH	§ 14, 59, 104; § 59, 29
Luftdruck-Kontrollvorrichtung	LG Mannheim	§ 139, 272
Luftentfeuchter	BGH	§ 139, 87
Lüfterkappe	BGH	Einleitung, 544; § 34, 441, 444; § 81, 135; § 82, 9
Luftfilter	BGH	§ 37, 13, 20; § 63, 12; § 124, 7
Luftfilter	BPatG	§ 129, 8; § 130, 51, 55; § 135, 16
Luftheizgerät	BGH	§ 10, 20, 27, 31, 32
Luftkappensystem	BGH	§ 14, 34, 95
Luftverteiler	BGH	§ 41, 35, 36
Luftverteiler	BPatG	§ 84, 51
Lundak	CAFC	§ 34, 499

Entscheidungsregister nach Stichworten

Stichwort	Gericht	zitiert bei § + Rdn
Lundbeck et al/Kommission	EuGH	§ 15, 35
Lunette	BGH	§ 139, 36
Lungenfunktionsmessgerät	OLG Düsseldorf	§ 9, 22; § 10, 7
Lunkerverhütungsmittel	BGH	§ 100, 61
Lysimeterstation	BPatG	§ 73, 106; § 99, 6
M2Trade	BGH	§ 15, 43
Magazinbildwerfer	BGH	§ 9, 9
Magill TVG Guide	EuGH	§ 24, 55
Magnesium salt/ASTRAZENECA	GrBK	Art. 112a, 23
Magnetbohrständer	BGH	§ 3, 12; § 4, 53; § 41, 60
Magnetbohrständer II	BGH	§ 21, 113
Magnetfeldkompensation	BGH	§ 1, 30; § 14, 11; § 81, 140
Magnetowiderstandssensor	BGH	§ 81, 23, 169; § 110, 6
Magnetspule	LG Düsseldorf	§ 139, 111, 170
Mähmaschine	BGH	§ 100, 58, 59
Mähroboter	BGH	§ 139, 314, 371, 387
Maisgebiss-Modell	OLG Düsseldorf	§ 143, 43
Maissaatgut	EuGH	§ 15, 34, 50
Makol	BGH	§ 84, 2; § 93, 5; § 100, 10, 31; § 107, 6; § 2 (Anh. 15), 28
Makro	EuGH	§ 9, 18
Mangel der Uneinheitlichkeit	BPatG	§ 45, 7; § 48, 7; § 73, 142; § 79, 21
Mangel der Vollmacht	BGH	Einleitung, 509
Marinari/Lloyds	EuGH	§ 139, 269, 270
Markenhemden	OLG Hamburg	§ 9, 28
Markenregister	BPatG	§ 65, 7
Markenregisterfähigkeit einer GbR	BPatG	Einleitung, 42
Markenumschreibung	BPatG	§ 73, 42, 142, 147
Markenwert	BGH	§ 79, 46; § 80, 55, 57
Markt 24	EuGH	Einleitung, 43
Marktzulassungsprivileg	OLG Düsseldorf	§ 11, 12, 19
Marpin	BGH	Einleitung, 288; § 30, 19, 31, 36, 37; § 73, 42
maschenfester Strumpf	BGH	§ 139, 233, 237, 238, 239
Maschinensatz	BGH	§ 14, 20; Anh. 1, 47; § 126, 18; § 139, 48, 308
Massenanmeldung	BPatG	§ 130, 57
Massenausgleich	BGH	§ 4, 168
Mater-Bi	TBK	§ 34, 138
materiell-rechtliche Einwendungen gegen den Kostenerstattungsanspruch	BGH	§ 80, 92, 103
Matratzen II	österreich. OGH	§ 6, 12, 21
Mauer-Rohrdurchführungen	BGH	§ 141, 3, 19
Mauerkasten	BGH	§ 27, 42, 43
Mauerkasten II	BGH	§ 4, 53, 126, 134, 167, 172; § 81, 11; § 110, 3
Mauersteinsatz	BGH	§ 47, 44; § 73, 92; § 127, 40; § 2 (Anh. 15), 15; § 6 (Anh. 15), 11, 21

Entscheidungsregister nach Stichworten

Stichwort	Gericht	zitiert bei § + Rdn
Mautberechnung	BGH	§ 21, 11; § 81, 36; Anh. 1, 44, 50; § 139, 307
Mayo Collaborative Services v Prometheus Laboratories Inc	US-Supreme Court	§ 1, 145, 146
Maßstab des Übersetzungserfordernisses	BPatG	§ 126, 5
Maßstab für Prozesskostenhilfe	BVerfG	Einleitung, 164
Maßstabträger	BPatG	Einleitung, 393; § 30, 48; § 73, 96; § 74, 11; § 99, 6
Mechanische Betätigungsvorrichtung	BGH	§ 14, 19, 21
Mecki-Igel III	BGH	§ 139, 209, 211
Medeva	Court of Appeal UK	§ 16a, 30
Medeva	EuGH	§ 16a, 24, 29, 30, 31, 42, 43, 62, 82, 83, 95, 96
Medeva BV	EuGH GeneralAnw	§ 16a, 30
Medicus.log	BGH	§ 93, 6
Medienlift	LG Düsseldorf	§ 146, 18
Medizinische Fußpflege	BGH	§ 139, 221
Medizinisches Instrument	BPatG	§ 80, 40, 109, 110, 111
Mehrdrahtinstrument, insbesondere für Endoskope	BPatG	§ 45, 28, 29; § 47, 28
Mehrfachkontaktanordnung	LG Düsseldorf	§ 23, 21, 30; § 33, 24
Mehrfachschelle	BGH	§ 3, 115, 184; § 4, 18, 86, 103; § 9, 112; § 21, 25; § 34, 129, 317
Mehrfachsteuersystem	BGH	§ 39, 29; § 73, 130; § 123, 13, 53, 166
Mehrfachverstoß bei Lieferung	LG Düsseldorf	§ 139, 411
Mehrfachverstoß gegen Unterlassungstitel	BGH	§ 139, 70, 181, 411
Mehrgangnabe	BGH	Einleitung, 126; § 14, 41, 64; § 29, 3; § 139, 329, 333
Mehrheit von Erfindungsbesitzern	BPatG	§ 21, 41, 42
Mehrkanalbauteile	BPatG	Einleitung, 505
Mehrlagendichtung	LG Düsseldorf	§ 9, 64
Mehrpolige Steckverbindung	OLG Düsseldorf	§ 14, 101
Mehrschichtlager	BGH	§ 73, 92; § 74, 7; § 107, 8; § 2 (Anh. 15), 15
Mehrschichtlager	BPatG	§ 73, 92
Mehrschichtplatte	BGH	§ 1, 185; § 21, 25
Meistbegünstigungsvereinbarung	BGH	Einleitung, 418
Meißner Dekor	BGH	§ 139, 23
Melanie	BGH	§ 139, 101
Melkautomat	OLG Düsseldorf	§ 139, 381; § 145, 17, 19, 20, 21
Melkstand	BGH	§ 139, 394
Melzer	EuGH	§ 139, 270, 272
Memantin	BGH	§ 1, 79; § 3, 151; § 16a, 128
Memantin	BPatG	§ 16a, 126
Mengendosierer	BGH	§ 115, 3, 9

Entscheidungsregister nach Stichworten

Stichwort	Gericht	zitiert bei § + Rdn
Merck	EuGH	§ 49a, 44
Merck & Co../. Mepha Pharma [Dosierschema]	Schweiz. BG	§ 3, 151
Merck & Dohme	EuGH	§ 9, 38, 40
Merck Canada/Accord Healthcare (Montekulast sodium)	EuGH	§ 16a, 108; § 49a, 37
Merck Genéricos/Merck&Co	EuGH	Anh. 13
Merck I	EuGH	§ 9, 32
Merck II	EuGH	§ 9, 19, 20, 32, 50
Merck/Sitagliptin	EuGH	§ 16a, 119, 120, 127; § 49a, 45
Merrill Lynch	Court of Appeal UK	§ 1, 103, 136
Mescher weis	BGH	§ 139, 476
Messdatenregistrierung	BGH	§ 59, 88, 90, 95, 101, 132
Messelektronik für Coriolisdurch- flussmesser	BGH	§ 3, 59
Messer	BPatG	Anh. 1, 56
Messkopf	BGH	§ 59, 53, 77
Messmaschine	OLG Karlsruhe	§ 9, 69, 73, 74
Messventil	BGH	§ 4, 108, 164, 167
Messvorrichtung	BPatG	§ 67, 6, 14
Metacolor	BGH	§ 146, 22
Metallabsatz	BGH	§ 15, 69
Metallfenster	BGH	§ 4, 88; § 34, 200; § 81, 21, 118; § 110, 6, 7
Metallischer Werkstoff/LEIBNIZ- INSTITUT	GrBK	Art. 112a, 23
Metalloxyd	BGH	Einleitung, 95; § 30, 19; § 34, 433; § 47, 21; § 95, 3, 4, 6
Metallrahmen	BGH	§ 15, 61, 65
Metallspritzverfahren	BGH	§ 10, 22, 42
Metazachlor	OLG Düsseldorf	§ 140a, 26
Method of removing organic iodides/ CELANESE	GBK-R	Art. 112a, 15
Methylomonas	BGH	§ 3, 17, 34, 175; § 34, 356, 481, 484, 492, 495, 498
MetroLinien	BGH	§ 73, 77; § 100, 47
Metronidazol	BGH	§ 14, 77
Meßkopf	BGH	§ 35, 17; § 59, 77; § 73, 65
Meßmer-Tee II	BGH	Einleitung, 476; § 139, 113, 117, 126, 127
MICRO CHANNEL	BGH	§ 100, 22
Micro-PUR	BGH	Einleitung, 303, 314; § 68, 14; § 100, 35
Microcapsule/KUREHA	GrBK	Art. 112a, 27
Mikro-Schweißspitze	BPatG	§ 78, 15
Mikroprozessor	BGH	Einleitung, 211, 348; § 34, 23; § 48, 12; § 79, 7; § 99, 6

Entscheidungsregister nach Stichworten

Stichwort	Gericht	zitiert bei § + Rdn
Mikroprozessor	BPatG	Einleitung, 314, 323, 345; § 46, 11; § 73, 144, 145
Mikroskop	BGH	§ 100, 59
Mikrostreifen-Leitungs-Wellenleiter-Konvertierungsstruktur	BPatG	§ 46, 15
Mikrotiterplatte	BGH	§ 14, 52
Mikrotom	BGH	§ 4, 131, 135
Milchkanne	BGH	§ 21, 108
Mineralwolle	BGH	§ 15, 26
Mines de Potasse	EuGH	§ 139, 270
Mischmaschine I	BGH	§ 21, 98, 107, 110; § 34, 85; § 139, 394, 395
Mischmaschine III	BGH	§ 139, 333
Mischvorrichtung	BPatG	§ 30, 19; § 73, 42; § 95, 3
Missbräuchliches Ablehnungsgesuch	BGH	§ 27, 38
Missbrauchsgebühr gegen Rechtsanwalt	BVerfG	Einleitung, 451
MIT/Polifeprosan	EuGH	§ 16a, 13, 14, 15, 81; § 49a, 33
Mitarbeiter-Urkunde	BGH	§ 6, 16; § 15, 66
Mitnehmerorgan	LG Mannheim	§ 141, 22
Mitralklappenprothese	BGH	§ 8, 20, 21
Mitteilung mit reiner Hinweisfunktion	BPatG	§ 73, 30
Mittel zur Regulierung des Pflanzenwachstums/BAYER	GBK	§ 1, 184; § 3, 58, 106, 180
Mittel zur Regulierung des Pflanzenwachstums/BAYER	GBK-G	§ 14, 14
Mittelohr-Prothese	BGH	§ 4, 33; § 34, 441, 443, 444; § 38, 16; § 107, 10; § 139, 394
Mitwirkender Patentanwalt	BGH	§ 109, 18
Mitwirkender Rechtsanwalt II	BPatG	§ 80, 41
Mitwirkender Rechtsanwalt III	BPatG	§ 80, 41, 111; § 99, 8
Mitwirkender Vertreter	BPatG	§ 80, 41, 44, 111; § 99, 8
Mitwirkender Vertreter II	BPatG	§ 80, 41
Möbelwachspaste	BGH	§ 15, 14, 63
Mobiles Kommunikationssystem	OLG Düsseldorf	§ 9, 42
Mobilfunknetzwerk	BPatG	§ 73, 144
Mobiltelefone	OLG Karlsruhe	§ 24, 77, 83; § 139, 366
Modeneuheit	BGH	§ 139, 153
Modenschau im Salvatorkeller	BGH	§ 139, 318
Modulanordnung	BPatG	§ 47, 33, 35; § 49, 13; § 73, 165; § 78, 12; § 79, 17, 23
Modularer Fernseher	BGH	Einleitung, 115, 303; § 59, 228
Modulgerüst II	BGH	§ 139, 56
Moduretik	EuGH	§ 9, 28, 31
Möglichkeit wirtschaftlicher Betätigung	BPatG	§ 132, 5
Mogul-Anlage	BGH	§ 139, 128, 137, 162, 187, 317, 395
Momentanpol I	BGH	§ 139, 48, 308

Entscheidungsregister nach Stichworten

Stichwort	Gericht	zitiert bei § + Rdn
Momentanpol II	BGH	§ 14, 22; § 21, 53
Mono Car Styling	EuGH	Einleitung, 140
Monoclonal antibodies/BAYER	GrBK	Art. 112a, 9, 13, 28
Monoklines Metazachlor	BPatG	§ 70, 4
Monokulares Fernrohr	BPatG	§ 81, 57
Monsanto/Cefetra	EuGH	§ 9a, 15
Monsanto/Cefetra (Sojamehl)	EuGH	§ 1, 214; § 1a, 27
Montageanlage	BPatG	§ 30, 48
Montageeinheit	BPatG	Einleitung, 130, 131; § 95, 8
Montagegrube	OLG Düsseldorf	§ 9, 66
Montagehilfe für Dachflächenfenster	OLG Düsseldorf	§ 139, 401, 407
MOON	BGH	Einleitung, 215, 300; § 31, 18; § 99, 29, 30
Moosehead/Whitbread	EG-Kommission	§ 15, 34
Moped-Kupplung	BGH	§ 139, 311
MOSFET-Vorrichtung	BPatG	§ 73, 55, 165
MOSFET-Vorrichtung (Änderung der Bezeichnung der Erfindung)	BPatG	§ 79, 23
Motorbefestigung	LG Mannheim	§ 139, 245
Motorblock	BGH	§ 9, 99; § 16, 5; § 139, 215; § 146, 7
Motorkettensäge	BGH	§ 6, 15, 17, 21; § 37, 9; § 63, 11, 17
Motorradreiniger	BGH	§ 139, 173, 195; § 140a, 36; § 140c, 1; § 140d, 1
Motorradteile	BGH	§ 141, 14, 18, 22
MP-3-Standard	OLG Karlsruhe	§ 139, 313
MP2-Geräte	OLG Karlsruhe	§ 9, 64; § 10, 9, 21, 23, 27, 29, 49
MP3-Player-Import	BGH	§ 9, 81, 82, 100; § 139, 20, 21, 22, 23, 26; § 140a, 6, 13, 15; § 140b, 11; § 140c, 10; § 142a, 7
MPEG-2	OLG Düsseldorf	§ 139, 216
MPEG-2-Videosignalcodierung	BGH	§ 1, 199, 253; § 9, 26, 101, 105; § 10, 17, 18, 27; § 139, 73
MSD/Comptroller	EuGH	§ 16a, 52, 53; § 49a, 26, 27
MTS	BGH	Einleitung, 232; § 73, 105; § 74, 9, 10
Muffelofen	BGH	§ 1, 26, 56; § 3, 116; § 4, 9; § 21, 25; § 34, 99, 319, 329
Mülltonne	BGH	§ 1, 270; § 9, 54, 55
Multi-point probe/CAPRES A/S	GrBK	Art. 112a, 16
Multi-Werkzeugzubehör-Set	OLG Düsseldorf	§ 143, 9
Multifeed	OLG Düsseldorf	§ 139, 214
Multifeed II	OLG Karlsruhe	§ 139, 426
Multilayer film/KUREHA	GBK-R	Art. 112a, 23
Multiplexsystem	BGH	§ 20, 12; § 59, 166; § 73, 65; § 81, 14; Anh. 1, 47; § 110, 21
Multoplane	BGH	§ 143, 21
Münchner Weißwurst	BGH	§ 123, 38, 72, 128, 171
Mundipharma v Develco	Schweiz. BG	§ 38, 21
Mündliche Einzelanweisung	BGH	§ 123, 36, 93

Entscheidungsregister nach Stichworten

Stichwort	Gericht	zitiert bei § + Rdn
Mündliche Weisung einer Fristeintragung	BGH	§ 123, 93
my EDI	BPatG	Einleitung, 1, 134, 423; § 73, 66
My Lai	BGH	§ 140c, 6
Mykoplasmennachweis	BGH	§ 112, 7; § 122a, 9; § 123, 24, 91
Nabenschaltung I	BGH	Anh. 1, 30, 45
Nabenschaltung II	BGH	§ 42, 14; Anh. 1, 30
Nabenschaltung III	BGH	§ 12, 17, 26
Nachbarschutz und Unterlassungsklage	BGH	§ 21, 113
Nachbau-Auskunftspflicht	BVerfG	Einleitung, 195
Nachbauentschädigung II	BGH	§ 9c, 19
Nachbauentschädigung III	BGH	§ 9c, 19
Nachbauentschädigung IV	BGH	§ 9c, 19
Nachbauvergütung	BGH	§ 9c, 23
Nachforschungen zum Aufenthalt des Zustellungsadressaten bei öffentlicher Zustellung	BGH	§ 127, 125
Nachweis der Bevollmächtigung	BGH	Einleitung, 497
Nachweis der Sicherheitsleistung	BGH	§ 139, 404, 407
Nadelrollenkäfig	BGH	§ 34, 327
Nagelfeile	BPatG	§ 81, 41; § 132, 10
Nagelschneidzange	BPatG	§ 130, 49
Näherungsschalter	OLG Düsseldorf	§ 14, 52
Nähguthalteeinrichtung	BPatG	§ 73, 82, 148; § 79, 7
Nähmaschinenantrieb	BGH	Einleitung, 7; § 100, 58
napster class action	BVerfG	Einleitung, 344
Nationale Anmeldegebühr	BPatG	Anh. 1, 96
Nationale Gebühr einer internationalen Anmeldung	BPatG	§ 73, 142; Anh. 1, 97
Nebelscheinwerfer	BGH	§ 139, 113
Nebenintervention Anfechtbarkeit	BGH	Einleitung, 236
Nebenintervention I	BGH	§ 81, 21, 22
Nebenintervention II	BGH	§ 81, 23, 169; § 110, 6
Nebenintervention im Nichtigkeitsverfahren	BPatG	Einleitung, 233
Nebenintervention im Patentnichtigkeitsverfahren	BPatG	Einleitung, 232
Nebenintervention im selbständigen Beweisverfahren	BGH	§ 140c, 9
Nebenintervention in der Berufung	BGH	Einleitung, 234
Nebenintervention Zulässigkeit	BGH	Einleitung, 231, 233
Nebivolol	BPatG	§ 16a, 129
Nebivolol	österreich. OGH	§ 3, 119
Negram II	EuGH	§ 4, 6; § 9, 30, 31
Nero	BGH	§ 139, 466, 468, 469
Nespressokapseln	OLG Düsseldorf	§ 9, 57
Neue Einspruchsgründe/DE LA RUE	GBK	Einleitung, 23; § 59, 196

Entscheidungsregister nach Stichworten

Stichwort	Gericht	zitiert bei § + Rdn
Neue Einspruchsgründe/DE LA RUE	GrBK	§ 21, 14, 15, 16, 17, 19; § 59, 183
Neue Einspruchsgründe/ETHICON	GBK	Einleitung, 23; § 21, 14, 15, 16, 19; § 59, 183, 196
Neue Einspruchsgründe/ETHICON	GrBK	§ 59, 197
Neuer, unstreitiger Sachvortrag	BGH	§ 145, 21
Neuheitsschädliche Veröffentlichungen - Entwicklungszusammenarbeit	Schweiz. BG	§ 3, 29
Neurale Vorläuferzellen	BGH	§ 2, 1, 15, 19, 20, 21, 28, 39, 43
Neurale Vorläuferzellen II	BGH	§ 2, 28, 40, 43; § 34, 347
Neurim Pharmaceuticals	EuGH	§ 1, 264; § 16a, 78, 83, 89, 112
Neuro-Vibolex	BPatG	Einleitung, 120
Neurodermitis-Behandlungs-Gerät	BPatG	§ 14, 104
Neuronales Netz	BPatG	Einleitung, 56; § 44, 12
Neuschwanstein	BGH	Einleitung, 115, 119, 120
Neutralisierte Beschlussabschrift I	BPatG	§ 99, 22
Nicht anrechenbare Geschäftsgebühr	BGH	§ 139, 224
nicht leichtfertige Behauptungen	BVerfG	Einleitung, 458
Nicht zu ersetzender Nachteil	BGH	§ 139, 370
Nicht-beschwerdeführender Beteiligter/BMW	GBK	§ 59, 180, 191, 202
Nicht-beschwerdeführender Beteiligter/BMW	GBK-G	Einleitung, 7
Nicht-beschwerdeführender Beteiligter/BMW	GrBK	§ 59, 176, 177; Art. 107, 22, 26, 27; Art. 110, 11
Nicht-beschwerdeführender Beteiligter/BMW u MOTOROLA	GBK	Art. 107, 22
Nicht-beschwerdeführender Beteiligter/MOTOROLA u BMW	GBK	§ 73, 74, 181
Nicht-rechtsfähiger Verein	BGH	Einleitung, 42
Nichtberücksichtigtes Beweisangebot	BGH	Einleitung, 163
Nichtberücksichtigung eines Beweisangebots	BVerfG	§ 14, 64
Nichteinheitlichkeit a posteriori	GBK	§ 34, 232, 273
Nichterörterung entscheidungserheblicher Frage	BVerfG	Einleitung, 300, 302
Nichtigkeitsstreitwert	BGH	§ 80, 51; § 121, 2; § 2 (Anh. 15), 46
Nichtigkeitsstreitwert II	BGH	§ 80, 48, 51, 86; § 81, 67; § 84, 23; § 2 (Anh. 15), 43
Nichtigkeitsstreitwert III	BGH	§ 139, 339
Nichtrechtfähiger Verein	BGH	Einleitung, 42
Nichtrückzahlung von weiteren Recherchengebühren/BAUER	GrBK	§ 34, 276; Art. 106, 16
Nichtzahlung von Gebühren für Teilanmeldung mit zusätzlichen Ansprüchen	BPatG	§ 1 (Anh. 15), 24; § 6 (Anh. 15), 9
Nichtzahlung weiterer Recherchengebühren	GBK	Art. 112, 42
Nichtzahlung weiterer Recherchengebühren	GrBK	§ 34, 279, 451; Art. 106, 24

Entscheidungsregister nach Stichworten

Stichwort	Gericht	zitiert bei § + Rdn
Nicola	BGH	§ 139, 72, 73, 74, 174, 255
Niederflurschienenfahrzeug	BGH	§ 34, 129; § 38, 18
Niederlegung der Inlandsvertretung	BGH	§ 25, 3, 9, 33, 35, 39; § 30, 29, 50; § 74, 4, 14, 15
Niveau eines Fahrzeugaufbaus	BGH	Einleitung, 23, 40; § 87, 4
NMR-Kontrastmittel	LG Düsseldorf	§ 139, 449
Noblesse	BGH	§ 139, 147, 169, 171
Nokia-SEP	LG Düsseldorf	§ 24, 83
non liquet	BGH	§ 86, 21
Noppenbahnen	BGH	§ 1, 16
Notablaufvorrichtung	BGH	§ 1, 195; § 14, 121; § 21, 85
Notarielle Unterlassungserklärung	BGH	§ 139, 57, 71
Notierung der Berufungsbegründungsfrist	BGH	§ 123, 92
notwendige Konnexität	BGH	§ 139, 266
Novartis	EuGH	§ 16a, 110, 111; § 49a, 38
Novartis Pharmaceuticals/Medimmune and Medical Research Council	High Court	§ 16a, 46
Novartis/Valsartan	EuGH	§ 16a, 96
Nucleinsäure	OLG München	§ 9, 101, 105
Nullauskunft	OLG Düsseldorf	§ 139, 179, 180, 181
Nutmutter	BPatG	Einleitung, 347, 403
Ober- statt Unterschrift	BPatG	Einleitung, 386; § 73, 40, 163
Oberarmschwimmringe	BGH	§ 85, 13; § 139, 395, 464
Oberflächenprofilierung	BGH	§ 100, 59, 65, 66; § 107, 8
Oberflächenvorbehandlung	LG Düsseldorf	§ 10, 50, 51
objektive Schadensberechnung	BGH	§ 139, 110, 113, 153
Objektträger	BGH	§ 8, 34; § 15, 25
Occluder	OLG Düsseldorf	§ 139, 381; § 145, 20
Offenbare Unrichtigkeit im Tenor	BGH	Einleitung, 396
Offenbarungsgehalt einer PS	BGH	§ 3, 115, 135
Offenend-Spinnmaschine	BGH	§ 33, 3, 8, 13, 14, 15; § 139, 169, 173
offenkundige Vorbenutzung	BGH	§ 99, 31
offenkundige Vorbenutzung II	BPatG	Einleitung, 321
Offenlegung von Patent-Altanmeldungen	BVerfG	Einleitung, 171; § 6, 12; § 33, 3
Offenlegungsschrift	BGH	§ 32, 7
Offensichtlich unzulässiger Überprüfungsantrag/AHRWEILER	GrBK	Art. 112a, 15
Offensichtlichkeitsprüfung	BGH	§ 1, 30; § 5, 8
Offensichtlichkeitsprüfung der Einheitlichkeit von Patentanmeldungen	BPatG	§ 42, 8, 18; § 47, 23, 25
Öffentliche Bekanntmachung des Löschungsantrags	BPatG	§ 127, 100
Öffentliche Zugänglichkeit	GBK	§ 3, 106
Öffentliche Zugänglichkeit	GrBK	§ 3, 10, 32, 50, 51, 52, 53, 54, 55, 56, 63, 92, 106; § 59, 110, 115
Öffentliche Zustellung	BGH	§ 127, 98

Entscheidungsregister nach Stichworten

Stichwort	Gericht	zitiert bei § + Rdn
Öffentliche Zustellung im Erkenntnisverfahren	BGH	§ 127, 98
Öffentliche Zustellung, Obdachloser	BFH	§ 127, 28
Ohrstecker	OLG Düsseldorf	§ 139, 245
Okklusionsvorrichtung	BGH	Einleitung, 125; § 14, 21, 22, 55, 80
Olanzapin	BGH	§ 3, 119, 121, 122, 167; § 4, 36; § 81, 120
Olanzapin	OLG Düsseldorf	§ 139, 310, 436, 440, 442, 445
Olanzapin II	OLG Düsseldorf	§ 139, 449
Olivin	BGH	§ 139, 264
Omeprazol	BPatG	§ 16a, 129
Omeprazol	EuGH	§ 16a, 109
Online-Sehtest	LG Düsseldorf	§ 9, 100
optische Einrichtung	BGH	§ 78, 40; § 100, 50
Optische Inspektion von Rohrleitungen	BPatG	§ 73, 212
optische Teile	BGH	§ 3, 136; § 34, 329
Optische Wellenleiter	BGH	§ 1, 55
optische Wellenleiter	BGH	§ 34, 104, 117, 140
optischer Datenträger	LG Leipzig	§ 24, 68, 137
Optisches Speichermedium	BGH	§ 3, 81
Optisches System	BPatG	§ 79, 42
Opto-Bauelement	BGH	§ 4, 36; § 39, 70
Opto-Bauelement	BPatG	Anh. 1, 43
Orange-Book-Lizenz	LG Mannheim	§ 139, 129
Orange-Book-Standard	BGH	§ 15, 30; § 24, 50, 65, 68, 76, 77, 78, 79, 82, 84, 85, 86, 87
Orange-Book-Standard	OLG Karlsruhe	§ 24, 77
Ordnungsmittelandrohung	BGH	§ 139, 466
Ordnungsmittelandrohung durch Schuldner	BGH	§ 139, 71
Ordnungsmittelandrohung nach Prozessvergleich	BGH	§ 139, 398, 405
Organisationsverschulden	BVerfG	§ 139, 409, 412
Östrogenblocker	OLG Düsseldorf	§ 14, 124
Otto	BGH	Einleitung, 344
Ottung/Klee & Weilbach	EuGH	§ 15, 35
Overseas Union Insurance/New Hampshire Insurance	EuGH	§ 139, 280, 282
Oxaliplatin	BPatG	§ 64, 31; § 81, 32, 116
Oxygenol II	BGH	§ 86, 11
P-Plus	BPatG	§ 80, 48
P-Vermerk	BGH	§ 140a, 17, 21
Paclitaxel freisetzender Stent	BPatG	§ 16a, 8, 56, 57
Pajero	BGH	§ 93, 9
Paladon	BGH	§ 85, 4
Palettenbehälter	BGH	§ 41, 36
Palettenbehälter II	BGH	§ 9, 57

Entscheidungsregister nach Stichworten

Stichwort	Gericht	zitiert bei § + Rdn
Palettenbehälter III	BGH	§ 14, 74, 90
Paliperidonpalmitat	BPatG	§ 16a, 17
Pall Corp./P. J. Dahlhausen u Co	EuGH	§ 146, 24
PALplus	BGH	§ 3, 79
Paneelelemente	BGH	§ 4, 154
Pankreaplex II	BGH	§ 15, 14, 26
Pannelli di legno	BGH	§ 35a, 12
Pansana	BGH	§ 15, 19
Pantoprazol	BGH	§ 16a, 110; § 49a, 38
Pantoprazol	BPatG	§ 16a, 110
Paperboy	BGH	Einleitung, 62
Papierauflage	BPatG	§ 73, 26; § 80, 6
Papiermaschinengewebe	BGH	§ 4, 9
Papierspender	BGH	§ 1, 87
Papierstau	BGH	Einleitung, 408
Paprika	GrBK	§ 2a, 46
Parallelurteil	BGH	§ 100, 58
Parallelverfahren I	BGH	§ 139, 260
Parallelverfahren II	BGH	§ 139, 260
Parallelverwendung	BGH	Einleitung, 231
Paraphe	BGH	Einleitung, 381, 386; § 73, 27
Paraphe	BPatG	§ 47, 7, 11; § 73, 40, 163
Paraphe 2	BGH	Einleitung, 386
Parfümflakon III	BGH	§ 143, 11
Parfümtester	BGH	§ 9, 17, 19, 28, 29, 77
Parfumtester	OLG Hamburg	§ 9, 77
Parfümtestkäufe	BGH	§ 139, 181; § 140a, 4, 14; § 140b, 9, 37
PARK & BIKE	BGH	Einleitung, 323; § 100, 46, 47
Parke Davies	EuGH	§ 9, 29
Parkeinrichtung	BGH	§ 79, 41
Parkkarte	BGH	§ 80, 21; § 100, 11, 12
Paroxat	österreich. OGH	§ 3, 97; § 34, 351
Paroxetin	BGH	§ 100, 59
Parteibezeichnung auslegungsfähig	BGH	Einleitung, 130, 131
Parteigutachten zum schweizerischen Patentrecht	OLG München	§ 80, 79
Parteivernehmung Subsidiarität	BGH	Einleitung, 153
Parteiwechsel	BGH	§ 81, 11; § 84, 3; § 110, 5
Parteiwechsel nach Umschreibung des Patents	BGH	§ 25, 24, 35; § 30, 24, 48
Passepartout	BPatG	§ 127, 40, 113
Patentanwalt als Einsprechender	BPatG	Einleitung, 130; § 73, 65
Patentanwaltshonorar	OLG Hamburg	§ 143, 9
Patentanwaltskosten	BGH	§ 62, 30; § 80, 25, 40, 43, 81
Patentanwaltskosten	KG	§ 143, 28
Patentanwaltskosten bei Rechtsmittelrücknahme	OLG Stuttgart	§ 143, 37

Entscheidungsregister nach Stichworten

Stichwort	Gericht	zitiert bei § + Rdn
Patentanwaltskosten für Abschlussschreiben	OLG Düsseldorf	§ 139, 479
Patentanwaltskosten im Gebrauchsmusterstreit	OLG Frankfurt/Main	§ 143, 43
Patentanwaltskosten im Zwangsgeldverfahren	OLG Köln	§ 143, 31, 33
PATENTED	BGH	§ 139, 255; § 146, 18
Patentfähigkeit eines Bildanzeigesystems	BGH	§ 14, 33
Patentgebührenüberwachung	BVerfG	§ 17, 41
Patentinhaberwechsel im Einspruchsverfahren	BGH	Einleitung, 232, 394; § 30, 22, 27, 45, 47, 48, 49; § 59, 30, 136, 147; § 73, 96, 105; § 74, 6, 8, 9, 10, 11, 12, 17; § 79, 7; § 99, 6; § 123, 20
Patentrolleneintrag	BGH	Einleitung, 131; § 30, 46; § 73, 65; § 81, 14; § 82, 10; § 84, 51; § 118, 11
Patentstreitsache	BGH	§ 143, 7, 31
Patentstreitsache II	BGH	§ 143, 9
Pauschale Rechtseinräumung	BGH	§ 15, 19
pcb	BGH	§ 139, 210
PCT-Anmeldegebühr I und II	BPatG	Anh. 1, 96; § 6 (Anh. 15), 6
PCT-Anmeldegebühr II	BPatG	Anh. 1, 99
PCT-Gebühren	BPatG	§ 73, 45; Anh. 1, 90; Anh. 17, 1
PDF	BGH	Einleitung, 172
pdf-Datei	BGH	Einleitung, 172, 405
Peak Holding/Axolin-Elinor	EuGH	§ 9, 29
Pemetrexed	BGH	§ 1, 44; § 4, 33; § 14, 32, 33, 35, 54, 55, 78, 80, 88, 122, 124; § 81, 20
Pemetrexed II	BGH	§ 4, 55, 105; § 99, 6
Penetrometer	BGH	§ 6, 12, 13, 22
PepsiCo/HABM	EuGH	Einleitung, 540
PerkinElmer Inc v Intema Ltd	CAFC	§ 1, 145
Permanentmagnet	OLG Düsseldorf	§ 139, 29, 195
Personalratswahlen bei der Bundespolizei	BVerfG	Einleitung, 542; § 139, 451, 453
Pertussin I	BGH	§ 9, 78; § 142, 19
Peter Fechter	BGH	§ 9, 111
Petition for review/GE.MA.TA	GBK-R	Art. 112a, 23
Petition for review/HYDROQUEBEC	GrBK	Art. 112a, 23
Petition for review/NTT	GBK-R	Einleitung, 213; Art. 112a, 23
Petition for review/VECTURA	GrBK	Art. 112a, 23
Pfannendrehturm	BGH	§ 4, 172
Pfeiffer	EuGH	Einleitung, 140
Pfennigabsatz	BGH	§ 3, 27, 54, 59, 60, 64, 106
Pfizer/Orifarm	EuGH	§ 9, 36
Pflicht zur Recherche alternativer Faxnummern	BGH	§ 123, 121, 149, 150
Pharmacia Italia/Dostinex	EuGH	§ 16a, 16, 77, 109

Entscheidungsregister nach Stichworten

Stichwort	Gericht	zitiert bei § + Rdn
pharmazeutisches Präparat	BGH	§ 100, 49
Pharmon	EuGH	§ 9, 19, 20, 50
Phosphatidycholin	BGH	§ 38, 35, 36
Phosphatidylcholin	BGH	§ 38, 25, 29; § 48, 7
Photodynamische Therapie	BGH	§ 73, 66
Photokatalytische Titandioxidschicht	BGH	§ 3, 139; § 83, 19, 22
Phytase	BGH	Einleitung, 348; § 3, 97; § 34, 348
Piadina-Rückruf	BGH	§ 139, 469, 470
Piadina-Verbot	BGH	§ 139, 468
Piesporter Goldtröpfchen	BGH	§ 79, 17
piezoelektrisches Feuerzeug	BGH	§ 4, 9, 123, 132
Pinckney	EuGH	§ 139, 270, 271
Pinguin	BGH	§ 3, 195
Piperazinoalkylpyrazole	BGH	§ 1, 207, 212; § 34, 238
Pipettensystem	BGH	§ 9, 57; § 10, 17
Pitch-Analysevorrichtung	LG Düsseldorf	§ 24, 117, 118, 122, 125, 126, 127
Pitch-Analysevorrichtungen	LG Mannheim	§ 24, 83, 132
Pizza & Pasta	BGH	§ 139, 104
PKH für juristische Person	BGH	§ 130, 35
PKH-Antrag für gewerbebetriebsbezogenen Rechtsstreit	BGH	§ 130, 34
Plagiatsvorwurf II	BGH	§ 140e, 11
Planetenkugelmühle	BPatG	§ 6 (Anh. 15), 13
Planungsmappe	BGH	§ 139, 117
planwidrige Regelungslücke	BGH	Einleitung, 195
Plasmaimpedanz	BPatG	§ 67, 6
Plastikflaschen	BGH	§ 139, 393
Plastikkorb	BGH	§ 139, 98, 169, 178
Plattenspieler I	BGH	§ 3, 110
Playboy am Sonntag	BGH	Einleitung, 426
PLOMBIR	BGH	Einleitung, 253; § 78, 32, 34; § 93, 6
Plötzliche Erkrankung	BGH	§ 123, 131
Pneumatische Einrichtung	BGH	Einleitung, 171; § 8, 9, 15, 18
Pökelvorrichtung	BGH	Einleitung, 164; § 81, 148
Pokerzeit	BPatG	§ 25, 35
Polierendpunktbestimmung	BGH	§ 33, 19; § 35a, 12; § 42, 14; § 45, 13; § 48, 13; Anh. 1, 30
Polifeprosan	EuGH	§ 49a, 14
Politische Überlegungen	BPatG	§ 132, 5
Polsterformkörper	BGH	§ 34, 317
Polsterfüllgut	BGH	§ 87, 4; § 92, 9
Polsterkörper Latex	BGH	§ 4, 63, 103, 129
Polstersessel	BGH	§ 4, 88, 129
Polyäthylenfilamente	BGH	Einleitung, 340; § 3, 104; § 21, 24, 25, 107; § 34, 105, 157, 385, 386
Polyesterfäden	BGH	Einleitung, 348; § 1, 37; § 14, 67; § 21, 31, 32; § 34, 345, 352, 353, 414

Entscheidungsregister nach Stichworten

Stichwort	Gericht	zitiert bei § + Rdn
Polyesterimide	BGH	Einleitung, 211, 348; § 14, 54; § 34, 211; § 49, 33; § 73, 50, 55
Polyethylene composition/BOREALIS	GrBK	Art. 112a, 25
Polyferon	BGH	Einleitung, 421; § 1, 214; § 14, 102, 103; § 24, 10, 12, 13, 14, 15, 28; § 30, 18; § 81, 14; § 139, 55, 74
Polymerisationsbeschleuniger	BGH	§ 4, 53; § 34, 316, 319, 329, 346, 415, 416
Polymerisierbare Zementmischung	BGH	§ 34, 332, 345, 357
Polymermasse	BGH	Einleitung, 23; § 21, 25, 59, 85; § 34, 332, 335, 420; § 59, 166, 169, 170, 199; § 81, 116
Polymerschaum	BGH	Einleitung, 122, 123, 124, 125; § 14, 13, 23, 26, 55; § 22, 11; § 38, 12, 21; § 119, 8, 15, 16
Polymerschaum II	BGH	§ 14, 13, 31; § 21, 53; § 34, 78; § 38, 17; § 119, 12
Polymerzusammensetzung	BGH	Einleitung, 7, 9; § 4, 64; § 21, 83; § 81, 100
Polyolefinfolie	BGH	§ 59, 227; § 100, 45, 46
Polysuccinatester/Nichteinheitlichkeit a posteriori	GrBK	§ 34, 232, 273, 274; Art. 112, 4, 12
Polytetrafluoräthylen	BGH	§ 67, 15; § 100, 34
Polyurethan	BGH	§ 15, 14, 70
Polyurethanhartschaum	LG Düsseldorf	§ 139, 413
Polyurethanschaum	BPatG	§ 48, 18; § 79, 21
Porfimer	BGH	§ 49a, 20
Porfimer	BPatG	§ 16a, 85
Portugiesische Urheberechtsverwertungsgesellschaft	EuGH	§ 24, 63
Porzellanmanufaktur	BGH	§ 139, 389
Positionierungsverfahren	BGH	§ 81, 116
Post Danmark	EuGH	§ 24, 99
Postbeförderung 3 u 4	BGH	§ 123, 135
Postlaufzeit	BGH	§ 123, 121, 135, 136
Postlaufzeit	BVerfG	Einleitung, 323
Power-Point-Präsentation I	BPatG	§ 78, 28; § 90, 5
Power-Point-Präsentation II	BPatG	§ 78, 28; § 90, 5
Pozzoli SPA v BDMO SA	Court of Appeal UK	§ 4, 31
Pralinenform II	BGH	§ 9, 63; § 139, 54, 72
Prallmühle I	BGH	§ 146, 4, 13
Praluent	BPatG	§ 81, 154; § 85, 2, 6
Präzisionskoaxialkabel	BPatG	Einleitung, 314; § 78, 25; § 79, 17, 18; § 89, 13
Präzisionsmessgeräte	BGH	§ 140d, 18
Preisvergleichsliste	BGH	§ 139, 255; § 141, 5
Prepaid-Telefonkarte	OLG Düsseldorf	§ 9, 88
Prepaid-Verfahren	OLG Düsseldorf	§ 139, 368

Entscheidungsregister nach Stichworten

Stichwort	Gericht	zitiert bei § + Rdn
Preparing fat/SUNTORY	GrBK	Art. 112a, 23
Preprint-Versendung	BGH	§ 86, 9, 14; § 107, 9
Presseeklärung zu Ex-Nationalspieler	BVerfG	§ 139, 455
Pressform	BPatG	Einleitung, 394, 530; § 30, 22; § 74, 6, 11; § 75, 5; § 78, 15; § 79, 7
Presszange	BGH	§ 3, 59, 63
Preußische Gärten und Parkanlagen II	BGH	Einleitung, 62
Priorität	BGH	§ 99, 31
Prioritätsbescheinigung	BPatG	§ 65, 7; § 67, 14; § 73, 24
Prioritätsintervall	GBK	Art. 112, 42
Prioritätsintervall	GrBK	§ 3, 12; § 41, 13, 32, 55
Prioritätsverlust	BGH	§ 41, 75
Prioritätsverzicht	BPatG	Anh. 1, 102
Privatgutachterkosten	BGH	§ 80, 79
Privatsachverständigenkosten im Nichtigkeitsberufungsverfahren	BPatG	§ 80, 79
Procédé de positionnement/BOBST	GrBK	Art. 112a, 17
Produkte zur Wundversorgung	BGH	§ 139, 87, 88
Produktionsrückstandsentsorgung	BGH	§ 139, 387
Profilkrümmer	BGH	§ 100, 3, 22, 24, 25; § 101, 7; § 107, 5
Programmartmitteilung	BPatG	§ 4, 38
Projektentwickler	BGH	§ 73, 65
Projektunterlagen	BGH	§ 140c, 68, 69
Proof of receipt of communication	JBK	Einleitung, 475
Prospekthalter	BGH	§ 9, 18, 60; § 139, 394
Proteinderivat	LG Düsseldorf	§ 139, 274
Proteintrennung	BGH	§ 3, 96, 106, 189; § 14, 59
Protokollberichtigung	BPatG	§ 92, 6
Proxyserversystem	BGH	§ 21, 36; Anh. 1, 48
Prozessführungsbefugnis	BPatG	§ 81, 14, 56
Prozesskartusche	OLG Düsseldorf	§ 9, 28, 58
Prozesskostenhilfe 4	BGH	§ 123, 157
Prozesskostenhilfe 5	BGH	§ 123, 157
Prozesskostenhilfe bei ungeklärten Rechtsfragen	BVerfG	Einleitung, 164; § 130, 44
Prozesskostenhilfe für Insolvenzverwalter	BGH	§ 130, 35
Prozesskostenhilfe und Anhörungsrüge	BGH	Einleitung, 331, 338; § 122a, 5
Prozesskostensicherheit	BGH	§ 139, 299, 302
Prozesskostensicherheit I	LG Düsseldorf	§ 81, 198; § 139, 300
Prozesskostensicherheit II	LG Düsseldorf	§ 139, 301
Prozesskostensicherheit III	LG Düsseldorf	§ 81, 198; § 139, 300
Prozesskostensicherheit IV	LG Düsseldorf	§ 81, 198; § 139, 300
Prozesskostensicherheit V	LG Düsseldorf	§ 139, 298
Prozessunfähiger Vertreter I	BPatG	Einleitung, 48
Prozessunfähiger Vertreter II u III	BPatG	Einleitung, 48

Entscheidungsregister nach Stichworten

Stichwort	Gericht	zitiert bei § + Rdn
Prozessunfähiger Vertreter III	BPatG	Einleitung, 426
Prozessunfähigkeit	BGH	Einleitung, 47
Prozessunfähigkeit	BPatG	§ 97, 4
Prozeßrechner	BGH	§ 139, 115, 116
Prüfkopfeinstellung	BGH	§ 34, 104
Prüfmaßstab für Vorlage an EuGH	BVerfG	§ 68, 21
Prüfung von Einsprüchen/Beschwerden	GBK	Einleitung, 4, 21, 176; § 21, 36, 59; § 59, 28, 30, 81; Art. 110, 26
Prüfung von Einsprüchen/Beschwerden	GBK-G	Einleitung, 23
Prüfung von Einsprüchen/Beschwerden	GrBK	§ 21, 61, 62; § 59, 191, 196; Art. 110, 15
Prüfungsantrag	BGH	§ 44, 5, 12, 14; § 123, 90
Prüfungsantragsgebühr	BPatG	§ 44, 28; § 9 (Anh. 15), 6, 7, 8; § 10 (Anh. 15), 5, 6, 7, 8
Prüfungsantragsgebühr II	BPatG	§ 44, 27; § 9 (Anh. 15), 8; § 10 (Anh. 15), 4, 6
Prüfungsbefugnis/ROHM AND HAAS	GBK	Art. 106, 7
Prüfungsbefugnis/ROHM AND HAAS	GBK-G	Einleitung, 4, 21, 115, 131, 176
Prüfungsbefugnis/ROHM AND HAAS	GrBK	§ 21, 36, 59, 62; § 38, 39; § 59, 28, 30, 81, 178, 180, 181, 192, 198, 199, 202; Art. 106, 9; Art. 108, 42; Art. 110, 26; Art. 111, 5
Prüfungsbescheid in Nachanmeldung	BPatG	§ 45, 10; § 73, 144, 150
Prüfungsgebühr	BGH	§ 34, 470; § 100, 8, 11
Prüfungsgebühr für Ausscheidungsanmeldung	BPatG	§ 44, 21
Prüfverfahren	BGH	§ 1, 26, 58, 124
Public availability of an e-mail transmitted via the Internet/PHILIPS	TBK	§ 3, 25
Pumpeneinrichtung	BGH	§ 14, 69, 78, 91, 96
Pyrex	BGH	§ 140c, 84
Pyrolyse	BGH	§ 89, 8
qm-Preisangaben II	BGH	§ 139, 58
Quadratische Tafelschokoladenverpackung	BGH	§ 73, 12
Qualifizierte Signatur	BGH	Einleitung, 377; § 125a, 6, 14
Quelle	BGH	Einleitung, 135, 140
Quersubventionierung von Laborgemeinschaften II	BGH	§ 80, 84; § 139, 334
Querulant	BPatG	Einleitung, 48, 418; § 99, 6
Quetiapin	BGH	§ 4, 33; § 14, 33
Quotelung der Anwaltskosten	BGH	§ 139, 223
R	GBK-R	Art. 112a, 30
Rabattvertrag	LG Hamburg	§ 14, 125
Radauswuchtmaschine	BPatG	§ 73, 212, 218
Radgehäuse	BGH	§ 100, 20
Radschützer	BGH	§ 9, 69, 70, 71

Entscheidungsregister nach Stichworten

Stichwort	Gericht	zitiert bei § + Rdn
Raffvorhang	BGH	§ 145, 4, 6, 16
Raiffeisen-Waren-Zentrale Rhein-Main	EuGH	§ 2a, 14; § 9c, 22
Ralf Schräder./. Gemeinschaftliches Sortenamt [SUMCOL 01 II]	EuGH	§ 2a, 16
Raltegravir	BGH	§ 24, 10, 11, 12; § 85, 4, 6
Rambus/Deutschland	EGMR	Einleitung, 211, 242, 243; Art. 106, 36
Rammverpresspfahl	LG Düsseldorf	§ 139, 125
Rangierkatze	BGH	§ 14, 69, 90, 91
Ranibizumab	BPatG	§ 16a, 30, 46, 126
Rank Film Distributors Ltd v Video Information Centre	House of Lords	§ 140c, 96
Rasierklingeneinheiten	OLG Düsseldorf	§ 139, 88
Ratschenschlüssel	BGH	§ 68, 12, 20
Ratschenschlüssel I	BGH	§ 100, 21, 23, 31, 36; § 101, 2
Ratschenschlüssel II	BGH	§ 80, 49, 51, 53, 54; § 109, 17
Ratschenschlüssel II; ebenso für das markenrechtliche Rechtsbeschwerdeverfahren	BGH	§ 80, 54
Rauchbarer Artikel	BPatG	Einleitung, 346; § 73, 53, 55, 207
Rauchgasklappe	BGH	§ 4, 82, 135, 163, 164, 173; § 81, 101, 129
Rauhreifkerze	BGH	§ 1, 87, 89; § 4, 110
Räumschild	BGH	§ 10, 7; § 139, 23, 130
Raumzellenfahrzeug I	BGH	§ 34, 256; § 38, 15, 20
Raumzellenfahrzeug II	BGH	§ 100, 50
Raytheon Co's Application	Court of Appeal UK	§ 1, 103, 136
Razor Blades/GILLETTE	TBK	Einleitung, 213
Rchtliches Gehör	GBK-G	Einleitung, 302
RDM	BPatG	Einleitung, 344, 348
re Gosteli	CAFC	§ 41, 32
Reaktanzschleife	LG Düsseldorf	§ 139, 137
Recherche-Kosten	OLG Frankfurt/Main	§ 80, 80; § 139, 354
Recherchenantragsgebühr	BPatG	§ 43, 17; § 44, 27
Rechnungslegung	BGH	§ 139, 164, 171
Rechnungslegung über Gestehungskosten	OLG Düsseldorf	§ 139, 426
Recht auf Vergessen I	BVerfG	Einleitung, 450
Recht auf Vergessen II	BVerfG	Einleitung, 450
Recht auf Vergessenwerden	BGH	Einleitung, 450
Rechtliches Gehör	BPatG	Einleitung, 352; § 45, 28
Rechtliches Gehör	GBK	Einleitung, 274
Rechtliches Gehör	GBK-G	Einleitung, 250, 317, 319; § 89, 13
Rechtliches Gehör II	BGH	Einleitung, 323; § 100, 38, 50
Rechtliches Gehör und richtiger Verhandlungsort/IPCOM	GrBK	Art. 107, 10, 12; Art. 110, 4

Entscheidungsregister nach Stichworten

Stichwort	Gericht	zitiert bei § + Rdn
Rechtliches Gehör, Beweisantrag	BVerfG	Einleitung, 458
Rechtliches Gehör, mehrere Anwälte	BVerfG	Einleitung, 288
Rechtsanwalt am dritten Ort	BGH	§ 80, 82
Rechtsanwalt an einem dritten Ort	BGH	§ 80, 82
Rechtsanwalt im Nichtigkeitsverfahren	BGH	§ 80, 41, 88, 111; § 99, 8
Rechtsberatung durch Entwicklungsingenieur	BGH	§ 97, 13
Rechtsbeschwerde durch BGH-Anwalt	BGH	§ 102, 12
Rechtsbeschwerde im Kostenfestsetzungsverfahren	BPatG	§ 80, 41, 111; § 99, 8
Rechtsbeschwerde/Begründungsmangel	BGH	§ 100, 59, 66
Rechtsbeschwerde/Vertretungsmangel	BGH	§ 100, 48, 49, 50; § 123, 97
Rechtsbeschwerdekosten	BGH	§ 109, 8
Rechtsbestand im Verfügungsverfahren	LG München	§ 58, 16; § 139, 442
Rechtsfähigkeit einer US-Gesellschaft	BGH	Einleitung, 45
Rechtshängigkeit in der Schweiz	OLG Frankfurt/Main	§ 139, 283
Rechtsmissbräuchliche Zustellung von Sammelklagen	BVerfG	Einleitung, 344
Rechtsmittelbefugnis	BGH	Einleitung, 47
Rechtsmittelbelehrung gegenüber anwaltlich nicht vertretenem Berufungsführer	BGH	§ 123, 143
Rechtsmittelfrist	BGH	§ 73, 62
Rechtsmittelfristen	BGH	§ 73, 63
Rechtsmittelrücknahme	BGH	§ 102, 13
Rechtsmittelsperre	BGH	§ 99, 11
Rechtsnachfolge und Beschwerdeberechtigung	BPatG	§ 74, 12
Rechtsprechungstätigkeit	BVerfG	§ 26, 3, 22, 27
Rechtsprechungszitat	KG	§ 139, 214
Rechtsschutz gegen den Richter I	BVerfG	Einleitung, 285, 286, 287, 322, 329, 330, 450, 452; § 99, 9
Rechtsschutzbedürfnis für Defensivbeschluss - InfoVoice	BPatG	Einleitung, 347
Rechtsschutzinteresse für jede Rechtsverfolgung	BPatG	Einleitung, 345; § 73, 83
Rechtsverweigerung	BGH	Einleitung, 164
Rechtswegerschöpfung	BVerfG	Einleitung, 450
Reduzier-Schrägwalzwerk	BGH	§ 73, 202
Reduzierung der Geruchsbelastung	BPatG	§ 79, 21
reflektierendes Bahnmaterial	BGH	§ 81, 42
Reflexionsvorrichtung	BPatG	§ 30, 19, 37; § 73, 26, 28, 32, 42, 142; § 79, 23
reformatio in peius/3M	GBK	Einleitung, 196
reformatio in peius/3M	GBK-G	Art. 107, 20

Entscheidungsregister nach Stichworten

Stichwort	Gericht	zitiert bei § + Rdn
reformatio in peius/3M	GrBK	Art. 107, 20, 28
Regalsystem für den Ladenbau	BGH	§ 139, 370
Regelfall 50.000	BGH	§ 80, 55
Regelgegenstandswert	BPatG	§ 80, 51, 54
Regelgegenstandswert für das Widerspruchsbeschwerdeverfahren - Universum	BPatG	§ 80, 55
Regelgegenstandswert im Widerspruchsbeschwerdeverfahren	BPatG	§ 80, 55
Regelung einer Fahrzeugbewegung	BPatG	§ 73, 82
Regelventil	BGH	§ 34, 200; § 38, 16, 36
Regenbecken	BGH	Einleitung, 342; § 14, 54, 58; § 21, 104; § 59, 163; § 81, 84; § 84, 12; § 100, 18
Regeneron Pharmaceuticals Inc v Kymab Ltd	Supreme Court	§ 34, 347
Regenschirm	OLG Düsseldorf	§ 14, 84
REHAB	BGH	§ 139, 260
Reibungsverringernder Zusatz/ MOBIL OIL	BGH	§ 1, 214
Reibungsverringernder Zusatz/ MOBIL OIL	GrBK	§ 1, 195, 215, 258
reibungsverringernder Zusatz/ MOBIL OIL	GrBK	§ 3, 104
Reibungsverringernder Zusatz/ MOBIL OIL	GrBK	§ 3, 106, 180; § 34, 122; Art. 112, 30
Reibungsverringernder Zusatz/ MOBIL OIL III	GrBK	§ 1, 79, 83, 184, 194; § 3, 53, 58
Reifenabdichtmittel	BGH	§ 1, 198; § 14, 39; § 38, 20
Reifendemontiermaschine	BGH	§ 14, 27
Reinigung von Abwässern	BGH	Einleitung, 323
Reinigungsarbeiten	BGH	§ 139, 290
Reinigungsgebühren	BGH	§ 73, 82
Reinigungsverfahren	BGH	§ 15, 37; § 143, 7, 17
Reisekosten	BGH	§ 80, 82
Reisekostenfestsetzung	OLG Düsseldorf	§ 143, 43
Reit-/Pferdehalfter	BPatG	§ 99, 6
Relevanter Antrag nicht entschieden/ BAYE	GBK-R	Art. 112a, 30
Relevanter Antrag nicht entschieden/ BAYER	GrBK	Art. 112a, 25, 31
Removal of mercury/CDEM HOLLAND	GrBK	Art. 112a, 27
Rena-Ware	BPatG	§ 73, 26, 28
Renault	EuGH	§ 24, 60
Rentabilität eines medizinischen Geräts	BPatG	§ 73, 147
Rentabilitätsermittlung	BGH	§ 1, 63, 104, 117, 136
RENU/RENO	BPatG	§ 45, 27
Repaglinid	BGH	§ 1, 47; § 4, 40, 66

Entscheidungsregister nach Stichworten

Stichwort	Gericht	zitiert bei § + Rdn
Repassiermaschine	BGH	§ 9, 56
Repeater	OLG Düsseldorf	§ 14, 70
Resellervertrag	BGH	§ 139, 129, 131, 161
Resin	BGH	§ 34, 205, 296; § 139, 293, 311
Resin composition/NIPPON SHO-KUBAI	GBK-R	Art. 112a, 16, 27
Resonanzetikette	Schweiz. BG	§ 4, 60
Resonanzetikette	TBK	§ 4, 108
Rest-Entschädigungsanspruch	OLG München	§ 33, 10
Restitutionsverfahren	BGH	§ 73, 201; § 79, 47
Restschadstoffentfernung	BGH	Einleitung, 439; § 14, 64; § 139, 327; § 140c, 93
Restwertbörse	BGH	§ 139, 166
Restwertbörse II	BGH	§ 139, 54, 57, 291
Retry-Mechanismus	BPatG	Einleitung, 211; § 48, 12
Reversible Krawattenbefestigung	BPatG	Einleitung, 307; § 45, 33; § 47, 30; § 48, 14, 18; § 73, 147; § 79, 23
Reversible Krawattenbefestigung (kein Beleg für Zugang des Prüfungsbescheids, auf den sich Zurückweisung bezieht)	BPatG	§ 73, 150
Rezeptortyrosinkinase	BGH	§ 1, 78; § 1a, 19
Rezeptortyrosinkinase II	BGH	§ 9, 101, 105
Rheinmetall-Borsig	BGH	§ 123, 9; § 139, 51
Rheinmetall-Borsig I	BGH	§ 16, 3; § 123, 13, 178, 181; § 139, 167, 255, 292
Rheinmühlen Düsseldorf	EuGH	Einleitung, 537
Richter-Selbstablehnung	BVerfG	§ 86, 11
Richterablehnung	BVerfG	Einleitung, 334
Richterablehnung und Abordnung	BGH	§ 86, 7
Richterausschluss	BGH	§ 14, 67; § 86, 17
Richterlicher Hinweis	BGH	Einleitung, 115
richterlicher Hinweis	BGH	§ 87, 8
Richterwechsel	BGH	§ 91, 6; § 93, 9
Richterwechsel I	BGH	§ 100, 34, 58
Richterwechsel I u II u III	BGH	§ 93, 9
Richterwechsel II	BGH	§ 78, 34, 36, 38; § 100, 32, 52
Richterwechsel III	BGH	§ 100, 32
Richtlinienkonforme Auslegung	BGH	Einleitung, 195
richtlinienkonforme Auslegung	BVerfG	Einleitung, 135, 140
Rifaximin α	BGH	§ 4, 176
Rigg	BGH	§ 9, 56; § 10, 5
Right to be heard II/EURO-CELTIQUE	GBK-R	Art. 112a, 9
Right to be heard II/EURO-CELTIQUE	GrBK	Art. 112a, 14
Ringmodelle II	BPatG	Einleitung, 130, 131
Rippenstreckmetall II	BGH	§ 93, 5
Roche Nederland	EuGH	§ 139, 274

Entscheidungsregister nach Stichworten

Stichwort	Gericht	zitiert bei § + Rdn
Rödeldraht	BGH	§ 1, 29, 79, 80, 277, 278
Rohrausformer	BGH	Einleitung, 23; § 39, 22; § 73, 73; § 100, 59; § 107, 9
Rohrdichtung	BGH	§ 1, 274; § 4, 114, 145, 172, 173; § 34, 99, 344, 345, 442; § 38, 20
Rohrreinigungsdüse II	BGH	§ 14, 89
Rohrhalterung	BGH	Einleitung, 375, 386; § 26, 3; § 59, 36
Rohrleitungsprüfverfahren	BGH	§ 100, 58, 59
Rohrleitungsverdichter	OLG München	§ 139, 401
Rohrmuffe	BGH	Einleitung, 439; § 139, 327, 331; § 140c, 11, 32, 93
Rohrreinigungsdüse	BGH	§ 81, 7, 9, 46, 47; § 119, 8
Rohrreinigungsdüse I	BGH	§ 145, 13
Rohrreinigungsdüse II	BGH	§ 139, 290, 291
Rohrschelle	BGH	§ 3, 138, 184; § 4, 18, 84, 85, 86, 88, 165
Rohrschweißverfahren	BGH	§ 9, 24; § 10, 6, 12, 16, 17, 27, 49
Rohrschweißverfahren	OLG Düsseldorf	§ 10, 27, 43
Rolex	EuGH	§ 142a, 27
Roll- und Wippbrett	BGH	§ 35, 15; § 41, 23, 24; Anh. 1, 69
Rolladen	BGH	§ 34, 408; § 139, 393, 395
Rolladenleiste	BGH	§ 34, 442
Rolladenstäbe	BGH	§ 146, 23
Rollenantriebseinheit	BGH	§ 6, 22
Rollenclips	BGH	§ 9, 60
Rollenumschreibung	OLG Düsseldorf	§ 30, 46; § 139, 7, 35
Rollhocker	BGH	§ 9, 60
Rolling Stones	BGH	Einleitung, 540
Rollrechen	BPatG	§ 123, 31, 54; § 129, 8; § 130, 54; § 135, 16; § 2 (Anh. 15), 13
Rollstuhlfahrrad	LG Düsseldorf	§ 14, 97
Röntgendiagnostikeinrichtung	BPatG	§ 47, 25
Röntgenstrahlungserzeuger	BPatG	§ 73, 129
Rosenzüchtung	BGH	§ 64, 10; § 81, 138
Rossi/ROSSI	BGH	Einleitung, 323; § 78, 12, 23; § 100, 45, 46
Rotationsbürstenwerkzeug	BGH	§ 6, 29; § 139, 12
Rotationseinmalentwickler	BGH	§ 81, 48
Rote Taube	BGH	Einleitung, 202; § 1, 14, 18, 19, 37, 38, 159, 228; § 2a, 27; § 34, 346, 374
Roter mit Genever	BGH	§ 139, 465, 467
Rotes Kreuz	BGH	§ 139, 389
Rotierendes Menü	BGH	§ 1, 135, 142
Rotierendes Schaftwerkzeug	BGH	§ 63, 7, 17
Rotorelemente	BGH	§ 14, 11, 13, 22, 26; § 21, 53; § 38, 17; § 81, 120
Rotterdam-Geräte	BGH	§ 3, 24, 26, 116; § 34, 329
Routenplanung	BGH	§ 1, 65, 143; § 4, 10
Roximycin	BGH	§ 93, 5

Entscheidungsregister nach Stichworten

Stichwort	Gericht	zitiert bei § + Rdn
Royalty Pharma	EuGH	§ 16a, 27, 33, 34, 35, 36, 37, 38, 39, 41, 49
RTE/Magill	EuGH	§ 24, 58
Rübenverladeeinrichtung	BGH	§ 15, 61, 65; § 21, 114; § 58, 17
Rubrumsberichtigung	BGH	Einleitung, 42
Rückblickspiegel	BGH	§ 4, 134
Rücknahme der Beschwerde/BASF	GBK	Einleitung, 11; § 73, 203
Rücknahme der Beschwerde/BASF	GrBK	§ 61, 39; Art. 106, 7, 10; Art. 110, 26
Rücknahme der Beschwerde/BELL	GBK	Einleitung, 11; § 61, 39; § 73, 203; Art. 106, 7, 10; Art. 110, 26
Rücknahme der Beschwerde/BELL	GBK-G	Einleitung, 32; § 75, 7
Rücknahme der Beschwerde/BELL	GrBK	Art. 106, 37
Rücknahme der Lizenzbereitschaftserklärung	BPatG	§ 23, 11, 12, 21, 23, 24; § 30, 15
Rücknahme der Lizenzbereitschaftserklärung II	BPatG	§ 23, 13; § 30, 59
Rücknahme der Patentanmeldung	BGH	Einleitung, 93, 98, 100, 108, 544; § 34, 459, 468
Rücknahme des Einspruchs/SERWANE II	GBK-G	Einleitung, 32; § 73, 217
Rücknahme des Einspruchs/SERWANE II	GrBK	§ 61, 34
Rücknahme des Ordnungsmittelantrages	OLG Düsseldorf	§ 139, 399
Rückruf von RESCUE-Produkten	BGH	§ 139, 87, 88
Rückspülbare Filterkerze	BGH	Einleitung, 346; § 81, 121; § 117, 3
Rückstrahlende Folie	BGH	§ 81, 146
Rückstrahlerdreieck	BGH	§ 21, 112
Rücktrittsfrist	BGH	Einleitung, 477
Rückwirkender Widerruf der VKH-Bewilligung	BPatG	§ 137, 17
Rückzahlung der Beschleunigungsgebühr	BGH	§ 10 (Anh. 15), 7
Rückzahlung der Beschwerdegebühr/HIGHLAND	GBK-G	Art. 109, 10
Rückzahlung der Beschwerdegebühr/HIGHLAND	GrBK	Art. 108, 24
Rüge Verletzung rechtlichen Gehörs vor Verfassungsbechwerde	BVerfG	Einleitung, 450
Ruhen des Beschwerdeverfahrens/BINDER	JBK	Einleitung, 350
Ruhen des Verfahrens	BGH	§ 99, 6
Rührwerk	BGH	§ 4, 34
Rumpf	EGMR	§ 73, 14
Runderneuern	BGH	§ 38, 15
Rundfunkübertragungssystem	BGH	§ 9, 48, 49, 78; § 14, 22
Rundsteckverbinder/perpetuatio fori	BPatG	Einleitung, 349; § 99, 5, 6
Rundsteuersender	BPatG	Einleitung, 303
Rundstuhlwirkware	BGH	§ 15, 28; § 21, 114
Ruoc/ROC	BGH	§ 91, 5

Entscheidungsregister nach Stichworten

Stichwort	Gericht	zitiert bei § + Rdn
Rutschkupplung	BGH	§ 38, 35; § 39, 16, 30
Ryanair	EuGH	Einleitung, 43
S-Bahn	BGH	§ 93, 5; § 100, 26
Saatgut/Deppe	EuGH	§ 9c, 19
Saatgut/Jäger	EuGH	§ 9c, 23
SABAF SpA v Meneghetti SpA	Court of Appeal UK	§ 4, 123
Sabri Günes/Türkei	EGMR	Einleitung, 187
Sachdienlichkeit der Anhörung	BPatG	§ 73, 144, 159
Sachverständigen-Entschädigung II	BGH	§ 128a, 23
Sachverständigenablehnung	BGH	§ 81, 160
Sachverständigenablehnung II	BGH	§ 27, 41
Sachverständigenablehnung III	BGH	§ 27, 41
Sachverständigenablehnung IV	BGH	§ 86, 7
Sachverständigenablehnung VI	BGH	§ 86, 7
Sachverständigenentschädigung III	BGH	§ 128a, 16
Sachverständigenentschädigung IV	BGH	§ 128a, 16, 21
Sachverständigenentschädigung V	BGH	§ 128a, 16
Sachverständigenentschädigung VI	BGH	§ 128a, 16, 21
Sachverständigengutachten und rechtliches Gehör	BVerfG	Einleitung, 119, 291, 302
Sachverständigenhonorar	BGH	§ 128a, 22
Sachverständigenladung zur Erläuterung	BGH	§ 139, 332
Sachverständigenvergütung	BGH	§ 128a, 23
Sachverständigenvergütung (100 Stunden)	BGH	§ 128a, 16, 20
Sachverständiger/Miterfinder	BGH	§ 81, 160
Sachvortrag 1	BGH	Einleitung, 300
Sägeblatt	BGH	Einleitung, 223, 426; § 17, 35; § 34, 15; § 73, 104, 164; § 74, 5, 8, 12; § 123, 19, 20, 21; § 7 (Anh. 15), 3, 4
Sägeblatt	BPatG	Einleitung, 223, 426; § 30, 47; § 7 (Anh. 15), 3
Sahnesiphon	BGH	§ 139, 117
Salzlösung	BGH	§ 81, 80
SAM	BGH	§ 30, 16
Sammelförderer	BGH	§ 14, 67
Sammelhefter I	BGH	Einleitung, 471; § 21, 25; § 39, 8, 70, 71; § 49, 18, 19; § 81, 27; § 123, 12; § 139, 393
Sammelhefter II	BGH	Einleitung, 127, 128, 231, 232; § 22, 16; § 38, 19; § 80, 86; § 81, 24, 47
Sandoz v Eli Lilly	Schweiz. BG	§ 4, 19
Sandoz/Searle	Court of Appeal UK	§ 16a, 39
Sanopharm	BGH	Einleitung, 232; § 30, 27; § 74, 9, 10
Santen	EuGH	§ 16a, 65, 78, 112
SAS Institute	EuGH	§ 1, 110

Entscheidungsregister nach Stichworten

Stichwort	Gericht	zitiert bei § + Rdn
Satz aus Mauersteinen	BPatG	§ 73, 92
Sauerteig	BGH	§ 3, 98; § 4, 23; § 34, 341, 345, 352
Saugauf	BPatG	§ 73, 148
Sauggreifer	LG Mannheim	§ 9, 63; § 139, 54, 438
Schadenersatz wegen falscher Auskunft	LG Düsseldorf	§ 146, 14
Schädlingsbekämpfungsmittel	BGH	§ 1, 205; § 139, 394
Schalldämpfungsvorrichtung	BPatG	Einleitung, 224
Schallplatten	BGH	Einleitung, 133
Schallplatteneinblendung	BGH	§ 9, 12; § 14, 103; § 15, 28
Schallplattenexport	BGH	§ 9, 17
Schallsonde	BPatG	§ 49, 19
Schaltmechanismus	BGH	§ 114, 8; § 123, 24, 77, 148
Schaltröhre	BGH	§ 144, 7
Schaltuhr	BGH	§ 73, 73; § 78, 40; § 92, 8; § 100, 58
Schaltungsanordnung	BGH	§ 4, 79, 85, 101, 131
Schaltungsanordnung II	BGH	§ 100, 58
Schaltungschassis	BGH	§ 91, 5, 6
Schalungselement	BGH	§ 3, 28, 31, 64; § 4, 53
Schalungsteil	BGH	§ 3, 21, 24
Scharniere auf Hannovermesse	OLG Braunschweig	§ 139, 440, 441, 442, 445
Schaufenstereinfassung	BGH	§ 3, 33
Schaumstoffe	BGH	§ 14, 77
Schaumstoffherstellung	OLG Düsseldorf	§ 140c, 51, 77, 88
Schaumstoffsysteme	OLG Stuttgart	§ 145a, 3, 5, 11, 15, 26, 31
Scheibenbremse	BGH	§ 21, 36; § 59, 200; § 117, 10
Scheibenbremse	OLG Düsseldorf	§ 139, 179, 429
Scheintotenentlarvungssystem	BPatG	Einleitung, 348; § 1, 29; § 130, 47
Scheinvollmacht des Vertreters	OLG Saarbrücken	§ 97, 45
Scheinwerferbelüftungssystem	BGH	§ 14, 53; § 34, 85, 97
Scheinwohnsitz	BGH	§ 127, 48, 50
Scheitern der Übermittlung durch Fax	BGH	§ 123, 110, 146, 149
Schenker SLA/Valsts ienemumu dienests	EuGH	§ 142a, 30
Schere	BGH	§ 81, 21, 47
Scherfolie	BGH	§ 34, 316, 317, 327
Schichtträger	BGH	§ 1, 196, 212
Schiebe-Schwenktür	BGH	§ 21, 24, 25
Schiedsstellenanrufung	BGH	§ 112, 14
Schiedsverfahren	BGH	Einleitung, 542
Schienenschalter I	BGH	§ 34, 301; § 107, 9
Schießbolzen	BGH	§ 1, 23, 206, 207, 210, 212; § 14, 101, 102, 106
Schiffslukenverschluss	BGH	§ 21, 25; § 41, 32, 87, 91; § 49, 18; § 123, 12
Schlachtroboter	OLG Düsseldorf	§ 9, 72

Entscheidungsregister nach Stichworten

Stichwort	Gericht	zitiert bei § + Rdn
Schlackenbad	BGH	§ 34, 256
Schlafwagen	BGH	§ 21, 19; § 81, 73; § 115, 9; § 116, 3
Schlank-Kapseln	BGH	§ 139, 292
Schlauchaufwickelvorrichtung	BGH	Einleitung, 493; § 3, 63; § 118, 11
Schlauchbeutel	BPatG	Anh. 1, 44, 50
Schlauchbeutelmaschine	BPatG	§ 73, 142
Schlauchfolie	BGH	§ 3, 12; § 35, 26
Schleifkorn	BGH	§ 3, 57, 63, 104
Schleifprodukt	BGH	§ 38, 19
Schleppfahrzeug	BGH	§ 6, 14; § 8, 15, 34, 35; Anh. 1, 38
Schleudergardine	BGH	§ 3, 17; § 4, 88, 171
Schließfolgeregler	OLG Düsseldorf	§ 14, 93
Schließvorrichtung	BGH	§ 81, 127
Schlitzwand	BGH	§ 123, 61; § 2 (Anh. 15), 22
Schlumpferie	BGH	§ 139, 364
Schmierfettzusammensetzung	BGH	§ 3, 118, 120, 123, 164; § 4, 94
Schmiergeldzahlung	BGH	§ 140c, 81
Schmiermittel	BGH	§ 139, 122, 123, 256
Schmierverfahren	BGH	§ 4, 167
Schmuckanhänger	OLG Zweibrücken	§ 139, 183
Schnappbefestigung	BPatG	Einleitung, 23
Schneckenköder	BGH	Einleitung, 161; § 59, 254; § 139, 257, 258
Schneckenköder	OLG Dresden	§ 140c, 50
Schneeschieber	OLG Düsseldorf	§ 123, 10
Schneidbrennerstromdüse	BGH	§ 8, 24
Schneidewerkzeug	BGH	§ 95, 4, 7
Schneidhaspel	BGH	Einleitung, 212; § 34, 185; § 73, 73
Schneidmesser I	BGH	Einleitung, 122; § 14, 36, 78
Schneidmesser II	BGH	§ 14, 19, 21, 36, 37, 87
Schneidmesser II		§ 14, 19
Schneidwerkzeug	BGH	§ 84, 3; § 118, 3
Schnell-Kopiergerät	BGH	§ 15, 25
Schnellverschlusskappe	BGH	Einleitung, 425
Schnellwechseldorn	BGH	§ 34, 97
Schokoladenstäbchen	BGH	§ 31, 6; § 99, 19
Schokoladentafel	BGH	§ 1, 246
Schräg-Raffstore	OLG Düsseldorf	§ 139, 145, 146, 149, 151
Schrägliegeeinrichtung	BGH	Einleitung, 9; § 3, 139; § 79, 6; § 100, 58, 65
Schrankbett	BGH	§ 86, 9, 13
Schrankenantrieb	BGH	§ 34, 353
Schraubenfördereinrichtung	BPatG	Anh. 1, 96
Schraubenmutterpresse	BGH	§ 139, 89
Schraubennahtrohr	BGH	Einleitung, 345, 348, 476; § 1, 9; § 81, 41, 42
Schreibhefte	BGH	§ 4, 166; § 20, 16; § 81, 135

Entscheidungsregister nach Stichworten

Stichwort	Gericht	zitiert bei § + Rdn
Schreibpasten	BGH	§ 34, 238
Schreibstift	BGH	§ 4, 18; § 100, 57, 59, 64, 65; § 108, 3
Schriftform für Einspruch	BVerfG	Einleitung, 352, 385, 389, 403
Schriftlicher Vergleich	BPatG	§ 81, 177
Schriftsatz per Telefax	BVerfG	Einleitung, 399, 400, 405
Schriftsatzrecht	BGH	§ 78, 34; § 91, 6
Schrumpfkappe	BPatG	Einleitung, 60, 130, 400; § 73, 212
Schubkasten	BGH	§ 3, 64
Schubladenverfügung	BGH	§ 139, 221
Schuhverzierung	BGH	§ 93, 5
Schuko-Konturenstecker	BGH	§ 34, 301
Schuldhafte Säumnis	BGH	§ 123, 131
Schuldhafte Säumnis trotz plötzlicher Erkrankung	BGH	§ 123, 107
Schuldnachfolge	BGH	§ 139, 56, 74
Schulheftseiten	BPatG	§ 6 (Anh. 15), 2
Schulin/Saatgut-Treuhand	EuGH	§ 9c, 6, 12, 22
Schulterpolster	BGH	§ 81, 160
Schüsselmühle	BGH	§ 1, 53, 54; § 100, 59, 66
Schussfadengreifer	LG Düsseldorf	§ 139, 271
Schussfädentransport	BGH	§ 14, 21, 32; § 81, 111, 113; § 116, 3
Schutz gegnerischer Kosteninteressen	BGH	§ 4 (Anh. 15), 10
Schutzanlage	BPatG	§ 130, 49
Schutzdauer bei Gebrauchsmusterabzweigung	BGH	Einleitung, 133
Schutzdauerablauf	BPatG	§ 33, 7
Schutzfristüberwachung	BGH	§ 123, 40
Schutzgas-Spülung	OLG München	§ 140c, 72
Schutzhaube	BPatG	§ 73, 61
Schutzkontaktstecker	BGH	§ 1, 272; § 4, 56, 72, 125
Schutzrechtsverwarnung III	BGH	§ 139, 232, 233
Schutzrechtsverwechslung	LG München	§ 139, 213
Schutzüberzug für Klosettbrillen	BGH	Einleitung, 493; § 25, 7, 13, 16; § 81, 28; § 82, 10; § 102, 12; § 113, 3; § 118, 11
Schutzverkleidung	BGH	§ 9, 55; § 12, 21, 24; § 78, 13; § 80, 6, 9, 13, 15, 87
Schutzverkleidung für funktechnische Anlagen	OLG Düsseldorf	§ 12, 11, 13, 14, 21, 24, 30
Schutzwürdiges Gegeninteresse	BGH	§ 99, 30
Schwabenpost	BPatG	Einleitung, 203
Schwammkörper	BGH	§ 39, 28, 29, 50; § 3 (Anh. 15), 6; § 6 (Anh. 15), 9
Schwarzwälder Schinken	BGH	§ 100, 35
Schweigen	BVerfG	Einleitung, 393
Schweigen des Einsprechenden/HOECHST	GBK-G	Einleitung, 393
Schweigen des Einsprechenden/HOECHST	GrBK	§ 34, 440; Art. 106, 28; Art. 107, 15, 16

Entscheidungsregister nach Stichworten

Stichwort	Gericht	zitiert bei § + Rdn
Schweißbrennerreinigung	BGH	§ 8, 15, 40; § 12, 25
Schweißelektrode I	BGH	§ 4, 171; § 59, 137; § 100, 22
Schweißelektrode II	BGH	§ 79, 49; § 100, 31; § 108, 4
Schweißgemisch	BGH	Einleitung, 443, 444
Schweißheizung	BGH	§ 21, 40, 41, 43, 44, 45; § 46, 6, 51, 52, 53; § 59, 42, 56, 138, 235; § 74, 4
Schweißpistolenstromdüse II	BGH	Einleitung, 503, 506, 510; § 34, 286; § 73, 74, 75; § 97, 49; § 99, 6; § 10 (Anh. 15), 6
Schwenkhebelverschluß	BGH	Einleitung, 543; § 81, 32, 113, 115; § 112, 8
Schwerlastregal II	OLG Düsseldorf	§ 139, 111, 145, 146, 154, 317
Schwermetalloxidationskatalysator	BGH	§ 14, 11; § 81, 140
Schwimmrahmen-Bremse	BGH	Einleitung, 195; § 96, 3, 5; § 99, 7; § 118, 9
Schwingungsabsorbierende Aufhängung	BPatG	§ 73, 144
Schwingungsabsorbierende Aufhängung		§ 73, 142
Schwingungsdämpfer	BGH	§ 59, 165, 227; § 91, 3; § 100, 46
Schwingungsdämpfung	BGH	§ 17, 10, 11, 45; § 65, 7; § 80, 21, 56; § 1 (Anh. 15), 17; § 10 (Anh. 15), 6, 21, 23
Schwingungswalze	BGH	§ 81, 124, 142
Seattle Genetics/Österreichisches Patentamt	EuGH	§ 16a, 85, 113; § 49a, 16, 52
Seattle Genetics/Österreichisches Patentamt	EuGH GeneralAnw	§ 16a, 85, 113; § 49a, 16
Sechsmonatsfrist/DEWERT	GBK	§ 3, 188; § 41, 58; Art. 112, 20
Sechsmonatsfrist/DEWERT	GBK-G	Einleitung, 285, 458
Sechsmonatsfrist/DEWERT	GrBK	Art. 112, 20, 21
Sechsmonatsfrist/UNIVERSITY PATENTS	GrBK	§ 3, 188; § 41, 58
Seeing is Believing	BGH	§ 24, 92
Seifenzusatz	BGH	§ 34, 316, 317; § 38, 21
Seitenaufprallschutz bei Kopf-Airbag	BGH	§ 14, 27
Seitenpuffer	BGH	§ 1, 27, 126
Seitenspiegel	BGH	§ 139, 172, 329, 394
Seitenwandmarkierungsleuchte	BGH	§ 112, 9, 12
Sektionaltor	BGH	§ 4, 145; § 139, 176
Sektionaltor II	BGH	§ 6, 23; § 33, 13
Selbst (eigenhändig) durchgeführte Recherche	BPatG	§ 80, 58, 80
Seminarkopien	BGH	§ 139, 28
Senatsbesetzung	BGH	§ 99, 6
senatsinterne Mitwirkungsgrundsätze	BGH	§ 68, 15
Sender Felsberg	BGH	Einleitung, 417
Sensoranordnung	BGH	§ 30, 48; § 38, 19; § 41, 36; § 73, 105; § 74, 12; § 81, 24, 103
Sensoreinrichtung	BPatG	Einleitung, 29

Entscheidungsregister nach Stichworten

Stichwort	Gericht	zitiert bei § + Rdn
Sensoric imprinting/N.V. NUTRICIA mwN	TBK	Einleitung, 156
Sequester	BPatG	§ 73, 55
Sequestrationsanspruch	OLG Düsseldorf	§ 139, 246
Sequestrationskosten	BGH	§ 140a, 23
Servicemodul	OLG Düsseldorf	§ 140c, 75
Servomotor	BGH	Einleitung, 381
Servospur	OLG Karlsruhe	§ 24, 77
SERWANE II	GBK-G	§ 73, 217
Shipping reels/OY LANGH SHIP	GrBK	Art. 112a, 23
shop in shop	BGH	§ 139, 221
Sicherheitsabschlag	OLG Düsseldorf	§ 139, 354
Sicherheitsleistung	BGH	Einleitung, 530; § 84, 53, 56
Sicherheitspapier	BGH	§ 100, 58, 66
Sicherheitsschaltgerät	OLG Düsseldorf	§ 139, 367
Sicherheitssystem	BGH	§ 34, 316, 317
Sicherheitsvorrichtung	BGH	Einleitung, 351
Sicherung der Drittauskunft	BGH	§ 140b, 20
Sicherung der Flucht	BGH	§ 73, 104
Siebgewebe	BGH	§ 100, 59
Signalfolge	BGH	§ 1, 145, 199
Signalübertragungssystem	BGH	Einleitung, 348; § 4, 48
Signalübertragungsvorrichtung	LG Düsseldorf	§ 9, 123
Signalumsetzung	BGH	§ 14, 27, 42; § 34, 171; § 80, 86; § 81, 68; § 2 (Anh. 15), 34; § 3 (Anh. 15), 12
Silobehälter	BGH	§ 15, 12
Simplify your Production	OLG Hamburg	§ 139, 446
Simvastatin	BGH	§ 9, 76; § 16a, 98, 99; § 139, 108
Simvastatin	OLG Düsseldorf	§ 9, 66, 76
Singularzulassung von Rechtsanwälten	BVerfG	§ 143, 26
Sintervorrichtung	BGH	Einleitung, 347; § 49, 19
Sintex	BGH	§ 146, 21
Sitagliptin	BPatG	§ 16a, 120; § 49a, 44, 45
Sitagliptin III	BPatG	§ 16a, 38, 49
Sitagliptin V	BPatG	§ 16a, 36, 37, 38, 49
Sitagliptin/Metformin	BPatG	§ 16a, 67, 68, 71
Sitosterylglykoside	BGH	§ 1, 237; § 3, 142; § 14, 116, 119
Sitzgelenk	BGH	§ 80, 86; § 107, 8
Sitzplätze für Medienvertreter	BVerfG	§ 69, 13, 15
Sitzplatznummerierungseinrichtung	BGH	§ 14, 62; § 93, 5; § 100, 44
Sitzungsschild	BGH	§ 69, 14; § 100, 51
Skistiefelauskleidung	BGH	§ 4, 131; § 21, 100; § 34, 82, 83
Skistiefelverschluss	BGH	§ 1, 9
Skistockteller	BPatG	§ 100, 66
SMD-Widerstand	OLG Karlsruhe	§ 9, 75, 102; § 139, 54
SMS-Nachricht	LG Düsseldorf	§ 139, 258

Entscheidungsregister nach Stichworten

Stichwort	Gericht	zitiert bei § + Rdn
sms4u	BPatG	Einleitung, 385, 389
Snackfood	TBK	§ 41, 38
Söll/TETRA	EuGH	§ 16a, 20
Solvay	EuGH	§ 139, 274, 276, 277
Sondensystem	BGH	§ 59, 241, 244; § 73, 49, 84, 212
Sonnendach	BGH	§ 113, 3
Sorbitol	BGH	§ 59, 215; § 91, 3; § 93, 6; § 100, 47
Sorgfältige Auskunft	LG Düsseldorf	§ 139, 183
Sortiergerät	BGH	Einleitung, 351; § 21, 25; § 59, 51, 85, 95, 101, 126, 127, 132, 140, 150; § 61, 22; § 73, 9, 73, 81, 82
Sortimentierer	BPatG	§ 73, 144, 151
Southbridgegerät	BPatG	Einleitung, 211
Sozius	BGH	§ 123, 82
SPA ChemicalCorp	EuGH	Einleitung, 537
Spann- u Haltevorrichtung	BGH	§ 1, 210
Spannschraube	BGH	Einleitung, 122, 123; § 14, 31, 32; § 34, 33, 104; § 81, 140; § 139, 394
Spannungsregler	BGH	§ 1, 203; § 65, 10
Spannungsvergleichsschaltung	BGH	§ 34, 261, 316, 317; § 35, 33; § 38, 20, 36
Spannungsversorgungseinrichtung	BGH	§ 141, 22
Spannvorrichtung	BGH	§ 139, 365, 370
Spannvorrichtung für Gleitschutzkette	OLG München	§ 14, 78
Späte Urteilsbegründung	BGH	§ 99, 9
Später Schriftsatz	BGH	Einleitung, 77, 323; § 73, 78; § 93, 8; § 94, 13
Speicherheizgerät	BGH	§ 59, 177
Speicherung auf Zuruf	OLG Frankfurt/Main	§ 140b, 78
Speicherung auf Zuruf	OLG Hamm	§ 140b, 78
Spektralapparat	BGH	§ 34, 18; § 107, 5; § 127, 42
Spezialsalz	BGH	Einleitung, 348; § 140e, 4, 11
Spiegelreflexkamera	BGH	§ 41, 80, 82, 86
Spielautomat I	BGH	§ 9, 57
Spielautomat II	BGH	§ 9, 18, 21, 57; § 139, 104
Spielfahrbahn	BGH	§ 21, 53; § 34, 301, 307, 312; § 38, 17, 50; § 59, 209
Spinnmaschine	BGH	Einleitung, 195; § 47, 12, 19; § 73, 14, 27, 40; § 99, 6
Spinnturbine I	BGH	§ 8, 10, 13, 14, 15, 20, 21, 34; § 21, 46
Spinnturbine II	BGH	§ 1, 44, 53, 55; § 4, 34; § 8, 34; § 21, 46
Spiralbohrer	BGH	Einleitung, 120; § 87, 8; § 100, 39, 47
Spleißkammer	BGH	§ 21, 85; § 22, 1, 16, 17; § 34, 113, 317; § 38, 21; § 41, 29; § 59, 166, 169, 170; § 81, 116
Sportball	OLG Düsseldorf	§ 14, 78

Entscheidungsregister nach Stichworten

Stichwort	Gericht	zitiert bei § + Rdn
Sportreisen	OLG Frankfurt/Main	§ 140e, 7, 8, 10, 13, 14
Sportwettenerlaubnis	BGH	Einleitung, 147
Sprachanalyseeinrichtung	BGH	§ 1, 17, 18, 32, 117, 134; § 4, 148
Sprachsignalcodierer	LG München	§ 24, 110
Spreizdübel	BGH	§ 1, 256, 257; § 9, 98, 99; § 22, 16; § 59, 166; § 81, 116
Sprengreinigungsverfahren	OLG Düsseldorf	§ 9, 93; § 12, 14, 17, 26, 30
Sprengwirkungshemmende Bauteile	BGH	§ 15, 71, 73
Spritzgießmaschine	BGH	§ 139, 210, 215, 238
Spritzgussmaschine II	BGH	§ 21, 114
Spritzgussmaschine III	BGH	§ 1, 192, 193, 202; § 4, 145, 152, 164, 168
Spritzgußmaschine I	BGH	§ 81, 116, 129
Sprühdose	BGH	§ 1, 207; § 34, 345
Spülbecken	BGH	§ 21, 25; § 34, 168, 181; § 81, 103, 107
Spulenvorrichtung	BGH	Einleitung, 374, 400, 409
Spulkopf II	OLG Düsseldorf	§ 139, 133, 134, 138
Spundfass	OLG Düsseldorf	§ 24, 47, 50
Spurschlingerung mit Steuerungsdaten	LG Mannheim	Anh. 1, 30
Sté Orange v. Stés Free et Freebox	TGI Paris	§ 1, 114
St.Pauli-Nachrichten	BGH	Einleitung, 31
Staatsgeheimnis	BGH	§ 50, 5, 12, 17; § 101, 3
Stabilisierung der Wasserqualität	BGH	§ 34, 332, 344; § 59, 33
Stadtbahnfahrzeug	BGH	§ 140e, 8
Stahlblech	BGH	§ 4, 158
Stahlschluessel	BGH	Einleitung, 324; § 91, 5
Stahlveredlung	BGH	§ 21, 32
Standard-Spundfass	BGH	§ 24, 12, 47, 52, 58, 62, 63, 88; § 139, 476
Standbeutel	EuGH	Einleitung, 204, 421
Standschirm	BGH	§ 86, 17
Stangenführungsrohre	BGH	§ 8, 10; § 21, 44
Stapelautomat	BGH	§ 21, 113
Stapelpresse	BGH	§ 3, 21, 27, 61, 63; § 12, 30; § 59, 110
Stapeltrockner	BGH	§ 139, 329, 394
Stapelvorrichtung	BGH	§ 15, 70
Stapelvorrichtung	TBK	§ 3, 63
Starter für Brennkraftmaschinen	BPatG	§ 73, 130
State Street Bank v Signature Financial Group	CAFC	§ 1, 145
State Street Bank v. Signature Financial Group	CAFC	§ 1, 145
Stator assembly/DAEWOO	GBK-R	Art. 112a, 27
Staubfilter	BGH	§ 110, 5; § 121, 10
Staubfiltereinrichtung	BGH	§ 81, 15; § 99, 7
Staubsaugerfilter	OLG Düsseldorf	§ 14, 32, 74, 90

Entscheidungsregister nach Stichworten

Stichwort	Gericht	zitiert bei § + Rdn
Staubsaugerrohr	BGH	§ 14, 32, 37; § 38, 40
Steckerbrücke	BPatG	§ 10 (Anh. 15), 8
Steckverbindergehäuse	BGH	§ 139, 144, 145, 146, 147, 154
Steckverbindung	BGH	Einleitung, 120, 324; § 14, 41, 51; § 34, 303; § 87, 8; § 100, 47
Steinknacker	OLG Düsseldorf	§ 139, 313
Steinkorb	BGH	§ 41, 15, 34
Stellungnahme des abgelehnten Richters	BVerfG	§ 86, 10
Stent	BGH	§ 38, 18; § 114, 7
Sterilcontainer	OLG Düsseldorf	§ 9, 63, 64, 73
Sterilisationsverfahren	LG Düsseldorf	§ 139, 55, 74
Steroidbeladene Körner	BGH	§ 139, 468
Steroidbeladene Körner	LG Düsseldorf	§ 24, 58; § 139, 323
Steuereinrichtung I	BGH	§ 139, 127, 128, 130, 256
Steuereinrichtung II	BGH	§ 139, 127, 128, 132, 256
Steuersparmodell eines Fernsehmoderators	BVerfG	Einleitung, 542
Steuerungseinrichtung für Untersuchungsmodalitäten	BGH	§ 1, 60, 63
Steuervorrichtung	BGH	§ 6, 10, 11, 12, 14; § 21, 44
Steuervorrichtung für eine Pflegebetthubvorrichtung	BPatG	Einleitung, 23
Stickmuster	BGH	§ 139, 464
Stickstoffmonoxyd-Nachweis	LG Mannheim	§ 140a, 33, 36, 38
Stillschweigende Verlängerung der Berufungsbegründungsfrist	BVerfG	§ 123, 72, 126
Stirnlampen	BGH	§ 139, 72
Stochastisches Rauschen	LG Mannheim	§ 24, 101, 102, 103, 113, 119, 121
Stopfaggregate	OLG Hamm	§ 145a, 11
Storage system/PLASTIC OMNIUM	GrBK	Art. 112a, 23
Stoßwellen-Lithotripter	BGH	§ 4, 70, 100, 102, 123, 155, 163
Strahlapparat	BGH	§ 4, 78; § 64, 12, 20
Strahlentransformator	BGH	§ 1, 43; § 4, 53, 78, 107
Strahlreiniger	OLG Düsseldorf	§ 139, 361
Strahlungssteuerung	BGH	§ 81, 36, 37; § 84, 12; Anh. 1, 44
Strahlungssteuerung	BPatG	Anh. 1, 44
Strahlungssteuerung	BVerfG	§ 59, 28
Straken	BGH	§ 1, 26, 58, 129
Strangpressprofil	OLG Düsseldorf	Einleitung, 159
Straßenbaumaschine	BGH	§ 14, 22, 64; § 34, 122; § 38, 17; § 47, 25; § 48, 18
Straßenbeleuchtung	BGH	§ 4, 164
Straßendecke	BGH	§ 5, 12
Straßendecke I	BGH	§ 139, 20, 28
Straßendecke II	BGH	§ 12, 29
Straßenleitpfosten	BGH	§ 80, 38
Straßenverengung	BGH	§ 139, 457

Entscheidungsregister nach Stichworten

Stichwort	Gericht	zitiert bei § + Rdn
Streckenausbau	BGH	§ 100, 28, 29
Streckenvortrieb	BGH	§ 34, 170; § 100, 58, 66
Streckwalze	BGH	§ 1, 55; § 4, 63, 152
Streckwalze I	BGH	§ 1, 207; § 34, 120
Streichgarn	BGH	§ 59, 85, 90, 115, 119, 132, 239; § 61, 29; § 77, 7, 9; § 100, 17
Streit über Parteifähigkeit	BGH	Einleitung, 47
Streitwert Akteneinsicht	BPatG	§ 80, 56
Streitwert bei mehreren Klägern	BPatG	§ 80, 88, 91, 92
Streitwert bei mehreren Klägern mit unterschiedlichen Gegenstandswerten	BPatG	§ 80, 91
Streitwert für die Berechnung der Anwaltsgebühren bei verbundenen Nichtigkeitsklagen	BPatG	§ 80, 48, 86
Streitwert im Patentnichtigkeitsverfahren	BPatG	§ 79, 46
Streitwert Nichtigkeitsverfahren II	BGH	§ 2 (Anh. 15), 43, 44, 45
Streitwert Nichtigkeitsverfahren III	BGH	§ 2 (Anh. 15), 44, 50
Streitwertbegünstigung für BGB-Gesellschaft II	OLG München	§ 144, 13
Streitwertbeschwerde	BGH	§ 79, 46; § 80, 57; § 99, 11
Streitwertbeschwerde	BPatG	§ 2 (Anh. 15), 40
Streitwertbeschwerde im Patentnichtigkeitsverfahren	BPatG	§ 79, 46; § 80, 57; § 99, 11
Streitwertermäßigung	OLG Düsseldorf	§ 144, 13
Streitwertfestsetzung im Nichtigkeitsverfahren	BGH	§ 84, 23
Streitwertkorrektur	OLG Hamburg	§ 139, 338
Stretchfolie	BPatG	§ 81, 41; Anh. 1, 59
Stretchfolienhaube	BGH	§ 4, 158
Stretchfolienumhüllung	BGH	§ 81, 176
Streulichtmessung	BPatG	§ 67, 14
Strickwarenhandel	LG Düsseldorf	§ 139, 101
Strohmanneinrede	BPatG	§ 81, 9
Stromabschaltungs-Schutzschaltung	BPatG	§ 123, 74, 144
Strombegrenzungsschaltung	BPatG	§ 46, 12; § 73, 144, 159
Stromrichter	BGH	Einleitung, 382, 383, 386, 415; § 73, 67, 68
Stromversorgungseinrichtung	BGH	§ 3, 94, 98, 101, 135, 136, 138; § 4, 18, 152; § 34, 308
Stromwandler	BGH	§ 14, 52, 66, 76; § 32, 19
Stückgutverladeanlage	BGH	§ 2 (Anh. 15), 44
Stüssy	EuGH	§ 9, 17, 41; § 139, 318
stüssy II	BGH	§ 9, 41
Stute	BGH	§ 80, 21; § 99, 11; § 100, 12
Stütze für ein Streichinstrument	BPatG	§ 73, 116
Stützimplantat	BGH	§ 1, 23, 207, 209, 212
Subsidiarität, Wiederaufnahme	BVerfG	Einleitung, 450

Entscheidungsregister nach Stichworten

Stichwort	Gericht	zitiert bei § + Rdn
Success	BGH	Einleitung, 458; § 95, 9; § 123, 118; § 127, 40
Suche fehlerhafter Zeichenketten	BGH	§ 1, 59, 60, 62, 74, 82, 108, 113, 114, 117, 127, 134; § 34, 247
Sulfonsäurechlorid	BGH	§ 59, 25, 54, 55, 244; Anh. 1, 58, 59
Süllhöfer/Bayer	BGH	§ 15, 35
Sumatriptan	BGH	§ 16a, 17, 40, 60, 87, 92; § 49a, 33, 34
Sumitomo Chemical	EuGH	§ 16a, 58
Sumitomo Chemicals/Clothianidin	EuGH	§ 16a, 63; § 49a, 12
SUPERgirl	BGH	§ 79, 22
Superplanar	BGH	§ 100, 59
Suppenrezept	BGH	§ 1, 23, 87, 89, 207; 246; § 4, 110; § 34, 394
Supranationale Hoheitsakte	BVerfG	Art. 106, 36
Sürmeli	EGMR	§ 73, 14
Symbian Ltd v Comptroller-General of Patents	Court of Appeal UK	§ 1, 61
Sympatol III	BGH	§ 15, 31, 46
Synchronmotor	OLG Düsseldorf	§ 14, 24
Synchronous drive apparatus/ LITENS AUTOMOTIVE	GBK-R	Art. 112a, 23
Syndikusanwälte vor EU-Gerichten	EuGH	Einleitung, 53
Synthetisch hergestelltes Vitamin C	OLG Hamm	§ 139, 407
Synthon v Smithkline Beecham	House of Lords	§ 34, 332
Synthon/Memantin	EuGH	§ 16a, 7, 110, 126
System und Verfahren zur Identifizierung und Authentifizierung von Zubehör	BPatG	§ 48, 14
Systeme zur Platzierung von Material in Knochen	BPatG	Einleitung, 233; § 93, 9; § 99, 6
Systemunterschiede	BGH	§ 139, 73
Tabakdose	BGH	§ 59, 85, 110, 112, 115, 116
Tabelliermappe	BGH	§ 4, 68, 85, 102; § 34, 229, 233; § 100, 25; § 102, 5
Tablettensprengmittel	BGH	§ 4, 82, 113; § 9, 83; § 34, 150
Tadalafil	BGH	§ 1, 47; § 4, 33, 40, 77
Taeschner/Pertussin II	BGH	§ 9, 79
Tafelförmige Elemente	BGH	Einleitung, 345, 348; § 73, 83; § 81, 42, 44
Take Five	BGH	§ 15, 43
Takeda	High Court	§ 16a, 31
Tampon	BGH	§ 35, 40; § 58, 8; § 59, 71; § 79, 17; § 99, 6
Tamsulosin	LG Düsseldorf	Anh. 1, 30; § 126, 8
Tariflohnunterschreitung	BGH	Einleitung, 159
Taschenlampen II	BPatG	§ 79, 49; § 130, 60
Tätigkeitsgegenstand	BGH	§ 139, 342, 348
Tatry	EuGH	§ 139, 268, 274, 281

Entscheidungsregister nach Stichworten

Stichwort	Gericht	zitiert bei § + Rdn
Tauchcomputer	BGH	§ 1, 59, 60, 127; § 12, 9; § 30, 27, 48; § 81, 19
Tauchpumpen	BGH	§ 9, 17
Tauchpumpensatz	BGH	§ 1, 270; § 9, 17
Tauschbörse I	BGH	§ 9, 75
Taxameter	BGH	§ 139, 291, 293, 426; § 140b, 30
Taxilan	BGH	§ 7, 7; § 12, 5, 14, 18
Taxol	BGH	§ 34, 392; Anh. 1, 47
Tchibo/Rolex II	BGH	§ 139, 110, 113
Teerspritzmaschinen	BGH	§ 141, 4, 11
Tegeler Floristik	BGH	§ 100, 12; § 135, 20
Teigportioniervorrichtung	LG Düsseldorf	§ 139, 137
Teilanmeldung	GBK-G	Einleitung, 132
Teilanmeldung/ASTROPOWER	GrBK	§ 34, 25; § 39, 40, 75, 80
Teilanmeldung/ERICSSON	JBK	§ 73, 6
Teilbeschluss	BPatG	Einleitung, 211; § 48, 12; § 73, 160; § 79, 7
Teileinspruch	BPatG	§ 99, 6
Teilpriorität	GBK	§ 41, 46
Teilpriorität	GrBK	§ 41, 44
Teilreflektierende Folie	BGH	§ 41, 39
Teilstreitwert	BGH	§ 144, 10
Teilungsgebühren	BGH	§ 39, 28, 29, 34, 49; § 40, 30; § 80, 21; § 100, 8, 11, 12; § 10 (Anh. 15), 8
Telefax-Einspruch	BPatG	§ 73, 82
Telefonsystem	BGH	§ 34, 464; § 73, 206; § 77, 11; § 80, 6, 16, 22; § 102, 8, 9
Telekommunikationseinrichtung	BGH	§ 3, 17; § 4, 50
Telekommunikationsverbindung	BGH	§ 34, 185; § 81, 136; § 116, 6, 11
Telekopie	BGH	Einleitung, 400, 403, 404
Teleskopzylinder	BGH	§ 15, 71; § 139, 132, 190, 197
Telmisartan	BPatG	§ 16a, 12, 44, 70, 128; § 64, 10
Temperaturwächter	BGH	Einleitung, 476, 477; § 9, 111
Tenofovir	BPatG	§ 16a, 31
Terephthalsäure	BGH	§ 3, 63, 97, 104, 115, 135, 138; § 16, 10
Terfenadin	House of Lords	Einleitung, 342; § 3, 53; Art. 106, 3
Termingebühr, schriftlicher Vergleich	BGH	§ 139, 347
Terminkosten für Patentanwalt	OLG Düsseldorf	§ 143, 35, 41
Terminsgebühr bei Säumnis	OLG Köln	§ 143, 28
Terminsgebühr und Vergleich	BGH	§ 143, 41
Terminsladung	BGH	§ 89, 13; § 100, 49
Terminsladung II	BGH	§ 100, 46, 49
Terminsverlegung	BVerfG	Einleitung, 323; § 89, 11
Terranova/Terrapin	EuGH	§ 9, 28, 30
Testfundstelle	BGH	§ 139, 59, 69, 398
Testkaufkosten	OLG München	§ 139, 353

Entscheidungsregister nach Stichworten

Stichwort	Gericht	zitiert bei § + Rdn
Teststreifen zur Blutzuckerkontrolle II	BGH	§ 139, 462
Tetra Pak I	EG-Kommission	§ 15, 34
Tetra Pak Rausing/Kommission	EuGH	§ 15, 36
Tetrafluoräthylenpolymere	BGH	§ 100, 32, 59
Tetraploide Kamille	BGH	Einleitung, 351; § 1, 37, 221; § 3, 135; § 4, 9; § 27, 44; § 34, 140, 149, 152, 153, 154, 156, 355, 387, 487, 488; § 46, 43; § 59, 85, 127, 128
Tetraploide Kamille II	Schweiz. BG	§ 2a, 23
Teures Privatgutachten	BGH	§ 139, 352
Teva	EuGH	§ 16a, 27, 33, 35, 36, 39, 41, 42, 49
Teva Pharma et al/European Medicines Agency	EuGH	§ 1, 175
Teva UK Ltd et al v Leo Pharma A/S	Court of Appeal UK	§ 4, 105
Textdatenwiedergabe	BGH	§ 39, 7, 13, 25, 33, 36, 38, 39, 60, 65; § 73, 130
Textilgarn	BGH	§ 14, 108
Textilhandel	OLG Frankfurt/Main	§ 143, 28
Textilreiniger	BGH	§ 86, 9, 13
Thermocycler	OLG Düsseldorf	§ 9, 75; § 139, 313; § 140a, 14, 20, 22
Thermoplastische Zusammensetzung	BGH	§ 14, 20; § 34, 153, 347; Anh. 1, 47; § 126, 18
Thermotransformator	BGH	§ 139, 168
Thrombozyten-Zählung	BGH	§ 3, 52, 54, 55, 59, 63, 106; § 4, 51, 54
Thüringer Rostbratwurst	BPatG	§ 65, 7
Tigerkopf	BGH	§ 139, 222
Tinnitus-Masker	BGH	§ 15, 69
Tinnitus-Präparat	OLG Düsseldorf	§ 139, 88
Tintenpatrone	BPatG	Einleitung, 163, 253; § 87, 5; § 88, 4; § 99, 6
Tintenpatrone I	BGH	§ 14, 104; § 139, 10, 14, 15, 16, 17, 110, 164
Tintenpatrone II	BGH	§ 139, 36
Tintenpatrone III	BGH	Einleitung, 546, 547; § 21, 113; § 61, 19; Art. 111, 30
Tintenpatronen-Verfügung	LG Düsseldorf	§ 139, 462
Tintenstandsdetektor	BGH	§ 81, 135; § 110, 13
Tintenstrahldrucker	BGH	Einleitung, 7; § 21, 72; § 100, 21, 23
Tintentankpatrone	LG Düsseldorf	§ 139, 147, 155, 158, 289
Titanium alloy/VSMPO-AVISMA	GrBK	Art. 112a, 22
Titelschuldner im Zwangsvollstreckungsverfahren	BGH	§ 139, 397, 415
Titelsetzgerät	BGH	§ 93, 7
Tobultamid	BGH	§ 139, 122, 162
Token & Medaillen Manager	BPatG	§ 80, 11
Tolbutamid	BGH	§ 139, 115, 125, 126, 137

Entscheidungsregister nach Stichworten

Stichwort	Gericht	zitiert bei § + Rdn
Tollwutvirus	BGH	§ 1, 9, 37, 39, 159; § 2a, 52; § 14, 108; § 34, 156, 157, 374, 392, 484, 492; § 59, 26
TOLTEC/TOMTEC	BPatG	§ 73, 151
Tomaten II/STAAT ISRAEL	GrBK	§ 2a, 46
Tomaten/STAAT ISRAEL	GrBK	§ 2a, 38
Tomograph	BGH	§ 4, 123; § 100, 58, 59
Tonbandaufnahme	BGH	§ 100, 35
Tonbandbeschreibung	BGH	Einleitung, 352; § 34, 36; § 35, 22
Tonerkartuschen	BGH	§ 139, 426
Tool with protective layer system/ UNAXIS BALZERS AG	GBK-R	Art. 112a, 21
Tool with protective layer system/ UNAXIS BALZERS AG	GrBK	Art. 112a, 21
Top Selection	BGH	Einleitung, 302; § 79, 10, 17; § 99, 6; § 100, 45, 46, 47
TOP-Selection	BGH	§ 100, 40
Topfgucker-Scheck	BGH	§ 139, 75
Torasemid	BPatG	§ 81, 37; Anh. 1, 44
Touch down	Court of Appeal UK	§ 11, 10
Tracheotomiegerät	BGH	Einleitung, 493; § 82, 10; § 118, 11
Tragbarer Informationsträger	BGH	Einleitung, 300; § 100, 44, 47
Tragbares elektronisches Gerät	BPatG	§ 14, 86
Tragbares Gerät	BPatG	§ 73, 138, 144, 148; § 79, 21, 23
Trägerbahnöse	OLG Düsseldorf	§ 9, 22, 24; § 10, 34
Trägermaterial für Kartenformulare	BGH	§ 139, 272
Trägerplatte	BGH	§ 9, 5, 6, 7, 8
Trägerplatte	OLG Düsseldorf	§ 9, 6
Traglaschenkette	BPatG	§ 65, 11; § 87, 5; § 88, 5; § 99, 6
Tragplatte	BGH	§ 3, 45
Tragstruktur-Element-Anordnung	LG Mannheim	§ 14, 84
Trailer-Stabilization-Programm	BGH	§ 135, 20
Traktionshilfe	OLG Düsseldorf	§ 14, 68
Tramadol	BGH	Einleitung, 312; § 73, 76, 77; § 99, 6; § 100, 47
transgene Pflanze/NOVARTIS II	GBK-G	§ 9, 96
transgene Pflanze/NOVARTIS II	GrBK	§ 1, 14, 159; § 1a, 13; § 2, 27; § 2a, 17, 21, 22, 23, 42, 54; § 34, 79, 98, 141, 149; Art. 112, 20
Transglutaminase	LG Düsseldorf	§ 139, 101, 104
Transglutaminase	OLG Düsseldorf	§ 139, 101
Transglutaminase	OLG Hamburg	§ 140b, 14, 40; § 140d, 22
Transhydrogenase	BGH	§ 4, 115
Transimpedanzverstärkeranordnung für hohe Schaltfrequenzen	BPatG	§ 47, 23; § 48, 17
Transitwaren	BGH	§ 9, 79; § 142a, 12, 21
Transocean Offshore Deepwater Drilling Inc. v. Maersk Drilling USA Inc.	CAFC	§ 4, 68

Entscheidungsregister nach Stichworten

Stichwort	Gericht	zitiert bei § + Rdn
Transportbehälter	BGH	§ 62, 30; § 65, 5; § 80, 111; § 84, 67; § 100, 5, 12
Transporteinrichtung	BPatG	§ 73, 154; § 6 (Anh. 15), 24
Transporteinrichtung für großflächige Fahrzeugteile	BPatG	§ 2 (Anh. 15), 7
Transportfahrzeug I	BGH	Einleitung, 43; § 59, 138; § 73, 65
Transportfahrzeug II	BGH	§ 139, 310, 311
Treibladung	BGH	Einleitung, 77, 237, 295; § 47, 19; § 76, 11; § 78, 11; § 93, 8; § 94, 17; § 100, 65
Trekurbeleinheit	BGH	§ 116, 10
Trennanmeldungs-Recherchegebühr	BPatG	§ 1 (Anh. 15), 12, 13
Trennwandeinrichtung	BPatG	§ 73, 82
Treppenlift	BGH	§ 139, 378
Tretkurbeleinheit	BGH	§ 22, 7; § 38, 15; § 81, 34, 155; § 87, 4; § 116, 7, 10; § 117, 10
Treuwidrige Nichtigkeitsklage	BPatG	§ 81, 62
TRIANGLE	BGH	§ 139, 104
Triarylphosphite	BGH	§ 4, 108
Triazolverbindungen	BPatG	§ 123, 130
Trifloxystrobin	BPatG	§ 49a, 48
Trigonellin	BGH	Einleitung, 155; § 1, 264; § 3, 157, 163; § 4, 9, 105, 139; § 14, 116; § 21, 109; § 64, 6; § 81, 72, 121; § 93, 4; § 116, 6
Triosorbin	BGH	§ 30, 15
Trioxan	BGH	Einleitung, 345; § 1, 220, 221; § 5, 6; § 14, 44, 108; § 34, 104, 140, 149, 152, 157, 316, 386, 387
Tripp-Trapp-Stuhl	BGH	§ 139, 107, 146, 148, 158, 159, 160, 161
TRIPS-Kompetenz	EuGH	§ 9, 16, 18
Triptorelin	BPatG	§ 16a, 17
Trockenlegungsverfahren	BGH	§ 14, 78; § 139, 331
Trockenrasierer	BGH	§ 4, 102, 126, 165
Trockenschleuder	BGH	§ 3, 12; § 35, 14
Trommeleinheit	BGH	§ 9, 58; § 34, 236
Trommeleinheit	OLG Düsseldorf	§ 24, 58
Tropfenzähler	RG	Einleitung, 546
Truvada	BGH	Einleitung, 348; § 16a, 25, 33, 42, 45; § 34, 129
Truvada	BPatG	§ 16a, 42, 45
Turbo II	BGH	§ 96, 6
Turbo-Fliehkraftsichter	BPatG	§ 80, 17
TURBO-TABS	BGH	§ 68, 12, 20, 21; § 93, 5, 9; § 100, 34
Turboheuer	BGH	§ 145, 13
Turbolader II	OLG Düsseldorf	§ 139, 242, 243, 244
Türinnenverstärkung	BGH	§ 139, 173
turkey & corn	BGH	Einleitung, 323; § 100, 45

Entscheidungsregister nach Stichworten

Stichwort	Gericht	zitiert bei § + Rdn
TÜV	BGH	§ 143, 11
Tylosin	BGH	Einleitung, 158; § 9, 18, 29, 31, 41, 114; § 139, 32, 57, 58, 104, 178
Typensatz	BGH	§ 1, 41, 92
Überbesetzter Spruchkörper	BVerfG	Einleitung, 197; § 67, 4, 16
Überdruckventil	BGH	§ 4, 47, 54; § 81, 129
Übergehen von Beweisanzeichen	BGH	§ 100, 50
Überlange Dauer eines Gerichtsverfahrens	BVerfG	§ 73, 15
Überlappungsnaht	BGH	Einleitung, 154; § 59, 209; § 73, 218; § 81, 152
Übermittlung per E-Mail	BGH	§ 127, 107
Überprüfung der Faxnummer	BGH	§ 123, 151
Überprüfungsantrag/IFM ELECTRONIC	GrBK	Art. 112a, 20
Überraschungsei	BGH	§ 80, 21; § 99, 11; § 100, 8; § 11 (Anh. 15), 19
Überraschungsentscheidung	BGH	Einleitung, 285
Übersetzung eigener Schriftsätze	OLG Düsseldorf	§ 139, 354; § 143, 43
Übersetzung von Privatgutachten	BPatG	§ 80, 79
Übersetzungserfordernis	BPatG	§ 126, 19
Übersetzungserfordernis	LG Düsseldorf	Anh. 1, 30
Überstromventil	BGH	§ 14, 106
Überstücke für die Richter	BPatG	§ 80, 59
Übertragung des Einspruchs/HOFFMANN-LA ROCHE	GBK-G	Einleitung, 56
Übertragung des Einspruchs/HOFFMANN-LA ROCHE	GrBK	§ 59, 145, 146; **Art. 107**, 19; Art. 108, 3
Übertragung des Einspruchs/MAN	GrBK	§ 59, 146
Überwachung des Leistungsverlustes	BPatG	Einleitung, 505; § 97, 5
Überwachungssystem	BPatG	Einleitung, 235; § 73, 106; § 99, 6
Überzugsvorrichtung	BGH	§ 110, 11
UHF-Empfänger I	BGH	§ 1, 203
UHF-Empfänger II	BGH	Einleitung, 526, 527, 528, 529; § 9, 49; § 78, 15; § 79, 7; § 104, 2
Uhrgehäuse	BGH	§ 15, 26, 28
Ultramercial, LLC v Hulu	CAFC	§ 1, 146
Ultraschallwandler	BGH	§ 9, 115; § 139, 27, 172, 288
Umfang der Akteneinsicht	BPatG	§ 99, 26, 30, 31
Umfang der Prüfung bei ex-parte Beschwerde/SIEMENS	GBK	§ 73, 82
Umfang der Prüfung bei ex-parte Beschwerde/SIEMENS	GBK-G	§ 73, 75
Umhüllungsverfahren	OLG Düsseldorf	§ 81, 160, 161
umlegbare Schießscheibe	BGH	§ 14, 95
Umlenktöpfe	OLG Düsseldorf	§ 14, 68
Umsatzangaben	BGH	§ 139, 409
Umsatzlizenz	BGH	§ 15, 65; § 139, 395
Umsatzsteuer	BGH	§ 80, 90

Entscheidungsregister nach Stichworten

Stichwort	Gericht	zitiert bei § + Rdn
Umschalter	BPatG	§ 45, 13; § 48, 13
Umschreibung	BPatG	§ 30, 31; § 80, 11
Umschreibung/Rechtliches Gehör I	BPatG	§ 30, 19; § 73, 42
Umschreibung/Rechtliches Gehör II	BPatG	§ 30, 19; § 73, 42; § 80, 11
Umschreibungsverfahren	BPatG	§ 26, 24; § 30, 21; § 73, 147; § 79, 23
Umschreibungsverfahren I	BPatG	§ 80, 11
Umschreibungsverfahren II	BPatG	§ 80, 11, 16
UMTS-fähiges Mobiltelefon	LG Mannheim	§ 24, 93; § 139, 6, 35
UMTS-fähiges Mobiltelefon II	LG Mannheim	§ 24, 82, 93; § 139, 264; § 140b, 31
UMTS-Standard	OLG Karlsruhe	§ 139, 367
Umweltengel für Tragetasche	BGH	§ 24, 127; § 140c, 66
Umwerfer	OLG Düsseldorf	§ 14, 42
unbedenkliche Mehrfachabmahnung	BGH	§ 143, 33
Unbedingte Einlegung eines Rechtsmittels	BGH	Einleitung, 56; § 73, 80
Unbegründete Abnehmerverwarnung	BGH	§ 139, 232
Unbegründeter Patentumschreibungsantrag	BPatG	§ 30, 30, 31
Unberechtigte Abmahnung	BGH	§ 139, 261
Unberechtigte Abnehmerverwarnung	OLG Düsseldorf	§ 139, 214
Unberechtigte Schutzrechtsverwarnung	BGH	§ 139, 215, 232, 233, 236, 239, 240
Unberechtigte Schutzrechtsverwarnung II	BGH	§ 139, 234
Unberechtigter Anmelder/LATCHWAYS	GBK-G	§ 8, 37
Unbestimmter Unterlassungsantrag II	BGH	§ 139, 389
Unbestimmter Unterlassungsantrag III	BGH	§ 139, 287
UNDERGROUND	LG Düsseldorf	§ 139, 450
Unfallmanipulation	BGH	Einleitung, 234
Ungerechtfertigte einstweilige Verfügung	BGH	§ 139, 466, 468, 469
Ungleichbehandlung	BVerfG	Einleitung, 203
Unhaltbare Annahme der Zuständigkeit	BGH	§ 100, 34
UniBasic-IDOS	BGH	§ 140c, 12, 21, 32
Unikatrahmen	BGH	§ 6, 15; § 139, 146
Unilin Beheer NV v Berry Floor NV	Court of Appeal UK	§ 41, 39
United Brands	EuGH	§ 24, 53
University of Queensland and CSL	EuGH	§ 16a, 30, 43, 46, 62, 82, 89
unklarer Erteilungsbeschluss	BPatG	§ 73, 55
unleserliche Unterschrift	BGH	Einleitung, 381
Unleserliche Unterschrift	BGH	Einleitung, 387
unrichtige Adressierung (1)	BGH	§ 123, 98
unrichtige Adressierung (2)	BGH	§ 123, 98
Untätigkeit des Patentamts	BPatG	§ 73, 13, 16
Untätigkeitsbeschwerde I	BPatG	§ 73, 14

Entscheidungsregister nach Stichworten

Stichwort	Gericht	zitiert bei § + Rdn
Untätigkeitsbeschwerde II	BPatG	§ 73, 14
Unterbekleidungsteil	BPatG	Einleitung, 47; § 28, 2; § 73, 80; § 99, 6
Unterbevollmächtigter	BPatG	Einleitung, 502
Unterbevollmächtigter I	BGH	§ 80, 82
Unterbevollmächtigter II	BGH	§ 80, 82
Unterbevollmächtigter III	BGH	§ 80, 41, 82; § 139, 350
Unterbrechung des Kostenfestsetzungsverfahrens	BGH	Einleitung, 223; § 80, 105
Unterbrechung und Kostenfestsetzung	BGH	Einleitung, 223
Unterdruckwundverband	BPatG	§ 21, 73; Anh. 1, 49
Unterfangkescher	BPatG	§ 133, 5
Unterlassen erneuter Zeugenvernehmung	BGH	Einleitung, 155
Unterlassungserklärung durch Anwalt	OLG Karlsruhe	§ 139, 68
Unterlassungsurteil gegen Sicherheitsleistung	BGH	§ 139, 103, 238
Unterlassungsvollstreckung	BGH	§ 139, 370
Unterschrift auf einer Telekopie	BGH	Einleitung, 399, 403
Unterschriftenkontrolle	BGH	§ 123, 148
Unterschriftsmangel	BPatG	Einleitung, 386; § 47, 7; § 73, 40
Unterschriftsmangel II	BPatG	§ 47, 7, 11, 15; § 73, 27, 40, 163
Unterstretch	LG Düsseldorf	§ 10, 33; § 139, 61
Unterteilungsfahne	BGH	§ 2 (Anh. 15), 43, 47
Unterwerfung durch Fernschreiben	BGH	§ 139, 69
Unterzeichnung »i.A.«	BGH	Einleitung, 386
Unverletzlichkeit der Wohnung	BGH	§ 140c, 67
Unvollständige EuGH-Rechtsprechung	BVerfG	Einleitung, 539
Unvollständige Recherche	BPatG	§ 65, 7; § 9 (Anh. 15), 8
Unwired Planet International Ltd et al v. Huawei Technologies (UK) Co Ltd et al	Supreme Court	§ 15, 30
Unwired Planet International Ltd. v Huawei Technologies Co. Ltd. et al.	Court of Appeal UK	§ 3, 12
Unwirksame Zustellung	BPatG	§ 127, 107, 108
Unwirksamkeit der öffentlichen Zustellung	BGH	§ 127, 28
Unwuchtantrieb	BPatG	§ 73, 106
Unzulässige Anhörungsrüge	BGH	Einleitung, 332; § 122a, 15
Unzulässige Anhörungsrüge	BPatG	§ 79, 45
Unzulässige Berufung	BGH	§ 97, 6
Unzulässige Richtervorlage	BVerfG	Einleitung, 532
unzulässige Verletzungsklage	BVerwG	§ 139, 283
Unzulässiges Rechtsmittel, Prozesskostenhilfe	BGH	§ 130, 52; § 132, 6

Entscheidungsregister nach Stichworten

Stichwort	Gericht	zitiert bei § + Rdn
Unzulässigkeit einer Container Signatur	BGH	§ 125a, 14
Unzutreffend berechnete Laufzeit	BPatG	§ 49a, 51
Urteilsbeschwer bei Stufenklage	BGH	§ 139, 340
Use of cyclopamine/TAS, SINAN	GrBK	Art. 112a, 19
UV-unempfindliche Druckplatte	BGH	§ 41, 29, 36
V-förmige Führungsanordnung	BGH	§ 14, 80, 85
VA-LCD-Fernseher II	LG Mannheim	§ 139, 440
VA-LVD-Fernseher	OLG Karlsruhe	§ 139, 436
Vakuumgestütztes Behandlungssystem	OLG Düsseldorf	§ 139, 447, 448
Vakuumpumpe	OLG Düsseldorf	§ 10, 51; § 11, 23
Vakuumtransportsystem	BGH	§ 139, 387
Valaciclovir	BPatG	Einleitung, 7, 131; § 16a, 87; § 49a, 23, 34; § 67, 14; § 73, 47, 52
Valaciclovirhydrochlorid	BPatG	§ 16a, 86, 144
Valium Roche	BGH	§ 96, 4
Valsartan	LG Düsseldorf	§ 16a, 96; § 139, 443
Value	BGH	§ 100, 21, 22, 23
Vanal-Patent	BGH	§ 81, 48, 50, 54, 57, 62; § 84, 3
Variable Bildmarke	BGH	§ 68, 21; § 93, 5
Vehicle Intelligence & Safety LLC v Mercedes-Benz USA, LLC	CAFC	§ 1, 146
Velcro/Aplix	EG-Kommission	§ 15, 34
Ventilanbohrvorrichtung	OLG Düsseldorf	§ 139, 311
Ventilbetätigungsvorrichtung	BGH	§ 34, 316; § 59, 199; § 81, 121, 129
Ventileinrichtung	BGH	Einleitung, 7, 22, 23, 27; § 21, 62; § 38, 18; § 59, 196; § 73, 5, 9, 11, 12
Ventilsteuerung	BGH	§ 27, 14; § 61, 10; § 65, 7; § 99, 5, 6
Verankerungsteil	BGH	§ 15, 41
Verarrestierbarkeit eines Patents	Schweiz. BG	§ 6, 29
Verbindung von Anmeldungen	BPatG	Einleitung, 174
Verbindungsklemme	BGH	§ 4, 172; § 81, 74, 173
Verbrauch unter Druck befindlicher Flüssigkeiten	BPatG	§ 79, 21
Verbrauchsmaterialien	BGH	§ 9, 60
Verdichtungsvorrichtung	BGH	§ 139, 314
Verdickerpolymer	BGH	§ 14, 39
Verdickerpolymer I	BGH	§ 3, 56, 63, 139; Anh. 1, 48
Verdickerpolymer II	BGH	§ 44, 7; § 73, 99, 103, 104, 105; § 123, 163
Verdickungszusammensetzung	BPatG	§ 44, 7; § 73, 36, 42, 103, 105
Verdienstausfall	BGH	§ 80, 58
Vereinfachte Unterschrift	BGH	Einleitung, 387
Verfahren und Vorrichtung zum Erzeugen und Aufrechterhalten von therapeutischer Hypothermie	BPatG	§ 48, 14

Entscheidungsregister nach Stichworten

Stichwort	Gericht	zitiert bei § + Rdn
Verfahren und Vorrichtung zur Temperierung von Temperierflüssigkeit in Druckmaschinen	BPatG	§ 47, 24
Verfahren zum Authentifizieren/ ANDAWARI	GrBK	Art. 112a, 14
Verfahren zum Einstelllen eines Gießspaltes	BPatG	Einleitung, 23
Verfahren zum Formen	BPatG	§ 25, 24; § 30, 24
Verfahren zum Vorfüllen des exkorporalen Kreislaufs	BPatG	§ 74, 11
Verfahren zur Herstellung farbiger Strukturen eines Glases	BPatG	§ 30, 31
Verfahren zur Herstellung von Kunststoffbehältern für Flüssigkeiten	BPatG	§ 73, 212
Verfahren zur Simulation einer technischen Anlage	BPatG	§ 47, 25
Verfahrensgebühren bei Klageverbindung	BPatG	§ 80, 86, 91; § 99, 6
Verfahrenskostenhilfe	BGH	§ 123, 157; § 138, 7
Verfahrenskostenhilfe	BPatG	Einleitung, 421; § 130, 49
Verfahrenskostenhilfe für das Anfertigen von Patentzeichnungen	BPatG	§ 129, 8; § 130, 55
Verfahrenskostenhilfe für Einsprechenden	BPatG	Einleitung, 421; § 132, 5
Verfahrenskostenhilfe für juristische Person	BGH	§ 132, 10; § 144, 15
Verfahrensrechtlicher ordre public	BGH	§ 2, 19
Verfolgungsverjährung	BGH	§ 139, 413
Verfügungskosten	BGH	§ 139, 469
Verglasungsdichtung	BGH	§ 59, 166
Verhinderung bei Tatbestandsberichtigung	BPatG	§ 96, 7
Verhütungsmittel	LG Düsseldorf	§ 139, 419
Verjährung	BGH	§ 141, 21
Verjährung des Entschädigungsanspruchs	BPatG	§ 33, 10
Verjährungshemmung	BGH	§ 141, 18
Verjährungshemmung durch Streitverkündung	BGH	§ 141, 18
Verkaufsveranstaltung in Aussiedlerwohnheim	BGH	§ 139, 389; § 141, 18
Verkehrsdaten	OLG Düsseldorf	§ 140b, 64
Verkehrsschild-Einrichtung	BPatG	§ 73, 92
Verkleidungsplatten	BPatG	§ 127, 36, 45
Verkranzungsverfahren	BGH	§ 6, 21
Verlängerung Altmarken	BPatG	§ 73, 147
Verlängerung Altmarken (Markensache, Entscheidung ohne vorherigen Hinweis)	BPatG	§ 73, 150

Entscheidungsregister nach Stichworten

Stichwort	Gericht	zitiert bei § + Rdn
Verlängerung der Berufungsbegründungsfrist	BGH	Einleitung, 188
Verlängerung der Berufungsbegründungsfrist	BVerfG	§ 123, 126
Verlängerung der Frist zur Berufungsbegründung	BGH	Einleitung, 324
Verlängerungsgebühr	BGH	§ 5 (Anh. 15), 12
Verletzung des rechtlichen Gehörs/ IXETIC	GBK-R	Art. 112a, 22
Verletzung des rechtlichen Gehörs/ IXETIC	GrBK	Art. 112a, 9
Verletzung des rechtlichen Gehörs/ SIEMENS SCHWEIZ	GBK-R	Art. 112a, 30
Verletzung des rechtlichen Gehörs/ SIEMENS SCHWEIZ	GrBK	Art. 112a, 24, 31
Verletzung des rechtlichen Gehörs/ SWAROVSKI-OPTIC	GrBK	Art. 112a, 24
Verletzung des Willkürverbots	BVerfG	Einleitung, 549
Vermögensrechtliche Ansprüche	BGH	§ 143, 7
Vernichtungsanspruch	BGH	§ 140a, 4, 14
Veröffentlichungsverbot für Patentschrift II	BayVGH	§ 44, 48; § 45, 11; § 58, 13, 16
Verpackungsmaschine	BGH	§ 81, 72; § 116, 3
Verpackungsmaterial	LG Düsseldorf	§ 139, 111, 170
Versagung von VKH im Erteilungsverfahren wegen Mutwilligkeit	BPatG	§ 130, 60
Verschleißfeste Oberfläche	BGH	§ 34, 319, 353, 398, 412
Verschleppungsabsicht	BGH	Einleitung, 241
Verschluss/ZIMMERMANN	GrBK	Art. 112a, 6
Verschlüsselungsverfahren	BGH	§ 38, 20
Verschlußvorrichtung für Gießpfannen	BGH	Einleitung, 7; § 1, 50, 51; § 21, 101; § 32, 18; § 45, 11; § 59, 5, 26, 177
Versehen des Gerichts	BVerfG	§ 123, 72
Versehentliche Rücknahmeerklärung	BPatG	Einleitung, 93
Versorgungsleitungen	OLG Düsseldorf	§ 14, 37
verspätet beantragte Änderungen/ WHITBY II	GBK-G	Einleitung, 173, 176, 257, 258, 261
Verspätet beantragte Änderungen/ WHITBY II	GrBK	§ 34, 198
Verspätete Zahlung der Einspruchsgebühr	BGH	§ 59, 32, 41; § 61, 23; § 123, 61
verspäteter Schriftsatz	BGH	§ 78, 34
Verstärker	BGH	§ 1, 203
Verstärker	BPatG	§ 46, 14; § 47, 25; § 48, 18; § 73, 142, 148, 159
Verstellvorrichtung	BPatG	Einleitung, 235; § 73, 106, 108; § 99, 6
Verstoß gegen Büroanweisung	BGH	§ 123, 43
Verstoß gegen Willkürverbot	BVerfG	Einleitung, 203

Entscheidungsregister nach Stichworten

Stichwort	Gericht	zitiert bei § + Rdn
Verteilergehäuse	BGH	§ 1, 273; § 4, 129, 166; § 34, 309, 316, 317
Verteilung von Informationen	BPatG	Einleitung, 197
Vertikallibelle	BGH	§ 100, 36
Vertragsstrafe	OLG Rostock	§ 143, 9
Vertragsstrafe bis zu …	BGH	§ 139, 69
Vertragsstrafe bis zu … I	BGH	§ 139, 65
Vertragsstrafe ohne Obergrenze	BGH	§ 139, 69
Vertragsstrafebemessung	BGH	§ 139, 69
Vertragsstrafenklage	LG Mannheim	§ 143, 9
Vertragsstrafenklausel	BGH	Einleitung, 457; § 139, 69
Vertragsstrafevereinbarung	BGH	§ 139, 59
Vertrauensschutz/UNILEVER	GBK	Einleitung, 418, 462
Vertrauensschutz/UNILEVER	GBK-G	Einleitung, 462, 464, 465, 467, 468, 469; § 123, 39; § 2 (Anh. 15), 23
Vertrauensschutz/UNILEVER	GrBK	Art. 108, 13; Art. 110, 8
Vertretung/BOGASKY	GBK	Einleitung, 176
Vertretung/HAUTAU II	GBK-G	Einleitung, 176
Verwaltungsvereinbarung/MEDTRONIC	GBK	Einleitung, 71, 418, 462
Verwaltungsvereinbarung/MEDTRONIC	GrBK	§ 59, 34; Art. 106, 24
Verwandlungstisch	BGH	§ 15, 66; § 21, 114
Verweisungsbeschluss	BGH	§ 79, 48
Verwendung von Embryonen/WARF	GBK	§ 2, 39
Verwendung von Embryonen/WARF	GrBK	§ 2, 8, 15, 16, 40, 41, 42; Art. 106, 5
Verwendung von Heparin	BGH	§ 81, 129
Verwendungspatent	OLG Karlsruhe	§ 14, 119
Verworrene Begründung	BPatG	§ 73, 142, 148; § 79, 23
Verzinsung des Kostenerstattungsanspruchs	BGH	§ 80, 96
Vibrationsrammanordnung	BPatG	§ 31, 22
Videolizenzvertrag	BGH	§ 139, 126
Videosignal-Codierung I	LG Düsseldorf	§ 9, 102, 103, 105; § 24, 60, 64, 69, 73, 74, 87; § 141, 13
Videosignal-Codierung II	LG Düsseldorf	§ 10, 12
Videosignal-Codierung III	LG Düsseldorf	§ 24, 70, 71, 81, 84, 87
Videospiel-Konsolen II	BGH	Einleitung, 194; § 139, 23, 30
Videoüberwachung	BVerfG	Einleitung, 204, 215
Vier Ringe über Audi	BGH	§ 9, 23
Vier-Augen-Gespräche	BVerfG	Einleitung, 542
Vier-Streifen-Schuh	BGH	§ 139, 117
Vieraugengespräch	BGH	Einleitung, 542
Vierlinden	BGH	§ 68, 21
Violation of right to be heard/HOLLISTER	GBK-R	Art. 112a, 27
Virtuelle Arbeitspunktbestimmung	BPatG	§ 42, 14; § 48, 13; § 126, 19
VISION	BPatG	Einleitung, 79; § 94, 12; § 99, 6

Entscheidungsregister nach Stichworten

Stichwort	Gericht	zitiert bei § + Rdn
vitre de véhicule	BPatG	§ 78, 33
VIVA FRISEURE/VIVA	BGH	§ 73, 106; § 100, 48
VKH für VKH-Beschwerdeverfahren	BPatG	§ 129, 8; § 130, 54; § 135, 16; § 2 (Anh. 15), 9, 13
VOGUE-Ski	BGH	§ 79, 22
Vollmacht vor BVerfG	BVerfG	Einleitung, 451
Vollmachtsnachweis	BGH	§ 139, 220
Vollstreckung der Rechnungslegung	LG Düsseldorf	§ 139, 423
Vollstreckungsabwehrklage	BGH	§ 80, 113; § 99, 11; § 110, 3
Vollstreckungsverzicht im Eilverfahren	OLG Köln	§ 139, 448
Vollziehung im Verhandlungstermin	OLG München	§ 139, 459
Volvo/Veng	EuGH	§ 24, 58, 60
von Colson und Kamann	EuGH	Einleitung, 140
von DPMA angeforderte Übersetzung	BPatG	§ 80, 89
von Hand gelöschte Faxnummer	BGH	§ 123, 151
Vorabentscheidung über Anschlussberufung	BGH	§ 84, 4
Voran	BGH	§ 9, 17, 18, 114
Vorausbezahlte Telefongespräche	BGH	§ 4, 7, 8, 43; § 84, 12
Vorausbezahlte Telefongespräche II	BGH	§ 79, 46; § 80, 51; § 139, 338
Vorbenutzungsrecht	OLG Düsseldorf	§ 12, 30
Vorbereitender Besichtigungsanspruch	OLG Hamm	§ 140c, 33, 44
Vorbereitungshandlung	BVerfG	Einleitung, 197
Vorlage an die GrBK/KLEHR	GrBK	Art. 112, 21, 24
Vorlage an EuGH	BVerfG	Einleitung, 197
Vorlage eines Fax	BPatG	§ 123, 146
Vorlage nach Art 100 (1) GG	BVerfG	Einleitung, 532
Vorlage unzulässig	GrBK	Art. 112, 40
Vorlage von Bankunterlagen	OLG Frankfurt/Main	§ 140d, 22
Vorlage von Beweismitteln	BGH	Einleitung, 436
Vorlageanordnung	BGH	§ 140c, 93
Vorlagepflicht an EuGH	BVerfG	§ 24, 100
Vorlaminiertes mehrschichtiges Band	LG Düsseldorf	§ 139, 280
Vornapf	BGH	Einleitung, 345; § 49, 28, 31; § 59, 244; § 73, 83, 212
Vorpreßling für Hohlglaskörper	BGH	Einleitung, 174
Vorprozessuale Anwaltskosten	BGH	§ 139, 224, 342
Vorprozessuale Patentanwaltskosten	KG	§ 139, 223
Vorprozessuale Rechtsverfolgungskosten	BGH	§ 139, 224, 342
Vorratsdatenauskunft	OLG Frankfurt/Main	§ 140b, 61, 66, 74
Vorrichtung zum Auspressen	BGH	§ 38, 17; § 81, 72
Vorrichtung zum Heißluftnieten	BPatG	§ 73, 212
Vorrichtung zum Zerstäuben	BGH	§ 4, 82; § 81, 101, 102, 124, 142

Entscheidungsregister nach Stichworten

Stichwort	Gericht	zitiert bei § + Rdn
Vorrichtung zur Bestimmung der Absorption einer Probe	BPatG	§ 48, 17
Vorrichtung zur Bestimmung des Blutvolumens	BPatG	§ 78, 10
Vorrichtung zur Detektion von Wasser in Brennstofftanks von Flugzeugen	BPatG	§ 73, 130; § 79, 21; § 99, 5, 6
Vorrichtung zur Herstellung von Aufgussgetränken	BPatG	Einleitung, 29
Vorschaltgerät	BPatG	§ 65, 11; § 99, 6
Voter Verified v. Premier Election Solutions	CAFC	§ 3, 41
wahrheitswidriger Vortrag	BVerfG	Einleitung, 451
Waldschlößchen	BGH	§ 91, 5, 6
Walzen-Formgebungsmaschine I	LG Düsseldorf	§ 140c, 75
Walzen-Formgebungsmaschine II	LG Düsseldorf	§ 140c, 86
Walzenformgebungsmaschine	BGH	§ 14, 62; § 84, 12; § 91, 3; § 93, 5; § 99, 6; § 100, 44; § 117, 3
Walzgerüst II	BGH	§ 4, 64
Walzgut-Kühlbett	BGH	§ 3, 115; § 34, 291, 301, 309, 324, 420; § 38, 20
Walzstabteilung	BGH	§ 1, 19, 127
Walzstraße	BGH	§ 83, 8; § 116, 6, 9, 10; § 117, 9
Wandabstreifer	BGH	§ 12, 17; § 33, 8, 11; § 123, 178, 180, 181; § 139, 104, 105, 317
Wandsteckdose II	BGH	§ 139, 110
Wandverkleidung	LG Düsseldorf	§ 10, 38, 43
Warenregal	BGH	§ 4, 46
Wärmeaustauscher	BGH	Einleitung, 529; § 59, 156; § 100, 8, 11; § 139, 82
Wärmeaustauscher I	BGH	§ 73, 42
Wärmeaustauscher II	BGH	§ 100, 12
Wärmeenergieverwaltung	BGH	§ 1, 44; § 4, 33, 52, 54; § 14, 32
wärmegedämmte Außenwand	OLG Düsseldorf	§ 10, 7
Wärmehärtbare Überzugsmasse	BGH	§ 4, 66
Wärmeschreiber	BGH	§ 34, 296; § 38, 21
Wärmetauscher	BGH	Einleitung, 454; § 14, 27, 67, 73, 78, 89, 95, 96; § 34, 171; § 139, 76, 80, 81, 85
Warmpressen	BGH	§ 1, 54; § 47, 23; § 100, 28, 29, 30, 32, 33, 54, 56, 57, 58, 59, 64; § 108, 3
Warmwasserbereiter	BGH	Einleitung, 131; § 73, 65; § 107, 5, 8
Warner-Lambert Company LLC v Generics (UK) Ltd t/a Mylan et al	Supreme Court	§ 34, 422
Warnhinweis	BGH	§ 139, 89
wartungsfreies Gerät	BPatG	§ 129, 8; § 130, 51, 54, 55; § 2 (Anh. 15), 8, 9
Wasch- und Bleichmittel	BGH	§ 1, 272; § 4, 125; § 81, 135
Wäschepresse	BGH	§ 20, 8, 24; § 30, 15; § 123, 175, 178, 182

Entscheidungsregister nach Stichworten

Stichwort	Gericht	zitiert bei § + Rdn
Wäschesack	BGH	§ 139, 394
Wäschespinne	BPatG	§ 123, 31
Waschmittel	BGH	§ 79, 13, 37; § 99, 6
Wasser-Aufbereitung	BGH	§ 2, 28; § 4, 110; § 34, 412
Wasserdichter Lederschuh	BGH	§ 14, 44; § 21, 36
Wassermischarmatur	BGH	§ 40, 25
Wasserventil	BGH	§ 86, 10; § 100, 12, 37
WC-Erfrischer	LG Düsseldorf	§ 139, 257, 269
WC-Körbchen II	LG Düsseldorf	§ 10, 48
WC-Sitzgelenk	OLG Düsseldorf	§ 14, 35, 81, 82
Webseitenanzeige	BGH	§ 1, 63, 66
Wegfall der Prozesskostensicherheit	BGH	§ 139, 300, 303
Wegfall der Wiederholungsgefahr I	BGH	§ 139, 59
Wegfall der Wiederholungsgefahr II	BGH	§ 139, 59
Weichvorrichtung I	BGH	§ 14, 59
Weichvorrichtung II	BGH	Einleitung, 418; § 14, 54, 59; § 59, 29; § 139, 394
Weidepumpe	BGH	§ 59, 54; § 78, 15, 16; § 79, 8; § 81, 146
Weihnachtsbrief	BGH	Einleitung, 211; § 73, 74; § 79, 12; § 100, 58; § 101, 3; § 108, 2, 3; § 109, 13
Weisse Flotte	BGH	Einleitung, 324
Weit-Vor-Winter-Schluss-Verkauf	BGH	§ 139, 59
Weiterbehandlung	BPatG	Einleitung, 458; § 123, 41; § 123a, 16, 21, 22
Weiterbehandlung II	BPatG	§ 123a, 21, 22
Weiterbehandlung III	BPatG	§ 123a, 21
Weiterbehandlung/Plaksin	JBK	§ 123, 41
Weißmacher	OLG Düsseldorf	§ 140c, 15
Wellnessgerät	BGH	§ 4, 68, 69; § 100, 47
Wellplatten	BGH	§ 15, 57
Wendemanschette I	BGH	§ 81, 48, 50, 56
Wendemanschette II	BGH	§ 15, 69
Werbedrucksache	BGH	Einleitung, 345; § 100, 65
Werbekampagne mit blauem Engel	BVerfG	Einleitung, 135, 195
Werbespiegel	BGH	§ 15, 27, 65
Werbung auf Telefonkarte	BGH	§ 139, 290
Werbung des Nachrichtensenders	BGH	§ 139, 152, 166
Werbung über Suchmaschine	OLG Köln	§ 139, 223
werkstoffeinstückig	BGH	§ 14, 31
Werkstück	BGH	§ 42, 37; § 48, 19; § 87, 9, 10; § 91, 3; § 100, 46
Werkzeuggriff	BGH	§ 139, 177; § 140b, 26
Werkzeughalterung	BGH	§ 81, 160
Wert der Auskunftsklage	BGH	§ 139, 340
WEST	BGH	§ 100, 45, 47
Westie-Kopf	BGH	§ 79, 48
Wettschein	BGH	§ 1, 41, 95

Entscheidungsregister nach Stichworten

Stichwort	Gericht	zitiert bei § + Rdn
what's live	BPatG	§ 73, 142
Whistling for a train	BGH	§ 139, 128, 129
Widerruf der Beschwerderücknahme	BPatG	§ 73, 202
Widerruf der Erledigungserklärung	BGH	Einleitung, 543
Widerruf der Umschreibungsbewilligung	BPatG	§ 80, 11
Widerruf der Zurücknahme eines Antrags/SUMITOMO	TBK	Einleitung, 545
Widerruf des Patents	GBK-G	§ 20, 3
Widerruf des Patents	GrBK	§ 34, 453; § 59, 56, 245
Widerruf eines ergänzenden Schutzzertifikats/Trifloxystrobin	BPatG	§ 16a, 125, 142
Widerruf von Prozesshandlung durch Streitgenossen	BGH	§ 73, 106
Widerspruchsunterzeichnung	BGH	Einleitung, 374, 375, 386; § 73, 68
Wie hammas denn?	BGH	Einleitung, 31, 34
Wiedereinsetzung	BGH	Anh. 17, 30
Wiedereinsetzung des Einsprechenden/VOEST ALPINE	GBK-G	Einleitung, 115, 134, 166, 195; § 123, 22, 66
Wiedereinsetzung des Einsprechenden/VOEST ALPINE	GrBK	§ 59, 73; § 61, 25; Art. 106, 3, 11
Wiedereinsetzung I	BGH	§ 123, 40
Wiedereinsetzung III	BGH	§ 47, 39, 41; § 73, 62; § 123, 142
Wiedereinsetzung V	BGH	§ 123, 86, 89, 94, 96, 132
Wiedereinsetzung, Ausgangskontrolle	BGH	§ 123, 86
Wiedereinsetzung, Einzelanweisung (1)	BGH	§ 123, 93
Wiedereinsetzung, Einzelanweisung (2)	BGH	§ 123, 86, 93
Wiedereinsetzung/DURIRON	GBK	Art. 112, 22
Wiedereinsetzung/FABRITIUS II	GBK-G	§ 123, 5
Wiedereinsetzung/HOUPT	GBK	Art. 112, 22
Wiedereinsetzung/KLIMA	TBK	§ 123, 118, 123
Wiedereinsetzung/NELLCOR	GBK-G	§ 123, 5
Wiedergabe topografischer Informationen	BGH	§ 1, 63, 66
Wiedergabe topographischer Informationen	BGH	§ 1, 59, 65, 141; § 4, 10
Wiedergabeschutzverfahren	BPatG	Einleitung, 238; § 78, 33
Wiederholte Unterwerfung	BGH	§ 139, 395
Wiederholte Unterwerfung II	BGH	§ 139, 226
wiederholter Zwangsmittelantrag	LG Düsseldorf	§ 139, 424
Wiegevorrichtung	BGH	Einleitung, 347
Wildbißverhinderung	BGH	§ 34, 346, 413
Wildverbissverhinderung	BGH	§ 6, 11; § 8, 9, 24
Wimpernfärbestift	BGH	§ 3, 136; § 4, 86, 134, 168, 172
WINCAD	BGH	§ 139, 465
Windenergieanlage	BPatG	§ 25, 17; § 80, 16; § 97, 16
Windenergiekonverter	BGH	§ 21, 74; § 22, 16; § 59, 244

Entscheidungsregister nach Stichworten

Stichwort	Gericht	zitiert bei § + Rdn
Windschutzblech	BGH	§ 34, 408; § 38, 20; § 139, 394
Windsor Estate	BGH	§ 139, 174, 255
Windsurfing International	EG-Kommission	§ 81, 52
Windsurfing International	EuGH	§ 81, 52
Winkelmesseinrichtung	BGH	§ 21, 72, 73, 74; § 22, 16, 18
Winkelmesseinrichtung	BPatG	§ 21, 68
Wintersteiger	EuGH	§ 139, 271, 272
Winterweizen	LG Düsseldorf	§ 9c, 22
Wirbelkammer	LG Düsseldorf	§ 12, 15
Wirbelstromsensor	BPatG	§ 42, 37
Wirksamkeit der Prozessvollmacht	BGH	§ 97, 7
Wirksamkeit der Teilungserklärung	BPatG	§ 39, 40
Wirksamkeit einer durch Täuschung vereitelten Zustellung	VGH München	§ 127, 54
Wirksamkeit eines Anerkenntnisses	BGH	§ 84, 48
Wirkung eines OH-Gutachtens	BGH	§ 140c, 57
Wirkungsvoller Rechtsschutz	BVerfG	§ 73, 14
Wirtschaftsprüfervorbehalt	BGH	§ 139, 178
Wischtuch	BGH	§ 41, 52
Wissenschaftlicher Interessent	BPatG	§ 99, 22
Wood treatment/HARROWER	GBK-R	Art. 112a, 14
Wood treatment/HARROWER	GrBK	Art. 112a, 14
Woolards's Application	Patents Court	§ 3, 79
Wundbehandlungsvorrichtung	BGH	Einleitung, 7; § 1, 9; § 21, 72; § 22, 7, 11, 16, 18; § 34, 296; § 38, 15, 18; Anh. 1, 42
Wundverband	BGH	§ 139, 280, 293, 294
Wurzelsequenzordnung	OLG Karlsruhe	§ 24, 113
Yamanouchi	EuGH	§ 16a, 109
Yamanouchi Pharmaceuticals Co	EuGH	§ 16a, 47, 133
Yeda	EuGH	§ 16a, 30, 43
Yissum	EuGH	§ 16a, 13, 16, 77
YOOFOOD/YO	BGH	§ 97, 49
YouTube-Drittauskunft II	BGH	§ 140b, 32
Yttrium-90 Glasmikrokugeln	BPatG	§ 16a, 8, 56
Yttrium-Aluminium-Granat	BGH	Einleitung, 155; § 4, 105; § 139, 382
z	BGH	§ 42, 14
Zahlendreher	BPatG	Einleitung, 131
Zahlung per Lastschrift	BPatG	Anh. 17, 28
Zählwerkgetriebe	BGH	§ 81, 58, 60
Zahnabdruckset	BVerfG	Einleitung, 542; § 139, 453, 454
Zahnimplantat	BGH	Einleitung, 43; § 3, 17
Zahnimplantat	OLG Düsseldorf	§ 139, 362
Zahnkranzfräser	BGH	Einleitung, 342; § 4, 102, 113, 124, 171; § 21, 104; § 59, 29; § 81, 8, 135; § 84, 12; § 110, 13; § 116, 4
Zahnpasta	BGH	Einleitung, 7; § 9, 98
Zahnrad-Getriebe	BPatG	Einleitung, 315, 316; § 89, 13

Entscheidungsregister nach Stichworten

Stichwort	Gericht	zitiert bei § + Rdn
Zahnstruktur	BGH	Einleitung, 324; § 99, 6; § 100, 39, 40, 47
Zeitplaner	BGH	§ 143, 22; § 144, 10
Zeitpunkt der Berufungsbegründung	BGH	§ 123, 25, 36, 37, 94
Zeitpunkt der Beschwer	BGH	Einleitung, 345, 346; § 73, 53
Zeitpunkt der Entscheidung	BGH	Einleitung, 77
Zeittelegramm	BGH	§ 21, 53, 72, 73; § 22, 16; § 38, 21
Zeitungs-Dummy	LG München	§ 139, 139
Zeitversäumnisentschädigung	BGH	§ 80, 58, 83
zeitversetztes Fernsehen	OLG Düsseldorf	§ 14, 77; § 140c, 65, 75, 88
Zeiß	BGH	§ 9, 79
Zelger/Salinitri	EuGH	§ 139, 283
Zerfallszeitmessgerät	BGH	Einleitung, 123; § 14, 9, 37, 87, 94
Zerkleinerungsvorrichtung	BGH	§ 139, 107, 110, 114, 115
Zerlegvorrichtung für Baumstämme	BGH	§ 139, 331
Zeugenerfolgshonorar	BGH	§ 123, 97, 161
Zeugenvernehmung im Ausland	BGH	§ 46, 31
Zickzackabtastpfad	BPatG	§ 25, 24, 35; § 97, 5
Ziegelsteinformling I	BGH	§ 73, 84, 180, 192; § 81, 41, 42; § 100, 3, 23; § 102, 6
Ziegelsteinformling II	BGH	§ 81, 43
Ziehmaschine	OLG Düsseldorf	§ 14, 58
Ziehmaschinenzugeinheit	BGH	§ 14, 20, 58
Ziehmaschinenzugeinheit II	BGH	§ 4, 172
Zierfalten	BGH	§ 81, 42, 43, 117
Zigarettenfilter	BGH	§ 100, 59
Zigarettenpackung	BGH	Einleitung, 7; § 3, 97; § 21, 74
Zigarettenpapier	OLG Düsseldorf	§ 139, 10, 11, 36, 37
Zigarrenanzünder	BGH	§ 14, 66
Zimtkapseln	BGH	§ 1, 246
Zinkelektrode	OLG München	§ 15, 58
Zinkenkreisel	BGH	Einleitung, 346; § 3, 139; § 34, 25; § 100, 22, 24, 25; § 101, 3, 7; § 107, 5, 10; § 139, 394
Zinnlot	BGH	§ 100, 25
zipfelfreies Stahlband	BGH	§ 3, 97
Zipfelfreies Stahlband	BGH	§ 14, 44; § 34, 152
Zoigl	BPatG	§ 73, 105
Zöliakiediagnoseverfahren	BGH	§ 3, 177; § 4, 105
Zollbeschlagnahme bei Durchfuhr	EuGH	§ 142a, 3
Zuckerzentrifuge	BGH	§ 14, 54; § 34, 205
Zugang des Abmahnschreibens	BGH	§ 84, 49; § 139, 219
Zugangsdaten für Internetseite	OLG Düsseldorf	§ 139, 429
Zugriffsinformation	BGH	Einleitung, 300; § 100, 40, 42, 47
Zugriffskanal	OLG Karlsruhe	§ 14, 56
Zugriffsrechte	BGH	§ 4, 144; § 14, 22, 42
Zugseilführung	BGH	§ 3, 187, 191; § 4, 12, 13
Zulässigkeit der Akteneinsicht	BPatG	§ 99, 25

Entscheidungsregister nach Stichworten

Stichwort	Gericht	zitiert bei § + Rdn
Zulässigkeit der Berufung, Berufungsanträge	BGH	§ 118, 3
Zulässigkeit der Beschwerde/ZENON TECHNOLOGY PARTNERSHIP	GBK	Einleitung, 155
Zulässigkeit der Vorlage/TENNECO	GrBK	Art. 108, 20; Art. 112, 19, 21
Zulässigkeit des Einspruchs	BGH	§ 59, 227
Zulässigkeit des Einspruchs	BPatG	Anh. 1, 59
Zulässigkeit eines gemeinsamen Einspruchs bzw. einer gemeinsamen Beschwerde/HOWARD FLOREY	GBK-G	Einleitung, 42, 391
Zulässigkeit eines gemeinsamen Einspruchs bzw. einer gemeinsamen Beschwerde/HOWARD FLOREY	GrBK	§ 34, 9; § 59, 47, 138; Art. 107, 8
Zulässigkeit nicht offenbarter Disclaimer/PRINCETON UNIVERSITY	GBK	§ 3, 112; § 38, 31
Zulässigkeit nicht offenbarter Disclaimer/PRINCETON UNIVERSITY	GrBK	§ 38, 32
Zulassung eines Privatgutachtens	BGH	§ 139, 379
Zulassung neuer Tatsachen	BGH	§ 139, 380
Zündkerze	OLG Düsseldorf	§ 9, 54
Zungenbett	BGH	§ 14, 23
Zurücknahme der Patentanmeldung	BGH	§ 34, 461, 464; § 49, 27; § 102, 8
Zurückverweisung	BGH	§ 34, 262; § 35, 39; § 79, 40, 49; § 100, 10, 11; § 108, 4
Zurückverweisung einer Teilanmeldung	BPatG	§ 74, 6; § 75, 6
Zurückweisungsbeschluss mit Verfahrensfehlern	BGH	§ 48, 11
Zurückzahlung der Beschwerdegebühr	BPatG	§ 73, 138, 158
Zusammenhang verschiedener Klagen	EuGH	§ 139, 268
zusammenhängende Decke für Straßen und Flugplätze	BPatG	Einleitung, 23
Zusatzanmeldung	BPatG	§ 42, 24; § 45, 9; § 46, 14; § 73, 147, 150; § 79, 26
zusätzliche Anwendungssoftware	LG Mannheim	§ 9, 59; § 140a, 15
zusätzlicher Patentanwalt	OLG Düsseldorf	§ 143, 39
Zuständigkeit bei Vertragsstrafeansprüchen	BGH	§ 143, 9
Zuständigkeit der Formalsachbearbeiter	GrBK	§ 59, 134
Zuständigkeit der Jur Beschwerdekammer/KOLBENSCHMIDT	GBK-G	Einleitung, 132
Zuständigkeit der Jur Beschwerdekammer/KOLBENSCHMIDT	GrBK	Art. 106, 16, 17
Zuständigkeit der JurBK/KOLBENSCHMIDT	GrBK	Art. 112, 24, 30
Zuständigkeit durch Einlassung	BGH	§ 139, 275
Zuständigkeitsstreit	BGH	Einleitung, 147; § 66, 2; § 67, 14; § 68, 13

Entscheidungsregister nach Stichworten

Stichwort	Gericht	zitiert bei § + Rdn
Zustellung	BGH	§ 123, 160
Zustellung an Verfahrensbevollmächtigten des Insolvenzverwalters	BPatG	Einleitung, 221, 426, 499; § 127, 33, 40, 41
Zustellung nach Mandatsniederlegung	BGH	Einleitung, 492
Zustellungsadressat	BGH	Einleitung, 500; § 26, 24; § 127, 20, 33, 40, 41, 42
Zustellungserfordernis	OLG Stuttgart	§ 139, 457, 458
Zustellungsfiktion	BPatG	§ 127, 63, 64
Zustellungswesen	BGH	§ 25, 33; § 127, 20
Zustimmung zur Umschreibung durch Versäumnisurteil	BPatG	§ 30, 31, 40
Zuwarten mit Besichtigungsantrag	OLG Düsseldorf	§ 140c, 48
Zwangslizenz brit Patent	EuGH	§ 24, 12
Zwangslizenz ital Patent	EuGH	§ 24, 12
Zwangslizenz Patente	EuGH	§ 9, 32
Zwangsmischer	BGH	§ 14, 51; § 22, 7; § 81, 146, 155; § 87, 4; § 116, 6; § 117, 9
Zwei Kennungen/COMVIK	TBK	§ 1, 65; § 4, 33
zweifarbige Kombination Grün/Gelb II	BPatG	§ 79, 49
Zweigniederlassung	BGH	Einleitung, 43
Zwillingspackung	BGH	§ 73, 109
Zwischenbescheid	BGH	§ 73, 30
Zwischenbescheid	BPatG	§ 27, 43; § 73, 30
Zwischenbeschluß 1	BGH	§ 73, 188
Zwischenstecker I	BGH	§ 3, 24; § 4, 132
Zwischenstecker II	BGH	Einleitung, 471; § 3, 9, 17; § 22, 7; § 81, 80
Zwischenwirbelimplantat	BPatG	§ 2 (Anh. 15), 43, 50
Zylinderrohr	BGH	§ 6, 23; § 139, 378; § 141, 21

Sachregister

§§ oder Artikel sind jeweils halbfett gedruckt, die nachfolgende magere Zahl verweist auf die Randnummer, zB »§ 1, 132« oder »**Art 106**, 33«.
§§ ohne Angabe eines Gesetzes sind §§ des PatG, zB »§ **34**, 263«. Artikel ohne Angabe des Gesetzes sind Artikel des EPÜ, zB »**Art 112a**, 5«. Andere Gesetze (zB IntPatÜG, PatKostG, DPMAV, PatV etc) sind jeweils mit ihrem § oder Artikel halbfett gedruckt, gefolgt von der mageren Zahl der jeweiligen Randnummer, zB »**PatKostG § 4**, 10 (Anh 15)« oder »**IntPatÜG Art II § 3**, 19 (Anh 1)«.
»**Einl**« mit nachfolgender magerer Zahl verweist auf die Einleitung mit Randnummer, zB »**Einl**, 281«.
Stichworte von Entscheidungen enthalten die Register für Entscheidungen.
Entscheidungen des »Gemeinsamen Senats der obersten Gerichtshöfe des Bundes (GmS-OGB)« Entscheidungen des »House of Lords« und Entscheidungen des »Österreichischen Obersten Gerichtshofs« siehe im Sachregister unter »Gemeinsamer Senat«, »House of Lords« und »OGH«.

1. **Medizinische Indikation** § **1**, 233, 236, 240, 242; § **3**, 144
2. **Medizinische Indikation** § **1**, 161, 166, 233, 242, 244, 259; § **3**, 147; § **16a**, 77

A

a jure nemo recedere praesumitur
Einl, 349; § **34**, 440
a posteriori-Prüfung § **34**, 232, 272
a priori-Prüfung § **34**, 232, 272
Abandonment § **34**, 449
after grant § **34**, 453
before grant § **34**, 449
definition § **34**, 432
effect of – § **34**, 436
interpretation of – § **34**, 439
of claims § **20**, 16; § **34**, 431
Abgabe
maschinenlesbarer Daten § **32**, 32
Abgabe von Proben § **34**, 510
Abgeordneter Richter § **68**, 18; § **71**, 2
Abgrenzbarer Betriebsteil
Übertragung § **12**, 26
Abhängige Erfindung § **1**, 267
Abhängiges Patent § **9**, 8; § **14**, 103
Abhilfe § **73**, 112
Bedeutung § **73**, 113
kassatorische – § **73**, 122
teilweise – § **73**, 125
vor EPA **Art 109**, 1
Voraussetzungen § **73**, 114

Wiedereinsetzung u – § **73**, 116
Wirkung § **73**, 128
Abholfach, Zustellung im – § **127**, 84
Abkehr von eingefahrenen Wegen
§ **4**, 70
Ablehnung
Ablehnungsgrund § **27**, 41
Befangenheit § **27**, 41
Sachverständige u – § **81**, 160; § **139**, 332
Selbstablehnung § **86**, 2
Verfahren § **27**, 40
von Richtern § **86**, 7
vor DPMA § **27**, 37
ZPO §§ **41** ff § **86**, 18
Zulässigkeit § **27**, 38
Ablehnungsgesuch
Selbstablehnung § **86**, 11
Selbstentscheidung § **86**, 10
Ablichtungen
Erstattungsfähigkeit § **80**, 59
Lieferung entgegengehaltenen Stands der Technik § **45**, 19
recherchierten Stands der Technik § **43**, 39
Abnehmer § **12**, 28
Abschließende Regelung
Beschluss u – § **73**, 27
Abschlussschreiben § **139**, 477
Kosten § **139**, 224, 479
Abschrift
anonymisierte – § **99**, 22
Ausfertigung u – § **47**, 14

Sachregister

§ oder Artikel jeweils halbfett, danach Randnummer

Beschwerde u – § 73, 60
der Voranmeldung
  vor DPMA § 40, 22; § 41, 65
  vor EPA § 41, 9, 74
eines Beschlusses § 47, 14
Früherer Anmeldung § 41, 71
Nichtigkeitsverfahren § 81, 78
Niederschrift § 92, 10
Abschriften
als Nachweis § 30, 38
Absolute Verfahrensvoraussetzungen
von Amts wegen zu prüfen § 73, 80
Absoluter Schutz
für Erzeugnisse § 14, 100
für Stoffe § 1, 214
Abstimmung
vor BPatG § 70, 6
Abstract
Art 85 EPÜ § 36, 5
chemical – service, § 1, 171
Abstrahierung § 34, 200
abuse of procedural rights Einl, 344
Abwägung
Akteneinsicht u – § 31, 18
sprinzip § 2, 45
Abwandlung
Schutzbereich u – § 14, 72
Abweichungen
Ausführbarkeit u – § 34, 345
Biotechnolog. Erfindungen u –
  § 34, 376
Abwesenheit
Mündliche Verhandlung u – Einl, 315
Zustellung u – § 123, 104
Abwesenheitsgeld § 80, 82
Accidental disclosure § 38, 26
Accidental effect § 4, 162
acte-clair-Doktrin Einl, 539
Administrative act Einl, 471
Admissibility
of an intervention § 59, 247, 250
of appeal Art 110, 2
of opposition § 59, 51, 150
of referral to the Enlarged Board
  by a Board of Appeal Art 112, 16
  by the EPO-President Art 112, 37

Adressat
der Zustellung § 127, 34
falscher – Einl, 69
Adresse
falsche Einl, 69
BPatG statt DPMA Einl, 70
DPMA statt EPA Einl, 71
EPA statt DPMA Einl, 71
Advance in the art § 1, 11; § 4, 6, 108
Advantage
disclosure and – § 34, 423
inventive step and § 4, 160
Adverse effect Art 107, 11; § 73, 46
Aesthetic creations § 1, 87
AEUV
Art 101 § 15, 34; § 24, 47
Art 102 § 15, 36; § 24, 47
Art 267 Einl, 144, 537, 539, 540
Art 288 Einl, 140
Affidavit Einl, 85; § 62, 14; § 126, 16
Kosten § 62, 14
Age of a document § 4, 173
Aggregation § 1, 276
ähnliches, »oder -« im Anspruch
§ 34, 121
Akt ohne Entscheidungscharakter
§ 73, 30
Akteneinsicht
Akte, Begriff § 31, 12
Akten
  abgetrennter Teile eines Patents
  § 31, 28
  der Verfahrenskostenhilfe § 99, 37
  des BPatG § 99, 12
  erteilter Patente § 31, 24
  von Berufungsverfahren § 99, 36
  von Geheimanmeldungen § 31, 36
  von offen gelegten Anmeldungen
  § 31, 29
  von Rechtsbeschwerdeverfahren
  § 99, 36
Aktenbeiziehung § 31, 39
anonymisierte Beschlussabschrift
§ 99, 22
Auskunft aus Akten § 31, 48
Begriff § 31, 12

bei BGH § 99, 35
berechtigtes Interesse § 31, 21
　Glaubhaftmachung des – § 31, 17
　beschränkte – § 31, 16
　des BMVg § 51, 2
　durch Dritte § 99, 19
　durch Verfahrensbeteiligte § 99, 12
　Elektronische § 31, 44
　Elektronische Akte § 31, 12
　Fortdauer freier – § 31, 38
　freie – § 31, 23
　Geheimhaltungsanordnung
　　§ 145a, 17, 22
　Geschäftsgeheimnis § 145a, 17, 22
　in Beiakten
　　des DPMA § 99, 15
　　des EPA § 99, 16, 18
　in Erfinderbenennung § 31, 33
　in Nichtigkeitsakten § 99, 25
　　Antrag eines Anwalts § 99, 27
　　schutzwürdiges Interesse § 99, 26
　in Nichtpatentliteratur § 31, 47
　Kosten der – § 31, 48
　Patentregister § 31, 23
　Schranken der – § 31, 44
　schutzwürdige Interessen § 31, 11
　Substantiierung des Gegeninteresses
　　§ 99, 28
　übergeordnete Grundsätze § 31, 10
　Umfang der – § 31, 8
　Verfahren § 31, 40; § 99, 32
　Verstoß gegen öffentliche Ordnung
　　oder gute Sitten § 31, 11
　vor BPatG § 99, 12
　durch Beteiligte § 99, 12
　durch Dritte § 99, 19
　in Nichtigkeitsakten § 99, 25
　Zuständigkeit § 31, 42
　Zweck § 31, 5
Akteneinsichtsgebühr § 31, 48; § 80, 60
Aktenzeichen Einl, 86
　Anmeldung u – § 58, 7
　Hinterlegung u –
　　vor DPMA § 34, 502
　　vor EPA § 34, 502
　innere Priorität u – § 40, 21

Unionspriorität § 41, 64
Aktenzeichenabfragen Online
　DPMA § 30, 6
Alkyl § 34, 123
Allgemeine Vollmacht Einl, 485
Allgemeiner Vertreter Einl, 507
Allgemeines Fachwissen § 4, 49
　- u erfinderische Tätigkeit § 4, 46
　- u Literatur § 34, 337
　- u Offenbarung § 34, 341
　Nachweis des – § 34, 342
Alloys § 1, 247
Alter der Entgegenhaltung § 4, 173
Ältere Anmeldung § 3, 65
　Akteneinsicht § 31, 22
　Art 87 (4) PVÜ § 41, 4, 17
　EPÜ u – § 3, 88, 187
　Erfinderische Tätigkeit § 3, 82; § 4, 17
　Neuheit § 3, 67
Alternative Merkmale § 34, 130
Altersrang
　Anmeldung § 35, 13
　für Teilanmeldung § 39, 46
　Priorität § 41, 52
Ambush
　Patent (Patenthinterhalt) § 24, 132
Amendment
　and inadmissible extension § 38, 10
　in revocation proceedings § 81, 116
　novelty test and – § 38, 17
　of claims § 34, 189
　of problem § 34, 365
　of the description § 34, 211
　of the patent in 2nd instance § 59, 199
　of the patent in opposition procedure
　　§ 59, 166, 173
　of the reasoned statement in opp
　　proc § 59, 188
　of the request for grant § 34, 74
　of the title of the application § 34, 73
　patent application – § 38, 6
Aminosäuresequenzen § 1, 169;
　§ 34, 472
　Datenträger § 34, 473
　Nachgereichte Unterlagen § 34, 476
　Sequenzprotokoll § 1, 169; § 34, 472

Sachregister

§ oder Artikel jeweils halbfett, danach Randnummer

Amts wegen, Prüfung von – Einl, 18
Amtsermittlung Einl, 16; § **87**, 4
Amtshilfe
  Aktenbeiziehung u – § **31**, 39
  für EPA § **128**, 6
Amtslaufzeit
  Verfahrenshandlung u – Einl, 79
Amtssprache § **126**, 7
  Deutsche Sprache § **126**, 7
  Fachsprache § **126**, 8
  Fremdsprachige
    Anmeldung § **35a**, 9
    Eingaben § **126**, 10
    Stand der Technik § **126**, 15
    Urkunden § **126**, 17
  Übersetzung fremdsprachiger
    Anmeldung § **35a**, 11
    Schriftstücke § **126**, 17
Amtsübung
  Vertrauensschutz u – Einl, 459
Analoger Einsatz § **4**, 130, 145
Analogie
  Ausnahmevorschrift u – Einl, 141
  Gesetzesinterpretation u – Einl, 132
  Gesetzeslücke u – Einl, 195
Analogieverfahren § **1**, 281
Analogous use § **4**, 130, 145
Analogy, process of – § **1**, 281
Anbieten
  Anpreisung § **9**, 62
  Ausstellen § **9**, 62
  Benutzung durch – § **9**, 61
  Disclaimer § **9**, 75
  Einzelangebot § **9**, 61
  Existenz der Ware § **9**, 64
  Internetwerbung § **9**, 62, 75
  Machbarkeitsstudie § **9**, 65
  mittelbare Benutzung § **10**, 9
  Vertragsofferte § **9**, 62
  Werbeprospekt § **9**, 62
  Zwischenprodukt § **9**, 67
Änderung
  2. PatRModG § **81**, 4
    Hinweis § **83**, 3
  der Aufgabe § **34**, 365
  der Erfinderbenennung § **37**, 20

  der Ni-Klage § **81**, 71
  der Prioritätserklärung § **41**, 69
  des Anmelders § **30**, 22
  des Einspruchs § **59**, 179
  des Inlandsvertreters § **30**, 29
  des Patentinhabers § **30**, 22
  Kategorie § **1**, 191
  Kosten § **30**, 34
  Nachweis für – im Register § **30**, 36
  von Eintragungen § **30**, 21
Änderung der Anmeldung § **38**, 6
  Ansprüche § **34**, 189
  Beschreibung § **34**, 211
  Bezeichnung der Erfindung § **34**, 73
  Erteilungsantrag § **34**, 74
  u unzulässige Erweiterung § **38**, 10
  vor Eingang des Prüfungsantrags
    § **38**, 43
Änderung der Einspruchsbegründung
  § **59**, 188
Änderung der Rechtsprechung
  Bindung gemäß § **79** u – § **79**, 42
  Vertrauensschutz u – Einl, 460
  Wiedereinsetzung u – § **123**, 108
Änderung des Patents
  beschränkte Verteidigung
    im Einspruchsverfahren § **59**, 166,
    199
    im Nichtigkeitsverfahren § **81**, 116
Änderungen
  EPG
    EPGÜ **IntPatÜG**, 56 (Anhang 1)
Anerkenntnis
  - durch Kostenwiderspruch
    § **139**, 452
  § 93 ZPO bei § **80**, 117
  beschränkte Verteidigung u –
    § **81**, 117
  sofortiges – § 93 ZPO § **84**, 44;
    § **139**, 345
Anerkennung für Erfinder § **1**, 9
Anfechtung
  Eigenschaftsirrtum Einl, 98
  Erklärungsirrtum Einl, 96
  Inhaltsirrtum Einl, 96
  Motivirrtum Einl, 105

bold type = § or Article; followed by marginal number   **Index**

Prüfungsantrag u – § 44, 33
Übermittlungsirrtum **Einl**, 97
verkehrswesentliche Eigenschaft
 Einl, 99
von Verfahrenshandlungen **Einl**, 89
wegen Irrtums **Einl**, 89
Angabe
des Standes der Technik in der
 Beschreibung § 34, 208
Entgegenstehender Stand der Technik
 durch Dritte § 43, 40
Angemessene Entschädigung
Landwirteprivileg § 9c, 6
Offenlegung u – § 33, 13
Staatliche Benutzungsanordnung
 § 13, 12
Angemessene Vergütung
Verstoß gegen Auskunfts- und Entschädigungspflicht § 9c, 24
Angemessener Schutz
für Patentinhaber § 14, 16
Angestelltenvollmacht Einl, 487
Angriffs- u Verteidigungsmittel
 § 100, 60
Beschwerdeverfahren § 73, 12
Anhörung § 46, 8; § 48, 19
auf Antrag – § 46, 9
Auf Antrag im Erteilungsverfahren
 § 46, 12
bei Abwesenheit – § 46, 9
Des Antragsgegners § 140c, 59
Des Sachverständigen § 140c, 78
Einspruchsverfahren § 59, 229
Freie Rede § 46, 19
im Einspruchsverfahren § 46, 13
im Erteilungsverfahren
 obligatorisch § 46, 12
 nicht öffentlich § 46, 18
per Videokonferenz § 46, 19
Power-Point-Präsentation § 46, 19
sachdienlich § 46, 11
Verkündung in – § 46, 22
Wiederholung einer – § 46, 16
Anhörungsrüge Einl, 331
Ablehnungsgesuch § 86, 10
Begründung **Einl**, 332

Besichtigungsanordnung § 140c, 80
BGH **Einl**, 337
Gehörsrüge § 122a, 2, 11, 17, 19
Kosten **Einl**, 339
Rechtsbehelfsbelehrung § 94, 22
Selbstbindung u – § 99, 9
Subsidiarität § 79, 45
Verfahren **Einl**, 335
Verfahrenskostenhilfe **Einl**, 344;
 § 130, 51
Zulässigkeit **Einl**, 333
Zurückweisung
 Begründung § 122a, 19
Animal varieties § 2a, 26
Animals § 2a, 31
Anlass Einl, 34
für aufklärenden Hinweis **Einl**, 468
für eine Literaturrecherche § 4, 47
und Untersuchungsgrundsatz
 § 59, 207
zu Versuchen § 34, 410
Anmeldegebühr § 34, 280
Ausscheidung u – § 34, 267
Befreiung § 34, 281
Elektronische Anmeldung u –
 § 34, 280
Fälligkeit § 34, 282
Höhe § 34, 280
int Anmeldung § 34, 283
Nichtzahlung § 34, 285
Papierform u – § 34, 280
Rückzahlung § 34, 286
Teilung u – § 39, 50
vor EPA § 34, 287
Anmelderbezeichnung
Berichtigung § 34, 13
Anmelderfiktion § 7, 6
Anmelderfreundlichkeit Einl, 462
Anmeldeprinzip § 7, 6
Anmeldetag § 35, 10
Altersrang § 35, 13
Anmeldegebühr § 35, 32
Anspruch EPA § 35, 31
Antrag § 35, 18
Ausscheidungsanmeldung § 34, 262
Bedeutung § 35, 12

Sachregister

§ oder Artikel jeweils halbfett, danach Randnummer

Begriff § 35, 11
Benennung § 35, 31
Eingang der Unterlagen § 35, 25
Erweiterung § 35, 45
Heilung § 35, 38
int Anmeldedatum § 35, 47
kleinste Zeiteinheit **Einl**, 67; § 35, 14
Mindesterfordernisse § 35, 16
   Antrag § 35, 18
   Beschreibung § 35, 20
   DPMA § 35, 16
   Eingang § 35, 26
   EPA § 35, 17, 31
   Form § 35, 21
   Name § 35, 17
   nicht uno actu § 35, 43
Nachanmeldung u – § 7, 20
Patentansprüche § 35, 31
Sequenzprotokoll § 34, 472; § 35, 32
Sprache EPA § 35, 31
Tenorierung § 35, 35, 36
Tonband § 35, 22
unrichtiger – § 35, 39
   Anmelder beantragt – § 35, 39
   im Register § 35, 40
   in PS, PatBl § 35, 40
   Vorabentscheidung § 35, 39
Unterschrift § 35, 24
Unveränderbarkeit § 35, 41
Verfahren § 35, 33
Verschiebung des – § 35, 41
Vorabentscheidung § 35, 39
Zeichnungen, fehlende § 35, 49
Annahme von Geschäftssachen
Einl, 190
Annahmestelle
   Gemeinsame – **Einl**, 70
Annahmestelle DPMA Einl, 66
   Elektronische – § 34, 43, 53, 67;
   § 35, 27
   nicht EPA § 34, 63
Annahmestelle EPA § 35, 28
Anonymisierte Beschlussabschrift
§ 99, 22
Anordnung
   Benutzungs- § 13, 3

Beweis-, Muster § 140c, 66
der Urkundenvorlegung **Einl**, 435
Durchsuchungs- § 140c, 67
Erzeugnis als – § 1, 203
Geheimhaltungs- § 50, 5
nach § 273 ZPO § 87, 8
nach § 575 ZPO § 79, 13
Richterliche – § 140b, 61
vorbereitende – § 87, 11
Anordnungspatent § 1, 203
Anpassung der Beschreibung
Beschwer durch unzureichende –
   Art 107, 15
Entscheidungsformel u – Art 111, 21, 22
Gegenstand des Beschwerdeverfahrens § 59, 262
im Erteilungsverfahren § 34, 212;
   § 45, 18
im Prüfungsverfahren § 34, 212, 214;
   § 45, 18
Patenterteilung u – § 49, 10
Patentschrift u – § 61, 47
Verzicht u – § 34, 445
Vollmacht u – **Einl**, 482
Zurückverweisung zur – Art 111, 10;
   § 34, 214; § 79, 14, 37
Zustellung zur – § 127, 30
Anpassung verletzender Teile § 9, 55;
§ 10, 16
Anscheinsbeweis Einl, 165
Anschlussberufung § 110, 18
Anschlussbeschwerde
selbständige – § 73, 183
unselbständige – § 73, 183
Verfahrensökonomie u – § 73, 182
vor BPatG § 73, 179
vor EPA Art 107, 21
ZPO § 577a § 73, 180
Anschlussrechtsbeschwerde § 102, 6
Ansporn, Patent als – § 1, 9; § 4, 6
Anspruch
- auf Vernichtung § 140a, 4
Mindestausstattung § 14, 24
Selbstverständlichkeiten § 14, 24

Index

Ansprüche
 Konkurrenzen § 141a, 3
Anspruchsberechtigter
 Auskunftsanspruch § 139, 5
 Mehrheit von – § 139, 13
 Schadensersatzanspruch § 139, 5
 Unterlassungsanspruch § 139, 5
Anspruchsgebühr R 45 EPÜ § 34, 188
Anspruchskategorien § 34, 201
Anstandsgefühl aller billig und
 gerecht Denkenden § 2, 22
Anticipated evaluation of evidence
 Einl, 164
Antikonzeptionsmittel § 2, 51; § 5, 9
Anti-Suit Injunction § 139, 200
 einstweilige Verfügung § 139, 204
 Rechtswidrigkeit des Eingriffs
  § 139, 203
Anti-suit-injunction
 – Verbot per einstweiliger Verfügung
  § 24, 104
»Anton Piller« order House of Lords
 § 139, 277, 434; § 140c, 96
Antrag
 auf Patenterteilung § 34, 70
 Bindung an – Einl, 7
 Einspruchsverfahren:
  – des Einsprechenden § 59, 178
  – des Patentinhabers § 59, 165
 Fehlen Einl, 10
 Gegenstand des – Einl, 6
 Hilfs- Einl, 206
 Nichtigkeitsklage § 81, 32
 Reihenfolge Einl, 8, 208
 Verletzungsklage- § 139, 287
 vor BPatG § 90, 5
 Wiedereinsetzungs- § 123, 16
 vorsorglicher § 123, 16
Antragsgrundsatz Einl, 4
Beschwerdeverfahren § 87, 5
Bindung an Antrag Einl, 7
Gegenstand eines Antrags Einl, 6
Verstoß gegen – Einl, 9
Anwaltliche Versicherung
 Glaubhaftmachung u – § 123, 44

Anwaltssozietät
 Beiordnung eine – § 136, 11
Anwaltszwang Einl, 512
 im Berufungsverfahren § 113, 3
 im Rechtsbeschwerdeverfahren
  § 102, 12
 kein – vor DPMA u BPatG § 25, 3;
  § 97, 4
Anweisung an den menschlichen Geist
 § 1, 31, 90
Anwendbares Recht
 Berufung § 147, 8
 Nichtigkeitsverfahren § 147, 8
 Verjährung § 147, 3
Anwendungsgebiet
 chemischer Stoffe § 34, 381
 Offenbarung § 34, 363
Apparatus § 1, 201
Appeal before EPO
 admissibility of – Art 110, 2
 allowability of – Art 110, 9
 costs in opp proc Art 106, 32
 cross appeal Art 107, 21
 failing to reply in due time
  Art 110, 22
 grounds of decision and – Art 107, 14
 interlocutory revision Art 109, 1
 notice of appeal – Art 108, 2
 persons entitled to appeal Art 107, 2
 remittal to the – Art 109, 12
 request of – Art 108, 7
  binding effect of – Art 110, 11
 separate appeal Art 106, 28
 suspensive effect Art 106, 37
 time limit for – Art 108, 9
Appeal fee Art 108, 12
 – not paid Art 108, 13
 interlocutory revision and –
  Art 109, 10
 paid too late Art 108, 20
 partial payment Art 108, 16
 payment without legal basis
  Art 108, 19
 reduction of – Art 108, 14
 refund of – Art 108, 18; Art 109, 10
 several appeals Art 108, 15

Sachregister

§ oder Artikel jeweils halbfett, danach Randnummer

Appeal procedure before EPO
- and President EPO **Art 110**, 36
adverse effect **Art 107**, 11
allowability **Art 108**, 44
appealable decisions **Art 106**, 20
cross appeal **Art 107**, 21
decision of Board of Appeal
   binding effect of – **Art 111**, 29;
     Art 112, 45
   ratio decidendi **Art 111**, 30
   res judicata **Art 111**, 29
ex officio examination **Art 106**, 8;
   Art 110, 16
examination of an appeal
   admissibility **Art 110**, 2
   allowability **Art 110**, 9
general legal principles **Art 106**, 11
interlocutory decision **Art 106**, 27
interlocutory revision **Art 109**, 1
interpreter **Art 110**, 32
invitation to file observations
   R 100 (2) EPC **Art 110**, 19
judicial nature of – **Art 106**, 7
late submission **Art 110**, 18
ne ultra petita **Art 107**, 26;
   Art 110, 11
parties to the proceedings **Art 107**, 17
party as of right **Art 107**, 17, 23
party disposition **Art 106**, 10
PCT applications **Art 106**, 25
persons entitled to appeal **Art 107**, 2
protests **Art 106**, 26
rapporteur **Art 110**, 31
referral back to previous submissions
   Art 108, 43
reformatio in peius **Art 107**, 26;
   Art 110, 11
remittal **Art 106**, 12; **Art 111**, 4
respondent **Art 107**, 20
response to the grounds of decision
   Art 108, 39
Rules of Procedure **Art 110**, 28
statement of grounds **Art 108**, 34
time limit for – **Art 108**, 36
Approximately § **34**, 136

Äquivalenz
Äquivalente Benutzung § **14**, 67
Auswahlentscheidung § **14**, 80
Beweislast für – § **139**, 317
Bio- § **11**, 12
Einwand des freien Standes der Technik § **14**, 95
Formstein-Einwand § **14**, 95
Gleichwertigkeit § **14**, 78
Gleichwirkung § **14**, 74
Klageantrag § **139**, 288
Maßgeblicher Zeitpunkt für Beurteilung § **14**, 77
Naheliegen des Austauschmittels
   § **14**, 76
Patentierte Verletzungsform § **14**, 92
Sachverständiger u – § **139**, 331
Unterkombination § **14**, 94
Verfahren u – § **14**, 75
Verschlechterte Ausführungsform
   § **14**, 90
Voraussetzungen § **14**, 73
Wortsinn u – § **14**, 89
Zahlen- u Maßangaben § **14**, 87
Arbeitgeber
als Ni-Kläger § **81**, 44, 62
vorsorgliche Beschwerde des –
   § **73**, 172
widerrechtliche Entnahme u –
   § **59**, 130
Arbeitnehmererfinder als Ni-Kläger
   § **81**, 61
Arbeitsverfahren
Computerprogramm u – § **1**, 112
Patente für – § **14**, 113
Patentkategorie § **1**, 255
Schutzbereich u – § **14**, 113
Verfahren iSd § **9** S 2 Nr 2 § **9**, 83
Arbeitsweise von Vorrichtungen
   § **1**, 202
Arbitrariness Einl, 549
Arbitrariness, prohibition of Einl, 203
Arglist
Klageausschluss § **81**, 63
Widerspruch u – § **82**, 6

bold type = § *or Article; followed by marginal number* **Index**

Arguments
in Art 114 EPC **Einl**, 247
Arrest § 140d, 25
Arzneimittel § 1, 231
  1. Medizinische Indikation § 1, 233, 240
  2. Medizinische Indikation § 1, 233, 244
  AM-VO § 16a, 4, 149
  augenfällige Herrichtung § 1, 260
  Einzelzubereitung von – in Apotheken § 11, 21
  Erzeugnispatent § 1, 236
  europ Verwendungsanspruch § 1, 261; § 3, 161
  Herstellungsverfahren § 1, 254
  Patentkategorie, Wahl § 1, 234
  Schutzbereich § 1, 239, 243, 264; § 3, 160
  Verwendungspatente § 1, 259
  zweckgebundenes Erzeugnispatent § 1, 240, 244
Arzt
  Chirurgische Verfahren § 2a, 68
  Diagnostizierverfahren § 2a, 80
  kein Gewerbe § 5, 10
  medizinische Verfahren § 2a, 58
Assignment § 15, 2, 17
Ästhetische Formschöpfungen § 1, 87
Aufbereiter § 9c, 22
Aufbewahrungsdauer
  Hinterlegung u – § 34, 509
Aufbrauchfrist § 139, 82
Aufgabe
  Änderung der – § 34, 365
  Bedeutung der – § 1, 53
  Einheitlichkeit u – § 34, 233
  erfinderische Tätigkeit u – § 1, 4, 33
  Formulierung der – § 1, 45
  im Rechtsbeschwerdeverfahren § 1, 54
  im Verletzungsverfahren § 1, 52
  Lösung u – § 1, 46
  Neuformulierung der – § 4, 41
  objektive – § 1, 44
  Offenbarung u – § 34, 364
  Präzisierung der – § 4, 40

Stand der Technik u – § 1, 47, 50
Stoffschutz u – § 1, 216; § 34, 381
Teilaufgaben § 1, 272
Aufgabe- u Lösungskonzept § 4, 27
  Aufgabe § 4, 33
  Neuformulierung § 4, 41
  Präzisierung der – § 4, 40
  nächstliegender Stand der Technik § 4, 35
  Prüfungsmethode § 4, 29
Aufgabe und Lösung § 1, 41
Aufgabe zur Post § 127, 63, 92
Aufgabenerfindung § 1, 43; § 4, 78
Aufgabenstellung § 4, 78
Aufklärungspflicht Einl, 114
  Antragsformulierung u – **Einl**, 117
  Unberechtigte Verwarnung u – § 139, 227
  Verstoß gegen – § 79, 23
Aufrechterhaltung des Patents § 61, 14, 15
Aufschiebende Wirkung
  der Beschwerde Art 106, 37; § 75, 3
  Missachtung der – § 75, 4
  Voraussetzungen der – § 75, 6
Auftraggeber des Vertreters
  bei Akteneinsicht § 99, 27
  bei beschränkter Akteneinsicht § 31, 41
  bei freier Akteneinsicht § 31, 40
  Kostenfestsetzung gegenüber – § 80, 99
Auftragsforschung § 11, 13
Auftragsrichter § 68, 18; § 71, 1
Aufwand
  Entschädigung für – § 128a, 6
  Hinterlegung bei unzumutbarem – § 34, 490
  Offenbarung u unzumutbarer – § 34, 375
Augenfällige Herrichtung § 1, 260; § 2a, 66; § 3, 157, 160; § 14, 116
Augenschein
  Auslagenvorschuss § 46, 26
  Beweisbeschluss § 46, 24
  Beweismittel § 46, 45

Sachregister

§ oder Artikel jeweils halbfett, danach Randnummer

Ausbleiben eines Beteiligten § 89, 13
Ausfertigung
  eines Beschlusses § 47, 14
  Übersetzung fremdsprachiger Anmeldung § 35a, 9, 23
Ausführbarkeit § 1, 34; § 34, 332
  Abweichungen § 34, 345
  ausreichender Umfang § 34, 344
  Ausreißer § 34, 352
  Beweislast § 34, 357
  brauchbar § 1, 30; § 34, 343
  Fehlerquote § 34, 346
  fertige Erfindung § 34, 346
  gesamter Bereich § 34, 347
  nach dem Anmeldetag § 34, 355, 356
  Offenbarung u – § 34, 343
  Prioritätszeitpunkt § 34, 355
  Realisierbarkeit § 1, 33
  taugliche Mittel § 34, 345
  untaugliche Mittel § 34, 345
  wiederholbar § 1, 36; § 34, 343
  Zeitpunkt § 34, 355
  zumutbarer Aufwand § 34, 350
  Zuverlässigkeit § 34, 346
Ausführungsbeispiel § 14, 41
Ausführungsform
  Änderung der – § 9, 61
  beste – § 1, 56; § 34, 320
  Formstein-Einwand § 14, 95
  Gleichwertigkeit § 14, 78
  Patentierte – § 14, 92
  Verbesserte – § 14, 91
  Verschlechterte – § 14, 90
  Zeichnung u – § 34, 310
Ausgeschlossene Nicht-Erfindungen § 1, 71
  »insbesondere« § 1, 73
  Beitragstheorie § 1, 61
  Negativliste § 1, 72
  USA u – § 1, 145
Ausgewähltes Amt IntPatÜG, 105 (Anhang 1)
  EPA als – Art 106, 25
  Inlandsvertreter § 25, 10
Ausgleich bei Kostenfestsetzung
  § 80, 62

Ausgleichsanspruch § 139, 83
Auskreuzung § 9c, 30
Auskunft
  aus den Akten § 31, 48
  Form § 139, 175
  zum Stand der Technik § 29, 8
Auskunftsanspruch § 139, 163
  - gegen Dritte § 140b, 12
    Beteiligte § 140b, 21
    Früherer Besitzer § 140b, 18
    -u Dienstleistung § 140b, 19
  Anspruchsberechtigter § 139, 5; § 140b, 5
  Anspruchsverpflichteter § 139, 19; § 140b, 10
  Auskunft § 139, 179
  bei Vertriebshandlungen im Ausland § 139, 172
  Belegvorlage § 140b, 37
  Berechtigtes Interesse § 146, 9
  einstweilige Verfügung § 140b, 40
  Erfüllung § 139, 425
  Erlöschen § 139, 167
  Form der Auskunft § 139, 175
  Herkunft § 140b, 32
  Inhalt und Umfang § 140b, 28
  Klageantrag § 139, 295, 296
  Kosten § 140b, 47
  Mängel der Auskunft § 139, 179
  Mehrheit von Anspruchsberechtigten § 139, 13
  Menge § 140b, 35
  Nachbau u –
  - schutzrechtsbezogener § 9c, 22
  Patentberühmung u – § 146, 5
  Preise § 140b, 36
  Verhältnismäßigkeit § 140b, 26
  Verjährung § 141, 11
  Verletzer § 139, 20
  Vertriebsweg § 140b, 34
  Voraussetzungen § 139, 166
  Wirtschaftsprüfervorbehalt § 140b, 29
  Zeugnisverweigerungsrecht § 140b, 24
  Zwangsvollstreckung § 139, 423

Auslagen PatKostG § 1, 14
 (Anhang 15)
 des Patentanwalts **§ 143**, 42
 Einspruchsverfahren **§ 143**, 44
 Nichtigkeitsklage **§ 143**, 44
 US_Discovery-Verfahren **§ 143**, 45
 Verjährung PatKostG **§ 12**, 2
 (Anhang 15)
 Verzinsung PatKostG **§ 12**, 3
 (Anhang 15)
Auslagenvorschuss § 46, 26; **§ 139**, 334
Ausland
 Vertriebshandlungen im – **§ 9**, 27, 28; **§ 139**, 27, 86
 Zustellung im –
 BPatG **§ 127**, 2
 DPMA **§ 127**, 88
 Verordnung (EG) Nr 1393/2007 **§ 127**, 96, 109, 123
Ausländer
 Prozessfähigkeit **Einl**, 44
 Rechtliches Gehör **Einl**, 291
Auslegung
 Ausnahmevorschriften **Einl**, 141
 Ausscheidungserklärung **§ 34**, 251
 Erteilungsfähigkeit **§ 14**, 26
 falsa demonstratio **Einl**, 131
 Fehlinterpretation des Gesetzes **§ 123**, 142
 Funktion **§ 14**, 34
 Gegenstand einer Erfindung u –
 Einl, 122
 Zwischenverallgemeinerung
 Einl, 127
 Gesetzeslücke u – **Einl**, 195
 in claris non fit interpretatio **Einl**, 132
 internationales Recht **Einl**, 136
 Offenbarung u – **§ 34**, 325
 Patent – **§ 14**, 13
 Funktionorientierte Auslegung
 § 14, 32
 Prioritätserklärung **§ 41**, 78
 ratio legis **Einl**, 132
 Rücknahmeerklärung **§ 34**, 458
 Teilungserklärung **§ 39**, 16
 teleologische – **Einl**, 132

 Unauflösbarer Widerspruch **§ 14**, 22
 Verfahrenshandlung **Einl**, 130
 Voraussetzungen **Einl**, 131
 Verfahrensrecht **Einl**, 132
 Vermeidung der Nichtigkeit **Einl**, 131
 Verzicht u – **§ 34**, 439
 Wiener Übereinkommen **Einl**, 136
 Zusammengehörige Einheit
 - aus Anspruch und Beschreibung
 § 14, 22
Auslegung des Patents § 14, 13
 - technisches Problem – **§ 14**, 33
 Ausführungsbeispiele **§ 14**, 41
 Auslegungsmaterial **§ 14**, 27
 Beschreibung **§ 14**, 29
 Durchschnittsfachmann **§ 14**, 64
 Einspruchsentscheidung **§ 14**, 58
 Erteilungsakten **§ 14**, 54
 Fachbegriff **§ 14**, 31
 Funktionsorientierte – **§ 14**, 32
 Legaldefinition **§ 14**, 30
 Maßangaben **§ 14**, 37
 Maßgeblichkeit der Ansprüche
 § 14, 18
 Nebenansprüche **§ 14**, 27
 Nichtigkeitsentscheidung **§ 14**, 58
 Phantasiebegriff **§ 14**, 36
 Prioritätszeitpunkt
 - Wirksamkeit der Inanspruchnahme **§ 14**, 65
 Stand der Technik **§ 14**, 50
 Unteransprüche **§ 14**, 27
 Verständnishorizont **§ 14**, 63
 Wortsinngemäße – **§ 14**, 67
 Zahlenangaben **§ 14**, 37
 Zeichnung **§ 14**, 29
 Ziel der – **§ 14**, 15
 Zweckangaben **§ 14**, 43
Ausnahmen vom Patentschutz
 ausgeschlossene Nicht-Erfindungen
 § 1, 71
 Ausnahmen von der Patentierbarkeit
 § 2, 9
Ausnahmevorschrift
 Auslegung **Einl**, 141
Ausreichende Rechtssicherheit § 14, 17

Sachregister

§ oder Artikel jeweils halbfett, danach Randnummer

Ausreißer § 34, 352
Ausscheidung § 34, 249
   Ausscheidungsanmeldung § 34, 260
      Anmeldetag § 34, 262
      Entscheidung § 34, 268
      Entstehen § 34, 260
      Gebühren § 34, 266
      Priorität § 34, 262
      Weiterbehandlung § 34, 263
   Ausscheidungserklärung § 34, 250
      Auslegung § 34, 251
      Rücknahme § 34, 259
   Teilung u – § 34, 249
   Verbindung § 34, 259
   vor BPatG § 34, 269
   Vorabentscheidung § 34, 268
Ausschließliche Lizenz § 15, 33
   Eintragung § 30, 54
   Kartellverbot u – § 15, 34
Ausschließlicher Lizenznehmer
   als Anspruchsberechtigter § 139, 10
   Eintragung § 30, 54
   Prozessführungsbefugnis § 139, 36
   Rechtsstellung § 15, 37
Ausschließung
   §§ 41 ff ZPO § 86, 18
   im Beschwerdeverfahren § 86, 13
   im Nichtigkeitsverfahren § 86, 17
   vor DPMA § 27, 35
Ausschluss der Öffentlichkeit § 69, 7
Aussetzung Einl, 142
   - nach Art 16 (1) S 2, 3 VO 1/2003 § 24, 134
   § 140 S 1 analog bei EP § 140, 2
   Anfechtbarkeit § 139, 315
   Auskunftsanspruch u – § 140b, 43
   Berufungsverfahren § 139, 313
   Beschwerdeverfahren § 73, 89
   des Erteilungsbeschlusses § 49, 37
   Entschädigungsanspruch nach § 33 § 140, 6
   EPA-Beschwerdeverfahren Art 111, 27
   Ermessen § 139, 309
   erste Instanz § 139, 312
   im Verletzungsprozess § 140, 6

   Jahresgebührenzahlungsfrist u – § 17, 34
   jüngere Anmeldung u – § 3, 85
   kalte – **Einl**, 142
   Klage nach § 8 u – § 8, 31
   Nichtigkeitsverfahren § 81, 163
   Nichtzulassungsverfahren § 139, 314
   Prüfungsantragsfrist § 44, 14
   Verletzungsverfahren § 139, 305
   vor EPA **Einl**, 148
   Vorgreiflichkeit **Einl**, 143; § 139, 307
   Vorlage vor GrBK EPA **Art 112**, 9
   Wirkung der – **Einl**, 146
   ZPO § 148 **Einl**, 142
Austauschmittel
   Äquivalenz u – § 14, 76
Ausübungspflicht § 15, 66
Auswahlerfindung § 1, 283
   Begriff § 1, 284
   erfinderische Tätigkeit § 4, 80
   gezielte Auswahl § 3, 120
   Kombination von Listen § 3, 120
   Neuheit § 1, 285
   willkürliche Auswahl § 3, 120
Auswärtige u Inlandsvertreter § 25, 4
Auszeichnung
   BPatG u – § 68, 11
   Geschäftsverteilung § 27, 6
Auszubildende
   Wiedereinsetzung u – § 123, 109
Authorisation Einl, 481
   association of representatives **Einl**, 519
   before EPO **Einl**, 513
   several representatives **Einl**, 519
   sub – **Einl**, 514
   termination of – **Einl**, 520
Autodesignation § 41, 23
Automatisierung § 4, 83
   gedanklicher Tätigkeit § 1, 99
   Gedankliches Ordnen § 1, 130
   Geistige Tätigkeiten § 1, 128
   Geschäftsmethoden § 1, 136
   Mathematische Methoden § 1, 129
   Verwaltungstätigkeiten § 1, 137

Auxiliary requests Einl, 206
  dependent claims and – Einl, 212
  number of – Einl, 209
  order of – Einl, 208

B

Bahncard Kosten § 80, 82
Bakteriophagen u Vermehrbarkeit
  § 1, 163
Balance of probabilities Einl, 156
Bandbreite § 34, 136
Bank-, Finanz- und Handelsunterlagen § 140d, 8
Basis of decision Einl, 284
Bauernverband
  Kooperationsabkommen mit Pflanzenzüchter § 9c, 18
Beamte des gehobenen und mittleren Dienstes § 27, 23
Beamter des gehobenen Dienstes
  Zurückweisung § 27, 30
Beanstandung
  konkrete – im Prüfungsverfahren § 45, 16
  Nichterfüllung des § 35 § 45, 13
Beauftragtes Mitglied einer PatAbt § 27, 21
Bedingungslosigkeit Einl, 56
Bedürfnis § 4, 84
Beeidigung § 46, 41
Befähigung zum Richteramt § 65, 9
Befangenheit
  Ablehnung § 27, 41
Befreiung
  bei unrichtiger Sachbehandlung PatKostG § 9, 2 (Anhang 15)
  durch Niederschlagung PatKostG § 1, 24 (Anhang 15)
  durch Verfahrenskostenhilfe § 136, 12
  von Anmeldegebühr § 34, 281
  von Sicherheitsleistung § 81, 195
Befugnis
  Urteilsbekanntmachung § 140e, 4
Begebung
  Beweislast Einl, 63
  Verfahrenshandlung Einl, 63

Begehungsgefahr, Erst- § 139, 72
Begleitschäden § 139, 116
Begriffe
  in der Anmeldung § 34, 325
  Schutzbereich u – § 14, 41
Begriffe »besteht aus«/»gebildet aus« § 14, 39
Begriffe »enthält«/»umfasst« § 14, 39
Begründung
  BPatG-Beschluss § 94, 18
  des Einspruchs § 59, 83
  des Erteilungsbeschlusses § 49, 14
  DPMA-Beschluss § 47, 23
  Kostenentscheidung § 80, 20
  Kostenfestsetzungsbeschluss § 80, 104
  Unteransprüche
    im Erteilungsverfahren § 34, 185
    im Nichtigkeitsverfahren § 81, 102, 105, 142
Begünstigender Verwaltungsakt
  § 39, 70; § 47, 20; § 49, 18, 29; § 58, 21
Beibringungsgrundsatz Einl, 17
Beiläufig erwähntes Merkmal § 34, 317
Beilstein-Bereicherung § 1, 217
Beiordnung eines Notanwalts
  Einl, 512
Beiordnung eines Vertreters § 133, 5
Beispiel
  nicht exakt wiederholbar § 34, 345
  Offenbarung u – § 34, 296, 316
  Verallgemeinerung eines – § 34, 296
  Vergleichs- § 4, 94
  Versagen von – § 34, 352
Beistand
  Vertretung vor BPatG § 97, 19
Beitrag zum Stand der Technik
  Beitragstheorie § 1, 61
  Chemischer Stoff u – § 34, 382
  Computerprogramm u – § 1, 16, 114
  Erfindung u – § 1, 21
Beitreibung
  Anwaltskosten § 126 ZPO § 136, 21
  Gerichtskosten § 125 ZPO § 136, 20
  Jahresgebühren § 17, 46
  Kosten PatKostG § 1, 17 (Anhang 15)

Sachregister

§ oder Artikel jeweils halbfett, danach Randnummer

Ordnungsgeld § 46, 34
Beitritt
  des angeblichen Verletzers § 59, 246
  des DPMA-Präsidenten § 77, 7
  eines Streitgehilfen § 81, 25
  eines weiteren Klägers § 81, 10
    Gebühr für – § 81, 67
  Gebühr § 59, 247
  in der Beschwerdeinstanz § 59, 262
  Rechtsstellung des Beitretenden § 59, 263
  Rücknahme des – § 61, 36
  Zulässigkeit des – § 59, 247
Belegvorlage, Auskunft u § 140b, 37
Belohnung, Patent als – § 1, 9; § 4, 6
Bemessungen § 4, 87
Bemühungen der Fachwelt § 4, 88
Benutzung
  - der Erfindung
    Auskunftsanspruch § 140b, 6
    Vernichtungsanspruch § 140a, 7
  Amtsermittlung u – § 59, 120
  Art der – § 59, 113
  Begründung der – § 59, 109
    was, wo, wann, wie, durch wen, in zugänglicher Weise geschehen ist § 59, 109
  Gegenstand der – § 59, 110
  Geheimhaltung u – § 59, 117
  Nachschieben von Angaben § 59, 118
  öffentlich zugängliche – § 59, 115
  Ort der – § 59, 111
  Person des Benutzers § 59, 114
  Substantiierung der – § 59, 109, 119
  Zeitpunkt der – § 59, 112
  Zeugenvernehmung für – § 59, 123
  Zugänglichkeit einer – § 59, 115
Benutzung der Erfindung
  Beweislast § 139, 52
  Patentverletzung § 139, 39
  Rechtswidrigkeit § 139, 50
Benutzung des Patents
  Anbieten
    Erzeugnis u – § 9, 61
    Verfahren u – § 9, 87
  Anwendung eines Verfahrens § 9, 85

Äquivalente – § 14, 67
Besitz § 9, 82
Einfuhr § 9, 81
Gebrauchen § 9, 80
Herstellen § 9, 54
Inverkehrbringen § 9, 77
  mittelbare – § 10, 5
Positive – § 9, 5
Unmittelbare – § 9, 44
Versuchsweise – § 11, 9
Wahrscheinliche – § 140c, 11
Wortsinngemäße – § 14, 67
Benutzungsanordnung, staatliche § 13, 4
Benutzungsanzeige § 23, 21
Benutzungsberechtigung
  der Mitinhaber § 6, 22
Benutzungslizenz § 15, 54
Beratung
  BPatG § 70, 2
Beratungsgebühr § 80, 63
Berechtigtes Interesse
  Akteneinsicht § 31, 21; § 99, 21
  Auskunftsanspruch § 146, 9
  Patentberühmung § 146, 9
  Urteilsbekanntmachung § 140e, 8
Berechtigungsanfrage § 139, 211
Bereich
  Auswahlerfindung § 3, 120
  Beschränkung § 34, 369
  disclaimer § 34, 143, 146
  gesamter beanspruchter – § 34, 347, 378
  Individuen § 34, 369
  Offenbarung u – § 34, 347
  privater – § 10, 10, 15; § 11, 7
Bereicherung der Technik § 4, 109
Bereicherungsanspruch
  bei mittelbarer Patentverletzung § 10, 52
  Eingriffskondiktion § 139, 189
  nach Verjährung § 141, 22
  Patentverletzung u – § 139, 189
Berichterstatter
  Besetzung des Gerichts u – § 100, 34
  vor EPA **Art** 110, 31

bold type = § or Article; followed by marginal number **Index**

Berichtigung
  Anmelderbezeichnung § 34, 13
  Anmeldung § 38, 46
  Beschwerdefrist u – § 73, 63
  BPatG-Entscheidung § 95, 3
    Ergänzung einer – § 95, 10
  des Protokolls § 46, 54; § 92, 2
  DPMA-Beschluss § 47, 21
  einer Verfahrenserklärung **Einl**, 151
  Elektronische Form § 96, 8
  Erteilungsbeschluss § 49, 21
  offenbarer Unrichtigkeit § 38, 46;
    § 95, 4, 6
  Offenbarung u – § 34, 328, 331
  Prioritätserklärung § 41, 79
  Tatbestands- § 47, 22; § 96, 3
Berlin
  Feiertage in – **Einl**, 189
  IDZ – § 26, 12, 15
Berücksichtigung Einl, 300
  fremdsprachiger Eingaben § 126, 10
  verspäteten Vorbringens
    vor BGH § 107, 9; § 117, 12
    vor DPMA u BPatG **Einl**, 238;
      § 59, 206; § 81, 149
    vor EPA **Einl**, 237
  von Vorbringen u rechtl Gehör
    § 100, 44
Berücksichtigung von Schriftsätzen
  vor BPatG § 93, 8
Berufsausübungsgesellschaft
  Vertretung vor BPatG § 97, 11, 18
Berufung
  Anwendbares Recht § 147, 8
Berufung (Nichtigkeit)
  Absolute Berufungsgründe § 111, 7
  Adressat § 110, 19
  Anschlussberufung § 110, 18
    Begründung § 115, 7
    Erhebung § 115, 6
    Statthaftigkeit § 115, 5
    unselbständige § 115, 3
    Wirkungslosigkeit § 115, 8
  Anwendung ZPO-Vorschriften
    § 110, 22

Aufhebung
  Fehlende Beurteilung des Stands
    der Technik § 119, 6
  Urteil der Vorinstanz § 119, 6
Aussetzung § 114, 7
Begründung der – § 111, 17; § 112, 2
  Frist für – § 112, 4
Begründungspflicht
  Ausnahme von der – § 120, 2
Berücksichtigung eines nicht zurück-
  gewiesenen Nichtigkeitsgrundes
  Voraussetzungen § 116, 12
Berufungsanträge § 112, 8
Berufungsfrist § 110, 15
Berufungsgründe § 111, 2; § 112, 9
Berufungsschrift § 110, 20
Beschluss § 118, 9
  Entscheidung durch – § 120, 4
  beschränkte Verteidigung u –
    § 110, 13
Bindung
  der Vorinstanz an rechtl. Beurtei-
    lung § 119, 12
Eigene Sachentscheidung
  des BGH § 119, 14
Einzelrichterübertragung § 114, 9
Fehlen der Begründung § 111, 15
Form § 110, 14
Gegenstand § 111, 2
Inhalt § 111, 3
Keine erstmalige Zurückweisung in
  zweiter Instanz
  Ermessensfehlgebrauch durch
    BPatG § 116, 12
Klageänderung § 116, 3
  Voraussetzungen § 116, 5
Klarstellung § 110, 11
Kostenerstattung
  Bei Doppelvertretung im – § 113, 5
Neue Angriffsmittel geänderten
  Ansprüchen
  Voraussetzungen § 116, 10
neue Tatsachen § 112, 17
Neues Vorbringen
  - in der Berufungsinstanz § 117, 7
Niederschrift § 119, 2

Sachregister

§ oder Artikel jeweils halbfett, danach Randnummer

Notwendiger Inhalt
  Fehlen des – § 112, 19
Präklusion § 117, 5
Prüfungsumfang
  - für BGH § 117, 4
  -im Rahmen der Anträge § 116, 2
Rechtsverletzung § 111, 5
  Kausalität § 112, 11
Statthaftigkeit § 110, 2
Streithilfe § 110, 6
Tatsacheninstanz
  - keine zweite § 117, 3
Technischer Beistand § 113, 4
Terminsbestimmung § 114, 2
Urteil § 118, 3
Verfahrensmangel
  - in der ersten Instanz § 117, 11
Verkündung § 120, 3
Versäumnisurteil
  Unechtes – § 118, 11
verspätetes Vorbringen § 117, 5
Verteidigung mit geänderten Ansprüchen § 116, 4
  Voraussetzungen § 116, 5, 8, 11
Vertretungszwang § 113, 3
Wiedereinsetzung § 114, 8
Zulässigkeit der – § 110, 2
  Entscheidung über – § 114, 4
  Prüfung der – § 114, 3
Zurückverweisung § 118, 7
  an anderen Spruchkörper § 119, 9
  an selben Spruchkörper § 119, 8
Zurückweisung
  der Berufung § 119, 3
Zustellung
  Urteil § 120, 3
Berufung (Verletzung)
Änderung des Klagebegehrens
  § 139, 373
Annahme der – § 139, 373
Verspätung § 139, 376
Zulässigkeit § 139, 372
Beschäftigte als Vertreter § 97, 21
Beschlagnahme
Schadensersatz § **142a**, 19
Verfahren § **142a**, 14

Voraussetzungen § **142a**, 3
Beschluss § 47, 3; § **79**, 4
Abschrift § **47**, 14
Anspruch auf Erlass § **47**, 5
Ausfertigung § **47**, 14
Begriff § **47**, 3
Begründung § **47**, 23
Berichtigung § **47**, 21; § **95**, 3
Beschluss iSd § 73 § **73**, 26
  abschließende Regelung § **73**, 31
  Beispiele § **73**, 42
  Berührung Rechte Dritter § **73**, 34
  beschwerdefähige Beschlüsse
    § **73**, 36
  unanfechtbare Beschlüsse § **73**, 41
Beschwerdefrist § **47**, 40
Bindung an – § **47**, 18
Elektronische Signatur § **47**, 7
Form § **47**, 6
keine Beschlüsse § **47**, 4
Rechtsmittelbelehrung § **47**, 42
Signatur
  Ersetzen der – § **47**, 12
Tenor § **47**, 13
Verkündung § **47**, 33
Wirksamwerden § **47**, 32
Zustellung § **47**, 36
Beschlussabschrift, anonymisierte
§ **99**, 22
Beschlussfähigkeit der PatAbt § 27, 16
Beschlussformel
Erteilungsbeschluss § **49**, 13
Beschränkte Aufrechterhaltung des Patents
im Einspruchsverfahren § **61**, 15
im Nichtigkeitsverfahren § **84**, 2
Beschränkte Verteidigung
europ Patente **IntPatÜG**, 46
  (Anhang 1)
  Klarheit **IntPatÜG**, 48 (Anhang 1)
  zulässige Sprachfassung **IntPatÜG**, 47 (Anhang 1)
im Einspruchsverfahren § **59**, 166, 199
im Nichtigkeitsverfahren § **81**, 110, 116

bold type = § or Article; followed by marginal number **Index**

Beschränkung
  Keine mengenmäßige – § 12, 24
Beschränkungserklärung
  im Erteilungsverfahren § 34, 432
  u Schutzbereich § 14, 27
Beschränkungsverfahren § 64, 9
Beschreibung § 34, 204
  Änderung der – § 34, 211; § 38, 46, 50
  Angabe des StdT § 34, 208
  Anmeldetag u – § 35, 20
  Anpassung der – Art 111, 10;
    § 34, 212; § 45, 7; § 79, 14
  Bedeutung § 34, 204
  Berichtigung § 38, 50
  Bezugnahme auf
    Ansprüche § 34, 216
    Dokumente § 34, 133
    Marken § 34, 215
    Zeichnungen § 34, 216
  Bildliche Darstellungen § 34, 216
  Gestaltung § 34, 206
  Gliederung § 34, 207
  Hinterlegung als – § 34, 478
  Konkordanzliste § 34, 211
  konkrete – § 1a, 23
  Offenbarung u – § 34, 295
  Protokoll zu Art 69 EPÜ § 14, 5
  Schutzbereich u – § 14, 21, 29
  Stand der Technik
    Angabe des – § 34, 208
    Aufnahme des – § 34, 208
  überflüssige Angaben § 34, 216
Beschreibungsersatz durch Hinterlegung § 34, 479
Beschwer
  durch Erteilungsbeschluss § 49, 33
  Gegenvorstellung u – § 84, 64
  im Berufungsverfahren § 110, 10
  im Beschwerdeverfahren § 73, 46
Beschwer bei Beschwerde
  Beispiele § 73, 55
Beschwerde vor BPatG § 73, 4
  Akt ohne Entscheidungscharakter
    § 73, 30
  Anschluss- § 73, 179
  Antrag § 73, 69

  aufschiebende Wirkung § 75, 3
  Begründung der – § 73, 76
  Gebühr für – § 73, 90
  gegen Beschluss isd § 73 § 73, 26
    abschließende Regelung § 73, 31
    Beispiele § 73, 42
    Berührung Rechte Dritter § 73, 34
    beschwerdefähige Beschlüsse
      § 73, 36
    unanfechtbare Beschlüsse § 73, 41
  gegen Entwurf einer Entscheidung
    § 73, 30
  gegen Erteilungsbeschluss § 49, 32
  gegen Prüfungsbescheid § 73, 30
  gegen verfahrensleitende Verfügung
    § 73, 30
  Gegenstand der – § 73, 7
  im PCT-Verfahren
    DPMA als Anmeldeamt § 73, 45
    DPMA als Bestimmungsamt
      § 73, 44
  Rechtsnatur § 73, 4
  Rücknahme der – § 73, 202
    Fortsetzung nach – § 73, 203
    Rechtsfolge § 73, 205
    Teil- § 73, 204
  Statthaftigkeit § 73, 22
  Untätigkeit des DPMA § 73, 13
  Vorlage der – § 73, 130
  Wirkung § 73, 6
  Zulässigkeit der – § 73, 20
  Zustellung der – § 73, 108
Beschwerde vor EPA
  Abhilfe Art 109, 1
  Anschlussbeschwerde Art 107, 21
  Antrag der – Art 108, 7
  Bindung an – Art 110, 11
  aufschiebende Wirkung Art 106, 37
  Begründetheit einer – Art 110, 9
  Beschwerdeberechtigung Art 107, 2
  Devolutiveffekt Art 106, 37
  Einlegung der – Art 108, 2
  Fiktion der Rücknahme Art 110, 22
  Frist für – Art 108, 9
  gegen Beschwerdekammerentscheidung Art 106, 34

Sachregister

§ *oder Artikel jeweils halbfett, danach Randnummer*

gegen Gründe der Entscheidung Art 107, 14
gegen Kostenentscheidung Art 106, 32
gegen Kostenfestsetzung Art 106, 33
gesonderte – Art 106, 28
  Nichtzulassung der – Art 106, 29
Prüfung der – Art 110, 2, 9
Rücknahmefiktion Art 110, 22
Suspensiveffekt Art 106, 37
Vorlage der – Art 109, 12
Wegfall des Patents u – Art 106, 31
Zulässigkeit Art 110, 4
Beschwerdeberechtigung § 49, 36
Beschwerdeentscheidung vor BpatG
Anordnung gemäß § 575 ZPO § 79, 13
Aufhebung mit eigener Sachentscheidung § 79, 10
Begründung § 94, 18
Bindung des BPatG § 79, 43
Bindung des DPMA § 79, 33
Form der – § 79, 5
Beschwerdeentscheidung vor BPatG
Kostenentscheidung § 80, 4
Beschwerdeentscheidung vor BpatG
obiter dicta § 79, 40
ratio decidendi § 79, 39
Rechtsmittelbelehrung § 94, 21
Segelanweisung § 79, 40
Selbstbindung des BPatG nach Zurückverweisung § 79, 48
Tenor § 79, 6
Verkündung § 94, 6
Verwerfung als unzulässig § 79, 8
Zurückverweisung § 79, 16
Zurückweisung der Beschwerde § 79, 9
Zustellung § 94, 13, 16
  - an Verkündungs statt § 94, 12
Beschwerdeentscheidung vor EPA
Bindung an – Art 111, 29; Art 112, 45
Kosten § 62, 6
ratio decidendi Art 111, 30
rechtsgestaltende – Art 111, 2
res judicata Art 111, 29

Selbstbindung der BK Art 111, 42
Zurückverweisung Art 111, 4
  Ermessen für – Art 111, 7
Beschwerdefrist § 49, 34
Beschwerdeführer
Erkennbarkeit § 73, 65
Beschwerdegebühr vor BPatG PatKostG § 2, 8 (Anhang 15)
Fälligkeit PatKostG § 2, 17 (Anhang 15)
Fiktion der Nichterhebung PatKostG § 2, 24 (Anhang 15)
Gebührenfreie Beschwerden PatKostG § 2, 8 (Anhang 15)
Gebührenpflichtige Beschwerden PatKostG § 2, 8 (Anhang 15)
Gebührentatbestände § 73, 92
Mehrere Beschlüsse PatKostG § 2, 16 (Anhang 15)
Mehrere Beschwerdeführer PatKostG § 2, 14 (Anhang 15)
Rechtsnatur § 73, 91
Rückzahlung
  nach § 812 BGB § 73, 134
Rückzahlung s § 73, 133
  nach § 73 (3) 2 u § 80 (3) § 73, 136
Verwendungszweck PatKostG § 2, 19 (Anhang 15)
Zahlungsfrist PatKostG § 2, 21 (Anhang 15)
Beschwerdegebühr vor EPA
- vor EPA Art 108, 12
Ermäßigung der – Art 108, 14
Hinweis auf fehlende – Art 108, 13
mehrere Beschwerden Art 108, 15
Rückzahlung der – Art 108, 18
  Abhilfe u – Art 109, 10
  billiges Ermessen Art 108, 29
  fehlender Rechtsgrund Art 108, 19
  nach R 103 (1) a) EPÜ Art 108, 23
  verspätete Gebühr Art 108, 20
  Zuständigkeit Art 108, 24
teilweise Zahlung Art 108, 16

bold type = § or Article; followed by marginal number **Index**

Beschwerdekammer EPA
 Entscheidung der –
  Anfechtung vor nationalen Gerichten **Art 106**, 34
  Beschwerde gegen – **Art 106**, 34
  Gerichtsqualität der – **Art 106**, 3
  Große Beschwerdekammer **Art 112**, 3
  Juristische – **Art 106**, 16
  Technische – **Art 106**, 18
   erweiterte – **Art 106**, 19
  Verfahrensordnung der – **Art 110**, 28
Beschwerderecht § **101**, 2
Beschwerderecht des Anmelders
 im Beschwerdeverfahren § **74**, 5
Beschwerderecht des nicht eingetragenen Rechtsnachfolgers
 im Beschwerdeverfahren § **74**, 12
Beschwerderecht des Patentinhabers
 im Beschwerdeverfahren § **74**, 5
Beschwerderecht des Vertreters von Beteiligten
 im Beschwerdeverfahren § **74**, 15
Beschwerderecht Dritter
 im Beschwerdeverfahren § **74**, 16
Beschwerderecht in Nebenverfahren
 im Beschwerdeverfahren § **74**, 14
Beschwerdesenat des BPatG
 Juristischer – § **67**, 8, 13
 Technischer – § **67**, 6, 12
Beschwerdeverfahren vor BPatG
 Abhilfe § **73**, 112
  kassatorische – § **73**, 122
 Absolute Verfahrensvoraussetzungen § **73**, 80
 Antrag § **73**, 69
  Bindung an – § **73**, 72
 Aussetzung § **73**, 89
 Beschwer § **73**, 46
 Beschwerdeberechtigung § **73**, 56
 Beschwerdeberechtigung des Anmelders oder Patentinhabers § **74**, 5
 Beschwerdeberechtigung des nicht eingetragenen Rechtsnachfolgers § **74**, 12
 Beschwerdeberechtigung des Vertreters von Beteiligten § **74**, 15

 Beschwerdeberechtigung Dritter § **74**, 16
 Beschwerdeberechtigung in Nebenverfahren § **74**, 14
 Beschwerdeeinlegung § **73**, 57
 Beschwerdefrist § **73**, 61
 Beschwerdesenat
  Juristischer – § **67**, 8, 13
  Technischer – § **67**, 6, 12
  Beteiligte am – § **73**, 94
 Einspruchsbeschwerdeverfahren § **73**, 100
 Erteilungsbeschwerdeverfahren § **73**, 97
 Nebenverfahren § **73**, 102
 Beweiswürdigung, freie – § **93**, 4
 Ende des – § **73**, 200
 Erledigungserklärung u – § **73**, 218
 Erlöschen des Patents
 Erledigung in der Hauptsache § **73**, 210
 Fortsetzung des – § **73**, 203
 Gegenstand des – § **73**, 7
 Inlandsvertreter § **73**, 86
 mehrere Anmelder § **73**, 106
 mehrere Einsprechende § **73**, 107
 mündliche Verhandlung § **78**, 10
 ne ultra petita § **73**, 73
 Nebenintervention § **73**, 105
 Neue Angriffs- u Verteidigungsmittel § **73**, 12
 PräsidentDPMA
  Beitritt § **77**, 7
  Mitwirkung vor BPatG § **76**, 6
 Prüfung von Amts wegen § **73**, 21
 Rechtliches Gehör § **93**, 6
 Rechtskraft § **73**, 88
 Rechtsmittelverzicht § **73**, 87
 Rechtsschutzbedürfnis § **73**, 83
 reformatio in peius § **73**, 74
 res judicata **Art 111**, 29
 Rücknahme der Anmeldung § **73**, 206
 Rücknahme des Einspruchs § **73**, 214
 Untersuchungsgrundsatz § **73**, 10
 Verfügungsbefugnis über – § **73**, 9
 Verschlechterungsverbot § **73**, 74

Sachregister

§ oder Artikel jeweils halbfett, danach Randnummer

Vorlage der Beschwerde **§ 73**, 130
Beschwerdeverfahren vor EPA
Abhilfe **Art 109**, 1
allgemeine Rechtsgrundsätze
  Art 106, 11
Amtsermittlungsgrundsatz **Art 106**, 8;
  Art 110, 16
Anschlussbeschwerde **Art 107**, 21
Antrag, Bindung an – **Art 110**, 11
Anwendung von Verfahrensrecht
  nach R 100 (1) **Art 110**, 25
Aufforderung zur Stellungnahme
  R 100 (2) EPÜ **Art 110**, 19
Berichterstatter **Art 110**, 31
Beschwer **Art 107**, 11
Beschwerdebegründung **Art 108**, 34
  Auseinandersetzung mit Entschei-
    dung **Art 108**, 39
  Begründetheit **Art 108**, 44
  Berücksichtigung der – **Art 110**, 17
  Bezugnahme auf Vorbringen in 1.
    Instanz **Art 108**, 43
  Bindung an – **Art 108**, 44
  Frist für – **Art 108**, 36
  Inhalt **Art 108**, 37
  Umfang **Art 108**, 38
Beschwerdeberechtigung **Art 107**, 2
beschwerdefähige Entscheidungen
  Art 106, 20
  1. Instanz **Art 106**, 24
  abschließende – **Art 106**, 21
  Entscheidungscharakter **Art 106**, 22
  Feststellung eines Rechtsverlusts
    Art 106, 23
  Zwischenentscheidung **Art 106**, 27
Beschwerdegegner **Art 107**, 20
Beweiswürdigung, freie – **§ 93**, 4
Dolmetscher **Art 110**, 32
Entscheidungen
  Leitsätze **Art 111**, 13
  Fortsetzung des – **Art 106**, 10
  gerichtliche Natur **Art 106**, 7
  Kosten **Art 16 VerfOBK § 62**, 2
  ne ultra petita **Art 107**, 26;
    Art 110, 11
  neues Vorbringen **Art 110**, 18

Partei kraft Gesetzes **Art 107**, 18, 23
PCT-Anmeldungen **Art 106**, 25
Präsident EPA **Art 110**, 36
Prüfung der Beschwerde
  auf Begründetheit **Art 110**, 9
  auf Zulässigkeit **Art 110**, 2
  reformatio in peius **Art 107**, 26;
    Art 110, 11
  Rücknahmefiktion **Art 110**, 22
  Übergang der Beteiligtenstellung
    Art 107, 19
  Untersuchungsgrundsatz **Art 106**, 8
  Verfahrensbeteiligte **Art 107**, 17
  Verfahrensordnung BK **Art 110**, 28
  Verfügungsgrundsatz **Art 106**, 10
  Widersprüche **Art 106**, 26
  Zurückverweisung **Art 106**, 12
  Zwischenentscheidung **Art 106**, 27
Beseitigungsanspruch **§ 139**, 205
Besetzung
  der PatAbt **§ 27**, 15
  der Senate des BPatG **§ 67**, 3
  vorschriftswidrige – **§ 100**, 34
Besichtigungsanspruch
  Besichtigender **§ 140c**, 29
  Besichtigung **§ 140c**, 32
  Beweisverfahren **§ 140c**, 50, 70, 88
  Durchsuchung **§ 140c**, 33
  Durchsuchungsanordnung **§ 140c**, 67
  Einstweilige Verfügung **§ 140c**, 48
  Gewerbliches Ausmaß der Verlet-
    zung **§ 140c**, 41, 42
  Nachforschung **§ 140c**, 33
  Unverhälnismäßigkeit **§ 140c**, 25
  Vertrauliche Informationen **§ 140c**, 23
  Wahrscheinlich gewerbliches Ausmaß
    der Verletzung **§ 140c**, 41
  Wahrscheinliche Benutzung
    § 140c, 11
  Zwangsvollstreckung **§ 140c**, 68
Besichtigungsverfahren
  - keine Berührung durch **§ 140c**, 50
  Anwendbarkeit GeschGehG **§ 145a**, 4
Besitz
  - im Ausland **§ 140a**, 13
  - im Inland **§ 140a**, 21

als Benutzung des Patents § 9, 82
des Verletzers § 140a, 13, 21
Erfindungs- § 6, 9; § 8, 15
Besonderer/Spezieller Mechanismus
 § 9, 33
Best mode § 1, 56
Bestandsgarantie § 9, 29
Bestandteile des menschlichen Körpers
 § 1a, 14
Beste Ausführungsform § 1, 56
Bestimmtheit
 Klageantrag **Einl**, 62
 Verfahrenserklärung **Einl**, 60
Bestimmungsamt IntPatÜG, 95
 (Anhang 1)
 DPMA § 34, 65; **IntPatÜG**, 95
 (Anhang 1)
 Inlandsvertreter § 25, 10
 Mitglieder
  als Sachverständige § 29, 7
  Obergutachter, DPMA als – § 29, 2
 Schriftarten
  Übersetzungen § 32, 27
Bestimmungsgemäßer Gebrauch
 § 9, 57
Bestreiten mit Nichtwissen Einl, 162
Beteiligte am Verfahren
 Beitretender § 59, 246
 im Beschwerdeverfahren § 73, 94
 im Einspruchsverfahren § 59, 135
 im Erteilungsverfahren § 44, 37
 im Nichtigkeitsverfahren § 81, 7
Betreuung
 Prozessfähigkeit **Einl**, 46
Betriebserfindung § 6, 18
Beurteilungsspielraum
 Urteilsbekanntmachung § 140e, 14
Beweis Einl, 152
Beweisanordnung § 140c, 66
 Anfechtbarkeit § 140c, 80
Beweisanzeichen
 Abkehr von Üblichem § 4, 70
 Alter der Entgegenhaltung § 4, 173
 analoger Einsatz § 4, 130, 145
 Aufgabenstellung § 4, 78
 Automatisierung § 4, 83

Bedürfnis § 4, 84
Bemessungen § 4, 87
Bemühungen der Fachwelt § 4, 88
Bonus-Effekt § 4, 162
Brauchbarkeit § 4, 91
Effekt § 4, 92, 108, 150
Einbahnstraßensituation § 4, 99
Einfachheit § 4, 100
Entwicklung in anderer Richtung
 § 4, 101
entwicklungsraffende Leistung
 § 4, 104
Erfolgserwartung § 4, 105
Extra-Effekt § 4, 162
Fehlvorstellung § 4, 163
Forschung § 4, 107
Fortschritt § 4, 108
glücklicher Griff § 4, 113
Gratis-Effekt § 4, 162
handwerkliches Können § 4, 114
Hoffnung auf gutes Gelingen § 4, 105
Irrtum in Entgegenhaltung § 4, 118
junges Gebiet § 4, 119
kaufmännische Leistungen § 4, 121
kinematische Umkehr § 4, 122
konstruktive Maßnahmen § 4, 126
Lizenzvergabe § 4, 127
Lob der Fachwelt § 4, 128
Massenartikel § 4, 129
Materialwahl § 4, 130
mehrere Schritte § 4, 131
Mehrfacherfindung § 4, 132
Mitbenutzungsrechte § 4, 133
Nachahmung § 4, 134
Nachteile § 4, 135
Nebeneffekt § 4, 162
neuer Weg § 4, 137
obvious to try § 4, 139
Optimierung § 4, 141
Routine § 4, 142
Schwierigkeiten § 4, 143
Stoffaustausch § 4, 145
trial and error § 4, 149
Überraschung § 4, 150
Verbilligung § 4, 154
Vereinfachung § 4, 155

Sachregister

§ oder Artikel jeweils halbfett, danach Randnummer

vergebliche Versuche § 4, 88
Vorteile § 4, 160
Vorurteil § 4, 163
wirtschaftlicher Erfolg § 4, 167
Zahl der Entgegenhaltungen § 4, 170
Zeitfaktor § 4, 171
Zufall § 4, 175
Beweisaufnahme
  Art 117 EPÜ § 128, 5
  EGV 1206/2001 § 128, 10
  im Ausland § 46, 30
  in Zivil- u Handelssachen (EG) 1206/
    2001 § 46, 30, 31; § 140c, 94
  Kosten § 62, 13
  Protokoll § 92, 4
  vor BPatG § 88, 4
Beweisbeschluss § 46, 24
  Beispiel vor EPA (deut, engl)
    Art 111, 28
Beweiserhebung
  Ablehnung einer – Einl, 163
  Anscheinsbeweis Einl, 165
  Auslagenvorschuss § 46, 26;
    § 139, 334
  Ausnahme von der Regel Einl, 158
  Freibeweis § 88, 7
  Grad von Gewissheit Einl, 155
  Kosten § 62, 13
  Sachverständigenbeweis § 88, 5
  vor BPatG § 78, 24; § 88, 4
  vor DPMA § 46, 5
  vorweggenommene Beweiswürdigung
    Einl, 164
Beweiserleichterung Einl, 159
  mittelbare Verletzung § 10, 32
  Verfahrenserzeugnis § 139, 319
Beweisführung
  Erleichterung der – Einl, 159
Beweisführungslast Einl, 154
Beweisgebühr § 80, 64
Beweislast Einl, 154
  Anfechtung u – Einl, 110
  Anscheinsbeweis Einl, 162
  Anspruch auf Vorlage von Bank-,
    Finanz- und Handelsunterlagen
    § 140d, 21

Ausführbarkeit u – § 34, 357
Ausführungsform f d StdT § 14, 93
Auskunftsanspruch § 140b, 39
Begebung u Einl, 63
Benutzung der Erfindung § 139, 52
Beweisführungslast Einl, 154
Beweisvereitelung Einl, 159
Beweiswürdigung, freie – Einl, 155
Einspruchsverfahren u – § 59, 209
Erleichterung der Beweisführung
  Einl, 159
Erschöpfung u – § 9, 26
Formsteineinwand u – § 14, 93
gerichtliche Anordnungen § 139, 327
materielle – Einl, 154
Nichtigkeitsverfahren u – § 81, 152
öffentliche Zuständigkeit § 3, 31
Rückruf- u Entfernungsanspruch
  § 140a, 39
Umkehr der – Einl, 157; § 81, 157;
  § 139, 319
Unterlassungsanspruch § 139, 89
Verhältnismäßigkeit § 139, 89
Verletzergewinn § 139, 155
Verletzungsverfahren u – § 139, 317,
  318
  Auskunft § 139, 187; § 140b, 39
  Klagenkonzentration § 145, 24
  Rechnungslegung § 139, 187
  Schadensersatz § 139, 105
  Unterlassung § 139, 89
Vernichtungsanspruch § 140a, 20
Vorbenutzungsrecht § 12, 30
Vorurteil § 4, 164
Wiederholungsgefahr § 139, 89
Zustellung, Heilung § 127, 104
Beweismittel Einl, 152
  Augenscheinseinnahme § 46, 45
  Beteiligtenvernehmung § 46, 23
  eidesstattliche Versicherung § 46, 46
  Parteivernehmung § 46, 23
  präsente Einl, 201
  Sachverständige § 46, 43; § 139, 328
  Schriftl Erklärung § 46, 29
  telefonische Rücksprachen § 46, 44
  vor BPatG § 88, 10

Wahl Einl, 152
Zeugen § 46, 27
Beweisvereitelung Einl, 159
Beweisverfahren
  Selbständiges
    Insolvenz § 140c, 53
    Keine Schlüssigkeitsprüfung
      § 140c, 52
    Zessionar § 140c, 54
    Zuständigkeit § 140c, 51
  selbstständiges
    Anwendbarkeit GeschGehG
      § 145a, 4
Beweisverwertungsverbot § 140c, 90;
  § 140d, 24
Beweiswürdigung
  freie – Einl, 155; § 93, 4; § 139, 162
  Nachprüfbarkeit § 107, 8
  vorweggenommene – Einl, 164
Bezeichnung der Erfindung § 34, 72
»beziehungsweise« im Anspruch
  § 34, 137
Bezugnahme
  auf Zwischenbescheid § 93, 5
  Beschwerdebegründung – Art 108, 43
  im Anspruch auf
    ältere Anmeldung § 34, 133
    Beschreibung § 34, 131
    Dokumente § 34, 133
    Entgegenhaltungen § 34, 133
    Normen § 34, 133
    Prüfmethoden § 34, 133
    Standards § 34, 133
    Zeichnungen § 34, 131
  in der Beschreibung auf
    Ansprüche § 34, 216
    Dokumente § 4, 20; § 34, 133
    Marken § 34, 215
    Zeichnungen § 34, 216
  Nebenanspruch ohne – § 34, 163
  Offenbarung durch – § 34, 417
  Unteranspruch mit – § 34, 173
Bezugszeichen
  im Anspruch § 34, 134
  Schutzbereich u – § 14, 50
  Zeichnungen u – § 34, 219

BGB Bürgerliches Gesetzbuch
  § 1004 § 139, 199, 200, 205
  § 126 Einl, 355, 375
  § 126a Einl, 2
  § 126b Einl, 2
  § 127 Einl, 2
  § 130 Einl, 543
  § 130a Einl, 361, 545
  § 130b Einl, 547
  § 133 Einl, 130
  § 371a Einl, 2
  § 812 PatKostG § 10, 4 (Anhang 15)
  § 823 § 139, 199, 200
  §§ 119 ff Einl, 89
  §§ 187 ff Einl, 185
BGH/BPatGERVV Einl, 366
Billigkeit
  Beschwerdegebühr, Rückzahlung
    Art 108, 29; § 73, 136
  Ermessen u – Einl, 173
  Festsetzung des Gegenstandswerts
    § 80, 48
  Kostenentscheidung
    Beschwerdeverfahren § 80, 9
    Einspruchsverfahren § 62, 9, 15
    Nichtigkeitsverfahren § 84, 50
    Rechtsbeschwerde § 109, 7
  PräsDPMA Kosten Rechtsbe-
    schwerde § 77, 11
  Unbilligkeit der Zahlung von Kosten
    PatKostG § 10, 6 (Anhang 15)
Bindung
  an Anerkenntnis § 84, 48
  an Antrag Einl, 7
  an Beschluss des DPMA § 47, 18
  an beschränkt verteidigte Fassung
    § 81, 133
  an BPatG-Entscheidungen § 79, 33,
    43
  an EPA-Entscheidungen Art 111, 29
  an Erteilungsbeschluss § 49, 16
  an Klagegrund § 81, 96
  BPatG an BGH § 79, 49; § 108, 4
  des Verletzungsrichters § 1, 52;
    § 14, 95

Sachregister

§ oder Artikel jeweils halbfett, danach Randnummer

Keine – an Beschluss des DPMA § 47, 20
Binnenmarkt EU u EWR § 9, 30
Biologic material § 1, 163
   deposit § 34, 478
Biological Diversity, Convention on –
   § 1, 158
Biologisch, im Wesentlichen – § 2a, 35
Biologische Vielfalt § 1, 158
Biologisches Material
   – als unmittelbares Verfahrenserzeugnis § 9a, 11
   Abweichungen § 34, 376
   Auskreuzung § 9c, 30
   Definition § 1, 163
   Erfinderische Tätigkeit § 4, 89
   Erschöpfungsregelung für Vermehrungsmaterial § 9b, 2
   Erzeugnisschutz für – § 9a, 3
   Folgegenerationen § 9a, 2
   Geographischer Herkunftsort – § 34a, 3
   Hinterlegung § 34, 478
   Landwirteprivileg § 9c, 6
   Mischung mit toter Materie § 1, 162
   Neuheit § 3, 175
   Offenbarung § 1, 169; § 34, 371
   Vermehrbarkeit § 1, 163
   Vermehrung § 9a, 6
     eigene – § 9c, 12
     pflanzliches -material § 9c, 7
     weitere – § 9b, 8
     Zufalls- § 9c, 32
   Vorhandensein in der Natur § 1, 78, 165, 229; § 3, 174
   Wiederholbarkeit § 34, 374
Biomedizin-Konvention § 1a, 8
Biopatent-Richtlinie 98/44/EG § 1, 151
Biopiraterie § 34a, 4
Biotechnologie § 1, 159, 168, 170; § 2, 14
   Ausnahmen von Patentierbarkeit § 1, 160
   Biologisches Material § 1, 163
   BioPatRL Anhang 6; § 1, 151
   Erfinderische Tätigkeit § 4, 89

Gute Sitten u – § 2, 14
Hinterlegung § 34, 478
Mischung belebter u toter Materie § 1, 162
Natur u – § 1, 165
Naturstoffe § 1, 165, 168, 228; § 3, 174
Neuheit § 3, 175
Nukleotid- u Aminosäuresequenzen § 1, 169; § 34, 472
Offenbarung § 1, 169; § 34, 371
   Abweichungen § 34, 376
   Deutlichkeit § 34, 375
   Mindestens ein Weg § 34, 377
   Vollständigkeit § 34, 375
   Wahl der Offenbarungsart § 34, 372
Öffentliche Ordnung u – § 2, 14
Rio-Konvention § 1, 158; § 34a, 3
Übereinkommen biologische Vielfalt § 1, 158; § 34a, 3
Vermehrung § 9a, 6
Wiederholbarkeit § 34, 374
Biotechnologie-Richtlinie 98/44/EG § 1, 151
Biotechnologische Erfindung § 1, 149
Blastocyste § 1a, 10
Board of Appeal of the EPO
   Art 106, 1; Art 112, 3
   Legal Board Art 106, 16
   Technical Board Art 106, 18
     enlarged – Art 106, 19
Bolar-Regel § 11, 18
Bonus-Effekt § 4, 162
BPatG
   keine »umgekehrte« Anwendung des § 143 (3) vor – § 143, 34
Brauchbarkeit § 1, 30; § 4, 91; § 34, 343
Breadth
   broad claims § 34, 141, 389
   complexity of a claim § 34, 114
   of a term of art § 34, 116
Breite
   allgemeiner Formeln § 34, 389
   der Offenbarung § 34, 141
   des Anspruchs § 34, 141, 389

bold type = § *or Article; followed by marginal number* **Index**

eines Fachbegriffs § **34**, 116
Komplexität eines Anspruchs
  § **34**, 114
unrealistische – § **34**, 141, 389
Broad claims § **34**, 141, 389
Brüstle-Entscheidung § **2**, 43
Budapester Vertrag § **34**, 522
  Art 3 § **34**, 522
  Art 4 § **34**, 522
  Regel 11 § **34**, 522
  Regel 9.1 § **34**, 522
Bundeshaushaltsordnung PatKostG
  § **1**, 5 (Anhang 15)
Bundespatentgericht § **26**, 16
  Abstimmung § **70**, 6
  Akteneinsicht § **99**, 12
  Anfechtbarkeit von Entscheidungen
    § **99**, 8
  Aufgaben des – § **65**, 7
  Beratung § **70**, 2
  Beschwerde wegen greifbarer Gesetzwidrigkeit § **99**, 8
  Bindung an BGH § **79**, 49; § **108**, 4
  Dienstalter § **68**, 17
  Einspruchsverfahren vor – § **61**, 9, 10
  Geschäftsverteilung § **68**, 11
  gesetzlicher Richter § **68**, 19
    willkürliche Abweichung § **68**, 20
  interne Mitwirkungsgrundsätze
    § **67**, 4
  Juristischer Beschwerdesenat
    Besetzung § **67**, 8
    Zuständigkeit § **67**, 13
  Nichtigkeitssenat § **66**, 2
    Besetzung § **67**, 10
  Präsidialrat § **65**, 14
  Präsidium § **68**, 4, 11
  Rechtskundige Mitglieder § **65**, 9
  Rechtsstellung § **65**, 5
  Richter
    abgeordnete – § **71**, 2
    kraft Auftrags § **71**, 1
    rechtskundige – § **65**, 9
    technische – § **65**, 10
  Richterrat § **65**, 15
  Technische Mitglieder § **65**, 10

  Technischer Beschwerdesenat
    Besetzung § **67**, 6
    Zuständigkeit § **67**, 12
  Überbesetzung § **67**, 15
  Verhinderung des Richters § **68**, 14
  Vertretung der Richter § **68**, 14
  Zuständigkeitsstreit § **68**, 13
  Zustellung vor – § **127**, 109
Bundesverfassungsgericht
  Normenkontrollverfahren **Einl**, 532
  Verfassungsbeschwerde **Einl**, 450
  Vorlage an – Art 100 GG **Einl**, 532
Burden of proof Einl, 154
  evaluation of evidence
    anticipated – **Einl**, 164
    free – **Einl**, 155
  in opposition proceedings § **59**, 209
  in revocation proceedings § **81**, 152
  shift of – **Einl**, 157
Business, doing – § **1**, 101
»bzw« im Anspruch § **34**, 137

C

Capability
  of being a party **Einl**, 41
  of participating in proceedings
    Einl, 44
  to present procedural acts **Einl**, 52
CEN/CENELEC § **24**, 73
Certificate, supplementary protection – § **16a**, 3
CE-Zertifizierung § **16a**, 56
Chancengleichheit Einl, 166
Characterising portion of a claim
  § **34**, 96
Charta der Regional- und Minderheitensprachen § **126**, 7
Chemical abstracts
  allgemeines Fachwissen u – § **34**, 340
  Recherche in – § **34**, 337
    Kosten der – § **80**, 65
Chemical substances § **1**, 213
  comparative test § **4**, 94
  definition § **1**, 222
  disclosure § **1**, 218; § **34**, 381
  identification of – § **1**, 218; § **34**, 383

Sachregister

§ oder Artikel jeweils halbfett, danach Randnummer

inventive step § 4, 92
novelty § 3, 164
parameters § 1, 219; § 3, 166
problem § 1, 216
product-by-process § 1, 219; § 3, 168; § 34, 387
Chemische Erfindung § 1, 171
Chemische Formel
   Patentanspruch u – § 34, 104
Chimären § 2, 48
Chirurgische Verfahren § 2a, 56, 68
Chromatographien § 34, 217
Citation
   error in a – § 4, 118
   number of – § 4, 170
Claim drafting Einl, 117; § 34, 101
Clarification of a patent § 64, 27; § 110, 11
Cloning human beings § 2, 30
Closest state of the art § 4, 35
Closing of the debate Einl, 76
Code für Schriftarten § 32, 26
Cognitive information § 1, 31
Combination
   - invention § 1, 269
Commercial success § 4, 167
Common general knowledge
   disclosure and – § 34, 339
   inventive step and – § 34, 337
   literature and § 34, 337
   proof of § 34, 340
   unwritten mental furniture § 34, 339
Comparative test § 4, 94
Complexity of claims § 34, 114
Computer § 123, 86
   Defekt § 123, 151
   Fristenkalender u – § 123, 96
   Geschäftliche Tätigkeiten u – § 1, 103
   -gestützt § 1, 61
   -hilfsperson § 6, 21
   -implementierte Erfindungen § 1, 16, 109
   Programme für – § 1, 103, 107, 111, 113
   Urheberrechtsschutz § 1, 110
   -viren § 34, 51, 53, 55
   Wiedereinsetzung u – § 123, 110
Computerfax Einl, 385
   kein elektronisches Dokument § 125a, 5
Computer-implemented inventions § 1, 107, 109
Computerimplementierte Erfindungen § 1, 109
Computerprogramm § 1, 107
   als solches § 1, 113
   Begriff § 1, 111
   Einbindung in externe Abläufe § 1, 127
   Gedankliches Konzept § 1, 111
   Programmidee § 1, 111
   Sinn § 1, 108
   Urheberrecht u – § 1, 110
Computer-Viren § 34, 51, 55
Conciseness of claims § 34, 111
Conclusiveness Einl, 351
   opposition and – § 59, 90, 128
   revocation and – § 82, 7
Consolidation Einl, 443
Container-Signatur Einl, 379
Contraception § 2, 51; § 2a, 76; § 5, 9
Contractual penalty Einl, 457
Contribution to the art
   claim and – § 34, 119
   invention and – § 1, 21
Conversion Einl, 423
»Corona-Pandemie«
   Infektionsschutzgesetz
   Impfstoffe § 13, 4
Correction
   declaration of priority § 41, 79
   disclosure and § 34, 328, 331
   name of the applicant and – § 35, 17
   of a procedural act Einl, 151
   of applications § 38, 46
   opposition fee and – § 59, 46
   R 139 EPC § 38, 2
Could-would-test § 4, 64
Courtesy services Einl, 465
Cross appeal Art 107, 21
Curiosities § 1, 29

bold type = § or Article; followed by marginal number **Index**

D

Date of filing § 35, 10
  accordance of a – § 35, 16
  change of – § 35, 41
  decision § 35, 36
  drawings and – § 35, 32
    missing § 35, 49
  filing of application § 35, 28
  form of application and – § 35, 23
  international – § 35, 47
  language
    before DPMA § 35, 30
  requirements not uno actu – § 35, 43
  signature and – § 35, 24
  significance of § 35, 12
  wrong – § 35, 39
Datenschutz
  Personenbezogene Daten § 31a, 2
Datenträger
  DPMA § 34, 44
  EPA § 34, 44
Datenträgerarchiv (ZPO § 299a)
  § 99, 13
»DBP angemeldet« § 146, 20
»DBP«, »DP«, »DBPa« § 146, 5, 18
»DPA«, »DP ang« § 146, 5
Declaration
  of priority § 41, 61
  unambiguous – Einl, 60
De-Mail-Postfach
  Zustellung an § 127, 83
Demonstrationshilfen § 80, 93
DEPATISnet § 32, 33; Internet-Link, 4
DEPATISnet Premium § 32, 34
Dependent claims
  category and – § 34, 178
  examination of – § 34, 185
  grouping of claims § 34, 182
  number of – § 34, 187
  particular embodiment § 34, 181
  reference in – § 34, 173
  wrong – § 34, 183
Deposit of biological material § 34, 478
Description of the invention § 34, 204
  adaptation of – Art 111, 10; § 34, 212;
    § 79, 14

  amendment of – § 34, 211; § 38, 46, 50
  concrete – of sequences § 1a, 23
  correction of – § 38, 50
  disclosure and – § 34, 295
  extent of protection and – § 14, 29
  filing date and – § 35, 20
  grounds of decision and – § 14, 58
  indication of prior art § 34, 208
  reference to
    claims § 34, 216
    documents § 34, 133
    drawings § 34, 216
    trade marks § 34, 215
  significance § 34, 204
  state of the art
    indication of – § 34, 208
Desiderate § 1, 33; § 34, 123
Deutlichkeit
  Anspruch § 34, 111
  Offenbarung § 34, 314, 375
Deutsche Sprache
  Fachsprache § 126, 8
  fehlerfrei – § 126, 9
  fremdprachige Eingaben § 126, 10
  fremdsprachige Anmeldung,
    europäische § 126, 6
    internationale § 126, 5
    nationale Anmeldung § 35a, 9;
    § 126, 4
  fremdsprachige Urkunden § 126, 16
  fremdsprachiger Stand der Technik
    § 126, 15
  Hoch-, Platt-, Niederdeutsch § 126, 7
  Übersetzungen fremdsprachiger
    Schriftstücke § 126, 17
Devolutiveffekt § 73, 4
Diagnostic methods § 2a, 56, 80
Diagnostizierverfahren § 2a, 56, 80
  Mehrstufigkeit § 2a, 81
  Untersuchungsverfahren § 2a, 82
Diagramme § 34, 217, 304
Dienstaufsicht
  BPatG § 26, 21; § 65, 12
Diensterfindung
  Erfinderbenennung u – § 37, 13
Dienstsiegel Einl, 474

Sachregister

§ oder Artikel jeweils halbfett, danach Randnummer

Dienststelle Jena § 26, 11, 14
Differenziert beschrieben § 34, 316
DIN § 24, 60, 73
　Ausbeutungsmissbrauch u – § 24, 73
　Parameter § 34, 139
Dingliche Rechte,
　Anspruch des § 8 § 8, 9
　Ausschließliche Lizenz § 15, 33;
　　§ 139, 10
Directions for use § 1, 265
Disadvantages and inventive step
　§ 4, 135
Disclaimer § 34, 146
　Accidental anticipation § 38, 26
　Admissibility of – § 34, 147; § 38, 23
　Ältere Anmeldung § 38, 26
　Animal varieties § 38, 26
　Anspruch u – § 34, 146
　Ausführbarkeit u – § 34, 355; § 38, 27
　Ausgeschlossene – § 34, 148
　Bereich u – § 3, 133; § 34, 369;
　　§ 38, 27
　Breite des Anspruchs u – § 34, 143
　broad claims and – § 34, 143
　Chirurgische Verfahren u – § 2a, 69
　claim and – § 34, 146
　disclosed – § 34, 147; § 38, 23
　disclosure and – § 34, 355
　Einheitlichkeit u – § 34, 242
　EPA GBK G 2/10 § 34, 147
　EPO G 0002/10 § 34, 147
　Erfinderische Tätigkeit u – § 4, 97
　excluded – § 38, 27
　G 0001/03 § 38, 26
　G 2/10 § 38, 23
　GrBK G 1/03 § 38, 26
　GrBK G 2/10 § 38, 23
　inventive step and – § 4, 97
　Medizinische Verfahren u – § 2a, 62;
　　§ 38, 26
　Neuheit u – § 38, 26
　novelty and – § 38, 26
　Offenbarter, Nichtoffenbarter –
　　§ 34, 147; § 38, 23
　Offenbarung u – § 34, 147, 355;
　　§ 38, 23

　prior application and – § 38, 26
　Prioritäts- § 21, 75; § 41, 41
　prohibited exploitation and – § 2, 27
　reproducibility and – § 34, 355;
　　§ 38, 27
　Therapeut. Verfahren § 2a, 74
　therapy and – § 2a, 74
　to eliminate a feature from a claimed
　　area § 34, 369; § 38, 27
　undisclosed – § 38, 26
　unity and – § 34, 242
　Unzulässige Erweiterung u – § 21, 68
　Verwertungsverbot u – § 2, 27, 28
　Zielort eines Angebots § 9, 75
　Zufällige Vorwegnahme § 38, 26
　Zulässigkeit § 34, 147; § 38, 23
Disclaimer-Lösung § 21, 68
Disclosure § 34, 288
　accidental – § 38, 26
　advantages § 34, 423
　analogy, processes of – § 34, 362
　best mode – § 34, 320
　biotechnology § 1, 169
　breadth of claimed area § 34, 114,
　　116, 141
　burden of proof § 34, 357
　chemical substances § 1, 218; § 34, 381
　clear – § 34, 315
　common general knowledge § 34, 339
　completeness of – § 34, 314, 318
　deposit and – § 34, 479
　equivalence of means for disclosure
　　§ 34, 312
　equivalents § 34, 359
　error and – § 34, 328
　experiments and – § 34, 410
　functional statements § 34, 425
　interpretation § 34, 325
　know how and – § 34, 321
　medicaments § 1, 208, 231
　negative feature § 34, 400
　one way sufficient § 34, 316
　parameters § 34, 368
　　whole area § 34, 347
　partial solution § 34, 407
　person skilled in the art § 34, 332

bold type = § or Article; followed by marginal number **Index**

problem **§ 34**, 364
  reformulation of – **§ 34**, 365
  process and – **§ 34**, 394
  product and – **§ 1**, 208
  references **§ 34**, 133, 215, 216, 417
  repeatable **§ 1**, 36; **§ 34**, 343
  sufficiency of – **§ 34**, 343
  technical field **§ 34**, 363
  term of the art **§ 34**, 115, 116
  time for sufficiency **§ 34**, 355
  undue burden **§ 34**, 350, 373
  valuable properties **§ 34**, 381, 423
  variants **§ 34**, 345
  way, at least one – **§ 34**, 316
  whole area claimed **§ 34**, 322, 347, 378
Discoveries § 1, 77
Discretion Einl, 173
  appropriate exercise of – **Einl**, 174; **§ 59**, 207
  Art 114 (2) EPC **Einl**, 248
  opposition proceedings **§ 59**, 207, 213
  procedural abuse **Einl**, 250
  R 116 EPC **Einl**, 269
  R 137 EPC **Einl**, 256
  remittal and – **Art 111**, 7
Diskreditierungsschaden § 139, 117
Diskriminierungsverbot § 9, 32
Diversity, Convention on biological – **§ 1**, 158; **§ 34a**, 3
Divisional application § 39, 74
DNA
  DNA-Abschnitt **§ 1a**, 15
  Funktionsangabe u – **§ 1a**, 24
  Gensequenz **§ 1a**, 22
  Proteinsequenz **§ 1a**, 22
  Regulatorsequenz **§ 1a**, 14
  SNPs (single nucleotide polymorphisms) **§ 1a**, 14, 28
Doing business § 1, 101
Dokumentvorlagen
  für Anmeldedaten **§ 34**, 49
Dolmetscher
  Beteiligung **Art 110**, 32
  Vergütung **§ 128a**, 25
Doppelanmeldung § 34, 25

Doppelerfindung § 6, 25
Doppelnatur
  Anmeldung **Einl**, 92; **§ 34**, 20
  Verfahrenshandlung **Einl**, 92
Doppelpatentierung
  deut u euro Patent **§ 34**, 24
  Doppelanmeldungen **§ 34**, 25
Doppelschutz
  deut u europ Patent **§ 9**, 117; **§ 34**, 24; **IntPatÜG**, 56 (Anhang 1)
  Pflanzensorten **§ 2a**, 15
Doppelvertretung RA u PA § 80, 39
  Beschwerdeverfahren **§ 80**, 39
  Nebenverfahren **§ 80**, 42
  Nichtigkeitsberufungsverfahren **§ 80**, 43
  Nichtigkeitsverfahren **§ 80**, 40
Dosierungsempfehlung § 14, 119
Dosisempfehlung § 1, 98; **§ 2a**, 66, 79
DPMA
  EUIPO Beobachtungsstelle
    Ansprechpartner **§ 26a**, 2
    Gesetzlicher Auftrag
    Sensibilisierung **§ 26a**, 2
    Internationale Zusammenarbeit mit EPA und EUIPO **§ 26a**, 2
  KMU
    Sensibilisierung **§ 26a**, 2
  Öffentlichkeitsarbeit **§ 26a**, 2
  Schriftarten **§ 32**, 26
  Sensibilisierung
  Urheberrecht **§ 26a**, 2
  Veröffentlichungen des – **§ 32**, 4, 26
DPMAconnectPlus
  Kosten **§ 32**, 32
DPMAdatenabgabe § 32, 32
DPMAdirekt Einl, 370
DPMAdirektPro Internet-Link, 2
DPMAkurier § 32, 31
DPMAprimo Internet-Link, 3
DPMAregister § 32, 4; **Internet-Link**, 2
  Auskunftsanspruch **§ 31a**, 2
  Einsichtnahme **§ 31a**, 2
  Mitteilungspflicht **§ 31a**, 2
  Online-Zugang **§ 30**, 5
  Widerspruch **§ 31a**, 2

Sachregister

§ oder Artikel jeweils halbfett, danach Randnummer

DPMAV DPMAV (Anhang 10)
Drawings § 34, 217
  - not to provide relative proportions
    § 34, 303
  advantage from a – § 34, 306
  contradiction: description and –
    § 34, 307
  correction of – § 34, 221
  definition § 34, 217
  disclosure and – § 34, 299, 309
  extent of protection and – § 14, 29
  feature only in – § 34, 300
  filing date and – § 35, 49
  form § 34, 219
  missing – § 34, 220; § 35, 49
  references to – § 34, 131
Drittauskunft § 140b, 4
Dritte
  Prozessführungsbefugnis § 139, 37
Druckschriften
  Einreichung neuheitsschädlicher –
    § 125, 4
Duldungsverfügung § 140c, 66
  Anfechtbarkeit § 140c, 81
Durchfuhr § 142a, 13
  T1-Verfahren/TL2-Verfahren § 9, 79
Durchsuchung § 140c, 67

E

EAPatV § 28, 2; § 47, 9
  § 5 § 26, 29; § 47, 9, 14
  § 6 § 45, 5; § 47, 9, 14, 16
  § 8 § 99, 15
Effect
  Bonus- § 4, 162
  statements of – § 1, 23
Effect of the patent
  acts done for experimental purposes
    § 11, 9
  acts done privately § 11, 7
  dependence § 9, 8
  exhaustion § 9, 14
  importing § 9, 81
  limitation of – § 11, 5
  offering § 9, 61
  process and – § 9, 83

product of a process § 9, 94
product subject-matter § 9, 53
prohibition of direct use § 9, 44
prohibition of indirect use § 10, 5
putting on the market § 9, 77
stocking § 9, 82
using § 9, 80
Effekt
  bei Stofferfindungen § 4, 92
  einer bekannten Verwendung § 3, 180
  u Einheitlichkeit § 34, 233
  überraschender – § 4, 92, 108, 150
  untechnischer – § 1, 23
Effektiver Rechtsschutz Einl, 458
EG-cells § 2, 35
Eid § 46, 42
Eidesstattliche Versicherung
  als Beweismittel § 46, 46
  Glaubhaftmachung u – Einl, 174;
    § 123, 44
  Rechnungslegung u – § 139, 183
  Vollständigkeit der Auskunft u –
    § 140b, 42
  ZPO § 294 Einl, 174
Eigenhändige Unterschrift Einl, 375
  Ausnahme Einl, 382
  Voraussetzungen Einl, 381
Eigenrecherche § 80, 80
Eigenschaftsirrtum Einl, 98
Eigentumsgarantie Einl, 171
Ein Weg ausreichend
  für Ausführbarkeit § 34, 349, 392
  für Offenbarung § 34, 316
  für Wiederholbarkeit § 1, 37
  zur Ausführung in der Beschreibung
    § 34, 207
Einbahnstraßensituation § 4, 99
eindeutig identifiziert § 34, 316
Einfacher Lizenznehmer
  als Anspruchsberechtigter § 139, 11
  Prozessführungsbefugnis § 139, 11, 37
Einfachheit § 4, 100
Einforderungs- u Beitreibungsordnung (EBAO) PatKostG § 1, 5
  (Anhang 15)

bold type = § or Article; followed by marginal number **Index**

Einfuhr
  Benutzung durch – § 9, 81
  Beschlagnahme u – § 142a, 11
  Durchfuhr § 9, 81
Eingaben
  Berücksichtigung von – Einl, 73
  Dritter § 43, 40; § 59, 148
  fremdsprachige – § 126, 10
Eingangstag
  Beschwerde § 73, 58
  Falsches Amt u – Einl, 71
  Feststellung des – § 28, 2
  PIZ u – § 34, 59
  Virtuelle Eingangsstelle § 34, 67
Eingescannte Unterschrift Einl, 385
Eingeschriebener Brief
  Annahmeverweigerung § 127, 62
  Einwurf-Einschreiben § 127, 58
  Tag der Zustellung § 127, 63
  Übergabe-Einschreiben § 127, 23, 58
  Zustellung durch – § 127, 56
Eingriffskondiktion
  Patentverletzung u – § 139, 189
Einheiten im Messwesen
  Patentanspruch u – § 34, 104
Einheitliche Rechtsprechung
  Art 112, 12; § 100, 19
Einheitlichkeit § 34, 225
  a posteriori-Prüfung § 34, 232, 272
  a priori-Prüfung § 34, 232, 272
  abhängige Ansprüche § 34, 235
  Alternativen § 34, 234, 241
  Ansprüche u – siehe Tabelle § 34, 238
  Anspruchskategorien § 34, 236
  Anwendbares Recht § 34, 225
  Art 82 EPÜ § 34, 2, 271
  Ausscheidung § 34, 249
    vor BPatG § 34, 269
  Ausscheidungsanmeldung § 34, 260
    Anmeldetag § 34, 262
    Entscheidung § 34, 268
    Entstehen § 34, 260
    Gebühren § 34, 266
    Priorität § 34, 262
    Weiterbehandlung § 34, 263
  Ausscheidungserklärung § 34, 250

Beanstandung § 34, 247
Beseitigung § 34, 248
besondere Anpassung § 34, 234
besondere Entwicklung § 34, 234
besondere techn Merkmale § 34, 231
chem Stoffe § 34, 241
disclaimer § 34, 242
Einspruchsverfahren § 34, 243
einzige allgem erfinderische Idee
  § 34, 231
einzige Erfindung § 34, 229
Gruppe von Erfindungen § 34, 230
Klarheit § 34, 244
Klassifikation § 34, 245
Markush-Gruppe § 34, 241
neue Unterlagen § 34, 264
R 13.2 u 13.3 PCT § 34, 226
R 44 (1) u (2) EPÜ § 34, 226
R 44 EPÜ § 34, 226
R 64 EPÜ § 34, 272
Rechtsschutzbedürfnis § 34, 237
Teilidentität § 34, 231
verbundene Erfindungen § 34, 234
Verfahren § 34, 247
vor EPA § 34, 271
  Art 82 EPÜ § 34, 271
  Aufforderung § 34, 273
  R 64(1) EPÜ u Art 17(3) PCT
    § 34, 272
Vorabentscheidung § 34, 268
weitere Recherchengebühr § 34, 276
Widerspruch § 34, 277
Zweck § 34, 228
Zwischenentscheidung § 34, 268
Zwischenprodukte § 34, 246
Einigungsgebühr § 80, 67
Einrede
  der Patenterschleichung § 124, 13
  der Verjährung § 141, 21
  des freien Standes der Technik
    § 9, 107
  gegenüber Strohmann § 59, 64; § 81, 9
Einscannen Einl, 385
Einsprechender § 59, 137
  Änderung des – § 59, 144
  Antrag des – § 59, 80, 178

Identität des – § 59, 77
mehrere – § 59, 42, 138
Strohmann als – § 59, 63
Tod des – **Einl**, 425
Verfahrensbeteiligung § 59, 137
  Beginn der – § 59, 139
  Ende der – § 59, 140
  Umfang der – § 59, 150
Vollmacht des Vertreters des –
  § 59, 40
Einspruch
  Adressat § 59, 33
  Antrag des Einsprechenden § 59, 80
    vor DPMA § 59, 80
    vor EPA § 59, 81
  Auseinandersetzung mit Patent
    § 59, 88
  Begriff § 59, 32
  Begründung § 59, 83
  Beweismittel für – § 59, 91
  Einspruchsberechtigung § 59, 52
  Form § 59, 36
  Frist für – § 59, 70
  Identität des Einsprechenden § 59, 77
  Inlandsvertreter für – § 59, 39
  mündliche Beschreibungen u –
    § 59, 106
  nachveröffentlichte Dokumente
    § 59, 102
  Nichtangriffsverpflichtung u –
    § 59, 59
  Offenbarung, mangelhafte – § 59, 124
  öffentliche Zugänglichkeit § 59, 96
  Patentinhaber u – § 59, 56
  Popularrechtsbehelf § 59, 52
  Prioritätsintervall § 59, 103
  Rechtsschutzinteresse für – § 59, 54
  Rücknahme des – § 59, 239, 240;
    § 61, 27
    Fortsetzung des Einspruchsverfahrens § 61, 31
    Wirkung der – § 61, 28
  Schlüssigkeit § 59, 90
  schriftliche Beschreibungen u –
    § 59, 97
  Sprache vor EPA § 59, 35

Stand der Technik, Angabe des –
  § 59, 94
Strohmann u – § 59, 63
Substantiierung § 59, 76
Technischer Zusammenhang § 59, 95
Treu u Glauben u – § 59, 59
Übertragung des – § 59, 145
unzulässige Erweiterung § 59, 131
Vertreter als Einsprechender § 59, 58
Vertretungszwang § 59, 39
Vorbenutzung u – § 59, 109
  Amtsermittlung u – § 59, 120
  in zugänglicher Weise geschehen
    § 59, 109
widerrechtliche Entnahme § 59, 129
Widerrufsgrund, Behauptung eines –
  § 59, 82
Zulässigkeit des – § 59, 51
  Entscheidung über – § 61, 20
Einspruchs- oder Widerrufsgrund
  Änderungen des Patents u –
    Einl, 209, 263, 268; § 59, 199
  Art 100 EPÜ § 21, 2
  Auslegung § 21, 16
  Begriff § 21, 11; § 59, 183
  Bindung an – § 59, 186
    1.Instanz § 59, 191
    2.Instanz § 59, 196
  Fehlende Patentfähigkeit § 21, 26
  Klarstellung § 21, 102
  Konkrete Rechtsgrundlage § 21, 14
  Mehrere Einsprende § 59, 138
  Nach Fristablauf **Einl**, 252
  Neuer – § 21, 18; § 59, 197
  Prüfung 1.Instanz **Einl**, 22; § 59, 30
  Prüfung 2.Instanz **Einl**, 23, 176
  Substantiierung § 59, 84
  Unzulässige Erweiterung § 21, 50
  Unzulässiger – § 21, 24
  Unzureichende Offenbarung § 21, 28
  Verwerfung § 61, 43
  Vorgreifliche Tatbestände § 21, 17;
    § 59, 185
  Widerrechtliche Entnahme § 21, 38
Einspruchsgebühr § 59, 41
  Frist § 59, 41

Mehrere Einsprechende § 59, 42
Nichtzahlung § 61, 23
Rückzahlung § 59, 43
  Billigkeit der – § 62, 20
  vor EPA § 59, 46
Einspruchsverfahren
  Adressat § 59, 33
  Amtsermittlungsgrundsatz § 59, 30, 120
  Änderung des Patents im – § 59, 199
  Anhörung § 59, 229
  Antrag des Einsprechenden § 59, 80, 178
    Bindung an – § 59, 179, 180
  Antrag des Patentinhabers § 59, 166
    beschränkte Verteidigung § 59, 166
    Bindung an – § 59, 174
  Aufrechterhaltung
    in beschränktem Umfang § 61, 15
    in unveränderter Form § 61, 14
  Begründetheit des Einspruchs
    Prüfung der – § 59, 159
    Umfang der Prüfung § 59, 164
  Beitritt § 59, 246
  Beschwerde gegen
    (Un-)Zuässigkeit des Einspruchs § 61, 45
    (Un-)Zulässigkeit des Einspruchs § 61, 43
    Aufrechterhaltung § 61, 40, 41
    Beschränkte Verteidigung § 59, 166
    Widerruf § 61, 42
  Beteiligte am – § 59, 135
  Beweislast § 59, 209
  BPatG zuständig § 61, 9
  Dritte im – § 59, 147
  Einlegung des – § 59, 31
  Einsprechender § 59, 137
    Änderung des – § 59, 144
    mehrere – § 59, 138
    Verfahrensbeteiligung § 59, 137
  Einspruchsgrund
    Begriff des – § 59, 183
    Behauptung eines – § 59, 184
    Bindung 1. Instanz § 59, 191
    Bindung 2. Instanz § 59, 196

  neuer – § 59, 197
  Umfang der Prüfung u – § 59, 182
  vorgreifliche Tatbestände § 59, 185
  Ende des – § 59, 238
  Entscheidung
    Aufrechterhaltung § 61, 14, 15
    über Zulässigkeit des Einspruchs § 61, 20
    Widerruf § 61, 12
  Fortsetzung des Einspruchsverfahrens § 61, 31
    vor DPMA § 61, 31
    vor EPA § 61, 32
  Gebühr § 59, 41
  Kosten des – § 62, 5
    einer Anhörung § 62, 12
    einer Beweisaufnahme § 62, 13
    notwendige – § 62, 28
    VerfOBK Art 16 § 62, 2
  Kostenentscheidung § 62, 5
    Beschwerde gegen – § 62, 29
    Billigkeit § 62, 15
    Tenor § 62, 19
  Kostenfestsetzung § 62, 25
    Rechtsmittel § 62, 30
    Zwangsvollstreckung § 62, 32
  Nachschieben von Tatsachen § 59, 75
  Nachveröffentlichte Anmeldungen § 59, 102
  Nebenintervention § 59, 147
  Patentinhaber § 59, 136
  Patentschrift, Änderung § 61, 47
  Prüfungsbefugnis § 59, 30
  Rechtliches Gehör § 59, 214
    Frist zur Äußerung § 59, 217
    Gleichbehandlung § 59, 216
    Übermittlung von Schriftsätzen § 59, 219
    Umfang des – § 59, 215
    Wartefrist § 59, 218
    Zwischenbescheide § 59, 222
  Rechtsnatur des – § 59, 28
  Rechtsstellung der Beteiligten § 59, 29
  Rücknahme
    der Anmeldung § 59, 243
    der Beschwerde § 61, 37

Sachregister

§ oder Artikel jeweils halbfett, danach Randnummer

des Beitritts § 61, 36
des Einspruchs § 59, 239, 240;
  § 61, 27, 33
Wirkung der – § 61, 28
Schriftsätze, Übermittlung von –
  § 59, 219
Streithilfe § 59, 147
Untersuchungsgrundsatz § 59, 202
  in 1. Instanz § 59, 203
  in 2. Instanz § 59, 204
  pflichtgemäßes Ermessen § 59, 207
  Umfang des – § 59, 205
verspätetes Vorbringen § 59, 213
Vertreter, Vollmacht § 59, 40
Vorabentscheidung § 59, 154
Vorgreifliche Tatbestände § 59, 185
Wartefrist § 59, 218
Widerruf § 61, 12
  Teil- § 61, 19
Zulässigkeit des Einspruchs
  Entscheidung über – § 59, 151
  Prüfung der – § 59, 150
  Unverzichtbare Verfahrensvoraus-
    setzung § 59, 150
  Zuständigkeit § 59, 134
Zuständigkeit § 59, 27
Zwischenbescheide § 59, 222
Einstweilige Einstellung
  der Zwangsvollstreckung § 139, 365
  Berufungsgericht § 139, 365
  Revisionsverfahren § 139, 370
Einstweilige Verfügung § 85, 4;
  § 139, 432; § 140d, 22
  Abschlusserklärung § 139, 476
  Anspruch aus § 8 PatG u – § 8, 31
  Aufhebung wg veränderter Umstände
    § 139, 462
  Auskunftsanspruch u – § 140b, 40
  Beschlussverfügung § 139, 451
  Beschwerde gegen – § 122, 2
  BPatG unzuständig für – § 65, 7
  Dringlichkeit § 139, 439, 446
  gegen Anti-Suit Injunction § 139, 204
  Kostenwiderspruch § 139, 452
  Prozessuale Waffengleichheit
    § 139, 453

Rechtliches Gehör § 139, 453
Schadensersatz § 139, 463
Schutzschrift u – § 139, 472
Streitwertfestsetzung **PatKostG**
  § 2, 37 (Anhang 15)
Urteilsverfügung § 139, 451
Verfahren § 139, 450
Verfügungsanspruch § 139, 437
Verfügungsgrund § 139, 439
  Dringlichkeit § 139, 446
  Rechtsbeständigkeit des Patents
    § 139, 440
  Verhältnismäßigkeit § 139, 439
Verhältnismäßigkeit, Grundsatz der –
  § 139, 439
Vollziehung § 139, 456
Vollziehungsfrist § 139, 457
Voraussetzungen § 139, 435
Widerspruch § 139, 451
Zuwiderhandlung § 139, 406
Zwangslizenz § 85, 2
Einstweilige Zulassung
  eines Vertreters **Einl**, 503; § 97, 46
Einteilige Fassung des Anspruchs
  § 34, 81
Einwendungen des Verletzers § 9, 106
  Eigenes Benutzungsrecht § 9, 106
  freier Stand der Technik § 9, 107
  Nichtigkeit § 9, 108
  Patenterschleichung § 9, 112
  unzulässige Erweiterung § 9, 109
  Verwirkung § 9, 111
  Wirkungslosigkeit § 9, 110
Einwurf-Einschreiben § 127, 58
Einzahlungstag PatKostZV, 21
  (Anhang 17)
Einzelangebot § 9, 61
Einzelanwalt
  Wiedereinsetzung u –
    Krankheit § 123, 107
Einzelanweisung § 123, 93
Einzelkaufmann
  nicht parteifähig **Einl**, 43
Einzelzubereitung in Apotheken
  § 11, 21

bold type = § *or Article; followed by marginal number*   **Index**

Einziehung
 von Gegenständen **§ 142**, 18
Einzige Erfindung Einheitlichkeit u –
 § 34, 229
Elektronische Aktenführung
 § 125a, 30
 Ausfertigung elektronischer Dokumente **§ 125a**, 31
Elektronische Anmeldung
 DPMA **§ 34**, 38; **§ 35**, 27; **§ 125a**, 19
 EPA **§ 35**, 29
Elektronische Arbeitsmittel
 Wiedereinsetzung u – **§ 123**, 114
Elektronische Dateien
 Aufwendungsersatz **§ 128a**, 7
Elektronische Dienstleistungen
 § 32, 31
Elektronische Form Einl, 355; **§ 34**, 37
 BGB **§ 126 Einl**, 355
 Datei-Überprüfungstool PaTrAS
  § 34, 40
 Erteilungsantrag **§ 34**, 70
 Nachgereichte Unterlagen **§ 34**, 38
 OS, PS, Patentblatt **§ 32**, 4
 Patentanmeldung u – **§ 34**, 38;
  § 35, 27, 29
 - Mängel der – **§ 34**, 53
Elektronische Nachrichten Einl, 369
Elektronische Patentdokumente
 § 32, 4
 A-, B-, C-, T-, U-Schriften **§ 32**, 26
 Offenlegungsschrift **§ 32**, 7
 Patentblatt **§ 32**, 22
 Patentschrift **§ 32**, 17
Elektronische Signatur Einl, 355, 376;
 § 47, 9
 Bedeutung **§ 34**, 54
 Patentanmeldung **§ 34**, 46; **§ 35**, 24
 Wiedereinsetzung u – **§ 123**, 116
Elektronische Zustellung
 §§ 5(5), 5a VwZG **§ 127**, 76
 BPatG **Einl**, 368
 EPA **Einl**, 373

Elektronischer Rechtsverkehr
 im bürgerlichen Recht Einl, 355
 - elektronische Form (§ 126a BGB)
  Einl, 2
 - Schriftform (§ 126 BGB)
  Einl, 355
 - Textform (§ 126 b BGB) Einl, 2
 - vereinbarte Form (§ 127 BGB)
  Einl, 2
 im Verfahrensrecht Einl, 359
 - Beweiskraft (§ 371a ZPO) Einl, 2
 - BGH/BPatGERVV Einl, 366
 - ERVDPMAV Einl, 365
 - Zustellung Einl, 368
Patentanmeldung
 Elektronische Erfassung **§ 34**, 35
 Elektronische Form **§ 34**, 38
 Email **§ 34**, 43
 Formatvorgaben **§ 34**, 49
 Mängel **§ 34**, 53
 Pflicht zur Nutzung **§ 125a**, 4
 Signatur, elektronische **§ 34**, 46, 54
 Verschlüsselung **§ 34**, 52
 vor BPatG u BGH **§ 125a**, 22
 vor DPMA **§ 125a**, 19
 vor EPA Einl, 371
Elektronisches Dokument Einl, 354;
 § 125a, 5
 beA **§ 125a**, 17
 Begriff Einl, 354
 Besonderes elektronisches Anwaltspostfach **§ 125a**, 17
 Computerfax Einl, 385; **§ 125a**, 10
 Datenträger, elektronische
  DPMA **§ 34**, 44
  EPA **§ 34**, 44
 De-Mail **§ 125a**, 15
 E-Mail **§ 125a**, 9
 Herkunftsnachweis **§ 125a**, 30
 Lesbarkeit Einl, 354
 Signatur **§ 125a**, 11
  Container- Einl, 379; **§ 125a**, 14
 Verschlüsselung **§ 34**, 52
 vor DPMA Einl, 363
 vor DPMA, BPatG, BGH Einl, 363
 ZPO § 130a Einl, 359, 361

Sachregister § oder Artikel jeweils halbfett, danach Randnummer

Elemente einer Kombination § 1, 270
Elementenschutz
  im Erteilungsverfahren § 34, 446
Email Einl, 172
  BPatG Einl, 172
  DPMA § 26, 13
  Einreichung bei Gericht Einl, 172
  EPA Einl, 373
  EPA Videokonferenz Einl, 373
  Patentanmeldung § 34, 43
  Wiedereinsetzung u – § 123, 111
Embryonen § 1a, 10, 12; § 2, 23, 31, 37, 42
  Embryonale Stammzellen § 2, 42
  Embryonenschutz § 9, 43
  Embryonenschutzgesetz § 2, 40
  Embryonenspaltung § 2, 31
  EPÜ Regel 28 (c) § 2, 2
  Fötus u – § 2, 39
  Hinterlegung § 34, 487
  Menschliche – § 2, 37
  Präembryo § 2, 40
  Tierisches Vermehrungsmaterial § 9c, 27
Embryonenschutzgesetz § 2, 40
Empfängnisverhütung § 2, 51; § 2a, 76; § 5, 9
Empfangsbekenntnis (EB)
  Annahmeverweigerung § 127, 75
  Glaubhaftmachung u – § 123, 44
  Öffentliche Urkunde § 127, 115
  Tag der Zustellung § 127, 63, 70
  Beweislast § 127, 70
  Wiedereinsetzung u – § 123, 161; § 127, 109
  Zustellung durch – § 127, 23, 65, 114
Empfangsbescheinigung
  Elektronische Anmeldung § 34, 67
  EPA § 34, 66
  Erneute Hinterlegung u – § 34, 2, 520
  Schriftstücke u – § 34, 66
Empfangsbestätigung
  bei Zahlungen PatKostZV, 18 (Anhang 17)
EMRK Einl, 299, 328
  Art 13 Einl, 2; § 73, 14

Art 2 § 2, 19
Art 35 (1) Einl, 187; § 128b, 16
Art 6 Einl, 2, 284; § 73, 14; § 127, 124; § 128b, 1
  effektiver Rechtsschutz Einl, 2
  faires Verfahren § 73, 14
  Menschenwürde Art 106, 36; § 2, 19
  Recht auf Leben § 2, 19
  rechtliches Gehör Einl, 284
  Untätigkeitsbeschwerde § 73, 14
Ende des Zusatzpatents § 16, 19
Enlarged Board of Appeal Art 112, 3
  amicus curiae briefs Art 112, 31
  appeal proceedings and – Art 112, 33
  binding effect of the decision Art 112, 45
  BoA, meaning Art 112, 38
  competence Art 112, 4
  composition Art 112, 5
  different decisions Art 112, 42
  formulation of question of law Art 112, 8
  important point of law Art 112, 13
  language Art 112, 43
  obiter dictum Art 112, 42
  parties before – Art 112, 28
  point of law Art 112, 17
  President EPO Art 112, 29, 36
  referral to – by BoA Art 112, 14
  referral to – by PrEPO Art 112, 36
  request for referral Art 112, 25
  Suspension of proceedings Art 112, 9
  uniform application of the law Art 112, 11
  withdrawal of appeal Art 112, 35
Entdeckung § 1, 77
  Funktions- § 1, 79
  Menschlicher Körper u – § 1a, 15
  Vorhandensein in der Natur § 1, 78
Entferntes Gebiet § 4, 58
Entfernung aus den Vertriebswegen
  bei mittelbarer Patentverletzung § 10, 53
Entfernungsanspruch § 140a, 27
  Kosten § 140a, 42
  Zeitliche Geltung § 140a, 36

bold type = § or Article; followed by marginal number **Index**

Entgangener Gewinn § 139, 118, 161
Entgegenhaltung
 Angabe der – in PS § 32, 19
 Irrtum in – § 4, 118
 Zahl der – § 4, 170
Entnahmepriorität § 7, 9
 Inanspruchnahme § 7, 18
 Nachanmeldung § 7, 16
 Verzicht auf Patent § 7, 14
 Widerruf des Patents § 7, 12
 Wirkung der – § 7, 20
Entschädigung
 bei mittelbarer Patentverletzung
  § 10, 52
 des Landwirts für patentiertes Vermehrungsmaterial § 9c, 17
 für unterlassene Verwertung § 55, 3
 Offenlegungsanspruch § 33, 3
  Aussetzung bei – § 140, 6
 Sachverständigenentschädigung
 Verletzungsverfahren § 139, 335
  vor BPatG § 80, 84
  vor DPMA § 80, 84
Entschädigungsanspruch § 128b, 4;
 IntPatÜG, 3 (Anhang 1)
 bei unangemessener Verfahrendauer
  § 128b, 4
 Streitwert § 139, 340
 Verjährung des § 141, 6
 Wegfall des – § 58, 17
Entscheidende Richtung § 34, 353
Entscheidung (EPA)
 1. Instanz Art 106, 24
 abschließende – Art 106, 21
 Anfechtung vor nationalen Gerichten
  Art 106, 34
 beschwerdefähige – Art 106, 20
 Bindung Art 111, 29
  an rechtliche Beurteilung
   Art 111, 30
  Identität des Tatbestands
   Art 111, 33
  keine – für Parallelfälle Art 111, 39
  obiter dicta Art 111, 32
  Selbstbindung der BK Art 111, 42
 Entscheidungscharakter Art 106, 22

 Feststellung eines Rechtsverlusts
  Art 106, 23
 kassatorische – Art 111, 2
 Kosten- Art 106, 32
 Kostenfestsetzung Art 106, 33
 Nichtzulassung gesonderter
  Beschwerde Art 106, 29
  rechtskräftige – einer BK Art 106, 34
 reformatorische – Art 111, 2
 res judicata Art 111, 29
 über Beweisaufnahme Art 106, 37
 Wegfall des Patents Art 106, 31
 Zurückverweisung Art 111, 4
 Zwischenentscheidung Art 106, 21,
  27, 30
Entscheidung (PatG)
 Berufungsurteil
  Sachurteil des BGH § 118, 5
 nach Lage der Akten Art 107, 15;
  § 34, 451
 über Beschwerde § 79, 4
 über Einspruch § 61, 11
 über Nichtigkeitsklage § 84, 2
 über Rechtsbeschwerde § 107, 2
Entscheidungsformel (EPÜ)
 Art 111, 16
 für folgende Entscheidungen:
  Aussetzung Art 111, 27
  begründete Beschwerde Art 111, 19
  Beweisbeschluss Art 111, 28
  Kostenentscheidung Art 111, 23
  nicht existente Beschwerde
   Art 111, 16
  Rückzahlung der Beschwerdegebühr Art 111, 25
  unbegründete Beschwerde
   Art 111, 18
  unzulässige Beschwerde
   Art 111, 17
  Vorlage an GBK Art 111, 24
  Wiedereinsetzung Art 111, 26
  zur geänderten Aufrechterhaltung
   Art 111, 22
  zur Patenterteilung Art 111, 21
  Zurückverweisung Art 111, 20

Sachregister

§ oder Artikel jeweils halbfett, danach Randnummer

Entscheidungsformel (PatG)
  Beitritt § 61, 22
  Beschwer bei Berufung § 110, 10
  Beschwer bei Beschwerde § 73, 49
  für Streitwertherabsetzung § 144, 17
  für VKH-Bewilligungsbeschluss
    § 135, 15
  im Einspruchsverfahren § 61, 13
  kassatorische Abhilfe § 73, 123
  Kostenentscheidung im Einspruchs-
    verfahren § 62, 19
  Nichtigkeitsurteil § 84, 5
  Patentanmeldung, unwirksame
    § 35, 35
  Teilung § 39, 65
  Tenor § 47, 13; § 79, 6
  Tenorierungsfehler § 95, 7
  vor BPatG § 79, 8, 9, 11, 14
  vorläufige Vollstreckbarkeit § 84, 54
  Zurückverweisung an BPatG § 118, 7
Entwicklung der Technik § 4, 101
Entwicklungsraffende Leistung
  § 4, 104
EPA
  Anmeldetag § 35, 16
  Aufgabe u Lösung § 1, 41
  Aufgabe, zielgerichtet § 1, 217
  Aussetzung Einl, 148
  Bereiche § 3, 131
  Beschwerdeverfahren Art 106, 1
  Beweislast Einl, 154, 156
  DPMA statt – Einl, 71
  Einheitlichkeit § 34, 271
  Einspruch § 59, 5
  Einspruchsgrund § 21, 14
  Elektronische Zustellung Einl, 373
  elektronischer Rechtsverkehr
    Einl, 371
  Europ. Verwendungsherstellungsan-
    spruch § 3, 161
  Grundsätze vor – Einl, 3
  Gute Sitten § 2, 22
  Hilfsantrag Einl, 206
  Internationale Zusammenarbeit
    § 26a, 2
  Keine DPMA-Annahmestelle § 34, 63

Priorität § 41, 13
Rechtliches Gehör Einl, 284
res judicata Einl, 342
römisches Recht Einl, 349
Technikbegriff § 1, 21
Teilanmeldung § 39, 74
Unterbrechung Einl, 429
Unterschrift Einl, 391
Untersuchungsgrundsatz Einl, 19
  Einspruch 1. Instanz Einl, 22;
    § 21, 61
  Einspruch 2. Instanz Einl, 23;
    § 21, 62
  Erteilungsverfahren Einl, 20
Unzulässige Erweiterung § 21, 65
Verbindung Einl, 447
Verfahrensordnung
  Beschwerdekammer Art 110, 28;
    Einl, 274
  Große Beschwerdekammer
    Art 112, 7; Einl, 2
verspätetes Vorbringen Einl, 244
Verspätete Schriftstücke Einl, 68
Vertrauensschutz Einl, 462
Verzicht § 34, 449
Videokonferenz Einl, 479
Vollmacht Einl, 513
Zwischenentscheidung Art 106, 28;
    Einl, 536
EPÜ-Artikel
  Art 101 (1) § 59, 8
  Art 101 (2) u (3) § 61, 3
  Art 103 § 61, 2
  Art 104 § 62, 3
  Art 105 § 59, 10
  Art 113 Einl, 284
  Art 114 (2) Einl, 247
  Art 116 § 78, 2
  Art 117 § 128, 5
  Art 118 § 34, 19
  Art 119 § 127, 4
  Art 121 § 123a, 4
  Art 122 § 123, 6
  Art 123 § 38, 2
  Art 123 (3) § 22, 10
  Art 124 § 125, 2

bold type = § or Article; followed by marginal number **Index**

Art 125 **Einl**, 196
Art 131 **§ 128**, 4
Art 134 **Einl**, 513
Art 138 **§ 22**, 3
Art 14 **§ 35a**, 3, 4
Art 150 **Art 106**, 25
Art 154 aF **Art 106**, 26
Art 21 **Art 106**, 15, 19
Art 23 **Art 106**, 4
Art 52 **§ 1**, 2, 3
Art 53 lit a **§ 2**, 4
Art 53 lit b **§ 2a**, 4
Art 53 lit c **§ 2a**, 4
Art 56 **§ 4**, 3
Art 57 **§ 5**, 3
Art 58 **§ 34**, 3
Art 59 **§ 34**, 2
Art 60 (1) u (2) **§ 6**, 3
Art 60 (3) **§ 7**, 3
Art 61 **§ 8**, 3
Art 63 **§ 16a**, 3
Art 63 (1) **§ 16**, 2
Art 64 **§ 9**, 2
Art 65 **§ 81**, 87
Art 66 **§ 41**, 24
Art 69 **§ 14**, 3
Art 70 **§ 81**, 86
Art 71 **§ 15**, 3
Art 72 **§ 15**, 2, 17
Art 73 **§ 15**, 2
Art 74 **§ 15**, 2
Art 76 **§ 39**, 2
Art 78 **§ 34**, 2
Art 80 **§ 35**, 3, 11
Art 81 **§ 37**, 3
Art 82 **§ 34**, 2
Art 83 **§ 34**, 2
Art 84 **§ 34**, 2
Art 85 **§ 36**, 3
Art 87 **§ 41**, 4
Art 88 **§ 41**, 2
Art 89 **§ 41**, 2
Art 99 **§ 59**, 6
Protokoll zu Art 69 **§ 14**, 5
EPÜ-Regeln
R 100 (1) **Art 110**, 25
R 103 **Art 108**, 2
R 103 (= 67 aF) **§ 73**, 139
R 116 (= 71a aF) **Einl**, 269
R 117 (= 72 (1) aF) **§ 128**, 5
R 118 (= 72 (2) aF) **§ 128**, 5
R 119 (= Art 117 (2); R 72 (3)(4) aF) **§ 128**, 5
R 120 (= 117 (4)-(6) aF) **§ 128**, 5
R 125 (= 72 u 82 aF) **§ 127**, 5
R 126 (= 78 aF) **§ 127**, 6
R 127 (= – aF) **§ 127**, 6
R 128 (= 79 aF) **§ 127**, 7
R 129 (= 80 aF) **§ 127**, 9
R 130 (= 81 aF) **§ 127**, 10
R 133 (= 84a aF) **Einl**, 68, 192; **§ 123**, 4; **§ 127**, 12
R 134 **Einl**, 191
R 135 (= Art 121(2)(3) aF) **§ 123a**, 2
R 136 (= Art 122(2)-(5) aF) **§ 123**, 2
R 137 (= 86 aF) **Einl**, 256; **§ 38**, 3
R 139 **§ 38**, 2
R 14 (= 13(1)-(3),(5) aF) **Einl**, 148
R 141 (Art 124 (1) aF) **§ 125**, 2
R 142 (= 90 aF) **Einl**, 429
R 15 **§ 34**, 466
R 152 (1) (= 101 aF) **Einl**, 516
R 163 (1) **§ 37**, 2
R 19 **§ 37**, 2
R 2 **Einl**, 372
R 2 (2) (– aF) **Einl**, 391
R 21 (1) **§ 37**, 2
R 22 **§ 15**, 2
R 23 **§ 15**, 2
R 24 **§ 15**, 2
R 26 (1) u (2) (= 23b aF) **§ 1**, 4
R 26 (3) – (6) (= 23b aF) **§ 2a**, 5
R 27 (a) (= 23c aF) **§ 1**, 2
R 27 (b) u (c) (= 23c aF) **§ 2a**, 2
R 28 (= 23d aF) **§ 2**, 2
R 28 (2) **§ 2a**, 2
R 29 (= 23e aF) **§ 1a**, 4
R 3 (1) **Art 108**, 8
R 31 **§ 34**, 2
R 32 **§ 34**, 2
R 33 **§ 34**, 2
R 34 **§ 34**, 2

Sachregister

§ oder Artikel jeweils halbfett, danach Randnummer

R 36 § 39, 2
R 42 (1) b § 34, 208
R 42 (1) f (= 27 aF) § 5, 2
R 44 § 34, 226
R 45 § 34, 188
R 50 (3) (= 36 aF) Einl, 391
R 52 § 41, 8
R 53 § 41, 9
R 59 § 41, 10
R 6 Art 108, 14; § 59, 49, 50
R 60 § 37, 2
R 64 § 34, 272, 276, 279
R 75 § 59, 2
R 76 § 59, 2
R 77 § 59, 2
R 78 § 59, 2
R 79 § 59, 2
R 80 § 59, 2
R 80 (= 57a aF) Einl, 262
R 81 § 59, 2
R 82 § 61, 2
R 83 (= 59 aF) § 59, 2
R 84 § 61, 2
R 85 § 15, 2
R 85 (= 61 aF) § 59, 2
R 86 (=61a aF) § 59, 2
R 87 § 61, 2
R 88 § 62, 2
R 89 (= Art 105) § 59, 2
R 97 Art 106, 1
R 98 Art 106, 1
EPÜ-RevisionsG § 1, 1; § 2, 1; § 2a, 1, 10; § 5, 1
Equality
  before the law Einl, 203
  of opportunities Einl, 166
Equality of opportunities Einl, 542
Equivalents
  inventive step and – § 4, 71
Erbe
  Erfinderpersönlichkeitsrecht u – § 6, 17
  Erteilung für unbekannten – § 34, 15; § 49, 12
  Legitimation § 30, 38
  Vererblichkeit § 15, 16

Erbengemeinschaft
  nicht parteifähig Einl, 43
Erfinder
  Amtsermittlung Einl, 17
  Anerkennung, Ansporn, Belohnung § 1, 9, 36, 228; § 9a, 2; § 21, 31; § 38, 11
  Anmelder u – § 7, 6
  Antragsbindung Einl, 7, 31
  Aufgabe des – § 4, 33
  -benennung, -nennung § 37, 9; § 63, 7
  Doppel- § 6, 25
  Einspruch des – § 59, 57
  Einzel- § 6, 18
  Entdecker u – § 1, 78
  Fristberechnung Einl, 191
  Gemeinsame – § 6, 20
  Gerechter Lohn Einl, 246
  Gesundheit u – § 2a, 60
  Mit- § 6, 21
  Persönlichkeitsrecht § 6, 15
  -prinzip § 6, 6
  Recht an der Erfindung § 6, 10
  Rechtsstellung § 6, 22
  StdT Kenntnis § 3, 9, 116
  Vereinbarungen über -recht § 6, 28
  Vindikation des – § 8, 6
  Wahrer – § 9, 121
Erfinderbenennung § 37, 9
  Format für – § 34, 49
Erfinderische Tätigkeit
  ältere Anmeldungen § 4, 17
  Alternativen u – § 4, 74
  Analogieverfahren § 4, 76
  Äquivalente u – § 4, 71
  Arzneimittel § 1, 238
  Aufgabe u – § 4, 33
    Neuformulierung § 4, 41
    Präzisierung der – § 4, 40
  Aufgabe- u Lösungskonzept § 4, 27
  Auswahlerfindung § 4, 80
  Begriff § 4, 7
  Beurteilung der – § 4, 8
  Bezugnahmen § 4, 20
  Biotechnologie § 4, 89
  could-would-test § 4, 64

bold type = § or Article; followed by marginal number **Index**

disclaimer u – § 4, 97
Erfolgserwartung § 4, 89, 105
Fachmann § 4, 43
2. Fachmann § 4, 50, 54
Allgemeinwissen § 4, 49
entferntes Gebiet § 4, 58
Experimente des – § 4, 51
Fachgebiet des – § 4, 47
Nachbargebiet § 4, 50, 56
Neugier des – § 4, 65
team § 4, 55
übergeordnetes Gebiet § 4, 58
Versuche des – § 4, 51
Wissen u Können § 4, 46
zuständiger – § 4, 52
Forschung u – § 4, 107
Gesamtschau § 4, 18
Herstellungsverfahren § 4, 115
Hoffnung auf gutes Gelingen § 4, 89, 105
Karenzzeit § 4, 24
Kategorie u – § 4, 120
Kombination u – § 4, 123
Kombination von Dokumenten § 4, 18, 21
nächstliegender Stand der Technik § 4, 35
  - als Sprungbrett § 4, 35
Auswahl § 4, 37
Naheliegen § 4, 59
Naturstoffe § 4, 136
Prüfung der – § 4, 26
Stand der Technik u – § 4, 12, 18
Technizität u – § 4, 148
Übertragungserfindung § 4, 152
Vergleichszeitpunkt § 4, 23
Verknüpfung von Dokumenten § 4, 19
Zwischenprodukte § 4, 177
Erfindernennung
Berichtigung § 30, 19
Erfinderpersönlichkeitsrecht
Erbfolge u – § 6, 17
höchstpersönliches Recht § 6, 15
Erfinderrechtliche Vindikation § 8, 6

Erfindung § 1, 12
abhängige § 1, 267
ästhetische Formschöpfungen § 1, 87
Aufgabe u Lösung § 1, 41
Ausführbarkeit § 1, 34; § 34, 332
ausgeschlossene Nicht-Erfindungen § 1, 71
Begriff § 1, 14
Bezeichnung der – § 34, 72
biotechnologische § 1, 149
chemische § 1, 171
Computerprogramme § 1, 107
Definition § 1, 15
Entdeckung § 1, 77
gedankliche Tätigkeiten § 1, 90
geschäftl Tätigkeiten § 1, 101
Informationen § 1, 138
Kuriosa § 1, 29
Lehre zum Handeln § 1, 28
mathemat Methoden § 1, 81
medizinische § 1, 176
menschliche Verstandestätigkeit § 1, 31
Nützlichkeit § 1, 29
pharmazeutische § 1, 172
Realisierbarkeit § 1, 33
Recht an der – § 6, 10
Spiele § 1, 100
standardessentielle § 1, 268
technische Lehre § 1, 16
Technizität § 1, 25
Wiedergabe von Informationen § 1, 138
Wiederholbarkeit § 1, 36
Wirkung, untechnische – § 1, 23
Wirkungsangaben § 1, 23
Wissenschaftl Theorien § 1, 80
Erfindungsbesitz § 6, 9; § 8, 15
bei Vorbenutzungsrecht § 12, 9
des Einsprechenden § 59, 129
Erklärung für erfindungsgemäße Vorteile § 12, 9
Erfindungsfunktionell individualisiert § 10, 18
Erfindungsgehilfe § 6, 21
Erfindungswesentlich § 34, 316

Schulte 2813

Sachregister

§ oder Artikel jeweils halbfett, danach Randnummer

Erfolg
　Gesamt- § 1, 272
　nicht auf technischem Gebiet § 1, 23
　wirtschaftlicher – § 4, 167
Erfolgserwartung § 4, 89, 105
Erfolgsort
　unerlaubte Handlung u – § 139, 270
Erfordernisse der Anmeldung § 34, 26
　Mindest- § 35, 16
Erfüllung
　Schadensersatz
　　Gefährdung § 140d, 10
Ergänzendes Schutzzertifikat
　s. Schutzzertifikat § 16a, 7
Ergänzung
　bei Wiedereinsetzung § 123, 40
　der Beschreibung durch Hinterlegung
　　§ 34, 491
　der Entscheidung § 95, 10
　der Offenbarung § 34, 327
　der Rechnungslegung § 139, 180
Ergänzungsbedarf § 9, 60
Erhalten durch § 14, 44; § 34, 157
Erhältlich durch § 14, 44; § 34, 157
Erhöhungsgebühr § 80, 68
Erinnerung
　Kostenansatz u – PatKostG § 8, 7
　　(Anhang 15)
　Kostenfestsetzung u – § 62, 30
　Mündl Verhandlung u – § 78, 19
　RPflG § 80, 117
Erklärungsirrtum Einl, 96
Erlass
　Anspruch auf – eines Beschlusses
　　§ 47, 5
　Erteilungsbeschluss § 49, 10
　gemäß § 59 BHO PatKostG § 1, 26
　　(Anhang 15)
Erlaubnisscheininhaber
　Beiordnung § 133, 10, 11; § 136, 22
　Berufungsverfahren § 113, 3
　Inlandsvertreter § 25, 17
　Patentstreitsachen § 143, 29
　Vertreterkosten § 80, 38
　Vollmacht Einl, 501; § 97, 44
　Zustellung an – § 127, 23, 67

Erledigung der Hauptsache
　§ 91a ZPO § 80, 117
　im Beschwerdeverfahren § 73, 218
　im Nichtigkeitsverfahren § 81, 172
　im Rechtsbeschwerdeverfahren
　　§ 109, 9
Erledigungsgebühr § 80, 69
Erleichterung der Beweisführung
　Einl, 159
Erlöschen
　Inlandsvertreterbestellung § 25, 30
　Jahresgebührennichtzahlung § 20, 22
　Laufzeit-Ende § 16, 3
　Patent u – § 20, 5; § 81, 42
　Verzicht § 20, 9
　Vollmacht u – Einl, 489
Erlöschen des Patents
　- und Patentverletzung § 139, 45
　im Beschwerdeverfahren § 73, 210
　vor BPatG § 73, 210
Ermächtigung
　für DPMAV § 28, 2
　weitere - § 28, 4
Ermessen Einl, 173, 525
　Aussetzung Einl, 147; § 139, 309
　Einspruchsverfahren § 59, 207, 213
　Erlass einer Vorabentscheidung
　　§ 59, 155
　Ermittlungen des DPMA § 46, 5
　Patentamt u – § 26, 4
　R.86 EPÜ Einl, 257
　Überprüfung von – Einl, 173
　Urteilsbekanntmachung § 140e, 14
　Zurückverweisung Art 111, 7;
　　§ 79, 17
　Zustellungen § 127, 22
Ermittlungen
　der Prüfungsstelle § 46, 5
　Stand der Technik = Recherche
　　§ 43, 7
　von Amts wegen Einl, 16
Ernsthaft erwogen § 3, 120
Erörterung der Sach- u Rechtslage
　§ 91, 3
Error
　disclosure and – § 34, 328

bold type = § or Article; followed by marginal number   **Index**

in a citation § 4, 118
in judgement **Art 108,** 28; § 73, 141
inventive step and – § 4, 118
revocation and – **Einl,** 265
Ersatzlösung § 14, 78
Ersatzteile § 9, 60
Ersatzzustellung § 127, 51
Erschöpfung
 Anbieten § 9, 61
 Besonderer/Spezieller Mechanismus
  § 9, 33
 Bestandsgarantie § 9, 29
 Beweislast § 9, 41
 Binnenmarkt § 9, 30
 Diskriminierungsverbot § 9, 32
 durch Inverkehrbringen § 9, 17
 EU Binnenmarkt § 9, 30
 EU-V Art 34 § 9, 28
 EU-V Art 36 § 9, 28
 externes Versandverfahren § 9, 29
 freier Warenverkehr § 9, 29
 GPÜ Art 28 § 9, 28
 GPÜ Art 76 § 9, 15
 Neuherstellung § 9, 21
 Teile eines Gesamtgegenstandes
  § 9, 22
 TRIPS Art 6 § 9, 16
 Umfang der – § 9, 19
 untergeordnete Bauteile einer
  Gesamtvorrichtung § 9, 58
 Verfahrenspatent § 9, 24
 Vertriebshandlungen in
  Drittländern § 9, 27
  EU-Mitgliedstaaten § 9, 28
 Zolllagerverfahren § 9, 29
Erschöpfung des Rechtswegs Einl, 327
Ersetzen der Signatur § 47, 12
Erstanmeldung § 41, 14
Erstbegehungsgefahr § 139, 72, 202
 Unterlassungsanspruch u § **139,** 202
 Unterlassungsanspruch u – § **139,** 72
Erste medizinische Indikation § 1, 233,
 236, 240, 242; § 3, 144
Erteilungsakten
 Auslegung des Patents § 14, 54

Erteilungsantrag § 34, 70
 Änderung des – § 34, 74
 Bezeichnung der Erfindung im –
  § 34, 72
 Format für – § 34, 49
 Haupt- u Hilfsantrag **Einl,** 206
 Offenbarung im – § 34, 294
Ertragssteigerung bei Tieren § 2a, 31
ERVDPMAV Einl, 365; § 34, 38
Erweiterung
 der Berufung § 139, 373
 der Nichtigkeitsklage § 81, 71
 des Schutzbereichs § 22, 9
 Selbstbeschränkung u – § 81, 123
 unzulässige – § 9, 109; § 38, 10;
  § 39, 40; § 59, 131
Erzeugnis
 Absoluter Schutz § 14, 100
 Arten von Erzeugnissen § 1, 200
 Erzeugniserfindung § 1, 197
 Kennzeichnung des – § 1, 206
 Medizinische Verfahren § 2a, 84
 Neuheit § 1, 209
 Offenbarung § 1, 208
 Schutzbereich § 1, 210; § 14, 99
 Stoffpatent § 1, 204, 213
 unmittelbares Verfahrens- § 9, 94;
  § 14, 109
 Vorrichtung § 1, 201
 Zweck-, Wirkungs-, Funktionsanga-
  ben § 1, 207; § 14, 101
Essentially biological § 2a, 32
Estoppel Einl, 476
ETSI § 24, 73
Etwa § 34, 136
EuGH
 Absoluter Stoffschutz § 1, 214
 Art 102 AEUV § 15, 36
 Art 267 AEUV **Einl,** 537
 Art 53a EPÜ § 2, 12, 16
 Arzneimittel § 1, 232
 Auskunft über Nachbau § 9c, 22
 Brüstle-Entscheidung § 2, 43
 Embryo § 2, 39, 41, 43
 Ergänzendes Schutzzertifikat § 1, 264
 Gesetzlicher Richter **Einl,** 197

Sachregister

§ oder Artikel jeweils halbfett, danach Randnummer

Inexistente Rechtsakte **Einl**, 472
Landwirteprivileg **§ 9c**, 6
Menschlicher Körper **§ 1**, 8, 16;
  § 1a, 16
Nichtangriffsklausel **§ 81**, 52
Pflanzensorten u Tierrassen **§ 9a**, 13
Richtlinienkonforme Auslegung
  Einl, 140
Übersetzung europ Patente **§ 81**, 87
Verfahren vor – **Einl**, 540
Verstoß gegen Vorlagepflicht an –
  § 68, 21
Vorabentscheidung **Einl**, 144, 537;
  § 139, 268
Vorlage an – **Art 106**, 5; **Einl**, 537;
  § 68, 21; **§ 139**, 434
EuGVVO **§ 25**, 43; **§ 139**, 267
EuPAG **§ 25**, 18
Europäische Grundrechte-Charta
  Menschenwürde **§ 1a**, 7
  Rechtliches Gehör **Einl**, 284
Europäische Menschenrechtskonvention (EMRK) Einl, 299, 328
  Recht auf Leben Art 2 **§ 2**, 19
  rechtliches Gehör Art 6 **Einl**, 284
  Untätigkeitsbeschwerde **§ 73**, 14
Europäische Patentanmeldung
  Einreichung **IntPatÜG**, 33
    (Anhang 1)
  Übersetzung **§ 126**, 6
  Übertragung **§ 15**, 17
Europäische Patentansprüche § 34, 2, 106
  Übersetzung **IntPatÜG**, 3
    (Anhang 1)
Europäische Patente § 81, 82
  anzuwendendes Recht **§ 81**, 82
  beschränkte Verteidigung **IntPatÜG**, 46 (Anhang 1)
  Klarheit **IntPatÜG**, 48 (Anhang 1)
  zulässige Sprache bei – **IntPatÜG**, 47 (Anhang 1)
  Bindung an EPA-Entscheidungen
    § 81, 84
  Nichtigkeitsklage gegen – **§ 81**, 82;
    IntPatÜG, 40 (Anhang 1)

Sprache – im Nichtigkeitsverfahren
  § 81, 127; **IntPatÜG**, 40
    (Anhang 1)
Übersetzung Art 65 EPÜ **§ 81**, 87;
  § 139, 46
Europäische Union (EU und EG)
  EG-Vertrag:
    Art 81 **§ 15**, 34; **§ 81**, 52, 53
    Art 82 **§ 15**, 36
    Art 85 **§ 81**, 52
  EU-Vertrag:
    Art 34 u 36 **§ 9**, 28
  Richtlinien:
    Computerprogramme 2009/24
      § 1, 109
    Prozesskostenhilfe 2003/8 **§ 129**, 2
    Tierschutz 86/609 **§ 2**, 46
  Verordnungen: **§ 142a**, 3
    Anerkennung von Entscheidungen
      44/01 (EuGVVO) **§ 139**, 267
    Arzneimittel 469/2009 **§ 16a**, 149
    Beweisaufnahme in Zivil- oder
      Handelssachen 1206/2001
      § 140c, 94
    Biomaterial-Hinterlegungsverordnung – **§ 34**, 531
    EuGVVO **§ 139**, 267
    F&E-Vereinbarungen 1217/2010
      § 15, 73
    Grenzbeschlagnahme-Verordnung
      (EU) Nr 608/2013 **§ 142a**, 3
    Kinder-Arzneimittel-V (EG)
      Nr 1901/2006 **§ 49a**, 2, 39
    Pflanzenschutzmittel 1610/96
      § 16a, 149
    Sortenschutz 2100/94 **§ 2a**, 4, 15,
      17; **§ 9c**, 3, 6
    Technologietransfer 772/2004
      § 15, 75; **§ 81**, 53
    Zustellung (EG) Nr 1393/2007
      (EuZVO) **§ 127**, 96, 109
Europäische Union (EU)
  AEU-Vertrag:
    Art 101 **§ 15**, 34, 75; **§ 24**, 47
    Art 102 **§ 15**, 36; **§ 24**, 47
    Art 267 **Einl**, 144, 537, 539

bold type = § or Article; followed by marginal number **Index**

Art 288 **Einl**, 140
Technologietransfer 772/2004
§ 15, 73
Europäischer Gerichtshof (EuGH)
Brüstle-Entscheidung § 2, 43
gesetzlicher Richter **Einl**, 197
inexistenter Rechtsakt **Einl**, 472
Verfahren vor – **Einl**, 540
Vorabentscheidung **Einl**, 537
Vorlage an – **Einl**, 537
Europäischer Gerichtshof für Menschenrechte Einl, 299, 328
Recht auf Leben Art 2 § 2, 19
rechtliches Gehör Art 6 **Einl**, 284
Europäischer PA
Zulassung § 25, 18
Europäischer Patentanwalt § 97, 17
Europäischer Rechtsanwalt § 97, 10
Europäischer Wirtschaftsraum (EWR)
Auswärtiger Anwalt § 25, 3, 17
Erschöpfung durch Inverkehrbringen § 9, 29; § 9b, 5; § 9c, 9
Markenrecht § 9, 27
Sicherheitsleistung § 81, 194
Europäisches Patent
mit einheitlicher Wirkung Int-PatÜG, 61 (Anhang 1)
Euthanasie § 2, 23, 48
Eventuell § 34, 129
Evidence
affidavit § 62, 14; § 126, 17
anticipated evaluation of – **Einl**, 159
arguments, facts and – in Art 114 EPC **Einl**, 227
Art 114 (2) and – **Einl**, 247
before EPO **Einl**, 156
Beyond reasonable doubt **Einl**, 156
costs of taking – § 62, 13
decision on the taking of –
English, German **Art** 111, 28
denial of a motion to take – **Einl**, 154
evaluation of –
anticipated – **Einl**, 155
free – **Einl**, 148
fixing of costs, supporting – § 62, 27
indication of – § 59, 93

opposition proceedings and – § 59, 91
prima facie – **Einl**, 162
furnishing – **Einl**, 187
refusal to take – **Einl**, 154
shift of burden of proof **Einl**, 157
sworn statements in writing § 79, 32
Up tot he hilt **Einl**, 156
Ex officio examination Art 106, 8;
Art 110, 16; **Einl**, 16, 18
Ex parte Verfahren
Abhilfe u – § 73, 114
Kostenentscheidung u – § 62, 9
Untersuchungsgrundsatz u – **Einl**, 20, 25
Ex post-analyse § 4, 23, 26
Examination by the office of its own motion Einl, 16, 18
Example
comparative – § 4, 94
disclosure and – § 34, 296, 316
generalisation of an – § 34, 296
not exactly repeatable § 34, 345
Exceptio pacti
im Einspruchsverfahren § 59, 59
im Nichtigkeitsverfahren § 81, 48
Exceptional provisions Einl, 141
Excluded inventions § 1, 71
Exhaustion of rights § 9, 14
Expectation
legitimate – **Einl**, 462
of success § 4, 89, 105
Experiments § 4, 51
disclosure and – § 34, 410
Expertenlösung § 34, 515
Exploitation
contrary to ordre public § 2, 26
prohibited by law § 2, 20
Export § 9, 61, 78
-lizenz § 15, 55
Extent of protection Art 69 EPÜ § 14, 3
interpretation § 14, 13
partial protection § 14, 93
patent categories and – § 14, 98
Protocol on the interpretation of Art 69 § 14, 5

Sachregister

§ oder Artikel jeweils halbfett, danach Randnummer

state of the art and – **§ 14**, 30
terms of the claims **§ 14**, 11
Extra-Effekt § 4, 162

F

Fachbegriff
 Auslegung des Patents **§ 14**, 31
 Beurteilung von – **§ 3**, 13
 Breite eines – **§ 34**, 116
 Geläufiger – **§ 14**, 31
 üblicher – **§ 34**, 115
 ungebräuchlicher – **§ 34**, 116
Fachmann § 4, 49, 50, 51
 allgemeines Fachwissen **§ 4**, 46; **§ 34**, 339
 entferntes Gebiet **§ 4**, 58
 erfinderische Tätigkeit u – **§ 4**, 43
 Fachwissen **§ 4**, 46; **§ 34**, 336
 Literatur u – **§ 34**, 340
 Nachbargebiet **§ 4**, 56
 Neugier des – **§ 4**, 65
 Offenbarung u – **§ 34**, 332
 Schutzbereich u – **§ 14**, 64
 Team von – **§ 4**, 55, 89
 übergeordnetes Gebiet **§ 4**, 58
 Versuche u – **§ 34**, 410
 zuständiger – **§ 4**, 52; **§ 34**, 333
 zweiter – **§ 4**, 54
Fachsprache § 126, 8
Fachwissen § 4, 50, 51
 Allgemeines – **§ 3**, 11, 13, 95; **§ 4**, 46; **§ 34**, 339; **§ 59**, 100
 Äquivalente **§ 34**, 359
 Beweislast **§ 59**, 210
 Nachbargebiet u – **§ 4**, 56
 Nachweis des – **§ 34**, 342
 Naheliegen u – **§ 4**, 59; **§ 14**, 76
 Offenbarung des – **§ 34**, 341
 Präsentes – **§ 34**, 339
 Sachverständiger **§ 139**, 329
 Versuche u – **§ 34**, 410
 Zuständiger Fachmann **§ 34**, 336
Fachzeitschriften § 34, 340
Facsimile Einl, 398
Fahrlässigkeit
 bei Wiedereinsetzung **§ 123**, 69

grobe – **§ 139**, 95
leichte – **§ 139**, 96; **§ 145**, 22
strafbare Patentverletzung **§ 142**, 9
Fair procedure Einl, 115, 458
Faires Verfahren Einl, 454, 458
 Art 6 (1) EMRK **§ 73**, 14
 Aufklärungs- u Hinweispflicht **Einl**, 115, 458
 Verhältnismäßigkeit **Einl**, 454
Fakultative Merkmale § 34, 129, 130
Fallenlassen § 34, 441
Fälligkeit
 Beginn **PatKostG § 3**, 6 (Anhang 15)
 Grundsatz der Verhältnismäßigkeit u – **Einl**, 454
 Honoraranspruch **§ 80**, 33
 Jahresgebühren **PatKostG § 3**, 15 (Anhang 15)
Falsa demonstratio Einl, 131
Falsche Adresse Einl, 69
Falsche Formel § 34, 385
Familienangehörige
 Vertretungsbefugnis **§ 97**, 26
Färbeprobe § 34, 224
Farbige Markierungen § 1, 94
Fax Einl, 405
 Ausgangskontrolle **§ 123**, 149
 Computer-Fax **Einl**, 385
 DPMA **§ 34**, 36, 37; **§ 35**, 22
 Einreichen des Originals **Einl**, 403
 EPA **Einl**, 373; **§ 34**, 56; **§ 35**, 23
 Fristwahrender Schriftsatz u – **Einl**, 399
 Nachreichen des Originals **Einl**, 403
 Patentinformationszentrum (PIZ) **§ 34**, 59, 62
 PC-Fax **Einl**, 385
 Störungen **Einl**, 408
 Telebrief u – **Einl**, 397
 Telekopie **Einl**, 399
 Unterschrift **Einl**, 384, 399
 Unvollständiges – **Einl**, 409
 Unzulässig für: ... **Einl**, 401
 Vollmacht u – **Einl**, 497
 Voraussetzung für – **Einl**, 402
 Wiedereinsetzung u – **§ 123**, 145

bold type = § or Article; followed by marginal number   **Index**

Wiederholung des – **Einl**, 403
Zugang eines – **Einl**, 67
zulässig für: ... **Einl**, 400
Zweifel an – **Einl**, 403
Features of the invention
  alternative – **§ 34**, 130
  amendment **§ 34**, 189
  clear – **§ 34**, 122
  definition of – **§ 34**, 103
  disclaimer **§ 34**, 146
  essential – **§ 34**, 119
  functional – **§ 34**, 125
  in a drawing **§ 34**, 299
  means plus function **§ 34**, 125
  negative – **§ 34**, 303, 400
  non-technical – **§ 34**, 118
  not claimed **§ 34**, 309
  of two categories **§ 34**, 135
  optional – **§ 34**, 129, 317
  parameters **§ 34**, 139
  step plus function **§ 34**, 125
  technical **§ 34**, 115
  unspecified – **§ 34**, 136
Fee
  for claims **§ 34**, 188
  small amount lacking **PatKostG**
  § 6, 19 (Anhang 15)
Fehlende Befugnis
  zur Vertretung **§ 97**, 32
Fehlender Rechtsgrund PatKostG
  § 10, 9 (Anhang 15)
Fehler
  Fehlerwiederholung **Einl**, 204
  in der Offenbarung **§ 34**, 328
  Wille **Einl**, 105
Fehlerquote § 1, 38; **§ 34**, 346
Fehlschläge § 34, 352
Fehlvorstellung § 4, 163
Feiertage Einl, 188
Feilhalten = Anbieten § 9, 61
Fernschreiben Einl, 414
  Unterschrift **Einl**, 281, 383
  Wirksamkeit **Einl**, 183
Fernsehaufnahmen § 69, 13
Fertige Erfindung § 34, 346

Feststellungsklagen § 139, 253
  negative – **§ 139**, 257
  u spätere Leistungsklage **§ 139**, 273
  positive – **§ 139**, 253
Fiktion der
  Berechtigung des Anmelders **§ 7**, 6
  Nichterhebung **PatKostG § 2**, 24
  (Anhang 15)
  Nichtvornahme **PatKostG § 6**, 11
  (Anhang 15)
  Rücknahme **§ 35a**, 14; **PatKostG**
  § 6, 8 (Anhang 15)
  Rücknahme einer Anmeldung
  § 58, 18
  bei innerer Priorität **§ 58**, 20
File number Einl, 86
Filing date
  claim and – **§ 35**, 32
  definition **§ 35**, 11
  language
    before DPMA **§ 35**, 30
  missing drawings **§ 35**, 49
  request and – **§ 35**, 18
  requirements for the accordance of
  a – **§ 35**, 16
  requirements not uno actu **§ 35**, 43
  signature and – **§ 35**, 24
  significance of – **§ 35**, 12
  wrong – **§ 35**, 39
Filing fee § 34, 280
  before EPO **§ 34**, 287
Filing receipt § 34, 66
Filmaufnahmen § 69, 13
Finanzielle Schwierigkeiten
  Wiedereinsetzung u – **§ 123**, 120
Firmenschrift
  öffentl Zugänglichkeit **§ 59**, 96
Fiskalische Tätigkeit PatKostG § 1, 15
  (Anhang 15)
Flächenmuster § 1, 95
Flugkosten § 80, 82
Folgenbeseitigung § 140a, 4
Forfeiture Einl, 476
Form
  elektronische -eines Beschlusses
  § 47, 15

Sachregister

§ oder Artikel jeweils halbfett, danach Randnummer

Formatvorgaben § 34, 49
Formel
  Allgemeine § 3, 120; § 34, 389
  Patentanspruch u chemische –
    § 34, 104
Formsteineinwand § 14, 95
Formulierung
  »erhalten durch« § 14, 44
  Äquivalenz u – § 14, 72
  Arzneimittel § 1, 254
  der Aufgabe § 1, 45; § 4, 33, 78
  der Rechtsfrage Art 112, 8
  des Wirkstoffs § 3, 157
  disclaimer u – § 34, 148
  gewährbarer Unterlagen Einl, 117
  Komplexität u – § 34, 114
  Nebenanspruch u – § 34, 162
  Patentansprüche Einl, 117; § 34, 78, 101, 115
  Product-by-process-Anspruch u –
    § 34, 157
  Unterwerfungserklärung § 139, 57
  verteidigter Ansprüche § 81, 126
  von Anträgen Einl, 31, 119
Formulierungsversuch
  im Erteilungsverfahren § 34, 441
Forschung u erfinderische Tätigkeit
  § 4, 107
Fortschritt
  erfinderische Tätigkeit u – § 4, 108
  technischer – § 1, 11
Fortsetzung
  des Beschwerdeverfahrens
    vor BPatG § 73, 203
    vor EPA Art 106, 10
  des Einspruchsverfahrens
    vor DPMA § 61, 31
    vor EPA § 61, 32
Fortsetzungszusammenhang
  Vertragsstrafeversprechen u –
    § 139, 70
Foto § 34, 217
Fotokopiekosten
  Ablichtungen § 80, 59
Fötus § 2, 39
Fragepflicht Einl, 114

Fragerecht der Beisitzer § 91, 4
FRAND-Erklärung
  - Auswirkungen einer
    Rechnungslegung und Schadensersatz § 24, 131
  Beendigung des Lizenzvertrages
    - Folgen einer § 24, 120
  FRAND-Bedingungen
    - Bestimmung der § 24, 121
  Höhe der Lizenzgebühren
    § 24, 126
  Lizenzpflichtige Patente § 24, 121, 123
  Procedere der Lizenzverhandlungen
    »Übergangsfälle« § 24, 100
  Ergebnisse § 24, 118
  FRAND-Gegenangebot § 24, 117
  Hinweis des SEP-Inhabers
    § 24, 107
  Hinweispflicht des SEP-Inhabers
    § 24, 101, 103, 105, 106
  Lizenzangebot des SEP-Inhabers
    § 24, 112, 113, 115, 116
  Lizenzbereitschaftserklärung des
    Benutzers § 24, 108, 111
  Sicherheitsleistung des Benutzers
    § 24, 119
  Rechtsnatur § 24, 92
  Schutzlandprinzip § 24, 93
  Zweckübertragungstheorie § 24, 94
free evaluation of evidence Einl, 155
Freibeweis
  vor BPatG § 88, 7
Freie Beweiswürdigung Einl, 155;
  § 93, 4; § 139, 162
Freie Rede § 90, 5
Freier Mitarbeiter § 12, 23
Freier Warenverkehr § 9, 29
Freigabeerklärung
  Hinterlegung u – § 34, 496
Freiwillige Serviceleistung Einl, 465
Fremdbelieferung § 11, 14
Fremde Sprache
  Amts- u Gerichtssprache § 126, 7
  Eingaben in – § 126, 10
  Offenbarung in – § 34, 335

bold type = § or Article; followed by marginal number **Index**

Patentanmeldung in – § 35a, 9
Plattdeutsch § 126, 7
Stand der Technik in – § 126, 15
Übersetzung
 deut Anmeldungen in fremder Sprache § 35a, 11; § 126, 4, 17
 europ Anmeldungen § 126, 6
 europ Patentansprüche IntPatÜG, 3 (Anhang 1)
 europ Patente § 81, 87
 fremdsprachiger Schriftstücke § 126, 17
 int Anmeldungen § 126, 5
 Veröffentlichung von – europ Anmeldungen **IntPatÜG, 7** (Anhang 1)
 Urkunden in – § 126, 16
Frist
 - für Urteilsbekanntmachung § 140e, 19
 Ausnutzung einer – § 123, 121
 Nachfrist § 45, 27
 Regelfristen § 45, 21
 Schriftsatz- § 78, 34
 -verlängerung § 45, 23
 -versäumnis § 123, 45
Fristberechnung Einl, 185
 Fristbeginn **Einl, 186**
 Fristende **Einl, 187**
 Sonn- u Feiertage **Einl, 188**
 Sonnabend **Einl, 188**
 vor EPA **Einl, 191**
Fristenregelung
 für DPMA § 28, 2
Fristsetzung
 als Regelfall § 83, 11
 Fristverlängerung § 83, 12
Fumus boni juris Einl, 349
Function, invention of new – § 1, 277
Functional features § 34, 125
Funktionelle Merkmale § 1, 207; § 34, 125
Funktionelle Verschmelzung § 1, 271
Funktionsangabe § 1, 23, 207; § 34, 125
 chem Stoffe u – § 1, 216; § 34, 381
 DNA-Sequenzen u – **§ 1a, 24**

Erzeugniserfindung u – § 1, 207
funktionelle Merkmale § 34, 125
Funktionserfindung § 1, 277
 im Anspruch § 34, 125
Offenbarung u – § 34, 428
Schutzbereich u – § 14, 101
Verwendungserfindung u – § 3, 180
Funktionsentdeckung § 1, 79
Funktionserfindung § 1, 277
Funktionsorientierte Auslegung
 - Grenzen der
 - stofflichen Verbindungen § 14, 35
Further processing § 123a, 4

G
Games § 1, 100
Gang
 der Verhandlung vor BPatG § 90, 3
 Verfahrens- **Einl, 15**
Garantenstellung Einl, 194
Gattungsbezeichnung
 Plural im Anspruch § 14, 38
Gebrauchen § 9, 80
Gebrauchsanweisung § 1, 265
Gebrauchsvorteile § 6, 23
Gebühr
 Klageverfahren **PatKostG § 2, 31**
 (Anhang 15)
Gebühren PatKostG
 Beitreibung **PatKostG § 1, 17**
 (Anhang 15)
 Entfallen **PatKostG § 10, 30**
 (Anhang 15)
 -erhöhungen **PatKostG § 13, 2**
 (Anhang 15)
 Fälligkeit **PatKostG § 3, 2**
 (Anhang 15)
 Höhe **PatKostG § 2, 2** (Anhang 15)
 Nichtzahlung **PatKostG § 6, 7**
 (Anhang 15)
 Prüfungsgebühr **PatKostG § 10, 34**
 (Anhang 15)
 Rückzahlung **PatKostG § 10, 2**
 (Anhang 15)
 Teilzahlung **PatKostG § 6, 7**
 (Anhang 15)

Sachregister

§ oder Artikel jeweils halbfett, danach Randnummer

Unrichtige Sachbehandlung **Pat-KostG** § 9, 2 (Anhang 15)
Verjährung **PatKostG** § 12, 1 (Anhang 15)
Verspätungszuschlag **PatKostG** § 7, 4 (Anhang 15)
Verzinsung **PatKostG** § 12, 9 (Anhang 15)
Vorauszahlung **PatKostG** § 5, 3 (Anhang 15)
Wegfall **PatKostG** § 10, 29 (Anhang 15)
Zahlungsfrist **PatKostG** § 6, 4 (Anhang 15)
Gedankliche Tätigkeit
  Automatisierung § 1, 99
Gedankliche Tätigkeiten § 1, 90
Gefährdung
  Schadensersatz § 140d, 10
Gegebenenfalls § 34, 129
Gegenabmahnung § 139, 225
Gegenstand
  - funktioniert nicht § 34, 317
  Änderung des – der Anmeldung § 38, 14
  der Anmeldung § 34, 291; § 38, 15
  des Beschwerdeverfahrens § 73, 7
  des Nichtigkeitsverfahrens § 81, 81
  des Patents § 9, 54, 83
  eines Anspruchs § 34, 78
  eines Antrags **Einl**, 6
  Erzeugnispatent u – § 1, 197
  Unmittelbares Verfahrenserzeugnis u – § 9, 94
Gegenstandswert § 80, 49
  Einspruchsverfahren § 80, 51
  Erteilungsverfahren § 80, 50
  Festsetzung § 80, 52
  Rechtsmittel gegen Festsetzung § 80, 57
  Regelgegenstandswert § 80, 52
Gegenstandswertfestsetzung
  durch BPatG **PatKostG** § 2, 1 (Anhang 15)
  durch DPMA **PatKostG** § 2, 1 (Anhang 15)

Gegenvorstellung Einl, 329
  Beschwerdeverfahren § 122a, 22
  gerichtl Selbstkontrolle u – § 79, 46
  isolierte Kostenentscheidung u – § 84, 22
  rechtliches Gehör u – § 99, 9
  Selbstbindung u – § 79, 46
  Streitwertherabsetzung u – § 144, 21
  Wertfestsetzung u – § 80, 57; § 84, 64
  Wiedereinsetzung u – § 79, 43; § 123, 14
Geheimhaltungsanordnung § 50, 5; § 145a, 6
  Akteneinsicht § 145a, 17
  Anfechtbarkeit § 145a, 30
  Antrag § 145a, 13
  Ausbleiben einer – § 53, 2
  Gericht der Hauptsache § 145a, 13
  Geschäftsgeheimnis § 145a, 7, 13
  Inhalt § 145a, 16
  Wirkung § 145a, 16
  Zuwiderhandlung § 145a, 24
Geheimhaltungsinteresse des Verletzers § 140d, 23
Geheimhaltungsinteressen § 140c, 16, 25, 27, 33, 46, 50, 72; § 142a, 14
Geheimpatent § 54, 3
  besonderes Register § 54, 2
Gehobener Dienst § 27, 23
Gehörsrüge
  Anfechtbarkeit
    Keine – der Entscheidung § 122a, 21
  Anwendungsbereich § 122a, 2
  Entscheidung § 122a, 16
  Frist für – § 122a, 8
    Wiedereinsetzung § 122a, 9
  Voraussetzungen § 122a, 5
    Beschwer § 122a, 7
    Endentscheidung § 122a, 6
    Entscheidungserheblichkeit § 122a, 8
  Glaubhaftmachung § 122a, 10
  Schriftform § 122a, 12
Geltungsbereich des PatG
  Reimport § 10, 23

bold type = § or Article; followed by marginal number   **Index**

Gemeinkosten
  abzugsfähige Kosten § 139, 145
  Definition § 139, 143
  Marketing u – § 139, 146
  Nicht-abzugsfähige Kosten § 139, 146
  So-wie-so-Kosten u – § 139, 143
Gemeinsamer Senat der obersten
  Gerichtshöfe des Bundes § 34, 36;
  § 79, 42, 48; § 94, 10
Gemeinschaftspatente § 81, 3
General legal principles Art 106, 11
Generative Vermehrung § 9a, 7
Genetic inventions § 2a, 10
Genetische Erfindungen § 2a, 10
Genetische Information § 9a, 14
  abschließende Harmonisierung
  § 9a, 15
Gensequenz § 1a, 22
  Beschreibung der Anwendbarkeit
  § 1a, 22
  DNA-Sequenz § 1a, 22
  Funktionsangabe § 1a, 24
  Konkrete Verwendung § 1a, 29
  Menschliche – § 1a, 28
  Regulatorsequenz § 1a, 22
  Sequenzhomologie § 1a, 28
Gentherapie
  Keimbahn – § 2, 35
  Somatische § 2, 35
Geographischer Herkunftsort § 34a, 3
Gerichtl Selbstkontrolle Einl, 322;
  § 79, 43; § 123, 14
Gerichtliche Zuständigkeit
  Kartellrechtseinwand
  §§ 87 ff GWB § 24, 135
Gerichtsstand
  ausschließlicher § 139, 276
  bei rügeloser Einlassung § 139, 275
  Einstweilige Maßnahmen § 139, 277
  EuGVVO § 139, 267
  Inlandsvertreter § 25, 43
  Negative Feststellungsklage
  § 139, 262, 273
  Streitgenossenschaft § 139, 274
  Unerlaubte Handlung § 139, 264

Gerichtsverfahren
  zur Feststellung der Schutzrechtsverletzung § 142a, 18
»Ges.gesch.« § 146, 18
Gesamtinhalt
  einer Offenbarung § 34, 322
  gesamter beansprucht – § 34, 347
  gesamter Bereich für Ausführbarkeit
  § 34, 347
Gesamtrechtsnachfolger
  Register u – § 30, 52
  Verfahrenskostenhilfe u – § 132, 7
Geschäftliche Tätigkeiten § 1, 101
Geschäftsbetrieb des DPMA § 26, 20
Geschäftsfähigkeit Einl, 44
  Anmelder u – § 34, 9, 14, 15
  Insolvenz u – Einl, 221
Geschäftsgebühr § 80, 71
Geschäftsgeheimnis § 145a, 7
  Akteneinsicht § 145a, 17, 22
  Geheimhaltungsanordnung § 145a, 6
  Anfechtbarkeit § 145a, 30
  Verfahren § 145a, 25
  Zuwiderhandlung § 145a, 24
  gerichtliche Zugangsbeschränkungen
  § 145a, 20
  Öffentlichkeit § 145a, 23
  Rechtliches Gehör § 145a, 21
  Verfahren § 145a, 25
  Zuwiderhandlung § 145a, 24
  Schutz von – § 145a, 3
Geschäftssachen
  Annahme DPMA Einl, 190
Geschäftsstelle
  BPatG § 72, 2
  Herausgabe der Entscheidung durch
  die – Einl, 77
Geschäftsunfähige
  Prozessfähigkeit Einl, 46
Geschäftsverteilung § 68, 11
  § 21e GVG § 68, 2
  interne Mitwirkungsgrundsätze
  § 67, 4
  Mängel der – § 68, 11
GeschGehG Geschäftsgeheimnisgesetz
  Anwendbarkeit § 145a, 4

Sachregister

§ oder Artikel jeweils halbfett, danach Randnummer

Geheimhaltungsanordnung § 145a, 6
  Anfechtbarkeit § 145a, 30
  Verfahren § 145a, 25
  Zuwiderhandlung § 145a, 24
gerichtliche Zugangsbeschränkungen
  § 145a, 20
  Anfechtbarkeit § 145a, 30
  Öffentlichkeit § 145a, 23
  Rechtliches Gehör § 145a, 21
  Verfahren § 145a, 25
  Zuwiderhandlung § 145a, 24
Ordnungsmittelverfareh § 145a, 32
Zweck § 145a, 3
Gesellschaft bürgerlichen Rechts (GbR) Einl, 42
  als Anmelder § 34, 9, 10
  Insolvenz u – Einl, 218
  Verfahrenskostenhilfe für – § 129, 5
Gesetz zur Anpassung patentrechtlicher Vorschriften auf Grund der europäischen Patentreform
  Einfügungen durch –
  EPG IntPatÜG, 61 (Anhang 1)
Gesetzeslücke Einl, 195
  EPA und – Einl, 196
Gesetzesunkenntnis § 123, 141
Gesetzesverbot § 2, 20
»Gesetzlich geschützt« § 146, 18
Gesetzliche Vertretung Einl, 49
  Ausländer Einl, 49
  Prozessunfähige Einl, 49
  Prüfung Einl, 49
Gesetzlicher Richter Einl, 197
  EuGH Einl, 197
  Prüfer Einl, 197
  Verstoß bei Vorlagepflicht an EuGH § 68, 21
  Verstoß bei Willkür § 68, 20
Gesetzlicher Vertreter Einl, 49
  Anspruchsschuldner u – § 33, 8
  Zustellung an – § 127, 37
Gesetzmäßigkeit
  Grundsatz der – § 26, 4
Gewährbare Unterlagen
  Formulierung von – Einl, 117; § 34, 101

Gewebeproben § 1a, 17
Gewerbe § 5, 10
Gewerblich
  Patentverletzung § 140d, 7
Gewerbliche Anwendbarkeit
  Begriff § 5, 7
  Gensequenz § 1a, 22
  Gewerbe § 5, 10
  Medizinische Verfahren § 2a, 57
  Nachweis der – § 5, 11
  unbewegliche Sachen § 5, 12
Gewerbliche Verwertung § 2, 26
Gewerbsmäßigkeit
  Benutzungshandlung u – § 11, 5
  gewerbliche Anwendbarkeit u – § 5, 10
Gift § 2, 49
GKG abgedruckt bei:
  GKG § 10 PatKostG § 12, 3 (Anhang 15)
  GKG § 5 PatKostG § 12, 8 (Anhang 15)
  GKG Nr 1700 Einl, 339
Glaubhaftmachung
  Begriff Einl, 199
  berechtigtes Interesse u – § 31, 17
  eidesstattliche Versicherung u – § 46, 46
  einstweilige Verfügung u – § 85, 6; § 139, 435
  im Erteilungsverfahren Einl, 202
  Kostenfestsetzung u – § 62, 27; § 80, 99
  präsente Beweismittel Einl, 201
  VKH für Einsprechenden § 132, 4
  Wiedereinsetzung u – § 123, 43
Gleichheitssatz Einl, 203
Gleichwertigkeit
  aller Offenbarungsmittel § 34, 312
  Äquivalenz u – § 14, 78
Gleichwirkung § 14, 74
Glück
  Auffinden nur mit – § 1, 166
Glücklicher Griff § 4, 113
Good faith Einl, 418
  Art 31 Vienna Convention Einl, 136

bold type = § or Article; followed by marginal number **Index**

legitimate expectation **Einl**, 458
no-challenge agreement – **§ 59**, 59;
  § 81, 54
querulous person **Einl**, 418
right to oppose and – **§ 59**, 59
venire contra factum proprium
  Einl, 418
GPÜ Gemeinschaftspatentübereinkommen
  Art 25 **§ 9**, 3
  Art 26 **§ 10**, 3
  Art 27 **§ 11**, 3
  Art 28 **§ 9**, 28
  Art 76 **§ 9**, 15
Graphische Kurven § 34, 310
Gratiseffekt § 4, 162
Greifbare Gesetzwidrigkeit Einl, 330
  Beschwerde wegen – **§ 99**, 9
Grenzbeschlagnahme
  Verordnung (EU) Nr 608/2013
  § 142a, 3
Grenzüberschreitend
  Prozesskostenhilfe **§ 129**, 2
  Verfahrenskostenhilfe **§ 129**, 3
  Zustellung **§ 25**, 23
Große Beschwerdekammer Art 112, 3
  amicus curiae briefs **Art 112**, 31
  Antrag auf Vorlage **Art 112**, 25
  Aussetzung von Verfahren **Art 112**, 9
  Beteiligte vor – **Art 112**, 28
  Bindung an Entscheidung **Art 112**, 45
  einheitliche Rechtsanwendung
    Art 112, 11
  Formulierung der Rechtsfrage
    Art 112, 8
  Fortbildung des Rechts **Art 112**, 10
  grundsätzliche Bedeutung **Art 112**, 13
  PräsidentEPA **Art 112**, 29, 36
  Rücknahme der Beschwerde
    Art 112, 35
  Vorlage an – von BK **Art 112**, 14
  Rücknahme der – **Art 112**, 34
  Subsidiarität **Art 112**, 20
  u Beschwerdeverfahren **Art 112**, 33
  Verfahrensökonomie **Art 112**, 21

Vorlage PräsidentEPA **Art 112**, 36
  abweichende Entscheidungen
    Art 112, 42
  BK Begriff **Art 112**, 38
  obiter dictum **Art 112**, 42
  Sprache **Art 112**, 43
  Zusammensetzung **Art 112**, 5
  Zuständigkeit **Art 112**, 4
Größenverhältnisse **§ 34**, 303
Grounds for opposition
  approval of patentee to examine
    new – **§ 59**, 198
  binding effect of – **§ 59**, 186
  in 1st instance **§ 59**, 191
  in 2nd instance **§ 59**, 196
  concept of – **§ 59**, 183
  fresh – **§ 59**, 197
  ground on which the opposition is
    based **§ 59**, 82
  inadmissible – **§ 59**, 131
  insufficient of disclosure **§ 59**, 124
  oral descriptions **§ 59**, 106
  prior use **§ 59**, 109
    object, place, time, kind, public
      availability of – **§ 59**, 109
  written descriptions **§ 59**, 97
Grounds for revocation § 22, 6
  extension of protection **§ 22**, 9
Group of inventions § 34, 230
Grouping of claims § 34, 182
Grundgesetz GG Einl, 301, 327
  Art 1 (3) **Einl**, 203
  Art 100 **Einl**, 144
  Art 101 (1) 2 **Einl**, 197; **§ 67**, 3, 15;
    § 86, 9
  Art 103 (1) **Einl**, 284, 310; **§ 59**, 214;
    § 86, 11
  Art 14 **Einl**, 171; **§ 34**, 22
    Vereinbarkeit von **§ 140a** mit –
      § 140a, 4
    Vereinbarkeit von **§ 145** mit –
      § 145, 6
  Art 19 (4) Rechtsweggarantie **§ 73**, 14, 45
  Art 3 (1) **Einl**, 203

Sachregister

§ oder Artikel jeweils halbfett, danach Randnummer

Art 34 u Unterlassungsanspruch
  § **139**, 28
Art 35 (1) § **31**, 39; § **128**, 9
Art 5 (1) § **69**, 13
Art 73 Nr 9 § **65**, 6
Art 96 (1) § **65**, 4, 6
Grundpatent
  für Erzeugnis als Voraussetzung für –
  § **49a**, 21
Grundsätzliche Rechtsfrage
  für Befassung der GrBK **Art 112**, 13
  Rechtsbeschwerde u – § **100**, 15
Gruppe von Erfindungen
  Einheitlichkeit u – § **34**, 230
Guarantor position Einl, 194
Gutachten
  Anfragen Dritter § **29**, 6
  Auskünfte zum Stand der Technik
    § **29**, 8
  des DPMA § **29**, 2
  DPMA-Mitglieder als Sachverständige § **29**, 7
  Ober- § **29**, 2
  Privat- u rechtl Gehör **Einl**, 304
  Übersendung an Antragsteller persönlich § **140c**, 71
Gute Sitten § **2**, 22
  Anstandsgefühl § **2**, 22
  Art 53a EPÜ § **2**, 4
  Bestandteile d menschl Körpers
    § **1a**, 16
  Biotechnologie u – § **2**, 14
  Embryo § **1a**, 10
  Keimbahn § **2**, 34
  Klonen § **2**, 30
  Maßstab
    europäischer § **2**, 16
    nationaler § **2**, 16
  Menschenwürde § **2**, 19
  Menschlicher Körper § **1a**, 7
  Veröffentlichung u – § **2**, 24
  Verwertung u – § **2**, 21, 26
  Zeitpunkt der Beurteilung § **2**, 15
GVG Gerichtsverfassungsgesetz
  § **171b** § **69**, 8
  § **172** § **69**, 9

§ **175** § **69**, 10
§ **177 Einl**, 53
§ **198** ff § **73**, 15
§§ **21a-21i** § **68**, 4
Vgl Zusammenstellung bei § **99**
  § **99**, 5
GWB Gesetz gegen Wettbewerbsbeschänkungen
  GWB § **34** aF § **15**, 17, 32; § **81**, 50
  GWB § **71** § **73**, 5
  GWB § **89** § **143**, 19, 21
  GWB § **90** § **76**, 5, 10
  GWB §§ **17** aF § **15**, 68
  GWB §§ **17** u **18** § **81**, 51
  GWB §§ **17** u **18** aF § **15**, 49
  GWB §§ **17**, **18** u **34** aF § **15**, 73
  GWB §§ **19**, **20** § **24**, 47, 59, 60
  GWB §§ **19**, **20**, **33** § **24**, 88

H

Haager ZPÜ § **81**, 196
Haftung
  - wg Auskunft § **140b**, 52, 56
  Amtshaftung § **139**, 28
  bei mehreren Geschäftsführern
    § **139**, 32
  bei mehreren gesetzlichen Vertretern
    § **139**, 32
  der öffentlichen Verwaltung § **139**, 28
  des Frachtführers § **139**, 26
  des Geschäftsführers § **139**, 30
  des gesetzlichen Vertreters § **139**, 30
  des Lizenzgebers § **15**, 56
  Einstweilige Verfügung u – § **139**, 463
  Frachtführer § **139**, 100
  Freistellungsklausel § **139**, 101
  für Bereicherung § **139**, 189
  für fremdes Handeln § **139**, 29
  für Vertriebshandlungen im Ausland
    § **139**, 27, 86
  Handelsunternehmen § **139**, 101
  mehrerer Verletzer § **139**, 33, 157
    Gesamtschuldner § **139**, 158
    Verletzerkette § **139**, 159
  Restschadensersatzanspruch § **141**, 22
  -übernahmeerklärung § **142a**, 6

Verstoß gegen Geheimhaltungsanordnung § 145a, 24
Handbücher § 34, 339
Handelsprodukt
  u Klarheit der Offenbarung § 34, 123
  u Patentanspruch § 34, 144
  u Vorbenutzung § 59, 110
Handlungsbevollmächtigter
  Vollmacht des – **Einl**, 498
Handlungsort
  unerlaubte Handlung u – § 139, 270
Handwerkliches Können § 4, 114
Haploide Geschlechtszellen § 2, 35
Hauptabteilung 1 § 26, 7; § 27, 11
Hauptanspruch § 34, 159
Hausverfügung Nr 10 PräsDPMA § 127, 12, 21, 23, 30, 33, 59, 90, 91
Heilung
  des Fehlens von Mindesterfordernissen einer Patentanmeldung § 35, 38
  des Mangels der Vollmacht **Einl**, 506; § 97, 41
  durch Patenterteilung § 39, 70; § 49, 29
  von Mängeln der Teilungserklärung § 39, 69
  von Verfahrensmängeln § 39, 70; § 49, 29
  von Zustellungsmängeln § 127, 102
Hemmung
  Fristen bei VKH § 134, 9; § 138, 10
  Nach Ablehnung des VKH-Antraags Fristberechnung § 134, 11
  Verjährung u – § 141, 16; PatKostG § 12, 8 (Anhang 15)
»Hergestellt durch« § 34, 157
Herkunft, Auskunft über – § 140b, 32
»Herstellbar durch« § 34, 157
Herstellen § 9, 54
  Anpassung § 9, 55
  Eigenhändige Vornahme § 9, 54
  Ergänzungsbedarf § 9, 60
  Kombinationspatente § 9, 56
  Nachfolgebedarf § 9, 60
  Reparatur § 9, 57
  Teile § 9, 55

Umbau § 9, 57
Verschleißteil § 9, 57
Wegwerfartikel § 9, 57
Werkstattzeichnungen § 9, 54
Wiederherstellen § 9, 57
Herstellungsverfahren § 1, 252
  Begriff § 1, 252
  erfinderische Tätigkeit § 4, 115
  Kategorie § 1, 252
  Neuheit § 3, 178
  Offenbarung § 34, 394
  Schutzbereich § 14, 111
Hervorgehobene Merkmale § 34, 315, 316
Hilfsantrag Einl, 206
  Ablehnung – zu stellen § 59, 177; § 81, 113
  Bindung an – **Einl**, 7
  im Beschwerdeverfahren § 79, 12
  mündliche Verhandlung u – § 78, 12
  Reihenfolge **Einl**, 208
  Teilentscheidung **Einl**, 211; § 48, 12
  Teilung u – § 39, 19
  Übergehen eines – § 100, 58
  Unteransprüche u – **Einl**, 212
  Verfahren **Einl**, 210
  vorsorglicher – **Einl**, 209
  Zahl der – **Einl**, 209
Hilfskräfte u Wiedereinsetzung § 123, 82
Hilfsmitglieder DPMA § 26, 34
Hindernis, Wegfall des – § 123, 26
Hinterlegung biologischen Materials § 34, 478
  Abgabe von Proben § 34, 510
  an Dritte § 34, 512
  an Hinterleger § 34, 511
  an Patentamt § 34, 511
  Anerkennung der – § 34, 480
  Anmelder u Hinterleger § 34, 506
  Biomaterial-HinterlegungsV § 34, 531
  BioPatRL § 34, 483
  Budapester Vertrag § 34, 481
  Art 3 § 34, 522
  Art 6 § 34, 486
  Regel 11 § 34, 522

Sachregister

§ oder Artikel jeweils halbfett, danach Randnummer

Regel 9.1 § **34**, 522
Dauer der – § **34**, 509
Differenzen Hinterlegung/Beschreibung § **34**, 493
EPÜ u – § **34**, 482
  Regel 28 § **34**, 2
  Regel 34 § **34**, 2
Erforderlichkeit der – § **34**, 488
Erneute – § **34**, 520
Expertenlösung § **34**, 515
Freigabeerklärung § **34**, 515
Gegenstand der – § **34**, 485
Hinterlegung einer – § **34**, 478
  Budapester Vertrag § **34**, 522
  EPÜ Regel 31, 33 § **34**, 2
Hinterlegungsstatut § **34**, 496
Hinterlegungsstelle § **34**, 494
Hinterlegungsverordnung § **34**, 531
Identität von Anmelder u Hinterleger § **34**, 506
Mängel der – § **34**, 521
Nationale § **34**, 484
Ort der – § **34**, 494
Priorität – § **34**, 499
Schriftliche Angabe § **34**, 501
  der Hinterlegungsstelle § **34**, 502
  des Aktenzeichens § **34**, 502
  über Merkmale § **34**, 501
Umwandlung einer – § **34**, 500
vorsorgliche – § **34**, 491
Wirkung der – § **34**, 492
Zeitpunkt der – § **34**, 498
Zweck der – § **34**, 479
Hinweispflicht Einl, 114, 115
  Antragsformulierung u – **Einl**, 117
  Nichtigkeitsverfahren § **83**, 2
  Verstoß gegen – § **73**, 152
  Wiedereinsetzung u – § **123**, 128
Hoffnung auf gutes Gelingen § **4**, 89, 105
Hope to succeed § **4**, 89, 105
Hör-, sprach- oder sehbehinderte Personen § **126**, 24
House of Lords
  Anton Piller § **140c**, 96
  Asahi § **41**, 31

Catnic Components v. Hill § **14**, 12
In Re Pinochet **Einl**, 322, 458
Kirin-Amgen § **14**, 44; § **34**, 152
Rank Film Distributors v. Video Information Centre § **140c**, 96
Synthon v. Smithkline Beecham § **34**, 332
Terfenadin **Art 106**, 3; **Einl**, 342; § **3**, 53
Human body and its elements § **1a**, 14
Human cognitive activity § **1**, 31, 141
Human embryos § **2**, 37
Hybriden § **9c**, 17

I

Identifizierbarkeit
  einer Lehre § **34**, 316
  eines chem Stoffes § **34**, 383
  eines Erzeugnisses § **1**, 206
Identität
  der Erfindung bei Priorität § **40**, 7; § **41**, 32
  der Parteien für § **145** § **145**, 11
  des Anmelders bei Priorität § **40**, 8
  des Einsprechenden § **59**, 77
  mit natürlichen Material § **1**, 167
  Personen- bei Priorität § **41**, 27
  von Gegenstand u Tatbestand für Bindung bei Zurückverweisung **Art 111**, 33; § **79**, 41
Im Wesentlichen biologisch § **2a**, 35
  Kreuzung § **2a**, 36
  Selektion § **2a**, 36
  Unmittelbares Erzeugnis § **2a**, 42
Immaterialgüterrecht § **1**, 9; § **6**, 12
Immovable property § **5**, 12
Impfung § **2a**, 73
In claris non fit interpretatio Einl, 132
In dubio pro reo iudicandum est Einl, 214, 349
in vitro § **2**, 33, 36
in vivo § **2**, 36
Inadmissible extension
  as state of the art § **38**, 41
  definition § **38**, 10
  examples § **38**, 20

bold type = § or Article; followed by marginal number

in granting proceedings § 38, 34
in infringement proceedings § 38, 40
in opposition proceedings § 38, 37;
  § 59, 131
in revocation proceedings § 38, 37
novelty test § 38, 17
requirements of an – § 38, 13
Inanspruchnahme von
  Entnahmepriorität § 7, 18
  innerer Priorität § 40, 19
  Unionspriorität § 41, 61
Indikation
  1. Medizinische – § 1, 233, 240, 242;
     § 3, 144
  2. Medizinische – § 1, 233, 244, 259;
     § 3, 147, 158
Indizienbeweis Einl, 152
Industrial application § 5, 5
  definition § 5, 7
  immovable property § 5, 12
  industry § 5, 10
Inescapable trap § 21, 65
Information
  presentation of – § 1, 138
Informationelle Selbstbestimmung
  Einl, 215
Informationen
  Kognitive – § 1, 141
  Wiedergabe von – § 1, 138
Informationsdarstellung
  Benutzeroberflächen § 1, 135
Inhalt der Ansprüche § 14, 9
Inhaltsirrtum Einl, 96
Inhärente Benutzung § 3, 180
Inlandsvertreter § 25, 3; § 97, 5
  Änderung des – § 30, 29
  Ausgewähltes Amt § 25, 10
  Beschwerde u – § 73, 86
  Bestellung § 25, 24
  Bestimmungsamt § 25, 10
  BGH u – § 25, 4
  EU-Bürger u – § 25, 3
  Gerichtsstand § 25, 43
  Irrtum des – **Einl**, 107
  Nichtbestellung § 25, 34
  Niederlegung des Mandats § 25, 31

Index

Prüfungsantrag § 44, 11
Rechtsstellung des – § 25, 26
Schutzzertifikat § 16a, 141
Strafantrag § 142, 12
Verletzungsverfahren § 25, 39
Vertretungsumfang § 25, 26
Vollmacht, Erlöschen der – § 25, 30
Wegfall § 25, 39
Wiedereinsetzung § 25, 42
Zustellungen an – § 25, 28, 40
Zustellungsbevollmächtigter § 25, 19
Zweck § 25, 3
Innerbetriebliche Vorkehrungen
  § 9, 68
Innere Priorität § 40, 5
  Begriff § 40, 5
  Fiktion der Rücknahme § 40, 25
  Frist § 40, 15
  Frühere Anmeldung § 40, 9
  Inanspruchnahme der – § 40, 19
  Kettenpriorität § 40, 18
  Verbrauch § 40, 16
  Verfahren § 40, 33
  Voraussetzungen § 40, 7
  Wirkung § 40, 24
  Zweck § 40, 5
INPADOC § 41, 78
Insbesondere
  im Anspruch § 34, 129
  in § 1 (3) PatG u Art 52 (2) EPÜ
    § 1, 73
»insbesondere«-Merkmal § 14, 40
Insolvenz Einl, 216; § 12, 27
  Akteneinsichtsverfahren § 99, 32
  Anmelder § 34, 15
  Ausländische – **Einl**, 226
  Einsprechender u – § 59, 146
  gesetzlicher Parteiwechsel **Einl**, 220
  Insolvenzeröffnungsbeschluss
    Einl, 220
  Wirkung des – **Einl**, 220
  Insolvenzfähig **Einl**, 218
  Insolvenzgründe **Einl**, 218
  Insolvenzmasse **Einl**, 222
  Insolvenzverwalter **Einl**, 221
  Lizenzgeber u – § 15, 72

Sachregister   § oder Artikel jeweils halbfett, danach Randnummer

Lizenznehmer u – § 15, 72
Nichtigkeitsverfahren u – § 81, 12
Register u – § 30, 13
Revision u – § 139, 393
Unterbrechung durch – Einl, 224
Vollmacht u – Einl, 220
Vorläufige Sicherungsmaßnahmen Einl, 219
Interessenabwägung
Urteilsbekanntmachung § 140e, 8
Interlocutory decision Art 106, 27; Einl, 521, 536
Interlocutory injunction § 139, 277
Interlocutory revision Art 109, 1
Intermediates § 1, 225
Internationale Anmeldung § 34, 65
DPMA Anmeldeamt § 34, 283; IntPatÜG, 88 (Anhang 1)
DPMA ausgewähltes Amt § 34, 65; IntPatÜG, 105 (Anhang 1)
DPMA Bestimmungsamt § 34, 65; IntPatÜG, 95 (Anhang 1)
Geheimhaltungsbedürftige – IntPatÜG, 93 (Anhang 1)
Nationale Phase § 34, 65; IntPatÜG, 95 (Anhang 1)
Recherchengebühr § 34, 276; IntPatÜG, 88 (Anhang 1)
Übermittlungsgebühr § 34, 283; IntPatÜG, 88 (Anhang 1)
Weiterbehandlung § 8, 33; IntPatÜG, 103 (Anhang 1)
Widerspruch § 34, 277
Internationale Zuständigkeit
Verletzungsverfahren § 139, 265
Internationales Recht
Auslegung Einl, 136
Internet
Akteneinsicht u – § 31, 47
Internetangebote § 9, 75
Internetarchive § 3, 41
Internet-Auktion § 140b, 60
Internetplattform § 30, 5; § 32, 4
Internetrecherche § 32, 33
Offenbarung im – § 3, 41
Öffentliche Zugänglichkeit § 3, 25

Register
DPMA § 30, 5
Wiedereinsetzung u – § 123, 121, 150
Zugänglichkeit im – § 3, 41
Internetwerbung
Anbieten § 9, 62, 75
Interoperabilität § 24, 60
Interpretatio, in claris non fit – Einl, 132
Interpretation
in claris non fit interpretatio Einl, 132
Object of invention Einl, 122
of abandonment § 34, 439
of declaration of priority § 41, 78
of disclosure § 34, 325
of procedural acts Einl, 130
of procedural law Einl, 132
Vienna Convention Einl, 136
Interpreter Art 110, 32
Interruption
in the delivery of mail § 123, 138
of proceedings R. 90 EPC Einl, 429
Intervention of the assumed infringer § 59, 246, 250
Invention
aesthetic creations § 1, 87
capable of being realized § 1, 33
computerprograms § 1, 107
curiosities § 1, 29
definition § 1, 14, 15
discovery § 1, 77
doing business § 1, 101
excluded – § 1, 71
games § 1, 100
mathematical methods § 1, 81
mental activity § 1, 32, 90
non-technical effect § 1, 23
performing mental acts § 1, 90
practical teaching § 1, 28
presentation of informations § 1, 138
problem and solution § 1, 41
repeatability § 1, 36
right to the – § 6, 10
scientific theories § 1, 80
statements of effects § 1, 23
sufficiency § 1, 34; § 34, 332

bold type = § or Article; followed by marginal number **Index**

technical character § 1, 16, 25
technical teaching § 1, 16
title of the – § 34, 72
 amendment of – § 34, 73
usefulness § 1, 29
Inventive step Art 56 EPC see § 4
 § 4, 50
 closest state of the art § 4, 35
 could would-test § 4, 64
 definition § 4, 7
 ex post-analysis § 4, 23, 26
 examination, method § 4, 26, 29
 neighbouring field § 4, 56
 obviousness § 4, 59
 person skilled in the art § 4, 43
  appropriate – § 4, 52
  knowledge of – § 4, 46
  specialist, consulting of § 4, 54
  team § 4, 55
 prior applications and – § 4, 17
 problem § 4, 33
  further specification of – § 4, 40
  reformulation of – § 4, 41
 problem and solution approach
  § 4, 27
 proof of – § 4, 8
 remote technical field § 4, 58
 state of the art and – § 4, 12, 18, 23
Inventor
 assignment by – § 15, 17
 co-inventor § 6, 21
 joint – § 6, 20
 legal status § 6, 22
 right to a patent § 6, 12
Inverkehrbringen
 Begriff § 9, 77
 biologischen Materials § 9b, 5
 Erschöpfung durch – § 9, 17
 bei biotechnologischen Erfindungen § 9b, 4
 für Verwendungserfindungen
  § 14, 114
 Genehmigung für das – § 49a, 12
 Herstellungslizenz u – § 15, 54
 Landwirteprivileg u – § 9c, 4

 pflanzlichen Vermehrungsmaterials
  § 9c, 9
 Schutzbereich u – für Erzeugnisse
  § 14, 100
 von Tieren § 9c, 25
 Vorläufige Genehmigung für das –
  § 49a, 13
Inverkehrbringen
 Zweck des –
  bei biotechnologischen Erfindungen § 9b, 7
In-vitro
 Fertilisation § 1a, 13
 Keimzellen § 1a, 10
IPC Internationale Patentklassifikation
 Beschwerde gegen Auszeichnung u
  Umklassifizierung § 73, 24
 Einheitlichkeit u – § 34, 245
 Klassifizierungsrichtlinien § 27, 6
 Zuständigkeit der Prüfungsstelle
  gemäß – § 27, 5
Irrtum
 Anfechtung wegen – **Einl**, 89
 des Erklärenden **Einl**, 107
 Eigenschaftsirrtum **Einl**, 98
 erfinderische Tätigkeit u – § 4, 118
 Erklärungsirrtum **Einl**, 96
 in Entgegenhaltung § 4, 118
 Inhaltsirrtum **Einl**, 96
 Inkongruenz zw Wille u Erklärung
  Einl, 104
 Motivirrtum **Einl**, 105
 Offenbarung u – § 34, 328
 Schutzbereich u – § 14, 30; § 139, 103
 über Rechtsbestand des Patents
  § 139, 103
 über verkehrswesentliche Eigenschaft
  Einl, 99
 Übermittlungsirrtum **Einl**, 97
 Vertreter u – **Einl**, 107
 Widerruf u – **Einl**, 543
 Zeitpunkt **Einl**, 108
ISO/IEC § 24, 73
Isolated mistake § 123, 129
Isolierter Fehler § 123, 129

Sachregister

§ oder Artikel jeweils halbfett, danach Randnummer

Isolierungsverfahren § 1, 167; § 1a, 18
ISO-Normen § 34, 139

J

Jahresgebühren § 17, 6
 Ausscheidungsanmeldung § 17, 12
 Beitreibung § 17, 46; PatKostG
  § 1, 17 (Anhang 15); PatKostG
  § 10, 35 (Anhang 15)
 Ermäßigte – PatKostG § 10, 25
  (Anhang 15)
 Europ. Anmeldung § 17, 2
 Europ. Patente § 17, 20
 Fälligkeit § 17, 24
 Int. Anmeldung § 17, 16
 Nichtzahlung § 17, 36; PatKostG
  § 7, 6 (Anhang 15)
 Rechtsnatur § 17, 10
 Rückzahlung § 17, 45; PatKostG
  § 5, 15 (Anhang 15); PatKostG
  § 10, 3 (Anhang 15)
 Schuldner § 17, 22
 Teilbeträge PatKostG § 10, 26
  (Anhang 15)
 Teilungsanmeldung § 17, 13
 Verfahrenskostenhilfe
  Einbezogene – § 130, 38; PatKostG
   § 7, 7 (Anhang 15)
  VKH für – § 130, 70
 Verspätungszuschlag § 17, 36; Pat-
  KostG § 7, 4 (Anhang 15)
 Vorauszahlung § 17, 43; PatKostG
  § 5, 12 (Anhang 15)
 Wiedereinsetzung § 17, 42
 Zahlungsfrist § 17, 30; PatKostG
  § 7, 2 (Anhang 15)
 Zahlungsvergünstigungen § 17, 44
 Zusatzpatente § 17, 18
Jena
 Dienststelle DPMA § 26, 11
Judicial self control Einl, 322
Junges Gebiet der Technik § 4, 119
Jurisprudence, change of – and good
 faith Einl, 460
Juristische Personen
 als Bevollmächtigte § 97, 31

Juristischer Beschwerdesenat
 Besetzung § 67, 8
 Zuständigkeit § 67, 13
Justizverwaltungsakt
 Überprüfung § 99, 24
 Zuständigkeit § 99, 24
Justizverwaltungskostenordnung
 (JVKostO) PatKostG § 1, 5
 (Anhang 15)

K

Karenzzeit § 4, 24
Kartellrecht
 §§ 17, 18, 34 GWB aF § 15, 73
 §§ 17, 21 GWB § 81, 51
 Art 101 AEUV § 15, 34, 73
 Art 102 AEUV § 15, 36
 Art 81 EWGV § 81, 52
 Gebührenordnung für PA u –
  § 81, 23
 Gerichte für Kartellsachen § 143, 19
 Nichtigkeitsverfahren § 81, 51
Kartellrechtliche Zwangslizenz
 § 24, 47
 Anforderungen an Lizenzofferte
  § 24, 75
 Hinterlegung § 24, 85
 Konzern § 24, 81
 Kündigungsrecht § 24, 80
 Rechnungslegung § 24, 84
 unbedingt § 24, 79
 Zahlungspflichten des Lizenzsu-
  chers § 24, 84
 De jure-Standard § 24, 82
 Einzellizenz oder weltweite Pool-
  Paketlizenz § 24, 70
 FRAND-Erklärung
  Ausbeutung § 24, 97
  Diskriminierung § 24, 97
  Marktbeherrschung § 24, 94
  Procedere der Lizenzverhandlun-
   gen § 24, 98
  Wirkung § 24, 92
  Wirkung gegen Rechtsnachfolger
   § 24, 99

generelle Lizenzverweigerung
Außergewöhnliche Umstände
§ 24, 58
Hinterlegung § 24, 85
Industriestandard
De facto-Standard § 24, 82
Konzern § 24, 83
Leistungsbestimmungsrecht des
Patentinhabers (§ 315 BGB)
§ 24, 86
Lieferkette
Erschöpfung § 24, 83
Vorrang der Inanspruchnahme des
Herstellers § 24, 83
Marktbeherrschende Stellung § 24, 53
Bedarfsmarktkonzept § 24, 54
Darlegungs-/Beweislast § 24, 57
Lizenzvergabemarkt § 24, 55
SEP § 24, 56
Verkehrsauffassung § 24, 57
Patentverletzungsprozess
Abweisung der Klage als derzeit
unbegründet § 24, 51
Arglist-Einwand § 24, 50, 52
Vollstreckungsabwehrklage § 24, 51
Patentverwerter § 24, 82
Rechtsfolgen § 24, 87
Schadensersatz für Vergangenheit
§ 24, 81
Standardisierungsvereinbarungen
Patentpools § 24, 69
Territorien außerhalb Geltungsbereich des Klagepatents § 24, 84
Unangemessene Lizenzierungspraxis
Ausbeutungsmissbrauch § 24, 66, 67, 68
Diskriminierung § 24, 61, 62, 63
Kategoriefremde Merkmale § 34, 135
Kaufmännische Leistung § 4, 121
Kausalität
bei Übergehen von Angriffs- u Verteidigungsmitteln § 100, 57, 64
des erreichten Erfolgs § 34, 319
eines Verfahrensfehlers § 73, 144; § 100, 33

Versagung rechtl Gehörs **Einl**, 321; § 100, 45
Keimbahn § 2, 34
-Gentherapie § 2, 35
menschliche – § 2, 34
-Stammzellen § 2, 35
Keimzellen § 1a, 10
Blastozyste § 1a, 10
Zygote § 1a, 10
Kennzeichnender Teil des Anspruchs § 34, 96
Kerntheorie § 1, 60
Kettenpriorität § 40, 18
Kfz-Kosten § 80, 82
Kinderarzneimittel
EG-V 1901/2006 § 49a, 39
KINDER-AM-VO § 16a, 4
Kinderkrankheiten § 34, 352
Kinematische Umkehr § 4, 122
Klage
Feststellungs- § 139, 253
Klagearten § 139, 251
Nichtigkeits- § 81, 29
Streitgegenstand § 139, 287
Verletzungs- § 139, 287
Vindikations- § 8, 23
Zulässigkeit
Prozesshindernde Einrede § 145, 5, 23
Klageänderung
im Berufungsverfahren § 139, 373
im Nichtigkeitsverfahren § 81, 71
Klageantrag
Anspruch auf Vorlage von Bank-, Finanz- und Handelsunterlagen
§ 140d, 21
Äquivalenz § 139, 288
Bestimmtheit **Einl**, 61; § 139, 287
Mittelbare Patentverletzung
§ 139, 296
Nichtigkeit § 81, 32, 100
Patentverletzung § 139, 287
Revision § 139, 389
Rückruf- u Entfernungsanspruch
§ 140a, 38
Schadensersatz § 139, 289

Sachregister

§ oder Artikel jeweils halbfett, danach Randnummer

Streitgegenstand § 139, 287
Unmittelbare Patentverletzung
  § 139, 295
Klageerweiterung
  Zulässigkeit § 145, 18
Klagehäufung § 143, 32
Klagenkonzentration
  Beweislast § 145, 24
  Handlung
    dieselbe – § 145, 15
    gleichartige – § 145, 15
  Identität der Parteien § 145, 11
  Klagerweiterung
    Zulässigkeit § 145, 18
  Verschulden § 145, 22
Klagerücknahme
  Nichtigkeitsverfahren § 81, 168
  Vergleich u – § 81, 178
Klarheit
  europ Patente **IntPatÜG**, 48
    (Anhang 1)
  von Merkmalen im Anspruch
    § 34, 122
Klarstellung des Patents
  bei Klageabweisung § 110, 11
  im Beschränkungsverfahren § 64, 27
  Widerruf nichtiger Erteilungsbeschlüsse zur – § 49, 17
Kleinlandwirte § 9c, 20
Klonierung § 2, 30
  Reproduktive – § 2, 32
  Therapeutische – § 2, 32
Know how
  Offenbarung u – § 34, 321
  Vertrag über – § 15, 14
Knowledge of the law § 123, 141
Kochrezept § 1, 89
Kombination § 1, 269
  aus Listen § 3, 120
  Begriff § 1, 269
  Benutzung § 9, 56
  Einspruchsbegründung u – § 59, 88
  einzelner Stufen § 4, 115
  Elemente der – § 1, 270
  erfinderische Tätigkeit § 4, 123
  Erzeugniserfindung u – § 1, 198

funktionelle Verschmelzung § 1, 271
Merkmals- § 1, 273; § 41, 36
Neuheit der – § 3, 184
Offenbarung § 34, 397
-präparate § 1, 271; § 2a, 85
Synergistische – § 1, 237
Technischer Gesamterfolg § 1, 272
Teilaufgaben § 1, 272
Teillehre u – § 34, 407
Unterkombination § 1, 273
von Dokumenten § 4, 21
Zusammenwirken von Elementen
  § 1, 271
Kombinationsansprüche
  Recherche u – § 43, 30
Kombinationspatente
  Unterkombination § 14, 94
  Verletzung § 9, 56
Kompendien § 34, 339
Komplexität eines Anspruchs § 34, 114
»**Kongorot**« RG § 5, 6
Konkordanzliste § 34, 211
Konkrete Beanstandung § 45, 16
Konkrete Beschreibung für Gen-Sequenz § 1a, 23
Konkrete Rechtsgrundlage
  Einspruchsgrund § 21, 14
Konkurrenz
  Anspruchsgrundlagen § 141a, 4
Konkurs Einl, 228
  jetzt: Insolvenz siehe **Einl**, 216
  Nichtigkeitsverfahren u – § 81, 12
  Revision u – § 139, 393
Konstitutionsformel § 34, 384
Konstruktive Maßnahmen § 4, 126
Kontrazeption § 2, 51; § 2a, 76; § 5, 9
Konzentration
  § 273 ZPO § 87, 8
  Klagen- § 145, 4
  Regel 116 EPÜ **Einl**, 270
  -sstörung § 123, 131
Kooperationsabkommen
  Bauernverband/Pflanzenzüchter
    § 9c, 18
Korrespondenzanwalt
  im Beschwerdeverfahren § 80, 72

bold type = § or Article; followed by marginal number **Index**

im Verletzungsverfahren § 139, 349
Irrtum eines – **Einl**, 107
Kort geding § 139, 277, 434
Kosmetik § 2a, 79
Kosten
 – der Verwarnung § 139, 221
 Auskunftsanspruch u – § 140b, 47
 Entfernung § 140a, 42
 Rückruf § 140a, 42
 Vernichtung § 140a, 23
Kosten des Beschwerdeverfahrens
 § 80, 4
 Aussichtslosigkeit § 80, 12
 Beschwerdegebühr § 80, 114
 Billigkeit § 80, 9
 Doppelvertretung RA u PA § 80, 39
 Einzelfälle (alphabetisch) § 80, 59
 Erfolg der Beschwerde § 80, 10
 Erlaubnisscheininhaber § 80, 38
 Erstattung nach dem RVG § 80, 36
 Gegenstandswert § 80, 48, 49
  Festsetzung § 80, 52
  Nebenverfahren § 80, 56
  Regel – § 80, 52
 Grundsatz § 80, 6
 Kostenentscheidung § 80, 4, 18
 Kostenerstattung § 80, 23
 mitwirkender Anwalt § 80, 45
 Parteikosten § 80, 58
 Patentanwalt § 80, 35
 Präsident DPMA § 80, 22
 Rechtsanwalt § 80, 26
 Regelgegenstandswert
  Einspruchsverfahren § 80, 54
  Erteilungsverfahren § 80, 54
 RVG u – § 80, 36
 Teuerungszuschlag § 80, 35
 Vertreterkosten § 80, 25
  Patentanwalt § 80, 35
  Rechtsanwalt § 80, 26
 Vorwerfbarkeit § 80, 13
Kosten des Nichtigkeitsverfahrens
 § 84, 19
Kosten des Verletzungsverfahrens
 § 139, 344
 Dolmetscherkosten § 139, 351

einer Abmahnung § 139, 221
Gesamtstreitwert § 139, 342
Hausanwalt § 139, 350
Privatgutachten § 139, 352
Reisekosten § 139, 350
sofortiges Anerkenntnis § 139, 345
Streitwert § 139, 336
Testkauf § 139, 353
überörtliche Sozietät § 139, 350
Verkehrsanwalt § 139, 349
Kosten, abzugsfähige § 139, 142
 Gemeinkosten § 139, 142
 Verletzergewinn § 139, 142
Kostenausgleichung § 80, 105
Kostenentscheidung
 Art 104 EPÜ § 62, 3
 Art 11a VerfOBK § 80, 14
 Begründung § 80, 20
 Beschwerdeverfahren u – § 80, 4
 Einspruchsverfahren u – § 62, 5
 Erfolg der Beschwerde § 80, 10
 Erstattung nach dem RVG § 80, 36
 Form der – § 80, 18
 Gegenstandswert § 80, 49
  Festsetzung § 80, 52
  Nebenverfahren § 80, 56
  Regel – § 80, 52
 isolierte – § 80, 19; § 84, 22
 Nichtigkeitsverfahren u – § 84, 19
 Anfechtung § 84, 58
 Billigkeit § 84, 50
 Fehlen einer – § 84, 20
 mehrere Beklagte § 81, 15
 mehrere Kläger § 81, 67; § 84, 23
 sofortiges Anerkenntnis § 84, 27, 44
 Streithilfe u – § 81, 2
 Unterliegensprinzip § 84, 26
 Rechtsbeschwerdeverfahren u –
  § 109, 2
 Regelgegenstandswert
  Einspruchsverfahren § 80, 54
  Erteilungsverfahren § 80, 54
 Vertreterkosten § 80, 25
  Patentanwalt § 80, 35
  Rechtsanwalt § 80, 26

Schulte 2835

Sachregister

§ oder Artikel jeweils halbfett, danach Randnummer

Kostenfestsetzung
Ablichtungen § 80, 59
Akteneinsichtsgebühr § 80, 60
Ausgleich bei – § 80, 62
Beratungsgebühr § 80, 63
Beschwerdeverfahren § 80, 98
Datenbanken, Recherchen in –
 § 80, 65
Einigungsgebühr § 80, 67
Erledigungsgebühr § 80, 69
Geschäftsgebühr § 80, 71
Korrespondenzanwalt § 80, 72
Materialkosten § 80, 74
Mehrwertsteuer § 80, 90
mündliche Verhandlung § 80, 75
Nachliquidation § 80, 76
Nebenintervention § 80, 77
Nichtigkeitsverfahren § 84, 64
Post- u Telekommunikation § 80, 78
Privatgutachten § 80, 79
Recherchekosten § 80, 80
Regelgebühren § 80, 81
Reisekosten
 der Partei § 80, 83
 eines Anwalts § 80, 82
Sachverständiger § 80, 84
Schreibauslagen § 80, 59
Sozietät § 80, 85
Streitgenossen § 80, 86
Teilung des Patents § 80, 87
Terminsgebühr § 80, 88
 im Beschwerdeverfahren § 80, 30
 Im Nichtigkeitsverfahren § 80, 32
Übersetzungskosten § 80, 89
Umsatzsteuer § 80, 90
Verbindung § 80, 91
Verfahrensgebühr
 im Beschwerdeverfahren § 80, 28
 Im Nichtigkeitsverfahren § 80, 32
Vorführung § 80, 93
Zeugen § 80, 95; § 128a, 4
Zinsen § 80, 96
Zwangsvollstreckungskosten § 80, 97
Kostenrecht
Auslagen PatKostG § 1, 14
 (Anhang 15)

Beitreibung PatKostG § 1, 5
 (Anhang 15)
Einzahlungstag PatKostZV, 4
 (Anhang 17)
Fälligkeit PatKostG § 3, 2
 (Anhang 15)
Fiskalische Tätigkeit PatKostG
 § 1, 15 (Anhang 15)
Gebühren PatKostG § 1, 10
 (Anhang 15)
Leistungsort PatKostZV, 19
 (Anhang 17)
Nichtzahlung PatKostG § 6, 7
 (Anhang 15)
Niederschlagung PatKostG § 1, 26
 (Anhang 15)
Rechtsnatur der Kosten PatKostG
 § 1, 9 (Anhang 15)
Rückzahlung PatKostG § 10, 2
 (Anhang 15)
Sammelzahlung PatKostZV, 17
 (Anhang 17)
SEPA-Lastschrift PatKostZV, 26
 (Anhang 17)
Überweisung PatKostZV, 5
 (Anhang 17)
Unbilligkeit PatKostG § 10, 6
 (Anhang 15)
Unrichtige Sachbehandlung Pat-
 KostG § 9, 3 (Anhang 15)
Verrechnungserklärung PatKostZV, 4
 (Anhang 17)
Verwendungszweck PatKostZV, 19
 (Anhang 17)
Wiedereinzahlung von Kosten Pat-
 KostG § 1, 24 (Anhang 15)
Kostenschuldner PatKostG § 4, 2
 (Anhang 15)
Kostenvergünstigungen
Andere – § 129, 9
Verfahrenskostenhilfe § 130, 4;
 § 136, 2
Kostenvorschuss PatKostG § 5, 2
 (Anhang 15)
Kraft-Richter § 71, 1

bold type = § or Article; followed by marginal number   **Index**

Krankheit
  Empfängnisverhütung u – **§ 2a**, 76
  Medizinische Verfahren u – **§ 2a**, 57
  Wiedereinsetzung u – **§ 123**, 131
Kreuzung § 2a, 36
Künstliche Intelligenz § 1, 99, 180
  Technizität **§ 1**, 131
Kuriosa § 1, 29

L

Lacking patentability
  as ground for revocation Art 138
    EPC **§ 22**, 3
Ladung
  der Beteiligten **§ 46**, 6
  -sfrist **§ 89**, 12
  vor BPatG **§ 89**, 12
  Zustellung einer – **§ 127**, 21
Lage der Akten, Entscheidung nach –
  Art 107, 15; **§ 34**, 451
Lagerkosten § 142a, 7
Landwirt § 9c, 8
Landwirteprivileg
  Ansprüche, Geltendmachung **§ 9c**, 23
  Auskunft über Nachbau **§ 9c**, 22
  Eigene Vermehrung **§ 9c**, 12
  Entschädigung **§ 9c**, 19
  Kleinlandwirte **§ 9c**, 21
  Kooperationsabkommen **§ 9c**, 20
  Landwirt **§ 9c**, 10
  Nutztiere **§ 9c**, 25
  pflanzliches Material – **§ 9c**, 7
  privilegierte Pflanzenarten **§ 9c**, 18
  tierisches Material – **§ 9c**, 25
  Zufallsvermehrung **§ 9c**, 32
Landwirtschaftlicher Anbau § 9c, 11
Lastschriftverfahren
  nationales **PatKostZV**, 11
    (Anhang 17)
  SEPA-Basislastschrift **PatKostZV**, 11
    (Anhang 17)
Late submission Einl, 244
  arguments **Einl**, 247
  Art 114(2) **Einl**, 247
  delay of proceedings **Einl**, 251
  discretion **Einl**, 248

facts and evidence **Einl**, 247
justification for – **Einl**, 254
opposition procedure and – **Einl**, 252;
  § 59, 75, 91
procedural abuse **Einl**, 250
R.116 **Einl**, 269
R.137 **Einl**, 256
R.80 **Einl**, 262
relevance of – **Einl**, 249
right to be heard **Einl**, 253, 313
Lateinische Rechtsregeln: Einl, 349
Laufzeit des Patents § 16, 3
Lebende Materie § 1, 163
Legal aid § 129, 2
Legal cooperation Art 131 EPC
  § 128, 5, 6
Legal judge Einl, 197
Legal loophole Einl, 195
Legal representation Einl, 49
Legierungen § 1, 247
Legitimate expectation Einl, 458, 465
  before EPO **Einl**, 462
  change of jurisprudence and –
    Einl, 460
  fair procedure **Einl**, 458
  practice of the Office and – **Einl**, 459
  user-friendliness **Einl**, 462
  venire contra factum proprium
    Einl, 418
  warning of loss of right **Einl**, 461
Legitimate interest to take legal
  action Einl, 345
Legitimationswirkung
  Rechtsnachfolger u – **§ 30**, 47
  Register u – **§ 30**, 17, 46
Lehrbücher § 34, 339
Lehre zum Handeln § 1, 28
  praktische – **§ 1**, 29
  sprachliche Fassung **§ 1**, 26
  technische – **§ 1**, 16
  Technizität u – **§ 1**, 25
  untechnische Wirkung der – **§ 1**, 23
Leichen § 1a, 11
Leistungsort PatKostZV, 16
  (Anhang 17)
Leistungsschau § 9, 63

Sachregister

§ oder Artikel jeweils halbfett, danach Randnummer

Leistungsstörungen
  Kauf – **§ 15**, 24
Leitfaden
  Fachwissen u – **§ 34**, 339
Lenkende Gebühr § 17, 10
Lexika
  Fachwissen u – **§ 34**, 339
License
  compulsory – **§ 24**, 4
  contractual licensing **§ 15**, 2, 29
  exclusive – **§ 15**, 33
  know how – **§ 15**, 14
Liefern als mittelbare Verletzung
  § 10, 9
Lieferung entgegengehaltenen Stands der Technik § 43, 39
Lieferung entgegengehaltener Druckschriften § 45, 19
Lineatur § 1, 97
Linked inventions § 34, 234
Literaturrecherche § 4, 47; **§ 34**, 337
Lizenz
  §§ 17, 18, 34 GWB aF **§ 15**, 73
  Art 101 AEUV **§ 15**, 34, 73
  Art 102 AEUV **§ 15**, 36
  ausschließliche – **§ 15**, 33
  Ausübungspflicht **§ 15**, 66
  Beschränkungen der – **§ 15**, 48
  einfache – **§ 15**, 40
  Ende der – **§ 15**, 68
  formunwirksame – **§ 15**, 71
  Inhalt **§ 15**, 30
  Kündigung **§ 15**, 69
  Lizenzgeber **§ 15**, 46, 56
  Lizenznehmer **§ 15**, 37, 41, 62
  Meistbegünstigungsklausel **§ 15**, 57
  Nichtangriffsabrede **§ 15**, 35
  Rechtsnatur **§ 15**, 31
  VO (EG) Nr 772/2004 **§ 15**, 73
  Zwangs- **§ 24**, 4
Lizenzanalogie § 139, 126, 161
  Angemessene Entschädigung u –
    Gewinnherausgabe **§ 33**, 13
  Bereicherungsanspruch u – **§ 139**, 197
  Bezugsgröße **§ 139**, 131
  Höhe der Lizenz **§ 139**, 127
  Lizenzsatz **§ 139**, 135
  Restschadensersatzanspruch **§ 141**, 22
  Verzinsung **§ 139**, 139
  zusammengesetzte Gegenstände
    § 139, 137
Lizenzbereitschaft § 23, 4
  - Rücknahme der Erklärung der
  - im Falle umstrittener Wirksamkeit einer Benutzungsanzige
    § 23, 11
Lizenzgeber § 15, 46, 56
Lizenzinformationen § 30, 62
Lizenzinteresseerklärung § 23, 5
Lizenznehmer
  als Anspruchsberechtigter **§ 139**, 10
  als Nichtigkeitskläger **§ 81**, 55
  Aufrechterhaltung des Patents
    § 15, 67
  Ausübungspflicht **§ 15**, 66
  Benutzungsrecht **§ 15**, 41
  Pflichten der – **§ 15**, 62
  Wiedereinsetzung u – **§ 123**, 42
Lizenzvergabe u erfinderische Tätigkeit § 4, 127
Lizenzvertrag § 15, 29
  Anfechtung des – **§ 15**, 70
  Kündigung des – **§ 15**, 69
  Nichtigkeitsklage u – **§ 81**, 55
  Rechnungslegung **§ 15**, 64
  Unwirksamkeit des – **§ 15**, 71
Lizenzzahlung § 15, 63
Lob der Fachwelt § 4, 128
Long felt need or want § 4, 84
Loophole, legal – Einl, 195
Lösung § 1, 55
  Angabe der – **§ 1**, 42
  -ansatz **§ 1**, 46
  Aufgabe u – **§ 1**, 41
  Aufgabe u -konzept **§ 4**, 27, 40
  beste Ausführungsform **§ 1**, 56
  Ersatz- **§ 14**, 78
  Experten- **§ 34**, 515
  Naheliegende – **§ 4**, 59
  Notwendige Merkmale für die –
    § 34, 119
  Sachverständigen- **§ 34**, 2, 513

bold type = § or Article; followed by marginal number **Index**

-sprinzip § 1, 46, 55; § 34, 119
LugÜ revidiertes Übereinkommen von Lugano über die gerichtliche Zuständigkeit § 139, 267

M

Mailbox Einl, 373
Main claim § 34, 159
Mandatsniederlegung Einl, 492
  Inlandsvertreter § 25, 31
Mängel der Anmeldung § 45, 11
Mängelrüge § 45, 11
Manufacture, process of – § 1, 252
Marken
  - des Verletzers § 139, 150
  Beschreibung u – § 34, 215
  Ersatz von – durch technisches Merkmal § 34, 200
  Hinweis auf eine – § 146, 23
  Patentanspruch u – § 34, 138
  Ungeeignete Bezeichnung § 34, 32, 72
Marketing
  Gemeinkosten u – § 139, 146
  Geschäftliche Tätigkeiten u – § 1, 102
  wirtschaftlicher Erfolg u – § 4, 167
Markierungen, farbige – § 1, 94
Marktbeherrschende Stellung § 24, 53
Marktverwirrungsschaden § 139, 117
Markush-Ansprüche § 16a, 39; § 34, 241
Maßangaben § 14, 37
Massenartikel § 4, 129
Maßgeblicher Zeitpunkt
  Moment der Angebots- oder Vertriebshanlung
  Ausnahmen § 14, 68, 70
Maßstabsgerecht § 34, 303
Material Transfer Agreement Einl, 230
Materialkosten § 80, 74
Materialwahl § 4, 130
Mathematical methods § 1, 81
Mathematische Methoden § 1, 81
Maximum-Likelihood-Theorie § 34, 124
Means-plus-function Anspruch § 34, 125

Medicament § 1, 231
  1. medical use § 1, 233, 240
  2. medical use § 1, 233, 244
  process patent § 1, 254
  product patent § 1, 236
  use patent § 1, 259
Medizinische Erfindung § 1, 176
Medizinische Indikation
  Erste – § 1, 233, 240
  Zweite – § 1, 233, 244
Medizinische Verfahren § 2a, 57
  Chirurgische Verfahren § 2a, 68
  Diagnostizierverfahren § 2a, 80
  Therapeutische Verfahren § 2a, 72
Mehrere Anmelder
  Art 59 EPÜ § 34, 2, 19
  Beschwerdeverfahren § 73, 106
  Erteilungsverfahren § 34, 16
  Gemeinsame Anmelder § 34, 19
  Priorität u – § 41, 57
  Rechtsbeschwerdeverfahren § 138, 8
  Streitgenossen Einl, 235; § 73, 106
  Verfahrenskostenhilfeverfahren § 130, 16
  Zustellungsbevollmächtigter u – § 34, 18
Mehrere Anmelder oder Patentinhaber
  Beschwerdeberechtigung § 74, 7
Mehrere Beklagte
  Nichtigkeitsverfahren § 81, 15
  Verletzungsverfahren § 139, 274
Mehrere Beschlüsse
  Beschwerde gegen – PatKostG § 2, 16 (Anhang 15)
Mehrere Beschwerdeführer
  im Beschwerdeverfahren
    vor BPatG PatKostG § 2, 12 (Anhang 15)
    vor EPA Art 108, 15
Mehrere Einsprechende § 59, 138
  Beschwerde EPA Art 107, 8; Art 108, 15
  Einspruchsgebühr § 59, 42, 47
  EPA § 59, 138
  im Beschwerdeverfahren § 73, 107

Sachregister

§ oder Artikel jeweils halbfett, danach Randnummer

Keine Streitgenossen § **59**, 138
Streitgenossen § **73**, 107
Mehrere Kläger
   Nichtigkeitsverfahren § **81**, 10, 67; § **84**, 23
Mehrere Patentinhaber
   im Beschwerdeverfahren § **73**, 106
   im Nichtigkeitsverfahren § **81**, 15
Mehrere Personen
   Rechtsgemeinschaft **Einl**, 43
Mehrere Schritte § **4**, 131
Mehrfacherfindung § **4**, 132
Mehrwertsteuer § **80**, 90
Meistbegünstigung
   -sklausel § **15**, 57
Menge, Auskunft u § **140b**, 35
Menschenwürde § **1a**, 7
Menschliche Verstandestätigkeit § **1**, 31
Menschlicher Geist
   Anweisung an – § **1**, 31, 90
Menschlicher Körper § **1a**, 7
   Bestandteile des – § **1a**, 14
      Entdeckung § **1a**, 15
      Kommerzialisierung § **1a**, 16
      Technisch gewonnener – § **1a**, 16
      Verfahren zur Gewinnung § **1a**, 21
      Verfahren zur Verwendung § **1a**, 21
      Zustimmung zur Entnahme § **1a**, 20
   Blastocyste § **1a**, 10
   Dialysebehandlung § **1a**, 18
   Embryonen § **2**, 37
   Geweberproben § **1a**, 17
   Grundsatz § **1a**, 7
   In-vitro-Fertilisation § **1a**, 13
   Isolierung aus dem – § **1a**, 17
      Vorübergehende Trennung § **1a**, 18
      Zustimmung § **1a**, 20
   Keimbahn § **2**, 34
   Keimzellen in vitro § **1a**, 10
   Klonierung § **2**, 30
   Leichen § **1a**, 11
   Mensch-Tier-Chimären § **2**, 48
   Phasen der Entstehung und Entwicklung § **1a**, 9

Sequenz u Teil- § **1a**, 14
Single nucleotide polymorphisms § **1a**, 14
Verfahren am – § **1a**, 12
Zygote § **1a**, 10
Mental activity § **1**, 32, 90
Mental acts, methods for performing – § **1**, 90
Merkmale der Erfindung § **34**, 115
   Abstrahierung § **34**, 200
   alternative – § **34**, 130
   Änderung § **34**, 189
   Aufnahme von – § **34**, 200
   beiläufige – § **34**, 317
   bekannt bezeichnet § **34**, 317
   Bezugnahmen § **34**, 131, 133
   Definition eines – § **34**, 103
   Desiderate § **34**, 123
   Diagramme § **34**, 304
   differenziert beschrieben § **34**, 316
   disclaimer § **34**, 146
   eindeutig identifiziert § **34**, 316
   erfindungswesentliche – § **34**, 316
   eventuell § **34**, 129
   fakultative – § **34**, 129, 317
   funktionelle – § **34**, 125
   gegebenenfalls § **34**, 129
   gezeichnete – § **14**, 20; § **34**, 299
   hervorgehobene – § **34**, 315, 316
   in der Zeichnung § **34**, 299
   insbesondere – § **34**, 129
   kategoriefremde – § **34**, 135
   klare – § **34**, 122
   Marken § **34**, 138
   means plus function § **34**, 125
   nebensächliche – § **34**, 317
   negatives – § **34**, 303, 400
   nicht beansprucht – § **34**, 309
   nicht-technische – § **34**, 118
   Parameter § **34**, 139
   product by process § **34**, 149
   step plus function § **34**, 125
   Streichung von – § **34**, 200
   technische – § **34**, 115
   Überbestimmungen § **34**, 121
   unbestimmte – § **34**, 136

bold type = § *or Article; followed by marginal number* **Index**

ungefähre – § 34, 136
Verallgemeinerung § 34, 141, 200
vorzugsweise § 34, 129
wesentliche – § 34, 119
Wunsch- § 34, 123
zB § 34, 129
zur Erfindung gehörig § 34, 315, 316
zweckmäßig § 34, 129
Merkmalen
 - Einheit von § 14, 23
Merkmalsanalyse § 34, 83
Messe
 Im Ausland § 9, 73
 Inland
  disclaimer § 9, 73
  Inländische § 9, 63
Method
 diagnostic – § 2a, 56, 80
 for performing mental acts § 1, 90
 for treatment of the human or animal body § 1, 176
 mathematical – § 1, 81
 of surgery § 2a, 68
 of therapy § 2a, 72
 of working § 1, 255
Microbiological processes § 2a, 47
Mikrobiolog Verfahren § 2a, 47
 Begriff § 2a, 49
 Beispiele § 2a, 52
 mehrstufige – § 2a, 50
 Verfahrens- u Erzeugnisschutz § 2a, 53
Mikroinjektion § 2a, 41
Minderjährige
 als Anmelder § 34, 14
 Prozessfähigkeit **Einl**, 46
 Umschreibung § 30, 32
 Verfahrenskostenhilfe für – § 130, 17
Mindestens ein Weg § 34, 377
Missbrauch
 beschränkte Verteidigung u – § 59, 168
 Beschwerde u – § 73, 46
 des Ermessens **Einl**, 174
 Streitwertherabsetzung u – § 144, 14
 Strohmann u – § 59, 65

Teilungserklärung u – § 39, 17
Verfahrenshandlung u – **Einl**, 415
Verfahrenskostenhilfe u – § 134, 8
Verfassungsbeschwerde u – **Einl**, 451; § 3, 192
verspätetes Vorbringen u – **Einl**, 250; § 81, 151
Verwirkung durch – **Einl**, 476
Vorzeitige Offenbarung u – § 3, 192
Zwangslizenz u – § 24, 5, 12, 73
Mitbenutzungsrechte
 Beweisanzeichen § 4, 133
Mitglieder des DPMA § 26, 17
Mitinhaber
 Bedürftiger Mitinhaber § 132, 3
 Benutzungsberechtigung der – § 6, 22
 Berufung § 110, 5
 Einsprechender § 59, 56
 Gebrauchsvorteile § 6, 23
 Zustellung § 127, 36
Mittelbare Benutzung
 Abgrenzung zur unmittelbaren Benutzung § 10, 7
 Anbieten, Liefern § 10, 9
 Begriff § 10, 5
 Bestimmung des Abnehmers § 10, 29
 Testkauf § 10, 30
 Doppelter Inlandsbezug § 10, 11
 Eignung zur Benutzung § 10, 27
 Rabattvertrag nach § 130a SGB V § 10, 28
 Eingeschränktes Verbot § 10, 40
 erfindungsfunktionell individualisiert § 10, 18
 Kenntnis des Lieferanten § 10, 31
 Klageantrag § 139, 296
 Lieferkette § 10, 12
 Mittel § 10, 20
 Offensichtlichkeit § 10, 32
 Privater Endverbraucher § 10, 46
 Rechnungslegung § 10, 50
 Rechtsfolgen § 10, 37
 Schadensersatz § 10, 49
 Schlechthinverbot § 10, 37
 Warnhinweis § 10, 41
 wesentliches Element § 10, 16

Schulte

Sachregister

§ oder Artikel jeweils halbfett, danach Randnummer

Zustimmung des Patentinhabers
  § 10, 27
Mittellosigkeit
  Wiedereinsetzung u – § 123, 134
Mittelpatent § 1, 205
Mitwirkung Einl, 35
  Ausschließung u – § 86, 13; § 100, 37
  bei Doppelvertretung § 80, 45
  des PräsDPMA § 76, 6
  eines PA
    im Rechtsbeschwerdeverfahren
      § 109, 18
    im Verletzungsverfahren § 143, 27
Mitwirkungsgrundsätze
  interne – für Senatsbesetzung § 67, 4
Mitwirkungspflicht Einl, 35
  als Grenze des Untersuchungsgrundsatzes § 59, 120, 208
  des Einsprechenden bei Vorbenutzung § 59, 120
  Pflicht zur Verfahrensförderung
    § 73, 161
Modelle § 34, 224
Morality § 2, 22
Motivirrtum Einl, 105
**MTA Material Transfer Agreement
Einl**, 230
Multiple priority § 41, 42
Mündliche Verhandlung
  Abwesenheit **Einl**, 315
  Rechtliches Gehör u – **Einl**, 314
  Schließung **Einl**, 76
  Unterbrechung **Einl**, 296
  Verfahrenskostenhilfe u – § 135, 12
  Vertagung **Einl**, 311
  Wiedereinsetzung u – § 123, 170
Mündliche Verhandlung vor BPatG
  als Videokonferenz § 78, 29
  Entbehrlichkeit trotz Antrag § 78, 15
  Erörterung der Sach- u Rechtslage
    § 91, 3
  Fragerecht § 91, 4
  Gang der – § 90, 3
  hilfsweise – § 78, 12
  Kosten § 80, 75
  Ladung § 89, 12

Nichterscheinen **Einl**, 315; § 78, 27;
  § 82, 10; § 89, 13
Niederschrift § 92, 4
öffentliche – § 69, 3
Protokoll § 92, 4
Rundfunk u Fernsehen § 69, 13
Schließung § 91, 5
Schriftsatzfrist § 78, 34
Sitzungspolizei § 69, 15
Terminsänderung § 89, 5
Terminsbestimmung § 89, 3
Übergang in schriftl Verfahren
  § 78, 36
Verstoß gegen § 78 Nr 1 § 78, 23
Vertagung § 78, 32
Voraussetzungen § 78, 10
Vorbereitung § 87, 7
Wiedereröffnung § 91, 6
Wiederholung des Antrags § 78, 13
Mündliche Verhandlung vor DPMA
  Anhörung § 46, 8
Mündliche Verhandlung vor EPA
  Art 116 EPÜ § 78, 2
Mündliche Verhandlungen
  hör-, sprach- oder sehbehinderten
    Personen § 126, 24
Mutwillen § 130, 56

N

Nachahmung § 4, 134
Nachanmeldung
  des durch Entnahme Verletzten
    § 7, 16
  innere Priorität u – § 40, 24
  Unionspriorität u – § 41, 63
Nachbargebiet § 4, 50, 56
Nachbau
  -Anhaltspunkte für § 9c, 22
  Auskunft über – § 9c, 22
  Entschädigung § 9c, 19
  Kooperationsabkommen § 9c, 20
  Verbot des Herstellens u – § 9, 60
  zugunsten von Landwirten § 9c, 4
Nachfasspflicht § 139, 345
Nachfolgebedarf § 9, 60
Nachfrist § 45, 27

bold type = § or Article; followed by marginal number **Index**

Nachgelassene Schriftsätze § 78, 34
Nachholung versäumter Handlung
  § 123, 41
Nachliquidation § 80, 76
Nachreichen
  Einspruchsbegründung § 59, 187
  fehlende Zeichnungen § 35, 49
  Wiedereinsetzung § 123, 37, 40
Nachschlagewerke § 34, 339
Nächstliegender Stand der Technik
  § 4, 35
  - als Sprungbrett § 4, 35
  Auswahl § 4, 37
Nachtbriefkasten Einl, 66
Nachteile § 4, 135
Nachveröffentlichung
  Einspruch u – § 59, 102
  erfinderische Tätigkeit u – § 4, 16
  Prioritätsintervall § 59, 103
Naheliegen § 4, 59
  Begriff § 4, 59
  could-would-test § 4, 64
  Nachweis des – § 4, 61
Nahrungs- u Genussmittel § 1, 246
Name
  Anmelder u – § 34, 68; § 35, 17
  BGB § 126 **Einl**, 355
  BGB § 126a **Einl**, 2
  BGB § 126b **Einl**, 2
  Computer-Fax **Einl**, 385
  Fax u – **Einl**, 403
  Unterschrift **Einl**, 381
  Vollmacht **Einl**, 497
Nanotechnologie § 1, 178
Natur
  Belebte – § 1, 159, 163
  Naturstoffe § 1, 230
  Nicht-technischer – § 1, 23, 65
  Vorhandensein in – § 1, 78, 165;
    § 3, 174
Natural substances § 1, 165, 168, 228;
  § 3, 174
Naturkraft § 1, 19, 31
  Beherrschbarkeit § 1, 33
Naturstoffe § 1, 165, 228; § 3, 174
  Biologisches Material § 1, 229

Erfinderische Tätigkeit § 4, 136
Neuheit § 3, 174
Neuheitsschädlichkeit von – § 3, 174
Vorhandensein in der Natur § 1, 165
Ne ultra petita Art 107, 26;
  Art 110, 11; **Einl**, 7, 349; § 73, 73
Nebenanspruch § 34, 161
  Auslegung § 14, 28
  Einheitlichkeit § 34, 164
  Formulierung § 34, 162
  Kategorie § 34, 165
  Nichtigkeitsklage gegen – § 81, 108
  Umwandlung § 34, 169
Nebeneffekt § 4, 162
Nebenintervention Einl, 231
  Gegenstandswert einer – § 80, 77
  im Berufungsverfahren § 110, 6, 25
  im Beschwerdeverfahren § 73, 105
  im Einspruchsverfahren § 59, 147
  im Nichtigkeitsverfahren § 81, 20
Nebensächliche Merkmale § 34, 317
Nebentäter § 9, 64
Nebenverfahren
  Inlandsvertreter § 25, 11
Negative Feststellungsklage § 139, 257
  u spätere Leistungsklage § 139, 273
Negatives Merkmal
  Offenbarung § 34, 303, 400
Negativliste § 1, 72
Neighbouring field § 4, 50, 56
Neue Argumente Einl, 241
Neuer Weg § 4, 137
Neues Vorbringen Einl, 237
Neugier
  des Fachmanns § 4, 65
Neuheit
  Arzneimittel § 1, 237
  Arzneimittelverwendung § 1, 261;
    § 3, 154
  Auswahlerfindung § 1, 285
  chemischer Stoff § 3, 164
  Herstellungsverfahren § 3, 178
  Kombination § 3, 184
  Übertragungserfindung § 1, 280
  Zwischenprodukte § 3, 171

Sachregister

§ oder Artikel jeweils halbfett, danach Randnummer

Neuheitsschonfrist
und § 193 BGB **Einl**, 188
Neuheitstest
unzulässige Erweiterung u – **§ 38**, 17
Neuherstellung
Recht zur – **§ 9**, 21
Reparatur u – **§ 9**, 57
Software **§ 9**, 59
Verschleißteil u – **§ 9**, 57
Neutrale Teile § 9, 56; **§ 10**, 16
Neutralisierte Beschlussabschrift
§ 99, 22
Nicht rechtsfähiger Verein Einl, 42;
§ 34, 11
Nichtangriffsabrede
Einspruch u – **§ 59**, 59
im Nichtigkeitsverfahren **§ 81**, 48, 54
Lizenz u – **§ 15**, 35
Prüfungsantrag u – **§ 44**, 10
vor EPA **§ 59**, 62
Nichtberechtigter Patentanmelder
§ 8, 18; **IntPatÜG**, 37 (Anhang 1)
Nichterscheinen
im Beschwerdeverfahren **§ 78**, 27
im Nichtigkeitsverfahren **§ 82**, 10
in mündl Verhandlung **Einl**, 315
Nichtigkeit
Anfechtung u – **Einl**, 94
Europäischer Patente **IntPatÜG**, 40
(Anhang 1)
Verwaltungsakt u – **Einl**, 472
Nichtigkeitsgrund § 22, 8; **Int-**
PatÜG, 40 (Anhang 1)
Abhängigkeit **§ 9**, 13
Beweislast **§ 81**, 152
Bindung an – **§ 81**, 96
Einwand der – **§ 9**, 108
Erweiterung des Schutzbereichs
§ 22, 9
Fehlendes Rechtsschutzbedürfnis
kein – **Einl**, 346
Schutzzertifikat u – **§ 16a**, 125;
§ 81, 94
Verstoß gegen **§ 126 § 126**, 14

Nichtigkeitsklage § 81, 29; **Int-**
PatÜG, 40 (Anhang 1)
Form **§ 81**, 29
Nichtigkeitssenat § 66, 2
Besetzung **§ 67**, 10
Nichtigkeitsverfahren
Akteneinsicht **§ 99**, 25
Antrag des Klägers **§ 81**, 32, 100
auf Vollvernichtung **§ 81**, 104
Bindung an – **§ 81**, 100
Hilfs – **§ 81**, 133
Nebenanspruch **§ 81**, 108
Unteranspruch **§ 81**, 102, 105
Antrag des Patentinhabers **§ 81**, 109
beschränkte Verteidigung **§ 81**, 116
Einverständnis mit beschränkter
Fassung **§ 81**, 110
entgegenstehender Wille **§ 81**, 112
Anwendbares Recht **§ 147**, 8
Arbeitgeber als Kläger **§ 81**, 62
Arbeitnehmererfinder als Kläger
§ 81, 61
Aussetzung **§ 81**, 163
Begründung
Widerspruch
§ 82, 12
Begründung der Klage **§ 81**, 33
Unzureichender Vortrag **§ 81**, 33
Beklagter **§ 81**, 14
mehrere – **§ 81**, 15
Tod des – **§ 81**, 17
Umschreibung im Register **§ 81**, 19
Wechsel des – **§ 81**, 16
Beschluss **§ 84**, 18
beschränkte Verteidigung **§ 81**, 110,
116; **IntPatÜG**, 40 (Anhang 1)
Beweislast **§ 81**, 152
Kläger **§ 81**, 154
Patentinhaber **§ 81**, 157
Beweiswürdigung, freie – **§ 93**, 4
Bindung
an Begründung **§ 81**, 99
an beschränkt verteidigte Fassung
§ 81, 133
an Klagegrund **§ 81**, 96
Anerkenntnis **§ 84**, 48

Einspruchsverfahren, Vorrang
  § 81, 37
Erledigungserklärung § 81, 171
Erlöschen des Patents § 81, 172
Europ Patente § 81, 82
  anzuwendendes Recht § 81, 82
  Bindung an EPA-Entscheidungen
    § 81, 84
  Sprache bei – § 81, 127
  Übersetzung § 81, 87
Gebühr **PatKostG** § 2, 30
  (Anhang 15)
Hauptsacheerledigung § 81, 172
Kartellrecht § 81, 51
Klage § 81, 29
  Änderung der – § 81, 71
  Zulässigkeit § 81, 29
  Zustellung § 82, 2
Klageänderung § 81, 71
Klagebefugnis, Ausschluss § 81, 46
Klagegrund
  Bindung an – § 81, 96
  Nichtigkeitsgründe § 22, 8
Klagenverbindung § 81, 74
Kläger § 81, 7
  mehrere – § 81, 10, 67
  Strohmann als – § 81, 9
  Wechsel des – § 81, 11
Klagerücknahme § 81, 168
Kostenentscheidung § 84, 19
  Anfechtung § 84, 58
  Billigkeit § 84, 50
  Fehlen einer – § 84, 20
  isolierte – § 84, 22
  mehrere Beklagte § 81, 15
  mehrere Kläger § 81, 67; § 84, 23
  sofortiges Anerkenntnis § 84, 27, 44
  Streithilfe u – § 81, 2
  Unterliegensprinzip § 84, 26
Kostenfestsetzung § 84, 64
Rechtsbeschwerde § 84, 67
Mündliche Verhandlung
  Nichterscheinen in – § 82, 10
Nebenanspruch § 81, 108
Nebenintervention § 81, 20

Nichtangriffsabrede § 81, 48, 54
Nichterscheinen in mündlicher Verhandlung § 82, 10
Patent § 81, 81
  DDR-Patent § 81, 93
  Erlöschen des – § 81, 172
  Europ Patente § 81, 82
  Fassung des – § 81, 138
  Prüfung des – § 81, 137
  Schutzzertifikat § 81, 94
Patentschrift, neue § 84, 15
Rechtliches Gehör § 93, 6
  entgegenstehender Wille des Patentinhabers § 81, 112
  zu beschränkter Fassung § 81, 110
Rechtsschutzinteresse § 81, 41
Rückbeziehungen § 81, 142
Ruhen des Verfahrens § 81, 167
Sachverständiger § 81, 159
  Ablehnung § 81, 160
Säumnisverfahren § 82, 4
Schutzbereich
  Bestimmung des – § 81, 144
Schutzzertifikat § 81, 94
Selbstbeschränkung § 81, 116
  Bindung an – § 81, 133
  Prüfung der – § 81, 129
  Voraussetzungen § 81, 118
Sicherheitsleistung § 81, 187
Sofortiges Anerkenntnis § 84, 27, 44
Beweislast § 84, 49
Veranlassung zur Klage § 84, 30
Verzichtsaufforderung § 84, 34
Sprache
  Beschränkung europ Patente
    § 81, 127
  Übersetzung europ Patente § 81, 87
Streithilfe § 81, 20
Streitwertfestsetzung **PatKostG**
  § 2, 35 (Anhang 15)
Streitwertherabsetzung **PatKostG**
  § 2, 53 (Anhang 15)
Strohmann § 81, 9
Treu u Glauben u Klage § 81, 63
Unteranspruch
  angegriffener – § 81, 102, 105

Sachregister

§ oder Artikel jeweils halbfett, danach Randnummer

Rückbeziehung in – § 81, 142
Untersuchungsgrundsatz § 81, 145
Urteil § 84, 2
  End- § 84, 2
  Teil- § 84, 4
  Tenor des – § 84, 5
  Verkündung § 84, 13
  Wirkung des – § 81, 47
  Zwischen- § 84, 3
Vergleich § 81, 177
  Beispiel § 81, 181
  Kosten § 81, 180
  Widerruf des – § 81, 179
verspätetes Vorbringen § 81, 149
Vorläufige Vollstreckbarkeit § 84, 52
Widerspruch
  Rücknahme des – § 82, 9
  Säumnisverfahren u – § 82, 6
  Teil- § 82, 8
Widerspruchsbegründung
  Frist § 82, 12
Zustellung
  der Klage § 82, 2
Nichtwissen
  Bestreiten mit – Einl, 162
Nichtzulassungsbeschwerde
  - gegen Nichtzulassung der Rechtsbeschwerde § 100, 26
Niederalkyl § 1, 285; § 34, 116, 124
Niederlegen § 182 ZPO § 127, 49
Niederlegung der Vollmacht Einl, 492
Niederschlagung
  BHO § 59 PatKostG § 1, 26 (Anhang 15)
  Wiedereinsetzung u – § 123, 48
Niederschrift
  eidesstattliche Versicherung § 46, 47
  vor BPatG § 92, 4
  vor DPMA § 46, 47
Nießbrauch
  Register u – § 30, 13
Nießbraucher
  als Anspruchsberechtigter § 139, 12
  Strafantrag § 142, 12
  Verletzungsverfahren § 139, 12

Vorlage- u Besichtigungsanspruch § 140c, 9
Wiedereinsetzung u – § 123, 42
No-challenge agreement § 59, 59; § 81, 54
Non patentable non-inventions § 1, 71
Normenkontrollverfahren
  Art 100 GG Einl, 532
Not clearly allowable Einl, 262
Notification Art 119 EPC
  Art 119 EPC § 127, 4
  public – § 127, 9
  R 77–82 EPC § 127, 5
  registered letter § 127, 4
  to representatives § 127, 10
Novelty
  biologic material § 1, 168; § 3, 174, 175
Nukleotidsequenz § 1, 169; § 34, 472
  Datenträger § 34, 476
  Nachgereichte Unterlagen § 34, 476
  Sequenzprotokoll § 34, 472
Nutzen
  Praktischer – § 1, 15, 29
Nützlichkeit § 1, 29; § 4, 62
Nutztiere, landwirtschaftliche § 9c, 21

O

Oberbegriff
  Bedeutung § 34, 85
  Bildung des – § 34, 86
  Form des Anspruchs § 34, 81
  Irrtümliche Aufnahme in – § 3, 116; § 34, 323, 329
  Kombination u – § 1, 274
  Prüfung auf Patentfähigkeit § 34, 98
  Voraussetzungen § 34, 87
  Zweck § 34, 85
Obergutachten des DPMA § 29, 2
Obiter dictum Art 112, 42; Einl, 276; § 79, 40
Objection and exclusion § 86, 4
Objektive Klagenhäufung § 140c, 46
Obliegenheit Einl, 277
Obtainable by § 34, 157
Obtained by § 34, 157

bold type = § or Article; followed by marginal number

Obvious to try § 4, 139
Obviousness § 4, 59
 could-would-test § 4, 64
 definition § 4, 59
 proof of – § 4, 61
 secondary indicia for – § 4, 67
Offenbare Unrichtigkeiten § 38, 46; § 95, 4, 6
Offenbarung § 34, 288
 allgemeine Formeln § 34, 389
 allgemeine Lehre § 34, 317
 Aminoseqenzen § 34, 472
 Analogieverfahren § 34, 362
 Ansprüche u – § 34, 298
 Antrag u – § 34, 294
 Anwendungsgebiet § 34, 363
 Äquivalente § 34, 359
 Arzneimittel § 1, 232
 Aufgabe § 34, 364
  Änderung der – § 34, 365
 Aufwand, zumutbarer § 34, 351, 373
 Ausführbarkeit § 34, 343
  ausreichender Umfang § 34, 344
  Beweislast § 34, 357
  brauchbar § 1, 30; § 34, 343
  gesamter Bereich § 34, 347, 378
  Prioritätszeitpunkt § 34, 355
  wiederholbar § 34, 343
  zumutbarer Aufwand § 34, 351
 Ausführungsform § 34, 316
  beste – § 34, 320
 Auslegung § 34, 325
 Ausreißer § 34, 352
 Begriff § 34, 289
 beiläufig § 34, 317
 Beispiele § 34, 296
 bekannt bezeichnet § 34, 317
 Bereich § 34, 368
  im gesamten – § 34, 347, 377
  Individuen § 34, 369
 Berichtigung § 34, 331
 Beschreibung § 34, 295
 Bezugnahmen § 34, 133, 215, 216
 Biotechnologie u – § 1, 169; § 34, 371
 Breite der – § 34, 114, 116, 141, 389
 chem Stoffe § 34, 381

Deutlichkeit § 34, 315
Diagramme § 34, 304
differenziert beschrieben § 34, 316
Disclaimer u – § 34, 147; § 38, 23
ein Weg § 34, 377, 392
eindeutig identifiziert § 34, 316
entscheidende Richtung § 34, 353
erfindungswesentlich § 34, 316
Ergänzungen § 34, 327
Erzeugnis u – § 1, 208
etwa § 34, 136
eventuell § 34, 129
Fachbegriff § 34, 115, 116
Fachmann § 34, 332
 zuständiger – § 34, 333
Fachwissen § 34, 336
 allgemeines – § 34, 339
 Spezialliteratur § 34, 340
 fakultativ § 34, 317
Fehlerquote § 34, 346
Fehlschläge § 34, 415
fertige Erfindung § 34, 346
Figur § 34, 316
fremdsprachige Anmeldung § 35a, 24
Gegenstand
 der Anmeldung u – § 34, 291
 funktioniert nicht § 34, 317
Gegenteil § 34, 317
Gesamtinhalt § 34, 322
Gleichwertigkeit der -mittel § 34, 312
Herstellungsverfahren § 34, 394
hervorgehoben § 34, 315, 316
Hinterlegung § 34, 479
in Betracht kommende Lösung § 34, 316
in fremder Sprache § 34, 335
innere Priorität u – § 40, 14
Irrtum u – § 34, 328
know how § 34, 321
Kombination § 34, 397
Konkrete Größen § 34, 398
Literaturrecherche § 34, 337
Nacharbeitung schwierig § 34, 345
nebensächlich § 34, 317
Negatives Merkmal § 34, 303, 400
Neuheit u – § 34, 324

Sachregister

§ oder Artikel jeweils halbfett, danach Randnummer

Nukleotidsequenzen § 34, 472
Ort der – § 34, 293
Querverweise § 34, 417
Rangordnung § 34, 312
Schlussfolgerungen § 34, 316
Schutzbereich u – § 14, 12
sprachliche Fassung § 1, 26
Teillehre § 34, 407
-überschießende § 14, 22
Unterkombination § 34, 408
Varianten § 34, 345
Versuche § 34, 410
Verweisungen § 34, 417
Verwendung § 34, 422
Vollständigkeit § 34, 314, 318
Vorteile § 34, 423
Vorurteil § 34, 317
Wahl der Art der – § 34, 372
Weg, mindestens ein – § 34, 316
wertvolle Eigenschaften § 34, 381, 423
Widersprüche § 34, 313
Wirkungsangaben § 34, 381, 425
wissenschaftl Erklärung § 34, 319
Zeichnungen § 34, 299
   Diagramme § 34, 304
   Einzelmerkmale § 34, 303
   Fehler § 34, 308
   Größenverhältnisse § 34, 303
   konkrete Ausführungsform § 34, 310
   maßstabsgerecht § 34, 303
   nicht beanspruchtes Merkmal § 34, 309
   nur gezeichnet § 34, 300, 317
   Widerspruch zw – u Beschreibung § 34, 307, 313
   zufällige – § 38, 26
zumutbarer Aufwand § 34, 351
zur Erfindung gehörig § 34, 315, 316
Zusatzpatent § 16, 13
Zweck § 34, 428
Zwischenprodukte § 34, 429
Offenlegung § 31, 29
   Beschwerde u – § 75, 5
   Vorzeitige – § 31, 31

Offenlegungsanspruch § 33, 3; IntPatÜG, 3 (Anhang 1)
   Angemessene Entschädigung § 33, 13
   Ausschlussgründe § 33, 9
   Europ Anmeldung u – § 33, 16
   Offenlegungshinweis § 31, 30; § 33, 4
Offenlegungshinweis § 31, 30; § 33, 4
Offenlegungsschrift
   Absehen von Veröffentlichung § 32, 11
   Elektronische § 32, 7
   Inhalt § 32, 11
Offensichtlich
   Anwendung eines Verfahrens § 9, 91
   Berichtigung von Unrichtigkeiten § 38, 46
   Eignung und Bestimmung § 10, 32
   Hinweispflicht § 83, 4; § 123, 39
   Kein Interesse an Erteilung § 34, 23
   Mängel der Zusammenfassung § 36, 17
   Mängel einer Verfahrenshandlung Einl, 461
   Mangelnde Patentfähigkeit § 33, 9, 23
   Missbrauch § 3, 193
   Mittelbare Patentverletzung § 10, 32
   nicht schutzwürdige Rechtsverfolgung Einl, 345
   Patentverletzung § 142a, 9
   Rechtsverletzung § 140b, 14
Offensichtlichkeit
   - der Rechtsverletzung § 140b, 14, 40
Öffentliche Ordnung § 2, 18
   Biomedizin-Konvention § 2, 19
   Biotechnologie u – § 2, 14
   EMRK § 2, 19
   EU-Grundrechtecharta § 2, 19
   Menschenwürde § 2, 19
   Rechtsordnungsgrundsätze § 2, 18
   Veröffentlichung u – § 2, 24
   Verwertungserlaubnis § 2, 21
   Zeitpunkt der Beurteilung § 2, 15
Öffentliche Sicherheit § 13, 7
Öffentliche Wohlfahrt § 13, 7
Öffentliche Zustellung § 127, 97

bold type = § *or Article; followed by marginal number*   **Index**

Öffentlichkeit
  Anhörung § **59**, 230
  Anhörung nicht öffentlich § **46**, 18
  Ausschluss § **69**, 7, 8, 11
  Benutzungen § **3**, 50
  der Verhandlung § **100**, 51
  gerichtliche Zugangsbeschränkungen
    § **145a**, 23
  Untersuchungsgrundsatz u – **Einl**, 17,
    25
  Verhandlung § **111**, 14
  zugängliche Informationen § **3**, 15, 23
Offizialverfahren Einl, 16
One part claim § **34**, 81
One way street-situation § **4**, 99
Online
  Akteneinsicht § **99**, 16
  Aktenzeichenabfragen § **30**, 6
  Dienste des EPA § **125a**, 2
  Patentanmeldung
    DPMA § **34**, 30, 38
    EPA § **35**, 29
  Recherche im Datenbestand
    DPMA § **30**, 5
  Register
    DPMA § **30**, 5, 43; § **31**, 23
Online-Einreichung EPA Einl, 373
Opponent
  as party of the proceedings § **59**, 137
  authorisation of the representative
    of the – § **59**, 40
  change § **59**, 144
  death of the – **Einl**, 425
  identity of the – § **59**, 77
  request of the – § **59**, 80, 178
  several – § **59**, 138
  straw man as – § **59**, 63
Opposition
  admissibility of – § **59**, 51
  conclusiveness of – § **59**, 90
  dealing with the invention § **59**, 88
  definition of – § **59**, 32
  evidence and – § **59**, 91
  exception to right to oppose § **59**, 52
  good faith and – § **59**, 59
  identity of opponent § **59**, 77
  inadmissible extension and – § **59**, 131
  insufficient disclosure § **59**, 124
  interest in revocation § **59**, 54
  language of – § **59**, 35
  no – by patentee § **59**, 56
  no-challenge agreement § **59**, 59
  oral description and – § **59**, 106
  prior use and – § **59**, 109
  public availability and – § **59**, 96
  reasoned statement § **59**, 83
  representative as opponent § **59**, 58
  request of the opponent § **59**, 80
  right to oppose § **59**, 52
  state of the art § **59**, 94
  straw man and – § **59**, 63
  substantiation § **59**, 84
  technical relevance § **59**, 95
  time limit for – § **59**, 70
  transfer of an – § **59**, 145
  withdrawal of – § **59**, 239, 240
  written descriptions and – § **59**, 97
Opposition procedure
  admissibility of opposition
    - as essential procedural prerequi-
      site § **59**, 150
    citations of an inadmissible opposi-
      tion § **59**, 158
    decision on – § **59**, 151; § **61**, 20
    examination of – § **59**, 150
    interlocutory decision on –
      § **59**, 154
  amendment of the patent during –
    § **59**, 199
  appeal
    maintenance of the patent § **61**, 40,
      41
    opposition (in)admissible § **61**, 43,
      45
    revocation § **61**, 42
  approval of patentee to examine new
    grounds § **59**, 198
  burden of proof § **59**, 209
  communications in – § **59**, 222
  continuation of opp proc § **61**, 32
  costs
    apportionment of – § **62**, 5

Sachregister

§ oder Artikel jeweils halbfett, danach Randnummer

enforcement § 62, 33
  fixing of – § 62, 25
  oral proceedings § 62, 12
  order § 62, 19
  reasons of equity § 62, 15
  taking of evidence § 62, 13
equal treatment of parties § 59, 216
evidence, indication of – § 59, 91
ex officio examination § 59, 202
  appropriate exercise of discretion
    § 59, 207
  in 1st instance § 59, 203
  in 2nd instance § 59, 204
  scope of – § 59, 205
examination in –
  admissibility of opposition
    § 59, 150
  and grounds for opposition
    § 59, 182
  and request of opponent § 59, 178
  and request of the patentee
    § 59, 166
  ex officio – § 59, 30, 202
  extent of power to examine
    § 59, 30
  legal and factual framework
    § 59, 164
  points to be prejudged § 59, 185
  substantive – § 59, 159
exception to right to oppose § 59, 52
ground for opposition
  binding effect 1st instance § 59, 191
  binding effect 2nd instance
    § 59, 196
  definition of – § 59, 183
  fresh – § 59, 197
  points to be prejudged § 59, 185
interlocutory decision § 59, 154
intervention § 59, 246
late submission § 59, 213
legal character of – § 59, 28
legal status of the parties § 59, 29
maintenance in amended form
  § 61, 15
opponent § 59, 137
  as party § 59, 137

change of – § 59, 144
  several – § 59, 138
opportunity to file observations
  § 59, 218
opposition fee § 59, 41
  reduction of – § 59, 50
parties to – § 59, 135
patentee
  approval of – to examine new
    grounds § 59, 198
  as party to – § 59, 136
points to be prejudged § 59, 185
reasoned statement of grounds
  § 59, 83
rejection of opposition § 61, 14
remittal § 59, 201
representative
  as opponent § 59, 58
  authorisation of – § 59, 40
request of opponent § 59, 178
  binding effect of – § 59, 179, 180
request of patentee § 59, 165
  amendment of the patent by –
    § 59, 166
  binding effect of – § 59, 174
revocation of the patent § 61, 12
right to be heard § 59, 214
  communications § 59, 222
  equal treatment § 59, 216
  notification of submissions
    § 59, 219
  opportunity to file observations
    § 59, 218
  scope § 59, 214
  sufficient time to submit adequate
    response § 59, 217
specification, new – § 61, 47
substantiation of grounds § 59, 84
substantive examination § 59, 159, 164
termination of – § 59, 238
third persons in – § 59, 147
withdrawal of intervention § 61, 36
withdrawal of opposition § 59, 239, 240; § 61, 27
  continuation of opp proc § 61, 32

bold type = § or Article; followed by marginal number **Index**

effect of – § 61, 28
in appeal proceedings § 61, 33
Optimierung § 4, 141
Optional features § 34, 129
Oral proceedings
  Art 116 EPC § 78, 2
  closing of the debate **Einl**, 76
  failing to appear in – **Einl**, 315;
    § 78, 27
  further – § 78, 6
  right to be heard and – **Einl**, 314
Orders for decisions of Board of Appeals
  allowable appeal **Art 111**, 19
  costs, decision on – **Art 111**, 23
  inadmissible appeal **Art 111**, 17
  non-existent appeal **Art 111**, 16
  referral to EBA **Art 111**, 24
  reimbursement of appeal fee
    Art 111, 25
  remittal **Art 111**, 20
  – to grant a patent **Art 111**, 21
  amended form **Art 111**, 22
  description to be adapted
    Art 111, 22
  restitutio in integrum **Art 111**, 26
  stay of proceedings **Art 111**, 27
  taking of evidence **Art 111**, 28
  unallowable appeal **Art 111**, 18
Ordnungs- u Zwangsmittel § 128, 11
Ordnungsmittelverfahren § 139, 396
  nach GeschGehG § 145a, 32
ordre public § 2, 18
  Biomedizin-Konvention § 2, 19
  Biotechnologie u – § 2, 14
  EMRK § 2, 19
  EU-Grundrechtecharta § 2, 19
  Menschenwürde § 2, 19
  Rechtsordnungsgrundsätze § 2, 18
  Veröffentlichung u – § 2, 24
  Verwertung u – § 2, 21, 26
  Zeitpunkt der Beurteilung § 2, 15
Organisationsgewalt
  PräsDPMA § 26, 7

P

Papierener Stand der Technik § 4, 13
Parallelentscheidungen
  -ausländischer Gerichte und des EPA
    § 14, 62
Parameter
  Neuheit u – § 3, 166
  Offenbarung u – § 34, 293
  Patentanspruch u – § 34, 139
Parameters
  claim and – § 34, 139
  disclosure and – § 34, 293
Parfum § 1, 144
Partei kraft Gesetzes Art 107, 18, 23
Parteifähigkeit Einl, 41
Parteikosten § 80, 58
Parteivernehmung Einl, 152
Partial priority § 41, 45
Particular embodiment § 34, 181
Party adversely affected Art 107, 11
Party disposition Art 106, 10; **Einl**, 11
Party's own responsibility Einl, 469
Pateivernehmung Einl, 165
Patent
  als absolutes Recht § 139, 201
  als Anerkennung § 1, 9
  als Ansporn § 1, 9
  als Belohnung § 1, 9
  Auslegung **Einl**, 122; § 14, 13
  Benutzung des –
    mittelbare – § 10, 1
    unmittelbare – § 9, 47
  Dauer des – § 16, 3
  Eingriff § 139, 201
  Erlöschen des – § 20, 5
  Erschöpfung des – § 9, 14
  Immaterialgüterrecht § 6, 12
  Schutzbereich des – § 14, 9
  Schutzdauer des – § 16, 3
  Vermögensrecht § 6, 12
  Voraussetzungen für Erteilung § 1, 10
Patent applicant § 34, 9
  capable of participating in proceedings § 34, 14
  common representative § 34, 19
  name of – § 34, 68

Sachregister

§ oder Artikel jeweils halbfett, danach Randnummer

Patent application § 34, 20
  abandonment § 34, 449
  amendment of – § 38, 6
  claims § 34, 77
  description § 34, 204
  disclosure § 34, 288
  divisional application § 39, 74
  drawings § 34, 217, 299
  fee for – § 34, 287
  filing date § 35, 10
  filing receipt § 34, 66
  language of –
    before EPO § 35a, 4
  legal character § 34, 20
  request for grant § 34, 70
    amendment of – § 34, 74
  requirements of – § 34, 26; § 35, 16
  signature § 35, 24
  unity § 34, 225
  withdrawal of – § 34, 454
Patent categories § 1, 181
  apparatus § 1, 201
  change of – § 1, 191
  choice of – § 1, 185
  connections § 1, 203
  conversion of – § 1, 192
  inventive step and – § 4, 120
  kinds of product patents § 4, 81
  of claims § 1, 181; § 34, 201
  physical entity § 1, 197
  process of manufacture § 1, 252
  process of working § 1, 255
  products § 1, 197
  several – § 1, 186
  use patents § 1, 256
Patent claims § 34, 77
  - drafting § 34, 101
  abandonment § 20, 16; § 34, 431
  amendment of – § 34, 189
  broad claims § 34, 141
  categories of – § 1, 181; § 34, 201
  characterising portion of – § 34, 96
  clear – § 34, 111
  clear features § 34, 122
  complexity of – § 34, 114
  conciseness of – § 34, 111

definition of features in – § 34, 103
dependent – § 34, 171
disclaimer § 34, 146
disclosure and – § 34, 288
essential features § 34, 119
examination of – § 34, 98
extent of protection of – § 14, 11
features of two categories § 34, 135
fee for – § 34, 188
filing date and – § 35, 31
for medicaments – § 1, 233
functional features § 34, 125
independent – § 34, 161
main claim § 34, 159
means-plus-function – § 34, 127
number of – § 34, 187
optional features § 34, 129
parameters in – § 34, 139
preamble § 34, 85
product-by-apparatus – § 34, 104
product-by-process – § 34, 149
refences to
  citations § 34, 133
  description § 34, 131
  documents § 34, 417
  drawings § 34, 131
  prior applications § 34, 133
  standards § 34, 133
reference signs § 34, 134
reference to other – § 34, 173
significance of – § 34, 78
step-plus-function – § 34, 125
supported by the description
  § 34, 106
technical features § 34, 115
terms of art § 34, 116
trade marks § 34, 138
unspecified features § 34, 136
wording of – § 34, 81
  one part – § 34, 83
  two part – § 34, 84
»patent developed« § 146, 8
Patent Office, German – § 26, 3
»Patent protected« § 146, 19
Patent- und Markenamt
  Abteilungen 1.1 und 1.2 § 26, 7

bold type = § *or Article; followed by marginal number*

Index

Abteilungsgruppen § **26**, 7; § **27**, 11
Dienststelle Jena § **26**, 11, 14
Dienstvorgesetzter § **26**, 21
E-Mail § **26**, 13
Geldstelle § **26**, 13
H 1 § **26**, 7
H 2 § **26**, 8
H 3 § **26**, 9
H 4 § **26**, 10
Hauptabteilung § **27**, 8
Hilfsmitglieder § **26**, 34
IDZ Informations- und Dienstleistungszentrum Berlin § **26**, 12, 15
Kontakte zu – § **26**, 13
Mitglieder § **26**, 17
 Nicht- § **26**, 35
 Rechtskundige § **26**, 30
 Technische – § **26**, 31
Organe des – § **27**, 4
Organisation § **26**, 6
Organisationsgewalt § **26**, 19
Patentabteilungen § **27**, 11
Präsident/Präsidentin § **26**, 18
Prüfungsstellen § **27**, 7
Recherchesaal § **26**, 13
Rechts- u Verfahrensstandsauskünfte § **26**, 13
Rechtskundige Mitglieder § **26**, 30
Rechtsstellung § **26**, 3
Referate 1.1.1, 1.1.2, 1.1.3 § **26**, 7
Technische Mitglieder § **26**, 31
Weisungsrecht § **26**, 22
Patentabteilung
 Anhörung nur durch – § **27**, 21
 Beauftragtes Mitglied § **27**, 21
 Beschlussfähigkeit § **27**, 16
 Besetzung § **27**, 15
 Elektronische Signierung § **27**, 19
 Geschäftskreis § **27**, 13
 Rechtskundiges Mitglied § **27**, 17
 Umlaufverfahren § **27**, 19
 Vorsitzender § **27**, 19
 Zuständigkeit § **27**, 13
Patent-Ambush § **24**, 132
»**Patentamtlich geschützt**« § **146**, 5, 19

Patentanmelder § **34**, 9
 Änderung des – § **30**, 22
 Berichtigung der Bezeichnung § **34**, 13
 Erbe des – § **30**, 51
 Hinterleger u – § **34**, 506
 Insolvenz des – **Einl**, 425; § **34**, 15
 mehrere –
  vor DPMA § **34**, 16
  vor EPA § **34**, 19
 Name des – § **34**, 68
 Nichtberechtigter – § **8**, 18; IntPatÜG, 37 (Anhang 1)
 prozessfähiger – § **34**, 14
 Tod des – **Einl**, 425; § **34**, 15
Patentanmeldung § **34**, 20
 Änderung der – § **38**, 6
 Anfechtung der Rücknahme einer – **Einl**, 93; § **34**, 468
 Anmeldegebühr § **34**, 280
 Anmeldetag § **35**, 10
 Ausführbarkeit § **34**, 332
 Ausscheidung § **34**, 249
 Beschreibung § **34**, 204
 Computerviren § **34**, 55
 Datenträger für – § **34**, 44
 Doppelanmeldungen § **34**, 25
 Doppelnatur **Einl**, 92; § **34**, 20
 Einheitlichkeit § **34**, 225
 Einreichung der – § **34**, 30
 elektronische Form § **34**, 38
 email § **34**, 43
 Empfangsbescheinigung § **34**, 66
 Erfordernisse der – § **34**, 26
  vor DPMA § **35**, 17
  vor EPA § **35**, 17
 Erteilungsantrag § **34**, 70
  Änderung des- § **34**, 74
 Erweiterung der – § **38**, 10
 Form der – § **34**, 30; § **35**, 16, 21
 Formate für – § **34**, 48
 Modelle § **34**, 224
 nicht existente § **49**, 20
 Offenbarung § **34**, 288
 Ort der Einreichung § **34**, 57
 Patentanspruch § **34**, 77

Schulte

Sachregister

§ oder Artikel jeweils halbfett, danach Randnummer

Patentinformationszentrum § 34, 59
Proben § 34, 224
Rechtsnatur § 34, 20
Rechtsschutzbedürfnis § 34, 23
Rücknahme der – § 34, 454
Schriftform § 34, 36
Signatur, qualifizierte § 34, 46
Sprache der –
   vor DPMA § 34, 31; § 35, 30;
   § 35a, 9
Teilung einer –
   vor DPMA § 39, 4
   vor EPA § 39, 74
Übersetzung der – § 35a, 11
Umschreibung § 30, 43
Unterschrift § 35, 24
Unzulässige Erweiterung § 38, 10
Verzicht auf – § 34, 431
Zeichnungen § 34, 217, 299
Zurückweisung der – § 48, 3
Patentanspruch § 34, 77
  Abstrahierung § 34, 79
  Änderung des – § 34, 189
  Anmeldetag u – § 35, 31
  Bedeutung § 34, 78
  beziehungsweise im – § 34, 137
  Bezugnahmen auf
    ältere Anmeldung § 34, 133
    Beschreibung § 34, 131
    Dokumente § 34, 417
    Entgegenhaltungen § 34, 133
    Modell § 34, 133
    Normen § 34, 133
    Prüfmethoden § 34, 133
    Standards § 34, 133
    Zeichnungen § 34, 131
  Bezugszeichen § 34, 134
  Breite des – § 34, 141
  bzw im – § 34, 137
  Definition, Wahl § 34, 103
  Detailangaben § 34, 120
  Deutlichkeit § 34, 111
  disclaimer § 34, 146
  Fachbegriff § 34, 116
    üblicher – § 34, 116
    ungebräuchlicher – § 34, 116

fakultative Merkmale § 34, 129
Falschbezeichnungen (Korrektur)
   § 14, 13
Form des – § 34, 81
  einteilige Fassung § 34, 83
  zweiteilige Fassung § 34, 84
Formeln im – § 34, 117
Formulierung § 34, 101
funktionelle Merkmale § 34, 125
für Arzneimittel – § 1, 233
Gebühr für – § 34, 188
gleiche Begriffe § 14, 23
Hauptanspruch § 34, 159
kategoriefremde Merkmale § 34, 135
Kategorien § 34, 201
Kennzeichnungsteil § 34, 96
klare Merkmale § 34, 122
Klarheit § 34, 111
Knappheit § 34, 111
Komplexität eines – § 34, 114
Konstruktionsanweisungen § 34, 120
Marken § 34, 138
means-plus-function – § 34, 127
Nebenanspruch § 34, 161
nichttechnische Angaben im –
   § 34, 118
Oberbegriff § 34, 85
Offenbarung u – § 34, 288
Parameter im – § 34, 139
product-by-apparatus – § 34, 103
product-by-process – § 34, 149
Prüfung des – § 34, 98
Rückbeziehung § 34, 173
Schutzbereich des – § 14, 11
step-plus-function – § 34, 125
Stützung durch die Beschreibung
   § 34, 106
technische Merkmale § 34, 115
Überbestimmungen § 34, 121
unbestimmte Angaben § 34, 136
Unteranspruch § 34, 171
Verzicht auf – § 20, 16; § 34, 431
wesentliche Merkmale § 34, 119
Zahl der – § 34, 187

Patentanwalt
  Allgemeiner Vertreter § 46 PatAnwO
  Einl, 488
  als Einsprechender § **59**, 58
  Ausländischer § **25**, 17
  Beglaubigung der Übersetzung
    durch PA § **35a**, 12
  Beiordnung § **133**, 4
  Berufsausübungsgesellschaft § **97**, 18
  EU-Ausländer § **143**, 29
  Europäischer – § **97**, 17
  im Berufungsverfahren § **113**, 3
  Kosten des –
    bei Doppelvertretung § **80**, 39
    bei Streitwertherabsetzung
      § **144**, 22
    im Beschwerdeverfahren § **80**, 35
  Mitwirkung des –
    im Rechtsbeschwerdeverfahren
      § **109**, 18
    im Verletzungsverfahren § **143**, 27
  Tätigkeit
    -in eigener Sache § **143**, 29
  Vertretung vor BPatG § **97**, 12
  Vollmacht, Prüfung **Einl**, 501;
    § **97**, 45
Patentanwaltsbewerber
  Vertretung vor BPatG § **97**, 16
Patentassessor
  Inlandsvertreter § **25**, 17
  Vertretung vor BPatG § **97**, 15
Patentberühmung § **146**, 5
  Auskunftsanspruch § **146**, 5
  Hinweis auf
    auf ausländische Patente § **146**, 23
    auf dt Patente § **146**, 18
    offengelegte Anmeldungen
      § **146**, 22
  Patentvermerk § **146**, 5
  Werbung mit Patentschutz § **146**, 16
Patentblatt § **32**, 22
  Elektronisch § **32**, 22
  Inhalt § **32**, 22
Patentdauer § **16**, 3
Patentdokumente
  des DPMA § **32**, 4

»Patented« § **146**, 18
Patenterschleichung § **9**, 112
Patenterteilung
  Bindung des Verletzungsrichters
    § **1**, 52; § **14**, 95
  für inexistente Teilanmeldung § **39**, 70
  für nicht existente Anmeldung
    § **49**, 20
  für nicht mehr anhängige Anmeldung
    § **49**, 18; § **58**, 21
  Veröffentlichung der – § **58**, 3
  vor DPMA § **49**, 3
Patenterteilungsbeschluss
  Aussetzung des – § **49**, 37
  Begründung § **49**, 14
  Berichtigung des – § **49**, 21
  Beschwerde gegen – § **49**, 32; § **73**, 97
  Bindung an – § **49**, 16
  durch BPatG § **49**, 10
  durch Prüfer § **49**, 10
  Inhalt § **49**, 12
  mangelhafter § **49**, 17
  maßgebend für Fassung:
    des deut Patents § **81**, 138
  nichtiger – § **49**, 20
  Widerruf des – § **49**, 17
  Wirksamwerden § **49**, 23
  Wirkung § **49**, 22
  Zäsurwirkung § **49**, 24
Patenthinterhalt § **24**, 132
»Patentiert« § **146**, 18
  Patentierungsgebot § **1**, 10
Patentinformationszentrum
  Einreichung der Anmeldung § **34**, 59;
    § **35**, 26
  Entrichtung von Kosten **Pat-KostZV**, 5 (Anhang 17)
  Nachreichungen § **34**, 60
  Verfahrenserklärungen § **34**, 61
  Zahlungen § **34**, 61
Patentinhaber
  als Anspruchsberechtigter § **139**, 6
  Prozessführungsbefugnis § **139**, 35
Patentkategorie § **1**, 181
  Änderung der – § **1**, 191
  Anordnungspatente § **1**, 203

Sachregister

§ oder Artikel jeweils halbfett, danach Randnummer

Arbeitsverfahren § 1, 255
Arten § 1, 184
Bedeutung § 1, 182
Beschränkung der – § 1, 191
erfinderische Tätigkeit u – § 4, 120
Erzeugnisse § 1, 197
Herstellungsverfahren § 1, 252
Kategoriewechsel § 1, 191
mehrere – § 1, 185
Merkmale fremder – § 1, 189; § 34, 135
Mittelpatent § 1, 205
Sachpatente § 1, 200
Schaltungspatente § 1, 203
Schutzbereich § 1, 183, 194; § 14, 98
Stoffpatente § 1, 204
Umdeutung der – § 1, 192
Verfahrenspatente § 1, 250
Verwendungspatent § 1, 256
Vorrichtungen § 1, 201
Wahl der – § 1, 185
»Patentrechtlich geschützt« § 146, 5, 19
Patentschrift
Änderung der – § 61, 47; § 64, 34
Angabe entgegengehaltener Druckschriften § 32, 20
elektronische Patentschrift § 32, 17; § 58, 11
Gestaltung § 58, 13
Herausgabe
durch DPMA § 32, 17; § 58, 11
nach Teilvernichtung § 84, 15
Übersetzung
europ – § 81, 87; § 139, 46
Verstoß gegen gute Sitten und öffentliche Ordnung § 32, 11
Patentstreitkammer § 143, 22
Patentstreitsache
andere gewerbliche Schutzrechte § 143, 11
Begriff § 143, 7
Beispiele § 143, 8
Einwendungen des Beklagten § 143, 8
ergänzender wettbewerblicher Leistungsschutz § 143, 11

Hilfsantrag, -vorbringen § 143, 8, 11
Kartellsachen § 143, 19
Parteivereinbarungen § 143, 14
Patentanwalt § 143, 27
Auslagen § 143, 42
Gebühren § 143, 27
Kosten § 143, 40
Mitwirkung des – § 143, 35
Patentstreitkammern § 143, 22
Rechtsanwalt § 143, 23
nicht zugelassener – § 143, 28
vor Kammer § 143, 24
vor OLG § 143, 26
Vertrag § 143, 7
Widerklage § 143, 11, 12
Zuständigkeit, sachliche § 143, 14
Patentverletzung
Anspruch auf Rückruf und Entfernung § 140a, 6
Anspruch auf Vorlage von Bank-, Finanz- und Handelsunterlagen § 140d, 4
Ansprüche aus §§ 823, 1004 BGB § 139, 199, 200
Anspruchsberechtigter § 139, 5
ausschließlicher Lizenznehmer § 139, 10
einfacher Lizenznehmer § 139, 11
Nießbraucher als – § 139, 12
Patentinhaber § 139, 6
Pfandgläubiger als – § 139, 12
Anspruchsverpflichteter § 139, 19
mehrere Verletzer § 139, 33
Anstiftung § 139, 20
Anton-Piller-Order § 140c, 96
Antrag, Klage- § 139, 287
Aufgabe im -sverfahren § 1, 52
Auskunftsanspruch § 139, 163; § 140b, 4
Klageantrag § 139, 295, 296
Zwangsvollstreckung § 139, 423
ausländisches Patent § 139, 43
Aussetzung § 139, 279, 305
Begleitschäden § 139, 107, 116
entgangener Gewinn § 139, 118
grobe Fahrlässigkeit § 139, 95

bold type = § or Article; followed by marginal number **Index**

leichte Fahrlässigkeit § 139, 96
Lizenzanalogie § 139, 126
Prüfpflicht § 139, 98
Rechtswidrigkeit § 139, 50
Schaden § 139, 106
Sorgfaltsanforderung § 139, 97
Verschulden § 139, 92
Vorsatz § 139, 93
Beihilfe § 139, 20
Benutzung der Erfindung § 139, 39
Berechtigungsanfrage § 139, 211
Bereicherungsanspruch § 139, 189
Berufung § 139, 372
Beseitigungsanspruch § 139, 205
Beweiserleichterung nach § 139(3) § 139, 319
Beweisfragen § 139, 316
Bindung an Patenterteilung § 1, 52; § 14, 95
  des Beklagten § 139, 318
  des Klägers § 139, 317
  durch Anti-Suit Injunctions § 139, 200
  durch Vertriebshandlungen im Ausland § 139, 86
Eidesstattliche Versicherung § 139, 183
Einstweilige Verfügung § 139, 432
Entfernungsanspruch § 140a, 27
Erfüllung § 139, 179
Erlöschen des Patents u § 139, 45
EuGVÜ § 139, 267
EuGVVO 44/2001 § 139, 267
Fahrlässigkeit § 139, 95
Feststellungsklagen § 139, 253
  negative – § 139, 257
  positive – § 139, 253
  Torpedo § 139, 278
gewerbliches Ausmaß § 140d, 7
Haftung
  bei mehreren Geschäftsführer § 139, 32
  bei mehreren gesetzlichen Vertretern § 139, 32
  des Geschäftsführers § 139, 30

  des gesetzlichen Vertreters § 139, 30
  für fremdes Handeln § 139, 29
Klageanträge § 139, 287
Klageerhebung unberechtigt § 139, 249
mehrerer Verletzer § 139, 33
Kosten § 139, 344
  Dolmetscher § 139, 351
  einer Abmahnung § 139, 221
  Hausanwalt § 139, 350
  Privatgutachten § 139, 352
  Reisekosten § 139, 350
  sofortiges Anerkenntnis § 139, 345
  Testkauf § 139, 353
  überörtliche Sozietät § 139, 350
  Verkehrsanwalt § 139, 349
LugÜ § 139, 267
mehrerer Verletzer
  Gesamtschuldner § 139, 158
  Verletzerkette § 139, 159
Mehrheit von Anspruchsberechtigten § 139, 13
Mittäter § 139, 20
Nebentäter § 139, 21
Prozessführungsbefugnis § 139, 34
Prozesskostensicherheit § 139, 297
Prüfpflichten § 139, 22
Rechnungslegung § 139, 163
  Ergänzung der – § 139, 180
  Unrichtige § 139, 182
  Unvollständige § 139, 182
Rechtswidrigkeit § 139, 50
Revision § 139, 383
Rückrufanspruch § 139, 87; § 140a, 27
  Klageantrag § 139, 295
Sachverständiger § 139, 328
Schadensersatz
  entgangener Gewinn § 139, 118
  Lizenzanalogie § 139, 126
Schadensersatzanspruch § 139, 90
  Klageantrag § 139, 295, 296
Schutzrechtshinweis § 139, 211
Schutzschrift § 139, 472
Störer § 139, 23
Streitgegenstand § 139, 287

Sachregister

§ oder Artikel jeweils halbfett, danach Randnummer

Streitwert § 139, 336
Täter § 139, 20
Teilnehmer § 139, 20
Torpedo § 139, 278
Unterlassungsanspruch § 139, 53
  Aufbrauchfrist § 139, 82
  bei Vertriebshandlungen im Ausland § 139, 86
  Beweislast § 139, 89
  Erstbegehungsgefahr § 139, 72
  Klageantrag § 139, 295, 296
  notarielle Unterlassungserklärung § 139, 71
  Pflicht zu positivem Tun § 139, 87
  Rechtsfolgen § 139, 85
  Rechtswidrigkeit § 139, 53
  Rückruf § 139, 87
  Unterlassungserklärung § 139, 57
  Vertragsstrafeversprechen § 139, 70
  Wiederholungsgefahr § 139, 54
  Zwangsvollstreckung § 139, 396
Unterlassungstitel § 139, 406
Verletzer
  Haftung für fremdes Handeln § 139, 29
Verletzerzuschlag § 139, 127
Verletzungsverfahren
  Klagearten § 139, 251
Vernichtungsanspruch § 140a, 7
  Klageantrag § 139, 295
Verschulden § 139, 92
Verursachungsbeitrag § 139, 22
Verwarnung § 139, 208
  unberechtigte – § 139, 231
Vorläufige Vollstreckbarkeit § 139, 357
Vorsatz § 139, 93
Wirtschaftsprüfervorbehalt § 139, 177
Zuständigkeit § 139, 262
  internationale – § 139, 265
  örtliche – § 139, 263
  sachliche – § 143, 14
  Zwangsvollstreckung § 139, 396, 423
Patentvermerk § 146, 5
Patentverordnung § 34, 27

Patentverwaltung
  Referate 1.1.1 und 1.1.2 § 27, 12
»**Patpend.**« § 146, 19
PaTrAS
  Datei-Überprüfungstool § 34, 40, 50
PatV PatV (Anhang 11)
PC-Fax Einl, 385
PCT Patent Cooperation Treaty
  Anmeldegebühr für int Anmeldung § 34, 283; IntPatÜG, 88 (Anhang 1)
  Art 17(3) § 34, 272
  Art 8 § 41, 11
  Beschwerde in PCT-Verfahren § 73, 43
  DPMA
    als Anmeldeamt IntPatÜG, 88 (Anhang 1)
    als ausgewähltes Amt IntPatÜG, 105 (Anhang 1)
    als Bestimmungsamt IntPatÜG, 95 (Anhang 1)
  PCT-Anmeldung Art 106, 25; § 3, 73; § 34, 65
  Regel 13 PCT § 34, 226
  Regel 17(3) PCT § 34, 272
  Veröffentlichung der int Anmeldung IntPatÜG, 109 (Anhang 1)
PCT-Verfahren
  Teilnahme § 25, 10
  VKH § 130, 18
Perpetuatio fori Einl, 349
Perpetuum mobile § 1, 33
Person skilled in the art § 4, 49, 50, 51
  appropriate – § 4, 52; § 34, 333
  common general knowledge § 4, 46; § 34, 339
  curiosity and – § 4, 65
  disclosure and § 34, 314
  experiments of – § 34, 410
  inventive step and – § 4, 43
  knowledge of – § 4, 46
  literature and – § 34, 339
  neighbouring field § 4, 56
  remote field § 4, 58
  specialist, consulting of § 4, 54

bold type = § or Article; followed by marginal number **Index**

team § 4, 55, 89
Personen mit Befähigung zum Richteramt
Vertretungsbefugnis § 97, 29
Pfandgläubiger
als Anspruchsberechtigter § 139, 12
Wiedereinsetzung § 123, 42
Pfändung
Anspruch auf Erteilung § 6, 29
Eintragung im Register § 30, 13
Lizenzbereitschaft § 23, 16
Recht an der Erfindung u – § 6, 29
Recht aus dem Patent u – § 6, 29
-spfandgläubiger § 6, 29; § 139, 12
Vorbenutzungsrecht u – § 12, 26
Pflanzen § 2a, 25
Früchte § 2a, 25
Genom von Pflanzen § 2a, 25
Pflanzengruppen § 2a, 25
pflanzliches Vermehrungsmaterial § 9c, 6
privilegierte Pflanzenarten § 9c, 16
synthetische Sorten § 9c, 15
Teile von – § 2a, 25
Zellen § 2a, 25
Züchtungsverfahren § 2a, 32
Pflanzenschutzmittel
ergänzender Schutz § 16a, 6
PSM-VO § 16a, 149
Pflanzensorten § 2a, 14
Begriff § 2a, 17
Doppelschutzverbot § 2a, 15
Sorten- u Patentschutz § 2a, 16
synthetische Sorten § 9c, 15
Pflanzenzüchter
Kooperationsabkommen mit Bauernverband § 9c, 18
Pflanzenzüchtung § 2a, 33
im Wesentlichen biologisch § 2a, 35
Kreuzung § 2a, 36
Selektion § 2a, 36
Unmittelbares Erzeugnis § 2a, 42
Phantasiebegriff
Auslegung der Patentschrift u – § 14, 36
Schutzbereich u – § 14, 36

Ungeeignete Bezeichnung § 34, 32, 72
Pharmazeutische Erfindung § 1, 172
Pharmazeutische Erzeugnisse
(EG) Nr 816/2006 § 24, 39
Zwangslizenz für – § 24, 39
Piller, Anton -order § 140c, 96
Pläne iSd § 1(2) Nr 3 § 1, 90
Plant varieties § 2a, 14
Plasmid § 34, 377, 379
Plattdeutsch § 126, 7
Positives Benutzungsrecht § 9, 5, 43
Abhängigkeit § 9, 8
Beginn § 9, 11
Gesetzlicher Rahmen § 9, 43
Rechtfertigungsgrund § 9, 9
Umfang § 9, 6
Positives Tätigwerden
Des Schuldners § 140c, 63
Post
Einschreiben § 127, 56
Einwurf- § 127, 29
mit Rückschein § 127, 23, 119
Übergabe § 127, 23
Postlaufzeiten § 123, 136
Überwachung des Eingangs § 123, 137
Verlust eines Briefes § 123, 137
Verspäteter Zugang Regel 84a EPÜ § 127, 12
Wiedereinsetzung u – § 123, 135
Zustellung durch die –
§ 1068 ZPO § 127, 96
§ 3 VwZG § 127, 47
Regel 126 EPÜ § 127, 6
Zustellungsauftrag § 176 ZPO § 127, 122
Postabfertigungsstelle
Abgabe an interne – **Einl**, 77
Post-dating § 41, 21
Postgebühren § 80, 78
Poststelle
Abgabe an interne – **Einl**, 77
Virtuelle – (VPS) § 34, 53, 67
Postulationsfähigkeit Einl, 52
Postzustellungsurkunde § 127, 47

Schulte 2859

Sachregister

§ oder Artikel jeweils halbfett, danach Randnummer

Power-Point-Präsentation § 46, 19;
  § 90, 5
Practical teaching § 1, 28
Practice of the Office and legitimate
  expectation Einl, 459
Präsident des DPMA § 26, 18
  Beitritt § 77, 7
  Dienstvorgesetzter § 26, 21
  Eintragung in Register § 30, 11
  Kein Weisungsrecht im Einzelfall
    § 26, 27
  Mitwirkung vor BPatG § 76, 6
  Präsidialverfügung § 26, 29
  Rechtsbeschwerdeverfahren § 105, 6
  Signaturkarte Weisungsrecht § 26, 29
  Weisungsrecht § 26, 22
Präsident, Präsidentin des DPMA
  Organisationsgewalt § 26, 19
Präsidialrat § 65, 14
Präsidium § 68, 4, 11
Preamble § 34, 85
Pregnancy § 2a, 76
Preise, Auskunft u § 140b, 36
Prejudice § 4, 163
Presentation of information § 1, 138
Prima facie
  - evidence Einl, 162
  - relevant § 59, 192
  dependent claims in opposition pro-
    ceedings § 59, 81
  examination of other opposition
    grounds § 59, 192
  inspection of files § 99, 18
prima facie evidence
  furnishing Einl, 199
Prior patent application
  inventive step and – § 4, 17
Prior use
  ground for opposition and – § 59, 109
  right based on – § 12, 5
Priorität
  1. Anmeldung § 41, 17
  16-Monatsfrist § 41, 66
  Abschrift der Voranmeldung § 41, 71
  Aktenzeichen § 41, 64
  Dieselbe Erfindung § 41, 32

Disclaimer für – § 41, 41
Entnahme- § 7, 9
EPÜ Art 87–89 § 41, 4
EPÜ Art 89 § 41, 2, 54
Frist § 41, 47
Hinterlegung § 41, 14
Hinweis auf Mängel § 41, 86
Inanspruchnahme § 7, 18; § 40, 19;
  § 41, 61
mehrfache – § 41, 63
innere – § 40, 5
Mehrfach – § 41, 44
Neuheitsprüfung § 41, 34
Offenbarung § 41, 29
Prioritätsintervall § 41, 92
Prüfung der – § 41, 88
Rechtsnachfolger § 41, 28
Richtigstellung § 41, 78, 84
Teilpriorität § 41, 45
Übertragbarkeit § 41, 28
Verbrauch einer § 41, 63
Verlust der – § 41, 77
Vertragsstaat § 41, 24
Verwirkung der – § 41, 77
Vorabentscheidung § 41, 88
Weiterentwicklungen § 41, 37
Wiedereinsetzung § 41, 86
Wirkung § 41, 51
Zeit u Land § 41, 61
Zurücknahme der – § 41, 70
Prioritätsdisclaimer § 21, 75; § 41, 41
Prioritätserklärung
  für innere Priorität § 40, 19
  für Unionspriorität § 41, 61
Prioritätsintervall
  Dokumente aus dem – § 59, 103
  Prüfung der Priorität § 41, 88
Prioritätsverzicht § 41, 41
Priority
  Art 87–89 EPC § 41, 2, 4
  Art 89 EPC § 41, 54
  autodesignation § 41, 23
  copy of the previous application
    § 41, 71
  correction § 41, 79, 84
  declaration of – § 41, 61

disclosure in the previous filing
  § 41, 29
duly filed application § 41, 14
effect of § 41, 51
examination of – § 41, 91
first application § 41, 17
interlocutory decision § 41, 88
loss of – § 41, 77
multiple – § 41, 42
partial – § 41, 45
period of 12 months § 41, 47
personal identity § 41, 27
same invention § 41, 32
Privater Bereich § 10, 10, 15; § 11, 7
Privatgutachten
  im Beschwerdeverfahren § 80, 79
  im Verletzungsverfahren § 139, 352
  u rechtl Gehör Einl, 304
Privatklage § 142, 15
Probabilities
  balance of – Einl, 156
Proben
  Abgabe von – zur Offenbarung
    § 34, 510
  Akteneinsicht in -stücke § 31, 13
  Anmeldung u – § 34, 224
  Beweis durch – § 34, 224
  Biomaterial-HinterlegungsV § 34, 531
  Blut- § 1a, 17
  Budapester Vertrag § 34, 522
  Erneute Hinterlegung von – § 34, 2,
    520
  Expertenlösung § 34, 515
  EPÜ Regel 32 § 34, 2
  Färbeprobe § 34, 224
  Gewebe- § 1a, 17
  Herausgabe von – § 34, 497, 510, 531
  Hinterlegung einer – § 34, 478
    Biomaterial-HinterlegungsV
      § 34, 531
    Budapester Vertrag § 34, 522
    EPÜ Regel 31, 33 § 34, 2
  Offenbarung u – § 34, 139, 224
  Probeweise Inbetriebnahme § 10, 6
Problem
  based on objective criteria § 1, 44

determination of – § 1, 42
formulation of – § 1, 45
further specification of – § 4, 40
inventive step and – § 4, 33
meaningless – § 1, 48
reformulation of – § 1, 51; § 4, 41
significance of – § 1, 53
solution and – § 1, 46
state of the art and – § 1, 47, 50
Problem and solution approach § 4, 27
Problem inventions § 1, 43
Procedural acts Einl, 41
capability
  of participating in proceedings
    Einl, 44
  capability to present – **Einl**, 52
  closing of the debate and – **Einl**, 76
  effective for the instance **Einl**, 64
  effectiveness of – **Einl**, 65
  in oral proceedings **Einl**, 76
  in written proceedings **Einl**, 77
  not subject to any condition **Einl**, 56
  taking into consideration **Einl**, 73
  unambiguous – **Einl**, 60
Procedural principles
  ex officio examination **Einl**, 8, 16, 18
  examination by the office of its own
    motion **Einl**, 16, 18
  party disposition **Einl**, 11
  prosecution only upon application
    Einl, 4
Process
  essential biological – § 2a, 35
  of analogy § 1, 281
  of manufacture § 1, 252
  of working § 1, 255
Produced by § 34, 157
Producible by § 34, 157
Product obtained directly by a process
  § 14, 109; § 139, 319
Product-by-apparatus claim § 34, 104
Product-by-process
  absoluter Schutz § 34, 149
  -Anspruch § 34, 149
  Erzeugnisanspruch § 34, 149

Sachregister

§ oder Artikel jeweils halbfett, danach Randnummer

Formulierung eines -Anspruchs
  § 34, 157
Kategoriewechsel § 1, 195
Patentierbarkeit § 34, 152
Schutzbereich § 14, 44
Voraussetzungen eines -Anspruchs
  § 34, 153
Products § 1, 197
Produktpiraterie § 140a, 4
  GrenzbeschlagnahmeV (EU) Nr 608/2013 § 142a, 3
Programmieren
  Technischer Charakter § 1, 123
Prohibition of arbitrariness Einl, 203
Prokurist
  Vollmacht u – Einl, 498
Proportionality, principle of –
  Einl, 454
Protection
  extent of – Art 69 EPC § 14, 9
  of legitimate expectation Einl, 462
Proteinsequenz § 1a, 22
Protests Art 106, 26
Protokoll
  zu Art 69 EPÜ § 14, 5
Prozessfähigkeit Einl, 44
  Prüfung Einl, 47
  Verlust Einl, 48
Prozessführungsbefugnis
  Ausschließlicher Lizenznehmer
    § 139, 36
  Dritter § 139, 37
  einfacher Lizenznehmer § 139, 11
  Einfacher Lizenznehmer § 139, 37
  Patentinhaber § 139, 35
  Patentverletzung § 139, 34
  Verletzer § 139, 34
Prozesshindernde Einrede § 145, 5, 23
Prozesskostensicherheit
  im Verletzungsprozess § 139, 297
Prozessunfähige Anmelder § 34, 14
Prüfer
  Anhörung § 46, 8
  Ausschließung u Ablehnung § 27, 35
  Eingangsprüfer § 27, 6
  Gesetzlicher Richter Einl, 197

Hilfsmitglieder § 26, 34
Niederschrift § 46, 48
Prüferwechsel § 45, 8; § 46, 15
Richtlinien § 26, 24
Unterschrift § 47, 7
Unterzeichnung § 47, 7
Weisungsrecht § 26, 22
Prüfer/Prüferin § 27, 7
Laufbahn § 26, 32
Prüfungsantrag
  Antrag § 44, 6
  Antragsteller § 44, 7
  aufgeschobener § 44, 5
  Fristsetzung für – § 140, 10
  Rücknahme des – § 44, 32
  Rückzahlung § 44, 25
  Sachprüfung § 44, 47
  -sfrist § 44, 12
  -sgebühr § 44, 17
  Zahlungsfrist § 44, 20
  Teilung u – § 44, 30
  Verfahren § 44, 35
  Ende des – § 44, 51
  Vertreter § 44, 10
Prüfungsbescheid § 45, 3
  Anzahl § 45, 7
  Form § 45, 5
  Fristen § 45, 20
  Fristverlängerung § 45, 28
  Inhalt § 45, 11, 14
  konkrete Beanstandung § 45, 16
  Nachfrist § 45, 27
Prüfungsstelle des DPMA § 27, 7
  Beschlüsse der – § 47, 3
  Unzuständig für – § 27, 10
  Zuständigkeit § 27, 8
Prüfungsverfahren
  Anhörung § 46, 8
  im Einspruchsverfahren § 46, 13
  im Erteilungsverfahren § 46, 12
  nicht öffentlich § 46, 18
  sachdienliche – § 46, 11
  Verkündung in – § 46, 22
  Wiederholung einer – § 46, 16
  Augenschein § 46, 45
  Auslagenvorschuss § 46, 26

Beschluss § 47, 3
Beweisbeschluss § 46, 24
eidesstattliche Versicherung § 46, 46
Ladung der Beteiligten § 46, 6
Niederschrift = Protokoll § 46, 47
telefonische Rücksprachen § 46, 44
Zeugen § 46, 23
  Beeidigung § 46, 41
  schriftliche Beantwortung § 46, 29
  Vernehmung der – § 46, 27, 36
  Zeugnisfähigkeit § 46, 32
  Zeugnisverweigerung § 46, 35
Publication contrary to ordre public
  § 2, 24
Purposive
  construction § 14, 12
  selection § 3, 120
PVÜ Anh 12
  Art 4 **Einl**, 188; § 12, 19; § 35, 11;
    § 41, 12
  Art 4A § 35, 11; § 35a, 11
  Art 4B § 41, 52
  Art 4bis § 9, 27
  Art 4C § 41, 19, 47
  Art 4D § 41, 61, 87
  Art 4F § 41, 37, 42, 45
  Art 4G **Einl**, 445; § 39, 4, 74
  Art 4H § 41, 29
  Art 4quater § 2, 20
  Art 5bis § 20, 22
  dieselbe Erfindung § 41, 33
  Konkordanz PVÜ/EPÜ § 41, 7
  Nicht-PVÜ-Staat § 41, 25
  Selbstbenennungsrecht § 41, 23
  Vertragsstaat § 41, 22

Q

Qualifizierte elektronische Signatur
  Einl, 376
  Fehlen **Einl**, 378
  Mängel **Einl**, 379
  Wiedereinsetzung **Einl**, 380
Qualifizierter Hinweis
  Delegationsbefugnis § 83, 15
  Entfall § 83, 9
  Form und Zeitpunkt § 83, 5

Inhalt § 83, 8
Verhältnis zu § 139 ZPO § 83, 10
Zweck § 83, 4
Qualzüchtung § 2, 45
Quellcode
  Herausgabe § 140c, 21
Querschnitte § 34, 217
Querulant **Einl**, 418
  im VKH-Verfahren § 130, 60
Querulous person **Einl**, 418
Qui tacet consentire videtur ubi loqui
  debuit **Einl**, 349
Quittungen
  bei Zahlungen **PatKostZV**, 18
  (Anhang 17)

R

Ratio decidendi Art 111, 30; § 79, 39
Ratio legis **Einl**, 132
Realisierbarkeit einer Erfindung
  § 1, 33
Rechenschieber § 1, 97
Recherche § 43, 7
- DPMA § 30, 7
- zum Verfahrensstand § 30, 8
-antrag § 43, 8
  Rücknahme § 43, 15
  Antragsteller § 43, 9
-bericht § 43, 34
  Struktur § 43, 35
  Frist § 43, 12
-gebühr § 43, 13
-kosten § 80, 80
  Übermittlung an EPA
  Datenschutz § 43, 45
-umfang § 43, 31
  und -Prüfungsantrag § 43, 20
-verfahren § 43, 25
Rechnungslegung § 139, 163, 425
  Anspruch auf – § 139, 164
  Beginn der – § 139, 174
  bei Vertriebshandlungen im Ausland
    § 139, 172
  Belegvorlage § 139, 176
  Beweislast § 139, 187

Sachregister

§ oder Artikel jeweils halbfett, danach Randnummer

eidesstattliche Versicherung
 § 139, 183
Ende der – § 139, 174
Erfüllung der – § 139, 179
Ergänzung der – § 139, 180
Erkundigungspflicht § 139, 180
Erlöschen § 139, 167
Inhalt § 139, 168
Lizenznehmer u – § 15, 64
Mängel der – § 139, 179
Mittelbare Verletzer u – § 10, 49
Patentfreie Gegenstände u –
 § 139, 170
Rechtsgrundlage § 139, 164
Restschadensersatzanspruch § 141, 22
Streitwert § 139, 340
Stufenklage § 139, 252
Treu u Glauben § 139, 169
Unrichtige – § 139, 182
Unvollständige – § 139, 182
Voraussetzungen § 139, 166
Wirtschaftsprüfervorbehalt § 139, 177
Zwangsvollstreckung § 139, 423

Recht
 an der Erfindung § 6, 10
 auf das Patent § 6, 12
 auf Erteilung § 6, 7
 aus dem Patent § 6, 7

Rechtliches Gehör Einl, 284, 299, 300, 301, 330
 Abwesenheit in mündl Verhandlung
  Einl, 315
 Anhörung § 48, 19
 Anwendungsbereich Einl, 288
 Art 103 (1) GG Einl, 284
 Art 113 (1) EPÜ Einl, 284
 Art 6 EMRK Einl, 284
 Äußerungsfrist Einl, 306
 bei gerichtlichen Zugangsbeschrän-
  kungen § 145a, 21
 Dauer Einl, 293
 Einspruchsverfahren § 59, 214
  Gleichbehandlung § 59, 216
  Wartefrist § 59, 218
 einstweilige Verfügung § 139, 453
 Frist, angemessene Einl, 306
 Gelegenheit zur Stellungnahme
  Einl, 306; § 48, 14
 Gutachten u – Einl, 304
 in Erwägung ziehen § 100, 44
 Information, verständliche Einl, 306
 Inhalt Einl, 297
 Kausalität Einl, 321
 Mündliche Verhandlung u – Einl, 314
 neues Vorbringen Einl, 238
 Personen Einl, 289
 Privatgutachten u – Einl, 304
 Rechtsbehelfe Einl, 325
  Beschwerde an EGMR Einl, 328
  Gegenvorstellung Einl, 329;
   § 123, 14
  Rechtsbeschwerde Einl, 326;
   § 100, 38
  Verfassungsbeschwerde Einl, 327
 richterliche Selbstkontrolle Einl, 322
 Schweigen Einl, 312
 Übersenden von Schriftstücken
  Einl, 323
 Umfang Einl, 297
 Verfahren zur Gewährung Einl, 305
 Versagung, Folgen Einl, 321
 verspätetes Vorbringen Einl, 313
 Vertreter u – Einl, 290
 vor BPatG § 93, 6
 vor Zurückweisung u – § 48, 14
 Wartezeit Einl, 323; § 59, 218
 Wiederholung des – Einl, 310
 zu beschränkter Fassung des Patents
  § 81, 110

Rechtsanwalt
 Ausländischer § 25, 17
 -ausländischer mit naturwissenschaft-
  lichem Studium § 143, 30
 Beglaubigung der Übersetzung
  durch RA § 35a, 12
 Beiordnung eines – § 136, 11
 Berufsausübungsgesellschaft § 97, 11
 BGH-Anwalt für Rechtsbeschwerde
  § 102, 12
 Europäischer – § 97, 10
 im Berufungsverfahren § 113, 3
 Inlandsvertreter § 25, 17

Kosten
  bei Doppelvertretung § 80, 39
  bei Streitwertherabsetzung
    § 144, 22
  im Beschwerdeverfahren § 80, 26
  im Rechtsbeschwerdeverfahren
    § 109, 17
Nichtigkeitsverfahren § 143, 34
Vertretung vor BPatG § 97, 7
vertretungsberechtigter – im Verletzungsverfahren § 143, 23
Vollmacht, Prüfung **Einl**, 501;
  § 97, 45
Rechtsbegriff
unbestimmter **Einl**, 421
Rechtsbeschwerde
Anschluss- § 102, 6
Einlegung der – § 102, 2
Gründe § 100, 31
  Ausgeschlossene oder abgelehnte Richter § 100, 37
  fehlende Gründe § 100, 53
  Öffentlichkeit der Verhandlung
    § 100, 51
  Versagung rechtl Gehörs § 100, 38
  Vertretungsmangel § 100, 48
  Vorschriftswidrige Besetzung
    § 100, 34
Nichtzulassung der –
  Bindung des BGH § 100, 27
  Rechtsmittel § 100, 26
Nichtzulassungsbeschwerde § 100, 26
rechtsbeschwerdefähige Entscheidung
  § 100, 4, 6
Rücknahme der – § 102, 7
Statthaftigkeit § 100, 3
Verfahrensmangel § 100, 4
Zulässigkeit § 100, 3
Zulassung der – § 100, 4, 14
  beschränkte – § 100, 21
  Bindung des BGH § 100, 27
  Wirkung der – § 100, 24
  zulassungsfreie – § 100, 28
Zulassungsgründe § 100, 14
  Einheitliche Rechtsprechung
    § 100, 19

Grundsätzliche Rechtsfrage
  § 100, 15
Rechtsbeschwerdeverfahren
Angriffs- u Verteidigungsmittel
  § 100, 60
Anwaltskosten § 109, 17
Anwaltszwang § 102, 12
aufschiebende Wirkung § 103, 2
außergerichtliche Kosten § 109, 6
Beschwer § 101, 3
Beschwerdebegründung § 102, 4
Beschwerdeberechtigung § 101, 2
Beteiligte § 105, 2
Bindung des BGH § 100, 27
  an Nichtzulassung § 100, 27
  an Zulassung § 100, 27
Bindung des BGH an
  tatsächl Feststellungen § 107, 7
Bindung des BPatG § 108, 4
Entscheidung § 107, 2
Gerichtskosten § 109, 5, 16
Gesetzesverletzung § 101, 5
  Denkgesetze § 101, 5
  Erfahrungssätze § 101, 5
  Naturgesetze § 101, 5
Kausalität § 100, 33, 45, 57, 64
Kostenentscheidung § 109, 2
Kostenfestsetzung § 109, 15
neues Vorbringen § 107, 9
Rücknahme der Anmeldung § 102, 8
Rücknahme des Einspruchs § 102, 10
Rücknahme von Anträgen § 102, 11
Würdigung des BPatG § 107, 10
ZPO-Anwendung § 106, 2
Zulässigkeitsprüfung § 104, 2
Zurückverweisung § 108, 2
Rechtsbestand
Anforderungen für Besichtigungsanspruch § 140c, 8
Herausgabe des Gutachtens
  § 140c, 76
Rechtschadensersatzanspruch
Rechnungslegung § 141, 22
Rechtsdienstleistungsgesetz (RDG)
  § 97, 1

Sachregister

§ oder Artikel jeweils halbfett, danach Randnummer

Rechtsdurchsetzung
Information über § 26a, 2
Rechtsfortbildung Einl, 135, 195, 461; § 34, 469
Rechtsgemeinschaft
Mehrere Personen Einl, 43
Rechtsgrund
Zahlung mit – PatKostG § 10, 4 (Anhang 15)
Zahlung ohne – Einl, 388; PatKostG § 10, 8 (Anhang 15)
Rechtshängigkeit § 139, 290, 294
Rechtshilfe
der Gerichte § 128, 9
für EPA § 128, 6
-unter 28 U.S.C. § 1782 § 140c, 97
zwischenstaatliche – § 128, 10
Rechtsirrtum
Wiedereinsetzung u – § 123, 141
Rechtskraft Einl, 340; § 139, 290, 294
- für Urteilsbekanntmachung § 140e, 19
ausländischer Entscheidungen Einl, 341
Beschwerde u – § 73, 88
Bindung
 - an BPatG-Entscheidungen § 79, 43
 - an EPA-Entscheidungen Art 111, 29
Durchbrechung der – Einl, 343; § 123, 9
EGVVO u – Einl, 341
EPA u – Art 111, 29; Einl, 342
formelle – Einl, 340
materielle – Einl, 340
res judicata Art 111, 29; Einl, 342
Selbstbindung
 EPA Art 111, 42
Wiederaufnahme Einl, 546
Rechtskundige Mitglieder
BPatG § 65, 9
Rechtskundiges Mitglied
DPMA § 26, 30; § 27, 17
Rechtsmissbrauch Einl, 344

Rechtsmittel
- gegen Nichtzulassung der Rechtsbeschwerde § 100, 26
Streitwertherabsetzung § 144, 19
Rechtsmittelbelehrung
bei Zustellung durch eingeschriebenen Brief § 127, 59
Beschwerdeentscheidung vor BPatG § 94, 21
BPatG-Entscheidung § 94, 21
DPMA-Beschluss § 47, 42
Fehlen einer – § 47, 45
unrichtige – § 47, 45
Rechtsmittelverzicht
Anfechtung u – Einl, 91
Beschwerde u – § 73, 87
Nebenintervention u – § 81, 25
Rechtsbeschwerde u – § 101, 3
Rechtsnachteil § 123, 53
Rechtsprechung, Änderung Einl, 460
Rechtsschutzgarantie Einl, 286, 287
Rechtsschutzinteresse Einl, 345
Abschlusserklärung u – § 139, 476
Anschlussbeschwerde § 73, 185
Anspruch gemäß § 8 § 8, 25
Anspruchskategorien u – § 1, 186; § 34, 237
Berufung u – § 110, 9
Beschränkte Verteidigung u – § 59, 168
Beschränkungsverfahren § 64, 18
Beschwerde § 73, 46, 83
Doppelanmeldungen u – § 34, 25
Einspruch u – § 59, 54
Haupt- u Hilfsantrag Einl, 211
Nichtigkeitsklage u – § 81, 7, 41, 44, 174
Patentanmeldung § 34, 23
Prioritätsinanspruchnahme § 41, 63
Rechtsbeschwerde PräsDPMA § 77, 9
Tatbestandsberichtigung § 96, 6
Teilungserklärung u – § 39, 17
Verfahrenshandlung u – Einl, 59
Vorabentscheidung über – Einl, 530; § 59, 153

bold type = § or Article; followed by marginal number **Index**

Wirkungslosigkeit des Patents gemäß
Art II § 8 IntPatÜG **§ 59**, 244
Zwangsvollstreckung
Unterlassungsurteil **§ 139**, 403
Rechtssicherheit
Auslegung
des Schutzbereichs u – **§ 14**, 17
von Verfahrenshandlungen u –
Einl, 130
Bestimmtheit einer Verfahrenserklärung u – **Einl**, 60
Formulierung von Ansprüchen u –
§ 34, 80
Protokoll zu Art 69 EPÜ **§ 14**, 5
Schriftform u – **Einl**, 352
Rechtsübergang § 15, 17
Kauf **§ 15**, 28
know how **§ 15**, 14
Leistungsstörungen **§ 15**, 24
übertragbare Rechte **§ 15**, 11
Vererbung **§ 15**, 16
Rechtsverlust § 123, 56
**Rechtsweggarantie Art 19(4) GG
§ 73**, 14
Rechtswidrigkeit
- der Benutzung der Erfindung
Auskunftsanspruch **§ 140b**, 9
Benutzung der Erfindung **§ 139**, 50
des Eingriffs in das Patentrecht
§ 139, 203
Patentverletzung **§ 139**, 50
Redlichkeit § 12, 23
Re-examination Einl, 27
Reference in a claim
to citations **§ 34**, 133
to description **§ 34**, 131
to documents **§ 34**, 417
to drawings **§ 34**, 131
to other claims **§ 34**, 173
to standards **§ 34**, 133
Reference sign
in a claim **§ 34**, 134
in drawings **§ 34**, 219
Referendar
Vertretung vor BPatG **§ 97**, 9

Referral to Enlarged Board of Appeal
admissibility of a – **Art 112**, 16
being required **Art 112**, 20
by a Board of Appeal **Art 112**, 14
by the President of the EPO
Art 112, 36
premature – **Art 112**, 21
subsidiarity of a – **Art 112**, 20
withdrawal of a – **Art 112**, 34
Reformatio in peius, Verbot der –
Anschlussbeschwerde u – **§ 73**, 182
im Beschwerdeverfahren
vor BPatG **§ 73**, 74
vor EPA **Art 107**, 26; **Art 110**, 11
Reformulation of problem § 34, 365
Regeln iSd § 1 (2) Nr 3 § 1, 90
Register
Aktenzeichenabfragen **§ 30**, 6
Änderung des – **§ 30**, 19
Nachweis der – **§ 30**, 36
ausschließliche Lizenz **§ 30**, 54
besonderes – für Geheimpatente
§ 54, 2
Eintragungen **§ 30**, 9
Erbe **§ 30**, 51
Gesamtrechtsnachfolger **§ 30**, 52
Insolvenz **§ 30**, 13
Internet-Zugang
DPMA **§ 30**, 5
Legitimationswirkung **§ 30**, 17, 46
Rechtsnachfolger u – **§ 30**, 47
Materielle Rechtslage **§ 30**, 45
Nießbrauch **§ 30**, 13
Pfändung **§ 30**, 13
Recherchen im Datenbestand **§ 30**, 7
Umschreibung **§ 30**, 30
Kosten **§ 30**, 34
Wirkung der – **§ 30**, 43
Wirkung der Eintragung **§ 30**, 15
Regulatorsequenz § 1a, 22
Reimbursement of appeal fee
before DPMA **§ 73**, 133
before EPO **Art 108**, 18
Reinheit § 3, 169
Reisekosten
der Partei **§ 80**, 83

Sachregister

§ oder Artikel jeweils halbfett, danach Randnummer

eines Anwalts § 80, 82
Sachverständiger u Zeuge § 128a, 5
Relevance test for late submission
Einl, 249
Remittal
by Board of Appeal **Art 106**, 12;
Art 111, 4
to Board of Appeal **Art 109**, 12
Remote technical field § 4, 58
Reparatur
Neuherstellung u – § 9, 57
Verfahren u – § 9, 99
Repeatability § 1, 36
Representative
association of -s Einl, 519
authorisation Einl, 513
common – § 34, 19
right to be heard and – Einl, 290
several -s Einl, 519
Reproduktion
Biolog Material u – § 1, 163
Selbst- § 1, 163
Request for grant § 34, 70
Res judicata Einl, 340
appeal decisions and – **Art 111**, 29
binding effect for Boards of Appeal
Art 111, 42
breaking of – Einl, 343; § 123, 9
EPO-decisions and – Einl, 342
resumption of proceedings and –
Einl, 546
Reservemittel § 4, 109
Respondent Art 107, 20
Restentschädigungsanspruch § 33, 23
Restitutio in integrum
assistants § 123, 82
binding effect of the grant of –
§ 123, 32
completion of the omitted act
§ 123, 41
continuation of use § 123, 175
correction of deficiencies in application for – § 123, 39
department competent to decide –
§ 123, 167

due care § 123, 72
all – § 123, 72
office organisation § 123, 95
representative and – § 123, 89
standard of – § 123, 73
effect of – § 123, 9
fee for – § 123, 99
inability to observe time limit
§ 123, 67
non-observance of a time limit
loss of right as direct consequence
of the – § 123, 56
right prejudiced in consequence of
the – § 123, 53
notice of appeal and – § 123, 168
Opponent's right § 123, 22
proportionality, principle of –
Einl, 454
removal of the cause of non-compliance § 123, 26
representative and – § 123, 77
due care of a – § 123, 89
request § 123, 16, 33
person entitled to a – § 123, 19
submission
completing – filed in due time
§ 123, 40
subsequent – of new grounds
§ 123, 37
substantiation of the facts § 123, 43
successor in title § 123, 23
time limit
evidence filed after two-month –
§ 123, 43
exclusion under Art 122(5) EPC
§ 123, 64
in the neaning of Art 122(1) EPC
§ 123, 52
One-year – § 123, 31
Rii in two-month – § 123, 30
Two-month – § 123, 24
warning of loss of rights § 123, 38
Restitutio in integrum Special cases of due care (alphabettically)
absence § 123, 104
accident § 123, 155

bold type = § or Article; followed by marginal number **Index**

assistants § **123**, 82
  proper instruction § **123**, 84
  routine tasks § **123**, 86
  suitable person § **123**, 83
  supervision of – § **123**, 85
change of jurisprudence § **123**, 108
control of receipt of mail § **123**, 137
delivery of mail § **123**, 135
  interruption in – § **123**, 138
delivery service § **123**, 133
diary system § **123**, 96
exploitation of a time limit § **123**, 121
extension of a time limit § **123**, 126
facsimile and – § **123**, 145
financial hardship § **123**, 120
illness § **123**, 131
isolated mistake § **123**, 129
large firm § **123**, 74
loss of a document § **123**, 158
misinterpretation of a provision
  § **123**, 141
mistake of Law § **123**, 141
notification and – § **123**, 160
payment of fees and – § **123**, 127
receipt of mail § **123**, 161
staff substitution § **123**, 132
transfer to a bank account § **123**, 154
vacation § **123**, 104
Restitutionsklage Einl, 546
Verstoß gegen Wahrheitspflicht
  § **124**, 13
Restschadensersatzanspruch § **141**, 22
Verjährung § **141**, 22
Resumption of proceedings Einl, 546
Retraction
of a procedural act **Einl**, 543
Revision (Verletzung)
Klagepatent, Auslegung § **139**, 394
Patentlage, Änderung der – § **139**, 393
Prüfung der – § **139**, 388, 394, 395
  Auslegung des Patents § **139**, 394
  Beschränkungen § **139**, 394
  der erfinderischen Tätigkeit
    § **139**, 394
  des Schutzbereichs § **139**, 394
  Erfahrungssätzen § **139**, 394

Verzicht § **139**, 394
von Denkgesetzen § **139**, 394
Revisibles Recht § **139**, 390
Tatfragen § **139**, 392
Tatsachen, neue § **139**, 393
Zulässigkeit § **139**, 384
Zulassungs- § **139**, 384
Zulassungsfreie – § **139**, 385
Revocation
of a patent Art 138 EPC § **22**, 3
Richter
abgeordnete – § **71**, 2
kraft Auftrags § **71**, 1
rechtskundige – § **65**, 9
Richterrat § **65**, 15
technische – § **65**, 10
Verhinderung § **68**, 14
Vertretung § **68**, 15, 16
-wechsel § **93**, 9
Richterliche Selbstkontrolle Einl, 322, 343; § **79**, 46; § **123**, 14
Richterrat § **65**, 15
Richtlinie
Dienstleistungs-RL § **140b**, 19
Durchsetzung der Rechte des geistigen Eigentums (Enforcement-RL)
  § **139**, 110, 277; § **140c**, 42, 48
Patentierbarkeit computerimplementierter Erfindungen § **1**, 109
rechtlicher Schutz von Datenbanken
  § **1**, 110
Rechtsschutz von Computerprogrammen § **1**, 110
Schutz biotechnolog. Erfindungen
  § **1**, 151; § **2**, 14; § **9a**, 2, 6; § **9c**, 25
Schutz der für wissenschaftliche Zwecke verwendeten Tiere § **2**, 46
Signatur-RL § **125a**, 12
Richtlinien DPMA § **26**, 23, 24
Einspruchs- § **59**, 22
Prüfungs- § **34**, 289; § **44**, 3; § **45**, 2
Recherche- § **43**, 5
Umschreibungs- § **30**, 21
Right to be heard Einl, 299, 300, 301
Art 103 (1) GG **Einl**, 284
Art 113 (1) EPC **Einl**, 284

Sachregister

§ oder Artikel jeweils halbfett, danach Randnummer

Art 6 EMRK **Einl**, 284
causality **Einl**, 321
comprehensible information **Einl**, 306
consequences of failure to grant –
    Einl, 321
content **Einl**, 297
expert opinion and – **Einl**, 304
failing to appear in oral proceedings
    Einl, 315
fair time limit **Einl**, 306
judicial self control **Einl**, 322
late submission and – **Einl**, 313
means of legal redress **Einl**, 325
    appeal under Art 34 ECHR
        Einl, 328
new submission and – **Einl**, 238
opportunity to present comments
    Einl, 306
opposition procedure **§ 59**, 214
oral proceedings and – **Einl**, 314
party expert opinion and – **Einl**, 304
period for submissions **Einl**, 293
period to wait for observations
    Einl, 323; **§ 59**, 218
persons having the – **Einl**, 289
procedure to grant – Gewährung
    Einl, 305
repetition of – **Einl**, 310
representative and – **Einl**, 290
silence and – **Einl**, 312
taking into consideration **§ 100**, 44
Rio-Konvention § 1, 158; **§ 34a**, 3
Roche-Bolar-Regel § 11, 18
Roman Law Einl, 349
Römisches Recht Einl, 349
Routine § 123, 86
    Erfinderische Tätigkeit u – **§ 4**, 142
Rückbeziehung
    Einheitlichkeit u – **§ 34**, 234
    im Einspruchsverfahren **§ 59**, 181
    im Nichtigkeitsverfahren **§ 81**, 105, 142
    Kennzeichnung eines Erzeugnisses durch – **§ 1**, 206
    Offenbarung durch – **§ 1**, 273
    Streichung falscher – **§ 22**, 17

Unteranspruch u – **§ 34**, 173
Rücknahme der Anmeldung § 34, 454
    Anfechtung **Einl**, 93
    Beseitigung der – **§ 34**, 468
    Erklärungsberechtigter **§ 34**, 464
    fingierte – **§ 58**, 18
    Folgen **§ 34**, 470
    im Beschwerdeverfahren **§ 34**, 471; **§ 73**, 206
    im Einspruchsverfahren **§ 59**, 243
    nach Erteilung **§ 34**, 463
    Rechtsbeschwerdeverfahren **§ 102**, 8
    Teilrücknahme **§ 34**, 456
    vor BPatG **§ 34**, 471; **§ 73**, 206
    Voraussetzungen **§ 34**, 457
    Widerruf **Einl**, 544
Rücknahme der Beschwerde
    Fortsetzung des Beschwerdeverfahrens **Art 110**, 26; **§ 73**, 203
    Kein Widerruf der Rücknahme **§ 73**, 202
    Teil- **§ 73**, 204
Rücknahme der Ni-Klage § 81, 168
Rücknahme des Einspruchs § 59, 239, 240; **§ 61**, 27
    Fortsetzung des Einspruchsverfahrens **§ 61**, 31
    im Beschwerdeverfahren **§ 61**, 33
    Rechtsbeschwerdeverfahren **§ 102**, 10
    Wirkung der – **§ 61**, 28
Rücknahme des Widerspruchs § 82, 9
Rücknahme von Anträgen
    auf mündl Verhandlung **§ 78**, 14
    Beitrittserklärung **§ 61**, 36
    Beschwerde **§ 73**, 202
    Einspruch **§ 59**, 239; **§ 61**, 27; **§ 73**, 214
    Prüfungsantrag **§ 44**, 32
    Rechtsbeschwerde **§ 102**, 7
    Verwaltungsakt **§ 47**, 20
    Widerruf **Einl**, 543
Rückruf aus den Vertriebswegen
    bei mittelbarer Patentverletzung **§ 10**, 53
Rückrufanspruch § 140a, 27
    aus Unterlassungstitel **§ 139**, 87

bold type = § or Article; followed by marginal number **Index**

Klageantrag § 139, 295
Kosten § 140a, 42
Zeitliche Geltung § 140a, 36
Rückschauende Betrachtung § 4, 23
Rücksprache per Telefon § 46, 44
Rückwirkung
  Beseitigung einer Rücknahme u –
    § 34, 468
  Heilung des Mangels der Vollmacht
    Einl, 506
Rückzahlung
  aus Billigkeit **PatKostG § 10**, 6
    (Anhang 15)
  der Anmeldegebühr **§ 34**, 286
  der Beschwerdegebühr **Art 108**, 18;
    § 73, 133; **§ 80**, 114
  der Einspruchsgebühr **§ 62**, 20
  von Jahresgebühren **§ 17**, 45
  von Kosten **PatKostG § 10**, 3
    (Anhang 15)
  vorausgezahlter Gebühren **PatKostG
    § 10**, 21 (Anhang 15)
  wegen fehlender Gegenleistung **Pat-
    KostG § 10**, 7 (Anhang 15)
Rügelose Einlassung § 139, 275
Ruhen des Verfahrens Einl, 350
  Nichtigkeit u – **§ 81**, 167
Rules Art 52 (2) c EPC § 1, 90
Rundfunkaufnahmen § 69, 13
RVG
  Ablichtungen **§ 80**, 59
  Abwesenheitsgeld **§ 80**, 82
  Anhörungsrüge **Einl**, 339
  Beratungsgebühr **§ 80**, 63
  Einigungsgebühr **§ 80**, 67
  Erhöhungsgebühr **§ 80**, 59
  Erinnerungsverfahren **§ 80**, 110
  Erledigungsgebühr **§ 80**, 69
  Flugkosten **§ 80**, 82
  Fotokopiekosten **§ 80**, 59
  Gebührenvereinbarung **§ 80**, 63
  Gegenstandswert **§ 80**, 49
    Einspruchsverfahren **§ 80**, 51
    Erteilungsverfahren **§ 80**, 50
    Festsetzung **§ 80**, 52

Rechtsmittel gegen Festsetzung
  § 80, 57
Regelgegenstandswert **§ 80**, 52
Geschäftsgebühr **§ 80**, 71
Kfz-Kosten **§ 80**, 82
Korrespondenzanwalt **§ 80**, 72
Patentanwalt **§ 80**, 36
  Rechtsanwalt **§ 80**, 26
Patentverletzungsverfahren **§ 139**, 344
  Mitwirkender Patentanwalt
    § 143, 27
  Patentanwalt **§ 143**, 29, 40
Post- u Telekommunikation **§ 80**, 78
Rechtsbeschwerde
  Patentanwalt **§ 109**, 18
  Rechtsanwalt **§ 109**, 17
Sozietät **§ 80**, 85
Tagegeld **§ 80**, 82
Terminsgebühr **§ 80**, 88
  im Beschwerdeverfahren **§ 80**, 30
  im Nichtigkeitsverfahren **§ 80**, 32
Umsatzsteuer **§ 80**, 90
Verfahrensgebühr
  im Beschwerdeverfahren **§ 80**, 28
  im Nichtigkeitsverfahren **§ 80**, 32
Wertfestsetzung **§ 80**, 48

S

Sachdienlich
  Anhörung **§ 46**, 11
  Anhörung im Einspruchsverfahren
    § 59, 229
  Anträge **Einl**, 115, 212; **§ 91**, 3
  Auslegung von Verfahrensrecht
    Einl, 132
  Beklagtenwechsel **§ 81**, 16
  Einspruchsverfahren **§ 46**, 13
    Erteilungsverfahren **§ 46**, 12
    Wiederholung **§ 46**, 16
  Erteilungsverfahren **§ 46**, 14
  Fragen **§ 88**, 11
  Klageänderung **§ 81**, 71; **§ 139**, 373
  Klägerwechsel **§ 81**, 11
  Mündl Verhandlung **§ 78**, 25

Sachregister

§ oder Artikel jeweils halbfett, danach Randnummer

Sachliche Fehlbeurteilung
 Rückzahlung der Beschwerdegebühr
  u – § **73**, 141
Sachverständigenbeweis
 vor BPatG § **88**, 5
Sachverständigenlösung § **34**, 2, 513
Sachverständigenvergütung § **128a**, 12
Sachverständiger
 - Auswahl durch Gerichtsvollzieher
  § **140c**, 69
 Ablehnung eines – § **81**, 160
 Anhörung eines – § **46**, 43
 Expertenlösung § **34**, 515
 Nichtigkeitsverfahren § **81**, 159
 Obergutachten des DPMA § **29**, 2
 Ordnungs- und Zwangsmittel
  § **128**, 11
 Vergütung § **128a**, 12
  Ablehnungsgesuch für § **128a**, 15
  Besondere – § **128a**, 21
  Honorargruppen § **128a**, 15
 Verletzungsverfahren § **139**, 328
 vor DMPA **Einl**, 116
 Zuziehung eines – § **27**, 44
 Zuziehung eines – bei BPatG § **65**, 11
Sammelzahlungen PatKostZV, 15
 (Anhang 17)
Samstag Einl, 188
Säumnisverfahren
 im Nichtigkeitsverfahren § **82**, 4
Scannen
 Unterschrift u – **Einl**, 385
Schadensersatz
 - wegen unberechtigter Besichtigung
  § **140c**, 91
 bei mittelbarer Patentverletzung
  § **10**, 49
  Höheprozess § **10**, 51
 Erfinderpersönlichkeitsrecht u –
  § **6**, 15
 gegen EPA **Art 106**, 17
 Gegen im Register Eingetragenen
  § **30**, 45; § **34**, 465
 Klageantrag § **139**, 295, 296
 nach Beschlagnahme § **142a**, 19
 Nachanmelder u – § **7**, 21

Offenlegungsanspruch u – § **33**, 13
Recherche u – § **43**, 38
Restschadensersatzanspruch § **141**, 22
ungerechtfertigte einstweilige Verfügung § **85**, 13; § **139**, 463
Verschulden § **139**, 92
Schadensersatz (Verletzung) § **139**, 90
 Abtretung § **139**, 11
 Anspruchsberechtigter § **139**, 5
 Anspruchsverpflichteter § **139**, 19
 Begleitschäden § **139**, 107, 116
 Berechnungsarten des Schadens
  § **139**, 109
  Beweislast § **139**, 187
  Bindung an Wahl der – § **139**, 113
  Vermengung der – § **139**, 115
 Beweislast § **139**, 105
 Diskreditierung § **139**, 117
 Entgangener Gewinn § **139**, 118
 Erlöschen des Patents § **139**, 45
 Fahrlässigkeit § **139**, 95
  grobe – § **139**, 95
  leichte – § **139**, 96
 für Vertriebshandlungen im Ausland
  § **139**, 27
 gegen Frachtführer § **139**, 26
 Klageantrag § **139**, 289
 Lizenzanalogie § **139**, 126
  Höhe der Lizenz § **139**, 127
 Lizenzsatz § **139**, 135
 Verletzerzuschlag § **139**, 136
 Verzinsung § **139**, 139
 zusammengesetzte Gegenstände
  § **139**, 137
 Lizenznehmer
  Ausschließlicher – § **139**, 10
 Marktverwirrung § **139**, 117
 mehrere Verletzer § **139**, 33
 mehrerer Verletzer
  Gesamtschuldner § **139**, 158
  Verletzerkette § **139**, 159
 Mehrheit von Anspruchsberechtigten
  § **139**, 13
 Prüfpflicht § **139**, 98
 Rechtswidrigkeit § **139**, 50
 Restschadensersatzanspruch § **141**, 22

Schaden § **139**, 106
Schadensberechnung § **139**, 107
Sorgfaltsanforderung § **139**, 97
Streitwert § **139**, 340
unberechtigte Verwarnung § **139**, 236
Verjährung § **141**, 4
Verkaufseinheit § **139**, 108
Verletzer § **139**, 20
Verletzergewinn, Herausgabe
 § **139**, 140
Verwarnung § **139**, 232
 Anspruchsberechtigter § **139**, 232
 Anspruchsverpflichteter § **139**, 234
 Vorsatz § **139**, 93
Schadensersatzanspruch
 Anspruch auf Vorlage von Bank-,
  Finanz- und Handelsunterlagen
  § **140d**, 5
 Gefährdung § **140d**, 10
Schaltungspatent § **1**, 203
Schemes Art 52 (2) c EPC § **1**, 3, 89
Schlechthinverbot
 - bei technischem Standard oder SEP
  mit FRAND-Erklärung § **10**, 37
Schließung mündl Verhandlung
 Einl, 76
Schließung mündlicher Verhandlung
 § **91**, 5
Schlüssigkeit Einl, 351
 Einspruch u – § **59**, 90, 128
 Nichtigkeit u – § **82**, 7
 Säumnisverfahren u – § **82**, 7
Schreibauslagen § **80**, 59
Schriftanordnungen § **1**, 95
Schriftartencode § **32**, 26
Schriftform Einl, 352
 BGB § **126 Einl**, 355, 375
 Computer-Fax **Einl**, 385
 eigenhändige Unterschrift **Einl**, 375
 elektronische Form **Einl**, 352
 elektronisches Dokument **Einl**, 359
 - Beweiskraft **Einl**, 2
 - Gerichtliches – **Einl**, 362
 - vor DPMA, BPatG, BGH
  Einl, 363
 Entscheidung u – § **47**, 6, 14

Europäisches Recht **Einl**, 371
Patentanmeldung § **34**, 36
PC-Fax **Einl**, 385
Signatur **Einl**, 359
Textform **Einl**, 2
Tonband **Einl**, 354
Unterschrift **Einl**, 374
Vereinbarte Form **Einl**, 2
Schriftliche Beschreibungen
 Nennung im Einspruch § **59**, 98
Schriftliche Zeugenaussage § **46**, 29
Schriftliches Verfahren
 im Nichtigkeitsverfahren § **82**, 14
 Übergang in – § **78**, 36
 Verfahrenshandlung im – **Einl**, 77
 Zustellung im – § **94**, 13
Schriftsätze
 nachgelassene – § **78**, 34
 Unterlassen der Übermittlung von –
  § **73**, 156
 unverzügliche Übermittlung von –
  § **59**, 219
Schriftsatzfrist § **78**, 34
Schritttheorie § **4**, 131
Schutzantrag § **712 ZPO** § **139**, 363
Schutzbegehren
 Erteilungsantrag u – § **35**, 18
Schutzbereich § **14**, 9
 Abhängiges Patent § **14**, 103
 Angemessener Schutz § **14**, 16
 Ansprüche, Maßgeblichkeit § **14**, 18
 Augenfällige Herrichtung § **14**, 116
 Auslegung § **14**, 13
 funktionsorientierte – § **14**, 32
 Auslegungsmaterial § **14**, 27
 Ausführungsbeispiele § **14**, 41
 Beschreibung u Zeichnung § **14**, 29
 Geläufiger Fachbegriff § **14**, 31
 Legaldefinition § **14**, 30
 Phantasiebegriff § **14**, 36
 Unter- u Nebenansprüche § **14**, 27
 Zahlen- u Maßangaben § **14**, 37
 Zweckangaben § **14**, 43
 Ausreichende Rechtssicherheit
  § **14**, 17

Sachregister

§ oder Artikel jeweils halbfett, danach Randnummer

Benutzung des Patents, Arten § 14, 67
   Äquivalente – § 14, 67
   Äquivalenz statt Wortsinn § 14, 89
   Wortsinngemäße – § 14, 67
Beschränkungserklärung § 14, 61
Bezugszeichen § 14, 50
Bindung des Verletzungsrichters
   § 1, 52; § 14, 95
Durchschnittsfachmann § 14, 64
Entscheidungen, Einspruch u Nichtigkeit § 14, 58
Erteilungsakten § 14, 54
Erzeugnispatent § 14, 99
   Absoluter Schutz § 14, 100
   Bekannte – § 14, 110
   Funktionsangaben § 14, 101
   Herstellungsart u – § 14, 108
   Unmittelbare Verfahrens –
     § 14, 109
   Wirkungsangaben § 14, 101
   Zweckangaben § 14, 101
Formstein-Einwand § 14, 95
Funktionelle Merkmale § 14, 35
Genpatent u – § 1a, 27
Inhalt der Ansprüche § 14, 11
Offenbarung
   -Verhältnis zur § 14, 25
Patentierte Verletzungsform § 14, 92
Patentkategorien u – § 14, 98
Phantasiebegriff § 14, 36
Product-by-process-Ansprüche
   § 14, 44
Räumlich-körperliche Merkmale
   § 14, 35
Sequenzanspruch § 1a (4) § 14, 47
Stand der Technik u – § 14, 52
   Einwand des freien – § 14, 95
Unmittelbare Verfahrenserzeugnisse
   § 14, 109
Unterkombination § 14, 94
Verbesserte Ausführungsform
   § 14, 91
Verfahrenspatente
   Arbeitsverfahren § 14, 113
   Verwendungspatent § 14, 114
Verletzungsform, patentierte § 14, 92

Verschlechterte Ausführungsform
   § 14, 90
Verständnishorizont § 14, 63
   Durchschnittsfachmann § 14, 64
   Prioritätszeitpunkt § 14, 65
Schutzdauer eines Patents § **16**, 5
Schutzlandprinzip § **24**, 93
Schutzschrift § **139**, 472
   Kosten der – § **139**, 474, 475
Schutzzertifikat § **16a**, 7
   Adjuvantien § **16a**, 12
   Anmeldeberechtigung § **16a**, 84
   Anmeldeerfordernisse
     Wahrheitspflicht § **49a**, 10
   Anmeldefrist § **16a**, 85
   Antragsteller § **49a**, 8
   Anwendung des PatG § **16a**, 136
   Anwendungsbereich § **16a**, 7
   Arzneimittel AM-VO § **16a**, 4, 149
   Berichtigung der Laufzeit § **49a**, 50
   Besonderer Mechanismus § **16a**, 100
   CE-Zertifizierung § **16a**, 56
   Erlöschen § **16a**, 121
   Erschöpfung § **16a**, 100
   Erste Genehmigung § **16a**, 73;
     § **49a**, 38
     Derivate § **16a**, 79
     Enantiomere § **16a**, 80
     Zweite medizinische Indikationen
       § **16a**, 77
   Erstes Zertifikat § **16a**, 65, 67
   Erteilungsvoraussetzungen § **16a**, 9
   Erzeugnis § **16a**, 11; § **49a**, 14
     Biosimilars § **16a**, 19
     Derivate § **16a**, 17
     Enantiomere § **16a**, 18
     Wirkstoffzusammensetzung
       § **16a**, 15
     Zweite medizinische Indikationen
       § **16a**, 12
   EU-Verordnungen – § **49a**, 2
   Frist § **49a**, 15
   Gebühr § **49a**, 21
   Genehmigung
     Derivate § **16a**, 60
     Dritten § **16a**, 48

bold type = § or Article; followed by marginal number **Index**

gültige § 16a, 47
Kopie der § 16a, 64
Mehrere Genehmigungen § 16a, 73
Notgenehmigung § 16a, 63
Rücknahme der § 16a, 124
Vorläufige § 16a, 63
Zulassungsverfahren § 16a, 47
Genehmigung für Inverkehrbringen
 § 49a, 12
Grundpatent § 16a, 23
 Derivate § 16a, 40
 mehrere Inhaber § 16a, 65
 Nichtigkeit des § 16a, 128
Herstellungsprivileg § 16a, 103
Hilfs- oder Trägerstoffe § 16a, 12
Inhaber Grundpatent als Antragsteller § 49a, 8
Kinderarzneimittel EG-V 1901/2006
 § 49a, 2, 39
Kinderarzneimittel KINDER-AM-VO § 16a, 4, 115
Laufzeit § 16a, 107; § 49a, 36
 negative § 16a, 119
 Zeitpunkt der ersten Genehmigung für das Inverkehrbringen in der Gemeinschaft § 16a, 113
Laufzeitberechnung § 16a, 107
 unrichtige § 16a, 127
Laufzeitverlängerung § 49a, 39
 pädiatrische § 16a, 115, 116
 Verlängerungsantrag § 49a, 40, 43
Liechtenstein § 16a, 109
Lizenzen § 16a, 149
Manufacturing Waiver § 16a, 103
Markush-Formel § 16a, 39
Medizinische Geräte § 16a, 56
Medizinprodukte § 16a, 8, 56
Negative Laufzeit § 49a, 44
Nichtigkeit § 16a, 125
Nichtigkeitsverfahren § 81, 94
Pädiatrische Laufzeitverlängerung
 Beginn § 49a, 45
Parallelimport § 16a, 100
Pflanzenschutzmittel § 16a, 149
 Erzeugnis § 16a, 20
 Prüfung des – § 49a, 6

Prüfungsrichtlinien – § 49a, 5
Rechtsbehelfe § 49a, 49
Rechtsnatur § 16a, 6
Safener § 16a, 21
Schutzbereich § 16a, 29
 Derivate § 16a, 94
Schutzbereichsbestimmung § 16a, 92
Schutzgegenstand § 16a, 24, 88
Schutzwirkungen § 16a, 97
Schweizer Genehmigung § 16a, 109
Stockpiling Waiver § 16a, 103
Strukturformel § 16a, 39, 40
Tenorierung § 16a, 87
Übergangsbestimmungen § 16a, 131
Verfahren § 49a, 8
Verfahren vor PatAbt
 Fristen § 49a, 28
 Mängelbeseitigung § 49a, 23
 Zwischenbescheid § 49a, 23
Verfahrenspatent
 Grundpatent § 16a, 46
 Schutzgegenstand, Schutzwirkungen § 16a, 89
Veröffentlichung § 49a, 47
Verwendungspatent
 Grundpatent § 16a, 23
 Schutzgegenstand, Schutzwirkungen § 16a, 89
VO(EG) Nr 1610/96 Pflanzenschutzmittel § 16a, 149
VO(EG) Nr 469/2009 Arzneimittel § 16a, 149
Voraussetzungen des – § 49a, 7
Widerruf der Verlängerung § 49a, 46
Wirkstoff
 Arzneimittel § 16a, 12
 Pflanzenschutzmittel § 16a, 20
Wirkstoffzusammensetzung
 Arzneimittel § 16a, 12
 Pflanzenschutzmittel § 16a, 20
Schwangerschaft § 2a, 76
Schwärzen
 des Gutachtens § 140c, 75
Schweigen Einl, 393
 rechtl Gehör u – **Einl**, 312

Sachregister

§ oder Artikel jeweils halbfett, danach Randnummer

Schweizer Anspruchsfassung § 1, 245, 261; § 3, 155, 161
Schwierigkeiten u erfinderische Tätigkeit § 4, 143
Scientific theories § 1, 80
Screening § 34, 379
Screenshots § 140c, 63
Second medical indication § 1, 244, 259
Secondary indicia in determining inventive step:
 advantages § 4, 160
 age of a document § 4, 173
 analogous use § 4, 130, 145
 automatisation § 4, 83
 bonus-effect § 4, 162
 commercial results § 4, 121
 commercial success § 4, 167
 constructions § 4, 126
 departure from the beaten track § 4, 70
 difficulties § 4, 143
 dimensions § 4, 87
 disadvantages § 4, 135
 discouraging art § 4, 101
 effect § 4, 92, 108, 150
 efforts of experts § 4, 88
 error in a citation § 4, 118
 exchange of material § 4, 145
 experiments without success § 4, 88
 extra-effect § 4, 162
 gratis-effect § 4, 162
 hope to succeed § 4, 89, 105
 imitation § 4, 134
 kinematic conversion § 4, 122
 lapse of time § 4, 171
 licensing § 4, 127
 long felt need or want § 4, 84
 mass produced article § 4, 129
 multiple invention § 4, 132
 new technical field § 4, 119
 new way to a known object § 4, 137
 number of citations § 4, 170
 obvious to try § 4, 139
 one way street-situation § 4, 99
 optimisation § 4, 141
 perception of the problem § 4, 78
 praise of experts § 4, 128
 prejudice § 4, 163
 real technical development § 4, 101
 reasonable expectation of success § 4, 105
 reduction in price § 4, 154
 research work § 4, 107
 routine work § 4, 142
 selection of appropriate material § 4, 130
 series of steps § 4, 131
 simple solution § 4, 100
 simplification § 4, 155
 special choice § 4, 113
 success by chance § 4, 175
 surprising effect § 4, 150
 technical progress § 4, 108
 trial and error § 4, 149
 workshop improvements § 4, 114
Segelanweisung § 79, 40
Selbstablehnung § 86, 2, 11
Selbständiges Beweisverfahren

 --- Einl, 159
Selbständigwerden des Zusatzpatents § 16, 16
Selbstbeschränkung
 im Einspruchsverfahren § 59, 166, 199
 im Nichtigkeitsverfahren § 81, 110, 116
  Bindung an – § 81, 133
  Prüfung der – § 81, 129
  Voraussetzungen § 81, 118
Selbstbestimmung, informationelle Einl, 215
Selbstbindung
 Amtsübung u – Einl, 459
 BPatG § 79, 43
 DPMA § 127, 33
 EPA Art 111, 42
 Wiedereinsetzung u – § 123, 14
Selbstentscheidung
 Ablehnungsgesuch § 86, 10
Selbstkontrolle
 richterliche – Einl, 322, 343; § 79, 46

Index

Selection invention § 1, 283
  arbitrary choice § 3, 120
  combined selection § 3, 120
  definition § 1, 284
  lists, selection of – § 3, 120
  novelty § 1, 285
  purposive selection § 3, 120
  simple selection § 3, 120
Selektion § 2a, 36
Semantik § 1, 144
Senate des BPatG § 66, 2
SEP
  Lizenzangebot des SEP-Inhabers § 24, 112
  mit FRAND-Zusage § 24, 92
  Options-SEP § 24, 125
  Patent Ambush (Patenthinterhalt) § 24, 132
  Standardessentielles Patent § 24, 92
Separate appeal Art 106, 28
Sequenz
  DNA-Abschnitt § 1a, 15
  Funktionsangabe u – § 1a, 24
  Gensequenz § 1a, 22
  Proteinsequenz § 1a, 22
  Regulatorsequenz § 1a, 14
  SNPs (single nucleotide polymorphisms) § 1a, 14, 28
Sequenzanspruch § 1a (4) § 14, 47
Sequenzhomologie § 1a, 28
Sequenzprotokoll § 34, 472
Sequestration Einl, 394; § 139, 245
Seriouly contemplated § 3, 120
Sicherheitsleistung
  Art der – § 81, 205
  Befreiung von – § 81, 195
  Beschlagnahme u – § 142a, 6
  Höhe der – § 81, 200
  im Nichtigkeitsverfahren gemäß § 81 (6) § 81, 187
  im Verletzungsverfahren § 139, 358
  vorläufige Vollstreckbarkeit § 84, 52
Signatur § 73, 40
  Abschrift u – § 47, 10
  Anwaltsgehilfin u – Einl, 379
  Ausfertigung u – § 47, 15

Bescheid u – § 45, 5
Beschluss u – § 73, 29
BGB § 126a Einl, 2
BGB § 127 Einl, 2
BGH/BPatGERVV § 2 (2a) § 47, 10, 15
Container – Einl, 379; § 125a, 14
Elektronische – § 46, 48; § 125a, 11
Email u – § 125a, 9
Ersetzen der – Einl, 378; § 47, 12
ERVDPMA § 2 (4) Einl, 365
Fehlen der – (Entscheidung) § 47, 11
Fortgeschrittene elektronische – Einl, 373
Gesetz Einl, 2
Karte § 34, 46
Karteninhaber u – Einl, 363
Mängel der – Einl, 379; § 42, 10
Nachholung § 47, 12
Patentanmeldung § 34, 46; § 35, 24
Qualifizierte elektronische – Einl, 2, 359, 362, 376, 378, 379; § 34, 46; § 47, 9
Unterschrift u – Einl, 373, 376, 377
Wiedereinsetzung u – Einl, 380; § 123, 116
Signature Einl, 374
  - manu propria Einl, 375
  assignment and – Art 72 EPC § 15, 17
  before EPO Einl, 391
  Fax and – Einl, 384
  patent application without – Einl, 392; § 35, 24
  R 36(3) EPC Einl, 391
  scanned – Einl, 385
  telegram Einl, 414
Silence Einl, 312, 393
Simplification § 4, 155
Single nucleotide polymorphins § 1a, 28
Singularia non sunt extendenda Einl, 141
Sinnfällige Herrichtung § 1, 260; § 14, 116
Sittenwidrigkeit
  Euthanasie § 2, 48

Sachregister

§ oder Artikel jeweils halbfett, danach Randnummer

Mensch-Tier-Chimäre § 2, 48
Rechtskraft u – Einl, 343
Sexualmoral § 2, 51
Sitzungspolizei § 69, 15
Skalen § 1, 97
small amounts lacking PatKostG
  § 10, 26 (Anhang 15)
SNP(single nucleotide polymorphisms)
  § 1a, 14, 28
Sofortiges Anerkenntnis § 84, 27, 44
  Beweislast § 84, 49
  Veranlassung zur Klage § 84, 30
  Verzichtsaufforderung § 84, 34
Solution § 1, 55
  best mode § 1, 56
Sonn- u Feiertage Einl, 188
Sonnabend Einl, 188
Sorgfalt bei Wiedereinsetzung
  § 123, 72
Sortenschutz
  EU-SortSchVO § 2a, 15
  Art 14 bei § 9c, 3
  Art 5 (3) § 9c, 6
  Hybriden § 9c, 17
  Offenbarung § 2a, 16
  Pflanzensorte § 2a, 17
  Schutzgegenstand § 2a, 16
  Schutzumfang § 2a, 16
  Schutzvoraussetzungen § 2a, 16
  Synthetische Sorten § 9c, 17
  Unterschied Patent- u – § 2a, 16
  Vermehrungsmaterial § 9c, 7
  Wiederholbarkeit § 2a, 16
Sowieso-Kosten § 139, 143
Soziale Nützlichkeit § 1, 29; § 4, 62
Spezialkammern § 143, 6
Spiele § 1, 100
Sprache
  Amts- u Gerichts- § 126, 7
  Beschränkung europ Patente § 81, 127
  europ Patente im Nichtigkeitsverfahren § 81, 127
  fremdsprachige Anmeldung § 35a, 9
  Offenbarung in fremder – § 34, 335
  Sprachen § 35a, 10

Übersetzung § 35a, 11
  Ausfertigung der – § 35a, 23
  Beglaubigung § 35a, 12, 22
  deut Anmeldungen § 35a, 11
  europ Anmeldungen § 35a, 15
  europ Patente § 81, 87
  Fehlen der – § 35a, 20
  fremdsprachige Schriftstücke
    § 126, 19, 21
  Frist für – § 35a, 13
  int Anmeldungen § 35a, 16
  Mängel der – § 35a, 21
  Verfahren § 35a, 19
Sprachliche Fassung einer Offenbarung § 1, 26
Sprengstoff § 2, 49
Staatliche Benutzungsanordnung
  § 13, 4
Staatsgeheimnis
  Anmeldeverfahren § 52, 4
  Anmeldung bei PIZ § 34, 60
  Anmeldung im Ausland § 52, 2
  Anvertrautes ausländisches – § 50, 9
  Anwendungsgebiete § 50, 7
  Aufhebung der Anordnung § 50, 15
  Beschwerde § 50, 16
  Definition § 50, 7
  Einspruch § 50, 13
  Entschädigung § 55, 2
  Verfahren § 50, 11
Stammzellen
  EG cells § 2, 35
  Embryonale – § 2, 42
  EmbryonenschutzG § 2, 40
  Keimbahn u – § 2, 35
  Pluripotente – § 2, 33
Stand der Technik
  Angabe des – § 34, 208
  Angabe im Einspruch § 59, 94
  Aufgabe u – § 1, 50
  Aufnahme des – § 34, 208
  erfinderische Tätigkeit u – § 4, 12, 18, 23
  Lieferung entgegengehaltener –
    § 45, 19

Lieferung von entgegengehaltenem –
  § 43, 39
  Schutzbereich u – § 14, 30, 74
  unzulässige Erweiterung als – § 38, 41
Standardessentielle Erfindung § 1, 268
State of the art
  inventive step and – § 4, 12, 18, 23
  problem and – § 1, 50
Statement
  functional – § 1, 207; § 34, 127
  of effects § 1, 23, 207; § 34, 381
  of grounds, appeal Art 108, 34
  of grounds, opposition § 59, 83
  to the purpose § 1, 207; § 34, 381
Statthaftigkeit
  der Berufung § 110, 2; § 139, 372
  der Beschwerde § 73, 22
  der Rechtsbeschwerde § 100, 3
  der Revision § 139, 384
Statutory declaration Einl, 85
Stay of proceedings Einl, 350
Step-plus-function Anspruch § 34, 125
Stoffaustausch § 4, 145
Stoffschutz für chem Stoffe § 1, 213
  absoluter – § 1, 214
  allgemeine Formel § 3, 167; § 34, 389
  Aufgabe § 1, 216; § 34, 381
  Beilstein-Bereicherung § 1, 217
  Breite des Anspruchs § 34, 389
  Effekt § 4, 92
  erfinderische Tätigkeit § 4, 92
    Vergleichstest u – § 4, 94
  falsche Formel § 34, 385
  funktionelle Merkmale § 34, 390
  Identifizierung des Stoffs § 34, 383
  Konstitutionsformel § 34, 384
  mehrere Stoffe § 34, 388
  Neuheit § 3, 164
  Offenbarung § 34, 381
  Parameter § 3, 166; § 34, 386
  product-by-process § 3, 168; § 34, 387
  Reinheit § 3, 169
  Strukturformel § 34, 385
  unrealistischer Umfang § 34, 389
  Vergleichstest § 4, 94
  Verwendung, neue § 3, 169

Wahl der Definitionsart § 34, 391
wertvolle Eigenschaften § 1, 216;
  § 34, 381
Wirkungsangaben § 1, 216;
  § 34, 381
Strafantrag § 142, 12
Strafen wegen Patentverletzung
  § 142, 4
Strafrechtliches Verwertungsverbot
  § 140b, 57
Straßburger Übereinkommen § 1, 74
  Art 2 § 2, 10; § 2a, 26
  Art 5 § 4, 6, 60
  Art 8 (2) § 34, 289
Streichung
  einer Bezugnahme § 22, 16
  einer Rückbeziehung § 22, 17
  eines Anspruchs § 64, 14
  eines Parameters § 22, 17
  eines unwesentlichen Merkmals
    § 22, 17
  fakultativer Merkmale § 34, 129
  Schutzbereich u – § 22, 16
  von Merkmalen § 34, 200
  von Überbestimmungen § 34, 200
  von Unrichtigkeiten § 34, 200
  von Widersprüchen § 34, 200
Streitgegenstand § 139, 290
  Benutzungsart § 139, 291
  Klageantrag § 139, 287, 290
  Rechtshängigkeit § 139, 290, 294
  Rechtskraft § 139, 290, 294
  Schutzrecht § 139, 290
  Verletzungshandlung § 139, 291
  Verletzungsklage § 139, 287
  zeitliche Reichweite § 139, 293
Streitgenossen
  Vertretungsbefugnis § 97, 30
Streithilfe Einl, 231
Streitwert PatKostG § 2, 30
  (Anhang 15)
  Angabe des Werts PatKostG § 2, 35
  (Anhang 15)
  Berichtigung PatKostG § 2, 35
  (Anhang 15)

Sachregister

§ oder Artikel jeweils halbfett, danach Randnummer

eines Verletzungsverfahrens **Pat-KostG** § 2, 42 (Anhang 15)
Festsetzung des – **PatKostG** § 2, 35 (Anhang 15)
Gemeiner Wert **PatKostG** § 2, 40 (Anhang 15)
Herabsetzung **PatKostG** § 2, 50 (Anhang 15)
Höhe des – **PatKostG** § 2, 39 (Anhang 15)
Klagenverbindung **PatKostG** § 2, 49 (Anhang 15)
Nebenintervention **PatKostG** § 2, 51 (Anhang 15)
Schadensersatzforderungen **PatKostG** § 2, 48 (Anhang 15)
Schadensersatzforderungen u – **PatKostG** § 2, 45 (Anhang 15)
Zeitpunkt für – **PatKostG** § 2, 47 (Anhang 15)
Streitwertfestsetzung PatKostG § 2, 35 (Anhang 15)
Änderung der – **PatKostG** § 2, 36 (Anhang 15)
durch BGH **PatKostG** § 2, 40 (Anhang 15)
Anfechtung **PatKostG** § 2, 40 (Anhang 15)
Angabe des Wertes **PatKostG** § 2, 35 (Anhang 15)
Endgültige – **PatKostG** § 2, 38 (Anhang 15)
Gemeiner Wert **PatKostG** § 2, 40 (Anhang 15)
Höhe **PatKostG** § 2, 39 (Anhang 15)
Mitteilung der – **PatKostG** § 2, 35 (Anhang 15)
Rechtsmittel **PatKostG** § 2, 40 (Anhang 15)
Vorläufige – **PatKostG** § 2, 37 (Anhang 15)
Streitwertherabsetzung
Antragsberechtigter § **144**, 7
Entscheidung § **144**, 14
Gefährdung der wirtschaftlichen Lage § **144**, 13

im Nichtigkeitsverfahren **PatKostG** § 2, 50 (Anhang 15)
Missbrauch § **144**, 14
Rechtsmittel § **144**, 19
Verfahren § **144**, 14
Voraussetzungen § **144**, 6
Wirkung der – § **144**, 22
Zeitpunkt des Antrags § **144**, 9
Strohmann
Einspruch u – § **59**, 63
Nichtigkeitsklage u – § **81**, 9
Prüfungsantrag u – § **44**, 10
Strukturformel
Angabe der – § **1**, 219; § **3**, 168
Bezugnahme auf – § **34**, 132
Falsche – § **34**, 151, 385
Feststellung der – § **3**, 166
Grundpatent u – § **16a**, 39
Offenbarung durch – § **3**, 121
Stundung
§ 59 BHO **PatKostG** § **1**, 26 (Anhang 15)
Stützung durch die Beschreibung § **34**, 106
Subsidiarität
der Verfassungsbeschwerde **Einl**, 450
der Vorlage an GrBK des EPA Art **112**, 20
Product by process-Anspruch u – § **34**, 153
Substances
chemical – § **1**, 213
natural – § **1**, 165, 228; § **3**, 174
Substantially pure, free etc § **34**, 136
Substantiierung
Darlegungslast **Einl**, 396
Einspruch u – **Einl**, 351; § **59**, 84
Einspruchsgrund und – **Einl**, 396
Sufficiency § **1**, 34; § **34**, 332
Sukzessionsschutz § **15**, 41
Supplementary protection certificate § **16a**, 9
Supported by the description § **34**, 106
Surgery § **2a**, 56, 68
Surprise and inventive step § **4**, 150

bold type = § or Article; followed by marginal number **Index**

Suspension of proceedings
  Rule 14 EPC **Einl**, 148
Suspensive effect Art **106**, 37
Swiss type claim § **1**, 261; § **3**, 161
Sworn statements in writing **Einl**, 85
Syndikuspatentanwalt
  Inlandsvertreter § **25**, 17
  Vertretung vor BPatG § **97**, 14
Syndikusrechtsanwalt
  Vertretung vor BPatG § **97**, 8
Synergistische Wirkung § **1**, 272

T

T1, T2, T3, T4, T5, T8, T9 Schriftartencode § **32**, 26
Tabellen § **1**, 138; § **34**, 217
Tage- und Abwesenheitsgeld § **80**, 82
Taking of evidence
  Art 117 Means and taking of evidence § **128**, 5
  Order Art **111**, 28
  Rule 117 Decision on taking of evidence § **128**, 5
Tarifbeschäftigter § **27**, 23, 25, 29
Tatbestandsberichtigung § **96**, 3
Taugliche Mittel § **34**, 345
Teaching
  practical – § **1**, 28
  technical – § **1**, 16
Team von Fachleuten § **4**, 53
Technical
  – character of the invention § **1**, 16
  – contribution to the art § **34**, 119
  – field of the skilled person § **4**, 47
  – neighbouring fields § **4**, 56
  – non-technical effect § **1**, 23
  – progress § **1**, 11; § **4**, 108
  – relevance of citation and invention § **59**, 95
  remote – fields § **4**, 58
Technik
  Begriff § **1**, 18
  BGH u – § **1**, 19
  BPatG u – § **1**, 20
  EPA u – § **1**, 21
  Bereicherung der – § **4**, 109

menschl Verstandestätigkeit u – § **1**, 31
Prüfung der – § **1**, 25
technische Lehre § **1**, 16
untechnische Wirkung § **1**, 23
Wirkungsangaben § **1**, 23
Technische Gutachten
  des DPMA § **29**, 3
Technische Lehre § **1**, 16
Technische Mitglieder
  BPatG § **65**, 10
  Sachkunde § **65**, 10
Technische Sachkunde § **65**, 11
Technischer Beschwerdesenat
  Besetzung § **67**, 6
  Sachkunde § **65**, 11
  Zuständigkeit § **67**, 12
Technischer Fortschritt § **1**, 11; § **4**, 108
Technischer Zusammenhang
  Einspruch u – § **59**, 95
Technizität
  als Voraussetzung § **1**, 16
  CAD § **1**, 133
  Computerprogramm u – § **1**, 103, 114
  Computersimulationen § **1**, 132
  Computerunterstütztes Konstruieren § **1**, 133
  einer Lehre § **1**, 25
  EPA u – § **1**, 21
  erfinderische Tätigkeit u – § **4**, 148
  erfindungsimmanent § **1**, 16
  Innere Funktionen des Computers § **1**, 126
  Künstliche Intelligenz § **1**, 131
  menschliche Verstandestätigkeit u – § **1**, 32
  Negativliste § **1**(3) u Art 52(2) u – § **1**, 72
  Nicht technische Gegenstände § **1**, 144
  Prüfung auf – § **1**, 25; § **34**, 99
  Softwareentwicklung § **1**, 122
  Sprachliche Fassung u – § **1**, 26
  Stand der Technik u – § **1**, 27
  Textverarbeitung § **1**, 134

Sachregister

§ oder Artikel jeweils halbfett, danach Randnummer

Transformation menschlicher Gedanken u – § 1, 103
Üblicher Computereinsatz § 1, 125
USA u – § 1, 145
Wiedergabe von Informationen u – § 1, 138
Wirkungsangaben u – § 1, 23
Zweifel über – § 1, 26
Technologietransfer
Vereinbarung über –
VO (EG) 772/2004 § 15, 73
Zweifel über –
EGV 772/2004 § 81, 53
Teilanmeldung DPMA
Änderung des Gegenstands der – § 39, 37
Entscheidung § 39, 62
Entstehen § 39, 34
Gebühren für – § 39, 47
Gegenstand der – § 39, 35
Heilung von Mängeln § 39, 69
Offenbarung § 39, 39
Teilung vor BGH § 39, 22
Teilung vor BPatG § 39, 60
unzulässige Erweiterung § 39, 40
Verfahren in der – § 39, 41
Vorab- oder Zwischenentscheidung § 39, 64
Wegfall der – § 39, 59
Teilanmeldung EPA
Anhängigkeit früherer Anmeldung § 39, 76
Art 76 EPÜ § 39, 2
Behandlung § 39, 75
Entstehung § 39, 74
Hinausgehen über frühere Anmeldung § 39, 80
Regel 36 EPÜ § 39, 2
Wiedereinsetzung u – § 39, 77
Teilentscheidung
Haupt- u Hilfsantrag **Einl**, 211
Patentanmeldung u – § 48, 11
Teillehre
Offenbarung § 34, 407
Schutzbereich § 14, 93

Teilnahme
Verfahrens- § 25, 7
Teilschutz § 14, 93
Teilung der Anmeldung § 39, 4
Begriff § 39, 10
Entscheidung § 39, 62
bei unwirksamer Teilungserklärung § 39, 63
bei wirksamer Teilungserklärung § 39, 66
Vorab- § 39, 64
Entwicklung der Rechtsprechung § 39, 7
Gestaltungswirkung § 39, 12
Teilanmeldung § 39, 34
Entstehen § 39, 34
Gebühren für – § 39, 47
Gegenstand § 39, 35
Offenbarung § 39, 39
unzulässige Erweiterung § 39, 40
Verfahren § 39, 41
Wegfall der – § 39, 59
Teilung vor BPatG § 39, 60
Teilungserklärung § 39, 13
3-Monatsfrist § 39, 29
Anfechtung § 39, 24
Bestimmtheit der – § 39, 15
Fiktion der Nichtabgabe § 39, 26
Form § 39, 18
Gegenstand einer – § 39, 16
Heilung § 39, 69
Prüfung der – § 39, 30
Rechtsschutzbedürfnis § 39, 17
Widerruf § 39, 25
Teilzahlung PatKostG § 6, 7 (Anhang 15)
Geringfügige Fehlbeträge **PatKostG** § 6, 20 (Anhang 15)
Telebrief Einl, 397
Telefon
Anmeldung u – § 35, 22
Prüfungsbescheid § 45, 5
Rücksprache per – § 46, 44
Telefonische Gespräche § 46, 3, 44
Verfahrenshandlung **Einl**, 65, 412
Verzichtsaufforderung per – § 84, 34

bold type = § or Article; followed by marginal number **Index**

Telegramm **Einl**, 414
 Unterschrift **Einl**, 415
Teleologische Interpretation **Einl**, 132
Terminsänderung
 vor BPatG **§ 89**, 5
Terminsbestimmung **§ 89**, 3
Terminsgebühr **§ 80**, 88
 im Beschwerdeverfahren **§ 80**, 30
 im Nichtigkeitsverfahren **§ 80**, 32
Terminsvollmacht **Einl**, 482
Territorialität **Einl**, 417
 Territorialitätsgrundsatz **§ 9**, 27, 114
 Vertriebshandlungen
  in Drittländern **§ 9**, 27
  in EU-Staaten **§ 9**, 28
 Wirkung im Inland **§ 9**, 114
Test
 comparative – **§ 4**, 94
 could-would-test **§ 4**, 64
Teuerungszuschlag **§ 80**, 35
Textbooks **§ 34**, 339
Textform **Einl**, 2
 § 126 b Einl, 2
Theoretische Erkenntnisse **§ 1**, 28
Therapeutische Verfahren **§ 2a**, 56, 72
 Begriff **§ 2a**, 73
 Beispiele **§ 2a**, 78
 Disclaimer **§ 2a**, 74
 Empfängnisverhütung **§ 2a**, 76
 kosmetische Verfahren **§ 2a**, 79
 mehrstufige Verfahren **§ 2a**, 75
 Mischformen **§ 2a**, 74
Therapieplan **§ 1**, 98; **§ 2a**, 79
Therapy **§ 2a**, 56, 72
Tiere **§ 2a**, 26
 als solche **§ 2a**, 31
 Chromosomen von – **§ 2a**, 31
 Disclaimer für Menschen **§ 2**, 28
 Ertragssteigerung **§ 2a**, 31, 41
 Gene von – **§ 2a**, 31
 Genom von – **§ 2a**, 31
 Gentechnologisch veränderte –
  § 2a, 30
 Inverkehrbringen von – **§ 9c**, 25
 landwirtschaftliche Nutztiere **§ 9c**, 21
 Leiden der – **§ 2**, 45

Mensch-Tier-Chimären **§ 2**, 48
Nichtgenetische Behandlung **§ 2a**, 41
Produkte von – **§ 2a**, 31
Qualzüchtung **§ 2**, 45
Teile von – **§ 2a**, 31
Tierschutz EG-Richtlinie 86/609
 § 2, 46
Züchtungsverfahren von – **§ 2a**, 32
zulässige Vermehrung von – **§ 9c**, 26
Tierrasse **§ 2a**, 26
 Begriff **§ 2a**, 29
 Reichweite des Ausschlusses **§ 2a**, 30
 Sinn des Ausschlusses **§ 2a**, 27
Tierschutz
 EG-Richtlinie 86/609 **§ 2**, 46
 Ordre public u – **§ 2**, 47
 Qualzüchtung **§ 2**, 45
Tierversuche
 EG-Richtlinie 86/609 **§ 2**, 46
Tierzüchtung **§ 2a**, 33
 im Wesentlichen biologisch **§ 2a**, 35
 Unmittelbares Erzeugnis **§ 2a**, 42
Title of the invention **§ 34**, 72
 amendment of – **§ 34**, 73
Tod **Einl**, 495
 Beschwerdeführer **§ 73**, 65
 des Anmelder **§ 34**, 15
 des Inlandvertreters **§ 100**, 50
 Eingetragener im Register **§ 30**, 51
 Einsprechender **Einl**, 425; **§ 59**, 63
 Erbe **§ 30**, 51
 Gemeinschuldner **Einl**, 228
 Inlandvertreter **Einl**, 426; **§ 25**, 25, 30
 Mensch u – **§ 1a**, 11
 Nichtigkeitsbeklägter **§ 81**, 17
 Nichtigkeitskläger **§ 81**, 12
 Unterbrechung durch – **Einl**, 425, 426
 Vertreter **§ 127**, 40
 Vollmachtgeber **Einl**, 496
Tonaufnahmen **§ 69**, 13
Tonband
 -aufnahme des Berichterstatters
  § 100, 35
 für Anmeldung **§ 34**, 48; **§ 35**, 22
 Schriftform u – **Einl**, 352
Torpedo **§ 139**, 278

Sachregister § oder Artikel jeweils halbfett, danach Randnummer

Totipotenz § 2, 33
Trade marks § 34, 138
Transfer of a patent § 15, 17
Transitverkehr § 9, 81
Treu und Glauben Einl, 418, 458
  Art 31 Wiener Übereinkommen
    Einl, 137
  Auskunftsanspruch u – § 139, 169
  Einspruchsberechtigung § 59, 59
  Nichtangriffsabrede u – § 59, 59;
    § 81, 54
  Nichtigkeitsklage § 81, 63
  Prüfung von Amts wegen u – Einl, 18
  querulatorische Eingaben Einl, 418
  Unterlassungsanspruch § 139, 78
  unzulässige Rechtsausübung Einl, 418
  venire contra factum proprium
    Einl, 418
  Verhältnismäßigkeit § 139, 78
  Vertrauensschutz Einl, 458
  Verwirkung u – Einl, 418
Trial and error § 4, 149
TRIPS Anh 13
  Art 2 § 41, 22
  Art 27 § 2, 12, 24
  Art 31 § 24, 17
  Art 32 Art 111, 7; § 79, 18
  Art 43 § 139, 319; § 140c, 95
  Art 50 § 139, 434
  Art 6 § 9, 16
Two part claim § 34, 81
Typischer Geschehensablauf Einl, 165
  Anscheinsbeweis u – Einl, 162

U
Überbesetzung
  BPatG-Senate § 67, 15
Übersetzung eines Senats § 67, 15
Überbestimmung § 34, 121, 200
Übereinkommen
  Anwendung des Art 65 EPÜ § 81, 91
  Biologische Vielfalt (Rio-Konvention)
    § 1, 158; § 34a, 3
  materiellen Rechts der Erfindungspatente § 2, 10; § 34, 289

Schutz von Pflanzenzüchtungen
  § 2a, 14
Wiener – über das Recht der Verträge
  Art 31 – 33 Einl, 137
Übereinkommen, revidiertes
  Lugano (LugÜ) § 139, 267
Überflüssige Angaben § 34, 216
Übergabe-Einschreiben § 127, 23, 58
Übergeordnetes Gebiet § 4, 58
Überlastung des Senats
  Verkündungstermin u – § 94, 9
Übermittlungsgebühr IntPatÜG, 88
  (Anhang 1)
Übermittlungsirrtum Einl, 97
Überraschung § 4, 150
Überraschungsentscheidung Einl, 115,
  285
Übersetzer
  Vergütung § 128a, 24
Übersetzung
  Art 14 EPÜ § 35a, 3
  Deutsche Anmeldungen
    Ausfertigung der – § 35a, 23
    Beglaubigung § 35a, 12, 22
  Entschädigungsanspruch u – IntPatÜG, 3 (Anhang 1)
  Europäische Ansprüche § 32, 28
  Europäische Patentschriften § 32, 28
  Fremdsprachige Anmeldung § 35a, 9;
    § 126, 19
  Frist § 35a, 13; § 126, 23
  Mängel der – § 35a, 21
  Schriftstücke § 126, 20
  Internationale Anmeldungen § 32, 29;
    § 35a, 16; § 126, 5
  Kosten § 80, 89
  Umwandlung in deutsche Anmeldung § 35a, 15; § 126, 6
  Vergütung Übersetzer § 128a, 24
  Veröffentlichung
    europ Patentansprüche IntPatÜG, 7 (Anhang 1)
Übertragbare Rechte § 15, 11
Übertragungsanspruch § 8, 9
Übertragungserfindung § 1, 279

bold type = § or Article; followed by marginal number **Index**

Überweisung PatKostZV, 7
  (Anhang 17)
Uhrzeit
  Verfahrenshandlung u – Einl, 67
Umbau § 9, 57
Umdeutung
  einer Verfahrenshandlung Einl, 423
  in andere Kategorie § 1, 192
Umkehr der Beweislast Einl, 157, 159;
  § 81, 157; § 139, 319
Umschreibung

  --- Einl, 418
Umschreibung im Register
  im Einspruchsverfahren § 59, 136
  nach Rechtshängigkeit § 81, 19
  Umschreibungsbewilligung § 30, 38
  Umschreibungsrichtlinien § 30, 21
  und Sachlegitimation § 139, 7
  Wirkung der – § 30, 43; § 139, 7
  Zeitpunkt der Legitimationsänderung
    § 30, 46
Umwandlung
  europ Anmeldung § 17, 15; Int-
    PatÜG, 67 (Anhang 1)
  europ Anmeldung in deutsche
    § 34, 63
  Hinterlegung u – § 34, 500
Umweltschutz § 1, 179
Unambiguous declaration Einl, 94
Unantastbarkeit der Menschenwürde
  § 1a, 7
Unbestimmte Angaben
  im Anspruch § 34, 136
Unbestimmter Rechtsbegriff Einl, 421
Unbewegliche Sachen § 5, 12
Unbilligkeit
  Kosten u – PatKostG § 10, 6
    (Anhang 15)
undefined law concept Einl, 421
Undue burden
  biotechnological inventions § 34, 373
  disclosure and – § 34, 350, 375
Unentgeltliche Vertretung § 97, 25
Unentrinnbare Falle § 21, 67
  Disclaimer § 22, 17

Streichung eines Merkmals
  Unzulässig erweitert § 22, 17
Ungeeignete Personen
  zur Vertretung – § 97, 33
Ungefähr § 34, 136
Ungerechtfertigte Bereicherung Pat-
  KostG § 10, 8 (Anhang 15)
Unionspriorität
  »dieselbe Erfindung« § 41, 32
  1. Anmeldung § 41, 14
  Frist § 41, 47
  Mehrfachpriorität § 41, 42
  Offenbarung § 41, 29
  Personenidentität § 41, 27
  Selbstbenennungsrecht § 41, 23
  Teilpriorität § 41, 45
  Vertragsstaat § 41, 22
  vorschriftsmäßige Hinterlegung
    § 41, 14
  Weiterentwicklungen § 41, 37
  Wirkung § 41, 51
  EPÜ Art 89 § 41, 51
  PVÜ Art 4B (Anh 12) § 41, 52
Unity § 34, 225
  - of claims see table § 34, 238
  a posteriori-examination § 34, 232,
    272
  a priori-examination § 34, 232, 272
  Art 82 EPC § 34, 2, 271
  before EPO § 34, 271
  additional rearch fees § 34, 276
  Art 82 EPC § 34, 271
  invitation to pay § 34, 273
  protest § 34, 277
  R 44 EPC § 34, 226
  R 64 (1) EPC u Art 17 (3) PCT
    § 34, 272
  categories § 34, 236
  chemical substances § 34, 241
  classification § 34, 245
  devices specifically designed § 34, 234
  disclaimer § 34, 242
  group of inventions § 34, 230
  intermediates § 34, 246
  linked inventions § 34, 234
  Markush-claims § 34, 241

Schulte 2885

Sachregister

§ oder Artikel jeweils halbfett, danach Randnummer

one invention only § 34, 229
opposition procedure § 34, 243
R 44 EPC § 34, 226
R 64 EPC § 34, 272
single general inventive concept
 § 34, 231
special technical features § 34, 231
Unkenntnis des Gesetzes § 123, 141
Unmittelbare Benutzung § 9, 44
Unmittelbares Verfahrenserzeugnis
 biologisches Material als – § 9a, 11
 eines Züchtungsverfahrens § 2a, 42
 Pflanzensorten u Tierrassen als –
  § 9a, 13
 Schutzbereich des – § 9, 93; § 14, 109;
  § 139, 319
 Vernichtungsanspruch u – § 140a, 10
Unrealistische Breite § 34, 141, 389
Unrichtige Sachbehandlung PatKostG
 § 9, 4 (Anhang 15)
 Rechtsbeschwerdeverfahren § 109, 13
Untätigkeit des DPMA § 73, 13
Untaugliche Mittel § 34, 345
Unteranspruch § 34, 171
 abhängige Ansprüche § 34, 174
 besondere Ausführungsart § 34, 181
 echter – § 34, 172
 im Erteilungsverfahren § 34, 185
 Kategorie des – § 34, 178
 kategoriefremde Merkmale § 34, 179
 Nichtigkeitsklage gegen – § 81, 102,
  105, 142
 Prüfung des – § 34, 185
 Rückbeziehung in – § 34, 173;
  § 81, 142
 Selbstverständlichkeiten § 34, 181
 Triviales § 34, 181
 unechter – § 34, 183
 Zahl der – § 34, 187
 zweckmäßige Zusammenfassung
  von – § 34, 182
Unterbrechung der Postzustellung
 Regel 85 (2) EPÜ § 123, 138
Unterbrechung des Verfahrens
 Einl, 424
 durch Insolvenz **Einl**, 224

 Eintritt der – **Einl**, 425
 Ende der – **Einl**, 428
 Konkurs **Einl**, 228
 Tod u – **Einl**, 425
 Vertreter u – **Einl**, 426
 vor BPatG **Einl**, 424
 vor DPMA **Einl**, 424
 vor EPA R 142 **Einl**, 429
 Wirkung u – **Einl**, 427
Unterkombination
 Offenbarung § 34, 407
 Schutzbereich § 14, 94
Unterlassungsanspruch § 139, 53, 200
 Abtretung § 139, 11
 Anspruchsberechtigter § 139, 5
 Anspruchsverpflichteter § 139, 19
 Aufbrauchfrist § 139, 82
 Ausgleichsanspruch § 139, 83
 Benutzung der Erfindung § 139, 53
 Besorgnis künftiger Rechtsverletzun-
  gen § 139, 72
 Beweislast § 139, 89
 Erlöschen des Patents § 139, 45, 47
 Erstbegehungsgefahr § 139, 72, 202
 für Vertriebshandlungen im Ausland
  § 139, 27, 86
 gegen Anti-Suit Injunctions
  § 139, 200
 gegen Frachtführer § 139, 26
 Haftungsprivileg nach § 10 TMG
  § 139, 53
 Klageantrag § 139, 295, 296
 Lizenznehmer
  Ausschließlicher – § 139, 10
  Einfacher – § 139, 11
 Mehrere Verletzer § 139, 33
 Mehrheit von Anspruchsberechtigten
  § 139, 13
 notarielle Unterlassungserklärung
  § 139, 71
 Öffentliche Verwaltung u – § 139, 28
 Pflicht zu positivem Tun § 139, 87
 Rechtsfolgen § 139, 85
 Rechtswidrigkeit § 139, 53
 Rückruf § 139, 87
 Streitwert § 139, 339

bold type = § *or Article; followed by marginal number*   **Index**

unberechtigte Verwarnung § 139, 235
Unterlassungserklärung § 139, 57
Verhältnismäßigkeit § 139, 76
  Aufbrauchfrist § 139, 82
  Ausgleichsanspruch § 139, 83
  Beweislast § 139, 89
  Grundsätze § 139, 76
  Interessenabwägung § 139, 78
  Maßstab § 139, 78
  nicht gerechtfertigte Härte
    § 139, 78
  Rechtsnatur des Einwands
    § 139, 77
  Treu und Glauben § 139, 78
Verletzer § 139, 20
Verschulden § 139, 53
Vertragsstrafeversprechen § 139, 70
vorbeugender – aus §§ 823, 1004 BGB § 139, 200
Wiederholungsgefahr § 139, 54
Unterlassungsurteil
  Zuwiderhandlung § 139, 406
Unterschrift Einl, 374
  Beschluss u – § 47, 7
  Computer-Fax u – Einl, 385
  Digitale Signatur Einl, 386
  eigenhändige – Einl, 375
  eingescannte – Einl, 385
  elektronische Form Einl, 376
  Entscheidung u – § 47, 7; § 68, 14; § 73, 30
  EPA Einl, 391
  Erfinderbenennung § 37, 12
  europ Anmeldung u – § 35, 24
  Fax u – Einl, 384
  Fehlen Einl, 388
  Fehlen der – Einl, 414
    deut Anmeldung Einl, 392; § 35, 24
    Entscheidung § 73, 30
    europ Anmeldung Einl, 392; § 35, 24
  Fernschreiben u – Einl, 414
  Lesbarkeit Einl, 381
  Nachholung Einl, 390
  Niederschrift u – § 92, 4

Patentanmeldung u – Einl, 392; § 35, 24
PC-Fax u – Einl, 385
rechtsgeschäftliche Willenserklärungen Einl, 384
Scannen der – Einl, 385
Signatur Einl, 359
Telefax u – Einl, 384
Telegramm Einl, 414
Übertragung europ Anmeldung u – § 15, 17
Unterlassungsverpflichtung u – Einl, 384
Verhinderung des Richters § 68, 14
Verwaltungsakt Einl, 473
Verzicht u – Einl, 384
Untersuchungsgrundsatz Einl, 16, 39
  Beschwerdeverfahren § 73, 10; § 87, 4
  Einspruchsverfahren u – Einl, 21; § 59, 202
    in 1. Instanz § 59, 203
    in 2. Instanz § 59, 204
    pflichtgemäßes Ermessen § 59, 207
  Ermittlungen der Prüfungsstelle § 46, 5
  Erteilungsverfahren u – Einl, 20
  Grenzen
    Anhängiges Verfahren Einl, 32
    Antrag Einl, 31
    Entscheidungserheblichkeit Einl, 33
    Fehlende Mitwirkung Einl, 35
    Kein schlüssiger Vortrag Einl, 37
    Unaufklärbarkeit Einl, 39
    Unzumutbarkeit Einl, 34
    Verspätetes Vorbringen Einl, 38
  Grenzen des – Einl, 30
    in 1. Instanz Einl, 22
    in 2. Instanz Einl, 23
  Nichtigkeitsverfahren § 87, 4
  Prüfung von Amts wegen u – Einl, 18
  Recherche durch BPatG § 87, 4
  Umfang des – Einl, 19; § 59, 205
  Verletzung des – Einl, 40
Untervollmacht Einl, 484
Unterzeichnung § 127, 73
  bloß – § 123, 97

Sachregister

§ oder Artikel jeweils halbfett, danach Randnummer

Empfangsbekenntnis u – § 127, 72
Unterschrift u – § 127, 73
Unverbindliche Lizenzinteresseerklärung § 23, 5
Unverzichtbare Verfahrensvoraussetzung
  für Beschwerdeverfahren § 73, 81
  reformatio in peius u – § 73, 75
  Zulässigkeit des Einspruchs als – § 59, 150
Unvollkommene Benutzung § 14, 90
Unvollkommenheiten § 34, 352
Unzulässige Erweiterung
  als Stand der Technik § 38, 41
  Begriff § 21, 52; § 38, 10
  Beispiele § 38, 20
  Beurteilungsmaßstab § 38, 17
  Gegenstand u – § 38, 15
  Herleitung von Rechten § 38, 36
  im Einspruchsverfahren § 21, 58; § 38, 37; § 59, 131
  im Erteilungsverfahren § 38, 34
  im Nichtigkeitsverfahren § 38, 37
  im Verletzungsverfahren § 38, 40
  Neuheitstest § 38, 17
  Voraussetzungen § 38, 13
Unzumutbarer Aufwand
  biotechnologische Erfindungen § 34, 373
  Offenbarung u – § 34, 351, 375
Unzuständigkeit
  Keine Herausgabe des Gutachtens bei – des Gerichts § 140c, 77
Urkunden
  Fremdsprachige – § 126, 16
  Registeränderung § 30, 38
  Vorlegung von – § 142 ZPO **Einl**, 435; § 87, 12
  Zustellungs- § 127, 47, 52
Urkundenvorlegung
  § 142 ZPO **Einl**, 435
Urschrift
  Zustellung § 127, 17
Urteil
  öffentliche Bekanntmachung § 140e, 5

Urteilsbekanntmachung § 140e, 6
  Art und Umfang § 140e, 15
  berechtigtes Interesse § 140e, 8
  Beurteilungsspielraum § 140e, 14
  Ermessen § 140e, 14
  vorläufige Vollstreckbarkeit § 140e, 6
Usability, new – § 1, 30
Use
  analogous – and exchange of material § 4, 145
  disclosure and – § 34, 422
  hidden – § 3, 182
  inherent – § 3, 182
  inventive step and – § 4, 159
  new effect of a known – § 3, 181
  novelty and – § 3, 180
  patents for a – § 1, 256
  Prior use
    ground for opposition and – § 59, 109
    right based on – § 12, 5
  secret – § 3, 182
  similar – and exchange of material § 4, 145
  swiss type claim directed to the use of –
  substance for the manufacture of a medicament § 1, 261; § 3, 161
  technical effect of a – § 1, 258
  use patents for medicaments
    1. medical indication § 1, 240
    2. medical indication § 1, 244
Use invention
  category § 1, 256
  disclosure of – § 34, 422
  inherent use § 3, 182
  inventive step and – § 4, 159
  novelty of – § 3, 180
Usefulness § 1, 29
User-friendliness Einl, 462

V

Validity of a patent § 83, 6
  grounds for revocation § 22, 8
  Art 138 EPC § 22, 3

bold type = § or Article; followed by marginal number **Index**

license and revocation of the patent
 § 15, 65
revocation proceedings § 83, 5
Varianten
 Ausführbarkeit u – § 34, 345
 Auswahl unter – § 4, 113
 Biotechnologie § 34, 377
 Offenbarung u – § 34, 352, 353
Variety Art 53b EPC § 2a, 14
Vegetative Vermehrung § 9a, 8
Venire contra factum proprium
 Einspruch u – § 59, 59
 Nichtigkeitsklage § 81, 63
Verallgemeinerung
 Ausnahmevorschrift u – **Einl**, 141
 Breiter Anspruch u – § 34, 141, 143
 durch funktionelle Merkmale
  § 34, 125
 eines Beispiels § 34, 296
 Rechtssicherheit u – § 34, 80
 Schutzbereich u – § 22, 16
Verbesserte Ausführungsform § 14, 91
Verbilligung § 4, 154
Verbindung Einl, 443
 Anmeldungen u – **Einl**, 443
 Ausscheidungsanmeldung u –
  § 34, 259
 EPA **Einl**, 447
 Kosten u – § 80, 91
 Voraussetzungen **Einl**, 444
 Wirkung der – **Einl**, 446
Verbot des Doppelschutzes § 9, 117;
 § 34, 24; IntPatÜG, 56 (Anhang 1)
Verbrauch
 der Priorität § 41, 63
Verbundene Erfindungen
 Einheitlichkeit u – § 34, 234
Verein
 Eingetragener – **Einl**, 42
 Europ wirtschaftl Interessenvereinigung (EWIV) **Einl**, 42
 Nicht rechtsfähiger – **Einl**, 42;
  § 34, 11
 Rechtsfähiger – **Einl**, 49
Vereinfachtes Verfahren § 142a, 18
Vereinfachung § 4, 155

Vererblichkeit
 der Rechte des § 15 § 15, 16
 Erfinderpersönlichkeitsrecht § 6, 17
 Rechtsstellung des Erben § 30, 51
Verfahren
 iSd § 25 § 25, 12
 vor BPatG § 25, 7
 vor DPMA § 25, 7
Verfahren EGV 816/2006
 Beachtung der Lizenzbedingungen
  als Klageverfahren § 85a, 5
 BPatG als zuständige Behörde
  § 85a, 4
 Entscheidung § 85a, 6
 Klageverfahren § 85a, 3
Verfahren nach § 85a
 Beschwerde gegen – § 122, 2
Verfahrendauer
 Entschädigungsanspruch § 73, 15;
  § 128b, 5, 8
 Überlange – § 73, 14
 Überlange Gerichtsverfahren § 73, 15;
  § 128b, 4
 Unangemessene – § 128b, 5
Verfahrenserfindungen
 erfinderische Tätigkeit § 4, 115
 Kategorie § 1, 250
 Neuheit § 3, 178
 Offenbarung § 34, 394
 Schutzbereich § 14, 111
Verfahrenserklärung
 Berichtigung **Einl**, 151
Verfahrenserzeugnis
 Beweiserleichterung § 139, 319
 körperliche Natur § 9, 101
 Unmittelbares
  Preiswertere Produktion § 9, 103
 unmittelbares Verfahrenserzeugnis
  biologisches Material als – § 9a, 11
  eines Züchtungsverfahrens § 2a, 42
  Schutzbereich des – § 9, 94
 Vernichtungsanspruch u – § 140a, 10
Verfahrensfehler
 Kausalität § 100, 33
 u Rückzahlung der Beschwerdegebühr § 73, 144

Sachregister

§ oder Artikel jeweils halbfett, danach Randnummer

Zurückverweisung u – § 79, 22
Verfahrensförderungspflicht Einl, 35
Verfahrensgang
  u Verfügungsgrundsatz Einl, 15
Verfahrensgebühr
  im Beschwerdeverfahren § 80, 28
  im Nichtigkeitsverfahren § 80, 32
Verfahrensgrundsätze Einl, 1
  Amtsermittlung Einl, 16
  Antragsgrundsatz Einl, 4
  Bindung an Antrag Einl, 7
  Dispositionsmaxime Einl, 11
  neues Verfahrensrecht Einl, 1
  Prüfung von Amts wegen Einl, 18
  Untersuchungsgrundsatz Einl, 16
    Einspruchsverfahren u – Einl, 21
    Erteilungsverfahren u – Einl, 20
    Grenzen des – Einl, 30
  Verfügungsgrundsatz Einl, 11
Verfahrenshandlung
  Anfechtung von – Einl, 89
  Auslegung von – Einl, 130
  Bedingungslosigkeit Einl, 56
  Begebung Einl, 63
  Berücksichtigung von – Einl, 73
    mündliche – Einl, 65
    schriftliche – Einl, 66
  Bestimmtheit der Erklärung Einl, 60
  Eindeutigkeit Einl, 60
  falsche Adresse Einl, 69
  Frist für – Einl, 79
  gesetzliche Vertretung u – Einl, 49
  Mündliche Verhandlung Einl, 76
  Parteifähigkeit u – Einl, 41
  Postulationsfähigkeit u – Einl, 52
  Prozessfähigkeit u – Einl, 44
  rückwirkende Beseitigung Einl, 89, 543
  Schriftliches Verfahren Einl, 77
  Uhrzeit Einl, 67
  verspätete – Einl, 68
  Voraussetzungen einer – Einl, 41
  Wartefrist u – Einl, 79
  Widerruf Einl, 543
  Wiederholung Einl, 64

Wirksamkeit, Voraussetzungen Einl, 41
Wirksamwerden von – Einl, 65
Wirkung für die Instanz Einl, 64
Verfahrenskostenhilfe (VKH) § 43, 41
  Änderung der bewilligten – § 130, 70
  Anmelder § 130, 14
    - ausgeschlossen für: § 129, 8
    mehrere – § 130, 16
    PCT- – § 130, 18
    unterhaltsberechtigter § 130, 15
  Anwaltssozietät § 130, 34
  Aufhebung der – § 137, 3
  Ausländer u – § 129, 4
  Beiordnung eines Vertreters § 133, 5
  Beschränkungsverfahren § 131, 1
  Einkommen, einzusetzendes – § 130, 22
    Abzüge vom – § 130, 26
  Einspruchsbeschwerdeverfahren § 132, 6
  Einspruchsverfahren § 132, 3
    für Einsprechenden § 132, 4
    für Patentinhaber § 132, 3
  Erfinder, Angabe des – § 130, 20
  Erfolgsaussicht
    auf Erteilung des Patents § 130, 43
  Erklärung über persönl u wirtschaftl Verhältnisse § 130, 9
    falsche Angaben § 130, 12
  für juristische Personen
    ausländische – § 129, 6
    Inländische – § 129, 5
  für natürliche Personen § 129, 4
  Grenzüberschreitende – § 129, 3
  Hemmung von Zahlungsfristen § 134, 5
  im Erteilungsverfahren § 130, 4
    für Anmelder § 130, 14
    für Dritten § 130, 64
    Gewerbetreibende § 130, 34
    Wirkung § 130, 67
  Jahresgebühren u – § 130, 70
    Einbeziehung von – § 130, 38
  Kosten der –
    Flugkosen § 133, 20

bold type = § or Article; followed by marginal number **Index**

Gebühren des Vertreters § 133, 20
Reisekosten § 133, 20
Kostenvergünstigungen außer –
  § 129, 9
Minderjährige § 130, 17
Monatsraten § 130, 31
Mutwillen § 130, 56
  Anschein von – § 130, 56
  Begriff § 130, 59
  Große Zahl von Anmeldungen
    § 130, 62
  Querulant § 130, 60
Nichtigkeitsverfahren § 132, 7
Rechtsanwaltssozietät § 130, 34
Rechtsbeschwerdeverfahren u –
  § 138, 3
  Entscheidung § 138, 11
Verfahren für VKH-Bewilligung
  § 135, 5
  Entscheidung § 135, 12
  Rechtsmittel § 135, 16
  Tenor § 135, 15
  vor BPatG § 135, 9
  vor DPMA § 135, 6
Vermögen, Einsatz des – § 130, 36
Zwangslizenzverfahren § 132, 7
Verfahrensleitende Zwischenverfügungen § 47, 4
Verfahrensökonomie Einl, 2
– u neuer Einspruchsgrund § 59, 194
Anschlussbeschwerde u – § 73, 182
im Erteilungsverfahren § 48, 20;
  § 73, 160
maßgebend für
  Auslegung von Verfahrensrecht
    Einl, 132
  Schließung einer Gesetzeslücke
    Einl, 195
  Vorab- oder Zwischenentscheidung
    Einl, 524
Nachfrist § 45, 27
Verbindung u – Einl, 443
Zurückverweisung u – Art 111, 9;
  § 79, 17, 18

Verfahrensordnung der Beschwerdekammern Art 110, 28
  Art 13 Einl, 274
Verfahrensordnung der Großen Beschwerdekammer
  Art 12 Einl, 2
Verfahrensrecht
  Anwendbares – § 147, 8
  Auslegung Einl, 132
  neues – Einl, 1
  zum – allgemein vgl Einl, 1
Verfahrensverwendungsanspruch
  § 14, 118
Verfahrensvoraussetzungen
  für Verfahrenshandlungen Einl, 41
  unverzichtbare –
    für Beschwerdeverfahren § 73, 81
    reformatio in peius u – § 73, 75
    Zulässigkeit des Einspruchs
      § 59, 150
Verfassungsbeschwerde Einl, 450
  Per De-Mail Einl, 450
Verfügungsgrundsatz Einl, 11
  Beschwerdeverfahren § 73, 9; § 87, 6
  unverzichtbare –
    im Beschwerdeverfahren
      Art 106, 10
  Verfahrensgang u – Einl, 15
Vergebliche Versuche § 4, 88
Vergleich
  im Nichtigkeitsverfahren § 81, 177
  Beispiel § 81, 181
  Kosten § 81, 180
  Widerruf § 81, 179
Vergleichsversuch
  u erfinderische Tätigkeit § 4, 94, 112
Verhältnismäßigkeit
  Ausgleichsanspruch § 139, 83
  Auskunftsanspruch § 140b, 26
  Beweislast § 139, 89
  einstweilige Verfügung u – § 139, 439
  Grundsatz der – Einl, 454
    Klagenkonzentration u – § 145, 6
  Radio- u TV-Aufnahmen u – § 69, 13
  Rückruf- u Entfernungsanspruch u –
    § 140a, 30

Sachregister

§ oder Artikel jeweils halbfett, danach Randnummer

Unterlassungsanspruch § 139, 76
Vernichtungsanspruch u – § 140a, 14
Vorlage von Bank-, Finanz- und Handelsunterlagen § 140d, 12
Wiedereinsetzung u – Einl, 454; § 123, 59
Verhandlungsgrundsatz Einl, 17
Verhinderung
  des Richters § 68, 14
  Ersetzen der Signatur § 47, 12
  Patentabteilung § 47, 12
  Wiedereinsetzung u – § 123, 26
Verjährung
  Anwendbares Verjährungsrecht § 147, 3
  Auskunftsanspruch § 139, 167; § 141, 11
  Begehungsgefahr u – § 139, 56
  Beginn der
    Entstehung des Anspruchs § 141, 14
    Kenntnis der Umstände § 141, 13
  Beginn der – § 141, 13; § 147, 6
  Betragsverfahren § 139, 256
  Beweislast § 139, 318
  Einrede der – § 139, 378; § 141, 21
  Entschädigungsanspruch § 141, 6
  Hemmung der – § 141, 16; § 147, 7
  Honoraranspruch § 80, 33; § 141, 7
  Kosten PatKostG § 12, 1 (Anhang 15)
  Kostenfestsetzungsbeschluss § 80, 103
  Neubeginn der – § 147, 7
  Offenlegungsanspruch § 33, 10, 23
  Rechnungslegungsanspruch § 139, 167
  Restschadensersatzanspruch § 141, 22
  Schadensersatzansprüche § 139, 471; § 141, 4
  strafbarer Verletzung § 142, 17
  Unterlassungsanspruch § 141, 4, 15
  Unterlassungsurteil, Vollstreckung u – § 139, 413
  Verjährungsfrist § 141, 8; § 147, 4
  Verletzungsanspruch u – § 141, 4
    Beginn § 141, 8
    Hemmung § 141, 16

Unterbrechung § 141, 20
Vergleichsverhandlungen § 141, 17
Verkehrsanwalt
  im Beschwerdeverfahren § 80, 72
  im Verletzungsverfahren § 139, 349
  Irrtum eines – Einl, 107
Verkehrsdaten
  - für Auskunft § 140b, 59
  einstweilige Anordnung § 140b, 78
  Richterliche Anordnung § 140b, 61
Verkehrswesentliche Eigenschaft Einl, 99
Verkündung
  BPatG-Entscheidung § 94, 6
  DPMA-Beschluss § 47, 33
  für Berufungsfrist § 110, 16
  in einer Anhörung § 46, 22
  Nichtigkeitsurteil § 84, 13
  Vorliegen schriftlicher Begründung § 94, 10
Verkündungstermin § 94, 8
  Überlastung des Senats § 94, 9
Verletzer
  Abzugsfähige Kosten u -gewinn § 139, 142
  Angestellte § 139, 25
  Anspruch auf Vorlage von Bank-, Finanz- und Handelsunterlagengen – § 140d, 5
  Auskunft des – § 139, 163
  Auskunftsanspruch gegen – § 139, 20
  Auskunftsanspruch u – § 140b, 5, 11
  Beitritt des angeblichen – § 59, 246
  Bereicherung des – § 139, 189
  Beseitigungsanspruch gegen – § 139, 205
  Drittauskunft u – § 140b, 4
  Einwendungen des – § 9, 106
  Frachtführer § 139, 25, 100
  Frachtführer als – § 139, 26
  Geschäftsführer – § 139, 30
  gesetzlicher Vertreter als – § 139, 30
  -gewinn § 139, 140
  Haftung des – § 139, 33
  Haftung für fremdes Handeln § 139, 29

Handelsunternehmen § 139, 25
Landwirteprivileg des – § 9c, 6
Mittelbarer – § 10, 37
öffentliche Verwaltung § 139, 25
Öffentliche Verwaltung als – § 139, 28
Prozessführungsbefugnis § 139, 34
Prüfpflicht des – § 139, 98
Rechnungslegung des – § 139, 179
Schadensersatzanspruch gegen-
  § 139, 90
Schadensersatzanspruch gegen –
  § 139, 20
Sorgfaltsanforderungen für – § 139, 97
Unterlassungsanspruch gegen –
  § 139, 20, 53
Vernichtungsanspruch gegen –
  § 140a, 6
Verschulden des – § 139, 92
Wirtschaftsprüfervorbehalt § 139, 177
-zuschlag § 139, 136
Verletzergewinn
  Abstand zum Stand der Technik
    § 139, 148
  Abzugsfähige Kosten § 139, 142
  Beweislast § 139, 155
  Gemeinkosten § 139, 142
  Herausgabe des – § 139, 140
  hypothetischer Kausalverlauf
    § 139, 152
  Kausalität § 139, 147
  Preisunterbietung § 139, 151
  Rückstellungen § 139, 154
  Schätzung des – § 139, 147
  Sowieso-Kosten § 139, 143
  Umsatz § 139, 141
  Verletzung mehrerer Schutzrechte
    § 139, 149
  Vertriebsbemühungen des Verletzers
    § 139, 150
  Zinsen § 139, 154
Verletzerzuschlag § 139, 136
Verletzungsform
  Patentierte § 14, 92
Verlust eines Schriftstücks Einl, 307;
  § 123, 158

Vermehrbarkeit
  Bakteriophagen § 1, 163
  Bilogisches Material u – § 1, 163
  Selbstreproduktion § 1, 163
  Viren u – § 1, 163
Vermehrung
  abweichende Form des -sergebnisses
    § 9a, 9
  eigene – § 9c, 12
  Entschädigung § 9c, 19
  Erschöpfung für -smaterial § 9b, 3
  generative – § 9a, 7
  genetische Information § 9a, 14
  Hybriden § 9c, 17
  Identität der Eigenschaften § 9a, 10
  Inverkehrbringen
    biologischen Materials § 9b, 5
    von Tieren § 9c, 25
  Kleinlandwirte § 9c, 20
  Kooperationsabkommen Bauernver-
    band/Pflanzenzüchter § 9c, 18
  Landwirt § 9c, 8
  Landwirteprivileg
    für pflanzliches Material § 9c, 5
    für tierisches Material § 9c, 21
  landwirtschaftlicher Anbau § 9c, 9
  Nachbaugebühren § 9c, 19
  Nutztiere, landwirtschaftliche § 9c, 25
  pflanzliches -smaterial § 9c, 7
  privilegierte Pflanzenarten § 9c, 18
  -smaterial
    Erschöpfung für – § 9b, 3
    tierisches – § 9c, 25
  synthetische Sorten § 9c, 17
  unmittelbares Verfahrenserzeugnis
    § 9a, 11
  Pflanzensorten u Tierrassen als –
    § 9a, 13
  vegetative – § 9a, 8
  weitere – § 9a, 9
  Zuchtvieh § 9c, 25
  Zufallsvermehrung § 9c, 32
Vernehmung von Zeugen § 46, 27
  Durchführung der – § 46, 36
Vernichtungsanspruch § 140a, 6
  Anspruchsberechtigter § 140a, 6

Sachregister

§ oder Artikel jeweils halbfett, danach Randnummer

Anspruchsverpflichteter § 140a, 6
bei mittelbarer Patentverletzung
   § 10, 53
Beweislast § 140a, 20
Einstweilige Verfügung u § 140a, 19
Erzeugnisschutz § 140a, 10
Herausgabe § 140a, 17
Klageantrag § 139, 295
Kosten § 140a, 23
Materialien und Geräte § 140a, 11
Rückruf- u Entfernungsanspruch
   § 140a, 27
Streitwert § 139, 341
Teilvernichtung § 140a, 18
Verhältnismäßigkeit § 140a, 14
Vernichtung § 140a, 16
Voraussetzungen § 140a, 6
Zwangsvollstreckung § 140a, 24
Veröffentlichung § 142, 19
Veröffentlichung der Patenterteilung
   § 58, 3
Eintritt der Patentwirkung § 58, 16
elektronische Patentschrift § 58, 11
im elektronischen Patentblatt § 58, 3
Widerruf einer – § 58, 8
Zäsurwirkung § 58, 10
Veröffentlichungen der DPMA
Patentschriften § 32, 17
Veröffentlichungen des DPMA
§ 32, 26
DEPATISnet § 32, 33
E-GovG
Open Data § 32, 4
Elektronische Patentdokumente
   § 32, 4
Offenlegungsschrift (OS) § 32, 7
Patentblatt § 32, 22; § 58, 3
Patentschriften § 58, 11
Übersetzung erstreckter Patente
   § 32, 30
Übersetzung europ Ansprüche T1
   § 32, 27
Übersetzung europ Patente T2-T4
   § 32, 28
Übersetzung int Anmeldung § 32, 29

Veröffentlichungsverbot § 2, 24
anstößige Angaben § 2, 25
Staatsgeheimnis u – § 2, 24
Verordnungen
Biomaterial-Hinterlegungsverord-
   nung – BioMatHinV § 34, 531
EuGVVO § 139, 267
Kinder-Arzneimittel-V (EG)
   Nr 1901/2006 § 49a, 2, 39
Zustellung (EG) Nr 1393/2007
   (EuZVO) § 127, 96, 109
Verordnungsermächtigung § 28, 1
Verpachtung
Vorbenutzungsrecht u- § 12, 26
Verrechnungserklärung PatKostZV, 6
(Anhang 17)
Versäumung einer Frist Einl, 309
u Wiedereinsetzung § 123, 30, 45
Wartefrist § 59, 218
Verschlechterte Ausführungsform
§ 14, 90
Verschleißteil
Neuherstellung u – § 9, 57
Verschlüsselung
elektronischer Dokumente § 34, 52
Verschulden
beim Schadensersatzanspruch
   § 139, 92
Frachtführer § 139, 100
Handelsunternehmen § 139, 101
Klagenkonzentration § 145, 22
Verschwiegenheitspflicht
Der Anwälte des Antragstellers
   § 140c, 65
Verspätete Schriftstücke
EPA **Einl**, 68
Verspätetes Vorbringen Einl, 238
Berufungsverfahren § 117, 5
   - vor BGH § 117, 12
Einspruchsverfahren § 59, 213
   Nachschieben von Tatsachen
   § 59, 75
   neue Beweismittel § 59, 91
Nichtigkeitsverfahren § 81, 149
Rechtsbeschwerdeverfahren § 107, 9
Relevanz von – **Einl**, 249

bold type = § or Article; followed by marginal number   Index

vor BGH § 107, 9
vor BPatG Einl, 238
vor DPMA Einl, 238
vor EPA Einl, 244
Art 114(2) Einl, 247
R. 80 Einl, 262
R.116 Einl, 269
R.137 Einl, 256
Verstandestätigkeit
  menschliche – § 1, 31
Versuche § 4, 51
  Handlungen zu -zwecken § 11, 9
  Offenbarung u – § 34, 410
  u erfinderische Tätigkeit § 4, 158
Vertagung Einl, 311
  Ablehnung einer – Einl, 323
  Erforderlichkeit der – § 78, 32
  Kosten § 80, 117; § 84, 59
  Nichtigkeitsverfahren § 83, 21, 22
  vor BPatG § 89, 5
Vertragliche Zusammenarbeit § 12, 23
Vertragsstrafe zur Beseitigung der
  Wiederholungsgefahr § 139, 57
Vertragsstrafeversprechen Einl, 457
Vertrauensschutz Einl, 458
  Amtsübung u – Einl, 459
  Änderung der Rechtspr Einl, 460
  effektiver Rechtsschutz Einl, 458
  faires Verfahren Einl, 458
  Hinweise auf Mängel Einl, 461
  vor EPA Einl, 462
Vertrauliche Information
  Schutz von – § 140d, 17
Vertretung
  Beistand § 97, 19
  Berufsausübungsgesellschaft § 97, 11, 18
  Beschäftigte § 97, 21
  der Richter § 68, 14
  durch juristische Personen § 97, 31
  Europäischer Patentanwalt § 97, 17
  Europäischer Rechtsanwalt § 97, 10
  Familienangehörige § 97, 26
  Fehlende Befugnis zur- § 97, 32
  gesetzliche – Einl, 49
  im Berufungsverfahren § 113, 3

Inlandsvertreter § 25, 17; § 97, 5
Mangel in der – Einl, 501; § 100, 48
Patentanwalt § 97, 12
Patentanwaltsbewerber § 97, 16
Patentassessor § 97, 15
Personen mit Befähigung zum Richteramt § 97, 29
Rechtsanwalt § 97, 7
Referendar § 97, 9
Streitgenossen § 97, 30
Syndikuspatentanwalt § 97, 14
Syndikusrechtsanwalt § 97, 8
unentgeltliche – § 97, 25
ungeeignete Personen § 97, 33
Vollmacht Einl, 481; § 97, 36
vor BPatG § 97, 4
Wechsel in der – § 30, 29
Vertriebshandlungen
  Drittländern § 9, 27
  EU-Mitgliedstaaten § 9, 28
Vertriebssystem § 12, 28
Vertriebsweg, Auskunft u § 140b, 34
Vertriebsweg, Auskunft über –
  § 140b, 34
Verwaltungsakt Einl, 471
  begünstigender – § 39, 70; § 47, 20; § 49, 18, 29; § 58, 21
  Beschwerde u – § 73, 5
  Bindung an – § 47, 20
  Nichtigkeit Einl, 472
  Patenterteilung als – § 1, 9
  Rücknahme Einl, 475
  Unterschrift Einl, 473
  Widerruf Einl, 475
Verwaltungsverfahrensgesetz
  Anwendung § 26, 3
  VwVerfG **PatKostG** § 1, 6
  (Anhang 15)
Verwarnung § 139, 208
  Antwortpflicht § 139, 226
  Begriff § 139, 209
  berechtigte – § 139, 212
  Berechtigungsanfrage § 139, 211
  Entbehrlichkeit § 139, 242
  Kosten § 139, 221
  Schutzrechtshinweis § 139, 211

u Anerkenntnis § 139, 228
u Klageanlass § 139, 228
unberechtigte – § 139, 231
   Schaden § 139, 241
   Schadensersatz § 139, 236
   Unterlassungsanspruch § 139, 235
   Verschulden § 139, 237
Unterwerfungserklärung § 139, 230
Wirksamkeit der – § 139, 218
Wirkungen § 139, 226
Verweisung
an Patentstreitkammer § 143, 21
Verwendungserfindung § 1, 276
- Benutzung ohne sinnfällige Herrichtungsmaßnahmen § 14, 124
Arzneimittel
   1. medizinische Indikation § 1, 240
   2. medizinische Indikation § 1, 244, 259
erfinderische Tätigkeit u – § 4, 159
Erzeugnisschutz § 14, 124
inhärente Benutzung § 3, 182
Medikament § 14, 115
Neuheit der – § 3, 180
Offenbarung § 34, 422
Schutzbereich § 14, 114
   sinnfällige Herrichtung § 1, 260; § 14, 116
Schweizer Anspruch § 14, 122
Werbeankündigungen, allgemeine- § 14, 122
Wirkung einer – § 3, 180
Verwendungspatent
Rabattverfahren nach § 130a (8) SGB V § 14, 125
Warnhinweis § 14, 117
Verwendungszweck
bei Erzeugniserfindungen § 1, 55, 207; § 14, 101
bei Zahlungen **PatKostZV**, 17 (Anhang 17)
funktionelle Merkmale § 34, 125
Offenbarung u – § 34, 428
Verwerfung als unzulässig
der Berufung § 114, 5
   Anfechtung § 114, 6

der Beschwerde § 79, 8
der Rechtsbeschwerde § 104, 2
des Einspruchs § 61, 22
Verwertungsverbot § 2, 26
disclaimer u – § 2, 27, 28
partieller Verstoß gegen – § 2, 28
Verwirklichung
aller Merkmale im Moment der Angebots- oder Vertriebshandlung § 14, 68
Verwirkung Einl, 476
Bereicherungsanspruch u – § 139, 196
einer Verfahrenshandlung **Einl**, 418
Einrede der – § 9, 111
Priorität u – § 41, 77
Rechtsfolge § 9, 111
Treu u Glauben u – **Einl**, 418
Vorabentscheidung **Einl**, 530
Verzicht § 34, 431
Anfechtung **Einl**, 89; § 34, 433
auf Patent § 20, 9
Auslegung § 34, 439
Begriff § 34, 432
Doppelnatur **Einl**, 93; § 34, 432
durch Vertreter § 20, 14; § 25, 27
Einheitlichkeit u – § 34, 248
EPA § 34, 449
- nach Erteilung § 34, 453
- vor Erteilung § 34, 449
Fallenlassen § 34, 441
Folge § 34, 436
Form § 34, 435
innere Priorität u – § 40, 32
Legitimation für – § 30, 18
Merkmal in Oberbegriff u – § 34, 85
neue Ansprüche § 34, 444
neue Unterlagen § 34, 445
passiver – § 34, 445
Recherchengebühr R 64 EPÜ § 34, 451
Rechtsmittel – **Einl**, 91; § 73, 87; § 81, 25; § 101, 3
Schutzbereich u –
- in Erteilungsakten § 14, 61
- nach Erteilung § 20, 3; § 34, 448
- vor Erteilung § 34, 446

bold type = § or Article; followed by marginal number   **Index**

selbständiger Schutz u – § **34**, 447
Streichen § **34**, 441
Verzicht auf Patent
auf europ Patent § **20**, 3
Aufforderung zum – § **84**, 31
Beschwerde u – Art **106**, 31
durch Erklärung § **20**, 3, 9
Entnahmepriorität u – § **7**, 14
gegenüber EPA § **34**, 453
im Nichtigkeitsverfahren § **81**, 176; § **82**, 3; § **84**, 31
Kosten u – § **80**, 10; § **84**, 27
Rückzahlung Beschwerdegebühr u – § **80**, 117
Videokonferenz Einl, 478; § **46**, 19, 27
Vielfalt, biologische § **1**, 158; § **34a**, 3
Vindikation § **139**, 247
Vindikation, erfinderrechtliche – § **8**, 6
Viren
Computer- § **34**, 53, 55
Hinterlegung § **34**, 487
Mikrobiologische Verfahren § **2a**, 52
Offenbarung trotz – § **34**, 55
Patentierbarkeit § **1**, 159
Reproduktion § **1**, 163
Vermehrbarkeit u – § **1**, 163
Virenfreiheit § **34**, 53
Virtuelle Frist § **123**, 45
Virtuelle Poststelle (VPS) § **34**, 53, 67
VO (EU) 608/2013
- Anwendungsbereich der § **142a**, 20
- bei Transit § **142a**, 21
- keine Sicherheitsleistung § **142a**, 26
- Tätigwerden auf Antrag oder vAw § **142a**, 23
- Zeitraum des Tätigwerdens der Zollbehörden § **142a**, 24
-Einspruch gegen zollrechtliche Maßnahmen § **142a**, 35
Einstweiliges Verfügungsverfahren § **142a**, 33
Feststellung der Patentverletzung § **142a**, 33
Haftung § **142a**, 36
Kosten § **142a**, 34

Maßnahmen der Zollbehörden § **142a**, 28
Verdacht einer Patentverletzung § **142a**, 27
Verderbliche Ware § **142a**, 25
Vereinfachtes Vernichtungsverfahren § **142a**, 30
Vernichtung von Waren § **142a**, 29
Vollmacht Einl, 481, 492
Allgemeine – Einl, 485
Allgemeiner Vertreter Einl, 488
Angestellten- Einl, 487
BPatG § **97**, 36
einstweilige Zulassung Einl, 502
Entziehung Einl, 489
Erlöschen Einl, 489
Insolvenz Einl, 220
Konkurs Einl, 228
Erteilung Einl, 481
Fehlen Einl, 505
Handlungsbevollmächtigter Einl, 498
Heilung Einl, 506
Inhalt Einl, 482
Mandatsniederlegung
Inlandsvertreter § **25**, 31
Nachweis der – Einl, 497
Niederlegung Einl, 489
Prokurist Einl, 498
Prüfung der – Einl, 501
eines RA oder PA Einl, 501; § **97**, 45
Termins- Einl, 482
Untervollmacht Einl, 484
Vollmachtloser Vertreter Einl, 502
Vollmachtsurkunde Einl, 481
vor EPA Einl, 513
Wirkung Einl, 483
Zustellungsadressat Einl, 500; § **127**, 39
Vollmachtloser Vertreter Einl, 502
Zustellung § **127**, 40
Vollmachtsurkunde Einl, 481
Vollständige Offenbarung § **34**, 318
Vollstreckbarkeit
vorläufige § **140e**, 7

Sachregister

§ oder Artikel jeweils halbfett, danach Randnummer

Vollstreckungsgegenklage
  Kostenfestsetzung u – § **80**, 113
  Patentstreitsache u – § **143**, 8
Vorabentscheidung Einl, 521, 525
  Anmeldetag u – § **35**, 39
  Ausscheidungsanmeldung u –
    § **34**, 268
  Bindung an – **Einl**, 528
  BVerfG Vorlage **Einl**, 532
  Einspruch u – § **59**, 154
  EuGH **Einl**, 537
  innere Priorität u – § **40**, 33
  Nebenintervention u – § **81**, 26
  Normenkontrollverfahren **Einl**, 532
  Prioritätsverwirkung u – § **41**, 88
  Prüfungsantrag u – § **44**, 39
  Rechtsbehelfe gegen – **Einl**, 529
  Rücknahmefiktion u – § **40**, 33
  Teilung u – § **39**, 64
  über Zulässigkeit **Einl**, 530
  vor BPatG **Einl**, 522
  vor DPMA **Einl**, 522
  vor EPA **Art 106**, 27
  Voraussetzungen für – **Einl**, 523
  Wiedereinsetzung u – § **123**, 169
Vorausverfügung über Erfinderrechte
  § **15**, 13
Vorauszahlung PatKostG § **5**, 3
  (Anhang 15)
  von Jahresgebühren **PatKostG** § **5**, 12
    (Anhang 15)
Vorbenutzung
  Mittelbare § **12**, 12
Vorbenutzungsrecht
  Abwandlungen § **12**, 24
  Inhalt § **12**, 24
  Kombinationspatent § **12**, 24
  Privates § **12**, 5
  Voraussetzungen § **12**, 8
Vorbereitungshandlungen § **9**, 47
Vorführung
  eines Zeugen § **46**, 34
  Kosten einer – § **80**, 93
Vorgerichtliche Tätigkeit
  des Patentanwalts § **143**, 33

Vorgreiflichkeit Einl, 143
  Aussetzung u – **Einl**, 143
  Vorgreifliche Tatbestände im
    Einspruchsverfahren § **59**, 185
Vorlage
  Beschwerde an BPatG § **73**, 130
  BVerfG Normenkontrolle **Einl**, 532
  EPA **Art 109**, 12
  EuGH **Einl**, 537
Vorlage von Bank-, Finanz- und Handelsunterlagen § **140d**, 6
  Anspruchsausschluss § **140d**, 12
  Anspruchsberechtigter § **140d**, 5
  Anspruchsverpflichteter § **140d**, 5
Vorlageanordnung § **140c**, 93
Vorlageanspruch § **140c**, 4
  Gewerbliches Ausmaß der Verletzung § **140c**, 41, 42
  Unverhältnismäßigkeit § **140c**, 25
  Vertrauliche Informationen § **140c**, 23
  Vorlage von
    Bank-, Finanz-, Handelsunterlagen
      § **140c**, 43
    Geschäftspapieren § **140c**, 36
    Urkunden § **140c**, 36
  Vorlegungsort § **140c**, 37
  Wahrscheinliche Verletzung
    § **140c**, 11
Vorläufige Aufzeichnung
  § **160a ZPO** § **92**, 2
  vor DPMA § **46**, 50
Vorläufige Vollstreckbarkeit
  einstweiliger Verfügung § **85**, 12
  im Nichtigkeitsverfahren § **84**, 52
  im Verletzungsverfahren § **139**, 357
    einstweilige Einstellung § **719 ZPO**
      § **139**, 365
    gegen Sicherheitsleistung § **139**, 360
    ohne Sicherheitsleistung § **139**, 358
    Schutzantrag § **712 ZPO** § **139**, 363
Vorläufige Zulassung
  eines Vertreters **Einl**, 502, 503
  von Prozessunfähigen § **34**, 14

bold type = § or Article; followed by marginal number **Index**

Vorläufiger Rechtsschutz
 Anspruch auf Vorlage von Bank-,
  Finanz- und Handelsunterlagen
  § 140d, 22
Vorlegung von Urkunden Einl, 435;
 § 87, 12
Vorrichtung § 1, 201
 Kategorie **§ 1**, 201
Vorteile
 erfinderische Tätigkeit u – **§ 4**, 160
 Offenbarung u – **§ 34**, 423
Vorurteil
 erfinderische Tätigkeit u – **§ 4**, 163
Vorweggenommene Beweiswürdigung
 Einl, 164
Vorzugsweise § 34, 129
VwZG Verwaltungszustellungsgesetz
 §§ abgedruckt bei:
  § 3 **§ 127**, 47
  § 4 **§ 127**, 57
  § 5 **§ 127**, 66
  § 5a **§ 127**, 83
  § 7 **§ 127**, 39
  § 8 **§ 127**, 103
  § 9 **§ 127**, 89
 BPatG u – **§ 127**, 109
 Zustellung nach § 14 **§ 127**, 89
 Zustellung nach § 15 **§ 127**, 97
 Zustellungsbevollmächtigter **§ 25**, 22

W
Waffen § 2, 49
Waffengleichheit Einl, 542
 Grundsatz der **§ 140c**, 64
Wagnis u Lizenz § 15, 31
Wahrheitspflicht
 Unzulässige Rechtsausübung
  § 124, 13
Wahrnehmung
 Gehobener Dienst **§ 27**, 23
 Mittlerer Dienst **§ 27**, 23
 Tarifbeschäftigte **§ 27**, 25, 29
 Voraussetzungen **§ 27**, 31
 Wahrnehmungsverordnung **§ 27**, 24
Wahrscheinlich
 Benutzung des Patents **§ 140c**, 11

 Gewerbliches Ausmaß der Verletzung **§ 140c**, 41
 Komplexer technischer Sachverhalt
  § 140c, 14
 Konkrete Anhaltspunkte **§ 140c**, 12
 Zweifelhafte Rechtsfragen **§ 140c**, 15
Ware aus Drittstaat
 Nichterhebungsverfahren **§ 142a**, 10
Warning of loss of right Einl, 461
Wartefrist
 Einspruchsverfahren u – Einl, 79
Wartezeit vor Entscheidung Einl, 323;
 § 59, 218
Weg, Ein – ausreichend für:
 Ausführbarkeit **§ 34**, 349, 392
 Ausführung in der Beschreibung
  § 34, 207
 Gentechnische Erfindung **§ 34**, 377
 Offenbarung **§ 34**, 316
 Wiederholbarkeit **§ 1**, 37
Wegfall
 der Anmeldung **§ 58**, 15
 des Hindernisses **§ 123**, 26
 des Inlandsvertreters **§ 25**, 39
 des Patents **§ 20**, 5
Weisungsrecht PräsDPMA § 26, 22
Weiterbehandlung als nationale
 Anmeldung IntPatÜG, 103
 (Anhang I)
Weiterbehandlung vor DPMA
 § 123a, 11
 Beschwerde u – **§ 123a**, 27
 Entscheidung **§ 123a**, 25
 Verfahren **§ 123a**, 24
 Voraussetzungen **§ 123a**, 11
 Weiterbenutzungsrecht **§ 123a**, 30
 Wiedereinsetzung u – **§ 123a**, 26
 Wirkung der – **§ 123a**, 29
 Zuständig **§ 123a**, 24
Weiterbehandlung vor EPA
 Antrag **§ 123a**, 7
 Art 121 EPÜ **§ 123a**, 4
 Ausgeschlossene Fristen **§ 123a**, 8
 Regel 135 **§ 123a**, 2
 Regelrechtbehelf **§ 123a**, 6
 Wiedereinsetzung **§ 123a**, 10

Sachregister

§ oder Artikel jeweils halbfett, danach Randnummer

Weiterbenutzungsrecht
 Offenlegungsanspruch u – § **33**, 11
 Vorbenutzungsrecht u – § **12**, 29
 Wiedereinsetzung u § **123**, 175
»weltweit patentiert« § **146**, 19
Werbung mit Patentschutz § **146**, 16
Werdegang der Erfindung § **4**, 7
Wertvolle Eigenschaften
 chemischer Stoff § **1**, 216; § **34**, 381
 Offenbarung u – § **34**, 423
 Zwischenprodukte u – § **1**, 226
Wesentlich, im Wesentlichen
 in einem Anspruch § **34**, 136
Wesentliche Merkmale
 Patentanspruch § **34**, 119
Wesentlicher Verfahrensmangel
 Rückzahlung der Beschwerdegebühr
  u – **Art 108**, 26; § **73**, 144
 Unterlassen notwendiger Ermittlung
  § **46**, 5
 Verstoß gegen Antragsprinzip **Einl**, 9
 Zurückverweisung u – § **59**, 201;
  § **79**, 22
Widerrechtliche Entnahme
 Arbeitgeber u – § **59**, 130
 Einrede § **8**, 40
 Entnahmepriorität § **7**, 9
 im Einspruchsverfahren § **59**, 129
Widerruf Einl, 543
 Anfechtung u – **Einl**, 544
 Bewirkungshandlung u – **Einl**, 543
 der Rücknahme **Einl**, 520, 544
 der Veröffentlichung im Patentblatt
  § **58**, 8
 Entnahmepriorität u – § **7**, 12
 Erteilungsbeschluss u – § **49**, 17
 Erwirkungshandlung **Einl**, 543
 Offenlegungshinweis u – § **31**, 30
 Patent u – § **7**, 12; § **61**, 12
 Patenterteilung u – § **58**, 8
 Prüfungsantrag u – **Einl**, 544
 Register u – § **30**, 10
 Teilungserklärung u – § **39**, 25
 Verfahrenshandlung u – **Einl**, 543
 Vergleich u – § **81**, 179
 vor EPA **Einl**, 545

 Widerruf des – **Einl**, 544
Widerruf des Patents
 Patentregister u – § **30**, 10
Widerspruch
 gegen Beschlagnahmeanordnung
  § **142a**, 15
Wiederaufnahme des Verfahrens
 Einl, 546
 Nichtigkeitsklage **Einl**, 546
 Restitutionsklage **Einl**, 546
Wiederausfuhr § **142a**, 11
Wiedereinsetzung § **123**, 86
 Antrag auf – § **123**, 16, 33
 Antragsberechtigter § **123**, 19
 Ausschluss der – vor EPA § **123**, 64
 Beitrittsfrist § **61**, 25
 Beschwerdefrist
  des Einsprechenden § **61**, 24
  des Patentinhabers § **61**, 25
 Beteiligung Dritter § **123**, 162
 Bindung an gewährte – § **123**, 32
 Divergierende Schutzbereichsbestim-
  mung § **123**, 135
 Dritte § **123**, 162
 Einspruchsfrist § **61**, 24
 Einspruchsgebühr § **61**, 24
 Einzelfälle alphabetisch § **123**, 103
 ergänzendes Vorbringen § **123**, 40
 Fristen gemäß § **123** PatG § **123**, 49
 Fristen gemäß Art 122 EPÜ § **123**, 52
 Gebühr § **123**, 99
 Glaubhaftmachung § **123**, 43
 Hilfspersonen § **123**, 82
 Hindernis u – § **123**, 26
 Hinweis auf Mängel § **123**, 38
 Jahresfrist § **123**, 31
 Nachholung versäumter Handlung
  § **123**, 41
 Nachschieben von WE-Gründen
  § **123**, 37
 Rechtsmittelbelehrung, fehlerhafte –
  § **123**, 117
 Rechtsverlust § **123**, 53
 Rechtsnachteil § **123**, 53
 unmittelbarer – Art 122 EPÜ
  § **123**, 56

bold type = § or Article; followed by marginal number **Index**

Sorgfalt § 123, 72
  bei Zweifelsfällen § 123, 89
  Büroorganisation § 123, 95
  des Anwalts § 123, 89
  Grundsatz § 123, 72
  Information (Kommentar, Zeitschrift) § 123, 89
  Maßstab für – § 123, 73
Verfahren § 123, 162
  Entscheidung § 123, 169
  mündl Verhandlung § 123, 170
  rechtl Gehör § 123, 171
  Rechtsmittel § 123, 173
  Zuständigkeit § 123, 164
Verhinderung an Fristeinhaltung § 123, 67
Verschulden § 123, 69
Vertreter u – § 123, 77
von Amts wegen § 123, 17
WE-fähige Fristen § 123, 60
WE-Frist § 123, 24
  Wiedereinsetzung in – § 123, 30
  Wegfall des Hindernisses § 123, 26
  Kenntnis des Vertreters § 123, 29
  positive Kenntnis § 123, 27
  Zeitpunkt § 123, 28
Weiterbenutzungsrechte § 123, 175
Wirkung der – § 123, 9
Wiedereinsetzung/Einzelfälle zur Sorgfalt:
Abwesenheit § 123, 104
Änderung der Rechtsprechung § 123, 108
Anwalt zuziehen § 123, 73
Blitzüberweisung § 123, 154
Büroorganisation § 123, 92
einmaliges Versehen § 123, 129
Elektronische Aktenführung § 123, 114
Elektronischer Fristenkalender § 123, 114
Empfangsbekenntnis § 123, 161
Falschbelehrung § 123, 117
Fax § 123, 145
Fehler des Amts § 123, 118
Fehler des Gerichts § 123, 119

finanzielle Schwierigkeiten § 123, 120
Fristausnutzung bis zum letzten Tag § 123, 121
Fristberechnung § 123, 122
Fristenkalender § 123, 96
Fristenprüfung § 123, 96
Fristkontrolle § 123, 123
Fristverlängerung § 123, 126
Gebührenentrichtung § 123, 127
Gesetzesunkenntnis § 123, 139
Hilfskräfte § 123, 81
  Auswahl § 123, 82
  Berechnung von Fristen § 123, 84
  Büroersatzkräfte § 123, 87
  Routinearbeiten § 123, 86, 97
  Überwachung § 123, 84
  Unterweisung § 123, 83
isolierter Fehler § 123, 129
Krankheit § 123, 131
Kurierdienst § 123, 133
Mittellosigkeit § 123, 120, 134
ordentlicher Beteiligter als Maßstab § 123, 73
Post § 123, 135
Postlaufzeiten § 123, 136
Rechtsbehelfsbelehrung
  fehlende § 123, 143
Rechtsirrtum § 123, 141
Signatur § 123, 116
Spracherkennungssoftware § 123, 114
Telefax § 123, 145
Übermittlungsdienst § 123, 133
Überwachung des Eingangs von Post § 123, 137
Überweisung § 123, 154
übliche Sorgfalt § 123, 72
Unfall § 123, 155
Unterbrechung der Postzustellung § 123, 138
Urlaub § 123, 104
Verfahrenskostenhilfe § 123, 157
Verlust eines Schriftstücks § 123, 137, 158
Vertretungsregelung § 123, 132
Vorsorge
  für Störungen § 123, 91

Sachregister

§ oder Artikel jeweils halbfett, danach Randnummer

für Verhinderung § 123, 91
vorsorgliches Tätigwerden § 123, 97
Zugang des Schriftstücks § 123, 159
Zustellung § 123, 160
Zweifelsfälle, Verhalten bei –
  § 123, 89
**Wiedereinzahlung von Kosten Pat-
  KostG § 1, 21 (Anhang 15)**
Wiedereröffnung mündl Verhandlung
  kein Anspruch auf – § 78, 13
  Verkündung ohne – § 100, 50
Wiedereröffnung mündlicher Verhandlung § 91, 6
**Wiedergabe von Informationen
  § 1, 138**
Wiederherstellen als Verletzung § 9, 57
Wiederholbarkeit
  beim Sortenschutz § 2a, 16
  biotechnolog Erfindungen § 34, 374
  der Erfindung § 1, 36
  durch Hinterlegung § 1, 37; § 34, 492
  einer Erzeugniserfindung § 1, 39
  Fehlerquote u – § 1, 37, 38
  nur durch Erfinder § 1, 38
  nur in der Theorie § 1, 38
Wiederholungsgefahr
  Beseitigung der – § 139, 57
  Beweislast § 139, 89, 317, 318
  notarielle Unterlassungserklärung
    § 139, 71
  Prüfung der – durch BGH § 139, 395
  Rechtmäßige Benutzung § 139, 55
  Unterlassungsanspruch u – § 139, 54
  Unterlassungserklärung § 139, 57
  Verjährung von Unterlassungsansprüchen u – § 141, 15, 20
  Vernichtung u – § 140a, 14
  Vertragsstrafeversprechen § 139, 70
  Verwarnung u – § 139, 210
**Wiener Übereinkommen über das
  Recht der Verträge Einl, 136**
  Art 31 Allgemeine Auslegungsregel
    Einl, 137
  Art 32 Ergänzende Auslegungsregel
    Einl, 138

Art 33 Verträge mit mehreren Sprachen Einl, 2
Willkür Einl, 549
  Ermessen – **Einl**, 174
  Übergangsregelung u – § 81, 80
  Verstoß gegen Geschäftsverteilung
    § 100, 34; § 111, 8
  Willkürverbot Art 3 (1) GG
    Einl, 203, 204
Wirksamkeit
  einer Verfahrenshandlung Einl, 41
Wirksamwerden
  einer Verfahrenshandlung Einl, 65
  eines Beschlusses § 47, 32
  eines Erteilungsbeschlusses § 49, 23
Wirkstoff
  Formulierung § 3, 157
  Versuche mit – § 11, 11
Wirkung
  Ästhetische – § 1, 87, 246; § 4, 110
  Bekannte – § 4, 130
  Belegte – § 4, 40
  Gesamt- § 1, 276
  Nachweis der – § 4, 92
  Neuheit einer – § 1, 209
  Offenbarung einer – § 1, 208
  Schutzbereich u – § 1, 210
  Überraschende – § 4, 92, 94
  Untechnische – § 1, 23
  Ursache u – § 1, 25
  Verwendungserfindung u – § 3, 181
  Wirkungsangaben § 1, 23, 207
Wirkung des Patents § 11, 23
  Abhängigkeit § 9, 8
  Arzneimittel in Apotheken § 11, 21
  Benutzungsarten § 9, 53
  Benutzungsrecht, positives § 9, 5, 43
  Beschränkungen der – § 11, 5
  biologischer Bereich § 9a, 2
  biologisches Material § 11, 15
    Entwicklung § 11, 16
    Züchtung § 11, 16
  Einwendungen des Verletzers § 9, 106
  Erschöpfung § 9, 14
  europ u deut Patente § 9, 117
  privater Bereich § 11, 7

Roche-Bolar-Regel § 11, 18
Territorialitätsgrundsatz § 9, 114
unmittelbare Benutzung § 9, 44
Versuche § 11, 9
**Wirkungsangaben § 1, 23, 207;
§ 34, 125**
  bei chem Stoffen § 1, 216
  Erzeugniserfindung u – § 1, 207
  funktionelle Merkmale § 34, 125
  Funktionserfindung § 1, 277
  im Anspruch § 34, 125
  Offenbarung von – § 34, 428
  Schutzbereich u – § 14, 101
  Stofferfindung u – § 1, 217
  Verwendungserfindung u § 3, 182
Wirtschaftlicher Erfolg § 4, 167
Wissenschaftliche Erklärung
  Offenbarung u – § 34, 319
Wissenschaftliche Theorien § 1, 80
Withdrawal of an application § 34, 454
Wohlfahrt, öffentliche – § 13, 7
Wortlaut
  Auslegung u –
    von int. Recht **Einl**, 137
    von Verfahrenshandlungen
      Einl, 130
    von Verfahrensrecht **Einl** 132
  Patentansprüche u – § 14, 5, 12;
    § 34, 98
  Rücknahmeerklärung § 34, 458
Wortsinngemäße Benutzung § 14, 67
  Äquivalente Benutzung u – § 14, 35,
    87
  Äquivalenz statt Wortsinn § 14, 89
  Begriff § 14, 67
  Formsteineinwand u – § 14, 95, 96
  Patentierte Verletzungsform u –
    § 14, 92
  Unterkombination u – § 14, 94
  Verschlechterte Ausführungsform u –
    § 14, 90
Written form Einl, 352
  Computer-Fax **Einl**, 385
  PC-Fax **Einl**, 385
  signature **Einl**, 374
  - manu propria **Einl**, 375

  scanned – **Einl**, 385
  tape and **Einl**, 354
Wunschmerkmale § 34, 123

Z

Zahl der Entgegenhaltungen § 4, 170
Zahlenangaben
  Auslegung des Patents § 14, 37
Zahlung von Kosten
  Bareinzahlung **PatKostZV**, 4, 9, 21,
    25 (Anhang 17)
  Erlass **PatKostG** § 1, 26 (Anhang 15)
  Leistungsort **PatKostZV**, 16
    (Anhang 17)
  mit Rechtsgrund **PatKostG** § 10, 4
    (Anhang 15)
  Nichtzahlung, Folgen **PatKostG**
    § 6, 7 (Anhang 15)
  ohne Rechtsgrund **PatKostG** § 10, 8
    (Anhang 15)
  Patentinformationszentrum **Pat-
    KostZV**, 5 (Anhang 17)
  Rückzahlung **PatKostG** § 10, 3
    (Anhang 15)
  Sammelzahlungen **PatKostZV**, 15
    (Anhang 17)
  SEPA-Basislastschrift **PatKostZV**, 26
    (Anhang 17)
  SEPA-Mandat **PatKostZV**, 11
    (Anhang 17)
  Überweisung **PatKostZV**, 7, 22
    (Anhang 17)
  Unterdeckung **PatKostZV**, 12
    (Anhang 17)
  Verwendungszweck **PatKostZV**, 17
    (Anhang 17)
  Vorauszahlung **PatKostG** § 5, 2
    (Anhang 15)
  Wiedereinzahlungen **PatKostG**
    § 1, 24 (Anhang 15)
  Zahlungstag **PatKostZV**, 19
    (Anhang 17)
Zäsurwirkung
  Patenterteilung u – § 34, 74; § 49, 24;
    § 58, 10
»zB« im Anspruch § 34, 129

Sachregister

§ oder Artikel jeweils halbfett, danach Randnummer

Zeichnung § 34, 217
  Anmeldetag u – § 35, 49
  Ausführungsform einer – § 34, 310
  Begriff § 34, 217
  Berichtigung § 34, 221
  Chromatographien § 34, 217
  Diagramme § 34, 217, 304
  erforderliche – § 34, 218
  Fehlen von – § 34, 220; § 35, 49
  Fehler in der – § 34, 307, 308
  Form § 34, 219
  Format für – § 34, 49
  Formeln § 34, 217
  Foto § 34, 217
  graphische Kurven § 34, 310
  Größenverhältnisse § 34, 303
  maßstabsgerecht § 34, 303
  Merkmale
    negatives – § 34, 303, 400
    nicht beansprucht § 34, 309
    nicht darstellbar § 34, 311
    nur gezeichnet § 14, 13; § 34, 300
  Nachreichen von – § 35, 54
  Offenbarung u – § 34, 299, 309
  perspektivische – § 34, 217, 304
  Querschnitte § 34, 217
  Schutzbereich u – § 14, 20
  Tabellen § 34, 217
  Vorteil aus der – § 34, 306
  Widerspruch zw – u Beschreibung
    § 34, 307
  Zusammenfassung § 36, 12
Zeitfaktor
  erfinderische Tätigkeit u – § 4, 171
Zentralstelle für den gewerblichen
  Rechtsschutz
  Generalzolldirektion § 142a, 4
Zeugen
  Beeidigung § 46, 41
  Belehrung § 46, 37
  Entschädigung § 128a, 4
  Ordnungs- u Zwangsmittel § 128, 11
  schriftliche Antwort § 46, 29
  Vernehmung von – § 46, 27
    oder PatAbt § 46, 28
    Videokonferenz § 46, 27

Vorführung § 46, 34
Zeugnisfähigkeit § 46, 32
Zeugnispflicht § 46, 33
Zeugnisverweigerungsrecht § 46, 35
Zeugenentschädigung § 128a, 4
Zeugnisverweigerungsrecht
  - u Auskunftsanspruch § 140b, 24
Zinsen
  Bereicherungsanspruch § 139, 198
  Schadensersatz Lizenzanalogie
    § 139, 139
  von festgesetzten Kosten § 80, 96
ZPO Zivilprozessordnung
  § 130a Einl, 359, 361
  § 130b Einl, 362
  § 139 Einl, 114
  § 142 Einl, 435
  § 148 Einl, 142
  § 175 § 127, 119
  § 184 (2) § 127, 92
  § 190 § 127, 128
  § 19a Einl, 221
  § 216 § 89, 3
  § 227 § 89, 5
  § 273 § 87, 11
  § 278 (1) § 81, 177
  § 294 Einl, 199
  § 296 Einl, 238
  § 299 § 99, 12
  § 299a § 99, 13
  § 308 Einl, 7, 9
  § 371a Einl, 2
  § 530 Einl, 238, 239
  § 567 (3) § 73, 180
  § 579 Einl, 546
  § 580 Einl, 546
  § 66 Einl, 231
  §§ 1067–1071 § 127, 129
  §§ 160–165 § 92, 11
  §§ 166–190 § 127, 110
  §§ 177–182 § 127, 48, 52
  §§ 41–49 § 86, 18
  §§ 91–107 § 80, 117
  Vgl Zusammenstellung bei § 99
    § 99, 5
ZPÜ, Haager – § 81, 196

ZRHO § 46, 30; § 128, 10
Züchtungsverfahren § 2a, 32
 Gentechnologische Verfahren § 2a, 41
 im Wesentlichen biologisch § 2a, 32, 35
 Kreuzung § 2a, 36
 Mikroorganismen § 2a, 41
 Pflanzen- § 2a, 32
 Selektion § 2a, 36
 Technischer Eingriff u – § 2a, 39
 Tier- § 2a, 32
 Ungeschlechtliche Vermehrungsverfahren § 2a, 41
 unmittelbares Verfahrenserzeugnis § 2a, 42
Zuchtvieh § 9c, 21
Zufall
 erfinderische Tätigkeit u – § 4, 175
Zufällige Vorwegnahme
 Disclaimer u – § 38, 26
Zufallsvermehrung § 9c, 32, 35
Zugelassener Vertreter vor EPA Einl, 513
 Mehrere Bevollmächtigte **Einl,** 519
 Nachweis der Vollmacht **Einl,** 516
 Zusammenschluss von Vertretern **Einl,** 519
Zulässigkeit Einl, 327; § 81, 30
 der Berufung § 110, 2
 der Beschwerde Art 110, 2; § 73, 19
 der Nichtigkeitsklage § 81, 29
 der Rechtsbeschwerde § 100, 3
 der Verletzungsklage § 139, 34
 der Vorlage an GrBK des EPA
  durch eine Kammer Art 112, 16
  durch PräsEPA Art 112, 37
 des Beitritts
  vor DPMA § 59, 247
  vor EPA § 59, 247, 250
 des Einspruchs § 59, 51, 150
 des Prüfungsantrags § 44, 8, 36
Zulassung
 der Rechtsbeschwerde § 100, 14
 Beschränkung § 100, 21
 zulassungsfreie – § 100, 28
 Rechtsbeschwerde § 100, 4

Revision § 139, 385
Zum Beispiel § 34, 129
Zumutbarer Aufwand
 Ausführbarkeit u – § 34, 351
 Biotechnologie § 34, 371, 373, 375
 Zuordnungsvorschriften § 1, 90, 96
 Zur Erfindung gehörig § 34, 315, 316
Zurückverweisung
 durch BGH
  Berufung § 118, 7
  Rechtsbeschwerde § 108, 2
 durch BPatG § 79, 16
 durch EPA Art 106, 12; Art 111, 4
 Zurückweisung
  Belehrung § 83, 26
  Kumulatives Vorliegen § 83, 28
  nach Fristablauf § 83, 18
  Ungenügende Entschuldigung § 83, 25
  Vertagungserfordernis § 83, 21
  Voraussetzungen § 83, 20
Zurückweisung der Anmeldung § 48, 3
 Nichterfüllung des § 35 § 48, 13
 Prozessökonomie u – § 48, 20
 rechtl Gehör vor – § 48, 14
 Wirkung der – § 48, 21
 Zurückweisungsgrund § 48, 6
 Zurückweisungsgrund § 48, 17
Zusammenfassung der Patentanmeldung § 36, 5
 Patenterteilung u – § 49, 5
 Prüfungsbescheid u – § 45, 12
Zusatzanmeldung
 Recherche für – § 43, 22
Zusatzpatent
 Allgemeines § 16, 6
 Ende § 16, 19
 Personenidentität § 16, 15
 Schutzbereich § 16, 14
 Selbständige Patentfähigkeit § 16, 9
 Selbständigwerden § 16, 16
Zuständigkeit § 139, 262
 - für gerichtliche Anordnung (Verkehrsdaten) § 140b, 64
 ausschließliche § 139, 276
 bei rügeloser Einlassung § 139, 275

Sachregister

§ oder Artikel jeweils halbfett, danach Randnummer

BPatG § 65, 6
  für Zuständigkeitsstreit § 68, 13
  Geschäftsverteilung § 68, 11
  der Beschwerdesenate
    juristischer § 67, 13
    technischer § 67, 12
EPA
  GrBK **Art 112**, 4
  Juristische Beschwerdekammer
    Art 106, 16
  Technische Beschwerdekammer
    Art 106, 18
  für Einspruchsverfahren § 59, 134
  für einstweilige Verfügung § 139, 450
  für Kartellsachen § 143, 19
  für Kostenfestsetzung § 80, 100
  für Erinnerung § 80, 107
  für Ordnungs- u Zwangsmittel
    § 128, 11
  für Verfahrenskostenhilfe § 135, 5
    für Aufhebung der VKH § 137, 12
  für Beiordnung § 133, 15
  für Wiedereinsetzung § 123, 164
  internationale § 139, 265
    nach EuGVÜ § 139, 269
  örtliche § 139, 263
  Patentabteilung § 27, 13
  Patentstreitkammer
    Protokoll über die gerichtliche –
      IntPatÜG, 73 (Anhang 1)
  sachliche Zuständigkeit § 143, 14
  Verweisung an – § 143, 21
  Prüfungsstelle § 27, 7
Zuständigkeitsstreit
  vor BPatG § 68, 13
Zustellung Einl, 552
  Annahmeverweigerung
    unberechtigte § 127, 53
  Heilung **Einl**, 552
  innerhalb der EU § 25, 23
  Prüfungsbescheid § 45, 33
  Verhinderung
    Täuschung § 127, 54
  von Schriftstücken im Ausland, VO
    (EG) 1393/2007 § 127, 12
  BPatG § 127, 109, 124

DPMA § 127, 96
Wirksamkeit **Einl**, 552
Zustellung an Verkündungs statt
  BPatG-Entscheidung § 94, 12
Zustellung EPÜ:
  an Vertreter § 127, 10
  Art 119 EPÜ § 127, 4
  eingeschriebener Brief § 127, 4
  Heilung § 127, 5
  öffentliche – § 127, 9
  R 125 § 127, 5
  R 126 § 127, 6
  R 127 § 127, 6
  R 128 § 127, 7
  R 129 § 127, 9
  R 130 § 127, 10
  R 131 § 127, 11
  R 132 § 127, 11
  R 133 § 127, 12
Zustellung PatG:
  Abholfach, Zustellung im – § 127, 84
  Begriff der – § 127, 13
  Behördenleiter § 127, 38
  Beschluss § 47, 36
  Bevollmächtigte § 127, 39
  Bewirken der – § 127, 60, 94
  BPatG u – § 127, 109
  DPMA Arten der – § 127, 23
  Einschreiben § 127, 56
    Einschreiben mit Rückschein
      (EmR) § 127, 58, 119
  Einwurf-Einschreiben § 127, 29, 58
  Empfangsbekenntnis (EB) § 127, 65
  elektronische § 127, 76
    DPMAdirektPro § 127, 81
    Virtuelle Poststelle § 127, 82
  Fax § 127, 30
  Formlose Übersendung § 127, 30
  Gesetzl Vertreter
    prozessunfähige Partei § 127, 37
  Hausverfügung Nr 10 § 127, 12, 21,
    23, 30, 33, 42, 59, 89, 90, 91, 94
  Heilung von Zustellungsmängeln
    § 127, 102
  im Ausland § 127, 88
  Inlandsvertreter § 127, 40

bold type = § or Article; followed by marginal number **Index**

Öffentliche – § 127, 97
Rechtsmittelbelehrung u – § 127, 59
Sammelsendungen § 127, 32
Schriftstücke im Ausland
  DPMA § 127, 88
Schriftstücke im Ausland VO (EG)
  1393/2007
  BPatG § 127, 2
  DPMA § 127, 96
Vollmachtloser Vertreter § 127, 40
Wirksamkeit der – § 127, 17
Zustellungsadressat
  Mitarbeiter des § 127, 34
Zustellungsarten § 127, 46
Zustellungsbevollmächtigter § 127, 45
Zustellungsurkunde (ZU) § 127, 47
Zustellung VwZG:
Zustellungsurkunde (ZU)
  § 3 § 127, 47
  § 4 § 127, 57
  § 5 § 127, 66
  § 7 § 127, 39
  § 8 § 127, 103
Zustellung ZPO:
Zustellungsurkunde (ZU)
  § 184 (2) § 127, 92
  §§ 1067–1071 § 127, 96
  §§ 166–190 § 127, 110
  §§ 177–182 § 127, 48
Zustellungsbevollmächtigter
  als Vertreter iSd § 123 § 123, 79
  für mehrere Anmelder § 34, 18
  Kein – für E/EWR- RA oder PA
    § 25, 19
  Zustellung an – § 127, 45
Zustellungsurkunde (ZU)
  Zustellung mit – § 127, 47
Zustimmung des Patentinhabers
  zu neuem Einspruchsgrund § 59, 198
  zur Benutzung des Patents § 9, 50
Zwangslizenz § 24, 4
  Angemessene Entschädigung § 24, 9
  Dringlichkeit (§ 85 PatG)
  Drohende Verurteilung wegen Verletzung § 24, 30
  EGV 816/2006 § 24, 39

Erteilung
  Auflagen § 24, 31
  Klageantrag/Tenor § 24, 27
  Kartellrechtliche – § 24, 47
  Öffentliches Interesse
    Beispiele § 24, 13
    Gleichwertige Ausweichpräparate
      § 24, 14
  Öffentliches Intresse § 24, 11
  HIV-Erkrankung § 24, 12
  Pharmazeutische Erzeugnisse (EG)
    Nr 816/2006 § 24, 39
  Rücknahme der – § 24, 35
  Vergütung
    Angemessenheit § 24, 32
  Verweigerung der Benutzung
    – erfolgloses Bemühen als materielle Voraussetzung § 24, 10
  Voraussetzungen § 24, 6
  Wirkung § 24, 34
Zwangsmittelverfahren § 139, 423
Zwangsvollstreckung
  allgemeine Voraussetzungen
    § 139, 401, 425
  Androhung von Ordnungsmitteln
    § 139, 405
  Auskunftsanspruch u – § 140b, 41
  Besondere Voraussetzungen
    § 139, 404
  einstweilige Verfügung § 139, 456
  Erfüllungseinwand § 139, 425
  Kostenfestsetzungsbeschluss § 62, 32;
    § 80, 112
  Ordnungsmittel § 139, 414
  Ordnungsmittelverfahren § 139, 396
  Rechnungslegung § 139, 423
  Recht an Erfindung u Patent § 6, 29
  Unmöglichkeitseinwand § 139, 429
  Unterlassungstitell § 139, 396
  Vernichtungsanspruch § 140a, 24
  Zwangsmittelverfahren § 139, 423
Zweckangabe § 1, 23, 207; § 34, 125
  bei chem Stoffen § 1, 216; § 34, 381
  Erzeugniserfindung u – § 1, 207
  funktionelle Merkmale § 34, 125
  Funktionserfindung § 1, 277

Sachregister § oder Artikel jeweils halbfett, danach Randnummer

  im Anspruch **§ 34**, 125
  Offenbarung von – **§ 34**, 428
  Schutzbereich u – **§ 14**, 43
  Verwendungserfindung u **§ 3**, 182
Zweckmäßig § 34, 129
Zweckübertragungstheorie § 15, 19
Zweigniederlassung
  Art 7 Nr 5 Brüssel Ia-VO **Einl**, 43
  nicht parteifähig **Einl**, 43
Zweite medizinische Indikation
  § 1, 233, 242, 244, 259; **§ 3**, 147, 154, 159; **§ 16a**, 77
Zweiteilige Fassung des Anspruchs
  § 34, 81
Zwischenbescheid
  BPatG u – **§ 87**, 8
  Einspruchsverfahren u – **§ 59**, 222
Zwischenentscheidung Einl, 521
  Anschlussbeschwerde u – **§ 73**, 199
  BPatG **Einl**, 522
  BVerfG Normenkontrollverfahren **Einl**, 532
  DPMA **Einl**, 522
  Einspruch u – **§ 59**, 154; **§ 61**, 21
  EPA **Art 106**, 27; **Einl**, 536
  EuGH **Einl**, 540
  Priorität u – **§ 35**, 39
  Teilung u – **§ 39**, 64
  Verkündung **§ 94**, 14
  Voraussetzungen **Einl**, 523
Zwischenprodukte § 1, 225
  Einheitlichkeit **§ 34**, 246
  erfinderische Tätigkeit **§ 4**, 177
  Neuheit **§ 3**, 171
  Offenbarung **§ 34**, 429
Zwischenurteil
  Nichtigkeitsverfahren u – **§ 84**, 3
  Verkündung von – **§ 94**, 14
Zwischenverallgemeinerung Einl, 127
Zygote § 1a, 10

Organisationsschaubild des

Pr
Corn

Vize
Bernd

Hauptabteilung 1
Patente und Gebrauchsmuster

Abt.Grp.1.10	**Abt.Grp.1.20**	**Abt.Grp.1.30**	**Abt.Grp.1.40**
Allgemeiner Maschinenbau	Mechanische Technologie	Elektrotechnik	Chemie, Medizintechnik, Patentverwaltung, Gebrauchsmuster
8 Patentabteilungen: **1.11 - 1.18**	8 Patentabteilungen **1.21 – 1.28**	11 Patentabteilungen **1.31 – 1.39, 1.19, 1.59**	5 Patentabteilungen **1.41 – 1.45**

Abt. 1.1
Patent- und Gbm-Verwaltung

Abt. 1.2
Gbm-Abteilungen, Topographieabteilung, Gbm-Löschungsverfahren

Schiedsstellen
- nach dem Gesetz über Arbeitnehmererfindungen (ArbnErfG)
- nach dem Verwertungsgesellschaften-Gesetz (VGG)

Dienststelle Jen
- Markenprüfung,
- Designabteilung Designstelle